NOUVEAU

DICTIONNAIRE ENCYCLOPÉDIQUE

UNIVERSEL ILLUSTRÉ

PREMIER VOLUME

A.-CHAR

LE NOUVEAU
DICTIONNAIRE ENCYCLOPÉDIQUE
UNIVERSEL ILLUSTRÉ

COMPREND :

LA LINGUISTIQUE

Etymologies, alphabets comparés, grammaire, prononciation, définitions. — Langues, dialectes, argot, jargons, idiotismes, locutions, synonymie, conjugaison des verbes irréguliers. — Rhétorique, poésie, versification, théâtre. — Philologie, polygraphie, etc.

L'HISTOIRE ET LA GÉOGRAPHIE ANCIENNES ET MODERNES

Description du globe, voyages, États, provinces, rivières, montagnes, villes, etc. — Chronologie, dynasties, batailles, sièges, traités. Archéologie, blason, biographie, géographie physique et politique, statistique, etc.

LA THÉOLOGIE

Liturgie, conciles, mythologie, religions, sectes et opinions singulières.

LA JURISPRUDENCE

Droit naturel, droit des gens, droit politique, droit civil, droit criminel, droit commercial, droit maritime, droit canonique, administration, etc.

LES SCIENCES ET LES ARTS

Philosophie, logique, métaphysique, morale. — Physique et chimie, géologie, paléontologie, botanique, zoologie. — Agriculture, économie rurale, économie domestique. — Anatomie, physiologie, médecine, chirurgie, hygiène. — Pharmacie. Médecine vétérinaire et hippiatrique. — Musique. — Mathématiques pures et appliquées. — Astronomie, météorologie. Art militaire, marine. — Beaux-arts, métiers, inventions, découvertes, industrie, commerce, finances. — Gymnastique, escrime, danses, natation, équitation, chasse, pêche, jeux.

D'APRÈS LES DERNIERS TRAVAUX DES SAVANTS ET DES ÉCRIVAINS FRANÇAIS ET ÉTRANGERS, PARMI LESQUELS NOUS CITERONS MM. :

J. C. Adams, Agassiz, Ampère, Arago, d'Avezac, Babinet, F. Bastiat, Bardin, J.-R. Barri, Bazin, E. de Beaumont, A.-C., L.-A. et A.-E. Becquerel, Belloguet, Cl. Bernard, Berthelot, Beudant, Beulé, L. Blanc, Ch. Blanc, Ad. Blanqui, M. Block, Ch. Bonaparte. Bouchardat, Bouley, Broca, Brongniart, Burnouf, Caro, Chabas, Champollion, Ph. Chasles, Chenu, de Chesnel, M. Chevalier, Chevreul, A. Cochut, Cohen, A. Comte, A. Cournot, V. Cousin, Crapelet, Cuvier, Daguin, Damiron, C.-A. Dana, Delécluze, Taxile Delord, Deyrolle, Drouyn de Lhuys, du Chaillu, Dufrénoy, Dumas, Duméril, C. Dupasquier, Duvergier, Edison, Escudier, Faucher, Faye, A. Franck, A. de Franqueville, Frémy, E. et J. Geoffroy Saint-Hilaire, Gougeard, Gouffé, A. Guillemin, Guizot, Hamel, J. Haydn, Heis, Hemholtz, G. et J. Herschell, Th. de Heuglin, Hervey de Saint-Denis, d'Homer, Huggins, A. Von Humboldt, A. Jacquet, P. Janet, P. Joigneaux, Jouffroy, A. Jubinal, S. Julien, de Jussieu, de La Blanchère, P. Lacroix (Bibliophile Jacob), Lanfrey, Lartet, Letronne, Lenormand, Leverrier, Linné, Littré, Lorédan Larchey, Mariette, H. Martin, Ménaut, Mayer, Fr. Michel, Michelet, A.-L. Monet, Nordenskjœld, Oppert, Al. et Ch. d'Orbigny, Mme Pape-Carpentier, Pasteur, Pelouze, Proudhon, Quatrefages, Quetelet, Raoul-Rochette, Élisée et Élie Reclus, A. et C. de Rémusat, Renan, G. Ripley, de Rivière, de Rosny, Rossi, de Rougé, Rumkhorf, Sainte-Beuve, Ch. et H. Sainte-Claire Deville, Saint-Marc Girardin, E. Saisset, de Saulcy, Scudo, Secchi, J. Simon, Smiths, Soubeiran, Stanley, Taine, A. Thierry, Tripier, John Tyndall, Vacherot, B. Vincent. Viollet-Le-Duc, Wolowski, Wurtz, etc., etc.

L'ouvrage est complet en six volumes.

ÉVREUX, IMPRIMERIE DE CHARLES HÉRISSEY

Trousset

NOUVEAU

DICTIONNAIRE

ENCYCLOPÉDIQUE

UNIVERSEL ILLUSTRÉ

RÉPERTOIRE DES CONNAISSANCES HUMAINES

Ouvrage illustré d'environ 3,000 magnifiques Gravures

ET DE 23 CARTES EN COULEUR

ET RÉDIGÉ

PAR UNE SOCIÉTÉ DE LITTÉRATEURS, DE SAVANTS ET D'HOMMES SPÉCIAUX

SOUS LA DIRECTION

DE JULES TROUSSET

Auteur de l'Atlas national, de l'Encyclopédie d'économie domestique, ouvrages couronnés par les Sociétés savantes

D'APRÈS LES DERNIERS TRAVAUX

DES SAVANTS ET DES ÉCRIVAINS FRANÇAIS ET ÉTRANGERS

PREMIER VOLUME

———

A.-CHAR

PARIS

A LA LIBRAIRIE ILLUSTRÉE

8, RUE SAINT-JOSEPH, 8

PRINCIPALES ABREVIATIONS

EMPLOYÉES DANS CET OUVRAGE

A.......... Actif.
Abl....... Ablatif.
Abrév..... Abréviation.
Absol..... Absolu, absolument.
Abusiv.... Abusivement.
Accus..... Accusatif.
Acoust.... Acoustique.
Activ..... Activement.
Adj....... Adjectif.
Adjectiv.. Adjectivement.
Adm....... Administration.
Adv....... Adverbe, adverbial
Adverbial. Adverbialement
Affl...... Affluent.
Agric..... Agriculture.
Alchim.... Alchimie.
Algeb..... Algèbre.
Allem..... Allemand.
Allus..... Allusion.
Anal...... Analogie.
Analyt.... Analytique.
Anat...... Anatomie.
Anc....... Ancien, ancienne
Ancienn... Anciennement.
Anthrop... Anthropologie.
Angl...... Anglais.
Annél..... Annélides.
Antiq..... Antiquités.
Aph....... Aphorisme.
Arach..... Arachnides.
Arboric... Arboriculture
Archéol... Archéologie.
Archit.... Architecture.
Arithm.... Arithmétique.
Armur..... Armurerie.
Arqueb.... Arquebuserie.
Arr....... Arrondissement.
Art....... Article.
Artill.... Artillerie.
Ascét..... Ascétique.
Astrol.... Astrologie.
Astron.... Astronomie.
Augment... Augmentatif.
Auj....... Aujourd'hui.
Autref.... Autrefois
Auxil..... Auxiliaire.
Banq...... Banque.
B.-arts... Beaux-arts.
Bibliogr.. Bibliographie.
Bijou..... Bijouterie.
Blas...... Blason.
Bonnet.... Bonneterie.
Bot....... Botanique.
C......... Code.
Can....... Canon, canonique
Canot..... Canotage.
Cant...... Canton.
Cap....... Capitale.
Cathol.... Catholique.
Celt...... Celtique.
Cent...... Centime.
Chamois... Chamoiserie.
Chancell.. Chancellerie.
Chapell... Chapellerie.
Charcut... Charcuterie.
Charpent.. Charpenterie.
Charronn.. Charronnerie.
Chem. de fer. Chemin de fer.
Cheval.... Chevalerie.
Chim...... Chimie.
Chir...... Chirurgie.
Ch.-l..... Chef-lieu.
Chorégr... Chorégraphie.
Chronol... Chronologie.
Civ....... Civil.
Coll...... Collectif.
Collectiv. Collectivement.
Comm...... Commerce.
Compar.... Comparatif.
Comparativ. Comparativement.
Comptab... Comptabilité.
Conchyl... Conchyliologie.
Cond...... Conditionnel.

Conj...... Conjonction, conjonctif.
Conjug.... Conjugaison.
Constr.... Construction.
Contract.. Contraction.
Corroier.. Corroierie.
Corrupt... Corruption.
Cost...... Costume.
Cout...... Coutume, coutumier.
Crim...... Criminel.
Cristall.. Cristallographie.
Crust..... Crustacés.
Cuis...... Cuisine.
Culin..... Culinaire.
Dat....... Datif.
Déf....... Défectif.
Dém....... Démonstratif.
Dénigr.... Dénigrement.
Dép....... Département.
Dess...... Dessin.
Détermin.. Déterminatif.
Dialect... Dialectique.
Didact.... Didactique.
Dimin..... Diminutif.
Diplom.... Diplomatie.
Divin..... Divinatoire.
Dogmat.... Dogmatique.
Dom....... Domestique.
Dout...... Douteux.
Dramat.... Dramatique.
Dr........ Droit.
Dynam..... Dynamique.
E......... Est.
Ébénist... Ébénisterie.
Ecclés.... Ecclésiastique.
Echin..... Echinodermes.
Econ...... Economie.
Ecrit..... Ecriture.
Egypt..... Egyptien.
Ellipt.... Elliptique.
Elliptiquem. Elliptiquement.
Encycl.... Encyclopédie.
Entom..... Entomologie.
Equit..... Equitation.
Erpét..... Erpétologie.
Escr...... Escrime.
Esp....... Espagnol.
Esthét.... Esthétique.
Ethnogr... Ethnographie.
Etym...... Etymologie.
Ex........ Exemple.
Exag...... Exagération.
Explét.... Explétif.
Ext....... Extension.
F......... Féminin.
Fabr...... Fabrique.
Fam....... Familier.
Fauconn... Fauconnerie.
Féod...... Féodal, féodalité.
Fig....... Figuré, figurément.
Fin....... Finances.
Fl........ Fleuve.
For....... Forêt.
Forest.... Forestier.
Fortif.... Fortifications.
Foss...... Fossiles.
Fr........ Français. — Franc.
Fut....... Futur.
G......... Genre.
Généal.... Généalogie.
Génit..... Génitif.
Géod...... Géodésie.
Géogn..... Géognosie.
Géogr..... Géographie.
Géol...... Géologie.
Géom...... Géométrie.
Gnomon.... Gnomonique.
Gr........ Grec. — Gramme.
Gramm..... Grammaire.
Grav...... Gravure.
Gymn...... Gymnastique.
Hab....... Habitants.
Hébr...... Hébreu, hébraïque.
Helminth.. Helminthologie.

Hippiatr.. Hippiatrique.
Hist...... Histoire, historique
Horlog.... Horlogerie.
Hortic.... Horticulture.
Hydraul... Hydraulique.
Hyg....... Hygiène.
Hyperboliq. Hyperboliquement.
Ibid...... Ibidem.
Icht...... Ichtyologie.
Iconol.... Iconologie.
Id........ Idem.
Imp....... Imparfait.
Impérat... Impératif.
Impers.... Impersonnel.
Impr...... Imprimerie.
Ind....... Indicatif.
Indéf..... Indéfini.
Inf....... Infinitif.
Infus..... Infusoires.
Interj.... Interjection, interjectif
Interjectiv. Interjectivement.
Interrog.. Interrogation.
Inus...... Inusité.
Inv....... Invariable.
Iron...... Ironiquement.
Irrég..... Irrégulier.
Ital...... Italien.
Jard...... Jardinage.
Jud....... Judiciaire.
Jurispr... Jurisprudence.
Kil....... Kilomètre.
Kilog..... Kilogramme.
L......... Lol.
Lat....... Latin. — Latitude.
Lég....... Légal.
Législ.... Législation.
Libr...... Librairie.
Ling...... Lingerie.
Linguist.. Linguistique.
Littér.... Littérature, littéraire.
Littéral.. Littéralement.
Liturg.... Liturgie.
Loc....... Locution.
Log....... Logique.
Long...... Longitude.
M......... Masculin.
Maçonn.... Maçonnerie.
Magnét.... Magnétisme.
Mamm...... Mammalogie
Manuf..... Manufacture.
Mar....... Marine.
Maréch.... Maréchallerie.
Mécan..... Mécanique.
Méd....... Médecine.
Mégiss.... Mégisserie.
Menuis.... Menuiserie.
Métall.... Métallurgie.
Météor.... Météorologie.
Métr...... Métrologie.
Milit..... Militaire.
Minér..... Minéralogie.
Mil....... Mouillé.
Moll...... Mollusques.
Mus....... Musique.
Myth...... Mythologie.
N......... Nom. — Nord. — Neutre.
Nap....... Napoléon.
Nat....... Naturel.
Nav....... Naval.
Navig..... Navigation.
N. B...... Nota bene.
Néol...... Néologisme.
Neutral... Neutralement.
N°........ Numéro.
Num....... Numéral.
Numism.... Numismatique.
O......... Ouest.
Observ.... Observation.
Oisell.... Oisellerie.
Opt....... Optique.
Orfév..... Orfèvrerie.
Orient.... Oriental.
Ornith.... Ornithologie.

Paléogr... Paléographie.
Paléont... Paléontologie.
Papet..... Papeterie.
Parf...... Parfait.
Parfum. :. Parfumerie.
Part...... Participe.
Partic.... Particule.
Pathol.... Pathologie.
Pâtiss.... Pâtisserie.
Peint..... Peinture.
Pén....... Pénal.
Pers...... Persan. — Personne, personne
Perspect.. Perspective.
P. et Ch.. Ponts et chaussées
Pharm..... Pharmacie.
Philol.... Philologie.
Philos.... Philosophie.
Photogr... Photographie.
Phrénol... Phrénologie.
Phys...... Physique.
Physiol... Physiologie
Plur...... Pluriel.
Poétiq.... Poétiquement.
Polit..... Politique.
Polyp..... Polypes.
Pop....... Population. — Populaire.
Portug.... Portugais.
Poss...... Possessif.
Pr........ Propre. — Pronom.
Prat...... Pratique.
Prép...... Préposition
Préposit.. Prépositif.
Prés...... Présent.
Priv...... Privatif.
Procéd.... Procédure.
Pron...... Pronom.
Prosod.... Prosodie.
Prov...... Proverbialement, proverbial.
Psychol... Psychologie.
Pyrotech.. Pyrotechnie.
Radic..... Radical.
Récipr.... Réciproque, réciproquement.
Réfl...... Réfléchi.
Relat..... Relation, relatif.
Relig..... Religion.
Rem....... Remarque.
Rhét...... Rhétorique.
Riv....... Rivière.
Rom....... Romain.
Rur....... Rural.
S......... Singulier. — Substantif. — Sud
Sanscr.... Sanscrit.
Sc........ Science.
Scolast... Scolastique.
Sculpt.... Sculpture.
Serrur.... Serrurerie.
Subj...... Subjonctif.
Substantiv. Substantivement.
Symb...... Symbolique.
Syn....... Synonyme.
Syr....... Syrien, syriaque.
Tact...... Tactique.
Tann...... Tannerie.
Techn..... Technologie.
Teint..... Teinturerie.
Tératol... Tératologie.
Théol..... Théologie.
Thérap.... Thérapeutique.
Toxic..... Toxicologie.
Trigon.... Trigonométrie.
Triv...... Trivial.
Typogr.... Typographie.
Unipers... Unipersonnel.
Us........ Usité.
V......... Verbe.
Vén....... Vénerie.
Vétér..... Vétérinaire.
Voy....... Voyez.
Vulg...... Vulgaire, vulgairement
Zool...... Zoologie.
Zooph..... Zoophytes.
Zootechn.. Zootechnie.

L'astérisque (*) marque les mots admis dans le Dictionnaire de l'Académie. — Le signe (~) indique que l'orthographe ou les définitions qui suivent cessent d'être académiques.

PRÉFACE

La publication d'un dictionnaire encyclopédique serait, à notre époque de vulgarisation, une chose banale et sans intérêt, si un ouvrage de ce genre se bornait à répéter ce qu'ont dit avant lui ceux qui l'ont précédé. Il suffit d'ouvrir notre Dictionnaire et d'y jeter un regard pour se convaincre que nous offrons au public une œuvre tout à fait nouvelle, mise au niveau du progrès.

Notre but n'a pas été seulement de réunir en un répertoire les matières éparses dans les centaines de volumes que nous avons consultés : tâche presque facile, aujourd'hui que tant d'autres l'ont entreprise et exécutée. Nous avons voulu faire cela, et mieux que cela; nous avons voulu produire un livre qui complétât les autres tout en les résumant, un ouvrage qui pût tenir lieu d'une bibliothèque, mais qu'une bibliothèque ordinaire ne rendît pas inutile; enfin une encyclopédie qui fût nécessaire lors même que l'on posséderait un ou plusieurs dictionnaires du même genre.

Pour atteindre ce but, il nous a fallu, sans négliger en aucune façon nos documents français, les collationner, pour ainsi dire, sur les ouvrages étrangers les plus récents.

De cette manière, nous n'avons pas produit une simple compilation d'ouvrages déjà connus; nous avons rétabli ou retrouvé des faits historiques et scientifiques restés dans l'ombre, nous nous sommes rapprochés autant que possible de la vérité.

Ce livre possède donc un caractère d'originalité et se distingue, par conséquent, de la plupart de ses devanciers, qui se bornent à se répéter les uns les autres.

Les nombreuses et brillantes découvertes scientifiques qui ont frappé le plus récemment l'attention publique ne sont décrites que dans les articles de journaux ou dans les livres spéciaux qu'il serait souvent difficile et toujours coûteux de se procurer. Nous leur avons donné une large place dans notre Dictionnaire. Pendant de longues années, nous avons enregistré chaque découverte d'un nouveau principe ou chaque application nouvelle d'un principe déjà découvert, particulièrement dans le domaine de la chimie, que les recherches contemporaines ont complètement renouvelée, et dans celui de l'électricité, science à peine venue au monde et qui produit déjà des merveilles.

Nous avons donc réuni sous une forme simple, variée, et dans un langage aussi rapproché que possible de celui des gens du monde, les principes et les applications des sciences chimiques, physiques, mathématiques, médicales et agricoles.

Les modifications que les événements contemporains ont fait subir à la géographie politique, les découvertes que les explorateurs ont faites dans le domaine de la géographie physique ne nous ont pas demandé moins de sollicitude. Pour la partie statistique, nous avons consulté les documents officiels les plus récents; nos renseignements financiers se rapportent aux dernières périodes budgétaires. Nous avons tenu compte des réformes introduites dans les diverses armées européennes; nous avons tracé l'esquisse des lois, des mœurs du gouvernement de chaque peuple. Nous faisons connaître, d'après les dernières publications, l'état du commerce, de l'industrie de toutes les nations, et nous avons publié des données se référant aux chemins de fer, aux postes et télégraphes, aux poids et mesures, aux monnaies, etc.

Nous avons noté les changements survenus dans nos lois civiles, politiques et militaires, ainsi que dans l'administration publique, afin que notre œuvre conservât dans toutes ses parties le même air de jeunesse et d'actualité.

La langue française elle-même a été récemment modifiée, surtout dans sa partie orthographique, par la publication d'un nouveau Dictionnaire de l'Académie. Tous les dictionnaires qui ont paru avant l'année 1877, époque où celui-ci a vu le jour, présentent donc des lacunes que le nôtre vient combler.

A la langue académique, nous avons ajouté les termes scientifiques, les expressions technologiques, les néologismes, et enfin les mots des différents jargons ou d'argot que la littérature dite *naturaliste* tend à faire entrer dans le langage populaire.

Sous l'influence de la belle pensée : « *Homo sum, humani nihil a me alienum puto* », nous n'avons négligé aucune branche de la science humaine ; nous avons essayé de réunir, en un seul ouvrage, le plus vaste recueil d'informations qui ait jamais été publié et de mettre à la disposition du public le livre de renseignements le plus utile et le plus complet.

Il était impossible qu'un seul écrivain réunît les connaissances nécessaires pour mener à bien un travail aussi considérable, contenant une masse aussi prodigieuse de faits, de dates, de définitions et d'explications.

Outre notre comité de rédaction, nous avons eu, comme collaborateurs, une foule de personnes bienveillantes, dont nous avons accepté avec reconnaissance les observations et les renseignements, et auxquelles nous avons souvent confié la correction de notre manuscrit, avant de le livrer à l'impression.

Il est même arrivé plusieurs fois que nos correspondants ont poussé l'obligeance jusqu'à nous offrir, titre gracieux, leurs services pour la rédaction de certains articles spéciaux ou de séries d'articles.

En tête des nombreux collaborateurs qui sont ainsi entrés spontanément et d'une manière désintéressée parmi les rédacteurs de notre Dictionnaire, nous devons placer M. Ch. Yves, d'Évreux, qui nous a fait profiter de sa compétence en matière de jurisprudence et d'administration, en nous fournissant plusieurs milliers d'articles souvent très étendus, toujours d'une grande valeur et dont l'intérêt, qui a été pour une grande part dans le succès de notre ouvrage, a été remarqué par tous les appréciateurs.

Parmi les autres écrivains et les savants qui ont bien voulu nous venir en aide, nous ne pouvons nous dispenser d'exprimer notre gratitude à M. Largeau, l'explorateur bien connu, qui nous a fourni des renseignements sur la géographie africaine, et qui a même rédigé à notre intention des articles remarquables, pleins de données inédites ; à M. Kerckhoffs, qui a signé, de son nom si autorisé, plusieurs articles de linguistique ; à M. Eymael, professeur à Maestricht, qui a revu et rédigé un grand nombre de nos articles relatifs à la littérature et à la géographie des Pays-Bas ; à M. Gabriel Marcel, bibliothécaire à la section des cartes, à la Bibliothèque Nationale ; à M. Gausseron, professeur de l'Université ; et à une foule d'autres collaborateurs français ou étrangers, qui se sont intéressés à l'exactitude et à la correction de notre œuvre.

Le *Nouveau Dictionnaire encyclopédique universel illustré* se recommande à l'attention :

1° Par l'étendue de ses matières, qui ne comprennent pas moins de six cent mille définitions, vingt mille articles de biographie et d'histoire, vingt-deux mille articles de géographie, cinquante mille articles de science, d'art, de grammaire ; plus d'un million de dates et de nombres, collationnés avec le plus grand soin ; environ trois mille magnifiques gravures représentant des villes, des plans, des monuments et des machines, ou venant à l'appui de nos explications zoologiques, botaniques, géométriques et autres ; deux cents tableaux de statistique ou de science, etc. ;

2° Par l'exactitude et la nouveauté des renseignements qu'il renferme ;

3° Par la modicité relative de son prix ; puisqu'il contient la matière de cinq cents volumes à un franc et qu'il est aussi complet que des encyclopédies qui coûtent deux cents, trois cents et même cinq cents francs ;

4° Par le soin tout particulier apporté à sa composition, à sa correction, et à son tirage sur beau papier ;

5° Par son mode de publication en livraisons, qui le met à la portée de toutes les bourses.

A

AA

'A s. m. Première lettre et première voyelle de l'alphabet. Cette lettre a généralement le son aigu lorsqu'elle n'est surmontée d'aucun accent ou lorsqu'elle est marquée d'un accent grave : *déjà, holà.* Surmontée d'un accent circonflexe, elle prend le son grave : *âme, pâte;* excepté dans les formes verbales : *qu'il allât.* Le son est intermédiaire lorsque l'*a* est suivi d'un *s* à la fin des mots : *tu iras;* et dans les mots *diable, sable, fable, sabre, cadre,* etc. L'usage seul fixe ces distinctions. — UNE PANSE D'*a*, partie d'un petit *a* qui a la forme d'une panse. — N'AVOIR PAS FAIT UNE PANSE D'*a*, n'avoir rien écrit, n'être pas auteur.

Comme signe abréviatif, A peut signifier : *Altesse*, lorsqu'on parle à des princes; *Accepté*, en style de commerce; *Paris*, sur les monnaies de France fabriquées dans la capitale; le *dimanche*, dans les années qui commencent par ce jour de la semaine; la *principale étoile* d'une constellation. — Appliqué sur l'ancre d'un navire, A signifie *assuré* ou *assurance;* — A. M. est l'abréviation des mots *assurance mutuelle.*

'A, trois. pers. sing. ind. prés. du verbe AVOIR.

'À prép. (lat. *ad*, à, vers, du côté de; *a, ab,* de, hors de, loin de). Marque le mouvement vers : *aller à Paris;* la relation de temps : *se lever à six heures;* la relation de matière : *bâtir à chaux;* de manière : *s'habiller à la française;* de cause : *un moulin à vent;* de destination : *un sac à ouvrage;* de moyen : *peindre à l'huile;* de possession : *ce livre est à Alfred.* Lorsque A précède LE, on contracte *à le* en AU devant une consonne ou une H aspirée; lorsqu'il précède LES, on contracte *à les* en AUX.

AA. Marque des monnaies frappées à Metz.

AA. Signe employé dans les ordonnances des médecins, pour dire : *par parties égales.*

AA ou Aaa. Signe employé autrefois par les chimistes, pour dire : *amalgame, amalgamez.*

AA, enu; Aar, Aah, Aaar, Har, Khar, cours d'eau; mots teutoniques et celtiques qui ont formé le préfixe de plusieurs noms de rivières commençant par *aa, aar, al, char, cher, eur, her, gar, jar,* etc.; et qui sont restés comme

L.

AALC

noms individuels de plusieurs cours d'eau de France, d'Allemagne et de Courlande.

AA. Nom de plusieurs cours d'eau : 1° riv. de France (Pas-de-Calais), arrose Saint-Omer, où elle devient navigable et se jette dans la mer du Nord, à Gravelines, après un cours de 84 kil. — 2° riv. de Belgique, province d'Anvers; affl. de la Nèthe. — 3° riv. de Hollande, province de Groningue; se jette dans le Dollart. Son nom ordinaire est *Westerwolder Aa Overyssel.* — 4° riv. de Hollande (Brabant septentrional), passe à Hellmont et s'unit à la Dominel, à Bois-le-Duc. — 5° riv. de Suisse, cant. de Lucerne; affl. de l'Aar. — 6° autre riv. de Suisse qui porte les eaux du lac de Sarnen (Underwalden) au lac de Lucerne. — 7° autre affl. du lac de Lucerne; arrose la vallée d'Egleberg. — 8° fleuve de Russie; se jette dans le golfe de Riga, après un cours de 230 kilom. — 9° riv. de Courlande; afflue dans la Dwina, près de Riga.

AA (Gerard van der), patriote hollandais, qui se rendit célèbre, ainsi que ses deux fils (Philippe et Adolphe), pendant la révolte des Pays-Bas (1571).

AA (Peter van der), éditeur et compilateur de Leyde, mort en 1730; a publié le magnifique atlas appelé « La galerie du monde », ouvrage qui ne comprend pas moins de soixante-six vol.

AACHEN [â-kénn], voy. AIX-LA-CHAPELLE.

AÆDÉ s. f. [a-é-dé]. Une des trois muses, d'après le système mythologique de Pausanias et de Varron. Les autres muses étaient Mnémé et Mélété.

AAL s. m. [a-al]. Arbre de la famille des térébinthacées. Il est originaire des îles Moluques. Son écorce sert à aromatiser.

AALBORG [Al-borg], ville du Jutland (Danemark), capitale du district du même nom, sur le Lymphiord, à 24 kil. du cattégat; 14,800 hab. — Célèbre port de mer avant le XIIe siècle. Evêché, école de navigation; pêche du hareng; commerce de grains. — Lat. 57° 2' 46'' N.; long. 7° 35' 44'' E.

AALCLIM ou Aalklim s. m. [a-al-klimm]. Plante de l'Inde, famille des légumineuses.

AARO

AALEN [â-lé-ne], ville de Wurtemberg, à 72 kil. E.-N.-E. de Stuttgart; 5,575 hab. Manufactures de lainages, de peausseries et de fer. Lat. 48°, 47° 20'' N.; long. 7°, 47° 3'' E.

AALST [Alst]. Voy. Aelst.

AALTEN [al-tène], ville de Hollande (prov. de Gueldre), près de la frontière prussienne; 6,200 hab. — Tanneries, toiles, fours à briques, moulins à farine et à huile.

AAM s. m. [âme]. Ancienne mesure des Pays-Bas. 155 litres 224, pour les vins et les eaux-de-vie; 145 litres 5225, pour les huiles. Plur. des *Aams.*

AANTGICH s. m. [a-an-tjick]. Canard à queue fourchue qui habite le nord de la Russie.

AAR [âr] (*Arola* ou *Arula*), riv. de Suisse, la plus considérable après le Rhin et le Rhône. L'Aar descend des Alpes bernoises, forme, à Handeck, une chute magnifique; traverse les lacs de Brienz et de Thun; arrose Berne, Soleure, Aarau, et se jette dans le Rhin, près de Waldshut, après un cours de 279 kil. Il roule des paillettes d'or. — Ses principaux affluents sont la Reuss et la Limmat.

AARAU [â-rô], ch.-l. du canton d'Argovie (Suisse), sur l'Aar, à 64 kil. N.-E. de Berne; 5,450 hab. Ville célèbre par ses instruments de mathématiques. En 1798, Aarau devint la capitale de la confédération helvétique. Lat. 47° 23' 35'' N. long. 3° 42' 31'' E.

AARBOURG [ar-bour], bourg de Suisse (Argovie), sur l'Aar; 1,900 hab. Château fortifié sur un rocher; manufactures et forges.

AARHUUS [âr-houce] port du Jutland, sur le Cattégat; 15,050 hab. Grande cathédrale gothique, bibliothèque et musée. Lat. 56° 1'' N. long. 7° 52' 36'' E.

AARON [â-ron]. — I. Frère aîné de Moïse, premier grand prêtre des Hébreux; fit le veau d'or et mourut sur le mont Hor, à l'âge de cent-vingt-trois ans (1574-1452 av. J.-C.). — II. Médecin d'Alexandrie (Egypte), au VIIe siècle; le premier, il mentionna la petite vérole et fit connaître aux Arabes les ouvrages des médecins grecs.

a

AARONIQUE adj. [A-ro-ni-ke]. Qui touche, qui appartient à Aaron.

AARSENS (Frans van) [Ar-sènce], diplomate hollandais, ambassadeur en France, à Venise et en Angleterre. Il a laissé d'intéressants mémoires (1572-1644).

AASEN (Ivar Andreas) [â-sènn], philologue norvégien, né en 1813. Il a publié une grammaire et un dictionnaire de la langue norvégienne.

AASVÆR [ass-vair], groupe de petites îles, près du cercle arctique, à 20 kil. des côtes de Norvège (prov. de Nordland). La pêche au hareng y occupe plus de 10,000 pêcheurs.

AAVORA, Avoira ou **Ayoura** s. m. Palmier épineux, très élevé, originaire de Guinée et acclimaté en Amérique. Ses fruits produisent l'*huile de palme*, et ses graines le *beurre de Galam*.

AB s. m. Onzième mois de l'année civile et cinquième de l'année ecclésiastique des Juifs (fin juillet et commencement d'août).

AB (latin : *ab* de, par), préfixe de certains mots dérivés du latin et qui leur donne un sens d'éloignement, de séparation, d'extraction.

ABA s. m. Costume porté en Turquie par les indigents. On donne quelquefois le même nom au *burnous*.

ABA ou **Abba** s. m. *(père*, dans les langues syriaque et éthiopienne). Titre que les églises syriennes, coptes et éthiopiennes donnent à leurs évêques.

ABA ou **Albon**, roi de Hongrie, détrôné en 1044 par *l'empereur Henri III*.

ABA, ville de l'ancienne Phocide, fondée par les Abantes. C'est la seule cité qui fut respectée après la guerre sacrée, parce que le dieu Apollon y avait un oracle.

ABA, montagne d'Arménie, d'où descendent l'Araxes et l'Euphrate.

ABAB s. m. Nom que porte le matelot qu'on lève, dans l'empire ottoman, lorsque les esclaves manquent pour le service maritime.

ABABDÉH s. m. [a-bab-dé]. Peuplade tributaire de l'Egypte, éparpillée sur la partie septentrionale du désert, entre le Nil et la mer Rouge, qui peut mettre 20,000 hommes sous les armes. Sur le territoire des Ababdéh on trouve le marbre appelé *Breccia verde*.

ABABOUINÉ adj. Se dit d'un navire arrêté par un calme plat.

ABABOUY s. m. [a-ba-bou-i]. Espèce d'oranger épineux qui croît dans les Antilles. Sous nos climats, il vient assez bien en serre chaude, mais ses fruits n'y peuvent mûrir.

AB ABRUPTO loc. adv. [a-ba-brup-to]. Brusquement, sans préparation.

AB ABSURDO loc. adv. [a-bab-sur-do]. Par l'absurde. Méthode de démonstration qui consiste à supposer un principe opposé à celui que l'on se propose, pour en tirer des conséquences absurdes.

ABACA ou **Chanvre de Manille** s. m. (lat. *musa textilis*). Fibre produite par une espèce de bananier, et que l'on emploie à la fabrication des paillassons, des cordons de sonnette, etc.

ABACANSK, voy. ABAKANSK.

ABACATUIA s. m. [a-ba-ka-tou-ia]. Ichtyol. Nom donné quelquefois au *Vomer de Brown*.

ABACÈTE s. m. [a-ba-sè-te]. Genre de coléoptères, tribu des féroniens, dont le type est l'*abacète gayate*, qui se trouve en Guinée et au Sénégal : noir brillant en dessus et assez semblable, pour la forme et pour la taille, à la *féronie abaxoide*.

ABACO — I. Grand, la plus grande des îles Bahama; 128 kil. de long sur 23 de large. —

II. Petit, île voisine de la précédente; 45 kil. sur 7. — Pop. des deux îles : 2,000 hab. Lat. (au phare) 25° 51' 30" N.; long. 79° 34' 9" O.

ABACUC ou **Habacuc**, l'un des douze petits prophètes; prédit la captivité de Babylone. (Mort vers 536 av. J.-C.).

ABACUS s. m. [a-ba-kuss]. Nom lat. de l'ABAQUE (voy. ce mot). — Bâton mystique, porté par le grand maître des Templiers. Il était plat; et, sur sa pomme d'argent, se trouvait marquée la croix de l'ordre.

ABAD. Mot hindou qui signifie : *la ville de*; comme : Hyder-Abad, *la ville de Hyder*.

ABAD — I. (**Abou Amrou ibn Habed**), premier roi maure de Séville, fondateur de la dynastie abadite (1045); il mourut en 1041, après avoir pris Cordoue. — II. (Mohammed ibn Habed), fils du précédent, conquit l'Andalousie (1012-1069). — III. (Mohammed ibn Habed), son fils (1039-1095), le dernier de la dynastie; continua les conquêtes de ses prédécesseurs; mais fut vaincu par les Almoravides du Maroc, en 1091 et emprisonné pendant quatre années en Afrique où il mourut. Plusieurs poèmes, qu'il écrivit en captivité, font fait l'admiration de ses contemporains.

ABADDON, voy. APPOLLYON.

ABADIOTES ou **Abdiotes** s. m. pl. Peuple qui envahit l'île de Candie en 825. Les abadiotes sont issus des Arabes et des Sarrasins. Ils se rendirent longtemps redoutables par l'exercice de la piraterie.

ABADIR s. m. [a-ba-dir] — I. Pierre que, d'après la mythologie, Cybèle donna à son époux, Saturne, et que ce dernier dévora à la place de ses enfants. — II. Divinité égyptienne.

ABADITE adj. Secte musulmane répandue dans l'Oman (Arabie). — Dynastie fondée par *Abad*.

ABADIVA ou **Lieu** s. m. Poisson du genre gade qui habite les mers du Nord.

ABADZAS s. m. pl. [a-badd-zâss]. Peuple du Caucase.

ABAÉTÉ, grande rivière du Brésil, affl. de gauche du San Francisco. Cours : 240 kil.; affl. : *Abaïté* et *Chumbo*.

ABAFFI — I. (**Michel**), prince de Transylvanie, élu en 1661, aida les Turcs contre l'Autriche. — II. Fils du précédent, lui succéda en 1690, fut dépouillé par l'empereur Ferdinand III, et mourut à Vienne, en 1713.

ABAGI s. m. Monnaie de Perse, voy. ABASSI.

ABAI s. m. Nom japonais du *Calycanthe* précoce. — Vêtement employé en Syrie. — Mois turc correspondant à notre mois d'août.

ABAILARD, voy. ABÉLARD.

ABAISSABLE adj. Susceptible d'être abaissé.

ABAISSANT, ANTE adj. Qui abaisse, humilie, dégrade : *conduite abaissante*.

ABAISSE s. f. [a-bè-se]. Pâte qui a été *abaissée*, c'est-à-dire sur laquelle on a passé le rouleau pour la rendre moins épaisse; l'*abaisse* forme la croûte de dessous de plusieurs pièces de pâtisserie, telles que vol-au-vent, tourte, pâté, etc.

ABAISSÉ, ÉE, part. p. d'ABAISSER.—Blas. Se dit des pièces qui sont au-dessous de leur position ordinaire; et des oiseaux dont les ailes sont pendantes. — Se dit aussi, comme synonyme de *diffamé* et de *déchargé*, des armoiries qui renferment quelque figure destinée à perpétuer le souvenir d'une faute ou d'un fait. — Bot. Se dit de la lèvre inférieure d'une corolle labiée, quand elle forme un angle presque droit avec le tube

ABAISSE-LANGUE, s. m. invar. Instrument

dont se servent les médecins pour abaisser la langue. Le manche d'une cuiller est le plus simple des *abaisse-langue*. Cet instrument s'appelle aussi GLOSSOCATOCHE.

ABAISSE-PAUPIÈRE, s. m. invar. Instrument de chirurgie qui sert à abaisser la paupière.

ABAISSEMENT s. m. [a-bè-se-man]. Action d'abaisser ou de s'abaisser; de diminuer, d'amoindrir : *l'abaissement des eaux*; *l'abaissement de la voix*; *l'abaissement des impôts*. — Fig. Déchéance, humiliation, affaiblissement, dégradation, dégénérescence : *Louis XI et Richelieu travaillèrent à l'abaissement des grands*.

Dans quel abaissement ma gloire s'est perdue!
LAMARTINE.

— Humilité : *la mesure de nos abaissements en ce monde sera la mesure de notre gloire dans l'autre* (Bourdaloue). — Astron. ABAISSEMENT D'UN ASTRE, quantité dont on doit diminuer la hauteur apparente d'un astre pour avoir sa hauteur vraie.— Blas. Changement apporté à des armoiries pour perpétuer le souvenir d'une faute.— Syn. ABAISSEMENT, BASSESSE. L'abaissement est le résultat d'une action, d'un accident; il ne touche pas à l'honneur. — La *bassesse* à quelque chose de permanent; elle exclut la considération.

ABAISSER v. a. [a-bè-sé] (de a, qui marque tendance; et *baisser*). Faire aller en bas : *abaisser un store*.—Diminuer la hauteur : *abaisser un mur*. — Diminuer le prix, les droits, etc.— Fig. Modérer, adoucir, tempérer :

De moment en moment, son âme plus humaine
A baisse sa colère et rabat de sa haine.
CORNEILLE.

— Rendre moins puissant; affaiblir; humilier :

Pensez-vous abaisser les rois dans leurs ministres?
VOLTAIRE.

— Arith. *Abaisser un chiffre*, écrire un chiffre faisant partie d'un dividende ou d'une puissance, à côté du reste, dans la division ou l'extraction de racine. — Algèb. *Abaisser une équation*, la réduire d'un degré. — Géom. *Abaisser une perpendiculaire*, tracer une ligne perpendiculaire à une autre ligne. — Chirurg. *Abaisser la cataracte*, faire descendre le cristallin, de manière qu'il ne puisse gêner la vision. — Pâtiss. *Abaisser la pâte*, passer, à plusieurs reprises, un rouleau sur de la pâte, pour l'amincir, l'étendre et la rendre plus compacte; la pâte ainsi préparée s'appelle *abaisse*. — ↝ Fauconn. *Abaisser l'oiseau*, diminuer la nourriture habituelle d'un oiseau de fauconnerie pour le rendre plus avide de proie et, en même temps, plus léger. — S'*Abaisser*, v. pr. Devenir plus bas, s'incliner, se courber, descendre; perdre de sa force, de son volume, de sa valeur.— Fig. s'humilier, s'avilir.— Se mettre à la portée de quelqu'un plus faible.

ABAISSEUR adj. et s. m. Muscle dont la fonction est d'abaisser la partie à laquelle il est attaché. — *Abaisseur de l'aile du nez* ou *myrtiforme*, muscle qui ressemble à une feuille de myrte et qui abaisse l'aile du nez.—*Abaisseur de l'angle des lèvres* ou *Abaisseur triangulaire des lèvres*, muscle qui naît de la face externe de la mâchoire inférieure et qui s'étend jusqu'au coin de la bouche, où il se termine en pointe. — *Abaisseur de la lèvre inférieure* ou *carré du menton*, muscle qui s'attache à la ligne oblique externe de l'os maxillaire inférieur et monte dans la lèvre inférieure. — *Abaisseurs de la mâchoire inférieure*, différents muscles de la mâchoire inférieure. — *Abaisseur de l'œil*, muscle droit inférieur de l'œil.— *Abaisseur de la lèvre inférieure*, faisceau charnu qui fait partie du muscle palpébral.

ABAIT s. m. [a-bè] (bas latin *abettum*, même sens) Appât que l'on met à l'hameçon.

ABAITER v. act. Appâter un hameçon.

*ABAJOUE s. f. [a-ba-joû] (contraction de *à bas joue*). Poche que certains mammifères (singes, nyctères etc.) portent de chaque côté de la bouche et qui leur sert à la conservation et au transport des aliments. Chez les nyctères, l'abajoue diminue le poids spécifique du corps et facilite le vol en permettant l'introduction de l'air dans le tissu cellulaire sous-cutané. — ***** Fam. On appelle *abajoues*, des joues volumineuses.

ABAKA KHAN, second roi mongol de Perse; régna de 4265 à 4280, compléta les conquêtes de son père, Houlagou; releva Bagdad et consolida la domination mongole dans l'Asie occidentale.

ABAKANSK, ville forte de Sibérie, détruite en 4707 et reconstruite, 8 ans plus tard, par Pierre-le-Grand ;. 2,000 hab. *Lat.* 54° N., *long.* 89° 40' E.

ABALIÉNATION s. f. (lat. *ab* et *aliénation*). Droit rom. Cession de biens meubles et immeubles situés en Italie.

ABALIÉNER v. a. Consentir une abaliénation. — S'abaliéner. Être abaliéné.

ABALOURDIR v. a. (rad. *balourd*). Rendre lourd, stupide, à force de mauvais traitements. — S'abalourdir, v. pr. Devenir abalourdi, lourd stupide.

ABALOURDISSANT, ANTE adj. Qui est propre à abalourdir; qui imprime une crainte stupide.

ABALOURDISSEMENT s. m. Action d'abalourdir; état causé par l'abalourdie.

ABAMA s. m. ou Narthécie. Bot. Genre de la famille des liliacées.

ABAMÉES s. f.. pl. Groupe botanique qui a pour type le genre *abama*.

ABAN s. m. Dixième jour du mois solaire, chez les Persans. — Huitième mois de l'année persane. — Mois d'octobre chez les Syro-Macédoniens.

ABANA, nom que les Hébreux donnaient à une rivière de Syrie. Voy. BARADA.

ABANÇAY — I. Ville du Pérou, sur la rivière du même nom; 5,500 hab.; sucreries.—II. Riv. du Pérou sur les bords de laquelle le maréchal espagnol Almagro battit et fit prisonnier Alvarado, partisan de Pizarre (12 juillet 4537).

ABANCOURT (Charles-Xavier-Joseph de Franqueville) né à Douai, en 1758, ministre de la guerre en 4792, accusé, le 40 août, de conspirer contre la Révolution, arrêté, envoyé d'abord devant le tribunal d'Orléans, puis ramené à Versailles, où il périt dans le massacre du 9 septembre.

*ABANDON s. m. (de *à*, prép.; et du vieux mot *bandon*, permission par *ban* de faire quelque chose).Action d'abandonner une personne ou une chose : *il consent à l'abandon de ses droits*. — État d'une personne ou d'une chose abandonnée : *l'abandon de ses biens l'a consterné*. — Négligence de ses intérêts : *avec moins d'abandon de vous-même, vous seriez capable de remplir les plus grands emplois*. Confiance entière : *parler avec abandon*. Négligence heureuse dans le style ou dans les manières,

Son corps à la beauté, ce trop fragile don,
Joignait des mouvements de facile abandon.
DÉLILLE.

— À l'abandon, loc. adv. Sans soin, sans précaution, avec négligence : *il laisse son bien à l'abandon*.

— Jurispr. ABANDON DE BIENS, partage de biens anticipé, fait par un père, dans le but d'éviter toute difficulté entre ses enfants après sa mort.—Droit. 4° Acte par lequel un débiteur laisse ses biens à ses créanciers (voy. CESSION DE BIENS et CONCORDAT PAR ABANDON). 2° Action de renoncer à une chose ou à un droit pour

se libérer des charges qui frappent la chose abandonnée. Ainsi on peut abandonner un droit de *mitoyenneté*; un fond·assujetti à une *servitude*; un terrain vague ; un héritage chargé de dettes; une marchandise frappée de droits. —ABANDON D'ENFANT, crime prévu par le code pénal, art. 347 et suiv. — ABANDON D'ANIMAUX, contravention punie d'amende, si les animaux abandonnés pénètrent sur les terrains d'autrui, quand même il n'y commettraient pas de dégâts. — La personne qui trouve des animaux errants sur sa propriété, peut les saisir et les conduire à la *fourrière* dans les 24 heures. S'il y a dommage causé, elle requiert le juge de paix de faire procéder à l'estimation. Le propriétaire de l'animal a huit jours de délai pour payer le dommage et réclamer le bétail; faute par lui de s'exécuter, le bétail est vendu à la requête du receveur de l'enregistrement, après ordonnance du juge de paix ou du juge d'instruction. — ABANDON D'INSTRUMENT. Le fait d'abandonner, dans un lieu public, des outils ou des instruments dont les malfaiteurs peuvent abuser est une contravention punie d'amende.

ABANDONNATAIRE s. des deux g. Celui ou celle au profit de qui est fait un abandon de biens par un créancier.

ABANDONNATEUR, TRICE s. Celui ou celle qui fait un abandon.

ABANDONNATI s. m. pl. Voy. ABANDONNÉS.

* ABANDONNÉ, ÉE part. pas. d'abandonner : —*****Chasse. *Chien abandonné*, chien qui a pris les devants d'une meute et s'est élancé sur la bête. — * Substantiv. Celui, celle qui mène une conduite déréglée :

> J'aime fort la beauté qui n'est pas profane,
> Et ne veux point brûler pour une *abandonnée*.
> MOLIÈRE.

Abandonnés s. m. pl. Nom d'une confrérie espagnole. — Membres d'une académie de Bologne. (Voy. ACADÉMIE.)

* ABANDONNEMENT s. m. Action de délaisser; état d'une personne abandonnée. — Dévouement, abnégation. — Confiance entière. — Dérèglement. — Attribution que les notaires chargés d'une partage, font à chacun des copartageants; dans ce cas, on dit aussi FOURNISSEMENT. — ***** Cession qu'un débiteur fait de ses biens à ses créanciers.

ABANDONNÉMENT adv. Librement et sans réserve.

* ABANDONNER v. a. Quitter, délaisser: *abandonner sa maison*. — Ne prendre aucun soin : *ce père abandonne son fils*. — Désespérer de : *les médecins l'abandonnent*. — Laisser échapper : *n'abandonnez pas les étriers*. — Fig. renoncer à : *j'abandonne mes droits*. — Livrer : *la ville fut abandonnée au pillage*. — Laisser l'entière disposition, la jouissance complète : *je vous abandonne mes biens*. — Concéder : *je vous abandonne ce point*. — Confier : *j'ai abandonné le soin de mes affaires à un homme de loi*. — S'abandonner : se livrer sans réserve : *il s'abandonne à la douleur*. — Se confier à : *il s'abandonne à la Providence*. — Perdre courage : *si la fortune vous abandonne ne vous abandonnez pas* — Se livrer à la débauche.

ABANGA s. m. Fruit produit par un palmier de l'île Saint-Thomas, et dont on fait une liqueur fermentée. Voy. ABARIGA.

ABANNATION s. f. (lat. *ab*,et *annus*, année). Exil d'un an que l'on infligeait autrefois à l'auteur d'un homicide involontaire.

ABANO (Piétro di), PETRUS DE APONO, médecin et alchimiste, né à Abano vers 4248, professeur de médecine à Padoue, auteur de savants et nombreux ouvrages. Accusé de magie, il mourut en prison et fut brûlé en effigie (1246).

ABANO, *Pontavinæ Aquæ*, *Aquæ Aponi*. *Apono*. ville de Vénétie, à huit kil. S.-O. de Padoue.

Eaux et boues thermales célèbres (+ 82° C.) iodo-bromurées; on les emploie contre les maladies de la peau, les affections goutteuses et scrofuleuses. Source principale de *Monte-Ortone*. Etablissement balnéaire. — Abano dispute à Padoue l'honneur d'avoir donné le jour à Tite-Live. 4,000 hab.

ABANTES, peuple du Péloponèse, ainsi nommé de son chef Abas; les Abantes construisirent en Phocide la ville appelée Aba; plus tard, ils se retirèrent dans l'Eubée.

ABANTIAS ou **ABANTIS**, nom que l'île d'Eubée reçut après avoir été peuplée par les Abantes.

ABANTIDAS (dâs], tyran qui s'empara du pouvoir à Sicyone (267 av. J.-C.) et qui fut tué, peu après, par les philosophes Dinias et Aristote le Dialecticien.

*ABAQUE S. m. [A-ba-ke](grec *Abax*; lat. *Abacus*, table, tablette, buffet). Partie supérieure du chapiteau d'une colonne, sur laquelle porte l'architrave; sa forme varie suivant les ordres: simple, carré et plat dans l'antiquité, il prit la

Abaque corinthien.   Abaque dorique.

forme d'un octogone pendant la période ogivale.— Tablette où les anciens traçaient, sur un sable fin, des nombres, des figures de géométrie, des lettres. Ils s'en servaient particulièrement pour le calcul. On dit quelquefois *Abaque de Pythagore*, pour *Table de Pythagore*. — *Abaque* se disait encore d'une table de jeu divisée en compartiments et se rapprochant de nos damiers, de nos échiquiers. — Une ma-

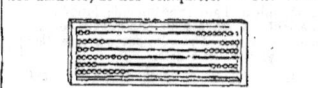

Abaque à calculer.

chine à calculer, du nom d'*abaque*, inventée, dit-on, par les Chinois, fut introduite en Russie par les Mongols et connue chez nous vers 4842. Elle est employée dans les salles d'asile, sous le nom de *boulier*, pour enseigner aux enfants les premiers éléments de l'arithmétique. Les petites boules de la première colonne représentent les unités; les colonnes suivantes sont affectées aux dizaines, aux centaines, etc.

ABARBANEL, voy. ABRAVANEL.

ABARCA (Joaquin), prélat espagnol, né dans l'Aragon vers 4780; devint évêque de Léon en 4823, resta l'un des chefs du parti de Don Carlos, fut son premier ministre dans les provinces basques et se livra à des intrigues qui le firent bannir en 1839; il mourut dans un couvent près de Turin en 4844.

ABARES s. m. pl. [a-bar-re]. Nom que l'on donne quelquefois au peuple scythe des AVARES.

ABARIDE s. m. (gr. *Abarès*, léger). Coléoptère de la tribu des féroniens, dont l'unique espèce, l'*abarique ænea* se trouve aux environs de Carthagène (Amérique).

ABARIGA s. m. Palmier de l'île Saint-Thomas, dans les Antilles. Son fruit s'appelle *abanga*.

ABARIM [a-ba-rimm], chaîne de montagnes à l'orient de la mer Morte et du Jourdain. Son point culminant est le Nébo, sur lequel mourut Moïse.

ABARIQUE adj. Qui a rapport à *Abaris*.

ABARIS[riss], magicien scythe auquel Apollon avait donné une flèche sur laquelle il avait la faculté de traverser les airs. (Mythol.).

ABARNAHAS s. m. [ass]. Nom que les alchimistes donnaient à la magnésie.

ABARTAMEN, s. m. [mènn], nom que les alchimistes donnaient au plomb.

ABARTHROSE s. f. [a-bar-trô-ze] (du lat. *ab* et du gr. *arthron*, articulation). Articulation qui permet des mouvements dans tous les sens. Voy. DIARTHROSE.

ABARTICULATION s. f. Synom. d'ABARTHROSE.

ABAS s. m. [a-bâss]. Poids que les Persans et les peuples voisins emploient pour peser les perles. Il vaut 0 gr. 4863.

ABASCAL (José-Fernando), général espagnol (1743-1821). Gouverneur de Cuba en 1793, il défendit la Havane contre les Anglais; vice-roi du Pérou de 1804 à 1816, il retarda, par son attitude, l'explosion révolutionnaire dans les colonies espagnoles, ce qui ne l'empêcha pas d'être disgracié par Ferdinand VII.

ABASE, Abasie, voy. ABKHASE, ABKHASIE.

ABASECH s. m. [a-ba-zèk]. Tribu circassienne qui vit de pilleries.

ABASICARPE s. m. (du grec a priv.; *basis*, base; *carpos*, fruit). Genre de plantes appartenant la famille des crucifères.

ABASOLOA s. m. [a-ba-zo-lo-a]. Plante composée dont on ne connaît qu'une espèce, originaire du Mexique.

ABASOURDIR v. a. [a-ba-zour-dir] (rad. *sourd*). Étourdir par un grand bruit : *ce coup de tonnerre m'a abasourdi.* — Fig. consterner, accabler, stupéfier :

Et comme il est le maître et qu'il a du crédit,
D'une seule menace, il nous *abasourdit.*
BOURSAULT.

— **S'abasourdir** v. pr. S'étourdir.

ABASOURDISSANT, ANTE, adj. Qui est propre à abasourdir.

ABASOURDISSEMENT s. m. Stupéfaction, consternation, stupeur.

ABASSI s. m. Monnaie d'argent de Perse, pesant 2 gr. 08 et valant 0 fr. 416.

ABAT s. m. [a-ba]. Action d'abattre, de renverser, de tuer. — s. m. pl. Parties que l'on ne peut vendre comme viande chez les animaux abattus : cornes, boyaux, etc. — Parties des animaux que vendent les tripiers : gras double, mou de bœuf, pieds de mouton, foie, etc.

ABAT ou **Abas** s. m. Pluie abondante et soudaine.

ABATAGE ou **abattage** s. m. Action de couper les arbres, de tuer des bestiaux, de coucher un grand animal domestique, de retourner une pierre, une pièce de bois sur un chantier, de coucher un navire sur le côté. — Pièce du métier à bras. — Longueur d'un vêtement. —Châssis des anciennes devantures de boutique. — *Sylvic.* L'abatage des arbres a lieu pendant le repos agrocole et la sève : de fin janvier à fin avril. Il faut, six mois à l'avance, faire à la sous-préfecture, une déclaration des arbres que l'on veut abattre et des lieux où ils se trouvent. En cas d'urgence, lorsque la main doit constater qu'il a fallu abattre les arbres instantanément et sans déclaration. L'oubli de ces précautions est puni d'une amende de 48 fr. par mètre de tour pour chaque arbre. — L'autorité peut faire abattre, les arbres placés le long des grandes routes ou des chemins vicinaux, lorsqu'ils ne sont pas plantés aux distances voulues par les règlements. — L'abatage peut s'exécuter de deux manières : 4° *Coupe à ras-terre,* au moyen d'une entaille faite à la cognée, autour de l'arbre et au niveau du sol ; 2° *Coupe en pivotant* ou *entre deux terres.* On ouvre une tranchée autour de la racine, on coupe les racines latérales au ras de la souche et on coupe ensuite cette dernière à un mètre au-dessous du collet. — Ordinairement on *élague* les gros arbres avant de les abattre. — Le pro-

cédé au niveau du sol est préférable pour l'abatage de taillis, et surtout pour les taillis de chêne, quand on veut que les racines jettent de nouvelles pousses. Le second procédé est bon dans les futaies, pour les ormes, pour les charmes, qui repoussent des quantités de drageons; pour les arbres résineux, parce qu'ils ne repoussent jamais et que tout ce qui reste dans la terre après eux est perdu; et enfin pour les arbres que l'on ne tient pas à voir repousser. —*Abatage des animaux.* Les animaux de boucherie ne peuvent être abattus qu'à un âge déterminé : Bœuf, de 4 à 6 ans ; vache, de 3 à 8; taureau de 4 à 8; veau, de 6 semaines à 4 mois; mouton, de 18 mois à 3 ans. — Des lois et des règlements de police désignent les lieux et les précautions à prendre pour l'abatage des animaux. — Les Israélites n'assomment pas le bétail. Un sacrificateur (*schohet*), désigné par le consistoire, est chargé d'égorger et de saigner les animaux selon les rites. En France, on égorge seulement les veaux, les moutons et les porcs. Les autres quadrupèdes sont assommés et ensuite saignés. — Des décrets prescrivent dans quels cas les propriétaires doivent abattre leurs animaux atteints de maladies contagieuses.

ABATANT s. m. Dessus de table mobile. — Partie d'un comptoir de magasin qu'on lève ou qu'on baisse pour sortir.

ABATARDIR v. a. Faire déchoir, altérer, corrompre, faire dégénérer. **S'abâtardir**, v. pr. Se corrompre, s'altérer.

ABATARDISSANT adj. Qui est de nature à abâtardir.

ABATARDISSEMENT s. m. Dégénération, corruption, altération, déchet, diminution d'une chose. — *Hyg.* L'*abâtardissement* des individus provient principalement de la mauvaise condition (infirmités, défaut de nourriture, etc.) des parents. Il peut également être le résultat du défaut de soins donnés aux jeunes. Il se *manifeste*, pour les mêmes causes, chez les plantes, chez les animaux et chez les hommes.

ABAT-CHAUVÉE s. f. invar. (de *abattre* et *chauve*). Laine de qualité inférieure que l'on détache au moyen de chaux.

ABATÉE ou **Abattée** s. f. (rad. *abattre*). Mouvement horizontal d'un navire qui, poussé par le vent ou la lame, tourne sur son axe verticale et qui écarte sa proue de la ligne du vent. Le mot *abatée* désigne également tout l'espace parcouru durant ce mouvement.

ABATELLEMENT s. m. Sentence des consuls français, aux échelles du Levant, interdisant le commerce avec ceux qui refusaient de payer leurs dettes.

ABAT-FAIM s. m. invar. au pl. Pièce de résistance que l'on sert la première sur la table.

ABAT-FOIN s. m. inv. au pl. Ouverture au-dessus d'une écurie pour jeter le foin ou la paille.

ABATIS ou **Abattis** s. m. [a-ba-tî]. Amas de choses abattues, démolies ou brisées : *la rue est bouchée par un abatis de maisons.* — Quantité de gibier abattu : *nous avons fait un grand abatis de lièvres.* — Extrémité des membres d'une volaille : pattes, tête, cou, ailerons : *abatis de dindons, abatis aux navets.* — S'emploie aussi comme synonyme d'*abat.* — Barricade faite avec des arbres abattus à la hâte : *les anciens avaient fréquemment recours aux abatis* (de Chesnel). — Masse de pierre que détache le carrier avant de la débiter. — Petit sentier que tracent les jeunes loups auprès du lieu où ils sont nourris. — *Argot :* se dit du pied et de la main d'une personne : *cachez vos grands abatis.*

ABAT-JOUE s. m. Partie d'un masque qui couvre les joues.

ABAT-JOUR s. m. inv. au pl. Réflecteur adapté à une lampe pour en rabattre la lumière — Fenêtre dont l'appui est en talus, afin que le jour arrive presque verticalement. — Visière en étoffe ordinairement verte pour garantir les yeux d'une trop vive lumière. — Ouverture placée sur le chapiteau de quelques sortes de pavots et par laquelle s'échappent les graines.

ABAT-SON s. m. Lame de bois ou de métal, disposée de telle sorte aux fenêtres des clochers et des beffrois, qu'elle renvoie le son des cloches vers la terre, tout en s'opposant à l'entrée des eaux de pluie. Des *abat-sons.*

ABATTABLE adj. Qui peut être abattu.

ABATTAGE. Voy. ABATAGE.

ABATTÉE. Voy. ABATÉE.

ABATTEMENT s. m. Affaiblissement des forces physiques ou morales, découragement, tristesse, prostration. — Méd. L'abattement physique ou moral est le symptôme d'un trouble dans la santé ou d'une commotion violente de l'âme. Chez des êtres habituellement actifs et énergiques, il annonce presque toujours l'apparition prochaine de quelque maladie. — Action de découper les chiens.

ABATTEUR s. m. Celui qui abat. — Fam. Qui fait beaucoup de besogne. — *Abatteur de quilles,* adroit au jeu de quilles ou qui se vante de prouesses qu'il n'a point faites.

ABATTIS. Voy. ABATIS.

ABATTOIR s. m. Lieu où l'on tue les animaux de boucherie. Les abattoirs sont rangés dans la 4re classe des établissements dangereux, insalubres ou incommodes (ordonnance du 45 avril 4838). Les demandes de création d'abattoirs sont faites par le conseil municipal, qui les remet au préfet. Celui-ci les transmet au ministre des travaux publics, qui donne l'autorisation, après que son collègue de l'intérieur a étudié le projet. Du reste, cette demande est soumise à la formalité des affiches et de l'enquête de *commodo* et incommodo. — Le 9 février 1810, Napoléon décréta que cinq abattoirs seraient construits près de Paris. L'ouverture de ces établissements eut lieu en 1818.

ABATTRE v. a. (de *a* et *bas*). Se conjugue comme *Battre.* Mettre bas, renverser à terre, faire tomber. — Mar. *abattre un navire,* abattre en carène, mettre un navire sur le côté pour réparer les parties qui sont ordinairement submergées. — *Abattre un cheval, un bœuf,* le renverser sur un lit de paille, quand il doit subir quelque opération. — *Abattre du bois,* au jeu de trictrac, jouer beaucoup de dames du premier tas, pour s'emparer des cases ; se dit aussi au jeu de quilles, pour *abattre bien les quilles.* — *Abattre son jeu,* aux jeux de cartes, le mettre sur la table pour le montrer. — Fam. *Abattre de la besogne,* expédier beaucoup d'affaires en peu de temps. — *Petite pluie abat grand vent,* peu de chose suffit quelquefois pour calmer une grande querelle. — [Par extension : assommer, tuer. — Fig. affaiblir, diminuer, décourager. — **v. n.** Se détourner d'un navire qui s'écarte du rumb que l'on veut suivre et qui obéit au vent; d'un navire qui tourne sur lui-même autour de son axe vertical. **s'abattre** v. pr. Être renversé, crouler. Se dit surtout d'un cheval qui tombe, d'un oiseau qui fond sur quelque chose, du vent qui s'apaise. — Se couper, en parlant d'un membre : *il s'est abattu le bras.* — **v.** récip. Se détruire mutuellement.

ABATTU, UE part. pas. d'ABATTRE. *Courir à bride abattue.* V. BRIDE. *Air abattu,* air découragé.

ABATTU s. m. État du chien d'un fusil à percussion, lorsqu'il est abattu sur la cheminée.

*ABATTURES s. f. pl. Traces que laisse un cerf ; basses branches que l'animal courbe ou brise en passant sous bois. Les abattures dénoncent la direction qu'il a suivie, car elles sont toujours pliées dans le sens de sa fuite.

A BATTUTA loc. adv. [a-batt-tou-ta] (ital. en mesure). S'employait jadis, dans les récitatifs obligés de musique, au lieu de a tempo, dont on se sert aujourd'hui.

*ABAT-VENT s. m. invar. au plur. Assemblage de petits auvents inclinés et parallèles, qui garantit du vent, de la neige et de la pluie les ouvertures d'une maison, d'un clocher, etc., sans empêcher la circulation de l'air. Les abat-vent des beffrois et des clochers servent, en outre, à rabattre le son des cloches, à le diriger en bas (Acad.). — ∾ Paillasson que l'on étend sur les plantes.

*ABAT-VOIX s. m. invar. au pl. Dessus d'une chaire à prêcher, lequel sert à rabattre vers l'auditoire la voix du prédicateur.

ABAUJ, comté septentrional de Hongrie ; superficie 2,983 kil. carr.; 166,000 hab., presque tous d'origine slave. Ch.-l. Kaschau.

ABAUZIT (Firmin), théologien protestant, né à Uzès en 1679, mort à Genève en 1767, a laissé de nombreux ouvrages, parmi lesquels un « Essai sur l'Apocalypse; des Réflexions sur l'Eucharistie, sur l'idolâtrie, sur les mystères de la Religion », etc. La meilleure édition de ses œuvres est celle de 1773, 2 vol. in-8°.

ABAX s. m. [a-baks] (Grec : abax, table). Genre de coléoptères carnassiers qui habitent, pour la plupart, les régions centrales et méridionales de l'Europe. Ils vivent sous les pierres, dans les lieux sombres, courent très vite et font la chasse aux petits insectes. « Le corps des abax est ovale ou ovale-oblong, avec le corselet grand, carré et appliqué le long de son bord postérieur, contre la base de l'abdomen ». Cuvier.

ABAXOÏDE adj. [a-bak-so-i-dé] (de abax et du gr. eidos, forme). Qui ressemble à un abax.

ABAZABS s. m. pl. Bédouins établis sur la rive droite du Nil, près de Mansourah.

ABAZÉES s. f. pl. [a-ba-zé] (gr. a priv.; et bazein, parler). Fêtes que les anciens Grecs célébraient dans le silence.

ABB (Cap Saint). Voy. Au's head.

ABBACOMITE adj. et s. m. (Gr. abbas, abbé: lat. comes, comte). Seigneur laïque qui possédait une abbaye à titre de commendataire.

ABBADESQUE adj. Qui appartient à l'abbé, qui en dépend.

ABBADIE (Jacques), théologien protestant, né à Nay (Béarn) vers 1655, mort à Londres en 1727; prêcha en Allemagne et en Angleterre, fut nommé doyen de Killaloe, en Irlande. Ses principaux ouvrages sont un Traité de la vérité de la religion chrétienne (Rotterdam 1684), le Traité de la divinité de Jésus-Christ, plusieurs fois réédité en France, en Allemagne et en Angleterre; et l'Art de se connaître soi-même (Rotterdam 1692).

ABBADON (hébr. perdition). Ange de l'abîme dont parle l'Apocalypse.

ABBAS Ier, le Grand, cinquième schah de Perse de la dynastie de Sofi (1557-1628), monta sur le trône en 1587, conquit Ghilan, Mazanderan, Khorassan, une partie de l'Afghanistan; transporta à Ispahan, la capitale de son vaste empire. Ses conquêtes sur les Turcs et sur les Tartares le firent considérer par les Persans comme le plus grand de leurs princes.

ABBAS II, schah de Perse, de 1642 à 1666, enleva Candahar aux Mogols. Les voyageurs Tavernier et Chardin nous ont transmis de curieux détails sur ses mœurs cruelles et débauchées.

ABBAS-BEN-ABD-EL-MOTTALIB, oncle paternel de Mahomet (565-652); accusa d'abord son neveu de n'être qu'un imposteur, lui déclara la guerre, tomba en son pouvoir au combat de Bedr, devint ensuite le protecteur le plus zélé de la nouvelle religion et convertit les Koréichites. Les Califes Abbassides prétendirent descendre do l'oncle de Mahomet.

ABBAS-MIRZA, prince persan, second fils du schah Fethali, né en 1783, mort en 1833, se rendit célèbre par ses talents militaires dans les guerres que son père eut à soutenir contre les Russes (1811-'13. — 1826-'8) et contre les Turcs jusqu'en 1823.

ABBAS PACHA, né en 1813, petit fils de Méhémet-Ali, neveu d'Ibrahim pacha ; monta sur le trône d'Egypte en 1848, aida le sultan pendant la guerre de Crimée et mourut le 12 juillet 1854.

ABBASSIDES ou Abassides, 2° dynastie des Califes arabes, fondée en 749 par Aboul-Abbas-es-Saffeh (voy. ce nom), et qui compta 37 souverains jusqu'en 1258, époque où elle fut renversée par Houlagou, petit-fils de Gengis-Khan. Voy. CALIFES. Quelques rejetons de cette famille vivaient encore en Egypte au XVIᵉ siècle.

ABBATE (Niccolo del) ou ABBATI, peintre, né à Modène vers 1510, mort en France en 1571. Il réussit dans la peinture à fresque et suivit le Primatice qui venait à Fontainebleau. Abbate décora le château de cette ville.

*ABBATIAL, ALE, AUX, adj. [a-ba-si-al]. Appartenant à l'abbé, à l'abbesse ou à l'abbaye. — ∾ Qui ressemble à une abbé.

ABBATIAL s. m. ou Abbatiale s. f. Abbaye, palais abbatial.

ABBATIS, s. m. pl. [a-ba-ti]. Secte de Vaudois (XIVᵉ siècle).

ABBATOUNAS s. m. (nass). Tribus de la Cafrerie propre.

ABBATUCCI ou Abatucci (Franç. a-ba-tu-si; ital. a-ba-toull'-chi). — I. Jacques-Pierre, né en Corse (1726), défendit son pays contre Gênes et contre la France, fut nommé lieutenant-colonel par Louis XV, maréchal de camp par Louis XVI, général de division par la République; montra une grande impuissance contre Paoli et les Anglais, prit sa retraite en 1796 et mourut en 1812. — II. Charles, fils du précédent, né en Corse (1771), lieutenant-colonel à 22 ans, général de division en 1796, tué devant Huningue le 2 déc. 1796, dans une sortie contre les Autrichiens. — III. Jacques-Pierre-Charles, neveu du précédent, né en Corse (1791), député de la Corse en 1830, combattit le ministère Guizot avec une infatigable persévérance; élu dans la Loiret en 1848, il soutint la politique du prince Napoléon ; s'associa au coup d'Etat, fut créé sénateur en 1852 et reçut le portefeuille de la justice. Il mourut en 1857.

*ABBAYE s. f. [a-bè-i]. (lat. : abbas, abbé). Monastère d'hommes ou de femmes. — Bénéfice, revenu dont jouissait un abbé. — Se dit aussi des bâtiments du monastère. Abbaye en règle, celle dont l'abbé était un prêtre élu; Abbaye en commende, celle dont l'abbé pouvait être un ecclésiastique séculier (laïque tonsuré). Ces abbés jouissaient seulement des revenus de l'abbaye, ils déléguaient leurs pouvoirs spirituels à un religieux appelé prieur claustral. Le concordat de 1516 ayant accordé au roi la nomination à presque toutes les abbayes de France, le système électif disparut, excepté à Cluny, Cîteaux, Prémontré et dans quelques autres abbayes. Le titre et les revenus attachés au titre d'abbé furent donnés aux cadets des plus hautes familles ou à des personnages que l'on voulait récompenser. La première abbaye fondée en France fut celle de Poitiers (vers 360); en Angleterre, celle de Bangor (560). — 110 monastères et prieurés furent supprimés en Angleterre par le roi Henri V; le parlement anglais ordonna en 1539 la ferme-

ture des autres, au nombre de 608. — Nombre d'abbayes furent supprimées en France (1790), en Espagne (1837-'68) et en Italie (1866-73). — L'almanach de 1787 donne la liste des abbayes en commende. — Prov. Pour un moine l'abbaye ne faut pas, quand plusieurs personnes sont convenues de faire quelque partie ensemble et qu'une d'elles manque à s'y trouver, on ne laisse pas de faire ce qui avait été résolu.

Abbaye (PRISON DE L'), ancienne prison seigneuriale de l'abbaye de St-Germain-des-Prés, construite en 1522, démolie en 1854. Elle devint prison politique pendant la Révolution et ensuite prison militaire. Les 2 et 3 septembre 1792, les prisonniers, au nombre de 164, y furent massacrés par une troupe furieuse que dirigeait Maillard.

*ABBÉ s. m. [a-bé] (sémitique ab ou abba, père; lat. abbas, abbé). Supérieur d'un monastère d'hommes qui a le titre d'abbaye.— Abbé régulier ou titulaire, qui portait l'habit de son ordre; abbé chef d'ordre, supérieur d'une abbaye chef d'ordre, comme Cluny, Cîteaux etc.; abbé perpétuel, nommé à vie; abbé en second, prieur d'un monastère, abbé particulier, celui qui n'a aucune abbaye inférieure, subordonnée à la sienne; abbé commendataire ou laïque, qui tenait une abbaye en commende; abbé putatif, qui ne touchait aucun revenu de son abbaye; abbé in partibus, abbé d'un monastère détruit ou occupé par les infidèles; abbé mitré, crossé, qui avait le droit de porter la mitre, la crosse; abbé des abbés, titre du supérieur du Mont-Cassin et de celui de Marmoutier; abbé coadjuteur, adjoint à un abbé; abbé exempt, celui qui ne relevait que du Saint-Siège. — Dans l'origine, moines et abbés étaient laïques; plus tard, ils appartinrent au clergé; certains abbés marchaient de pair avec les évêques: ils avaient le droit de suffrage dans les conciles, conféraient la tonsure, les ordres mineurs etc. Dans le moyen-âge, leur puissance s'amoindrit et déclina. Avant la Révolution de 1789, on accordait le nom d'abbé au petit collet ou de petit abbé à une foule de gens qui n'avaient d'ecclésiastique que le costume; aujourd'hui le titre d'abbé se donne à tout ecclésiastique. — Prov. Pour un moine on ne laisse pas de faire un abbé, si quelqu'un manque à une partie projetée, on ne laisse pas de s'amuser ou de délibérer sans lui. — Attendre quelqu'un comme les moines font l'abbé, se mettre à table sans attendre un retardataire. — Les moines répondent comme l'abbé chante, ordinairement les inférieurs prennent quelque chose du ton et des manières de leurs supérieurs.

Abbé (l'), esquisse épisodique de Walter Scott (1820), dont le sujet est l'évasion de Marie Stuart du château de Lochleven.

Abbé DU PEUPLE, magistrat créé à Gênes en 1270, et remplacé par les doges, en 1339. L'abbé du peuple recevait tous les honneurs que l'on accorde à un souverain; mais il ne possédait aucun pouvoir.

ABBECOURT, source minérale, ferrugineuse, bicarbonatée, à 24 kil. O. de Paris, commune d'Orgeval, canton de Poissy. Eaux légèrement laxatives.

ABBÉOKUTA, grande ville de l'Afrique centrale, district d'Egba, à l'est du Dahomey; 150,000 hab. Grande exportation d'huile de palme.

*ABBESSE s. f. [a-bè-ce]. Supérieure d'un monastère de religieuses ayant titre d'abbaye. Les abbesses furent élues par leurs communautés, même après le concordat entre François Ier et Léon X. Elles administraient leurs couvents au temporel; mais pour le spirituel, elles relevaient de l'évêque diocésain. Les immenses revenus attachés à leur titre, le faisait rechercher pour les filles des familles puissantes ou même souveraines.

*ABBEVILLE (Abbatis villa : Albavilla), ch.-l. d'arr. (Somme), à 176 kil. de Paris et à 44 kil. O.-N.-O. d'Amiens ; ville forte sur la Somme ; 19,500 hab. — Autrefois capitale du Ponthieu. Manufactures de moquettes, de tapis et de draps (dont l'une fondée par Colbert en 1669). — Magnifique église de St-Vulfrain (xvᵉ siècle) ; musée communal. — Patrie de Millevoye, du géographe Sanson et du musicien Lesueur, auquel une statue a été érigée en 1852.—Abbeville obtint dès 1130 des franchises communales qui furent confirmées par une charte du comte de Ponthieu en 1184. Le mariage de Louis XII et de Marie d'Angleterre y fut célébré en 1514. François Iᵉʳ y eut, en 1527, une entrevue avec Wolsey, dans laquelle fut confirmée l'alliance offensive et défensive entre l'Angleterre et la France. En 1765, La Barre y fut jugé et exécuté. Lat. 50° 7' 5" N. Long. ; 0° 30' 18" O. — Traité d'Abbeville, par lequel Henri III d'Angleterre abandonna au roi saint Louis ses droits sur la Normandie et sur plusieurs autres provinces de France (20 mai 1259).

ABBEVILLOIS, OISE s. et adj. Habitant d'Abbeville ; qui est propre à Abbeville ou à ses habitants.

ABBIATEGRASSO, village de la délégation de Pavie, près duquel fut tué Bayard, à 30 kil. N.-O. de Pavie ; 4,000 hab.

' **ABBON DE FLEURY** ou Abbo Floriacensis, abbé de Fleury, né vers 945 ; fut envoyé deux fois à Rome par la cour de France pour dissuader le pape d'interdire le royaume ; il réussit dans ces ambassades et fut assassiné en 1004, pendant qu'il essayait d'apaiser une émeute. Son Abrégé de la vie de 91 papes (Mayence, 1602, in-4°) est encore estimé.

ABBON LE COURBE ou Abbo Cernuus, moine de Saint-Germain-des-Prés, mort en 923, a écrit en vers latins la relation du siège de Paris par les Normands en 885-7. (Carmen de Bell. Parisiacis.) : témoin des évènements dont il parle, il les décrit avec soin. Son ouvrage, en latin barbare, n'est pas un chef-d'œuvre de poésie ; mais c'est un monument historique d'un grand intérêt. Il contient environ 1,200 vers, divisés en deux livres. M. Guizot a donné la traduction du siège de Paris, dans sa collection de Mémoires.

ABBOT (Abiel), ecclésiastique américain (1770-1828), a écrit des lettres de Cuba publiées en 1829.

ABBOT (George), archevêque de Cantorbéry (1562-1633), fut un des huit ecclésiastiques auxquels fut confiée, en 1604, la traduction du Nouveau-Testament (à l'exception des Épîtres). Il a laissé une Description de l'Univers et une Histoire des massacres de la Valteline.

ABBOTSFORD, [prononciation anglaise :

ab'-euts-feurd], magnifique manoir, paroisse de Melrose, comté de Roxburgh (Écosse), sur la rive méridionale de la Tweed, près de Selkirk et à 45 kil. S.-E. d'Edimbourg. Abbotsford fut construit en 1812, dans le style des anciens manoirs anglais, par le célèbre romancier Walter Scott, auquel il servit de résidence.

ABBOTS-LANGLEY, paroisse du comté d'Hertford (Angleterre), à 35 kil. de Londres, vit naître le pape Adrien IV et possède une « maison de retraite pour les libraires. »

ABBT (Thomas), littérateur allemand, né à Ulm, en 1738, et qui a contribué à la renaissance des lettres en Allemagne ; son traité du Mérite a été traduit par Dubois (1767). Dans son ouvrage De la mort pour la patrie (1761), il releva le courage de ses compatriotes pendant la guerre de sept ans.

' **A B C** s. m. inv. [a-bé-sé]. Livre contenant l'alphabet et les premiers éléments de la lecture.—Commencement, éléments, premières notions d'un art, d'une science quelconque. — Prov. Renvoyer quelqu'un à l'A b c le traiter d'ignorant. — Remettre quelqu'un à l'A b c le ramener aux éléments, aux premiers principes d'un art, d'une science etc.

' **A B C D** s. m. inv. [a-bé-sé-dé]. Même composition et même sens que A B C.

ABCÉDER v. n. (lat. abs, hors ; cedere, aller). L'é fermé se change en é ouvert devant une syllabe muette : il abcède ; excepté au futur et au conditionnel : abcédera. — Dégénérer en abcès.—S'abcéder v. pr. se terminer en abcès.

' **ABCÈS** s. m. [ab-sè] (lat. abscessus, séparation). Amas de pus formé dans une cavité naturelle ou accidentelle du corps et résultant toujours d'une inflammation. On distingue : 1° l'abcès chaud ou phlegmoneux, qui succède à une inflammation aiguë, douloureuse et rapide ; 2° l'abcès chronique ou froid, qui se développe lentement et presque sans douleur ; 3° l'abcès par congestion, qui est formé par une lésion des os ou dont le siège est loin de l'organe primitivement lésé ; 4° l'abcès métastatique, qui se produit par une sorte de transport subit du pus, dans un point éloigné d'une partie qui en est en état de suppuration. — On dit qu'un abcès est idiopathique lorsqu'il constitue à lui seul toute la maladie ; symptomatique, quand il se trouve lié à la présence d'une affection morbide dont il est une manifestation ; et constitutionnel s'il se développe sous l'influence d'une maladie constitutionnelle. — 1° ABCÈS PHLEGMONEUX. C'est un phlegmon (voy. ce mot), arrivé à la période de suppuration. Lorsqu'il est superficiel, on le reconnaît facilement à une tumeur à laquelle on peut communiquer un mouvement de fluctuation ; mais lorsqu'il se

trouve situé dans une cavité profonde du corps, on ne peut que présumer sa présence d'après les signes de l'inflammation et les troubles fonctionnels de l'organe. On favorise l'élaboration des abcès par l'emploi des maturatifs (onguent basilicum, onguent de styrax, onguent de la mère ; ou tout simplement cataplasme de crème, de savon et d'oseille). Il se forme dans le tissu cellulaire un pus verdâtre, crémeux, épais, dont on détermine la sortie par une ponction avec le bistouri ou au moyen d'un caustique. Dans le premier cas, on fait une incision au point le plus favorable à la sortie du pus et dans un sens parallèle aux fibres, en évitant les artères. Dans le second cas, on limite, avec le sparadrap, l'action du caustique ; sans quoi on aurait une escarre trop grande. On s'oppose, avant la complète expulsion du pus, à la fermeture de l'abcès ; pour cela, on y introduit une mèche de charpie enduite de cérat camphré et on recouvre le tout de cérat ou de savon râpé. Lorsque les douleurs sont vives, on enveloppe l'abcès avec des cataplasmes laudanisés. — 2° ABCÈS FROID OU CHRONIQUE. Il se forme principalement dans les régions où abondent les ganglions lymphatiques (côtés du cou, aines, aisselles). Dès le début, on a recours aux médicaments fondants, pour le faire mûrir. Pour l'ouverture on préfère les caustiques, qui ont l'avantage d'amener une excitation favorable à la cicatrisation. On tarit la suppuration par des injections irritantes (vin aromatique ioduré ou mieux alcool camphré, eau phéniquée, injections chlorurées, iodées etc). Traitement général en rapport avec la cause reconnue ou présumée. Si l'abcès se lie à une constitution scrofuleuse, on emploie, à l'intérieur, les toniques et les anti-scrofuleux. — 3° ABCÈS PAR CONGESTION. Dans cet abcès, qui est presque toujours le symptôme d'une carie, le pus s'éloigne du point où il se forme ; il s'accumule le plus souvent au voisinage des vertèbres, au bassin, au pli de l'aine. On commence par combattre le travail morbide par un traitement général tonique, analeptique, fortifiant et anti-scrofuleux. L'ouverture des abcès par la main du chirurgien demande de grandes précautions pour empêcher l'introduction de l'air dans la tumeur. C'est pourquoi, on retarde cette ouverture et on a recours seulement à des ponctions sous-cutanées, étroites et répétées. — 4° ABCÈS MÉTASTATIQUES. Ces amas se rencontrent à la surface ou dans la profondeur des organes : poumons, foie, rate, cerveau, reins, etc. On les considère comme le résultat d'une altération du sang, produite par l'inflammation suppurative des veines, à la suite de grandes opérations, de fractures, de lésion des veines, etc. Cette infection purulente est le phénomène capital de la phlébite ; elle est presque toujours mortelle.

Abcès (art vétér.). Chez les quadrupèdes, l'abcès des parties charnues (cou, épaule, cuisse), ne doit être percé qu'au dernier degré de maturité. Celui des parties tendineuses (genou, jarret), doit, au contraire, être incisé le plus tôt possible, pour que le pus n'ait pas le temps de s'extravaser dans ces parties délicates. On hâte la maturité au moyen de beurre frais, de saindoux ou de cataplasmes émollients. L'incision faite, on introduit dans la plaie un plumasseau chargé d'onguent vésicatoire ; on recoud par dessus les bords de l'abcès. Au bout de deux jours on lève l'appareil et on panse comme une plaie ordinaire.

Les oiseaux, surtout ceux que l'on tient enfermés dans une cage ou dans une volière, sont sujets aux abcès sur la tête, maladie grave si elle n'est combattue dès le début. On brûle d'abord le bouton au moyen d'un fer chaud, qui doit être à peu près d'un diamètre égal à celui de la partie malade. Ensuite on frotte la plaie avec du savon noir ou avec des cendres mêlées d'huile d'olive. L'abcès pouvant être le symptôme d'une autre maladie,

Il convient de purger l'oiseau avec du suc de bette qu'on mêle à son eau.

*ABCISSE s. f. Voy. ABSCISSE.

ABD, mot sémitique, initial de plusieurs noms propres orientaux. Il signifie *serviteur*: *Abd-el-Allah*, serviteur de Dieu ; *Abd-el-Kader*, serviteur du Tout-Puissant, etc.

ABDALLAH s. m. (Arabe : *Abd*, serviteur; *Allah*, Dieu). Religieux solitaire, chez les Persans.

ABDALLAH, oncle d'Abôul-Abbas, revendiqua le califat à la mort de ce dernier et fut tué en 755.

ABDALLAH BEN-ABD-EL-MOTTALIB, chamelier arabe, père de Mahomet (545-570). On ne sait rien de certain sur sa vie.

ABDALLAH-BEN-ZOBAÏR, neveu par alliance de Mahomet ; se révolta contre Yesid, calife de Syrie, établit sa domination sur la Mecque et Médine (680), dont il resta calife pendant douze années ; il reconstruisit la ville et le temple de la Mecque. Assiégé dans cette ville par Abd-el-Mélek, il se réfugia dans la Kasbah, où il fut tué, après une résistance désespérée.

ABDALLATIF, historien et médecin arabe, né à Bagdad en 1161, mort en 1231. L'un de ses ouvrages : *Instructions et réflexions sur les objets et les événements vus en Egypte*; a été traduit par Sylvestre de Sacy, Paris, 1810, un vol. in-4°.

ABDALLIS s.m.pl. [ab-da-li]. Tribu occidentale de l'Afghanistan ; a régné sur ce pays au siècle dernier.

ABDALLITE s. m. Derviche voyageur.

ABD-EL-MALEK, calife de Damas (685-705), conquit une partie de l'Arabie et l'Afrique jusqu'à Carthage ; il passe pour avoir, le premier, fait frapper de la monnaie arabe.

ABD-EL-MELEK-BEN-OMAR, le *Marsille* des chroniqueurs et des romans de chevalerie, général musulman, au service d'Abdérame Ier, calife de Cordoue.

ABD-EL-MOUMEN [mou-mène]. Calife almohade d'Afrique (1130-1163), conquit le Maroc et le sud de l'Espagne.

ABD-EL-WAHAB, voy. WAHABITES

ABDÈRA ou Abdère, aujourd'hui *Polystilo*, ancienne ville de Thrace, près de l'embouchure du Nestus, vit naître Démocrite, Protagoras, Anaxarchus et Hecatæus. Malgré cette abondance de grands hommes, on disait proverbialement qu'elle ne produisait que des gens stupides. Suivant la fable, c'est à Abdère que Diomède fut dévoré par ses chevaux.

ABDÉRAME, voy. Abderrhaman.

ABDÈRE s. m. (de *Abdéra*, nom propre de ville). Genre de coléoptères dont le type est l'*Abdèra bifasciata*.

ABDÉRITAIN, AINE s. Habitant d'Abdéra. — Adj: Qui a rapport à Abdéra ou à ses habitants.

ABDERRHAMAN ou Abdérame. — I. Septième émir ou vice-roi d'Espagne (728) ; il pénétra en Aquitaine, à la tête d'une armée formidable, ravagea tout sur son passage et vint se faire battre par Charles Martel, entre Tours et Poitiers (732). On croit qu'il périt dans le combat, car il n'en fut plus parlé ensuite. — II. Nom de quatre califes de la race des Ommiades en Espagne. — III. Muley Abderrhaman, sultan du Maroc, né en 1778, mort en 1859. Il monta sur le trône en 1823 et fit la guerre aux Français en 1844.

ABDEST s. m. [ab dèsst] (Persan : *ab*, eau; *dest*, main). Purification légale des Turcs et des Persans. Elle consiste à se mouiller la main et à se la passer ensuite sur la tête et sur les pieds.

ABD-HOUT s. m. Fakir indien, auquel il est permis de se marier.

ABDIAS [ab-diâss]. — I. Le quatrième des douze petits prophètes, vivait au temps de la captivité. — II. Le premier évêque de Babylone, auteur présumé de l'*Historia certaminis apostolici*; affirma qu'il avait vu le Christ et qu'il avait été l'un de ses disciples.

ABDICABLE adj. Qui peut, qui doit être abdiqué.

ABDICATEUR s. m. Celui qui abdique.

*ABDICATION s. f. [ab-di-ka-si-on] (latin : *abdicatio*). Renonciation à une charge, à une dignité, à l'autorité souveraine. Les principales abdications ont été celles de Sylla (79 av.J.-C.); de Dioclétien et de Maximien (305 de notre ère) ; d'Etienne II de Hongrie (1131) ; d'Albert de Brandebourg (1142); de Lescov V de Pologne (1206); de Ladislas III de Pologne (1206) ; de John Balliol d'Ecosse (1306); d'Othon de Hongrie (1309); d'Eric IX, de Danemark (1439); du pape Félix V (1449); de Charles Quint, comme empereur (25 octobre 1555), et comme roi d'Espagne (16 janvier 1556); de Christine de Suède (16 juin 1654); de Jean Casimir de Pologne (1669); de Frédéric-Auguste II de Pologne (1704); de Philippe V d'Espagne (10 janvier 1724), abdication qui fut bientôt retirée; de Victor-Amédée, de Sardaigne (1730) ; de Charles VII de Naples (1759); de Stanislas de Pologne (1795); de Charles-Emmanuel II de Sardaigne (4 juin 1802); de François II d'Allemagne, qui devint empereur d'Autriche (11 août 1804); de Charles IV d'Espagne, en faveur de son fils (19 mars 1808) et en faveur de Napoléon (1er mai 1808); de Joseph Bonaparte, roi de Naples, pour devenir roi d'Espagne (1er juin 1808); de Gustave IV de Suède (1809); de Louis, de Hollande (1er juillet 1810); de Jérôme, roi de Westphalie (20 octobre 1813) ; de Napoléon (5 avril 1814); de Victor-Emmanuel Ier de Sardaigne (13 mars 1821); de Pedro IV de Portugal (2 mai 1826); de Charles X (2 août 1830); de Pedro Ier du Brésil (7 avril 1834); de Guillaume Ier de Hollande (8 octobre 1840); de Louis-Philippe (24 février 1848); de Louis-Charles de Bavière (21 mars 1848) ; de Ferdinand d'Autriche (2 décembre 1848); de Charles-Albert de Sardaigne (23 mars 1849) ; de Léopold II de Toscane (juillet 1859), et d'Amédée d'Espagne (11 février 1873).

Abdication de Charles-Quint (L'). Tableau de Gallait (musée de Bruxelles). Vaste composition considérée comme l'une des œuvres les plus remarquables de l'école belge contemporaine.

ABDIOTE voy. ABADIOTE.

ABDIQUANT, ANTE s. Celui, celle qui abdique.

*ABDIQUER v. a. (lat. *ab*, de; *dicare*, cesser). Renoncer au pouvoir souverain : *abdiquer la couronne*. — Absol. : *Napoléon abdiqua*. — *S'abdiquer* v. pr. Etre abdiqué : *Un trône ne s'abdiqua jamais sans regret*.

ABDITOLARVE adj. (lat. *abditus*, caché; *larva*, larve). Larve qui se développe dans le tissu des plantes vivantes.

ABDOLONYME, prince de Sidon qui vivait dans la pauvreté, lorsque Alexandre-le-Grand lui donna la couronne de Sidon (332 av. J.-C.).

*ABDOMEN s. m. [ab-do-mènn](lat. *abdo*, je cache; *omentum*, la coiffe des intestins). Partie du corps qui contient l'estomac, les intestins, la rate, le foie, le pancréas et les reins. L'abdomen se divise en neuf régions médianes qui sont : L'épigastre, la région ombilicale, l'hypogastre, les deux hypocondres, les deux flancs et les deux *fosses iliaques*. Il est tapissé intérieurement de la membrane appelée *péritoine*; il est séparé du *thorax* ou poitrine, par le *dia-*

phragme. Voy. ces différents mots. — Entomol. partie postérieure du corps des insectes.

*ABDOMINAL, ALE, AUX adj. Qui appartient, qui touche, qui se rapporte à l'abdomen.

ABDOMINAUX s. m. pl. Ichthyol. Ordre de poissons chez lesquels les nageoires ventrales sont suspendues sous l'abdomen, derrière les pectorales. — Cet ordre, le cinquième des poissons, d'après Cuvier, comprend surtout les familles : les *cyprinoïdes* (carpes, barbeaux); les *ésoces* (brochets); les *siluroïdes* (silures); les *salmones* (saumons, truites); les *clupes* (harengs, aloses).—Entom. Coléoptères de la famille des carabiques, distingués par la prédominance de l'abdomen sur le thorax.

ABDOMINOSCOPIE s. f. (lat. *abdomen*; gr. *skopein*, examiner). Exploration de l'abdomen par la percussion et la palpation.

ABDOMINO-THORACIQUE adj. Qui a rapport à l'abdomen et au thorax.

ABDOMINO-UTÉROTOMIE s. f. (lat. *abdomen*, ventre; *uterus*, matrice; gr. *tomé*, coupure). Voy. OPÉRATION CÉSARIENNE.

ABDON, dixième juge d'Israël (1220-1141 av. J.-C.).

*ABDUCTEUR adj. m. et s. m. (lat. *ab*, hors; *ducere*, conduire). Muscle dont la fonction est d'écarter un membre du plan médian que l'on suppose diviser le corps en deux parties symétriques. On distingue : 1° l'*abducteur de l'œil*; 2° celui *du petit doigt*; 3° celui *de la cuisse*; 4° celui *de l'oreille*; 5° celui *du gros orteil*; 6° celui *du petit orteil*; 7° l'*abducteur court du pouce*; 8° l'*abducteur long de la main*; 9° l'*abducteur transverse du gros orteil*.

*ABDUCTION s.f. [Ab-duk-si-on]. Action des muscles abducteurs. — ⌁ Action de faire passer, dans une marche militaire, une ou plusieurs files en arrière. — Log. Argumentation où le grand terme est contenu dans le moyen terme, mais où ce dernier n'est pas intimement lié avec le petit terme. — En philosophie, élimination d'une proposition considérée comme inutile à la démonstration.

ABDUL-AZIZ, sultan de Turquie, second fils de Mahmoud II, né en 1830, succéda à son frère, Abd-ul-Medjid, le 25 juin 1861, se montra partisan des réformes, réduisit la liste civile, éleva le niveau des études, prépara la promulgation d'un code civil, abattit la rébellion du Monténégro (1862) et celle de la Crète (1868); visita la France, l'Angleterre et l'Autriche (1867) et signa le *traité de Londres* (1874). En 1876, l'insurrection de l'Herzégovine, soutenue par la Bosnie et la Bulgarie, amena son détrônement (30 mai). Quelques jours après, il mourut de mort violente; d'après les rapports officiels, il se serait suicidé; mais la rumeur publique accusait hautement le ministre Midhat-Pacha d'avoir fait assassiner le prince détrôné. Le 29 juin 1881, Midhat-Pacha et plusieurs de ses complices, convaincus de ce meurtre, furent condamnés à la peine de mort.

ABDUL-HAMID II, voy. TURQUIE.

ABDUL-MEDJID, sultan de Turquie, né en 1823, succéda à son père Mahmoud II (1er juillet 1839) au moment où Ibrahim-Pacha s'avançait vers Constantinople, à la tête de son armée égyptienne victorieuse. L'intervention de l'Angleterre sauva l'empire ottoman (1841) qui fut admis dans le concert européen (1841). Abdul-Medjid tenta d'établir l'égalité devant la loi, la gratuité de l'instruction et la régénération de son pays. Le principal événement de son règne est la guerre de Crimée. Il mourut le 25 juin 1861 et fut remplacé par son frère Abd-ul-Aziz.

ABÉAUSSIR ou Abeausir v. n. [a-bé-ô-sir ou a-bô-zir]. — Mar. Devenir beau, en parlant du temps. **S'aLeaussir** v. pr. Même sens qu'au neutre.

ABÉCÉ s. m. synon d'ABC.

* **ABÉCÉDAIRE** adj. Qui concerne l'alphabet. s. m. Alphabet; livre pour enseigner à lire.

ABÉCÉDARIEN s. m. [a-bé-sé-da-ri-ain]. Sectaire anabaptiste d'Allemagne (xvie siècle). Selon la croyance des *Abécédariens*, l'Esprit-Saint, devant un jour expliquer les Écritures, il é tait plus nuisible qu'utile d'apprendre à lire.

ABÉCÉDARIUM s. m. [ri-omm]. Machine de logique, construite par William-Stanley Jevons, et décrite dans son livre *Principes of Science* (1874). L'auteur expose qu'au moyen de termes symboliques, il peut accomplir, avec une infaillible précision, toutes les progressions du raisonnement analytique.

ABÉCÉDÉ s. m. Alphabet; petit livre de lecture. — Par extens. Livre mal fait; mauvais journal : *Plats abécédés, plats journaux* (La Bruyère).

ABECKET (Gilbert Abbot), écrivain burlesque anglais, qui a composé l'*Histoire comique d'Angleterre* et l'*Histoire comique de Rome* (1840-1836).

* **ABECQUER** v. a. Donner la becquée. Fam. — **S'abecquer** v. pr. Se donner la becquée, en parlant des petits oiseaux.

* **ABÉE** s. f. [a-bé] (du vieux mot *bée*, baie). Ouverture par laquelle l'eau d'un biez tombe sur la roue d'un moulin, et qu'on ferme avec des pales quand le moulin n'est pas en mouvement. On dit aussi *Béfe* (Acad.).

ABEEL (David), missionnaire américain (1804-1846); a publié le *Journal d'un résident en Chine* (1834).

ABEGG (Julius-Friedrich-Heinrich), juriste allemand (1796-1868). Il a publié plusieurs ouvrages sur la procédure criminelle.

ABEÏDIDE s. m. Dynastie de princes musulmans.

* **ABEILLE** s. f. [a-bè-lle; ll mll.] (lat. *apes*, *apis*, dont le diminutif est *apicula*). Entom. Genre d'insectes hyménoptères, tribu des

1. Corbeille grossie de l'abeille ouvrière. — 2. Trompe grossie de l'abeille. — 3, 3. Abeilles en train de construire des cellules. — 4. Larve grossie. — 5. Abeille observée au verre grossissant dans le moment où les gâteaux de cire apparaissent entre les segments de son abdomen.

apiaires. Ce genre se distingue par les caractères suivants : 1° antennes formant un coude; 2° mandibules en forme de cuiller chez les neutres et bidentés chez les mâles et les femelles : 3° tarses des jambes postérieures très développés chez le neutre qui s'en sert comme d'une corbeille à provisions. — On distingue : 1° les ABEILLES D'EUROPE : A. *abeille noire*, d'un brun foncé, de moyenne grosseur, commune dans le Midi et dans le Centre;

B. *petite abeille jaune, petite hollandaise* ou *petite flamande*, très répandue dans le Nord; C. *grosse brune* ; D. *grosse grise*; ces deux dernières sont moins actives et plus irritables que les précédentes. E. *Abeille ligurienne*

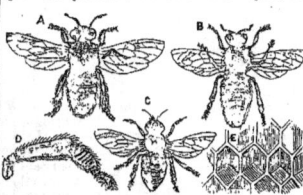

A. Mâle. — B. Femelle. — C. Neutre. — D. Patte postérieure de l'abeille neutre. — E. Cellules à miel.

(apis ligustica) ou abeille italienne, cultivée dans toute l'Italie; acclimatée en Angleterre en 1860. C'est un insecte actif et pillard qui se garde mieux que l'abeille noire, contre les ennemis du dehors et du dedans. Elle a été acclimatée dans le jardin zoologique du bois de Boulogne. 2° l'ABEILLE UNICOLORE *(apis unicolor)*, qui habite les îles de France, de Madagascar et de Bourbon. Elle fournit un miel *vert* très estimé. 3° ABEILLE INDIENNE *(apis indiea)*, du Bengale et de Pondichéry. 4° l'ABEILLE FASCIÉE *(apis fusciata)*, domestiquée en Égypte et que l'on transportait chaque année de la basse Égypte dans la haute, pour obtenir une double récolte du miel. L'acclimatation de cette espèce a été vivement recommandable. Notre *société d'Acclimatation* a même ouvert un concours pour sa propagation. 5° l'ABEILLE D'ADANSON *(apis Adansonii)*, trouvée au Sénégal. 6° l'ABEILLE DE PÉRON *(apis Peronii)*, que Péron a rapportée de Timor.

Abeille domestique *(apis mellifica,* Linné). On donne généralement ce nom aux différentes abeilles cultivées en France. Mais c'est l'*abeille noire* qui sert de type; c'est celle dont nous allons nous occuper ici. Cette *mouche à miel* n'a, sur quelques parties, qu'un simple duvet; elle porte une bande transversale grisâtre à la base du troisième anneau et des suivants. Les abeilles vivent en sociétés nombreuses, composées de la façon suivante : 1° OUVRIÈRES, appelées aussi *mulets* ou *neutres*, dont le nombre varie entre 15,000 et 30,000. Elles sont plus petites que les autres individus; ont des antennes de douze articles; six anneaux à l'abdomen; le premier article des tarses postérieurs, ou *pièce carrée*, appelée aussi *brosse*, dilaté et en forme d'oreillette pointue, à l'angle extérieur; couvert, à sa face interne, d'un duvet soyeux. Les jambes postérieures ont, sur le côté externe, un enfoncement net et bordé de poils qu'on a nommé *corbeille*. « L'intérieur de l'abdomen des femelles et des ouvrières offre deux ouvertures; les intestins et la fiole à venin. Une ouverture assez grande, placée à la base supérieure de la trompe, audessous du labre et fermée par une petite pièce triangulaire nommée *langue*, par Réaumur, *épipharynx* ou *épiglosse* par Savigny, sert de passage aux aliments et conduit à un œsophage délié, traversant l'intérieur du corselet, et de là à l'estomac antérieur, qui renferme le miel. L'estomac suivant contient le pollen des étamines ou la matière cireuse, suivant Réaumur, et à des rides annulaires et transverses, en forme de cerceaux à sa surface. Cette cavité abdominale renferme, en outre, dans les femelle, deux grands ovaires, composés d'une multitude de petits sacs, contenant chacun seize à dix-sept œufs; chaque ovaire aboutit à l'anus, près duquel il se dilate en une poche, où l'œuf s'arrête et reçoit un humeur visqueuse, fournie par une glande voisine. D'après les observations de M. Hubert fils, les demi-anneaux inférieurs de l'abdomen

des ouvrières, a l'exception du premier et du dernier, ont chacun, sur leur face interne, deux poches où la cire se secrète et se moule en forme de lames qui effluent ensuite par les intervalles des anneaux. Au-dessus de ces poches est une membrane particulière, formée d'un réseau très petit, à mailles hexagonales, s'unissant à la membrane qui revêt les parois de la cavité abdominale. M. Hubert distingue deux sortes d'abeilles ouvrières; les premières qu'il nomme *cirières*, sont chargées de la récolte des matériaux de construction et de leur emploi; les secondes ou les *nourrices*, plus petites et plus faibles, sont faites pour la retraite, et toutes leurs fonctions se réduisent presque à l'éducation des petits et aux soins intérieurs du ménage. Les abeilles ouvrières ressemblent aux femelles en plusieurs points. Des expériences curieuses ont prouvé qu'elles sont du même sexe, et qu'elles peuvent devenir mères, si étant sous la forme de larves et dans les trois premiers jours de leur naissance, elles reçoivent une nourriture particulière, celle qui est fournie aux larves des reines. Mais elles ne peuvent acquérir toutes les facultés de ces dernières, qu'étant alors placées dans une loge plus grande, ou semblable à celle de, la larve de la femelle propre, la cellule royale. Si, étant nourries de cette manière, leur demeure reste la même, elles ne peuvent donner naissance qu'à des mâles, et diffèrent, en outre, des femelles par leur taille plus petite. Les abeilles ouvrières ne sont donc que des femelles dont les ovaires, à raison de la nature des aliments qu'elles ont pris en état de larve, n'ont pu se développer. » Cuvier. 2° MALES ou *faux-bourdons*, au nombre d'environ 600 à 4000. Antennes de treize articles, tête arrondie, trompe très courte, yeux grands, allongés et réunis au sommet, mandibules petites et velues, pas d'aiguillon. Les quatre pieds antérieurs courts (les deux postérieurs sont arqués); pièce carrée sans oreillette ni brosse soyeuse. Les organes sexuels se présentent sous la forme de deux cornes, en partie d'un jaune rougeâtre, accompagnées d'un pénis terminé en palette et de quelques autres pièces. La perte ou même la sortie de ces organes amène la mort immédiate de l'insecte. Du mois de juin à celui d'août, les mâles volent en liberté autour de la ruche dans laquelle ils sont nourris. Ils cherchent à fixer l'attention d'une jeune femelle à féconder. Celui que la reine favorise meurt à l'instant, par suite de la perte de ses organes sexuels. Quelques jours plus tard, les autres mâles, devenus inutiles, puisque la saison des amours est passée, sont mis à mort par les ouvrières. Le carnage s'étend jusqu'au larves et au nymphes des individus de ce sexe. 3° FEMELLE, dont les anciens ont fait un *roi* et les modernes une *reine*. Elle est remarquable par sa grande taille, qui dépasse de beaucoup celle des autres individus, surtout celle des neutres. Elle se distingue, en outre, par des mandibules velues, échancrées, une trompe plus courte et par des antennes de douze articles seulement. La reine est l'âme de l'essaim, et on n'en souffre jamais deux dans la même ruche. S'il en naît plusieurs dans un couvain, elles forment avec leurs partisans de nouveaux essaims; sinon elles sont mises à mort par celle qui s'est née la première. Si deux reines sortent en même temps de l'alvéole, elles se livrent aussitôt un combat à outrance, auquel assistent les ouvrières. Lorsque la plus faible veut chercher son salut dans la fuite, les ouvrières l'obligent à revenir au combat. Il faut que l'un des deux adversaires y trouve la mort. « L'accouplement se fait au commencement de l'été, hors de la ruche, et suivant M. Hubert, la femelle rentre dans son habitation, en portant à l'extrémité de son abdomen les parties sexuelles du mâle. Cette seule fécondation vivifie, à ce que l'on croit, les œufs qu'elle peut pondre dans le cours de deux ans, et peut-être même pennant sa vie entière. Les pontes se succèdent rapidement et ne cessent qu'en automne. Réaumur évalue à 12,000 le nombre des œufs qu'une femelle pond, au printemps, dans l'espace de vingt jours. Guidée par son instinct, elle ne se méprend point sur le choix des alvéoles qui leur sont propres. Quelquefois cependant, comme lorsqu'il n'y a pas une quantité suffisante d'alvéoles, elle met plusieurs œufs dans le même. Les ouvrières en font ensuite le triage. Ceux qu'elle produit au retour de la belle saison, sont tous des œufs d'ouvrière, qui éclosent au bout de quatre ou cinq jours. Les abeilles ont soin de donner aux larves la pâtée nécessaire, proportionnée à leur âge, et sur laquelle elles se tiennent, ayant le corps courbé en arc. Six ou sept jours après leur naissance, elles se disposent à subir leur métamorphose. Enfermées dans leurs cellules par les ouvrières qui en ont bouché l'ouverture avec un couvercle bombé, elles tapissent les parois de leur demeure d'une toile de soie, se filent une coque, deviennent nymphes, et, au bout d'environ douze jours de réclusion, se dégagent et se montrent sous la forme d'abeilles. Les ouvrières aussitôt nettoient leurs loges, afin qu'elles soient propres à recevoir un nouvel œuf. Mais il n'en est pas ainsi des cellules royales; elles sont détruites et les abeilles en reconstruisent d'autres s'il est nécessaire. Les œufs contenant des mâles sont pondus deux mois plus tard et ceux des femelles bientôt après... Cette succession de générations forme autant de sociétés particulières, susceptibles de fonder de nouvelles colonies et que l'on connaît sous le nom d'*essaims*. Trop resserrés dans leur habitation, ces essaims quittent souvent leur mère-patrie. » Cuvier. Toutes les abeilles montrent un grand attachement pour leur reine, et l'essaim se disperse ou meurt si quelque accident vient à la faire périr dans un moment où la colonie ne peut s'en procurer une autre. — TRAVAIL DE L'ABEILLE. Les trois sortes d'individus dont nous venons de parler, composent une espèce de république où les ouvrières jouent le rôle le plus actif. En liberté, cette république s'abrite dans les creux d'arbres ou d'autres cavités propres à la protéger. En captivité, elle est enfermée dans une RUCHE (voy. ce mot), dont les ouvrières bouchent les ouvertures inutiles au moyen de PROPOLIS (voy.). Ensuite, ces insectes établissent des RAYONS ou GATEAUX (voy.), formés de CIRE (voy.) et dans lesquels sont ménagés trois sortes d'ALVÉOLES (voy.) pour les œufs de mâles, de neutres et de femelles, et pour contenir les provisions de MIEL (voy.). Les limites de cet article ne permettent pas de nous étendre plus longuement sur les mœurs de ces insectes intéressants. Nous renvoyons nos lecteurs à notre article APICULTURE et aux articles cités ci-dessus, ainsi qu'aux mots ESSAIMAGE, ESSAIM, PIQURE, etc. — Hist. L'abeille commune est probablement originaire de l'Asie, d'où elle s'est répandue sur les rivages de la Méditerranée. Les Européens l'ont introduite en Amérique et on la cultive aujourd'hui dans toutes les parties chaudes et tempérées du globe. En 1670 furent apportées à Boston les premières abeilles que l'on eût vues dans la Nouvelle-Angleterre. La Nouvelle-Zélande et l'Australie produisent aussi du miel. En raison des fleurs odorantes, du thym et du miel délicieux que l'on y trouvait, le mont Hybla fut justement appelé l'empire des abeilles. L'Hymette, dans l'Attique, n'était pas moins fameux pour ses abeilles et pour son miel. L'économie de l'abeille et ses mœurs sociables furent admirées dès les premiers âges. Eumelus de Corinthe écrivit un poème en l'honneur de ces insectes (744 av. J.-C.). De nos jours, les naturalistes François Hubert (voy. ce nom) et son fils Pierre ont passé une partie de leur existence à étudier les abeilles, et ont publié, sur ce

sujet, des ouvrages remarquables. — Les Anglais ont considéré l'abeille surtout au point de vue de ses produits. Une société dite *Apiarienne*, s'établit à Muswell Hill, près de Londres, en 1850; le 16 mai 1874 fut fondée l'association des *Apiculteurs anglais* (British Beekeepers), qui expose ses produits dans le Palais de Cristal, le 8 septembre de la même année. — A la suite du concours agricole universel de 1856, il s'est formé à Paris une *Société d'Apiculture* pour la propagation de cette industrie. — ABEILLES SAUVAGES. Les essaims négligés parviennent quelquefois à s'enfuir au milieu des bois, où ils se réfugient dans le creux d'un arbre ou d'un rocher. Les abeilles devenues sauvages travaillent comme en captivité; elles se multiplient et fournissent bientôt de nouvelles colonies. C'est ce qui est arrivé en Amérique. Quant aux essaims sauvages que l'on trouve dans l'Hindoustan, dans l'archipel de la Malaisie, dans les îles grecques et sur la côte occidentale d'Afrique, ils appartiennent, sans aucun doute, à des familles qui n'ont jamais été domestiquées. Mais en Amérique, où l'abeille a été importée, elle ne se trouve libre que par suite d'un affranchissement accidentel. Son miel donne lieu à une chasse active, surtout au Mexique et aux Etats-Unis. Les *chasseurs d'abeilles* emploient une méthode simple et uniforme. Ils déposent, au milieu de la forêt, une boîte ou un récipient quelconque dans lequel ils ont mis du miel avec des plantes odorantes. Attirées par le parfum, les abeilles accourent. On les prend au fur et à mesure qu'elles arrivent et on les enferme dans des boîtes divisées en compartiments. Lorsqu'on en a capturé un certain nombre, on les relâche une à une. Après avoir tourné un instant pour s'orienter, elles précipitent leur course en ligne droite vers leur habitation. Quand plusieurs ont filé dans la même direction, le chasseur marque le point où il a opéré et se dirige dans la forêt en formant, avec la ligne de fuite des abeilles, un angle d'environ 45 degrés. Arrivé à une certaine distance, il recommence l'opération, appâte de nouveau les abeilles, les prend, les relâche et surveille leur ligne de fuite. Il calcule ensuite où se trouve le point d'intersection des deux lignes de fuite. C'est là qu'il doit trouver un essaim, et il est bien rare qu'il se trompe. — Outre les *mouches à miel*, plusieurs autres hyménoptères reçoit le nom d'abeilles : ce sont les OSMIES (abeille *maçonne* et abeille *tapissière*); les XYLOCOPES (abeille *perce-bois* ou *menuisière*); les MÉGACHILES (abeilles *coupeuses*); les CUCULLINES (abeilles *nomades*), etc.

LÉGISLATION. Les essaims abandonnés par leur fuite appartiennent à toute personne qui les découvre et qui s'en empare; peu importe, du reste, qu'elle les trouve sur un terrain lui appartenant ou ne lui appartenant pas. Au moment de l'essaimage, le propriétaire de la ruche qui fournit la nouvelle colonie, doit donc suivre ses émigrants, même sur le terrain d'autrui, en prévenant le propriétaire dudit terrain et en payant les dégâts qu'il peut causer. Les abeilles sont considérées comme propriété mobilière; mais elles deviennent immeubles par destination, lorsqu'elles font partie d'une exploitation. — L'autorité municipale peut défendre l'établissement de ruches dans les lieux habités; les propriétaires sont toujours responsables des dégâts et des accidents causés par leurs abeilles.

ABEILLÉ (l'abbé Gaspard), littérateur, né à Riez (Provence) en 1648, mort en 1710, membre de l'Académie française en 1704, auteur de plusieurs tragédies médiocres.

ABEILLÉ, ÉE adj. Sur quoi l'on représente des abeilles : *Velours cramoisi abeillé d'or.*

ABEILLER, ÈRE adj. Qui s'occupe des abeilles : *Société abeillière.*

ABEILLIER s. m. Synon. de Rucher.

ABEL (en hébreu HÉBEL, *souffle*), deuxième fils d'Adam, tué par Caïn. Cet épisode des temps bibliques a inspiré un poème en prose de Salomon Gessner; un opéra en trois actes (*la Mort d'Abel*), poème d'Hoffmann, musique de R. Kreutzer, représenté à Paris le 23 mars 1810; et enfin une tragédie de Legouvé.

ABEL (Nicolas-Henry), géomètre suédois, né en 1802, mort dans la pauvreté en 1829. Ses écrits en français ont été publiés à Christiania, 2 vol., 1839.

ABÉLARD ou **Abailard** (Pierre), moine, philosophe et théologien scolastique, l'une des plus vastes intelligences du moyen âge, né en 1079, près de Nantes, au bourg du Pallet, dont son père, Bérenger, était seigneur, mort près de Châlon-sur-Saône, le 21 avril 1142. D'abord élève de Guillaume de Champeaux, professeur de philosophie à l'école de Paris, il devint bientôt le rival et l'antagoniste de son maître. A peine âgé de vingt-deux ans, il ouvrit, à Melun, une école de philosophie qui attira la plupart des élèves de Champeaux. Il alla ensuite étudier la théologie enseignée par Anselme, à l'école de Laon, et ne tarda pas à éclipser son professeur, en ouvrant une école de théologie à Paris. En 1418, il s'éprit d'une passion funeste pour l'une de ses élèves, la jeune Héloïse, nièce du chanoine Fulbert. Il la séduisit, s'enfuit avec elle en Bretagne et l'épousa; mais en considération de son ambition, il tint ce mariage dans le plus profond secret. Fulbert, justement irrité, soudoya des gens qui firent subir au grand orateur la plus atroce des mutilations. Abélard se fit moine de l'abbaye de Saint-Denis, pendant qu'Héloïse prenait le voile au monastère d'Argenteuil; il reprit ses leçons publiques; et s'attira de puissants ennemis en censurant la vie dissolue des moines de son temps. Accusé d'hérésie, il vit le concile de Soissons (1121), condamner aux flammes son *Introduction à la Théologie*. Il se retira alors dans une solitude, entre Nogent et Troyes; assisté de ses élèves, il y fonda un ermitage auquel il donna le nom de *Paraclet* (consolateur). Poursuivi par de nouvelles persécutions, il se choisit une autre retraite dans le monastère de Saint-Gildas-de-Ruys, près de Vannes, et donna le Paraclet à Héloïse, alors abbesse d'Argenteuil, mais qui avait été chassée de son abbaye avec toutes ses nonnes. Une controverse entre Abélard et saint Bernard, abbé de Clairvaux, amena, contre le premier, une condamnation au concile de Sens (1140). Le pape suspendit la sentence. Abélard mourut au prieuré de Saint-Marcel. Il fut enterré au Paraclet, où Héloïse vint reposer à côté de lui, le 17 mai 1164. Leurs cendres furent transférées au Jardin du Musée Français, en 1800; et ensuite sous un mausolée du Père la Chaise (1817). Les œuvres d'Abélard ont été plusieurs fois publiées; on cite les éditions de M. de Rémusat (1845) et de M. Cousin (1850), comme étant les meilleures. En 1837, Mme Guizot a donné une bonne traduction des *Lettres* d'Héloïse et d'Abélard.

ABEL DE PUJOL (Alexandre-Denis), peintre d'histoire, né à Valenciennes, en 1785, mort en 1861; élève de David, il conserva les traditions de l'école classique. On lui doit les belles grisailles de la Bourse, les fresques de la chapelle Saint-Roch, dans l'église Saint-Sulpice; des tableaux remarquables placés au musée de Versailles (*Clémence de César, Achille de Harlay devant les Ligueurs*, etc.); et un chef-d'œuvre : *Saint Etienne prêchant l'Evangile*, qui décore l'église Saint-Etienne-du-Mont.

ABÈLE s. m. Nom vulgaire du peuplier blanchâtre.

ABÉLIE s. f. (d'Abel Clarke). Bot. Genre de plantes, de la famille des caprifoliacées, tribu des lonicérées.

ABÉLIENS s. m. pl. Voy. ABÉLITES.

ABELIN (Jean-Philippe), historien, né à Strasbourg, mort en 1646; a publié, sous le nom de Gottfried ou Gothofredus, une foule d'écrits: *Théâtre Européen*, en allemand, Francfort, 1662; les 17ᵉ, 18ᵉ, 19ᵉ et 20ᵉ volumes du *Mercurius Gallobelgicus*; le 12ᵉ vol. de l'*Histoire des Indes Orientales*, en latin, Francf. 1628.

ABÉLITES, **Abéliens**, **Abéloniens** ou **Abélonites** s. m. Secte chrétienne du IVᵉ siècle. Se fondant sur l'exemple d'*Abel* qui, d'après eux, avait été marié sans jamais avoir vu sa femme, ces hérétiques se mariaient mais fuyaient tout commerce avec leurs épouses. Ils vivaient aux environs d'Hippone, en Afrique; leur hérésie finit sous le règne de Théodose le jeune.

ABELLA, voy. AVELLA.

ABELLY (Louis), théologien, né en 1603, mort à Paris en 1694, confesseur de Mazarin, évêque de Rodez, se rendit célèbre par sa lutte contre le jansénisme. Il a publié une *Vie de saint Vincent de Paul* (1664), et un ouvrage intitulé: la *Moelle théologique* (1660).

ABEL-MELUK ou Abel-Moluch[a-bel-mé-luk] s. m. Plante de Berbérie dont les semences sont un violent purgatif.

ABEL-MOSCH s. m. [A-bèl-mosk] (arabe: *père du musc*) Bot. Genre de plantes de la famille des malvacées, propre aux régions équatoriales, et dont les graines sont employées en parfumerie sous le nom d'*ambrette*.

ABÉLONITES, voy. ABÉLITES.

ABEN, **Aven**, **Ebn**, **Ibn**, préfixe sémitique correspondant à l'hébreu BEN, fils de. — Voy. BEN.

ABÉNAQUIS, ISE ou Abnakis [a-bé-na-ki]. (Hommes des terres orientales), groupe de tribus de la famille des Algonquins, qui occupaient primitivement l'état du Maine (Etats-Unis). Au XVIIᵉ siècle, les Français et les Anglais recherchèrent leur alliance; les Abénaquis s'attachèrent au parti français et se convertirent à la religion catholique. La France n'eut jamais d'amis plus fidèles. Pendant la guerre de l'indépendance, ils prirent fait et cause pour les Américains et se firent décimer par les Anglais. C'est à cette époque qu'arriva l'aventure racontée par Saint-Lambert, d'un jeune officier anglais sauvé et rendu à la liberté par un Abénaqui. Il reste encore quelques individus de ces tribus dans le Canada et dans l'état du Maine, (où ils portent les noms de *Penobscots* ou de *Passamaquodies*), voy. PENOBSCOT.

ABENCÉRAGES s. m. pl. [a-hain-sé-ra-je], (arabe *Ibn serraj* ou *Zerragh*). Famille maure dont la rivalité avec celle des Zégris contribua à la chute de Grenade (1480-'92). La lutte s'engagea au sujet de la fortune changeante de Mohamed IV, fortune à laquelle s'attachèrent les Abencérages. Ils furent exterminés par Boabdil (Abou-Abdallah). Les romanciers ont diversement raconté le massacre des membres de cette famille qu'ils ont rendue célèbre; mais leurs récits ne reposent sur aucun fondement historique: *Le Dernier des Abencérages*, œuvre publiée par Chateaubriand, n'est qu'une fable, aussi bien que les poétiques épisodes popularisés par M. de Scudéry, par Mˡˡᵉ de la Fayette et par Florian.

Abencérages (les). Opéra représenté le 6 avril 1843. Paroles de Jouy; musique de Chérubini.

ABENDBERG [à-bènnt-bairg], élévation secondaire des Alpes-Bernoises, au sud-ouest d'Interlaken, à 1,610 mètres au-dessus du niveau de la mer.

ABEN EZRA [a-bénn-èz-ra] ou ABRAHAM BEN MEIR BEN EZRA, rabbin, commentateur de la Bible, né à Tolède (Espagne) en 1093, mort à Rhodes, vers 1167 ou 1168. Il cultiva toutes les sciences et plus particulièrement l'astronomie; il a donné son nom à une étoile.

ABENSBERG [a-bainss-bair-gue], (*Aventinum* ou *Abusina*), petite ville de la Basse-Bavière, sur la Beus; à 28 kil. sud-ouest de Ratisbonne; 1,850 hab. Le 20 avril 1809, Napoléon y battit les Autrichiens, qui y perdirent 12 canons et 20,000 hommes.

ABÉOKUTA, voy. ABBÉOKUTA.

ABER s. m. [a-bèr], (celtique: *hâvre*, *embouchure*). Se trouve comme radical dans le nom de plusieurs lieux de France et d'Angleterre.

ABER s. m. Coquille bivalve du genre jambonneau, qui se trouve au Sénégal et que ses brillantes couleurs font rechercher pour les collections.

ABER-BENOÎT, cours d'eau qui vient de l'étang Lachan, arrond. de Brest (Finistère), et se jette dans la mer après un cours de 30 kil.

ABERBROTHWICK, voy. ARBROATH.

ABERCONWAY ou Conwy [a-ber-konn-oué], ville maritime du comté de Carnarvon (pays de Galles) sur la rivière de Conway; 4,500 hab.; exportation de bois de charpente, de plomb et d'ardoises; belle église gothique.— Le château, fondé par Edouard Iᵉʳ, en 1283, est un des plus beaux de la Grande-Bretagne. La ville fut prise par Cromwell, en 1645. Lat. 53ᵉ 24' N.; long. 6ᵉ 7' O.

Château d'Aberconway.

ABERCROMBIE (James), général anglais, (1706-1784), commanda en chef les armées anglo-américaines, de 1756 à 1758. — Le 8 juillet 1758, il attaqua notre fort de *Ticonderoga* ou *Carillon*. 15,000 hommes le suivaient; il en laissa près de 2,000 sur le terrain et s'en-fuit complétement battu.

ABERCOMBIE (John), médecin écossais (1781-1844); a écrit sur les maladies du cerveau et de la moelle épinière (1828-1830) et a laissé plusieurs autres ouvrages de médecine.

ABERCROMBY (SIR Ralph), général anglais, né en 1738, servit en 1793 dans l'expédition de Walcheren, nous combattit dans les Antilles. Chef de l'expédition d'Egypte contre les troupes françaises et s'empara du fort d'Abou-kir. Mortellement blessé à la bataille d'Alexandrie (21 mars 1801), il mourut sept jours après. Ses compatriotes rendirent de grands honneurs à sa mémoire. Sa veuve fut nommée baronne d'Aboukir.

ABERDARE, ville du pays de Galles (Angleterre) à l'embouchure de la Dare; 36,000 hab.— Grandes mines de charbon; fonderies importantes.

ABERDEEN [a-ber-dine], ville maritime du nord de l'Ecosse, entre le Don et la Deen, à 165 kil. N.-E. d'Edimbourg; 95,000 hab.; ancien évêché de Mortlach (1011), dont le Deen devint métropole au XIIᵉ siècle — La *vieille ville*, à l'embouchure du Don, fut fondée au IIIᵉ siècle,

érigée en cité en 893 et brûlée par les Anglais en 1336. Elle contient une célèbre *université* fondée par l'évêque Guillaume Elphinstone, en 1494, et qui comprend: le *collège royal*, érigé en 1500; le *collège maréchal*, établi par George Keith, maréchal d'Ecosse, en 1593, (rebâti en 1837); un observatoire, un musée et une bibliothèque. Les collèges et l'université ont été réunis en 1858.— En vertu de l'acte de réforme de 1868, les universités d'Aberdeen et, de Glasgow envoient un membre au parlement. — La *nouvelle ville* fut construite à l'embouchure de la Deen après l'incendie de l'ancienne cité. Elle contient de nombreux monuments en granit; une statue du prince Albert, inaugurée le 13 octobre 1863; une statue de la reine Victoria, inaugurée le 20 septembre 1866; environ cinquante monuments religieux. De la célèbre cathédrale Saint-Machar, qui date du XIVᵉ siècle, il ne reste plus qu'une partie de la nef et deux flèches de cent pieds de hauteur; la nef, aujourd'hui église paroissiale, a été réparée. Fabrique de cotonnades, de toiles, de lainages, de papier; construction de navires; travail du granit. La vieille ville, où se trouve le collège royal, s'élève à un kil. et demi de la *nouvelle ville*. Lat. 57ᵉ 8' 9" N., long. 4ᵉ 25' 34" O.

ABERDEEN (Comtes d'), gentilshommes de la vieille famille écossaise des Gordons. — Sir JOHN GORDON de Haddo, après s'être distingué en plusieurs circonstances, fut décapité en 1645. — Sir GEORGE GORDON de Haddo, lord Grand-Chancelier d'Ecosse, premier comte d'Aberdeen, s'opposa à l'union de l'Ecosse et de l'Angleterre et mourut en 1720, à l'âge de quatre-vingt-troisans. — GEORGE HAMILTON-GORDON, quatrième comte d'Aberdeen (1784-1860), diplomate habile, détacha l'Autriche de l'alliance française (1813), décida Murat à se tourner contre Napoléon (1814), signa le traité du 1ᵉʳ juin 1814, vaut Louis XVIII, fut plusieurs fois ministre (de 1828 à 1854); devint premier ministre en 1852 (28 décembre), conclut l'alliance offensive et défensive de l'Angleterre et de la France, se retira des affaires le 7 octobre 1855 et fut remplacé par lord Palmerston. Il a publié, en 1822, un livre intitulé: *Recherche sur les principes du beau dans l'architecture grecque.*

ABERDEENSHIRE ou Comté d'Aberdeen, comté maritime situé au nord-est de l'Ecosse; 5,120 kil. carrés; 245,000 hab.

ABER-ILDUT, petite rivière qui passe à Saint-Renan (Finistère), et se jette dans l'Océan en face de l'île d'Ouessant.

ABERNETHY (John), médecin anglais (1764-1831), célèbre par ses écrits et par son excentricité; a fait faire de grands progrès à la chirurgie. Son principal ouvrage est intitulé: *Origine et traitement des maladies locales.*

ABERRANNE s. f. Sorte d'amande à coque tendre.

ABERRATION s. f. [a-bé-ra-si-on] (lat. *aberrare*, s'égarer). Ecart d'imagination, erreur de jugement.— ⏷Dérangement dans la situation, dans la conformation ou dans les fonctions des organes.

— *Astron.* Phénomène découvert et expliqué par l'anglais James Bradley, au moyen d'observations sur le mouvement apparent des étoiles fixes (1727). Le phénomène de l'*aberration* consiste à nous faire voir les corps célestes dans un lieu différent de celui qu'ils occupent en réalité.

— Optique. Dispersion qui s'opère entre les divers rayons lumineux émanés d'un même point lorsqu'ils rencontrent des surfaces courbes qui les réfléchissent ou les réfractent, de sorte qu'ils ne peuvent plus ensuite être concentrés exactement en un même foyer (Acad.) L'aberration a deux causes : la première est la sphéricité des verres ou des miroirs; d'où le nom d'*aberration de sphéricité*; la seconde est l'inégale réfrangibilité des rayons colorés dont la lumière blanche est composée, d'où l'*aberration de réfrangibilité*. La première nuit beaucoup à la netteté des images; on la fait disparaître en plaçant, devant le miroir, des diaphragmes qui restreignent son étendue. La seconde donne des images offrant sur leurs bords des teintes irisées; on y obvie au moyen de verres achromatiques.

ABERRER v. n. Errer en s'éloignant ; dévier.

ABER-VRACH, rivière qui descend du plateau de Saint-Thonan, canton de Landerneau, (Finistère), et forme, à son embouchure dans la Manche, un petit port à passes étroites et difficiles.

ABERYSTWITH, ville maritime du comté de Cardigan, pays de Galles (Ecosse), à 59 kil. N. E. de Cardigan ; 6,896 hab.; grandes pêcheries; mines de plomb.

* ABÊTIR v. a. Rendre bête, stupide. — v. n. Devenir bête. *Il abêtit tous les jours.* — ʌʌ S'abêtir v. pr. Perdre le bon sens.

ABÊTISSANT, ANTE adj. Propre à abêtir.

ABÊTISSEMENT s. m. Action d'abêtir.

ABÉVACUATION s.f. (lat.*ab.*, privat.; *évacuatio*, évacuation). Méd. Evacuation partielle, incomplète.

ABEZAN, dixième juge d'Israël, gouverna de 1217 à 1230 avant J.-C.

ABGAR, nom de plusieurs rois arméniens d'Edesse en Mésopotamie.

* AB HOC ET AB HAC [a-bo-ké-ta-bak], (lat. *ab hoc*, de celui-ci; *ab hac*, de celui-là), loc. adv. et fam. A tort et à travers, confusément, sans raison.

ABHORRANT s. m. Nom donné en Angleterre aux royalistes, sous le règne de Charles II. On doit dire *abhorreurs*.

ABHORRENT, ENTE adj. Qui fait horreur (vieux).

* ABHORRER v. a. (lat. *ab horrere*, se hérisser à cause de). Avoir en horreur, exécrer. — S'abhorrer v. pr. Avoir horreur de soi-même. — ʌʌ v. récipr. Se détester l'un l'autre.

ABHORREURS s.m.pl. Nom donné, en 1679, au parti de la cour (Angleterre), qui manifestait la plus grande horreur pour les ADRESSEURS (plus tard Whigs), lesquels devaient leur nom à une célèbre *adresse* envoyée au roi pour lui demander la convocation immédiate du parlement. Les *abhorreurs* sont devenus les Tories.

ABIA, roi de Juda (958-55 av. J.-C.), fils et successeur de Roboam ; vainquit Jéroboam dans une grande bataille.

ABIAD (Bar el), voy. NIL.

ABIATHAR, grand prêtre des Juifs. Après avoir été fidèle à David, il prit part à la rebellion d'Adonias contre Salomon qui l'exila.

ABIB (Hodesh *haabib*, le mois des épis de blé), premier mois de l'année sacrée chez les Hébreux, correspondant à peu près à notre mois d'avril; après la captivité de Babylone, l'Abib fut appelé *Nisam*, mois des fleurs.

ABICHIRAS s. m. pl. [a-bi-chi-rass]. Peuplade de la Colombie.

ABIENS s. m. pl. (lat. *abii*), peuple nomade

de la Scythie, qui habitait sur les bords de l'Iaxarte et qui fut vaincu par Alexandre.

ABIÈS s. f. (lat. *abies*, sapin), Nom scientifique du sapin.

ABIÉTATE s. m. (lat. *abies*, *abietis*, sapin). Nom des sels formés par la combinaison de diverses bases avec l'acide abiétique.

ABIÉTINE s. f. (lat. *abies*). Substance trouvée dans les térébenthines de Strasbourg, du Canada et des Vosges; elle est sans odeur ni saveur; insoluble dans l'eau, soluble dans l'alcool, dans l'éther et dans le vinaigre concentré.

ABIÉTINÉES s. f. pl. (lat. *abies*, sapin) Tribu de plantes conifères dont le genre sapin est le type, et qui comprend les genres *pin*, *épicéa*, *mélèze*, *cèdre*, *araucaria*, *pesse*, *dammaria*, *cunninghamia*, etc.—*Caractères* : écailles des chatons mâles munies de connectifs portant habituellement chacun deux loges d'anthères; deux ou quatre ovules suspendus à la base de chaque écaille du chaton femelle.

ABIÉTIQUE adj. Se dit d'un acide qui se trouve dans les térébenthines.

ABIGAIL, femme du riche Nabal, puis du roi David (1060 av. J.-C.).

ABIGÉAT s. m. [a-bi-jé-a]. (lat. *abigere*, chasser devant soi). Anc. dr. rom. Crime de celui qui volait des bestiaux en les chassant devant lui.

ABIGOTI, IE adj. Devenu bigot.

ABIHU, fils d'Aaron, fut dévoré, ainsi que son frère Nadab, par un feu intérieur, pour avoir mis dans son encensoir un feu profane.

ABIJIRAS, s. m. pl. [ra]. Peuplade qui habite près du fleuve des Amazones.

ABILDGAARD. I. (Nicolas-Abraham), surnommé *le Raphaël du Nord*, peintre, né à Copenhague en 1774, mort en 1809. Ses plus beaux ouvrages ont été détruits dans l'incendie du palais de Christiansbourg, en 1794. On a encore de lui : *Philoctète blessé et Jupiter pesant la destinée des hommes*. II. (Pierre-Chrétien), célèbre naturaliste danois, mort en 1808. L'un des continuateurs de la *Zoologia danica* de Müller, et auteur de divers mémoires.

* ABÎME s. m. (gr. *a*, sans; *bussos*, fond). Profondeur sans limite; espace d'une étendue infinie; gouffre. — Fig. Ruine, malheur : *il est sur le bord de l'abîme*. — Impénétrable à l'esprit humain : *les mystères sont des abîmes*. — ʌʌBlas. Point central d'un écu. — ENABIME, se dit d'une pièce placée au milieu de l'écu, sans toucher aucune autre pièce. — Géol. Cavité naturelle, généralement verticale ou à bords très abrupts, qui s'ouvre à la surface du sol, et dont la profondeur est inconnue.

ABIMÉLECH [a-bi-mé-lèk], nom de deux rois philistins de Gérar, trompés par Abraham et par Isaac qui faisaient passer leurs femmes pour leurs sœurs. Le premier prit Sara, femme d'Abraham, et la rendit ensuite avec de riches présents, dès qu'il eut reconnu son erreur. — J.-C.

ABIMÉLECH, fils de Gédéon et juge d'Israël, tué au siège de Thèbes (Palestine) en 1235 av. J.-C.

* ABÎMER v. a. Renverser : *Dieu abîma Sodome*. Ruiner, endommager, gâter, tacher : *mon chapeau est abîmé*.—v. n. Tomber soudainement en état de destruction, en ruine totale. — v. pr. Tomber dans un abîme, s'engloutir : *le vaisseau s'abîma*. — Fig. S'abandonner tellement à une chose qu'on ne songe à aucun autre objet : *il s'abîme dans ses pensées*. — Se ruiner, se perdre; se gâter, s'endommager : *mes meubles s'abiment dès qu'ils sont appartement*.

AB IMO PECTORE [a-bi-mo-pèk-to-rè]. Loc. lat. qui signifie : du fond du cœur.

ABINGDON [a-bigne-done]. Ville d'Angleterre, sur la Tamise, à 80 kil. O. de Londres.

Marché de grains; 6,000 hab. — En 1645, lord Essex et Waller s'enfermèrent dans Abingdon, alors ville abbatiale fortifiée. Les officiers du roi Charles Iᵉʳ tentèrent vainement de s'en emparer; plusieurs assauts furent repoussés.

* AB INTESTAT loc. adv. [a-bin-tèss-ta] (lat. *ab*, de, par; *intestato*, qui n'a pas testé). De qui n'a pas fait de testament. — *Héritier ab intestat*, qui hérite sans qu'il y ait de testament.

ABIOGENÈSE s. f. (gr. a, sans; *bios*, vie; *genesis*, naissance). Nom donné à la *génération spontanée*, par Huxley, dans son discours à l'Association britannique (1870).

ABIPONS s. m. pl. [a-bi-pon]. Tribu d'Indiens qui habitait autrefois le Chaco et qui occupe maintenant le territoire entre Santa-Fé et Santiago, à l'est du Parana. Le missionnaire Dobrizhoffer nous a laissé l'histoire de cette nation autrefois nombreuse et puissante, mais aujourd'hui très misérable. Les Abipons pratiquent l'infanticide; ils ne savent pas compter au delà de trois.

* AB IRATO loc. adv. (lat. *ab*, de; *irato*, sous-entendu *homine*, homme irrité). Sous l'influence de la colère.

ABIRON, lévite qui conspira contre Moïse et qui fut englouti dans la terre, avec ses complices Coré, Dathan, et cinquante Israélites.

ABIRRITANT adj. Qui est propre à diminuer l'irritation.

ABIRRITATIF, IVE adj. Méd. Qui a le caractère de l'abirritation.

ABIRRITATION s. f. Absence d'irritation.

ABIRRITER v. a. (lat. *ab*, sans; *irritare*, irriter). Diminuer la sensibilité dans une partie du corps.

ABISAG, jeune Sunamite que David épousa dans sa vieillesse.

ABISMAL, ALE adj. Qui appartient à l'abîme.

ABISSIQUE adj. Synon. d'ABYSSIQUE.

ABIU, voy. ABIHU.

* ABJECT, ECTE [ab-jèk; èk-te]. (lat. *ab*, hors; *jacere*, jeter). Vil, méprisable, ignoble.

ABJECTEMENT adv. D'une manière abjecte.

* ABJECTION s. f. [ab-jèk-si-on]. Etat d'avilissement; dernier degré d'abaissement, chose basse et méprisable.—SYN. voy. ABAISSEMENT.

AB JOVE PRINCIPIUM loc. adv. [ab-jo-vé-prain-si-pi-ome], (lat. *ab*, de; *Jove*, Jupiter; *principium*, principe). Commençons par Jupiter, par la chose principale; parlons d'abord du personnage le plus important.

ABJURABLE adj. Que l'on peut, que l'on doit abjurer.

* ABJURATION s. f. Action d'abjurer. Les plus célèbres abjurations sont celles de Henri IV (1593); de Christine, reine de Suède (1665); de Turenne (1668); d'Auguste II, électeur de Saxe (1706); de Bernadotte (1810). L'abjuration d'un mineur ne peut être reçue sans le consentement de ses parents ou de son tuteur. (Code civil, art. 108, et C. pén., art. 354 et 355).

ABJURATOIRE adj. Qui concerne l'abjuration.

* ABJURER v. a. (lat. *abjurare*, renier), renoncer par serment, par acte public, à une religion, à une doctrine. — Fig. Renoncer à une opinion, à une conduite.— ʌʌ S'abjurer v. pr. Etre abjuré : *quelles sont les erreurs qui ne s'abjurent pas?*

ABKHASE, Abkhaso ou Abkhasien s. m. Habitant de l'*Abkhasie*, autrefois *Abase*. Les Abkhasiens se livrent principalement aux soins de leurs magnifiques troupeaux.

ABKHASIE ou Abasie, gande contrée du Caucase, entre la Circassie, la Mingrélie et la mer Noire; 26,000 kil. carrés; 200,000 hab. Les tribus guerrières des *Abkhasos* ou *Abkhasiens* appartiennent nominalement à la religion musulmane. L'*Abkhasie* proprement dite a possédé une dynastie indépendante (de 1771 à 1824). Elle dut alors se soumettre à la domination russe. Capitale *Soyouk-Sou*, petite ville de 5,000 hab. Une insurrection contre les autorités russes (8 août 1866) fut noyée dans des flots de sang. Lat. de 43° à 45° N. Long. de 37° à 41° O.

ABLACTATION s. f. [ab-lak-ta-si-on], (lat. *ab*, qui exprime séparation; *lac, lactis* lait). Cessation de l'allaitement.

ABLAMELLAIRES s. f. pl. Bot. Plantes caractérisées par l'écartement des lamelles.

ABLANCOURT (Nicolas Perrot d'), écrivain, né à Châlons-sur-Marne, en 1606, mort en 1664. Traducteur peu exact des classiques grecs et latins; reçu à l'académie française, en 1637. Ses traductions furent nommées de *belles infidèles*.

ABLANIE s. m. Bot. Genre de la famille des liliacées. On n'en connaît qu'une espèce, indigène de la Guyane : l'*Ablanie*, grand arbre remarquable par son bois de couleur rouge, tandis que l'aubier en est blanc.

ABLAQUE s. m. [a-bla-ke]. Nom vulgaire de l'espèce de soie que fournit le byssus de plusieurs espèces de *Jambonneaux*. Cette soie fut employée, dans l'antiquité et pendant le moyen âge, à la plupart des usages de la soie ordinaire.

ABLAQUÉATION s. f. [a-bla-ku-é-a-si-on], (lat. *ablaqueatio*, même sens). Action de creuser autour d'une plante pour retenir les eaux.

ABLATEUR s. m. (lat. *ablator*, qui enlève). Instrument dont se servent les vétérinaires pour couper.—*Ablateur vulcanique*, fer rouge.

* **ABLATIF** s. m. (lat. *ab*, hors de; *latus*, porté). Sixième cas des déclinaisons latines.

ABLATIF, IVE adj. Qui appartient à l'ablatif.

* **ABLATION** s. f. [a-bla-si-on], (lat. *ab*, hors de; *latio*, action de porter). Retranchement d'une partie quelconque du corps. — ᴠᴠ Enlèvement de lettres au commencement d'un mot, comme dans : *las* pour *hélas*.

ABLATIVO. Expr. adv. et pop. qui signifie : avec confusion en désordre.

* **ABLE** s. m. (lat. *albus*, blanc). Genre de poissons argentés (*Leuciscus*, de Klein). Dorsale et anale courtes; subdivision nombreuse en espèces appelées *Meunier, Chevanne, Rosse, Gardon, Ablette, Vandoise, Véron, Spirlin* etc.

ABLECTES s. m. pl. (lat. *ab*, de; *lectus*, choisi). Soldats d'élite qui formaient la garde des consuls romains en temps de guerre.

* **ABLÉGAT** s. m. [ab-lé-ga], (lat. *ab*, hors; *legatus*, envoyé). Celui qui est chargé de porter la barrette et le bonnet carré à un nouveau cardinal. — Vicaire d'un légat ou envoyé extraordinaire du pape.

ABLÉGATION, s. f. Fonction de l'ablégat.

ABLÉPHARE s. m. [a-blé-far], (gr. *a*, sans; *blépharon*, paupière). Petit saurien qui vit à la manière de nos lézards communs, et dont on connaît trois espèces . l'une en Grèce; les autres dans l'Ile-de-France, à Java et dan presque toute l'Océanie.

ABLÉPHARON s. m. Absence de paupières.

ABLEPSIE s. f. (gr. *a*, sans; *blepsis*, vue). Cécité.

* **ABLERET** s. m. Filet carré, attaché au bout d'une perche, pour pêcher les ables et le menu poisson.

ABLERETTE s. f. Petite senne à mailles serrées pour pêcher les ables.

---

* **ABLETTE, Able, ᴠᴠ Ovelle ou Borde** (*Leuciscus Alburnus*) s. f. Petit poisson d'eau douce, d'un blanc argenté. L'ablette se rencontre dans toutes nos eaux courantes d'Europe; sa chair est molle et assez peu estimée. Mais ce qui donne une certaine valeur à ce poisson, c'est la matière nacrée qui recouvre la base de ses écailles et qui se rencontre jusque dans l'intérieur de son ventre. Cette matière, appelée *Essence d'Orient*, est employée pour la fabrication des perles fausses. — L'ablette multiplie beaucoup et fraie en mai et en juin; elle dépose ses œufs sur les plantes aquatiques. Les petits vers et les insectes sont la nourriture qu'elle préfère. On la pêche à l'échiquier, à la senne et au verveux. Une ordonnance du 28 février 1842 autorise l'emploi de filets dont les mailles n'ont que huit millimètres d'ouverture. — La pêche à la ligne n'est pas sans agrément. On se sert d'une ligne très fine, portant trois ou quatre hameçons distants l'un de l'autre de 20 à 25 centimètres, empilés sur un seul crin, et du n° 16 ou 18. La flotte se compose d'une petite plume, chargée d'un plomb très léger. On la laisse filer au courant de l'eau; puis on la retire brusquement de 30 à 40 centimètres en arrière. C'est en ce moment que les ablettes, qui folâtrent autour des appâts, s'élancent à la poursuite des hameçons et font accrocher. — *La ligne à fouetter*, employée spécialement pour l'ablette, n'a ni flotte ni plomb; on la laisse filer au courant de l'eau; puis on la retire brusquement de 30 à 40 centimètres en arrière. C'est en ce moment que les ablettes, qui folâtrent autour des appâts, s'élancent à la poursuite des hameçons et font accrocher.

ABLUANT, ANTE adj. Médicament propre à enlever les matières visqueuses et putrides des plaies.

* **ABLUER** v. a. (lat. *abluere*, laver). Nettoyer; faire revivre, au moyen d'agents chimiques, les écritures effacées.

* **ABLUTION** s. f. (lat. *ablutio*, action de laver). Lavage d'une espèce particulière, propre à certains rites religieux; cérémonie usitée dans presque toutes les religions de l'Orient. — Vin que le prêtre catholique prend après la communion; vin et eau qu'on verse sur ses doigts et dans le calice après qu'il a communié. — Par ext. Action de se laver, indépendamment de toute pratique religieuse.

ABLUTIONNER v. a. Faire une ablution. — S'ablutionner v. pr. Se faire une ablution.

ABNÉGANTISME s. m. Esprit d'abnégation.

* **ABNÉGATION** s. f. (lat. *abnegare*, refuser). Renoncement, sacrifice, oubli de ses affaires, de ses intérêts, de soi-même.

ABNER (ab-nair), I, fils de Ner, cousin et général de Saül; conserva, pendant sept ans, la couronne d'Israël sur la tête d'Isboseth; fut ensuite reconnaître l'autorité de David et fut enfin assassiné par Joab, jaloux de ses succès. — II. Un autre *Abner* a été imaginé par Racine, en fait, dans sa tragédie d'*Athalie*, le confident de Joad.

ABO [o-bo], ville de la Russie d'Europe, sur le golfe de Bothnie; 23,000 hab.; fondée par les Suédois en 1157 et capitale de la Finlande jusqu'en 1849; elle fut presque complètement détruite par le feu en 1827. Son université, créée par Gustave-Adolphe et Christine, en 1640, fut alors transportée à Helsingford. — *Paix d'Abo*, du 17 août 1743, par laquelle la Suède céda une partie de la Finlande à la Russie. Le reste de cette province fut prise en 1808, ainsi que sa capitale, qui fut cédée le 17 septembre 1809. Lat. 60° 47' N., long. 49° 39' E.

ABO-BJŒRNEBORG, gouvernement de Finlande, Russie, sur le golfe de Bothnie; 24,460 kil. carrés; 300,000 hab., presque tous luthériens. Ch.-l. Abo. Sol fertile, bien arrosé, couvert d'immenses forêts; mines de fer; commerce de fourrures.

* **ABOI** s. m. [a-boâ] (rad. *aboyer*). Cri du

---

chien, jappement. Synonyme d'aboiement. — **Abois** pl. Extrémité où le cerf est réduit, quand il est sur ses fins. — Fig. *Être aux abois*, être réduit à la dernière extrémité; être sur le point de succomber.

* **ABOIEMENT** ou Aboiment s. m. [a-boâman]. Cri du chien, jappement, aboi. — ᴠᴠ Déclamation fatigante.

ABOLBODA s. m. invar. au pl. (nom indien). Plante herbacée, vivace, qui se plaît dans les marais montagneux de l'Amérique tropicale.

* **ABOLIR** v. a. (lat. *abolere*, même sens). Supprimer, annuler, mettre hors d'usage. — S'abolir v. pr. Tomber en désuétude, s'effacer.

ABOLISSABLE adj. Susceptible d'être aboli.

* **ABOLISSEMENT** s. m. Disparition par une longue désuétude.

ABOLITIF, IVE adj. Qui a pour objet d'abolir.

* **ABOLITION** s. f. [a-bo-li-si-on]. Action d'abolir; suppression par acte de la volonté législative, en parlant des lois. — Pardon que le souverain accordait d'autorité absolue pour un crime qui n'était pas rémissible.

ABOLITIONNISME s. m. Système des abolitionnistes.

ABOLITIONNISTE s. des deux g. Se dit, aux États-Unis, d'un partisan de l'abolition de l'esclavage. Les abolitionnistes formèrent une société à Boston (1832). — Adversaire de toute prohibition, de tout droit de douane sur les marchandises étrangères.

ABOLITOIRE adj. Qui abolit; qui a la puissance d'abolir.

ABOLLE ou Abolla s. f. [a-bo-le;-la]. Vêtement militaire de parade qui était en usage chez les Romains. — Les membres de nos assemblées législatives firent entrer l'*abolla* dans leur costume et le portèrent jusqu'au 18 brumaire.

ABOMA s. m. Nom que les indigènes de l'Inde et de Sumatra donnent à une espèce de boa (*Boa cenchrix* ou *boa porte-anneaux*); fauve, portant une suite de grands anneaux bruns le long du dos, et des taches variables sur les flancs.

ABOMASUM s. m. [zomm] (lat. *ab*; *omasum*, panse). Quatrième estomac des ruminants; chez les veaux et les agneaux, il prend le nom de *caillette*.

ABOMEY, capitale du Dahomey, Afrique; 50,000 hab.; grande ville qui mesure 13 kil. de circonférence et qui contient trois grands palais, où 5000 amazones montent la garde pour la sécurité de leur roi. Foires importantes. Commerce d'esclaves, de poudre d'or et des produits de l'Afrique centrale. Lat. 7° 30' N., long. 1° 25' E.

* **ABOMINABLE** adj. des deux g. (lat. *abominabilis*). Qui mérite l'abomination, qui est en horreur : *crime abominable*. — Par exag. Qui est mauvais en son genre : *musique abominable*.

* **ABOMINABLEMENT** adv. D'une manière abominable.

* **ABOMINATION** s. f. (lat. *abominatio*, même sens). Exécration, horreur, aversion. — L'*abomination de la désolation*, paroles tirées de l'Écriture sainte, pour marquer le comble de l'impiété et de la profanation. — ᴠᴠ Aʙᴏᴍɪɴᴀ-ᴛɪᴏɴ! Exclamation d'horreur.

ABOMINER v. a. Avoir en exécration. — S'abominer v. récipr. Se détester mutuellement.

À-BON-COMPTE s. m. Se dit, dans l'armée, d'un *à-compte* fait à l'avance.

ABONDA, Abunda, Bonda, Bunda ou Boundas s. et adj. des deux g. Idiome parlé dans l'Angola et le Benguela (Afrique). Pedro Dias a publié un *Arte da lingua de Angola*, Lisbonne 1692; et le missionnaire portugais Fr. Cannecattim, un dictionnaire et une grammaire de l'*Abonda*, Lisbonne 1804.

* ABONDAMMENT adv. Avec abondance, amplement.

* ABONDANCE s. f. (lat. *abundantia* même sens). Grande quantité, profusion, fertilité, bonne chère; se dit, dans les collèges, du vin mêlé de beaucoup d'eau, que l'on sert aux pensionnaires. — En littérature: facilité d'élocution, richesse d'expressions. — PARLER D'ABONDANCE, parler sans préparation, improviser. — PARLER D'ABONDANCE DE CŒUR, parler avec épanchement, avec une pleine confiance. — PARLER AVEC ABONDANCE, parler avec facilité, sans sécheresse, sans chercher ses paroles. — CORNE D'ABONDANCE, corne remplie de fruits et de fleurs, et qui est le symbole de l'abondance. — GRENIER D'ABONDANCE, magasin où l'on tient en réserve des grains pour le temps de disette (Acad.).

ABONDANCE, ch.-l. de cant. (Haute-Savoie), arr. de Thonon; 200 hab.

* ABONDANT, ANTE adj. Qui abonde; copieux, ample, riche. — D'ABONDANT, loc. adv. De plus, outre cela. — ¬¬ NOMBRE ABONDANT, celui dont les parties aliquotes additionnées donnent un total plus grand que ce nombre. Vingt-quatre est un *nombre abondant*, parce que l'addition de ses parties aliquotes 12+8+6+4+3+2+1, donne un total de 36.

ABONDE s. f. Fée bienfaisante qui, suivant la croyance populaire, venait la nuit dans les maisons et y apportait toute sorte de biens.

ABONDÉ, ÉE part. p. d'*abonder*. — ÊTRE ABONDÉ, se dit d'une somme accessoire ajoutée à une autre.

ABONDEMENT s. m. Suraddition.

* ABONDER v. n. (lat. *abundare*). Avoir ou être en grande quantité. — ABONDER DANS LE SENS D'UNE PERSONNE, embrasser son opinion. — ABONDER DANS SON SENS, montrer un attachement exclusif à sa propre opinion.

ABONNABLE adj. Susceptible d'être abonné.

ABONNATAIRE adj. Qui est concédé par abonnement.

* ABONNÉ part. p. d'*abonner*. Substantiv. Celui qui a pris un abonnement.

* ABONNEMENT s. m. Convention ou marché à un prix déterminé et pour un temps limité. Se dit des souscriptions, généralement payées d'avance, pour recevoir un journal, pour assister à des spectacles, etc. — ¬¬ Allocation fixe du gouvernement aux préfets et aux sous-préfets pour frais de bureaux et d'administration. — *Administr.* Convention à prix fixe passée entre l'État et les redevables pour le paiement d'une taxe, l'accomplissement d'une obligation. Voici les principaux cas d'abonnement: 1º L'exploitation des voitures publiques, des bacs et passages d'eau; 2º l'entrée sur les vendanges (entre l'État et les communes vignobles); 3º les frais de casernement et lits militaires, à la charge des communes qui perçoivent des droits d'octroi; 4º la fabrication des bières dans les villes de 30,000 âmes au moins; 5º le commerce de détail des vins, cidres, hydromels et poirés (loi du 23 avril 1816). Cet abonnement est *individuel*, lorsqu'il est contracté par un seul débitant; *collectif*, s'il est consenti par la classe entière des débitants d'une commune; *général*, quand il est contracté par la commune; il forme alors une taxe unique, ajoutée au droit d'entrée (loi du 21 avril 1832 et 25 juin 1841); 6º les redevances des mines; 7º le sel marin qui provient de la fabrication du salpêtre; 8º en matière de timbre, l'émission d'actions par les départements, les communes et les établissements publics; 9º les polices d'assurances sujettes au timbre, etc.

Octroi. Les abonnements sont défendus comme mode général de perception (ordon. du 3 juin 1848); ils sont autorisés pour certaines corporations, comme celles des bouchers, des débitants de boissons, art. 47 de la loi du 28 avril 1816.

* ABONNER v. a. (du vieux verbe *bonner*, *borner*). Prendre pour autrui un abonnement. — ¬¬ Faire prendre un abonnement. — S'ABONNER v. pr. Contracter l'abonnement pour soi-même.

* ABONNIR v. a. Améliorer. — V. n. devenir bon. — S'ABONNIR v. pr. Devenir meilleur.

ABONNISSEMELT s. m. Amélioration, bonification (vieux).

* ABORD s. m. [a-bor] (de *à* et *bord*). Accès, approche: *Ce port est d'un facile abord.* — Action d'aborder une côte, une île: *A notre abord nous fûmes attaqués* — Fig. Manière d'accueillir: *Cet homme est d'un abord désagréable.* — Au pl. Ce qui entoure une localité, une maison: *Les abords de la place étaient défendus.*—Au premier abord loc. adv. A première vue. — De prime abord loc. adv. Au premier instant. — Dès l'abord loc. adv. Dès le commencement. — D'abord loc. adv. Premièrement; tout de suite. — D'abord que loc. conj. Aussitôt que. — Tout d'abord loc. adv. Sur le champ. — ¬¬ A l'abord loc. adv. Au commencement. — D'abord après loc. adv. Aussitôt après. — Dans l'abord loc. adv. Au commencement.

* ABORDABLE adj. des deux g. Qu'on peut aborder.

* ABORDAGE s. m. Action d'aborder; action de se heurter contre un objet ou d'être heurté. (L'Acad. emploie ce mot en parlant des navires seulement et surtout en parlant des combats de mer). — Mar. Manœuvre de guerre par laquelle on s'approche d'un navire ennemi, de façon à passer d'un bord à l'autre. *Abordage en belle*, qui a lieu par un coup d'éperon dans le flanc. *Abordage de franc-étable*, abordage par devant, en droiture. — Pour exécuter l'*abordage*, on s'accroche à l'ennemi au moyen de grappins; puis les assaillants se précipitent armés de pistolets, de pioches, de poignards, de haches et de sabres. Les Français sont longtemps obtenu des succès à l'abordage. — *Jurispr.* Le choc involontaire et accidentel de deux navires ou ennemis produit le plus souvent de grandes avaries; le code de commerce établit par qui elles doivent être supportées. Si l'abordage a eu lieu par la faute de l'un des capitaines, le dommage est payé par celui qui l'a causé; s'il y a doute sur les causes, le dommage est réparé à frais communs. Si le navire qui a éprouvé l'accident était assuré, les assureurs sont tenus d'indemniser le propriétaire. (C. de comm. art. 350, 407). Les réclamations pour fait d'abordage doivent être faites dans les vingt-quatre heures de l'arrivée du bâtiment dans un lieu où il peut agir, et être suivies d'une demande en justice dans le mois de leur date (art. 435, 436). D'après une ordonnance de 1848, les navires anglais doivent porter, pendant la nuit, trois feux (blanc au mât de misaine; vert à tribord, rouge à bâbord); depuis 1849, les navires français sont assujettis aux mêmes précautions. Ces dispositions ont eu des résultats avantageux.

ABORDANT, ANTE adj. Qui va à l'abordage; qui aborde.

* ABORDER v. n. Arriver au rivage, prendre terre: *le navire aborda dans une île; nous abordâmes à la côte; nous ne pûmes aborder.* — ABORDER A UN BATIMENT, diriger une embarcation de manière qu'elle arrive à toucher un bâtiment sans le heurter. — v. a. Joindre: *aborder un rivage; aborder l'ennemi.* — Se heurter contre: *le brick aborda la frégate.* — Fig.

accoster: *il m'aborda dans la rue.* — Traiter, discuter: *abordons la question.*

— Mar. *Aborder un navire*, c'est l'atteindre, l'accrocher pour le combattre et s'en rendre maître. — *Aborder en bout au corps ou en belle*, frapper par le côté un bâtiment abordé. — *Aborder de long en long*, joindre côte à côte.— *Aborder par l'avant, par la hanche, par l'arrière*, etc. c'est heurter par l'avant, par la hanche, par l'arrière, etc.—*Aborder en travers*, couler un navire à fond en l'abordant. — *Aborder au vent*, se placer sur la hanche de son adversaire et l'allonger vivement sur son travers ou de l'arrière, quand on a l'avantage de la marche, et en le dépassant. — *Aborder sous le vent*, allonger l'ennemi par derrière et se mouillant une ancre avant de l'accrocher.—S'*aborder.* v. pr. S'approcher l'un de l'autre; se heurter.

ABORDEUR s. m. Celui qui aborde.

* ABORIGÈNE adj. (lat. *ab*, de; *origo*, *originis*, origine ou *ab origine*, dès l'origine). Qui est originaire du pays qu'il habite; qui a habité le premier un pays.

* ABORIGÈNES s. m. pl. Se dit des premiers habitants d'un pays, par opposition à ceux qui sont venus s'y établir dans la suite et qui s'appellent *autochthones*: c'est, du moins, le sens que l'antiquité accordait à ces deux mots. Il s'est fondé en Angleterre (1838), une société pour la protection des *Aborigènes* dans les colonies anglaises.

* ABORNEMENT ou Abornage s. m. Action d'aborner (vieilli).

* ABORNER v. a. Voy. BORNER. Mettre des bornes à un terrain; se dit surtout quand on marque les limites d'une voie ferrée et des propriétés voisines.

* ABORTIF, IVE adj. (lat. *ab*, avant; *ortus*, né). Avorté; qui est venu avant maturité; qui peut provoquer l'avortement. Voy. EMMÉNAGOGUES.— *Fleur abortive*, qui tombe sans donner signe de fécondation. — *Fruit abortif*, qui ne parvient pas à maturité ou dont les graines sont infécondes. — *Graine abortive*, qui ne contient pas d'embryon. — *Etamine abortive*, dont le filet ne porte pas d'anthère. — *Pistil abortif*, qui reste imparfait. — *Plantes abortives*, dont les fleurs deviennent impropres à la reproduction.

ABOT s. m. [a-bo] (celt. *bot*, pied). Entrave qu'on attache au paturon des chevaux dans les pâturages.

ABOU-BEKR [bè-kre]; le premier des califes arabes, né vers 573, mort à Médine en 634. Son nom, qui signifie *père de la Vierge*, lui fut donné lorsque sa fille, Aïcha, devint l'épouse favorite de Mahomet; son vrai nom était Abd-el-Caaba. En 632, il succéda au Prophète qui l'avait désigné comme son héritier, à l'exclusion d'Ali. Il eut à réprimer plusieurs révoltes, travailla activement à la propagation de l'islamisme, poussa ses conquêtes jusqu'en Syrie et dans les provinces de l'Euphrate, rassembla les manuscrits épars et les doctrines orales du Prophète, les fit transcrire sur des feuilles de palmier ou des peaux de brebis, et forma ainsi le *Coran* ou code religieux des Arabes.

ABOUCHEMENT s. m. Entrevue, conférence: *ménager un abouchement entre deux personnes.*—Jonction des veines, des artères (Anat.).

* ABOUCHER v. a. Réunir plusieurs personnes pour conférer: *il faut les aboucher ensem-*

ble. — ⌁ Mettre bouche à bouche ; joindre en-semble deux tubes. — S'aboucher v. pr., con-férer avec quelqu'un. — Se dit de deux veines, de deux artères qui communiquent. — ⌁ Ap-pliquer sa bouche à un vase.

ABOUCHOUCHOU s. m. [a-bou-chou-chou]. Drap qui se fabrique dans le midi de la France et que l'on exporte dans le Levant.

ABOU-DJAFFAR, voy. AL-MANZOUR.

ABOUGRIR v. n. Venir mal ; on dit mieux RABOUGRIR.

ABOU-HANIFAH, fondateur de la secte mu-sulmane des *Hanéfites,* qui est la plus ancienne des quatre sectes dites *orthodoxes* ; né à Kou-fah, en 699, persécuté pour avoir rejeté la prédestination ; puis empoisonné, en 767, par les ordres du calife Abdallah II, dont il avait combattu le projet de mettre à mort les habi-tants de Mossoul. Il a composé un fameux commentaire du boran, intitulé *Seved* ou *le secours.*

ABOU-HANNÈS [a-nèss] (Égypt. Père-Jean), nom que les Égyptiens donnent à l'ibis.

ABOUKIR, (autrefois *Canopus*), bourg mari-time de la Basse-Egypte, à environ 19 kil N.-E. d'Alexandrie ; c'est que la baie d'Aboukir que se livra, le 1er août 1798, une célèbre ba-taille où la flotte française fut anéantie par l'armée navale des Anglais. L'année suivante, (25 juillet), Bonaparte, à la tête de 5,000 hom-mes, remporta à Aboukir une victoire non moins décisive sur 25,000 ottomans commandés par Mustapha Pacha ; mais le 25 mars 1804, le général anglais Abercromby y battit le général Menou.— BATAILLE D'ABOUKIR. Chef-d'œuvre de Gros, (1806) ; galeries de Versailles. D'après le peintre, Murat est le principal héros de cette bataille, où 25,000 Ottomans furent exterminés complètement. Cette peinture obtint un im-mense succès, bien que Bonaparte n'y soit pas représenté.

ABOUL-ABAS-ES-SAFFEH, fondateur de la dynastie des Abbassides. Proclamé à Koufah, en 749, il défit et tua le dernier Calife Om-miade. Sa domination s'établit par le meurtre de presque tous les Ommiades. Il régna à Da-mas et mourut en 754, laissant le trône à son frère Al-Manzour.

ABOULER v. a. (rad. *boule*). Mot trivial qui signifie : donner sans délai ; arriver.

ABOUL-FARADJ-ALI, écrivain arabe, né à Ispahan (897) mort en 967. Auteur du livre : *Kitab Aghani* ou *Recueil des anciennes chansons arabes.*

ABOULFARAGIUS ou Aboulfaradje (Mar-Gregorius), surnommé, en raison de son ori-gine israélite « Bar-Hebræus », célèbre histo-rien et médecin, de la secte des chrétiens ja-cobites, né en Arménie (1216), mort en 1286. Il devint successivement évêque de Gouva et d'Alep ; puis, en 1266, primat des jacobites d'Orient. Son ouvrage le plus connu est l'*His-toire des dynasties,* publiée en arabe et en latin (Oxford 1663), et en syriaque et en latin (Leipsick 1789). Cette histoire, qui renferme des détails intéressants sur les guerres des Mogols et des Tartares, a été traduite en Alle-mand par Bauer (Leyde, 1783-85).

ABOULFAZL, grand visir et historiographe du grand mogol Akbar ; auteur de l'*Akbar-Nameh,* qui renferme l'histoire de ce prince, et de l'*Ayin Akbéry* (Institutes d'Akbar), des-cription de l'Hindoustan.

ABOULFÉDA (Ismaïl Ibn Ali), historien et géographe arabe, de la race des Ayoubites, né à Damas en 1273, mort en 1334. Dès l'âge de douze ans, il combattit les croisés chrétiens ; il suivit le sultan Nasir contre les Tartares et fut investi, en 1310, de la principauté de Hamah, que ses ancêtres avaient jusqu'alors tenue en fief. Il fit une compilation (*Histoire abrégée du genre humain*) qui embrasse l'his-

toire ancienne et les annales des peuples mu-sulmans jusqu'en 1328 ; il composa, en outre, une description des pays orientaux (*Vraie situa-tion des pays*) qui l'a placé au premier rang parmi les géographes de son siècle. Ces ouvra-ges ont été traduits en latin et en plusieurs autres langues. MM. Reinaud et de Slane ont publié en français (Paris, 1847) son livre de la *Vraie situation des pays.*

ABOUMANA, village de la haute Égypte, pro-vince de Girgeh, sur la rive droite du Nil ; célèbre par une victoire que le général Friant y remporta, le 17 février 1799, sur les Arabes du shérif Yambo.

ABOUNA s. m. Nom que les chrétiens d'E-thiopie donnent à leur métropolitain.

ABOUNDA s. m. Langue parlée au Congo.

ABOUQUEMENT s. m. Action d'abouquer.

ABOUQUER v. a. Terme de salinage qui si-gnifie : ajouter du sel nouveau sur un monceau de vieux sel.

ABOU-RIHA, qualité de tabac turc que l'on a passé à la fumée de laurier et de bois de cèdre.

ABOU SAMBOUL, voy. IPSAMBOUL.

ABOUSCHER ou Bouchire, ville maritime de Perse, sur la côte nord-est du golfe persique, à l'extrémité septentrionale d'une presqu'île ;

Abouscher.

environ 15,000 hab.; entrepôt des marchan-dises de l'Inde, de la Russie, de la Turquie et de la Perse; climat très malsain. Les Anglais ont assiégé et pris cette ville, le 9 décembre 1856.— Lat. 29° N.; long. 48° 32' E.

ABOUT s. m. Extrémité par laquelle une pièce de bois ou de fer est assemblée avec une autre; bout par lequel un triangle ou un tirant de fer se joint, se fixe à quelque chose.

ABOUTAGE s. m. Action de réunir par un nœud les bouts de deux cordages.

À BOUT DE BORD loc. adv. Mar. Forcé de virer pour éviter un danger. — Fig. A bout de res-sources.

ABOUTÉ, ÉE adj. Blas. Se dit des pièces qui se touchent par les extrémités supérieures et infé-rieures; de quatre hermines ou quatre otelles dont les bouts se joignent en croix; de cœurs et autres pièces qui se touchent par leur partie inférieure, pointue ou non pointue.

ABOU-TEMAN, poète arabe, né en Syrie, vers l'an 806, mort en 845 ou en 846; plus heureux que le divin Homère, il fit une fortune considérable à réciter des vers; il rassembla trois recueils de poésies orientales.

ABOUTEMENT ou Abouement s. m. Action d'abouter; état de ce qui est abouté.

ABOUTER v. a. Joindre par les bouts : se

dit surtout de deux pièces de bois. — ⌁ S'a-bouter v. pr. Se joindre, se toucher par les deux bouts.

ABOUTIR v. n. Toucher par un bout; se terminer à : *le chemin aboutit à la rivière.*— Avoir pour résultat : *mes desseins aboutissent à cela.* — Arriver à suppuration, en parlant d'un abcès. — ⌁ S'aboutir v. n. Boutonner, en par-lant des arbres.

ABOUTISSANT, ANTE adj. Qui touche à (s'emploie surtout en parlant des terrains).

ABOUTISSANTS s. m. pl. Ce qui aboutit à un lieu; ce qui se rattache à une chose; dé-tails d'une affaire. Voy. TENANT.

ABOUTISSEMENT s. m. Résultat; pièce d'é-toffe que l'on coud à une autre pour l'allonger; commencement de suppuration.

ABOUTOIRS s. m. pl. ou Aboutoires s. f. pl. Œillères grossières des chevaux de charrette.

ABOU-ZEYD. Titre d'un roman arabe très populaire en Égypte, où il est récité dans les cafés par des conteurs qui reçoivent le nom d'*Abou-Zeydia.*

ABOVILLE (François-Marie, comte d'), lieu-tenant général, né à Brest en 1730, mort en 1817, commanda en chef l'artillerie de l'armée du Nord. Entre autres perfectionnements dans son arme, on lui doit les *roues à voussoir,* à moyeux en métal. Ses deux fils : Augustin-Gabriel, (1773-1820) et Augustin Marie (né en 1776) furent pairs de France sous la Restau-ration.

AB OVO loc. adv. (lat. *ab,* dès; *ovo,* l'œuf). Depuis l'œuf.

ABOYANT, ANTE adj. Qui aboie.

ABOYER v. n. [a-boi-ié] (lat. *baubari,* aboyer). Crier, japper, en parlant du chien.— Fig. crier contre quelqu'un, invectiver. — J'a-boie, tu aboies, il aboie, nous aboyons, vous aboyez, ils aboient. — J'aboyais, nous aboyions. — J'aboyai, nous aboyâmes. — J'aboierai, nous aboierons. — J'aboierais, nous aboierions. — Aboie, aboyons, aboyez. — Que j'aboie, que nous aboyions. — que j'aboyasse, que nous aboyassions. — Aboyant. — Aboyé, ée.— Prov. TOUS LES CHIENS QUI ABOIENT NE MORDENT PAS, les gens qui menacent ne sont pas toujours fort redoutables. — ABOYER A LA LUNE, crier inutilement contre plus puissant que soi.

ABOYEUR s. m. Chien qui aboie à la vue du sanglier, sans en approcher. — Fig. Celui qui fatigue par ses criailleries. (Famil.).— ⌁ Méd. *Délire des aboyeurs,* névrose carac-térisée par des cris convulsifs, et par une chorée des muscles expirateurs et laryngiens. — Zool. Nom donné par Temminck à un oiseau du genre chevalier. C'est la *barge* *aboyeuse* de Buffon, animal dont le cri ressemble à l'aboiement du chien.

ABRABANEL, voy. ABRAVANEL.

* ABRACADABRA s. m. Mot cabalistique auquel on attribuait autrefois une influence magique pour guérir certaines maladies. On le portait au cou, après avoir disposé les lettres en un triangle dont toutes les faces reproduisaient le mot *Abracadabra*.

ABRACADABRANT, ANTE, Abracadabresque adj. Mots burlesques pour désigner quelque chose de merveilleux.

ABRACHIE s. f. [a-bra-kî] (gr. *a*, sans; *brachion*, bras). Etat d'un fœtus qui manque de bras.

ABRACHIOCÉPHALIE s. f. [a-bra-ki-o-sé-fa-lî] (gr. *a*, sans; *brachion*, bras; *Képhalé*, tête). Etat d'un fœtus monstrueux, sans bras ni tête.

ABRAHAM, patriarche, le père de la nation juive, né à Ur, en Chaldée, vers l'an 1996 av. J.-C., mort à l'âge de 175 ans (1821) et enterré à Hébron. — (ERE D'), ère employée par l'historien Eusèbe, et qui commence le 1er octobre 2,016 av. J.-C., c'est-à-dire 2,045 ans et trois mois avant la nôtre.

ABRAHAM A SANCTA CLARA (ULRICH VON MEGERLE), célèbre prédicateur catholique allemand, né en Souabe en 1642, mort à Vienne, en 1709, composa des sermons dont l'originalité va quelquefois jusqu'au burlesque, mais qui dénotent une profonde connaissance du cœur humain.

ABRAHAM (Hauteurs d'), chaîne de collines rugueuses qui dominent la ville de Québec. Les Anglais y remportèrent sur les Français la sanglante victoire du 12 septembre 1759, à la suite de laquelle le Canada fut perdu pour nous.

ABRAHAMIEN ou Abrahamite s. m. Hérétique de Bohême, qui, comme Abraham avant la circoncision, n'admettait d'autre dogme que l'unité de Dieu. Les abrahamites furent bannis de Bohême par Joseph II, en 1783.

ABRANCHES s. f. pl. (gr. *a*, sans; *branchia*, branchies). Ordre d'annélides sans branchies apparentes, et qui respirent par la surface de la peau ou par quelque cavité intérieure. La plupart vivent dans l'eau ou dans la vase; quelques unes seulement dans la terre humide. La première famille, celle des *Abranches sétigères*, ou pourvues de soies, comprend les trois genres : *lombric, thalassème et nutade*. La deuxième famille, celle des *Abranches sans soies*, se compose des deux genres aquatiques : *sangsue* et *dragonneau*.

ABRANTÈS, ville de l'Estramadoure portugaise, sur le Tage, à 120 kil. N.-E. de Lisbonne; 6,150 hab.; commande la route frontière d'Espagne en Portugal; prise en 1808 par le général Junot qui reçut le titre de duc d'Abrantès. — *Traité d'Abrantès*, signé entre la France et le Portugal, le 29 septembre 1801. Les troupes françaises se retirèrent, moyennant une compensation en argent et une cession de territoire dans la Guyane.

ABRANTÈS (St-Martin Permon, DUCHESSE D'), femme de Junot, née à Montpellier, en 1785. Après la mort de son mari, elle publia des *Mémoires* très curieux, en 18 vol., et des romans qui sont tombés dans un oubli mérité. Elle mourut dans la misère (1838).

ABRAQUER synon. d'EBRAQUER.

ABRASION s. f. [a-bra-zi-on] (lat. *abradere, abrasum*, racler). Ulcération de la membrane muqueuse des intestins. — Action de gratter la surface des os cariés, d'enlever le tartre des dents.

À BRAS-LE-CORPS loc. adv. (à-brâ-le-kor). Par le milieu du corps; en passant les bras autour du corps.

ABRAVANEL (Isaac ben Judah), écrivain juif, né à Lisbonne en 1437, mort en 1508; servit successivement Alphonse V et Jean II de Portugal, puis Ferdinand le catholique; fut expulsé (1492) ainsi que tous les Juifs d'Espagne; se réfugia à Naples et ensuite à Venise; a laissé de nombreux *commentaires* des Ecritures. Son fils, LEONE, a composé une œuvre philosophique : *Dialoghi di Amore*.

ABRAXAS s. m. [a-brak-sass]. Mot mystique employé par certaines sectes gnostiques de l'ancienne Egypte, pour désigner l'Etre suprême. On a trouvé un grand nombre de pierres antiques et de tablettes de métal sur lesquelles ce mot est gravé en caractères grecs. On s'est perdu en conjectures sur la signification exacte du mot et sur l'emploi que les anciens faisaient de ces pierres, dites *basilidiennes*, parce que la secte gnostique des basilidiens paraît surtout en avoir fait usage. On suppose que l'abraxas se portait comme une amulette. — Du mot *abraxas*, on fait dériver *abracadabra*.

ABRAXOÏDE adj. Se dit des pierres d'abraxas : *pierre abraxoïde*.

ABRAZITE ou Gismondine s. f. (all. *abrazit*). Substance pierreuse blanche, composée de silice, d'alumine et de chaux, que l'on trouve près de Giessen, de Dumbarton et de capo-di-Bone.

ABRÉE s. m. (Gr. *abros*, élégant). Genre de coléoptères qui a pour type l'*hyster globosus*, des environs de Paris.

* ABRÉGÉ s. m. (lat. *brevis*, court). Exposé succinct; réduction d'un grand ouvrage en un plus petit. — En abrégé, loc. adv. brièvement; par abréviation. — ENCYCL. Quelques *abrégés* ont fait oublier les originaux : on cite l'*abrégé* par Justin de l'*histoire universelle* de Trogue-Pompée; l'*abrégé de l'histoire romaine* par Florus (IIe siècle); le *Breviarium historiæ romanæ*, d'Eutrope; l'*abrégé chronologique de l'Histoire de France*, par le président Hénault; le *Discours sur l'histoire universelle*, par Bossuet; nos manuels contemporains, nos *précis*, nos *résumés*, nos *compendium*, etc.

ABRÉGEMENT s. m. Action d'abréger.

* ABRÉGER v. a. (lat. *abreviare*), rendre plus court, diminuer, faire paraître moins long. — S'abréger v. pr. Devenir plus court.

ABRÉGEUR s. m. Celui qui abrège.

ABRENUNTIO [a-bré-non-si-o]. Mot latin que l'on emploie pour dire : J'y renonce.

ABRET (Chasse à l'), voy. POSTE.

ABREUVAGE ou Abreuvement s. m. Action d'abreuver.

* ABREUVER v. a. (lat. *ad*, à; *bibere*, boire). Faire boire, en parlant des bêtes; s'emploie en parlant des personnes, et ordinairement par plaisanterie. — Fig. imbiber, humecter, inonder. — Accabler, en parlant de peines, d'outrages, etc. — S'abreuver v. pr. Boire, se désaltérer, s'imbiber. — Fig. *s'abreuver de sang*, faire couler le sang; *s'abreuver de larmes*, verser beaucoup de larmes, en faire verser aux autres.

ABREUVOIR s. m. Lieu où les animaux viennent boire et se baigner. — Plaie profonde des arbres. — Hygiène. Les règles à suivre pour la pureté des abreuvoirs diffèrent suivant qu'ils sont sur des eaux courantes ou sur des eaux dormantes. Dans le premier cas, on doit en éloigner les résidus de manufactures, de teintureries, etc.. Dans le second cas, on tiendra à distance les canards, les oies, les porcs; on empêchera d'y laver, d'y mettre rouir du chanvre, d'y conduire des eaux sales, du jus de fumier. On curera fréquemment les abreuvoirs. On y jettera tous les ans, surtout à l'époque des grandes chaleurs, deux ou trois sacs de poussière de char-

bon pour empêcher l'eau de se putréfier. — *Législation*. Les maires prennent, en ce qui concerne les abreuvoirs publics, toutes les mesures de police qu'ils jugent nécessaires. En règle générale, il n'est pas permis à un homme seul de conduire à la fois plus de trois chevaux à l'abreuvoir; il est expressément défendu d'y mener des animaux infectés de maladies contagieuses, sous peine d'un procès ou simple police, sans préjudice des dommages-intérêts, si des animaux avaient à souffrir du contact des malades. — *Droit d'abreuvoir*, servitude qui permet de faire abreuver ses bestiaux dans les eaux qui se trouvent sur le fonds d'autrui. Cette servitude entraîne le *droit de passage* (C. Nap. art. 696). — *Chasse*. Endroit où les oiseaux se rendent pour se désaltérer, et près desquels les oiseleurs disposent des pièges et surtout des gluaux. Cette chasse réussit d'autant mieux que la saison est plus chaude. Le matin, vers dix heures, et l'après-midi, depuis deux heures jusqu'au soir, sont les instants préférables. Autour de l'abreuvoir, on dispose une haie de gluaux, peu élevés ou inclinés pour les oiseaux marcheurs; de distance en distance, on plante des branches d'arbre au bout desquelles on laisse un bouquet de feuilles et que l'on garnit de gluaux. L'oiseleur se cache à huit ou dix mètres de l'abreuvoir, derrière des arbres ou sous une cabane de branchages. De là, il observe, vient s'emparer des oiseaux qui sont pris et remet les pièges en place. — Sur les gluaux, l'oiseleur peut planter des *rejets* (voy. ce mot), et si l'abreuvoir est sur la lisière d'un bois, il peut avoir recours aux *collets*. — *B.-arts*. — On voit à Parme un *abreuvoir* d'un aspect monumental. — Celui du château de Marly était orné de deux chevaux en marbre (de Guil. Coustou). Ces chevaux sont placés aujourd'hui à l'entrée orientale des Champs-Elysées.— L'ABREUVOIR célèbre tableau de Berghem (au louvre). — Tableau de Ph. Wouverman, musée de Van der Hoop, à Amsterdam.

ABRÉVIATEUR, TRICE adj. Qui abrège.

* ABRÉVIATEUR s. m. Celui qui abrège un livre; auteur d'un abrégé. — Officier de la chancellerie romaine qui dresse les *bréviatures* des lettres apostoliques.

ABRÉVIATIF, IVE adj. Qui indique une abréviation.

* ABRÉVIATION s. f. Retranchement de lettres ou de syllabes, pour écrire certains mots plus rapidement (Mme pour madame, etc.). signe abréviatif: (1° pour premièrement, etc.). L'usage des abréviations dans la transcription des livres a été prohibé par l'empereur Justinien; mais il reparut au Xe siècle. Philippe le Bel dut le bannir des actes authentiques (1304). L'abus n'en persista pas moins et passa des manuscrits dans les premiers livres imprimés. Les moines du moyen-âge ont tellement employé d'abréviations, en recopiant les ouvrages de l'antiquité, qu'il n'y a que les experts qui puissent les déchiffrer. L'étude de ces abréviations est une partie importante de la paléographie.— *Droit*. Il ne peut rien être écrit par abréviation sur les actes de l'état civil, et aucune date ne doit y être mise en chiffres (C. Nap. art. 42). Les abréviations sont également proscrites de tous les actes authentiques, surtout dans les mots qui expriment des mentions importantes, telles que dates, sommes, noms des parties, noms de localités, etc.

ABRÉVIATIVEMENT adv. D'une manière abrégée.

ABRÉVIER v. a. S'emploie quelquefois pour *abréger*.

* ABRI s. m. (lat. *apricus*, exposé au soleil). Lieu qui protège contre la pluie, le vent, le froid, l'ardeur du soleil.—Fig. Lieu de refuge. — Ce qui garantit des soldats contre les projectiles de l'ennemi. — Ce qui abrite les végétaux : *abris naturels*, les montagnes, les collines, les forêts; *abris artificiels*, les clôtures, les murailles, les haies, les palissades, les serres, les bâches, les châssis, les cloches, les couvertures, les paillassons.—A L'ABRI loc. prépositive et quelquefois adverbiale. A couvert : *à l'abri du vent, de la pluie* (de a la signification de *contre*). Se dit aussi de ce qui sert à mettre à couvert : *à l'abri d'un bois* (de signifie *sous*).

ABRIAL (André-Joseph, COMTE), jurisconsulte, l'un des rédacteurs du Code civil, né à Annonay, en 175⁰, mort à Paris en 1828. Fut ministre de la justice après le 18 brumaire, sénateur, puis pair de France.

* **ABRICOT** s. m. [a-bri-ko] (lat. *præcoquum* [de PRæCOX, précoce] ; arabe *al bircouk*; espagnol, *albaricoque;* portugais, *albricoque*). Fruit de l'abricotier ; il est délicat et parfumé, mais indigeste; il ne se conserve pas. Le noyau contient une amande dans laquelle se trouve un peu d'acide prussique, ce qui la rend dangereuse lorsqu'on en fait excès. L'abricot perd ses propriétés indigestes lorsqu'on le sert en compote, en confitures, en gelée, en conserve, en marmelade. On peut aussi le préparer à l'eau-de-vie, en beignets, en pâte, etc, on le fait dessécher, et de confit, on en obtient une liqueur, etc. Ce fruit mûrit en juillet et en août. — ⁓ Le mot *abricot* s'emploie adjectiv. en parlant d'une couleur tirant sur le jaune ; alors, il est invariable : *le chapeau de cette dame est orné de rubans abricot.*

ABRICOTÉ s. m. Bonbon fait d'un morceau d'abricot entouré de sucre.

ABRICOTÉE s. f. Variété de prune à gros fruit, dont la chair, ferme et musquée, est excellente. L'*abricotée* ressemble un peu à la reine-claude ; mais elle est plus grosse et plus allongée; peau d'un vert blanchâtre, tachée de rouge du côté du soleil. — Variété de pêche qui a un peu le goût de l'abricot.

* **ABRICOTER** v. a. Greffer un abricotier sur un autre arbre.

* **ABRICOTIER** s. m. (*prunus armeniaca*). Arbre fruitier, de la famille des rosacées. On le croit originaire d'Arménie, d'où on l'aurait importé à Rome vers le commencement de notre ère. Mais cette opinion a trouvé des

Abricotier.

contradicteurs. Quelques naturalistes affirment que l'abricotier croît à l'état sauvage dans le Piémont. — *Variétés*. Les variétés les plus estimées sont , l'*abricot-alberge*, au midi de la Loire; l'*abricot de Nancy* et l'*abricot-pêche*. — *Climat*. La floraison étant précoce, la fructification est souvent détruite par les froids tardifs. C'est pourquoi, sous le climat de Paris, on le cultive presque toujours en espalier ou en contre-espalier ; et on l'abrite jusqu'à la fin du mois de mai. — *Terrain*. L'abricotier aime les sols de consistance moyenne, profonds et

calcaires; il redoute les argiles compactes et les terrains secs et brûlants. — *Multiplication*. On le multiplie presque toujours au moyen de la *greffe en écusson*, sur de vigoureuses variétés de prunier ou sur des sujets d'abricotiers obtenus de noyaux. La greffe sur prunier a lieu en juillet; sur abricotier en août et sur amandier en septembre.—*Culture en plein vent*. On place les arbres à huit ou dix mètres les uns des autres, dans une situation abritée contre les gelées tardives. On laisse pousser trois ou quatre branches également écartées entre elles, à environ deux mètres du sol. Tous les cinq ou six ans, on retranche la moitié de la longueur des branches principales, afin de les faire regarnir de rameaux fructifères. — En *espalier* et en *contre-espalier*. Cultivés ainsi, les abricotiers donnent plus de fruit ; mais les abricots sont moins savoureux que ceux que l'on obtient en plein vent. On conduit les arbres en *cordon oblique* ou en *éventail*. Les boutons à fleurs naissent sur des rameaux développés pendant l'été précédent et rendus peu vigoureux au moyen du pincement. Il convient de raccourcir les rameaux afin de refouler l'action de la sève vers la base et obtenir là de nouveaux bourgeons fructifères pour l'année suivante, au lieu de les faire développer au sommet.

ABRICOTIN s. m. Espèce d'abricot précoce.

* **ABRICOTINE** s. f. Variété de prune qui ressemble à l'abricot.

ABRICOTIS s. m. Nom donné par les confiseurs à l'une des préparations de l'abricot.

* **ABRICOT-PÊCHE** s. m. Espèce de gros abricot qui se rapproche de la pêche ; l'abricot-pêche est préféré à tous les autres pour l'espalier.

ABRIER v. a. Mettre à l'abri (prend deux *i* de suite aux deux premières pers. pl. de l'ind. et du prés. du subj.) On dit mieux **ABRITER**.

ABRIL (Pierre-Simon), grammairien, né près de Tolède, vers 1530. Il traduisit en espagnol, plusieurs ouvrages classiques de l'antiquité; fit une grammaire grecque et répandit dans son pays le goût des langues anciennes.

ABRINCATUI, peuple de la Gaule Lyonnaise, dans le voisinage de la moderne Avranches.

* **ABRITER** v. a. Mettre à l'abri. — S'abriter v. pr. Se mettre à couvert; chercher un refuge.

ABRIVENT s. m. Ce qui sert à mettre à l'abri du vent; paillasson qui protège les plantes. — Appentis en claies ou en paille pour garantir les soldats des injures du temps.

ABROGATIF, IVE adj. (lat. *abrogatus*, abrogé). Qui a pour but d'abroger.

* **ABROGATION** s. f. (lat. *abrogatio*). Suppression, annulation d'une loi, d'un décret, d'un usage. Toute loi nouvelle abroge tacitement les lois précédentes, dans ce qu'elles ont de contraire aux nouvelles dispositions.

ABROGATOIRE adj. Qui a pour but d'abroger.

ABROGEABLE adj. Susceptible d'être abrogé.

* **ABROGER** v. a. (lat. *abrogare*). Annuler, mettre hors d'usage. — S'abroger v. pr. Cesser d'être en vigueur.

ABROHANI s. m. Mousseline blanche qui vient des Indes orientales.

ABROK s. m. Grande couverture blanche et bleue dont se drapent les femmes mauresques.

ABROLHOS (Portug., *ouvre les yeux*), groupe de trois petites îles et deux îlots, à 66 kil. de la côte du Brésil, en face de l'embouchure de la rivière de Caravellas. La plus grande, nommée *Santa-Barbara*, mesure 1,500 mètres sur 300. Les *Abrolhos* reçoivent la visite annuelle de bateaux destinés à la pêche.

ABROME s. m. (Gr. *a*, sans; *broma*, nourriture, parce que les plantes de ce genre ressemblent au cacaoyer [*Theobroma*], mais ne fournissent pas comme lui une substance alimentaire). Genre de plantes, famille des *Buttnériacées* ou *Byttnériacées*. L'espèce nommée *abrome à feuilles anguleuses* (*Abroma angusta*, Lin.) se cultive en France dans les serres chaudes. C'est un petit arbrisseau élégant, originaire de l'Inde, à feuilles larges et dont les rameaux sont revêtus d'un léger duvet. Ses fleurs forment de beaux bouquets d'un rouge brun. Les autres espèces, qui habitent les régions intertropicales de l'ancien continent, ont une écorce filandreuse qui sert à faire des cordages.

ABRONIE s. f. (gr. *abros*, délicat, élégant). Genre de plantes de la famille des nyctaginées, dont on connaît une seule espèce, l'*abronie à ombelles* (*abronia umbellata*), herbacée, vivace, originaire de la Californie, cultivée comme annuelle dans nos jardins, à cause de la beauté de ses fleurs. On la sème en pleine terre, au mois de mai ; elle vient dans tous les terrains.

ABROSTOLE s. m. (gr. *abros*, élégant ; *stolé*, vêtement). Genre de lépidoptères nocturnes, tribu des plusides. L'*abrostole triplasie*, qui est l'espèce la plus commune en Europe, se rencontre, à l'état de chenille, sur la grande ortie. Les ailes du papillon sont d'un brun luisant, à reflets violacés.

ABROTANUM [a-bro-ta-nomm]. Nom latin de l'aurone.

ABRØTONE ou **Abrotane** s. f. (gr. *a*, *brotos*, qui ne meurt pas). Nom que l'on donne quelquefois à l'aurone.

ABROTONOÏDE adj. Qui ressemble à l'abrotone.

* **ABROUTI, IE** adj. (gr. *a*, sans; fr. *brout*). Arbre dont les jeunes pousses ont été broutées par les bestiaux et qui, par suite, est mal venu.

ABROUTISSEMENT ou **Abroutis** s. m. Dommage causé aux arbres par le bétail qui broute les jeunes branches. Les gardes forestiers sont passibles des amendes et indemnités encourues par les délinquants dont ils n'ont pas dûment constaté les délits. (C. for., art. 6).

ABROXYDE adj. (gr. *abroxos*, à sec). Imperméable.

* **ABRUPT, UPTE** adj. [a-bru-pte] (lat. *abruptus*, même sens). Qui est escarpé, rapide (en parlant des terrains et des rochers). — Fig. Rude; heurté, coupé, haché, saccadé, sans liaison (en parlant du style).

ABRUPTEMENT adv. D'une manière abrupte.

ABRUPTION s. f. [psi-on]. Fracture transversale d'un os, avec surfaces rugueuses et inégales. — Figure de rhétorique consistant à supprimer les transitions pour donner au style plus de vivacité.

ABRUPTIPENNÉE adj. f. Se dit d'une feuille pennée qui n'a pas de foliole impaire terminale, et dont le pétiole commun n'est pas terminé par une foliole.

* **ABRUPTO** (ex) voy. EX ABRUPTO.

ABRUS s. m. [a-bruss] (gr. *abros*, élégant). Genre de plantes *papilionacées*, tribu des *phaséolées*. Jolis arbrisseaux originaires des pays chauds de l'ancien continent. Feuilles composées, pennées, sans folioles impaires; fleurs rouges assez semblables à celles des haricots; gousses renfermant de quatre à six graines presque globuleuses, dures, d'un rouge écarlate et marquées d'une tache noire ou brune. Racine ayant une saveur douceâtre et les mêmes propriétés que les racines de réglisse; aussi l'espèce la plus commune, l'*abrus à chapelets* (*Abrus precatorius*), acclimatée dans les Antilles, y porte-t-elle les noms de *liane à réglisse* et de *fausse réglisse*. Ses graines, percées et enfilées, forment des colliers et des chapelets. L'*abrus* ne peut, sous nos climats, être cultivé que dans les *serres*.

ABRUTI, IE adj. Devenu stupide, semblable à une brute. — Fig. stupéfait, hébété. — Subtantiv. — Personne devenue stupide.

* **ABRUTIR** v. a. (lat. *brutus*, idiot). Rendre brute, stupide. — S'abrutir v. pr. Se dégrader, devenir comme une bête brute.

* **ABRUTISSANT, ANTE** adj. Qui est propre à abrutir ; qui appesantit l'esprit.

* **ABRUTISSEMENT** s. m. [a-bru-ti-se-man]. État de dégradation morale où descend l'homme corrompu. L'abrutissement peut être la suite de l'ignorance , de la misère, du fanatisme ou des préjugés ; mais la cause la plus ordinaire et la plus puissante est, sans contredit, la débauche, qui dénature la raison et éteint le sentiment.

ABRUTISSEUR s. m. Celui qui abrutit. — Adj. Syn. d'ABRUTISSANT.

ABRUZZES (les) ou **Abruzzi**, division la plus septentrionale de l'ancien royaume des Deux-Siciles, comprenant les parties les plus élevées et les plus sauvages des Apennins (12,687 kil. carrés ; 945,000 hab.).Cette division, appelée aujourd'hui *Abruzze et Molise*, comprend les quatre provinces suivantes : 1° *Aquila* (autrefois Abruzzo Ulteriore II) ; 2° *Campo Basso* ; 3° *Chieti* (Abruzzo Citeriore) ; 4° et *Teramo* (Abruzzo Ulteriore I).

ABSAC, station minérale, à 10 kil. de Confolens (Charente) ; eaux chlorurées sodiques froides, en bains et en boissons, contre l'atonie, les fièvres intermittentes, les engorgements divers, la coxalgie. Établissement balnéaire.

ABSALON, fils de David, distingué par sa grande beauté, gagna la confiance du peuple, assassina Amnon, son demi-frère aîné, et prit momentanément possession du trône. Attaqué par les troupes restées fidèles à David, il fut vaincu et prit la fuite ; mais sa longue chevelure s'embarrassa dans les branches d'un arbre, où il resta suspendu. Joab le tua, malgré les recommandations de David. (1024 av. J.-C.)

ABSALON ou **Axel**, prélat, général, homme d'État et législateur, né dans l'île de Séeland, en 1128, mort en 1201 ; fit ses études à l'Université de Paris, devint premier ministre et général de Waldemar Iᵉʳ (1158-'82) et de Canut VI ; évêque de Rœskilde, en 1150, archevêque de Lund et primat de Scandinavie, en 1178 ; délivra le Danemark des pirates Wendes, lutta contre l'empereur d'Allemagne, conquit le Mecklembourg et l'Esthonie. Le code de Waldemar est en partie son œuvre.

ABSALONIEN, IENNE adj. Qui a rapport à Absalon et à sa chevelure.

* **ABSCISSE** s. f. [ab-si-ce] (lat. *abscissus*, coupé). Distance d'un point pris dans un plan à un des deux axes fixes qui se coupent perpendiculairement dans ce plan. — L'une des deux coordonnées rectilignes par lesquelles on définit la position de chaque point d'une courbe plane ; la seconde des deux coordonnées s'appelle *ordonnée*. — Axe des abscisses, *axe des ordonnées*, droites indéfinies sur lesquelles les abscisses et les ordonnées se mesurent à partir d'une commune origine qui est leur point d'intersection (Acad.).

ABSCISSION s. f. (lat. *abscissio*, coupure). Enlèvement, retranchement.

* **ABSENCE** s. f. [ab-san-se] (lat. *absentia*). Éloignement de sa résidence : *il pleure votre absence*. — Défaut de présence : *l'absence du maître est préjudiciable*.— Fig. Manque, privation : *absence de goût*. — Distraction, oubli : *j'ai eu un moment d'absence*. — Jurisp. L'absence est une disparition sans nouvelles. Pendant quatre ans, elle n'est que *présumée* ; ensuite, les parties intéressées peuvent se pourvoir devant le tribunal de première instance pour qu'elle soit *déclarée*. Elle cesse par la réapparition de *l'absent*, par la certitude acquise de son existence, ou par la preuve de

son décès. Tant que l'absence n'est que *présumée*, le ministère public veille aux intérêts de l'absent. Dès qu'elle est *déclarée*, les héritiers entrent *provisoirement* en possession des biens. Cette possession ne peut devenir *définitive* qu'après trente ans d'absence déclarée, ou après cent ans depuis la naissance de l'absent. L'absence de l'un des époux ne donne pas à l'autre le droit de se remarier ; mais l'absent seul pourrait attaquer une nouvelle union.

* **ABSENT, ENTE** adj. et s. (lat. *absens*). Qui n'est pas présent ; qui est éloigné de sa demeure ordinaire ; qui ne se présente pas, qui a disparu. — Fig. distrait inattentif.

ABSENTÉISME s. m. Habitude de vivre hors de son pays, de voyager. — Abstention politique.

ABSENTÉISTE s. m. Grand propriétaire, riche particulier qui dépense ses revenus hors de son pays. — Adj. Se dit d'un parti politique qui soutient l'abstention.

* **ABSENTER (S')** v. pr. [sab-san-té] (lat. *absentare*, éloigner). S'éloigner du lieu où l'on est d'habitude. — ⁓ Dans le sens judiciaire ou parlementaire, S'abstenir.

ABSENTS (Taxes sur les), taxe de quatre shillings par livre, levée, de 1715 à 1753, sur le revenu de tout Irlandais absent de son pays. Cette loi n'a produit aucun résultat. La moitié de l'Irlande est encore possédée par 744 propriétaires (landlords), qui n'ont jamais mis le pied dans leurs immenses domaines. Ils n'en veulent entendre parler que lorsqu'il s'agit de toucher leurs revenus qui varient de 500,000 fr. à 4 million de fr.

AB'S HEAD ou **Cap Saint Abb**, promontoire du Berwickshire, Écosse, à l'extrémité méridionale du Frith of Forth.

ABSIDAL, ALE adj. Qui ceint l'abside principale.

* **ABSIDE** ou **Apside** s. f. [a-bsi-de] (gr. *apsis*, arceau de voûte). Archit. Désigna d'abord la tribune ou grande niche surmontée d'une voûte qui terminait les basiliques antiques ; plus tard, on étendit le nom d'abside au sanctuaire, au lieu qui contient l'autel et le chœur ; puis à une chapelle latérale en voûte et en forme de croix.

ABSIDES (Ligne des). Grand axe de l'orbite d'une planète. L'extrémité la plus éloignée du soleil se nomme *apogée*, et l'autre *périhélie*.

ABSIDIOLE s. f. Chapelle voûtée près du sanctuaire et de la nef.

ABSINTHATE s. m. Sel produit par la combinaison de l'acide absinthique avec une base salifiable.

* **ABSINTHE** s. f. (gr. a sans ; *psintos*, doux.— lat. *absinthium*). Plante d'une odeur forte et aromatique, qui doit son nom à son extrême amertume. — Liqueur faite avec les feuilles de cette plante. — ⁓ Fig. Déplaisir, chagrin ; critique amère. — Bot. L'absinthe (*artemisia absinthium*), de la famille des composées, est une plante vivace, originaire des montagnes rocailleuses et rocailleuses d'Europe. Tige d'un mètre ; feuilles profondément découpées, couvertes d'un duvet cotonneux ; fleurs jaunes en panicule sur les hautes tiges. Toutes les parties de la plante sont amères ; elles exhalent une forte odeur aromatique due à une huile volatile verdâtre. — Hort. La grande absinthe, (aluyne, absinthium officinalis) et la petite absinthe (absinthium pontica), sont les deux variétés les plus généralement cultivées. Elles se contentent des terres les plus médiocres ; on les multiplie par boutures en mars ou en octobre, ou par semis aussitôt que les graines sont mûres. La récolte (fleurs, feuilles et tiges) a lieu un peu avant la pleine floraison. On laisse faner le tout et on le lie en bottes de deux kilogr.— Méd. L'absinthe est une plante

tonique et excitante, qui, employée à dose modérée, combat l'atonie du tube digestif et excite l'appétit. Elle est aussi légèrement ver

Absinthe

mifuge et emménagogue. On emploie les feuilles et les sommités. Doses : *Infusion*, 4 à 8 grammes par litre d'eau ; *Extrait*, 1 à 4 gr. ; *vin*, 60 à 80 gr.

* **ABSINTHE** s. f. Liqueur préparée en faisant infuser des feuilles d'absinthe dans de l'eau-de-vie et que l'on aromatise avec des essences de badiane, de fenouil, d'anis, et de l'eau de rose. L'absinthe verte est colorée avec du safran. Cette liqueur, apéritive lorsqu'on en prend à des intervalles éloignés et à petites doses, devient dangereuse dès qu'on en fait un excès. Son principe résineux agit d'une manière fatale sur les fonctions digestives et bientôt sur les fonctions intellectuelles. Le buveur d'absinthe ne se donne une nouvelle énergie qu'en augmentant chaque jour la dose du poison, qu'il rend encore plus actif en y ajoutant de l'eau pour précipiter la matière résineuse. L'abus de cette liqueur détermine de très graves accidents. Les buveurs éprouvent d'abord des troubles dans la vue, des fourmillements et des crampes dans les jambes, des tremblements de mains, lesquels s'aggravent de plus en plus ; puis de l'hébétement, des vertiges, des hallucinations ; et enfin la folie caractérisée du *delirium tremens*

ABSINTHÉ, ÉE adj. Mélange d'absinthe. — Fig. Se dit des effets que produit l'absinthe sur tout l'organisme.

ABSINTHER v. a. [ab-sain-té] Mêler de l'absinthe à quelque autre liquide. — S'absinther v. pr. Familier et trivial. Boire de l'absinthe.

ABSINTHEUR s. m. Qui a l'habitude de boire de l'absinthe.

ABSINTHINE s. f. Principe amer de l'absinthe. L'absinthine est peu soluble dans l'eau soluble dans l'alcool, dans l'éther et l'acide acétique. Elle a une réaction acide assez tranchée.

ABSINTHIQUE adj. Se dit d'un acide particulier que l'on a découvert dans l'absinthe.

* **ABSOLU, UE** adj. [ab-so-lu] (lat. *ab, de ; solutus*, dégagé).Indépendant, souverain, sans contrôle : *roi absolu*.— Impérieux : *ton absolu*. — Exclusif, sans restriction : *nécessité absolue*. — Exclusif, qui ne concède rien.— Gramm., opposé à *relatif* : *homme* est un terme absolu ; *père* est un terme relatif. — Gramm. lat., *ablatif absolu*, qui n'est régi par aucune partie du discours qui soit exprimée. — ⁓ Chimie. Substance parfaitement pure. Pour les acides, les bases et les sels, *absolu* signifie ordinairement *anhydre* ou sans eau. Mais le terme *absolu* est ordinairement réservé pour l'alcool.

* **ABSOLU** s. m. Terme de métaphys. Ce

qui existe indépendamment de toute condition: *l'absolu.* — Idée ou vérité première sur laquelle reposent toutes les autres.

ABSOLUITÉ s. f. Qualité de ce qui est absolu.

* **ABSOLUMENT** adv. D'une manière absolue; malgré toute remontrance ; indispensablement. — ABSOLUMENT PARLANT, à juger de la chose en général et sans entrer dans aucun détail.

* **ABSOLUTION** s. f. (lat. *absolutio*, acquittement). Jugement qui renvoie de l'accusation un prévenu auteur d'un fait qui n'est puni par aucune loi. — Action d'absoudre un accusé. — Prière que récite l'officiant à chaque nocturne des matines. — Pardon, rémission des péchés. — Jusqu'au IIIᵉ siècle, l'absolution des péchés énormes ne put s'accorder sans le consentement de l'assemblée des fidèles; ce pouvoir fut ensuite réservé aux évêques; au XIIᵉ siècle, la formule : *Je t'absous* (*Ego te absolvo*) devint d'un usage général. — ABSOLUTION DES CENSURES, acte judiciaire par lequel un excommunié, un suspendu ou un interdit est remis dans la possession des biens spirituels dont il avait été privé.— ABSOLUTION A CAUTÈLE (*ad cautelam*), absolution des censures que l'on peut avoir encourues sans le savoir.— ABSOLUTION AVEC RECHUTE (*cum reincidentia*), qui délie des censures, mais avec modification ou limitation.—ABSOLUTION A SACRIS, levée de l'irrégularité qu'un ecclésiastique commet lorsqu'il assiste à une exécution capitale.

* **ABSOLUTISME** s. m. Système de gouvernement où l'autorité est concentrée entre les mains d'un seul homme, sans contrôle ni responsabilité. — L'*absolutisme* ne date que du XVᵉ siècle, l'idée qu'il représente est aussi ancienne que les monarchies.

* **ABSOLUTISTE** adj. qui est en faveur de l'absolutisme, qui lui appartient, qui a rapport à lui. — Substiv. Partisan de l'absolutisme.

* **ABSOLUTOIRE** adj. Qui porte absolution.

ABSOLVO s. m. (lat. *J'absous*). Mot qui fait partie de la formule d'absolution prononcée par le prêtre; il se dit quelquefois pour l'absolution même.

ABSORBABLE adj. Qui est propre à être absorbé (chim.).

* **ABSORBANT, ANTE** adj. Ce qui absorbe.— Méd. et Pharm. Se dit des substances ou des préparations médicinales ayant la propriété d'absorber les acides qui se développent spontanément dans l'estomac. — Physiol. Se dit des vaisseaux lymphatiques et des vaisseaux chylifères dont l'ensemble constitue ce que l'on a appelé *système absorbant*. — POUVOIR ABSORBANT. Propriété que possèdent les corps de se laisser pénétrer plus ou moins par la chaleur.

* **ABSORBANT** s. m. Substance qui a la propriété d'absorber. — Vaisseau qui fait partie du *système absorbant*. — Méd. Médicament qui se combine à l'intérieur avec les liquides acides développés dans les voies digestives et qui les neutralise. Les absorbants les plus employés sont : la *magnésie calcinée*, le *charbon végétal* en poudre, la *craie*, les *yeux d'écrevisse*, que l'on emploie contre les aigreurs d'estomac, contre certains empoisonnements, contre les gastralgies, etc.—Chir. Substances sèches, molles et spongieuses qui servent à déterger les ulcères, les plaies, en absorbant, les liquides épanchés. Tels sont la charpie, l'amadou, le licopode, le linge brûlé, la toile d'araignée.

* **ABSORBÉ, ÉE** part. pass. d'*absorber*.—Fig. Occupé : *absorbé en Dieu.*

* **ABSORBEMENT** s. m. Etat d'une personne absorbée.

* **ABSORBER** v. a. [ab-sor-bé] (lat. *absorbere* pomper, absorber, boire). Attirer, faire entrer en soi, engloutir : *l'éponge absorbe l'eau.*—Fig. Consumer entièrement : *les procès ont absorbé tous ses biens.* — Faire disparaître : *le noir absorbe la lumière.* — Attirer à soi : *absorber l'attention.* — Fam. Boire, manger.— Par anal. Affaiblir, neutraliser.—° S'absorber v. pr. Etre absorbé, pompé.—Fig. S'attacher exclusivement à.

ABSORPTIF, IVE adj. Chim. Se dit des substances qui ont la faculté d'absorber.

* **ABSORPTION** s. f. [psi-on] (lat. *absorptio*). Action par laquelle un fluide pénètre dans un corps.—Action de boire et de manger.—Fig. Action de s'assimiler une chose, d'attirer à soi. — Préoccupation. — Phys. et Chimie. Phénomène en vertu duquel un corps condense ou fixe dans son intérieur les liquides et les gaz qui l'entourent. Presque toujours, l'absorption est accompagnée d'une véritable combinaison chimique. Ainsi, lorsque la chaux absorbe l'acide carbonique de l'air, il se produit du carbonate de chaux; ce qui explique le durcissement du mortier au contact de l'air. L'absorption de l'air par le cuivre donne naissance au *vert-de-gris*. — Physiol. Action moléculaire en vertu de laquelle les tissus vivants s'approprient les parties assimilables des substances avec lesquelles on les met en contact. L'absorption a lieu par *imbibition*, d'une façon purement physique, d'après les lois de l'*endosmose* et de l'*exosmose*, sorte de filtration lente qui pousse les liquides et les gaz séparés par un corps poreux, à se mélanger dans des proportions variables. L'absorption est intimement liée à une fonction contraire, l'*exhalation*, et à la *sécrétion* qui a pour but d'éliminer les parties désassimilées. On distingue : 1° l'*absorption respiratoire* ou *aérienne*, qui perçoit, dans les poumons, les principes de l'air; 2° l'*absorption cutanée*, par laquelle, au moyen des vaisseaux externes, les bains, les médicaments, etc., pénètrent dans l'économie à l'aide des pores de la peau; 3° l'*absorption digestive*, par laquelle les matériaux solides liquéfiés et de boissons; 4° l'*absorption assimilatrice*, par laquelle chaque tissu, chaque organe puise dans le sang les éléments aptes à le réparer; 5° l'*absorption désassimilatrice*, acte par lequel les matériaux des tissus, dégagés des combinaisons organiques, repassent dans le sang pour être éliminés.

* **ABSOUDRE** v. a. [ab-sou-dre] (lat. *ab*, indiquant séparation; *solvere*, délier) : *J'absous, tu absous, il absout, nous absolvons, vous absolvez, ils absolvent. — J'absolvais, nous absolvions.* — (Point de passé défini.)—*J'absoudrai, nous absoudrons.* — *J'absoudrais, nous absoudrions. — Absous, absolvons, absolvez. — Que j'absolve, que nous absolvions.* — (Point d'imp. du subj.).— *absolvant ; absous, absoute.*— Droit crim. Renvoyer de l'accusation une personne reconnue l'auteur d'un fait qui n'est pas qualifié punissable par la loi. — Déclarer un accusé innocent du crime ou du délit qui lui a été imputé. — Se dit aussi pour les choses. — Remettre les péchés au pénitent qui se confesse; lui en donner l'absolution. — ° S'absoudre, v. pr. Se pardonner. — Quand il se dit des choses : *être absous.*

* **ABSOUTE** s. f. [ab-sou-te] (rad. *absoudre*). Absolution solennelle qui se donne au peuple le jeudi saint à l'office du matin ou le mercredi soir. C'était, dans l'église primitive, une absolution générale; mais depuis que la pénitence publique est abolie, l'*absoute* n'opère plus la rémission des péchés. — On donne le nom d'*absoute* aux prières qui se font pour un ou pour plusieurs défunts, dans la cérémonie des obsèques, immédiatement après la messe ou les vêpres et avant l'inhumation proprement dite. Il y a également *absoute* après les services funèbres.

* **ABSTÈME** s. des deux g. (lat. *abs*, sans; *temetum*, vin). Celui, celle qui ne boit pas de vin; qui ne doit pas ou ne peut boire de vin.

ABSTEMIUS ou **Astemio** (Laurent), fabuliste, né à Macerata (Italie), vers la fin du XVᵉ siècle; a laissé un *Hecatomythium*, recueil de 100 fables (Venise, 1495),.et un *Hecatomythium secundum* (Venise, 1499). Il en existe une traduction française, par Pilot, Douay, 1814. La Fontaine a emprunté quelques sujets aux ouvrages d'*Abstemius* qui avait, lui même, emprunté beaucoup à l'antiquité grecque.

* **ABSTENIR** (S') v. pr. (lat. *abs*, hors; *tenere*, tenir). Se conjugue comme *se tenir*. Se priver de l'usage d'une chose ; s'empêcher de faire quelque chose. — Absolum. Se priver.— Se dit des juges qui se récusent ou des citoyens qui ne veulent pas prendre part à un vote.

* **ABSTENTION** s. f. [ab-stan-si-on] (lat. *abstentio*). Action de s'abstenir de l'exercice d'un droit, d'une fonction, d'un vote, d'une discussion, etc. — Particulièrement, acte par lequel un juge se récuse lui-même. — ABSTENTION DE LIEU, mesure par laquelle un gouvernement ou un tribunal interdit à un coupable ou à un condamné le séjour de certaines localités.

ABSTENTIONNISTE s. m. Celui qui s'abstient de voter.

* **ABSTERGENT, ENTE** adj. [ab-stèr-jan, an-te]. Qui est propre à nettoyer les plaies, les ulcères. — s. m. Remède extérieur qui sert à nettoyer les plaies. On dit plutôt *détergent* ou *détersif.*

* **ABSTERGER** v. a. [ab-stèr-jé] (lat. *abs*, hors; *tergere* essuyer). Nettoyer une plaie, un ulcère. — ° S'absterger v. pr. Etre abstergé.

* **ABSTERSIF, IVE** adj. [ab-stèr-sif, ive]. Qui est propre à absterger. ABSTERGENT est plus usité.

* **ABSTERSION** s. f. [ab-stèr-si-on]. Action d'absterger. — Effet des remèdes abstergents.

* **ABSTINENCE** s. f. (lat. *abstinentia*). Action de s'abstenir; privation de certaines choses; jeûne. — Physiol. Privation d'aliments et de boissons. L'histoire nous donne des exemples de personnages qui ont prolongé leur existence par une abstinence bien entendue. saint Antoine vécut 105 ans en abstinence chaque jour douze onces de pain et d'eau seulement; Jacques l'Ermite (104 ans), saint Epiphane (115), Siméon le Stylite (112) et Kentigern, communément appelé saint Mungo (185), vécurent avec une grande sobriété. Mais la privation complète d'aliments amène bientôt la mort. On a conservé, en Angleterre, le souvenir d'Anne Moore, qui vivait depuis vingt mois sans nourriture, lorsque le docteur Henderson découvrit qu'on lui passait des vivres en secret (1808). — L'Irlandais Cavanagh était resté depuis deux années sans boire ni manger, lorsqu'il fut arrêté (nov.1841); au bout de deux jours d'emprisonnement, il avoua à ses gardiens qu'il avait faim. — Tout le monde se souvient de la jeune Sarah Jacobs, âgée de 13 ans, qui vivait depuis plus d'une année sans prendre aucune nourriture, disait-on. Surveillée de près, elle ne voulut pas demander à manger et mourut d'inanition en quelques jours (17 décembre 1869). Le tribunal de Carmarthen (pays de Galles) condamna ses parents à l'emprisonnement (15 juillet 1870). Les médecins emploient l'abstinence dans le traitement de quelques maladies (voy. DIÈTE, RÉGIME). — Religion. Dans le culte catholique, l'abstinence consiste dans la privation d'aliments gras le vendredi et le samedi, la veille des fêtes solennelles et pendant le carême.

* **ABSTINENT, ENTE** adj. (lat. *abstinens*, qui s'abstient). Qui est modéré dans le boire et le manger ; qui observe rigoureusement le jeûne. — ° Substantiv. Qui s'abstient de voter.

ABSTINENTS s. m. pl. [nan]. Secte ascétique de la Gaule et de l'Espagne (IIIᵉ siècle). Ils avaient horreur du mariage et de l'usage de la chair.

ABSTRACTEUR adj. Qui a la propriété d'abstraire, de séparer. — s. m. Celui qui aime les abstractions.

ABSTRACTIF, IVE adj. Qui sert à exprimer des idées abstraites.

* **ABSTRACTION** s. f. [ab-strak-si-on]. Opération par laquelle l'esprit considère séparément des choses qui sont réellement unies.— Résultat de cette opération, idées abstraites.— Par anal. et dans un sens défavorable, se dit des idées trop métaphysiques, des idées théoriques auxquelles on s'abandonne sans égards aux difficultés qui peuvent se rencontrer dans leur application : *c'est un esprit chimérique qui se perd dans les abstractions* (Acad.). — *Au pl.* Préoccupation, rêverie qui empêche un homme de penser aux choses dont on lui parle ou qu'il a sous les yeux.—↝ FAIRE ABSTRACTION DE. Mettre de côté, ne pas s'occuper de. — ABSTRACTION FAITE. En laissant de côté, en n'ayant pas égard.—PAR ABSTRACTION loc. adv. D'une manière abstraite.

* **ABSTRACTIVEMENT** adv. Par abstraction. — ABSTRACTION DE, indépendamment de.

ABSTRACTIVITÉ s. f. Faculté de faire des abstractions.

* **ABSTRAIRE** v. a. [ab-strè-re] (Lat. *abs*, hors; *trahere*, tirer). Se conjugue comme traire. Faire abstraction ; considérer séparément des choses qui sont réellement et nécessairement unies. — (Il est inusité au pl. de l'indicatif présent. On dit : nous faisons abstraction ; le passé défini et l'imp. du subj. manquent).

* **ABSTRAIT, AITE** adj. [ab-strè : ète] (lat. *abstractus*). Qui est le résultat de l'abstraction. — En logique, si l'on considère une qualité en elle-même, isolément et indépendamment du sujet auquel elle peut appartenir, le terme qui représente cette idée se nomme *abstrait*. Ainsi, *rondeur, blancheur, bonté* sont des *termes abstraits*. Ce mot est l'antonyme de *concret*, qui désigne toujours la qualité unie au sujet, comme *pain rond, vin blanc, bon père*. Dans un sens analogue, on dit : *une idée abstraite, une idée concrète*; et substantiv. : *l'abstrait* et le *concret*. — NOMBRE ABSTRAIT, tout nombre que l'on considère seulement comme une collection d'unités, quelles que soient ces unités et en faisant abstraction de leur nature, par opposition à nombre concret. — Par extension et souvent en mauvaise part. Qui est trop métaphysique, trop subtil, trop difficile à saisir, à pénétrer. (Se dit des personnes et des choses). — Par extension en parlant des personnes. Qui est plongé dans la méditation ou dans la rêverie.

* **ABSTRAITEMENT** adv. D'une manière abstraite.

* **ABSTRUS, USE** adj. [ab-stru, u-ze] (lat. *abstrusus*, caché). Qui est difficile à entendre; qui demande une extrême application pour être bien conçu. Se dit quelquefois des écrivains, dans un sens défavorable.

* **ABSURDE** adj. [ab-sur-de] (lat. *absurdus*). Qui est contre la raison ; se dit aussi de la personne qui agit ou qui parle absurdement.

L'homme *absurde* est celui qui ne change jamais.
BARTHÉLEMY.

— s. m. Ce qui est absurde, absurdité. — *Tomber dans l'absurde*, faire un mauvais raisonnement. — *Réduire quelqu'un à l'absurde*, le forcer, dans la discussion, à se rendre ou à déraisonner. — *Réduire un raisonnement, une opinion à l'absurde*, montrer, prouver que le principe ou la conséquence en est absurde.

* **ABSURDEMENT** adv. D'une manière absurde.

* **ABSURDITÉ** s. f. [ab-sur-di-té]. Défaut de ce qui est absurde ; la chose même qui est absurde. — Peut se dire par extension en parlant des personnes.

ABSURDO (Ab) voy. AB ABSURDO.

ABSUS s. m. [ab-suss]. Bot. Espèce de casse d'Egypte dont les graines pulvérisées sont employées en Orient contre l'ophthalmie endémique.

ABSYRTE, frère de Médée. Voy. ARGONAUTES.

ABUFAR ou la Famille Arabe, tragédie de Ducis (1795); tableau intéressant des mœurs patriarcales.

ABUL-CASIM, voy. ALBUCASIM.

ABULIE s. f. (gr. *a*, priv.; *bouleuein*, vouloir). Pathol. Absence de volonté.

AB UNO DISCE OMNES [a-bu-no-diss-sé-omni-nèss]. Locution latine qui signifie : qu'un seul vous apprenne à les connaître tous; jugez de tous d'après un seul.

* **ABUS** s. m. [a-bu] (lat. *ab*, contre; *usus*, usage). Mauvais usage, mauvais emploi d'une chose : *abus de la force*. — Erreur : *c'est un abus de croire que*.— ↝ Excès, surabondance. — *Au pl.* Désordres : *il s'est commis des abus*. — *ABUS DE POUVOIR. Se dit de l'acte d'un fonctionnaire qui outrepasse son autorité. On dit aussi *abus d'autorité*. Ces abus sont : la *violation du domicile* d'un citoyen, punie d'un emprisonnement de six jours à un an et d'une amende de 16 à 500 fr.; les *violences exercées* contre un particulier, punies selon la gravité des blessures; la *violation du secret des lettres* ou leur *suppression*, de 3 mois à 5 ans de prison, de 16 à 500 fr. d'amende, interdiction de toute fonction pendant une période de 5 à 10 ans ; le *déni de justice*, de 200 à 500 fr. d'amende; de 5 à 20 ans d'interdiction. Tout particulier qui a souffert d'un abus d'autorité peut porter plainte et réclamer des dommages et intérêts. — ABUS DE CONFIANCE. Le code pénal distingue : 1º L'abus des besoins, des faiblesses ou des passions d'un mineur pour lui faire souscrire des obligations, des quittances ou des décharges à son préjudice. Le coupable peut être poursuivi correctionnellement et les engagements sont annulés; 2º l'abus du blanc-seing. Le coupable peut être poursuivi correctionnellement; 3º le détournement des objets reçus en dépôt. Si le coupable est employé à un titre quelconque par celui au préjudice duquel le détournement a eu lieu, la peine va jusqu'à la réclusion et est prononcée par la cour d'assises; 4º La soustraction d'une pièce quelconque dans une contestation judiciaire. Le coupable est puni d'une amende de 25 à 30 fr. — APPEL COMME D'ABUS. Appel interjeté contre la sentence, l'acte ou l'écrit d'un ecclésiastique qu'on prétend avoir excédé son pouvoir ou avoir contrevenu aux lois de l'Etat. Il faut que l'acte répréhensible ait été commis dans l'exercice du culte et qu'il ait le caractère d'oppression, d'injure ou de scandale public. Parmi les cas on peut citer la diffamation ou l'insulte en chaire, le refus de sépulture sans motifs, etc. La personne contre laquelle l'abus a eu lieu (ou ses ayants cause) a seule le droit de former le recours, en s'adressant au ministre des cultes par un mémoire exposant les faits. L'affaire est ensuite portée devant le conseil d'Etat qui juge sans discussion contradictoire. Outre la déclaration d'abus, le délinquant peut être renvoyé devant les autorités compétentes si le délit est jugé punissable par la voie ordinaire. La Loi du 18 germinal an X a déterminé les cas d'abus.

* **ABUSER** v. a. [a-bu zé]. Tromper. — Par extension. Séduire, déshonorer. — **S'abuser** v. pr. Se tromper, se faire illusion.

ABUSER v. n. User mal, user avec excès. — Par extension. Faire abus de la simplicité,

de la crédulité de quelqu'un. — Terme de droit. Consommer, détruire : *la propriété consiste dans le droit d'user et d'abuser*.

* **ABUSEUR** s. m. [a-bu-zeur]. Qui abuse, qui trompe, qui séduit. Fam. et peu us.

* **ABUSIF, IVE** adj.[a-bu-zif; i-ve] (lat. *abusivus*). Où il y a abus; ce qui est contraire aux règles.— Gramm. Où il y a altération du véritable sens.

* **ABUSIVEMENT** adv. [a-bu-zi-ve-man]. D'une manière abusive.

ABUSSEAU s. m. [a-bu-sau] (diminutif d'*abbé*). Ichthyol. Nom vulgaire de l'*athérine prêtre* ou *atherina presbyter*, petit poisson à raies argentées sur les flancs, que les pêcheurs comparent à l'étole d'un prêtre. Ces poissons se trouvent par troupes nombreuses près des côtes du golfe de Gascogne.

ABUSUS NON TOLLIT USUM [a-bu-zuss-nonn-tol-li-tu-zomm). Mots lat. qui signifient : *l'abus n'empêche pas l'usage*; c'est-à-dire que des choses, nuisibles lorsqu'on en abuse, sont très bonnes ou très utiles lorsqu'on en fait un usage modéré avec discernement.

ABUTA ou **Abutua** ou **Butua** s. m. Nom cochinchinois de plusieurs arbustes appartenant à la famille des MÉNISPERMÉES, dont le suc est astringent et dont les amandes fournissent de la fécule et de l'huile.

ABUTER v. a. (rad. *but*). Tendre à un but. — Mar. Placer comme un arrêt une pièce de bois qu'on veut travailler pour qu'elle ne puisse reculer ou se dérober à l'effort de l'outil. Deux pièces de bois sont *abuttées* lorsqu'elles se servent réciproquement d'appui à leurs extrémités.—Jeu. Lancer une boule, un palet vers un but; pour savoir qui tout autre objet vers un but, pour savoir qui jouera le premier.

ABUTILON s. m. [a-bu-ti-lon] (nom arabe donné par Avicenne à une plante *malvacée*, tribu des *Sidas*). Genre de plantes de la famille des malvacées. L'espèce appelée *abutilon strié* (*Sida picta*, Hooker) a été introduite en France. C'est un arbrisseau d'ornement originaire du Brésil ; à rameaux effilés ; à feuilles en forme de cœur, portées sur un long pétiole ; à fleurs solitaires, pendantes, d'un jaune d'or strié de pourpre.— Une autre espèce, cultivée en Chine, produit un chanvre employé pour la corderie. Enfin, il croît spontanément dans les marais du midi de la France, une espèce appelée *Sida Abutilon*, par Linné, et qui est également susceptible de produire de la filasse.—L'Algérie produit l'*abutilon indicum*, d'une croissance rapide.

ABYDÉNIEN, ENNE s. et adj. Habitant d'Abydos; qui appartient, qui est propre à cette ville ou à ses habitants.

ABYDOS [a-bi-dôss]. I. Ancienne ville de l'Asie mineure, située à la plus resserrée de l'Hellespont, vis-à-vis de Sestos. Aujourd'hui *Nagara Bouroun*. Patrie du beau Léandre qui se noya en traversant le bras de mer à la nage. C'est à Abydos que Xerxès établit le pont de bateaux sur lequel il passa pour venir en Europe. Les habitants d'*Abydos* avaient la réputation d'êtres mous et efféminés. Ils se distinguèrent cependant, l'an 204 av. J.-C., par la résistance qu'ils opposèrent à Philippe, père de Persée. Ils égorgèrent les enfants, les femmes et les vieillards pour les empêcher de tomber entre les mains des assiégeants. — II. Ancienne ville de la Haute-Egypte (primitivement *This*, aujourd'hui *Arabat-el-Matoun*, la petite *This*, sur le canal de Bahr-Yousouf, à 9 kil. O. du Nil à 95 kil. au-dessous de Thèbes. C'était la seconde ville de la Thébaïde ; mais après la conquête romaine elle décrut rapidement. Au temps de Strabon ce n'était plus qu'une bourgade; aujourd'hui c'est un amas de ruines, parmi lesquelles on remarque celles du palais de Memnon et du grand temple d'Osiris. C'est dans ce dernier que l'on découvrit, en 1818, une inscription bien connue des savants sous le nom de *Table d'Abydos* et qui se trouve actuellement au *British-Museum*. En 1845, le *Journal des Savants* a donné une copie très

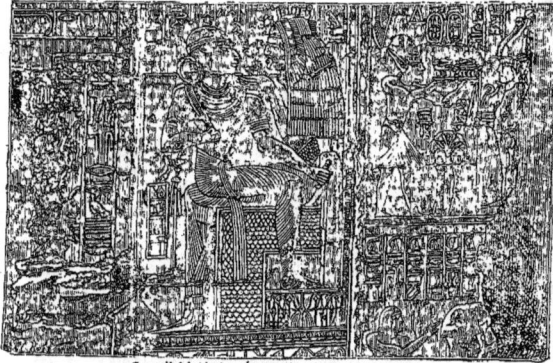

Bas-relief à Abydos, Égypte (d'après une photographie).

exacte de cette table, qui fait connaître la généalogie des rois antérieurs à Sésostris. Les Anglais lui donnent le nom de *Table de Ramsés*. En 1864, on en découvrit une autre appelée *Table de Sethos*. Lat. 26° 10' N.; long. 29° 43' E.

ABYLA, aujourd'hui *Ceuta*, en Afrique.— La montagne d'*Abyla* était, dans l'antiquité, une des deux colonnes d'Hercule. Voy. CALPÉ.

ABYO, l'une des îles Philippines, entre Mindanao et Luçon. Lat. 10° N.; long. 29° 43'.

ABYSSIN, INE adj. Qui appartient, qui a rapport à l'Abyssinie ou à ses habitants.— Substantiv. Habitant de l'Abyssinie.

ABYSSINE (Ère). L'ère abyssine commence avec la création du monde, que la religion copte place dans la 5493e année av. J.-C. L'année abyssine commence le 29 août (vieux style). Les dates coptes excèdent donc les nôtres de 5492 ans et 125 jours.

ABYSSINIE (Arabe : *Habesch*, mélange de peuples), vaste contrée de l'Afrique orientale, l'Éthiopie des anciens, bornée au N. et au N.-O. par la Nubie et le pays de Sennaar; au S. et à l'E. par le pays des Gallas, de Samauli et d'Adel, et enfin par la terre de Sambara, qui sépare l'Abyssinie de la mer Rouge. Superficie, environ 450,000 kil. carrés. De 3 à 5 millions d'hab. — Subdivisions : État de Tigré, d'Amhara et de Choa. Surface montagneuse, ravinée de gorges profondes et divisée en trois bassins principaux, savoir: 1° du *Mareb*, où l'altitude moyenne des vallées est de 2,500 mètres, avec des vallées profondes de 600 mètres; 2° du *Tacazé* ou de l'*Atbara*, comprenant le riche plateau d'Haramat (2,500 mètres) et la province de Semyen, où se trouve le point culminant de l'Abyssinie (mont Amba-Jarrat, 4,600 mètres); et 3° de l'*Abai* ou *Nil-Bleu*, comprenant des plateaux de 1,000 à 2,000 m. d'altitude. C'est dans cette contrée que se trouve la montagne escarpée de Magdala (2,750 mètres). — Toutes les rivières ci-dessus mentionnées appartiennent au grand bassin du Nil. Le Tacaze (ou le *Terrible*) se précipite dans un lit plein de roches et se jette avec fracas dans l'Athara. L'Abai (Nil visité par l'explorateur Bruce), traverse le lac Dzana ou Dembea, qui est le plus vaste amas d'eau du pays (80 kil. de long, sur 37 de large, de 150 à 175 mètres de profondeur) à 1,865 mètres au-dessus du niveau de la mer. Les rochers d'origine volca-

nique prédominent dans la structure géologique des sommités qui ont été presque partout dénudées par les eaux torrentielles. Les produits métalliques de l'Abyssinie sont l'or (de qualité inférieure) et le fer. Sur les plateaux, le climat est tempéré, excepté pendant la période de juin à septembre, qui est sujette à une mousson tropicale de l'est. La saison froide s'étend d'octobre à février, avec une température moyenne de + 12° C. La saison chaude va de mars à juin, avec une température moyenne de + 18° C., à Magdala. La végétation des vallées consiste principalement en acacias, sycomores et mimosas; à une élévation de 1,800 mètres, apparaissent le genévrier, le jujubier, l'olivier sauvage et le figuier; un peu plus haut, on arrive à la flore des zones tempérées; on trouve le genévrier et le saule. Les principaux produits agricoles sont l'avoine, le blé, le maïs, le millet, le coton, le café, une graine indigène appelée *teff*, la canne à sucre, le lin et la fève en petite quantité; on y trouve aussi le citronnier, le figuier, l'oranger et la vigne. La distribution des animaux est réglée par l'altitude des plateaux. Ainsi l'éléphant se rencontre sur des terres élevées de plus de 2,000 mètres au-dessus du niveau des mers, tandis que le rhinocéros ne s'aventure guère au-delà de 1,000 à 1,100 mètres. Le lion, l'hyène tachetée, le chacal, le grand babouin, sont les principaux mammifères sauvages. On y trouve aussi la girafe et la plupart des nos quadrupèdes domestiques. Parmi les oiseaux, on a décrit 293 espèces. Dans les hautes terres, les reptiles sont rares, excepté le lézards. Plusieurs gros serpents, deux espèces de tortues, le crocodile et le python se rencontrent dans les districts les plus chauds. — Le Tigré (cap. Antalo), l'Amhara (cap. Gondar) et le Choa (cap. Ankober), formaient autrefois une seule monarchie; mais au siècle dernier, ces contrées se révoltèrent et proclamèrent leur indépendance. Les habitants sont de races diverses : Éthiopiens, dans le Tigré; tribus Amhariennes, dans l'Amhara et dans le Choa; populations étrangères, (Agouses et Gallas). —Le christianisme copte est la religion du pays; mais il est mélangé de judaïsme. L'instruction, très peu répandue, ne se donne guère qu'à ceux qui veulent se faire prêtres. — L'histoire de l'Abyssinie commence à cette reine de Saba qui quitta sa capitale, Axoum, pour rendre visite au grand Salomon. Depuis cette époque, *les chefs du pays ont fait remonter leur origine à cette reine célèbre*. L'église copte (voy. ce mot) fut établie par Frumentius, premier évêque d'Abyssinie, consacré vers 320. Le règne de Caleb, qui subjugua l'Yemen, en 522, est l'âge d'or

des annales abyssines. Mais au VIIe siècle les Musulmans, ayant envahi l'Egypte, isolèrent l'Ethiopie pendant une période de près de 1,000 ans. Vers 1492, les Portugais entrèrent en relation avec ce pays, alors gouverné par un monarque qui prenait le titre de *Négous* (roi). En 1541, ils s'entremirent dans les affaires intérieures de la contrée en envoyant une troupe européenne pour prendre part à la guerre contre Adel. L'autorité du négous se maintint jusque vers le milieu du XVIIIe siècle : le gouvernement des provinces tomba alors entre les mains de chefs qui se déclarèrent indépendants. En 1845, Lij kasa, qui devait se rendre si fameux sous le nom de Théodoros, et qui était alors capitaine d'une troupe de pillards, parvint à s'emparer du trône d'Abyssinie. Il se fit couronner « roi des rois d'Ethiopie » et régna d'une façon assez correcte jusqu'en 1860, époque où le chagrin d'avoir perdu sa première femme et plusieurs autres causes le rendirent sanguinaire. Croyant avoir à se plaindre de l'Angleterre, il fit arrêter le consul anglais, les résidents allemands et les missionnaires qui se trouvaient dans son empire. Aussitôt une expédition anglaise quitta Bombay, 12,000 hommes, sous les ordres de sir Robert Napier, furent débarqués dans la baie d'Anesley et, en janvier 1868, marchèrent sur Magdala, qui se trouve à plus de 600 kil. de la côte. La forteresse fut prise d'assaut le 13 avril; les Anglais n'y perdirent pas plus de 15 hommes blessés. Théodoros, qui s'y était réfugié, se suicida au moment où il y vit entrer ses ennemis; il avait relâché ses prisonniers. Après cette expédition si rapidement et si heureusement terminée, les Anglais se retirèrent. Au mois de mai, le prince Kassai, du Tigré, établit sa suprématie sur une région considérable. En 1872, il fut couronné roi d'Abyssinie, sous le nom de Jean. — Seule la province de Choa a pu conserver son indépendance. L'Egypte a vainement attaqué le roi Jean. Il a repoussé en 1875-'76 une armée qui voulait envahir son pays. Lat., entre 8° 30' et 15° 40' N. Long., entre 33° et 40° E. —L'Abyssinie a d'abord été visitée par James Bruce (1768-'73); Henry Salt (1809-'10); Edward Rüppe' (1834-'37); le major Harris (1841); Mansfiel Parkyns (1844-'47). Le gouvernement de Louis-Philippe s'est particulièrement occupé de ce pays alors si peu connu; les frères Antoine et Arnaud d'Abbadie l'ont exploré (1837-'45); mais, malgré tous leurs efforts, il n'a pu échapper à l'influence absorbante de l'Angleterre.—*Eglise abyssine*. Vers l'an 316, Frumentius, esclave du roi d'Abyssinie, devint précepteur du prince héréditaire et rassembla les résidents grecs et romains en une église chrétienne. Il prit le titre d'archevêque d'Axoum, baptisa son élève et eut bientôt sept évêques suffragants. Son église, séparée du monde chrétien par l'empire musulman, s'éloigna sensiblement de la religion catholique; c'est en vain qu'au XVIe siècle, on essaya de la rapprocher de l'église romaine. En 1841, des missionnaires catholiques se répandirent dans le pays et convertirent plusieurs notables habitants; leurs exhortations amenèrent, en 1839, la soumission au pape du roi de Tigré; mais les populations ne suivirent pas cet exemple. Déjà, depuis 1830, les missions anglaises protestantes avaient acquis une certaine importance; un de leurs élèves fut, en 1841, consacré, sous le nom d'Abba-Salama, évêque d'Abyssinie. Les chrétiens d'Abyssinie ou coptes pratiquent la circoncision sur les deux sexes; opération qui est suivie du baptême chrétien. Le sabbat et le repos du dimanche sont observés tous les deux; la plupart partie du rituel. Les enfants sont baptisés par immersion et les adultes par affusion. La communion sous les deux espèces est quotidiennement administrée aux laïques. La confession est observée d'une façon rigide. Les ordres ecclésiastiques sont ceux d'Abuna (archevêque); de Komur (évêque); d'Alaka (curé), de prêtre et de diacre. Il y a aussi un grand nombre de couvents, parmi lesquels on cite ceux de Debra-Libanos dans le Choa; de Saint-Stéphane, sur le lac Haïk (pays d'Yesbou); de Dibra-Damou et d'Axoum-Thion, dans le Tigré. Il existe deux versions de la Bible : l'une, en ancien éthiopien ou guiz, a été faite probablement sur une traduction grecque, au IV° ou au V° siècle ; l'autre, prise sur la précédente, est écrite en langue moderne Amharique.

ABYSSIQUE adj. (gr. *a*, sans; *bussos*, fond). Forme adjective d'*abîme*, pour désigner en géologie des dépôts qui auraient été formés par la voie aqueuse, dans le sein de la première mer ou l'abîme.

ABYSSUS ABYSSUM INVOCAT (a-biss-suss-a-biss-somm-ain-vo-katt). Locution latine qui signifie: *l'abîme appelle l'abîme* : une faute conduit fatalement à une autre faute ; un malheur ne vient jamais seul.

ABZUG s. m. [ab-zugg]. Chim. Poussière noirâtre qui se forme à la surface du bain de plomb, au début de la coupellation.

* **ACABIT** s. m. [a-ka-bi] (lat. *ad capere*, prise de possession). Qualité bonne ou mauvaise de certaines choses, principalement de fruits ou de légumes. — Fig. et fam. Manière d'être bonne ou mauvaise : *ces deux hommes sont de même acabit.*

* **ACACIA** s. m. [a-ka-si-a] (gr. *a*, priv.; *kakos*, mauvais, parce que la piqûre de ses épines n'est suivie d'aucun mauvais effet). Nom que l'on donne vulgairement à diverses plantes du genre ROBINIER. Voy. ce nom. — Le mot *acacia* doit s'appliquer à un genre de *mimosées* qui forme le type de la tribu des *acaciées*. Ce genre comprend des arbres et des arbrisseaux à feuillage très léger, en raison des nombreuses et fines folioles qui forment leurs feuilles décomposées. Quelques espèces ont leur tige armée de fortes épines ou d'aiguillons. Fleurs en épis ; corolle en clochette ou en entonnoir ; fruit en gousse à deux valves, comme celle du haricot, et contenant plusieurs graines allongées. Bois d'une dureté remarquable, souvent coloré d'une façon brillante ; presque toujours très riche en tannin. Ce genre renferme environ 300 espèces répandues dans les parties équatoriales du globe, et particulièrement abondantes en Australie. Nous citerons : l'*acacia catechu*, dans le d'Hindoustan et de l'extrême Orient; il produit le *cachou*; l'*acacie véritable*, dont la sève produit la gomme arabique; l'*acacie Verek*, qui donne la gomme du Sénégal; l'*acacia Adansonii* et l'*acacie Alvida* produisent également de la gomme. Parmi les espèces introduites en France, citons: l'*acacie pudique* ou SENSITIVE (voy. ce dernier mot); l'*acacie Farnèse* ou *casse*, ou *casse du Levant*, arbre épineux de 5 à 6 mètres, importé de l'Inde dans le jardin Farnèse, à Florence, en 1611, cultivé en pleine terre dans le Midi, et en serre-chaude à Paris. Fleurs suaves employées en parfumerie; l'*acacia Julibrissin, arbre à soie, acacia de Constantinople*, bel arbre de 10 mètres, sans épines, de pleine terre sous le climat de Paris, magnifiques fleurs roses à filaments soyeux; l'*acacie blanchâtre (acacia dealbata),* d'Australie, de 6 à 10 mètres ; l'*acacia à deux épis (acacia Lophanta)* d'Australie, de 3 à 4 mètres, dépourvu d'épines; l'*acacia decurrens* et l'*acacia floribunda*, tous les deux cultivés dans l'orangerie ; les *acacias onduté, velu, à longues feuilles,* provenant de l'Australie.—Ces plantes se multiplient par graines, dont les rejetons se transplantent au bout de deux ou trois semaines. Cette culture se fait sur couche spéciale comme pour toutes les plantes tropicales.

ACACIE s. f. [a-ka-si]. Nom sous lequel on désigne plusieurs plantes de la famille des ACACIAS.

ACACIÉES s. f. pl. Nom adopté par quelques botanistes pour désigner une tribu de *mimo-* sées, en prenant pour type le genre *Acacia* autour duquel sont groupés les *Mimosa, Adenanthera, Darlingtonia, Albizzia, Vachelia, Zygia, Inga, Prosopis.*

ACACIENS s. m. pl. 1° Secte d'Ariens (IV° siècle), ils avaient pour chef Acacius, évêque de Césarée. 2° Partisans d'Acacius, patriarche de Constantinople, et promoteur de l'Hénoticon (482-'84).

* **ACADÉMICIEN, IENNE** s. [a-ka-dé-mi-si-ain]. Chez les anciens, celui qui professait les opinions de l'école grecque appelée Académie. — Se dit aujourd'hui de celui qui fait partie d'une compagnie nommée académie. Le féminin de ce substantif fut créé pour Mme Deshoulières, à qui l'académie d'Arles avait envoyé des lettres d'*académicienne.* — ~~ Adj. Qui a rapport, qui est propre à l'Académie : *une secte académicienne.*

* **ACADÉMIE** s. f. Nom d'une promenade d'Athènes, dont l'emplacement avait été légué à la République, par un contemporain de Thésée, nommé *Academus.* Platon y venait, chaque jour, à l'ombre des platanes et des oliviers, expliquer sa doctrine à ses disciples, d'où est venu le nom d'*Académie* donné d'abord à son école et étendu plus tard à toute société de savants, de poètes et d'artistes; à des écoles publiques de dessin, d'architecture, de peinture. — On l'a appliqué également à des maisons de jeu, à des écoles d'équitation, d'escrime, de danse, d'armes, de gymnastique, etc.—Les peintres et les dessinateurs appellent *académie* une figure entière, d'après un modèle nu ou légèrement drapé, et qui n'entre pas dans la composition d'un tableau. — **Académies en France.** Charlemagne créa, sous le nom d'*Ecole palatine,* une sorte d'académie qui s'assemblait dans son propre palais. Après la mort de ce prince, les ténèbres régnèrent jusqu'à la fin du XI° siècle. On vit alors quelques associations savantes dans le midi de la France. La littérature romane eut ses *Collèges de la Gaie Science* et ses *Jeux Floraux.* Un peu plus tard, la France septentrionale posséda ses *Puys,* réunions destinées à récompenser les plus belles *poésies* religieuses. En 1570, Ronsard et plusieurs autres fondèrent une *Académie pour la langue française,* société qui dura jusqu'en 1584. Un demi-siècle après qu'elle eut disparu, Richelieu reprit l'idée de Ronsard et créa notre célèbre ACADÉMIE FRANÇAISE, qui reçut ses lettres patentes signées du roi, le 2 janvier 1635. Son but était d'épurer et de fixer la langue; elle fut supprimée le 8 août 1793, par un décret de la Convention, et incorporée, en 1795, dans l'Institut national, sous le nom de *classe de la langue et de la littérature française.* La Restauration lui rendit son organisation primitive. Elle se compose de 40 membres, appelés *Immortels,* et nommés par voie d'élection. La première édition du dictionnaire de l'Académie parut en 1694 et souleva de vives critiques. La 2° édition date de 1718; la 3° de 1740; la 4° de 1762; la 5° de l'an III; la 6° de 1835 et la 7° de 1877. Ce dictionnaire est aujourd'hui la plus haute autorité en matière de langage. La séance publique de cette académie a lieu en mai. — *Le quarante et unième fauteuil.* Il est imaginaire, qu'on suppose avoir été occupé par des écrivains célèbres non admis à l'Académie. Parmi les hommes illustres qui auraient eu des droits à devenir *Immortels,* citons Molière, Pascal, Scarron, Descartes, La Rochefoucauld, Bayle, Regnard, Rotrou, Ménage, Le Sage, Louis Racine, Piron, Vauvenargues, J.-J. Rousseau, Diderot, Beaumarchais, André Chénier, Lamennais, P.-L. Courier, Balzac, Lamennais, Béranger, Mirabeau, A. Dumas (père), etc. — ACADÉMIE DES SCIENCES fondée en 1666, par Colbert, devint la première classe de l'Institut pendant la Révolution, et fut rétablie par la Restauration. Elle se compose de 183 membres, savoir : 63 titu- laires, 2 secrétaires perpétuels, 10 membres libres, 8 étrangers et 100 correspondants. Elle se divise en 11 sections : 1° géométrie ; 2° mécanique; 3° astronomie; 4° géographie et navigation ; 5° physique générale; 6° chimie; 7° minéralogie; 8° botanique; 9° économie rurale; 10° anatomie et zoologie ; 11° médecine et chirurgie. Chaque section compte 6 membres, sauf la 1°, qui n'en a que trois. Les séances de cette académie sont publiques. — ACADÉMIE DES INSCRIPTIONS ET BELLES LETTRES, instituée par Colbert, en 1663; 3° classe de l'Institut pendant la Révolution, réorganisée par la Restauration, publie, depuis 1717, de précieux mémoires relatifs à l'histoire et à l'archéologie. Elle se compose de 105 membres, savoir : 40 titulaires, 10 honoraires, 8 étrangers et 50 correspondants. Elle se réunit une fois par semaine. Séance publique en juillet. — ACADÉMIE DES SCIENCES MORALES ET POLITIQUES, fondée en 1795, 4° classe de l'Institut, supprimée en 1803, rétablie le 27 octobre 1832, par M. Guizot, ministre de l'instruction publique. Ses membres, au nombre de 46 (dont 6 libres), sont nommés, au scrutin secret, par chacune des académies; elle compte 5 associés étrangers et 44 correspondants. Elle se divise en 5 sections : 1° philosophie; 2° morale; 3° législation, droit public et jurisprudence; 4° économie politique et statistique; 5° histoire générale et philosophie. Séance publique en avril. — ACADÉMIE DES BEAUX-ARTS, ancienne *Académie de peinture et de sculpture,* association fondée en 1648 et abolie en 1793; réunie à l'ACADÉMIE D'ARCHITECTURE, créée par Colbert, en 1671, elle forma la 4° classe de l'Institut et reçut, en 1819, une organisation définitive, sous le nom d'ACADÉMIE DES BEAUX-ARTS. Elle se compose de 40 membres titulaires, 10 honoraires, 10 étrangers et 40 correspondants; elle se divise en 5 sections : *peinture, sculpture, architecture, gravure et musique.* Séance publique en octobre. — *Ces cinq académies* siègent au palais Mazarin et sont désignées sous le nom collectif d'*Institut;* chacune d'elles publie d'importants mémoires et des ouvrages qui font autorité ; en outre, elles établissent des concours et distribuent des récompenses, dans la séance solennelle qui réunit, le 15 août de chaque année, les cinq académies. — ACADÉMIE DE MÉDECINE. Paris, rue des Saint-Pères, 19. Cette académie fut organisée en 1820, avec la mission de continuer les travaux de l'ancienne *Société de médecine* et de l'ancienne *Académie de chirurgie,* toutes les deux dissoutes en 1793. Elle se compose de 100 membres résidents, d'associés libres français et étrangers. Elle se divise en 11 sections : 1° anatomie et physiologie ; 2° pathologie médicale ; 3° pathologie chirurgicale ; 4° Thérapeutique et histoire naturelle médicale ; 5° médecine opératoire ; 6° anatomie pathologique; 7° accouchements ; 8° hygiène publique, médecine légale et police médicale; 9° médecine vétérinaire; 10° physique et chimie médicales; 11° pharmacie. Cette académie répond au gouvernement sur tout ce qui intéresse la santé publique; elle distribue annuellement un certain nombre de prix. — ACADÉMIE DE MUSIQUE, voy. OPÉRA. — ACADÉMIE AGRICOLE, MANUFACTURIÈRE et COMMERCIALE, Paris, 11 *bis*, rue de Chateaudun. Cotisation annuelle de 30 fr. ou cotisation à vie de 300 fr. Cette société accorde des récompenses et une grande publicité aux inventeurs, aux écrivains, aux agriculteurs les plus méritants. Elle publie un journal mensuel. Assemblées générales le 3° mercredi de chaque mois. — Il existe en France, plusieurs autres académies, dont voici les principales, classées par ordre chronologique de création: Soissons (1675), Nîmes (1682), Angers (1685), Lyon (1700), Bordeaux (1703), Caen (1705), Marseille (1726), Rouen (1736), Dijon (1740), Montauban (1744), Amiens (1750) et Toulouse (1782). — ACADÉMIES UNIVERSITAIRES. Division administrative de l'Université de France ; il y

a 16 académies, savoir : 1° *Paris* (9 dép.: Seine, Cher, Eure-et-Loir, Loir-et-Cher, Loiret, Marne, Oise, Seine-et-Marne, Seine-et-Oise); 2° *Aix* (5 dép.: Bouches-du-Rhône, Basses-Alpes, Corse, Var, Vaucluse); 3° *Besançon* (3 dép.: Doubs, Jura, Haute-Saône); 4° *Bordeaux* (5 dép.: Gironde, Dordogne, Landes, Lot-et-Garonne, Basses-Pyrénées); 5° *Caen* (6 dép.: Calvados, Eure, Manche, Orne, Sarthe, Seine-Inférieure); 6° *Clermont* (6 dép.: Puy-de-Dôme, Allier, Cantal, Corrèze, Creuse, Haute-Loire); 7° *Dijon* (5 dép.: Côte-d'Or, Aube, Haute-Marne, Nièvre, Yonne); 8° *Douai*(5 dép.: Nord, Ardennes, Pas-de-Calais, Somme); 9° *Grenoble* (4 dép.: Isère, Hautes-Alpes, Ardèche, Drôme); 10° *Lyon* (4 dép: Rhône, Ain, Loire, Saône-et-Loire); 11° *Montpellier* (5 dép.: Hérault, Aude, Gard, Lozère, Pyrénées-Orientales); 12° *Nancy* (3 dép.: Meurthe-et-Moselle, Meuse, Vosges); 13° *Poitiers* (8 dép.: Vienne, Charente, Charente-Inférieure, Indre, Indre-et-Loire, Deux-Sèvres, Vendée, Haute-Vienne); 14° *Rennes* (7 dép.: Ille-et-Vilaine, Côtes-du-Nord, Finistère, Loire-Inférieure, Maine-et-Loire, Mayenne, Morbihan); 15° *Toulouse*, (8 dép.: Haute-Garonne, Ariège, Aveyron, Gers, Lot, Hautes-Pyrénées, Tarn, Tarn-et-Garonne); 16° *Chambéry* (2 dép.: Savoie et Haute-Savoie). On doit y ajouter une 17° académie, celle d'*Alger* comprenant les 3 dép. d'Algérie. Chaque académie est dirigée par un *recteur*, représenté (dans les départements qui forment la division universitaire) par un *inspecteur d'académie* et (dans la plupart des arrondissements) par un *inspecteur de l'instruction primaire*. — Académies étrangères. 1° ITALIE. — L'Italie est le pays qui eut les premières académies. Citons : l'*Academia Pontaniana*, fondée à Palerme en 1433; l'*Academia Platonica* (1474); les *Lincei*, de Rome, les *Ardenti* de Naples; les *Insensati*, de Parme; les *Addormentati* de Gênes et plusieurs autres non moins anciennes. En 1725, l'Italie comptait 600 sociétés savantes, parmi lesquelles: l'ACADEMIA DELLA CRUSCA (Académie du son), ainsi nommée par allusion à son principal objet qui était de bluter, pour ainsi dire, la langue italienne, afin d'en séparer la bonne farine d'avec le son. Cette société, fondée en 1582, à Florence, avait pour armes un blutoir avec cette devise : *Il più bel fior ne cogli* (elle en recueille la plus fine fleur); son dictionnaire de la langue italienne (1612) est resté un modèle. La société existe encore sous le nom d'ACADEMIA FLORENTINA. Non moins célèbre fut l'ACADEMIA DE LINCEI (des lynx), créée à Rome en 1609, dissoute en 1632 et rétablie en 1847 sous le nom d'*Academia Pontificia de nuovi Lincei*. Citons à Rome l'ACADEMIA DEGLI ARCADI (ou des Arcadiens), organisée en 1690, par le jurisconsulte Gravina. Chaque membre était inscrit sous le nom d'un berger d'*Arcadie*. Cette société existe encore et publie un recueil mensuel traitant d'histoire et d'archéologie. L'ACADEMIA DEL CIMENTO, fondée à Florence, en 4657, a fait faire de grands progrès aux sciences physiques. Naples ne resta pas longtemps en retard; on y créa; en 4769, la REALE ACADEMIA DELLE SCIENZE ET BELLE LETTERE; et l'ACADEMIA Ercolanea, en 4755. Déjà Cortona possédait, depuis 4726, son ACADEMIA ETRUSCA, qui existe toujours. — Turin, Padoue, Milan, Sienne, Vérone, Gênes ont également des académies, qui publient des travaux scientifiques ou artistiques. — En 4874, un italien, Girolamo Ponti, de Milan, fit legs d'environ 875,000 fr. aux académies des sciences de Londres, de Paris et de Vienne. — 2° ESPAGNE. L'*Academia naturæ curiosorum* (des curieux de la nature), établie à Madrid, en 4632, fut longtemps célèbre. Trois associations madrilènes sont encore remarquables : l'*Academia royale*, fondée en 4744; l'*Académie d'histoire espagnole* (4738) et l'*Académie de peinture et de sculpture* (1752).— Une *Académie des sciences* a été établie en 1867.— 3° PORTUGAL. Lisbonne

possède une *Académie d'histoire portugaise* (4720); une *Académie des sciences, de l'agriculture, des arts, du commerce et d'économie générale* (1779), et une *Académie de géographie.*— 4° ALLEMAGNE. L'Académie des curieux de la nature, créée en Bavière, vers 4653, par le médecin Bausch, reçut ensuite le nom de *Léopoldine.* Le roi de Prusse, Frédéric Ier, fonda en 4700, la célèbre *Académie des Sciences et Belles-lettres de Berlin*, qui jeta un vif éclat sous le règne du grand Frédéric et dont les mémoires étaient alors écrits en français. — Les académies de Gœttingen (4750), de Munich (1759), de Leipsick (4846) et de Vienne (4846), s'occupent principalement d'études historiques. L'Autriche possède, en outre, des académies à Prague, à Cracovie et à Pesth. — 5° SUISSE. Les Suisses ont fondé à Genève, en 4745, une *Académie de médecine*, qui mérite de n'être pas oubliée. — 6° BELGIQUE. L'*Académie des Sciences et Belles-Lettres de Bruxelles* (4772) a été réorganisée, en 4845, sous le nom d'*Académie des Sciences, des Lettres et des Beaux-Arts.* — 7° HOLLANDE. Citons l'*Académie Lugduno-Batave*, de Leyde (4766) et l'*Académie d'Amsterdam* (4808). — 8° SCANDINAVIE. L'*Académie des sciences de Stockholm*, établie en 4739, a été réorganisée en 4741, sous le nom d'*Académie royale de Suède.* Stockholm contient en outre une *Académie des Belles-Lettres* (4753); l'*Académie littéraire de Suède* (4786), et l'*Académie des Beaux-Arts* (4733). Il existe une *Académie des antiquités septentrionales* à Upsal (4740); une *Académie royale des Sciences* et une *Académie des Beaux-Arts* à Copenhague (4738, réorganisée en 4754). — 9° RUSSIE. Saint-Pétersbourg possède une *Académie des Sciences* organisée en 4725, par Catherine Ire, sur les plans laissés par Pierre le Grand, et qui publie des mémoires depuis 4728: et une *Académie des Beaux-Arts*, fondée en 4765. — 10° GRANDE-BRETAGNE et IRLANDE. Dans les pays anglais, le mot académie est peu employé avec le sens général que nous lui attribuons; on le réserve pour les institutions qui se consacrent aux beaux-arts; dans les autres cas, on lui préfère le mot *Société.* C'est ainsi que l'on dit la *Société royale de Londres*, en parlant d'une académie fondée en 4645 et qui siégea d'abord à Oxford. Elle publie, sous le nom de *Transactions philosophiques*, un recueil scientifique d'une grande valeur. L'Académie Irlandaise de Dublin date de 4782; L'*Académie des Arts*, de Londres, a été fondée en 4765; elle se compose de 40 académiciens, 48 associés, 6 associés graveurs et trois ou quatre membres honoraires. L'*Académie de peinture*, à Edimbourg, remonte à 4754; l'*Académie hibernienne*, de Dublin, à 4832, et l'*Académie de musique* (Londres), à 4822.— 11° AMÉRIQUE. Aux Etats-Unis, le terme académie est peu appliqué aux sociétés savantes. On cite néanmoins, l'*Académie des sciences et des Arts*, à Boston (4780); l'*Académie du Connecticut* (1799); l'*Académie des Sciences naturelles*, à Philadelphie (4848), l'*Académie des Beaux-Arts* de la Pennsylvanie (1807) et l'*Académie de dessin*, à New-York (4828). — Rio-de-Janeiro, Buenos-Ayres et plusieurs autres capitales de l'Amérique du Sud possèdent des académies littéraires ou scientifiques.

ACADÉMIE DE FRANCE à Rome. Ecole des beaux-arts, destinée à recevoir et à entretenir aux frais de l'Etat, les jeunes artistes (peintres, sculpteurs, architectes, graveurs, musiciens), qui ont obtenu les grands prix au concours annuel de l'Académie des beaux-arts de Paris. Cet établissement fut fondé en 4666, par Colbert.

ACADÉMIE MILITAIRE, nom que portent dans divers états du nord de l'Europe, des établissements analogues à nos écoles militaires.

ACADÉMIFIER v. a. Ironiquem. Faire académicien.

* **ACADÉMIQUE** adj. Qui appartenait à l'école de l'Académie. — Ce qui appartient, ce qui convient à des académiciens ou à une académie.— ⱱ Beaux-Arts. Qui a rapport aux académies ou études d'après nature.

* **ACADÉMIQUEMENT** adv. D'une manière académique.

. **ACADÉMIQUES** (Les). Traité philosophique de Cicéron.

ACADÉMISER v. a. Beaux-Arts. Donner aux figures des poses de convention; se prend en mauvaise part.

ACADÉMISTE s. m. Celui qui tient une académie de danse, d'équitation, etc.— Celui qui étudie les armes, l'équitation, etc., dans une académie.

ACADÉMUS, Athénien qui révéla à Castor et à Pollux le lieu où Thésée avait caché leur sœur Hélène. En reconnaissance, les Lacédémoniens, quand ils envahissaient l'Attique, respectaient toujours les jardins d'Académus qui étaient devenus une promenade publique.

ACADIE, nom indien que les Français conservèrent à leur colonie américaine appelée aujourd'hui *Nova Scotia* ou *Nouvelle Ecosse.*

ACADIEN, ENNE s. Habitant de l'Acadie. Les Anglais donnèrent le nom d'*Acadiens* aux descendants des anciens colons français dans l'Acadie. Pendant les guerres du Canada, les Acadiens, cédés à l'Angleterre en 4743, obtinrent de ne pas combattre leurs anciens compatriotes. On les considéra comme neutres; mais bientôt on les accusa de conspirer avec les Indiens pour secouer le joug de la Grande-Bretagne; on saisit plusieurs milliers de ces malheureux et on les dispersa dans les possessions anglaises. Presque tous les autres abandonnèrent un pays où ils ne pouvaient attendre que des persécutions de maîtres auxquels ils avaient refusé le serment de fidélité; ils s'enfuirent vers le Canada et ne l'atteignirent qu'après avoir enduré des misères restées légendaires parmi leurs descendants.

ACÆNE s. f. [a-sé-ne] (gr. *akaina*, pointe). Plante de la famille des Sanguisorbées. L'espèce que l'on trouve en Tasmanie (*Acæna Sanguisorba*) est propre à remplacer le thé.

* **ACAGNARDER** v. a. [a-ka-gnar-dé, *gn* mouillé] (rad. *cagnard*). Rendre mou, lâche, indifférent. — S'acagnarder v. pr. Mener une vie obscure et fainéante.

ACAIRE (Saint) *Acarius*, un des premiers évêques de Noyon. On attribuait à ses reliques la vertu de guérir l'humeur querelleuse dite *acaridine.*

* **ACAJOU** s. m. (du malais *caju* ou *cajou*, bois de menuiserie; ou du brésilien *acajaibo*, aca-

Acajou.

jou). Plur. *Acajous.* Bot. Grand arbre de l'ordre des méliacées, originaire de l'Amérique centrale, du Honduras, des grandes Antilles et de l'Amérique méridionale. C'est le *swietenia Ma-hogani* de Linné. La tige de ce grand végétal atteint souvent 50 pieds de haut et 4 ou 5 pieds de diamètre. Son bois dur, léger, d'un grain fin, rougeâtre, brunissant avec le temps, susceptible de recevoir un beau poli, et très employé dans l'ébénisterie, est connu depuis le commencement du XVIII° siècle en Europe, où il fut apporté par le frère du docteur Gibbons qui en avait lesté un bâtiment. L'acajou moucheté est celui que l'on recherche le plus, surtout quand il présente des nœuds fins et réguliers appelés *tourbillons*. Les grosses racines servent pour les ouvrages de marqueterie; l'écorce est employée comme fébrifuge. Cet acajou porte le nom d'*acajou à meubles*. — Couleur acajou, couleur d'un rouge brun, semblable à celle de l'acajou. — Acajou a planches, *acajou femelle*, bois fourni par la cédrèle faux acajou, voy. ce mot. — Acajou batard, nom vulgaire de la curatelle. — Acajou a pomme, nom que l'on donne quelquefois à l'anacardier. — Noix d'acajou, nom vulgaire de l'*anacarde*. — Pomme d'acajou, Pédoncule charnu et comestible de l'anacarde, voy. Anacardier.

ACALANTHE s. m. (gr. *akalanthos*, chardonneret). Ornith. Nom scientifique donné au chardonneret ou au tarin.

ACALÈPHE s. m. [a-ka-lè-fe] (gr. *akalèphé*, ortie de mer). Nom d'une classe de zoophytes, comprenant de grands animaux rayonnés, qui ont la propriété de causer une sensation de brûlure quand on les met en contact avec la peau, ce qui leur a valu le nom vulgaire d'*orties de mer*. Cuvier divise cette classe en trois ordres : 1° Acalèphes fixes, animaux charnus qui ont l'habitude de se fixer par leur base, au moyen de laquelle ils peuvent aussi ramper. Leur bouche, qui leur tient lieu d'anus, est entourée de tentacules qui rayonnent lorsqu'elle s'épanouit. Elle donne dans un estomac en cul-de-sac. Cet ordre comprend les genres *actinie* et *lucernaire*. 2° Acalèphes libres, qui flottent et nagent à leur gré dans les eaux. Leur substance est gélatineuse, aux fibres apparentes, quoique susceptible de contraction et de dilatation; genres : *méduses, diphie, porpites, vellettes*. 3° Acalèphes hydrostatiques, reconnus à une ou plusieurs vessies, ordinairement pleines d'air au moyen desquelles l'animal se tient suspendu dans les eaux. Ces acalèphes vivent presque toujours en colonies flottantes. Genres *physalies* et *physsophores*. — D'après Paul Gervais et Van Beneden, les acalèphes de Cuvier doivent être confondus avec les polypes, classe des *discophores*, ordres des *médusaires* et des *siphonophores*.

ACALÉPHOLOGIE, s. f. [a-ka-lè-fo-lo-jî] (gr. *akalèphé*, ortie, *logos*, discours). Branche de la zoologie qui traite des acalèphes.

ACALICAL, ALE adj. (gr. *a*, sans; *kalux*, calice). Se dit des étamines qui partent du réceptacle, sans adhérer au calice.

ACALICIN, INE adj. (gr. *a*, *kalux*, sans calice), se dit d'une plante dont les fleurs n'ont point de calice.

ACALICULÉ, ÉE adj. Se dit d'une plante dont les fleurs ne présentent pas de calice.

ACALYPHE s. f. [a-ka-li-fe] (*akalupha*, corruption d'*akalèphé*, ortie de mer). Genre de plantes, type de la famille des *acalyphées*. Ce genre comprend une soixantaine d'espèces originaires des pays chauds et caractérisées par des fleurs à pétales monoliques ou dioïques en épis, 8 à 6 étamines, ovaire à 3 loges et à 3 styles découpés.

ACALYPHÉ, ÉE adj. Qui ressemble à une acalyphe. — Acalyphées s. f. pl. Tribu de la famille des euphorbiacées, comprenant surtout les genres *tragie mercuriale, acalyphe, omphalier*, etc.

ACAMANTIDE s. f. (d'Acamas n. pr.), hist. anc. L'une des tribus d'Athènes.

ACAMARCHIS [a-ka-mar-kis] mythol. Nymphe, fille de l'Océan.

ACAMARCHIS s. m. pl. [a-ka-mar-kiss]. Genre de polypiers des mers chaudes et tempérées.

ACAMAS [a-ka-mâss] mythol. Fils de Thésée et frère de Démophon; fut l'un des guerriers grecs qui s'enfermèrent dans le cheval de bois à la fin du siège de Troie.

ACAMPSIE s. f. (gr. *akampsia*, inflexibilité). Pathol. Ankylose.

ACAMPTE adj. (gr. *a* priv; *kamptô*, fléchir). Phys. Qui ne réfléchit pas la lumière.

ACANTHACÉES s. f. pl. Famille de plantes *dicotylédones monopétales* dont l'*acanthe* est le type; feuilles ordinairement opposées; fleurs irrégulières, en grappes, en épis; calice à 4 ou 5 sépales soudés plus ou moins intimement; corolle hypogine irrégulière bilabiée; 4 étamines didynames; ovaire biloculaire; fruit conformé en une capsule ovale. — Cette famille, qui se compose d'environ 105 genres et 750 espèces, se divise en trois tribus, dont le principal caractère est tiré des prolongements du placenta qui supporte la graine : ces tribus sont les *thumbergiées*, les *nelsoniées* et les *ecmatacanthées*.

* **ACANTHE** s. f. (gr. *akantha*, épine), Genre de plantes, famille des *acanthacées*. L'espèce principale, appelée *branc-ursine* (*acanthus mollis*), commune en Grèce, en Italie, en Espagne et dans le midi de la France, porte des feuilles grandes, lisses, agréablement découpées. Sa tige, simple, s'élève à 50, 60 ou même 90 centimètres. Fleurs unilabiées, assez grandes, aplaties, blanches, lavées de rose, n'ayant qu'une lèvre inférieure trilobée. — Racines mucilagineuses; on la récolte à l'automne ou au printemps, on les lave, on les coupe en tronçons et on les fait sécher; en décoction contre l'hémoptisie et la ménorrhagie. Feuilles émollientes, fleurs mucilagineuses. — L'espèce appelée *acanthe épineuse* (*acanthus spinosus*), l'*acantha* de Dioscoride, croît dans les pays chauds de l'Europe, et particulièrement en Grèce. Ces deux espèces sont herbacées et vivaces; elles se reproduisent par semence, ou en divisant les racines. On sème en mars, dans un sol léger et sec; et l'on transplante en automne. L'*acanthe à feuilles de chêne*, (*acanthus ilicifolius*) peut seule résister au froid.

* **ACANTHE** s. f. Ornement d'architecture. — Vitrube attribue au sculpteur Callimaque l'idée de surmonter le chapiteau dit corinthien, d'un feuillage d'*acanthe molle*. Le sculpteur se serait inspiré d'une touffe d'acanthe qui s'était développée sur le tombeau d'une jeune fille et d'une corbeille évasée recouverte d'une tuile carrée que de pieux souvenirs y avaient fait déposer.

Acanthus mollis.

ACANTHE ville de l'ancien Epire, au N. du mont Athos.

ACANTHÉES s. f. pl. Bot. Tribu d'acanthacées ayant pour type le genre acanthe.

ACANTHÉPHIPPIE s. f. [a-kan-té-fi-pî] (gr. *akanta*, épine; *ephippios*, selle). Bot. Genre d'orchidées dont on cultive plusieurs espèces dans les serres chaudes.

ACANTHIAS s. m. [a-kan-ti-ass] (gr. *akanthias*, poisson à épines). Nom que l'on a quelquefois donné à deux poissons d'espèces bien différentes : l'*épinoche* et l'*aiguillat*.

ACANTHIDES s. m. pl. Tribu d'insectes qui a pour type le genre acanthie.

ACANTHIE s. f. (*akantha*, épine), genre d'insectes hémiptères dont l'espèce la plus connue est la *punaise des lits*. Le type du genre est l'*acanthie sauteuse* (*acanthia saltatoria*, Lin.) que l'on trouve dans le voisinage des eaux, aux environs de Paris. Ce genre rentre dans la famille ses géocorises de Latreille.

ACANTHIEN, ENNE adj. et s. Habitant d'Acanthe; qui concerne cette ville ou ses habitants.

ACANTHIURE adj. (gr. *akantha*, épine; *oura*, queue). Qui a la queue chargée d'épines.

ACANTHOBOLE ou Acanthabole s. m. (gr. *akantha*, épine; *ballô*, je jette dehors). Chirurg. Instrument qui sert à enlever les esquilles d'os ou les corps étrangers introduits dans les organes.

ACANTHOCARPE adj. (gr. *akantha*, épine; *karpos*, fruit). Bot. se dit des plantes dont les fruits sont couverts d'épines.

ACANTHOCÉPHALE adj. [a-kan-to-sè-fa-le] (gr. *akantha*, épine; *képhalé*, tête). Se dit de tout animal dont la tête est armée d'aiguillons. — s. m. Nom d'une famille de vers intestinaux parenchymateux qui s'attachent aux intestins par une espèce de trompe armée d'épines recourbées. Cette famille ne comprend que le genre *echinorhynque*.

ACANTHOCLADE adj. (gr. *akantha*, épine; *klados*, rameau). Bot. se dit des plantes à rameaux épineux.

ACANTHOCOTTE s. m. (gr. *akanta*, épine; *cottus*, chabot). Genre de poissons de la famille des *percoïdes*. L'espèce la plus remarquable est le *sculpin* ou *bull-head* (*acanthocottus virginianus*), qui se trouve dans toutes les

Acanthocotix. (Acanthocottus Virginianus).

eaux (douces ou salées), des Etats-Unis. C'est un poisson long d'un pied, armé de 40 fortes épines sur chaque côté, ce qui le rend fort difficile à saisir. Sa bouche porte une multitude de dents acérées et pressées comme celles d'un chardon. L'acanthocotte se nourrit de petits poissons, de crabes, de mollusques et de toute matière végétale ou animale qu'il rencontre.

ACANTHOÏDE adj. Bot. Qui ressemble à l'acanthe.

ACANTHOPHIS s. m.[a-kan-to-fiss](gr. *akantha*, épine; *ophis*, serpent). Genre de reptiles ophidiens, caractérisé par un aiguillon très pointu qui termine la queue. Cuvier ne connaissait que l'*acanthophis cerastin*, espèce australienne qui doit avoir ses analogues dans d'autres parties du monde.

ACANTHOPHORE adj. [a-kan-to-fo-re] (gr. *akantha*, épine; *phoros*, qui porte). Qui est hérissé d'épines ou de piquants.

ACANTHOPODE s. m. (Gr. *akanthos*, épineux; *pous, podos*, pied). Genre de poissons acanthoptérygiens, caractérisé par une épine courte à la place de chaque nageoire thoracique. On distingue les deux espèces : *Monodactyle falciforme* et *Acanthopode argenté*, qui habitent toutes les deux la mer des Indes.

ACANTHOPTÉRYGIENS s. m. pl. (gr. *akantha*, épine; *ptérugion*, nageoire). Seconde et nombreuse division des poissons, caractérisée par les épines qui tiennent lieu de premiers rayons à leur dorsale, ou qui soutiennent seules leur première nageoire du dos, lorsqu'ils en ont deux. Cet ordre a été divisé par Cuvier en sept familles ; 1° *tænioïdes*, 2° *gobioïdes*, 3° *labroïdes* ; 4° *percoïdes* ; 5° *scombéroïdes* ; 6° *squammipennes* ; 7° *bouches en flûte*.

ACANTHURE s. m. (gr. *akantha*, épine ; *oura*, queue). Ordre de poissons, famille des scombéroïdes, caractérisé par une forte épine mobile qui se trouve de chaque côté de la queue et qui tranche comme une lancette, peut blesser si l'on prend le poisson sans précaution. Espèces : *aspisure* et *prionure*.

ACAP s. m. Sorte de bois des îles avec lequel on fait de belles boiseries.

A CAPELLA loc. adv. [a-ka-pé-la] (ital. *à chapelle*). Terme en usage dans la musique d'église ; il signifie que les instruments doivent marcher à l'unisson ou à l'octave avec les parties chantantes.

A CAPRICIO loc. adv. [a-ka-pri-tchi-o] (ital. *à volonté*). Terme de musique pour indiquer que l'exécutant peut donner carrière à son inspiration, quant aux mouvements, à la mesure et aux ornements.

ACAPULCO [a-ka-poul'-ko], ville maritime du Mexique, sur le Pacifique, à 275 kil. S.-O. de Mexico ; 4,000 hab. ; rade commode et défendue par un château fort ; climat très malsain ; le 4 décembre 1852, presque toute la ville fut anéantie par un tremblement de terre. Pendant la domination espagnole, Acapulco était le centre du commerce entre la Chine et l'Amérique. Exportation de cochenille, d'indigo, de cacao, de laine et de peaux. Lat. 16° 50' N. Long. 102° 8' O.

ACARDE s. f. (gr. *a*, sans ; lat. *cardo*, charnière). Acéphale testacée fossile dont les valves ne semblent attachées par aucun ligament.

ACARDIE s. f. (gr. *a*, priv. ; *kardia*, cœur). Méd. Absence de cœur.

ACARE ou *Acarus* Voy. ACARUS.

ACARIASIS s. f. (a-ka-ri-a-ziss). Path. Nom de toute maladie occasionnée par la présence d'acares.

ACARIÂTRE adj. [a-ka-ri-â-tre] (gr. *a*, sans ; *charis*, grâce). Qui est d'une humeur fâcheuse, aigre et criarde.

ACARIDE s. m. (gr. *akari*, mite ; *eidos*, forme). Nom de la deuxième tribu des Arachnides holètres, caractérisée tantôt par des mandibules composées d'une seule pièce en pince ou en griffe, et cachées sous une lèvre sternale ; tantôt par un suçoir, formé de lames en lancette et réunies. Quelquefois la bouche se compose d'une simple cavité sans autre pièce apparente. Cette tribu est formée du genre MITE (voy. ce mot).

ACARNANIE, prov. de la Grèce ancienne ; peuplée alors d'habiles frondeurs ; soumise à la Macédoine en 224 avant J.-C. ; comprise dans la province d'Achaïe en 146 ; annexée à la Macédoine par les Turcs ; elle forme aujourd'hui avec l'Étolie une nomarchie de la Grèce : 5,634 kil. carrés ; 122,000 hab. ; cap. Missolonghi.

ACARNANIEN, IENNE s. et adj. Qui habite l'Acarnanie, qui est propre à ce pays ou à ses habitants.

ACARNE s. m. (gr. *a*, sans ; lat. *caro*, *carnis*, chair). Ichtyol. Nom vulgaire du poisson appelé *Pagel*.

ACARPE adj. (gr. *a*, priv. ; *karpos*, fruit). Bot. Se dit des plantes privées de fruit.

ACARPELLÉ, ÉE (gr. *a*, priv. ; et franç., *Carpelle*). Bot. Se dit des fleurs privées de carpelles.

ACARUS ou *Acare* s. m. (gr. *akari*, mite). Genre qui forme la tribu des acarides. (Voy. MITE.)

ACASTUS ou *Acaste*, Argonaute, fils de Pélias, roi d'Iolchos ; régna après son père, malgré les prétentions de Jason.

ACATALECTE ou *Acatalectique* adj. (gr. *a*, sans ; *katalektikos*, qui termine). Prosod. anc. Se dit d'un vers dont le dernier mètre est entier ; d'un vers qui n'a pas une syllabe de moins comme le vers CATALECTE.

ACATALEPSIE s. f. [a-ka-ta-lèp-sî] (gr. *a*, sans ; *catalèpsis*, compréhension). Affection cérébrale qui ôte la faculté de concevoir, qui ne permet pas de suivre un raisonnement, de mettre de la suite dans ses idées. — Chez les anciens, on donnait ce nom à la doctrine de quelques philosophes qui n'admettaient aucune certitude dans les connaissances humaines.

ACATALEPTIQUE adj. Atteint d'*acatalepsie*. — Partisan du doute philosophique ; sceptique.

ACATAPOSE s. m. (gr. *a*, priv. ; *kataposis*, action d'avaler). Méd. Difficulté ou impossibilité d'avaler.

ACATHISTE s. m. (gr. *a*, sans ; *kathistèmi*, je me tiens debout). Nom d'une hymne chantée autrefois dans l'église grecque en l'honneur de la vierge Marie, le samedi avant la cinquième semaine du carême, pour la remercier d'avoir protégé Constantinople contre les attaques des Musulmans. Les fidèles passaient toute la nuit debout en prières.

ACATHOLIQUE adj. (gr. *a*, priv. ; *katholikos*, catholique). Se dit de tous les chrétiens qui n'appartiennent pas à la religion catholique romaine.

ACATIUM s. m. [a-ka-si-omm] (gr. *akation*). Petit navire à voile et à rames, employé par les anciens et particulièrement par les pirates. Sa poupe était arrondie et courbée en dedans ; il était armé d'un éperon et naviguait avec une grande rapidité.

ACAULE adj. [a-ko-le] (gr. *a*, sans ; *kaulos*, tige). Se dit des plantes dont la tige est tellement courte ou rabougrie, qu'elles semblent en être dépourvues. Ex. : la mandragore, la primevère, le pissenlit, le plantain, la chicorée.

ACCABLANT, ANTE adj. Qui accable ou qui peut accabler. — Fig. Qui jette l'âme dans la tristesse, l'effroi, le désespoir. — Signifie aussi importun, incommode.

ACCABLEMENT s. m. État d'une personne accablée. — Fig. et par anal. Entassement, surcharge.

ACCABLER v. a. (lat. *cabulus*, bélier, machine de guerre). Abattre sous le poids ; faire succomber sous le nombre des ennemis. — Par ext. Surcharger, excéder les forces. — Fig. Se dit de la plupart des choses considérées comme un poids qui écrase : travail, douleur, sommeil, reproches, injures. — Rendre toute justification impossible : *accabler de preuves*, *d'impôts*, etc. — Combler outre mesure de biens, de grâces, etc. — S'accabler v. pr. Se surcharger. — v. récipr. *S'accabler d'injures*, etc., se dire mutuellement des injures, etc.

ACCAD, l'une des quatre villes de la « Terre de Shinar » lesquelles, suivant la Genèse (X, 10), appartenaient au royaume de Nemrod. Rawlinson voit dans *Accad* le nom de la race primitive « Hamite » de Babylonie : et F. Lenormand a écrit sur ce sujet ses *Études accadiennes* (1873 et suiv.).

ACCADIENS s. m. pl. Nom que l'on donne aux habitants primitifs de Babylone. A. H. Sayce (1877) les considère comme les premiers civilisateurs de l'Asie et les créateurs de la philosophie et des arts qui se répandirent ensuite chez les Assyriens, chez les Phéniciens et chez les Grecs. On dit qu'ils possédaient des bibliothèques plus de dix-sept siècles avant J.-C.

ACCAGNER ou *Acagner* v. a. (lat. *ad*, contre ; *canis*, chien). Poursuivre quelqu'un en l'injuriant.

ACCA-LAURENTIA [ak-ka-lo-ran-sia], femme du berger Faustulus et nourrice de Romulus et de Rémus. Sa conduite déréglée lui avait mérité le surnom de *lupa*, louve, ce qui fit naître la tradition que les fondateurs de Rome avaient été nourris par une louve. Acca-Laurentia avait onze fils. Voy. ARVALS.

ACCALIES s. f. pl. Antiq. rom. Fêtes instituées en l'honneur d'Acca-Laurentia.

ACCALMIE s. f. [a-kal-mî] (rad. *calme*). Mar. Calme momentané qui succède à un coup de vent très violent. — ∿ Fig. Temps de repos dans la vie d'une nation, dans le commerce, etc.

ACCAPAREMENT s. m. Action d'accaparer, résultat de cette action. — Spéculation qui consiste à acheter sur un marché toutes les denrées de la même espèce, afin d'avoir le monopole de la vente et d'en faire augmenter le prix. Jusqu'à nos jours, les lois furent très sévères au sujet de l'accaparement. La Convention le déclara crime capital. Les art. 419 et 420 du Code pénal punissent de l'emprisonnement (un mois à deux ans) et à l'amende (de 500 à 20,000 fr.) les manœuvres frauduleuses, fausses nouvelles, coalitions, sur-offres, etc., de nature à produire une hausse ou une baisse exagérée des prix. Les spéculateurs peuvent, en outre, être condamnés à la surveillance de la haute police (de deux à dix ans).

ACCAPARER v. a. [a-ka-pa-ré] (lat. *ad*, pour ; *capere*, prendre). Acheter ou arriver une quantité considérable d'une denrée, d'une marchandise, pour la rendre plus chère en la rendant plus rare, et se faire ainsi seul le maître de la vente et du prix. — Fig. et fam. Prendre pour soi exclusivement ; exploiter à l'exclusion d'autrui. — Captiver une personne ; gagner sa bienveillance, son appui.

ACCAPAREUR, EUSE s. Celui, celle qui accapare.

ACCASTILLAGE s. m. [a-kass-ti-ia-je]. Partie de l'œuvre morte d'un bâtiment qui s'élève au-dessus de la flottaison. Anciennement, l'*accastillage* était un double retranchement (château de poupe et château de proue), dans lequel se barricadaient les soldats et les matelots d'un vaisseau abordé. Actuellement, ce n'est plus qu'un ornement.

ACCASTILLER v. a. [a-kass-ti-ié] (espagn. *castillo*, fort, château). Travailler à la construction de l'*accastillage*.

ACCÉDER v. n. [ak-sé-dé] (lat. *accedere*, s'approcher). L'é fermé du radical se change en é ouvert devant une syllabe muette : *j'accède*, *tu accèdes* ; à l'exception du futur et du conditionnel ; *j'accéderai*, *j'accéderais*. — Entrer dans les engagements contractés déjà par d'autres. — Adhérer, accepter, exaucer une prière. — Avoir accès, arriver.

ACCÉLÉRATEUR, TRICE adj. [ak-sé-lé-ra-teur, tri-se]. Qui accélère. — *Muscle accélérateur*, muscle qui accélère une évacuation. — *Force accélératrice*, principe qui, continuant à agir sur un corps mobile après son départ exerce sur ce corps une impression qui lui communique à chaque instant une vitesse nouvelle.

ACCÉLÉRATION s. f. [ak-sé-lé-ra-si-on] (lat. *acceleratio*). Augmentation de vitesse. — Fig. Prompte expédition. — Phys. et mécan. Accroissement de vitesse que reçoit un corps dans l'espace d'une seconde, sous l'impulsion d'une force continue et constante. Cette accélération est de 9 mètres 8088 à Paris ; c'est-à-dire que, sans la résistance de l'air, un corps tombant librement acquerrait un accroissement de vitesse de 9 mètres 8088 par seconde. — ACCÉLÉRATION DIURNE DES ÉTOILES. On appelle ainsi le temps dont avance chaque jour l'instant du lever et du coucher d'une étoile, ainsi que son passage au méridien.

* **ACCÉLÉRER** v. a. [ak-sé-lé-ré] (lat. *accelerare*). Change l'*é* fermé du radical en *è* ouvert, devant une syllabe muette : *j'accélère, que tu accélères*; excepté au futur et au conditionnel : *j'accélérerai, nous accélérerions*. Hâter, augmenter la vitesse. — ∿ S'accélérer v. pr. Devenir plus rapide.

ACCENDITE s. m. [ak-sin-di-té] (lat. *allumez*). Antienne que l'on chante en plusieurs églises quand on allume les cierges aux fêtes solennelles.

ACCENSE s. m. [ak-san-se] (lat. *accensus*, adjoint). Chez les anciens Romains, officier subalterne, attaché à quelque haut fonctionnaire, dans l'ordre civil ou militaire. Les *accenses* exerçaient des fonctions analogues à celles que les huissiers exercent de nos jours.

* **ACCENSER** v. a. [ak-san-sé] T. d'anc. coutumes. Donner à *cens*, c'est-à-dire sous la redevance d'une rente, un fonds de terre ou une maison. Le bail s'appelait *accense*; le fermier était nommé *accenseur*.

* **ACCENT** s. m. [ak-san] (lat. *accentus*, formé de *accinere*, chanter). Élévation ou abaissement de la voix sur certaines syllabes; intonation, modulation dans la prononciation des mots. — Manière, ton que l'on emploie en parlant à quelqu'un. — Se dit quelquefois du langage : *les accents de la douleur*. — Inflexions de voix, prononciation défectueuse qui font reconnaître un étranger, un provincial, un homme sans éducation. — Petite marque qui se met sur une syllabe, sur une voyelle, soit pour indiquer l'*accent tonique*, soit pour faire connaître la prononciation de la voyelle, soit enfin pour distinguer le sens d'un mot d'avec celui d'un autre mot qui s'écrit de la même façon. — La langue française fait usage de trois accents seulement, savoir : 1° l'*accent aigu* (´) employé sur la lettre *e*, pour lui donner le son dit fermé : *été*; 2° l'*accent grave* (`), employé sur les voyelles *a, e, u*, pour marquer les différences de signification entre *a* et *à*, *la* et *là*, *des* et *dès*, *ou* et *où*; 3° l'*accent circonflexe* (^), employé sur *a, e, i, ›, u*, pour leur donner un son plus long et indiquer en même temps que l'on a supprimé une lettre qui, dans l'ancienne orthographe, venait après celle que l'on marque; et l'on écrit : *âge, rôle, dénument, tête, gîte, côte, flûte; pour aage, roole, dénuement, teste, giste, coste, fluste*. L'accent circonflexe marque, en outre, la différence entre *sur* et *sûr*, *mur* et *mûr*, du et *dû*, *tu* et *tû*, *cru* et *crû*. Les accents furent introduits dans la langue grecque par Aristophane de Byzance, grammairien qui enseignait à Alexandrie vers 264 avant J.-C. — Ces signes graphiques, aujourd'hui si communément employés dans la langue française, furent inconnus chez nous jusqu'au commencement du xvii° siècle. — ACCENT GRAMMATICAL ou PROSODIQUE, celui dont la grammaire, dont la prosodie fixe les règles. Lorsqu'il s'agit seulement de l'élévation de la voix sur une des syllabes d'un mot, on le nomme ACCENT TONIQUE : *en grec, en italien, etc., la connaissance des accents est extrêmement importante* (Acad.). — ACCENT ORATOIRE OU PATHÉTIQUE. Celui qui convient à un orateur pour exprimer et exciter les affections de l'âme. — Mus. Signe indiquant l'expression de force ou de douceur qu'il faut donner à une note ou à un passage. Ces signes sont au nombre de 3, savoir : ⊏, pour augmenter graduellement l'intensité du son; ⊐, pour la diminuer; ⊏⊐, pour augmenter d'abord jusqu'au milieu et diminuer ensuite jusqu'à la fin.

ACCENTEUR s. m. [ak-san-teur] (lat. *accentor*, qui chante avec un autre). Nom que l'on donne quelquefois à la *fauvette des Alpes*.

ACCENTUABLE adj. deux g. Qui peut être accentué.

* **ACCENTUATION** s. f. [ak-san-tu-a-si-on].

Manière d'accentuer, d'élever la voix, de faire sentir l'accent tonique; manière d'employer les accents graphiques dans l'écriture ou l'impression.

* **ACCENTUER** v. a. [ak-san-tu-é], prend un tréma sur l'ï de la terminaison aux deux premières personnes du plur., de l'imparf., de l'indic. et du prés. du subjonct. : *Nous accentuions, que vous accentuiez*. — Marquer les voyelles d'un accent. — Prononcer selon les règles de l'accent tonique, de la prosodie, ou augmenter les inflexions et les tons de la voix, pour donner plus de force à son langage. — S'accentuer v. pr. Être accentué. — ∿ Fig. Se prononcer dans un sens ou dans un autre.

ACCEPTABILITÉ s. f. Qualité de ce qui est acceptable.

* **ACCEPTABLE** adj. Qui peut, qui doit être accepté.

ACCEPTANT, ANTE adj. et s. Qui accepte ou qui a accepté.

* **ACCEPTATION** s. f. [ak-sèp-ta-si-on]. Action d'accepter, de recevoir, d'agréer; de se soumettre, de se résigner. — Jurispr. Acte par lequel on reconnaît accepter une chose. — Banque. Engagement de payer à l'échéance une lettre de change; pour prendre cet engagement, on met son nom au bas ou en travers du corps de l'écriture avec le mot *accepté*.

* **ACCEPTER** v. a. [ak-sèp-té] (lat. *acceptare*). Agréer ce qui est proposé. — *Accepter un défi*, s'engager à faire une chose dont on a été défié, et particulièrement promettre de se battre en duel avec celui par qui l'on a été défié. — *Accepter le combat*, témoigner par son attitude que l'on est prêt à soutenir l'attaque de l'ennemi. — *En accepter l'augure*, désirer qu'une chose arrive comme on l'a fait espérer. — ∿ S'accepter v. pr. Être accepté.

* **ACCEPTEUR** s. m. [ak-sèp-teur] (lat. *acceptor*). Celui qui accepte; qui s'engage à payer une lettre de change.

ACCEPTILATION s. f. [ak-sèp-ti-la-si-on] (lat. *acceptilatio*). Dr. rom. Contrat par lequel un créancier supposait avoir reçu de son débiteur la chose promise, et le déliait ainsi de son obligation.

* **ACCEPTION** s. f. [ak-sèp-si-on] (lat. *acceptio*). Egard, préférence : *la Justice ne fait acception de personne*. — Gramm. Sens dans lequel un mot doit se prendre : *il faut éviter d'employer dans une même phrase un mot ayant deux ou plusieurs acceptions*.

* **ACCÈS** s. m. [ak-sè] (lat. *accessus*). Ce qui mène à un lieu considéré comme de facile ou de difficile abord : *côte d'un difficile accès*. Avoir ACCÈS. Pénétrer librement; être reçu, accueilli. — Droit canon. Action par laquelle les cardinaux, dans l'élection d'un pape, reportent, après un premier vote sans effet, leur suffrage sur l'un des candidats qui n'ont obtenu le plus de voix. — Sorte de coadjutorerie qui donne à un clerc le droit de posséder un bénéfice, lors même qu'il est atteint de quelque incapacité momentanée, telle que le défaut d'âge. — Fig. Mouvement intérieur et passager en conséquence duquel on agit : *un accès de colère*. — Méd. Certains phénomènes morbides qui se montrent à des intervalles ordinairement réguliers et qui caractérisent les fièvres intermittentes. — Accès se dit aussi des attaques de certaines maladies qui ont ordinairement des retours et des redoublements, comme la rage, la folie, la goutte, le mal caduc.

* **ACCESSIBILITÉ** s. f. [ak-sèss-si-bi-li-té]. Qualité de ce qui est accessible. — Facilité d'approcher, d'arriver à.

* **ACCESSIBLE** adj. Abordable; dont on peut facilement approcher.

ACCESSION s. f. [ak-sèss-si-on] (lat. *accessio*). Action par laquelle on adhère à une chose, à un contrat quelconque; principalement, adhésion d'une puissance à un engagement, à un traité déjà contracté par d'autres. — Avènement, admission au trône, au pouvoir. — T. de palais. Action d'aller dans un lieu, de par la loi et la justice. — Jurispr. Droit que le propriétaire d'une chose, mobilière ou immobilière, a sur ce qu'elle produit ou sur ce qui s'y unit et s'y incorpore comme dépendance, comme accessoire, soit naturellement, soit artificiellement. L'accessoire *suit le principal*. On appelle quelquefois *accession* la chose même sur laquelle ce droit est exercé.

* **ACCESSIT** s. m. [ak-sè-sit; le T final se prononce au sing. et au plur.] (lat. *accessit*, il s'est approché). Mention accordée dans les écoles, les académies, et généralement partout où il y a concours, à celui ou à ceux qui ont le plus approché du prix. — Plur. *des accessits*. Littré écrit *des accessit*.

* **ACCESSOIRE** adj. [ak-sé-soi-re] (lat. *accedere*, s'adjoindre). Qui se rapporte à une chose principale; qui en dépend, s'y unit, s'y rattache sans être essentiel à cette chose. — Substantiv. S'emploie au *masculin* : Ce qui suit ou accompagne le principal. — Beaux-Arts et littér. Parties qui ne tiennent pas essentiellement au sujet, à la composition, mais qui l'embellissent. — M. pl. Outils, ustensiles, meubles, etc., nécessaires à une industrie, à une profession. — Théâtre. Certains objets qui peuvent être nécessaires à la représentation; tels que flambeaux, faux bijoux, écritoire et autres objets qui doivent figurer dans le détail d'une scène. — Anat. Certains nerfs ou muscles dont l'action fortifie ou corrige celle des autres nerfs ou muscles qu'ils accompagnent.

* **ACCESSOIREMENT** adv. D'une manière accessoire.

ACCIACATURA s. f. [att-chia-ka-tou-ra](ital. *écrasement*). Mus. Agrément d'exécution, à l'usage des instruments à clavier, de la harpe et de la guitare. Cet agrément consiste à frapper rapidement et d'une manière successive toutes les notes d'un accord précédé du signe ci- ♪. — Selon d'autres auteurs, l'acciacatura serait une espèce d'*appogiature* frappée presque simultanément avec la note principale. Dans ce cas elle peut être exécutée par des chanteurs et par des instruments à vent. — Enfin, pour quelques-uns, l'*acciacatura* consiste à frapper, dans un accord, une ou plusieurs notes qui ne lui appartiennent pas.

ACCIAJUOLI (Les), famille florentine enrichie par le commerce de l'acier (*acciaio*). Elle devint puissante à Naples avec le grand sénéchal NICOLAS ACCIAJUOLI (1310-'66) et surtout dans la Grèce, où RÉNIER, neveu de Nicolas, fonda en 1364, la célèbre *principauté des Acciajuoli*, dont la capitale était Athènes. Le dernier duc de cette famille, FRANÇOIS, fut dépossédé, en 1456, par les Turcs qui le reléguèrent d'abord à Thèbes et qui l'étranglèrent en 1458.

ACCIDENCE. Philos. État, qualité de l'accident.

* **ACCIDENT** s. m. [ak-si-dan] (lat. *accidens*, part. prés. de *accidere*, advenir). Tout, ce qui arrive par hasard. Si ce mot n'est accompagné d'aucune épithète qui en détermine le sens en bien, il signifie toujours un événement fâcheux. — Philos. Ce qui est accidentel; ce qui pourrait être enlevé sans que le sujet fût détruit. Ex.: *la blancheur de la cire*. Blancheur est l'*accident*, parce que la cire pourrait exister sans blancheur. Il en est de même dans la *rondeur d'une table*, le *noirceur d'une muraille*, etc. — Théol. En parlant de l'Eucharistie, se dit de la figure, de la couleur, de la saveur du pain et du vin après la consécration. — Mus. Tout signe (*dièse, bémol, bécarre, double dièse, double bémol, double bé-*

carre) qui, n'étant point indiqué à la clef, se rencontre *accidentellement* dans le cours d'un morceau. — Peint. *Accident de lumière*, effet partiel produit par une lumière autre que celle qui éclaire la scène principale. *Un rayon de soleil pénétrant par une ouverture étroite, ou perçant le nuage et venant frapper un coin du tableau; les reflets de la lune, d'un incendie, d'une lampe qui contrastent avec la lumière dominante, sont des accidents de lumière* (Acad.). —Log. *Sophisme de l'accident.* Sophisme qui consiste « à tirer une conclusion absolue, simple et sans restriction, de ce qui n'est vrai que par *accident*, comme lorsqu'on attribue à l'éloquence tous les mauvais effets qu'elle produit quand on en abuse, ou à la médecine les fautes de quelques médecins ignorants. » *Logique de Port-Royal*, part. III°, chap. XVIII. — Pathol. Symptôme non essentiel et souvent imprévu qui se présente dans une maladie, comme une hémorragie, des convulsions. — PAR ACCIDENT *loc. adv.* Par hasard. — Législ. Lorsqu'un accident résulte de la négligence, de l'imprévoyance, il produit, contre la personne qui en est l'auteur, une action en dommages-intérêts.— s. m. pl. *Accidents de terrain.* Inégalités d'un sol entrecoupé de collines et de ravins.

ACCIDENTALITÉ s. f. Philos. État, qualité de ce qui est accidentel.

ACCIDENTATION s. f. État d'un pays, d'un terrain accidenté.

* **ACCIDENTÉ, ÉE** adj. Se dit d'un terrain inégal, mouvementé, varié d'aspects; on l'emploie surtout en terme de stratégie. — ∾ En parlant du style: plein de variété, d'épisodes, d'accidents imprévus.

* **ACCIDENTEL, ELLE** adj. Qui arrive par accident, par hasard. — Mus. *Lignes accidentelles*, lignes ajoutées au-dessus ou au-dessous de la portée pour y placer les notes qui en excèdent l'étendue. — Philos. Qui n'est dans un sujet que par accident, et qui pourrait n'y être pas, sans que le sujet fût détruit : *telle ou telle couleur est accidentelle au papier* (Acad.).

* **ACCIDENTELLEMENT** adv. Par accident, par hasard. — Philos. Se dit par opposition à essentiellement.

ACCIDENTER v. a. et n. (lat. *ad*, vers; *cadere*, tomber). Créer des embarras, causer des embarras. — Rendre un terrain inégal. — S'accidenter v. pr. Etre *accidenté*. Le terrain s'accidente.

ACCINCTUS s. m. [ak-sain-ktuss] (lat. *accinctus*, part. pass. d'*accingere*, ceindre). Antiq. Armement complet dont un soldat se trouvait muni.

ACCIPITRE s. m. [ak-si-pi-tre] (lat. *accipiter*, épervier, oiseau de proie). Nom collectif employé par Linné pour désigner l'ordre d'oiseaux que Cuvier appelle OISEAUX DE PROIE. Les Américains ont conservé le nom d'accipitres à plusieurs faucons de leur pays. Tels sont l'*accipitre de Cooper* (*accipiter Cooperi*, Bonap.) et l'*accipiter fuscus* (Gmel). Le premier est un gros oiseau que l'on rencontre dans les parties orientales des Etats-Unis. Il fait une chasse active aux perdrix, aux poules des prairies, aux pigeons et aux petits quadrupèdes.

Accipiter Cooperi.

Le second, un peu moins gros, habite le Mexique et tous les pays de l'Amérique sep-

tentrionale, jusqu'aux régions arctiques. Sa voracité est très grande; à défaut d'oiseaux ou

Accipiter fuscus.

de petits quadrupèdes, il dévore des reptiles.

ACCIPITRIN, INE adj. Qui ressemble à un *accipitre*.

* **ACCISE** s. f. [ak-si-ze] (bas. lat. *accisia*, taille, impôt). Taxe qui se lève sur les boissons et autres objets de consommation en Angleterre et dans d'autres pays.

ACCIUS ou **Attius** (LUCIUS), un des plus anciens poètes tragiques de Rome (II° siècle av. J.-C.). On a conservé quelques fragments de ses œuvres.

ACCLAMATEUR s. m. Celui qui acclame.

ACCLAMATIF, IVE adj. Qui est accompagné d'acclamations.

* **ACCLAMATION** s. f. [a-kla-ma-si-on] (lat. *acclamatio*). Applaudissement; cri d'enthousiasme ou d'admiration d'une assemblée, d'une foule, d'une multitude. — PAR ACCLAMATION, *loc. adv.* Tout d'une voix, sans qu'il soit besoin d'aller au scrutin.

* **ACCLAMER** v. a. (lat. *acclamare*). Saluer, approuver, féliciter, par des acclamations, élire par acclamation. — v. n. Pousser des acclamations.

ACCLAMPER v. a. [a-klan-pé]. Voy. JUMELER.

ACCLIMATABLE adj. Qui peut être acclimaté.

* **ACCLIMATATION** s. f. Action d'acclimater ou de s'acclimater. — Action qui a pour but de faire vivre les animaux ou les végétaux dans des *climats* différents de ceux qui leur sont habituels. Les animaux et les végétaux indigènes sont assez rares en France; les autres ont dû y être acclimatés. Notre froment, le sarrazin, le seigle, le riz, presque tous nos légumes, la pomme de terre, la vigne et une grande quantité d'arbres fruitiers; le tabac, nos plus belles fleurs sont des plantes acclimatées; le cheval, l'âne, la brebis, la chèvre, nos animaux de basse-cour, de chasse et de luxe, l'abeille, le vers à soie, etc., sont des étrangers que nous avons habitués à nos climats. D'après M. Drouyn de Lhuys, la plupart des plantes de nos jardins sont d'acclimatation beaucoup plus nouvelle qu'on ne le suppose. L'orme s'est propagé chez nous au XVI° siècle; le platane, l'acacia, le marronnier d'Inde, le lilas, la tulipe, au XVII° siècle; le réséda, au XVIII°; le dahlia, au XIX°. Une multitude d'êtres utiles pourraient se multiplier dans notre pays si l'on procédait à leur acclimatation avec des soins convenables. Bien plus facile que l'*acclimatation*, la *naturalisation* a pour but de faire prospérer sous un climat analogue des espèces que l'on emprunte à des pays de la même latitude. L'*acclimatation* a lieu surtout pour les espèces appartenant à des régions très différentes sous le rapport du climat. On est obligé de

faire passer graduellement ces espèces par des climats intermédiaires. C'est ainsi que l'on a opéré pour le dindon, qui fut introduit en Espagne longtemps avant de venir en Angleterre. On ne peut réussir, du reste, sans être parfaitement informé des conditions générales d'existence de chaque être dans son pays natal afin de pouvoir s'y conformer autant que possible. L'acclimatation des animaux a été poursuivie avec une grande vigueur depuis l'établissement de la société zoologique de Londres (1829) et de la société d'Acclimatation de Paris. Grâce aux soins de ces sociétés, nombre de plantes et d'animaux ont été naturalisés dans nos contrées ; le chameau habite le Brésil depuis 1859 ; l'alcapa se reproduit en France et l'autruche en Italie.— Société d'Acclimatation. Cette société, dont le siège est à Paris, rue de Lille, n° 19, a été fondée par M. Geoffroy Saint-Hilaire, le 10 février 1854, et reconnue établissement d'utilité publique par décret du 26 février 1855. Son but est de concourir à l'introduction, à l'acclimatation et à la domestication des animaux utiles, à la multiplication des races déjà acclimatées et des plantes exotiques. Elle contribue au progrès de l'histoire naturelle par des publications (principalement par un *Bulletin* de ses travaux) et par des récompenses offertes chaque année aux personnes qui ont introduit, propagé ou amélioré des espèces étrangères ou rares. Elle donne également des prix aux auteurs des meilleurs ouvrages théoriques. On est reçu dans la société sur la présentation écrite de trois sociétaires et à la majorité absolue des membres du conseil. On paie un droit d'entrée de 10 fr. et une cotisation annuelle de 25 fr., dont on peut s'exempter moyennant 250 fr. une fois payés. La société confie à ses membres les animaux et les végétaux dont elle dispose. Elle a des sociétés *affiliées* et des sociétés *agrégées*. Notre société d'Acclimatation est, on peut le dire, unique en Europe; car une société anglaise, fondée le 10 juin 1860, n'a pu réussir, malgré l'appui du prince de Galles, qui en fut nommé président en 1865.—ACCLIMATATION (JARDIN D'). Jardin de la société d'Acclimatation, ouvert le 9 octobre 1860, au centre du bois de Boulogne, et destiné à l'introduction d'animaux et de végétaux utiles ou d'agrément. Il comprend des parcs, une vacherie, de magnifiques serres, un aquarium très richement fourni, une faisanderie modèle, des chenils, des volières, une basse-cour, une rivière artificielle, un lac, du mouton, un rocher gigantesque, etc. C'est un centre d'attraction pour les promeneurs qui aiment les plaisirs sérieux. Un *jardin d'acclimatation* établi à Melbourne, en février 1854, cherche à naturaliser en Australie les animaux d'Angleterre.

ACCLIMATEMENT s. m. Résultat de l'acclimatation; état de ce qui est acclimaté.

* **ACCLIMATER** v. a. Accoutumer à la température et à l'influence d'un nouveau climat. — S'acclimater v. pr. Se faire à un nouveau climat.

ACCLINÉ, ÉE adj. (lat. *acclinis*, appuyé). Hist. nat. Se dit d'une partie qui en recouvre une autre par le côté. *Antennes acclinées*.

ACCO, chef des Senones, en Gaule, qui souleva ses compatriotes contre César et qui fut vaincu et mis à mort en 53 av. J.-C.

ACCOINÇON s. m. (rad. *coin*). Partie de charpente que l'on ajoute à un toit pour l'égaliser.

* **ACCOINTANCE** s. f. [a-kou-ain-tan-se]. Familiarité, fréquentation, rapports avec quelqu'un. Se dit surtout d'une liaison entre deux personnes de sexe différent.

ACCOINTER v. a. [a-kou-ain-té] (lat. *cognitus*, connu). Faire connaissance, entrer en relation avec quelqu'un. Vieux mot. — * S'accointer v. pr. Se lier intimement avec quelqu'un : *il s'est accointé d'un homme de fort mauvaise compagnie* (Acad.)

ACCOISER v. a. [a-koi-zé] (de *a* et *coi*). Rendre coi, apaiser, calmer (vieux). — S'accoiser v. pr. S'affaiblir, perdre sa force.

* **ACCOLADE** s. f. (lat. *ad collum*, au cou). Action d'embrasser en jetant les bras autour du cou. — Cérémonie anciennement observée dans la réception d'un chevalier, laquelle était ainsi appelée parce que la principale formalité consistait à embrasser le nouveau chevalier, en lui passant les bras autour du cou. L'accolade était précédée de trois coups de plat d'épée sur l'épaule ou sur le cou de celui que l'on armait. — Sorte de parenthèse que nous représentons ici ⁓ et qui sert, dans l'écriture et dans l'impression, à embrasser plusieurs objets, soit pour en former un tout, soit pour montrer ce qu'ils ont de commun ou d'analogue entre eux. L'accolade peut être employée dans le sens horizontal aussi bien que dans le sens vertical. *On joint par une accolade les portées de toutes les différentes parties d'une pièce de musique* (Acad.)

ACCOLADER v. a. Joindre par une accolade deux ou plusieurs objets.

ACCOLAGE s. m. [a-ko-la-je]. Opération qui consiste à fixer à des échalas ou à des espaliers les jeunes pousses de la vigne ou les branches des arbres fruitiers, pour faciliter la maturation des fruits.

* **ACCOLÉ, ÉE** part. pass. d'ACCOLER. — adj. Blas. Se dit de deux choses (écus, animaux, arbres, etc.), jointes ensemble. — Numism. Se dit de deux têtes de profil appliquées l'une sur l'autre dans les médailles et les camées.

ACCOLEMENT s. m. Action de joindre, de réunir : *l'accolement de ces noms est indigne.*

* **ACCOLER** v. a. [a-ko-lé] (lat. *ad collum*, au cou). Jeter les bras au cou de quelqu'un pour l'embrasser. — *Accoler la vigne*, la relever et la fixer à l'échalas. — Réunir par une accolade plusieurs articles dans un compte. — Faire figurer l'un à côté de l'autre : *leurs deux noms sont accolés*. — S'accoler v. récipr. S'embrasser mutuellement en se jetant les bras au cou. (Famil. et peu us.).

ACCOLTELATORI s. m. pl. Nom que se donnaient les membres d'une fameuse association d'assassins qui désola Ravenne et plusieurs autres villes d'Italie en 1874.

ACCOLTI (Benedetto), jurisconsulte et historien, né à Arezzo, en 1415, mort en 1466 ; secrétaire de la République florentine, en 1459, célèbre par la puissance de sa mémoire, a écrit une histoire de la première croisade : *De Bello a Christianis contra Barbaros gesto pro Christi sepulchro*, (trad. en fr., 1620). Son fils, BERNARD, poète improvisateur, jouit d'une grande vogue, et fut protégé de Léon X.

ACCOLURE s. f. Agric. Lien de paille, d'osier, etc., dont on se sert pour accoler les branches. — Techn. Assemblage des premières mises de bûches d'un train à flotter ou radeau. — Ligature dans la reliure d'un livre.

ACCOMBANT, ANTE adj (lat. *accumbere*, se coucher sur). Bot. Se dit d'une partie de la plante qui est couchée sur une autre.

* **ACCOMMODABLE** adj. Qui se peut accommoder, principalement en matière de différend et de querelle.

* **ACCOMMODAGE** s. m. Apprêt que l'on donne aux viandes. — ⁓ Façon donnée par le coiffeur aux cheveux.

* **ACCOMMODANT, ANTE** adj. Conciliant, d'un commerce facile.

ACCOMMODATION s. f. Action d'accommoder ou de s'accommoder. — ACCOMMODATION DE L'ŒIL, changement qui s'opère dans l'œil pour rendre la vision distincte à des distances diverses.

* **ACCOMMODÉ** part. pass. d'ACCOMMODER. Iron. Se dit d'une personne dont les vêtements sont en mauvais état, en désordre.— *Être peu accommodé des biens de la fortune*, n'être pas riche.

* **ACCOMMODEMENT** s. m. Arrangement à l'amiable d'un différend, d'une querelle, d'un procès. — Par ext. Moyens, expédients que l'on imagine pour concilier les esprits, pour terminer les affaires ou pour faire taire les scrupules de sa conscience :

Le ciel défend, de vrai, certains contentements,
Mais on trouve avec lui des accommodements.
MOLIÈRE.

—S'est dit autrefois pour arrangement, embellissement d'une maison.

* **ACCOMMODER** v. a. [a-ko-mo-dé] (lat. *accomodare*). Donner de la commodité ; rendre propre à un usage déterminé. — Par ext. Ranger, agencer, ajuster, mettre dans un état convenable. — Mettre en meilleur état : *accommoder ses affaires*.— Apprêter à manger, bien servir, bien traiter et à bon marché.— Coiffer, arranger des cheveux.— Iron. et fam. Maltraiter, traiter durement. — Terminer à l'amiable, mettre d'accord. — Traiter d'une affaire avec quelqu'un à des conditions convenables.— Approprier aux idées, aux préjugés, aux intérêts, etc., d'une personne : *les courtisans savent accommoder leur goût, leur humeur, leurs discours à ce qui plaît au prince*. (Acad.).—S'accommoder v. récipr. Se mettre d'accord, terminer à l'amiable une affaire litigieuse. — Traiter ensemble de certaines choses. — S'accommoder v. pr. Prendre ses commodités, ses aises. — Se conformer, se prêter à quelque chose ; être content : *cet homme s'accomode de tout*. (Se dit aussi dans le sens contraire : *il ne s'accommode de rien*). — Consentir à acheter, à échanger. — Fam. Se servir d'une chose sans y avoir droit, comme si l'on en était le propriétaire : *il s'accommode de tout ce qu'il trouve sous la main*. — Trouver une chose à son goût, à sa convenance : *je m'accommoderais bien de cela*. — ⁓ Cuis. Être apprêté, assaisonné : *les œufs s'accommodent de mille manières*.— S'ajuster, se parer.

ACCOMMODEUR, EUSE s. Celui, celle qui accommode.

ACCOMPAGNAGE s. m. Trame fine dont on garnit le fond d'une étoffe de soie brochée d'or.

* **ACCOMPAGNATEUR, TRICE** s. [a-kon-pa-gna-teur, tri-se ; gn. mll.]. Celui, celle qui accompagne, avec la voix ou avec un instrument, la partie principale d'un morceau de musique.—⁓ S'empl. adjectiv. *Clavier accompagnateur.*

* **ACCOMPAGNEMENT** s. m. [a-kon-pa-gneman ; gn. mll.]. — Action d'accompagner, dans certaines cérémonies. — Accessoire nécessaire de certaines choses, soit pour l'ornement, soit pour la commodité. — Blas. Tout ce qui est hors de l'écu, comme les supports, le cimier, les lambrequins, etc. — Mus. Partie ou système de parties secondaires ayant pour objet de soutenir la mélodie principale, au moyen d'une voix ou d'un instrument. *Accompagnement de quatuor*, exécuté par les quatre instruments à cordes (violons, altos, basses et contre-basses). *Accompagnement à grand orchestre*, auquel concourent tous les instruments. *Accompagnement d'harmonie*, exécuté par des instruments à vent. — L'*Accompagnement* des instruments à clavier se divise en : 1° *Accompagnement plaqué*, exécution de l'harmonie, abstraction faite de toute forme mélodique ; c'est le plus simple et celui que l'on emploie ordinairement en France ; 2° *Accompagnement figuré*, plus compliqué, employé en Italie et en Allemagne ; il se compose de la réunion des formes du chant avec l'harmonie ; 3° *Accompagnement de la partition*, en usage partout : art de traduire sur le clavier les divers effets d'instrumentation imaginés par le compositeur. — On attribue l'invention de l'accompagnement à Louis Viadana, vers l'an 1600. François Gasparini (1703), Rameau, Kirnberger, Catel ont apporté des perfectionnements à cette invention. M. Fétis a publié, en 1829, un *Traité de l'accompagnement de la partition*.

* **ACCOMPAGNER** v. a. [a-kon-pa-gné gn. mll.] (rad. *compagnon*). Aller de compagnie avec.— Suivre, conduire en cérémonie, escorter. — Par ext. convenir à, assortir : (dans ce cas, il ne s'emploie guère qu'avec l'adv. bien : *la flûte accompagne bien la voix*). — Joindre, ajouter une chose à une autre : *il accompagna son présent d'une lettre.*— Mus. Jouer sur un ou plusieurs instruments, ou chanter les parties accessoires d'une pièce de musique, pendant qu'une ou plusieurs voix chantent, ou qu'un ou plusieurs instruments jouent la partie principale ou sujet. (Acad.). — S'accompagner v. pr. Mener avec soi (se prend souvent en mauvaise part) : *il s'accompagne de mauvais garnements*.— Mus. Chanter, en se faisant soi-même son accompagnement à l'aide d'un instrument. — ⁓ Par anal. Être accompagné : *sa beauté s'accompagne d'une voix douce.*

ACCOMPAGNERESSE s. f. Dame qui accompagne une reine, une princesse.

* **ACCOMPLI, IE** adj. Qui est parfait en son genre : *un homme accompli*. — Révolu : *vingt ans accomplis*; effectué : *un fait accompli*.

* **ACCOMPLIR** v. a. (lat. *ad*, plus ; *complere*, remplir). Achever, effectuer, mettre à exécution, réaliser complètement ; suivre, pratiquer.— S'accomplir v. pr. Être effectué, être réalisé complètement.

* **ACCOMPLISSEMENT** s. m. Achèvement, exécution entière, réalisation complète.

ACCON ou **Acon** s. m. [a-kon]. Petit bateau à fond plat et de figure carrée, dont on se sert pour la pêche aux huîtres ou pour le chargement des navires de commerce.

ACCORAGE s. m. [a-ko-ra-je]. Action de placer les accores. — Ensemble des pièces de bois qui maintiennent le navire *accoré*.

* **ACCORD** s. m. [a-kor] (lat. *ad*, à ; *chorda*, corde d'instrument de musique). Bonne intelligence, union. — Accommodement pour terminer un différend. — Proportion ; juste rapport de plusieurs choses ensemble. — *Être d'accord*, vivre en bonne intelligence, avoir les mêmes volontés, les mêmes sentiments. — *D'accord*, loc. adv., elliptique : j'y consens, j'en conviens. — Beaux-Arts. Bon effet qui résulte de l'harmonie de toutes les parties d'un tableau, d'un livre, d'un monument, d'une œuvre quelconque : *l'accord des détails, mais l'harmonie de l'ensemble*. — Gramm. Rapport des mots entre eux, exprimé par le genre et le nombre, et aussi par le cas, dans certaines langues : *l'accord de l'adjectif avec le substantif*. — Mus. État d'un instrument dont les cordes sont montées juste au ton où elles doivent être. — Union de plusieurs sons entendus à la fois et formant harmonie. L'accord le plus simple est l'unisson. — *Accord parfait*, formé de la réunion de la tierce, de la quinte et de l'octave ; *accord de sixte*, formé de la tierce, de la sixte et de l'octave ; *accord de septième*, accord dissonant composé de la tierce, de la quinte et de la septième. — Dans tout accord, le nombre des vibrations que les corps sonores exécutent dans le même temps sont dans des rapports simples. L'unisson, l'octave, la quinte, la quarte et les deux tierces se définissent par les rapports simples 1, 2, $\frac{3}{2}$, $\frac{4}{3}$ et $\frac{5}{4}$, ce qui exprime que dans l'unisson, deux corps sonores font, dans le même

temps, le même nombre de vibrations; que dans l'octave, l'un des corps fait deux vibrations et l'autre une seulement; que dans la quinte, l'une en fait trois et l'autre deux.—*Accord frappé*, dont toutes les cordes parlent d'un seul coup; *accord plaqué* ou *arpégé*, dont les cordes parlent l'une après l'autre et comme par effort. — *Donner, prendre l'accord*, mettre à l'unisson deux cordes correspondantes de deux instruments, dont le premier, monté sur ses bases ordinaires, sert de modèle à la gamme du second. C'est ordinairement le *la* qui sert de base.

° **Accords** s. m. pl. Conventions préliminaires d'un mariage. — Poétiq. *Les accords de la lyre*, les vers, la poésie, et principalement la poésie lyrique. On dit de même, *de doux accords, de sublimes accords*, etc. (Acad.).

° **ACCORDABLE** adj. Qui peut s'accorder, qu'on peut accorder. Se dit des personnes, des choses et surtout des instruments.

ACCORDAGE s. m. Action d'accorder un instrument à cordes. La clef dont se servent les accordeurs porte le nom *le marteau d'accordage*.

° **ACCORDAILLES** s. f. pl. [a-kor-da-yeu; *ll* mll.]. Conventions préliminaires d'un mariage. — Synon. d'Accords.

° **ACCORDANT, ANTE** adj. T. de mus. Synon. de *consonnant*. Aujourd'hui on dit plutôt consonnant. —⁀Qui s'accorde, qui est en conformité d'opinion ou de nature.

° **ACCORDÉ, ÉE** s. Celui, celle qui est lié par un engagement de mariage. — Accordée de village (1'). Chef-d'œuvre de *Greuze*, l'une des plus gracieuses compositions de ce peintre; musée du Louvre.

ACCORDEMENT s. m. Action d'accorder, de mettre d'accord, de concilier.

° **ACCORDÉON** s. m. Instrument de musique inventé à Vienne, par Damian, en 1829. Il se compose de plusieurs languettes de métal que l'air fait vibrer sous l'impulsion d'un soufflet.

ACCORDÉONISTE s. Celui, celle qui joue de l'accordéon.

° **ACCORDER** v. a. Mettre d'accord, remettre en bonne intelligence; ôter l'apparence de contradiction, concilier. — Donner, octroyer, concéder. — Reconnaître pour vrai; demeurer d'accord d'une chose : *j'accorde qu'il a eu raison.* — Gramm. Mettre entre les mots d'une même phrase l'ordre et la concordance que prescrit la syntaxe; on dit ordinairement, *faire accorder*. — Peint. *Accorder les tons*, harmoniser les couleurs et les nuances. — Mus. Mettre au même ton plusieurs instruments ou toutes les cordes d'un instrument. — Prov. et fig. *Accorder ses flûtes*, prendre ses dispositions, convenir de ce qu'on veut faire pour la réussite d'une entreprise. — *Accorder une fille en mariage*, la promettre verbalement ou par écrit. — *Accorder du temps à un débiteur*, consentir à retarder l'époque où il doit s'acquitter. — S'accorder v. pr. Être d'accord, d'intelligence, de connivence; être d'un même sentiment, d'une même opinion; être en conformité d'esprit, de caractère ou d'humeur. —⁀Se réconcilier : *ils se sont accordés.* — Être donné, octroyé : *cette grâce ne peut s'accorder.*

° **ACCORDEUR** s. m. Celui qui fait profession d'accorder certains instruments de musique —⁀Celui qui cherche à arranger les différends (peu usité). — On appelle aussi *accordeur*, un instrument en acier, à l'aide duquel on peut accorder soi-même un piano. Il se compose de douze dents ou lames d'acier disposées sur une planche et serrées et donnant, avec justesse, les douze demi-tons de la gamme par tempérament égal. A l'aide de cet appareil, on accorde l'octave du milieu du piano et ensuite les autres par unisson d'octave.

ACCORDO s. m. Sorte de basse italienne à quinze cordes.

° **ACCORDOIR** s. m. Outil qui sert à accorder certains instruments de musique.

ACCORDS (Tabourot, SIEUR DES), procureur du roi au bailliage de Dijon (1547-1590), publia d'abord quelques sonnets en 1572. Ayant adressé, à la fille du président Bégat, un de ces petits poèmes signé de la devise de ses ancêtres : *à tous accords*, cette jeune personne l'appela dans sa réponse, *seigneur des accords*, et c'est sous ce nom qu'il fit imprimer depuis tous ses autres ouvrages. En 1582, parut la première édition de ses *Bigarrures* (Paris, in-8°), ouvrage composé, dit-il « pour se chatouiller soi-même et se faire rire le premier, et ensuite les autres ». — Les *Touches*, poésies ingénieuses et la plupart licencieuses, furent imprimées en 1585, à Paris. Plusieurs autres ouvrages lui ont été attribués.

° **ACCORE** s. f. (angl. *ashore*, sur le bord). Étançon ou forte pièce de bois qui sert à étayer un navire en construction ou en réparation. —⁀Lisière, contour d'un banc ou d'un écueil, à partir du point où la profondeur de l'eau n'est plus appréciable au moyen de plombs attachés à des cordages. — Être à l'accore, aux accores, sur les accores, se trouver très près d'une accore. — Adj. Se dit d'une côte élevée, fortement inclinée ou coupée verticalement.

° **ACCORER** v. a. Appuyer, maintenir par des accores un bâtiment en construction ou en réparation.

ACCORNÉ, ÉE part. pass. d'ACCORNER. Blas. Se dit des animaux représentés avec des cornes d'une autre couleur que la tête : *tête de bœuf d'argent accornée d'or.*

° **ACCORNER** v. a. Fortif. Elever des retranchements en forme de cornes.

° **ACCORT, ORTE** adj. [a-kor, or-te] (ital. *accorto*, clairvoyant). Qui est avenant, qui s'accommode à l'humeur des autres.

ACCORTEMENT adv. Adroitement, subtilement; gracieusement.

ACCORTESSE s. f. (ital. *accortezza*). Douceur, complaisance, enjouement.

° **ACCORTISE** s. f. [a-kor-ti-ze]. Humeur avenante, accommodante (vieilli).

° **ACCOSTABLE** adj. T. de mar. Facile à aborder. — Par ext. se dit aussi des personnes; il est alors familier.

ACCOSTANT, ANTE adj. Qui aborde facilement les gens; qui lie volontiers conversation.

° **ACCOSTER** v. a. [a-koss-té] (lat. *ad*, à; *costa*, côté). T. de mar. Se placer le long ou à côté d'un objet. — Par ext. Aborder quelqu'un pour lui parler.—S'accoster v. pr. Hanter, fréquenter habituellement (se construit avec la préposition *de*) :

Accostez-vous de fidèles critiques.
J.-B. ROUSSEAU.

S'aborder mutuellement.

ACCOT s. m. Hortic. Adossement de fumier vieux ou consommé autour d'une couche nouvellement plantée, afin d'empêcher le froid d'y pénétrer.

ACCOTAR s. m. Mar. On nommait ainsi une pièce de bordage que l'on chassait entre les couples, à la hauteur des varangues, pour arrêter les ordures qui pouvaient passer dans les mailles. Aujourd'hui, on remplace les *accotars* par des *clefs* introduites entre les membres et le plat-bord d'un navire. Cette méthode est préférée, parce qu'elle laisse circuler plus d'air entre les couples.

° **ACCOTEMENT** s. m. [a-ko-te-man]. Ponts-et-chauss. Espace compris entre une chaussée

et un fossé, ou entre un ruisseau et une maison. —⁀Chem. de fer. Espace entre les faces extérieures des rails extrêmes et le bord extérieur du chemin. — Horlog. Frottement vicieux d'une pièce contre une autre.

ACCOTE-POT s. m. Hortic. Portion de cercle de fer qu'on met au pied d'un pot pour l'empêcher de tomber.

° **ACCOTER** v. a. [a-ko-té] (lat. *ad*, à; *costa*, côté, côté). Appuyer de côté; caler —⁀Agric. Adosser du fumier tout autour d'une couche nouvellement semée ou plantée. ° S'accoter v. pr. S'appuyer de côté. (famil.).

° **ACCOTOIR** s. m. Ce qui sert à s'appuyer de côté; ce qui est fait pour qu'on s'y accote.

ACCOUARDIR v. a. Rendre couard : *la mollesse accouardit.* — S'accouardir v. pr. Devenir couard.

° **ACCOUCHÉE** s. f. [a-kou-ché] (rad. *coucher*). Femme qui vient de mettre un enfant au monde.

° **ACCOUCHEMENT** s. m. Enfantement, action d'accoucher. — Action d'aider une femme à accoucher. —⁀Par anal. Rude travail; acte qui demande un grand effort. — Ironiq. Se dit des productions de l'esprit. — Méd. Opération de la nature par laquelle la mère donne le jour à son enfant. L'accouchement est à *terme* lorsqu'il a lieu au bout de neuf mois de gestation; *précoce* ou *tardif*, suivant qu'il a lieu avant ou après cette époque; *naturel* ou *spontané* quand il s'opère par les seules forces de la nature; *artificiel*, lorsqu'il réclame l'intervention de l'art. — Il y a *avortement* lorsque le fœtus est expulsé dans les six premiers mois de la gestation; alors l'enfant n'est pas *viable*. 1° ACCOUCHEMENT NATUREL. Le terme de la grossesse s'annonce par une sensation de pesanteur sur la vessie et le rectum; par de fréquentes envies d'uriner; par des inquiétudes indéfinissables; par des coliques de plus en plus fréquentes et régulières. Dès qu'une femme ressent les avant-coureurs de la délivrance, on doit préparer ce qui est nécessaire pour elle et pour son enfant : Un lit garni d'une toile cirée; du fil, des ciseaux, de l'eau tiède, des serviettes, du feu. Pendant les petites douleurs, la patiente se promène lentement; mais il est prudent qu'elle se mette sur le lit dès que la *poche des eaux* est rompue (soit spontanée, soit avec l'aide de la sage-femme); car c'est le moment que la tête de l'enfant se presse dans l'orifice de l'utérus et que commencent les *grandes douleurs*. Après un temps variable, la tête se présente à la sortie. L'opérateur la contient doucement, pour que la sortie ne soit pas trop brusque, et n'aille pas déchirer ou blesser la mère. Pour cela, il pose les cinq doigts réunis et allongés à l'endroit où se présente la tête. A chaque douleur, il soutient fortement, avec le bord de la main, le périnée que la tête pourrait déchirer. Dès que celle-ci est passée, on la tourne un peu, si le visage est en bas; de cette façon, l'enfant pourra respirer. Le travail s'achève ordinairement de lui-même en peu de temps. L'accoucheur ou la sage-femme retourne aussitôt l'enfant sur le dos, lie fortement, avec du fil ciré, le cordon à huit ou dix centimètres du corps de l'enfant, en faisant plusieurs tours de fil avant de nouer celui-ci et en serrant assez fort. On coupe ensuite le cordon avec des ciseaux à cinq ou six centimètres au-dessus de la ligature. — Cependant si le nouveau-né ne paraissait pas avoir de vie, on attendrait quelque temps avant de couper le cordon. — Si l'enfant venait dans un état de mort apparente, on le saisirait par dessous les bras et on le tiendrait suspendu en lui imprimant sans cesse des secousses pour faire entrer l'air dans les poumons. — Le cordon étant coupé, on enlève le nouveau-né et le saisissant d'une main par la nuque, de façon que la tête se trouve dans le creux de la main et les doigts sur les épaules. On passe l'autre main sous les fesses, en ayant soin de mettre le pouce entre les jambes, pour éviter les chutes (Voy. NOUVEAU-NÉ). Pendant ce temps, l'accouchée doit rester immobile sur son lit; le repos lui est nécessaire. Vingt minutes environ après la sortie de l'enfant, il survient de nouvelles douleurs peu violentes pour expulser le *délivre* ou *arrière-faix*. L'opérateur saisit le cordon qui pend au-dehors, il le tire très légèrement et, de l'autre main, il exerce une légère pression sur le bas-ventre. Si le cordon se rompait, c'est qu'il y aurait *enchatonnement* ou adhérence du placenta. L'opérateur se hâterait d'aller le décoller avec la main. Il faudrait aussi délivrer sans retard s'il y avait menace d'hémorragie. On fait disparaître le *délivre* aussitôt qu'il est sorti. L'accouchement terminé, on évite de causer la moindre émotion à l'accouchée, alors très impressionnable; on surveille l'hémorragie qui est encore assez abondante. Si cet écoulement ne cesse pas promptement et si on voit pâlir l'accouchée, il faut craindre une perte; on abaisse la tête du lit, on découvre les pieds au lieu des réchauffer; on applique sur le bas-ventre une serviette imbibée d'eau froide et de vinaigre, on frictionne cette partie et on administre deux grammes d'ergot de seigle dans un verre d'eau, qu'on fait prendre par tiers toutes les demi-heures. (Voy. HÉMORRAGIE UTÉRINE). — On ne doit pas laisser dormir une femme aussitôt qu'elle est délivrée, parce qu'il pourrait survenir une perte sans qu'on s'en aperçût. On lui donne à boire de la tisane d'orge ou quelque boisson analogue et, quand elle se sent un peu reposée, on la transporte sans secousse dans un autre lit propre, légèrement bassiné. L'appartement doit être bien aéré, mais sans courant d'air. On doit éviter les visites, le bruit, tout ce qui peut fatiguer la jeune mère. Les odeurs et les parfums sont particulièrement désagréables au femmes en couches. Il faut insister pour qu'elles soient toujours proprement. Celles qui ne veulent pas allaiter diminueront la sécrétion du lait par des purgatifs répétés et par des frictions sur les seins avec la pommade belladonée. On combat la constipation qui suit quelquefois les couches, en prenant chaque jour un lavement salé ou savonneux. Trente-six à quarante heures après l'accouchement, se manifeste la FIÈVRE DE LAIT (voy. FIÈVRE). Il est prudent que la nouvelle accouchée reste au moins une semaine au lit. — 2° ACCOUCHEMENT ARTIFICIEL. Les cas dans lesquels il faut avoir recours à l'art sont causés : 1° par la rigidité de l'orifice; 2° par la faiblesse de la mère et l'insuffisance des contractions ; 3° par le rétrécissement du bassin ; 4° par la mauvaise position de l'enfant qui présente le tronc ou l'épaule, au lieu de la tête ou des pieds, etc. Dans ces cas, l'accoucheur essaie d'abord d'opérer une *version*, c'est-à-dire qu'il va saisir, avec la main, les pieds du fœtus pour les amener les premiers. Dans d'autres cas, il est forcé d'avoir recours aux *forceps* ou à d'autres opérations plus compliquées.

* ACCOUCHER v. n. [a-kou-ché] (rad. *coucher*) Enfanter. — Fig. Se dit en parlant de l'esprit et des conceptions de l'esprit :

J'accouchai lentement d'un poème effroyable.
A. DE MUSSET.

— ⌁ Fam. S'expliquer malgré soi : *parlez, accouchez enfin.* — * v. a. Aider une femme à accoucher. — Aider au travail de l'intelligence : *Socrate faisait accoucher les esprits.* — ⌁ S'accoucher v. pr. Opérer son propre accouchement sans l'aide de personne.

* ACCOUCHEUR, EUSE s. Celui, celle dont la profession est de faire des accouchements. Au lieu d'*accoucheuse* on dit communément SAGE-FEMME. L'art d'accoucher était autrefois exclusivement pratiqué par les femmes. En 1663, le chirurgien Julien Clément fut appelé

pour les couches de Mlle de la Vallière; les dames de la cour imitèrent la maîtresse du roi, et l'usage d'avoir recours à des *accoucheurs* s'étendit rapidement à toutes les classes de la société. — Zool. Nom d'une espèce de CRAPAUD (v. ce mot). — Législ. Nul ne peut exercer la profession d'*accoucheur* s'il n'est reçu docteur ou officier de santé.

* ACCOUDÉ, ÉE part. pass. de s'Accouder. Appuyé sur le coude.

ACCOUDEMENT s. m. Action de s'accouder. — Art milit. Rapprochement des fantassins dans les rangs, de manière à se sentir mutuellement les coudes.

* ACCOUDER (S') v. pr. S'appuyer du coude, sur le coude. — ⌁ Art milit. Se placer coude à coude, en parlant de fantassins dans les rangs. S'astreindre à se sentir les coudes et à se prêter réciproquement un léger appui dans l'exécution du pas cadencé, du pas oblique.

* ACCOUDOIR s. m. Ce qui est fait pour qu'on s'y accoude. — Archit. Couronnement d'une balustrade ou de tout autre appui à la hauteur du coude.

ACCOUER v. a. [a-kou-é] (lat. *a*, par ; *cauda*, la queue). Attacher des chevaux à la queue l'un de l'autre, de manière qu'ils marchent à la file. — Vèner. *Couper un des jarrets* de derrière en parlant d'un jeune cerf aux abois que l'on a approché le plus près possible. On ne doit jamais accouer un cerf lorsqu'il a touché au bois ou *frayé*, parce que ses andouillers ont alors acquis toute leur dureté et, c'est-à-dire de lui envoyer une balle au défaut de l'épaule, ou bien derrière l'oreille. Au lieu d'*accouer*, on dit quelquefois *esjarreter*.

ACCOULINS s. m. pl. Terres précipitées dans les vallées par les torrents qui descendent des montagnes lors de la fonte des neiges. — Atterrissements de rivières servant à la fabrication de la brique. — Agric. Méthode de dessèchement qui consiste à conduire les eaux chargées de terres dans les marais et les étangs.

* ACCOUPLE s. f. [a-kou-ple] Vénerie. Lien dont on se sert pour *accoupler* les chiens de chasse. — ⌁ Par ext. Tout lien servant à accoupler différents objets.

* ACCOUPLÉ part. pass. d'Accoupler. — Archit. Colonnes accouplées, colonnes disposées deux à deux. — Sculpt. *Têtes accouplées*, deux têtes adossées sur le même buste ou sur le même socle.

* ACCOUPLEMENT s. m. Assemblage par *couples* (se dit surtout des animaux). — Archit. *Accouplement de colonnes*, arrangement de colonnes disposées deux à deux ; ce qui produit alternativement un grand et un petit entrecolonnement, comme au péristyle du Louvre. — Fig. Réunion, rapprochement de deux choses, de deux mots, de deux idées, etc. — Physiol. Rapprochement, union des animaux mâle et femelle pour l'acte de la génération. — ⌁ Mus. Mécanisme au moyen duquel on fait agir ensemble deux ou plusieurs claviers de l'orgue.

* ACCOUPLER v. a. Joindre deux choses ensemble. — Par ext. Joindre, attacher ensemble deux ou plusieurs choses : *accoupler du linge*. — Physiol. Apparier le mâle et la femelle, en vue de la reproduction. — Au jeu de trictrac : *Accoupler ses dames*, les mettre deux à deux sur les flèches. — S'accoupler v. pr. S'unir pour la génération, en parlant des animaux.

ACCOURCIE ou Accourse s. f. Mar. Passage ménagé dans le front du vaisseau des deux côtés, pour aller de l'avant à l'arrière d'un bâtiment. — Archit. Galerie extérieure par laquelle on communique dans les appartements.

* ACCOURCIR v. a. [a-kour-sir]. Rendre plus

court; retrancher de la longueur d'un objet. — S'accourcir. Devenir plus court.

* ACCOURCISSEMENT s. m. Diminution d'étendue ou de durée.

* ACCOURIR v. n. [a-kou-rir] (lat. *ad*, vers ; *currere*, courir). Se conj. comme *courir*, excepté qu'il reçoit également l'un ou l'autre des verbes auxiliaires. — Courir, venir promptement en un lieu ou vers quelqu'un. — ⌁ Suivi d'un infinitif, accourir avec ellipse de la préposition *pour* : *on accourt le féliciter de son succès*; mais l'Académie veut : *on accourt pour le féliciter*.

ACCOURRES s. f. pl. Véner. Plaines ou landes situées entre deux bois; on y place les chiens qui doivent coiffer l'animal au débucher.

ACCOURSE s. f. Voy Accourcie.

ACCOUS [a-kou], ch.-l. de cant. (B.-Pyrén.), arr. et 10 kil. d'Oloron; 1,500 hab. Patrie du poète béarnais Despourrins. — Eaux minérales.

ACCOUSINER v. a. Traiter de cousin, de parent, d'allié (Fam.).

* ACCOUTREMENT s. m. Habillement. Se prend le plus ordinairement en mauvaise part, pour désigner un vêtement arrangé d'une façon bizarre.

* ACCOUTRER v. a. [a-kou-tré] (lat. *cultus*, ornement, parure). Habiller, orner sans goût et d'une manière ridicule (Fam.). — Fig. Dire beaucoup de mal de quelqu'un. — S'accoutrer v. pr. S'habiller d'une façon ridicule.

ACCOUTREUR, EUSE s. Ouvrier tireur d'or qui resserre et polit le trou de la filière dans laquelle passe le trait.

* ACCOUTUMANCE s. f. Habitude, coutume que l'on prend de faire ou de souffrir quelque chose.

* ACCOUTUMÉ part. pass. d'ACCOUTUMER. — A L'ACCOUTUMÉE loc. adv. A l'ordinaire, comme on a accoutumé.

* ACCOUTUMER v. a. Habituer. — Avoir accoutumé v. n. Avoir coutume. Ne s'emploie qu'aux temps composés et se dit des personnes ou des choses :

Mêlons, comme les Grecs avaient accoutumé,
Le parfum de la rose et le vin parfumé.
PONSARD.

— S'accoutumer v. pr. Contracter une habitude, en parlant des personnes et des choses : *je m'accoutume à mon voisin.*

ACCOUVÉ part. pass. du verbe ACCOUVER. — Accroupi comme une poule qui couve : *resterez-vous toujours accouvé au coin du feu?*

ACCOUVER v. a. Préparer un nid et des œufs pour faire couver un oiseau. — Neutral. Couver. — S'accouver v. pr. commencer à couver.

ACCRA, petit royaume de la côte d'or (Afrique); 45,000 hab. — Ville cap. de ce royaume, 4,000 hab. Lat. 5° 30' N. Long. 2° 28' E.

ACCRÉDITATION s. f. Action d'accréditer, de donner du crédit.

* ACCRÉDITER v. a. Mettre en crédit, en bonne réputation. — Fig. Donner cours, autoriser, rendre plus vraisemblable, en parlant de certaines choses : *accréditer une nouvelle.* — Chancell. Donner des lettres de créances, en parlant d'un ambassadeur ou d'un représentant diplomatique. — ⌁ Comm. Offrir sa garantie : *ce banquier m'accrédita auprès de son correspondant.* — S'accréditer v. pr. Obtenir créance; gagner la confiance.

ACCRÉDITEUR s. m. Comm. Celui qui donne sa garantie.

ACCRÉMENTITIEL, ELLE adj. [a-kré-man-ti-si-èl, èl-le). Physiol. Se dit d'un mode de génération qui consiste en ce qu'une partie organique d'un individu (végétal ou animal inférieur) se détache et constitue un nouvel individu ayant une vie indépendante.

ACCRÉMENTITION s. f. [a-kré-man-ti-si-on] (lat. *accrementum*, accroissement). Physiol. *Génération par accrémentition*, formation d'un nouvel individu au moyen d'un écoulement par les vaisseaux.

ACCRESCENT, ENTE adj. (lat. *ad*, auprès; *crescere*, croître). Bot. Se dit des parties de la fleur autres que l'ovaire, qui prennent de l'accroissement après la fécondation, comme dans les anémones et les clématites.

ACCRÊTÉ, ÉE adj. Qui lève la tête avec fierté, comme le coq.

ACCRÉTION s. f. [a-kré-si-on] (lat. *accretio*) accroissement, développement, augmentation.

ACCRINGTON, ville du Lancashire (Angleterre), à 30 kil. N. de Manchester; 22,000 hab. Centre important pour le travail du coton.

* **ACCROC** s. m. [a-kro] (rad. *croc*), Déchirure faite par ce qui accroche. — ⤳ Fig. Tache, souillure : *elle a fait un accroc à sa réputation*. — * Fam. Difficulté, embarras qui apporte du retard dans une affaire.

ACCROCHAGE s. m. Action d'accrocher; résultat de cette action.

ACCROCHANT, ANTE adj. Qui sert à accrocher : *machine accrochante*. — Bot. Se dit des surfaces munies de petites aspérités : *tige accrochante*.

ACCROCHE-CŒUR s. m. Mèche de cheveux lissée, bouclée et collée sur la tempe. — Au pl. Des *accroche-cœur*. Néanmoins, Th. Gauthier a écrit :

> Ravivant les langueurs nacrées
> De tes yeux battus et vainqueurs,
> En mèches de parfums lustrées
> Se courbent deux *accroche-cœurs*.

* **ACCROCHEMENT** s. m. Action d'accrocher (vieux).

* **ACCROCHER** v. a. Attacher, suspendre à un *crochet*, à un *croc*, à un clou, à un porte-manteau, etc. — Par ext. Retenir par quelque pointe ou quelque crochet. — Mar. Jeter des grappins et des crocs d'un navire à un autre, pour venir à l'abordage. — Heurter, arrêter, en parlant des voitures qui passent trop près l'une de l'autre. — Fig. et fam. Retarder, arrêter : *ce procès est accroché*. — ⤳ Fam. et pop. Mettre au mont de piété : *j'ai accroché ma montre*. — * S'accrocher v. pr. Être retenu par quelque chose de pointu ou de crochu; s'attacher, s'arrêter, à quelque chose que ce soit. — Fig. S'accrocher à quelqu'un, s'attacher à la fortune de quelqu'un pour en être secouru.

ACCROCHEUR s. m. Personne qui accroche qui obtient quelque chose par adresse ou par ruse : *un accrocheur d'argent*.

* **ACCROIRE** v. a. (N'est usité qu'à l'infinitif avec le verbe faire.) Croire ce qui n'est pas : *vous ne m'en faites pas accroire*. — S'en faire *accroire* v. pr. Présumer trop de soi-même, tirer vanité d'un mérite qu'on n'a pas.

ACCROISSANCE s. f. Accroissement, augmentation.

* **ACCROISSEMENT** s. m. Action de croître, de s'accroître.— Par ext. Addition que reçoit la personne ou la chose qui s'accroît.—Jurisp. Droit en vertu duquel une chose est acquise à quelqu'un par la renonciation ou l'empêchement d'une autre personne. — Hist. nat. Les minéraux s'accroissent par *juxtaposition*, c'est-à-dire par l'addition de nouvelle matière à la surface de leur corps; mais les êtres vivants s'accroissent par *intussusception* et par assimilation, c'est-à-dire qu'ils prennent au dehors des matériaux divers, tels que les aliments, les boissons, l'air, etc.; matériaux qui sont transformés en matières semblables à celles du corps et arrivent enfin à en faire partie.

ACCROÎT s. m. Augmentation d'un troupeau.

* **ACCROÎTRE** v. a. [a-kroî-tre] (lat. *accrescere*, croître). Se conj. comme CROÎTRE. Augmenter, rendre plus grand, plus étendu.— v. n. Aller en augmentant, devenir plus grand. — Jurisp. En parlant d'une chose : Revenir à quelqu'un par la mort ou l'absence d'une autre personne : *entre colégataires, la portion de l'un accroît à l'autre* (Acad.). — S'accroître v. pr. S'agrandir, s'augmenter.

ACCROUPETONNER (S') v. pr. S'accroupir.

* **ACCROUPI, IE** part. p. d'ACCROUPIR. — Beaux-Arts. Se dit d'une figure assise sur ses talons et, par ext., d'une figure agenouillée. — Blas. Se dit d'un animal assis.

ACCROUPIR v. a. Mettre dans la posture d'un individu accroupi (peu usité). — S'accroupir v. pr. Se tenir comme assis sur ses talons.

* **ACCROUPISSEMENT** s. m. État de ce qui est accroupi. — ⤳ Fig. Affaissement moral, abrutissement.

ACCRU s. m. Rejeton produit par des racines.

* **ACCRUE** s. f. [a-krû]. Terme de droit. Augmentation que reçoit un terrain par la retraite insensible des eaux ou par l'atterrissement. — *Accrue de bois*, augmentation de l'étendue d'un bois, par suite de l'extension sur le terrain voisin des racines de ses arbres, sans qu'on ait planté ni semé.

ACCUBITEUR s. m. (lat. *accubitus*, couché). Officier qui couchait auprès d'un empereur d'Orient.

ACCUBITION s. f. (lat. *accybitus*, couché). Posture des convives à table, chez les Grecs, les Romains et les Juifs, qui se tenaient moitié assis moitié couchés.

ACCUBITOIRE s. m. Salle à manger chez les Romains. Près d'une table basse, on plaçait des lits, sur chacun desquels trois convives s'étendaient avec des coussins pour soutenir les coudes ou la tête. La place du milieu était considérée comme la plus honorable.

* **ACCUEIL** s. m. [a-keul; *ll* mll]. Réception que l'on fait à quelqu'un par qui l'on est abordé. — *Faire accueil*, faire une réception agréable.

* **ACCUEILLIR** v. a. [a-keull-ir; *ll* mll] (lat. *ad*, a; *colligere*, cueillir). Se conj. comme CUEILLIR. Recevoir quelqu'un par qui nous aborde ou qui se présente chez nous. — Fig. Se dit aussi avec un nom de chose pour complément. — Par ext. Avec un nom de chose pour sujet, surprendre, fondre sur, en parlant des accidents fâcheux : *la tempête les accueillit*. — ⤳ S'accueillir v. pr. Etre accueilli, être reçu ou qui se présente chez nous. — Fig. Se dit *la fortune s'accueille toujours bien*.—v. récipr. S'accueillir mutuellement.

* **ACCUL** s. m. [a-kull]. Lieu sans issue, d'où l'on ne peut sortir qu'en revenant sur ses pas.— Chasse. Fond du terrier où les chiens poussent les renards, les blaireaux et autres animaux qui se terrent. — Mar. Petite anse, crique trop étroite pour de grands bâtiments. — Artill. Piquets que l'on enfonce en terre pour empêcher le recul du canon.

* **ACCULÉ** part. p. d'ACCULER. — ⤳ Mar. Se dit en parlant de la courbure des varangues. Il y a des varangues acculées, demi-acculées, très acculées, par opposition aux varangues aplaties, droites, etc.

ACCULÉE s. f. Mar. Action d'un navire qui frappe la mer avec sa poupe.— Espace que parcourt un navire qui va de l'arrière, ou bien qui marche dans le sens de sa poupe.

ACCULEMENT s. m. État de ce qui est acculé.— Mar. Courbure des varangues ou premières pièces de bois qui composent le squelette d'un bâtiment. L'*acculement* détermine

le plus ou moins de finesse des fonds de navire. — Manège. Mouvement précipité du cheval, marchant en arrière, la croupe contractée et l'encolure tendue.

* **ACCULER** v. a. Pousser quelqu'un dans un endroit où il ne puisse plus reculer. — ⤳ Fig. Mettre dans l'impossibilité de répondre ou d'agir : *acculer un menteur*. — Mar. v. n. Plonger par l'arrière, enfoncer : lorsqu'il y a de forts mouvements de tangage, un navire qui a ses fonds trop évidés, trop fins, enfonce beaucoup à l'arrière; alors il. *accule*; il reçoit des secousses plus ou moins sensibles. — * S'acculer. Se ranger, se retirer dans un coin, contre un mur pour se défendre et n'être pas pris par derrière.— Manège. Le *cheval s'accule*, il ne va pas assez en avant à chacune des voltes.

ACCUM (Friedrich), chimiste allemand, né dans la Westphalie prussienne (1769), mort à Berlin (1838), professeur de chimie et de minéralogie à Londres (1801) et à Berlin (1822), fut le premier qui appliqua en grand le système d'éclairage par l'hydrogène. Parmi les ouvrages remarquables qu'il a laissés, on cite : *De la fulsification des aliments; son Système de chimie* et son *Emploi des lumières de gaz* (Londres, 1815), plusieurs fois réimprimé.

* **ACCUMULATEUR, TRICE** s. Celui, celle qui accumule (peu us.).

* **ACCUMULATION** s. f. [a-ku-mu-la-si-on] (lat. *accumulatio*). Entassement; amas de plusieurs choses ajoutées les unes aux autres. — Rhét. Figure qui consiste à rassembler dans une période, sous une même forme et dans le même mouvement, un grand nombre de détails qui développent l'idée principale :

> Français, Anglais, Lorrains, que la fureur rassemble
> Avançaient, combattaient, frappaient, mouraient ensemble.
>   VOLTAIRE.

Cette figure (en lat. *congeries* ou *coacervatio*, amas, entassement), se rattache à l'*amplification* et en particulier à l'*énumération* des parties et des circonstances.

* **ACCUMULER** v. a. (lat. *accumulare*). Amasser, mettre ensemble; thésauriser.—Fig. Entasser : *accumuler les preuves*. — S'accumuler. S'entamer, s'amonceler.

ACCURSE (François), jurisconsulte, né à Florence en 1182, mort à Bologne en 1260. Il fut l'un des principaux rénovateurs de l'étude du droit romain au moyen âge. Sa *Grande Glose*, importante compilation qui fut longtemps classique, a préparé les réformes de Barthole.

* **ACCUSABLE** adj. Que l'on peut accuser.

* **ACCUSATEUR, TRICE** s. [a-ku-sa-teur] (lat. *accusator*). Celui, celle qui accuse en justice — SYN. Il ne faut pas confondre l'*accusateur*, qui donne des preuves de ce qu'il avance, avec le *délateur*, qui dénonce en secret, ni avec le *dénonciateur*, qui s'adresse à une autorité quelconque pour mettre sur la trace d'un coupable.—ENCYCL. Chez presque tous les peuples de l'antiquité, l'accusation était publique; tout citoyen avait le droit d'en accuser un autre. A Athènes le dénonciateur était sévèrement puni s'il succombait dans son accusation; s'il triomphait, au contraire, on lui donnait le tiers des biens confisqués au coupable. Sous les empereurs romains, le rôle d'accusateur devint si infâme que les Antonins durent l'attribuer à un magistrat nommé d'office; telle est l'origine du principe en vertu duquel nos lois ont établi un PARQUET pour la poursuite des crimes et des délits.

* **ACCUSATIF** s. m. [a-ku-za-tiff] (lat. *accusativus*, qui sert à accuser). Cas employé principalement pour indiquer le *régime direct* d'un verbe, ou d'une préposition, dans les langues à déclinaisons (langues grecque, latine, allemande).

* **ACCUSATION** s. f. [a-ku-za-si-on] (lat. *ac-*

cusatio). Action en justice, par laquelle on accuse quelqu'un.— Imputation, reproche d'une action blâmable.

ACCUSATOIRE adj. Se disait de l'acte par lequel on motivait une accusation.

* ACCUSÉ, ÉE s. [a-ku-zé]. Celui, celle qui est accusé d'une faute, d'un délit, d'un crime. — Qui est renvoyé devant les tribunaux criminels pour être jugé; jusque là, il n'est que *prévenu.*—ACCUSÉ DE RÉCEPTION, mot d'écrit par lequel on reconnaît avoir reçu un envoi (lettre, paquet, etc.).

* ACCUSER v. a. [a-ku-zé] (lat. *accusare*). Imputer, reprocher à quelqu'un un défaut, une faute, une action blâmable. — Droit. Poursuivre, en vertu d'un arrêt de la chambre des mises en accusation, une personne devant la cour d'assises.— Par ext. Blâmer, se plaindre de : *il accuse le sort.* — Indiquer, révéler, trahir : *ce fait vous accuse.*— Avouer, déclarer: *le malade accuse une douleur.* — ACCUSER RÉCEPTION, donner avis qu'on a reçu telle ou telle chose.— ACCUSER SON POINT, ou *son jeu,* se dit surtout au jeu de piquet, pour faire connaître son point.— Beaux-Arts. Indiquer, faire sentir certaines parties ou certaines formes du corps, cachées sous les draperies, sous le costume.— S'accuser v. pr. Avouer, se reconnaître coupable.

ACEAUX s. m. pl. [a-sô]. Instrument tranchant que les selliers emploient pour couper ou rayer le cuir.

ACECHLORPLATINE s. m. pl. [a-sé-klor-pla-ti-ne]. Chim. Substance jaune et cristalline que l'on obtient en distillant, jusqu'à consistance de sirop, une dissolution de bichlorure de platine dans l'acétone.

ACELDAMA (chaldéen *hacal dema,* le champ du sang). Nom du champ qui fut acheté avec l'argent pour lequel Judas avait trahi le Christ.

ACÉLUPHE adj. [a-sé-lu-fe] (gr. *a,* priv., *kéluphos,* écorce). Hist. Nat. Qui n'est couvert d'aucune enveloppe.

ACÉMÈTES s. m. pl. Voy. ACŒMÈTÆ.

ACÈNE s. f. (gr. *akaina,* aiguillon). Mesure de longueur grecque, valant dix pieds (3 m., 08259). — Mesure de superficie des Grecs, valant 9 m. car. 50э,307

* ACENSER v. a. Voy. ACCENSER.

* ACÉPHALE adj. [a-sé-fa-le] (gr. *a,* sans ; *képhalé,* tête). On dit aussi : *monstre acéphale.* — Par anal. Qui est sans intelligence : *jeune homme acéphale.* — Fig. Qui n'a pas de guide : *concile acéphale.* — s. m. Monstre sans tête ; personne sans intelligence, sans guide. — Tératol. Fœtus entièrement privé de tête. — s. m. pl. Zool. Quatrième classe des mollusques, d'après Cuvier : pas de tête apparente ; bouche sans dents cachée dans les replis du manteau; fécondation hermaphrodite. Deux ordres : ACÉPHALES TESTACÉS ou à quatre feuillets branchiaux, ou Acéphales à coquilles, comprenant les familles des *Ostracés,* des *Mytilacés,* des *Bénitiers,* des *Cardiacés* et des *Enfermés.* ACÉPHALES SANS COQUILLE, enveloppés dans une substance cartilagineuse, quelquefois mince et flexible comme une membrane; comprenant les familles: *Acéphales sans coquille simples,* dont chaque individu a une enveloppe et vit isolé (genres Biphore et Ascidie); *Acéphales sans coquille composés,* famille de mollusques qui vivent réunis dans une enveloppe commune (genres Botrylles, Pyrosomes, Polyclinum). — Plusieurs naturalistes ne considèrent comme acéphales que les testacés de Cuvier ; et ils les divisent en lamellibranches et en branchiopodes.— Prosod. VERS ACÉPHALES, dont le commencement du premier pied manque. — Hist. ecclés. Nom donné aux membres de certaines sectes qui ne reconnaissent aucune hiérarchie religieuse, comme les Flagellants, etc.

ACÉPHALIE s. f. Absence complète de tête.

ACÉPHALIEN, ENNE adj. Qui est sans tête. — Acéphaliens s. m. pl. Nom d'une famille de la classification tératologique d'Is. Geoffroy Saint-Hilaire. Cette famille comprend des monstres dépourvus de tête et présentant ordinairement d'autres anomalies en rapport avec cet important arrêt de développement.

ACÉPHALIQUE adj. Synon. d'ACÉPHALE.

ACÉPHALOBRACHE adj. [a-sé-fa-lo-bra-che] (gr. *a,* priv.; *képhalé,* tête; *brachión,* bras). Tératol. Qui n'a ni tête ni bras.

ACÉPHALOBRACHIE s. f. Monstruosité acéphalique, avec absence des bras.

ACÉPHALOCARDE adj. [a-sé-fa-lo-kar-de] (gr. *a,* priv.; *képhalé,* tête; *kardia,* cœur). Tératol. Se dit d'un fœtus qui n'a ni tête ni cœur.

ACÉPHALOCARDIE s. f. Monstruosité du fœtus acéphalocarde.

ACÉPHALOCHIRE adj. [a-sé-fa-lo-ki-re] (gr. *a,* priv.; *képhalé,* tête; *cheir,* main). Tératol. Se dit d'un fœtus privé de tête et de mains.

ACÉPHALOCHIRIE s. f. [a-sé-fa-lo-ki-rl]. Monstruosité du fœtus acéphalochire.

ACÉPHALOCYSTE s. m. [a-sé-fa-lo-siss-te] (gr. *a,* priv.; *képhalé,* tête et *kustis,* vessie). Hydatide dépourvu de tête, qui consiste en une simple vessie pleine de liquide, et qui se développe dans le tissu cellulaire chez l'homme et chez les animaux. C'est dans le foie qu'on le rencontre le plus souvent.

ACÉPHALOCYSTIQUE adj. Qui a rapport aux acéphalocystes.

ACÉPHALOGASTRE adj. et s. [a-sé-fa-lo-gass-tre] (gr. *a,* priv.; *képhalé,* tête; *gastér,* ventre). Tératol. Fœtus privé de la tête et d'une partie du ventre.

ACÉPHALOGASTRIE s. f. Monstruosité des acéphalogastres.

ACÉPHALOPHORES s. m. pl. [a-sé-fa-lo-fo-re] (gr. *a,* priv.; *képhalé,* tête; *phoros,* qui porte). Nom donné aux acéphales par quelques naturalistes.

ACÉPHALOPODE adj. et s. [a-sé-fa-lo-po-de] (gr. *a,* priv.; *képhalé,* tête; *pous, podos* pied). Tératol. Fœtus sans tête et sans pieds.

ACÉPHALOPODIE s. f. Monstruosité qui caractérise l'acéphalopode.

ACÉPHALORACHE adj. [a-sé-fa-lo-ra-che] (gr. *a,* sans ; *képhalé,* tête; *rachis,* épine). Tératol. Se dit d'un fœtus qui est privé de la tête et de la colonne vertébrale.

ACÉPHALORACHIE s. f. État d'un fœtus acéphalorache.

ACÉPHALOSTOME adj. [a-sé-fa-lo-sto-me] (gr. *a,* sans; *képhalé,* tête; *stoma,* bouche). Tératol. Se dit d'un fœtus qui n'a pas de tête, mais dont le corps offre, à la partie supérieure, une espèce de bouche.

ACÉPHALOSTOMIE s. f. État d'un fœtus acéphalostome.

ACÉPHALOTORE adj. [a-sé-fa-lo-to-re] (gr. *a,* sans; *képhalé,* tête; *thorax,* poitrine). Tératol. Se dit d'un fœtus qui n'a ni tête ni poitrine.

ACÉPHALOTHORIE ou Acéphalothoracie s. f. État du fœtus acéphalotore.

À CE QUE loc. conj. que l'on emploie quelquefois, d'une manière abusive, avec les substantifs *façon* et *manière.* Ainsi l'on dit : *l'œil de ces poissons est organisé de manière À CE qu'ils voient dans l'air*; *l'estomac du bœuf est fait de façon À CE qu'il puisse ruminer.* Il faut dire : *de façon que, de manière que.*

ACER. Nom latin de l'ÉRABLE.

ACÉRACÉ, ÉE adj. [a-sé-ra-sé] (lat. *acer,*

érable). Qui ressemble à l'érable. Synon. d'ACÉRINÉ.

ACÉRACÉES s. f. pl. Voy. ACÉRINÉES.

ACÉRAGE s. m. Opération par laquelle on acère un instrument, en y soudant de l'acier.

ACÉRAIN, AINE adj. (pour *aciérain*). Qui tient de la nature de l'acier.

ACÉRATOSIE s. f. [a-sé-ra-to-zi] (gr. *a,* priv. *kéras, kératos,* corne). Zool. Monstruosité des ruminants, caractérisée par l'absence de cornes.

* ACERBE adj. [a-sèr-be] (lat. *acer,* âcre). Qui est d'un goût âpre. — Fig. Sévère, rude, amer.

* ACERBITÉ s. f. [a-cer-bi-té] (lat. *acerbitas*). Qualité de ce qui est acerbe (peu us.).

ACERDÈSE s. f. [a-sèr-dè-ze] (gr. *akerdés,* non profitable). Minér. Sesquioxyde de manganèse hydraté : Mn³ O³, HO; substance noirâtre très semblable à la pyrolusite par ses caractères extérieurs; moins riche en oxygène, elle ne peut, comme cette dernière, servir à préparer ce gaz. Elle est employée dans la fabrication du chlore. Les principaux dépôts d'acerdèse se trouvent dans les mines de Rancié (Ariège), à Lavoulte (Ardèche), Caveline (Vosges), Ihlefeld (Harz, Prusse). Densité : 4,342. Elle raie la fluorine. Sa forme primitive est un prisme rhomboïdal droit de 99d 41, qui peut se cliver parallèlement à ses pans et à ses diagonales. Ce minéral a également été nommé *Manganite, Oxyde de manganèse prismatique, Manganèse oxydé hydraté, Manganèse oxydé terreux, manganèse argentin.*

ACÉRÉ adj. (gr. *a,* sans; *kéras,* corne). Privé d'antennes, de tentacules. — s. m. Genre de coléoptères pentamères lamellicornes, qui existe au Brésil. — s. m. pl. Groupe de décapodes sans antennes. Genre unique : les *Limules.*

Acérés s. m. pl. Grand genre de mollusques gastéropodes tectibranches, créé par Cuvier, en réunissant les *Bullées* et les *Bulles* de Lamarck, aux *Acérés* proprement dits. « Les acères, dit Cuvier dans son *Règne animal,* ont les branchies couvertes; mais leurs tentacules sont tellement raccourcis et élargis qu'ils paraissent n'en avoir point du tout; ils sont remplacés par un grand bouclier charnu, à peu près rectangulaire. Leur hermaphroditisme, la position de leurs deux sexes, la composition et l'armure de leur estomac, la liqueur pourpre que répandent plusieurs espèces, les rapprochent des aplysies. Leur coquille, dans celles qui en ont une, est plus ou moins roulée sur elle-même, avec peu d'obliquité, sans spire saillante, sans échancrure ni canal; et la columelle faisant une saillie convexe donne à l'ouverture la figure d'un croissant, dont la partie opposée à la spire est toujours plus large et plus arrondie. » — ACÉRÉS PROPREMENT DITS. Sous-genre du genre précédent, caractérisé par l'absence de coquille, quoique le manteau en ait la forme extérieure. Il y a, dans la Méditerranée, une petite espèce appelée *Bulla carnosa* par Cuvier, et *Doridium* par Meckel.

* ACÉRÉ, ÉE adj. Garni d'acier, en parlant de fer. — Par ext. Bien affilé, bien aiguisé. — Fig. Mordant, caustique, satirique, qui blesse profondément.

ACÉRELLÉ, ÉE adj. [a-sé-rèl-lé]. Bot. Se dit de ce qui se termine en une petite pointe peu aiguë.

* ACÉRER v. a. Appliquer de l'acier sur du fer, pour le rendre susceptible d'être trempé.— Fig. Rendre mordant : *...*

ACÉREUX, EUSE adj. Bot. Se dit des feuilles minces, allongées et pointues comme celles du pin.

ACÉRINA ou Acérine s. f. (gr. *aké,* pointe).

Genre de percoïdes, établi par Cuvier, et dont la *perche* fait partie.

ACÉRINÉES ou **Acéracées s. f.** pl. (lat. *acer*, érable). Famille de végétaux exogènes hypogynes. — Caractères : Feuilles opposées, simples, sans stipules. Fleurs souvent polygames, en corymbes ou en grappes axillaires. Pétales égaux en nombre aux divisions du calice. Etamines insérées sur le disque; ovaire libre à deux lobes; style simple; deux stigmates; ovules disposées par paires. Fruit formé de deux samares qui se prolongent en ailes. Cette famille, composée de trois genres et de soixante espèces, habite les parties tempérées de l'ancien monde et de l'Amérique septentrionale. Voy. ÉRABLE.

ACÉRIQUE adj. m. Chim. Se dit d'un acide que l'on tire de la sève de l'érable.

ACERRA (*acerra*), v. d'Italie (terre de Labour) à 15 kil. S.-E. de Naples; 2,500 hab.; fut prise et brûlée par Annibal (deuxième guerre punique); colonie romaine sous Auguste.

ACERRÆ. Géogr. Aujourd'hui *Pizzighettone.*

ACERRE s. f. (lat. *acerra*). Vase où l'on mettait de l'encens pour les sacrifices. — Petit autel sur lequel on brûlait des parfums (Antiq. rom.).

ACÉRURE s. f. Morceau d'acier préparé pour être soudé à une pièce qu'on veut acérer.

*** ACESCENCE s. f.** [a-sèss-san-se]. Disposition à s'aigrir, à devenir volatil, acescent.

*** ACESCENT, ENTE** adj. (lat. *acescens*). Qui s'aigrit, qui commence à devenir acide.

ACESTE, roi d'Acesta ou Segesta, en Sicile; il alla au secours de Priam, lors du siège de Troie.

ACÉTABULA s. f. Cymbale des anciens Romains.

ACÉTABULAIRE ou **Acétabule s. f.** (lat. *acetabulum,* gobelet). Genre de plantes cryptogames marines de la classe des *algues.* Cuvier les a regardées à tort comme des polypes. Les espèces de ce genre se présentent sous la forme de petits champignons verts, en gobelet évasé, fixés sur les pierres, sur les coquilles ou sur les rochers et qui, à leur complet développement, s'incrustent de sels calcaires.

ACÉTABULE s. m. (lat. *acetabulum,* en forme de coupe, dans lequel on mettait du vinaigre). Mesure romaine pour les liquides, valant 0ᵈ 067,436.

ACÉTABULIFÈRES s. m. pl. Mollusques céphalopodes pourvus de ventouses ou cupules. Tels sont les calmars, les sèches, les argonautes et les poulpes.

ACÉTABULIFORME adj. (lat *acetabulum,* espèce de petit vase). Hist. nat. Qui a la forme d'une coupe, d'un gobelet appelé *acétabule.*

ACÉTAL s. m. (lat. *acetum,* vinaigre). Produit intermédiaire de l'oxydation de l'alcool vinique : C¹²H¹¹O⁴. L'acétal s'obtient en mettant la vapeur de l'alcool anhydre en présence de l'oxygène de l'air et du noir de platine. L'oxydation de l'alcool engendre un liquide nouveau, incolore, qui bout vers 105°, soluble dans l'eau et dans l'alcool et que des influences oxydantes plus énergiques peuvent transformer en acide acétique.

ACÉTAMIDE s. f. Amide dérivée de l'acide acétique. C⁴H⁵O²,AzH². Voy. AMIDE.

*** ACÉTATE s. m.** [a-sé-ta-te] (lat. *acetum,* vinaigre). Sel formé par la combinaison de l'acide acétique avec une base salifiable. Les acétates sont tous solubles dans l'eau à des degrés divers et décomposés par l'acide sulfurique et par la chaleur rouge. Principaux acétates : — **ACÉTATE D'ALUMINE** ou *mordant rouge des indienneurs,* sel liquide, gommeux, incristallisable, d'une saveur astringente, obtenu en versant de l'acétate de plomb dans une disso-

lution d'alun. Il est d'une grande importance pour la teinture et l'impression sur toiles. — **ACÉTATE D'AMMONIAQUE** ou *Esprit de Mindérérus,* sel incolore d'une saveur très piquante, liquide, facile à cristalliser par la condensation; très soluble dans l'eau; chauffé, il se volatilise. AzH³,HO,C²H³O³. S'obtient en saturant l'acide acétique pur le carbonate d'ammoniaque. — Employé en médecine comme stimulant diffusible dans les fièvres adynamiques, dans les pneumonies avec délire et dans les coliques menstruelles. Il est aussi sudorifique et légèrement antispasmodique; à l'intérieur de 60 à 100 gouttes en plusieurs fois dans la journée. — **ACÉTATE DE BARYTE.** S'obtient en traitant par l'acide acétique le carbonate de baryte ou le sulfure de baryum. — **ACÉTATE DE CHAUX.** Sel préparé avec la chaux ou le carbonate de chaux; soluble dans l'eau; saveur âcre et piquante; sert à préparer le sous-carbonate de soude. — **ACÉTATE DE CUIVRE :** 1° *acétate neutre, verdet, cristaux de Vénus.* S'obtient en dissolvant de l'acétate .bibasique dans l'acide acétique, et en évaporant la vapeur à chaud. Formule : CuO, C⁴H³O³+HO. Sel soluble dans cinq parties d'eau bouillante; peu soluble dans l'alcool. Très employé dans la teinture du noir sur laine. — 2° *Sous acétate ou vert de gris* (CuO)³,C⁴H³O³+6Aq.; obtenu à Montpellier en introduisant dans des pots de terre, couche sur couche, du marc de raisin en fermentation et de minces lames de cuivre. Au bout de deux ou trois semaines, on retire les plaques et on les expose à l'action de l'air, en les mouillant de temps en temps. On râcle ensuite pour détacher le vert de gris qui s'est formé. A Grenoble, on expose, dans une étuve, des lames de cuivre mouillées de vinaigre. Le vert de gris sert à la préparation des couleurs et à la fabrication de l'acétate neutre. Ces acétates sont très vénéneux. Contre-poisons : blancs d'œuf, fer réduit par l'hydrogène, sucre en grande quantité. Concurremment, provoquer les vomissements. — **ACÉTATES DE FER.** 1° *Acétate ferreux,* obtenu en faisant dissoudre d'acétate ou le métallique ou le sulfure de fer dans l'acide acétique concentré. Il se présente sous la forme de petites aiguilles. 2° *Acétate ferrique,* liqueur brun-foncé, incristallisable, préparée en grand en faisant digérer, pendant quelques semaines, de la vieille ferraille dans du vinaigre. Employé comme matière colorante (jaune) et quelquefois comme mordant, dans la fabrication des indiennes. — **ACÉTATES DE MERCURE.** On connaît deux combinaisons de l'acide acétique avec le mercure : 1° L'*acétate de protoxyde de mercure ;* 2° L'*acétate de bioxyde de mercure.* Tous deux sont employés comme antisyphilitiques. — **ACÉTATE DE MORPHINE.** Obtenu en réduisant la morphine en poudre fine, en la délayant dans un peu d'eau chaude et en la faisant dissoudre dans l'acide acétique. L'acétate cristallise en aiguilles soyeuses. La médecine l'emploie comme calmant. Dose : de un à quinze centigr., progressivement, en potion ou en pilules. Dans chaque gramme du *sirop d'acétate de morphine* du codex, il entre un milligr. de sel de morphine. — **ACÉTATES DE PLOMB.** Les principaux acétates de plomb sont : L'*acétate neutre de plomb* ou *sel de Saturne* PbO, C⁴H³O³+3Aq. S'obtient en faisant agir l'acide acétique sur le protoxyde de plomb (litharge). Il a une saveur d'abord sucrée, puis astringente ; il sert à la fabrication du blanc de céruse. Il est soluble dans quarante parties de son poids d'eau et dans huit d'alcool. Les médecins l'emploient comme résolutif et astringent. 2° L'*acétate tribasique,*(PbO)³,C⁴H³O³+Aq. S'obtient en faisant digérer, deux ou trois parties d'eau, sept parties de litharge avec dix parties d'acétate neutre de plomb; se présente sous forme de lames blanches d'une saveur sucrée; sert à la fabrication de la céruse. Les acétates de plomb sont très vénéneux; on combat leur effet au moyen d'eau sulfureuse, de sulfure de fer hydraté, d'alun, toutes subs-

tances qui, en contact avec l'acétate de plomb soluble, le transforment en un autre sel chloruble ou peu soluble. Il est indispensable, en outre, de provoquer immédiatement le vomissement.—**ACÉTATE DE POTASSE,** autrefois *terre foliée de tartre,* KO, C⁴H³O³, s'obtient en traitant le carbonate de potasse par l'acide acétique ; cristallise en longues aiguilles ou en lames nacrées; attire l'humidité; se dissout facilement dans l'eau et dans l'alcool. Employé en médecine, comme diurétique et désobstruant, dans les hydropisies et dans les engorgements du foie, de la rate et dans la néphrite chronique: de deux à quinze grammes par jour dans une infusion légère de scille ou de digitale. — **ACÉTATE DE SOUDE,** autrefois *terre foliée minérale,*C⁴H³O³, NaO+6Aq; s'obtient en grand dans l'industrie en décomposant l'acétate de chaux par le sulfate de soude; cristallise en prismes rhomboïdaux obliques et sert à la fabrication du *vinaigre de bois* ou *acide pyroligneux.*

ACÉTÉ, ÉE adj. Qui est devenu acide.

ACÉTÈNE s. m. Carbure d'hydrogène appelé quelquefois *hydrure d'éthyle.* On l'obtient en chauffant l'iodure d'éthyle avec un mélange de zinc et d'eau dans des tubes scellés à la lampe.

*** ACÉTEUX, EUSE** adj. (lat. *acetum,* vinaigre). Qui a le goût du vinaigre. — ᴠ Qui tient de la nature du vinaigre. — *Fermentation acéteuse, fermentation* qui donne naissance à l'acide acétique.

ACÉTHINE s. f. Base sulfurée appelée aussi *thiacétonine.* On l'obtient par l'action simultanée de l'ammoniaque et de l'acide sulfhydrique sur l'acétone.

ACÉTIDINE ou **Diacétine s. f.** Liquide huileux, incolore, d'une odeur agréable, que l'on obtient en faisant réagir l'acide acétique et la glycérine.

ACÉTIFICATION s. f. Opération chimique par laquelle se forme l'acide acétique; action d'acétifier ou de s'acétifier. Voy. FERMENTATION.

ACÉTIFIER v. a. (lat. *acetum,* vinaigre ; *fieri,* devenir). Convertir en acide acétique. — S'acétifier v. pr. Se convertir en acide acétique.

ACÉTIMÈTRE ou **Acétomètre s. m.** Instrument au moyen duquel on apprécie le degré de concentration du vinaigre. — C'est une espèce d'aréomètre à poids constant. Celui dont se servent les marchands de vinaigre à Paris porte un tube de 9 centimètres, et plonge plus ou moins dans les acides suivant leur degré de concentration. Il est gradué de quatre degrés divisés en dixièmes. Le *zéro,* marqué en haut de la tige, est le point jusqu'où l'appareil plonge dans l'eau ; il plonge moins dans les vinaigres. — La vinaigre de table doit marquer deux degrés cinq dixièmes. Mais ce moyen d'appréciation est infidèle, parceque la densité d'un acide ne prouve pas sa force. Voy. ACIDE.

ACÉTIMÉTRIE ou **Acétométrie s. f.** Appréciation du degré de concentration du vinaigre.

ACÉTIMÉTRIQUE ou **Acétométrique adj.** Qui a rapport à l'acétimétrie.

ACÉTINE s. f. Liquide neutre que l'on obtient par la réaction de l'acide acétique et de la glycérine. Il existe trois acétines : 1° *monoacétine,* C¹⁰H¹⁰O⁸; 2° *di-acétine,* C¹⁴H¹²O¹⁰; 3° *triacétine,* C¹⁸H¹⁴O¹².

*** ACÉTIQUE** adj. [a-sé-ti-ke] (lat. *acetum,* vinaigre). Se dit de l'acide qui fait la base de la — **ACIDE ACÉTIQUE. Formule :** C⁴H⁴O⁴; ou bien C⁴H³O³,HO. Densité : 1.063. Ebullition à 120° C., avec dégagement d'une vapeur inflammable, dont la *flamme bleue* produit de l'eau et de l'acide carbonique. Il est solide audessous de — 19°. L'acide acétique peut être formé soit par l'oxydation de l'alcool, de l'aldéhyde ou de l'éther éthylique, soit par la distillation à sec du bois, du sucre et des gommes; soit par la fusion d'amidon, de sucre ou de certains acides organiques avec de la potasse. Aujourd'hui, presque tout l'acide acétique du commerce provient de la distillation du bois. Il se trouve dans un grand nombre de fruits, dans la sève des végétaux, dans la plupart des humeurs animales, dans le lait, dans la sueur. La *fermentation acide* et la *fermentation putride* lui donnent naissance. Il se produit chaque fois qu'on décompose par la chaleur une matière végétale ou animale. On l'obtient *concentré* en distillant du vinaigre, en le saturant ensuite à demi avec de la potasse, ce qui donne une dissolution d'acétate de potasse que l'on évapore à siccité; enfin, on décompose le sel par l'action d'une température de 200°. Il est liquide, incolore, d'une odeur très pénétrante; il dissout les résines, le camphre, l'albumine et beaucoup d'autres substances organiques : c'est donc un poison. A l'extérieur, il cause la rubéfaction et même le soulèvement de la peau; c'est pourquoi les médecins l'emploient comme vésicant. Comme il est très volatil, on en fait respirer la vapeur aux personnes en défaillance. Etendu de huit fois son poids d'eau, il peut former du vinaigre qu'on aromatise avec un peu d'éther acétique. — ACIDE ACÉTIQUE ANHYDRE ou *acétate d'acétyle*. Acide produit par double décomposition, au moyen de chlorure d'acétyle et d'un acétate alcalin. — Formule : C⁸H⁶O³, ou bien C⁴H³O³; ébullition à 137°. Liquide, incolore, très mobile, possédant une grande puissance réfrigérante et émettant une vapeur extrêmement âcre. En absorbant peu à peu l'humidité de l'air, il devient l'*acide acétique ordinaire* qui reçoit quelquefois le nom d'*acide acétique hydraté* ou d'*hydrate d'acétyle*.—ÉTHER ACÉTIQUE ou *acétate d'éthyle*. Acide acétique dans lequel tout l'hydrogène basique est remplacé par le méthyle, de l'éthyle, de l'amyle, ou par les homologues de ces radicaux. On le prépare ordinairement en distillant jusqu'à siccité un mélange d'acétate de potasse, d'alcool absolu et d'acide sulfurique. Il est liquide, incolore, d'une odeur agréable et éthérée, plus léger que l'eau, bouillant à 74° et volant avec une flamme blanc jaunâtre.

ACÉTIQUEMENT adv. D'une manière acétique.

ACÉTO. Se joint à d'autres mots pour former des expressions nouvelles, telles que : ACÉTO-AZOTATE s. m. Sel composé d'acide acétique et d'acide azotique combinés avec un oxyde. ACÉTO-BENZOIQUE adj. Se dit d'un acide anhydre obtenu de la réaction du chlorure d'acétyle et du benzoate de soude desséché; etc.

ACETO-DOLCE s. m. Nom ital. que l'on applique à un *hors-d'œuvre* composé de fruits et de petits légumes d'abord confits dans du vinaigre, puis conservés dans un sirop de miel et de *moût* de raisin muscat. Plur. des *aceto-dolce*.

ACÉTOLAT s. m. Dénomination générique pour désigner les vinaigres médicinaux.

ACÉTOLÉ s. m. Solution directe d'une ou plusieurs substances médicamenteuses dans le vinaigre.

ACÉTOMEL s. m. Sirop de vinaigre miellé.

ACÉTOMÈTRE s. m. Acétométrie s. f. Acétométrique adj. Voy. ACÉTIMÈTRE, ACÉTIMÉTRIE, ACÉTIMÉTRIQUE.

ACÉTONATE s. m. Sel formé par la combinaison de l'acide acétonique avec une base.

ACÉTONE s. f. ou *Esprit pyro-acétique*. Substance liquide que l'on obtient par la distillation de certains acétates et qui, distillée avec du chlorure de chaux, donne le *chloroforme*. Formule : C⁶H⁶O²; densité 0.7921; ébullition à 56 degrés.

ACÉTONINE s. f. Alcali organique obtenu en faisant dissoudre l'ammoniaque dans l'acétine et en chauffant la dissolution jusqu'à 100°.

ACÉTONIQUE adj. Se dit d'un acide obtenu en soumettant l'acétone à l'action d'un mélange d'acide chlorhydrique et d'acide cyanhydrique.

ACÉTOSELLÉ, ÉE adj. [a-cô-to-sé-lé] (lat. *acetosa*, oseille). Qui a la saveur de l'oseille.

ACÉTOSITÉ s. f. État, qualité des substances acéteuses.

ACÉTYLAMINE ou **Acétosamine** s. f. (de *acétyle* et de *am* pour *ammoniaque*). Substance alcaline obtenue en faisant réagir, à la température de 150°, le chlorure d'éthylène et l'ammoniaque.

ACÉTYLANILINE s. f. Substance alcaline obtenue en faisant réagir à la température de 200°, le chlorure d'éthylène et l'aniline.

ACÉTYLE s. m. Radical hypothétique des composés acétiques. C⁴H³O³.

ACÉTYLINE s. f. Gaz transparent, incolore; d'une odeur particulière et désagréable qui est perceptible lorsque le gaz d'éclairage est imparfaitement brûlé. L'acétyline fut découverte par Berthelot vers 1862.

ACÉTYLURE s. m. Nom générique donné aux composés qui représentent de l'acétyle combiné avec un métal.

ACÉTYLURÉE s. f. Substance obtenue en faisant réagir le chlorure d'acétyle et l'urée.

ACHAB [a-kab]. Roi d'Israël (917-897 av. J.-C.) époux de Jézabel, releva les autels de Baal, fit mourir Naboth pour s'emparer de sa vigne et fut tué dans une bataille contre le roi de Syrie. Les chiens, suivant la prédiction d'Élie, léchèrent le sang de ses blessures.

ACHADE s. f. [a-cha-de]. Sorte de houe pour biner la vigne.

ACHÆUS [a-ké-uss]. Petit fils d'Hellen, chef des Achéens.

ACHAÏE [a-ka-î], ancienne division du Péloponèse le long du golfe de Corinthe; contrée appelée primitivement *Ægialea* et habitée par des Ioniens que les Achéens dépossédèrent. L'Achaïe des Romains comprit tout le Péloponèse, avec la partie de la Grèce qui s'étendait jusqu'au sud de la Thessalie. Elle forme aujourd'hui, avec l'*Élide*, une monarchie; 4,942 kil. carr.; 149,560 hab.; cap. Patras.

ACHAÏEN, IENNE s. [a-ka-iain]. Habitant de l'Achaïe.

ACHAÏQUE adj. [a-ka-i-que]. Qui appartient, qui a rapport à l'Achaïe ou à ses habitants.

ACHALANDAGE s. m. [a-cha-lan-da-je]. Action d'attirer les *chalands*. — Par ext. Les chalands eux-mêmes : *il vend son fonds avec l'achalandage*.

ACHALANDÉ, ÉE adj. Qui a beaucoup de chalands.

ACHALANDER v. a. [a-cha-lan-dé]. Procurer des *chalands*; attirer la clientèle. — *S'achalander* v. pr. Obtenir des chalands.

ACHANTI ou **Achantin** [a-chan-ti] s. et adj. Habitant de l'Achanti; langue parlée dans l'Achanti

ACHANTI ou **Ashantee** [a-chan-ti]. Royaume important de la Guinée centrale, dans l'intérieur de la côte d'Or, entre 5° et 10° lat. N., et 1° à 8° long. O.; 493,000 kil. car.; environ 2 millions d'hab. — Pays montagneux, bien arrosé, couvert, sur plusieurs points, d'impénétrables forêts, où se trouve le baobab, géant du règne végétal; climat chaud, mais considéré comme très sain dans les districts les plus élevés. Parmi les quadrupèdes sauvages, on cite l'éléphant, le lion, l'hyène, le sanglier, le cerf et l'antilope; on élève en domesticité, le bœuf, un cheval de petite race, le mouton, et la chèvre. Vautours, faucons, brillants perroquets, oiseaux chanteurs; alligators et nombreux serpents. Culture du riz, du maïs, de la

canne à sucre, du tabac; grande production d'or, d'ivoire, d'huile de palme, de bois de teinture et d'ébénisterie. Cap. Coumassie; v. princ. Douabin, Mankarno, Boussour, etc. Industrie peu développée se portant principalement sur le travail des cotonnades, du cuir, et des armes blanches. Le commerce se fait ordinairement par caravanes de 2,000 à 3,000 individus qui se frayent, d'une ville à l'autre, un sentier à travers les herbes et les forêts. — Gouvernement absolu et despotique; esclavage, polygamie, sacrifices humains. — Le roi peut mettre 200,000 hommes sous les armes. — Ce pays, complètement inconnu aux Européens avant le commencement de notre siècle, fut d'abord visité par quelques négociants anglais de la côte d'Or. Peu après, la Grande-Bretagne prit sous sa protection les Fantis et plusieurs tribus de la côte que le roi des Achantis voulait dominer; cela amena, en 1823, une première guerre qui se termina, en 1826, par un traité abandonnant une partie de la côte aux Anglais. Les mêmes causes firent naître une nouvelle guerre, en 1873. Cette fois une armée anglaise, commandée par sir Garnet Wolseley, s'avança du *Prah* (principal fleuve du pays), remporta la victoire signalée d'Amoaful, captura Coumassie (4 février 1874), mit le feu à cette ville et ne se retira que lorsque le roi eut accepté un traité humiliant.

ACHARD (Franz-Karl), chimiste allemand, d'origine française, né à Berlin en 1753, mort en 1821, se voua à l'étude de la fabrication du sucre de betterave et publia le résultat de ses investigations en 1799 et 1800.

ACHARD (Louis-Amédée-Eugène), écrivain français, né à Marseille en 1814, mort en 1875; journaliste dans le *Sémaphore de Marseille*, dans le *Vert-vert*, dans l'*Entr'acte*, dans le *Charivari* et dans l'*Époque*; auteur de *Belle-Rose* (1847), de la *Robe de Nessus*, de la *Chasse Royale*, etc.

ACHARD, Achar ou **Atchar** s. m. (du nom d'un voyageur français, qui importa en Europe la recette de cette préparation). Condiment que l'on prépare dans les Indes en faisant macérer dans du vinaigre des bourgeons encore très tendres de chou-palmiste ou de bambou. En Europe, on nomme *Achards*, toutes les parties végétales : racines, feuilles, fleurs, fruits, graines, que l'on fait confire dans du vinaigre pour les servir sur nos tables à titre de hors-d'œuvre ou de condiment.

ACHARNÉ, ÉE part. p. d'ACHARNER. — Excité, irrité. — Par ext. Animé : *combat acharné*.

ACHARNEMENT s. m. Ardeur d'un animal qui s'attache opiniâtrément à sa proie. — Par ext. Fureur avec laquelle les animaux et même les hommes se battent les uns contre les autres. — Fig. Animosité, passion excessive.

ACHARNER v. a. (de *à* et *chair*). Donner aux chiens, aux oiseaux de proie le goût de la chair.—Exciter, irriter.—S'acharner v. pr. S'attacher avec opiniâtreté.—Fig. S'appliquer avec ardeur.

ACHARNIENS (les) (d'Acharne, bourg situé près d'Athènes). Comédie d'Aristophane, représentée à Athènes, l'an 426 av. J.-C. L'auteur immole à la risée publique les partisans de la guerre contre Lacédémone.

ACHAT s. m. [a-cha]. Emplette, acquisition faite à prix d'argent; action d'*acheter*.—Chose achetée.

ACHATE [a-ka-té]. Compagnon de l'aventureux Énée. — s. m. Se dit d'un fidèle compagnon; celui qui ne quitte jamais une personne; qui est toujours à ses côtés.

ACHATES [a-ka-lèss]. Ancienne rivière (aujourd'hui *Dirillo*), au sud-ouest de la Sicile entre Camarina et Gela.

ACHAZ [a-ka-ze], roi de Juda (737-723 av. J.-C.), qui consacra son fils au culte de Baal, fit alliance avec le roi d'Assyrie, Téglath-Phalasar, dont il reçut de grands secours; il pilla le temple de Jérusalem. La Bible rapporte à son temps l'érection d'un cadran solaire ou gnomon.

* **ACHE** s. f. [a-che] (celtique : *ach*, eau; par allusion au lieu où croît cette plante). Bot. Genre de la famille des ombellifères, tribu des amminées. L'espèce la plus commune est l'*ache odorante* (apium graveolens), qui, à l'état sauvage, contient une forte quantité d'acide volatil; on l'emploie en médecine comme excitante. Modifiée par la culture, elle est devenue le *céleri* cultivé. Une variété, l'*ache douce* (ap. *dulce*) a produit le *céleri rave*. L'*ache des marais*, (ap. palustre, Bauhin), type sauvage de l'espèce, ressemble au persil avec des feuilles plus grandes. Sa racine et ses fruits sont employés en médecine comme apéritifs et diurétiques.— *Ache de montagne*, voy. LIVÈCHE. — *Ache d'eau*, voy. BERLE.

ACHÉ (Comte d'), vice-amiral français, né en 1706, mort en 1779. Commanda l'escadre qui devait soutenir Lally-Tollendal dans l'Indoustan. Par son insuffisance, il attacha son nom à la ruine de nos établissements sur la côte du Malabar et du Coromandel. Il livra aux Anglais les batailles navales indécises de Goudelour et de Négapatam.

ACHÉE s. f. [a-ché] (lat. *esca*, pâture). L'un des noms vulgaires de la *trainasse* ou *renouée des petits oiseaux*.— **Achées** s. f. pl. ou ACHETS s. m. pl. Nom que l'on donne, dans l'Ouest, aux vers de terre et qui a été étendu aux larves et aux vermisseaux qui servent d'appâts pour le poisson.

ACHÉEN, ENNE adj. et s. [a-ké-ain]. Synon. de ACHAÏEN.

ACHÉENNE (ligue) [a-ké-éne]. Confédération de 12 villes de l'Achaïe, qui juraient de se protéger mutuellement et dont les principales étaient Patras, Ægium, Hélice, Dyme et Pellène. Cette association, établie vers 280 av. J.-C., s'accrut rapidement et compta bientôt les adhésions de Sparte, d'Athènes et de plusieurs autres cités; elle arriva à son apogée sous l'administration militaire d'Aratus et sous celle de Philopœmen. Son principe était la démocratie, qu'elle établissait dans toutes les villes adhérentes, l'égalité de chaque cité et la liberté municipale. Elle fut le dernier abri de l'indépendance nationale contre les Romains; mais sa puissance fut brisée par le consul Mummius, qui fit des confédérés à Corinthe (146) et réduisit la Grèce en une province romaine appelée *Achaïe*. — Parmi les créations de la ligue Achéenne, il faut citer l'unité de poids, de mesures et de monnaies, qu'elle avait établie concurremment avec les poids, les mesures et les monnaies de chaque ville.

ACHÉENS s. m. pl. L'une des grandes divisions de l'ancienne race des Hellènes. De Thessalie, ils émigrèrent dans le Péloponèse où ils régnèrent pendant la période dite *héroïque*. Dans l'Iliade, les Grecs sont désignés sous le nom général d'Achéens.

ACHEIRE adj. [a-kè-re] (gr. *a*, sans; *cheir*, main). Qui n'a pas de mains, surtout en parlant d'un fœtus.

ACHEIROPOIÈTES s. f. pl. [a-ké-i-ro-po-ièt-te] (gr. *a*, sans; *cheir*, main; *poieô*, faire). Images qui, suivant la tradition, sont dues à un miracle. Telles sont : le portrait de J.-C., donné au roi Abgar; celui que l'on conserve à Saint-Jean-de-Latran, à Rome (commencé, dit-on, par saint Luc et terminé par les anges); diverses figures de la Vierge.

ACHÉLOÜS [a-ké-lo-uss] (aujourd'hui Aspro-Potamo). Le plus grand des fleuves de la Grèce, qui descend du Pinde, sépare l'Étolie de l'Acarnanie et se jette dans la mer Ionienne. D'après la Fable, le centaure Nessus mourut sur ses bords. — La mythologie fit de l'*Achéloüs*, un dieu-fleuve, fils de l'Océan et de Téthys, et père des Sirènes.

ACHEM, Achin, Acham [a-chèm], royaume situé sur la partie nord-ouest de Sumatra; 49,575 kil. car.; 400,000 hab., appartenant à une race bien développée, robuste, industrieuse, intelligente et presque noire, qui eut assez d'énergie pour repousser victorieusement les attaques des Portugais. L'intérieur du pays est à peu près inconnu. Le royaume d'Achem produit le riz, le coton, la poudre d'or, le soufre, le café, le poivre, le bétel, le camphre, le benjoin et la soie, qu'il exporte en échange d'opium, de vin, d'armes, de poudre et de produits manufacturés. Gouvernement : une monarchie héréditaire; religion: le mahométisme. Presque tous les rois de l'Europe tenaient autrefois à entretenir un représentant auprès du roi d'*Achin*; mais ce monarque est à peu près inconnu aujourd'hui. Les Hollandais ont envahi ses états en 1873; ils ont établi leur domination sur la côte; l'intérieur seul a conservé son indépendance. — **Achem**, cap. du roy. d'Achem, à 4 kil. de la mer; ville de bambous, bâtie sur pilotis, à quelques pieds au-dessus du sol, afin de n'avoir rien à redouter des inondations qui surviennent pendant la saison des pluies. Environ 10,000 hab. Belle rade, vaste et sûre.—Achem fut visité par les Portugais, vers 1530; des factoreries y furent établies par les Hollandais (1596), par les Anglais (1602), et par les Français (1622). Lat. 5° 22' N. Long. 93° 14' E.

ACHÉMÈNE [a-ké-mè-ne] 1, fils d'Egée; donna son nom à une partie de la Perse et fut l'ancêtre des Achéménides. — II, fils de Darius 1er, satrape d'Egypte (484 av. J.-C.), commanda en 480, la flotte égyptienne pendant l'expédition contre la Grèce.

ACHÉMÉNIDE [a-ké-mé-ni-de]. Descendant d'Achémène.

* **ACHEMINÉ, ÉE** part. pass. d'ACHEMINER.— Adjectiv. Manège. Dégourdi, presque dressé, en parlant d'un cheval.

* **ACHEMINEMENT** s. m. Entrée, avancement dans une voie qui mène à une chose, à un but : *c'est un acheminement à la paix*.

* **ACHEMINER** v. a. [a-che-mi-né] (rad. *chemin*). Faire entrer, faire avancer dans un chemin. — Fig. Conduire à un certain but. — Manège. Habituer un cheval à marcher droit devant lui. — **S'acheminer** v. pr. Se mettre en chemin; s'avancer. — Absol. Etre en voie de conclusion.

ACHÉMOIS, OISE s. et adj. Habitant du royaume d'Achem; qui appartient, qui a rapport au royaume d'Achem ou à ses habitants.

ACHÉNODE s. m. [a-ké-no-de]. Bot. Fruit résultant de la réunion de plusieurs akènes sur un même plan.

ACHENWAL (Godefroy) [a-kènn-val], créateur de la statistique, né à Elbing (Prusse) en 1719, mort en 1772. Il a laissé des *Éléments statistiques* et des *Principes d'Economie politique*.

ACHERN, ville du grand duché de Bade; 3,000 hab. Les entrailles de Turenne y furent déposées dans l'église St-Nicolas.

* **ACHÉRON** n. pr. m. [a-ché-ron ou mieux a-ké-ron], nom de plusieurs rivières de l'antiquité.—I. En Epire, fleuve tributaire de la mer Ionienne, prenait sa source au marais d'Achéruse; aujourd'hui *Velikhi*. Ses eaux, noirâtres et saumâtres, coulaient sous terre dans une grande partie de leur parcours, ce qui lui fit donner, par Homère et par les autres poètes, le nom de *fleuve des Enfers*. De la poésie, cette idée passa dans la religion. L'Achéron devint lui-même, que l'on n'attei-

gnait que grâce à la *barque à Caron*.—II. Rivière d'Elide, affluent de l'*Alpheus*.— III. Fleuve du Brutium, au sud de l'Italie, descendait des Apennins et se jetait dans la Méditerranée. Il porte aujourd'hui le nom de Crisaora.

ACHÉRONTIEN, ENNE adj. [a-ké-ron-si-ain] ou Achérontique adj. De l'Achéron, qui appartient à l'Achéron. — *Livres achérontiens*. Les Etrusques appelaient ainsi 45 volumes, formés des paroles recueillies du devin *Tagès*, et qui enseignaient l'art de tirer des prédictions de toutes sortes d'événements.

ACHÉRUSE [a-ké-ru-ze], nom ancien de plusieurs lacs et marais dont les principaux se trouvaient en Epire et dans la Campanie. Diodore nous apprend, qu'en Egypte les morts étaient posés, pour y être jugés, sur le bord d'un lac appelé *Achéruse*. Le bateau qui les emportait ensuite au lieu de leur sépulture s'appelait *Baris*, et le batelier, *Charon*. Telle est, sans doute, la première origine de l'Enfer des Grecs. — On donna aussi le nom d'*Achéruse* à un gouffre de Bithynie, dans lequel Hercule serait descendu pour chercher Cerbère.

ACHÉRY (Dom Jeann-Luc d'), savant bénédictin, né à St-Quentin, en 1609, mort en 1685, bibliothécaire de l'abbaye de St-Germain-des-Prés, à Paris, auteur d'un vaste recueil de pièces relatives au moyen âge, publié en 1655-77, sous le titre de *Spicilegium* (13 vol. in-4°), revu et augmenté par de La Barre (3 vol. in-fol. 1723). Achéry a collaboré à l'*Acta sanctorum* des Bénédictins.

ACHETABLE adj. Qui peut être acheté.

* **ACHETER** v. a. [a-che-té] (lat. *ad captare*, tâcher d'avoir). *J'achète, j'achetais, j'achèterai*. — Acquérir une chose en la payant. — ACHETER A peut signifier ACHETER POUR : *j'ai acheté une montre à mon fils*. — Fig. Obtenir avec beaucoup de peine et de difficulté : *il faut acheter le plaisir injuste au prix des remords*.— **S'acheter**. v. pr. Etre acquis à prix d'argent : *nos suffrages ne s'achètent pas*.

* **ACHETEUR, EUSE** s. Celui, celle qui achète, qui veut acheter.

ACHEUL (Saint-), village situé à 2 kil. d'Amiens (Somme). Ancienne abbaye de l'ordre de Saint-Benoît. Les Jésuites y établirent, sous la Restauration, un célèbre collège dirigé par le P. Loriquet.

ACHEUX, ch.-l. de cant. (Somme), arrond. et à 19 kil. de Doullens; 900 hab.

ACHEVAGE s. m. Action d'achever; dernière façon qu'un ouvrier donne à une pièce.

ACHEVAL s. m. Sonnerie pour faire monter les cavaliers à cheval : *sonner l'acheval*.

ACHEVALER v. a. et v. n. Etre à la fois des deux côtés d'une route, en parlant d'une armée. — **S'achevaler** v. pr. Etre achevalé.

ACHEVANT, ANTE adj. Qui a l'habitude de terminer les choses commencées : *combien d'hommes sont moins achevants qu'entreprenants*.

* **ACHEVÉ, ÉE** adj. Accompli, parfait en son genre. — En mauvaise part : fieffé extrêmement mauvais : *c'est un sot achevé*.

* **ACHÈVEMENT** s. m. Fin, exécution entière, accomplissement d'une chose. — Fig. Perfection dont un ouvrage est susceptible.

* **ACHEVER** v. a. (rad. *chef*, tête, bout, extrémité). Change l'*e* muet du rad. *achev* en *é* ouvert, toutes les fois que la consonne *v* est suivie d'un *e* muet : *j'achève*. — Finir une chose commencée. Par ext. Donner le coup de grâce. — Fig. Mettre le comble à la situation de corps ou d'esprit : *un verre de plus, et il est achevé*. — **S'achever** v. pr. Se terminer : *ma vie s'achève*. — Arriver à la dernière perfection : *la science s'achève par le style*.

ACHEVEUR s. m. Techn. Celui qui achève, qui adoucit les métaux.

ACHEVOIR s. m. Outil au moyen duquel on donne la dernière façon à certains ouvrages.

ACHIAS s. m, [a-ki-âss] (gr. *a*, sans; *chia*, trou). Genre d'insectes diptères dont les antennes sont insérées sur le front.

ACHILIE s. f. [a-ki-lî] (gr. *a*, priv.; *cheilos*, lèvre). Anat. Monstruosité caractérisée par l'absence des lèvres.

ACHILLAS, général de Ptolémée Denys, roi d'Égypte; il conseilla à ce prince le meurtre de Pompée et le fit exécuter par l'eunuque Pottin. Ce crime ne le sauva pas; César le mit à mort (40 av. J.-C.)

ACHILLE [a-chi-le], héros principal de l'*Iliade*, fils de Pélée, roi des Myrmidons et de Thétis, fille de Nérée. On le nomme quelquefois *Pélides*, *Péléiades* ou *Pélion*, à cause de son père, et quelquefois *Éacides*, à cause de son grand-père. Phénix lui enseigna l'éloquence et l'art de la guerre; Chiron lui apprit à guérir les plaies. Une prédiction annonça à sa mère que s'il gagnait de la gloire, il mourrait jeune; tandis que s'il voulait vivre tranquille, il atteindrait un âge avancé. Il choisit la gloire et partit pour la guerre de Troie, bien qu'il sût qu'il n'en reviendrait pas. Accompagné de son tuteur Phénix et de son ami Patrocle, il vint, à la tête des Myrmidons, portés par cinquante navires, au secours des autres Grecs. Favori de Minerve et de Junon, il se rendit indispensable aux assiégeants, ravagea le pays ennemi, détruisit douze villes sur la côte et onze cités de l'intérieur. Agamemnon, obligé par Achille de rendre Chryséis à son père, qui était prêtre d'Apollon, et dont il fallait écarter les maléfices, se vengea en ravissant Briséis, captive d'Achille. De là une querelle qui menaçait de devenir sanglante, lorsque l'intervention de Minerve fit rentrer les épées au fourreau. Achille se *retira sous sa tente* et refusa, pendant dix ans, de prendre aucune part aux travaux des assiégeants. En vain, les Grecs, repoussés et comme assiégés dans leur camp, offrirent de restituer Briséis aux fils de Thétis. Il resta inflexible. Il autorisa néanmoins son ami Patrocle à se revêtir de ses armes et à marcher à la tête de ses Myrmidons. Patrocle est tué par le troyen Hector. A cette nouvelle, Achille est pris d'une inexprimable douleur. Thétis cherche à le consoler en lui promettant de nouvelles armes et Iris l'exhorte à délivrer le cadavre de son ami. Il sort enfin de sa tente : sa voix, semblable au tonnerre, suffit pour mettre les Troyens en fuite; il revêt sa nouvelle armure et court sur le champ de bataille, refusant de prendre aucune nourriture avant d'avoir vengé la mort de Patrocle. Marchant sur les cadavres de centaines d'ennemis qu'il renverse devant lui, il finit par rencontrer Hector. Il le tue, traîne trois fois son cadavre autour de la ville assiégée, rend de grands honneurs aux restes de Patrocle et restitue ceux d'Hector au vieux Priam, père du prince troyen. Achille fut tué au combat de la porte Scaenne, peu avant la chute de Troie. Telle est la tradition la plus ancienne, celle qui fut admise par Homère. — TRADITIONS POSTÉRIEURES. Elles se rapportent à la naissance, à la jeunesse et à la mort du héros. Sa mère, en le trempant dans les eaux du Styx, l'avait rendu invulnérable, excepté au talon par lequel elle l'avait tenu. Il venait à peine d'atteindre sa neuvième année, lorsque Calchas prédit qu'il mourrait au siège de Troie; sa mère, pour l'empêcher d'aller à cette guerre, le déguisa en femme et le cacha parmi les filles de Lycomède, roi de Scyros, où on l'appelait Pyrrha, à cause de sa chevelure dorée. D'après les prédictions, Troie ne pouvait être prise sans son assistance; c'est pourquoi Ulysse se mit à sa recherche. Ce rusé roi d'Ithaque, apprenant que Déidamia, l'une

des filles de Lycomède, venait de mettre au monde un enfant (Néoptolème ou Pyrrhus), eut des soupçons, qui furent bientôt confirmés par l'expérience. Il exposa devant Achille des bijoux et des armes, et le jeune héros se trahit en se jetant sur ces dernières. Achille ne pouvait mourir de la main d'un homme. Il fallut qu'Apollon, désireux de venger Hector, prît la figure du Troyen Pâris et le tuât d'une flèche dans son talon vulnérable, au moment où il allait épouser Polyxène, fille de Priam. Ajax et Ulysse se disputèrent ses armes devant tous les chefs assemblés.

— S. m. Se dit, au figuré, d'un homme très courageux : *c'est un Achille.*

Tendon d'Achille. Anat. Large tendon situé en arrière et en bas de la jambe, et qui résulte de la réunion des tendons des muscles *jumeaux soléaire.*

ACHILLE TATIUS. I. Astronome grec du IVe siècle, auteur supposé d'un traité sur la sphère. — II. Écrivain, né à Alexandrie, vers le milieu du IIIe siècle, auteur d'un roman, *les Amours de Clitophon et de Leucippe*, trad. en français par Clément (1800).

ACHILLÉATE s. m. Sel formé par la combinaison de l'acide achilléique avec une base.

* **ACHILLÉE** s. f. [a-ki-lé] (d'*Achille*, élève de Chiron qui, le premier, aurait employé *l'achillée millefeuille* pour guérir des blessures). Bot. Genre de plantes, tribu des sénécionidées, sous-tribu des *anthémidées* ; herbes vivaces à capitules multiflores, en corymbes ; fleurons de la circonférence pistillée, réceptacle garni de paillettes transparentes. Nombreuses espèces dont plusieurs sont cultivées pour l'ornement des jardins. — L'*Achillée millefeuille* est recherchée à cause de ses jolies fleurs pourpres ou ROSES; l'*achillée sternutatoire* ou *bouton d'argent*, à cause de ses fleurs blanches. On cultive aussi les espèces appelées *dorée, élégante, cotonneuse, ligulée, à feuille de cétrach*, etc. — On les multiplie au printemps de semences ou d'éclats de pieds. Il faut les garantir des fortes gelées.

ACHILLÉE, général romain en Égypte, se fit proclamer empereur en 292; vaincu par Dioclétien dans Alexandrie et fait prisonnier, il fut jeté dans une fosse aux lions, 297.

ACHILLÉEN, ENNE adj. Qui est propre à Achille ; qui a rapport à ce héros; qui lui appartient. — STATUES ACHILLÉENNES. On nommait ainsi à Rome les statues entièrement nues et armées d'une lance. Les principales encore existantes sont celles d'*Agrippa* (palais Grimani), d'*Auguste* (maison Rondanini), de *Germanicus* et de *Néron*, au Louvre.

ACHILLÉIDE [a-ki-lé-i-de]. Titre d'un poème latin inachevé de Stace (fin du premier siècle après J.-C.). Le sujet devait être la jeunesse d'Achille. Mais l'auteur mourut avant de terminer cette œuvre où se fait remarquer un grand art de description.

ACHILLÉINE s. f. Matière amère de la millefeuille.

ACHILLÉIQUE adj. Se dit d'un acide qui se trouve dans l'*achillée millefeuille.*

ACHILLÉOÏDE adj. Qui ressemble à l'achillée.

ACHIN. Voy. ACHEM.

ACHINAIS, AISE s. et adj. Hab. du royaume d'Achem. Qui appartient au roy. d'Achem ou à ses hab.

ACHIR, ville de Russie, gouvernement de Kiew.

ACHIRE s. m. [a-ki-re] (gr. *a* sans; *cheir*, main). Sole absolument dépourvue de nageoires pectorales, et qui habite les mers équatoriales.

ACHIRITE s. f. [a-chi-ri-te]. Minér. Silicate

de cuivre, que l'on trouve à *Achir* (Russie). Voy. DIOPTASE.

ACHITOB s. m. [a-ki-tobb] (hébr. : *frère de bonté*, nom d'un descendant du grand prêtre Héli).—Franc-maçonn. Mot sacré pour le quatrième grade de la maçonnerie d'adoption.

ACHMET Ier [ak-mètt], sultan des Turcs (1603-1617), soumit l'Anatolie. — **Achmet II** (1691-1695), abandonna le pouvoir au visir Kiuperli. — **Achmet III** (1703-1730), battit Pierre le Grand sur le Pruth (1711) et fut vaincu par le prince Eugène à Peterwardein (1716). Détrôné par les janissaires, il mourut en prison (1736).

ACHMIN. Voy. EKHMIN.

ACHMITE s. f. [ak-mi-te] (gr. *akmé*, pointe, à cause de la forme aiguë de ses cristaux). Minéral découvert au milieu du quartz, à Kongsberg, Norvège. Formule : 3 (O³ Si²), O³ Fe³, ONa. Poids spécifique = 3.24. — Substance d'un vert foncé assez dure pour rayer le verre; elle fond au chalumeau en boule noire et n'est pas attaquée par les acides.

* **ACHOPPEMENT** s. m. Action de heurter du pied en marchant. — Fig. *Pierre d'achoppement.* Occasion de faillir, de tomber dans l'erreur; obstacle imprévu.

* **ACHOPPER** v. n. [a-cho-pé] (du vieux mot *chopper*). Se heurter à, faire un faux pas. — Fig. Faillir, échouer.

ACHORES s. m. pl. [a-ko-re] (gr. *a*, sans *achôr*, gourme). Croûtes de lait, ulcérations superficielles à la peau du visage et de la tête.

ACHORÈSE s. f. [a-ko-rè-ze] (gr. *a*, privat.; *chorésis*, capacité). Pathol. Diminution de capacité des réservoirs destinés à contenir des liquides, tels que la vessie.

ACHORION s. m. [a-ko-ri-on] (gr. *a*, priv.; *chorion*, membrane). Genre de champignons voisin du genre oïdium.

ACHORISTE adj. [a-ko-ri-ste] (gr. *a*, priv.; *chôristos*, séparé). Se dit d'un symptôme qui accompagne ordinairement une maladie.

ACHOUR s. m. [a-chour] (rad. *achoura*, parce qu'il se perçoit dans ce mois). Impôt algérien qui a pour base les produits de la terre.

ACHOURA s. m. [a-chou-ra]. Premier mois de l'année musulmane.

A. CHR. Abréviation des mots latins *ante Christum*, avant le Christ.

ACHRAS s. m. [a-krass]. Nom que l'on donne quelquefois au SAPOTILLIER commun.

ACHROMA s. m. [a-kro-ma] (gr. *a*, sans; *chroma*, couleur). Pathol. Décoloration partielle de la peau.

ACHROMASIE s. f. [a-kro-ma-zî]. Pathol. Décoloration du corps; pâleur cachectique.

ACHROMATIE s. f. Synon. de CHROMATIE.

* **ACHROMATIQUE** adj. [a-kro-ma-ti-ke] (gr. *a*, sans; *chrômatikos*, coloré). Qui fait voir les images des objets sans qu'elles soient mélangées de couleurs étrangères, ni entourées de franges irisées.

ACHROMATISANT, ANTE adj. Qui produit l'achromatisation.

ACHROMATISATION s. f. [a-kro-ma-ti-za-si-on]. Action d'achromatiser, de rendre achromatique.

ACHROMATISER v. a. (gr. *a*, priv.: *chrômatizô*, je colore). Optiq. Rendre achromatique. — S'achromatiser s. pr. Être achromatisé.

* **ACHROMATISME** s. m. [a-kro-ma-ti-sme] (gr. *a*, sans; *chrôma*, couleur). Opt. Propriété ou effet des lunettes ou des verres achromatiques. L'achromatisme détruit les effets de coloration que l'on observe dans les images vues au travers des prismes et des lentilles simples. Pour cela, on accole ensemble deux prismes convenablement choisis, l'un en cristal, l'autre en verre ordinaire; on les dispose en sens inverse, la base de l'un dirigée vers le sommet de l'autre. Quand il s'agit de lentilles, on accole une lentille divergente en cristal à une lentille convergente en verre ordinaire. Dans le système adopté par Fraunhofer, pour l'objectif achromatique de sa lunette astronomique, la lentille convexe de verre ordinaire (Crown glass) est associée à un ménisque divergent de cristal (Flint glass). Les deux lentilles qui s'achromatisent sont ordinairement soudées l'une à l'autre par un mastic bien transparent; quelquefois elles sont libres dans une monture commune.

ACHROMATOPSIE s. f. [a-kro-ma-to-psi] (gr. a, sans; chrôma, couleur; opsis, vue). Affection de l'œil qui le rend incapable de distinguer les couleurs ou du moins certaines couleurs. Pour les personnes atteintes d'achromatopsie, toutes les couleurs paraissent blanches ou grises ou noires. C'est une imperfection innée et héréditaire.

ACHROME adj. [a-kro-me] (gr. a, priv.; chrôma, couleur). Qui n'a pas de couleur.

ACHROMIQUE adj. Qui est sans couleur.

ACHROMODERMIE s. f.[a-kro-mo-dèr-ml](gr. a. priv.; chrôma, couleur; derma, peau). Pathol. Décoloration de la peau.

ACHRONIZOÏQUE adj. [a-kro-ni-zo-i-ke] (gr. a, priv.; chrónizein, durer). Se dit de tout médicament qui ne peut être conservé sans s'altérer.

ACHTHÉOGRAPHE s. m. [a-kté-o-gra-fe] (gr. achthos, eos, poids; graphô, je décris). Celui qui décrit les poids; qui fait la nomenclature des poids.

ACHTHÉOGRAPHIE s. f. [a-kté-o-gra-fî] Description, nomenclature des poids.

ACHTHÉOMÈTRE s. m. [a-kté-o-mé-tre] (gr. achthos, eos, poids; métron, mesure). Instrument qui sert à déterminer la surcharge des voitures sur les routes.

ACHUPALLA s. m. [a-chou-pal'-la]. Genre de plantes de la famille des broméliacées.

ACHYLIE ou **Achylose** s. f. [a-chi-lî-; lo-ze] (gr. a, sans; chulos, suc, humeur). Méd. Manque de formation du chyle.

ACHYMOSE s. f. [a-chi-mo-ze] (gr. a, sans; chumos, suc). Pathol. Mauvaise digestion; défaut de formation de chyme.

ACHYRANTHE s. m. [a-ki-ran-te] (gr. akuron, paille; anthé, floraison). Genre de plantes, famille des amarantacées. On en connaît environ douze espèces dont quelques-unes croissent dans la région méditerranéenne. Ces plantes s'appellent aussi cadelari.

ACHYRANTOÏDE adj. Qui ressemble à une achyranthe.

ACHYROPHYTE adj. [a-ki-ro-fi-te] (gr. akuron, paille phuton, plante). Bot. Se dit d'une plante dont la fleur est accompagnée de paillettes.

ACICHORIUS (gr. Akichórios), l'un des chefs gaulois qui envahirent la Thrace et la Macédoine en 280 av. J.-C. L'année suivante, il accompagna Brennus dans son invasion en Grèce. Quelques historiens supposent que Brennus et Acichorius sont le même personnage, Brennus étant seulement un titre, et le second un véritable nom cadelari.

ACICULAIRE adj. (lat. acicula, diminutif d'acus, aiguille). Qui est mince et allongé comme une aiguille : les feuilles de pin sont aciculaires. — Minér. qui cristallise en forme d'aiguilles.

ACICULE s. m. (lat. acicula, petite aiguille). Nom des poils gros, rigides, piquants et sans crochet, qui se trouvent, au nombre de 4 ou 2, à chaque pied membraneux de certains annélides.

ACICULÉ, ÉE adj. En forme d'aiguille.

ACICULIFORME. adj. Qui a la forme d'une aiguille.

* **ACIDE** s. m. (gr. aké, pointe, aigreur; lat. acidus). Substance solide, liquide ou gazeuse, qui possède plus ou moins la saveur du vinaigre et qui a la propriété de rougir la couleur bleue des végétaux. Généralement solubles dans l'eau, les acides décomposent les carbonates et détruisent les propriétés des alcalis, avec lesquels ils forment des sels alcalins. Les Arabes étudièrent les acides et en augmentèrent le nombre. Geber, au VIIIe siècle, connaissait les acides nitrique et sulfurique. Des théories sur la constitution des acides furent avancées par Becher (1669), Lémery (1675) et Stahl (1723). Après la découverte de l'oxygène par Priestley, le 1er août 1774, Lavoisier (1778) conclut que ce gaz est un constituant de tous les acides; mais vers 1810, Davy, Gay-Lussac et plusieurs autres prouvèrent l'existence d'acides libres de tout oxygène. En 1816, Dulong proposa la théorie binaire ou hydrogénique des acides; et, en 1837, Liébig, appliquant les théories de Dulong et de Davy, expliqua la constitution de plusieurs acides organiques. Les acides oxygénés furent appelés anhydrides, par le chimiste français Gerhardt. Plusieurs acides ont été découverts grâce aux progrès de la chimie organique. — Les acides sont généralement liquides; plusieurs sont gazeux (acides carbonique, sulfureux; hydrogène sulfuré); quelques-uns se présentent à l'état solide (acide borique, silicique etc.). Les uns et les autres se distinguent en deux grandes classes : les acides minéraux ou inorganiques, résultant de la combinaison de l'oxygène avec un métal ou avec un métalloïde; et les acides organiques, provenant de la décomposition des animaux, des végétaux (ces acides contiennent toujours du carbone). Parmi les acides minéraux, nous citerons les acides arsénieux, arsénique, azotique, borique, carbonique, chlorhydrique, chlorique, chromique, fluorhydrique, iodique, métaphosphorique, phosphorique, pyro-phosphorique, cilicique, sulfurique, sulfhydrique, sulfureux.—Principaux acides organiques : acides acétique, benzoïque, butyrique, citrique, formique, gallique, lactique, malique, margarique, oléique, oxalique, prussique, pyrogallique, pyrotartrique, stéarique, tannique, tartrique. — Essai des acides. Pour déterminer le degré de pureté des acides, on se sert d'un aréomètre qui porte le nom d'acétimétré, appareil peu fidèle dont il faut se défier. Il est même indispensable, si l'on tient à une certaine précision, de neutraliser l'acide au moyen d'une liqueur alcaline que l'on a titrée à l'avance. Opération : on prend 20 grammes, par exemple, de l'acide à essayer; on l'étend d'eau et on y verse un peu de teinture bleue de tournesol, qui devient rouge immédiatement. D'un autre côté, on met dans une burette graduée une liqueur alcaline titrée de telle sorte que 100 parties de cette liqueur, mesurées dans la burette, puissent saturer complètement 20 gr. de l'acide concentré ou pur. On verse peu à peu la liqueur dans l'acide jusqu'à ce que la teinture redevienne bleue. La burette étant graduée, on voit de quelle quantité a diminué le volume de la liqueur. S'il en a fallu 60 divisions, par exemple, c'est que l'acide contenait 60 0/0 d'acide pur; soit 12 grammes unis à 8 grammes d'eau. — Toxicol. Concentrés, les acides sont des poisons corrosifs très énergiques, dont on combat les effets en faisant avaler au malade de la magnésie calcinée à la dose de 30 à 50 gr. par litre d'eau; à défaut de magnésie, on emploie de l'eau de savon ou de l'alcali volatil étendu d'eau; on favorisera ensuite les vomissements. — Dans les ateliers où se dégagent des vapeurs acides, on recommande aux ouvriers l'usage du lait, des boissons gommeuses et mucilagineuses.

* **ACIDE** adj. Qui a une saveur aigre : fruit acide. — Chim. Qui possède les propriétés des acides : sel acide. — Fig. aigre : caractère acide; musique acide.

ACIDIFÈRE adj. (lat. acidus, acide; ferre, je porte). Qui produit les acides.

ACIDIFIABLE adj. Qui peut être converti en acide.

ACIDIFIANT, ANTE adj. Qui acidifie, qui fait passer à l'état acide.

ACIDIFIER v. a. Convertir en acide. — S'acidifier v. pr. Devenir acide.

ACIDIMÉTRIQUE adj. Chim. Qui sert à indiquer la force réelle des acides.

ACIDIQUE adj. Méd. Se dit d'une diathèse que l'on appelle aussi diathèse urique.

* **ACIDITÉ** s. f. (lat. aciditas). Qualité de ce qui est acide : l'acidité des câpres réveille l'appétit. — Acidités s. f. pl. Synon. d'Aigreurs.

ACIDULANT, ANTE adj. Chim. Qui a la propriété de rendre légèrement acide.

ACIDIFICATION s. f. Action d'acidifier ou de s'acidifier; passage à l'état acide.

* **ACIDULE** adj. (lat. acidulus). Légèrement acide. — s. m. combinaison d'un acide avec une certaine quantité d'autres substances qui, sans le neutraliser tout à fait, diminuent son acidité. Les acidules sont des boissons tempérantes et rafraîchissantes particulièrement usitées dans les cas de fièvre vive, d'inflammation, de pléthore, d'affection bilieuse, etc.; ils apaisent la soif, diminuent la chaleur et l'accélération du pouls.

* **ACIDULER** v. a. Rendre légèrement acide.

* **ACIER** s. m. [a-sié. Dans la lecture, r final ne se lie pas avec la voyelle] (lat. acies, pointe). Fer combiné avec une petite quantité de carbone et qui acquiert par la trempe une excessive dureté. — Par ext. Arme faite avec de l'acier :

> J'ai senti tout à coup un homicide acier
> Que le traître en mon sein a plongé tout entier.
>   Racine.

— Fig. Se dit de ce qui est dur, infatigable : poignet d'acier, langue d'acier. — Hist. Nous ne connaissons pas exactement l'époque où les hommes ont commencé à fabriquer l'acier. Aristote et Diodore font connaître les règles que l'expérience avait déjà transmises de leur temps pour le travail d'un fer qui paraît avoir quelque rapport avec l'acier. Dès la plus haute antiquité les habitants de l'Inde fabriquaient des lames damassées qui étaient en une espèce d'acier. Les Grecs se glorifièrent d'avoir inventé l'acier; les Romains en attribuaient l'invention aux Espagnols. Pendant le moyen âge, quelques villes d'Espagne et de l'Asie Mineure se rendirent célèbres par la fabrication et la trempe de l'acier. Au commencement du XVIIe siècle seulement, une fabrique d'acier fut fondée en France, près de Paris. Les inventions de Mushat (1800) et de Lucas (1804), firent avancer l'art de fabriquer l'acier et de le travailler. En 1859, Bessemer fut obtenu en Allemagne; et en 1861, M. Frémy fabriqua de l'acier en mettant du fer rougi en contact avec du carbonate d'ammoniaque. Le métallurgiste allemand Krupp exhiba, en 1854, un lingot d'acier qui pesait 4,500 livres et, en 1862, un lingot de 20 tonnes. L'attention fut vivement excitée, en 1860, par la coulerie obtenue d'un sable métallique qui se trouve à Taranaki, au Nouveau-Plymouth (Nouvelle-Zélande). Un pont en acier fut exposé à Paris, en 1867, par le constructeur Joret. Depuis 1876, le docteur Siemens produit, par grandes masses, au moyen de ses fourneaux régénérateurs à gaz, de l'acier excellent à un prix relativement très peu élevé. En conséquence de tous ces perfectionnements dans la métallurgie, on peut prédire qu'avant peu, l'acier remplacera la fonte et le fer, excepté, sans doute, pour les œuvres artistiques. — Depuis quelques années, on a introduit une grande confusion dans l'usage du mot acier, par suite de nouveaux procédés métallurgiques qui permettent de fondre le fer et de le couler en lingots. Ces lingots, ayant l'apparence et quelques-unes des propriétés de l'acier fondu, reçoivent le nom de ce dernier.— TECHNOL. L'acier doit contenir de 7 à 8 millièmes de son poids en charbon. Rougi, puis refroidi subitement dans l'eau, il se *trempe* et devient très élastique, très dur et très cassant. En faisant chauffer l'acier *trempé* jusqu'au moment où sa surface se colore, et en le laissant ensuite refroidir doucement, on obtient l'acier *recuit;* cette recuite permet de lui donner les degrés d'élasticité et de dureté que l'on désire. Pour la manière de le distinguer de l'acier, voy. FER. — Classification et fabrication de l'acier. On classe les aciers suivant leur mode de production, dont on distingue trois procédés, savoir : I. ACIER OBTENU DIRECTEMENT DU MINERAI DE FER, PAR RÉDUCTION ET CARBURATION. On traite des minerais très purs comme pour en tirer du fer par la méthode catalane ; mais on laisse ces minerais assez longtemps dans le charbon, de façon qo'ils entrent en combinaison avec lui; et l'on obtient ce que l'on appelle l'*acier naturel*. — II. ACIER OBTENU DE LA FONTE, PAR DÉCARBURATION. C'est de la fonte dont on a suspendu l'affinage avant la combustion complète de son charbon. Le produit porte le nom général d'*acier d'affinage*. On distingue : *a.* L'acier *puddlé*, obtenu pour la première fois, en 1839, par M. Stengel, à Loho, en Prusse, et par MM. Soly père et fils, dans le comté de Stafford (Angleterre). La manière de *puddler* l'acier ne diffère pas essentiellement du procédé employé pour la *fonte*. — *b. Acier Uchatius*, inventé par Uchatius et obtenu par la fusion d'un *mélange* de fonte puddlée, de minerai de fer et d'oxyde de manganèse. D'abord fabriqué en Autriche, cet acier est produit maintenant par la Suède. — *c. Acier Bessemer.* Le procédé Bessemer, dit procédé pneumatique, a été inventé en 1856, par M. H. Bessemer. Il consiste à obtenir directement l'acier fondu au moyen d'un courant d'air dans la fonte liquide. — *d. Acier Bérard.* La conversion de la fonte en acier s'obtient dans un haut fourneau chauffé par le gaz. La fonte est d'abord décarburée, désulphurée et déphosphorée au moyen de l'air combiné avec le gaz hydrocarbonique ; puis elle est recarburée. — III. ACIER OBTENU DE FER EN BARRES, PAR CARBURATION. On emploie du fer en barres que l'on fait chauffer hors du contact de l'air dans un lit de poussière de charbon. C'est l'acier de *cémentation*, que l'on affine et que l'on rend homogène, soit par le forgeage, soit par la fusion. Ses qualités sont très diverses, suivant la pureté du fer et la quantité de charbon qu'il contient. — *a. Acier Martin*, obtenu par la réaction de fer en barres sur de la fonte : procédé connu depuis longtemps. Rinmann, Vanaccio, Agricola (vers 1550) l'ont décrit. Réaumur (1722), Chulut et Clouet (1778) ont publié le résultat d'expériences dans lesquelles l'acier avait été produit par la fusion combinée de fonte et de fer en barres, ou de fonte et d'oxyde de fer. Mais ces expériences, et plusieurs autres faites plus tard ne réussirent que dans des creusets. La première application pratique date de 1865, époque où les métallurgistes français Pierre et Emile Martin se firent breveter, pour un procédé qui consiste principalement en un *mélange* de fonte avec du fer en barres, de la ferraille, des débris d'acier ou de l'oxyde de fer, que l'on fait fondre dans le foyer d'un fourneau à reverbère chauffé au gaz et dont la flamme aide à la fusion. Il y a d'abord décarburation de la fonte ; on amène ensuite la recarburation ou désoxydation en ajoutant, à la fin de l'opération, du fer blanc, du manganèse ou d'autres substances. — *b. Acier indien* ou *acier Wootz*, produit de la façon

suivante : de petits morceaux de fer sont placés dans un creuset d'argile avec du bois sec et des feuilles ; on ferme hermétiquement au moyen d'argile. On chauffe jusqu'à fusion complète, on brise le creuset et l'on obtient une masse conique d'un acier très carburé que l'on peut ensuite travailler à une température relativement assez basse. C'est un métal estimé, à cause de sa pureté. — *c. Acier cémenté*, obtenu de fer et de charbon de bois en poudre, chauffés ensemble à une chaleur rouge-blanc, sans que l'air ait accès dans le creuset. L'affinité du fer pour le carbone est telle que lorsqu'on le stratifie de cette façon, la combinaison intégrale a lieu après un espace de quelques jours. C'est un procédé très ancien que Réaumur a décrit en 1722 et qui a subi peu de changements depuis lors. — *d. Acier Mackintosh* ou *acier Baron.* La carburation au moyen d'hydrocarbone gazeux, sans aucune fusion, fut proposée en 1824, par Charles Mackintosh, qui se fit breveter l'année suivante. Ce procédé a été rappelé de nos jours sous le nom de procédé Baron. Mais dans la pratique, il n'a pas encore reçu d'application.

** ACIÉRAGE s. m. Opération qui consiste à donner à des planches de cuivre la dureté de l'acier.

** ACIÉRATION s. f. Action d'aciérer.

** ACIÉRER v. a. Convertir du fer en acier. — S'aciérer v. pr. Être transformé en acier.

ACIÉREUX, EUSE adj. Qui a les qualités de l'acier, qui se rapporte à l'acier : *fer aciéreux.*

** ACIÉRIE s. f. Usine où l'on fabrique l'acier.

ACIFORME adj. Qui est en forme d'aiguille.

ACILIUS GLABRIO (Manius), général romain qui devint consul en 191 av. J.-C. Il battit aux Thermopyles le roi de Syrie, Anthiochus le Grand, et commença la soumission de l'Étolie. Il écrivit, en langue grecque, des annales romaines qui ne forment qu'un tissu de fables destinées à tromper les Grecs sur la vérité de leurs vainqueurs. — Acilius Glabrio (MANIUS), consul en 70 av. J.-C., succéda à Lucullus dans la direction de la guerre contre Mithridate. — Acilius Glabrio, consul en 94 apr. J.-C., descendit, par ordre de l'empereur, dans l'arène et y vainquit un lion monstrueux; l'empereur, jaloux des applaudissements du peuple, le fit mourir quelques années après.

ACINACE ou Acinacès s. m. (gr. *akinakès*, cimeterre). Poignard droit et court dont faisaient usage les Perses, les Mèdes et les Scythes. Ils le suspendaient au ceinturon, du côté droit, tandis que l'épée se portait du côté gauche.

ACINACIFOLIÉ, ÉE adj. (gr. *akinakès*, sabre ; lat. *folium*, feuille). Bot. Qui a les feuilles en forme de lame de sabre.

ACINACIFORME adj. (gr. *akinakès*, sabre). Bot. Qui ressemble à un sabre. Se dit surtout des organes foliacés à trois angles, à carène tranchante, et un peu redressés vers la partie supérieure.

ACINAIRE adj. (gr. *akinos*, grain de raisin). Se dit des plantes dont la tige et les rameaux portent à leur surface de petites vésicules sphériques.

ACINE ou Acinus s. m. (gr. *akinos*, grain de raisin). Bot. Nom générique de toutes les petites baies molles qui offrent de la ressemblance avec celui du raisin ou de la groseille. — Anat. Nom donné aux culs-de-sac des conduits sécréteurs des glandes conglomérées.

ACINÉZIE s. f. [a-si-né-zi] (gr. *a*, sans ; *kinein*, pouvoir). Méd. Intervalle qui sépare la systole de la diastole, à chaque pulsation.

ACINEUX, EUSE adj. (gr. *akinos*, grain de raisin). Qui est arrondi en forme de grain de raisin : *glande acineuse.*

ACINIER s. m. (gr. *akinos*, grain de raisin ; ainsi nommé parce que ses baies ressemblent au raisin). Nom vulgaire de l'aubépine dans certains cantons de la France.

ACINIFORME adj. Qui a la forme d'un grain de raisin.

ACINODENDRON adj. (gr. *akinos*, grain de raisin ; *dendron*, arbre). Bot. Se dit d'une plante dont les fruits sont disposés en grappe.

ACIOTE s. m. (gr. *akis*, pointe). Genre de plante, famille des mélastomacées, dont l'unique espèce, originaire des Antilles, produit des baies acidulées et mangeables.

ACIPHORÉ, ÉE adj. [a-si-fo-ré] (gr. *akis*, pointe; *phoros*, qui porte). Entom. Se dit des insectes dont le corps se termine en forme d'aiguille.

ACIPHYLLE adj. [a-si-fi-le] (gr. *akis*, pointe, *phullon*, feuille). Bot. Qui a les feuilles pointues.

ACI REALE [a-tchi], ville maritime, sur la côte orientale de Sicile, 18 kil. N. de Catane, belles constructions ; célèbres sources minérales ; grotte de Galatée et cave de Polyphème ; production importante de linge ouvré ; 25,000 hab.

ACIS [a-siss], berger de Sicile, fils de Faune et de la nymphe Symæthis; se fit aimer de la néréide Galatée, et fut écrasé sous un rocher par son rival Polyphème. A la prière de Galatée, le dieu Neptune le changea en fleuve. Les Siciliens ont conservé son nom au fleuve Aci qui se jette dans la mer à ACI REALE (voy. ce mot). Les rives de ce cours d'eau sont encore pleines du souvenir poétique du malheureux amant de Galatée. Son aventure forme le sujet de la fontaine de Médicis, dans le jardin du Luxembourg.

ACISELER v. a. Double la consonne *l* devant un *e* muet : *j'acisellerai.* Agric. Coucher pour la première fois le sarment de la vigne.

A. C. L. Abréviation des mots Assuré contre l'incendie.

ACLAND (John Dyke), célèbre officier anglais. Sa femme, *Lady Harriet Acland*, a laissé une histoire de la campagne de 1776-77 en Amérique.

ACLASTE adj. (gr. *a*, priv.; *klastos*, qui brise). Opt. Se dit des corps qui ont la propriété de laisser passer les rayons lumineux sans les réfracter.

ACLÉIDIEN, ENNE adj. [a-klé-i-di-ain, è-ne] (gr. *a*, sans ; *kleis, kleidos*, clavicule). Mamm. Se dit des animaux qui n'ont pas de clavicules.

ACLIDE, Aclis, Aclys s. m. Espèce de massue employée par les anciens et particulièrement par les Osques. L'aclide était hérissée de pointes ; une corde permettait de le retirer à soi, après l'avoir jeté contre l'ennemi.

ACLINIQUE adj. (gr. *a*, sans; *klinein*, incliner). Magnét. Se dit de la ligne tracée, d'une

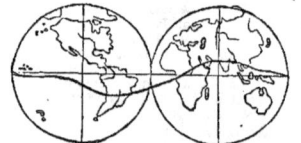

Ligne aclinique.

façon imaginaire, à la surface du globe terrestre, et sur laquelle l'aiguille aimantée n'éprouve aucune inclinaison. La *ligne aclinique* porte aussi le nom d'*équateur magnétique*, parce qu'elle se tient à une distance d'environ 90° du pôle magnétique.

ACMASTIQUE adj. [ak-ma-sti-ke] (gr. *akmé*, sommet ; *staô*, je reste). Méd. Se dit d'une fièvre qui conserve dans tout son cours la même intensité.

ACMÉ s. m. (gr. *akmé*, sommet). Méd. Moment où une maladie est à son plus haut degré d'intensité.

ACNÉ s. f. [ak-né] (Gr. *achné*, efflorescence superficielle). Affection pustuleuse qui consiste essentiellement en une inflammation des follicules de de la peau et qui est caractérisée par de *petites pustules* éloignées les unes des autres et environnées d'une aréole rosée. Le siège le plus ordinaire de cette affection est le nez, les joues, le menton, le front, la partie supérieure de la poitrine et les épaules. L'*acné ponctuée* se reconnaît aux nombreux points noirs qui marquent les follicules enflammés, sur le nez, aux tempes, au front. L'*acné sébacée* se signale par une sécrétion grasse, une rougeur et une grande sensibilité à la surface de la peau. La COUPEROSE et la MENTAGRE sont des affections de la même famille que l'*acné*. On les confond souvent ensemble. Pour le traitement, voy. COUPEROSE.

ACŒMET ou **ACÉMÈTES** (gr. *akoimetos*, sans sommeil). Moines grecs du V° siècle, qui se succédaient pour chanter l'office nuit et jour sans interruption. Le centre de leur secte était le cloître d'Irénarion, près de Constantinople.

ACOGNOSIE s. f. [a-ko-ghno-zî] (gr. *akos*, remède ; *gnôsis*, connaissance). Connaissance des moyens médicaux, chirurgicaux et thérapeutiques.

ACOGRAPHIE s. f. [a-ko-gra-fî] (gr. *akos*, remède ; *graphé*, description). Description des remèdes.

ACOGRAPHIQUE adj. Qui concerne l'acographie.

ACOLI s. m. Oiseau de proie africain du genre busard.

ACOLOGIE s. f. (gr. *akos*, remède ; *logos*, discours). Traité des moyens thérapeutiques en général ou des instruments de chirurgie.

ACOLOGIQUE adj. Qui concerne l'acologie.

ACOLYTAT s. m. Celui des quatre ordres mineurs qui précède le sous-diaconat.

ACOLYTE s. m. (gr. *akoloutos*, suivant, serviteur). Dans la religion catholique et dans les églises orientales, on appelle *acolyte* le clerc qui a reçu l'acolytat ; on donne aussi quelquefois le même nom à toute personne qui remplit les fonctions d'acolyte en entretenant les luminaires, en portant les cierges et en répondant au prêtre pendant l'office de la messe. — On a étendu cette appellation à toute personne qui en accompagne une autre. Pris en mauvaise part, *acolyte* est devenu synonyme de *complice*. — Hist. On donnait anciennement le nom d'*akolouthos* (acolyte) à un officier de haut rang chargé, à Constantinople, de commander la garde particulière du palais.

ACOMA, le plus ancien village indien du *Nouveau-Mexique*, sur le sommet isolé d'un rocher presque perpendiculaire qui se dresse à 400 pieds au-dessus des vallées environnantes. Château fort.

ACOMAT s. m. [a-ko-ma]. Bot. Genre de plantes, famille des homaliinées, dont on connaît plusieurs espèces appartenant à la zone équatoriale.

ACOMIE s. f. (gr. *a*, sans ; *komé*, chevelure). Synon. de CALVITIE.

ACOMPTE s. m. [a-kon-te]. Payement partiel sur une somme due. Plur. des *acomptes*. — Adverbial. S'écrit en deux mots : *j'ai donné mille francs à compte sur ce que je dois*. — Droit. On ne peut forcer un créancier à recevoir des

acomptes ; mais les tribunaux peuvent accorder un délai au débiteur. (Cod. civ. 1244).

AÇON. Voy. ACCON.

ACONCAGUA [a-konn-ka'-gou-a]. I. Province centrale du Chili ; 45,500 kil. carr.; 133,000 hab. Fertiles vallées au pied des Andes ; mines d'or, d'argent et de cuivre. Capitale : San Felipe de Aconcagua (7,000 hab.) — II. Pic des Andes, au N.-E. de San Felipe de Aconcagua, autrefois considéré comme le plus haut du nouveau monde. Il s'élève à 6,934 mètres au-dessus du niveau de la mer.

ACONÉINE s. f. Substance extraite de l'aconit.

***ACONIT** s. m. [a-ko-nite] (lat. *aconitum*, du gr. *akoné*, pierre, parce que cette plante croît dans les endroits pierreux). Genre de plantes vivaces, famille des renonculacées, tribu des helléborées. Caractères : cinq sépales pétaloïdes inégaux, le supérieur en casque ; deux nuls et petites très-inégaux, les deux supérieurs seuls bien développés à onglet très-allongé ; fruit, trois à cinq follicules acuminés.

Aconitum napellus.

On en connaît vingt-deux espèces, toutes vénéneuses ou suspectes, appartenant aux pays froids ou aux pays tempérés. — 1° ESPÈCES A FLEURS JAUNES. *Aconit tue-loup* (Aconitum lycotonum, Linné), des Alpes, feuillage sombre, grands épis de fleurs d'une pâleur livide. *Aconit des Pyrénées*, variété du précédent. *Aconit solitaire* (aconitum anthora, Lin.). — 2° ESPÈCES A FLEURS BLEUES. *Aconit napel* (aconitum napellus, Lin.) ou *char de Vénus*, *capuchon de moine*, *tue-chien*, etc., jolie plante d'ornement dont certaines variétés ont à fleurs blanches, roses ou panachées, en forme de casque antique ; feuilles découpées, d'un vert sombre. C'est un poison très violent, dont il faut se défier dans les jardins. — On cultive encore dans nos parterres : l'*aconit pyramidal*, haut d'un mètre ; l'*aconit de candolle* aux fleurs d'un bleu pâle intérieurement et d'un bleu vif sur les bords ; l'*aconit du Japon*, l'*aconit paniculé*, etc. — Hist. Plusieurs peuples de l'antiquité empoisonnaient leurs flèches avec l'*aconit napel*, que les poëtes grecs et latins prétendaient avoir pris naissance de Cerbère, lorsque Hercule l'étreignit dans les enfers. — Méd. L'aconit est un narcotique stupéfiant qui, à faible dose (de 10 à 40 gouttes d'alcoolature), agit comme sédatif dans la toux spasmodique et contre le rhumatisme chronique ; on le donne aussi dans l'infection purulente ; 5 gr. d'alcoolature dans 80 gr. de sirop thébaïque, sont recommandés contre la toux nerveuses : à prendre en 2 ou 3 demi-cuillerées par jour.

ACONITALINIQUE adj. Se dit d'un acide que l'on obtient en faisant agir le perchlorure de phosphore sur l'acide citranilique, en en ajoutant de l'eau au produit de cette réaction.

ACONITATE s. m. Sel formé par la combinaison de l'acide aconitique avec une base.

ACONITINE s. f. Alcali qu'on retire des feuilles de l'*aconit napel*. C'est une substance très vénéneuse, amère, peu soluble dans l'eau, très soluble dans l'alcool. Formule : $C^{60} H^{47} AzO^{14}$. L'aconitine se présente ordinairement en grains blancs et pulvérulents. On en fait usage dans quelques maladies, entre autres le rhumatisme articulaire et la névralgie.

ACONITIQUE adj. Se dit d'un acide tribasique ($3HO, C^{18} H^3 O^9$) extrait de l'*aconit napel*. On en a trouvé aussi dans l'*équisetum fluviale* (prèle) et on lui a donné le nom d'*acide équisétique*.

ACONTIAS s. m. [a-kon-ti-ass] (gr. *akontias*, javelot). Nom grec d'un serpent que l'on croyait s'élancer comme un trait sur les passants. — Cuvier donne ce nom à un genre d'orvet qui n'a pas de sternum ni de vestige d'épaule et de bassin. Son museau est enfermé plusieurs espèces produites par l'Orient, dont une entièrement aveugle (acontias cœcus) ; une espèce, qui habite la Guyane, est nommée anguis melagris.

À-CONTRE loc. adv. Mar. A contre sens. — Un navire abat *à-contre*, lorsque les dispositions étant prises pour abattre sur un bord, les lames, le courant, etc., le font abattre sur l'autre bord. — Une voile est *à-contre*, quand elle est disposée de manière à produire un effet contraire à celui des autres voiles.

***ACQUINANT, ANTE.** adj. Qui acquine.

***ACQUINER** v. a. [a-ko-ki-né]. Allécher, attirer ; faire contracter une habitude : *l'oisiveté acquine*. — S'acquiner v. pr. S'attacher, s'adonner trop : *il ne faut pas qu'un chien de chasse s'acquine à la cuisine*.

ACORE s. m. [a-ko-re] (gr. *koré*, prunelle de l'œil, à cause, selon Dioscoride, de ses propriétés curatives pour les maux d'yeux). — Bot. Genre de plantes, type de la tribu des *acorées* et dont la principale espèce, l'*acore aromatique* (acorus calamus, Lin.) ou jonc odorant ou lis des marais, se trouve sur le bord de nos étangs et dans les mares des environs de Paris. Cet *acore* possède un rhizome traçant aromatique, connu dans le commerce sous le nom de *Calamus aromaticus* et employé dans la parfumerie. La racine d'acore donne à l'eau-de-vie de Dantzick la saveur qui distingue cette liqueur ; on s'en servait autrefois en médecine comme d'un agent excitant et sudorifique. On l'emploie encore dans les gastralgies : infusion de 12 à 15 gr. dans un litre d'eau. En 1834, on a importé du Japon, l'*acorus gramineus*, dont une variété se cultive comme plante d'ornement ; elle a les feuilles rubanées de rose, de blanc et de vert.

ACORÉES, Acoroïdées, Acoracées s. f. pl. Tribu de la famille des *Aroïdées*, dont le genre acore est le type. Rhizome rampant, aromatique, feuilles ensiformes ; fleurs périanthées à 6 folioles ; 6 étamines à filets membraneux ; ovaire à 3 carpelles ; fruit en baies globuleuses.

AÇORES (Portug. *autours*). Groupe de neuf îles, dans l'Océan Atlantique, en face de la côte N.-O. de l'Afrique ; à 1,300 kil. du Portugal, dont elles dépendent ; 2,529 kil. car.; 264,352 hab. en 1878. Les deux principales sont Saint-Michel et Terceira, entre 36° et 39° de lat. N. et entre 27° et 31° de long. O. Les Açores forment un gouvernement avec un gouvernement colonial avec Angra pour capitale. Climat tempéré et sain ; sol montueux, volcanique, sujet à de violents tremblements de terre. Production d'ignames, de bananes, d'oranges, de citrons et de vins délicieux. Végétation luxuriante ; splendides panoramas. — Les *Açores*, que l'on croit être l'Atlantide des anciens, furent entrevues au XV° siècle par Vanderberg, de Bruges, qu'une tempête poussa dans ces parages ; elles furent positivement découvertes par Cabral qui, envoyé à la découverte par le gouvernement portugais, atteignit l'île Sainte-Marie en 1432. Les autres îles ne furent connues qu'en 1457, époque où on leur donna le nom d'*Açores* en raison du grand nombre d'oiseaux de proie que l'on y trouva. Alfonso V les donna à la duchesse de Bourgogne, en 1466, et cette dernière les fit coloniser par ses sujets, les Flamands. L'Espagne s'en empara et les gardu, de 1580 à 1640. Pendant l'usurpation de don Miguel, l'île de Terceira se déclara pour Dona Maria; un gouvernement fut établi à Angra (1830-'33).

ACORIE s. f. (gr. *akoria*, insatiabilité). Méd. Grand appétit; faim dévorante.

AÇORIEN, ENNE adj. et s. [a-so-ri-ain;-è-ne]. Hab. des Açores; qui appartient à ces îles ou à leurs habitants.

ACORINÉ, ÉE adj. Bot. Qui ressemble à un acore.

ACORMOSE adj. (gr. *a*, sans; *kormos*, tronc). Bot. Se dit d'une plante dont les feuilles et les fleurs partent immédiatement de la racine.

ACOSMIE s. f. [a-koss-mi] (gr. *akosmia*, déréglement). Pathol. Désordre dans l'époque critique d'une maladie.

ACOSTA.,I. (José de), provincial des jésuites du Pérou, né à Médina del Campo, vers 1539, mort en 1600. Il a publié, en 1590, son *Historia natural y moral de las Indias*, ouvrage estimé qui a été traduit en français (1598). Il a laissé un livre *De Natura Novi Orbis* et plusieurs autres ouvrages. — II. (Uriel), juif, né à Oporto vers 1590, mort en Hollande vers 1640 ou 1647. Chassé de Portugal, il devint sceptique en voyageant, publia en portugais une « Critique des traditions pharisaïques » dans laquelle il repousse la doctrine de l'immortalité de l'âme et qui lui valut une persécution universelle. Maudit par les rabbins, repoussé par les chrétiens, jeté en prison comme athée, solennellement fustigé en public, il n'échappa à ses souffrances que par le suicide, après avoir, dans un écrit saisissant (*Exemplar vitæ humanæ*) esquissé son autobiographie. — III. (Joachim), historien de l'Amérique du sud, mort vers 1862; il était colonel du génie dans la république de Colombie. Son principal ouvrage est intitulé : *Compendio historico del descrubimiento y colonizacion de la Nueva Granada* (Paris, 1848). Il a publié avec M. A. Lasèrre une édition complète du *Seminario de la Nueva Granada* (1849). — IV. (Emmanuel), appelé aussi MENDEZ DA COSTA, naturaliste portugais, établi à Londres, auteur d'une *Historia naturalis Testaceorum Britanniæ*, 4 vol. in-4°, Londres, 1778.

ACOT s. m. [a-ko]. Hortic. Adossement de fumier autour d'une couche.

ACOTER. Voy. ACCORER.

ACOTYLE adj. Se dit des animaux sans vertèbres, qui n'ont ni bouche centrale, ni cavités latérales.

* **ACOTYLÉDONE** ou ᴧᴧ Acotylédoné, ée adj. (gr. *a*, sans; *kotylédon*, cavité)* Se dit des plantes dans les semences desquelles on n'a pas découvert de lobes ou *cotylédons* : *les fougères, les mousses, les champignons, sont des plantes acotylédones*.

* **ACOTYLÉDONE** s. f. Nom donné par L. de Jussieu à son premier embranchement du règne végétal; embranchement qui renferme des plantes dépourvues de cotylédons à l'embryon. Il correspond aux *cryptogames* de Linné, aux *agames* de Richard, aux *cellulaires* de de Candolle et aux *acrogènes* de Lindley. Les plantes qui le composent, n'ayant ni fleurs ni fruits, se reproduisent par des *spores* simples, contenues dans une cavité appelée *sporange*. Le sporange est quelquefois accompagné d'organes nommés *anthérides* (voy. ce mot) renfermant des *anthérozoïdes* (voy.). On a proposé de diviser les *acotylédones* en deux sous-em-

branchements, savoir : — 1° ACOTYLÉDONES CELLULAIRES, celles qui sont formées uniquement de tissu cellulaire végétal (*algues, champignons, lichens, hépatiques, mousses*). — 2° ACOTYLÉDONES VASCULAIRES, celles qui, plus élevées en organisation, possèdent du tissu vasculaire et même du tissu fibreux (*characées, équisétacées, lycopodiacées, marsiléucées, fougéres*).

ACOTYLÉDONIE s. f. Nom donné par L. de Jussieu à sa première et unique classe d'*acotylédones*.

ACOUCHI s. m. Voy. AGOUTI.

ACOUÉDIN, INE adj. (gr. *akoué*, ouïe). Pharm. Qui guérit de la surdité.

ACOUMÈTRE s. m. (gr, *akoué*, ouïe; *metron*, mesure). Instrument qui sert à mesurer l'étendue du sens de l'ouïe.

* **À-COUP** s. m. [a-kou]. Mouvement saccadé, temps d'arrêt brusque, qui nuit à la précision, à la régularité dans les exercices d'équitation et dans les manœuvres d'une troupe. Pl. des *à-coups*.

ACOUSMATE s. m. (gr. *akousma*, ce qu'on entend). Bruit imaginaire, dont on ne voit pas la cause.

ACOUSMATIQUE adj. Se dit d'un bruit que l'on entend sans apercevoir les causes réelles dont il provient.

ACOUSTICO-MALLÉEN adj. [a-kouss-ti-ko-ma-lé-ain] (formé de *acoustique* et de *malléen*). Se dit du muscle externe correspondant au marteau dans l'oreille.

* **ACOUSTIQUE** s. f. (gr. *akoué*, j'entends). Science des sons ; elle traite de leur production, de leur transmission dans divers milieux, de leur nature et de leurs rapports. — Adj. Qui a rapport au son;'qui sert à produire, à modifier ou à percevoir les sons : *voûte acoustique*. — Anat. Se dit de quelques parties de l'appareil auditif : *le nerf acoustique*. — Chirur. Se dit des instruments employés pour corriger la dureté de l'ouïe : *cornet acoustique*. — ENCYCL. Pythagore (plus de 500 ans av. J.-C.) et Aristote (300 ans av. J.-C.) expliquèrent le phénomène de la vibration des cordes et de l'air. Les anciens étudièrent l'acoustique surtout dans ses applications. Alexandre le Grand faisait usage du porte-voix, et la musique fut en honneur dès l'antiquité. Mais considérée comme science, l'acoustique ne date guère que des temps modernes. Bacon et Galilée en établirent les bases; ce dernier posa le théorème de la *courbe harmonique* que démontra le Dr Brook Taylor, en 1714, et que complétèrent d'Alembert, Euler, Bernouilli et la Grange. — En 1681, Brook calcula les vibrations en frappant sur les dents d'une roue en cuivre. Sauveur créa le mot *acoustique* et fit faire quelques progrès à la science qu'il avait baptisée. Vers 1700, il détermina le nombre de vibrations données par une note déterminée. Newton démontra par le calcul comment la transmission du son dépend de l'élasticité de l'air ou du corps conducteur. La recherche de la vitesse du son a donné lieu aux calculs les plus minutieux. Gassendi trouva que la *vélocité du son* était de 1,473 pieds par seconde; Cassini, Rœmer et plusieurs autres trouvèrent 1,172 pieds; Newton, 968 pieds; Tyndall, 1,090 pieds à la température de 32° F. La rapidité du son augmente ou diminue suivant que la température est plus chaude ou plus froide. — Il était réservé à Chladni de faire de l'acoustique une science véritable et indépendante. Il commença, en 1787, la publication de ses importantes découvertes sur les figures que les plaques élastiques produisent à la surface d'une couche de sable. Savart est parvenu à préciser d'une manière plus exacte le nombre de vibrations nécessaires pour produire un son perceptible et a fait des recherches sur les vibrations des peaux tendues. Il a déterminé, en 1830, l'étendue de la perception de l'oreille

humaine (de 7,000 à 24,000 vibrations par seconde). Cagnard de Latour inventa en 1819 l'instrument appelé la *Sirène* (voy. ce mot) et examina de plus près beaucoup des conditions auxquelles les corps liquides ou solides sont sonores. Trevelyan, Leslie et Faraday ont expliqué la sonorité des corps métalliques soumis à la chaleur; Faraday et Marx se sont occupés des figures sonores; Wheatstone, des aigrets; Willis, de la formation des tons élevés de la voix humaine; Lissajous, de l'interférence des sons. Scott a imaginé un appareil qui écrit automatiquement la tonalité et la durée des sons. Les expériences de Tyndall, en juillet 1873, sur la poudre-coton et sur les signaux, maritimes, démontrèrent que la transmission du son est contrariée par la non-homogénéité de l'air, indépendamment de la brume et de la pluie. Voy. nos articles : SON, SIRÈNE, TÉLÉPHONE, MICROPHONE, MÉGAPHONE, PHONOGRAPHE, etc. — Bibliogr. Chladni, *Traité d'acoustique* (1809); Pierce, *An elementary treatise on sound* (1836), qui contient un complet catalogue des livres et des mémoires sur la matière; Donkin, *Acoustics* (1870); Daguin, *Traité de physique*, dans lequel l'acoustique est étudiée d'une manière complète (1870); Helmholtz, *Die Lehre von den Tonempfindungen*, ouvrage qui a été édité pour la troisième fois en 1870, et qui a été traduit en plusieurs langues; Sedley Taylor, *Sound and harmony* (1873); Tyndall, *On sound* (nouv. éd. en 1875); et A. Guillemin, *Le son : Notions d'acoustique physique et musicale* (1875).

ACQUA-TOFFANA ou Aqua-Toffana, ou AQUA DELLA TOFFANA, ou ACQUETTA DI NAPOLI s. f. [a-koua] (ital. *acqua*, eau; et *Toffana*, nom d'une Sicilienne à laquelle on attribue l'invention de cette eau). Poison célèbre en Italie dans les XVIe et XVIIe siècles. On suppose que c'était une solution très étendue d'acide arsénieux, mêlée à d'autres substances. Les flacons qui le contenaient portaient une étiquette avec ces mots: *Manne de Saint-Nicolas de Bari*. Parmi les hauts personnages qui furent victimes de cette *manne*, on cite plusieurs papes. La Toffana commença, dit-on, de s'en servir dès 1659; en 1709, c'est-à-dire un demi-siècle plus tard, elle fut arrêtée. Comme on craignait des révélations compromettantes, on l'étrangla dans sa prison.

ACQUAVIVA ou AQUAVIVA [a-koua-vi-va]. Célèbre famille napolitaine dont le membre le plus distingué est CLAUDIO DE ACQUAVIVA quatrième général des jésuites, né en 1542, mort le 31 janvier 1645. Il régla les études de l'ordre dans une publication *Ratio studiorum Societatis Jesu* (1586), qui fut supprimée par l'Inquisition. Acquaviva est l'auteur d'un règlement sur les *exercices spirituels*. Il obtint de Henri IV, en 1603, le retour en France des jésuites expulsés depuis 1594.

ACQUA VIVA DELLE FONTI, ville de l'Italie méridionale, à 28 kil. S. de Bari; 7,000 hab.

ACQUÉRAGE s. m. [a-ké-ro]. Canon de grande longueur renforcé de bourrelets en forme d'anneaux, et qu'on employait au XIVe siècle, pour lancer des boulets de pierre.

* **ACQUÉREUR** s. m. [a-ké-reur]. Celui qui acquiert.

* **ACQUÉRIR** v. a. [a-ké-rir] (lat. *acquirere*). *J'acquiers, tu acquiers, il acquiert; j'acquérais, vous acquériez, ils acquièrent; j'acquérais; j'acquis; j'acquerrai; j'acquerrais; Acquiers; que j'acquière; que j'acquisse; acquérant; acquis*. Devenir propriétaire d'une chose par achat ou par échange : *acquérir une terre*. — Fig. Gagner, obtenir : *acquérir de la gloire*. — On dit absolument : *ce vin acquiert*. — S'acquérir v. pr. Obtenir pour soi, en parlant des personnes : *il s'est acquis quantité*

d'amis. (Acad.) Etre acquis, en parlant des choses : *le savoir s'acquiert par l'étude.*

* **ACQUÊT** s. m. [a-kê]. Jurispr. Chose acquise. — Se dit surtout au pluriel des biens acquis pendant le mariage et qui tombent dans la communauté ; par opposition à *propres,* désignant les biens qui restent la propriété particulière de l'un des époux. — Prov. *Il n'y a si bel acquet que le don,* il n'y a pas de bien plus agréablement acquis que celui qui est donné.

ACQUI [a-koui] (lat. *aquæ statiellæ*). Ville du Piémont, sur la Bormida, à 34 kil. S.-O. d'Alexandrie, 7,500 hab. Cathédrale et séminaire. — Victoire des Français sur les Autrichiens (1794). — Patrie de l'historien Mérula. — Huit sources thermales, sulfurées calciques, connues dès l'époque romaine (de + 38° à 45° C.), et administrées contre les affections articulaires indolentes, certaines paralysies locales, etc. — Acqui fut prise par les Espagnols en 1745 ; reprise par les Piémontais l'année suivante et enfin démantelée par les Français.

* **ACQUIESCEMENT** s. m. [a-ki-èss-se-man]. Action par laquelle on acquiesce. — Droit. Consentement, adhésion donnée à un acte, à une proposition, à un jugement. L'acquiescement peut être donné par acte authentique ou par acte sous seing privé, quand il est sur papier timbré, et il faut le faire enregistrer. L'acquiescement est *exprès* quand il se manifeste par une déclaration écrite ; *tacite* quand il résulte clairement de certains faits ou actes d'exécution. Lorsque la partie condamnée a donné son acquiescement à un jugement, celui-ci acquiert l'autorité de la chose jugée et ne peut plus être attaqué devant un tribunal.

* **ACQUIESCER** v. n. [a-ki-èss-sé] (lat. *ad,* sur ; *quiescere,* se reposer). Consentir, se soumettre. — Acquiescer se conjugue avec l'auxiliaire avoir : *Je ne puis croire que vous ayez acquiescé à cela.*

* **ACQUIS, ISE** [a-ki] part. pas. d'ACQUÉRIR : *il y a des qualités naturelles et des qualités acquises.* — Dévoué : *cet homme m'est acquis.* — Qui appartient incontestablement : *ce droit m'est acquis.* — Acquis s. m. Connaissances acquises : *ce médecin a beaucoup d'acquis.*

ACQUISITIF, IVE adj. [a-ki-zi-tif ; i-ve] (lat. *acquisitious,* qui procure). Qui a rapport à l'acquisition ; qui procure l'acquisition.

* **ACQUISITION** s. f. [a-ki-zi-si-on] (lat. *acquisitio*). Action d'acquérir ; chose acquise.

ACQUISIVITÉ s. f. Néologisme employé par les phrénologues pour désigner l'instinct qui porte l'homme à acquérir.

* **ACQUIT** [a-ki ; le *t* ne se lie pas dans la conversation]. Quittance, décharge : *voulez-vous signer cet acquit ?* — Pour ACQUIT, formule écrite au bas d'un mémoire, d'une facture, etc., et qui constate qu'on en a touché le montant. — *Par manière d'acquit, pour l'acquit de sa conscience,* pour en avoir la conscience déchargée. — *Par manière d'acquit* négligemment et parce qu'on ne peut s'en dispenser. — ACQUIT, au jeu de billard, se dit du premier coup, par lequel on ne fait que placer sa bille, par laquelle l'adversaire doit jouer.

ACQUIT-À-CAUTION s. m. [a-ki-ta-kô-si-on]. — Plur. des ACQUITS-A-CAUTION [a-ki-za-kô-si-on]. Autorisation que les employés d'une administration financière délivrent, sur papier timbré, pour qu'une marchandise qui n'a point encore payé les droits puisse librement circuler d'un entrepôt à un autre. On distingue : *l'acquit-à-caution de paiement,* autorisant des marchandises pour lesquelles on n'a pas payé les droits au départ, mais pour lesquelles l'expéditeur répond du paiement à l'arrivée. La déclaration se fait au bureau le plus voisin du départ ; *L'acquit-à-caution de transit,* délivré par les douanes. autorise le

transport de marchandises prohibées ou sujettes à des droits, les mutations d'entrepôts, etc. Les marchandises sont mises sous balle cordée, que les agents ficellent et plombent au bureau de la douane.

* **ACQUIT-PATENT** s. m. voy. PATENT.

ACQUITTABLE adj. Qui peut ou doit être acquitté.

* **ACQUITTEMENT** s. m. (lat. *a,* hors de ; *questus,* reproche). Action d'acquitter, de payer ce qu'on doit. — Jurispr. Renvoi d'un individu déclaré non coupable.

* **ACQUITTER** v. a. Payer des dettes ; se dit en parlant des personnes et des choses : *il a acquitté son ami ; il acquittera sa propriété.* — Jurispr. Déclarer quelqu'un non coupable. — Mettre *pour acquit* au bas d'une facture, d'un billet, etc.—S'acquitter v. pr. Payer ses dettes:

D'une dette d'honneur dans le jour on s'acquitte.
                 C. DELAVIGNE.

— Fig. Remplir un devoir : *il s'acquitte bien de sa charge.* — Jeux. Regagner ce qu'on a perdu et rester quitte à quitte. — Billard. Jouer le premier coup pour placer sa bille sur la quelle l'adversaire doit jouer ; on dit ordinairement *donner son acquit.*

ACRANIE s. f. (gr. *a,* sans ; *kranion,* crâne). Tératol. Absence totale ou partielle du crâne.

ACRANIEN, ENNE adj. Qui est dépourvu de crâne.

ACRASIE s. f. [a-kra-zî] (gr. *a,* priv.; *krasis,* modération). Toute espèce d'intempérance.

ACRATIE s. f. [a-kra-tî] (gr. *a,* priv.; *kratos,* force). Pathol. Manque complet de forces.

ACRATOPOTE adj. (gr. *akratos,* vin pur; *poteos,* qui boit). Qui boit du vin pur.

* **ACRE** s. f. [la première syllabe est brève] (Saxon : *acker,* champ). Ancienne mesure française de superficie, dont la contenance a beaucoup varié. On l'emploie encore en Angleterre et aux États-Unis, il vaut 4,840 yards carrés.

	ARES.		ARES.
Acre anglaise....	40,467	Acre de pré de Zurich	28,804
— écossaise....	51,419	— de bois de id.	36,004
— irlandaise...	65,549	— commune de id.	32,404
— saxonne....	55,095	— de Normandie.	56,750

* **ÂCRE** adj. [â-kre] (lat. *acer*). Qui est corrosif; qui semble brûler le palais et la gorge: *une bile âcre.* — Fig. Mordant, piquant, revêche : *une critique des plus âcres.*

ACRE ou **Saint-Jean d'Acre** (turc, *Acca;* dans l'Écriture sainte, *Accho;* gr. *Ace* et Ptolémais), ville maritime de Syrie, chef-lieu d'un pachalik, à 110 kil. N.N.-O. de Jérusalem, au pied du mont Carmel, sur une petite presqu'île ; environ 10,000 hab. Point stratégique important, Saint-Jean d'Acre a subi des sièges mémorables. Prise par les Sarrasins en 638, elle leur fut enlevée par Baudoin Ier et ses croisés, en 1104 ; reprise par Saladin, en 1187, elle fut emportée par Philippe-Auguste et Richard Cœur de Lion, le 12 juillet 1191, après un siège de 2 ans qui coûta la vie à 6 archevêques, 12 évêques, 40 comtes, 500 barons et 300,000 soldats. Les chrétiens lui donnèrent le nom de Saint-Jean d'Acre, dont la magnifique église qu'y élevèrent les chevaliers de Saint-Jean de Jérusalem. Les Turcs la prirent et la saccagèrent en 1291, après un siège où périrent 60,000 chrétiens. Elle se releva au XVIIIe siècle sous l'administration de Djezzar Pacha qui s'y enferma pour résister à Bonaparte et y attendre des secours anglais que Sydney Smith lui amena bientôt. La ville se défendit vaillamment. Du 16 mars au 20 mai 1799, les Français donnèrent 11 assauts et soutinrent 26 sorties; enfin ils durent se retirer, non sans avoir réduit la ville en cendres par un impitoyable bombardement. Saint-Jean d'Acre fut saisie, le 27 mai 1832, par Ibrahim Pacha, fils de Méhemet-Ali, vice-roi d'Egypte qui s'é- tait révolté contre la Turquie. Les puissances

européennes (sauf la France) intervinrent en faveur du sultan. Une flotte anglo-austro-turque, sous les ordres de sir Robert Stopford, bombarda, le 3 novembre 1840, cette malheureuse ville, qu'Ibrahim n'avait prise qu'après un siège meurtrier de plus de 5 mois, et qui n'était pas encore relevée de ses ruines. Les Égyptiens durent abandonner la Syrie après une perte de 5,000 hommes.

ACRELIUS (Israel), prêtre suédois (1711-1800), auteur d'une description des colonies suédoises en Amérique (1759).

ÂCREMENT adv. D'une manière âcre.

* **ÂCRETÉ** s. f. Qualité de ce qui est âcre.— Fig. Se dit du style, du caractère, des paroles, du ton, etc.

ACRIBELLE s. f. Mus. Espèce de corde qui sert pour les instruments à archet.

ACRIBOLOGIE s. f. (gr. *akribologia,* recherche) Précision rigoureuse dans le style.

ACRIBOMÈTRE s. m. (gr. *akribês,* exact; *metron,* mesure). Instrument qui sert à mesurer les objets très petits.

ACRIDIE s. f. (gr. *akris, akridos,* sauterelle). Entom. Nom que l'on donne quelquefois au genre CRIQUET (voy.). On dit aussi ACRIDIENS, ACRYDIENS et ACRIDITES.

ACRIDOGÈNE adj. (gr. *akris,* sauterelle ; *généa,* produit). Qui est occasionné par les sauterelles.

ACRIDOGÉNOSE s. f. (gr. *akris,* sauterelle; *génos,* naissance). Maladie des végétaux occasionnée par les sauterelles.

ACRIDOPHAGE adj. [a-kri-do-fa-ge] (gr. *akris,* sauterelle; *phagô,* je mange). Qui se nourrit de sauterelles.—ACRIDOPHAGES s. m. pl. Peuples qui se nourrissent de sauterelles : *les Arabes sont des acridophages.*

ACRIDOPHAGIE s. f. [a-gî]. Habitude de manger des sauterelles.

* **ACRIMONIE** s. f. (lat. *acrimonia*). Âcreté : *l'acrimonie des humeurs.* — Fig. Véhémence, sévérité : *quelle acrimonie dans ce discours.*

* **ACRIMONIEUX, EUSE** adj. Qui a de l'acrimonie. — Fig. Aigre, mordant : *discours acrimonieux.*

ACRINIE s. f. (gr. *a,* priv.; *krinô,* je sépare). Méd. Diminution ou absence d'une sécrétion.

ACRISIE s. f. [a-kri-zî] (gr. *a,* sans ; *krisis,* crise). Terminaison d'une maladie sans phénomènes critiques.

ACRITIQUE adj. (rad. *acrisie*). Pathol. Qui a lieu sans crise ou qui n'annonce pas de crise.

ACROAMATIQUE ou **Acroatique** adj. (gr. *akroaomai,* entendre, écouter). Se dit de certaines doctrines non écrites, mais transmises oralement.

ACROBALISTE ou **Acroboliste** s. m. (gr. *akrobolistês,* qui lance de loin). Cavalier grec, arménien ou parthe, qui lançait de loin des flèches ou des dards pour engager le combat.

ACROBAPHE ou **Acrobaphe** adj. [a-kro-ba-fte] (gr. *akron,* extrémité ; *baphé,* tache). Entom. Se dit d'insectes qui ont une tache au bout de l'aile.

* **ACROBATE** s. (gr. *akron,* extrémité ; *bainô,* je marche). Celui ou celle qui danse sur la corde. — Fig. Homme public qui cherche à éblouir par des procédés extraordinaires. (Ne se dit qu'en mauvaise part).

ACROBATIQUE adj. Qui concerne les acrobates. Se dit d'une machine qui sert à soulever des fardeaux.

ACROBATISME s. m. Profession d'acrobate.

ACROBOLISTE, voy. ACROBALISTE.

ACROBRYE s. f. (gr. *akron,* sommet; *bruô,*

je bourgeonne). Bot. Groupe de plantes dont l'accroissement a lieu uniquement par le sommet.

ACROBUSTITE s. f. [a-kro-buss-ti-te] (gr. *akrobustia*, fourreau). Inflammation du fourreau causée par la malpropreté chez l'homme et chez les animaux. L'*acrobustite* des moutons a reçu le nom de *mal de Boutry*.

ACROCARPE adj. (gr. *akros*, terminal; *karpos*, fruit). Se dit des *mousses* qui portent leurs capsules fructifères à leur sommet ou à leurs extrémités.—ACROCARPES s. f. pl. Subdivision de la famille des MOUSSES.

ACROCÉRAUNIA, ancien nom de l'extrémité N.-O. (aujourd'hui cap *Linguetta*) des monts Acrocérauniens, en Epire, ainsi nommés parce qu'ils étaient exposés à la foudre.

ACROCÉRAUNIENS (Monts) ou Monts Cérauniens, nom que les anciens Grecs donnaient à différentes chaînes de montagnes. L'une appartenait à l'extrémité orientale du Caucase; une autre, au nord de l'Epire (aujourd'hui *monts de la Chimère*), devait son nom aux tempêtes auxquelles elle était exposée, ou (ce qui nous paraît plus vraisemblable) à un promontoire terminal sur la mer Ionienne.

ACROCHORDE s. m. [a-kro-korde] (gr. *akrokordón*, verrue). Genre de reptiles ophidiens non venimeux, caractérisés par les petites écailles en forme de verrues dont ils sont complètement couverts. La seule espèce connue de Cuvier est l'*Oular-Caron de Java* (a. *Javensis* ou *anguis granulatus*), qui vit dans les rivières de Java, où il atteint 4ᵐ 50 de long. Depuis, on a décrit l'*Oular-Limpé*, également aquatique et des mêmes pays.

ACROCHORDON s. m. [a-kro-kor-don] (gr. *akron*, extrémité; *chordé*, corde). Méd. Maladie de la peau, qui consiste en une espèce de verrue retenue par un filet délié et qui semble pendre comme une corde.

ACROCHORISME s. m. [a-kro-ko-ri-sme] (gr. *akron*, sommet; *choros*, danse). Ant. Danse qui consistait à écarter vivement les bras et les jambes en les agitant.

ACROCINE s. m. (gr. *akron*, pointe; *kineó*, je meus). Entom. Genre de coléoptères, tribu des lamiaires.

ACROCOME s. m. (gr. *akron*, sommet; *komé*, chevelure). Genre de palmiers qui doit son nom à l'élégante masse de feuillage placé à l'extrémité supérieure de sa tige.

* **ACROCORINTHE** s. f. (gr. *akros*, élevé). Célèbre citadelle de la ville de Corinthe.

ACRODACTYLE s. m. (gr. *akron*, sommet; *daktulos*, doigt). Ornithol. Face supérieure des doigts d'un oiseau.

ACRODYNIE s. f. (gr. *akron*, à l'extrémité; *oduné*, douleur). Affection épidémique qui a régné à Paris en 1828, 1829, et en 1854. Symptômes : fourmillement douloureux ayant son siège aux pieds et quelquefois aux mains; insomnie; dérangement dans les fonctions digestives. On a regardé cette maladie comme une variété bénigne de la *pellagre*; mais le traitement qu'on doit lui opposer est resté incertain.

ACROGÈNE adj. (gr. *akron*, à l'extrémité; *genos*, naissance). Nom donné par Lindley aux *acotylédones*, parce que ces plantes croissent surtout par le sommet.

ACROL s. m. Synon. D'ACROLÉINE.

ACROLÉATE s. m. Sel formé par la combinaison de l'acide acroléique d'une base.

ACROLÉINE s. f. ou Acrol s. m. (lat. *acer*, âcre; *oleum*, huile). Liquide huileux, incolore, dont la vapeur irrite au plus haut point les yeux et les voies respiratoires (tᵉ Hᵉ Oᵉ). L'*acroléine* s'obtient par la distillation d'un mélange de glycérine et d'acide phosporique

anhydre dans un courant d'acide carbonique. On la rectifie ensuite sur la litharge et le chlorure de calcium. Cette substance constitue la vapeur âcre et irritante que la chaleur fait dégager des fritures. Elle a été découverte par Berzélius.

ACROLÉIQUE ou Acrylique adj. Se dit d'un acide organique (Cᵉ Hᵉ Oᵉ ou HO, Cᵉ Hᵉ Oᵉ), limpide, d'une saveur agréable, provenant de l'oxygénation spontanée à l'air de l'*acroléine*.

ACROLITHE s. f. (gr. *akron*, extrémité; *lithos*, pierre). Statue de bois dont les extrémités sont en pierre ou en marbre.

ACROLOGIE s. f. (gr. *akron*, extrémité, sommet; *logos*, discours). Philos. Recherche de l'absolu. — Paléogr. Ecriture hiéroglyphique dans laquelle les idées sont rendues au moyen d'objets dont le nom commence par la même lettre que ceux qu'on veut exprimer.

ACROLOGIQUE adj. Qui a rapport à l'acrologie.

ACROMIAL, ALE, AUX adj. Qui appartient à l'acromion.

ACROMIO-CORACOÏDIEN, IENNE adj. Se dit d'un ligament tendu transversalement entre l'acromion et l'apophyse coracoïde.

ACROMIO-HUMÉRAL adj. et s. m. Se dit du muscle (appelé aussi *deltoïde*) qui va de l'acromion à l'humérus.

ACROMION s. m. (gr. *akros*, au sommet; *ómos*, épaule). Apophyse qui termine, en haut et en dehors, l'épine de l'omoplate; elle s'articule avec l'extrémité externe de la *clavicule* et donne attache aux muscles *trapèze* et *deltoïde*.

ACROMPHALE s. m. [a-kron-fa-le] (gr. *akron*, extrémité; *omphalos*, ombilic). Extrémité du cordon ombilical qui tient au nombril de l'enfant.

ACRONYQUE adj. (gr. *akros*, extrême; *nux*, nuit). Se dit d'une étoile ou d'une planète lorsqu'elle est du côté du ciel opposé au soleil ou lorsqu'elle passe au méridien à minuit.

ACRONYQUEMENT adv. D'une manière acronyque : *un astre se lève acronyquement lorsque son lever a lieu au moment où le soleil se couche; et il se couche acronyquement lorsque son coucher a lieu au moment où le soleil se lève*.

ACROPATHIE s. f. (gr. *akron*, extrémité; *pathos*, douleur). Pathol. Douleur à l'extrémité d'une partie du corps.

ACROPATHIQUE adj. Qui concerne l'acropathie.

ACROPODE s. m. (gr. *akron*, extrémité; *sommet*, *pous*, *podos*, pied). Côté supérieur du pied des oiseaux.

ACROPODIUM s. m. [di-omm] (gr. *akron*, extrémité; *pous*, *podos*, pied). Plinthe basse et carrée qui supporte une statue et fait souvent corps avec elle.

* **ACROPOLE** s. f. (gr. *akros*, élevé, *polis*, ville). Partie la plus élevée des anciennes villes grecques, et qui servait de citadelle. L'acropole la plus célèbre était celle d'Athènes, qui s'appelait *Cecropia*, de Cécrops, son fondateur. On y admirait les Propylées, le fameux temple de la Victoire, le Parthénon et mille chefs-d'œuvre que les Turcs ont dégradés et que les Vénitiens ont ensuite dévastés en bombardant la citadelle athénienne (1687). Il n'en reste plus que des débris.

ACROPOLITE (Georgius), historien byzantin, né à Constantinople en 1220, mort en 1282. Son ouvrage le plus important est une histoire de Byzance, depuis la prise de Constantinople par les Latins en 1204, jusqu'à l'an 1261, époque où Michel Paléologue délivra cette ville. Cet ouvrage a été publié dans la *Byzantine*.

ACROSARQUE s. f. [a-kro-zar-ke].(gr. *akron*, sommet; *sarx*, pulpe). Bot. Fruit sphérique. charnu et soudé avec le calice, comme dans les groseilles.

ACROSOPHIE s. f. [a-kro-zo-fi] (gr. *akros*, extrémité; *sophia*, sagesse). Sagesse suprême, divine.

ACROSPIRE s. f. (gr. *akron*, sommet; *speiron*, enveloppe). Bot. Filaments que pousse l'orge en germination.

ACROSTIC ou Acrostique s. m. (*acrostichum* de Linné; du grec *akros*, à la surface; *stichos*, rangée). Genre de plantes de la famille des fougères, tribu des *polypodiacées*. Ces plantes habitent les régions chaudes; on a introduit dans nos serres l'*acrostic grimpant* (*acrostichum scandens*, Bory), des Antilles, à grandes feuilles vert-glauque; l'*acrostic à corne d'élan* (*acrostic-alcicorne*, Willem.) et l'*acrostic grand* (*acrostichum grande*. A. Brong.).

ACROSTICHACÉES ou Acrostichées s. f. pl. [a-kro-sti-ka-cé; a-kro-sti-ké]. Tribu de la famille des fougères, établie par Gaudichaud. Principaux genres : *acrostic* (type), *polybotria*, *campium*, *gymmopteris*, *olfersia* etc.

* **ACROSTICHE** s. m. [a-kro-sti-che] (gr. *akron*, extrémité; *stichos*, vers). Petite pièce de poésie, composée d'autant de vers qu'il y a de lettres dans le nom qu'on a pris pour sujet, et dont chaque vers commence par une des lettres de ce nom prises de suite.— Il est aussi adjectif : *vers acrostiches*.— L'acrostiche était connu des anciens; il fut cultivé surtout par les versificateurs latins de la décadence, puis par les écrivains de la Renaissance qui augmentèrent à l'envi les difficultés de ce jeu d'esprit. L'*acrostiche double* est celui où le même mot est reproduit au commencement et à la fin (ou au milieu) des vers. — Le *pentacrostiche* est la pièce de vers qui reproduit 5 fois le même mot. — Voici un acrostiche présenté à Louis XIV par un poète qui avait plus d'esprit que d'argent :

> ┌ ouis est un héros sans peur et sans reproche ;
> ○ n désire le voir.— Aussitôt qu'on l'approche,
> ⊂ n sentiment d'amour enflamme tous les cœurs ;
> ─ I te trouve chez nous que des adorateurs ;
> ○ n image est partout, excepté dans ma poche.

ACROSTOLE s. m. (gr. *akros*, élevé; *stolos*, stole. — lat. *acrostolium*) Ornement (bouclier, casque, animal, cercle, spirale, etc.) que les Anciens mettaient à l'extrémité de la proue des navires. On détachait les acrostoles des bâtiments pris à l'ennemi pour les fixer aux navires vainqueurs.

ACROTARSE s. m. (gr. *akron*, extrémité; *tarsos*, plante du pied). Ornith. Face intérieure du pied d'un oiseau.

* **ACROTÈRE** s. m. (gr. *akron*, extrémité). Archit. Toute espèce d'ornementation placée aux extrémités supérieures des édifices, principalement sur les frontons.

ACROTÉRIASME s. m. [a-kro-tê-ri-ass-me] (gr. *akrótêriazein*, mutiler). Chir. Amputation d'un membre.

ACROTÉRIOSE s. f. [a-kro-té-ri-o-ze] (gr. *akrótérion*, extrémité). Pathol. Gangrène sénile des extrémités.

ACROTHYMION s. m. [a-kro-ti-mi-on] (gr. *akron*, extrémité; *thumos*, thym). Méd. Verrue conique, rugueuse et saignante qui offre quelque ressemblance avec la fleur du thym.

ACROTISME s. m. (gr. *akron*, extrémité). Philos. Recherche des choses premières.

ACRYDIUM s. m. [di-omm] (gr. *akris*, *akridos*, sauterelle). Genre institué donné au criquet par Ed. Geoffroy Saint-Hilaire.

ACRYLATE s. m.; Acrylique adj. Synon. de ACROLÉATE et de ACROLÉIQUE.

ACS ou ACZ, ville de Hongrie, à 10 kil. S.-O. de Komorn. Les Hongrois, commandés

L   6

par Gœrgey, y furent défaits par les Austro-russes, les 2 et 10 juillet 1849.

ACSAB [ak-sab]. s. m. Mesure juive de capacité (4 décil. 38).

ACTA DIURNA. Comptes rendus journaliers de ce qui se passait dans l'ancienne Rome avant les empereurs. Les *acta diurna* comprenaient une chronique abrégée des réunions publiques et des tribunaux, un tableau des naissances, des décès, des mariages, etc. — C'étaient des *journaux*, comme on pouvait en posséder avant l'imprimerie.

ACTA ERUDITORUM [ak-ta-é-ru-di-to-romm] (lat. *actes des érudits*), titre du premier journal littéraire d'Allemagne (1682-1782), fondé par Otto Mencke, et publié mensuellement en latin (Leipzig). La collection complète, aujourd'hui très recherchée, se compose de 117 vol. in-4°.

ACTA EST FABULA [a-kta-èsst-fa-bu-la]. Mots latins qui signifient : *La pièce est jouée.*

ACTA SANCTORUM ou **Acta Martyrum.** L'Église donnait autrefois le nom d'*acta martyrum*, aux extraits des procès subits par les martyrs. Lorsque, à l'histoire des martyrs, on ajouta celle des hommes pieux, le titre fut changé et l'on dit : *acta sanctorum*, en parlant de toute collection de ces récits. La plus ancienne de ces collections est due à Eusèbe; mais la plus célèbre est celle qui fut commencée en 1643 par le jésuite *Bolland* et continuée par les *Bollandistes*. En 1794, elle formait cinquante-trois vol. in-fol. Six autres vol. furent publiés de 1845 à 1867.

ACTE s. m. (lat. *actus*). Mesure de longueur chez les anciens Romains : 35 m. 502,248. — Mesure de superficie : *acte simple* (*actus minimus*), 120 pieds de long sur 4 de large; 42 m. q. 14632. *Acte carré* (*actus quadratus semis* 1/2 *jugerum*), 120 pieds en tous sens; 12 ares 6040896.

*****ACTE** s. m. (lat. *actus*, action; *actum*, fait). Résultat d'une action : *acte de l'entendement.* — Action : on connaît *l'homme par ses actes.* — Log. Capacité d'agir qui n'agit pas encore : *réduire la puissance à l'acte.* — Morale. Action bonne ou mauvaise : *acte de vertu.* — Déclaration légale : *acte de naissance.* — Formule religieuse : *acte de foi.* — Division d'une pièce de théâtre : *pièce en cinq actes.* — Prendre acte, faire consigner un fait. — Faire acte de présence, se présenter. — Acte d'accusation, exposition des faits imputés à un accusé. — Actes authentiques, publics, solennels, qui émanent des officiers publics. — Se dit (surtout au pluriel) des décisions de l'autorité publique : *les actes du gouvernement.* — Art dram. Acte se dit des parties d'une pièce, séparées les unes des autres par un *entr'acte*, intervalle qui repose l'attention du spectateur. Chaque acte se subdivise en *scènes.* — Les Grecs reconnaissaient dans une œuvre dramatique plusieurs parties qu'ils appelaient *protase, épitase, catastase* et *catastrophe*, mais ces parties n'étaient pas séparées par des interruptions de l'action. Au temps des Romains s'établit l'usage de diviser une pièce en cinq parties ou *actes*, et cette habitude fut convertie en précepte par Horace dans son *Art poétique*. Ordinairement, le premier acte contient l'exposition; le deuxième et le troisième les développements de l'intrigue; le quatrième le nœud de la pièce; le cinquième la péripétie ou dénouement. — De nos jours on admet des pièces d'un, deux, trois ou quatre actes. Sous le nom de *tableaux*, on a multiplié les actes et l'on y ajoute encore quelquefois un *prologue* et un *épilogue*, ce qui porte à huit, dix et même quinze le nombre des divisions de l'action. — Jurispr. Acte désigne tout écrit constatant qu'une chose a été dite ou a été faite. Les actes sont *privés* ou *sous seing privé* quand on les a rédigés sans le concours d'aucun fonctionnaire ou officier public. — Dans

le cas contraire, les actes sont dits *publics*. Ces derniers se classent de la manière suivante : 1° *Actes administratifs*, qui ont pour objet un service d'utilité publique et qui émanent des pouvoirs administratifs, depuis le ministre jusqu'au maire; ces actes sont consignés sur des registres publics, comme les registres de l'état civil, des hypothèques, etc. Il en est de même des *procès-verbaux* dressés par un juge de paix; 2° *Actes judiciaires*, jugements ou arrêts des juges; actes de procédure faits par les officiers de justice : avoués et huissiers; 3° *Actes extrajudiciaires*, dus à l'entremise d'un officier ministériel, mais signifiés aux parties en dehors d'une instance; 4° *Actes authentiques*, et en particulier *actes notariés*, passés devant les officiers que la loi a institués pour les recevoir; ils sont exécutoires sans l'intervention des tribunaux et ne peuvent être attaqués que par une procédure de faux. — Actes sous seing privé. Ils ont la même valeur que les actes authentiques; l'enregistrement leur donne une date certaine. Aucune forme particulière n'est prescrite pour leur rédaction. Ils sont valables dès qu'ils portent la signature des différentes parties; on les fait en autant d'originaux qu'il y a de parties ayant un intérêt distinct. En cas de contestation, il faut au jugement pour leur donner la force exécutoire. On peut faire sous cette forme tous les actes et les dispositions qu'une loi expresse ne soumet pas à la forme authentique. — Acte en brevet. Acte dont le notaire ne garde pas la minute et qu'il délivre sans formule exécutoire. Voy. Notoriété (*acte de*); conservatoire, récognitif, etc. — Actes respectueux. Actes qu'un fils âgé de vingt-cinq ans au moins et une fille majeure sont tenus de faire signifier à leurs père et mère (ou en cas de décès de ceux-ci, à leurs aïeuls et aïeules), pour demander conseil sur un mariage auquel ces parents n'ont pas donné le consentement. Les enfants naturels reconnus sont dans l'obligation de faire ces actes respectueux à leur père ou leur mère seulement; les enfants adoptifs en sont tenus vis-à-vis de leurs parents naturels.—Lorsque les parents refusent leur consentement après l'acte respectueux, il faut en faire deux nouveaux, à un mois de distance l'un de l'autre, et le mariage ne peut se célébrer qu'un mois après le dernier acte.—Le garçon âgé de plus de trente ans et la fille de plus de vingt-cinq peuvent faire célébrer leur mariage, un mois après un seul acte respectueux. — Ces actes doivent être signifiés par deux notaires ou par un notaire assisté de deux témoins. — Acte additionnel. Nouvelle constitution que Napoléon 1er se décida à promulguer à son retour de l'île de l'Elbe. Les représentants du peuple, à l'assemblée de Champ-de-Mai (1er juin 1815), jurèrent d'être fidèles à cette constitution; et Napoléon, de son côté, prêta serment de la respecter.

ACTÉE s. f. Mythol. Les dons de Cérès.

ACTÉE ou **Actea**, l'un des surnoms de Cérès.

ACTÉE ou **Actea** s. f. (gr. *aktaia*, sureau, parce que Linné avait trouvé de la ressemblance entre ses fruits et ceux du sureau). Genre de plantes, tribu des *elléborées*, fleurs blanches, calice de quatre à cinq sépales pétaloïdes; corolle de quatre pétales étroits, fruit en baie contenant une seule graine; plantes vénéneuses. Principale espèce : l'*actée en épi* (*actea spicata*) ou *herbe de Saint-Cristophe*, originaire du Caucase, répandue dans presque toute la France, porte de petites baies noires qui sont un poison violent pour l'homme et pour les animaux. Son rhizome, vendu en certains pays sous le nom d'*ellébore noir*, a été employé en médecine. Cette plante se trouve dans les bois montueux; elle s'élève à 1m30 au-dessus du sol.

ACTÉON ou **Actæon.** Mythol. Chasseur qui surprit Diane, au moment où cette déesse

était au bain. En punition de son indiscrétion, il fut métamorphosé en cerf et aussitôt dévoré par ses propres chiens. — s. m. Genre de gastéropodes pulmonés à coquille elliptique, à spire peu saillante. Tornatelles de Lamarck.

ACTER v. n. Faire rédiger ou faire signer des actes.

ACTES DES APÔTRES (les), cinquième livre du Nouveau Testament, contenant l'histoire du christianisme naissant, depuis l'ascension de J.-C. jusqu'en l'an 63 de notre ère. On suppose que ce livre fut écrit par saint-Luc; mais quelques critiques le considèrent comme une relation rédigée par différents écrivains. Dans l'Ancienne Église, son authenticité fut niée par plusieurs sectes hérétiques; dans les temps modernes, l'école critique de Tübingen présuma qu'il a été écrit au iie siècle, c'est-à-dire bien longtemps après la mort de saint-Luc. Cette opinion est formulée dans l'ouvrage intitulé *Die Apostelgeschichte* (1851). D'autres critiques attribuent ce livre à Timothée ou à Silas. — Actes des Apôtres. Journal royaliste fondé en 1789, contre l'assemblée constituante, par Peltier, Rivarol, Lauraguais, Champcenetz, Suleau, Bergasse et autres. Ce pamphlet périodique obtint un grand succès; la satire personnelle en faisait les frais.

ACTES DES CONCILES. Recueil des canons des conciles.

*****ACTEUR, TRICE** s. (lat. *actor*). Celui, celle qui joue un rôle dans une pièce de théâtre; comédien, comédienne. — Celui qui a une part active dans l'exécution d'une affaire. — Hist. Chez les nations grecques, la profession d'acteur fut honorée; mais chez les Romains, il était défendu à un citoyen de monter sur le théâtre; les pièces ne pouvaient être interprétées que par des esclaves. En France, les acteurs furent repoussés de toutes les corporations et frappés d'excommunication. Depuis la Révolution seulement, ils sont traités sur le pied de l'égalité civile. Dans l'antiquité, les hommes seuls furent admis à monter sur les planches; les rôles de femmes étaient remplis par de jeunes acteurs ou par des eunuques. La première femme qui eut le courage d'affronter les anciens préjugés fut, dit-on, la reine Anne, femme du roi d'Angleterre, Jacques 1er. Elle monta plusieurs fois sur la scène du théâtre de la cour. Un demi-siècle plus tard, le roi Charles II encouragea plusieurs femmes à participer à des représentations. Les historiens anglais citent Mistress Colman comme la première femme qui ait joué publiquement (en 1656). Depuis longtemps les troupes françaises possédaient des actrices. — L'usage de rappeler les acteurs sur la scène remonte à 1777. Le public satisfait d'un acteur de la Comédie italienne, nommé Dorsonville, qui venait de jouer les *Intrigues d'Arlequin*, le rappela pour lui manifester son contentement.

ACTIAQUE adj. [ak-si-a-ke]. Qui se rapporte à *Actium*. On dit aussi *actien*. — Jeux actiaques, fêtes romaines quinquennales instituées par Auguste pour perpétuer le souvenir de la victoire d'*Actium*. Primitivement, ces fêtes se célébraient tous les trois ans à Actium même, en l'honneur d'*Apollo Actius*. Auguste leur donna plus d'éclat. — Ere actiaque, ère de l'Empire romain, adoptée par Ptolémée, Josèphe, Eusèbe et Cemorinus; elle commençait le 1er janv. de l'an 30 av. J.-C.

ACTIEN, ENNE adj. [ak-si-ain]. Qui tire son nom, qui date de la bataille d'Actium. Voy. Actiaque.

*****ACTIF, IVE** adj. [ak-tiff-; i-ve] (lat. *activus*). Qui agit : *l'esprit est actif, la matière est passive.* — Qui est diligent, vif, prompt : *poison actif, esprit actif.* — Dettes actives, sommes dues à un créancier. — Gramm. Verbe actif, transitif, qui a un régime direct. — s. m. Ce qu'on possède, par opposition à *passif* : *balance* *de l'actif et du passif.*— Gramm. Voix active : *conjuguer l'actif d'un verbe.*

ACTINENCHYME s. m. [ak-ti-nan-chi-me] (gr. *aktis*, rayon; *egchuma*, suc). Bot. Nom du tissu cellulaire des végétaux, lorsqu'il est disposé en forme de rayon.

ACTINIAIRES s. m. pl. Synon. de ACTINIENS.

ACTINIE s. f. (gr. *aktis*, rayon). Genre de polypes, classé par Cuvier parmi les *acalèphes*. Corps charnu, souvent orné de couleurs vives; à l'extrémité supérieure, nombreux tentacules placés sur plusieurs rangs, comme les pétales d'une fleur double, ce qui a fait donner à ce

Actinie ouverte.

polype le nom d'*anémone de mer*. Les actinies, qui tapissent aujourd'hui le fond de tous nos aquariums d'eau de mer, s'épanouissent dès se ferment suivant que le jour est plus ou moins beau. Leur peau se contracte et renferme leurs tentacules comme dans une bourse. Leur force de reproduction est extraordinaire; elles repoussent les parties qu'on leur coupe et se multiplient par la division. Elles sont vivipares; elles dévorent toute sorte de petits animaux, qu'elles saisissent avec leurs tentacules. On distingue : l'*actinie coriace* (*actinia senilis*),

Actinie fermée.

large de 3 pouces, à enveloppe orangée, à tentacules sur deux rangs, ordinairement marqués d'un anneau rose. Elle se tient presque toujours dans le sable où elle se renfonce dès qu'on l'effraie; l'*actinie pourpre* (*actinia equina*), petite, d'un beau pourpre, souvent tachetée de vert, à tentacules longs et nombreux; commune sur les rochers de la Manche; l'*actinie blanche* (*actinia plumosa*), d'un blanc orangé, large de 4 pouces; innombrables petits tentacules; l'*actinie brune*, brun clair, rayée en long de blanchâtre; peau lisse; commune dans la Méditerranée, où elle s'attache de préférence sur les coquilles; l'*actinie crussicorne*, rouge sang, gros tentacules courts et arrondis à l'extrémité.

ACTINIENS, Actinidiens, Actinines, Actiniaires s. m. pl. Famille de polypes, dont le genre *actinie* est le type.

ACTINIFORME adj. Qui est rayonné, comme l'*actinie*.

ACTINIQUE adj. Se dit des rayons solaires qui produisent l'actinisme. On dit aussi *rayons chimiques.*

ACTINISME s. m. (gr. *aktis*, rayon). Propriété que possèdent les rayons solaires d'exercer une action chimique sur certaines subs-

tances. Cette propriété est employée par la photographie.

ACTINOCARPE adj. (gr. *aktis*, rayon; *karpos*, fruit). Bot. Qui a des fruits rayonnés.

ACTINOGRAPHE s. m. (gr. *aktis*, rayon; *graphein*, écrire). Appareil à l'aide duquel on compare les intensités de diverses lumières qui ne brillent pas simultanément, par le temps qu'elles mettent à impressionner photographiquement une surface sensible.

ACTINOÏDE adj. Zool. Qui ressemble à l'actinie.

ACTINOLITHE s. f. (gr. *aktis*, rayon; *lithos*, pierre). Un des noms de l'actinote.

ACTINOLOGIE s. f. Description des animaux rayonnés.

ACTINOMÉTRE s. m. (gr. *aktis*, rayon; *metron*, mesure). On donna d'abord ce nom à une sorte de thermomètre inventé par John-J. Herschel en 1825 et destiné à mesurer la chaleur des rayons solaires (voy. PYRHÉLIOMÈTRE). On le donna aussi à un appareil pour mesurer l'intensité de la lumière par celle de l'électricité dégagée. Aujourd'hui, le véritable *actinomètre* est l'instrument qui mesure la puissance *actinique* ou chimique des rayons solaires. Bunsen et Roscoe employaient, pour cet objet, un mélange par parties égales en volume de chlore et d'hydrogène qu'ils étendaient sur une surface plane.

ACTINOMORPHE adj. [a-kti-no-mor-fe] (gr. *aktis*, rayon; *morphé*, forme). Se dit des animaux rayonnés.

ACTINOPHTALME adj. et s. m. [ak-ti-nof-tal-me] (gr. *aktis*, rayon; *ophthalmos*, œil). Zool. Se dit de l'œil des animaux dont le *tapis* réfléchit la lumière.

ACTINOPHYTE s. m. [ak-ti-no-fi-te] (gr. *aktis*, rayon; *phicton*, plante). Bot. Plante disposée en rayons.

ACTINOSTOME adj. (gr. *aktis*, rayon; *stoma*, bouche). Zool. Se dit des animaux qui ont la bouche rayonnée, entourée de prolongements en forme de rayons.

ACTINOTE s. m. (gr. *aktis*, rayon). SCHORL VERT, AMPHIBOLITE, ACTINOLITE. Minér. Pierre dont les caractères sont à peu près les mêmes que ceux de l'amphibole. Couleur vert noirâtre; bases de chaux et de protoxyde de fer; poids spécifique de 3 à 3,55. L'*actinote* cristallise en prismes obliques rhomboïdaux de 124° 30'; elle est difficilement attaquée par les acides; fusible au chalumeau en verre noirâtre.

ACTINOTEUX, EUSE adj. Se dit d'une roche qui renferme de l'actinote.

ACTINOZOAIRE adj. [ak-ti-no-zo-è-re] (gr. *aktis*, rayon; *zôon*, animal). Zool. Synon. de RAYONNÉ, en parlant d'un animal.

* **ACTION** s. f. [ak-si-on] (lat. *actio*; de *agere*, agir). Opération d'un agent quelconque: l'*action du feu sur le bois.* — Se dit de tous les actes : *bonne action, action de penser.* — ACTION DE GRACES, remerciements. — Combat, petite bataille. — Chaleur à dire ou à faire quelque chose : *il parle avec action.* — Littér. Principal événement qui fait le sujet d'un drame, d'un poème, d'un roman : *action bien conduite.* — Demande d'une poursuite en justice : *action criminelle.* — Droit qu'on a de former une demande en justice : *avoir action contre quelqu'un.* — ACTION CIVILE. Action exercée chaque fois qu'un crime, un délit, une contravention a causé un dommage d'un intérêt privé. La partie lésée doit demander le dédommagement, car les juges, même quand ils sont saisis de la poursuite d'un crime ou d'un délit, n'ont pas le droit d'accorder d'office de dédommagements. Il faut alors que la partie lésée se porte *partie civile.* — ACTION JUDICIAIRE. Droit de réclamer en justice ce qui nous est dû ;

moyen d'exercer ce droit. L'action est dite *personnelle* quand elle réclame l'exécution d'un contrat; *réelle*, quand elle poursuit la revendication d'une chose; *mixte*, quand elle est à la fois dirigée contre les biens et la personne du détenteur; *mobilière* ou *immobilière*, selon qu'elle a pour but d'obtenir un meuble ou un immeuble; *possessoire, petitoire*, ou *hypothécaire*, suivant qu'elle réclame la possession, la propriété ou un droit d'hypothèque; *domaniale*, quand il s'agit de la propriété d'un domaine de l'Etat; *criminelle ou publique*, quand le ministère public poursuit la punition d'un coupable; *civile* (voy. ci-dessus) s'il s'agit de la réparation d'un dommage privé. — ACTION D'ÉCLAT. Acte individuel de courage ou de présence d'esprit accompli sur le champ de bataille. — ACTION DE COMMERCE. Droit qu'un membre d'une société de commerce a dans les bénéfices et dans le capital de cette société. On donne aussi le nom d'*action* ou *titre*, à la pièce qui établit ce droit. C'est en ce sens que l'on a créé les *actions nominatives* et les *actions au porteur*. Ces dernières se négocient de la main à la main, ou n'exigent que la simple signature du cédant pour changer de propriétaire; mais les premières sont au nom de celui qui en a déposé la valeur. Elles ne peuvent être transmises qu'au moyen d'une *déclaration de transfert.*

ACTIONNABLE adj. Contre qui on peut intenter une action judiciaire.

* **ACTIONNAIRE** s. Celui ou celle qui possède une ou plusieurs *actions de commerce.*

ACTIONNAIREMENT adv. Au moyen d'actions; par actions commerciales.

ACTIONNÉ adj. Occupé, affairé.

ACTIONNEL, ELLE adj. Qui *agit*, qui *crée.*

* **ACTIONNER** v. a. Agir contre quelqu'un en justice. — ~ **S'actionner** v. pr. Se donner du mouvement.

ACTIUM [ak-si-omm]. Aujourd'hui *La Punta*, promontoire et village d'Acarnanie, près du quel Octave, à la tête de 260 navires, battit Marc-Antoine qui en commandait 280 (plus 60 sous les ordres de Cléopâtre). Cette victoire, remportée le 2 septembre 31 av. J.-C., amena la chute de la république romaine. Sur le rivage, Auguste fonda une ville qu'il appela *Nicopolis* (cité de la victoire). Voy. ACTIAQUES (*jeux*) et ACTIAQUE(*ére*).

ACTIVANT, ANTE adj. Qui active.

* **ACTIVEMENT** adv. D'une manière active.

ACTIVER v. a. Presser, hâter. — **S'activer** v. pr. Etre activé : *les travaux s'activent.*

* **ACTIVITÉ** s. f. Puissance d'agir : *l'activité du feu.* — Fig. Diligence, vivacité : *activité prodigieuse.* — Phys. SPHÈRE D'ACTIVITÉ, espace dans lequel un corps exerce son influence et hors duquel il n'a plus d'action appréciable : *la sphère d'activité* du soleil s'étend jusqu'aux planètes les plus reculées. — Fig. Etendue des entreprises, des travaux, des projets d'un homme : *sa sphère d'activité est très restreinte.* — Art milit. L'*activité* est la position du militaire qui compte dans la force numérique d'une armée. Elle s'éteint par les congés absolus et de libération, par la réforme, par la retraite, la démission ou la désertion. La non-*activité* est la position de l'officier hors cadre et sans emploi, par suite de licenciement de corps, de suppression d'emploi, de rentrée de captivité à l'ennemi ou d'infirmités temporaires.

ACTON s. Hortic. S'emploie dans la locution *greffe d'Acton*; greffe par approche que l'on pratique sur les branches des arbres résineux.

ACTON (Jean-François-Edouard), homme d'Etat, né à Besançon, en 1737, mort en Sicile, en 1811. Il descendait d'une noble famille anglaise qui avait émigré en France pour cause de religion. Il servit d'abord dans la marine de France où il n'obtint pas d'avancement; il passa ensuite dans la marine toscane, où il ne fut guère plus heureux, puis dans celle de Naples qu'il abandonna pour s'occuper d'intrigues politiques. Favorisé par la reine Marie-Caroline, il devint, en 1785, premier ministre de Ferdinand IV. Instrument de l'Angleterre, il attira sur le royaume de Naples la colère de la République française. Son frère, **Joseph-Edouard**, servit dans les armées napolitaines en qualité de général et se fit battre par nos officiers; et son fils, **Charles-Januarius-Edouard** (1803-'47), devint cardinal en 1842.

ACTRICE s. f. Voy. ACTEUR.

ACTUAIRE s. m. (lat. *actuarium*; de *actuarius*, léger). Navire découvert qui se manœuvrait à l'aviron et à la voile. On l'employait particulièrement pour les transports en temps de guerre. Les *actuaria* différaient des *oneraria*, en ce que ces derniers ne naviguaient qu'à la voile.

ACTUAIRE s. m. (lat. *actuarius*, greffier). Scribe chargé de recueillir les discours dans les assemblées publiques de l'ancienne Rome. — On appelait également *actuarius*, un greffier militaire, chargé de l'approvisionnement et de la distribution des vivres aux troupes, et d'enregistrer les opérations de la campagne.

ACTUALISATION s. f. [za-si-on]. Action d'actualiser.

ACTUALISER v. a. (zé). Rendre actuel.

ACTUALITÉ s. f. Ce qui est au moment présent : *question pleine d'actualité*. — Pl. Choses actuelles: *la presse périodique ne vit que d'actualités*.

ACTUARIOLE s. f. (lat. *actuariolum* diminutif d'*actuarium*). Petite galère rapide manœuvrée au moyen de rames dont le nombre ne dépassait jamais 18.

ACTUARIUS, médecin grec de la fin du XIIIᵉ siècle. Ses ouvrages ont été réunis en 1556, Paris, in-8°.

* **ACTUEL, ELLE** adj. Effectif, réel : *payement actuel*.— Présent : *les mœurs actuelles*. — Fig., *péché actuel*, par oppos. à *péché originel*; *volonté actuelle*, par oppos. à *volonté potentielle*; *intention actuelle*, par oppos. à *intention virtuelle*; *grâce actuelle*, par oppos. à *grâce habituelle*. — CAUTÈRE ACTUEL. Voy. CAUTÈRE.

* **ACTUELLEMENT** adv. Présentement.

* **ACUITÉ** s. f. [a-ku-i-té] (lat. *acutus*, aigu). Qualité de ce qui est aigu : *acuité de la douleur, des sons*, etc.

ACULÉ, ÉE adj. (lat. *acus*, aiguille). Qui porte un *aiguillon*. — Aculées s. f. pl. Nom scientifique des hyménoptères *porte-aiguillon*.

ACULÉIFORME adj. Qui ressemble à une aiguille, en forme d'aiguillon.

* **ACUMINÉ, ÉE** (lat. *acuminatus*, pointu). Bot. Se dit des feuilles et de tout organe foliacé dont l'extrémité forme une pointe allongée et très aiguë : *les feuilles du cornouiller mâle sont acuminées.* — ~ Entom. Se dit des ailes de certains insectes.

ACUMINIFÈRE adj. (lat. *acumen*, pointe ; *ferro*, je porte). Zool. Qui porte des tubercules un peu pointus.

ACUMINIFOLIÉ, ÉE adj. (lat. *acumen*, pointe; *folium*, feuille). Bot. Se dit des plantes à feuilles acuminées.

ACUÑA (Cristobal de), jésuite missionnaire espagnol, né en 1597. Il accompagna l'expédition de Texeira sur le fleuve des Amazones (1639-'44) et en publia une relation à Madrid.

ACUÑEA. I. (ANT.-Osorio D'). Evêque de Zamora, un des chefs des *Communeros*, décapité

en 1521. — II.(TRISTAN D'). Voy. TRISTAN. — III. (NUNO D'). Fils de Tristan, vice-roi des Indes (1528-'39), affermit par ses victoires la puissance portugaise et ne reçut d'autre récompense que la disgrâce la plus imméritée.

ACUPONCTURALE ou **Acupuncturale** adj. Se dit des aiguilles qui servent à faire l'acuponcture.

* **ACUPONCTURE** ou ~ **Acupuncture** s. f. [a-ku-ponk-tu-re](lat. *acus*, aiguille ; *punctura*, piqûre). Opération chirurgicale pratiquée depuis la plus haute antiquité en Chine et au Japon, et qui consiste à introduire une ou plusieurs aiguilles d'argent, d'or, d'aluminium ou d'acier recuit, dans les parties du corps qui sont le siège d'affections nerveuses ou rhumatismales. Adoptée en Angleterre vers 1683, l'acupuncture jouit d'une certaine vogue en France après 1823. On en a presque abandonné l'usage. Son emploi, associé à celui de l'électricité, a reçu le nom d'*électro-puncture*.

ACUPONCTURER ou **Acupuncturer** v. a. Pratiquer l'acuponcture.

ACUPONCTUREUR ou **Acuponcteur** s. m. Celui qui pratique l'acuponcture.

ACUT s. m. [a-ku] (lat. *acutus*, pointu). Extrémité d'un foret.

* **ACUTANGLE** adj. Se dit d'un triangle dont les trois angles sont aigus.

ACUTANGULAIRE adj. Qui a un angle aigu.

ACUTANGULÉ, ÉE adj. Géom. Qui a des angles aigus. — Bot. Se dit des tiges qui ont des angles aigus et saillants.

ACUTESSE s. f. Etat de ce qui est aigu : *l'acutesse d'un clou, d'un mot, d'un regard*.

ACUTICAUDE adj. (lat. *acutus*, pointu ; *cauda*, queue). Zool. Qui a la queue pointue.

ACUTICORNE adj. Zool. Qui a les cornes ou les antennes terminées en pointe.

ACUTIFLORE adj. (lat. *acutus*, aigu ; *flos*, *floris*, fleur). Bot. Qui a des fleurs dans lesquelles le segment de la corolle et du calice se terminent en pointe aiguë.

ACUTIFOLIÉ, ÉE adj. (lat. *acutus*, aigu ; *folium*, feuille). Bot. Qui porte des feuilles acuminées.

ACUTILOBÉ, ÉE adj. (lat. *acutus*, pointu ; *lobos*, lobe). Bot. Dont les lobes des feuilles sont aigues.

ACUTIPENNE adj. (lat. *acutus*, aigu ; *penna*, plume). Ornith. Qui a les pennes terminées en pointe.

ACUTIROSTRE adj. (lat. *acutus*, aigu ; *rostrum*, bec). Zool. Dont la tête se prolonge en bec aigu. On dit aussi ACUTIROSTRÉ, ÉE.

ACUTO-ÉPINEUX, EUSE adj. Zool. Se dit des chenilles dont le corps présente plusieurs rangées d'épines aiguës.

ACYANOBLEPSIE s. f. [a-si-a-no-blè-psî] (gr. *a*, sans ; *kuanos*, bleu ; *blepsis*, vue). Méd. Infirmité de la vue, caractérisée par l'impuissance de distinguer la couleur bleue.

ACYCLIE s. f. (gr. *a*, sans ; *kuklos*, cercle). Pathol. Suspension du mouvement des fluides dans l'économie.

ACYÉSIE ou **Acysie** s. f. [a-si-é-zi ; a-si-zi] (gr. *a*, sans ; *kuein*, concevoir). Méd. Impuissance.

ACYROLOGIE s. f. [a-si-ro-lo-gi] (gr. *akuros*, impropre ; *logos*, discours). Impropriété de mots.

ACYSTIE s. f. (gr. *a*, sans ; *kustis*, vessie). Tératol. Absence de vessie.

ACYSTINERVIE s. f. (g. *a*, sans ; *kustis*, vessie; *neuron*, nerf). Méd. Paralysie de la vessie.

A. D. Abréviation des mots latins *anno Domini*, an de notre Seigneur.

ADACTION s. f. [a-dak-si-on] (lat. *adactio*). Assujétissement, contrainte.

ADACTYLE adj. (gr. *a*, sans ; *dactulos*, doigt). Qui n'a pas de doigts, en parlant d'un animal. — Dépourvu de pinces en parlant des pattes antérieures d'un crustacé.

* **ADAGE** s. m. (lat. *adagium* ; de *ad agendum*, qui doit être fait). Proverbe, sentence populaire :

> *Cœurs dignes de sentir le prix de l'amitié,*
> *Retenez cet ancien adage :*
> *Le tout ne vaut pas la moitié.*
>
> FLORIAN.

— Prov. *Ne parler que par adages*, affecter un ton sentencieux. — Bibliogr. *Adages d'Erasme*, recueil de plus de quatre mille proverbes, tirés par Erasme des écrivains grecs et latins.

ADAGIAIRE adj. Sentencieux. — Substantiv. Homme plaisant.

* **ADAGIO** adv. [a-da-jio] (ital. *à l'aise, sans se presser, lentement*). Mot qui se met au commencement ou dans le cours d'un morceau de musique, pour marquer un mouvement plus lent que le mouvement indiqué par *andante*, mais moins lent que le mouvement indiqué par *largo*. — s. m. L'air, le morceau de musique lui-même : *de beaux adagios*. — Le mot *assai*, ajouté à *adagio* indique un peu plus de lenteur encore.

ADAIR (Sir Robert). Diplomate anglais (1763-1855), qui fut ambassadeur à Vienne en 1806, à Constantinople de 1809 à 1811, et à Bruxelles de 1831 à 1835. Il a laissé des mémoires.

ADALBÉRON. I. Archevêque de Reims, qui se déclara pour Hugues Capet et le sacra. Mort en 988. — II. Evêque de Laon, également partisan de Hugues Capet. Il a laissé un poème satirique, inséré dans le dixième vol. des *Historiens de France*.

ADALBERT ou **Aldebert** (en langue germanique *homme noble*). I. Missionnaire franc et évêque d'Allemagne, qui fut convaincu d'hérésie en 745. Il mourut en prison. Ses disciples se donnaient le nom d'*Aldebertins*. — II. (Saint), apôtre de la Prusse, évêque de Prague en 983, puis archevêque de Gnesen ; après avoir prêché en Hongrie et en Pologne, il fut martyrisé en Prusse, le 23 avril 997. — III. Archevêque de Brême, puis de Hambourg, légat des États Scandinaves, mort en 1072. Il dirigea l'Allemagne pendant une partie de la minorité de l'empereur Henri IV.

ADALGISE, fils de Didier, roi des Lombards, mort en 788. Il épousa une sœur de Charlemagne auquel il fit la guerre.

ADALIA ou **Sattalieh**, l'*Attalia* des Romains, ville de Pamphylie ; aujourd'hui la plus grande ville de la côte méridionale de l'Asie-Mineure, sur le golfe d'Adalia, à 390 kil. S.-E. de Smyrne. 12,000 hab. Commerce de coton, de laines et d'opium.

ADAM, le premier homme, suivant les Écritures. Son nom signifie *né de la terre*. — **Ere d'Adam** ou **ÈRE DE LA CRÉATION**. On s'accorde généralement à la faire commencer 4,004 ans av. J.-C. — **Légende d'Adam**, drame rimé, le plus ancien monument de notre littérature théâtrale (XIIᵉ siècle) ; auteur inconnu. Publié à Paris, 1854, in-8°.

ADAM (pic d') ou **Hamazel (SAMANELLA)**, montagne conique située au S. de l'île de Ceylan, à 70 kil. S.-S.-E. de Colombo ; 2,250 m. de haut. Cette montagne est sacrée pour les bouddhistes comme les musulmans, parce que sur son sommet couronné de murs se voit imprimé dans le roc la forme d'un pied gigantesque. Selon les bouddhistes, c'est l'empreinte du pied de Bouddha qui se rendait à Siam ; mais pour les mahométans, c'est le pas d'Adam chassé du paradis terrestre.

ADAM (Albrecht), peintre, né à Nœrdlingen,

en 1786, mort en 1862. Retiré à Munich, après avoir été militaire, il s'adonna à l'illustration des exploits d'Eugène Beauharnais et à celle de la campagne de Russie. Ses dessins furent publiés dans l'ouvrage lithographié : *Voyage pittoresque militaire.*

ADAM (Alexandre), professeur écossais (1741-1809), auteur d'une bonne *Grammaire latine*, d'un *Abrégé des Antiquités romaines* (trad. en français, 1818) et d'une petite bibliographie classique.

ADAM BILLAUT, dit *Maître Adam*, ou le *Virgile au rabot*, menuisier poète de Nevers, auteur de trois recueils intitulés : *les Chevilles* (1644), le *Vilebrequin* (1662), le *Rabot*. — Une édition de ses œuvres complètes a été donnée en 1842, Nevers, un vol. gr. in-8°. Maître Adam mourut en 1662.

ADAM I. (Jean-Louis), pianiste compositeur, né dans le Bas-Rhin, vers 1760, m. à Paris en 1848. Il a laissé d'excellentes *méthodes* pour l'étude du piano. — II. **(Adolphe-Charles)**, fils du précédent, célèbre compositeur de musique dramatique, né à Paris en 1803, m. en 1856. Après avoir écrit des morceaux pour vaudevilles ou operettes, il débuta, en 1829, au théâtre de l'Opéra-Comique, par une pièce en un acte, *Pierre et Catherine*, qui eut cent représentations; puis il donna au même théâtre : *Danilowa* (3 actes, 1830); *Joséphine ou le Retour de Wagram* (1 a., 1830); *le Grand Prix* (3 a., 1831); *le Proscrit* (3 a., 1833). Il a laissé d'excellentes *méthodes* pour *le Chalet*, son chef-d'œuvre (1 a., 1834); *la Marquise* (1 a., 1835); *Micheline* (1 a., 1835); *le Postillon de Longjumeau*, pièce encore populaire (3 a., 1836); *le Fidèle Berger*, qui obtint un grand succès (3 a., 1837); *le Brasseur de Preston* (3 a., 1838); *Régine* (2 a., 1839); *la Reine d'un jour* (1 a., 1839); la *Rose de Péronne* (3 a., 1840); la *Main de fer* (3 a., 1841); *le Roi d'Yvetot* (3 a., 1842); *Cagliostro* (3 a., 1844); la *Bouquetière* (1 a., 1847). Pendant la même période, il fit jouer à l'Académie de musique les ballets suivants : la *Fille du Danube* (2 a., 1836); *les Mohicans* (3 a., 1837); *Giselle* (2 a., 1841); la *Jolie fille de Gand* (3 a., 1842); le *Diable à quatre* (2 a., 1845), et *Richard en Palestine*, opéra qui tomba (3 a., 1844). A Londres il donna la *Première Campagne*, opéra-comique qui obtint un vif succès (2 a., 1834); à Saint-Pétersbourg, l'*Écumeur de mer* (2 a., 1840); à Berlin, les *Hamadryades* (2 a., 1840). Fondateur d'un nouveau théâtre lyrique destiné à donner aux jeunes compositeurs les moyens de produire leurs œuvres, il se ruina dans cette spéculation (1847-'48) et donna ensuite à l'Opéra *Grisélidis ou les cinq sens*, ballet (3 a., 1848); le *Fanal*, opéra (2 a., 1849); la *Filleule des Fées*, ballet (3 a., 1849); le *Corsaire*, ballet (3 a., 1856); à l'Opéra-Comique : le *Toréador* (1 a., 1849); *Giralda* (3 a., 1850); le *Sourd*, (3 a.); le *Housard de Berchini* (2 a., 1855); au Théâtre lyrique : le *Farfadet* (1 a.); la *Poupée de Nuremberg* (1 a.); le *Bijou perdu* (3 a.); le *Roi des Halles*; Si j'étais roi (3 a.); *A Clichy* (1 a.); *Falstaff* (1 a.); *Mam'selle Geneviève* (1 a., 1856). Ces pièces, et plusieurs autres, dont la nomenclature dépasserait les limites de notre cadre, dénotent chez cet esprit fécond, une grande facilité de travail, une admirable entente de la scène, une aisance brillante, spirituelle et correcte. Adam a laissé, en outre, des *Souvenirs d'un musicien*, qui ont été publiés en 1857.

ADAM (Edmond), homme politique, né au Bec-Hellouin (Eure), en 1816, mort en 1877; fut secrétaire général à la préfecture de la Seine en 1848; fonda le comptoir d'escompte, dont il devint secrétaire général en 1853, remplaça M. de Kératry à la préfecture de police, le 11 octobre 1870; fut élu député de la Seine le 8 février 1871, siéga dans le groupe de l'union républicaine et devint sénateur à vie le 16 décembre 1875.

ADAM DE BRÊME, chroniqueur allemand, chanoine et professeur à Brême, mort en 1076; auteur d'une *Histoire ecclésiastique des églises de Hambourg et de Brême*, qui fait autorité et qui va de 788 à 1072. Il a laissé également un ouvrage intitulé *De Situ Daniæ.*

ADAM DE LA HALLE, trouvère français, surnommé le *Bossu d'Arras*, mort vers 1282, à Naples où il avait accompagné Robert II. Ses jeux, ses chants dramatiques et ses pastorales ont été publiés dans plusieurs collections. On le considère comme l'un des créateurs du théâtre en France.

ADAMANTIN, INE adj. (gr. *adamantinos*, dur, solide). Qui a la dureté et l'éclat du diamant. — *Spath adamantin*, voy. CORINDON

ADAMANTIN.

ADAMANTIUS, médecin grec du v° siècle après J.-C. Son traité sur la physionomie a été édité par Franzius dans les *Scriptores Physiognomiæ Veteres*, 1780, in-8°.

ADAMAOUÉ ou Adamawa, contrée de l'Afrique centrale, entre 6° 30' et 11° 30' de lat. N. et 9° et 14° de long. E.; longue de 300 kil. et large de 105. Capitale Yola (12,000 hab.), où réside le gouverneur, sujet du sultan de Sackatou. C'est un état musulman fondé par un chef Foulah nommé *Adama*, qui en fit la conquête sur le royaume païen de Fumbina. Adamaoué est la plus belle contrée du Soudan. Sa surface, unie et bien arrosée (principalement par le Benoul), est généralement fertile. Ce pays fut visité, en 1851, par l'explorateur Barth. On évalue sa superficie à 131,000 kil. carr.

ADAMASTOR ou le Géant des Tempêtes, personnage fictif des *Lusiades* (voy.). Génie du cap des Tempêtes, il se dressa tout à coup, au moment où Vasco de Gama allait doubler ce terrible promontoire (*Cap de Bonne-Espérance*) et lui défendit d'aller plus loin.

ADAMIENS, voy. ADAMITES.

ADAMIQUE adj. Qui appartient, qui a rapport à Adam.

ADAMISME s. m. Hérésie des Adamites.

ADAMITES ou Adamiens s. m. pl. Sectaires qui, au II° siècle, prétendaient que les souffrances du Rédempteur ont rétabli l'humanité dans l'état d'innocence où se trouvait *Adam* au moment de la création; ils rejetaient le mariage, cause du premier péché, ne faisaient aucune prière et se rassemblaient nus dans leurs assemblées. Une hérésie du même genre surgit à Anvers au XII° siècle, à la voix d'un chef religieux nommé Tandemus ou Tanchelin, qui causa de grands troubles dans les Pays-Bas. Une troisième secte d'*Adamites*, qui prirent le nom de *Turlupins*, parut presque aussitôt dans le Dauphiné et dans la Savoie. Enfin, un Flamand nommé Picard en fit revivre une quatrième dans la Bohême, vers 1415. Cette dernière fut supprimée par Ziska, en 1420.

ADAMS, ville de Massachusetts (États-Unis), sur la rivière l'Hoosac, à 220 kil. N.-O. de Boston. 16,000 hab. Importantes manufactures d'étoffes, de papier, de chaussure, de cordes, etc. Aux environs se trouve un pont naturel assez remarquable et le mont Greylock, haut de 3,600 pieds.

ADAMS, famille influente des États-Unis, dont les principaux membres furent : I. John, deuxième président des États-Unis, né et mort à Quincy (19 octobre 1735 — 4 juillet 1826). Nommé commissaire en France (1777), il vint à Paris, puis en Hollande, négocia la paix avec l'Angleterre et fut élu président en 1789 et réélu en 1792, par les fédéralistes, qui visaient à établir, sinon une monarchie, du moins une aristocratie aux États-Unis. — II. John Quincy, fils aîné du précédent, sixième président des États-Unis, né le 11 juillet 1757, mort le 23 février 1848, visita une partie de l'Europe pendant sa jeunesse, fut élu président en 1824, par

la coalition des démocrates et des fédéralistes. Les *Mémoires de John Quincy Adams* ont été publiés à Philadelphie; 12 vol. 1874-'76. — III. Samuel, cousin de JOHN, homme d'État, né à Boston, le 27 septembre 1722, mort le 2 octobre 1803, prit une part prépondérante au mouvement révolutionnaire, fut élu député de Massachusetts et mérita, par son éloquence et son intégrité, le surnom de *Caton de l'Amérique régénérée.*

ADAMS (Charles-Baker), naturaliste américain (1814-'53), auteur d'une bonne *conchyliologie* et de la *Monographie de plusieurs espèces de coquillages.*

ADAMS (Hannah), américaine, née près de Boston, en 1755, morte en 1832; auteur d'une *Histoire de la Nouvelle Angleterre* et de plusieurs ouvrages religieux.

ADAMS (John), nom adopté par ALEXANDER SMITH, l'un des fondateurs de la petite colonie de Pitcairn, en Océanie. Né en 1764, mort en 1829. Il s'empara, avec ses camarades, du navire anglais la *Bounty*, à bord duquel il servait; débarqua le 23 janvier 1790 à Pitcairn avec neuf autres révoltés et plusieurs Taïtiens des deux sexes; et se fit le précepteur des enfants nés sur cette île jusqu'alors déserte.

ADANA, ville située dans la partie S.-E. de l'Asie Mineure, sur la rivière de Sihun (autrefois *Sarus*), à 40 kil. N.-E. de Tarse. 35,000 hab. Cette place domine les passages des monts Taurus en Cilicie, ce qui lui donne une certaine importance stratégique. Pompée la colonisa avec les pirates ciliciens qu'il avait vaincus. Les Égytiens s'en emparèrent en 1832 et la restituèrent à la Turquie en 1840.

ADANSON (Michel), naturaliste, né à Aix le 7 avril 1727, mort à Paris le 3 août 1806. Il explora le Sénégal (1748-'53), publia son *Mémoire sur le Baobab* en 1756, et son *Histoire naturelle du Sénégal* (coquillages) en 1757, (8 vol. in-4°), avec la relation de son voyage. Il donna la première classification de coquillages d'après les animaux qui les habitent. Adanson fut nommé membre de l'Académie des sciences en 1759. Il publia, quatre ans plus tard, un ouvrage qui attira l'attention des savants : *Méthode naturelle pour apprendre à connaître les différentes familles des plantes*, (1763, 2 vol.), méthode dans laquelle il établit un système de classification artificielle aujourd'hui abandonné pour celui de Jussieu. La Révolution le surprit au moment où il assemblait les matériaux d'une immense encyclopédie d'histoire naturelle. La suppression de ses pensions le réduisit au plus complet dénument. En 1798, il était si pauvre qu'il ne put venir prendre sa place à l'Institut, *faute de souliers*. Le Directoire lui accorda une petite pension qui le mit à l'abri du besoin.

ADANSONIA s. f. Voy. BAOBAB.

ADANSONIÉES s. f. pl. Bot. Tribu de la famille des *bombacées* qui a pour type le genre *Adansonia* ou Baobab.

ADAPIS s. m. [a-da-piss]. Nom donné par G. Cuvier à un petit pachyderme antédiluvien qu'on a découvert dans les plâtres de Paris.

* **ADAPTATION** s. f. [a-da-pta-si-on]. Action d'adapter.

* **ADAPTER** v. a. (lat. *adaptare*; de *ad*, a; *aptare*, appliquer). Appliquer une chose à une autre. — S'adapter v. pr. Être ajusté; convenir : *ce couvercle s'adapte bien à son vase.*

ADAR, sixième mois de l'année civile et douzième de l'année ecclésiastique chez les Hébreux; ce mois correspond à la fin de février et au commencement de mars. Un autre *adar* est intercalé 7 fois tous les 19 ans, pour harmoniser la période solaire et la période lunaire.

ADARTICULATION s. f. Articulation douée d'une grande mobilité.

ADATIS s. m. [a-da-tî]. Mousseline très fine et très claire, qui provient des Indes-Orientales.

ADAUBAGES s. m. pl. (rad. *daube*). Mar. Conserves de viandes.

ADDA (anc. *Addua*), rivière d'Italie, qui descend des Alpes Rhétiques, arrose la Valteline et la Lombardie, traverse les lacs de Côme et de Lecco et afflue dans le Pô, entre Plaisance et Crémone, après un cours de 280 kil. — L'an 223 av. J.-C., le consul Flaminius défit les Gaulois sur les bords de l'Adda; le 11 oct. 498 de notre ère, le roi des Ostrogoths, Théodoric, y remporta une victoire signalée sur les Hérules commandés par Odoacre; les Français s'illustrèrent par le passage du pont de Lodi, sur l'Adda, le 10 mai 1796. — DÉPARTEMENT DE L'ADDA, formé, sous l'Empire, dans le royaume d'Italie. Ch.-l. Sondrio.

ADDAX s. m. [a-daks] Quatrième sous-genre des antilopes dans la classification de Chenu. Les addax comprennent les antilopes à cornes contournées en spirales, implantées à l'angle postérieur ou même tout à fait en arrière de l'orbite. Voy. ANTILOPE.

ADDENDA s. m. [ad-dain-da] (lat. *choses à ajouter*). Ce que l'on ajoute à un ouvrage quelconque. Désigne particulièrement le supplément ajouté à un livre : *notre ouvrage aura un addenda, des addenda.*

ADDICTER v. a. (lat. *ad*, à; *discere*, dire). Adjuger, accorder. (vieux).

ADDICTION s. f. [ad-dik-si-on]. Droit rom. Translation de la propriété par voie d'adjudication.

ADDINGTON (Henry). Vicomte Sidmouth, homme d'État anglais (1757-1844); ministre en 1804, il amena le traité d'Amiens (1802), mais se montra presque aussitôt favorable à la reprise des hostilités.

ADDISON (Joseph), littérateur anglais, né à Milston (Wiltshire), le 1er mai 1672, mort à Kensington, le 17 juin 1719. Après avoir visité le Continent, de 1699 à 1703, il publia une ode (*the Campaign*) sur la victoire de Blenheim; puis il écrivit dans les journaux le *Tatler* (1709) et le *Spectator* (1711) des articles admirables de correction et d'élégance. Son style est resté classique. Pour le théâtre il a composé : *Rosemonde* (1707) opéra; *Caton* (1713), tragédie qui obtint un succès dû aux circonstances politiques ; le *Tambour*, comédie imitée par Destouches. Mais sa réputation d'auteur dramatique ne put faire pâlir celle qu'il obtint comme journaliste. Il fut nommé secrétaire d'État en 1717.

ADDITIF, IVE adj. Mathém. Se dit d'une quantité affectée ou que l'on considère comme affectée du signe + (plus). — Gramm. Se dit des prépositions et des particules ajoutées à un mot primitif pour en former un composé : *ap* est une syllabe *additive* dans *approuver.*

ADDITION s. f. [ad-di-si-on]; on. prononce les deux D] (lat. *additio*; de *addere*, ajouter). Ce qu'on ajoute, ce qui est ajouté à quelque chose : *un livre avec des additions.* — Typogr. Se dit des petites notes, des dates, des citations placées en marge d'un texte, hors de la justification, et sans renvoi. Ces additions se font d'un caractère inférieur à celui du texte. — Mathém. Première règle d'arithmétique; opération qui a pour objet de réunir plusieurs nombres en un seul appelé *somme* ou *total*. Le signe de l'addition est + (plus), que l'on place entre les quantités à additionner. — Pour additionner les nombres *entiers*, les nombres *décimaux* et les nombres *complexes*, on fait séparément et successivement la somme des unités de chaque espèce, en tenant compte des *retenues* ou unités d'ordre supérieur obtenues dans chaque opération partielle. — Pour les fractions, on les réduit au même

dénominateur; on additionne les numérateurs et on donne au total le dénominateur commun. — Pour les additions algébriques, on place les quantités les unes à la suite des autres avec leurs signes, et on fait la réduction des termes semblables, s'il y a lieu : 55b+10b³ se réduisent à 15b³. — *w* Jargon parisien. Carte à payer chez les restaurateurs : *garçon, l'addition.*

ADDITIONNABLE adj. Qui peut être additionné.

ADDITIONNEL, ELLE adj. Qui doit être ajouté ; qui est ajouté : *article additionnel.* — CENTIMES ADDITIONNELS, centimes que l'on ajoute au principal de l'impôt : *les quarante-cinq centimes étaient des centimes additionnels.* — ACTE ADDITIONNEL, VOY. ACTE.

ADDITIONNELLEMENT adv. D'une manière additionnelle.

ADDITIONNER v. a. Ajouter ensemble plusieurs nombres. — *w* S'additionner v. pr. Être additionné : *les unités de différente nature ne peuvent s'additionner.*

ADDITIONNEUR, EUSE s. Celui, celle qui additionne. — Machine servant à faire des additions.

ADDIX s. m. Mesure de capacité grecque (3lit;604).

ADDUCTEUR adj. m. (lat. *ad*, vers; *ductor*, qui conduit). — Anat. Se dit des muscles dont la fonction est de rapprocher l'axe du corps les parties auxquelles ils sont attachés. Ce sont les muscles antagonistes des *abducteurs.* — s. m. Ces muscles eux-mêmes. On distingue : les *adducteurs du bras* (grand pectoral, grand dorsal et grand rond); les *adducteurs de la main*, ou fléchisseurs; les *adducteurs des doigts* (inter-osseux et adducteurs du pouce); les *adducteurs de la cuisse* (pectiné et 3 adducteurs). — Au tarse, les muscles *rotateurs* sont en même temps adducteurs et abducteurs.

ADDUCTIF, IVE adj. Qui produit l'action des *adducteurs.*

ADDUCTION s. f. Action des *adducteurs.*

ADEL, région de l'Afrique orientale, entre l'Abyssinie et le golfe d'Aden, large d'environ 490 kil., et en face de la baie de Tadjourra ; mais avec des frontières mal définies au nord et au sud. C'est un pays pastoral, bas et brûlant, et qui s'élève jusqu'à 700 mètres dans l'intérieur; il est habité par plusieurs tribus nomades, dont la principale, celle des Adaïels, a donné son nom à tout le pays. Le sultan de cette tribu réside à Tadjourra.

ADELAAR « l'Aigle », surnom du marin norvégien CORT SIVERTSEN, né à Brévig, en 1622, mort à Copenhague en 1675. Après avoir servi dans la marine hollandaise, il passa au service de la république de Venise, coula 15 navires turcs montés par 5,000 hommes (1654), devint lieutenant-général de l'amirauté vénitienne et fut placé, peu de temps avant sa mort, à la tête des flottes danoises.

ADÉLAÏDE (Sainte), fille de Rodolphe II de Bourgogne, née en 933, morte en 999. Pour mettre fin à une rivalité entre son père et Hugo d'Italie, elle épousa, en 947, Lothaire II, fils de ce dernier. Après la mort de son époux, elle fut emprisonnée par l'usurpateur Bérenger II, qui voulait lui faire épouser son fils difforme, Adalbert. Elle s'enfuit, épousa Othon le Grand (951) et lui apporta en dot des droits légitimes sur l'Italie. Régente pendant la minorité de son fils, Othon II, et celle de son petit-fils, Othon III, elle gouverna avec une grande sagesse. Elle est honorée en Allemagne, le 16 décembre. Sa vie a été écrite par Saint Odilon, abbé de Cluny.

ADÉLAÏDE, cap. de l'Australie du sud, au fond du golfe Saint-Vincent ; divisée, par la rivière *Torrens*, en Adélaïde du N. et Adélaïde

du S. Exportation de céréales, de laine et de minéraux (principalement de cuivre). Pop. 32,000 hab. avec Port-Adélaïde et Albert Town.

ADÉLAÏDE DE FRANCE (*Madame*), fille aînée de Louis XV, née à Versailles en 1722, morte à Trieste en 1800.

ADÉLAÏDE (Eugénie-Louise, MADAME), princesse d'Orléans, sœur de Louis-Philippe, née à Paris, le 23 août 1777, morte le 31 décembre 1847. Pendant la Révolution et l'Empire, elle vécut en exil, accompagnée de sa gouvernante Mme de Genlis. Rentrée en 1817, elle prit une part active aux événements qui préparèrent l'élévation de Louis-Philippe au trône; on lui attribuait une salutaire influence sur l'esprit de son frère, qui perdit la couronne moins de deux mois après la mort de cette sage conseillère.

ADÉLAÏDE DUGUESCLIN, tragédie de Voltaire, en 5 actes et en vers (1734); elle fut sifflée; reprise trente ans plus tard, elle obtint un grand succès. C'est un des premiers essais de tragédie nationale.

ADÉLAÏDE DE BORGONA, opéra italien de Rossini, représenté à Rome en 1818.

ADELARD, bénédictin anglais du XIIe siècle. Il voyagea en Égypte et en Arabie, et traduisit de l'arabe en latin les *Éléments* d'Euclide, dont le texte grec n'avait pas encore été retrouvé. Il a laissé plusieurs autres ouvrages.

ADÈLE s. f. (gr. *adélos*, obscur). Genre d'insectes lépidoptères nocturnes, auxquels Latreille a donné le nom d'*adèles* parce que leurs chenilles se tiennent cachées. On les confond quelquefois avec les *alucites.* Le genre *adèle* est caractérisé par une langue distincte, les antennes excessivement longues, très engrossées à leur base, des yeux grands, presque contigus dans les mâles; des ailes très brillantes. Les chenilles vivent sur les feuilles des arbres et de leurs débris, elles se font un fourreau qu'elles transportent avec elles. Les principales espèces de nos bois sont : l'*adèle de degeer* (*alucita degeerella.* Fabr.), à beau papillon d'un jaune rayé de noir avec bordure violette aux ailes; et l'*adèle de Réaumur* (*alucita Reaumurella.* Fabr.), noire avec les ailes supérieures dorées.

ADÉLICATER v. a. Rendre délicat. — S'adélicater v. pr. Devenir délicat.

ADÉLIDE adj. (gr. *adélos*, peu apparent). Pathol. Se dit de symptômes peu prononcés, presque insensibles.

ADÉLIE, terre découverte par Dumont d'Urville, en 1840, dans l'océan Antarctique, par 66°30' de lat. S. et entre 136° et 142° de long. E.

ADÉLIEN, ENNE s. et adj. Habitant d'Adel. Qui se rapporte au pays d'Adel ou à ses habitants.

ADÉLIPARIE s. f. (gr. *adélos*, obscur; lat. *parere*, enfanter). Méd. Tendance à l'embonpoint.

ADÉLOBRANCHE adj. (gr. *adélos*, obscur; *brachia*, branchie). Zool. Se dit des animaux dont les branchies ne sont pas visibles.

ADÉLOCÉPHALE adj. [a-dé-lo-sé-fa-le] (gr. *adélos*, invisible; *képhalé*, tête). Zool. Se dit d'un animal dont la tête est invisible.

ADÉLOCÈRE adj. (gr. *adélos*, invisible; *keras*, corne). Zool. Se dit d'un animal dont les cornes ou les antennes ne sont pas visibles.

ADÉLODERME adj. (gr. *adélos*; *derma*, peau). Zool. Synon. de *adélobranche.*

ADÉLOGÈNE adj. (gr. *adélos*, obscur; *génos*, origine). Géol. Se dit des roches qui semblent formées d'une seule substance réduite en parties extrêmement fines.

ADELON (Nicolas-Philibert), médecin, né à Dijon, en 1782, mort à Paris, en 1862. Fut l'un des fondateurs des *Annales publiques d'hygiène* *et de médecine légale.* A collaboré à plusieurs recueils.

ADÉLOPNEUMONÉ adj. (*gr. adélos,* caché; *pneumôn,* poumon). Se dit de mollusques dont les organes respiratoires sont cachés dans l'intérieur du corps.

ADÉLOPODE adj. (*gr. adélos,* caché; *pous, podos,* pied). Zool. Qui n'a pas de pieds apparents.

ADÉLOSTOME adj. (*gr. adélos,* caché; *stoma,* bouche). Zool. Qui n'a pas de bouche visible.

ADELPHE ou Adelphique adj. [a-dèl-fe; fi-ke] (*gr. adelphos,* frère). Bot. Se dit des étamines dont les filets sont soudés ensemble. Ce mot est toujours uni à un autre qui exprime le nombre de faisceaux formés par les filets (monadelphe, diadelphe, polyadelphe).

ADELPHES (Les) ou les *Frères,* comédie de Térence, imitée de Ménandre, représentée en l'an 160 av. J.-C. Cette pièce a fourni à Molière la donnée de l'*École des maris.*

ADELPHIE s. f. [a-del-fî] (rad. *adelphe*). Bot. Réunion de plusieurs étamines par leurs filets. Lorsque cette réunion forme un support unique, elle prend le nom de *monadelphie.* On appelle *diadelphie* celle qui forme deux supports; *triadelphie,* celle qui en forme trois; *polyadelphie,* celle qui en forme plusieurs.

ADELPHIXIE s. f. [a-dèl-fi-ksî] (gr. *adelphos,* frère). Anat. Sympathie, union des diverses parties qui composent le corps.

ADELSBERG, petite ville de Carniole, à moitié chemin entre Laibach et Trieste, célèbre par plusieurs grottes à stalactites qui se trouvent dans ses environs. L'une de ces cavernes, appelée le *Neptune* ou grotte du Grand-Dôme et traversée par la rivière Polk, est connue depuis 600 ans; mais quatre autres cavernes ont été découvertes en 1816, et une sixième fut visitée pour la première fois en 1857.

ADELUNG (Johann-Christoph), linguiste et littérateur allemand, né en Poméranie en 1732, mort à Dresde en 1806; auteur d'un *Dictionnaire grammatical et critique du haut allemand,* d'un abrégé du *Glossaire de Ducange,* d'une *Histoire des Teutons* et d'une *Grammaire allemande.* Lorsqu'il mourut, il venait d'achever la première partie de son *Mithridate,* tableau universel des langues, avec le *Pater* en 500 idiomes. Cet ouvrage fut continué par Vater, et terminé en 4 vol. par Friedrich von Adelung, neveu du précédent, né à Stetin, en 1768, mort à Saint-Pétersbourg, en 1843, auteur d'ouvrages estimés sur le sanscrit et le professeur du grand-duc Nicolas de Russie ainsi que de son frère Michel.

ADEMAR, moine qui écrivit les chroniques de France publiées par Labbe (xe siècle).

ADÉMONIE s. f. (gr. *adémoneô,* je suis inquiet). Pathol. Anxiété, abattement d'esprit.

ADEMPTION s. f. [a-dan-psi-on] (lat. *ademptio;* de *adimere, ademptum,* retrancher). Révocation d'un legs, d'une donation.

ADEN [a-dènn] (anc. *Adane*), port maritime et ville forte de la côte sud-ouest d'Arabie, à 30 myriamètres du détroit de Bab-el-Mandeb, sur le versant occidental du promontoire d'Aden, montagne escarpée et hérissée de rochers. Son port de l'est se trouve aujourd'hui ensablé; mais le magnifique bassin de l'ouest, parfaitement abrité, peut contenir une flotte. La ville d'Aden, clef de la mer Rouge, entrepôt du commerce de toute la côte d'Arabie, fut détruite par les Romains devenus maîtres de l'Égypte et qui craignaient, en la laissant subsister, de perdre le monopole du commerce des Indes. Elle redevint florissante au xie siècle; au xvie, elle était le principal entrepôt du commerce entre l'Orient et l'Occident. Albuquerque essaya vainement de s'en emparer en 1513; mais en 1537 elle

fut prise par les troupes du sultan Soliman Ier. Elle se rendit indépendante en 1730. Le commerce s'étant habitué à prendre la route du cap de Bonne-Espérance, elle tomba dans une telle décadence, qu'au commencement de notre siècle, elle ne comptait pas plus de 800 hab.— En décembre 1836 un navire anglais fit naufrage sur la côte et fut pillé par les Arabes. Aussitôt, le gouvernement britannique demanda des réparations au sultan des Abdallés, alors souverain du pays d'Aden. Les négociations échouèrent; la guerre éclata et la ville fut prise de vive force, le 19 janvier 1839, par les Anglais qui en ont fait un autre Gibraltar, au point de vue militaire, et un port franc, sous le rapport commercial. C'est l'entrepôt des charbons pour les steamers de l'Inde. Le percement de l'isthme de Suez lui a donné une nouvelle importance, que les Anglais ont complété par l'adjonction de plusieurs établissements sur la côte d'Afrique, et par la prise de possession de *Périm,* petite île au milieu du détroit de Bab-el-Mandeb. La population d'Aden a augmenté avec une grande rapidité; on l'évalue à 30,000 hab. — Climat chaud, sec et salubre. — Lat. 12° 46' N.; long. 42° 50' E.

ADÉNALGIE s. f. (gr. *adén,* glande; *algos,* douleur). Méd. Douleur dans les glandes.

ADÉNANTHE adj. (gr. *adén,* glande; *anthos,* fleur). Bot. Dont les pédicelles naissent de la base d'organes glanduleux.

ADÉNECTOPIE s. f. (gr. *adén,* glande; *ek,* hors de; *topos,* lieu). Anat. État d'une glande qui ne se trouve pas dans sa place normale.

ADÉNEMPHRAXIE s. f. [a-dé-nan-fra-ksî] (gr. *adén,* glande; *emphraxis,* obstruction). Méd. Engorgement des glandes.

ADENEZ (Adam), ménestrel des ducs de Flandre et de Brabant, au xiiie siècle. On le nomme quelquefois Adam le Roi. Plusieurs de ses ouvrages (*Roman d'Ogier le Danois; Roman de Pépin et de Berthe,* etc.) ont été traduits en français.

ADÉNITE s. f. (gr. *adén,* glande). Inflammation d'une glande et particulièrement des *ganglions lymphatiques.* voy. GANGLIONS, ABCÈS, GLANDES, SCROFULES etc.

ADÉNOCALICÉ, ÉE adj. (gr. *adén,* glande; *kalux,* calice). Bot. Dont le calice présente des points glanduleux.

ADÉNODERMIE s. f. (gr. *adén;* glande; *derma,* peau). Pathol. Affection des glandes de la peau.

ADÉNODIASTASE s. f. (gr. *adén,* glande; *diastasis,* séparation). Méd. Séparation anormale de lobes glandulaires qui sont habituellement conglomérés.

ADÉNOGRAPHIE s. f. [a-dé-no-gra-fî] (gr. *adén,* glande; *graphein,* écrire). Description des glandes.

ADÉNOÏDE adj. (gr. *adén,* glande; *eidos,* forme). Qui a l'aspect du tissu d'une glande.

ADÉNOLOGADITE s. f. (gr. *adén,* glande; *logadés,* blanc de l'œil). Méd. Conjonctivité des nouveaux nés.

ADÉNOLOGIE s. f. (gr. *adén,* grande; *logos,* discours). Partie de l'anatomie qui décrit les glandes.

ADÉNOME s. m. (gr. *adén,* glande; *nomos,* manière d'être). Méd. Tumeur formée par le tissu des glandes.

ADÉNONCOSE s. f. (gr. *adén,* glande; *oghôsis,* tumeur). Méd. Tuméfaction des glandes.

ADÉNOPATHIE s. f. (gr. *adén,* glande; *pathos,* douleur). Méd. Maladie des glandes.

ADÉNO-PHARYNGIEN, ENNE adj. et s. [a-déno-fa-rin-ji-ain] (gr. *adén,* glande; fr. *pharyngien*). Anat. Qui appartient à la glande thyroïde et au pharynx.

ADÉNO-PHARYNGITE s. f. [a-dé-no-fa-rainji-te]. Méd. Inflammation des amygdales et de l'arrière-gorge.

ADÉNOPHORE adj. (gr. *adén,* glande; *phoros,* qui porte). Bot. Se dit des plantes dont des glandes sur quelques-unes de leurs parties.

ADÉNOPHTALMIE s. f. [a-dé-no-ftal-lmî] (gr. *adén,* glande; *ophthalmos,* œil). Inflammation des glandes situées autour de la paupière.

ADÉNOPHYLLE adj. [fi-le] (gr. *adén,* glande; *phullon,* feuille). Bot. Dont les feuilles sont garnies de glandes.

ADENOPODE adj. (gr. *adén,* glande; *pous, podos,* pied). Bot. Dont les pétioles portent des glandes.

ADÉNOSCLÉROSE s. f. (gr. *adén,* glande; *sklérós,* dur). Induration non douloureuse des glandes.

ADÉNOSE s. f. (gr. *adén,* glande). Nom générique des maladies chroniques des glandes.

ADÉNOTOMIE (gr. *adén,* glande; *temnô,* je coupe). Chir. Dissection des glandes.

ADENT s. m. Entaille et partie saillante en forme de *dent* exécutées sur les deux faces correspondantes de deux ou plusieurs pièces de bois pour assurer leur assemblage. Les *adents* à crémaillère sont saillants sur une pièce et rentrants dans l'autre. Les *adents* à queue d'aronde, plus solides, ont la forme trapézoïdale.

ADENTER v. a. Joindre des pièces de bois avec des adents.

ADÉPHAGE adj. [a-dé-fa-je] (gr. *adén* beaucoup; *phagô,* je mange). Vorace; carnassier.— Nom donné par Clairville aux coléoptères carnassiers.

ADÉPHAGIE s. f. Synon. de voracité.

ADEPTE s. des 2 g. [a-dè-pte] (lat. *adeptus,* qui a acquis). S'est dit primitivement des alchimistes initiés à tous les *arcanes.* — Par ext. Celui qui est initié dans les mystères d'une secte ou dans les secrets d'une science.

ADÉQUAT, ATE s. (a-dé-koua; ate) (lat. *adæquatus;* de *ad,* a; *æquare,* égaler). Philos. Entier, complet : *avoir une idée adéquate d'une chose.*

ADÉQUATE s. f. (a-dè-koua-te). Valeur égale.

ADÉQUATION s. f. (a-dé-koua-si-on). Rapport parfait.

ADÉQUATITÉ s. f. (a-dé-koua-ti-té). État de ce qui est adéquat.

ADERBAÏDJAN, Azerbijan ou Aserbeidschân, province N.-O. de la Perse, limitrophe des possessions russes; 77,000 kil. carr.; environ 2 millions d'hab. C'est l'ancienne province *Atropatène* des Mèdes. Territoire montueux; vallées très fertiles où l'on élève les plus beaux chevaux du royaume. Grand lac d'*Urumia.* Au nord, l'*Aras* (anc. *Araxes*), sépare cette province de l'empire russe. — Capitale *Tabris* ou *Taurus.* Religion musulmane. On y trouve quelques chrétiens nestoriens et des Juifs.

ADERMOTROPHIE s. f. [a-dèr-mo-tro-fî] (gr. *a,* sans; *derma,* peau; *trophé,* nourriture). Atrophie, amincissement de la peau.

ADERNO, ville de Sicile, au pied du mont Etna, à 27 kil. N.-O. de Catane; 13,0 10 hab. Nombreux édifices religieux; château normand et restes de l'ancien *Adranum.*

ADESMACÉ, ÉE adj. (gr. *adesmos,* qui n'est pas lié). Se dit des mollusques dont les valves ne sont réunies que par un ligament.

ADET (Pierre-Auguste), chimiste français (1763-1832), plénipotentiaire de la République française aux États-Unis (1795-'96), protesta contre le traité que ce dernier pays avait signé avec l'Angleterre, et se retira en France, après avoir adressé une proclamation enflammée au peuple américain.

ADEXTRE adj. (lat. *ad*, à; *dexter*, droit). Adroit.

ADEXTRÉ, ÉE adj. Blas. Se dit de la pièce principale d'un écu, qui en a une secondaire à sa droite.

ADEXTRER v. a. Rendre adroit.— Marcher à la droite.

ADFORMANT, ANTE adj. (lat. *ad*, à; *formare*, former). Gramm. Qui sert à former.

AD GLORIAM [ad-glo-ri-amm] (lat. *pour la gloire*). Si vous êtes riche, travaillez ad gloriam.

ADGUSTAL, ALE adj. (lat. *ad*, à; *gustus*, goût). Anat. Qualificatif de l'une des pièces qui composent les vertèbres céphaliques.

ADHALER v. a. (lat. *adhalare*, toucher de son haleine). Envoyer son haleine contre quelque chose.

ADHÉMAR (Guillaume), célèbre troubadour provençal du XIIIᵉ siècle. Ses poésies (lais et tensons), ont été conservées dans les manuscrits de Sainte-Palaye (bibliothèque de l'Arsenal).

ADHÉMAR DE MONTEIL, voy. MONTEIL.

ADHERBAL. I. Général carthaginois, il remporta près de Drépane (Sicile) une grande bataille navale sur le consul romain Claudius Pulcher (249 av. J.-C.). — II. Roi de Numidie dépossédé et mis à mort par son cousin, le fameux Jugurtha (112 av. J.-C.).

ADHÉRENCE s. f. (lat. *adhærere*, être attaché à). Union, jonction, état d'une chose qui tient à une autre. — Fig. Attachement à un mauvais parti, à une mauvaise opinion. — ◦◦ Attachement à une doctrine, à un parti quelconque.— ◦ Pathol. Union résultant des parties organiques, résultat d'une inflammation dite *adhésive* qui a établi la continuité, là où il ne devait y avoir que contiguïté. — ADHÉRENCE CONGÉNIALE, celle qui a lieu avant la naissance : telles sont, chez le fœtus, l'occlusion de la bouche ou des yeux. — ADHÉRENCE ACCIDENTELLE, qui a lieu à la suite de brûlures et dans les cas de cicatrisation. La médecine a quelquefois recours à cette propriété d'adhérence que possèdent les tissus, pour opérer des sortes de soudures dans les parties déchirées, coupées ou divisées. Voy. *autoplastie*, *bec-de-lièvre*, etc. — Technol. Action par laquelle il peut arriver que les soupapes de sûreté des machines à vapeur s'attachent soit aux collerettes, soit aux rondelles de fer qui les soutiennent. Pour s'assurer que leurs fonctions sont libres, il convient de les soulever de temps en temps.

ADHÉRENT, ENTE adj. Attaché à : *poumon adhérent aux côtes*. — s. Qui est du sentiment de quelqu'un : *il fut condamné avec ses adhérents*. (S'emploie presque toujours au pl.)

ADHÉRER v. n. (lat. *ad*; *hærere*, être attaché). Être fortement attaché à : *l'écorce adhère au bois*. — Fig. Être du parti de quelqu'un : *adhérer à une doctrine*. — Approuver : *j'adhère au concordat*.

ADHÉSIF, IVE adj. Qui adhère, qui colle à la peau : *emplâtre adhésif*.

ADHÉSION s. f. [a-dé-zi-on] (lat. *adhæsio*; de *adhærere*, s'attacher). Union de deux corps, l'un à l'autre. — Consentement, approbation, acquiescement, assentiment.—Physiq. Force en vertu de laquelle deux corps mis en contact adhèrent l'un à l'autre; phénomène qu'il ne faut pas confondre avec la *cohésion*, qui tient unies les molécules d'un même corps. On distingue 6 sortes d'adhésion : 1º de solides à solides; 2º de liquides à solides; 3º de liquides à liquides; 4º de gaz à solides; 5º de gaz à liquides; 6º de gaz à gaz.

ADHÉSIVEMENT adv. D'une manière adhésive.

ADHÉSIVITÉ s. f. Phrénol. Faculté qui nous porte à nous rapprocher de nos semblables.

AD HOC loc. adv. [a-dok] (mot la...) Expressément, à la chose même : *répondre ad hoc*.

AD HOMINEM loc. adv. [a-do-mi-nèmm] (lat. *à l'homme*). S'emploie dans l'expression : *argument ad hominem*, argument personnel dans lequel on emprunte à son adversaire les armes pour le combattre, en lui opposant ses propres paroles ou ses propres actes.

AD HONORES loc. adv. [a-do-no-rèss] (lat. *pour les honneurs*). A titre d'honneur, sans émoluments : *place ad honores*. On dit mieux *honorifique*.

ADHUC SUB JUDICE LIS EST [a-duk-sub-ju-di-sè-li-zèst]. Fin du 78ᵉ vers de l'*Art poétique* d'Horace. Littéralement : le procès est encore devant le juge.

ADIABÈNE, *Adiabené*, district de l'anc. Assyrie, à l'E. du Tigre. Cap Arbelles. Trajan en fit la conquête.

ADIABÉNIEN, ENNE s. et adj. Hab. de l'Adiabène; qui est propre à l'Adiabène ou à ses hab.

ADIANTACÉ, ÉE, Adiantoïde adj. Qui ressemble à l'adiante

ADIANTE s. m. (lat. *adiantum*; gr. *adiantos*, qui ne se mouille pas; parce que l'on trempe vainement cette plante dans l'eau : elle reste sèche). Genre de la famille des fougères, tribu des *polypodiacées*, renfermant des herbes auxquelles leurs feuilles minces, transparentes, et leurs tiges grêles ont valu le nom de *capillaire*. La principale espèce est l'adiante cheveux de Vénus (adiantum capillus Veneris) ou *capillaire de Montpellier*, que l'on trouve, dans le Midi, au bord des fontaines; et le *capillaire du Canada*, capillaire en pédale (*adiantum pedatum*), acclimaté chez nous. Ces deux espèces ont des propriétés pectorales bien connues : on en fait le *sirop de capillaire*. — Caractères du genre *adiante* : rhizome rampant, feuilles ou frondes ordinairement composées, pennées une ou deux fois; portant des capsules à l'extrémité de leurs nervures.

ADIANTÉES s. f. pl. Tribu de la famille *fougère*, établie par Gaudichaud pour les deux genres *adiante* et *cheilante*.

ADIANTIDÉ, ÉE adj. Qui ressemble à l'adiante.

ADIANTIFOLIÉ, ÉE adj. Dont les feuilles ressemblent à celles de l'adiante.

ADIAPHORE adj. [a-di-a-fo-re] (gr. *adiaphoros*, qui est d'importance). Qui est accessoire et de peu d'importance.

ADIAPHORÈSE s. f. [a-di-a-fo-rè-ze] (gr. *a*, sans; *diaphorésis*, transpiration). Méd. Suppression de la transpiration.

ADIAPHORISTE s. m. [a-di-a-fo-riss-te] (gr. *adiaphora*, choses indifférentes). Membre d'une secte de luthériens qui embrassèrent les opinions de Mélanchthon et qui, par conséquent, auraient voulu ne pas se séparer complètement de l'Église romaine; ils en auraient accepté ce qu'ils appelaient des *abus indifférents* ou de peu d'importance. Cette secte, repoussée par les catholiques, se fondit dans le luthéranisme.

ADIAPHORISTIQUE adj. Qui concerne les adiaphoristes.

ADIARRHÉE s. f. (gr. *a*, sans; *diarrhein*, couler). Méd. Suppression d'une évacuation.

ADIATHÉSIQUE adj. [a-di-a-tè-zi-ke]. Méd. Se dit des maladies nées sans diathèse antécédente.

ADIEU loc. adv. Terme de civilité et d'amitié dont on se sert quand on quitte quelqu'un. — Sans adieu se dit quand on quitte une personne pour peu de temps. — Dire adieu à quelque chose : y renoncer. — Fig. Se dit d'une personne ou d'une chose en grand danger : *la fièvre redouble, adieu le malade*. — ADIEU PANIER, VENDANGES FAITES, se dit des affaires manquées ou terminées. — Adieu s. m. *De tristes adieux*. Les adieux de Fontainebleau.

C'est ainsi qu'en partant je vous fais mes adieux.
(*Thésée*, opéra de Quinault, acte V. Sc. VI.)

A-DIEU-VA ! interj. Mar. Commandement remplacé aujourd'hui par : *Envoyez !* Cette exclamation se faisait entendre près des brisants, pour ordonner le virement rapide de bord.

ADIGE (anc. *Athesis*; all. *Etsch*), fleuve d'Italie, qui descend des Alpes helvétiques, traverse le Tyrol sous le nom d'*Etsch*, arrose le nord de l'Italie, passe à Trente, à Vérone et à Arcole, s'unit au Pô par diverses branches et se jette dans l'Adriatique à Porto-Fossone au S. de Chioggia, après un cours de 350 kil. Ce fleuve éprouve, à la fonte des neiges, des crues extraordinaires, contre lesquelles on a construit de fortes digues. — *Bataille de l'Adige*, 28 mars 1799, affaire sanglante dans laquelle les Autrichiens perdirent 5,000 hommes et les Français, commandés par Schérer, 3,000, parmi lesquels plusieurs officiers généraux. — *Département de l'Adige*, formé en 1805; ch.-l. Vérone. — *Dép. du Haut-Adige*, ch.-l. Trente.

AD INFINITUM [a-dain-fi-ni-tomm]. Loc. lat. qui signifie : *à l'infini, sans fin, sans cesse. Le bonze répétait ad infinitum : « Je me réfugie en Bouddha »*.

ADINOLE s. f. ou **Pétro-Silex Agatoïde**. Minér. Silicate alumino-sodique. que l'on trouve à Sahlberg (Suède). Substance rouge, compacte, à cassure esquilleuse; elle raie le verre et fond difficilement au chalumeau en émail blanc.

ADIPATE s. m. Sel formé par la combinaison de l'acide adipique avec une base.

ADIPEUX, EUSE adj. (lat. *adeps, adipis*, graisse). Qui a les caractères de la graisse; se dit de la matière grasse que l'on trouve dans l'organisme des animaux et des végétaux. Les substances adipeuses se composent de carbone, d'hydrogène et d'oxygène, à l'exclusion de tout autre élément chimique. Elles sont cristallisées à une basse température; facilement inflammables et insolubles dans l'eau. Quelques-unes, comme la *stéarine* pure, restent solides à 148º F.; d'autres, comme l'*oléine*, demeurent liquides presque jusqu'au point où l'eau commence à se congeler. — Anat. LIGAMENT ADIPEUX. Nom donné improprement à un repli de la membrane synoviale du genou. — *Tissu adipeux*, masse jaunâtre, homogène, qui constitue, entre la peau et les muscles, une couche de graisse appelée *panicule graisseux* et qui se trouve en masses irrégulières autour des reins et dans l'épaisseur des joues, et en petites masses pédiculées dans l'épiploon. Ce tissu consiste en petites *cellules adipeuses*, réunies en masses de dix, vingt ou trente, pour former des *lobules adipeux*. Ces derniers, gros comme des grains de semoule ou comme des lentilles, sont séparés les uns des autres par des fibres lamineuses au milieu desquelles rampent des vaisseaux capillaires. Les principales fonctions du tissu adipeux sont d'approvisionner le corps pour les temps de jeûne, de donner de la symétrie aux formes et d'amortir les chocs. — Ichtyol. NAGEOIRES ADIPEUSES. Nageoires remplies de graisse et dépourvues de rayons osseux intérieurs, et qui sont placées au voisinage de la queue, chez certains poissons.

ADIPIQUE adj. Se dit d'un acide bibasique, découvert par Laurent et produit par la réaction de l'acide nitrique sur le suif, le blanc de baleine, la cire, l'acide oléique, etc. — Formule : $C^{12} H^{10} O^8$. — Forme. Cristaux en masses arrondies et rayonnées; couleur brunâtre. — Fusion à 130º. — Grande solubilité dans l'eau bouillante. — ADIPIQUE se dit aussi d'un éther obtenu en faisant passer de l'acide chlorhydrique dans une solution alcoolique d'acide adipique.

ADIPOCIRE ou **ADIPOCÈRE** s. f. (lat. *adeps, adipis*, graisse; *cera, cire*). Nom que l'on a donné, au commencement de ce siècle, au *blanc de baleine* et à la *cholestérine*; mais qui est resté à la substance lourde, blanche, solide, graisseuse et non putrescible, produite quelquefois sur les cadavres enfouis dans la terre humide ou noyés dans l'eau. Cette substance, appelée aussi *gras des cadavres*, fut observée pour la première fois en 1787, lorsqu'on enleva, du *cimetière des Innocents*, les cadavres qui s'y trouvaient entassés depuis sept ou huit siècles et dont plusieurs s'étaient conservés à l'état d'adipocire. On suppose que cette substance se forme par la combinaison des acides gras du corps avec l'ammoniaque développée par la décomposition du tissu albumineux; ce qui produit d'abord une espèce de savon, lequel s'unit ensuite au calcaire du sol et devient l'*adipocire*. On fait en Angleterre des bougies économiques avec cette substance. — ADIPOCIRE MINÉRALE ou HATCHÉTINE (minér.) Hydrogène carboné de consistance adipeuse, très fusible et de couleur roussâtre.

ADIPOCIREUX, EUSE adj. Qui ressemble à l'adipocire.

ADIPOCIRIFORME adj. Qui a l'aspect de l'adipocire.

ADIPSIE s. f. [a-di-psî] (gr. *a*, sans; *dipsa*, soif). Méd. Absence de soif.

ADIPSON s. m. [a-dip-son]. Remède propre à prévenir ou à faire disparaître la soif.

ADIREMENT s. m. Perte d'un titre, d'un papier.

*' **ADIRER** v. a. (lat. *aderrare*, errer). Jurisprud. Égarer, perdre; ne s'emploie guère qu'au participe passé : *titre adiré, pièce adirée*.

ADIRONDACKS (Monts), groupe de montagnes, état de New-York (Amérique). Point culminant, le mont Marcy, 1,735 mètres.

ADIS (*Rhades*), ville d'Afrique, célèbre par la victoire que Xantipe, chef des Carthaginois, remporta, non loin de ses murs, l'an 256 av. J.-C., sur l'armée romaine commandée par Régulus.

ADISCAL, ALE (gr. *a*, sans; *diskos*, disque). Bot. Se dit de l'insertion des étamines, quand elle n'a pas lieu sur le côté commun.

*' **ADITION** s. f. [a-di-si-on]. Jurispr. N'est usité que dans cette locution : *adition d'hérédité*, acceptation d'une succession.

ADIVE s. m. Espèce de renard décrit par Buffon (suppl. III, xvi). Gris-jaunâtre pâle : quelques ondes noirâtres sur la base de la queue; extrémité de la queue noire; mâchoire blanche. Taille un peu moindre que celle du renard. L'adive est commun dans les vastes landes de l'Asie centrale; on croit qu'il est l'ancêtre du chien.

ADJACENCE s. f. Géom. Propriété de ce qui se touche, de ce qui est adjacent.

*' **ADJACENT, ENTE** adj. [a-dja-san, an-te] (lat. *ad*, auprès; *jacere*, être étendu). Qui est auprès, aux environs, contigu. — Géom. ANGLES ADJACENTS, qui ont un côté commun.

*' **ADJECTIF** adj. m. [ad-jèk-tif] (lat. *adjectivus*; de *ad*, près; *jacere*, jeter). Se dit du mot que l'on ajoute au substantif pour le qualifier ou le modifier : *Bon est un mot adjectif*. — s. m. Mot qui exprime la qualité ou qui détermine le sens du substantif : *l'adjectif s'accorde avec le substantif en genre et en nombre*. — On reconnaît qu'un mot est un *adjectif* quand on peut y ajouter *personne* ou *chose*; ainsi, *fidèle* est un adjectif, parce que l'on peut dire une *personne fidèle*, le mot *agréable* est un adjectif, parce que l'on peut dire *chose agréable*. — ACCORD DE L'ADJECTIF. En général, l'adjectif s'accorde en genre et en nombre avec le substantif auquel il se rapporte : *bon frère, bonne mère, bons parents, bonnes familles*. Mais il y a des exceptions

7

pour *demi, nu, feu, franc-de-port, ci-joint; ci-inclus, excepté, supposé, compris, passé*. (Voy. ces mots). — L'adjectif employé adverbialement reste invariable, c'est-à-dire au masculin singulier : *ces dames parlent bas; ces fleurs sentent bon*. — Lorsque l'adjectif se rapporte à plusieurs substantifs au singulier et du même genre, on le met au pluriel, et il s'accorde en genre avec les substantifs : *la tulipe et la rose sont belles*. Mais si ces substantifs sont de différents genres, l'adjectif se met au masculin pluriel; l'oreille exige alors que le substantif masculin soit placé le dernier : *ma sœur et mon frère sont attentifs*. — L'adjectif placé après plusieurs substantifs synonymes ou presque synonymes s'accorde avec le dernier : *toute sa vie n'a été qu'un travail, qu'une occupation continuelle* (Massillon). De même, lorsque les substantifs sont unis par la conjonction *ou*; et l'on dit : *un courage ou une prudence étonnante*. A moins que l'emploi du singulier puisse produire de l'incertitude : *on demande un homme ou une femme âgée*, laisserait l'esprit dans le doute au sujet de l'âge de l'homme que l'on demande; il faut dire : *on demande un homme ou une femme âgés*. — L'adjectif précédé de deux mots unis par *comme, de même que, aussi bien que, ainsi que*, etc., s'accorde, en général, avec le premier : *l'autruche a la tête, ainsi que le cou, garni de duvet* (Buffon). — Il est admis aujourd'hui que plusieurs adjectifs peuvent se mettre au singulier quand le substantif exprimé est au pluriel : *les langues grecque et latine*; mais il vaudrait mieux dire : *la langue grecque et la langue latine*. — Les adjectifs de couleur restent ordinairement invariables quand ils sont suivis d'un autre adjectif ou d'un complément qui les modifie : *des cheveux chatain clair; des yeux bleu de ciel*. — PLACE DES ADJECTIFS. La place de l'adjectif, avant ou après le substantif, est l'une des difficultés de notre langue. On a essayé d'établir des règles à ce sujet; mais elles sont longues, embrouillées et toujours incomplètes; l'usage seul peut apprendre à placer convenablement l'adjectif, suivant le sens que l'on veut donner à la qualification; ainsi un *bon homme* n'est pas toujours un *homme bon*. Voy. *bon, brave, commun, faux, furieux, grand, gros, haut, honnête, mauvais, méchant, mort, nouveau, pauvre, plaisant, petit, propre, sage, seul, unique, vilain*, et autres adjectifs qui changent de signification, selon qu'ils sont avant ou après le substantif. — GOUVERNEMENT DES ADJECTIFS. En général, les adjectifs qui dénotent inclination, habitude, aptitude, penchant, veulent après eux la préposition *à* et exigent que le verbe suivant, s'il y en a un, soit à l'infinitif présent : *adonné à la boisson; adonné à boire; ardent à la danse; ardent à danser*. — Les adjectifs exprimant abondance ou rareté gouvernent la préposition *de : plein de, chargé de, vide de*. — DIFFÉRENTES SORTES D'ADJECTIFS. On distingue les adjectifs en : adjectifs qualificatifs, adjectifs numéraux, adjectifs démonstratifs, adjectifs possessifs, adjectifs conjonctifs, adjectifs interrogatifs, adjectifs indéfinis; voy. ces divers mots. Voy. aussi : *comparatif, superlatif*, etc.

ADJECTIF, IVE adj. Qui a rapport à l'adjectif, qui est de la nature de l'adjectif : *forme adjective*. — VERBE ADJECTIF, verbe composé de l'auxiliaire *être* et d'un adjectif ou attribut ; tels sont tous les verbes transitifs : *aimer bon, être aimant*, etc. — Chim. COULEUR ADJECTIVE, couleur que l'on ne peut fixer sur une étoffe qu'à l'aide d'autres substances.

ADJECTION s. f. [ad-jèk-si-on] (lat. *adjectio*). Jonction de deux corps.

*' **ADJECTIVEMENT** adv. En manière d'adjectif : *Corneille est poète*; le substantif poète est employé adjectivement.

ADJECTIVER v. a. Gramm. Prendre dans un sens adjectif. — S'adjectiver v. pr. Etre pris adjectivement.

ADJEMIR ou **AJMEER**. I. District de l'Inde anglaise, territoire de Radjpoutana ; 427,000 hab. — II. Cap. du district ci-dessus, à 350 kil. S.-O. de Delhy ; 35,500 hab. Grand commerce de sel, d'opium, d'huile et de coton.

*' **ADJOINDRE** v. a. [ad-jouain-dre] (lat. *ad, jungere*, joindre). Se conjugue comme ɕɔINDRE. Associer une personne à une autre pour un travail, une affaire. — S'adjoindre v. pr. Se donner un aide, un collègue. — ⤳ S'associer, se joindre à : *il s'adjoignit aux touristes et partit avec eux*.

*' **ADJOINT, OINTE** part. pass. d'*adjoindre* [ad-jouain; ouainte]: *professeur adjoint*. — s. m. Titre d'une personne établie pour aider un principal officier ou fonctionnaire dans les travaux de sa charge et pour les remplir en son absence. Se dit surtout des conseillers municipaux qui remplissent les fonctions du maire en cas d'absence ou d'empêchement de ce dernier. — L'*adjoint au maire* est nommé par le gouvernement dans les chefs-lieux de dép., d'arr. et de canton. Dans les autres communes, il est élu par le conseil au sein duquel il est toujours choisi (excepté à Paris). Il y a deux adjoints dans les communes de plus de 2,500 hab. — Au-delà de 10,000 hab., il y a un adjoint par chaque excédant de 20,000 hab. — Les *adjoints* doivent avoir au moins 25 ans; ils peuvent être suspendus par un arrêté préfectoral; ils sont révocables par décret.

*' **ADJONCTION** s. f. [ad-jonk-si-on] (lat. *ad, jungere*, joindre). Association d'une personne à une autre. — ⤳ Annexion : *sous Louis XI la France s'agrandit de l'adjonction de la Bourgogne*. — Gramm. Figure par laquelle plusieurs membres de phrase sont liés de telle sorte qu'un mot déjà exprimé dans l'un soit sous-entendu dans l'autre :

J'eusse été près du Gange esclave des faux dieux,
Chrétienne dans Paris, Musulmane en ces lieux.
           VOLTAIRE, *Zaïre*.

Cette figure s'appelle aussi ZEUGMA.

ADJOTS (Les) [lè-za-jô]. Village, à 6 kil. N. de Ruffec (Charente). Exportation d'excellents marrons.

*' **ADJUDANT** s. m. [ad-ju-dan] (lat. *ad*, auprès; *juvans*, aidant). Officier ou sous-officier destiné à seconder les chefs dans le commandement. — Adjudant de place, officier qui remplace le major en cas d'absence. — Adjudant général ou adjudant commandant, grade créé en 1790; intermédiaire entre celui de général de brigade et celui de colonel. — Adjudant-major ou capitaine adjudant-major, grade créé en 1790. L'adjudant-major est un capitaine chargé de tous les détails du service de son bataillon, ainsi que de l'instruction des sous-officiers et des caporaux. — Adjudant sous-officier, grade créé en 1796. L'adjudant exerce une inspection sur les sous-officiers et les caporaux. Il y avait autrefois un de ces sous-officiers par bataillon. Mais depuis la dernière guerre, on a créé un adjudant sous-officier par compagnie. — ADJUDANT. Zool. Voy. MARABOU.

*' **ADJUDICATAIRE** s. Celui, celle à qui on adjuge une chose en vente publique.

ADJUDICATEUR, TRICE s. Celui, celle qui adjuge.

*' **ADJUDICATIF, IVE** adj. Qui concerne l'adjudication : *acte adjudicatif*.

*' **ADJUDICATION** s. f. [ad-ju-di-ka-si-on]. Acte judiciaire ou administratif par lequel on adjuge ou attribue une chose à un individu. L'adjudication est un marché fait, avec publicité et concurrence, au profit de celui qui a offert le prix le plus élevé ou le rabais le plus considérable. — Adjudication aux enchères, celle qui a lieu pour des ventes au plus offrant et dernier enchérisseur, à l'extinction des feux. — Adjudication au rabais, celle qui a lieu pour des travaux, des fournitures, etc. Elle se fait

L.

au moyen de soumissions cachetées, remises en séance publique. — *Adjudication volontaire*, vente aux enchères faites par un individu qui n'y est pas contraint par la justice. — *Adjudication forcée ou judiciaire*, celle qui a lieu par une décision de la justice : elle est annoncée un mois à l'avance par affiches et annonces. Si elle se fait après une saisie immobilière et à la suite d'une surenchère, après une aliénation volontaire, on ne peut y concourir que par le ministère d'un avoué. Dans les autres cas, chacun peut surenchérir en personne.

* **ADJUGÉ, ÉE**, part. pass. d'ADJUGER. — Adjugé ! Expression ellipt. et invar. dont on se sert dans les encans pour dire : *la chose est adjugée*.

* **ADJUGER** v. a. [ad-ju-jé] (lat. *od*, à ; *judicare*, juger, décider). Accorder par adjudication. — Par ext. Décerner : *on lui a adjugé le prix*. — S'adjuger v. pr. S'approprier : *il s'adjuge la meilleure part*. — Etre adjugé.

* **ADJURATION** s. f. Formule dont l'Eglise catholique se sert dans les exorcismes et qui commence par les mots : *adjuro te, je t'adjure*.

* **ADJURER** v. a. (lat. *ad*, à ; *jurare*, jurer). Commander, ordonner au nom de Dieu. — Par ext. Supplier.

ADJUTEUR s. m. (lat. *adjutare*, aider). Auxiliaire.

ADJUVANT, ANTE adj. (lat. *adjuvare*, aider). Qui aide : *médicament adjuvant*. — s. m. *Un adjuvant*.

ADLERCREUTZ (Karl-Johan), officier suédois (1757-1845), il battit les Russes à Sikajocki (1808), aida à la révolution suédoise de 1809 en arrêtant le roi Gustave IV, et fut créé lieutenant-général et comte.

ADLERFELD (Georg), gentilhomme de la chambre de Charles XII, roi de Suède ; né près de Stockholm en 1671, tué à la bataille de Pultawa, en 1709. Auteur d'une *Histoire militaire de Charles XII*, 1740, 4 vol. in-12, ouvrage très exact, écrit en français.

ADLERSPARRE (Georg), officier suédois (1760-1835), qui joua un rôle dans la révolution suédoise de 1809 et qui publia (1830-'33) de curieux *Documents pour servir à l'histoire de la Suède ancienne, moderne et contemporaine*. Son fils, **Karl-August** (1640-'82), a occupé des romans, des poésies et des œuvres historiques.

* **AD LIBITUM** loc. adv. [ad-li-bi-tomm] (lat. *à volonté*). D'une façon ou d'une autre ; comme il plaît, au choix.

AD LITTERAM loc. adv. [ad-li-té-ramm] (lat. *à la lettre*). Littéralement.

AD MAJOREM DEI GLORIAM [ad-ma-jorèmm-dé-i-glo-ri-amm] (lat. *pour la plus grande gloire de Dieu*). Devise de la compagnie de Jésus. Les initiales A. M. D. G. servent d'épigraphe à beaucoup de livres émanant de cette compagnie.

ADMÈTE, roi de Phères en Thessalie, l'un des Argonautes. Il donna l'hospitalité à Apollon, chassé de l'Olympe, et ce Dieu l'aida à obtenir la main d'Alceste.

* **ADMETTRE** v. a. (lat. *ad*, à ; *mittere*, envoyer). Recevoir par faveur, donner accès : *admettre dans sa maison*. — Agréer : *admettre une requête*. — Comporter : *la vertu n'admet pas de faiblesse*. — Permettre : *cette affaire n'admet pas de retard*. — Reconnaître pour véritable : *c'est un fait que je n'admets pas*. — ⅍ S'admettre v. pr. Etre agréé, admis, reçu : *vos raisons ne peuvent s'admettre*.

* **ADMINICULE** s. m. (lat. *adminiculum*, soutien). Jurisp. Commencement de preuves ; conjectures. — **Adminicules** s. m. pl. Numism. Ornements qui entourent une figure, sur une médaille.

ADMINISTRANT, ANTE adj. Qui est chargé de l'administration.

* **ADMINISTRATEUR, TRICE** s. Celui, celle qui administre, qui régit. — Absol. Celui qui sait bien administrer : *ce préfet n'est point administrateur*.

* **ADMINISTRATIF, IVE** adj. Qui appartient, qui a rapport à l'administration : *décision administrative*.

* **ADMINISTRATION** s. f. Direction des affaires publiques ou particulières. — Corps d'administrateurs et d'employés ; lieux où ils se réunissent : *l'administration des domaines*. — Action de faire prendre : *administration des sacrements*.

ADMINISTRATIVEMENT adv. Conformément aux règles de l'administration.

* **ADMINISTRÉ, ÉE** part. pass. d'ADMINISTRER. — Substantiv. Se dit, surtout au pluriel, des citoyens par rapport aux administrateurs : *ce maire est aimé de ses administrés*.

* **ADMINISTRER** v. a. (lat. *administrare*). Régir les affaires publiques ou particulières : *il administre les finances de l'Etat*. — Faire prendre : *administrer un médicament*. — ADMINISTRER LA JUSTICE, rendre la justice. — ADMINISTRER LES SACREMENTS, conférer les sacrements. — ADMINISTRER UN MALADE, lui donner le viatique et l'extrême onction. — ADMINISTRER DES TÉMOINS, DES PREUVES, DES TITRES, fournir des témoins, des preuves, des titres.

* **ADMIRABLE** adj. (lat. *admirabilis*) qui excite l'admiration. — Iron. Singulier, étrange.

* **ADMIRABLEMENT** adv. D'une manière admirable.

ADMIRANT, ANTE adj. Qui exprime l'admiration.

* **ADMIRATEUR, TRICE** s. Celui, celle qui admire.

* **ADMIRATIF, IVE** adj. Qui exprime l'admiration : *ton, geste admiratif*. — POINT ADMIRATIF. Nom que l'on donne quelquefois au point d'exclamation(1). — *Particule admirative*, exclamation qui marque l'admiration (ah !). — Par ext. *Genre admiratif*, se dit des œuvres poétiques et littéraires qui ont pour objet d'exciter l'admiration : *Corneille est supérieur dans le genre admiratif* (Acad.).

* **ADMIRATION** s. f. [ad-mi-ra-si-on] (lat. *admiratio*). Action d'admirer.

* **ADMIRER** v. a. (lat. *ad*, a ; *mirari*, regarder). Considérer avec un étonnement mêlé de plaisir.

— Iron. Trouver étrange, surprenant : *j'admire la folie des hommes*. — S'admirer v. pr. Avoir de l'admiration pour soi-même. — Se louer réciproquement.

> *Il se trouve toujours un plus sot qui l'admire.*
> BOILEAU.

ADMIROMANE s. et adj. Qui admire tout.

ADMIROMANIE s. f. Manie de tout admirer.

ADMIS, ISE adj. Reçu : *admis à l'hôpital*. — Accepté pour vrai : *un fait admis*.

* **ADMISSIBILITÉ** s. f. État d'une personne ou d'une chose admissible.

* **ADMISSIBLE** adj. Valable ; qu'on peut admettre.

* **ADMISSION** s. f. Action par laquelle on est admis. — Douanes. *Admission temporaire*. Importation en franchise de certains produits étrangers, destinés à recevoir en France un complément de fabrication ou de main-d'œuvre, sauf à être réexpédiés dans un délai déterminé.

* **ADMONESTATION** s. f. [si-on]. Réprimande.

* **ADMONESTER** v. a. (lat. *admonere*, avertir). Réprimander.

ADMONITEUR, TRICE s. Celui, celle qui, dans les monastères, avertit en secret les religieux et les religieuses des fautes qu'ils ont commises et des devoirs qu'ils ont à remplir.

* **ADMONITION** s. f. [si-on]. Avertissement, réprimande.

ADMOTIF, IVE adj. (lat. *admotus*, approché). Bot. Se dit de la germination dans laquelle l'épisperme reste fixé latéralement près de la base du cotylédon.

ADNASAL, ALE adj. Se dit de l'une des pièces élémentaires d'une des vertèbres céphaliques.

ADNÉ, ÉE adj. (lat. *ad*, auprès ; *natus*, né). Hist. nat. Qui est adhérent à une autre : *les stipules de la rose sont adnées au pétiole*. — Substantiv. ADNEX. Membrane qui joint le globe de l'œil aux paupières.

ADNEXION s. f. (lat. *adnexio*). Bot. État d'une partie soudée à une autre.

ADOBE s. m. Nom espagnol d'une brique cuite au soleil, dont on fait un grand usage au Mexique et dans l'Amérique du Sud.

AD OCULUM loc. adv. [a-do-ku-lomm]. Mots latins qui signifient *sous l'œil* et qui s'emploient en jurisprudence : *les biens que vous réclamez ne peuvent être mis ad oculum*.

* **ADOLESCENCE** s. f. Age qui succède à l'enfance et qui forme la première période de la jeunesse ; c'est-à-dire à peu près de quatorze à vingt ou vingt-cinq ans. Pendant cette période, les sexes deviennent visiblement ce que la nature doit les faire. « Le jeune homme prend les apparences de la vigueur et de la force, une imagination plus ardente et des passions plus vives. La jeune personne conserve l'instinct de sa faiblesse, et même temps que se réveille celui de chercher à plaire. C'est l'époque spécialement consacrée à l'instruction et à l'éducation. » (Dr Dupasquier).

* **ADOLESCENT, ENTE** s. (lat. *adolescere*, croître). Celui, celle qui est dans l'âge de l'adolescence ; s'emploie surtout au masculin. — Adjectivem. *Un jeune homme encore adolescent*.

ADOLPHE (Saint), martyr espagnol du commencement du règne d'Abdérame ; fête le 27 sept.

ADOLPHE, roman de Benjamin Constant (1815).

ADOLPHE ET CLARA OU LES DEUX PRISONNIERS, opéra-comique en un acte, représenté à Paris (Opéra-Comique), le 10 février 1799, paroles de Marsollier ; musique de Dalayrac.

ADOLPHE DE NASSAU, gentilhomme né vers 1250, élu empereur d'Allemagne en 1292, à l'exclusion d'Albert, fils de Rodolphe de Hapsbourg. Sa rapacité et sa tyrannie amenèrent sa déposition, le 23 juin 1298, et son remplacement par Albert d'Autriche. Il périt à la bataille de Gelheim, de la propre main de son rival (2 juillet 1298).

ADOLPHE-FRÉDÉRIC, duc de Holstein-Gottorp (1710-1771), évêque de Lubeck, nommé en vertu du traité d'*Abo*. Son règne fut troublé, en 1756, par la conspiration des comtes de Brahe et de Horne, qui furent décapités ; puis par les partis français et russe, surnommés ceux des *chapeaux* et parti des *bonnets*. Il était sur le point d'abdiquer, lorsque la diète le protégea. Le parti français eut le dessous et les gentilshommes qui le composaient durent se réfugier en France.

ADOLPHUS (John), avocat anglais (1766-1845), auteur d'une *Histoire d'Angleterre depuis l'accession de Georges III* (3 vol., 1805).

ADOMESTIQUER v. a. Attacher à sa maison. à son service. — S'adomestiquer v. pr. S'attacher au service de quelqu'un.

ADON (Saint), archevêque de Vienne (Dauphiné) au IXe siècle. Sa *Chronique universelle* fait autorité sur les premiers temps de notre histoire. Fête, le 16 déc.

ADONAÏ s. m. [a-do-na-i]. Nom hébreu qui signifie *maître suprême* et que les Ecritures appliquent à Dieu.

ADONC ou **Adonques** adv. [a-donk]. Alors, dans cet instant. (Vieux.)

ADONI, ville du Deccan (Hindoustan), sur l'un des bras du Tongebada. Autrefois très forte, elle fut prise par Tippoo-Saëb, en 1787, et vendue aux Anglais, en 1800.

ADONIAS [ni-àss], quatrième fils de David; il disputa la couronne à Salomon qui le fit mettre à mort. (1014 av. J.-C.).

ADONIDE s. f. ou * **Adonis** s. m. (du nom mythologique *Adonis*). Genre de plantes, famille des *renonculacées*, tribu des *anémones*; caractères : calice à 5 sépales, colorés, caducs, de 3 à 9 pétales sessiles; fruits en akène, nus, à une seule graine.— Les adonides se trouvent en abondance dans les blés. On distingue 4 espèces de cette jolie plante : 1° *adonide d'automne* (*adonis autumnalis*) ou *goutte de sang*, par allusion à la mort du jeune ADONIS (voy.) Ses pétales, d'un beau pourpre, sont remarquables par une tache noire à leur base; annuelle; 2° *adonide d'été* (*adonis æstivalis*), *œil de perdrix*, *renoncule des blés*; annuelle, sépales jaunâtres; pétales jaunes ou d'un rouge vermillon; 3° *adonide flamboyante*, *adonide couleur de feu* (*adonis flammea*), fleurs rouges; 4° *adonide printanière* (*adonis vernalis*), vivace, abondante dans les vallées du midi de la France. Fleurs jaunes.— Ces plantes, réunies en grandes touffes, produisent un effet charmant dans les jardins. Les premières espèces se sèment en place au printemps; la dernière espèce se sème dès que la graine est mûre, en terrine et dans l'orangerie; on la multiplie aussi par éclats. On la couvre, pendant l'hiver.

ADONIDIE s. f. °Hymne de deuil que l'on chantait aux fêtes d'Adonis.

* **ADONIEN** ou **Adonique** adj. et s. m. (d'*Adonis*). Se dit du vers grec ou latin très court, consistant en un dactyle et un spondée ou un trochée. Ex :

Terruit urbem.
Visere montes.
Templaque Vestæ.

ADONIES s. f. pl. [a-do-nī] (grec *adônia*, de *Adónis*). Fêtes antiques, en l'honneur de Vénus et d'Adonis, et qui représentaient symboliquement le sommeil et le réveil de la nature.

* **ADONIS** [a-do-niss], fils de Cinyre et de Myrrha, d'une si merveilleuse beauté que Vénus en fut éprise. Adonis fut tué par un sanglier, et de son sang naquit l'*anémone*. Jupiter lui permit de revenir sur la terre consoler Vénus pendant six mois de chaque année (Mythol.).— Par antonomase. Jeune homme qui prend un soin excessif de sa parure : *c'est un adonis*.

Adonis, célèbre roman épique, de Marini (1623). Ce poème, écrit dans le plus mauvais goût, obtint néanmoins un immense succès et exerça une influence déplorable sur la littérature.

* **ADONISER** v. a. Parer avec trop de recherche.— S'adoniser v. pr. Se parer avec un soin ridicule.

ADONISTE s. m. Auteur d'un catalogue des plantes cultivées dans un jardin.

ADONNER v. n. Mar. Se dit du vent, lorsque sa direction est devenue plus favorable : *le vent a déjà adonné de tant de quarts.* — On dit aussi des cordages et des voiles qui s'allongent par le travail, qu'ils s'*adonnent* : Avant de se servir d'un cordage neuf, on cherche à le faire *adonner* à l'aide d'un moyen mécanique.

* **ADONNER** (S') v. pr. S'appliquer, se livrer particulièrement à : *s'adonner à l'étude.* — S'attacher : *ce chien s'est adonné à moi.* — Fréquenter : *un jeune homme doit s'adonner aux bibliothèques.*

ADOUÉ ou **Adowa**, capitale du Tigré, Abyssinie; 10,000 hab. Grand entrepôt du commerce de bétail, de céréales, de sel et d'esclaves, entre la côte et l'intérieur.

ADOPTABLE adj. Qui peut, qui doit être adopté.

* **ADOPTANT** s. m. ~ **ADOPTANTE** s. f. Personne qui adopte quelqu'un.

* **ADOPTÉ, ÉE** part. pass. d'ADOPTER.— Substantiv. Personne adoptée : *l'adoptant et l'adopté.*

* **ADOPTER** v. a. (lat. *ad*, en faveur de ; *optare*, choisir). Prendre quelqu'un pour fils ou pour fille : *Auguste adopta Tibère.* — Prendre soin d'un enfant : *il m'adopta et me servit de père.* — Fig. Se rallier à : *j'adopte vos sentiments.* — Choisir de préférence : *adopter une carrière.*

ADOPTIANISME s. m. [a-dop-si-a-nis-me], hérésie des ADOPTIENS.

ADOPTIEN ou **Adoptant** s. m. [a-dop-si-ain]. Membre d'une secte espagnole, fondée vers la fin du VIIIe siècle, par Elipandus, archevêque de Tolède, et Félix, évêque d'Urgel. Les adoptiens prétendaient que Jésus n'était réellement le fils de Dieu que dans sa nature divine; mais que dans sa nature humaine, il l'était seulement par adoption. Le synode de Ratisbonne (792) condamna l'adoptianisme, comme un renouvellement de l'hérésie *nestorienne*.

* **ADOPTIF, IVE** adj. Qui est adopté : *fils adoptif.* — Qui a adopté : *père adoptif.*

* **ADOPTION** s. f. [a-dop-psi-on] (lat. *adoptio*; de *ad*, pour ; *optio*, choix). Action d'adopter.— Par ext. Action d'admettre comme sien.—Hist. L'adoption a existé dans tous les temps : la fille de Pharaon adopta Moïse. Chez les Romains surtout l'adoption fut organisée d'une façon toute particulière. — Législ. En France, un édit du 18 janvier 1792 établit l'adoption, qui fut ensuite organisée par le titre VIII du Code civil. Il est permis à tout Français des deux sexes, jouissant des droits civils, de pratiquer l'adoption sous les conditions suivantes : 1° L'adoptant doit n'avoir aucun descendant légitime; 2° Il doit être âgé de 50 ans au moins ; 3° Avoir au moins 15 ans de plus que l'adopté; 4° Jouir d'une bonne réputation; 5° Avoir donné à l'adopté, pendant la minorité de celui-ci, des soins non interrompus durant 6 ans au moins; 6° Avoir le consentement du conjoint de l'adoptant, s'il est marié; 7° L'adopté doit être majeur, s'il n'a pas 25 ans; 8° Obtenir le consentement de ses parents, s'il a plus de 25 ans; 9° Demander le conseil de ses parents, par un seul acte respectueux, s'il a plus de 25 ans; 10° On peut adopter plusieurs personnes; mais nul ne peut être adopté par deux personnes, si ce n'est par les deux époux. Il est fait exception aux conditions énoncées dans les art. 2, 3 et 5, dans les cas où l'adopté aurait sauvé la vie à l'adoptant; alors, il suffit que ce dernier soit le plus âgé, ne fût-ce que d'un jour. Le juge de paix du canton où est domicilié l'adoptant est chargé de dresser l'acte d'adoption, que les parties font parvenir au procureur de la République, par l'intermédiaire d'un avoué; le tribunal de 1re instance examine l'affaire, et la cour d'appel accepte ou repousse l'adoption. Dans les trois mois de l'acceptation, une expédition doit en être présentée à l'officier de l'état civil de la commune de l'adoptant. L'adopté reste dans sa famille naturelle et conserve tous ses droits et tous ses devoirs; mais il prend le nom de son père adoptif et il devient son héritier.

ADOPTIVEMENT adv. Par adoption; d'une manière adoptive.

* **ADORABLE**, adj. Digne d'être adoré.— Par exag. Ce que l'on estime ou ce que l'on aime extrêmement : *une femme adorable.*

ADORABLEMENT adv. D'une manière adorable, exquise, parfaite.

* **ADORATEUR, TRICE** s. Celui, celle qui adore : *les Guèbres ou adorateurs du feu.*— Par exag. Celui, celle qui aime passionnément :

un adorateur du pouvoir. On dit dans un sens analogue : *cette dame a beaucoup d'adorateurs.*

ADORATIF, IVE adj. Qui a le caractère de l'adoration : *paroles adoratives.*

* **ADORATION** s. f. [a-do-ra-si-on] (lat. *adoratio*). Action d'adorer.— Par exag. Amour, attachement extrême : *son amour pour cette femme va jusqu'à l'adoration.* — *Adoration du pape*, cérémonie qui se pratique à l'égard d'un pape nouvellement élu, lorsqu'il est mis sur l'autel après son élection, et que les cardinaux lui vont rendre honneur.— *Election par adoration*, lorsque les deux tiers au moins des cardinaux, comme entraînés par un mouvement spontané, vont se prosterner aux pieds de l'un d'eux et le proclamer souverain pontife.— *Adoration de la croix*, hommage que les catholiques vont rendre à la croix le vendredi saint. — *Adoration perpétuelle*, dévotion particulière, pratiquée par certaines congrégations religieuses, et qui a pour objet d'adorer nuit et jour le saint sacrement ou le sacré cœur, en leur adressant des prières non interrompues, récitées à tour de rôle par chaque membre de la congrégation. — ADORATION DES MAGES ou DES ROIS (L'), sujet de plusieurs tableaux, parmi lesquels on cite ceux de Stephan Lochner (cathédr. de Cologne); d'Albert Dürer, au musée des Offices (Florence); de Raphaël, au Vatican (Loges); de Paul Véronèse, (galer. de Dresde); de Rubens (musée de Bruxelles); de Rubens (musée d'Anvers). — ADORATION DES BERGERS. Sujet de plusieurs tableaux, dont voici les principaux : de Bonvicino (musée de Berlin); de Raphaël (musée de Berlin); de Ribera (Louvre).

ADORBITAL adj. et s. m. Qui forme l'orbite : *l'os adorbital* ou *l'adorbital.*

* **ADORE, ÉE** part. pass. d'ADORER. Adoré est suivi de *par* au lieu de *de* lorsqu'il s'agit de la cérémonie d'adoration, indépendamment de tout sentiment de piété vraie : *les rois de Perse étaient adorés par leurs sujets* (Acad.).

ADOREMUS s. m. [a-do-ré-muss] (lat. *adorons*) Nom d'une prière qui se chante dans les saluts.

* **ADORER** v. a. (lat. *ad*, à ; *orare*, parler). Rendre à la divinité les honneurs qui lui sont dus.— Aimer avec passion : *adorer la musique.* — ADORER LE VEAU D'OR, ADORER UN VEAU D'OR, faire la cour à un homme de peu de mérite, à cause des richesses et de son crédit. — Rendre des respects extraordinaires : *les rois de Perse se faisaient adorer.* — S'aimer, s'idolâtrer soi-même. — S'aimer l'un l'autre réciproquement.

ADORIE s. f. Entom. Genre formé, par Fabricius, de quelques espèces exotiques des GALÉRUQUES.

ADORNER v. a. Orner. (Vieux.)

ADORNO, nom d'une des familles plébéiennes qui se disputèrent le gouvernement à Gênes, du XIVe au XVIe siècle. Les *Adorni*, partisans de l'empereur, eurent souvent à la rivalité des *Fregosi*, qui soutenaient la France. Ces deux familles ont fourni plusieurs doges à Gênes. Elles furent définitivement renversées par André Doria, en 1528.

* **ADOS** s. m. [a-dô]. Hortic. Planche de jardinage disposée en talus fortement incliné et dont la partie la plus élevée est ordinairement appuyée à un mur. Les *ados* ont pour but d'exposer les terrains au midi ou au levant et de les protéger contre les pluies et les vents du nord; alors, on les emploie pour la culture des primeurs : fraises, melons, pois, etc. Quelquefois, les *ados* sont établis pour faciliter l'écoulement des eaux dans les terrains humides. Voy. BILLONNAGE. « Quand l'*ados* est établi en costière, c'est-à-dire le long d'un mur garni d'espaliers, il faut toujours former un sentier entre l'*ados* et les espaliers ». G. Belèze.

* **ADOSSÉ, ÉE** part. pass. d'ADOSSER.—Numim. *Têtes adossées*, deux têtes mises sur une même ligne, en sens opposé. Voy. ACCOUPLÉ. — Blas. Se dit des pièces d'armoiries (comme deux 'ions, deux clefs, deux poissons, deux armes, etc.) mises dos à dos.

* **ADOSSEMENT** s. m. État de ce qui est adossé.

* **ADOSSER** v. a. Appuyer le *dos* contre quelque chose : *adosser un enfant 'contre le mur*. — Fig. Placer une chose contre un appui : *adosser une maison contre un rocher*. — Par anal. : *adosser une troupe à* (ou *contre*) *une colline, un bois*, etc. — S'adosser v. pr. S'appuyer le dos contre : *il s'adossa à la boiserie*.

* **ADOUBER** v. a. (bas. lat. *adobare*; tiré de *aptare*, ajuster). Arranger, orner. — Mar. Réparer, mettre en état. On dit mieux *radouber*. — V. n. Echecs, dames et trictrac. Toucher une pièce sans avoir l'intention de la jouer, mais pour l'arranger ou la remettre en place. On dit alors : *j'adoube*. Faute de cette précaution aux dames, on serait forcé de jouer la pièce touchée ou toute autre qu'il plairait à l'adversaire. — ᴗᴗ S'adouber v. pr. S'ajuster, se parer.

ADOUCI s. m. Première façon donnée aux glaces brutes et au cristal ébauché par la taille.

* **ADOUCIR** v. a. Rendre plus doux ce qui est amer, âcre, piquant, salé, acide : *on adoucit le citron avec du sucre*. — Rendre moins froid : *la pluie adoucit le temps*. — Polir : *on adoucit le bois avec la prèle, et les glaces avec l'émeri*. — Fig. Soulager, apaiser : *ce remède adoucira vos souffrances*. — Rendre moins rude : *adoucir l'air du visage*. — Beaux-Arts. Atténuer, graduer avec délicatesse : *adoucir les formes, les traits, les teintes*. — S'adoucir v. pr. Devenir plus doux.

ADOUCISSAGE s. m. Techn. Action d'adoucir les métaux, les couleurs, etc.

* **ADOUCISSANT, ANTE** adj. — Méd. Calmant : *le lait d'ânesse est adoucissant*. — s. m. Remède qui adoucit. On nomme *adoucissants* les médicaments mucilagineux ou sucrés (loochs, lait, miel, préparations à la gomme, à la graine de lin, aux semences de coing, à la guimauve, etc.) que l'on administre dans la première période des maladies inflammatoires. Les gelées, les farineux sont également des *adoucissants*; et les bains agissent comme *adoucissants*.

* **ADOUCISSEMENT** s. m. Action par laquelle une chose est adoucie; état d'une chose adoucie. — Fig. Soulagement, atténuation.

ADOUÉ, ÉE adj. (lat. *duo*, deux). Chasse. Accouplé, apparié : *les perdrix sont adouées*.

ADOUMA, contrée de l'Afrique occidentale, dans la région arrosée par l'Ogooué. Le pays d'Adouma fut visité par le Dr Lenz, Balay et Marche, en 1876.

ADOUR (anc. *Atur, Aturus, Aternus*), petit fleuve qui descend du pic du Midi, arrose la vallée de Campan, passe à Bagnères-de-Bigorre, Tarbes, Aire, Saint-Sever, Dax, Bayonne et se jette dans le golfe de Gascogne, après un cours de 330 kil., dont 70 sont navigables. Affluents de droite : l'*Arros* et la *Midouze*; de gauche : le *Luy de France*, le *Luy de Béarn*, la *Bidouze*, la *Nive*; et de nombreux *gaves*, dont le principal est le *Gave de Pau*.

ADOUZE (lat. *Audus*), rivière d'Algérie; elle sort de l'Atlas et se jette dans la Méditerranée, près de Bougie; cours, 200 kil.

ADOWA, voy. ADOUÉ.

ADOXA s. f. [a-do-ksa] (gr. *a*, sans; *doxa*, gloire). Bot. Nom scientifique de la *moscatelle*, dont les petites fleurs sont dépourvues de tout éclat.

* **AD PATRES** loc. adv. [ad-pa-trèss] (lat. *vers les ancêtres*). S'emploie dans les locutions : *aller ad patres*, mourir; *envoyer ad patres*, faire mourir.

AD PERPETUAM REI MEMORIAM [ad-per-pé-tu-amm-ré-i-mé-mo-ri-amm] (lat. *à la mémoire éternelle de la chose*). Premiers mots des bulles dans lesquelles le Saint-Siège énonce un jugement sur une doctrine.

ADRA, ville d'Espagne, sur la Méditerranée, au sud de Grenade; 10,000 hab. Riches mines de plomb.

* **ADRAGANT** ou **Adragante** adj. [a-dra-gan, gan-te] (gr. *tragos*, bouc; *akantha*, épine). Se dit d'une gomme qui sort spontanément des tiges et des rameaux de plusieurs arbustes de l'Orient, appartenant aux *astragales*. On dit aussi *gomme d'adragant*. Ce produit se présente sous forme de lanières ou de fils minces, contournés, vermiculés, blancs ou roussâtres, et opaques. Plongée dans l'eau, la gomme adragante se gonfle et forme un mucilage visqueux et épais, très employé en pharmacie et chez les confiseurs pour donner du corps aux compositions qui forment des pâtes, des tablettes, etc. Elle a l'avantage de ne leur communiquer aucun goût ni aucune couleur; elle est la base des pâtes de guimauve, de jujube, etc. On l'emploie aussi pour tenir en suspension dans les *loochs*, des huiles, des poudres ou des résines. Ses propriétés sont toniques et analeptiques. Enfin, la *gomme adragante* sert à donner l'apprêt à diverses étoffes; et elle entre dans la composition des tablettes de couleur destinées à peindre la miniature et l'aquarelle.

ADRAGANTINE s. f. Principe essentiel de la gomme adragante; l'*adragantine* existe aussi dans la gomme qui découle de la plupart de nos arbres fruitiers.

ADRANA aujourd'hui *Eder*, riv. d'Allemagne. En l'an 15 de notre ère, Germanicus battit les Allemands sur les bords de ce cours d'eau.

ADRASTE, roi légendaire d'Argos; il fut chassé, devint roi de Sicyon, institua les jeux Néméens et fut rétabli à Argos. Son gendre, Polynice, ayant été chassé de Thèbes par Étéocle, il entreprit, pour le rétablir, la guerre dite *des sept chefs*. Ces chefs périrent tous, à l'exception d'Adraste, et furent vengés, dix ans plus tard, par leurs sept fils, les *Antigones*, qui prirent Thèbes et la dévastèrent.

ADRASTÉE (gr. *a*, sans; *dran*, fuir). Un des surnoms de NÉMÉSIS.

* **AD REM** [ad-rèmm] (lat. *à la chose*). Locution employée dans cette phrase familière : *répondre ad rem*, répondre catégoriquement, convenablement.

* **ADRESSE** s. f. Indication d'une personne, d'un domicile ou d'un lieu quelconque : *donner son adresse*. — BUREAU D'ADRESSES, lieu où l'on fournit des adresses. — MAISON D'ADRESSES, établissement où l'on écrit à la main des adresses sur des enveloppes et sur des bandes. — Discours adressé au chef de l'État ou à quelque autorité, par un corps politique : *projet d'adresse*.

* **ADRESSE** s. f. Dextérité pour les exercices du corps ou pour ceux de l'intelligence : *la gymnastique exige autant d'adresse que de force*. — Subtilité de main : *tour d'adresse*. — Fig. Finesse d'esprit ; *il m'a joué un tour d'adresse*. — Littér. *Adresses de style*, certaines tournures fines et délicates dans la manière d'écrire. — Peint. *Adresse de pinceau*, manière de peindre généralement précise, facile et spirituelle. — Pl. *Adresses de pinceau*, touches ou coups de pinceau qui expriment la forme avec précision.

ADRESSE (Sainte-), village situé à 3 kil. du Havre-de-Grâce (Seine-Inférieure) ; séjour enchanteur.

* **ADRESSER** v. a. (anc. franç. à *dresser*, mettre droit, rendre droit). Envoyer, faire parvenir : *adresser une lettre*. — Parler à quelqu'un : *il m'adresse la parole*. — Se diriger : *il adressa ses pas vers le champ de bataille*. - S'adresser v. pr. Avoir recours : *adressez-vous à lui pour cette affaire*. — Parler à quelqu'un : *Est-ce à moi que vous vous adressez?* — Être adressé : *cette lettre s'adresse à lui*. — Concerner : *ces reproches s'adressent à vous*. — Adresser v. n. Toucher droit où l'on vise.

ADRESSEURS s. m. pl. Voy. ABHORREURS.

ADRETS (François de Beaumont, baron des), capitaine fameux par sa cruauté, né et mort au château de la Frette, près de Grenoble (1513 - 2 février 1586). Il était colonel, lorsqu'une injure qu'il reçut des Guises le poussa dans le parti de Condé et des protestants. Il envahit successivement (1562) Valence, Lyon, Grenoble, Vienne, Orange, Montélimart, Pierrelatte, le Bourg, Bolène, etc., signalant ses triomphes par les plus épouvantables cruautés. La tradition rapporte qu'à Montbrison, il obligea les soldats prisonniers à sauter du haut d'une tour sur des pointes de piques. Les protestants ne voulant avoir aucune solidarité avec ce monstre, le remplacèrent par Soubise. Il se mit alors du côté des catholiques (1563) et s'occupa, c'est le mot dont il se servit, à *défaire les huguenots qu'il avait faits*. Sa cruauté amena son arrestation. Rendu à la liberté en 1571, il fut envoyé dans le marquisat de Saluces, pour y combattre le duc de Savoie. C'est là qu'il apprit la mort de ses deux fils, l'aîné assassiné pendant la nuit de la Saint-Barthélemy; l'autre tué au siège de la Rochelle. Vaincu par la douleur, il se retira dans son château et y mourut maudit de tous.

ADRIA, ville d'Italie, située entre les bouches de l'Adige et du Pô, à 48 kil. S.-O. de Venise ; 13,000 hab. Elle a donné son nom à la mer Adriatique, qu'elle baignait autrefois, mais dont elle est aujourd'hui éloignée de 20 kil. Evêché; célèbre musée; ruines remarquables.

ADRIAN, ville du Michigan (États-Unis) à 115 kil. O.-S.-O. de Detroit; 20,000 hab.

ADRIANÉES s. f. pl. Ant. Fêtes en l'honneur d'Adrien.

ADRIANI (Jean-Baptiste), historien florentin (1511-1579), auteur d'une histoire de son temps, ouvrage très estimé.

ADRIANOPOLIS, nom latin d'ANDRINOPLE.

ADRIATIQUE (d'*Adria*, nom de ville). Portion de la Méditerranée qui s'avance entre l'Italie, l'Autriche et la Turquie, et qui forme, au N. le *golfe de Venise*, et au N.-E. le *golfe de Trieste*. Longueur : 800 kil. Sa plus grande largeur est de 225 kil. et sa plus petite largeur, en face de l'embouchure du Pô, est de 100 kil. Sa profondeur, autrefois plus considérable, ne dépasse pas aujourd'hui 40 mètres entre la Dalmatie et le Pô; elle est à peine de 20 mètres en face de Venise et dans le golfe de Trieste. Les limites de cette mer sont lentement rétrécies par des dépôts de vases et de sables, surtout sur la côte occidentale, où ces dépôts ont formé de vastes *lagunes* : rétrécissement qui explique le degré de salure de ses eaux, plus élevé que celui de l'Atlantique et de la Méditerranée. Affluents : le Pô, l'Adige, le Rubicon et plusieurs autres fleuves moins importants. Ports principaux : Trieste, Venise, Ancône, Fiume. Marées à peine sensibles. Vents du S.-E., dangereux en hiver. — MARIAGE DE L'ADRIATIQUE. La cérémonie par laquelle le doge de Venise épousait l'Adriatique, fut inaugurée vers 1178, et devint ensuite annuelle. Elle avait lieu le jour de l'Ascension. Le doge, monté sur la poupe du navire appelé *il Bucentoro*, LE BUCENTAURE (voy. ce mot), et accompagné de la noblesse vénitienne, ayant à sa droite le légat du pape et à sa gauche l'ambassadeur de France, sortait solennellement du port de Venise. Arrivé au large du Lido, il jetait dans la mer un anneau béni en prononçant ces paroles : « Mer, nous t'épousons en signe de souveraineté positive et perpétuelle. » Cette prise de possession était une conséquence des paroles du pape Alexandre III qui, en reconnaissance du secours que les Vénitiens lui avaient fournis contre l'empereur Frédéric Barberousse, donna au doge Sebastiano Ziani un anneau d'or comme marque de souveraineté sur l'Adriatique : « Que la mer vous soit soumise comme l'est l'épouse à l'époux », avait dit le pape. Cette cérémonie symbolique dura jusqu'en 1797.

ADRIEN ou Hadrien (PUBLIUS ÆLIUS HADRIANUS), empereur romain, né à Rome en l'an 76 de notre ère, d'une famille originaire d'Espagne, mort à Baïa, d'une indigestion, le 10 juillet 438. Sa mère était une tante de Trajan; et sa femme, Julia Sabina, était petite-fille de la sœur de Trajan. Cette parenté lui valut de hauts emplois. Questeur en 101, tribun du peuple en 105, préteur en 107 et *legatus prætorius* de la basse Pannonie en 408, il montra une grande activité et de véritables talents. Trajan l'adopta et, lorsque ce prince mourut, *Adrien*, qui commandait les armées de l'Est, fut proclamé empereur, à Antioche, le 11 août 117. Il inaugura une politique plus pacifique que celle de ses prédécesseurs. Renonçant aux conquêtes faites par Trajan, à l'E. de l'Euphrate, il conclut un traité avec les Parthes. De 119 à 432, il visita son empire, laissant partout des traces de sa munificence et de sa vigilance. Au nord de l'Angleterre, il construire une muraille défensive de 30 lieues, pour mettre le pays à l'abri des Calédoniens. La Gaule lui doit les arènes de Nîmes et le pont du Gard; l'Italie le château Saint-Ange, mausolée que cet empereur se fit élever. Les Juifs s'étant révoltés en 134, Adrien ravagea la Judée, chassa les habitants de Jérusalem et fit de cette ville une colonie romaine. Réformateur, il adoucit le sort des esclaves et publia l'*Edit perpétuel*, compilation judiciaire qui régit l'empire jusqu'au temps de Justinien. Il modéra les persécutions contre les chrétiens. Dans les dernières années de son règne, il laissa son successeur, *Antonin*, s'essayer au pouvoir et se retira dans son magnifique palais de Tibur, où il ternit, dans la débauche, la gloire qu'il s'était acquise dans la première partie de son règne. On lui reproche surtout ses faiblesses pour son favori Antinoüs, dont il fit un dieu après sa mort. L'abrutissement de la débauche le rendit superstitieux et cruel. Il sacrifia d'illustres personnages à ses soupçons. De ses nombreux ouvrages en vers et en prose, il ne nous est resté que quelques épigrammes.

ADRIEN, nom de six papes. — I. Pape de 772 à 795, fut secouru par Charlemagne, contre *Desiderius* (Didier), roi des Lombards — II. De 867 à 872. Pendant son pontificat commença le schisme des Grecs. — III. De 884 à 885. — IV. Nicholas Breakspear, seul pape anglais (1454-'59), d'abord cardinal-évêque d'Albano, bannit Arnold de Brescia et ensuite le fit brûler; engagea avec Frédéric Barberousse une lutte qui se continua longtemps entre l'Église et l'Empire. — V. Né à Gênes; mourut un mois après son élection (1276).—VI. Fils d'un artisan d'Utrecht, né en 1459, mort le 24 septembre 1523. D'abord chancelier de l'Université de Louvain, précepteur de Charles-Quint, évêque de Tortosa; après la mort de Ferdinand le catholique, il partagea la régence avec Ximénès, fut nommé cardinal en 1547, puis élu pape, en 1522. Il échoua dans ses tentatives de réconciliation entre Charles-Quint et François I⁰ʳ.

ADRIEN, opéra en trois actes, représenté à Paris (théâtre de la République et des Arts), le 16 prairial an VII (4 juin 1799), repris le 4 févr. 1800; paroles d'Hoffmann; musique de Méhul.

ADRIENNE (Villa), vaste construction élevée pendant le règne d'Adrien, sur une colline, à droite de la route de Rome à Tivoli. Pirro Sigorio et Piranesi ont relevé le plan de cette résidence impériale, d'après les ruines qui existaient encore de leur temps.

ADROGATION s. f. (lat. *adrogatio*). Dr. rom. Action d'adopter une personne qui n'était pas sous la puissance paternelle.

ADROGÉ s. m. Celui qui était adopté. L'adrogé devait être du sexe masculin et pubère.

ADROGEANT, ANTE s. Celui, celle qui adrogeait : *l'adrogeant prenait les créances de l'adrogé.*

ADROGER v. a. (lat. *ad*, pour ; *rogare*, demander). Dr. rom. Adopter un individu qui n'était soumis à la puissance de personne.

ADROIT, OITE adj. [a-droi; droi-te, autrefois adret-ète] (lat. *ad*, à ; *dextera*, main droite). Qui a de l'adresse, de la dextérité, de la finesse.

ADROITEMENT adv. D'une manière adroite.

ADROSTRAL, ALE adj. et s. m. (lat. *ad*, auprès; *rostrum*, bec). Anat. Se dit d'une pièce de la mâchoire supérieure de quelques animaux.

ADRUMÈTE, anc. v. maritime de l'Afrique, au S.-E. de Carthage; capitale de la Byzacène sous les Romains; on trouve aujourd'hui ses ruines près de *Susa*.

ADSCAPÉAL, ALE adj. Anat. Se dit de l'une des pièces osseuses de l'oreille interne.—Substantiv. l'Ascapéal.

ADSCRIPTION s. f. [ad-skri-psi-on] (lat. *ad*, après; *scriptus*, écrit). Inscription, enregistrement.

ADSTRICTION s. f. [ad-stri-ksi-on] (lat. *adstringere*, resserrer). Méd. Resserrement causé par un astringent.

ADUATICIENS ou Aduatiques s. m. pl. (*Aduatuci*), ancien peuple de la Gaule, issu des Cimbres et des Teutons, sur les deux rives de la Meuse; vers son confluent avec la Sambre. Au temps d'Ammien Marcellin, on les appelait *Tungri*. Leur cap. était *Aduatuca*.

ADUATUCA, ancien nom de TONGRES.

ADULAIRE s. f. Espèce de feldspath, qui se trouve dans le mont *Adule* (Alpes).

ADULATEUR, TRICE s. Celui, celle qui, par bassesse et par intérêt, donne des louanges imméritées. — Adjectiv. Qui a le caractère de l'adulation.

ADULATIF, IVE adj. Qui a le caractère de l'adulation : *vers adulatifs; discours adulatif.*

ADULATION s. f. [a-du-la-si-on] (lat. *adulatio*). Flatterie basse et intéressée.

ADULATOIRE adj. Qui tient de l'adulation : *phrase adulatoire.*

ADULE (*Mons Adula*), groupe des Alpes où, suivant Strabon, le Rhin prend sa source :

> Au pied du mont *Adule*, entre mille roseaux,
> Le Rhin, tranquille et fier du progrès de ses eaux...
> BOILEAU.

ADULER v. a. (lat. *adulare*, caresser à la façon des chiens). Flatter bassement, avec servilité.

ADULIS [a-du-liss]. Anc. ville marit. d'Éthiopie, sur la mer Rouge. On y a découvert des inscriptions dites *marbres d'Adulis.*

ADULITAIN, AINE s. et adj. Habitant d'Adulis. Qui appartient à Adulis ou à ses habitants.

ADULLAM, ville de l'ancienne Judée, près de laquelle David se cacha dans une caverne, pour fuir la persécution de Saül, vers 1062 av. J.-C.

ADULTE adj. (lat. *adultus*; de *adolere*, croître). Qui est parvenu à la période de la vie comprise entre l'adolescence et la vieillesse : *personne adulte, âge adulte* (voy. VIRIL). — Parvenu au terme de sa croissance : *animal adulte, plante adulte.* — Substantiv. Celui, celle qui est dans l'âge adulte : *école d'adultes.*

ADULTÉRATION s. f. [si-on]. Altération de ce qui est pur; principalement addition frauduleuse d'un produit inférieur à un produit de meilleure qualité ou d'une plus haute valeur.

ADULTÈRE adj. Qui viole la foi conjugale: *époux adultère.* — Par extens. Se dit d'un mélange vicieux : *mélange adultère.* — Substantiv. Celui, celle qui viole la foi conjugale : *la loi punit les adultères.*

ADULTÈRE s. m. (lat. *adulter*; de *ad*, vers; *alter*, un autre). Violation de la foi conjugale. — Il est *simple*, lorsqu'il est commis par une personne mariée, avec une personne libre de tout engagement conjugal; *double*, lorsque les deux coupables sont mariés. — Fig. Mélange illicite, alliance immorale ou illogique. — Législ. L'adultère était puni de mort par les lois de Moïse et par celles de Lycurgue. Les anciens Germains brûlaient la femme adultère et, au-dessus de son bûcher, dressaient le gibet de son complice. Sous le règne de Canut, on coupait le nez et les oreilles des deux coupables. — En Angleterre, l'adultère n'entraîna la peine de mort qu'en vertu de la loi de 1650, qui fut abolie après Cromwell, et remplacée par des compensations pécuniaires. En 1857, une nouvelle loi établit une *Cour de divorce*, chargée de connaître des cas d'adultère. — En France, la législation a beaucoup varié. Les *capitulaires* de Charlemagne prononcent la peine de mort ; plus tard, on promena les coupables de carrefour en carrefour, au milieu des huées accompagnées de fustigation. Avant la Révolution, la femme adultère était ordinairement enfermée au couvent. Notre *Code pénal* classe l'adultère parmi les attentats aux mœurs. Celui de la femme ne peut être dénoncé que par le mari; il est punissable d'un emprisonnement de trois mois à deux ans. Le mari reste maître d'arrêter cette peine en consentant à reprendre sa femme. L'adultère du mari, pour la femme seule est reçue à se plaindre, n'est puni que lorsque le mari a entretenu une concubine dans le domicile conjugal. Le complice de la femme adultère est puni de trois mois à deux ans d'emprisonnement et d'une amende de 100 à 2000 fr. La plainte du mari n'est pas reçue s'il se trouve lui-même dans le cas d'adultère punissable. L'art. 324 du Code pénal déclare que, dans le cas d'adultère de la femme, le meurtre commis par le mari sur elle et sur son complice, surpris en flagrant délit dans la maison conjugale, est excusable.

ADULTÉRER v. a. (lat. *adulterare*). Falsifier, frelater, surtout en parlant des médicaments et des monnaies.

ADULTÉRIN, INE adj. Qui est né d'un adultère. Les *adultérins* ne peuvent être ni légitimés ni reconnus; ils n'ont aucun droit à la succession de leurs parents. S'ils se marient avant l'âge légal, il faut pour cela le consentement d'un *conseil d'amis*, car ils n'ont pas de famille. Sont *adultérins* les enfants désavoués par un jugement.

ADULTÉRISME s. m. Nom altéré : D'Alembert pour Dalembert est un adultérisme.

AD UNGUEM loc. adv. [ad-on-gu-èmm] (lat. *à l'ongle*). Très bien; *il sait sa leçon ad unguem.*

AD UNUM loc. adv. [ad-u-nomm] (lat. *jusqu'à un seul*). Jusqu'au dernier.

ADURENT, ENTE adj. (lat. *ad*, à ; *urere*, brûler). Ardent, brûlant : *soif adurente; fièvre adurente.*

ADUSTE adj. (lat. *adustus*, brûlé). Qui est comme brûlé : *humeur aduste.*

ADUSTION s. f. [sti-on]. Action du feu: brûlure ou cautérisation.

AD USUM loc. adv. [ad-u-zomm] (lat. *selon l'usage*). Ils ont célébré ma fête ad usum. — Ad usum Delphini (à l'usage du Dauphin). Nom donné à une édition expurgée des auteurs classiques, entreprise par ordre de Louis XIV pour l'usage du Dauphin.

AD VALOREM loc. adv. [ad-va-lo-remm] (lat. *selon la valeur*). Se dit des droits proportionnels établis par la douane sur les marchandises importées.

* **ADVENANT ou Avenant** part. prés. d'ADVENIR ou AVENIR. — Jurispr. S'il advient que : *advenant le décès de l'un des deux.*

* **ADVENIR ou Avenir** v. impers. (lat. *ad*, à ; *venire*, venir). Arriver par accident. Prend l'auxil. *être* dans ses temps composés : *il est advenu ; quoi qu'il advienne ; fais ce que dois, advienne que pourra.*

* **ADVENTICE** adj. [ad-van-ti-se] (lat. *adventicius*, étranger). Didact. Qui n'est pas naturellement dans une chose, qui y survient accidentellement : *idées adventices*, par oppos. à *idées innées.* — ∾ Agric. Qui croît sans avoir été semé : *les mauvaises herbes sont des plantes adventices.*

* **ADVENTIF, IVE** adj. Dr. rom. PÉCULE ADVENTIF, pécule concédé aux fils de famille en nue propriété. — ∾ Bot. Se dit de tout organe qui naît hors de sa place normale : *bourgeon adventif.*

* **ADVERBE** s. m. (lat. *ad*, auprès ; *verbum*, verbe). Partie invariable du discours, qui se joint avec les verbes, les adjectifs ou d'autres adverbes pour en modifier le sens. —, Gramm. L'adverbe se place ordinairement après le verbe dans les temps simples : *il parle souvent de vous* ; et entre l'auxiliaire et le participe dans les temps composés : *il a souvent parlé de vous* ; mais les expressions adverbiales se mettent après le participe dans les temps composés : *vous avez jugé à la hâte.* — Les adverbes *aujourd'hui, demain, hier* peuvent être placés avant ou après le verbe ; jamais entre l'auxiliaire et le participe. Les adverbes *bien, mieux, mal, pis* peuvent être placés avant ou après un infinitif : *faire bien son devoir ou bien faire son devoir* ; mais on les met toujours après le verbe dans les temps simples : *vous fîtes bien* ; entre l'auxiliaire et le participe dans les temps composés : *vous avez bien fait.* — Les adverbes *comment, où, combien, quand, pourquoi* se mettent toujours devant le verbe : *où allez-vous ?* — Pour les adverbes de négation, voy. NÉGATION. — Les adverbes peuvent se classer de la manière suivante : 1º adverbes d'affirmation et d'approbation : *certes, oui, sans doute, soit, volontiers, d'accord* ; 2º de négation : *non, ne, ne pas, ne point, nullement, point du tout* ; 3º de doute : *peut-être, probablement* ; 4º d'interrogation : *combien, comment, où, d'où, pourquoi, quand* ; 5º de quantité : *assez, beaucoup, bien, fort, très, davantage, peu, presque, tant, trop* ; 6º de comparaison : *ainsi, aussi, autant, comme, mieux, de mieux en mieux, moins, pis, plus, si* ; 7º d'ordre, de rang : *premièrement, secondement, d'abord, après, ensuite, auparavant* ; 8º de temps : *ici, là, loin, partout, y, nulle part* ; 9º de temps : *aujourd'hui, maintenant, autrefois, dernièrement, hier, avant-hier, demain, après-demain, bientôt, désormais, dorénavant, alors, longtemps, quelquefois, rarement, souvent, toujours* ; 10º de manière et de qualité : *bien, mal, à la hâte, à la mode, à tort, exprès.* A cette classe, on peut ajouter les adverbes formés des adjectifs, par l'addition de *ment*, comme *tendrement* ; voy. MENT. — Quelques adverbes ont les trois degrés de comparaison, lesquels se forment régulièrement comme dans les adjectifs, à l'exception de *bien, mal, peu*, qui font au comparatif *mieux, pis, moins*, et au superlatif, *le mieux, le pis, le moins.*

* **ADVERBIAL, ALE** adj. Qui tient de l'adverbe. Se dit de deux ou plusieurs mots joints ensemble et employés adverbialement : *à contretemps, sens dessus dessous sont des façons de parler adverbiales, des phrases, des locutions adverbiales* (Acad.).

* **ADVERBIALEMENT** adv. D'une manière adverbiale. Dans cette phrase : *chanter juste*, l'adjectif *juste* est pris adverbialement (Acad.). L'adjectif employé adverbialement est toujours invariable.

ADVERBIALISER v. a. Donner à un mot la fonction d'adverbe. — S'adverbialiser v. pr. Devenir adverbe : *l'adjectif ou attribut est susceptible de s'adverbialiser* (Ch. Nodier).

* **ADVERBIALITÉ** s. f. Qualité d'un mot considéré comme adverbe.

* **ADVERSAIRE** s. m. (lat. *ad*, contre ; *versari*, être tourné). Celui qui est opposé à un autre dans un combat (réel ou simulé), une dispute, un procès, une contestation. N'a pas de féminin : *cette femme est un dangereux adversaire* (Acad.)

* **ADVERSATIF, IVE** adj. Gramm. Se dit des conjonctions qui marquent opposition, telles que : *mais, cependant, toutefois.*

ADVERSATIVEMENT adv. D'une manière opposée.

* **ADVERSE** adj. Contraire, opposé : *fortune adverse, partie adverse, avocat adverse.*

* **ADVERSITÉ** s. f. Infortune, rigueur du sort : *c'est dans l'adversité qu'on connaît ses amis.*

AD VITAM ÆTERNAM loc. adv. [ad-vi-tamm-é-ter-namm] (lat. *pour la vie éternelle*). A jamais, pour toujours.

○ **ADVOCATUS DEI** (*avocat de Dieu*). Nom que l'on donne, dans l'Église catholique, à l'orateur ou à l'écrivain qui défend la cause d'un personnage proposé pour la canonisation.

ADVOCATUS DIABOLI (*avocat du diable*). Orateur ou écrivain qui rappelle les fautes qu'ont pu commettre les personnages proposés pour la canonisation.

* **ADYNAMIE** s. f. (gr. *a*, sans ; *dynamis*, force). Méd. État morbide, principalement caractérisé par l'abattement de la physionomie, la mollesse des chairs, la difficulté du mouvement, l'affaiblissement des sensations, la décoloration ou une coloration anormale de la peau ; la présence de *fuliginosité* sur les lèvres et sur la langue. L'adynamie se produit dans les maladies de mauvais caractère (typhus, fièvre jaune, choléra, fièvre typhoïde).

* **ADYNAMIQUE** adj. Qui est caractérisé par l'adynamie. — FIÈVRE ADYNAMIQUE, nom donné par Pinel à la *fièvre putride*, que l'on ne considère plus aujourd'hui que comme un des états particuliers de la *fièvre typhoïde.*

ADYTUM [a-di-tomm] ou **Adyton** s. m. Sanctuaire secret et obscur de certains temples païens, où les prêtres seuls pénétraient.

ÆACÉES s. f. pl. Voy. ÉACIES.

ÆACIDE s. m. Voy. ÉACIDE.

ÆACUS. Voy. ÉAQUE.

ÆCIDIE s. f. [é-si-di] s. f. (gr. *oikidion*, loge, cellule). Bot. Genre de petits champignons microscopiques qui vivent sur les organes des végétaux, où ils forment des taches brunes et pulvérulentes. On a décrit l'*Æcidie du poirier*, qui s'attache aux feuilles du poirier, du pommier, de l'aubépine, etc., et qui épuise ces arbres jusqu'à les faire périr ; l'*Æcidie corne d'élan*, parasite qui s'attache aux rameaux du sapin et cause la maladie appelée *balai des sorciers* ; l'*Æcidie de l'épine-vinette*, qui s'étend sur les feuilles de cet arbuste.

AÈDE s. m. [a-è-de] (gr. *aidein*, chanter). Ant. gr. Nom donné aux poètes de l'époque primitive (prêtres, chefs, législateurs, etc.). Qui, dans les grandes solennités, chantaient des hymnes ou des poésies mystiques composées par eux-mêmes. Les plus célèbres

aèdes furent Orphée, Linus, Musée, Eumolpe, Thamyris, Phémius, Démodocus.

ÆDES s. f. [é-dèss]. Ant. rom. Chapelle peu somptueuse et non consacrée, suivant les rites, par les augures.

ÆDICULE s. f. [é-di-ku-le] (lat. *ædicula*, petite maison). Tabernacle sous lequel les anciens Romains plaçaient leurs dieux ; au moyen âge, on appelait ædicule une chapelle placée dans les maisons particulières ou dans les églises.

ÆDŒBLENNORRHÉE s. f. [é-dè-blèn-no-ré] (gr. *aidoia*, parties naturelles ; *blenna*, mucosité ; *rhein*, couler). Pathol. Écoulement muqueux par les parties génitales.

ÆDOIODYNIE s. f. [é-do-io-di-ni] (gr. *aidoia*, parties naturelles ; *oduné*, douleur). Méd. Douleur dans les parties génitales.

ÆDOIOGRAPHIE s. f. [é-do-io-gra-fi] (gr. *aidoia*, parties génitales ; *graphein*, décrire). Anat. Description des organes de la génération.

ÆDOIOLOGIE s. f. [é-do-io-lo-gi] (gr. *aidoia*, parties naturelles ; *logos*, discours). Anat. Traité sur les organes de la génération.

ÆDOIOTOMIE s. f. (gr. *aidoia*, parties naturelles ; *tomé*, coupure). Anat. Dissection des organes de la génération.

ÆDOÏTE s. f. [é-do-i-te] (gr. *aidoia*, parties naturelles). Méd. Inflammation des parties génitales externes.

ÆGAGRE s. f. (gr. *aix*, chèvre ; *agrios*, sauvage). *Capra ægagrus* (Gmelin), chèvre sauvage qui paraît être la souche de nos variétés domestiques : cornes tranchantes en avant, très grandes chez les mâles, courtes et quelquefois nulles chez la femelle. Taille plus forte et couleurs plus foncées que celles de la chèvre ordinaire. Tempérament robuste, humeur capricieuse, naturel vagabond. — L'ægagre habite en troupes les parties les plus escarpées des montagnes de Perse, où elle est connue sous le nom de *paseng.* Dans ses intestins se forme la concrétion appelée *Bézoard oriental.*

ÆGAGROPILE s. m. (gr. *aix*, chèvre ; *agrios*, sauvage ; *pilos*, laine foulée). Nom scientifique de la concrétion appelée *Bézoard.*

ÆGIALIE s. f. (gr. *aigialos*, bord de la mer). Genre de coléoptères lamellicornes qui vivent dans le sable, au bord de la mer. — Corps en ovoïde court, très bombé ; crochet corné au côté interne des mâchoires ; antennes de neuf articles (*ægialia* de Latreille ; *aphodius* d'Illiger).

ÆGICÈRE s. m. Genre de plantes ; type de la famille des ægicérées. On cultive quelquefois dans nos serres le *grand ægicère* (*ægiceras majus*) à fleurs blanches.

ÆGICÉRÉES s. f. pl. [é-gi-sé-ré] (gr. *aix*, chèvre ; *heras*, corne ; allusion à la forme recourbée et pointue du fruit). Petite famille de plantes dicotylédones gamopétales ; les ægicérées habitent surtout les régions chaudes de l'Asie.

ÆGILOPS s. m. [é-ji-lops] (gr. *aix*, chèvre ; *ôps*, œil ; soit parce que les chèvres sont sujettes à cette maladie, soit parce que ceux qui en sont affectés tournent les yeux comme ces animaux). Petit ulcère qui se forme à l'angle interne de la paupière. Lorsqu'il vient à la suite de l'abcès nommé *anchilops*, il est simple et ne résiste pas à des lavages avec de l'eau de sureau ou de l'eau de guimauve ; mais lorsqu'il est causé par une carie de l'os, il présente une ulcération profonde et demande un traitement sérieux.

ÆGILOPS ou Ægilope s. m. Bot. Genre de graminées auxquelles on attribuait autrefois des propriétés contre la maladie appelée *ægilops.* Ce sont des herbes annuelles qui croissent spontanément dans les champs. On trouve aux environs de Paris l'*ægilops allongé* (*ægilops* *iriuncialis,* Lin.) et dans la France centrale et méridionale, l'*ægilops ovale (ægilops ovata)* que l'on a signalé comme étant le froment sauvage; mais cette opinion a été combattue.

ÆGINÉTIE s. f. [é-ji-né-ti]. Bot· Genre de plantes, famille des Orobanchées.

ÆGIPAN s. m. [é-ji-pan] (gr. *aix,* chèvre; *Pan,* dieu des bergers). Myth. — Willem (4602-4679), Divinité champêtre qui avait des cornes, une queue et des pieds de chèvre.

ÆGIS s. f. [é-jiss] (gr. *aix, aigos,* chèvre). Bouclier de Jupiter, recouvert de la peau de la chèvre Amalthée qui avait nourri ce dieu dans son enfance. — Sorte de cuirasse faite en peau de chèvre; de là le mot *égide.*

ÆGLÉ s. m. (gr. *aiglé,* brillant). Genre de plantes, famille des aurantiacées. L'*ægle marmelos,* grand arbre, commun sur la côte de Malabar, produit un fruit délicieux, parfumé, nourrissant et gros comme un melon. L'écorce de cette énorme orange produit un parfum recherché, et le mucilage de ses graines forme une colle très employée à Ceylan.

ÆGLEFIN ou **Ægrefin.** Vog. Egrefin.

ÆGOPHONIE s. f. Voy. Egophonie.

ÆGOPODE s. m. (gr. *aix, aigos,* chèvre; *pous, podos,* pied). Bot. Plante de la famille des ombellifères (*ægopodium podagraria*), vulgairement appelée *pied de chèvre, podagraire* et *herbeaux-goutteux,* parce qu'on lui attribuait jadis des propriétés anti-goutteuses. Cette plante croît dans les lieux frais et ombragés, dans les vergers, au bord des eaux; ses feuilles possèdent une saveur aromatique, analogue à celle de l'angélique. Dans plusieurs contrées, on mange en salade les jeunes pousses de l'ægopode.

ÆGOS-POTAMOS ou **Ægos-Potami** (rivière des chèvres). — I. Petit fleuve de la Chersonèse de Thrace. — II. Ancienne ville de la Chersonèse de Thrace, célèbre par la victoire que Lysandre, général lacédémonien, y remporta sur la flotte athénienne (405 av. J.-C.), et qui termina la guerre du Péloponèse.

ÆGYTHUS. Nom donné par Fabricius au coléoptère Nilion (voy. ce mot).

A. E. I. O. U. (pour : *Austria Est Imperare Orbi Universi,* l'Autriche est destinée à gouverner l'univers), devise légendaire de la maison d'Autriche, et particulièrement du faible et malheureux empereur Frédéric III.

ÆLIA CAPITOLINA, nom donné à Jérusalem, par Adrien (Ælius Hadrianus), lorsqu'il l'eut rebâtie pour en faire une colonie romaine. Elle ne reprit son nom juif que sous Constantin.

ÆLIE s. m .Nom donné, par quelques zoologistes, au genre d'hémiptères que Cuvier appelle les Pentatomes (voy. ce mot).

ÆLST. Voy. Alost.

ÆLST (Evert van), peintre de fleurs, né et mort en Hollande (4602-4658). — Willem (4602-4679), neveu du précédent, peintre de fleurs et de fruits.

ÆMILIA, nom donné aux provinces de Parme, de Modène et de la Romagne, ajoutées à la Sardaigne en 4860, et qui font aujourd'hui partie du royaume d'Italie.

ÆNEAS, nom latin d'Énée.

ÆNÉATEUR s. m. (*æneator*). Musicien qui, dans l'ancienne Rome, faisait usage d'instruments de cuivre : on comprenait sous cette dénomination les *buccinatores,* les *cornicines,* es *tubicines,* etc.

ÆNÉICOLLE adj. (lat. *æneus,* de bronze; *collum,* cou). Qui a le cou de couleur bronzée.

ÆNÉOCÉPHALE adj. (lat. *æneus,* de bronze; gr. *kephalé,* tête). Zool. Qui a la tête de couleur bronzée.

ÆOLINE s. f. [é-o-li-ne] (d'*Éole,* dieu du vent). Instrument à clavier et à anches libres, inventé en 4846, par le facteur allemand Schlimmbach.

ÆPINUS — I. (Johann), théologien allem., compagnon de Luther (4499-4553). — II. (Franz-Ulrich-Theodor) descendant du précédent, physicien, né à Rostock en 1724, mort en 4802, enseigna la physique à Saint-Pétersbourg, inventa l'électrophore et le condensateur électrique, améliora le microscope, découvrit la polarité électrique de la tourmaline et publia plusieurs ouvrages.

ÆPIORNIS. Voy. Épiornis.

ÆQUO ANIMO [é-ko-a-ni-mo](lat. *d'une âme égale*). Avec constance.

ÆQUO PULSAT PEDE [é-ko-pul-satt-pé-dé] (lat. *la mort frappe d'un pied indifférent*). Pensée tirée d'Horace et qui signifie que la mort ne choisit pas ses victimes.

AÉRABLE adj. Qui peut, qui doit être aéré.

* **AÉRAGE** s. m. Action d'aérer, de renouveler l'air dans une mine ou dans un puits.

AÉRANT, ANTE adj. Qui est propre à faire circuler l'air : *fenêtre aérante.*

AÉRARIUM s. m. [é-ra-ri-omm]. Trésor public, caisses de l'État dans l'ancienne Rome. Auguste établit, sous le nom d'*Ærarium militare,* une caisse particulière pour l'entretien de l'armée.

AÉRATEUR, TRICE adj. Qui sert à aérer.

AÉRATION s. f. [a-é-ra-si-on]. Action de donner de l'air, d'exposer une substance à l'air : *l'aération de l'eau.*

* **AÉRÉ, ÉE** part. pass. d'Aérer [a-é-ré]. Adjectiv. Qui est en bon air.

ÆRE PERENNIUS [é-ré-pé-ré-ni-uss] (lat. *plus durable que l'airain*). Mots d'Horace en parlant de ses vers, et qui sont souvent employés en littérature : *c'est un monument ære perennius.*

* **AÉRER** v. a. [a-é-ré] (gr. *aér,* air). Donner de l'air; chasser le mauvais air. — v. n. Faire un air, en parlant d'un oiseau de proie.

AÉRETHMIE s. f. [a-é-rè-tmi] (gr. *aér,* air; *éthmos,* crible). Pathol. Synon. d'Emphysème.

AÉRHÉMOTOXIE s. f. [a-é-rè-mo-to-ksi] (gr. *aér,* air; *aima,* sang; *toxicon,* poison). Pathol. Sorte d'empoisonnement produit par l'introduction de l'air dans les veines.

AÉRHYDRIQUE adj. (gr. *aér,* air; *udôr,* eau). Qui va au moyen de l'air et de l'eau.

AÉRICOLE adj. (gr. *aér,* air; *colere,* habiter). Qui vit dans les airs, en parlant des animaux et des plantes.

AÉRIDUCTE s. m. (gr. *aér,* air; lat. *ductus,* conduit). Organe respiratoire, souvent foliacé, qui se trouve sur diverses larves ou nymphes aquatiques.

* **AÉRIEN, ENNE** adj. [a-é-ri-in, è-ne]. Qui est d'air, qui tient de l'air, qui est un effet de l'air, ou qui se passe dans l'air :

Ces chants *aériens* sont mes concerts chéris.

V. Hugo.

— Anat. Voies *aériennes,* conduits *aériens,* ensemble des conduits destinés à porter l'air dans les poumons. — Ichtyol. *vésicule aérienne,* voy. Vésicule.

AÉRIENNEMENT adv. D'une manière aérienne; dans l'air.

AÉRIENS s. m. pl. [a-é-ri-ain]. Secte ainsi appelée d'Aérius, moine de Pont, son fondateur. Les Aériens rejetaient la plupart des fêtes et toutes les cérémonies de l'Église; ils ne faisaient aucune différence entre les évêques et les simples prêtres, et ne croyaient pas à la vertu des prières pour les morts. Cette hérésie, qui s'éleva vers 355, ne dura que quelques années.

AÉRIFÈRE adj. [é-ri-fè-re] (lat. *æs, æris,* cuivre; *ferre,* porter). Qui contient du cuivre.

* **AÉRIFÈRE** adj. [a-é-ri-fè-re] (lat. *aér,* air; *ferre,* porter). Qui conduit l'air. — Voies aérifères ou voies aériennes. Se dit des conduits (larynx, trachée-artère, bronches et leurs ramifications) qui portent l'air dans les poumons. — Par ext. Se dit de tout appareil qui conduit de l'air. — Substantiv. L'appareil lui-même : les *ventilateurs* des *aérifères.*

AÉRIFICATION s. f. Opération par laquelle on fait passer à l'état gazeux une matière solide ou liquide.

AÉRIFIER v. a. (lat. *aér,* air; *fieri,* devenir). Chim. et phys. Faire passer à l'état d'air ou à l'état gazeux.

* **AÉRIFORME** adj. Se dit des substances qui, sans avoir la nature de l'air atmosphérique, en ont les propriétés physiques, c'est-à-dire la fluidité, la transparence, l'électricité : tels sont les gaz, les vapeurs, etc.

AÉRIQUE adj. et s. Se dit des minéraux placés sous l'influence spéciale de l'air, tels que les combustibles, l'air.

AÉRISER v. a. Réduire à l'état d'air ou de gaz. — S'aériser v. pr. Être aérisé.

AÉRITE adj. et s. Zool. Se dit de tous les animaux qui vivent dans l'air.

AÉRIUS, hérésiarque, fondateur de la secte des Aériens. Voy. ce mot.

AÉRO s. m. [é-ro] (gr. *airô,* prendre sur les épaules). Antiq. Panier pour le sable. Il était tressé d'osier, de jonc ou de laine. Le soldat romain en faisait usage dans les travaux de retranchement.

AÉROBATE s. m. (gr. *aér,* air; *bainô,* je marche). Celui qui va par les airs.

AÉROCLAVICORDE s. m. Espèce de clavecin dont les cordes étaient mises en vibration au moyen de l'air. L'aéroclavicorde fut inventé en 4790 par Schell et Tschirski.

AÉROCYSTE s. f. [a-é-ro-si-ste] (gr. *aér,* air; *kustis,* vessie). Bot. Vésicule pleine de gaz que l'on rencontre sur quelques fucus et qui permettent à ces plantes de se soutenir à la surface de l'eau.

AÉRODYNAMIQUE s. f. (gr. *aér,* air; *dynamis,* force). Partie de la dynamique qui traite des lois du mouvement des fluides élastiques. On dit plutôt *pneumatique.*

AÉRŒ ou **ARRŒ,** île du Danemark, autrefois comprise dans le Schleswig, à l'entrée du petit Belt; 69 kil. carr.; 44,500 hab. Capitale Aéroskjœbing (pop. 4,700 hab.).

AÉROGNOSIE s. f. [a-é-rog-no-zi] (gr. *aér,* air; *gnôsis,* connaissance). Partie de la science qui traite des propriétés de l'air.

AÉROGRAPHE s. m. [a-é-ro-gra-fe] (gr. *aér,* air; *graphô,* je décris). Celui qui s'occupe d'*aérographie.*

* **AÉROGRAPHIE** s. f. [a-é-ro gra-fi]. Description, théorie de l'air.

AÉROGRAPHIQUE adj. Qui concerne l'*aérographie.*

AÉROHYDROPATHIE s. f. [a-é-ro-i-dro-pa-ti] (gr. *aér,* air; *udôr,* eau; *pathos,* affection). Méthode de traitement des maladies dans laquelle l'air et l'eau sont les principaux moyens curatifs.

AÉROKLINOSKOPE s. m. (gr. *aér,* air; *klinein,* incliner; *skopeô,* je regarde). Instrument nouvellement inventé pour faire connaître les différences de pression entre diverses stations barométriques.

* **AÉROLITHE** s. m. [a-é-ro-li-te] (gr. *aér,* air; *lithos,* pierre). Masse minérale qui se précipite des régions élevées de l'atmosphère à la surface de notre globe. Les aérolithes sont

quelquefois désignés par les noms de *bolides*, de *météorites*, de *céraunites*, de *pierres de foudre*, de *pierres tombées du ciel*, de *pierres de la lune*, de *pierres météoriques*, d'*uranolithes*, de *botilies*, etc. Leur forme est irrégulière, souvent pleine d'aspérités; une sorte d'émail noir les recouvre jusqu'à un millimètre de profondeur. Ils se composent ordinairement de fer, de nickel, de cobalt, de manganèse, de chrome, de cuivre, d'arsenic, d'étain, de silice, de potasse, de soude, de chaux, d'alumine, de soufre, de phosphore et de carbone. Le fer et la silice ne manquent dans aucun. On les divise en trois classes : 1° *aérolithes métalliques*, composés de fer pur et de nickel ; 2° *aérolithes pierreux*, qui ne renferment que des parcelles de fer disséminées dans une pâte pierreuse ; 3° *aérolithes charbonneux*, dont on a peu d'exemples constatés. — ORIGINE DES AÉROLITHES. Quatre théories se trouvent en présence : 1° Laplace considère les aérolithes comme des masses lancées par les volcans de la lune ; 2° les *aérolithes* se formeraient dans l'atmosphère par l'agrégation des vapeurs métalliques que dégagent les usines ; 3° ce seraient des fragments de roches lancés à une grande hauteur par nos volcans ; 4° les *aérolithes* ne seraient autre chose que des *astéroïdes* (petites planètes) qui errent par myriades dans les espaces célestes, et qui finissent par subir l'action attractive des grandes planètes près desquelles les passe leur course vertigineuse. — Poids : de quelques grammes à des milliers de kilogr. — Pesanteur spécifique moyenne : 3,50. — Chute : elle s'accompagne toujours d'un *météore lumineux*, globe enflammé qui, pendant la nuit, illumine l'horizon, se meut avec une extrême rapidité, lance des étincelles, forme après lui une trace brillante, éclate avec bruit et disparaît, laissant un petit nuage blanchâtre qui se dissipe comme de la fumée. En tombant, ces masses métalliques sont brûlantes et répandent une odeur de soufre et de poudre à canon. — PRINCIPAUX AÉROLITHES. Chaque année, 500 ou 600 météores lumineux lancent sur notre terre au moins 5000 aérolithes. Le chimiste anglais Howard a dressé une liste chronologique des principales de ces pierres, depuis l'antiquité jusqu'en 1818 : — Pierre tombée près d'Ægos-Potamos, vers 467 av. J.-C.; elle était grosse comme un char. — Les *Annales Fuldenses* parlent d'une pierre, tombée en Saxe (823), qui mit le feu à trente-cinq villages. — Un globe de 260 livres tomba, en 1592, à Ensisheim (Alsace) et se trouve encore conservé dans l'église de ce bourg. — Le 14 septembre 1511, il tomba sur Créma (Lombardie) plusieurs milliers de pierres, dont l'une pesait 260 livres et une autre 120. — 26 mai 1751, à Hradschina, près d'Agram (Croatie), pierre de 71 livres, conservée à Vienne. — 26 avril 1803, pluie de pierres sur la petite ville de Laigle en Normandie. — 23 novembre 1810, autre pluie à Charsonville, près d'Orléans. — 5 juin 1821, aérolithe de Privas, 92 kilogr., conservé au Muséum d'histoire naturelle de Paris. — 1864, aérolithe de 975 livres, tombé à Cholula (Mexique) et placé au Musée impérial. — Dans la province de Bahia (Brésil), se trouve une masse météorique pesant 7000 kilogr.; aux environs de Bitbourg, non loin de Trèves, une pierre de ce genre pèse 1650 kilogr. — Près de la source du fleuve Jaune (Asie), une roche de 13 m. de haut porte le nom de *pierre polaire*, parce que, au dire des Mongols, elle tomba à la suite d'un météore de feu. — L'expédition suédoise au pôle arctique (1870), a rapporté, du Groenland à Stockholm, d'énormes masses, dont l'une pèse 25 tonnes et une autre 10 tonnes. — Le British Museum de Londres en renferme une de 5 tonnes. — Une belle collection d'aérolithes se trouve au collège *Yale*, Connecticut (Etats-Unis). Parmi les 100 ou 150 spécimens qui s'y trouvent, on remarque une pierre qui ne pèse pas moins que 1635 livres.

AÉROLITHIQUE adj. Qui est propre aux aérolithes; qui est de leur nature.

* **AÉROLOGIE** s. f. [a-é-ro-lo-ji] (gr. *aér*, air; *logos*, discours). Partie de la physique qui traite de l'air et de ses propriétés.

AÉROLOGIQUE adj. Qui a rapport à l'aérologie.

* **AÉROMANCIE** s. f. [a-é-ro-man-si] (gr. *aér*, air; *manteia*, divination). Art de prédire l'avenir par certaines apparences manifestées dans l'air. Cette prétendue science était en honneur chez les anciens Grecs.

AÉROMANCIEN, ENNE adj. Qui a rapport à l'aéromancie. — s. Celui, celle qui pratique l'aéromancie.

AÉROMEL s. m. Miel aérien; nom donné à la manne.

* **AÉROMÈTRE** s. m. (gr. *aér*, air; *metron*, mesure). Instrument pour marquer le volume moyen des gaz et la densité de l'air.

* **AÉROMÉTRIE** s. f. Science qui a pour objet la constitution physique de l'air et qui en mesure les effets mécaniques.

AÉROMÉTRIQUE adj. Qui a rapport à l'aérométrie.

AÉROMONTGOLFIÈRE s. f. [a-é-ro-mon-gol-fi-è-re]. Nom que l'on a donné quelquefois à la *montgolfière*.

AÉROMOTEUR s. m. Machine propre à se mouvoir par la seule force de l'air.

AÉRONAUGRAPHIE s. f. [a-é-ro-nô-gra-fi] (gr. *aér*, air; *nautès*, navigateur; *graphô*, j'écris). Traité de navigation aérienne.

* **AÉRONAUTE** s. m. [a-é-ro-nô-te] (gr. *aér*, air; *nautès*, nautes). Celui, celle qui parcourt les airs dans un aérostat.

AÉRONAUTIE s. f. [ti]. Art de naviguer dans l'air. On dit plutôt AÉROSTATION.

AÉRONAUTIQUE adj. Qui a rapport à l'aéronautie ou à l'aéronaute. — s. f. Art de l'AÉRONAUTE.

AÉRONEF s. m. [a-é-ro-nèff] (lat. *aér*, air; vieux franç. *nef*). — I. Appareil proposé par M. Trançon, en 1846, pour diriger les aérostats. Il se compose de deux ballons conjugués, c'est-à-dire réunis par une corde, dont l'un a une force ascentionnelle plus grande que l'autre, pour atteindre les courants favorables. — II. Appareil de M. Ponton, breveté en 1861, et au moyen duquel l'homme pourrait s'envoler dans les airs. L'*aéronef* se compose de deux hélices ou ailes de moulin à vent, sur un plan horizontal, l'une supérieure, l'autre inférieure, tournant en sens contraire par l'impulsion d'une machine; une troisième hélice, dans un plan incliné ou vertical, sert de propulseur. Cet appareil ingénieux n'a pas reçu d'application, faute d'un moteur assez léger.

AÉROPHANE adj. [fa-ne] (gr. *aér*, air; *phanô*, transparent). Qui a la transparence de l'air.

AÉROPHOBE adj. [a-é-ro-fo-be] (gr. *aér*, air; *phobos*, crainte). Qui craint le contact de l'air. — Substant. Celui, celle qui est atteint d'*aérophobie*.

AÉROPHOBIE s. f. Horreur pour le contact de l'air en mouvement à la surface de la peau : symptôme assez fréquent de la rage. On l'observe à un moindre degré dans certains accès d'hystérie et d'affections nerveuses.

AÉROPHONE s. m. [fo-ne] (gr. *aér*, air; *phônê*, son). — I. Orgue à vapeur inventé par un Américain, vers 1859. — II. Appareil acoustique, inventé en 1877, par l'Américain Edison, auteur du *phonographe*. — Lorsqu'on parle dans un courant d'air, la voix augmente d'intensité. C'est en se basant sur cette propriété des ondes sonores, combinée avec une application des *plaques vibrantes*, que M. Edison

a conçu l'*aérophone*. Son appareil se compose d'un tuyau cylindrique, muni d'une embouchure perpendiculaire au cylindre et garni de deux plaques vibrantes. Chaque émission de voix à l'embouchure fait vibrer les plaques; et les ondes sont emportées dans l'espace au moyen d'une émission simultanée d'air comprimé, qui trouve enfermé dans une boîte, derrière l'appareil. Sur les chemins de fer et sur les bateaux à vapeur, l'air comprimé est remplacé par la vapeur. Cet appareil donne à la voix humaine une intensité cinq cents fois supérieure à la sienne; de telle sorte qu'un homme peut se faire entendre à une distance de deux lieues, pour annoncer l'arrivée d'un train, d'un bateau, pour demander du secours, empêcher un abordage, signaler aux bâtiments le voisinage des écueils, etc. — AÉROPHONES s. m. pl. Huitième famille des oiseaux de l'ordre des échassiers; renfermant les genres *anthropoïde* et *grue*, dans la méthode de Vieillot.

AÉROPHONE adj. Ornith Qui a la voix retentissante.

AÉROPHORE adj. [a-é-ro-fo-re] (gr. *aér*, air; *phéró*, je porte). Qui conduit de l'air. — s. m. Appareil qui transporte de l'air respirable aux plongeurs ou aux personnes qui travaillent dans une atmosphère dangereuse. L'appareil inventé par M Denayrouze se compose d'une pompe à air, d'une lampe et de tubes flexibles.

AÉROPHYTE s. f. [a-é-ro-fi-te] (gr. *aér*, air; *phuton*, plante). Nom des plantes terrestres, par opposition à *hydrophyte*.

AÉROPLANE s. m. Appareil d'aviation, composé d'une surface à peu près plate, inclinée d'un petit angle sur l'horizon, et poussé orizontalement par un propulseur qui est ordinairement une hélice. Sir G. Cayley, au commencement du xixe siècle, Henson, vers 1841, et plusieurs autres ont étudié ce moyen d'aviation. En 1868, M. Stringfellow construisit un petit aéroplane à vapeur qui courait avec rapidité sur un fil de fer, mais sans parvenir à quitter ce fil de fer. D'autres, parmi lesquels nous citerons M. A. Pénaud, ont employé, comme force motrice pour de petits appareils, une lanière de caoutchouc tordue. Cette lanière, en se détordant, fait tourner une hélice. En 1874, l'aéroplane Pénaud parcourut plusieurs fois avec vitesse un des ronds-points du jardin des Tuileries.

AÉRORACHIE s. f. [a-é-ro-ra-chi] (gr. *aér*, air; *rachis*, épine du dos). Méd. Accumulation du gaz dans le rachis.

AÉROSCAPHE s. m. [a-é-ross-ka-fe] (gr. *aér*, air; *skaphé*, barque). Nom proposé, par opposition à *pyroscaphe*, pour les bateaux mus par l'air.

AÉROSCOPE s. m. (gr. *aér*, air; *skopeó*, je regarde). Sorte de baromètre qui sert à indiquer l'expansion de l'air ou des gaz.

AÉROSCOPIE s. f. Art d'étudier l'atmosphère.

AÉROSITE s. f. [a-é-ro-zi-te]. Minér. Variété d'argent rouge sombre.

AÉROSPHÈRE s. f. [a-é-ro-sfè-re]. Masse d'air qui entoure notre globe.

* **AÉROSTAT** s. m. [a-é-ro-sta] (gr. *aér*, air; *staô*, je me tiens). Appareil qui s'élève dans l'atmosphère, grâce à la légèreté spécifique du gaz dont il est rempli. Quand il s'élève en vertu de la dilatation de l'air échauffé reçoit généralement le nom de *montgolfière*. Les uns et les autres sont communément appelés *ballons*, en raison de leur forme. Le premier *aérostat* proprement dit fut construit par Charles, en 1783 (voy. AÉROSTATION). Depuis, cet appareil a été plusieurs fois perfectionné. Il est composé de deux parties essentielles : 1° D'un BALLON imperméable, à peu près sphérique, autrefois en soie, aujourd'hui en taffetas verni, ou formé d'une feuille mince de caoutchouc placée entre

deux feuilles de taffetas; ou mieux, en percaline que l'on taille en fuseau, que l'on coud et que l'on rend imperméable au moyen d'un enduit formé d'huile de lin réduite aux deux tiers de son volume par l'ébullition. « A sa partie supérieure, le ballon est muni d'une soupape formée de deux clapets, que des tiges de caoutchouc tiennent fermées et qui s'ouvrent quand on tire de la nacelle la corde qui s'y trouve fixée et qui pend naturellement au milieu du ballon. A sa partie inférieure, le ballon est muni d'un orifice béant, l'*appendice*, destiné à permettre au gaz de s'échapper par la dilatation. La sphère d'étoffe, gonflée de gaz d'éclairage, est maintenue par un *filet* qu'une *couronne* soutient au cadre de la soupape. Le filet, à sa partie inférieure, se termine par 32 cordelettes qui se réunissent en un *cercle de bois*, au moyen de boucles s'adaptant à des *gubillots*».(Gaston Tissandier : *simples notions sur les ballons et la navigation aérienne*. 2° d'une NACELLE, d'osier,

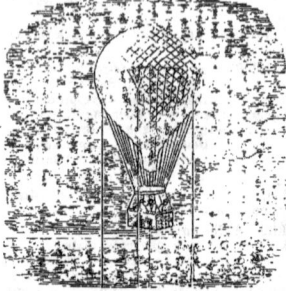

Aérostat moderne.

attachée par des cordes sous au cercle de bois. Dans cette nacelle, l'aéronaute se place avec tous les objets nécessaires au voyage, et avec une provision de *lest* suffisante pour alléger le ballon quand on voudra remonter dans de plus hautes régions. Les autres parties principales se joignent des accessoires indispensables : cordes d'ancre, guide-rope, etc. Ce dernier est un appareil d'atterrissage. «Il consiste généralement en unesimple corde, qu'on laisse traîner contre terre quand la nacelle a touché le sol. Il est quelquefois formé d'une sangle plate hérissée de crins, qui sous le poids même produit un frottement plus énergique et forme un véritable frein.» (G. Tissandier).|A la nacelle est ordinairement attaché le *parachute*. — Les armées françaises ont fait usage des aérostats en 1793, en 1815 et en 1870-71. Les troupes américaines y ont eu recours pendant la guerre de sécession (voy. BALLONS MILITAIRES).

AÉROSTATIE s. f. S'est dit pour AÉROSTATION.

AÉROSTATIER s. m. Voy. AÉROSTIER.

· AÉROSTATION s. f. [a-é-ro-sta-si-on]. Art de faire et d'employer les aérostats. — Art de naviguer dans les airs. On dit aussi 'AÉRONAUTIE et 'AÉRONAUTIQUE.—Dans tous les temps, l'homme a rêvé de s'élever dans les airs. La mythologie grecque nous montre Dédale attachant des 'ailes de cire aux bras de son 'fils Icare. On dit qu'*Archytas* construisit, en 400 av. J.-C., une colombe qui volait. Le moine Bacon prédit, en 1273, qu'un jour viendra où l'art de voler sera connu de tout le monde. D'après certaines traditions, un moine augustin, Albert de Saxe, développa au xiv° siècle, de justes idées sur la construction des ballons, idées qui furent adoptées par le jésuite portugais, Francesco Mendoza (mort à Lyon, en 1626). En 1670, le jésuite François Lara proposa de naviguer dans les airs, au moyen d'un esquif enlevé par quatre ballons de cuivre mince dans lesquels on aurait fait le vide. Une tradition prétend

qu'un physicien portugais, nommé Gusmão, se serait élevé dans les airs en 1736, à Lisbonne, en présence du roi Jean V et d'une grande affluence de spectateurs. Arrivé au faîte d'un palais, sa machine (composée d'un panier d'osier couvert de papier, et chauffée par un brasier allumé) aurait heurté un toit et serait tombée; L'inventeur, surnommé l'*Ovador* (le Volant) aurait été enfermé comme sorcier dans les cachots de l'Inquisition; ensuite banni, il serait mort sans laisser son secret. — Les découvertes dans la science AÉROSTATIQUE donnèrent aux frères *Montgolfier*, l'idée de leur célèbre MONTGOLFIÈRE, dont le succès excita un enthousiasme extraordinaire. Presque aussitôt un jeune professeur de physique, Charles, substitua l'hydrogène à l'air chaud employé dans la montgolfière; et le premier *aérostat* s'éleva au Champ-de-Mars, salué par les acclamations d'une foule immense dont l'émotion tenait du délire (27 août 1783). Etienne Montgolfier renouvela, quelques jours plus tard, l'expérience qu'il avait faite à Annonay, le 5 juin 1783. En présence de la cour, il lança une montgolfière gonflée d'air chaud et emportant un mouton, un coq et un canard, dans une cage suspendue à l'appareil. (19 septembre 1783). Le succès de cette expérience témoigna de la possibilité des ascensions aérostatiques. Pilâtre de Rosier exécuta, le 15 octobre, une première ascension captive, et le 21 novembre, en compagnie du marquis d'Arlandes, une ascension libre, au moyen d'une *montgolfière*. Le 1er décembre, Charles et Robert s'élevèrent du jardin des Tuileries, portés par un *aérostat* empli d'hydrogène. l'aérostation était créée. Désirant ne nous occuper ici que des perfectionnements qui furent apportés à cette science, nous renvoyons, pour les parties qui ne s'y rapportent pas directement, à nos articles *aérostat*, *aérostatique*, *ascensions*, *ballons*, etc. — Les progrès de l'aérostation furent peu rapides, si on les compare à ceux de l'électricité et de la vapeur. Blanchard, (Paris, 2 mars 1784) munit sa nacelle d'un gouvernail; quelques jours plus tard, Pilâtre de Rosier et un jeune physicien nommé Romain tentent la première victimes de la science nouvelle. En 1797, Jacques Garnerin offrit au public le spectacle d'une «descente en *parachute*. L'illustre aéronaute anglais Charles Green gonfla le premier un ballon au moyen de gaz d'éclairage, moins léger, mais beaucoup moins cher que l'hydrogène (19 juillet 1821). On doit au même aéronaute l'invention du *guide-rope*, corde destinée à modérer le traînage de l'aérostat contre terre à la descente. voy. AÉROSTAT. A peine éclose, l'invention toute française des aérostats coopéra à la défense de nos frontières (voy. BALLONS). Malgré son utilité et son avenir, l'aérostation fut étudiée, d'abord par des esprits plus enthousiastes qu'éclairés. On se livra à des essais puérils, qui dénotent une grande ignorance; on proposa des systèmes extravagants. C'est en 1852 seulement qu'un homme pratique, M. Henri Giffard, jeta les véritables bases de la navigation aérienne. Il commença par changer la forme sphérique de l'aérostat. Il lui donna un grand allongement dans le sens horizontal. Le 26 septembre 1852, cet inventeur fut enlevé, à Paris, par son ballon en forme de poisson, qui cubait 2,400 m. Sous la nacelle se trouvait une machine à vapeur de la force de 3 chevaux, dont le tuyau de cheminée était renversé. Cette machine faisait mouvoir une hélice à 3 palettes, de 3 mètres 40 de diamètre et pouvant faire 110 tours à la minute. Une voile triangulaire servait de gouvernail. M. Giffard exécuta quelques manœuvres de mouvement circulaire et de déviation latérale. Il s'éleva à 1,800 m. et descendit doucement à Élancourt. En 1855, M. Giffard renouvela son expérience avec un appareil d'un volume plus considérable : il s'éleva à 3,200 m. Près de vingt ans plus tard, l'emploi que l'on fit des ballons, pendant le siège de Paris, vint donner une nou-

velle activité aux travaux sur l'aérostation. La *Société française de navigation aérienne* fut fondée et prit de suite une grande extension. M. Dupuy de Lôme continua les expériences de M. Giffard. Mais au moteur à vapeur, il substitua les bras de l'homme. Le 2 février 1871, il s'enleva de Vincennes, dans son *ballon navigable*, qui portait 14 personnes. Vers 1872, l'infortuné Sivel inventa l'*ancre-ancre*, qui diminue les chances de naufrage pendant les ascensions maritimes. Cet appareil se compose d'une corde traînante, munie à son extrémité inférieure d'un cône en toile qui s'emplit d'eau, forme un frein pour l'aérostat, le maintient captif au niveau de la mer et lui donne la possibilité d'attendre des embarcations de sauvetage. Pour la navigation aérienne au moyen d'appareils plus lourds que l'air, voy. AVIATION.

· AÉROSTATIQUE adj. [a-é-ro-sta-ti-ke]. Qui a rapport à l'aérostation.— ᴠᴠ s. f. Partie de la physique qui traite des lois de l'équilibre de l'air. Théorie : Tout corps, plongé dans un gaz, perd une quantité de son poids égale à celle du volume de gaz qu'il déplace; ou, ce qui revient à dire tout corps, plongé dans l'air, éprouve une poussée de bas en haut égale au poids de l'air déplacé. Ce principe, découvert par Archimède pour les liquides, ne fut remarqué pour les gaz que beaucoup plus tard. La pression de l'air fut découverte par Galilée, en 1564, démontrée par Toricelli, vers 1643, et étudiée par Pascal en 1647. Au xviiᵉ siècle, un chimiste irlandais, Robert Boyle, découvrit un gaz plus léger que l'air. Ce gaz, qui n'était autre que l'hydrogène, fut étudié en 1766, par Henry Cavendish, qui, se trompant dans son calcul, le trouva 8 fois plus léger que l'air. Le principe de l'aérostatique était découvert, mais non encore bien compris. En 1782, Tibere Cavallo (voy. ce nom) gonfla d'hydrogène des bulles de savon et les fit s'élever dans l'atmosphère Enfin, le 5 juin 1783, l'aérostatique sortit de la voie purement théorique, par suite de l'expérience faite par Montgolfier : elle entra dans le domaine pratique de l'aérostation. (voy. ce mot). La théorie des montgolfières est celle-ci : la chaleur, en dilatant l'air, le raréfie et le rend, par conséquent, plus léger. Un mètre cube d'air, chauffé à + 60°, pèse 1 kilogr., au lieu de 1 kilogr..300 gr., poids de l'air extérieur à + 15°. — Chaque degré augmente le volume de l'air de 0, 0074.

AÉROSTIER ou *Aérostatier* s. m. synon d'AÉROSTATE.—AÉROSTIER MILITAIRE, soldat d'un corps créé par Coutelle, en 1793, pour la manœuvre des *ballons militaires*. Coutelle portait le nom de *capitaine aérostier*. Sa compagnie composée de 30, puis de 64 hommes, était attachée au corps de l'artillerie. Les services rendus par les ballons militaires, à Maubeuge, Charleroi et Fleurus (voy. BALLONS MILITAIRES) motivèrent la création à Meudon, d'une école aérostatique sous le commandement du physicien Conté. Hoche licencia les aérostiers, et le premier consul fit fermer leur école.

AÉROTECHNIE s. f. [a-é-ro-tèk-ni] (gr. *aér*, air; *techné*, art). Étude des applications industrielles que l'on peut faire de l'air.

· AÉROTHERME adj. m. [a-é-ro-tèr-me] (gr. *aér*, air; *thermos*, chaud). Se dit d'un four à pain échauffé par un courant d'air chaud. Dans le four aérotherme inventé par le grammairien Lemarre, la cuisson s'opère d'une manière plus régulière et plus économique que dans les fours ordinaires.

AÉROTONE s. m. (gr. *aér*, air; *tonos*, tension). Sorte de fusil à vent.

AERSCHOT [ar-chott], ville de Belgique, à 35 kil. N. de Bruxelles; 4,000 hab. Commerce de bois et de graines.

ÆRUGINEUX, EUSE adj. [é-ru-ji-neû; eū-ze] (lat. *æruginosus*, rouillé). Qui est rouillé.

ÆSALE s. m. [é-za-le] (gr. *aisalon*, épervier).

8

L.

Genre d'insectes coléoptères, tribu des luca-nides. Espèce unique : *æsalus scarabæoides* (Fabricius), qui se trouve principalement en Autriche. Corps court, très convexe ; tête presque entièrement reçue dans l'échancrure du corselet (Cuvier).

ÆSALIDE adj. Entom. Qui ressemble à l'æsale.

ÆSCULACÉES s. f. pl. [èss-ku-la-sé] (lat. *æsculus*, sorte de chêne). Famille de plantes qui a pour type le genre *æsculus*.

ÆSCULINE, voy. ESCULINE.

ÆSCULUS s. m. (lat. *æsculus*, sorte de chêne). Genre de plantes, famille des *æsculacées*, ne renfermant qu'une espèce : le *marronnier d'Inde*.

ÆSHNA ou **Æshne** s. f. [èss-na]. Genre d'insectes de la tribu des *libelluliens* (DEMOI-SELLES), dont l'abdomen, allongé, à la manière d'une baguette, est plus étroit que celui des libellules proprement dites. Le corps des lar-ves et des nymphes est aussi plus allongé ; le masque est plat, et les deux serres sont étroi-tes, avec un onglet mobile au bout. La prin-cipale espèce est l'*Æshna grande* (*Libellula grandis*, Linné) ou *Julie*, qui a près de deux pouces et demi de long ; d'un brun fauve, avec deux lignes jaunes de chaque côté du corselet ; l'abdomen tacheté de vert ou de jaunâtre, et les ailes irisées. Elle vole avec une extrême rapidité, dans les prairies et sur les bords des eaux, et elle poursuit les mouches à la manière des hirondelles (Cuvier). L'*æshna à tenailles* (*æshna forcipata*) a la tête jaune et une tache noire, à l'extrémité antérieure de chaque aile. Ces deux espèces se trouvent aux environs de Paris.

ÆSTHÉSIE s. f. [èss-tè-zi] (gr. *aisthêma*). Méd. Sensibilité.

ÆSTHÉSIOGRAPHIE s. f. [èss-té-zi-o-gra-fi] (gr. *aisthêsis*, sens; *graphein*, écrire). Traité des organes des sens.

ÆSTHÉSIOLOGIE s. f. synon. d'ESTHÉSIO-GRAPHIE.

ÆS TRIPLEX [èss-tri-plèkss] (lat. *triple ai-rain*). Expression employée par Horace, lors-qu'il parle de l'audace du premier naviga-teur, et qui sert, en littérature, à caractériser l'intrépidité.

ÆSTUANT, ANTE adj. (lat. *æstuam*, chaud). Qui fermente ; qui est échauffé.

ÆTERNUM VALE [é-tèr-nomm-va-lè]. (lat. *adieu pour toujours*).

ÆTHÉOGAME adj. (gr. *aéthês*, insolite ; *ga-mos*, mariage). Bot. Se dit des plantes qui, sous le rapport des organes et du mode de reproduction, s'éloignent des monocotylédones et des dicotylédones.

ÆTHRIOSCOPE s. m. [é-tri-o-sco-pe] (gr. *aithrios*, clair; *scopein*, observer). Instrument inventé par l'Anglais John Leslie, pour mesu-rer le rayonnement calorifique de la surface de la terre vers les espaces célestes. Il consiste en un thermomètre différentiel, dont une des boules est placée au foyer d'un miroir concave tourné vers le ciel. La rapidité du rayon-nement dépend de l'humidité contenue dans l'atmosphère supérieure, et l'*Æthrioscope* peut servir à déterminer la quantité de cette humi-dité.

ÆTHUSE s. f. [é-tu-ze] (gr. *aithussô*, j'en-flamme). Bot. Genre de plantes, famille des *ombellifères*, tribu des *sésélinées*; principaux caractères : calice entier ; pétales obovales ; fruit ovale à 5 côtes saillantes. — Type : la *petite ciguë*, appelée aussi *ache des chiens* et *faux-persil* (*æthusa cynapium*, Linn.), plante vénéneuse, dont la ressemblance avec le persil donne souvent lieu à de dangereuses méprises. Voy. CIGUË.

AÉTIEN s. m. [a-é-si-ain]. disciple d'*Aétius*.

Les *aétiens* étaient ordinairement appelés *Eu-nomiens*, parce que leur hérésie touchait à celle d'Eunomius; on leur applique quelquefois le nom d'*Anoméens*, parce qu'ils niaient que le verbe fût d'une nature semblable à celle du père. Leur hérésie fut condamnée par le con-cile de Séleucie, en 359.

ÆTION, peintre grec dont le tableau les *Noces d'Alexandre et de Roxane*, considéré comme un chef-d'œuvre, fut décrit par Lucien. D'après cette description, Raphaël composa son tableau sur le même sujet.

ÆTITE s. f. [é-ti-te] (gr *aetos*, aigle). Espèce de pierre appelée vulgairement *pierre d'aigle*, parce qu'on a cru qu'elle se trouvait dans le nid des aigles. C'est une variété de péroxyde de fer hydraté, ou d'ocre jaune, renfermant un noyau mobile. L'*ætite* se présente en masses globuleuses de la grosseur d'un œuf; on la trouve en France, près d'Alais et de Trévoux.

AÉTIUS [a-é-si-uss]. I. Surnommé l'Athée, sur son refus de croire à la révélation ; héré-siarque, né à Antioche, mort à Constantinople en 367. Banni à la suite du concile de Séleu-cie (359), il fut rappelé et nommé évêque, par Julien. — II. Médecin de Mésopotamie (VIe siè-cle); a écrit, en grec, des ouvrages qui ont été conservés et traduits en latin (Cornaro, Bâle, 1533, in-fol.).

AÉTIUS [a-é-si-uss], général romain, né à Borostoro (Mœsie), vers 396, fils du Scythe Gau-dence, qui servait l'empire. D'abord soldat parmi les gardes d'Honorius, il fut ensuite donné comme otage au roi des Huns, sous les ordres duquel il étudia l'art de la guerre. De retour à Rome, il fut attaché à la mai-son de Jean, soutint d'abord les prétentions de cet usurpateur et lui amena 60,000 Huns; mais aussitôt que Jean fut mort, Aétius se ran-gea du côté de Valentinien III, soumission qui lui valut le commandement de l'Italie et de la Gaule. Pendant plusieurs années, il arrêta le flot des hordes germaniques qui se ruaient sur les frontières de la Gaule. Mais bientôt, il trou-bla l'État par sa rivalité avec Boniface, gouver-neur de l'Afrique. Aétius passa en Italie et fut vaincu par son rival ; mais il le blessa mortel-lement de sa main pendant le combat. Il s'en-fuit en Pannonie, leva une armée de 60,000 Huns, rentra en Italie, dicta des conditions à Valentinien III et à sa mère Placidie, et obtint de nouveau le gouvernement des Gaules. Quand les hordes d'Attila franchirent le Rhin, Aétius fut assez habile pour précipiter contre elles toutes les peuplades germaniques campées dans les Gaules. Le roi des Huns, vaincu à la bataille de Chalons-sur-Marne (451), fut forcé d'évacuer les pays qu'il avait ravagés. Après sa mort, le lâche Valentinien III, croyant n'avoir plus rien à craindre, fit venir, dans son palais, Aétius, dont il était jaloux, et touchant une épée pour la première fois de sa vie, il en frappa celui qui avait sauvé l'empire. Ses eunuques et ses courtisans achevèrent le héros (454).

AÉTOS, AÉTOMA s. m. Nom que les anciens Grecs donnèrent au faîte, puis au tympan de leurs temples, à cause de l'usage où ils étaient de les orner de figures d'aigles (*aetos*).

AFABUAR s. m. Porte-enseigne chez les an-ciens Irlandais.

AFANASIEF (Alexandre), écrivain russe, (1826-1871), auteur d'*Histoires populaires rus-ses* et d'un ouvrage sur les anciens poètes slaves.

AFER (Domitius), orateur latin, né à Nîmes, en l'an 16 av. J.-C., mort en 59 de notre ère; Quintilien, dont il avait été le professeur, le joua le rôle de délateur. Il ne reste que quel-ques fragments de ses discours.

AFF. Argot. Voy. AFFE.

*   **AFFABILITÉ** s. f. (lat. *affabilitas*). Qualité

---

de celui qui reçoit et qui écoute avec bonté et douceur ceux qui ont affaire à lui. La défini-tion même de l'affabilité suppose qu'il y a une distance sociale entre celui qui accueille et celui qui est accueilli ; c'est précisément cette distance que l'homme affable sait faire dispa-raître sans rien perdre de sa dignité. En cela, l'*affabilité* diffère de la *civilité*, qui consiste dans un cérémonial de convention ; de l'*honnê-teté*, simple observation des usages et des bien-séances ; et de la *politesse*, qui consiste à dire et à faire ce qui peut plaire aux autres.

*   **AFFABLE** adj. Qui a de l'affabilité.

*   **AFFABLEMENT** adv. Avec affabilité.

*   **AFFABULATION** s. f. (lat. *ad*, à; *fabula*, fable). Partie d'une fable, d'un apologue qui en explique le sens moral et qu'on appelle aussi *moralité* ou *morale*.

*   **AFFADIR** v. a. Rendre fade : *affadir une sauce.* — Fig. Oter ce qui est piquant : *affadir un discours*; des louanges outrées *affadissent le cœur.* — S'affadir v. pr. Devenir insipide : *on s'affadit dans les conversations insignifiantes.*

AFFADISSANT, ANTE adj. Qui est propre à affadir.

*   **AFFADISSEMENT** s. m. Effet que produit la fadeur : *affadissement de cœur.* — Fig. Etat de ce qui est fade : *louer jusqu'à l'affadissement.*

*   **AFFAIBLIR** v. a. Rendre faible. — S'affai-blir v. pr. Devenir faible.

*   **AFFAIBLISSANT, ANTE** adj. Qui affaiblit : *il y a des remèdes fortifiants; il y en a d'affaiblis-sants.*

*   **AFFAIBLISSEMENT** s. m. Diminution des forces physiques ou morales.

AFFAINÉANTIR (S') v. pr. Devenir fainéant.

*   **AFFAIRE** s. f. (lat. *ad*, à; *facere*, faire). Ce qui est le sujet d'une occupation : *affaire impor-tante.* — *J'EN FAIS MON AFFAIRE* (je m'en charge). — *C'EST MON AFFAIRE* (cela ne regarde que moi). — Procès : *plaider une affaire.* — Ce qui fait l'ob-jet d'une délibération : *affaire est au conseil.* — AFFAIRE D'HONNEUR, duel. — AFFAIRE DE CŒUR, commerce de galanterie. — Fam. et ironiq., *votre affaire est faite*, elle est manquée; *son af-faire est faite* (d'un malade) il est perdu; *son affaire est bonne*, il ne peut éviter une punition ou un malheur. — Cela *fait mon affaire*, cela me convient, m'est agréable ou utile. — Peine, em-barras, danger : *il a beaucoup d'affaires sur les bras.* — *C'est une affaire*, c'est une chose diffi-cile ; *ce n'est pas une affaire*, c'est une chose fa-cile. — *Se tirer d'affaire*, se procurer une posi-tion honorable. — *Malade hors d'affaire*, qui ne court plus aucun danger. — Action de guerre : *l'affaire a été chaude.* — Transaction commer-ciale : *Paris fait beaucoup d'affaires avec Lon-dres.* — *Entendre son affaire*, être habile. — Ironiq. *Faire une belle affaire*, faire quelque chose mal à propos. — Pl. Profession de com-merçant : *il s'est mis dans les affaires.* — Inté-rêts publics et particuliers : *les affaires vont bien* ; *il fait mal ses affaires.* — *AVOIR AFFAIRE A QUELQU'UN*, avoir à lui parler, et quelquefois être en contradiction avec quelqu'un : *il a af-faire à forte partie.* — *C'EST AFFAIRE A LUI*, il en est capable. — *FAIRE AFFAIRE*, conclure. — PARLER AFFAIRE, parler de choses sérieuses. — Point d'affaires loc. adv. Nullement, en aucune manière : *des conseils tant qu'il vous plaira; mais de l'argent, point d'affaires.* — Argot. *AVOIR SON AFFAIRE*, avoir reçu une blessure grave. — Etre complètement ivre. — FAIRE SON AFFAIRE, tuer : *en trois mi-nutes je lui ai fait son affaire.*

AFFAIRES DE ROME, ouvrage de Lamen-nais (1837) où l'auteur raconte ses démêlés avec l'Église.

*   **AFFAIRÉ, ÉE** adj. Qui a beaucoup d'affaires ou qui affecte d'être occupé.

AFFAIREUX, EUSE adj. Qui est embarrassé de ses affaires.

* **AFFAISSEMENT** s. m. État de ce qui est affaissé; accablement.

* **AFFAISSER** v. a. Faire baisser en foulant : *la pluie affaisse la terre.* — Faire ployer, faire courber sous le faix : *ce fardeau a affaissé le plancher.* — **S'affaisser** v. pr. Ployer sous son propre poids : *un plancher qui s'affaisse.* — Fig. Être accablé : *un esprit qui s'affaisse.* — Se courber : *un vieillard qui s'affaisse sous le poids des années.*

AFFAITAGE ou **Affaisage** s. m. Action d'affaiter.

* **AFFAITER** v. a. Fauconn. Apprivoiser, dresser un oiseau de proie.

AFFAITEUR s. m. Celui qui est chargé d'affaiter.

* **AFFALÉ, ÉE** part. pass. d'AFFALER. — Mar. Arrêté sur la côte par le défaut de vent ou par les courants, en parlant d'un navire qui se trouve en danger de ne pouvoir se relever.

* **AFFALER** v. a. (all. *af, auf, sur; fallen,* tomber). Pousser un vaisseau vers la côte et l'exposer à échouer. — ᴠᴠ Faire descendre doucement, à l'aide d'une corde : *on affale une embarcation en la mettant à la mer.* — * Peser sur des manœuvres pour vaincre le frottement qui les retient. — **S'affaler** v. pr. Se dit d'un navire qui ne peut, malgré tous les efforts, s'éloigner d'une côte où le pousse le vent. — Se laisser glisser le long d'un cordage ou sur une manœuvre pour descendre plus vite.

AFFAMABLE adj. Qui peut être affamé.

* **AFFAMANT, ANTE** propre à affamer : *régime affamant.* — Fig. Qui porte à désirer sans cesse : *ambition affamante.*

AFFAMATION s. f. Action d'affamer. — Fig. Vif empressement : *il y a des gens qui possèdent l'affamation de servir un maître.*

* **AFFAMÉ, ÉE** part. pass. d'AFFAMER : *loup affamé.* — Substantiv. Celui, celle qui a faim : *il mange comme un affamé.* — Prov. *Ventre affamé n'a point d'oreilles,* quand on a faim on n'écoute aucune représentation. — Adj. et Fig. Qui a de l'avidité pour quelque chose : *affamé de gloire.*

* **AFFAMER** v. a. (lat. *fames,* faim). Priver de vivres; causer la faim : *les Allemands affamèrent Paris.* — ᴠᴠ **S'affamer** v. pr. Être affamé : *un pays si fertile ne peut s'affamer.*

AFFAMEUR s. m. Celui qui affame.

AFFANGISSEMENT s. m. Eaux et for. Amas de fange, de vase, dans le lit des cours d'eau.

AFFE s. f. Argot. Vie, âme. — *Eau d'affe,* eau-de-vie.

AFFÉAGEMENT s. m. Action d'afféager.

AFFÉAGER v. a. Anc. dr. Aliéner une partie des terres nobles d'un fief pour être tenues en arrière-fief ou en roture.

AFFÉAGISTE s. m. Celui qui tenait une terre afféagée.

AFFECTABLE adj. Qui peut être affecté, affligé, hypothéqué.

AFFECTANT, ANTE adj. Qui affecte, qui touche : *récit affectant.*

* **AFFECTATION** s. f. Manière d'être, de parler, d'agir, qui paraît recherchée : *il y a de l'affectation dans son style.* — Destination d'une chose à un usage déterminé : *affectation d'une somme à un usage.*

* **AFFECTÉ, ÉE** part. pass. d'AFFECTER. — Adjectiv. Qui a de l'affectation : *geste affecté.* — Fig. Qui est ému, affligé.

* **AFFECTER** v. a. (lat. *affectare*). Marquer une espèce de prédilection pour certaines personnes ou pour certaines choses : *au spectacle, il affecte toujours la même place.* — Faire un usage fré-

quent et même vicieux de certaines choses : *il affecte les manières anglaises.* — Faire ostentation, feindre :

> Il *affecte* pour vous une fausse douceur.
> RACINE.

— Rechercher une chose avec ambition :

> Quel droit as-tu reçu d'enseigner, de prédire,
> De porter l'encensoir et d'*affecter* l'empire?
> VOLTAIRE.

— Destiner : *affecter une somme à de bonnes œuvres.* — Fig. Avoir une disposition à prendre certaines formes, certaines configurations : *le sel marin affecte dans sa cristallisation la figure cubique.* — Méd. Rendre malade : *l'abus de ce remède peut affecter la poitrine.* — Toucher, affliger : *un rien l'affecte.* — **S'affecter** v. pr. Être ému, affligé : *il ne s'affecte de rien.* — ᴠᴠ Être simulé : *la douleur ne peut s'affecter.*

AFFECTIBILITÉ s. f. État d'une personne qui peut être vivement et facilement affectée.

* **AFFECTIF, IVE** adj. Qui excite l'affection. — Philos. Qui se rapporte aux sentiments, aux passions : *facultés affectives.*

* **AFFECTION** s. f. (lat. *affectio*). Attachement, bienveillance, amitié, tendresse : *affection maternelle.* — Au pl. Sentiments, passions, mouvements de l'âme, d'une manière générale : *corriger les affections déréglées.* — Méd. Maladie : *affection nerveuse.*

AFFECTIONNABLE adj. Qui mérite d'être affectionné.

AFFECTIONNALITÉ s. f. Phrénol. Sentiment qui nous porte à affectionner nos semblables.

* **AFFECTIONNÉ, ÉE** part. pass. d'AFFECTIONNER. — Adj. Dévoué : *croyez à mes sentiments affectionnés.* — Qui a de l'affection (dans les formules de politesse mises au bas des lettres) : *votre affectionné serviteur.* — s. Celui, celle qui a de l'attachement : *je suis votre affectionné.*

AFFECTIONNÉMENT adv. Avec affection; d'une manière affectionnée.

* **AFFECTIONNER** v. a. Avoir de l'affection pour : *il affectionne son travail.* — **S'affectionner** v. pr. S'attacher : *je m'affectionne à tout ce que j'entreprends*

AFFECTIONNITÉ s. f. Faculté affective que porte à s'attacher à tous les objets qui nous entourent.

AFFECTIVITÉ s. f. Faculté de l'âme en vertu de laquelle se produisent les phénomènes affectifs.

* **AFFECTUEUSEMENT** adv. D'une manière affectueuse.

* **AFFECTUEUX, EUSE** adj. Qui témoigne beaucoup d'affection.

AFFECTUOSITÉ s. f. Qualité d'une personne affectueuse.

AFFENAGE s. m. Action de donner du foin au bétail.

AFFENER v. a. (lat. *ad,* à; *fænum,* foin). Donner de la pâture aux bestiaux.

* **AFFÉRENCE** s. f. (lat. *afferens,* qui convient à). Vieux mot qui a signifié rapport, relation.

* **AFFÉRENT, ENTE** adj. Jurispr. Se dit de la part qui revient à chaque intéressé dans le partage ou dans un objet indivis : *la dette afférente à la succession.* — ᴠᴠ Vaisseaux afférents, vaisseaux lymphatiques qui ont pour fonction de conduire dans les ganglions les liquides absorbés.

AFFERMABLE adj. Qui peut être affermé.

AFFERMAGE s. m. Action d'affermer.

AFFERMATAIRE s. m. Celui qui prend à ferme.

AFFERMATEUR, TRICE s. Celui, celle qui donne à ferme.

AFFERMEMENT s. m. Action d'affermer.

* **AFFERMER** v. a. Donner ou prendre à ferme. — ᴠᴠ **S'affermer** v. pr. Être donné ou être pris à ferme.

* **AFFERMIR** v. a. Rendre ferme; consolider : *affermir un mur; l'opiat affermit les dents.* — Donner de la consistance à : *le vin affermit le poisson;* dans ce sens on dit mieux *raffermir.* — Fig. Rendre plus assuré : *affermir le courage.* — **S'affermir** v. pr. Devenir ferme.

* **AFFERMISSEMENT** s. m. Action d'affermir; état de ce qui est affermi.

* **AFFÉTÉ, ÉE** adj. Qui est plein d'afféterie, d'affectation.

* **AFFÉTERIE** s. f. Manière affectée de parler ou d'agir.

AFFETTO ou **Con Affetto** loc. adv. [ko-naf-é-to]. Mots ital. qui signifient avec tendresse. (Voy. AFFETTUOSO.)

AFFETTUOSO adv. [a-fé-tou-o-zo]. Mus. Mot ital. qui signifie tendrement, et que l'on place en tête des morceaux de musique et des passages qui doivent être rendus d'une façon gracieuse, avec une sorte de mollesse.

AFFICHABLE adj. Qui peut ou doit être affiché.

* **AFFICHAGE** s. m. Pose d'affiches, de placards.

AFFICHANT, ANTE adj. Compromettant, scandaleux.

* **AFFICHE** s. f. Feuille écrite ou imprimée que l'on expose dans un lieu apparent (contre les murs des rues, des carrefours, etc.), pour avertir le public de quelque chose. L'usage d'afficher les lois, avant de les faire exécuter, date de l'antiquité, ainsi que les affiches théâtrales. Au moyen âge le cri à son de trompe remplaça l'affichage. L'invention de l'imprimerie fit reparaître les affiches et leur donna une extension qu'elles n'avaient pas eue dans l'antiquité. Un édit de François 1ᵉʳ prescrivit, en 1536, de s'en servir pour les actes de l'autorité. — Le timbre des affiches fut créé par la loi du 5 nivôse an V; après la révolution de Février, l'affichage jouit d'une liberté illimitée; le timbre ne fut rétabli que plus tard. On a publié de curieux recueils des affiches apposées à Paris et dans les provinces, après 1848, et pendant la guerre de 1870-71. — La loi du 24 août 1871 établit un droit de timbre proportionnel à la grandeur du papier employé. Il est de 6 centimes pour chaque feuille de 125 centim. carrés ou au-dessous; de 12 centimes jusqu'au double des dimensions ci-dessus; de 18 centimes jusqu'au quadruple de la première dimension; de 24 centimes pour tous les formats dépassant cette dernière grandeur. Toute personne, convaincue d'avoir apposé des affiches non timbrées, est passible d'une amende de 100 fr. — Les affiches peintes sur les murs paient un droit de 60 centimes par 1 mètre carré et au-dessous; et de 1 fr. 20 pour une dimension supérieure; sous peine d'une amende de 100 à 500 fr. Le paiement de ce droit se fait au bureau d'enregistrement. Pendant la période électorale, toute affiche d'un candidat est exempte du timbre.

LOI SUR LA PRESSE DU 30 JUILLET 1881

De l'affichage.

ART. 15. — Dans chaque commune, le maire désignera, par arrêté, les lieux exclusivement destinés à recevoir les affiches des lois et autres actes de l'autorité publique. — Il est interdit d'y placarder des affiches particulières. — Les affiches des actes émanés de l'autorité seront seules imprimées sur papier blanc. — Toute contravention aux dispositions du présent article sera punie d'une amende de 5 à 15 fr. La récidive, dans les douze mois, pourra entraîner la peine de l'emprisonnement. Ces peines sont supportées par l'imprimeur.

ART. 16. — Les professions de foi, circulaires et affiches électorales pourront être placardées, à l'exception des emplacements réservés par l'article précédent, sur tous les édifices publics *autres que les édifices consacrés au culte*, et particulièrement aux abords des salles de scrutin.

ART. 47. — Ceux qui auront enlevé, déchiré, recouvert ou altéré, par un procédé quelconque, de manière à les rendre illisibles, des affiches apposées par ordre de l'administration dans les emplacements à ce réservés, seront punis d'une amende de 5 fr. à 15 fr. — Si le fait a été commis par un fonctionnaire ou un agent de l'autorité publique, la peine sera d'une amende de 16 fr. à 100 fr., et d'un emprisonnement de six jours à un mois, ou de l'une de ces deux peines seulement. — Seront punis d'une amende de 5 fr. à 15 fr. ceux qui auront enlevé, déchiré, recouvert ou altéré, par un procédé quelconque, de manière à les travestir où à les rendre illisibles, des affiches électorales émanant de simples particuliers, apposées ailleurs que sur les propriétés de ceux qui auront commis cette lacération ou altération. — La peine sera d'une amende de 16 fr. à 100 fr. et d'un emprisonnement de six jours à un mois, ou de l'une de ces deux peines seulement, si le fait a été commis par un fonctionnaire ou agent de l'autorité publique, à moins que les affiches n'aient été apposées dans les emplacements réservés par l'article 15.

PETITES AFFICHES. Feuille périodique dans laquelle on insère toute espèce d'annonces, d'offres, de demandes, de locations, de ventes, etc. Les *Petites Affiches* de Paris, fondées en 1638, par le médecin Théophraste Renaudot, suspendues à la mort de leur créateur (1653), mais reprises en 1745, passent pour la plus ancienne publication périodique de France.

AFFICHEMENT s. m. Action d'afficher; résultat de cette action.

* AFFICHER v. a. (lat. *affigere*, fixer). Poser des affiches. — Par exagér. Faire savoir à tout le monde : *j'afficherai cela partout*. — Fig. Faire parade : *afficher sa honte*. — Compromettre : *afficher une femme*. — AFFICHER LE BEL ESPRIT, vouloir passer pour bel esprit. — S'afficher v. pr. Se faire passer : *s'afficher pour bel esprit*. Se faire remarquer : *cette femme s'affiche*. — Etre affiché *rien ne peut s'afficher sans timbre*.

* AFFICHEUR s. m. Celui dont la profession est d'afficher.

AFFIDAVIT s. m. [a-fi-da-vitt] (lat.: *il a juré; il a fait serment*). Mot employé en Angleterre et aux États-Unis pour désigner une déclaration affirmée sous serment par des témoins à charge.

* AFFIDÉ, ÉE adj. (lat. *ad*, à; *fidere*, se fier). A qui on se fie. — Subst. Agent secret, espion : *je connais ses affidés*.

AFFIER v. a. Planter ou provigner des arbres de bouture : *j'ai affié ce jardin* (P.-L. Courier).

* AFFILAGE s. m. Action d'affiler.

* AFFILÉ, ÉE part. pass. d'AFFILER. Aiguisé; pointu, aigu. — *Avoir la langue bien affilée*, avoir du babil; aimer à médire.

AFFILÉE (d') loc. adv. De suite, sans s'arrêter : *il a parlé deux heures d'affilée*.

AFFILEMENT s. m. Action d'affiler.

* AFFILER v. a. Donner le fil au tranchant d'un instrument; l'aiguiser. — Fig. Donner un sens mordant à un mot, à un geste. — S'affiler v. pr. Etre affilé : *les instruments grossiers s'affilent à sec*.

AFFILERIE s. f. Établissement où l'on affile les outils.

AFFILEUR s. m. Celui qui fait le métier d'affiler les outils.

* AFFILIATION s. f. (lat. *ad*, à; *filius*, fils). Sorte d'adoption en usage chez les Gaulois. — Association à une corporation : *il y a affiliation entre ces deux sociétés savantes*. — Par. ext.

Acte de s'associer à un complot, à une société secrète.

* AFFILIÉ, ÉE part. pass. d'AFFILIER. Associé. — Substantiv. Personne affiliée : *cette corporation a ses affiliés*.

* AFFILIER v. a. Associer à une corporation, à une société. — S'affilier v. pr. Etre admis dans une congrégation, dans une société, dans un complot.

AFFILOIR s. m. Tout ce qui sert à affiler. C'est ordinairement une pierre *schisteuse*, que l'on emploie pour enlever le *morfil* qui s'est formé aux instruments lorsqu'on les a aiguisés (voy. AFFUTAGE), ou bien pour leur donner le *fil*, lorsqu'ils sont émoussés. On peut aussi se servir d'un *fusil* (morceau de fer ou d'acier cylindrique) ou d'un morceau de cuir. Quand on opère sur des instruments délicats, tels que rasoirs, canifs, etc., on met un peu d'huile sur l'affiloir, ce qui donne plus de finesse au fil. Pour les instruments moins fins, que l'on affile sur la pierre, on mouille avec de l'eau, ce qui fait mieux mordre; enfin les outils grossiers s'affilent à sec. On a soin de promener l'instrument sur l'affiloir de manière à donner la même direction sur les deux faces aux sillons microscopiques creusés dans l'acier par la pierre.

AFFILOIRES s. f. pl. Menuis. Pierres à aiguiser fixées dans du bois.

AFFIN, INE adj. (lat. *ad*, auprès; *finis*, fin). Vieux mot qui signifie : semblable. — s. m. Proche, allié : *on devrait défendre tout mariage entre affins*.

* AFFINAGE s. m. Action par laquelle on débarrasse certaines choses, notamment les métaux et le sucre, de matières étrangères qui s'y trouvent mêlées. — ◊◊ Quand il ne s'agit pas de métaux, on préfère dire *raffinage*. — AFFINAGE DE L'OR ET DE L'ARGENT. Pendant longtemps l'affinage des métaux précieux ne se fit qu'à la *coupelle*. Voici comment on opère aujourd'hui : Après avoir débarrassé les métaux des matières oxydables qu'ils peuvent contenir, on sépare l'or de l'argent au moyen de l'opération dite du *départ*, en faisant bouillir dans l'acide sulfurique concentré l'alliage réduit en grenaille. L'argent se dissout, et l'or se dépose en poudre noirâtre, que l'on convertit en lingot par la fusion. Pour dégager l'argent, on plonge, dans la dissolution de *sulfate d'argent*, des lames de cuivre rouge décapé; du sulfate de cuivre se produit et l'argent se précipite en mousse cristalline. Les premières expériences faites à Paris pour affiner l'or par la voie du *départ* datent de 1518. Depuis un siècle, on employait ce procédé en Italie. L'opération avait lieu à l'aide d'acide nitrique. L'emploi de l'acide sulfurique est dû au chimiste Dizé.

AFFINEMENT s. m. Action d'affiner.

* AFFINER v. a. Rendre plus fin, purifier : *affiner l'or*. — Rendre plus délié : *affiner du chanvre*. — Donner un goût fin : *la cuve affine le fromage*. — S'affiner v. pr. Devenir plus fin. — Au fig. S'éclaircir, en parlant du temps : *le temps s'affine*.

* AFFINERIE s. f. Lieu où l'on affine.

* AFFINEUR s. m. Celui qui affine les métaux.

AFFINEUSE s. f. Ouvrière en dentelles. — Fig. Enjôleuse.

* AFFINITÉ s. f. (lat. *affinitas*). Alliance que le mariage établit entre un époux et les parents de son conjoint. — Convenance, rapport, conformité entre les personnes et les choses : *affinité de mots*; *affinité de caractères*. — Dr. ecclés. L'église entend, par *affinité*, un degré quelconque de parenté. Dans la ligne directe, l'affinité ainsi comprise rend le mariage nul à tous les degrés; dans la ligne collatérale, elle l'annule jusqu'au quatrième degré. L'Église reconnaît, en outre, une

affinité spirituelle, qui interdit le mariage entre les parrains et leurs filleuls ou les parents des filleuls. — Affinité chimique. Force attractive qui anime les molécules de différente nature et qui détermine leur combinaison. C'est en vertu de l'affinité que les éléments forment des *composés*. Geoffroy établit, en 1748, les premières *tables d'affinités*, dans lesquelles chaque substance est placée à la tête d'un tableau; ensuite sont inscrites toutes les autres, dans l'ordre de leur affinité pour la première. Bergmann attacha son nom à la *théorie des affinités*. Il distingua : 1° l'*affinité simple*, ou affinité de deux corps libres tous les deux; 2° l'*affinité élective*, qui se manifeste quand un corps simple détruit un corps composé pour s'emparer d'un de ses éléments; 3° l'*affinité complexe*, de deux corps qui sont engagés dans deux composés différents. Lorsque deux sels sont mis en contact, il y a quatre affinités en action, savoir : deux *affinités quiescentes*, qui tendent à maintenir en combinaison les deux acides avec leurs bases respectives; deux *affinités divellentes*, qui agissent en sens contraire. Il n'y a décomposition que si les secondes sont les plus fortes. Berthollet démontra que ces *tables d'affinités* ne donnent qu'une fausse idée des actions chimiques. Davy et Berzélius ont considéré l'*affinité* comme le résultat des attractions et des répulsions électriques.

AFFINITÉS ÉLECTIVES, roman philosophique de Gœthe (Tubingue, 1809).

* AFFINOIR s. m. Instrument en forme de peigne, au travers duquel on fait passer le lin ou le chanvre pour l'affiner.

AFFIQUAGE s. m. [a-fi-ka-je]. Action d'affiquer.

AFFIQUER v. a. Passer l'extrémité d'une patte de homard dans tous les jours des broderies en point d'Alençon, pour les faire ressortir.

* AFFIQUET s. m. (Celt. *ficha*, ce qui s'attache). Petit instrument que les femmes s'attachent à la ceinture, lorsqu'elles tricotent, et qui sert à soutenir l'aiguille sur laquelle elles prennent la maille faite, quand elles veulent en faire une nouvelle. — s. m. pl. Petits ajustements d'une femme. Se dit surtout par raillerie.

AFFIRMANT, ANTE adj. Qui renferme une affirmation : *proposition affirmante*.

* AFFIRMATIF, IVE adj. (lat. *ad*, à; *firmus*, ferme). Qui affirme. — Log. *Proposition affirmative*, proposition par laquelle on affirme une chose.

* AFFIRMATION s. f. Action d'affirmer. — Log. Expression par laquelle une proposition est affirmative. *L'affirmation est opposée à la négation*.

* AFFIRMATIVE s. f. Toute proposition par laquelle on affirme :

Doutez, mortels, doutez; car vous ne savez rien.
Je ris quand je vois prendre l'*affirmative*;
Je ris quand je vous vois prendre la négative.
                    LAMOTTE.

* AFFIRMATIVEMENT adv. D'une manière affirmative.

* AFFIRMER v. a. (lat. *ad*, à; *firmare*, rendre ferme). Assurer, soutenir qu'une chose est vraie. — Log. Exprimer qu'une chose est : *toute proposition affirme ou nie*. — Jurispr. Assurer avec serment.

AFFISTOLER v. a. (lat. *fistula*, pipeau). Signifiait autrefois, tromper. Aujourd'hui, ajuster d'une façon minutieuse. — S'affistoler v. pr. Se parer.

AFFIXE adj. (lat. *affixus*, collé à). Qui s'ajoute à un radical. — s. m. Gramm. Partie accessoire (c'est-à-dire autre que la racine même), qui se met à la fin ou au commencement des mots pour en modifier la signification. — Ex. dans *parfumer*, la racine est *fum*; *par* et *er* sont des affixes. Dans *parfumerie*, il y a trois affixes : *par*, *er*, *ie*. Les affixes qui précèdent la racine s'appellent *préfixes*; ceux qui la suivent sont nommés *suffixes*. Les syllabes ou les lettres qui donnent à un mot la forme caractéristique du cas, du mode, du temps, etc., sont dites *figuratives*. On les appelle *terminaisons* ou *désinences*, quand elles sont à la fin des mots. La modification de la désinence est une *flexion* ou *inflexion*.

AFFIXION s. f. [af-fik-si-on] (lat. *affigere*, *coller*). Action d'afficher.

AFFLACHIR v. a. Devenir flasque.

AFFLEURAGE s. m. Action de délayer la pâte du papier.

AFFLEURÉE s. f. Nom donné à la pâte du papier qui a subi l'affleurage.

AFFLEUREMENT s. m. Réduction exacte d'une surface au même niveau qu'une autre. — *Point d'affleurement.* Point qui doit toujours être ramené au niveau du liquide, dans les aréomètres à volume constant et à poids variable. — Géol. Tranche superficielle formée par les couches, les filons, les dykes qui se relèvent et viennent affleurer la surface du sol : disposition favorable à l'étude des terrains, parce qu'elle met sous nos yeux des couches qu'il faudrait aller chercher à de grandes profondeurs.

* **AFFLEURER** v. a. (rad. à *fleur*). Mettre de niveau deux corps contigus : *il affleura la trappe au niveau du plancher*. — Arriver jusqu'à être de niveau : *la rivière affleure ses bords.* — v. n. Arriver au niveau : *ces pièces affleurent mal.* — ⌁Mélanger des céréales. — Délayer la pâte du papier.

AFFLICTIF, IVE adj (lat. *afflictus*, frappé). Jurispr. Se dit d'une peine corporelle : *peine afflictive et infamante.*

* **AFFLICTION** s. f. [a-flik-si-on] (lat. *afflictio*). Peine morale, douleur profonde. — Se dit aussi des malheurs mêmes qui causent l'affliction : *les plaisirs n'endorment pas les afflictions légères.*

* **AFFLIGÉ, ÉE** part. pass. d'AFFLIGER. Se dit quelquefois en plaisantant et par antiphrase : *il est affligé de cent mille francs de rente.* — Se dit aussi d'une partie du corps affligée de quelque mal : *partie affligée.* — Substantiv. Celui, celle qui est dans l'affliction : *consolez toujours les affligés.*

* **AFFLIGEANT, ANTE.** Qui afflige : *pensée affligeante.*

* **AFFLIGER** v. a. (lat. *ad*, à; *affligere*, frapper). Causer de l'affliction : *cette nouvelle vous afflige.* — Mortifier son corps : *il afflige son corps par des macérations.* — Dévaster, désoler un pays : *la famine affligea l'Égypte.* — S'affliger v. pr. S'attrister.

AFFLOUAGE s. m. Action d'afflouer.

AFFLOUEMENT s. m. Résultat de l'afflouage.

AFFLOUER v. a. Mar. Mettre à flot; redresser un navire échoué.

AFFLUENCE s. f. [a-flu-an-se]. Ecoulement abondant d'un liquide : *l'affluence des eaux fit déborder la rivière.* — Fig. Grande abondance de personnes ou de choses.

* **AFFLUENT, ENTE** adj. Se dit d'un cours d'eau qui se jette dans un autre. — Méd. Se dit des humeurs qui affluent : *sang affluent.*

* **AFFLUENT** s. m. [a-flu-an]. Cours d'eau qui se jette dans un autre : *la Seine et ses affluents.* — Les fleuves sont les affluents des mers. — ⌁Par ext. Rue, voie publique qui débouche dans une autre.

* **AFFLUER** v. n. (lat. *ad*, à; *fluere*, couler).

Couler vers, aboutir, en parlant des eaux : *la Marne afflue dans la Seine.* — Par anal. Se dit des humeurs, dans un sens analogue : *le sang afflue au cœur.* — Fig. Arriver en abondance : *les vaisseaux affluent dans le port.*

* **AFFLUX** s. m. [a-flu]. Action d'affluer, en parlant du sang des humeurs.

* **AFFOLÉ, ÉE** part. pass. d'AFFOLER. — Mar. Aiguille affolée, aiguille d'une boussole, lorsqu'elle est momentanément dérangée de sa direction naturelle vers le Nord, soit par un orage violent, soit par un phénomène électrique, soit par le voisinage d'une masse de fer. *On est quelquefois obligé d'aimanter de nouveau une aiguille affolée* (Acad.).

AFFOLEMENT s. m. Action de devenir affolé; état d'une personne affolée.

* **AFFOLER** v. a. Rendre passionné jusqu'à la folie. — S'affoler. S'engouer : *il s'affole de cette femme*

AFFOLIR v. n. Devenir fou : *cet homme affollit.* — v. a. Rendre fou : *la science affollit les esprits faibles.* — S'affolir v. pr. Devenir fou.

AFFORAGE s. m. (lat. *ad*, à; *forum*, marché). Droit qui se payait à un seigneur, pour la vente du vin.

AFFORESTAGE s. m. Droit d'usage qu'on exerce dans une forêt.

* **AFFOUAGE** s. m. (lat. *ad*, à; *focus*, foyer). Autrefois impôt sur chaque feu ou maison.— Droit pour les habitants d'une commune de prendre du bois de chauffage et du bois de construction dans une forêt appartenant à cette commune. Ce droit fut introduit en France par la loi du 26 nivose, an II. Le partage du bois d'affouage se fait par *feu* ou maison ; les lots sont ordinairement distribués par l'autorité municipale.

AFFOUAGÉ, ÉE part. pass. d'AFFOUAGER. — Substantiv. Celui, celle qui jouit d'un droit d'affouage.

AFFOUAGEMENT s. m. Action d'affouager.

AFFOUAGER v. a. Dresser la liste des habitants qui ont droit à l'affouage. — Déterminer, dans une forêt, les coupes à partager entre les affouagers.

AFFOUAGER, ÈRE adj. Qui concerne l'affouage : *coupe affouagère.* — s. Celui, celle qui jouit d'un droit d'affouage.

* **AFFOUILLEMENT** s. m. [ll. mll.]. Dégradation produite par les eaux.

AFFOUILLER v. a. [ll. mll.] (rad. *fouiller*). Creuser le sol, dégrader, en parlant du courant des eaux.

AFFOURCHE s. f. Mar. Ne s'emploie que dans ces dénominations : *ancre d'affourche*, *câble d'affourche*; ancre, câble qui servent à affourcher un bâtiment.

* **AFFOURCHÉ, ÉE** part. pass. d'AFFOURCHER. — Fam. A califourchon : *un meunier affourché sur son mulet.*

AFFOURCHEMENT s. m. Action d'affourcher.

* **AFFOURCHER** v. a. Jeter deux ancres à la mer, de manière que leurs câbles forment une espèce de fourche. — S'Affourcher v. pr. Faire la manœuvre pour affourcher. — Neutral. *le navire affourche*, pour *s'affourche.*

AFFOURRAGEMENT s. m. Distribution du fourrage aux bestiaux. — Se prend quelquefois comme synonyme de fourrage.

AFFOURRAGER v. a. Donner du fourrage aux bestiaux. — S'affourager v. pr. Faire provision de fourrage.

AFFRAÎCHIE s. f. (rad. *fraîchir*). Augmentation de la brise.

AFFRAÎCHIR v. n. Mar. Augmenter, en parlant du vent. On dit mieux FRAÎCHIR.

* **AFFRANCHI, IE** part. pass. d'AFFRANCHIR. — s. Esclave à qui on a donné la liberté : *Plaute était un affranchi.* — Hist. Tant que dura la République à Rome, les affranchis furent tenus à l'écart des fonctions publiques. L'empire, au contraire, leur donna les plus hautes situations politiques. Ils devinrent les arbitres et les ministres de l'État. Tacite a marqué de traits éloquents la servilité des Romains, prosternés devant les affranchis des empereurs.

* **AFFRANCHIR** v. a. Rendre libre : *affranchir un esclave.* — Exempter : *affranchir d'impôts.* — Payer le port d'une lettre, d'un paquet. — Fig. Tirer d'une dépendance : *le mariage affranchit de la puissance paternelle.* — Délivrer d'un mal : *la mort nous affranchit des misères de ce monde.* — ⌁Mar. Action d'épuiser l'eau qui a pénétré dans l'intérieur d'un navire. — S'affranchir v. pr. Se mettre en liberté : *les nègres marrons cherchaient à s'affranchir par la fuite.* — Fig. Se soustraire à : *ils se sont affranchis de tous les préjugés.*

* **AFFRANCHISSEMENT** s. m. Action par laquelle on affranchit un esclave; état de la personne affranchie. — Exemption, décharge d'un impôt ou d'un droit.—Délivrance d'un pouvoir oppressif.—Action d'affranchir une lettre, un paquet. — Hist. Chez les Hébreux et chez les Athéniens, ainsi qu'à Rome, l'esclave pouvait se racheter par son pécule ou être affranchi par son maître. Chez les Romains, l'affranchissement s'appelait *manumissio*; il faisait naître de rapports nouveaux entre l'ancien maître et l'affranchi, qui devait porter le plus profond respect à son *patron*. L'affranchi nourrissait son ancien maître, si celui-ci tombait dans l'indigence; il conservait le nom de ce dernier, comme un fils celui de son père; il ne pouvait épouser la veuve, la mère ou la fille d'un patron. — L'invasion du monde romain fut suivie d'un servage universel qui dura neuf siècles. Louis VIII, en 1224, *affranchit* les serfs du fief d'Étampes; et Louis X, par une ordonnance de 1315, émancipa les serfs de ses domaines; le droit de *mainmorte* remplaça le servage. L'esclavage a été détruit depuis peu dans les colonies; mais il existe encore en Orient et chez presque tous les peuples non civilisés. — Postes. L'affranchissement est obligatoire pour les lettres chargées, les articles d'argent ou mandats, les valeurs cotées. — Il est facultatif ou obligatoire pour les pays étrangers, suivant les conventions postales.

AFFRANCHISSEUR s. m. Celui qui affranchit. — Vétér. Celui qui fait métier de châtrer les animaux mâles et de supprimer les ovaires chez certaines femelles.

* **AFFRE** s. f. [â-fre] (onomatopée). Grande peur, extrême frayeur. Se dit surtout au pl. : *les affres de la mort.*

AFFRE (Denis-Auguste), prélat français, né le 17 septembre 1793 à Saint-Rome-de-Tarn, prêtre en 1818, professeur de philosophie au séminaire de Nantes, auteur d'un *Traité de l'administration temporelle des paroisses* (1820), qui le fit remarquer; d'une brochure (1829), dans laquelle il attaquait fortement l'ultramontanisme; et d'une dissertation sur les hiéroglyphes d'Égypte. Archevêque de Paris (mai 1840), il se montra vivement opposé au monopole de l'enseignement par l'Université, souleva contre lui les colères du haut clergé paroissial en essayant de répartir le *casuel* de manière à soulager les prêtres les plus pauvres. Pendant l'insurrection de juin 1848, il se rendit avec ses deux grands vicaires (25 juin, 4 h. du soir) devant la formidable barricade élevée à l'entrée du faubourg Saint-Antoine. A son arrivée, les combattants cessèrent de tirer. Au moment où, ayant franchi un premier retranchement, et le visage tourné du côté des insurgés, il commençait à prononcer des paroles de paix et de réconciliation, il fut mortellement frappé d'une balle dans les reins. Il expira le 27, en murmurant ces paroles : « Que mon sang soit le dernier versé. Le bon Pasteur donne sa vie pour ses brebis. »

AFFRÉRER v. a. Unir d'un lien fraternel.

* **AFFRÈTEMENT** s. m. Action d'affréter. Le code de commerce règle toutes les conditions de l'affrètement.

* **AFFRÉTER** v. a. (celt. *fret*, louage). Mar. Prendre à louage un navire en totalité ou en partie. Dans la Méditerranée, on dit *noliser*. — ∾ S'affréter v. pr. Être affrété.

* **AFFRÉTEUR** s. m. Celui qui prend un bâtiment à louage.

* **AFFREUSEMENT** adv. D'une manière affreuse.

AFFREUSETÉ s. f. Etat, qualité de ce qui est affreux.

* **AFFREUX, EUSE** adj. [a-freu, eu-ze] (rad. *affre*). Qui cause de la frayeur : *cris affreux*; *laideur affreuse*. — Dans un sens moral, triste, horrible à supporter : *leur sort est affreux*. — Fig. Se dit d'un homme capable des actions les plus noires : *c'est un homme affreux*.

AFFREVILLE, anc. *Colonia-Augusta*, comm. d'Algérie, arrond. de Milianah ; 4,400 hab. Territoire extraordinairement fertile.

AFFRIANDANT, ANTE adj. Qui attire, allèche ou séduit.

* **AFFRIANDER** v. a. Rendre friand, exciter l'appétit, le désir : *affriander par la bonne chère*. — Fig. et fam. Allécher, attirer : *rien n'affriande comme l'espoir du gain*.

AFFRICHER v. a. Laisser un terrain en friche.

* **AFFRIOLANT, ANTE** adj. Très appétissant. — Fig. Séduisant.

AFFRIOLEMENT s. m. Action d'affrioler.

* **AFFRIOLER** v. a. (de l'anc. franç. *frioler*, frire légèrement). Attirer par quelque chose d'agréable au goût. — Fig. Attirer quelque chose d'utile ou d'agréable : *les présents l'ont affriolé*.

AFFRIQUE (Saint-) ou SAINT-FRIQUE, ch.-l. d'arr. (Aveyron), sur la Sorgues, à 680 kil. au S. de Paris et à 80 kil. S.-S.-E. de Rodez (6,800 hab.). Ville fondée par *Saint Affrique*, religieux qui se retira dans les montagnes pour fuir les persécutions des Ariens. — Devenue place forte des protestants, cette ville fut assiégée, en 1638, par le prince de Condé et prise, l'année suivante, par Louis XIII qui la démantela. — Commerce important de fromage de *Roquefort*. — Laines, draps, tanneries, mégisseries.

AFFRITER v. a. Rendre propre à faire une bonne friture. On *affrite* une poêle neuve en y faisant fondre de la graisse ou du beurre.

* **AFFRONT** s. m. (lat. *ad*, à ; *frontem*, front). Injure, outrage : *cruel affront*. — Déshonneur, honte : *sauver son nom de l'affront*.

AFFRONTAILLES s. f. pl. Limites d'une terre.

* **AFFRONTÉ, ÉE** part. pass. d'AFFRONTER.— Numism. Se dit des têtes humaines ou des représentations d'animaux, disposées de telle sorte que les figures, se trouvant placées front à front, se regardent. — Blas. Se dit de deux animaux qui se regardent.

AFFRONTEMENT s. m. Action de mettre de niveau et bout à bout deux pièces de bois.

* **AFFRONTER** v. a. Attaquer avec hardiesse : *affronter l'ennemi*. — Fig. S'exposer hardiment : *affronter la mort*. — Tromper : *c'est un coquin qui affronte tout le monde* (vieux). — ∾ Mettre bout à bout, front à front : *le chirurgien a affronté les os*. — *Affronter deux pan-*

neaux. — S'affronter v. pr. S'attaquer de front ; se réunir bout à bout.

* **AFFRONTERIE** s. f. Action d'affronter.

* **AFFRONTEUR, EUSE** s. Celui, celle qui dupe, trompe.

AFFRUITER v. n. Porter des fruits, en parlant d'un arbre. — S'affruiter v. pr. Même sens : *ce pommier s'est affruité*.

* **AFFUBLÉ, ÉE** part. pass. d'AFFUBLER. Vêtu d'une façon ridicule.— Fig. et fam. Couvert : *il est affublé de ridicules*.

AFFUBLEMENT s. m. Vêtement. — ∾ Ne s'emploie que pour désigner un habillement ridicule et sans goût.

* **AFFUBLER** v. a. (lat. *affibulare*, agrafer). Habiller. — ∾ Signifie aujourd'hui, habiller d'une manière ridicule. — * S'affubler v. pr. Se vêtir. — ∾ S'habiller d'une façon étrange.

AFFUSER v. a. Soumettre à l'affusion.

AFFUSION s. f. [zi-on] (lat. *affusion*, de *affundere*, verser sur). Opération qui consiste à verser de l'eau sur le corps, non en faible colonne, comme dans la *douche*, mais en nappe. L'eau est ordinairement froide, elle opère une révulsion salutaire, par la réaction qu'elle provoque. On l'emploie dans l'aliénation, dans le rhumatisme, la goutte, les spasmes, l'hystérie, les fièvres typhoïdes, etc.

* **AFFÛT** s. m. [a-fû] (lat. *fustis*, bâton). Machine de bois ou de métal servant à supporter ou à transporter une pièce d'artillerie. Le *fust* ou *affût* primitif était un bâton sur lequel on posait l'*arbalète* pour lui donner de l'immobilité pendant le tir. Après l'invention des canons, le même mot servit à désigner les échafaudages en charpente sur lesquels on posa les pièces d'artillerie ; mais la machine qu'on appelle aujourd'hui *affût* ne date que de la première moitié du XVIe siècle. Vauban y apporta de grands perfectionnements. Voy. notre article ARTILLERIE. — ∾ Mar. à vap. Assemblage entier des divers bâtis d'une machine à vapeur. — * Chasse. Endroit où l'on se porte pour attendre le gibier à la sortie du bois ou à la rentrée. — Prov. et fig. *Être à l'affût*, être au guet, épier. — La chasse nocturne à l'affût est interdite, elle-peut être autorisée exceptionnellement quand il s'agit d'oiseaux de passage. — ∾ *Affût (être d')*. Argot. Etre malin, futé.

Affût d'un canon employé à la bataille de Crécy.

* **AFFÛTAGE** s. m. Action d'aiguiser, d'affûter un outil tranchant qu'on pointu qui a été émoussé par l'usage. On affûte les outils en les frottant contre un morceau de pierre dure ou contre une meule de grès que l'on tourne rapidement. Ce frottement a pour but de diminuer par l'usure l'épaisseur de la lame d'acier et de reformer son tranchant. Mais quand l'usure est poussée au-delà d'une certaine limite, le tranchant forme un *morfil*, bordure très mince qui plie sous la moindre pression. On enlève le morfil par l'affilage. Voy. AFFILOIR. — Affûtage se dit aussi d'un assortiment de tous les outils nécessaires à un ouvrier. — Façon que le chapelier donne à un vieux chapeau.

* **AFFÛTER** v. a. Se disait autrefois pour *mettre en batterie*, en parlant des canons. — Aujourd'hui : aiguiser un outil ; refaire la pointe d'un crayon. — ∾ Argot. AFFÛTER SES PINCETTES, se préparer à sortir. — ∾ S'affûter. Etre utilisé : *ces outils ne peuvent s'affûter*. — Se préparer à s'habiller. — S'AFFÛTER LE SIFFLET. Boire :

Faut pas aller chez Paul Niquet
Six fois l'jour, s'affûter le sifflet.
P. DURAND. *Chansons*, 1856.

AFFÛTEUR s. m. Celui dont le métier est d'affûter les outils. — Chasseur qui est à l'affût.

* **AFFÛTIAU** s. m. [a-fû-ti-ô] (lat. *fustis*, bâton). Bagatelle, affiquets : *quittez tous ces affûtiaux* (pop.).

AFGHAN, ANE adj. [af-gan]. Qui concerne l'Afghanistan ou ses habitants. — s. Habitant de l'Afghanistan. — s. m. Idiome parlé par les tribus afghanes du Caboul et d'une partie de l'Indoustan septentrional.

AFGHANISTAN, contrée de l'Asie centrale, entre 28°30' et 36° de lat. N.; et 58° et 69°40' de long. E. — Bornes : N., Turkestan; E., Indes anglaises; S. Béloutchistan; O. Perse. — Superficie : 721,080 kil. carrés. — Population : de 5 à 9 millions d'hab. — Surface irrégulière. — Climat varié mais ordinairement sain et plus froid que celui de l'Indoustan. — Les parties les plus élevées se trouvent dans la région de l'*Hindou-Koush*, au N., et dans les montagnes de Soliman, à l'E. — Principaux cours d'eau : le *Caboul*, qui descend de l'Hindou-Koush et vient se jeter dans l'Indus; et l'*Helmond*, qui prend sa source sur le versant occidental des mêmes montagnes et qui se jette dans le lac *Hamoun*, après avoir arrosé tout le S.-O. du pays. — Excepté dans ses parties rocheuses, le sol est fertile. Il produit la datte dans les oasis des déserts sablonneux; le sucre et le coton dans les régions chaudes; nos fruits et nos légumes d'Europe sur les plateaux. Excellent fer, cuivre, mines de plomb, salpêtre, soufre, sel et alun. Dans les forêts qui couvrent les montagnes, se rencontrent l'ours, le loup et le renard; tandis que le lion, le léopard et le tigre trouvent un asile au milieu des régions les plus chaudes. — Cap. Caboul; villes princip. *Ghasmat, Candahar, Balks, Khouloun, Koundouz, Badaksan, Vakhan* et *Hérat*. Gouvernement monarchique, avec une puissance prépondérante accordée aux gouverneurs des provinces. — Religion dominante : le mahométisme sunnite. — Habitants robustes, braves, livrés à l'agriculture ou à la vie pastorale, et divisés en deux races principales, celle des Durranis et celle des Ghildjis ou Ghilzais. — Hist. L'Afghanistan, autrefois appelé *Drangiane*, appartint successivement aux Mèdes, aux Perses; à Alexandre le Grand, à l'empire grec et aux Tartares (vers 997). La dynastie musulmane des Ghaznévides, qui y fut installée en 1186, disparut devant les armées de Genghis Khan (1221). Le pays tomba ensuite sous le sceptre de Tamerlan (1398). A la mort de Baber, qui avait conquis Caboul en 1523, l'Afghanistan fut divisé entre la Perse et l'Indoustan. Il recouvra son indépendance en 1720, à la suite d'une insurrection générale. A partir de cette révolution, les armées afghanes envahirent les pays voisins, pour-suivant tantôt sur les bords de la mer Caspienne, tantôt dans les vallées de l'Inde. Elles furent chassées de la Perse, en 1728, par Nadir Shah qui subjugua tout le pays en 1737. Lorsque ce prince fut assassiné, un de ses officiers, Ahmed-Khan, d'origine afghane, rendit sa patrie indépendante, et lui fit jouir d'une nouvelle période de prospérité (1747-73). Ses successeurs, Timour (mort en 1793) et Zemaun (détrôné en 1803), conservèrent l'intégrité de son empire. A partir de leur chute, l'histoire de l'Afghanistan ne présente plus qu'une série de guerres civiles et de meurtres. En 1848, le roi de Lahore, Runget Sing, envahit le pays et le soumit, en grande partie, à la domination afghane. Cinq ans plus tard, l'Afghanistan fut partagé entre trois frères, dont l'un, Dost Mohammed, roi de Caboul, devint chef principal en 1829. Les Anglais, prenant fait et cause pour l'un de ses compétiteurs, Soudjah Shah, virent une bonne occasion d'envahir le pays et de l'ajouter à leurs domaines de l'Indoustan. En 1839, une armée de 12,000 combattants, suivie de 40,000 non combattants, se mit en marche des bords de l'Indus pour l'Afghanistan. Ghasnat fut pris le 22 juillet; Caboul ouvrit ses portes le 6 août; Soudjah Shah fut installé; mais sous son nom régna réellement un agent anglais. Tout sembla d'abord sourire à ce nouveau gouvernement. Dost Mohammed se rendit, en octobre 1840, et fut envoyé prisonnier dans les possessions anglaises. Mais l'Afghanistan se souleva tout entier dans les premiers jours de 1841. La révolte prit de suite des proportions alarmantes; le 2 novembre, elle éclata à Caboul même; les nombreux Anglais qui constituaient le gouvernement furent égorgés sans pitié, les forts furent pris par les insurgés et les troupes britanniques se virent assiéger dans leurs quartiers. Le 1er janvier 1842, intervint une capitulation par laquelle les Anglais consentirent à évacuer le royaume. Le 5 janvier, leur armée, réduite à 4,500 combattants et 12,000 non combattants, se mit en marche au milieu d'un pays hostile. Attaquée dans les défilés, elle fut entièrement détruite. Un seul Anglais, le docteur Brydon, atteignit Jallalabad; quelques autres, retenus prisonniers, parvinrent à se sauver, en corrompant leurs gardiens. Le gouvernement britannique résolut de tirer une vengeance éclatante de ce massacre; une armée, commandée par le général Pollock, entra dans l'Afghanistan, repoussa, en plusieurs rencontres, les troupes indigènes, et arriva sous les murs de Caboul, le 15 septembre 1842. Cette ville fut prise, pillée, saccagée et en partie détruite. Après quoi, les Anglais, peu désireux de s'établir chez un peuple si énergique, se retournèrent dans l'Indoustan. Le shah Soudjah, qui avait été égorgé par ses sujets révoltés, fut remplacé par Dost Mohammed. Ce prince aida les Sikhs dans leur guerre contre le gouvernement des Indes, conquit Balkh (1850); subjugua Candahar (1854) et fit la guerre au shah de Perse (1856). Une seconde guerre avec la Perse (1862) amena la prise d'Hérat par les troupes victorieuses de Dost Muhammed (26 mai 1863). Trois jours après ce grand succès, le prince afghan mourut, désignant pour lui succéder le troisième de ses seize fils, Schère-Ali, qui ne parvint à monter sur le trône qu'après de longues guerres contre ses frères et ses neveux. A peine vainqueur, il vit troubler la tranquillité de son empire par les agissements de son fils aîné, Yakoub Khan, auquel il fut abandonner le gouvernement d'Hérat (6 mai 1870). Le souverain afghan, qui ne s'était soutenu que par les subsides de l'Angleterre, ne voulut pas se laisser gouverner par un agent anglais, lorsque la victoire eut couronné ses efforts. Il prêta l'oreille aux conseils de la Russie et, en 1873, reconnut son autorité sur Balks, Khouloun, Koundouz, Badakshan et Vakhan. L'Angleterre lui refusa de nouveaux subsides (1877); ce qui le poussa complètement dans l'alliance de la Russie. Schère-Ali, espérant sans doute être secouru par le gouvernement moscovite, leva une armée, refusa de recevoir auprès de sa personne l'agent que, sous le nom de résident, l'Angleterre voulait lui imposer, et se prépara (octobre 1878) à soutenir la guerre contre les maîtres de l'Indoustan. Le 2 décembre, ses troupes furent mises en déroute par le général Roberts, dans la passe de Peiwar; la Russie ne bougea pas et Schère Ali s'enfuit de Caboul, le 13 décembre. L'ambassade russe suivit son exemple quelques jours plus tard. Le général Roberts prit la forteresse de Matoun, le 6 janvier 1879 et entra à Candahar, le 8 du même mois. La mort de Schère-Ali (20 févr.) simplifia la question, en plaçant sur le trône Yakoub-Khan, fils de ce prince. Yakoub repoussa d'abord les propositions qui lui furent faites de signer la paix, et les Anglais marchèrent sur Caboul (fin mars 1879). Toujours battu, l'émir afghan se rendit au camp anglais de Gandamak (7 mai) et demanda la paix, qui lui fut accordée le 26 du même mois. Il accepta le

protectorat de l'Angleterre, s'engagea à ne faire de guerre qu'autant que le résident anglais le lui permettrait; sa capitale, Caboul, dut recevoir une garnison anglaise, pour la défense du résident. Le reste du territoire devait être évacué, à l'exception des vallées de Kouroum, de Pischin et de Sibi. L'émir accepta annuellement de l'Angleterre 3 millions de fr. — Ce traité avait été signé de bonne foi par l'émir; il parut être accepté par la nation, qui reçut avec de grandes démonstrations l'agent de la Grande-Bretagne (24 juillet). Mais bientôt la domination étrangère devint odieuse au peuple de Caboul, qu, se souleva, le 3 septembre, et égorgea l'agent avec sa suite et ses troupes. Yakoub, fuyant sa capitale, se réfugia au camp anglais de Kuschi (27 septembre). La guerre recommença aussitôt. Quelques combats tournèrent à l'avantage du général Roberts, qui rentra le 13 octobre à Caboul, où il proclama l'état de siège. Trois jours plus tard, la forteresse de cette ville, Bala-Hissar, qu'il voulait rendre inexpugnable, fut détruite par l'explosion de quelques barils de poudre à canon. Yakoub-Khan, incapable de faire respecter son autorité, abdiqua le 21 octobre, et le général Roberts annonça, dans une proclamation du 2 novembre qu'il allait consulter les principaux chefs du pays pour lui donner un successeur; vaine promesse; l'Afghanistan tout entier avait pris les armes; les Anglais étaient assiégés dans Caboul. Une attaque, commandée par Mohamed-Jan, à la tête de 10,000 Afghans, força les troupes britanniques d'évacuer cette place et de se retirer dans le camp retranché de Sherpur (14 décembre). Poursuivis sans relâche, les Anglais ne pouvaient se sauver que par une victoire. Ils livrèrent donc, le 23 décembre, devant Sherpur, une bataille désespérée qui se termina par la déroute complète de 20,000 Afghans. Trois jours après, les vainqueurs rentraient dans la ville ruinée de Caboul, et s'installaient sur ce qui avait été la forteresse de Bala-Hissar. — Bibliogr. Elphinstone. Account of Caboul, 2 vol. 1842; Kaye, Hist. of the war in Afghanistan, 3 vol. 1874. — Langue et Littérature. La langue afghane appartient au groupe iranien des langages indo-européens. Deux dialectes principaux sont parlés: le Pouktou et le Poushtou; l'un et l'autre s'écrivent au moyen de caractères arabes. — La littérature date du XIIIe siècle, époque où brillèrent plusieurs poètes appartenant à l'école lyrique persane. Parmi ces poètes on cite Mirza Khan, Ansari et Kouchal shah Abdali. L'Afghanistan compte aussi des historiens et des écrivains religieux. Raverty a publié une grammaire du dialecte Pouklou (Londres, 1860-68) et un recueil de poésies afghanes (1862).

* AFIN conj. (lat. ad, à; finis, la fin). A l'effet; pour. — Afin de loc. prépositive. Régit toujours l'infinitif : mangez, afin de vivre. — Afin que loc. conjonctive. Régit le subjonctif : je vous le dis afin que vous le sachiez.

AFIOUM-KARA-HISSAR (en turc : château noir de l'opium). Ville de l'Asie mineure, à 80 kil S.-S.-E. de Kutaïeh; 50,000 hab.; culture du pavot et grand commerce d'opium; entrepôt, entre la côte et l'Asie centrale. Ancienne citadelle bâtie sur un rocher presque inaccessible.

AFISTOLER voy. Affistoler.

* À FORTIORI voy. Fortiori (a).

AFRAGOLA, ville d'Italie, à 8 kil. N.-E. de Naples; 18,000 hab. Importantes foires annuelles; commerce de chapeaux de paille.

AFRANCESADOS s. m. pl. [a-fran-sé-za-doss]. Nom que l'on donna en Espagne à ceux qui, en 1808, se rallièrent à la cause des Français et de Joseph. On les appelait aussi Joséfinos ou Joséfins.

AFRANIUS (Lucius), poète comique latin, auteur de pièces théâtrales dont il ne nous

reste que de courts fragments (100 ans av. J.-C.).

AFRICAIN, AINE adj. Qui concerne l'Afrique ou ses habitants. — s. Habitant de l'Afrique.

AFRICAINE (L'), opéra en 5 actes, représenté à Paris (Opéra), le 28 avril 1865. Paroles de Scribe; musique de Meyerbeer, qui y travailla près de vingt ans.

AFRICANDER s. Nom que l'on donne, dans la colonie du Cap, au descendant d'une femme noire et d'un Hollandais.

AFRICANISME s. m. Nom donné à certaines locutions employées par plusieurs écrivains latins : saint Augustin a commis beaucoup d'africanismes.

AFRICANUS (Sextus-Julius), écrivain chrétien du IIIe siècle. Il vivait en Palestine et composa un Chronicon qui va de la création à 221 après J.-C. Plusieurs fragments de cet ouvrage ont été conservés par Eusèbe.

AFRICUS s. m. [a-fri-kus]. En poésie, vent qui souffle d'Afrique.

AFRIQUE (anc. Lybia, Africa), l'une des cinq parties du monde, vaste presqu'île triangulaire qui ne tient à l'Asie que par l'isthme de Suez; entre 37° 20' de lat. N. et 34° 50' de lat. S.; et entre 54° 22' de long. E. et 47°33' de long. O. — 8,045 kil. du N. au S. — 7,790 kil. de l'E. à l'O. — Superficie : 29,932,950 kil. carr.; environ trois fois la surface de l'Europe. Population approximative, de 100 à 200 millions d'hab. — Longueur des côtes, 27,000 kil. Bornes : au N. la Méditerranée ; à l'O. l'Océan Atlantique ; au S. le grand Océan ; à l'E. la mer des Indes; au N.-E. la mer Rouge. — L'Afrique méridionale se compose d'un vaste plateau, qui s'étend, sans atteindre une grande élévation moyenne, jusqu'aux riches plaines du Soudan, aux chaînes montagneuses de la Sénégambie et aux plateaux élevés de l'Abyssinie. — L'Afrique septentrionale se divise en deux régions principales : celle de l'Atlas au nord, et celle du Sahara au sud. — Orogr. 1° Montagnes du bassin de la Méditerranée, comprenant les trois chaînes de l'Atlas. Elles commencent au cap Bon, régence de Tunis, et se terminent à Agadir, dans le Maroc; 2° Système des côtes occidentales, comprenant les hautes terres de Sénégambie, les monts Kong, et les chaînes de Camerouns en Guinée; 3° Chaîne du Cap, parallèles à la côte méridionale; 4° Système des côtes orientales, comprenant la chaîne de Quatlamba, entre le 8e parallèle et le cours du Zumbèze. De l'autre côté de ce fleuve, commencent d'autres chaînes qui s'élèvent jusqu'à 5,000 mètres et qui atteignent à 6,146 mètres au mont neigeux de Kilima-Ndjaro (point culminant de l'Afrique connue). A 320 kil. N. de ce dernier, se trouve le mont Kenia, un peu moins élevé, mais également couvert de neige; 5° Groupe abyssin, comprenant des hauteurs de 3,000 à 5,000 mètres, entre la vallée du Nil et les côtes orientales.— Déserts. L'Afrique est surtout un pays de déserts. Le nord de ce continent est en grande partie couvert par le Sahara, entre l'Atlantique et le Nil d'une part, et entre l'Atlas et le Soudan d'autre part. La portion occidentale de cette immense plaine de sable porte le nom de Sahel et est la plus désolée. Dans la portion, orientale nommée désert Lybia, se trouvent de nombreuses oasis, dont les plus importantes sont : la Grande Oasis, langue de terre qui mesure 160 kil. de long ; la Petite Oasis, également d'une forme allongée; et les oasis de Darfour, de Sioua et de Fezzan. Le désert donne naissance à de terribles vents brûlants, parmi lesquels le Simoun est le plus redoutable. Les autres sont le Sirocco, qui règne dans l'Afrique septentrionale, traverse la Méditerranée et se tient dans l'Europe méridionale; l'Harmattan, que craignent les peuples de la Sénégambie et de la Guinée; et les vents desséchants qui désolent le N.-O. de

Natal et du Cap. Le grand désert de l'Afrique méridionale est le *Kalahari*, entre la rivière Orange et le 20ᵉ parallèle de lattitude S. Il n'est pas entièrement privé de végétation; la sécheresse seule cause son aridité; et dès qu'il vient à y tomber un peu d'eau, il se couvre de verdure. — Hydroga. Les cours d'eau sont à peine mieux connus que les montagnes et les déserts. Ce sont : le *Nil*, le plus fameux et le plus extraordinaire des fleuves. Il sort du lac N'Yanza, situé directement sous l'équateur, à environ 900 m. au-dessus du niveau de la mer. Sous le nom de *Fleuve-Blanc*, il court au N. et reçoit, à gauche, par 9° 30′ lat. N., un tributaire appelé *Bahr-el-Ghazal ;* et à droite, le *Nil bleu* et l'*Atbara*. Ensuite, il ne possède pas d'affluent et, pendant plus de 4,500 kil., il irrigue seul la verdoyante vallée de Nubie et d'Egypte qui, sans lui, serait aussi triste, aussi aride que le désert, son voisin. En quelques endroits, il est large de plusieurs kil., il est navigable au-dessus et au-dessous de ses cataractes. Les autres fleuves sont : le *Draha*, dans le Maroc; le *Sénégal*, la *Gambie*, le grand fleuve *Niger*, qui arrose le Soudan ; le *Gabon*, l'*Ogobai*, le *Congo*, le *Nourse*, le fleuve *Orange*, tributaires de l'Atlantique; le *Zambèze*, le *Jouba*, l'*Ouébbe*, qui se jettent dans l'Océan indien. — Lacs. Les lacs africains sont intimement liés au système des fleuves. Les principaux sont l'*Albert N'yanza*, qui donne naissance au Nil et qui est réuni, par la rivière Somerset ou Nil de Victoria, à un autre vaste amas d'eau, le *Victoria N'yanza*, où se trouve en réalité, la source du Nil. A plus de 300 kil. au S.-O. de celui-ci, se trouve un lac long et étroit, le *Tanganyika*, presque parallèle à la côte de Zanzibar, par 28° E. On pensait qu'il communiquait avec le bassin du Nil : mais on a acquis la preuve du contraire. A l'E. de ce lac, au milieu du continent, se rencontre un vaste système de rivières lacustrines, dont la principale se nomme Loualaba, et qui communiquent avec le Congo ou avec l'un des plus grands fleuves de la côte occidentale. Les principaux amas d'eau de ce système sont le *Sankorra*, le *Lincoln*, l'*Oulenge*, le *Moero* et le *Bangouélo*. — Plus au S., se trouvent le *N'yassa*, à 500 kil. de la côte orientale; le *Schiroua*, un peu plus élevé, à 50 kil. du précédent ; et le *Ngami*, par 20° lat. S., à une égale distance des deux côtes. Les autres lacs sont : le *Tchad*, dans le Soudan, au centre du continent ; le *Tsana*, en Abyssinie, etc. — Productions. La principale richesse minérale de l'Afrique est l'or, que l'on trouve dans le Soudan et dans la Guinée ; les diamants de la région du Cap; le fer et le cuivre des contrées intertropicales; le charbon du Zambè e ; le sel presque partout en abondance. — Relativement à la distribution géographique des animaux, l'Afrique septentrionale, au N. du Sahara, forme un territoire distinct que se rapproche de l'Europe, mais qui nourrit des lions, des panthères, des hyènes, des chacals, des renards, des ours, des gerboises et plusieurs autres animaux sauvages, ainsi qu'un excellent cheval qui se rapproche de l'arabe. Le chameau se rencontre dans le *Sahara*, pour la traversée duquel il semble avoir été créé. L'autruche, qui occupe parmi les oiseaux la place que le chameau tient au milieu des quadrupèdes, vit également dans le grand désert. Au sud de cette immense solitude, la faune est toute particulière. C'est seulement que l'on trouve deux des trois genres connus de singes anthropoïdes, le chimpanzé et le gorille; il est de même du babouin, que l'on rencontre rarement ailleurs. L'Afrique nourrit cinq espèces de rhinocéros à deux cornes. L'éléphant, qui diffère essentiellement de son congénère asiatique, n'est jamais domestique. Le hideux hippopotame abonde dans les lacs et dans les rivières des régions équatoriales; parmi les pachydermes, on distingue encore le daman et le cochon d'eau à masque (phaco-

chœre). La girafe ne vit nulle part ailleurs qu'en Afrique. Dans les régions du sud, on rencontre des couaggas, des zèbres, et des buffles. Les oiseaux du nord de l'Afrique sont identiques à ceux de l'Europe, à l'exception de l'autruche, de la pintade, et de quelques autres, qui appartiennent à l'ornithologie des régions torrides. Les reptiles, abondants partout, comprennent le python, le vrai crocodile, une foule de lézards, le caméléon et plus de tortues qu'en aucune autre région de l'univers. Parmi les insectes, on remarque les locustes, les termites et le redoutable tsetsé, sorte de mouche dont la piqûre est mortelle pour certains animaux domestiques. Au point de vue de la flore, l'Afrique se divise en plusieurs zones. Celle du nord comprend les plantes dites des contrées méditerranéennes, qui se trouvent en majorité sur nos rivages européens : olivier, oranger, arbres fruitiers de toute espèce. Dans les oasis, croissent les dattiers; en Egypte, se rencontre le lotus; au Sénégal, le baobab; en Guinée, l'éléide, qui produit l'huile de palme: au Cap, plusieurs espèces d'aloès une infinité de plantes épineuses qui forment d'impénétrables fourrés, d'où vient le nom de Bushmen (hommes des buissons) donné aux indigènes de la partie orientale de cette colonie anglaise. Les céréales des autres pays prospèrent généralement dans l'Afrique tropicale; le maïs, le café, l'indigo, le riz et le tabac viennent partout; le coton est cultivé en Egypte et pourrait l'être également dans les états dits Barbaresques. — Iles. Dans l'Atlantique : les Açores, Madère, les Canaries, les Iles du Cap Vert, Fernando-Po, l'Ascension, Saint-Thomas, Annobon et Sainte-Hélène. — Dans l'Océan Indien : Madagascar, Sainte-Marie, Nossi-Bé, la Réunion, Maurice, Rodrigue, les Comores, les Seychelles, Zanzibar et Socotora. — Golfes : de la Sidre et de Gabès au N. ; de Guinée à l'O.; d'Aden, à l'E. — Détroits : de Gibraltar, de Mozambique et de Bab-el-Mandeb. — Caps : Bon, Blanc, Spartel, au N.; Ghir, Nun, Bojador, Blanco, Vert, Palmas, les trois Spitzen, Coast-Castle, Lopez, Negro et Frio à l'O.; de Bonne-Espérance et des Aiguilles, au S.; Sainte-Lucie, Corrientes, Delgado et Gardafui, à l'E.; Sainte-Marie, Saint-André et Ambre, sur la côte de Madagascar. — Divisions politiques. Au N. l'*Egypte* et la régence de *Tripoli* sont des possessions nominales de la Turquie; la régence de *Tunis* est placée sous le protectorat français ; l'*Algérie* constitue la plus riche et la plus vaste des colonies françaises; le *Maroc* forme un empire indépendant, sur la côte septentrionale duquel l'Espagne possède quelques forteresses. — A l'O., on rencontre, au S. du Maroc, les peuplades des *Maures*, qui vivent le long de la côte saharienne; puis la colonie française du *Sénégal*, qui se termine à Gorée, au-delà du cap Vert; la *Gambie* et *Sierra-Leone*, aux Anglais ; la république de *Libéria*, sous le protectorat des Etats-Unis ; les nègres de la *côte d'Ivoire* ; la *Guinée supérieure* (où les Français possèdent les comptoirs de Bassam et où les Anglais se sont établis chez les Achantis et ont des prétentions sur le territoire du roi de Dahomey); la *Guinée inférieure* (Congo, Loango, colonies portugaises d'Angola, de Benguela et de Mossamedes). — Au S., la colonie anglaise du *Cap*, la *Cafrerie indépendante*, l'*Etat d'Orange*, la république de *Transvaal*, Natal (aux Anglais), le pays des Zoulous. — A l'O. *Sofala*, le *Mozambique*, aux Portugais ; les états musulmans du *Zanguebar*, de l'*Ajan*, de l'*Adal*. — Au N.-O. s'étend l'*Abyssinie*, que la *Nubie* sépare de l'Egypte. Le vaste territoire de l'Afrique centrale, borné au N. par le Sahara, à l'E. par le Darfour, au S. par les plaines de la Guinée et à l'O. par la Sénégambie, porte le nom de *Soudan*. Il comprend plusieurs royaumes, parmi lesquels ceux de Bornou, de Houssa et de Ouadaï.

Les villes principales sont Sackatou et Tombouctou. — Hist. La Lybie des Grecs devint l'Afrique des Latins (du mot numide Avrigha). Les anciens n'en connaissaient que l'Egypte et les parties qui avoisinent la Méditerranée. Les voyages de Hannon et la circumnavigation de Néchao n'ajoutèrent pas grand chose à leurs connaissances géographiques. Néanmoins, il est évident que les Numides traversaient déjà le Sahara et se répandaient dans l'Afrique centrale, d'où ils ramenaient les nombreux éléphants que l'on voyait dans les armées carthaginoises. D'après Hérodote, on divisait l'Afrique en Egypte, Ethiopie (c'est-à-dire toutes les régions au S. de l'Egypte) et Lybie proprement dite. On subdivisait la Lybie en trois parties, savoir : 1° contrées habitées, le long de la Méditerranée, dans lesquelles on rencontrait les Lybiens nomades ou Numides ; 2° le pays des bêtes sauvages, au S. du précédent ; c'était la région comprise entre le grand et le petit Atlas, alors peuplé de bêtes fauves, beaucoup plus nombreuses qu'aujourd'hui ; 3° le désert de sable, que nous appelons Sahara. — L'Afrique était alors habitée par quatre races d'hommes, dont deux indigènes, qu'Hérodote nomme les Lybiens et les Ethiopiens, et deux races d'origine étrangère, les Phéniciens et les Grecs. Les Ethiopiens d'Hérodote étaient nos peuples nègres. Les colonies phéniciennes s'étaient établies le long de la côte septentrionale, au-delà des deux Syrtes ; leur ville principale était Carthage. Les colonies grecques se trouvaient, au contraire, à l'E. des Syrtes ; la plus importante était Cyrène, dans la Cyrénaïque. Entre ces colonies et l'Egypte, erraient des tribus lybiennes. A l'O. de Carthage, le pays recevait le nom général de Numidie ou de Maurétanie et était occupé par des colonies carthaginoises sur la côte, par des Lybiens (Numides, Massyliens, Massaesiliens et Maures) dans le territoire nommé aujourd'hui le Tell ; et par les Gétules un peu plus au sud. — Presque toute l'Afrique connue tomba au pouvoir des Romains, qui la divisèrent en : 1° Egypte; 2° Lybie, comprenant la Lybie extérieure, la Marmarique, la Cyrénaïque ; 3° Afrique propre (ancien empire de Carthage); 4° Numidie; 5° Maurétanie, subdivisée en Sitifensis, Cesariensis et Tingitana. Ces différents pays, aujourd'hui misérables et plongés dans la barbarie, étaient alors peuplés, riches et florissants. Les Vandales, puis les Arabes firent disparaître cette brillante civilisation. — Ce n'est que depuis les découvertes maritimes du xviᵉ siècle que les Européens apprirent enfin ce qu'était ce vaste continent. Le Portugais B. Dias découvrit, en 4486, le cap de Bonne-Espérance, et Gama doubla en 4498. Les Français s'établirent sur la côte occidentale, au xviiᵉ siècle; les Hollandais au Cap, en 4650 ; les Anglais en Guinée, un siècle plus tard. Mais l'intérieur de l'Afrique resta longtemps une région mystérieuse que n'ont pas encore complètement ouverte à notre curiosité des centaines de courageux explorateurs dont nous parlerons dans nos articles sur chaque pays. Leur liste, qui serait fort longue, commence par Bruce, le voyageur écossais qui visita les sources du Nil bleu, en 4772; elle comprend Mungo Park, assassiné en 4806, pendant sa seconde tournée sur le Niger; Lander, qui descendit ce fleuve jusqu'à River en 4830; Caillé, le premier Européen qui atteignit Tombouctou et qui traversât le Sahara ; d'Abbadie, Compagnon, Raffenel, Combes, Tamisier, Rochet d'Héricourt, La Renaudière, Denham, Clapperton, Barth, Vogel, Oberweg; Livingstone, qui parvint à traverser l'Afrique méridionale, d'une mer à l'autre, et auquel on doit la découverte des lacs Ngami et N'yassa, des cataractes Victoria, sur le Zambèze, et du système Loualaba ; Burton, qui trouva le lac Tanganyika ; Speke, qui vit le lac Victoria; Baker, qui découvrit le lac Albert; Petherick, Du Chaillu, Heuglin, Nachtigal, Rolfs et Schweinfurth; Stanley et Cameron, les successeurs de

Livingstone ; Marche, Brazza et Balay, médecin de marine ; enfin, le malheureux colonel Flatters, qui fut lâchement assassiné, ainsi que la caravane qu'il commandait, pendant qu'il explorait le grand désert, au point de vue de l'établissement d'un chemin de fer trans-saharien (1881).—ETHNOL. Au nord de 20e lat., les habitants sont considérés comme appartenant à la race caucasique. La population s'y compose de Maures, d'Arabes, de Berbères et d'Egyptiens. A l'exception des Abyssins, également considérés comme d'origine caucasienne, toutes les nations et les tribus qui vivent au sud de ce parallèle, appartiennent à la race éthiopienne ou noire, qui comprend les nègres du Soudan, de la Sénégambie, de la Guinée ; les Hottentots, les Bochimans (Bushmen des Anglais), les Cafres, les Gallas, etc. — LANGUES. On divise les langues d'Afrique en cinq groupes : 1e L'idiome sémitique ou abyssin ; l'éthiopien ou guiz et l'amharique, qui offrent des rapports avec l'HIMYARITIQUE, parlé dans le sud-ouest de l'Arabie ; 2e l'égyptien, et ses congénères, le berbère et le galla, qui descendent du LYBIEN ; ces idiomes, parlés dans le nord de l'Afrique et en plusieurs contrées de l'Abyssinie, offrent de grands rapports avec le SÉMITIQUE ; 3e les dialectes des Hottentots et des Bochimans sont considérés comme des langues à part ; mais plusieurs philologues ne voient en eux que des branches du groupe égyptien ; 4e la grande famille du sud dont les différents dialectes d'une langue nommée cafre, dzinglen ou bantou, et qui a reçu quelques modifications chez les Zoulous, les Sitchouènes, les Souélis, les Mpongoués, été. Chez les uns comme chez les autres, les radicaux primitifs ont été conservés ; mais les dialectes se distinguent par des changements de suffixes et de préfixes ; 6e à l'ouest et au centre, le mandingue, le foulah, le grèbe, le yorouban, le bornou, le houssa et un grand nombre d'autres dialectes encore peu étudiés, ont une origine commune quoiqu'ils aient été profondément modifiés. Quelques philologues les rattachent au cafre.

AFRITE s. m. Génie malfaisant, dans la mythologie arabe.

AFROUN (EL), voy. EL AFROUN.

AFZÉLIUS. I. (Adam), botaniste suédois (1750-1836), qui, entre autres ouvrages, a édité l'autobiographie de son professeur Linné. II. (Arvid-Auguste), auteur suédois (1785-1874), qui a publié la Saga-Hervaar et l'Edda de Samund, deux monuments de l'ancienne littérature scandinave.

* AGA ou ᵥᵥ AGHA s. m. (turc : frère aîné). Titre de distinction militaire chez les Orientaux et principalement chez les Turcs ; il désignait particulièrement, autrefois, les chefs des Janissaires. Les Français ont conservé le même titre à des chefs indigènes d'Algérie dont le pouvoir s'étend sur un agalik, composé d'un certain nombre de tribus.

* ' AGAÇANT, ANTE adj. Qui agace : bruit agaçant. — Qui excite : regards agaçants.

* AGACE ou Agasse s. f. Nom que l'on donne quelquefois à la pie.

* AGACÉ, ÉE part. pass. d'AGACER : dents agacées, nerfs agacés, homme agacé.

* AGACEMENT s. m. Sensation désagréable : agacement des dents. — Irritation : agacement des nerfs.

* AGACER v. a. (gr. akazein, piquer). Causer une sensation désagréable : le citron agace les dents.— Irriter : agacer un chien, agacer les nerfs.—Fig. Exciter, animer, chercher à plaire : cette coquette agace tout le monde. — ᵥᵥ S'agacer v. pr. Etre agacé. — v. récipr. S'agacer mutuellement.

* AGACERIE s. f. Regard, paroles, manières séduisantes pour attirer l'attention de ceux auxquels on veut plaire : cette femme me fuit les agaceries (fam.).

AGACEUR s. m. Qui agace, qui excite.

AGACIN s. m. Espèce de cor aux pieds.

AGADA s. m. Sorte de flûte égyptienne.

AGADÈS, capitale du royaume d'Asben ou d'Air, au milieu du Sahara, sur la route des caravanes de Tripoli à Kaschna. 8,000 hab. — Lat. 46° 40' N ; long. 5° 40' E.

AGADIR ou Aghadir, port maritime du Maroc, province de Sus, à 3 kil. S.-E. du cap Ghir ; 600 hab. C'est le meilleur port de toute la côte marocaine sur l'Atlantique. La ville fut d'abord une citadelle bâtie, sous le nom de Santa-Cruz, par Dom Manuel de Portugal ; elle prit rapidement de l'importance. Les Maures s'en emparèrent en 1536 ; elle se révolta contre l'empereur du Maroc (1773) fut prise de vive force, saccagée et presque détruite. Ses habitants furent transportés à Mogador.

AGAG [a-gague], roi des Amalécites qui fut vaincu et pris par Saül. Ce dernier l'épargna ; mais Samuel le fit massacrer et couper en morceaux.

AGAILLARDIR v. a. Rendre plus gaillard, plus gai. — S'agaillardir v. pr. Devenir plus gaillard.

AGALACTE adj. et s. (gr. a, sans ; gala, galaktos, lait). Se dit d'une femme qui n'a pas de lait ; d'un enfant qui n'a pas encore tété.

AGALAXIE ou Agalactie s. f. [a-ga-la-ksi]. Absence de lait chez les nourrices ou les nouvelles accouchées.

AGALER v. a. Sarcler un champ de maïs pour la première fois.

AGALIK ou AGHALIK s. m. [a-ga-lik]. Province soumise à l'autorité d'un aga.

AGALLOCHE s. m. (gr. agallochon, aloès). Arbre du genre AQUILAIRE. (voy. ce mot).

AGALMATOLITHE s. m. (gr. agalma, statue ; lithos, pierre). Talc appelé vulgairement pierre de lard et qui sert en Chine à faire des magots. On l'appelle aussi PAGODITE.

AGALOSTÉMONE adj. (gr. a, sans ; galôs, belle-sœur ; stémôn, étamine). Bot. Dont les étamines sont insérées alternativement sur le calice de la corolle.

AGALYSIEN adj. m. [a-ga-li-zi-ain] (gr. agan, trop ; lusis, dissolution). Géol. Se dit d'un terrain composé de roches qui ont été formées par voie de cristallisation confuse.

* AGAME adj. (gr. agamos, célibataire. Se dit des plantes qui n'ont pas d'organes sexuels connus : champignons, algues. — s. f. pl. Classe de ces plantes : ACOTYLÉDONÉES de Jussieu.

AGAME s. m. Nom que Linné a donné, on ne sait pourquoi, à un lézard, et que Daudin a étendu à un sous-genre d'iguaniens qui forme le type du genre agamien. Ecailles relevées en pointe hérissant diverses parties du corps et surtout les environs de l'oreille. La peau de la gorge est lâche, plissée en travers et susceptible de renflement. Les espèces de ce sous-genre sont des sauriens d'aspect hideux et repoussant. Leur peau est sèche et rahoteuse ; leurs couleurs sont ternes. Vifs, alertes, ils habitent les déserts sablonneux et arides. On distingue : l'Agame des colons (agama colonorum, Daudin) (Sénégal et Guinée) brûnâtre, avec une petite rangée d'épines sur la nuque et quelques groupes autour de l'oreille ; longueur de 11 à 16 pouces ; l'Agame hérissé de la Nouvelle-Hollande (Lacerta muricata de George Shaw) « remarquable par sa grandeur et par sa figure extraordinaire ; une suite de grandes écailles épineuses règne par bandes transversales sur la longueur de son dos et de sa queue, et le rapproche des stellions. Sa gorge, susceptible de se renfler beaucoup, est garnie d'écailles allongées en pointes, qui lui font une sorte de barbe. Des écailles semblables hérissent

ses flancs et forment deux crêtes obliques derrière ses oreilles » (Cuvier) ; l'Agame à oreilles (Lacerta aurita de Pallas), de la Sibérie, plus

Agama colonorum.

petit que le précédent, mais tout aussi remarquable par les renflements qu'il peut faire paraître des deux côtés de sa tête, sous les oreilles ; l'Agame sombre ; l'Agame rude ; et l'Agame ombre (Lacerta umbra de Linné).

AGAMÈDE, frère de Trophonius et architecte du temple de Delphes.

AGAMEMNON, roi de Mycènes, frère de Ménélas et époux de Clytemnestre, dont il eut trois enfants : Iphigénie, Electre et Oreste. Nommé au commandement des Grecs, lors de la guerre de Troie, il consentit, sur les conseils du devin Calchas, à sacrifier Iphigénie pour rendre les dieux plus favorables à l'expédition. Sa querelle avec Achille forme les débuts de l'Iliade. A son retour de Troie, après une absence de dix ans, il fut assassiné, pendant son sommeil, par Egisthe, complice de son épouse infidèle, Oreste, le vengea. — Agamemnon est resté le type de ceux qui immolent leurs plus chères affections à leur ambition et à leurs intérêts. Ses aventures ont fait le sujet de plusieurs tragédies ; l'une d'Eschyle (460 av. J.-C.) ; une de Sénèque (premier siècle après J.-C.) ; une d'Alfieri (xviiie siècle), et une de Lemercier (Théâtre-Français, 1797.)

* AGAMI s. m. Nom donné par les naturels de la Guyane à un oiseau qui tient à la fois des gallinacés et des échassiers. Tête et cou revêtus seulement d'un duvet ; tour de l'œil nu. On n'en connaît qu'une espèce, l'oiseau trompette (Psophia crepitans de Linné), ainsi nommé

Agami.

en raison de la faculté qu'il possède de faire entendre un son sourd et profond qui semble venir de l'anus. Grosseur d'un coq, bec conique un peu convexe ; jambes longues, dégarnies de plumes dans le bas, plumage noirâtre avec reflets d'un violet brillant sur la poitrine, manteau cendré, nué de fauve vers le haut

Vol lourd, course rapide, chair agréable. A l'état sauvage, cet oiseau vit en troupes nombreuses dans les forêts de la Guyane. On le réduit facilement en domesticité, et alors son intelligence lui assigne le premier rang parmi les oiseaux de basse-cour. Docile comme un chien, il garde les oiseaux domestiques, les surveille et les défend; il témoigne à son maître un vif attachement, recherche ses caresses et poursuit à coups de bec les personnes qui lui déplaisent.

AGAMIDES adj. et s. m. pl. Classe de reptiles sauriens qui a pour type le genre agame.

AGAMIE s. f. Vingt-cinquième et dernière classe du système sexuel de Linné.

AGAMIEN, IENNE adj. Qui ressemble à l'agame. — s. m. pl. Genre d'iguaniens à écailles imbriquées. Sous-genres : agame, tapaye, changeant, galéote et lophyre.

AGAN s. m. Mar. Débris de toute sorte que la mer dépose sur la plage après les grandes marées. On dit aussi LAISSE.

AGANIPPE, fille du fleuve Permesse et nymphe d'une fontaine, au pied de l'Hélicon. Cette fontaine, consacrée aux Muses, possédait la propriété d'inspirer ceux qui s'abreuvaient de son eau (Mythol.).

AGANIPPIDE adj. Qui se rapporte à la fontaine Aganippe. — Les Muses ont été surnommées Aganippides.

AGANTER ou **Enganter** v. a. (celt. gand, jonction). Mar. S'approcher peu à peu d'un navire; l'atteindre; le gagner de vitesse. — Argot. Attraper au vol. — AGANTER UNE CLAQUE, recevoir un soufflet.

AGAPANTHE s. m. (agapétos, aimable; anthos, fleur; allusion à la beauté de la plante). Bot. Genre de la famille des liliacées, tribu des hémérocallidées, dont l'espèce la plus répandue, l'agapanthe en ombelle, originaire du Cap de Bonne-Espérance, est une magnifique plante acclimatée que l'on cultive dans nos jardins. Ses fleurs bleues, réunies au nombre de 30 à 40, lui ont valu le nom de thubéreuse bleue; mais il y a des variétés à fleurs blanches, et une autre à feuilles rayées de vert et de blanc. Multiplication de semis en terre de bruyère ou par la séparation des œilletons qui se montrent au bas de la tige et qu'on replante de suite. On doit rentrer les agapanthes depuis la fin de l'automne jusqu'au printemps.

AGAPANTHÉES s. f. pl. Sous-ordre de la famille des LILIACÉES. Genres principaux : agapanthe, formier, tubéreuse.

AGAPANTHIE s. f. (gr. agapaó, j'aime; anthos, fleur). Entom. Genre de coléoptères tétramères longicornes qui vit sur les chardons et qui est très répandu aux environs de Paris.

*AGAPE s. f. (gr. agapé, amour, mutuelle affection). Repas en commun des premiers chrétiens, le soir, dans la même salle et en mémoire du dernier repas de J.-C., lorsqu'il institua l'eucharistie. On communiait après ce festin. Les conciles de Laodicée (366) et de Carthage (397) interdirent ces festins; le pain bénit en rappelle l'usage. Des festins dits d'amour ont été rétablis par les frères Moraves et par les Méthodistes. Les Agapes sont encore célébrées par l'église grecque et par plusieurs sectes religieuses.

AGAPEMONE (gr. le séjour d'amour), établissement fondé en 1845, à Charlinch, Somersetshire (Angleterre), où un certain nombre de personnes vivent en commun, sous le nom de famille d'amour, et n'admettent que le mariage spirituel.

AGAPET. Nom de deux papes. I. Saint-Agapet, pape de 535 à 536; se porta comme médiateur entre Théodat, roi des Goths, et Justinien; combattit les Eutychéens; fête le 20

septembre. — II. Pape de 946 à 956, appela en Italie les Allemands.

*AGAPÈTES s. f. pl. (gr. agapaó, j'aime). Filles ou veuves qui, dans l'Eglise primitive, vivaient en communauté avec les ecclésiastiques auxquels elles servaient de domestiques. Saint Cyprien et saint Jérôme s'élevèrent contre les désordres auxquels se livraient les agapètes. Le concile de Latran (1139) les supprima. On appela aussi agapètes des jeunes gens qui habitaient les communautés de femmes et qui causèrent également du scandale.

AGAPHITE s. f. [a-ga-fi-te]. Nom que l'on donne à la turquoise orientale.

AGAPORNIS [niss]. (gr. agapé, amour; ornis, oiseau). Ornith. Famille de perroquets de petite taille, particulière à l'Amérique du Sud.

AGAR, femme égyptienne qu'Abraham ramena de Memphis où la famine l'avait contraint de chercher un asile. Elle eut d'Abraham un fils nommé Ismaël. Peu de temps après, Sara, femme légitime du patriarche, devint mère à son tour, et Abraham chassa la concubine et son enfant. Ces malheureux errèrent longtemps dans le désert de Betsabée. L'eau étant venue à leur manquer, Ismaël tomba sur le sable et Agar s'éloigna en pleurant pour ne pas voir périr son fils sous ses yeux. Un ange les sauva en leur montrant une source.

AGARA s. m. Bois de senteur qui vient de la Chine et du Japon et qui est recherché par les parfumeurs.

AGAR-AGAR s. m. Nom malais d'une épaisse gelée que l'on prépare avec un fucus marin et dont on fait une confiture très recherché dans les Indes.

AGARDH (Karl-Adolf), botaniste suédois (1785-1859), évêque de Carlstadt en 1834, auteur d'un Systema species, d'un manuel de botanique et d'un ouvrage intitulé Icones Algarum.

AGARÉNIEN, ENNE adj. et s. Descendant d'Agar. — Qui se rapporte aux descendants d'Agar.

*AGARIC s. m. [rik] (d'agraria, contrée de la Sarmatie où où ce champignon croît abondamment). Genre important formé par Linné dans l'immense famille des champignons.

Agaric de couche (Agaricus campestris).

Surface inférieure du chapeau garni de lames simples, généralement libres, rayonnant du centre à la circonférence; pédoncule et chapeau souvent enveloppés complètement d'un voile nommé volva, qui se rompt dès que le champignon atteint son complet développement. — Ce genre comprend plus de mille espèces qui se trouvent dans les lieux bas et humides, dans les prairies, sur les fumiers ou les vieux bois pourris ou dans les caves; bien peu habitent les lieux secs et arides. — PRINCIPALES ESPÈCES COMESTIBLES : 1° champignon de couche

(agaricus edulis, campestris) le plus recherché; pédicule blanc, court et charnu; chapeau fauve, couvert d'une pellicule facile à enlever; lames d'abord rougeâtres, puis pourpres ou noirâtres; chair ferme et cassante; seule espèce admise sur le marché de Paris; cultivé partout, mais surtout aux environs de Paris, dans les caves, les catacombes en carrières abandonnées. On le multiplie au moyen de blanc, introduit dans une couche; 2° agaric odorant ou mousseron (agaricus albellus); 3° oronge; 4° agaric faux mousseron; 5° agaric du houx (agaricus aquifolius), un de nos meilleurs champignons; croît en été sous les buissons de houx; 6° agaric élevé (agaricus procerus, colubrinus), pédicule très long, chapeau roussâtre un peu panaché; croît en été dans les bois et dans les champs sablonneux. — ESPÈCES DANGEREUSES : 1° agaric moucheté ou fausse oronge; 2° agaric rouge sanguin, à chapeau rouge tendre, convexe, un peu aplati au sommet; à lames blanches et d'égale longueur; commun dans les environs de Paris, vers la fin de l'automne; très vénéneux; 3° agaric meurtrier (agaricus necator), dont le suc laiteux est caustique; 4° agaric caustique (agaricus pyrogalus), jaune livide, terreux; 5° agaric âcre (agaricus acris), blanc, à lames jaunes ou rougeâtres; 6° agaric volvacé ou vergeté, dont la ressemblance avec l'agaric comestible a causé bien des empoisonnements. — L'amadou et l'agaric blanc sont aujourd'hui classés dans le genre bolet. — AGARIC MINÉRAL. Variété de calcaire qui offre, comme couleur et comme texture, une certaine ressemblance avec le végétal de ce nom.

AGARICE s. f. L'un des noms vulgaires de l'agaric minéral.

AGARICÉ, ÉE adj. Qui ressemble à l'agaric.

AGARICICOLE adj. (franç. agaric; lat. colere, habiter). Entom. Se dit des insectes qui vivent sur les agarics.

AGARICIFORME adj. Se dit de certains polypiers dont la forme rappelle celle d'un agaric.

AGARICIN, INE adj. Qui ressemble à un agaric. — Qui vit, qui croît sur les agarics secs et à demi pourris. — AGARICINES s. f. pl. Genre de madrépores qui offrent quelque ressemblance avec les agarics.

AGARICINÉES s. f. pl. Nom que l'on a donné à divers groupes de la famille des champignons.

AGARICOÏDE adj. (gr. agarikon, agaric; eidos, forme). Bot. Qui ressemble à un agaric.

AGARISTE s. f. (gr. acharistos, désagréable). Genre d'insectes lépidoptères, dont on connaît trois espèces appartenant à l'Australie, au Brésil et à l'Amérique septentrionale.

AGARON s. m. Coquille fossile du genre de l'olive, que l'on trouve dans le Bordelais.

AGASIAS, sculpteur d'Ephèse, qui vivait au temps d'Alexandre le Grand; auteur de la statue appelée Gladiateur Borghèse, conservée à Rome.

*AGASSE s. f. Voy. AGACE.

AGASSIN s. m. Bouton de vigne placé au bas du cep et qui ne fructifie jamais.

AGASSIZ (Louis-Jean-Rodolphe), naturaliste, né à Motiers (Suisse) en 1807; mort à Cambridge (Massachusetts) en 1873; professeur d'histoire naturelle à Neufchâtel (1832-'46), publia ses Recherches sur les poissons fossiles (1833 et suiv.); son Histoire naturelle des poissons d'eau douce de l'Europe centrale (1839 et suiv.); sa Description des échinodermes fossiles de la Suisse (1839 et suiv.); sa Monographie d'échinodermes vivants et fossiles (1838-'42); sa Monographie des poissons fossiles du vieux grès rouge (1844); ses Etudes sur les glaciers (1840); son Système glaciere (1847); son No-

nenclator zoologicus, énumération du règne animal; et sa *Bibliotheca zoologiæ et geologiæ*. En 1846, Agassiz, dont la réputation était déjà universelle, partit pour l'Amérique, qui offrait un vaste champ à ses explorations. Il publia d'abord quelques articles scientifiques dans les recueils des Etats-Unis, fut nommé professeur de zoologie et de géologie à l'école Lawrence, université d'Harvard (printemps 1848), publia ses *Principes de Zoologie* (1848) et fut nommé professeur d'anatomie comparée au collège médical de Charleston (Caroline du Sud). En 1865-'66, il fit au Brésil un voyage d'exploration, en compagnie de sa femme, qui publia un *Voyage au Brésil* (1868). En 1871, il visita le cap Horn. Outre les ouvrages cités plus haut, il a donné le *Monde ab ovo*, 12 lectures (1873); et la *Structure du monde animal* (1862). Ses travaux constituent la plus belle continuation de ceux de Cuvier.

AGASTE s. f. [a-gâ-te] (vieux franç. *aguster*, gâter). Pluie soudaine qui cause des dommages.

AGASTRAIRE adj. et s. m. (gr. *a*, priv.; *gaster*, ventre). Zool. Se dit des corps organisés qui n'ont pas de canal intestinal proprement dit; telles sont les éponges.

AGASTRIQUE adj. et s. m. (gr. *a*, priv.; *gaster*, ventre). Zool. Se dit des acéphales qui n'ont aucune trace de canal intestinal.

AGASTRONERVIE s. f. (gr. *a*, priv.; *gaster*, estomac; *neuron*, nerf). Méd. Défaut d'action nerveuse de l'estomac.

* **AGATE** s. f. (d'*Achates*, fleuve de Sicile, sur les bords duquel aurait été trouvée la première agate). Variété de *quartz* d'une grande dureté, d'une demi-transparence, d'une cassure cireuse et susceptible d'un beau poli. Les pierres siliceuses auxquelles on donne le nom d'agate, sont colorées de nuances vives et variées, dans le même échantillon, par couches planes ou parallèles, ondulées, curvilignes et concentriques. On les rencontre (dans les terrains secondaires et dans les terrains volcaniques) sous forme de rognons mamelonnés qui se composent de couches concentriques, diversement contournées et distinctes, soit par un changement de nuance, soit par un changement de translucidité. La plus grande partie de celles qui circulent dans le commerce vient d'Oberstein, près de Deux-Ponts. Elles servent à fabriquer des cachets, des bagues, des boucles d'oreilles, des mortiers de laboratoire, etc. Les plus belles variétés servent à graver des sujets d'art, monuments inaltérables dont les anciens nous ont laissé d'admirables spécimens. Suivant leur couleur, la forme, le nombre et la direction de leurs rubans, les *agates* reçoivent les noms d'*onyx*, de *calcédoines*, de *cornalines*, de *sardoines*, de *chrisoprases* (ou *prases*), de *saphirine* (voy. ces différents mots). — *Agate œillée*, formée de couches concentriques enveloppant un noyau globuleux, souvent radié du centre à la circonférence; *agate jaspée*, dont les couleurs sont irrégulièrement jetées; *agate rubanée*, dont les bandes sont de couleurs distinctes; *agate à fortifications*, composée de bandes parallèles disposées en zigzag, à angles successivement saillants et rentrants; *agate herborisée* ou *arborisée*, dont la pâte représente des herbes ou des arbres; *agate mousseuse*, dont l'intérieur semble renfermer de la mousse; *agate enhydre*, qui contient des gouttes d'eau; *agate d'Islande*, nom que l'on donne quelquefois à l'ONSIDIENNE noire. *Agate noire*, voy. JAIRT. *Agate orientale*, agate de première qualité; *agate occidentale*, pierre de seconde qualité. — L'industrie est parvenue à décolorer et à recolorer d'une façon plus brillante les agates naturelles. On les décolore en les trempant dans l'acide chlorhydrique que l'on porte ensuite au degré de l'ébullition. On les fait bouillir dans l'huile; ou les recolore enfin, en les plongeant dans

de l'acide sulfurique bouillant. — Techn. Instrument dans lequel est enchâssée une agate et qui sert à brunir les métaux.

AGATÉ, ÉE adj. Qui présente des parties semblables à l'agate: *jaspe agaté*.

AGATHAIS, AISE s. et adj. (lat. *agatha*, Agde), qui est d'Agde; qui a rapport à cette ville ou à ses habitants.

AGATHARCHIDE de Cnide, historien et géographe grec, tuteur de Ptolémée-Alexandre (104 av. J.-C.). On a conservé quelques fragments de son ouvrage: *De mari Rubro* (de la mer Erythrée), en 5 livres, qui fournit des détails intéressants sur les peuples d'Egypte et d'Arabie.

AGATHARCUS, acteur athénien auquel on attribue l'invention des décors (v° siècle av. J.-C.)

AGATHE (Sainte), vierge et martyre de Palerme, qui fut roulée nue sur des charbons ardents pour avoir repoussé les propositions déshonorantes de Quintianus, gouverneur de Sicile (en l'an 251); elle est patronne de l'île de Malte. Fête: 5 février. — MARTYRE DE SAINTE-AGATHE, chef-d'œuvre de Sébastien del Piombo, palais Pitti.

AGATHÉE s. f. (gr. *agatheos*, divin). Bot. Genre de composées, tribu des astérées, originaire du Cap de Bonne-Espérance. — L'*Agathée céleste* (*agathea amelloïdes*) est cultivée dans nos jardins.

AGATHIAS, poète et historien byzantin du vi° siècle. De ses œuvres, on a conservé environ 90 pièces de vers et son *Histoire du règne de Justinien* (de 532 à 559), dont le président Cousin a donné une traduction française.

AGATHIDIE s. f. (gr. *agathis*, *agathidos*, peloton). Genre de coléoptères xylophages dont le corps est contractile et presque globuleux et qui vivent sur les champignons.

AGATHINE, voy. AGATINE.

AGATHIS s. m. [tiss] (gr. *agathis*, peloton). Genre d'hyménoptères ichneumoniens, dont l'espèce principale est répandue dans la plus grande partie de l'Europe.

AGATHOCLE, aventurier, fils d'un potier, né à Rhégium, vers 359 av. J.-C., et qui devint tyran de Syracuse. D'abord chef d'une troupe de bandits, puis soldat, deux fois banni, il s'empara du pouvoir, vers 317, après avoir fait massacrer tous les partisans de la liberté. Il assura son autorité par l'abolition des dettes et le partage des terres; vaincu près d'Himère, par Amilcar, général carthaginois, il conçoit le projet audacieux de porter la guerre en Afrique et d'attaquer, chez elle, l'éternelle rivale de Syracuse. Il débarque près de Carthage, brûle ses vaisseaux pour ne laisser à son armée d'autre ressource que la victoire (310), soumet le plat pays et enveloppe la cité punique, pendant qu'Amilcar est battu et tué en Sicile. Une révolte le rappelle dans son pays, qu'il soumet en peu de temps. Il revient en Afrique, où les Carthaginois ont eu le temps de se préparer à la résistance. Il est vaincu et laisse massacrer ses deux fils par ses soldats, qui traitent avec Carthage. Il s'enfuit, vient se venger en Sicile sur les Egestins révoltés, bat Dinocrate, grâce au concours des Carthaginois, fait une boucherie de ses soldats, qui sont las de sa tyrannie, envahit le sud de l'Italie et revient après avoir relevé la gloire militaire de Syracuse. Empoisonné par son petit-fils, qu'il voulait écarter du trône, il mit fin à ses souffrances par le feu du bûcher.

AGATHODÉMON ou Agathodæmon (gr. *Agathos*, bon; *daimon*, génie). Mythol. Divinité bienfaisante en l'honneur de laquelle les Grecs buvaient un peu de vin pur à la fin de chaque repas.

AGATHON, poète tragique d'Athènes, né

vers 449 av. J.-C. Une de ses pièces obtint un grand succès en 416. De ses œuvres, il ne nous reste que des fragments. Aristophane lui reproche d'employer un style affecté.

AGATHON (Saint). I. Pape de 678 à 682; fête, 10 janvier. — II. Soldat et martyr à Alexandrie, vers 250; honoré le 7 déc.

AGATHON, roman de Willand (476), sorte d'apologue où sont exposés les préceptes d'une morale pratique.

AGATI s. m. Bot. Nom Indou d'un genre de légumineuses papilionacées, dont les graines se rapprochent de celles des haricots. L'*agati à grandes fleurs* (*agati grandiflora*), constitue un amer et un tonique excellent.

AGATIFÈRE adj. Qui contient de l'agate.

AGATIN, INE adj. Qui a l'apparence de l'agate.

AGATINE ou Agathine s. f. (gr. *agathis*, peloton). Genre de mollusques gastéropodes pulmonés, comprenant de grands escargots qui dévorent les arbres et les arbustes dans les pays chauds. Leurs coquilles, d'une forme allongée, sont le plus souvent ornées de riches couleurs; ce qui fait qu'elles sont très recherchées pour les collections d'histoire naturelle. — Ouverture allongée, avec l'extrémité de la columelle tronquée, et le bord droit tranchant. — La principale espèce, connue dans le commerce sous le nom de *Perdrix*, vient de Madagascar.

AGÂTIS s. m. Dommage causé par les animaux dans les forêts.

AGATISER v. a. Convertir en imitations d'agate des branches ou des troncs d'arbre. — S'agatiser v. pr. Se convertir en agate: *certaines substances s'agatisent*.

AGATOÏDE adj. Qui ressemble à l'agate.

* **AGAVÉ** ou **Agave** m. (gr. *agauos*, admirable). Bot. Genre, tribu des AGAVÉS, très répandu dans les pays chauds, notamment en Algérie et au Mexique, où on l'appelle improprement *aloès*, à cause d'une certaine ressemblance dans l'aspect général avec cette plante. « L'agave est une plante monocotylédonée,

Agave d'Amérique.

herbacée, formée de feuilles radicales, lancéolées, glabres, qui atteignent, en Algérie, 1 à 2 mètres de longueur, 15 à 20 centim. de largeur au centre, 6 à 8 d'épaisseur à la base, dont les bords, légèrement relevés en gouttière, sont armés de piquants noirâtres, et dont la pointe est terminée par un aiguillon très dur et très acéré. Les racines ont assez de ressemblance avec celles de la salsepareille pour leur être substituées par sophistication dans le commerce de la droguerie. Le fruit ressemble à une petite banane. L'agave prospère dans le midi de l'Europe; dans le nord de la France, on ne le voit figurer que dans les serres ou sur des piliers et des perrons comme plante d'ornement. Pendant 5, 10, 15 ou 20 ans, selon l'espèce et le climat, l'agave ne présente que des feuilles radicales ; mais après ce laps de temps, on voit sortir du centre, sous l'apparence d'une monstrueuse asperge, une hampe, pleine, charnue, qui devient résistante et ligneuse vers l'automne.» (Decroix). Lorsque le moment de fleurir est arrivé, cette tige ou *hampe* grandit et atteint une hauteur de 20, 30 et 40 pieds en un mois; elle étale ses rameaux, qui figurent bientôt un gigantesque candélabre, et qui s'épanouissent en milliers de fleurs en panicule d'un jaune verdâtre. Ordinairement cette floraison luxuriante épuise la plante qui ne tarde pas à périr ; mais la souche produit de nombreux rejetons destinés à propager l'espèce. Dans les pays chauds, cette floraison a lieu au bout de 7 ou 8 ans, et non pas au bout de 100 ans comme on s'est plu à le dire. — Les feuilles radicales sont charnues et à bords hérissés d'épines. Ce genre renferme un certain nombre d'espèces, parmi lesquelles nous citerons : L'*agave d'Amérique* (agava Americana), appelé aussi *aloès d'Amérique ;* naturalisé depuis plusieurs siècles en Espagne, d'où il s'est répandu en Italie, dans le midi de la France et en Algérie. Ses feuilles, longues de 1 m. 50, forment une touffe épineuse, et dont la hampe droite s'élève jusqu'à 8 ou 10 mètres. La sève fermentée de cette plante fournit aux Mexicains une matière sucrée appelée *agua-miel* et une eau-de-vie appelée *pulque.* Pour obtenir cette sève, les Mexicains pratiquent une entaille au cœur des plantes âgées de 5 à 6 ans ; ils enlèvent la touffe qui se trouve au centre et qui devait être la hampe. La sève s'amasse pendant deux ou trois mois dans la cavité ainsi formée. — Les feuilles donnent un suc qui, filtré, puis épaissi par l'évaporation et enfin additionné d'un peu de cendres, forme un savon employé pour lessiver le linge. — Les feuilles renferment, en outre, une matière textile employée à la confection de cordages, de filets, de sacs, etc. Cette matière textile porte en Algérie le nom de *fils d'aloès.* — Variété à feuilles panachées de blanc et de jaune. — Le *maguey* des Mexicains est une espèce d'*agave* qui croît à Cuba. Il fournit une liqueur douée d'or quelque analogie avec le cidre.— *L'agave pitte* ou *fétide*, du Mexique, est un géant qui s'élève à 15 mètres, ses fibres produisent un fil assez fin dont on fait, dans les îles de la Méditerranée, des bas, des gants et même des étoffes appelées *zapparas.*

AGAVÉ, ÉE adj. Qui ressemble à l'agave. — Agavées s. f. pl. Tribu d'Amaryllidées qui ne renferme que le genre AGAVE ou AGAVÉ.

AGAVÉ Mythol. Fille de Cadmus et d'Harmonie ; elle calomnia Sémélé et, pour la punir, Bacchus la frappa de démence. Dans un de ses accès, elle prit pour une bête fauve et déchira vif Penthée, roi de Thèbes, pour une bête fauve et le déchira vif.

AGAVUS, fils de Priam ; était un agile danseur et un adroit voleur.

AGDE (gr. *agathos*, bon). Ch.-l. de cant., arrond. de Béziers ; à 22 kil. E. de cette ville, sur la rive gauche de l'Hérault, à 5 kil. de son embouchure, et sur un embranchement du canal du Midi. Ville fondée par les Phocéens de Marseille. Alaric, roi des Visigoths, y convoqua un concile en 506. — 9,800 hab. ; cathédrale remarquable, des Xe et XIe siècles ; port spacieux ; cabotage. Tribunal de commerce. — Entrepôt des mines de Graissessac. Fort de Brescou, à 5 kil. de la ville.

* ÂGE s. m. (gr. *aiôn* ; lat. *œvum, œvitas, œtas* ; roman, *edé, éé*). Durée ordinaire de la vie, en parlant des êtres animés ou des objets inanimés : *l'âge de l'homme ne passe pas communément quatre-vingts ans.* — Temps qui s'est écoulé depuis la naissance jusqu'au moment

où l'on parle ou dont on parle : *quel âge avez-vous?— Fontenelle mourut à l'âge de cent ans.* — Différents degrés de la vie : *l'âge de raison; chaque âge a ses plaisirs.*

Pourquoi gémir lorsque nous vieillissons?
Il est des fleurs pour tous les âges.
Rappelons-nous, malgré de vains désirs,
Que tour à tour chaque âge a ses plaisirs.
J. LAGARDE.

—l'Age requis par les lois pour certains actes, pour certaines fonctions : *je ne puis me marier, n'ayant pas l'âge.* — Avancement dans la vie : *la raison vient avec l'âge.* — Vieillesse : *l'âge appesantit son pas.* — Temps auquel les choses dont on parle ont ou ont été ; et, dans ce sens, il ne s'emploie qu'avec un adjectif possessif : *les merveilles de notre âge.* — Siècle, temps, époque, génération :

Ne pourrons-nous jamais, sur l'océan des âges,
Jeter l'ancre un seul jour!
LAMARTINE, le Lac.

— Chronol. Un certain nombre de siècles; durée de l'univers ; temps qui s'est écoulé depuis que le monde est créé. — ∾ Agric. (corruption de *haye*, qui est le terme propre) ; Timon auquel se lie le coutre et tout le système de la charrue. — * AGE D'HOMME, âge viril.— PREMIER AGE ou *bas âge*, tendre jeunesse : *un enfant en bas âge.* — BEL AGE, jeunesse. — Un BEL AGE, un âge très avancé. — ETRE D'AGE A, avoir un âge qui permet de : *il est d'âge à se marier.* — BÉNÉFICE D'AGE ou DISPENSE D'AGE, privilège de posséder et d'exercer une charge avant l'âge prescrit par la loi. — PRÉSIDENT D'AGE, celui qui, au moment de la formation d'une assemblée, la préside parce qu'il est le plus âgé.— ETRE D'UN CERTAIN AGE, n'être plus jeune.— ETRE ENTRE DEUX AGES, n'être ni jeune ni vieux. — HORS D'AGE, se dit d'un cheval dont on ne peut plus certifier l'âge exact. — MOYEN AGE. Temps qui s'est écoulé depuis la chute de l'empire romain d'Occident, en 476, jusqu'à la prise de Constantinople par Mahomet II, en 1453.— AGE DE LA LUNE, temps qui s'est écoulé depuis que la lune est renouvelée. — Antiq. : *âge de pierre*, époque de la vie d'un peuple où il n'a pour instruments de travail et de guerre que des pierres ou des silex façonnés; *âge de bronze*, celle où il possède des instruments de bronze; *âge de fer*, celle où il sait forger le fer pour en fabriquer des instruments. — LES QUATRE AGES DU MONDE, division du temps, suivant le poète Ovide : 1° *âge d'or*, sous le règne de Saturne ; les hommes vivaient libres et dans une simplicité patriarcale ; 2° *âge d'argent*, règne de Jupiter ; l'année est partagée en 4 saisons ; les hommes commencent à cultiver le sol ; ils sont forcés de se bâtir des maisons ; 3° *âge d'airain*, époque de guerres et de violences; la race humaine ne se rend pourtant coupable d'aucun crime ; 4° *âge de fer*, pendant lequel disparaissent la probité et la justice qui font place au mensonge, à l'avidité, au brigandage et à tous les crimes.— Ce sont les quatre âges dont parle Ovide dans ses *Métamorphoses ;* Hésiode intercale l'*âge héroïque*, entre l'âge d'airain et l'âge de fer ; cette période correspond aux siècles héroïques de la Grèce. — D'AGE EN AGE, loc. adv. Successivement, de siècle en siècle, de génération en génération. — Hist. Les chronologistes chrétiens divisent ordinairement l'histoire du monde en sept âges, savoir : 1er AGE, de la création au déluge (4004 à 2349 av. J.-C.); 2e AGE, jusqu'à l'arrivée d'Abraham dans le pays de Chanaan (2348-1922); 3e AGE, jusqu'à la sortie d'Égypte (1921-1491); 4e AGE, jusqu'à la fondation du temple de Salomon (1490-1014); 5e AGE, jusqu'à la prise de Jérusalem (1014-588); 6e AGE, jusqu'à la naissance du Christ (588-1) ; 7e AGE, jusqu'au temps présent (1-1881).— Physiol. Périodes qui divisent la vie de l'homme. Solon considérait la vie comme formée de 10 périodes de 7 années, égales à l'enfance. Pythagore n'admit que quatre âges comptant chacun 20 années. —

Longet (*Traité de physiologie*, 1860, t. II, p. 924), partage la vie humaine en trois âges seulement, dont chacun se subdivise en deux époques.

1er Age. Jeunesse	{	enfance (jusqu'à 7 ou 8 ans). adolescence (de 8 à 15 ans).
2e — Maturité	{	adolescence (de 15 à 25 ans). âge mûr (de 25 à 60 ans).
3e — Vieillesse	{	vieillesse (de 60 à 75 ans). décrépitude (de 75 ans à la mort).

—AGE CRITIQUE ou *retour d'âge*, époque à laquelle cesse pour la femme la possibilité d'être mère ; elle se produit rarement avant l'âge de 40 ans ou après 50 ans accomplis. Le retour d'âge s'annonce par l'irrégularité et la diminution de la menstruation ; il s'opère généralement sans accidents ; néanmoins il est toujours prudent de prendre quelques précautions pour traverser cette période dite *critique* : régime convenable ; éviter les émotions, les fatigues, la constipation. Prendre quelques bains chaque mois : faire pratiquer de loin en loin une petite saignée, s'il y a des signes de pléthore ; prendre quelques fois 2 ou 3 grains de santé. Les eaux minérales de Seltz, de Vichy, de Spa et de Marienbad sont d'un excellent usage. S'il survient des complications, il faut avoir recours au médecin.— Archéol. AGE DE PIERRE, AGE DE CUIVRE, etc. Voy. *Archéologie.*

* ÂGÉ, ÉE, adj. Qui a un certain nombre d'années : *un homme âgé de quarante ans.* — Qui est vieux : *c'est une femme âgée.*

AGÉDOÏTE s. f. Chim. Principe cristallin extrait de la réglisse.

AGEN [a-jain] (*Aginnum* ou *Agennum*). Ch.-l. du dép. de Lot-et-Garonne, à 645 kil. S.-S.-O. de Paris, sur la rive droite de la Garonne. Évêché ; cour d'appel ; 19,000 hab. Cathédrale remarquable (Saint-Caprais). Antiquités romaines. Commerce considérable de prunes dites *Pruneaux d'Agen.* Serges, teintureries. Patrie de Joseph Scaliger, de Lacépède et du poète Jasmin. Agen fut d'abord la capitale des Nitiobriges, peuplade gauloise ; elle devint ville prétorienne sous les Romains, fut prise et reprise par les Barbares qui envahirent les Gaules, appartint successivement aux rois de France, aux ducs d'Aquitaine, aux rois d'Angleterre et aux comtes de Toulouse. Elle fut réunie à la France en 1592. Lat. N., 44°12'27", long. O., 4°43'6".

AGENAIS ou Agenais adj. Qui appartient à Agen ou à ses habitants. — s. Habitant d'Agen. — PATOIS AGENAIS, dialecte gracieux, harmonieux et abondant du roman méridional ou *langue d'oc.* Il est demeuré la langue d'un peuple vif et spirituel. Le poète Jasmin, surnommé à tort, peut-être, le dernier des troubadours, a donné, pour un instant, une vie nouvelle à ce beau dialecte.

* AGENCE s. f. Emploi, charge, bureau d'agent. — Administration dirigée par un ou plusieurs agents.

* AGENCÉ, ÉE part. pass. D'AGENCER. — Famil. Ajusté, paré : *comme vous voilà agencé!*

* AGENCEMENT s. m. Action d'agencer; état de ce qui est agencé. — Beaux-Arts. Arrangement, combinaison des groupes, ajustement des draperies, disposition des accessoires.

* AGENCER v. a. (de *à* ; et *gent*, gentil). Disposer convenablement plusieurs choses ou les parties d'une même chose : *agencer une chevelure.* — Orner; parer : *vous avez bien agencé votre cabinet.* — Beaux-Arts. Arranger, combiner les groupes d'une composition, les figures d'un groupe, les parties d'une figure, les draperies, les accessoires, etc. — ∾ S'agencer, v. pr. Etre agencé, disposé convenablement : *les pièces de cette machine s'agencent bien.*

* AGENDA s. m. [a-jain-da] (mot lat. qui signifie *choses à faire*). Livret portatif ou carnet de poche sur lequel on prend note de ce que l'on doit faire tel ou tel jour. Outre une page blanche pour chaque jour de l'année, les *agendas* contiennent souvent des renseignements utiles aux gens d'affaires, tels que l'heure du départ des voitures publiques, les adresses des magistrats, des officiers publics, des médecins ou des négociants avec lesquels on est en relation, etc.

AGENDICUM ou Agedincum, ancienne ville gauloise; auj. *Provins*, selon les uns; *Sens*, suivant les autres.

AGÈNE adj. (*gr. a*, priv.; *genos*, production). Bot. Qui ne produit pas.

AGÉNÉIEN, IENNE adj. (*gr. a*, priv.; *geneion*, barbe). Ornith. Se dit de certains oiseaux grimpeurs qui sont dépourvus de poils à la base du bec.

AGÉNÉIOSE s. m. [a-jé-né-io-ze] (*gr. a*, sans; *geneion*, barbe). Espèce de poissons du genre silure, qui manquent de barbillons proprement dits : *les agénéioses vivent dans les eaux douces de Surinam* (Lacép.). Parmi les variétés, on cite le *silurus militaris* (Bloch), dont l'os maxillaire, au lieu de se prolonger en un barbillon charnu et flexible, se redresse comme une corne dentée; et le *silurus inermis* (Bloch), dont l'os maxillaire reste caché sous la peau.

AGÉNÉSIE s. f. [zî] (*gr. a*, priv.; *gennaô*, j'engendre). Pathol. Incapacité permanente d'engendrer. — Térat. Absence d'un organe ou défaut dans son développement.

AGÉNÉSIQUE adj. Qui tient de l'agénésie.

AGÉNOIS (*pagus Agennensis*), ancien petit pays de France (Guyenne), formant une grande partie du Lot-et-Garonne. Cap. Agen. Comté au IXᵉ siècle; donné aux Anglais par le traité de Brétigny; ravagé pendant les guerres des Albigeois et du protestantisme; donné en apanage à Marguerite de Navarre, revint à la couronne après la mort de cette princesse.

AGÉNOR, nom de plusieurs personnages fabuleux.—I. Roi de Phénicie, fils de Neptune et frère de Bélus; il eut six enfants, parmi lesquels Europe et Cadmus.—II. Guerrier troyen, fils d'Anténor et de Théano; se mesura avec Achille et le blessa. Apollon, pour le soustraire à la colère du héros, l'entoura d'un nuage. Cet Agénor fut tué par Néoptolème.

AGÉNOSOME s. m. [zo-me] (*gr. a*, priv.; *genos*, naissance; *sôma*, corps). Térat. Monstre caractérisé par un défaut de développement dans les organes génitaux.

* AGENOUILLÉ, ÉE part. pass. D'AGENOUILLER :

   Tous deux *agenouillés* présentaient leurs offrandes.

                        Delille.

AGENOUILLEMENT s. m. Action de s'agenouiller.

AGENOUILLER v. a. [a-je-nou-ié; *ll* mll.]. Faire mettre à genoux. — S'agenouiller v. pr. Se mettre à genoux.

* AGENOUILLOIR s. m. [a-je-nou-ioir; *ll* mll.]. Petit escabeau sur lequel on s'agenouille.

* AGENT s. m. [a-jan] (lat. *agens*, part. prés. de *agere*, agir). Tout ce qui agit, tout ce qui opère : *agent naturel, agent chimique.* — Celui qui est chargé d'une mission gouvernementale, administrative ou particulière : *les agents du gouvernement, agent secret, agent d'intrigues.* — Agent s'emploie quelquefois par opposition à patient; ainsi l'on dit : *l'agent et le patient,* pour désigner la cause qui opère et le sujet sur lequel elle opère. — L'Académie permet d'employer au mal au féminin, mais seulement lorsqu'il est pris en mauvaise part : *elle fut la principale agente de cette intrigue.* — Agent comptable (Mar.). Officier d'administration chargé de la comptabilité d'un bâtiment. — Admin. Employé chargé de la comptabilité et du maniement des fonds. — Agent

consulaire, nom que l'on donne quelquefois à un *consul* (voy. *ce mot*). — Agent d'affaires, celui qui se charge, moyennant une rétribution, de diriger les affaires d'autrui, principalement les affaires contentieuses. Considérés comme négociants, les agents d'affaires paient patente. — Agent de change, officier public dûment autorisé à s'entremettre entre les négociants et les banquiers, pour faciliter le commerce de l'argent et des lettres de change, et par l'intermédiaire duquel a lieu la négociation des effets publics. — Le titre d'*agent de change* fut créé par ordonnance de 1639; la charge fut réglementée en 1705 et 1713; supprimée en 1791 et rétablie par la loi du 28 ventôse an IX (19 mars 1801). — Agent de la force publique, dénomination qui s'applique aux procureurs de la République, aux huissiers, aux gardes du commerce, aux gendarmes; aux maires, aux adjoints, aux commissaires et agents de police, aux gardiens de la paix, aux gardes-champêtres, aux gardes forestiers et en général à tous ceux qui sont chargés de veiller à l'exécution des lois, des jugements et des actes, ainsi qu'à la tranquillité publique. — Les violences exercées contre un agent de la force publique dans l'exercice de ses fonctions sont punies d'un emprisonnement d'un mois à six mois. — Agent de police, nom général sous lequel on comprend les gardiens de la paix, sergents de ville, appariteurs, inspecteurs de police, officiers de paix, gardes de ville, etc. — Agent diplomatique, titre qui embrasse quatre classes de fonctionnaires diplomatiques : les *ambassadeurs*, les *ministres plénipotentiaires*, les *ministres résidents* et les *chargés d'affaires* (voy. ces mots). Les consuls, les secrétaires et employés d'ambassades n'ont pas droit au titre d'agents diplomatiques : ordonnance du 16 déc. 1832). — Agent forestier, fonctionnaire chargé de la surveillance et de la conservation des forêts de l'État. On donne le titre d'*agents forestiers* aux conservateurs, aux inspecteurs, aux sous-inspecteurs et aux gardes-généraux, mais non aux simples gardes. — Agent judiciaire du Trésor, employé des finances, chargé de représenter le Trésor public dans toutes les affaires judiciaires qui le concernent. Il réside à Paris. Il est représenté, dans chaque chef-lieu de département, par un agent commissionné, dit *agrégé à l'agence judiciaire du Trésor.* — Agent provocateur, celui qui pousse ses concitoyens à la révolte pour donner lieu à une répression violente. — Agent voyer (pl. des *agents voyers*), fonctionnaire chargé de l'entretien et de la rectification des chemins vicinaux. Dans chaque chef-lieu du département, un agent voyer en chef centralise le service, sous l'autorité immédiate du préfet; il a sous ses ordres les *agents voyers d'arrondissement*, préposés aux travaux des chemins de grande communication, et les *agents voyers cantonaux* chargés de surveiller les chemins de petite communication. Le traitement des agents voyers est déterminé par les conseils généraux. — Écon. polit. Agents naturels, forces mises à la disposition de l'homme par la nature, comme la terre, l'eau, le vent, la chaleur, la vapeur, l'électricité. — Agent physique, nom donné autrefois à certaines forces physiques attribuées à des fluides particuliers. Ces agents étaient au nombre de quatre : chaleur, lumière, électricité et magnétisme.

AGE QUOD AGIS [a-jé-kod-a-jiss] (lat. *fais ce que tu as à faire*). Loc. qui signifie : sois attentif à ce que tu fais; conseil que l'on donne aux personnes distraites, et à celles qui veulent entreprendre plusieurs choses à la fois.

AGÉRASIE s. f. (*gr. a*, priv.; *geras*, vieux). Méd. Vieillesse vigoureuse.

AGÉRATE s. m. (*gr. a*, priv.; *geras*, gératos, vieux). Bot. Genre de composées, tribu des eupatoriées, dont l'espèce la plus remarquable, l'*agérate du Mexique*, est cultivée dans nos jardins, où on la recherche à cause de ses belles

fleurs bleues qui se renouvellent pendant toute l'année.

AGÉSANDRE, sculpteur rhodien qui travailla au groupe du *Laocoon*.

AGÉSILAS [a-jé-zi-lass]. Nom de deux rois de Sparte. — I. Le premier vivait vers 820 av. J.-C. — II. Le deuxième fut l'un des plus grands capitaines de la Grèce. Il régna de 398 à 361 av. J.-C. Malgré l'influence de Lysandre, il succéda à son frère, Agis II, qui avait un fils. Peu après, il entra dans l'Asie Mineure, remporta de grands avantages sur le satrape Tissapherne et se disposait à pénétrer au cœur même de l'empire des Perses, lorsqu'il fut rappelé au secours de Sparte menacée par une coalition de plusieurs villes grecques. Il revint en traversant la Thrace, la Macédoine, la Thessalie, battit les alliés à Coronée (396) et défendit Sparte contre Epaminondas, qui avait remporté la victoire de Mantinée. En 364, Agésilas vint en Égypte, avec un corps de Lacédémoniens mercenaires, pour soutenir les révolte de des Égyptiens contre les Perses. Au retour de cette expédition, il mourut dans une tempête.

AGÉSILAS, tragédie de P. Corneille, en 5 actes et en vers libres et croisés; représentée en 1667 :

             J'ai vu l'Agésilas,
              Hélas !

s'écria Boileau; et cette épigramme du sévère Aristarque a discrédité pour toujours cette œuvre de notre grand poète tragique.

AGÉSINATES, ancien peuple de la Gaule; il se divisait en *Cambolectri*, établis dans le pays qui forma ensuite l'Angoumois, et en *Atlantici*, au S. de la Vendée et au N. de la Charente-Inférieure. Voy. ANGOUMOIS.

AGEUSTIE s. f. [a-gheu-stî] (*gr. a*, priv.; *geusis*, goût). Méd. Diminution de la faculté de percevoir les saveurs.

AGGÉE, le dixième des douze petits prophètes (520 av. J.-C.).

AGGER s. m. [ag-gèrr]. Sorte de rempart ou de retranchement qui entourait les camps romains. C'était ordinairement une levée de terre, surmontée de palissades et entourée d'une tranchée.

AGGERSHUUS, citadelle de Christiania (Norvège); la province de Christiania a porté pendant longtemps le nom de province d'Aggershuus.

AGGLOMÉRAT s. m. Géol. Masse de brèche grossière, composée de fragments de roches que des cratères volcaniques ont lancés et qui se présentent sans aucun mélange de cailloux usés par les eaux.

* AGGLOMÉRATION s. f. Action d'agglomérer; état de ce qui est aggloméré.

* AGGLOMÉRER v. a. (lat. *agglomerare*; de *ad*, à; *glomus, glomeris*, peloton). Assembler, réunir, entasser. — S'agglomérer v. pr. Être aggloméré : *les sables se sont agglomérés.*

AGGLUTINABLE adj. Qui peut s'agglutiner.

* AGGLUTINANT, ANTE adj. Qui est de nature à s'agglutiner. — Méd. Se disait autrefois des remèdes que l'on croyait propres à opérer la réunion des parties divisées. Est aujourd'hui synonyme d'*agglutinatif*. On l'emploie aussi substantivement et l'on dit : *la guimauve est un agglutinant.* — Linguist. LANGUE AGGLUTINANTE. Langue dans laquelle les radicaux s'agglomèrent et forment des agglutinations.

AGGLUTINATEUR, TRICE adj. Méd. Qui a la propriété d'agglutiner.

* AGGLUTINATIF, IVE adj. Se dit des médicaments externes qui servent à maintenir réunies les parties divisées par une blessure ou une lésion quelconque ou à fixer des emplâtres

sur la peau. Ce sont : le sparadrap, le diachylon gommé, le taffetas d'Angleterre, la baudruche préparée, dite taffetas français, etc. — Substantiv. : un agglutinatif.

* **AGGLUTINATION** s. f. Méd. Action d'agglutiner, de s'agglutiner. — ∾ LANGUES D'AGGLUTINATION. Idiomes qui ne connaissent ni les composés ni les terminaisons infléchies, et où certaines modifications de sens sont marquées par un mot, que l'on accole comme suffixe à un autre mot jouant le rôle de racine, sans que ni l'un ni l'autre ne subisse de modification sensible. Ce procédé grammatical se rencontre principalement dans les langues indigènes de l'Amérique, de l'Afrique, de la presqu'île indoustanique, dans les langues dites touraniennes, tartares ou scythiques, dans le basque, etc.

* **AGGLUTINER** v. a. (lat. agglutinare; ad, à ; glutinum, colle). Chirur. Recoller, rejoindre les parties du corps accidentellement divisées. — S'agglutiner v. pr. Se recoller, se rejoindre : les lèvres de la plaie commencent à s'agglutiner. — ∾ Linguist. Se joindre par agglutination ; quelques monosyllabes parasites, en s'agglutinant au commencement des mots, tiennent lieu de flexion finale.

* **AGGRAVANT, ANTE** adj. Qui rend plus grave, plus grief : symptômes aggravants. — CIRCONSTANCES AGGRAVANTES. Droit crim. Faits accessoires qui changent la nature d'un crime et entraînent une pénalité plus forte. Le meurtre devient assassinat, lorsqu'il a été prémédité. Le vol simple est de la compétence des tribunaux correctionnels ; mais il devient crime et ressort de la cour d'assises s'il est aggravé par l'escalade, l'effraction, la violence, les menaces d'armes ; s'il a eu lieu à l'aide de fausses clefs, de faux titres, de faux ordres ; s'il a été exécuté dans une maison habitée, sur un chemin public, pendant la nuit, par deux ou plusieurs personnes, par un domestique ou un homme de service à gages. — Le Code pénal a prévu et déterminé pour chaque crime les circonstances qui peuvent l'aggraver.

* **AGGRAVATION** s. f. Action d'aggraver, de s'aggraver. — AGGRAVATION DE PEINE, ce qu'on ajoute à une condamnation, à un châtiment. — Méd. Augmentation de la maladie.

* **AGGRAVE** s. f. Seconde fulmination d'un monitoire, avec menace des dernières censures de l'Eglise contre celui qui se refuserait à une révélation qu'elle exige.

AGGRAVÉ, ÉE s. Celui, celle contre qui on a fulminé la censure appelée aggrave.

AGGRAVÉE s. f. Art vétér. Maladie que l'on observe aux pieds des chiens, des moutons, des cochons et même des bœufs qui ont marché longtemps sur un sol dur, graveleux, couvert de neige ou de glace. L'aggravée consiste dans l'inflammation du réseau vasculaire situé sous l'épiderme dont les tubercules plantaires son' recouverts. Les pieds sont gonflés, chauds, douloureux ; parfois des crevasses ou des ampoules se montrent à la surface. Le repos, les bains et les moyens adoucissants suffisent ordinairement pour faire disparaître cette maladie ; mais si l'inflammation est violente, on la fait avorter au moyen des astringents. S'il y a fièvre de réaction, saignée à la jugulaire est utile.

AGGRAVEMENT s. m. Etat d'une chose aggravée.

* **AGGRAVER** v. a. (lat. aggravare ; de ad, à ; gravis, pesant). Rendre plus grave, augmenter la gravité : les circonstances aggravent la faute. — S'aggraver v. pr. Devenir plus grave : le mal s'aggrave de jour en jour.

* **AGGRÉGAT**, Aggrégation, Aggréger, voy. AGRÉGAT, AGRÉGATION, AGRÉGER.

AGHA, Aghalik, voy. AGA, AGALIK.

AGHORI s. m. Secte ascétique de l'Inde. Les Aghori adorent le mauvais principe sous les formes les plus hideuses.

AGHRIM, voy. AUGRIM.

AGIDES, race royale qui régnait à Sparte concurremment avec celle des Proclides. Les Agides descendaient d'Agis.

AGIEM-CLICH s. m. [a-ji-èmm-klik]. Cimeterre persan très courbe.

* **AGILE** adj. (lat. agilis). Léger et dispos ; qui a une grande facilité à agir, à se mouvoir.

* **AGILEMENT** adv. Avec agilité.

* **AGILITÉ** s. f. Légèreté, souplesse ; grande facilité à se mouvoir.

AGILOLF, guerrier bavarois qui, en 533, secoua le joug des Ostrogoths et délivra la Bavière.

AGILOLFINGES s. m. pl. Dynastie des ducs de Bavière, qui eut pour chef Agilolf et qui finit en 788, époque où Charlemagne enferma dans un couvent le dernier duc, Fassile.

AGILULPHE, duc de Turin et roi des Lombards (590-615).

AGINCOURT (Séroux d') voy. SÉROUX.

AGINNUM, ville princ. des Nitiobriges dans la Gallia Aquitanica. Auj. Agen.

* **AGIO** s. m. [a-ji-o] (ital. aggio, plus value). Mot qui désigna primitivement, à Amsterdam et à Hambourg, l'excédant de valeur de la monnaie de banque sur la monnaie courante et vice-versa. En France, le mot agio désigna la plus value de la monnaie d'or sur la monnaie d'argent et vice-versa. L'agio de l'argent sur l'or monta à 95 fr. pour 1,000 fr.; depuis que l'or est devenu abondant, l'échange s'opère sans agio. Aujourd'hui le véritable agio est le bénéfice que réalise un banquier quand il échange du papier contre des valeurs métalliques ou une monnaie étrangère contre la monnaie nationale.

AGIOSYMANDRUM ou Agiosymandre s. m. (gr. agios, sacré ; sêmanterion, signal). Instrument en bois dont se servaient autrefois, dans l'empire ottoman, les prêtres non musulmans, pour appeler les fidèles ; il remplaçait les cloches dont les Turcs avaient défendu l'usage, de peur qu'elles ne devinssent un signal de révolte.

* **AGIOTAGE** s. m. Trafic sur les effets publics, sur les actions industrielles ; manœuvre clandestine employée soit pour faire hausser ou baisser les fonds publics (suivant qu'on joue à la hausse ou à la baisse), soit pour faire varier, suivant son intérêt particulier et secret, le prix d'une denrée ou d'une marchandise.

* **AGIOTER** v. n. Faire l'agiotage.

* **AGIOTEUR** s. m. Celui qui se livre à l'agiotage. — ∾ AGIOTEUSE. Celle qui agiote. Adjectiv. : la gent agioteuse.

* **AGIR** v. n. (lat. agere, faire). Prendre du mouvement, faire quelque chose ; l'homme qui cesse d'agir semble cesser de vivre. — Exécuter quelque chose, par opposition au raisonnement, aux projets, aux discours :

> La foi qui n'agit point, est-ce une foi sincère ?
> LA CHAUSSÉE.

— Opérer, produire quelque impression ou un effet : le feu agit sur les métaux. — S'employer : Agissez pour moi ; je vous donne tout pouvoir d'agir. — Poursuivre en justice : il est triste d'agir contre ses parents. — Se conduire, se comporter :

> On n'agit pas toujours aussi bien que l'on pense.
> LA COLOMBIÈRE.

— S'agir v. pronom. impersonnel. Sert à marquer de quoi il est question : il s'agit de savoir...

> C'était bien de chansons alors qu'il s'agissait.
> LA FONTAINE.

— Gramm. On ne dit pas : il en a bien agi, il en a mal agi avec moi. Il faut dire : il a bien agi, il a mal agi avec moi.

AGIS, nom de quatre rois de Sparte. — I. Chef de la branche des Agides, succéda à Eurysthènes (1060 av. J.-C.), réduisit en esclavage les habitants d'Hélos (Ilotes). — II. Agis II (427-398), appartenait à la race des Proclides, ainsi que les deux autres rois du même nom. Il fut activement engagé dans la guerre du Péloponèse et envahit plusieurs fois l'Attique. — III. (338-334), envahit l'Arcadie pendant qu'Alexandre le Grand se trouvait en Asie, fut battu par Antipater, à Mégalopolis, et périt dans la bataille. — IV. (244-240). Voulut révenir au système politique et social de Lycurgue ; mais pour cela il aurait fallu procéder au partage des biens. Le sénat rejeta son projet, les riches intriguèrent contre lui. Abandonné de tout le monde, Agis se réfugia dans le temple de Minerve ; Léonidas le fit sortir et condamner à être étranglé.

* **AGISSANT, ANTE** adj. Qui agit, qui se donne beaucoup de mouvement : femme agissante, vie agissante. — Qui opère avec force. — MÉDECINE AGISSANTE. Système qui emploie des remèdes énergiques, par opposition à Médecine expectante, qui attend plus de l'action de la nature que de la force des remèdes.

AGISSEMENT s. m. Façon d'agir, conduite : Cicéron surveillait les agissements de Catilina.

AGITABLE adj. Susceptible d'être agité, discuté.

AGITANT, ANTE adj. Qui amène de l'agitation.

AGITATEUR, TRICE adj. Qui sert à agiter : machine agitatrice.

* **AGITATEUR** s. m. Celui qui excite du trouble, de la fermentation dans le public ou dans une assemblée. — Hist. Nom donné aux officiers que l'armée anglaise élut en 1663, pendant les troubles politiques de cette époque, et que le parlement appointa en 1647. Leur vrai nom était adjutors ; mais le désordre que produisit leur présence firent changer ce nom en celui d'agitators. Chaque compagnie avait deux de ces officiers. Cromwell se ligua d'abord avec les plus influents ; mais il dut ensuite réprimer leur puissance séditieuse. Lors d'une revue, il fit arrêter les meneurs d'une révolte préméditée et en tua un sur le champ, devant toutes les troupes. — L'agitateur d'Irlande, surnom de Daniel O'Connel, qui commença à produire de l'agitation dans sa patrie dès les élections de 1826, fut élu le 5 juillet 1826, invalidé et réélu le 30 juillet 1829. Il ne cessa de revendiquer les libertés de l'Irlande devant le parlement anglais. — Richard Cobden et John Bright furent, de 1841 à 1845, les principaux agitateurs contre la loi sur les grains ; M. Bright devint, en 1866, l'agitateur pour la réforme.

* **AGITATION** s. f. Secousses prolongées et irrégulières en sens opposés : agitation de la mer, d'une foule, d'un navire. — Pathol. Mouvement continuel et fatigant du corps, accompagné d'inquiétude : l'agitation est toujours un symptôme fâcheux. — Figur. Trouble, inquiétude pénible, tourments de l'âme : l'amour est l'agitation de la vie ; l'amitié en est le repos (Mᵐᵉ Cottin). — Trouble qui règne dans une assemblée, parmi le peuple, etc. : l'agitation était à son comble.

AGITATO adv. [ad-ji-ta-to] (ital. avec agitation). Mus. Terme qui indique qu'un exécutant, en jouant un morceau, on doit donner un expression de trouble, d'agitation.

* **AGITER** v. a. (lat. agitare). Ebranler, secouer, remuer en divers sens :

> Les vents agitent l'air d'heureux frémissements.
> RACINE.

— Fig. Exciter divers mouvements de l'âme :
Quel trouble vous agite et quel effroi vous glace ?
               Racine.
— Exciter le trouble, soulever les passions populaires : *agiter le peuple*. — Discuter de part et d'autre : *agiter une question*. — S'agiter v. pr. Etre dans un mouvement continuel : *ce malade s'agite ; la mer s'agite*. — Fig. Etre discuté de part et d'autre : *il s'agita une question importante*.

AGLAB (Ibrahim ben), chef arabe qui fonda la dynastie des Aglabites.

AGLABITE s. m. Descendant d'Aglab. Nom d'une dynastie arabe qui régna sur l'Afrique septentrionale, après la chute du califat de Bagdad (780) et qui fut remplacée par les Fatimites (920).

AGLACTATION s. f. synon. d'AGALACTIE.

AGLAÉ (gr. *pur éclat*), la plus jeune des trois Grâces ; on la représente tenant un bouton de rose à la main.

AGLAOPE, s. f. (gr. *aglaôpos*, qui a de beaux yeux). Entom. Genre de lépidoptères crépusculaires, dont la seule espèce décrite est l'*aglaope malheureuse* (*aglaope infausta*, de Latreille) véritable fléau pour les amandiers de la France méridionale.

AGLAOPHON, célèbre peintre grec, de Thasos (vers 500 av. J.-C.). On le donne comme l'un des inventeurs de la peinture.

* AGLOMÉRATION, Aglomérer, voy. AGGLO-MÉRATION, AGGLOMÉRER.

AGLOSSE adj. et s. (gr. *a*, sans ; *glôssa*, langue). Qui n'a pas de langue. — s. f. Genre de lépidoptères nocturnes, ainsi nommé par Latreille à cause de la briéveté de la trompe. « L'*aglosse de la graine* (*phalæna pinguinalis*, de Linné) a les ailes supérieures d'un gris d'agate, avec des raies et des taches brunes et noires. On la trouve dans l'intérieur des maisons, sur les murs. Sa chenille est rase, d'un brun noirâtre et luisant. Elle se nourrit de matières butyreuses ou graisseuses : Réaumur la nomme *fausse-teigne des cuirs*, parce qu'elle ronge aussi ces matières, de même que les couvertures des livres et les insectes morts. Elle se construit un fourreau en forme de long tuyau, qu'elle applique contre son corps dont elle vit et qu'elle recouvre de grains, composés en majeure partie de ses excréments. Suivant Linné, on la trouve, mais rarement, dans l'estomac de l'homme, où elle produit des effets plus alarmants que ceux qu'occasionnent les vers intestinaux. Une autre espèce, l'*aglosse de la farine* (*phalæna farinalis*) se trouve aussi dans nos maisons. Sa chenille mange la farine. » (Cuvier).

AGLOSSOSTOME s. (gr. *a*, priv. ; *glôssa*, langue ; *stoma*, bouche). Monstre dont la bouche manque de langue.

* AGLUTINANT, Aglutinatif, Aglutination, Aglutiner, etc. voy. AGGLUTINANT, AGGLUTINA-TION, etc.

AGLY riv. de France ; voy. GLY.

AGLYPHE adj. (gr. *a*, priv. ; *gluphê*, sillon, rainure). Erpét. Se dit des dents des ophidiens, lorsqu'elles ne sont ni cannelées ni tubulées.

AGLYPHODONTES s. m. pl. [a-gli-fo-don-te]. (gr. *a*, priv. ; *gluphê*, sillon ; *odous*, *odontos*, dent). Erpét. Sous-ordre d'ophidiens, caractérisé par l'absence de dents cannelées ou tubulées, c'est-à-dire par l'absence de sécrétion vénéneuse.

AGMATOLOGIE s. f. (gr. *agma*, fracture ; *logos*, discours). Chirurg. Traité des fractures.

AGMÉGUES s. m. pl. Voy. MOHAWKS.

AGMINALIS, nom du cheval préposé, chez les anciens, à la suite d'une armée, pour le transport des équipements et des bagages.

AGMINÉ, ÉE adj. (lat. *agmen*, *agminis*, troupe). Bot. Qui forme un faisceau ; qui est réuni en un faisceau.

AGNADEL ou Agnadello, village d'Italie, à 15 kil. N.-E. de Lodi ; 4,800 hab. Mar. — La bataille d'*Agnadel* ou de *la Rivolta* fut gagnée par Louis XII, le 14 mai 1509, sur l'armée vénitienne commandée par les généraux Pitigliano et l'Alviane. Cette armée perdit 8,000 hommes tués ou blessés, 15,000 prisonniers, 36 pièces d'artillerie et ses bagages ; l'Alviane, couvert de sang, un œil crevé, se rendit au seigneur de Vandenesse. Une victoire fut remportée au même lieu par le duc de Vendôme sur le prince Eugène, le 16 août 1705.

AGNAN s. m. [a-gnan ; gn mll]. Mar. Petite virole de métal, percée au milieu pour le passage d'un clou, dont s'est été rivé.

AGNAN (Saint) lat. *Anianus*, évêque d'Orléans, mort en 453. Fête, 17 novembre.

AGNANO [a-gna-no], lac d'Italie, entre Naples et Pozzuoli. Il a 3 kil. de tour et pour lit le cratère d'un volcan. Aux environs, se trouvent la grotte méphitique *del cane* (du chien) et les étuves sulfureuses de San-Germano.

AGNANT (Saint-), ch.-l. de cant., arrond. et à 48 kil. N.-E. de Marennes (Charente-Inférieure) ; 4,200 hab.

AGNANTHE s. f. [ag-nan-te] (gr *agnos*, chaste ; *anthos*, fleur). Arbrisseau originaire des Antilles et de la famille des verbénacées.

* AGNAT s. m. (lat. *agnatus* ; de *ad*, près ; *natus*, né). Droit rom. Se disait des parents qui descendaient par mâles d'une même souche, obéissaient au même chef de famille et composaient la même famille légale. — Son opposé est *Cognat*. — Deux frères consanguins (nés du même père) étaient agnats ; deux frères utérins (de la même mère) étaient cognats.

AGNATHE s. f. [ag-na-te] (gr. *a*, priv ; *gnathos*, mâchoire). Térat. Monstruosité qui consiste en l'absence des mâchoires.

* AGNATION s. f. [ag-na-si-on]. Lien de consanguinité entre les mâles descendant du même père. Dans le droit romain, l'agnation subsistait entre le mort du père ; mais elle cessait pour celui qui sortait de la famille par l'émancipation ou par l'adoption. La loi salique admit l'agnation et la fit passer dans le droit féodal. Les héritiers se succédèrent de mâle en mâle, à l'exclusion des femmes et de leurs descendants. — L'opposé d'agnation est *cognation*.

* AGNATIQUE adj. Qui appartient, qui a rapport aux agnats.

* AGNEAU s. m. [a-gnô ; gn mll]. (lat. *agnus* ; du gr. *agnos*, chaste, parce que ce jeune animal était le plus pure des victimes dans le sacrifice). Nom que porte, pendant sa première année, le petit de la brebis :
*Un agneau se désaltérait
Dans le courant d'une onde pure.*
            La Fontaine.
— Chair d'agneau débitée à la boucherie : *agneau rôti*. Le rôti d'*agneau est assez estimé*. — Figur. Personne ou animal d'humeur douce et inoffensive : *ce cheval est doux comme un agneau* ; *c'est un agneau*. — En langage mystique, l'*agneau sans tache*, Jésus-Christ. — AGNEAU PASCAL. Agneau que les Israélites immolaient tous les ans en mémoire du passage de la mer Rouge. La manducation de l'agneau pascal était une des cérémonies les plus importantes de la loi. Longtemps les chrétiens restèrent fidèles à l'usage de manger un agneau béni le jour de Pâques, qui portait le nom de *Fête de l'agneau pascal*.

AGNEL, Agnelet ou Aignel s. m. Ancienne monnaie d'or frappée par le roi de France, Louis VII, et par ses successeurs jusqu'à Charles VII Elle devait son nom à une repré-

sentation de l'agneau pascal que portait une de ses faces. Au temps de Saint-Louis, les agnels valaient 13 fr. 95 de notre monnaie ; ceux du roi Jean valaient 16 fr. 50.

AGNELAGE, Agnèlement s. m. [gn mll]. Époque où une brebis met bas. Action de mettre bas, en parlant d'une brebis.

AGNELÉE s. f. [gn mll.]. Tous les petits qu'une brebis met bas en une fois.

* AGNELER v. n. [gn mll.]. Mettre bas, en parlant d'une brebis.

* AGNELET s. m. Petit agneau.

AGNELET, berger, dans l'*Avocat Patelin*, comédie de Brueys et Palaprat. Agnelet est le type du paysan qui cache une grande ruse sous l'apparence trompeuse de la bêtise.

AGNELIN s. m. Peau d'agneau préparée à laquelle on a laissé la toison.

* AGNELINE adj. Se dit de la laine fine, courte, frisée, qui provient de la première tonte d'un agneau.

AGNELLE s. f. Agneau femelle.

AGNÈS (Sainte), martyre romaine, décapitée en 303, à l'âge de 16 ans. Fête · 21 janvier. Le martyre d'Agnès a fourni au Dominiquin le sujet d'un admirable tableau qui se trouve à la pinacothèque de Bologne.

* AGNÈS s. f. [a-gnès, gn mll.]. Jeune fille simple, naïve et ignorante, qui dit sans rougir des choses assez hardies. Le type de cette *ingénue* est l'*Agnès* créée par Molière dans l'*École des Femmes*.

AGNÈS D'AUTRICHE, fille de l'empereur Albert 1er, née vers 1280, épousa André III de Hongrie et vengea la mort de son père (1308) en faisant périr environ 1,000 personnes ; elle mourut en 1354 ou en 1364.

AGNÈS DE MÉRANIE, reine de France, épousa Philippe Auguste (1196), qui avait répudié pour elle Ingelburge. Le roi, contraint par les censures de l'Église, de reprendre sa première femme, éloigna Agnès, qui mourut en 1201, à Poissy. Ses enfants (Philippe-Hurepel et Marie de France) furent légitimés par une bulle d'Innocent III. — Agnès de Méranie, tragédie de Ponsard, dans le genre classique (Odéon, 1846).

AGNÈS SOREL, voy. SOREL.

AGNESI (Maria-Gaetana), savante italienne, née à Milan, en 1718, morte en 1799, célèbre par sa précocité dans l'étude des sciences et des langues : à 9 ans, elle savait le latin ; à 11 ans, le grec. Pendant une maladie de son père (1750), elle put le suppléer dans la chaire de mathématiques, à Bologne. Son ouvrage intitulé *Instituzioni analitiche* (Milan, 1748, 2 vol. in-4°) a été traduit en français par d'Anthelmi, sous le titre : *Traités élémentaires du calcul différentiel et du calcul intégral* (Paris, 1775, in-8°). — Maria-Thereza Agnesi, sœur de la précédente, a composé des opéras et des cantates.

AGNOÈTES ou Agnoïtes [ag-no-è-te ; i-te] (gr. *agnoein*, être ignorant de). Nom de deux sectes d'hérétiques du IVe et du VIe siècles. La première niait l'omniscience de Dieu et l'autre celle de Jésus-Christ.

AGNOIE s. f. [ag-no-i] (gr. *a*, sans ; *gnoô*, je connais). Méd. État d'un malade qui ne reconnaît rien de ce qui l'entoure.

AGNOLO (Baccio d') [ba'-tcho-dä'-nio-lo]. Architecte florentin (1460-1543). Le premier, il dessina de magnifiques façades pour les maisons particulières.

AGNONE [ä-nio'-né], ville de l'Italie méridionale, à 28 kil. N.-E. d'Isernia ; 12,000 hab. Siège d'importantes manufactures de cuivre.

AGNOSIE s. f. [ag-no-zi] (gr. *agnosia*). Didact. Ignorance.

AGNOSTIQUES s. m. pl. [ag-no-sti-ke] (gr. *a*, sans; *gnoô*, je connais). Nom appliqué, en 1876, aux philosophes partisans d'une doctrine d'après laquelle l'homme n'a d'autre connaissance que celle qu'il acquiert au moyen de ses sens.

° **AGNUS** s. m. [ag-nuss]. Médaille en cire, qui est bénite par le pape et sur laquelle est empreinte la figure d'un agneau. — Petite image de piété ornée de broderies, que l'on donne aux enfants.

° **AGNUS-CASTUS** s. m. [ag-nuss-cass-tuss] (lat. *agnus*, agneau; *castus*, chaste). Bot. Arbrisseau du genre *gattilier*. On l'appelle aussi *arbre au poivre*, *poivre sauvage* ou *gattilier commun*. Hauteur, 3 ou 4 mètres; feuilles à folioles lancéolées, acuminées, blanchâtres en dessous; exhalant, ainsi que les fleurs, une odeur aromatique, forte et agréable. Fleurs violettes, en panicules axillaires et terminales; calice campanulé; corolle longue; étamines saillantes. Toute la plante, et particulièrement les fruits, possèdent une saveur piquante et poivrée; on leur attribuait jadis une influence favorable à la chasteté. L'agnus-castus, qui croît spontanément dans le midi de la France, est cultivé dans nos jardins, qu'il orne par la beauté de son feuillage et de ses fleurs.

° **AGNUS DEI** s. m. [ag-nuss-dé-i] (lat. *agneau de Dieu*). Moment de la messe où le prêtre, se frappant la poitrine, répète trois fois à haute voix : *agnus dei*. L'agnus dei se trouve entre le *pater* et la communion; il a été placé à cet endroit de la messe par le pape Serge Ier, en 688. — ⁓ Gâteau de cire béni par le pape.— Morceau de musique que le chœur chante quand le prêtre récite l'*Agnus Dei*.

AGOBARD, archevêque de Lyon, né près de Trèves, en 779, mort en 840. Il a laissé des écrits contre l'idolâtrie, la sorcellerie, le judaïsme et surtout contre certains articles qu'il fit abroger de la loi Gombette, lesquels articles autorisaient les duels juridiques et les jugements par le feu. Ses œuvres ont été imprimées en 1666, et en 1686.

AGOBILLE s. f. pl. Argot. Ensemble des outils d'un voleur : pince, fausse-clef, etc.

AGOGÉ s. f. (gr. *agô*, je conduis). Mus. Terme par lequel les anciens indiquaient la progression ascendante ou descendante des sons, et quelquefois le degré de vitesse de la mesure.

AGOLANT, nom d'un prétendu roi musulman d'Afrique, auquel Charlemagne fit la guerre, selon la légende. Voy. ASPREMONT (*chanson d'*).

AGOMPHOSE s. f. [a-gon-fô-ze] (gr. *a*, priv.; *gomphos*, articulation). Méd. État des dents, lorsqu'elles vacillent dans leurs alvéoles.

AGONALES s. f. pl. (lat. *agonalia*; de *agonius*, surnom de Janus). Fêtes que les anciens Romains célébraient aux mois de janvier, de mai et de décembre, en l'honneur de Janus.

AGONE adj. (gr. *a*, sans; *goné*, angle). Hist. nat. Qui n'offre pas d'angle. — s. m. Zool. Genre de coléoptères carnassiers qui se rapproche du genre carabe.

° **AGONIE** s. f. (gr. *agôn*, combat). Dernière lutte de la vie contre la mort (ne se dit qu'en parlant de l'homme); état du malade à l'extrémité. — Fig. Extrême angoisse : *je suis dans de continuelles agonies*. — Par ext. Décadence à son dernier terme : *agonie d'un État*. — Pathol. L'agonie est caractérisée par un affaiblissement considérable, une altération profonde de la face (*facies hippocratique*), une sueur froide générale, un pouls intermittent et un râle trachéal qui ressemble au bruit que produit l'eau en ébullition. « Il est bon de savoir que bien des gens, arrivés à cet état extrême, conservent jusqu'au dernier moment la faculté d'entendre et de comprendre, et que non seulement on doit craindre de laisser

échapper auprès d'eux quelque parole indiscrète, mais encore qu'on doit toujours espérer qu'ils ressentent les dernières consolations qu'on leur donne. »

AGONIQUE adj. (gr. *a*, sans; *goné*, angle). Magnétisme terrestre. Mot nouveau qui qualifie la ligne imaginaire unissant sur notre globe tous les points où la déclinaison de l'aiguille aimantée est tout à fait nulle. Sur la *ligne agonique*, l'aiguille se dirige exactement vers le pôle nord.

AGONIR v. a. (du vieux franç. *ahonnir*), faire honte). Accabler d'injures : *elle m'a agoni pendant deux heures; je les ai agonis de sottises*.

° **AGONISANT, ANTE** adj. Qui est à l'agonie. — Substantiv. Celui, celle qui agonise : *prières des agonisants*.

° **AGONISER** v. a. Etre à l'agonie.

AGONISTICI (gr. *agôn*, combat), nom donné par les DONATISTES (IVᵉ siècle), à ceux de leurs adeptes qui parcouraient les provinces pour propager leurs doctrines, voy. CIRCUNCELLIONES.

AGONISTIQUE adj. (gr. *agônizomai*, je combats). Antiq. gr. Qui concerne l'art athlétique. — ° s. f. Partie de la gymnastique où les athlètes luttaient nout armés.

° **AGONOTHÈTE** s. m. (gr. *agônothétés*; de *agôn*, combat; *tithémi*, je dispose). Antiq. gr. Président des jeux publics chez les Grecs.

° **AGORA**. Nom donné à la principale place publique dans les villes de l'ancienne Grèce.

AGOSTA ou **Augusta**, ville maritime de Sicile; à 47 kil. N. de Syracuse, sur une excellente rade. 13,000 hab. En 1693, un tremblement de terre sépara de l'île, à laquelle elle est réunie aujourd'hui par des ponts-levis. Aux environs se trouvent les caves remarquables de Timpa. Agosta a donné son nom à un combat naval livré le 21 avril 1676, par Duquesne, à la flotte hollando-espagnole, commandée par Ruyter. L'avantage resta au pavillon français, et Ruyter mourut de ses blessures quelques jours après.

AGOSTINI (Niccolo Degli), poète vénitien du XVIᵉ siècle, continuateur du *Roland amoureux* commencé par Bojardo.

AGOSTINO et **Agnolo** ou **Angelo**, deux frères sculpteurs et architectes, nés vers 1270, à Sienne (Italie). Leur chef-d'œuvre fut le tombeau de Guido, évêque d'Arezzo, sur les dessins de Giotto.

AGOUCHI s. m. Espèce d'agouti des Antilles et de la Guyane.

AGOULT (Marie-Catherine-Sophie de Flavigny, COMTESSE D') femme de lettres française, née à Francfort-sur-le-Mein, en 1805, morte en mars 1876. Elle épousa le comte d'Agoult en 1827, voyagea, quitta son mari, mena une existence irrégulière en compagnie de Litz, dont elle eut plusieurs enfants, se réconcilia enfin avec le comte d'Agoult, devenu veuf, en 1856. Sous le pseudonyme de Daniel Stern, elle publia des articles littéraires, des romans, des *Esquisses morales et politiques* (1849), une *Histoire de la révolution de 1848* (rééditée en 1866), écrits remarquables par la forme comme par le fond des idées.

AGOUT, riv. qui naît dans les Cévennes, baigne Castres et Lavaur et se jette dans le Tarn, après un cours de 90 kil.

° **AGOUTI** s. m. Genre de mammifères appartenant à l'ordre des rongeurs (genre *chloromys* de Fréd. Cuvier, et genre *Dasyprocta* d'Illiger). Caractères : 4 doigts devant, 3 derrière, 4 molaires de chaque côté et à chaque mâchoire. Jambes postérieures plus longues que les antérieures; poil rude, droit, se détachant facilement. — Mœurs semblables à celles des lièvres. — L'*agouti* est, en quelque sorte, le *léporide* des Antilles et des parties chaudes de l'Amérique. Sa chair est déli-

cate quoique d'un goût sauvage. Il s'apprivoise facilement; la peau de certaines espèces sert à fabriquer des vêtements. Daubenton et Is. Geoffroy Saint-Hilaire ont recommandé l'acclimatation des agoutis; notre jardin d'acclimatation en possède depuis son ouverture. — Principales espèces : *Agouti ordinaire* (*cavia acuti* de Linné), grand comme un lièvre et

Agouti (Dasyprocta aguti).

dont la queue est réduite à un simple tubercule. Poil brun; fauve sur la croupe chez le mâle. — *Acouchi* (*cavia acuchi* de J.-F. Gmelin), à queue de 6 ou 7 vertèbres; poil brun dessus, fauve dessous; grandeur du lapin.—*Lièvre des pampas* (*cavia patagonica* de Pennant) à longues oreilles, à queue très courte, l'un des plus grands rongeurs que l'on connaisse (0 m. 65 de haut). Les Indiens l'appellent *mara*.—*Agouti huppé*; il présente sur l'occiput, dans l'intervalle des yeux, une sorte de crête formée de poils très allongés et un peu relevés.

AGRA I. Division des provinces N.-O. de l'Inde anglaise, arrosée par la Jumna, le Gange et le Chumbul. 25,637 kil. carr.; 5,038,436 hab. — II. Grande ville, capitale de la division ci-dessus, sur la rive droite de la Jumna, à 200 kil. S.-S.-E. de Delhi. 450,000 hab. Centre d'un grand commerce consistant principalement en exportation de sucre, de coton, d'indigo, de sel et de soieries, et en importation de marchandises européennes. Sur le bord de la rivière, se trouve le célèbre *Taj-Mahal*, mausolée élevé par le Shah Jehan à son épouse favorite, Noor-Mahal. C'est un monument en marbre blanc, offrant la forme d'un octogone irrégulier de 35 m. de diamètre; il

Le Taj-Mahal, Agra.

est décoré intérieurement et extérieurement de mosaïques et de pierres précieuses qui forment de magnifiques dessins. Capitale de l'empire mogol, au commencement du XVIᵉ siècle, Agra s'éleva au haut degré de splendeur, dont il reste encore de nombreux monuments. Elle fut conquise par les Mahrattes, en 1784, et par les Anglais, en 1803. Ces derniers en furent chassés, en juin 1857, par le peuple révolté; mais ils se réfugièrent dans la citadelle où ils attendirent du secours. Ils furent bientôt délivrés; la ville dut se soumettre. Agra, qui était alors capitale des provinces N.-O. de l'Inde, céda ce titre à Allahabad, en 1861.

AGRAFAGE s. m. Action d'agrafer.

* **AGRAFE** s. f. (all. *greifen*, saisir). Crochet qui passe dans un anneau appelé porte et qui sert à joindre les bords opposés d'un vêtement, etc.— AGRAFE DE DIAMANTS, agrafe enrichie de diamants.— Archit. Crampon de fer qui unit les pierres ou les marbres et les empêche de se disjoindre.—Ornement de sculpture qui semble unir entre eux plusieurs membres d'architecture; particulièrement les consoles qui sont placées à la tête des arcs et paraissent relier les moulures de l'archivolte avec la clef de l'arc.— Chir. AGRAFE DE VALENTIN, pince à branches parallèles, employée par le chirurgien Valentin, pour rapprocher les bords de la plaie dans l'opération du bec-de-lièvre.— ⚓ Argot. Main.— SERRER LES AGRAFES, serrer les mains.

* **AGRAFER** v. a. Attacher avec une agrafe.— ⚓ S'agrafer v. pr. S'attacher : *cette robe s'agrafe aux poignets.*

* **AGRAIRE** adj. Nom que la jurisprudence et l'histoire romaine donnent aux lois qui avaient pour objet de distribuer entre les citoyens les terres conquises.— Par ext. Se dit de toutes les lois qui auraient pour but le partage des terres entre les pauvres et les riches.— LOIS AGRAIRES. Tant que la république romaine ne s'étendit pas au-delà du mont Palatin, le territoire fut *ager publicus*, ou propriété publique indivise. Chaque citoyen en recevait une portion pour son usage particulier. Par la suite, les descendants des premiers fondateurs ou *patriciens* transformèrent ces concessions primitives et révocables en droit absolu de propriété, droit nommé par la loi romaine *de jure quiritio*. A mesure que les conquêtes augmentèrent le domaine public, la classe plébéienne se forma, et le consul Spurius Cassius proposa, en 486 av. J.-C., un partage égal des terres conquises entre tous les habitants de Rome. Les patriciens repoussèrent son idée et le firent condamner à mort. Pendant près d'un siècle, nul n'osa plus parler de lois agraires, jusqu'au jour où les riches finirent par se considérer comme propriétaires légitimes et irrévocables des terres dont ils n'avaient d'abord été que fermiers au nom de la république. Les abus devinrent si grands que Licinius Stolo fit adopter la fameuse loi *Licinia* (*Rogationnes Liciniæ*) en 376 av. J.-C., loi par laquelle nul ne pouvait posséder plus de 500 *jugères* (environ 126 hectares) du domaine public; ni mettre dans les pâturages publics plus de 100 grosses têtes de bétail ou 500 petits animaux domestiques. Cette loi ne fut jamais exécutée, pas plus que la *Flaminia* (232). Tiberius Gracchus, en 133, et son frère Cornelius, en 121, essayèrent de faire revivre la loi Licinia ; tentative qui leur coûta la vie. Le tribun Livius Drusus eut le même sort pour la même cause, en 91. Enfin, Jules César, revenant sur cette querelle entre les deux classes de la nation romaine, se rendit favorable les plébéiens, par l'adoption de la loi *Julia* (59) qui fut la dernière loi agraire. De nos jours, on a proposé des *lois agraires*, qui n'avaient rien de commun avec celles de l'antiquité romaine et qui visaient au partage du territoire entre les riches et les pauvres.

AGRAM (Croate : *Zagor*), capitale de la Croatie, à 260 kil. S. de Vienne; 20,637 hab. Célèbre parc, commerce de sel, de tabac, de grains et de vins.

AGRAMANT, personnage du *Roland furieux* de l'Arioste; chef de l'armée sarrasine qui assiégea Paris. La Discorde, obéissant aux ordres de saint Michel, se jeta au milieu du camp des infidèles, au moment où ils espéraient vaincre Charlemagne. De là est venue cette locution proverbiale : *la discorde est au camp d'Agramant.*

* **AGRANDIR** v. a. Accroître, rendre plus grand, plus étendu :

> Puis-je oublier les soins d'*agrandir* votre empire ?
> CORNEILLE.

— Figur. Rendre plus grand en puissance, en biens, en fortune, en dignité, en vertu : *le malheur agrandit l'âme.*— Faire paraître plus grand : *ce vêtement agrandit la taille.*— Donner un caractère de grandeur à ce qu'on fait, à ce qu'on dit ou à ce qu'on écrit : *Corneille agrandit les sujets qu'il traite.* — Amplifier, exagérer :

> L'opium *agrandit* ce qui n'a pas de bornes.
> BAUDELAIRE.

— Agrandir SES PRÉTENTIONS, porter son ambition plus haut.— S'agrandir v. pr. Devenir plus grand, plus étendu; augmenter son bien, sa puissance, son crédit.

* **AGRANDISSEMENT** s. m. Accroissement, augmentation.— Fig. Augmentation, accroissement en biens, en fortune, en dignités.

AGRANIES s. f. pl. Voy. AGRIONIES.

AGRARIANISME s. m. Système des partisans des lois agraires.

AGRARIAT s. m. Application de l'agrarianisme; partage des biens agraires entre ceux qui cultivent le sol.

AGRARIEN, IENNE adj. Qui concerne la loi agraire. — Substantiv. Partisan des lois agraires.

° **AGRAVANT, Agravation, Agraver.** Voy. AGGRAVANT, AGGRAVATION, AGGRAVER.

AGRE s. f. (gr. *agra*, proie). Genre de coléoptères carnassiers qui renferme plusieurs espèces de l'Amérique du Sud. Corselet presque cylindrique, un peu rétréci en avant. Mœurs peu connues.

AGRÉABILITÉ s. f. Qualité d'une personne qui se rend agréable.

* **AGRÉABLE** adj. Qui plaît, qui agrée : *musique agréable à l'oreille.*— IL EST AGRÉABLE DE, c'est une chose qui plaît que de...: *il est agréable de vivre avec ses amis.*— AVOIR POUR AGRÉABLE, agréer, trouver bon.— Substantiv. Celui, celle qui cherche à plaire : *il fait l'agréable.*— s. m. L'AGRÉABLE, ce qui plaît : *il ne faut pas sacrifier l'utile à l'agréable* (Acad.).

* **AGRÉABLEMENT** adv. D'une manière agréable.

AGRÉAGE s. m. Synon. de COURTAGE.

AGREDA, petite ville d'Espagne, prov. et à 50 kil. E.-N.-E. de Soria, l'*Ilurci* des Ibères, le *Gracchuris* des Romains. 4,000 hab. Important commerce de laines.

AGREDA (Maria de), supérieure du couvent de l'Immaculée Conception, à Agreda (Espagne), née et morte en cette ville (1602-1665). Elle est célèbre par ses extases et ses visions. Elle écrivit une *Cité mystique de Dieu* (*Mistica ciudad de Dios*), 1690, 4 vol.; ouvrage qu'elle prétendit être le fruit d'une révélation divine, mais qui fut censuré par le Saint-Siège et dont Bossuet démontra l'indécence.

* **AGRÉÉ, ÉE** [a-gré-é] part. pass. d'*agréer*. Reçu, admis, accueilli.— Mar. Pourvu d'agrès.— s. m. Jurisconsulte praticien qui exerce, devant les tribunaux de commerce, les mêmes fonctions que l'avoué devant les tribunaux civils. On le nomme ainsi parce qu'il doit être autorisé, *agréé* par le tribunal. Les agréés, autrefois appelés *postulants* ou *procureurs aux consuls*, ne sont pas des officiers ministériels institués par la loi; néanmoins, leurs cabinets se vendent comme les offices ministériels. Chaque tribunal de commerce limite le nombre des agréés; ceux-ci paient patente; leur ministère n'est pas obligatoire pour les parties, qui peuvent toujours exposer elles-mêmes leurs moyens de défense. Pour exercer leur ministère, les agréés doivent être accompagnés

de la partie à l'audience, ou être munis d'un pouvoir spécial, légalisé et enregistré. Si le tribunal n'a pas fixé leurs honoraires, ils les débattent avec les parties.

* **AGRÉER** v. a. (de *a*, et *gréer*). Mar. Synon. de GRÉER.

* **AGRÉER** v. a. (rad. *gré*). Recevoir agréablement : *agréez mes civilités.* — Trouver bon, approuver, ratifier : *agréez que je vous dise.*— Prov. QUAND ON DOIT, IL FAUT PAYER OU AGRÉER, il faut donner à son créancier de l'argent ou de bonnes paroles.—v. n. Plaire, être au gré : *cela ne m'agrée pas.*

* **AGRÉEUR** s. m. Mar. Celui qui fournit les agrès d'un navire.

* **AGRÉGAT** s. m. Didact. Assemblage.— Chim. Se dit d'un corps solide dont les molécules adhèrent entre elles.

AGRÉGATIF, IVE adj. Qui rapproche, qui a la faculté d'agréger.

* **AGRÉGATION** s. f. Admission dans un corps, dans une compagnie. — Phys. Réunion de parties, de molécules ; propriété par laquelle les molécules d'un corps adhèrent les unes aux autres assez fortement pour opposer un certain obstacle à leur séparation.— Instr. publ. Concours annuel ouvert par l'Université de France à tous ceux qui veulent être agrégés au corps des professeurs des lycées et y obtenir une position régulière.

* **AGRÉGÉ, ÉE** part. pass. d'AGRÉGER.— Adjectiv. Se dit des parties d'une plante qui naissent plusieurs ensemble d'un même point et qui sont rassemblées en paquet : *la scabieuse a une fleur agrégée.* — Substantiv. Membre de l'Université qui, dans un concours spécial, a été reconnu apte à professer.

⚓ Agrégés s. m. pl. Nom donné à une famille de mollusques dont les animaux se font remarquer par la réunion de plusieurs individus sous une peau commune qui les réunit en une seule masse. Cette famille, admise par beaucoup de naturalistes, n'a pas été adoptée par Cuvier. Pour lui, les *agrégés* sont des *acéphales sans coquille* (genres Botrylles, Pyrosomes et Polyclinum).

* **AGRÉGER** v. a. (lat. *aggregare* ; de *ad*, à ; *grex*, *gregis*, troupeau, réunion). Associer quelqu'un à un corps, à une compagnie. — ⚓ Phys. Assembler en un tout des parties qui n'ont point entre elles de liaisons naturelles. — S'agréger v. pr. S'unir à, être joint à. — Bot. Se dit en parlant des organes qui naissent d'un même point et sont disposés par paquets.

* **AGRÉMENT** s. m. (rad. *agréer*). Approbation, consentement : *je ne puis agir sans votre agrément.* — Qualité de ce qui plaît ou par laquelle on plaît : *la solitude a ses agréments.* — Avantage, plaisir, sujet de satisfaction :

> La fable offre à l'esprit mille *agréments* divers.
> BOILEAU.

— s. m. pl. Nom donné par les passementiers aux ornements en or, en argent, en soie ou en laine qu'on applique sur les robes, les meubles, etc. — Mus. On appelle *agréments*, *notes d'agrément*, certaines notes qui ne comptent pas dans la mesure et que l'exécutant peut omettre ou varier. On les écrit en caractères plus petits. Les principaux agréments du chant se nomment : l'*acciacatura*, l'*appogiature*, le *trille*, le *point d'orgue*, le *port de voix*, le *groupe*, le *mordant*, la *roulade*, etc. — Agréments se disait autrefois de certains divertissements de musique ou de danse joints à des pièces de théâtre. — ARTS D'AGRÉMENTS, voy. *Art*.

AGRÉMENTER v. a. Orner, relever par des agréments.

AGRÉMINISTE s. m. Ouvrier qui dispose les agréments sur les habits, les meubles, les étoffes, les tentures, etc.

AGRÉNER v. a. Mar. Extraire l'eau d'une embarcation. — Chasse. Donner du grain au gibier à plumes pour l'attirer en quelque endroit.

* **AGRÈS** s. m. pl. [a-grès] (rad. *agréer*) Nom collectif qui exprime l'assemblage des poulies, cordages, voiles et vergues, qui sont nécessaires à un vaisseau pour qu'il soit susceptible d'être mû à l'aide du vent. Les mâts *seuls* ne sont pas compris sous cette dénomition, mais les haubans, les étais et les autres manœuvres, dormantes ou courantes, n'en sont pas exceptés. — *Agrès* est plus étendu que *gréement*; car il comprend, de plus que ce dernier, le gouvernail, les ancres, les avirons et tous les objets de rechange, en voiles, cordages, etc. — AGRÈS et APPARAUX, tout ce qui est nécessaire pour mettre un bâtiment en état de naviguer.

° **AGRESSEUR** s. m. [a-grès-seur] (lat. *aggredi*, attaquer). Celui qui attaque le premier : *l'agresseur a toujours tort.*

* **AGRESSIF, IVE** adj. [a-grèss-sif, i-ve]. Qui tient de l'agression, qui a le caractère de l'agression : *paroles agressives.*

* **AGRESSION** s. f. [a-grèss-si-on]. Action de celui qui attaque le premier.

AGRESSIVEMENT adv. D'une manière agressive.

* **AGRESTE** adj. Rustique, champêtre; s'emploie surtout des endroits où le travail de l'homme ne s'est pas fait sentir : *site agreste.* — Figur. Rude, grossier :

C'est une race *agreste*, intrépide et robuste.
                                    BARTHÉLEMY.

— Bot. Se dit des plantes qui croissent dans les lieux non cultivés.

AGRESTEMENT adv. D'une manière agreste.

AGRÈVE (Saint-), ch.-l. de cant. (Ardèche), arr. et à 48 kil. O. de Tournon, sur le versant du mont Chinac, dans une des contrées les plus agréables du Vivarais; 3,300 hab. Très ancienne ville, fondée par Agrippanus ou Saint-Agrève, évêque du Puy, et brûlée en 4579, pendant un siège qu'elle soutint contre les catholiques. Commerce de bois, de grains, de vins, de fruits et de bétail.

AGRIA, nom latin d'Erlau, Hongrie.

AGRIB ou **Gharib** (Mont), montagne isolée et conique de l'Égypte centrale, à environ 28 kil. du golfe de Suez, à l'opposite du mont Sinaï; hauteur évaluée à 2,000 mètres.

AGRICO-INDUSTRIEL, ELLE adj. Où l'on réunit les travaux agricoles et les travaux industriels : *opérations agrico-industrielles.*

AGRICOLA (Cneius-Julius), général romain, beau-père de Tacite, qui a écrit sa *Vie*, né à Fréjus, l'an 37 de J.-C. D'abord gouverneur d'Aquitaine, puis consul, il fut envoyé dans la Grande-Bretagne qu'il réduisit presque complétement à l'obéissance. Ils construisit une muraille défensive qui va de la Clyde au Frith of Forth, sa flotte conquit les Orcades et ravagea les côtes d'Écosse. Il allait envahir l'Irlande quand il fut rappelé (85) par Domitien qui, jaloux de sa gloire, le fit, dit-on, empoisonner (93).

AGRICOLA, nom de plusieurs Allemands. — I. (Georg Landmann). L'un des créateurs de la minéralogie et de la métallurgie, né à Glauchau (4490), mort à Chemnitz (4555). Son livre *De re metallica* (Bâle, 4546) est le premier ouvrage de ce genre qui ait été publié. — II. (Johann-Friedrich), musicien, maître de chapelle de Frédéric le Grand, auteur d' « *Iphigénie en Tauride* » et de plusieurs autres opéras (4720-'74). — III. (Johann SCHNITTER ou SCHNEIDER), ami de Luther et de Mélanchton (4492-4566), fonda la secte des *Antinomiens.* Outre quelques ouvrages de théologie, on a de lui un recueil de 750 proverbes allemands. —

IV. (Rudolf. ROLFF HUYSMANN), professeur de philosophie (4442-'85), introduisit en Allemagne l'étude de la langue grecque. Ses œuvres ont été publiées à Cologne (4539).

* **AGRICOLE** adj. (lat. *agricola* ; de *ager*, champ ; *colo*, je cultive). Qui s'adonne à l'agriculture (il est presque toujours joint à un nom collectif) : *peuple agricole, nation agricole.* — Qui a rapport, qui appartient à l'agriculture : *industrie agricole.* — COMICES AGRICOLES, associations formées, sous le patronage du gouvernement, dans le but de perfectionner les procédés de culture.

* **AGRICULTEUR** s.m.(lat. *agricultor* ; de *ager*, champ ; *cultor*, qui cultive). Celui qui se livre à la culture de la terre.— ⌒ Adjectivem. *Peuples agriculteurs.*

AGRICULTURAL, ALE adj. De l'agriculture. qui a rapport à l'agriculture.

* **AGRICULTURE** s. f. (lat. *ager, agri*, champ ; *cultura*, culture). Art de cultiver la terre. Appelée autrefois le premier des arts, l'agriculture tend chaque jour à devenir la première des sciences : la science de faire produire au sol presque toutes les matières qui nourrissent l'homme et qui alimentent le commerce et l'industrie. Ses progrès sont intimement liés à ceux de la civilisation, puisque les peuples sauvages sont précisément ceux qui ignorent presque complétement la manière d'exploiter la nature. Ces peuples vivent du produit de leur chasse et de leur pêche; ils ne demandent au sol que des fruits et des racines incultes. Dès que l'homme devient moins primitif, il s'associe quelques animaux, le mouton, le bœuf, le chien, le cheval, le chameau. A partir de ce jour, il ne vit plus à l'état sauvage; il a franchi le premier degré de la civilisation; il est *pasteur*; il a créé une branche de l'agriculture : l'exploitation du bétail. A mesure que les familles se multiplient, l'espace leur manque pour la vie pastorale; elles sont forcées de demander aux plantes un supplément de ressources; c'est alors que les hommes apprennent à labourer le sol, à semer certaines plantes, jusqu'alors herbes sauvages, mais qui ne tardent pas, sous l'influence de la culture, à se transformer et à centupler leurs produits. Les premiers peuples agricoles furent, sans doute, les Chinois et les Indous qui transmirent leurs connaissances aux nations de l'Asie centrale et aux Égyptiens. D'après les religions primitives, l'agriculture est d'origine divine. La déesse Isis et le dieu Osiris descendirent du ciel pour l'enseigner aux Égyptiens. Chez les Grecs, la déesse des moissons, Cérès, avait inspiré le roi d'Éleusis, Triptolème, qui se livra le premier aux travaux de la terre. Les progrès de l'agriculture furent lents; mais chaque siècle apporta de nouvelles connaissances, basées uniquement sur l'expérience. On apprit à tracer des sillons à l'aide d'une charrue traînée par des animaux domestiques. On s'aperçut que la terre s'épuise et on lui accorda une année de repos tous les deux ou trois ans (voy *Jachère*); puis, sans aucune notion de chimie agricole, on lui donna, d'une façon empirique, la nourriture appelée *engrais*. L'industrie se développa : il fallut inventer des instruments pour tailler la vigne et pour couper les branches; des mortiers pour écraser le grain et pour fabriquer le vin ou les huiles. L'arboriculture prit naissance le jour où l'on fit produire des fruits savoureux aux arbres qui n'avaient rapporté jusqu'alors que des fruits âpres ou acides. Le luxe donna naissance à la *sériciculture*; la gourmandise à l'*apiculture*; les migrations et les guerres à l'*acclimatation*. Le commerce encouragea les efforts du cultivateur en lui procurant l'écoulement des produits de sa terre et en lui apportant ceux des pays éloignés. C'est ainsi que les peuples se civilisèrent. Hésiode (*les travaux et les jours*), nous donne quelques notions de ce qu'était l'agriculture dans l'antiquité grecque. Théo-

phraste, qui écrit à une époque moins reculée, parle des engrais, du dépiquage des grains par les pieds des chevaux, de la multiplication du bétail, résultats incontestables d'une civilisation relativement avancée. Les *Géorgiques* de Virgile, les traités de Caton le Censeur, de Varron, de Columelle, de Virgile, de Pline, de Palladius nous ont laissé d'intéressants documents sur les progrès de l'agriculture au temps des Romains. On variait les cultures d'après les terrains qui leur sont propres; la *rotation* la plus ordinaire était une récolte de céréales suivie d'une jachère; le *binage*, le *buttage*, le *sarclage* étaient employés; on entendait admirablement le système d'*irrigation* et de *dessèchement*, l'art de former les *prairies artificielles.* — Le moyen âge fut une période d'indicibles souffrances pour les cultivateurs : c'est chez les Maures d'Espagne que se réfugient un instant l'agriculture et la civilisation. — Au XIIIᵉ siècle, de nouvelles plantes furent introduites en Europe par les Croisés, notamment le *maïs*, le *prunier de Damas*; on fit quelques tentatives d'*incubation artificielle.* L'affranchissement des serfs favorisa un mouvement de progrès qui se manifesta dès le XVIᵉ siècle. On étudia l'antiquité pour retrouver les traditions perdues. Olivier de Serres publia son *Théâtre d'agriculture*; on lui doit une notice sur la *pomme de terre*, ainsi que le perfectionnement de la culture du *mûrier.* L'Angleterre ne resta pas en arrière. Au commencement du règne de Henri VIII, la reine Catherine avait été obligée de fréter un navire pour envoyer dans les Flandres acheter une salade. Bientôt l'Angleterre cultiva non seulement les salades, mais encore la pomme de terre, la citrouille, la carotte, le chou, le navet, qui lui avaient manqué jusqu'alors. Dans les autres états de l'Europe, les progrès n'étaient pas moins rapides. Chez nous, l'agriculture fut particulièrement encouragée par le grand ministre Sully, qui disait que « *le pâturage et le labourage sont les mamelles de l'État* »; mais elle fut entravée par Colbert qui la subordonna toujours à l'industrie; la défense d'exporter les blés, les guerres ruineuses, les impôts portèrent des coups dont elle fut près d'un siècle à se relever. La France était menacée de perdre son rang parmi les premières nations agricoles, lorsque des hommes tels que Turgot, du Quesnay Duhamel, Rozier, Raynal, Trudaine, etc. appelèrent l'attention du gouvernement sur les entraves qui arrêtaient l'essor du progrès. En 4754, un édit permit le commerce des grains; des écoles vétérinaires furent fondées à Lyon et à Alfort. La Révolution fit du paysan un propriétaire cultivateur et détruisit toutes les lois féodales qui portaient atteinte au droit de propriété. Depuis cette époque, l'agriculture a été, en quelque sorte, transformée par les progrès de la chimie; le système des jachères a été condamné; on a perfectionné les assolements et les engrais. Les disettes qui ont accompagné les guerres de la Révolution ont contribué à répandre l'usage de la pomme de terre; le blocus continental a propagé la culture de la betterave. La Restauration s'occupa sans cesse de perfectionner les instruments agricoles; elle fonda des sociétés d'agriculture, des comices, des fermes-modèles, des écoles. Depuis cette époque, la France n'a cessé de faire des efforts pour se tenir au niveau des nations du Nord. On a donné de l'extension à la culture des *fourrages*, des plantes industrielles (*sorgho, colza, garance*, etc.). Notre pays est resté le premier pour la production des *vins* et des *eaux-de-vie*; on a adopté le *drainage*, pour les sols humides, et l'emploi d'ingénieuses machines (*semeuses, moissonneuses, faucheuses, batteuses, faneuses*, etc.) qui remplacent le travail manuel par le travail mécanique. L'État créa des *bergeries*, des *vacheries*, des *écoles régionales*, des *concours régionaux.* Les *défrichements* ont été encouragés.

Le besoin de conserver les forêts et d'en créer de nouvelles a donné une grande importance à la *sylviculture*. La difficulté d'alimenter les grandes villes fit perfectionner les anciens procédés de la culture *potagère*, qui se transforma en culture *maraîchère*. — Les progrès de l'*horticulture* permirent de multiplier à l'infini les variétés de plantes qui ornent nos jardins. Les sociétés d'*acclimatation* nous enrichissent chaque jour d'animaux et de plantes que l'on ne connaissait pas naguère. Les *haras* ont été l'objet de dispositions importantes ; la production des *mulets* est restée une spécialité dans plusieurs de nos départements. On peut dire que si les progrès de l'agriculture n'ont pas été aussi rapides que ceux de l'industrie, la faute en est uniquement à l'esprit de routine qui l'a dirigée pendant longtemps. Mais cet esprit ne règne plus, depuis que les capitalistes les plus intelligents, comprenant que les sources de la fortune ne sont plus dans une spéculation effrénée, ont tourné leur activité vers les travaux de la terre. Ils ont pris en main l'exploitation de leurs domaines; ils y ont introduit les nouveaux procédés et se sont inspirés des lois qui régissent la chimie, la physique, la physiologie animale et végétale. Des terres incultes et ingrates ont été converties en riches domaines; et la profession agricole, autrefois méprisée par les riches, est aujourd'hui la plus recherchée. — Parmi les nombreux traités généraux qui ont été publiés sur l'agriculture, nous ne pouvons, faute d'espace, citer que les suivants : la *Maison rustique du XIXᵉ siècle* ; le *Cours élémentaire d'agriculture* (Girardin et du Breuil); le *Dictionnaire raisonné d'agriculture* (Richard du Cantal); l'*Encyclopédie d'agriculture* (Moll et Gayot); le *Livre de la ferme* (P. Joigneaux).

AGRIE s. f. (gr. *agrios*, cruel). Méd. Nom scientifique de la goutte.

AGRIELCOSE s. f. (gr. *agrios*, cruel; *elkôsis*, ulcération). Pathol. Ulcère malin.

AGRIFFER v. a. Prendre avec les griffes. — *S'agriffer*. S'attacher avec les griffes: *le chat s'agriffe*.

AGRIGENTE [a-gri-jan-te] (gr. *Acragas*; aujourd'hui *Girgenti*). Ancienne ville, sur la côte S.-O. de Sicile, fondée en 580 av. J.-C. par une colonie dorienne de Géla; patrie d'Empédocle; gouvernée (566-'34) par le tyran Phalaris; puis (488-'72) par le glorieux Théron.

Temple de la Concorde à Agrigente.

On évaluait alors sa population à 200,000 hab. Parmi les splendides édifices qui l'embellissaient, on remarque les temples de la Concorde et de Jupiter Olympien, dont il reste des ruines gigantesques. Les Carthaginois, qui prirent cette ville en 405, la rasèrent jusqu'au sol. Timoléon la releva, en 340; elle subit la domination romaine, en 210; puis celle des Sarrasins, en 825; elle fut enfin conquise par le comte normand, Roger, en 4086. Voy. GIRGENTI.

AGRIGENTIN, INE s. et adj. Habitant d'Agrigente; qui a rapport à cette ville ou à ses habitants.

AGRIMONIE, ÉE adj. Qui ressemble à l'aigremoine.

AGRION s. m. (gr. *agrios*, sauvage). Genre de névroptères subulicornes, voisin des *demoiselles* avec lesquelles on l'a quelquefois confondu. Il s'en distingue par les ailes perpendiculaires dans le repos et par l'élargissement transversal de la tête dont les yeux sont fort écartés. On distingue : l'*agrion vierge* (*Libellula virgo*, Linné), bleu ou vert doré; et l'*agrion jouvencelle* (*Libellula puella*, Linné), beaucoup plus petit que le précédent, comme lui d'un éclat soyeux, mais variant pour les couleurs. Ces deux espèces sont très communes, pendant l'été, dans le voisinage des eaux douces.

AGRIONIES ou **Agranies** (gr. *agrios*, sauvage). Fêtes annuelles en l'honneur de *Bacchus Agrionius*; elles étaient célébrées nuitamment à Orchomène (Béotie) par des prêtres et des femmes dont le délire religieux était poussé jusqu'aux plus grands excès.

AGRIOPHAGE adj. et s. [a-gri-o-fa-je] (gr. *agrios*, sauvage; *phagô*, je mange). S'est dit de certaines peuplades éthiopiennes qui se nourrissaient principalement de panthères et de lions.

AGRIONIS s. m. (gr. *agrios*, sauvage; *ornis*, oiseau). Ornith. Genre d'oiseau, voisin des pépoazas.

AGRIOTE s. f. (gr. *agrios*, sauvage). Bot. Espèce de merise d'une saveur aigre. On dit aussi GRIOTE.

AGRIOTHYMIE s. f. (gr. *agrios*, inhumain; *thumos*, colère). Méd. Tendance maladive à commettre des actes de folie furieuse.

AGRIPAUME s. f. (lat. *ager*, champ; *palma*, main). Bot. Genre de labiées, dont l'espèce la plus commune, l'*agripaume cardiaque* (*Leonurus cardiaca*), croît dans les lieux incultes, le long des haies et des chemins. Feuilles larges, divisées en plusieurs lobes; fleurs velues, petites, purpurines ou blanchâtres, très recherchées des abeilles. Propriétés vulnéraires, toniques et vermifuges.

AGRIPPA I. (**Menenius**), consul romain envoyé par le Sénat auprès du peuple qui s'était retiré sur le mont Sacré. Il apaisa les révoltés en leur racontant l'apologue des *Membres et de l'estomac*. — II. (Hérode), voy. HÉRODE. — III. (Marcus Vipsanius ou Vespasianus),général romain (63-12 av. J.-C.), partisan d'Octave dont il épousa la fille, Julie. En l'an 40, il enleva Perusia à Lucius Antonius et Sipontum à Marc-Antoine. En 36, il battit Sextus Pompée à Milæ et à Naulochus; en 34, il contribua à la grande victoire d'Actium. En 28 et 27, étant consul, il construisit le Panthéon. Auguste l'adopta, ainsi que ses enfants, qui moururent jeunes.

AGRIPPA VON NETTESHEIM (Cornelius-Heinrich), philosophe, né à Cologne en 4486, professeur dans différentes villes, secrétaire de l'empereur Maximilien Iᵉʳ; il attaqua avec violence les scolastiques et adopta les idées des philosophes hermétiques. Ses satires lui attirèrent des ennemis puissants qui l'accusèrent des magie. Il s'enfuit et mourut dans un hôpital de Grenoble. Ses œuvres complètes ont été imprimées à Leyde (4560). On y remarque un curieux traité de magie qui a été traduit en français par Levasseur.

AGRIPPER v. a. (altération de *agriffer*). Prendre, saisir avidement.

AGRIPPINE. — I. Fille de Vespasianus Agrippa et de Julie ; elle épousa Germanicus dont elle rapporta les cendres de Syrie à Rome et dont elle poursuivit le meurtrier, Pison, qui n'échappa à sa vengeance qu'en se donnant la mort. Tibère, jaloux de l'ascendant que les vertus d'Agrippine lui donnaient sur le peuple, l'attira dans l'île de Pandataria, où elle mourut en l'an 33 après J.-C. — II. Fille

de la précédente et de Germanicus. Sa mère lui légua sa beauté, mais non sa vertu. Après la mort de son premier époux, Domitius Ahenobarbus, dont elle avait eu Néron, elle épousa un riche patricien, qu'elle ne tarda pas à empoisonner pour hériter de ses biens. Caligula l'exila en 39; mais elle revint deux ans après et se maria avec l'empereur Claude, son oncle. Elle empoisonna ce nouvel époux, dès qu'il eut adopté Néron, au mépris des droits du véritable héritier du trône, Britannicus (54). Devenu empereur, Néron, fatigué de ses exigences, ordonna à un centurion de l'égorger. On rapporte qu'elle dit au meurtrier : *Frappe au ventre*, pour accuser son sein d'avoir donné le jour à un monstre tel que Néron. Elle était née vers l'an 45, dans le camp d'Ubiorium, où elle fonda une ville qui s'appela *Colonia Agrippina* (Cologne).

AGROGRAPHIE s. f. [a-gro-gra-fì] (gr. *agros*, champ; *graphê*, description). Description des champs et de leur culture.

AGROLOGIE s. f. (gr. *agros*, champ; *logos*, discours). Science qui a pour objet la connaissance des terrains, dans leur rapport avec l'agriculture.

AGROMANIE s. f. (gr. *agros*, champ; *mania*, folie). Manie de l'agriculture.

AGROMÈNE s. (gr. *agros*, champ; *menô*, j'habite). Celui, celle qui passe sa vie à la campagne.

AGRONOME s. m. (gr. *agros*, champ; *nomos*, loi). Celui qui se livre à l'étude et à la recherche des principes de l'agriculture; qui est versé dans la théorie de l'agriculture. L'*agronome* n'est pas toujours *agriculteur*; mais un bon *agriculteur* doit être en même temps *agronome*, c'est-à-dire qu'il doit étudier la théorie de l'agriculture afin d'en perfectionner la pratique.

AGRONOMÉTRIE s. f. Connaissance exacte du produit, du rapport d'une certaine étendue de terrain.

AGRONOMIE s. f. Science théorique des principes agricoles.

AGRONOMIQUE adj. Qui appartient, qui a rapport à l'agronomie. — STATIONS AGRONOMIQUES. Lieux où l'on fait des conférences ou des cours oraux relatifs à l'agronomie. La Suisse compte quatre stations agronomiques. La Suède, la Hollande, la Belgique, la Russie elle-même en possédaient depuis longtemps, alors que la France n'en avait pas encore une seule. L'Allemagne en compte plus de quarante, tandis que la France n'en a que huit ou dix, à Lille, à Amiens, à Avignon, à Montpellier, à Dijon, à Clermont-Ferrand, à Nancy, etc.

AGRONOMIQUEMENT adv. D'une manière agronomique.

AGROSTEMME s. f. [a-gross-tè-me](gr. *agr* s, champ; *stemma*, couronne). Bot. Genre de caryophyllées, dont les principales espèces portent les noms vulgaires de coquelourde et de nielle.

AGROSTEMMINE s. f. Chim. Alcali que l'on extrait des semences de la nielle des blés.

AGROSTIDE s. f. (gr. *agrôstis*, chiendent). Bot. Genre de plantes de la famille des graminées, tribu des agrostidées, renfermant des herbes gazonnantes, généralement bonnes pour les fourrages et toujours élégantes. L'a-

Agrostis vulgaris.

grostide vulgaire (*agrostis vulgaris*), appelée

aussi *agrostide jouet du vent (agrostis spica venti)* est une des plus grandes et des plus gracieuses. On cultive dans les jardins l'*agrostide élégante (agrostis elegans)*, plante annuelle du midi de la France, qui produit un bel effet par sa légèreté et la finesse de ses fleurs. L'*agrostide blanche (agrostis alba)* croît dans les pâturages et se distingue facilement par ses sommités rouges et par des fleurs d'un blanc verdâtre. On l'appelle vulgairement *traînasse* et, comme le chiendent, elle est un fléau pour le cultivateur.

AGROSTIDÉ, ÉE adj. Qui ressemble à l'agrostide. — **Agrostidées** s. f. pl. Tribu de graminées établie par Kunth et comprenant les genres : agrostide, gastridie, lagure, polypogon, etc.

AGROSTOGRAPHIE s. f. (gr. *agróstis*, chiendent; *graphô*, je décris). Bot. Étude, description des graminées.

AGROSTOLOGIE s. f. Traité sur les graminées.

AGROTIDE s. f. (gr. *agrotis*, qui habite les champs). Entom. Genre de lépidoptères nocturnes dont la chenille vit au dépens de nos

Agrotide.

légumes et de nos arbres fruitiers.

AGROUPER v. a. Disposer, réunir en groupe. — **S'agrouper** v. pr. Se réunir en groupe.

AGRUME s. f. Espèce de prune employée pour faire des pruneaux d'Agen.

AGRYPNIE s. f. (gr. *a.* priv.; *grupnia*, sommeil). Méd. Insomnie.

AGRYPNODE adj. (gr. *agrupnodês*, sans sommeil). Méd. Qui est privé ou qui prive de sommeil : *fièvre agrypnode*.

AGUA (Mont d') [a-goua], volcan de l'Amérique centrale, à 42 kilom. S.-O. de Guatemala; nommé *Volcan de Agua* à cause des eaux qui jaillissent de ses flancs et se réunissent en torrents; 4,416 mètres de haut.

AGUADO (Alexandre-Marie), riche banquier juif, né à Séville en 1784, mort le 14 avril 1842. Dans sa jeunesse, il s'engagea dans les troupes françaises qui opéraient en Espagne. En 1823, il devint banquier du gouvernement espagnol à Paris. Outre une fortune évaluée à 60 millions, il laissa une célèbre galerie de tableaux qui a été gravée par Gavard, Paris, 1832-'42.

AGUAS-CALIENTES [a-'gouass-ka-li-ainn'-tèss]. — I. État de la république mexicaine, presque entièrement entouré par le Zacatecas. 7,500 kil. car.; 464,500 hab. — II. Capitale de l'état susnommé, à 420 kil. N.-O. de Mexico; 22,550 hab. C'est une cité florissante qui doit son nom à ses eaux thermales, célèbres en Amérique.

*** AGUERRIR** v. a. Accoutumer à la guerre. — Fig. Accoutumer à quelque chose de pénible. — **S'aguerrir** v. pr. S'accoutumer à la guerre; à une chose dure, pénible.

AGUESSEAU (Henri-François d'), l'une des plus belles figures de l'ancienne magistrature; né à Limoges le 27 novembre 1668; mort à Paris le 9 février 1751. Avocat général au Parlement en 1690; procureur général en 1700. Il s'opposa à l'enregistrement de la bulle *Unigenitus* qui détruisait les libertés gallicanes.

Chancelier en 1717, puis destitué à cause de son opposition au système de Law, il rentra en faveur après la fuite de ce financier; commit la faiblesse d'accepter la bulle *Unigenitus* et se retira dans sa terre de Fresne, en 1722. Il redevint chancelier, de 1737 à 1750. — Ses œuvres, publiées en 1759-'89, forment 13 vol. in-4°. — L'édition de 1819-'20 est en 16 vol. in-8°. On a publié ses lettres inédites en 1824. — La statue de d'Aguesseau fut placée, en 1810, devant le palais du Corps législatif. Son *éloge* a été prononcé par Thomas, et l'*Histoire de sa vie* a été écrite par Boullée, Paris, 1848.

*** AGUETS** s. m. pl. [a-ghè] (formé de *à guet*). Embuscade. — Ne s'emploie que dans les locutions : *être aux aguets, se tenir aux aguets*, se tenir en embuscade, épier, soit pour surprendre quelqu'un, soit pour éviter d'être surpris.

AGUI s. m. [a-ghi]. Mar. Cordage dont l'extrémité porte une aguiée de manière qu'on puisse s'y asseoir.

AGUICHER v. a. Argot des voleurs. Attirer : *aguicher un sinve pour le dégringoler*, attirer un imbécile pour le voler.

AGUIÉE ou **Aquiée** s. f. [a-ghi-é; a-ki-é]. Mar. Ganse ou sangle qui constitue une sorte de siège placé à l'extrémité d'un agui. Le voilier, le charpentier, le calfat, etc. en font usage quand ils ont à réparer quelque partie du navire où l'on ne peut commodément atteindre.

A GUI L'AN NEUF, cri que poussaient les druides en cueillant le gui à l'occasion du premier jour de l'an.

AGUILAR DE LA FRONTERA [a-ghi-lar'-dé-la-fronn-té'-ra]. Ville d'Espagne, à 40 kil. S.-E. de Cordoue. 12,000 hab. Bons vins, plantes aromatiques; mines de cuivre.

AGUILAR (Grace), femme de lettres d'Angleterre (1816-'47), auteur de nouvelles et de poésies.

AGUILLOT s. m. [a-ghi-llo; *ll* mll.). Mar. Cheville de fer qui réunit deux cordes en une.

AGUIMPER v. a. Couvrir, revêtir d'une guimpe.

AGUIRRE [a-ghi'-ré]. — I. (Jose-Saens de), théologien espagnol (1630-'99), successivement bénédictin, professeur à Salamanque, secrétaire de l'Inquisition et cardinal; auteur d'une *Collection des conciles d'Espagne*. — II. (Lope de), aventurier espagnol du XVIe siècle. Il accompagna en Amérique Orsua qui cherchait l'El-Dorado. Après avoir assassiné le chef de l'expédition, il usurpa sa place. Il fut condamné à mort et exécuté par le gouvernement de Vénézuela.

AGULHAS [a-goul'-iass] (port. *aiguilles*). Voy. AIGUILLES (cap des).

AGUSTINA [a-gous-ti'-na], la Jeanne Hachette de l'Espagne, surnommée la pucelle de Saragosse; elle se rendit célèbre par son courage pendant le siège de cette ville (1808-'9). A leur rentrée, les Bourbons lui donnèrent le grade de sous-lieutenant. Elle est morte en 1857.

AGUSTINE ou **Agustite** s. f. (gr. *a*, sans; lat. *gustus*, goût). Sorte de pierre qu'on a reconnue être le phosphate de chaux.

AGYNAIRE adj. (gr. *a*, priv.; *guné*, femme.) Bot. Se dit des fleurs doubles qui manquent de style et dans lesquelles les étamines sont transformées en pétales.

AGYNE adj. (gr. *a*, priv.; *guné*, femme). Bot. Qui n'a pas d'organes femelles.

AGYNIENS s. m. pl. (gr. *a*, sans; *guné*, femme). Sectaires du VIIe siècle, qui avaient en horreur le mariage.

AGYNIQUE adj. Bot. Se dit de l'insertion des étamines, quand elles n'adhèrent pas à l'ovaire.

AGYRTE s. m. [a-jir-te] (gr. *agurtês*, jongleur).Genre de coléoptères pentamères, famille des clavicornes. L'*agyrte châtain (agyrte castaneus*, Fabricius), habite les bois des environs de Paris; on le trouve sous l'écorce des hêtres.

*** AH** [â]. Interj. qui marque les affections vives de l'âme : joie, douleur, admiration, bonheur, amour, etc. :

Ah ! pleure, fille infortunée !

C. Delavigne.

— S'emploie souvent pour rendre la phrase plus animée, plus expressive :

Ah ! rends-moi la mer et les bruits du rivage !

Baixeux.

— Se redouble quelquefois pour exprimer plus fortement la surprise ou l'ironie :

Ah ! Ah ! l'homme de bien, vous vouliez m'en donner !

Molière.

AHAGGÂR, pays montagneux du Sahara, habité par l'une des quatre confédérations des Touaregs, les Touaregs Ahaggâr, et visité en 1859 par notre compatriote Duveyrier. En juillet 1876, la Société de géographie a ouvert une souscription pour permettre à MM. Larceau et Louis Say de l'explorer. Ville princ. Idelès.

AHALER v. n. (rad. *haleine*). Respirer d'une manière bruyante dans un moment de fatigue.

*** AHAN** s. m. (lat. *anhelare*, haleter). Gémissement que l'on pousse après un grand effort. — SUER D'AHAN, faire un travail fatigant; se donner beaucoup de peine.

*** AHANER** v. n. Éprouver une grande fatigue; faire entendre le cri ahan.

AHANTA, territoire riche et bien cultivé de la côte d'Or (Afrique), dans le pays des Achantis. — Les Anglais y possèdent plusieurs forts, parmi lesquels Azim et Dixcove.

AHASVÉRUS [a-âss-vé-russ], personnage légendaire, plus connu sous le nom de *Juif-Errant*.

*** AHEURTEMENT** s. m. (rad. *heurter*). Obstination; attachement opiniâtre à un avis.

*** AHEURTER** (S'). v. pr. S'opiniâtrer.

AHI [aï]. interj. qui exprime la douleur. On dit aussi AIE.

AHLEFELD (Charlotte - Sophie - Louise-Wilhelmine), femme de lettres allemande (1781-1849), auteur de romans publiés sous le pseudonyme d'Elisa Selbig (1797-1832) et d'un volume de poésies signé Nathalie (1826).

AHM s. m. [amm]. Mesure allemande de capacité, valant 144 litres à Hambourg et 160 litres à Hesse-Darmstadt.

AHMEDABAD ou **Ahmadabad**, ville forte de l'Inde anglaise, dans la division N. de Bombay, sur le Subbermutti; 117,000 hab. C'était autrefois l'une des plus belles villes de l'Indoustan; mais elle fut ruinée par les Mahrattes; elle possède encore de vastes manufactures de coton et de soieries.— Lat. 23° N.— Long. 70° 16' E.

AHMEDNAGOR. I. District méridional de la division de Bombay (Indes Anglaises).— II. Capitale du district ci-dessus, à 210 kil. E. de Bombay, sur la rivière Sina. 33,500 hab. Sa forteresse est considérée comme une des plus formidables de l'Inde.

AHMED SHAH, fondateur de la monarchie afghane, né vers 1724, mort en 1773. Après le décès de son père, émir de la tribu d'Abdalli, (connue plus tard sous le nom de Durram), Hussein, gouverneur de Candahar, le fit prisonnier.Il passa ensuite au service de Nadir Shah, sous les ordres duquel il servit en Égypte. Lorsque ce prince périt assassiné (1747), Ahmed délivra l'Afghanistan du joug de la Perse, se fit proclamer roi, conquit de vastes territoires, envahit, en 1752, le Pundjaub et le Cachemire, saccagea Delhi, en 1757, et écrasa les Mahratles à Paniput (6 janvier 1761); mais il échoua dans toutes ses tentatives pour subjuguer les Sikhs du Pundjaub.—Son fils, Timour, lui succéda.

AHN (Johann-Franz), professeur allemand (1796-1865), auteur d'un célèbre *Manuel pour étudier le français*, qui a eu plus de 100 éditions.

AHONTER v. a. Rendre honteux.

AHRIMAN s. m. [-mann]. Principe du mal da ns la religion de Zoroastre.

AHRIMANIEN, ENNE adj. De la nature d'Ahriman.

AHRIMANIQUE adj. D'Ahriman; qui appartient à Abriman.

AHUN, *Acitodunum*, ch.-l. de cant. (Creuse) arr. et à 18 kil. S.-E. de Guéret, dans une charmante position sur une montagne; 3,000 hab. Restes de plusieurs monuments druidiques. Au pied de la colline d'Ahun se trouve l'église abbatiale de Moutier, objet d'un pèlerinage, le 16 août. C'est au milieu de ce pèlerinage que les femmes des environs se coupent publiquement les cheveux et les vendent. L'abbaye de Moutier, fondée en 997, par Boson, comte de la Marche, appartenait à l'ordre de Cluny. Ahun est renommé pour son bétail, son fromage, son lait et pour son bassin houiller qui peut produire 100,000 quintaux par an.

* **AHURI, IE** part. pass. d'AHURIR. Interdit, stupéfait : *je suis tout ahuri.*—Substantiv. Celui, celle qui est ahurie : *quelle ahurie!*

* **AHURIR** v. a. (celtique *hur*, stupéfait). Jeter dans le trouble, interdire, étonner, rendre stupéfait.

* **AHURISSEMENT** s. m. Etat d'une personne ahurie, qui ne sait où donner de la tête.

AHWAZ [a-ouaz], ville persane, sur la rivière Karun, à 110 kil. N.-N.-E. de Bassora, près des ruines d'une ancienne cité des Parthes.— 1,600 hab.

AÏ [a-i], ancienne ville de Palestine, territoire de Benjamin, détruite par Josué.

AÏ ou **AY**, *Aggeium*, ch.-l. de cant. (Marne), arr. et à 24 kil. S. de Reims, 3,400 hab. Vignoble d'environ 2,000 hect. produisant en moyenne 20,000 pièces d'un vin très renommé.

AÏ s. m. Vin de Champagne mousseux du territoire d'Aï : *l'ai pétille dans les verres.* On dit aussi *vin d'Aï.*

AÏ s. m. (nom que les habitants de la Gascogne donnent à cette maladie). Gonflement douloureux des tendons, à la suite d'une violence ou d'une grande fatigue. On ordonne le repos, l'emploi des émollients, puis des résolutifs et une compression modérée.

* **AÏ** s. m. Nom que l'on donne à l'un des mammifères tardigrades du genre PARESSEUX. Chez l'aï (*Bradypus tridactylus*, Lin.) ou *paresseux à trois ongles*, le pouce et le petit doigt sont réduits à de petits rudiments cachés sous la peau; sa taille est celle d'un chat. C'est le seul mammifère qui ait 9 vertèbres cervicales. Ses poils grisâtres, longs et semblables à de l'herbe feuie lui donnent un aspect hideux. On a calculé qu'il met un jour entier à grimper sur un arbre, dont il ronge l'écorce. Il fait 2 kilom. en un mois. En captivité, il est stupide; sa chair et sa peau sont également inutiles.

AÏBECK, premier sultan d'Egypte, mort en 1257.

AÏCHA ou **Ayesha**, fille d'Abou-Bekr et épouse favorite de Mahomet, qui ne lui eut pas d'enfant; née en 611, morte en 678. Après la mort du Prophète, elle fut l'ennemie implacable d'Ali.

AICHE s. m. (lat. *esca*, nourriture). Synon. d'ACHÉE.

AICHER v. a. Amorcer, en parlant d'une ligne.

AIDA, opéra séria en 4 actes et 7 tableaux, représenté pour la première fois au Caire (Egypte), lors de l'inauguration du nouveau théâtre de cette ville, le 24 déc. 1871. Musique de Verdi, sur un livret de Ghizlanzoni. L'action, qui se passe au temps des Pharaons, s'est prêtée à une magnifique exhibition des antiques monuments égyptiens. *Aïda* fut représenté avec succès au Théâtre-Italien de Paris, le 22 avril 1876.

AIDABLE adj. Qui peut aider ou être aidé.

AIDAN (Saint), missionnaire qui établit la religion chrétienne dans le district de Lindisfarne (Irlande), et qui devint évêque du pays qu'il avait converti (vers 635).

* **AIDANT** part. prés. d'AIDER.—DIEU AIDANT, loc. qui signifie : avec l'aide de Dieu.

AIDANT, E adj. Qui aime à aider, à secourir.— Substantiv. *Malgré lui et ses aidants, malgré lui ceux qui prennent parti pour lui.*

* **AIDE** s. f. (lat. *adjuvare*, secourir). Secours, assistance :

> Mes amis, c'est ici que j'implore votre aide.
> Molière.

— Utilité, avantages qu'on tire de certaines choses :

> Le nid qu'avec tant d'art, architecte fidèle,
> A l'aide de son bec, maçonne l'hirondelle.
> Racine.

— Celui dont on reçoit du secours ou chose dont on en tire : *Dieu seul est mon aide.*—Eglise ou chapelle servant de succursale, quand l'église paroissiale est insuffisante. On dit mieux SUCCURSALE. — Elliptiq. A L'AIDE! au secours : *a l'aide! je suis mort.* — Prov. UN PEU D'AIDE FAIT GRAND BIEN, un secours est toujours utile. — BON DROIT A BESOIN D'AIDE, le secours d'un protecteur est souvent nécessaire à la meilleure cause. — DIEU VOUS SOIT EN AIDE, souhait que l'on adresse à une personne qui éternue ou à un pauvre auquel on ne peut faire l'aumône.

* **Aides** s. f. pl. Assistance pécuniaire que le vassal devait à son seigneur. Il y avait *l'aide de relief*, due par les vassaux à la mort du seigneur; *l'aide chevel*, qui se subdivisait en *aide de mariage*, lorsque le suzerain mariait ou dotait sa fille; *aide de chevalerie*, quand il armait chevalier son fils aîné; *l'aide de rançon*, quand il était prisonnier et qu'il se rachetait. Il y avait les *aides libres et gracieuses* plus ou moins volontairement dans les cas imprévus; les *aides raisonnables*, taxées suivant la fortune de chacun; les *aides de l'host et de chevauchée*, subsides de guerre dues par le vassal que l'on dispensait du service militaire; les *aides épiscopales, coutumes épiscopales et synodales* ou *denier de Pâques*, aides perçues par les prélats lors d'un sacre, quand ils entreprenaient un long voyage, etc. Lorsque la monarchie française eut étouffé la féodalité, le mot *aides* resta dans la langue pour désigner toute espèce d'impôts, gabelles, décimes ou autres. Après Louis XIV, qui posa nettement la distinction entre l'impôt direct et indirect, ce dernier genre d'impôt fut appelé *aides*, et il a porté ce nom jusqu'à la Révolution.—COUR DES AIDES, cour souveraine, instituée en 1355, pour juger en dernier ressort tous les procès civils et criminels en matière fiscale, aides, gabelles, tailles et autres impôts. Il n'exista d'abord qu'une seule cour des aides, celle de Paris, dont le ressort s'étendait sur tout le royaume; plus tard, on en créa à Rouen, Nantes, Bordeaux, Mautauban, Montpellier, Clermont, Grenoble, Aix, etc. En 1789, celles de Bordeaux, de Montauban et de Clermont avaient seules conservé une existence propre.—AIDES. Manège. Moyens que le cavalier emploie pour manier un cheval. Les principales aides sont celles des mains, appelées

aides supérieures et celles des jambes ou aides inférieures. La voix, la cravache, etc. sont les aides accessoires. On dit d'un cavalier qu'il *donne les aides fines*, lorsqu'il manie le cheval à propos, quand il lui fait marquer avec justesse ses temps et ses mouvements. Le cheval a les *aides fines* lorsqu'il est très sensible aux aides.—Archit. Petites pièces adjointes à une plus grande, pour lui servir de décharge ou de dégagement.

* **AIDE** s. Celui, celle qui travaille, opère ou sert conjointement avec quelqu'un et sous ses ordres. - AIDE DES CÉRÉMONIES, officier qui seconde le grand maître des cérémonies.— AIDES DE CUISINE, AIDES D'OFFICE, gens qui servent sous un chef de cuisine ou d'office. — AIDE DU BOURREAU, valet qui assiste le bourreau.—AIDE-MAÇON, manœuvre qui sert et qui aide le maçon, qui bat et gâche le plâtre, apporte les matériaux, etc. On disait autrefois aide à maçon. Plur. des *aides-maçons*. — AIDE DE CAMP, officier attaché à la personne d'un souverain, d'un prince ou d'un général, pour le seconder dans les détails du service et principalement pour transmettre ses ordres. Avant le XVIᵉ siècle, les princes seuls avaient des aides de camp. Ces fonctions étaient alors remplies par les plus hauts personnages. Sous Louis XIV, chaque maréchal de France ou général en chef eut 4 aides de camp; un lieutenant-général 2; un maréchal de camp, 1. — En 1790, il fut réglé que chacun des 4 généraux d'armée aurait 4 aides de camp; chacun des 30 lieutenants-généraux, 2; et chacun des 60 maréchaux de camp, 1; total : 136 aides de camp. L'ordonnance de 1818 a décidé que les aides de camp seraient recrutés dans le corps d'Etat-major. — AIDE-MAJOR, chirurgien militaire placé sous les ordres du chirurgien major dans un régiment ou dans un hôpital. Plur. des *aides-majors*. On dit aussi aide-chirurgien. — AIDE-MAJOR GÉNÉRAL, officier supérieur d'infanterie, exerçant les fonctions de major général auprès des détachements. Ce grade a été supprimé en 1788. — Il y a aussi des *aidescanonniers*, des *aides-timonniers*. — SOUS-AIDE, celui qui est placé sous les ordres de l'aide dans les mêmes fonctions.—Aide se dit aussi en parlant des choses : *aide-mémoire, des aide-mémoire.*

AIDE-CARGOT s. m. Argot. Valet de cantine.

* **AIDER** v. a. (lat. *adjuvare*, secourir). Porter secours, prêter assistance, en parlant des personnes ou des choses : *aider quelqu'un; le télescope aide les astronomes.* — AIDER QUELQU'UN A, contribuer au succès de son entreprise :

> Mes mains vous aideront à ces nobles travaux.
> De Bellay.

— AIDER QUELQU'UN DE, le soutenir de : *je l'ai aidé de ma bourse.* — ~ Aider un vaisseau dans son mouvement. Joindre la manœuvre de la voilure à celle du gouvernail. Aider une ancre, lui mettre des planches aux pattes quand le mer tient mal. — v. n. Contribuer à une action : *aider au succès d'une entreprise.* — AIDER A QUELQU'UN, lui prêter une assistance momentanée, pour un objet déterminé, et le plus souvent un travail qui demande des efforts physiques : *aidez à cet homme qui plie sous le faix*. Cette locution prend pour complément la préposition à suivie d'un infinitif : *aidez-lui à charger son fardeau.* — AIDER A LA LETTRE, suppléer à ce qu'il y a d'obscur dans le texte d'un passage. — Signifie aussi, altérer un peu la vérité pour amuser ou mieux tromper les personnes qui écoutent. — S'aider v. pr. s'assister mutuellement : *il faut s'aider les uns les autres.* Faire tous ses efforts pour réussir :

> Aidez-vous seulement, et Dieu vous aidera.
> Mathurin Régnier.

AIDE-TOI, LE CIEL T'AIDERA, agis, si tu veux

réussir. — Fig. AIDEZ-vous, donnez-vous le mouvement nécessaire. — VOUS NE VOUS AIDEZ PAS, vous restez inactif.— S'AIDER DE, se servir d'une chose, en faire usage : *je m'aide de la main gauche comme de la main droite.*

AIDEUR s. m. Celui qui aide ; qui aime à aider.

AIDIN [a-i-dinn'] I. Vilayet de la Turquie d'Asie, embrassant l'ancienne Lydie, la Carie, la Lycie, la Phrygie et l'Ionie, avec Smyrne. 1,044,500 hab. — II. Capitale du vilayet surnommé, sur le Méandre, à 90 kil. S.-E. de Smyrne ; 38,000 hab. Ville bâtie sur les ruines de l'ancienne *Tralles.* Commerce important de coton, de figues, etc.

*** AIE** interj. [a-ïe, comme dans *paille*] (contraction du mot *aide*). Exclamation de douleur : *Aie ! que je souffre !*

*** AIEUL** s. m. [a-ieul] (lat. *avus*, grandpère ; anc. franç., *aviol, aïol*). Grand-père : *aïeul paternel ; aïeul maternel.* — Ce mot a deux pluriels : *aïeuls* quand on veut désigner particulièrement le grand-père paternel et le grand-père maternel : *ses aïeuls assistaient à son mariage ;* 2° *aïeux,* quand on parle des ancêtres et de ceux qui ont vécu avant nous, dans notre patrie : *cela était de mode chez nos aïeux.*

Qui sert bien son pays n'a pas besoin d'aïeux.
VOLTAIRE. Mérope, acte I, sc. III.

— Aïeul a pour composés *bisaïeul* et *trisaïeul ;* quand on parle des degrés plus éloignés, on dit : *quatrième aïeul, cinquième aïeul.*

*** AIEULE** s. f. Grand'mère : *aïeule maternelle, aïeule paternelle.*

AIEULE (L') opéra comique en un acte, représenté à Paris (Opéra-Comique), le 17 août 1841. Paroles de Saint-Georges, musique d'A. Boïeldieu. Roger représentait tour à tour un ingénue et un jeune homme.

AIGAIL s. m. [è-gaï; l mll.] (lat. *aqua*, eau ; vieux franç. *aigue*.). Rosée du matin qui reste sur les herbes et les feuilles des arbres.

AIGAIRE s. f. (rad. *aigue*, eau). Fossé large et profond qui sépare les billons et qui facilite l'écoulement des eaux.

AIGEON s. m. (corrupt. d'*agneau*). Agneau que sa mère refuse d'allaiter.

*** AIGLE** s. m. (lat. *aquila*). Le plus fort des oiseaux de proie :

L'aigle, roi des déserts, dédaigne ainsi la plaine.
LAMARTINE.

Aigle doré (Aquila carysaétos).

— Fig. Homme supérieur par son esprit, son talent, son génie :

L'aigle d'une maison n'est qu'un sot dans une autre.
GRESSET, le Méchant, acte V, sc. VII.

— (ŒIL D'AIGLE, REGARD D'AIGLE, regard vif, perçant; grande pénétration d'esprit.— Aigle se dit d'un pupitre d'église représentant un aigle aux ailes étendues. — GRAND AIGLE, papier du plus grand format. — Astron. Constellation, de l'hémisphère septentrional, entre le Serpentaire et le Dauphin. — ⁓ Métrol. Monnaie d'or des Etats-Unis, qui porte l'effigie d'un aigle et qui vaut 10 dollars ou 51 fr. 82 cent. 3/4. Il y a aussi le *double-aigle*, de 20 dollars; le *demi-aigle*, de 5 dollars; et le *quart d'aigle*, de 2 dollars et demi.

— **AIGLE-BLANC**. Ordre de chevalerie institué en Pologne par Ladislas IV (1325), rétabli par Auguste II (1705), aujourd'hui réuni aux ordres impérial et de Russie. Croix d'or portée en écharpe, au moyen d'un large ruban bleu clair ; et plaque d'or fixée sur la gauche de l'habit. — **AIGLE D'OR**, ordre créé en 1806, par le roi de Wurtemberg et remplacé en 1818, par l'ordre de la Couronne. — **AIGLE NOIR**, ordre fondé en 1700, par Frédéric Ier, électeur de Prusse, pour être conféré aux princes du sang, aux princes étrangers et à 30 personnages éminents. Sa devise est : *Suum cuique* (à chacun suivant son mérite). Croix portée en écharpe de gauche à droite, au moyen d'un large ruban orange; plaque d'argent appliquée à gauche de la poitrine. — **AIGLE ROUGE**, ordre prussien institué le 18 janvier 1705, par Georges-Guillaume, prince héréditaire de Brandebourg-Anspach et Baireuth, sous le nom d'*Ordre de la sincérité;* réorganisé en 1734, sous le nom d'*Aigle rouge de Brandebourg*, réuni aux ordres prussiens en 1792 et remanié, en dernier lieu, par le roi Guillaume Ier, le 18 oct. 1861. Croix d'argent à aigle rouge ; devise : *Sincere et constanter* (avec sincérité et constance); ruban blanc bordé de rouge.

— Ornithol. Le grand genre aigle (*aquila*, Brisson) forme, dans la méthode de Cuvier, la 1re tribu des oiseaux de proie appelés *ignobles* par les fauconniers, parce qu'ils refusent de chasser pour le compte de l'homme. Principaux caractères : bec très fort, droit à sa base, courbé seulement vers sa pointe et présentant vers son milieu un feston à peine sensible ; c'est dans ce genre que se trouvent les plus grands et les plus puissants de tous les oiseaux de proie. — Division : 1° AIGLES PROPREMENT DITS. Ce sont de grands oiseaux de proie qui se distinguent par des tarses emplumés jusqu'à la racine des doigts et par des ailes aussi longues que la queue. Leur vol est rapide et élevé. Leur courage surpasse celui de tous les autres oiseaux. L'espèce la plus répandue dans les contrées montagneuses de l'ancien continent et de l'Amérique est l'*Aigle royal*, appelé aussi *Grand Aigle, Aigle doré, Aigle commun* (Aquila chrysaétos, Linné), d'un brun noirâtre. La différence de plumage que cet oiseau présente dans le jeune âge et dans l'âge adulte est assez notable pour qu'on en ait fait deux espèces distinctes. La femelle du *Grand Aigle* mesure près de 3 mètres d'envergure et 1 m. 20 de long. Le mâle est moins grand. C'est à cet animal que se rapportent les récits exagérés des anciens sur la force, le courage, la magnanimité de l'*Aigle doré* ou *royal;* les modernes lui ont conservé le titre de roi des oiseaux. Sa vue est perçante ; il est armé de serres vigoureuses et acérées. Son œil est protégé par une membrane qui lui permet, en s'abaissant, de fixer, pour ainsi dire, le soleil. « Il est solitaire comme le lion, habitant d'un désert dont il défend l'entrée et l'usage de la chasse à tous les autres oiseaux... les aigles se tiennent assez loin les uns des autres pour que l'espace qu'ils se sont départi leur fournisse une ample subsistance... On assure que le même nid sert à l'aigle pendant toute sa vie. C'est réellement un ouvrage assez considérable pour être fait une fois, et assez solide pour durer longtemps. Le nid, qu'on appelle son *aire,* est tout plat et non pas creux comme celui de la plupart des autres oiseaux ; placé ordinairement entre deux rochers, dans un lieu sec et inaccessible, il est construit comme un plancher avec de petites perches ou bâtons de 5 à 6 pieds, appuyés par les deux bouts et traversés par des branches souples recouvertes de plusieurs lits de jonc et de bruyère. Ce plancher ou ce nid est large de plusieurs pieds (on en a trouvé de 5 pieds carrés) et assez ferme non seulement pour soutenir l'aigle, sa femelle et ses petits, mais pour supporter encore le poids d'une grande quantité de vivres » (Buffon). L'aigle plane avec majesté dans les hautes régions de l'air. Dès qu'il aperçoit une proie, il replie ses ailes, et se laisse tomber comme une flèche; il saisit sa victime avec une force irrésistible, reprend son essor et se dirige vers son nid. L'union du mâle et de la femelle dure ordinairement pendant toute leur vie qui est dit-on, de plus d'un siècle. Vers le mois de mars, en Europe, la femelle dépose dans son nid deux ou trois œufs qu'elle couve pendant 30 jours. Les petits aiglons naissent couverts d'un duvet blanchâtre. Leur grande voracité exige que les parents se livrent à une chasse active. Aussi trouve-t-on, à cette époque, dans le voisinage de l'aire, des animaux entiers : lièvres, lapins, coqs de bruyère, perdrix, canards, bécasses, chevreaux, faons, agneaux, etc. Quelquefois même les aigles enlèvent de jeunes enfants. Au bout de 3 ou 4 mois, les aiglons étant assez forts pour voler sont chassés par leurs parents et s'enfuient loin de l'aire natale ; ils ne prennent qu'à la 3e année leur plumage d'adulte. La défiance de ces oiseaux est telle qu'il est difficile autant que dangereux de leur faire la chasse; mais les montagnards dénichent quelquefois de jeunes aiglons qui s'apprivoisent assez aisément. — Dans les hautes montagnes du midi de l'Europe, on trouve l'*Aigle impérial,* un peu plus petit que le précédent et de couleur moins foncée. Des plaques blanches qu'il porte à l'origine des ailes lui ont valu le nom d'*Aigle à dos blanc.* — Les mêmes montagnes nourrissent aussi l'*Aigle criard* ou *petit Aigle* ou *Aigle tacheté,* d'un tiers plus petit que le grand aigle, tacheté de gouttelettes fauves sur le haut des ailes; facile à apprivoiser, mais peu courageux. Il ne fait la guerre qu'aux petits animaux et se nourrit même d'insectes.— Outre ces espèces européennes, on a décrit des aigles étrangers, tels que l'*aigle griffard,* d'Afrique, l'*aigle malais,* le *petit aigle du Cap,* et le *petit aigle du Sénégal.* 2° AIGLES PÊCHEURS. Ces oiseaux se distinguent des précédents par leur tarse, qui est revêtu de plumes seulement à sa moitié supérieure et qui est demi-écussonné sur le reste. Ils se tiennent au bord des rivières et de la mer et ne vivent guère que de poisson. Leur nom populaire est *orfraie* ou *pygargue ;* l'espèce américaine appelée *aigle à la tête blanche* figure dans les armes des Etats-Unis. Voy. PYGARGUE ; 3° BALBUSARDS, voy. ce mot; 4° CIRCAÈTES, voy. ce mot; 5° CARACARAS, voy. ce mot; 6° HARPIES, voy. ce mot; 7° AIGLES-AUTOURS (*Morphnus,* Cuv.). Ils ont les ailes plus courtes que la queue, et les doigts faibles. Ils tiennent des éperviers et des autours par leurs tarses grêles et des aigles par leur taille. On les trouve surtout en Amérique. Les principales espèces sont: L'*aigle-autour huppé de la Guyane* ou *petit-aigle de la Guyane,* à manteau noirâtre et à ventre blanc; l'*urubitinga,* noir, avec le croupion blanc ; le *huppart* ou *aigle-autour noir huppé,* d'Afrique, comme un corbeau ; l'*aigle-autour varié* ou *urutaurana-autour huppé, aigle moyen de la Guyane, épervier pattu,* etc.; l'*aigle de l'Amérique méridionale ;* manteau noir varié de gris, ondé de blanc ; dessous blanc rayé de noir; 8° CYMINDIS, voyez ce mot.

*** Aigle** s. f. Femelle de l'aigle : *l'aigle est furieuse quand on lui ravit ses petits.* (Boniface.) — Quelquefois les poètes mettent *aigle* au féminin, qu'il s'agisse du mâle ou de la femelle :

L'aigle, reine des airs, avec Margot la pie...
LA FONTAINE.

— **Blas.** Symbole de la puissance et de la majesté : *aigle éployée d'argent; les armes de l'empire français étaient une aigle tenant une foudre dans ses serres.* (Acad.). L'aigle est dite *becquée, languée, membrée, couronnée, diadémée,* quand son bec, sa langue, ses membres, la couronne ou le diadème qu'elle porte sont d'une couleur autre que celle de son corps. L'aigle est *naissante* ou *issante,* quand on ne voit que la tête et une partie de son corps; *onglée,* quand les serres sont d'un émail différent; *contournée,* quand elle regarde la gauche de l'écusson. — On dit : *les aigles romaines,* pour désigner les enseignes des légions romaines; *les aigles françaises,* pour les drapeaux français de l'empire. — Hist. milit. L'aigle a été pris comme emblème par diverses nations, telles que les Perses, les Épirotes, les empereurs d'Occident et d'Orient. «Chez les Romains, les aigles furent d'abord en bois, puis en argent avec des éclairs d'or entre leurs serres ; et enfin, sous César et ses successeurs, elles furent d'or massif, mais sans foudre. On portait l'aigle fixée au haut d'une lance, et elle servait à distinguer les légions » (de Chesnel).—Charlemagne adopta l'aigle dans ses armes; mais il lui ajouta une deuxième tête (802), pour marquer l'union, sous son sceptre, des deux empires de Germanie et de Rome. Telle est l'origine de *l'aigle à deux têtes* des Allemands, des Autrichiens et des Russes. — L'aigle (à une seule tête) fut adoptée en France comme enseigne par Napoléon Iᵉʳ et rétablie sur les drapeaux par décret de Napoléon III (34 décembre 1851).

AIGLEFIN voy. Aigrefin.

* **AIGLETTE** s. f. Blas. voy. Alérion.

* **AIGLON** s. m. Petit de l'aigle. — Blas. voy. Alérion.

AIGLON, ONNE adj. Qui appartient à l'aigle, à sa race, à sa famille : *la gent aiglonne.*

AIGLURE s. f. Fauconn. Taches rousses sur le plumage d'un oiseau.

AIGNAN (Étienne), académicien, né à Beaugency-sur-Loire, en 1773, mort en 1824. Il fut aide des cérémonies sous Napoléon, écrivit de médiocres tragédies, remplaça Bernardin de Saint-Pierre à l'Académie (1814) et a laissé des ouvrages traduits de diverses langues.

AIGNAN [a-gnan], ch.-l. de cant. (Gers), arr. et à 36 kil. N.-O. de Mirande. 1,800 hab.

AIGNAN (Saint-), ch.-l. de cant. (Loir-et-Cher), arr. et à 38 kil. S. de Blois; 3,000 hab. Bons vins rouges; tanneries, carrières de silex.

AIGNAN-SUR-ROŽ (Saint-), ch.-l. de cant. (Mayenne), à 35 kil. N.-O. de Châteaugontier. 300 hab.

AIGNAY-LE-DUC, ch.-l. de cant. (Côte-d'Or), arr. et à 31 kil. *de* Châtillon-sur-Seine. 1,000 hab.

* **AIGRE** adj. (lat. *acer,* aigu). Qui est acide, piquant au goût : *fruits aigres.* — Fig. Vif, saisissant, en parlant de l'air, du vent : *bise aigre et piquante.* — Se dit aussi des odeurs désagréables, provenant de substances corrompues : *odeur aigre.* — Aigu, rude, perçant, en parlant des sons : *aigre musique; une voix aigre et désagréable.* — Peint. Se dit des couleurs qui ne sont pas liées.—Métall. Qui n'est pas ductile, dont les parties se séparent facilement : *fer aigre.* — w Techn. Se dit des pierres cassantes et des terrains marneux, difficiles à cultiver, qui durcissent par la secheresse et deviennent marécageux en temps de pluie. — * Gravure. Se dit des planches difficiles à tailler et des outils trempés trop dur. — Fig. Sévère, désagréable, en parlant des choses : *parler d'un ton aigre; dire des paroles aigres.* — Revêche, acariâtre, en parlant des personnes : *il n'y a guère de gens plus aigres que ceux*

qui sont doux par intérêt (Vauvenargues). — s. m. Goût, odeur aigre : *ce vin tourne à l'aigre ; il a une odeur d'aigre.* — Par anal. : *il y a encore de l'aigre dans l'air,* le temps n'est pas complètement adouci.

AIGRE, ch.-l. de cant. (Charente), arr. et à 46 kil. S.-O. de Ruffec. 1,800 hab. Eaux-de-vie dites de Cognac.

* **AIGRE-DOUX, OUCE** adj. Qui a un goût mêlé d'aigre et de doux : *fruits aigres-doux.* — Fig. Dont l'aigreur se fait sentir sous une apparence de douceur, en parlant du ton, de la voix, des paroles, du style : *réprimandes aigres-douces.*— w Substantiv. : *l'aigre-doux,* ce qui est aigre-doux. — Personne dont l'humeur aigre se couvre d'une douceur apparente.

AIGREFEUILLE. I. ch.-l. de cant. (Loire-Inférieure), arr. et à 20 kil. S.-E. de Nantes; 1,500 hab. — **II.** ch.-l. de cant. (Charente-Inférieure) arr. et à 25 kil. de Rochefort; 1,800 hab. Centre du commerce des eaux-de-vie de l'Aunis dites d'*Aigrefeuille.*

* **AIGREFIN** s. m. (all. *greifen,* saisir). Homme rusé, qui vit d'industrie.

AIGREFIN, Aiglefin ou **Églefin** s. m. Nom d'une espèce de morue de petite taille que l'on pêche dans les mers du Nord.

* **AIGRELET, ETTE** adj. (diminut. d'*aigre*). Un peu aigre : *fruit aigrelet.* — Fig. Se dit des paroles, des manières qui marquent quelque chose de piquant : *ton aigrelet.*

AIGRELIER s. m. L'un des noms du sorbier terminal ou alisier des bois.

* **AIGREMENT** adv. D'une manière aigre ; se dit surtout de la manière dont on parle ou dont on écrit.

* **AIGREMOINE** s. f. (gr. *agrios,* champ; *monias,* solitaire). Bot. Genre de rosacées, tribu des Dryadées, à tiges vivaces, herbacées, à feuilles composées, à fleurs jaunes en longues grappes, à cinq pétales, à douze à vingt étamines et à un ou deux ovaires qui mûrissent en akènes dans le tube du calice. Une de ses espèces, l'*aigremoine eupatoire* (*agrimonia eupatoria,* Lin.) est commune dans nos campagnes, le long des haies ou sur la lisière des bois. Elle porte, en juillet, de petites fleurs jaunes disposées en longs épis grêles. On la considère comme détersive et astringente. On l'emploie surtout en décoction pour gargarismes contre les maux de gorge et dans quelques diarrhées rebelles.

AIGREMONT-LE-DUC, village, à 50 kil. N.-S.-E. de Chaumont (Haute-Marne) ; 200 hab. Ruines d'un château qui fut célèbre pendant le moyen âge.

AIGREMORE s. m. Charbon pulvérisé dont se servent les artificiers.

* **AIGRET, ETTE** adj. (dimin. d'*aigre*). Légèrement aigre.

* **AIGRETTE** s. f. (gr. *akros,* cime). Faisceau de plumes droites et effilées qui orne la tête de certains oiseaux. — Par compar. Bouquet de plumes qui orne la coiffure des hommes et des femmes ou qui est placé sur les dais, sur la tête des chevaux, sur les lits de parade, etc. — Par ext. Pompon de crin ou forme d'aigrette qui sert d'ornement à une coiffure militaire. — Faisceau de pierres précieuses disposées en forme d'aigrette. — *Aigrette de verre,* ornement composé de fils de verre droits et fins. — *Aigrette d'eau,* petit jet d'eau divergent qui affecte la forme d'une aigrette. — Phys. *Aigrettes lumineuses,* faisceau de rayons lumineux divergents, qu'on aperçoit aux pointes et aux extrémités anguleuses des corps électrisés. — Bot. Espèce de pinceau de poils déliés qui surmonte les graines de certaines plantes telles que le pissenlit, le seneçon, etc.

— Ornith. On donne le nom d'*aigrette* à un sous-genre du genre *héron,* composé d'oiseaux dont les plumes du dos deviennent longues et effilées au printemps et tombent en automne. La *grande aigrette blanche* (ardea alba, Gmel.).

Grande aigrette blanche (Ardea alba), et petite aigrette (Ardea garzetta).

longue d'environ un mètre, est connue en Pologne, en Hongrie et en Sardaigne. Les plumes scapulaires, qui retombent en touffes soyeuses de chaque côté de ses épaules, sont recherchées pour la parure des dames. La *petite aigrette* (ardea garzetta, Linné), également

Grande aigrette d'Amérique (Ardea egretta).

blanche, voyage périodiquement sur les bords de la Méditerranée; elle s'égare quelquefois jusqu'en Angleterre. La *grande aigrette d'Amérique* (ardea [herodias] egretta, Gmel.) est commune sur les rivières du Mexique et des Etats-

Aigrette rougeâtre (Ardea rufa).

Unis. Les mêmes pays nourrissent également une *petite aigrette,* communément appelée *aigrette rougeâtre* (ardea [demi-egretta] rufa)

* **AIGRETTÉ, ÉE** adj. [è-grè-té]. Bot. Pourvu d'une aigrette.

* **AIGREUR** s. f. Qualité de ce qui est aigre : *ce vin a pris de l'aigreur.* — Fig. Disposition

d'esprit et d'humeur qui porte à offenser les autres par des paroles piquantes :

La comédie apprit à rire sans aigreur.

BOILEAU.

— Commencement de brouillerie entre deux personnes :

Je ne garde pour lui, monsieur, aucune aigreur.

MOLIÈRE.

— Méd. Sensation désagréable d'ardeur ou d'âcreté, causée par la régurgitation de liquides acides, à la suite d'une mauvaise digestion. Ce mot s'emploie ordinairement au pluriel et l'on dit : *avoir des aigreurs*, ou *des aigreurs d'estomac*. Cette indisposition est fréquemment un symptôme de la *gastralgie* ; elle s'observe chez les personnes dont l'estomac est délicat ou paresseux, chez les femmes enceintes ou hystériques, chez les hypocondriaques ; elle dépend quelquefois d'aliments indigestes ou venteux. — Traitement : donner du charbon de Belloc et de la magnésie calcinée, dans un peu d'eau sucrée ; ou de l'eau de chaux, ou quelques gouttes d'ammoniaque dans un verre d'eau, ou de la glace. — Grav. Se dit, au f. pl., des tailles où l'eau-forte a trop mordu.

AIGRIÈRE s. f. Mélange de lait aigri et de son pour la nourriture des porcs.

°AIGRIR v. a. Rendre aigre, faire devenir aigre :

Un vase impur *aigrit* la plus pure liqueur.

DELILLE.

— Fig. Irriter, mettre dans une disposition ou dans une situation plus fâcheuse : *ce remède n'a fait qu'aigrir son mal*. — S'aigrir v. pr. Devenir aigre : *boisson qui s'aigrit*. — Fig. S'irriter : *les esprits s'aigrirent*.

AIGRISSEMENT s. m. Action d'aigrir.

°AIGU, UË adj. (lat. *acutus* ; de *acuere*, aiguiser). Terminé en pointe ou en tranchant ; qui est propre à percer ou à fendre : *fer aigu, flèche aiguë*. — Gramm. Se dit de l'accent qui va de droite à gauche (') et qui se place sur la plupart des e fermés, comme dans *régénéré*. On dit quelquefois un *é aigu*. — Géom. Se dit de l'angle qui est moins ouvert que l'angle droit : *angle aigu*. — Bot. Se dit des feuilles qui se terminent en pointe. — Fig. Se dit des sons clairs et perçants : *voix aiguë*. — Méd. Se dit d'une douleur vive et piquante, par opposition à douleur sourde. — MALADIE AIGUE, affection, maladie grave, dont la marche est rapide, qui se termine rapidement par la mort ou par la guérison. Dans ce sens, on dit *aiguë* par opposition à *chronique*. — Mus. Se dit des sons qui appartiennent aux parties extrêmes de l'échelle musicale. — Substantiv. Son très élevé de l'échelle musicale : *l'aigu et le grave*.

°AIGUADE s. f. (é-gha-de) (lat. *aqua*, eau). Source d'eau douce, située au bord de la mer, et qui peut facilement servir aux approvisionnements d'un navire en cours d'expédition. — Se dit aussi quelquefois de la provision d'eau douce faite par un navire.

AIGUADIER s. m. (é-ga-dié) (rad. *aigue*). Employé chargé de la surveillance et de la distribution des eaux d'un canal entre les riverains.

°AIGUAIL s. m. (é-gai ; l mll.) (rad. *aigue*). Rosée, petites gouttes qui demeurent sur les feuilles des herbes et des arbres.

°AIGUAYER v. a. (é-ghè-ié) (rad. *aigue*). Baigner, laver dans l'eau. Il se conjugue comme *payer*. — AIGUAYER UN CHEVAL, le faire entrer dans la rivière jusqu'au ventre, et l'y promener pour le laver et le rafraîchir. — AIGUAYER DU LINGE, le laver et le remuer quelque temps dans l'eau.

°AIGUE s. f. (é-ghe) (lat. *aqua*, eau). Vieux mot qui signifiait *eau* et qui est entré dans la composition de plusieurs noms de villes : *Aigueperse, Chaudesaigues*, etc., ainsi que dans

plusieurs mots de la langue usuelle : *aiguière, aiguade*.

AIGUEBELLE, *Aqua-Bella*, anc. *Carbonaria*, ch.-l. de cant., arr. et à 25 kil. N.-O. de Saint-Jean-de-Maurienne (Savoie). 1,200 hab. — Erigée en principauté par Charles-Emmanuel. Une armée franco-espagnole y battit les troupes du duc de Savoie, en 1742.

°AIGUE-MARINE s. f. (è-ghe-ma-ri-ne) (de *aigue* et *marine*). Variété d'émeraude commune, qui est verte comme l'eau de mer ; les *aigues-marines* du commerce viennent presque toutes de Russie et du Brésil.

AIGUEPERSE, *Aquæ-Sparsæ*, ch.-l. de cant. (Puy-de-Dôme), arr. et à 15 kil. N.-E. de Riom. Toiles, chapeaux de feutre, chandelles. Comm. de grains. Patrie de Delille et du chancelier de l'Hôpital. 3,000 hab. Eglise Notre-Dame ; Sainte-Chapelle, fondée par Louis 1er de Bourbon ; statues remarquables de saint Louis et de la reine Blanche.

AIGUESMORTES [è-ghe-mor-te] (*Aquæ-Mortuæ*, eaux stagnantes), ch.-l. de cant. (Gard), arr. et à 39 kil. S.-S.-O. de Nîmes ; à 4 kil. de la Méditerranée, au milieu des marais de la Radelle, du Bourgidon et de la Grande Robine. 3,975 hab. Charlemagne donna ce territoire à l'abbaye voisine de *Psalmodi* ; mais Saint-Louis, considéré comme le fondateur d'Aiguesmortes, racheta son territoire en 1248, et fit agrandir le port, qui était alors très important. C'est de là qu'il s'embarqua pour ses croisades. La ville, protégée des rois de France, devint bientôt l'une des plus prospères du Bas-Languedoc. Malheureusement, son port et les canaux qui le faisaient communiquer avec la mer, se sont ensablés. Les murailles d'Aiguesmortes, construites à la fin du XIIIe siècle, et la tour de Constance, élevée par Saint-Louis, sont conservées comme monuments historiques. En 1538, François 1er et Charles-Quint eurent une entrevue dans cette ville, à laquelle Henri IV rendit une certaine activité par les travaux du canal de la Grande Robine. — Le commerce du sel est resté important. — Bibliogr. *Histoire d'Aiguesmortes*, par E. di Pietro, Paris 1849, in-8°.

AIGUESMORTAIN, AINE s. et adj. Habitant d'Aiguesmortes. Qui appartient à cette ville ou à ses habitants.

AIGUES-VIVES, bourg du dép. du Gard, à 20 kil. S.-O. de Nîmes ; 1,600 hab. Carrières de pierres de taille.

°AIGUIÈRE s. f. (è-ghiè-re) (lat. *aqua*, eau). Vase à large ouverture, à anse et à bec, dont on se servait autrefois pour mettre l'eau (*aigue* en vieux franç.) sur les tables. Il y avait des aiguières d'or, d'argent, de cristal, de porcelaine ; on en a fait de toutes très élégantes.

°AIGUIÉRÉE s. f. Ce que contient une aiguière pleine.

°AIGUILLADE s. f. (è-gu-i-ia-de ; ll mll.). Gaule armée d'une pointe dont on se sert pour piquer les bœufs.

°AIGUILLAGE s. m. (è-gu-i-ia-je ; ll mll.). Action de faire mouvoir l'aiguille d'un chemin de fer.

°AIGUILLAT s. m. (è-ghi-ia ; ll mll.) (d'*aiguille*, à cause de l'épine acérée que ce poisson

AiguiIlat.

porte à la première nageoire dorsale). Sous-

genre du genre *Squale*. L'*aiguillat*, appelé aussi *chien de mer*, très-commun sur nos côtes, appartient au genre *acanthias* de Risso. — Corps effilé, couvert d'une peau chagrinée, brune en dessus, blanchâtre en dessous ; longueur : un mètre environ ; chair dure et peu savoureuse. Sa peau, connue sous le nom de *peau de chagrin*, est employée à polir le bois, l'ivoire et même certains métaux. C'est un animal vorace qui détruit une foule de poissons, de mollusques et de crustacés.

°AIGUILLE s. f. (è-gu-i-lle ; ll mll.] (celtique *ac*, pointu ; lat. *acicula*, petite pointe). Tige, ordinairement d'acier, fine, pointue par un bout, arrondie et percée par l'autre, pour y passer du fil, de la laine, de la soie, etc. ; on se sert pour coudre, pour broder, pour faire de la tapisserie, etc. — AIGUILLE A PASSER. Grande aiguille dont les femmes se servent pour passer un lacet, un cordonnet, dans des œillets, dans une coulisse. — Prov. DE FIL EN AIGUILLE, de propos en propos, en passant d'une chose à une autre : *de fil en aiguille, il m'a conté son histoire*. — CHERCHER UNE AIGUILLE DANS UNE BOTTE DE FOIN. Chercher, parmi beaucoup d'autres, une chose difficile à trouver en raison de sa petitesse. — DISPUTER SUR LA POINTE D'UNE AIGUILLE ; FAIRE UN PROCÈS SUR LA POINTE D'UNE AIGUILLE, élever une contestation sur un sujet très léger. — Chir. *Aiguille à acupuncture*. Voy. ACUPUNCTURE. — *Aiguille à cataracte*, tige d'acier, longue de 30 à 35 centimètres, destinée à opérer l'abaissement du cristallin. — *Aiguille à ligatures*, tige courbe destinée à passer un de plusieurs fils à travers les tissus, autour d'un vaisseau pour en faire la ligature. — *Aiguille à séton*, lame d'acier, aiguë, mince et étroite, tranchante dans une partie de sa longueur et percée, vers la tête, d'un trou qui reçoit la mèche. — *Aiguille à suture*. Voy. SUTURE. — Gnomon. Tige marquant l'heure sur les cadrans. La *petite aiguille*, marque les heures ; la *grande aiguille* marque les minutes. Quelques horloges ont une *aiguille de secondes*. — Phys. *Aiguille aimantée*, lame d'acier aimantée et tournant librement sur son pivot ; elle forme la partie essentielle des boussoles ; elle ne se dirige pas rigoureusement du nord au sud ; elle forme, au contraire, avec la ligne du méridien terrestre, un angle appelé *déclinaison*. Elle ne se tient pas non plus dans une position parfaitement horizontale. L'un de ses pôles s'incline vers la terre d'un angle nommé *inclinaison*. — Art milit. *Fusil à aiguille*, voy. FUSIL. — Balance. *Aiguille de balance*. Aiguille placée au milieu du fléau d'une balance ; elle fait, par son inclinaison, apprécier le pesanteur des objets placés dans les plateaux. — Archit. Clocher en pyramide appelé aussi *flèche*. — Obélisque. Ornements de pierre en forme de petits obélisques qui surmontent diverses parties des édifices gothiques. — Géogr. Pyramide très allongée qui s'élève, en pointe aiguë et élancée, au sommet de certaines montagnes. — Minér. Aiguille se dit des cristaux de forme allongée et déliée. — Bot. Feuille des arbres résineux : *les aiguilles du pin*. — Ichtyol. Nom vulgaire de *l'orphie* et de quelques autres poissons de mer qui sont longs et menus et qui ont la tête pointue. — Chemins de fer. Portion de rails qui sert à faire passer les trains d'une voie sur une autre. On appelle *aiguilleur* l'ouvrier chargé de manœuvrer les aiguilles. — ∾ Mar. Partie de l'éperon d'un navire comprise entre la gorgère et les portevergues. — Pièce de bois en arc-boutant qui soutient les mâts d'un bâtiment qui est sur le côté pour des réparations. — *Aiguille de ponton*, pièce de bois qui soutient le mât de ponton contre les efforts des palans de redresse. — *Aiguille de fanal*, barre de fer sur le coude de laquelle on établit le fanal de poupe. — *Aiguille à ralingue* ou à voiles, grosse aiguille cylindrique qui sert à coudre les cordes, les voiles, etc. — *Aiguillée* est, en

outre, le nom d'un petit bateau léger et effilé des deux bouts dont on fait usage pour la pêche sur certaines rivières. — Argot des grecs. Carte pointant entre les autres de façon à seconder les tricheries : *le pigeon coupe sous l'aiguille*. — Hist. et technol. Les hommes primitifs se servirent, en guise d'aiguilles, de morceaux d'os ou d'ivoire ; les peuples civilisés de l'antiquité inventèrent les aiguilles de bronze. On en a trouvé dans les tombeaux égyptiens, et Pline dit que les dames de son temps en possédaient pour coudre et pour tricoter. Les Arabes introduisirent en Espagne la manière de fabriquer des aiguilles en acier ; plus tard, les Maures, chassés de la Péninsule, répandirent cette industrie dans toute l'Europe. Vers le xviie siècle s'établit à Paris une communauté d'*aiguilliers*, qui dura jusqu'à la Révolution. Sous le règne de Henri VIII, un Maure réfugié en Angleterre se mit à fabriquer des aiguilles d'acier ; mais ses procédés restèrent secrets jusqu'en 1650. Dès qu'ils lombèrent dans le domaine public, les Anglais le perfectionnèrent. Les manufactures d'aiguilles ont pris chez eux une grande importance ; celles de Redditch (Gloucestershire) emploient 10,000 ouvriers et produisent annuellement plus de cinq milliards de ces petits instruments. En France, cette industrie, moins active qu'en Angleterre, est concentrée à Paris, à Lyon, à Besançon, à Laigle, à Rugles, etc. L'Allemagne a des fabriques à Berlin, Aix-la-Chapelle, Stolberg, Borcelle, etc. — Ce qui fait la supériorité des produits anglais, c'est qu'on fabrique les aiguilles avec de l'acier étiré en fils ; tandis que sur le continent, et particulièrement en France, on emploie presque toujours du fil de fer que l'on *cémente* lorsque l'aiguille est dégrossie. — Bien que l'aiguille soit un instrument très simple dans sa forme, il ne faut pas moins de 90 opérations pour la façonner et elle passe par une centaine de mains avant d'être terminée et livrée au commerce.

AIGUILLE (L'), montagne du département de l'Isère, appelée la *montagne inaccessible* ; l'une des sept merveilles du Dauphiné ; 1,950 mètres de haut.

AIGUILLÉ, ÉE adj. Qui est en forme d'aiguille.

* **AIGUILLÉE** s. f. [é-gu-i-ié ; *ll* mll.]. Etendue de fil, de soie ou de laine, coupée de la longueur nécessaire pour travailler à l'aiguille.

* **AIGUILLER** v. a. [é-gu-i-ié ; *ll* mll.]. Chirurg. Abaisser la cataracte au moyen d'une aiguille. — Chemin de fer. Faire passer un train d'une voie sur une autre : *aiguiller un train*.

AIGUILLERIE s. f. Fabrique, commerce d'aiguilles.

AIGUILLES ou *Agulhas* (Cap des), pointe la plus méridionale d'Afrique, environ 175 kil. S.-S.-E. du cap de Bonne-Espérance. Lat. 34° 51' S. ; long. 17° 42' E.

AIGUILLES, ch.-l. de cant. (Hautes-Alpes) arr. à 17 kil. E. de Briançon ; 800 hab. On y montre la belle pierre druidique appelée *Pierre-Fiche*.

* **AIGUILLETAGE** s. m. (rad. *aiguillette*). Mar. Action de réunir, d'ajuster bout à bout deux objets de gréement sans qu'ils ne se croisent l'un sur l'autre.

* **AIGUILLETER** v. a. [é-gu-i-lle-té ; *ll* mll.]. Attacher avec des aiguillettes. — Mar. Lier ensemble, au moyen d'un petit cordage, deux objets qui ne doivent pas se croiser. — Amarrer un canon.

* **AIGUILLETIER** s. m. Artisan dont le métier est de ferrer les aiguillettes et les lacets. — ⤳ Aiguilletière s. f. Celle qui ferre des aiguillettes.

* **AIGUILLETTE** s. f. [é-gu-i-iè-te ; *ll* mll.]. (dimin. d'*aiguille*). Cordon ou tresse ferrée

par les deux bouts, qui sert à attacher : *aiguillette de fil*. — Marque distinctive des officiers d'état-major et des troupes d'élite. Les aiguillettes se composent de cordons fixés par l'extrémité dans des tubes métalliques nommés *afférons* et qui se placent sur l'épaule droite. On donna primitivement le nom d'*aiguillettes* aux lacets qui liaient les différentes parties des armures. Le vainqueur coupait les aiguillettes du vaincu pour disperser les pièces de son armure ; *perdre ses aiguillettes* signifiait donc être vaincu ; même lorsqu'on ôtait les cuirasses, on gardait les aiguillettes comme insigne de bravoure ; et c'est ainsi que naquit l'idée qui s'attache encore au port de l'aiguillette. — Tranche de chair effilée, prise le long du dos de certains oiseaux : *couper un canard par aiguillettes*. — Mar. Ligne qui sert à opérer l'aiguilletage. — Gros fil de fer terminé par une espèce de bouton et qu'on emploie pour tirer du sable. — *Aiguillette de carène*, celle dont on fait usage pour aiguilleter les caliornes. — *Aiguillette de porque*, allonge la plus haute placée d'une porque ; renfort placé sur l'intérieur des vaigres. — ⤳ Zool. Très petite espèce d'escargot que l'on rencontre dans les environs de Paris, sous les mousses, dans les vieilles murailles. Sa forme mince et allongée lui a valu son nom (*Bulimus acicula*). — * Fig. NOUER L'AIGUILLETTE, faire un maléfice auquel on attribuait le pouvoir d'empêcher la consommation du mariage.

* **AIGUILLEUR** s. m. [é-gu-i-ieur ; *ll* mll.]. Celui qui, sur les voies ferrées, est chargé de faire mouvoir l'aiguille au passage des trains. A l'aide d'un mécanisme, l'aiguilleur imprime un mouvement aux rails qui dirigent le train.

* **AIGUILLIER** s. m. [é-gu-i-ié ; *ll* mll.]. Petite boîte où l'on met des aiguilles. On dit mieux *étui*.

AIGUILLIER, IÈRE s. Celui, celle qui fabrique ou qui vend des aiguilles.

AIGUILLIÈRE s. f. Pêche. Filet destiné à prendre les poissons appelés *aiguilles*.

* **AIGUILLON** s. m. [é-gu-i-ion ; *ll* mll.]. Pointe de fer fixée à un grand bâton, et dont on se sert pour piquer les bœufs. — Bot. Piquant dont sont armées diverses plantes. Il se distingue de l'*épine* en ce qu'il adhère seulement à l'épiderme dont il se détache facilement. — Zool. Espèce de dard qui sert d'arme à certains insectes hyménoptères et aux scorpions. L'aiguillon qui se rencontre chez les femelles et les neutres des hyménoptères (abeille, guêpe, frelon, bourdon, etc.), se compose de deux dards très fins, accolés et recouverts d'un étui corné qui est logé dans l'abdomen. Entre les deux soies qui forment l'aiguillon, un canal microscopique livre passage au venin sécrété par une petite glande interne. Lorsque l'animal irrité veut attaquer ou se défendre, des muscles énergiques font sortir son arme qui s'enfonce dans le corps de son ennemi et est le seul fait de la pression, le venin comprimé dans la glande s'écoule par la gouttière et se répand dans la plaie. Quelquefois les dentelures du dard le maintiennent dans la blessure, et l'insecte, qui se mutile en l'abandonnant, ne tarde pas à mourir. Chez les scorpions, l'aiguillon est formé par le dernier segment de l'abdomen, qui se termine en une pointe aiguë, arquée, perforée de deux petits trous pour donner issue au venin. — Fig. Stimulant, tout ce qui excite, anime, encourage :

L'aiguillon de l'amour est la difficulté.
Malherbe.

— Dans l'Ecriture, l'*aiguillon de la chair*, les tentations de la chair.

AIGUILLON, ch.-l. de cant. (Lot-et-Garonne) arr. à 39 kil. N.-O. d'Agen ; 2,500 hab. ; autrefois ville forte, inutilement assiégée par Jean II le Bon, duc de Normandie (1345), puis

érigée en duché-pairie pour la famille de Lorraine-Mayenne (1600). Richelieu acheta ce duché en 1638 pour sa nièce Marie-Madeleine de Vignerot, dont un des héritiers, Armand-Vignerot-Duplessis-Richelieu, duc d'Aiguillon, né en 1720, fut ministre des affaires étrangères de 1771 à 1774. Louis XVI le disgracia, autant à cause de la dissolution de ses mœurs que parce qu'il avait laissé s'accomplir le partage de la Pologne ; il mourut en 1782. — Son fils, Armand-Vignerot-Duplessis, député de la noblesse d'Agen aux Etats-Généraux de 1789, pactisa d'abord avec la Révolution ; mais il émigra en 1792 et mourut à Hambourg, le 4 mai 1800.

AIGUILLONNAIS, AISE s. et adj. Habitant d'Aiguillon ; qui appartient à cette ville ou à ses habitants.

AIGUILLONNANT, ANTE adj. Qui est de nature à aiguillonner, à exciter.

* **AIGUILLONNER** v. a. Piquer, presser avec l'aiguillon. — Fig. Exciter.

AIGUILLOTS s. m. pl. [é-gu-i-io ; *ll* mll.]. Mar. Ferrures à l'aide desquelles le gouvernail peut tourner et rester suspendu à l'étambot. Les parties fixées à l'étambot portent le nom de *femelots*.

AIGUISABLE adj. Qui peut être aiguisé.

AIGUISAGE s. m. Action d'aiguiser.

* **AIGUISEMENT** s. m. Action d'aiguiser.

* **AIGUISER** v. a. [é-gu-i-zé] (rad. *aigu*). Rendre aigu, pointu, tranchant : *aiguiser son couteau*. — Prov. et fig. AIGUISER SES COUTEAUX, se préparer au combat. — AIGUISER UNE EPIGRAMME, la rendre mordante. — AIGUISER L'APPÉTIT, augmenter, exciter l'appétit. — AIGUISER L'ESPRIT, donner de la pénétration, de la promptitude à l'esprit. — S'aiguiser v. pr. Etre aiguisé : *le fer s'aiguise avec le fer*.

AIGUISERIE s. f. Usine où l'on aiguise et polit les armes blanches et les instruments tranchants.

* **AIGUISEUR** s. m. Ouvrier qui aiguise. — ⤳ Aiguiseuse s. f. Ouvrière qui travaille dans une aiguiserie.

AIGUISOIR s. m. Instrument propre à aiguiser.

AIGULFE (Saint), archevêque de Bourges au ixe siècle. Fête le 22 mai.

AIGUMENT adv. D'une manière aiguë.

AIGURANDE, *Igorandis Biturigum*, ch.-l. de cant. (Indre), arr. et à 20 kil. S.-O. de La Châtre ; comm. de bétail. 2,000 habitants.

AIKIN. I. (John), médecin et littérateur anglais (1747-1822), auteur de *Soirées chez soi*, qui ont été traduites dans toutes les langues ; directeur (1796 à 1806) du *Monthly Magazine*. Ses œuvres comprennent des *Mémoires biographiques de médecine* depuis le temps de *Henri VIII* et une *Biographie générale* (10 vol. in-4°). — II. (Arthur), son fils (1773-1854), publia le *Journal d'un voyage dans le pays de Galles septentrional et dans le Shropshire* ; un *Dictionnaire de Chimie et de Minéralogie* ; et, avec son frère, Charles, un manuel de Minéralogie. — III. (Lucy), sœur du précédent (1781-1864), publia en collaboration avec son père et avec sa tante, des *Mémoires sur les règnes d'Elisabeth, de Jacques 1er, de Charles 1er, des Lettres aux femmes* et les *Mémoires d'Addison*.

AIKMAN (William), célèbre peintre de portraits, né en Ecosse, en 1682, mort en 1731.

* **AIL** s. m. [al ; *l* mll.] (lat. *allium*). Quelques botanistes disent au plur. les *ails*, mais ordinairement on écrit des *aulx*. — Bot. Genre de liliacées, tribu des hyacinthinées, formé de plantes herbacées, vivaces, rarement bisannuelles, à souche bulbeuse, à tige dressée, à fleurs disposées en ombelle simple terminale

et toujours enveloppées d'une spathe commune avant l'épanouissement. Les bulbes des aulx sont ordinairement douées d'une odeur spéciale et forte, et d'un goût âcre. On les emploie comme assaisonnement. Le genre ail renferme un grand nombre d'espèces, parmi lesquelles on distingue : l'*ail ordinaire*, le *poireau*, la *rocambole*, la *cive* ou *civette*, l'*échalotte*, la *ciboule*, l'*oignon*, etc. Voy. ces mots. — Ail ordinaire (*allium sativum*). Plante à bulbe ou tête arrondie ou presque ovoïde, formée de tuniques minces, blanches ou rougeâtres qui renferment de mars à septembre les petites bulbes appelées *gousses* ou *caïeux*. Sa hampe, haute de 20 à 30 centim., se termine par des fleurs d'un blanc sale, à étamines saillantes. Entre les pédicules des fleurs, il se forme quelquefois des caïeux petits et secs appelés *soboles*. L'ail croît spontanément en Egypte et dans le midi de l'Europe. — Hortic. L'ail demande une terre forte, bien assainie, bien fumée. On met en terre les caïeux dans les premiers jours de novembre pour récolter en mai; ou au commencement de mars pour récolter en juin. La culture est simple et ne réclame que des binages. On noue les fanes pour les empêcher de monter en graine et on arrache le plant lorsqu'elles sont desséchées. — Econ. dom. L'ail est un stimulant très actif qui forme un des assaisonnements les plus recherchés dans le Midi; malheureusement il communique à l'haleine une odeur insociable qu'il est impossible de masquer. Les peuples du Nord ne considèrent cette plante que comme médicament. Dans certaines parties des Etats-Unis, les personnes qui désirent une gousse d'ail vont l'acheter chez le pharmacien. Mais en France, l'ail entre dans beaucoup de recettes culinaires. — Méd. Les Méridionaux considèrent l'ail comme un puissant préservatif contre les fièvres intermittentes et contre les maladies contagieuses. On l'emploie en médecine comme diurétique, sudorifique et surtout comme vermifuge. — ESSENCE D'AIL, essence sulfurée, liquide, incolore, d'une odeur nauséabonde, obtenue en distillant l'eau sur des gousses d'ail écrasées, en rectifiant au bain-marie et en distillant une dernière fois sur le potassium.

° AILANTE s. m. (malais *ailanto*, arbre du ciel). Genre de plantes que Lindley a classé dans la famille des *simaroubacées*. L'espèce appelée *ailante glanduleux* (*ailanthus glandulosa*), originaire de Chine, fut introduite en Angleterre en 1751. On l'a multipliée chez nous à cause de sa forme élégante et de la rapidité de sa croissance. Ses feuilles, assez semblables à celles du frêne, servent à la nourriture d'une espèce de ver à soie. Son bois, blanc, satiné, prend un beau poli. Cet arbre se multiplie par drageons aussi bien que par semis. La culture de l'ailante glanduleux a pris une grande importance par suite de l'introduction d'un nouveau ver à soie (le *cynthia bombyx*), qui se nourrit de ses feuilles. — L'*ailante élevé* (*ailanthus excelsa*), autre espèce de l'extrême Orient, aux feuilles persistantes et ne se cultive que dans les serres chaudes.

AILANTICULTURE s. f. Culture en grand de l'ailante.

AILANTINE s. f. Matière textile que produit le *cynthia bombyx*, vers à soie qui se nourrit des feuilles d'*ailante*.

° AILE s. f. (celtique *al* ou *el*, elevé ; lat. *ala*). Partie du corps des oiseaux, de quelques mammifères, d'un grand nombre d'insectes et de plusieurs poissons, qui leur sert à voler :

    Je suis oiseau, voyes mes ailes.
                        LA FONTAINE.

— L'aile d'un oiseau se compose : d'un *humérus*, os qui s'articule à l'épaule; d'un *avant-bras*, formé de deux os : le *radius* et le *subitus* ou os du coude. Les plumes qui partent de cet os portent le nom de *rémiges secondaires*. A

l'extrémité de l'avant-bras, se trouve la main, formée : d'un *pouce* (dont les plumes sont appelées *rémiges bâtardes*) et de *doigts* qui portent les *rémiges primaires*. — Chez les chauves-souris, l'aile est formée des os analogues, et les doigts grêles de la main sont allongés en baguettes et réunis par la peau qui forme l'aile. Chez les insectes, les ailes, qui sont par paires, sont une expansion aplatie de la peau. — Bot. On nomme ailes, les deux pétales latéraux des fleurs papilionacées parce que ces pétales représentent assez bien les ailes d'un papillon. — ∾ On donne le même nom à des lames membraneuses qui se développent dans certains fruits, tels que ceux du frêne et de l'orme. — ° Anat. *Ailes du nez*, côté extérieur des narines. — ∾ On dit aussi : *ailes de l'oreille, ailes de l'os sphénoïde*, etc. — ° Partie charnue de l'oiseau cuit, depuis le haut de l'estomac jusque sous les cuisses : *servir une aile de poulet*. — Fig. Les ailes étant le symbole de la légèreté, de la rapidité, on dit : *la peur donne des ailes*; *le mal a des ailes :*

    Et j'y serais encor dans des peines mortelles
    Si l'amour pour vous voir ne m'eût prêté ses ailes.
              REGNARD. *Le Joueur*, acte II, sc. IV.

— Direction, surveillance, protection : *cette fille est sous l'aile de sa mère; Seigneur, couvrez-moi de vos ailes*. — Les peintres et les poètes donnent des ailes aux Vents, au Temps, aux Heures, à Mercure. On dit poétiquement : sur les ailes, sur l'aile des Vents, des Zéphirs, sur les ailes du Temps. — BOUTS D'AILE, plumes à écrire provenant du bout de l'aile des oies. — Par analogie, on dit les *ailes d'un moulin à vent*, pour désigner les grands châssis garnis de toile qui sont mis en mouvement par le vent. — Horlog. *Ailes d'un pignon*, dents d'un pignon. — Corderie. *Ailes d'un touret*, deux planchettes en croix qui retiennent le fil sur le touret, lorsqu'il est près d'être rempli. — ∾ Fortific. Faces latérales d'un ouvrage à cornes ou à couronne, lesquelles sont placées de manière à envelopper une demi-lune ou à couvrir un bastion. — ° Art. milit. Partie latérale d'une armée en marche ou en bataille; les ailes sont aux extrémités; le centre est rangé entre elles. Toute armée a donc une *aile droite* et une *aile gauche* ou simplement une *droite* et une *gauche*. Dans l'antiquité, les ailes se composaient de cavalerie et de troupes légères; au centre, on plaçait les soldats pesamment armés. — Mar. Escadre ou division la plus éloignée sur les côtés ou par le travers du gros de la flotte — ∾ Parties de l'arrimage situées dans la cale et qui reposent à l'extrémité des varangues. — *Ailes de pigeon* ou *de papillon*, petites voiles triangulaires placées au-dessus des cacatois. — *Ailes de dérive* ou *semelles de dérive*, plate-forme solide en bois, posée à plat, de chaque côté et en dehors du navire pour l'aider à mieux tenir le vent. — Rite catholique. Bandelettes attachées par derrière aux mitres des évêques et des abbés, et qui retombent sur leurs épaules. — ° Archit. Partie latérale d'un bâtiment, disposée soit sur la même ligne que la façade, soit en retour d'équerre. Tout bâtiment parfait doit avoir deux ailes, appelées *aile droite* et *aile gauche*, non par rapport au spectateur, mais par rapport au bâtiment même. — Croisillons du transsept et bas côtés ou nefs latérales dans une église. — Côtés de la scène où se meuvent les châssis des décorations et où rentrent les gens de service, ainsi que les acteurs avant d'entrer en scène, dans un théâtre. — Colonnades latérales des temples périptères grecs. — Parties plates ou inclinées qui rétrécissent l'âtre d'une cheminée. — Evasures circulaires ou à pans coupés que l'on pratique aux extrémités d'un pont pour faciliter la circulation. — Prov. et fig. NE BATTRE QUE D'UNE AILE, avoir perdu de sa vigueur, de son crédit, de sa considération. EN AVOIR DANS L'AILE, être devenu amoureux, ou encore avoir perdu la

santé, avoir subi une disgrâce. ROGNER LES AILES A QUELQU'UN, lui retrancher de son crédit, de ses bénéfices. TIRER PIED OU AILE D'UNE CHOSE, en tirer profit. TIRER UNE PLUME DE L'AILE A QUELQU'UN, lui tirer de l'argent, lui extorquer quelque chose. ARRACHER A QUELQU'UN UNE PLUME DE L'AILE, UNE BELLE PLUME DE L'AILE, le priver de quelque emploi, lui ôter quelque chose de considérable. — Argot. Bras : *d'un coup de poing, je lui ai brisé l'aile; attrapez mon aile pour ta ballade* (donnez-moi le bras pour la promenade).

° AILÉ, ÉE adj. Qui a des ailes. S'emploie surtout en parlant de certains animaux dont l'espèce n'est pas ordinairement pourvue d'ailes : *poissons ailés, fourmis ailées*. — Iconol. *Un foudre ailé* est le symbole de la puissance et de la vitesse. — Bot. Se dit des tiges, des péricarpes, des feuilles dont les appendices affectent la forme d'ailes : Une feuille est dite ailée avec *impaire* ou sans *impaire*, suivant qu'elle est ailée avec ou sans foliole terminale.

AILE-FROIDE, caverne tristement célèbre, située sur les flancs du mont Pelvoux (Hautes-Alpes). 3,000 Vaudois, poursuivis par l'Inquisition, s'y étant réfugiés, y furent étouffés au moyen du feu, en 1485.

° AILERON s. m. Extrémité de l'aile d'un oiseau, à laquelle tiennent les grandes plumes de l'aile : *le coq s'est cassé un aileron; ailerons aux navets*. — Techn. Petites planches, petits ais qui garnissent les roues des moulins à eau et qui servent à les faire tourner par le choc de l'eau. — ∾ Entom. On nomme *ailerons* ou *cuillerons* deux pièces membraneuses, semblables à deux valves de coquilles, que beaucoup d'insectes diptères portent à la base de l'aile. — ° Ichtyol. Nageoires de quelques poissons, tels que la carpe, le requin, etc. — ∾ Mar. Planches en queue d'aronde, que l'on cloue vers la flottaison, des deux côtés du gouvernail, pour en augmenter la surface et la puissance, quand on craint de mal gouverner. — Archit. Espèce de consoles renversées dont on décore les ailes ou côtés des lucarnes, ou qu'on emploie en grand sur le devant d'un portail à plusieurs ordres, pour lui donner plus de solidité, et cacher les arcs-boutants élevés sur les bas côtés de l'église. — Argot. Bras : *je suis piqué à l'aileron; tu m'as égratigné avec tes ciseaux* (Eugène Sue).

AILETTE s. f. Archit. Avant corps de bâtiment, plus petit qu'une aile. — Artill. Petit tenon encastré dans un projectile allongé pour le maintenir dans l'axe de la bouche à feu.

° AILLADE s. f. [a-ia-de; *ll* mll.]. Sauce à l'ail. — ∾ Morceau de pain frotté d'ail.

AILLANT-SUR-THOLON, ch.-l. de cant. (Yonne), arr. et à 13 kil. de Joigny. 1,000 hab.

AILLER v. a. (a-ié; *ll* mll.]. Mettre de l'ail dans ou sur quelque chose : *ailler un gigot; ailler un morceau de pain; cette sauce est bien aillée.*

° AILLEURS adv. [a-lieur; *ll* mll.]. (lat. *aliorsum*). En un autre lieu : *n'étant pas bien ici, je vais ailleurs*. — ∾ Se dit aussi au moral : *je n'ai rien entendu de ce qu'il m'a dit, j'étais ailleurs*. — ° Dans un autre passage, en parlant d'un livre, d'un auteur : *ailleurs il dit... Nous avons dit ailleurs*. — CETTE EXPRESSION SE TROUVE DANS TEL ÉCRIVAIN ET AILLEURS, et dans les ouvrages d'autres écrivains. — D'ailleurs loc. adv. D'une autre cause, d'un autre motif : *votre disgrâce vient d'ailleurs*. — De plus, outre cela, du reste, pour le reste :

    Père injuste, cruel, mais d'*ailleurs* malheureux.
                     RACINE.

AILLOLI s. m. [a-io-li] (provenç. *aïholi*). Coulis d'ail pilé dans un mortier et additionné d'huile d'olive que l'on y mêle goutte à goutte, en remuant toujours dans le même sens, jusqu'à ce que la préparation ait la consistance du beurre frais. L'*ailloli*, appelé aussi *beurre de Provence*, accompagne la bouillabaisse et entre dans plusieurs sauces pour relever le goût des viandes ou des poissons.

AILLOSSE s. f. [*il* mll.]. Terre argileuse qui constitue la base de la terre à bruyère dans certaines landes de Gascogne.

AILLY. I. (Pierre d') (PETRUS DE ALLIACO), célèbre théologien, surnommé le *Marteau des hérétiques*, né à Compiègne, en 1350, mort à Avignon, en 1420. Il fut successivement docteur de la Sorbonne, chancelier de l'Université de Paris, évêque de Cambrai, chapelain de Charles VI, cardinal et légat en Allemagne, puis à Avignon. Au concile de Constance, il soutint la suprématie des conciles sur le pape et se montra partisan d'une réforme de l'Eglise. Il fut le promoteur de la condamnation de Huss et de celle de Jérome de Prague; ainsi que de la fin du schisme qui se termina par l'élection de Martin V. — Parmi ses ouvrages on remarque un *livre sur la réformation de l'Eglise* et un autre sur l'*accord de l'astronomie et de la théologie*, tous les deux en latin. — **II.** Famille protestante de Picardie, qui tirait son origine de Robert d'Ailly, vers 1090. Plusieurs de ses membres jouèrent un rôle actif dans les guerres religieuses. Le combat du père contre le fils, dans la *Henriade* (chant VIII), est purement fictif.

AILLY (PHARE DE L'), phare, arr. et à l'O. de Dieppe, canton d'Offranville, élevé à l'extrémité N.-O. du cap d'Ailly. Tour de 27 mètres.

AILLY-SUR-NOYE, ch.-l. de cant. (Somme). arr. et à 22 kil. O. de Montdidier; 1,000 hab.

AILLY-LE-HAUT-CLOCHER, ch.-l. de cant. (Somme), arr. et à 15 kil. S.-E. d'Abbeville; 1,200 hab.

AILRED, Ealred ou Ethelred, écrivain anglais (1104-'66), auteur d'une *Vie d'Edouard le Confesseur* et d'un *Récit de la bataille de l'Etendard*.

AILSA CRAIG, îlot conique, de 3 kil. de circonférence, haut de 350 mètres, à 16 kil. de la côte d'Ecosse, à 42 kil. S.-S.-O. d'Ayr.

* **AIMABLE** adj. Digne d'être aimé; qui mérite d'être aimé; *la vertu est aimable;*

Rien n'est beau que le vrai, le vrai seul est aimable.
BOILEAU.

— Qui plaît, surtout en parlant des personnes: *homme aimable*. — Bon affable : *être aimable avec quelqu'un*. — Substantiv.: *il fait l'aimable*.

* **AIMABLEMENT** adv. D'une manière aimable.

* **AIMANT, ANTE** adj. Porté à aimer : *âme aimante*.

* **AIMANT** s. m. (gr. *adamas*). Minér. Oxyde de fer jouissant de la propriété magnétique et agissant sur une aiguille aimantée. On l'appelle aussi *pierre d'aimant, quadroxyde triferrique, fer oxydé noir de fer, fer oxydulé, fer oxydé magnétique, oxyde ferroso ferrique*. Formule : O⁴ Fe³. Formes dominantes : octaèdre régulier ou dodécaèdre rhomboïdal. Densité de 4,74 à 5,09. Substance grise, métalloïde, dont la poudre est noire. L'aimant existe dans la nature en masses quelquefois assez considérables pour former des montagnes entières (Taberg, en Smoland). On le trouve principalement dans les terrains anciens, avec le micaschiste, l'amphibole et la serpentine (Alpes, Piémont, Tyrol), etc. — La propriété magnétique de l'aimant se manifeste lorsqu'on plonge une pierre d'aimant dans de la limaille de fer; on observe que cette limaille s'attache d'une manière plus ou moins régulière à la surface de l'aimant et s'accumule principalement vers deux points opposés qu'on appelle *pôles*. La partie moyenne, qui retient moins de limaille, a reçu le nom de *région neutre ou équateur*. Chaque pôle at-

tire le fer avec une force égale, mais deux aimants s'attirent par deux de leurs pôles et se repoussent par deux autres. Les deux pôles d'un même aimant jouissent donc de propriétés contraires; antagonisme qui se manifeste encore dans l'action de la terre sur l'aiguille aimantée. Le pôle qui se dirige vers le nord, s'appelle *pôle nord* ou *austral ;* l'autre se nomme *pôle sud* ou *boréal*. Les pôles de même nom se repoussent et les pôles de nom contraire s'attirent; ou pour mieux dire, les forces antagonistes se neutralisent sans disparaître. Le fer n'est pas seul attiré par l'aimant; le nickel, le cobalt aux températures ordinaires et le manganèse à —20° subissent plus ou moins l'influence magnétique. — **AIMANT ARTIFICIEL**. Barreau ou aiguille de fer ou d'acier trempé, auquel on a communiqué par l'aimantation les propriétés de l'aimant naturel. Les aimants artificiels sont, en général, beaucoup plus puissants que les aimants naturels, et comme on peut leur donner toutes les formes et toutes les dimensions désirables, ils sont à peu près les seuls usités. La forme qu'on leur donne varie suivant l'usage auquel on les destine. Lames très minces taillées en losange allongé, dans les boussoles, l'aimant prend la forme d'un *fer à cheval*, lorsqu'on veut augmenter sa puissance en rapprochant les deux extrémités pour les faire agir simultanément. Si l'on se propose d'étudier les propriétés générales des aimants, on les forme de barres droites, de dimensions en rapport avec la force à obtenir. Mais dès que les barres dépassent un certain volume, il devient difficile de les aimanter ; il est alors préférable de les composer d'un faisceau de barres minces aimantées isolément. — Les barreaux aimantés perdent peu à peu leur puissance. Chauffés au rouge, ils cessent même de posséder leur vertu magnétique. Pour combattre autant que possible les causes d'affaiblissement : chocs, variations de température, influence de la terre, etc., on a coutume de neutraliser leur action par divers moyens appropriés à la forme des aimants. On dispose les barreaux droits deux à deux et en regard et réunis par des morceaux de fer doux appelés *contacts* ou *armatures*. L'armature d'un aimant en fer à cheval consiste en une seule pièce de fer doux.

— Fig. Ce qui attire, ce qui attache : *la modestie est un aimant*.

AIMANTAIRE adj. Qui renferme de l'aimant naturel.

AIMANTATION s. f. Communication de la force magnétique à des substances qui ne la possèdent pas naturellement. — **AIMANTATION PAR INFLUENCE**. Aimantation du fer doux par le simple contact de l'un des pôles d'un aimant. La puissance magnétique cesse en même temps que le contact. Le fer écroui, l'acier et l'acier trempé sont plus rebelles à l'influence ; ils possèdent une *force coercitive* ou résistance passive au développement du magnétisme. Mais cette même force s'oppose à la disparition de la puissance magnétique lorsque vient à disparaître la cause qui l'a fait naître; et cette même force donne la possibilité de transformer les barreaux d'acier trempé en aimants permanents.—**AIMANTATION PERMANENTE**. Opération qui a pour but de transformer en véritables aimants le fer, la fonte et surtout l'acier trempé. L'acier possédant au plus haut degré la force coercitive est presque toujours employé. On distingue plusieurs méthodes : *Méthode de la simple touche*. Ce procédé fournit des aimants de peu de puissance. Le barreau ou l'aiguille étant placé horizontalement sur une table, on appuie sur l'une des extrémités l'un des pôles d'un barreau aimanté incliné sur l'aiguille d'un angle de 30° à 35°; on fait glisser régulièrement l'aimant sur toute la longueur de l'aiguille; et l'on répète huit ou dix fois cette opération, toujours dans le

même sens, en recommençant du même point de départ. *Méthode de la double touche séparée*. Ce procédé, plus efficace que les autres, consiste à poser, pour les aimanter, deux barreaux aimantés d'égale force en plaçant les pôles de nom contraire en contact; on les sépare et on les promène régulièrement, en leur faisant former un angle de 25°. Lorsqu'ils ont atteint (tous les deux en même temps) les extrémités de la barre à aimanter, on les soulève et on les rapporte dans leur première position. On répète plusieurs fois cette opération sur chacune des faces de la pièce que l'on veut aimanter. *Méthode de la double touche d'Æpinus*. Ce procédé donne des aimants plus puissants, mais moins réguliers. On attache verticalement les deux aimants que l'on sépare simplement par deux petits morceaux de bois d'un centimètre d'épaisseur. On pose ces deux aimants au milieu du barreau, sur lequel on les promène alternativement de l'une à l'autre extrémité, sans quitter le barreau. **Aimantation par l'action de la terre**. L'action magnétique de la terre peut développer dans le fer ou dans l'acier une aimantation plus ou moins durable. On ne peut douter que les aimants naturels doivent leur origine à l'action prolongée de l'aimant terrestre. *Aimantation par l'électricité*, voy. ELECTRO-AIMANT, ELECTRO-MAGNÉTISME, etc.

* **AIMANTÉ, ÉE** part. pass. d'AIMANTER. — Qui jouit des propriétés de l'aimant : *aiguille aimantée*.

* **AIMANTER** v. a. Communiquer la propriété de l'aimant à un autre corps (acier, fer, etc.). — ∾ S'aimanter v. pr. Etre aimanté : *le fer doux s'aimante mieux que l'acier* (Encyclop.).

* **AIMANTIN, INE** adj. Qui appartient à l'aimant, qui est propre à l'aimant : *vertu aimantine*. — Aujourd'hui les savants disent : *magnétique*.

AIMAR-VERNAY (Jacques), imposteur, né à Saint-Véran (Dauphiné), vers 1622. A l'aide d'une baguette de coudrier, il prétendait découvrir les sources, les mines, les trésors, les voleurs, les assassins. En 1692, appelé à Lyon, il dénonça comme coupable d'un assassinat un homme qui avoua son crime. Mais le fils du grand Condé ayant appelé Aimar à Paris, sa baguette resta impuissante et il reconnut qu'il n'y avait là que fourberie.

AIME (anc. *axima*), ch.-l. de cant. (Savoie), arr. et à 12 kil. N.-E. de Moutiers. 1,200 hab. Ruines romaines.

AIMÉ (Saint), archevêque de Sens, mort en 690. Fête le 13 sept.

* **AIMÉ, ÉE** part. pass. d'AIMER. — ∾ Substantiv : *mon aimée*.

AIMÉ MARTIN voy. MARTIN (Aimé).

* **AIMER** v. a. (lat. *amare*). Avoir de l'affection, de l'amitié, de l'attachement, du goût pour quelqu'un : *aimez Dieu, votre prochain, votre père*.

Plus on aime quelqu'un, moins il faut qu'on le flatte.
MOLIÈRE.

— Avoir de l'amitié pour un animal, une plante, une chose physique ou morale : *aimer son chien, les fleurs, la vertu, l'étude*.

Quand on n'a pas ce que l'on aime,
Il faut aimer ce que l'on a.
T. CORNEILLE. *L'Inconnu*.

— Avoir du goût pour certaines choses ordinairement désagréables ou fâcheuses : *aimer le scandale, les querelles, les procès*. — Pris absol. Ne se dit guère que de la passion de l'amour : *il est doux d'aimer*. — Aimer s'emploie en parlant de l'attachement ou de la préférence que manifestent les animaux : *le chien aime son maître*. — Se dit aussi des plantes, en parlant des conditions extérieures qui leur sont favorables : *la violette aime l'ombre*. — Gramm. **AIMER**, suivi d'un infinitif, se joint souvent à la préposition à, et l'on dit : *j'aime à danser ; cette plante aime à être arrosée souvent.* Mais on dit aujourd'hui et l'on écrit abusivement : *j'aime danser ; cette plante aime être arrosée.* — AIMER DE a vieilli :

> La poule près de nous *aime d'être captive.*
>
> HOSSEY.

— AIMER QUE, suivi d'un subjonctif, signifie trouver bon, avoir pour agréable

> *Aimez qu'on vous conseille et non pas qu'on vous loue.*
>
> BOILEAU.

— AIMER MIEUX, préférer : *les peuples civilisés aiment mieux la paix que la guerre ; il aime mieux se taire que de dire des futilités.* En style de palais et dans le langage familier, on dit MIEUX AIMER : *si mieux n'aime ledit sieur ; si mieux n'aimez.* — PROV. QUI AIME BIEN CHATIE BIEN, quand on aime véritablement quelqu'un, on le reprend de ses fautes. — QUI M'AIME ME SUIVE ! Allusion à un mot de Philippe VI de Valois. Ce prince, voulant déterminer ses barons hésitants à prendre les armes contre les Flamands, s'écria, à la fin d'un conseil : « Qui m'aime me suive ! » et ces mots décidèrent ses vassaux . — QUI M'AIME, AIME MON CHIEN, quand on aime une personne, on aime tout ce qui lui appartient. — S'aimer v. récipr. Avoir une affection mutuelle : *aimez-vous les uns les autres* (saint Jean). — v. pr. réfléchi. Etre dominé par l'égoïsme : *il s'aime trop pour aimer les autres.* — Avoir beaucoup de l'amour-propre, s'occuper beaucoup de soi-même : *cette personne s'aime beaucoup.* — S'AIMER DANS UN LIEU. S'y plaire, prendre plaisir à y être : *je m'aimerai chez vous, dans votre société.* Se dit aussi des animaux et des plantes pour signifier qu'ils profitent dans un lieu, qu'ils y réussissent mieux qu'ailleurs : *les canards s'aiment à la proximité de l'eau ; la vigne s'aime dans les terrains pierreux.* — Argot. AIMER COMME LA COLIQUE, détester. — AIMER COMME SES PETITS BOYAUX, aimer comme soi-même.

AIMERIC DE NARBONNE, titre de l'un des romans carlovingiens, formant la troisième branche de la chanson de Guillaume au Court-Nez. C'est l'histoire d'un nommé Aimeric, qui enleva Narbonne aux Sarrasins et qui en reçut la souveraineté de Charlemagne, à son retour d'Espagne. Cet épisode a été raconté d'une façon tout à fait supérieure par Victor Hugo, dans la *Légende des Siècles.* La Bibliothèque nationale de Paris possède deux manuscrits de la chanson d'Aimeric.

AIMOIN, abbé de Fleury-sur-Loire, mort en 1008, auteur d'une *Histoire de France* pleine de fables, qui a été insérée dans le recueil de Duchesne.

AIMON ou Aymon (LES QUATRE FILS D'), héros de chevalerie dont la légende est restée populaire. Ils se nommaient Alard, Richard, Guiscard et Roland ou Renaud. Leur père, duc de Dordogne ou prince des Ardennes, chercha vainement à les empêcher de se révolter contre Charlemagne. Montés, tous les quatre, sur leur unique cheval, Bayard, ils ne craignirent pas de résister à l'armée du puissant empereur. Cette fable, dénuée de vraisemblance, a longtemps fait les délices des populations ignorantes. — Roland est devenu le héros de l'*Orlando furioso* de l'Arioste.

AIN s. m. Un certain nombre de fils de la chaîne, dans la fabrication des draps de laine.

AIN — I. *Danus, Idanus,* riv. de France, prend sa source dans le Jura, à 4 kil. de Nozeroy, devient flottable au pont de Navoy et navigable pour la descente à la chartreuse de Vaucluse ; il se jette dans le Rhône en face d'Authon (Isère), après un cours de 170 kil. — Pente 1 m. 50 par kil. Il forme de nombreuses chutes, dont l'une, au pont de la Siez, est la cascade la plus remarquable de France; elle mesure 16 mètres de haut et 130 de large.

— II. Dép. frontière de France, entre ceux du Jura, de l'Isère, de Saône-et-Loire, du Rhône, de la Savoie et de la Haute-Savoie ; borné à l'E. par les cantons de Genève et de Vaux (Suisse). — 579,897 hect.; 365,468 hab. ; ch.-l. Bourg. — Départ. formé de la Bresse, du Bugey, du Valromey, du pays de Gex et de l'ex-principauté de Dombes ; arrosé par le Rhône, l'Ain, la Saône, la Seille, la Reyssouze, la Veyle, la Chalaronne, la Valserine et le Séran. Couvert de nombreux étangs dans la vaste plaine de la *Dombes* (voy. ce mot). — Lacs de Nantua et de Silan. — Production d'excellentes pierres lithographiques à Lavours, Oyonnaz et aux environs de Belley ; volailles renommées de la Bresse, vins de Seyssel ; fromages du Bugey ; beau troupeau de mérinos de Naz, à Chevry, près Gex ; école régionale d'agriculture à la Saulsaie (arr. de Trévoux) ; ferme-école à Pont-de-Veyle (arr. de Bourg); industrie de la soie; scieries importantes; horlogerie et verrerie; bougies dites *célestes*. Points fortifiés : Pierre-Châtel et Fort-l'Ecluse ; camps permanents de Sathonay et de la Valbonne ; diocèse de Belley, suffragant de Besançon. — 5 arrondissements, 36 cantons, 452 communes. Arr. de Bourg, Belley, Gex, Nantua et Trévoux.

AIN, mot arabe qui signifie *source, fontaine,* et qui entre, ainsi que son pluriel *aïoun,* dans la composition d'un grand nombre de villes et de villages arabes.

AÏN-ABESSA, village de l'arrond. de Sétif (Algérie) ; peuplé d'Alsaciens-Lorrains.

AÏN-ARNAT, village de l'arrond. et à 8 kil. O. de Sétif (Algérie), fondé en 1853 par une compagnie genevoise.

AINAY-LE-CHATEAU, commune du cant. de Cérilly (Allier) ; 1,600 hab. Fabr. de bas, de draps, de poterie.

AÏN-BEÏDA (la *Fontaine blanche*), comm. de l'arrond. et à 145 kil. de Constantine (Algérie); ch.-l. d'un cercle militaire ; 2,500 hab. — Combat du 1er octobre 1833, entre les Français et les Arabes.

***AINE** s. f. [è-ne] (lat. *inguen ;* anc. franç. *aigne*). Léger enfoncement triangulaire qui existe entre le bas-ventre et le haut de la cuisse, dite région, dite *inguinale,* est intéressante, à cause des parties qu'on y rencontre : muscles psoas et iliaque, nerf crural, artère et veine crurales, muscle pectiné, ganglions lymphatiques. L'aine est souvent le siège d'hernies, d'anévrismes, etc.

***AÎNÉ, ÉE** adj. [è-né] (du vieux franç. *ains,* avant, *et né*). Le premier né des enfants du même père ou de la même mère : *frère aîné, fille aînée.* — La branche aînée d'une maison est celle qui descend de l'aîné, qui a un aîné pour tige. — FILS AÎNÉ DE L'EGLISE, qualification donnée autrefois au roi de France. — FILLE AÎNÉE DES ROIS DE FRANCE, titre que prenait l'Université de Paris. — Substantiv. : *il est mon aîné, il est mon aînée.* On le dit également d'un second enfant à l'égard d'un troisième, et ainsi des autres : *il est mon aîné.* — Par ext. Se dit de toute personne plus âgée qu'une autre : *vous êtes plus vieux que moi, vous êtes mon aîné de cinq ans.*

AÏN-BOU-DINAR, comm. de l'arr. et à 13 kil. de Mostaganem (Algérie), sur la rive gauche et près de l'embouchure du Chélif ; 1,900 hab. dont 1,100 musulmans.

AÏN-EL-BEY, comm. de l'arr. et à 15 kil. de Constantine (Algérie). Caravansérail, pénitencier indigène.

AÏN-EL-TURK, comm. de l'arrond. et à 16 kil. d'Oran (Algérie) ; 700 hab. dont 500 Européens. Victoire du comte de Montemar, qui y culbuta 40,000 musulmans, le 30 juin 1732. Source thermale d'*Aïn-Beïda,* efficace dans les affections rhumatismales et la paralysie.

***AÎNESSE** s. f. (rad. *aîné*). Primogéniture, priorité d'âge entre frères et sœurs. Il n'est guère usité que dans la locution DROIT D'AÎNESSE, privilège qui donne à l'aîné d'une famille le droit de prendre, dans la succession de ses père et mère, une portion plus considérable que celle de ses frères et sœurs. Ce droit paraît remonter à une haute antiquité ; l'histoire de Jacob et d'Esaü le montre chez les Hébreux ; mais il n'exista ni chez les Grecs ni chez les Romains ; il fut établi dans notre Occident par la féodalité jalouse de ne pas diviser sa puissance. Les lois des 15 mars 1790 et 8 avril 1791 abolirent toute espèce de droit de primogéniture. Napoléon le rétablit pour sa nouvelle noblesse, qu'il autorisa à constituer des *majorats.* La Restauration essaya de le rétablir dans les familles payant 300 fr. d'impôts fonciers ; mais son projet de loi vint échouer devant la chambre des pairs, le 8 avril 1826. Sous le second empire, une tentative d'un député de la Charente n'obtint pas plus de succès. — Le droit d'aînesse existe en Angleterre.

AÏN-FEKHAN, village de l'arrond. et à 26 kil. d'Oran, créé en 1874, et peuplé d'Alsaciens de Phalsbourg. 350 hab.

AÏN-MADHI, station pour les caravanes, dans le Sahara algérien à 60 kil. O. de Laghouat prov. d'Alger; 2,000 hab. En 1838, Aïn-Madhi fut prise et détruite par Abd-el-Kader.

AINMÜLLER (Maximilian-Emanuel), artiste allemand, fondateur de l'école moderne de peinture sur verre (1807-70). Il fut inspecteur de l'académie de peinture sur verre de Munich et exécuta plusieurs travaux pour Rome, Londres, Glasgow, etc.

AÏNO s. et adj. Peuple du nord du Japon (Saghalien, Yezo, îles kouriles et régions adjacentes). En se mélangeant avec les Chinois, les Aïnos ont produit les Japonais ; leur origine paraît être caucasique et non mongole; ils ont une langue particulière; ils pratiquent la polygamie.

***AINS** conj. adversat. [ainss] (ital. *anzi*). Mais: *ains au contraire.* Ne s'emploie plus guère que dans le style marotique.

***AINSI** adv. (lat. *in sic,* en cette manière). De cette façon : *il parla ainsi; ainsi finit la comédie.* — Elliptiquem. *Ainsi du reste.* — Se met au commencement des phrases qui exprime un souhait : *ainsi puissiez-vous profiter de ses leçons.* — AINSI SOIT-IL, formule qui se trouve à la fin de la plupart des prières de la religion catholique, pour demander l'accomplissement de ce que l'on souhaite. — COMME AINSI SOIT, attendu que cela est ainsi; on dit dans le même sens : *s'il est ainsi, puisqu'ainsi est, puisqu'ainsi va.* — AINSI DU RESTE, il en est de même du reste.
— Conj. Par conséquent : *ainsi vous refusez.* — AINSI QUE, loc conj. Comme, de la manière que, de même que :

> L'onde était transparente *ainsi qu'aux plus beaux jours.*
>
> LA FONTAINE.

— Se place quelquefois en tête de la phrase : *ainsi que les rayons du soleil dissipent les nuages, ainsi la présence du prince dissipe les séditions* (Planche). — S'IL EST AINSI QUE, s'il est vrai que.

AINSWORTH — I. (Henry), théologien non conformiste anglais. Persécuté, il se réfugia à Amsterdam, où il fonda une église de la secte Browniste, et où il mourut vers 1630. Il a publié des notes sur les psaumes, sur le pentateuque, et plusieurs autres ouvrages. — II. (Robert), grammairien anglais (1660-1743), auteur d'un dictionnaire latin-anglais et anglais-latin, qui a été plusieurs fois réimprimé.

AÏNTÂB, ville forte et manufacturière de Syrie, à 90 kil. N.-E. d'Alep. 35,000 hab., dont beaucoup d'Arméniens ; centre d'une mission américaine. A Nizib, qui se trouve dans les environs, Ibrahim Pacha battit Hafiz Pacha en 1839.

AÏN-TAGUIN (*source du Taguin*), lieu du Petit-Désert, prov. et à 300 kil. S. d'Alger, où les Français surprirent et dispersèrent la Smalah d'Abd-el-Kader (16 mai 1843).

AÏN-TEBALEK, riche mine de marbre onyx, près d'Oran, Algérie.

AÏN-TEDLÈS, comm. de l'arrond. et à 20 kil. de Mostaganem (Algérie); 2,500 hab. avec les annexes. Pépinière; sol fertile, bien cultivé.

AÏN-TEMOUCHENT, anc. *Timici*, puis *ksar-ibn-Sénan*, comm. de l'arrond. et 72 kil. d'Oran (Algérie); 4,900 hab. avec ses annexes. Ruines romaines décrites par l'abbé Bargès. Commissariat civil.

AÏOL ET MIRABEL, roman carlovingien de 11,000 vers de 10 et de 11 syllabes. Aïol, fils du comte de Toulouse, est poursuivi par la haine du traître Macaire; il finit par épouser Mirbel, fille du roi musulman de Saragosse, fait pendre Macaire et consacre ses dernières années à Dieu. Voy. *Hist. litt. de la France*, t. XXII.

AÏOPHYLLE adj. [a-io-fi-le] (gr. *aïón*, âge; *phullon*, feuille). Bot. Se dit des plantes dont les feuilles persistent au-delà d'une année.

AÏOUROU s. m. Nom brésilien du perroquet.

AÏOUROU-COURAOO. Nom donné par Buffon à une espèce de perroquet.

AÏOUSSA s. m. Membre d'une secte fanatique d'Algérie. Voy. AÏSSA-HOUA.

*** AIR** s. m. (gr. *aēr*. Fluide gazeux, élastique, pesant, qui forme autour du globe terrestre l'enveloppe appelée atmosphère. Selon Biot et Arago, un litre d'air sec, à la température de 0° C., pèse 1 gramme 299.—Anaximène de Milet (530 av. J.-C.), crut que l'air était une divinité créatrice de toute chose. Posidonius (vers 79 av. J.-C.) évaluait à 800 stades la hauteur de l'atmosphère. La pression de l'air fut découverte par Galilée (1564), et démontrée par Toricelli; Pascal trouva qu'elle varie suivant l'altitude. Halley, Newton et plusieurs autres expliquèrent, par de nombreuses expériences, l'influence physique de l'atmosphère à la surface du globe. Leurs travaux furent suivis d'un grand nombre d'inventions : *fusil atmosphérique* de Guter de Nuremberg, vers 1656; *machine pneumatique* d'Otto de Guéricke, vers 1650.—La densité et l'élasticité de l'air furent déterminées par Boyle; les rapports de l'atmosphère avec la lumière et le son furent étudiés par Hooke, Newton et Derham.—La composition de l'air a été certifiée par Priestley, Schéele, Lavoisier et Cavendish. L'analyse démontre les rapports suivants, en volume : 21 d'oxygène; 77 d'azote et 2 parties d'autres matières (acide carbonique, vapeur d'eau, indices d'ammoniaque, etc.).— Bradley (1737) fit des recherches sur les lois de la réfraction.—Schönbein, chimiste allemand de Bâle (1840-'59), décrivit deux états de l'oxygène dans l'air; à l'un il donna le nom d'*ozone* et à l'autre celui d'*antozone*.— L'air, aussi bien que ses composants, a été rendu liquide, au moyen d'une grande pression, accompagnée d'un froid intense, par Raoul Pictet, de Genève, en 1877, et par Cailletet, de Paris, en décembre 1877. La force de l'air comprimé a été employée pour le percement du mont Cenis. En 1870, signor Guattari, exposa, à Londres, un *télégraphe atmosphérique* dans lequel les ondes de l'air remplacent l'électricité. Voy. ATMOSPHÈRE, GAZ, RESPIRATION, PNEUMATIQUE, etc.

— Air se dit souvent par rapport à la température et à la qualité de l'air : *mauvais air, air sain*.— Fig. DANS L'AIR, dans les esprits : *la révolution était dans l'air*.—PRENDRE L'AIR, se promener au grand air, respirer un air pur.— EXPOSER A L'AIR, exposer à l'action

de l'air. — CHANGER D'AIR, changer de séjour.
— EN PLEIN AIR, dans un lieu où l'action de l'air se fait sentir de tous côtés. — DONNER DE L'AIR, ouvrir portes et fenêtres; déboucher les ouvertures. — FENDRE L'AIR, voler ou courir rapidement. — PRENDRE L'AIR DU FEU, UN AIR DE FEU, s'approcher du feu pendant un moment. — COUP D'AIR, fluxion qui vient lorsqu'on s'est exposé à un courant d'air. — LIBRE COMME L'AIR, qui n'a aucune sujétion, qui dispose de son temps. — AVOIR L'AIR A LA DANSE, avoir l'air vif. — VIVRE DE L'AIR DU TEMPS, être dans l'indigence. — IL N'Y A PAS D'AIR DANS UN TABLEAU, lorsque les figures ne se détachent pas du fond. — PORTER LE MAUVAIS AIR, porter la contagion. PRENDRE LE MAUVAIS AIR, être atteint de la contagion. — Par ext. Séjour, fréquentation, contact : *l'air de la cour est contagieux*.— Air est quelquefois synon. de vent : *il vient de l'air par cette fente*. Souvent on l'emploie au lieu de gaz et l'on dit : *air fixe*, au lieu de *gaz acide carbonique*; *air inflammable*, au lieu de *gaz hydrogène*; *air vital*, au lieu de *gaz oxygène*.
— En l'air, loc. adv. Dans l'espace qui est au-dessus de notre tête : *regardez en l'air*.— Qui n'est pas ou ne paraît pas soutenu : *un escalier qui est tout en l'air*. — Sans réalité, sans fondement : *contes en l'air*.—En désordre, sens dessus dessous : *tout est en l'air dans cette maison*. — Qui ne porte sur rien de solide : *Toute sa fortune est en l'air*.— Agité, en mouvement : *toute la ville était en l'air*. — Sans but : *tirer en l'air*. — AVOIR TOUJOURS LE PIED EN L'AIR, UN PIED EN L'AIR, être toujours disposé à partir, à courir, à danser. — SE DONNER DE L'AIR, se sauver, fuir. On dit aussi *se pousser de l'air, jouer la fille de l'air*.

*** AIR** s. m. (vieux franç. *aire*, humeur). Manière, façon d'agir, de parler, de marcher, de se tenir, de s'habiller, de se conduire : *avoir bon air, air niais, prétentieux*. — Apparence : *il affecte un air de capacité; un air modeste*. — Ressemblance : *il a un faux air de son père; un air de famille*. — GRAND AIR, BON AIR, BEL AIR, manières de la haute société, du grand monde. — PRENDRE DES AIRS, affecter des manières au-dessus de son état, de son savoir, de sa fortune : *il prend des airs de savant*.— AIRS PENCHÉS, certains mouvements de la tête et du corps, pour chercher à plaire.— Peint. et sculpt. AIR DE TÊTE, manière dont une tête est disposée. — Manège. Allures, en parlant du cheval : *airs bas*, ceux où le cheval manie près de terre; *airs relevés*, ceux où l'animal s'enlève davantage en maniant. Un cheval va à *tous les airs*, quand on le manie comme on veut. — Gramm. L'adjectif placé après *avoir l'air*, s'accorde avec le mot air lorsque celui-ci veut dire PHYSIONOMIE : *cette femme a l'air bon, l'air méchant*. Dans le cas contraire, il s'accorde avec le sujet de la proposition : *cette viande a l'air cuite, a l'air fraîche; ils ont l'air fâchés de ce qu'ils ont appris*. Alors, pour éviter le rapprochement de deux adjectifs, il vaut mieux dire : *cette viande a l'air d'être cuite, d'être fraîche*.— Argot. ETRE A PLUSIEURS AIRS, être hypocrite, jouer plusieurs rôles à la fois.

*** AIR** s. m. (ital. *aria*). Suite de tons, de notes qui composent un chant : *air gai; air triste*. — Chant et paroles tout ensemble : *un air à boire, un livre d'airs*. — N'ÊTRE PAS DANS L'AIR, ne pas chanter exactement. — Prov. et fig. JE CONNAIS DES PAROLES SUR CET AIR-LA, j'ai déjà entendu les raisons que vous venez de me donner.

AIRAGE s. m. Angle que forme la voile de chaque aile d'un moulin à vent avec le plan de la circulation des ailes.

AÏR ou **Asben**, plateau du Sahara, entre 16° et 20° lat. N. et 3° et 8° long. E., appelée par Barth « la Suisse du désert »; au N. se dresse le groupe montagneux de Gondji (1,650 m.). Cette oasis est séparée du Sahara par un pla-

teau désert, dont la hauteur moyenne est de 600 mètres. Cap. *Agadez*, où règne un sultan dont la puissance s'étend sur toute l'oasis; v. pr. Tintellust. Civilisation très arriérée. Religion musulmane.

*** AIRAIN** s. m. [è-rain] (lat. *æramen*; de *œs, æris*, cuivre). Alliage de cuivre et de zinc. On appelait autrefois airain tous les alliages de cuivre que l'on nomme aujourd'hui *bronze*. L'Académie confond l'airain avec le bronze. Lorsque Lucius Mummius brûla Corinthe (146 av. J.-C.), le mélange de plusieurs métaux en fusion forma, dit-on, une précieuse composition à laquelle on donna le nom d'*Airain de Corinthe*; mais cette origine de l'airain est invraisemblable; les fondeurs corinthiens étaient déjà célèbres depuis longtemps par leur habileté à combiner le cuivre avec l'or et l'argent; la découverte de ces alliages n'est donc pas due au hasard. — De nos jours, les fondeurs préfèrent, pour obtenir de bel airain, les proportions de deux équivalents de cuivre ($31,7 \times 2 = 63,4$) et un équivalent de zinc, $32,5$; ou pour 100 parties : $66,11$ de cuivre et $33,89$ de zinc. Dans la pratique on allie deux parties de cuivre, en poids, avec une partie de zinc.— L'airain le plus ductile est le *tombac* (obtenu de $84,5$ pour cent de cuivre et $15,5$ de zinc) ou l'airain qui contient $74,5$ pour cent de cuivre. L'alliage connu sous le nom de *Métal de Muntz*, obtenu de 60 parties de cuivre et 40 de zinc, est très fin; très dense et reçu se laminer en feuilles minces; on l'emploie aujourd'hui, au lieu de feuilles de cuivre, pour le doublage des navires, parce qu'il entretient mieux la propreté des parois et qu'il coûte moins cher. L'airain est employé pour les anches d'instruments à vent, pour les parties de toutes les machines où le fer pourrait présenter des inconvénients, pour les instruments d'optique etc.— Mythol. — Le *siècle d'airain*, l'âge d'airain, voy. ÂGE.— Fig. Un siècle d'airain, un temps malheureux.— Un ciel d'airain, un temps sec et aride.— Un front d'airain, une extrême impudence :

 J'ai vu que l'impudence est la reine du monde,
 Et qu'il faut, quand on veut y faire son chemin,
 Aller à la fortune avec un front d'airain.
      LA CHAUSSÉE. *La Gouvernante*, acte I, sc. III.

— *Un cœur d'airain*, un caractère dur, impitoyable :

 Attendez... mais comment, avec un cœur d'airain
 Refuser un billet endossé de ma main.
      REGNARD, *Le Joueur*, acte II. sc. XIV.

— ETRE ÉCRIT SUR L'AIRAIN, être profondément gravé dans la mémoire. — Poétiquem. et par métonymie. Le canon :

 Le tambour bat et l'airain tonne.
      DORAT. *Les Baisers*.

— Cloche :

 J'entends l'airain pieux dont les sons éclatants
 Appellent la prière et divisent le temps.
      ESMÉNARD. *La Navigation*, chant VI.

AIRDRIE, bourg du Lanarkshire, Ecosse, à 48 kil. E. de Glasgow; 43,488 hab. Il doit sa prospérité au voisinage de mines de fer et de houille.

*** AIRE** s. f. (lat. *area*). Surface plane, unie et préparée pour y battre les grains.— Archit. Toute surface plane : *aire d'un plancher*, enduit de maçonnerie sur lequel on pose le parquet ou le carrelage ; *aire d'un bassin*, massif de ciment en terre glaise dont on fait le fond d'un bassin ; *aire d'un pont*, partie supérieure sur laquelle on marche ; *aire d'une maison*, espace compris entre les murs d'une maison.— Géom. Superficie qu'embrasse une figure rectiligne, curviligne ou mixte ; nombre qui exprime la mesure de cette figure : l'aire d'un *rectangle* a pour mesure le produit de sa base par sa hauteur ; celle d'un *parallélogramme* s'obtient en multipliant sa base par sa hauteur ; celle d'un *trapèze* égale le produit de sa hauteur par la demi-somme des côtés parallèles ;

celle d'un *triangle* est le demi-produit de la base par la hauteur; celle d'un *polygone régulier* a pour mesure le demi-produit de son périmètre par son apothème; l'aire du *cercle* égale le produit de 3,4416 par le carré du rayon, ce qui s'exprime par π R². [pi-êrr-ka-ré]. — Zool. Nid des grands oiseaux de proie, parce qu'ils nichent ordinairement sur un espace plat et découvert. — Mar. AIRE DES VENTS l'une des 32 divisions fictives de la rose des vents; c'est-à-dire l'intervalle de 11° 15' dans lequel souffle le vent que l'on veut désigner.

AIRE, riv. qui prend sa source près de Ligny (Meuse) et se jette dans l'Aisne au-dessous de Soissons, après un cours de 80 kil.

AIRE, *Æria, Aria, Atrebatum*, ch.-l. de cant. (Pas-de-Calais), arrond. et à 16 kil. S.-E. de Saint-Omer, sur la Lys; 10,000 hab. Église et beffroi remarquables. Commerce de grains et de spiritueux; brasseries, huileries. Place forte. Cette ville se forma autour d'un château bâti vers 630; elle fut prise par les Normands en 884, par les maréchaux Desquérdes et de Gié en 1482, et par le maréchal de la Meilleraie, en 1641. Elle retomba au pouvoir des Espagnols dans cette même année; reprise par les Français en 1676, elle fut bientôt restituée aux alliés. Enfin le traité d'Utrecht en assura la possession à la France.

AIRE-SUR-L'ADOUR, *Vicus Julii, Aturæ*, ch.-l. de canton (Landes), arrond. à 21 kil. S.-E. de St-Sever, sur l'Adour; 5,000 hab. ancien évêché fondé au vᵉ siècle. Les Wisigoths s'emparèrent de cette ville, dont Alaric II fit sa résidence.— Fabriques de chapeaux.

AIRE, riv. du Yorkshire, Angleterre; naît au S.-E. de Leeds, reçoit le Calder à Castleford et se joint à l'Ouse, près de Goole.

* AIRÉE s. f. Quantité de gerbes qu'on met en une fois sur une aire.

* AIRELLE s. f. (dérivé de *aigre*). On donne le nom d'airelles à divers arbustes, les uns appartenant au genre *vaccinium* et les autres au genre *gaylussacia*.

Parmi les airelles du genre *vaccinium*, nous citerons l'*airelle ponctuée* (*Vaccinium Vitis Idæa*), commune dans le nord de l'Europe, arbuste toujours vert, qui porte des baies rouges acides, légèrement amères et astringentes, dont on fait des conserves estimées. Cet arbuste croît jusqu'en Laponie, où l'on mange ses baies crues. Dans quelques contrées d'Allemagne, elles ser-

Airelle myrtille (Vaccinium myrtillus).

vent d'assaisonnement. L'*airelle des marais*, croît dans les Alpes; fleurs blanches ou roses; baies noirâtres. — L'*airelle myrtille* ou anguleuse (*vaccinium myrtillus*) commune dans les lieux montueux, frais et boisés de l'Europe septentrionale. Sa variété appelée *mycrophyllum* croît dans les montagnes Rocheuses (États-Unis). L'*airelle myrtille* des Vosges n'atteint guère plus de 33 centim. de haut; elle occupe le sol sur de grandes superficies, à l'exclusion de tout autre végétal. Fruits bleus, ayant le volume de petits raisins, légèrement acides, agréables à manger, dont on fait un excellent sirop, des tartes et des compotes. Mais le principal emploi de ces fruits est de colorer le vin, auquel ils donnent un petit goût piquant; on en fait, dans le Lyonnais, une piquette assez agréable et très saine. L'airelle myrtille porte

encore les noms de *moret, brimbelle, raisin de bois* et *teint-vin*.— Le *cranberry* des Américains (*vaccinium macrocarpum*), ou *airelle à*

Cranberry ou airelle à gros fruits.

gros fruits habite le Canada et les États-Unis, où la culture lui a fait produire 3 variétés. Les conserves de ses fruits s'expédient en Angleterre. Les sauvages font de ses baies des

Airelle ponctuée (Vaccinium Vitis Idæa).

cataplasmes pour extraire le venin des blessures par les flèches empoisonnées. Parmi les airelles du genre *Gaylussacia*, nous citerons l'*airelle noire* (*Gaylussacia resinosa*), ainsi nom-

Airelle noire (Gaylussacia resinosa).

mée de ses globules résineux. Le fruit est globuleux et noir avec une saveur agréable et légèrement acide. Cette plante, commune aux États-Unis, produit, en partie, la nourriture des dindons sauvages.

* AIRER v. n. Faire son nid, en parlant de certains oiseaux de proie.

AIROLO, village de Suisse, cant. du Tessin, au pied méridional du Saint-Gothard; 4,900 hab. Le 23 sept. 1799, le général Lecourbe y soutint un combat meurtrier contre Suwarow.

AIROPSIS s. m. (é-rop-siss) (gr. *aira*, ivraie;

opsis, apparence). Bot. Genre de graminées, tribu des Avénacées.

AIRURE s. f. Fin d'une veine métallique ou d'une mine de houille.

AIRVAULT, *Aurea Vallis*, ch.-l. de cant. arr. et à 20 kil. N. de Parthenay (Deux-Sèvres); 4,800 hab.

* AIS s. m. [ê] (lat. *axis*, solive). Planche de bois. — Jeu de paume : *coup d'ais*, coup que la balle donne de volée dans un ais qui est du côté du service.

* AISANCE s. f. Facilité : *porter avec aisance un pesant fardeau* (Acad.). — Liberté d'esprit et de corps dans le travail, dans les mouvements, dans les manières, dans le commerce de la vie : *il parle avec aisance*. — État de fortune qui permet de se procurer les commodités et les jouissances de la vie : *il vit dans l'aisance, il a de l'aisance*. — Au pl. Lieu où l'on peut satisfaire les besoins naturels; on dit ordinairement : *cabinet d'aisances, lieux d'aisances, fosses d'aisances*.

* AISE s. f. (gr. *aisios*, heureux). Sentiment de joie, de plaisir, émotion douce et agréable : *je ne me sens pas d'aise*. — État commode et agréable dans lequel on a toute la liberté de ses mouvements :

C'est au faîte des monts que l'aigle est à son *aise*.
A. BARBIER.

— Dans l'aisance, dans un état de fortune suffisant : *avec peu je vis à l'aise*. — Sans contrainte, à souhait :

Nous pourrons rire à l'*aise* et prendre du bon temps.
BOILEAU.

— A VOTRE AISE, quand vous voudrez. — ETRE MAL A SON AISE, être indisposé. — METTRE QUELQU'UN A SON AISE, dissiper son embarras, sa timidité, faire qu'il soit dans un état de liberté et de familiarité. — SE METTRE A SON AISE, agir avec beaucoup de liberté, de familiarité. — N'EN PRENDRE QU'A SON AISE, ne faire que ce qui plaît, sans se gêner, sans se fatiguer. — EN PARLER A SON AISE, donner des conseils que l'on ne se chargerait pas de mettre en pratique; parler avec sang-froid des misères et des douleurs que l'on n'éprouve pas. — PAIX ET AISE, une vie tranquille; doucement, commodément. — Au pl. Commodités de la vie : *il aime ses aises*. — A L'AISE, loc. adv. Commodément, facilement, sans peine.

* AISE adj. Qui a de la satisfaction, du plaisir :

Vous chantiez, j'en suis fort *aise*.
LA FONTAINE.

* AISÉ, ÉE adj. (part. passé du vieux verbe *aiser*, faciliter).

La critique est *aisée* et l'art est difficile.
DESTOUCHES. *Glorieux*, acte II, sc. v.

— Commode, qui ne gêne pas ou qui n'est pas gêné : *habit aisé, manières aisées, style aisé*. — Relâché : *morale aisée*. — CELA vous EST AISE A DIRE, vous donnez un conseil difficile à pratiquer, mais vous n'êtes pas obligé de suivre. — ETRE AISÉ A VIVRE, être d'un commerce doux et facile. — TAILLE AISÉE, taille libre, dégagée. — *Aisé* signifie encore qui est dans l'aisance, qui possède une fortune suffisante.

* AISÉMENT adv. Facilement, commodément.

AISNE [ê-ne]. I. *Axona*, riv. de France, affluent de l'Oise, née au village de Sommaise (Meuse), arrose les départements de la Marne, des Ardennes (où elle devient navigable) et de l'Aisne; reçoit à droite l'Aire et la Vaux; à gauche la Vesle, et afflue à Compiègne (Oise), après un cours de 180 kil. — II. Département frontière, entre la Belgique et les départements du Nord, des Ardennes, de la Marne, de Seine-et-Marne, de l'Oise et de la Somme. — Ch.-l. Laon. 735,500 hectares; 560,427 hab. Dép. formé du Soissonnais, du Laonnais, du Noyonnais, du Valois, du Vermandois, de la

Thiérache et de la Brie pouilleuse ou Galvèse ; il est arrosé par la Somme, l'Escaut, la Sambre, l'Oise (et ses affluents, le Noirieu, le Ton, la Serre et la Lette), la Marne (Surmelin et Ourcq) et l'Aisne (affluents : la Miette, la Vesle, la Retourne et la Suippe); canaux de Saint-Quentin (68,397 m.), de Crozat, de Manicamp, de l'Oise, des Ardennes, de la Fère, de la Somme, de la Sambre à l'Oise et de l'Aisne à la Marne. Total 485 kil. — Riches carrières de pierres à bâtir et à chaux; haricots de Soissons et de Braisne; artichauts de Laon et de Chauny; lin; houblon; forêts de Samoussy, d'Orrouaise, de Villers-Cotterets, etc.— Industrie active : tissus de Saint-Quentin; verreries de Prémontré, et de Folembray; glaces de Saint-Gobain; toile de Thiérache; commerce important de couperose et d'alun; sucre de betterave; pommiers de Laon. — 5 arrondissements, 37 cantons, 837 communes. Arrond. de Laon, Château-Thierry, Saint-Quentin, Soissons et Vervins. — 2 places de guerre : la Fère et Soissons; dépôt de mendicité à Villers-Cotterets. Évêché de Soissons et Laon, suffragant de Reims; Cour d'appel d'Amiens.

AÏSSA-HOUA s. m. Sorcier algérien qui apprivoise des serpents et se livre à des convulsions épileptiques. On dit aussi Aïoussa.

AISSAUGUE, Assaugue ou **Essaugue,** sorte de filet ayant une poche au milieu, dont on fait usage dans la Méditerranée.

AISSÉ (Mlle), belle Circassienne (1693-1733), achetée à l'âge de 5 ans, par notre ambassadeur à Constantinople, le comte de Ferriol, qui soigna son éducation. Ses *Lettres,* contenant de curieuses anecdotes, furent d'abord publiées avec des notes de Voltaire (1787). On les a réimprimées en 1806 et en 1846; in-12.

AISSEAU s. m. (rad. *ais).* Construct. Planchette mince qui sert à couvrir comme la tuile.

AISSELETTE s. f. Chacune des pièces qui forment le fond d'une futaille.

AISSELIER s. m. Pièce de bois destinée à former la charpente d'une voûte.

AISSELLAIRE adj. (rad. *aisselle).* Bot. Synon. d'AXILLAIRE.

* AISSELLE s. f. (éss-sè-le) (lat. *axilla;* de *axis,* essieu, pivot). Cavité située au-dessous de la jonction du bras avec l'épaule, entre les muscles grand pectoral, petit pectoral, grand dorsal et grand rond. Au fond se trouvent le plexus brachial, la veine axillaire, l'artère axillaire, des ganglions lymphatiques et une couche épaisse de tissu cellulaire et adipeux. Les nombreux follicules dont est revêtue la peau fine et extensible de l'aisselle, sécrètent une humeur alcaline très odorante. Les maladies principales de l'aisselle sont les engorgements inflammatoires, les abcès et les anévrismes. — Bot. Angle plus ou moins aigu que forme, avec la tige, un rameau, une feuille ou un pédoncule.

AISSETTE s. f. Petite hache recourbée dont se servent les tonneliers.

AISSON s. m. Mar. Petite ancre à quatre bras ou anches.

AISY s. m. (é-zi]. Écon. rur. Sorte de présure obtenue en chauffant du petit lait entièrement dépouillé de tout beurre et de toute matière caséeuse. L'Aisy est plus puissant que la présure ordinaire pour coaguler les dernières parties de matières caséeuses que renferme encore le petit lait, après la fabrication des fromages. On l'emploie en le faisant bouillir avec le petit lait non encore complètement dépouillé.

AÏT-EL-ARBA, village de Kabylie, chez les Beni-Yenni; avant l'expédition de Kabylie (4857), les habitants de ce village étaient renommés comme faux-monnayeurs.

AÏT-EL HASSEM, l'un des principaux villages de la Kabylie, prov. et à 135 kil. d'Alger; 4,000 hab. Fabrique d'armes et de bijoux.

AITON (William), botaniste écossais (1731-'93), directeur du jardin botanique de Kew; auteur d'un ouvrage intitulé *Hortus kewensis,* 3 vol. in-8°. — **Greffe d'Aiton,** espèce de greffe par approche, en usage pour les arbres résineux:

AITZEMA (Lieuwe van), historien hollandais (1600-1669), auteur d'une *Histoire de Hollande,* publiée d'abord en 44 vol. in-4° et ensuite en 7 vol. in-8°.

AIUNTAMIENTO. Voy. AYUNTAMIENTO.

AIX (èkss]. *Aquæ Sextiæ,* ch.-l. d'arr. (Bouches-du-Rhône), à 28 kil. N. de Marseille et à 832 de Paris; près de l'Arc; par 43° 31' 35" de lat. N. et 3° 6' 37" de long. E. 29,000 hab. — Cathédrale, église Saint-Jean, fontaines thermales; archevêché; cour d'appel; facultés des lettres, de théologie et de droit; école des arts et métiers; bibliothèque (400,000 vol.), riche en manuscrits. — Commerce de soie, d'huile, de vins et d'eau-de-vie. Patrie de Vanloo, d'Adanson, de Vauvenargues et de Tournefort. — Ville fondée en 123 av. J.-C., par le consul Sextius qui la nomma *Aquæ Sextiæ* (Eaux de Sextius) à cause de ses eaux minérales. Dans les plaines de Pourrières, Marius détruisit, l'an 402 av. J.-C., l'armée des Teutons et des Ambrons. Ravagée sous les Barbares, cette ville se releva au xie siècle et devint capitale de la Provence. Raymond Béranger III y fonda la première cour d'amour; Louis III y créa une Université. René d'Anjou y institua, pour le jour de la Fête-Dieu, une procession allégorique qui fut toujours célébrée depuis. Louis XI y établit un parlement de Provence (4501); Charles-Quint s'y proclama roi de Provence (25 juillet 4536), mais il l'évacua deux mois après. Mirabeau y fut élu député aux États Généraux. — **Eaux thermales,** sulfurées sodiques, chlorurées, iodo-bromurées et ferrugineuses. Densité 4,00349; température 55°. — Quatre établissements : bains de l'Empereur, de la Reine de Hongrie, bains Neuf et Fontaine Elise. — Fréquentation des maladies des voies urinaires et de la peau, des rhumatismes, des paralysies, etc. Saison du 1er mai au 45 octobre. — **Aqueduc d'Aix,** terminé en 4875, pour amener aux campagnes d'Aix les eaux du Verdon. Il commence à Quinson (Basses-Alpes) dans « une espèce de lac naturel où la rivière s'étale entre deux sombres cluses, et conduit les eaux vers l'aval par une longue galerie creusée dans une des parois mêmes qui dominent le lit du Verdon. Arrivé à une hauteur suffisante au-dessus du torrent, il traverse la colline par deux souterrains, le premier de quatre, le second de cinq kil. de longueur, et, contournant les montagnes d'Aix, vient déboucher au nord de la ville, où il se ramifie en de nombreux canaux secondaires » (Elisée Reclus).

AIX I. (Ile d') Ile fortifiée de France (Charente-Inférieure), à 7 kil. N.-O. de l'embouchure de la Charente, dont elle défend l'entrée. Phare. — Il **(Rade d')** ou **Rade de Rochefort,** espace peu étendu et entouré d'écueils, compris entre l'île d'Aix et l'île d'Oléron.

AIX D'ANGILLON (Les), ch.-l. de cant. (Cher), arr. à 48 kil. N.-E. de Bourges; 4,600 hab. Ville très ancienne. Eglise (mon. histor.) des xe et xie siècles.

AIX-EN-OTHE, ch.-l. de cant. (Aube), arr. à 32 kil. S. de Troyes, près de la forêt d'Othe; 2,800 hab.

AIX-LA-CHAPELLE (anc. *Aquis granum;* all. *Aachen).* Ville de la Prusse rhénane à 539 kil. de Paris; 79,000 hab., en majorité catholiques. Cathédrale où l'on conserve le trône de Charlemagne. — Ecole polytechnique. — Sources minérales célèbres. — Bel établissement de

bains, où l'on soigne principalement les blessures et les caries. Sources : de l'*Empereur, Büchel, Saint-Quirin* ; de 37° à 46° C. De 3,000 à 4,000 baigneurs; saison de mai en septembre. Boisson, douches, bains ordinaires, bains de vapeur, massages — Industrie active : Construction de rails et de wagons.—A Aix-la-Chapelle, Charlemagne naquit (742) et mourut (844); il y construisit (796-804) un monastère dans lequel furent ensuite couronnés 55 empereurs (804-1558). La ville fut prise par les Français en décembre 4792; reprise par les Autrichiens en mars 4793, puis par les Français en septembre 4794 et enfin abandonnée à la Prusse en 4814. Plusieurs conciles y ont été tenus (799-4165). Un *traité* y fut signé le 2 mai 4668, entre la France et l'Espagne. La première de ces puissances abandonna ses conquêtes en Franche-Comté et conserva la Flandre. Un autre *traité* fut signé à Aix-la-Chapelle, le 7 octobre 4748, entre la France, la Grande-Bretagne, la Hollande, l'Allemagne, l'Espagne et Gênes. Par ce traité, ceux de Westphalie (4648), de Nimègue (4678 et 4679), de Ryswick (4697), d'Utrecht (4713), de Bade (4714), de la triple alliance (4747), de la quadruple alliance (4748) et de Vienne (4738) furent confirmés et renouvelés. Un *congrès* des souverains d'Autriche, de Russie et de Prusse, assistés des ministres de France et d'Angleterre, s'assembla à Aix-la-Chapelle et y signa la *Convention* du 9 octobre 4848, par laquelle les principes de la *Sainte-Alliance* furent confirmés et les soldats étrangers durent cesser d'occuper la France.

AIX-LES-BAINS. *Aquæ Gratianæ* ou *Aquæ Allobrogum,* ch.-l. de cant. (Savoie), arr. et à 12 kil. N. de Chambéry, 3,500 hab.; deux célèbres sources thermales (45° C.) déjà fréquentées au temps des Romains. Bel établissement balnéaire. Ruines d'un temple de Diane et d'un arc de triomphe consacré à Campanus. — Les eaux d'Aix sont sulfureuses; on les administre en boissons pour les affections de la poitrine (asthmes, catarrhes chroniques, phtisie commençante, etc.); en bains et en boisson dans les paralysies incomplètes, les tumeurs blanches, les maladies des articulations, les rhumatismes, les anciennes blessures et les vieux ulcères.

AIXE, ch.-l. de cant. (Haute-Vienne), arr. et à 11 kil. S.-O. de Limoges, 2,000 hab.; fabr. de tuiles. Ruines d'un château-fort, célèbre dans les guerres du xvie siècle contre les Anglais.

AIXOIS, OISE s. et adj. [è-ksoa; oa-ze]. Habitant d'Aix; qui appartient à cette ville ou à ses habitants.

AIX SPONSA s. m. ou **Canard d'été,** canard d'eau douce, de l'Amérique septentrionale.

Aix sponsa.

AIZANI ou **Azani,** ancienne ville de Phrygie, dont l'histoire est absolument inconnue, mais dont les restes nombreux ont été découverts en 1824 par Ashburnham à Tchavdyr, sur l'Adranas (anc. *Rhyndacus*), 50 kil. S.-O. de Kutaïeh.

AIZOON. s. m. [gr. *aeizôon*, joubarbe]. Genre de plantes grasses, famille des ficoïdées, dont plusieurs espèces croissent sur les bords de la Méditerranée.

AJACAZTLI s. m. Instrument de musique des anciens Mexicains. L'Ajacaztli se composait d'un vase rond percé de trous et contenant de petits cailloux ; on l'agitait en cadence pour marquer la mesure.

AJACCIO [a-jak-sio]. *Adjacium*, ch.-l. du départ. de la Corse, port de mer sur la côte occidentale de l'île, à 240 kil. de Toulon, et 1,089 de Paris ; par 41° 55' 1" de lat. N. et 6° 24' 18" de long. E. 45,000 hab. Évêché ; maison où naquit Napoléon Ier (place Letizia ; collège Fesch, hôtel de ville, théâtre ; cathédrale construite dans le goût italien du XVIe siècle. Promenades charmantes, aux environs. Commerce de corail, de vin, d'huile, de blé, de bois, d'oranges, de cire, de gibier, etc. — Port vaste, profond et sûr, qui est protégé par une citadelle (bâtie en 1551) et par les forts Capitello et du Maure. On ne connaît rien de l'origine d'Ajaccio. Quelques étymologistes ont fait dériver son nom de celui d'*Ajax*, fils de Télamon.

Ajaccio. Maison où naquit Napoléon.

AJALON (auj. *Yalo*), ancienne ville de Palestine, à 25 kil. N.-E. de Jérusalem. C'est près de là que se trouvait Josué quand il ordonna aux astres d'arrêter leur mouvement.

AJAN, pays de la côte orientale d'Afrique, entre Zanguebar et le cap Gardafui, et habité par les Somaulis ; entre 2° et 11° lat. N. Territoire aride et sablonneux. Production d'or, d'ambre, d'ivoire, de myrrhe et d'autres aromates.

AJAX, nom de deux chefs grecs, pendant la guerre de Troie. L'un, fils de Télamon, roi de Salamine, n'était surpassé que par Achille. Il se suicida lorsque les armes de ce héros furent données à Ulysse. — Le second était fils d'Oïleus, roi des Locriens. Il conduisit à la guerre 40 navires armés par son père.

AJAXTIES s. f. pl. Antiq. gr. Fêtes célébrées en l'honneur d'Ajax.

AJMEER voy. ADJMIRE.

AJOINTER v. a. Joindre bout à bout. — S'ajointer v. pr. Être ajointé.

* **AJONC** s. m. [a-jon] (celt. *ac*, pointe ; franc. *jonc*). Bot. Genre de Papilionacées, tribu des Lotées, sous-tribu des Génistées, dont 3 espèces se trouvent dans les landes et les lieux stériles de la France : 1° *Ajonc d'Europe* (*Ulex europæus*, Lin.), appelé quelquefois *jonc marin*, *jan*, *brusc*, *genêt épineux*, *landier*, *vigneau* ; arrhisseau hérissé de feuilles en pointes épineuses toujours vertes. En Bretagne, on l'em-

ploie comme fourrage, après l'avoir écrasé sous la meule ; il forme aussi des haies et on l'admet quelquefois dans les plantations d'ornement ; 2° *Ajonc nain* (*ulex nanus*, Smith.) ou *bruyère jaune*, se rencontre dans les lieux arides, où les bestiaux vont le brouter ; 3° *ajonc de Provence* (*ulex Provincialis*, Loisel) a les feuilles plus courtes que les deux premières espèces. Les ajoncs portent des fleurs jaunes.

AJOUPA s. m. Mot indien qui désigne une hutte élevée sur des pieux et recouverte de branchages, de feuilles ou de joncs.

AJOUR. s. m. Ce qui est à jour dans la sculpture ou dans la menuiserie sculptée.

AJOURÉ, ÉE adj. Blas. Se dit des fenêtres d'un bâtiment, quand elles sont d'un émail particulier.

AJOURNABLE adj. Qui peut, qui doit être ajourné.

* **AJOURNEMENT** s. m. Assignation, sommation de comparaître en justice à un jour désigné : *exploit d'ajournement*. — Chambres délibérantes. Renvoi d'une affaire à un autre jour fixe ou indéterminé. — Anc. proc. crim. *Ajournement* personnel, assignation donnée à quelqu'un, en vertu d'une ordonnance ou d'un décret du juge, pour comparaître en personne, et répondre sur les faits dont il est accusé.

* **AJOURNER** v. a. Assigner quelqu'un à certain jour en justice. — Renvoyer une délibération, un projet, une partie à un certain jour ou à un temps indéterminé.

AJOUTABLE adj. Qui peut, qui doit être ajouté.

* **AJOUTAGE** s. m. Méc. Chose ajoutée à une autre.

AJOUTÉ s. m. Ce qu'un auteur ajoute à un manuscrit : *un ajouté*.

AJOUTÉE s. f. Géom. Ligne ajoutée à une autre pour la prolonger.

AJOUTEMENT s. m. Action d'ajouter ; ce qui est ajouté.

* **AJOUTER** v. a. (lat, *ad*, à ; *juxta*, auprès). Mettre quelque chose de plus ; joindre une chose à une autre, *ajouter une feuille au cahier*. — Faire addition d'un nombre : *ajoutez cette somme à celle que vous devez*. — Amplifier, exagérer : *il ajoute à mon récit*. — AJOUTER FOI, croire. — Š'ajouter v. pr. Être ajouté.

* **AJOUTOIR** s. m. voy. AJUTAGE.

AJOUVÉ ou **Ajouvéa** s. m. Nom caraïbe d'un laurier de la Guyane dont les baies contiennent une amande huileuse aromatique.

AJOUX s. m. Techn. Nom donné aux lames de fer au moyen desquelles les tireurs d'or retiennent les filières.

AJUGA s. m. Bot. Nom latin du genre *Bugle*.

AJUGOÏDÉ, ÉE adj. [a-ju-go-i-dé]. Bot. Qui ressemble à l'ajuga. — AJUGOIDÉES s. f. pl. Tribu de labiées ayant pour type le genre *ajuga* et comprenant, en outre, le genre *Amethystea* (germandrée).

AJUST ou **Ajut** s. m. [a-ju]. Mar. Sorte de nœud facile à délier, servant à réunir les deux bouts d'un cordage rompu ou deux cordages que l'on veut joindre momentanément.

* **AJUSTAGE** s. m. Monnayage. Action de donner le poids légal aux *flancs* ou pièces de métal destinées à être frappées. — Méc. Action d'ajuster ensemble les différentes pièces d'un instrument, d'une machine.

* **AJUSTEMENT** s. m. Action d'ajuster une chose : *ajustement d'une machine*. — Accommodement, moyen de conciliation : *chercher des*

ajustements dans une affaire. — Disposition, arrangement d'une chose, de manière que ses parties forment un tout régulier, agréable : *ajustement d'un parc, d'une maison, d'une parure, d'un costume*. — Parure, toilette :

> Sous cet *ajustement*, vous êtes adorable.
> DESTOUCHES.

— Se dit aussi des parties de l'habillement qui servent à parer : *des ajustements de femme*.

* **AJUSTER** v. a. Rendre juste, conforme à l'étalon : *ajuster un poids, un litre, une balance*. — Accommoder un objet de façon qu'il s'adapte à un autre : *ajuster un couvercle à une boîte*. — Prov. et fig. AJUSTER SES FLUTES, mettre d'accord ses actions et ses principes. S'entendre, se mettre d'accord sur ce que l'on doit faire. — Fig. Concilier : *ajuster deux personnes* ; *ajuster un différend, ajuster des textes, des passages*. — Viser ; combiner son coup de manière à frapper en justice à un jour. — Absol. : *je n'ai pas eu le temps d'ajuster*. — Techn. Mettre une chose en état de bien fonctionner : *ajuster une machine, un ressort*. — Fig. Prendre toutes les mesures pour atteindre un but : *Manège*. Dresser, en parlant d'un cheval ; lui enseigner ses exercices. — Embellir par des ajustements : *ajuster un salon*. — Parer : *ses femmes l'ont ajusté*. — Iron. Maltraiter en paroles ou en actions : *Molière a ajusté les médecins*. — S'ajuster v. pr. S'adapter, être en rapport parfait : *ces deux choses s'ajustent bien ensemble*. — Se mettre d'accord, s'entendre :

> Vous vous *ajustates* ensemble en quatre mots.
> RÉGNARD.

— S'accommoder : *il faut s'ajuster au temps, aux circonstances*. — Se préparer à faire quelque chose, se mettre en posture : *il s'ajusta sur les étriers*. — Se parer : *elle est deux heures à s'ajuster*.

* **AJUSTEUR** s. m. Ouvrier qui ajuste les différentes parties d'une machine pour les mettre en état de fonctionner. — Monnayage. Celui qui ajuste les monnaies.

* **AJUSTOIR** s. m. Petite balance très sensible qui sert à peser et ajuster les monnaies avant de les frapper. On dit mieux TRÉBUCHET.

AJUSTURE s. f. Petite concavité pratiquée dans un fer à cheval, pour qu'il s'adapte plus facilement au pied.

* **AJUTAGE** s. m. (rad. *ajouter*). Bec métallique que l'on adapte à l'extrémité d'un tuyau de jet d'eau et qui détermine le volume et la forme du jet. — Mar. Lieu de contact de deux pièces de métal jointes ensemble.

AKABAH, anc. *Ælana*, village fortifié d'Arabie, près de l'extrémité septentrionale du golfe d'*Akabah*, qui forme le bras du N.-E de la mer Rouge (voy. Elath). Akabah est un lieu de rendez-vous pour les pèlerins qui vont à la Mecque.

AKAKIA, traduction, en grec, du nom de *Sans-Malice*, qui appartenait à une famille de médecins français. Le premier qui prit le nom d'Akakia fut Martin *Sans-Malice*, médecin de Henri II ; son arrière petit-fils, Jean, fut médecin de Louis XIII et laissa un fils, Martin, qui eut des démêlés avec la Faculté.

AKAKIA (Diatribe du docteur), libelle de Voltaire, dirigé contre Maupertuis, président de l'Académie de Berlin. Le roi de Prusse fit brûler cet écrit par la main du bourreau ; mais Maupertuis ne se releva jamais du coup mortel que Voltaire lui avait porté en le couvrant de ridicule.

AKBAR ou **Akber** (Jelal ed-Din Mohammed), empereur mogol de l'Hindoustan, né en 1542, et mort en 1605, après un règne d'un demi-siècle. Son histoire a été écrite en persan, sous le titre d'*Akbar Nameh*. De son avènement (1556) date la *grande ère orientale* ou ère d'*Akbar*.

AKBAR ou Akhbar s. m. (arabe, *récits historiques*). Titre d'un journal qui se publie à Alger depuis 1839.

AKÉBAR, roi du Mogol, tragédie lyrique, considérée comme le premier opéra français, et représentée au palais d'Alessandro Bichi, évêque de Carpentras, en février 1646. Poème et musique de l'abbé Mailly.

AKÉBIE s. f. Nom japonais d'un genre de plantes d'ornement, famille des lardizabalées.

A'KEMPIS (Thomas) [a-kain-pice], chanoine augustin, mort à Anvers en 1471 ; auteur présumé du livre de l'*Imitation de Jésus-Christ*, ouvrage que l'on attribue également à Gerson ou à Gerson.

AKÈNE s. m. (gr. a, priv.; *chainein*, s'ouvrir). Bot. Fruit à une seule graine, qui est sec à maturité, qui ne s'ouvre pas spontanément et dont le péricarpe n'est pas soudé aux enveloppes de la graine. Le fruit des composées et d'un grand nombre de renonculacées sont des akènes.— On écrit aussi ACHAINE.

AKÉNOCARPE adj. (gr. a, priv.; *chainô*, je m'ouvre; *karpos*, fruit). Bot. Qui a pour fruit un akène.

AKENSIDE (Mark), poète anglais (1721-1770) auteur des *Plaisirs de l'imagination*, poème didactique en vers blancs, traduit en français par d'Holbach.

AKERBLAD (Johan-David), philologue suédois (1760-1819) qui parvint à déchiffrer plusieurs manuscrits coptes.

AKERMAN (anc. *Tyras*), ville de Bessarabie, près de l'embouchure du Dniester, à 60 kil. S.-O. d'Odessa ; 30,000 hab. Commerce de sel.— Après avoir été prise et reprise plusieurs fois, cette ville fut cédée à la Russie en 1812. Un célèbre traité entre la Russie et la Turquie y fut conclu, le 4 sept. 1826, traité par lequel la Russie s'assura la navigation de la mer Noire et fit constituer les Principautés danubiennes.

AKHALKALAKI, petite ville de Géorgie (Caucase). Combat entre les Turcs et les Russes en 1877.

AKHALTZIKH ou Akiska, ville forte de la Russie transcaucasienne, à 165 kil. O. de Tiflis ; 12,000 hab., dont les deux tiers Arméniens ; riche bibliothèque orientale. Près de là, le prince Paskiewitch battit les Turcs le 24 août 1828 ; la ville fut prise 4 jours plus tard.

AKHARNAR s. m. (arabe, *la dernière du fleuve*). Étoile de première grandeur, située à l'extrémité centrale de la constellation de l'Éridan.

AKHBAR, voy. Akbar.

AKHISSAR (anc. *Thyatira*), ville de l'Asie-Mineure, à 90 kil. N.-E. de Smyrne ; 12,000 hab.; presque tous Turcs.

AKHLAT, ville de l'Arménie turque, sur le lac Van, près de belles ruines. 5,000 hab.

AKHTAMAR, voy. Ak-Thamar.

AKHTOUBA, fleuve de Russie, affluent de la mer Caspienne ; 500 kil.

AKHTYRKA, ville de l'Ukraine, Russie, à 100 kil. O.-N.-O. de Kharkof, fondée en 1641, sur trois lacs; 18,000 hab. Dans une église, image miraculeuse de Notre-Dame, visitée par de nombreux pèlerins.

AKIBA-BEN-JOSEPH, le plus célèbre rabbin de la première moitié du IIe siècle. Il entraina les Juifs à se soulever en faveur du prétendu Messie Bar Cokheba ; capturé par les Romains, il périt dans les supplices, vers l'an 135.

AKIS s. m. [a-kiss] (gr. *akis*, pointe). Genre de coléoptères hétéromères, famille des *Blé*lasomes. L'*akis ponctué*, d'un noir lisse et brillant, se rencontre dans les décombres et les ruines du midi de la France.

AKKAS, peuple nain, découvert en 1870, dans l'Afrique centrale. On suppose que les Akkàs sont les descendants des Pygmées dont parle Hérodote. Voy. PYGMÉES.— Duchaillu, Schweinfurth, Miani, Chaillé, Long-Bey, Marno, de Heuglin, Lenz ont vu un grand nombre de ces nains dans les pays qu'ils ont visités ; et l'on affirme que cette race singulière s'étend dans toute la zone équatoriale et centrale de l'Afrique.

AKKERMAN, voy. AKERMAN.

AKMOLINSK, province russe, organisée en 1868, dans le territoire des Kirghiz (Asie centrale). 545,339 kil. carr.; 384,900 hab. — Cap. AKMOLINSK, à 500 kil. S.-O. d'Omsk. 5,000 hab.

AKNÈME adj. (gr. a, priv.; *knémé*, cuisse). Térat. Qui n'a pas de jambes.

AKNÉMIE s. f. Térat. Monstruosité organique, caractérisée par l'absence des jambes.

AKOUCHA, ville du Caucase (Russie), habitée par un peuple de pasteurs.

AK-PALANKA, petite ville du N.-E. de la Serbie. Victoire des Turcs, le 9 juillet 1876.

AKRON, ville de l'Ohio (Etats-Unis), sur le canal de l'Ohio, à 60 kil. S. de Cleveland ; 11,000 hab.

AK-SHEHR (anc. *Philomelium*). Ville de l'Asie-Mineure, à 140 kil. N.-O. de Konieh. 15,000 hab. Manufacture de tapis.

AKSU [a-ksou], ville du Turkestan oriental, à 450 kil. N.-E. de Kashgar. 50,000 hab. Grand commerce par les caravanes; confection d'étoffes, travail des peaux de bêtes sauvages.

AK-THAMAR, île du lac Van (Arménie); résidence de l'un des patriarches arméniens.

AKYAB, port du Burmah anglais, à 82 kil. S.-S.-O. d'Aracan. 16,070 hab.

AKYSTIQUE adj. (gr. a, priv.; *kustis*, vessie). Qui est privé de vessie natatoire.

AL, il ou ul (improprement prononcé EL), article défini de la langue arabe. Devant une linguale ou une dentale, l'*l* (*lan*) est supprimé, et la linguale ou la dentale prend un double son ; ainsi : *il shams*, le soleil, devient *ishshams*. Quand le mot qui précède l'article se termine par une voyelle longue, la voyelle de l'article est supprimée ; ex.: *Abou-il-Féda* devient *Aboulféda*.

ALABAMA. I. Riv. des Etats-Unis de l'Amérique du Nord, formée par la réunion du Coosa et du Tallapoosa, à 10 kil. N.N.-E. de Montgomery. Se réunissant ensuite au Tombigbee, l'Alabama forme la rivière *Mobile*.

Sceau de l'État de Alabama.

II. Nom de l'un des états méridionaux de l'Union américaine, sur le golfe du Mexique ; borné par le Tennessee, la Géorgie, la Floride et l'état de Mississipi ; divisé en 66 comtés. 134,365 kil. carr. Cap.; Montgomery ; villes princ.: Mobile, Selma, Huntsville et Enfaulas.

La population s'est augmentée dans les proportions suivantes :

Recensem.	Blancs.	Noirs libres.	Esclaves.	Totaux.	Rang.
1820....	85.451	571	41.879	127.901	19
1830....	190.406	1.572	117.549	309.587	13
1840....	335.185	2.039	253.532	590.756	12
1850....	426.514	2.265	342.844	771.623	12
1860....	526.271	2.690	435.080	964.201	12
1870....	521.384	475.510	....	996.992	16

Le territoire, bien arrosé, par le Tennessee, au N.; par le Coosa, le Tallapoosa, l'Alabama, au centre ; par le Black Warior et le Tombighee à l'O ; par le Choctaw, le Pec, le Pigeon et l'Escambia au S.-E., et par la Mobile au S., est couvert de forêts, de prairies et de riches cultures. Il produit un beau marbre blanc, du fer et de la houille. Climat assez malsain près des rivières basses; mais délicieux au N. où le terrain, montueux, est sillonné par les Alleghanies. Température moyenne : 63° F. Le terrain, fertile surtout dans les vallées, produit en moyenne : 425,000 balles de coton, 17 millions de boisseaux de blé, 1 million de froment, 18,000 de seigle, 800,000 d'avoine, 160,000 de pois et de haricots, 2 millions de patates, 225,000 livres de riz, 150,000 de tabac, 380,000 de laines, 40,000 tonnes de foin. — La principale industrie consiste dans le travail du coton. Le centre commercial est Mobile. Le territoire est desservi par 2,800 kil. de chemins de fer. — CONSTITUTION. La législature consiste en 33 sénateurs, élus pour 4 ans, et 100 représentants pour 2 ans. Le gouverneur, le secrétaire d'État, le trésorier, l'auditeur et l'attorney général, sont élus pour 2 ans ; les juges pour 6 ans. L'état envoie 2 sénateurs et 8 représentants, au congrès de Washington. Dette : 30 millions de dollars; recettes 800,000 dollars ; dépenses 1 million de dollars.—Instruction : 2,700 écoles de blancs (92,000 élèves); 1,300 écoles de noirs (55,000 élèves), 3,995 professeurs ; 1,500 bibliothèques, contenant 500,000 volumes. Collège médical à Mobile; écoles de théologie. 97 journaux.— Religions : 2,100 organisations religieuses, possédant 4,960 édifices : la religion des Baptistes domine (789 organisations; 72,000 fidèles) ; puis viennent les Méthodistes (991 organisations; 74,000 fidèles); les Presbytériens (202 organ.), les Episcopaliens (50) et les Catholiques (20). L'État d'Alabama fit partie de la Géorgie jusqu'en 1819; il fut alors admis dans l'Union. Le 11 janvier 1861, un vote de la législature, réunie en convention, le fit entrer dans la Confédération des états révoltés. Les troupes nationales ne l'occupèrent complètement qu'en 1868, après la prise de Mobile. Il ne fut réadmis dans l'Union qu'en 1868, avec une nouvelle Constitution, révisée en 1878.

ALABAMA (Affaire de l'). *Alabama* est le nom d'un cuirassé de 900 tonnes et 300 chevaux, construit à Birkenhead (Angleterre) pour le service des confédérés du sud des Etats-Unis. Il fut lancé le 15 mai 1862. — Sous le commandement du capitaine Semmes, il fit subir de grands dommages à la marine marchande des Etats-Unis, jusqu'au jour où il fut détruit, non loin de Cherbourg, par le cuirassé fédéral *Kearsage*, capitaine Winslow (19 juin 1864). Son chef, qui prenait le titre d'amiral, mourut en septembre 1877. — La guerre civile terminée, le gouvernement américain réclama à l'Angleterre une indemnité de 240 millions de francs, pour dommages directs causés à sa marine, tant par l'*Alabama* que par la *Florida*, le *Shenandoah* et plusieurs autres corsaires armés dans les ports de l'Angleterre. L'Amérique comptait, en outre, le grief considérable d'avoir cause une prolongation de la guerre. D'abord l'Angleterre s'arma, prête à repousser cette réclamation ; la guerre était imminente (1870), lorsque les hommes d'État de l'Angleterre, frappés de la défaite de la France, réfléchirent et n'osèrent se hourter à l'alliance germano-américaine alors pleine de force.

L'affaire fut ajournée; on gagna du temps; un tribunal fut nommé pour servir d'arbitre; ce tribunal, composé de Frédéric Sclopis, pour l'Italie; du baron Staempfl, pour la Suisse; du vicomte d'Itajuba, pour le Brésil; de G.-F. Adams, pour les États-Unis et d'Alexandre Cockburn, pour la Grande-Bretagne, se réunit à Genève, le 15 juin 1872. A l'unanimité, il fut reconnu que l'Angleterre devait une indemnité pour les dommages causés par l'*Alabama*; quatre juges en accordèrent aussi pour les dommages causés par le *Florida*; et trois voix seulement pour ceux du *Shenandoah*; quant aux dommages indirects, ils furent écartés. Par jugement rendu le 14 septembre, l'Angleterre fut condamnée à payer une indemnité de 80 millions de francs. Elle s'exécuta le 9 septembre 1873; bien que son représentant, Cockburn, eût refusé de signer le jugement.

ALABAMIEN, IENNE s. et adj. Habitant de l'Alabama; qui a rapport à ce pays ou à ses habitants.

ALABANDA (aujourd'hui *Bour-Dogan* ou *Arab-Hissar*). Ancienne ville de Carie, près du Scamandre, renommée comme rivalisant avec Sybaris pour la dissolution de ses mœurs. Labiénus la ruina (38 av. J.-C.).

ALABANDIEN, ENNE s. et adj. Qui est d'Alabanda ou qui appartient à cette ville.

ALABANDINE s. f. ou *rubis spinelle*. Sorte de quartz rouge foncé, que l'on trouva d'abord aux environs d'Alabanda. Les lapidaires la classent entre les rubis et l'améthyste.

ALABANDIQUE adj. Se dit d'un marbre noir qui se trouvait aux environs d'Alabanda.

ALABASTRE ou Alabastron s. m. (gr. *alabastron*, dérivé d'albâtre gypseux; ou *a*, priv.; *labé*, anse). Vase antique, en forme de poire, destiné à mettre des parfums. On a dit aussi ALABASTRITE.

ALABASTRIN, INE adj. Qui a la nature, les qualités ou l'apparence de l'albâtre.

ALABASTRIQUE adj. Qui concerne l'albâtre. — s. f. Art de travailler l'albâtre.

ALABASTRITE s. f. Sorte d'albâtre appelé quelquefois *biscuit de Florence*. L'alabastrite est moins diaphane, moins dure et ne prend pas un aussi beau poli que l'albâtre vrai. On la tire principalement de Volterra en Toscane.

ALABASTRON s. m. Voy. ALABASTRE.

ALABE ou Alabès s. m. [a-la-bèss] (gr. *a*, priv.; *lambanô*, je saisis). Genre de poissons, famille des anguilliformes, renfermant une seule espèce, de la mer des Indes.

ALÂCHIR v. a. Rendre lâche, mou. — v. n. Devenir lâche. — **S'alâchir** v. pr. Tomber en faiblesse.

ALÂCHISSANT, ANTE adj. Qui alâchit.

ALÂCHISSEMENT s. m. Relâchement, diminution des forces.

ALACOQUE (Marguerite-Marie), religieuse visitandine, née en 1647, à Lauthecourt (diocèse d'Autun), morte au couvent de Paray-le-Monial, en 1690. Un écrit mystique qu'elle composa : *La dévotion au cœur de Jésus*, 1698, a donné lieu à l'institution de la fête du *Sacré-Cœur*. Elle a été béatifiée en 1865.

ALACOQUISTE s. Partisan de Marie Alacoque.

ALACRITÉ s. f. (lat. *alacritas*, vivacité). Gaieté d'humeur, enjouement.

ALACTAGA s. m. (Tartare : *poulain varié*). Espèce de mammifère du genre *gerboise*; on trouve cet animal depuis la Syrie jusqu'à l'Océan oriental et jusqu'au nord de l'Inde.

ALA-DAGH. I. Hautes montagnes de l'Arménie, principalement au N. du lac Van. Elles séparent le versant de la mer Caspienne de celui du golfe Persique. — II. Chaîne de montagnes, au N.-O. d'Angora, Asie Mineure.

ALADIN s. m. (rad. *Aladin*, n. pr.) Genre de teinture employée dans l'impression de l'indienne.

ALADIN ou Ala-Eddin, surnommé le *Vieux de la Montagne*, prince des *Assassins*, se rendit terrible par les meurtres qu'il fit commettre. Saint-Louis, dès son arrivée en Palestine, l'obligea à la soumission.

ALADIN (Lampe d') ou la *Lampe merveilleuse*, titre d'un des contes des *Mille et une Nuits*. Aladin, jeune orphelin livré à la paresse et au vagabondage, devient, à la suite de circonstances extraordinaires, possesseur d'une lampe magique qui lui procure la fortune la plus brillante. — ALADIN ou *la lampe merveilleuse*, opéra en cinq actes, représenté à l'Opéra le 6 févr. 1822; paroles d'Étienne; musique de Nicolo qui mourut avant d'avoir achevé cette œuvre; terminé par Benincori; brillant succès. A l'occasion de la première représentation, la salle de l'Opéra fut, pour la première fois, éclairée au gaz.

ALADJA DAGH, près de Kars, Arménie. Les Turcs, commandés par Ahmed Mouktar, y furent complètement battus par les Russes que commandaient le Grand Duc Michel et les généraux Loris Melikoff, Lazareff et Heimann (14, 15 oct. 1877). Ce désastre, suivi de l'investissement de Kars, fut attribué à la faute commise par les Turcs, qui avaient disséminé 40,000 hommes sur un espace où il en aurait fallu 200,000.

À-LA-FOIS. Mar. Terme de tactique navale que l'on emploie en parlant de plusieurs bâtiments qui font une manœuvre simultanément.

ALAGOAS, 1. Province orientale du Brésil, sur l'Océan atlantique, au N. des provinces de Sergype et de Bahia. 104,500 kil. carr.; 360,000 hab. Sol bas et sablonneux à l'E.; élevé dans l'intérieur et couvert de forêts. Culture de la canne à sucre et du cotonnier. Cap. *Maceio*. — II. ville autrefois capitale de la province, et qui doit son nom au lac sur les bords duquel elle est bâtie, à 250 kil. S.-S.-O. de Pernambuco. 11,000 hab.

ALAIGNE ch.-l. de cant. (Aude); arr. à 11 kil. N.-O. de Limoux; 550 hab.

AL...IN (Saint), confesseur en Bretagne; fête le 27 déc.

ALAIN de l'Isle, *de insulis* ou *insulensis*, surnommé le *Docteur universel*, philosophe (1114-1203), d'abord théologien à l'Université de Paris, ensuite moine de Cîteaux. Ses ouvrages en prose et en vers ont été recueillis par le P. Ch. de Visch, Anvers, 1654. On y remarque un écrit sur la pierre philosophale. Ses paraboles, traduites en français, ont été publiées à Paris, Ant. Vérard, 1492, in-fol.

ALAINS s. m. pl. (*Alani*), peuple scythe, de la grande souche finnoise. Les tribus des Alains, d'abord cantonnées dans le Caucase et dans les vallées du Don, se ruèrent sur l'Asie Mineure, d'où elles furent chassées, vers l'an 280, par l'empereur Probus. Affaiblies, elles s'unirent aux Huns pour attaquer l'empire d'Occident. Théodose parvint à les vaincre (379-82). Leurs bandes errantes, écrasées en Espagne par les Wisigoths, se dispersèrent. Quelques-unes entrèrent au service de l'empire romain; d'autres s'associèrent aux Vandales.

ALAIRE adj. Qui appartient, qui a rapport aux ailes des oiseaux, d'un moulin à vent, etc.

ALAIRES s. m. pl. (lat. *alares*). Ant. Troupes qui se plaçaient sur les ailes des armées romaines.

ALAIS, *Alesia Nova*, *Mondubiorum*, ch.-l. d'arr. (Gard), à 45 kil. N.-O. de Nîmes, au pied des Cévennes, sur la rive gauche du Gardon. Collège, forges, fileries, comm. de soie, richesses minérales importantes; mine de houille aux environs. Ch.-l. de la division mi-

néralogique du S.-E. 20,900 hab. Alais prit une grande part aux guerres de religion; au XVIᵉ siècle, les protestants s'y rendirent indépendants. Louis XIII et Richelieu l'assièrent (1629), la prirent et rasèrent ses murailles. — Fontaines d'eaux minérales froides ferrugineuses, dont les deux principales, la *Comtesse* et la *Marquise*, sont assez fréquentées.

ALAISE, village du dép. du Doubs, à 25 kil. S. de Besançon, près des monts Salins, au milieu de rochers d'un accès difficile. En 1855, M. Delacroix, architecte à Besançon, émit et soutint avec talent l'opinion que ce village est situé sur le lieu où s'élevait jadis la grande ville gauloise d'*Alésia*. Cette idée a soulevé une vive polémique. Aux environs d'*Alaise* se trouvent de nombreux tumuli celtiques et des sépultures romaines.

ALAISIEN, IENNE s. et adj. Habitant d'Alais; qui appartient à cette ville ou à ses habitants.

ALAJUELA, ville de Costa-Rica, à 25 kil. N.-O. de San José, 10,000 hab.

ALALCOMÈNE. Mythol. gr. Père nourricier de Minerve et fondateur d'Alalcomènes.

ALALCOMÉNÉIS (gr. Puissance protectrice). Mythol. Surnom de Minerve, adorée à Alalcomènes.

ALALCOMÈNES, ancienne ville de Béotie, au pied du mont Tilphossium et près du lac de Copais. On y remarquait un célèbre temple de Minerve qui fut pillé par Sylla.

ALALIA, auj. Aljajola, ancienne ville, fondée par les Phocéens, sur la côte occidentale de l'île de Corse.

ALAMANNI (Luigi), poète florentin, né en 1495, mort à Amboise en 1556. Exilé de son pays pour avoir conspiré contre le cardinal Jules de Médicis (plus tard Clément VII), il se sauva à la cour de François Iᵉʳ qui l'envoya (1544) en ambassade auprès de Charles-Quint. Il a composé un poème didactique, *La Coltivazione*, des satires, l'*Avarchide*, poème épique sur le siège de Bourges (Avaricum), etc.

ALAMBIC s. m. [a-lan-bik] (ar. *al*, le; *ambic*, vase de distillation). Appareil dont on se sert pour la distillation. — Fig. PASSER UNE CHOSE A L'ALAMBIC, l'examiner avec un grand soin. — ENCYCL. L'alambic primitif, dont nous donnons la figure, se compose d'une *cucurbite*, placée au-dessus d'une lampe et contenant la matière à distiller; un *chapiteau* ou *chapeau* couvre son col étroit et la met, au moyen d'un tube, en communication avec un récipient destiné à recevoir les vapeurs qui s'y condensent et reviennent à l'état liquide. Mais pour la distillation en grand, l'alambic a reçu de profondes modifications. La lampe est remplacée par un fourneau sur lequel on place une grande *chaudière* de cuivre appelée cucurbite. Le chapiteau, également en cuivre, ne communique plus avec un récipient, mais avec un *réfrigérant*, cuve pleine d'eau froide, dans laquelle passe un *serpentin* ou tuyau qui fait 6 ou 7 tours sur lui-même avant de sortir du réfrigérant pour laisser tomber goutte à goutte dans le récipient (bacquet ou barrique) les vapeurs condensées. Voy. DISTILLATION.

Alambic.

ALAMBIQUAGE s. m. Raffinement extrême, subtilité excessive.

* **ALAMBIQUÉ, ÉE** part. pass. d'ALAMBIQUER. Ne se dit que des questions, des réflexions trop subtiles et trop raffinées : *discours alambiqué*.

* **ALAMBIQUER** v. a. Ne s'emploie qu'au figuré, dans le sens de subtiliser : *alambiquer son style*. — Fatiguer par trop d'application à

des choses abstraites : *ces questions ne servent qu'à alambiquer l'esprit* (Acad).— Absol. Raffiner, subtiliser : *il ne s'agit pas d'alambiquer.* — S'alambiquer v. pr. Se fatiguer par des abstractions, des subtilités : *s'alambiquer l'esprit.*

ALAMBIQUEUR s. m. Celui dont le style est recherché.

ALAMO, fort situé sur la rive orientale du San Antonio (Texas) ; les Mexicains commandés par Santa Anna, s'en emparèrent le 6 mars 1836.

ALAMON auj. *Monestier d'Alamond*, ville de l'anc. Gaule Narbonnaise, chez les Tricoriens.

ALAMOS (Real de los), ou le « Champ des peupliers » ville de la Sonora (Mexique), à 175 kil. S.-O. de Chihuahua ; 11,000 hab. Les mines d'argent qui se trouvent aux environs occupent environ 4,000 personnes.

ALAN s. m. Dogue de forte taille qu'on emploie pour chasser le loup ou le sanglier.

ALAN, ALLEN ou ALLYN (William), théologien catholique, né dans le Lancashire en 1532, mort à Rome en 1594 ; exilé par Elisabeth, il fonda le collège ecclésiastique de Douai, pour la jeunesse anglaise, contre un livre que les soldats de l'*Invincible Armada* devaient répandre par milliers d'exemplaires dans la Grande-Bretagne, après l'avoir envahie. L'insuccès de cette expédition ne diminua pas son crédit ; il fut nommé cardinal en 1589 et archevêque de Malines en 1591.

ALAND (Iles d'), archipel d'environ 200 petites îles rocheuses, dont 80 seulement sont habitées, à l'entrée du golfe de Botnie; 16,000 hab.; 1,211 kil. carr. Ce groupe qui fait partie de la Finlande, doit son nom à la principale des îles qui le composent, *A'land* (10,000 hab.), bon fort, où les Russes avaient élevé le fort de *Bomarsund* détruit par les Alliés en 1854. Les îles d'Aland furent enlevées à la Suède en 1809.

ALANDAIS, AISE s. et adj. Habitant des îles d'Aland; qui appartient à ces îles.

ALANDIER s. m. Bouché placée à la base d'un four.

ALANGIÉ, ÉE adj. Bot. Qui ressemble à un *alangion*.— **ALANGIÉES** s. f. pl. Petite famille de plantes Dialypétales ayant pour type le genre *alangion* et ne renfermant que des arbres et des arbrisseaux de l'Asie tropicale.

ALANGION s. m. Bot. Genre de plantes, type de la famille des alangiées. Il renferme un petit nombre d'espèces de beaux arbres appelés par les Indiens *alangi* ou *angolam*.

ALANGOURIR v. a. Vieux mot qui signifiait faire tomber en langueur.

' ALANGUIR v. a. Rendre languissant. — v. n. Etre languissant : *il alanguit de jour en jour.* — **' S'alanguir** v. pr. Devenir languissant : *son esprit s'alanguit.*

ALANGUISSEMENT s. m. Etat de langueur, d'abattement.

ALANINE s. f. Substance que l'on obtient en traitant l'aldéhide d'ammoniaque par l'acide cyanhydrique en présence d'autres acides.

ALANTINE s. f. (all. *alant*, aunée). Chim. Nom donné par Trommsdorf au principe végétal appelé aujourd'hui *inuline*.

ALAQUE s. f. Archit. Ornement qui sert d'assise à la base des colonnes et que l'on appelle aussi plinthe.

AL-ARAF, sorte de purgatoire de la théologie musulmane ; vallée située entre le ciel et l'enfer.

ALARÇON (Hernando de), navigateur espagnol qui décrivit le premier la basse Californie qu'il avait visitée en 1540-'41.

ALARCON Y MENDOZA (Juan-Ruis de), poète

espagnol, né à Tasco (Mexique), vers la fin du XVIᵉ siècle, mort en 1639. Sa comédie *La Verdad sospechosa* a servi de modèle au *Menteur* de Corneille. Il fit d'excellents drames qui ne lui valurent qu'une réputation posthume.

ALARCOS, lieu situé près de Calatrava (Espagne centrale). Les Chrétiens, commandés par Alfonse IX, roi de Castille, y furent écrasés par les Maures, le 19 juillet 1195.

ALARD (Marie-Joseph-Louis), médecin, né à Toulouse en 1779, mort en 1850; entra à l'Académie de médecine dès sa formation et dirigea le *Bulletin des Sciences médicales* ; a laissé une *Dissertation sur le catarrhe de l'oreille* (Paris, 1803) ; une histoire de l'*Eléphantiasis des Arabes* (1806 et 1824); *Siège et nature des maladies*, 1827, 2 vol. in-8°.

' ALARGUER v. n. (lat. *ad*, vers; *largus*, large). Mar. Porter plus large, s'éloigner.

ALARIC (germain *Al-ric*, tout-riche).— I. Roi des Visigoths (376-410), ravagea la Grèce, vers 395, fut élu roi en 398, envahit l'empire d'Orient en 402, mais fut battu, près de Pollentia (Italie), par Stilicon. En 408, il assiégea Rome, qu'il rançonna. Deux ans après, il prit cette ville d'assaut et la pilla pendant trois jours. Il marchait à la conquête de la Sicile, lorsqu'il mourut à Cosenza. Ses soldats détournèrent un instant le cours du Busento pour ensevelir leur capitaine dans le lit de cette rivière. — II. 8ᵉ roi des Visigoths d'Espagne (de 484 à 507). Son royaume (cap. Toulouse) comprenait une grande partie de l'Espagne et le S.-O. de la France. Il fut tué par Clovis, à la bataille de Vouillé.

ALARIE s. f. (lat. *alarius*, qui concerne les ailes). Bot. Section d'algues, du genre laminaire, dont le type est la laminaire comestible.

ALARII s. m. pl. Troupes placées sur les ailes d'une armée romaine. Les alarii se composaient ordinairement de soldats fournis par les alliés.

' ALARMANT, ANTE adj. Qui alarme : *nouvelle alarmante.*

' ALARME s. f. (ancien cri militaire : *à l'arme !* qui a été remplacé par le cri : *aux armes !*). Cri, signal pour faire courir aux armes, pour appeler au secours : *canon d'alarme.* — Emotion causée dans un camp, dans une place de guerre, à l'approche de l'ennemi : *donner l'alarme.* — Fig. Frayeur, épouvante subite : *une fausse alarme.* — Inquiétude, souci, chagrin ; en ce sens, il s'emploie souvent au pluriel :

Il sait votre dessein, juges de ses *alarmes*.

RACINE.

— Prov. L'ALARME EST AU CAMP. Se dit quand une réunion, une société vient d'être effrayée. — NOURRI DANS LES ALARMES, accoutumé à la guerre.

' ALARMER v. a. Donner l'alarme ; causer de l'émotion, de l'épouvante, de l'inquiétude. — S'alarmer v. pr. S'inquiéter, s'effrayer, être ému.

' ALARMISTE s. Celui, celle qui se plaît à répandre des bruits alarmants. — ∞ Argot. Chien de garde.

ALASCO (John), voy. LASKI.

ALA-SCHER, ville d'Anatolie (Asie-Mineure), à 120 kil. E. de Smyrne, 45,000 hab. Célèbres ruines de l'antique Philadelphie.

ALASKA, territoire des États-Unis (autrefois AMÉRIQUE RUSSE), comprenant les pays situés à l'ouest de 143° 30' de long. O.; avec les îles Aléoutiennes, quelques îles sur la côte et une langue de terre, large de dix lieues, entre le Pacifique et le territoire anglais. 1,495,380 kil. carr. 30,000 hab. dont 1,500 civilisés. Capitale Sitka ou Nouvelle-Arkhangel. Principal dépôt pour les pêcheries : Saint-Paul, dans l'île Ka-

diak. Le nom de tout le territoire vient de celui de la longue presqu'île (*Aliaska*), que l'Amérique projette vers les îles Aléoutiennes. Les plus importantes rivières sont le *Yukon* ou Kwickpack, qui vient de la Colombie anglaise et se jette dans la mer de Behring, après un cours de 3,000 kil ; le *Clovil*, qui court vers le nord et se jette dans la mer Arctique ; le *Kuskowin*, affluent de la mer de Behring. On dit qu'il y a de nombreux lacs dans l'intérieur des terres; mais ils n'ont pas été visités. On compte dans ce territoire plus de 60 volcans, dont 10 en activité. — Les montagnes forment trois chaînes : monts *Saint-Elias*, montagnes *Rocheuses* et monts *Alaskiens*. Dans la première de ces chaînes se trouve le célèbre mont Saint-Elias, (St-Elie), haut d'environ 5,545 mètres et point culminant de toute l'Amérique septentrionale. Sous le rapport du climat et de l'agriculture, la contrée se divise en : district de *Yukon*, au nord des monts Alaskiens ; district *aléoutien*, comprenant la péninsule d'*Aliaska* et les îles aléoutiennes ; et district de *Sitka*. Dans le premier, la température moyenne est d'environ 25° F. L'été est court, sec et chaud ; mais en hiver, la terre se couvre de 5 à 6 pieds de neige et la température descend jusqu'à —70°F. — Le district aléoutien est plus chaud. La température annuelle moyenne s'y élève à 36 ou 40° F. Elle est de 44°07 dans le district de Sitka. L'intérieur est bien boisé, surtout dans la région du Yukon, où croissent la sapinette blanche, le bouleau, l'aulne, les peupliers et le saule. Sur les côtes du Pacifique s'étendent d'épaisses forêts de pin blanc, de cèdre jaune, de sapin du Canada et de sapin baumier. Les ressources agricoles sont confinées dans les districts aléoutien et Sitka, bien qu'il y ait de bons pâturages dans la vallée du Yukon, où croissent quelques racines comestibles. — La production minérale consiste en : granit, charbon, soufre (abondant près des volcans), or, argent, cinabre et fer. Quatre espèces d'ours sont répandues sur ce territoire, où l'on rencontre aussi le renard, le castor, la marte, la loutre, le vison, le lynx et le glouton. Sur les côtes, apparaissent les phoques de plusieurs espèces, et dans les mers adjacentes on se livre à la pêche de la baleine, de la morue, du hareng et du flétan. Le plus commun des poissons de rivière est le saumon. Pendant l'été, des myriades d'oiseaux migrateurs s'abattent sur le pays. — La population indigène se distingue en *Esquimaux* et en *Indiens*. À la première des deux divisions appartiennent les insulaires des îles Aléoutiennes et les *Innuits*, qui habitent les îles de la côte, depuis le détroit de Behring jusqu'au mont Saint-Elias. La tribu la plus nombreuse et la plus farouche des Indiens est celle des *Co-Yukon*, sur les rives du Yukon.— Leur industrie consiste à fabriquer des articles de chasse et de pêche. Ils ne connaissent d'autre commerce que celui des fourrures. — En 1741, le navigateur russe Behring découvrit la chaîne de montagnes que surmonte le mont Saint-Elias et cette partie de l'Amérique fut, à partir de ce jour, considérée comme une possession de l'empire moscovite. Un établissement pour le commerce des pelleteries fut créé dans l'île de Kadiak en 1783, et une compagnie pour l'exploitation des pêcheries et du commerce fut organisée en 1799. Elle établit des forts, des comptoirs et mit son quartier général à Sitka. Son monopole expira en 1862. Par un traité en date du 13 mars 1867, le territoire a été vendu aux Etats-Unis pour une somme de 7,200,000 dollars.

' À LATERE loc. adj. [a-la-té-ré] (lat. *du côté, d'auprès*). Voy. LÉGAT.

' ALATERNE s. m. (lat. *alaternus*, nerprun). Bot. Grand arbrisseau du genre nerprun, appelé quelquefois *nerprun alaterne* (*Rhamnus alaternus*, Lin.), à tige rameuse, à feuilles dentées en scie, vertes, luisantes et d'une teinte sombre; à fleurs, petites, nombreuses, odorantes, en panicules axillaires assez courtes. L'a-laterne croît naturellement en Europe dans le bassin méditerranéen; on l'emploie à orner les bosquets. Son bois, qui est dur, sert dans les arts. Ses fruits sont purgatifs, ainsi que ses feuilles qui, de plus, sont astringentes. Il existe plusieurs variétés d'alaternes qui diffèrent principalement par leurs feuilles panachées.

ALATERNOÏDE adj. Bot. Qui ressemble à l'alaterne.

ALATION s. f. [a-la-si-on] (lat. *ala*, aile). Entom. Manière dont les insectes ont les ailes conformées ou disposées.

ALAUDA s. f. (lat. *alouette*). Nom lat. assigné par Linné à son grand genre *alouette*. — Nom d'une légion que César forma avec les meilleurs guerriers de la Gaule et qui prit son nom de l'alouette, placée comme ornement sur le casque des soldats.

ALAUDIDÉES s. f. pl. (lat. *alauda* ; gr. *eidos*, forme). Ornith. Famille de passereaux, ayant pour type le genre alouette.

ALAUDINÉES s. f. pl. Ornith. Tribu de la famille des alaudidées.

ALAUX (Jean), peintre, né à Bordeaux en 1786, mort en 1864 ; a laissé des portraits de maréchaux et les vues de batailles, qui ornent le palais de Versailles.

ÁLAVA, province basque (Espagne); 3,122 kil. carr. ; 104,000 hab. Cap. Vittoria. Grande production de pierres, de bois, de vins et de fruits.

ALBA. — I. Ville d'Italie, sur le Tanaro, à 58 kil. S.-S.-E. de Turin ; 40,000 hab. Commerce important de bêtes à cornes. — II. Alba de Tormes, ville d'Espagne, prov. et à 22 kil. S.-E. de Salamanque. 4500 hab. Victoire des Français sur les Espagnols, le 28 nov. 1809. — III. Alba Fucentia, ville de l'ancienne Italie, près du lac Celano ; les Romains y enfermaient leurs prisonniers d'État. — IV. Alba Longa, voy. ALBE-LA-LONGUE.

ALBACÈTE. — I. Province S.-E. d'Espagne (Murcie). 15,466 kil.carr.; 224,000 hab. — II. Ville capitale de cette province, à 135 kil. N.-O. de Murcie; 18,000 hab. Production de dagues et d'armes blanches.

ALBAIN (Mont), *Albanus mons*, célèbre montagne du Latium (960 m. au-dessus du niveau de la mer), à 20 kil. S.-E. de Rome, près d'Albe-la-Longue.

ALBAIN, AINE s. et adj. Habitant d'Albe, qui a rapport à cette ville ou à ses habitants. — On leur donnait aux prêtres de Mars, parce que leur résidence ordinaire était le mont Albain.

ALBAN, jadis *Albaing*, ch.-l. de cant. (Tarn), arr. et à 25 kil. S.-E. d'Alby; 500 hab.

ALBAN (Saint-), station balnéaire sur la Loire, à 9 kil. de Roanne. — Trois sources minérales, froides, bicarbonatées mixtes, ferrugineuses et gazeuses, recommandées surtout contre la gastralgie, les maladies de l'abdomen.

ALBAN ou Albans (Saint-). — I. Premier martyr chrétien en Angleterre (vers l'an 300). Fête 22 juin. — II. Bourg d'Angleterre (Hertfordshire), du nom d'un monastère érigé près du lieu (Verulamium) où naquit saint Alban. — Le roi Henri IV y fut battu et fait prisonnier par le duc d'York, le 22 mai 1455 ; et la reine Marguerite y battit les Yorkistes et délivra le roi, le 17 février 1461.

ALBANA (auj. *Derbent*), ville de l'ancienne Albanie d'Asie, sur le bord occidental de la mer Caspienne, à l'entrée d'un défilé de Caucase, appelé *Portes Albaniennes*, et à l'est d'une muraille que Darius Ier fit construire pour arrêter les courses des Scythes.

ALBANAIS, AISE s. et adj. Habitant de l'Albanie; qui a rapport à ce pays ou à ses habitants. — Linguist. Idiome qui se parle dans l'Albanie. — Hist. Troupes mercenaires levées en Albanie et qui, sous différents noms, servirent les puissances occidentales pendant les XVe et XVIe siècles.

ALBANE (L') ou **Albano (Francesco)**, peintre bolonais (1578-1660), célèbre par plusieurs compositions, parmi lesquelles on remarque *les Quatre éléments*, *Vénus endormie*, *Diane au bain*, *Europe sur le Taureau*, etc. L'Albane a été surnommé l'*Anacréon de la peinture*.

ALBANENSES, nom d'une secte de Cathares qui croyaient au dualisme absolu.

ALBANI, illustre famille de Rome, originaire de l'Albanie, d'où elle s'enfuit après l'invasion des Turcs, au XVIe siècle. Elle a fourni un grand nombre de prélats, dont l'un devint devint pape sous le nom de Clément XI. Un autre membre de cette famille, ALEXANDRE ALBANI (1692-1779), rassembla dans sa maison de campagne, si célèbre sous le nom de *Villa Albani*, des chefs-d'œuvre de toute espèce.

ALBANIE, ancienne contrée d'Asie, sur la mer Caspienne, comprenant les pays modernes appelés Daghestan, Léghistan et Shirvan. L'Albanie était habitée par des Scythes qui forcèrent les Romains à respecter leur indépendance.

ALBANIE (albanais, *Shkiperia* ; turc, *Arnautlik*), région de la Turquie d'Europe comprenant l'ancienne Épire, l'Illyrie grecque, une partie de la Dalmatie, et formant les vilayets de Janina, de Scutari et en partie celui de Prisrend. Limites : Monténégro, Bosnie, Serbie, Macédoine, Thessalie, Grèce, Adriatique et mer Ionienne. — Longueur des côtes, 450 kil. — Environ 2 millions d'hab. — Pays montueux à l'Est, où les sommités, couvertes de neige, atteignent 2,750 mètres. — Principales rivières, le Drin et la Voyutza. Lacs de Scutari, d'Okhrida et de Janina. — Climat doux et sain ; abondance de gibier, de bétail, de moutons, de chèvres et de magnifiques chevaux. Terre fertile qui produit un excédant de bois de charpente, de maïs, de tabac, d'huile et de laine. — La population est composée d'un mélange de Turcs, de Grecs, de Serbes, de Juifs et d'Albanais. Ces derniers, surtout les tribus mirdites, au Nord, se distinguent par leur

énergie. Les Turcs n'ont jamais pu les dompter complètement. Ils se nomment eux-mêmes *Skypétars* ; les Turcs les appellent *Arnautes* et les Grecs *Arvanites*. Ils forment quatre familles (Mirdites, Toxides, Lapyges et Chamides) qui

parlent quatre langues distinctes. Les uns sont demeurés chrétiens ; les autres ont embrassé la religion musulmane. Tous sont adonnés à la superstition et au vol. — Les Skypétars descendent probablement des anciens Illyriens. Ils résistèrent à la civilisation romaine, proclamèrent leur indépendance lors de la prise de Constantinople par les Latins (1204) et furent gouvernés par un prince de la maison de Comnène. Ils repoussèrent les Latins et les Turcs jusqu'à la mort de leur dernier souverain, l'héroïque George Castriot (Scanderbeg) en 1467. Ils se soumirent aux Turcs après le siège de Scutari (1478). — Excepté sous le gouvernement cruel et despotique d'Ali-Pacha (1788-1822) le pays resta paisiblement sous le joug. Une révolte fut écrasée en 1843. — Villes principales . Durazzo, Avlona, Parga, Scutari, Akhissar, Berat, Ergir-Castri, Arta.

ALBANIEN, IENNE s. et adj. Synon. d'ALBANAIS.

ALBANO. I. (anc. *Albanus lacus*). Lac d'Italie dans le cratère d'un volcan éteint, à 22 kil. S.-E. de Rome. — II. (anc. *Albanum*). Ville située près du lac ci-dessus, sur l'emplacement d'une villa de Pompée. C'est un séjour d'été très recherché par les habitants de Rome. 5,000 hab.

ALBANS (Saint-). I. Ville de l'État de Vermont (États-Unis), près du lac Champlain, à 40 kil. N.-E. de Burlington, au milieu d'un territoire riche en pierres et en marbre. Source sulfureuse aux environs ; 7,050 hab. — II. Ville d'Hertfordshire, Angleterre, à 30 kil. N.-O. de Londres ; 8,500 hab. Aux environs se trouvent les ruines de l'antique Verulamium (Verulam). Victoires du duc d'York sur les Lancastriens, le 22 mai 1455; et de la reine Marguerite sur les Yorkistes, le 17 février 1461.

ALBANY ou Albaim, ancien nom des hautes terres écossaises. — Plusieurs princes écossais ont porté le titre de *duc d'Albany*.

ALBANY, cap. de l'État de New-York, sur la rive occidentale de l'Hudson; à 233 kil. N. de New-York. 90,000 hab. — Lat. N. 42° 49' 3"; long. O. 76° 4' 49". Le monument le plus remarquable de cette ville, est un magnifique capitole en granit, commencé en 1871. On y trouve aussi des hôpitaux, un pénitencier, un observatoire, une école des lois, un collège médical, une école normale, une université ca-

Albany.

tholique et une bibliothèque contenant 95,000 vol. Albany est un des grands entrepôts du commerce intérieur. Des canaux la relient au Mississipi et aux lacs. C'est un centre manufacturier important, desservi par 8 chemins de fer. — Elle fut fondée en 1623 par les Hollandais qui lui donnèrent le nom de Nouvelle-Orange; prise par les Anglais en 1664, elle devint capitale de l'état de New-York en 1797. Un congrès intercolonial y fut tenu en 1754.

ALBANY, district oriental de la colonie du Cap, sur la côte; 20,000 hab., presque tous blancs. Territoire accidenté, climat sain, sol productif. Cap. Graham's Town.

ALBANY (Louise-Marie-Caroline-Héloïse, COMTESSE D'), fille du prince Gustave-Adolphe de Stolberg-Gedern, née à Mons, en 1753, et épouse en 1772, du prétendant Charles-Edouard Stuart, qui prit alors le nom de comte d'Albany. Elle suivit son époux à Florence; mais son union fut des plus malheureuses. Pour échapper aux brutalités du comte, qui vivait dans un état presque constant d'ivresse, elle se réfugia dans un couvent, en 1780. A la mort du prétendant (1788), la cour de France lui assura une pension annuelle de 60,000 fr. Elle épousa secrètement le poète Alfieri, qui a transmis à la postérité la triste histoire de cette malheureuse princesse. Elle mourut en 1824, à Florence; ses cendres partagent la tombe du grand poète, dans l'église de la Sainte-Croix à Florence, entre les tombeaux de Machiavel et de Michel-Ange.

ALBANY (New), voy. NEW-ALBANY.

ALBARELLE s. f. (ital. albarello, espèce d'arbrisseau). Champignon comestible qui croît sur le châtaignier et sur le peuplier blanc.

ALBARRACIN, ville d'Aragon (Espagne), sur le Guadalaviar, au pied des monts d'Albarracin; 2,500 hab. Evêché, fabr. de draps.

ALBATEGNI (Mohammed-ben-Geber-ben-Senan-Abou-Abdallah), prince arabe, né en Mésopotamie, mort vers 929. Lalande le considère comme l'un des 20 plus grands astronomes. Son ouvrage principal a été traduit en latin : De scientiâ stellarum, Nuremberg, 1537, in-8°.

ALBATION s. f. (si-on) (lat. albus, blanc). Action de rendre blanc, de blanchir, surtout en parlant des métaux.

* **ALBÂTRE** s. m. (gr. alabastron). Pierre ordinairement blanche, homogène, d'un grain fin, demi transparente, susceptible d'un beau poli et quelquefois variée de veines colorées. Deux substances minérales, de composition différente, portent le nom d'albâtre : 1° ALBATRE CALCAIRE, carbonate de chaux concrétionné, provenant des stalactites et des stalagmites; formé de couches ondulées qui se dessinent en veines à la surface; couleur d'un blanc laiteux ou jaune de miel; demi transparence et susceptibilité de prendre un beau poli. Sert-il à la décoration des monuments. On le taille en coupes, en vases élégants, etc. On appelle albâtre oriental celui dont les couleurs sont vives, la translucidité parfaite : tel est le marbre onyx que les anciens tiraient de l'Egypte; 2° ALBATRE GYPSEUX, albâtre sulfaté compacte ou sulfate de chaux hydraté; translucide, d'un grain fin et serré; facile à polir; ordinairement très blanc. Le plus beau provient de Volterra, où l'on le travaille à Florence, où l'on prend, sous le ciseau du statuaire, les formes les plus élégantes : vases, lampes, statuettes, etc. Les carrières de Lagny-sur-Marne fournissent une variété veinée, grise ou blanc-jaunâtre. Les objets d'albâtre gypseux s'altèrent au contact de l'air et n'ont pas la solidité ni l'éclat qui caractérisent l'albâtre calcaire. — Par comparaison, albâtre se dit de tout ce qui est d'une blancheur éclatante : un sein d'albâtre.

Je vis de ses beaux flancs l'albâtre ardent et pur.
A. CHÉNIER. Elégies.

* **ALBATROS** s. m. (al-bâ-tross) (lat. albatus, vêtu de blanc). Genre de grands palmipèdes maritimes. Bec terminé par un gros croc; narines en forme de rouleaux. L'albatros commun

(diomedea exulans, Linné), le plus grand des oiseaux de mer, pèse jusqu'à 25 livres. On le rencontre dans les mers australes, où il se nourrit de frai de poisson, de mollusques, de poissons volants, etc. Il est vulgairement nommé

Albatros commun (Diomedea exulans).

mouton du Cap, à cause de son plumage blanc à ailes noires, et parce qu'il est abondant au delà du tropique du Capricorne. Les Anglais l'appellent aussi vaisseau de guerre. Malgré sa grande taille et sa force, il est très lâche; sa voracité le pousse à avaler les hameçons amorcés d'un simple morceau de viande. Il pond un grand nombre d'œufs, plus gros et aussi bons que ceux de l'oie et qui sont tachés de noir au gros bout.

ALBE ou **ALVA** (Fernando-Alvarez de Toledo DUC D'), général espagnol, né en 1508, mort à Lisbonne, le 11 décembre 1582. — Après avoir servi avec courage dans les guerres que fit Charles Quint, il fut chargé par Philippe II de réduire les Pays-Bas à la soumission. Arrivé dans ce pays, où il amenait 10,000 hommes de troupes, il agit avec la dernière cruauté. Il établit un Conseil des troubles que le peuple eut bientôt raison de surnommer le Conseil de sang; 18,000 habitants furent exécutés par le bourreau; mais le pays se souleva. Les Hollandais se firent gueux (voy. ce mot) et, après avoir été plusieurs fois vaincus, finirent par s'établir à La Brille, d'où ils s'élancèrent sur plusieurs autres cités. Prévoyant de nouveaux désastres, le terrible duc obtint son rappel (18 décembre 1573). Il fut ensuite disgracié pour avoir prêté la main au mariage secret de son fils avec une fille d'honneur. Jeté en prison, puis banni, il fut rappelé pour conquérir le Portugal (1580). Il s'y fit encore remarquer par sa cruauté.

ALBECK, village du Wurtemberg, près d'Ulm. Le général autrichien Mack y fut battu par les Français en 1805.

AL-BELADORI (Aboul-Hassan-Ahmed), historien arabe de Bagdad, mort vers 895; auteur d'une Histoire des conquêtes musulmanes.

ALBE-LA-LONGUE, la plus ancienne ville du Latium, appelée Alba Longa parce qu'elle s'étendait en longueur entre le mont Albain et le lac Albanus. D'après la légende romaine, elle fut bâtie par Ascagne ou Jule, fils d'Enée (1152 av. J.-C.). Elle eut successivement pour rois : Sylvius Posthumus (1143); Æneas Sylvius (1144); Sylvius (1048); Alba (1038); Atys (1002); Capys (976); Capetus (916); Tiberius (903), qui donna son nom au Tibre; Agrippa (895); Romulus Sylvius (854); Aventinus (845); Procas (808); Numitor (795), détrôné par son frère Amulius (794) et rétabli par son petit-fils Romulus (754). Albe lutta longtemps contre la puissance naissante de Rome; mais elle fut détruite par Tullus Hostilius (665); ses habitants furent transportés à Rome.

ALBEMARLE. I. Alba Marla ou Alba Mala, ancien nom d'Aumale, en Normandie.—II. Nom que reçurent MONK et van KEPPEL (voy. ces mots). — III. Golfe de la Caroline du Nord (Amérique).

ALBENAS (Jean POLDO D'), conseiller à Nîmes, né dans cette ville en 1512, mort en 1563. Son Historial de Nîmes (1557) est plein d'utiles recherches.

ALBENS, Civitas Albana, ch.-l. de cant., arrond. et à 24 kil. de Chambéry (Savoie), au confluent de la Daisse et de l'Albenche; 1,500 habitants.

ALBÈRES (Monts), ramification des Pyrénées, entre le dép. des Pyrénées-Orientales et l'Espagne. Les Français, commandés par Dugommier, y battirent les Espagnols en 1794.

ALBERGATI-CAPACELLI (Francesco, MARQUIS D'), poète et acteur, appelé le Garrick d'Italie, né à Bologne, en 1728, mort en 1804; a écrit des comédies et des farces.

* **ALBERGE** s. f. (provenç. aoubergue). Sorte d'abricot à chair fondante et vineuse, dont on fait de bonnes confitures. — Sorte de pêche précoce à chair jaune, rouge ou violette.

* **ALBERGIER** s. m. (rad. Alberge). Hortic. Variété de l'abricotier qui produit l'alberge. Sous variétés : alberge de Tours et alberge de Montgamet. L'arbre se produit de noyau; quelquefois on le greffe sur amandier. La maturité des fruits a lieu à la mi-août. — Pêcher qui produit l'alberge.

ALBÉRIC Ier, seigneur italien qui devint maître, en 906, de Rome et de l'Italie centrale. Les Romains le massacrèrent en 925. — ALBÉRIC II, de Camerino, son fils, s'empara également du pouvoir (932) qu'il conserva jusqu'à sa mort (954).

ALBÉRIC des Trois-Fontaines, chroniqueur du XIIIe siècle, moine de l'abbaye des Trois-Fontaines, près de Châlons-sur-Marne; auteur d'une chronique qui va de la création du monde à l'an 1244. Cette compilation fournit de précieux renseignements sur l'histoire des XIIe et XIIIe siècles. Edition de Leibnitz, dans les Accessiones historiæ, 1698.

ALBERONI (Giulio), célèbre cardinal, né en 1664, d'un jardinier de Fiorenzuola, près de Parme, mort à Rome, en 1752. Secrétaire du duc de Vendôme, en Espagne (1714), il plut à la princesse des Ursins qui le fit nommer agent du duc de Parme à Madrid (1713). Il négocia le mariage de Philippe V avec Elisabeth Farnèse, qu'il engagea ensuite perfidement à bannir sa protectrice. Premier ministre en 1714, cardinal en 1717, cet astucieux italien crut possible de relever l'ancienne puissance de l'Espagne, qu'il brouilla avec toute l'Europe en prenant la Sardaigne et en envahissant la Sicile. Philippe V n'obtint la paix (1719) qu'en congédiant son ministre. Ce dernier, repoussé de partout, erra sous des noms supposés, jusqu'à la mort de Clément XI (1721); ayant favorisé l'élection de son successeur, Innocent XIII, il rentra en grâce et fut nommé légat dans plusieurs pays.

ALBERS (Johann-Friedrich-Hermann), professeur de pathologie à Bonn, né en 1805, mort en 1867; auteur d'un Atlas d'anatomie pathologique (1832-'62).

ALBERT ou **Albertus** s. m. Ancienne pièce de monnaie d'argent que l'archiduc Albert, gouverneur des Pays-Bas, fit frapper à partir de 1598; les albertus valaient un peu plus de 5 fr. On les appelle encore thalers à l'aigle, parce qu'ils sont ornés d'une croix de Saint-André. On leur a également donné le nom d'écus de Bourgogne ou de Brabant. Des écus d'Albert furent ensuite frappés dans le Brunswick (1747), en Autriche (1752), en Prusse (1757) et dans plusieurs autres pays.

ALBERT, (Somme), arr. et à 23 kil. N.-O. de Péronne; 4,000 hab. Fortifications romaines. Souterrains immenses. — Cette petite ville portait jadis le nom d'Ancre, changé en celui d'Albert lors de la chute de Concini, qui en était seigneur (1617). Fabr. d'indiennes; papiers peints; commerce de grains et de bétail.

ALBERT LE GRAND (ALBERTUS MAGNUS), savant et philosophe scolastique, né à Lawingen

(Souabe) en 1193 ou 1205, de la famille des comtes de Bollstædt. Il étudia à Paris, entra, en 1223, dans l'ordre des dominicains, enseigna en Allemagne et ouvrit à Paris un cours de philosophie, vers 1230. Les salles de l'école étant trop étroites pour contenir l'affluence de ses auditeurs, il professa en plein air, sur une place qui fut depuis appelée *place de maître Albert (Maubert)*. Il quitta ensuite Paris et retourna professer à Cologne. Il devint provincial de son ordre pour l'Allemagne (1254), puis évêque de Ratisbonne (1260); il se démit de cette dignité (1262) et vint mourir à Cologne (1280). Ses études avaient embrassé toutes les sciences; les populations ignorantes du moyen âge le considérèrent comme un magicien. On a même imprimé et l'on réimprime encore, sous le nom de *Secrets du Grand* et du *Petit Albert*, un ouvrage de sorcellerie que l'on attribue à cet illustre savant, dont les œuvres véritables ont été recueillies par Jammy, Lyon, 1651, 21 vol. in-fol.

ALBERT D'AIX, chanoine, mort vers 1120, auteur d'un récit de la première croisade, d'après des témoins oculaires. Ce livre a été traduit en français dans la collection Guizot.

ALBERT (Famille d'), branche des Alberti de Florence, s'établit dans le comtat Venaissin au commencement du xv° siècle, devint propriétaire de la seigneurie d'*Ancre* (nommée ensuite *Albert*) et donna naissance aux familles de Luynes et de Chaulnes.

ALBERT, nom de cinq ducs d'Autriche. — I. Né en 1248, mort le 1ᵉʳ mai 1308, nommé empereur d'Allemagne à la mort d'Adolphe de Nassau, se fit détester, provoqua le soulèvement de la Suisse et fut assassiné au passage de la Reuss. — II. *Le Sage*, quatrième fils du précédent (1298—16 août 1358), fut malheureux dans sa lutte contre les Suisses. — III. Mort en 1395, fils du précédent, protégea les études, les lettres et les arts. — IV. *Le Pieux*, fils du précédent, fit un pèlerinage en Terre-Sainte et mourut dans un couvent de Chartreux (1406) à l'âge de vingt-sept ans. — V. Fils du précédent (1397—27 octobre 1439), épousa, en 1422, Elisabeth, fille de l'empereur Sigismond, auquel il succéda en Hongrie, 1437, en Bohème, 1438, et à l'empire, 1438, sous le nom d'ALBERT II.

ALBERT, archiduc d'Autriche, né en 1559, sixième fils de Maximilien II. D'abord cardinal et archevêque de Tolède, il renonça à la pourpre romaine pour épouser une fille de Philippe II, qui lui donna les Pays-Bas. C'était une dot illusoire, car le gendre du roi d'Espagne mourut en 1621 sans avoir pu réduire ses sujets à l'obéissance.

ALBERT (François-Auguste-Charles-Emmanuel), duc de Saxe-Cobourg-Gotha et *prince-consort* d'Angleterre, né au château de Rosenau, le 26 août 1819, mort au château de Windsor, le 14 décembre 1861. Il épousa la reine Victoria en 1840. L'œuvre principale de sa vie fut l'exposition internationale de 1851, au palais de Cristal.

ALBERT (Saint). — I. Evêque de Liège, assassiné en 1695 par des émissaires de l'empereur Henri VI. Fête le 21 nov. — II. Moine dans le diocèse de Cambrai, au xiiᵉ siècle. Honoré le 7 avril.

ALBERT le Bienheureux, évêque de Biobis, puis de Verceil, patriarche latin de Jérusalem, mort en 1216; organisa l'ordre des Carmes.

ALBERT de Brandebourg, le premier duc de Prusse, né en 1490, mort en 1568, devint grand maître de l'ordre teutonique en 1511, lutta quelque temps contre son oncle Sigismond Iᵉʳ, roi de Pologne, embrassa le luthéranisme, et convertit (1521) les domaines de l'ordre teutonique en un duché relevant du royaume de Pologne. Il fonda des écoles et l'université de Kœnigsberg.

ALBERT l'Ours, margrave, tige des électeurs de Brandebourg, né en 1106, m. en 1170; il obtint que son margraviat, qui jusqu'alors avait relevé de la Saxe, en serait séparé et deviendrait un fief immédiat de l'empire. Il fonda Berlin et Francfort-s.-l'Oder. — ORDRE D'ALBERT L'OURS, fondé le 18 nov. 1836, par le duc Henri d'Anhalt-Cœthen.

ALBERTI, illustre famille de Florence, qui disputa le pouvoir aux Médicis et aux Albizzi (xivᵉ siècle).

ALBERTI (Cherubino), peintre d'histoire et graveur italien (1552—1615); a laissé des ouvrages recherchés.

ALBERTI (Leone-Battista), architecte, peintre et sculpteur italien, né en 1404, mort à Rome en 1472, publia *De Re Ædificatoria* et plusieurs autres ouvrages, dans lesquels il cherche à retrouver les traditions de l'antiquité. Alberti fut l'un des créateurs du genre architectural appelé *Renaissance*.

ALBERTI (Salomon), médecin de Nuremberg (1549—1600), fut l'un des créateurs de l'anatomie et découvrit la *Valvule de Basilius*, le *limaçon de l'oreille* et les *conduits lacrymaux*.

ALBERTINELLI (Marietto), peintre florentin (1475—1520), auteur de *St-Jérôme* et *St-Zénobé* adorant l'enfant Jésus, toile qui se trouve au Louvre, et de plusieurs autres tableaux religieux.

ALBERT N'YANZA, voy. N'YANZA.

ALBERTVILLE, ch.-l. d'arr. (Savoie), à 60 kil. N.-O. de Chambéry; 4,500 hab. Fonderie importante; pénitencier. La ville se compose de deux bourgs séparés par l'Arly : *l'Hôpital*, rive droite, et *Conflans*, autrefois ville forte, rive gauche. Ces deux bourgs ont été réunis sous leur nom actuel par le roi Charles-Albert, en 1835.

ALBESCENCE s. f. (lat. *albus*, blanc). Etat de ce qui est blanc; s'emploie principalement en parlant de l'aube du jour.

ALBI ou **Alby**, *Albiga, Alba-Augusta*, ch.-l. du dép. du Tarn, à 676 kil. S. de Paris, sur la rive gauche du Tarn; par 43° 55' 44" de lat. N. et 0° 41' 30" de long. O.; 17,000 hab. Vieille ville, qui devint épiscopale au iiiᵉ siècle et archi-épiscopale en 1678. — Saccagée par les Sarrasins, en 730, prise par Pépin le Bref, en 765, érigée en comté, en 781, elle passa au xᵉ siècle à la maison de Toulouse. Assiégée et prise par les Croisés que commandait Simon de Montfort, elle fut donnée à ce dernier, revint à Louis VIII en 1226, puis à la maison de Toulouse en 1241 et fut définitivement annexée à la couronne en 1284. — Patrie de La Pérouse, qui y a une statue sur la belle promenade du Vigan. Cathédrale Sainte-Cécile, commencée vers 1275, terminée en 1480. Eglise Saint-Salvi (xiiiᵉ siècle), avec une tour remarquable (style byzantin); pont construit vers 1035. Archevêché, tribunal de première instance, chapelle bizarre de Saint-Michel. Commerce de grains, de vins, de toiles, de pastel. Minoteries.

ALBICI, peuplade gauloise qui habitait dans les montagnes au nord de Massilia.

ABIGEOIS (L'), ancien pays du haut Languedoc, aujourd'hui compris dans le dép. du Tarn. Sa cap. était Albi.

ALBIGEOIS, OISE s. et adj. Habitant d'Albi ou de l'Albigeois; qui appartient à Albi ou à l'Albigeois.

* ALBIGEOIS, sectaires des xiiᵉ et xiiiᵉ siècles, qui abandonnèrent l'Eglise romaine et s'appelèrent eux-mêmes *Cathariste*s ou les *Purs*. Leur nom d'*Albigeois* vient de ce que les premiers Croisés attaquèrent le vicomte d'Albi, avant de réduire les autres villes, où ces hérétiques étaient en grand nombre. Les Albigeois étaient répandus dans tout le Languedoc; on les per-

sécuta d'abord comme *Manichéens* (1163); ils se révoltèrent. Le pape Alexandre III autorisa une croisade contre les sectaires de Provence (1179) et le légat Henri, vicomte de Clairvaux, porta partout le fer et le feu. Un autre légat, Pierre de Castelnau, encore plus violent, fut assassiné par un gentilhomme de Beaucaire qu'il avait offensé (1208). Aussitôt le pape Innocent III ordonna une nouvelle croisade. 500,000 hommes, qui répondirent à son appel, se placèrent sous les ordres de Simon de Montfort. Toute la France du Nord se précipita sur la France du Midi. Le comte de Toulouse se soumit, et l'armée des Croisés se porta contre le vaillant Raymond Roger, vicomte d'Albi et de Béziers, dont les domaines furent donnés à Simon de Montfort. A l'incendie de Béziers (1209), le légat fit égorger amis et ennemis, en disant : « Tuez tout; Dieu reconnaîtra les siens ». — A Minerbe, il fit brûler vifs 150 Albigeois, et à Lavaur, il fit torturer les femmes. Après avoir tout exterminé dans le pays d'Albi, les Croisés se tournèrent du côté de Toulouse qui leur offrait une riche proie. Simon fut tué au siége de cette ville (1218). — Le comte Raymond reprit un instant l'offensive, et son fils, Raymond VII reconquit ses états. Il fallut l'intervention des rois Louis VIII et Louis IX pour le réduire à l'obéissance. Il dut abdiquer, en 1229, et livrer ses sujets au tribunal de l'inquisition qui poursuivit les hérétiques pendant plus d'un siècle. Voy. les ouvrages de Hahn (1845) et de Peyrat (1870-72).

ALBIGNY, village à 11 kil. de Lyon (Rhône), doit son nom à Albinus, qui y fut vaincu par son compétiteur Sévère.

ALBIN (Eleazar), peintre anglais, auteur d'une *Histoire naturelle des oiseaux*, 3 vol. in-4°, Londres 1731-'38, contenant 306 figures enluminées; et d'une *Natural History of spiders* (*araignées*), Londres 1738; 1 vol. in-4°, avec figures.

ALBIN, INE adj. (lat. *albus*, blanc). Qui est de couleur blanche.

ALBINA s. t. Femme albinos.

ALBINE s. f. Minér. Un des noms de l'apophyllite.

ALBINE (Sainte), vierge qui fut martyrisée en 249. Fête le 13 déc.

ALBINIQUE adj. Qui appartient, qui a rapport aux albinos.

ALBINISME s. m. Anomalie congénitale, caractérisée par la diminution ou même l'absence totale du *pigment* ou matière colorante de la peau, des cheveux et des yeux. Les individus atteints d'albinisme portent le nom d'*albinos*. Les nègres, l'albinisme incomplet ou partiel produit les *Nègres pies*, plus ou moins marbrés de noir et de blanc. L'anomalie albinique se rencontre chez les animaux comme chez l'homme. Le rat blanc, la souris blanche, certaines races de lapins, le merle blanc, l'éléphant blanc, certains corbeaux sont de véritables albinos. Les végétaux qui manquent de la matière colorante appelée chlorophylle offrent des phénomènes analogues à l'albinisme.

* ALBINOS s. m. [al-bi-noss] (lat. *albus*, blanc; portug. *albino*, nom que les Portugais donnaient aux nègres atteints d'albinisme). Individu dans lequel, par suite d'un *vice d'organisation*, la substance qui colore la peau, les cheveux et les yeux, fait défaut. Les albinos ont généralement les traits des nègres avec la chevelure blanche et laineuse, les lèvres rouges et tout le corps blafard. Moins forts que les autres hommes, ils possèdent aussi moins d'intelligence. On cite le cas d'une famille galloise dans laquelle sur deux enfants il en naissait alternativement un blanc et un albinos. Les albinos ont les yeux tellement sensibles, qu'il leur est difficile de supporter la lumière du jour.

ALBINUS (Decius Clodius Septimus), général romain qui commandait en Bretagne lors de la mort de Pertinax (193). Il se fit proclamer empereur en même temps que Septime Sévère; battu près de Lyon (197), il fut décapité sous les yeux de son vainqueur.

ALBINUS, all. Weiss (Bernhard-Siegfried), anatomiste, né dans le Brandebourg, en 1697, mort en 1770; publia *De Ossibus Corporis Humani; Historia Musculorum Hominis et Tabulæ Sceleti et Musculorum Corporis Humani.*

ALBION, géant, fils de Neptune, qui voulut s'opposer au passage d'Hercule dans la Gaule Narbonnaise. Hercule ayant épuisé ses flèches contre lui, Jupiter écrasa le géant sous une grêle de pierres. Selon la fable, ce combat eut lieu dans la plaine nommée la *Crau.*

ALBION f. (lat. *albus*, blanc; ou de l'ancien nom *Albainn*, que portaient les hautes terres de l'Ecosse).Nom poétique donné à la Grande-Bretagne : *la perfide Albion, la blonde Albion.*

ALBION. — I. Ville de l'état de New-York, sur le canal de l'Erié et sur le chemin de fer central; à 45 kil. O. de Rochester. 4,000 hab. — II. Nouvelle-Albion. Nom donné par Francis Drake (1579) au territoire appelé aujourd'hui Californien.

ALBIONIEN, IENNE adj. Qui appartient, qui a rapport à Albion.

ALBIRCO, étoile double qui se trouve à la tête de la constellation du Cygne.

ALBIS, ancien nom de l'Elbe (Allemagne).

ALBITE s. f. (lat. *albus*, blanc) ou *feldspath à base de soude, schorl blanc, cléavelandite, tetartine, périkline, saccidine.* Sorte de feldspath qui appartient aux terrains de cristallisation, où elle se trouve au milieu des fissures de la protogyne (Bourg-d'Oisans, en Dauphiné; Bareges, Pyrénées); on la trouve aussi dans la pegmatite (Kenuto, Finlande; Candie, Ceylan); dans les trachytes (Auvergne, Hongrie, Mexique).

ALBITTE (Antoine-Louis), conventionnel, né vers 1750, mort pendant la campagne de Russie (1812). Député par la Seine-Inférieure à l'Assemblée législative et à la Convention, il siégea à la Montagne, s'enfuit après le premier prairial an III, bénéficia après l'amnistie du 4 brumaire et entra dans l'administration militaire.

ALBIZZI, puissante famille de Florence (xIVᵉ et xVᵉ siècles). Elle dirigea le parti gibelin et aristocratique. Les Albizzi luttèrent contre les Médicis et contre les Alberti.

ALBOIN, roi des Lombards, mort en 577. Il succéda à son père, roi de Pannonie, vers 560, enleva Rosamonde, fille du roi des Gépides, Cunimond, qu'il tua en 567; envahit le nord de l'Italie, en 568, et fixa sa capitale à Pavie. A la suite d'une orgie, il força la reine de boire dans le crâne de son père, dont il s'était fait une coupe. Rosamonde, indignée, le fit assassiner par son amant.

ALBON, petite ville, cant. et à 8 kil. N.-E. de Saint-Vallier (Drôme), possède les ruines du château des comtes d'Albon, qui se rendirent indépendants sous les successeurs de Charlemagne et qui, après avoir ajouté le Briançonnais à leurs domaines, devinrent dauphins de Vienois.

AL-BORAK, nom du chameau sur lequel Mahomet fit son prétendu voyage dans les célestes régions.

ALBORNOZ (Gil-Alvarez-Carillo), cardinal espagnol, mort en 1367, archevêque de Tolède, commanda les Français au siège d'Algésiras (1349-'44). Exilé par Pierre le Cruel, il passa à Avignon et reprit, en 1353-'62, les Etats pontificaux sous l'autorité du Saint-Siège.

ALBOSTAN, voy. Bostan.

ALBRAC (Ordre d'), ordre hospitalier, créé, vers 1220, dans le Rouergue, pour protéger les voyageurs, et supprimé par Louis XIV, en 1697.

ALBRAN ou **ALEBRAN** s. m. Caneton sauvage *albrené*, c'est-à-dire qui commence à voler.

ALBRECHTSBERGER (Johann-Georg) (all'-brêts-bèrr-gueur), organiste viennois (1736-1809), auteur d'une bonne *Méthode de composition.* Il enseigna le contre point à Beethoven.

ALBREDA, ville du pays des Mandingues (Gambie), cédée par la France à l'Angleterre en 1856. 7,000 hab., avec son territoire.

ALBRENÉ adj. m. Voy. Albran.

ALBRET, *pagus leporetanus,* anc. petit pays, au N. de la Gascogne, aujourd'hui dans le dép. des Landes; cap. *Albret* (Labrit). Villes princ. Tartas et Nérac. Cette dernière ville devint la capitale de la sirerie d'Albret. — Albret (Maison d'), illustre famille, qui tirait son origine d'Amanieu, sire d'Albret, mort en 1060. Différents mariages, donnèrent aux seigneurs d'Albret, le royaume de Navarre, le Béarn, et Foix (1484), les duchés d'Alençon et de Berri, les comtés d'Armagnac et de Rodez (xviᵉ siècle). Parmi les personnages les plus connus de cette maison, nous citerons : *Charles d'Albret,* comte de Dreux, qui commandait à la funeste journée d'Azincourt, où il perdit la vie ; *Louis d'Albret,* évêque de Cahors, mort en 1465 ; *Jeanne,* mère de Henri IV (voy. ci-dessous). La sirerie d'Albret était devenue un duché en 1550; Louis XIV donna ce duché en apanage au duc de Bouillon (1652). Le dernier titulaire fut *César-Phébus,* maréchal de France.

ALBRET (Jeanne d'), reine de Navarre, fille de Henri II, de Navarre, et de Marguerite (sœur de François Iᵉʳ), née en 1528, morte en 1572. Elle refusa d'épouser le fils de Philippe II; roi d'Espagne, et se maria avec Antoine de Bourbon, duc de Vendôme, dont elle eut Henri IV. Elle embrassa le calvinisme en 1556 et l'introduisit dans ses états. Attirée à Paris, sous le prétexte du mariage de son fils avec Marguerite de Valois, sœur de Charles IX, elle fut, dit-on, empoisonnée. Quelques-uns de ses sonnets ont été imprimés dans les œuvres de Joachim Dubellay. « Elle n'avait de femme que le sexe », dit d'Aubigné.

ALBUCA s. m. (lat. *albus*, blanc). Bot. Genre de liliacées renfermant une vingtaine d'espèces presque toutes originaires du Cap. Plusieurs de ces plantes bulbeuses sont cultivées dans nos jardins à cause de la beauté de leurs fleurs. On les multiplie au moyen de caïeux; elles demandent des arrosements fréquents pendant la végétation. Plus connues sont : l'*albuca blanc (albuca alba altissima)* qui donne, en septembre, des épis de fleurs blanches rayées de vert; et l'*albuca jaune (albuca lutea major)* qui porte, en mai, des fleurs en épis lâches, verdâtres à bords jaunes.

ALBUCASIS ou **Abulcasim**, médecin arabe de Cordoue, mort vers 1106. Il a perfectionné la chirurgie et surtout les instruments. On a de lui : 1° *Liber medicinæ theoricæ nec practicæ,* publié en 1519, Augsbourg ; 2° *De chirurgica,* Oxford, 1778, in-4°.

ALBUERA ou **Albuhera** (*lague d'eau douce*). Village d'Espagne, à 20 kil. S.-S.-E. de Badajoz. Le 16 mai 1811, les Français (23,000 hommes), commandés par le maréchal Soult, attaquèrent une armée anglo-hispano-portugaise (33,000 hommes), retranchée sur les hauteurs qui dominent Albuera. Ecrasés par le nombre, les Français battirent en retraite, après avoir perdu 8,000 hommes. Les pertes des ennemis étaient plus considérables encore.

ALBUFÉRA (c'est-à-dire *Lagune*), marécage de 13 kil. sur 5 à 15, au N. de Valence (Espagne), entre le continent et une langue de terre

qui le sépare de la Méditerranée. Près de la lagune d'Albuféra, les Français, commandés par le maréchal Suchet (ensuite duc d'Albuféra), remportèrent une brillante victoire sur les Espagnols que commandait l'Anglais Blake (4 janv. 1812). Cette action amena la capture de Valence, le 9 janvier.

* **ALBUGINÉ, ÉE** adj. (lat. *albus,* blanc). Anat. Se dit des tissus, des humeurs, des membranes que caractérise leur blancheur. — Humeur albuginée, humeur aqueuse de l'œil. — Tunique albuginée de l'œil, sclérotique ou blanc de l'œil. — Fibre albuginée, fibre tenace, élastique, peu extensible, d'un blanc luisant et satiné qui constitue les tendons, les ligaments articulaires et les aponévroses.

* **ALBUGINEUX, EUSE** adj. Anat. Blanchâtre, qui est formé par la fibre albuginée.

ALBUGINITE s. f. Pathol. Phlegmasie du tissu albugineux ou fibreux : *la goutte est une albuginite.*

ALBUGO s. m. (lat. *albus,* blanc). Pathol. Tache blanche, opaque, vulgairement nommée *taie,* et qui se forme sur l'œil, par un dépôt de lymphe plastique, entre les lames de la cornée. Ses causes sont presque toujours des ophtalmies répétées et quelquefois un coup sur le globe de l'œil. L'albugo diffère du *nuage* ou *néphélion,* en ce qu'il est plus opaque; du *leucôme,* en ce que ce dernier présente une tache plus dure, une dépression sensible, une couleur luisante. On combat l'albugo au moyen de topiques astringents; il est d'autant plus difficile à guérir qu'il est plus ancien et que le sujet est plus âgé.

ALBULE s. m. (lat. *albulus,* tirant sur le blanc). Nom donné à plusieurs espèces de saumons.

* **ALBUM** s. m. [al-bomm] (lat. *album,* tablettes; dérivé de *albus,* blanc). Antiq. rom. Tablettes recouvertes d'un enduit de plâtre, sur lesquelles étaient inscrits les actes du préteur. — Aujourd'hui, petit cahier, petit portefeuille ou petit registre, etc., formant un recueil de souvenirs. : Cahier où l'on réunit un certain nombre de portraits, de paysages, de photographies, de vues de monuments; des essais, des ébauches, des esquisses, des sentences, des autographes, des signatures. — Plur. des Albums.

ALBUMEN s. m. [al-bu-mènn] (lat. *albumen,* blanc d'œuf). Blanc d'œuf, ou dissolution aqueuse assez épaisse d'albumine, qui entre, pour 60 parties sur 100, dans la composition de l'œuf de poule qui, est destinée à fournir les matériaux nutritifs à l'embryon de l'oiseau. Voici, d'après Dumas, quelle est la composition de l'albumen du blanc d'œuf : carbone, 54,3 : hydrogène, 7,4 ; azote, 15,8 ; oxygène, 21,0 ; soufre, 4,8. — Bot. Amas de sucs nutritifs que l'on trouve dans beaucoup de graines, accolés à l'embryon et qui nourrissent ce dernier pendant la première phase de son développement. On dit aussi *endosperme et périsperme.*

* **ALBUMINE** s. f. (lat. *albumen,* blanc d'œuf). Matière visqueuse, blanchâtre, transparente, plus pesante que l'eau, d'une saveur un peu salée, qui forme, presque à elle seule, le blanc d'œuf, ainsi que l'humeur vitrée de l'œil, et qui fait partie constituante de nos tissus et particulièrement du sang. L'albumine se coagule à la température de + 74° C. ; elle devient alors blanche, solide, insoluble dans l'eau, soluble dans les alcalis et dans l'acide acétique. Elle se rencontre dans une grande classe de substances organiques (animales et végétales,' que l'on appelle substances albuminoïdes.

ALBUMINÉ, ÉE adj. Bot. Se dit d'une graine pourvue d'albumen. — Photogr. Se dit du papier que l'on a enduit d'albumine pour lui donner une surface parfaitement lisse.

ALBUMINER v. a. Enduire d'albumine.

* **ALBUMINEUX, EUSE** adj. Chim. Qui contient de l'albumine.

ALBUMINIFORME adj. Qui ressemble à l'albumine.

ALBUMINOÏDE adj. (franç. *albumine*; gr. *eidos*, forme). Chim. De la nature de l'albumine. — Substances ou matières albuminoïdes, groupe de corps azotés neutres, très nutritifs qui contiennent de l'albumine; ce sont : l'albumen, la fibrine et la caséine.

ALBUMINOSE s. f. Chim. Produit final de la digestion des matières albuminoïdes. Elle diffère de l'albumine en ce qu'elle ne donne pas de précipité par les acides et ne se coagule pas par la chaleur.

ALBUMINURIE s. f. (de *albumine* et du gr. *ourein*, uriner); Néphrite albumineuse, maladie de Bright. Affection découverte par le médecin anglais Richard Bright; caractérisée par la présence d'une notable quantité d'albumine dans les urines, et que l'on tient à une altération ou à une dégénérescence des reins. Elle succède quelquefois à la scarlatine; ou bien elle accompagne la grossesse; et dans ce dernier cas elle présente moins de gravité. Pour la reconnaître, on fait bouillir l'urine récemment rendue; l'albumine rend un aspect floconneux. — Contre cette maladie encore peu connue et qui fait le désespoir des médecins, on prescrit des diurétiques, des purgatifs hydragogues, des cautères volants au niveau des reins, des ferrugineux, des toniques, des analeptiques, le vin de quinquina, le tannin, des boissons acidules, des bains et la tisane de fleurs de genêt et d'uva-ursi.

ALBUMINURIQUE adj. Qui concerne l'albuminurie. — Substantiv. Malade atteint d'albuminurie.

ALBUNÉE s. f. (nom mythol.). Genre de crustacés décapodes macroures. Pieds antérieurs terminés par une serre triangulaire; doigt immobile très court. La seule espèce bien connue, l'*albunea symnista* de Fabricius, habite la mer des Indes.

ALBUNÉE ou Albula, nymphe à laquelle était consacré un temple qui existe encore à Tivoli, près de Rome.

ALBUQUERQUE [al-bou-kèrr-ke], ville fortifiée d'Espagne, à 45 kil. N. de Badajoz; 7,500 hab. Grand commerce de laine. Cette ville fut prise par l'archiduc d'Autriche en 1705, et par le général Latour-Maubourg, le 15 mars 1811.

ALBUQUERQUE I. (Affonso d'), *le Grand*, navigateur portugais, né à Villa-de-Alhandra, près de Lisbonne, en 1453, mort à Goa, le 16 décembre 1515. Principal fondateur de la puissance portugaise dans l'Inde et à Cochin (1503), il s'empara de Goa, du Malabar, de Ceylan, des îles de la Sonde, de la presqu'île de Malacca et de l'île d'Ormuz (1507); mais une expédition qu'il fit dans l'Arabie Heureuse (1513) n'ayant pas réussi, ses ennemis le firent disgracier. Le chagrin de se voir remplacer, dans le poste de vice-roi, par son ennemi personnel, Lopez Soarez, causa sa mort en peu de jours. Son fils a préparé les commentaires autobiographiques « *do grande Affonso d'Albuquerque* », Lisb. 1576, in-fol., et 1774, 4 vol. in-4°. — II. (Mathias), général portugais, mort à Lisbonne, en 1646. Il assura l'indépendance du Portugal par la victoire de Campo-Mayor (1644).

ALBURNOÏDE adj. (lat. *alburnum*, aubier; gr. *eidos*, forme). Bot. Qui ressemble à l'alburnum.

ALBURNUM s. m. [nomm]. Bot. Nom scientifique de l'aubier.

ALBUS s. m. [al-buss] (lat. *Albus*, blanc). Monnaie d'argent, frappée en Allemagne à partir de 1360, et qui valait 9 pfennigs.

ALBY, ch.-l. de cant., arr. et à 19 kil. d'Annecy (Haute-Savoie), sur le Chéran; 1,200 hab.

ALBY, ch.-l. du dép. du Tarn. Voy. Albi.

ALBY (Ernest) littérateur, né à Marseille en 1809, mort en 1868; l'un des créateurs du roman feuilleton. Parmi ses ouvrages, dont un certain nombre ont paru sous le pseudonyme de *A. de France*, on cite : les *Prisonniers d'Abd-el-Kader* (1837, in-8°); les *Vêpres marocaines* (1853, 2 vol. in-8°), etc.

ALCA s. f. Nom latin donné par Linné au genre *Pingouin*.

ALCAÇAR (arabe : *le château*), Nom de plusieurs anciennes forteresses bâties par les Maures. — Alcaçar-Quivir, ville du Maroc, à 25 kil. E. de Larache. 8,000 hab. Les Musulmans y battirent complètement les Portugais commandés par le vaillant roi Sébastien qui y perdit la vie (4 août 1578).

* **ALCADE** (arabe : *al kaïd*, le juge). Autrefois, juge espagnol; aujourd'hui maire d'une commune espagnole; on dit aussi *corregidor*. — Alcade Mayor, président d'un tribunal.

ALCAFORADO. I. (Mariane), religieuse espagnole du XVII° siècle, dont cinq lettres passionnées, adressées à l'officier français Chamilly, ont été traduites sous le titre de : *Les Portugaises* (1669). — II. (François), navigateur portugais; compagnon de Zarco qui découvrit Madère (1420); il a laissé une curieuse relation de cette expédition. Traduction franç. en 1671.

ALCAHEST s. m. Liqueur propre, selon Paracelse, à guérir tous les engorgements.

* **ALCAÏQUE** adj. et s. m. Vers lyrique hendécasyllabe, inventé par le poète grec Alcée et adopté par les Latins. Un vers alcaïque de 5 pieds, dont le 4° est toujours un anapeste et qui doit avoir, après le 2° bref, une césure marquée par une syllabe (longue ou brève), faisant partie du mot précédent ou s'appuyant sur lui. Les Latins le commencent toujours par un spondée. Le vers alcaïque s'employait surtout dans la strophe alcaïque, l'une des plus sonores et des plus belles de la poésie antique. Cette strophe se composait de 4 vers : 2 alcaïques; 1 iambique. 1 dimètre hypercataleptique; 1 chorambique trimètre. On trouve plusieurs modèles de ce genre dans les *Odes* d'Horace.

* **ALCALA.** — I. de Hénarès, ville de la Nouvelle-Castille; 30 kil. N. de Madrid. 9,000 hab. son université fut supprimée en 1836. Archevêché, patrie de Michel Cervantes et de Solis. — Non loin d'Alcala se trouve l'antique Complutum, qui devint, au moyen âge, le siège d'une célèbre université où fut imprimée en 1502 la Bible *polyglotte complutensienne*, aux frais du cardinal Ximénès. — II. Alcala-la-Réal, ville d'Andalousie, à 50 kil. S.-S.-O. de Jaen. 7,000 hab. Riche abbaye fondée en 1340 par le roi Alfonse XI. Victoire du général Sébastiani sur les Espagnols, le 27 janvier 1810.

ALCALAMIDE s. f. (de *alcali* et de *amide*). Chim. Nom générique des corps qui représentent de l'ammoniaque dans laquelle l'hydrogène est remplacé à la fois par un radical d'alcool ou d'aldéhyde et par un radical d'acide.

* **ALCALESCENCE** s. f. État d'un corps alcalescent.

* **ALCALESCENT, ENTE** adj. Se dit d'une substance dans laquelle les propriétés alcalines commencent à se développer ou même prédominent déjà. Toutes les substances dans la composition desquelles il entre de l'azote, l'un des principes de l'ammoniaque, peuvent devenir alcalescentes.

* **ALCALI** s. m. (arabe : *al*; le; *kali*, nom d'une plante marine d'où l'on retire la soude et que les botanistes appellent *salsola soda*). Chim. Groupe de composés qui ont pour caractères distinctifs de verdir le sirop de violette, de rougir la couleur jaune du curcuma et de former des sels en se combinant avec les acides. On distingue deux classes d'alcalis :

1° Alcalis inorganiques ou minéraux, autrefois réputés corps simples et divisés en *alcalis* proprement dits (ammoniaque, lithine, soude et potasse), *terres alcalines*, (baryte, strontiane chaux et magnésie) et *terres* (alumine, glucine, yttria, zircone et thorine). L'ammoniaque reçoit le nom particulier d'*alcali volatil*, et les 3 autres alcalis proprement dits sont appelés *alcalis fixes*. Les alcalis et les *terres alcalines* se distinguent par une saveur particulière appelée *lixivielle* et par la propriété de dissoudre et de détruire les matières animales, lorsqu'ils sont à l'état de pureté, état dans lequel on les désigne par l'épithète de *caustiques*. Ils forment alors de violents poisons dont on combat les effets au moyen d'acides étendus (eau vinaigrée, etc.).—Les alcalis inorganiques forment des savons en s'unissant avec les corps gras; leur action sur certaines couleurs végétales prend le nom de *réaction alcaline*. 2° Alcalis organiques. Ce sont les *alcaloïdes* (voy. ce mot).

— Hist. En 1736, Black, médecin à Edimbourg, découvrit la nature des alcalis, qu'il classa en alcalis doux et alcalis caustiques. En 1807, Humphry Davy décomposa, à l'*Institution Royale de Londres*, les alcalis fixes (potasse et soude) et forma les métaux appelés potassium et sodium. Déjà un Français nommé Le Blanc avait trouvé, en 1792, le moyen de décomposer le sel commun.

ALCALICITÉ s. f. Propriété des substances alcalines.

ALCALIFIABLE adj. Qui est susceptible de se convertir en alcali.

ALCALIFIANT, ANTE adj. Se dit d'une substance qui peut provoquer dans une autre la manifestation des propriétés alcalines.

ALCALIMÈTRE s. m. Instrument destiné à mesurer les proportions d'alcali que contiennent les potasses ou les soudes du commerce. L'alcalimètre inventé par Descroizilles, en 1804, est un vase gradué dans lequel a lieu l'opération alcalimétrique.

ALCALIMÉTRIE s. f. Procédé au moyen duquel on fait l'essai des potasses et des soudes du commerce. On emploie généralement la méthode proposée par Descroizilles, en 1804, et perfectionnée par Gay-Lussac, en 1828. On pèse 100 grammes d'acide sulfurique concentré marquant 66° à l'aréomètre,et on ajoute de l'eau en quantité suffisante pour que le mélange refroidi occupe exactement un litre. D'autre part, dans une burette graduée ou alcalimètre, on verse 50 centilitres d'un mélange d'eau pure et de la matière à essayer (3 gr. 807 de potasse ou 3 gr. 202 de soude pure), on colore cette liqueur par une dissolution bleue de tournesol et on y verse, goutte à goutte, l'acide jusqu'à ce que la couleur bleue devienne rouge. Si l'acali est pur, tout l'acide sera nécessaire; mais si on en a versé seulement 50 ou 60 divisions de l'alcalimètre, c'est une preuve que l'alcali ne contient que 50 ou 60 p. 100 de matière pure.

ALCALIMÉTRIQUE adj. Qui a rapport à l'alcalimétrie.

ALCALIN, INE adj. Qui a rapport aux alcalis; qui se rapproche des alcalis par ses propriétés. — *Métaux alcalins*, métaux qui, en se combinant avec l'oxygène, donnent naissance aux alcalis. — *Sels alcalins*, sels produits par la combinaison de la potasse ou de la soude avec un acide. — *Eaux alcalines*, eaux minérales caractérisées par leur richesse en bicarbonate de soude: eaux de Vichy, eaux d'Ems, etc.— Pathol. *Cachexie alcaline*, cachexie résultant de l'altération du sang par l'abus des alcalins, des eaux de Vichy. — Alcalins : s. m. pl. Thérap. Groupe de médicaments dont le bicarbonate de soude est le type. Ce sont : la potasse, la soude, la chaux caustique, les carbonates de potasse et de soude ; les bicarbonates de potasse et de soude ; les savons ; les citrates, malates, artrates, acétates de potasse et de soude, etc.; substances que l'on emploie à l'intérieur comme *antiacides.*

ALCALINITÉ s. f. État ou caractère d'une substance qui possède des propriétés alcalines.

ALCALINO-FERRUGINEUX, EUSE adj. Qui contient des alcalis et des matières ferrugineuses.

ALCALINO-TERREUX adj. Se dit d'un groupe de métaux dont les oxydes, autrefois désignés sous le nom de *terres,* sont solubles et possèdent plusieurs propriétés des alcalis. Ces métaux sont le baryum, le strontium, le calcium et le magnésium.

ALCALINULE adj. Se dit de tout sel dans lequel la quantité d'alcali, relativement à la quantité d'acide, dépasse le terme qui constitue l'état neutre, sans s'éloigner considérablement de la limite qui répond à la saturation.

ALCALISATION s. f. Action d'alcaliser.

* **ALCALISER** v. a. Faire développer dans une substance les propriétés alcalines qui y étaient masquées par une autre substance. — Rendre alcaline une substance en y ajoutant un alcali. — ∾ *Alcaliser un malade,* lui administrer des alcalins. — S'alcaliser v. pr. Se charger de principes alcalins.

* **ALCALOÏDE** s. m. (fr. *alcali;* gr. *eidos,* forme). Nom que l'on donne aux alcalis organiques parce qu'il manquent de quelques-unes des propriétés des alcalis minéraux. Les alcaloïdes n'ont de commun avec ces derniers que la propriété de saturer les acides et de former des sels. Leur goût est généralement amer. On les appelle *naturels,* lorsqu'on les trouve tout formés, à l'état de liberté ou combinés avec des acides, dans le tissu des *végétaux; artificiels,* lorsqu'on les produit artificiellement dans les laboratoires. La découverte des alcaloïdes naturels est due à Sertürner qui trouva en 1804 (ou en 1816) un alcaloïde dans l'opium. Aujourd'hui, on en connaît plus de 100, parmi lesquels la morphine, la strychnine, la brucine, l'aconitine, l'atropine, la nicotine, la caféine, la quinine, la codéine, la narcotine, la papavérine, la chélidonine, la solanine, l'aricine, la vératrine, etc.

ALCAMÈNE. I. Sculpteur grec du ve siècle avant J.-C.; le plus fameux élève de Phidias. — II. Roi de Sparte en 747 av. J.-C.

ALCAMO ville de Sicile, fondée par les Sarrasins, à 40 kil. S.-O. de Palerme, près des ruines de l'antique *Segesta;* 24,000 hab.

ALCAN (Michel), ingénieur et homme politique, né à Donneley (Meurthe) en 1811, mort à Paris le 26 janvier 1877. Il perfectionna plusieurs procédés de tissage, fut représentant du peuple en 1848, vota avec la nouvelle Montagne, collabora au *Dict. des arts et manuf.* et publia plusieurs ouvrages sur l'industrie du tissage. Né pauvre, Alcan devait toute sa science et son mérite à son amour de l'étude et à son travail.

ALCANDRE (mythol.). I. Lycien tué devant Troie par Ulysse.— II. Partisan d'Énée, tué par Turnus. — III. Devin, fils de Munichus, roi des Molosses. Des brigands ayant mis le feu à sa maison, Jupiter le sauva en le métamorphosant en oiseau.

ALCANIZ, ville d'Aragon, Espagne; 6,000 hab. Les Français y subirent un échec en 1809. — Huile, miel, soie, alun.

ALCANNA s. f. Bot. voy. HENNÉ et ORCANETTE.

ALCANTARA (arabe : *le pont;* anc. *Norbo Cæsarea),* ville de l'Estramadure espagnole, sur le Tage; 5,000 hab. On y admira, jusqu'au commencement du xixe siècle, le magnifique pont construit par Trajan.

* **ALCANTARA (Chevaliers d').** ordre espa-

gnol fondé en 1476 sous le nom de St-Julien du Poirier, pour combattre les Musulmans. Les chevaliers du Poirier ayant défendu vaillamment la ville d'Alcantara (1245), leur nom fut changé. L'ordre fut supprimé en 1835; mais son nom est resté à un ordre de mérite militaire. Insignes : croix fleurdelisée de sinople, suspendue au cou par un ruban de même couleur.

ALCANTARA, petite ville du Brésil, sur la baie de São-Marcos (province de Maranhão), vis-à-vis de São-Luiz, dont elle est éloignée de 25 kil.

* **ALCARAZAS** s. m. [al-ka-ra-zass] (arabe : *al,* la ; *quras,* cruche). Vase de terre poreuse, en forme de carafe, dont on fait un grand usage dans les pays chauds pour rafraîchir l'eau. On l'expose à un courant d'air et, par suite du refroidissement que produit une prompte évaporation, l'eau qu'il contient est maintenue dans un état de fraîcheur agréable.

ALCAVALA s. m. Ancienne dîme payée en Espagne sur tous les transferts de propriété. Cet impôt fut aboli en 1808.

ALCAZAR (arabe : *le château).* Nom de plusieurs forteresses bâties en Espagne par les Maures.—Alcazar de San-Juan, ville de la Nouvelle-Castille, à 70 kil. N.-E. de Ciudad-Real; anc. *Alcé;* 8,000 hab. : devint, au xiiie siècle, une possession de l'ordre de St-Jean.— Manufactures de salpêtre, de savon et de chocolat. — Alcazar de Cordoue, forteresse construite au ixe siècle, à Cordoue.—Alcazar de Ségovie, fondé par les Wisigoths, sur un roc escarpé.— Alcazar de Séville, ancienne habitation des rois Maures, construite au xiie siècle.

ALCAZAR s. m. Nom donné à plusieurs établissements publics, particulièrement à des cafés-concerts, dont les décorations rappellent l'ornementation arabe.

ALCE s. m. (gr. *alkè,* élan). Nom scientifique du genre élan.

ALCÉDIDÉES s. f. pl. (lat. *alcedo,* martin-pêcheur). Zool. Nom proposé pour désigner une famille de Passereaux comprenant les genres Martin-pêcheur, Céryle, Ceyx et Alcyon, qui appartiennent à la famille des Syndactyles de Cuvier.

ALCEDO s. f. Nom latin donné par Linné au genre *Martin-pêcheur.*

ALCÉE, poète lyrique grec, de Lesbos, vers 600 av. J.-C. Il inventa une nouvelle espèce de vers appelés *alcaïques.* De ses 10 livres, il ne reste que peu de chose.

* **ALCÉE** s. f. (gr. *alkea,* mauve). Bot. Genre de plantes de la famille des malvacées. Il ren-

Alcée naine double.

ferme 3 espèces : l'*alcée rose (altæa rosea),* appelée aussi passe-rose ou rose trémière; l'*alcée à feuilles de figuier;* et l'*alcée de la Chine.*— La première est une belle plante d'ornement

originaire de Syrie et introduite en Europe au xvie siècle. Elle était simple et d'un rouge pourpre; mais la culture a produit l'alcée double, et l'alcée naine double, dont les fleurs se composent d'une masse hémisphérique de pétales de toute beauté. L'alcée est bisannuelle. Ses fleurs jouissent des mêmes propriétés que la mauve.

ALCÈS s. m. [al-sèss] (gr. *alkè,* élan). Nom scientifique de l'élan.

ALCESTE, une des filles de Pélias et femme d'Admète, roi de Phères, en Thessalie. Son époux étant malade, elle s'offrit aux Parques, qui promettaient de prolonger sa vie si quelqu'un se dévouait à sa place; mais Proserpine (d'autres disent Hercule) la renvoya sur la terre. Cet exemple touchant de tendresse conjugale a fourni aux anciens le sujet de plusieurs tragédies, dont une seule, l'*Alceste* d'Euripide, est parvenue jusqu'à nous. C'est une des pièces les plus remarquables du poète grec. Les adieux d'Alceste et d'Admète y sont d'une incomparable beauté. Quinault a composé sur le même sujet une tragédie lyrique, l'*Alceste ou le Triomphe d'Alcide,* 5 actes, musique de Lulli, représentée sur le théâtre du *Palais-Royal,* le 19 janvier 1674 ; aujourd'hui oubliée pour l'*Alceste,* opéra le plus admiré de Gluck, sur un poème italien de Calzabigi (1761), qui fut traduit en français par le bailli du Rollet et qui fut représenté à Paris, le 23 avril 1776 (Acad. de mus.). On l'a repris plusieurs fois avec succès.

ALCESTE, personnage principal de la comédie du *Misanthrope,* de Molière; type de l'homme franc jusqu'à la brusquerie, d'une vertu sauvage trop entachée d'orgueil, et d'une sagesse sans indulgence.

ALCHÉMILLE ou **Alchimille** s. f. [al-ké-mi-yeu; *ll* mll.] (arabe, *al-kêmelych,* alchimique, parce que la rosée de cette plante servait aux alchimistes pour la recherche de la pierre philosophale). Bot. Genre de rosacées, tribu des dryadées et voisin des pimprenelles. L'*Alchémille commune,*appelée aussi *pied de lion,* à cause de la forme de ses feuilles considérées isolément, et *manteau des dames,* à cause de leur réunion, est une herbe vivace qui croît dans les prés et les bois des montagnes, et qui porte, de mai à juillet, des fleurs très petites, nombreuses, d'un vert jaunâtre, réunies en cymes corymbiformes au sommet des rameaux. Sa racine possède des propriétés vulnéraires et astringentes.

ALCHÉRON s. m. [al-ché-ron]. Concrétion pierreuse qui se trouve dans la vésicule du fiel du bœuf.

* **ALCHIMIE** s. f. [al-chi-mî] (arabe, *al,* la ; franç. *chimie).* Science chimérique qui a été une préparation à la chimie et qui consistait à rechercher la panacée universelle et la transmutation des métaux. Du xe au xvie siècle, on ne fit aucune distinction entre la *chimie* et l'*alchimie;* mais ensuite, le premier de ces mots désigna une science positive et l'autre une science imaginaire basée sur des principes faux. Les alchimistes attribuaient l'invention de leur science à Hermès Trismégiste (trois fois le plus grand), roi de l'antique Égypte; c'est pourquoi les Grecs la nommaient *art hermétique.* C'était une science mystérieuse, révélée seulement à un petit nombre d'initiés qui s'engageaient à ne pas divulguer, sous peine de perdre la vie. Les prêtres de Thèbes et de Memphis paraissent avoir été les premiers adeptes de cette science qui fit faire quelques progrès à la chimie, et qui fut divulguée aux Grecs. Les Romains la prirent au point où les Grecs l'avaient amenée. Pline nous apprend que Caligula l'étudiait et que le prince fut le premier à préparer l'arsenic naturel, dans l'espérance de fabriquer de l'or; mais les expériences, trop coûteuses, furent abandonnées. Zozime écrivit sur l'alchimie vers 610.

13

I.

Les Arabes la cultivèrent et l'introduisirent en Espagne, d'où elle se répandit dans toute l'Europe occidentale. Jaffar ou Geber (Séville, viii° siècle) et Rhazès, de Bagdad, se rendirent célèbres par leurs découvertes. A cette science, mère de notre chimie, les successeurs de ces grands hommes associèrent la cabale, la chiromancie, la nécromancie, l'astrologie et la magie. Le principal objet que se proposaient les alchimistes du moyen âge était de chercher la *pierre philosophale* (ou *major magisterium*) qui devait transformer tous les métaux en or, guérir toutes les maladies et prolonger indéfiniment la vie. On recherchait aussi une autre pierre (*minor magisterium*) pour changer les métaux en argent. Plusieurs souverains entretinrent des alchimistes dans leurs palais, avec l'espoir de se procurer ce brillant métal qui donnerait l'empire du monde à qui pourrait le fabriquer. Tycho-Brahé lui-même s'occupa de cette recherche. Parmi les principaux écrivains dont on peut consulter les ouvrages sur l'alchimie, nous citerons : Albert le Grand, Roger Bacon, Arnold de Villanova, Raymond Lullius, Basile Valentin, Paracelse, Libavius, Becher, Kunckel et Glauber. Le dernier alchimiste célèbre, Price (né en Angleterre), publia en 1782, un compte rendu de ses expériences pour obtenir de l'or. Il exhiba un magnifique spécimen de ce précieux métal, qu'il avait extrait, disait-il, d'une poudre rouge et d'une poudre blanche. Mis en demeure de répéter ces expériences devant des témoins désignés par la *Société Royale*, dont il était membre, l'imposteur s'empoisonna (août 1783).

ALCHIMILLE s. f. Voy. ALCHÉMILLE.

• ALCHIMIQUE adj. Qui appartient, qui a rapport à l'alchimie : *livre alchimique.*

• ALCHIMISTE s. m. Celui qui s'occupe d'alchimie.

ALCIAT (André), jurisconsulte, né à Milan, en 1492, mort en 1550 ; commença l'école célèbre à laquelle Cujas a donné son nom ; auteur d'une *Histoire de Milan.* Il professa successivement à Avignon, à Bourges, à Ferrare et à Pavie, où il mourut. Son recueil des *Emblèmes* (*Alciati emblemata*), petites pièces de vers latins sur des sujets moraux, a été imprimé à Lyon, 1560, 5 vol. in-fol.

ALCIBIADE, général athénien (450-404 av. J.-C.), pupille de Périclès, élève favori de Socrate, distingué par son esprit et par sa beauté ; mais perverti par son ambition. Il entraîna sa patrie dans des guerres injustes et ruineuses. En 415 il commanda, avec Nicias et Lamachus, l'expédition de Sicile. Il venait de remporter quelques avantages, lorsqu'on le rappela pour répondre à une accusation de sacrilège ; il s'enfuit à Sparte, afin d'échapper à une sentence de mort prononcée contre lui. Il persuada aux Lacédémoniens de déclarer la guerre aux Athéniens ; mais bientôt brouillé avec ses protecteurs, il se réfugia dans l'Asie Mineure, auprès du satrape Tissapherne, qu'il entraîna dans le parti d'Athènes. Ses compatriotes l'ayant rappelé, en reconnaissance de ce service, il prit, en 411, le commandement de leur flotte, à la tête de laquelle il battit les Lacédémoniens à Abydos et à Cyzique, et prit Byzantium. La défaite de l'un de ses lieutenants, Antiochus, pendant son absence, amena de nouveau sa disgrâce. Il se réfugia dans un bourg de Phrygie, où le satrape Pharnabaze le fit assassiner. — Alcibiade est considéré comme le type de l'ambitieux qui désire la renommée plutôt que la vraie gloire. C'est ainsi que, désireux d'occuper l'attention publique, il fit couper la queue d'un chien magnifique qui lui avait coûté 7,000 drachmes et qui faisait l'admiration de toute la ville. De là est venue l'expression proverbiale : *couper la queue de son chien,* pour dire que l'on commet quelque extravagance dans le but d'attirer l'attention.

ALCIBIADE (Saint), martyr à Lyon en 177; fête le 2 juin.

ALCIDAMAS, sophiste grec du iv° siècle av. J.-C. Il ne reste de lui que deux harangues.

ALCIDAMIDAS, chef messénien qui, après la chute d'Ithome, que prirent les Spartiates, conduisit une colonie à Rhégium (vers 723 av. J.-C.).

ALCIDE, l'un des surnoms d'Hercule, qui était descendant d'*Alcée,* père d'Amphitryon.

ALCINOÜS, d'après l'histoire des Argonautes, roi de l'île de Trapani ; d'après l'Odyssée, roi des Phéaciens, île de Corcyre (Corfou). Il accueillit Ulysse qui avait fait naufrage.

ALCIPHRON, écrivain grec (470 av. J.-C.), auteur de 113 lettres qu'il attribue à des femmes d'Athènes, à des pêcheurs, à des parasites, etc., et qui fournissent de précieux renseignements sur les mœurs de son époque. — Traduction française par Richard, 1785.

ALCIRA (anc. *Sueco* ; arabe : *Algezira,* l'île), ville d'Espagne, dans une île du Xucar, à 32 kil. S.-O. de Valence. 14,000 hab.

ALCMAËR, voy. ALKMAAR.

ALCMAN ou Alcméon, poète lyrique lacédémonien (650 av. J.-C.). De ses œuvres érotiques, il ne reste que des fragments.

ALCMANIEN ou Alcmaïque s. m. et adj. [alk-ma-ni-ain]. Vers dont l'invention est attribuée au poète Alcman et qui fut admis par les Latins. C'est un iambique de 5 pieds ; ou un tétramètre dactylique.

ALCMÈNE (Mythol.), fille d'Elyctrion, roi de Mycène, et mère d'Hercule qu'elle eut de Jupiter. Le Dieu, pour tromper cette épouse vertueuse, avait emprunté la figure d'Amphitryon, son mari.

ALCMÉON I. D'après la légende grecque, fils du devin Amphiaraüs et d'Ériphyle ; chef des Epigones dans leur expédition contre Thèbes. Il vengea la mort de son père, par le meurtre de sa mère, et fut ensuite poursuivi par les Furies ; mais Phégée, roi d'Arcadie, le purifia et lui donna en mariage sa fille Alphésibée qu'il abandonna pour Callirrhoé, princesse d'Epire. Il fut tué par les frères de sa première femme. — II. Philosophe grec du vi° siècle av. J.-C.; né à Crotone (Italie). Il fut le premier à disséquer des animaux.

ALCMÉONIDES, puissante famille d'Athènes, fondée, vers 1100 av. J.-C. par Alcméon, petit-fils de Nestor. Bannie une première fois en 596, en raison d'un sacrilège commis par l'un de ses membres nommé Mégaclès, cette famille le fut de nouveau par Pisistrate. Clisthène, Périclès et Alcibiade étaient des Alcméonides.

ALCOBAÇA, bourg du Portugal (Estramadure), 2,200 hab. Antique monastère de l'ordre de Cîteaux, fondé en 1142 ; tombeaux de plusieurs rois de Portugal.

ALCOLÉA, village d'Espagne, à 12 kil. de Cordoue, sur le Guadalquivir, qui est traversé en cet endroit par un pont en marbre. Victoire du général Dupont sur les Espagnols (juin 1808). Près du pont d'Alcoléa eut lieu un vif engagement entre les royalistes commandés par le général Pavia y Lacy, marquis de Novaliches, et les révoltés, sous les ordres du maréchal Serrano, le 27 septembre 1868. Les premiers furent battus, et leur chef, grièvement blessé, se rendit le 28 septembre.

• ALCOOL s. m. [al-ko-ol] (arabe, *al,* le ; *cohol* ou *cohl,* chose subtile). Liquide obtenu Par la distillation d'une liqueur fermentée provenant de matières végétales sucrées ou féculentes. Pur, l'alcool est incolore, volatil, d'une odeur agréable, d'une saveur forte et brûlante ; poids spécifique, 0,7947 ; il brûle avec facilité et se décompose alors en eau et en acide carbonique ; sa flamme ne produit pas de note de fumée. Son affinité pour l'eau est telle qu'il s'évapore pour se mêler à celle qui se trouve dans l'atmosphère ; il bout à 78°.

On n'a pas encore pu le solidifier par le froid le plus intense. Faraday l'exposa à une température de — 166° F., ce qui l'épaissit mais ne put le congeler ; c'est pourquoi on l'emploie dans la fabrication des thermomètres destinés à marquer les plus basses températures. Formule de l'alcool absolu : $C^4 H^6 O^2$; ($C^4 H^6 O$, d'après les chimistes unitaires). Il se compose de : carbone, 52,66 ; hydrogène, 12,90 ; oxygène, 34,44. Mis en contact avec l'oxygène, l'alcool donne d'abord naissance à l'*aldéhyde* ; une oxygénation plus avancée produit l'*acide acétique.* — Le chlore le transforme d'abord en aldéhyde, puis en *chloral.* Au rouge, l'hydrate de potasse le convertit en *acétate de potasse.* Avec l'acide sulfurique, il peut, suivant qu'il conserve ses proportions d'eau, qu'il en perd une, ou qu'il en enlèvent une proportion d'eau à laquelle il se substituent, faire naître les *éthers* simples ou composés — L'alcool dissout les corps gras, les résines, les essences, les matières colorantes, les alcaloïdes. Il enlève l'eau, même aux parties organiques avec lesquelles on le met en contact. C'est ce qui le rend propre à la conservation des préparations anatomiques. C'est pour la même raison qu'il détermine la mort quand on l'injecte dans les veines. — Les alcools de vin sont toujours supérieurs en qualité aux alcools de grains, de fécules, de marcs, de betterave ; ils sont d'un prix plus élevé. Voy. EAU-DE-VIE. — L'*eau-de-vie* contient de 50 à 52 0/0 d'alcool ; l'*alcool rectifié* en contient de 66 à 70 0/0 ; l'*alcool absolu* ou *anhydre* de 90 à 100. L'alcool de la pharmacopée de Londres contient 82 0/0 d'alcool et 18 d'eau.

QUANTITÉS D'ALCOOL CONTENUES DANS DIVERSES BOISSONS
d'après M. THÉNARD.

Genièvre	51.60	Frontignan	12.79
Madère	22.27	Champagne mousseux	12.61
Xérès	19.17	Côte-Rôtie	12.32
Malaga	18.94	Ermitage rouge	12.32
Roussillon	18.13	Cidre fort	9.80
Ermitage blanc	17.43	Ale	8.80
Lunel	15.52	Hydromel	7.31
Bordeaux	15.10	Poiré	7.26
Bourgogne	14.57	Bière forte, brune	6.80
Sauterne	14.22	Cidre faible	5.21
Champagne sec	13.80	Porter de Londres	4.20
Graves	13.37	Petite bière de Londres	1.28

—Comm. La dénomination d'*esprits* s'applique aux liquides alcooliques qui contiennent plus de 66 0/0 d'alcool. Les noms de *trois-cinq, trois-six, trois-sept, trois-huit,* font connaître la quantité d'eau qu'il faut ajouter aux esprits qu'ils désignent, pour les transformer en eau-de-vie ordinaire (eau-de-vie marquant 19° Cartier). Ainsi 3 mesures d'eau ajoutées à 3 mesures de *trois-six* produisent 6 mesures d'eau-de-vie ordinaires ; 3 mesures d'eau et 3 d'esprit font le trois-huit. Voy. ALCOOMÈTRE. — On dit que l'esprit de vin ou alcool étendu d'eau fut obtenu au xII° siècle par Aboucasis. Plus tard, d'autres alchimistes, parmi lesquels on cite Raymond Lullius concentrèrent ce liquide en y ajoutant du carbonate de potasse qui s'empara de l'eau. On essaya aussi d'amener l'alcool à l'état solide, ce qui eût prouvé qu'il n'y a de l'on croyait. — Méd. De nos jours l'alcool a été préconisé pour le pansement des plaies suppurantes. Comme stimulant, il rend de grands services dans les affections typhoïdes. Etendu d'eau, il excite momentanément les forces ; mais à forte dose il produit une ivresse redoutable. La vapeur de l'alcool a, dit-on, la propriété de fortifier la vue. En friction, il calme les douleurs et redonne de l'énergie aux fonctions vitales. Les lotions et les compresses d'alcool, camphré sont recommandées contre les entorses, la gangrène ou l'atrophie d'un membre (1 partie de camphre pour 7 d'alcool). — Chim. Terme générique désignant un groupe de composés qui présentent les mêmes propriétés, la même composition et qui subissent les mêmes lois de métamorphose que l'alcool. — Les alcools sont des carbures d'hydrogène unis aux éléments de l'eau. Ils sont volatils, odorants, et forment une série homologue naturelle, dont la formule générale est de la forme $C^n H^{2n} + {}^2O^2$. La formule propre à chacun d'eux se déduit de celle-ci en donnant à n successivement les valeurs 1, 2, 3, etc. Voici les dix alcools connus qui rentrent dans cette série.

Noms des alcools.	Formules unitaires.	Point d'ébullition.
1 Alcool méthylique.	$C^2 H^4 O^2$	66°
2 — vinique.	$C^4 H^6 O^2$	78°
3 — propylique.	$C^6 H^8 O^2$	96°
4 — butylique.	$C^8 H^{10} O^2$	112°
5 — amylique.	$C^{10} H^{12} O^2$	132°
6 — caproïlique.	$C^{12} H^{14} O^2$	150°
8 — caprylique.	$C^{16} H^{18} O^2$	179°
16 — cétylique.	$C^{32} H^{34} O^2$	360°
17 — cérotique.	$C^{54} H^{54} O^2$	?
10 — mélissique.	$C^{60} H^{62} O^2$	?

ALCOOLAT s. m. Pharm. Médicament liquide résultant de la distillation de l'alcool sur une ou plusieurs substances aromatiques, végétales ou animales. L'alcoolat est dit *simple* ou *composé*, selon qu'il résulte de l'action de l'alcool sur une seule substance ou sur plusieurs. Le baume de Fioraventi, l'eau de Cologne, l'eau de mélisse, l'absinthe, sont des alcoolats composés.

ALCOOLATE s. m. Combinaison d'alcool et d'un sel anhydre.

ALCOOLATURE s. f. Médicament liquide composé d'alcool dans lequel on a fait dissoudre des matières d'origine végétale ou animale, sans recourir au procédé de la distillation. Les alcoolatures sont *simples* ou *composées* suivant qu'elles contiennent une ou plusieurs de ces substances.

ALCOOLÉ s. m. Alcoolature obtenue en faisant macérer les plantes sèches dans l'alcool.

ALCOOLIDE s. m. Chim. Composé renfermant de l'alcool.

ALCOOLIFICATION s. f. Fermentation alcoolique.

ALCOOLIQUE adj. Qui contient de l'alcool. Le vin, l'eau-de-vie et toutes les boissons fermentées sont des liqueurs alcooliques. — ∾ Substantiv. Liqueur, boisson alcoolique : *l'absinthe est le plus pernicieux des alcooliques.*

ALCOOLISABLE adj. Qui est susceptible d'être converti en alcool.

ALCOOLISATION s. f. Développement, dans un liquide, des propriétés qui caractérisent l'alcool.

ALCOOLISER v. a. Mêler de l'alcool à un autre liquide. — ∾ S'alcooliser v. pr. Devenir alcoolisé. — Par ext. S'enivrer avec des liqueurs spiritueuses.

ALCOOLISME s. m. Pathol. Maladie signalée pour la première fois par Magnus Huss et qui est causée par l'abus des boissons alcooliques. On l'observe principalement dans les pays froids, où elle est le châtiment de l'ivrognerie à laquelle se livrent les populations ouvrières. Elle débute par un affaiblissement général qui ne paraît cesser qu'à la suite de nouveaux excès ; l'appétit se perd, la parole devient hésitante, les mains tremblent, les jambes vacillent, il survient des fourmillements dans les jambes, des hallucinations, des paralysies partielles, des tremblements nerveux, l'amaigrissement, la fureur, puis un affaissement profond et la mort. Le foie *gras* paraît être une lésion caractéristique de l'alcoolisme. Le traitement de cette maladie consiste dans la cessation de la cause qui l'a produite, dans l'emploi des antispasmodiques, de la noix vomique et de l'huile empyreumatique de *pomme de terre.*

ALCOOMEL s. m. (franç. *alcool*; lat. *mel*, miel). Excipient pharmaceutique, formé d'une partie d'alcool et de trois parties de miel.

ALCOOMELLÉ s. m. Pharm. Liquide produit par le mélange de trois parties de miel avec une partie d'une alcoolature hydrolique.

ALCOOMÈTRE s. m. Sorte d'aréomètre à poids constant, destiné spécialement à mesurer la richesse alcoolique des esprits, des eaux-de-vie et de tout liquide qui ne contient que de l'alcool et de l'eau. Le nom d'alcoomètre est spécialement réservé pour l'aréomètre centésimal de Gay-Lussac, seul admis par l'État mais bien moins employé dans le commerce que l'aréomètre de Cartier. L'alcoomètre centésimal est marqué 0 au point où la tige affleure l'eau pure et il porte le numéro 100 au point où la tige affleure dans l'alcool tout à fait absolu. L'espace intermédiaire est divisé en 100 degrés inégaux indiquant exactement, en centièmes, combien de parties d'alcool contient le mélange que l'on essaie. L'appareil étant gradué à la température de + 15° C, les indications ne sont exactes qu'à cette température et il faut, dans les autres cas, leur faire subir une correction au moyen de la table construite par Gay-Lussac. Lorsqu'il s'agit d'essayer les vins ou d'autres mélanges d'alcool et de diverses substances, on a recours à la distillation au moyen de petits alambics, destinés à cet usage. — Voy. CARTIER (Alcoomètre de).

ALCOOMÉTRIE s. f. Procédé que l'on emploie pour déterminer la quantité d'alcool absolu que contiennent les liqueurs spiritueuses.

ALCOOMÉTRIQUE adj. Qui a rapport à l'alcoomètre, aux qualités déterminées par cet instrument.

ALCORAN s. m. (arabe, *al*, le ; *coran*, lecture). Livre qui contient la loi de Mahomet.

> Pour moi, je lis la Bible autant que l'*Alcoran.*
> BOILEAU.

On dit plutôt le *Coran*, voy. CORAN. — Alcoran signifie aussi la loi de Mahomet : *abjurer l'Alcoran*. — Fam. Se dit en parlant d'une chose à laquelle on n'entend rien : *je n'y entends pas plus qu'à l'Alcoran.*

ALCORANISTE s. m. Celui qui lit, ou qui explique l'Alcoran ; qui croit à l'Alcoran.

ALCORNÉE s. f. Bot. Genre d'euphorbiacées renfermant des arbres et des arbustes originaires des régions tropicales de l'Amérique et de l'Afrique.

ALCORNINE s. f. Chim. Substance grasse, cristallisable, découverte dans l'écorce d'alcornoque.

ALCORNOQUE s. f. (rad. *alcornée*). Ecorce d'un arbre voisin des guttiers, qui croît dans l'Amérique du Sud. En 1824, Poudens fit connaître cette écorce à laquelle il attribuait des propriétés toniques et astringentes.

ALCOTT (William-Alexander), écrivain américain (1798-1859), auteur de plus de cent pamphlets.

ALCÔVE s. f. [al-kô-ve] (Esp. *alcoba* ; dérivé de l'arabe *al koba*, la cabane, l'endroit où l'on couche). Enfoncement pratiqué dans une chambre pour y placer un lit :

> Dans le réduit obscur d'une *alcôve* enfoncée,
> S'élève un lit de plume à grand frais amassé ;
> Quatre rideaux pompeux par un double contour,
> En défendent l'entrée à la clarté du jour.
> BOILEAU.

« Les alcôves ont plus d'inconvénients que d'avantages : elles restreignent la masse d'air à respirer pendant la nuit... Les punaises peuvent s'y multiplier rapidement en trouvant des retraites favorables dans les fissures des panneaux de bois » (Belèze). — MYSTÈRES, SECRETS DE L'ALCÔVE, mystères, secrets de l'amour.

ALCÔVISTE s. m. Nom créé au XVIIᵉ siècle pour désigner les personnes qui plaçaient les intimes dans les alcôves des précieuses et qui dirigeaient la conversation.

ALCOY, ville forte d'Espagne, à 38 kil. N. d'Alicante, 25,000 hab. Fabrication de draps, de papier, etc. Les événements politiques y amenèrent de sanglantes émeutes pendant l'été de 1873.

ALCUIN [al-ku-ain](Albinus Flaccus) ALCUINUS, savant ecclésiastique, restaurateur des études dans l'empire des Francs, né dans le Yorkshire (Angleterre) en 735, mort à Tours, en 804. Elève de Bède le Vénérable et de l'archevêque d'York, Edwin, dont il devint le bibliothécaire et qui lui confia la direction de l'école d'York, il s'acquit une grande réputation de savoir. Charlemagne, qui l'appela à sa cour, vers 782, fit de lui son confident et son conseiller, le combla de faveurs et lui donna de riches abbayes. Ce savant récompensa l'empereur en lui donnant des leçons et en se faisant le précepteur de sa famille et de ses grands dignitaires. Avec l'appui de Charlemagne, il chercha à tirer le monde franc de l'état d'ignorance et de barbarie où il était plongé. Sous ses ordres et même sous ses yeux, des centaines de copistes multiplièrent les manuscrits de l'antiquité. Il ouvrit, dans le palais d'Aix-la-Chapelle, la célèbre *École palatine*, où il enseignait les sept arts libéraux (*trivium* et *quadrivium*) et qui passe pour avoir été le germe de l'Université de Paris. Sous son influence, des écoles analogues furent créées à Paris, à Tours, à Orléans, à Lyon, dans les palais épiscopaux et dans les monastères. Telle était son influence, qu'il représenta Charlemagne au concile de Francfort, où fut condamnée l'hérésie de Félix, évêque d'Urgel (794). Ses œuvres ont été publiées à Paris, en 1617, 4 vol. in-fol.; mais la meilleure édition est celle que lui donna Froben, Ratisbonne, 2 vol. in-fol. — Pour encourager les scribes, il copia lui-même des manuscrits. On lui a attribué le texte fameux de la Bible de la Valliscellane.

ALCYON s. m. [al-si-on] (gr. *alkuón*; de *als*, la mer; *kuón*, qui fait ses petits, parce que les Grecs pensaient que cet oiseau fait son nid sur les vagues). Antiq. Espèce d'oiseau que les uns pensent être un martin-pêcheur et les autres une sorte d'hirondelle qui vit sur les rivages. — Zool. Nom donné par Linné à un genre d'oiseaux formé des martins-pêcheurs et des ceyx. — ∾ Polyp. Genre de polypiers charnus qui affectent des formes très variées. Les uns sont arborescents, d'autres ont l'aspect de champignons ou s'étalent en éventail. Ils abondent dans toutes les mers, presque toujours à de grandes profondeurs. On trouve sur nos côtes l'*alcyon main de mer* (*aloyonium digitatum*) qui se divise en grosses branches courtes ; l'*alcyon exos*, qui a des branches plus grêles, d'un beau rouge.

ALCYONE (Mythol.). I. Fille d'Éole ; Céryx, son époux, périt dans un naufrage, et la mer rejeta son cadavre aux pieds d'Alcyone, qui attendait sur la plage. Les dieux, touchés du désespoir d'Alcyone, la métamorphosèrent, ainsi que son époux, en oiseau appelé *alcyon*. — II. Fille d'Atlas et de Pléione, mère d'Aréthuse et d'Éleuthère. Métamorphosée en étoile, elle forma, avec ses sœurs, la constellation des Pléiades. — III. Etoile de troisième grandeur, la plus brillante des Pléiades, marquée *n* dans les cartes célestes.

ALCYONE s. f. Étoffe de soie qui a le brillant du satin.

ALCYONELLE s. f. Zool. Genre de tuniciers d'eau douce dont plusieurs espèces sont communes dans nos eaux douces. On trouve des alcyonelles dans la mare d'Auteuil, dans l'étang du Plessis-Piquet.

ALCYONIDE s. m. Genre de Polypiers alcyoniens, dont la seule espèce connue, l'*alcyonide élégant*, vit dans la mer, sur les côtes algériennes.

* **ALCYONIEN** adj. m. Qui se rapporte à l'alcyon. Il n'est guère usité que dans la locution JOURS ALCYONIENS, sept jours avant le solstice d'hiver et sept jours après, pendant lesquels on pensait que l'alcyon fait son nid. — ᴠᴠ ALCYONIENS s. m. pl. Deuxième famille des polypes anthozoaires, établie par Milne-Edwards, et divisée en 5 tribus : 1° ALCYONIENS PIERREUX, dont la portion inférieure donne naissance à des tubes calcaires : ex. le *tubipore musique* de la mer Rouge; 2° ALCYONIENS DENDROÏDES,

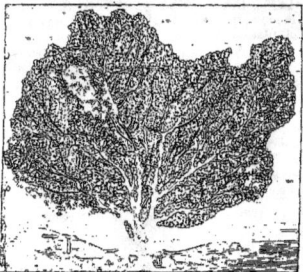

Alcyonien.

dont les types sont le *corail* et les *gorgynes*; parmi ces dernières, nous citerons l'*éventail de mer*, dont nous donnons la figure; 3° ALCYONIENS LIBRES, formés par une masse charnue, de forme régulière, pouvant se mouvoir par l'action combinée des polypes : ex. *pennatule*, *vérétille*, *rénille*; 4° ALCYONIENS RAMPANTS, qui se fixent sur les corps sous-marins au moyen d'une sorte de racine rampante : ex. la *cornulaire ridée*; 5° ALCYONIENS MASSIFS, formés d'une masse commune, charnue, divisée en tiges courtes, rameuses, recouvertes de polypes. Cette tribu comprend les *alcyons* proprement dits, les *ammothées*, les *nephtées* et le genre *alcyonide*.

ALCYONIUS ou Alcionius (Pierre), philologue, né à Venise, en 1486, mort en 1527, auteur d'un célèbre dialogue intitulé : *Medicus legatus, sive de exilio*.

ALCYONNAIRE adj. Qui ressemble à un alcyon. — Alcyonnaires s. m. pl. Famille de polypes, établie par Blainville, et dont le type est le genre alcyon.

ALDANE. I. Affluent oriental de la Léna (Sibérie); cours de 1,300 kil. en partie navigable. — II. Chaîne de montagnes de la Sibérie, entre les monts Altaï et le détroit de Béring.

ALDE, nom d'une célèbre famille d'imprimeurs italiens (XVᵉ et XVIᵉ siècles). Les caractères italiques, appelés également caractères *aldins* ont été inventés par Alde Manuce l'Ancien. Voy. MANUCE (Alde). — s. m. Se dit des éditions sorties des presses de ces imprimeurs : *de beaux aldes*.

* **ALDÉBARAN**, étoile principale de la constellation du *Taureau*, dont elle forme l'œil. Elle passe au méridien douze heures environ après Antarès du Scorpion, à laquelle est-elle opposée.

ALDEBERT, voy. ADALBERT.

ALDEBERTINS s. m. pl. Disciples d'*Aldebert* ou *Adalbert*.

ALDÉE s. m. Se dit des villages indous, sur la côte de Coromandel; se dit aussi, dans les colonies européennes en Afrique ou dans l'Amérique du Sud, des villages habités par les indigènes.

ALDEGONDE (Sainte), née en 630, en Hainaut, fonda le célèbre chapitre des chanoinesses de Maubeuge; morte le 30 janvier 680. Fête, le 30 janvier.

ALDEGONDE (Van Marnix de Sainte-). Voy. SAINTE-ALDEGONDE.

ALDEGREVER (Heinrich), peintre et graveur Westphalien (1502-1560), on lui a attribué des œuvres dont il n'est pas l'auteur.

ALDÉHYDATE s. m. Combinaison de l'aldéhyde avec une base. On dit aussi *acétilure*.

ALDÉHYDE s. f. (abréviation de *alcool* et *hydrogène*). Liquide obtenu par l'oxydation de l'alcool de vin et qui est considéré comme dans une phase de transition entre cet alcool et l'acide acétique. On donne le nom générique d'ALDÉHYDES à des alcools quelconques appauvris de deux équivalents d'hydrogène; c'est pourquoi il y a autant d'aldéhydes que de sortes d'alcools; et l'on dit *aldéhyde vinique* (C⁴ H³ O²), *aldéhyde amylique* (C¹⁰ H¹⁰ O²), *aldéhyde méthylique* (C² H² O²), etc.

ALDENHOVEN, village de la Prusse rhénane, entre Juliers (à 5 kil. S.-O.) et Aix-la-Chapelle, célèbre par la victoire que les Autrichiens y remportèrent sur les Français, le 1ᵉʳ mars 1793, victoire à la suite de laquelle la Belgique fut occupée par les Alliés. Les Français, commandés par Jourdan, y prirent une éclatante revanche le 2 octobre 1794.

* **ALDERMAN** s. m. (al-dèrr-mann) (sax. *ædidor*, vieux, ancien : *man*, homme). Titre que l'on donnait autrefois à de hauts dignitaires de la monarchie anglo-danoise. On l'applique aujourd'hui, en Angleterre et aux États-Unis, à des fonctionnaires municipaux. Plur. *aldermans* ou *aldermen*.

ALDERNEY, voy. AURIGNY.

ALDERSHOT, camp pour l'instruction des soldats anglais, à 60 kil. S.-O. de Londres.

ALDHELM, prêtre anglais (656-709) auteur *De Virginitate*, en prose, et *De Laude Virginum*, en vers; il fut abbé de Malmesbury et évêque de Sherborne.

ALDIN, INE adj. Qui a rapport aux Aldes : les presses aldines donnèrent la première édition des classiques grecs, latins et italiens. — ACADÉMIE ALDINE, réunion de savants chargés de surveiller l'impression des nombreux ouvrages sortis des presses d'Alde Manuce l'Ancien. — CARACTÈRE ALDIN, caractère italique. Les *italiques* furent inventées par Alde Manuce l'Ancien. Voy. ITALIQUE.

ALDION s. m. Serf d'une certaine classe au moyen âge.

ALDIONAIRE s. m. (lat. *aldionarius*). Sorte d'écuyer qui, au moyen âge, était entretenu à l'armée aux frais du son maître.

ALDJUBARROTA ou Aljubarrota, petit village de Portugal (Estramadure), à 24 kil. S.-O. de Leiria. Jean 1ᵉʳ de Portugal y remporta, sur Jean 1ᵉʳ de Castille (14 août 1385) une victoire qui assura l'indépendance du Portugal. Voy. BATALHA.

ALDOBRANDINES (Noces), célèbres fresques découvertes en 1606, sous le pontificat de Clément VIII (Aldobrandini), dans l'ancien emplacement occupé par les jardins de Mécène. D'abord transportées au palais Aldobrandini, ces fresques sont placées aujourd'hui au Vatican. Le Poussin en a fait une magnifique copie.

ALDOBRANDINI, noble famille de Florence, dont les principaux membres furent : Silvestro (1499-1558), jurisconsulte, exilé pour avoir pris parti contre les Médicis; Giovanni, son fils, cardinal et écrivain; Ippolito, autre fils de Silvestro, devint pape sous le nom de Clément VIII; Tommaso; frère du précédent, auteur d'un ouvrage intitulé *Apophthegmata de Perfecto Principe*, etc. Un petit fils de Silvestro, Pietro fut légat en France (1601).

ALDOBRANDINI (villa), l'une des plus belles villas des environs de Rome, près de Frascati, élevée à grands frais par le cardinal Aldobrandini. Son double horizon de mer et de montagnes lui a valu le surnom de Belvédère.

ALDRIDGE (Ira), célèbre acteur américain, né dans le Maryland en 1810, mort en Pologne en 1867. C'était un mulâtre qui, d'abord charpentier, puis domestique d'Edmond Kean, étudia sous cet illustre maître l'art de rendre les grands caractères de Shakspeare.

ALDROVANDUS (Ulysse), noble Bolonais, professeur à l'Université de Bologne, né en 1525, mort aveugle en 1603. Il dissipa tout son patrimoine à composer le cabinet d'histoire naturelle le plus complet qui existât. Sa grande *Histoire naturelle*, en 14 vol. in-fol., dont 11 sur les animaux, fut publiée en partie après sa mort. De son vivant, il ne parut que 3 vol. d'ornithologie et 1 vol. d'insectes; c'est une immense compilation où l'auteur a admis les fables les plus grossières.

ALDUDES (Monts des), rameau des Pyrénées, qui se détache du col de Bélate (Basses-Pyrénées), sépare un instant la France de l'Espagne et vient expirer près de l'embouchure de la Bidassoa.

ALE s. f. [è-le] (mot anglais). Bière anglaise due à une rapide fermentation. Elle est blonde, transparente et sans amertume. On distingue l'*ale légère*, qui est rafraîchissante, et l'*ale de garde*, qui est tonique, nourrissante et alcoolique. Voy. BIÈRE. On nomme *pale ale* [pê-lè-le], une bière très pâle et rafraîchissante.

ALÉA s. m. (lat. *alea*, hasard, sort). Chance, hasard : *il y a de l'aléa dans cette affaire*.

ALEA JACTA EST (Lat. *le sort en est jeté*) : paroles prononcées par César avant de franchir le Rubicon et au moment d'entrer en guerre ouverte avec la République). Loc. devenue la devise de ceux qui prennent une décision hardie et importante, après avoir longtemps hésité. «Chez les Grecs, les *sorts* estoient le plus souvent des espèces de dez sur lesquels estoient gravez quelques caractères ou quelques mots dont on alloit chercher l'explication dans des tables faites exprès » (Fontenelle. *Hist. des Oracles*).

ALÉANDRE. I. (Jérome) GIROLAMO ALEANDRO, archevêque de Brindes et cardinal, né en Carniole (1480), mort en 1542. Fut recteur de l'Université de Paris, puis bibliothécaire au Vatican, nonce en Allemagne, à Paris et à Venise, cardinal en 1538; il composa un lexique greco-latin, Paris, 1512, in-fol. — II. (Jérôme) le Jeune, petit-fils naturel de Jérôme Amalthée, né en 1574 mort à Rome en 1631. A écrit un Traité sur les *Églises Suburbicaires*, Paris 1619.

* **ALÉATOIRE** adj. (lat. *aleatorius*). Droit. Se dit de toute convention dont les effets, quant aux pertes et aux avantages, dépendent d'un événement incertain : *contrat aléatoire*. — Se dit de tout ce qui est soumis aux chances du hasard : *proposition aléatoire*. — s. m. Qualité de ce qui est aléatoire : *l'aléatoire d'un marché*.

ALÉATOIREMENT adv. D'une manière aléatoire.

ALEAUME (Louis), lieutenant-général au bailliage d'Orléans, né à Verneuil en 1525, mort en 1596. Ses œuvres ont été publiées par son fils.

ALECTON (gr. *infatigable*), l'une des trois Furies, fille de l'Achéron et de la Nuit.

ALECTOR s. m. (gr. *alektôr*, coq). Famille de gallinacés, intermédiaire entre les dindons et les faisans : queue large et arrondie, formée de 12 pennes grandes et roides; pas d'éperons; caractère très sociable disposé à la domesticité. Cuvier divise les alectors en *Hoccos*, *Pauxis*

Guans (ou *Pénélopes*) et *Paraquas*. On y ajoute quelquefois l'*Houzin*.

ALECTORIE s. f. (gr. *alektôr*, coq). Nom de certains lichens qui vivent sur les branches d'arbre, en laissant pendre leurs divisions flexibles et très fines.

ALECTRIDES s. m. pl. (gr. *alektôr*, coq; *eidos*, apparence). Famille d'oiseaux renfermant le seul genre pénélope.

ALECTRIMORPHE adj. (gr. *alektôr*, coq; *morphé*, forme). Ornith. Qui a la forme ou l'apparence d'une poule.

ALECTRURE adj. (gr. *alektôr*, coq; *oura*, queue). Ornith. Qui a les plumes de la queue disposées en éventail, comme celle du coq.

ALECTRYOMACHIE s. f. (gr. *alektôr*, coq; *maché*, combat). Combat de coqs.

ALECTRYOMANCIE s. f. (gr. *alektôr*, coq; *manteia*, divination). Antiq. gr. Divination à l'aide d'un coq placé au milieu d'un cercle divisé en 24 cases, sur chacune desquelles était inscrite une des lettres de l'alphabet et placé un grain d'orge ou de froment. On composait des syllabes d'après l'ordre que suivait le coq en saisissant les grains.

ALECTRYOMANCIEN adj. et s. m. Qui appartient à l'alectryomancie; qui pratique ce genre de divination.

ALEGAMBE (Philippe), jésuite belge (1592-1652), continuateur de la *Bibliotheca Scriptorum Societatis Jesu*, terminée par Sotwell.

ALÉGATE s. f. Pince d'émailleur.

ALÈGRE (D'), illustre maison d'Auvergne, dont le membre le plus célèbre fut *Yves d'Alègre* (1653-1733), qui devint maréchal de France en 1724.

ALEGRETE, ville du Rio-Grande du Sul (Brésil), sur la rive gauche de l'Ibirapuytam, affluent de l'Ibicuhy; centre de grandes estancias où l'on élève du bétail.

ALEM s. m. [a-lèmm]. Étendard impérial ottoman.

ALEMAN (Mateo), auteur espagnol, dont le roman, *Guzman de Alfarache* (1599) obtint un immense succès et resta longtemps populaire. Les traductions de G. Chappuis (Paris, 1600, in-12), de Chapelain (1632, in-8°); de G. Brémond (1696) et de Le Sage (Paris, 1732 et 1772, 2 vol, in-12) ont donné en France une grande célébrité à cette œuvre romanesque.

ALEMANNI ou **Alamanni** s. m. pl. (anc. allem. *all*, tous; *mann*, hommes; gens de toute origine). Confédération de plusieurs peuplades allemandes qui parurent sur le Mein au III° siècle de notre ère. Caracalla les défit en 214, Aurélien en 274, Julien en 356-357; Jovinus en 358 et Clovis, à Tolbiac, en 496. Les Souabes sont leurs descendants.

ALÉMANNIE ou **Alamannie**, duché formé pendant les V° et VI° siècles, par les Alemanni, et qui comprenait les territoires situés entre le Saint-Gothard, les Vosges et le Mein.

ALÉMANNIQUE adj. Qui a rapport à l'Alémannie ou à ses habitants. — Se dit d'un ancien dialecte de la langue allemande, qui était parlé en Souabe et dans une partie de l'Alsace et de la Suisse.

ALEMANUS, roi des anciens Boïens, qui en tirent, après sa mort, leur dieu de la guerre.

ALEMBERT (Jean le Rond D'), savant, né à Paris, le 16 novembre 1717, mort le 29 octobre 1783. Il était enfant naturel de Mme de Tencin et du chevalier Destouches, et fut exposé, dès sa naissance, sur les marches de la chapelle de Saint-Jean-le-Rond, près de Notre-Dame. La femme d'un pauvre vitrier lui servit de nourrice. Une rente de 1,200 livres que son père lui servit sans se dévoiler, lui permit de faire ses études et de se livrer à sa vocation

pour les sciences. Il publia, en 1739, un *Mémoire sur le calcul intégral*, puis un autre sur *la réfraction des corps solides* (1741), un *Traité de dynamique* qui produisit une révolution dans la science du mouvement (1743); un *Mémoire sur la cause générale des vents* (1746); des *Recherches sur la précession des équinoxes* (1749) un *Essai sur la résistance des fluides* (1752); des *Recherches sur différents points importants du système du monde* (3 vol. 1754-'6); des *Opuscules mathématiques* (8 vol. 1761-'80); des *Éléments de musique* (augmentés, 1762); il fut admis à l'Académie des sciences en 1741, à l'Académie de Berlin en 1746 et devint secrétaire perpétuel de l'Académie française (1772), pour laquelle il composa les *Éloges historiques* de la plupart des académiciens morts de 1700 à 1770. Son œuvre littéraire principale est le *Discours préliminaire* à l'Encyclopédie de Diderot. Malgré son éloignement pour les discussions, il eut, au sujet de son article Genève, dans l'Encyclopédie, une dispute avec J.-J. Rousseau, qui écrivit contre lui la *Lettre sur les spectacles*. De mœurs simples, d'Alembert ne voulut pas se rendre à Berlin, ni à Saint-Pétersbourg, où on lui offrait une brillante situation. La mort de Mlle de Lespinasse, à laquelle il était lié de la plus tendre amitié, abrégea ses jours. On a de lui, outre les ouvrages déjà cités, des *Mélanges de philosophie et de littérature*; un *Essai sur les gens de lettres*, des *Éléments de philosophie*; des *Mémoires sur Christine de Suède*. La meilleure édition de ses œuvres est celle de Bossange, Paris, 1821-'2, 5 vol. in-8°.

ALEMBROTH s. m. [a-lan-brott] (chaldéen : *chef-d'œuvre de l'art*). Produit obtenu par la sublimation du bichlorure de mercure et du sel ammoniac. On l'appelait *sel de sagesse*. C'est un stimulant très actif.

ALEMDAR s. m. [a-lèm-dar]. Officier turc, qui porte l'étendard de Mahomet lorsque le sultan assiste à quelque solennité.

ALEMTEJO, ou **Alentejo**, c'est à dire *en deçà du Tage*, la plus vaste province du Portugal; 24,387 kil. carr.; 335,785 hab.; ch.-l. Evora. Grande production de froment, d'orge, de riz, de maïs et de vin. Élève de moutons. Territoire marécageux, arrosé par le Tage et la Guadiana.

ALENÇON, *Alercium, Alentium, Alenconium*, ch.-l. du départ. de l'Orne; à 193 kil. O. de Paris, au confluent de la Sarthe et de la Briante; 17,000 hab. Lat. N. 48° 25' 59''; long. O. 2° 14' 52''. Ville fondée vers le X° siècle. Guillaume de Bellème y fit construire, en 1206, un château dont il reste 3 vieilles tours. — Cathédrale, collège, musée. Fabrication de *toile d'Alençon* et de la dentelle dite *point d'Alençon*, de mousseline, de bougran etc. Tribunal de 1re instance, tribunal de commerce; lycée. Aux environs, pierre précieuse dite *diamant d'Alençon*. Geoffroy Martel, comte d'Anjou, s'étant emparé de cette ville, Guillaume le Conquérant en reprit possession en 1048. Français et Anglais se la disputèrent pendant longtemps. Elle fut prise 4 fois par les Anglais (1435, 1417, 1428, 1444); 3 fois par les Français (1421, 1440 et 1450), une fois par les Ligueurs (1589) et enfin par Henri IV (1590) qui la démantela. Patrie du médecin Desgenettes et du conventionnel Hébert.

ALENÇON (Point d') s. m. Dentelle très fine qui imite plus ou moins le point de Venise et qui, depuis l'administration de Colbert, se fabrique à Alençon. La richesse et la finesse de ses dessins l'ont fait surnommer la *reine des dentelles*.

ALENÇON (Comtes et ducs d') En 1268, Pierre, fils de Louis IX, fut créé comte d'Alençon. Ce titre passa, en 1293, à Charles 1er de Valois, puis en 1325, à Charles II, tué à Crécy, à Charles III (1365), qui fut tonsuré, et à Pierre II (1361). — Jean-fils de ce dernier (1405)

reçut le titre de duc (1414) et fut tué à Azincourt. Son fils, Jean II (1415), resta prisonnier en Angleterre de 1424 à 1429, puis noua des intrigues contre le roi de France; il mourut en prison (1476). Le dernier duc, Charles IV, est bien connu en raison de la couardise qu'il montra à Pavie, où il se sauva, abandonnant le roi François 1er, son beau-frère. Le chagrin et la honte abrégèrent ses jours. Après lui son duché fut annexé à la couronne (1526). — (FRANÇOIS DUC D') ANJOU. — Le titre de duc d'Alençon fut ensuite porté par plusieurs princes de la maison de France; le dernier devint roi sous le nom de Louis XVIII.

ALENÇONNAIS, AISE s. et adj. Habitant d'Alençon; qui appartient à cette ville ou à ses habitants.

* **ALÈNE** s. f. (autrefois *alesne*; de l'esp. *alesna*). Espèce de poinçon d'acier ou de fer aciéré, en forme de losange vers sa pointe et emmanché dans un morceau de bois rond. Les cordonniers, les bourreliers, etc. s'en servent pour percer le cuir afin de le coudre. — Bot. *Feuilles en alène*, voy. SUBULÉ. — ᴠᴠ Ichtyol. Nom vulgaire de la raie oxyrrhinque, à cause de la forme aiguë de son museau.

ALÉNÉ, ÉE adj. Pointu comme une alène.

* **ALÉNIER** s. m. Celui qui fait et vend des alènes.

* **ALÉNOIS** adj. m. (Étymol. incertaine). Ne s'emploie que dans la dénomination *cresson alénois*, nom que l'on donne au passerage cultivé, plante crucifère dont la saveur piquante et un peu âcre rappelle celle du cresson de fontaine. Le cresson alénois se met dans les salades de laitue ou de chicorée pour en relever le goût. On le sème tous les 15 jours parce qu'il monte très vite en graine. L'hiver, les semis ont lieu sur couche; l'été en pleine terre meuble et à l'ombre. Il faut l'arroser souvent.

ALENTEJO, voy. ALEMTEJO.

ALENTIR v. a. Rendre lent. — S'alentir v. pr. Se ralentir.

* **ALENTOUR** adv. (à le entour). Aux environs: *les bois d'alentour*. Quand il n'est pas précédé de la préposition *de*, on l'écrit quelquefois à *l'entour* : *rôder à l'entour*. — On ne doit pas dire : à *l'entour*, mais on doit dire : *autour de*. En parlant d'un ouvrage de Pradon, le mordant Boileau s'était permis de faire imprimer ce vers :

> *À l'entour d'un castor j'en ai lu la préface.*

—Pradon ne manqua pas de l'en reprendre, dans des *Remarques* qu'il publia en 1685 (in-8°), et le satirique, faisant profit de la leçon, changea l'hémistiche incorrect en celui qui est resté :

> *Autour d'un caudebac j'en ai lu la préface.*

* **ALENTOURS** s. m. pl. Lieux circonvoisins: *les alentours de la ville sont pittoresques.* — Se dit aussi des personnes qui vivent familièrement avec quelqu'un, qui forment son entourage : *pour être son ami, mettez-vous bien avec ses alentours.*

ALÉOCHARE s. m. [a-lé-o-ka-re] (gr. *alea*, abri; *charassô*, je creuse). Sous-genre de coléoptères pentamères, du genre *Staphylin*. Petits insectes très agiles; antennes un peu courbées en faucilles et insérées entre les yeux; tête presque ronde; corselet ovale ou en carré arrondi aux angles, palpes terminés en alène; couleur brune ou noire. Ces insectes vivent dans les champignons pourris, dans les débris de végétaux, dans les bouses, etc.

ALÉOCHARIDES s. m. pl. Tribu de coléoptères, famille des brachélytres, ayant pour type le genre aléochare.

ALÉOUTES ou **Aléoutiennes** (si è-ne). (ILES.) Archipel qui sépare la mer de Behring de l'océan Pacifique, entre le Kamtchatka et le territoire d'Alaska.. 26,430 kil. carr.; 4,600 hab. Il forme 6 groupes principaux, savoir : à l'O. les îles Sasignan, au nombre de 5; puis, de l'O. à l'E., les îles des Rats, au nombre de 15; le groupe Andréanovski, 30; et les îles des Renards, 34, y compris Unimak et Unalashka, où se trouve le port principal : Iliuliuk. Ces îles montagneuses renferment plusieurs volcans. On n'y rencontre pas de forêts, mais le sol, fertile en quelques districts, produit des racines alimentaires; vastes pâturages. Les habitants ressemblent aux Indiens de l'Amérique septentrionale; ils vivent principalement du produit de leur chasse et de leur pêche. Découvertes par Behring, en 1741, les îles Aléoutiennes furent visitées par Cook en 1778 ; les Russes s'y établirent en 1785 ; mais ils les cédèrent aux Etats-Unis en 1867.

ALÉOUTIEN, IENNE s. et adj. [si-ain]. Habitant des îles Aléoutes; qui appartient à ces îles ou à leurs habitants.

ALEP (a-lèpp) I. Vilayet de la Syrie du N. 550,000 hab. — II. Capitale du vilayet ci-dessus (anc. *Chalybon*, ensuite *Beræa*; arabe : *Haleb*). Grande ville de la Syrie septentrionale, à 204 kil. N.-N.-E. de Damas, sur la rivière le Koïk ; importante station pour les caravanes; 100,000 hab. Beaux jardins, mosquées, bazars; exportation de grains, de laine, de coton, de pistaches, d'éponges, d'huile et de soie. Arrachée à l'empire Byzantin, en 638, cette ville forma un sultanat arabe, fut reconquise par Zimisces, et tomba au pouvoir de Saladin en 1193. Elle fut assiégée par les Croisés, puis saccagée et presque détruite par Tamerlan, en novembre 1400; en 1517 elle tomba entre les mains des Turcs qui perdirent son importance. La peste y fit mourir 60,000 hab. en 1797, et elle fut presque entièrement détruite par des tremblements de terre en 1822 et 1830. — Les haines religieuses y ont souvent fait naître des scènes de meurtre. Le 16 octobre 1850, les musulmans massacrèrent les chrétiens et brûlèrent leurs maisons. La peste y reparut en 1876. Une maladie particulière à la Syrie reçoit le nom de *bouton d'Alep*.

ALEPASE, Alepasse ou **Lapas** s. m. Mar. Jumelle de bois liée aux vergues nommées *antennes* pour les écailles.

ALEPH s. m. [a-lèff]. Première lettre de l'alphabet hébreu.

ALÉPIDOTE adj. (gr. *a*, priv.; *lepis*, *lepidos*, écaille). Se dit des poissons qui n'ont pas d'écailles.

ALÉPIN, INE adj. Habitant d'Alep, qui appartient à cette ville ou à ses habitants.

ALÉPINE s. f. Étoffe dont la trame est de laine et la chaîne de soie. Autrefois elle se fabriquait exclusivement à Alep.

ALÉPOCÉPHALE adj. (gr. *a*, priv.; *lepis*, écaille; *kephalé*, tête). Se dit des poissons dont la tête n'est pas couverte d'écailles.

ALERIA, village de Corse, près de l'embouchure du Tavignano. Colonie phocéenne fondée en 564 av. J.-C., prise en 259 par le consul romain Cornelius, colonisée par Sylla. Aux environs, se trouvent, à chaque pas, des vestiges de son ancienne importance. Elle était capitale de l'île pendant une partie du moyen âge.

* **ALÉRION** s. m. (lat. *ales*, oiseau). Blas. Petit aigle qui n'a ni bec ni pattes, et dont les ailes sont étalées. Les alérions indiquaient une victoire remportée sur l'étranger.

* **ALÉRON** s. m. (du lat. *ala*, aile). Tringle en bois qui sert à relever les lisses du métier à tisser.

* **ALERTE** interj. (autrefois à *l'erte*; de l'ital. *al*, sur la; *erte*, côte; sur la hauteur). Debout, prenez garde à vous : *alerte*, *alerte*, *soldats*!

* **ALERTE** adj. Vigilant, qui se tient sur ses gardes : *il est trop alerte pour se laisser surprendre*. — Habile à voir ce qui peut lui être utile, et prompt à le saisir : *il est alerte à saisir les occasions de gagner de l'argent*. — Gai, vif, agile, en parlant d'un jeune garçon ou d'une jeune fille : *c'est un garçon alerte*.

* **ALERTE** s. f. Émotion subite, surtout en parlant d'une troupe de soldats : *une vive alerte*.

ALÈS (Pierre-Alexandre) vicomte de Corbet, économiste, né dans la Touraine, en 1715, mort vers 1770 ; a laissé un résumé philosophique sur l'*Origine du mal*.

ALÉSAGE s. m. Action d'aléser ; résultat de cette action.

* **ALÉSER** v. a. [a-lè-zé] (rad. *lé*). Unir la surface intérieure d'un objet qui a été foré; augmenter le calibre d'un canon.

ALESHKI, ville de Tauride (Russie), sur un bras du Dniéper, à 9 kil. S.-E. de Kherson; 9,000 hab.

ALÉSIA, ville principale de la Gaule celtique, où s'enferma Vercingétorix pour résister aux Romains. Le siège de cette place, entrepris en l'an 52 av. J.-C., est un des événements les plus mémorables des guerres de César dans les Gaules. L'illustre général romain ne put la prendre de vive force; mais il la réduisit par la famine. On croit que ce dernier boulevard de l'indépendance des aïeux s'élevait près des sources de la Seine, à *Alise-Sainte-Reine* ; mais *Alaise* (Doubs) et *Alize-Izernore* (Ain) revendiquent pour elles-mêmes l'honneur d'avoir été témoins de l'héroïque résistance du patriote arverne.

* **ALÉSOIR** s. m. [a-lè-zouar]. Instrument ou machine servant à polir des surfaces cylindriques concaves, telles que coussinets, corps de pompe, cylindres de machines à vapeur, canon de fusil, âme des bouches à feu. Cette machine-outil se compose de burins d'acier trempé qui sont montés sur un arbre dont l'axe de rotation coïncide avec l'axe du cylindre à aléser. Un mouvement lent de translation fait avancer les burins, à mesure qu'ils tournent, et fait agir ainsi d'agir successivement sur toute l'étendue du cylindre.

ALESTER ou **Alestir** v. a. (rad. *lest*). Mar. Alléger, dégager, rendre un bâtiment plus léger, plus *leste*.

ALÉSURES s. f. pl. Parties détachées d'une pièce qu'on alèse par les burins d'alésoir.

ALET ou **Alèth** I. *Alecta*, ville du dép. de l'Aude, sur la rive droite de l'Aude, au pied des Pyrénées, 10 kil. S.-E. de Limoux; 1,300 hab., ancienne capitale du *Pagus Alectensis*, doit son origine à une abbaye de l'ordre de Saint-Benoît, fondée vers 843 par la femme de Béra, comte de Barcelone. Un évêché, aujourd'hui supprimé, y fut érigé en 1318. Le vertueux Nicolas Pavillon y fut évêque au XVIIe siècle. — Dans les environs, très pittoresques et qui sont appelés le jardin du département de l'Aude, se trouvent 3 sources thermales, bicarbonatées calciques, n'excédant pas 27° 50 C., et une source minérale froide appelée les *eaux-rouges*. Etablissement thermal : 45 chambres. — Traitement des affections nerveuses et affections du canal digestif. — II. Aujourd'hui la *Cité*, faubourg de Saint-Servan (Ille-et-Vilaine), autrefois capitale des *Aletensi*, l'une des six principales tribus que César trouva en possession de l'Armorique. Devenue le siège d'un évêché, vers 290, elle conserva sa supériorité sur toute la contrée environnante; mais au IXe siècle, les Normands la ravagèrent plusieurs fois et la ruinèrent. Sa prospérité décrut de jour en jour. Ses évêques furent réduits à errer sans asile fixe dans les différentes parties de leur diocèse. Enfin, vers le milieu du XIIe siècle, Jean de Châtillon, dernier pontife d'Aleth, voyant cette métropole

presque déserte, l'abandonna et fixa le siège épiscopal à Saint-Malo, où il subsista jusqu'à la Révolution.

ALÉTHOLOGIE s. f. (gr. *alêtheia*, vérité; *logos*, discours). Traité, discours sur la vérité.

ALÉTHOSCOPE ou **Alétoscope** s. m. (gr. *alêtheia*, vérité; *skopeô*, je vois). Sorte de stéréoscope inventé en 1876 par l'ingénieur Arthur Chevalier. L'aléthoscope offre l'avantage d'être portatif, de faire voir en relief les peintures et les gravures, et de pouvoir remplacer les lorgnettes, pour les petites distances.

ALÉTRIS s. f. [-triss] (gr. *aletris*, qui prépare de la farine). Bot. Genre de liliacées renfermant un petit nombre d'espèces, originaires de l'Amérique du nord, et qui sont cultivées dans les jardins d'agrément. L'*alétris farineuse* (*aletris farinosa*) est l'une des amers les plus intenses que l'on connaisse; on en fait usage sous forme d'infusion, comme tonique et stomachique.

ALETTE s. f. (lat. *aletta*, petite aile). Archit. Petite aile sur le pied droit. — Champ lisse aux deux côtés des pilastres d'une arcade. — Bord d'un trumeau qui dépasse un pilastre ou une glace. — Mar. Prolongation des bordages de l'arrière qui, dans les navires levantins, forme la sorte de poupe que l'on appelle *cul-de-poupe*. — Cordonn. Cuir cousu à l'empeigne d'un soulier.

ALETUM, nom latin d'Alet (Ille-et-Vilaine).

ALEURISME s. m. (gr. *aleuron*, farine; *isme*, construction). Bot. Genre de champignons qui ressemblent à de petits tas de farine.

ALEURITE s. f. (gr. *aleuritis*, farineux). Bot. Genre d'euphorbiacées, dont les deux ou trois espèces sont des arbres de Ceylan et des îles du Pacifique. L'*aleurite trilobée* laisse exsuder une matière gommeuse que mâchent les naturels de Tahiti. L'*aleurite à laque*, de Ceylan, fournit une gomme laque estimée.

ALEUROMÈTRE s. m. (gr. *aleuron*, farine; *metron*, mesure). Instrument servant à constater la quantité de gluten que contient la farine.

* **ALEVIN** s. m. (v. franç. *alever*, élever, nourrir). Menu poisson qui sert à repeupler les étangs.

* **ALEVINAGE** s. m. Menu fretin que les pêcheurs rejettent dans l'eau.

* **ALEVINER** v. a. Jeter de l'alevin dans un étang.

ALEVINIER s. m. Petit étang où l'on conserve l'alevin.

ALEXANDER, nom d'une famille des Etats-Unis, dont un membre, Archibald (1772-1851) a publié plusieurs ouvrages religieux : entre autres *Histoire des patriarches* et une *Histoire de la nation israélite*. Son fils, James Waddel (1804-'59) édita le journal religieux : *Presbyterian*; et un autre de ses fils, Joseph Addison (1809-'60) publia : les *Psaumes traduits et expliqués* (1850) et les *Prophéties d'Isaïe* (édition revue, 1864).

ALEXANDRE (gr. *Alexo*, je protège; *anêr*, homme; *protecteur des hommes*), nom qui apparut d'abord à Pâris, fils de Priam, et qui devint ensuite commun à beaucoup de personnages.

I. SAINTS.

I. Évêque de Jérusalem, mort en prison à Césarée (251). Fête le 18 mars. — II. Patriarche d'Alexandrie, s'opposa à l'hérésie d'Arius; mourut en 326. Fête le 26 février.

II. ROIS DE MACÉDOINE.

Alexandre Ier (500-462 av. J.-C.), combattit dans l'armée de Xercès, lors de son invasion en Grèce ; mais il déserta à la bataille de Platée et se tourna du côté des Grecs. — Alexandre II, roi de 369 à 367, périt assassiné. — Alexandre III

le Grand, fils de Philippe et d'Olympias d'E-
pire, né à Pella, en 356, mort le 12 nov. 323.
De 13 à 16 ans, il eut pour précepteur le philosophe Aristote. Roi de Macédoine en 336, il
réprima une révolte de la Grèce, et rasa
Thèbes; puis il partit pour la conquête de
l'Asie, en qualité de commandant en chef de
la confédération des peuples grecs. Il traversa
l'Hellespont en 334 et remporta au Granique
une victoire qui mit à sa discrétion· l'Asie
Mineure dont il se rendit maître, après avoir
vivement frappé les esprits en tranchant de
son glaive le fameux *nœud gordien*. A peine
guéri par son médecin, Philippe d'Acarnanie,
d'une maladie, occasionnée par un bain qu'il
avait pris, étant couvert de sueur, dans les
eaux froides du Cydnus, à Tarse, il battit, en
333, le roi de Perse, Darius III, à Issus, et
rendit la liberté à la famille de ce prince.
Après cette victoire, il reçut la soumission de
la Syrie et de la Phénicie, à l'exception de
Tyr, qu'il dut prendre de vive force. Ayant
capturé Gaza, en 332, il entra en Egypte, où
il fut reçu en libérateur et où il fonda la ville
d'Alexandrie. Au temple de Jupiter Ammon,
dans le désert de Lybie, le prêtre l'ayant déclaré fils de Dieu, Alexandre, auquel cette
parenté souriait, se considéra comme un être
prédestiné; il marcha vers le centre même de
l'empire des Perses, remporta, sur Darius, l'é-
tonnante victoire d'Arbelles (331), où 47,000
Grecs eurent à combattre plus d'un million
d'ennemis. Après cette action, nulle ville n'osa
résister au conquérant, qui envahit en peu de
temps, le pays des Xerxès et des Darius. Il
s'avança jusqu'au N. de la contrée qui porte
aujourd'hui le nom de Khokan. Mais au milieu
de tant de triomphes, ses mœurs s'étaient
corrompues, il avait oublié les leçons d'Aristote. Sa débauche et sa cruauté, irritant ses
soldats, il eut recours, pour apaiser leur mécontentement, à de nouvelles expéditions destinées à augmenter leur gloire et la sienne. Il
entra dans l'Inde, battit le prince du Pundjaub,
Porus, conquit plusieurs autres territoires sur
des rois indigènes et s'aventura jusqu'à l'Hyphasis (Sutlej) où il dut s'arrêter, parce que
ses soldats refusèrent de le suivre plus loin. Il
descendit sur des navires (327-'6), l'Indus jusqu'à Patala, et laissa ensuite sa flotte continuer sa route par le golfe de Perse, tandis
que lui-même se rendait par la voie de terre,
à Babylone (325) où il fit une entrée triomphale et où il reçut les députés de toutes les
nations. Il y projetait l'envahissement de l'A-
rabie, de l'Afrique et de l'Ibérie, lorsqu'une
fièvre pernicieuse, causée par ses excès, mit fin
à ses rêves ambitieux. Il avait à peine fermé
les yeux que son immense empire se démembra
en plusieurs royaumes, dont ses lieutenants devinrent les chefs. Ses restes, d'abord transportés de Babylone à Memphis, furent ensuite
conservés à Alexandrie, dans un cercueil de
verre; César et Auguste purent contempler les
traits de l'illustre conquérant; mais on ne sait
ce que devint son tombeau après Septime
Sévère. — ALEXANDRE, deuxième tragédie de
Racine; représentée en 1665. — HISTOIRE D'A-
LEXANDRE, par Quinte-Curce, ouvrage intéressant mais plein d'erreurs. — LES BATAILLES
D'ALEXANDRE, série de 5 vastes tableaux commandés par Louis XIV à Lebrun, en 1660,
et représentant : le Passage du Granique; la
Bataille d'Arbelles; la Famille de Darius prisonnière; la Défaite de Porus; le Triomphe
d'Alexandre à Babylone. Ces œuvres se trou-
vent au musée du Louvre; elles ont été admi-
rablement traduites par le burin de Gérard
Audran et de Gérard Edelinck. — ALEXANDRE
COMBATTANT, statue de Lemaire, au jardin des
Tuileries. — STATUE ANTIQUE D'ALEXANDRE LE
GRAND, au musée du Louvre, probablement une
reproduction d'une Alexandre de Lysippe, qui
eut le monopole des portraits d'Alexandre.
ALEXANDRE ET DIOGÈNE, superbe bas-relief de
P. Puget, musée du Louvre. — ALEXANDRE AUX

INDES, tragédie-opéra, en 3 actes, musique de
Méraux, paroles de Morel, représentée à l'O-
péra en 1785; quelques airs des ballets ont été
populaires. — ERE D'ALEXANDRE. Elle commence
le 12 nov. 323 av. J.-C. On considéra d'abord
l'an I de cette ère comme étant l'année 5502
de la création du monde. En 285 après J.-C.
on apporta un changement à ce calcul. L'ère
alexandrine fut diminuée de 10 ans; et au lieu
de se trouver en 5787, on fut en 5777 de la
création du monde. Ce système est encore employé en Abyssinie. Pour réduire une date de
cette ère en une date de l'ère chrétienne, on
soustrait 5502 jusqu'en l'an 5786; et à partir
de cette époque, on ne retranche que 5492 ans.

III. ROIS DE SYRIE ET ROIS DES JUIFS.

I. **Alexandre Bala**, régna de 150 à 146 av.
J.-C.; se prétendait fils naturel d'Antiochus
Epiphane; gagna la couronne en renversant
Démétrius Soter, par le fils duquel il fut détrôné à son tour. — II. **Alexandre Zébina** (en
syriaque : *esclave acheté*), prétendu fils du précédent, renversa (125 av. J.-C.) Démétrius Nicator, et fut chassé par ses sujets, en 122. —
Alexandre Jannée, roi des Juifs (106-'79 av.
J.-C.), fait prisonnier par Pompée, il s'échappa
de Rome et vint se remettre à la tête de ses
sujets révoltés; plusieurs fois vaincu, il finit
par être pris et mis à mort.

IV. PAPES.

Alexandre Ier, évêque de Rome, de 108 à
119, décapité par ordre d'Adrien. — II. **Anselme Badaglio**, évêque de Lucques, né à Milan,
élu en 1061, mort en 1073, eut à défendre sa
tiare contre Honorius II et se prononça en
faveur de Guillaume le Conquérant qui se disposait à envahir l'Angleterre. — III. **Rolando
Bandinelli**, né à Sienne, élu en 1159, mort en
1181, força l'empereur Frédéric Barberousse à
se soumettre au Saint-Siège; essaya de réconcilier les Eglises romaine et grecque, assembla
un concile à Tours, contre les Albigeois, et
soutint Thomas Becket contre Henri II d'Angleterre. — IV. **Rinaldo di Segni**, Italien, cardinal-évêque d'Ostie, élu en 1254; mort en
1261; il lutta sans succès contre Mainfroi, fils
naturel de l'empereur Frédéric II, établit l'Inquisition en France (1255) et travailla vainement à unir les nations chrétiennes contre
les musulmans. — V. **Pietro Filargo**, né à
Candie (1340), d'abord mendiant, fut élevé par
un franciscain charitable à Oxford et à Paris.
Franciscain lui-même, puis cardinal et légat
en Lombardie, il fut élu en 1409, résida à Bologne, à cause du schisme, et mourut en 1410.
— VI. **Rodrigo Lenzuoli** ou **Borgia**, né à Ja-
tiva, Espagne, en 1430, d'abord jurisconsulte,
puis soldat. De sa maîtresse Rosa Vanozza, il
eut cinq enfants, dont l'un fut César Borgia, et
l'autre la fameuse Lucrèce, duchesse d'Est.—
Son oncle, devenu pape sous le nom de Calixte III, l'éleva à la dignité d'archevêque de
Valence et lui donna le titre de chancelier de
l'Eglise, avec 28,000 couronnes d'appointements
par an. En 1484, il amena sa maîtresse à Rome
et la maria. Il obtint son élection (1492), par
l'achat des votes et, devenu pape, il songea
qu'à rétablir la puissance temporelle du Saint-
Siège. Il soutint par la force des armes les seigneurs de Ferrare, de Bologne, d'Urbino et de
plusieurs autres villes; il s'allia tour à tour avec
Venise, Milan, Naples et la France, et trahit à
l'occasion chacun de ses amis, qu'il divisa pour
mieux les dominer. Tous les moyens lui semblaient bons pour arriver à ses fins; il usait du
poison aussi bien que de l'amour; du poignard
comme de l'épée. Il mourut (1503) victime, dit-
on, d'un poison qu'il avait préparé pour plusieurs cardinaux invités à sa table.— VII. **Fabio
Chigi**, né à Sienne (1599), élu en 1655, mort en
1667. Il confirma la bulle d'Innocent X contre
le jansénisme. — VIII. **Marco Ottoboni**, né à
Venise (1610), évêque de Brescia, élu en 1689;
mort en 1691; fit restituer Avignon et le Comtat Venaissin que Louis XIV avait saisis; et

laissa le népotisme s'établir en maître dans les
Etats de l'Eglise.

V. ROIS D'ÉCOSSE.

Alexandre Ier, frère et successeur (1107) d'Ed-
gard, eut à comprimer plusieurs révoltes moti-
vées par sa dureté. Mort en 1124.—**Alexandre II.**
Fils et successeur (1214) de Guillaume le Lion,
s'associa aux barons anglais contre Jean sans
Terre et ratifia la paix avec l'Angleterre en
épousant la sœur d'Henri III. Mourut en 1249.
— **Alexandre III.** Fils du précédent, auquel il
succéda (1249) à l'âge de 8 ans, épousa la fille
d'Henri III et repoussa une invasion de Haco, roi
de Norvège (1263). Il périt à la chasse en 1286.

VI. PRINCES MOSCOVITES.

Alexandre Newski, héros moscovite (1219-
'63), fils du grand-duc Jaroslaf, repoussa une
invasion des Tartares, battit les Suédois et les
Danois sur la Newa (d'où est venu son surnom
de Newski) et remporta, près du lac Peipus, une
victoire sur les chevaliers teutoniques. Grand-
duc de Novgorod, en 1247, il ne tarda pas à
devenir le suzerain de tous les princes russes.
Considéré comme le fondateur de la monarchie moscovite, il fut en grande vénération;
l'Eglise l'a canonisé et Pierre le Grand fit transporter ses restes dans un vaste couvent élevé
sur le lieu même de sa victoire de la Newa. —
ORDRE DE SAINT ALEXANDRE NEWSKI, fondé par
Pierre le Grand. Insignes : Aigle d'or et croix
rouge émaillée, suspendus à un ruban ponceau.
— **Alexandre Ier Paulovitch**, empereur de Russie, né le 23 déc. 1777, mort le 1er déc. 1825.
Il succéda à son père, Paul Ier (au renversement duquel il s'était associé), le 23 mars 1801
et accomplit plusieurs réformes. Engoué de
Napoléon, il conclut avec lui un traité, le 8 octobre 1801; mais ensuite il se joignit à la troisième coalition, faillit tomber entre les mains
des Français à Austerlitz (2 déc. 1805), repoussa toutes les propositions de paix, forma
une alliance intime avec la Prusse, dont la
reine (Louisa) lui inspirait une affection platonique. Iéna, Auerstadt, Eylau, Friedland et
Pultusk ayant détruit cette alliance, Alexandre
vint à Tilsitt accepter la paix et le système
continental (1807). Une guerre avec la Suède
lui donna la Finlande, et l'entrevue d'Erfurt avec
l'empereur des Français (1807) lui tourna contre
l'Autriche. Mais une brouille avec Napoléon
amena la grande invasion de la Russie (1812)
qui se termina d'une façon si désastreuse pour
les Français, et qui fut suivie de la coalition de
1813 dont Alexandre était le chef. A Paris, il
défendit l'intégrité du territoire français; omnipotent, il dicta les conditions admises par le
congrès de Vienne. Le 13 mars 1815, il signa
la proclamation qui mettait Napoléon hors la
loi; enfin, après Waterloo, il rentra à Paris, où
Mme Krüdener lui suggéra l'idée de la Sainte-
Alliance. Pendant qu'il appuyait en Occident
toutes les mesures réactionnaires des congrès
d'Aix-la-Chapelle (1818), de Troppau, de Laybach et de Vérone (1820-'22), il semblait, en
Orient, poursuivre le noble but d'affranchir les
serfs et de réformer les abus du gouvernement
moscovite; mais il abandonna bientôt cette
voie. Il proscrivit la franc-maçonnerie qu'il
avait d'abord soutenue, ne gouverna qu'à l'aide
d'une immense police secrète, se fit haïr de
son peuple et en vint à redouter le genre de
mort que son père avait subi. Des malheurs intimes le frappèrent plus profondément. N'ayant
pas d'enfant de sa femme, Elisabeth de Bade,
toute son affection s'était portée sur la fille naturelle qu'il avait eue de Mme Naryshkin. La
mort de cette enfant et une inondation à Saint-
Pétersbourg (1824) furent considérées par lui
comme le châtiment de son parricide. Sous prétexte de baigner l'impératrice dans le midi de
la Russie, il s'enfuit de sa capitale et mourut
subitement à Taganrog, en Crimée. Son frère Nicolas
lui succéda. — **Alexandre II**, empereur de Russie, né le 29 avril 1818, assassiné le 13 mars
1881. Il épousa en 1841, la princesse Marie,

fille du grand-duc de Hesse-Darmstadt, succéda à son père, Nicolas, le 2 mars 1855 et continua la guerre de Crimée qui se termina par le traité de Paris, 30 mars 1856. Les nombreuses réformes du commencement de son règne furent couronnées, le 3 mars 1861, par l'émancipation des serfs. Pour lutter contre l'influence prépondérante des deux grandes puissances occidentales (France et Angleterre), il rechercha l'amitié des princes allemands et signa un traité d'alliance avec les Etats-Unis d'Amérique, auxquels il vendit, en 1867, le territoire d'Alaska (Amérique russe). A l'extérieur, sa politique fut heureuse. Il augmenta le territoire de la Russie par des conquêtes dans l'Asie centrale, dénonça en 1870, le traité de Paris qui neutralisait la mer Noire et rétablit, par ce fait, son prestige en Orient. Entré dans la fameuse alliance des *Trois Empereurs* en 1875, il passe pour avoir détourné l'Allemagne de toute tentative d'agression contre la France. En 1877, au moment où les Turcs écrasaient l'insurrection serbe, il jeta son épée dans la balance et, après quelques revers, suivis de grands succès, les troupes russes campèrent sous les murs de Constantinople. Mais à l'intérieur, sa politique renversa les belles espérances que ses premiers actes avaient fait naître. Son despotisme poussa la Pologne à la révolte; il réprima cette insurrection avec une férocité digne d'un autre âge (1862-'3-'4); puis il organisa avec une vigueur extraordinaire la russification de ce pays et des provinces Baltiques (1867). Voulant gouverner la Russie avec les procédés de ses devanciers, il dut étouffer toutes les aspirations libérales de la jeunesse instruite, et le châtiment de son gouvernement autocratique fut le développement extraordinaire du nihilisme. Les sociétés secrètes se multiplièrent. Le but des conspirateurs n'était pas une révolution, mais seulement de se débarrasser, par l'assassinat, d'un empereur devenu odieux. Cinq attentats infructueux furent suivis d'un système de répression à outrance qui fit peser sur la Russie un véritable régime de terreur. Enfin, le 13 mars 1881, à 2 heures de l'après-midi, comme Alexandre se rendait au manège Michel au Palais-d'Hiver, une bombe explosible fut lancée sous sa voiture par un jeune étudiant nommé Russakoff. Cette voiture, étant blindée, ne souffrit que légèrement de l'explosion; le czar, qui n'avait pas été atteint, s'élança à terre en criant : « Encore les nihilistes ! » Au même instant, un autre jeune homme, élégamment vêtu, jeta à ses pieds une seconde bombe pleine de nitroglycérine. Alexandre eut les jambes broyées et le ventre ouvert; transporté au Palais-d'Hiver, il y expira à 3 heures et demie. Il avait épousé morganatiquement la princesse Dolgorouska en 1880. Son successeur fut Alexandre III

VII. PERSONNAGES DIVERS.

ALEXANDRE SÉVÈRE, voy. SÉVÈRE.

ALEXANDRE, nom d'une famille contemporaine de fabricants d'instruments de musique, dont un membre, Alexandre père, inventa une sorte d'accordéon sonore. Edouard Alexandre, son fils, créa, de concert avec lui, le pianoorgue, le piano Litz et le fameux orgue mélodium connu dans le monde entier sous le nom d'orgue Alexandre.

ALEXANDRE (Aaron). Joueur d'échecs, né en Bavière vers 1766; mort en 1850; rabbin israélite, puis professeur à Paris. Il a publié une *Encyclopédie des échecs* et une *Collection des plus beaux problèmes d'échecs.*

ALEXANDRE (Noël), théologien, né à Rouen, en 1639, mort à Paris, en 1724. Son *Histoire ecclésiastique,* 8 vol. in-fol., Venise, 1749, est empreinte de gallicanisme. Il fut persécuté à cause de son zèle janséniste.

ALEXANDRE (Dom Jacques), bénédictin de la congrégation de Saint-Maur, né à Orléans, en 1653, mort en 1734; inventeur des horloges

à équations auteur d'un bon *Traité des horloges,* Paris, 1734, in-8°.

ALEXANDRE d'Aphrodisias, en Carie, philosophe du IIIe siècle après J.-C., restaurateur de la véritable doctrine d'Aristote, qu'on avait altérée en y mêlant les préceptes des autres écoles. Son livre : *Du Destin,* écrit contre le fatalisme, fut publié par Orelli (1824).

ALEXANDRE de Bernay, dit aussi ALEXANDRE DE PARIS, poète du XIIe siècle, né à Bernay (Normandie); il continua, en vers de douze syllabes, l'*Alexandriade* de Lambert-li-Cors, ce qui fit donner depuis aux vers de cette espèce le nom d'*alexandrins*.

ALEXANDRE de Hales, théologien anglais, surnommé le *docteur irréfragable*; mort en 1245. Il professa la philosophie et la théologie à Paris, entra en 1222, dans l'ordre des frères mineurs. Son ouvrage : *Summa Theologiæ* (Bâle, 1502; Nuremberg, 1482), se trouva pendant longtemps entre toutes les mains.

ALEXANDRE de Tralles, médecin grec du VIe siècle après J.-C., né à Tralles, en Lydie. Son principal ouvrage : *De arte medicina,* en grec, a été publié en 1556 par Gonthier d'Andernach, in-8°, avec une traduction latine de Goupyl.

ALEXANDRE de Villedieu, *de villa Dei,* écrivain du XIIIe siècle, né à Villedieu (Basse-Normandie), écrivit en 1209, une grammaire en vers, intitulée *Doctrinale puerum* et qui obtint une vogue immense dans les écoles du moyen âge.

ALEXANDRÉE (Sainte), vierge et martyre à Ancyre, IVe siècle. Fête le 18 mai.

ALEXANDRETTE ou ALEXANDRIE DE SYRIE (turc : *Iskanderun*), petite ville de 1,000 hab., autrefois *Alexandria-Minor,* à 38 kil. N. d'Antioche; sert de port à cette dernière ville ainsi qu'à Alep, dont elle est éloignée de 140 kil.

ALEXANDRIA. Nom de plusieurs villes des Etats-Unis. — I. Ville sur le Potomac, à 11 kil. au-dessous de Washington. 15,000 hab. dont 5,000 noirs. — II. Ville de la Louisiane sur la Rivière-Rouge, à 270 kil. N.-O. de la Nouvelle-Orléans, 1,500 hab. — En 1864, le lieutenant-colonel Bailley y construisit une écluse qui permit à la flotte fédérale en retraite de traverser les rapides de la rivière.

ALEXANDRIADE (L'), poème en vers de douze pieds (*alexandrins*) écrit au XIIe siècle par Lambert-li-Corps et continué par Alexandre de Paris.

ALEXANDRIE, ville d'Égypte, sur la Méditerranée, à 175 kil. N.-O. du Caire, auquel un

tions, rues et promenades à l'européenne; grand commerce d'exportation et d'importation. — Cette ville, fondée par Alexandre le Grand (332 av. J.-C.), qui y fut enterré (322), devint la résidence des Ptolémées et un centre de civilisation. Sa population dépassa 300,000 hab. Ptolémée Soter y fonda le musée, le Serapeum, le phare et la bibliothèque (298) qui contenait 700,000 volumes et qui fut en partie brûlée lors de la prise d'Alexandrie par les Romains (48 av. J.-C.). Rétablie par Antonin (36), la bibliothèque fut brûlée une seconde fois en 390, pendant des troubles religieux qui ensanglantèrent la ville. — Devenue chrétienne depuis longtemps, Alexandrie eut souvent à souffrir de la cruauté des empereurs. Caracalla fit massacrer toute sa jeunesse (215). — Plus tard, la ville, ayant pris parti pour l'usurpateur Achilleus, fut emportée par Dioclétien, après un long siège (297); 50,000 hab. périrent victimes d'un tremblement de terre en 365. Alexandrie tomba entre les mains de Chosroès II, de Perse, en 616; elle devint ensuite la proie d'Amrou, général du calife Omar, qui ordonna de brûler la bibliothèque:« Si ces livres s'accordent avec le livre de Dieu, ils sont inutiles; s'ils ne s'accordent pas avec lui, ils sont pernicieux; dans les deux cas, il faut les détruire » dit le fanatique musulman (22 déc. 640) et les livres furent distribués entre les différents bains de la ville pour servir au chauffage. Reprise par les Grecs, Alexandrie retomba presque aussitôt entre les mains d'Amrou (644). La fondation du Caire (700) lui porta un coup fatal; elle fut pillée par les Croisés (1365) et prise par les Français en juillet 1798. Menou y perdit, le 21 mars 1801, une bataille qu'il livra aux Anglais commandés par Abercromby. Assiégé dans la ville, Menou se rendit, avec ses 10,000 soldats, le 2 septembre 1801. La découverte de la route des Indes par le cap de Bonne-Espérance avait enlevé à Alexandrie presque toute son importance commerciale; le percement de l'isthme de Suez la lui a rendue. — *Convention d'Alexandrie,* 1841, par laquelle l'Egypte fut garantie à Méhémet-Ali et à ses successeurs. — ECOLES D'ALEXANDRIE. La première commença presque aussitôt après la mort d'Alexandre le Grand; protégée par les Ptolémées, elle prospéra jusqu'au temps de Cléopâtre. Elle se composait de l'ensemble des savants qui se réunissaient à Alexandrie. Les principaux de ces savant furent Euclide, Archimède, Apollonius, Hipparque, et Héro. La deuxième *école d'Alexandrie* n'est autre chose que l'ensemble d'une succession de philosophes qui.

Alexandrie d'Egypte. — Place Méhémet-Ali.

chemin de fer la relie. 215,000 hab., dont 49,000 étrangers; deux ports; belles construc-

du IIe au Ve siècle de notre ère, entreprirent d'unir la philosophie orientale à la philosophie grecque. Ses membres les plus éminents furent Ptolémée, auteur du système ptolémaïque (150), l'arithméticien Diophante (200) et le géomètre Papus (350).

ALEXANDRIE. I. Prov. du Piémont (Italie); 5,055 kil. carr.; 584,000 hab. — II. Cap. de la province ci-dessus, à 75 kil. E.-S.-E. de Turin; 29,000 hab. (58,000 avec les faubourgs); belle ville contenant plusieurs palais, une académie, un collège et un séminaire; manufactures d'étoffes, de soieries et de cierges. En 1168, les confédérés d'Italie, pour tenir en respect la ville de Pavie, qui restait fidèle à Frédéric Barberousse, bâtirent, dans son voisinage, une ville qui commande la vallée du Tanaro, et ils

Alexandrie d'Italie.

l'appelèrent *Alexandrie*, du nom du pape Alexandre III, qui avait excommunié l'empereur. Les maisons furent d'abord couvertes de paille, ce qui valut à cette ville construite à la hâte le surnom d'*Alexandrie de la paille*. Les Français la prirent en 1796, l'abandonnèrent à Souwarrow, le 21 juillet 1799, la reprirent après Marengo, le 14 juin 1800, et la conservèrent jusqu'en 1814. Elle était alors le chef-lieu du département de Marengo. Les redoutables fortifications élevées par les Français furent détruites en 1815; on les a rétablies en 1866. Alexandrie est aujourd'hui (après Vérone) la ville la plus forte de l'Italie.

* **ALEXANDRIN, INE** adj. [a-lèk-san-drain; -ine]. Se dit de ce qui a rapport à l'école d'Alexandrie : *poète alexandrin; la période alexandrine de la littérature grecque*. — Est surtout usité dans cette locution : **Vers alexandrin**, vers français de 12 pieds, ainsi nommé, selon les uns d'*Alexandre de Paris*, et selon d'autres, du poème d'*Alexandre le Grand* ou **ALEXANDRIADE** (voy. ce mot). L'alexandrin se compose de 12 pieds quand la rime est masculine, et de 13 quand elle est féminine; la césure est après la 6e syllabe. On l'appelle *vers héroïque*, parce que c'est le vers qui convient le mieux aux sujets graves et sérieux, et qu'il est seul admis dans l'épopée et dans la tragédie. — Substantiv. : *un alexandrin, des alexandrins.* — Absol. et collectif. : *l'alexandrin*, pour : *les vers alexandrins* : *il manie habilement l'alexandrin.* — ∿ **APPAREIL ALEXANDRIN,** *Alexandrinum opus*, espèce de mosaïque inventée par Alexandre Sévère et composée, de porphyres rouge et vert, de marbres et d'émail. Cette marqueterie précieuse, fort à la mode pendant le Bas-Empire, pour faire des frises, orner des panneaux et même former des pavages, fut employée en Italie jusqu'au xiiie siècle. — **MANUSCRIT ALEXANDRIN** (*Codex alexandrinus*), célèbre manuscrit contenant une traduction grecque de la Bible des septante et du Nou-

veau Testament. Il fut, dit-on, transcrit par une dame nommée Thécla, au vie siècle, et offert à Charles Ier, d'Angleterre, en 1628, par Cyrille Lascaris, patriarche de Constantinople. On le plaça au *British Museum* en 1753. Il forme 4 vol. in-fol.; il est écrit sur parchemin en lettres onciales. — On l'a imprimé en fac-similé (1786-1821). — **DIALECTE ALEXANDRIN,** variété de la langue grecque ancienne, née du mélange des dialectes macédonien et grec, avec beaucoup de locutions empruntées à des langues étrangères. Les écrivains égyptiens, hébreux et syriens qui usèrent de ce nouveau dialecte, reçurent le nom d'*hellénistes* (imitateurs des Grecs); aussi l'appelle-t-on quelquefois dialecte *hellénistique*. On le trouve bien caractérisé dans les livres de l'Ancien et du Nouveau Testament.

ALEXANDRINISME s. m. Système philosophique de l'école d'Alexandrie.

ALEXANDRISTE s. m. Partisan de l'alexandrinisme.

ALEXANDROPOL (anc. *Gumri*), ville forte de l'Arménie russe, à 85 kil. N.-O. d'Erivan; 18,000 hab. Bariantinski y battit les Turcs, le 30 octobre 1853.

ALEXANDROV, ville de Russie, à 95 kil. N.-E. de Moscou; 6,000 hab. Fabrique de quincaillerie et de fusils.

ALEXANDROVSK, ville de la petite Russie, sur le Dniéper, à 80 kil. S. d'Yekaterinoslav. 5,000 hab.

ALEXIADE (L'), histoire d'Alexis Comnène, écrite par sa fille, Anne Comnène; l'un des plus précieux monuments de la collection byzantine. Voy. **ANNE COMNÈNE.**

ALEXINATZ, ville de Serbie; point stratégique important qui commande la vallée de la Morava bulgare, près de la frontière turque; 3,990 hab. En août et septembre 1876, les Serbes et les Turcs se livrèrent plusieurs combats dans les environs. La ville, quartier général des Serbes, fut bombardée du 16 au 19 octobre et enfin prise par les Turcs, le 31 octobre 1876. Cette capture fut suivie d'un armistice de 2 mois. La paix du 1er mars 1877, entre la Porte et la Serbie, obligea cette dernière puissance à démanteler Alexinatz.

ALEXIPHARMAQUE adj. et s. m. [a-lèk-si-far-ma-ke] (gr. *alexein*, repousser; *pharmakon*, poison). Méd. Se disait autrefois des médicaments propres à combattre les effets des poisons.

ALEXIS (Saint), né à Rome vers le milieu du ive siècle, passa sa vie dans une solitude. Fête le 17 juillet.

ALEXIS. I. **Comnène** (1048-1118), proclamé empereur par l'armée en 1081, prit Constantinople dont il autorisa le pillage, fut battu par Robert Guiscard et par sa femme Gaita à Durazzo (1084), invoqua l'assistance des princes chrétiens assemblés à Plaisance, contre les Turcs, dont la flotte menaçait sa capitale; demande qui fut suivie de la première croisade. Malgré les promesses qu'il avait faites aux Croisés, il insista (1097) pour la restitution de ses anciennes possessions en Asie et pour le droit de suzeraineté sur toutes les conquêtes à venir. Les Croisés refusèrent de lui rendre hommage, l'insultèrent publiquement et, bien qu'il coopérât aux opérations militaires, ne lui tinrent aucun compte de son assistance. Il finit par trahir ses alliés et par entraver leur marche; mais n'ayant pu empêcher leur succès, il en profita pour arrondir ses états et rendre quelque vigueur à l'empire grec. Son histoire a été écrite par sa fille, dans un ouvrage intitulé l'*Alexiade*. — II. Comnène (1181-'83), étranglé par son cousin Andronic, qui s'empara de la régence. — III. l'**Ange** (1195-1203), fut renversé par les Croisés, qui rendirent la couronne à son frère Isaac l'Ange. — IV. le **Jeune** (1204) étranglé, après six mois de règne, par Alexis V. — V. Ducas, surnommé *Murzuphle* (dont les sourcils se joignent), assassin d'Alexis IV, fut détrôné et tué par Baudouin, chef de la 4e croisade (1204).

ALEXIS COMNÈNE (1182-1222), empereur de Trébizonde petit-fils d'Andronic, est le dernier empereur Comnène de Constantinople; se rendit indépendant sur toutes les conquêtes à la prise de Constantinople par les Latins (1204); il envahit les régions de la mer Noire et poussa un instant ses conquêtes jusqu'au Bosphore.

ALEXIS Michælowitz, le second des Romanof, czar de Russie, né en 1629, mort en 1676, succéda son père Michael en 1645, battit Dimitri, dernier prétendant de ce nom et Ankudinoff qui se disait fils de Basile Shuiski; heureux dans ses guerres contre la Pologne et contre les Turcs, il reçut la soumission volontaire des Cosaques de l'Ukraine, recouvra plusieurs provinces et commença, à l'intérieur de son empire, une série d'améliorations que son fils, Pierre-le-Grand, devait continuer.

ALEXIS Petrowitz, fils aîné de Pierre-le-Grand et d'Eudoxia Lapukhin (1690-1718); exclu de la succession et enfermé dans un couvent, parce qu'il partageait l'aversion de sa mère pour les réformes, il s'enfuit à Vienne en 1717, fut réintégré en prison, condamné à mort, puis gracié; il mourut le lendemain dans sa prison, et sa mort parut peu naturelle. Son fils fut Pierre II.

ALEXIS ET ROSETTE ou **les Uhlans,** pièce républicaine représentée à Paris (Théâtre Français comique et lyrique), le 3 août 1793; paroles de Desriaux, musique de Porta.

ALEXIS ou l'**ERREUR D'UN BON PÈRE,** opéra comique en un acte, représenté aux Italiens le 24 janvier 1798; paroles de Marsollier; musique de Dalayrac.

ALEXITÈRE adj. et s. m. (gr. *alexêtêr*, qui donne du secours). Anc. méd. Désignait les contre poisons qui agissent à l'extérieur.

ALEYRODE s. m. [a-lé-i-ro-de] (gr. *aleuron*, farine; *eidos*; apparence). Genre d'insectes hémiptères, du grand genre *puceron*. Antennes courtes, de 6 articles; yeux échancrés; corps mou, *farineux*; les deux sexes sont ailés. — L'*aleyrode de l'éclaire* (Tinea proletella Lin.) est blanc, semblable à une très petite phalène avec une tache et un point noirâtres sur chaque étui; il vit sur le chou, sur le chêne et sous les feuilles de la grande chélidoine. — Larve ovale, très aplatie, en forme de petite écaille; nymphe renfermée sous une enveloppe, de sorte que l'insecte subit une métamorphose complète.

* **ALEZAN, ANE** adj. (Arabe *al*, le ; *hàza*, élégant). De couleur fauve, tirant sur le roux, en parlant de chevaux : *pouliche d'un poil alézan*. — Substantiv. Cheval ayant une robe alezane. On distingue l'*alezan clair*, l'*alezan poil de vache*, l'*alezan bai*, l'*alezan vif*, l'*alezan obscur* et l'*alezan brûlé*. L'animal dont le poil affecte cette dernière nuance est réputé le plus vigoureux des alézans.

* **ALÈZE** s. f. (contraction de *l'aise*). Méd. Drap de toile plié en plusieurs doubles que l'on passe sous les malades pour les soulever : *les alèzes sont ordinairement de vieux linge* (Acad)

* **ALFA** s. m. Nom que les Arabes d'Algérie donnent au *Lygée spart* (*Lygeum spartum*), graminée très commune en Espagne et dans l'Afrique septentrionale. L'alfa est une plante fibreuse, haute de 30 centimètres. Nerveux et résistant il offre une précieuse ressource pour la fabrication des ouvrages de sparterie ; l'industrie s'en est emparée pour la confection de la pâte à papier. Il a pris une importance qui croît chaque jour, et l'Angleterre en consomme annuellement 120,000 tonnes. L'Espagne le fournissait seule autrefois ; mais la Tunisie, la Tripolitaine et surtout l'Algérie en produisent aujourd'hui d'énormes quantités.

ALFANGE s. f. (Arabe *al*, le ; *khandjar*, coutelas). Sabre large et légèrement courbe dont font usage les Musulmans et les Espagnols :

> Contre nous, de pied ferme, ils tirent leurs *alfanges*,
> De notre sang au leur font d'horribles mélanges.
> CORNEILLE.

ALFANI, nom de deux peintres nés à Pérouse (Italie). — Domenico di Paris (mort après 1540) et son fils, Orazio di Paris (1510-'83), qui l'on confond quelquefois ensemble. Le musée de Paris possède du dernier un *Mariage mystique de sainte Catherine d'Alexandrie*.

ALFARABIUS, philosophe arabe, mort vers 950, auteur d'une encyclopédie, dont le manuscrit est conservé à l'Escurial. Alfarabius ou Alfari ou Avicenne fut disciple et fut surnommé le *Second instituteur de l'intelligence*.

ALFATIER s. m. Nom que l'on donne, en Algérie, aux ouvriers que l'on occupe à la récolte de l'alfa. Les alfatiers se recrutent généralement en Espagne, où la culture de l'alfa est connue depuis longtemps.

ALFÉNIDE s. m. (rad. *Halphen*, chimiste contemporain). Alliage métallique, découvert par Halphen, en 1850, et composé de 591 parties de cuivre, 302 de zinc, 97 de nickel et 10 de fer. Cette composition, entièrement blanche et qui n'a pas l'inconvénient de rougir ni de jaunir, sert principalement à fabriquer des couverts et des objets d'orfèvrerie que l'on recouvre ordinairement d'une couche d'argent.

ALFED s. m. pl. Génies scandinaves. Voy. ELFES.

ALFIER ou **Alfière** s. m. (Espagnol, *porte-drapeau*). Officier porte-drapeau en Espagne (XVe siècle) et en Italie (XVIIIe siècle).

ALFIERI (Vittorio), poète italien, né à Asti en 1749, mort à Florence en 1803. Il avait 26 ans, lorsque l'influence de la comtesse d'Albany dirigea ses goûts vers la littérature. Il accompagna à Paris (1785) cette princesse et l'épousa secrètement après la mort de son mari (1788). De retour à Florence, au moment où la Révolution éclatait en France, il composa une ode sur l'indépendance de l'Amérique. Il a laissé 21 tragédies, parmi lesquelles on cite *Saül, Oreste, Filippo* ; des comédies, des sonnets, des traductions des classiques grecs et latins, etc. Ses œuvres complètes ont été publiées à Pise (22 vol. 1805-'15) et à Padoue (37 vol. 1809-'11). Ses *Lettres inédites* furent imprimées à Florence (1864). Ennemi de Bonaparte et du césarisme, il s'est élevé contre le gouvernement français dans son *Misogallo*.

ALFORD, paroisse à 50 kil. N.-O. d'Aberdeen

(Ecosse), 1,500 hab. Près du village d'Alford, les *Covenanters*, commandés par le général Baillie, furent complètement battus, le 2 juillet 1645, par le marquis de Montrose et les royalistes.

ALFORD (Henry), écrivain anglais (1810-'71), auteur d'un volume de poésies (1835) ; d'un Testament grec annoté (5 vol. 1841-'64 ; abrégé, 1869) ; d'un *Nouveau Testament* pour les lecteurs anglais (4 vol. ; édition revue en 1867), etc.

ALFORT, village du dépr de la Seine, sur la rive gauche de la Marne, commune de Maisons-Alfort, à 8 kil. S.-E. de Paris ; 900 hab. École nationale vétérinaire fondée en 1766, par le ministre Bertin. Jardin Botanique.

ALFRED LE GRAND, roi des Anglo-Saxons, 5e fils d'Ethelwolf, né en 849, mort probablement en 901 ; fut envoyé à Rome vers l'âge de 5 ans, déclaré roi après la mort de son frère Ethelred, qui fut tué par les Danois (871), défuisit la flotte danoise en 877 ; mais abandonné de son peuple, il fut vaincu à son tour et obligé de s'enfuir dans les forêts, où il cacha son rang sous des habits de pâtre. Au bout de quelque temps, le joug danois ayant exaspéré les Anglo-Saxons, Alfred reparut, assembla quelques guerriers et vainquit, à Eddington, ses ennemis qu'il contraignit à embrasser le christianisme et à se reconnaître ses vassaux. Après avoir reconquis ses états, il leur donna des lois nouvelles, restaura les villes saccagées et les forteresses démantelées, protégea les lettres et répandit l'instruction. Lui-même traduisit en anglo-saxon l'*Histoire ecclésiastique* de Bède, l'*Histoire de Paul Orose*, la *Consolation philosophique* de Boèce et quelques psaumes. L'histoire d'Alfred le Grand a été écrite par Asser et par de Stolberg (traduction Guizot, 1856, in-16).

* **ALGALIE** ou **Algalée** s. f. (mot d'origine arabe). Méd. Sonde creuse que l'on introduit dans la vessie pour la vider ou l'explorer.

* **ALGANON** s. m. Petite chaîne que l'on met au cou des galériens qui ont l'autorisation de circuler hors du bagne.

* **ALGARADE** s. f. (Arabe : *al*, la, *gharet*, expédition ; espagn. *algarada*). Autrefois, simulacre d'attaque d'un poste, ou excursion imprévue d'un corps de troupe. — Ensuite, expédition faite avec peu de monde et qui causait plus d'effroi que de mal. — Aujourd'hui, insulte ou sortie faite brusquement, sans raison, ou pour un sujet très léger. — Folies de jeunesse, fredaines.

ALGARDI (Alessandro), dit l'*Algarde*, sculpteur bolonais, employé à Rome en 1712 ; mort en 1764. Ses principales œuvres sont une statue de saint Philippe de Néri, un groupe représentant la mort de saint Paul et le plus grand bas-relief que l'on connaisse, représentant l'entrevue d'Attila et de saint Léon.

ALGAROT (Poudre d') Méd. Poudre inventée par Victor Algarotti, et que l'on a employée comme émétique et purgative. C'est un oxychlorure d'antimoine obtenu eu traitant le chlorure d'antimoine par l'eau distillée.

ALGAROTTI (Francesco, comte), philosophe vénitien (1712-'64), protégé par Frédéric le Grand ; on cite, parmi ses ouvrages, le *Newtonianisme des dames* (Neutonianismo per le dame, 1734), traduit par Duperron de Castera (1752) ; un *Essai sur la peinture*, traduit par Pingeron (1769) ; un *Essai sur l'Opéra*, traduit par Chastellux (1773) ; le *Congrès de Cythère*, charmante nouvelle, traduite par Duport du Tertre (1749) et par Mlle Menon (1748).

ALGARVE ou **Les Algarves** (arabe, *al garb* ou *al garve*, le Couchant). La plus méridionale des provinces portugaises, séparée de l'Espagne par la Guadiana, 5,450 kil. carr. 189,000 hab. Cap. Faro ; ville princip. Tavira et Lagos. Exportation de fruits, de vin et de poisson. — Soumise aux Arabes depuis le VIIIe siècle, cette province leur fut longtemps disputée par les Por-

tugais ; elle fut enfin conquise par Alphonse III (1249-'53), dont les successeurs sont encore qualifiés rois de Portugal et des Algarves.

ALGATRANE s. f. Mar. Sorte de poix fossile qui sert à calfater les navires.

ALGAZEL s. m. ou **Algazelle** s. f. (arabe, *al*, le ; *ghazel*, gazelle). Zool. Antilope de Nubie, de l'Afrique centrale et du Sénégal. Pelage blanchâtre, teint de fauve clair sur le dos et les flancs ; cou et poitrail fauve plus ou moins foncé ; taches blanchâtres sur la tête ; taille d'un petit âne.

ALGAZZALI (Abou - Hamed - Mohammed), théologien musulman, né en Perse vers 1058 ; m. en 1111. Ses écrits, qui établissent — naturellement — la supériorité de l'islamisme sur toutes les autres religions, lui attirèrent une grande vénération. La Bibliothèque nationale possède plusieurs de ses manuscrits.

* **ALGÈBRE** s. f. (arabe *al djaber*, l'art). Partie des mathématiques qui considère les grandeurs d'une même nature sous la seule acception abstraite de leur inégalité et qui, les exprimant par des caractères communs à toutes leurs valeurs particulières, développe leurs relations de quantités les plus générales : *étudiez votre algèbre*. — Livre qui traite de cette science : *je viens d'acheter l'algèbre de Bezout*. — Fig. et fam. Chose difficile à comprendre, dont on n'a aucune idée : *ce que vous m'expliquez là est de l'algèbre pour moi.* — MATHÉM. L'algèbre a pour but de résoudre d'une manière générale les questions relatives aux nombres ; c'est donc la science des lois des nombres, tandis que l'arithmétique est la science des faits des nombres. Pour atteindre son but, l'algèbre établit des relations entre les quantités connues et les quantités inconnues qui entrent dans la question ; et elle abrège les calculs à l'aide de signes ou de symboles conventionnels qui sont de deux sortes. Les uns représentent les grandeurs ou quantités sur lesquelles on doit raisonner : ce sont les lettres de l'alphabet ; les autres, appelés *signes algébriques*, sont des caractères particuliers qui indiquent les rapports établis entre ces grandeurs. Pour représenter les quantités connues ou données, on se sert constamment des premières lettres de l'alphabet, et pour les quantités inconnues ou à déterminer, on fait usage des dernières lettres x, y, z. Le signe $+$ (énoncé plus), indique l'addition de deux quantités entre lesquelles il est placé. Le signe — (moins), placé entre deux nombres, indique que le second doit être soustrait du premier. Pour marquer la multiplication des nombres, on se sert du signe $\times$ (multiplié par) ; ex. 2×4. Lorsque les nombres sont remplacés par des lettres, on se contente de placer un simple point entre les facteurs ou même d'écrire les facteurs les uns à la suite des autres sans interposer de signes ; et l'on écrit a. b ou ab, pour a multiplié par b. Le signe de la division consiste en deux points () que l'on place entre le dividende et le diviseur et que l'on prononce *divisé par* ; ou bien, on écrit le dividende au-dessus du diviseur en les séparant par une barre horizontale. Ainsi $a : b$ ou $\frac{a}{b}$ est le quotient de a par b et s'énonce a divisé par b; ou a sur b. Si un même lettre est plusieurs fois multipliée par elle-même, on ne l'écrit qu'une fois en la laissant suivre d'un chiffre qui marque sa puissance, c'est-à-dire combien de fois elle entre comme facteur dans le produit ; ainsi, au lieu d'écrire $aaaa$, on écrit a^4 (prononcez a quatre) ; et le chiffre 4 est son *exposant* de a. Signe d'égalité =; ex. $a^2 = b^3$ (*a deux égale b trois*). Signe d'inégalité $\gt$ en tournant l'ouverture vers la plus grande des quantités : $a \gt b$ (a plus grand que b) ; $a \lt b$ (a plus petit que b). On indique la racine au moyen du signe $\sqrt{\;}$ appelé *radical*, entre les branches duquel on place un petit chiffre qui est l'*indice* ou l'*exposant* du radical. Ex. $\sqrt[3]{c}$ est la racine cubique de c,

ou de quantité qui, élevée au cube, donne c.
$\sqrt{\ }$ signifie racine carrée de c. Dans les
phrases algébriques, chaque lettre est un élément; un ou plusieurs éléments forment un
terme; un ou plusieurs termes forment une
expression. Les signes de la multiplication et
de la division réunissent les éléments; ceux de
l'addition et de la soustraction lient les termes;
ceux de la comparaison unissent les expressions. Ex. Dans la phrase :

$$a\,b\,c + b\,c = d\,e - i,$$

a, b et c sont les éléments du terme a b c,
lequel forme avec l'autre terme b c, l'expression a b c + b c; les deux expressions

$$a\,b\,c + b\,c \text{ et } d\,e - i$$

forment la phrase ou proposition algébrique. Une expression est monôme, binôme,
trinôme ou polynôme, suivant qu'elle renferme
un, deux, trois ou plusieurs termes. Un terme
est positif ou négatif suivant qu'il est précédé du signe + ou du signe —. Lorsqu'un
terme contient un facteur numérique, ce facteur
appelé coefficient, s'écrit le premier. Ex. 3ac; 3
est le coefficient. Pour d'autres détails voir nos
articles particuliers aux mots déjà cités dans cet
article; voir, en outre, équation, addition, soustraction, etc. Les autres signes algébriques
sont les suivants : $=$ équivalence; $\leq$ est à;
$:: $ comme (a : b :: c : d; a est à b comme c
est à d); $:$, proposition; $\div$ progression;
∞, infini; $\sqrt{\ }$, extraction de résidu; $\int$ somme. —
L'algèbre peut résoudre toutes les questions
possibles sur les nombres; supposons que l'on
ait à résoudre la question : trouver deux nombres dont la somme soit 139 et la différence 85.
La succession des raisonnements, quand on
veut résoudre une question de ce genre par
les méthodes de l'arithmétique, est longue et
compliquée; l'algèbre la simplifie singulièrement. Désignons le plus petit nombre par z;
le plus grand nombre sera z + 85, et la somme
des deux nombres sera z + z + 85, ou 2z + 85.
Cette somme devant être égale à 139, on aura

$$2\,z + 85 = 139, \text{ ou } 2z = 139 - 85 = 54\,;$$

et par suite,

$$z = \frac{54}{2} = 27,$$

ce qui donne la valeur de z (le plus petit
nombre). D'où nous trouverons, pour le plus
grand nombre, 27 + 85 = 112. Les deux
nombres cherchés sont donc 27 et 112. Pour
généraliser, représentons maintenant la somme
par f, la différence 85 par a, et le petit nombre
par z; nous arriverons à l'expression ou à la
formule

$$z = \frac{f - a}{2}$$

pour la valeur du petit nombre, et à la formule

$$z = \frac{f + a}{2}$$

pour celle du plus grand nombre; c'est-à-
dire que le plus petit nombre est égal à la
demi-somme donnée, moins la demi-diffé-
rence; et que le plus grand nombre est égal
à cette même demi-somme, plus la demi-dif-
férence; et les formules qui sont l'expression
de notre raisonnement, donnent la solution
de toutes les questions du même genre. —
Hist. Diophante passe pour l'inventeur de l'algèbre. Cette science fut cultivée au IXᵉ siècle
par les Arabes qui l'introduisirent en Espagne.
— Leonardo Bonacojo, de Pise, la mit en honneur vers 1220, en Italie. — Luca Paciolo
publia, en 1494, le premier traité d'algèbre
qui ait été imprimé. — Quelques signes algébriques furent introduits par Christophe Rudolph (1522-'26), d'autres par Michael Stifelius
de Nuremberg (1544) et par François Viète
(1590). L'algèbre était déjà d'un usage général, grâce à l'Ars Magna, publié par Cardan
(1545). Les importantes découvertes de Har-
riot, publiées dans son Artis Analyticæ Praxis
(1634), furent d'une grande utilité pour Descartes qui appliqua l'algèbre à la géométrie
(1637). Voy. Algèbre supérieure de Serret.

* ALGÉBRIQUE adj. Qui appartient à l'algèbre : calcul algébrique; signes algébriques.

ALGÉBRIQUEMENT adv. D'une manière algébrique.

ALGÉBRISER v. n. Faire de l'algèbre. —
Ironiq. Traiter un sujet avec un trop grand
nombre de formules savantes.

* ALGÉBRISTE s. m. Celui qui sait l'algèbre,
qui fait des opérations algébriques.

ALGEDO s. m. (gr. algeō, je souffre). Pathol.
Douleur vive à la vessie ou à l'anus.

ALGER [al-jé]. — 1. Grande et magnifique
ville maritime de l'Afrique septentrionale, cap.
de l'Algérie, ch.-l. de la prov. d'Alger, sur la
Méditerranée, à 800 kil. S.-S.-E. de Marseille
(trajet en 34 heures), à 1,560 kil. de Paris, sur
le penchant septentrional d'une colline rapide,
haute de 118 m., dont les autres versants forment la plaine de la Métidja et le Sahel; par
36° 48' 30" lat. N. et 0° 41' 20" long. E. En
1876, la population était de 52,702 hab., dont
18,210 citoyens français, 7,098 israélites naturalisés, 11,013 indigènes musulmans et 16,379
étrangers (65,000 hab. avec les annexes voisines). Alger paraît occuper la place de l'antique Icosium, sur les ruines de laquelle la

Alger.

tribu berbère des Beni-Mesganah fonda, au XIᵉ
siècle, un établissement qui prit le nom d'Al-
Djézair (l'Ile), parce que devant elle se trouvait
un amas de rochers que les Romains avaient
dédaigné d'unir au continent. Refuge des Maures expulsés d'Espagne, Al-Djézaïr leur dut
ses premières fortifications et devint un nid
de pirates. En 1510, Pierre de Navarre, officier espagnol, qui avait reçu pour mission de
soumettre les côtes africaines, fit bâtir sur les
rochers un château sur pegnon, dont les débris
servirent plus tard à la construction d'une
digue. Arroudj-Barberousse, pirate de Turquie,
appelé au secours de la ville par le prince indigène se débarrassa d'abord de celui-ci au
moyen d'un assassinat (1516) et fonda en Afrique la domination ottomane. Son frère Khaïr-
ed-Din, qui lui succéda en 1518, soumit ses
états au sultan Sélim qui lui envoya un secours à l'aide duquel les Espagnols furent
vaincus. C'est pendant son règne que les prisonniers chrétiens construisirent la digue qui
réunit Alger à l'île située vis-à-vis. Les Turcs
donnaient alors à Al-Djézaïr, le surnom d'El-
Djézaïr (la Guerrière). Les Levantins l'appelaient El-Djézaïr-Mogharbie (île du Moghreb
ou de l'Ouest), pour la distinguer d'une autre
Djézaïr qui existe en Orient. Par corruption
de prononciation, les Européens l'appelèrent
Argel, Algel, Argier et enfin Alger. Capitale
d'une république de pirates, cette ville se rendit
redoutable aux plus puissants états de l'Europe. L'insuccès de l'expédition que commandait Charles-Quint en personne, donna à El-

Ghazie un renom d'invincibilité que ne purent
lui faire perdre les bombardements qu'elle subit de Duquesne (1683-'84) et de lord Exmouth
(27 août 1816). L'esclavage des chrétiens ne
fut définitivement aboli que lors de la prise de
la ville (5 juillet 1830) par les Français. —
Dès 1826, les relations de la France avec l'Odjéak avaient pris un caractère d'aigreur, par
suite des réclamations incessantes du dey, ou
sujet d'une dette contractée envers lui par le
gouvernement de la République. Le 23 avril
1828, le chef de la régence se laissa emporter
jusqu'à jeter son éventail à la tête de notre
consul, un nommé Deval, pour lequel il n'a-
vait que du mépris. Cette injure faite au représentant de la France amena une rupture
définitive; les côtes algériennes furent soumises à un blocus inefficace et coûteux jusqu'en
1830, époque où le gouvernement, désireux
d'obtenir une victoire extérieure pour détourner les esprits et faciliter la réussite du coup
d'Etat qui se préparait à Paris, organisa une
grande expédition contre Alger. Une flotte de
607 bâtiments, dont 500 appartenant à la marine marchande, sortit de Toulon, du 25 au 27
mai, portant une armée de 37,639 hommes,
3,853 chevaux et 70 bouches à feu de gros calibre. Cette flotte était commandée par le vice-
amiral Duperré, les troupes de débarquement
étaient placées sous ordres du général de Bourmont. Les navires, arrivés le 30 en vue d'Alger, furent repoussés par un coup de vent
et durent se rallier aux îles Baléares; enfin le
13 juin, le débarquement put s'opérer à la
pointe de Sidi-Ferruch. Les Arabes furent successivement battus à Staouéli, le 19, et à Sidi-
Khalef, le 24. Les Français, établis, le 29, sur
les hauteurs de Boujaréah, qui dominent Alger, commencèrent le bombardement du fort
de l'Empereur, que les Musulmans évacuèrent
et firent sauter le 4 juillet. Le lendemain, le
dey Hussein capitula. On trouva dans la ville
près de 1,500 bouches à feu et un trésor évalué à 50 millions de francs. — Alger, bâtie en
amphithéâtre sur le penchant d'une colline
qui fait face à la mer, forme un triangle dont
la base s'appuie sur le rivage, et dont la casbah est le sommet. Ses maisons blanchies
tranchent d'une façon pittoresque sur l'azur
de son ciel limpide et de la Méditerranée. Son
port, formé par la jetée de Khaïr-ed-Din, est
petit et sans profondeur; si bien qu'il ne peut
recevoir que des navires marchands. Mais on
a construit un port militaire au moyen d'une
nouvelle jetée. Alger, entourée d'une enceinte
bastionnée, est, en outre, protégée du côté de
la mer par les forts de la Marine; à l'E. par
le fort Bab-Azoun; à l'O. par le fort de Vingt-
quatre heures et du côté de la terre par le fort

National ou de l'*Empereur*. — Maisons ornées de superbes terrasses; rues arabes étroites et malpropres; belles rues françaises de *Bab-Azoun*, de la *Marine*, de *Bab-el-Oued*; place du Gouvernement. Archevêché; cathédrale (St-Philippe), ancienne et jolie mosquée agrandie dans le style mauresque. Temple protestant; une trentaine de mosquées et une douzaine de synagogues. Hospice civil dans une ancienne caserne. Lazaret remarquable; bibliothèque et musée dans le palais de Mustapha-Pacha, qui a conservé le caractère le plus pur de l'architecture mauresque; lycée dans une caserne occupée autrefois par les janissaires; statue du maréchal Bugeaud (place d'Isly); pépinière du gouvernement à Hamma. — Cour d'appel, académie universitaire, théâtres. — Fabrication d'armes à feu, de soieries, d'orfèvrerie, de calottes tunisiennes, de cuirs, etc. Exportation de cire, de laine, de sangsues, de dattes, de kermès, etc. Importation de vin, d'eaux-de-vie, de céréales, d'huiles, de savons, de tissus, d'ameublement, d'orfèvrerie, de papier, de poterie. — II. Prov. centrale de l'Algérie, dont le ch.-l. est Alger et qui comprend le département d'Alger (voy. ci-dessous) et un *territoire de commandement* d'une superficie de 689,324 hectares. La population de ce territoire est de 529,155 hab., dont 2,470 Français, 46 Israélites indigènes et 742 étrangers. Il renferme 7 communes mixtes et 43 communes indigènes sous l'administration des généraux subdivisionnaires dont la résidence est établie à Alger, à Fort-National, à Aumale, à Médéa et à Miliana. — III. Département dont le ch.-l. est Alger et qui se divise en quatre arrondissements, comme suit:

TABLEAU DU DÉPARTEMENT D'ALGER AU 1er OCTOBRE 1875.

Arrondissements	Hectares	Français	Israélites	Étrangers	Indigènes	Population totale	Communes	Douars
Alger..............	482.152	48.115	9.394	38.402	116.720	212.641	55	15
Miliana..........	99.910	3.289	1.038	1.424	16.630	22.381	8	5
Orléansville....	53.309	2.472	310	1 570	12.335	16.697	4	»
Tizi-Ouzou... ..	191.456	3.286	261	397	124.572	128.516	9	»
Totaux..........	826.837	57.162	11.003	41.793	270.257	380.235	76	20

Le recensement de 1877 a fait connaître une grande augmentation de l'élément français.

ALGÉRIE, grande et belle colonie française de l'Afrique septentrionale, bornée au N. par la Méditerranée; à l'E. par la régence de Tunis; au S. par le Sahara; à l'O. par l'empire du Maroc; et qui s'étend du 32e au 37e degré de lat. N.; et du 4e à 7e O. du méridien de Paris. Les frontières ne sont pas bien déterminées au S., où une grande partie du territoire est réclamée par des tribus qui se considèrent comme indépendants. D'après la statistique officielle de 1876, la superficie de la colonie est de 669,045 kil. carr. L'Algérie mesure 140,000 kil. carr. de plus que la France; 130,000 de plus que l'Allemagne et 35,000 de plus que l'Autriche-Hongrie; c'est donc un vaste empire que possède la France; mais toutes ses parties ne sont pas également habitables. — DIVISIONS NATURELLES. L'Algérie se divise en trois zones parallèles à la Méditerranée: 1° le *Sahel*, région maritime, partout rocheuse, escarpée, presque sans ports et n'offrant d'autres rades que celles de Mers-el-Kébir, d'Arzeu, d'Alger, de Bougie et du fort Génois. Les îles sont l'île de Rachgoun et l'île Pisan. Caps: Milonia, Frégalo, de Noé, de Hone, Falcon, Corbon, Ivi, Khamis, de Tenez, pointe de Pescade, cap Matifou, Corbelin, Sigli, de la Pierre percée, Cavallo, Bougarone, Vert (Filfila), de Fer, de Garde et Roux. Golfes: d'Oran, d'Arzeu, de Sidi-Ferruch, de Bougie, de Collo, de Stora et de Bone. Les côtes mesurent 900 kil. de développement. — 2° le *Tell*, qui couvre les plaines fertiles et

les plateaux du versant septentrional de l'Atlas. C'est la contrée des céréales. Les *Hauts-Plateaux* qui le terminent au sud sur une largeur de 60 à 440 kil., ont une élévation moyenne d'environ 1,200 mètres. Ils se composent d'immenses prairies plates, sans ombrages, creusées de chotts (lacs salés), couvertes d'*alfa* en été et de neige en hiver. Le Tell, région des terres labourables, est cultivable sur la plus grande partie de son étendue. Il renferme de magnifiques forêts; 3° le *Sahara* pays de landes, divisé en deux parties par le Grand-Atlas: celle du nord, généralement infertile, inhabitée, ne renferme que de rares cours d'eau qui vont se perdre dans les chotts et les sebkhas (lacs salés); celle du sud est pleine d'oasis très bien cultivées. En hiver, les *Steppes* ou terres de parcours se couvrent d'une végétation herbacée qui nourrit des troupeaux.—Orogr. L'Atlas couvre de ses rameaux tous les pays compris sous la dénomination générale de Berbérie (Maroc, Algérie, Tunisie). Il se compose de 3 chaînes parallèles, reliées par une série de chaînons et de hauts-plateaux. — De la rivière de Bougie à l'embouchure du Chélif (350 kil.) il est nommé *Petit-Atlas*; ses parties les plus importantes sont le *Djurjura* (2,000 m.), dans la Grande-Kabylie; le *Djebel-Mouzaïa*, (1,600 m.) qui domine la plaine de la *Métidja*; le *Dahra*, entre le Chélif et la mer; et le *Zaccar*, au N. de Miliana (1,580 m.). La seconde chaîne, appelée *Moyen-Atlas*, traverse tout le pays, de l'E. à l'O. On y remarque le *Ghorra*, au S. de la Calle; les montagnes de Constantine; les *Bibans*, coupés aux *Portes-de-Fer*, par la route de Constantine à Alger; les montagnes de Titery et l'*Ouarsenis* (2,000 m.) au S. d'Orléansville. La 3e chaîne, appelée *Grand-Atlas*, est peu connue. On y distingue le *Djebel-Aurès*, (province de Constantine) dominé par le mont *Chelika* (2,312 m.) point culminant de l'Atlas. — HYDROGR. Les cours d'eau méritent le nom de torrents plutôt que celui de rivières. Ils débordent en hiver et se dessèchent en été. Les principaux sont: le *Chélif* (450 kil.), la *Mactah* et la *Tafna*, dans la province d'Oran; la *Mazafran*, l'*Aratch*, l'*Haniose*, le *Boudouaou*, l'*Isser*, le *Sébaou* et le *Sahel*, dans la province d'Alger; le *Rummel*, le *Saf-Saf*, la *Seybouse* et la *Medjerdah*, dans la province de Constantine. L'*Oued-Djeadi* et l'*Oued-Seggar* ou *Brizina* arrosent le Sahara. — Les lacs (sebkhas ou chotts), s'emplissent d'eau pendant l'hiver; ils forment, en été, de vastes plaines de sel. Les phénomènes du mirage ne sont pas rares lorsqu'on s'en approche. Les principaux sont, dans le Tell: le lac *Fetzara*, au S. O. de Bone et la *Sebkha d'Oran*; sur les hauts-plateaux: le *Chott-el-B'arbi* et *El-Chergui*, province d'Oran; les deux *Sebkhas Zahrez*, province d'Alger; le grand *Chott de la Hodna* et le lac de *Tarf*, province de Constantine. — Les *dayas* du Sahara ne sont que de grandes mares. On pense que la *Sebkha-Melghirg* était autrefois reliée à la Méditerranée, à laquelle on parle de la réunir de nouveau à l'aide d'un canal qui traverserait le Sahara tunisien. Son fond s'abaisse à 6 mètres au-dessous du niveau de la mer.—PRODUCTIONS MINÉRALES. *Fer* en abondance, surtout dans les monts Edough, près de Bone; *cuivre*, à Mouzaïa (Tenez); *plomb*,

dans la Kabylie; *antimoine*, dans le massif de Constantine; *zinc*, aux environs d'Oran; *argent* mêlé au cuivre et au plomb; *or*, surtout dans les ravins du Petit-Atlas et dans les minerais de Kefoum - Thabouf. — Beau *marbre* blanc, à l'E. de Philippeville; pierre à bâtir, plâtre, chaux, argiles, albâtre. — *Eaux minérales* de Hamman - Meskoutin, province de Constantine, très chaudes, chlorurées sodiques, renommées pour le traitement des affections cutanées, des rhumatismes etc. D'autres sources sont également fréquentées. Nous citerons: Hamman-Melouan et Hamman-R'ira, province d'Alger; les Bains de la Reine; Aïn Merdja et Aïn-el-Hamman, province d'Oran; Hamman-Sidi-Mimoun, province de Constantine.—CLIMAT. Chacune des trois zones possède un climat particulier. Dans le Tell on se croirait sous le ciel de la Provence. Le thermomètre ne dépasse guerre + 40° en été et ne descend pas au-dessous de + 2° en hiver. La neige couvre rarement le sommet des montagnes. Le climat est un des plus beaux, des plus agréables et des plus sains qui existent, les villes de la côte sont autant de stations où les phthisiques trouvent une guérison mieux même qu'en Italie. La température des hauts-plateaux se rapproche de celle de nos contrées du N. L'été est sec et chaud; mais l'hiver est froid et pluvieux; les neiges tombent avec abondance. Dans le Sahara on ne connaît que deux saisons: celle des chaleurs et celle des pluies. Le thermomètre y monte jusqu'à +32°; les nuits y sont très fraîches. Le *Simoun* et le *Siroco*, fléaux du désert, y engloutissent parfois des caravanes entières. D'après le Dr Ricoux, le climat algérien convient aussi bien aux Italiens, aux Espagnols, aux Maltais et aux Français du Midi, tandis que les peuples du N. de l'Europe s'acclimatent difficilement. — FLORE. Outre les fleurs et les fruits de France, on trouve en Algérie le jujubier, le caroubier, l'olivier, le palmier nain, l'alfa, le diss, le coton et le dattier. Dans les forêts, on remarque le chêne-zéen, le chêne-liège, le chêne-vert, le chêne ballotte, l'orme, le chataignier, le cèdre, le pin, le noyer, le peuplier, le platane, l'aulne, le houx, le thuya, le genévrier, les lentisques, le myrte, l'arbousier, le laurier-rose, l'if, des térébinthes, l'azérolier, le nerprun, le ciste frutescent, le genêt, le phillyréa. Depuis quelques années on cultive, dans les parties où régnaient autrefois des fièvres, le bel arbre australien nommé Eucalyptus qui est un agent très actif d'assainissement. — FAUNE. On trouve en Algérie: le chameau (*mehari*, pour les courses); *djeme* pour les transports), le cheval numide, petit, mais bien fait, sobre, docile, infatigable; l'âne, le mulet, le bœuf, le mouton.— D'après le relevé publié par l'administration supérieure de l'Algérie, il a été abattu, dans les trois départements, du 1er janvier 1873 au 31 décembre 1876, 16,542 animaux nuisibles, savoir: 53 lions, 49 lionnes, 9 lionceaux, 575 panthères, 1,072 hyènes, 14,784 chacals. Sur les 111 lions, 92 lionnes ou lionceaux détruits, 92 l'ont été dans la province de Constantine et 19 dans la province d'Oran. Quant à la province d'Alger, elle n'a fourni aucun sujet de cette espèce. Sur les 574 panthères, 400 ont été abattues dans la province de Constantine, 143 dans la province d'Alger et 61 dans celle d'Oran. Les hyènes, appartenaient: 786 à la province d'Oran, 208 à celle d'Alger et 78 à celle de Constantine. Quant aux chacals, 7,146 ont été tués dans la province d'Alger, 6,596 dans celle d'Oran et 4,062 dans la province de Constantine. Outre ces animaux, les chasseurs peuvent poursuivre la gerboise, le porc-épic, le lièvre, le sanglier, la gazelle, le singe; les oiseaux sont les mêmes que les nôtres; mais il faut y ajouter l'autruche. Les mares fourmillent de petites sangsues. Les vents du sud apportent des myriades de sauterelles qui détruisent quelquefois les moissons. Les moustiques, punaises, tarentules, puces, **scorpions** se rencontrent partout; le cofféa et le céraste (vipère à corne) ne se trouvent guère que dans le Sahara. Parmi les reptiles, nous ne pouvons oublier le caméléon. La recherche du corail et de l'éponge occupe plusieurs milliers de pêcheurs. On s'occupe aussi de l'élevage du ver à soie et le l'habille et de la culture de la cochenille. — **Agric.** Un triple épi était l'emblème de la Mauritanie, surnommée le grenier de Rome. Dans tous les lieux où l'eau ne fait pas défaut, le sol y produit, deux ou trois fois chaque année, des récoltes merveilleuses. Ce pays privilégié donne en abondance les primeurs qui paraissent sur les tables des Parisiens et des Londoners. Il exporte le liège, l'huile, le blé dur, qui manque à la France, la datte, la soie, le coton, la cochenille, l'alfa, le safran, la garance, les laines, l'opium et un grand nombre d'essences odoriférantes. Les vins blancs de Médéah jouissent d'une grande réputation; et tout fait présager que l'Algérie deviendra le fournisseur du commerce des vins, dont la production diminue de jour en jour dans notre pays. — **Industr.** L'industrie indigène fabrique des nattes, des écharpes soie et or, des burnous, des tapis, des selles, des armes damasquinées, des coraux ouvragés, des étriers, etc. Celle des Européens porte principalement sur l'extraction des minerais de fer (mines de Mouzaïa et d'Aïn Mokra); des marbres (marbre blanc du mont Filfila); du sel cristallisé (mines d'Arzeu); du sulfate de cuivre (Mouzaïa); on y joint la coupe des bois précieux pour l'ébénisterie, du liège, du bambou, etc. — **Comm.** L'Algérie est surtout une colonie agricole; elle exporte principalement des matières premières et reçoit en échange des objets manufacturés.

Développement du commerce général.

(En millions de francs.)

Année	Importation	Exportation
1869	183	111
1870	172	124
1871	195	111
1872	197	164
1873	205	152
1874	196	140
1875	192	143
1876	213	166
1877	201	152

Pays de provenance et de destination.

(En milliers de francs.)

Pays	Importation 1874	Importation 1875	Exportation 1874	Exportation 1875
France { Consommation.	152.580	147.273	103.370	99.288
{ Entrepôts....	14.226	12.895		
Angleterre..........	8.444	13.313	19.681	17.821
Espagne............	9.234	8.816	12.525	12.570
Etats barbaresques..	3.560	5.560	1.497	2.093
Italie..............	1.833	1.752	7.964	5.546
Belgique...........	—	88	5.145	2.845
Pays-Bas...........	—	83	960	350
Turquie............	—	66	19	100
Autriche...........	780	990	91	408
Suède et Norwége...	772	557	—	—

Principaux produits en 1875.

	Importation	Exportation
Matières animales............	8.453.616	31.908.150
— végétales............	29.960.130	79.046.417
— minérales............	7.119.028	9.619.151
Fabrications................	137.089.281	18.619.970
Monnaies...................	2.420.481	4.738.77

— **Population.** En 1861, on comptait en Algérie 3,062,124 hab. La terrible famine de 1866 fit diminuer ce chiffre d'environ un demi-million. Nos nouvelles acquisitions dans le Sahara ont augmenté la population d'une manière considérable. On l'évalue à près de cinq millions d'hab. ainsi répartis, d'après le recensement de 1877.

Provinces.	Kilom. carrés	Habitants	Totaux de la population
Alger.			
Département civil........	8.268	484.771	1.072.607
Division militaire.........	96.899	587.836	
Oran.			
Département civil........	15.355	416.465	653.181
Division militaire.,......	70.747	236.716	
Constantine.			
Département civil........	17.976	414.714	1.141.838
Division militaire........	109.089	727.124	
Totaux............	318.334	2.867.626	2.867.626
Tribus nomades du désert.	350.681	2.000.000	2.000.000
Totaux généraux....	669.015	4.867.626	4.867.626

Les chiffres, au sujet des tribus errantes, ne sont qu'approximatifs. — En 1878, le territoire civil s'est accru de 2,305 kil. carr., comprenant 44,840 hab., ce qui porte sa superficie à 43,904 kil. carr.; et sa population à 1,361,327 hab. — La population dite sédentaire se subdivise ainsi:

Français nés en Algérie...................	64.512
— nés en France...................	430.260
Total des Français..........	494.772
Étrangers naturalisés.....................	4.020
Israélites naturalisés.....................	33.506
Total des naturalisés...........	37.526
Indigènes musulmans.....................	962.146
étrangers résidant en Algérie.............	158.387
Total général..........	1.352.831

Le chiffre des étrangers se décompose ainsi, par nationalités:

1e Espagnols......	94.038	5e Suisses........	2.748
2e Italiens.......	26.322	6e Turcs..........	2.663
3e Anglais et Maltais........	14.313	7e Belges.........	792
4e Allemands.....	6.512	8e Austro-Hongrois.	191
		9e Russes et Polonais	158

La population européenne se compose donc en majorité de Français et de naturalisés (194,772 + 37.526 = 232,298); quelques critiques difficiles à satisfaire on dit que nous avons fondé en Algérie une colonie espagnole; les chiffres ci-dessus décrient victorieusement. — Les Espagnols peuplent de préférence la province d'Oran; les Mahonnais colonisent le Sahel où ils s'occupent particulièrement de culture maraîchère; les Italiens et les Maltais habitent la province de Constantine; les Allemands et les Suisses s'adonnent surtout à l'agriculture. Les indigènes ont également des aptitudes inhérentes à leurs races. Le juif fait le commerce, travaille les métaux précieux et s'occupe de banque; l'Arabe du Tell et le Kabyle sont agriculteurs; celui du Sahara est nomade et pasteur; le Biskri est portefaix; le M'zabite baigneur, petit marchand ou boucher. Les Turcs, les nègres, les Koulouglis et les Maures sont peu nombreux. — **Gouvernement.** L'Algérie resta entièrement sous l'administration militaire jusqu'en 1872, époque où fut organisée l'administration civile, dirigée par un gouverneur général sous les ordres duquel sont placées toutes les autorités. Mais le gouvernement civil ne s'étend que sur les districts colonisés; tandis que les territoires habités exclusivement par les indigènes restent sous le régime militaire. Le territoire est divisé en trois provinces, 15 subdivisions et 40 cercles. Chaque province forme un département régi comme territoire civil par un préfet et, comme territoire de commandement, par le commandant de la division. Les chefs indigènes (khalifes, agas, caïds, cheiks, etc.) sont nommés par le gouvernement, sous la surveillance des *bureaux arabes* composés d'officiers français.—Province et département du centre : chef-lieu Alger.— Province et département de l'Est : ch.-l. Constantine. — Province et département de l'Ouest : ch.-l. Oran.

Le progrès financier de l'Algérie se trouve dans le tableau suivant :

Années	Revenus	Dépenses
1830	250.000	18.000
1840	5.610.706	7.206.372
1850	19.632.271	27.959.358
1860	38.908.906	39.471.372
1870	45.360.859	51.765.316
1875	52.386.955	57.110.812

Le coût de l'armée, et plusieurs autres dépenses ne sont pas portés dans ce tableau, parce qu'ils sont soldés par le budget français; ces dépenses s'élèvent à 50 millions de francs. L'impôt des indigènes, autrefois payé en nature, se solde aujourd'hui en espèces; on distingue : l'*achour*, dîme sur les céréales; le *hockor*, loyer de la terre; le *zekkat*, impôt sur le bétail; la *lezma*, impôt qui se perçoit sur le capital chez les tribus du Sahara. Les troupes françaises en Algérie forment le 19e corps d'armée et comprennent environ 60,000 hommes. On les divise en deux classes : 1° les troupes françaises qui tiennent garnison en Algérie et rentrent dans la mère-patrie au bout de quelques années; 2° les troupes indigènes qui ne quittent l'Algérie que dans les cas où la France a besoin de leur concours pour une grande guerre. Ces troupes se composent de *zouaves*, de *tirailleurs algériens* (turcos), de *chasseurs d'Afrique* et de *spahis*. — **Religions.** Les indigènes sont musulmans, à l'exception des Juifs, au nombre de 33,000. La religion catholique possède un archevêché à Alger, et deux évêchés, l'un à Oran et l'autre à Constantine. —3 consistoires israélites siègent à Alger, Oran et Constantine. — **Instruction.** D'après la statistique, tous les enfants d'origine européenne savent lire et écrire. Sous ce rapport, notre colonie rivalise avec l'Allemagne et les Etats-Unis. La population scolaire atteint 60,000 élèves. Il y a un conseil académique à Alger, et un recteur, ayant sous ses ordres trois inspecteurs d'académie et trois inspecteurs primaires. — **Justice.** La justice est rendue dans les cantons par les juges de paix; dans les arrondissements par les tribunaux de 1re instance qui ressortissant à la cour d'appel d'Alger; dans chaque département un cour d'assises.— Les tribunaux musulmans sont présidés par un *mufti*. On ne fait disparaître la justice indigène que dans les localités où l'on a pu organiser la magistrature française. On compte encore 440 cadis dans le Tell et 6 cadis notaires, plus 12 midjelès ou conseils consultatifs gratuits. — Les justices de paix sont au nombre de 70. Partout où les juges de paix sont institués, les cadis perdent leurs attributions; ils continuent seulement d'exercer les fonctions de notaires. — **Communications maritimes.** La distance moyenne de l'Algérie aux côtes de France est de 804 kil. De nombreux paquebots la relient à Marseille. La compagnie Valéry, adjudicataire du service des transports de l'Etat, a 2 départs chaque semaine de Marseille pour Alger : 34 heures de traversée; un départ pour Oran, par Carthagène, 48 heures; un pour Philippeville, 33 heures; un pour Bone, 40 heures. — Il y a en outre les services hebdomadaires de la compagnie de navigation mixte de Marseille à Alger, Mostaganem et Oran, d'une part, Philippeville et Bone, de l'autre, aller et retour à prix réduits; et celui de la compagnie des Messageries maritimes entre Marseille et Alger (également hebdomadaire).—Service bi-mensuel entre Dunkerque, Rouen, le Havre et Oran, Alger, Philippeville et Bone, par la ligne péninsulaire et algérienne.— Service bi-mensuel entre Alger et l'Angleterre par la compagnie *Bristish India*. — **Chemins de fer.** A la fin de 1879, il y avait en Algérie cinq lignes de chemins de fer en exploitation : 1° d'Alger à Oran (426 kil.); 2° de Philippeville à Constantine (87 kil.);

; 3° de Constantine à Sétif (455 kil.); 4° de Bone à Guelma et prolongements (288 kil.); 5° de Sainte-Barbe du Trélat à Sidi-bel-Abbès (ligne d'intérêt local. 52 kil.). Total, 1,008 kil. En construction, une ligne centrale qui ira de la frontière de Tunis à celle du Maroc et qui aura 1,312 kil. En projet, un chemin de fer trans-saharien qui mettrait Alger en relation avec Tombouctou.— Postes. En 1877, le nombre des bureaux de poste était de 277. — Recettes en 1876 ; 1,358,000 fr. Nombre des timbres-poste et des cartes postales vendus en 1875 : 6,800,757 ; nombre des lettres chargées : 98,263 ; des mandats : 310,399.— Télégraphes. En 1878, le réseau Algéro-tunisien comprenait 9,360 kil. de lignes et 15,750 kil. de fils. Nombre des bureaux à la fin de 1876 : 116 ; des dépêches par terre : 570,951 ; par câble : 55,639. Recettes en 1876, des lignes terrestres ; 479,020 francs; du câble : 349, 874. Le réseau algéro-tunisien est exploité par une compagnie privée que subventionnent le gouvernement français et le bey de Tunis. — Deux câbles sous-marins mettent toutes les localités importantes de l'Algérie en communication avec les bureaux télégraphiques de la France et de l'étranger.

Histoire. L'Algérie fit primitivement partie de l'antique Lybie, habitée par les Gétules, les Numides (Nomades), les Garamantes, les Mazyques et les Maurusiens. Le pays tomba ensuite au pouvoir des Carthaginois, auxquels se substituèrent les Romains. Ces derniers eurent beaucoup de peine à soumettre les territoires qui constituent l'Algérie actuelle. A l'E., la Numidie orientale, capitale Cirta (Constantine) appartenait à Massinissa; à l'O., la Numidie occidentale était gouvernée par Syphax. Massinissa, allié de Rome, réunit les deux royaumes. Après lui Micipsa régna en paix; mais les enfants de ce dernier, Hiempsal et Adherbal, eurent à défendre leur héritage contre les agressions de leur cousin, Jugurtha, qui résista pendant longtemps aux armées de la république romaine. Après la chute de ce courageux barbare, livré par son père, Bocchus, l'Afrique jouit pendant quelque temps d'une paix profonde ; elle devint toute latine et mérita le nom de Grenier de Rome. Les princes qui régnèrent pendant cette période furent Juba Ier et Juba II. Sous Tibère, le soulèvement de Tacfarinas faillit faire perdre à Rome cette riche province qui la nourrissait. Afin de prévenir le retour de semblables révoltes, les Romains procédèrent à une nouvelle division administrative de l'Afrique qui forma deux provinces ayant pour capitales Césarée (Cherchell) et Tingis (Tanger). Convertie au christianisme au Ier siècle, plus romaine que l'Italie, cette partie florissante de l'empire jouissait de la plus grande tranquillité, lorsque les Vandales l'envahirent et le fondèrent un royaume qui dura plus d'un siècle (428-533); Bélisaire, qui les extermina, fit de l'Afrique une province de l'empire grec (534-648). Après cette période, souvent troublée par les révoltes des indigènes, l'Afrique, conquise par les Arabes, voit disparaître les derniers vestiges de son ancienne civilisation; son nom est changé pour celui de Moghreb; sa religion est l'islamisme. Pendant sept siècles, elle se débat au milieu d'effroyables luttes religieuses. Elle fait tour à tour partie du royaume des Aglabites (786-959), des Fatimites (959-1046) des Almoravides (1046-70) et des Almohades. Vers la fin du XIIIe siècle, elle se divise en trois royaumes indépendants : celui des Beni-Merin (Maroc), celui des Beni-Hafez (Tunisie) et celui des Beni-Zian (Algérie), dont le port principal est Oran. Plus tard, les Maures, chassés d'Espagne, arment de nombreux corsaires qui ravagent les côtes européennes. Pour mettre fin à cette guerre de pirates, les Espagnols s'emparent de Mers-el-Kébir, d'Oran, de Bougie, de Tlemcen, de Dellis, de Mostaganem et de Tunis; ils élèvent en face d'Alger le célèbre pégnon qui tient

cette ville en respect. C'en était fait de l'indépendance de l'Afrique, si le fameux Barberousse n'eût amené des soldats turcs au secours de ses coreligionnaires ; il fonda à Alger cette république de pirates qui devait durer de 1516 à 1830 et qui, grâce à la protection de la Turquie, put résister aux efforts de Charles-Quint et établir sa domination sur les tribus indigènes, toujours si difficiles à soumettre. Ses successeurs, qui prenaient le titre de Pachas d'Alger et qui étaient nommés par le sultan, durent, en 1659, partager le pouvoir avec un agha élu par la milice turbulente d'Alger; l'agha lui-même fut remplacé par un dey (1674) qui déposséda le pacha (1710) et ne reconnut que nominalement la suprématie de la Turquie. La piraterie, un instant écrasée par Louis XIV (1664-'84-'83) et par l'Angleterre (1816), fut enfin détruite par l'expédition française qui s'empara d'Alger le 5 juillet 1830. Au moment de la conquête, l'état d'Alger, ou Odjéak était divisé en 3 provinces appelées beyliks : celle d'Oran, (autrefois Tlemcen); celle de Tittery, ch.-l. Médéah et celle de Constantine. La prise d'Alger fut le signal d'une insurrection à peu près générale des populations arabes contre les Turcs. Le bey d'Oran nous appela à son secours et nous remit ses pouvoirs, dont le bey de Tunis ne voulut pas (1831). Celui de Tittery, qui s'était mis à la tête des indigènes, pour nous combattre, perdit en peu de jours Blidah, Médéah et sa liberté (novembre 1830). Bone fut occupée en 1832 ; Arzeu, Mostaganem et Bougie en 1833. Mais déjà paraissait, à l'horizon politique, le fameux émir Abd-el-Kader (Sidi-el-Hadj-Ouled-Mahi-ed-Din ou fils de Mahi-ed-Din), né en 1807, sur le territoire des Hachem, aux environs de Mascara. Son père, ennemi adversaire de la domination turque, mais trop âgé pour entreprendre lui-même la guerre, le désigna aux chefs qui voulaient résister aux Français. Nommé émir, Abd-el-Kader prêcha la guerre sainte et organisa les forces indigènes. Pendant plus de 15 ans il lutta contre notre armée et ne céda le terrain que pouce à pouce. A la tête de 10,000 guerriers, il vint, en 1832, assiéger Oran, repoussé par le général Boyer et abandonné par plusieurs tribus arabes, il conclut, avec le général Desmichels, un traité qui lui constituait un véritable royaume, avec Mascara pour capitale. Le gouvernement français reconnut bientôt quelle faute avait été commise et recommença la guerre. Les débuts n'en furent pas heureux, l'émir, battu par le général Trézel sur les bords du Sig (26 juin 1835), prit une sanglante revanche à la Macta, le 28 du même mois. Le maréchal Clauzel, gouverneur d'Algérie, accourut aussitôt pour venger son lieutenant. Abd-el-Kader, qui avait eu l'audace de se présenter devant les murs d'Oran, fut repoussé ; sa puissance reçut un coup terrible sous les murs de Mascara, que prirent les Français (6 décembre). Tlemcen fut occupé en janvier 1836. La Calle et Guelma devinrent françaises pendant le cours de la même année. Sur ces entrefaites, on voulut réduire à l'obéissance le bey de Constantine, qui refusait absolument de se soumettre. Une première expédition mal préparée, se termina par une désastreuse retraite (nov. 1836). Déjà l'infatigable Abd-el-Kader avait reparu, en avril 1836, avec une nouvelle armée. Il battit le général d'Arlanges près de Tlemcen et rétablit son autorité dans la province d'Oran. Vaincu à son tour par le général Bugeaud, le 7 juillet 1836 et en mai 1837, il se releva dans les négociations et obtint la ratification du traité de la Tafna qui portait les limites de son empire jusqu'aux portes d'Alger (3 mai 1837). Profitant du répit que lui laissait ce traité désavantageux, les Français organisèrent une nouvelle expédition contre Constantine, qui tomba enfin en notre pouvoir, le 13 octobre 1837, après un assaut qui est demeuré célèbre

dans nos annales militaires. L'expédition des Portes-de-fer fournit à Abd-el-Kader l'occasion de recommencer les hostilités, sous prétexte qu'on avait violé sa frontière. Mais cette fois, les troupes françaises étaient assez nombreuses pour faire face à toutes les attaques. Vaincu sur les bords de la Chiffa (31 déc. 1839), l'émir vint échouer devant l'héroïque résistance de Mazagran. Il perdit successivement les combats de Ten-Salmet, de Selson, de Meskiana, de El-Affroun ; les Arabes furent écrasés au col de Mouzala (1840). Mascara (juillet 1840), Dellys, Zamora, Médéah (octobre 1841), Thaza, Saïda, Sebdou (1842) furent successivement occupées; de nombreuses tribus demandèrent l'aman. Enfin la prise de la Smala d'Abd-el-Kader, le 16 mai 1842, réduisit le terrible patriote à se réfugier dans le Maroc (1843). Batna, Biskra, Dellys furent occupées en 1844. Le Maroc, qui avait donné appui à l'émir, demanda la paix après le bombardement de Tanger, la bataille d'Isly (14 août 1844) et la prise de Magador (25 août). Un traité avec le gouvernement marocain (10 septembre), détermina d'une manière définitive, nos frontières occidentales. L'émir, restant sans protecteur, reparut dans la province d'Oran. Le Dahra se souleva et fut exploré par les troupes des colonels Pélissier et Saint-Arnaud; l'Aurès fut soumis par le général Bedeau ; mais le 25 septembre 1845, le colonel Montagnac, attiré à Sidi-Brahim, y périt avec presque tous les hommes qu'il commandait. Plusieurs tribus ayant été châtiées avec une grande sévérité, Abd-el-Kader, qui ne pouvait plus contenir la fureur de ses soldats, fut forcé de leur abandonner ses prisonniers, qui furent impitoyablement égorgés; après quoi il se réfugia de nouveau dans le Maroc (1846). Un autre agitateur, Bou-Maza, essaya vainement de rallumer le fanatisme de ses coreligionnaires du Dahra; il fut bientôt vaincu et fait prisonnier. Une expédition que fit le maréchal Bugeaud dans la grande Kabylie, commença la soumission de ce pays. Abd-el-Kader, repoussé du Maroc, se rendit au général Lamoricière, le 23 décembre 1847. Détenu successivement au fort de la Malgue, au château de Pau et à celui d'Amboise, puis rendu à la liberté en 1852, il habita Brousse (Turquie d'Asie) jusqu'au tremblement de terre qui détruisit cette ville (1855). De là, il se rendit à Damas et, après le massacre des Maronites chrétiens, qu'il protégea au péril de sa vie, il se retira à la Mecque, où il vit d'une pension de 400,000 fr. que lui sert le gouvernement français. L'éloignement de ce chef habile, ayant produit la pacification complète du littoral, on put songer, dès 1848, à créer des colonies agricoles en Algérie. Enfin la destruction de Narah (1850), l'expédition contre la petite Kabylie(1851), la réduction du Djurjura, la prise de Laghouat et d'Aïn-Madhy (1852), d'Ouargla (1853), de Tuggurt (1854), la répression de l'insurrection de Bou-Bargla (tué en 1854), l'expédition de la grande Kabylie (1857), celle du général Desvaux contre les tribus insurgées de l'Aurès (1858), terminèrent la conquête. Des troubles assez graves, vigoureusement réprimés, eurent lieu en 1871. L'esprit d'indépendance, refoulé vers le sud, et entretenu par le fanatisme, a excité les indigènes à assassiner le colonel Flatters qui étudiait, dans le Sahara, la possibilité de créer une voie ferrée d'Alger à Tombouctou (1881). L'invasion de la Tunisie par une armée française, ne fit qu'irriter le fanatisme; un soulèvement presque général des tribus sahariennes eut lieu immédiatement, sous les ordres de Bou-Amena. Les alfatiers espagnols, surpris dans leur travail, aux environs de Saïda, furent égorgés sans pitié ou gardés en captivité; les farouches révoltés qui, parvenant à passer entre les chotts, déjouaient la surveillance exercée par les troupes françaises, gagnèrent le désert, où les chaleurs du mois de juillet 1881 empêchèrent de les poursuivre. Du reste, cette révolte peut être considérée comme l'une des dernières convulsions de l'élément arabe en Algérie. Des chemins de fer vont desservir les localités principales du Sahara algérien et rendront impossible toute nouvelle insurrection. — BIBL. Annuaire général de l'Algérie; in-8°. Paris.—Gaskell (George) Algeria as it is, in-8°; London, 1875.—Gueydon (vice-amiral, comte de), Exposé de la situation de l'Algérie, dans la « Revue maritime et coloniale », in-8°, Paris 1873.—Lavigne (Albert), Questions algériennes, in-8°; Paris, 1872.—Villot (capitaine), Mœurs, coutumes et institutions des indigènes d'Algérie, in-12, Paris, 1872. — Clamageran (J.-J.), L'Algérie, in-8°, Paris, 1874. — Exposé de la situation de l'Algérie, présenté par le gouverneur général civil le 15 nov. 1877; Journal officiel du 3 déc. 1877. — État actuel de l'Algérie, Paris, 1879. — MONNAIES. Les monnaies françaises ont cours partout; mais les indigènes comptent encore par piastres d'Alger, pièces d'argent valant 3 fr. 72 cent. et divisées en 2 boudjous (argent, 1fr. 86), en 16 tomins (0 fr. 22) et en 48 mozounah (0 fr. 68). Cette dernière se subdivisait en 2 karub de cuivre (0 fr. 4). Enfin, il y avait la pièce de 5 aspres (0 fr. 0111). — POIDS. Les indigènes emploient encore le rottolo-attari, pour les articles de droguerie (0 kil. 546); le rottolo-gredouri, pour les fruits frais (0 kil. 614); le rottolo-kébir pour les huiles et le miel(0 kil.819); le rottolo-fend, pour les articles précieux (0 kil. 496); le quintal-attari (60 kil. 069); le quintal-kébir (90 kil. 649); et le métical pour les métaux précieux et les pierres précieuses (4 gr. 643). — MESURES DE LONGUEUR. Pic turc — (8 robi = 0 mètre 640); pic moresque — 0 mètre 420. — MESURES DE CAPACITÉ. Caffisse= 16 tarries = 3 hectolitres 174; Saa = 58 litres.

ALGÉRIEN, IENNE s. et adj. Habitant d'Alger ou de l'Algérie; qui a rapport à ce pays ou à ses habitants.

ALGÉRIENNE s. f. Sorte d'étoffe dont on fait des écharpes et des couvertures.

ALGÉRINE s. f. Sorte de boisson gazeuse.

ALGÉRITE s. f. Minér. Silicate d'alumine et de potasse, analogue à la wernérite.

ALGÉSIRAS ou **Algéziras**, appelée quelquefois VIEUX GIBRALTAR, ville maritime de l'Andalousie (Espagne), sur la baie de Gibraltar; 18,000 hab. Exportation de charbon et de cuir. C'est par Algésiras que les Maures entrèrent en Espagne (744); cette ville leur fut enlevée par Alphonse XI, en mars 1344, après un siège de 20 mois. Algésiras vit deux engagements entre les flottes française et anglaise, les 6 et 12 juillet 1801. Dans le premier, les Français commandés par Linois, remportèrent une victoire signalée. Dans le second, ils eurent le dessous. Le capitaine Troude, commandant du Formidable, s'illustra par sa belle défense. — Lat. 36° 8′ N.; long. 7° 46′ O.

ALGÉSIREH, contrée de la Turquie d'Asie, entre l'Euphrate et le Tigre. Villes princip.: Bagdad et Mossoul. On dit mieux MÉSOPOTAMIE.

ALGHERO, ville maritime fortifiée sur la côte N.-O. de la Sardaigne; à 25 kil. S.-S.-O. de Sassari, 8,000 hab. Le fond de la mer y recèle le corail le plus fin.

ALGIDE s. — I. Algidus ou Algidum, petite ville forte des Èques, dans l'ancien Latium. — II. Algidus mons, montagne du Latium, près de Velletri. En 1 an de 458 av. J.-C. les Èques furent battus au pied de cette montagne par le dictateur Quintius Cincinnatus.

ALGIDE adj. (lat. algidus, glacial). Méd. Se dit des affections caractérisées par un froid glacial. — FIÈVRE ALGIDE, fièvre intermittente pernicieuse et très dangereuse, caractérisée par le refroidissement du corps et l'arrêt de la circulation. On lui oppose le sulfate de quinine. — PÉRIODE ALGIDE DU CHOLÉRA, période où le refroidissement envahit tout le corps.

ALGIDITÉ s. f. Qualité de ce qui est algide.

ALGIE (gr. algos, douleur). Méd. Terminaison que l'on rencontre souvent dans la nomenclature des maladies et qui signifie douleur, comme cardialgie, douleur de l'estomac; céphalalgie, douleur de la tête; odontalgie, douleur des dents, etc.

ALGIRE s. f. Voy. ALGYRE.

ALGOA (Baie d'), anse de la côte S.-E. d'Afrique, dans la colonie du Cap; elle offre un excellent mouillage et reçoit la rivière Sunday.

ALGOL s. f. Astron. Étoile changeable dans la constellation de Persée; on l'appelle aussi Tête de Méduse; son éclat varie périodiquement tous les 2 jours 20 h. et 48′, ce qui fait supposer qu'un corps planétaire s'interpose sur une partie de son disque.

ALGOMA, district électoral de l'Ontario (Canada), formant l'extrémité N.-O. de la province; 110,000 kil. car.; 7,050 hab.; presque tous Indiens. Production de bois, de cuivre et d'argent. Ch.-l. Sault-Ste-Marie.

ALGONQUIN, INE s. et adj. Se dit d'une famille de tribus de l'Amérique du Nord. Au commencement du XVIIe siècle, les Algonquins, au nombre de 250,000 au moins, occupaient les pays compris entre 37° et 53° de lat. N. et entre 80° et 100° de long. O. Parmi les tribus qui composaient cette famille, on distinguait les Crees, les Montagnais, les Algonquins proprement dits (sur la rivière Ottawa), les Chippewas, les Renards, les Illinois, les Micmacs, les Abenaquis, les tribus Massachusetts, les Delawares, les tribus Powhatan (dans la Virginie), les Shawnees, les Pieds-Noirs et les Cheyennes. Toutes étaient nomades et se ressemblaient par les mœurs et le langage. On évalue à 40,000 le nombre des survivants.

ALGONTINE s. f. (gr. algos, douleur; odous, odontos, dent). Sorte de chloroforme employé par les dentistes pour calmer rapidement les douleurs de dents.

ALGOR s. m. (lat. algor, refroidissement). Sensation de froid qui marque le premier degré d'une fièvre intermittente.

ALGORITHME s. m. (arabe al.korismi, le Karismien, célèbre mathématicien). Désignait autrefois l'arithmétique avec les chiffres arabes. Signifie aujourd'hui : procédé de calcul : algorithme du calcul des sinus.

ALGUAZIL s. m. [al-goua-zil] (arabe, al, le; ghazil, archer). Nom que l'on donne, en Espagne, aux agents de police. Se dit ironiquement, en France, des gens que la police ou la justice charge de faire des arrestations.

ALGUE s. f. [al-ghe] (lat. alga). Bot. Groupe d'acotylédones formé de plantes qui vivent au

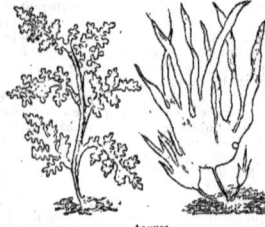

Laurencia pinnatifida.   Laminaria digitata.

fond ou à la surface des eaux douces ou salées. Ce sont des plantes cellulaires cryptogames que l'on place au dernier rang de la vie végétale. Elles présentent une grande variété de forme et de structure. Elles reçoivent la nourriture par toute leur surface, excepté peut-être par la racine, qui ne sert qu'à fixer la plante. A peine visibles à l'œil nu, quelques algues consistent en une simple cellule microscopique qui accomplit toutes les fonctions de

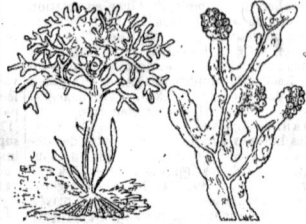

Chondrus crispus.   Fucus vesiculosus.

la croissance et de la reproduction; d'autres atteignent les plus grandes dimensions de la vie végétale. Les unes et les autres se reproduisent par des spores qui se développent dans le tissu de la plante ou dans des cellules spéciales et qui exécutent souvent des mouvements spontanés. On divise les algues en trois familles : 1° ULVACÉES (genres protococcus, oscillaire, rivulaires, conferves, ulves et nostocs); 2° FLORIDÉES (genres ceramium, gigartine, chondrus, gélide, delesserie); 3° FUCACÉES (genres hydrogastre, acétabulaire, achlye, laminaire, fucus ou varech, sargasse). — Presque partout les algues sont employées comme engrais. Plusieurs espèces fournissent, quand on les fait brûler, de la potasse et de la soude. En lessivant leurs cendres, on obtient des iodures et des bromures, d'où l'on extrait l'iode et le brome.

ALGYRE s. f. (lat. algyra). Erpét. Genre de sauriens lacertiens qui diffèrent des Lézards en ce qu'ils ont les écailles du dos et de la queue carénées, et en ce qu'ils manquent de collier.

ALHAGI s. m. [arabe.al, le; hadj, pèlerin). Bot. Genre de légumineuses hédysarées. L'alagui ou alhagi des Maures est un arbrisseau dont les parties se couvrent, en été, d'une matière mielleuse, grasse, analogue à la manne.

ALHAKEM. — I. Émir de Cordoue (796-822), combattit les Francs et les rejeta au-delà des Pyrénées. — II. Calife d'Espagne, succéda en 961 à son père Abd-er-Rahman et fit fleurir les sciences et les arts.

ALHAKEM-BIAMBRILLAH, calife fatimite d'Égypte (996); fit arracher toutes les vignes de son empire.

ALHAMA, ville d'Espagne, l'une des plus élevées de l'Europe, à 40 kil. S.-O. de Grenade; 7,500 hab. Eaux minérales célèbres au temps des Maures; forteresse où les rois de Grenade enfermaient leurs trésors. Alhama, considérée comme le rempart de Grenade, fut prise par les Espagnols en 1482.

ALHAMBRA (arabe El Hamra, le Palais rouge), faubourg fortifié de Grenade, où se trouvent les restes d'un célèbre palais des rois maures, commencé en 1248 et terminé en 1314. Ce monument, construit en briques revêtues d'arabesques en stuc, se compose de 5 cours entourées d'appartements : la Cour des Lions, mieux conservée que les autres, doit son nom à une fontaine formée de 12 lions de marbre qui versent une eau limpide dans les coupes d'albâtre. Les galeries qui entourent cette cour sont soutenues par des colonnes de marbre blanc, accouplées avec une grâce merveilleuse; la Cour des Abencérages n'est pas moins remarquable; mais ces chefs-d'œuvre d'une civilisation disparue n'ont pas subi seulement les outrages du temps; ils ont été victimes du pillage des gens de guerre et de la curiosité non moins désastreuse des visiteurs. Les

L'Alhambra.

restes de l'Alhambra ont été décrits dans un magnifique ouvrage d'Owen Jones et Jules Goury (1842-'45).

ALHONDEGA, magasin fortifié dans un faubourg de Guanajato (Mexique); il fut témoin du premier combat entre les troupes régulières et les révoltés mexicains (1810). Il fut pris d'assaut par Hidalgo.

ALHOY (Philadelphe-Maurice), littérateur, né à Paris vers 1802, mort à Rouen en 1855. Fonda, sous la Restauration, le journal le *Figaro*, et donna plusieurs pièces de théâtre qui obtinrent un certain succès.

ALI (arabe *sublime*). Nom de plusieurs musulmans célèbres.

ALI, nabab d'Oude, né en 1781, mort en 1817. A la fin d'un repas qu'il donna à des officiers anglais et à quelques-uns de la compagnie des Indes, il fit égorger tous les Européens qui se trouvaient à sa table. Les Anglais, ayant fini par s'emparer de sa personne, le menèrent à Calcutta et l'enfermèrent dans une cage de fer, où il mourut après une captivité de 17 ans.

ALI, Pacha de Janina, né à Tebelen (Albanie) vers 1741, mort en 1822; inspecteur des grandes routes (1788), il s'empara, au moyen d'un ordre contrefait, du gouvernement de Janina et le conserva par l'assistance d'une bande de brigands qu'il avait organisée. L'alliance des Anglais lui donna une certaine puissance; il conquit presque toute la Grèce et la Roumélie, combattit les Français en Orient et jeta partout le désordre. Mais il épuisa la patience du gouvernement de Constantinople en faisant attaquer, puis assiéger, Ismaïl Pacha, dans les rues mêmes de la capitale ottomane. Vaincu par les Turcs, il se retira, avec ses trésors, dans une forteresse près de Janina; il fut pris par ruse et égorgé; ses enfants mâles subirent le même sort et ses filles furent vendues.

ALIAGA (Fray Luiz), moine espagnol, confesseur de Philippe III, puis grand inquisiteur du royaume, né vers 1560, mort en 1630. Sous son inspiration, fut rendu l'édit qui expulsa les Maures. On lui attribue la seconde partie du *Don Quichotte*, publiée en 1614 (in-4°), sous le pseudonyme d'Avellaneda (voy. ce mot).

ALIAS (a-li-ass) adv. lat. qui signifie *autrement*, et dont on fait usage en français, pour

indiquer une variante dans un texte ou dans une phrase.

ALI-BABA, héros d'un des contes des *Mille et une nuits*. Il surprit par hasard la formule magique: *Sésame ouvre-toi*, qu'il fallait prononcer pour ouvrir la porte d'une caverne où quarante voleurs avaient entassé d'immenses richesses. Ce personnage, dont le hasard fit la fortune, n'est pas moins célèbre qu'*Aladin*, l'heureux possesseur de la lampe merveilleuse. De ce conte, Scribe et Mélesville on tiré un opéra, représenté à l'Académie de musique, le 22 juillet 1833. Musique de Chérubini.

ALIBAUD (Louis), régicide, né à Nîmes, en 1810, attenta à la vie de Louis-Philippe, le 25 juin 1836, et fut exécuté le 11 juillet.

ALI-BEN-ABOU-TALEB, 4e calife arabe, cousin et beau-frère de Mahomet. Les querelles qu'il eut pour la succession du Prophète, firent naître deux sectes : celle des *Sunnites*, qui niaient ses droits, et celle des *Chiites*, qui les soutenaient. Il n'arriva au pouvoir (655), qu'après l'assassinat d'Othman, captura, après la bataille dite *du chameau*, son ennemie, Ayescha, veuve de Mahomet, réprima plusieurs séditions. La fin de son règne fut malheureuse. Moavia se fit proclamer calife et lui enleva la plus grande partie de ses états. Ali finit par être assassiné dans la mosquée de Coufah (660). Une partie de ses poésies a été traduite en français par Vattier, Paris, 1660.

ALIBERT (Jean-Louis), médecin, né à Villefranche (Aveyron), en 1766, mort à Paris en 1837. Professeur de thérapeutique à Paris (1821), il devint médecin de Louis XVIII (qui lui donna le titre de baron), puis médecin de Charles X. Parmi ses nombreux ouvrages, on cite un *Traité des fièvres pernicieuses* (1804), une *Description des maladies de la peau* (1806); et sa fameuse *Physiologie des passions* (1825).

ALI-BEY, gouverneur de l'Egypte, né en 1728, mort en 1773; d'abord esclave caucasien d'Ibrahim Bey, il acquit une grande fortune, grâce à la protection de ce dernier; chef des Mamelucks en 1763, il s'empara du gouvernement (1766) par le meurtre des

autres beys et se proclama sultan (1768). Associé à Daher, pacha d'Acre, il saisit la Mecque et envahit la Syrie (1770). Il finit par être pris et mis à mort.

ALI-BEY, explorateur, voy. Badia y Leblice.

ALIBI s. m. (mot lat. qui signifie *ailleurs*). Présence d'une personne dans un lieu autre que celui où on la supposait au moment où un fait déterminé se produisait en ce dernier lieu. — Prouver un *alibi*, c'est établir qu'une personne, accusée d'un crime, se trouvait, au moment de la perpétration de ce crime, éloignée du lieu où il fut commis. — Plur. des alibis.

ALIBIFORAIN s. m. (du lat. *alibi*, ailleurs, et du franç., *forain*, étranger). Echappatoire, propos qui n'a pas de rapport à la chose dont il s'agit : *il m'a répondu par des alibiforains.*

ALIBILE adj. (lat. *alibilis*; de *alere*, nourrir). Méd. Qui est propre à nourrir; se dit surtout de la portion de chyme destinée à notre nutrition.

ALIBILITÉ s. f. Qualité d'un aliment qui renferme plus ou moins de substance alibile.

ALIBORON s. m. (arabe, *aliborân*, âne). Ne s'emploie que dans cette locution familière, *Maître aliboron*, homme ignorant, stupide, ridicule. — ⁓ Désigne quelquefois un âne :

> Arrive un troisième larron
> Qui saisit maître *aliboron.*
>
> La Fontaine.

ALIBOUFIER s. m. Genre d'arbres ou d'arbrisseaux de la famille des styracées; feuilles alternes munies d'un pétiole court, fleurs hermaphrodites; fruits globuleux. Les trois principales espèces sont : l'*aliboufier officinal*, *liquidambar oriental* (*Styrax officinale*, Lin.), arbrisseau de 3 à 4 mètres, originaire de la région méditerranéenne et de la France méridionale; il ressemble assez au cognassier par ses feuilles et à l'oranger par ses fleurs. On le cultive communément dans les jardins. Des incisions faites à son écorce, découle la gomme-résine connue sous le nom de *styrax solide*. L'*aliboufier benjoin* (*styrax benzoe*), originaire de Sumatra et cultivé au Brésil et à l'île de la Réunion, donne le *benjoin* employé en pharmacie. Enfin l'*aliboufier d'Amérique* ou *glabre* est un charmant arbuste que l'on cultive dans les jardins d'agrément.

ALICA s. f. (lat. *alica*, orge). Espèce d'orge avec laquelle les anciens fabriquaient la boisson du même nom.

ALICANTE. 1. Province S.-E. de l'Espagne (Valence) arrosée par la Segura; 5,434 kil carr.; 441,000 hab. — II. Capitale de la province ci-dessus (anc. *Lucentum*); v. maritime

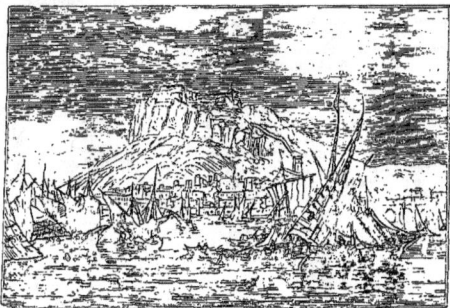

Alicante.

fortifiée, sur la Méditerranée, à 375 kil. S.-S.-E. de Madrid; 32,000 hab. Elle est bâtie au pied d'une colline couronnée par une forteresse. Commerce de raisins, d'amandes, de vins liquoreux dits d'Alicante, de safran, de vanille et d'huile d'olive. — L'archiduc Charles s'en empara en 1706 et la garda deux ans. Ce fut la dernière place qui capitula pendant l'invasion française de 1823.

ALICANTE s. m. Vin de liqueur que produit le territoire d'Alicante : *goûtez cet alicante.*

ALICATA, voy. LICATA.

ALICATE s. f. Pince dont se servent les émailleurs à la lampe.

ALICHON s. m. (lat. *ala,* aile). Nom des planchettes qui garnissent la roue d'un moulin, et sur lesquelles tombe l'eau qui sert de force motrice.

ALI-COUNOURGI (c'est-à-dire *le Charbonnier*), favori et grand vizir d'Achmet III, se montra hostile à Charles XII, roi de Suède, et fut tué à la bataille de Peterwardin (1716).

ALICULA s. f. Antiq. rom. Manteau court que les Romains des classes inférieures portaient attaché devant par une agrafe.

* **ALIDADE** s. f. (arabe : *al idad,* la computation ; espagn.: *alhada,* règle). Règle mobile de bois ou de métal, munie à chacune de ses extrémités d'une *pinnule* ou plaque métallique percée d'une fente verticale, et qui sert à viser les objets et à déterminer leurs directions et les angles qu'elles forment entre elles. — Horlog. Règle mobile sur une plate-forme, destinée à diviser les cadrans.

ALIDE adj. et s. Qui descend d'Ali ; qui est de la famille d'Ali. — La dynastie des Alides, longtemps exclue du pouvoir par les Ommiades, gouverna l'Egypte et plusieurs autres contrées.

ALIÉNABILITÉ s. f. Qualité de ce qui est aliénable.

* **ALIÉNABLE** adj. Qui se peut aliéner. Est employé surtout en terme de jurisprudence : *biens aliénables ; rentes aliénables ; les propriétés nationales ne sont pas aliénables.*

ALIÉNATAIRE s. Celui, celle en faveur de qui on a fait une aliénation.

ALIÉNATEUR, TRICE s. Celui, celle qui aliène.

* **ALIÉNATION** s. f. Transport qu'une personne fait à une autre, d'une propriété mobilière ou immobilière. On distingue l'aliénation *à titre gratuit* (donation, legs) et l'aliénation *à titre onéreux* (vente, échange). La loi ne permet pas l'aliénation aux mineurs, aux interdits, aux femmes mariées, aux propriétaires dont les biens sont grevés de substitution, aux gens de main morte (hôpitaux, chapitres, lycées). — Fig. Eloignement, aversion que peuvent produire les unes pour les autres. — Pathol. Aliénation mentale, ALIÉNATION D'ESPRIT, Dérangement des facultés intellectuelles, morales et sensitives : affection cérébrale ordinairement chronique et sans fièvre qui prend une prodigieuse variété de formes, classées, selon Baillarger, de la manière suivante : 1° VÉSANIES OU FOLIES (*monomanie, mélancolie, manie, folie à double forme*) ; 2° DÉMENCES (*les simples, les autres incohérentes*) ; 3° FORMES MIXTES (présentant les caractères des *folies* et des *démences*). Il faut y joindre le CRÉTINISME et l'IDIOTIE. Quant aux lésions élémentaires de l'aliénation mentale, le même médecin les distingue en : 1° LÉSIONS PARTIELLES (*conceptions délirantes, impulsions insolites, hallucinations*) ; 2° LÉSIONS GÉNÉRALES (*dépression* et *exaltation* de l'intelligence) ; 3° LÉSIONS MIXTES (*dissociation des idées, abolition de l'intelligence*).

CAUSES DE L'ALIÉNATION MENTALE.

Moyenne prise sur 1,000 aliénés mâles.

Ivrognerie.	110	Excès de travail	73
Suites de maladies	100	Idiotie congénitale	71
Épilepsie.	78	Grands malheurs.	69
Ambition	73	Vieillesse.	50

Chagrin 54
Amour 47
Accidents 39
Enthousiasme religieux.. 19
Pratiques contre nature.. 27
Evénements politiques 26
Intoxications........... 17

Excès amoureux 13
Crimes, remords, désespoir 9
Mauvaise conformation du crâne ....
Causes inconnues... 85
Folie simulée........ 5

— Hist. L'aliénation mentale paraît avoir été assez rare dans l'antiquité ; ou du moins nous ne trouvons, dans les anciens ouvrages, aucune mention d'institutions créées pour soigner les aliénés, ni de lois pour les protéger. D'après Euripide, le dieu du vin, Bacchus, avait le pouvoir de produire la folie : allusion qui s'explique d'elle-même. Il est à remarquer que le grand Hippocrate, aussi bien que ceux qui, après lui, ont parlé de cette maladie, tels que : Asclépiade, Celse, Arétée de Cappadoce, Cœlius Aurelianus et Galien, l'ont considérée comme ayant une base pathologique et non une origine surnaturelle ; mais les Arabes y virent une manifestation de la divinité ; chez eux, les fous ont été assimilés à de saints personnages, dont l'esprit hante les célestes régions. Néanmoins on prenait des précautions contre ceux qui devenaient dangereux. Benjamin de Tudela nous apprend qu'il existait à Bagdad, au XIIᵉ siècle, un vaste édifice appelé « maison de grâce », dans lequel les fous étaient enchaînés. Chaque mois, les magistrats visitaient cet asile et rendaient la liberté à ceux des prisonniers qui avaient recouvré la santé. Pendant le moyen âge, les aliénés, considérés comme frappés par la vengeance divine, furent, en conséquence, traités en criminels. Les investigations des médecins modernes, en faisant connaître la véritable cause des maladies du cerveau, ont produit une grande amélioration dans le sort des aliénés. La réforme qui commença lorsque Pinel, après des travaux systématiques sur ce sujet, délivra en 1792, les aliénés enchaînés, au nombre de 53, dans les cabanons de Bicêtre. Dès la même année, on vit introduire une réforme semblable dans les prisons anglaises, particulièrement à Bedlam. Les aliénés restèrent encore sans protection et presque hors la loi commune. La loi du 6 juillet 1838, quoique vivement discutée aujourd'hui, fit faire un grand progrès à la question, au point de vue de la liberté individuelle et de l'ordre public. Une mesure qui produit les meilleurs résultats est la création des exploitations agricoles dans la plupart des asiles d'aliénés, parce que le travail des champs, combiné avec les soins médicaux, amène un certain nombre de guérisons. — En France, chaque département est tenu d'avoir un établissement public où les aliénés sont reçus, soignés et sévèrement surveillés. voy. ALIÉNÉS.

ALIEN-BILL ou **Alien-Act** [a-lienn-bill ;-akt] (angl. *alien,* étranger, aubain ; *bill,* loi). Loi votée en Angleterre pour donner au gouvernement le droit de surveiller et même d'expulser les étrangers dont la présence paraît un danger. Plur. des ALIEN-BILLS, des ALIEN-ACTS ; on dit aussi des ALIEN-LAWS. La plus caractéristique de ces lois fut celle de 1793, votée sur la demande de lord Granville ; elle fut renouvelée en 1802, en 1816 et en 1848. Nulle mesure ne fut prise en 1871, contre les réfugiés de la Commune.

* **ALIÉNÉ, ÉE** part. pass. D'ALIÉNER. — Substantiv. et absolum. Celui, celle qui est atteint d'aliénation mentale. Les familles peuvent demander l'*interdiction* d'un de leurs membres atteint d'aliénation mentale ; mais quand même un aliéné ne serait pas interdit, il est prudent de demander son admission dans un asile. Cette demande peut être faite par un voisin, un ami de l'aliéné, aussi bien que par ses parents ; elle doit être accompagnée du certificat d'un médecin, non parent du malade. Elle est adressée au commissaire de police ou au maire. Les préfets peuvent faire enfermer d'office les individus dont l'état d'aliénation compromet l'ordre public ou la sûreté des personnes. Toute personne placée dans un établissement d'aliénés doit cesser d'y être retenue dès que sa guérison est obtenue. Les familles peuvent réclamer la sortie d'un de leurs membres qu'elles ont placé *volontairement* dans un asile ; mais le préfet seul peut ordonner la sortie d'une personne enfermée *d'office.* Les indigents sont reçus gratuitement dans l'asile de leur département, l'administration départementale a le droit de réclamer une pension pour la nourriture et l'entretien des aliénés non indigents. Les actes faits par un aliéné non interdit, pendant son séjour dans l'établissement, peuvent être attaqués pour cause de démence, pendant 10 ans, à partir du jour de sa sortie de l'asile. — La loi du 30 juin 1838, aujourd'hui en vigueur, a voulu rendre prompt et facile le placement des aliénés ; empêcher que ce placement servît de prétexte et de voile à des détentions arbitraires ; enfin, assurer aux aliénés un traitement humain et éclairé.

* **ALIÉNER** v. a. (lat: *alienare,* de *alienus,* étranger). Transférer à un autre la propriété d'un fonds, ou de ce qui tient lieu de fonds : *aliéner une rente.* — Fig. Agir de manière à perdre la bienveillance des personnes, leur estime, leur affection : *sa conduite lui aliène les cœurs.* — Déranger, troubler, en parlant de la raison, de l'esprit : *sa maladie lui aliéna l'esprit.* ⸺ S'aliéner. v. pr. Etre aliéné : *ces biens ne peuvent s'aliéner.* —Perdre la bienveillance : *il s'aliène les cœurs.* —Tourner à la folie : *esprit s'aliène.*

ALIÉNISME s. m. Folie : Néron appartient à l'aliénisme historique, une science à créer, et dont relèveraient la plupart des mauvais Césars. (P. de Saint-Victor).

ALIÉNISTE s. m. Médecin qui s'occupe spécialement du traitement des aliénés.— Adjectiv. Qui a rapport au traitement des aliénés : *médecin aliéniste.*

ALI ET RÉZIA OU LA RENCONTRE IMPRÉVUE, opéra bouffon en 3 actes représenté à Vienne en 1764 : paroles de Dancourt, musique de Gluck ; parut à la Comédie-Italienne de Paris le 1ᵉʳ mai 1790, sous le titre : *Fous de médecine;* arrangement musical par Solié.

ALIFÈRE adj. (lat. *ala,* aile ; *fero,* je porte) Se dit des insectes ailés.

ALIFI (anc. *Alifa*), ville de l'Italie méridionale, à 5 kil. S.-O. de Piedimonte ; tout à saint déchue ; 4,700 hab. Fabius y vainquit les Samnites, l'an 307 av. J.-C.

ALIFORME adj. (lat. *ala,* aile ; *forma,* forme). Anat. Qui a la forme d'une aile.

ALIGÈRE adj. (lat. *ala,* aile ; *gerere,* porter). Qui porte des ailes.

ALIGHIERI, voy. DANTE.

ALIGHUR. — I. District de l'Inde anglaise, dans la division Meerut des provinces du N.-O. ; 4 million d'hab. — II. Fort, dans le district cidessus, à 90 kil. N. d'Agra, pris en 1803 par les Anglais malgré une vigoureuse défense dirigée par l'officier français Perron.

* **ALIGNÉ, ÉE** part. pass. D'ALIGNER. ⸺ Vén. Se dit de la femelle du loup, quand elle a été couverte par le mâle.

* **ALIGNEMENT** s. m. Action d'aligner ; résultat de cette action : *l'alignement d'un mur, d'une plantation.* — Voirie. Tracé que fait l'administration, pour la direction et la largeur d'une voie publique et pour fixer la ligne sur laquelle doivent être construits les bâtiments qui bordent les rues et les routes. On ne peut élever ou réparer des bâtiments, des clôtures, etc., sur une voie publique quelconque (route nationale ou départementale, chemin de fer, chemin vicinal, rivière, canal navigable ou flottable, rue, place, etc.), sans avoir obtenu préalablement un alignement. Cette demande

doit s'adresser au préfet pour les voies nationales ou départementales ; au maire pour les voies communales. — Théor. milit. Action d'aligner ou de s'aligner en parlant d'une troupe. — A DROITE ALIGNEMENT! Alignez-vous en regardant votre droite. A GAUCHE ALIGNEMENT! Alignez-vous en regardant votre gauche.

* **ALIGNER** v. a. [a-li-nié; gn mll.] (lat. ad, suivant ; linea, ligne). Ranger sur une même ligne droite, surtout en parlant des bâtiments, des jardins, des allées, des troupes, des soldats : alignez le premier rang. — Par ext. Compasser, soigner jusqu'à l'affectation : il aligne ses phrases, ses mots. — S'aligner v. pr. Se ranger en ligne droite : la compagnie s'est alignée. — ⁓ Se mettre en face d'un autre pour se battre : après quelques mots d'explication, ils s'alignèrent ; pour une bisbille, ils se sont alignés.

ALIGNEUR, EUSE s. Celui, celle qui aligne.

ALIGNOIR ou **Alignonet** s. m. Instrument en forme de coin qui sert à fendre les blocs d'ardoise.

ALIGNOLE s. f. [gn mll.]. Pêche. Filet en forme de nappe dont on se sert dans la Méditerranée pour prendre les thons, les espadons, etc.

ALIGNY (Claude-Félix-Théodore CARUELLE d'), paysagiste, né à Chaume (Nièvre), en 1798, mort à Lyon en 1871. Fut l'un des premiers à revenir vers la nature, qu'il imita avec élégance et qu'il poétisa avec goût.

ALIGRE — I. (Etienne d'), chancelier de France, né à Chartres en 1569, mort en 1635, eut le sceau en 1624; mais Richelieu l'éloigna en 1626. — II. (Etienne d') fils du précédent, né en 1592, m. en 1677, chancelier en 1674. — III. (Etienne-François d'), premier président au parlement de Paris, né en 1726, m. en 1798, se montra opposé à la convocation des états généraux, n'eut que le temps de s'enfuir au commencement de la Révolution et mourut à Brunswick. Son fils, le MARQUIS D'ALIGRE, a été pair de France.

* **ALIMENT** s. m. (lat. alimentum). Toute substance susceptible d'être digérée et d'entretenir la vie : aliment léger, substantiel. — Par ext. Tout ce qui sert à entretenir une chose, à la faire subsister : l'eau est le principal aliment des plantes ; le bois est l'aliment du feu.

> L'honneur est l'aliment de l'âme des héros.
> THOMAS.

— Physiol. Les substances alimentaires se divisent en deux classes: 1° ALIMENTS AZOTÉS ou plastiques ou albuminoïdes ; ce sont ceux qui fournissent les seuls principes aptes à se transformer en sang et à s'assimiler aux tissus. Ils comprennent la chair et le sang des animaux, la fibrine, l'albumine, la caséine, la gélatine, l'osmazome et le gluten. Les aliments sont d'autant plus nutritifs qu'ils renferment une plus forte proportion de principes azotés. — 2° ALIMENTS NON AZOTÉS, respiratoires ou combustibles, ceux qui ne renferment dans leur composition que trois éléments : oxygène, hydrogène et carbone; ils se combinent avec l'oxygène de la respiration; ils sont éliminés par l'expiration, sous forme d'acide carbonique, et servent à produire la chaleur. Ils comprennent : la graisse, le beurre, l'huile, l'amidon, le sucre, l'alcool, le vin, etc. — Une bonne alimentation doit renfermer une proportion convenable d'aliments plastiques et d'aliments respiratoires; un régime composé trop exclusivement des uns ou des autres ne suffirait pas à réparer les pertes de l'économie et amènerait le dépérissement. — Suivant leurs propriétés nutritives, les aliments se classent de la façon suivante : 1° Aliments fibrineux (chair des animaux adultes) ; ce sont les plus nourrissants, dans l'ordre décroissant que voici : bœuf, mouton, cochon, veau, gibier, volaille. C'est l'alimentation recommandée pour les tempéraments lymphatiques, pour les travailleurs et pour les habitants des pays froids. 2° Aliments gélatineux (chair des jeunes animaux, tendons, cartilages, jarrets, pieds); moins nourrissants que les précédents; conviennent aux convalescents, aux tempéraments bilieux, ardents, aux personnes sédentaires et pendant l'été; 3° Aliments albumineux (œufs, ris de veau, huîtres, etc.); très nourrissants. Les poissons et les écrevisses, qui renferment en proportions à peu près égales de la fibrine, de la gélatine et de l'albumine, tiennent le milieu entre les viandes rouges et les végétaux. 4° Aliments féculents (céréales, légumineux, châtaignes, pommes de terre, sagou, tapioca, pain, et en général tout ce qui contient du gluten); nourrissants. 5° Aliments mucilagineux ou gommeux (carotte, rave, betterave, chou, panais, asperge, salsifis, épinard, salade, courge, radis, fruits, sucre); insuffisants ; ne peuvent être employés que comme complément des autres. 6° Aliments caséeux (lait et ses préparations); nourrissants et très bons pour les enfants et les personnes nerveuses. — « La quantité des aliments à prendre par jour varie suivant l'âge, le tempérament, les occupations, le genre de vie et la qualité nutritive de ces aliments. L'homme de labeur peut faire 4 à 5 repas, pendant que l'homme sédentaire ou désœuvré en fera deux. » (Dʳ C. Dupasquier). — D'après le médecin espagnol Lunda, la quantité journalière de viande distribuée aux soldats, dans les diverses troupes d'Europe, varierait ainsi qu'il suit : Angleterre, 375 grammes; France, 250 ; Belgique, 250; Russie, 250 (mais 4 fois seulement par semaine); Prusse, 170 ; Italie, 150; Autriche, 125; Espagne, 35 gr. de lard. — Aliments s. m. pl. Jurispr. Ce qui est nécessaire à la nourriture et à l'entretien d'une personne : logement, vêtements, soins, frais en cas de maladie. Les père et la mère doivent les aliments à leurs enfants légitimes, adoptifs ou reconnus jusqu'à ce qu'ils soient en état de subvenir à leurs besoins; après eux, cette obligation est imposée aux ascendants paternels et maternels. Les enfants, de leur côté, doivent les aliments à leurs ascendants. Les époux sont dans l'obligation de fournir mutuellement les aliments. Les gendres et belles-filles doivent les aliments à leurs beaux-pères et belles-mères ; excepté lorsque la belle-mère s'est remariée, et lorsque celui des époux qui produisait l'affinité et les enfants issus de son mariage avec l'autre époux sont décédés. Le refus d'aliments par le donataire au donateur permet à ce dernier de demander la révocation de la donation (C. civ. art. 39).

* **ALIMENTAIRE** adj. Qui est propre à servir d'aliment: substance alimentaire, plante alimentaire. — Physiol. Qui a rapport à la nutrition, à l'alimentation du corps : RÉGIME ALIMENTAIRE, régime que l'on suit à l'égard des aliments. — Jurispr. PENSION ALIMENTAIRE, pension fournie en argent ou en nature par celui qui doit les aliments à ceux qu'il est en état de subvenir à leurs besoins, et en vertu d'une convention amiable ou d'un jugement. Les pensions alimentaires sont incessibles et insaisissables. — PROVISION ALIMENTAIRE. Somme accordée par les juges à la personne qui réclame des aliments, afin qu'il lui soit possible de vivre, en attendant l'issue du procès. — ⁓ Mécan. Se dit des parties d'une machine qui contribuent à l'alimentation de la chaudière : pompe alimentaire.

ALIMENTATEUR, TRICE adj. Qui alimente, qui nourrit.

* **ALIMENTATION** s. f. Action de nourrir, de se nourrir; résultat de cette action.

ALIMENTATIVITÉ s. f. Phrén. Prédisposition à la gourmandise.

* **ALIMENTER** v. a. Nourrir, fournir les aliments nécessaires : alimenter une ville, une famille, un enfant. — Fig. Entretenir, fournir ce qui est nécessaire pour qu'une chose subsiste :

> De l'amour dans nos cœurs alimentons la flamme.
> LAMOT.

— ⁓ S'alimenter v. pr. Se nourrir, tirer sa subsistance.

* **ALIMENTEUX, EUSE** adj. Méd. Qui nourrit: remèdes alimenteux; sucs alimenteux.

ALIMENTUS (Lucius-Cincius), historien romain, préteur en Sicile (209 av. J.-C.). Il ne reste que des fragments de ses ouvrages, comprenant une histoire de Rome et un récit de sa captivité parmi les Carthaginois.

ALI-MOEZZIN, capitan-pacha, qui fut vaincu et tué à la bataille de Lépante (1571).

ALINA REGINA DI GOLCONDA, opéra italien de Donizetti, représenté à Gênes en 1828, à Saint-Pétersbourg en 1851 et à Paris (Théâtre-Italien) le 10 mars 1870.

ALINE (Sainte), vierge et martyre, en 640; fête le 19 juin.

ALINE, reine de Golconde, opéra-ballet en 3 actes, représenté à Paris (Académie de musique) le 15 avril 1766; paroles de Sedaine, musique de Monsigny. — Opéra-comique en 3 actes, représenté sur le théâtre Feydeau, le 2 sept. 1803 ; paroles de Viel et Favières; musique de Berton; arrangé en ballet par Dugazon, pour l'Académie de musique, en 1823. — Opéra, représenté à Saint-Pétersbourg, en 1808; musique de Boïeldieu. — Un conte de Boufflers a fourni le sujet de ces pièces de théâtre.

* **ALINÉA** loc. adv. (lat. à la ligne). Quand on dicte à quelqu'un, on dit alinéa, c'est-à-dire : quittez la ligne où vous en êtes, et commencez-en une autre au-dessous (Acad.). — s. m. La ligne elle-même que l'on recommence après avoir quitté la précédente. Les alinéas reposent le lecteur, facilitent l'intelligence d'un ouvrage et en coupent à propos le sens. — Typogr. L'alinéa est aligné quand il est de niveau avec les autres lignes de la page ; saillant quand il les dépasse de quelques lettres ; rentrant quand il laisse un espace vide. En France, on n'emploie guère que les alinéas rentrants. On met un cadratin en tête des alinéas et on commence le premier mot par une capitale. Dans les poésies dont les vers ont des mesures différentes, on marque les alinéas par des lignes de blanc. — Par ext. Le passage, le paragraphe compris jusqu'à un alinéa suivant : un alinéa très court.

ALINÉAIRE adj. Qui a rapport à un alinéa; qui forme un alinéa.

ALINER v. a. (rad. lin). Se disait autrefois de l'action de fournir un vaisseau de voiles et de cordages.

ALINGER v. a. Entretenir de linge : une mère prévoyante alinge abondamment ses enfants.

ALIOS s. m. [a-li-oss]. Géol. Nom donné dans les Landes bordelaises à une sorte de tuf formé de gros sablons liés par une argile ferrugineuse. La couche d'alios, située au-dessous de la terre végétale, arrête l'infiltration des eaux et cause la formation de nombreux marais.

ALI-PACHA, homme d'État de la Turquie (1815-1871), successivement employé aux légations de Vienne (1834-'36) et de Londres (1838-'44), chancelier du divan, ministre des affaires étrangères (1846-'52), grand visir, gouverneur général de Smyrne (1853) et de Brousse (1854), tour à tour grand visir et ministre des affaires étrangères (1855-1866), il devint régent en 1867, pendant le voyage du Sultan en Europe.

ALIPÈDE adj. (lat. ala, aile ; pes, pedis, pied). Qui a des ailes aux pieds. S'est dit surtout en parlant de Mercure.

* **ALIQUANTE** adj. f. [a-li-kan-te] (lat. ali-

quantus d'une certaine grandeur). Mathém. Ne s'emploie que dans la locution : PARTIE ALIQUANTE. Partie qui n'est pas contenue un nombre exact de fois dans un tout, par opposition à PARTIE ALIQUOTE : *le nombre* NEUF *est une partie aliquote de* VINGT-SEPT, *et le nombre* HUIT *en est une partie aliquante*, parce que le nombre vingt-sept est exactement divisible par neuf et ne l'est pas par huit.

* **ALIQUOTE** adj. f. [a-li-ko-te] (lat. *aliquot*, un certain nombre). Mathém. N'est usité que dans la locution : PARTIE ALIQUOTE, partie contenue un nombre exact de fois dans un tout, par opposition à PARTIE ALIQUANTE (voy. ce mot).

* **ALISE** s. f. [a-li-ze] Fruit de l'alisier. Il est aigrelet et de la grosseur d'une cerise.

* **ALISÉ, ÉE** adj. [a-li-zé] (provenç. *alizatt*). Lisse, poli : *tuyau alisé*.

ALISE-IZERNORE, village près de Nantua (Ain), où M. Gravot, dans une brochure imprimée à Nantua en 1862, place la véritable *Alésia* de Vercingétorix et de César.

ALISE-SAINTE-REINE, village du dép. de la Côte-d'Or, à 14 kil. N.-E. de Semur. On croit que c'est en cet endroit que s'élevait *Alésia*, cette grande ville gauloise, auprès de laquelle Vercingétorix livra à César sa dernière bataille. Au ve siècle, Alise, menacée par les Barbares, perdit les reliques de Sainte-Reine qui y attiraient un grand concours de fidèles et qué l'on dut transporter à Flavigny ; il lui resta un bon naturel, les eaux minérales de Sainte-Reine qui, au xve siècle, furent exploitées par des Cordeliers et qui jouirent d'une grande renommée au temps d'Anne d'Autriche.

* **ALISIER** s. m. Genre d'arbres de la famille des rosacées, tribu des pomacées, quelquefois réuni au genre poirier. Le plus commun est *le sorbier des bois* ou *alisier torminal (cratœgus torminalis)*, qui croît dans nos forêts. Son bois dur s'emploie dans la menuiserie. En Angleterre et en Allemagne, on mange ses fruits, après les avoir laissé blettir comme la nèfle.

Alisier d'Amérique (Cratægus crus-galli).

L'*allouchier (cratægus aria)* ou *sorbier alisier*, produit de beaux fruits rougeâtres et l'*alisier de Fontainebleau (cratægus intermedia)* porte des fruits ovoïdes, orangés, à pulpe jaunâtre et sucrée. A ce genre appartiennent encore l'aubépine, l'azerolier, le buisson ardent, etc. L'*Alisier d'Amérique (cratægus crus-galli)*, se rencontre dans les pays situés entre le Canada et le bas Mississipi. C'est un bel arbre de 10 à 20 pieds de haut, fournissant un bois dur et fin, qui prend un beau poli et qui est recherché pour manches d'outils.

ALISMACÉ, ÉE adj. [a-liss-ma-sé]. Bot. Qui ressemble à un alisme. — ALISMACÉES s. f. pl. Famille de Monocotylédones comprenant surtout les genres *Fluteau (Alisma)* et *Fléchières*

(Sagittaria), plantes d'eau tranquille ou de marais. Périanthe régulier bien ouvert, formé de 3 folioles vertes, persistantes, alternant avec 3 folioles plus grandes, colorées comme des pétales.

ALISME ou **Alisma** s. m. [a-liss-me] (gr. *alisma*, plantain d'eau). Genre d'*Alismacées*, appelé aussi *Fluteau*, dont l'espèce la plus connue est le *plantain d'eau*.

ALISMÉ, ÉE adj. Qui ressemble à un alisme.

ALISMOÏDE adj. (franç. *alisme* ; gr. *eidos*, forme). Synon. d'ALISMACÉ.

ALISON s. f. [a-li-zon]. Diminutif de *Lison*, appliqué aux soubrettes de comédie :

> *Taisez-vous, Alison, vous n'êtes qu'une folle.*
> SCARRON.

ALISON. — 1. Archibald, écrivain écossais (1757-1839), auteur d'un Essai sur la nature et les principes du goût. — II. Sir Archibald, historien anglais, fils du précédent. Le plus connu de ses nombreux ouvrages est l' « Histoire de l'Europe depuis le commencement de la Révolution française jusqu'à la restauration des Bourbons » (10 vol. 1839-'42) avec une continuation jusqu'à l'accession de Louis-Napoléon (2e éd., 8 vol. 1863-'65), né en 1792 ; mort en 1867.

* **ALITÉ, ÉE** part. pass. D'ALITER. — ᴠᴠ Substantiv. : *un pauvre alité*.

* **ALITER** v. a. Forcer à se mettre au lit ; réduire à garder le lit : *sa maladie l'alita*. — ᴠᴠ Pêche. Ranger par couches, dans les caques, des poissons tels que harengs, anchois, etc. —
* **S'aliter** v. pr. Se mettre au lit, garder le lit pour cause de maladie.

ALITRONC s. m. [a-li-tron] (lat. *ala*, aile ; franç. *tronc*). Partie postérieure du tronc des insectes, sur laquelle viennent s'implanter les ailes.

ALITURGIQUE adj. (gr. a, sans ; franç. *liturgie*). Se dit des jours qui n'ont pas d'office particulier.

ALIWAL, village du N.-O. de l'Inde, sur les bords du Sutlej, célèbre par la victoire que les Anglais y remportèrent sur les Sikhs, le 28 janvier 1846.

ALIX DE CHAMPAGNE, reine de France, quatrième fille de Thibaut IV, comte de Champagne, femme de Louis VII et mère de Philippe-Auguste ; régente en 1190, elle gouverna avec sagesse ; elle mourut en 1206.

ALIXAN ou **Alissan**, *Alexianum*, bourg du dép. de la Drôme, arr. et à 10 kil. de Valence ; 2,500 hab. Autrefois ville importante, détruite par un incendie en 1345, pendant la guerre des Episcopaux.

ALIZARATE s. m. Sel produit par la combinaison de l'acide alizarique avec une base.

ALIZARI s. m. Racine entière de la garance. Plur. des ALIZARIS.

ALIZARINE s. f. (rad. *alizari*, racine de garance). Matière cristallisée qui constitue le principe colorant de la racine de garance et qui fut découverte par Robiquet et Colin en 1831. — Schunck, en 1848, démontra que les plus fines couleurs de garance contiennent seulement de l'alizarine combinée avec des alcalis et des acides gras. — Græbe et Liebermann obtinrent, de l'alizarine, la substance appelée anthracène, en 1868 ; et l'année suivante, de l'anthracine, ils obtinrent l'alizarine. — Formule : C²⁰ H⁸ O⁶. Substance qui se présente sous la forme de cristaux aiguillés d'une belle nuance rouge pâle. On l'obtient en soumettant en vase clos, à l'action d'une chaleur portée graduellement jusqu'à 250°, la *garancine* ou la *colorine* (voy. ces mots).

ALIZARIQUE adj. Se dit d'un acide appelé plus communément *acide phtalique*.

* **ALIZE** s. f. voy. ALISE.

* **ALIZÉ** s. f. ou ᴠᴠ **Alisé** adj. m. pl. (provenç. *alizatt*, uni, uniforme). Météor. Se dit de certains vents réguliers qui soufflent pendant toute l'année, de l'E. à l'O. dans les régions tropicales ; de l'E.-N.-E. à l'O.-S.-O. dans l'hémisphère N. et de l'E.-S.-E. à l'O.-N.-O. dans l'hémisphère S. — ᴠᴠ Substantiv. : *les alizés font naître des remous*.

ALIZÉEN, ÉENNE adj. Qui a rapport aux vents alizés.

* **ALIZIER** s. m. voy. ALISIER.

ALIZITE s. f. Minér. Silicate hydraté de nickel, contenant un peu de magnésie et de fer.

ALJUBAROTTA voy. ALDJUBARROTA.

* **ALKALI** voy. ALCALI.

ALKANNA s. f. Nom arabe de l'ORCANETTE.

* **ALKÉKENGE** s. f. Genre de plantes établi par Tournefort dans la famille des solanées et dont le *coqueret* est le type ; une espèce est commune dans nos haies et dans nos vignes ; fruit acidule contenu dans une vésicule de couleur rougeâtre ; ces baies purgatives et diurétiques servaient autrefois à préparer des trochiques et une eau distillée ; elles entrent dans le sirop de rhubarbe ou de chicorée composé.

ALKENDI ou **Alchindus**, philosophe arabe, né à Bassora, vers le IXe siècle. Plusieurs de ses ouvrages ont été publiés en latin. Il traduisit Aristote et mérita d'être surnommé le *Philosophe par excellence*.

* **ALKERMÈS** s. m. [al-kèr-mèss] (arabe *al*, le ; *kermes*). Liqueur de table très agréable, mais excitante, qui tire son nom du kermès, végétal employé pour la colorer en rouge. L'alkermès, préparé surtout à Florence, s'obtient d'une infusion de plantes aromatiques dans l'alcool, infusion que l'on distille et que l'on sucre.

ALKMAAR ou **Alcmaer**, ville forte de la Hollande septentrionale, à 23 kil. N.-O. d'Amsterdam ; 9,500 hab. Exportation de fromages, de beurre, de bétail et de grains. — Siège célèbre soutenu pendant dix ans (1573-'83) contre les Espagnols. Grande victoire des Franco-Bataves commandés par Brune (6 octobre 1799) sur les Anglo-Russes que commandait le duc d'York. Ce dernier signa, le 20 octobre, une capitulation en vertu de laquelle il se retirer, abandonnant son artillerie et s'engageant à renvoyer 10,000 prisonniers français sans échange.

ALKMAAR (Heinrich von), poète du xve siècle, né à Alkmaar, réputé auteur de «Reynard le Renard ».

ALKOOL, voy. ALCOOL et ses composés.

ALLA BREVE loc. adv. [al-la-bré-vé] (Ital. *alla*, à la ; *breve*, brève). Mus. Mots qui se trouvent quelquefois au commencement des morceaux religieux et qui indiquent un mouvement rapide, d'une mesure à deux temps. Dans la musique ordinaire on emploie quelquefois *alla breve* ou *a capella*, pour indiquer une mesure à trois ou quatre *temps* (deux et battus et deux en levés).

ALLA FRANCESE loc. adv. [al-la-fran-tché-zé] (ital. à la française). Mots que les Allemands plaçaient autrefois en tête de certains morceaux de musique, pour indiquer un *staccato* (détaché) et un mouvement modéré.

ALLAGITE s. f. Minér. I. Variété de manganèse siliceux. — II. Silicate de manganèse mélangé de carbonate du même métal ; substance verte ou brune rougeâtre ; compacte et quelquefois fibreuse.

ALLAH s. m. [al-la] (Arabe, *al*, le ; *Illah*, Dieu). Nom mahométan de l'Etre suprême. *Allah est*, chez les musulmans, une exclamation de joie, de surprise, de crainte et, quelquefois un cri de guerre : *les Turcs nous attaquérent en criant : Allah! Allah!*

ALLAHABAD. I. Division des provinces N.-O. le l'Inde anglaise; 5 millions et demi d'hab. — II. District de la division ci-dessus, 1 million et demi d'hab. Riche contrée arrosée par le Gange et la Jumna. — III. Capitale des provinces N.-O. de l'Inde, au confluent du Gange et de la Jumna; à 760 kil. N.-O. de Calcutta; 145,000 hab.— Les Indous l'appellent *Prayaga*, et les Musulmans, la nomment *la Demeure de Dieu (Allah abbad)*; les uns et les autres la considèrent comme la plus sainte des cités. Chaque année, près de 300,000 pèlerins viennent s'y purifier au point de jonction des deux cours d'eau. Cette ville, qui fit successivement partie des royaumes de Delhi et d'Oude, fut annexée aux possessions anglaises en 1803. Elle se révolta un instant en juin 1857 et devint capitale des provinces N.-O. en 1861. C'est aujourd'hui un point commercial et militaire important.

ALLAINVAL (Soulas d'), abbé, né à Chartres, en 1700, mort à l'Hôtel-Dieu de Paris, le 2 mai 1753. Il a donné quelques comédies agréables qui furent jouées à la Comédie-Française : *la Fausse Comtesse ; l'Ecole des Bourgeois; les Réjouissances publiques; le Mari curieux*. Il fit jouer au Théâtre Italien : *l'Embarras des richesses*, etc.

ALLAIRE, ch.-l. de cant. (Morbihan), arr. et à 38 kil. S.-E. de Vannes; 2,250 hab.

ALLAISE s. f. [a-lè-ze]. Amas de sable qui se forme en travers des rivières.

ALLAITANT, ANTE adj. Qui allaite, en parlant d'un animal : *brebis allaitante*.

ALLAITE s. f. Véner. Tette de la louve.

° **ALLAITEMENT** s. m. Action d'allaiter. — Hyg. On distingue 4 sortes d'allaitement : 1° ALLAITEMENT MATERNEL, considéré comme le plus naturel, comme la suite de la gestation. Une femme qui n'allaite pas son enfant ne peut connaître entièrement les joies de la maternité; elle est incomplètement mère. Il est des cas néanmoins où il doit y renoncer; par exemple, lorsqu'elle est atteinte de quelque maladie constitutionnelle, ou lorsque son lait est insuffisant. 2° ALLAITEMENT ÉTRANGER. C'est celui qui a lieu par une *nourrice*. Voy. ce mot. 3° ALLAITEMENT ANIMAL, lorsqu'une chèvre ou une vache sert de nourrice à l'enfant, qui la tette directement. 4° ALLAITEMENT ARTIFICIEL. C'est le moins bon des allaitements. Le nourrisson boit, à l'aide d'un verreau d'un *biberon*, du lait coupé d'eau ou des potages liquides qu'on a le soin de faire tiédir. — L'allaitement doit durer de 12 à 15 mois; il est imprudent d'y joindre d'autre nourriture avant l'âge de 4 ou 5 mois.

° **ALLAITER** v. a. Nourrir de son lait : *la mère doit allaiter son enfant; allaiter est l'une des fonctions de la femme.* — Se dit aussi en parlant des femelles des animaux : *une louve, dit-on, allaita Romulus et Rémus.*

ALLAMAND (Jean-Nicolas-Sébastien), naturaliste, né à Lausanne en 1713, mort en 1787. Professeur à l'Université de Leyde (Hollande), il expliqua le premier le phénomène des *bouteilles de Leyde.*

ALLAMANDE s. f. (de *Allamand*, n. pr.). Bot. Genre d'apocynées, tribu des carissées, comprenant plusieurs espèces originaires de l'Amérique tropicale et cultivées dans nos serres.

ALLA MILITARE loc. adv. [al-la-mi-li-ta-ré] (ital. *à la militaire*). Mus. Mots qui se placent au commencement d'un morceau de musique pour indiquer qu'il faut l'exécuter dans le caractère des marches militaires.

ALLAIN (sir William), peintre d'histoire écossais (1782-1850), passa plusieurs années

en Russie et produisit : « les Captifs Circassiens » et « Pierre-le-Grand enseignant à ses sujets l'art de construire des navires ».

ALLAN (David), célèbre graveur écossais (1744-'96).

ALLANCHE, ch.-l. de cant. (Cantal), arr. et à 15 kil. N.-E. de Murat; 2,000 hab. Petite ville située au pied du Cézalier; commerce important de fromages et de bestiaux. Château de Malcarques aux environs.

ALLANITE s. f. Silicate de cérium, vitreux, noir, rayant le verre ; se trouve au Groenland, au milieu de roches micacées.

ALLAN-KARDEC, spirite. Voy. KARDEC.

° **ALLANT** s. m. Celui qui va. Ne s'emploie guère qu'au pluriel, et joint au mot VENANTS : *les allants et les venants.*

° **ALLANT, ANTE** adj. Qui aime le mouvement; qui aime à courir : *c'est un homme allant.*

ALLANTE s. m. (gr. *allas, allantos*, saucisse). Sous-genre d'insectes hyménoptères du genre *Tenthrède.*

ALLANTOATE s. m. Sel produit par la combinaison de l'acide allantoïque et d'une base salifiable.

° **ALLANTOÏDE** s. f. (gr. *allas, allantos*, boyau ; *eidos*, forme). Anat. Organe spécial qui forme, dans les fœtus, une vésicule d'abord ronde, puis pyriforme; elle se sépare en deux parties, l'une, interne, devient la *vessie-urinaire*; l'autre, externe, prend le nom d'*ouraque*; c'est l'allantoïde proprement dite.

ALLANTOÏDIEN, IENNE adj. Se dit du liquide contenu dans l'allantoïde. — VAISSEAUX ALLANTOÏDIENS, vaisseaux qui circulent autour de l'allantoïde proprement dite.

ALLANTOÏNE s. f. (rad. *allantoïde*). Chim. Sorte d'amide naturelle qui existe toute formée dans la liqueur amniotique des vaches, où elle a été découverte par Vauquelin et Bussière. C⁴ H³ Az² O³. On l'appelle quelquefois *acide allantoïque*. Pour l'obtenir, il suffit de faire évaporer les eaux amniotiques jusqu'au quart de leur volume primitif. Elle se présente sous forme de cristaux prismatiques, incolores et brillants.

ALLANTOÏQUE adj. Qui se rapporte à l'allantoïde.

ALLANTOPHORE adj. [al-lan-to-fo-re] gr. *allas, allantos*, saucisse; *phoros*, qui porte). Hist. Qui est muni d'appendices ayant la forme d'un boyau.

ALLANTOXICON s. m. [al-lan-to-to-ksi-konn] (gr. *allas, allantos*, saucisse; *toxikon*, poison). Poison qui se développe dans les viandes de charcuterie.

ALLANTURIQUE adj. Se dit d'un acide obtenu en chauffant légèrement de l'allantoïne avec de l'acide azotique ou chlorhydrique.

ALLA OTTAVA loc. adv. (ital. *à l'octave*). Mus. Terme qui indique qu'un passage doit être exécuté à l'octave au-dessus ou au-dessous.

ALLA PALESTRINA loc. adv. (ital. à la manière de Palestrina). Mus. Se dit d'un contre-point fugué, écrit pour les voix seules, sur un motif qui se développe ou se reproduit à travers les différentes parties. Les ouvrages du célèbre Palestrina sont restés des modèles du genre.

ALLA POLACCA loc. adv. (ital. à la polonaise). Mus. En mesure ternaire modérée.

ALLARD (Jean-François), officier français, né à Saint-Tropez (Var) en 1785, mort en 1839. Capitaine de la garde impériale, puis aide de camp du maréchal Brune, il s'enfuit après l'assassinat de ce dernier (1815), passa en Egypte et en Perse, entra au service de Bun et Singh, roi de Lahore (1822), forma un

corps de dragons équipé à la française; introduisit dans l'armée la discipline et les manœuvres européennes, fut nommé généralissime et accomplit plusieurs missions diplomatiques pour le prince indien dont il était devenu l'homme indispensable. Dans un voyage qu'il fit en France (1833), il offrit à la Bibliothèque Nationale une riche collection de médailles.

ALLARDE (Pierre-Gilbert LEROI, baron d'), constituant, né à Montluçon en 1749, mort en 1809. Fit adopter l'institution des patentes.

ALLART (Marie GAY, DAME), femme de lettres, née à Lyon vers 1750, morte à Paris en 1801. Elle traduisit plusieurs romans anglais, et publia en 1818 un roman de sa composition, *Albertine de Sainte-Albe* (Paris, 2 vol. in-12), qui obtint un vif succès.

ALLA ZOPPA loc. adv. (ital. *à la boiteuse*). Mus. Terme qui indique un mouvement de syncope entre deux temps, sans qu'il y ait syncope entre deux mesures ; c'est-à-dire qu'entre deux notes d'une valeur égale, se trouve une note d'une valeur double, ce qui produit une marche inégale et comme boiteuse.

ALLEBOTE s. f. Grappes de raisin que les vendangeurs laissent dans les vignes.

ALLEBOTER v. n. Grappiller les allebotes.

ALLEBOTEUR, EUSE s. Celui, celle qui grappille les allebotes.

ALLÉCHANT, ANTE adj. Attrayant, séduisant : *proposition alléchante.*

° **ALLÈCHEMENT** s. m. Moyen par lequel on allèche.

° **ALLÉCHER** v. a. (lat. *alectare* ; fréquentatif de *allicere*, attirer). J'allèche; j'allécherai. Attirer par quelque appât : *on allèche les souris avec des noix.* — Fig. Attirer par le plaisir, par l'espérance, par la séduction, etc.: *il m'alléchait par la promesse d'énormes bénéfices.*

> Maître renard, par l'odeur *alléché*,
> Lui tint à peu près ce langage.
> LA FONTAINE.

ALLECULA, nom latin donné par Fabricius aux insectes du genre CISTÈLE.

° **ALLÉE** s. f. (rad. *aller*). Ne s'emploie guère qu'au pluriel, en opposition à *venues* : ALLÉES ET VENUES, action d'aller et de venir plusieurs fois, surtout en parlant des démarches que l'on fait pour une affaire : *je passe mon temps en allées et venues.*

° **ALLÉE** s. f. (lat. *latus, lata*, large; vieux franç. *lée, laie*, chemin, voie). Passage, corridor entre deux murs parallèles, qui conduit de l'entrée d'une maison dans l'intérieur. — Lieu propre à se promener, qui s'étend en longueur, qui est bordé d'arbres ou de verdure : *je viens de me promener dans la grande allée du jardin.*

ALLÉGATEUR, TRICE s. Celui, celle qui allègue, qui se fonde sur des allégations.

° **ALLÉGATION** s. f. Citation d'un extrait, d'un passage qui fait autorité, d'un fait, etc.: *l'allégation d'une loi.* — Simple proposition d'une chose qu'on met en avant : *ses allégations sont fort adroites.*

° **ALLÉGE** s. f. (rad. *alléger*). Mar. Petit bâtiment de transport qui sert à charger et à décharger les bâtiments que leur tirant d'eau empêche d'approcher assez près du bord. — ∾ Machine appelée aussi *chameau* au moyen de laquelle on soulève un vaisseau dans les bas-fonds. — ° Archit. Mur d'appui d'une fenêtre, moins épais que l'embrasure, et sur lequel portent des colonnettes ou meneaux qui divisent la croisée.

° **ALLÉGEANCE** s. f. [al-lé-jan-se]. Soulagement, adoucissement, consolation :

> Où dois-je désormais chercher quelque *allégeance?*
> CORNEILLE.

* **ALLÉGEANCE** s. f. Fidélité, obéissance. S'emploie surtout dans l'expression SERMENT D'ALLÉGEANCE, serment de fidélité que le vassal prêtait à son suzerain ; et particulièrement en Angleterre, serment réclamé par Jacques Ier, en 1606, après la découverte de la conspiration des poudres ; ce serment avait pour but de faire reconnaître la souveraineté temporelle du roi et son indépendance à l'égard du pape.

* **ALLÉGEMENT** s. m. Soulagement, diminution d'un poids : *allégement d'un navire*. — Fig. Adoucissement, consolation : *cette diminution d'impôts sera un allégement pour les contribuables* ; *cette bonne nouvelle est un allégement à ma douleur.*

* **ALLÉGER** v. a. (al-lé-jé) (lat. *allevare* ; de *ad*, a ; *levis*, léger). J'allège ; j'allégerai. Soulager d'une partie d'un fardeau ; rendre plus léger : *alléger un bateau* ; *alléger la charge d'un cheval*. — Fig. Diminuer les charges ; rendre moins onéreux : *on fera des lois pour alléger les contribuables*, *on allégera les charges publiques*. — Calmer l'inquiétude, diminuer le mal, la douleur : *la résignation allège l'infortune*. — Mar. *Alléger un bâtiment*, le décharger d'une partie de son poids, à l'aide d'allèges. — *Alléger un cordage*, en diminuer la tension. — * S'alléger v. pr. Etre allégé, au propre et au figuré.

> Je m'allège du faix dont je suis accablé.
> MALHERBE.

ALLÉGHANIEN, ENNE adj. Qui concerne les monts ALLÉGHANY : *système alléghanien*.

ALLÉGHANY, rivière de l'état de Pennsylvanie, qui se joint au Monongahela pour former l'Ohio, à Pittsburgh.

ALLÉGHANY (Monts). Voy. APPALACHES (MONTS).

ALLÉGHENY, ville de la Pennsylvanie, sur la rivière Alléghany, vis-à-vis de Pittsburgh : 60,000 hab. Beau parc ; observatoire ; pénitencier ; séminaires presbytériens ; industrie très développée.

* **ALLÉGIR** v. a. Techn. Diminuer en son sens le volume, l'épaisseur d'un corps : *allégir une planche*. — Manège. ALLÉGIR UN CHEVAL, le rendre plus léger sur le devant ou sur le derrière, en portant le corps en arrière ou en avant.

ALLÉGISSEMENT s. m. Action d'allégir le train de devant ou celui de derrière d'un cheval, d'un bœuf, etc.

* **ALLÉGORIE** s. f. (al-lé-go-rie) (gr. *allos*, autre ; *agorein*, représenter). Fiction transparente dont l'artifice consiste à présenter un objet à l'esprit, de manière à éveiller une idée, cachée, pour ainsi dire, sous l'enveloppe des mots pris dans leur acception naturelle : *le bandeau, les ailes et l'enfance de Cupidon, sont une allégorie qui représente le caractère et les effets de la passion de l'amour* (Acad.). — Rhét. Métaphore prolongée, disant une chose pour en faire entendre une autre ; c'est une figure d'un bel effet, lorsque le sens est parfaitement clair. « L'allégorie, dit fort bien Tissot, est la figure universelle par laquelle le genre humain tout entier exprime dans tous les ordres intellectuel et moral ». Dans la *Rome sauvée* de Voltaire, Catilina, pendant de Cicéron qui dirige la république, fait une brillante allégorie :

> Sur le vaisseau public ce pilote égaré
> Présente à tous les vents un flanc mal assuré ;
> Il s'agite au hasard, à l'orage il s'apprête,
> Sans savoir seulement d'où viendra la tempête.

— L'allégorie personnifie des êtres moraux, comme l'*Envie* dans la *Henriade*, la *Chicane* et la *Mollesse* dans le *Lutrin*, les *Prières du repentir* dans l'*Iliade*, sont des fables emblématiques. — Allégorie se dit particulièrement d'un ouvrage dont le fond est une fiction allégorique : *l'apologue et la parabole sont des espèces d'allégorie* (Acad.). — Parmi les allégories en action dont l'histoire nous donne l'exemple, la plus ingénieuse est celle que firent les Scythes lorsqu'ils envoyèrent à Darius cinq flèches, un oiseau, une souris et une grenouille, pour lui dire qu'il n'échapperait pas à leurs flèches s'il ne fuyait comme l'oiseau dans l'air, comme la souris dans la terre ou comme la grenouille dans l'eau. Tarquin le Superbe faisait aussi une allégorie en abattant, dans son jardin, les têtes des pavots les plus élevés, pour indiquer à son fils qu'il fallait frapper les principaux habitants de Gabies. — Beaux-arts. Composition représentant une idée abstraite au moyen de figures disposées pour faire comprendre cette idée. C'est ainsi que l'on a représenté la critique sous la forme d'un merle et quelquefois d'un corbeau ; la vigilance sous celle d'un coq, l'orgueil sous celle d'un paon, etc. On admire le tableau allégorique dans lequel Prud'hon a représenté *le Crime poursuivi par la Justice et le Remords.*

* **ALLÉGORIQUE** adj. Qui tient de l'allégorie, qui appartient à l'allégorie :

> Le langage des fleurs est tout allégorique.
> T. de M***

— Quelques proverbes sont allégoriques, comme ceux-ci : petite pluie abat grand vent ; prendre la balle au bond ; mettre de l'eau dans son vin ; pêcher en eau trouble ; tant va la cruche à l'eau, qu'à la fin elle se brise (ou *s'emplit*, comme dit malicieusement Basile, dans *le Mariage de Figaro*.)

> Il ne faut pas dire : fontaine,
> Je ne boirai pas de ton eau.

* **ALLÉGORIQUEMENT** adv. D'une manière allégorique.

ALLÉGORISATION s. f. Représentation allégorique d'une chose.

* **ALLÉGORISER** v. a. Faire des allégories ; donner un sens allégorique ; expliquer selon le sens allégorique.

ALLÉGORISEUR s. m. Celui qui allégorise ou qui s'attache à chercher dans tout un sens allégorique.

ALLÉGORISME s. m. Etat d'une chose présentée allégoriquement. — Manie, abus de l'allégorie.

* **ALLÉGORISTE** s. m. Celui qui explique un sens, un auteur dans un sens allégorique : Origène, saint Augustin, etc. sont de grands allégoristes.

ALLEGRAIN (Christophe-Gabriel), statuaire, né à Paris en 1710, mort en 1795. Le Louvre possède sa *Vénus entrant au bain.*

* **ALLÈGRE** adj. (al-lè-gre) (lat. *alacris*, vif, joyeux). Dispos, agile, gai :

> Pour s'échapper de nous, Dieu sait s'il est allègre.
> J. RACINE.

ALLÈGRE, ch.-l. de cant. (Haute-Loire), arr. à 21 kil. N.-O. du Puy ; 1,800 hab. Site admirable, au pied du dôme de Bar.

* **ALLÈGREMENT** adv. D'une manière allègre.

* **ALLÉGRESSE** s. f. Joie vive, bruyante :

> Que je sens à vous voir une grande allégresse.
> MOLIÈRE.

— Joie publique : *l'allégresse éclata à Paris, dès que l'on apprit la victoire de Hoche ; il y eut des transports d'allégresse*. — LES SEPT ALLÉGRESSES. Certaines prières à la Vierge, dans lesquelles on exprime les sept différents sujets de joie qu'elle a eus durant sa vie.

* **ALLÉGRETTO** adv. (diminut. de *allégro*). Mus. D'une façon vive et légère, mais moins vivement et moins légèrement qu'*Allégro*. — s. m. Air d'un mouvement gracieux et léger. — Plur. des ALLÉGRETTOS.

ALLEGRI (Antonio). Voy. CORRÈGE (Le).

ALLEGRI I. (Gregorio), musicien italien, né à Rome vers 1580, mort en 1652 ; chanteur de la chapelle du pape, auteur d'un *Miserere* que l'on exécute encore à la chapelle Sixtine, pendant la semaine de la Passion. — II. (Alexandre), poète florentin, mort en 1596, connu par ses *Rime piacevoli*, poésies burlesques assez piquantes.

* **ALLÉGRO** adv. (al-lé-gro) (ital. gai, joyeux). Mus. Mot qui indique un certain degré de vitesse dans le mouvement des morceaux, abstraction faite du caractère pathétique, triste ou joyeux, qui leur convient. Par abréviation All[o]. On y ajoute souvent un autre mot qui décide mieux le caractère de la chapelle Sixtine : *All[o] giusto, commodo, moderato, maestoso, agitato, spiritoso, vivace*, etc. — s. m. Partie qui doit s'exécuter plus vivement que l'*adagio*, mais moins que le *presto*. — Plur. des ALLÉGROS.

* **ALLÉGUER** v. a. J'allègue ; j'alléguerai ; j'alléguerais. Citer une autorité, un passage, un fait : *je vous allègue mon auteur*. — Mettre en avant, s'appuyer sur, prétexter :

> Jean Lapin allégua la coutume et l'usage.
> LA FONTAINE.

ALLÉLOMACHIE s. f. (al-lé-lo-ma-chî) (gr. *allêlôn*, l'un et l'autre ; *machê*, combat). Didact. Contradiction entre deux choses.

* **ALLÉLUCHIE** s. f. (al-lé-lu-chî) (gr. *allêlôn*, l'un l'autre ; *echô*, avoir). Didact. Accord, liaison entre deux choses.

* **ALLÉLUIA** s. m. (al-lé-lui-ia) (hébreu *Alléluiah*, louez Dieu). Cri d'allégresse que saint Jérôme a emprunté au service de la synagogue pour le faire passer dans celui de l'Église, où il est devenu une formule d'introduction ou de terminaison d'un certain nombre de chants, tels que versets, antiennes, répons. — L'Église chante l'alléluia au temps de Pâques, à la fin des traits ou versets. — Plur. des ALLÉLUIAS.

* **ALLÉLUIA** s. m. Nom vulgaire d'une plante du genre oxalide, appelée *oxalide-oseille*, par les botanistes, et quelquefois *surelle*, pain de coucou, oseille de bûcheron, oscille à trois feuilles par les paysans. Elle fleurit vers le temps de Pâques (d'où son nom). Elle est haute de 8 à 11 centim. ; feuilles alternes, à 3 folioles en cœur, un vert gris en dessus, rougeâtre en dessous ; abondante dans l'Europe septentrionale (bois, haies, terrains humides). Ses feuilles aigrelettes se mangent cuites ou en salade ; la médecine populaire les emploie dans les maladies inflammatoires et putrides ; enfin, on en tire l'oxalate de potasse appelé *sel d'oseille*.

ALLEMAGNE (all. *Deutschland*), expression géographique assez vague qui s'applique aux pays où l'on parle des dialectes ayant quelque rapport avec la langue allemande, mais qui désigne particulièrement l'Autriche, la N.-E. de la Suisse et l'empire actuel d'Allemagne. — **Empire d'Allemagne** (all. *Deutsches Reich*), grande puissance de l'Europe centrale, bornée au nord par la mer du Nord, le Danemark et la mer Baltique ; à l'est par la Pologne russe ; au sud par l'Autriche-Hongrie et par la Suisse ; à l'ouest par la France, le Luxembourg, la Belgique et la Hollande. Du nord au sud, les points extrêmes de l'empire sont : 55° 52' et 47° 47' lat. N. De l'est à l'ouest, il s'étend entre 3° 25' et 20° 32' long. E. — SUPERFICIE ET POPULATION. Le tableau ci-dessous fait connaître la superficie et la population des 26 états qui composent l'Allemagne. — La population des mêmes états ne dépassait pas 23 millions d'hab. en 1816 ; elle s'élevait à 30 millions en 1852 ; l'augmentation moyenne annuelle de 1 1/2 0/0. En 1858, l'augmentation n'était plus que de 3/4 0/0 ; en 1867, de 5/8 ; enfin, en 1875, de 1 0/0 par an. — L'augmentation existe surtout dans les villes libres de Brême, Hambourg et Lübeck elle est bien moindre dans le royaume de Prusse :

États	Kilomètres carrés	Population en 1876	Députés au Bundesrath	Députés au Reichstag
1. Prusse..........	347.508.92	25.742.404	17	236
2. Bavière..........	75.863.49	5.022.390	6	48
3. Saxe..........	14.992.97	2.760.586	4	23
4. Würtemberg....	19.503.69	1.881.505	4	17
5. Bade..........	15.083.85	1.507.179	3	14
6. Hesse..........	7.677.65	884.218	3	9
7. Meckl.-Schw....	13.303.77	553.785	2	6
8. Saxe-Weimar...	3.635.80	292.933	1	3
9. Meckl.-Strél...	2.929.50	95.673	1	1
10. Oldembourg...	6.399.60	319.314	1	3
11. Brunswick....	3.690.48	327.493	2	3
12. Saxe-Mein....	2.468.41	194.494	1	2
13. Saxe-Alt......	1.321.50	145.844	1	1
14. Saxe-Cobourg..	1.957.75	182.599	2	2
15. Anhalt..........	2.347.35	203.565	1	2
16. Schwarz.-Rud...	942.13	76.676	1	1
17. Schwarz.-Son...	862.11	67.480	1	1
18. Waldeck......	1.121.44	54.743	1	1
19. Reuss-Greiz...	316.39	46.985	1	1
20. Reuss-Schleiz..	829.20	92.375	1	1
21. Schaumbourg.-L..	443.30	33.033	1	1
22. Lippe..........	1.134.30	112.452	1	1
23. Lübeck........	282.73	56.912	1	1
24. Brême..........	250.39	142.200	1	1
25. Hambourg......	409.78	388.618	1	3
26. Alsace-Lor aine.	14.511.74	1.531.804	1	15
Totaux..........	539.797.99	42.727.360	59	397

On ne compte qu'une ville ayant 1 million d'habitants, c'est Berlin, la capitale ; 2, ayant plus de 200,000 hab. (Hambourg et Breslau) ; 9, dont la population dépasse 100,000 (Dresde, Munich, Cologne, Kœnigsberg, Leipzig, Hanovre, Stuttgard, Francfort et Brême). Plus des neuf dixièmes (92 0/0) de la population appartiennent à la race germanique. Le surplus, composé principalement de Slaves, se trouve surtout dans les districts orientaux (Pologne). Le nombre des Slaves s'élève à 2,640,000 (Polonais 2,450,000 ; Wends 140,000 ; Tchèques 50,000), dont 50,000 seulement se trouvent dans des états autres que la Prusse. On trouve aussi dans ce dernier pays 150,000 Lithuaniens et Lettes. Les Danois du Schleswig sont au nombre de 150,000, et les Français de l'Alsace-Lorraine au nombre d'environ 300,000. — Les Allemands sont généralement de haute taille ; bruns ou châtains, dans les provinces du sud, mais presque toujours d'un blond très décidé dans celles du nord. — ÉMIGRATION. L'émigration, autrefois si considérable, diminue de jour en jour. 131,000 Allemands émigrèrent en 1873 ; l'année suivante, le nombre tomba à 75,000 ; en 1875 à 56,000 ; en 1878 à 46,000. — OROGRAPHIE. La configuration verticale de l'Allemagne présente 3 groupes principaux : 1° Région alpine, au S. du Danube ; elle n'appartient à l'Allemagne que par deux branches relativement petites, les Alpes Algau et les Alpes bavaroises ; 2° Portion centrale élevée en terrasse, qui a son noyau près du point où se joignent les frontières de Saxe, de Bohême et de Bavière, dans le Fichtelgebirge (voy. ce mot), d'où rayonnent plusieurs chaînes secondaires. Au S.-E. s'étendent les forêts de Bohême ; au N.-E. l'Erzgebirge, qui tourne vers le S.-E. au delà de l'Elbe et est appelé monts Sudètes (Riesengebirge et Glatzergebirge). Au S.-O. du Fichtelgebirge, le Jura franconien sépare le bassin du Rhin de celui du Danube et court jusque dans le Würtemberg. La Forêt-Noire va parallèlement au Rhin. Les principaux embranchements du Jura franconien s'étendent au N. jusqu'au Neckar, rencontrent l'Oldenwald ; lequel est uni au Fichtelgebirge par le Spessart et le Rhœn. Entre le système franconien et souabe et les Alpes Rhétiques d'Autriche s'étend une vaste plaine (Bavière méridionale), bornée de trois côtés par le Danube, l'Iller et l'Inn et Salzach. La section N.-O. de l'Allemagne apparaît comme un labyrinthe de collines, dont les chaînes les plus importantes sont les monts Werra, l'Habichtswald, le Westerwald, le Taunus, les collines de l'Eder,

d'Egge, de Rothhaar et l'Haarstrang. A l'E. du Weser sont les collines du Weser ; au N. du système thuringien s'élèvent les monts Hartz. Sur la rive occidentale du Rhin, on rencontre les Vosges, naguère toutes françaises ; elles se terminent au N. par l'Haardt, l'Hunsrück et le Hochwald. Plus loin au N. se trouvent l'Eifel et le Hohe Venn qui appartiennent aux Ardennes ; 3° Grande plaine de l'Allemagne septentrionale, le long de la mer du Nord et de la mer Baltique. — HYDROGRAPHIE. Les principaux fleuves sont le Danube, le Rhin, le Weser, l'Oder et la Vistule, dont nous parlons à leur ordre alphabétique. Les fleuves secondaires : l'Eider, l'Ems, la Réga, la Persante, le Wipper, le Stolpe, le Lupow et la Leva. Les cours d'eau les plus importants sont réunis par des canaux, parmi lesquels on cite : le canal Ludwig, entre le Danube et le Mein (il unit la navigation de la mer du Nord à celle de la mer Noire) ; le canal du Rhône au Rhin. L'Allemagne compte plusieurs lacs, la plupart sans importance. — CÔTES. Sur la mer du Nord, les côtes sont échancrées de baies profondes ; mais les avantages maritimes sont neutralisés par des bancs de sable et par ce fait que l'île d'Helgoland, qui commande à tous les ports, appartient à la Grande-Bretagne. Les rivages de la Baltique forment des lagunes étendues qui sont généralement stériles. — CLIMAT. Climat tempéré, remarquablement uniforme relativement à l'étendue de l'empire. — PRODUITS MINÉRAUX. Or, argent, fer, étain, plomb, cobalt, calamine et zinc. Vastes bancs de charbon dans la Prusse rhénane, la Westphalie, la Silésie supérieure, la Saxe, Anhalt. — Tourbe dans le N.-O. — Sel, soufre, salpêtre, alun, vitriol, gypse, craie, ocre, émeri, argile à porcelaine, graphite, marbre, albâtre, ambre (sur les bords de la Baltique). Eaux minérales renommées dont nous parlons ailleurs. — FLORE. Le sol est généralement d'une médiocre fertilité ; quelques régions sont très productives, particulièrement les marécages près de la mer du Nord ; mais en bien des endroits on ne rencontre que la stérilité. On cultive les grains et les fruits de la zone tempérée, principalement le lin, le chanvre, la garance, la gaude et le safran, dans le sud et dans la région centrale plus que dans le nord ; le tabac près du cours supérieur du Rhin, de la Werra et de l'Oder et dans le Brandebourg ; le houblon dans la Bavière et le Brunswick ; d'énormes quantités de betteraves. — FAUNE. On ne rencontre que peu d'animaux sauvages, bien qu'ils soient préservés par des lois sévères sur la chasse ; mais l'Allemagne est riche en animaux domestiques. Les derniers recensements nous apprennent qu'elle nourrit 3 millions et demi de chevaux ; 43,000 mulets et ânes, 16 millions de bêtes à cornes, 25 millions de moutons, 7 millions de porcs, 2 millions de chèvres ; enfin on y compte 2 millions de ruches. — AGRICULTURE. La culture est très développée et rivalise avec celle de l'Angleterre. Les produits ont été presque doublés par l'introduction de méthodes plus rationnelles depuis 1816. La sylviculture est surtout remarquablement conduite. — VINS. L'Allemagne ne possède de vignobles que sur les bords du Rhin et de ses tributaires ; seuls, les vins blancs sont connus dans le commerce, les vins rouges sont consommés sur place ; les uns et les autres se distinguent par leur faiblesse en alcool (12 0/0 environ). Le plus célèbre district vinicole est, sans contredit, le Rheingau, bande de territoire, longue de 25 kil., large de 5, entre les monts Taunus et le Rhin, pays dont le climat se montre particulièrement favorable à la production des vins délicats. Du district voisin, Hochheim, est venu le nom Hoch, donné pendant longtemps à tous les produits vinicoles du Rhin. Les vignobles de Hochheim, à 1 kil. du Mein, embrassent une superficie d'environ 30,000 hectares ; vin le plus fin provient du clos appelé le De-

chanei (Doyenné) ; 320 hectares. Le Stein, continuation du Dechanei, produit des vins qui rivalisent avec ceux du Rheingau. Ces vignobles sont la propriété particulière de l'empereur d'Allemagne. Si nous entrons dans le Rheingau, nous y trouvons une série de vignobles fameux, groupés autour du Schloss Johannisberg (1,850 hectares), propriété du prince Metternich. Il serait superflu de faire l'éloge du vin blanc de Johannisberg ; tout le monde le connaît de réputation ; quelques princes privilégiés, qui ont eu le bonheur de le voir pétiller dans leurs verres, ont établi sa renommée sous le rapport de la finesse et du bouquet. La production annuelle varie entre 250 et 600 hectolitres. La bouteille se vend jusqu'à 30 et même 40 francs. Rival du vin de Johannisberg, et peut-être son égal est celui de Steinberg (colline à 5 kil. du Rhin), vignoble qui appartient, lui aussi, au roi de Prusse. Son territoire de 2,400 hectares produit de 260 à 800 hectolitres. Peu inférieurs à ces vins sont ceux du Rüdesheimberg et du Hinterhaus, près du Rhin, vignobles de 42,000 hectares. A une petite distance de Rüdesheim, on rencontre Asmannshausen qui rapporte le seul bon vin rouge du Rheingau, vin le seul produit par un cépage français, le pineau noir de notre Bourgogne. Ensuite viennent Marcobrunn, Hattenhein (premier crû), Grœfenberg (premier crû) et Geisenheim-Rothenberg, classés également parmi les qualités supérieures. Des seconds crûs du Rheingau, ceux que l'on estime le plus sont les Johannisberg-Claus, les Vollraths et les Rauenthal-Berg. La vallée de l'Ahr produit un vin rouge pâle, l'Ahr-Bleichart, estimé parce qu'il possède un agréable bouquet que les Allemands comparent à celui de notre vin de Bourgogne. — La Bavière rhénane ou Palatinat rapporte de grandes quantités de vins, à bon marché. Les premiers crûs sont Rupertsberger, Deidesheimer, Wachenheimer et Forster. On cite parmi les seconds crûs Ungsteiner, Dürkheimer et Kœnigsbach. — La Hesse-Rhénane possède, elle aussi, des vignobles au milieu desquels on distingue particulièrement Liebfrauenstift, près de Worms, dont les produits sont surnommés le petit lait de Liebfrauen ; citons encore le Scharlachberger et le Feuerberger de Bingen et de ses environs ; les vins de Laubenheim, Bodenheim, Oppenheim, Nierstein, etc. et le vin rouge d'Oberingelheim, qui ressemble aux vins de Bourgogne des 2e et 3e classes. — Dans la Bavière, les principaux vignobles sont situés sur le Mein : On cite Stein et Leiste, appartenant au roi de Bavière. Les seuls produits exportés proviennent des environs de Würzburg. — On récolte dans le grand-duché de Bade une certaine quantité de vins des 3e et 4e crûs ; principaux crûs : vin blanc de Markgræfler, vin rouge d'Affenthaler. — Plus de la moitié des vignobles du Würtemberg se trouvent dans la vallée du Neckar. Les vins récoltés dans la vallée de la Moselle ont un parfum de muscat dû à une addition de teinture de fleurs de sureau. Les plus renommés sont le Brauneberger et le Scharzberger ; presque immédiatement après, viennent le Zeltinger, le Graacher, le Dun, le Piesporter, l'Auslese, le Josephshof, le Berncastel, le Grünhausen et le Scharzhoffberger. — Vins mousseux. Après les deux invasions qui suivirent le premier empire, les Allemands essayèrent d'imiter nos vins de Champagne, dont ils avaient pu apprécier les qualités. Les premières tentatives d'imitation furent faites sur les vins du Neckar. Aujourd'hui, l'Allemagne produit annuellement, par les procédés champenois, plus de 2 millions de bouteilles de vins mousseux provenant des vignobles de la Moselle et du Rhin. Cette industrie, qui a ses centres à Esslingen, Hochheim, Mayence et Coblentz, serait des plus honorables, si ses produits n'étaient ensuite répandus dans le commerce sous l'étiquette de nos véritables vins de Champagne. — INDUSTRIE. Dès le XIIIᵉ siècle, l'Allemagne développa son industrie; au XVIᵉ, elle tenait la première place; elle atteignit son apogée au moment où nos guerres religieuses firent émigrer sur son territoire des milliers de protestants français. La guerre de trente ans lui porta un coup fatal dont elle ne se releva un instant que pour tomber plus bas encore après que nos armées républicaines l'eurent envahie. Aujourd'hui elle a repris sa place et elle la maintient à l'aide d'une protection rigoureuse. Les états les plus industrieux sont la Saxe, la Westphalie, la Prusse rhénane, la Silésie et l'Alsace-Lorraine. Principaux articles manufacturés : étoffes de lin, de coton, de laine et de soie, ameublement, papiers, jouets, fer, acier, verrerie, porcelaine, cuirs, instruments de mathématiques et d'astronomie, vêtements, bière et sucre de betterave. — COMMERCE. Le commerce de l'Allemagne est sous l'administration de lois et de règles spéciales émanées du Zollverein, ou « ligue douanière » qui embrasse tous les états, à l'exception des deux villes de Brême et de Hambourg. Ces deux villes et celle de Lübeck sont les grands entrepôts du commerce allemand. — MARINE MARCHANDE. Elle se compose de 4,500 navires (dont 255 à vapeur). Le nombre des navires qui entrent dans les ports allemands est d'environ 50,000, jaugeant 7 millions de tonnes. — MONNAIES. Depuis le 1ᵉʳ janvier 1875, l'unité de monnaies est le marc d'or, dit marc d'empire ou Reichsmark, qui vaut 1 fr. 23 cent. et 1/2 et qui est divisé en 100 pfennigs. Le marc d'or n'est pas représenté en monnaie réelle, si ce n'est par des multiples de 5, de 10 et de 20 marcs d'or. — Le rapport de l'or à l'argent est 1 à 13,95, au lieu du rapport français 1 à 15,50; ce qui fait que le marc d'argent ne vaut que 1 fr. 111. Il y a des pièces d'argent de 5, 2, 1, 1/2, 1/5 marcs; en bronze, des pièces de 20, 10, 2 et 1 pfennigs; en nickel, des pièces de 10 et 5 pfennigs. — Depuis le 1ᵉʳ juillet 1875, les divers papiers-monnaie émis par les états particuliers ont été remplacés par des billets de l'empire. — POIDS ET MESURES. Depuis le 1ᵉʳ janvier 1872, le système métrique français est obligatoire dans toute l'étendue de l'empire allemand. — CHEMINS DE FER. Leur longueur totale était, en 1876, de 28,000 kil. dont 12,000 appartenaient à l'État. — TÉLÉGRAPHES. Le nombre de dépêches s'éleva en 1875, à 11 millions, dont 3 millions et 1/2 furent envoyées à l'étranger. La longueur des lignes télégraphiques était de 35,708 kil.; celle des fils télégraphiques de 132,000 kil. On comptait 4,338 stations en 1875. — POSTES. Dans la même année, la poste a distribué 498,184,851 lettres, 61,905,533 cartes postales, 7,370,687 échantillons et 285,272,632 journaux. Les recettes totales furent de 9 millions de marcs; les dépenses de 83 millions et les bénéfices de 10 millions de marcs. — CONSTITUTION ET GOUVERNEMENT. La constitution de l'empire date du 16 avril 1871. D'après ses termes, les états d'Allemagne « forment une éternelle union pour la défense et le bonheur du peuple allemand ». La direction suprême des affaires politiques et militaires est confiée au roi de Prusse qui prend le titre de Deutscher Kaiser (Empereur d'Allemagne). L'art. 11 de la constitution lui accorde le droit de déclarer les guerres défensives et de faire la paix. Pour les guerres qui ne sont pas purement défensives, le kaiser doit obtenir le consentement du Bundesrath (conseil fédéral) et du Reichstag (diète), qui sont investis du pouvoir législatif. Le premier représente les états particuliers et le second la nation germanique. Les membres du Bundesrath, au nombre de 59, sont nommés, pour chaque session, par les gouvernements ; tandis que ceux du Reichstag, au nombre de 397, sont élus, pour trois ans, par le suffrage universel direct, et au scrutin secret, sur la base de un député par 100,000 habi

tants. Chacune de ces deux assemblées est réunie en session annuelle sur une convocation du kaiser. Ce dernier a le droit de proroger et de dissoudre le Reichstag; mais la prorogation ne peut excéder 60 jours; et la dissolution doit être suivie d'élections dans les deux mois; une nouvelle session est ouverte dans les trois mois. Les lois de l'empire doivent obtenir la majorité absolue dans chacune des assemblées. Le Bundesrath est présidé par le Reichskanzler (chancelier de l'empire) ; le président du Reichstag est élu par les députés. Avant d'être appliquées, les lois de l'empire sont sanctionnées par le kaiser ; leur promulgation est contresignée par le chancelier. — Les membres du Reichstag ne reçoivent aucune indemnité ni allocation. — Sous la direction du chancelier, le Bundesrath représente un conseil administratif et consultatif suprême ; et à ce titre, il a 7 comités permanents, savoir : 1º pour l'armée et les matières navales ; 2º pour les tarifs, les excises et les taxes; 3º pour le commerce ; 4º pour les chemins de fer, les postes et les télégraphes ; 5º pour les lois civiles et criminelles ; 6º pour les finances ; 7º pour les affaires étrangères. Chaque comité consiste en représentants d'au moins 4 états de l'empire, excepté celui des affaires étrangères qui comprend seulement les représentants des royaumes de Prusse, de Bavière, de Saxe et de Würtemberg. — REVENUS ET DÉPENSES. Le revenu annuel de l'empire est de 474 millions de marcs; les dépenses s'élèvent à peu près au même chiffre et le budget ne présente pas de déficit. — L'Allemagne n'a point de dette consolidée; la dette flottante atteint à peine 40 millions de francs. — ARMÉE. D'après l'art. 57 de la constitution, « tout Allemand est tenu au service militaire, sans exception ni substitution ». Tout homme en état de porter les armes entre pour sept années dans l'armée permanente, dès qu'il a atteint l'âge de 20 ans. Ces sept ans, il en passe trois dans le service actif et le reste dans la réserve de l'armée active. Il passe ensuite cinq ans dans la Landwehr. Les hommes qui ne font plus partie de l'armée permanente ni de la Landwehr, sont classés (depuis 1875) dans la Landsturm. Cette dernière est divisée en deux classes : la première, formant 293 bataillons, comprend les hommes valides âgés de moins de 41 ans; la deuxième, non encore organisée et qui présente un effectif de 4,800,000 hommes, comprend tous les hommes non comptés dans les catégories précédentes. — Ces diverses forces forment une armée de 6 millions d'hommes environ qui formée, sous les ordres du kaiser. Les souverains des principaux états nomment aux grades d'officiers subalternes ; mais, en général, les nominations appartiennent au kaiser. Ce dernier a le droit de faire construire des forteresses dans toutes les parties de l'empire ; la constitution l'autorise, en outre, à déclarer l'état de siège dans les lieux où l'ordre viendrait à être troublé.

ÉTAT DE L'ARMÉE ALLEMANDE EN 1880.

1ᵉʳ Pied de paix.

Armes.	Bataillons Escadrons Batteries	Canons	Officiers	Hommes	Chevaux de service
1. États-majors, etc..	—	—	1994	—	4
2. Infanterie de ligne..	450	—	8879	259013	—
Chasseurs..	20	—	424	11148	—
Cadres des bataillons de landwehr..	293	—	348	4622	—
Total de l'infanterie..	763	—	9651	274783	—
3. Cavalerie..	465	—	2358	64701	62501
4. Artillerie de campagne	301	1206	1629	30747	14845
Artillerie à pied..	29	—	683	15159	—
Total de l'artillerie..	330	1206	2312	45906	14845
5. Pionniers..	20	—	394	10224	—
6. Train..	18	—	209	5000	2457
7. Formation spéciale..	—	—	311	948	—
Totaux..	1206	17229	401699	79803	

Les troupes et les chevaux se répartissent ainsi :

	Officiers	Hommes	Chevaux
Prusse..	13311	311423	62757
Bavière..	2133	48244	8726
Saxe royale..	1012	21208	5055
Wurtemberg..	764	17784	3355
Totaux..	17220	401659	79892

2ᵉ Pied de guerre. (Sans le landsturm et les formations spéciales.)

Troupes de campagne.

	Bataillons Escadrons Batteries	Canons	Colonnes / Administr.	Officiers	Hommes	Chevaux
États-majors..	—	—	—	803	5170	5070
Infanterie..	449	—	—	10228	463564	20060
Chasseurs..	20	—	—	440	20920	800
Cavalerie..	372	—	—	2144	58810	55604
Artillerie..	300	1800	—	2338	82460	81702
Pionniers..	—	—	67	591	21720	9739
Trains..	—	—	205	663	43004	46842
Administration..	—	—	666	216	2326	10804
Totaux..		1800	67	17591	699078	230685

Troupes de dépôt.

États-majors..	—	—	—	375	1836	220
Infanterie..	150	—	—	2886	115690	1039
Chasseurs..	—	—	20	80	6390	20
Cavalerie..	93	—	—	465	23994	19717
Artillerie..	72	432	—	396	16422	5920
Pionniers..	—	—	20	89	6621	24
Trains..	—	—	39	247	12267	3930
Totaux..		432	—	4538	280210	31000

Troupes de garnison.

Bureaux..	359	—	—	850	10000	1850
Infanterie..	—	—	—	7896	314428	2513
Chasseurs..	144	—	20	80	4020	20
Cavalerie..	112	—	—	828	22968	25380
Artillerie..	—	324	232	1370	54865	8114
Pionniers..	—	—	32	128	6432	—
Totaux..		324	—	11152	412723	37877
Totaux..		2556	—	33281	1392011	299562

Dans ces totaux ne se trouvent pas compris les 4,800,000 du Landsturm. On considère que l'Allemagne, sans appeler ses dernières réserves, pourrait mettre deux millions de soldats sous les armes. L'empire est divisé en 17 districts, représentés chacun par un corps d'armée. Depuis 1871, le système des forteresses a été complètement modifié, on a démantelé d'anciennes places, considérées comme inutiles; on en a agrandi quelques-unes et on a créé de nouvelles. Le territoire a été divisé en neuf districts des forteresses. Dans la suivante, les noms en italique désignent les forteresses de première classe (qui servent de camp) ; les astérisques (*) distinguent les places désignées pour la protection des voies ferrées marquent les forteresses côtières : 1º DISTRICT DE KŒNIGSBERG. Kœnigsberg, Marienbourg, Dirschau *, Memel *, Pillau *. — 2º DISTRICT DE DANTZICK. Dantzick, Thorn, Kolberg +, Stralsund +, Swinemünde +.—3º DISTRICT DE POSEN. Posen, Glogau *, Neisse, Glatz. — 4º DISTRICT DE BERLIN. Küstrin *, Magdeburg *, Spandau, Kœnigstein *, Torgau *. — 5º DISTRICT DE MAYENCE. Mayence, Rastatt, Strasbourg, Ulm, Neu-Breisach. — 6º DISTRICT DE METZ. Metz, Diedenhofen *, Saarlouis *, Bitsch *. — DISTRICT DE COLOGNE. Cologne, Coblentz, Ehrenbreitstein, Düsseldorf *, Wesel *. — 8º DISTRICT D'ALTONA. Sonderburg-Düppel, Bouche-du-Trave+, Friedrichsort+, Bouche-de-l'Ems+, Kiel+, Bouchede-l'Elbe+, Bouche-du-Weser+, Wilhelmshafen +. — 9º DISTRICT DE MUNICH. Ingolstadt, Germersheim *. — L'empire contient donc 16 places de première classe servant de camps fortifiés, et 27 autres forteresses. — D'immen ses travaux ont été entrepris pour l'agrandissement des fortifications de Thorn, Posen, Küstrin, Mayence, Strasbourg et Metz. — MARINE. La création d'une marine allemande date de 1848, et de rapides progrès ont été faits dans ces dernières années.

ÉTAT DE LA FLOTTE ALLEMANDE EN 1880.

I. Navires à flot Vapeurs	Chevaux	Tonneaux	Canons
7 frégates blindées	43.100	30.754	85
6 corvettes cuirassées	19.800	17.474	26
1 navire cuirassé	1.200	1.530	4
7 cannonières cuirassées	4.900	3.484	7
4 vapeur de ligne	3.000	3.318	23
11 corvettes à pont couvert	27.600	24.194	163
7 corvettes à pont ras	10.800	9.321	62
3 avisos	2.150	1.768	4
2. canonnières	3.650	1.993	5
14 canonnières	4.710	4.465	45
11 bateaux-torpilles	4.780	2.122	—
2 transports	320	425	—
70 bâtiments à vapeur.	125.010	101.552	424
Bâtiments à voiles			
1 frégate) pour les manœuvres	—	1.052	10
3 bricks)	—	1.708	18
4 bâtiments à voiles.	—	2.760	28
74 bâtiments de guerre.	125.010	105.312	452
II. En construction			
1 corvette cuirassée	5.600	5.034	6
1 corvette à pont couvert	2.500	2.353	16
2 canonnières cuirassées	1.400	1.568	2
1 aviso	600	—	5
5 navires à vapeur.	10.100	8.955	29

En 1880, la marine allemande comprenait 5,700 marins commandés par 1 amiral, 1 vice-amiral, 4 contre-amiraux, 62 capitaines et 367 lieutenants. Il y avait, en outre, 6 compagnies d'infanterie de marine et 3 d'artillerie : en tout 1,500 hommes. Les matelots sont pris par voie de conscription dans la population maritime, qui est exemptée du service de terre. La population maritime est évaluée à 80,000 hommes, dont 48,000 servent sur des navires de commerce allemands et 6,000 sur des navires étrangers. — L'Allemagne possède 3 ports de guerre, à Kiel et à Dantzig, sur la mer Baltique, et à Wilhelmshafen, dans la baie de Jade, sur la mer du Nord. — RELIGIONS. La religion dominante dans l'empire est le protestantisme (26 millions d'adeptes) ; puis vient le catholicisme, observé par 15 millions d'habitants. On compte un demi-million de juifs. — Les protestants se distinguent en Luthériens, en Église réformée d'Allemagne, etc. Plus de 55,000 catholiques se sont soustraits à l'autorité des évêques nommés par le pape et ont formé la secte des Vieux Catholiques. — EDUCATION. L'Allemagne ne compte que fort peu d'illettrés, depuis que l'instruction y est obligatoire. Il y a des écoles élémentaires publiques dans les moindres villages. Lors de la formation de la grande armée allemande, en 1870, toutes les recrues savaient au moins lire et écrire, à l'exception de quelques jeunes gens des pays méridionaux, principalement de la Bavière. L'empire comprend 21 universités (4,800 professeurs, 19,000 étudiants). Dans 14 des universités, on enseigne la théologie protestante ; ces écoles sont celles de Berlin, Erlangen, Giessen, Gottingen, Greifswald, Halle, Heidelberg, Jena, Kiel, Kœnigsberg, Leipzig, Marburg, Rostock et Strasbourg. Dans 4 universités (Freiburg, Munich, Münster et Würzburg) on enseigne la théologie catholique. Dans les 3 autres (Bonn, Breslau et Tübingen) les études sont mixtes et suivies à la fois par les élèves protestants et les élèves catholiques. L'empire comprend 350 gymnases et Realgymnasien. 200 progymnases

et écoles de latin ; 200 écoles normales, 60,000 écoles primaires avec 6 millions d'élèves (150 élèves par 1,000 hab.). Dans toute l'étendue de l'Allemagne, des lois obligent les parents à envoyer leurs enfants à l'école pendant 5 ans au moins. Presque toutes les villes possèdent de vastes bibliothèques publiques, des musées, des collections scientifiques. Il n'est peut-être pas de pays qui ait produit autant d'œuvres littéraires. — RÉSUMÉ HISTORIQUE. L'histoire ne mentionne pas l'Allemagne ou Germanie avant la conquête des Gaules par les Romains. Ces derniers apprirent alors que le pays au delà du Rhin était habité par des peuples nombreux appelés Germani, dont la principale occupation consistait à chasser, garder les troupeaux et faire la guerre. Les Germains étaient divisés en nobles, hommes libres et serfs ; ils n'habitaient pas de villes ; mais ils se réunissaient dans les bourgades et formaient plus de 50 tribus. César fit une incursion dans ce pays que les généraux d'Auguste soumirent en partie ; mais une armée romaine commandée par Varus fut exterminée par Arminius, chef de la tribu des Chérusques (9 après J.-C.). Pendant les siècles suivants, la Germanie fut peu à peu absorbée par le grand empire franc que Clovis avait fondé en 481 et que Charlemagne étendit de l'Ebre (au S.) à l'Elbe (au N.) et du Pô, en Italie, à la Raab, en Hongrie. Après le démembrement de cette vaste monarchie (843), la Germanie forma un royaume borné à l'O. par le Rhin, à l'E. par l'Elbe, la Saale et les forêts de Bohême ; au S. par le Danube. Les enfants de Louis subdivisèrent la Germanie en trois royaumes inférieurs qui furent réunis au royaume des Francs par Charles le Gros (882-87). L'Allemagne redevint indépendante à l'arrivée au trône d'un fils de Charles, Arnulf, auquel succéda (899) Louis l'Enfant. Après ce dernier, la dynastie carlovingienne s'éteignit (911). La contrée était alors divisée en un grand nombre de territoires (duchés), dont les chefs, assemblés avec leurs plus puissants vassaux, élurent pour roi le Franconien Conrad Ier (914-18), qui essaya vainement de faire respecter son autorité par ceux qui l'avaient mis sur le trône. Henri Ier (919-36), fondateur de la dynastie saxonne, rétablit l'empire en remportant plusieurs victoires sur les Danois, les Slaves et les Maggyars. Son fils, Othon Ier (936-73), étendit les frontières de l'Allemagne au-delà de l'Elbe et de la Saale, battit les Maggyars (955) et conquit la Lombardie. Sa dynastie, composée des empereurs Othon II, Othon III et Henri II, fut remplacée en 1024 par la dynastie franconienne. Conrad II conquit la Bourgogne, et son fils, Henri III, étendit l'influence de l'Allemagne sur les pays slaves et la Hongrie. Mais Henri IV fut obligé d'abandonner au pape les plus importantes prérogatives. Son fils, Henri V, fut le dernier empereur de la dynastie franconienne. Après le règne de Lothaire II (1125-'38), la dynastie des Hohenstaufen (Souabes) donna aux pays 5 souverains : Conrad III, Frédéric Ier (Barberousse), Henri VI, Frédéric II et Conrad IV. La période pendant laquelle régna cette dynastie (1138-'52) est la plus glorieuse de l'histoire de l'Allemagne au moyen âge. La conquête de l'Italie et l'abaissement de la papauté en tant que puissance temporelle furent les grands objets des princes de Hohenstaufen ; ils succombèrent après une lutte gigantesque qui dura près d'un siècle. L'anarchie divisa l'empire jusqu'à l'élection (1273) de Rodolphe de Habsbourg. Ce prince rétablit l'autorité royale et obtint l'Autriche, la Styrie, la Carinthie, la Carniole et le Tyrol. À sa mort (1291), Adolphe, comte de Nassau, fut élu par les ducs, jaloux de la grande puissance des Habsbourgs ; mais Albert, fils de Rodolphe, lui arracha la couronne (1298). C'est pendant le règne de ce prince que la Suisse proclama son indépendance. Ses successeurs furent

Henri VII de Luxembourg (1308), Louis IV le Bavarois (1313), Charles IV de Luxembourg (1347), qui définit et augmenta, par une sorte de constitution écrite appelée Bulle d'or, le pouvoir des princes électeurs ; Wenceslas ou Wenzel (1378), Rupert du Palatinat (1400) et Sigismond (1410-'37), le dernier de la ligne du Luxembourg. Pendant le règne de Sigismond commença la guerre sanglante des Hussites. La couronne impériale resta ensuite à la famille de Hapsbourg, et lui resta jusqu'en 1806. Les premiers souverains de cette dynastie furent Albert II (1438-'39), Frédéric III (1440-'93), Maximilien Ier (1493-1519) qui réorganisa l'empire, mais ne put établir une armée nationale. Sous son règne commencèrent les troubles religieux causés par les prédications de Luther. Sous Charles-Quint, petit-fils de Maximilien, l'empire d'Allemagne redevint puissance prépondérante en Europe ; mais des germes de dissensions politiques et religieuses se développèrent rapidement ; une formidable insurrection de paysans fut comprimée avec difficulté ; les princes protestants de l'Allemagne du Nord se liguèrent contre l'autorité impériale et, bien que Charles les battit (1547) avec l'assistance de Maurice de Saxe, il fut forcé d'accorder d'importants privilèges à l'Église réformée (1552). Il fut remplacé sur le trône d'Allemagne par son frère Ferdinand Ier (1556-'64), roi de Hongrie et de Bohême. Maximilien II (1564), Rudolph II (1576) et son frère Mathias (1612) se montrèrent incapables d'arrêter la décadence politique de l'empire. La guerre de trente ans (1618-'48) laissa la puissance impériale complètement brisée. Les persécutions de Ferdinand II (1619-'37) contre ses sujets protestants égalèrent presque celles de Philippe II contre les hérétiques d'Espagne. La paix de Westphalie (1648), conclue par Ferdinand III (1637-'57) arracha l'Alsace de l'empire germanique. Sous Léopold Ier (1658-1705), l'Allemagne s'associa à la coalition contre la France, mais elle en fut punie par la dévastation de plusieurs provinces. Depuis cette époque, le titre d'empereur d'Allemagne ne fut plus qu'un surnom donné aux grands ducs d'Autriche (Joseph Ier, Charles VI, François Ier, époux de Marie-Thérèse, dont le rival, Charles-Albert de Bavière, fut également couronné sous le nom de Charles VII). En réalité, l'Allemagne était divisée entre une cinquantaine de despotes qui se considéraient comme indépendants ; le plus puissant de ces princes était le roi de Prusse, seul capable de balancer la puissance autrichienne. Les tentatives de Joseph II (1765-'90) pour rétablir l'autorité impériale dans l'Allemagne du Sud, échouèrent complètement. Enfin les armées républicaines de la France renversèrent cet édifice chancelant qui menaçait ruine depuis si longtemps. Vaincu en toutes rencontres, l'empereur François II, fils et successeur (1792) de Léopold II, céda, par les traités de Campo-Formio (1797) et de Lunéville (1801), les pays situés sur la rive gauche du Rhin. Les petits princes qui perdirent leurs territoires de princes ecclésiastiques. En 1803, plusieurs autres états entrèrent dans l'alliance de la France et lorsque la confédération du Rhin (1806) fut formée sous le protectorat de Napoléon, le titre d'empereur d'Allemagne disparut. Plusieurs petits territoires furent annexés à des territoires plus grands, et la plupart des villes libres, qui avaient jusqu'alors joui d'un gouvernement républicain sous l'autorité nominale des empereurs, perdirent leur indépendance. L'Allemagne (à l'exception de la Prusse et de l'Autriche) devint vassale de la France ; elle reprit sa liberté par un soulèvement national (1813-'15) et forma une confédération des états qui avaient pu conserver leur nationalité (8 juin 1815). Mais la diète, n'étant qu'une convention permanente des représentants des princes, s'opposa à tous les mouvements libéraux, et bien peu des promesses contenues dans l'acte de la confédération furent accomplies. L'établissement du Zollverein prussien unit plusieurs états sur les bases d'intérêts matériels communs et jeta les premiers fondements de l'unité nationale. La révolution française de 1830 trouva un écho dans quelques-uns des petits états, dont les chefs furent obligés d'accorder des constitutions écrites à leurs sujets. La révolution de 1848 produisit encore plus d'effet; tous les états se soulevèrent et les princes effrayés se hâtèrent de se soumettre aux exigences populaires Une assemblée provisoire se forma d'elle-même et convoqua un Congrès national de représentants du peuple, qui se réunit à Francfort, le 18 mai 1848. Ce congrès établit un gouvernement provisoire national consistant en un vicaire de l'empire (*Reichsverweser*), assisté d'un ministre. L'archiduc Jean d'Autriche fut élu vicaire. Mais ce parlement, distrait par les troubles dans le Holstein, que le Danemark essayait de soustraire complétement à la confédération, ne put rédiger que fort lentement une constitution; un parti puissant, dirigé par Gagern, se forma pour réclamer l'exclusion de l'Autriche; devenu le plus nombreux dans le parlement, ce parti donna (28 mars 1849) le titre d'empereur au roi de Prusse qui refusa de l'accepter. Désespérant de réussir dans leur œuvre, la plupart des membres du parlement donnèrent leur démission, laissant ainsi la majorité au parti démocratique qui élut une régence provisoire. Réduit à moins d'un tiers de son nombre primitif, le parlement essaya de faire naître une révolution populaire en faveur de la nouvelle constitution; le mouvement insurrectionnel fut écrasé par la Prusse, et la révolution avorta en Allemagne comme en France. La Prusse, devenue prépondérante, assembla à Erfurt (mars 1850) un nouveau parlement formé des représentants des petits états qui n'avaient pas assez de puissance pour résister à ses demandes; une sorte de constitution fédérale fut adoptée. Pour entraver l'impulsion que la Prusse voulait imprimer à la nation, l'Autriche convoqua l'ancienne diète qui avait été tormellement dissoute en 1848. La Prusse, refusant de reconnaître la diète, une guerre semblait inévitable, lorsque soudainement, le gouvernement prussien se soumit. A la mort de Frédéric VII de Danemark, les états de la confédération s'opposèrent aux prétentions de son successeur, Christian IX, sur les duchés de Schleswig et de Holstein. La guerre qui suivit (1864) se termina par la cession du Schleswig, du Holstein et du Lauenbourg aux puissances germaniques. La mésintelligence ne tarda pas à s'établir entre l'Autriche et la Prusse. La première voulait transférer les duchés au prince Frédéric d'Augustenbourg; mais la seconde, dirigée par M. de Bismarck, prétendait s'annexer la conquête. Cette dispute s'envenima au point de faire naître (1866) une guerre dans laquelle tous les avantages furent en faveur de la Prusse (voy. AUTRICHE et PRUSSE). Cette lutte compléta la dissolution de la confédération et amena la reconstruction de l'Allemagne sur de nouvelles bases. L'Autriche fut exclue de la confédération dite de l'*Allemagne du Nord*, qui fut formée des états situés au N. du Mein et qui fut placée sous l'autorité de la Prusse. Cette puissance s'annexa le Schleswig-Holstein, le Hanovre, Hesse-Cassel, Nassau et Francfort. Ces événements s'étaient passés sans l'assentiment de la France, alors occupée au Mexique; le gouvernement de Napoléon III ne pouvait voir, sans appréhension, se former, sur les frontières du Rhin, une puissance formidable et hostile. La confédération de l'Allemagne du Nord à peine formée que déjà elle se préparait à soutenir une lutte inévitable avec la France; mais dirigée par un homme d'Etat d'un génie supérieur, elle sut

attendre l'heure et mettre les apparences de son côté. D'ailleurs, l'unification ne se faisait pas sans une vive opposition de la part des états méridionaux. Des questions de détail pouvaient entraver l'œuvre de M. de Bismarck, lorsqu'il eut l'adresse de faire déclarer la guerre par Napoléon III. Aussitôt l'Allemagne sentit renaître sa vieille haine savamment entretenue; les dissentiments firent place au patriotisme; et n'eut plus d'opposition et l'empire d'Allemagne fut fait. Pendant cette guerre dont nous donnerons le résumé à notre article FRANCE, le roi de Bavière (3 décembre 1870) invita le roi de Prusse à restaurer la dignité d'empereur d'Allemagne; presque tous les autres souverains s'empressèrent d'imiter cet exemple; le Reichstag de l'Allemagne du Nord adopta, le 10 décembre, une motion pour l'établissement d'un empire germanique, dont le roi de Prusse serait le chef enfin le 18 janvier 1871, la restauration de la dignité impériale fut solennellement proclamée par l'empereur Guillaume Ier, à Versailles. Après cette guerre, qui donna à l'Allemagne la prépondérance militaire en Europe (outre 5 milliards et l'Alsace-Lorraine), la monarchie protestante de Prusse vit se dresser devant elle la partie catholique de la nation. La lutte prit un caractère intense dès l'année 1872. Le Reichstag et le conseil fédéral adoptèrent en juin une loi supprimant les jésuites et les ordres affiliés. Aussitôt les évêques se plaignirent amèrement de cette persécution; le pape voulut intervenir; mais le gouvernement impérial répliqua par la rupture de toute relation diplomatique avec le Saint-Siège. Les évêques furent livrés aux tribunaux et condamnés à de fortes amendes; l'Eglise des Vieux Catholiques fut reconnue par l'Etat. L'appui des catholiques trouvaient auprès de M. de Mac-Mahon, président de la République française, allait amener (1876) une nouvelle guerre dont le résultat n'était pas douteux, lorsque l'intervention de l'Angleterre et de la Russie refroidit les dispositions belliqueuses du cabinet de Berlin. A cette cause de trouble se joignit, l'année suivante, l'agitation socialiste qui, en Allemagne comme dans tous les autres pays industriels, prend une tournure de plus en plus menaçante, et que l'on ne fit cesser que par des lois sévères, appliquées avec une grande rigueur. Presque aussitôt, le protestantisme orthodoxe, n'ayant plus de contrepoids depuis sa victoire sur le catholicisme, est devenu persécuteur et manifesta son intolérance par la persécution des juifs. Voy. ANTISÉMITIQUE.—LANGUE. Dans le moderne haut allemand, les cinq voyelles *a*, *e*, *i* (*y*), *o*, *u*, se prononcent comme dans la langue italienne; *à* (ou *æ*) sonne comme *e* dans le mot *mère*; *ö* (ou *œ*) comme *eu* dans *feu*; *ü* (*ue*) comme *u* dans *sur*; *ai* et *ei* (ou *ey*) comme *aï* ou comme *aïl* dans *paille*; *au* se prononce *aou*; *eu* et *äu*, comme *oï*. C devant *e* et *i* (*y*) acquiert le son de *ts*; *z* a le même son dans tous les cas; *g*, toujours dur, se prononce comme notre *g* dans *guide*; il est quelquefois accompagné d'une expiration particulière aux langues germaniques; *h* est aspiré devant une voyelle; ch est à peu près l'équivalent du *jota* espagnol; *j* se prononce comme un *i* très dur ou comme *y* dans le mot anglais *yes*: on fait rouler le son de *r*; *v* est notre *f*; *w* est notre *v*; *s* peut être prononcé de trois manières: 1° comme dans le latin, dans la combinaison *st* à la fin d'une syllabe, ou lorsque cette lettre est double; 2° comme *z*, devant une voyelle au commencement d'un mot, ou entre deux voyelles; 3° comme notre *ch* au commencement des mots devant quelque consonne, bien qu'en plusieurs endroits de l'Allemagne on le prononce comme un *s*; *sch* a le son de notre ch. — En doublant une voyelle, on allonge le son; *ie* est un *i* allongé; *h* allonge également une voyelle précédente.—La déclinaison comprend quatre cas: nominatif, génitif, datif et

accusatif qui se distinguent par la terminaison. Les verbes sont forts (irréguliers) ou faibles (réguliers), les premiers produisant métaphonie. Tous les mots d'origine teutonique, se prononcent en accentuant la syllabe radicale; les mots tirés du français ont l'accent sur la dernière syllabe effective. Ce qui caractérise surtout la langue allemande, c'est la faculté qu'elle possède de composer des mots doubles ou triples au moyen d'une agglomération de deux ou plusieurs mots simples, ce qui permet d'éviter les périphrases si communes dans les autres langages. Parmi les éminents fondateurs de la philologie allemande, on cite Benecke, J. et W. Grimm et Lachmann. Voy. GERMANIQUES (races) et GERMANIQUES (langues). — LITTÉRATURE ALLEMANDE. La littérature allemande reçut sa première impulsion de l'affection des anciens Germains pour des chants qui célébraient les aventures fabuleuses et héroïques de leur histoire ou de leurs traditions. L'activité littéraire chrétienne se manifesta au 4e siècle par la traduction (probablement de l'évêque Ulfilas) de la Bible en dialecte gothique. Des traductions métriques des livres sacrés apparurent au IXe siècle dans l'ancien haut allemand et en bas allemand; les premières (*Krist*) sous la forme de vers rimés, et les autres (*Heland*), conservant les allitérations de la langue primitive. Le *Ludwigslied*, chant triomphal en l'honneur de la victoire remportée par le roi franc, Louis III, sur les Normands, vers 880, fut composé, dans l'ancien haut allemand, par un ecclésiastique. Plusieurs poètes et chroniqueurs latins se rendirent célèbres à la même époque et dans la période qui suivit. Au XIIe siècle, la poésie passa des monastères et des écoles religieuses aux palais des princes et aux châteaux des nobles. Heinrich son Veldeke fut le premier à introduire l'amour dans son poème héroïque *Eneit*; il est regardé comme le créateur des chants héroïques, bien qu'il fut surpassé par Wolfram von Eschenbach. Les autres maîtres en l'art des ménestrels furent Gottfried de Strasbourg, Hartmann von der Aue et Konrad de Würzbourg. Leurs poèmes héroïques les plus longs traitaient principalement des exploits de Charlemagne et des histoires d'Arthur et de la Table Ronde; l'amour formait toujours le thème de ces chants. Walter von der Vogelweide fut le plus enthousiaste des poètes lyriques; après lui, il faut placer Heinrich von Ofterdingen, Reimar der Alte, Heinrich von Morungen, Gottfried von Neifen et les bardes autrichiens Nithard et Tanhæuser. Les ménestrels constituèrent ce que l'on appelle l'école poétique de Souabe, parce que leurs chants étaient, pour la plupart, composés en dialecte souabe. L'événement dominant de l'ère des ménestrels fut l'apparition du lai des *Nibelungen*, personnifiant les légendes de la période des migrations nationales. Quelque temps après parut l'*Heldenbuch* (Livre des Héros) consistant en une collection de fragments des mêmes légendes mélangées avec les traditions des croisades. Le XIIIe siècle fut marqué par le commencement de la poésie didactique et des écrits historiques. Ulrich von Lichtenstein (1275) dans son fameux poème *Frauendienst* (dévotion à la femme) déplore la décadence de la chevalerie; la poésie abandonnait en effet les châteaux pour la maison du bourgeois ou la chaumière de l'artisan; et au lieu des nobles *Minnesænger* on cite des chansonniers plébéiens appelés *Meistersænger*. — Au XIVe siècle, l'Allemagne posséda plusieurs théologiens mystiques, disciples de Meister Eckart. Le plus connu est Johann Tauler (1290-1364) dont les sermons et les écrits préparèrent à une réforme religieuse. Les XIVe et XVe siècles ne produisirent d'autre bonne poésie que les chants animés de Halbsuter et de Veit Weber, célébrant les victoires de la Suisse sur l'Autriche et la Bourgogne. Au XVe siècle, Hegius, Langius, Dringeberg,

Reuchlin et Agricola élevèrent la philosophie à un haut degré de splendeur; Purbach et son adepte Regiomontanus (Johann Müller) s'illustrèrent comme mathématiciens, au moment où l'invention de l'imprimerie produisait une activité littéraire sans précédent. Le XVIe siècle vit inaugurer une ère nouvelle par la traduction que Luther fit de la Bible; le haut allemand, tel que l'employa le chef de la réforme, sembla un idiome si pur, qu'il est resté depuis le seul qu'aient employé les écrivains et les gens bien élevés. En même temps que Luther brillaient des philosophes tels que Zwingle, Johann Arnd, Melanchton, Ulrich von Hutten, Bugenhagen et Bullinger; dans les sciences qui auraient cru s'abaisser en parlant la langue vulgaire et qui employaient toujours le latin, brillaient au premier rang Cornelius Agrippa, Theophrastus Paracelsus, Copernicus, Leonhard Fuchs, Conrad Gesner et Agricola. Dans le champ de l'histoire, on admirait Sebastian Frank, Sebastian Münster, Tschudi et Aventinus. Les écrits d'Albrecht Dürer développaient des vues originales sur les beaux-arts dans leurs rapports avec les sciences mathématiques. Les traductions du Tasse, de l'Arioste, de Boccace et de plusieurs poètes et romanciers italiens ne purent faire oublier les anciennes histoires de la chevalerie; on fit même de ces dernières des collections appelées *Volksbücher* (Livres pour le peuple), recueils dont un, le *Buch der Liebe* (Livre d'amour), resta longtemps populaire. Parmi les satiriques et les fabulistes, on cite Sebastian Brant (*Narrenschiff*, Navire des sots), Thomas Murner (*Narrenbeschwœrung*, Conjuration des fous), Alberus et Burkard Waldis; enfin Johann Fischart, surnommé le Rabelais allemand. Parmi les *Volksbücher* dont nous avons parlé se trouvait *Till Eulenspiegel*, relatant les escapades, farces, plaisanteries, aventures et mésaventures d'un vagabond. Les *Volkslieder*, ou chants populaires de cette période, ont été assemblés pour la première fois par Herder. Les *Meistersænger* même brillaient d'un éclat nouveau sous la plume de Hans Sachs; l'art dramatique s'enrichit des œuvres de Jakob Ayrer (m. en 1605) et d'Andreas Gryphius (1616-'64). En passant (XVIIe siècle) des *Meistersænger* aux érudits, la poésie perdit en simplicité, en naturel ce qu'elle gagna en perfection; bientôt on ne s'étudia plus qu'à imiter les Italiens et les Français. Cette nouvelle période fut riche en talents de toute sorte; nous citerons, parmi les poètes, Friedrich von Spee (m. en 1635), Georg Rudolph Weckherlin (1584-1651), Martin Opitz, chef de la première école silésienne (1597-1639), Paul Flemming (1609-'40), Simon Dach (1605-'59), von Zesen (1619-'89), Halsdœrfer, Christian Weise, Friedrich von Logau (1604-'55), Günther (1695-1723), Neukirch (1665-1729), Wernike de Hambourg (m. vers 1720) et Brockes de Hambourg (1680-1747); citons encore, parmi les poètes moins purement nationaux, Hofmannswaldau (1618-'79), Lohenstein (1635-'83), Canitz (1654-'90), Besser (1654-1729) et Kœnig (1688-1744). Les nouvellistes qui obtinrent le plus de succès furent Buchholz, von Zesen, Ziegler, Klipphausen, Lohenstein et le duc Anton Ulrich de Brunswick. Parmi les prosateurs, von Pufendorf en philosophie politique, Kepler (auteur latin) en astronomie, et Gottfried Arnold en histoire ecclésiastique, méritent une mention toute particulière; on ne peut oublier Spener, créateur du piétisme protestant. Le latin dominait encore dans les écoles et dans les écrits philosophiques, si bien que Jakob Bœhm (1575-1624) fut pendant longtemps le seul à employer la langue de son pays. Leibnitz (1646-1716) préférait le français lorsqu'il ne faisait pas usage du latin; Wolf (1679-1754) écrivait en allemand. Christian Thomasius (1655-1728) substitua la langue nationale au latin dans l'instruction et fonda la première publication périodique allemande à Leipzig (1688-'90). Le

XVIIIe siècle vit naître plusieurs écoles littéraires. Gottsched (1700-'66) voulut faire de l'allemand la langue des écoles, à l'exclusion de toute autre, et soutint les règles classiques de composition admises par Racine et Corneille. Bodmer (1698-1783) et Breitinger de Zürich (1701-'76), admirateurs de Milton, créèrent l'école suisse, opposée aux classiques; plus tard, un certain nombre d'adeptes de Gottsched l'abandonnèrent et fondèrent le *Bremer Beiträge*, célèbre publication périodique éditée par Gœrtner (1742-'91); avec eux commença la seconde école saxonne. L'école de Halle avait des rapports avec l'école suisse. Parmi les poètes de cette période on remarque Rabener (1714-'71), Zachariæ (1726-'77), Gellert (1715-'69), Kæstner, Giseke, Johann Elias Schlegel, Johann Adolph Schlegel (1721-'93), Fuchs, Cramer, Ebert, Kleist (1715-'59), Ramler (1725-'98), Gleim (1719-1803), Salomon Gessner, de Zürich (1730-'87), Hagedorn (1708-'54), Albert von Haller (1708-'77), Klopstock (1724-1803) et Wieland (1733-1813). Une nouvelle direction fut donnée à la littérature par Lessing (1729-'81), qui fit disparaître l'influence française. Sa tragédie *Emilia Galotti*, sa comédie *Minna von Barnhelm* et son drame philosophique *Nathan der Weise* sont des modèles de composition dramatique. D'autres auteurs exercèrent également une grande influence sur la littérature de leur époque; ce sont: Herder (1744-1803) et Winckelmann (1717-'68). Le critique et commentateur Heyne propagea à Gœttingen les théories de Winckelmann et bientôt après 1770, la jeunesse fonda une union poétique dont les principaux membres furent Bürger (1748-'94), Voss (1751-1826), Hœlty (1748-'76), les deux Stolberg, Claudius, Miller, Hahn, Cramer, Gotter et Boje. D'autres poètes célèbres furent Pfeffel (1736-1809), Klinger (1753-1831), Schubart (1739-'91), Heinse (m. en 1803), Lenz (1750-'92), Müller (1750-1825) et surtout Schiller et Gœthe; à cette période appartient le philosophe Kant (1724-1804) qui fut imité par Fichte (1762-1814) Hegel (1770-1831) et Schelling (1775-1854); d'autres philosophes éminents furent Lessing, Herder, Moses, Mendelsohn et Hamann. Parmi les autres prosateurs nous citerons Engel et Jacobi, Reinbold et Barth; Alexander Gottlieb Baumgarten (écrivain latin), Meier, Sulzer, Abbt, Garve, Liscow, Lavater, Zimmermann, Lichtenberg; les historiens Dohm, Mœser, Schrœckh, Schlözer, Beck, Spittler, Mosheim et Johannes von Müller (1759-1809); Georg Forster, professeur et ami d'Alexander von Humboldt; le publiciste Friedrich Karl von Moser; le professeur Basedow, auquel succéda Pestalozzi; Campe, auteur de livres pour les enfants; Nicolaï (roman satirique *Sebaldus Nothanker*); le philologue Adelung; l'antiquaire Bœttiger; le biographe Sturz; les théologiens Reimarus, Jerusalem, Spalding, Michaelis, Rosenmüller et Ernesti; l'historien Eichhorn; enfin Blumenbach, Bloch, Herschel, Euler, Vega et plusieurs autres brillèrent dans les diverses branches de l'enseignement et de la science. Jean Paul Friedrich Richter (1763-1825) est considéré comme l'un des plus puissants écrivains de son siècle. Novalis (von Hardenberg, 1772-1801) fut le chef de la nouvelle école romantique, école à laquelle appartenaient August Wilhelm von Schlegel (1762-1845), traducteur de Shakespeare, et distingué dans plusieurs genres; son frère Griedrich von Schlegel (1772-1829), historien de littérature ancienne et moderne; Ludwig Tieck (1773-1853), Wackenroder (1772-'98), La Motte Fouqué (1777-1843), Chamisso (1781-1838), Tiedge (1752-1841), Platen (1796-1835) et Werner (1768-1823). — Cette époque comprend les poètes lyriques Schenkendorf (1783-1817), Stagemann (1763-1840), Kosegarten (1758-1818), Baggesen (1764-1826), Matthison (1761-1831), Mahlmann (1771-1826), Salis (1762-1834) et Eichendorf (1788-1857). Parmi les romanciers, on cite d'abord J. T. Hermes (1738-

1821), Hippel (1741-'96), Musœus (1735-'87), et ensuite Lafontaine (1759-1831), Thümmel (1738-1817), Jung-Stilling (1740-1817), Knigge (1752-'96) et Immermann (1796-1840). Les femmes auteurs de cette période sont Bettina von Arnim (1785-1859), Rahel, femme de Varnhagen von Ense (1771-1833), Auguste von Paalzow, Ida von Hahn-Hahn, Amalie Schoppe, Johanna Schopenhauer, Friederike Brun et Talvi (Mme Robinson). La guerre nationale contre Napoléon fit éclore les chants enthousiastes d'Arndt (1769-1860) et de Kœrner (1791-1813). Les autres poètes nationaux furent Wilhelm Müller (1794-1827), Rückert (1789-1866) et Uhland (1787-1862), chef de l'école moderne de Souabe, à laquelle appartenaient Hebel (1760-1826), Justinus Kerner, Gustav Schwab, l'historien et critique Pfizer, Karl Meyer et Mœrike. Une nouvelle direction fut donnée à l'activité littéraire par l'excitation qui précéda et suivit la révolution française de 1830. Bœrne (1786-1837) et Heinrich Heine (1800-'56) se mirent à la tête du mouvement; ce dernier devint, en peu de temps, l'idole de la nouvelle école appelée « Jeune Allemagne », école à laquelle appartenaient Gutzkow (né en 1811), Laube (1806), Gustav Kühn (1806) et Mundt (1808). Les écrits du baron Sternberg (1806) et du prince Pückler-Muskau (1785-1871) donnent une idée des opinions qui régnaient alors en Allemagne. La liste des auteurs de romans historiques fut ouverte par Meissner (1753-1807), qui eut pour successeurs Karoline von Pichler (1769-1843), Tromlitz (von Witzleben, 1773-1839), Van der Velde (1779-1824), Karl Spindler (1796-1855), Kœnig (1790-1869), Zschokke (1771-1848), Heinrich Steffens (1773-1843), Berneck ou Bernd von Guseck (1803), Mügge (1806-'61), Heller (1813-'71), Luise Mühlbach (Mme Mundt, 1814-'73) et Willibald Alexis (Wilhelm Hœring, 1797-1871). Hauff, Clauren et Hacklænder, (fondateur et directeur du journal *Ueber Land und Meer*) sont également des romanciers populaires. Parmi ceux de ces dernières décades, la première place est occupée par Freytag, Spielhagen et Auerbach. Alfred Meissner (petit-fils du romancier déjà nommé), Max Ring, Edmund Hœfer, Fanny Lewald, Levin Schücking, Karl von Holtei, E. Marlitt (Eugénie John), Paul Heyse et plusieurs autres se sont illustrés par de récents travaux littéraires d'imagination. — Les poètes contemporains les plus célèbres sont Hoffmann von Fallersleben, Herwegh, Dingelstedt, Prutz, Kinkel, Freiligrath, Grabbe, Gottschall, Emanuel Geibel, Redwitz, Paul Heyse, Wolfgang Müller, Max Waldau, Gerokt, Bodenstedt, Bœttger, Simrock, Kugler, Keller, Schefer et Hammer. Une pléiade de poètes viennois se groupa autour d'Anastasius Grün (comte d'Auesperg, 1806-'76), le plus grand poète lyrique de l'Autriche. Autour de cette étoile gravitaient Lenau et Karl Beck, Alfred Meissner et Moritz Hartmann. Les événements qui se sont accomplis depuis 20 ans en Allemagne, n'ont pas fait éclore un seul poète vraiment remarquable; la littérature dramatique elle-même est tombée des hauteurs où elle s'était élevée avec Lessing, Gœthe et Schiller. Néanmoins les auteurs sont nombreux; nous citerons: Gerstenberg (1737-1823), Cronegk, Leisewitz, Weisse, Iffland (1759-1814), Werner, Müllner (1774-1829), Howald (1778-1845), Grillparzer (1790-1872), Kotzebue (1761-1819), Friedrich Halm (Münch-Bellinghausen), Maltitz, Eichendorff, Auffenberg, Griepenkerl, Prutz, Brachvogel, Charlotte Birch-Pfeifer (1800-'68), Karl Immermann, M. Beer, Raupach (1784-1852), Eduard Duller (1809-'53), Hacklænder, Benedix, Feldmann, Tœpper, Albini, Gustav Freytag, Bauernfeld, Paul Heyse, Wilhelm Jordan, Kruse, Mosenthal, Weilen, Wilbrandt, Gustav von Putlitz et Schauffert. Toutes les autres branches de la littérature sont tombées dans la décadence depuis que l'Allemagne a tourné son énergie du côté de l'art militaire ; elle a recherché une gloire d'un tout autre genre. Les esprits les plus éminents se vouent surtout à l'enseignement et aux recherches scientifiques. Alexander von Humboldt (1769-1859) a donné une vive impulsion à toutes les branches du savoir humain, principalement aux sciences naturelles. En même temps, un autre grand mouvement était imprimé aux recherches historiques par Niebuhr (1776-1831), Schlosser (1776-1861), Heeren (1760-1842), Raumer (1781-1873), Leopold von Ranke (né en 1795), Dahlmann (1785-1860) et Gervinus (1805-'71). Parmi les noms distingués dans les recherches sur les antiquités orientales et égyptiennes, on cite Bunsen, Lepsius, Brugsch, et Ebers ; dans l'histoire ancienne Bœckh, Karl Otfried Müller, Duncker, Droysen, Mommsen, Kortüm, Adolph Schmidt, Plass, Wachsmuth, Tittmann, Flathe, Manso, Abeken, Schwegler, E. Curtius, Lassen, Jahn, Hermann, Teuffel et Movers ; dans l'étude du sanscrit, Roth, Bœhtlingk, Benfey, Fick et A. Weber ; dans l'histoire du moyen âge, Rühs, Rehm, Wilken, Leo, Hammer, Fallmerayer, Aschbach, Lappenberg, Dahlmann, Schæfer, Rœppel, Kriegk, Griesebach et Gregorovius ; dans l'histoire et la littérature orientales, Joseph von Hammer-Purgstall, Flügel, Plath, Radcloff, Ewald et Nœldeke ; dans l'histoire moderne, Dohm, Saalfeld, Bülau, Münnich, Hæusser, Sybel et Treitschke ; dans l'histoire des mouvements moraux, intellectuels, économiques et politiques, Wachsmuth (1784-1866), Scherr, Klemm (1802-'69) et Henne-am-Rhyn. Les récits d'explorations rédigés par Johann Georg Adam Forster (1754-'94), compagnon de Cook dans son second voyage autour du monde, ayant obtenu un grand succès, furent suivis de plusieurs autres qui créèrent un genre nouveau, la littérature de voyages, à laquelle Humboldt donna une grande impulsion. L'Allemagne a donné le jour à un nombre considérable de voyageurs qu'il faut renoncer à nommer tous ; nous citerons seulement Lichtenstein (1780-1857), Martius (1794-1868), G. H. von Schubert (1780-1860), Rüppel (né en 1794), Moritz Wagner (1813), Froebel (1806) et Ida Pfeiffer (1797-1858). Parmi les plus célèbres explorateurs contemporains, on ne peut se dispenser de rappeler Gützlaff (en Chine), Siebold (au Japon), Barth, Vogel, Nachtigal, Gerhard Rohlfs, Sweinfurth et Heuglin (en Afrique), les frères Schlagintweit (Asie centrale), Bastian (S.-E. de l'Asie) et Leichhardt (Australie). Une liste bien plus longue pourrait être donnée si nous pouvions parler de tous les contemporains qui se sont illustrés dans le champ si vaste de la science ; nous ne nommerons que les plus célèbres : Schleiermacher, Wilhelm von Humboldt, Schopenhauer, Strauss, Ritter, Bopp, Grimm, Liebig et Hæckel. — BIBLIOGR. Cohen (J.), *Études sur l'Empire d'Allemagne*, 1879, Paris, in-8°. Legoyt (Alfred), *Forces matérielles de l'Empire d'Allemagne*, 1878, Paris, in-18.

*ALLEMAND, ANDE s. et adj. (germain *all*, tout ; *mann*, homme). Habitant de l'Allemagne ; qui a rapport à l'Allemagne à ses habitants ; qui est né en Allemagne : *les Allemands sont religieux*; *aimez-vous la musique allemande?* — Langue allemande : *l'allemand est difficile à apprendre*. — ROYAL-ALLEMAND, corps de cavalerie recruté en Allemagne pour le service de la France, avant la Révolution. — Prov. QUERELLE D'ALLEMAND, querelle suscitée sans sujet. — C'EST DE L'ALLEMAND, DU HAUT ALLEMAND, c'est très difficile à comprendre. — Cuis. SAUCE ALLEMANDE, sorte de velouté obtenu en délayant 5 ou 6 jaunes d'œufs avec un peu de jus de citron et en ajoutant un peu de beurre frais ; on lie avec du velouté, on passe à l'étamine et on conserve au bain-marie pour s'en servir au besoin.

ALLEMAND (le comte Zacharie-Jacques-Théodore), marin français, né à Port-Louis, en 1762, m. à Toulon, en 1826 ; d'abord officier

sous les ordres de Suffren, il devint chef de division pendant la première République, contribua à la prise de la Dominique (1804); contre-amiral en 1805, il fit éprouver des pertes cruelles aux Anglais ; mais vice-amiral en 1809, il s'enferma avec une flotte dans la rade des Basques, près de l'île d'Aix, et y fut battu par les brûlots ennemis; désastre maritime qui nous coûta 4 vaisseaux.

*ALLEMANDE s. f. Mus. Air de danse à deux temps composés, de la valeur de deux noires dans une mesure et dont le mouvement est celui d'un alégretto un peu animé. — Danse. Danse vive et gaie dont l'usage a passé de l'Allemagne en France.

ALLEMANDERIE s. f. Forge où l'on réduit le fer en barres.

ALLEMANI, Alamanni ou Alamani (all. *all männer*, tous hommes). Nom d'une confédération de tribus germaniques. Voy. ALEMANNI.

ALLEMONT ou Allemond-en-Oysans, bourg du dép. de l'Isère, à 29 kil S.-E. de Grenoble, célèbre par ses mines de plomb argentifère. Fonderies. 1,300 hab.

ALLEN (Marais d'), le plus considérable système de marécages et de tourbières de l'Irlande. Voy. Boc.

ALLEN. Nom de plusieurs Américains célèbres. — I. Ethan (1739-'89). A la tête des «Gars de la Montagne verte » il captura Ticonderoga (1775); mais les Anglais le firent prisonnier (12 sept. 1775) et l'embarquèrent pour l'Europe. Il fut échangé le 3 mai 1778. — II. Ira, frère du précédent (1752-1814), vint en France (1795) chercher 20,000 fusils et 24 canons. Au retour il fut pris. — III. Paul, journaliste (1775-1826), édita le « Federal Republican », le « Morning chronicle », les « Voyages de Lewis et de Clarke », des poésies (1801) et le poème intitulé « Noé » (1821). — IV. William (1784-1868), auteur d'un « Dictionnaire historique et biographique américain » (1809, 3° éd. 1857) et des « Récits de Naufrages ».

ALLEN (Thomas), mathématicien anglais (1542-1636), auteur de la *Bibliothèque Allenienne*.

ALLEN (William), chimiste anglais (1770-1843); il établit avec Pepys la proportion du carbone dans l'acide carbonique et démontra que le diamant est du carbone pur.

ALLENDE (José), officier mexicain au service de l'Espagne, joignit les patriotes (1810), mais fut traîtreusement livré par Elizondo et fusillé à Chihuahua, le 27 juillet 1811.

ALLENTHÈSE s. f. [al-lan-tè-ze] (gr. *allos*, étranger; *enthesis*, introduction). Pathol. Présence de corps étrangers dans l'organisme.

ALLENTOWN, ville de la Pennsylvanie, sur la rivière Lehigh, à 105 kil. N.-N.-O. de Philadelphie, 15,000 hab. Collège pour les demoiselles et collège luthérien.

*ALLER v. n. (lat. *ambulare*, pour l'infinitif et certaines formes des autres temps; *ire*, pour le futur et le conditionnel; et *vadere*, pour les formes du singulier de l'ind. pr. et de l'impér.). Je vais ou je vas, tu vas, il va, nous allons, vous allez, ils vont ; *j'allais*; *j'allai* ou *je fus*; *je suis allé* ou *j'ai été*; *j'irai*; *j'irais*; *va*; *que j'aille, que tu ailles, qu'il aille ; que nous allions, que vous alliez, qu'ils aillent; que j'allasse; allant; allé. Se mouvoir, marcher, se transporter, être transporté d'un lieu à un autre, en parlant des personnes ou des choses :

Légère et court-vêtue, elle allait à grands pas.
LA FONTAINE. *La Laitière et le pot au lait.*

De la tige détachée,
Pauvre feuille desséchée,
Où vas-tu?
....
Je vais où va toute chose
Où va la feuille de rose
Et la feuille de laurier.
Antoine ARNAULT.

Le crabe va de travers; les aveugles vont à tâtons; les chevaliers allaient par monts et par vaux; quand pourra-t-on aller en chemin de fer

d'Alger à Tombouctou? Les planètes vont éternellement; j'irai à Rome; ce chien va à l'eau; allez-vous loin? qui va lentement va sûrement; les galères allaient à rame; les vaisseaux mixtes vont à voile et à vapeur; les oiseaux migrateurs vont par troupes. — ALLER est souvent suivi d'une préposition et de son complément qui indique le motif ou la fin de l'action : *elle va à la messe; ils vont du bien au mal.* — ALLER signifie quelquefois *s'adresser* : *j'irai, s'il le faut, jusqu'au ministre, jusqu'à la cour de cassation.* — S'étendre : *la forêt va jusqu'à la rivière.* — Conduire : *cette route va au village.* — Être situé, avoir une certaine conformation : *l'allée va en pente; cette étoffe va de de biais.* — S'élever à, atteindre, s'étendre : *les dépenses vont plus loin que je n'avais prévu.*

Qui peut dire à l'esprit? tu n'iras pas plus loin?
BARTHÉLEMY.

— Progresser en bien ou en mal :

Il disait qu'un plaideur dont l'affaire *allait* mal
Avait graissé la patte à ce pauvre animal.
Jean RACINE. *Les Plaideurs.*

— Approcher d'un âge donné : *il va sur quatre ans.* — Se porter : *comment allez-vous ?* — Fonctionner : *il lui faut encore dix mille francs pour faire aller son imprimerie.* — Être en concordance ; convenir, s'adapter exactement, produire un effet agréable : *votre chapeau vous va bien; la clé ira-t-elle à la serrure ? ces choses ne vont pas ensemble.* — Avancer ; être en bon train : *cette besogne va vite.* — Prospérer : *le commerce va.* — Toucher : *vos paroles vont à l'âme.* — Hasarder, dans le langage des joueurs : *de combien allez-vous? je vais de deux louis.* — Faire ses nécessités naturelles : *il va souvent.* — Vomir : *ce remède l'a fait aller par haut et par bas.* — VA, ALLONS, ALLEZ interj. Marque les souhaits, les exhortations, les menaces, l'indignation :

Allons, enfants de la patrie...
ROUGET DE L'ISLE. *Marseillaise.*

— ALLER est quelquefois suivi d'un infinitif qui exprime le motif ou la fin de l'action :

Le médecin Tant-pis *allait* voir un malade.
LA FONTAINE.

— Suivi d'un infinitif, ALLER signifie aussi : être sur le point de :

Songez-vous dans quel sang vous *allez* vous baigner.
RACINE. *Britannicus*, acte IV, sc. III.

ou quelquefois : s'aviser de :

N'*allez* pas de Cyrus vous faire un Artamène.
BOILEAU.

— Suivi d'un participe présent, ALLER exprime, avec l'idée d'un mouvement, celle d'une prolongation de l'action indiquée par le participe :

Un couplet qu'on s'en va chantant
Efface-t-il la trace altière
Du pied de ton cheval marqué dans votre sang?
A. DE MUSSET.

— LAISSER ALLER, lâcher, ne pas retenir : *je le laisse aller où il veut.* — LAISSER TOUT ALLER, négliger ses affaires. — LAISSER ALLER SOUS SOI, ne pouvoir retenir ses excréments. — SE LAISSER ALLER, ne pas faire de résistance, s'abandonner. — FAIRE ALLER, leurrer : *je crois que vous me faites aller.* — C'EST UN TEL D'ALLER, se dit d'un homme mou. — ALLER SON CHEMIN, ne pas se détourner de la conduite qu'on a commencé à tenir. — ALLER SON PETIT BONHOMME DE CHEMIN, poursuivre ses entreprises tout doucement et sans éclat. — ALLER LE DROIT CHEMIN, procéder avec sincérité. — NE PAS ALLER PAR QUATRE CHEMINS, s'expliquer sans détours. — ALLER VITE EN BESOGNE, agir avec précipitation. — TOUS CHEMINS VONT À ROME, divers chemins mènent au même endroit; divers moyens conduisent à la même fin. — LES PREMIERS VONT DEVANT, les plus diligents ont toujours l'avantage. — ALLER DE PAIR, être pareil : *Cicéron va de pair avec Démosthène.* — ALLER AU COMBAT, s'avancer pour combattre. — ALLER AUX ENNEMIS, marcher vers les ennemis pour les combattre. — ALLER AY

FEU, s'exposer au feu des ennemis. — AL-
LER A LA PROVISION, AU BOIS, A L'EAU, aller
chercher des provisions, du bois, etc. —
ALLER AU FEU, A LA LESSIVE, etc., se dit d'un
vase, d'une étoffe qui peut être mise sur le feu,
dans la lessive, etc. — CETTE AFFAIRE S'EN VA AU
DIABLE, elle tourne mal. — ALLER AUX OPINIONS,
AUX AVIS, AUX VOIX, recueillir les opinions, etc.
— ALLER AUX INFORMATIONS, AUX RENSEIGNE-
MENTS, demander des renseignements — ALLER
AU PLUS PRESSÉ, s'occuper d'abord de l'affaire
qui souffrirait le plus d'un retardement. —
Escrime. ALLER A LA PARADE, parer un coup.
— IL VA COMME ON LE MÈNE, il est incapable de
prendre un résolution de lui-même. — CELA
VA SANS DIRE, CELA VA DE SOI, il est inutile de
parler de cette chose tant elle est évidente,
claire, incontestable. Dans le même sens, on
dit : il va sans dire que. — ʌʌ Argot. ET ALLEZ
DONC, 'locution qui augmente la rapidité d'une
narration : ensuite je v'la qui s'esbigne.., et
allez donc... moi je cogne les sergos. — 'Y aller. Agir : il faut y aller doucement. — Imper-
sonnellem. Il s'agit de :

Il y va de ma gloire, il faut que je me venge.
CORNEILLE.

— Devant irait, on sous-entend y, par eupho-
nie : quand il irait de ma vie. — EN ALLER, im-
personnellem? Arriver :

Maitre Renard croyait qu'il en irait de même...
LA FONTAINE.

— ʌʌ Argot. Y ALLER, être malheureux par sa
faute ; ne s'emploie guère, avec cette signification, que dans la locution : fallait pas qu'il y aille.
— Payer : J'y ai été de mes trois ronds, allons,
vas-y de la cholette (chopine). — Y ALLER DE SA
GOUTTE OU DE SA LARME, pleurer. — Y ALLER DE
SON VOYAGE, faire une démarche inutile. — Y
ALLER GAIEMENT, agir sans se faire prier, bien
que la gaieté ne soit pas précisément de la
partie : Allons-y gaîment. — ALLONS-Y, commençons :

Mon luth et mon esprit résonnant à la fois,
Et l'idéal d'amour s'exprime par ma voix ;
Allons-y !
J. WALTER.

— 'S'en aller v. pron. Je m'en vais ou je
m'en vas, tu t'en vas, il s'en va, nous nous en
allons, etc. ; va-t-en, allons-nous-en, allez-vous-
en; que je m'en aille ; s'en allant. Partir,
quitter un lieu, s'éloigner :

La fleur des champs disait au papillon céleste:
Ne fuis pas.
Vois comme nos destins sont différents : je reste,
Tu t'en vas.
Victor Hugo.

— S'écouler, s'évaporer, fuir, en parlant des
choses : ce tonneau s'en va ; si l'on n'y prend
garde, tout le vin s'en ira par ce trou. — S'approcher de la mort : ce vieillard s'en va tous
les jours. — Elliptiquem. FAIRE EN ALLER, chasser, faire disparaître : j'ai fait en aller les punaises ; j'ai fait en aller cette tache. — UNE
CHOSE S'EN VA FAITE, DITE, FINIE, une chose est
sur le point d'être achevée. — IL S'EN VA
ONZE HEURES, MIDI, etc. ; il est près de onze
heures, de midi, etc. — IL S'EN VA TEMPS, il est
temps. — Jeu de carte. S'EN ALLER D'UNE CARTE,
la jouer. — Trictrac. S'EN ALLER, annoncer
que le coup est fini et qu'on va en commencer
un autre. — IL S'EN EST ALLÉ COMME IL ÉTAIT
VENU, il n'a rien fait de ce qu'il voulait ou devait faire.

— 'ALLER s. m. Action d'aller, résultat de
cette action : billet d'aller et de retour. — LE
PIS ALLER, le pis qu'il puisse arriver, le moindre avantage qu'on puisse avoir. — AU LONG
ALLER PETIT FARDEAU PÈSE, une charge, même
légère, devient pénible à la fin. — Au pis aller, loc. adv. En mettant la chose au pis.

ALLER, rivière d'Allemagne; elle naît dans
le district de Magdebourg et se jette dans le
Weser, après avoir arrosé Gifhorn, Cell et Ver-
den : cours 200 kil.

ALLETZ — I. (Pons-Augustin), compilateur, né à Montpellier en 1703, mort à Paris
en 1785, auteur d'un Dictionnaire des conciles,
1758, in-8°, d'un Dictionnaire théologique et de
plusieurs ouvrages d'éducation. — II. (Pierre-
Edouard), littérateur, né à Paris en 1798, mort
en 1850; chercha à concilier la philosophie et
la religion et publia : Essai sur l'homme; Esquisse de la souffrance morale; de la Démocratie nouvelle.

'ALLEU s. m. (haut allemand : all, tout;
lod, propriété; propriété entière). Jurispr. féodale. Bien que l'on possédait en toute propriété
et qui n'imposait aucune obligation. —
FRANC-ALLEU, fonds de terre, soit noble, soit
roturier, exempt de tous droits seigneuriaux.
— Lorsque les peuples de Germanie eurent envahi les pays de l'empire romain, chaque guerrier eut sa part de la conquête et chacun demeura maître absolu de la portion que le sort
lui avait accordée, sans autre obligation que
le service militaire. Les propriétaires d'alleur
furent nommés hommes libres, par opposition
aux vassaux, détenteurs de fiefs ou de bénéfices. Les alleux disparurent peu à peu et, dès
la fin du IXe siècle, il n'y avait plus d'hommes
libres, tous avaient été forcés de reconnaître
un suzerain; ils étaient devenus vassaux, et la
féodalité était créée. Le nom de franc-alleu
resta à la terre qui ne subissait aucun droit
seigneurial. Les francs-alleux étaient seulement
sujets à juridiction.

ALLEUZE, village à 12 kil. de St-Flour (Cantal), célèbre par le château d'Alotze (que Frois-
sard écrit Louise), repaire d'un fameux bandit, Amérigot-Marcel. En 1405, les habitants de
Saint-Flour brûlèrent ce château qui était-sans
doute encore fort mal hanté, mais Henri de la
Tour, évêque de Clermont et seigneur d'Alleuze, fit condamner les bourgeois de Saint-
Flour à le reconstruire.

ALLEVARD, ch.-l. de cant. (Isère), arr. et à
40 kil. N.-E. de Grenoble, sur le Bréda, 3,200
hab. Aux environs, ruines du château où naquit Bayard. Mines de fer et hauts-fourneaux.
Source minérale sulfureuse, iodée, gazeuse,
+ 16° 7. Établissement thermal où l'on traite
surtout le catarrhe pulmonaire, les affections
scrofuleuses et les maladies de la peau. 500
baigneurs chaque année, du 1er juin au 15
septembre. Promenade de la vallée du Graisivaudan.

ALLGAIER (Joahnn), joueur d'échecs autrichien, mort en 1826, auteur d'un manuel sur
le jeu d'échecs (1795). Une manière particulière d'engager la partie a reçu son nom.

ALLIA, aujourd'hui Aja, petite rivière d'Italie, affluent du Tibre, célèbre par une victoire des Gaulois sur les Romains, le 16 juillet 390
av. J.-C., victoire qui mit Rome à la merci de
nos ancêtres.

ALLIABLE adj. Qui peut être allié.

'ALLIACÉ, ÉE adj. [al-li-a-sé]. Qui tient de
l'ail : odeur alliacée.

'ALLIAGE s. m. [a-li-a-je] (rad. allier). Combinaison d'un métal avec un ou plusieurs
autres métaux; action de faire cette combinaison : les monnayeurs doivent faire l'alliage selon les lois et règlements. (Acad.). — Les métaux mêmes que l'on combine avec un métal
plus précieux :

Faut-il rejeter l'or pour un peu d'alliage.
C. DELAVIGNE.

— Fig. Mélange impur, imperfection :

De la vertu le second âge
Fut appelé l'âge d'argent;
Mais dès cette époque on prétend
Qu'il s'y glissa de l'alliage.
DÉMOUSTIER.

— Chim. Composé de deux ou plusieurs métaux fondus ensemble. Lorsque l'un des métaux est le mercure, l'alliage porte le nom
d'amalgame. Plusieurs alliages se trouvent
dans la nature et sont alors combinés dans
des proportions exactes d'équivalents. Tels
sont les alliages d'or et d'argent natifs, dans
lesquels on trouve 4,5,6...12 atomes d'or pour
1 d'argent, mais jamais une partie fraction-
naire d'atome d'or. La tendance de quelques
alliages à prendre des formes cristallines indique des combinaisons définies. Les alliages
sont toujours plus fusibles que celui des métaux du mélange qui l'est le moins, et quelquefois même ils le sont plus que le métal le
plus facile à fondre. Le métal fusible découvert
par Sir Isaac Newton se liquéfie à différentes
températures entre 198° et 210° F. Il est composé de bismuth (5 ou 8 parties), plomb (2 ou 5)
et étain (3), qui fondent, le 1er à 476°, le second
à 600° et le dernier à 442°. L'alliage fusible de
Wood consiste en deux parties de cadmium,
2 d'étain, 1 de plomb et 3 de bismuth ; il fond
à 150° F. — L'alliage de Darcet ou de Rose
(8 bismuth, 5 plomb et 3 étain) fond à 90°C.,
environ ; une petite addition de mercure le
rend fusible à 55° C.; ces alliages peuvent
être employés à différents usages importants:
clichages de médailles, coulage de figures qui
réclament une grande perfection, plombage
des dents, cariées, rondelles fusibles pour les
machines à vapeur, etc. — Une particularité
intéressante des alliages est la différence des
effets que l'on produit, suivant l'ordre que
l'on suit pour placer dans le mélange les parties composantes, les proportions restant les
mêmes. 10 parties d'antimoine ajoutées à 90
d'étain et 10 de cuivre font un composé très
différent par ses propriétés physiques du métal produit en ajoutant 90 parties d'étain à
10 de cuivre et 10 d'antimoine. Les alliages
sont très nombreux et chaque jour on en découvre de nouveaux; les métaux ne sont
même presque jamais employés à l'état de
pureté; voy. Timbre, cloche, canon, soudure,
monnaie, laiton, bronze, airain, chrysocale,
similor, maillechort, diamants de Fahlun,
britannia, bronze d'aluminium, étamage, alfénide, etc. — Règle d'alliage OU DE MÉLANGE.
Arithm. Opération qui a pour but de trouver soit le prix moyen de l'unité d'un mélange
(connaissant les quantités de substances mélangées et leur prix respectif), soit les proportions dans lesquelles il faut mélanger différentes substances de prix donnés pour obtenir
un mélange d'un prix moyen également donné.
Dans le 1er cas, la règle est directe; dans le
second, elle est inverse. — RÈGLE DIRECTE:
Multiplier la quantité de chaque substance par
son prix et diviser la somme des produits obtenus par la somme des quantités ; le quotient
donne le prix moyen cherché. Ex. : on a mélangé 100 hectolitres de vin à 80 fr. l'hectolitre, avec 50 hectol. de vin à 10 fr. l'hectol.,
quel est le prix de l'hectolitre provenant de ce
mélange? Nous avons :

$$100 \times 80 = 8,000$$
$$50 \times 100 = 5,000$$
Totaux. . 150   13,000
Soit . . $\dfrac{13,000}{150} = 86,66$

Le prix moyen est donc de 86 fr. 66 centimes.
— RÈGLE INVERSE. Le problème est indéterminé
quand on cherche seulement les proportions
qu'il faut prendre de matières de prix différents connus, pour produire un mélange d'un
prix indiqué. On prend la différence qui
existe entre le prix le plus faible et le prix du
mélange, puis celle qui existe entre celui-ci et
le prix le plus fort. La première différence
indiquera la quantité de la substance la
plus chère, et la seconde celle de la substance
la moins chère. Ex. : Dans quelle proportion
faut-il mêler du froment à 30 fr. l'hectolitre
et du seigle à 15 fr. l'hectolitre, pour produire un mélange à 20 fr.? Nous avons :

$$20 - 15 = 5$$
$$30 - 20 = 10$$

Il faut donc 5 hectolitres de froment contre
10 hectolitres de seigle. — Le problème est

déterminé lorsqu'on cherche combien il faut d'une matière à tel prix et d'une autre matière d'un autre prix pour produire une quantité donnée d'un mélange dont le prix est déterminé. — Ex. : Combien faut-il mêler de grammes d'argent à 950 millièmes, et de grammes d'argent à 800 millièmes, pour obtenir une pièce de 125 grammes à 900 millièmes.

$$900 - 800 = 100$$
$$950 - 900 = 50$$

— La proportion sera donc de 100 du métal le plus pur pour 50 du métal le moins pur. Dès lors, il est facile de fixer, à l'aide d'une règle de trois, les proportions qui doivent entrer dans la quantité déterminée du mélange. Il faut trouver deux nombres qui soient entre eux comme 100 est à 50 et dont le total égale 125. La somme des différences, 150, est à la première différence, 100, comme la quantité totale donnée, 125, est à la quantité cherchée du métal le plus pur ; ce qui s'écrit :

$$150 : 100 :: 125 : x$$

et ce qui revient à :

$$x = \frac{125 \times 100}{150} = 83,333$$

Il faut donc 83 grammes 333 milligrammes du métal le plus pur. Substituant au second terme la seconde différence, 50, nous avons une autre règle de trois, ainsi établie :

$$150 : 50 :: 125 : z$$

ce qui équivaut à :

$$z = \frac{125 \times 50}{150} = 41,667$$

Il faut donc 31 grammes 667 milligrammes du métal le moins pur. Ce qui fait :

$$83,333 + 41,667 = 125.$$

Lorsqu'il y a plus de deux objets mélangés ou alliés, le problème comporte plusieurs solutions.

* **ALLIAIRE** s. f. (lat. *allium*, ail). Bot. Genre de crucifères siliculeuses dont l'odeur forte rappelle celle de l'ail. L'*alliaire officinale* est une plante annuelle qui croît par toute la France dans les lieux ombragés. On l'emploie comme un dépuratif. Ses graines peuvent remplacer la moutarde.

* **ALLIANCE** s. f. Union par mariage : *alliance d'intérêt* ; *une noble alliance.* — Par ext. Affinité entre un époux et les parents de l'autre époux : *je suis son neveu par alliance.* — Pacte d'amitié, union qui se fait entre gouvernements, entre puissances, entre peuples ou entre partis pour leurs intérêts communs. L'alliance de ou plusieurs états dont l'objet est *offensive*, quand elle a pour but d'attaquer un ennemi commun ; *défensive*, quand il s'agit de se prêter mutuellement secours en cas d'agression extérieure. Souvent, les alliances sont à la fois *offensives* et *défensives*. Les principaux traités d'alliance ont été : L'ALLIANCE DE LEIPZIG (9 avr. 1631). — L'ALLIANCE DE VIENNE (27 mai 1657). — LA TRIPLE ALLIANCE, formée, le 28 janvier 1668, pour la défense des Pays-Bas contre Louis XIV, entre l'Angleterre, les états généraux de Hollande et la Suède. — L'ALLIANCE DE VARSOVIE (31 mars 1683). — LA GRANDE ALLIANCE (12 mai 1689). — L'ALLIANCE DE LA HAYE (4 janvier 1717), entre les états généraux de Hollande, George Ier d'Angleterre et le régent Philippe d'Orléans, contre l'Espagne. — LA QUADRUPLE ALLIANCE (Londres, 2 août 1718), entre l'Angleterre, la France, la Hollande et l'Empire, pour le maintien des traités d'Utrecht et de Bade, ainsi que pour la pacification de l'Italie. — L'ALLIANCE DE VIENNE (16 mars 1731). — L'ALLIANCE DE VERSAILLES (1er mai 1756). — L'ALLIANCE GERMANIQUE (23 juillet 1785). — L'ALLIANCE DE PARIS (16 mai 1795). — L'ALLIANCE DE SAINT-PÉTERSBOURG

(8 avril 1805).—L'ALLIANCE D'AUTRICHE (14 mars 1812). — L'ALLIANCE DE SUÈDE (24 mars 1812).— L'ALLIANCE DE TOPLITZ (9 sept. 1813). — LA SAINTE-ALLIANCE, (26 sept. 1815), pacte mystique, inspiré par Mme de Krüdner à l'empereur de Russie, et conclu à Paris entre ce prince, l'empereur d'Autriche et le roi de Prusse, dont les rois contre les peuples. La plupart des autres souverains s'empressèrent d'adhérer à ce pacte ; Louis XVIII ne fut pas le dernier à le signer, et c'est à cette alliance que nous devons l'expédition d'Espagne. — LA QUADRUPLE ALLIANCE (22 avril 1834), entre la France, l'Angleterre, la Belgique et l'Espagne, dans le but d'assurer l'indépendance de la Belgique et de maintenir les droits de la reine Isabelle au trône d'Espagne. — LA QUADRUPLE ALLIANCE (15 juillet 1840), entre l'Angleterre, l'Autriche, la Prusse et la Russie, pour enlever la Syrie au pacha d'Egypte et la placer, contrairement aux vues de la France, sous la domination immédiate du sultan.— L'ALLIANCE DE CONSTANTINOPLE (12 mars 1854), entre la France, l'Angleterre et la Turquie, contre la Russie. — L'ALLIANCE DE LA PRUSSE ET DE L'ITALIE (juin 1866).— Fig. Union, mélange de plusieurs choses qui sont ou qui paraissent être différentes, opposées, disparates:

L'huile flotte sur l'eau sans aucune *alliance;*
Ainsi l'esprit léger flotte sur la science.

MOLLEVAULT.

— Bague d'or ou d'argent symboliquement composée de deux anneaux réunis, que le mari donne à sa femme dans la cérémonie du mariage, et que celle-ci porte ensuite.— *Alliance* se dit aussi d'une affinité spirituelle. Voy. AFFINITÉ. — ANCIENNE ALLIANCE, alliance que Dieu contracta avec Abraham et ses descendants.— NOUVELLE ALLIANCE, alliance que Dieu a contractée, par la rédemption, avec tous ceux qui croiraient en Jésus-Christ. — ARCHE D'ALLIANCE, voy. Arche.— Rhétor. ALLIANCE DE MOTS, figure métaphorique plus hardie que la métaphore proprement dite, et consistant dans l'heureux rapprochement de mots ou d'idées qui semblent s'exclure :

J'entendrai des regards que vous croirez muets.

RACINE, *Britannicus*, acte II, Sc. III.

Et monté jusqu'au faîte, il *aspire* à descendre.

CORNEILLE, *Cinna*, acte II, Sc. v.

S'élever en rampant à d'indignes honneurs.

ÉCOUCHARD LEBRUN, *Épîtres.*

—« Argot des voleurs. Poucettes : *le gendarme lui a mis l'alliance.*

ALLIANCE, petite ville de l'Ohio, à 90 kil. S.-S.-E. de Cleveland, 5,000 hab.

* **ALLIÉ, ÉE** part. pass. d'ALLIER. — s. Celui qui est joint à un autre par affinité : *nous ne sommes pas parents mais nous sommes alliés.— L'allié d'une famille est celui qui est entré dans cette famille par un mariage ; mais on n'est allié que des parents de son conjoint et non point de ses alliés. Un veuf sans enfants n'est plus l'allié de sa belle-sœur.* — Celui qui est confédéré, ligué avec un autre.* — LES ALLIÉS, nom sous lequel on distingue particulièrement les princes ligués contre Napoléon et qui envahirent la France, en 1814 et en 1815, pour rendre le trône aux Bourbons.

ALLIEMENT s. m. Nœud que l'on fait à la corde d'une grue.

ALLIENSIS DIES [a-li-ain-siss-dièss] (lat. *journée d'Allia*). Le 16 juillet, anniversaire de la défaite des Romains par les Gaulois, sur les bords de l'*Allia*, était mis au nombre des jours néfastes, et portait le nom d'*Alliensis dies.*

* **ALLIER** v. a. [a-li-é] (lat. *ad*, a ; *ligare*, lier). *Nous alliions, que vous alliiez.* Mêler, combiner, incorporer ensemble : *allier l'or avec l'argent.*— Unir, joindre ensemble des choses différentes, opposées, disparates: *allier la force à la prudence.*—Joindre par mariage: *allier une famille à une autre.* — Se liguer en-

semble pour des intérêts communs, en parlant des princes, des états, des partis : *l'intérêt allia ces deux nations.* — S'allier v. pr. Se combiner : *ces métaux peuvent s'allier.* — Se liguer : *la France s'allia à l'Angleterre et à l'Espagne pour faire la guerre au Mexique.* — Se joindre par mariage : *ces deux famill s se sont alliées.* — S'harmoniser : *les talents ne sont un présent funeste quand ils s'allient aux passions* (Châteaub.).

* **ALLIER** s. m. [a-lié]. Chasse. Sorte de filet à prendre des perdrix : *nous avons pris beaucoup de perdrix avec des alliers.*

ALLIER. I. *Elaver*, rivière qui prend sa source près du hameau de Chaballier, dans les montagnes de la Lozère, à 1,425 mètres au-dessus du niveau de la mer ; elle traverse les dép. de la Lozère, de la Haute-Loire, du Puy-de-Dôme, de l'Allier (où elle est partout navigable) de la Nièvre et du Cher, et afflue dans la Loire, à 5 kil. E. de Nevers, après un cours de 372 kil. Principaux affluents: Dore, Sioule et Lachou. — II. Départ. central, entre ceux de la Loire, du Puy-de-Dôme, de la Creuse, du Cher, de la Nièvre et de Saône-et-Loire. 730,837 hectares. — 405,783 hab. — Territoire formé d'une grande partie du Bourbonnais et d'un petit territoire de l'Auvergne (le canton d'Ebrouil) ; baigné par la Loire (et ses affluents la Vouzance, l'Odde, le Roudon et la Bèbre), l'Allier (Sichon, Mourgon, Andelot, Ours, Bieudre et Sioule) et le Cher. — Territoire montagneux au S. Point culminant : le puy de Montoncel (1,292 m.) ; grandes forêts de Château-Charles, de Giverzal, de Vacheresse, de Dreuillé, etc. 14 mines de houille, dans le bassin de Commentry, à Fins, Noyant, Berth, Doyet, Montvicq, le Montet, Buxière-la Grue et Bézenet : marbre, pierre à bâtir, grès. Eaux minérales de Vichy, Néris, Bourbon-l'Archambault, Hauterive-lez-Vichy, Saint-Yorre, Vesse, Brughéas, Souillet, Saint-Pardoux-les-Eaux, Cusset, Rouyat, Nocq.— Blé, seigle, vins, bois de chêne; engraissement des porcs; fromage de chèvre connu sous le nom du *roujadoux*; nombreux troupeaux dans les brandes ; 50 forges et hauts-fourneaux pour fer et fonte; fabr. de porcelaine (Lurcy et Champroux), faïences, chapellerie, bonneterie.— Canal de Roanne à Digoin (17,993 m.) et canal latéral à la Loire. — Ch.-l. Moulins. — 4 arr. 28 cantons, 317 communes. Arr. de Moulins, Gannat, Montluçon, La Palisse. Diocèse de Moulins, suffragant de Sens ; cour d'appel de Riom.

* **ALLIGATOR** s. m. [al-li-ga-tor] (Port. *al*, le ; *lagarto*, lézard). Sous-genre de reptiles sauriens, du genre *crocodile*, distingué par un museau large, obtus ; par des pieds à demi palmés. Principales espèces : 1° l'*alligator*

Alligator.

proprement dit (*crocodilus lucius*, Cuv.; *alligator Mississipiensis*, Gray) qui habite le sud des Etats-Unis d'Amérique. Longueur de 14 à 15 pieds. La femelle est remarquable par les soins qu'elle prodigue à sa progéniture ; 2° le *caïman* (*alligator palpebrosus*) de la Guyane, le plus petit des *alligators* ; la femelle abandonne ses œufs dès qu'ils sont pondus ; 3° l'*alligator du Brésil* (*alligator trigonatus*), variété de l'espèce ci-dessus ; 4° le *jacaré*, *caïman* à hmettes (alligator sclerops), de l'Amérique tropicale, long de 15 à 18 pieds ; nuque cuirassée de 4 bandes transversales de fortes écailles. La femelle pond dans le sables, couvre ses œufs de feuilles et les défend avec courage.

ALLINGUE s. m. Nav. fluv. Pièce que l'on enfonce dans une rivière, pour arrêter le bois flotté.

* **ALLITÉRATION** s. f. [al-li-té-ra-si-on] (lat. ad, à ; littera, lettre). Répétition des mêmes consonnes ou de syllabes qui ont le même son ; il en résulte quelquefois ce qu'on appelle cacophonie, comme dans le vers suivant de Voltaire :

Non, il n'est rien que Nanine n'honore.

Mais l'allitération est souvent un artifice de style, comme dans ces phrases : veni, vidi, vici ; qui terre a guerre a ; qui dort dîne ; traduttore traditore. Quelquefois cette répétition des mêmes consonnes produit l'harmonie imitative que l'on trouve particulièrement dans ce vers d'Andromaque :

Pour qui sont ces serpents qui sifflent sur vos têtes.

Lorsqu'on en abuse, l'allitération devient un jeu puéril. Ex.: — Combien sont ces six saucissons-ci ? — Ces six saucissons-ci sont six sous. — Si ces six saucissons-ci sont six sous, ces six saucissons-ci sont trop chers.

*Quand un cordier cordant veut corder une corde,
Pour sa corde corder, trois cordons il accorde ;
Mais si l'un des cordons de la corde décorde,
Le cordon décordant fait décorder la corde.*

— Procédé de versification, anciennement en usage chez divers peuples germaniques et particulièrement chez les Anglo-Saxons. L'allitération consistait en ceci, que dans deux vers successifs il devait y avoir au moins trois mots commençant par la même lettre (Acad.).

ALLITÉRER v. a. Faire de l'allitération : les Allemands allitèrent.

ALLITURIQUE adj. Chim. Se dit d'un acide dérivé de l'alloxane et produit par l'évaporation rapide de la dissolution d'allantine, sous l'influence de l'acide chlorhydrique.

ALLIUM s. m. [al-li-omm]. Nom latin du genre ail.

ₒ**ALLIVREMENT** s. m. Cadastre. Somme à laquelle le revenu net imposable est fixé en proportion du revenu.

ALLIVRER v. a. Répartir les impositions foncières à tant par livre de revenu.

ALLIX (Pierre), controversiste protestant, né à Alençon en 1641, mort à Londres en 1717 ; travailla avec le ministre Claude à une nouvelle version française de la Bible, eut avec Bossuet une controverse qui le fit remarquer, s'enfuit en Angleterre et devint, en 1690, trésorier de la cathédrale de Salisbury. Il a écrit en français, en anglais et en latin.

ALLIX (Jules), toqué célèbre et membre de la Commune de Paris, né à Fontenay (Vendée) en 1818, mort à Charenton en 1872. Sous le règne de Louis-Philippe, il égaya le public par ses ingénieuses inventions de la télégraphie au moyen des escargots sympathiques et de la boussole pasilalique sympathique. Sous l'Empire, il passa une partie de son temps dans les prisons politiques et le surplus dans les maisons d'aliénés. Nommé membre de la Commune par le VIIIᵉ arrondissement de Paris, il se signala par des excentricités qui motivèrent son arrestation. Après l'entrée des troupes à Paris, il fut envoyé à l'asile de Charenton.

ALLOA, ville d'Écosse, sur le Frith of Forth ; 10,000 hab. Vastes docks, brasseries, distilleries, mines de charbon, fabrique de fer, de verre, de briques et de tuiles.

* **ALLOBROGE** s. m. [al-lo-bro-je]. Homme grossier ; rustre : quel allobroge! c'est un franc allobroge. — Sous le premier empire, le mot allobroge remplaça le mot savoisien ; et l'on dit adjectivem. : départements allobroges (Mont-Blanc et Léman) ; légion allobroge, légion formée des contingents de la Savoie.

ALLOBROGES (celtique, Allobroz ; de aill, rocher, montagne rocheuse ; brog, demeure, habitation), puissant peuple gaulois, fixé entre le Rhodanus (Rhône), l'Isara (Isère) et le lacus Lemannus (lac de Genève), sur le territoire qui forme aujourd'hui le Dauphiné et la Savoie. Leurs villes principales étaient Vienne, Genève et Grenoble. Ils sont mentionnés pour la première fois pendant l'expédition d'Annibal en Italie (218 av. J.-C.). Conquis, en 121 av. J.-C., par Q. Fabius Maximus Allobrogicus, ils ne supportèrent jamais patiemment le joug des Romains. Au temps d'Ammianus, la partie orientale de leur pays était nommée Sapaudia (Savoie).

ALLOBROGIQUE adj. Qui a rapport aux Allobroges.

* **ALLOCATION** s. f. [al-lo-ka-si-on] (lat. ad, à ; locare, mettre). Action d'allouer : obtenir une allocation.

ALLOCHÉZIE s. f. [ké] (gr. allos, autre ; chezein, aller à la selle). Méd. Évacuation fécale par une ouverture anormale ou accidentelle.

ALLOCHROÉ, ÉE adj. [al-lo-kro-é] (gr. allos, autre ; chroa, couleur). Bot. Qui est sujet à changer de couleur ; qui n'offre pas partout la même couleur.

ALLOCHROÏSME s. m. [al-lo-kro-i-sme]. Changement ou diversité de couleur.

ALLOCHROÏTE [kro-i] (rad. allochroé). Variété de grenat compact, d'un gris verdâtre ; trouvé dans une mine de fer de Norwège.

ALLOCHROMASIE s. f. [al-lo-kro-ma-zî] (gr. allos, autre ; chroma, couleur). Affection de l'œil qui perçoit les couleurs autres qu'elles ne sont.

ALLOCLASE s. m. Sorte de minerai à base d'arsenic et renfermant du cobalt, du zinc, du bismuth et quelques traces de cuivre et d'or.

* **ALLOCUTION** s. f. [al-lo-ku-si-on] (lat. allocutio). Antiq. Harangue que les généraux et les empereurs romains faisaient à leurs troupes. — Par ext. Médaille au revers de laquelle un général ou un empereur est représenté sur un gradin, parlant à ses soldats : nos collections possèdent des allocutions bien conservées. — Se dit aujourd'hui d'un discours de peu d'étendue, adressée par un chef à ceux qu'il commande.

* **ALLODIAL, ALE, AUX** adj. [al-lo-di-al]. Féod. Qui était tenu en franc-alleu : bien allodial.

* **ALLODIALITÉ** s. f. Qualité de ce qui est allodial.

ALLOMORPHIE s. f. [fî] (gr. allos, autre ; morphê, forme). Passage d'une forme à une autre.

* **ALLONGE** s. f. Ce que l'on ajoute à une chose pour en augmenter la longueur : allonge de jupe, de table, de rideaux, de corde, de porte, etc. — On dit plus ordinairement rallonge. — Comm. Bande de papier que l'on colle à un effet, lorsque le dos de celui-ci se trouve plein d'endossements et qu'il doit encore être négocié. Il est toujours prudent d'écrire sur l'allonge une description sommaire de l'effet auquel elle sert : « Pour servir d'allonge à une lettre de change de 2,450 fr. 90 c., tirée de Rouen en date du... par R... sur N..., de Bordeaux, à l'ordre de D..., payable à 3 mois de date. » L'allonge ne modifie pas les droits de timbre et d'enregistrement. — Mar. Pièce de construction ou de mâture, appuyée le long d'une autre, ou placée à la suite, de manière que le tout forme, suivant une direction donnée, une longueur voulue. — Mar. à vap. ALLONGES DE TAMBOUR, allonges des couples, qui forment un prolongement de muraille en dedans des tambours. — ₂₂ Art vétér. Claudica-

tion ou boiterie du cheval, causée par l'écart violent des muscles ou des ligaments des membres postérieurs ; l'animal tire alors la jambe comme s'il l'allongeait. Il lui faut du repos, des lotions d'abord émollientes et ensuite le gèrement toniques.

* **ALLONGÉ, ÉE** part. pass. d'ALLONGER. — Fam. AVOIR LA MINE ALLONGÉE, avoir un air qui dénote un grand déplaisir. — Adjectiv. Long, de forme longue : fruit allongé. — Anat. MOELLE ALLONGÉE, moelle qui remplit la cavité de tous les vertèbres depuis le cerveau jusqu'à l'os sacrum.

ALLONGEABLE adj. Susceptible d'être allongé.

* **ALLONGEMENT** s. m. Augmentation de longueur ; ce qui est ajouté à la longueur de quelque chose : allongement d'un canal. — Fig. Lenteur volontaire : vous cherchez des allongements dans cette affaire.

* **ALLONGER** v. a. Augmenter la longueur : il allongea la table. — Déployer, étendre, en parlant de certaines parties du corps de l'homme ou des animaux : l'éléphant allongea sa trompe pour saisir un morceau de pain. — Augmenter la durée d'une chose : allonger le temps. — ALLONGER LE PAS, faire de grands pas, afin de hâter sa marche. — ALLONGER UN PARCHEMIN, faire de longues écritures, dans le dessein d'en tirer plus de profit. — ALLONGER LA COURROIE, mettre une grande économie dans sa dépense ; porter les profits d'une charge, d'un office plus loin qu'ils ne devraient aller légitimement. — ALLONGER UN COUP D'ÉPÉE, UNE BOTTE, porter un coup d'épée, une botte en allongeant le bras. — ₂₂ Argot. ALLONGER DE LA MOUILLE, donner de l'argent. — * S'allonger v. pr. Devenir plus long, se déployer, s'étendre : la corde s'allongea. — Se coucher : la couleuvre s'allongeait sur l'herbe. — On dit d'un visage qu'il s'allonge, lorsqu'il montre de la contrariété.—₂₂ Argot. Tomber de son long par terre. — S'étirer les bras en bâillant. — Donner de ses habitudes : allonge-toi d'un litre. Quand la dépense est importante, on dit se fendre.

ALLONVILLE I. (Armand-François, COMTE D'), officier français (1764-1832) ; combattit la France dans l'armée allemande (1796) et succéda à Beauchamp dans la rédaction des Mémoires tirés des papiers d'un homme d'État. — II. (Louis-Alexandre d'), frère du précédent (1774-1845) fut préfet et conseiller d'état, a laissé un opuscule sur les camps romains du département de la Somme.

ALLONYME adj. (gr. allos, autre ; onuma, nom). Se dit d'un ouvrage publié sous le nom d'un autre. — Substantiv. Auteur qui publie un ouvrage sous le nom d'un autre.

ALLOPATHE s. m. Médecin qui traite par l'allopathie. — Adjectiv. Qui tient, qui a rapport à l'allopathie.

ALLOPATHIE s. f. (gr. allos, autre ; pathos, maladie). Mot créé par les homœopathes, pour désigner la médecine hippocratique, qui a pour base la nature même et dont la rédaction est : contraria contrariis curantur (opposer aux maladies les moyens contraires). Voy. HOMŒOPATHIE.

ALLOPATHIQUE adj. Synon. d'allopathe. Qui a rapport à l'allopathie.

ALLOPATHIQUEMENT adv. D'après la méthode allopathique.

ALLOPATHISER v. a. Traiter une maladie d'après la méthode allopathique.

ALLOPHANATE s. m. Sel formé par la combinaison de l'acide allophanique avec une base.

ALLOPHANE s. f. [al-lo-fa-ne] (gr. allos, autre ; phainô, je parais), hydrosilicate d'alumine que l'on trouve à Schnéeberg en Saxe. Substance amorphe, translucide, opaline, pesanteur spéc. 1,88 à 1,90; formule 2 (O³ Si²), 3 (O³ Al³) 180H²; rayée par le spath fluor. rayant le gypse; se résout en gelée dans l'acide sulfurique et ne fond pas au chalumeau.

ALLOPHANIQUE adj. Se dit d'un acide qui est connu à l'état de sel métallique; et d'un éther produit par l'action des vapeurs cyaniques sur l'alcool ordinaire.

ALLOPHYLE s. (gr. *allos*, autre; *phulé*, tribu). Étranger.

ALLOPHYLIQUE adj. Qui appartient à une autre nation; qui est étranger.

ALLOPTÈRE adj. (gr. *allôs*, autrement; *pteron*, nageoire). Ichtyol. Se dit quelquefois de la nageoire inférieure des poissons.

ALLORI I. Alessandro, peintre florentin (1535-1607), souvent appelé Bronzino, de son oncle et professeur, Agnolo Bronzino. Ses chefs-d'œuvre sont « le sacrifice d'Abraham » au musée de Florence, et « la Femme adultère » dans l'église du Saint-Esprit. — II. **Cristofano**, fils du précédent, appelé également Bronzino (1577-1621). Son « Saint-Julien » et sa « Judith portant la tête d'Holopherne » sont restés célèbres.

ALLOS [lôss], *Allostrum*, ch.-l. de cant. (Basses-Alpes), arr. et à 17 kil. S. de Barcelonnette; 1,200 hab. Ruines intéressantes d'anciennes fortifications attribuées aux Romains ; église de la Faux ; église de Notre-Dame de Val-Vert. Sur une montagne voisine se trouve le célèbre lac d'*Allos*, ouvert dans un bassin cratériforme, près des sources du Verdon, à 2,229 m. d'altitude. Il mesure une lieue et demie de tour.

ALLOTIR v. a. Faire les lots; distribuer des lots.

ALLOTISSEMENT s. m. Anc. jurispr. Action de partager un bien en plusieurs lots.

ALLOTRIODONTIE s. f. (gr. *allotrios*, étranger; *odous*, *odontos*, dent). Chirurg. Implantation anormale des dents.

ALLOTRIOLOGIE s. f. (gr. *allotrios*, étranger; *logos*, discours). Scol. Défaut qui consiste à introduire dans un discours des idées qui ne se rapportent pas au sujet.

ALLOTRIOPHAGIE s. f. (gr. *allotrios*, étranger; *phagein*, manger). Pathol. Dépravation de l'appétit qui porte à manger des substances non alimentaires.

ALLOTRIOTECNIE s. f. (gr. *allotrios*, étranger; *teknon*, enfant). Méd. Accouchement d'un fœtus monstrueux.

ALLOTROPHIQUE adj. [al-lo-tro-fi-ke] (gr. *allos*, autre; *trophé*, nourriture). Se dit du changement qu'éprouvent certaines substances organiques, au point de vue de la nutrition.

ALLOTROPIE s. f. voy. ALLOTROPISME.

ALLOTROPIQUE adj. Qui résulte de l'allotropisme.

ALLOTROPISME s. m. ou **Allotropie** s. f. (gr. *allos*, autre; *tropos*, changement). Chim. Mot employé par Berzélius pour marquer la propriété en vertu de laquelle un même corps simple peut avoir différents états chimiques. Le phosphore, par exemple, change de propriétés dès qu'on le chauffe; et il retourne à son état primitif si on le chauffe encore davantage. Le mot allotropisme fut ensuite étendu aux composés. L'acide tartrique qui est inactif, celui qui tourne le plan de polarisation à la droite et celui qui le tourne à la gauche sont regardés comme un même corps dans trois états *allotropiques*. Le charbon, le diamant et le graphite sont les trois états allotropiques du carbone.

ALLOU (Charles-Nicolas), antiquaire, né et mort à Paris (1767-1843). Son ouvrage principal est intitulé *Description des monuments des différents âges observés dans le dép. de la Haute-Vienne* (Limoges, 1821, in-4°).

*ALLOUABLE** adj. Qui se peut accorder, allouer.

ALLOUANCE s. f. Somme allouée.

ALLOUCHE s. f. Fruit de l'allouchier.

ALLOUCHI s. m. Résine produite par l'allouchier.

ALLOUCHIER s. m. Espèce d'alisier (*Cratægus aria*, Lin.), dont le bois très dur convient pour faire les *alluchons*. Le fruit de l'allouchier est comestible.

*ALLOUER** v. a. [a-lou-é] (lat. *ad*, pour; *locare*, placer). Nous *allouions*; *que vous allouiez*. Approuver, passer une dépense employée dans un compte; *l'Assemblée nationale ne voulut pas allouer cette dépense.* — Accorder un traitement, une rente, une pension et en déterminer le montant : *on lui alloua un traitement de dix mille francs.*

ALLOUETTE (François de l'), historien, né à Vertus (Champagne) en 1530, mort à Sedan en 1608. A laissé une *Hist. de la maison de Coucy* (Paris, 1577, in-4°), et une *Généalogie de la maison de Lamarck* (Paris, 1584, in-fol.).

ALLOUVI, IE adj. voy. ALOUVI.

ALLOUVILLE-BELLEFOSSE, comm. à 6 kil. d'Yvetot (Seine-Inférieure); 1,200 hab. Dans le cimetière se trouve le célèbre *chêne d'Allouville*, arbre vénérable, que l'on croit être contemporain des Carlovingiens, et qui mesure 15 mètres de circonférence à la base. Dans l'intérieur on a établi une chapelle et une cellule.

ALLOXANATE s. m. Chim. Sel formé par la combinaison de l'acide alloxanique et d'une base.

ALLOXANE s. m. [al-lo-ksa-ne] (de *al*, abréviation de *allantoine* et de *oxalique*). Chim. Substance que l'on obtient en ajoutant peu à peu de petites quantités d'acide urique desséché dans l'acide azotique de 1,41 de densité. Formule : C³ H² Az² O⁸ + 2HO. Odeur repoussante, saveur salée. L'alloxane cristallise en octaèdres volumineux tronqués au sommet; il est soluble dans l'eau; tache la peau en violet et rougit le tournesol.

ALLOXANIQUE adj. Se dit d'un acide qui se produit par l'action des bases sur l'alloxane.

ALLOXANTINE s. f. Substance produite par la dissolution de l'alloxane dans l'acide dialurique.

ALLSOP. Nom d'un fameux brasseur anglais, établi à Burton-upon-Trent.

ALLSTON (Washington), célèbre peintre américain, né dans la Caroline du Sud, le 5 nov. 1779, mort à Cambridge (Massachusetts) le 9 juillet 1843; surnommé le *Titien des Etats-Unis*. Ses meilleures toiles sont : le *Songe de Jacob*; *Saül et la sorcière d'Endor*, et le *Festin de Balthazar*, qui n'est pas terminé.

*ALLUCHON** s. m. (lat. *alicula*, petite aile). Dents en bois, dont on garnit, dans certaines circonstances, l'une des roues dentées afin qu'elle ne font pas corps avec elle. Les alluchons ont pour but de donner plus de douceur aux engrenages; leur indépendance de la roue facilite les réparations. On les fait en bois dur (allouchier, cormier, charme, merisier sauvage, acacia, etc).

ALLUMAGE s. m. Action d'allumer, résultat de cette action : *allumage du poêle.* — Argot. L'un des premier degré du thermomètre de l'ivresse.

ALLUMÉ s. m. Brandon qui sert à allumer le feu d'une forge, d'un four, d'un fourneau.

*ALLUMÉ, ÉE** part. passé d'ALLUMER. — Fig. Se dit de tout ce qui, par la couleur, l'animation ou la chaleur, présente quelque rapport avec l'état physique d'une chose allumée : Visage allumé. — Argol. Légèrement pris de vin.

ALLUME-FEU s. m. Bûche, bûchette ou copeau préparé pour allumer le feu. Plur. des ALLUME-FEU.

ALLUMELLE s. f. (rad. *allumer*). Fourneau de charbon de bois, quand le feu commence à y prendre.

*ALLUMER** v. a. (lat. *ad*, à; *lumen*, lumière). Mettre le feu à quelque chose : *allumer le feu, le bois, une pipe, une lanterne.* — Fig. Exciter, provoquer, irriter, animer excessivement, quand on parle de choses dont le développement semble offrir une certaine analogie avec le feu : *allumer la guerre, une passion, la colère; allumer le sang, allumer les esprits.*

> Crains qu'il n'*allume* dans ton cœur
> Ces feux dont tu me fais un crime.
> PARNY. *Poésies mêlées.*

> Au milieu des combats, et près de son tombeau,
> Pourriez-vous de l'hymen *allumer* le flambeau?
> VOLTAIRE. *Adélaïde du Guesclin*, acte 1, sc. III.

— Argot. Surveiller l'acheteur, dans le langage des marchand forains. — ALLUMER LE MISTRON, regarder quelqu'un sous le nez. — ALLUMER UNE ROSSE, stimuler un cheval à coups de fouet. — ALLUMER LE PINGOUIN, exciter l'enthousiasme du public dans le jargon des saltimbanques. — ' S'allumer v. pr. S'emploie au propre et au figuré : *une lampe qui s'allume bien*; *la guerre s'alluma*; *sa bile s'allume.*

*ALLUMETTE** s. f. Petit brin de bois, de chanvre, etc., soufflé à un bout ou aux deux bouts, et servant à communiquer le feu, la lumière. — On donna d'abord le nom d'allumettes à de petits morceaux de bois sec trempés dans le soufre et qui prenaient feu quand on les mettait en contact avec un corps en ignition. En 1680, Godfrey Hanckwitz découvrit que le phosphore, frotté entre des feuilles de gros papier, s'enflammait et communiquait le feu à des bûchettes de bois blanc préalablement trempées dans le soufre; cette découverte donna naissance à la première forme des allumettes communes, dites *chimiques* ou *phosphoriques.* Mais cette découverte fut longtemps avant de se vulgariser et à entrer dans le domaine industriel, parce qu'on ne songea que fort tard à mettre le phosphore au bout de l'allumette; et que, pendant plus d'un siècle, on continua de lui faire prendre feu entre deux morceaux de papier; après quoi, l'on approchait du phosphore enflammé les petites bûchettes soufrées; opérations lentes et dangereuses. Une autre forme des allumettes chimiques consiste en brins de bois plongés d'abord dans le soufre, puis dans une composition de chlorate de potasse, de fleur de soufre, de colophane, de gomme ou de sucre et de cinabre (pour donner de la couleur). L'allumette ainsi préparée n'avait plus qu'à être plongée dans une fiole contenant de l'acide sulfurique pour s'enflammer instantanément par l'action chimique produite entre cet acide et le chlorate de potasse. Cette espèce d'allumette fut inventée en 1809 et resta longtemps populaire. Elle fut abandonnée seulement lorsque l'on eut l'idée de placer un peu de phosphore au bout de l'allumette soufrée. Ce sont les fabricants allemands qui paraissent avoir eu les premiers cette idée. En 1829, John Walker, chimiste à Stockton-sur-Tees (Angleterre), inventa les *allumettes lucifères.* Dans ses expériences sur le chlorate de potasse, il trouva que cette substance peut être instantanément enflammée par frottement sur un papier-verre et peut communiquer l'ignition à une allumette revêtue de phosphore. — En 1845, Schrœtter, de Vienne, produisit son phosphore *amorphe*, en chauffant le phosphore ordinaire dans un gaz qu'il ne peut absorber. Au moyen de ce phosphore, il fabriqua des allumettes beaucoup moins dangereuses que les autres. — Depuis la loi du 2 août 1872, la fabrication et la vente des allumettes chimiques font l'objet monopole exclusivement réservé à l'Etat. Ce monopole a été adjugé à une société. — Le prix maximum des *allumettes en bois* a été fixé à 2 fr. 50 cent. le kilogr.; à 10 cent. la boîte de 150; et à 5 cent. la boîte de 60. — Le prix des *allumettes en cire* est fixé à 10 cent. la boîte de 40. — La loi du 27 mars 1873 établit comme suit le prix des *allumettes au phosphore amorphe* : allumettes en bois, 10 cent. la boîte de 100; et 5 cent. la boîte de 50; allumettes en cire, 10 cent. la boîte de 30. — Argot. ATTRAPPER UNE ALLUMETTE RONDE, ressentir les premiers effets de l'ivresse. Jambes longues et maigres.

* **ALLUMEUR** s. m. Celui qui est chargé d'allumer régulièrement les réverbères. — ᴠᴠ Argot. ALLUMEUR. Compère chargé, dans les bazars, les ventes publiques, les théâtres forains, d'entraîner le public à sa suite en donnant l'exemple.—ALLUMEUSE. s. f. Femme payée par l'administration d'un bal pour danser et avoir l'air de s'amuser beaucoup.

ALLUMIÈRE s. f. Boîte aux allumettes.

* **ALLURE** s. f. (rad. *aller*). Démarche, façon de marcher ; attitude : *il conserva une allure calme*. — S'emploie aussi en parlant des animaux et particulièrement du cheval : *l'amble est ordinairement une allure artificielle.* — Fig. et en mauvaise part. Manière dont quelqu'un se conduit dans une affaire; tournure que prend une affaire : *vos allures ne me conviennent pas; cela prend une allure inquiétante.* — Mar. Disposition de la voiture par rapport au vent. On distingue trois sortes d'allures principales ou de manières de marcher : *allure du plus près*, direction qui se rapproche le plus de celle du vent; *allure du largue* et *allure du vent arrière*. — Art vétér. On appelle *allures*, une suite de mouvements diversement combinés et plus ou moins rapides par lesquels les quadrupèdes se transportent d'un lieu dans un autre. Les allures du cheval sont *naturelles* (pas, trot, galop), *artificielles* (amble, pas relevé) ou *défectueuses* (traquenard, entrepas, aubin). L'allure est encore défectueuse quand le cheval *trousse* (relève fortement les extrémités antérieures en trottant), *harpe* (relève l'extrémité postérieure), *se berce* (éprouve un balancement latéral, soit du corps entier, soit du devant ou du derrière), *se coupe* (se blesse un membre avec le sabot d'un autre membre), *forge* (frappe du pied postérieur le fer du pied antérieur correspondant), *billarde* (jette en dehors ses pieds antérieurs). La boiterie, le *tour de reins*, les *jarrets vacillants*, les *épaules froides* ou *chevillées* modifient l'allure naturelle et la rendent défectueuse.

ALLUSIF, IVE adj. Qui contient une allusion: *phrase allusive*.

* **ALLUSION** s. f. [al-lu-zi-on] (lat. *alludere* : de *ad*, vers; *ludere*, jouer). Rhét. Figure par laquelle on dit une chose qui a du rapport avec une autre dont on ne parle pas, mais à laquelle on veut faire penser.

ALLUVIAL, ALE, AUX adj. Qui a le caractère de l'alluvion; qui est le produit d'une alluvion; qui se trouve dans les terrains d'alluvion.

ALLUVIEN, ENNE adj. Géol. Se dit des terrains produits par une action lente et récente des eaux.

* **ALLUVION** s. f. [al-lu-vi-on] (lat. *alluvio*, formé de *ad*, vers; *luo*, je lave, j'arrose). Accroissement de terrain qui se fait insensiblement à l'un des bords d'une rivière, ou qui

a lieu lorsque la rivière s'en retire pour suivre un autre cours. — Géol. Dépôts de graviers, de sables, de limon, de cailloux roulés et même de blocs erratiques, formés par les inondations ou dus aux transports incessants des eaux courantes. Les *alluvions anciennes* ou *diluviennes*, situées au-dessus des terrains tertiaires les plus récents, à des niveaux que les eaux actuelles ne peuvent atteindre, témoignent d'une submersion générale, d'un déluge antérieur à l'apparition de l'homme. Dans l'assise des alluvions anciennes ou du *diluvium*, la masse est constituée par des grès, des sables, des argiles, des marnes et des calcaires (principalement d'eau douce, ce qui prouve que les alluvions et les lacs couvraient alors de vastes étendues). Au milieu des alluvions, l'action érosive des eaux a entraîné, loin de leurs gisements naturels, l'étain, l'or, le platine en grain, les spinelles, les diamants, les gemmes à base d'alumine. « En général, les poissons, les reptiles, les oiseaux et les mammifères dont les dépouilles s'y rencontrent, retrouvent leurs analogues à l'époque actuelle. Il en est, toutefois, qui appartiennent à des espèces, même à des genres complètement disparus. Parmi les premiers : les rhinocéros, les ours, les hyènes, les élans, etc. ; parmi les seconds : les mastodontes, le mammouth, le mégalonix ou tatou géant. Le soulèvement de cette assise a produit la chaîne des Alpes principales, et l'énorme bourrelet montueux qui, longeant la côte occidentale des deux Amériques, où il porte le nom d'Andes, se prolongeant en Asie, jusque vers le centre de l'empire des Birmans, partage la terre en deux portions à peu près égales. Il a marqué la fin de ces ondulations, de ces mouvements qui ont porté au-dessus du niveau des mers le sol actuel de l'Europe ». (L. ᴅᴇ Rᴏsɴʏ. Le Cᴀᴍᴜ). Les alluvions *modernes* ou *post-diluviennes* sont celles qui ont eu lieu depuis l'apparition de l'homme; elles se composent de calcaires, de sables, de cailloux roulés, et elles ont formé le sol arable. On y trouve des tourbes, des squelettes humains, des produits de l'industrie humaine.— Droit. En général, l'alluvion qui se forme sur le bord d'un cours d'eau appartient au propriétaire riverain, à la charge par lui de laisser un chemin de halage. Néanmoins, lorsque les formations alluviales gênent l'écoulement des eaux, l'Etat peut intervenir et faire rétablir le lit, sauf indemnité. Toute île qui se forme dans un cours d'eau non navigable et non flottable appartient au riverain du côté où elle se trouve; ou aux propriétaires des deux rives si elle se forme au milieu de la rivière. Toute île qui se forme dans une rivière navigable et flottable appartient à l'Etat. — Les terrains que la mer abandonne appartiennent à l'Etat. Toute contestation en matière d'alluvion est de compétence administrative.

ALLUVIONNAIRE adj. Produit par l'alluvion; qui tient de l'alluvion.

ALLUVIUM s. m. [al-lu-vi-omm] (lat. *alluvio*, voy.). Nom que les géologues donnent quelquefois aux *alluvions anciennes*. Pl. DES ALLUVIUMS.

ALLUX s. m. [al-luks] (lat. *allux* orteil). Entom. Avant-dernier article du tarse des insectes, quand il offre une particularité remarquable.

ALLYLAMINE s. f. (franç. *allyle* et *am*, abréviation d'*ammoniaque*). Chim. Alcaloïde obtenu en faisant bouillir du cyanate d'allyle avec une lessive de potasse concentrée.

ALLYLE s. m. (lat. *allium*, ail). Chim. Liquide volatil, produit par l'action du sodium sur l'iodure d'allyle. C⁶ H³. — Parmi les composés qui sont les plus nombreux, nous citerons : l'ʜʏᴅʀᴀᴛᴇ ᴅ'ᴀʟʟʏʟᴇ, C³ H⁶ O ; les ʙʀᴏᴍᴜʀᴇs ᴅ'ᴀʟʟʏʟᴇ(monobromure, tribromure); les ᴄʜʟᴏʀᴜʀᴇs ᴅ'ᴀʟʟʏʟᴇ (monochlorure, trichlorure) ; les ᴄʏɴᴜʀᴇ ᴅ'ᴀʟʟʏʟᴇ ; les ɪᴏᴅᴜʀᴇs ᴅ'ᴀʟʟʏʟᴇ (mono

iodure, biiodure) ; le ꜱᴜʟꜰᴜʀᴇ ᴅ'ᴀʟʟʏʟᴇ ou *essence d'ail*, qui se trouve dans les bulbes d'ail et d'oignon ; l'ᴏxʏᴅᴇ ᴅ'ᴀʟʟʏʟᴇ, que l'on rencontre en petite quantité dans l'essence d'ail brute ; les ᴀᴢᴏᴛᴜʀᴇs ᴅ'ᴀʟʟʏʟᴇ (allylamine, diallylamine, dibromallylamine, etc.); les ᴀᴍʏᴅᴇs ᴀʟʟʏʟɪQᴜᴇs.

ALLYLÈNE s. m. (lat. *allium*, ail). Carbure d'hydrogène, découvert en 1861 par Sawitsch. C'est un gaz incolore, d'une odeur d'ail désagréable, très soluble dans l'alcool, brûlant avec une flamme éclairante fuligineuse. C³ H⁴.

ALLYLIQUE adj. (rad. allyle). Se dit de différents composés. — Alcool ᴀʟʟʏʟɪQᴜᴇ ou *hydrate d'allyle*, alcool produit par l'action de la potasse caustique sur l'acétate ou sur le benzoate d'allyle. — ᴇᴛʜᴇʀ ᴀʟʟʏʟɪQᴜᴇ, ou *oxyde d'allyle*, éther qui se produit par la réaction de l'azotate d'argent et de l'essence d'ail. — Gʀᴏᴜᴘᴇ ᴀʟʟʏʟɪQᴜᴇ, groupe qui, dans la classification sériaire de Gerardt, comprend l'essence d'ail, l'essence de moutarde et plusieurs de leurs dérivés.

ALLYL-SULFATE s. m. Chim. Sel formé par la combinaison de l'acide allyl-sulfurique avec une base.

ALLYL-SULFURIQUE adj. Chim. Se dit d'un acide que l'on obtient en faisant dissoudre de l'hydrate d'allyle dans l'acide sulfurique très concentré.

ALLYRE (Saint), évêque de Clermont en Auvergne, au vɪᵉ siècle. Fête, 7 juillet.

ALMA, rivière de Crimée ; elle se jette dans la baie de Kalamita, entre Eupatoria et Sébastopol. Les troupes alliées, (57,000 hommes) y remportèrent, le 20 septembre 1854, une brillante victoire sur les Russes (52,000 hommes et formidable artillerie). Ce fait d'armes, où s'illustrèrent principalement les zouaves et les turcos, a inspiré le pinceau de plusieurs peintres: Vernet, Bellangé, Doré et Pils. Le tableau de ce dernier (galerie de Versailles) est une œuvre pleine de vigueur. — A l'Alma, les Français, au nombre de 24,000 seulement, étaient commandés par Saint-Arnaud ; ils perdirent 3 officiers et 233 hommes tués, et 54 officiers et 1,003 hommes blessés. Les Anglais (26,000), sous lord Raglan, eurent 26 officiers et 327 hommes tués, et 73 officiers et 1,529 hommes blessés : perte totale des alliés 3,400 hommes. Les Russes perdirent environ 5,000 hommes, dont 900, presque tous blessés, restèrent entre les mains des vainqueurs.

ALMADA, ville de l'Estramadure (Portugal), à 6 kil. de Lisbonne; 3,000 hab. — Fort Saint-Sébastien, qui défend l'embouchure du Tage.

ALMADEN ou **Almaden del Azogue** (la mine de vif argent); anc. *Cetobriga* ; ville d'Espagne, province et à 75 kil. S.-O. de Ciudad-Real, 10,600 hab. ; mines de mercure qui étaient exploitées dès le temps des Romains et qui sont restées une des richesses de l'Espagne. Depuis 1836, leurs produits, de 15,000 à 25,000 quintaux, sont monopolisés par les Rothschild.

ALMADIE s. f. Grande pirogue, pointue aux deux bouts, longue d'environ 25 m. et large de 2 m. 33, dont il est fait usage sur les côtes du Malabar.

* **ALMAGESTE** s. m. (arabe : *al*, le; grec: *megistos*, très grand, *œuvre par excellence*). Nom donné par les Arabes au précis d'astronomie de Claude Ptolémée, et étendu à toute collection d'observations astronomiques. Le *Nouvel Almageste* de Riccioli (1651) est regardé comme un trésor d'érudition.

ALMAGRA, **Almagrœ** ou **Almagro** s. m. Sorte d'argile rougeâtre, appelée *rouge indien*, et qui sert au polissage des glaces ainsi qu'au nettoyage de l'argenterie.

ALMAGRO ville d'Espagne, à 20 kil. E.-S.-E.

de Ciudad-Real. 11,000 hab. Fabrique de blondes et de dentelles.

ALMAGRO. — I. (Diego de), aventurier espagnol (1464-1538), assista Pizarre dans la conquête du Pérou; mais l'accusant ensuite de trahison, il essaya de lui enlever le fruit de ses conquêtes. Après une invasion sans résultat dans le Chili, il fut abandonné de ceux qui l'avaient soutenu, pris par Pizarre, emprisonné, étranglé secrètement et enfin décapité publiquement. — II. (Diego de), fils du précédent et d'une femme péruvienne, lui succéda comme chef du parti opposé à Pizarre, mais fut battu par un nouveau gouverneur, Vaca de Castro (16 sept. 1642), et décapité à Cuzco.

ALMAGUERAL, ville de la Nouvelle-Grenade (Amérique du sud), sur un plateau élevé de 2,270 m. au-dessus du niveau de la mer, par 1° 54' 29" lat. N. et 79° 15' 21" long. O.

AL-MAMOUN (Aben-Abbas-Abdallah) septième calife abasside, fils d'Haroun al-Raschid auquel il succéda en 809, après la mort de son frère Al-Amin qui lui avait disputé la couronne. Il protégea les lettres, mais il fut malheureux dans presque toutes ses guerres et perdit plusieurs provinces; mort en 833.

* **ALMANACH** s. m. [al-ma-na; devant une voyelle on donne à *ch* le son du *k*: *almana kastrologique*] (Etymologie controversée : 1° arabe: *al manah*, le compte; 2° celtique: *al mon* ah, observation de toutes les temps. Nom vulgaire de tout ouvrage annuel ayant, au commencement ou à la fin, un calendrier et comprenant ordinairement une table des fêtes et des éphémérides. Tous les peuples qui possédèrent quelques notions d'astronomie eurent des almanachs; chez les Romains on les appelait *fastes*. Avant l'invention de l'imprimerie, on les affichait, on les copiait dans les livres d'église pour indiquer l'époque des fêtes religieuses. Il existe encore des manuscrits de ces ouvrages. Les Arabes furent les premiers à employer les tables lesquelles se trouvaient des guides astronomiques. Purbach, est, dit-on, l'auteur du premier almanach imprimé (Vienne, 1457); on en publia aussi en France un peu plus tard; et l'on cite encore de Rabelais l'*Almanach pour l'année* 1533. Sous le règne de Henri II, Nostradamus joignit à ses almanachs une foule de prédictions qui obtinrent un immense succès: après lui, Mathieu Laensberg (*Almanach de Liége* ; 1636) continua le même système. En Angleterre, Lilly (1644) dut la vogue prodigieuse de ses almanachs aux oracles obscurs et emphatiques qui les accompagnaient; le *Messager boiteux*, publié à Bâle, partagea la gloire du liégeois. Au XVIIIᵉ siècle, on eut des almanachs plus sérieux: *Almanach du Palais*, marquant les jours où le Parlement de Paris ne s'assemblait pas; *Almanach historial*, pour les éphémérides; *Almanach de l'Observatoire ou connaissance des temps*, contenant des supputations astronomiques. — L'autorité fait publier l'*Almanach national ou Almanach de France* qui parut pour la première fois en 1679, sous le nom d'*Almanach royal* et fut protégé par Louis XIV; il devint *national* sous la République, *impérial* sous l'empire, *royal et national* après 1830. Chaque prince voulut avoir son *almanach d'État*. Il y eut l'*Almanach royal de Prusse* (1700); celui de Saxe (1728); celui d'Angleterre (*Royal calender*, 1730). Les renseignements qu'ils contiennent sont concentrés dans le célèbre *Almanach de Gotha* (1763), qui publie une liste des souverains, un annuaire diplomatique très étendu, une chronique politique détaillée, etc. Jusqu'à la Révolution, toutes les mesures furent prises pour empêcher la politique de s'introduire dans ces publications populaires qui servirent souvent de moyen de propagande pour les gouvernements. La liberté des almanachs fut restreinte en 1852 et ces petits livres durent, à l'avenir, s'écarter de la politique ou du moins n'avoir

d'autre politique que celle qui consiste à encenser le pouvoir; ce fut le bon temps des almanachs *drôlatiques*, *lunatiques*, *astrologiques*, *anecdotiques*, etc. Il existe aussi des almanachs *chantants*, *de la chanson*, *des chansonniers* ; quelques-uns sont plus sérieux: *almanach du cultivateur*, *du jardinier*, *de la littérature*, *du théâtre et des beaux-arts*. D'autres renferment des renseignements et des adresses ; ce sont de véritables annuaires du commerce ou de l'industrie. Enfin il y a l'almanach-prospectus des journaux : *Almanach de l'Illustration* (1844), du *Magasin pittoresque*, de l'*Univers illustré*, *Musical*, etc. Quelques almanachs spéciaux ont obtenu une grande célébrité; parmi ceux-ci nous citerons: le *Petit almanach de nos grands hommes*, opuscule satirique de Rivarol ; chaque nom d'auteur contemporain accompagné d'un éloge ironique; l'*Almanach des Gourmands*, sorte d'annuaire gastronomique plein d'esprit, par Grimod de la Reynière (1803-12) in-12. L'*Almanach des Muses*, recueil de poésies (1764-1833), fondé par Mathon de Lacour ; l'*Almanach littéraire ou Etrennes d'Apollon* (1777). L'*Almanach des Dames*, qui fleurit sous le premier empire et vécut jusqu'en 1845. — ALMANACH-NAUTIQUE, recueil où sont consignés tous les éléments qui peuvent servir aux calculs nautiques. — FAIRE DES ALMANACHS, faire des pronostics en l'air. — PRENDRE, NE PAS PRENDRE LES ALMANACHS DE QUELQU'UN, avoir confiance, n'avoir pas confiance dans les pronostics d'une personne.

ALMANDINE s. f. ou *pyrope*, *grenat syrien*. Espèce de grenat d'un rouge violet, quelquefois brun ou noir. Densité de 3,90 à 4,23 ; elle raye le quartz, résiste aux acides et fond au chalumeau en globule noir métalloïde.

AL-MANSOUR ou Al-Manzor (arabe : l'*Invincible*), surnom de plusieurs personnages musulmans. — I. (Abou-Djaffar), 2ᵉ calife abasside, frère d'Aboul-Abbas auquel il succéda, de 754 à 775. Sa valeur lui valut son surnom. Il conquit l'Arménie, la Cilicie, la Cappadoce; fonda Bagdad (762), protégea les sciences et prépara les brillantes destinées des Abbassides. — II. (Mohammed), premier ministre pendant 21 ans (976-97) d'Hescham II, calife de Cordoue; s'empara du Portugal et d'une partie de l'Espagne. Vaincu à Calatagnazor, il se laissa mourir de faim. — III. (Yacoub-Ibn-Yusuf). Voy. ALMOHADES.

ALMANZA, ville d'Espagne, province d'Albacete (Murcie); 7,800 hab. Le 25 avril (vieux style, 14) 1707, armée anglaise, hollandaise et portugaise, commandée par le comte de Galway, y fut complètement battue par l'armée franco-espagnole, sous les ordres de James Fitz James, duc de Berwick. Cette victoire donna le trône d'Espagne à Philippe V.

AL-MANZOR voy. Al-Mansour.

ALMA PARENS (lat. *mère nourricière*). Loc. souvent employée par les poètes latins pour désigner la patrie.

ALMARAZ, bourg d'Espagne, à 38 kil. N.-N.-E. de Trujillo ; 1,000 hab. Victoire des Français sur les Anglo-Espagnols en 1812.

ALMAVIVA, personnage du chef-d'œuvre de Beaumarchais, dans le *Mariage de Figaro*. Almaviva est resté le type du grand seigneur corrompu et corrupteur.

ALMÉ adj. (lat. *almus*). Nourricier, bienfaisant : *l'alme nature ne fait jamais de mal à ceux qui lui appartiennent* (Proudhon).

ALMÉE s. f. (arabe : *almet*, savante). Danseuse orientale faisant profession d'improviser des vers, de chanter et de danser dans les fêtes. — Les almées d'Egypte excellent dans l'art de prendre des attitudes voluptueuses; mais elles sont supérieures en rang aux Ghawazi, également appelées almées et dont les mœurs sont très dissolues.— DANSE DE L'ALMÉE, tableau de Gérome (exp. de 1864 et de 1867).

ALMEIDA, ville forte de la province de Beira (Portugal), à 150 kil. N.-E. de Coïmbre, près de la frontière espagnole, prise par Masséna, le 27 août 1810, et évacuée le 11 mai 1811.— 8,000 hab.

ALMEIDA (Francisco de), premier vice-roi portugais dans l'Inde (1505), mort en 1510 ; très belliqueux, il étendit la puissance portugaise dans le Malabar et sur la côte orientale d'Afrique. Désespéré de la mort de son fils et de la perte d'une flotte devant Calicut, il emprisonna le nouveau gouverneur, Albuquerque, jusqu'à ce qu'il eût tiré vengeance de ses ennemis; après quoi il partit. Il fut assassiné, pendant son retour, par les naturels du cap de Bonne-Espérance.

ALMELOO [al-me-lou], ville de Hollande, province d'Overyssel, à 32 kil. de Deventer ; 4,500 hab. Travail du coton.

ALMELOVEEN (Théodore Jansson Van), médecin hollandais (1657-1712) ; a publié beaucoup de commentaires sur les auteurs anciens. Ses principaux ouvrages sont : *De Vitis Stephanorum*, Amsterdam, 1683; et *Inventa nova antiqua*, Amsterdam, 1684, in-8°.

ALMENARA ou Almanar, petite ville d'Espagne, à 14 kil. N.-O. de Lérida. Le 28 juillet 1710, les Autrichiens, commandés par l'archiduc Charles, y battirent les troupes de Philippe V.

ALMÉRIA. I. Province S.-E. de l'Espagne, dans l'Andalousie; 8,553 kil. carr. 362,000 hab. Territoire riche en mines d'argent, de plomb, de cuivre, de charbon et de sel. — II. Cap. de la province ci-dessus, ville maritime à 160 kil. E. de Malaga; 30,000 hab. commerce actif; exportation de barille; évêché. Après la chute de Cordoue, cette ville resta indépendante (1,009) ; prise par les Espagnols, en 1147, reprise par les Maures dix ans plus tard, elle tomba définitivement au pouvoir de Ferdinand le Catholique en 1489. Lat. 36° 52' 30" N. Long. 4° 51' 42" O.

ALMÉRIA (Baie d'), petit golfe formé par la Méditerranée (Espagne), entre le cap Elena à l'O. et le cap Gata à l'E.

ALMICANTHARAT s. m. (mot arabe). Astr. Nom donné à des cercles, imaginés sur la sphère et destinés à faire trouver la hauteur des astres au-dessus de l'horizon. On les appelle aussi *cercles de hauteur* et *parallèles de hauteur*.

ALMODOVAR DEL CAMPO, jolie ville d'Espagne (Manche), à 30 kil. de Ciudad Real ; 6,000 hab.

ALMOGAVARES ou Almugavares, bandes militaires qui formèrent en Espagne, au moyen âge, des espèces de guérillas employées contre les Maures.

ALMOHADES, dynastie musulmane qui régna sur le N. de l'Afrique et une partie de l'Espagne. Elle fut fondée par Abou-Abdallah Mohammed, qui prêchait l'unité de Dieu (d'où vint le nom d'Almoouahedoun, Unitariens) et qui fut reconnu par les siens comme le grand Mahdi (directeur), destiné à établir la paix et la justice universelles. Après une victoire décisive dans le Maroc, vers 1130, il abdiqua et eut pour successeur son plus ancien disciple Abd-el-Moumen, qui subjugua Oran, Fez, le Maroc, poursuivit les Almoravides jusqu'en Espagne et mourut en 1163, au moment où il préparait une guerre sainte. Son fils, Yusuf, mourut vers 1184, pendant le siège de Santarem (Portugal) — Yacoub-ibn-Yusuf, ou Al-Mansour, vainquit Alphonse VIII de Castille et mourut en 1199. Les succès de son fils Mohammed-Abou-Abdallah, effrayèrent toute la chrétienté et motivèrent une croisade. Vaincu à Navas de Tolosa, (1242), il abdiqua en faveur de son fils aîné, Yusuf-Abou-Yacoub, qui mourut sans héritier en 1223. L'empire des Almohades disparut vers 1250.

ALMON (John), écrivain et éditeur anglais (1738-1805), publia des « Anecdotes de lord Chatham», des « Anecdotes biographiques », une édition de « Junius », le « Registre parlementaire » revue qui existe encore, etc.

ALMONACID-DE-TOLEDO, ville d'Espagne, près de la rive gauche du Tage, à 15 kil. de Tolède. Les Français, commandés par Sébastiani, y défirent les Espagnols, le 11 août 1809.

ALMONDE (Philippus Van), vice-amiral qui commandait les navires hollandais à la bataille de la Hogue.

ALMONTE (Juan-Nepomuceno), diplomate mexicain (1804-'69). Comme promoteur principal de l'invasion française (1861), il fut d'abord nommé dictateur ; mais ensuite il dut résigner (1862). Sous Maximilien, il fut régent, ambassadeur et grand maréchal de l'empire. Après la chute de l'empire mexicain, il résida à Paris jusqu'à sa mort.

ALMORA, capitale du district de Kumaon, Inde Anglaise, dans l'Hymalaya, à 115 kil. N.-N.-E. d'Agra ; 6,000 hab. Elle fut prise par les Anglais sur les Gorkhas, en 1815.

ALMORAVIDES (arabe : les Religieux), dynastie musulmane de l'Afrique septentrionale et de l'Espagne, créée par Abdallah-ibn-Yasim, chef d'une tribu arabe, qui fut remplacé, vers 4058, par Abou-Bekr-ibn-Omar et ensuite par Yusuf. Ce dernier fonda la ville et l'empire du Maroc, subjugua Alphonse de Castille à Zalacca (1086), subjugua tous les rois Maures d'Espagne et mourut en 1106. Quarante ans plus tard, cette dynastie fut renversée par les Almohades.

ALMQUIST (Karl-Jonas-Ludwig), poète et romancier suédois (1793-1866), dont les ouvrages ont obtenu un grand succès.

ALMUCHABALA s. f. [al-mou-tcha-ba-la]. Mot arabe qui est synon. d'Alchimie.

ALMUDE s. f. Mesure portugaise de capacité, qui vaut environ 20 litres.

ALNEY, petite île formée par la rivière Severn, près de Gloucester (Angleterre). Célèbre par un combat singulier entre Edmond Côte de Fer et Canut le Grand, en présence de leurs deux armées (1016). Canut fut blessé et offrit de partager le royaume avec son compétiteur

ALNWICK (à'-nick) (saxon : Ealnwic), ville d'Angleterre, sur la rivière d'Aine (Northum-

Château d'Alnwick.

berland) à 48 kil. N. de Newcastle ; 7,000 hab. Donnée par Guillaume le Conquérant à l'un de ses compagnons nommé Ives-la-Vessie,

cette ville déjà fortifiée, fut rendue presque inexpugnable. Son château, dont les restes sont considérés comme un des plus beaux spécimens de l'architecture militaire au moyen âge, resta longtemps le plus solide boulevard contre les incursions des Ecossais. Malcolm, roi d'Ecosse, et son fils furent tués en l'assiégeant (13 novembre 1093). David Ier le prit en 1136 ; Guillaume le Lion, qui espérait le surprendre, fut battu et fait prisonnier en juillet 1174. Brûlé par Jean-sans-Terre, (1215) et par les Ecossais (1448), ce célèbre château fut réparé en 1854.

ALOCASIE s. f. Bot. Genre de caladiées, dont plusieurs espèces sont cultivées dans nos jardins à cause de la beauté de leur feuillage.

ALODE s. m. Féod. Bien possédé en franc-aleu.

* ALOÈS s. m. [a-lo-èss] (gr. aloé). Bot. Genre de liliacées dont les feuilles, épaisses et charnues, renferment le suc amer qui, desséché, constitue l'aloès officinal. — Se dit aussi d'un arbre des Indes dont le bois est odoriférant : brûler de l'encens et du bois d'aloès ; brûler de l'aloès. Voy. AQUILAIRE. — Hortic. Plusieurs variétés d'aloès sont cultivées dans nos jardins, où elles se font remarquer par leurs formes singulières, l'épaisseur charnue de leurs feuilles et la beauté de leurs épis de fleurs diversement nuancées. Ces plantes, originaires de l'Afrique et de l'Inde, craignent le froid ; il faut donc les rentrer dès l'automne et les maintenir à une température de 4° à 5° pour le moins, dans un sol bien sec (poussière calcaire mêlée d'un peu de terre végétale), les arrosages modérés en été ; point d'arrosages en hiver. Elles se multiplient de semences, ainsi que d'œilletons et de boutures que l'on plante, au printemps, dans des pots tenus à l'ombre. Les principales variétés cultivées sont : l'aloès vulgaire ou faux succotrin qui porte en hiver des fleurs jaunâtres ; l'aloès succotrin à fleurs rouges ; l'aloès corne de bélier (fructicosa), ainsi appelé à cause de ses feuilles renversées en dehors, à fleurs rouge vif ; l'aloès mitré, à fleurs rouges ; l'aloès féroce, très épineux, à fleurs rouge verdâtre ; l'aloès à ombelles, qui laisse pendre ses fleurs très grandes et du plus beau rouge safrané ; l'aloès éventail, à fleurs rouges ; l'aloès bec de cane, à fleurs d'un rouge pâle verdâtre ; l'aloès panaché ou perroquet, à fleurs rouges ; l'aloès oblique, à fleurs blanches ; l'aloès anguleux, à fleurs rouges et vertes ; l'aloès nain, à grandes

fleurs rouges ; l'aloès verruqueux, à fleurs rouges ; l'aloès langue de chat (linguiformis), ainsi nommé à cause de la forme de ses

feuilles. Presque toutes ces variétés fleurissent en été. — Pharm. L'aloès le plus pur s'obtient en coupant les feuilles et en les suspendant au-dessus d'un vase destiné à recevoir le suc. Le moins pur est obtenu en écrasant les feuilles pour en retirer le suc par la pression. L'aloès est un suc gommo-résineux légèrement aromatique et très amer. En durcissant à l'air, il prend une teinte brune. L'eau et l'alcool le dissolvent. Le commerce en connaît trois variétés principales : 1° l'aloès succotrin ou soccotrin (de l'île de Socotora), le plus pur, le plus estimé, est en fragments d'un brun rougeâtre, demi-transparents, à surface luisante ; sa poussière est d'un beau jaune doré ; il se dissout dans l'eau bouillante ou dans l'alcool ; 2° l'aloès hépatique, qui tire son nom de sa couleur rougeâtre, analogue à celle du foie (en gr. hépar, hépatos) ; cassure terne, presque opaque ; saveur très amère ; 3° l'aloès caballin (du bas lat. caballus, cheval, parce qu'il fut, dit-on, employé dans la médecine vétérinaire) provient du résidu de la fabrication des deux autres ; il est presque noir, renferme des corps étrangers et possède une odeur désagréable. —Méd. L'aloès, pris à faible dose (de 5 à 10 centigr.) est tonique et stomachique. A la dose de 50 centigr. à 1 gr. il devient purgatif et ses effets se portent principalement sur le gros intestin. Il fait la base des grains de santé, de l'élixir de longue vie, des pilules écossaises etc. Il excite les vaisseaux hémorroïdaux et l'utérus, et facilite ainsi l'écoulement menstruel. On l'emploie comme dérivatif dans les congestions cérébrales ; et il est recommandé dans l'hypocondrie, dans la jaunisse et dans les constipations par atonie. Quelques médecins le recommandent contre les vers.

ALOÉTATE s. m. Chim. Sel formé par la combinaison de l'acide aloétique avec une base.

ALOÉTINE s. f. Chim. Suc de l'aloès purifié.

* ALOÉTIQUE adj. Pharm. Se dit des préparations dont le suc d'aloès est un des principaux ingrédients. — Chim. Se dit d'un acide obtenu en traitant l'aloès par l'acide azotique.

ALOEUS, fils de Titan et de la Terre. Sa femme, Iphimédie eut, de Neptune, deux fils, Othus et Ephialte, géants qui furent appelés Aloïdes (Mythol.).

ALOGANDROMÉLIE s. f. (gr. alogos, anormal ; anêr, andros, homme ; melos, membre). Térat. Monstruosité qui consiste dans la réunion de membres humains avec un corps de bête.

ALOGIQUE adj. (gr. a, sans ; logos, raison). Philos. Se dit de ce qui n'a pas besoin de preuves.

ALOGNE ou Alongne s. f. [gn mll]. Anc. mar. Se disait d'un cordage servant à fixer un tonneau, une bouée, etc. — Art milit. Cordage employé pour la construction des ponts volants, et surtout des ponts sur chevalets.

ALAGOTROPHIE s. f. (gr. alogos, anormal ; trophé, nourriture). Pathol. Nutrition irrégulière qui produit un accroissement anormal de certaines parties du corps.

* ALOI s. m. (fr. à loi, conforme à la loi). Titre légal de l'or et de l'argent. Ces métaux sont de bon aloi, quand ils sont au titre des ordonnances ; de bas aloi, quand ils ne sont pas à ce titre. — Fig. HOMME DE BAS ALOI, homme méprisable. — MARCHANDISE DE MAUVAIS ALOI, marchandise qui n'a pas la qualité requise. — VERS DE MAUVAIS ALOI, mauvais vers.

ALOÏDES, nom des deux frères jumeaux que Neptune eut d'Iphimédie, femme du Titan Aloeus. L'un d'eux, Ephialte, osa aspirer à l'hymen de Junon, et son frère, Othus, à celui de Diane. Pour les obtenir ils firent la guerre aux Dieux et escaladèrent le ciel en empilant Ossa sur Olympe et Pélion sur Ossa. Ils garlèrent Mars prisonnier pendant treize mois ; mais ils furent tués par Apollon.

ALOÈNE s. f. Chim. Principe purgatif de l'aloès.

ALOÏNÉ, ÉE adj. Bot. Qui ressemble à l'aloès. — **Aloïnées** s. f. pl. Tribu de liliacées ayant pour types les genres *aloès* et *yucca.*

ALOÏQUE adj. Se dit d'un acide que l'on obtient en traitant l'aloès par l'acide sulfurique.

ALOÏSOL s. m. [a-lo-i-zol]. Chim. Huile incolore que l'on obtient en distillant l'aloès avec la moitié de son poids de chaux vive.

ALOMANCIE s. f. (gr. *als*, sel ; *manteia*, divination). Divination par le sel.

ALOMPRA, fondateur de la dynastie actuelle de Burmah ou empire Birman, né vers 1710, mort en 1760. D'abord chef d'un petit village, il se mit à la tête d'une insurrection contre les Péguans qui avaient conquis son pays. Sa révolte ayant réussi, il fut nommé roi en 1757. Il fit la guerre à tour aux Français, aux Anglais et aux Siamois ; il fonda Rangoon.

ALOMYE s. f. (gr. *alos*, disque ; *muia*, mouche). Nom donné par Panzer à un genre d'insectes hyménoptères (famille des *Ichneumonides*) dont l'abdomen est en forme de fuseau allongé.

* **ALONGE, Alongement, Alonger**, voy. ALLONGE, ALLONGEMENT, ALLONGER.

ALOPA (Laurent d'), imprimeur, né à Venise et établi à Florence vers la fin du XVᵉ siècle. Il fut le premier qui employât les capitales.

* **ALOPÉCIE** s. f. (gr. *alôpex*, renard, parce que cet animal est sujet à une espèce de gale annuelle suivie de la chute des poils). Chute temporaire ou accidentelle mais non permanente des cheveux et des poils. Lorsque la chute est permanente, elle reçoit le nom de *calvitie.* — L'*Alopécie* survient à la suite d'*affections dartreuses* du cuir chevelu (eczéma, impétigo, pityriasis, teigne, etc.) ou dans certaines graves maladies (fièvre typhoïde, variole, phtisie) ou par suite de longues préoccupations intellectuelles, ou même à cause de l'emploi de cosmétiques irritants. L'alopécie est dite partielle, lorsque le cuir chevelu se dégarnit par plaques ; elle est générale lorsque tout le corps se dégarnit de poils ; elle paraît être contagieuse. — On commence par traiter la maladie dont elle peut dépendre ; puis on recommande l'observation rigoureuse des préceptes de l'hygiène : on rase la région dénudée et on y fait des lotions *émollientes* si la peau est irritée ; ou *toniques* s'il s'agit de réveiller la vitalité des follicules pileux.

ALOPÉCIQUE adj. Qui a rapport à l'alopécie : *affection alopécique.* — s. m. Individu atteint d'alopécie.

ALOPÉCURE s. f. (gr. *alôpex*, renard ; *oura*, queue). Bot. Nom scientifique du *vulpin.*

ALOPÉCUROÏDE adj. Qui ressemble à l'alopécure. — s. f. pl. Section de la famille des graminées, ayant pour type le genre alopécure.

* **ALORS** adv. de temps [a-lor] (lat. *ad illam heram*, à cette heure). En ce temps-là : *où étiez-vous alors ?; c'étaient les modes d'alors.* — Prov. ALORS COMME ALORS, quand on en sera là, on avisera : *vous me dites que, dans deux ans, les affaires seront fort changées : eh bien, alors comme alors.* — ALORS QUE loc. conj. Lorsque. Ne s'emploie que dans le style élevé et dans la poésie :

Tous les maux sont pareils *alors* qu'ils sont extrêmes.

CORNEILLE.

— JUSQU'ALORS loc. adv. Jusqu'à ce moment là, en parlant d'un temps antérieur à un autre temps : *ses affaires se sont dérangées depuis un an ; elles avaient été très bonnes jusqu'alors.* (Acad.).

* **ALOSE** s. f. (lat. *alausa*). Poisson du genre

hareng, distingué du hareng proprement dit par sa grande taille, qui atteint jusqu'à trois pieds de long, et par une échancrure au milieu de la mâchoire supérieure. Principales espèces : l'*alose commune* (*clupea alosa*, Cuv. ; *alausa vulgaris*, Val.), espèce d'Europe, recherchée pour la délicatesse de sa chair grasse et un peu lourde. Elle habite les mers ; mais au printemps, elle remonte par grandes troupes les rivières (Seine, Loire, Garonne, Rhin, Elbe, etc.). Elle se distingue des autres espèces

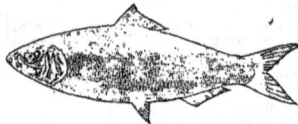

Shad d'Amérique (Alosa præstabilis).

Alose menhaden (Alosa menhaden).

par l'absence de dents sensibles et par une tache noire derrière les ouïes ; elle se nourrit de petits poissons, de vers et d'insectes ; on la pêche surtout au tramail ; elle meurt dès qu'elle est hors de l'eau. Son poids dépasse rarement 2 kilog. ; sa chair est délicate et recherchée et, dans les mois de mars et d'avril, sa pêche est une source de profits pour les pêcheurs de nos grands fleuves. On la sert grillée sur une purée d'oseille ; ou rôtie à la broche sur une serviette garnie de persil, accompagné d'une sauce à l'huile ou au beurre. La *finte* (*clupea finta*, Cuv.) plus allongée, marquée de cinq ou six taches noires sur les flancs, à chair peu délicate. L'*alose menhaden* (*alausa menhaden*, Storer) d'un gris sombre ; corps long et comprimé, se trouve dans les mers de l'Amérique du Nord, mais ne remonte jamais dans les rivières. On en extrait une huile assez recherchée pour le travail des cuirs et employée aussi par les peintres. Le *shad* des Américains (*alausa præstabilis*, de Kay ; *alausa sapidissima*, Storer), cuivré en dessus, argenté en dessous ; long d'un pied et demi.

ALOSER v. a. (vieux franç. *los*, louange). Louer (vieux).

ALOSIER s. m. Sorte de filet pour prendre les aloses.

ALOST (Flam. Aelst), ville de la Flandre orientale, sur la Dendre, à 27 kil. S.-E. de Gand ; 21,400 hab. ; ancienne capitale de la Flandre autrichienne. L'église Saint-Martin est ornée du tableau de Rubens : « Peste d'Alost ». Alost fut prise et démantelée par Turenne, en 1667, puis abandonnée aux Alliés après la bataille de Ramillies, en 1706. Lat. 50° 56' 18" N. Long. 1° 42' 12" E.

ALOTZE, voy. ALLEUZE.

ALOUATE s. m. Sous genre, formé par Cuvier, des singes appelés *mycetes* (Illig.) ou *singes hurleurs* (Geoff. Saint-Hil.). Ce groupe appartient au genre *sapajou.* Il comprend des animaux à tête pyramidale et allongée, à visage oblique, à angle facial très aigu ; voix effroyable ; on en connaît une dizaine d'espèces qui habitent par troupes nombreuses les régions chaudes de l'Amérique du Sud, où on les poursuit jusqu'au fond des forêts parce que leur chair est considérée comme un mets délicat. — L'*alouate ordinaire* (*simia seniculus*), de la Guyane, d'un roux marron vif, est gros comme un fort renard. On l'appelle

aussi *singe rouge.* — L'*alouate ourson* (*stentor ursinus*, Geoff.), diffère peu du précédent. — L'*alouate à queue fauve* (*stentor flavicaudatus*, Geoff.) est d'un brun noir avec strie jaune de chaque côté de la queue.

ALOUCHE, Alouchi, Alouchier. Voy. ALLOUCHE, ALLOUCHI, ALLOUCHIER.

ALOUE s. f. Ancien nom de l'alouette.

* **ALOUETTE** s. f. (lat. *alauda* ; vieux franç. *aloue*). Petit oiseau chanteur qui se fait entendre le matin et le soir, pendant toute la belle saison, et que l'on a surnommé le chantre des airs, le musicien des champs. Dans la méthode de Cuvier, l'alouette forme un genre de la famille des Conirostres, ordre des Passereaux. Bonaparte en fait le genre *Alaudinæ*, de la famille des *Alaudidæ*, ordre des *Passeres.* Le genre *Alauda* (Linné) appartient à l'ancien monde. Les oiseaux qui en font partie se trou-

Alouette des champs (Alauda arvensis).

Alouette d'Amérique (Eremophila alpestris).

vent dans nos plaines et dans nos terres cultivées. Ils émigrent vers le sud en automne. Leur nourriture consiste en graines, en insectes et en vers. Ils placent ordinairement leur nid sur le sol, au pied d'un cep de vigne ou au milieu des herbes. L'espèce la plus répandue est l'alouette des champs (*Alauda arvensis*, Linné), si connue par le chant poétique et aérien, qu'elle exécute en montant à perte de vue dans le ciel. On la trouve en Europe, en Asie et dans le nord de l'Afrique. La couleur générale pour les deux sexes est d'un brun rougeâtre dessus et blanchâtre dessous, avec des taches d'un brun plus foncé partout. Les deux pennes externes de la queue sont brunes en dehors. Le plumage n'est pas brillant, mais la forme de l'oiseau est très élégante et ce qui achève de la rendre intéressant, c'est le chant plein d'éclat et de gaieté, et longtemps prolongé par lequel le mâle semble saluer le lever et le coucher du soleil. — Le mâle, un peu plus gros que la femelle, s'en distingue, en outre, par un collier noir et par la longueur de l'ongle postérieur. La femelle fait généralement 2 couvées par an ; elle dépose 4 ou 5 œufs dans son nid composé de brins d'herbe sèche ; l'incubation dure une quinzaine de jours. —Parmi les autres espèces nous citerons *l'alouette huppée* ou COCHEVIS; *l'alouette des bois* ou CUJELIER ou LULU; la *calandre*; *l'alouette de Tartarie* (*Al. Tartarica*), qui s'égare quelquefois en Europe, et qui est noire avec des ondes grisâtres en dessus; le *Sirli*, etc. Les Américains donnent le nom d'alouette au genre *Eremophila* (Boie), appartenant à la famille des Alaudidées. *L'alouette céleste* (*E. alpestris*, Boie) est à peu près grosse comme notre alouette commune; brune, avec des raies sombres sur le dos; blanchâtre dessous; gorge jaune. On la rencontre du Labrador au Mexique, où elle arrive surtout en hiver. Sa chair délicate est très recherchée et son chant est doux, mais peu prolongé. — CHASSE. A l'approche du froid, les alouettes se rassemblent en masses considérables et se dirigent vers les grandes vallées, ce qui fait qu'on les considère comme oiseaux de passage et que l'on peuvent autoriser, à leur égard, l'emploi des nappes, des collets et des gluaux. On chasse aussi et surtout les alouettes au *miroir* et au fusil. — CUISINE. VOY. MAUVIETTES. — ÉLEVAGE. Le mâle est un oiseau chanteur que l'on prend au piège ou, ce qui est préférable, que l'on enlève jeune du nid. On lui donne, dans sa jeunesse, de la pâtée préparée avec de la viande finement hachée, de la mie de pain et du chènevis écrasé; on y ajoute des vers, des mouches, des insectes et peu à peu on l'habitue à se nourrir de graines. Sa cage doit être garnie de gazon frais et de sable et être recouverte seulement d'une toile tendue; autrement il se blesserait en cherchant à s'élever perpendiculairement. — ALOUETTE DE MER. Genre d'échassiers, composé de petites maubêches dont le bec est un peu plus long que la tête et dont les pieds n'ont ni bordures ni palmures. Une certaine ressemblance extérieure avec les alouettes leur a valu le nom qu'elles portent vulgairement. Elles volent en troupes le long des côtes et sur les rivières. C'est un bon gibier; elles déposent leurs œufs sur le sable. *L'alouette de mer ordinaire* (*Tringa cinclus*) est presque semblable à l'alouette par la taille et par la couleur. Chaque penne est bordée de fauve; le devant du cou est moucheté de brun; en été, le dessous du corps devient roussâtre. *L'alouette de mer à collier*, brunette de Buffon, est un peu plus petite que la précédente et s'en distingue par une ceinture de taches noirâtres sur la poitrine. Ventre d'un noir profond en été.

* ALOURDIR v. a. Rendre lourd; appesantir. — S'alourdir v. pr. Devenir lourd.

ALOURDISSANT, ANTE adj. Qui alourdit; qui est de nature à alourdir.

* ALOURDISSEMENT s. m. Etat de celui qui est alourdi.

ALOUVI ou ALLOUVI, IE adj. (rad. *loup*, *louve*). Qui éprouve une faim dévorante.

ALOYAGE s. m. Action d'aloyer.

* ALOYAU s. m. [a-loi-iô]. — Boucher. Pièce de bœuf coupée le long du dos, à droite et à gauche de l'échine, entre la culotte et les côtes. La *tête d'aloyau* est la partie la plus rapprochée de la cuisse; la *troisième pièce* se termine au train des côtes; et le *milieu d'aloyau* ou *deuxième pièce* est comprise entre les deux autres parties. — Lorsque l'aloyau est détaché du filet, il se nomme *coquille d'aloyau*. — La partie inférieure de l'aloyau, près de la tranche grasse, reçoit le nom de *bavette d'aloyau*. — C'est un bel aloyau constitue un excellent rôt que l'on sert ordinairement sur une garniture de pommes de terre. On le découpe en détachant d'abord le filet, qui est la partie la plus délicate et que l'on coupe par tranches transversales un peu obliques; ensuite on découpe le reste en tranches ou rondelles un peu épaisses. — L'aloyau peut aussi être *braisé* et servi sur un lit de carottes nouvelles.

ALOYER v. a. (rad. *aloi*). Donner l'*aloi* ou titre légal à l'or et à l'argent.

*ALPACA ou ALPAGA s. m. Quadrupède ruminant, genre *Lama*, originaire des Cordillères. Sa toison, bien plus fine que celle du mouton, est employée dans la fabrication des vêtements. L'introduction de l'alpaca en Angleterre (1836) valut au comte de Derby l'hon-

Alpaca.

neur d'une statue. En 1860, M. Rœhn amena dans notre pays 33 alpacas qu'il mit à la disposition de la Société d'acclimatation. D'autres envois furent faits dans la suite. — On appelle alpaca l'étoffe faite avec la laine longue et fine de cet animal.

ALPAÏDE, concubine de Pépin d'Héristal et mère de Charles-Martel. A la mort de Pépin, elle se retira dans un couvent, pour fuir le ressentiment de Plectrude.

ALPAIX (Sainte), née à Cudot, Yonne, en 1150, m. en 1210; canonisée en 1874.

ALPARGATTAS s. f. pl. [tass]. Nom espagnol d'une grossière chaussure faite de joncs ou de cordes tressées.

AL PARI loc. ital. qui signifie *le pair*. — Banque. Le cours *al pari* est (quand on prend pour base le cours à vue et, pour les valeurs métalliques de l'Autriche et de la Russie, l'ancien rapport normal entre l'or et l'or et celui de l'argent de 15,50) : Londres, 20,43 ; Paris, 81,00 ; Amsterdam, 168,74; Vienne, 200,00; St-Pétersbourg, 323,93.

ALP ARSLAN (turc *le Brave Lion*), sultan seldjoucide, né vers 1028, mort en 1072. Il succéda (1063) à son oncle Togroul, conquit l'Arménie et la Géorgie, battit et fit prisonnier l'empereur grec Romanus Diogène (1071) et traversa l'Oxus avec une immense armée, contre la Turkestan. Il fut poignardé par le gouverneur de la première forteresse qu'il captura.

ALPAVIGOGNE s. m. Métis d'alpaga et de vigogne; il se trouve au Pérou. Sa laine, presque aussi longue que celle de l'alpaga, rivalise, pour la finesse, avec celle de la vigogne.

ALPE s. f. (celt. *alp*, élévation). Lieu élevé, montagne : *mon domaine renferme des lacs et de petites alpes*. — Fig. Point extrême où peut s'élever un sentiment, une passion : *de cette alpe où mes rêves m'avaient élevé, je tombai dans la réalité*.

ALPÉE s. f. Entom. Genre de coléoptères pentamères de la famille des carabiques, et que l'on réunit quelquefois au genre *Nébrie*.

ALPES (*alp*, en celtique; *montagne*), le plus grand système montagneux de l'Europe, formant la ligne de démarcation entre les versants de la Méditerranée et de l'Océan et ceux de la mer du Nord et de la mer Noire. Les Alpes s'élèvent en forme de croissant, sur l'Europe centrale, à une hauteur moyenne de 2,500 mètres; plus de 400 de leurs sommités atteignent la ligne des neiges perpétuelles (2,900 m.). Point central : le Saint-Gothard. On les divise en 10 tronçons principaux, savoir : 1° les *Alpes-Maritimes* (180 kil.); consistant en 2 portions : les *Alpes-Liguriennes*, de Nice au col de Lauzania, en Piémont, et les *Alpes-Maritimes supérieures*, qui se terminent

au mont Viso (3,886 m.), sur la frontière occidentale du Piémont. 2° les *Alpes-Cottiennes* (110 kil.), du mont Viso au mont Cenis (3,993 m.), entre la France et l'Italie. 3° les *Alpes-Grées*, du mont Cenis au col du Bonhomme, entre la Savoie et le Piémont; 4° les *Alpes-Pennines*, jusqu'au mont Rosa (4,626 m.); elles comprennent le Mont-Blanc (4,795 m.) et le Cervin (4,500 m.); 5° les *Alpes-Lépontiennes* ou *Helvétiennes*, comprenant la chaîne divergente appelée *Alpes-Bernoises*; cette division couvre la Suisse occidentale, sur les deux côtés du Rhône; une branche se termine au mont Saint-Bernard; l'autre rencontre le Jura au N. du lac de Genève. C'est dans les Alpes-Helvétiennes que se trouvent les plus beaux panoramas; on y rencontre le Finsteraarhorn (4,287 m.), le Jungfrau (4,070 m.), le Furca (4,267 m.), le Mœnch (4,103 m.), le Schreckhorn (4,073 m.), et le Mont-Léon, sur le Simplon (3,507 m.). 6° les *Alpes-Rhétiennes*, qui commencent au Monte-Bernardino, s'étendent le long des frontières suisse, allemande et italienne et se terminent au Tyrol. 7° les *Alpes-Noriques*, qui couvrent le N. de la Carinthie, la Styrie, la Haute et la Basse Autriche; point culminant, le Gross-Glockner (3,924 m.); 8° les *Alpes-Carniques*, sur les confins de la Vénétie et de la Carinthie, depuis Pellegrino jusqu'à Terglou; 9° les *Alpes-Juliennes* ou *Pannoniennes*, de Terglou au mont Kleck sur la Carniole; 10° les *Alpes-Dinariques*, qui partent du mont Kleck et courent sur la Dalmatie, la Croatie et l'Herzégovine jusqu'aux Balkans. — Parmi les passages ou cols les plus célèbres, nous citerons ceux du Grand et du Petit Saint-Bernard, du Saint-Gothard, du Simplon et du Splügen. Sur le col du Simplon (2,015 m.), Napoléon fit construire une route, de Brieg à Domo d'Ossola, pour relier Genève à Milan; un tunnel a été percé sous le mont Cenis pour le passage d'une voie ferrée. Des traités (1869-1871) ont été signés entre la Suisse, l'Allemagne et l'Italie, pour le percement du Saint-Gothard. Encouragées par le Club alpin, les ascensions dans les Alpes se sont multipliées depuis quelques années, malgré les tourbillons, les avalanches et les glaciers. Lorsqu'on arrive à une hauteur de 500 m., la végétation diminue en beauté sinon en abondance; elle disparaît presque complètement à 2,000 m., bien qu'il y ait encore des pâturages et un genre particulier de plantes que l'on désigne par le nom de « Flore alpine » jusqu'à une hauteur de 2,600 m. Agassiz a même distingué des lichens au-dessus de la ligne des neiges éternelles. Les animaux que l'on rencontre sur les Alpes sont le chamois, le loup, le renard, le lynx, le chat sauvage, l'ours, le gypaète et l'aigle. La zoologie alpine a été décrite par Tschudi : *Thierleben der Alpenwelt* (8° éd. 1868); la géographie, par les frères Schlagentweit (1850-54), la géologie par Alphonse Faure (1867). On peut aussi consulter la description des terrains que l'on a découverts en perçant le tunnel du mont Cenis, description donnée par Sismonda et Elie de Beaumont. — PASSAGES DES ALPES. La partie des Alpes qui sépare la France de l'Italie était autrefois considérée comme infranchissable pour une armée. Elle fut pourtant traversée par Annibal (218 av. J.-C.) et par les Romains (154 av. J.-C.) et par Napoléon (1er mai 1800).

ALPES, nom de trois départements. — I. Basses-Alpes, formé d'une partie de la Haute-Provence, entre les départ. des Hautes-Alpes, de la Drôme, de Vaucluse, du Var et borné à l'E. par la chaîne des Alpes-Maritimes, qui le sépare de l'Italie. 695,418 hect.; 136,166 hab. Territoire pittoresque couvert par des rameaux et des contreforts des Alpes-Maritimes. Point culminant : la roche de la Garde (3,995 mètres). Principaux cours d'eau : Durance, Buech, Caldron, Auzon, Largue, Ubaye, Bléone, Asse, Verdon, Var et Voire. Lac d'Allos. Le goître et le crétinisme affligent les ha-

.bitants de ce département. Quelques vallées fertiles contrastent avec l'aridité des montagnes neigeuses. — Marbre. — Établissements balnéaires à Digne et à Gréoulx. — Prunes sèches dites *brignoles* et *pistoles*; céréales; vin des Mées; plantes aromatiques et médicinales; vastes pâturages où viennent, en été, 400,000 moutons, qui retournent, pendant l'hiver, dans les plaines de la Crau et de la Camargue. Exploitation des vers à soie; fabrication de lainages. — Ch.-l. Digne; 5 arrond., 30 cantons, 281 communes. Arrondissements : Digne, Barcelonnette, Castellane, Forcalquier et Sisteron. 6 forteresses : Tournoux, Barcelonnette, Saint-Vincent, Sisteron, Seyne et Colmars. Diocèse de Digne, suffragant d'Aix; cour d'appel d'Aix. — II. Hautes-Alpes, formé de la partie S.-E. du Dauphiné (Briançonnais, Embrunais et Gapençais) et d'un lambeau de 7,000 hectares pris à la Provence; entre les dép. des Basses-Alpes, de la Drôme et de l'Isère; borné au N. et à l'E. par la chaîne des Alpes qui le sépare du Piémont. 558,961 hectares; 119,094 hab. Territoire très élevé. Pics principaux : les Trois-Ellions (3,500 m.), le pic d'Arcine ou des Agneaux (4,105 m.), le Pelvoux (3,984), la Meidje (3,986). *Gorges, vallons* où roulent avec fracas de rapides torrents. Principaux cours d'eau : Durance, Guisane, Cervière, Buech, Claret, Alp-Marin, Riouse, Vence, Luie, Guil, Romanche, Drac. — Le goitre et le crétinisme sont les infirmités dominantes dans les montagnes. — Beaux marbres, granits; craie de Briançon. Sources minérales du Plan-de-Phazi; sources thermales du Monétier; source ferrugineuse à St-Pierre-d'Argenson (ancienne *Fontaine vineuse*, l'une des sept merveilles du Dauphiné). — Châtaignes, ~~grande ressource~~ ~~des habitants~~; plantes aromatiques; beaux pâturages; race de chèvres à duvet très fin. Territoire presque ~~entièrement~~ ~~inculte~~. — Ch.-l. Gap. 3 arrond., 24 cantons, 189 communes. Arrond. de Gap, de Briançon et d'Embrun. Diocèse de Gap, suffragant d'Aix. 4 places fortes : Briançon, Mont-Dauphin, Embrun et le fort Queyras. — Cour d'appel de Grenoble. Maison centrale de détention à Embrun. — III. Alpes-Maritimes, formé en 1860 du comté de Nice et de l'arrond. de Grasse, détaché de l'ancien départ. du Var; compris entre la Méditerranée, l'Italie, les Basses-Alpes et le Var. 391,662 hectares; 203,604 hab.—93 kil. de côtes généralement escarpées, découpées de criques charmantes, bordées d'îles parfumées; golfe de la Napoule; collines semées de villas et de bouquets d'orangers. Iles de Lérins et Saint-Féréol. Cours d'eau : Artuby, Roya, Paillon, Var, Siagne, Loup et Cagne, rivières limpides en été et torrentueuses en hiver. Climat enchanteur sur les rivages de la mer : Nice, Cannes et Menton sont les points privilégiés. — Pâturages et épaisses forêts sur les montagnes. Oliviers, orangers, grenadiers; anchois de Nice et anchois de Fréjus. Fabriques d'essences et de parfums; fruits secs; exportation de fruits et d'huile d'olives. Ports : Cannes, Golfe de Jouan, Antibes, Nice, Villefranche, Saint-Hospice, Menton et Cros-Cagne. — Ch.-l. Nice. 3 arrond., 25 cantons, 150 communes. Arrond. de Nice, Grasse et Puget-Théniers. Places fortes : Antibes, fort Sainte-Marguerite, Saint-Laurent du Var et citadelle de Villefranche. Sous-arrond maritime à Nice, dépendant de la préfecture de Toulon : quartiers de Nice et d'Antibes. Cour d'appel d'Aix. Diocèse de Nice pour les trois arrond. de Nice et de Puget-Théniers; diocèse de Fréjus pour celui de Grasse; l'un et l'autre suffragants d'Aix.

*ALPESTRE adj. Qui a rapport aux Alpes; qui est propre, qui appartient aux Alpes : *mœurs alpestres; plantes alpestres.* — ∿ Par compar. Apre, rigide : *homme alpestre.*

*ALPHA s. m. [al-fa]. Première lettre de l'alphabet des Grecs. — *Alpha et oméga,*

première et dernière lettre de l'alphabet grec. — Fig. L'*alpha et l'oméga*, le commencement et la fin : *Dieu est l'alpha et l'oméga de toutes choses* (Apocalypse).

*ALPHABET s. m. [al-fa-bé] (*alpha, béta,* nom des deux premières lettres de l'alphabet grec). Réunion de toutes les lettres d'une langue, rangées dans un ordre conventionnel. — Petit livre qui contient les lettres de l'alphabet et les premières leçons de la lecture. — Encycl. Un alphabet est *phonétique* quand il représente les sons dont les mots se composent; il comprend alors des voyelles et des consonnes. L'alphabet français est phonétique. — Les alphabets sont dits *syllabiques* lorsqu'ils ont un signe pour chaque syllabe; tels sont le syllabaire cherokee et l'*irofa* japonais. — Un alphabet est dit *consonnant* quand chaque consonne est exprimée par un signe (alors les voyelles sont sous-entendues ou représentées par des modifications de la consonne). Les exemples d'un alphabet consonnant sont le sanscrit et l'hébreu. — Notre alphabet français dérive du latin, qui vient du grec, lequel est issu d'un alphabet consonnant employé par plusieurs des anciens peuples sémitiques. Cet alphabet comprenait 22 signes, représentant les sons consonnants qui suivent : ' (aleph), *b, g, d, h, w, z, 'h, t, y. k, l, m, n, s,* } (ain), *p, s, q, r, sh, t*; les Grecs adoptèrent ce système sans changement de valeur pour les signes *b, g, d, w, 'h, k, l, m, n, p, q, r, t*; mais ils transformèrent en voyelles les sons consonnants des autres, de façon à obtenir *a, e, o, i*; pour le son de *u*, ils inventèrent un nouveau signe appelé *upsilon*; transformations au moyen desquelles l'alphabet des Grecs devint *phonétique*. Quelques autres additions furent faites plus tard dans différentes parties de la Grèce. La forme finale est celle que donnèrent les Ioniens de l'Asie-Mineure et qu'adoptèrent ensuite (400 av. J.-C.) tous les autres peuples de la Grèce. — Un ancien alphabet latin était de 21 lettres : A, B, C, (prononcé *g*) D, E, F, Z, H, I, K, L, M, N, O, P, Q, R, S, T, V, X. La lettre Z, trouvée dans les monuments tout à fait primitifs, cessa d'être en usage pendant longtemps et fut réintroduite, comme une lettre étrangère au temps de Cicéron. Vers la même époque parut Y (primitivement représenté par le même signe que V); le K ne fut plus employé que dans un petit nombre de mots vers le temps des décemvirs, tandis que C (équivalant du *gamma* grec), servit à exprimer les deux sons *g* et *k*; vers 300 av. J.-C. l'influence grecque amena une distinction entre ces deux sons, et les Romains continuèrent au C la valeur du k, tandis que par une légère altération du C, ils firent un nouveau signe G, pour le son *g*. Le système final des latins, après l'adoption des signes Y, Z, consista ainsi en 23 lettres. On ne faisait aucune distinction entre I et J, ni entre U et V. — La principale altération que l'alphabet latin ait supportée a été l'adoption de S et R comme lettres indépendantes, avec des valeurs distinctes, et l'adoption d'une lettre nouvelle, le « double U » qui est devenu VV ou W(double V). — Par suite des acquisitions, notre alphabet se compose de 26 lettres que l'on peut distribuer en 8 classes : 1° lettres, au nombre de 12, qui ont une origine phénicienne et qui ont conservé leur valeur primitive : B, D, H, K, L, M, N, P, Q, R, S, T; 2° lettres, au nombre de 5, qui sont d'origine phénicienne, mais dont la valeur a été changée par les Grecs : A, E, I, O, Z; 3°, lettres, au nombre de 2, qui ont été inventées et ajoutées par les Grecs : U (= V ou Y) X; 4° lettres, au nombre de 2, qui ont été admises avec un changement de valeur dans l'alphabet latin : C F; 5° lettre inventée par les Latins, G; 6° lettre transmise du grec au latin à une époque moins reculée qui a varié de forme et de valeur, Y; 7° forme graphique transformée de deux lettres anciennes auxquelles les modernes ont

donné une valeur indépendante : J, V; et 8° addition récente, faite en doublant un signe ancien pour obtenir une lettre nouvelle, W.— L'ordre dans lequel sont classées nos lettres est historique : de A à F, on a suivi l'ordre phénicien; G fut mis par les Romains à la place du Z omis; H et I ont conservé la position qu'ils avaient dans le système phénicien; J à T, ordre phénicien; U vient ensuite comme étant la lettre dont il est une variation; de K à T, ordre phénicien; U vient ensuite comme étant la lettre dont il est une variation; de K à T, ordre phénicien; et il est suivi V et de W comme I est suivi de J; X est une autre addition grecque adoptée dans le système primitif des Romains; Y et Z sont les dernières additions faites à l'alphabet latin sous l'influence grecque. La raison de l'ordre phénicien est inconnu. Les noms primitifs de ces caractères sont ceux d'objets très apparents et très connus; ainsi, *aleph*, signifiait bœuf; *beth*, maison; *gimel*, chameau; *daleth*, porte, et ainsi de suite.

ALPHABÉTAIRE adj. Qui concerne l'alphabet; qui a rapport à l'alphabet : *méthode alphabétaire.*

*ALPHABÉTIQUE adj. Qui est selon l'ordre de l'alphabet : *table alphabétique; ordre alphabétique.* — ÉCRITURE ALPHABÉTIQUE, écriture au moyen des lettres de l'alphabet, par opposition à *écriture hiéroglyphique.*

*ALPHABÉTIQUEMENT adv. Dans l'ordre alphabétique.

ALPHABÉTISER v. a. Lire l'alphabet; lire en épelant.

ALPHABÉTISME s. m. Système d'écriture qui admet un alphabet.

ALPHANET ou Alfanet s. m. Faucon. Oiseau de proie du nord de l'Afrique, très estimé pour la chasse au vol et à terre.

ALPHÉE, chasseur qui s'éprit de la nymphe Aréthuse; il fut, ainsi que celle-ci, changé en source et forma le fleuve d'Arcadie *Alpheus* (auj. *Rofeo* ou *Ruphia*) qui va se jeter dans la mer Ionienne.

*ALPHÉE s. m. [al-fé] (Gr. *alphos*, blanc; lat. *alpheus*). Genre de crustacés décapodes, famille des macroures, renfermant une douzaine d'espèces dont quelques-unes se trouvent dans la Méditerranée; les deux premières paires de pattes sont chélifères.

ALPHITOSCOPE s. m. [fl] (gr. *alphiton*, farine; *skopeo*, je regarde). Appareil servant à essayer la farine de froment.

ALPHONSE s. m. Personnage principal d'une comédie de M. A. Dumas fils, *Monsieur Alphonse*, représentée au Gymnase. — Type du jeune homme qui vit aux dépens d'une femme galante.

ALPHONSE, nom de plusieurs princes qui ont régné en Espagne, en Portugal et à Naples.

ASTURIES, LÉON, GALICE et CASTILLE.

ALPHONSE Ier, *le Catholique*, gendre de Pelage et roi des Asturies, de 739 à 757, s'empara des royaumes de Léon, de Galice et de Castille dont il chassa les Maures. — Alphonse II, *le Chaste* (791-842), fils de Froïla Ier, s'empara de Lisbonne et abolit le tribut annuel de 100 jeunes vierges que les chrétiens donnaient aux Maures.—Alphonse III, *le Grand*, élu roi en 866, mort en 912, étendit les limites de ses états jusqu'à la Guadiana. On lui attribue une *chronique* latine traitant de l'histoire de l'Espagne depuis l'invasion des Maures jusqu'en 856. Il abdiqua après la naissance d'Alphonse IV, *le Moine* (924-?), fut jeté dans un couvent où mourut en 933. — Alphonse V, (999-1027), tué d'une flèche au siège de Viseu. — Alphonse VI, (1065-1109), restaura dans son intégrité la monarchie de Ferdinand Ier, prit Tolède et mourut de douleur après la défaite d'Ucles. Les exploits du Cid ont illustré son règne.— **Alphonse VII** (1109) voy. ALPHONSE Iᵉʳ d'Aragon. —**Alphonse VIII**, *Raimondez*, né en 1105, mort en 1157, roi de Galice en 1109, de Léon et de Castille en 1126, couronné empereur de toutes les Espagnes en 1135 ; il maria sa fille, Constance, à Louis VII, roi de France. — **Alphonse IX**, *le Noble* ou *le Bon* (1153-1214), vaincu par les Maures à Alarcos (1195), il remporta sur eux la célèbre victoire de Tolosa (1212). — **Alphonse X**, *le Sage* ou *l'Astronome*, né en 1226, régna de 1252 à 1284, disputa l'empire d'Allemagne à Rodolphe de Hapsbourg (1257). Son règne fut troublé par une invasion de Maures et par la révolte de son fils, don Sanche, qui parvint à le détrôner. Alphonse X s'est rendu célèbre comme poète et comme auteur du fameux corps de lois, *Las siete Partidas*, de la *Cronica general de Espana* et de plusieurs travaux sur l'astronomie. Les Tables astronomiques qui portent son nom (Tables Alphonsines) furent probablement dressées par des Maures qu'il avait appelés à sa cour. — **Alphonse XI** (1312-'50), gagna sur les Maures la sanglante victoire de Tarifa (1340) et périt de la peste en assiégeant Gibraltar.

ARAGON.

ALPHONSE Iᵉʳ, *le Batailleur* (1104-'34), devint Alphonse VII de Castille par son mariage avec Urraque. Il prit en 1118 Saragosse, dont il fit sa capitale et il périt au siège de Fraga. — **Alphonse II**, (1162-'96), conquit le Roussillon et le Béarn. — **Alphonse III**, *le Magnifique* (1285-'91), prit Majorque et disputa la Sicile aux Français. — **Alphonse IV**, *le Débonnaire* (1327-'36), enleva la Sardaigne aux Génois et créa une puissante marine. — Alphonse V, *le Magnanime*, (Alphonse Iᵉʳ de Naples et de Sicile), né vers 1390, mort en 1458, succéda à son père Ferdinand Iᵉʳ en 1416. La reine de Naples, Jeanne, lui offrit de le faire son héritier s'il voulait la soutenir contre le duc d'Anjou ; mais bientôt les deux alliés se brouillèrent et Jeanne en mourant (1435) légua sa couronne à René d'Anjou, comte de Provence. Alphonse entreprit de conquérir les états de la défunte reine et il y réussit, après une longue lutte. Il prit le titre de roi de Naples en 1435.

NAPLES.

Alphonse Iᵉʳ, était Alphonse V en Aragon. Il laissa la Navarre à son frère Jean et la couronne de Naples à Ferdinand, son fils naturel légitimé par le pape. — **Alphonse II** (1494) abdiqua à l'approche du roi de France, Charles VIII, et mourut la même année.

PORTUGAL

Alphonse Iᵉʳ, *le Conquérant* (Port. *Alfonso el Conquistador*) premier roi de Portugal, fils du comte de Portugal, Henri de Bourgogne, fut salué roi après la victoire d'Ourique (1139) remportée sur cinq chefs Maures. Il chassa les Musulmans du Portugal et publia les lois dites *d'Alphonse*. — **Alphonse II**, *le Gros*, né en 1185, fils de Sanche Iᵉʳ, succéda à son père, en 1211, mourut, en 1223, lutta contre les Maures et contre les empiétements du clergé. — **Alphonse III**, né en 1210, roi en 1248, mort en 1279, s'empara des Algarves et fut plusieurs fois excommunié, sans cesser de lutter contre le clergé. — **Alphonse IV**, *le Brave*, né en 1291, roi en 1325, mort en 1357, participa à la grande victoire de Tarifa sur les Maures (1340), mais se rendit odieux par sa cruauté. Il fit égorger la malheureuse Inez de Castro, que son fils, Don Pedro, avait secrètement épousée. — **Alphonse V**, *l'Africain*, né en 1432, succéda à son père, Duarte, en 1438, mort en 1481. Il prit Tanger et plusieurs autres villes d'Afrique, mais ayant disputé la couronne de Castille à Ferdinand le Catholique, il fut battu à Toro (1476) et forcé de renoncer

à ses prétentions (1479). Pendant son règne, les Portugais découvrirent la Guinée. — **Alphonse VI**, né en 1643, succéda à son père, Jean IV, en 1656, fut forcé d'abdiquer en 1667 et mourut en 1683.

ALPHONSIN s. m. [al-fon-sain] Chirurg. Instrument propre à extraire les balles, inventé en 1552, par *Alphonse Ferri*, chirurgien du pape Paul III. L'*alphonsin* se compose de 3 branches élastiques, renfermées dans une gaîne qui, en jouant sur elles, les rapproche ou leur permet de s'écarter. Cet instrument est remplacé aujourd'hui par le tire-balles.

ALPHONSINES ou **alonsines** (TABLES), tables astronomiques, dressées en 1252, sur l'ordre du roi de Castille Alphonse (alonso) X, le Sage, par des astronomes espagnols et arabes, dans le but de corriger l'imperfection des tables de Ptolémée. Ces tables ont été imprimées en 1483 et réimprimées en 1863.

ALPHOS s. m. [al-foss] (gr. *alphos*, blanc). Pathol. Variété de lèpre appelée aussi *lèpre alphoïde*, sous l'action de laquelle les parties affectées se couvrent de taches blanches.

ALPIN, INE adj. Qui habite, qui croît, qui se trouve sur les Alpes. — Par ext. Qui habite, qui croît, qui se trouve sur le sommet des hautes montagnes : *plantes alpines ; rochers alpins.* — **Club alpin**, association de voyageurs anglais dans les Alpes, fondée en 1858 et qui a publié son premier livre *(Pics, passages et glaciers)* en 1859. Cette Société anglaise existe également en France. Il existe un club alpin français.

ALPINES (Les), ramification des Alpes de Provence (Bouches-du-Rhône) ; 835 m. d'altitude. — CANAL DES ALPINES, canal d'irrigation construit dans la Provence en 1775, il commence à la Durance et fertilise une grande partie du département des Bouches-du-Rhône.

ALPINI (Prosper), botaniste italien (1553-1617), fut un des premiers qui ait donné la description du caféier.

ALPINIE s. f. (rad. *Alpini*, nom pr.). Bot. Genre de *Zingibéracées*, comprenant des herbes vivaces qui appartiennent aux régions chaudes de l'Asie et dont la plupart sont cultivées dans nos serres. L'espèce la plus remarquable est l'*al. retombante* ou *globba penchée* (*Alpinia nutans*), belle plante originaire du Bengale, haute de 5 m. 50 ; à fleurs en grappes pendantes, blanches ou rosées à l'extérieur, jaunes orangé avec des lignes rouges à l'intérieur.

ALPIQUE adj. Qui est propre aux Alpes : *système alpique.*

ALPISTE s. m. (rad. *Alpes*), plante annuelle de la famille des graminées et du genre phalaris, appelée aussi *millet long*. L'alpiste est

Alpiste des Canaris.

originaire de l'Europe méridionale et du nord de l'Afrique ; on le cultive pour ses

graines qui servent à la nourriture des oiseaux, principalement des serins, d'où le nom d'*Alpiste des canaris* (*phalaris canariensis*) que l'on donne quelquefois à cette plante.

ALPRECK, phare à feu fixe (53 m. au-dessus de la mer), près de Boulogne-sur-Mer, par 50° 41' 57" lat. N. et 0° 46' 28" long. E.

ALPUJARRAS ou **Alpuxarras** [al-pou-jaràss] montagnes de l'Espagne, province de Grenade, dernier refuge des Maures, qui y furent traqués pendant longtemps et en furent expulsés définitivement en 1609.

ALQUE s. m. [al-ke] (gr. *alké*, force). Zool. Groupe de palmipèdes comprenant les genres Pingouin, macareux et cérorhynque.

ALQUIÉ (Alexis), médecin de Montpellier, né en 1812, mort en 1865. A laissé un *Cours de pathologie chirurgicale* (1845, in-8°) ; un *Précis de la doctrine médicale de l'école de Montpellier* (1847, in-8°) et plusieurs autres ouvrages.

ALQUIER (Ch.-J.-Marie), constituant, conventionnel et diplomate, né à Talmond (Vendée) en 1759, mort à Paris en 1826. Il vota la mort du roi, *en cas d'invasion étrangère.*

ALQUIFOUX s. m. [al-ki-fou]. Nom commercial de la galène (sulfure de plomb) réduite en poudre et employée pour le vernis des poteries grossières.

ALRUNES s. f. pl. (rad. *runes*, caractères scandinaves). Dieux pénates des anciens Germains : petites figures de bois.

ALSACE (all. *Elsass*), province, aujourd'hui comprise dans la terre impériale allemande d'Alsace-Lorraine, bornée par la Lorraine, le Palatinat, la Suisse, la Franche-Comté et Bade, dont elle est séparée par le Rhin ; et traversée par les Vosges et par un rameau du Jura. 1,073,507 hab., en 1881. Villes principales : Strasbourg, Mulhouse et Colmar. D'abord habitée par les Gaulois (longtemps avant l'ère chrétienne), cette contrée qui, par sa position géographique, appartient à la France, fut envahie au vᵉ siècle, par des hordes germaniques qui s'y établirent. Depuis cette époque, la fusion des langues y a produit des dialectes qui offrent une lointaine parenté avec la langue allemande, ce qui fait que, de l'autre côté du Rhin, l'Alsace est considérée comme pays allemand. Les Germains ou Alemanni s'étant établis principalement sur les bords de l'Ill, furent appelés Ill-Sassen (habitants de l'Ill), d'où est venu le mot Alsace. Après la défaite des Alemanni, en 496, cette contrée forma un duché qui continua à être classé parmi les possessions des rois francs, jusqu'à son annexion à l'Allemagne par Henri l'Oiseleur (924). Elle ne se soumit jamais aux empereurs d'Allemagne ; des révoltes incessantes appelèrent à chaque instant de sanglantes répressions ; enfin, le traité de Westphalie (1648) en ayant donné une partie à la France, et Louis XIV ayant saisi Strasbourg en 1681, ce pays, si troublé depuis des siècles et si malheureux sous un sceptre détesté, put jouir d'une tranquillité qui lui permit de se repeupler et de développer son industrie. La félicité de son union avec la France fit bientôt de l'Alsace une province pleine de patriotisme ; ses enfants furent considérés comme les meilleurs soldats de notre Révolution. Après la chute du premier empire, l'Alsace fut démembrée ; il fallut céder Saarhrück et Saarlouis à la Prusse, et Landau à la Bavière. Le second empire devait nous coûter le reste de ce beau pays, qui fut cédé à l'Allemagne par le traité de Francfort (10 mai 1871). Les habitants ne se laissèrent pas arracher sans protestation à leur véritable patrie qu'ils avaient servie avec tant de fidélité. On évalue à cent mille le nombre de ceux qui s'enfuirent, aimant mieux abandonner le sol natal que de subir le joug de l'étranger. — PRODUCTIONS. Le sol fertile de l'Alsace produit de bons vins, des céréales, des pommes de terre, des plantes oléagineuses, des légumes, du lin, du chanvre, la garance, du tabac, du houblon et du bois, dans de nombreuses forêts. L'industrie, très développée, se porte sur le travail du fer, de la laine, des cotons, des produits chimiques, sur l'impression des toiles; production d'horlogerie, de papier de tenture, d'eaux-de-vie, de Kirschenwasser. Élève de chevaux, de porcs et de moutons.

Alsace-Lorraine (TERRE IMPÉRIALE ALLEMANDE D'). Territoire qui formait, avant la guerre de 1870-'71, les départements français du Haut-Rhin et du Bas-Rhin et une partie des Vosges, de la Meurthe et de la Moselle. Cap. Strasbourg.

TABLEAU STATISTIQUE (1881).

Départements	Arrondissements	Habitants	Totaux	Kilom. carr.
Basse-Alsace. (Unter Elsass).	Strasbourg-Ville.........	104.471	612.015	4.774
	Strasbourg-Campagne....	78.787		
	Erstein..............	62.732		
	Haguenau...........	72.787		
	Molstein............	71.989		
	Schlestadt..........	73.503		
	Wissembourg........	60.365		
	Saverne............	87.909		
Haute-Alsace. (Ober Elsass).	Altkirch.............	53.580	461.492	3.512
	Colmar.............	82.106		
	Guebwiller.........	65.100		
	Mulhouse...........	137.319		
	Ribeauvillé.........	62.996		
	Thann.............	61.031		
Lorraine. (Lothringen).	Metz-Ville..........	53.131	492.713	6.221
	Metz-Campagne.....	77.547		
	Boulay.............	48.006		
	Château-Salins.....	50.425		
	Thionville..........	75.974		
	Forbach............	64.413		
	Sarrebourg.........	60.996		
	Sarreguemines......	64.221		
Totaux...............		**1.566.670**	**1.566.670**	**14.507**

Les ch.-l. des trois départements sont respectivement : Strasbourg, Colmar et Metz. La population, qui avait décru avec une effrayante rapidité après l'annexion, reprend son mouvement ascensionnel. Elle n'était que de 1,531,804 hab. au 1er janv. 1876. — Elle se compose de 1,225,000 catholiques; 295,000 protestants, 3,500 membres d'autres sectes chrétiennes et 40,000 israélites. — Les lois fondamentales en vertu desquelles est gouverné le *Reichsland* (ou Terre impériale) d'Alsace-Lorraine, furent votées par le Reichstag d'Allemagne, les 3 juin 1871, 20 juin 1872 et 25 juin 1873. Il y est dit que les provinces d'Alsace et de Lorraine « cédées par la France, sont unies pour toujours à l'empire d'Allemagne ». La constitution de cet empire y fut introduite le 1er janvier 1874. L'administration est confiée à un gouverneur général qui reçoit le titre de statthalter et qui réside à Strasbourg. D'après une loi constitutionnelle du 4 juillet 1879, le Statthalter est assisté d'un ministère, d'un conseil d'État et, pour l'administration des affaires locales, d'un comité provincial composé de 58 membres. — REVENUS ET DÉPENSES. Le budget s'équilibre. Les revenus sont de 39 millions de marcs et les dépenses ne s'élèvent pas au-dessus de cette somme.

ALSACIEN, ENNE s. et adj. Qui est de l'Alsace; qui a rapport à ce pays ou à ses habitants. — s. m. Dialecte parlé en Alsace. Il est formé d'un mélange de la langue franque et de l'alémannique ou souabe.

ALSE s. f. (gr. *alsédès*, nymphes). Être fantastique habitant les bois.

ALSEN, île du Schleswig-Holstein (Prusse), dans le Petit-Belt. 312 kil. carr.; 24,000 hab.

Elle contient des forêts, des lacs d'eau douce; et est jointe à la terre ferme par un pont de 300 m. Elle a joué un grand rôle dans toutes les guerres que le Danemark soutint contre l'Allemagne. Elle fut conquise par les Allemands le 29 juin 1864, après une résistance héroïque.

* ALSINE s. f. (gr. *alsos*, bois sacré; parce que Pline a dit que cette plante croit dans les bois sacrés). Bot. Genre de *Caryophylées*, dont l'espèce la plus importante, l'*alsine media*, porte le nom vulgaire de *morgeline*.

ALSINÉ, ÉE adj. Bot. Qui ressemble à une alsine. — ALSINÉES, s. f. pl. Tribu de la famille des *caryophylées* dont les principaux genres sont : les *alsines*, les *céraistes*, les *sablines*, les *stellaires*, les *sagines*, les *spargoutes*.

ALSODÉE s. f. (gr. *alsôdês*, bocager). Bot. Genre de *violariées*, dont les espèces croissent presque toutes à Madagascar et à Timor.

ALSODINÉ, ÉE adj. Qui ressemble à une alsodée. — ALSODINÉS s. f. pl. Tribu de *violariées*, à fleurs régulières, à pétales à peine onguiculés. Genre type : Alsodée.

ALSTATTEN ou **Alstætten**, ville de Suisse, cant. à 15 kil. de St-Gall ; 5,000 hab. Grande activité commerciale et industrielle; sources sulfureuses. — Alstatten fut prise et incendiée, en 1419, par le duc Frédéric d'Autriche.

ALSTED (Johann-Heinrich), professeur de théologie à Herborn et à Carlsbourg, Transylvanie, né en 1588, mort en 1638, auteur d'une *Encyclopædia*, en 2 gros vol. in-fol.; d'un *Thesaurus chronologiæ* et du *Triumphus Bibliorum Sacrorum*.

ALSTEN, île de Norvège, où l'on remarque une montagne à sept sommets appelés les *Sept-Sœurs*.

ALSTRŒMER (Jonas), riche marchand suédois (1685-1761) qui introduisit dans sa patrie la culture de la pomme de terre et de plusieurs plantes tinctoriales, ainsi que l'élevage de bêtes à laine perfectionnées. — Son fils *Klas* (1736-'96) recueillit, pour Linné, des collections de plantes parmi lesquelles se trouva la fleur péruvienne appelée depuis *lis Alstrœmer* ou *lis inca*.

ALSTRŒMÈRE s. f. [al-strè-mè-re] (de *Alstrœmer*, n. pr.). Bot. Genre d'Amaryllidées à racine fibreuse fasciculée; à tige pleine, dressée; 6 étamines. Environ 50 espèces, toutes originaires de l'Amérique du Sud, et dont une dizaine cultivées dans nos serres et dans nos orangeries sont remarquables par la

beauté de leurs fleurs. On distingue l'*alstrœmère girofle* (*Alstrœmeria caryophyllea*), qui porte, en février et mars, des fleurs rouges et blanches réunies en ombelle et rappelant la couleur de celle du girofle ; et l'*alstrœmère jolie* (*Alstrœmeria pulchra*) à fleurs blanches.

ALTAÏ (Monts), c'est-à-dire *Monts d'or*, longue chaîne de montagnes qui sépare la Sibérie et la Chine, entre 43° et 52° lat. N. et 83° et 95° long. E. — Ces montagnes s'étendent des environs de Tomsk jusqu'à la jonction du Bukhtarma et de l'Irtish; de l'E. à l'O. elles courent des monts Kolyvan jusqu'à la chaîne Sayanienne. L'Altaï propre, appelé quelquefois *Mont-Minéral*, en raison des richesses qu'il renferme, consiste en plusieurs rameaux qui s'élèvent à une hauteur moyenne de 4,000 à 1,500 mètres, jusqu'aux environs du lac Teletzkoï, où plusieurs pics atteignent 3,300 m. L'Altaï porte alors le nom d'Altaï Bieli. Au-delà du lac Teletzkoï, il se sépare en deux branches, dont la principale, le Tangnou-Oola, passe la frontière chinoise, et dont l'autre est divisée par la rivière Yniséi en chaîne Sayanienne et en Ergik-Targak-Taiga. — Au N.-E. de ces montagnes se déploient des chaînes indépendantes qui vont jusque dans le Kamtchatka. L'Altaï est presque partout composé de roches stratifiées que les savants n'ont pas encore classées ; les débris fossiles y sont abondants ; les mines d'or, d'argent, de cuivre et de plomb ont été exploitées à une époque tellement reculée que l'on croit, à la manière dont on y a travaillé, qu'elles ont été creusées par une race d'hommes aujourd'hui disparue. Les essences dominantes dans les forêts sont le bouleau, l'aune, le tremble, l'acacia, le saule, le mélèze, le sapin et le pin de Sibérie. On y rencontre l'ours, le loup, le renard, le linx, la loutre, le castor, le chevrotain musc, le cerf musqué, l'élan, le mouflon, la marmotte, la zibeline, la martre, le lièvre de montagne. — Le porc, le mouton et la chèvre y vivent à l'état sauvage ; enfin le tigre s'y montre quelquefois. Presque toutes les céréales y réussissent. Les habitants sont les Teleuts ou Kalmouks blancs à l'E., et des montagnards kalmouks nomades au S.-O. La région colonisée par les Russes est principalement comprise dans le district de Kolyvan Voskresinski, partie minière du gouvernement de Tomsk.

* ALTAÏQUE adj. Ethnol. Se dit d'une race qui a eu son berceau dans les monts Altaï, et qui s'est répandue dans la Sibérie et dans une partie de l'Europe orientale ; les Finnois et les Hongrois sont de race altaïque.

ALTAÏTE s. f. Minér. Tellurure de plomb appelé aussi tellure cubique. On le trouve dans les mines de Sawodinski (Altaï).

ALTAMAHA, fleuve navigable de Géorgie (États-Unis), formé par la réunion de l'Oconee et de l'Omulgee. Cours : 225 kil.

ALTAMURA, ville d'Italie, à 45 kil. S.-O. de Bari, près du lieu où s'élevait autrefois Lupatia. 18,000 hab.; belle cathédrale ; 2 foires annuelles.

ALTAVELA, petite île des Antilles, par 17° 28' 11'' lat. N. et 75° 57' 12'' long. O.

ALTDORF, ou Altorf, ville de Franconie (Bavière) à 20 kil. S.-E. de Nuremberg. 3,000 hab. Fabrication de jouets ; commerce de houblon.

ALTDORF, ville de Suisse, voy. ALTORF.

ALTDORFER (Albrecht), peintre allemand, né à Altdorf (Bavière) en 1488, mort en 1538 ; ses toiles principales sont « la Victoire d'Alexandre sur Darius », aujourd'hui à Schleissheim, près de Munich, et la « Naissance du Christ », à Vienne.

ALTENA, ville de Westphalie, à 28 kil O.-S.-O. d'Arnsberg ; 7,400 hab. Fameuses usines métallurgiques.

ALTENBERG (Abbaye d'), près de Cologne, un des plus beaux monuments gothiques de l'Allemagne. L'église date des XIIIᵉ et XIVᵉ siècles. L'abbaye renferme les tombeaux des comtes d'Altena et des ducs de Berg.

ALTENBOURG. I, ou Saxe-Altenbourg, duché d'Allemagne, entouré par la Saxe et la Prusse, arrosé par les rivières Pleisse et Saale, couvert par des contreforts des monts Erzgebirge et par la forêt de Thuringe; 1,321 kil. carr.; 145, 850 hab., presque tous descendants des Wends. — Territoire remarquable par ses ressources agricoles, ses eaux minérales, ses forêts, ses mines de charbon, ses manufactures d'étoffes. Cette partie de la Saxe (autrefois Hildburghausen) forma un duché indépendant en 1715; elle entra dans l'alliance de la Prusse le 18 août 1866 et dut à cette soumission de conserver une ombre d'indépendance; elle possède une diète composée de 30 députés. — II. Cap. de l'état ci-dessus, à 40 kil. S. de Leipzig, sur la Pleisse; 22,500 hab. Grand palais et important commerce de librairie.

ALTENDORF, village de Bavière, à 15 kil. S.-S.-E. de Bamberg; victoire de Kléber sur les Autrichiens, le 9 août 1796.

ALTENGARD, ville maritime de Norwège, par 69° 55' lat. N. et 20° 44' long. E., près de la limite septentrionale de la culture de l'orge.

ALTENHEIM, village sur les bords du Rhin, grand-duché de Bade; 1,700 hab. C'est près de là que Turenne fut tué, le 16 juillet 1675.

ALTENKIRCHEN, bourg de Prusse, à 32 kil. N. de Coblentz; 1,500 hab. Grande victoire de Kléber sur les Autrichiens, le 4 juin 1796. Dans les environs, Marceau fut blessé mortellement, le 19 sept. 1796.

ALTEN-OETTING ou Alt-Oetting, ville de la Bavière supérieure, à 85 kil. E.-N.-E. de Munich; 2,700 hab. Cette ville renferme le principal collège rédemptoriste allemand et un portrait de la Vierge qui y attire des milliers de pèlerins.

ALTENSTEIN, château, résidence d'été du duc de Saxe-Meiningen, près d'Eisenach, sur la pente S.-O. des forêts de Thuringe. Saint Boniface y prêcha (724-7) le christianisme; Luther s'y cacha en 1521. Grotte remarquable découverte en 1799.

ALTENSTEIN (Karl, BARON VON STEIN ZUM), homme d'État de Prusse (1770-1840), plusieurs fois ministre, s'occupa surtout de développer l'instruction publique et s'attira l'inimitié du parti catholique.

ALTÈQUE adj. (celtique *alt*, haut). Argot. Beau, excellent.

ALTÉRABILITÉ s. f. Qualité de ce qui est altérable.

* **ALTÉRABLE** adj. Qui peut être altéré.

* **ALTÉRANT, ANTE** adj. Qui altère, qui cause la soif : *mets altérant.* — Altérants (Méd.), substances dont on suppose que l'action thérapeutique est d'altérer ou changer la nature du sang et des humeurs diverses. Les principaux médicaments altérants sont le mercure, l'iode, le brome, le chlore, l'arsenic, l'or et leurs composés. *Ces médicaments peuvent être employés comme purgatifs, émétiques, etc.; mais ils agissent surtout comme altérants lorsqu'on les emploie à doses* altérantes, *c'est-à-dire en petites quantités et d'une manière continue.* — Le mot *altérants* est le terme générique qui embrasse les trois grandes classes de médicaments. Les altérants *ou modificateurs se distinguent en :* toniques, astringents, émollients, antiphlogistiques, narcotiques *antispasmodiques,* stimulants. Voy. ces mots.

ALTÉRATEUR, TRICE s. et adj. Qui altère, qui falsifie des monnaies, des substances.

ALTÉRATIF adj. Qui altère, qui modifie les propriétés des corps. — Mus. Se dit du signe (dièze, double dièze, bémol, double bémol) qui altère la valeur d'une note. On attribue l'invention des signes altératifs à Timothée le Milésien et à Olympe de Mycènes (IVᵉ siècle av. J.-C.).

* **ALTÉRATION** s. f. [al-té-ra-si-on]. Changement dans l'état d'une chose : *altération d'une couleur, d'un sel, de la voix, de la santé,* etc. — Falsification des monnaies par l'excès de l'alliage. — Mus. Changement accidentel que les notes subissent quand on les fait précéder d'un dièze, d'un bémol, d'un double dièze ou d'un double bémol. — Le bécarre remet la note altérée à son ton naturel. — Grande soif : *la fièvre cause une grande altération.*

ALTERCAS s. m. [al-terr-kâ]. Vieux mot, synon. d'ALTERCATION.

ALTERCATEUR, TRICE s. Querelleur, chicaneur (vieux).

* **ALTERCATION** s. f. (rad. *alterquer*). Débat, contestation : *ils ont eu plusieurs altercations.*

* **ALTÉRÉ, ÉE** part. pass. d'ALTÉRER. Modifié, changé : *visage altéré, voix altérée, texte altéré.* — Qui a soif : *je suis altéré; tigre altéré de sang.* — Mus. *Intervalle altéré.* Celui dans lequel une note est élevée par dièze ou abaissée par bémol. Ainsi la tierce d'*ut* est altérée si le *mi* est bémolisé.

* **ALTER EGO** s. m. [al-tè-ré-go] (lat. *un autre moi-même*). Terme que l'on appliqua d'abord aux vice-rois espagnols, lorsqu'ils exerçaient la puissance royale. Se dit, par rapport aux souverains, de celui auquel ils donnent plein pouvoir et qui les représente. — Par ext. Personne à qui l'on accorde toute sa confiance : *fiez-vous à lui; c'est mon alter ego.*

* **ALTÉRER** v. a. (lat. *alterare*). Changer l'état d'une chose : *le soleil altère certaines couleurs; la défiance altère l'amitié; le sténographe a altéré mon discours.* — Falsifier par un alliage illégal, en parlant des monnaies : *ce prince altéra les monnaies.* — Causer de la soif : *la chaleur altère.* — S'altérer v. pr. Se modifier en mal; se détériorer, se corrompre : *on s'altère; les meilleures lois s'altèrent à la longue.*

ALTÉRITÉ s. f. Qualité de ce qui est différent.

ALTERNANCE s. f. Action d'alterner. — Succession de deux ou de plusieurs choses, dans un certain ordre : *alternance de couleurs.* — Bot. Disposition que présentent les verticilles floraux, lorsque les pièces de chacun d'eux sont placées vis-à-vis des intervalles des pièces du verticille qui précède ou qui succède immédiatement. — Succession naturelle de divers végétaux sur un sol non cultivé.

ALTERNANT, ANTE adj. Qui alterne : *professeurs alternants.*

* **ALTERNAT** s. m. Privilège en vertu duquel plusieurs puissances prennent tour à tour le même rang, par exemple dans la signature des traités. — Action d'alterner : *alternat des passions; alternat de semailles; alternat de terrains.*

* **ALTERNATIF, IVE.** Se dit de deux choses qui agissent continuellement et tour à tour : *la systole et la diastole du cœur sont deux mouvements alternatifs* (Acad.). — Log. PROPOSITION ALTERNATIVE, proposition qui contient deux parties opposées, dont l'une ou l'autre doit avoir son effet, comme dans cette phrase : *il faut vaincre ou mourir.* — Jurisp. OBLIGATION ALTERNATIVE, obligation dont on se libère par la délivrance de l'une des deux choses que l'on a promises. — Alternatif se dit aussi des charges, des offices qui sont exercés successivement par deux personnes qui entrent en exercice tour à tour.

ALTERNATION s. f. Action d'alterner, résultat de cette action.

ALTERNATIPENNÉ, ÉE adj. Bot. Se dit des feuilles pennées dont les folioles sont alternes sur le pétiole commun.

* **ALTERNATIVE** s. f. Option entre deux propositions, entre deux choses : *vous pouvez laisser la marchandise, vous n'avez que cette alternative.* — Succession de deux choses qui reviennent tour à tour : *la vie est une alternative de peine et de plaisir* (Acad.).

* **ALTERNATIVEMENT** adv. Tour à tour et l'un après l'autre.

* **ALTERNE** adj. Géom. Se dit des angles formés par deux droites parallèles avec les côtés opposés d'une même sécante. Les angles alternes sont dits *internes* ou *externes* suivant qu'ils se trouvent en dedans ou en dehors des parallèles. — Bot. Se dit des feuilles qui croissent de chaque côté de la tige et des branches, opposées au point de naissent de deux points correspondants. Les feuilles de l'orme sont *alternes*; celles de l'érable sont *opposées.*

* **ALTERNÉ** part. pass. d'ALTERNER. — Blas. Se dit adjectiv. des pièces qui se correspondent : *dans l'écartelé, le premier et le quatrième quartier sont alternés.*

ALTERNEMENT s. m. Action d'alterner : *l'alternement de la rime masculine et de la rime féminine est la particularité principale de la versification française.*

* **ALTERNER** v. n. (lat. *alternare*; de *alter*, autre). Faire une chose alternativement et tour à tour : *ces deux employés alternent tous les mois.* — Se succéder tour à tour et régulièrement, en parlant de choses : *dans cette allée, les ormeaux alternent avec les tilleuls.* — Agric. Faire produire alternativement à un terrain des récoltes différentes : *les blés alternent souvent avec les fourrages.* — Dans ce sens, alterner est quelquefois employé activement : *alterner une culture.*

ALTERNIFLORE adj. Bot. Dont les fleurs sont alternes.

ALTERNIFOLIÉ, ÉE adj. Bot. Dont les feuilles sont alternes.

ALTERNIPÈDE adj. Zool. Dont les pattes sont alternativement de couleurs différentes.

ALTERNITÉ s. f. (lat. *alternus*, alterne). Bot. Disposition de certains organes qui alternent autour d'un centre commun.

ALTERQUER v. n. Avoir des altercations.

* **ALTESSE** s. f. (lat. *altissimus*, superlatif de *altus*, haut). Titre d'honneur que l'on donne à différents princes : *donner de l'altesse à quelqu'un; traiter de l'altesse.* Par abréviation, on écrit : S. A. pour Son *Altesse*; A. I. pour *Altesse impériale*; A. R. pour *Altesse royale.* — Hist. Le titre d'*altesse* fut d'abord usité pour les souverains et pour les princes de l'Église. Dès que les rois de France, après Louis XII, eurent adopté le titre de *Majesté*, celui d'*Altesse* fut donné à leurs parents les plus rapprochés et, sous Louis XIV, à tous les princes du sang. Don Fernand d'Espagne, gouverneur des Pays-Bas en 1633, créa le mot *Altesse royale*, pour distinguer des *Altesses* qui pullulaient autour de lui; Gaston de France, duc d'Orléans, prit aussitôt la même qualification qui fut ensuite portée par les fils et petits-fils de rois. En Allemagne, depuis 1815, les grands-ducs souverains sont des *Altesses royales.* On donne le titre d'*Altesse impériale* aux fils et petits-fils d'empereurs, et celui d'*Altesse sérénissime* aux princes collatéraux.

* **ALTHÆA** s. m. [al-tè-a] (lat. *althaia*). Bot. Nom scientifique de la guimauve. On donne particulièrement le nom d'althæa à une espèce de guimauve : *sirop d'althæa, pastilles d'althæa.* — On écrit aussi ALTHÉE.

ALTHÉE (Mythol.). Femme d'Œnée et mère de Méléagre. Elle se tua de désespoir après avoir involontairement causé la mort de son fils.

ALTHÉINE s. f. Chim. Nom que l'on donne quelquefois à l'asparagine, parce que cette substance se rencontre dans la racine de guimauve.

ALTHEN (Ghan, Ehan, ou Jean), propagateur de la culture de la garance en France, né à Chaouc (Perse), en 1709 ou en 1711, d'une famille chrétienne ; mort à Caumont (France), le 17 novembre 1774. Son père, gouverneur d'une province de Perse, fut égorgé, ainsi que toute sa famille, lorsque l'empire persan fut renversé par l'usurpateur Thamas-Kouli-Khan. Esclave pendant quinze ans, Jean Althen parvint à s'enfuir de chez les Musulmans et vint à Marseille en 1759. Il se livra à la culture des plantes orientales ; mais abandonné de tous, il mourut dans la plus profonde misère. En 1846, la ville d'Avignon lui rendit un tardif hommage en lui élevant une statue.

ALTHEN-LES-PALUDS, village du dép. de Vaucluse, cant., arr. et à 10 kil. de Carpentras, doit son nom et sa prospérité à Jean Althen, qui propagea la culture de la garance dans le Comtat.

ALTHIONATE s. m. Chim. Sel formé par la combinaison de l'acide althionique avec une base.

ALTHIONIQUE adj. (de al, abréviation de alcool, et du gr. theion, soufre). Chim. Se dit d'un acide obtenu en chauffant de l'alcool avec un excès d'acide sulfurique jusqu'au moment où il se dégage du gaz oléfiant.

ALTHON-SHÉE. Voy. Alton-Shée.

ALTHORP (Vicomte). Voy. Spencer.

* **ALTIER, ÈRE** adj. [al-tié ; tiè-re. L'r final ne se lie pas avec la voyelle suivante] (lat. altior, plus élevé). Superbe, fier, qui marque de la hauteur : esprit altier, humeur altière ; démarche altière ; prince altier.

> De l'aigle un grand génie a le coup d'œil altier.
> MOLLEVAULT.

> Lève, Jérusalem, lève la tête altière.
> Racine.

ALTIÈREMENT adv. D'une manière altière.

ALTIMÈTRE s. m. (lat. altus, haut ; gr. metron, mesure). Instrument qui sert à mesurer la hauteur des objets.

ALTIROSTRE adj. (lat. altus, étendu ; rostrum, bec). Ornith. Se dit des oiseaux dont le bec est plus large que long.

ALTIS, bois consacré à Jupiter, près d'Olympie, et dans lequel on plaçait les statues des vainqueurs des jeux Olympiques.

ALTISE s. f. [al-ti-ze] (gr. altikos, sauteur). Genre des coléoptères tétramères, tribu des cycliques, dont les cuisses postérieures renflées et propres à sauter, ce qui leur a valu le nom de puces des jardins. Les dégâts que causent les altises et leurs larves ont appelé sur elles l'attention. « Des altises tressont très petits, mous, ornés de couleurs très variées ou brillantes, sautent avec une extrême promptitude et à une grande hauteur et dévastent les feuilles des végétaux qui sont propres à leur nourriture. Leurs larves vivent aussi sur les mêmes plantes, et s'y métamorphosent. — L'A. potagère (Chrisomela oleracea, Lin.), longue de deux lignes, en ovale allongé, verte ou bleuâtre, avec une impression transverse sur le corselet ; étuis finement pointillés. — Sur les plantes potagères. C'est la plus grande des espèces indigènes. — L'A. rubis (Chrysomela nitidula, Lin.), est noire, à la tête et le corselet dorés et les pieds fauves. — Sur le saule » (Cuvier).

ALTISSIME adj. (lat. altissimus superlatif de altus, élevé). Très élevé, très puissant.

18

ALTISTE s. m. Chanteur qui exécute la partie d'alto.

* **ALTITUDE** s. f. (lat. altitudo, hauteur). Élévation verticale d'un lieu, au-dessus du niveau de la mer. — ∿ Astron. L'altitude d'une étoile est sa hauteur au-dessus de l'horizon, exprimée en degrés, le zénith d'une étoile ayant l'altitude de 90°.

ALTITUDINAL, ALE adj. Qui a rapport à l'altitude.

ALTIVOLE adj. (lat. altus, haut ; volo, je vole). Ornith. Qui plane très haut dans les airs.

ALTKIRCH [kirk] ville industrieuse d'Alsace, aujourd'hui forteresse allemande, à 115 kil. S. de Strasbourg ; 3,000 hab. Ruines d'un château.

ALTMÜHL, rivière de Bavière ; source à 11 kil. N.-E. de Rothembourg ; cours de 230 kil ; elle tombe dans le danube à Kellheim, au S.-O. de Ratisbonne. Elle est unie au Regnitz par le canal Ludwig, qui joint la mer du Nord à la mer Noire, à l'aide du Rhin et du Danube.

* **ALTO** s. m. (ital. haut). Mus. Sorte de grand violon que l'on nommait aussi viole. — ∿ Nom que l'on donnait autrefois à la plus grave des voix de femme et à la plus aiguë des voix d'homme. On dit aujourd'hui contralto en parlant des femmes et haute-contre en parlant des hommes. — Partie chantée par ces sortes de voix dans un chœur. — Plur. des altos.

ALTO-VIOLE s. m. Mus. Grand violon à quatre cordes(la, ré, sol, do), que l'on appelle aussi alto ou quinte. Pl. des Altos-violes.

ALT-ETTING, voy. Alten-Œtting.

ALTON, ville de l'Illinois, sur le Mississipi, à 5 kil. au-dessus de l'embouchure du Missouri ; 10,000 hab.

ALTON (Johann-Wilhelm-Eduard d'), professeur d'archéologie et de beaux-arts à Bonn (1772-1840), écrivit sur l'histoire naturelle du cheval et sur l'ostéologie comparée ; ce dernier ouvrage fut continué par son fils, Johann-Samuel-Eduard (1803-'54), professeur d'anatomie et de physiologie à Halle, auteur d'ouvrages sur l'autruche et sur les oiseaux de proie.

ALTON. — I. (Richard, comte d'), général autrichien d'origine irlandaise (1732-'90), gouverneur des Pays-Bas, provoqua, par ses rigueurs, une effusion de sang à Bruxelles (22 juin 1788) et fut forcé de se retirer devant le mécontentement général. — II. Eduard, son frère, né en 1737, se distingua pendant la guerre de Trente ans et pendant les guerres avec la Turquie ; il fut tué à Dunkerque en 1793.

ALTONA, principale ville du Holstein, port franc, sur la rive droite de l'Elbe, près de Hambourg, dont elle n'est séparée que par une chaussée ; 85,000 hab. Gymnase, collège, observatoire, monnaie, manufacture de tabac, etc. Occupée par les troupes fédérales le 24 décembre 1863, cette ville fut envahie par les Prussiens, le 12 février 1864, malgré les protestations de la diète. Lat. 53° 32' 45" N. ; long. 7° 36' 23" E.

ALTON-SHÉE (Edmond, comte d'), homme politique français, né en 1810, mort à Paris le 22 mai 1874. Il entra à la chambre des pairs en 1836 et embrassa peu à peu les opinions démocratiques. Sous le second empire, il se présenta vainement aux suffrages des électeurs parisiens, en 1869. Il a laissé des Mémoires pleins de variété et d'intérêt (1868, 2 vol. in-8°), et des Mémoires posthumes (1880, 1 vol. in-8°).

ALTOONA, ville de Pennsylvanie, à 380 kil. N.-O. de Philadelphie ; 11,000 hab.

ALTORF ou Altdorf, cap. du canton d'Uri (Suisse), sur la Reuss, près de l'extrémité S.-E. du lac de Lucerne ; 3,000 hab. On y voit une

vieille tour ; à quelque distance de là se trouvait, dit-on, le tilleul contre lequel on plaça le fils de Guillaume Tell, quand son père abattit la pomme placée sur sa tête.

ALTOUVITIS ou Altovitis (Marseille d'), femme poète, née et morte à Marseille (1550-1606) ; elle composa en français et en italien des pièces de vers pleines de pensées fines et délicates.

ALT-RANSTADT, village de Saxe, à 15 kil. E. de Mersebourg. Ancien château, où Charles XII, roi de Suède, séjourna en 1706 et 1707, et où il dicta, le 24 sept. 1706, le traité par lequel Auguste II renonçait au trône de Pologne.

ALTRUISME s. m. (lat. alter, autre). Philos. Sentiment opposé à l'égotisme.

ALUCITE s. f. (lat. alucere, reluire). Genre de lépidoptères nocturnes, section des tinéides, comprenant diverses espèces connues surtout par les dégâts qu'elles exercent sur un grand nombre de céréales. Dans le midi de la France, où elles se multiplient avec tant d'un fléau redoutable, on les appelle teignes des blés et quelquefois poux volants. Le papillon, long de 6 à 7 millim., porte, dans le repos, ses ailes repliées le long du corps ; sa couleur générale est d'un gris de café au lait ; les ailes sont garnies d'une frange touffue. Pendant les chaleurs, la femelle dépose, par paquets de 15 à 20, sur les épis des céréales, ses œufs rouges, longs de 2/3 de millim. Au bout de quelques jours naît la chenille, petit ver rose qui cherche un grain bien sain et s'y introduit par un trou presque invisible, pratiqué dans la rainure du grain. Rien ne décèle sa présence, parce qu'il dévore la farine sans toucher à la coque. Au bout de 4 à 5 semaines, la chenille se transforme en chrysalide dans le grain même, et une semaine après, il en sort un papillon par un trou que le ver a eu soin de se percer préalablement. Les cultivateurs reconnaissent la présence dans leurs blés de ce terrible insecte, en jetant les grains dans l'eau. Ceux qui sont alucités surnagent seuls. On a proposé plusieurs moyens de détruire les alucites. Les uns exposent les grains attaqués à une température de + 50°. D'autres ont recours aux tarares, qui, projetant violemment le grain contre des corps durs, tuent infailliblement toutes les larves.

ALUCITÉ, ÉE adj. Se dit du grain piqué par la chenille de l'alucite.

* **ALUDE** s. f. (lat. aluda, cuir mou passé à l'alun). Basane molle et colorée dont on couvre les livres.

* **ALUDEL** s. m. Alchimie. Système de vases de terre cuite en forme de poire allongée, construits de manière à s'emboîter les uns dans les autres pour former un tuyau servant à différentes sublimations.

ALULE s. f. (lat. alula, diminut. de ala, aile). Ornith. Bout de l'aile d'un oiseau.

* **ALUMELLE** s. f. (celt. lamen, lamell, lame ; lat. lamella, petite lame). Lame de couteau ou d'épée (vieux). — Mar. Petite plaque de fer clouée dans les mortaises du gouvernail ou des cabestans, pour que le bois n'y soit pas rongé et que les barres ne prennent pas de jeu. — Tabletterie. Lame de couteau aiguisée d'un seul côté, comme le ciseau des menuisiers, et servant à gratter l'écaille, la corne, l'ivoire, le buis, etc.

ALUMINE s. f. Minér. Sulfate d'alumine anhydre.

ALUMINAIRE adj. Se dit des pierres volcaniques qui contiennent de l'alun tout formé.

ALUMINATE s. m. Chim. Sel résultant de la combinaison dans laquelle l'alumine joue le rôle d'acide. — Minér. Genre de minéraux dans la composition desquels entre l'alumine à l'état d'aluminate. Les aluminates an-

I.

hydres peuvent être représentés par la formule générale 2 (O^2 X^3) O D ; ils sont très durs et ne peuvent être rayés que par le corindon et le diamant ; infusibles au chalumeau. Les *aluminates* que l'on trouve dans la nature sont l'*aluminate de magnésie*, voy. Spinelle; l'*aluminate de zinc*, voy. Gahnite, et *l'aluminate de plomb hydraté*, voy. Plongomme.

ALUMINE s. f. (lat. *alumen*, alun). Seul oxyde d'aluminium que l'on connaisse ; sa forme naturelle est le corindon incolore ; mais elle entre dans la composition des corindons colorés, tels que le saphir, le rubis, etc. L'alumine est très répandue à la surface du sol, en combinaison avec d'autres bases, comme dans les silicates doubles, comme dans les feldspaths, les micas, etc., dont la décomposition forme l'argile. On la trouve dans toutes les terres argileuses, qui lui donnent leurs propriétés. Avant Margraff (1754), on la considérait comme une espèce de chaux ; on lui a aussi donné le nom d'argile pure. Elle se compose de 2 équivalents d'aluminium et de 3 d'oxygène ; ou en poids, de 100 d'aluminium et 87,7 d'oxygène. Elle est blanche, insipide, happant la langue, douce au toucher et infusible à la chaleur des plus violents feux de forge. Dans les laboratoires, on prépare l'alumine soit en calcinant l'alun ammoniacal, soit en précipitant l'alun de potasse par le carbonate de soude. — Sels d'alumine. Les teinturiers font une consommation considérable d'alumine, soit à l'état de sels simples (voy. *sulfate*, *acétate*, etc.), soit à l'état de sels doubles (voy. *alun*). L'alumine sert, en outre, à la fabrication des poteries, des faïences et des porcelaines. — Minér. Genre de minéraux qui comprend : 1° l'*alumine tri-hydratée*, voy. Gypsite; 2° l'*alumine phosphatée*, voy. Wawellite; 3° l'*alumine sous-sulfatée*, voy. Websterite; 4° l'*alumine des Baux*, voy. Bauxite; 5° l'*alumine hydratée*, voy. Diaspore. — L'alumine se trouve à l'état libre dans le *corindon hyalin*. Hydratée et mélangée à la silice, elle forme les diverses variétés de l'argile.

ALUMINER v. a. Mélanger, combiner avec l'alumine.

ALUMINERIE s. f. Fabrique d'alun. — Fabrique d'aluminium ; lieu où l'on vend de l'aluminium ou des objets en aluminium.

ALUMINEUX, EUSE adj. Chim. Qui contient de l'alun ou qui est imprégné d'alun : *terre alumineuse*. — ~ Qui contient de l'alumine, qui en a les propriétés.

ALUMINIDES s. m. pl. Minér. Famille qui comprend les espèces formées d'alumine.

ALUMINIER s. m. Fabricant d'aluminium.

ALUMINIFÈRE adj. Qui contient de l'alumine.

ALUMINITE s. f. Nom du sulfate d'alumine appelé Websterite.

ALUMINIUM s. m. [a-lu-mi-ni-omm] (rad. *alumine*). Corps simple métallique qui, en se combinant avec l'oxygène, produit l'alumine. On ne le trouve jamais à l'état natif, mais il se rencontre en combinaison avec d'autres éléments dans 195 espèces différentes de minéraux. Il y a peu d'années que ce métal a été séparé de ses combinaisons, et son prix d'extraction est encore trop élevé pour permettre d'étendre son emploi industriel. Oerstedt obtint, en 1826, le *chlorure d'aluminium*, dont Wœhler trouva moyen, l'année suivante, d'extraire ce nouveau métal, sous la forme d'une poudre métallique qui ne se fut, pendant longtemps, qu'une curiosité scientifique. La connaissance des combinaisons et des moyens industriels de l'obtenir est due à M. Henri Sainte-Claire Deville (1854) ; ce chimiste l'obtint par l'action du sodium sur le

chlorure d'aluminium ; Rose et Percy l'ont extrait de la cryolite ; les frères Bell l'obtiennent de la bauxite. L'aluminium est un métal d'un blanc bleuâtre, sans odeur ni goût, presque aussi malléable que l'or et l'argent. Densités : 2,5 ; lorsqu'il est battu, 2,67. Il est donc aussi léger que le verre ou la porcelaine ; qualité précieuse dans un métal qui présente une ductilité, une malléabilité et une ténacité comparables à celles de l'argent. L'aluminium ne s'oxyde pas à l'air, même si on le chauffe jusqu'au rouge ; il ne décompose pas l'eau, excepté à une très haute température et il n'est pas attaqué par les sulfures d'hydrogène. A froid, il se dissout dans l'acide hydrochlorique ; à chaud, dans les acides sulfurique et nitrique, désavantage qui le fait repousser pour la fabrication des ustensiles de cuisine. La soude et la potasse caustique agissent sur lui ; l'ammoniaque l'attaque également. L'aluminium est recherché pour faire des instruments de chirurgie, des objets de bijouterie. Lors de sa découverte, il coûtait un million le kilogr. ; en 1856, il ne coûtait plus que 2,500 fr. ; l'année suivante, on pouvait se le procurer à 400 fr. ; en 1864, il était tombée à 100 fr. — Son alliage avec l'argent (*tiers argent*, parce qu'il se compose d'une partie d'argent et de 2 parties d'aluminium) a servi à faire des fourchettes, des cuillers, des services à thé, etc. On le préfère à l'argent, parce qu'il est plus solide, quoique plus facile à graver. Un autre alliage, appelé *Minargent*. se compose de 100 parties de cuivre, 80 de nickel, 5 d'antimoine et 2 d'aluminium ; c'est le *bronze d'aluminium*, beau métal qui sert à fabriquer des boîtiers et des chaînes de montre. Une manufacture d'aluminium fut établie à Newcastle, en 1860, par M. Bell. Le métal est extrait du minéral français appelé bauxite. En France, des usines ont été fondées à Nanterre et à Rouen. — Les sels d'aluminium sont très employés dans les arts (voy. Alun) ; voy. aussi Chlorure d'aluminium, Bauxite, Cryolite, etc. — Bibliogr. Voy. Henri-Etienne Sainte-Claire Deville : *De l'Aluminium, ses propriétés, sa fabrication* (1859).

ALUN s. m. [a-lun] (lat. *alumen*). Terme générique par lequel on désigne plusieurs sulfates doubles, dont le type est le sulfate double d'alumine et de potasse. ou *alun potassique* (SO^3) $^3Al^3$ + SO^4K^3 + $24H^2O$. Substance incolore, de saveur styptique, cristallisant en octaèdres réguliers ; poids : 1,724; soluble dans l'eau. Solution précipitant en jaune par le chlorure de platine et donnant par l'ammoniaque un précipité gélatineux ; produisant de l'eau par la chaleur et se tuméfiant beaucoup. Cet alun se trouve quelquefois sur les schistes argileux ; dans les cendrières, dans les houillères embrasées, parmi les roches volcaniques près de Naples, sur le Rhin, etc. L'alun fut d'abord découvert à Roccha (Syrie), vers l'an 1300 ; en Toscane en 1470 ; en Irlande vers 1757, à Anglesey en 1790. L'*alun de roche* est celui auquel la chaleur a fait subir la fusion aqueuse ; il prend en se refroidissant un aspect vitreux. — Si, au lieu de le laisser refroidir, on continue à le chauffer, il se boursoufle considérablement et forme, au-dessus du creuset, une masse saillante appelée *champignon d'alun* ; l'alun ainsi obtenu est anhydre et constitue l'*alun calciné* ou *alun brûlé*. Si l'on se trouve dans la nature en trop petite quantité pour alimenter le commerce ; il a fallu avoir recours à la fabrication ; industrie qui fut monopolisée par les Syriens jusqu'au xve siècle, puis introduite en Europe par les Génois Perdix et Jean de Castro. La fabrication peut avoir lieu de 3 manières : 1° par le lavage de l'*alunite*, procédé qui donne l'*alun de Rome* voy. Alunite. 2° par la calcination de schistes alumineux (roches argileuses contenant du sulfate de fer). Ces schistes sont d'abord convertis, par l'exposition à l'air, en sulfate ferreux et acide sulfurique libre ; ensuite, on brise la roche en petits morceaux et on la fait calciner sur un lit combus-

tible qui se compose de brindilles et de bûchettes. On obtient ainsi une tonne d'alun par 130 tonnes de schiste. On fait dissoudre l'alun dans l'eau, et le liquide est jeté dans des citernes où on le laisse déposer. On décante ensuite à l'aide d'une pompe qui ne plonge dans la citerne que jusqu'au niveau du dépôt. Celui-ci est mis dans des chaudrons de plomb et on le concentre par l'ébullition. Après quoi on vide les chaudrons dans une citerne bien propre et l'on ajoute au produit de l'ébullition une solution de chlorure de potasse ; enfin, lorsque le mélange s'est reposé, on le cristallise dans des réfrigérants. 3° L'alun est encore obtenu de cryolite que l'on chauffe avec trois fois son poids de fort acide sulfurique; afin d'enlever le sulfate acide de soude, on traite à l'eau froide la masse obtenue ; puis on fait dissoudre, au moyen d'eau chaude, le sulfate anhydre d'alumine et on ajoute du sulfate de potasse. — L'alun potassique est soluble dans 18 parties d'eau froide et dans un poids d'eau bouillante égal à son propre poids. — Les chimistes appellent encore *aluns* les sels dans lesquels le sulfate de soude ou de magnésie remplace le sulfate de potasse ou d'ammoniaque ; l'alumine elle-même peut-être remplacée par le sesquioxyde de fer, de manganèse ou de chrome, ou par les oxydes des composés de l'ammonium, ou par les oxydes de rubidium, de cæsium et de thalium. L'alun de manganèse a la formule (SO^3) $^3Mn^3$ + SO^4 K^3 + $24H^2O$; l'alun de chrome a une composition semblable ; la soude a pour formule (SO^3)$^3Al^3$+SO^4Na^3+$24H^2O$; on l'a trouvé dans l'île de Milo (archipel grec). L'alun d'ammoniaque présente les mêmes caractères que les espèces précédentes ; on le rencontre dans les dépôts de lignite de Tschemig (Hongrie). L'emploi de l'alun est très étendu : dans la teinture et dans les opérations de mégisserie il sert de mordant, lorsqu'il est employé de toute trace de fer ; il donne au suif plus de consistance ; il entre dans la composition de diverses espèces de laques ; introduit dans la pâte du papier il empêche celui-ci de boire ; il sert à clarifier les liquides, à conserver les pièces d'anatomie, à préserver les peaux et les fourrures des attaques des insectes ; enfin, il rend presque incombustible le bois imprégné de sa dissolution. — Méd. L'alun est considéré comme un astringent très énergique. On l'emploie dans les hémorragies passives, dans les écoulements muqueux; l'alun calciné est recommandé à l'extérieur comme escarrotique pour réprimer les chairs fongueuses. A l'intérieur, l'alun précipite les liquides albumineux; pris à haute dose, il donne lieu à des coliques et provoque des vomissements. On l'ordonne dans l'hémoptysie (de 2 à 5 gr. par litre de tisane) ; il entre dans la composition des gargarismes astringents (de 2 à 5 gr. par 100 gr. d'eau). — Alun de plume. Sulfate d'alumine naturel de texture fibreuse.

ALUNAGE s. m. Action d'aluner, de tremper une étoffe dans une dissolution d'alun, afin que les couleurs dans laquelle on la plonge ensuite puissent s'y fixer.

ALUNATION s. f. Chim. Formation d'alun, soit naturellement, soit artificiellement. — Techn. Action d'imprégner d'alun une substance.

ALUNER v. a. Imprégner d'alun. On alune les étoffes qui doivent être mises en teinture : opération qui a pour but de fixer les couleurs en les rendant insolubles dans l'eau. On alune le papier pour l'empêcher de boire. — ~ S'aluner v. pr. S'imprégner d'alun, en parlant d'une substance que l'on trempe dans une dissolution d'alun.

ALUNERIE s. f. Fabrique d'alun.

ALUNEUX, EUSE adj. Se dit de ce qui contient naturellement de l'alun : *terre aluneuse*. Quand l'alun est ajouté à une substance, celle-ci est dite *alunée*.

* ALUNIÈRE s. f. Mine d'alun.

ALUNIFÈRE adj. (de *alun* ; et du lat. *fero*, je porte). Minér. Qui contient de l'alun.

ALUNITE s. f. ou **PIERRE D'ALUN**. Roche de sulfate d'alumine d'où l'on tire en partie l'alun propre au commerce. On la trouve dans les terrains trachytiques, principalement en Hongrie et aux environs de Rome. — Substance presque aussi dure que le verre, insoluble dans l'eau avant la calcination. Poids 2,69. Formule : KO, SO³ + 3 (Al³ O³, SO³) + 6 HO. L'alunite donne l'*alun de Rome*, recherché à cause de l'excès d'alumine qu'il renferme. Pour en obtenir l'alun, on grille l'alunite, on l'étend sur une aire, on l'arrose et on lessive la matière effleurie.

ALUNOGÈNE s. m. (de *alun* ; et du gr. *gennaô*, j'engendre). Sulfate d'alumine hydraté qui existe dans certaines solfatares, telles que celles de Pouzzole et de la Guadeloupe. O³ S, O³ Al³ + 3OH². Soluble dans l'eau. S'il se rencontrait abondamment, il produirait facilement l'alun vulgaire ; il suffirait de le dissoudre et d'y ajouter du sulfate de potasse.

ALURED (Alred ou Alfred de Beverley), historien anglais, mort vers 1129, écrivit en latin un « Epitome de l'histoire d'Angleterre » qui commence au milieu des temps fabuleux et se termine à la 29ᵉ année de Henri Iᵉʳ.

ALURNE s. m. (lat. *alurnus*). Entom. Genre de coléoptères tétramères, famille des Cycliques, tribu des Cassidaires ; formé d'un petit nombre d'espèces de l'Amérique méridionale, remarquables par leur forme et par leur couleur.

ALUTA ou Alt, affluent septentrional du Danube, descend des monts Carpathes (Transylvanie orientale) et aboutit vis-à-vis de Nicopolis, après un cours de 500 kil. ; difficilement navigable.

ALUTÈRE s. m. (gr. *a*, priv. ; *luter*, qui délie). Genre de poissons plectognathes, famille des sclérodermes, voisin des balistes. Corps allongé, couvert de petits grains serrés, à peine sensibles à la vue ; une seule épine à la première dorsale ; bassin caché sous la peau et ne faisant point cette saillie épineuse qu'on voit dans les balistes. — Ce genre comprend une douzaine d'espèces habitant les mers équatoriales.

ALVA, voy. **ALBE** (duc d').

ALVARADO, ville de l'État et à 55 kil. S.-E. de la Vera-Cruz (Mexique), port sur l'Alvarado, près de son embouchure ; 2,000 hab.

ALVARADO (Pedro de), l'un des conquérants de l'Amérique espagnole, né à Badajoz ; mort en 1541 ; il accompagna Cortès au Mexique, fut nommé gouverneur de Guatémala qu'il avait conquis en 1523 et qui prospéra sous son gouvernement. Il fit une expédition par la voie de l'océan Pacifique pour conquérir Quito ; mais il abandonna ensuite la partie à Pizarre. Comme il essayait de réprimer une révolte des Chichimecas, ses troupes furent défaites et il se tua en tombant de cheval.

ALVAREZ (Francisco), voyageur portugais, mort après 1550 ; chapelain du roi Emmanuel, il accompagna une ambassade en Abyssinie (1520) et resta 6 années à la cour du monarque appelé Prêtre-Jean. Il a publié un itinéraire intitulé : *Verdadeira, Informaçâo do Preste Jods das Indias* (1540), traduit en français à Anvers : *Historiale description de l'Ethiopie*, Plantin, 1558.

ALVAREZ (Juan), général mexicain, d'origine indienne (1790-1870). — Gouverneur de Guerrero en 1853-'5, il se révolta avec succès contre Santa-Anna et fut, pendant un moment, président de la République. Il abolit les privilèges du clergé et de l'armée ; après quoi, il se démit en faveur de Comonfort.

ALVEARIUM s. m. [al-vé-a-ri-omm] (lat. *ruche d'abeilles*). Anat. Partie du conduit auditif externe de l'oreille, dans laquelle s'opère la sécrétion du cérumen.

* ALVÉOLAIRE adj. Anat. Qui appartient, qui a rapport aux avéoles des dents. — CAVITÉS ALVÉOLAIRES, cavités dans lesquelles sont enchassées les dents. — ARCADES ALVÉOLAIRES, réunion des alvéoles, formant une espèce d'arcade.—ARTÈRE et VEINE ALVÉOLAIRES, branches de l'artère maxillaire et de la veine maxillaire internes. — NERFS ALVÉOLAIRES, rameaux du nerf maxillaire supérieur.

ALVÉOLE s. m. [al-vé-o-le] (lat. *alveolus*, petite loge, petite cavité). Petite cellule que les abeilles ou les guêpes construisent pour y déposer leurs œufs et leur miel. Les abeilles édifient 3 sortes d'alvéoles : 1º *alvéoles d'ouvrières*, de 12 millim. de profondeur sur 3 de côté ; 2º *alvéoles de mâles*, de 15 millim. de profondeur sur 3 et demi de côté ; 3º *alvéoles de mères*, de 20 millim. de profondeur sur 6 à 10 millim. de diamètre. Les premiers se trouvent toujours sur les rayons du centre vers le milieu des rayons des côtés ; les cellules des mâles occupent généralement le bas des rayons de côté. Ces alvéoles sont inclinés de haut en bas et de dehors en dedans, sous un angle de 4 à 5 degrés. Les alvéoles de femelles ou mères sont isolés, dans une direction presque perpendiculaire, sur le bord des rayons. Ils ont la forme de la cupule d'un gland, lorsqu'ils ne contiennent pas d'embryon. Leur nombre varie entre 5 et 25.—Par anal. Chacune des petites cavités dans lesquelles les dents sont enchassées par leurs racines. Les alvéoles sont percés à leur fond de trous par lesquels passent les vaisseaux et les nerfs dentaires. Dans le jeune âge, ils n'existent point : ils forment un sillon dans lequel sont rangés les germes dentaires.— ～ Bot. Petite cavité du réceptacle où sont logées les semences de certaines fleurs.

ALVÉOLÉ, ÉE adj. Qui est composé d'une agrégation d'alvéoles.

ALVÉOLIFORME adj. Qui a la forme d'un alvéole.

ALVÉOLO-LABIAL s. m. Muscle de la joue qui naît au bord des alvéoles du maxillaire.

ALVÉO-NASAL s. m. Muscle abaisseur des ailes du nez.

ALVÈRE (Saint-), ch.-l. de cant., arr. et à 29 kil. N.-E. de Bergerac (Dordogne), sur la Luire, au milieu d'un site agreste ; 1,750 hab. Vieux château logis de tours.

ALVIANO (Barthélemy), connu sous le nom de l'**ALVIANE**, général vénitien qui obtint les honneurs du triomphe après avoir remporté de grands avantages sur les troupes de l'empereur Maximilien (1508) ; mais Louis XII le battit et le fit prisonnier à Agnadel (14 mai 1509). Il mourut au siège de Brescia, en 1515.

* ALVIN, INE adj. (lat. *alvinus*; formé de *alvus*, ventre). Méd. Qui a rapport au bas-ventre. S'emploie surtout dans les locutions suivantes : *flux alvin*, diarrhée ; *évacuation alvine*, *déjection alvine*, matières fécales.

ALVINCZY ou Alvinzy (Joseph, BARON D'), officier autrichien, né en 1726, au château d'Alvincz (Transylvanie), mort à Bade, le 27 nov. 1810. Après de grands services rendus pendant la guerre de sept ans et dans les guerres subséquentes, il fut, en 1796-7, battu par Bonaparte à Arcole et à Rivoli. Accusé de trahison, il fut rappelé ; mais il rentra bien-

tôt en grâce et fut nommé gouverneur de Hongrie (1798) et feld-maréchal (1808).

ALWAR, Alwur, ou **Machery. I.** Etat quasi-indépendant de Radjpoutana (Inde) ; 7,832 kil. carr. ; 779,000 hab. — **II.** Ville et capitale de l'état ci-dessus ; à 175 kil. S.-S.-O. de Delhi.

ALXINGER (Johann-Baptiste von), poète allemand (1755-'97). Ses œuvres, publiées en 10 vol. (Vienne 1810), comprennent deux poèmes chevaleresques : *Doolin von Mainz* et *Bliomberis*.

ALYDE s. m. Genre d'hémiptères voisin des punaises et qui ne diffère des lygées que par la forme étroite et allongée du corps. Deux espèces seulement appartiennent à l'Europe.

ALYMPHIE s. f. [fi] (gr. *a*, sans ; franç. *lymphe*). Méd. Absence de lymphe.

ALYSCAMPS (Les), fameux cimetière de la ville d'Arles.

ALYSIE s. f. [a-li-zi] (gr. *alusion*, petite chaîne). Genre d'hyménoptères ichneumonides, à mandibules en carré régulier, écartées et offrant trois dentelures. De nombreuses espèces habitent l'Europe.

ALYSME s. m. (gr. *alusmos*, agitation). Pathol. Anxiété, inquiétude.

ALYSON s. m. [a-li-zon]. Genre d'hyménoptères voisin des guêpes, renfermant un petit nombre d'espèces européennes.

ALYSSINÉ, ÉE ou Alyssoïde adj. Qui ressemble à un alysson.

ALYSSON s. m. (gr. *a*, priv.; *lussa*, rage ; parce que les anciens pensaient que cette plante guérit de la rage). Bot. Genre de Crucifères, dont l'espèce la plus connue, l'*alysson saxatile* (Alyssum saxatile, Lin.), porte les noms vulgaires de *corbeille d'or* et de *thlaspi jaune*. Cette plante, originaire de Candie, est basse, presque ligneuse et forme une touffe hémisphérique. Au commencement du printemps, ses fleurs s'étalent en jolie corbeille jaune d'or. L'*alysson de montagne* et l'*alysson calycinal* croissent aux environs de Paris.

ALYTE ou **ALYTÈS** s. m. (gr. *a*, priv.; *luté*, qui délivre). Nom scientifique donné quelquefois au crapaud accoucheur.

ALYXIE s. f. [a-li-ksi] (gr. *aluxis*, tristesse ; à cause du feuillage sombre de cette plante). Bot. Genre d'Ophiolylées, comprenant des arbrissaux des régions chaudes de l'Asie et de l'Australie ; quelques espèces sont cultivées dans nos jardins.

ALZANA, pays de l'Afrique occidentale, entre l'Ogooué et son affluent, la rivière Kailer, visité en 1876, par Brazza, Marche et le marquis de Compiègne.

ALZEN, station balnéaire minérale, cant. de la Bastide de Sérou (Ariège) ; 800 hab. Mines d'argent et de fer.

ALZEY, ville du grand duché de Hesse, à 29 kil. S.-O. de Mayence ; 5,500 hab. Ruines d'un château du moyen âge. Manufactures de tabac et de cuir.

ALZIRE, une des meilleures tragédies de Voltaire (5 actes) ; représentée pour la première fois le 27 janvier 1636.

ALZON, rivière dans le canton de Ganges et se jette dans l'Hérault.

ALZON, ch.-l. de cant. (Gard), arr. et à 15 kil. S.-O. du Vigan ; 1,000 hab.

ALZONNE, ch.-l. de cant. (Aude), arr. et à 14 kil. N.-O. de Carcassonne ; 1,500 hab.; ville jadis fortifiée, qui fut assiégée et prise 3 fois pendant les guerres de religion.

A. M. Abréviation de *Anno mundi*, An du monde. — Signifie aussi *Assurances mutuelles*.

AMABILE adv. [a-ma-bi-lé] (ital. *aimable*).

Mus. Terme que l'on met en tête d'un morceau, d'un passage, pour indiquer qu'il faut l'exécuter avec grâce et douceur.

AMABILISER v. a. Rendre aimable.

AMABILISME s. m. Défaut de celui qui affecte l'amabilité.

* **AMABILITÉ** s. f. (lat. *amabilitas*). Heureuse qualité de caractère, de manière et d'expression qui fait que l'on plaît et que l'on se fait aimer : *trop d'esprit nuit à l'amabilité*. « Tous les efforts que l'on peut faire sous le rapport de l'*amabilité* ne parviennent à rien s'ils recouvrent un fond d'aigreur ou de sécheresse » (Mⁿᵉ de Bawr).— Au pl. Petits soins, paroles obligeantes affectueuses, caressantes : *quelques personnes prodiguent leurs amabilités; d'autres en sont trop avares.*

AMACK voy. **AMUCK**.

AMADELPHE adj. (gr. *ama*, ensemble; *adelphos*, frère). Bot. Se dit de plantes qui vivent groupées plusieurs ensemble.

AMADEO, voy. **AMÉDÉE**.

AMADIAH, voy. **AMASIA**.

AMADIS DES GAULES, roman espagnol ou portugais, écrit en 1342 par Vasco de Lobeira, augmenté de Montalvo, vers 1485 ; imprimé pour la première fois en espagnol, en 1519, et en français, en 1540-'56.—Amadis, le type du parfait chevalier et de l'amoureux constant, est supposé avoir vécu en Gaule peu après l'introduction du christianisme. On l'appelle aussi le *Chevalier du Lion* ou *beau Ténébreux*. Les quatre premiers livres du roman lui sont consacrés; les suivants s'occupent de son fils. *Florisando*, et d'autres Amadis : *Amadis de Grèce*, *Amadis de l'Astre* ou *de l'Etoile*, *Amadis de Trébizonde* ; productions diverses qui ont eu une certaine influence sur le caractère et les mœurs de la féodalité. — Amadis de Gaule, un des meilleurs opéras de Quinault, musique de Lulli, cinq actes, représenté à Paris le 18 janvier 1684.

AMADIS s. m. [a-ma-diss] On a appelé de ce nom une manche collante qui se boutonnait sur le poignet.

AMADISER v. n. Affecter le langage et les sentiments d'un Amadis.

AMADISIEN, ENNE adj. Qui se rapporte à un Amadis, à un homme d'un esprit chevaleresque.

* **AMADOU** s. m. (lat. *ad manum dulce*, doux à la main ; ou du vieux franç. *amadour*, amoureux). Substance molle, spongieuse, fournie par la partie interne de l'*amadouvier* et que l'on emploie en chirurgie pour arrêter les écoulements de sang et en économie domestique pour allumer le feu au moyen du briquet. — PRÉPARATION : Après avoir choisi de beaux amadouviers, on enlève l'écorce et la partie tubuleuse pendant que ces champignons sont encore frais, on coupe les chairs par tranches minces que l'on bat avec un maillet et les détirant et les mouillant de temps en temps ; puis on les fait sécher, on les bat de nouveau à sec et on les frotte entre les mains pour les rendre douces et moelleuses. Là s'arrête la préparation de l'amadou destiné aux usages chirurgicaux. Si l'on veut un amadou qui prenne feu au contact d'une étincelle, il faut, en outre, tremper plusieurs fois les tranches dans une dissolution de nitrate de potasse, les battre chaque fois avec un instrument, les fouler avec les mains et enfin, les faire sécher à l'air libre.

AMADOUAGE s. m. Argot des voleurs. Mariage.

AMADOUEMENT s. m. Action d'amadouer.

* **AMADOUER** v. a. Flatter, caresser quelqu'un pour le disposer à ce que l'on désire de lui : *il faut que vous amadouiez ce créancier récalcitrant.*

Ils vous amadouront par leur patelinage.
Piron.

AMADOUERIE s. f. [a-ma-doû-rî]. Lieu où l'on fabrique l'amadou.

AMADOUEUR, EUSE s. Celui, celle qui flatte, qui amadoue.

AMADOUVIER s. m. On confond sous ce nom plusieurs champignons qui servent à faire l'amadou et qui appartiennent à la tribu des *hyménomycètes*, genre *bolet* (ou genre *pylore*, démembrement du genre bolet). L'Agaric du chêne ou *Boula* (*Boletus ungulatus*) se trouve communément sur les arbres des grandes forêts: chêne, hêtre, frêne, etc. Il acquiert une grosseur considérable. On le distingue à son écorce noire, à son aspect intérieur ferrugineux et à ses tubes relativement très petits.

AMAGÉTOBRIE (auj. *Amage*, arr. de Lure, suivant les uns ; ou *Amance*, arr. de Vesoul, selon les autres), ville de l'ancienne Gaule, pays des Séquanais. En l'an 63 av. J.-C., Arioviste y remporta une grande victoire sur les Eduens.

* **AMAIGRIR** v. a. Rendre maigre : *le jeûne amaigrit*. — Archit. Diminuer l'épaisseur, en parlant d'une pierre ou d'une pièce de charpente que l'on veut ajuster à une place qu'elle doit occuper. On dit aussi *démaigrir*. — Agric. Epuiser : *le bœuf répare le pâturage, le cheval l'amaigrit*. (Buff.). — Peint. Amoindrir; *il faut amaigrir ce muscle*. — * v. n. Devenir maigre : *vous amaigrissez: à vue d'œil*. — S'amaigrir v. pron. Devenir maigre : *il s'amaigrit par un excès d'abstinence*. — Sculpt. Se réduire en séchant, quand on parle d'une figure de terre glaise : *cette figure s'amaigrit à peu.*

AMAIGRISSANT, ANTE adj. Qui est de nature à amaigrir: *régime amaigrissant.*

* **AMAIGRISSEMENT** s. m. Diminution graduelle de l'embonpoint et du volume du corps. — Etat d'une personne amaigrie. — On reconnaît pour causes soit une altération des fonctions digestives ou respiratoires sous l'influence de certaines maladies (gastrite, entérite, hépatite chronique, phtisie, cancer abdominal, syphilis constitutionnelle), soit une alimentation insuffisante, l'usage prolongé des acides, les exercices violents et répétés, l'abus des plaisirs vénériens, les habitudes solitaires, les affections morales profondes (chagrin, envie), l'usage immodéré des spiritueux, les travaux intellectuels. L'am. est donc un symptôme, un phénomène morbide dont il faut d'abord combattre la *cause* ; on le fait ensuite disparaître en suivant un régime fortifiant.

AMAILLADE s. f. [ll mll.] (rad. *maille*) Pêche. Filet en tramail.

AMAINE s. f. Mar. Cheville de chêne que, dans certains bâtiments du Levant, on passe dans un trou, à l'un des montants de la rambade, afin d'y enrouler l'hisson du trinquet.

AMALARIC, dernier roi Visigoth d'Espagne, né en 501, succéda à son père Alaric en 507, mort en 531. Il épousa Clotilde, fille de Clovis, et la maltraita parce qu'elle refusait d'adopter la religion des ariens. Childebert, roi des Francs, était intervenu en faveur de sa sœur,

il s'ensuivit une guerre pendant laquelle Amalaric fut assassiné.

AMALASONTHE, Amalonsontha ou Amalasuinte, fille de Théodoric le Grand, roi des Ostrogoths, née en 498, morte en 535. Régente d'Italie (526), pour son fils Atalaric, elle montra une grande habileté. Elle essaya de conserver le pouvoir après la mort de son fils; mais elle fut étranglée par son cousin Théodat, qu'elle avait épousé.

AMALEC, nom de deux personnages mentionnés par la Bible. Le plus ancien était fils de Cham ; l'autre avait pour père Eliphaz, fils d'Esaü ; ses descendants furent nommés Amalécites.

AMALÉCITES, ancien peuple, issu d'Amalec, petit fils d'Esaü. Les tribus amalécites habitaient le voisinage du mont Sinaï. Les Israélites leur déclarèrent (1491 av. J.-C.) une guerre perpétuelle ; et elles furent subjuguées par Saül (1079), par David (1058-'6) et par les Siméonites (715).

AMALES, famille royale des Goths, avant leur division en Ostrogoths et Visigoths.

AMALFI (*Melfia*) ville d'Italie, dans la province et sur le golfe de Salerne, à 40 kil. S.-E. de Naples ; 5,000 hab., ou 7,000 avec les villages environnants ; célèbre par son

Amalfi.

macaroni, ses moulins, ses manufactures, ses belles églises et par les panoramas que l'on découvre dans les montagnes voisines. Au VIIIᵉ siècle, Amalfi devint le siège d'une république florissante qui fut détruite en 1075 par les Normands ; ceux-ci annexèrent son territoire au royaume de Naples. Les Pisans saccagèrent la ville en 1135 et y découvrirent, dit-on, une copie des Pandectes de Justinien, ce qui leur permit d'introduire, dans l'Europe occidentale, l'étude des lois romaines. Flavio Gioia, natif d'Amalfi, est l'inventeur présumé de la boussole (1302). — TABULA AMALFITANA, code maritime rédigé par les législateurs de la république d'Amalfi. Il ne reste que des fragments de ces *Tables Amalfitaines.*

AMALFITAIN, AINE s. et adj. Qui est d'Amalfi ; qui appartient à Amalfi ou à ses habitants. — TABLES AMALFITAINES, voy. l'article précédent.

* **AMALGAMATION** s. f. Action d'extraire l'or et l'argent de leurs gangues en les combinant avec du mercure. Le minerai étant broyé, on le passe dans différentes machines où se trouve du mercure ; celui-ci s'empare des moindres parcelles du métal précieux avec lequel il se trouve en contact, et bientôt il se forme une masse d'amalgame qui se sépare complètement des parties terreuses.

* **AMALGAME** s. m. (gr. *ama*, ensemble; *gamein*, marier; joindre). Nom spécial de la combinaison que forme le mercure uni avec

un ou plusieurs métaux. Les alliages du mercure avec l'or, l'argent, le cuivre, etc., sont
appelés amalgames d'or, d'argent, de cuivre,
etc. Ces alliages sont fréquemment employés,
dans les arts, pour dorer, argenter, étamer les
glaces à l'étain ou au bismuth, plomber les
dents, etc. Le mercure, jouissant de la propriété de dissoudre presque tous les autres
métaux et de former avec eux des combinaisons liquides, il est facile d'étendre ces métaux en couche sur les substances à dorer, à
argenter, etc. Après quoi on décompose
l'amalgame par la chaleur : le mercure se
dégage et le métal reste seul. — Fig. et fam.
Mélange de personnes ou de choses qui ne
sont pas ordinairement unies : *cette société
offre un étrange amalgame de tous les rangs et
de toutes les opinions.* (Acad.) — Minér. On
appelle *amalgame* ou *mercure argental,* une
substance qui se rencontre en petites masses
avec le mercure natif et le cinabre. Cet
amalgame, Hg² Ag, présente l'aspect de
l'argent. Lorsqu'on le chauffe, le mercure se
dégage et il reste un dépôt d'argent.

* **AMALGAMER** v. a. Faire un amalgame ;
combiner le mercure avec un métal. — Fig.
et fam. Rapprocher et unir des choses différentes : *Santeuil amalgama, dans ses hymnes,
le paganisme avec le christianisme.* — S'amalgamer v. pr. Être amalgamé : *le mercure
s'amalgame avec l'or ; les peuples chrétiens ne
s'amalgament pas avec les peuples musulmans.*

AMALGAMEUR s. m. Celui qui fait un
amalgame.

AMALIQUE adj. Se dit d'un acide obtenu
en évaporant la liqueur qui résulte de l'action du chlore en excès sur la caféine.

AMALRIC, nom de deux rois de Jérusalem.
Voy. AMAURY.

AMALRIC (Arnaud), abbé de Cîteaux, âme
de la croisade contre les Albigeois, mort en
1225. Légat en 1204, il prêcha la croisade,
réunit 500,000 hommes, fit égorger 60,000 victimes dans la seule ville de Béziers. On lui
attribue la terrible réponse : « tuez-les tous ;
Dieu reconnaîtra les siens », qu'il aurait
adressée aux croisés qui lui demandaient
comment on pourrait distinguer les catholiques des hérétiques. Amalric fit ensuite
périr, contre la foi d'une capitulation, le
vicomte Raymond Roger. Nommé archevêque
de Narbonne (1212), il s'arrogea le titre de duc
de cette ville, fit une expédition contre les
Maures d'Espagne et outrepassa les ordres de
Rome. Au retour il rédigea la relation de ses
exploits.

AMALRIC DE BÈNE, voy. AMAURI DE CHARTRES.

AMALTHÉE. I. chèvre de Crète qui servit de
nourrice à Jupiter et dont la corne, brisée
et remplie de fruits par les nymphes, devint
la corne d'abondance. (Mythol.). — II. Sibylle
qui donna à Tarquin le Superbe les livres
Sibyllins.

AMAN s. m. [a-man] (arabe, *amana,* être
sûr). Pardon accordé chez les musulmans. —
Cri par lequel les mahométans demandent
grâce dans un combat.

AMAN, favori du roi de Perse, Assuérus ; il
obtint de ce prince l'ordre de faire massacrer
tous les Juifs ; mais il fut pendu au gibet
même qu'il avait fait préparer pour Mardochée (453 av. J.-C.). La tragédie d'*Ester* (Racine) a mis en relief ce type du favori insolent.

AMANCE (PAYS D'), dans l'ancienne Lorraine ; villes pr. Pange, Coligny, Mont.

AMANCE, ch.-l. de cant. (Haute-Saône), arr.
et à 24 kil. N.-O. de Vesoul ; sur la Superbe ;
975 hab. carrières de beaux sables blancs.

AMANCEY, ch.-l. de cant. (Doubs), arr. et à
30 kil. S.-E. de Besançon ; 800 hab.

AMAND, nom de deux saints. — I. Évêque

de Bordeaux en 403. Fête, le 18 juin. —
II. — Aquitain de naissance, évêque de
Bourges (626), de Tongres (628) et de Maestricht (647), il convertit un grand nombre de
païens. Fête, le 6 janvier.

AMAND (Saint-), ch.-l. de cant. (Nord), arr.
et à 12 kil. E.-N.-E. de Valenciennes, sur la
rive gauche de la Scarpe ; 10,500 hab. Se
forma autour d'un monastère fondé au vie
siècle par saint Amand. Importantes fabriques de fil pour les batistes, les plus belles
de France ; culture du lin. Restes d'une abbaye
de bénédictins : tour gothique de 100 mètres.
A 4 kil. de la ville, au hameau de la Croisette, se trouvent les célèbres eaux et boues
minérales de Saint-Amand (+ 25° C.), sulfatées, calcaires, sulfureuses ; trois sources ;
établissement construit en 1835. Bains d'eaux
et de boues administrés contre les rhumatismes, les paralysies générales, l'atrophie
musculaire, les blessures, la carie, etc.

AMAND (Saint-), ch.-l. de cant. (Loir-et-
Cher) arr. et à 14 kil. S. de Vendôme ;
700 hab.

AMAND-MONTROND (Saint-), ch.-l. d'arr.
(Cher), à 45 kil. S. de Bourges, sur un embranchement du canal du Cher, et au confluent
de cette rivière ; 9,000 hab. Autrefois couvent
fondé en 620, par saint Théodulfe ; ville
créée par la population qui émigra du bourg
d'Orval détruit par les Anglais en 1410. Eglise
du XIIe siècle, réparée au XVe ; château de
Montrond, qui passait pour la place la plus
forte du Berri ; cette citadelle féodale appartint à la maison de Culan (XIVe siècle) puis à
celles d'Albret et de Nevers ; elle passa à
Sully et à la famille de Condé et fut démantelée en 1652. Le grand Condé y fut élevé.
Lat. 46°,43' 17" N. Long. 0° 10' 28" E.

AMAND-EN-PUISAYE (Saint-), ch.-l. de cant.
(Nièvre) arr. et 23 kil. N.-E. de Cosne ;
2,500 hab. Poteries estimées. Beau château
du XVIe siècle.

AMAND-ROCHE-SAVINE (Saint-), ch.-l. de
cant. (Puy-de-Dôme), arr. et à 13 kil. N.-O.
d'Ambert ; 1,900 hab. Aux environs, sources
d'eau minérale froide ferrugineuse.

AMANDAIE s. f. Terrain planté d'amandiers.

* **AMANDE** s. f. (gr. *amugdalê* ; lat. *amygdala*).
Graine de l'amandier, contenue dans une *coque*
recouverte d'une *écale* verte. Elle se compose
d'une substance blanche et compacte, enveloppée d'une pellicule jaunâtre. Elle présente deux
parties distinctes, l'*embryon* et l'*albumen.* —
Par ext. Toute graine contenue dans un noyau :
il faut briser le noyau pour avoir l'amande. —
AMANDES DOUCES. Elles sont à *coque tendre*
(amande princesse, amande à la dame, amande
aberrante) ; à *coque demi-tendre* (amande ma-
trone, amande Molière) ; et à *coque dure* (flots,
grosses, moyennes, petites). Les premières se
mangent à la main et se vendent dans leur
coque ; les dernières se vendent dépouillées de
leur coque et ne s'emploient guère que dans
l'industrie ; elles ont plus de finesse que les
autres et sont plus riches en matières grasses.
Elles servent à la fabrication de l'orgeat, de
certains chocolats, de dragées, de savons,
d'huile, etc.—Confis. AMANDES LISSÉES, dragées
faites d'amandes couvertes de sucre. — AMAN-
DES PRALINÉES, AMANDES A LA PRALINE OU AMAN-
DES GRILLÉES, amandes cuites dans du sucre
brûlant et aromatisées. — AMANDE AMÈRE, fruit
d'un sous-variété de l'amandier à coque dure.
Elle contient des quantités appréciables d'acide
prussique. On en obtient une sorte d'essence.
— Théol. AMANDE MYSTIQUE, symbole de la virginité de la Sainte Vierge ; emblème dont on
attribue l'origine au sens mystique attaché à
la verge d'Aaron qui fleurit en une nuit et
porta une amande. — AMANDE DE MER. Gasté-
ropode tectibranche, du genre acère que l'on
trouve dans presque toutes les mers, où il vit

sur les fonds vaseux. *L'amande de mer (Bullæa
aperta,* Lam.; *Bulla aperta,* Gm.; *Phyline qua-
dripartita,* Ascan.) est un « animal blanchâtre,
d'un pouce de long, qui semble divisé en quatre
lobes à sa face supérieure. Sa coquille mince,
blanche, demi-transparente, est presque toute
en ouverture. Son gésier est armé de trois
pièces osseuses rhomboïdales très épaisses. »

* **AMANDÉ** s. m. Lait d'amande ; boisson
faite avec du lait et des amandes broyées et
passées : *prendre un amandé.*

AMANDÉ, ÉE adj. Qui contient un suc extrait
de l'amande : *crème amandée.*

* **AMANDIER** s. m. Bot. Genre de plantes
rosacées, type des amygdalées, ayant pour caractères : calice urcéolé à cinq divisions, 15 à
30 étamines insérées avec les pétales, à filets
filiformes distincts ; drupe coriace à noyau rugueux, comme percé de trous, contenant une
seule graine. — On distingue dans ce genre
trois espèces principales : 1° L'AMANDIER NAIN
ou de Géorgie (*Amygdalus nana,* Lin.), joli arbrisseau d'ornement, haut de 1m50, originaire

Amandier. — Fruit, fleur, feuilles et amande.

d'Asie et recherché à cause de ses fleurs roses,
quelquefois doubles. 2° L'AMANDIER SATINÉ ou
du Levant (*Amygdalus argentea*), petit arbre à
feuilles argentées et à fleurs roses. 3° L'AMAN-
DIER COMMUN (*Amygdalus communis,* Lin.), originaire de l'Asie, introduit en France vers
1548, bel arbre haut de 5 à 6 mètres, à feuilles
oblongues, lancéolées, dentelées, aiguës, à
fleurs solitaires, blanches ou rosées, s'épanouis-
sant dès les premiers beaux jours, ce qui les
expose à être gelées. Cette précocité de la floraison empêche seule la culture de l'amandier
de se répandre dans les pays froids. Cet arbre
ne donne de produits certains que dans la
zone de l'olivier. On le rencontre aussi dans
celle de la vigne ; mais il n'y prospère pas
aussi bien. Il aime les sols légers, profonds, un
peu calcaires. Dans les terrains humides il devient gommeux. On le multiplie très bien par
semis ; mais pour avoir de plus beaux fruits,
il est préférable de le greffer en *écusson,* au
commencement de septembre, sur le sommet
de jeunes sujets à fruits amers ou même sur le
prunier. On le taille pour supprimer les rameaux gourmands, enlever le bois sec et les branches lan-
guissantes et raccourcir les prolongements des
branches principales. — VARIÉTÉS. Les variétés
de l'amandier commun forment deux groupes :
l'un, des amandiers à fruits doux : amandes à
la princesse, à trochets, grosse verte, petite
verte, etc.; l'autre, des amandiers à fruits
amers, formant une seule variété. — Le bois
de l'amandier est dur, bien coloré, susceptible
de recevoir un beau poli, recherché par les
ébénistes et les tourneurs.

AMANDINE s. f. Cosmétique ou savon dont
l'amande forme la base.

AMANDUS (Cnéius Salvius), général de Dioclétien : il prit, en 285, le titre d'empereur et

'e mit à la tête des *Bagaudes*. Défait par Maximien Hercule, il périt dans le combat. Voy. BAGAUDES.

AMANIQUES (Portes), célèbres défilés entre la Cilicie et la Syrie, et dans lequel Alexandre vainquit Darius.

AMANITE s. f. (gr. *Amanus*, montagne de la Cilicie où ce champignon se trouve en abondance). Bot. Genre de champignons *hyménomycètes*, démembré des agarics, et comprenant des espèces renfermées, pendant le jeune âge, dans un volva qui persiste à la base du pédicule. Les espèces comestibles les plus remarquables sont : l'oronge, la coucoumelle, la golmotte, l'amanite solitaire, etc.; les plus vénéneuses sont : la fausse oronge, l'amanite bulbeuse, la golmotte fausse, etc.

AMANITINE s. f. Principe vénéneux que l'on obtient de certains agarics.

AMANS (Saint-), ch.-l. de cant. (Lozère), arr. et à 32 kil. N.-O. de Mende, près de la Truyère; 400 hab.; magnifiques paysages; fabriques de serge.

AMANS-DES-COPTS (Saint-), ch.-l. de cant. (Aveyron), arr. et à 40 kil. N.-O. d'Espalion; 300 hab. Territoire montagneux.

AMANT-SOULT (Saint-), ch.-l. de cant. (Tarn), arr., et à 26 kil. S.-E. de Castres; 2,500 hab. Autrefois Saint-Amans-la-Bastide; patrie du maréchal Soult, dont il a pris le nom.

* **AMANT. ANTE** s. (lat. *amans*, *amantis*; de *amare*, aimer). Celui, celle qui a de l'amour pour une personne d'un autre sexe.

> Garde-toi, Dieu du repos,
> De tromper ma douce attente;
> Sur les yeux de mon *amante*
> Ne verse point tes pavots.
>
> PARNY, *poésies mêlées.*

— Signifiait autrefois: amoureux déclaré; mais désigne plutôt aujourd'hui un amoureux favorisé : *cette femme a beaucoup d'amants*. — Fig. Celui qui aime passionnément quelque chose: *un amant de la liberté, de la gloire* :

> Amants des muses, pauvres diables,
> Qui courez à la gloire au milieu des sifflets.
>
> DONAT, *Épître II.*

— AMANTS s. m. pl. Se dit souvent de deux personnes de sexe différent, qui s'aiment : *ces deux amants se sont mariés.*

AMANTS MAGNIFIQUES (Les), comédie-ballet de Molière, en 5 actes et en prose; imitation de la comédie héroïque *Don Sanche*, de Corneille. Cette pièce, peu digne de l'auteur, fut représentée à Saint-Germain, en février 1670. — Le roi, qui en avait donné le sujet, y dansa avec les attributs de Neptune et d'Apollon. Molière remplissait le rôle de Clitidas, plaisant de cour.

AMANT-DE-BOIXE ou du **Boëxe (Saint-)**, ch.-l. de cant. (Charente), arr. et à 16 kil. N.-O. d'Angoulème; 1,700 hab.; bourg qui doit son origine et son nom à une abbaye de bénédictins fondée vers la fin du VIe siècle.

AMANT-TALLENDE (Saint-), ch.-l. de cant. (Puy-de-Dôme), arr. et à 18 kil. S. de Clermont, 1,500 hab. Élève de chevaux et d'abeilles.

AMANTÉA ville maritime de Calabre, à 28 kil. S.-O. de Cosenza, sur la mer Tyrrhénienne. Elle fut prise par les Français en 1806, après une défense opiniâtre. 3,000 hab.

AMANTHON (Claude-Nicolas), publiciste, né à Villers-les-Ports en 1760, mort en 1835 ; a donné des travaux relatifs à la Bourgogne.

AMANU ou **Moller**, île de l'archipel de Tuamotou (Grand-Océan), par 17° 53' 20" lat. S. et 143° 29' 6" long. E., à la pointe S.-E.

AMANUS, ancien nom du rameau du mont Taurus qui sépare la Cilicie de la Syrie.

AMANVILLERS, village situé à 12 kil. de Metz. Bazaine y livra aux Allemands un com-

bat meurtrier qui coûta la vie à 12,000 Français (18 août 1870).

AMAPER v. a. Mar. Saisir fortement une voile pour la serrer.

AMAR (J.-P.-André), homme politique français, né à Grenoble en 1750, mort à Paris en 1816. Élu à la Convention en 1792, il provoqua successivement la chute des Girondins, de Danton, d'Hébert et de Robespierre. Il fut emprisonné pendant quelque temps pour avoir défendu Barère et plusieurs autres; enfin, accusé d'avoir trempé dans la conspiration de Babeuf, il fut banni.

AMARANTACÉ, ÉE adj. Bot. Qui ressemble à l'amarante. — Amarantacées s. f. pl. Famille de plantes herbacées ou de sous-arbrisseaux à feuilles simples, non stipulées. Fleurs en capitules, en épis, en glomérules ou en grappes; elles sont monoïques ou polygames; calice de 3 à 5 sépales, soudés ou libres, persistants; corolle nulle; 5 étamines hypogynes opposées aux sépales; ovaire uniloculaire. Le fruit est un akène membraneux renfermant une graine lenticulaire. Principaux genres : *amarante, amarantine, célosie, gomphrène*, etc. Voy. JUSSIEU : *observations sur les amarantacées*, Paris, 1803.

* **AMARANTE** s. f. (gr. *amarantos*, qui ne se flétrit pas). Bot. Genre d'amarantacées, comprenant des herbes à feuilles alternes et à

Amarante à queue (Amarantus caudatus).

fleurs en panicules ou en épis composés, ordinairement d'un rouge de pourpre velouté. La faculté que possèdent ces fleurs de conserver leur éclat, même lorsqu'elles sont sèches, a fait considérer comme le symbole de l'immortalité :

> Ta louange, dans mes vers,
> D'*amarante* couronnée,
> N'aura sa fin terminée
> Qu'en celle de l'univers.
>
> Ode de MALHERBE à Henri IV.

On cultive dans nos jardins l'*amarante tricolore* (*amarantus tricolor*, Linné) à feuilles tachetées de vert, de jaune et de rouge ; l'*amarante paniculée* (*amarantus paniculatus*, Moq.), annuelle, ainsi que la précédente, haute de 1 mètre, à fleurs d'un vert tendre de rouge plus ou moins sanguin ; a produit des variétés diversement colorées; l'*amarante gracieuse* (*amarantus speciosus*, Sines), à fleurs d'un beau rouge pourpré; l'*amarante à queue* ou *queue de renard* (*amarantus caudatus*, Lin.), qui porte un épi terminal très long; l'*amarante mélancolique* (*amarantus melancholicus*, Lin.), dont les feuilles et les fleurs présentent un aspect sombre et triste. On donne aussi le nom d'amarante à quelques plantes du genre célosie: telle est, par exemple, l'*amarante crête de coq*.

* **AMARANTE** adj. Se dit des choses qui sont de la couleur de l'amarante : *carosse amarante*.

AMARANTINE s. f. Nom que l'on donne quelquefois au genre GOMPHRÈNE.

AMARAPOURA ou **Ummerapura**, ville du Burmah, à 10 kil. N.-E. d'Ava, près de l'Irrawady; fondée en 1783, resta cap. du Burmah jusqu'en 1819; incendiée en 1810; aujourd'hui en décadence.

AMAREILLEUR s. m. [*ll* mll.]. Ouvrier chargé de soigner le parcage des huîtres.

AMARESCENT, ENTE adj. (lat. *amarescere*; de *amarus*, amer). Qui a un léger goût d'amertume.

AMARI (Michel), homme politique et orientaliste italien (1806-'70); auteur d'une histoire des *Vêpres siciliennes*, qui a été traduite dans toutes les langues.

AMARIBO, fleuve de la Guyane française; se jette dans l'Océan, après un cours de 200 kil.

AMARIN (Saint-), ville d'Alsace-Lorraine, autrefois ch.-l. de cant. du dép. du Haut-Rhin, arr. de Belfort; 2,250 hab.

* **AMARINAGE** s. m. Mar. Action d'envoyer des gens pour remplacer l'équipage d'un bâtiment pris sur l'ennemi. — ∞ Aptitude qu'on a acquise dans la manœuvre d'un navire.

* **AMARINÉ, ÉE** part. pass. d'AMARINER. — *Matelot amariné* : matelot qui a le pied marin, qui n'éprouve plus le mal de mer.

* **AMARINER** v. a. (lat. *mare*, mer). Mar. Prendre possession d'un navire, lorsqu'il a été forcé de se rendre, soit après un combat, soit parce qu'il a été enveloppé par des forces supérieures. — AMARINER UN HOMME, UN ÉQUIPAGE, c'est l'habituer à la mer et à tous les travaux de la navigation.

AMARQUE s. f. (de *à* et *marque*). Marque flottante placée au-dessus d'une roche ou d'un écueil pour en signaler le danger. On dit mieux *bouée, balise*, etc.

* **AMARRAGE** s. m. Action d'amarrer un bâtiment. — Union, jonction de deux cordages par un autre plus petit qui fait plusieurs tours symétriques. Le cordage qui sert à faire cette espèce de liaison est appelé *ligne d'amarrage.*

* **AMARRE** s. f. (celt. *amarr*, lien). Mar. Cordage ou chaine employée à maintenir un bâtiment ou tout autre objet dans le même lieu. On dit qu'un navire est *sur ses amarres*, lorsqu'il est à l'ancre ; il a *sanci sous ses amarres*, quand il a sanci étant à l'ancre.

* **AMARRER** v. a. Lier, attacher, retenir avec une amarre.

AMARRES s. m. pl. Argot des voleurs. Amis.

AMARYLLIDE ou * **Amaryllis** s. f. [a-ma-ri-li-de; -liss] (gr. *amarusso*, je brille). Bot. Genre d'amaryllidées, comprenant une quarantaine d'espèces cultivées comme plante d'ornement. On distingue particulièrement les espèces suivantes : l'*amaryllide de Virginie* (*amaryllis atamasco*, Lin.), haute de 30 centim.; à fleurs blanches; cultivée en pleine terre. L'*amaryllide candide* (*amaryllis candida*, Lindl.), de la Plata, à fleurs blanches qui ne s'étalent qu'à l'ombre; de pleine terre; supporte les froids rigoureux. L'*amaryllide belladone* (*amaryllis belladonna*, Lin.), des Antilles, à grandes fleurs, d'abord presque blanches, puis incarnates, enfin d'un rose tendre, d'une odeur douce qui se rapproche de celle de la jacinthe. L'*amaryllide magnifique* ou *lis de Saint-Jacques* (*amaryllis formosissima*), originaire du Mexique, se plante en bordure au mois de mai. Bot. Genre bulbe de couleur sombre à l'extérieur, jaillit bientôt une tige qui porte un bouton; les feuilles ne naissent que plus tard. Chaque oignon ne produit guère plus d'une ou deux tiges et chaque tige ne porte qu'une fleur, grande, belle, irrégulière, d'une teinte cramoisie foncée, que l'on croirait parsemée de poudre d'or. Cette plante magnifique a été introduite chez nous en 1593. On l'appelle quelquefois *Croix de Saint-Jacques*. L'*amaryllide pyrénésienne* (amaryllis sarniensis, Lin.), qui

Amaryllide magnifique (Amaryllis formosissima).

porte, en septembre, une ombelle de 8 à 10 fleurs d'un beau rouge-cerise, est originaire du Japon. Introduite à Guernesey en 1659, à la suite du naufrage d'un navire, elle y est devenue une branche de commerce. L'*amaryllide brillante* (amaryllis aulica, Ker.), du Brésil, à fleurs penchées, rouges, veinées de rouge foncé. L'*amaryllide royale* (amaryllis reginæ, Lin.), de l'Amérique méridionale; à fleurs d'un brillant rouge écarlate.

AMARYLLIDÉ, ÉE adj. Qui ressemble à l'amaryllide. — AMARYLLIDÉES ou AMARYLLIDACÉES s. f. pl. Bot. Famille de monocotylédones, démembrement des narcissées de Jussieu; comprenant des plantes ordinairement bulbeuses, à feuilles linéaires ou lancéolées, qui forment une gaîne à leur base. Les fleurs, renfermées dans de grandes bractées avant leur épanouissement, ont le périanthe supère composé de 3 sépales et de 3 pétales tous colorés, 6 étamines, ovaire simple, à 3 loges multiovulées; fruit en capsule, à 3 valves qui renferment de nombreuses graines. Genres principaux ; narcisse, amaryllide, pancratie, hæmanthe, agavé, crinole, nivéole, perce-neige, alstrœmère.

AMARYLLIS. Nom donné par Virgile à une bergère, dans une de ses églogues, et qui s'emploie quelquefois comme nom commun pour désigner une jeune paysanne.

*** AMAS** s. m. [a-mâ]. Réunion plusieurs choses, accumulées en une seule masse : *amas de sable, amas d'eau, amas de sang, amas d'erreurs, amas de peuple.*

AMASIA, Amasieh ou Amasiyah, ville de Sivas, Asie mineure, sur l'Yeshil-Irmak, à 85 kil. de la mer Noire; 25,000 hab. Commerce de soie écrue, de vin, de garance, de grains et de coton. Patrie de Strabon et ancienne capitale du Pont.

AMASIAS ou Amasiah, huitième roi de Juda (838-809 av. J.-C.), fils et successeur de Joas.

AMASIEN, ENNE s. et adj. Habitant d'Amasia; qui appartient à cette ville ou à ses habitants.

AMASIS, Amosis ou Ahmès, nom de deux rois d'Egypte; le premier de la dix-huitième dynastie et l'autre de la vingt-sixième (voy. ÉGYPTE).

AMASREH, voy. AMASSÉRAH.

*** AMASSER** v. a. [a-mâ-sé]. Faire amas, faire un amas, mettre ensemble : *amasser de l'argent, amasser des matériaux.* — Fig. Réunir : *il a fallu bien des années pour amasser les matériaux de notre encyclopédie.* — Assembler

beaucoup de personnes : *Il fallut amasser des troupes.* — Neutral. Thésauriser : *il amasse au lieu de dépenser.* — **S'amasser** v. pr. S'accumuler, se mettre en tas : *le peuple s'amassait; le sable, en s'amassant, a fini par combler le port.*

AMASSÉRAH, Amasreh ou Amastrah, ville maritime fortifiée de la Natolie (Turquie d'Asie), sur un cap qui s'avance dans la mer Noire, par 41° 45' 27" lat. N. et 30° 1' long. E; 1,000 hab. Aux environs, ruines d'un temple de Neptune.

AMASSETTE s. f. Petit couteau à lame flexible, dont les peintres se servent pour amasser les couleurs broyées. — Instrument pour amasser la pâte.

AMASSEUR, EUSE s. Celui, celle qui amasse.

AMAT (Félix), historien et ecclésiastique, né dans le diocèse de Barcelone en 1750, mort en 1824. Ses principaux ouvrages sont intitulés *De la iglesia de Jesu Christo* (Madrid, 1793-1803, 12 vol. in-4°) ; *Podestad eclesiastica* (Barcelone, 1817-'23, 3 vol. in-8°).

AMAT (Paul-Léopold), chanteur et musicien, né à Toulouse en 1812, mort à Nice en octobre 1872 ; auteur de romances populaires et de quelques pièces de théâtre.

*** AMATELOTAGE** s. m. Association de deux matelots sur un bâtiment pour faire le service à tour de rôle. Autrefois, ils n'avaient qu'un seul hamac où l'un dormait, tandis que l'autre faisait le quart. Aujourd'hui chaque homme a son hamac.

AMATELOTEMENT s. m. Action d'amateloter.

*** AMATELOTER** v. a. Accoupler des matelots à bord d'un navire, pour qu'ils s'aident ou se remplacent mutuellement, de sorte qu'ils sont censés ne faire qu'un pour le quart, le coucher, etc., l'un prenant toujours le service de l'autre quand celui-ci le quitte.

*** AMATEUR** s. m. Celui qui a du goût, de l'attachement pour quelque chose : *amateur de louanges.* — Absolum. Celui qui aime les beaux-arts sans les exercer ou sans en faire profession : *artiste amateur; talent d'amateur; ouvrage d'amateur.*

AMATHIE, nom d'une des cinquante Néréides.

AMATHIE s. f. Crust. Genre de décapodes brachyures triangulaires, dont la seule espèce connue l'*amathie rissoana* se trouve dans nos ports de la Méditerranée. Elle est longue de 4 centim. et porte, en avant, deux pointes qui forment plus du tiers de sa longueur. Sa carapace est armée de longues épines aiguës.

AMATHONTE, anc. ville de l'île de Chypre, ainsi nommée d'Amathus et célèbre par le culte que ses habitants rendaient à Vénus.

AMATHUS, l'un des fils d'Hercule.

AMATHUSIE, surnom de Vénus, honorée à Amathonte.

AMATHUSIEN, ENNE s. et adj. Habitant d'Amathonte ; qui a rapport à cette ville ou à ses habitants.

AMATI, famille de luthiers, établie à Crémone et célèbre par la supériorité des instruments sortis de ses ateliers. Le fondateur de la maison fut ANDRÉA (mort vers 1577), dont plusieurs instruments, conservés avec soin, se font remarquer par la douceur de leurs sons et par le fini de la main-d'œuvre. Son frère, NICOLO, excella dans l'art de fabriquer des violoncelles. Le plus célèbre membre de cette famille fut GERONIMO, fils de Nicolo (1596-1684). Ses instruments, connus sous le nom d'*Amatis*, sont considérés comme des chefs-d'œuvre.

AMATINER v. a. Faire lever quelqu'un matin.

AMÂTINER v. a. Faire couvrir une chienne par un mâtin.

*** AMATIR** v. a. Orfèvr. Rendre mat l'or et l'argent, en leur ôtant le poli.

AMATITLAN, ville de Guatémala, à 30 kil. S. de Guatémala ; 15,000 hab.; siège principal de la culture de la cochenille.

AMATIVITÉ s. f. (lat. *amatus*, aimé). Instinct qui attire les individus l'un vers l'autre.

À MATS ET À CORDES loc. adv. Mar. Se dit de la manière de naviguer ou de fuir d'un bâtiment courant, vent arrière et sans voiles, devant un gros temps.

AMATUS LUSITANUS (Jâo-Rodriguez de Castel-Branco), médecin juif, né en Portugal, en 1511; mort en 1568. Poursuivi par l'inquisition, il voyagea de ville en ville, en se donnant comme chrétien. Il fit des dissections à Ferrare et écrivit des ouvrages latins.

AMAURI DE CHARTRES ou Amalric de Bène, théologien, l'un des plus célèbres professeurs de dialectique et d'arts à l'Université de Paris. Son *Physion* (aujourd'hui perdu) fut condamné par Innocent III, parce que l'auteur y enseignait que le règne du Père et du Fils allait être remplacé par celui du Saint-Esprit. Après la mort d'Amauri (vers 1209), ses disciples furent brûlés comme hérétiques.

*** AMAUROSE** s. f. [a-mô-ro-ze] (gr. *amaurôsis*, obscurcissement). Cécité complète ou incomplète provenant de la paralysie du nerf optique ou de son expansion, sans altération de la conformation de l'œil; elle peut être unioculaire ou binoculaire, suivant qu'elle porte sur un œil ou sur les deux yeux simultanément; elle est ordinairement continue et quelquefois périodique. Elle résulte de trois causes principales : congestion cérébrale, fatigue de la vue, certains empoisonnements (belladone, acide carbonique, plomb, etc.). Le traitement dépend de la cause. S'il y a des symptômes de congestion, on met des sangsues à l'anus, des synapismes aux extrémités, un vésicatoire derrière le cou ; on donne le calomel à dose purgative. Quand il y a des signes de paralysie, on emploie le liniment oléo-phosphoré ; quelquefois, il n'y a qu'un affaiblissement de la vue; le malade croit voir continuellement voltiger une mouche. On conseille le repos; on interdit tout travail des yeux, toute lecture, surtout à la lumière.

AMAUROTIQUE adj. Qui a rapport à l'amaurose.—Substantiv. Personne atteinte d'amaurose.

AMAURY ou Amalric, nom de deux rois de Jérusalem. — I. COMTE DE JOPPA (1135-'73), succéda (1162), à son frère Baudoin III, attaqua (nominalement) Saladin qui le battit. — II. *Amaury de Lusignan*, roi de Chypre et (nominalement) de Jérusalem (1194-1205). La 4° croisade, entreprise pour lui rendre la couronne, s'arrêta à Constantinople.

AMAXICHI [a-mak-si-ki], capitale de l'île de Sainte-Maure (Grèce); 5,500 hab. ; forteresse, port peu profond.

AMAZIE s. f. (gr. *a*, sans; *mazos*, mamelle). Anat. Absence de mamelles.

AMAZIRGUES s. m. pl. Nom que l'on donne aux Berbères des hautes vallées de l'Atlas.

AMAZONAS. I. Province la plus septentrionale du Brésil ; 1,897,020 kil. carr.; 75,000 hab.; territoire couvert de forêts et arrosé par l'Amazone, le Negro, le Putumayo et le Madeira. cap. : Manaos. — II. Département septentrional du Pérou, borné au N. par l'Ecuador ; 48,000 kil. carr.; 130,000 hab., dont 60,000 Indiens nomades. Production de froment, de maïs, de riz, de sucre, de tabac, de cacao, de café, de coton, d'indigo, de quinquina, de salsepareille et de bois. Cap.: Chachapoyas.

* AMAZONE s. f. (gr. *a*, sans; *mazos*, mamelle). Nom donné par les anciens à des femmes guerrières qui vivaient, d'après la mythologie grecque, sur les rives du Thermodon, en Cappadoce. Elles se perpétuaient en cohabitant une fois par an avec les Gargariens qui vivaient dans un pays voisin. Les enfants mâles engendrés par ces unions passagères étaient mis à mort ou renvoyés à leurs pères; les filles seules étaient conservées; on les chargeait, dès l'enfance, à travailler la terre, à chasser et à faire la guerre. Elles formaient un Etat dont la cap. était Thémiscyre. Leur arme défensive était un bouclier en forme de croissant. Les faits principaux de leur histoire sont : 1° la réception qu'elles firent aux Argonautes ; 2° leur défaite par Bellérophon, en Lycie; 3° l'expédition d'Hercule pour s'emparer de la ceinture de MÉNALIPPE, leur reine. Le héros attaqua les Amazones et captura la princesse; 4° l'invasion d'Hippolyte, leur reine, en Attique et les combats contre Thésée qui finit par épouser la reine, dont il eut un fils, le vertueux Hippolyte; 5° l'assistance qu'elles prêtèrent aux Troyens et la mort de leur reine Penthésilée, qui périt sous les coups d'Achille; 6° leur expédition contre l'Ile de Leucé, dans le Pont-Euxin, où l'ombre d'Achille causa parmi elles une terreur panique. — On dit que les Amazones descendaient d'une tribu scythe habitant la Cappadoce, où leurs maris furent tous tués pendant une expédition guerrière. Devenues veuves, les Amazones formèrent une république féminine, après avoir décrété que le mariage est un honteux esclavage. D'après la tradition, elles employaient tout leur temps à la chasse et à la guerre; et pour n'être pas gênées quand elles lançaient le javelot, elles se coupaient le sein droit, d'où serait venu leur nom grec. D'autres prétendent que ce nom venait de *Maza*, lune; parce qu'elles adoraient l'astre des nuits. Vers 330 av. J.-C. leur reine, Thalestris, visita Alexandre le Grand; d'après Hérodote, elle était accompagnée de 300 guerriers femelles.

* AMAZONE s. f. Femme d'un courage mâle et guerrier : *c'est une amazone.* — HABIT D'AMAZONE, ou absolum. *amazone*, robe ordinairement de drap, que les femmes portent pour monter à cheval. On dit de même : *être vêtue en amazone.* — ∿ Femme guerrière : *le roi de Dahomey avait pour armée d'amazones; les héroïnes bohèmes qui gouvernèrent Libusta et Vlasta ont reçu le nom d'amazones.* — Femme qui monte à cheval et qui est vêtue d'une amazone. — Ornith. Nom donné par Buffon aux perroquets du nouveau continent qui ont du rouge sur le fouet de l'aile. On distingue 5 espèces, avec plusieurs variétés : 1° amazone à tête jaune (*Psittacus ochrocephalus*, Lin.); 2° Tarabe ou amazone à tête rouge (*Psittacus taraba*, Lin.); 3° amazone à tête blanche (*Psittacus Leucocephalus*, Lin.); 4° amazone jaune (*Psittacus aurora*, Lin.); 5° amazone aourou couraou (*Psittacus æstivus*, Lin.).

AMAZONE (L') ou Fleuve des Amazones (Port. *Rio das Amazonas*), l'un des plus grands fleuves du monde, le plus important de l'Amérique du Sud, courant de la Cordillère des Andes à l'océan Atlantique, dans lequel il se jette après un cours d'environ 4,300 kil. Elle sort de lac Lauricocha (2,633 m. d'altitude), près de Cerro Pasco (Pérou), à 210 kil. N. de Lima, sous le nom de *Tagaragua* ou *Maragnon supérieur*; prend d'abord la direction N.-N.-O., forme une série de rapides, sur une longueur de 800 kil., entre les cordillères péruviennes et la frontière de l'Equateur. Elle sépare ensuite le Pérou de la république de l'Equateur, porte le nom de *Maragnon* et prend une direction générale vers l'E. Elle est déjà facilement navigable au point où elle entre dans le Brésil, et sa largeur est évaluée à 1,800 m. On l'appelle *Solimoens*, jusqu'au

point où elle reçoit le Negro. L'Amazone est donc un vaste système de rivières plutôt qu'une rivière. Au nombre de ses 350 tributaires, nous citerons sur la rive gauche : le Pastaca, le Napo, le Putumayo, le Japura, le Rio-Negro, le Trombetas, l'Uacarapy; sur la rive droite : l'Ucayali, le Jutay, le Jurua, le Teffe, le Coarv, le Purus, le Madeira, le Canuma, le Tapajos, le Xingu et plusieurs autres rivières aussi considérables que nos plus grands fleuves d'Europe. D'après l'estimation d'Herndon, la longueur totale de l'Amazone, calculée depuis la source de l'Huallaga, l'un de ses tributaires, serait de plus de 5,000 kil. Mais si ce fleuve n'est pas le plus long, on s'accorde à le reconnaître comme le plus large et le plus profond de notre globe. Son courant moyen est de 5 kil. à l'heure; sa profondeur varie entre 14 m. dans sa partie supérieure, et 104 à son embouchure. De même que les autres rivières tropicales, l'Amazone est sujette à des débordements périodiques pendant lesquels son niveau s'élève à 12 ou 15 m. au-dessus du niveau le plus bas de ses eaux. Le flux de la mer se fait sentir jusqu'à Obidos. (Environ 650 kil. de l'embouchure). L'intumescence, qui a lieu un peu avant les nouvelles lunes et les pleines lunes, se compose de lames soudaines et rapides, de 4 à 5 m. de haut. Le lit de l'Amazone est plein d'îles et de banc, de sable formant des canaux qui changent de place à chaque instant. Ce fleuve trai sporte à la mer une grande quantité de sédiment; mais il ne forme pas un delta à proprement parler, puisque les îles qui se trouvent dans son vaste estuaire reposent sur une base rocheuse. — L'immense vallée de l'Amazone est bornée par les Andes et par les plateaux de la Guyane et du Matto Grosso; son sol, d'une fertilité extraordinaire, est encore couvert de forêts inexplorées où l'on rencontre l'arbre à caoutchouc, la berthollétie gigantesque, et une centaine des plus belles variétés de bois. Les eaux du fleuve sont pleines d'étranges poissons, d'alligators, de tortues, d'anacondas, etc. — L'Amazone était nommée par les indigènes *Guiena* ou *Paragna*. Son embouchure fut découverte en 1500 par Vincente-Yanez Pinzon, qui, d'après la tradition, demanda à son frère : Est-ce encore la mer (mar)? — Ah ! non ; aurait répondu le frère; d'où serait venu le nom primitivement donné à ce grand fleuve : Mar-a-non (port. *Maranhdo*). En 1539, François Orellana entra par le Napo dans le fleuve, qu'il redescendit jusqu'à l'Océan. Pendant ce trajet, il aperçut plusieurs fois des troupes d'indigènes imberbes qui lui opposèrent une vigoureuse résistance ; il crut avoir affaire à des femmes guerrières ; ce qui valut au Maragnon le nom de *Fleuve des Amazones* qu'il a conservé depuis. Pedro Teixeira, à la tête d'une nombreuse expédition, explora le premier l'Amazone (d'octobre 1637 à février 1639). Ce fleuve fut ouvert en 1867 à la libre navigation de tous les peuples ; il est aujourd'hui remonté par des lignes régulières de bateaux à vapeur. Son immense bassin ne mesure pas moins de 7 millions de kil. carr. L'Amazone a été explorée de nos jours par Spix et Martius (1819-'20), Agassiz (1866-'67) et Orton (1867-'73).

AMAZONIA ou **Amazonie**, nom donné par les anciens géographes à la partie du bassin de l'Amazone que l'on supposait habitée par une tribu de femmes guerrières.

AMAZONIEN, IENNE adj. Qui appartient ou se rapporte au fleuve des Amazones ou aux Amazones de l'antiquité.

AMAZONIQUE adj. Qui se rapporte aux Amazones.

AMAZONITE s. f. Minér. Pierre précieuse nommée aussi *pierre des Amazones* ou *jade vert foncé*. C'est un feldspath opaque, très dur, d'une belle couleur verte, que l'on trouve

sur les bords de l'Amazone, où les naturels en font des haches, des casse-tête et des idoles.

AMAZOULOUS voy. ZOULOUS.

AMBA s. m. Elévation de forme pyramidale ou cubique que l'on trouve au milieu de certaines plaines.

AMBACTE s. m. Homme d'armes gaulois qui s'attachait à son chef et se dévouait pour lui jusqu'à la mort.

* AMBAGES s. f. pl. (lat. *ambages*, détours). Embarras de paroles : *parles sans ambages.*

AMBARÈS-ET-LA-GRAVE, comm. du dép. de la Gironde, cant. et à 4 kil. du Carbon-Blanc ; 2550 hab. Bons vins.

AMBARRI, peuple gaulois, entre la Saône et le Rhône (Bresse et Beaujolais) ; ils ont donné leur nom à Ambérieux.

AMBARVALE adj. Antiq. rom. Se disait de la victime que l'on sacrifiait dans les ambarvales. — FRÈRES AMBARVALES, prêtres qui présidaient aux ambarvales.

AMBARVALES ou **Ambarvalies** s. f. pl. (lat. *ambire*, tourner autour; *arva*, champs). Processions en l'honneur de Cérès ; elles consistaient à promener, en avril et en août, un taureau, une truie et une brebis autour des champs et à sacrifier ces animaux à la déesse, pour appeler sa protection sur les biens de la terre.

AMBASSADE s. f. (lat. *ambactus*, commissionnaire ; bas lat. *ambactia*, commission). Emploi, fonction d'un homme envoyé par un prince ou par un état souverain à un autre prince ou état souverain, avec le caractère de représentant. — Députation envoyée à un prince, à un état. — Collectiv. L'ambassadeur avec ses conseillers et ses secrétaires : *il est attaché à l'ambassade.* — Suite de l'ambassadeur : *l'ambassade était magnifique.* — Hôtel et bureaux d'un ambassadeur : *je vais à l'ambassade de France.*

— Fam. Certains messages sont particuliers : *je me charge de cette ambassade.* — FAIRE UNE BELLE AMBASSADE, contracter une affaire.

* AMBASSADEUR s. m. Celui qui est envoyé en ambassade. Le titre d'ambassadeur est tout monarchique; il se donne au plus haut agent diplomatique, à celui qui représente la personne d'un empereur ou d'un puissant roi. L'ambassadeur ordinaire (permanent) n'est pas d'un rang aussi élevé que l'ambassadeur extraordinaire spécial; mais il est au-dessus de tous les *envoyés*, qui représentent seulement un état, un pays, et non le souverain personnellement. Le souverain auprès duquel il est accrédité lui est accessible en tout temps *ex officio*, tandis qu'il ne l'est que par courtoisie aux *envoyés*. En général, les républiques n'ont que des ministres plénipotentiaires ou des envoyés extraordinaires. Mais lors même qu'elles ont des ambassadeurs, comme la France et les Etats-Unis, ils ne représentent pas une tête couronnée et sont considérés par les souverains comme inférieurs aux ambassadeurs des autres puissances. — Les légats et les nonces ont partout le rang d'ambassadeur. — Les puissances non chrétiennes, considérant, d'une manière figurée, leurs agents diplomatiques comme emportant leur patrie avec eux, confèrent à ces agents une juridiction et de grands privilèges d'*exterritorialité*. — Fig. et fam. Personne employée à faire quelque message : *vous avez choisi un singulier ambassadeur* — Argot des voleurs. Cordonnier.

AMBASSADORIAL, ALE adj. Qui appartient à un ambassadeur ou à une ambassade.

* **AMBASSADRICE** s. f. Femme d'un ambassadeur. — Fig. et fam. Femme chargée de quelque message : *une jolie ambassadrice.* — L'ambassadrice, opéra-comique en 3 actes, paroles de Scribe, chef-d'œuvre musical d'Auber; représenté à Paris, le 21 décembre 1836.

AMBASSE s. m. Icht. Genre de poissons acanthoptérygiens, famille des percoïdes, qui se distinguent des apogons par une épine couchée au devant de la première dorsale. On connaît particulièrement l'*ambasse de Commerson*, petit poisson commun à l'île de la Réunion, où l'on le conserve dans la saumure comme les anchois.

AMBATAGE, voy. EMBATAGE.

AMBAZAC, ch.-l. de cant. (Haute-Vienne), arr. et à 22 kil. N.-E. de Limoges; 3,000 hab. Vestiges d'une voie et d'un camp romains.

* **AMBE** s. m. Combinaison de deux numéros pris ensemble à la loterie et sortis ensemble de la roue de fortune : *gagner un ambe.* — Jeu de loto. Sortie de deux numéros placés sur la même ligne horizontale, ou de la même couleur, dans le tableau que le joueur a devant lui et sur lequel il marque.

AMBER-BEER s. m. [angl. amm-beur-bîr]. Espèce de bière anglaise qui a la couleur de l'ambre.

AMBERG [âm'-bèr], ville de Bavière, sur la Vils, à 50 kil. E. de Nuremberg; 12,000 hab. Arsenal; minerai de fer et manufactures. Jourdan y fut battu par les Autrichiens, en 1796.

AMBERGER (Christoph) [am-bèr'-gheur], peintre allemand, né à Amberg, en 1490; mort à Augsbourg, en 1563. La cathédrale de cette dernière ville conserve une *Madone entourée de saints,* et la galerie de Vienne possède un *portrait de Charles-Quint,* qui sont considérés comme les œuvres principales de ce peintre rival d'Holbein.

AMBÉRIEUX, ch.-l. de cant. (Ain), arr. et à 12 kil. N.-O. de Belley, sur un coteau couronné par les ruines du château de Gondebaud, dont les légendes ne manquent pas d'intérêt. 3,000 hab.

AMBERT, ch.-l. d'arr. (Puy-de-Dôme), à 82 kil. de Clermont, au pied des montagnes, près de la rive droite de la Dore; anc. cap. du Livradois; elle soutint plusieurs sièges pendant les guerres de religion; 7,500 hab. Fabrique de papier; excellent *fromage d'Ambert,* église Saint-Jean, du XVe siècle, construite en granit. 45° 33' 4" lat. N., 1° 24' 12" long. E.

* **AMBESAS** s. m. [an-be-zass]. Jeu de trictrac. Deux as amenés par le joueur : *amener ambesas.* On dit plus communément BESET.

AMBEZ ou **Ambès,** village (Gironde) sur la pointe de terre (BEC D'AMBEZ), où la Dordogne s'unit à la Garonne, pour former la Gironde; 22 kil. N. de Bordeaux. Vins rouges de Palus.

AMBIALET, village du dép. du Tarn, cant. et à 10 kil. de Villefranche-d'Albigeois, sur le Tarn; 5,000 hab. Fut, au moyen âge, le siège d'une vicomté.

AMBIANI, peuple de la Gaule Belgique, entre les Bellovaques et les Atrebates; conquis par César en 57 av. J.-C. Cap. *Samarobriva,* qui devint *Ambiani,* auj. *Amiens.*

AMBIANNULAIRE adj. (lat. *ambo,* deux; *annulos,* anneau). Chim. Se dit des substances minérales cristallisées en prismes, dont chaque base est entourée d'un anneau à facettes.

* **AMBIANT, ANTE** adj. Phys. Qui entoure, qui enveloppe, qui circule autour de : *air ambiant, fluide ambiant.*

AMBIATINUS VICUS, lieu où naquit l'empereur Caligula, dans le pays des Trevirii, près de Coblentz.

AMBIBARI, peuple armoricain, établi près de la moderne *Ambières* (Normandie).

AMBIDENTÉ, ÉE adj. (lat. *ambo,* deux; *dens,* dent). Zool. Qui a des dents aux deux mâchoires.

AMBIDEXTÉRITÉ s. f. Mouvement d'un ambidextre; état d'un ambidextre.

* **AMBIDEXTRE** adj. et s. [an-bi-dèk-stre] (lat. *ambo,* deux; *dextra,* main droite). Qui se sert également bien des deux mains. Tous les hommes naissent généralement ambidextres; l'habitude de se servir de la main droite la rend plus forte, plus habile, plus *dextre* que l'autre. Néanmoins, les médecins admettent que la position naturelle de l'enfant dans le sein de sa mère donne à la main droite plus de liberté et lui permet de se développer plus facilement que le côté gauche, qui est comprimé, surtout dans les derniers temps de la gestation. L'homme naîtrait donc avec une main droite et une main gauche.

AMBIEUX, EUSE adj. (lat. *ambire,* aller autour). Qui a des détours, des sinuosités.

AMBIGAT, chef des Gaulois Bituriges, vers le VIIe siècle av. J.-C.; oncle de Bellovèse et de Sigovèse.

AMBIGÈNE adj. (lat. *ambo,* deux; *genus,* naissance). Géom. Se dit d'une hyperbole qui a l'une de ses branches infinies inscrite, et l'autre circonscrite à son asymptote. — Bot. Se dit d'un calice qui tient à la fois du calice et de la corolle, comme chez les passiflores.

* **AMBIGU, UË** adj. (lat. *ambiguus,* douteux). Qui peut être pris en deux sens : *réponse ambiguë.*

* **AMBIGU** s. m. Repas où l'on sert à la fois les viandes et le dessert : *les grands repas de corps se servent toujours en ambigu, une collation se sert toujours en ambigu* (Acad.). — Fig. Mélange de choses différentes, de qualités opposées : *c'est un ambigu de prude et de coquette* (Acad.). — Jeu de cartes qui participe de plusieurs autres jeux, tels que la bouillotte, le whist, etc. Le nombre des joueurs peut varier de deux à six. On emploie un jeu complet, dont on retire les figures et l'on distribue, de droite à gauche, deux cartes, l'une après l'autre, à chaque joueur. Chacun peut demander, en outre, soit deux cartes nouvelles; on répète l'opération, de sorte que chaque joueur ait quatre cartes. Lorsque personne ne relance plus, les joueurs qui n'ont pas renoncé aux enjeux déposés dans la corbeille abattent leurs cartes; on en compte; il y a six chances de gain : 1° le *point,* réunion du plus grand nombre de cartes de même couleur dans une seule main; il gagne les enjeux; 2° la *prime,* réunion de quatre cartes différentes, meilleures que le point; elle gagne, outre les enjeux, deux mises si ces cartes forment moins de trente points (*petite prime*), trois mises si elles forment plus de trente points (*grande prime*); 3° la *séquence* ou *tierce,* trois cartes qui se suivent; elle vaut trois mises et l'emporte sur la prime et le point; 4° le *tricon* ou *brelan,* trois cartes de même ordre; vaut quatre mises et est meilleure que les trois chau-

ces précédentes; 5° le *flux,* quatre cartes de même couleur qui se suivent, gagne cinq mises; 6° le *fredon,* quatre cartes de même ordre ou brelan carré, le meilleur coup, gagne huit mises, sans compter les deux ou trois mises afférentes à la petite ou à la grande prime qui est contenue dans ces cartes. — Ambigu-Comique (THÉÂTRE DE L'), théâtre de Paris, sur le boulevard Saint-Martin; on y représenta d'abord des comédies, des parades, des proverbes, des pantomimes, des opéras-comiques, des drames, etc., si bien que ne sachant de quel genre ils étaient, on les appela *Ambigu.* Sur ce théâtre, fondé par Audinot père, en 1769, parurent des marionnettes, puis des bambins, parce que le directeur ne put se obtenir l'autorisation de faire jouer des acteurs adultes. Son succès fut complet, et l'abbé Delille put écrire :

Chez Audinot, l'enfance attire la vieillesse.

La salle actuelle de l'Ambigu-Comique date de 1828. On y a joué tous les genres.

* **AMBIGUÏTÉ** s. f. Défaut d'un discours équivoque et susceptible de recevoir différents sens. On remarque ce défaut dans le deuxième des vers suivants adressés par Néarque à Polyeucte (acte I, sc. 1) :

Et Dieu, qui tient votre âme et vos jours dans sa main,
Promet-il à vos vœux de le voir demain?

On peut supposer que Dieu *ne voudra* plus demain; tandis que l'auteur a voulu dire : Dieu *promet-il que vous le voudrez?*

* **AMBIGUMENT** adv. D'une manière ambiguë, équivoque.

AMBIORIX, chef gaulois du Ier siècle av. J.-C., roi des Eburons, sur la Meuse-Inférieure. Il résista victorieusement à Sabinus et à Cotta, lieutenants de César (54). Mais ce dernier, ayant marché en personne contre lui, le vainquit dans une grande bataille. Ambiorix se réfugia dans la forêt des Ardennes, où il vécut en fugitif.

AMBIPARE adj. (lat. *ambo,* deux; *parere,* enfanter). Bot. Se dit des bourgeons qui renferment à la fois des feuilles et des fleurs.

AMBIRA s. m. Mus. Instrument du pays de Mozambique; il se compose de verges en fer, plates, minces et étroites, de largeurs inégales et disposées sur un seul rang dans un morceau de bois creux. Lorsqu'on les frappe avec l'ongle, elles rendent un son qui imite celui de petites cloches.

AMBITÉ adj. Se dit du verre qui, après avoir été affiné, perd sa transparence et semble rempli de boutons.

* **AMBITIEUSEMENT** adv. Avec ambition.

* **AMBITIEUX, EUSE** adj. [si-eû]. Qui a de l'ambition. Se dit de tout ce qui renferme ou marque l'ambition : *désirs ambitieux.* — Littér. Recherché, affecté : *style ambitieux, ornement ambitieux, expression ambitieuse.* — Substantiv. Celui qui a de l'ambition :

L'ambitieux courbé sous le fardeau des ans,
De la fortune encore écoute les promesses.
DESBOULIÈRES.

* **AMBITION** s. f. [an-bi-si-on] (lat. *ambitio*), dérivé de *ambire,* briguer). Passion qui nous porte avec excès à nous élever; désir immodéré de gloire, d'honneur, de puissance, de fortune.

Du repos des mortels implacable ennemi,
Monstre le plus cruel que l'enfer ait vomi,
Funeste ambition......
LA CHAUSSÉE. *Maximien,* acte I. sc. 1.

* **AMBITIONNER** v. a. Rechercher avec empressement, avec ardeur : *ambitionner les honneurs.* — Par exag. Dans de certaines formules de civilité : *j'ambitionne l'honneur de vous rendre quelque service.*

AMBIVARETES, clients ou vassaux des Eduens, probablement établis au N. du pays de ces derniers, sur les bords de la Loire.

10

L

AMBIVARITES, peuple gaulois, établi dans les environs de Namur.

AMBIZA, gouverneur arabe de l'Espagne ; soumit le nord de ce pays (720), et vint le faire battre en France, par Eudes, duc d'Aquitaine (725). Il périt dans la bataille.

*AMBLE** s. m. (gr. *amblunein*, rompre ; lat. *ambulare*, aller). Allure défectueuse, par laquelle le cheval lève simultanément les deux jambes du même côté, en alternant avec celles du côté opposé. Cette marche, très douce pour le cavalier, mais qui fatigue beaucoup les épaules de l'animal, était en faveur au moyen âge, et l'on y dressait les *haquenées*, les *palefrois* qui portaient les châtelaines, les prélats, les chevaliers mis hors de combat. — Cette allure paraît naturelle à la girafe, à l'ours et au chameau ; c'est celle des poulains jusqu'à l'âge de deux ans : *ce cheval va l'amble ; il était franc d'amble, nous l'avons mis à l'amble.*

AMBLEF, ancienne résidence des rois francs, sur la rivière du même nom, province de Liège, Belgique. A Amblef, Charles Martel battit Chipéric II et Ragenfroi, maire de Neustrie (716).

AMBLÉOCARPE adj. (gr. *amblus*, faible; *karpos*, fruit). Bot. Qui produit peu de fruits.

AMBLER v. n. Aller, marcher l'amble.

AMBLETEUSE, ancien port du Pas-de-Calais, à 8 kil. N. de Boulogne ; 700 hab. Au VIᵉ siècle, Ambleteuse était connue par son commerce et par l'excellence de son port ; Henri VIII d'Angleterre s'en empara en 1544 et la fortifia ; Henri II la reprit en 1549 et la démantela. Depuis lors, les sables envahirent le port et ce fut en vain que Napoléon essaya, en 1804, de le faire déblayer. Un combat naval y fut livré, le 17 juillet 1805, entre la flotille française et des navires anglais, qui furent forcés de gagner le large. Le vice-amiral Verhuel, ayant reçu l'ordre de réunir tous les bâtiments à Ambleteuse, appareilla de Dunkerque dans la matinée du 17. A dix heures moins un quart, il fut attaqué et soutint vaillamment le combat. A onze heures, il entra à Calais, et le lendemain matin il repartit pour Ambleteuse. Attaqué de nouveau à la hauteur du cap Gris Nez, il se fit jour à travers ses formidables adversaires et put atteindre Ambleteuse sous leurs bordées précipitées.

AMBLETEUSE (Port abandonné d'), fameux tableau de Jeanron, musée du Luxembourg.

AMBLEUR, EUSE adj. Qui va l'amble.

AMBLÈVE ou **AMBLÊME**, rivière de Belgique, province de Liège, affluent de l'Ourthe ; cours 35 kil. dont 10 navigables.

AMBLYGONE adj. (gr. *amblus*, obtus ; *gónia*, angle). Minér. Qui a un angle obtus.

AMBLYGONITE s. m. (gr. *amblus*, obtus ; *gónia*, angle). Minér. Phosphate bibasique d'alumine et de lithine ; 4 (O³ Aḻ²) +O⁵ P³, 4OL. Substance vitreuse, verte, cristallisant en prisme rhomboïdal droit, de 16°10', pesant environ 3, rayée par le quartz et rayant la phosphorite ; peut fondre sur le charbon en un verre blanc qui prend de l'opacité par le refroidissement ; est très rare et n'a été trouvée qu'en petits cristaux ou en petites masses à texture cristalline dans le granite, en Saxe et en Norvège ; ses clivages se coupent sous l'angle obtus de 105°, ce qui lui a valu son nom.

AMBLYOPE adj. Qui a la vue faible ; qui est atteint d'amblyopie.

AMBLYOPIE s. f. (gr. *amblus*, émoussé ; *opé*, vue). Pathol. Affaiblissement de la vue ; c'est le premier degré de l'amaurose : la vue troublée ne distingue plus que les gros objets.

AMBLYOPSIS s. m. [an-bli-op-siss] (gr. *amblus*, affaibli ; *ôps*, œil). Genre de poissons

presque aveugles qui vivent dans les eaux souterraines où ils sont privés de lumière. Il en existe plusieurs espèces dans les souterrains de France. De Kay a décrit, sous le

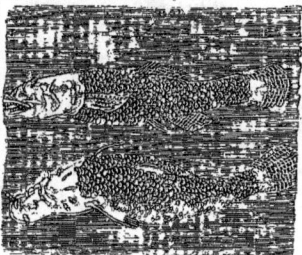

Amblyopsis spelæus.

nom d'*amblyopsis spelæus*, l'espèce qui vit dans la cave du Mammouth (Kentucky).

AMBOINE. I. La plus importante des îles Moluques ; 26,374 kil. carr. 92,000 hab. La baie de Binnen, longue de 25 kil., la coupe presque en deux parties. Culture du cacao et du girofle. La population se compose principalement de Malais. Découverte par les Portugais en 1512, cette île fut occupée par eux en 1580 et prise par les Hollandais en 1605. Des colons anglais, accusés de conspirer contre le gouvernement hollandais, furent mis à la torture et exécutés le 17 février 1623. C'est ce que les historiens anglais appellent le *massacre d'Amboine*. Cromwell fit indemniser en argent les héritiers des victimes. Prise par les Anglais, le 16 février 1796, rendue en 1802, reprise le 18 février 1810, l'île fut définitivement restituée aux Hollandais, en 1814.— II. Capitale de l'île et du gouvernement hollandais, qui comprend Amboine, Ceram, Amblauw, et Bouro. 14,000 hab. (700 Européens) ; port franc. Lat. (au fort Vittoria) 3° 41' 41" S. Long. 123° 49' 27" E.

AMBOISE, *Ambacia*, ch.-l. de cant. (Indre-et-Loire), arr. à 24 kil. E. de Tours, sur la rive gauche de la Loire ; 4,800 hab. Château royal fortifié du VIIIᵉ siècle, admirable et presque inaccessible, où naquit et mourut Charles VIII et qui servit de prison à Abd-el-Kader (1848-'52). — CONJURATION D'AMBOISE, conspiration des Huguenots, formée, en 1560, par le prince de Condé, pour enlever François II, réfugié au château d'Amboise, et le soustraire à la domination des Guises. Le chef ostensible était la Renaudie, qui fut arrêté et se défendit jusqu'à la mort. Les autres conjurés se rendirent (17 mars 1560). Beaucoup périrent sur l'échafaud. Condé échappa, faute de preuves. — PACIFICATION D'AMBOISE, 19 mars 1563 ; traité par lequel les protestants obtinrent la tolérance religieuse ; mais la guerre civile ne tarda pas à renaître.

AMBOISE (Georges, CARDINAL D'), ministre de Louis XII, né en 1460, au château de Chaumont-sur-Loire, mort à Lyon en 1510. Archevêque de Narbonne (1493), puis de Rouen ; ensuite cardinal et premier ministre, il se montra vertueux, prudent, économe et patriote ; trop honnête pour être rusé, il se laissa guider par le cardinal de la Rovère, qui le trompa et se fit élire pape à sa place. (JULES II). Il administra sagement les finances de la France.

*AMBON** s. m. (gr. *ambôn*, lieu élevé). Archit. Tribune en marbre ou en pierre qui se trouvait dans certaines églises. L'ambon a été remplacé par le *jubé*.

AMBRACIE (auj. *Arta*). ville de l'ancienne Grèce, sur l'Arachtus, au N. du golfe Ambracique, qui sépare l'Epire de l'Acarnanie. Fon-

dée par Ambrax, et colonisée par les Corinthiens (660 av. J.-C.), Ambracie devint rapidement une grande et belle ville dont Pyrrhus, roi d'Epire, fit sa capitale. Elle se joignit à la ligue Etolienne et fut prise par les Romains en 189. Plus tard, ses habitants furent transportés à Nicopolis.

AMBRACIEN, ENNE s. et adj. Habitant d'Ambracie ; qui appartient à cette ville ou à ses habitants.

AMBRACIQUE adj. d'Ambracie ;qui a rapport à cette ville. — GOLFE AMBRACIQUE, aujourd'hui golfe d'Arta.

AMBRAS, ancien château des gaugraves de l'Innthal, sur une montagne au pied de laquelle coule l'Inn (Tyrol), reconstruit, vers 1563, par l'archiduc Ferdinand II, qui y forma la riche collection d'armes et de curiosités appelée collection *ambrasienne*.

AMBRASIEN, ENNE adj. [am-bra-zi-ain ; ai-ne]. Ne s'emploie guère que dans la locution *collection ambrasienne*, pour désigner la collection d'objets d'arts et de curiosités du château d'Ambras. Les objets qui en faisaient partie furent transportés à Vienne, en 1805. C'est là que Napoléon Iᵉʳ prit les armures de François Iᵉʳ, du connétable de Bourbon, des ducs de Guise et de Mayenne, aujourd'hui au musée d'artillerie de Paris.

*AMBRE** s. m. Nom de deux substances. — I. AMBRE JAUNE, *succin* ou *karabé*, substance résineuse, fossile, dure, cassante, presque transparente, jaune ou rougeâtre, qui se rencontre principalement sur les côtes prussiennes de la mer Baltique, au milieu des herbes marines. Insoluble dans l'eau, l'ambre fond entre 280° et 290° ; soumis à la distillation sèche, il produit l'acide succinique.— Poids spécifique 1,08. Les opinions sont très divisées sur l'origine de cette substance. Berzélius la considère comme une résine dissoute dans une huile volatile ; tout porte à croire que c'est une gomme végétale fossile, dont l'exsudation date d'une époque géologique très reculée. Brewster, s'apercevant que l'ambre contient quelquefois des insectes, en déduit que c'est un suc végétal durci. — Tout le monde connaît la propriété qu'il possède de s'électriser par le frottement. En raison de cette propriété on a donné à l'électricité le nom grec (*élektron*) de l'ambre. Cette substance est surtout employée pour de petits ornements : tuyaux de pipe, pommes de canne, grains de colliers ou de chapelets. Elle entre aussi dans la composition du vernis gras et d'une huile médicinale. — II. AMBRE GRIS ou *Ambre vrai*, substance solide, grisâtre, molle, musquée, fondant comme la cire, composée des 4/5, d'une matière grasse appelée *ambréine*, et qui se trouve, en masses flottantes de 1 à 3 pieds de diamètre et de 20 à 30 livres, à la surface de certaines mers, principalement sur les côtes de Madagascar, des Moluques, du Japon et du Coromandel. Comme on ne rencontre que mélangé aux excréments d'une espèce de cachalot, on le regarde comme une concrétion morbide formée dans les intestins de cet animal. L'ambre gris est un parfum qui sert à aromatiser des huiles, des pommades, des cosmétiques, des savons. En pharmacie, il est considéré comme antispasmodique et aphrodisiaque. — Prov. et fig. FIN COMME L'AMBRE, se dit d'un homme très décevant, fort délié.

AMBRE. I. (Cap d'), pointe la plus septentrionale de l'île de Madagascar, par 11° 57' 30".lat. S. et 46° 58' 26" long. E.—II. (côte d'), nom que l'on donne quelquefois à la côte de Natal.

*AMBRÉ, ÉE** part. pass. d'AMBRER : pastilles *ambrées*.— Adjectiv. Se dit d'une couleur semblable à celle de l'ambre jaune : *couleur ambrée*.— Se dit d'une odeur analogue à celle de l'ambre gris : *odeur ambrée*.

AMBRÉATE s. m. Chim. Sel produit par la combinaison de l'acide ambréique avec une base salifiable.

AMBRÉINE s. f. Matière contenue dans l'ambre gris; elle est blanche, insipide, inodore, insoluble dans l'eau, et soluble dans l'éther et dans l'alcool.

AMBRÉIQUE adj. Se dit de l'acide obtenu par l'action de l'acide nitrique sur l'ambréine. Il est insoluble dans l'eau et soluble dans l'éther et dans l'alcool.

* **AMBRER** v. a. Parfumer avec de l'ambre gris : *ambrer des gants.*

* **AMBRETTE** s. f. Bot. Graine d'une espèce d'abel-mosch. On l'emploie, en parfumerie pour falsifier le musc; elle entre dans la composition de la *poudre de Chypre*; dans certaines parties de l'Inde on la mêle au café.—La plante elle-même a reçu le nom d'ambrette, et l'on dit : *de la graine d'ambrette*; on dit aussi *abelmosch.* — POIRE D'AMBRETTE, espèce de poire qui a l'odeur de musc. — ～ Zool. Genre de gastéropodes pulmonés terrestres, très voisin des hélices, dont il diffère surtout par sa coquille mince, ovale, fragile, de couleur ambrée, ayant l'ouverture très large et sans bourrelet. L'animal peut y entrer en entier. Les ambrettes, dont plusieurs espèces se trouvent en France, vivent dans les lieux humides, au bord des eaux et sur les plantes aquatiques, ce qui les a fait regarder comme amphibies.

AMBRIÈRES, ch.-l. de cant. (Mayenne), arr. et à 10 kil. N. de Mayenne. Ruines d'un château fort construit par Guillaume le Conquérant; 2,500 hab. Belle église du XIIᵉ siècle; château avec donjon (mon. hist.).

AMBRIN, INE adj. Qui est de la couleur ou de la nature de l'ambre.

AMBRIZ. — I. Division de la colonie portugaise d'Angola (Afrique occidentale); 230,000 kil. car. — II. Rivière qui traverse le territoire ci-dessus. — III. Cap. de la division d'Ambriz, à l'embouchure de la rivière susnommée. Lat. 7° 52' S.

AMBROISE (Saint), l'un des plus illustres pères de l'église latine, né à Trèves, en 340, mort à Milan, en 397; fils d'un préfet romain, il fut nommé gouverneur des provinces dont Milan était la capitale, protégea les chrétiens et fut élu évêque de Milan à l'âge de 34 ans; il résista aux ordres de l'impératrice Justine, qui voulait nommer à sa place un évêque arien, réprimanda Valentinien, brava Maxime et, après le massacre de Thessalonique, contraignit Théodose à une expiation humiliante. Adversaire de tout divertissement et des plaisirs sensuels, il écrivit des traités sur : « les Veuves », sur « la Virginité », sur « la Pénitence », sur « les Devoirs des prêtres », contre « l'Usure », et sept livres sur « la Foi et l'Esprit saint ». Il régla les formes des chants sacrés et créa le *rit ambrosien*; enfin on lui attribue le *Te Deum*. La meilleure édition de ses œuvres est celle des bénédictins, Paris, 1686-'90.

AMBROISE (Ile Saint-), île de l'océan Pacifique, par 26° 20' lat. S. et 82° 14' long. O.

* **AMBROISIE** s. f. [an-broi-zî] (gr. *ambrosia*; de α, priv. ; *brotos*, mortel). Mythol. Nourriture des dieux de l'Olympe; elle était neuf fois plus douce que le miel et procurait l'immortalité. — ～ Bot. Genre de composées, dont plusieurs espèces sont admises dans nos jardins : *ambroisie du Pérou (ambrosia peruviana)*, se cultive dans la serre tempérée; *ambroisie maritime (ambrosia maritima)*, plante haute de un mètre et couverte d'une épaisse villosité blanchâtre; elle croît spontanément sur les côtes d'Espagne. Toutes ses parties ont un goût aromatique un peu amer. On la cultive chez nous à cause de sa bonne odeur; elle vient en pleine terre. — FAUSSE AMBROISIE, es-

pèce d'*ansérine* (chenopodium ambrosioides, Linₙ), appelée aussi thé du Mexique. C'est une herbe annuelle à tiges rameuses, haute de 60 centim. ; à feuilles d'un vert clair en dessus, légèrement dentées. On la cultive, dans l'Europe méridionale, à cause de ses propriétés stomachiques et apéritives. Elle se prend en infusion.

AMBROISIEN, ENNE adj. Qui est parfumé d'ambroisie.

AMBROIX (Saint-), ch.-l. de cant., arr. et à 20 kil. N.-E. d'Alais (Gard), sur la Cèze, au pied d'un rocher que couronne un château; 4,650 hab. Jolie ville, importante par son industrie : haut fourneau à fonderie de zinc, filatures de soie; vins, olives.

AMBRONAY, comm. à 6 kil. d'Ambérieux (Ain), au pied du Jura. 1,700 hab. On y remarque les ruines d'une célèbre abbaye de bénédictins, fondée en 800, par Bernard, archevêque de Vienne. Dans la plaine, on retrouve les vestiges d'un camp, occupé par Galba, lieutenant de César.

AMBRONS (lat. *Ambrones*), peuple celtique qui habitait dans les Alpes, entre la Suisse et la Provence. S'étant associés aux Cimbres et aux Teutons, ils infligèrent de véritables désastres à Manlius et à Cépion (105 av. J.-C.) et vinrent se faire écraser par Marius à Aquæ Sextiæ (Aix), en 102 av. J.-C. Ils ont laissé leur nom au pays d'Embrun.

AMBROSIAQUE adj. Qui répand une odeur agréable.

AMBROSIÉ, ÉE adj. Bot. Qui ressemble à la plante nommée AMBROSIE. — s. f. pl. Tribu de composées ayant pour type le genre ambroisie.

* **AMBROSIEN, IENNE** adj. (lat. *Ambrosianus*, d'Ambroise). Qui appartient, qui a rapport à saint Ambroise. — CHANT AMBROSIEN, forme que saint Ambroise donna au plain-chant et qu'il introduisit dans l'Église occidentale, en 386, en imitant d'anciennes mélodies grecques. Ce plain-chant, en usage jusqu'au commencement du VIIᵉ siècle, fut alors remplacé par la méthode de Grégoire le Grand.—BIBLIOTHÈQUE AMBROSIENNE, collection fondée à Milan, en 1609, par le cardinal-archevêque Federigo Borromeo, et nommée en l'honneur de saint Ambroise, patron de Milan. Elle contient environ 90,000 volumes imprimés, 15,000 manuscrits, une magnifique collection de statues, d'antiques, de médailles, de peintures, et des palimpsestes dont quelques-uns sont rares et précieux. — RIT AMBROSIEN, liturgie particulière à l'église de Milan, fondée par saint Ambroise et conservée jusqu'à nos jours. Dans ce rit, le baptême par immersion est en usage; le carême commence à la Quadragésime.

AMBROSINI (Bartolomeo), intendant du jardin botanique de Bologne, m. en 1657.

AMBROSINIE s. f. (de *Ambrosini*, nom d'un botaniste). Bot. Genre d'Aroïdées, tribu des Ambrosiniées, à racine tubéreuse et charnue, à feuilles longuement pétiolées, la plante qui ne porte qu'une fleur.

AMBROSINIÉ, ÉE adj. Bot. Qui ressemble à l'ambrosinie.—AMBROSINIÉES—s. f. pl. Tribu d'Aroïdées, caractérisée par des fleurs unisexuées, sans périanthe. Spadice portant inférieurement une fleur femelle et supérieurement les fleurs mâles; rhizome stolonifère et pédoncules très courts. Genres : ambrosinie et cryptocoryne.

AMBUBAIES s. f. pl. [an-bu-bè] (lat. *ambubaia*). Ant. rom. Femmes qui assistaient aux fêtes comme musiciennes et danseuses.

AMBULACRE s. m. (lat. *ambulacrum*, allée d'arbres). Zool. Saillie cylindrique qui couvre la face inférieure du corps des échinodermes et qui sert à la locomotion.

* **AMBULANCE** s. f. (lat. *ambulare*, voyager). Hôpital mobile qui suit une armée en campagne et qui s'établit à peu de distance du champ de bataille. Avant le IXᵉ siècle, les blessés restaient sur le champ de bataille ; plus tard on organisa leur enlèvement. Un essai d'ambulance eut lieu en 1124. « On régla, dit Suger, que partout où l'armée en viendrait aux mains avec les Allemands, des charrettes chargées d'eau et de vin serviraient aux hommes blessés ou épuisés ». Sous Henri IV, le service de santé des armées fut soumis à des règlements; au commencement de notre siècle, les Percy, les Larrey et les Desgenettes perfectionnèrent ce service. Une convention internationale, signée à Genève par la France et plusieurs autres puissances, le 22 août 1864, a établi la neutralité des ambulances et des hôpitaux militaires. — Contribut. indir. et dom. Emploi d'un commis qui est obligé d'aller de côté et d'autre : *il obtient une ambulance dans les domaines.*

AMBULANCIER, IÈRE s. Nom que l'on a donné, pendant la guerre de 1870-'71, aux personnes des deux sexes qui se vouaient au service des ambulances. On les distinguait à la croix rouge qu'elles portaient en brassard ou en guise de plaque sur le chapeau.

* **AMBULANT, ANTE** adj. (du vieux mot *ambuler*, aller, marcher, se promener). Qui n'est pas fixe, qui n'est pas sédentaire. — HÔPITAL AMBULANT, hôpital qui suit l'armée. — COMMIS AMBULANT, commis qui est obligé par son emploi d'aller de côté et d'autre. — COMÉDIENS AMBULANTS, comédiens qui vont de ville en ville. — MARCHANDS AMBULANTS, ceux qui parcourent la ville en criant leur marchandise, ou qui vont de contrée en contrée. On dit, dans un sens analogue, *musiciens ambulants, chanteurs ambulants.* — Est toujours par voie et par chemin : *c'est un homme fort ambulant ; il mène une vie fort ambulante.* — Méd. ÉRÉSIPÈLE AMBULANT, DARTRE AMBULANTE, etc., érésipèle, dartre, etc., qui abandonne une partie pour se porter sur une autre.

* **AMBULATOIRE** adj. Se disait autrefois d'une juridiction dont le siège n'était pas fixe et qui se tenait tantôt dans un endroit, tantôt dans un autre : *le parlement, à son origine, était ambulatoire* (Acad.). — Sujet à changer : *la politique de l'homme est ambulatoire.*

AMBURBALES ou Amburbiales s. f. pl. (lat. *ambire*, aller autour). Fêtes que les anciens Romains célébraient par des processions autour de leur ville.

AMBUSTION s. f. (lat. *ambustus*; part. de *amburo*, je brûle autour). Chirurg. Cautérisation.

* **ÂME** s. f. (celt. *aum*; lat. *anima*, souffle, vie). Principe de la vie dans les êtres vivants ; particulièrement, principe de la pensée et de la volonté dans l'homme : *l'âme est la partie spirituelle, raisonnable et immortelle de l'homme* (Acad.).

Jeune fille aux yeux noirs, tu règnes sur mon âme.

BUTOUAΝΕ. *La jeune fille aux yeux noirs.*

« L'homme est un être complexe composé : 1º d'une partie spirituelle et immortelle, l'âme, qui pense, juge, discerne le bien du mal et perçoit les diverses sensations; 2º d'une partie matérielle, le corps, destiné à mettre l'âme en relation avec ce qui l'entoure, et à en être l'instrument pendant l'existence de l'homme sur la terre. Le principe qui relie l'âme au corps et qui préside à la conservation de ce dernier, est le *principe vital* » (Dr. C. Dupasquier). — Dans toutes les religions, on admet une seconde existence, qui commence à la mort de l'homme, ce qui implique l'idée d'une âme immortelle. — L'âme, suivant les théories du Koran, ne se sépare point du corps au moment de la mort; elle passe successivement d'un membre à un autre, jusqu'à ce qu'elle se concentre dans la poitrine, où elle séjourne pendant un long espace de temps. Les anges, en passant en revue les morts, ne pourraient faire cet examen sur des cadavres mutilés ; de là le préjugé presque invincible des musulmans contre la dissection des corps humains. — Siège, source des pensées, des affections, des sentiments, des passions ; pensée intime, conscience : *les yeux sont le miroir de l'âme ; il n'a pas d'âme.*

Lisant, sans qu'il le sut, jusqu'au fond de son *âme.*
DESTOUCHES *L'homme singulier*, acte V, sc. VI.

L'organe le plus beau privé de cette flamme,
Forme un stérile bruit qui ne va pas à l'*âme.*
DONAT. *L'Opéra*, chant III.

— Se dit par rapport à nos bonnes ou mauvaises qualités morales : *âme généreuse ; âme basse.* — Est un terme de tendresse : *ma chère âme.*

Toi pour qui j'ai tout fait, toi l'*âme* de ma vie.
VOLTAIRE. *Alzire*, acte II. sc. III.

— Se dit de l'âme considérée comme séparée du corps : *âme régénérée par le baptême.* — Se dit d'une personne, soit homme, soit femme, soit enfant : *la ville contient deux mille âmes; on n'y trouve âme qui vive.* — Signifie aussi la vie : *il a rendu l'âme.* — Principal agent, principal moteur d'une entreprise : *il est l'âme du complot.* — Principe, essence d'une chose : *la discipline est l'âme des armées.* — Feu, sentiment, chaleur : *il chante avec âme.* — Se dit des paroles qui expliquent la figure représentée dans le corps d'une devise : *la devise avait pour corps un arbre abattu, entouré d'un lierre, et pour âme ces paroles : je meurs où je m'attache* (Acad.). — Artill. Vide intérieur d'une bouche à feu, dans laquelle on met la charge. On la suppose divisée en 3 parties : 1° *chambre*, où l'on met la poudre et qui est au fond de la pièce ; 2° *logement du boulet*, partie où se trouve le projectile ; 3° *âme* proprement dite, depuis le *logement* jusqu'à la bouche. — Dans les canons se chargeant par la gueule, le diamètre de l'âme excède celui du projectile ; la différence s'appelle *vent.* — Dans les pièces d'artifice, l'âme est l'endroit où se met la composition détonnante d'une fusée. — Mus. Petit morceau de bois qu'on met dans le corps sous le chevalet d'un violon, d'une basse, d'une contrebasse, d'un alto, etc., pour soutenir la table. — Armur. Morceau de bois renflé vers le milieu, qui forme une partie de la poignée d'un sabre ou d'une épée. — Beaux-arts. Espèce de massif, de noyau, sur lequel on applique le stuc, le plâtre, etc., pour former une figure, une statue : les statues d'or et d'ivoire des anciens Grecs avaient une âme ou noyau de cèdre, sur lequel s'appliquait par compartiments le revêtement de la sculpture (Acad.). — Noyau sur lequel on coule une figure, une statue, et qu'on en retire après l'opération de la fonte, voy. NOYAU. — Technol. Soupape de cuir qui laisse entrer l'air dans un soufflet en se levant, et qui l'y retient en s'abaissant. — Prov. C'EST UNE BONNE AME, c'est une personne sans malice, d'un bon caractère. — AME DAMNÉE, personne entièrement dévouée à une autre. — SUR MON AME, sur mon honneur. — CORPS SANS AME, compagnie, parti, armée sans chef. — CETTE ÉTOFFE N'A QUE L'AME, elle manque de corps, de consistance, de force.

* AMÉ, ÉE adj. Aimé. S'employait en style de chancellerie, dans les lettres et les ordonnances des rois : *nos amés et féaux; notre cher et amé frère.*

AMÈBE ou Amibe s. m. (gr. *ameibô*, je change de place). Zool. Division des animalcules infusoires, consistant en masse semblable à de la gelée, sans enveloppe ni forme déterminée. Les amèbes se produisent dans la vase des eaux stagnantes ; ils sont ordinairement transparents et quelquefois colorés en rouge ou en vert. On écrit quelquefois AMÆBA.

AMÉBÉ, ÉE adj. Qui ressemble à un amèbe.

AMÉBÉE adj. (gr. *amoibaios*, alternatif; formé de *ameibô*, j'échange). Versific. anc. Se dit d'un chant en dialogue où deux interlocuteurs se répondent par des couplets ordinairement de même longueur. Les idylles 4, 5, 8, de Théocrite, l'églogue 3 de Virgile offrent des modèles de ce genre.

AMÉCER v. a. Tailler tous les sarments faibles d'une vigne et n'en laisser qu'un seul, qui sera taillé plus tard.

AMÉDÉE (ital. *Amadeo*), nom de neuf comtes et ducs de Savoie, fils du petit-fils de Humbert Ier, mourut avant lui, sans avoir régné, en 1047. — Amédée II, comte de Savoie, neveu du précédent (1060-'80); hérita du Piémont, qu'il ajouta à la Savoie. — Amédée III, comte de Savoie, fils de Humbert II (1103-'49), prit part à la deuxième croisade. — Amédée IV, comte de Savoie, fils de Thomas Ier (1233-'53), prit parti pour le pape, contre l'empereur Frédéric II. — Amédée V, *le Grand*, neveu de Pierre, né en 1249, comte en 1285, mort en 1323, augmenta considérablement ses états, aida Philippe le Bel dans sa guerre contre les Flamands et s'immortalisa par la défense de Rhodes contre les Turcs; à cette occasion, il ajouta à ses armes la croix de l'ordre de Saint-Jean de Jérusalem. — Amédée VI, dit *le Comte Vert*, à cause de la couleur de son armure et de sa livrée, fils d'Amon, fut considéré comme l'un des plus grands guerriers de son siècle; il assista Jean, roi de France, contre Edouard, roi d'Angleterre, passa en Grèce, en 1366, pour secourir l'empereur Jean Paléologue. Régna de 1343 à 1383. — Amédée VII, dit le *Comte Rouge*, fils du précédent, régna de 1383 à 1391, fit ses premières armes sous le roi de France, Charles VI, en Flandre. — Amédée VIII, fils du précédent, né en 1384, d'abord comte (1391), puis duc (1416) de Savoie, acquit successivement le comté de Genève, le Bugey et le Piémont; en 1434, une tentative d'assassinat faite contre lui le détermina à se retirer dans le prieuré de Ripaille, près de Thonon, où il mena une existence fastueuse. Bien qu'il n'eût jamais reçu aucun ordre religieux, il fut, en 1439, élu pape sous le nom de Félix V, contre Nicolas V ; mais il abdiqua en 1449, en faveur de son concurrent, et mourut à Genève en 1451. — Amédée IX, dit *le Bienheureux*, duc de Savoie, fils de Louis Ier; pendant son règne (1465-'72), sa femme, Yolande, sœur de Louis XI, son frère, Philippe de Bresse, exercèrent l'autorité mal affermie après sa mort.

AMEILHON (Hubert-Pascal), érudit, né à Paris en 1730, mort en 1811, membre de l'Académie des Inscriptions, continuateur de *l'Histoire du Bas-Empire*, de Le Beau ; auteur de *l'Histoire du commerce et de la navigation des Egyptiens sous le règne des Ptolémées*, 1766, in-12.

AMÉIVA ou Améive s. m. Genre de reptiles sauriens, famille des lacertiens ou autosaures. Le genre améiva renferme des lézards d'Amérique assez semblables aux nôtres à l'extérieur, excepté qu'ils n'ont pas de collier. Cuvier cite l'*améiva le plus connu* (*lacerta ameiva*, Gm.), gris-bleu dessus, bleu-pâle dessous, tacheté de blanc sur les flancs, long d'un pied. Commun à la Guyane et aux grandes Antilles.

AMÉLANCHE s. f. Bot. Fruit de l'amélanchier.

AMÉLANCHIER s. m. [a-mè-lan-chié]. Bot. Arbre que plusieurs naturalistes classent parmi les *alisiers* et d'autres parmi les *aronies*. C'est l'*aronia rotundifolia* de Persoon. Les fruits de l'amélanchier sont comestibles.

AMELAND, île de la Frise (Hollande); 2,000 habitants.

AMÉLIA, île située sur la côte de Floride,

(Amérique du Nord), phare à feu tournant, par 30° 40′ 23″ lat. N. et 83° 46′ 36″ long. O.

AMÉLIE (Marie-Friedericke), reine de Grèce, née en 1818, morte en 1875, fille du grand duc Paul d'Oldenbourg, épousa (1836) le roi Othon et fut régente en 1856.

AMÉLIE (Anna), duchesse de Saxe-Weimar (1739-1807), célèbre par la protection qu'elle accorda à Goethe et à Schiller et par l'intelligence qu'elle montra comme tutrice de son fils (1758-'75).

AMÉLIE (Marie-Friederike-Auguste) Duchesse, auteur dramatique allemand (1794-1870), sœur du roi Jean de Saxe. Ses œuvres (Dresde, 6 vol. 1837-'42) ont été presque entièrement traduites en français par Pitre-Chevalier.

AMÉLIE, reine de France. Voy. MARIE-AMÉLIE.

AMÉLIE, un des meilleurs romans de Fielding (1751), où l'auteur s'est proposé de faire sentir le prix des jouissances domestiques.

AMÉLIE DE MANSFIELD, roman de Mme Cottin (1811) où l'on admire plusieurs scènes attendrissantes et une grande variété de style.

AMÉLIE-LES-BAINS, anc. *Arles-les-Bains*, station balnéaire, à 5 kil. de Céret, dans le canton d'Arles-sur-Tech (Pyrénées-Orientales). Très bel établissement d'eaux thermales, sulfurées, iodiques, connues dès l'époque romaine et employées surtout contre le catarrhe pulmonaire. Les eaux émergent par 47 sources principales. Le nom nouveau du village près duquel se trouve l'établissement, lui a été donné par ordonnance royale du 7 avril 1840.

AMÉLIORABLE adj. Qui peut être amélioré.

AMÉLIORANT, ANTE adj. Qui est propre à améliorer un sol.

* AMÉLIORATION s. f. Changement en mieux, progrès vers le bien; meilleur état : *ma propriété est susceptible d'amélioration; il y a une grande amélioration dans l'état du malade.* Ce qu'on fait dans un fonds de terre ou dans une maison pour les mettre en meilleur état et pour en augmenter le revenu : *utiles améliorations.* — Dr. AMÉLIORATIONS VOLUPTUAIRES, améliorations d'agrément.

* AMÉLIORER v. a. Rendre une chose meilleure : *ce régime améliorera sa santé.* — Se dit en bâtiment; augmenter un héritage : *j'ai entrepris d'améliorer ma métairie, en faisant réparer les bâtiments et en fumant les terres.* — S'améliorer v. pr. Devenir meilleur : *sa santé s'améliore; les mœurs s'améliorent.*

AMELLE s. f. (lat. *amellus*, nom d'une belle plante qui, d'après Virgile, croissait sur les bords du fleuve *Mella*). Bot. Genre de Composées, tribu des Astérées, renferme des herbes ou des arbrisseaux originaires du Cap, à feuilles inférieures opposées, à fleurs supérieures alternes. Plusieurs espèces sont cultivées en Europe, comme plantes d'ornement.

AMELLÉ, ÉE adj. Bot. Qui ressemble à une amelle.

AMELOT DE LA HOUSSAYE (Abraham-Nicolas), publiciste, né à Orléans, en 1634, mort à Paris, en 1706, auteur d'une *Histoire du gouvernement de Venise* (1676), qui lui jeta à la Bastille; traducteur de *l'Histoire du conseil de Trente*, par Paolo Sarpi.

AMELOTTE (Denis), oratorien (1606-'78), publia une traduction française du Nouveau Testament (4 vol. 1666-'68) et eut des démêlés avec les religieux de Port-Royal.

* AMEN [à-mènn] (ancien hébreu: *vrai, fidèle, certain*). Terme qui signifie aujourd'hui *ainsi soit-il*, et par lequel se terminent les prières israélites, musulmanes et chrétiennes. — Fam. S'emploie pour exprimer que l'on consent à une chose : *il dit amen à tout.* — Désigne la fin d'un discours, d'une proposition, d'un récit :

je l'ai écouté depuis Pater jusqu'à amen; attendez jusqu'à amen.

*AMÉNAGEMENT s. m. Sylvic. Division d'une forêt en parties égales, destinées à être mises en coupe à des époques périodiques. Lorsqu'une propriété boisée a été divisée en 10, 15 ou 20 coupes, les mêmes parties ne seront coupées que tous les 10, 15 ou 20 ans. Les forêts peuvent être aménagées en *taillis* ou en *futaies.* — ⁓ Mar. Distribution de l'intérieur d'un navire.

*AMÉNAGER v. a. (rad. *ménage*). Sylvic. Régler les coupes, le repeuplement et la réserve d'un bois, d'une forêt. — Débiter un arbre en bois de charpente ou autrement. — ⁓ Mar. Pratiquer les aménagements d'un navire.

*AMENDABLE adj. Qui est susceptible d'amélioration ; *terre amendable.* — Anc. Jurispr. Sujet à l'amende.

*AMENDE s. f. Peine pécuniaire imposée par la justice : *il a été condamné à une forte amende.* — Les amendes pour contraventions sont appliquées au profit de la commune ou la contravention a été commise ; elles peuvent être infligées depuis 1 fr. jusqu'à 15 fr. Lorsqu'elles excèdent 5 fr., le jugement du tribunal de police est susceptible d'appel ; la contrainte par corps est maintenue pour leur paiement. — Prov. C'est la coutume de Lorris, les battus payent l'amende, se dit en parlant d'un jugement inique qui condamne celui qui devrait être dédommagé. — Anc. Jurispr. Amende honorable, peine infamante qui consistait à reconnaître publiquement son crime et à en demander pardon. Au xiⁱᵉ siècle, l'amende honorable était la punition infligée aux traitres et aux sacrilèges. Le coupable était remis au bourreau, qui déchirait sa chemise, lui passait la corde au cou, lui mettait un cierge à la main, le menait devant la cour et l'obligeait à demander pardon à Dieu et à son pays. Ordinairement cette cérémonie était suivie de la mort ou du bannissement. — Fig. et fam. Faire amende honorable d'une chose, en demander pardon.

*AMENDEMENT s. m. Changement en mieux : *il y a un amendement dans sa conduite, dans les symptômes de sa maladie.* — Agric. Toute opération ayant pour but d'augmenter la fertilité du sol en le modifiant, soit d'une manière chimique à l'aide d'*engrais*, de *labours* qui le mettent en contact avec l'air, etc., soit d'une manière physique en y ajoutant de l'*argile* s'il est sablonneux et friable; en y incorporant du *sable*, des pierres concassées, etc., lorsqu'il est compact, argileux; en le *drainant* lorsqu'il est trop humide; en l'*irrigant* lorsqu'il est trop sec. — Le *plâtre*, la *chaux*, la *marne* sont des agents physico-chimiques d'amendement. Voy. ces différents mots. — Modification faite à un projet de loi, d'arrêté, pour modifier quelqu'une de ses dispositions ou pour lui donner plus de clarté, plus de précision : *la loi a passé sans amendement; l'amendement a été repoussé.*

*AMENDER v. a. (lat. *emendare,* corriger). Rendre meilleur :

L'hymen a la vertu
d'amender les gens de tout âge.
La Chaussée.

— Législ. Faire des changements, apporter des modifications à un projet de loi, d'arrêté. — Agric. Rendre plus fertile : *amender un terrain.* — v. n. Faire des progrès en mieux : *ce malade n'a point amendé depuis hier.* — Baisser de prix : *le blé est bien amendé.* Prov. Jamais cheval ni méchant homme n'amenda pour aller à Rome, on ne corrige pas de ses vices en voyageant. — S'amender v. pr. Devenir meilleur : *cette terre s'est amendée à force de fumier.* — Prov. Mal vit qui ne s'amende. C'est faire un mauvais usage de la vie que de ne pas se corriger.

AMENDEUR s. m. Celui qui corrige, qui amende, qui améliore (vieux).

AMENDIER s. m. Argot des théâtres. Régisseur, parce qu'il est chargé de distribuer les amendes. On dit ordinairement **amendier fleuri.**

*AMENÉ part. passé d'Amener. — Substantiv. Anc. jurispr. crim. Un amené sans scandale, un ordre d'amener quelqu'un devant le juge, sans bruit, sans lui faire affront :

Tout doux. Un amené sans scandale suffit.
Jean Racine. Les Plaideurs.

*AMENER v. a. (de *à* et *mener*). Mener, conduire en quelque endroit ou vers quelqu'un : *il m'a amené ici ; il m'amena du vin.* — Tirer à soi : *il amène à lui toute la couverture.* — Mar. Abaisser, faire descendre, en parlant des vergues, d'une portion de la mâture, etc. — Amener son pavillon, ou absolum. Amener. Descendre le pavillon pour montrer qu'on se rend à l'ennemi. — Amène en bande ! Commandement pour amener une voile ou une vergue aussi promptement que possible. — Fig. Introduire, faire adopter, mettre en usage : *les femmes amènent les modes.* — Produire, traîner à sa suite : *cela peut nous amener la guerre ; ce vent nous amènera la pluie.* — Faire condescendre, déterminer à : *je l'ai amené à composition.* — Littér. Préparer, avec ou sans art : *dénouement très bien amené.* Aux dés. Se dit des points qui sont sur le jeu, lorsqu'on a jeté les dés : *il amena sonnez, beset, double-deux,* etc. — Prov. Quel bon vent vous amène? quel sujet vous fait venir, au moment où l'on ne vous attend pas? — Amener un sujet de conversation, amener la conversation sur un sujet, faire que la conversation tombe sur tel ou tel sujet. — Jurispr. crim. Mandat d'amener, ordre de faire comparaître quelqu'un devant le juge. — ⁓ Argot. S'amener v. pr. Venir : *le v'là qui s'amène.*

*AMÉNITÉ s. f. (lat. *Amænitas* ; de *Amænis,* doux). Mot introduit par Ménage, qui eut beaucoup de peine à le faire accepter. Agrément, charme, douceur, en parlant des choses: *aménité d'un lieu, l'aménité de l'air.* (A vieilli dans ce sens.) —Douceur accompagnée de politesse et de grâce : *cette dame a beaucoup d'aménité; l'aménité du style.*

AMÉNOPHIS, Amunoph ou **Amen-hotep,** nom de trois rois égyptiens de la dix-huitième dynastie.

*AMÉNORRHÉE s. f. [a-mé-norr-ré] (gr. *a,* privatif; *men, menos,* mois, menstrues ; *rheô,* je coule). Absence des règles chez une femme en âge de les avoir et non enceinte. On en distingue trois sortes: 1° la menstruation irrégulière et douloureuse; voy. *Dysménorrhée;* 2° l'absence de sécrétion du fluide menstruel, par suite d'une disposition héréditaire, d'une santé débile, d'une diathèse scrofuleuse, de la *chlorose,* ou d'une maladie organique, notamment de la *tuberculose.* Elle se traite suivant les causes qui l'ont produite et suivant les états pathologiques auxquels elle se trouve liée; 3° la suppression subite des règles, par suite de l'action du froid, d'une émotion vive dans l'eau froide ; on s'efforce de rappeler les règles par les emménagogues, par les sangsues à la vulve, des synapismes à la partie interne des cuisses, des bains de siège chauds. On conseille les bains de mer et les eaux minérales ferrugineuses.

AMENTACÉ, ÉE adj. (lat. *amentum,* lien, corde). Bot. Qui a les fleurs mâles disposées en chaton. — **Amentacées** s. f. : Classe de plantes dicotylédones apétales diclines, à calice imparfait, à corolle nulle, à pistil de 2, 3 ou 4 carpelles à 2, 3 ou 6 stigmates : à fruit monosperme, à graine dépourvue d'albumen. Familles : *juglandées, Salicinées, Quercinées, Bétulinées, Myricées, Casuarinées, Platanées, Ulmacées* et *Balsamifluées.*

AMENTHÈS, Amenthis ou **Amenti,** nom de l'enfer des anciens Égyptiens ; il signifiait *ombre, obscurité.*

AMENTIFÈRE adj. (lat. *amentum,* attache ; *ferro,* je porte). Qui porte des sortes de chatons.

AMENTIFORME adj. Qui a la forme d'un chaton.

AMENTUM s. m. [a-main-tomm] (lat. *courroie*). Courroie que les anciens attachaient au bois d'une lance ou d'un javelot, vers le centre de gravité, afin de lui imprimer une force de jet plus considérable.

AMENUISEMENT s. m. Action d'amenuiser; résultat de cette action.

*AMENUISER v. a. Rendre plus mince, plus menu : *amenuiser une planche.*

*AMER, ÈRE adj. [a-mèrr] (lat. *amarus*). Qui a une saveur rude, ordinairement désagréable, comme celle de l'aloès : *vin amer.* — Fig. Triste, pénible, douloureux :

Les plaisirs sont amers d'abord qu'on en abuse.
Madame Deshoulières.

— Aigre, dur, piquant, mordant, offensant : *railleries amères.* — Substantiv. Qualité, état de ce qui est amer : *l'amer et le doux sont deux qualités opposées.* — Méd. On donne le nom d'*amers* aux substances végétales caractérisées par une amertume plus ou moins considérable. On les distingue en : 1° *toniques* (gentiane, trèfle d'eau, petite centaurée, quassia, columbo, quinquina); 2° *stomachiques* (camomille, absinthe, germandrée, écorce d'orange, cascarilles) ; 3° *dépuratifs* (fumeterre, pensée sauvage, hysope, menthe); 3° *fébrifuges* (écorces de quinquina, de chêne, de saule, de marronnier d'Inde); 5° *purgatifs* (rhubarbe, aloès, scammonée, gomme-gutte, etc). Les amers ont été appelés le savon de l'estomac. Ils réveillent l'énergie des fonctions digestives. On les recommande surtout dans les affections qui se lient à un vice de la nutrition (dyspepsie , tympanite, diarrhées chroniques, fièvres intermittentes, scrofules, chlorose). — Fiel de quelques animaux et principalement des poissons : *un amer de bœuf; l'amer d'une carpe.* — Argot. Bitter: *prenons-nous un amer?* un *amer Picon.*

AMERBACH (Johann) imprimeur, né en Souabe, et mort vers 1520 ; s'établit à Bâle, (1481), y publia les œuvres de saint Ambroise (1492) et de saint Augustin (1506); et employa un caractère que les typographes nomment encore *Saint-Augustin.* Son fils aîné Boniface (1495-1562), fut un savant distingué et un ami d'Érasme.

*AMÈREMENT adv. Avec amertune, avec chagrin (ne s'emploie qu'au figuré) : *il déplore amèrement sa faute.*

AMÉRIC VESPUCE (Ital. Americo Vespucci) navigateur florentin, né en 1451, mort à Séville en 1512 ou dans l'île de Terceira en 1515. Il était agent à Séville de la famille Médicis, lorsque Christophe Colomb revint de son premier voyage. Enthousiasmé, il s'associa à l'expédition d'Ojéda, qui visita en 1499-1500 le cap Paria et environ 100 lieues des côtes de l'Amérique du Sud. Dans plusieurs lettres écrites à ses amis d'Italie, il donna la description des contrées découvertes par cette expédition. On lui a reproché d'avoir écrit, avec présomption, sur ses cartes: *Tierra de Amerigo,* d'où serait venu le nom d'*Amérique,* donné aux terres nouvelles; mais cette inscription n'a pu être retrouvée. Humboldt, au contraire, affirme que le nom d'*Amérique* fut donné au nouveau continent dans les œuvres populaires de Waldseemüller, géographe allemand, qui agit sans l'assentiment de Vespuce. Ce dernier entra en 1501 au service de Portugal et prit part à une expédition qui visita les côtes du Brésil. La narration latine de ce voyage fut publiée à Strasbourg en 1505. — Améric Vespuce visita encore le Brésil en 1503 ; reprit du service en Espagne et fut nommé, en mars 1508, pilote major, aux appointements de 70,000 maravédis. Il est admis aujourd'hui qu'il n'eut jamais l'intention de ravir à Christophe Colomb la gloire d'avoir découvert le nouveau monde; mais il dut à la publication de son journal l'honneur usurpé de lui donner son nom. — Son journal de quatre de ses voyages, publié en italien (Vicence, 1507) a été traduit en français (Paris, 1519).

AMÉRICAIN AINE, s. et adj. Habitant de l'Amérique ; qui est propre à ce pays ou à ses habitants. — Argot. Escroc feignant d'arriver d'Amérique et qui se livre au *charriage à l'américaine*. — L'AMÉRICAIN, chemin de fer américain qui dessert les lignes du Louvre à Versailles, Saint-Cloud et Sèvres et la ligne de Rueil à Marly. On dit mieux TRAMWAY. — Pop. AVOIR L'ŒIL AMÉRICAIN, avoir l'œil scrutateur ou fascinateur; par allusion, sans doute, à la vue perçante que les romans de Feninore Cooper prêtent aux sauvages de l'Amérique :

Pour être un voleur aigrefin
Il faut un *œil américain*

Pour détrousser un citadin
Ah ! vive un *œil américain*
Léon PAILLET. *Voleurs et volés.*

— Par ext. ŒIL AMÉRICAIN, œillade amoureuse. — VOL A L'AMÉRICAINE, variété de *charriage* qui exige deux compères : l'un qui fait l'Américain; l'autre, le *leveur* ou *jardinier*, qui lie conversation avec tous les naïfs qui paraissent porter quelque argent. On rencontre l'Américain, qui propose d'échanger une forte somme en or contre une moindre somme d'argent et qui, lorsque la dupe accepte, ne lui donne que des morceaux contenant du plomb au lieu d'or. Ce *charriage* s'appelle aussi *vol au change*.

AMÉRICAINE s. f. Voiture découverte, à quatre roues et très légère.

AMÉRICANISER v. a. Donner les mœurs américaines. — S'américaniser v. pr. Prendre les mœurs américaines.

AMÉRICANISME s. m. Admiration du gouvernement ou des usages américains. — Particularité de style ou de prononciation que l'on rencontre dans la prononciation ou dans les écrits des habitants des Etats-Unis. Les américanismes se composent: 1° de mots nouvellement créés, que la langue anglaise repousse ; 2° d'expressions vieillies en Angleterre et conservées en Amérique ; 3° de mots anglais qui ont changé de signification.

AMÉRICANISTE s. Partisan des Américains. — Nom que se donnent les personnes qui se vouent à l'étude de l'archéologie, de l'ethnologie etc. des deux Amériques. Les *Américanistes* tinrent leur premier congrès international à Nancy, en juillet 1875.

AMÉRICOMANIE s. f. Admiration outrée pour tout ce qui appartient à l'Amérique.

AMÉRICO-SEPTENTRIONALE, ALE, AUX s. et adj. Habitant de l'Amérique septentrionale; qui a rapport à ce pays ou à ses habitants.

AMÉRIGOT MARCEL, célèbre bandit qui s'empara, en 1380, du château d'Alotz, dont il fit son repaire. Le produit de ses vols s'élevait annuellement à 20,000 florins. Le roi de France dut envoyer contre lui une armée commandée par Robert de Béthune. Cet officier parvint à s'emparer du brigand qui fut jugé à Paris, condamné au pilori et à la décapitation.

AMÉRIQUE, l'un des plus vastes continents du globe, borné, au N. par l'océan Arctique; à l'E. par l'Atlantique; au S. par l'océan Antarctique, à l'O. par le Pacifique et au N.-O. par le détroit de Béring, qui la sépare de l'Asie. Longueur totale : 17,000 kil.; plus grande largeur, 5,000 kil. Superficie 41,134,154 kil.

carr., dont 23,480,454 pour l'Amérique du Nord. Population, évaluée à 90 millions d'hab., y compris 4 millions dans les Iles. On distingue deux grandes divisions naturelles : Amérique septentrionale et Amérique méridionale, qui sont réunies par une 3e division moins importante que l'on appelle *Amérique centrale*. — ILES. Les îles principales sont : le Groenland, qui appartient au Danemark; Terre-Neuve, à la Grande-Bretagne; les Bahamas, les Antilles, les Falklands; les îles du cap Horn (Terre de Feu, etc.), les îles situées à l'O. de la Patagonie, les îles Aléoutiennes, etc. — RÉSUMÉ HISTORIQUE. Il est généralement admis aujourd'hui que les Scandinaves eurent connaissance de l'Amérique du Nord dès le x⁰ siècle. Ils colonisèrent le Groenland et visitèrent le Canada. Mais leurs explorations furent oubliées ou ne restèrent qu'à l'état de tradition. La découverte moderne de l'Amérique est due au navigateur génois Christophe Colomb, qui visita l'île de Guanahani, dans les Bahamas, et lui donna le nom de San Salvador (12 octobre 1492), trouva Cuba (28 oct.), Hispaniola (Haïti), où il bâtit le fort de la Navidad (6 déc.). — Dans sa seconde expédition, Colomb visita les îles Caraïbes : Dominique (3 novembre 1493), Guadeloupe (4 nov.) Antigoa (10 nov.), et fonda Isabella, dans l'île d'Hispaniola, la première ville chrétienne du nouveau monde (déc.). Il découvrit la Jamaïque (3 mai 1494), l'île de-Pins (13 juin). Quelques années plus tard, Cabot, au service du roi Henri VII d'Angleterre, trouva le Labrador (24 juin 1497). Dans son troisième voyage, Colomb visita la Trinité (31 juillet 1498) et la terre ferme, qu'il prit pour une grande île (1er août); Ojeda, accompagné d'Améric Vespuce, découvrit Surinam en juin 1499 et bientôt le golfe de Vénézuéla ; Vincent Yanaez Pinzon reconnut les côtes du Brésil (26 janv. 1500), et le fleuve Maragnon (Amazones); Cabral débarqua au Brésil (3 mai 1500) ; Gaspar Cortereal visita le Labrador (4me voyage) explora la côte de Honduras (juillet 1502) et trouva Porto-Bello (2 nov.). Solis et Pinzon découvrirent le Yucatan ; Ojeda fonda San-Sebastian, première colonie sur la terre ferme (1510) ; Velasquez subjuga Cuba (1511) ; Ponce de Léon vint dans la Floride (1512); Vasco de Balboa traversa l'isthme de Darien et entrevit le grand océan Pacifique (1513); Fernando de Cordova donna connaissance aux Espagnols du pays appelé le Mexique (1517); Grijalva pénétra dans le Yucatan qu'il nomma Nouvelle-Espagne (1518); Magellan traversa le détroit qui porte son nom (1520); Fernand Cortès entreprit la conquête du Mexique (1519-'21); Pizarre visita la côte de Quito (1526); et envahit le Pérou (1532-'35); le français Cartier remonta le Saint-Laurent jusqu'à Montréal (1534-'5); l'expédition de Grijalva, équipée par Cortès, eut connaissance de la Californie (1535). — Pour l'histoire de la conquête, de la colonisation et de l'émancipation, nous renvoyons aux articles que nous consacrons à chaque contrée de l'Amérique. —Amérique du Nord. Cette division du grand continent américain, s'étend depuis les régions arctiques jusqu'à 17° de lat. N. Elle est bornée au N. par l'océan Arctique ; à l'E. par l'océan Atlantique et le golfe du Mexique ; au S. par le même golfe et par l'Amérique centrale ; à l'O. par l'océan Pacifique. 23,480,454 kil. carr., population en 1880, environ 63 millions d'hab. La longueur totale de ses côtes, depuis le détroit de Barow jusqu'à l'extrémité méridionale du Mexique est d'environ 21,000 kil. en y comprenant les sinuosités de la baie d'Hudson et du golfe du Mexique. La côte occidentale, moins profonde ment échancrée, ne mesure pas moins de 17,000 kil. — 3 grands systèmes de montagnes et de versants, divisent l'Amérique du N. en 4 grands bassins hydrographiques : 1° celui qui conduit les eaux vers l'océan Pacifique;

2° le versant de l'océan Arctique ; 3° celui de l'Atlantique ; 4° celui du golfe du Mexique. Chacun de ces grands bassins se subdivise en deux ou plusieurs parties. Les montagnes Rocheuses bornent le versant du Pacifique, et les Appalaches celui de l'Atlantique ; ces dernières montagnes divisent les eaux tributaires de l'Atlantique et celles qui vont au golfe du Mexique, par le Mississipi. —Les montagnes Rocheuses et les Appalaches forment deux côtés d'un triangle dont le 3e côté est figuré par une rangée large et basse de monticules qui se détachent des monts Rocheux vers 50° N. et courent à l'E. en séparant les versants de l'océan Arctique et de la baie d'Hudson et ceux du golfe du Mexique. Cette longue rangée, qui ne dépasse guère la hauteur de 800 m. divise l'Amérique du N. en deux parties presque égales, dont l'une, la plus septentrionale, se trouve sous une latitude trop élevée pour être facilement habitable. Un peu à l'occident du lac Supérieur, ces monticules se divisent en deux branches qui forment entre elles le bassin des grands lacs intérieurs, lesquels vont se déverser dans l'océan Atlantique, au moyen du Saint-Laurent. Entre la pente orientale des montagnes Rocheuses et la pente occidentale des Appalaches, s'étend l'immense bassin du Mississipi, qui mesure 3,221, 800 kil. carr. et qui n'est dépassé en étendue que par celui de l'Amazone. Politiquement, l'Amérique du Nord est divisée en : 1° AMÉRIQUE ANGLAISE, comprenant toute la partie située au N. des Etats-Unis (excepté le territoire d'*Alaska*, qui appartient à cette dernière puissance). 4 millions d'hab. L'Amérique anglaise comprend *Terre-Neuve* et les Etats du *Canada* (voy. ces mots); 2° ETATS-UNIS; 3° MEXIQUE. — Amérique centrale. Territoire qui unit l'Amérique du N. à l'Amérique du S. et qui s'étend de 8° à 17° lat. N., sur une longueur d'environ 1,500 kil. Ce territoire se compose de cinq républiques indépendantes : *Costa-Rica, Guatemala, Honduras, Nicaragua* et *San-Salvador* ; il faut y ajouter le Honduras anglais. 1,744,900 kil. carr., 2,700,000 hab. Il est traversé, dans sa plus grande longueur, par une chaîne de montagnes dont les sommités varient entre 1,000 et 3,700 m. Le point culminant (volcan d'Agua) s'élève à 4,416 m. L'étude orographique et hydrographique de cette partie de l'Amérique acquiert de l'importance depuis que l'on s'occupe d'y creuser le canal de *Panama*, destiné à unir les deux océans. Les républiques qui forment aujourd'hui l'Amérique centrale déclarèrent leur indépendance le 21 sept. 1821; elles se séparèrent de la confédération mexicaine le 21 juillet 1823 et s'unirent (1839) en une seule confédération, qui se brisa en 1849. Depuis cette époque, les républiques n'ont pu réprimer l'anarchie qui les énerve et qui fut encore aggravée par l'irruption de flibustiers que commandaient les Américains Kenny et Walker (1854-'55). La guerre éclata en janv. 1863, entre le Guatemala (plus tard soutenu par le Nicaragua) et San-Salvador (que soutint le Honduras). Ces derniers furent vaincus à Santa-Rosa (16 juin) ; et San-Salvador tomba au pouvoir des vainqueurs (26 octobre). Le président de San-Salvador (Barrios), s'enfuit, laissant Carrera, dictateur du Guatemala, seul arbitre pour suivre tout sa conflagration. Profitant des dissentions, les Anglais avaient déjà trouvé moyen de s'établir dans une partie du Honduras. Un mouvement commencé en faveur d'une nouvelle fédération ne cesse de faire des progrès depuis 1872. — Amérique du Sud. Cette division, unie à l'Amérique centrale par l'Isthme de Panama, s'étend du cap Gallinas, par 12° 30' de lat. N., jusqu'au cap Horn, 55° 55'. S. Elle est bornée, au N. et à l'E. par la mer Caraïbe ou des Antilles et par l'océan Atlantique ; à l'O. par le Pacifique. 17,653,700 kil. carr. et 30 millions d'hab. Longueur totale des côtes : 26,000 kil. Le principal système orographique se compose de la grande chaîne des Andes, qui borde la côte occidentale à une distance variant entre 80 et 160 kil. et qui forme une séparation complète entre le versant du Pacifique et celui de l'Atlantique. Cette chaîne en projette, vers l'Orient, plusieurs autres qui divisent le pays en de nombreux bassins. Topographiquement, l'Amérique du S. comprend 7 régions distinctes: 1o la côte du Pacifique ; 2o les plateaux élevés qui s'étendent entre les Andes principales et les autres Cordillères ; 3o le bassin de l'Orénoque ; 4o celui de l'Amazone ; 5o celui du Rio de la Plata ; 6o la région montagneuse à l'E. et au S. du Brésil ; 7o la Patagonie. Près des trois quarts de l'Amérique du S. appartiennent à la zone intertropicale ; mais le climat y est modifié par l'altitude. Politiquement, le pays est divisé de la manière suivante: 1o Guyane, partagée entre les Français, les Hollandais et les Anglais ; 2o Etats-Unis de Colombie ; 3o république de Vénézuéla ; 4o empire du Brésil ; 5o Uruguay ; 6o Paraguay ; 7o république Argentine ; 8o Patagonie ; 9o Chili ; 10o Bolivie ; 11o Pérou ; 12o Equateur. Voy. ces différents noms. — **Amérique Russe.** Voy. ALASKA.

* **AMERS** s. m. pl. (de a et mer). Mar. Objets très apparents, visibles à de grandes distances, choisis parmi ceux que présentent une côte, et désignés particulièrement pour guider les pilotes sur les vaisseaux qui viennent du large et pour leur faire reconnaître un port, un havre, un mouillage, un écueil, une passe : *prendre ses amers.*

AMERSFOORT, ville de Hollande, sur l'Ems, province et à 20 kil. E.-N.-E. d'Utrecht ; 12,000 hab. — Séminaire janséniste ; manufactures de cotonnade et de lainage ; commerce de tabac et de grains.

* **AMERTUME** s. f. Qualité, saveur de ce qui est amer : *l'amertume de la coloquinte.* — Fig. Affliction, déplaisir, peine d'esprit : *abreuvé d'amertume.* — Ce qu'il y a de piquant, de mordant, d'offensant dans un écrit ou dans un discours : *il m'a parlé avec amertume.*

AMES I. (Fisher), homme politique américain (1758-1808), membre de la convention de Massachusetts qui ratifia la constitution fédérale ; puis membre du Congrès. Ses écrits politiques ont été publiés en 1 vol., après sa mort.— II. (Joseph), peintre américain (1825-72), auteur de nombreux portraits, parmi lesquels on cite celui de Pie IX.—III. (Joseph), antiquaire anglais (1689-1759) auteur de plusieurs ouvrages sur l'antique. — IV. (William) théologien non conformiste anglais(1576-1683), s'enfuit à la Haye. Son ouvrage intitulé *Medulla Theologiæ* obtint un grand succès.

AMÉTAMORPHOSE s. f. (gr. a, sans ; franç. *métamorphose*). Zool. Phénomène que présentent les animaux qui ne subissent pas de métamorphose complète, comme les arachnides, les crustacés, etc.

* **AMÉTHYSTE** s. f. (gr. a, sans ; *mothé*, ivresse: parce que les anciens croyaient que cette pierre précieuse, portée au doigt ou suspendue au cou, préservait de l'ivresse). Variété de quartz ou de cristal du roche coloré en violet plus ou moins foncé, souvent entremêlé de bandes brunes ou blanchâtres. Quand sa couleur est d'un beau violet velouté bien uniforme, elle a de l'éclat et de la valeur. On l'appelle quelquefois *pierre d'évêque*, parce qu'elle sert surtout à orner l'anneau des évêques. Cette pierre est assez commune en Sibérie, au Brésil et dans l'Inde. On en trouve aussi quelques-unes dans nos départements des Hautes-Alpes et des Pyrénées. — **Améthyste orientale**, corindon violet hyalin de nuance pourprée ; elle est plus dense et plus dure que la véritable améthyste.

AMÉTHYSTE, ÉE adj. Bot. Qui a la couleur de l'améthyste. — AMÉTHYSTÉES s. f. pl. Genre de labiées, tribu des ajugoïdées. On cultive dans nos jardins l'*Améthyste bleue* (*Améthyste cærulea*, Lin.), petite plante annuelle originaire des monts Altaï, à fleurs suaves.

AMÉTHYSTIN, INE adj. Qui présente la couleur de l'améthyste.

AMÉTROPE adj. (gr. a, sans, *metron*, mesure ; *ops*, œil). Méd. Se dit d'une vue qui n'a pas la limite ordinaire de la vision distincte, mais qui la dépasse ou ne l'atteint pas. — Substantiv. Celui, celle qui est atteint d'amétropie.

AMÉTROPIE s. f. (rad. *amétrope*). Méd. Etat de l'œil d'une personne amétrope.

* **AMEUBLEMENT** s. m. Quantité et assortiment des *meubles* nécessaires pour garnir un cabinet, une chambre, un logement, etc. : *un riche ameublement.*

* **AMEUBLIR** v. a. Jurispr. Faire entrer dans la communauté conjugale, tout ou partie des immeubles des époux, par une convention formelle, comme les meubles y entrent par l'effet de la loi : *ameublir un immeuble, un héritage pour telle somme*, jusqu'à concurrence de telle somme.—Agric. Rendre plus meuble, plus léger, en parlant des terrains : *cette terre a besoin d'être ameublie.*

* **AMEUBLISSEMENT** s. m. Jurispr. Action de faire entrer des biens immeubles dans la communauté conjugale ; fiction de droit par laquelle les époux, ou l'un d'eux, font passer un immeuble à l'état de meuble pour qu'il entre dans la communauté. L'ameublissement est *général* quand il comprend tous les immeubles ; *particulier*, quand il s'applique aux immeubles désignés spécialement ; *déterminé*, quand l'époux met en communauté un immeuble en totalité ou jusqu'à concurrence d'une certaine somme ; *indéterminé*, quand l'époux ameublit ses immeubles jusqu'à concurrence d'une somme fixée, mais sans en désigner aucun. La clause d'ameublissement, ayant pour effet d'étendre la communauté légale, est l'opposée de la *stipulation de propre*, qui la restreint. — Agric. Action de rendre le sol plus *meuble*, c'est-à-dire moins compact, en le divisant au moyen de labours ou de hersages, soit en l'amendant au moyen de sable, d'argile calcinée, de marne, etc., soit en le drainant. L'ameublissement a pour effet de rendre la terre propre à subir les influences de la lumière, du calorique, de l'air atmosphérique, de l'humidité, de la pluie, de la neige, etc.

AMEULONNER v. a. Mettre en meule.

AMEUTABLE adj. Qui peut être facilement ameuté.

AMEUTEMENT s. m. Action d'ameuter.

* **AMEUTER** v. a. Mettre des chiens et sa troupe de bien chasser ensemble ; assembler les jeunes chiens avec les vieux pour les dresser.— Fig. Attrouper et animer plusieurs personnes pour les faire agir de concert et, plus particulièrement, les réunir dans une intention séditieuse : *il ameuta la populace.* — S'ameuter v. pr. Etre ameuté : *le peuple s'ameuta.*

AMFREVILLE, famille de marins célèbres au XVIIe siècle. Trois frères de ce nom se distinguèrent à la Hogue (1692).

AMFREVILLE-LA-CAMPAGNE ou les Champs ch.-l. de canton (Eure), arr. et à 16 kil. O. de Louviers, dans la fertile plaine du Neubourg ; 650 hab.

AMGA, riv. de Sibérie ; descend des monts Yablonnoï, court au N.-N.-E. et se jette dans l'Aldan, affluent de la Léna, après un cours d'environ 700 kil.

AMHARA. Etat d'ABYSSINIE. Voy. ce mot.

AMHARIEN, IENNE s. et adj. Habitant de l'Amhara; qui appartient à cet état ou à ses habitants.

AMHARIQUE s. m. Idiome qui tire son nom de la province d'Amhara, où il est parlé dans sa plus grande pureté. L'*amharique* ou *langue amharique* est d'origine sémitique et se rapporte à l'ancien ETHIOPIEN (voy. ce dernier mot).

AMHERST. I. (Jeffery, LORD) général anglais (1717-'97), se rendit maître. — II. (William Pitt), vicomte Holmesdale, (1773-1857), neveu du précédent. Ambassadeur en Chine (1816), il rompit toute négociation pour ne pas se soumettre au cérémonial humiliant de la cour de Pékin. Il fut gouverneur général de l'Inde de 1823 à 1827.

AMHERST. I. ville des Etats-Unis (Massachusetts) à 165 kilom. O. de Boston; 4,000 hab. Collèges importants ; bibliothèque de 40,000 vol.; musée remarquable. — II. Ville fondée dans le Burmah par les Anglais, en 1826, à 50 kil. S. de Maulmain. — III. Ile du golfe de Saint-Laurent (Amérique septentrionale), par 47o 14' 23" lat. N. et 64o 9' 48" long. O.

* **AMI, IE** s. (lat. *amicus*; de *amare*, aimer). Celui, celle avec qui on est lié d'amitié :

C'est dans l'adversité qu'on connaît les *amis.*

EURIPIDE, *Hécube*, acte V, sc. III.

Il faut de ses *amis* endurer quelque chose.

MOLIÈRE.

— Celui qui a beaucoup d'attachement pour une chose, qui en a le goût, la passion : *ami des arts; un ami de la vieille bouteille.* — Compagnon, camarade : *il vint avec ses amis.* — Allié, en parlant des peuples ou des souverains : *la France se montre l'amie des nations opprimées.* — Par anal. Se dit des animaux qui ont de l'attachement pour l'homme : *le chien est le plus fidèle ami de son maître.* — Fam. Se dit en parlant à des inférieurs : *travaillez, mes amis.* — Est quelquefois un terme de hauteur ou de mépris : *sachez, mon petit ami.* — S'emploie lorsqu'on parle de certaines choses qui semblent avoir quelque sympathie les unes pour les autres : *l'ormeau est ami de la vigne.* — Se dit des liqueurs, des couleurs qui réjouissent : *le vert est ami de l'œil; le vin est ami du cœur.* — Prov. LES BONS COMPTES FONT LES BONS AMIS, quand on a des intérêts opposés, il faut se faire justice réciproquement, si l'on veut rester amis. — AMI LECTEUR, formule de préface; ne s'emploie plus que dans le style badin. — AMI DE TOUT LE MONDE, celui qui paraît avoir de l'affection pour tout le monde et que l'on soupçonne de n'en avoir pour personne. — AMI JUSQU'A LA BOURSE, celui dont l'amitié cesse dès qu'on lui demande un service d'argent. — AMI DE COUR, celui qui n'a que de fausses apparences d'amitié. — AMI AU PRÊTÉ, ENNEMI AU RENDRE, celui avec lequel il faut se brouiller quand on lui réclame de l'argent prêté. — AMI A PRENDRE ET A DÉPRENDRE, ami absolument dévoué. — BON AMI, BONNE AMIE, amant, maîtresse (Fam.). — AMI DE LA FAVEUR, DE LA FORTUNE, qui ne s'attache qu'aux gens dans la prospérité. — Amie s. f. Se dit pour *maîtresse* et à formé les termes familiers *m'amie* et *ma mie*, pour *mon amie.* — Ami adj. Bienveillant, obligeant :

Chacun se dit *ami*, mais fou qui s'y repose.

LA FONTAINE.

— Poétiq. Propice, favorable :

Vers le rivage *ami*, les dieux l'ont ramené.

DELILLE.

— Allié : *nations amies, maisons amies.* — Se dit des couleurs qui vont bien ensemble : *le blanc et l'incarnat sont des couleurs amies.* — L'AMI DES ENFANTS, par Berquin, charmant recueil de dialogues, de scènes et de récits ; un des meilleurs livres qu'on puisse mettre entre les mains de la jeunesse. — L'AMI DES HOMMES, ou *Traité de la population*, par le marquis Riquetti de Mirabeau, père du grand orateur révolutionnaire; livre d'écononie politique, en 4 vol. in-4° (1755). Le Dauphin, fils de Louis XV, l'appelait « le bréviaire des honnêtes gens ». — L'AMI DU PEUPLE, feuille fameuse de la révolution, rédigée par Marat, et qui parut du 12 septembre 1789 au 21 septembre 1792. — L'AMI DU ROI, journal royaliste, dont le premier numéro parut le 1er juin 1790; Royou en était le principal rédacteur. Des appels incessants aux puissances étrangères motivèrent la suppression de ce journal, le 4 mai 1792. — L'AMI DES CITOYENS, journal fraternel, par J.-L. Tallien, citoyen soldat, une lutte s'engagea entre feuille politique, fondée en 1791, et qui devint le principal organe du parti thermidorien. — L'AMI DE LA RELIGION ET DU ROI, journal fondé en 1814, organe du catholicisme libéral. Il s'est fondu en 1862 dans le Journal des villes et des campagnes. — L'AMI DES LOIS, comédie en 5 actes et en vers, de Laya, représenté sur le théâtre de la Nation, le 2 janvier 1793, pendant le procès de Louis XVI, et interdite le 11 janvier, par ordre de la Commune. Au sujet de cette décision, une lutte s'engagea entre la Convention et la Commune. — LES AMIS DE COLLÈGE, comédie de Picard, en 3 actes et en vers, représentée pour la première fois à Paris, le 24 novembre 1795. C'est le tableau de la vie laborieuse opposé à celui de la vie oisive. — L'AMI DU PEUPLE, journal communaliste fondé par Vermorel, le 23 avril 1871.

AMIABILITÉ s. f. Qualité de ce qui se fait à l'amiable.

* AMIABLE adj. Doux, gracieux : accueil amiable. — AMIABLE COMPOSITEUR, celui qui est chargé d'accommoder un différend, un procès, par les voies de la conciliation, sans être tenu de prendre la loi pour base de sa décision. — A L'AMIABLE, loc. adv. Par voie de conciliation : vider un différend à l'amiable. — VENTE A L'AMIABLE, vente faite de gré à gré, à l'opposition de celles qui se font par autorité de justice ou par voie des enchères.

* AMIABLEMENT adv. D'une manière amiable.

AMIANTACÉ, ÉE adj. Qui ressemble à l'amiante.

* AMIANTE s. m. (gr. amiantos, incorruptible). Substance minérale, ordinairement blanche, grise ou verte, et qui résiste puissamment à l'action du feu. C'est une variété de l'asbeste, composée de silice, de magnésie, d'un peu de chaux, d'alumine et de fer, substances très réfractaires. Elle est disposée en filaments déliés, souples et d'un aspect soyeux. On a filé l'amiante et on en a tissé des vêtements incombustibles. Dans l'antiquité, on en faisait des mèches pour les lampes sépulcrales; Pline fait mention de linge de table que l'on nettoyait en le jetant au feu, et de tuniques d'amiante dans lesquelles on brûlait les corps des personnages distingués, afin de recueillir leurs cendres non mélangées. De nos jours on a imaginé de faire entrer l'amiante dans la confection d'un vêtement destiné aux pompiers; on a fabriqué avec cette variété d'asbeste un papier incombustible. Le meilleur amiante provient de Sibérie. On le rencontre aussi dans les fentes de certains rochers des Pyrénées, de Corse, de Savoie, du Brésil; le plus beau vient de la Tarentaise. — En mai 1876 une exposition d'amiante eut lieu à Rome; on y admira des toiles et surtout des papiers incombustibles.

AMIBE. Voy. AMÈBE.

* AMICAL, ALE, AUX adj. Qui part de l'amitié; qui annonce de l'amitié : ton amical; conseils amicaux.

* AMICALEMENT adv. D'une manière amicale.

AMICI (Giovanni-Battiste) [a-mi'-tchi]. Astronome et opticien italien, né à Modène, en 1784; mort en 1863; directeur, pendant plus de trente ans, de l'observatoire de Florence; il perfectionna les microscopes, les chambres claires et les télescopes.

* AMICT s. m. [a-mi] (lat. amictus, vêtement). Linge bénit, de forme carrée, dont le prêtre catholique se couvre la tête ou les épaules pour dire la messe.

AMICUS PLATO, SED MAGIS AMICA VERITAS (lat. Je suis ami de Platon, mais encore plus ami de la vérité). Paroles d'Aristote passées en proverbe et qui signifient : toutes les opinions, même celles que recommandent l'autorité d'un nom respectable, peuvent être discutées. Ce proverbe est le contraire de la devise des disciples de Pythagore : magister dixit : le maître l'a dit.

AMIDA (Mythol. japon.), dieu protecteur des esprits.

AMIDALIQUE adj. Phar. Se dit des préparations dans lesquelles entre l'amidon.

AMIDAS (Philip), explorateur anglais (1550-1618), capitaine de l'un des deux vaisseaux envoyés à la découverte, par la reine Elisabeth, en 1584, sous les ordres d'Arthur Barlow; débarqua dans la Caroline du Nord, à laquelle il donna le nom de Virginie.

AMIDE s. f. (rad. am, abréviation d'ammoniaque). Chim. Nom d'une classe de composés qui diffèrent des sels ammoniacaux par l'absence des éléments de l'eau. Il en existe deux groupes : les uns neutres, les autres acides. 1° AMIDES NEUTRES. Elles dérivent d'un sel ammoniacal neutre, par la perte de deux équivalents d'eau, et sont désignées par le nom de ce sel suivi de la terminaison amide. Le type de cette famille est l'oxamide (amide oxalique), découverte en 1830, par Dumas, en calcinant l'oxalate neutre d'ammoniaque. L'acétamide (amide acétique) a été obtenue en décomposant l'éther acétique sur l'ammoniaque en dissolution dans l'eau. 2° AMIDES ACIDES ou acides amidés, corps qui résultent du dédoublement des sels ammoniacaux acides sous l'influence de la chaleur. L'acide oxamique, découvert par Balard, provient de la distillation du bioxalate d'ammoniaque. En traitant les amides par des agents de déshydratation, on leur fait abandonner deux équivalents d'eau et on produit une nouvelle classe de composés que l'on appelle nitriles ou imides, suivant qu'ils proviennent d'amides neutres ou d'amides acides.

AMIDÉ, ÉE adj. Chim. Qui contient de l'amidon.

AMIDIN s. m. Chim. Tégument qui forme la partie extérieure de chaque grain d'amidon.

AMIDINE, Amidone ou Amidonite s. f. Chim. Principe immédiat des grains d'amidon.

AMIDOGÈNE s. m. (de amidure et du gr. gennaô, j'engendre). Chim. Radical hypothétique (Az H²) qui représente l'ammoniaque privée d'un équivalent d'hydrogène.

AMIDOLÉ, ÉE adj. Pharm. Se dit de certains médicaments qui contiennent de la fécule.

AMIDOLIQUE adj. Pharm. Se dit de certains médicaments qui doivent leurs propriétés générales à la présence de fécule.

* AMIDON s. m. (gr. amulon; de a, priv.; mulè, meule). Principe organique qui existe à certaines périodes de la vie végétale, principalement dans les graines de céréales, dans les racines des plantes tuberculeuses ou bulbeuses, dans la moelle de certains palmiers et dans l'écorce de plusieurs autres plantes. Le nom d'amidon est particulièrement appliqué à celui que l'on retire des céréales; on nomme fécule celui des pommes de terre; arrow-root, celui du maranta; tapioca, celui du manioc; sagou, celui du palmier; inuline, celui de l'aunée, du

topinambour, des dahlias, etc., lichenine, celui des lichens. L'amidon est blanc, brillant et pulvérulent; il se compose de granules sphériques et microscopiques, variant selon leur origine entre un centième et un millième de millimètre en diamètre; il est contenu dans le tissu cellulaire des plantes. D'après Payen, on le trouve seulement lorsque la nourriture a été en excès; c'est une sorte de provision qui disparaît aussitôt que la nourriture devient insuffisante. Jeunes, les granules sont extrêmement petits, sphériques et homogènes; mais en se développant ils prennent une forme ovoïde, lenticulaire ou polygonale. Ils présentent une structure caractéristique, étant composés de séries de couches concentriques qui, de même que la grosseur du granule, dénotent à quelle plante il appartient. Chaque granule est marqué d'une tache particulière appelée hile, au point où il est attaché à la cellule, dans lequel on pense aujourd'hui que les granules consistent en deux substances intimement mélangées et qui sont semblables en composition chimique, ayant la même proportion d'éléments que la partie qui forme la structure celluleuse des plantes (C⁶H¹⁰O⁵). Ces deux substances sont appelées granulose et cellulose; la première est soluble et la dernière est insoluble dans l'eau bouillante. L'amidon peut être converti en dextrine ou en glucose par l'action de la diastase ou par l'ébullition dans un acide affaibli (Voy. DEXTRINE, DIASTASE et FERMENTATION). — Dans les laboratoires, la présence de l'amidon est décelée au moyen de l'iode, qui lui communique une belle coloration bleue. Cette épreuve est simple; mais il faut employer de l'iode pur de tout mélange. Plusieurs céréales contiennent de 55 à 67 0/0 d'amidon; le riz, près de 90; les pommes de terre, 20; les haricots, 37; les lentilles, 40; les pois, 35; la farine de froment, 65; le seigle, 45; l'avoine, 37; l'orge, 38; la farine de maïs, 77; les betteraves, 12. — On extrait ce produit en employant des grains avariés que l'on peut traiter de deux manières. 1° Par la fermentation. On fait tremper le grain jusqu'à ce qu'il soit amolli assez pour s'écraser facilement entre les doigts; on le passe dans un moulin ou entre des rouleaux pour l'écraser grossièrement; après quoi, on le remet dans l'eau, où une longue fermentation donne naissance aux acides lactique et acétique; l'amidon se sépare et on le recueille au moyen de plusieurs lavages suivis de décantation. Pendant la fermentation, le gluten entre en putréfaction et dégage une odeur infecte. 2° Sans fermentation. L'ancien procédé ayant le défaut de dénaturer le gluten, M. Emile Martin, pharmacien à Vervins, a imaginé, en 1837, de pétrir la farine dans de l'eau, de mettre la pâte dans un tamis qu'il plonge dans une eau courante, jusqu'à ce que l'eau cesse d'en sortir laiteuse. L'amidon en suspension et la partie saccharine en solution sont séparés du gluten, qui se présente en masse épaisse. En 1840, Orlando Jones perfectionna ce procédé pour le riz. Il met les graines macérer dans une solution alcaline peu forte : deux livres de riz dans quatre litres d'eau contenant 10 grammes de soude caustique ou de potasse caustique. Le gluten se dissout; mais l'amidon est respecté. Au bout de 24 heures, on retire le grain, on le lave, on l'égoutte, on le fait sécher et on le moud. On y ajoute ensuite une nouvelle quantité de lessive, et on laisse digérer le mélange pendant 24 heures en le remuant fréquemment, après quoi on abandonne le tout au repos pendant 70 heures; le gluten monte à la surface de l'eau où il forme une couche bourbeuse et jaunâtre. Ce procédé plus ou moins modifié est aujourd'hui employé pour le traitement de toute espèce de grains. Les deux plus vastes manufactures de l'univers se trouvent aux Etats-Unis d'Amérique : l'une à Oswego (New-York), établie en 1848 et produisant 10 millions de kilog. par

an; et l'autre à Glen Cove (Long Island) établie en 1858, produisant 9 millions de kilog.

AMIDONNER v. a. Enduire d'amidon. — S'a-
midonner v. pr. Etre amidonné.

AMIDONNERIE s. f. Fabrique d'amidon.

* **AMIDONNIER** s. m. Celui qui fait ou qui
vend de l'amidon. — ᴠᴠ Amidonnière s. f.
Celle qui fait ou qui vend de l'amidon.

AMIDOPODOCARPIQUE adj. (de amide et podocarpique). Chim. Se dit d'un acide dérivé
de l'acide podocarpique par la substitution de
l'amidogène à l'hydrogène.

AMIDOPROPIOPHÉNONE s. f. Chim. Dérivé
amide de la propiophénone.

AMIDOTÉRÉPHTALIQUE adj. [a-mi-do-tê-rê-
fta-li-ke]. Chim. Se dit d'un acide qui résulte
de la substitution de l'amidogène à l'hydrogène dans l'acide théréphtalique.

AMIDOTOLUIQUE adj. Se dit d'un acide que
l'on peut considérer soit comme dérivant de
l'acide toluique par la substitution d'un amidogène à l'hydrogène, soit comme dérivant de
l'acide oxytoluique par la substitution de
l'amidogène à l'oxydryle, ce qui fait qu'on
l'appelle souvent acide oxytoluamique.

AMIDOVALÉRIQUE adj. Se dit d'un acide
dérivant de l'acide valérique par la substitution de l'amidogène à un atome d'hydrogène.

AMIDURE s. m. Combinaison de l'amidogène
avec un métal. Les amidures représentent de
l'ammoniaque dans laquelle un équivalent
d'hydrogène est représenté par un équivalent
de métal. Ainsi l'amidure de mercure est Az
H²Hg, dans lequel Hg remplace un équivalent
de l'hydrogène de l'ammoniaque (AzH³). Les amidures s'obtiennent en dissolvant les oxydes de
mercure, d'argent, d'or, etc. dans l'ammoniaque. Ils sont dangereux à manier parce qu'ils
détonnent violemment sous l'influence de très
faibles causes.

AMIE s. f. (gr. amia, espèce de thon). Genre
de poissons malacoptérygiens abdominaux,
ayant » beaucoup de rapport avec les éryth-
rins, par leurs mâchoires, leurs dents, leur
tête couverte de pièces osseuses et dures, leurs
grandes écailles, les rayons plats de leurs
ouïes. On n'en connaît qu'une, des rivières de
Caroline (amia calva) » (Cuvier).

AMIÉNOIS, ancien pays de la Picardie, comprenant Amiens, Corbie, Doullens, Picquigny,
Poix, Conti, Rubempré, et formant en partie
les dép. de la Somme et de l'Oise. Il forma un
comté, vassal du siège épiscopal d'Amiens, et
que Philippe-Auguste unit à la couronne
en 1185; Charles VII l'ayant cédé à Philippe
le Bon de Bourgogne, en 1435, il ne revint à la
France que lors du traité d'Arras (1482).

AMIÉNOIS, OISE s. et adj. Habitant d'A-
miens; qui appartient à cette ville ou à ses
habitants.

AMIENS, ch.-l. du dép. de la Somme, à 128
kil. N. de Paris, sur la Somme qui s'y divise
en 11 canaux; par 49° 53′ 43″ lat. N. et 0°2′ 4″
long. O.; 67,000 hab. Ville haute, bien construite et bien percée; ville basse, que Louis XI
appelait sa petite Venise; autrefois Samaro-
brica, Ambianum, capitale des Ambiani, puis
de l'Amiénois et de la Picardie. Cathédrale du
XIIIᵉ siècle, considérée comme l'une des plus
belles de France; hôtel de ville du XVIIᵉ siècle.
Musée; promenade de La Hotoie; évêché, cour
d'appel, lycée, bibliothèque; statue de Pierre
l'Ermite, qui y est né, ainsi que Ducange,
Voiture, Gresset, l'astronome Delambre, Ge-
nin. — Industrie florissante depuis le moyen
âge; nombreuses fabriques de tissus de coton,
de laine, de velours d'Utrecht, de tapis, de
toiles peintes, de bonneterie, de fils, de tulle,
etc. Célèbres pâtés de canards. — Centre des
opérations de César contre les Belges, Amiens

fut ensuite habitée par plusieurs empereurs
romains. Le christianisme y fut apporté vers
304, par saint Firmin; les Normands la ravagèrent; elle obtint une charte de commune
en 1117, fut réunie à la couronne en 1185,
en même temps que l'Amiénois, passa dans
les domaines des ducs de Bourgogne, en 1414
et retourna à la couronne en 1463; elle embrassa le parti de la Ligue et ne se soumit
à Henri IV qu'en 1592; les Espagnols s'en
emparèrent par surprise en 1597; mais
Henri IV, aidé par les Anglais, les chassa la
même année. Le 28 nov. 1870, le général allemand von Gœben entra à Amiens, après un
combat livré la veille dans les environs. —
TRAITÉ D'AMIENS. Les articles préliminaires de
la paix entre la France, la Hollande, l'Espagne
et l'Angleterre furent signés à Londres par
Hawkesbury et M. Otto, le 1er octobre 1801;
et le traité définitif fut signé à Amiens, le 27
mars 1802, par le marquis de Cornwallis (Angleterre), Joseph Bonaparte (France), Azara
(Espagne) et Schimmelpenninck (Hollande).
L'Angleterre devait restituer ses conquêtes
coloniales, à l'exception de Ceylan et de la Trinité; la France garda ses frontières du Rhin;
mais elle s'engageait à évacuer Rome, Naples
et l'île de l'Elbe; Malte était restituée aux
chevaliers de Malte. Traité trompeur dont nul
n'exécuta les clauses: Bonaparte resta en Italie; l'Angleterre garda Malte et plusieurs de
nos colonies. Cette paix mérite à peine le nom
de trève.

A-MI-LA s. m. Mus. S'employait autrefois
pour la.

L'air que vous entendez est fait en a-mi-la.
RÉGNARD.

AMILCAR ou Hamilcar, nom de plusieurs
Carthaginois célèbres. — I. Général, battu en
Sicile par Gélon (480 av. J.-C.). — II. Barca
ou Barcas (foudre de guerre), général, mort
en 229 av. J.-C.; commandait l'armée de Sicile pendant la première guerre punique (247),
prit Mont Ercte (auj. Monte Pellegrino), près
de Panormus (Palerme). De cette position inexpugnable, il fit de nombreuses incursions
dans l'île, battit plusieurs détachements romains, s'empara d'Eryx (244) qui lui servit
ensuite de base d'opérations, jusqu'à la défaite
de la flotte carthaginoise commandée par
Hannon (241). Dès que la paix fut signée, il
revint en Afrique réprimer la révolte des mercenaires. Puis il commanda en Espagne où il
fut tué. Il laissait trois fils: Annibal, Asdrubal et Magon; et une fille, épouse de l'illustre
Asdrubal. — III. Fils de Bomilcar; fut vaincu
avec Asdrubal et Magon, à Illiturgis, en Bétique (215).

AMIN s. m. [a-minn]. Magistrat indigène
algérien, qui remplit des fonctions municipales, civiles, judiciaires, etc.

AMINA, pays d'Afrique. Voy. ELMINA.

AMINCHE s. m. Argot des voleurs. Ami. —
AMINCHE D'APP, complice.

* **AMINCIR** v. a. Rendre plus mince. — S'a-
mincir v. pr. Etre rendu plus mince.

* **AMINCISSEMENT** s. m. Action d'amincir;
état de ce qui est aminci.

AMINE s. f. Chim. Corps qui résulte de la
substitution d'un radical positif à l'hydrogène
de l'ammoniaque. Les amines se divisent en
monamines, diamines, triamines, tétramines et
pentamines.

* **À MINIMÁ** voy. MINIMA (A).

AMINTA ou Aminte, drame pastoral, par le
Tasse, représenté en 1573; modèle des compositions de ce genre.

AMIOT ou Amyot (Joseph), jésuite missionnaire, né à Toulon en 1718, mort à Pékin en
1794. Envoyé en Chine (1750), il s'établit dans
la capitale de cet empire (1751), avec l'assentiment de l'empereur. Ses principaux ouvra-

ges sur la Chine sont compris dans ses Mémoires concernant l'histoire, les sciences et les
arts des Chinois (15 vol. in-4°).

AMIOT, traducteur de Plutarque. Voy.
AMYOT.

* **AMIRAL** s. m. (arabe: amir, chef; amir al
bar, commandant de la mer). Mot que les
Génois et les Vénitiens adoptèrent pour désigner le chef d'une flotte, et qui passa dans la
langue française, à l'époque des croisades. La
dignité de grand amiral de France remonte
à la fin du XIIIᵉ siècle. Chaque province maritime (Guienne, Provence, Bretagne, Normandie) eut ses amirautés distinctes. Une ordonnance de 1322 parle d'un amiral de la mer. Il
y avait aussi un amiral des arbalétriers, et des
amiraux pour les armées de terre. Au XIVᵉ siècle, on créa un grand amiral qui jouissait de
prérogatives étendues. Cette charge, supprimée par Richelieu (1627), rétablie par Louis XIV
(1669) devint un grade spécial à l'armée de
mer; elle fut abolie en 1791 et rétablie en
1805, par Napoléon qui en revêtit son beau-
frère, Murat, général de cavalerie. En 1814,
Louis XVIII investit de cette dignité le duc
d'Angoulême. Depuis 1830, il n'y a plus de
grand amiral, mais il y a des amiraux, dont le
nombre a varié suivant les temps. L'amiral
est le plus élevé de la marine militaire; son grade est assimilé à celui de maréchal de France; viennent ensuite les grades
de vice-amiral et de contre-amiral.—En parlant
ou en écrivant à un amiral, on dit: Monsieur
l'amiral; au contraire, lorsqu'on s'adresse à
un vice-amiral ou à un contre-amiral, on doit
lui dire: Amiral.— Voy. notre article MARINE.

* **AMIRAL, ALE, AUX** adj. Se dit du navire
monté par un amiral et portant le pavillon
amiral (carré, aux couleurs nationales).—
Substantiv. L'AMIRAL, ALE, navire monté par
un amiral. — Navire établi dans les grands
ports, sur lesquels se font les inspections, où
siègent les conseils de guerre et s'exécutent
les jugements.

* **AMIRAL** s. m. Conchyl. Coquillage gasté-
ropode du genre cône, qui se trouve sur les
côtes de la mer des Indes et que les amateurs
recherchent à cause de sa beauté. L'amiral
grenu (conus granulatus) est particulièrement
remarquable.

AMIRALAT s. m. Dignité, fonction de grand
amiral.

AMIRALE s. f. Femme d'un amiral: madame
l'amirale.

AMIRANTE s. m. Amiral, chez les Espagnols.

AMIRANTES, groupe de 17 îles de l'océan
Indien, faisant partie de l'archipel des Seychelles.

* **AMIRAUTÉ** s. f. Autrefois, charge, dignité
de grand amiral. — Cours où se jugeaient, au
nom du grand amiral, les affaires relatives à
la marine. Cette juridiction fut supprimée par
la Constituante. Le conseil d'amirauté, créé
en 1824, siège au ministère de la marine; il
est chargé de la rédaction et de la révision
des lois, ordonnances et règlements relatifs à
la marine. En Angleterre, l'amirauté est une
commission qui préside à la haute direction
des affaires de la marine. Les cours d'amirauté constituent une juridiction maritime
spéciale; il existe aussi en Angleterre des
cours de vice-amirautés.

AMIRAUTÉ (îles de l'), groupe du Pacifique
au N.-E. de la Papouasie, entre 2° et 3° de lat.
S. et 143° et 146° long. E.; composé d'une
trentaine d'îles dont la principale, Basko, mesure 100 kil. de long. Habitants presque noirs.
— Archipel découvert en 1616 par Cornelius
Schooten et nommé par Carteret en 1767. —
Lat. (à l'île de Negros) 2° S.; long. 144° 59′
30″ E.

AMIRÉ s. m. Nom de deux espèces de poires : l'*amiré joannet* et l'*amiré roux*.

AMIS (Iles des), voy. Tonga.

AMISSIBILITÉ s. f. Jurispr. Etat de ce qui est amissible.

AMISSIBLE adj. (lat. *amissibilis* ; de *amissio*, perte). Jurispr. Se dit de ce que l'on peut perdre.

AMISSION s. f. Théol. Perte : *l'amission de la grâce.*

AMISUS (auj. *Samsoun*), ville de l'ancien royaume de Pont, sur le Pont-Euxin ; fortifiée par Mithridate, elle fut assiégée et prise par Lucullus (71 av. J.-C.).

* **AMITIÉ** s. f. Affection, ordinairement mutuelle, que l'on a pour quelqu'un :

> L'amitié d'un grand homme est un bienfait des dieux,
> P. Corneille. Cinna.

— Fam. Bon office, plaisir : *faites-moi l'amitié de parler en ma faveur.* — Par ext. Affection que certains animaux ont pour les hommes : *le chien manifeste une grande amitié pour son maître.* — Fig. Sympathie que certaines choses paraissent avoir les unes pour les autres : *il y a de l'amitié entre le fer et l'aimant.* — Amitiés s. f. pl. Caresses ou paroles obligeantes qui marquent de l'affection : *il m'a fait mille amitiés* ; on dit aussi quelquefois : *il m'a fait amitié.* — Traité de l'Amitié, intitulé *Lælius, sive de Amicitia*, dialogue philosophique de Cicéron, dont le principal interlocuteur est C. Lælius, l'ami du second Africain. L'auteur y définit l'amitié « l'accord des choses divines et humaines. »

AMITIÉUX, EUSE adj. (si-eû). Plein d'amitié.

AMLWCH [amm-louk]. Ville de 3,000 hab., sur la côte septentrionale d'Anglesey (pays de Galles). Mines de cuivre aux environs.

AMMAN. I. (Johann-Conrad), médecin suisse (1669-1725) établi en Hollande. Il s'est occupé de l'éducation des sourds-muets et a publié : *Surdus Loquens* (1692) et *Dissertatio de Loquela* (1700) ouvrages qui ont joui d'une grande réputation. — II. (Jost), peintre et graveur suisse, né à Zurich, en 1539, établi à Nuremberg où il mourut en 1591, a produit de célèbres gravures sur bois, parmi lesquelles (1576) une collection des *portraits des rois de France*, depuis Pharamond jusqu'à Henri III.

AMMERGAU, voy. Ober-Ammergau.

AMMERSCHWIHR, village de la Haute-Alsace, à 9 kil. de Colmar, 2,000 hab. Construction d'orgues.

* **AMMI** s. m. (gr. *ammos*, sable ; parce que cette plante croît dans les lieux sablonneux). Bot. Genre d'ombellifères qui se distingue de la carotte par des fruits lisses. Principales espèces : *ammi grand* (*ammi majus*), indigène, à graines aromatiques et apéritives ; *ammi visnage* (*ammi visnaga*) appelé aussi *herbe aux cure-dents*, indigène et aromatique.

AMMIEN MARCELIN, *Ammianus Marcelinus*, historien romain, mort vers 395 après J.-C. Son *Histoire des Empereurs*, continuation des *Annales* de Tacite, s'étend de 91 à 378 et se compose de 31 livres dont les treize premiers ont été perdus. Le reste a été traduit par de Moulines (Berlin, 1775, 3 vol. in-12) et par Fleutelot, dans la collection Nisard, Paris, 1844.

AMMINÉ, ÉE adj. Bot. Qui ressemble à un ammi. — Amminées s. f. pl. Tribu d'Ombellifères comprenant les genres : *ciguë*, *ache*, *persil*, *ammi*, *carvi* et *bourage*.

AMMIRATO (Scipion), publiciste, né dans le royaume de Naples, en 1531, mort à Florence, en 1601, auteur d'une *Histoire de Florence* très estimée, qui va jusqu'en 1574.

AMMOBATE s. m. (gr. *ammos*, sable ; *batô*, qui marche). Genre d'hyménoptères mellifères, à labre en triangle allongé et tronqué.

AMMOCÈTE s. m. (gr. *ammos*, sable ; *koitê*, demeure). Genre de poissons, famille des chondroptérygiens suceurs, dont la seule espèce connue en France est le *lamprillon, lamproyon, chatouille* ou *civelle* (*petromyzon branchialis*), long de 6 à 8 pouces, gros comme un fort tuyau de plume et qui vit dans la vase des ruisseaux, où les pêcheurs le prennent pour s'en servir comme d'appât. Quelques auteurs le regardent comme la larve ou premier état de la lamproie.

AMMODYTE adj. (gr. *ammos*, sable ; *duomai*, pénétrer). Hist. nat. Qui vit dans le sable ; qui s'enfonce dans le sable. — s. m. Icht. Nom scientifique du genre de poissons appelés vulgairement Equilles, voy. ce mot.

AMMON ou **Ammoun**, divinité adorée dans l'ancienne Egypte, dans l'oasis lybienne d'Ammon (oasis de Syouah), à Dodone et à Thèbes, en Grèce. Les Egyptiens l'appelaient Amen ou Amen-Ra (Ammon le Soleil) ; les Hébreux, Amon ; les Grecs, Zeus Ammon ; et les Romains, Jupiter Ammon. On le représentait sous la forme d'un bélier ou sous celle d'un homme à tête de bélier.

AMMON ou **Amman**, la *Rabbath* de la Bible.

* **AMMON** s. m. Conchyl. *Corne d'ammon*, nom vulgaire de l'Ammonite.

AMMON (Christoph-Friedrich von), théologien allemand (1766-1850), professeur à Erlangen et à Gœttingen, créateur de l'école philosophique appelée Rationaliste-Supernaturaliste. Ses principaux ouvrages sont une *Théologie biblique* et un *Summa Theologiæ Christianæ*.

AMMONALUN s. m. Alun à base d'ammoniaque ; se trouve dans les dépôts de lignite de Tschennig (Hongrie) et dans l'île de Milo (archipel grec).

AMMONÉES s. f. pl. Zool. Famille de coquilles fossiles, voisine des nautiles, distinguées par des cloisons sinueuses, lobées et découpées par leurs contours. On trouve les ammonées dans les couches secondaires les plus anciennes de la terre. Genres : *ammonite*, *baculite* et *turrilite*.

* **AMMONIAC, AQUE** adj. S'emploie dans les expressions : *sel ammoniac, gaz ammoniac, gomme ammoniaque.* — I. Sel ammoniac. Combinaison à volumes égaux d'acide chlorhydrique et d'ammoniaque ; c'est donc le *chlorhydrate d'ammoniaque* : Cl H, Az H³. Il se présente sous forme de masses blanches translucides, à cassure fibreuse, douées d'une certaine flexibilité et difficiles à réduire en poudre. Chauffé jusqu'au rouge, il se volatilise sous forme de vapeurs blanches ; il se dissout dans son poids d'eau bouillante et dans 2,7 fois son poids d'eau froide, en produisant un refroidissement. Il a une grande tendance à se combiner avec d'autres chlorures pour former des chlorosels. On l'emploie pour le décapage des métaux, pour l'étamage, pour la soudure de l'étain et pour la préparation de l'ammoniaque. Il se trouve tout formé dans les laves des volcans en activité et dans les fissures des houillères embrasées. Celui que l'on consommait autrefois provenait de cette partie de l'Afrique où était situé le temple de Jupiter Ammon (d'où vient le mot ammoniac) ; on le retirait de la suie provenant de la combustion de la fiente des chameaux..Aujourd'hui on se le procure en traitant, par l'acide chlorhydrique, le carbonate d'ammoniaque que produit la calcination des matières animales ; ou bien, on traite le carbonate d'ammoniaque par le sulfate de chaux (plâtre) et on décompose par le chlorure de sodium (sel marin) le sulfate d'ammoniaque qui en provient. — II. Gaz ammoniac, voy. ce mot. — III. Gomme ammoniaque, gomme-résine que l'on obtient à l'aide d'incisions faites aux branches du *dorema ammoniacum*, arbre qui croît en

Perse. Cette gomme est solide, d'un brun rougeâtre et répand une odeur d'ail assez marquée. On l'emploie comme antispasmodique et stimulant dans l'asthme, l'hystérie et la chlorose ; elle sert à la préparation du diachylum et de l'emplâtre de Vigo. — Méd. Le sel ammoniac est fondant, diurétique et fébrifuge ; on l'emploie comme calmant dans la migraine ; de 1 à 4 gr. en potion ; contre les scrofules, le rhumatisme, l'angine ; en tisane ou en potion : de 1 à 2 gr. A l'extérieur, en lotion, en gargarisme ou en collyre. Comme fondant et résolutif, à la dose de 4 0/0 dans du vin rouge.

* **AMMONIACAL, ALE, AUX** adj. Qui a rapport à l'ammoniaque, qui en a l'odeur et les propriétés ; qui contient de l'ammoniaque. — Sels ammoniacaux. Combinaisons formées par l'union de l'ammoniaque avec un autre corps jouant le rôle d'acide. Tous les sels ammoniacaux sont volatils ou décomposés par la chaleur ; en présence d'une base soluble (potasse ou soude), ils abandonnent leur ammoniaque et donnent des vapeurs qui bleuissent le papier de tournesol. Enfin le chlorure de platine détermine dans leur dissolution un précipité jaune caractéristique de la présence de l'ammoniaque. Les principaux sels ammoniacaux sont : l'*acétate*, le *chlorhydrate*, les *carbonates*, le *nitrate*, le *sulfate*, les *sulfhydrates* d'ammoniaque. — Ammoniacaux s. m. pl. Méd. Nom donné aux médicaments excitants diffusibles que forment l'ammoniaque et les sels ammoniacaux.

* **AMMONIAQUE** s. f. (de l'oasis d'*Ammon*, d'où l'on tirait dans l'antiquité du chlorhydrate d'ammoniaque). Gaz incolore, transparent, caustique, composé d'un volume d'azote et de trois volumes d'hydrogène (Az H³). Dans son état de pureté, il a un poids spécifique de 0,59 et se liquéfie facilement par le froid ou par la compression. L'ammoniaque liquide ou *alcali volatil* est incolore ; son poids spécifique est de 0,63 ; elle gèle sous la pression de 20 atmosphères, à — 75° C., ou à — 87° C. dans le vide ; elle forme alors un corps solide, blanc, transparent et cristallin. L'ammoniaque liquide est un dissolvant pour plusieurs métaux ; on l'emploie pour la production du froid artificiel. — Eminemment soluble dans l'eau, le gaz ammoniac est absorbé dans la proportion de 600 volumes pour un volume d'eau, à la température ordinaire. La plus grande partie de l'ammoniaque liquide que l'on trouve dans le commerce est obtenue des eaux provenant de la distillation que l'on fait subir à la houille pour produire le gaz d'éclairage. On la prépare aussi en distillant par la chaux les urines et les matières putréfiées. En Italie on la retire des résidus provenant de la fabrication de l'acide borique. On économise aussi celle qui s'échappe des betteraves dans les fabriques de sucre. L'ammoniaque prend naissance toutes les fois que l'azote et l'hydrogène se rencontrent à l'état naissant au sortir de combinaisons qui en contenaient ; elle est donc produite naturellement par la putréfaction des matières organiques azotées à la surface du sol. Elle forme alors l'élément essentiel des engrais à cause de l'azote qu'elle fournit aux plantes. Dans les arts, on ne l'emploie guère qu'à l'état liquide, sous le nom d'*alcali volatil*. La découverte des composants de l'ammoniaque (azote et hydrogène) est attribuée à Priestley (1774). — Ammoniaque (*chlorhydrate d'*) voy. Ammoniac (sel). — Ammoniaque (*sulfate d'*) voy. Sulfate. — Ammoniaque (*carbonates d'*) voy. Carbonate. — Ammoniaque (*nitrate d'*) voy. Nitrate. — Ammoniaque (*sulfhydrate d'*) voy. Sulfhydrate. — Ammoniaque (*acétate d'*) voy. Acétate. — Ammoniaque liquide. La dissolution de l'ammoniaque dans l'eau prend le nom vulgaire d'*alcali volatil* et conserve sous cette forme la même odeur, la même saveur et les mêmes propriétés qu'à l'état gazeux. Sous cette forme, elle est exclusivement em-

ployée dans les laboratoires et l'industrie. Peu stable et s'évaporant facilement au contact de l'air, elle doit être conservée dans des flacons bouchés avec beaucoup de soin. Dans les arts, on l'emploie pour nettoyer l'argenterie et pour dégraisser les étoffes. — Méd. Pur, l'alcali volatil est employé comme escarotique contre la morsure des animaux venimeux, dans les piqûres, etc. Il est recommandé comme rubéfiant contre les rhumatismes. Il fait la base de l'eau sédative et du baume oppeldoch. Pris à l'intérieur (10 gouttes dans un verre d'eau), il combat l'ivresse, facilite les éruptions cutanées et s'emploie contre le météorisme. A haute dose, c'est un poison caustique très violent.

AMMONIDÉES s. f. pl. Voy. Ammonées.

AMMONIQUE adj. Chim. Se dit des sels formés par la combinaison de l'ammoniaque avec des acides contenant de l'eau.

* **AMMONITE** s. f. ou Corne d'Ammon, en raison de sa ressemblance avec les cornes qui surmontaient la tête de Jupiter Ammon. Genre de coquillages fossiles, voisin des nautiles et qui se distingue de ces derniers par des cloisons anguleuses et déchiquetées sur leurs bords

Ammonite Ìason.

comme des feuilles d'acanthe. Toutes les roches de la période de transition, jusqu'à la période tertiaire, en fourmillent et l'on en voit depuis la grandeur d'une lentille jusqu'à celle d'une roue de carrosse (3 ou 4 pieds de diamètre). On les rencontre surtout dans l'oolithe. On évalue à 2,000 le nombre des espèces connues. L'animal qui habitait ces coquillages était pourvu de cavités pleines d'air, qu'il emplissait ou qu'il vidait pour monter à la surface ou pour descendre au fond des eaux.

AMMONITES, peuple issu d'Ammon, fils de Loth (1897 av. J.-C.). Les Ammonites envahirent la terre de Chanaan, rendirent d'abord les Hébreux tributaires, mais furent battus par Jephté (1143); une nouvelle invasion fut repoussée par Saül (1095). Antiochus le Grand prit Rabbath-Ammon, leur capitale, et en détruisit les murailles (198).

AMMONIUM s. m. [amm-mo-ni-omm] (rad. ammoniaque). Radical hypothétique de l'ammoniaque. La chimie lui fait jouer théoriquement le rôle de métal, pour expliquer l'analogie qui existe entre les combinaisons ammoniacales et les combinaisons métalliques ordinaires. Formule : Az H⁴. L'ammonium et son amalgame ont été obtenus en 1856 par W. Hofmann, chimiste, qui s'est particulièrement occupé de ce radical.

AMMONIURE s. m. Composé résultant de la combinaison de l'ammoniaque avec divers oxydes métalliques. Les ammoniures sont fulminants. On dit aussi Ammoniate.

AMMONIUS surnommé Saccas, parce qu'il avait été portefaix dans sa jeunesse. Philosophe d'Alexandrie, mort vers 243 après J.-C., regardé comme le fondateur de l'école néoplatonicienne. Ses disciples les plus célèbres furent Plotin, Longin et Origène.

AMMONOÏDE adj. Conchyl. Se dit des coquilles qui ressemblent aux ammonites.

AMMONOOSUCK (Haut et Bas ou Grand), nom de deux petits tributaires du Connecticut

AMMOPHILE s. m. [amm-mo-fi-le] (gr. ammos, sable; philos, ami). Genre d'hyménoptères fouisseurs, voisin des sphex, à mandibules dentées, à palpes foliformes, à mâchoires et à languettes très longues, en forme de trompe. Voy. Sphex.

AMNÉSIE s. f. [a-mnè-zi] (gr. a, priv.; mnésis, souvenir). Méd. Diminution ou perte totale de la mémoire, le plus souvent symptomatique d'une maladie apparente ou cachée. L'amnésie générale est rare ; elle est presque toujours partielle, c'est-à-dire que les personnes qui en sont atteintes perdent le souvenir des noms propres, des dates, de certains détails, sans autre dérangement des facultés intellectuelles. L'amnésie est agénésique lorsqu'elle résulte du défaut de développement du cerveau, comme chez les idiots; elle est mécanique quand elle est causée par une compression du cerveau; hypérémique, lorsqu'elle est produite par la congestion ou l'inflammation du cerveau et de ses enveloppes; dans ce cas, elle réclame une médication antiphlogistique et un régime débilitant. L'amnésie asthénique, effet de la diminution de vitalité du cerveau, presque toujours déterminée par les progrès de l'âge, exige l'emploi des toniques.

AMNESTIQUE adj. Pathol. Se dit des accidents cérébraux ou des plantes vénéneuses qui font perdre la mémoire.

AMNICOLE adj. (lat. amnis, fleuve ; colere, habiter). Qui vit, qui croît sur le bord des cours d'eau.

* **AMNIOS** ou **Amnion** s. m. [a-mni-oss ; on] (gr. amnion). Anat. La plus interne des membranes qui enveloppent le fœtus ; elle n'est séparée de ce dernier que par un liquide limpide, un peu jaunâtre, nommé eau de l'amnios ou liquide amniotique.

AMNIOTIQUE adj. Qui appartient, qui a rapport à l'amnios.

AMNISTIABLE adj. Qui peut être amnistié.

* **AMNISTIE** s. f. (gr. amnéstia, oubli; de a, priv.; mnéstis, souvenir). Acte souverain qui efface les crimes ou les délits auxquels il s'applique; qui proclame l'oubli de certains faits; qui passe, pour ainsi dire, l'éponge sur certains souvenirs. Cet acte de clémence est général ou partiel, selon qu'il comprend tous les coupables d'une catégorie de crimes ou qu'il n'en excepte un certain nombre. « L'amnistie, a dit M. de Peyronnet, est souvent un acte de justice, quelquefois un acte de prudence ou d'habileté ». « L'amnistie diffère de la grâce, a dit la Cour de cassation dans un arrêt du 11 juin 1825, en ce que l'effet de la grâce est limité à tout ou partie des peines, tandis que l'amnistie emporte abolition des délits, des poursuites ou des condamnations, tellement que les délits sont, sauf l'action civile des tiers, comme s'ils n'avaient jamais existé ». — Les Athéniens donnèrent le nom d'amnistie (amnéstia) à la loi d'oubli par laquelle Thrasybule, après l'expulsion des trente tyrans, défendit de troubler les citoyens pour les actes passés (403 av. J.-C.). En Angleterre, des actes d'amnistie furent votés après plusieurs révoltes (1651, 1715 et 1745). Napoléon III, revenant d'Italie, accorda une amnistie à ses adversaires condamnés (17 août 1859); le président des Etats-Unis, Johnson, imita cet exemple (29 mai 1865) pour les révoltés du Sud; l'empereur d'Autriche, couronné roi de Hongrie, passa un acte d'amnistie, l'éponge sur le souvenir des insurrections (8 juin 1867); de nos jours, l'Angleterre refuse d'amnistier les Fenians; mais la République française, après avoir, pendant longtemps, accordé seulement des grâces partielles aux condamnés de la Commune, a fini par adopter une amnistie générale, à l'occasion des fêtes du 14 juillet 1879.

* **AMNISTIÉ, ÉE** part. pass. d'Amnistier. —

Substantiv. : les amnistiés rentrent dans tous leurs droits.

* **AMNISTIER** v. a. Comprendre dans une amnistie; faire une amnistie. — Fig. Excuser, pardonner. — S'amnistier v. pr. Etre amnistié.

AMNON, fils aîné de David, outragea sa sœur Thamar et fut tué, par son frère Absalon, au milieu d'un festin (1030 av. J.-C.).

AMOAFOUL ou **Amoaful**, lieu près de Coumassie, pays des Achantis (Afrique occidentale). Après un rude combat, les indigènes y furent battus par les Anglais, le 31 janv. 1874.

AMOCHER v. a. (corruption de moucher). Argot. Donner des taloches.

* **AMODIATEUR** s. m. Qui prend une terre à ferme.

* **AMODIATION** s. f. (lat. modius, boisseau). Légis. anc. Bail à ferme d'une terre, moyennant une certaine quantité de boisseaux de grains. — Aujourd'hui synonyme de location ou affermage.

* **AMODIER** v. a. Affermer une terre.

AMŒBA, voy. Amèbe.

AMŒNEBOURG, ville de Hesse-Cassel (Allemagne), à 12 kil. E. de Marbourg ; 950 hab. Les Français et les Alliés s'y livraient une bataille, le 21 sept. 1762, quand l'annonce d'un traité de paix arrêta la lutte. Un monument perpétue ce souvenir.

AMOGNES (Les), pagus Amoniensis, ancien pays du Nivernais. Les Amognes ont formé les cantons de Saint-Benin-d'Azy et de Saint-Jean-de-Lichy.

* **AMOINDRIR** v. a. Diminuer, rendre moindre : cela amoindrira son revenu. — S'amoindrir v. pr. Devenir moindre ; son revenu s'est amoindri.

* **AMOINDRISSEMENT** s. m. Diminution : l'amoindrissement de sa fortune, de ses forces, de son courage.

AMOINDRISSEUR s. m. Celui qui amoindrit; celui qui résume les ouvrages des autres.

AMOISE s. f. Pièce de bois placée entre deux moises.

AMOLETTE ou **Amelotte** s. f. Mar. Nom que portent les trous quadrangulaires pratiqués dans la tête des cabestans, sur les viveveaux, les guindeaux et à la tête du gouvernail, afin de recevoir le bout des barres destinées à mettre ces machines en mouvement.

* **AMOLLIR** v. a. Rendre mou et maniable : la chaleur amollit la cire. — Fig. Rendre efféminé : la volupté amollit le courage. — S'amollir v. pr. Devenir mou : la terre s'était amollie. — Fig. S'affaiblir, devenir efféminé : son courage s'est amolli.

AMOLLISSANT, ANTE adj. Qui amollit : plaisirs amollissants.

* **AMOLLISSEMENT** s. m. Action d'amollir; état de ce qui est amolli : l'amollissement de la cire; l'amollissement du courage.

AMOME s. m. (gr. amômon, nom d'un arbrisseau de l'Inde). Bot. Genre de zingibéracées, tribu des gingembres; formé d'herbes vivaces, à racine articulée, rampante, qui habitent les contrées intertropicales de l'ancien continent. On distingue l'amome meleguete (amomum melegueta), qui produit le poivre appelé Maléguéta.

AMOMÉ, ÉE adj. Bot. Qui ressemble à un amome. — Amomées s. f. pl. Famille de plantes, désignée généralement aujourd'hui sous le nom de zingibéracées. On divise quelquefois les amomées en zingibéracées et en cannacées.

AMON, roi de Juda, fils et successeur (660) de Manassès; ses officiers l'assassinèrent (639).

* **AMONCELER** v. a. J'amoncelle ; j'amoncelais ; j'amoncellerai. — Entasser, mettre plusieurs choses en un monceau : le vent amoncelle les sables. — Fig. S'emploie au sens moral : je pourrais amonceler les preuves. — S'amonceler v. pr. Etre entassé, au propre et au figuré : les preuves s'amoncellent ; les nuages s'amoncellent.

* **AMONCELLEMENT** s. m. Action d'amonceler ; résultat de cette action.

° **AMONT** s. m. (lat. ad montem, du côté de la montagne). Côté, point d'où descend un fleuve, une rivière. — Vent d'amont, sur les côtes et les rivières, vent opposé à celui d'aval et venant de l'intérieur des terres. — En amont loc. adv. En remontant le cours de l'eau. — D'amont, du point le plus haut d'un fleuve ou d'une rivière : le pays d'amont. — En amont de loc. prép. Au-dessus de : en amont de la ville. — Voy. Aval.

AMONT (Pays d'), ancien pays de la Franche-Comté. Cap. Gray-sur-Saône.

AMONTAL, ALE, AUX adj. Mar. Qui vient de l'est : vents amontaux.

AMONTONS (Guillaume), physicien, né à Paris en 1663, mort en 1705; membre de l'Académie des sciences en 1689 ; auteur des Remarques et expériences physiques sur la construction d'une nouvelle clepsydre, sur les baromètres, thermomètres et hygromètres (1695), d'une Nouvelle théorie du frottement, et premier inventeur d'un système de télégraphie aérienne que Chappe n'eut qu'à perfectionner dans la suite.

AMORÇAGE s. m. Action d'amorcer.

* **AMORCE** s. f. (lat. ad, à ; morsus, action de mordre). Appât pour prendre les poissons, des oiseaux, etc.: attacher l'amorce à l'hameçon. — Fig. Ce qui attire en flattant les sens ou l'esprit : amorces de la volupté. — Archit. Partie d'une muraille non achevée et qui doit être continuée plus tard. — Ponts et ch. Route, rue commencée à une de ses extrémités. — Artill. Petite quantité de poudre que l'on place dans le bassinet d'un fusil, d'un pistolet, ou sur la lumière d'un canon, ou à des fusées, à des pétards, etc., et dont l'inflammation communique le feu à la charge par le moyen de l'ouverture appelée lumière. — Grain de poudre fulminante qui sert à faire partir une arme à piston ou même une pièce d'artillerie, en détonnant par la percussion. — On entra dans la ville sans bruler une amorce, sans tirer un coup de fusil.

AMORCEMENT s. m. Action d'amorcer.

* **AMORCER** v. a. Garnir d'amorce, mettre l'amorce : il amorça son pistolet. — Pêche. Mettre un appât : ils amorcèrent leurs hameçons. — Fig. Attirer par l'amorce : amorcer les poissons, les oiseaux. — Fig. Attirer par des choses qui flattent l'esprit ou les sens : il fut amorcé par le gain. — **S'amorcer** v. pr. Etre amorcé.

AMORCEUR, EUSE s. Celui, celle qui amorce.

* **AMORÇOIR** s. m. Techn. Synon. d'ébauchoir. — Art mil. Petit instrument qui sert à amorcer les fusils à piston.

AMORETTI (Carlo), minéralogiste, né à Oneille, près de Gênes) en 1741, mort à Milan en 1816, directeur de la bibliothèque Ambrosienne, auteur d'une étude sur la vie et les ouvrages de Léonard de Vinci : Nuova scelta d'opuscoli interessanti sulle scienze e sulle arti (27 vol. 1775-'88) ; etc. — Sa nièce, Maria Pellegrina (1756-'87), prit le degré de docteur de lois à Parme et écrivit sur la loi romaine.

AMOREUX (Pierre-Joseph), médecin, né à Beaucaire vers 1750, mort à Montpellier en 1824; auteur d'une Notice des insectes de la France réputés venimeux, un vol. in-fol. avec fig., Paris, 1789 ; et d'une Description métho-

dique d'une espèce de scorpion commune à Souvignargues, en Languedoc (Journal de Physique, tome III).

AMORITES s. m. pl. La plus puissante tribu du pays de Chanaan, sur les deux rives du Jourdain et principalement dans les districts montagneux qui furent ensuite alloués à la tribu de Juda. Les Amorites étaient de haute taille.

AMOROS (François), colonel et ministre espagnol pendant le règne de Joseph Bonaparte, né à Valence en 1769, mort à Paris en 1848. Exilé au retour de Ferdinand VII, il introduisit en France l'enseignement de la gymnastique civile et militaire. On lui doit, entre autres ouvrages estimés : Manuel d'éducation physique, gymnastique, etc., 1830.

AMOROSIEN, ENNE adj. Qui a rapport à Amoros ; qui a été appliqué par lui : saut amorosien.

AMOROSO adv. [a-mo-ro-zo] (ital. amoureux). Mus. Terme qui indique qu'un morceau de musique doit être rendu avec une douce langueur et une certaine lenteur.

AMORPHE adj. [a-mor-fe] (gr. a, sans ; morphé, forme). Qui n'a point de forme régulière ; sans forme déterminée. — Chim. Qui ne se présente pas sous la forme cristalline : phosphore amorphe. — Par ext. Se dit des allumettes fabriquées avec du phosphore amorphe : j'ai acheté une boîte d'allumettes amorphes ; et substantiv.; une boîte d'amorphes. — Minér. Se dit de tout minéral qui n'a pas la forme cristalline.

AMORPHE s. m. [a-mor-fe] gr. amorphos, informe ; à cause de l'irrégularité de sa corolle). Bot. Genre de papilionacées, tribu des lotées, section des galégées, dont la corolle n'a ni ailes ni carène. Les espèces de ce genre sont originaires de l'Amérique septentrionale et principalement de la Caroline ; elles comprennent des arbrisseaux que l'on cultive chez nous en bordure des massifs dans les jardins d'agrément. L'amorphe fruticueux (amorpha fruticosa, Lin.), ou indigo bâtard, donne des fleurs pourpres disposées en longs épis. L'amorphe herbacé (amorpha herbacea), porte des fleurs bleues en épis.

AMORRHÉENS s. m. pl. [ré-ain], peuple de la Palestine, issu d'Amor ou Amorrheus, fils de Chanaan. Moïse chassa les Amorrhéens du pays des Moabites et des Ammonites, qu'ils avaient envahi.

* **AMORTIR** v. a. (rad. mort). Rendre moins ardent, moins âcre, moins violent : il faut amortir l'ardeur de ce feu ; le médecin amortira la couleur de l'érésipèle. — Faire perdre de la force à un coup, en affaiblir l'effet : mon chapeau a amorti le coup. — Faire perdre à des herbes une partie de leur force, de leur âcreté : j'amortis le cerfeuil ; ou neutral. je fais amortir. — Affaiblir la vivacité, l'éclat de certaines couleurs : il faut amortir ces couleurs trop vives. — Finances. Eteindre, faire cesser des rentes, des pensions, des redevances, en remboursant le capital, en désintéressant le créancier. — Fig. Rendre moins vif, moins ardent, en parlant des passions : amortir les ardeurs de la jeunesse. — Mar. Retarder le mouvement, la vitesse d'un navire, par degrés, jusqu'à ce qu'elle devienne nulle. — Neutral. Bâtiment qui amortit, qui reste échoué pendant les marées basses. — Industr. et comm. Déduire, à chaque inventaire, une somme équivalente à l'usure ou à la moins-value du matériel. — * S'amortir v. pr. Etre amorti, au propre et au figuré : le coup s'est amorti ; l'amour s'amortit à la longue.

* **AMORTISSABLE** adj. Qui peut être amorti. Ne se dit guère qu'en parlant de rentes : rente amortissable.

* **AMORTISSEMENT** s. m. Finances. Rachat,

extinction d'une pension, d'une rente, d'une redevance. — Fonds d'amortissement, somme destinée à l'extinction d'une rente. — Caisse d'amortissement, caisse établie pour l'amortissement graduel de la dette publique. — Archit. Ce qui termine, ce qui finit et surmonte le comble d'un bâtiment : un vase de fleurs sert d'amortissement à cette corniche. — Tout ornement qui termine des ouvrages d'architecture. — Désigne aussi les cavets renversés qui couvrent les corniches des croisées et des portes extérieures, pour les garantir de la pluie. — Anc. droit. Faculté donnée par le roi pour faire que les gens de mainmorte pussent devenir propriétaires, à charge de ne pouvoir vendre le fonds amorti. Les religieux payaient l'amortissement des terres par eux acquises.

AMORY (Thomas), écrivain anglais (1691-1788), auteur des « Mémoires sur plusieurs dames de la Grande-Bretagne » (1755).

AMOS [a-moss], le troisième des douze petits prophètes ; était berger à Thécué et prophétisa vers 800 avant J.-C. Fut mis à mort sous le règne d'Osias.

AMOSKEAG [a-moss-kègg], voy. Manchester, New-Hampshire.

AMOU, ch.-l. de cant. (Landes), arr. et à 28 kil. S.-O. de St-Sever, dans une contrée fertile, sur le Luy de Béarn ; 1,850 hab. Exportation de jambons et d'oies grasses ; église gothique ; château bâti d'après les dessins de Mansard.

AMOU DARYA, voy. Oxus.

* **AMOUR** s. m. (lat. amor). Sentiment par lequel le cœur se porte vers ce qui lui paraît aimable, et en fait l'objet de ses affections, de ses désirs : amour extrême ; amour maternel, paternel, filial ; amour charnel. — Il se joint souvent à un autre mot par la préposition de ; alors le complément indique : 1° de quelle nature est l'amour : amour de bienveillance, amour qui procède du sentiment de bienveillance. 2° L'objet vers lequel l'amour se porte : l'amour de Dieu, du prochain, de la vertu, l'amour qu'on a pour Dieu, etc. 3° Le sujet dans lequel l'amour réside : l'amour des pères, des mères, des peuples ; l'amour qu'ont les pères, les mères, les peuples. — Prov. Tout par amour, et rien par force, on réussit mieux par la douceur que par les moyens violents. — Pour l'amour de Dieu, sans intérêt, dans la seule vue de plaire à Dieu. — Comme pour l'Amour de Dieu, à contre cœur. — Pour l'amour de quelqu'un, par la considération, par l'estime, par l'affection qu'on a pour quelqu'un. — Amour de soi, amour-propre. — Amour se dit particulièrement de la passion d'un sexe pour l'autre : avoir de l'amour ; donner de l'amour :

> Amour, fléau du monde, exécrable folie.
> A. de Musset.

> Ame de l'univers, amour, source féconde
> Des plaisirs, des ris et des jeux.
> Destouches. Prologue de la fausse Agnès.

> On dit que le mariage
> Est le tombeau de l'amour,
> Que jamais dans le ménage
> On ne coule d'heureux jours.
> Palissot. L'heureux Mariage, chanson.

« L'amour est une fièvre passagère qui prend par un frémissement et finit par un bâillement » (Basta). — « De toutes les passions, l'amour est celle qui dérègle le plus la raison, qui met le plus l'âme en désordre, et qui lui fait commettre les plus grandes fautes. Il n'y a pas d'esclaves plus tourmentés que ceux de l'amour. » (Mlle de Scudéri). — « Bien différent de l'amitié qui repose sur les qualités, l'amour ne repose que sur des attraits ; par conséquent, il est passager et pour ainsi dire instantané. L'amour fait plus de malheureux que tous les autres maux réunis. Comme le feu de l'enfer, il nous brûle sans nous consumer; il s'attaque sans pitié à sa victime, et ne lui fait ni trève ni quartier; il la dévore dans les ténèbres nocturnes et pendant la clarté du jour... Autant il est l'hôte bienvenu des époux dont il allège la chaîne, autant il est nuisible et calamiteux pour la jeunesse qu'il aveugle et qu'il trompe. » (Dʳ C. Dupasquier). — FAIRE L'AMOUR, se livrer à la galanterie. — FILER LE PARFAIT AMOUR, avoir un amour respectueux et timide; s'aimer longtemps et constamment avec une chaste réserve. — UN VRAI REMÈDE D'AMOUR, se dit d'une personne très laide. — EN AMOUR, se dit des femelles des animaux, lorsqu'elles sont en chaleur; se dit aussi de la terre lorsqu'elle est dans un état de fermentation propre à la végétation. — Beaux-arts. FAIT AVEC AMOUR, se dit d'un ouvrage que l'artiste a fini avec soin. — Gramm. AMOUR, signifiant la passion d'un sexe pour l'autre, est quelquefois féminin au singulier en poésie, et presque toujours féminin au pluriel, même en prose : *froides mains, chaudes amours* :

> Je plains mille vertus, une amour mutuelle.
>
> RACINE.

— AMOUR, se dit quelquefois de l'objet que l'on aime avec passion : *Titus était l'amour de l'univers.* — MON AMOUR OU M'AMOUR, terme dont les maris ou les amants se servent quelquefois en parlant de leurs femmes, ou de leurs maîtresses. Se dit pareillement au pluriel pour désigner la personne que l'on aime passionnément : *il n'est pas de belles prisons ni de laides amours.* — Les écrivains et surtout les poètes ont souvent personnifié l'amour : *On peint ordinairement l'Amour avec un bandeau, un arc et des flèches* (Acad.). — Amour est souvent synonyme de Cupidon. — Les anciens ont donné plusieurs frères à l'Amour, et dans cette acception, l'on dit : *les Jeux, les Ris et les Amours* :

> Vous vous plaisez aux jeux de ce berger de Seine,
> De ce galant berger en qui furent toujours
> Avec les jeunes Ris, les folâtres Amours.
>
> SEGRAIS. *Églogues.*

— C'EST UN AMOUR, se dit d'une personne très jolie ou d'un enfant très joli, ainsi que d'une chose que l'on veut extrêmement louer. — De l'amour, petit traité dans lequel Plutarque met en parallèle l'amour universel, si répandu en Grèce, et l'amour conjugal. — Histoire des amours du grand Alcandre, par Louise-Marguerite de Lorraine, princesse de Conti ; c'est l'histoire des galanteries de Henri IV. — Tableau de l'amour conjugal, ouvrage publié à Amsterdam, en 1688, sous le pseudonyme de *Salocini Vénitien* (Nicolas Venette, médecin à La Rochelle); et qui fut souvent réimprimé. C'est un livre immoral qui ne doit sa vogue qu'à l'ignorance du public auquel il s'adresse. — Les amours des anges, *the loves of the angels*, poème d'imagination par Moore (1823). — Les amours du chevalier de Faublas, roman de Louvet de Couvret (1787); ouvrage licencieux, dans lequel l'auteur peint avec esprit la décadence des grands seigneurs de son époque. — L'amour, par Michelet (1858), ouvrage qui a obtenu un grand succès. — L'amour médecin, comédie-ballet de Molière, en 3 actes et en prose, musique de Lulli, représentée à Versailles devant le roi, le 15 septembre 1665; impromptu composé, appris et joué en cinq jours. Cette pièce était dirigée contre les principaux médecins de l'époque. — Les amours d'Antoine et de Cléopâtre, ballet-pantomime en 3 actes, d'Aumer, musique de Kreutzer ; joué à l'Opéra de Paris, le 8 mars 1808, obtint un immense succès. — Les amours du Diable, opéra en 4 actes, représenté à l'Opéra-Comique de Paris, le 24 août 1863. Paroles de M. de Saint-Georges; musique de A. Grisar. — L'amour et Psyché, épisode gracieux mais licencieux de l'*Âne d'or*, d'Apulée.

AMOUR. I. Grand fleuve (le *Sakhalien* des Mandchoux, le *Hoen-Thoung Kiang* des Chinois), formé de la réunion du Shilka et de l'Argoun. L'Amour limite le territoire russe de l'Amour et la Mandchourie septentrionale; il se jette dans le golfe d'Amour, après un cours total de 4,000 kil.; il est navigable dans toute son étendue; mais il est complètement gelé de novembre à mars. — II. Territoire de la Russie d'Asie, sur la rive gauche du fleuve Amour; divisé aujourd'hui entre la province Amour et un district maritime qui fait partie de la province du littoral. — III. Province du territoire ci-dessus; 449,500 kil. carr. 45,000 hab. Capitale Blagovieshtchensk. Principale chaîne de montagnes : le Stanovoï ; sol fertile; riches mines d'or; froids rigoureux. Cette contrée fut visitée par les Russes en 1649 et cédée à la Russie par la Chine en 1858. Elle fait partie de la Sibérie.

AMOUR (Saint-), ch.-l. de cant., arr. et à 28 kil. S.-O. de Lons-le-Saunier (Jura); 2,600 hab. Forges. Anc. seigneurie. Saint-Amour fut brûlée par Louis XI en 1477, prise par Biron en 1595, par le comte d'Apchon en 1668 et par le duc de Bellegarde en 1674.

* **AMOURACHER** v. a. Engager dans de folles amours : *je ne sais qui a pu l'amouracher de cette sotte.* — S'amouracher v. pr. Prendre une passion folle : *il s'est amouraché des sciences occultes.*

* **AMOURETTE** s. f. (diminutif de *amour*). Amour de pur amusement, sans véritable passion. — SE MARIER PAR AMOURETTE, se marier par amour, faire un mariage inégal. — ⁓ Bot. On donne le nom d'amourette à tout le genre brize, ainsi qu'à la *saxifrage ombreuse*, au *paturin eragrostis*, à la *lychnide fleur de coucou*, à la *lamprette*, etc.

* **AMOURETTES** s. f. pl. Moelle qui se trouve dans les reins du veau ou du mouton, quand elle est cuite et qu'elle peut être détachée des os.

* **AMOUREUSEMENT** adv. Avec amour. — Beaux-arts. Avec affection, avec grâce : *air joué amoureusement, tableau amoureusement peint.*

* **AMOUREUX, EUSE** adj. Qui aime par amour :

> L'amoureux Eurylas, absent de Timarète,
> Exprimait par les sons de sa douce musette
> Combien l'ennui mortel d'un triste éloignement
> Presse le tendre cœur d'un véritable amant.
>
> SEGRAIS. *Églogues.*

— Enclin à l'amour : *il est de complexion amoureuse.* — Prov. Il est AMOUREUX DES ONZE MILLE VIERGES ; IL SERAIT AMOUREUX D'UNE CHÈVRE, se dit d'un homme qui s'éprend de toutes les femmes qu'il voit. — AMOUREUX signifie aussi : qui exprime, qui marque de l'amour; qui est plein de sentiments d'amour; qui tend, qui est propre à inspirer de l'amour : *soupirs amoureux; regards amoureux.* — Qui a une grande passion pour quelque chose : *amoureux de la liberté, des tableaux.* — IL EST AMOUREUX DE SES ŒUVRES, DE SES IDÉES, DE SES OPINIONS, il en est entêté. — Peint. PINCEAU AMOUREUX, pinceau dont la touche est moelleuse, douce délicate et légère. — ⁓ Typogr. PAPIER AMOUREUX, papier qui boit l'encre. — ROULEAU AMOUREUX, rouleau qui fait de bon travail. — * Amoureux, euse s. Amant : *un amoureux transi.* — Pop. Cette fille a un amoureux. — Théâtre. JOUER LES AMOUREUX, LES AMOUREUSES, jouer les rôles d'amants : *la première, la seconde amoureuse.*

* **AMOUR-PROPRE** s. m. Amour de soi, respect de soi-même; sentiment que l'on a de sa dignité, de sa propre valeur : *il a trop d'amour-propre pour commettre une bassesse.* — Trop grand attachement à ce qui nous est personnel, opinion trop avantageuse de soi-même :

> L'amour-propre offensé ne pardonne jamais.
>
> B. LEMAÎTRE. *Épîtres*

— Poussé à l'excès, l'amour-propre dégénère en égoïsme. — Plur. DES AMOURS-PROPRES : *il a blessé tous les amours-propres.*

AMOUS (Pays d'), *Amausensis Pagus*, ancien petit pays de Bourgogne et de Franche-Comté, dont les villes principales étaient Charnay-sur-Saône, Chazelles, Pontarlier et Saint-Julien.

* **AMOVIBILITÉ** s. f. Qualité de ce qui est amovible.

* **AMOVIBLE** adj. (lat. *a*, *ab*, de; *movere*, mouvoir). Qui peut être placé ou déplacé à volonté : *place amovible; les membres du parquet sont amovibles, ainsi que les juges de paix, avec lesquels ils constituent la magistrature amovible.*

AMOY, voy. ÉMOUY.

AMPÉLIDÉ, ÉE adj. (gr. *ampelos*, vigne). Bot. Qui ressemble à la vigne. — AMPÉLIDÉES s. f. pl. Famille de *dicotylédones dialipétales*, appelée aussi *vinifères* et *sarmentacées* et caractérisée par des étamines hypogynes, un ovaire à deux loges, des baies globuleuses. Elle contient les trois genres *cissus, ampelopsis et vitis.*

AMPELIS [an-pé-liss] Zool. Nom latin du genre de passereaux appelés COTINGAS.

AMPÉLITE s. f. (gr. *ampelos*, vigne). Géognosie. Sorte de schiste argileux noir qui sert de pierre à tracer et que l'on mettait autrefois au pied des vignes pour servir d'engrais. L'ampélite se compose de silicate d'alumine et de carbone avec un peu de soufre et de fer. On en distingue deux espèces principales : *l'ampélite graphique* ou pierre d'Italie, dont on fait les crayons de charpentier; et *l'ampélite alunifère*, employée dans plusieurs pays pour fabriquer l'alun.

AMPELIUS (Lucius), écrivain latin du IVᵉ ou du Vᵉ siècle après J.-C., auteur d'un ouvrage intitulé : *Liber memorialis*, sorte d'encyclopédie universelle que l'on imprime ordinairement à la suite des éditions de Florus.

AMPÉLOGRAPHE s. m. (gr. *ampelos*, vigne ; *graphô*, je décris). Celui qui décrit la vigne; qui écrit sur la vigne.

AMPÉLOGRAPHIE s. f. Description de la vigne; traité sur la vigne.

AMPÉLOGRAPHIQUE adj. Qui appartient, qui a rapport à l'ampélographie.

AMPÉLOPSIS s. m. [an-pé-lo-pssiss] (gr. *ampelos*, vigne; *opsis*, ressemblance). Genre de plantes de la famille des ampélidées, et qui habite la zone équatoriale. L'espèce la plus connue est la *vigne vierge* (*ampelopsis*

Ampélopsis vigne vierge (Ampelopsis quinquefolia).

quinquefolia), originaire de l'Amérique du Nord et cultivée chez nous comme plante d'ornement pour couvrir les murs et les tonnelles. Une espèce japonaise (*ampelopsis vietchii* ou *tricuspidata*), également importée chez nous, se distingue par un feuillage composé de petites feuilles très nombreuses.

AMPÈRE I. (André-Marie), savant, né à Lyon, le 22 janvier 1775, mort en 1836; professeur de mathématiques à Lyon et à Paris, membre de l'Institut en 1814; auteur d'un *Recueil d'observations électro-dynamiques*, 2 vol. 1824-'26; de *Considérations sur la théorie mathématique du jeu*, et d'un grand nombre de mémoires disséminés dans les journaux savants. Ses distractions sont devenues proverbiales. — II. (Jean-Jacques-Antoine), littérateur et historien, fils du précédent, né à Lyon le 12 août 1800, mort à Paris le 27 mars 1864; professeur, en 1833, d'histoire de la littérature française au Collège de France, il publia le résumé de ses cours sous le titre de : *Histoire littéraire de la France avant le xiie siècle* (1839); *Introduction à l'histoire de la littérature française au moyen âge* (1841); il devint membre de l'Académie française en 1847. Il étudia avec succès les hiéroglyphes égyptiens et donna le récit de ses voyages en Orient et aux États-Unis. Ses autres ouvrages comprennent : *De la Chine et des travaux de Rémusat; la Grèce, Rome et Dante*, et l'*Histoire romaine à Rome* (4 vol. 1856-'64). Sa correspondance, publiée en 1872, constitue son autobiographie.

AMPÈRE (Table d'). Phys. Appareil imaginé par le savant Ampère pour étudier l'action des courants électriques les uns sur les autres ou sur les aimants.

AMPÈRE s. m. (de *Ampère*, n. pr.). Nom donné par les électriciens au courant que produit une force électro-motrice d'un *volt* agissant sur une résistance d'un *ohm*. Un ampère donne un *coulomb* dans une seconde. Voy. ces différents mots; voy. aussi ÉLECTRICITÉ.

AMPFING, village de la Bavière méridionale, près de Mühldorf. L'empereur Louis de Bavière y battit et captura Frédéric d'Autriche en 1322, après un engagement connu sous le nom de combat de Mühldorf. En 1800, Moreau, attaqué par les Autrichiens, y commença sa célèbre retraite, quelques jours avant la victoire de Hohenlinden.

AMPHACANTHE s. m. [an-fa-kan-te] (gr. *amphi*, des deux côtés; *akantha*, épine). Nom scientifique du poisson appelé SIDJAN.

AMPHEC, ville de Palestine sous les murs de laquelle les Philistins battirent les Israélites et s'emparèrent de l'Arche d'alliance.

AMPHIARAÏDE adj. [an-fi-a-ra-i-de]. Se dit des descendants d'Amphiaraüs.

AMPHIARAÜS, devin grec, fils d'Oïclès, fut courir le bruit qu'il était né d'Apollon et d'Hypermnestre. Gendre d'Adraste, roi d'Argos, il refusa d'abord de suivre ce prince à la guerre de Thèbes, parce que, suivant l'oracle, il devait y périr. Mais sa femme Ériphile, séduite par l'offre d'un collier de diamants, découvrit sa retraite à Polynice, l'un des sept chefs grecs. Amphiaraüs fut forcé de marcher contre Thèbes; il prit la fuite au milieu du combat; la terre s'entr'ouvrit et l'engloutit avec son char. Son fils Alcméon le vengea en poignardant sa mère. Amphiaraüs reçut les honneurs divins. On lui éleva, à la place même où il avait été englouti, un temple dont l'oracle fut longtemps célèbre.

AMPHIARÉES s. f. pl. Fête que les habitants d'Orope célébraient en l'honneur d'Amphiaraüs.

AMPÉIARTHROSE s. f. [an-fi-ar-trô-ze] (gr. *amphi*, des deux côtés; *arthron*, emboîtement). Anat. Articulation dans laquelle les surfaces articulaires planes ou presque planes sont unies, dans toute leur étendue, par un fibrocartilage inter-articulaire; telles sont les articulations des vertèbres. Les *amphiarthroses*,

appelées aussi *symphyses*, ne sont susceptibles que de mouvements bornés, sans glissement.

* **AMPHIBIE** adj. Zool. Qui vit sur la terre et dans l'eau : *animal amphibie*; *l'hippopotame, la grenouille, le rat d'eau, le castor sont des animaux amphibies*. — Bot. Se dit des plantes qui croissent également dans l'eau et hors de l'eau. — Zool. Substantiv. Animal qui peut vivre indifféremment dans l'air ou dans l'eau. Presque toutes les classes du règne animal renferment des espèces amphibies. — Cuvier a donné particulièrement le nom d'*amphibies* à la troisième et dernière des petites tribus des carnivores (ordre des mammifères carnassiers). Les animaux de cette tribu, outre les caractères généraux des carnivores, « ont les pieds si courts et tellement enveloppés dans la peau, qu'ils ne peuvent, sur terre, leur servir qu'à ramper; mais comme les intervalles des doigts y sont remplis par des membranes, ce sont des rames excellentes; aussi ces animaux passent-ils la plus grande partie de leur vie dans la mer, et ne viennent à terre que pour se reposer au soleil et allaiter leurs petits. Leur corps allongé, leur épine très mobile, et pourvue de muscles qui la fléchissent avec force, leur bassin étroit, leur poil ras et serré contre la peau se réunissent pour en faire de bons nageurs » (Cuvier). Cette tribu .ne contient que deux genres : les *phoques* et les *morses*. — Fig. et fam. Homme qui exerce deux professions disparates; particulièrement, ouvrier typographe qui est en même temps imprimeur ou correcteur. — Homme qui, par intérêt personnel, ménage deux partis opposés, adopte alternativement deux opinions contraires.

AMPHIBIENS s. m. pl. Zool. Nom que l'on donne quelquefois aux *batraciens*.

AMPHIBIOGRAPHIE s. f. Zool. Traité sur les amphibies.

AMPHIBIOLOGIE s. f. Partie de la zoologie qui traite des animaux amphibies.

AMPHIBOLE s. f. [an-fi-bo-le] (gr. *amphibolos*, ambigu). Minér. Substance minérale ainsi nommée parce qu'elle ressemble à d'autres minéraux. Elle se compose de silice, de chaux et de magnésie : on la trouve dans les terrains de cristallisation, au milieu des gneiss; elle est souvent disséminée dans la dolomie, les roches talqueuses, le quartz, etc. On en distingue trois espèces principales : l'*amphibole blanche* ou TRÉMOLITE; l'*amphibole verte* ou ACTINOTE et l'*amphibole noire* ou HORN BLENDE. Plusieurs variétés sont utilisées pour faire des manches de couteau, des boutons d'habit, etc.

AMPHIBOLIQUE adj. Minér. Se dit de minéraux dans lesquels l'amphibole entre comme partie constituante. — Géol. Se dit des roches composées d'*amphibolite* ou de *métaphire*.

AMPHIBOLITE s. f. Géol. Roche qui est à pâte d'horn-blende, contenant du mica, du feldspath, des grenats, etc.

* **AMPHIBOLOGIE** s. f. [an-fi-bo-lo-gt] (gr. *amphibolos*, ambigu, douteux; *logos*, discours). Défaut du style qui donne à la phrase deux sens possibles et qui provient généralement d'une mauvaise construction. Ex. : *j'ai fait un voyage en Italie qui m'a beaucoup plu*; on ne sait si c'est le voyage ou l'Italie qui a plu. *Je prends en note tout ce que je vois sur mon calepin*, il faudrait, pour être correct, changer l'ordre de la phrase et dire : « *Je prends sur mon calepin tout ce que je vois* ». On évite ce défaut en mettant toujours les mots à leur place que marque la liaison des idées et en évitant l'emploi fautif des pronoms *qui*, *que*, *dont*, *il*, *le*, *la*, *les*, ou des adjectifs *son*, *sa*, *ses*, etc.

* **AMPHIBOLOGIQUE** adj. Ambigu, obscur, ayant double sens.

* **AMPHIBOLOGIQUEMENT** adv. D'une manière amphibologique.

AMPHIBOLOÏDE adj. Qui a l'apparence de l'amphibole.

AMPHIBOLOSTYLE adj. Bot. Se dit des plantes dont le style est peu apparent.

AMPHIBRAQUE adj. et s. m. (gr. *amphi*, des deux côtés; *brachus*, bref). Prosod. anc. Pied formé d'une longue entre deux brèves. On le nomme aussi *Brachychorée* (chorée entre deux brèves).

AMPHIBULIME s. m. [an-fi-bu-li-me] (gr. *amphi*, autour; lat. *bulima*, sorte de coquille). Sorte de coquille univalve appartenant au genre ambrette.

AMPHICARPE adj. (gr. *amphi*, de part et d'autre; *karpos*, fruit). Bot. Qui a des fruits de deux sortes : dont les fruits mûrissent à deux époques différentes.

AMPHICOME s. m. [an-fi-ko-me] (gr. *amphi*, autour; *comé*, chevelure). Genre de Scarabées dont les mandibules ne sont pas dentées et qui sont voisins des hannetons. On en connaît une douzaine d'espèces qui habitent les contrées orientales du bassin méditerranéen.

AMPHICTYON [an-fik-si-on], l'un des fils de Deucalion et de Pyrrha, régna aux Thermopyles et sur l'Attique vers le xvie siècle avant J.-C. On lui attribue l'institution des *Amphictyons*.

AMPHICTYON [an-fik-si-on] s. m. Représentant de l'une des villes confédérées de la Grèce qui avaient droit de suffrage dans le conseil amphictyonique. — *Amphictyons* (CONSEIL DES), grand conseil composé des représentants de douze peuples qui appartenaient à la Grèce primitive, savoir : Thessaliens, Béotiens, Doriens, Ioniens, Perrhèbes, Magnètes, Locriens, Athéens, Phtiotes, Maliens, Phocidiens, Dolopes. Chacun de ces peuples envoyait au conseil deux députés choisis parmi les personnages les plus vertueux et nommés l'un *hieromnemon*, l'autre *pylagore*. Chaque député avait une voix. L'assemblée se réunissait deux fois par an à Delphes ou dans le temple de Cérès, près des Thermopyles. Les délibérations portaient principalement sur les cérémonies religieuses et sur les différends qui s'élevaient entre les villes amphictyoniques. Le conseil était plus particulièrement chargé de la conservation du temple d'Apollon à Delphes. Il pouvait appeler à l'exécution de ses décrets tous les peuples de la confédération. Ses décrets firent naître deux guerres sanglantes appelées *guerres sacrées*. Le conseil se prêta ensuite aux projets de Philippe de Macédoine; il survécut peu de temps à l'indépendance de la Grèce.

AMPHICTYONAT s. m. Qualité d'amphictyon.

* **AMPHICTYONIDE** adj. Se dit des villes de Grèce qui avaient le droit d'amphictyonie.

* **AMPHICTYONIE** s. f. Droit que les principales villes de la Grèce avaient d'envoyer un député au conseil des amphictyons.

* **AMPHICTYONIQUE** adj. Qui a rapport au conseil des amphictyons.

* **AMPHICTYONS** s. m. pl. Voy. AMPHICTYON. L'Académie admet ce mot au pluriel seulement : *conseil des amphictyons*; *les amphictyons s'assemblaient à Delphes et aux Thermopyles*.

AMPHICYCLE s. m. (gr. *amphi*, autour de; *kuklos*, disque). Nom donné au croissant de la lune.

-**AMPHIDROME** adj. (gr. *amphi*, autour; *dromos*, course). Mar. Se dit des navires dont les extrémités sont semblables, ce qui leur permet de changer de direction sans virer de bord. La plupart des remorqueurs et des bateaux à roues des ports sont *amphidromes* et vont également en avant ou en arrière.

AMPHIDROMIE adj. (gr. *amphi*, autour; *dromos*, course). Ant. gr. Sorte de baptême qui se célébrait le cinquième jour après ,a naissance d'un enfant. On promenait solennellement celui-ci autour du foyer et des dieux lares ; on pensqu'il recevait son nom à la suite de cette cérémonie.

AMPHIGÈNE adj. [an-fi-jè-ne] (gr. *amphi*, doublement ; *genos*, origine). Qualification donnée par Berzélius aux corps simples qui produisent des acides et des bases. — **s. m.** Silicate d'alumine et de potasse qui porte aussi les noms de *leucite*, *grenatite*, *grenat blanc*, *leucolite*. 80³Si², 30³Al³, 30k. On le trouve en beaux cristaux isolés dans les laves du Vésuve et dans la plupart des roches volcaniques (Tivoli, Albano, Dolomie de la Somma). Densité, de 2-37 à 2-48. Presque toujours, au centre des cristaux, se trouve un noyau de *pyroxène*. Le nom d'*amphygène* fut donné à ce silicate, parce que ses cristaux, de forme trapézoïdale, offrent une structure conduisant à deux formes primitives différentes : le cube et le dodécaèdre rhomboïdal.

* **AMPHIGOURI** s. m. [an-fi-gou-ri] (gr. *amphi*, autour ; *guros*, cercle). Discours ou écrit renfermant des idées sans ordre et d'un sens vague et indéterminé. Quelquefois l'amphigouri est fait à dessein, comme dans certaines pièces de vers de Collé et de Scarron. On en cite de ce dernier la pièce qui commence par ce vers :

Un jour qu'il faisait nuit, je dormais éveillé, etc.

Mais l'amphigouri ne dépend pas toujours de la volonté ; il provient de trop de recherche ; tels sont le compliment de Thomas Diafoirius dans le *Malade imaginaire*, le jargon de Madelon dans les *Précieuses ridicules*, la scène dans laquelle Sganarelle donne une consultation (*Médecin malgré lui*, 2ᵉ acte). Nous pourrions citer de nos auteurs contemporains des milliers de phrases où l'amphigouri est bien involontaire.

* **AMPHIGOURIQUE** adj. Qui a le caractère de l'amphigouri : *style amphigourique*.

AMPHIGOURIQUEMENT adv. D'une manière amphigourique.

AMPHIGOURISME s. m. Vice de ce qui est amphigourique.

AMPHILOCHUS ou Amphiloque, fils d'Amphiaraüs et d'Ériphyle, devin comme son père, prit part à la guerre des Epigones et au siège de Troie. Il eut des autels à Athènes et à Sparte ; et un oracle à Mallus, ville qu'il avait fondée en Cilicie.

AMPHILOQUE (Saint), évêque d'Icone, au VIᵉ siècle. Fête le 23 novembre.

AMPHIMACRE adj. et s. m. (gr. *amphi*, autour ; *makros*, long). Versif. anc. Pied formé de trois syllabes, dont une brève entre deux longues.

AMPHINOME s.f.[an-fi-no-me](gr. *amphinómó* je m'agite en rond). Genre d'annélides dorsibranches qui n'ont pas d'écailles sur le dos et qui portent sur les anneaux, de chaque côté du corps, indépendamment des cirres et des paquets de soies, une branchie en forme de houpe ou de panache. On trouve dans la mer des Indes, l'*amphinome chevelue*(*Terebella flava*, Gm.), remarquable par ses longs faisceaux de soies couleur de citron, et par les beaux panaches pourpres de ses branchies. Elle porte une crête verticale et deux petits tentacules sur le museau. L'*amphinome errante* habite les mers d'Europe.

AMPHION (Mythol.), fils de Jupiter et d'Antiope, reine de Thèbes ; il se rendit célèbre par sa merveilleuse habileté comme musicien. Aidé de son frère Zéthus, il s'empara de la ville de Thèbes pour venger les injures faites à leur mère. Voulant ensuite ceindre de murailles cette capitale, il n'eut, suivant le récit des poètes, qu'à tirer des sons harmonieux de la lyre qu'il avait reçue d'Apollon, et les pierros, se détachant des rochers, vinrent d'elles-

mêmes se placer où l'artiste le désirait. De son épouse Niobé, fille de Tantale, il eut quatorze enfants qui furent tués à coups de flèches par Appollon.

AMPHIOXUS s. m. [an-fi-ok-suss] (gr. *amphi*, des deux côtés ; *oxus*, pointu) ou Branchiostome s. m. Zool. Le plus bas des animaux vertébrés, constituant l'ordre des *pharyngobranches* de Huxley ou la *léptocardie* que Haeckel considère comme la première division de la branche des vertébrés. Ce poisson anomal a été trouvé sur les côtes de la Grande-Bretagne et de la Suède, dans la Méditerranée,

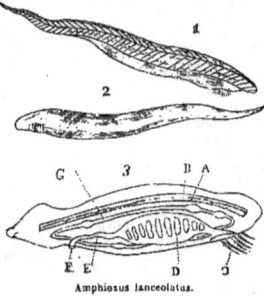

Amphioxus lanceolatus.

1. Animal vu en dessus. — 2. Le même vu en dessous.— 3. Diagramme anatomique : A, nerf spinal ; B, épine du dos ; C, bouche entourée de cirres ; D, pharynx dilaté et perforé ; E, intestin ; F, anus ; G, système nerval.

sur les côtes américaines de l'Atlantique et dans l'océan Indien. Il mesure un pouce et demi ou deux pouces de long et se termine en pointe à chaque extrémité. Le corps, d'un blanc d'argent, transparent, est aplati en forme du ruban. Une fissure longitudinale, placée sous la tête, sert de bouche ; celle-ci n'a pas de mâchoires, mais elle est entourée de filaments cartilagineux. Cette bouche donne accès dans une gorge ou pharynx très dilaté, dont les parois, fortifiées par des filaments cartilagineux, sont perforées de fentes transversales, le tout recouvert d'une membrane ciliée ou frangée : c'est le sac respiratoire. L'eau s'y introduit par la bouche et elle est rejetée par une ouverture placée en dessous. Du sac branchial part l'intestin, qui s'étend jusqu'à une ouverture ovale sous la queue, et auquel est attaché un organe semblable à un foie. Il n'y a pas de cavité contractile comparable au cœur, et le sang est incolore. L'animal ne possède ni squelette propre, ni cerveau. L'arrangement des muscles ressemble à celui des poissons. La peau est mince, rude et sans écailles.

AMPHIPODE. adj. [an-fi-po-de] (gr. *amphi*, doublement ; *pous*, *podos*, pied). Zool. Qui a deux sortes de pieds pour saisir et pour nager à volonté.— **Amphipodes** s. m. pl. 3ᵉ ordre des crustacés (Cuvier) : palpes aux mandibules, yeux immobiles, tête distincte du tronc et d'une seule pièce ; branchies vésiculeuses situées à la base intérieure des pieds, à l'exception de celle de la paire antérieure. Les *amphipodes* font partie des *cancers* de Linné. Les *amphipodes* nagent et sautent avec facilité, et toujours posés sur le côté. Les uns se trouvent dans les ruisseaux et les fontaines ; les autres vivent dans les eaux salées. Ils s'accouplent à la manière des insectes. — Les œufs sont rassemblés sur la poitrine et recouverts par des écailles particulières qui leur forment une sorte de poche. A s'y développent, et les petits restent attachés aux pieds ou à d'autres parties du corps de leur mère, jusqu'à ce qu'ils aient acquis assez de forces pour n'avoir plus besoin de cet appui (Cuvier). Ce groupe renferme les genres : *phronime*, *chevrette* (ou cre-

vette), *talitre*, *atyle*, *orchestie* (ou puces de mer), *corophie*, etc.

AMPHIPOLIS, ville de l'anc. Macédoine, sur le Strymon ; aujourd'hui village appelé *Néokhorio*. Patrie de Zoïle. Fondée par les Athéniens en 437 av. J.-C., Amphipolis fut saisie par Brasidas le Spartiate, en 424. Thucydide fut exilé pour n'avoir pas su la défendre, et Cléon se fit tuer en essayant de la reprendre (422).

AMPHIPOLITAIN, AÏNE adj et s. d'Amphipolis ; habitant de cette ville.

AMPHIPROSTYLE s. m. et adj. [an-fi-prosti-le] (gr. *amphi*, de part et d'autre ; *pro*, devant ; *stulos*, colonne). Ant. Edifice qui avait un portique de 4 colonnes aux deux faces antérieure et postérieure.

AMPHIROÉ [an-fi-roé], une des Océanides.

AMPHIROÉ s. f. Zooph. Genre de Polypes articulés, rameux, à rameaux épars, à articulations séparées les unes des autres par une substance neuf et cornée. Plusieurs espèces vivent dans nos mers.

AMPHISBÈNE s. m. (gr. *amphi*, des deux côtés ; *bainô*, je marche). Nom donné par les anciens à un serpent auquel ils attribuaient la faculté de marcher en avant et en arrière. — Erpét. Genre de reptiles ophidiens non venimeux, tribu des doubles marcheurs. On n'en

Amphisbæna fuliginosa.

connaît que deux espèces, l'*amphisbæna alba* et l'*amphisbæna fuliginosa*, l'une et l'autre de l'Amérique méridionale. Leur tête est si fine et leur extrémité inférieure est si épaisse et si courte, qu'il est difficile de distinguer l'une de l'autre à première vue ; et cette particularité, jointe à la facilité avec laquelle l'animal marche en avant ou en arrière, a fait naître la croyance populaire, dans l'Amérique du Sud, où les amphisbènes abondent, qu'il y a une tête à chaque extrémité. Ce reptile vit principalement de petits insectes ; il habite des fourmilières ou des trous qu'il se creuse sous terre.

AMPHISBÉNIEN, IENNE adj. Qui ressemble à l'amphisbène. — s. m. pl. Famille d'ophidiens.

* **AMPHISCIENS** adj. m. pl. [an-fiss-si-ain] (gr. *amphi*, des deux côtés ; *skia*, ombre). Se dit des habitants de la zone torride, parce que leur ombre se projette tantôt vers le nord et tantôt vers le sud, selon que le soleil se trouve au sud ou au nord de l'équateur. On dit aussi *asciens*.— ᴠ s. m. pl.: *les amphiscien s*.

AMPHISSA (auj. *Salona*), ville de Grèce, au pied du mont Parnasse, à 140 kil. N.-O. d'A thènes ; évêché ; 8,000 hab. Elle était autrefois une des capitales des Locriens. Ses habitants s'étant permis de labourer sur le territoire du temple de Delphes, l'orateur athénien Eschine appela sur eux la colère du conseil des Amphictyons. Une guerre sacrée fut déclarée à la ville d'Amphissa. Philippe de Macédoine, à qui le commandement fut confié, la prit et la rasa, malgré l'intervention d'Athènes (340-'39). Auguste la rebâtit.

AMPHISTOME adj. [an-fi-sto-me] (gr. *amphi*, des deux côtés ; *stoma*, bouche). Antiq. gr. Se disait d'une phalange disposée de manière à faire front devant et derrière. — Zool. Genre de vers intestinaux parenchymateux trématodes, ayant une ventouse à chaque extrémité, un corps mou, aplati et une couleur blanchâtre. Les amphistomes vivent dans l'intestin de quelques mammifères, des amphibies et des oiseaux.

AMPHITHÉÂTRAL, ALE adj. Qui appartient, qui a rapport à l'amphithéâtre. — Inusité au m. pl.

* **AMPHITHÉÂTRE** s. m. [an-fi-té-â-tre] (gr. *amphi*, autour ; *theatron*, théâtre). Antiq rom. Grand édifice de forme ronde ou ovale, dont le milieu était une arène destinée aux combats de gladiateurs et de bêtes féroces, et dont la circonférence était formée de plusieurs rangs de gradins : l'*amphithéâtre de Vespasien*, à Rome, s'appelle aujourd'hui le COLISÉE. — Les premiers amphithéâtres furent construits, à ce

Amphithéâtre de Vérone.

que l'on croit, par Curio (76 av. J.-C.) et par Jules César (46), pour donner au peuple romain le spectacle des combats de gladiateurs et de bêtes féroces, et quelquefois des naumachies. Ils furent d'abord en bois ; mais Statilius Taurus en fit un en pierre sous le règne de César-Auguste. L'amphithéâtre de Vespasien (capable de contenir 80,000 personnes) fut bâti entre 70 et 88 après J.-C. (voy. *Colisée*). L'amphithéâtre de Vérone était un peu moins grand, ainsi que celui de Nîmes. — Ordinairement, l'*arène*, ainsi nommée parce qu'elle était couverte de sable, se trouvait environnée d'un mur et d'une balustrade de bronze, pour protéger les spectateurs contre les bêtes féroces. En haut de cette enceinte, s'élevait une série de gradins circulaires. Les spectateurs que l'on voulait honorer occupaient les sièges sur les premiers gradins, près de l'arène. A chaque extrémité, une large porte donnait accès aux hommes et aux animaux. On enfermait ces derniers dans des loges ménagées sous les gradins. Chaque escalier aboutissait à une porte de dégagement appelée *vomitoire*. Des mâts, fixés dans l'entablement, servaient à tendre les cordages, qui supportaient le *velarium*, immense tente que l'on tendait pour abriter les spectateurs. — Amphithéâtre désigne aujourd'hui un lieu élevé par degrés vis-à-vis de la scène, au-dessus du parterre et au-dessous des loges : l'*amphithéâtre plein de monde* ; *un billet d'amphithéâtre*. — Lieu garni de gradins, où un professeur fait ses cours ou donne ses leçons : *amphithéâtre du jardin des plantes*,

de l'É ole de médecine. — EN AMPHITHÉÂTRE, en s'élevant graduellement, lorsqu'on parle d'un terrain ou d'un lieu : *la ville d'Alger est bâtie en amphithéâtre sur le penchant d'une colline*.

AMPHITRITE (Mythol.), déesse de la mer, fille de Nérée et de Doris ; épouse de Neptune et mère de Triton ainsi que d'un grand nombre de nymphes.—En poésie, *Amphitrite* signifie *la mer* ; on la représente sur une conque traînée par des dauphins et accompagnée des Néréides, ou bien à cheval sur un dauphin, avec un trident à la main.

AMPHITRITE s. f. Genre de vers marins tubicoles, « faciles à reconnaître à des pailles de couleur dorée, rangées en peignes ou en couronne, sur un ou sur plusieurs rangs, à la partie antérieure de leur tête, où elles servent probablement de défense ou peut-être de moyen de ramper ou de ramasser les matériaux de leurs tuyaux. Autour de la bouche sont de très nombreux tentacules, et sur le commencement du dos, de chaque côté, des branchies en forme de peignes. Les unes se composent des tuyaux légers, en forme de cônes réguliers, qu'elles transportent avec elles. Leurs pailles dorées forment deux peignes, dont les dents sont dirigées vers la tête. Leur intestin, très ample et plusieurs fois replié, est d'ordinaire plein de sable. Telle est sur nos côtes, l'*amphitrite auricoma Belgica*, dont le tube, de 2 pouces de long, est formé de petits grains ronds de diverses couleurs. La mer du Sud en produit une espèce plus grande (*Amphitrite auricoma Capensis*) dont le tube, mince et poli, a l'air d'être transversalement fibreux, et d'être formé de quelque substance molle et filante, desséchée. D'autres *amphitrites* habitent des tuyaux factices fixés à divers corps. Leurs pailles dorées forment sur leur tête plusieurs couronnes concentriques, d'où résulte un opercule qui bouche leur tuyau quand elles s'y contractent. Leur corps se termine en arrière en un tube recourbé vers la tête, sans doute pour émettre les excréments. Telle est, le long de nos côtes, l'*amphitrite à ruche* (*Sabella alveolata*, Gm. ; *Tubipora arenosa*, Lin.), dont les tuyaux, unis les uns aux autres en une masse compacte, présentent leurs orifices, assez régulièrement disposés, comme ceux des alvéoles des abeilles.» (Cuvier). L'*amphitrite de l'huître*, (*Amphitrite ostrearia*) établit ses tubes sur les coquilles d'huîtres et nuit, dit-on, à la propagation de ces animaux.

AMPHITRITÉES s. f. pl. Famille d'annélides qui a pour type le genre amphitrite.

AMPHITROPE adj. [an-fi-tro-pe] (gr. *amphi*,

les deux côtés ; *tropein*, tourner). Bot. Se dit de l'embryon dont les deux extrémités sont recourbées.

AMPHITROPIE s. f. Bot. Phénomène que présente l'embryon amphitrope.

* **AMPHITRYON** [an-fi-tri-on] (Mythol.). Fils d'Alcée, roi de Tyrinthe, et époux d'Alcmène, fille du roi de Micènes. Pendant qu'il était à la guerre contre les Thélèboens, Jupiter emprunta ses traits pour tromper la fidélité d'Alcmène, qu'il rendit mère d'Hercule. — **Amphitryon**, comédie de Plaute qui obtint un immense succès dans l'antiquité et qui a été traduite ou imitée dans toutes les langues. — Comédie de Molière, en trois actes et en vers libres ; imitée de Plaute, mais avec une grande supériorité, et jouée sur le théâtre du Palais-Royal, le 13 janvier 1668. On la représenta, le 16, aux Tuileries. Molière y remplissait le rôle de Sosie, valet d'Amphitryon. C'est dans cette comédie que se trouvent les vers suivants, passés en proverbe :

> Le véritable *Amphitryon*
> Est l'*Amphitryon* où l'on dîne.

Rotrou avait également imité la brillante comédie de Plaute et c'est dans sa pièce que l'on rencontre ce vers :

> Foin d'un *amphitryon* où l'on ne dîne pas.

— **Amphitryon** s. m. Maître d'une maison où l'on dîne, celui qui donne à dîner, par allusion aux vers cités ci-dessus : *les lois du savoir-vivre ont fixé les devoirs d'un amphitryon*.

AMPHIUME s. m. [an-fi-u-me]. Erpét. Genre de reptiles originaires de l'Amérique du Nord, famille des amphiumidés. Ces batraciens sont privés de branchies, excepté dans la première période de leur vie ; ils respirent par les pores qui se trouvent sur les côtés de leur cou et ne subissent aucune métamorphose ; longueur totale : 70 centim. dont 5 pour la tête et 15 pour la queue ; couleur d'un noir bleuissant en dessus ; lèvres et gorge plus claires ; ventre d'un pourpre foncé. Ces animaux

Amphiume.

vivent dans les eaux boueuses où ils font la guerre aux petits poissons, aux mollusques et aux insectes. Ils sont, du reste, complètement inoffensifs pour les grands animaux.

AMPHIUMIDÉ, ÉE adj. Qui ressemble à l'amphiume. — **AMPHIUMIDÉS** s. m. pl. Famille de reptiles trématodères.

* **AMPHORE** s. f. [an-fo-re] (gr. *amphi*, des deux côtés ; *pherô*, je porte ; lat. *amphora*).

Amphores grecques et romaines, d'après les spécimens du British Museum.

Vase de terre cuite à deux anses, dont les an-

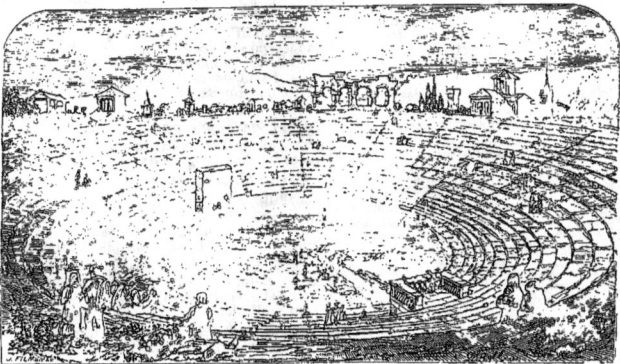

ciens Grecs et les Romains se servaient pour conserver certaines substances, telles que le vin, l'huile, les olives, les cendres des morts, etc. — Par ext. Vase qui contient un liquide; il est alors synonyme de bouteille, broc, cruche, mots auxquels il donne une signification plus noble, plus poétique :

Un pur nectar de l'*amphore* a coulé.
MILLEVOYE.

— Métrol. Étalon de mesure de capacité chez les anciens Romains. L'amphore était le cube du pied et équivalait à 26 litres 40 centilitres. Elle se divisait en 2 urnes, 3 boisseaux, 6 demi-boisseaux, 8 conges, 40 setiers, 96 hemines, 192 quarts de setiers, 384 acétabules, 576 cyathes et 2,304 ligules.

AMPHOTIDE s. f. [an-fo-ti-de] (gr. *amphi*, autour; *ôtis*, *ôtidos*, coussinet). Antiq. Calotte en airain doublé de drap dont les athlètes se couvraient les tempes et les oreilles, pour se garantir des coups du ceste.

AMPILLY-LE-SEC, village du dép. de la Côte-d'Or, cant. et à 7 kil. de Châtillon-sur-Seine; 650 hab. Forges, hauts-fourneaux, batterie de fer, clouterie.

* **AMPLE** adj. (lat. *amplus*). Qui est étendu en longueur et en largeur au-delà de la mesure ordinaire et commune : *ample étendue*; *robe très ample*. — Fig. Se dit de plusieurs choses, par rapport à l'étendue; quelquefois par rapport à la durée : *ample repas*; *ample examen*; *ample informé*. — Copieux, abondant : *ample provision*.

AMPLECTIF, IVE adj. (lat. *amplectivus*; de *amplector*, j'embrasse). Bot. Se dit de tout organe qui en embrasse un autre complètement.

* **AMPLEMENT** adv. D'une manière ample : *je lui ai écrit amplement*.

AMPLEPUIS, ch.-l. de cant., arr. et à 29 kil. O. de Villefranche (Rhône); 6,500 hab. Petite ville qui doit son importance à ses fabriques de tissus (toile de lin et de coton, mousseline, calicot, etc.).

* **AMPLEUR** s. f. (rad. *ample*). Étendue de ce qui est ample : *ampleur d'une robe, d'un habit, d'une étoffe*. — Fig. *Ampleur d'un dessin, du style, d'une méthode*.

AMPLEXATILE adj. (lat. *amplexus*, part. de *amplecti*, embrasser). Bot. Se dit de la radicule qui embrasse le cotylédon.

AMPLEXICAUDE adj. (lat. *amplexus*, embrassé; *cauda*, queue). Zool. Qui a la queue enveloppée dans une membrane tendue entre les jambes.

AMPLEXICAULE adj. [an-plé-ksi-kô-le] (lat. *amplexus*, embrasse; *caulis*, tige). Bot. Se dit des feuilles, pédoncules, pétioles, stipules, etc., lorsque ces organes de végétation embrassent la tige. Les feuilles du pavot sont *amplexicaules*; le mûrier et le figuier ont des stipules *amplexicaules*.

AMPLEXIFLORE adj. (lat. *amplexus*, embrassé; *flos*, *floris*, fleur). Bot. Qui enveloppe la fleur.

AMPLEXIFOLIÉ, ÉE adj. (lat. *amplexus*, embrassé; *folium*, feuille). Bot. Qui a les feuilles amplexicaules.

AMPLIATEUR s. m. Celui qui fait une ampliation.

* **AMPLIATIF, IVE** adj. (lat. *ampliatus*. part. pass. de *ampliare*, agrandir, augmenter). Qui augmente, qui ajoute. S'emploie surtout en parlant des brefs, des bulles et autres lettres apostoliques, qui ajoutent quelque chose aux précédentes : *le bref ampliatif de Clément IX*; *la bulle ampliative de Paul III*. — ᴖ Gramm. s. m. Terme employé par certains grammairiens, particulièrement par Beauzée, pour exprimer ce qu'on appelle vulgairement un superlatif absolu. Très, fort, extrêmement, excessivement, sont des *ampliatifs*.

24

* **AMPLIATION** s. f. [an-pli-a-si-on]. Finances et administr. Double, copie d'une quittance ou d'un autre acte que l'on garde pour le produire au besoin; on écrit pour *ampliation*, et on les revêt d'une signature qui fait foi. — Anc. pratique. LETTRES D'AMPLIATION, lettres en chancellerie, pour expliquer les moyens qu'on avait omis dans une requête civile.

AMPLIER v. a. (lat. *ampliare*, rendre ample). Augmenter une chose.

AMPLIFIANT, ANTE adj. Qui grossit, qui amplifie.

* **AMPLIFICATEUR** s. m. Celui qui amplifie. Ne se dit qu'en mauvaise part : *c'est un amplificateur*.

AMPLIFICATIF, IVE adj. Qui sert à amplifier.

* **AMPLIFICATION** s. m. (lat. *amplificatio*). Rhét. Forme de style qu'on emploie pour agrandir ou rapetisser les objets. L'amplification comprend l'hyperbole, la litote et d'autres figures. Elle a lieu au moyen de l'énumération des détails, par l'emploi des *lieux communs*, appelés pour ce sujet, *sources de l'amplification*. Poussée à l'excès, elle tombe dans l'exagération et dans la déclamation; mais employée avec art, elle est le triomphe de l'éloquence. Écoutons l'âne des *Animaux malades de la peste*, qui veut diminuer, par l'amplification, la grandeur de sa faute :

    .... J'ai souvenance
  Qu'en un pré de moines passant,
  La faim, l'occasion, l'herbe tendre et, je pense,
    Quelque diable aussi me poussant,
  Je tondis de ce pré la largeur de ma langue.

— S'est dit, dans les collèges, du discours que les écoliers font sur un sujet qu'on leur donne à développer; on dit aujourd'hui : *discours latin, discours français*.

* **AMPLIFIER** v. a. Étendre, augmenter par le discours : *il amplifie les choses*. — Absolum.: *il amplifie toujours*. — Optique. Grossir, en parlant des verres, des lunettes.

* **AMPLITUDE** s. f. (lat. *amplitudo*). Etendue en longueur et en largeur. — Géom. Ligne droite comprise entre les deux extrémités de l'arc d'une parabole. — Astron. Arc de l'horizon compris entre le point où un astre se lève ou se couche et les véritables points de l'est ou du l'ouest : *amplitude orientale* ou *ortive du soleil*; *amplitude occidentale* ou *occase*. — Balist. AMPLITUDE DU JET, ligne droite comprise entre le point d'où part un projectile et celui où, après avoir décrit sa parabole, il rencontre le plan horizontal passant par son point de départ; c'est ce que diffère de la portée. — Pys. AMPLITUDE DES OSCILLATIONS D'UN PENDULE, angle formé par les deux directions extrêmes que le pendule prend à chaque oscillation.

* **AMPOULE** s. f. (lat. *ampulla*, fiole, petite bouteille pour contenir de l'huile ou des parfums). Fiole, petite bouteille. Dans ce sens, ne se dit que de la SAINTE AMPOULE, fiole conservée dans la cathédrale de Reims et remplie d'une huile intarissable qui servait à sacrer les rois de France. D'après une tradition, qui se répandit au IXᵉ siècle, elle avait été apportée du ciel par une colombe, lors du baptême de Clovis. L'huile de la sainte ampoule servit au sacre de tous les rois capétiens, jusqu'à la Révolution. En 1793, le conventionnel Rühl brisa cette relique à coups de marteau, sur la place publique de Reims. Un morceau du vase et une goutte de l'huile furent miraculeusement retrouvés que le sacre de Charles X, en 1825. — Méd. Petite tumeur qui survient aux pieds ou aux mains, à la suite de frottements répétés, de compressions violentes par des corps durs, etc. Celles qui proviennent de brûlures reçoivent le nom particulier de *phlyctènes*; et celles qui caractérisent certaines maladies de la peau sont nommées *vésicules* si elles sont

petites, comme dans l'eczéma, et *bulles* si elles sont volumineuses comme dans le pamphigus. Les ampoules proprement dites, qui sont causées par des marches forcées, par des chaussures trop étroites, des travaux manuels pénibles, etc., demandent un traitement particulier. Il faut les ouvrir, évacuer la sérosité qu'elles contiennent et, si elles sont douloureuses, les panser avec de l'eau blanche. On n'enlève l'épiderme que si la sérosité est devenue purulente et fétide.

* **AMPOULÉ, ÉE** adj. Enflé. Ne s'emploie guère qu'au figuré : *discours ampoulé*. — STYLE AMPOULÉ, style qui pèche par un excès d'ornements, par un amas de mots pompeux et magnifiques : *on appelle un style, un vers, un discours ampoulé celui où l'on emploie de grands mots pour exprimer de petites choses* (Marmontel). Le style ampoulé ne fut en faveur que dans les moments de décadence littéraire. Au XVIᵉ siècle, le Gascon du Bartas disait que le soleil, qu'il appelait le *duc des chandelles*, est *emperruqué de rais* (rayons). Sous le premier empire, Marchangy transforma un potage en

Bouillon aux yeux d'or, qui rit dans le vermeil.

AMPOULETTE s. f. Petite ampoule. — Mar. Sablier qui sert à calculer le nombre de nœuds que file une bâtiment. — Artill. Cylindre de saule, d'aune ou de tilleul, qui sert à fermer l'œil d'un projectile creux et qui contient la fusée.

AMPSAGA (*Oued-el-Kébir* ou *Sufjimar*), ancien nom d'une rivière de l'Afrique septentrionale, qui séparait la Numidie de la Maurétanie.

AMPSIVARIENS, voy. ANSIBARIENS.

AMPUIS, commune située sur la rive droite du Rhône, à 25 kil. S. de Lyon, près de Condrieu (Rhône). Sur son territoire se trouve le fameux vignoble de *Côte-Rôtie* (38 hectares).

AMPULEX s. f. [an-pu-lèks] (lat. *pulex*, puceron). Entom. Genre d'hyménoptères fouisseurs établi par Jurine et comprenant plusieurs sphex de Cuvier.

AMPULLACÉ, ÉE adj. Qui a la forme d'une ampoule ou d'une bouteille.

AMPULLAIRE adj. Qui a la forme d'une petite bouteille. — Bot. Se dit des ampoules formées par la dilatation de l'épiderme et pleines d'un liquide incolore. — s. f. Moll. Genre de gastéropodes tectinibranches, famille des trochoïdes à coquille univalve, ronde et ventrue. Les ampullaires vivent dans les eaux douces des pays chauds. La plus grosse espèce, l'*ampullaire idole* (*ampullaria rugosa*), habite le Mississipi. L'*ampullaire cordon bleu* (*ampullaria fasciata*) se distingue par les zones bleues qui teignent son dernier tour.

AMPULLARIÉ, ÉE adj. Qui ressemble à une ampullaire. — s. f. pl. Famille de mollusques qui a pour type le genre ampullaire

AMPULLOIDE adj. Qui a la forme d'une petite bouteille.

AMPURIAS, *Emporiæ*. Ville de la prov. et à 40 kil. N.-E. de Girone (Espagne); port fondé par les Phocéens de Marseille et pris par Caton le Censeur (195 av. J.-C.).

* **AMPUTATION** s. f. Chirurg. Opération par laquelle on enlève, à l'aide d'instruments tranchants, un membre ou une partie saillante du corps. Autrefois, les amputations présentaient de grands dangers, causés principalement par les hémorragies. Pour prévenir les accidents de cette nature, on a proposé d'employer des instruments rougis au feu ou d'appliquer sur la surface amputée des fers rouges ou des liquides bouillants. Un bandage, destiné à empêcher l'effusion du sang pendant l'opération, fut employé dès le premier siècle de notre ère; mais appliqué avec ignorance, il ne remplit pas son but. La ligature appliquée immédiatement aux vaisseaux est due à

II

Ambroise Paré (xvi° siècle). L'invention du tourniquet par Morel et son perfectionnement par Petit (xvii° et xviii° siècles) ont encore diminué les dangers de l'opération; enfin, l'emploi des *anesthésiques* a presque supprimé la douleur.

* **AMPUTÉ, ÉE** part. pass. d'Amputer : *membre amputé; il a été amputé.* — Substantiv. : *un amputé.*

* **AMPUTER** v. a. (lat. *amputare*, couper). Chirurg. Faire une amputation, pratiquer l'amputation : *amputer un membre, amputer un blessé.*

AMPYX ou **Ampycter** s. m. Antiq. Large bandeau en or, quelquefois garni de pierres précieuses, que portaient, dans l'ancienne Grèce, les femmes de qualité. — Chaîne d'or qui liait sur la tête les crins d'un cheval.

AMRI [amm-ri], roi d'Israël de 918 à 907; bâtit Samarie, dont il fit sa capitale.

AMRITSIR ou **Umritsir**, ville du Punjaub (Indoustan), à 50 kil. E. de Lahore. 136,000 hab. son nom (réservoir de l'Immortalité), vient d'un réservoir réparé en 1581, qui se trouve dans la ville.

AMROU-IBN-EL-ASS, officier arabe, mort vers 663. Il appartenait à la famille des Koréichites, s'opposa d'abord aux progrès de Mahomet et devint ensuite un de ses plus fidèles disciples. Abou-Bekr et Omar furent en partie redevables à sa valeur leurs conquêtes en Syrie; à la tête de 4,000 hommes, il soumit l'Egypte et fonda le vieux Caire. En 640, il captura Alexandrie, dont il brûla la bibliothèque, d'après les ordres d'Omar. Il reprit encore cette ville après qu'elle se fut rendue aux Grecs.

AMROU'L-KAÏS, prince et poète arabe, auteur d'une des sept moallakâh. Voy. Arabie (*Langue et littérature*).

AMSCHASPAND s. m. Génie du bien et de la lumière, dans la religion de Zoroastre. — *Amschaspands et Darvands*, ouvrage de Lamennais (1843); critique exagérée du gouvernement de Louis-Philippe.

AMSDORF (Nicolaus von), réformateur allemand, né en Saxe en 1483, mort en 1565, évêque de Naumbourg en 1542, adversaire de Mélanchton et ardent collaborateur de Luther; auteur de nombreux ouvrages aujourd'hui oubliés.

AMSDORFIEN adj. Membre de la secte fondée par Amsdorf.

AMSLER (Samuel), graveur suisse (1791-1849), publia d'excellentes épreuves d'après les meilleurs maîtres anciens et modernes.

AMSTEL, petite rivière de Hollande, formée par le Drecht et le Mydrecht; elle se jette dans l'Y, après avoir traversé Amsterdam, qui lui doit son nom (*Amstel-dam*).

AMSTELLODAMOIS, OISE s. et adj. Qui est d'Amsterdam; qui concerne cette ville ou ses habitants.

AMSTERDAM, autrefois Amsteldam, digue de l'Amstel, métropole de Hollande et cap. de la province de Hollande septentrionale, à 50 kil. N.-E. de la Haye, et 542 kil. de Paris, sur la rive méridionale de l'Y, près du Zuyderzée, partagée par l'embouchure principale de l'*Amstel*; 305,000 hab. ; presque tous appartenant à l'Église hollandaise réformée. Des canaux bordés de quais divisent Amsterdam en 90 îles reliées entre elles par des centaines de ponts. De grands môles, construits en 1851, résistent au flux de la mer, projette ses deux extrémités sur l'Y, qui lui sert de port. Les anciens bastions sont occupés aujourd'hui par des moulins à vent; et sur l'emplacement des murailles, on a tracé des promenades. La ville a huit portes en fer; et ses rues courent, de chaque côté des canaux,

parallèlement aux promenades. Les plus larges et les plus belles avenues sont celles de Heeren, de Keizers et du Prinsen Grachten. Sur le Kalver straat se trouvent les plus grands magasins. — Immense commerce. — Entrée en 1873 : 885 navires à voile et 398 bateaux à vapeur, jaugeant 470,000 tonneaux. — Commerce extérieur évalué à un milliard de florins. Manufacture de tabac; raffineries de sucre et de sel; nombreuses brasseries; distilleries; construction de navires. — Le château d'Amsterdam fut commencé en 1100; mais

Palais d'Amsterdam.

la ville ne date que de 1203. Le commerce de cette cité s'accrut de tout ce que perdit celui d'Anvers, après 1609. La Bourse fut faite en 1634; le magnifique palais (Stadhuis), commencé en 1648, repose sur 13,659 pilos et renferme un vaste jeu de paume et un célèbre carillon. On visite, en outre, l'église neuve (*Nieuwe kerk*) dont on admire les vitraux peints; la vieille église (*Oude kerk*) dont l'orgue est fameux ; le palais de l'Industrie, le palais de Justice; plusieurs belles résidences particulières; un palais de cristal destiné à une exposition industrielle (16 août 1864); le canal d'Amsterdam à la mer du Nord, inauguré le 1er nov. 1876. — Au commencement du xiii° siècle, Amsterdam était un petit village de pêcheurs, que Guillaume III, comte de Hollande, prit en 1296. Le duc d'Albe chassa les habitants qui avaient adopté le protestantisme ; la ville se joignit aux Provinces-Unies en 1578 et reçut de grands privilèges; elle se rendit au roi de Prusse, lorsque ce prince envahit la Hollande pour rétablir le Stathouder (1787); les Français y entrèrent sans rencontrer de résistance, le 18 janvier 1795. Le gouvernement hollandais n'y fut restauré qu'au mois de décembre 1813. — Lat. N. 52° 22' 30"; long. E. 2° 32' 54".

AMSTERDAM, petite île de l'océan Pacifique, longue de 7 kil., large de 3 kil.; par 37° 47' 46" lat. S. et 75° 4' 56" long. E. Inhabitée.

AMSTERDAM (Nouvelle-), New Amsterdam, ville maritime de la Guyane anglaise, près du confluent de la Berbice et de la Candje, par 6° 20' lat. N. et 59° 35' long. O.

AMUCK ou **Amok** (javanais *amoak*, tuer). Espèce de frénésie particulière aux Malais. Celui qui en est atteint se précipite dans les rues, armé d'une épée dont il frappe tous ceux qu'il rencontre, jusqu'à ce qu'il tombe lui-même percé de coups.

* **AMULETTE** s. f. (lat. *amuletum*, de *amoliri*, écarter). Petit objet, tel que figure, médaille, etc., que les personnes superstitieuses portent sur elles comme préservatif des dan-

gers, des maléfices, des maladies. Tous les peuples primitifs crurent à la vertu de certaines pierres taillées, de morceaux d'os, de grossières statuettes, de petits animaux desséchés, etc. — Les Egyptiens portaient ordinairement des scarabées couverts d'hiéroglyphes; les Grecs, des plaques avec des inscriptions religieuses; les Romains, de petites idoles; les premiers chrétiens, le prétendu bois de la vraie croix. Au moyen âge, on recommanda certains mots cabalistiques, particulièrement l'*abracadabra* et les *abraxas*. Aujourd'hui les amulettes (fétiches, grigris, manitous) jouent encore un rôle chez les musulmans et chez les nègres.

AMULIUS [uss], roi d'Albe la Longue, fils de Procas, s'empara du trône sur son frère Numitor, dont il fit vestale la fille Rhea Sylvia. Romulus et Remus tuèrent Amulius et replacèrent Numitor sur le trône, vers 754 av. J.-C.

AMUNITIONNEMENT s. m. Action d'amunitionner.

AMUNITIONNER v. a. Pourvoir de munitions.

AMURAT ou **Mourad**, nom de cinq sultans de Turquie. — Amurat Ier, fils d'Orkhan, né en 1326, sultan en 1360, mort en 1389. Après avoir réprimé une insurrection en Galatie, il envahit l'Europe jusqu'aux Balkans, prit Andrinople, et battit les princes de Bulgarie et de Serbie. Pendant une paix de six années, il organisa l'armée ottomane, forma le corps célèbre des Spahis et institua un système de féodalité militaire. Son fils, Saudji, fomenta une insurrection, dont il fut à mort, déposa le prince révolté Sisman de Bulgarie et vainquit Lazare, prince de Serbie, à la bataille de Kossovo, vers la fin de laquelle il fut tué lui-même par un chrétien blessé. — Amurat II, surnommé *le Juste*, né vers 1404, succéda à son père, Mahomet Ier, en 1421, mourut en 1451 ; conclut un armistice de cinq ans avec Sigismond, empereur d'Allemagne, battit et mit à mort son rival Mustapha, fils de Bajazet, que soutenait l'empereur grec; assiégea Constantinople en 1423; mais l'assaut qu'il livra à cette ville fut, d'après les écrivains grecs, miraculeusement repoussé. En 1429, Amurat se rendit maître de Thessalonique et, en 1431, de Janina. En 1439, il assiégea Belgrade; mais il fut repoussé, et les armes ottomanes subirent une longue série de revers causés par l'héroïque résistance de Jean Huniade. Amurat n'obtint la paix qu'en faisant les plus grands sacrifices; il abdiqua en 1442 et se retira à Magnésia, dans l'Asie-Mineure. Dès qu'il eut quitté le pouvoir, les Chrétiens recommencèrent les hostilités. Les succès de Ladislas, roi de Pologne et de Hongrie, et de son lieutenant Huniade, déterminèrent Amurat à reprendre la couronne (1444). Il battit les Chrétiens à Varna, où tomba Ladislas, et subjugua la Morée ; mais il rencontra une résistance inattendue en Albanie, où Georges Castriot (Scanderberg) commandait les troupes. Une nouvelle irruption de Huniade en Serbie amena une bataille dans les plaines de Kossovo (octobre 1448). L'armée hongroise y fut mise en déroute. — **Amurat III**, né en 1545, succéda à son père, Sélim II, en 1574 ; mourut en 1595. Son règne fut marqué par l'arrogance avec laquelle furent traités les représentants des puissances européennes, qui durent payer des tributs dissimulés sous le nom d'ambassades. La guerre avec l'Autriche se continua avec des alternatives de succès et de revers ; mais du côté de la Perse, les Turcs prirent la Géorgie, le Schirvan et plusieurs autres territoires qui leur furent ensuite cédés par le traité de 1590. L'altération des monnaies amena une révolte des janissaires. — **Amurat IV**, surnommé *Errazi*, le Victorieux, né en 1611, succéda à son oncle Mustapha en 1623, mourut en 1640 ; trouva l'empire dans un état déplorable et le releva par une administration vigoureuse. En 1638, Bagdad fut prise d'assaut. A la fin de son règne, Amurat se livra aux excès de l'ivrognerie. — **Amurat V**, *(Méhémet-Mourad)*, né le 21 sept. 1840, fils aîné d'Abdul-Medjid, fut porté au pouvoir après la déposition de son oncle Abdul-Aziz (30 mai 1876) ; mais presque aussitôt reconnu incapable de régner, il fut déposé en faveur de son frère, Abdul-Hamid (31 août).

AMURE s. f. (lat. *ad murum*, au mur ou attaché au mur). Mar. Cordage qui sert à *amurer* les voiles, c'est-à-dire à les maintenir du côté du vent. — AMURE DE REVERS, celle qui se trouve sous le vent. — DOGUE D'AMURE, trou pratiqué dans le côté du navire et où l'on fixe les amures. — ETRE TRIBORD-AMURES ou BABORD-AMURES, c'est présenter le tribord ou le bâbord au vent. — PRENDRE LES AMURES A TRIBORD, A BABORD, c'est disposer la voilure pour recevoir le vent par la droite ou par la gauche. — CHANGER D'AMURES, virer de bord.

AMURER v. a. (rad. *amure*). Mar. Tendre plus ou moins l'amure d'une voile, afin de présenter celle-ci selon l'angle qu'elle doit former avec le vent.

AMUSABLE adj. Qui peut être amusé.

AMUSANT, ANTE adj. Qui amuse agréablement, qui divertit : *livre amusant* ; *histoire amusante* ; *homme amusant.*

AMUSEMENT s. m. [a-mu-ze-man]. Ce qui amuse agréablement, ce qui divertit : *la musique est son amusement.* — Perte de temps, retardement : *pas tant d'amusement, allez-vous.* — Tromperie, promesses trompeuses : *je vous las de ces amusements.*

AMUSER v. a. (rad. *muser*). Arrêter inutilement, faire perdre le temps : *une mouche suffit pour l'amuser.* — Divertir par des choses agréables : *elle sait amuser des enfants.* — Repaître de vaines espérances : *il vous amuse depuis longtemps pour vous tromper.* Prov. et fam. AMUSER LE TAPIS, parler de choses vaines et vagues pour faire passer le temps. Dire beaucoup de paroles, sans en faire arriver au fait. — S'amuser v. pr. S'occuper par simple divertissement, et pour ne pas s'ennuyer : *il s'amuse à faire des vers.* — Prov. et fam. S'AMUSER A LA MOUTARDE, perdre son temps à des bagatelles. — S'AMUSER DE QUELQU'UN, se moquer de lui. — S'AMUSER DE PEU DE CHOSE, trouver facilement à se distraire. — Absolument. S'amuser, perdre le temps : *ne vous amusez pas, on vous attend.*

AMUSETTE s. f. Petit amusement : *les pou-*

pées sont des amusettes d'enfant. — ⌣ Art milit. Canon léger qui se chargeait par la culasse et qui fut introduit dans l'armée française, au siècle dernier, par le maréchal de Saxe, qui le destinait aux combats d'avant-poste, aux escarmouches et à la guerre dans les montagnes. On en abandonna l'usage après quelques essais.

AMUSEUR s. m. Celui qui amuse : *ce romancier est un amuseur, un agréable amuseur.*

AMUSOIRE s. f. Moyen de distraire, d'amuser.

AMUSSAT I. (Jean-Zuléma), chirurgien, né à Saint-Maixent, en 1796, mort en 1856, inventeur de plusieurs instruments et auteur de *Recherches sur le système nerveux* (1825) et d'un *Mémoire sur la torsion des artères* (1829). — II. (Auguste-Alphonse), chirurgien, fils du précédent, né et mort à Paris (1820-'78), s'occupa d'une façon toute particulière de la *galvanocaustique thermique.* A laissé plusieurs ouvrages, parmi lesquels des *Mémoires sur la galvanocaustique thermique*, Paris, 1876, in-8° ; *Extraction de deux corps étrangers introduits dans la vessie* (1872, in-8°), etc.

AMYCLÉE, ancienne ville de Grèce, voisine de Sparte et surnommée la *Verdoyante Amyclée.* Patrie des Dioscures, d'Hélène et de Clytemnestre.

AMYCLÉEN, ENNE s. et adj. D'Amyclée. Qui se rapporte à cette ville ou à ses habitants.

AMYCTIQUE adj. (gr. *amuktikos*, déchirant). Méd. Se dit des topiques corrosifs.

AMYÉLIE s. f. (gr. *a*, priv. ; *muelos*, moelle). Anat. Monstruosité caractérisée par l'absence de moelle épinière.

AMYÉLONERVIE s. f. (gr. *a*, priv. ; *muelos*, moelle ; *neuron*, nerf). Méd. Paralysie de la moelle épinière.

AMYGDALAIRE adj. Géol. Se dit des roches qui présentent, dans leur intérieur, des parties minérales en forme d'amande.

AMYGDALE s. f. [a-mig-da-le] (gr. *amugdalê*, amande). Anat. On donne le nom d'amygdales ou de *tonsilles* à deux glandes en forme d'amandes, qui occupent le fond de la gorge, de chaque côté de l'isthme du gosier, dans un enfoncement particulier que bornent en avant et en arrière les piliers du voile du palais. Chez certains sujets, ce groupe de follicules muqueux existe à peine ; mais chez d'autres, il est volumineux, au point de gêner la déglutition et la respiration ; c'est pourquoi, on est quelquefois obligé d'en faire la résection, malgré l'importante fonction des amygdales, qui sont chargées de fournir, par une douzaine de petites ouvertures, un mucus transparent et visqueux destiné à tenir le fond du gosier pour faciliter la déglutition et la digestion.

AMYGDALÉ, ÉE adj. Bot. Qui ressemble à un amandier. — AMYGDALÉES s. f. pl. Famille extraite des *rosacées*, comprenant des plantes ou des arbrisseaux stipulés, à feuilles alternes, simples ; à fleurs axillaires en grappe, corymbe ou ombelle, à drupe charnue ou coriace fibreuse ; à noyau osseux ou ligneux. Genres principaux : *amandier, prunier, abricotier, pêcher,* etc.

AMYGDALIFÈRE adj. Bot. Se dit des plantes qui portent des amandes.

AMYGDALIN, INE adj. Pharm. Se dit des préparations dans lesquelles il entre des amandes.

AMYGDALINE s. f. Chim. Principe immédiat que l'on trouve tout formé dans le tissu des amandes amères, dans les feuilles de laurier-cerise, etc. $C^{40}H^{12}Az^2O^{27} + 6HO$. On l'obtient en lessivant les tourteaux d'amandes amères par l'alcool absolu et bouillant et en concentrant ensuite la liqueur alcoolique. Les cris-

taux d'amygdaline se déposent en paillettes d'aspect soyeux. Lorsqu'on les met en contact avec de l'eau et le ferment particulier appelé *synaptose*, ils éprouvent un dédoublement chimique spontané qui leur permet de fournir, à l'aide de la distillation, *l'essence d'amandes amères.* Cette substance a été découverte en 1830 par Robiquet et Boutron-Charlard.

AMYGDALIQUE adj. Chim. Se dit des acides dans lesquels il entre une solution aqueuse d'amygdaline.

AMYGDALITE s. f. Voy. ANGINE TONSILLAIRE.

AMYGDALOÏDE adj. (gr. *amugdalê*, amande ; *eidos*, forme). Minér. Se dit des roches qui contiennent de petits corps blancs en forme d'amande. — *s. f.* Roche volcanique contenant des cavités en forme d'amande, lesquelles sont formées par l'expansion de certains gaz et qui contiennent différents minéraux tels que calcédoine, agate, spath calcaire, zéolithe.

AMYGDALOTOME s. m. (franç. *amygdale* ; gr. *tomê*, action de couper). Chir. Instrument qui sert à pratiquer l'excision des amygdales.

AMYLACÉ, ÉE adj. (gr. *amulon*, amidon) Qui a quelque rapport avec l'amidon ; qui ressemble à l'amidon : *fécule amylacée.*

AMYLACÉTIQUE adj. Chim. Se dit d'un *éther* appelé aussi acétate d'amyle et obtenu en soumettant à la distillation un mélange d'acétate de potasse, d'alcool amylique et d'acide sulfurique concentré.

AMYLE s. m. (gr. *amulon*, fécule). Chim. Radical de l'alcool amylique ou esprit de pomme de terre ; liquide, incolore, transparent, insoluble dans l'eau, soluble dans l'alcool et dans l'éther. Il n'est d'aucun usage dans les arts ; mais il est intéressant par ses produits. $C^{10}H^{11}$. L'amyle fut isolé pour la première fois par Edward Frankland, en 1849.

AMYLÈNE s. m. (gr. *amulon*, fécule). Chim. Carbure d'hydrogène, homologue du gaz oléfiant. On l'obtient soit en décomposant l'alcool amylique par l'acide sulfurique, soit en distillant une solution de chlorure de zinc et d'alcool amylique. C'est un liquide incolore, transparent, qui a l'odeur du chou en décomposition. $C^{10}H^{10}$. Il bout à 40° ; sa densité de vapeur est 2,45. L'amylène fut obtenu d'abord par M. Balard, de Paris, en 1844, au moyen de la distillation d'alcool de pomme de terre avec du chlorure de zinc. En 1856, le Dr Snow proposa d'employer cette nouvelle substance comme anesthésique, au lieu de chloroforme. Des essais furent faits dans plusieurs hôpitaux de France et d'Angleterre, mais on dut les abandonner, parce que, si l'odeur de l'amylène est moins désagréable que celle du chloroforme, par compensation l'emploi de la première de ces substances est plus dangereux.

AMYLÉNIQUE adj. Chim. Qui est produit par l'amylène ; qui se rapporte à ce carbure.

AMYLIQUE adj. (gr. *amulon*, fécule). Chim. Se dit d'un alcool appelé aussi *hydrate d'amyle* ou *huile de pommes de terre*, liquide huileux, incolore, brûlant avec une flamme bleuâtre ; sa vapeur détermine la toux, sa saveur est âcre et corrosive. $C^{10}H^{11}O^2$. Il bout à 132°. Densité 0,818. On l'extrait ordinairement de l'eau-de-vie de pommes de terre ; mais il se produit aussi dans la fermentation alcoolique des céréales et du raisin. — Se dit d'un *éther* appelé aussi *oxyde d'amyle* et obtenu par l'action de l'acide sulfurique sur l'alcool amylique. $C^{10}H^{11}O$. — Se dit encore d'un *acide* analogue à l'acide acétique et dont le véritable nom est *acide valérique.* Se dit de tous les composés qui dérivent de l'alcool amylique : *les dérivés amyliques ont été découverts par le chimiste Balard.*

AMYLIQUES s. m. pl. Chim. Famille de composés ternaires, ayant pour type l'amidon.

AMYL-PHOSPHINE s. f. Chim. Base phosphorée résultant de la substitution d'un radical amyle à l'un des trois atomes d'hydrogène dans l'hydrogène phosphoré.

AMYL-PHOPHINIQUE adj. Chim. Se dit d'un acide produit par l'oxydation de l'amyl-phosphine.

AMYL-THYMOL s. m. Chim. Composé qui résulte du remplacement de l'atome d'hydrogène typique du tymol par le radical amyle.

AMYN (Mohammed), fils et successeur d'Haroun-al-Raschid, né en 787, calife en 809, fut massacré par les soldats de son frère et compétiteur, Mamoun, en 813.

AMYNTAS, nom de trois rois de Macédoine. — I. fils et successeur (507 av. J.-C.) d'Alcetas, mort en 480; se soumit honteusement à Darius Ier. — II. Neveu de Perdiccas II, régna de 393 à 363 av. J.-C. — III. Petit-fils du précédent, succéda à son père, Perdiccas III (360 av. J.-C.), mais fut déposé en 359 par Philippe II et mis à mort par Alexandre en 336.

AMYNTIQUE adj. (gr. *amuntikos*, fortifiant). Pharm. Qui fortifie : *emplâtre amyntique*.

AMYON (Jean-Claude), conventionnel, né à Poligny, en 1735, mort en 1803 ; vota la mort du roi, protesta contre la proscription des Girondins, fut emprisonné jusqu'au 9 thermidor, rentra à la Convention et siégea aux Anciens jusqu'en 1797.

AMYOT (Jacques), célèbre écrivain, né à Melun, le 30 octobre 1513, mort le 6 février 1593 ; d'abord domestique de riches étudiants, il apprit le grec et le latin, obtint une chaire de ces deux langues à l'université de Bourges, traduisit le roman grec de *Théagène* et *Chariclée* et les *Vies* de Plutarque. François Ier lui donna la riche abbaye de Bellezane ; Henri II lui confia l'éducation de son fils, Charles IX, et ce dernier le nomma grand aumônier et évêque d'Auxerre. Il a traduit toutes les œuvres de Plutarque ; mais la partie la plus estimée de ce travail est la collection des *Vies des hommes illustres*, dont il a fait un livre français. On lui doit encore une gracieuse traduction de *Daphnis et Chloé* et sept livres de *Diodore de Sicile*.

AMYRAUT (Moïse), théologien protestant, né en 1596, à Bourgueil (Anjou), mort en 1664; professeur de théologie à l'université de Saumur, il chercha à unir les diverses Eglises réformées et écrivit de nombreux ouvrages sur les lois naturelles du mariage, contre l'indifférence et contre les Millénaires.

AMYRIDACÉES s. f. pl. Bot. Groupe ayant pour type le genre *amyride*.

AMYRIDE s. f. (gr. *amuros*, non parfumé). Bot. Nom que l'on donne quelquefois au genre *balsamier*.

AMYRIDÉ, ÉE adj. Bot. Qui ressemble à l'amyride. — s. f. Bot. Tribu de plantes qui ne renferme guère que le genre *balsamier*.

AMYRINE s. f. Substance cristallisable extraite du suc résineux de l'amyride.

AMYRIS [a-mi-riss]. Nom scientifique du genre *balsamier*.

AMYXIE s. f. [a-mi-ksi] (gr. a, priv.; *muxa*, mucus). Pathol. Manque de mucus.

*   **AN** s. m. (lat. *annus*). Temps de la révolution apparente du soleil dans le zodiaque, ou mieux, de la révolution réelle de la terre autour du soleil : *l'an se divise en douze mois*; *l'an passé*; *le nouvel an*. On dit aussi ANNÉE. — DÈS SES JEUNES ANS, dès sa première jeunesse. — DANS OU SUR SES VIEUX ANS, dans sa vieillesse. — Absolum. LES ANS, l'âge en général : *l'outrage des ans*. — BOUT DE L'AN. Service religieux que l'on fait pour une personne, un an après sa mort. — L'AN DU MONDE, L'AN DE GRACE, L'AN DE NOTRE-SEIGNEUR, L'AN DE L'INCARNATION, for-

mules dont on se sert, suivant qu'on suppute les temps par rapport à la création du monde, ou à la naissance de J.-C. — AN PREMIER, AN DEUX, AN TROIS, etc., se dit pour indiquer les années de l'ère républicaine française, commencée le 22 septembre 1792 : *Constitution de l'an III*. Voy. CALENDRIER. — Prov. et fam. JE M'EN MOQUE COMME DE L'AN QUARANTE, cela m'est tout à fait indifférent. — LE JOUR DE L'AN, le premier jour de l'an. — BON AN, MAL AN, une année dans l'autre, en moyenne : *son commerce lui rapporte dix mille francs, bon an, mal an*. — PAR AN, chaque année : *il gagne trois mille francs par an*. — Jurisp. AN ET JOUR, année révolue et un jour par delà.

*   **ANA**, par abréviation AA (gr. *ana*, partage). Méd. Voy. AA.

*   **ANA** s. m. (terminaison du nominatif plur. neutre des adj. lat. en *anus*). Terminaison ajoutée au nom d'un personnage pour indiquer un recueil de ses pensées détachées, de ses bons mots, de ses réparties, des anecdotes qui lui sont attribuées. Le plus ancien recueil de ce genre est le *Scaligeriana* (La Haye, 1666); viennent ensuite par ordre de date : le *Calviniana*, le *Menagiana* (Paris 1715, 4 vol. in-12), le *Segresiana*, le *Boursautiana*, le *Huetiana* (Amsterdam, 1723, in-12), le *Carpenteriana* (ibid., 1744, in-12), le *Valesiana*, le *Thuana*, le *Pironiana*, l'*Arnoldiana*, le *Voltairiana* (Paris 1748, 2 vol. in-8o) ; le *Bieviriana*, l'*Ancilloniana*, etc. L'*Encyclopediana* (dictionnaire d'ana) ; les *Revolutiana* (Paris, an X, in-18), les *Parisiana* (Paris, 1818, in-18); le *Bonapartiana*; etc. — ANA s'emploie isolément pour désigner les recueils de ce genre : *un faiseur d'ana* ; *cela traîne dans tous les ana*.

ANABAINE ou **Anabainelle** s. f. (gr. *anabainô*, je monte, parce que plusieurs plantes de ce genre croissent au fond de l'eau et tendent à s'élever vers la surface). Bot. Genre d'Algues zoospermées, tribu des Nostochinées. Les anabaines consistent en filaments simples, muqueux, formés d'articulations globuleuses ou oblongues, cylindriques à l'extrémité. On en compte une vingtaine d'espèces habitant les eaux douces d'Europe. On en distingue : l'*Anabaine en forme de lichen* (Anabaina licheniformis, Bory de Saint-Vincent) qui croît sur la terre humide ; l'*Anabaine marine* (Anabaina marina) commune sur les sables un peu vaseux de la plage de Granville.

ANABANTOÏDE adj. (gr. *anabas*, grimpant, *eidos*, forme). Ichtyol. Qui ressemble à l'anabas.

ANABAPTISME s. m. [a-na-ba-ti-sme] (gr. *ana*, de nouveau ; *baptizô*, je plonge dans l'eau). Doctrine, système religieux et politique des anabaptistes.

*   **ANABAPTISTE** adj. et s. [a-na-ba-ti-ste] Nom d'une secte de chrétiens qui rejetaient le baptême des enfants, et soumettaient de nouveau à ce sacrement les adultes qui avaient déjà été baptisés dans leur enfance. Cette secte eut pour chef Nicolas Stork, disciple de Luther, qui voulut abolir la féodalité et la hiérarchie ecclésiastique. Ses disciples se dirent descendants des Vaudois et des Hussites. Les paysans de Souabe et de Franconie se soulevèrent à leur voix et élurent pour chef Thomas Münzer ; mais ils furent battus le 15 mai 1524 près de Mulhausen (Thuringe) ; leurs chefs subirent la torture et la mort. Le mouvement, écrasé de ce côté, prit une autre direction. Il adopta les doctrines communistes et rencontra de nombreuses sympathies dans les classes populaires. En 1533, les anabaptistes, commandés par Jean Matthias, de Harlem, et Jean Boccold, de Leyde, concentrèrent leurs opérations à Münster, où ils se fortifièrent et où ils établirent la communauté de biens et la polygamie. Rothmann, prédicateur qui avait introduit la réforme à Münster, et un notable habitant nommé Knip-

perdolling furent de puissants auxiliaires de l'hérésie. Mais le comte Waldeck, prince-évêque de Münster, chassé de sa métropole, revint l'assiéger dès qu'il eut rassemblé des troupes. Matthias fut tué; Jean Boccold fut aussitôt élevé au « trône de David ». Le fanatisme dégénéra, par une transition facile, en licence et en sensualité. La ville fut prise le 24 juin 1535, après une résistance courageuse. La chute de ces hérétiques fut suivie d'horribles persécutions, qui ne purent complètement étouffer la secte naissante. Cette insurrection eut son contre-coup en Angleterre. On exécuta plusieurs hérétiques à Londres (1535-'40). Le 6 janvier 1661, environ 80 anabaptistes prirent les armes à la voix de leur prédicateur, Thomas Venner, et ne se rendirent qu'après avoir tué beaucoup des soldats envoyés pour les combattre. Leur chef et 16 autres révoltés furent exécutés, les 19 et 21 janvier. Parmi les prophètes les plus célèbres qui relevèrent le courage de leurs coreligionnaires, nous rappellerons Melchior Hoffmann, les frères Huter et Simmon Mennon. On compte aujourd'hui un grand nombre de communautés de baptistes dans les pays protestants, principalement aux Etats-Unis. Voy. MENNONITES.

ANABAS s. m. [a-na-bâss] (gr. *anabainô*, je monte). — Ichty. Espèce de poisson qui forme à elle seule un genre dans la famille des leptosomes. A la racine de ses branchies se trouve un appareil de lames compliquées qui sert, dit-on, à retenir l'eau. Grâce à cet appareil, l'anabas (anabas scandens, Cuv.) ou sennal (perca scandens, Daldorf), peut vivre plusieurs heures et même plusieurs jours hors de l'eau. Il rampe sur le rivage et grimpe quelquefois le long des palmiers. Il vit dans les torrents et dans les marécages de l'Inde ; il se nourrit d'insectes aquatiques.

ANABASE s. f. (gr. *anabasis* ; marche d'une région inférieure à une région supérieure, ou de la mer vers l'intérieur d'un pays). Titre de deux récits historiques : 1o l'*anabase* de Xénophon, histoire de l'expédition de Cyrus le Jeune dans la Haute-Asie et de la retraite des dix-mille ; 2o l'*anabase* d'Arrien, histoire de l'expédition d'Alexandre.

ANABATIQUE adj. (gr. *anabasis*, action de monter). Pathol. Se dit des maladies qui augmentent et décroissent ensuite graduellement d'intensité.

ANABÈNE adj. (gr. *anabainô*, je grimpe). Zool. Se dit des reptiles qui montent sur les arbres.

ANABLEPS s. m. [blèpss] (gr. *anablepô*, je lève les yeux). Genre de poissons, famille des cyprins et très voisin des loches. L'anableps porte quelquefois le nom de *poisson à quatre yeux*, parce que chaque œil possède deux pupilles, l'une qui semble regarder au-dessus de la tête et l'autre au-dessous. Ce qui distingue ce poisson, c'est qu'il est vivipare. On n'en connaît qu'une espèce, des rivières de la Guyane.

ANACAIRE s. m. Voy. ANACARA.

ANACAMPTIQUE adj. (gr. *anacamptein*, réfléchir). Phys. Qui réfléchit, en parlant des *sons*, de la lumière. — Géom. COURBE ANACAMPTIQUE, courbe produite par la réflection de la lumière sur une surface, la position de l'œil étant déterminée. — s. f. Partie de l'optique qui traite de la réflexion de la lumière. On dit aussi CATOPTRIQUE.

ANACANTHE s. m. (gr. a, priv. ; *acanthos*, épine), Ichty. Genre de poissons, détaché des *Raies* de Cuvier. Les anacanthes se distinguent par une queue longue et grêle sans nageoire ni aiguillon.

ANACAPRI, bourg de l'île de Capri (Italie), sur le flanc du mont Solaro; on y monte par la *Scalina*, escalier de 552 marches.

ANACARA ou **Anacaire** s. m. Sorte de tambour en usage dans la cavalerie orientale.

* **ANACARDE** s. m. (gr. *ana*, qui marque ressemblance ; *cardia*, cœur). Fruit de l'anacardier ; son amande aplatie, noirâtre, brillante, ressemble un peu à un cœur. En France on l'appelle *noix d'acajou*. Son enveloppe renferme une huile caustique très inflammable que son âcreté a fait employer contre les ulcères fongueux et contre certaines affections dartreuses. Quant à l'amande, elle est douce et comestible. L'anacarde est porté latéralement sur un pédoncule plus gros que lui et comestible. Voir notre gravure, à l'article *anacardier*.

ANACARDIACÉ, ÉE adj. Bot. qui tient de l'anacardier. — s. f. pl. Famille de plantes dicotylédones dialipétales, autrefois appelée *Térébinthacées*, et renfermant des arbres ou des arbrisseaux qui produisent de la gomme ou de la résine. Principaux genres : *Pistachier, Sumac, Manguier, Anacardier, Monbin* :

* **ANACARDIER** s. m. Bot. Genre d'anacardiacées caractérisé par un calice à cinq divisions ; cinq pétales insérées au fond du calice ; dix étamines ; le fruit est noix réniforme et son pédoncule charnu, beaucoup plus gros que le fruit, est renflé en forme de poire.

Anacardier occidental, avec la pomme d'acajou et la noix d'acajou.

L'espèce la plus commune est l'*Anacardier occidental* (*Anacardium occidentale*, Lin.), petit arbre à tronc noueux, à feuilles ovales un peu échancrées, à fleurs en panicules terminales. Cette espèce, originaire de l'Amérique méridionale, produit le bois blanc appelé *acajou à pomme* et employé dans la menuiserie et la charpenterie. Le pédoncule renflé qui porte son fruit n'a pas d'analogue dans le règne végétal. C'est la *pomme d'acajou*. Il est comestible et légèrement vineux : on en fait des compotes, du vin, de l'eau-de-vie et du vinaigre. Quant au fruit, plus petit que son pédoncule, c'est l'*anacarde*.

ANACARDIQUE adj. Se dit d'un acide contenu dans le péricarpe de l'anacarde.

ANACATHARSIE s. f. (gr. *ana*, en haut ; *kathaïrô*, je purge). Méd. Expectoration d'une matière quelconque.

ANACATHARSIQUE ou **Anacathartique** adj. et s. Qui excite l'expectoration.

ANACÉION s. m. [a-na-sé-ion]. Antiq. Temple de Castor et Pollux à Athènes.

ANACÉNOSE s. f. (gr. *anakoinosis*, communication). Rhét. Figure par laquelle on s'attribue une partie de ce qui appartient en entier à d'autres. L'intimé s'exprime ainsi, par *anacénose* dans les Plaideurs :

> Quand avons-nous manqué d'aboyer au larron ?
> Racine.

Pour : *quand le chien accusé a-t-il manqué d'aboyer* etc. — C'est par *anacénose* que les domestiques de bonne maison disent : *chez nous,*

nos chevaux, notre cuisine, pour *la maison de notre maître, ses chevaux, sa cuisine.*

ANACÉPHALÉOSE s. f. [a-na-sé-fa-lé-o-ze] (gr. *ana*, une seconde fois ; *kephalê*, tête). Rhét. Récapitulation ou répétition courte et sommaire des principaux points d'un discours ou d'un écrit. Cicéron excellait dans ce genre de résumés.

ANACHARSIS, [kar-siss] philosophe scythe qui visita la Grèce (589 av. J.-C.) pour se mettre en état de civiliser sa patrie. A son retour, il fut tué par le roi Saulius, son frère. Les Grecs l'ont compté quelquefois parmi leurs sept sages et l'on a conservé quelques unes de ses sentences. — **Anacharsis** (VOYAGE DU JEUNE) [a-na-kar-siss], en Grèce ; chef-d'œuvre de l'abbé Barthélemy. Anacharsis est un personnage fictif que l'auteur fait descendre du philosophe scyte et qu'il suppose avoir visité la Grèce au temps de Périclès. Ce livre est une étude profonde des mœurs de la Grèce au moment de sa plus grande splendeur. L'auteur, qui y avait consacré trente années de sa vie, le publia en 1788, 4 vol. in-4° et atlas. Ce fut le dernier grand succès du XVIIIᵉ siècle. La meilleure des innombrables éditions qui en ont été données est celle de 1799, 7 vol in-4° et atlas. L'*Anacharsis* de Barthélemy a été traduit dans toutes les langues.

* **ANACHORÈTE** s. [a-na-ko-rè-te] (gr. *ana*, à l'écart ; *chôreô*, je me retire). Ermite, religieux qui vit seul dans un désert, par opposition à *cénobites*, religieux qui vivent en commun. — Par ext. Homme qui vit loin du monde : *il mène une vie d'anachorète.*

ANACHORÉTIQUE adj. Qui a rapport aux anachorètes.

ANACHORÉTISME s. m. Existence d'anachorète.

ANACHRONIQUE adj. Contraire à la chronologie.

* **ANACHRONISME** s. m. [a-na-kro-ni-sme] (gr. *ana*, qui exprime interversion ; *chronos*, temps). Faute contre la chronologie ; erreur dans la supputation des temps et dans la date des événements. On appelle *parachronisme* l'anachronisme qui place un fait après sa date ; *prochronisme*, celui qui le place auparavant. Le mot *métachronisme* s'applique à toute erreur en chronologie ; il est synonyme d'anachronisme. Virgile commet un anachronisme lorsqu'il rend contemporains Énée et Didon, quoiqu'ils aient vécu à deux siècles de distance. Nos romanciers et nos poètes ont également commis des anachronismes qu'il serait trop long d'énumérer. — On fait encore un anachronisme quand on prête à une époque les mœurs, les usages, le langage d'une autre époque. Il y a des anachronismes de costume, des anachronismes d'architecture aussi bien que des anachronismes d'idées et de sentiments.

ANACLASE s. f. (gr. *anaclasis*, action de briser). Phys. Réfraction, déviation. — Prosod. anc. Particularité métrique du vers ionique mineur consistant dans la substitution du diïambe au dichorée.

ANACLASTIQUE adj. Phys. Qui concerne la réfraction de la lumière. — s. f. Partie logique qui traite des réfractions de la lumière.

ANACLET I. (Saint) ou **saint Clet**, pape, deuxième successeur de saint Pierre (78 à 91) ; suivant quelques historiens il aurait succédé à Clément et aurait subi le martyre en 109. Fête, 26 avril. — II. (Pierre de Léon) antipape, élu en 1630, par une partie des cardinaux, en opposition à Innocent II. Il se maintint quelque temps à Rome et mourut en 1138.

ANACLÉTICUM s. m. [a-na-klé-ti-komm] (gr. *anakléticon*). Antiq. Sonnerie de trompettes

par laquelle on rappelait les fuyards au combat.

ANACLÉTIQUE adj. (gr. *ana*, en arrière ; *kaleô*, j'appelle). Qui sert à appeler.

ANACOLLÈME ou **Anacollémate** s. m. (gr. *anacollaô*, je comprime). Méd. Remède propre à arrêter une hémorragie, à comprimer une fluxion.

* **ANACOLUTHE** s. f. (gr. *a*, priv. ; *acoloutheïn*, suivre). Gramm. Sorte d'ellipse par laquelle on omet, dans une phrase, le mot, le terme qui est le corrélatif, le compagnon grammatical d'un mot exprimé : *qui dort dîne*, pour *celui qui dort dîne.*

> Ma foi sur l'avenir bien fou qui se fiera.
> Racine. Les Plaideurs.

Sous entendu *celui*, avant le relatif *qui*. — On donne encore le nom d'anacoluthe à un tour de phrase qui, au lieu d'être suivi régulièrement jusqu'au bout, change d'une façon brusque et inattendue :

> Ce Dieu, depuis longtemps votre unique refuge,
> Que deviendra l'effet de ses prédictions ?
> Racine. Athalie.

— On fait également une anacoluthe lorsqu'on donne au même verbe des compléments de nature différente, par exemple un substantif et un infinitif :

> Vous voulez que ce Dieu vous comble de bienfaits,
> Et ne l'aimer jamais.
> Racine. Athalie.

ANACONDO ou **Anaconda** s. m. Nom donné par les Indiens au *Boa scytale* (*Eunectes murinus*, Wagler), espèce de boa que l'on trouve dans les parties intertropicales de l'Amérique, principalement dans la Guyane et au Brésil.

Anacondo (Eunectes murinus).

C'est le plus gros serpent du nouveau monde, il mesure jusqu'à 20 pieds de long. Il est d'un brun-clair, avec une double suite de taches rondes, foncées, le long du dos, et des taches ocellées sur les flancs ; il vit principalement dans l'eau ou dans les marécages et fait la chasse aux agoutis, aux iguanes, aux poissons, aux singes, aux paresseux et aux fourmiliers. Il écrase d'abord sa proie en l'enveloppant avec une force extraordinaire ; puis il l'avale avec lenteur, en commençant toujours par la tête.

ANACOSTE s. f. Étoffe dont la chaîne et la trame sont en laine, avec double croisure.

ANACRÉON, poète lyrique grec, né à Téos, en Ionie, vers 561 av. J.-C., mort vers 477. Il vécut à la cour de Polycrate, tyran de Samos, et à Athènes pendant le règne d'Hipparque. On n'a conservé qu'une partie de ses poèmes, dans lesquels il célèbre l'amour et le vin. Henri Estienne a publié les *Odes d'Anacréon* en 1574, et Boissonade en 1823. Les traductions et les imitations de ces poésies sont innombrables, mais toujours inférieures au modèle. Les principales traductions en vers français sont celles de Longepierre, de la Fosse, de Gacon, de Saint-Victor, de Veissier-Descombes, de Henri Vesseron et de Girodet. Parmi les traductions en prose, on cite celles de Mᵐᵉ Dacier, de Gail et d'Ambroise-Firmin Didot. Mais qui pourra jamais traduire l'*Amour mouillé, la Colombe et le Passant*, Anacréon *vieilli, la Rose, l'Amour piqué par une abeille* et les autres chefs-d'œuvres d'élégance, de concision, de pureté, de verve enjouée, de passion et de lyrisme qui ont immortalisé le nom du chantre de Téos?

* **ANACRÉONTIQUE** adj. D'Anacréon, qui est dans le goût d'Anacréon ; genre poétique d'Anacréon. — *Vers anacréontiques.* Vers de 3 pieds et demi, employé par Anacréon et par les poètes qui ont imité son genre de poésie. Les 2e et 3e pieds sont des iambes ; le premier peut être un iambe, un spondée ou les équivalents du spondée, c'est-à-dire l'anapeste et le dactyle. — *Poésies anacréontiques.* Pièces légères et gracieuses qui chantent l'amour et l'ivresse, mais l'amour toujours joyeux et l'ivresse toujours décente. En tête des Latins qui ont imité le vieillard de Téos, il faut inscrire Horace, Catulle, Tibulle, Properce, Gallus, etc. Parmi nous, Clément Marot, Joachim du Bellay, Ronsard, maître Adam, Chaulieu, La Farre, Collé, Panard, Dorat, Pezay, Voltaire, Parny, Bertin, Poisson, de la Chabeaussière, Désaugiers, Béranger et bien d'autres ont fait des odes ou des chansons dans le goût anacréontique.

ANACRÉONTISME s. m. Genre anacréontique.

ANACRISE s. f. (gr. *anakrisis*, enquête). Jurispr. Enquête consistant dans l'interrogatoire ou la confrontation des témoins.

ANACROUSIS s. f. [a-na-krou-ziss] (gr. intonnation). Prosod. anc. Terme de métrique grecque pour désigner une ou plusieurs syllabes qui se trouvent en tête de certains vers lyriques, avant l'*arsis*, dont elles sont comme le prélude.

ANACTÉRIQUE Méd. Qui rétablit les forces.

ANACTÉSIE s. f. (gr. *anaktizô*, je rétablis). Méd. Convalescence.

ANACYCLIQUE s. m. et adj. [a-na-si-kli-ke] (gr. *anacuclicos*, qui a la propriété d'être tourné en sens inverse). Se dit de certains vers qui, lus de droite à gauche, présentent le même sens que de gauche à droite. Ce genre de vers obtint quelque faveur dans l'antiquité, chez les poètes provençaux et dans les monastères du moyen âge. Vers le temps de Louis XII, ces exercices futiles tombèrent dans un mépris dont ils ne sont plus relevés. En voici quelques exemples :

Triomphamment cherches honneur et prix,
Désolés cœurs, méchants, infortunés,
Terriblement êtes moqués et pris.

que l'on peut lire de la façon suivante en retournant mot par mot :

Pris et moqués êtes terriblement,
Infortunés, méchants, cœurs désolés,
Prix et honneur cherches triomphamment.

— Le vers suivant :

L'âme des uns jamais n'use de mal,

retourné lettre par lettre, se reproduit tout entier.

ANADÈME s. m. (gr. *anadéma*, bandeau). Antiq. Nom donné chez les Grecs aux bandelettes ou aux liens qui contenaient ou ornaient la chevelure.

ANADIPLOSE s. f. [a-na-di-plô-ze] (gr. *ana*, de nouveau ; *diplôsis*, action de doubler). Rhét. Répétition du mot final d'un vers ou d'une phrase au commencement du vers suivant ou de la phrase suivante ; comme dans cet exemple de Voltaire :

Il aperçoit de loin le jeune *Téligny.*
Téligny, dont l'amour a mérité sa fille.

ANADOSE s. f. (gr. *ana*, à travers ; *didômi*, je donne). Physiol. Distribution des principes nutritifs dans l'économie animale.

ANADROME s. f. (gr. *ana*, en haut ; *dromos*, course). Pathol. Transport d'une humeur des parties inférieures aux parties supérieures.

ANADYOMÈNE adj. et s. (gr. *anaduomai*, je sors de l'eau). Surnom donné à Vénus que la mythologie nous représente comme formée de l'écume de la mer. Le célèbre peintre Apelle fut le premier à représenter cette déesse au moment où elle essuie sa chevelure humide en sortant de l'écume. La courtisane Phryné lui avait servi de modèle.— s. f. Zool. Genre de polypiers flexibles que l'on appelle vulgairement *mousse de Corse.* Les anadyomènes sont régulièrement disposées en branches de substance verte, sillonnées de nervures symétriques que l'on pourrait comparer à une broderie.

ANADYR. I. Baie et station pour les pêcheurs de baleines, au N.-E. de la Sibérie.— II. Rivière qui naît au lac Yoanko, dans les monts Stanovoï, et qui se jette dans la baie d'Anadyr après un cours de 800 kil. à travers une contrée rocheuse que les neiges recouvrent pendant les trois quarts de l'année.

ANAFESTE (Paul-Luc), premier doge de Venise, de 697 à 717, réprima la piraterie.

ANAGALLIDE ou * **Anagallis** s. m. (gr. *anagallis*, formé de *angelaô*, je ris : parce que les anciens prétendaient que cette plante excitait la gaieté). Bot. Genre de Primulacées, tribu des anagallidées, désigné vulgairement sous le nom de *Mouron*, et caractérisé par une corolle caduque, en roue, dépassant le calice ; 5 étamines à filets barbus ; anthères reins par le dos ; fruit en capsule simulant une boîte avec son couvercle. Voy. Mouron.

ANAGALLIDÉ, ÉE, adj. Bot. Qui ressemble à l'anagallide. — s. f. pl. Tribu de Primulacées caractérisée principalement par un fruit qui s'ouvre à la maturité comme une boîte à savonnette. Genres principaux : *Anagallide* et *Centenille.*

* **ANAGALLIS** s. m. Voy. ANAGALLIDE.

ANAGÉNÈSE s. f. (gr. *anagennésis*, régénération). Méd. Régénération des parties détruites.

ANAГKH [a-nan-kê]. Mot grec qui signifie *destin, fatalité,* et qui est souvent employé en littérature.

ANAGLYPHE s. m. [a-na-gli-fe] (gr. *anagluphos*, ciselé en relief). Ouvrage ciselé, taillé ou relevé en bosse, comme les camées. Les dessins en creux, comme ceux de cachets, sont dits *diaglyphes* ou *intailles.* — On dit aussi *anaglypte.*

ANAGLYPHIQUE ou **Anaglyptique** adj. Garni d'élévations régulières, pareilles à des sculptures.

ANAGNI, ville épiscopale d'Italie, à 70 kil. S.-E. de Rome ; 8,500 hab. ; elle occupe l'emplacement de l'ancienne *Anagnia,* capitale des Herniques.

* **ANAGNOSTE** s. m. [a-nag-noss-te] (gr. *anagnostés,* lecteur). Ant. rom. Nom que les Romains donnaient à celui de leurs esclaves qui faisait la lecture pendant le repas.

ANAGOGE s. m. (gr. *ana,* en haut ; *agô,* je pousse). Pathol. Vomissement.

ANAGOGIE s. f. (gr. *anagein,* faire monter, élever). Ascét. Élévation de l'âme vers les choses célestes. — Théol. Interprétation figurée d'un fait ou d'un texte des Écritures, par laquelle on s'élève du sens naturel et littéral au sens spirituel et mystique. Par exemple, les biens temporels promis aux observateurs de la Loi sont, dans le sens anagogique, l'emblème des biens éternels réservés dans la vie future aux hommes vertueux. — On dit aussi ANAGOGISME.

ANAGOGIES s. f. pl. (gr. *ana,* en arrière ; *agein,* conduire). Antiq. Fête qu'on célébrait à Érix (Sicile), pour implorer le retour de Vénus, émigrée en Lybie.

* **ANAGOGIQUE** adj. Théol. Ne s'emploie

guère que dans la locution : INTERPRÉTATION ANAGOGIQUE, interprétation que l'on tire d'un sens naturel et littéral, pour s'élever à un sens spirituel et mystique.

ANAGOGIQUEMENT adv. Dans le sens anagogique.

ANAGOGISME s. m. Voy. ANAGOGIE.

ANAGOGISTE s. m. Celui qui s'occupe d'anagogie.

ANAGRAMMATIQUE adj. Qui a rapport à l'anagramme.

ANAGRAMMATIQUEMENT adv. D'une manière anagrammatique.

ANAGRAMMATISER v. n. Faire des anagrammes.

ANAGRAMMATISME s. m. Art de faire des anagrammes.

ANAGRAMMATISTE s. m. Celui qui fait des anagrammes.

* **ANAGRAMME** s. f. (gr. *ana,* à travers ; *gramma,* lettre). Transposition et nouvel arrangement des lettres qui composent un mot, un nom, disposées de telle sorte, qu'elles forment un ou plusieurs autres mots ayant un autre sens : *les mots* ÉCRAN, NACRÉ, RANCE, ANCRE, *etc., sont des anagrammes les uns des autres.* — De la question posée par Pilate à Jésus : *Quid est veritas ?* (qu'est-ce que la vérité ?) on a fait l'anagramme : *Est vin qui adest* (l'homme qui est ici) ; Calvinus s'est caché sous le pseudonyme d'*Alcuinus ;* François Rabelais sous celui d'*Alcofribas Nasier.* — Frère Jacques Clément (meurtrier de Henri III) a produit : *c'est l'enfer qui m'a créé;* Pierre de Ronsard : *Rose de Pindare ;* Verniettes (pseudonyme de J.-B. Rousseau) : *tu te renies;* Marie Touchet, (maîtresse de Charles IX) : *je charme tout ;* Marie Thérèse d'Autriche : *Mariée au roi très chrétien ;* Voltaire : *O alte vir;* Versailles : *Ville seras ;* Vigneron : *ivrogne.* — En 1789, on fit sur les deux grands orateurs de l'Assemblée constituante l'anagramme suivante :

On pourrait faire le pari
Qu'ils sont nés dans la même peau ;
Car retournez abbé *Mauri,*
Vous retrouverez *Mirabeau.*

— De Horatio Nelson, les Anglais ont fait : *Honor est a Nilo,* par allusion à la bataille du Nil (Aboukir) où notre flotte fut anéantie. — De Bonaparte, les mécontents disaient : *Bon à taper;* de la Révolution française : *Un Corse voté la finira,* ou un *Corse la finira sans veto ;* de Lamartine, ils disent, en 1848 : *Mal t'en tira.*

ANAGYRE s. f. ou * **Anagyris** s. m. (gr. *anaguros,* nom d'une plante). Bot. Genre de Papilionacées, tribu des Podalyriées, dont l'espèce la plus répandue est l'*anagyre fétide* (*Anagyris fœtida,* Lin.), appelée aussi *bois puant,* qui croît dans les lieux montagneux et sur les rochers des côtes de la Méditerranée. C'est un arbrisseau de 2 à 3 mètres, à folioles lancéolées, à gousse terminée en pointe. Ses feuilles répandent, quand on les froisse, une odeur très désagréable ; elles purgent violemment. Son bois et son écorce sont très fétides.

* **ANAGYRIS** s. m. [a-na-gi-riss]. Voy. ANAGYRE.

ANAHUAC, nom aborigène du grand plateau qui comprend les 3/5 du territoire mexicain, et dont la hauteur varie entre 1,200 m. et 2,500 m. Ce plateau est formé par quelques hautes montagnes parmi lesquelles on remarque les volcans de Jorullo et Popocatepetl. — Mexico porta primitivement le nom d'Anahuac Tenochtitlan.

ANAÏTIS ou **Anahid,** divinité adorée autrefois dans l'Asie-Mineure et en Assyrie. Les Grecs l'identifièrent tantôt avec Diana et tantôt avec Vénus.

ANAL, ALE adj. Qui appartient, qui a rapport à l'anus ; qui a son siège près de l'anus : *région anale, nageoire anale.*

ANALCIME s. m. (gr. *a*, priv.; *alkimos*, fort). Minér. Espèce d'amphigène, ainsi nommée à cause du peu de vertu électrique qu'elle acquiert par le frottement. L'analcime cristallise dans le système cubique, d'où son ancien nom de *cubicite* ; il est formé de 8 O² Si², 3O³ Al², 3O Na, 6 OH². Poids spécifique 2,53. Il se trouve parmi les basaltes de Dumbarton (Ecosse) et des îles de Skye, de Mull, de Staffa, etc. Il ne raie pas le verre, donne de l'eau par calcination, fond au vert transparent par le feu du chalumeau et est dissous par les acides.

ANALECTE s. m. (gr. *analego*, je ramasse). Ant. Restes des repas. — Esclave chargé de recueillir les reliefs des repas et de balayer la salle du festin. — *ANALECTES* s. m. pl. Littér. Recueil de fragments en prose ou en vers, choisis dans les ouvrages d'un ou de plusieurs auteurs : *les analectes de Brunck.*

ANALECTEUR s. m. Littér. Celui qui fait des analectes.

ANALEMMATIQUE adj. Astron. Qui appartient à l'analemme.

ANALEMME s. m. [a-na-lè-me] (gr. *ana*, en haut ; *lemma*, prise). Géogr. astronomique. Projection orthographique de tous les cercles de la sphère sur les colures des solstices.

ANALEPSIE s. f. (gr. *ana*, de nouveau ; *lepsis*, prise). Méd. Rétablissement des forces après une maladie.

ANALEPTIQUE adj. (rad. *analepsie*). Se dit des médicaments ou des aliments propres à rétablir les forces épuisées. — s. m. Substance tonique et nutritive propre à rétablir les forces des personnes épuisées ou convalescentes. Ce sont les bouillons gras, les potages, les viandes grillées ou rôties, les œufs frais, le lait, l'extrait de viande, les fécules, les vins vieux et légers, surtout le vin de Bordeaux et, en général, les vins dits généreux.

ANALGÉSIE ou Analgie s. f. (gr. *a*, priv.; *algos*, douleur). Pathol. Absence de douleur, insensibilité à la douleur.

ANALLUVION s. f. Géol. Alluvion produite par la décomposition des roches.

ANALOGIE s. f. (gr. *analogia*, rapport). Rapport, ressemblance, similitude qui existe, à certains égards, entre deux ou plusieurs choses différentes : *il y a de l'analogie entre l'homme et l'animal, parce que tous deux ont le mouvement et la vie* (Acad.). — S'applique aussi aux choses intellectuelles ou morales : *il y a de l'analogie entre le substantif* ABIME *et l'adjectif* PROFOND, *parce que l'idée d'abîme comprend celle de profondeur* (Acad.). — PAR ANALOGIE, d'après la ressemblance : *la partie basse d'une montagne s'appelle pied de la montagne, par analogie avec le pied de l'homme* (Acad.). — Gramm. L'analogie est le rapport, la relation qui existe entre les différentes langues, les différents mots d'une langue, les formes grammaticales, les sons, les idées, les figures. Il y a de l'analogie entre les consonnes labiales (P, B, V, F), entre les consonnes dentales (D, T), etc. Le mot *passionné* est formé de passion, par la même analogie qu'*affectionné* est formé d'*affection* (Acad.). — Mathém. S'est dit pour : rapport, proportion.

ANALOGIQUE adj. Qui a de l'analogie ; termes analogiques.

ANALOGIQUEMENT adv. D'une manière analogique : *le mot.* PIED *se dit analogiquement du bas d'une montagne* (Acad.).

ANALOGISME s. m. Raisonnement qui procède par analogie.

ANALOGISTE s. m. Celui qui procède par analogie.

ANALOGUE adj. (rad. *analogie*). Qui a de l'analogie avec une autre chose : *idiomes analogues* ; *faits analogues* ; *le B et le P sont des consonnes analogues, ainsi que le D et le T.* — s. m. : *certains fossiles n'ont pas leurs analogues vivants.*

ANALOSE s. f. (gr. *analôsis*, perte). Méd. Dépérissement, consomption.

ANALYSABLE adj. Qui peut être analysé.

ANALYSE s. f. [ze] (gr. *analuô*, résoudre). Didact. Résolution d'un tout en ses parties ; décomposition d'une chose en ses éléments. Le mot opposé est SYNTHÈSE. — Se dit aussi des choses morales : *l'analyse du cœur humain.* — Chim. Opération qui consiste à décomposer les corps composés, à isoler leurs éléments et à déterminer la nature de ces derniers, ainsi que les proportions dans lesquelles ils entrent dans le composé. — Logique. Méthode de résolution, de décomposition qui remonte des conséquences aux principes, des effets aux causes, des propositions générales aux faits dont elles sont déduites. C'est le *cartésianisme*. — Mathém. Méthode de résoudre les problèmes en représentant les quantités inconnues par des signes généraux dont on détermine les valeurs par la condition de satisfaire aux données que chaque question impose. C'est l'algèbre. On a donné le nom d'*analyse infinitésimale* à l'algèbre transcendante. — Littér. Extrait, précis raisonné d'un ouvrage, d'un livre, d'un discours, d'un dossier, d'un poème, d'une pièce de théâtre, d'un travail intellectuel : *brève analyse ; sèche analyse.* — Gramm. ANALYSE GRAMMATICALE, décomposition d'une phrase en ses éléments grammaticaux, tels que le nom, l'article, le pronom, le verbe, etc. — ANALYSE LOGIQUE, décomposition d'une proposition en ses parties, telles que le sujet, le verbe, l'attribut. — Phys. ANALYSE SPECTRALE, méthode d'analyse, découverte en 1861 par Bunsen et Kirchhoff d'Heidelberg, pour reconnaître les traces d'un métal déterminé en décomposant, par le prisme, la lumière d'une flamme dans laquelle ce métal ou un de ses sels se trouve porté à l'incandescence. A notre article SPECTRA, nous nous occupons plus longuement de cette méthode importante et intéressante. — Industr. ANALYSE DES PRIX, nomenclature des éléments servant de base à l'appréciation d'un travail donné. L'*analyse des prix de la ville* fait autorité dans l'industrie parisienne. — EN DERNIÈRE ANALYSE, loc. adv. En dernier résultat : *en dernière analyse, quelle utilité tirera-t-on de cette découverte ?*

ANALYSER v. a. Faire une analyse, procéder par voie d'analyse.

ANALYSEUR adj. m. Phys. Qui analyse ; qui sert à analyser. — s. m. Appareil qui permet de reconnaître la polarisation de la lumière. Tout polariseur peut servir d'analyseur.

ANALYSTE s. m. Celui qui est versé dans l'analyse. S'emploie surtout en termes de mathématiques : *habile analyste.*

ANALYTIQUE adj. Qui procède par voie d'analyse, qui tient de l'analyse ou qui contient une analyse : *résumé analytique ; méthode analytique.* — AVOIR L'ESPRIT ANALYTIQUE, posséder le genre de faculté qui fait que l'on procède facilement par la voie de l'analyse. — Fig. *C'est un esprit analytique.* — GÉOMÉTRIE ANALYTIQUE, application de l'algèbre à la géométrie ; on peut la diviser en trois parties, selon la branche de la géométrie à laquelle l'algèbre est appliquée : 1° application de l'algèbre à la géométrie élémentaire ; 2° application de l'algèbre aux sections coniques et autres courbes ; 3° application de l'algèbre au système des coordonnées dans l'espace (inventée par Descartes). — TRAITÉ DES ANALYTIQUES, nom donné par les commentateurs du II° siècle, aux deux traités d'Aristote sur le syllogisme et sur la démonstration.

ANALYTIQUEMENT adv. Par analyse, par voie d'analyse.

ANAM voy. ANNAM.

ANAMABOE ou Anamabou, ville de la Côte d'Or (Afrique), à 17 kil. E. de Cape Coast Castle ; 5,000 hab. Grand commerce de poudre d'or, d'ivoire, d'huile et d'arachide ; forteresse anglaise.

ANAMARTÉSIE s. f. (gr. *a*, priv.; *amartézomai*, faillir, manquer). Didact. Impeccabilité.

ANAMIRTATE s. m. Chim. Sel formé par la combinaison de l'acide anamirtique avec une base,

ANAMIRTE s. m. Bot. Genre de ménispermacées, dont la seule espèce connue produit le fruit appelé *coque du levant.*

ANAMIRTINE s. f. Substance grasse que l'on extrait du fruit de l'anamirte.

ANAMIRTIQUE adj. Chim. Se dit d'un acide obtenu en décomposant par l'acide chlorydrique le savon que forme l'anamirtine, traitée par une lessive de potasse.

ANAMNÉSIE s. f. (gr. *ana*, de nouveau ; *mnésis*, mémoire). Didact. Réminiscence. — Méd. Retour de la mémoire.

ANAMNESTIQUE adj. Qui a rapport à l'amnésie.

ANAMORPHOSE s. f. [a-na-mor-fo-ze] (gr. *ana*, de nouveau ; *morphosis*, formation). Phys. Image difforme ou grotesque quand on la voit d'un certain point qui est devient nette et régulière ou si on la regarde sous un angle déterminé. Telles sont les figures bizarres qui deviennent distinctes dans un miroir concave ou convexe, suivant les cas : *les raccourcis dans le dessin, le tracé des figures dans les coupoles, sont des espèces d'anamorphoses* (Acad.). — Art de faire ces sortes de dessins ou ces tableaux.

ANAMORPHOTIQUE adj. Qui tient de l'anamorphose.

ANANAS s. m. [a-na-nâ]. Bot. Genre de Broméliacées dont l'espèce la plus intéressante, l'ananas commun (*anannassa sativa*) produit le fruit savoureux appelé *ananas.* Cette plante vivace, découverte par Jean de Léry, dans un voyage au Brésil, en 1555, ne fut cultivée en France que sous le règne de Louis XV, en 1733.

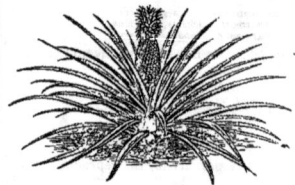

Ananas (Anonassa sativa).

L'ananas ne forme sa tige qu'à l'époque de sa floraison, vers la troisième année. Il s'élève alors du centre de ses feuilles linéaires, dentelées et couvertes d'une poudre glauque, une tige charnue, succulente, surmontée d'un faisceau de petites feuilles, appelé *couronne*, au-dessous duquel se développe un épi de fleurs bleuâtres. Lorsque ces fleurs sont fanées, les ovaires grossissent et forment un seul fruit comparable à une énorme pomme de pin. Peu à peu ce fruit (ou *ananas*) passe du jaunâtre au violacé, en mûrissant, et lorsqu'il est bon à couper, il exhale une odeur des plus suaves, sa chair fondante contient une eau sucrée, légèrement acidulée, dont le parfum rappelle celui de la fraise, de la pêche, de la pomme, de la framboise et du coing tout ensemble. La culture de l'ananas se fait en France sous chassis ou dans la serre, parce que cette plante réclame une température au moins égale à + 30° C. La terre de bruyère est celle qui convient le mieux; et il faut de fréquents arrosages sur les feuilles et au pied, excepté dans les grands froids et lorsque le fruit commence à mûrir. Dans ces circonstances, l'ananas produit rarement des graines; on se voit donc forcé de le multiplier soit au moyen des œilletons poussés à côté des pieds qui ont fleuri, soit en plantant la *couronne* dans la terre préparée sur une couche. Principales variétés : *ananas de la Martinique*, recherché par les confiseurs; *ananas de Cayenne*, à feuilles lisses, excellent et très gros; *ananas de la Jamaïque*, énorme et violet; *ananas de Saint-Domingue*, en pain de sucre, etc.

ANANCÉE s. f. (gr. *anagké*, nécessité). Didact. Figure par laquelle on montre, dans une étiologie, la nécessité d'une chose.

ANANCHITE s. f. [chi-te] (gr. *a*, priv.; *anagchô*, je serre, j'étrangle). Paléont. Genre d'échinides fossiles, appartenant aux terrains crétacés. On trouve en quantité innombrable dans les craies de nos environs l'espèce appelée *Echinus ovatus*.

ANANDRAIRE adj. (gr. *a*, priv.; *aner, andros*, mâle). Bot. Se dit des plantes qui manquent d'organes mâles.

ANANIAS. I. Disciple dont il est parlé dans les *Actes des apôtres*. Ayant voulu tromper saint Pierre, il tomba mort aux pieds de l'apôtre. Sa femme, Saphira, qui avait partagé sa faute, subit la même punition. — **II.** Grand prêtre des Juifs devant lequel saint Paul passa en jugement; il fut appelé à Rome, vers 52 apr. J.-C., pour répondre à une accusation d'oppression et finit par être déposé et assassiné.

ANANIE, l'un des trois jeunes Hébreux jetés dans la fournaise par ordre de Nabuchodonosor.

ANANIE (Saint). I. Martyr en Perse; fête le 1er déc. — **II.** Martyr à Damas; fête le 25 janvier.

ANANTHE adj. (gr. *a*, priv.; *anthos*, fleur). Bot. Qui ne porte pas de fleurs.

ANAPA, ville forte de la Circassie russe, sur la baie de Soundjik (mer Noire) à 75 kil. S.-E, d'Yénikalé; 4,000 hab. Elle fut fortifiée par les Turcs en 1784 et prise par les Russes en 1791, en 1807 et en mai 1828.

* **ANAPESTE** s. m. (gr. *ana*, en retour; *paio*, je frappe; *anapaistos*, frappé à rebours). Prosod. anc. Pied composé de deux brèves et d'une longue; on l'appelait *antidactyle*. — Par ext. *Anapeste* était quelquefois employé comme synonyme de *parabase*, pour désigner l'intermède de la vieille comédie grecque. — ⁓Adjectiv. Synon. de *anapestique* : *pied, vers anapeste.*

* **ANAPESTIQUE** adj. Qui tient de l'anapeste; qui est composé d'anapestes. — Vers anapestiques, vers grec et latin où domine l'anapeste. — On distingue : 1° l'anapestique dimètre ou de quatre pieds; 2° l'anapestique dimètre catalectique, de trois pieds et demi; 3° l'anapestique tétramètre catalectique ou de sept pieds et demi.

ANAPÉTIE s. f. [sî] (gr. *ana*, à travers; *petô*, j'ouvre). Pathol. Dilatation de certains vaisseaux.

ANAPHALANTIASIS s. m. [a-na-fa-lan-ti-a-ziss] (gr. *anaphalantos*, sans sourcils). Pathol Chute des poils des sourcils.

* **ANAPHORE** s. f. [a-na-fo-re] (gr. *anaphora*, raport ou retour). Rhét. Répétition qui consiste à recommencer par le même mot divers membres d'une phrase, afin de fixer l'attention sur une idée principale :

> *Rome*, l'unique objet de mon ressentiment ;
> *Rome*, à qui vient ton bras d'immoler mon amant ;
> *Rome*, qui t'a vu naître et que ton cœur adore ;
> *Rome* enfin que je hais parce qu'elle t'honore...
>
> Puissé-je de mes yeux y voir tomber la foudre ;
> Voir ses maisons en cendre et tes lauriers en poudre;
> Voir le dernier Romain à son dernier soupir,
> Moi seule en être cause et mourir de plaisir.
>
>   CORNEILL. *Horace* (Imprécations de Camille).

ANAPHORIQUE adj. Qui appartient, qui a rapport à l'anaphore.

* **ANAPHRODISIAQUE** adj. [a-na-fro-di-zi-a-ke] (rad. *anaphrodisie*). Se dit des substances qui passent pour amortir les désirs amoureux. — s. m. : le camphre est un anaphrodisiaque.

ANAPHRODISIE s. f. (gr. *a*, sans; *Aphrodité*, l'un des noms de Vénus). Méd. Absence de désirs vénériens.

* **ANAPHRODITE** adj. [fro] (gr. *a*, priv.; *Aphrodité*, Vénus). Méd. Impropre à la génération.

ANAPHRODITIQUE adj. Hist. nat. Se dit d'un corps organisé qui n'est pas produit par une génération proprement dite; qui se développe sans le concours des sexes.

ANAPHYSE s. f. [fi-ze] (gr. *anaphusis*, reproduction). Méd. Régénération, action de renaître.

ANAPLASTIE s. f. (gr. *ana*, de nouveau; *plassein*, former). Chirur. Synon. d'AUTOPLASTIE.

ANAPNOÏQUE adj. (gr. *anapnoé*, respiration). Méd. Se dit des remèdes expectorants.

ANAPORÉ, ÉE adj. (gr. *ana*, à travers; *poros*, pore). Bot. Se dit des plantes dont les anthères s'ouvrent par les pores. — ANAPORÉES s. f. pl. Tribu de la famille des *aroïdées*.

ANAPTYSIE s. f. [zî] (gr. *ana*, en haut; *ptuô*, je crache). Méd. Salivation.

ANARCHIE s. f. [a-nar-chî] (gr. *a*, priv.; *archê*, commandement). État d'un peuple qui n'a plus ni chef, ni autorité à laquelle on obéisse, ni lois auxquelles on soit soumis.

* **ANARCHIQUE** adj. Qui tient de l'anarchie: *ce pays est un état anarchique.* — Favorable à l'anarchie : *discours anarchique.*

ANARCHIQUEMENT adv. D'une manière anarchique.

ANARCHISER v. a. Rendre anarchique; exciter l'anarchie.

ANARCHISME s. m. Système politique qui est l'opposé radical de la centralisation, et d'après lequel la société pourrait vivre sans gouvernement établi.

* **ANARCHISTE** s. Partisan de l'anarchie; fauteur de troubles.

ANARNAK s. m. (groënlandais *purgatif*). Espèce de poisson, voisin du narval et que l'on rencontre sur les côtes du Groënland. Sa chair passe pour être un violent purgatif.

ANARRHIQUE s. m. (gr. *anarrichaomai*, grimper). Genre de poissons acanthoptérygiens dont le nom, *Anarrhichas*, grimpeur, fut imaginé par Gesner, parce que ce poisson grimpe, dit-on, contre les écueils, en s'aidant de ses nageoires et de sa queue. Nageoire dorsale s'étendant de la tête à la queue; corps lisse et muqueux; vomers et mandibules armés de gros tubercules osseux qui portent de petites dents émaillées; dents antérieures longues et

[illustration légende:] Anarrhique de l'Amérique du Nord (Anarrhichas vomerinus).

coniques; grande taille : 3 à 5 pieds; mœurs féroces. Le plus commun est le *loup marin* ou *chat marin (anarrhichas lupus*, Linn.), des mers du Nord, long de 6 à 7 pieds, brun, avec des bandes nuageuses plus foncées; chair semblable à celle de l'anguille; peau susceptible d'être employée comme chagrin. Peu de poissons offrent une apparence aussi sauvage et peu se défendent avec autant d'énergie quand on cherche à les prendre. L'espèce de l'Amérique du Nord a reçu d'Agassiz le nom d'*anarrhichas vomerinus*.

ANARRHISE, ÉE adj. (gr. *aneu*, sans; *rhiza*, racine). Bot. Se dit des plantes qui manquent de racines et de radicules et qui ne portent pas de graines.

ANARRHOPIE s. f. (gr. *ana*, en haut; *rhepô*, je tends à). Méd. Tendance du sang à se porter vers les parties supérieures du corps.

ANAS s. m. [a-nass]. Nom latin du canard.

* **ANASARQUE** s. f. [a-na-zar-ke] (gr. *ana*, à travers; *sarx, sarkos*, chair; sous-entendu *eau*; c'est-à-dire *eau à travers les chairs*). Pathol. Infiltration de sérosité dans le tissu cellulaire, principalement dans le tissu cellulaire sous-cutané; c'est l'*Hydropisie générale*. Elle peut être due à une lésion du cœur (dans ce cas, elle se montre d'abord aux malléoles), ou à la cirrhose, à la chlorose, à l'albuminurie. La peau est pâle, tendue, le corps est bouffi ou tuméfié, sans chaleur ni douleur; les parties tuméfiées conservent quelque temps l'empreinte du doigt qui les a comprimées. Le gonflement commence d'abord aux membres inférieurs; puis il atteint les lèvres des paupières. Quand la cause est connue, on s'efforce d'y remédier; puis on fait résorber la sérosité, au moyen de purgatifs et de diurétiques énergiques. Quand ces moyens échouent, on donne issue à la sérosité par trois mouchetures à chaque jambe, au moyen d'une lancette; régime tonique et reconstituant.

ANASPE s. m. (gr. *a*, sans; *aspis*, écusson). Zool. Genre d'insectes coléoptères hétéromères, formé au dépens des mordelles. Les anaspes se trouvent ordinairement sur nos fleurs, dont ils sucent le miel. Très petits, très agiles et très voraces, ils dévorent les feuilles de nos arbres.

ANASTALTIQUE adj. (gr. *ana*, en arrière; *stellein*, serrer). Méd. Se dit des médicaments styptiques et astringents.

ANASTASE ou **Anastasius**, nom de quatre papes. — I. (Saint), réconcilia les Églises de Rome et d'Antioche. Pape de 398 à 401. Fête le 27 avril. — II, de 496 à 498; lutta contre l'arianisme. — III, de 911 à 913. — IV, de 1153 à 1154.

ANASTASE, antipape en 855.

ANASTASE. — I. (Saint), évêque d'Antioche en 561; a laissé quelques discours. — **II.** (Saint), surnommé Asric, apôtre de Hongrie (954-1044).

ANASTASE, nom de deux empereurs d'Orient. Voy. ANASTASIUS.

ANASTASE le Bibliothécaire, moine italien du IXe siècle; a laissé une *Histoire des papes depuis saint Pierre jusqu'à Nicolas Ier*, insérée dans le troisième vol. de Muratori.

ANASTASIE ou **Anasthasie**, nom que les écrivains et les dessinateurs donnent au bureau de la censure. Anastasie est invariablement représentée sous les traits d'une fille mûre, maigre et revêche, qui montre, en grimaçant en bec de corbin ou ouvrant d'une largeur démesurée, et qui agite, dans sa main sèche, une paire de ciseaux menaçants.

ANASTASIE, nom de plusieurs saintes: I. Anastasie l'Ancienne, martyrisée sous Néron; fête le 15 avril. — II. La jeune, patricienne romaine, persécutée par son mari Publius et brûlée à Aquilée en 303, fête le 25 déc. — III. Anastasie de Constantinople, repoussa les propositions déshonorantes de Justinien et se retira dans un couvent d'Alexandrie; fête le 10 mars.

ANASTASIUS ou Anastase. I. le Silentiaire (430-508), proclamé empereur de Constantinople à la mort de Zénon (491), grâce aux intrigues de l'impératrice Ariane qu'il épousa ensuite, la peste, la famine et une invasion des Perses. Attaché à l'hérésie d'Eutychès, il persécuta les orthodoxes. — II, nommé d'abord Artemisius; devint empereur d'Orient (713) après la déposition de Philippe Bardane, dont il avait été secrétaire. En 716, il fut déposé à son tour et remplacé par Théodore III. Ayant conspiré contre le nouveau souverain, il eut la tête tranchée (719).

ANASTATICÉ, ÉE adj. Bot. Qui ressemble à l'anastatique. — s. f. pl. Tribu de crucifères ayant pour type le genre anastatique.

ANASTATIQUE adj. (gr. *anastasis*, résurrection). Technol. Se dit des divers procédés d'impression, de gravure, de décalque au moyen desquels on transporte ou on reproduit sur des plaques de zinc, à l'aide de procédés chimiques, toute matière écrite ou imprimée. Cette invention, qui fait la fortune des contrefacteurs, est attribuée à Cocks, de Falmouth (1836), ou, selon d'autres, à Baldermus, de Berlin (1841). Strickland et Delamotte l'ont perfectionné en 1848.

ANASTATIQUE s. f. (gr. *anastasis*, résurrection, à cause de la propriété que possèdent les branches desséchées de cette plante de se relever lorsqu'on les met dans l'eau). Bot. Genre de crucifères anastaticées, à silicules terminées par deux appendices ailés; à valves

Anastatique (Anastatica hierochuntina). — Plante morte et branche couverte de feuillage.

dont les cloisons sont tronquées obliquement. On n'en connaît qu'une espèce, l'*anastatique hygromètre* (Anastatica hierochuntina, Lin.), petite plante annuelle extrêmement intéressante, qui porte le nom ordinaire de *Rose de Jéricho*. Elle croît dans les lieux arides de l'Afrique septentrionale, de l'Arabie et de la Syrie, où on l'appelle *main de Marie* (kaf Mariam). Pendant la saison de la croissance, elle n'offre rien de particulier avec ses feuilles velues et ses fleursblanchâtres. Mais dès qu'arrive le temps de la sécheresse, les branches et ses rameaux, jusqu'alors charnus et déployés, perdent leurs feuilles et deviennent durs comme du bois; en même temps, ils se ramassent en une boule de la grosseur du poing, autour des fruits mûrs qui ne peuvent se répandre au pied de la plante. Les vents violents d'automne arrachent facilement cette espèce de balle et l'emportent à de grandes distances en la faisant rouler sur les sables du

désert. Dès que la rose vient à toucher un lieu humide, ses branches entortillées reprennent leur position primitive; les silicules dans lesquelles sont enfermées les graines s'entr'ouvrent et se débarrassent de la semence; c'est là un des plus curieux exemples des nombreuses manières dont a lieu la propagation et la dispersion des plantes.

ANASTOME s. m. (gr. *ana*, en haut; *stoma*, bouche). Nom que les savants ont donné à plusieurs animaux qui ont la bouche ou le bec ouvert.

ANASTOMOSANT, ANTE adj. Qui s'anastomose.

ANASTOMOSE s. m. [a-na-sto-mô-ze] (gr. *anastomôsis*, union de deux bouches). Anat. Communication ou abouchement de deux vaisseaux qui s'ouvrent l'un dans l'autre. L'anastomose est relativement rare entre artères, parce que ces vaisseaux ont une tendance à se séparer pour distribuer le sang; elle a lieu dans certaines situations, comme dans les branches artérielles au-dessus ou au-dessous des principales embouchures, de sorte que si l'artère est obstruée, le sang peut circuler par un autre canal. Les artères qui approvisionnent les intestins communiquent les unes avec les autres parce qu'il ne faut pas que la circulation soit interrompue par les replis ou par le poids des parties les unes sur les autres. Les anastomoses sont beaucoup plus fréquentes dans les veines; elles sont abondantes et constantes entre les vaisseaux capillaires.

ANASTOMOSER (s') v. pr. Anat. Se joindre par anastomose, s'emboucher l'un dans l'autre.

ANASTOMOTIQUE adj. Qui forme une anastomose.

ANASTROPHE s. f. [a-na-stro-fe] (gr. *ana*, en retour; *strepho*, je tourne). Antiq. Mouvement opposé à l'épistrophe dans la manœuvre des phalanges grecques. Voy. ÉPISTROPHE. — Rhét. Genre d'inversion qui consiste à renverser l'ordre naturel des mots corrélatifs. En latin, *vobiscum*, au lieu de *cum vobis*; en français *me voici*, *sa vie durant*, pour *voici moi*, *durant sa vie*; sont des anastrophes employées à l'exclusion même des phrases naturelles.

ANASTROPHIE s. f. [fi] (gr. *anastrophé*, renversement). Chirur. Inversion ou renversement d'une partie quelconque du corps.

ANATA, voy. ANATHOTH.

ANATASE s. f. (gr. *anatasis*, extension). Minér. Oxyde de titane ainsi nommé à cause de la forme allongée de ses cristaux. On l'appelle aussi *Oisanite* ou *schorl bleu*; elle est d'un gris d'acier ou bleuâtre, plus dure que l'acier; poids : 3, 82. On la rencontre dans les granites, les micaschistes, sur le quartz, dans le Dauphiné, à Moutier (Tarentaise) dans le Saint-Gothard, à Barèges (Pyrénées).

ANATHÉMATISATION s. f. Action d'anathématiser; résultat de cette action.

ANATHÉMATISER v. a. Frapper d'anathème, excommunier : *anathématiser l'hérésie*. — Fig., surtout dans le style soutenu. Blâmer avec force, vouer à l'exécration : *anathématiser une opinion*.

ANATHÉMATISME s. m. Bulle, canon, écrit qui anathématise.

ANATHÈME s. m. (gr. *anathéma*, chose mise à part). Antiq. Objet mis à part pour être offert à quelque divinité. — Droit can. Sentence qui voue à la réprobation; c'est une punition temporelle semblable dans ses effets à l'excommunication : *en février 1870, le pape Pie IX prononça une sentence d'anathèmes*. — Par exag. Malédiction, blâme énergique. — Adjectiv. Qui appartient, qui a rapport à l'anathème : *bulle anathème*. — Se dit de celui qui

est frappé d'anathème: *Vous êtes donc là, comme un anathème, séparé du reste de vos frères* (Mass.). — ANATHÈME! imprécation : *Anathème à lui! Anathème sur cette ville!*

ANATHOTH (auj. *Anata*), ville de prêtres dans l'ancienne Palestine, à 7 kil. N. de Jérusalem, tribu de Benjamin.

ANATIDE adj. Qui ressemble au canard, qui tient du canard.

ANATIDÉES s. f. pl. Ornith. Famille de palmipèdes renfermant toutes les espèces qui ressemblent au canard.

ANATIFE s. m. (Lat. *anas, anatis*, canard; *fero*, je produis, parce que, suivant une fable de l'antiquité, les bernaches ou macreuses naissent de ces coquilles.) Genre de crustacés cirrhipèdes ayant la forme d'un cône aplati et qui s'attachent aux galets, à la quille des

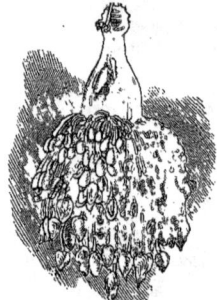

Anatifes sur une bouteille (anatifa anserifera.)

navires. Les anatifes sont vulgairement appelés *pousse-pieds*. Ils sont portés sur un pédicule charnu. On les rencontre dans toutes les mers, principalement sous les climats chauds. Ils croissent avec tant de rapidité sur les navires qui ne sont pas doublés de cuivre, qu'au bout de quelques jours de navigation dans les pays intertropicaux, ces bâtiments en sont couverts jusqu'à la ligne de flottaison, et qu'ils n'avancent plus qu'avec peine.

ANATINE s. f. (lat. *anas, anatis*, canard) Zool. Genre de mollusques acéphales à coquille bivalve, bâillante aux deux extrémités.

ANATOCISME s. m. (gr. *ana*, mot qui marque répétition; *tokos*, intérêt). Econ. pol. Capitalisation des intérêts d'une somme prêtée. — Autrefois considéré comme usuraire, l'anatocisme est aujourd'hui autorisé par les articles 1154 et 1155 du Code civil, pourvu qu'il s'agisse d'intérêts échus et dus au moins pour une année entière.

ANATOLE (Saint), évêque de Laodicée, de 270 à 282; a laissé quelques ouvrages. Fête le 3 juillet.

ANATOLIE (gr. *Anatolé*, terre du soleil levant), vaste presqu'île de l'Asie occidentale, entre la mer Noire, la mer de Marmara, l'Archipel et la Méditerranée; elle comprend les anciennes contrées appelées Lycie, Carie, Lydie, Mysie, Bithynie, Paphlagonie et Phrygie (Voy. ces mots); elle fait partie de l'Asie-Mineure.

ANATOLIE (Sainte), vierge et martyre dans l'Abruzze (IIIe siècle). Fête le 9 juillet.

ANATOMIE s. f. (gr. *ana*, à travers; *tomé*, action de couper). Action ou art de disséquer un corps humain, un animal ou un végétal, pour connaître le nombre, la forme, la situation, les rapports, les connexions et la structure des parties dont il est composé. L'action de disséquer se nomme plus ordinairement *dissection* (Acad.). — Ensemble des connais-

L.

sances que l'on acquiert par la dissection ; particulièrement, science qui traite de la structure du corps humain : *cours d'anatomie; étudier l'anatomie.*— Fig. Analyse méthodique et exacte en quelque matière que ce soit : *faire l'anatomie d'un discours.*— Par ext. Corps disséqué ou partie du corps préparée de manière à pouvoir être conservée. — Imitation en plâtre, en cire ou en quelque autre matière, d'un corps ou d'une partie d'un corps disséqué : *une belle anatomie; une pièce d'anatomie.*— CABINET D'ANATOMIE, lieu où l'on conserve une collection d'anatomie.—AMPHITHÉATRE D'ANATOMIE, lieu où se font les dissections et des démonstrations anatomiques. On disait autrefois *théâtre anatomique.*—Anatomie chirurgicale ou régionale, science qui traite des relations réciproques des organes et qui n'étudie les diverses parties du corps humain que pour y reconnaître les routes qu'il est le plus avantageux de faire parcourir aux instruments dans les opérations chirurgicales. — Anatomie comparée, science qui traite de la structure et des relations des organes dans les diverses branches du règne animal. — SQUELETTE. Dans les vertébrés (les seuls dont nous nous occuperons ici), le caractère frappant est la grande prépondérance du système nerveux, qui imprime des formes particulières au squelette et aux parties correspondantes des organes vitaux. Chez ceux des derniers genres (anguilles et serpents) la colonne spinale et sa continuation crânienne constituent les parties principales et essentielles du squelette. Le crâne se compose des mêmes éléments que l'épine du dos. Les os de poisson, comparativement tendres, flexibles, élastiques et cartilagineux dans les espèces les plus basses, offrent quelque analogie avec l'état embryonnaire du squelette chez les animaux les plus élevés. Les vertèbres sont très nombreuses. — Dans les mammifères aquatiques, tels que la baleine, la tête s'aplatit horizontalement, ce qui permet à ces animaux de porter facilement la tête hors de l'eau, pour respirer; disposition qui pourrait à elle seule les distinguer des poissons. — Le nombre des vertèbres varie depuis 25 chez l'uranoscope jusqu'à 200 chez le requin. La crâne des poissons cartilagineux est des plus simples, tandis que celui des tribus osseuses se compose d'un grand nombre de pièces. La cavité du cerveau ne forme qu'une petite partie de la tête, et les os qui l'enveloppent sont facilement reconnus comme une continuation des vertèbres. Une particularité singulière dans le squelette de certains poissons, c'est le manque de symétrie; chez les soles et les carrelets, par exemple, un côté forme le dessus du corps, les deux yeux sont placés sur le même côté et les os crâniens sont disposés de manière à permettre cet arrangement des organes. Chez les poissons osseux, on remarque de petits os fourchus, sans aucune connexion avec le squelette, et qui servent de points de support aux muscles dans lesquels ils sont entremêlés. Dans les amphibies ou batraciens, qui constituent une classe intermédiaire entre les poissons et les vrais reptiles, il y a une différence extraordinaire de la forme extérieure à la structure intérieure pendant les métamorphoses; la grenouille ne possède que 8 ou 9 vertèbres; quelques salamandres en ont plus de 40 et la sirène 80 ou 90. Les os du crâne sont moins nombreux que celui chez les poissons ; la cavité du cerveau est très petite et les os de la face sont plus développés transversalement. Chez les serpents, le système osseux se compose de la colonne vertébrale et de ses côtes; il y a à peine quelques rudiments de membres dans un petit nombre d'espèces, et les actions de ramper, de grimper, de nager, et de sauter sont accomplies au moyen d'une épine dorsale flexible et de côtes très multipliées. Les vertèbres sont plus nombreuses que chez les autres animaux; on

en compte quelquefois 300. Les côtes sur lesquelles ces animaux rampent comme sur des pieds, s'étendent de la tête jusqu'à l'anus et ne sont attachées à aucun sternum. Les os de la tête sont très nombreux et mobiles les uns sur les autres; la cavité du cerveau est petite. Dans la tortue l'épine consiste en 7 ou 8 vertèbres cervicales, 8 ou 14 dorsales, 3 sacrales et 20 ou 30 caudales ; les larges os plats sous les écailles forment une série de côtes qui sont unies chez les espèces aquatiques. Les os du crâne, solidement unis, s'ouvrent en larges cavités pour la protection des muscles de la mâchoire ; la cavité du cerveau est encore étroite. En remontant d'un degré l'échelle du règne animal, nous trouvons les oiseaux ; ici le nombre des vertèbres est variable; *mais* la ressemblance des squelettes est frappante surtout pour le cou, la tête, la poitrine et les extrémités. Les différences portent principalement sur la forme et la grosseur du bec et des pieds et sur les proportions des parties du corps; les os sont blancs, compacts, fragiles et creux pour l'introduction de l'air ; le crâne forme une simple boîte osseuse à la première période de la vie. La cavité du cerveau, bien plus développée que chez les reptiles et les poissons, est entièrement occupée par le centre nerveux ; la cervelle d'un moineau est 100 fois plus grosse que celle d'une tortue de mer, en proportion de la taille de ces animaux. — FORME. Les mammifères, animaux dont les petits naissent vivants et qui les nourrissent de leur lait, offrent une grande variété de forme ; *chez les uns et chez les autres* l'intelligence est en raison directe du développement du crâne et de l'angle de la face. L'homme, par exemple, porte la cavité directement au sommet de la tête et au-dessus de la face, ce qui a donné à penser que plus la cervelle est rejetée en arrière, plus les propensions animales dominent sur l'intelligence. La différence entre les crânes humains a, depuis longtemps, attiré l'attention des anatomistes, et Camper la mesura par l'*angle facial* (voy. ce mot), très ouvert chez l'homme et qui se ferme de plus à mesure que l'on descend l'échelle animale. — SYSTÈME NERVEUX. Le système des vertébrés s'éloigne sensiblement de celui des invertébrés. Le cordon spinal des premiers est entouré d'un canal vertébral, et leur substance vésiculaire est continue, tandis que la chaîne ganglionaire des seconds est toujours contenue dans la cavité générale avec les viscères, où ils forment un anneau dans lequel passe l'œsophage; leur substance vésiculaire est fréquemment interrompue. Le cordon spinal des poissons va presque jusqu'à la fin de l'épine dorsale. Le cerveau des vrais reptiles est plus développé et remplit à peu près toute la cavité crânienne ; les hémisphères augmentent de volume, et le cervelet est gros en raison de l'activité et de la complexité des mouvements; les nerfs ont une grande consistance comparativement aux centres nerveux. — Dans les oiseaux, les parties du cerveau ne sont plus sur le même plan; elles sont plus larges, plus compliquées et dénotent une plus grande activité de l'intelligence.—Dans les mammifères, les hémisphères du cerveau et ceux du cervelet atteignent leur plus grand développement en se couvrant les unes les autres, et leurs convolutions deviennent plus, nombreuses et plus compliquées à mesure qu'on se rapproche de l'homme. Le cordon spinal est plus développé en comparaison du corps; mais il est moins gros en comparaison de la cervelle. — ORGANES DES SENS. Le sens du toucher semble n'appartenir pas aux poissons, parce que ces animaux sont généralement couverts d'écailles incapables de recevoir des impressions tactiles; au contraire, la peau des amphibiens est douce, flexible et assez sensible; elle forme un important organe accessoire de la respiration.— Les serpents et les lézards, pal-

pent les objets avec leur langue. Les organes tactiles des oiseaux sont le bec, la cire (qui domine quelquefois les narines), la crête, les barbes et les caroncules.— Chez les mammifères, couverts pour la plupart, de poils rudes et de toisons épaisses, le sens du toucher est surtout développé autour de la bouche : les lèvres du cheval sont très sensibles; celles des carnivores et des rongeurs sont pourvues de longs poils dans lesquels entrent des nerfs microscopiques qui constituent le tact. Les dépendances compliquées du nez et les ailes délicates des chauves-souris forment des organes tactiles pleins de sensibilité. Chez les quadrumanes, la main est le principal organe du toucher. Le sens du goût, même chez l'homme, doit être considéré comme une simple modification de celui du tact ; les papilles sont plus grandement développées sur la langue que sur la peau, et elles sont dispersées sur toute la surface de la langue afin de se mettre en contact avec les matières en solution. Mais il n'en est pas de même chez les poissons; leur langue peut rarement être considérée comme l'organe du goût; elle est dure et souvent même armée de dents. Chez les crapauds et un grand nombre d'animaux du même genre, la langue, dardée avec vivacité, sert à prendre les insectes. La langue des oiseaux est surtout un instrument de préhension ; elle est rarement pourvue de papilles, et le plus souvent une matière cornée la recouvre. Chez les mammifères, cette partie est seulement un organe du goût. — Le sens du flair existe, sans doute, chez plusieurs invertébrés, à l'entrée des passages respiratoires. Chez les poissons, l'organe de l'o dorat consiste en un sac contenant une membrane largement pourvue de nerfs et ne communiquant ni avec la bouche ni avec le pharynx. En remontant aux amphibiens, on trouve des narines qui, analogues à celles des reptiles, sont osseuses en partie et s'ouvrent dans la portion antérieure de la bouche. Les narines externes des crânes varient beaucoup sous le rapport de la grandeur et de la situation ; mais elles sont presque toujours librement ouvertes. Pour trouver le sens du flair dans son état le plus développé, il faut remonter aux ruminants et aux carnivores. — Un organe d'audition a été décrit pour beaucoup d'invertébrés, principalement pour les homards, les insectes et les céphalopodes. La forme la plus simple de cet organe chez les vertébrés se rencontre chez les poissons, où il se compose d'un sac plein de fluide dans lequel les filaments nerveux sont distribués sur des particules de matière calcaire ; deux ou trois canaux semi-circulaires s'ouvrent dans la cavité de ce sac, et le nerf auditif naît de la bulbe spinale, sans aucun ganglion distinct. Dans une oreille ainsi constituée, les vibrations de l'eau se communiquent à la peau, puis au fluide et finalement aux nerfs. Les amphibiens aquatiques possèdent une oreille à peu près semblable à celle qui vient d'être décrite ; mais la grenouille et la salamandre portent, en outre, une membrane du tympan. Chez les reptiles, il y a de plus un colimaçon avec ses filaments nerveux ; la cavité tympanique est plus large, et un os appelé *columelle*, établit la communication entre la membrane vibrante et le fluide du sac auditif. Un tube d'Eustache communique également avec la gorge; et le tympan se trouve exactement au niveau de la peau ou immédiatement au-dessous d'elle. Les oiseaux ne possèdent aucune oreille cartilagineuse extérieure ; il ont seulement une portion du canal auditif externe. Mais chez plusieurs, principalement chez les rapaces, les plumes sont érectiles autour du méat auditif et disposées pour saisir les sons. Le tympan possède un os columelle et communique avec les fosses par un tube d'Eustache et avec l'air contenu dans les cellules du crâne. Le colimaçon ou cochléa des oiseaux est plus développé que celui des reptiles mais, de même que le reste de l'oreille interne, il n'atteint pas la perfection de cet organe dans les mammifères. Ces derniers possèdent un cochléa parfait, une chaîne de trois os tympaniques, un conduit externe et une oreille externe, ordinairement mobile. Chez les cétacés et chez plusieurs familles aquatiques, l'oreille manque ou est fort petite ou est fermée par une valvule. Chez les ruminants et quelques rongeurs, elle est généralement large et dirigée en arrière ; chez les carnivores, au contraire, elle est petite et inclinée en avant. — L'organe des sens le plus compliqué est l'œil. Les vertébrés portent deux yeux symétriquement disposés de chaque côté de la tête (sauf de rares exceptions). Il n'y a de paupières mobiles, d'appareil lacrimal et d'iris mobile que chez les genres les plus élevés et chez les reptiles (excepté chez les ophidiens). Les serpents n'ont pas de paupières, mais la peau passe directement sur la cornée, comme chez l'anguille. — Organe de l'alimentation et de la digestion. Il n'y a pas d'organe plus caractéristique que la cavité digestive interne qui sert à la conversion de substances organiques en matériaux de nutrition. Chaque classe se distingue par des appareils bien distincts. La nourriture des polypes est introduite dans un estomac simple où elle est ensuite dissoute sans aucune division mécanique. Les échinodermes sont armés d'un appareil de mastication assez compliqué et la cavité de la digestion rayonne autour du centre. Les plus hauts invertébrés et tous les vertébrés possèdent une bouche distincte, un appareil pour la mastication, un estomac et des intestins. Les organes accessoires de la salivation, de la bile et du sac pancréatique se trouvent depuis les plus hauts radiés jusqu'à l'homme. Chez les vertébrés, les dents sont confinées dans la cavité de la bouche ; elles sont généralement attachées à des mâchoires. Les poissons, qui sont très voraces, se nourrissent ordinairement de substances animales ; les plus gros font la guerre aux espèces plus petites ; bien peu préfèrent une nourriture végétale. Les glandes salivaires n'existent pas ou n'existent qu'à l'état rudimentaire ; le gosier est court et large ; l'estomac, tantôt globulaire, tantôt long ou conique, avec les deux orifices rapprochés l'un de l'autre et resserrés par les muscles constricteurs ; l'intestin est court, comme dans tous les carnivores, et ne se divise pas distinctement en gros intestin et en petit intestin. Les amphibiens ressemblent aux poissons pour l'appareil de la digestion, pour l'absence ou l'état rudimentaire des glandes salivaires, la largeur et le peu de profondeur du gosier, l'étroitesse de l'estomac et la forme simple de l'intestin ; néanmoins les amphibiens les plus élevés se rapprochent des reptiles par un nombre moins considérable de dents, l'allongement de la langue et la division de l'intestin en grand et en petit intestin. Chez les serpents et les sauriens, particulièrement carnivores, l'intestin est très court. Les serpents, qui se nourrissent de proie vivante, sont armés de dents coniques et aiguës, dirigées en arrière ; les os auxquels elles sont attachées se meuvent librement, ce qui permet d'engloutir des animaux considérablement plus gros que la tête des serpents. Les espèces venimeuses portent, en avant de la mâchoire supérieure, deux longs crocs recourbés qui communiquent par un canal ou par une rainure avec une glande venimeuse située en arrière et en dessous de l'orbite de l'œil. Les nerfs qui font fermer la mâchoire appuient en même temps sur cette glande ; le venin comprimé, s'écoule dans le canal et jaillit dans les blessures faites par les dents. La langue est longue, engainée et fourchue ; les glandes salivaires existent ; le gosier est long et très extensible ; l'estomac, relativement

vaste, simple, capable d'une grande distension, est séparé de l'intestin par une valvule distincte. Chez les sauriens carnivores, l'arrangement est également simple ; les dents, moins nombreuses, sont ordinairement attachées à une mâchoire ; l'estomac est court et rond. La nourriture des oiseaux est si variée qu'il ne faut pas s'étonner de la différence qui existe entre les appareils de la digestion chez les diverses familles (différence que l'on remarque surtout dans le bec, principal organe de la préhension), aussi bien dans les espèces qui vivent de graines que dans celles qui font la guerre aux insectes, aux animaux ou aux poissons. Les glandes salivaires sont petites, parce qu'il n'y a pas de mastication ; le gosier est large, musculeux, susceptible de distension dans les oiseaux de proie ; il communique à la partie inférieure du cou, avec une poche appelée jabot, dans laquelle la nourriture subit un amollissement qui la prépare à la digestion stomacale. Plus bas, la gorge devient plus étroite ; mais presque aussitôt elle se dilate encore en une seconde cavité digestive ou *proventriculus*, dont la surface interne est parsemée de nombreux follicules, généralement petits, quelquefois à peine perceptibles, mais assez larges dans les oiseaux qui n'ont pas de jabot. Cette cavité sécrète un liquide analogue au suc gastrique. Elle s'ouvre dans un troisième estomac, le gésier, où la chymification est complétée. Chez les oiseaux carnivores, le gésier est mince et membraneux, tandis que chez les granivores, il est épais et musculeux afin de comprimer et d'écraser, à défaut de mâchoires, une nourriture pleine de dureté. L'intestin, plus court que chez la plupart des mammifères, consiste en petit intestin et en gros intestin, ce dernier ayant deux dépendances tubulaires (*cæcum*) à sa jonction avec le premier. Les mammifères sont pourvus de dents parfaitement développées et chez l'homme aux mâchoires, parce que ces dents ne servent pas seulement à la mastication ; ce sont encore des armes offensives et défensives et, quelquefois, des instruments de locomotion. Chez l'homme et chez beaucoup de mammifères, il y a trois sortes de dents : les incisives, minces et tranchantes, sur le devant de la mâchoire ; les canines, de chaque côté des précédentes ; elles sont coniques, au nombre de quatre, et, chez tous les animaux, excepté l'homme, plus longues que les autres dents ; leur fonction est de déchirer ; enfin les molaires, d'une surface large et irrégulière, et destinées à broyer les aliments. La forme de l'estomac varie suivant la nourriture de l'animal : multiple chez les *ruminants* (voy. ce mot) il est simple et suivi d'un canal alimentaire assez court chez les carnivores ; il s'élargit transversalement chez les quadrumanes et chez les animaux dont l'alimentation est mixte. — Enveloppe extérieure. La peau des poissons est ordinairement couverte d'écailles d'une nature calcaire, qui forment quelquefois de larges tubercules aplatis, des lames épaisses ou des lamelles se recouvrant les unes les autres comme les tuiles d'un toit. De l'étude des espèces fossiles, Agassiz fut conduit à adopter pour les poissons un système de classification par la structure des écailles. — Les plumes des oiseaux sont analogues aux poils des mammifères ; mais leur structure plus compliquée ; chaque plume principale se meut au moyen de muscles. Chez quelques mammifères, la peau est nue ; mais dans le plus grand nombre elle est protégée par des poils, ce qui constitue l'un des caractères distinctifs de cette classe. — Hist. et bibliogr. La comparaison des systèmes organiques est indispensable pour la classification des animaux ; c'est pourquoi les premiers savants ont étudié cette partie de l'anatomie, dont le Napolitain Marc-Aurèle Severin eut, le premier, l'idée de faire une science isolée.

Haller et Spallanzani appliquèrent l'anatomie comparée à la physiologie. Vicq d'Azir, Réaumur, Bernard de Jussieu, Buffon, etc., lui firent faire de grands progrès; mais ce fut Cuvier qui la porta à son plus haut degré de développement et de clarté. Les personnes qui voudraient étudier dans ses moindres détails cette science si étendue consulteraient avec fruit les œuvres de John Hunter, de Home, de Carus, de Müller ; de Meckel, de Bell, d'Ocken, d'Owen, de Grant, de Blainville, d'Étienne et d'Isidore Geoffroy Saint-Hilaire, de Carpenter, de Siebold et Stannius, de Flourens, de Blumenbach, de Straus-Durckheim, de Duméril, de Duvernoy, de Serres, de Magendie, de Breschet, de Dutrochet, de Cloquet, etc. — Anatomie descriptive, science qui traite des parties distinctes; comme les os, les muscles, la peau et les nerfs de tout le corps; les vaisseaux; les organes de la respiration, l'appareil urinaire et l'appareil de la génération; le sang et ses sécrétions. — Anatomie générale ou histologique, science qui recherche les rapports et les différences des tissus dont les parties du corps des animaux et des végétaux sont composées. — Anatomie humaine, science qui fait connaître la forme, la structure, la situation et la connexion de nos organes. Elle comprend : 1° l'étude des os ou *ostéologie;* 2° l'étude des ligaments ou *syndesmologie;* 3° la description des muscles et des aponévroses ou *myologie;* 4° l'étude des viscères ou *splanchnologie;* 5° la connaissance des vaisseaux ou *angiologie;* 6° la description des nerfs et de l'appareil nerveux ganglionnaire ou *névrologie;* 7° l'étude des sens ou *esthésiologie.* (Voy. ces différents mots). — Le corps humain fut d'abord étudié par Aristote, vers 350 av. J.-C. L'anatomie devint une branche de l'enseignement médical au temps d'Hippocrate (240). Erasistrate et Hérophile disséquèrent les premiers le corps humain, en opérant sur des cadavres de criminels (300 et 293 av. J.-C.); auparavant on avait opéré, par analogie, sur des corps d'animaux. Mais l'antiquité n'eut jamais qu'une connaissance limitée de la structure humaine; il suffit pour s'en convaincre de lire la description que donne Hippocrate relativement aux fonctions du cœur et du cerveau. Les anciens n'avaient de vues exactes, que sur l'ostéologie. Les écrits de Celse montrent qu'il avait cultivé l'anatomie, science qui fit ensuite de véritables progrès en raison des travaux de Galien (ii° siècle apr. J.-C.). Le premier, cet illustre savant montra, par la dissection, que les artères d'un animal vivant contiennent du sang et non de l'air seulement, comme on le croyait; mais il laissa à Harvey la gloire de découvrir le mouvement circulatoire du sang dans les vaisseaux. En 1297, le pape Boniface VIII interdit formellement la dissection des cadavres humains. Les premières gravures anatomiques, dessinées par le Titien, furent employées par Vésale (1538). — Léonard de Vinci, Raphaël et Michel-Ange avaient étudié l'anatomie.— Mondino de Luzzi, professeur d'anatomie à l'université de Bologne, disséqua publiquement deux corps humains en présence de ses élèves, en 1306 et 1315 ; peu après, il publia le résultat de ses travaux. Le texte de son ouvrage, joint aux descriptions données par Galien, forma la matière d'un livre qui resta classique jusqu'au xvi° siècle, époque où l'étude de l'anatomie par dissection devint générale en Italie. Avant 1540, on ne disséqua pas en Angleterre ; le roi Henri VIII autorisa les chirurgiens à étudier sur les cadavres de criminels ; les progrès que fit associer l'anatomie facilitèrent les grandes découvertes de Harvey (xvii° siècle). — Anatomie microscopique, science qui se rapporte à la structure atomique et cellulaire des tissus. — Anatomie pathologique, science qui fait connaître les altérations auxquelles les maladies donnent lieu dans les diverses parties du corps.

* **ANATOMIQUE** adj. Qui appartient à l'anatomie. — *Préparations anatomiques*, cadavres ou parties de cadavres conservées par diverses méthodes artificielles. Pour préparer le squelette, on le sépare des chairs par une longue macération dans l'eau froide ou par l'ébullition. Aux articulations, on rattache les os, à l'aide de fils en métal ; c'est ce que l'on appelle un squelette artificiel. Pour conserver les articulations naturelles, on a recours à la dissection des parties charnues et à des adaptations mécaniques très délicates. En 1825, le Dr Auzoux a trouvé moyen d'imiter tous les organes du corps humain à l'aide de papier mâché auquel il donne une couleur naturelle. Chaque pièce est étiquetée et peut s'enlever ou se replacer à volonté. Cet art nouveau, si utile pour l'étude de l'anatomie, a reçu de nombreux perfectionnements.

* **ANATOMIQUEMENT** adv. D'une manière anatomique.

* **ANATOMISER** v. a. Faire l'anatomie, la dissection. On dit plus ordinairement *disséquer*. — Fig. Etudier à fond, en détail : *anatomiser un discours*.

* **ANATOMISTE** s. m. Celui qui s'occupe d'anatomie, qui est savant dans l'anatomie.

ANATOPISME s. m. (gr. *ana*, à rebours ; *topos*, lieu). Erreur de lieu.

ANATRIPSIE s. f. (gr. *anatripsis*). Chir. Friction.

ANATRIPTIQUE adj. Méd. Qui sert à faire des frictions.

ANATROPE adj. (gr. *anatropê*, renversement). Bot. Se dit, d'après de Mirbel, de l'ovule dans lequel le *hile* est placé tout près du micropyle et qui présente, sur l'un de ses côtés, un renflement linéaire ou *raphé*.

ANAUDIE s. f. (gr. *a*, priv.; *audê*, voix). Méd. Extinction de voix.

ANAXAGORAS ou **Anaxagore**, philosophe grec de l'école ionienne, né à Clazomène (Ionie) vers 500 av. J.-C., mort en 428. Il vécut à Athènes dans l'intimité de Périclès, mais fut banni pour cause d'impiété et se retira à Lampsaque. Le premier, en Grèce, il conçut un Dieu pur esprit (*nous*) agissant avec liberté sur la matière. D'après son vœu, l'anniversaire de sa mort fut longtemps célébré par un festin à Lampsaque. Anaxagoras fit faire de grands progrès à l'astronomie. Il considérait le soleil comme un corps enflammé et les astres comme des corps pierreux réfléchissant la lumière du soleil et tenus à leur place par la révolution du ciel.

ANAXARQUE ou **Anaxarchus**, philosophe d'Abdère, ami d'Alexandre qu'il accompagna dans son expédition en Asie et auquel il parlait toujours avec liberté. Nicocréon, tyran de Chypre, le fit piler dans un mortier.

ANAXIMANDRE, philosophe de l'école ionienne, disciple de Thalès, né à Milet vers 610 av. J.-C.; mort vers 547. Il affirmait que la terre, vingt-huit fois plus petite que le soleil, reste fixée au centre de l'univers. Il s'occupa aussi de géométrie et de géographie.

ANAXIMENES ou **Anaximène**. I. Anaximenes de Milet, philosophe grec du vi^e siècle av. J.-C., né à Milet et disciple d'Anaximandre. Il enseigna que l'air, en se condensant ou en se dilatant, donne naissance à toutes choses : terre, feu, astres, âmes, dieux, etc. — II. Anaximenes de Lampsaque, philosophe, l'un des précepteurs d'Alexandre qu'il accompagna en Asie et dont il écrivit l'histoire.

ANAXYRIDE s. f. (a-na-ksi-ri-de]. Antiq. Nom donné par Hérodote et Xénophon à des sortes de larges pantalons que portaient les Phrygiens, les Perses et autres peuples de l'Orient.

ANÀYA s. m. Sauf-conduit en usage chez les Kabyles.

ANAZARBUS ou **Anazarbe**, ancienne ville importante de la Cilicia Campestris (Asie-Mineure), sur la rive gauche du Pyramus. Auguste lui donna le nom de *Cæsarea* (ad Anazarbum) et lors de la division de la Cilicie en deux provinces (prima et secunda), elle devint la capitale de la seconde Cilicie. Elle fut presque détruite par des tremblements de terre sous Justinien et Justin.

ANAZOTIQUE adj. et s. m. (gr a, sans; franç. *azote*). Chim. Se dit d'un corps non azoté.

ANAZOTURIE s. f. (gr. *a*, sans; franç. *azote* et *urée*). Pathol. Affection dans laquelle l'urée disparaît complètement.

ANCACHS [ann-kâtch'], département N.-O. du Pérou, entre les Andes et le Pacifique ; environ 45,000 kil. carr.; 285,000 hab. Grande production de sucre et de céréales ; excellent marbre. Cap. Huaras.

ANCÉE, fils de Neptune et d'Astypalée ; s'établit à Samos où il planta la vigne. Un devin lui ayant prédit qu'il ne boirait pas du vin qui en proviendrait, si ce fit emplir une coupe du premier produit de sa vigne et, en présence du devin qui le lui présentait, se disposait à faire mentir la prédiction, lorsqu'un énorme sanglier se jeta sur lui et le tua d'un coup de boutoir ; événement qui donna lieu au proverbe : *il y a loin de la coupe aux lèvres*.

ANCÉE s. f. Genre de crustacés isopodes renfermant une seule espèce, qui vit dans les profondeurs de la mer, près de Nice. Cinq paires de pieds, pas de serres, quatre antennes. Les mâles ont, au-devant de la tête, deux grandes saillies, en forme de mandibules.

ANCELOT (Jacques-Arsène-François-Polycarpe), auteur dramatique, né au Havre le 9 février 1794 ; mort à Paris le 8 sept. 1854, membre de l'Académie française en 1841. Il fit jouer au Théâtre-Français sa tragédie *Louis XI* (1819), pièce qui obtint un succès de parti. Il produisit ensuite un grand nombre de tragédies, de poèmes, de vaudevilles et de romans, dont quelques-uns en collaboration avec sa femme, **Marguerite-Louise-Virginie-Chardon**, femme de lettres, auteur dramatique, née à Dijon en 1792, épouse de M. Ancelot (1818), auteur d'un *Mariage raisonnable*, de *Marie ou Trois Epoques*, de plusieurs autres pièces et d'un grand nombre de romans. Mme Ancelot existe encore en 1875.

ANCENIS [an-se-ni], ch.-l. d'arr. (Loire-Inférieure), sur la rive de la Loire, à 38 kil. N.-E. de Nantes. Beau pont suspendu sur la Loire ; 4,250 hab. Château construit en 1700, sur l'emplacement d'une forteresse féodale qui avait été la clef de la Bretagne du côté de l'Anjou. Louis XI y conclut, en 1468, un traité avec François II de Bretagne. A Ancenis, Westermann dispersa, en 1793, les débris d'une grande armée vendéenne. Lat. (au clocher) 47° 22' 1" N. Long. 3° 30' 47" O.

ANCERVILLE, ch.-l. de cant. (Meuse), arr. et à 20 kil. S.-O. de Bar-le-Duc ; 2,200 hab. Vins rouges et Kirschwasser.

* **ANCÊTRE** s. m. (bas lat. *ancestor*; de *ante*, avant ; *cedere*, arriver). Celui dont on descend. Ne se dit guère que de celui qui est au-dessus de grand-père : *Hugues Capet est l'ancêtre de saint Louis ; et moi aussi je suis un ancêtre.* — s. m. pl. Les aïeux, surtout en parlant des maisons illustres : *il fait honneur à ses ancêtres.* — Tous ceux qui sont venus avant nous, encore que nous ne soyons pas de leur race : *c'était la coutume de nos ancêtres.*

ANCETTE ou **ANSETTE** s. f. (rad. *anse*). — Mar. Anse ou chute de bouline. C'est un bout de corde terminé par un œil.

* **ANCHE** s. f. (gr. *agchô*, je rétrécis). Petit bec plat, formé de deux lames communément faites de roseau aminci, par lequel on souffle

dans les hautbois, les bassons, les clarinettes : *l'anche d'un basson; instrument à anche.* — ANCHE D'ORGUE, demi-tuyau de cuivre qui se met dans les tuyaux d'orgue. — ANCHE se dit aussi d'un petit conduit par lequel la farine coule dans la huche d'un moulin à blé.

ANCHER v. a. Mettre une anche à un instrument.

* **ANCHILOPS** s. m. [an-ki-lopss] (gr. *agchi*, près ; *ôps*, œil). Pathol. Petite tumeur située à l'angle interne de l'œil, à côté du sac lacrymal. Quelquefois il est *inflammatoire* et se présente sous la forme d'un petit phlegmon rouge, douloureux, qui se termine par suppuration et que l'on combat par un traitement antiphlogistique. D'autres fois l'anchilops est *enkysté* et présente une petite tumeur arrondie, indolente, dont résulte un kyste. Lorsque l'anchilops s'abcède, le petit ulcère porte le nom d'*ægilops* (voy. ce mot).

ANCHIN, ancienne abbaye de bénédictins, fondée au xie siècle près de Douai.

ANCHISE, prince troyen qui fut aimé de Vénus et en eut Enée. Selon Virgile, son fils l'emporta sur ses épaules, lors de l'embrasement de Troie, et il mourut à Drépane en Sicile.

* **ANCHOIS** s. m. (esp., *anchovas*; basque, *anchua*). Genre de poissons malacoptérygiens abdominaux, famille des clupes, peu différent des sardines. L'anchois *vulgaire* (Engraulis encrasicholus) se trouve dans toutes les mers des régions tempérées ; il entre dans la Méditerranée au printemps et dépose son frai

Anchois (Engraulis encrasicholus).

le long des rivages en mai, juin et juillet. On prend les anchois dans des filets, pendant les nuits obscures, en les attirant au moyen de lumières ; on leur enlève la tête et les entrailles, on les place par lits dans des barils, avec des couches alternatives de sel ; au bout de quelque temps, ils sont confits dans la saumure et dans l'huile qu'ils ont rendue. On les exporte jusqu'en Amérique. — Les *filets d'anchois* se servent en hors-d'œuvre dans un ravier, avec de l'huile d'olive et quelquefois une garniture de persil, de jaune d'œuf, etc. Ils servent à la préparation du BEURRE D'ANCHOIS. — ŒIL BORDÉ D'ANCHOIS, œil dont les paupières rouges et dépourvues de cils, figurent des lanières d'anchois.

ANCHOITÉ, ÉE adj. [an-choi-té]. Se dit des sardines conservées comme les anchois.

ANCHOMÈNE s. m. [an-ko-mène] (gr. *agchomenos*). Genre de coléoptères pentamères, famille des carabiques, renfermant des insectes de petite taille et de couleur terne qui vivent dans les endroits humides. L'*Anchomène albipes* est commun sur les bords de la Seine.

ANCHUSE s. f. [an-ku-ze] (lat. *anchusa* ; du gr. *agchousa*, orcanette). Bot. Nom que l'on donne quelquefois au genre de plantes appelé Buglosse.

ANCHUSÉES s. f. pl. [an-ku-zé]. Bot. Sous-tribu de plantes appartenant à la tribu des Borraginées, caractérisée par quatre akènes distincts, uniloculaires, se fendant circulairement à la base au sommet, enfoncés dans un réceptacle épais ; un style gynobasique ; une corolle régulière garnie de poils ou d'écailles à la gorge. Genres principaux : Buglosse, Nonnea, Bourrache, Consoude, Lycopside.

ANCHUSINE s. f. Matière d'un rouge foncé que l'on extrait de la racine d'orcanette et que l'on emploie dans la teinturerie et dans la parfumerie.

ANCHUSIQUE adj. Se dit de l'acide obtenu de la racine d'orcanette. L'*acide anchusique* n'est autre chose que l'anchusine.

* **ANCIEN, ENNE** adj. Qui est depuis longtemps : *loi ancienne; ancien monument; le plus ancien officier commande à grade égal.* — Qui a existé ; qui n'existe plus : *les anciens usages.* — Se dit par opposition à *nouveau* et à *moderne* : *l'Ancien et le Nouveau Testament ; l'ancienne et la nouvelle Rome.* Sert à distinguer plusieurs personnages historiques : *Tarquin l'Ancien.* — Se dit d'une personne qui a cessé d'exercer une profession : *ancien préfet.* — Administr. forestière. Se dit des arbres réservés qui ont plus de trois fois l'âge du taillis dans lequel ils se trouvent, qui ont plus de cent ans, par opposition à *moderne*, qui se dit des arbres de deux ou trois âges seulement. — Substantiv. Ceux qui ont vécu dans des temps éloignés de nous : *un ancien disait...; les anciens ont étudié l'astronomie.* — Désigne quelquefois un vieillard : *salut mon ancien* (Fam.). — Celui qui a été reçu avant un autre dans une charge, une compagnie, un corps : *le plus ancien en charge porte la parole.* — Est aussi un terme de dignité, parce qu'originairement, on choisissait les vieillards pour remplir les premières places, les fonctions les plus importantes : *les anciens du peuple d'Israël.* — Ecritures saintes. L'ANCIEN DES JOURS, Dieu. — CONSEIL DES ANCIENS, voy. *Conseil.*

ANCIENNE LORETTE, village du Canada, à 11 kil. O.-S.-O. de Québec, 2,500 hab. Refuge en 1650 d'un parti de Hurons dont on trouve encore quelques centaines de descendants.

* **ANCIENNEMENT** adv. Autrefois, dans les siècles passés.

* **ANCIENNETÉ** s. f. Qualité de ce qui est ancien : *l'ancienneté d'une loi, d'une famille.* — Priorité de réception dans une compagnie, dans un corps : *on avance dans l'armée à l'ancienneté ou au choix.* — De toute ancienneté loc. adv. : Depuis très longtemps; de temps immémorial.

* **ANCILE** s. m. Ant. rom. Bouclier sacré que les Romains croyaient être tombé du ciel, et qu'ils considéraient comme un gage de la durée de leur empire. Pour rendre plus difficile l'enlèvement de l'ancile, Numa fit fabriquer onze autres boucliers qu'il était impossible de distinguer du véritable. La garde des anciles était confiée aux prêtres saliens.

ANCILLAIRE adj. [an-sil-lè-re] (lat. *ancilla*, servante). Qui appartient, qui a rapport aux servantes. — s. m. Moll. Genre de mollusques établi par Lamark mais non admis par Cuvier qui en fait un sous-genre du genre *Buccin.*

ANCILLON [an-si-yon ; *ll* mill.]. I. David, théologien, né à Metz en 1626, émigra lors de la révocation de l'édit de Nantes (1685), et s'établit à Berlin, publia des *Apologies de Luther, de Zwingle, de Calvin, de Bèze, etc.* — II. Charles, son fils, né à Metz en 1626, mort à Berlin en 1715 ; écrivit l'*Histoire de l'établissement des Français réfugiés dans les Etats de Brandebourg, etc.* (1690) et des *Mélanges de critique littéraire* (1698).—III. Ludwig-Friedrich, petit-fils du précédent (1740-1814), auteur de nombreux ouvrages.— IV. Johann-Peter-Friedrich, son fils (1767-1837), professeur d'histoire à l'académie militaire de Berlin, publia en 1803, un *Tableau des révolutions du système politique de l'Europe depuis le* xve *siècle*, et plusieurs autres ouvrages.

ANCKARSTROEM ou **Ankarstrœm** (JOHAN-JAKOB), gentilhomme suédois qui assassina Gustave III de Suède. Ilnaquit vers 1760 et fut exécuté en 1792. D'abord page, puis garde du corps du roi, il conspira contre ce prince

---

qui avait fait un coup d'Etat contre la noblesse. Le sort le désigna pour frapper Gustave au milieu d'un bal masqué.

ANCLAM, voy. ANKLAM.

ANCŒUR s. m. Art. vét. Enflure du fanon des bêtes à cornes. On dit aussi AVANT-CŒUR.

* **ANCOLIE** s. f. (lat. *aquilegia*, urne, parceque les pétales de cette plante ont la forme d'une urne). Bot. Genre de Renonculacées, tribu des Helléborées, comprenant des plantes vivaces, à calice composé de cinq sépales colorés, à cinq pétales bilabiés, cinq ovaires. Plusieurs espèces sont cultivées dans nos parterres à cause de la beauté de leurs fleurs. Ce sont : l'*Ancolie vulgaire (Aquilegia vulgaris*, Linn.), *Gants de Notre-Dame, Colombine, Aiglantine,* herbe rameuse un peu velue, à feuilles découpées en segments. Dans les mois de mai et de juin, elle développe, à la sommité de ses rameaux, de jolies fleurs pendantes à calice coloré, les unes simples, les autres doubles, bleues, violâtres, blanches, rouges, roses ou panachées. Elle aime l'ombrage et se rencontre fréquemment dans nos bois, où la chèvre et la brebis viennent la brouter. On lui a attribué des propriétés apéritives, diurétiques et antiscorbutiques. L'*Ancolie glanduleuse (Aquilegia glandulosa*) de Sibérie porte des fleurs solitaires d'un beau bleu. L'*Ancolie du Canada (Aquilegia canadensis*), délicate, donne des fleurs d'un beau rouge safran; elle ne réussit qu'à l'ombre, en terre de bruyère. L'*Ancolie des Alpes (Aquilegia Alpina*), petite, à fleurs d'un bleu d'azur.

ANCOMARCA, plateau des Andes, (Equateur) à 4,330 m. au-dessus du niveau de la mer; par 17° 31'lat. S. et 71° 59' 34'' long. O.

ANCÔNE I. Province d'Italie, dans les Marches; bornée à l'E. par l'Adriatique ; 1,907 kil. car. ; 263,000 hab. Partie montagneuse admirablement cultivée, surtout dans les vallées,

Ancône et arc de Trajan.

qui sont très fertiles.—II. Ville forte, capitale de la province du même nom, sur l'Adriatique ; à 190 kil. N.-N.-E. de Rome ; 45,000 hab. Port formé de deux môles, sur l'un desquels se dresse le fameux *arc de Trajan.* — Ancien port romain où Trajan fit construire un môle, Ancône passa successivement sous le joug des Lombards, des Sarrazins, des Grecs et des Allemands. Le pape l'annexa à ses états en 1532 ; cette ville, prise par les Français en 1797, reprise par les Autrichiens en 1799 et réoccupée par les Français en 1801, fut restituée au pape en 1802. Les Français l'occupèrent encore de 1832 à 1838; les Autrichiens la bombardèrent le 18 juin 1849. Lamoricière s'y réfugia

---

après la défaite de Castelfidardo. Il capitula le 29 sept. 1860. Lat. N. (au phare) 43° 37'29''. Long. E. 11° 9' 53''.

ANCONÉ adj. et s. m. (gr. *ankôn*, coude). Anat. Nom donné au muscle du coude qui va de la tubérosité externe de l'humérus au côté externe de l'olécrane et au bord postérieur du cubitus.

ANCÔNITAIN, AINE s. et adj. Qui est d'Ancône, qui appartient à cette ville ou à ses habitants.

ANCORNÉ, ÉE adj. Blas. Se dit de la corne du bœuf et du sabot du cheval, quand cette corne ou ce sabot est d'un émail autre que le corps.

ANCRAGE s. m. Lieu où les vaisseaux peuvent jeter l'ancre ; on dit ordinairement *mouillage.* — DROIT D'ANCRAGE, droit imposé aux navires qui mouillent dans les ports, havres, rades, et même sur les côtes de certains pays.

ANCRAMITE s. f. Minér. Zinc oxydé rouge, O³ Mn²15 Ozn. Poids. 5,43. Se trouve parmi les minerais de fer de l'Amérique septentrionale.

ANCRE (Maréchal d') voy. CONCINI.

* **ANCRE** s. f. (celt. *ancor* ; formé de *anc*, fer ; et *cor*, bec. — gr. *angkura* ; lat. *ancora* ou *anchora*). Pièce de fer dont l'extrémité, s'accrochant au fond des cours d'eau ou de la mer, retient les navires contre l'effort du vent ou du courant. Toute ancre ordinaire se compose d'une verge de fer qui termine un double crochet, appelé *bras de l'ancre.* Chaque branche du crochet est terminée par un large triangle, appelé *patte.* Le bout aigu de la patte se nomme le *bec.* L'endroit de jonction de la verge aux bras est la *croisée.* Le biseau qui termine cette partie renforcée de l'ancre se nomme le *diamant.* A l'autre extrémité de la verge est un anneau de fer, la *cigale*

---

de l'ancre. La barre de fer ou de bois placée transversalement sous la cigale et formant la croix, se nomme le *jouail* ou *jas* de l'ancre. Le jouail posant à plat sur le sol, une patte de l'ancre y est fixée, et l'autre élevée en l'air. Le jouail force l'ancre à se placer dans cette position pour que le *bec* et la *patte* s'enfoncent en terre, et lui donnnent ainsi toute la ténacité indispensable à ce point d'appui. Les ancres varient de grandeur et de poids, de 150 à 5,000 kil. Aujourd'hui qu'on a substitué aux câbles des chaînes de fer, le jouail est toujours une barre de fer. Les *chaînes* de l'ancre sont formées de maillons ovales, dont l'écartement est maintenu par une petite traverse. De dix-huit brasses en dix-huit brasses, un maillon coupé se ferme par un *boulon* mobile, qui permet de subdiviser la longueur de la chaîne, et de s'en débarrasser dans un cas pressé, comme on ferait d'un câble en le coupant. La force des chaînes est éprouvée au moyen d'une machine hydraulique qui leur fait subir une tension excessive. Le principal avantage des chaînes sur les câbles est de ne point se couper au frottement des rochers qui tapissent le fond de la mer. — Selon leur usage, les ancres portent les noms *d'ancre de flot, ancre de jusant, ancre d'affourche, ancre à jet, maîtresse ancre* etc. — On appelle *ancre borgne,* celle qui n'a qu'une patte. — *Ancre de miséricorde* se disait autrefois de la maîtresse ancre. — Un navire *chasse sur ses ancres* quand le vent ou la mer l'entraîne malgré la résistance de ses ancres. — S'il faut en croire Pline, les ancres furent inventées par les Toscans ; et selon Strabon, Anacharsis le Scythe (592 av. J.-C) y ajouta la *patte.* — ANCRE DE CAPE OU ANCRE FLOTTANTE. Mar. Appareil qui sert à maintenir un navire debout à la lame, durant un gros temps à la mer. L'ancre de cape se compose d'une croix de fer sur laquelle est tendue une forte toile. — ANCRE DE SALUT, unique ressource ; seule chose qui puisse sauver : *c'est notre ancre de salut.* — Archit. et serrur. ANCRE désigne une grosse barre de fer que l'on fait passer dans l'œil d'un tirant, pour empêcher soit l'écartement des murs, soit la poussée des voûtes, ou pour maintenir des tuyaux de cheminée qui sont très élevés.

* **ANCRÉ, ÉE** part. pass. d'ANCRER. — Adjectiv. Se dit d'un navire retenu par des ancres : *frégate bien ancrée.* — Fig. Bien établi, affermi : *la vanité est bien ancrée dans sa tête.*

* **ANCRER** v. n. Jeter l'ancre. On dit mieux MOUILLER.—S'ancrer v. pr. S'établir, s'affermir dans quelque situation : *il s'est ancré dans cette maison.*

ANCUS MARTIUS, quatrième roi de Rome (640 à 616), prit aux Latins plusieurs villes dont il incorpora les habitants à la cité.

ANCY-LE-FRANC, *Anciacum,* ch.-l. de cant. (Yonne), arr. et à 45 kil. S.-E. de Tonnerre, sur l'Armançon ; 1,795 hab. Magnifique château qu'Antoine, duc de Clermont-Tonnerre, fit commencer sur les dessins du Primatice.

ANCYLODON s. m. (gr. *angkulos,* crochu ; *odous,* dent). Zool. I. Genre de poissons sciénoïdes renfermant deux espèces de la Guyane. — II. Nom donné par. Iliger à un cétacé du genre narval.

ANCYRE (aujourd'hui *Angora* ou *Engour*), cap. de l'ancienne Galatie (Asie-Mineure) ; prise par les Perses en 619, par les Sarrasins en 1085 ; par les Croisés en 1102. Sous les murs Timour (Tamerlan) vainquit et fit prisonnier, après une bataille de trois jours (26-27-28 juillet 1402), le malheureux sultan Bajazet qu'il enferma dans une cage jusqu'à son arrivée à Samarcand. — INSCRIPTIONS OU MONUMENTS D'ANCYRE. Inscriptions sur marbre trouvées à Ancyre, en 1554, et qui retracent un sommaire du règne d'Auguste.

ANDA s. m. Nom brésilien d'un genre d'Euphorbiacées, tribu des crotonées, comprenant de grands arbres à suc laiteux, à bois spongieux et à fruits qui ont le goût de nos châtaignes.

ANDAAÇU s. m. Nom brésilien d'un arbre du genre *anda*; on lui attribue des propriétés purgatives.

* **ANDABATE** s. m. Ant. rom. Gladiateur qui combattait à cheval et les yeux bandés.

ANDAILLOT s. m. [*ll* mll.] Mar. Sorte d'anneau en bois, placé sur la ralingue des voiles triangulaires pour les assujettir.

* **ANDAIN** s. m. (ital. *andare,* marcher). Espace parcouru par la faux à chaque pas du faucheur. — Quantité d'herbe abattue à chaque coup de faux. — Par ext. Chaque rangée d'herbe que fait le faucheur.

ANDALOU, OUSE adj. et s. Qui est né dans l'Andalousie; qui appartient à ce pays. —s. m. Cheval d'une race propre à l'Andalousie. — Dialecte de l'espagnol, parlé en Andalousie.

ANDALOUSIE (originairement *Vandalusia,* des Vandales) Dans l'antiquité, portion de la Lusitanie et de la Bétique. Division la plus méridionale de l'Espagne ; 87,165 kil. car. ; 3,265,000 hab. Principale rivière : le Guadalquivir. Chaînes montagneuses de la Sierra Nevada au sud, de la Sierra Moréna au nord. Climat doux; *végétation* qui participe de celle de l'Europe et de celle de l'Afrique; production de coton, de canne à sucre, de grains, d'olives, de vin, de figues, de soie, de cochenille, de laine et d'une belle race de chevaux. Dans le règne minéral, le territoire contient de l'or, de l'argent, du cuivre du fer, de l'étain, de l'antimoine, du soufre, du charbon, du mercure, du vitriol, de la serpentine, du marbre et de l'albâtre. Divisions administratives : 8 provinces savoir : Séville, Cadix Cordoue, Grenade, Jaen, Malaga, Almária et Huelva. — Envahie par les Vandales en 419, cette partie de l'Espagne tomba au pouvoir des Visigoths en 429. Les Maures, qui s'en emparèrent en 711, y établirent le royaume de Cordoue qu'ils gardèrent jusqu'en 1236. — Sa capitale était Séville.

ANDALOUSIEN, IENNE s. et adj. [an-da-lou-zi-en]. Synon. d'Andalou.

ANDALOUSITE s. f. [an-da-lou-zi-te]. Minéral qui a reçu son nom de l'Andalousie où on l'a étudié pour la première fois. On l'a également appelé *feldspath apyre, stanzaïte, micaphyllite, mâcle, janesontie.* 4 O³ Si². 6 O³ Al $\begin{Bmatrix} O K \\ O Ca \end{Bmatrix}$ Cristallise en prisme droit à base carrée: couleur grise, verte, rougeâtre ou rouge. Très dure, l'andalousite raye le quartz. Pesanteur spécifique 3,10 à 3,16; elle est inattaquable par les acides et infusible au feu du chalumeau. Elle appartient aux terrains de cristallisation anciens. On la trouve dans le granit, près de Montbrison, dans le gneiss (Ecosse) dans le micaschiste (Landeck, en Sibérie ; Cordoso et Tolède en Castille).

ANDAMAN (île) groupe d'îles long et étroit, dans la partie orientale du golfe de Bengale; 6,607 kil. car. Environ 13,000 hab. de petite taille, de couleur noire et dans un état de profonde barbarie. On distingue les îles du Nord, du Milieu, du Sud et les Petites Andaman ; les unes et les autres sont couvertes d'épaisses forêts. En 1838, les Anglais firent un Port-Blair (île Chatham,) un lieu de déportation pour les Cipayes rebelles ; cette colonie pénitentiaire comprenait 7,600 convicts en 1871 ; l'un d'eux, Shere Ali, assassina le comte de Mayo, vice-roi de l'Inde (8 février 1872). Lat. de Port-Blair 11° 41' 16" S. Long. 90° 22' 51" E.

ANDAMENTO s. m. (ital. *promenade*) Mus. Partie de la fugue qui succède aux premiers développements du sujet et pendant laquelle le compositeur laisse reposer son thème pour le reprendre ensuite.

ANDANA s. m. Sorte de pêche à la nasse pratiquée sur les côtes d'Espagne.

* **ANDANTE,** adv (part. prés. du verbe ital. *andare,* aller.) Mus. Mot qui, placé en tête d'un morceau de musique, indique un mouvement modéré, tendant à la lenteur, et: intermédiaire entre l'*allégro* et l'*adagio* ; il est souvent suivi d'une épithète: *molto, giusto, maestoso,* etc. — s. m. Partie de la composition qui doit être exécutée dans le mouvement appelé *andante.* — Mus. instrumentale. Second mouvement d'une symphonie, d'un quatuor, d'un duo, d'une sonate, etc. —Pl. des ANDANTES.

ANDANTINO adv. (diminut. de *andante*).Mus. Mot qui indique un mouvement un peu plus animé que l'*andante.* — s. m. Morceau écrit dans ce mouvement. — Pl. des ANDANTINO.

ANDASTES voy. CONESTOGAS.

ANDAYE ou Hendaye, village des Basses-Pyrénées, arr. et à 26 kil. S.-O. de Bayonne, sur la rive droite de la Bidassoa ; 500 hab. Excellente liqueur dite *eau-de-vie d'Andaye.*

ANDECAVES ou Andes, peuple gaulois qui habitait l'Anjou moderne, et dont la capitale était *Andecavi* (Angers).

ANDELLE rivière, affluent de la Seine, à Pîtres (Eure) ; source près de Forges-les-Eaux (Seine-Inférieure) ; cours 60 kil. Elle est flottable et amène le bois qui porte son nom.

ANDELOT ch.-l. de cant. (Haute-Marne), arr. et à 16 kil. N.-E. de Chaumont ; 1600 hab. Célèbre par le traité de 587, entre Childebert II, Gontran et Brunehaut, lequel assura aux leudes la possession viagère de leurs bénéfices.

ANDELYS (les) *Andilegum,* ch.-l. d'arr. (Eure), à 35 kil. N.-E. d'Evreux et à 90 kil. de Paris ; 5,575 hab. Composée du Grand-Andely, sur le Gambon, et du Petit-Andely, sur la Seine ; ville importante au moyen âge, en raison du voisinage de la célèbre forteresse appelée Château-Gaillard. Couvent fondé par Clotilde, femme de Clovis. Non loin des Andelys se livra en 1119 le combat de Brenneville, dans lequel Louis le Gros faillit être fait prisonnier. Henri IV prit la ville en 1591. Commerce de blé, de draps et de laine. Patrie de Nicolas Poussin et de l'ingénieur Brunel. Trois monuments historiques : église Notre-Dame (style gothique et style renaissance ; belles verrières) ; église Saint-Sauveur (XII° siècle) ; ruines du château-Gaillard, bâti par Richard-Cœur-de-Lion (1198).Lat. (flèche du Petit-Andely) 49° 14' 34"N. Long. O° 56' 23" O.

ANDÉOL (Saint), martyr du III° siècle. Fête le 1er mai.

ANDENNE, ville de Belgique, près de la Meuse, province et à 16 kil. E. de Namur ; 6,300 hab. ; fabrique de faïence et de pipes.

ANDERLECHT [an-dèr-lè-kte] ville de Belgique, près de Bruxelles ; 12,000 hab. Dumouriez y battit les Autrichiens, le 13 novembre 1792.

ANDERLIQUE s. m. Petit tonneau employé en vidange pour recevoir les résidus de la fosse. — Par all. Homme malpropre.

ANDERLONI (Pietro), graveur milanais (1784-1849), s'attacha à reproduire les chefs-d'œuvre de Raphaël, du Titien et de Poussin. — Son frère, FAUSTINO (1766-1847), excella dans le même art.

ANDERNACH, petite ville de Prusse, sur la rive gauche du Rhin ; 4,850 hab. Autrefois ville impériale (*Antunnacum*). Elle a donné son nom à la bataille où Charles le Chauve fut vaincu par Louis de Saxe, le 8 oct. 876.— L'église est un intéressant spécimen de style romano-byzantin.

ANDERSEN (Hans-Christian), célèbre auteur danois (1805-'75), fils d'un pauvre cordonnier, il débuta par quelques poésies qui lui valurent la protection du roi; il publia successivement « voyage à Amack » (1829), « Poèmes » (1830), visita toute l'Europe, grâce aux libéralités du monarque. A son retour, il devint l'idole du peuple danois par ses « Esquisses de voyage », son « Improvisateur », roman d'inspiration italienne (1834), traduit en français par Mme C. Lebrun (2 vol. in-8°, 1847) ; ses « Histoires féeriques » « Rien qu'un violoniste », son « Album sans dessins », qui a fait les délices de l'enfance dans plusieurs pays, et des pièces de théâtre. Ses œuvres complètes ont paru en 35 vol. Leipzig, 1847-'48.

ANDERSON (James), antiquaire écossais (1662-1728), auteur de « Collections relatives au règne de Marie d'Ecosse » et de : *Selectus Diplomatum et Numismatum Scotiæ Thesaurus.*

ANDERSON (James), agronome écossais (1739-1808), fondateur de l'*Abeille*, revue périodique agricole publiée à Edimbourg (1791) et des *Récréations dans l'agriculture*, créées à Londres en 1799

ANDERSON (John), fondateur de l'Université Andersonienne, à Glascow ; né en 1726, mort en 1796 ; auteur de « Préceptes de médecine».

ANDERSON (Jean), négociant et bourgmestre d'Hambourg, né en 1674, mort en 1743, auteur d'une *Histoire naturelle de l'Islande, du Groenland*, etc., 2 vol. in-8º, Paris, 1750. « Cet ouvrage, quoique ancien et superficiel, est encore la principale source, relativement aux cétacés » (Cuvier).

ANDERSON (Robert), officier américain (1805-'71), commandant du Fort Moultrie, le 20 nov. 1860, il se retira au fort Sumter, qu'il fut forcé d'évacuer après avoir subi un rude bombardement (13 avril 4861).

ANDERSONIE s. f. Bot. Genre d'Epacridées comprenant des arbrisseaux de l'Australie méridionale.

ANDERSONVILLE, village du comté de Sumter (Géorgie des Etats-Unis), à 100 kil. S. de Macon ; 1,500 hab. Pendant la guerre civile, les Etats Confédérés y établirent (27 nov. 1863) une prison militaire où furent enfermés en même temps jusqu'à 33,000 malheureux, dans un espace étroit où les détenus étaient entassés les uns sur les autres. La mortalité atteignit le chiffre de 127 hommes par jour ; le total des décès s'éleva à 13,000. En 1865, le directeur, un Suisse nommé Henry Wirz, fut condamné à mort, et pendu le 10 nov.

ANDERSSON (Carl-Johan), explorateur suédois (1827-'67), accompagna Francis Galton dans le S.-O. de l'Afrique en 1850, voyagea seul en 1853-'4, fit une seconde visite au lac Ngami en 1858, en traversant le territoire Ovambo, se maria et se fixa près de Cape Town. A peine guéri d'une blessure reçue des indigènes, il repartit, en mai 1866, pour le Cunene, mais fut trop faible pour traverser cette rivière et mourut en revenant au Cap. Il a publié «Lake Ngami», en 1855, et un ouvrage sur la rivière Okavango en 1861.

ANDES (esp., *la cordillera de los Andes*) la Cordillère [chaîne] des Andes). Longue chaîne de montagnes qui s'étend parallèlement aux côtes occidentales et septentrionales de l'Amérique du Sud, depuis l'extrémité méridionale du continent jusqu'à la mer Caraïbe. Bordant le rivage du Pacifique sur une longueur d'environ 7,000 kil., avec une élévation moyenne de 4,000 m. et variant de largeur entre 70 et 550 kil., cette chaîne couvre de sa base une surface supérieure à 1 million de kil. carr. — Dans la Patagonie, ce n'est d'abord qu'une chaîne étroite, d'une altitude moyenne modérée, mais atteignant sur plusieurs points une hauteur de 2,000 à 2,600 m. A leur entrée dans le Chili, les Andes s'éloignent de l'Océan, forment une ceinture fertile, large de 160 kil. sous le 38e degré de lat.; bien que l'élévation moyenne ne soit pas encore ce qu'elle deviendra un peu plus au nord, cette section comprend l'Aconcagua, dont la hauteur est évaluée à 6,934 m. Passant dans la Bolivie, cette chaîne se divise (lat. 22º) en deux branches, la *Cordillère de a Côte* et la *Cordillère Royale* qui courent parallèlement, à une distance de 300 à 500 kil. l'une de l'autre, et qui enveloppent le plateau de Desaguadero, élevé de 3,000 m. au-dessus de la mer, long de 800 kil. et large de 50 à 100 kil. ; le climat de cette plaine est tempéré ; mais les arbres n'y croissent pas et

la culture y est limitée. On y trouve les villes de Potosi, de Sucre, et de la Paz ; les torrents qui y naissent se réunissent dans le lac Titicaca. La Cordillère Orientale s'élève à une hauteur moyenne de 4,000 m. et l'Occidentale à 4,500 m. Au-dessus de la première, se dresse le pic de Sorata, que les plus récentes appréciations évaluent à 7,695 m. ; et qui est ainsi le point culminant du nouveau monde. Après s'être réunies, les cordillères divergent encore en traversant le Pérou et, en même temps, changent leur direction pour courir vers le N.-O. Elles s'écartent à une distance de 160 kil. pour envelopper la plaine fertile et populeuse de Cuzco. Cette région se trouve sous le tropique ; et pourtant le territoire des anciens Incas jouit du climat et de la flore des pays tempérés. Depuis les hauts plateaux de Pasco, vers 11e de lat., jusqu'aux Andes de Quito, sur une étendue de 700 kil., les montagnes diminuent de hauteur et nul pic n'atteint la ligne des neiges éternelles avant 7e au S. de l'Equateur ; cette chaîne consiste en 3 cordillères, connues sous les noms, d'occidentale, de centrale et d'orientale, la première la plus élevée, est séparée du Pacifique par un aride désert, large de 80 kil. Sur le territoire de la Bolivie et du Pérou, la ceinture entre le Pacifique et les montagnes est en général sèche, sablonneuse et stérile. Les trois chaînes se terminent au nœud de Loja, l'une des parties les moins élevées des Andes. C'est là que commence la plus magnifique série de volcans qu'il y ait dans l'univers : les *Andes de Quito*. Deux cordillères, courant presque vers le nord, entourent le beau plateau de Quito, long de 320 kil. large de 50, et divisé, par les embranchements d'Asuay et de Tiopullo, en 3 bassins : Cuenca, Ambato et Quito qui ont une altitude moyenne de 2,300, 2,500 et 2,750 m., et une température moyenne de 62º, 61º et 59º F. Dans la Cordillère Orientale ou Royale se trouvent les volcans Cotopaxi, (5,750 m.) Cayambi, Antisana et plusieurs autres ; dans la chaîne occidentale, on distingue le volcan Pichincha et le pic de Chimborazo (6,421 m.). A un degré au nord de l'Equateur se dresse le nœud volcanique de Los Pastos, où les Cordillères se réunissent pour diverger encore à leur entrée dans la Colombie. La chaîne côtière (Cordillera de la Costa) sépare le Pacifique de la vallée du Cauca, et finalement se fond dans les montagnes peu élevées du Darien qui unissent les cordillères de l'Amérique méridionale au système des montagnes Rocheuses (Amérique septentrionale). A 190 kil. au N. de l'Equateur, l'autre Cordillère se subdivise en deux chaînes, dont l'orientale, Suma Paz, part du lac Maracaïbo et se termine près de Caracas, sur la mer Caraïbe. La chaîne centrale de Quindia sépare les vallées du Cauca et du Magdalena ; elle est dominée par le volcan Tolima (5,587 m.). — En général, les Andes présentent une pente rapide du côté du Pacifique et descendent graduellement vers les plaines immenses de l'Orient. On y trouve quelques glaciers dans les ravins étroits de la section méridionale. La ligne des neiges est à environ 1,000 m. dans la Patagonie ; à 3,000 m. sous la latitude de Valparaiso et, suivant Pentland, à 4,000 m. en Bolivie. Les passages sont partout difficiles. — Les 51 volcans des Andes se groupent vers le milieu de la chaîne, depuis 43e 28' jusqu'à quelques degrés de l'Equateur. Leurs éruptions ont une intime liaison avec les tremblements de terre fréquents et désastreux. Les richesses minérales de cette Cordillère consistent en argent (Pérou et Bolivie), cuivre (Chili), nitrate de soude (côte du Pérou) et en charbon bitumineux disséminé en différentes parties de la chaîne. Parmi les gemmes, on distingue l'émeraude, surtout celle qui provient des mines de Tunca, près de Bogota. A mesure que l'on gravit ces montagnes, la température et la flore changent suivant l'altitude. Les formes

caractéristiques de la vie animale se manifestent dans les Llamas, les Vigognes, les Alpacas, les Condors et les Oiseaux-Mouches. Près d'Ocururo (Pérou) se trouve la petite cabane de Rumihuasi, à 100 m. plus haut que le sommet du Mont-Blanc et qui est le lieu habité le plus élevé qu'il y ait au monde.

ANDICOLE adj. Zool. Qui habite les Andes.

ANDJER, phare sur la côte de Java, par 6º 3' 39'' lat. S. et 103º 33' 39'' long. E.

ANDOCHE (Saint), martyr en Bourgogne (IIe siècle) ; fête le 24 sept.

ANDOCIDES, général et orateur athénien, né vers 467 av. J.-C. Banni plusieurs fois, il mourut en exil. On a conservé 4 de ses discours, qui se trouvent dans les *Oratores Græci* d'Henri Estienne et dans la collection Didot.

ANDOLSHEIM, bourg d'Alsace, ancien ch.-l. de cant. du Haut-Rhin, à 5 kil. E. de Colmar. 1,100 hab.

ANDORRAN, ANNE s. et adj. Habitant du val d'Andorre ; qui appartient à cette contrée ou à ses habitants.

ANDORRE (val ou vallée d'), petite république neutre, dans une vallée des Pyrénées, entre le dép. de l'Ariège (France) et la province de Lérida (Espagne) ; 385 kil. carr.; 12,000 hab., tous catholiques ; territoire divisé en 6 communes. Cap. *Andorra* (800 hab.), à 50 kil. S. de Foix et à 20 kil. N. d'Urgel. « Les vallées et souverainetés d'Andorre » furent déclarées indépendantes vers 790, par Charlemagne, qui les récompensa ainsi de leur fidélité dans la guerre contre les Maures ; certains droits furent néanmoins conservés à l'évêque d'Urgel. Pendant la féodalité, la petite principauté fut considérée comme vassale des comtes de Foix et ensuite des rois de France, après Henri IV. Ce droit féodal, aboli en 1790, fut remplacé (décret impérial du 27 mars 1807) par un protectorat. Après avoir vu respecter sa neutralité pendant plus de mille ans, la république fut attaquée par les carlistes en septembre 1874. Ce petit Etat est gouverné par 24 consuls élus pour 4 ans et par un syndic général élu à vie. La justice est rendue par 2 viguiers, nommés l'un par le gouvernement français, l'autre par l'évêque d'Urgel. Un léger tribut est payé à la France 960 fr., et 891 fr. à l'évêque d'Urgel. — De 16 à 60 ans, tout citoyen est armé ; chaque paroisse a un capitaine qui dirige les exercices militaires. — Les habitants, en général robustes, ont un caractère fier et peu communicatif ; ils sont pauvres, fort ignorants, et parlent l'idiome catalan ; ils se marient toujours entre eux. De nombreux troupeaux forment la principale richesse des Andorrans. Le pays produit aussi un peu de fer, du tabac et du raisin. Tous les ans, la république paie à la France 960 fr., et 891 fr. à l'évêque d'Urgel. — En 1880, des troubles graves survinrent à Andorre, au sujet de l'établissement projeté d'une maison de jeux.

ANDOUA, île de l'archipel Viti (Grand Océan), par 16º 49' 40'' lat. S. et 175º 52' 30'' long. E.

* **ANDOUILLE** s. f. [ll. mll.] (rad. *douille*, qui signifiait *gonflé, rebondi*). Boyau de porc, empli, farci d'autre boyaux, ou de la chair hachée du même animal. Les andouilles se servent grillées, sur une purée de pois verts, de lentilles ou d'oignons ; on fait aussi des andouilles de gibier ou de volaille. — ⁓ Par all. Personne sans énergie, molle comme une andouille. — ANDOUILLE MAL FICELÉE, personne mal bâtie ou qui ne sait pas porter la toilette. — GRAND DÉPENDEUR D'ANDOUILLES, individu de haute taille et un peu sot. — Prov. et fig. CELA S'E⁓T EN ALLÉ EN BROUET D'ANDOUILLE, se dit d'une chose qui promettait beaucoup et qui n'a rien produit.

* **ANDOUILLER** s. m. [an-dou-ié ; ll mll.]

Vén. Branche du rameau qui se détache du bois du cerf, du chevreuil et du daim. On appelle *maître andouiller*, celui qui se trouve placé le premier sur la tige du bois d'un cerf et qui se dirige en avant. On a cru, pendant longtemps, que tous les ans le cerf pousse un andouiller de plus.

* **ANDOUILLETTE** s. f. [an-dou-iè-te; *ll* mll.]. Chair de veau hachée et pressée en forme de petite andouille.— ∽ On donne aussi le nom d'andouillette à une petite andouille que l'on a rendue plus délicate en y ajoutant de la fraise de veau coupée en filets. Il y a des andouillettes truffées, des andouillettes aux champignons.

ANDOVER. I. Ville du comté de Hamp (Angleterre), à 30 kil. N. de Southampton; 5,500 hab. Célèbre foire du 10 au 16 octobre; commerce de drèche et de bois. — II. Ville de Massachusetts (Etats-Unis), sur la Merrimack, à 35 kil. N. de Boston; 6,000 hab. Académie et séminaires.

ANDRADA. I (Diego Payva d'), théologien portugais (1528-'75), auteur de nombreux ouvrages. — II (LE P. ANTONIO D'), jésuite missionnaire portugais, né vers 1580, mort à Goa en 1633. Il pénétra deux fois jusqu'au Thibet (1600-'1 ; 1625-'6) et représenta l'inquisition à Goa. La relation de ses voyages, *Novo descobrimento do Grão Catayo, ou dos Reynos de Tibet* (1626) fut traduite en français (1628).— III. Bonifacio Jozé d'Andrada E Sylva, homme d'Etat et naturaliste brésilien (1763-1838), visita l'Europe, devint professeur de métallurgie et de géognosie à Coïmbre (1800), revint au Brésil (1819), fut nommé ministre de l'intérieur (1822), banni en 1823, et revint en 1829. Il a écrit sur la minéralogie et a publié des *Poesias d'America Elysea* (Bordeaux, 1825).

ANDRAL (Gabriel), médecin, né à Paris en 1797, mort en 1876; professeur à la Faculté de Paris depuis 1830, auteur d'ouvrages remarquables, parmi lesquels nous citerons une *Clinique médicale* et un *Traité élémentaire de pathologie et de thérapeutique générales.*

ANDRÉ (Saint). l'un des 12 apôtres, né à Bethsaïda, disciple de Jean-Baptiste et frère de Pierre. On croit qu'il prêcha à Patras (Achaïe) et qu'il y fut crucifié, le 30 nov. 69, sur une croix ayant la forme d'un X; d'où serait venu le nom de *Croix de Saint-André*, donné à cette forme. Saint André est le principal patron de l'Ecosse. Fête 30 nov.

ANDRÉ (Johann Anton), compositeur allemand (1775-1842), directeur d'un établissement musical à Offenbach, auteur de plus de 100 morceaux, dont plusieurs pièces de théâtre qui obtinrent un certain succès.

ANDRÉ (John), officier anglais (1751-'80); il servit d'espion pendant la guerre américaine de l'indépendance, et fut fait prisonnier à son retour d'une entrevue secrète avec le traître général américain Arnold, (23, sept. 1780); il fut pendu le 2 oct. par les Américains; mais les Anglais rendirent plus tard de grands honneurs à sa mémoire.

ANDRÉ (Saint-) (angl. St Andrew's), port et ville d'Ecosse, comté de Fife, sur la mer du Nord, à 62 kil. N.N.-E. d'Edimbourg; 7,000 hab. Collège de Madras, fondé par André Bell, inventeur de l'enseignement mutuel. — Ruines d'une magnifique cathédrale détruite par une émeute (juin 1559); université fondé en 1411. Bibliothèque, riche de 40,000 vol.

ANDRÉ, nom de trois rois de Hongrie, de la dynastie des Arpades. — André Iᵉʳ, cousin de Saint-Etienne et successeur d'Aba Samuel, mort en 1061 ; il autorisa la persécution des chrétiens. — André II, appelé le *Hiérosolymitain*, fils de Béla III, succéda à son neveu Ladislas III (1205-'35): il dirigea la cinquième croisade et promulgua la *Bulle d'or* en 1222.

— André III, *le Vénitien*, roi de 1290-1301, eut à défendre sa couronne contre de nombreux prétendants; on croit qu'il mourut empoisonné, avec lui finit la dynastie des Arpades.

ANDRÉ (Ordre de Saint-), fondé par Pierre le Grand en 1698. — Croix émaillée en bleu, portant l'image de saint André et surmontée d'une couronne impériale; revers: aigle éployé. Cordon bleu.

ANDRÉ (Yves-Marie, dit LE PÈRE), jésuite, né à Châteaulin (Bretagne) en 1675, mort en 1764, connu pour la spirituelle douceur de sa philosophie. Auteur d'un *Essai sur le beau* (1741), d'un *Traité de l'homme*, etc. Ses œuvres ont été publiées à Paris, 1766, 5 vol in-12.

ANDRÉ (Saint-), nom de plusieurs chefs-lieux de cant. — I. Saint-André de Cubzac [cu-za], arr. et à 19 kil. N.-N.-E. de Bordeaux (Gironde); 3,700 hab. Voy. CUBZAC. — II. Saint-André de Méouilles, arr. et à 16 kil. N. de Castellane (Basses-Alpes); 900 hab. Pays abondant en fruits. — III. Saint-André-de-la-Marche, arr. et à 20 kil. S.-E. d'Evreux (Eure); 1,550 hab. — IV. Saint-André-de-Valborgne, arr. et à 30 kil. N.-E. du Vigan (Gard); 1,800 hab. Filat. de coton et de soie grège.

ANDRÉ (Cap Saint-), île de Chypre, par 35° 41' 40'' lat. N. et 32° 15' 8'' long. E.

ANDRÉA (Girolamo d'), cardinal romain (1812-'68), suspendu en 1865 en punition de sa sympathie pour l'unité italienne.

ANDREA PISANO (*André le Pisan*), sculpteur et architecte, né à Pise en 1270, mort en 1345; fut l'un des premiers à abandonner le style gothique pour revenir à l'imitation de l'antiquité. Il exécuta de nombreux travaux à Pise, Pérouse, Venise et Florence.

ANDREA DEL SARTO, voy. SARTO.

ANDREÆ (Jean-Gérard-Reinhard), apothicaire à Hanovre (1724-'93), a donné en allemand : *Lettres écrites de la Suisse à Hanovre, dans l'année 1763*; un vol. in-4°. Zurich 1776.

ANDREÆ. I. (Jakob), célèbre théologien protestant allemand (1528-'90), professeur de théologie à Tübingen, influa sur l'adoption de la *Formula Concordiæ*. — II. (Johann-Valentin), volumineux auteur allemand (1586-1654), petit-fils du précédent, publia en 1633 un ouvrage dans lequel il émet l'idée d'une république chrétienne. Quelques personnes le considèrent comme fondateur de l'ordre des Rosicruciens. Son autobiographie, en latin, a été publiée à Berlin en 1849.

ANDREÆ (Laurentius), LARS ANDERSSON. Premier traducteur suédois du Nouveau Testament (1526), né en 1482, mort en 1552. Il fut successivement archidiacre à Upsal et chancelier de Gustave Vasa. Accusé de n'avoir pas dénoncé une conspiration contre la vie du roi, conspiration dont il avait eu connaissance, il n'échappa à la mort qu'en payant une forte amende.

ANDRÉANI (André), surnommé LE MANTOUAN, artiste italien, né vers 1540, mort en 1623. Il usa du même monogramme qu'Altdorfer.

ANDRÉANOFF (Îles), groupe des îles ALÉOUTIENNES, voy. ce mot.

ANDREASBERG, ville du Hanovre; 3,500 hab. Mines d'argent, de plomb, de cuivre et de fer.

ANDRÉASBERGOLITHE s. f. (de *Andreasberg* et du gr. *lithos*, pierre). Minér. Nom que l'on donne quelquefois à l'Harmotome parce qu'elle se trouve aux environs d'Andreasberg.

ANDREE (Karl Theodor), géographe allemand (1808-'75), auteur de plusieurs ouvrages sur l'Amérique du Nord, la république Argentine, l'Arabie, l'Afrique orientale, l'Abyssinie, etc.

ANDREHAN (Arnoul, SIRE D'), maréchal de France sous Jean le Bon et Charles V; mourut en Espagne, où il avait suivi Duquesclin.

ANDREINI (Francesco), comédien italien, chef de la célèbre troupe *Gelosi*, et auteur de plusieurs pièces (1609-'11). Sa femme, Isabella (1562-1604), l'une des meilleures comédiennes de son temps, a laissé des poésies, des lettres, des dialogues, etc.; et leur fils, Giovanni-Battista, né à Florence en 1578, mort à Paris vers 1650, obtint un grand succès, sous le règne de Louis XIII, dans les rôles d'amoureux, qu'il jouait sous le nom de *Lélio*. Il écrivit des poésies et plusieurs pièces de théâtre, parmi lesquelles *Adamo*, qui a, dit-on, inspiré le *Paradis perdu* de Milton.

ANDRÈNE s. m. Entom. Genre de la tribu des andrénètes, renfermant les dasypones, les sphéiodes, les halictes, les nomies et l'*andrène des murs* (andrena flessæ), commun dans nos environs; à ailes d'un violet très foncé; abdomen d'un noir bleuâtre; poils blancs sur plusieurs parties du corps. « La femelle creuse, dans les enduits de sable gras, des trous, au fond desquels elle dépose un miel de la couleur et de la consistance du cambouis, et d'une odeur narcotique. » (Cuvier).

ANDRÉNÈTE s. f. Entom. Tribu d'hyménoptères millifères, ayant pour type le genre andrène. Caractères : languette en forme de cœur ou de fer de lance, plus courte que sa gaîne; mandibules simples, terminées au plus par deux dentelures. Insectes solitaires n'offrant que des mâles et des femelles. « La plupart des femelles ramassent avec les poils de leurs pieds postérieurs la poussière des étamines et en composent, avec un peu de miel, une pâtée pour nourrir leurs larves. Elles creusent dans la terre, et souvent dans les lieux battus, sur les bords des chemins ou dans les champs, des trous assez profonds, où elles placent cette pâtée avec un œuf, et ferment ensuite l'ouverture de la terre.» (Cuvier). La tribu des andrénètes comprend les genres *Hylée* et *Andrène*.

ANDRÉOLITHE s. f. Minér. Synon. d'Andréasbergolithe.

ANDRÉOSSI. I. (François), ingénieur, d'origine italienne, né à Paris en 1633. Employé par Riquet à l'exécution du canal du Languedoc, il publia (1669) une carte de ses travaux. — II. (Antoine-François, COMTE D'), général et diplomate, arrière petit-fils du précédent, né à Castelnaudary en 1761, mort en 1828, d'abord officier d'artillerie, puis général de division, il s'associa à l'expédition d'Egypte, fut ensuite employé comme diplomate et devint membre de l'Académie des sciences. Il a laissé de nombreux ouvrages, parmi lesquels une *Histoire du canal du Midi* (1800), où il revendique en faveur de son bisaïeul la première idée de ce travail; il collabora aux *Mémoires sur l'Egypte* et recula les limites de l'hydrostatique par ses mémoires sur l'*Irruption du Pont-Euxin dans la Méditerranée*, sur l'*Ensemble des nombreux conduits employés en Turquie*, etc. On cite aussi son *Mémoire sur les dépressions de la surface du globe* (1826).

ANDRÉS (Juan), jésuite, né en 1740 à Plan ès (roy. de Valence), mort à Rome en 1817; il se retira en Italie (1767); ses ouvrages les plus importants ont pour titre : *Saggio della filosofia di Galileo* (1776) et *Dell' origine de' progressi e dello stato attuale d'ogni litteratura* (4ᵉ édition, 23 vol. 1821).

ANDRESY, village du cant. de Poissy (Seine-et-Oise), près du confluent de la Seine et de l'Oise. C'est là que se tinrent les conférences au sujet de la conversion de Henri IV.

ANDREWS (Saint-). I. Ville du Fifeshire, Ecosse. Voy. ANDRÉ (Saint). — II. Ville du Nouveau-Brunswick, Canada, sur une presqu'île entre la baie de Passamaquoddy et la rivière de Sainte-Croix, à 100 kil. S.-S.-O. de Fredericton ; 2,975 hab.

ANDREWS (James-Pettit), historien anglais (1737-'97). Son ouvrage le plus important est une histoire synchronique de Grande-Bretagne et d'Europe (inachevée).

ANDREWS (Lancelot), prélat anglais (1555-1626). Ses œuvres principales sont 96 sermons et un manuel de dévotion.

ANDREWS (Joseph), roman de Fielding, l'une de ses plus remarquables productions.

ANDRIA, ville de l'Italie méridionale, dans une belle plaine, à 50 kil. O.-N.-O. de Bari. Superbe cathédrale, collège royal et petit palais gothique ; 35.000 hab. Andria fut presque détruite par les Français en 1799.

ANDRIENNE (L'), comédie de Térence, présentée en l'an 588 de Rome, aux jeux Mégalésiens et imitée par Baron (1703).

ANDRIEUX (François-Guillaume-Jean-Stanislas), célèbre poète, né à Strasbourg en 1759, mort à Paris en 1833. D'abord avocat, il plaida pour l'abbé Mulot dans l'affaire du collier ; il devint ensuite juge à la Cour de cassation (1798), membre de l'Institut (1797), président du Tribunal, bibliothécaire de Joseph Bonaparte, professeur de littérature française au Collège de France (1814) et secrétaire perpétuel de l'Académie française (1829). Il ne cessa de cultiver les lettres avec passion. Ses principales comédies sont : *Anaximandre* (1782), les *Étourdis* (1787), le *Trésor*, la *Soirée d'Auteuil* (1804), le *Vieux fat* (1810), la *Comédienne* (1816). Il fonda les *Décades philosophiques et littéraires* (1794-1807). Disciple de Voltaire, il chercha à imiter la grâce piquante du maître dans ses contes en vers et en prose parmi lesquels il faut citer : le *Procès du Sénat de Capoue*, le *Meunier de Sans-Souci*, etc. Libéral en politique, il resta jusqu'à la fin classique en littérature. Ses œuvres ont été publiées en 1818 et en 1823.

ANDRIEUX (Les), village, commune de Peyrouse (Hautes-Alpes), arr. et à 44 kil. N. de Gap. Les Andrieux, entourés de neiges et de rochers, sont privés de la vue du soleil pendant 107 jours chaque année. Le jour où cet astre reparaissait à l'horizon, les habitants allaient naguère lui offrir chacun une omelette, comme marque de reconnaissance.

ANDRINOPLE ou Edirneh, ville de la Turquie d'Europe, dans l'ancienne Thrace, capitale du vilayet d'Andrinople, sur la Maritza (anc. *Hebrus*), à 200 kil. N.-O. de Constantinople ; par 41°41'26" lat. N. et 24°16'43" long. E. ; 105,000 hab., dont 30,000 Grecs. Beaux jardins ; 40 mosquées, dont l'une, celle de Sélim II, est un des plus beaux monuments dédiés à l'islamisme. Gouverneur turc et archevêque grec ; missions américaine ; plusieurs consulats de nations chrétiennes. — Conserves de coings ; laines et soie. — L'ancienne ville des Thraces, *Uscudama*, fut entièrement rebâtie par l'empereur Adrien, d'où est venu son nom moderne (*Hadrianopolis*) ; elle fut témoin de plusieurs batailles au temps des empires romain et byzantin et pendant les croisades. Sous les murs d'Andrinople, Constantin battit Licinius (3 juillet 323), et Valens fut vaincu et tué par les Goths (9 août 378). Cette ville fut conquise en 1361 par les Turcs, dont elle resta capitale jusqu'à la prise de Constantinople. Les Russes s'en emparèrent le 20 août 1829, la rendirent le 14 sept. de la même année et l'occupèrent sans résistance, le 20 janvier 1878. — TRAITÉ D'ANDRINOPLE, 14 sept. 1829, entre la Turquie et la Russie. Cette dernière obtint les bouches du Danube et la protection des principautés danubiennes ; l'indépendance de la Grèce et la libre navigation du Bosphore et du Danube furent consenties par la Porte.

23

ANDRISCUS, aventurier d'Adramyttium qui, en 154 avant J.-C., prétendit être Philippe, fils naturel de Persée, roi de Macédoine. Il chassa un instant les Romains (149) ; mais ensuite battu par Metellus ; il fut exécuté à Rome (146).

ANDROCÉE s. m. (*gr. anér, andros*, homme). Bot. Ensemble des étamines qui constituent le troisième verticille floral.

ANDROCLÈS, esclave romain du premier siècle ; héros d'une histoire touchante racontée par Aulu-Gelle. Condamné à être dévoré dans le cirque par un lion africain, il fut reconnu par celui-ci, qui vint lui lécher les mains. Interrogé par l'empereur, Androclès lui apprit qu'esclave fugitif en Afrique, il avait délivré le terrible animal d'une épine qui lui traversait le pied et qu'il avait vécu trois mois avec lui dans son antre. L'empereur lui fit grâce de la vie et lui donna le lion.

ANDROGÉE, fils de Minos et de Pasiphaé ; était si habile à la lutte, qu'Égée le fit assassiner par jalousie. Pour le venger, Minos condamna les Athéniens à envoyer chaque année au Minotaure sept jeunes garçons et sept jeunes filles.

ANDROGÉNÉSIE s. f. (*gr. anér, andros*, homme ; *genesis*, génération). Science du développement physique et moral de l'humanité.

ANDROGÉNIE s. f. (*gr. anér, andros*, homme; *genos*, race). Suite de descendants de mâle en mâle.

* **ANDROGYNE** adj. (*gr. anér, andros*, homme; *guné*, femme). Qui tient des deux sexes ; est hermaphrodite. — Par ext., en parlant des choses. Qui est commun à l'homme et à la femme. — ∿ Zool. Se dit des animaux qui sont pourvus des deux sexes et qui ne peuvent, néanmoins, se reproduire sans le concours d'un autre individu de la même espèce : telles sont les limaces, les sangsues, etc. — * Bot. Se dit des plantes qui ont à la fois des fleurs mâles et des fleurs femelles dans la même inflorescence, mais non dans la même périanthe, car alors on les dit *hermaphrodites*, par opposition à celles qui sont androgynes. — s. m. Celui qui possède les deux sexes. — Mythol. Hommes primitifs qui avaient quatre bras, quatre jambes, deux visages opposés et parfaitement semblables tenant à une seule tête, quatre oreilles, un double appareil de la génération, etc.

* **ANDROÏDE** s. m. [an-dro-ï-de] (*gr. anér, andros*, homme ; *eidos*, forme). Automate qui a la figure humaine, qui reproduit les mouvements du corps humain (voy. *Automate*).

ANDROLÂTRIE s. f. (*gr. anér, andros*, homme ; *latreia*, adoration). Culte divin rendu à un homme.

ANDROMANIE s. f. (*gr. anér, andros*, homme; *mania*, fureur). Synon. de NYMPHOMANIE.

ANDROMAQUE, femme d'Hector, célèbre par son amour conjugal. Après la mort du héros, elle tomba en partage à Pyrrhus, fils d'Achille, dont elle en eut trois fils, puis qui la répudia et la donna en mariage à Hélénus, frère d'Hector. — L'amour conjugal de cette princesse a inspiré Euripide (420 avant J.-C.), dont la tragédie d'*Andromaque* a été imitée par Racine (1667).

ANDROMAQUE, Crétois qui devint médecin de Néron et auquel on attribue l'invention de la thériaque qui porte son nom.

ANDROME s. m. (*gr. mod. andromé*). Pathol. Sorte d'éléphantiasis qui envahit le scrotum.

ANDROMÈDE (Mythol.), fille de Céphée, roi d'Éthiopie, et de Cassiopée. Cette dernière ayant voulu disputer le prix de la beauté aux Néréides, Neptune, irrité, suscita un monstre marin qui désola le pays. L'oracle d'Ammon,

consulté, répondit que l'on ne mettrait fin à cette calamité qu'en exposant Andromède aux fureurs du monstre. La jeune princesse fut attachée sur un rocher par les Néréides ; mais Persée, monté sur Pégase, tua le monstre et brisa les chaînes d'Andromède, qu'il épousa. — Andromède, tragédie-opéra de P. Corneille, représentée pour la première fois en 1650, sur le théâtre du Petit-Bourbon. C'est la plus ancienne pièce française à machines et à grand spectacle.

* **ANDROMÈDE** s. f. Astron. Constellation composée de 59 étoiles, dont les 3 principales sont équidistantes et forment une ligne un peu brisée. Andromède est située entre le pôle arctique, dans le voisinage de Cassiopée et de Persée. Dans les cartes célestes, on la représente par une *femme* enchaînée. — ∿ Bot. Genre d'éricacées, dont presque toutes les espèces servent d'ornement aux plages désertes. C'est pour justifier le nom qu'il leur a donné. L'*andromède à feuilles de pouliot* (*andromeda poliifolia*) a été représentée par l'illustre naturaliste comme le symbole d'Andromède au pied d'un rocher battu par les eaux. On la cultive dans les jardins, ainsi que plusieurs de ses variétés. Elle porte, de mai à septembre, une multitude de fleurs rosées. C'est une plante narcotico-âcre qui croît naturellement dans les Alpes, dans les Vosges et dans le Jura ; elle est pernicieuse pour les moutons.

ANDRON ou Andrum s. m. (*gr. andrôn*; de *anér, andros*, homme). Antiq. Appartement des hommes dans les maisons grecques. Il était situé au rez-de-chaussée. Le lieu habité par les femmes s'appelait gynécée.

ANDRONIC (Saint) I. Confesseur à Jérusalem, au IVe siècle ; fête le 9 oct. — II. Martyr à Tarse (Cilicie), au IVe siècle ; fête le 11 oct.

ANDRONIC ou Andronicus, nom de quatre empereurs de Constantinople. — Andronic Ier, Comnène, petit-fils d'Alexis Ier, né en 1110, mort en 1185. D'une jeunesse des plus aventureuses, fut d'abord prisonnier des Turcs, puis exilé. La mort de Manuel Comnène (1182) l'amena à la régence pendant la minorité d'Alexis II, jeune prince qu'il assassina (1183) pour s'emparer du trône. La cruauté de son gouvernement souleva le peuple, qui proclama Isaac l'Ange et fit périr Andronic, après l'avoir torturé pendant trois jours. Ce prince fut le dernier des Comnène. — Andronic II, Paléologue, L'ANCIEN, né en 1258, mort en 1332 ; il fut, pendant neuf ans le collègue, et de 1283 à 1328, le successeur de son père, Michel VIII. Pendant son règne, Osman, fondateur de l'empire ottoman s'avança jusqu'aux portes de Constantinople. Andronic, forcé d'abdiquer en faveur de son petit-fils, Andronic III, prit l'habit monastique sous le nom d'Antoine. — Andronic III, Paléologue, LE JEUNE, né en 1296, mort en 1341, associé à son grand-père (1325), il déposa ce prince en 1328. Deux ans après, les Turcs prirent Nicée, dont ils firent leur capitale ; il eut aussi les guerres avec les Catalans, en Grèce, avec les Bulgares, les Tartares et les Serbes. — Andronic IV, Paléologue, petit-fils du précédent, gouverna en l'absence de son père, Jean VI, qu'il essaya de détrôner et qui lui fit crever les yeux (1375). Mais l'opération conjugale fut faite d'une manière incomplète, Andronic s'échappa, après une longue captivité. Avec l'aide des Génois, il s'empara de son père et de ses frères ; les Turcs intervinrent et l'usurpateur fut forcé de céder la couronne à son frère Manuel II (1391). Il se retira dans un monastère.

ANDRONICUS I. (Livius), le plus ancien des poètes dramatiques latins, né à Tarente, esclave à Rome, affranchi par son maître, Livius Salinator, mort vers 221 av. J.-C.; il initia les Romains à l'art dramatique des Grecs. Son style était barbare, si l'on en juge par les fragments qui nous restent. — II. **Andronicus de Rhodes**, philosophe péripatéticien du premier siècle av. J.-C. Par les ordres de Sylla, il revit, corrigea, commenta et publia les œuvres d'Aristote et de Théophraste.

ANDROPÉTALAIRE adj. Bot. Se dit des plantes dont les fleurs sont devenues doubles par la métamorphose des étamines en pétales.

ANDROPÉTALE s. m. (gr. anér, andros, mâle; petalon, pétale). Bot. Pétale provenant de la métamorphose d'une étamine.

ANDROPHOBE adj. et s. (gr. anér, andros, homme; phobos, crainte). Synon. de MISANTHROPE.

ANDROPHORE s. m. [an-dro-fo-re] (gr. anér, andros, homme, mâle; phoros, qui porte). Bot. Support des étamines quand il porte plusieurs anthères. Celui qui n'est terminé que par une seule anthère s'appelle filet. — Les étamines sont monadelphes, diadelphes, triadelphes, polyadelphes, suivant que les filets se soudent de manière à former un, deux, trois ou plusieurs androphores.

ANDROPOGON s. m. (gr. anér, andros, mâle; pógon, barbe; parce que les épillets de ce genre sont souvent accompagnés de poils que l'on a comparés à la barbe d'un homme). Bot. Genre de Graminées, tribu des andropogonées, populairement connu sous le nom de barbon

Andropogon à balai.

et distingué par des épillets rangés par deux et par trois à l'extrémité; l'un est sessile, complet, fertile et porte deux fleurs : l'inférieure neutre, à une paillette; la supérieure hermaphrodite, à deux paillettes. L'autre ou les deux autres épillets sont imparfaits, stériles, mutiques. Ces épillets forment une panicule rameuse. Principales espèces : l'andropogon odorant (andropogon schœnanthus, Lin.) appelé aussi jonc odorant, de l'Inde et de l'Arabie. Ses feuilles fournissent un parfum agréable; il est cultivé chez nous en serre chaude. L'andropogon pied de poule, herbe vivace qui croît sur les pelouses sèches, dans les lieux incultes et arides. L'andropogon sorgho, dont nous parlerons plus longuement au mot SORGHO. L'andropogon à balais, variété du sorghum vulgare, originaire de l'Inde et cultivé en Europe et en Amérique, à cause de ses panicules, qu'on emploie pour la fabrication de certains balais. Dans le Languedoc, où la culture de cette plante est répandue, on lui donne le nom de balajos. L'andropogon à sucre et plusieurs autres espèces du genre andropogon seront traités au mot sorgho. L'andropogon muriqué (andropogon muricatus) ou vétiver, des Indes orientales, fournit des racines que l'on fait sécher et que l'on emploie en parfumerie à cause de leur odeur agréable. On lui attribue la propriété de préserver les étoffes des vers.

ANDROS. I. Ile la plus septentrionale des Cyclades (archipel grec), à 21 kil. S.-E. de Négre-

pont; longue de 41 kil.; large de 13 kil. Lat. N. 37° 50' 8"; long. E. 22° 30' 7"; 19,750 hab. Territoire montagneux et entrecoupé de fertiles vallées. Cap. Andros ou Castros, près d'une rade peu profonde, sur la côte orientale; 5,000 hab. — Exportation de vins, de soie, d'oranges et de citrons. — II. Ile de l'archipel des Lucayes, à 32 kil. O. de New-Providence; 100 kil. de long. 70 de large; 900 hab. presque tous nègres. — III. Nom que l'on donne au groupe des Lucayes dont Andros fait partie. Les îles de ce groupe sont séparées par des passes inextricables.

ANDROS (SIR Edmund), homme d'État anglais (1637-1714); il fut plusieurs fois gouverneur des colonies dans l'Amérique du Nord et a publié un récit de ce qu'il fit dans le nouveau monde.

ANDROSCOGGIN, rivière qui arrose le New-Hampshire et le Maine (Etats-Unis), naît au lac Umbago et se jette dans le Kennebec à Merry-Meeting bay, après un cours de 250 kil.

ANDROSÈME adj. [an-dro-zè-me] (gr. anér, andros, homme; aima, sang). Bot. Se dit des plantes dont les graines renferment un suc rouge. — ANDROSÈME s. m. Genre d'hypéricinées, voisin des millepertuis. L'espèce principale, l'androsème officinal (hypericum androsema) croît dans les lieux ombragés et humides. On le considère comme vulnéraire.

ANDROUET (Jacques), surnommé du Cerceau, à cause de l'enseigne qui pendait à sa maison; architecte, né à Orléans où à Paris, vers 1540; mort en 1600; construisit une partie des Tuileries et la grande galerie du Louvre; auteur d'un « Livre d'architecture » 1559-'61, in-fol.; d'un « Livre des édifices antiques romains » 1584 in-fol.; de « Les plus excellents bâtiments de France », etc.

ANDROUSSOF ou **Andrussov**, petite ville de Russie, gouvernement de Mohilew. Traité du 30 janvier 1667, entre la Russie et la Pologne.

ANDRY (Nicolas), médecin, né à Lyon, en 1658, mort en 1742, eut de nombreux démêlés avec ses confrères, combattit les abus de la saignée, attaqua les beaux ouvrages de J.-L. Petit et rédigea plusieurs mémoires, un entre autres sur la génération des vers dans le corps humain.

ANDRYANA (Alexandre), patriote italien, (1797-1863); il partagea la prison de Silvio Pellico, écrivit les Mémoires d'un prisonnier d'Etat et fut, en 1859, commissaire général de l'armée française en Lombardie.

ANDUJAR ou **Anduxar**, ville d'Espagne, province de Jaen, près du Guadalquivir, à 80 kil. E.-N.-E. de Cordoue; 13,000 hab. Ancienne Illiturgis des Turdetains; le duc d'Angoulème y rendit, contre la liberté de la presse et des tribunaux, une ordonnance qui souleva l'opposition des Cortès (1823). — Fabr. de faïence et de poterie, principalement d'alcarazas.

ANDUZE ch.-l. de cant. (Gard), arr. et à 14 kil. S.-O. d'Alais, au pied des Cévennes, sur le Gardon d'Anduze, dans une situation pittoresque; 5,305 hab. Fabr. de bonneterie; église calviniste. Aux environs, grotte curieuse par ses stalactites.

• **ÂNE** s. m. (lat. asinus). Solipède qui se distingue du cheval : 1° par sa petite taille ; 2° par une robe plus grossière ; 3° par la brièveté et l'épaisseur des jointures du paturon; 4° par la longueur démesurée de ses oreilles ; 5° par la croix particulière qu'il porte sur le dos et que forment d'une bande sombre le long de l'épine dorsale et d'une raie transversale sur les épaules. — La couleur générale de l'âne varie du gris sale au noir, ou au grissouris. On considère comme inférieurs ceux qui sont rougeâtres ou châtains. Il est très propre à la reproduction dès l'âge de 2 ans; la femelle, un peu plus précoce, porte 11 mois et produit au commencement du douzième

mois. L'âne est un animal d'origine asiatique, on le trouve encore à l'état sauvage en Perse et en Arménie (Voy. DZIGGETAI). Il vient mal dans nos froids climats, et les sujets que nous voyons chaque jour sont des animaux déformés par une domestication sans méthode et sans intelligence. Moins négligés, mieux traités, mieux nourris, ils produisent des races plus belles, plus vives, plus intelligentes. Dans le Poitou et dans les Pyrénées, où on leur donne

Ane (Asinus vulgaris).

les soins désirables, leur taille se maintient dans de belles proportions; ils acquièrent alors une haute valeur (de 5,000 à 12.000 fr.). Voy. MULET. — Chacun connaît la patience et la sobriété de ce robuste animal auquel on a donné le nom de cheval du pauvre. Sa voix rauque, appelée braiment, tient à deux petites cavités particulières du fond de son larynx. — Fig. et fam. Se dit d'un esprit lourd et grossier; d'un homme très ignorant : c'est un âne. — EN DOS D'ANE, se dit d'une chose qui présente une pente, un talus de chaque côté. — Prov. et fig. L'ANE DU COMMUN EST TOUJOURS LE PLUS MAL BATÉ, nul ne soigne les affaires d'une société comme les siennes propres. — A LAVER LA TÊTE D'UN ANE ON PERD SA LESSIVE, on perd son temps à instruire ou corriger une personne stupide ou incorrigible. — POUR UN POINT, MARTIN PERDIT SON ANE, pour fort peu de chose, on manque une affaire, on perd une partie. — TÊTU COMME UN ANE, se dit d'un homme très entêté; MÉCHANT COMME UN ANE ROUGE, d'un homme fort malicieux; SÉRIEUX COMME UN ANE QU'ON ÉTRILLE, d'une personne qui affecte d'être grave; UN ANE BATÉ, d'un ignorant; UN ANE DÉBATÉ, d'un homme trop adonné aux femmes. — C'EST LE PONT AUX ANES, se dit d'une chose si simple, si facile, que tout le monde peut la comprendre ou la faire. — IL RESSEMBLE A L'ANE DE BURIDAN, il hésite entre deux partis. — CONTE DE PEAU-D'ANE, petit conte pour amuser les enfants, par allusion au vieux conte dont l'héroïne s'appelle Peau-d'Ane. — OREILLES D'ANE, cornets de papier qu'on attache des deux côtés de la tête d'un enfant ignorant, ignare. — Ane d'or (l') ou les MÉTAMORPHOSES, roman fantastique d'Apulée (IIe siècle après J.-C.); la magie en forme le principal ressort. Quelques critiques l'attribuent à Lucien ou à Lucius de Patras. Il a été traduit par Maury, Paris, 1812, 2 vol. in-8°, et par Bétolaud, dans la Bibliothèque latine-française de Panckoucke, Paris, 1835-'32, 2 vol. in-8°.

• **ANÉANTI, IE** part. passé d'ANÉANTIR. — Par exagér. Excédé de fatigue. — Stupéfait, confondu.

• **ANÉANTIR** v. a. Réduire au néant : Dieu peut nous anéantir. — Par exagér. Détruire absolument : les barbares anéantirent l'empire romain. — S'anéantir v. pr. Se dissiper, devenir à rien ou presque rien : cette objection s'anéantit d'elle-même. — S'ANÉANTIR DEVANT DIEU, s'abaisser, s'humilier devant Dieu, par la connaissance qu'on a de son néant.—Théol. JÉSUS-CHRIST S'EST ANÉANTI DE LUI-MÊME, il a renoncé à sa nature divine en se faisant homme.

* ANÉANTISSEMENT s. m. Réduction au néant : *l'anéantissement des créatures dépend de Dieu seul.*—Fig. Abaissement d'une fortune élevée; renversement, obstruction d'un empire, d'une monarchie, d'une famille, d'un parti : *anéantissement d'une armée.*— Abaissement dans lequel on se met devant Dieu. — Par exagér. État d'abattement, de faiblesse extrême, dans lequel l'exercice de toutes les facultés semble suspendu : *le malade est dans un état d'anéantissement.*

* ANECDOTE s. f. (gr. *anekdotos*, inédit). Particularité secrète d'histoire, qui avait été omise ou supprimée par les historiens précédents : *les anecdotes sont ordinairement satiriques.* — Petit récit, trait, fait particulier plus ou moins remarquable : *recueil d'anecdotes.* — Adectiv. Se dit d'une particularité secrète d'histoire, qui avait été omise ou supprimée par les historiens précédents : *l'histoire anecdote de Procope.*

* ANECDOTIER s. m. Celui qui a l'habitude de recueillir et de raconter des anecdotes, et le plus souvent des anecdotes fausses.

* ANECDOTIQUE adj. Qui tient de l'anecdote; qui a rapport aux anecdotes; qui contient des anecdotes. — PIÈCE ANECDOTIQUE, pièce de théâtre dont une anecdote a fourni le sujet.

ANECDOTISER v. a. Conter à tout propos des anecdotes; recueillir des anecdotes.

ANECDOTOMANIE s. f. Manie de rechercher, de raconter des anecdotes.

ANECT (Saint), martyr à Corinthe, pendant le règne de Dèce; fête le 10 mars.

ANECTE (Saint), martyr à Césarée, sous Dioclétien; fête le 27 juin.

ÂNÉE s. f. La charge d'un âne.

ANEGADA ou **Ile noyée**, île la plus septentrionale du groupe de la Vierge (Petites Antilles); 16 kil. de long; 7 de large; territoire presque submergé pendant les hautes marées, peu d'habitants; grande production de sel.

ANEL s. m. Anneau qui maintient les branches d'une tenaille quand on les a serrées pour saisir un objet.

ANEL (Dominique), chirurgien, né à Toulouse, en 1679, mort vers 1730. Il exerça pendant longtemps en Italie; inventa une sonde et une seringue pour le traitement des fistules lacrymales, et publia plusieurs ouvrages.

ANÉLECTRIQUE adj. (gr. *a*, sans; franç. *électrique*). Phys. Qui ne peut retenir les propriétés électriques.

ANÉLOPTÈRE ou **Anélytre** adj. (gr. *aneileô*, je développe; *pteron*, aile). Entom. Se dit des insectes à quatre ailes, dont les supérieures n'ont jamais la consistance d'élytre et ne peuvent se développer.

* ANÉMIE s. f. (gr. *a*, priv.; *aima*, sang). Maladie caractérisée, non par l'absence de sang, comme on l'a cru pendant longtemps, mais par la diminution des globules sanguins avec prédominance du *sérum*. Elle est analogue à la chlorose; mais elle atteint les hommes aussi bien que les femmes. On reconnaît comme causes les plus communes, une nourriture insuffisante ou de mauvaise qualité, l'habitation dans des lieux sombres ou mal aérés, les pertes excessives de sang, etc. On la traite comme la *chlorose*.

* ANÉMIQUE adj. Qui est atteint d'anémie.

ANÉMOCORDE s. m. (gr. *anemos*, vent; *chordé*, boyau). Instrument à cordes inventé à Paris en 1789, par l'Allemand Jean Schnell. Le secret de sa construction n'a pas été divulgué; mais on sait que les cordes résonnaient au moyen d'un courant d'air et qu'il possédait au plus haut degré la propriété de produire le *crescendo* et le *decrescendo*.

ANÉMOGRAPHE s. m. [a-né-mo-gra-fe] (gr. *anemos*, vent; *graphein*, écrire). Instrument qui sert à noter les variations des vents.— Personne qui écrit sur les vents, qui s'occupe d'anémographie.

ANÉMOGRAPHIE s. f. [fi]. Description des vents.

ANÉMOLOGIE s. f. Traité sur les vents.

* ANÉMOMÈTRE s. m. (gr. *anemos*, vent; *metron*, mesure). Instrument destiné à faire connaître la force ou la vitesse des vents, comme la girouette en indique la direction. — ANÉMOMÈTRE DE ROTATION. Instrument que le vent fait tourner plus ou moins rapidement suivant la force du courant d'air. Un compteur marque sur un cadran le nombre de tours effectués dans un temps donné. Les premiers instruments de ce genre furent construits au siècle dernier par Croune et par

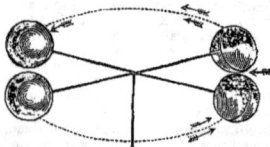

Anémomètre de Robinson.

Wolfius. Celui de Robinson, employé aux Etats-Unis, consiste en quatre branches horizontales terminées par des hémisphères creuses et rayonnant autour d'un axe de révolution. Les hémisphères sont disposées de telle sorte que lorsque le vent presse la partie concave de l'une, il frappe en même temps la partie convexe de celle qui lui est opposée; exerçant plus de pression sur la partie concave que sur la partie convexe, il fait tourner les branches. On calcule la vitesse du vent d'après le nombre de révolutions par minute. — L'*anémomètre de Combes* se compose d'un moulinet très léger, formé de quatre ailettes disposées comme les ailes d'un moulin à vent.—ANÉMOMÈTRE DE PRESSION. Appareil composé d'une plaque de bois, de carton ou de métal mobile autour de son arête horizontale supérieure. Exposée au vent, perpendiculairement à la direction de celui-ci, elle s'incline plus ou moins selon la force du courant d'air. Parmi les plus exacts, on cite l'instrument du P. Bouguer, qui date du XVIII° siècle et celui de Lind, qui appartient au XIX°.— ANÉMOMÈTRE ENREGISTREUR. Appareil qui inscrit lui-même ses indications sur une feuille de papier, à laquelle un mouvement d'horlogerie imprime un mouvement de translation régulier. — L'*anémomètre de Biram* mesure et enregistre la quantité d'air qui circule dans les corridors des mines. L'*anémomètre enregistreur électrique* de Théodore du Moncel, indique à chaque instant la direction et la force du vent, ainsi que l'heure de l'observation.

ANÉMOMÉTRIE s. f. Art de mesurer le vent et de connaître sa direction.

ANÉMOMÉTROGRAPHE s. m. (gr. *anemos*, vent; *metron*, mesure; *graphein*, écrire). Anémomètre enregistreur inventé par Taupenot, de Paris. — L'anémométrographe inventé en 1855 par Balleron produit, sur le papier, un tracé indiquant la durée et la vitesse du vent. — Celui qui écrit sur les variations du vent.

ANÉMOMÉTROGRAPHIE s. f. Science de l'anémométrographe.

* ANÉMONE s. f. (gr. *anemos*, vent; parce que l'anémone ne s'épanouit qu'au souffle du vent). Bot. Genre de Renonculacées, tribu des Anémonées, renfermant des plantes vivaces à feuilles radicales, bipennées ou digitées, du milieu desquelles s'élève une hampe portant

une belle fleur solitaire. La mythologie fait naître cette anémone du sang d'Adonis, et les anciens la considéraient comme l'emblème de la maladie. On en connaît une cinquantaine d'espèces, qui sont toutes cultivées dans nos jardins : *Anémone pulsatille* (Anemone pulsatilla, Lin.), *coquelourde coquerelle, herbe au vent*, charmante plante indigène qui croît sur les côteaux secs. Ses feuilles velues sont finement découpées; sa hampe, haute de 25 à 30 cent., porte une grande fleur d'un violet foncé et velue en dehors; ses semences sont hérissées d'aigrettes pointues. Ses feuilles très âcres, appliquées sur la peau, produisent l'effet d'un léger vésicatoire. Elle servent à fabriquer une encre verte, et ses fleurs produisent une liqueur dont on teint les œufs de Pâques.

Anemone hortensis.

L'*anémone étoilée* (Anemone hortensis, Lin.) a produit, par les semis, plus de 300 variétés à fleurs doubles de toutes les couleurs. On fixe les plus belles en les multipliant par ses *pattes* (racines), qu'on plante en automne et qu'on couvre pendant les froids de l'hiver, ou bien au printemps, dans une bonne terre franche mêlée de terreau consommé. Ces pattes ou griffes peuvent se conserver d'une année à l'autre hors de terre. L'*anémone œil de paon* (Anemone pavonina), originaire du Levant, porte, en mai, une fleur rouge au sommet et blanchâtre à la base. L'*anémone des bois* (Anemone nemorosa), gentille plante printanière de nos bois, reconnaissable à ses fleurs d'un blanc quelquefois purpurin, est employée comme révulsif dans le rhumatisme, la sciatique, etc. L'*anémone des Alpes* (Anemone sylvestris), se trouve dans les lieux sablonneux des environs de Paris. — GRIFFE ou PATTE D'ANÉMONE, racine de l'anémone, ainsi nommée parce qu'elle a quelque ressemblance avec la patte d'un animal. Ces griffes peuvent être divisées, et servir ainsi à la multiplication de la plante. — Zool. ANÉMONE DE MER. Nom que l'on donne quelquefois à l'actinie.

ANÉMONÉ, ÉE adj. Qui ressemble à l'anémone. — s. f. pl. Bot. Tribu de Renonculacées à calice corolliforme, à préfloraison imbriquée, à pétales nuls; à feuilles alternes. Principaux genres : Anémone, Pigamon, Hépatique, Adonide.

ANÉMONINE s. f. Chim. Substance extraite des feuilles de l'anémone.

ANÉMONIQUE adj. Se dit d'un acide que l'on trouve dans les feuilles d'anémone.

ANÉMOSCOPE s. m. (gr. *anemos*, vent; *skopéó*, j'examine). Instrument qui fait connaître les variations dans la direction du vent. La girouette est le plus simple des anémoscopes; mais ce dernier nom ne s'applique qu'à des girouettes dont la tige communique avec la chambre située au-dessous, et qui marquent leurs indications sur un cadran. Le premier instrument de ce genre fut inventé, vers le milieu du XVIIᵉ siècle, par Otto de Guéricke.

ANENCÉPHALE adj. et s. m. [a-nan-sé-fa-le] (gr. *a*, priv.; *egkêphalos*, cerveau). Tératol. Qui n'a pas de cerveau ni de moelle épinière.

ANENCÉPHALIE s. f. Tératol. Monstruosité caractérisée par l'absence du cerveau et de la moelle épinière.

ANENCÉPHALIEN s. m. Tératol. Nom donné par Isid. Geoffroy Saint-Hilaire, dans sa classification des monstres, à une famille de l'ordre des *autosites*. Les anencéphaliens sont privés de cerveau et de moelle épinière. Leur crâne est ouvert, et le canal vertébral est une simple gouttière.

ANÉPIGRAPHE adj. (gr. *a*, priv.; *epigraphê*, inscription). Qui ne porte pas d'inscription; qui n'a pas de titre : *médaille anépigraphe*.

* **ÂNERIE** s. f. Grande ignorance d'une chose que l'on devrait savoir : *quelle ânerie à un médecin de ne connaître pas les remèdes qu'il ordonne !* — Faute commise par l'effet de cette ignorance : *cet écrivain a commis une ânerie.*

ANÉROÏDE adj. [a-né-ro-i-de] (gr. *a*, priv.; *neros*, humide; sans liquide). Phys. Se dit d'un baromètre fondé sur l'élasticité des métaux et dans la fabrication duquel n'entre pas le mercure, ni aucun liquide. On attribue à Conté l'invention du baromètre anéroïde (1798). — Substantiv. *L'anéroïde Vidi* a été inventé par le savant de ce nom, mort en 1866. La paternité de cette ingénieuse invention lui a été vivement et injustement disputée.

* **ÂNESSE** s. f. Femelle de l'âne. — Lait d'ânesse, voy. lait.

ANESTHÉSIATION s. f. Méd. Action d'anesthésier. — Résultat de cette action.

* **ANESTHÉSIE** s. f. [a-nèss-zi] (gr. *a*, priv.; *aisthêsis*, sensibilité). Méd. Privation complète ou incomplète, partielle ou générale de la sensibilité, qu'elle soit le résultat d'un état maladif ou déterminée par des moyens artificiels (voy. ANESTHÉSIQUE).

* **ANESTHÉSIER** v. a. Insensibiliser par l'emploi des anesthésiques.

* **ANESTHÉSIQUE** adj. [a-nè-sté-zi-ke]. Qui produit l'anesthésie. — SOMMEIL ANESTHÉSIQUE, sommeil produit par l'inhalation de l'éther ou d'une autre substance anesthésique. — ∾ s. m. Substance qui produit une suspension générale ou partielle de la sensibilité nerveuse. Ce mot désigne ordinairement des agents volatils que l'on introduit dans la circulation au moyen de l'inhalation et qui sont absorbés par le sang dans les poumons. On a essayé d'un grand nombre de ces substances : éthers nitrique, acétique, sulfurique, etc., protoxyde d'azote, aldéhyde, huile de pétrole, hydrogène carburé, liqueur hollandaise, chloroforme et amylène ; mais les anesthésiques qui ont le mieux réussi sont l'éther sulfurique et le chloroforme. — Richard Pearson fut le premier qui recommanda l'inhalation de l'éther sulfurique, en 1795; Nysten décrivit, en 1816, un instrument pour en faciliter l'emploi. Le Dʳ J.-C. Warren, de Boston, proscrivit, en 1805, les inhalations de l'éther dans les cas d'inflammation pulmonaire, et Smead, de Cincinnati, publia un article sur ce mode de traitement en 1822. La puissance anesthésique de l'éther fut ensuite constatée par plusieurs autres médecins américains ; mais son application pour le soulagement des douleurs pendant les opérations chirurgicales fut faite publiquement pour la première fois à l'hôpital général de Massachusetts (Boston), le 16 octobre 1846, par le dentiste W.-T.-G. Morton; aussitôt, plusieurs Américains, parmi lesquels Charles Jackson, prétendirent avoir découvert les pro-

priétés de l'éther bien longtemps avant le dentiste. Cette découverte passa aussitôt en Angleterre, et elle fut annoncée au commencement de 1847 à l'Académie de médecine par M. Malgaigne. — La même année, Flourens étudia les propriétés du chloroforme et J.-Y. Simpson, d'Édimbourg, introduisit cette substance dans la pratique chirurgicale et obstétricale, où son action plus rapide et plus persistante la fit ensuite préférer à tous les autres anesthésiques. Parmi les avantages qui ont répandu dans la chirurgie l'usage des anesthésiques, les principaux sont de permettre l'exploration des parties douloureuses, d'opérer avec plus de soin et de faciliter les réductions et les opérations qui demandent l'immobilité du patient. Les accoucheurs en font usage pour apaiser les douleurs de la mère, conserver ses forces et relâcher les fibres musculaires. Comme narcotiques, les anesthésiques sont recommandés dans la manie, le delirium tremens et autres états de surexcitation nerveuse. Mais dans tous les cas, il faut agir avec la plus grande prudence, parce que l'abus de ces substances offre de grands dangers. — Plusieurs instruments ont été inventés pour l'inhalation des anesthésiques. — ANESTHÉSIQUES GÉNÉRAUX, ceux qui s'absorbent par inhalation et causent une anesthésie générale. — ANESTHÉSIQUES LOCAUX, ceux qui s'appliquent directement sur la partie que l'on veut rendre insensible; ce sont les mélanges réfrigérants, la glace et l'électricité.

ANET, ch.-l. de cant. (Eure-et-Loir). arr. et à 16 kil. N.-E. de Dreux ; 1,425 hab. Magnifique château que fit bâtir Henri II, pour Diane de Poitiers, en 1552. C'est une des plus charmantes créations de l'art français à l'époque de la Renaissance. Philibert Delorme, Jean Goujon et Jean Cousin en furent les architectes et les décorateurs. La principale façade a été transportée à l'École des Beaux-Arts, à Paris.

* **ANETH** ou ∾ **Anet** s. m. [a-nèt] (lat. *anethum*, du gr. *anêthon*, fenouil). Bot. Genre d'Ombellifères détaché du genre *fenouil* de Linné; caractérisé par une ombelle dépourvue de collerette ; un limbe calicinal à 5 dentelures ; 5 pétales égaux très entiers ; un style court, recourbé; des fruits ovoïdes comprimés; des graines plano-convexes appliquées deux par deux l'une contre l'autre. Principale espèce : *l'aneth odorant (anethum graveolens,* Lin.) ou fenouil bâtard, plante aromatique cultivée surtout dans les pays méditerranéens. Ses graines remplacent l'anis dans certaines dragées et dans celles qui entrent dans les marinades et dans la choucroute. La médecine la considère comme résolutives, stomachiques et carminatives; elles font partie des quatre semences chaudes majeures. On en extrait l'huile essentielle d'aneth.

ANÉTHÈNE s. m. Chim. Partie la plus volatile de l'essence de fenouil amer.

ANETZ, village de l'arrond. d'Ancenis (Loire-Inférieure); 1,200 hab. Ruines du château de Vers; vaste château de la Baugonnière.

ANEURIN, célèbre barde gallois, mort vers 570. Il conduisit ses compatriotes à la bataille de Cattraeth, qu'il célébra dans des poésies encore existantes.

* **ANÉVRISMAL, ALE** adj. Méd. Qui tient de l'anévrisme ; qui a rapport à l'anévrisme.

* **ANÉVRISMATIQUE** adj. Pathol. Qui a les caractères de l'anévrisme.

* **ANÉVRISME** s. m. [a-né-vri-sme] (gr. *aneurusma*, dilatation). Méd. Terme encore mal défini, que l'on applique à une tumeur formée par du sang, et communiquant avec une artère. On distingue : 1° *l'anévrisme vrai*, produit par la dilatation des parois artérielles, ordinairement l'aorte. Il se reconnaît à une tumeur plus ou moins apparente, présentant au toucher des battements comme ceux du pouls. Le traitement palliatif consiste en *styptiques*, en

réfrigérants, en compressions. Pour les anévrismes internes, on prescrit des saignées souvent répétées, une diète sévère, le repos, l'emploi de substances de nature à ralentir les battements du cœur. 2° *l'anévrisme faux*, formé par un épanchement du sang hors de l'artère, dans le tissu cellulaire, mais communiquant avec le vaisseau, et provenant ordinairement de la déchirure ou de la blessure d'une artère. On combat cette grave affection en faisant la ligature de cette artère. 3° *l'anévrisme variqueux* ou *artérioso-veineux*, produit par une double plaie faite en même temps à une veine et à l'artère collatérale; ce qui permet au sang artériel de passer directement dans la veine et d'en distendre les parois. 4° *l'anévrisme du cœur*, dilatation du cœur, que l'on a confondue avec *l'hypertrophie*, mais qui, loin d'être un épaississement des parois, en est l'amincissement. La force des contractions diminue, ce qui détermine des spasmes, des palpitations, etc. Les moyens qu'on oppose à cet anévrisme sont, au début, un régime sévère, une alimentation douce, le repos, un air pur, le calme; plus tard, les opiacés, la digitale, des dérivatifs, etc.

* **ANÉVRISMÉ, ÉE** adj. Pathol. Atteint d'anévrisme.

ANFOSSI (Pasquale), compositeur, né à Naples, en 1729, mort à Rome, en 1797; ses contemporains l'opposèrent à Piccini, son maître. Ses pièces, parmi lesquelles on cite particulièrement *l'Avaro, Il curioso indiscreto* et *I viaggiatori felici*, obtinrent une grande vogue dans les principales capitales de l'Europe.

* **ANFRACTUEUX, EUSE** adj. (lat. *anfractuosus*). Plein de détours et d'inégalités : *des rochers anfractueux.* — Anat. Se dit des conduits dont les détours sont irréguliers.

* **ANFRACTUOSITÉ** s. f. (lat. *anfractus*, détour). S'emploie surtout au pluriel et signifie : détours et inégalités, cavités, enfoncements : *anfractuosités d'un chemin, des rochers.* — Anat. Cavités inégales qui se trouvent à la surface de certains os. — Chacun des enfoncements qui séparent les circonvolutions du cerveau. Les anfractuosités varient en nombre et en profondeur suivant les différents animaux.

ANGAD (Désert d'), vaste steppe qui s'étend à l'O. de l'Algérie, entre la province d'Oran et le Maroc. Dès les premières pluies de l'hiver, la plaine d'Angâd se couvre d'un épais gazon que viennent paître de nombreux troupeaux.

ANGADRÈME ou **Angadresme** (ANGADRISMA), (Sainte), vierge chrétienne, morte vers 690. Elle est patronne de Beauvais et, pendant le moyen âge, les habitants de cette ville portaient sa châsse ou *fierte* sur les remparts chaque fois qu'un ennemi les menaçait. Fête, le 17 mars.

ANGARA, rivière de Sibérie; elle naît dans les montagnes de Nertchinsk, traverse le lac Baïkal dans sa plus grande longueur et se jette dans le Jénissei, après un cours de 1,600 kil. On donne quelquefois le nom de Tunguska supérieure à la partie qui se trouve au-dessous du lac Baïkal.

ANGARIE s. f. (gr. *aggareia*, servitude). Féod. Obligation de fournir des moyens de transport à un seigneur. — Par ext. Corvée désagréable et vexante. — Mar. Retard apporté au départ d'un navire pour l'obliger à recevoir un chargement.

ANGARIER v. a. Forcer à une angarie.

ANGATAU ou **Aratcheff**, île de l'archipel Tuamotou, par 15° 50' lat. S., à la pointe O., et 143° 13' 43" long. O.

* **ANGE** s. m. (gr. *aggelos*, messager; lat. *angelus*). Créature purement spirituelle, intermédiaire entre Dieu et l'homme, et qu'on représente sous la figure humaine avec des ailes :

bon ange, mauvais ange. — Est souvent suivi d'un adjectif ou d'un complément qui en modifie la signification :

Si l'ange de la mort m'appelle devant lui,
Surprise dans les nœuds d'un hymen sacrilège.
　　　　　C. Delavigne, le Paria, acte III, sc. v.

— Les Perses eurent leurs bons et leurs mauvais anges; des doctrines analogues se retrouvent dans les religions de l'Inde et de l'Arabie. — Par compar. Personne qui veille sur nous, qui nous protège, nous guide : vous êtes mon ange gardien. — Théol. Nom des esprits bienheureux qui composent la hiérarchie céleste : les anges sont au-dessous des archanges. — ∿ Dans le vocabulaire amoureux, ange est quelquefois au féminin : ô mon ange adorée (V. Hugo). — * Fig. Personne d'une grande vertu, d'une extrême douceur, d'une piété extraordinaire : cette femme est un ange. — L'Ange de l'école, surnom donné à saint Thomas d'Aquin, parce qu'il excelle entre les scolastiques. — Fam. et fig. Être aux anges, être dans une grande joie. — Rire aux anges, rire seul, sans sujet apparent. — Comme un ange, parfaitement, très bien, avec intelligence : il lit comme un ange; elle a de l'esprit comme un ange. — ∿ Métrol. Monnaie d'or frappée en France sous les Valois; ainsi nommée parce qu'elle portait la figure d'un ange. Elle valait 75 sous de l'époque (21 fr. 36 c.). — * Artill. Projectile formé d'un boulet coupé en deux, en trois ou en quatre parties enchaînées ensemble, dont on se servait, dans les combats maritimes, pour rompre les mâts et les cordages des navires ennemis.

* Ange de mer (squatina angelus, Dumér.), poisson du genre squale, à tête ronde, à corps large et aplati, à pectorales grandes, à bouche

Ange de mer (Squatina angelus).

fendue au bout du museau. Cet animal hideux et farouche se trouve dans le fond de nos mers européennes où il fait la guerre aux poissons plats et aux autres espèces qui vivent dans le sable ou dans la vase. Il atteint jusqu'à 3 mètres de long.

ANGE (Saint), carme martyrisé en Sicile au XIIIᵉ siècle; fête le 5 mai.

ANGE, nom d'une famille qui a donné trois empereurs à Constantinople : Isaac II, Alexis III et Alexis IV.

ANGE (Château Saint-), monument construit à Rome, sur la rive droite du Tibre, par l'empereur Adrien, pour servir de sépulture à la famille impériale. Il n'en reste plus qu'une tour, haute de 47 m. 46 cent.

ANGE DE LA BROSSE ou Ange de Saint-André (Le P.), carme déchaussé, né à Toulouse, en 1636, mort en 1697, visita l'Arabie et la Perse; publia : Pharmacopea Persica (1681, 1 vol, in-8°), et Gazophylacium linguæ Persarum (Amst. 1684, in-fol.).

ANGE DE SAINTE-ROSALIE, augustin déchaussé de la maison des Petits-Pères, né à Blois, en 1655, mort à Paris, en 1726; rédigea (en grande partie sur les matériaux laissés par le P. Anselme) une Histoire sur la maison de France et des grands officiers de la couronne

(9 vol. in-fol.), ouvrage diffus mais utile; et un État de la France (5 vol. in-12), terminé par les bénédictins de Saint-Maur (1749, 6 vol. in-12).

ANGÉIOGRAPHE, GRAPHIE, GRAPHIQUE. Voy. Angiographe, graphie, graphique.

ANGÉIOLOGIE, LOGIQUE, LOGUE. Voy. Angiologie, logique, logue.

ANGÉIOSPERME, SPERMIE. Voy. Angiosperme, spermie.

ANGÈLE MERICI (La Mère), religieuse italienne, née en 1511, morte en 1540; fonda en 1537, l'ordre des ursulines.

ANGELI (Pietro degli), Bargæus, poète latin, né à Barga (Toscane), en 1517, mort à Pise, en 1596; devint professeur à l'université de Pise, et, lors du siège de cette ville, par Pierre Strozzi, en 1544, il la défendit à la tête des étudiants. Parmi ses poèmes latins (Rome, 1585, in-4°), on remarque un Cynegeticon (poème sur la chasse) et une Syriade, dans laquelle il traite le même sujet que Le Tasse. Il a laissé des oraisons funèbres en latin.

ANGELI (Filippo), peintre italien, né à Rome vers 1645; fut l'un des premiers à observer les règles exactes de la perspective dans les paysages. Le Louvre possède de lui le Satyre et le Passant.

ANGÉLICATE s. m. Chim. Sel formé par la combinaison de l'acide angélicique avec une base.

ANGÉLICÉ, ÉE adj. Bot. Qui ressemble à l'angélique. — s. f. pl. Tribu d'ombellifères, caractérisée par un fruit comprimé à bords dilatés; par des carpelles à 5 côtes, dont 3 dorsales et 2 latérales plus larges, toujours ailées; par des graines un peu convexes sur la face dorsale et planes sur la face antérieure. Genres principaux : angélique, livèche, archangélique.

ANGÉLICIQUE adj. Chim. Se dit d'un acide que l'on retire de la racine d'angélique.

ANGELICO (Angeli da Fiesole, plus connu sous le nom de Fra Beato ou de Fra Giovanni), peintre, né en Toscane (1387), mort vers 1455. Moine dominicain, à Fiesole, près de Florence, il se consacra à la peinture sacrée. La beauté de ses anges lui valut son nom de Fra Angelico. Ses peintures sont remarquables surtout pour l'expression extatique des sujets. Son chef-d'œuvre, le « Couronnement de la Vierge » est l'un des plus précieux trésors du Louvre.

* ANGÉLIQUE adj. Qui appartient à l'ange : qui est propre à l'ange : nature angélique. — Fig. Exprime une perfection extraordinaire, une qualité excellente : beauté, voix, pureté angélique. — Salutation angélique, paroles que dit l'ange Gabriel à la sainte Vierge, en annonçant qu'elle serait mère de Notre-Seigneur. — Prière plus ordinairement appelée Ave Maria. — Prov. Chère angélique, chère très bonne et très délicate.

* ANGÉLIQUE s. f. (lat. angelica, dérivé de angelus, à cause de son odeur agréable et de ses vertus médicinales. Bot. Genre d'ombellifères, tribu des angélicées, comprenant des herbes à feuilles pennatiséquées, à fleurs en ombelles terminales. Principales espèces : Angélique Razouls, dédiée à Razouls, qui la trouva dans les Pyrénées; vivace, à fleurs blanches. Angélique de montagne (Angelica montana), des Alpes, haute de 60 cent.; feuilles acuminées, glabres, finement dentelées. Angélique sauvage (Angelica sylvestris, Linn.) ou impératoire sauvage (Imperatoria), d'Espagne, haute de 2 mètres employée dans la tannerie comme l'écorce de chêne; ses feuilles produisent une teinture jaune. Angélique luisante (Angelica lucida, Lin.), du Canada; tiges glabres, feuilles à segments égaux, incisés et dentelés. Angélique scabre (Angelica scabra), haute de 15 cent., à pé-

tales garnis de poils glanduleux rudes. Angélique des Pyrénées (Angelica pyrenæa), haute de 75 cent. Angélique officinale, détachée aujourd'hui de ce genre et qui constitue le genre archangélique, voy. ce mot. — Dans la confiserie, on donne le nom d'angélique aux tiges confites de l'angélique officinale ou angélique archangélique. De même, on appelle crême ou liqueur d'angélique une liqueur obtenue en faisant infuser, dans de l'esprit de vin, les graines et les tiges râpées de cette plante. — ∿ Petite angélique, nom vulgaire du Boucage à feuilles d'angélique. — Angélique épineuse, c'est l'Aralie épineuse. — Angélique de Bordeaux, poire à cuire et à compote, qui mûrit en janvier. Elle est un peu fondante et possède une eau douce et sucrée.

ANGÉLIQUE (la Belle), une des plus gracieuses héroïnes du Roland furieux de l'Arioste. Type de la femme tendre et capricieuse, elle dédaigne les hommages des riches et des puissants pour se dévouer à Médor, faible et inconnu.

* ANGÉLIQUEMENT adv. D'une manière angélique.

ANGÉLISER v. a. Assimiler à l'ange; donner la nature de l'ange.

ANGELN [an-ghèlne]. District du Schleswig; 826 kil. car.; 60,000 hab.; sur la Baltique et la baie de Flensburg; seul territoire continental qui ait conservé dans son nom le souvenir des Angles.

ANGELO (Michel) voy. Buonarroti.

ANGELO, tyran de Padoue, drame en prose de Victor Hugo, représenté sur le Théâtre-Français, le 28 avril 1835.

ANGÉLOGONIE s. f. (gr. aggelos, ange; gonos, origine). Théorie de la nature et de l'origine des anges.

ANGÉLOGRAPHIE s. f. (gr. aggelos, ange; graphê, description). Traité sur les anges.

ANGÉLOLÂTRIE s. f. (gr. aggelos, ange; latreia, culte). Hérésie qui consiste dans l'adoration des anges.

ANGÉLOPHANIE s. f. (gr. aggelos, ange; phainomai, je parais). Apparition des anges.

* ANGELOT s. m. Ancienne monnaie de France qui offrait la figure d'un ange foulant aux pieds le dragon. Les Anglais ont aussi frappé des Angelots. Il y avait des Angelots d'or et des Angelots d'argent; leur valeur a varié suivant l'époque. — Les angelots frappés sous Philippe de Valois, présentaient la figure d'un ange tenant l'oriflamme. — Sorte de petit fromage qui se fait en Normandie : une douzaine d'angelots.

* ANGÉLUS s. m. [an-jé-luss]. Courte prière que commence par le mot Angelus et que les catholiques récitent, en l'honneur de l'incarnation, au lever du soleil, à midi, et au coucher du soleil. L'heure de réciter cette prière est annoncée par le tintement des cloches. L'angélus fut, dit-on, établi à l'occasion des craintes que les musulmans inspiraient à la chrétienté (1316). Louis XI ordonna que cette prière fût annoncée trois fois par jour au son des cloches. — Angelus du duc de Bourgogne. Jean sans Peur, fuyant devant une troupe de cavaliers, après l'assassinat du duc d'Orléans (1407), arriva dans ses états à une heure de l'après-midi. En mémoire du péril qu'il avait couru, il prescrivit qu'à l'avenir l'angélus sonnerait à une heure, sonnerie qui prit le nom d'Angélus du duc de Bourgogne.

ANGELUS SILESIUS (Johann - Scheffer), poète mystique allemand, né à Breslau en 1624, mort en 1677; créateur d'un système ayant certains rapports avec celui des panthéistes Tauler et Bohme.

ANGELY (L'), fou de Louis XIII. Boileau lui a fait une renommée dans sa première satire.

Noble, mais fort pauvre, il fut d'abord valet d'écurie du prince de Condé qui, remarquant son esprit, le donna au roi. L'Angely fit une fortune considérable; on le considère comme le dernier bouffon en titre des rois de France.

ANGÉLYLE s. m. Chim. Radical hypothétique de l'acide angélique.

ANGEMME s. f. (lat. *ingemmare*, orner de pierres précieuses). Blas. Fleur imaginaire, percée au centre et formée de cinq à SIX feuilles arrondies.

ANGENNES, famille noble qui remonte au XIVe siècle et qui tire son nom de la terre d'Angennes, dans le Perche. Les principaux personnages de cette famille furent : François d'Angennes, favori de Catherine de Médicis et chef des Huguenots après 1587. — Julie d'Angennes, voy. MONTAUSIER.

ANGERMAN [suédois : ong'-eur-mânn], fleuve de la Suède septentrionale; il naît au lac de Kult et finit dans le golfe de Bothnie, après un cours de 375 kil., dont 60 navigables.

ANGERMANIE, ancienne province de Suède, sur les bords de l'Angerman.

ANGERMUNDE (all. âng'-eur-münn-dèh], ville de Brandebourg (Prusse), à 65 kil. N.-E. de Berlin; 6,700 hab.

ANGERONA. Déesse du silence, chez les anciens Romains.

ANGERS ch.-l. du dép. de Maine-et-Loire, ancienne capitale de l'Anjou, à 339 kil., S.-O. de Paris; port fréquenté sur la Maine, un peu au-dessous du confluent de la Mayenne et de la Sarthe : 58,800 hab. Evêché, cour d'appel; école des Arts-et-Métiers; commerce de vins blancs dits *vins d'Anjou*, de grains, de légumes secs, etc. Aux environs, célèbres carrières d'ardoises dont il se fait une importation considérable; fabriques de toiles et de coutils. — Lat. N., 47° 28' 17"; long. O., 2° 53' 34". Patrie du roi René, du voyageur Bernier, de Ménage, du statuaire David. Cathédrale *Saint-Maurice*, des XIe, XIIe, XIIIe, XIVe siècles; église romane de la Trinité; église gothique Saint-Sergue; Château imposant du XIIIe siècle; Hôtel-Dieu du XIIe; Musée où se trouvent plusieurs toiles de maîtres et des œuvres de David (d'Angers). Capitale des *Andecavi*, cette ville reçut des Romains le nom de *Juliomagus*, puis celui d'*Andegavia*. Odoacre s'en empara en 464; Childéric la réunit au royaume des Francs; Hastings la brûla en 845; elle passa à différentes reprises sous la domination des Bretons, des Anglais et des Français. Une armée de 90,000 Vendéens y fut battue en 1793. Angers est bâtie en amphithéâtre et se divise en trois parties : la *ville*, sur la rive gauche de la Maine; la *Doutre*, sur la rive droite, et la *ville Noire* ou ancienne ville, sur la rive gauche. Plusieurs ponts réunissent les deux rives de la rivière. Celui de la *Basse-Chaîne* s'abîma, le 16 mai 1850, sous les pas du 3e bataillon du 11e léger; horrible catastrophe qui coûta la vie à 200 militaires.

ANGERVILLE ou Angerville-la-Gate, ville du dép. de Seine-et-Oise, cant. de Méréville, arr. et à 20 kil. S.-O. d'Etampes; 1600 hab. Bas et dentelles.

ANGEVIN, INE s. et adj. Qui est d'Angers ou de l'Anjou; qui appartient à cette ville, à ce pays ou à leurs habitants.

ANGHIARI. I. Village de Toscane. Les Florentins y furent vaincus par le général milanais Gui Torello, en 1425; et y battirent le général milanais Piccinino, en 1440.— II Village de Vénétie, près de Legnano, où les Français battirent les Autrichiens le 14 janvier 1796.

ANGHIERA (Pietro Martire d'), historien italien, né en Lombardie en 1455, mort en 1526; il explora l'Egypte et écrivit une collection de lettres sur l'histoire du nouveau monde (*De Rebus Oceanis et Orbe Novo*), d'après les documents originaux de Colomb et du conseil des Indes, dont il était membre.

ANGIECTASIE s. f. [an-jik-ta-zi] (gr. *aggeion*, vaisseau; *ektasis*, dilatation). Pathol. Nom générique donné par le docteur Græfe, de Berlin, aux dilatations morbides des vaisseaux.

ANGIECTOPIE s. f. (gr. *aggeion*, vaisseau; *ektopos*, déplacé). Méd. Déplacement accidentel d'un vaisseau.

ANGIELCOSE s. f. (gr. *aggeion*, vaisseau; *elkosis*, ulcère). Pathol. Ulcération d'un vaisseau.

ANGIITE s. f. [an-ji-i-te] (gr. *aggeion*, vaisseau; terminaison *ite*). Pathol. Inflammation des vaisseaux en général.

ANGILBERT (Saint), poète et ministre de Charlemagne, qui l'appelait son Homère et dont il épousa la fille, Berthe. Plus tard, il se fit moine et mourut abbé de Centule ou Saint-Riquier (814).

* ANGINE s. f. [an-ji-ne] (lat. *angere*, suffoquer). Nom que l'on donnait autrefois à un mal de gorge, quel qu'il fût, mais qui s'applique aujourd'hui à l'inflammation des muqueuses du *pharynx*. Celle du larynx porte le nom de *laryngite* (voy. ce mot). Parmi les angines, on distingue : 1° L'ANGINE PHARYNGÉE ou GUTTURALE, inflammation de la muqueuse du pharynx et de l'arrière-bouche, causée par les variations de l'atmosphère, le froid humide. Symptômes : d'abord sentiment de gêne, de douleur qui augmente en avalant; puis rougeur et enduit visqueux aux amygdales, à l'isthme du gosier, au voile et aux piliers du palais. Traitement : éviter le froid et l'humidité, surtout aux pieds; gargarismes avec des tisanes astringentes ou émollientes; laxatifs; pédiluves irritants; cautérisation avec un pinceau trempé dans une solution de nitrate d'argent. — En général cette affection est légère et de courte durée; quand elle devient *chronique*, on la combat par les eaux minérales d'Enghien, les Eaux-Bonnes ou de Cauterets. 2° L'ANGINE TONSILLAIRE OU AMYGDALITE, ou ESQUINANCIE, inflammation et gonflement des *amygdales*. Les causes et les symptômes sont les mêmes que pour l'angine précédente. L'amygdalite est accompagnée de fièvre, de tuméfaction des glandes, de suffocation, de nasonnement et quelquefois de surdité. Pour explorer le pharynx, on fait bâiller le malade et on abaisse la langue avec le manche d'une cuiller. L'inflammation dure de cinq à dix jours; elle se termine ordinairement par résolution, quelquefois par un abcès; rarement par la gangrène. Pendant les deux ou trois premiers jours, on essaie d'arrêter la marche de l'angine par des bains de pieds sinapisés souvent répétés, par des gargarismes astringents aidés de la diète et de boissons délayantes, par des compresses d'eau sédative forte sur le côté du cou. On badigeonne de temps en temps la gorge avec un pinceau trempé dans un mélange de calomel (cinq grammes) et de miel rendu liquide (deux cuillerées). — Si le mal ne diminue pas et s'il se forme un abcès, il faut l'ouvrir, dès que l'amygdale est tendue et proéminente; on peut, au lieu de l'ouvrir, en favoriser la rupture au moyen d'un vomitif qui provoque de grands efforts. Quelquefois les amygdales s'indurent et conservent un volume gênant; il faut alors en opérer l'*excision*. 3° L'ANGINE COUENNEUSE, angine maligne, diphtérique ou pseudo-membraneuse. Outre les symptômes de l'*amygdalite*, cette affection est surtout caractérisée par la formation d'une *fausse membrane*, plaques irrégulières d'un aspect lardacé jaunâtres ou noirâtres, qui s'étendent promptement, se boursouflent et se détachent par

petits lambeaux que le malade crache avec un peu de sang. Les autres symptômes sont ceux d'une maladie grave: fièvre, haleine fétide, pâleur, bouffissure, abattement du visage; gonflement des ganglions sous-maxillaires, toux; altération de la voix qui devient parfois sourde et accompagnée de nasonnement. Quand les fausses membranes s'étendent au larynx et à la trachée-artère, la maladie porte le nom de *croup*. Quelquefois (surtout dans l'angine scarlatineuse), les amygdales sont enduites d'une exsudation épaisse, plutôt que recouvertes de fausses membranes; c'est alors l'ANGINE PULTACÉE.— L'*angine couenneuse* règne quelquefois sous forme épidémique; elle est contagieuse; elle dure de dix à quinze jours. Le danger consiste surtout dans l'empoisonnement par résorption purulente. — On détruit les couennes à mesure qu'elles se forment, soit avec une forte solution de nitrate d'argent (5 grammes par 20 grammes d'eau distillée), soit avec l'acide chlorhydrique pur ou mêlé à un tiers de miel rosat (en se servant d'une boulette de coton ou de charpie solidement fixée à l'extrémité d'une tige de bois). On pourrait aussi insuffler de l'alun en poudre et du calomel. — En même temps on soutient l'état général par le quinquina au Liébig, par de bons bouillons, le chlorate de potasse en potion, etc. 4° ANGINE GANGRÉNEUSE, aggravation de la précédente, caractérisée par des taches livides, noirâtres au fond de la gorge, par l'extrême fétidité de l'haleine et par des escarres qui se détachent. — On touche souvent le gosier avec un pinceau trempé dans une solution de permanganate de potasse, et l'on donne pour boisson de la limonade ou du sirop de groseilles dans de l'eau froide. — Angine de poitrine, nom que l'on a donné à la STERNALGIE.

* ANGINEUX, EUSE adj. Méd. Qui est accompagné d'angine.

ANGIOCARDITE s. f. (gr. *aggeion*, vaisseau; *kardia*, cœur; terminaison *ite*, exprimant l'état inflammatoire). Pathol. Fièvre inflammatoire, parce que, selon Bouillaud, cette fièvre consiste essentiellement en une inflammation du cœur et des gros vaisseaux.

ANGIOCARPE ou Angiocarpien, ienne adj. (gr. *aggeion*, petit vase; *karpos*, fruit). Bot. Se dit des fruits couverts, en tout ou en partie, d'un organe qui trompe sur leur forme réelle, comme dans le figuier.

ANGIODIASTASE s. f. (gr. *aggeion*, vaisseau; *diastasis*, dilatation). Pathol. Dilatation des vaisseaux.

ANGIOGÉNIE s. f. (gr. *aggeion*, vaisseau; *genos*, naissance) Anat. Formation des vaisseaux.

ANGIOGRAPHE ou Angéiographe s. m. Celui qui s'occupe d'angiographie.

* ANGIOGRAPHIE ou ∿ Angéiographie s. f. [an-ji-o-gra-fî] (gr. *aggeion*, vaisseau; *graphê*, description). * Anat. Description des vaisseaux du corps de l'homme. — ∿ Description du corps des animaux.

ANGIOGRAPHIQUE ou Angéiographique adj. Qui se rapporte à l'angiographie.

ANGIOHÉMIE s. f. (gr. *aggeion*, vaisseau; *aima*, sang). Pathol. Congestion sanguine.

ANGIO-HYDROGRAPHIE s. f. (gr. *aggeion*, *udôr*, eau; *graphê*, description). Anat. Description des vaisseaux lymphatiques.

ANGIO-HYDROLOGIE s. f. (gr. *aggeion*, vaisseau; *udôr*, eau; *logos*, discours). Anat. Traité sur les vaisseaux lymphatiques.

ANGIO-HYDROTOMIE s. f. (gr. *aggeion*, vaisseau; *udôr*, eau; *tomê*, action de couper). Anat. Dissection des vaisseaux lymphatiques.

ANGIOLEUCITE s. f. [an-ji-o-leu-si-te] (gr.

aggeion, vaisseau: *leukos*, blanc) ou **LYMPHANGITE.** Inflammation des vaisseaux lymphatiques, causée par des blessures, des piqûres, des inoculations de mauvaise nature, des contusions, etc. — Symptômes : tuméfaction cylindrique des vaisseaux, avec bosselures et inégalités; douleur à l'impression; rougeur superficielle, diffuse et tortueuse, se rendant aux *ganglions*; engorgement de ceux-ci. L'*angioleucite* se distingue de l'*érysipèle* par sa disposition en *rubans* et non en *plaques*; et de la *phlébite*, en ce qu'on ne sent pas de cordons durs et noueux. — Traitement : frictionner avec l'onguent napolitain affaibli et recouvrir de cataplasmes de farine de lin; repos; bains. Quand le mal est superficiel, la compression peut être employée avec avantage.

ANGIOLEUCOLOGIE s. f. (gr. *aggeion*, vaisseau; *leukos*, blanc; *logos*, discours). Partie de l'anatomie qui traite des vaisseaux lymphatiques; on dit aussi **ANGIO-HYDROLOGIE.**

* **ANGIOLOGIE** ou ∾ **Angéiologie** s. f. (gr. *aggeion*, vaisseau; *logos*, discours). * Partie de l'anatomie qui traite des organes de la circulation : cœur, artères, veines et système lymphatique. On donne le nom d'*artériologie* à l'étude des artères; celui de *phlébologie* à la description des veines; et celui d'*angioleucologie* ou d'*angio-hydrologie* à l'étude des vaisseaux lymphatiques.

ANGIOLOGIQUE ou **Angéiologique** adj. Qui a rapport à l'angiologie.

ANGIOLOGUE ou **Angéiologue** s. m. Celui qui s'adonne particulièrement à l'étude de l'angiologie.

ANGIOPLANIE s. f. (gr. *aggeion*, vaisseau; *plané*, erreur). Pathol. Structure irrégulière des vaisseaux.

ANGIORRHAGIE s. f. (gr. *aggeion*, vaisseau; *rheô*, je coule). Pathol. Flux de sang par excès de force.

ANGIORRHÉE s. f. (gr. *aggeion*, vaisseau; *rheô*, je coule). Pathol. Flux de sang par défaut de force.

ANGIOSCOPE s. m. (gr. *aggeion*, vaisseau; *skopeô*, j'examine). Anat. Instrument à l'aide duquel on peut étudier les vaisseaux capillaires.

ANGIOSPERME ou **Angéiosperme** adj. (gr. *aggeion*, vase; *sperma*, semence). Bot. Dont les graines sont revêtues d'un péricarpe distinct; c'est l'opposé de **GYMNOSPERME.**

ANGIOSPERMIE ou **Angéiospermie** s. f. Deuxième ordre de la quatorzième classe (*didynamie*), dans le système de Linné. Il comprend les plantes à étamines didynames et à graines renfermées dans une capsule. C'est l'opposé du deuxième ordre (*gymnospermie*), composé des plantes à graines que Linné considérait comme nues. L'angiospermie correspond aux *labiées* de Jussieu. Principaux genres : acanthe, euphraise, mélampyre, lantana, scrofulaire, digitale, muflier, bignone.

ANGIOSTOME s. m. (gr. *agchô*, je serre, *stoma*, bouche). Zool. Genre de petits vers anguillulidés qui se développent ordinairement dans le corps d'animaux terrestres. L'*angiostome de la limace*, par exemple, vit enkysté dans le corps de la limace et, à la mort de ce mollusque, il devient libre.

ANGIOSTROPHE s. m. [an-ji-o-stro-fe] (gr. *aggeion*, vaisseau; *strephô*, action de tordre). Méd. Torsion des artères pour arrêter les hémorragies.

ANGIOTÉNIQUE adj. (gr. *aggeion*, vaisseau; *teineïn*, tendre). Méd. Nom donné par Pinel à la fièvre dite *inflammatoire*, qu'il considère comme une irritation du système vasculaire.

ANGIOTOMIE s. f. (gr. *aggeion*, vaisseau; *tomé*, action de couper). Anatomie du système vasculaire.

ANGIOTOMIQUE adj. Qui concerne l'angiotomie.

ANGIROLLE, Angivelle ou **Angirelle** s. f. Mar. Palan dont la destination est de soutenir la vergue qui porte la voile du tréau.

ANGIVILLER (Charles-Claude LABILLARDERIE, *comte d'*), directeur général des bâtiments et jardins de Louis XVI, exilé pendant la Révolution, mort à Altona en 1810. Son cabinet de minéralogie a été réuni au muséum d'histoire naturelle de Paris.

ANGLADE, village du départ. de la Gironde, à 9 kil. S.-S.-O. de Saint-Ciers. Tumulus; ruines d'un vieux château; 150 hab.

* **ANGLAIS, AISE** s. et adj. Qui est né en Angleterre; qui est originaire de ce pays : *les Anglais apprennent difficilement à prononcer la langue française*; *une rêveuse Anglaise.* — Qui concerne l'Angleterre; qui appartient à l'Angleterre ou à ses habitants : *les mœurs anglaises.* — s. m. Langue anglaise : *parlez-vous l'anglais?* — ∾ Cheval anglais : *un anglais pur sang.* — Créancier dur, impitoyable. Pasquier fait venir ce terme des incessantes réclamations des Anglais, au sujet de la rançon du roi Jean, fixée à trois millions d'écus d'or. On trouve des exemples de ce mot, employé dans le sens de créancier, dans les écrivains du XVe siècle :

> Et aujourd'hui je faicts solliciter
> Tous mes *anglais*, pour mes restes parfaire
> Et le payement entier leur satisfaire.
>   Poésies de GUILLAUME CRÉTIN (XVe siècle).

> Oncques ne vys *anglais* de votre taille,
> Car, à tout coup, vous criez : baille, baille !
>   MAROT.

* **ANGLAISE** s. f. Espèce de danse d'un mouvement très vif : *danser une anglaise*; *danser l'anglaise.* — Air sur lequel on exécute cette danse : *jouer une anglaise.* — Sorte d'écriture cursive, dont les traits vont en obliquant de la droite vers la gauche. — Comm. Gros galons de fil dont les tapissiers se servent pour border les étoffes qu'ils emploient pour meubles. — Longues boucles de cheveux que les dames anglaises font tomber le long de leurs tempes, et qui furent à la mode, chez nous, après 1840. — ∾ A l'anglaise loc. adv. A la mode anglaise, à la manière anglaise. — LIEUX A L'ANGLAISE, lieux d'aisances munis d'une cuvette à soupape.

ANGLAISER v. a. [an-glè-zé]. Hippiatr. Mode d'origine anglaise, qui consiste à couper les muscles abaisseurs de la queue d'un cheval, afin que les muscles releveurs se trouvant sans antagonistes, la queue reste dans une position horizontale. Cela donne au cheval un air distingué; mais l'opération n'est pas sans danger; elle est quelquefois suivie d'abcès, de fistules, de gangrène, de tétanos, etc.

ANGLARS, gros bourg très ancien, à 8 kil. de Mauriac (Cantal), près d'un peulwan (pierre levée), surmontée d'une croix appelée la croix des Batailles.

* **ANGLE** s. m. (lat. *angulus*, angle, coin). Partie saillante ou rentrante.

> Et la lune en croissant découpe dans la rue
> Les *angles* des maisons.
>   A. DE MUSSET.

— Anat. Se dit de diverses parties qui présentent la forme d'angles plus ou moins réguliers : *angles des lèvres, de l'œil, de la mâchoire*, etc. — Artill. ANGLE DE MIRE, angle formé par la rencontre de la ligne de tir avec la ligne de mire. — ANGLE DE PROJECTION, angle formé par l'axe d'une bouche à feu et l'horizon. — Art milit. ANGLE D'UN BATAILLON, coin d'un bataillon formé en carré. — ANGLE SAILLANT, tout angle dont le sommet est tourné vers l'extérieur d'une fortification. — ANGLE RENTRANT, angle dont le sommet est tourné vers l'intérieur. — ANGLE MORT, angle rentrant, espace privé de feux et qui ne peut produire aucun mal à l'ennemi. — ANGLE D'ÉPAULE D'UN

BASTION, angle formé par les faces et les flancs. — ANGLE FLANQUÉ, angle saillant qui est défendu par les flancs des demi-bastions voisins. — ANGLE FLANQUANT OU DE FLANC, angle formé par les flancs et la courtine. — ANGLE DE DÉFENSE, angle formé par le flanc et le prolongement des faces opposées. — ANGLE DE TENAILLE, angle formé, en avant du milieu de la courtine, par le prolongement des faces. — Astron. ANGLE DE POSITION, angle formé au centre d'un arc par son cercle de longitude et son cercle de déclinaison. — ANGLE HORAIRE, angle que forment deux plans menés par l'axe du monde; c'est-à-dire : angle au pôle, formé par un cercle horaire quelconque et le plan du méridien du lieu.—ANGLE HORAIRE D'UNE ÉTOILE, angle dièdre compris entre le plan horaire ou méridien céleste, qui passe par cette étoile et le méridien de l'observateur. — ANGLE PARALLACTIQUE, angle formé au centre d'un astre par l'intersection de son cercle de déclinaison et du plan vertical. — Bot. ANGLE DE DIVERGENCE, angle dièdre intercepté par deux plans partant de l'axe d'une branche et aboutissant sur sa surface aux deux lignes qui passent par les points d'attache de deux feuilles consécutives. — Géol. ANGLE D'INCLINAISON, le plus petit des angles que fait l'aiguille d'inclinaison avec l'horizon. — Géom. Ecartement de deux lignes ou de deux plans qui se coupent : 1° ANGLES FORMÉS PAR DES LIGNES. Un angle est l'espace compris entre deux lignes qui se coupent. Ces lignes s'appellent *côtés* de l'angle. Le point d'intersection des côtés se nomme le *sommet* de l'angle. On distingue : l'*angle rectiligne*, formé par les lignes droites; l'*angle curviligne*, formé par les lignes courbes; l'*angle mixtiligne*, formé par la rencontre d'une droite et d'une courbe. — On désigne ordinairement un angle par une lettre placée au son sommet; mais lorsque plusieurs angles ont leur sommet au même point, il y aurait confusion : on énonce alors l'angle par trois lettres, en plaçant celle du sommet entre celles des côtés. *Angles égaux*, ceux dont les deux côtés peuvent coïncider exactement lorsqu'on les superpose. *Angles droits*, angles formés par l'intersection de deux lignes perpendiculaires l'une à l'autre. Tous les angles droits sont égaux (fig. 1). — ANGLE AIGU, angle moin-

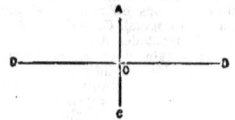
Fig. 1.

ouvert qu'un droit (A O B, fig. 2). — ANGLE OBTUS, plus ouvert qu'un droit (C O A, fig. 2). — ANGLES COMPLÉMENTAIRES, deux angles dont

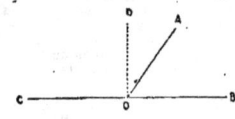
Fig. 2.

la somme égale un droit (D O A et A O B, fig. 2). — ANGLES SUPPLÉMENTAIRES, deux angles dont la somme est égale à deux droits (C O A et A O B, fig. 2). — Lorsque deux droites A C et E D sont coupées par une transversale B F (fig. 3), il y a huit angles formés aux points d'intersection. Les quatre angles A O F, F O C, E H B et D H B sont dits *internes*; les quatre autres sont appelés *angles externes*. Deux angles tels que C O F et E H B, internes, non adjacents et situés de part et d'autre de la sécante, sont *alternes-internes*. Les angles B O C et B H D, l'un externe et l'autre interne, et situés du même côté de la sécante, sont des *angles correspondants*. Les angles F H D et

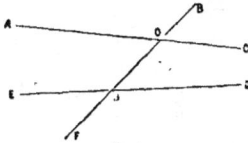

Fig. 3.

A O B, externes, non adjacents et situés de part et d'autre de la sécante, sont dits *alternes-externes*. — Dans un polygone (fig. 4), on nomme *angles intérieurs* ceux qui sont formés par la rencontre de deux côtés adjacents (A B C, C D E, etc.); *angles extérieurs* ceux qui

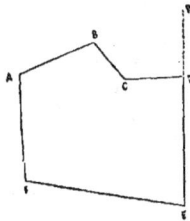

Fig. 4.

sont formés par un côté du polygone et par le prolongement du côté adjacent (C D R); *angles saillants*, ceux dont l'ouverture est tournée à l'intérieur de la figure (A B C); *angles rentrants*, ceux dont l'ouverture est tournée en dehors (B C D). — ANGLE DIÈDRE, portion d'espace comprise entre *deux plans* (A et B, fig. 5), qui se coupent suivant une ligne

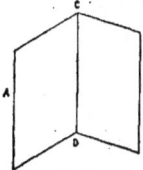

Fig. 5.

(C D), appelée *arête*. Les deux plans se nomment *faces* de l'angle. Un angle dièdre se mesure par l'angle plan que forment les deux perpendiculaires élevées en un même point quelconque de l'arête dans les deux plans. On désigne un angle dièdre au moyen de quatre lettres : deux pour l'arête et une pour chaque face. — ANGLES SOLIDES, formés par trois ou plusieurs plans qui se coupent en un même point appelé *sommet*. Chacun des angles plans formés par ces intersections s'appelle *face* de l'angle. Lorsque le nombre des plans est égal à trois, l'angle solide est dit *angle trièdre*. Si l'on prolonge au-delà du sommet les arêtes d'un *angle solide*, on forme un nouvel angle solide qui est dit *symétrique* du premier. L'inclinaison d'une droite sur un plan forme l'angle *polynéaire*. — MESURE DES ANGLES. Mesurer un angle, c'est évaluer le rapport de cet angle à l'*angle droit*, pris pour unité, ce qui revient à comparer l'arc compris entre ses côtés au quart de la circonférence ou arc de 90°. On désigne un angle par le nombre de *degrés*, *minutes*, *secondes*, etc., compris par son arc. Pour la mesure des angles sur le papier, on se sert d'un *rapporteur* (voy. ce mot), dont on place le centre au sommet de l'angle, de façon

que le diamètre de l'instrument coïncide avec la direction de l'un des côtés. On note le nombre de degrés compris entre le diamètre et le point où l'autre côté coupe la circonférence. Sur le terrain, on se sert du graphomètre (voy. ce mot). En astronomie, on a recours au *théodolite*, au *cercle répétiteur*, au *vernier circulaire* et au *micromètre*, (voy. ces mots).—Phys. ANGLE D'INCIDENCE, angle formé par le rayon incident avec la perpendiculaire élevée au point d'incidence. (Voy. RÉFLEXION).—ANGLE DE RÉFLEXION, angle formé par le rayon réfléchi avec la normale. — ANGLE DE RÉFRACTION, angle formé par le rayon réfracté avec la normale. — ANGLE LIMITE DE RÉFRACTION, le plus grand angle que le rayon réfracté puisse faire avec la perpendiculaire au point d'incidence; c'est l'angle le plus grand sous lequel un rayon de lumière puisse rencontrer une surface transparente sans cesser de la traverser. Cet angle étant de 48° pour l'eau, il est impossible que des objets qui, dans ce liquide, sont dans une direction telle que les rayons, pour aller de ces objets à l'œil, devraient être inclinés de plus de 48° sur la verticale. L'angle limite est de 43° 20' pour l'alun; de 19° 59' pour le chromate de potasse; de 40° 43' pour le crown; de 23° 53' pour le diamant; de 38° 41' pour le flint; de 33° 27' pour le grenal; de 40° 15' pour le quartz; de 34° 12' pour le rubis; de 34° 26' pour le saphir; de 29° 21' pour le soufre; de 33° 30' pour la spinelle; de 38° 24' pour la topaze; de 41° 48' pour le verre. L'angle limite de réfraction est donné par la formule :

$$\sin r = \frac{1}{n},$$

dans laquelle *n* est l'indice de réfraction de la substance. — ANGLE DE POLARISATION MAXIMA, angle d'incidence correspondant au maximum de polarisation de la lumière par réflexion. — ANGLE OPTIQUE, angle formé par les axes des deux yeux en un point, appelé sommet de l'angle optique, sur l'objet observé par le regard. — ANGLE VISUEL, angle formé par deux lignes droites allant du centre de l'œil aux deux extrémités de l'objet observé. — Physiol. ANGLE FACIAL, angle formé par deux lignes fictives, l'une horizontale, menée du conduit auriculaire à l'épine nasale inférieure (ou aux incisives supérieures); l'autre verticale, appelée *faciale*, qui descend de la partie la plus saillante du front sur l'épine nasale inférieure (ou sur les incisives supérieures). Cet angle sert, selon les observations de Camper, à évaluer le volume du cerveau. Plus il est aigu et plus le cerveau et, par conséquent, l'intelligence sont peu développés. Les blancs ont l'angle facial plus ouvert que les autres peuples : il mesure ordinairement de 80° à 85°; il tombe à 75° dans la race mongole; de 70° à 72° chez les nègres; à 67° dans l'orang-outang; à 65° pour le sapajou; à 42° pour les jeunes mandrilles; à 41° chez le chien mâtin; à 23° pour le cheval, ce qui pourrait faire supposer que ce noble animal est un des êtres les plus stupides; mais il ne faut pas accorder à la théorie de l'*angle facial* une valeur absolue, parce que le développement des sinus frontaux peut donner le change sur le volume réel du cerveau (voy. ANATOMIE COMPARÉE). Les artistes de la Grèce, doués au plus haut degré du sentiment du beau, paraissent avoir deviné l'importance de l'angle facial. Celui des dieux dans lesquels ils ont symbolisé la majesté et la beauté, varie entre 90° et 100°.

ANGLE, montagne du départ. du Puy-de-Dôme. Près du mont Angle jaillissent les eaux minérales dites du mont Dore.

ANGLÉ, ÉE part. pass. d'ANGLER. — Blas. Se dit de la croix, du chevron et du sautoir, quand ces pièces ont des figures longues à pointes, qui sont mouvantes de leurs angles.

ANGLEMONT (Édouard-Hubert-Scipion d'),

littérateur, né à Pont-Audemer (Eure), en 1798, mort en 1876. Ses *Odes*, publiées en 1825, ses pièces de théâtre et diverses poésies sont écrites dans les idées légitimistes.

ANGLER v. a. Disposer en angle; donner la forme d'un angle.

ANGLES, ancien peuple d'origine teutonique, qui habitait le Schleswig. Les *Angles* (*Angli* de Tacite) se joignirent aux premiers pirates saxons qui désolèrent les côtes de la Grande-Bretagne. Au vi° siècle, ils passèrent en masse dans ce pays, d'où ils chassèrent les Bretons et où ils fondèrent l'*Estanglie* (*East Anglia*, Anglie orientale), royaume de l'Heptarchie. Uffa, chef de ce royaume, ayant réuni sous son sceptre toutes les autres souverainetés, le nom d'*Anglia* (d'où est venu Angleterre) fut étendu à son royaume entier. Sur le continent, le souvenir des *Angles* n'a été conservé que par le nom du district d'*Angeln* (Schleswig).

ANGLÈS, ch.-l. de cant. (Tarn). arr. et à 25 kil. S.-E. de Castres ; 2,700 hab. Draperies et colonnades.

ANGLESEY ou Anglesea (ancienne *Mona*), île de la mer d'Irlande (pays de Galles), repaire de druides qui furent massacrés par Suetonius Paulinus, en l'an 61. L'île fut conquise par Agricola (78), par les Normands (1090) et annexée à l'Angleterre en 1295. Elle est séparée de la principauté de Galles par le détroit de Menai, sur lequel on a jeté un pont suspendu en 1818 et un pont tubulaire en 1850.—783 kil. carr.; 51,000 hab. Cap. Beaumaris, sur le détroit de Menai ; v. pr. Holyhead, Llangefni et Amlwch.

ANGLESEY (Comte d'), voy. ANNESLEY.

ANGLESEY (Henry-William-Paget, MARQUIS d'), général anglais (1758-1854), remporta un avantage sur les Français à Mayaga (Espagne) en 1808 et couvrit la célèbre retraite de Moore. Il laissa une jambe à Waterloo, où il commandait la grosse cavalerie.

ANGLÉSITE s. f. [an-glé-zi-te] Minér. Sulfate de plomb naturel, dont on trouve de beaux échantillons dans les mines d'Anglesey. O³S, OPb. Insoluble; éclat diamantaire, poids de 6 à 6,3; fusible au chalumeau.

*ANGLET s. m. Archit. Petite cavité en angle, qui sépare les bossages, et dont le profil offre à peu près la figure d'un V couché (<). — ⁓ Typogr. Ouverture d'angle faite à l'extrémité d'un filet destiné à encadrer un tableau, une couverture, etc. : *faire un anglet à la lime, au coupoir, au canif.*

ANGLET, petite ville maritime des Basses-Pyrénées, arrond. et à 4 kil. de Bayonne; 3,500 hab. Bons vins blancs.

ANGLETERRE s. f. Nom donné, dans le commerce, à certaines choses qui proviennent ou sont censées provenir d'Angleterre. — POINT D'ANGLETERRE ou simplement ANGLE-TERRE, la plus belle dentelle de Bruxelles, que les contrebandiers anglais introduisirent pendant longtemps en France comme de provenance anglaise. — POIRE D'ANGLETERRE ou ANGLETERRE, poire d'automne, savoureuse et fondante.

ANGLETERRE (lat. *Anglia*; angl. *England*), contrée d'Europe, formant, avec le pays de Galles, la partie méridionale de la GRANDE-BRETAGNE (voy. ce mot). — BORNES ; Ecosse au N.; mer du Nord, à l'E.; Manche, au S.; océan Atlantique au S.-O.; canal St-Georges et mer d'Irlande à l'O.—POSITION. L'Angleterre gît entre 49° 57' et 53° 46' lat. N. et entre 0° 44' et 8° 5' O. — SUPERFICIE : 151,020 kil. carr. dont 19,108 pour le pays de Galles. — DIVISIONS. L'Angleterre est divisée en 40 comtés, dont nous donnerons le tableau à notre article Grande-Bretagne. Capitale Londres; villes principales : Liverpool, Manchester,

Birmingham, Leeds, Sheffield, Bristol, Bradfort, Stoke-upon-Trent, Newcastle, Hull, Portsmouth, Brighton, Southampton, et York. — Le pays de Galles, incorporé à la monarchie anglaise depuis le temps d'Edouard Ier, est divisé en 12 comtés. — Population.La population totale de l'Angleterre et du pays de Galles était de 8,892,536 hab. en 1801 ; de 17,927,609 en 1851 ; de 20,066,224 en 1861 et de 22,712,266 en 1871, dont 21,495,131 pour l'Angleterre seule. D'après les évaluations du régistraire général, la population de l'Angleterre et du pays de Galles était de 25,200,000 à la fin de 1879. Le recensement officiel de

Grand sceau d'Angleterre.

1881 a donné, pour ces deux pays, un total de 25,968,286 hab., soit une augmentation de 3,256,020 hab. en dix ans. — Hydrographie. Les fleuves les plus importants sont : la Medway, la Tamise, le Stour, l'Orwel, la grande Ouse, le Nene, le Weland, le Witham, l'Humber (avec ses affluents le Trent et l'Ouse) le Tees, le Wear, la Tyne et la Tweed, qui se jettent dans la mer du Nord ; l'Esk, l'Eden, la Lune, le Ribble, le Mersey, la Dee, la Severn, l'Avon, le Taw et le Torridge, qui arrosent la côte occidentale ; le Tamar, l'Exe, la Frome, l'Avon (Hampshire) et le Southampton water, qui affluent dans la Manche. La plupart de ces cours d'eau possèdent de larges estuaires navigables pour les plus gros vaisseaux. — Lacs peu nombreux mais très pittoresquement situés. Le plus important, le Windermere, mesure 16 kil. de long sur 1 3/4 de large. — Côtes partout découpées de rades spacieuses et sûres, de havres et de ports. Près de l'entrée du canal de Douvres ou Pas-de-Calais, se trouve l'ancrage bien connu des Downs, vis-à-vis de Deal et de Sandwich. ǀLa côte orientale présente une succession de grèves sablonneuses et d'escarpements calcaires, terminés çà et là par des promontoires ou creusés de grottes spacieuses. Une forêt sous-marine gît le long de la côte du Lincolnshire. La côte méridionale, depuis South Foreland jusqu'au delà de Folkestone est caractérisée par une longue suite de falaises crayeuses très élevées. A l'ouest, la côte, plus irrégulière, est haute et rocheuse jusqu'à la baie de Minehead, vers le canal de Bristol. — Orographie. La partie la plus montagneuse, située au N. des rivières Humber et Mersey, est couverte par une chaîne que l'on appelle montagnes Pennines ou chaîne du Nord ; cette rangée se joint, sur la frontière écossaise, aux collines Cheviot et se termine dans le Derbyshire ; les plus hauts sommets n'atteignent pas 1,000 m. A l'O. de cette chaîne s'étendent les monts Combriens, dont les sommités principales sont : le Scaffel (981 m.), l'Helvellyn (989 m.), le Skiddah (918 m.) ; la chaîne Devonienne (du Sommersetshire à Land's End), s'élève à 637 m. au mont Yestor Beacon. — Le S.-E. du royaume est sillonné par trois systèmes de collines. Les fameux South Downs (Dunes méridionales),

24

longs de 80 kil. et larges de 8 à 10, forment l'un de ces systèmes ; les collines Surrey en forment un autre ; tous les deux également célèbres par leurs beaux pâturages. Ailleurs, le territoire se couvre de vastes plaines, parmi lesquelles on distingue celle d'York, qui s'étend de la vallée du Tees jusqu'au confluent de l'Ouse et du Trent (120 à 125 kil.) ; d'autres sont remarquables par de pittoresques panoramas. Le Northumberland est occupé en partie par des marécages qui couvrent certaines portions du Lancashire, du Yorkshire, du Staffordshire, du Cumberland, du Westmoreland et du Durham. — Productions minéRALES. L'E. et le S.-E. de l'Angleterre, de formation secondaire supérieure, comprennent l'oolithe, le lias, les craies et le grès vert. Sur les deux rives de la Tamise et sur la côte de Suffolk, s'étend un groupe tertiaire d'argile et de grès, qui constitue le bassin de Londres. A l'O., se trouve le district manufacturier, en raison des charbons et des minerais de fer qu'il renferme. Les gisements de charbon sont nombreux. Celui de Newcastle s'étend de l'extrémité N.-E. de l'Angleterre jusqu'au fleuve Tees, le long de la côte de Northumberland et de Durham. Celui du Yorkshire et du Derbyshire part de Leeds et s'arrête près de Derby ; au S.-O. du Derbyshire se rencontrent quelques mines peu étendues mais extrêmement riches. Au N.-O. se trouve le gisement du Cumberland et de Whitehaven, sur la côte, jusqu'au N. de Maryport. Les mines du Lancashire occupent la partie occidentale d'une chaîne de collines qui séparent le Lancashire et le Yorkshire ; le district minier occidental comprend l'île d'Anglesea et Flintshire. Le district Shropshire se divise en collines Clee, Shrewsbury, vallon Colebrook, etc. ; le district méridional est partagé en mines de la forêt de Dean, du Gloucester méridional et du Somerset, sur les deux rives de l'Avon ; il comprend, en outre, les mines du o côté S.-O. du pays de Galles, le long du canal de Bristol (longueur 150 kil., largeur de 8 à 35 kil.). La houille de ces districts est classée parmi les anthracites. Les minerais de fer se rencontrent dans la plupart des pays houillers dont nous venons de parler, principalement à Dudley et à Wolverhampton, près de Birmingham. Les mêmes contrées sont également riches en argiles et en pierre à chaux. Trois districts produisent des minerais de plomb, de cuivre et de zinc. On trouve des veines de galène dans le Cumberland, le Durham et le Yorkshire ; le cuivre pyriteux au S.-O. d'Alstonmoor ; une bonne blende (sulfure de zinc naturel) dans le district du Derbyshire, qui contient, en outre, la mine de cuivre d'Ecton dans le Staffordshire. Un troisième district est celui de la partie N.-E. du pays de Galles, où l'on trouve des mines de galène et de calamine autrefois productives. Le Cornwall et le Devonshire sont renommés

pour leur richesse minérale, principalement en cuivre, étain et plomb. L'Angleterre produit annuellement plus d'un million de tonnes de sel. — Climat. L'Angleterre est sujette à des variations considérables de chaud, de froid, de sécheresse et d'humidité. Néanmoins, les hivers n'y sont pas très rudes et les chaleurs de l'été sont presque toujours tempérées. L'atmosphère, ordinairement fraîche et humide, devient froide sur la côte orientale. — Température moyenne annuelle dans le S.-O. au niveau de la mer, 52° F. ; à Greenwich, 49° F. ; à Penzance, 51° 8 F. Les vents les plus constants prévalent à l'O. et au S.-O. — Productions végétales. Sol généralement fertiledont les sept neuvièmes peuvent être livrés à la culture. Principales plantes cultivées : froment, avoine, fèves, haricots, orge, seigle, navets, pommes de terre, luzerne, houblon et lin. Le territoire est bien boisé, quoique l'on n'y rencontre pas de grandes forêts. Principales essences : chêne, frêne, sapin, hêtre, sycomore, érable, peuplier, orme, mélèze, pin, châtaignier, marronnier d'Inde et saule. Parmi les fruits indigènes ou parfaitement acclimatés, nous citerons la poire, la pomme, la nèfle, la cerise, la prune, la framboise, la mûre, la fraise, la groseille, la groseille à maquereau, etc. — Productions animales. Les quadrupèdes indigènes sauvages sont le cerf, le daim, le chevreuil, le renard, le blaireau, le putois, la loutre, la belette, la martre, le hérisson, la taupe, l'écureuil, le lièvre et le lapin. Principaux poissons que l'on pêche sur les côtes : morue, hareng, sardine, maquereau et saumon. On y trouve aussi des huîtres et des homards. — Agriculture. Le sol n'est pas divisé ; il est possédé par de grands propriétaires qui le louent à des cultivateurs-fermiers. Les comtés les mieux cultivés sont ceux de la côte orientale ; on évalue à 180 millions de livres sterling le capital employé en agriculture, et le revenu des fermages à 60 millions de livres sterling. L'élevage du bétail est la branche la plus importante de l'économie agricole ; plus de la moitié des terres arables est occupée par des pâturages. Le Lancashire est célèbre pour l'élevage des bêtes à longues cornes ; le Northumberland, le Durham, le Devonshire, l'Herefordshire et le Sussex ne le sont pas moins pour le bétail à courtes cornes. L'Essex, le Cambridgeshire, et le Dorsetshire produisent d'excellent beurre ; le Cheshire, le Gloucestershire, le Wiltshire, d'autres comtés de l'Occident et le Leicestershire sont renommés pour leur fromage. — Les moutons anglais ne sont pas moins recherchés pour leur toison que pour leur chair. En 1875, il y avait dans la Grande-Bretagne 2,255,000 chevaux, 6 millions de bêtes à cornes, 29 millions de moutons et 2,230,000 porcs. — Pour l'industrie et le commerce, nous renvoyons à Grande-Bretagne. — Constitution. La population anglaise n'a pas été adoptée en bloc par une convention ; elle s'est formée peu à peu ; elle a été arrachée article par article à la faiblesse des souverains. Avant la conquête par les Normands, il y avait deux classes d'hommes libres : les thanes ou nobles et les ceorls, ou gens du peuple. Il existait un système représentatif formé du Witenagemot ou assemblée de notables, qui faisait des lois et contrôlait les actes du souverain. La conquête normande amena le système féodal. La noblesse et le clergé s'attribuèrent une grande puissance que le roi Jean sans Terre dut consacrer par la fameuse Grande Charte (15 juin 1215), laquelle est considérée comme le fondement de la constitution anglaise ; cette charte fut renouvelée avec quelques changements sous le règne de Henri III. Le gouvernement établi au XIIIe siècle se compose d'une monarchie héréditaire avec une puissance limitée. Les taxes ne peuvent être levées qu'avec l'autorisation du parlement ; nul n'est puni sans un jugement de ses égaux (jurés),

I.

l'emprisonnement d'un accusé doit être suivi d'une procédure aussi expéditive que possible; telle est en peu de mots la base sur laquelle repose, depuis plus de *six siècles*, tout l'édifice constitutionnel de l'Angleterre. Au XIVᵉ siècle, la *chambre des communes* se fit admettre comme pouvoir de l'Etat; elle lutta pendant longtemps contre la puissance royale pour obtenir la liberté de ses orateurs, et elle eut gain de cause sous le règne de Henri VI; la guerre des Roses faillit faire sombrer le le système parlementaire qui se releva péniblement sous le règne des Tudors et retomba encore plus bas pendant les troubles religieux. La victoire de l'Eglise anglicane donna naissance à un puissant parti ecclésiastique qui ne craignit pas d'entrer en lutte avec le parlement. Le but était de centraliser le pouvoir entre les mains du monarque; les tentatives du despotisme amenèrent la révolution qui coûta la vie à Charles Iᵉʳ. Le retour des Stuarts fut suivi d'une réaction; néanmoins, l'acte d'*habeas corpus* fut adopté sous le règne de Charles II. La chute définitive des Stuarts (1688) donna à la constitution une force qu'elle n'a pas perdue depuis. Elle reçut quelques modifications au temps de la révolution américaine; elle fut réformée en 1832 et en 1867. Telle qu'elle existe actuellement, cette constitution donne au roi le droit de déclarer la guerre et de conclure la paix; mais le contrôle du parlement sur l'armée et le budget, neutralise cette prérogative; le souverain nomme à certaines charges; mais le parlement règle le chiffre des appointements; les ministres, pris dans le sein du parlement et d'après l'avis de ce dernier, sont responsables de tous leurs actes politiques. Quant au souverain, on le considère comme incapable de mal faire; il est chef de l'Eglise anglicane sans pouvoir rien changer à la religion d'Etat; par le seul fait de son retour au catholicisme, il cesserait de régner. L'ordre de succession au trône est réglé par l'usage appelé *semi-salique*; c'est-à-dire que les femmes héritent de la souveraineté et la transmettent à leurs enfants; mais au même degré de consanguinité les mâles héritent à l'exclusion des femmes qui seraient leurs aînées. Le souverain est assisté d'un conseil privé nommé par lui; le gouvernement exécutif appartient au ministère qui se compose de trente et un membres choisis parmi les hommes influents du parti dominant; le *cabinet*, que l'on confond souvent avec le ministère, ne se compose que de 16 ministres, savoir : le premier lord de la trésorerie; le chancelier de l'échiquier, le lord chancelier, le président du conseil, le lord du sceau privé; les secrétaires d'Etat pour le département de l'intérieur, pour les affaires étrangères, pour les colonies, pour la guerre, pour l'Inde; le premier lord de l'Amirauté; le premier commissaire des travaux publics; le secrétaire en chef des affaires d'Irlande; le président du bureau du gouvernement local; le vice-président du comité d'éducation délégué par le conseil privé; et enfin le chancelier du duché de Lancastre. Parmi les ministres qui ne font pas partie du cabinet, sont le commandant des forces et le ministre des postes (postmaster general). L'office de premier ministre a presque toujours été occupé par le premier lord de la trésorerie depuis l'accession de la maison de Hanovre. Le souverain peut appeler au cabinet un membre de son conseil privé. Le pouvoir législatif appartient au parlement, qui se compose de deux chambres : 1° *chambre des lords* (291 membres en 1875), dont les sièges sont presque tous héréditaires; 2° *chambre des communes*, dont les membres au nombre de 658 (487 pour l'Angleterre et le pays de Galles) sont élus par le peuple, d'après des règles compliquées qui varient pour l'Angleterre, l'Ecosse et l'Irlande et dont nous parlerons plus longuement à notre article GRANDE-BRETAGNE. — ÉTABLISSEMENTS CHARITABLES ET

D'INSTRUCTION. Les institutions charitables et correctionnelles comprennent en Angleterre et dans le pays de Galles, 730 workhouses (maisons de force), 407 hôpitaux, 166 asiles d'aliénés, 149 prisons, 118 écoles professionnelles, 559 asiles pour les orphelins, les aveugles, les sourds et muets, les idiots, etc.; 649 *unions* et paroisses, dans lesquelles 750,000 pauvres reçoivent des secours. Parmi les institutions supérieures d'instruction, on cite les universités d'Oxford de Cambridge, et de Durham ; le collège universitaire et le collège du roi à Londres (ce dernier créé pour populariser à bon marché l'instruction académique); le collège de précepteurs à Londres ; le collège d'Owen (Manchester); les collèges de la Reine (Birmingham et Liverpool); le collège de St-David (Lampeter); le collège royal d'agriculture (Cirencester) ; de nombreuses écoles publiques, la Chartreuse et l'école des marchands tailleurs. — RELIGION. La religion établie est l'*anglicanisme* ou Eglise d'Angleterre, à laquelle appartient un peu plus de la moitié des habitants. Voy. GRANDE-BRETAGNE.—PRÉCIS HISTORIQUE. Dans l'antiquité, l'île de *Prydain* était habitée par des peuplades bretonnes, d'origine celtique et fort proches parentes de nos ancêtres les Gaulois. Cette contrée fut connue des Romains qui la nommaient tantôt *Britannia*, tantôt *Albion* et qui, sous les ordres de César, l'envahirent (55 av. J.-C.) sans pouvoir la soumettre. La conquête de l'Angleterre proprement dite, commencée par Claudius (43 après J.-C.) ne fut terminée qu'après 40 années de guerres. Vers le milieu du vᵉ siècle, les Romains abandonnèrent cette partie de leur empire chancelant; quelque temps après leur départ, de formidables invasions de hordes germaniques (principalement *angles* et *saxonnes*), chassèrent devant elles les populations celtiques, les refoulant dans le pays de Galles ou les contraignant à émigrer sur cette partie de l'ancienne Gaule qui, depuis, a conservé le nom de *Bretagne* (450-'57). Après des querelles et des guerres sanglantes, les nouveaux possesseurs du territoire d'Albion y formèrent peu à peu septroyaumes indépendants connus sous le nom général d'Heptarchie; ces royaumes étaient ceux de : Kent, Sussex, Essex, East Anglia, Mercia et Northumbria (voy. ANGLO-SAXONS). Vers 827, Egbert, roi du Wessex, réunit en un seul tous les royaumes de l'Heptarchie et reçut le premier le titre de roi d'Angleterre (roi de la terre des Angles). Une grande partie du territoire tomba bientôt entre les mains de nouveaux envahisseurs, les Norvégiens et les Danois, qui firent une guerre incessante au roi Alfred. Une dynastie danoise s'installa en Angleterre, au commencement du XIᵉ siècle ; mais après la mort de Canut ou Knut, Edouard le Confesseur parvint (1042) à restaurer la dynastie Saxonne ; il laissa la couronne à Harold, également d'origine saxonne ; mais le trône fut réclamé par Guillaume, duc de Normandie, prince qui envahit le pays sur lequel il avait des prétentions, battit Harold à Hastings (14 oct. 1066) et fut bientôt maître de tout le territoire. La ligne de Normandie donna trois souverains à l'Angleterre, Guillaume Iᵉʳ, Guillaume II et Henri Iᵉʳ. Ce dernier fut remplacé après sa mort (1135) par Etienne de Blois, son neveu. Ensuite régna Henri II, Plantagenet, fils de la sœur de Henri Iᵉʳ, Mathilde, et de son second mari, Geoffroy, comte d'Anjou. Pendant les 330 ans que cette famille conserva le trône, les princes suivants se succédèrent : Henri II (1154) ; Richard Iᵉʳ Cœur de Lion (1189), dont le frère Jean sans Terre, devenu roi en 1199, perdit ses possessions continentales (Normandie, Bretagne et Anjou) et provoqua, par sa tyrannie, une révolte des barons anglais qui le forcèrent à leur accorder la *Grande Charte* (15 juin 1215). Son fils, Henri III, qui lui succéda en 1216, eut un règne long et orageux ; sous la conduite de Simon de Montfort, comte

de Leicester, les barons anglais se révoltèrent, battirent le souverain à Lewes et le firent prisonnier (1264); mais deux ans plus tard, Montfort fut vaincu à son tour et la puissance royale se releva. Edouard Iᵉʳ, fils et successeur (1272) du précédent, conquit le pays de Galles qu'il annexa à l'Angleterre. A partir de ce moment, l'héritier de la couronne reçut le titre de prince de Galles. Edouard songeait à envahir l'Ecosse, lorsqu'il mourut, le 7 juillet 1307. Son fils, Edouard II, marcha contre le chef écossais Bruce, qui détruisit une grande armée anglaise à Bannockburn (1314). Pendant une révolte, dirigée par la reine Isabelle et son amant Mortimer, le parlement déposa le roi, qui fut tué à peu de temps de là (sept. 1327). Le règne de son fils, Edouard. III, est l'un des plus brillants de l'histoire d'Angleterre. Associé à Balliol, qui voulait s'emparer de la couronne d'Ecosse, il remporta sur les Ecossais la victoire d'Halidon Hill (19 juillet 1333) ; il envahit ensuite la France dont il se disait roi (1338). La victoire navale de la Sluis (1340), la bataille de Crécy (1346) et celle de Poitiers (1356) amenèrent un traité glorieux pour les Anglais (1360). A la mort du roi (1377), il fut remplacé par son petit-fils, Richard II, fils du Prince Noir. Richard dut réprimer une révolte de paysans commandés par Wat Tyler; il fut enfin renversé du trône par le fils de Jean de Gaunt, duc de Lancastre, qui se fit proclamer sous le nom de Henri IV (1389). Avec celui-ci la maison Lancastre commença de régner sur l'Angleterre. Richard fut jeté en prison et tout porte à croire qu'il périt assassiné ; mais Henri ne put jouir paisiblement de la couronne; il fut forcé de combattre plusieurs révoltes et de déjouer plusieurs conspirations. Son successeur (1413) Henri V, renversa les Lollards, recommença la guerre en France, réduisit Harfleur, remporta la victoire d'Azincourt (1415) et fut reconnu (1420) comme héritier de Charles VI, dont il avait épousé la fille, Catherine. Il mourut en 1422, laissant un fils de 9 mois, Henri VI, qui fut bientôt roi d'une grande partie de la France; mais ce pays, se soulevant contre les étrangers, marcha sous la conduite d'une jeune vierge, à la conquête de son indépendance. En 1431, les Anglais ne possédaient plus sur le continent que Calais et deux autres petites places. — La guerre des deux Roses (Roses blanches et Roses rouges), qui commença en 1452, détourna les esprits des conquêtes sur le continent. Il s'agissait de la dispute du trône entre les maisons d'York et de Lancastre. Richard, duc d'York, descendant de la troisième fils d'Edouard III, se considérait comme le légitime héritier. Ses partisans (Yorkistes, Roses blanches) remportèrent les victoires de Saint-Albans (1455) et de Northampton (1460); mais le duc d'York fut battu et tué à Wakefield (1460) ; son fils, proclamé roi, sous le nom d'Edouard IV, par les Yorkistes (4 mars 1461) gagna sur le parti Lancastrien la sanglante victoire de Towton (26 mars 1461). Les Roses rouges furent longtemps à se relever de ce coup; mais Warwick ayant déserté la cause d'Edouard, marcha sur Londres à la tête d'une armée de Lancastriens et rendit le trône à Henry VI (1470). Edouard s'enfuit en Hollande, assembla une armée, revint, battit les Roses rouges à Barnett (14 avril 1471) et à Tewkesbury (4 mai). La guerre fut presque aussitôt terminée par la mort de Henry VI. Edouard le suivit dans la tombe en 1483, laissant un fils âgé de moins de 13 ans, Edouard V. L'oncle de ce jeune prince, Richard, duc de Gloucester, reçut le titre de protecteur du royaume et se donna bientôt celui de roi (Richard III). Edouard V et son jeune frère, le duc d'York, enfermés dans la tour de Londres, y furent, dit-on, assassinés par l'ordre de leur oncle. Contre cet usurpateur se forma une coalition conduite par le comte de Richmond qui, n'avait aucun titre à la succession des princes défunts, mais qui, après la défaite et la mort de Richard, à Bosworth (22 août 1485), fut élevé au trône, sous le nom de Henry VII. Ce monarque, le premier de la race de Tudor, descendait de Jean de Gaunt, fondateur de la maison de Lancastre, et appartenait, par son père, à la famille galloise de Tudor. Son règne fut troublé par plusieurs conspirations et par les prétentions de Lambert Simnel et de Perkin Warbeck qui furent rapidement vaincus. Pendant ce temps, l'Angleterre entra dans la voie des découvertes maritimes. A sa mort (21 avril 1509), son fils Henry VIII lui succéda. Ce prince s'engagea dans des guerres avec ses voisins; un de ses généraux remporta la grande victoire de Flodden sur James IV d'Ecosse. Refusant toute obéissance au pape, il se mit à la tête de l'Eglise d'Angleterre; il se maria six fois: deux de ses épouses ayant été répudiées et deux autres décapitées. Tant qu'il régna, le bourreau ne chôma pas de victimes appartenant à toutes les classes de la société. Henry mourut le 28 janvier 1547; il fut remplacé par son fils unique Edouard VI, qu'il avait eu de sa troisième femme, Jane Seymour. Edouard n'ayant encore atteint l'âge de 10 ans, il fallut confier le gouvernement à une régence. Pendant son règne, l'église d'Angleterre fut organisée et la nation se plaça du côté des protestants dans la lutte religieuse qui s'engageait en Europe. Lorsqu'il mourut (6 juillet 1553), Lady Jane Grey, à laquelle il avait légué la couronne, resta sur le trône pendant 10 jours, après quoi son parti fut dispersé, et Marie, fille aînée de Henry VIII la remplaça. Le mariage de cette princesse et de Philippe II d'Espagne, fit éclater la guerre avec la France qu'envahit une armée anglo-espagnole. Fervente catholique, Marie fit brûler Cranmer, Latimer, Ridley et environ 300 autres protestants. Sa mort (17 nov. 1558) amena au pouvoir une reine protestante, Elizabeth, dont le règne de près de 45 ans, est considéré comme l'un des plus brillants de l'histoire anglaise. Elizabeth s'empara du pouvoir dans l'Ecosse dont elle fit mourir la reine légitime, une captivité de près de 19 ans. Elle secourut les huguenots de France; et sans l'assistance qu'elle leur prêta, les Hollandais seraient retombés sous le joug de l'Espagne; elle invita les Turcs à se joindre à elle pour renverser la puissance du pape et de Philippe II, et remporta un avantage signalé sur ces deux potentats lorsque l'invincible Armada fut détruite (1588). La protection qu'elle accorda aux marins les entraîna à entreprendre des voyages lointains, à fonder des colonies et à étendre le commerce anglais jusque dans l'Indoustan. Enfin, à la mort d'Elizabeth (24 mars 1603), l'Angleterre était considérée comme l'une des grandes puissances de l'Europe; elle en finit la dynastie de Tudor, qui avait régné 118 ans. Elizabeth fut remplacée par James VI, d'Ecosse, fils de sa victime, Marie Stuart, et premier roi anglais de la famille des Stuarts. Ce prince hérita de la couronne comme descendant de Marguerite Tudor, fille aînée de Henry VII, laquelle avait épousé James IV. D'abord populaire, ce nouveau souverain se montra orgueilleux et porté au despotisme. En réponse à son assertion que tous les privilèges de la nation relevaient de son bon vouloir, le parlement (1604) crut devoir affirmer, comme au-dessus de toute discussion, les principes pour lesquels la nation avait combattu pendant si longtemps. Alors commencèrent des troubles parlementaires qui durèrent pendant plus d'un siècle et ne se terminèrent qu'après plusieurs révolutions. A l'étranger, la politique de James (Jacques) fut aussi vicieuse qu'à l'intérieur; l'Angleterre perdit l'estime des autres puissances. Son successeur (1625) Charles Ier, resta 11 ans (de 1629 à 1640) sans réunir de parlement et crut pouvoir régner aussi despo-

tiquement qu'un roi de France. Les principaux instruments de sa tyrannie étaient Wentworth, plus tard comte de Strafford, et Laud, archevêque de Canterbury. Laud essaya d'introduire l'Eglise anglicane en Ecosse; mais le peuple de ce pays se souleva, et Charles, à court d'argent, fut forcé d'appeler un parlement (avril 1640) qui fut dissous au bout de peu de jours ce qui lui valut le nom de *court parlement*. Six mois plus tard, il fallut appeler le fameux *long parlement* qui s'assembla avec la ferme volonté d'enlever au roi la plus grande partie de son pouvoir. Dirigée par Vane et par Cromwell, l'assemblée ne craignit pas d'entrer en lutte armée avec le roi insoumis (1642), qui fut battu, poursuivi, fait prisonnier, jugé, condamné à mort et exécuté. Après cette révolution, Cromwell, resté maître de l'Angleterre, conquit l'Irlande et assujettit l'Ecosse. La bataille de Worcester (3 sept. 1661) écrasa le parti royaliste et, deux ans plus tard, Cromwell, ayant dissous de force le parlement, régna avec le titre de Lord protecteur. Après lui (1658), une lutte s'engagea entre l'élément civil et le parti militaire; la querelle menaçait de devenir sanglante, lorsque Richard, fils de Cromwell et héritier de la dictature de son père, abdiqua le pouvoir et restaura la monarchie dans la personne de Charles II (1660), fils du roi que Cromwell avait fait décapiter. Charles II, roi dépensier, eut recours à la générosité de Louis XIV pour subvenir à ses besoins. D'abord allié de la Suède et de la Hollande, il abandonna cette dernière puissance, que le fier Louis voulait anéantir; la paix de 1678 fut suivie d'une excitation extraordinaire que causa une conspiration catholique. Le roi appela parlement sur parlement et fut forcé de les dissoudre les uns après les autres. L'opposition réclamait impérieusement l'exclusion au droit de succession du duc d'York, frère de Charles. Ce dernier allait peut-être céder au vœu général, lorsqu'il mourut subitement, en février 1685. Le duc d'York, catholique avancé, monta sur le trône, sous le nom de Jacques II, chercha à rétablir le despotisme, et ne cacha pas ses projets de changer la religion en bouleversant l'Etat. Il se montra implacable dans ses vengeances, proscrivit toute liberté, exila une foule de citoyens, prorogea, en novembre 1685, le parlement qu'il ne rappela pas, et gouverna ensuite pendant trois ans sans aucun contrôle. En juin 1688, il fit courir le bruit que sa seconde femme venait de le rendre père d'un garçon; mais personne n'ajouta foi à cette nouvelle; en novembre, Guillaume, prince d'Orange, neveu de Jacques et époux de Marie, fille aînée et héritière de ce prince, débarqua en Angleterre, à la tête d'une armée qui se composait principalement de protestants exilés. Jacques, abandonné de tous, vint recevoir l'hospitalité du roi de France, tandis que son gendre et sa fille étaient proclamés souverains. La guerre, déclarée à la France en 1689, dura jusqu'en 1697; l'Irlande fut subjuguée; Marie mourut en 1694, laissant Guillaume III régner seul, jusqu'en mars 1702. A ce monarque succéda Anne, seconde fille de Jacques II; elle déclara la guerre à la France (mai 1702), remporta de grands succès sur Louis XIV, grâce au concours de Marlborough, et força le roi de France à signer le honteux traité d'Utrecht (1713); l'union de l'Angleterre et de l'Ecosse devint définitive en 1707. Anne mourut le 1er août 1714; après elle, la couronne passa à la maison de Hanovre, dans la personne de George Ier. Ce prince dut commencer (1715) par réprimer une révolte du parti des Stuarts. Son successeur (1727), George II, abandonna, comme l'avait fait George Ier, la direction du gouvernement à Robert Walpole, qui la conserva jusqu'en 1742. La chute de ce ministre tout puissant fut occasionnée par une guerre avec l'Espagne et avec la France,

au sujet de la succession d'Autriche. En 1746, la contestation entre la dynastie régnante et celle des Stuarts fut terminée à Culloden, où le duc de Cumberland battit Charles Edward. Le traité d'Aix-la-Chapelle (1748) rétablit une paix de quelques années. Les whigs étaient alors au pouvoir; leur chef Henry Pelham laissa, en mourant (1754) la direction de ce parti à son frère le duc de Newcastle. Le renouvellement de la guerre avec la France (1755) fut suivi de la formation (1757) du célèbre ministère Pitt-Newcastle, qui poussa les hostilités avec une vigueur fiévreuse (25 oct. 1765), ses flottes et ses armées battaient partout triomphantes. L'empire anglais des Indes orientales avait été fondé à Plassey (23 juin 1757); L'Amérique française était conquise (1759). Le nouveau roi, George III, petit-fils de George II, était, par nature et par éducation, aussi partisan du despotisme qu'aurait pu l'être le plus mauvais des Stuarts. Son règne ne fut pas heureux; l'Angleterre perdit ses colonies d'Amérique et eut à combattre la France et l'Espagne; la paix de 1783 la laissa dans un état d'abaissement d'où elle voulut sortir par une nouvelle guerre. Elle profita des convulsions de notre révolution pour nous attaquer. La lutte tourna d'abord à l'avantage de la France; mais après la chute de la République, l'Angleterre triompha continuellement. L'union législative avec l'Irlande fut effectuée le 1er janvier 1801; les flottes de la Grande-Bretagne, commandées par Nelson, remportèrent de grandes victoires sur celles de Napoléon, qui fut définitivement vaincu, à Waterloo par le général anglais Wellington. Depuis 1810, George III était fou; mais le gouvernement était dirigé par le célèbre Pitt. Le roi mourut en 1820. Son fils aîné, qui lui succéda sous le nom de George IV, laissa la couronne à son frère Guillaume IV (1830). A la mort de ce dernier (20 juin 1837) le trône fut occupé par sa nièce, Victoria, fille unique d'Edward, duc de Kent, troisième enfant de George III. Cet événement amena la séparation des couronnes de Hanovre et de Grande-Bretagne, qui étaient placées sur la même tête depuis 1714. Le règne de Victoria restera, dans l'histoire de l'Angleterre, comme le pendant de celui d'Elizabeth. A l'intérieur, les libertés furent respectées; la religion catholique cessa d'être persécutée. A l'extérieur, la politique anglaise ne connut pas de véritable insuccès. En Chine, une guerre de plus de deux années amena le traité de *Nankin*, par lequel la Grande-Bretagne obtint des droits commerciaux assez étendus (déc. 1842); la découverte de mines d'or en Australie augmenta dans de notables proportions la circulation de précieux métal; la guerre de Crimée abaissa un instant la Russie, rivale la plus redoutable de l'Angleterre. De nouvelles guerres avec la Chine (oct. 1856), avec la Perse (nov. 1856), une révolte des Cipayes dans l'Inde (mars 1857) eurent une heureuse terminaison, ainsi que des expéditions militaires en Abyssinie (1868), dans le pays des Achantis, dans l'Afghanistan, dans le Zoulouland et dans le Transvaal. L'Angleterre est demeurée la première puissance maritime de l'univers; elle a des colonies sur chaque partie de notre globe et l'on a pu dire que le soleil éclaire toujours quelque point de son immense empire (voy. GRANDE-BRETAGNE).—Depuis le 1er mai 1876, la reine Victoria reçoit le titre d'impératrice de l'Inde.—Bibliogr. Les principales autorités pour l'histoire générale de l'Angleterre sont: les travaux de Turner, de Palgrave, de Kemble et de Lappenberg, pour la période saxonne; l'*Histoire de la conquête de l'Angleterre par les Normands* (Thierry); et les ouvrages de Hallam, de Freeman, de Stephen, de Creasy, de May, de Raikes, de Hume, de Lingard, de Knight, de Mackintosh, de Macaulay et de Froude. —

Langue. La langue anglaise se compose du mélange mal digéré de plusieurs idiomes qui n'ont aucune affinité les uns pour les autres et dont la fusion n'est pas encore complète. De 38,000 mots distincts que renferme cette langue, on en compte 23,000 qui sont d'origine anglo-saxonne. Mais l'élément franco-normand, introduit après la conquête, est très important; le français fut parlé en Angleterre par les classes supérieures depuis 1066, jusqu'au temps d'Édouard III (1327), c'est-à-dire pendant plus de deux siècles et demi. A mesure qu'une langue nouvelle se développa, on tira les mots qui la composèrent du français ou de l'anglo-saxon, suivant que les objets ou les idées désignées par ces mots appartenaient plus particulièrement à une race ou à l'autre; ainsi *ox* (bœuf), *calf* (veau), *sheep* (mouton), *pig* (cochon), sont anglo-saxons, parce que les animaux que ces mots désignent lorsqu'ils sont vivants, étaient élevés, nourris, pansés par les paysans ou serfs d'origine anglo-saxonne. Mais les mêmes animaux, lorsqu'ils sont morts, s'appellent *beef, veal, mutton, pork,* mots d'origine française conservés par la partie riche de la population qui se nourrissait de la chair du bœuf, du veau, du mouton et du porc. De nombreux mots latins ou directement d'origine latine furent introduits par les moines et les savants; c'est pourquoi ils se rapportent à la *théologie* et aux sciences. L'ancien celtique des premiers habitants s'est conservé dans les noms des montagnes, des lacs et des rivières; quelques centaines de noms de lieux rappellent l'occupation danoise; le grec a fourni plusieurs mots employés en littérature; l'italien des termes de peinture et de musique; le français moderne, les termes de guerre et d'art culinaire; le flamand et le hollandais, ceux de la navigation.—Les lettres de l'alphabet anglais sont les mêmes que ceux de la langue française; mais elles n'ont pas la même valeur. A possède cinq sons : *fate* (fête), *car* (kar), *fall* (fâl), *fat* (intermédiaire entre fètt et fatt), *wash* (ouoche). *E* à quatre sons : *me* (mi), *met* (mètt), *clerk* (klark), *mother* (meheur). *I* à quatre sons : *pine* (païne), *pin* (pinn), *bird* (beurd), *circle* (cercle). *O* à cinq sons : *no* (nô), *move* (mouve), *nor* (nor), *hot* (entre hott et hatt), *love* (entre leuve et love). *U* à trois sons : *tube* (tioube), *tub* (entre tobb et teubb), *bull* (boule). *Y* a deux sons : *fly* (flaï), *hurry* (entre heurë et heuri). La combinaison des voyelles forme des sons que l'usage apprend à connaître. Les consonnes R et L se prononcent du bout de la langue que l'on relève vers le palais. De même que la prononciation du TH, celle de ces lettres ne peut se figurer en français. W possède ordinairement un son *ou;* mais il ne se prononce pas devant R. A ces difficultés se joint l'accent, qui porte sur une syllabe et donne à la langue une allure monosyllabique. Par une sorte de compensation, la grammaire anglaise présente une grande simplicité. Il y a deux articles, *the,* article défini, et *a, an,* article indéfini. Le pluriel des substantifs s'obtient, comme en français, au moyen d'un S, (sauf quelques exceptions). Quant aux genres, ils ont été établis de la manière la plus naturelle. Tous les êtres animés du sexe mâle sont masculins; ceux du sexe femelle sont féminins, les objets ne possédant pas de sexe sont neutres. L'adjectif et les participes sont invariables. Les verbes réguliers n'ont qu'une conjugaison; mais la langue renferme plusieurs centaines de verbes irréguliers. Le verbe anglais ne possède qu'un passé : *I loved* (j'aimais, j'aimai); le futur et le conditionnel se forment au moyen d'un auxiliaire : *I shall love* (je dois aimer, j'aimerai). La syntaxe suit l'ordre logique de la langue française (sauf pour le qualificatif, qui précède toujours l'objet qualifié). — **Littérature.** On a conservé quelques chants des bardes cymriques ou bretons (VIe siècle). Pendant la période anglo-saxonne, la littéra-

ture latine fut cultivée concurremment avec celle de la nation conquérante. L'époque la plus florissante de l'une et de l'autre fut le VIIIe siècle, âge d'Alcuin, d'Aldhelm, de Bède et de Ceolfrid. Pendant plus d'un siècle après l'invasion franco-normande, il n'y eut plus d'autre langue littéraire que le latin et le français. En latin écrivirent Lanfranc, Anselm, Alexandre de Hales, Duns Scotus, Guillaume Occam, Roger Bacon et Michel Scotus, qui furent les plus grands philosophes de leur époque; Laurence de Durham, Jean de Salisbury, Jean de Hauteville, Nigellus Wirker, Alexandre Neckham et Walter Maps, poètes renommés; Joseph d'Exeter, Orderic Vital, Guillaume de Malesbury, Geoffroy de Monmouth, Ingulphe, Henry de Huntingdon, Giraldus Cambresis, Roger de Hoveden, Mathieu Paris et Jocelyn de Brakelonde, chroniqueurs dont les écrits font connaître l'histoire de cette période. Les premiers ouvrages en français paraissent dater du commencement du XIIe siècle. Il se forma alors une école poétique dont les trois chefs furent Wace, Gaimar, et Benoît de Sainte-Maure. La langue des vaincus, obscurément reléguée dans des monastères, fut cultivée par des annalistes dont les œuvres réunies constituent la « chronique saxonne ». Vers 1200, parut en langue usuelle un ouvrage qui dénotait déjà un certain mélange du français et de l'anglo-saxon, et que l'on considère comme le plus ancien monument de la littérature anglaise : c'était une traduction du *Roman de Brut,* de Wace. Bientôt se répandirent d'autres traductions du français ou du latin; puis les chroniques rimées de Robert de Gloucester et de Robert Manning. Le premier chant national fut Laurence Minot, auteur de plusieurs ballades sur les victoires de ses compatriotes (1350). Jusqu'au temps de Chaucer, il n'y eut d'autre production vraiment remarquable que la *Vision de Piers Ploughman,* attribuée à Robert Langlande. Enfin, Chaucer vint, qui est considéré comme le premier grand écrivain de l'Angleterre (fin du XIVe siècle). Il introduisit et employa avec facilité le pentamètre iambique ou vers héroïque encore admiré chez les Anglais. A la même époque que Chaucer, mais très inférieur à celui-ci en génie et en style, vécut Gower. Jusqu'à l'accession d'Elizabeth, on compta de nombreux versificateurs dont les meilleurs furent : John le Chapelain, Occlève, Lydgate, Hawes, Skelton, Barclay, le comte de Surroy, sir Thomas Wyatt, George Gascoyne, Thomas Tusser et Thomas Sackville (plus tard, lord Buckhurst). Des poètes de cette époque, Surrey, mort en 1547, fut le plus estimé. Spencer, auteur de la « Reine Faerie » (1590) a donné son nom à une strophe particulière, imitation de l'*ottava rima* des Italiens, avec l'addition d'un alexandrin, genre de poésie encore en usage. Parmi les contemporains ou les successeurs immédiats de Spencer, on distingue sir Philip Sidney, Robert Southwell, Samuel Daniel, Michael Drayton, sir Henry Wotton, sir John Davies, l'évêque Hall, John Donne, Phineas, Giles Fletcher et George Herbert. La ballade jouit d'une grande vogue, vers la fin du XVe siècle, grâce au talent de Robin Hood; elle eut son âge d'or au temps de Marie, reine d'Ecosse. Dans ce dernier pays, s'étaient déjà fait remarquer une série de poètes, parmi lesquels Barbour (mort vers 1396), Wyntoun, l'aveugle Harry, Gawin Douglas, et William Dunbar. — Le théâtre prit naissance vers le XIIe siècle, époque où l'on jouait dans les villes des pièces analogues à nos mystères; ce genre de spectacle atteignit une grande perfection pendant le règne de Henri VII et surtout pendant le règne de Henri VIII, sous la plume de John Heywood. La première comédie anglaise fut écrite par Nicholas Udall, vers le temps d'Édouard VI, et la première tragédie le fut par Thomas Sackville et Thomas Nor-

ton, en 1562. La fin du XVe siècle et le commencement du XVIe est la période dite des vieux auteurs anglais. La littérature de cette époque (1580-1640) atteignit un très haut degré de force, de variété et d'originalité; le drame, surtout, prédomina d'une façon décidée avec Shakespeare, Marlowe, Ben Jonson, Beaumont, Fletcher, Chapman, Decker, Webster, Middleton, Marston, Massinger, Ford, Thomas Heywood et Shirley. Pendant la République, dirigée par les Puritains, on ferma tous les théâtres. Ce fut en vain que sir William Davenant essaya de faire des pièces dans le goût moral de son temps; il n'obtint qu'un médiocre succès. La Restauration rétablit le théâtre; mais elle ne protégea que des farces où la vertu, la sincérité et la sagesse étaient ridiculisées. Parmi les écrivains licencieux de cette période de corruption et de décadence, il faut citer Wycherly, Congreve, Farquhar et Vanbrugh. La tragédie brilla d'un certain éclat avec Thomas Ottway (1651-'85), Southerne, Rowe et Lee. John Dryden surpassa tous ses contemporains dans la satire, la poésie didactique et lyrique et dans le drame. L'influence du puritanisme produisit Milton, que ses compatriotes placent bien au-dessus du vieil Homère, de Virgile et du Dante. En même temps que cet illustre poète, brillaient à des titres divers : Thomas Carew, Francis Quarles, George Wither, sir John Suckling, Robert Herrick, Richard Lovelace, sir Richard Fanshawe, Richard Crashaw, Abraham Cowley, Henry Vaughan, sir John Denham, sir William Davenant, Edmund Waller, Samuel Butler. Le « Hudibras » de Butler appartient à la fin du XVIIe siècle. Parmi les poètes contemporains de Dryden, quelques-uns méritent une mention : Marvell, Rochester, Charles Cotton, Sedley, John Philips, Oldham, Roscommon, Mulgrave, Dorset, Pomfret. — La prose anglaise commence avec les récits dans lesquels sir John Mandeville raconte ses voyages (1355); mais cette narration, d'abord écrite en latin, puis en français et ensuite traduite en langue vulgaire, n'a rien de bien remarquable au point de vue littéraire. Au siècle suivant seulement, la prose acquit un certain degré de supériorité, sous la plume de Wycliffe « traduction de la Bible », de Chaucer, de sir John Fortescue « Différence entre la monarchie absolue et la monarchie limitée ». Au règne de Henri VIII appartient l'« Histoire d'Édouard V » dans laquelle Thomas Moore donna le premier exemple d'un style clair et correct. L'«Utopia» du même auteur fut d'abord publiée en latin. Avant Elizabeth ou au commencement de son règne, furent écrits : la biographie de Wolsey, par Cavendish (1641); les traductions de la Bible par Tyndale et par Coverdale, les sermons et les lettres de Latimer, et le «Toxophilus» de Roger Asham, le premier savant qui daigna écrire en langue vulgaire. Le meilleur prosateur du règne d'Elizabeth fut Richard Hooker, (1553-1600) dont la « Constitution ecclésiastique » est l'un des chefs-d'œuvre de l'éloquence anglaise. Le « Novum Organum » de Bacon (1561-1626), fut publié en latin; ses « Essais » sont considérés comme le chef-d'œuvre de la langue anglaise. Les productions contemporaines furent l'«Arcadia» et la « Défense de la science » par sir Philip Sidney; l'«Histoire du Monde » par sir Walter Raleigh; les «Chroniques » de Raphael Holinshed; les récits de voyages, par Richard Hakluyt; les «Pélerinages de Purchase », par Purchase; l'«Histoire des Turcs », par Richard Knolles; les sermons de l'évêque Andrews et ceux du Dr Donne. Au temps d'Elizabeth les «Euphues» de John Lilly donnèrent naissance à l'*euphuisme,* genre littéraire qui se distingua par son affectation. Sous Jacques Ier, parut une traduction de la Bible, qui est restée comme un modèle de la langue populaire. Entre Bacon et Locke, se place Thomas Hobbes, le plus subtil des métaphysiciens anglais (1588-1679). Vers la même époque vivaient William Cambden, sir Henry Spelman, sir Robert Cotton, John Speed; John Selden, l'archevêque chronologiste Usher; Joseph Hall (1574-1656) et Jeremy Taylor (1613-'67) qui furent les plus éloquents parmi les théologiens. Robert Burton (mort vers 1640) publia sa curieuse « Anatomie de la mélancolie » ; et Thomas Browne produisit son « Urne funéraire » et sa « Religion du Médecin » (1605-1682). L'œuvre la plus importante de Locke (1632-1704) est son « Essai sur l'entendement humain » ; l'évêque Burnet mit au jour son « Exposition des 39 articles ». Plusieurs autres écrivains se distinguèrent ; parmi eux on remarque : Baxter, Leighton, Owen, Henry ; les quakers George Fox, Robert Barclay, William Penn et Thomas Ellwood ; les savants Wilkins, Thomas Burnet, Evelyn, John Ray, Robert Boyle, Newton, Thomas Fuller ; les historiens Clarendon, William Temple, Gilbert Burnet, John Bunyan. — Avec la reine Anne (1702-'14) commença une ère nouvelle appelée Age d'Auguste de la littérature anglaise. Une école poétique, formée d'après les modèles de notre grand siècle de Louis XIV, eut pour adepte principal Alexander Pope (1688-1744) et conserva sa supériorité pendant tout le xviiie siècle. C'est à cette époque que s'illustrèrent les poètes Addison, Swift, Gay, Parnell, Allan Ramsay, Thomson, Young, Blair, Watts, Prior, Tickell, Garth, Blackmore, Ambrose Philips, Somerville, et Anne, comtesse de Winchelsea. Leur genre poétique fut encore illustré après eux par Savage, Johnson, Collins, Akenside, Gray, Goldsmith, Beattie, Darwin et Cowper. Parmi les les petits poètes du xviiie siècle, on cite Shenstone, Mallet, Ferguson, Mickle, Falconer et Cunningham. Le genre tragique français régna avec Addison, Mason, et Johnson, dont les pièces sont des poèmes dramatiques plutôt que des tragédies. Celles qui obtinrent le plus de succès furent la Revanche de Young, le Barberousse de Brown, le Joueur de Moore, l'Elvira de Mallet et le Douglas de Home. Mais c'est pendant cette période que se produisirent les plus belles comédies du théâtre anglais ; elles sont ordinairement écrites en prose et pleines d'esprit et de sentiment. Les meilleures sont dues à Steele, Hoadley, Colman, Garrick, Murphy, Kelly, Cumberland, Goldsmith, Sheridan, Mme Cowley, Fielding, Macklin, Townley, Coffey, et Foote. Les prosateurs du xviiie siècle se divisent en journalistes, philosophes, historiens, théologiens et romanciers. Les premiers fondèrent un grand nombre de publications périodiques : Tatler, Spectator, Guardian, Rambler, Idler, etc., qui publièrent les essais de Richard Steele, d'Addison, de Johnson et de plusieurs autres. Principaux auteurs d'ouvrages philosophiques : l'évêque Berkeley, le comte de Shaftesbury, Hutcheson, Hume, Adam Smith, Reid, Beattie, Hartley, Price, Ferguson, Tucker, Priestley, Lord Kames, Blair, Campbell, Bentley et Atterbury. Historiens et biographes : Hume, Robertson, Gibbon, Echard, Strype, Smollett, Tyler, Ferguson, Middleton, Watson, Lyttelton, Russel et Jortin. Théologiens influents, Clarke, Lowth, Hoadley, Leslie, Whiston, Doddridge, Butler, Warburton, Wesley, Lardner, Farmer, et Leland. Johnson, Goldsmith et Burke se rendirent célèbres par leurs œuvres mélangées ; lady Mary Wortley Montagu et lord Bolingbroke brillèrent au premier rang dans le genre épistolaire. Le roman prit une importance qu'il a conservée depuis. Daniel de Foë (1661-1731) donna le premier à la fiction un intérêt dû à la simplicité du sujet. Les autres grands romanciers furent Swift, Arbuthnot, Fielding, Richardson, Smollett, Sterne, Johnson, Goldsmith, Horace Walpole, Mackenzie et Miss Burney. — Avec la Révolution française commence une nouvelle période dans la littérature anglaise. Il y eut

une réaction contre tout ce qui pouvait rappeler notre genre classique. Une renaissance poétique préparée par Cowper, Robert Burns (1759-'96) et plusieurs écrivains écossais, eut pour chefs principaux : Wordsworth 1770-1850), Samuel Taylor, Coleridge, Southey, Scott, lord Byron, Keats, Leigh Hunt, Shelley, Moore, Crabbe, Rogers, Campbell, Lamb, Hood, Hogg (the Ettrick Shepherd), Allan Cunningham, Motherwell, Walter Savage Landor, Wolfe, James Montgomery, Pollok, Bowring, Praed, Heber, Aytoun, Robert Bulwer Lytton (Owen Meredith), Matthew et Edwin Arnold, et Buchanan. Mmes Hemans, Browning, Mary Howitt, Norton, Blackwood, lady Flora Hastings, Harriet Drury, Camilla Toulmin (Mrs. Crosland), Ogilvy, Frances Browne, Christina Rossetti, Jean Ingelow, Mulock-Craik, Eliza Cook et Adelaide Procter furent de célèbres poétesses. De nos jours, on cite comme poètes Tennyson, Browning et Morris. Auteurs dramatiques qui obtinrent le plus de succès : Joanna Baillie, Maturin, Knowles, Edward Bulwer Lytton, Miss Mitford, Talfourd, Milman, Colman le Jeune, Mme Inchbald, Thomas Holcroft, John Tobin, O'Keefe, Reynolds, Morton, Poole, Planché, Marston, Jerrold, Buckstone, Brooks, Tom Taylor, Boucicault, Gilbert, Holliday, Robertson, et H. J. Byron. Romanciers de la première partie du xixe siècle : Charlotte Smith, Holcroft, Godwin, Mme Radcliffe, Dr John Moore, Mmes Inchbald, Lewis, Beckford, Sophia et Harriet Lee, Miss Edgeworth, Mme Opie, Miss Austen, Scott, Mme Brunton, Elizabeth Hamilton, Anna M. et Jane Porter, Hannah More, Lady Morgan, Maturin, Mme Shelley, Miss Ferrier, Galt, Croly, Hope, Lockhart, Prof. Wilson, Morier, Fraser, Hook, Thomas Hamilton, Banim, Crofton Croker, Griffin, Carleton, Mme S. C. Hall, Marryat et Chamier, Michael Scott, Ward, Peacock, Horace Smith, miss Mitford, lady Blessington, Mme Gore, miss Sheppard, Miss Martineau, G. P. R. James, Ainsworth, Hannay, Borrow, Warren, Lever, Lover, Mme Trollope, Gray, Gaskell, Marsh, miss Sinclair, Mrs. Mulock-Craik, Julia Kavanagh et lady Bulwer ; depuis la mort de Scott, Bulwer, Dickens, Thackerap, Disraeli, Charlotte Brontë, «George Eliot » (Mrs. Lewes), Anthony Trollope, Wilkie Collins, Charles Reade, Charles Kingsley, Thomas Hughes, George Macdonald, Justin Mac Carthy, B. L. Farjeon, William Black, J. S. Le Fanu, Mortimer Collins, Edmund Yates, Charles Gibbon, Mme Florence Marryat Church, Oliphant, la baronne Tautphœus, Miss Thackeray Miss Yonge, Miss Braddon, Miss Amelia Edwards, Mme Elizabeth Charles, miss De La Ramé (Ouida) et miss Rhoda Broughton. Historiens : Mitford, Gillies, Thirlwall, Grote, Finlay, St-John, Sharon Turner, Godwin, Lingard, Palgrave, Mackintosh, Charles Knight, lord Mahon, Miss Strickland, Harriet Martineau, Hallam, Southey, Tytler, Coxe, Chalmers, Roscoe, Pinkerton, Dunlop, Mill, Mills, Napier, Milman, Crowe, Elphinstone, Arnold, Carlyle, Alison, Macaulay, Buckle, Kinglake, Merivale, Froude, Rawlinson et E. A. Freeman. — Auteurs d'ouvrages scientifiques : Herschel, Brewster, Buckland, Davy, Whewell, Nichol, Prichard, John, Pye Smith, Hugh Miller, Owen, Murchison, Lyell, Faraday, W. B. Carpenter, Darwin, Huxley, Mivart, Tyndall, Bastian, Wallace, Gosse, Lubbock, Tylor, Mac Lennan, Lockyer, Proctor, et Grove. En archéologie : Young, Sharpe, Birch, Goodwin, Wilkinson, Rich, Layard, Sayce, Hincks, Norris, Rawlinson et George Smith. Dans l'étude du sanscrit et des antiquités indiennes : sir William Jones, Colebrooke, Muir, Wheeler, Williams, Cunningham, Fergusson, Caldwell, et Max Müller. Écrivains religieux : l'évêque Horsley, Watson, et Jebb, Joseph Priestley, William Paley, Andrew Fuller, Charles Simeon, Ralph Wardlaw, Thomas Scott, William Wilberforce,

Adam Clarke, Hannah More, John Keble, E. B. Pusey, J. H. Newman, R. H. Froude, Isaac Taylor, Henry Rogers, James Martineau, William Cureton, le cardinal Wiseman, l'archevêque Manning, F. W. Faber, Kenilm Henry Digby, Alison, Irving, Robert Hall, Chalmers, Robertson, Spurgeon, Kitto, Trench, Alford, Conybeare, Howson, Ellicott, Colenso, Westcott, Davidson, Henderson, Fairbairn, J. G. Murphy, Peter Bayne, Tregelles, R. et C. J. Vaughan, Tulloch, Seeley, Maurice, et Robertson. La période contemporaine est particulièrement riche en travaux biographiques et en récits de voyages. Les principaux métaphysiciens de l'école écossaise sont Thomas Reid, Dugald Steward, Thomas Brown, William Hamilton. Enfin, nous terminerons en mentionnant quelques bons écrivains qui n'ont pas été cités dans la liste précédente : Lindsay, Eastlake, Leslie, Hazlitt, Mmes Jameson, Ruskin, Tyrwhitt, Hamerton, Isaac Disraeli, sir Egerton Bridges, John Foster, Sydney Smith, Jeffrey, De Quincey, Cobbett, Frances Power Cobbe, Morell, Lecky, Maine, Gladstone, le duc d'Argyll, Greg, Baring-Gould, Bentham, Malthus, Archbishop, Whateley, J. S. Mill, Cairnes et Herbert Spencer. — Bibliogr. Wright : Biographia Britannia litteraria ; Warton : Histoire de la poésie anglaise ; Collier : Histoire de la poésie dramatique anglaise ; Chamber : Encyclopédie de la littérature anglaise ; Allibone : Dictionnaire critique de la littérature anglaise ; Craik : Histoire de la littérature et de la langue anglaise ; T. Arnold : Manuel de littérature anglaise ; Taine : Histoire de la littérature anglaise. — Monnaies. Le système monétaire est basé sur la numération duodécimale. On compte en pounds sterling ou livres sterling (25 fr. 22 c.) divisées en 20 shillings (1 fr. 16), lesquels se subdivisent en 12 pence (le penny vaut 0 fr. 0979). Les monnaies réelles d'or sont le souverain (25 fr. 22) et le demi-souverain (12 fr. 61). Rapport de l'or à l'argent : 1 à 14,287. Monnaies d'argent : couronne (5 fr. 81) ; demi-couronne ; florin (2 shillings), shilling ; six pence ; groat (4 pence). Bronze : Penny ; demi-penny (half a penny [â-ê-pènn'-né], le sou français). — L'ancienne guinée d'or valait 26 fr. 48. — Poids. Depuis 1864 le système français est autorisé. Il y a deux unités : la livre avoirdupois, employée dans le commerce ; et la livre troy, pour les métaux précieux, en médecine et en pharmacie. La première (453 grammes 592 643) se divise en 16 onces ; chaque once vaut 16 drams ; elle a pour multiples le quintal (112 livres) et la tonne (20 quintaux). La livre troy (373 grammes 241 948), vaut 12 onces ; l'once vaut 20 deniers (penny-weight) ; le denier vaut 24 grains. — Mesures de longueur. Unité, le yard (0 m. 914,383,50), divisé en trois pieds, en 36 pouces et en 360 lignes. Le multiple est le fathom (brasse de 2 yards). — Mesures itinéraires Le mile (1760 yards), vaut 1,609 mètres 3,149 ; la lieue marine (3 miles 454), vaut 5,558 mètres. — Mesures de superficie. Yard carré (9 pieds carrés), 0 m. carr. 836,097,15. Pied carré (144 pouces carrés), 0. m. carr. 0,929. — Mesures agraires. Acre, voy. ce mot. — Mesures de capacité. Fathom cube (6 m. cubes 116) ; tonneau de mer (m. cube 132) ; gallon impérial (4 quarts) 4 litres 534,458 ; pinte (0 litre 5,619 ;) boisseau (36 litres 3,476) ; sack (109 litres 04306) ; quater (290 litres 781) ; chaldron (1,308 litres 516).

ANGLETERRE (Nouvelle-) angl. New England, expression géographique désignant la portion N.-E. des Etats-Unis (états de Maine, New-Hampshire, Vermont, Massachusetts, Rhode-Island, et Connecticut) ; 175,000 kil. carr. ; 3,500.000 hab. Ce vaste territoire appelé Virginie du Nord, fut donné par Jacques Ier, en 1606, à la compagnie Plymouth ; il fut nommé Nouvelle-Angleterre par le capitaine John Smith qui l'explora en 1614 et qui en dressa la carte.

* **ANGLEUX, EUSE** adj. Se dit de certains fruits dont la chair est tellement renfermée dans de petits coins, qu'il est impossible de l'en faire sortir : *une noix angleuse*.

* **ANGLICAN, ANE** adj. Ne se dit que de ce qui a rapport à la religion dominante en Angleterre : *rit anglican, prêtre anglican*. — Substantiv. : *ce ministre est un anglican; les anglicans*.

ANGLICANISER v. a. Ramener au type anglican.

ANGLICANISME s. m. Religion d'Etat de l'Angleterre et (jusqu'en 1871) de l'Irlande. Vers l'an 596, le moine Augustin, missionnaire venu de Rome, s'établit à la cour de Bertha, épouse du roi Ethelbert. Avec le concours de cette princesse, il convertit une partie du royaume; toute l'Angleterre était chrétienne lors de l'invasion normande; mais les Saxons ne pratiquaient pas la religion selon les préceptes de l'Eglise romaine. Les conquérants firent disparaître ces différences, consistant surtout dans la manière d'observer la fête de Pâques et de conférer le baptême. La puissance papale fut fortifiée par l'arrivée des Français et elle parvint à son apogée sous le règne de Jean sans Terre. Mais au XIVe siècle, les idées émises par le réformateur Wycliffe firent germer la pensée d'une séparation, pensée qui se répandit peu à peu et qui prépara la nation à l'œuvre de Henri VIII. Ce monarque, ne pouvant obtenir du pape l'annulation de son mariage avec Catherine d'Aragon, se déclara « le chef unique et suprême de l'Eglise anglaise »; mais il ne modifia en rien les dogmes ni les pratiques de la religion; ce n'était pas une réforme; c'était un changement de pape. Le règne plus court d'Edouard VI vit, au contraire, apporter de grandes modifications au rituel; une traduction de la Bible fut placée dans chaque paroisse et la langue latine fut abandonnée pour tous les actes de dévotion. Les « Quarante-deux Articles » (plus tard les « Trente-neuf Articles ») furent rédigés pour établir sommairement le but de la nouvelle Eglise et déclarer son indépendance vis-à-vis de la papauté. Ce fut en vain que la reine Marie voulut ramener ses sujets au catholicisme; les persécutions aigrirent les esprits et Elizabeth, qui lui succéda, n'eut qu'à se mettre à la tête d'une réaction antiromaine pour se rendre populaire. L' « Acte d'uniformité » restaura le « Livre des prières publiques ». Tous les évêques, sauf un seul, refusèrent de se soumettre; mais sur 9,400 prêtres ayant un bénéfice, il n'y en eut pas 200 qui osèrent protester. La lutte qui s'établit tout d'abord entre les Puritains calvinistes et les Ecclésiastiques beaucoup plus conservateurs, conduisit sous le règne de Charles Ier, à quelques persécutions. La contestation, prenant un caractère politique, amena la révolution et, de 1653 à 1660, l'Eglise d'Angleterre fut suspendue. Après la Restauration, la réaction populaire contre le Puritanisme causa la révocation de 2,000 ecclésiastiques. Les tentatives de Jacques II pour rétablir le catholicisme amenèrent la chute de ce prince (1688). Un des premiers actes de ses successeurs, Guillaume et Marie, fut de publier un « Acte de tolérance », par lequel fut adoucie la sévérité de lois contre les non conformistes et contre les autres dissidents. Huit évêques et environ 400 ecclésiastiques, qui refusèrent de prêter le serment de fidélité aux nouveaux souverains, furent surnommés les « non assermentés ». Les violentes discussions de leurs doctrines dans la chambre basse, en 1717, amena la dissolution de celle-ci. Cette période de surexcitation fut suivie d'une indifférence presque générale qui facilita le progrès du mouvement Méthodiste ou Wesleyen et des écoles évangéliques ou calvinistes de Newton, Toplady et Simeon. Il en résulta trois écoles bien reconnues, que l'on nomme les unes par

rapport aux autres la haute, la basse et la large école. Les ecclésiastiques de la première considèrent les sacrements comme le canal de la grâce; ceux de la seconde école sympathisent davantage avec les réformés protestants, et ceux de la large école se flattent d'être plus tolérants. — L'Eglise anglaise est divisée en deux provinces : (Canterbury et York) à la tête de chacune desquelles se trouve un archevêque; les évêques sont au nombre de 26. Ces prélats sont nommés par le gouvernement et font partie de la *pairie spirituelle*, parce qu'à l'exception de 2 évêques, ils ont des sièges à la chambre des lords. Le nombre des bénéfices était de plus de 13,000 en 1874 et celui des prêtres de tous grades (archevêques, évêques, archidiacres, doyens, chanoines, curés, vicaires et desservants) s'élevait à 23,000. Les émoluments attachés aux dignités épiscopales varient depuis 375,000 fr. pour l'archevêque de Canterbury, jusqu'à 50,000 fr. pour l'évêque de Sodor et Man. Il y a, en outre, 53 évêques dans les colonies et 10 évêques missionnaires appartenant à l'Eglise établie. L'Eglise d'Irlande qui, de 1801 à 1871, fit partie de l'Eglise d'Angleterre (voy. IRLANDE), l'Eglise épiscopale d'Ecosse et l'Eglise protestante épiscopale des Etats-Unis s'accordent en doctrine avec la religion établie d'Angleterre.

ANGLICISER v. a. Donner au langage, au style, quelque conformité avec la langue, la construction ou la prononciation anglaises. — Se servir d'expressions anglaises. — S'angliciser v. pr. Prendre le ton, les manières des Anglais.

* **ANGLICISME** s. m. Façon de parler, tournures particulières à la langue anglaise. — Façons de parler empruntées à la langue anglaise et transportées dans une autre langue : *les traducteurs d'ouvrages anglais se garantissent difficilement des anglicismes* (Acad.).

ANGLO-ALLEMAND, ANDE s. et adj. Qui tient de l'anglais et de l'allemand; qui a rapport à ces deux peuples ou à leur pays. Plur. des ANGLO-ALLEMANDS.

ANGLO-AMÉRICAIN, AINE s. et adj. Descendant d'un colon anglais aux Etats-Unis d'Amérique : qui a rapport aux Anglo-Américains.

ANGLO-ARABE s. et adj. Qui tient de l'Anglais et de l'Arabe, de l'Angleterre et de l'Arabie. — Se dit surtout d'un cheval arabe importé en Angleterre vers le commencement du XVIIIe siècle et dont les descendants, préservés de toute mésalliance, ont acquis, par l'effet du climat, de soins intelligents et d'une nourriture convenable, plus de taille, plus d'ampleur et plus de force que l'arabe. Les anglo-arabes ont été, jusqu'à nos jours, considérés comme les meilleurs coureurs de l'Europe; mais depuis 1874, les hongrois leur font une rude concurrence.

ANGLO-BOURGUIGNON, ONNE s. et adj. Qui tient de l'Anglais ou du Bourguignon. — Plur. des ANGLO-BOURGUIGNONS.

ANGLO-BRÉSILIEN, ENNE s. et adj. Qui est composé d'Anglais et de Brésiliens.—Plur. des ANGLO-BRÉSILIENS.

ANGLO-BRETON, ONNE s. et adj. Qui est de race à la fois anglaise et bretonne : *chevaux anglo-bretons*.

ANGLO-CANADIEN, ENNE s. et adj. Se dit des ANGLAIS qui habitent le Canada.

ANGLO-ESPAGNOL, OLE s. et adj. Anglais né en Espagne ou qui habite l'Espagne.

ANGLO-FRANÇAIS, AISE s. et adj. Qui est composé d'Anglais et de Français; qui tient de l'anglais et du français; *flotte anglo-française*.

ANGLO-INDIEN, ENNE s. et adj. Se-dit des Anglais qui habitent l'Inde.

ANGLOIR s. m. Fausse équerre; instrument propre à prendre toute espèce d'angles géométriques.

ANGLO-MALTAIS, AISE s. et adj. Se dit des Anglais qui habitent Malte. — Est quelquefois étendu à tous les Maltais.

* **ANGLOMANE** adj. et s. Imitateur ou admirateur outré des coutumes, des manières, des modes anglaises.

* **ANGLOMANIE** s. f. Enthousiasme qui fait admirer ou imiter avec excès, tout ce qui appartient à l'Angleterre.

> J'approuve les Anglais; leur orgueil insulaire,
> Quoique de notre langue estimant la valeur,
> N'emprunte rien pourtant à son vocabulaire,
> Tandis qu'à pleines mains nous puisons dans le leur.
> BARTHÉLEMY. *L'Anglomanie. Figaro* du 11 août 1861.

ANGLOMANISER v. n. Imiter servilement les coutumes anglaises.

ANGLOMÉTRIE s. f. Géom. Théorie pratique de la mesure des angles.

ANGLO-NORMAND, ANDE s. et adj. Se dit des Normands qui suivirent Guillaume le Conquérant et s'établirent en Angleterre. — ARCHITECTURE ANGLO-NORMANDE, architecture des édifices construits en Angleterre sous les rois de la dynastie anglo-normande. — ILES ANGLO-NORMANDES, voyez *Normande* (Iles). — DYNASTIE ANGLO-NORMANDE, dynastie anglaise, composée des héritiers de Guillaume le Conquérant. — CHEVAL ANGLO-NORMAND, cheval produit par le croisement de la race chevaline anglaise et de la race normande. — L'ANGLO-NORMAND, langue parlée par les conquérants de l'Angleterre, jusqu'au XIIIe siècle.

ANGLO-NORMANNIQUE adj. Se dit d'une écriture qui servit, en Angleterre, à la rédaction des actes publics et qui se composait de caractères français modifiés.

ANGLOPHILE s. et adj. [fi] (gr. *philos*, ami). Ami, partisan des Anglais.

ANGLOPHOBE s. et adj. [fo] (gr. *phobos*, crainte). Qui déteste les Anglais.

ANGLO-SAXON, ONNE s. et adj. Qui appartient, qui a rapport aux Anglo-Saxons : *peuple anglo-saxon; race anglo-saxonne*.

ANGLO-SAXONS, peuples d'origine teutonique qui abandonnèrent la Chersonèse Cimbrique et envahirent la Grande-Bretagne aux Ve et VIe siècles. Ils se composaient principalement de Saxons, d'Angles et de Jutes. Les premiers habitaient entre l'Elbe et l'Eider, sur la côte occidentale de la péninsule; les Jutes étaient originaires du Jutland méridional, aujourd'hui Schleswig; et les Angles provenaient, à ce que l'on pense, du district d'Angeln, également dans le Schleswig. Ces peuplades, très adonnées à la navigation, étaient depuis longtemps en relation avec les Bretons, lorsque Vortigern, chef principal de ces derniers, les appela à son secours (449 après J.-C.), contre les incursions des Pictes et des Scots, qui habitaient le nord de la Grande-Bretagne. Les chefs saxons Hengist et Horsa répondirent à cet appel et accoururent, à la tête de quelques centaines de guerriers qui suffirent à vaincre les ennemis. Bientôt le pays des Bretons éveilla leur cupidité; ils prirent pour eux le territoire qu'ils devaient défendre (VIe siècle) et, de concert avec les Angles ils fondèrent, malgré les efforts du roi breton, Arthur, huit royaumes indépendants, savoir : Kent, Sussex, Wessex, East Anglia, Mercia, Essex, Bernicia et Deira. Ces deux derniers n'en formèrent ensuite qu'un seul, appelé Northumbrie. Graduellement, pendant le VIIIe siècle, après plusieurs guerres entre ces souverainetés et un grand nombre de révoltes des Bretons opprimés, ces états s'unirent en une alliance Heptarchie saxonne. Finalement, vers 827, le roi Egbert, du Wessex, les réunit en un royaume unique qui prit le nom d'*Anglia* ou *England* (*Engla-*

land, terre des Angles). Voy. ANGLETERRE. Le territoire fut divisé en *Shires* (comtés). — ROIS ANGLO-SAXONS : Egbert, 827 ; Ethelwof, son fils (837) ; Ethelbald, fils du précédent(857) ; Ethelbert, frère du précédent (860) ; Ethelred, frère du précédent (866) ; Alfred le Grand, frère du précédent (871) ; Edward l'Ancien, son fils (901) ; Athelstan, fils aîné du précédent (925) ; Edmond Ier, cinquième fils d'Edouard l'Ancien (940) ; Edred, son frère (946) ; Edwy, fils aîné d'Edmund (955) ; Edgar le Pacifique, frère du précédent (958) ; Edward le Martyr, fils d'Edgar (975) ; Ethelred II, demi-frère du précédent (979), est détrôné par les Danois et remplacé par Canut le Grand ; Edmund Côte de fer (1016), son fils, reprend une partie du souverain ; mais il est tué à Oxford, le 30 novembre 1016, laissant tout le territoire à son rival, le Danois Canut, auquel succédèrent Harold Ier, (1035) et Hardicanut (1040). Mais Edward le Confesseur, fils d'Ethelred, releva la dynastie anglo-saxonne (1042). Son successeur, Harold II (1066), tué à Hastings, le 14 octobre 1066, fut remplacé par les souverains normands. — MŒURS, LOIS, RELIGION DES ANGLO-SAXONS. A la tête de chaque état, et plus tard de toute la nation, était un roi (*cyning*), dont la dignité, d'abord purement élective, devint ensuite, en quelque sorte, héréditaire : le nouveau roi fut choisi parmi les parents du prédécesseur. Le pouvoir du souverain, limité, dans l'origine, par le *witenagemote* ou conseil suprême, devint plus tard absolu ou à peu près. La reine (*cwen*) était tenue dans le plus grand respect ; les offenses envers elle étaient punies aussi sévèrement que les offenses contre le roi. Immédiatement après les souverains venaient les *æthelings* (*nobles*) comprenant dans les premiers temps la famille et les alliés des souverains ; au-dessous des æthelings se trouvaient les ealdorman, comprenant les gouverneurs des provinces et autres grands personnages officiels. Les thanes (*thegnas*), composant la classe suivante, étaient principalement des propriétaires et formaient une « noblesse par service », semblable à celle des barons après la conquête normande. Au-dessous venaient les hommes libres (*ceorlas*), ordinairement serviteurs de quelque chef. La classe la plus basse, celle des *theowas*, se composait de prisonniers de guerre, de descendants des esclaves romains et de criminels condamnés à l'esclavage. On ne pouvait les vendre hors du royaume. — Le territoire était divisé en comtés (*shires*), composés chacun d'un certain nombre de *hundreds* (centaines) et celles-ci partagées en districts, lesquels s'unissaient (dans l'origine) pour le choix de cent hommes chargés de la défense du shire. Un *tithing* était une association d'hommes libres qui s'engageaient à se soutenir les uns les autres, soit en cas de ruine de l'un d'eux, soit en cas de procès ou de contestation. Chaque homme libre était obligé d'entrer dans une association de ce genre. — Parmi les institutions les plus populaires était le *folcmote*, assemblée des hommes libres au sujet des affaires publiques.—Les conquérants, qui étaient païens, ne voulurent point accepter la religion des Celtes chrétiens. Mais le pape Grégoire le Grand envoya au roi Ethelred une ambassade solennelle de quarante bénédictins, avec saint Augustin à leur tête. Le roi accepta le baptême en 597, et Augustin reçut le titre d'archevêque de Canterbury. Le christianisme s'étant répandu avec une grande rapidité, il y eut, en 664, une union de toutes les églises de Bretagne. Pendant les VIIIe et IXe siècles, l'église anglo-saxonne jouit d'un degré d'indépendance qui n'était pas canonique ; Duncan, au XIIIe siècle, l'amena à une harmonie plus complète avec le siège de Rome. Parmi les propagateurs et les prédicateurs anglo-saxons, on cite Bède le vénérable et saint Boniface.—Nous ne connaissons que fort imparfaitement

les lois anglo-saxonnes. On prétend qu'Ethelred, roi de Kent, publia un code en 561. Les premières lois de quelque importance furent celles d'Ina, roi des Saxons de l'Occident, et ensuite celles d'Alfred, de son fils Edouard, d'Ethelred et de Canut. Elles ont entre elles une grande ressemblance ; elles sont imprégnées de la superstition générale qui dominait encore et consistent principalement en règlements de police plus ou moins barbares, mélangés de préceptes religieux et moraux que les ecclésiastiques rédacteurs y introduisaient. Les lois d'Alfred, plus fameuses qu'elles ne paraissent le mériter, durent leur grande réputation à l'admirable manière dont on les appliquait. La première tentative pour établir une procédure judiciaire régulière fut faite par Edouard l'Ancien. Ce prince, tout en prescrivant encore les épreuves judiciaires dans certains cas, ordonna que les jugement fussent, autant que possible, rendus par des témoins ayant prêté serment. Les lois de Canut, bien mieux que celles qui les ont précédées, méritent le nom de code ; elles établirent des juridictions régulières, réglèrent les poids et les mesures, ainsi que les monnaies, et ordonnèrent que les falsificateurs, faussaires, etc. seraient punis de la perte des mains. Guillaume le Conquérant réunit en un grand corps de lois les coutumes traditionnelles et les usages des Saxons. La justice était administrée dans des cours locales, dont les principales, les *hundredgemote* ou *wapentake*, étaient tenues par le sheriff et l'évêque pour le jugement des causes criminelles dans chaque *hundred* ; la *scyregemote* ou cours civiles de comté comprenaient des juges appartenant à la classe des hommes libres et des propriétaires, présidés par le comte ou le sheriff, assisté de l'évêque. Des jugements rendus par les témoins, dériva peu à peu l'établissement du jury. Le *Miroir de justice*, énumère les magistrats qui furent pendus, sous le règne d'Alfred, pour avoir fait exécuter des accusés non convaincus par le verdict unanime de douze hommes ayant prêté serment. Les dédommagements furent prescrits en compensation de l'homicide et des crimes ; la vie des rois elle-même fut évaluée ; ainsi, d'après les lois d'Athelstan, l'existence d'un roi valait 30,000 thrymsæ, (la thrymsa était une pièce de quatre pence ou quarante centimes) ; la vie d'un comte valait 15,000 thrymsæ, et ainsi de suite, jusqu'à celle d'un esclave, évaluée à 267 thrymsæ.Les meurtriers incapables de payer en argent subissaient la mort ou des peines corporelles très sévères. Nulle part, on n'appliquait la torture pour faire avouer les crimes ; partout existait le droit d'asile dans un sanctuaire. — LANGUE DES ANGLO-SAXONS. Les tribus conquérantes parlaient des dialectes germaniques, qui ne tardèrent pas à adopter quelques mots du peuple vaincu. Ce fut, dans les premiers temps, un mélange incohérent de bas-allemand, de danois, de frison, de vieux saxon, de celtique et même de latin. Peu à peu, on abandonna, pour l'écriture, les anciens caractères *runiques*, et l'on adopta un alphabet dit anglo-saxon, dont les lettres, à l'exception de trois, étaient toutes romaines, avec de légères modifications. La langue avait des changements de terminaison pour cinq cas, trois nombres et trois genres. Mais le cas instrumental est rare et le nombre duel ne se rencontre que dans les pronoms. Chaque adjectif peut se décliner de deux manières, suivant qu'il est défini ou indéfini, comme en allemand. Les deux articles anglais étaient employés. La syntaxe est fort compliquée. — Bibliogr. : Bosworth, *Anglo-saxon dictionary* (1848), grammaire de Rask, traduite par Thorpe (1865) ; Shute, *Manuel d'anglo-saxon pour les commençants* (New-York, 1867) ; March, *Grammaire comparée d'anglo-saxon et Introduction à l'étude de l'anglo-saxon* (New-York,

1870) ; Corson, *Manuel d'anglo-saxon et d'ancien anglais* (New-York, 1871). — LITTÉRATURE ANGLO-SAXONNE. A la fin des festins pendant lesquels les têtes s'étaient échauffées aux vapeurs des liqueurs fermentées, la harpe passait de main en main, et chaque convive à son tour chantait les exploits des héros appartenant aux cycles mythologiques de la Germanie. L'évêque Aldhelm (VIIe siècle) fit, de ses poésies mêlées de dévotion, un moyen de conversion. Le vers était une sorte de cadence, de rhytme accentué et entrecoupé de lignes d'allitération ; la stance narrative ordinaire était construite en sections, séparées par une pause métrique ; chaque section possédait régulièrement quatre accents et chaque ligne complète contenait trois mots allitérants, deux dans la première section et l'autre dans la première partie de la seconde section. On rencontre la rime dans certaines portions de poésies. — Les quelques poèmes que l'on a conservés de la période anglo-saxonne se divisent en 7 classes : 1° BALLADES ÉPIQUES, parmi lesquelles on possède un poème et des fragments. Le poème est le « Beowulf », en 3,183 lignes, et célébrant les exploits d'un prince goth, Beowulf, qui s'illustra dans les îles Seeland et Gothland par ses luttes contre des monstres. C'est évidemment une production païenne rajeunie par des poètes chrétiens. Le manuscrit le plus ancien qui soit parvenu jusqu'à nous ne paraît dater du xe siècle. On a donné, de cette épopée, surnommée l'Iliade et l'Odyssée du Nord, plusieurs éditions et des traductions (voy. BEOWULF). Parmi les fragments, on cite le « Chant du voyageur », en 143 lignes ; le « Combat de Finnsburg », en 48 lignes ; « Bryhtnoth » en 325 lignes. — 2° CHANTS BIBLIQUES. C'est un genre tout national de l'Angleterre chrétienne. On possède la vie de son créateur, Cædmon, écrite par Bède, qui vécut peu de temps après lui et qui l'a, sans doute, connu. Ce Cædmon, homme sans instruction, fut inspiré par une vision qui lui ordonna de chanter des sujets religieux ; il se retira donc dans un monastère, où il mena une existence ascétique et où il composa divers poèmes chrétiens. Il eut une foule d'imitateurs. L' « Héliand », poème d'environ 6,000 lignes en ancien saxon, célèbre les actes du Sauveur ; on pense que c'est simplement une traduction d'un poème de Cædmon. On n'en possède qu'un manuscrit (autrefois à la bibliothèque d'Usher, aujourd'hui à la bibliothèque Bodléienne) ; il contient la Genèse (2,935 lignes), l'Exode(589), Daniel (765), le Christ et Satan (733). Parmi les éditions qui en ont été données, citons celles de Thorp, de Grein et de Bouterwek. Parmi les œuvres de Cædmon, on peut classer un fragment de Judith (350 lignes), le «Christ» de Cynewulf (1694) ; le « Hersage de l'enfer » (137) et plusieurs autres fragments que l'on trouve tous dans la *Bibliothek der Angelsächsischen Poesie*, de Grein (Göttingen, 1857) et les traductions dans l'ouvrage du même, auteur, ayant pour titre *Dichtungen der Angelsachsen* (1857). — 3° RÉCITS ECCLÉSIASTIQUES. Tels sont: « Andreas » (1724 lignes), «Elene » (1321) ; « Juliana » (734) ; « Guthlac » (1353). — 4° PSAUMES et HYMNES. Une version des psaumes, dont le manuscrit est conservé à la Bibliothèque nationale de Paris et dont il a été donné des éditions par Thorp et par Grein, est attribuée à l'évêque Aldhelm. — 5° POÈMES LYRIQUES LAÏCS. On en trouve quelques uns, qui célèbrent des rois et des héros, dans la *Chronique anglo-saxonne*. — 6° ALLÉGORIES, POÈMES GNOMIQUES, ÉNIGMES. On trouve dans la *Bibliothek* de Grein, «le Phœnix» (677 lignes) ; « la Panthère » (75) ; « la Baleine » (89) ; des poèmes gnomiques intéressants et de nombreuses énigmes. — 7° OUVRAGES DIDACTIQUES ET MORAUX. On attribue au roi Alfred les « Vers de Boëthius », imitation rimée de l'ouvrage de Boëthius *De Consolatione Philosophiæ*.

Il en a été donné des éditions par Rawlison (Oxford, 1698), par Fox, avec traduction (Londres, 1835) et Grein (1858). — Les ouvrages anglo-saxons consistent principalement en traductions de livres latins, savoir: 1° *Théologie*. Traduction de la Bible, embrassant des portions du Pentateuque, des Psaumes et des Evangiles. Des éditions en ont été publiées en Angleterre par Parker(1571), Marshall(1665), Thorpe (1842), Bosworth (1865) et Kemble. Il reste, de cette époque, un grand nombre d'homélies. Un recueil de 80 homélies d'Ælfric, imitées ou traduites du latin, vers 900, ont été imprimées par Thorp, pour la Société d'Ælfric (1844-'6).—2° *Philosophie*. Dans cette section, nous ne possédons que la traduction de Boëthius, par Alfred. — 3° *Histoire*. La Chronique anglo-saxonne commence à l'invasion de Jules César et s'étend jusqu'en l'an 1154. Pour toute la période qui correspond à celle qui comprend l'histoire ecclésiastique de Bède, elle en est le résumé ou elle est l'abrégé d'ouvrages ayant servi de documents à Bède. On suppose que le roi Alfred en est l'auteur. L'édition de Thorp (1861) est en sept textes parallèles, avec traduction et index. Kemble a publié six volumes de Chartes, titres, testaments et autres documents (*Codex Diplomaticus Ævi Saxonici*, 1839-'46). L' «Histoire ecclésiastique» de Bède, écrite en latin, fut traduite en anglo-saxon par Alfred, qui donna aussi une traduction de l'histoire ancienne de Paul Orose, avec des additions. Thorpe a publié cet ouvrage et l'a traduit en anglais (1857). On a aussi conservé quelques biographies anglo-saxonnes. — 4° *Lois*. On possède un large corps de lois, comprenant la période depuis Ethelbert de Kent, jusqu'à Guillaume le Conquérant. Les meilleures éditions sont celles de Thorpe (1840) et de Schmid (1858). — 5° *Sciences naturelles et médecine*. «Traité populaire de science» (Thorpe, 1841); «Leechdoms» (3 vol., O. Cockayne, 1864-'6). — 6° *Grammaire*. Grammaire latine en anglo-saxon, par Ælfric.

ANGLOU, lieu d'Arménie où, l'an 543, une armée romaine de 30,000 combattants fut défaite et taillée en pièces par 4,000 Perses. Narsès y reçut une blessure mortelle.

ANGLURE ch.-l. de cant. (Marne), arr. et à 60 kil. S.-O d'Epernay; rive droite de l'Aube; 875 habitants.

ANGO (Jean) voy. Angot.

ANGOISSE s. f. (lat. *angustia*, resserrement; *angustus*, étroit). Anxiété extrême, accompagnée d'un serrement douloureux à l'épigastre, d'oppression et de palpitation; on observe ces deux phénomènes dans plusieurs maladies, surtout dans les affections nerveuses.—Grande affliction d'esprit mêlée d'une vive inquiétude: *il est en angoisse*; *dans de mortelles angoisses*. — POIRE D'ANGOISSE, instrument de fer en forme de poire, et à ressort, que des voleurs mettaient par force dans la bouche des personnes pour les empêcher de crier. — POIRE D'ANGOISSE, sorte de poire, si âpre et si revêche au goût, qu'on à peine à l'avaler. — Fig. et fam. AVALER DES POIRES D'ANGOISSE, avoir des déplaisirs, une mortification.

ANGOISSER v. a. Faire souffrir l'angoisse.— S'angoisser v. pr. Exprimer la douleur: *sa voix s'angoissa*.

ANGOISSEUX, EUSE adj. Tourmenté, inquiet, en parlant des personnes. — Pénible, douloureux, en parlant des choses.

> Mon cœur est moult *angoisseux*.
>
> MARIE DE FRANCE.

ANGOLA colonie portugaise, sur la côte occidentale d'Afrique, Basse Guinée, entre 7° 30' et 17 lat. S.; découverte par les Portugais en 1488. Superf. 809,400 kil. car.; environ deux millions d'hab. Cette colonie est divisée en quatre districts: Ambriz, Angola propre,

Benguela et Mossamedes. — ANGOLA PROPRE, province située entre les fleuves Coanza et Danda; sol fertile; végétation luxuriante; faune et flore tropicales; canne à sucre et café; climat très malsain le long des côtes; dans les montagnes: or, fer, plomb et soufre. 61,000 kil. car. Cap. Saint-Paul de Loanda. Population de cette province, environ 400,000 hab. dont 12,000 blancs.

ANGON, vu Ancon, Rancon ou Corsèque s. m. (gr. *agkos*, crochet; lat. *uncus*) Javelot au demi-pique des Francs. Il se composait de trois lames pointues et tranchantes se réunissant sur la hampe et divergeant vers la pointe. Cette arme servait de sceptre à nos premiers rois et sa figure, reproduite sur l'écu royal, fut prise, dans la suite, pour des fleurs de lis. — **Angon catabalistique**. Machine de guerre qui était formée d'un arbre sur pied, dépouillé de ses branches, ou d'un montant fixé verticalement planté en terre et courbé de force, au moyen d'un cordage; lorsqu'on lâchait la corde, il se relevait violemment et venait frapper un trait ou une pierre qu'il projetait au loin. — **Angon marin**. Pêche. Morceau de fer barbelé par les bouts, dont on se sert pour tirer les crustacés d'entre les rochers.

ANGOR s. m. (lat. *angor*, anxiété). Pathol. Anxiété morale ou physique.

ANGORA (anc. *Ancyre*; turc, *Engurieh*), ville de l'Asie-Mineure, capitale du vilayet turc d'Angora, au milieu d'une vaste plaine dans laquelle les Turcomans paissent leurs grands troupeaux de moutons, de chèvres et de chevaux. 45,000 hab. Fabriques d'étoffes en poil des chèvres dites *angora*. — Voy. ANCYRE.

ANGORA adj. Se dit de diverses espèces d'animaux originaires d'Angora et remarquables par l'extrême finesse et la longueur de leur poil. Ce sont le *chat*, le *lapin* et la *chèvre*. — Substantiv. On dit quelquefois *un angora* au lieu de : *un chat angora*. — Des *angoras*.

ANGORNO ville du Bornou (Afrique centrale), près du rivage N.-O. du lac Tchad; environ 30,000 hab. Grand commerce de coton, d'ambre, de métaux précieux, d'esclaves, etc.

ANGOSTURA, auj. Ciudad Bolivar ou SAINT-THOMAS DE NUEVO-GUAYA, capitale de l'état de Guayana (Vénézuéla), sur l'Orénoque, à 420 kil. S.-E. de Caracas, et à 390 kil. de l'embouchure de l'Orénoque; 8,500 hab. Exportation de coton, de cacao, d'indigo, de sucre, de peaux, de viandes desséchées et d'écorce dite d'Angostura. Voy. ANGOSTURE. Lat. N. 8° 8' 11". Long. O. 66° 15' 30".

ANGOT ou Ango (Jean), armateur dieppois. Les Portugais ayant pris et pillé un de ses navires en pleine paix, il eut l'audace d'entreprendre à lui seul la guerre contre le royaume de Portugal, alors tout puissant. Il équipa une flottille, bloqua Lisbonne et ne fit la paix qu'après avoir reçu une forte indemnité. Angot fut ensuite des prêts considérables à François Ier et mourut presque ruiné en 1551.

ANGOT (MADAME), type populaire de la femme du peuple, ou d'une basse extraction qui arrive à la fortune et qui, aux prétentions que fait naître la richesse, allie les goûts et le langage de son premier état. Plusieurs pièces de théâtre ont ridiculisé ce personnage: *Madame Angot ou la Poissarde parvenue* (Eve, dit Maillot, 1797); *Repentir de Madame Angot* (même auteur, 1799); *Dernières folies de Madame Angot* (même auteur, 1803); *Madame Angot au sérail de Constantinople* (Aude, 1803); *Madame Angot au Malabar* (Aude); *La fille de Madame Angot* (Bruxelles, 1872; Paris, 1873), opérette populaire qui a fait le tour du monde. Paroles de Clairville, Siraudin et Koning; musique de Ch. Lecocq.

ANGOULÈME s. f. (du vieux mot *goule*, gueule). Argot. Bouche. — SE CARESSER L'ANGOULÈME, faire bonne chère.

ANGOULÊME, *Ecolisma, Engolisma, Iculisma*, ch.-l. du dép. de la Charente, à 426 kil. S.-O. de Paris, sur une montagne au pied de laquelle coulent la Charente et l'Anguienne. Lat. 45° 39' N.; long. 2° 11' 8" O.; 31,000 hab. Grand commerce de papier, d'eaux-de-vie et de vins; glaçage et satinage du papier; fabriques de registres; fonderies, tréfileries. Pierre à bâtir dite d'Angoulême. Patrie de Marguerite de Valois, de Jean-Louis Guez de Balzac, d'André Thevet, des deux Saint-Gelais et du marquis de Montalembert. A Touvre, dans les environs, naquit Ravaillac. Mentionnée pour la première fois par le poète Ausone (IVe siècle), Angoulême fut prise par Clovis, au siècle suivant et devint la capitale des comtes d'Angoumois sous les derniers Carlovingiens; commune vers 1300, elle passa aux Anglais par le traité de Brétigny (1360), chassa l'étranger en 1373 et se donna à la couronne de France. Charles V fit du comté d'Angoulême un apanage pour son fils, Louis d'Orléans, qui le laissa à son second fils, Charles de Valois-Angoulême, père de François Ier. Celui-ci érigea la ville en duché, en faveur de sa mère, Louise de Savoie. Angoulême fut plusieurs fois saccagée pendant les guerres de religion. Les monuments de cette ville sont: la cathédrale (Saint-Pierre), magnifique monument historique du style roman; l'église Saint-Martial (1832); l'hôtel de ville (1860), etc. Faubourg commerçant de Lhoumeaud au pied de la montagne. Faubourg Labussatte, le seul par lequel on entre de plain-pied dans la ville.

ANGOULÊME. I. (Charles de Valois, DUC D'), fils naturel de Charles IX et de Marie Touchet (1573-1650), époux de Mlle de Montmorency, s'attacha à la fortune de Henri IV, combattit glorieusement à Arques, à Ivry et à Fontaine-Française; conspira ensuite contre le roi, fut emprisonné (1604-'16); relâché sous Louis XIII, il rendit de grands services au siège de La Rochelle et dans les guerres de Languedoc. Il a laissé des «Mémoires pour servir à l'histoire de Henri III et de Henri IV» (Tome Ier des *Mémoires particuliers pour servir à l'Histoire de France*). —II. (Louis-Antoine de Bourbon, DUC D'), fils aîné de Charles X, né à Versailles, en 1775, mort à Goritz en 1844, passa une partie de sa jeunesse en exil, rentra en France à la suite de la première invasion; fit une tentative inutile pour arrêter la marche triomphale de Napoléon à son retour de l'île d'Elbe; fut pris et resta captif pendant six jours à Pont-Saint-Esprit. La seconde Restauration le fit grand amiral. On lui dut la création d'une école de marine à Angoulême. Jusqu'à la révolution de 1830, il commanda l'armée des provinces méridionales; en 1823, il fut mis à la tête des troupes qui envahirent l'Espagne pour renverser le gouvernement libéral. Sa femme (Marie-Thérèse-Charlotte, DUCHESSE D'), née à Versailles, en 1778, morte à Frohsdorf, en 1851, fille de Louis XVI, fut enfermée au Temple avec ses parents, et ensuite échangée (déc. 1792) contre des conventionnels et plusieurs autres personnages prisonniers en Autriche. Elle épousa son cousin en 1799. L'énergie de sa conduite à Bordeaux, lors du retour de Napoléon, fit dire à celui-ci qu'elle était le seul homme de sa famille. Pendant la seconde Restauration, elle fut peu populaire, parce qu'on la considéra, à tort ou à raison, comme l'inspiratrice de tous les actes de vengeance et de réaction.

ANGOULEVENT (Nicolas-Joubert), appelé quelquefois IMBERT, et connu sous le nom de *sieur d'*, fou célèbre du temps de Henri IV; fut surnommé le *Prince des sots ou de la sottise*. On a publié sous son nom : *les satires bastardes et autres œuvres folastres du cadet Angoulevent*, dont l'auteur est inconnu (1645).

ANGOUMOIS, ancienne province de France, capitale Angoulême, habitée primitivement par les *Agesinates*, tribu de la grande confédération des Santons et qui fut soumise tour à tour aux Romains, aux Francs et aux rois d'Aquitaine. En 839, l'Angoumois fut érigé en comté et donné à la vaillante famille des Taillefer, qui y régna jusqu'en 1216. La dernière comtesse de cette dynastie, Isabeau, épousa en 1200, Jean sans Terre, roi d'Angleterre; et après la mort de ce prince, elle porta ses domaines dans la famille des Lusignan, qui les conserva jusqu'en 1303. A cette époque, Philippe le Bel sut se faire faire un testament du dernier comte. Pour les seigneurs apanagistes, voy. ANGOULÈME. La terrible insurrection de la Gabelle, si impitoyablement réprimée par le duc de Montmorency, préluda au soulèvement calviniste, qui fut formidable dans le pays. La révocation de l'édit de Nantes porta un coup fatal au commerce et à l'industrie de cette province, qui forme aujourd'hui la plus grande partie du département de la Charente.

ANGOUMOISIN, INE adj. et s. Qui habite Angoulème ou l'Angoumois; qui y a rapport.

ANGRA, ville principale des Açores, sur la côte méridionale de Terceira; environ 13,000 hab. Son port est le meilleur de tout le groupe des Açores; exportations de vins et de grains. Angra fut, pendant quelque temps, le siège de la *régence constitutionnelle* instituée en faveur de dona Maria.

ANGRA DOS REIS, ville du Brésil, dans la province et à 110 kil. S.-O. de Rio-de-Janeiro, sur la baie d'Angra; 5,000 hab. — Lat. (au débarcadère), 23° 0' 30'' S. Long. 46° 37' 33'' O.

ANGREC s. m. [an-grèk] (du nom malais *angurek*, porté par plusieurs espèces). Bot. Genre d'*orchidées*, tribu des vandées, comprenant des plantes épiphytes caulescentes, qui croissent sur d'autres plantes sans en tirer leur substance. On distingue : l'*angrec ivoire* (*angrec eburneum*) de Maurice, de l'île de la Réunion et des parties chaudes de l'Afrique, à hampe axillaire terminée par une douzaine de grandes fleurs dirigées du même côté; leurs labelles sont d'un blanc d'ivoire. L'*angrec à queue* (*angrec caudatum*) de Sierra-Leone, à fleurs pendantes et verdâtres, dont le labelle est blanc.

ANGUIER. I. (François), sculpteur, né à Eu, en 1604, mort à Paris, en 1669. Il a exécuté plusieurs mausolées. — **II.** (Michel), frère du précédent, sculpteur, né à Eu, en 1612, mort à Paris, en 1686. Il étudia à Rome et, revenu en France, il exécuta des sculptures et des statues.

ANGUIFORME adj. [an-gu-i-for-me]. Zool. Qui a la forme d'une anguille ou d'un serpent.

ANGUILLA, Anguille ou île Serpent, Ile des Antilles anglaises, la plus au nord du groupe des Caraïbes, par 18° 20' lat. N., et 65° 42' long. O. Ch.-l. Anguilla. Cette île, qui doit son nom à sa forme tortueuse, a été occupée en 1666, par les Anglais. On y a découvert de vastes dépôts de phosphate de chaux en 1859. Superficie, 91 kil. carr., population 2,730 hab.

*ANGUILLADE s. f. [an-ghi-ia-de; *ll* mll.]. Coup que l'on donne à quelqu'un avec une peau d'anguille, un fouet, un mouchoir tortillé, ou autre chose semblable.

*ANGUILLE. s. f. [an-ghi-lle; *ll* mll.] (lat. *anguilla*, de *anguis*, serpent). — Zool. Le grand genre des anguilles (*murrena*, Lin.), se distingue par un corps long et grêle; par des écailles presque insensibles et comme encroutées dans une peau grasse et épaisse. Cuvier le divise en genres : anguille proprement dite, congre, ophisure, murène, sphagebranche, symbranche et alabès. — ANGUILLES PROPREMENT DITES. Elles ont la nageoire dorsale et la nageoire caudale prolongées autour du bout de la queue et généralement la mâchoire supérieure plus courte que l'inférieure. On dis-

tingue : l'*anguille vulgaire* (*murrena anguilla*, Lin., *anguilla vulgaris*, Mitch.), répandue presque par tout le globe, où elle habite les eaux douces, saumâtres ou salées. Son corps cylindrique et allongé est couvert d'un enduit visqueux ou *limoné*, comme disent les pêcheurs.

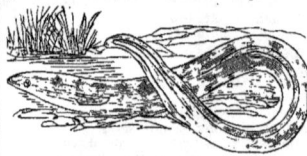

Anguille commune (Anguilla vulgaris).

Teinte verdâtre en dessus, argentée en dessous; plus ou moins foncée ou jaunâtre suivant les eaux qu'habite l'animal. L'anguille se trouve dans les eaux courantes aussi bien que dans les eaux dormantes. Les pêcheurs distinguent quatre variétés, désignées sous les noms d'*anguille verniaux*, d'*anguille long-bec*, d'*anguille plat-bec* et d'*anguille pimpernaux*. Les unes et les autres peuvent atteindre jusqu'à 2 mètres de long et deviennent alors des monstres dégoûtants, semblables à des serpents qui seraient couverts de mucosités. Nocturnes, sauvages et voraces, elles se retirent pendant le jour dans la vase ou dans des trous qu'elles se creusent près du rivage : la nuit, elles font la chasse aux petits poissons, aux insectes et même, dit-on, aux quadrupèdes et aux oiseaux aquatiques. On pense qu'elles se reproduisent dans la mer, près de l'embouchure des rivières. Au printemps, on voit des myriades de petits poissons semblables à des vers blancs transparents s'engager dans les rivières. C'est la montée composée de véritables bancs de jeunes anguilles. Bientôt, ces poissons brunissent et s'aperçoivent moins facilement; ils remontent, en colonnes serrées et profondes les cours d'eau jusque près de leurs sources, en se divisant en troupes de moins en moins nombreuses à mesure qu'ils rencontrent des affluents. — Pêche. L'anguille ne se pêche pendant le jour que dans les eaux troubles; on se sert alors de la ligne flottante. C'est surtout avec des lignes de fond, laissées à l'eau pendant la nuit, que l'on prend ce poisson. On appâte avec de gros vers de terre ou avec de petits poissons vivants. — Econ. dom. Les meilleures anguilles, celles qui ont été pêchées en eaux courantes, se reconnaissent à leur dos noir et à leur ventre blanc d'argent; celles qui ont été prises dans les eaux stagnantes, ont le dos plus vert et le ventre jaunâtre. La chair de ce poisson est grasse, blanche et délicate, mais assez indigeste. Pour dépouiller une anguille, on lui attache la tête avec une ficelle accrochée à un clou; on incise la peau autour du cou et on tire cette peau à l'aide d'un torchon bien sec. L'anguille peut être cuite *à la broche*, ou *à la tartare*, ou *à la poulette*; elle entre de droit dans la *matelote* et dans les *pâtés de poissons*. Pour l'élevage des anguilles, voy. ANGUILLER. — Prov. et fam. IL Y A QUELQUE ANGUILLE SOUS ROCHE, il y a, dans cette affaire, quelque chose de caché. — ECORCHER L'ANGUILLE PAR LA QUEUE, commencer par l'endroit le plus difficile, par où il faudrait finir. — IL RESSEMBLE AUX ANGUILLES DE MELUN, IL CRIE AVANT QU'ON L'ECORCHE, il a peur sans sujet; il se plaint avant de sentir le mal. — ÉCHAPPER COMME UNE ANGUILLE; GLISSER COMME UNE ANGUILLE, échapper très subtilement. — Anguille de mer, voy. CONGRE. — ∾ Anguille de buisson, couleuvre : « *il vend des anguilles de buissons comme on dit en langage populaire à certains gargotiers qui en font d'excellentes matelotes.* » (Privat d'Anglemont). — Argot. Ceinture de cuir noir, gonflée d'argent. — Mar. Pièce de bois qui fait partie de l'appareil destiné à faire glisser un bâtiment qu'on veut

lancer à l'eau. — ANGUILLES DE COURSIER, pièces de bois qui servent de coulisses aux canons.

ANGUILLER s. m. [*ll* mll.]. Vivier ou coffre dans lequel on conserve des anguilles. — L'anguille peut vivre dans un espace restreint; ordinairement, on choisit, pour l'élever, un petit étang ou une mare, que l'on ensemence avec de jeunes anguilles. On nourrit ces voraces animaux en leur donnant des vers, des insectes, des larves, des grenouilles, des petits poissons, des limaces, des chenilles, des hannetons, etc. Au bout de trois ou quatre ans, les anguilles atteignent jusqu'à 50 centimètres de long.

ANGUILLÈRE s. f. Mar Petit conduit qui, dans la cale, sert à l'écoulement des eaux, et se trouve pratiqué, à tribord et à bâbord de la carlingue, sous les varangues de chaque couple. On dit plus communément *lumières*.

ANGUILLETTE s. f. [*ll* mll.]. Petite anguille salée.

ANGUILLIFORME adj. [an-ghi-yi-for-me; *ll* mll.]. Qui ressemble à l'anguille. — s. m. pl. Ordre de poissons malacoptérygiens, renfermant des espèces à forme allongée, à peau épaisse et visqueuse, toujours dépourvus de nageoires ventrales et quelquefois de pectorales. Cet ordre comprend les genres : anguille, gymnote, leptocéphale, donzelle et équille.

ANGUILLULE s. f. [an-ghi-yu-le; *ll* mll.]. Zool. Genre de vers nématoïdes, famille des anguillulidés, comprenant des animaux à corps filiforme, cylindrique, assez roide; à bouche orbiculaire et nue. Principale espèce : l'*anguillule fluviatile*.

ANGUILLULIDÉS s. m. pl. [an-ghi-yu-li-dé; *ll* mll.]. Zool. Famille de vers nématoïdes que l'on trouve dans l'eau, dans la terre, sur les animaux ou sur les plantes. Principaux genres : *hémipsile*, *angiostome*, *anguillule*, *rhabditis*, *anguilluline*.

ANGUILLULINE s. f. [an-ghi-yu-li-ne; *ll* mll.]. Zool. Genre de vers anguillulidés comprenant tous les nématoïdes qui vivent sur les végétaux. L'espèce la plus curieuse, l'*anguillule du blé* ou faux ergot, est la cause de la maladie appelée *nielle*. Elle possède la singulière propriété de pouvoir se dessécher sans périr, et cela à plusieurs reprises; et de revenir à la vie dès qu'on l'humecte.

ANGUIS s. m. [an-gu-iss] (lat. *anguis*, serpent). Nom donné par Linné à divers ophidiens (orvets, rouleaux, éryx, etc.) et réservé par Cuvier à une famille qui ne comprend que le genre orvet. — Antiq. Drapeau d'une cohorte, dans les armées romaines. Sa forme imitait la figure du serpent. Plus ordinairement encore, on appelait cette enseigne *draco*. — Mar. Nom que l'on donne, sur la Méditerranée, au palan destiné à souquer les drosses et les racages.

ANGUISCIOLA (Sofonisba), artiste peintre italienne, née à Crémone vers 1530, morte en 1620; à la requête de Philippe II, elle vint à Madrid en 1561 et donna les portraits des principaux personnages de cette époque. Ses sœurs Lucia, Europa et Anna-Maria furent également des peintres célèbres.

ANGUIS LATET IN HERBA [an-gu-iss-la-tétt-inn-èrr-ba] loc. lat. *Le serpent se cache sous l'herbe*. Il faut se défier des apparences les plus séduisantes.

*ANGULAIRE adj. Qui a un ou plusieurs angles : *figure angulaire*; *corps angulaire*. — On dit plus ordinairement : *corps anguleux*. — Archit. Ce qui est à l'angle, à l'encoignure d'un *édifice* : *pierre angulaire*, *colonne angulaire*. — PIERRE ANGULAIRE, première pierre fondamentale qui fait l'angle d'un bâtiment. — Dans ce sens, Jésus-Christ est appelé figurément dans l'Écriture : *pierre angulaire.*—Anat. DENTS ANGULAIRES, dents canines, parce qu'elles sont placées vers l'angle des lèvres. — ARTÈRE ANGULAIRE, artère qui passe au grand angle de l'œil. — VEINE ANGULAIRE, veine qui, de l'angle interne de l'œil, vient aboutir à la jugulaire externe ; etc.

ANGULÉ, ÉE adj. Qui est pourvu d'angles.

* **ANGULEUX, EUSE** adj. Dont la surface a plusieurs angles : *corps anguleux; tige anguleuse.* — VISAGE ANGULEUX, visage dont les traits ont une saillie excessive.

ANGUS (Comtes d'), voy. DOUGLAS.

ANGUS (Race), race bovine d'Angleterre et d'Écosse. Elle se distingue par l'absence de cornes.

ANGUSTATION s. f. (lat. *angustus*, étroit). Pathol. Resserrement d'un organe.

* **ANGUSTICLAVE** s. m. (lat. *angusticlavum*). Antiq. rom. Tunique que portaient les chevaliers romains, et qui était ornée de bandes de pourpre étroites ; tandis que les bandes du laticlave, tunique des sénateurs et des magistrats, étaient fort larges.

ANGUSTURE ou **Angosture** s. f. Écorce qui provient d'*Angostura* (Amérique) et qui est employée en médecine. On distingue la *vraie* et la *fausse* angusture. La première est l'écorce du *galipea cusparia*, grand arbre de l'Amérique méridionale, famille des rutacées, tribu des cuspariées. Couleur brun-jaunâtre, saveur très amère, odeur naséeuse ; propriétés fébrifuges, comme succédané du quinquina ; employée quelquefois comme tonique aromatique. Les indigènes s'en servent pour enivrer le poisson. On en a extrait, par l'alcool absolu, un principe cristallin appelé *cusparin*. — L'angusture fausse provient de l'Inde et est produite par une espèce de strychnos. Ses propriétés vénéneuses sont dues à un alcaloïde appelé *brucine.*

ANHALT, duché de l'empire d'Allemagne, sur l'Elbe et la Saale. Il doit son nom au château d'Anhalt (*am Holtz*, près du bois), dont les ruines se voient encore dans la forêt d'Harzgerode ; 2,347 kil. carr. ; 213,690 hab., presque tous protestants. Cap. Dessau. Territoire fertile, bien cultivé et bien boisé. La maison d'Anhalt tire son origine de *Berenthobaldus*, seigneur du bourg d'Amholtz, au vie siècle. En 1606, la principauté fut partagée entre les quatre fils de Joachim-Ernest d'Anhalt, et elle forma depuis les petites souverainetés suivantes : 1o *Anhalt-Dessau;* 2o *Anhalt-Zerbst* (famille éteinte en 1793; territoire partagé) ; 3o *Anhalt-Plotsgau* ou *Kœthen* (famille éteinte en 1847); 4o *Anhalt-Bernburg* (éteinte en 1863). Les quatre principautés ont été réunies aujourd'hui sous le sceptre des Anhalt-Dessau, qui portent le titre de ducs, depuis 1809. Le duché s'unit à la confédération de l'Allemagne du Nord le 18 août 1866. — La constitution du duché d'Anhalt (Herzogthum Anhalt) fut proclamée le 17 sept. 1859 et modifiée par un décret du 17 sept. 1863, qui donne le pouvoir législatif à une diète composée de trente-six membres, dont douze représentent la noblesse et les grands propriétaires ; douze représentent les villes et douze les districts ruraux. Le pouvoir exécutif est entièrement entre les mains du duc qui gouverne avec la collaboration d'un ministre d'État. Les revenus s'élèvent à 16,800,000 marcs ; les dépenses sont à peu près aussi élevées. Dette publique : 7,500,000 marcs. Troupes : le duché fournit à l'armée de l'empire le régiment d'infanterie no 93, appartenant à la 7e division, 4e corps d'armée.

ANHALTIN, INE s. et adj. Habitant d'Anhalt; qui appartient à Anhalt ou à ses habitants.

ANHAPHIE s. f. [h] (gr. *a*, priv.; *aphé*, tact). Méd. Diminution, perte du sens du toucher.

ANHÉLANT, ANTE adj. Pénible, en parlant de la respiration : *souffle anhélant.*

ANHÉLATION s. f. [a-né-la-si-on] (lat. *anhelare*, haleter, respirer avec peine). Méd. Respiration courte et fréquente ordinairement causée par une course rapide ou par des mouvements violents, mais qui peut être un symptôme important de l'asthme, des maladies du cœur, de l'hydrothorax et de plusieurs autres maladies. Voy. DYSPNÉE.

ANHÉLER v. n. (lat. *anhelare*). Respirer fréquemment et avec difficulté.

ANHÉLEUX, EUSE adj. Pathol. Se dit d'une respiration fréquente et laborieuse.

ANHÉMASE s. f. (gr. *a*, priv.; *aima*, sang). Méd. vétér. Synon. d'ANÉMIE. — *Anhémase épizootique*, nom donné par Gellé à une maladie des très jeunes mulets dans le département des Deux-Sèvres. A l'autopsie, il trouva le sang rose pâle, séreux, dépourvu de fibrine.

ANHÉMATOSE s. f. Pathol. Défaut d'hématose.

ANHINGA s. m. [a-nain-ga] (nom de cet oiseau chez les Topinambous). Zool. Oiseau palmipède, ordre des *natatores*, genre *plotus* (Lin.), particulier aux pays les plus chauds de l'Amérique, où il habite le bord des rivières

Anhinga (Plotus anhinga).

et des lacs. La longueur démesurée de son cou lui a valu le nom vulgaire d'*oiseau serpent.* Corps et pieds semblables à ceux du cormoran, tête petite ; bec droit, grêle et pointu, à bords denticulés ; grosseur du canard, poids de 3 à 4 livres. Lorsqu'il nage, les mouvements sinueux de son cou ressemblent à ceux que ferait un serpent. Il se nourrit de petits poissons, d'écrevisses, de crevettes, de jeunes reptiles, d'insectes aquatiques, d'œufs de grenouilles, etc. ; il niche sur les arbres. A terre il se traîne péniblement ; mais il est bien conformé pour le vol.

ANHISTORIQUE adj. (gr. *a*, sans ; franç. *historique*). Qui est contraire à l'histoire.

ANHOLT. I. Petite île danoise dans le Cattégat, par 56o 44' 16" lat. N. et 7o 36' 23" long. O., avec plage sablonneuse. 200 hab. — II. Petite ville de Prusse, à 14 kil. N.-E. de Nimègue ; 2,000 hab. Beau palais.

ANHYDRE adj. (gr. *a*, priv.; *udôr*, eau). Chim. Qui est privé d'eau. On dit *acide anhydre, sel anhydre*, par opposition à *acide hydraté, sel hydraté.*

ANHYDRIDE s. m. Terme générique qui désigne les acides anhydres. — Les anhydrides se divisent en deux classes : 1o *Anhydrides biatomiques* ou *bibasiques*, provenant d'acides hydratés bibasiques. On les obtient en soumettant à l'action d'un déshydratant, ou simplement à l'action de la chaleur, l'acide hydraté correspondant. 2o *Anhydrides monoatomiques* ou *monobasiques*, provenant des acides monoatomiques ou monobasiques par suite d'un phénomène de double échange. Soumis à l'action de l'ammoniaque, les anhydrides de

la première classe donnent naissance à des *amides acides;* ceux de la seconde à des *amides neutres.*

ANHYDRIQUE adj. Imperméable à l'eau.

ANHYDRITE s f. Minér. Nom que l'on donne quelquefois à la KARSTÉNITE.

ANI s. m. (nom de cet oiseau à la Guyane). Ornith. Oiseau grimpeur, voisin du toucan, reconnaissable à son bec gros, comprimé, arqué, surmonté d'une crête verticale et tranchante. On en connaît deux espèces, qui habitent les contrées les plus chaudes et les plus humides de l'Amérique : *crotophaga major* et *crotophaga ani.* Tarses forts et élevés ; queue longue et arrondie, plumage noir. « Ces oiseaux vivent d'insectes et de grains ; volent en troupe, pondent et couvent même plusieurs paires ensemble dans un nid placé sur des branches d'une largeur proportionnée au nombre de couples qui le construisent. Ils s'apprivoisent aisément et apprennent même à parler ; mais leur chair est de mauvaise odeur ». (Cuvier.)

ANI ou **Annisi**, ancienne capitale des rois bagratides d'Arménie, sur l'Arpa Tchaï, à 40 kil. E.-S.-E. de Kars ; détruite par un tremblement de terre en 1319, elle n'offre plus que des ruines assez bien conservées.

ANIANE, ch.-l. de cant. (Hérault), arr. de Montpellier ; à 30 kil. N.-O. de cette ville. 3,312 hab. ; bourg assez industrieux ; doit son origine à une abbaye de bénédictins fondée sur les rives de l'Anian par un fils puîné des comtes de Maguelone. Reconstruit à la fin du siècle dernier, le monastère fut transformé après la Révolution, en maison centrale de détention pour les hommes et pour les enfants.

ANIANUS, astronome et poète latin du xve siècle, auteur d'un poème astronomique en vers léonins : *Computus manualis magistri Aniani*, Strasb. 1488, et Paris 1526. — Il a composé les vers mnémotechniques si connus sur le zodiaque :

Sunt Aries, Taurus, Gemini, Cancer, Leo, Virgo, Libraque, Scorpius, Arcitenans, Caper, Amphora, Pisces.

ANICET (Saint), onzième pape, de 157 à 168, paraît avoir souffert le martyre sous Marc-Aurèle. Fête 17 avril.

ANICET-BOURGEOIS (BOURGEOIS, Auguste Anicet), auteur dramatique, né à Paris en 1806, mort en 1871 ; il produisit, soit seul, soit en collaboration, plus de 200 pièces qui ont obtenu une vogue populaire et dont les plus fameuses sont : les *Trois Épiciers* (vaudeville); la *Nonne sanglante*, Latude, les *Sept péchés capitaux*, le *Médecin des Enfants* (drame); les *Pilules du Diable* (féerie).

ANICETUS ou **Anicet**, précepteur de Néron; commanda la flotte prétorienne au cap Misène (an 59) et inventa le navire à soupape destiné à noyer Agrippine. Il mourut exilé en Sardaigne.

ANICHE, village (Nord), cant. et à 13 kil. S.-E. de Douai. Houille ; verres ; sucre de betteraves. 4,000 hab.

* **ANICROCHE** s. f. (nom d'une ancienne arme en forme de croc). Difficulté, embarras : *il y a quelque anicroche dans cette affaire.* — Difficultés que l'on fait naître à dessein : *ce chicaneur nous a fait mille anicroches* (Fam.).

ANIDE s. m. (gr. *a*, priv.; *eidos*, forme). Térat. Monstre qui se présente sous l'aspect d'une masse informe.

ANIDROSE s. f. (gr. *a*, priv.; *idrós*, sueur). Pathol. Absence de sueur.

ANIELLO (Tommaso) voy. MASANIELLO.

* **ÂNIER, IÈRE** s. Celui, celle qui conduit des ânes.

* **ANIL** s. m. (nom portugais de l'indigo).

Bot. espèce du genre *indigotier*; c'est une plante dont on tire l'indigo.

ANILIDE s. f. Chim. Amide d'anile obtenue par l'action de la chaleur sur certains sels d'aniline, ou par celui des acides anhydres sur l'aniline.

*ANILINE s. f. (portug. *anil*, indigo). Alcaloïde artificiel découvert en 1826 par le Suédois O. Unverdorben, dans les produits de la distillation de l'indigo. — En 1856, Béchamp l'obtint de la benzine qu'il traita par l'acide nitrique. Les relations scientifiques de cette substance ont été soigneusement observées par plusieurs chimistes, principalement par A. W. Hofmann. L'Anglais Perkins, modifiant un peu les procédés de notre compatriote Béchamp, réussit le premier, en 1856, à la fabriquer industriellement et lui fit produire la belle couleur mauve des teinturiers. Depuis cette époque, l'aniline est devenue la matière première d'un grand nombre de couleurs colorantes, violettes, magenta (rosaniline), bleues (1861), vertes, jaunes et rouges d'un éclat éblouissant. On la fabrique sur une grande échelle. C'est un corps liquide, d'une odeur vineuse.

ANILIQUE adj. Se dit de l'acide produit par l'action sur l'indigo, de l'acide nitrique affaibli. On l'appelle aussi acide indigotique. Il se présente sous la forme de prismes d'un blanc jaunâtre ; il est fusible, volatil et décompose l'acétate de plomb.

ANILLE s. f. [a-ni-lle ; *ll* mll.] (lat. *anellus*, petit anneau). Hydraul. Anneau de fer qui sert à retenir les poteaux de garde posés sur les faces de l'avant bec des piles. — Techn. Pièce de fer scellée dans la meule courante d'un moulin à farine, et qui sert à suspendre l'arbre vertical ou fer de meule. — Bot. Petit filet des plantes sarmenteuses qui entoure plusieurs fois les branches qu'il embrasse. — Blas. Meuble formé de deux demi-cercles, tournés l'un à dextre, l'autre à sénestre et réunis par un listel.

*ANIMADVERSION s. f. [a-ni-ma-dvèr-si-on] (lat. *animadversio*, de *animus*, esprit ; *advertere*, tourner). Improbation, censure, blâme, correction en paroles seulement : *il a encouru l'animadversion publique*.

*ANIMAL, AUX s. m. (lat. *animal* ; de *anima*, principe de vie). Tout être vivant, organisé et doué de sensibilité. *Animal sauvage, carnassier, utile, domestique* etc. ; *l'homme est un animal raisonnable* (Acad).

Le plus sot *animal*, à mon avis, c'est l'homme.
BOILEAU.

— Fig., fam. et par mépris. Personne stupide ou grossière : *quel animal ! c'est un sot animal ! — Hist. nat. On appelle animaux les êtres qui vivent, sentent, et sont ordinairement doués d'organes distincts chargés des fonctions de nutrition, de sensibilité et de locomotion ; ces deux dernières qualités établissent principalement la distinction entre les *animaux* et les *végétaux*. Mais s'il est facile d'établir, à première vue, une différence entre une herbe et un quadrupède, il devient fort malaisé, lorsqu'on descend la série animale, de tracer la limite entre celle-ci et les points extrêmes de la série végétale ; certains zoophytes ont été confondus, pendant longtemps avec les plantes ; et de patientes études n'ont pas encore complètement fait cesser cette confusion ; on a été forcé d'admettre des organismes de transition, les protozoaires, qui forment le passage entre le règne animal et le règne végétal. — Le caractère fondamental de l'animalité, c'est l'existence d'un système nerveux, d'autant plus abondant et plus compliqué que l'animal est plus élevé dans l'échelle des êtres. — L'étude du règne animal constitue la ZOOLOGIE, voy. ce mot. — ANIMAUX DOMESTIQUES. On appelle ainsi les animaux que l'homme a soumis à sa domination, et qu'il utilise pour tous les besoins de sa vie. Is. Geoffroy saint-Hilaire les divise de la manière suivante : 1° *auxiliaires*, ceux qui nous aident dans nos travaux (bœuf, cheval, âne, chien, chat, furet, chameau, lama, etc.); 2° *alimentaires*, ceux qui fournissent des aliments (bœuf, mouton, chèvre, lapin, cochon, poule, dindon, pigeon, faisan, pintade, oie, canard, carpe, abeille, etc.) ; 3° *industriels*, ceux dont l'industrie tire des matières premières (lapin, lama, alpaca, mouton, bœuf, abeille, cochenille, ver à soie, etc.) ; 4° *accessoires*, ceux que nous recherchons pour leur beauté ou pour quelque autre circonstance étrangère à nos besoins (écureil, singes, oiseaux chanteurs, tourterelle à collier, oiseaux de volière, etc.). — Voy. chacun de ces mots. — Législ. Les animaux domestiques sont *meubles* par leur nature ; mais on les considère comme *immeubles* quand ils sont attachés à un fonds, comme nécessaires à la culture (Code civ. art. 522). — Le propriétaire d'un animal perdu peut toujours le réclamer, en payant les dépenses qu'il a occasionnées. Celui qui trouve un animal égaré ou abandonné doit en faire la déclaration et le mettre en fourrière, si le propriétaire est inconnu. Néanmoins, les animaux de luxe (oiseaux chanteurs, écureuils, etc.) appartiennent au premier occupant, lorsque celui qui les a perdus abandonne leur trace et leur poursuite.— Le propriétaire d'un animal ou celui qui s'en sert est responsable du dommage qu'il a causé (Code civ., art. 1385). — Les mauvais traitements, exercés publiquement et abusivement sur des animaux domestiques, sont punis d'une amende de 5 à 15 fr., et peuvent l'être d'un emprisonnement de un à cinq jours ; la peine de l'emprisonnement est toujours prononcée en cas de récidive. voy. PROTECTRICE DES ANIMAUX (Société). — Ceux qui, sans nécessité, ont tué un animal domestique sont punis d'un emprisonnement de six jours à six mois, si le délit a été commis sur les propriétés du maître de l'animal ; l'emprisonnement est de six jours à un mois, si le délit a été commis sur les propriétés du coupable ; de quinze jours à six semaines, s'il est commis en tout autre lieu. Le maximum de la peine est toujours prononcé s'il y a eu violation de clôture ; dans tous les cas, il est prononcé une amende qui ne peut être inférieure à 16 fr., ni supérieure au quart des restitutions et des dommages intérêts. — Ceux qui ont laissé vaguer des animaux malfaisants, ou qui ont laissé passer des animaux de trait, de charge ou de monture sur le terrain d'autrui, sont passibles d'une amende de 6 à 10 fr. ; et, en cas de récidive, d'un emprisonnement de cinq jours au plus (Code pén., art. 475). — Le code for. (art. 199) édicte, contre le propriétaire d'animaux trouvés du jour, en délit dans les bois de dix ans et au-dessus, une amende de 1 fr. pour un cochon ; de 2 fr. pour une bête à laine, de 3 fr. pour une bête de somme ; de 4 fr. pour une chèvre ; de 5 fr. pour un bœuf, une vache ou un veau. L'amende est double quand les bois ont moins de dix ans, sans préjudice des dommages intérêts, s'il y a lieu. — Animaux parlants (les). Apologue épique ou poème héroï-comique de Casti (1802).

*ANIMALE, ALE, AUX adj. Qui appartient, qui est propre à l'animal : *économe animale* ; *esprits animaux*. — Se dit quelquefois de l'être matériel ou physique, par opposition à l'être intelligent, à l'âme : *la partie animale de l'homme animal ne comprend pas la partie raison-nable* (Acad.).—MAGNÉTISME ANIMAL, voy. *Magnétisme*. — CHALEUR ANIMALE, voy. *chaleur*. — ÉLECTRICITÉ ANIMALE, voy. *Électricité*. — Écriture sainte. Sensuel, charnel, par opposition à spirituel : *l'homme animal ne comprend pas de ce qui est Dieu*. — Hist. nat. RÈGNE ANIMAL, ensemble de tous les animaux connus. Voy. *Zoologie*. — MATIÈRE, SUBSTANCE ANIMALE, matière, substance qui entre dans la constitution de l'animal, ou qui provient des animaux. — HUILES ANIMALES, ACIDES ANIMAUX, huiles, acides qu'on extrait des matières animales. — CHIMIE ANIMALE, celle qui s'occupe de l'analyse des matières animales.

ANIMALCULAIRE adj. Qui tient des animalcules ; qui a rapport aux animalcules.

*ANIMALCULE s. m. (diminut. de *animal*). Petit animal. — Ne se dit guère que des animaux qui sont visibles à l'aide du microscope seulement et dans certains liquides. Voy. INFUSOIRES.

ANIMALCULISME s. m. Système d'après lequel l'embryon animal serait un animalcule développé.

ANIMALESQUE adj. Qui tient de l'animal.

ANIMALIER s. m. Peintre d'animaux.

ANIMALISABLE adj. Physiol. Qui peut être animalisé : *substance animalisable*.

ANIMALISANT, ANTE adj. Physiol. Qui animalise, qui transforme les aliments et substance animale.

*ANIMALISATION s. f. Didact. Transformation des aliments en la propre substance de l'animal qui s'en nourrit.

ANIMALISER v. a. Transformer en substance propre au développement ou à l'entretien du corps de l'animal : *la digestion et la respiration animalisent les aliments.* — *Animaliser (S') v. pr. Didact. Acquérir les qualités des substances animales ; s'assimiler à la propre substance animale.

*ANIMALITÉ s. f. Didact. Ensemble des attributs et des facultés qui distinguent l'animal, qui lui sont propres. — Caractères de l'animal, par opposition à l'homme : *l'état d'animalité.*

ANIMAL-PLANTE s. m. Nom que l'on donne quelquefois aux zoophytes.

ANIMATEUR, TRICE s. et adj. Qui anime ; qui a la faculté d'animer.

*ANIMATION s. f. (si-on) (lat. *animatio*, âme, vie). Didact. Action d'animer. Se dit particulièrement de l'union de l'âme au corps dans l'embryon humain : *l'animation du fœtus.* — Fig. Vivacité, chaleur que l'on met à faire une chose : *parler avec animation ; l'animation de ses gestes.*

ANIMATO adv. Mus. Mot italien que l'on place en tête d'un morceau de musique pour indiquer qu'il faut l'exécuter avec vivacité.

*ANIMÉ, ÉE part. pass. D'ANIMER : *un être animé.* — Qui a de la vivacité, de l'expression : *cette femme est belle, mais c'est une beauté qui n'est point animée.*

ANIMÉ s. f. Nom donné autrefois à des résines d'une origine douteuse, analogues au copal et que les pharmaciens employaient à la confection d'emplâtres et d'onguents. On appelle encore *animé* une espèce de résine d'un jaune de soufre, très odorante, qui découle avec abondance du tronc d'un arbre de la Guyane, l'Hymenæa courbaril, voy. COURBARIL. Cette résine, employée dans la fabrication des vernis, leur donne de très mauvaises qualités.

ANIMELLES s. f. pl. Ragoût composé de parties détachées d'une pièce principale : abatis, fraise, foie, etc. : *animelles de mouton.*

*ANIMER v. a. (lat. *animare* ; de *anima*, âme). Mettre l'âme, le principe de la vie dans un corps organisé : *Prométhée anima la statue d'argile qu'il venait de former.* — Encourager, exciter : *il animait les soldats du geste et de la voix.*—Donner de la vivacité, de l'action : *rien n'anime l'indolent.* — Irriter, mettre en colère : *il est fort animé contre moi.* — Fig. Donner de la force et de la chaleur à un ouvrage d'esprit, à un discours, soit par les traits vifs et brillants que l'on y jette, soit par la manière vive dont on le lit, dont on le prononce : *animez votre style*. — Donner de la vivacité, en parlant des couleurs du teint, de l'éclat des yeux, des regards : *le dépit anime ses regards*. — Beaux-arts. Donner un air de vie aux tableaux, aux sculptures : *tableau animé*. — ANIMER QUELQU'UN DE SON ESPRIT, faire passer ses sentiments, ses idées dans l'âme d'un autre. — ANIMER LA CONVERSATION, la rendre plus vive, plus intéressante. — S'animer v. pr. Prendre de la vie, de la vigueur, de l'éclat.

ANIMIQUE adj. De l'âme, qui a rapport à l'âme : *passions animiques*.

ANIMISME s. m. (lat. *anima*, âme, principe de la vie animale). Doctrine médico-psychologique créée par Stahl, pour expliquer l'union du corps et de l'âme. — Les animistes considèrent l'âme comme la cause première non seulement des faits intellectuels, mais encore des faits vitaux. Agissant par une action toute *mécanique*, l'âme pourvoit à la vie à l'aide de deux mouvements. L'un, appelé *mouvement tonique*, pourvoit à la nutrition ; l'autre, dit *local*, pourvoit à la sensation, comme moyen préservatif contre les accidents du dehors. Au point de vue psychologique, l'âme est une cause qui a un but, une fin, et qui agit sur le corps par la volonté raisonnable. Ce système, expliqué dans la *Véritable théorie médicale* (*Theoria medica vera*) de Stahl, Halle 1707, a été réfuté par Leibnitz.

ANIMISTE s. m. Partisan de l'animisme.

ANIMOSITÉ s. f. [a-ni-mô-zi-té] (lat. *animositas*). Sentiment de dépit, de haine, par lequel on est porté à nuire à une personne de qui on a reçu ou cru recevoir quelque offense : *il agit par animosité*. — Chaleur excessive, violence dans un débat, dans une discussion, dans une querelle : *l'avocat a mis de l'animosité dans sa réplique*.

ANIO, riv. de l'ancienne Italie; auj. *Teverone*, affluent du Tibre.

ANIRIDIE s. f. (gr. *a*, priv. ; *iris*, *iridos*, iris). Anat. Absence d'iris.

* ANIS s. m. [a-ni] (arabe *anisun*). Fruit du *boucage anis*. Nom que l'on donne à cette plante elle-même (voy. BOUCAGE) et à la dragée que l'on fait avec son fruit. — L'anis est une petite graine d'une saveur aromatique et d'une odeur douce et suave ; on l'emploie en médecine comme carminative, cordiale et stomachique. On l'a prescrite dans l'asthme, dans les toux rebelles ; mais c'est surtout pour combattre les coliques causées par la présence de gaz dans l'estomac et dans les intestins qu'on en a retiré de bons effets. La confiserie et la parfumerie font un grand usage de l'anis. Les graines d'anis, mises dans un sirop cuit au lissé constituent les petites *dragées d'anis*, qui facilitent la digestion et répandent dans la bouche un parfum agréable. Les dragées les plus renommées sont celles de Flavigny et de Verdun. L'anis entre dans la composition de plusieurs liqueurs, principalement dans le ratafia d'anis et dans l'anisette. On mange quelquefois l'anis dans le pain. — ANIS DE PARIS, graine du *fenouil*, que l'on substitue à celle de l'anis pour faire des dragées et des liqueurs. — ANIS ÉTOILÉ, nom que l'on donne vulgairement au fruit de la *Badiane étoilée*. — ANIS ACRE ou ANIS AIGRE, espèce de *Cumin*. — ESSENCE D'ANIS. On retire de l'anis une essence brune que l'on purifie par la pression entre des doubles de papier sans colle et par une cristallisation dans l'alcool. Les cristaux obtenus constituent l'essence d'anis pure : $C^{20}H^{10}O^2$. Ils possèdent une agréable odeur d'anis ; fondent à 18° et bouillent sans altération à 220°. On en obtient l'*anisoïne*, l'*hydrure d'anisyle* et l'*acide anisique*.

ANISATE s. m. [a-ni-za-te]. Chim. Sel pro-

duit par la combinaison de l'acide anisique avec une base. ANISATE D'ÉTHYLE, c'est l'*éther anisique*. ANISATE DE POTASSE, sel obtenu en traitant l'hydrure d'anisyle par la potasse.

* ANISER v. a. [a-ni-zé]. Donner à une chose le goût de l'anis, en la parsemant de cette graine ou en y mêlant un extrait d'anis : *aniser un gâteau, une liqueur*.

* ANISETTE s. f. [a-ni-zè-te]. Liqueur spiritueuse, composée avec de l'essence d'anis. On estime particulièrement l'anisette de Bordeaux et l'anisette d'Amsterdam. — Argot. ANISETTE DE BARBILLON, eau.

ANISIQUE adj. [a-ni-zi-ke]. Chim. Se dit, en général, des composés que l'on produit avec l'essence d'anis. — ACIDE ANISIQUE, appelé aussi *acide draconique*, corps résultant de l'oxydation de l'*hydrure d'anisyle* par l'oxygène ou les corps oxygénants. On le prépare ordinairement en faisant bouillir l'essence d'anis avec de l'acide nitrique très dilué. Il cristallise en prismes incolores, inodores, presque insipides : $C^{16}H^7O^4$, HO. Il ressemble à l'acide benzoïque, fond à 175°, se dissout dans l'eau bouillante, l'alcool et l'éther. — ÉTHER ANISIQUE ou *anisate d'éthyle*, éther obtenu en faisant passer un courant d'acide chlorhydrique dans une dissolution alcoolique d'acide anisique. Il est liquide, incolore, odorant, soluble dans l'alcool et dans l'éther.

ANISOCYCLE s. m. (gr. *anisos*, inégal ; *huklos*, cercle). Machine balistique employée dans les armées byzantines. C'était un ressort qui lançait des flèches en se débandant.

ANISODACTYLE adj. (gr. *anisos*, inégal ; *daktulos*, doigt). Ornith. Qui a les doigts inégalement distribués.

ANISODONTE adj. (gr. *anisos*, inégal ; *odous*, *odontos*, dent). Zool. Qui a les dents inégales.

ANISOÏNE s. f. [a-ni-zo-i-ne]. Chim. Substance solide, blanche, inodore, obtenue en traitant l'essence d'anis par l'acide sulfurique.

ANISOL s. m. [zol]. Liquide incolore, aromatique, très soluble dans l'alcool et dans l'éther, que l'on obtient en distillant l'acide anisique avec un excès de baryte caustique.

ANISONYX s. m. [a-ni-zo-niks] (gr. *anisos*, inégal ; *onux*, ongle). Genre de coléoptères pentamères lamellicornes, voisin des hannetons et dont les espèces vivent au cap de Bonne-Espérance.

ANISOPÉTALE adj. (gr. *anisos*, inégal). Bot. Qui a des pétales de grandeur inégale.

ANISOPHYLLE adj. [a-ni-zo-fil-le] (gr. *anisos*, inégal ; *phullon*, feuille). Bot. Qui a des feuilles d'une grandeur inégale.

ANISOPLIE s. f. (gr. *anisos*, inégal ; *oplé*, ongle des animaux ; à cause de l'inégalité des crochets qui terminent les tarses). Entom. Genre de scarabées qui ne diffère des hannetons que par un chaperon rétréci antérieurement. L'*anisoplie des champs* (*anisoplia arvicola*), longue de 9 à 15 milim. à l'état parfait, dévore avidement les jeunes feuilles de nos arbres et les pétales de nos fleurs.

ANISOPTÉRYX s. m. [a-ni-zo-pté-rikss] (gr. *anisos*, inégal ; *pterux*, aile). Entom. Genre de lépidoptères nocturnes de l'Amérique du Nord, de la famille des *geometræ* (Linn.) ou des *phalænites* (Latr.), dont la chenille porte, aux Etats-Unis, le nom de *ver rongeur* (Canker Worm). Le caractère distinctif des anisoptéryx, c'est qu'à l'état adulte la femelle n'est pas ailée, tandis que le mâle est un papillon. Les femelles paraissent dès l'hiver ; les mâles ne sont nombreux qu'au printemps. Aussitôt fécondées, vers le mois de mai, les femelles grimpent sur les arbres pour y déposer leurs œufs. Bientôt les larves ou chenilles rongent feuilles, fleurs et fruits et détruisent l'espoir

de l'arboriculteur. Lorsqu'elles ont ainsi vécu pendant quelques semaines, elles descendent de l'arbre qui les a nourries ; pour cela, elles se laissent pendre à un fil qu'elles sécrètent.

Anisoptéryx. — 1. Mâle adulte. 2. Larve. 3. Femelle adulte. 4. Amas d'œufs.

Aussitôt à terre, elles creusent le sol jusqu'à une profondeur de deux à six pouces et s'y transforment en chrysalides, pour devenir ensuite insectes parfaits, au commencement de l'automne ou à la fin de l'hiver.

ANISOTOME adj. (gr. *anisos*, inégal ; *tomé*, section). Bot. Se dit de la périanthe, lorsque ses divisions ne sont pas égales. — s. m. pl. Entom. Nom scientifique des coléoptères appelés *léiodes* et *phalacres*.

ANISSON, célèbre famille d'imprimeurs et de libraires, originaire du Dauphiné. — I. (Laurent), typographe à Lyon, a publié une BIBLIOTHÈQUE DES PÈRES (1677). — II. (Jean), fils du précédent, imprima le *Glossaire* de Ducange, auquel il avait collaboré ; devint, en 1691, directeur de l'imprimerie royale, et cette fonction resta en quelque sorte, héréditaire dans sa famille. — III. (Etienne-Alexandre-Jacques, ANISSON-DUPERRON), directeur de l'imprimerie royale, auteur d'un *Mémoire sur l'impression en lettres* (recueil de l'Académie des sciences, t. X), périt sur l'échafaud en 1794. — IV. (Alexandre-Jacques-Laurent, ANISSON-DUPERRON) fils aîné du précédent, né en 1776, mort en 1852, réorganisa l'imprimerie impériale en 1809, fut député en 1830, pair en 1844, et laissa quelques ouvrages d'économie politique.

ANISYLE s. m. Radical hypothétique de l'acide anisique : $C^{16}H^7O^4$. — HYDRURE D'ANISYLE, substance liquide, huileuse, d'un brun-rougeâtre, qui se forme en même temps que l'acide anisique lorsqu'on fait bouillir l'essence d'anis avec de l'acide azotique très dilué : $C^{16}H^7O^4,H$; c'est donc l'anisyle + un équivalent d'hydrogène.

ANITORGIS, ville d'Espagne, près de laquelle, l'an 202 av. J.-C., Cneius-Corn.-Scipion combattant Asdrubal et Massinissa, fut vaincu et perdit la vie.

ANITUS, citoyen d'Athènes, principal accusateur, avec Melitus, du vertueux Socrate (400 av. J.-C.) Exilé, dans la suite, il se retira à Héraclée (Pont), où il mourut.

ANIZY-LE-CHATEAU, ch.-l. de cant. (Aisne), arr. et à 15 kil. S.-O. de Laon, sur la Lette ; 1,200 hab. ; donné en 496 par Clovis à saint Remi ; ajouté en 500 au domaine des évêques de Laon qui prirent le titre de comtes d'Anizy. Une charte de commune, octroyée par Louis VII en 1174, fut déchirée par l'évêque, après une lutte sanglante.

ANJOU, ancienne province qui forme aujourd'hui le dép. de Maine-et-Loire et une petite partie des départ. de la Mayenne, de la Sarthe et d'Indre-et-Loire ; capitale Angers

Habité primitivement par le peuple celtique des *Andecavi*, l'Anjou fit partie de la troisième Lyonnaise sous les Romains, puis du royaume des Francs, et forma un comté donné, par Charles le Chauve, à Ingelger, fondateur de la puissante maison d'où sont issus les Plantagenets. Quelques-uns de ces comtes se firent remarquer pendant les croisades, principalement Foulques V, qui devint roi de Jérusalem après la mort de son beau-père, Baudouin II, en 1131. Son fils, Geoffroy V, onzième comte d'Anjou, surnommé Plantagenet, parce qu'il portait toujours une branche de genêt à sa toque, épousa, en 1127, l'impératrice Mathilde, fille du roi Henri Iᵉʳ d'Angleterre, et fut père de Henri II qui réunit l'Anjou à la couronne anglo-normande (1154). En 1203, Philippe-Auguste enleva ce comté au faible Jean sans Terre et, en 1226, Louis VIII laissa le Maine et l'Anjou à son neuvième fils, Charles, qui fonda une nouvelle maison d'Anjou, et qui fit, avec les Angevins, la conquête du royaume des Deux-Siciles (1266). Philippe VI de Valois, fils et héritier de Marguerite d'Anjou (voy. MARGUERITE), réunit à la couronne (1328), cette province que Jean le Bon érigea en duché (1356), pour la donner en apanage à son second fils, Louis (1356). Ce prince, héritier des prétentions des anciens comtes d'Anjou sur le royaume de Naples, porta la guerre en Italie; mais son armée fut détruite par la peste (1383) et lui-même mourut en 1384. Ses successeurs, Louis II et Louis III, ne parvinrent jamais à s'établir solidement dans les Deux-Siciles, et le dernier duc, le bon René, laissa, en mourant sans héritier, la Provence, le Maine et l'Anjou au roi Louis XI, qui les réunit définitivement à la couronne. Depuis cette époque, le titre de duc d'Anjou ne fut plus qu'un simple apanage donné à quelques fils des rois de France. Il fut porté par Henri III avant son arrivée au trône; puis par FRANÇOIS, quatrième fils de Henri II et de Catherine de Medicis, né en 1554, mort en 1584; ce prince combattit les Huguenots, après les avoir leurrés de son concours, prétendit vainement à la main d'Elisabeth d'Angleterre, prit un instant le titre de duc de Brabant (1582-'83), mais ne put se faire accepter par ses sujets des Pays-Bas, qu'il prétendait soutenir dans leur révolte contre l'Espagne. — Le titre de duc d'Anjou fut ensuite porté par deux fils de Louis XIV et par celui de ses petits-fils qui devint Philippe V, roi d'Espagne.

ANJOU (Marguerite d'). Voy. MARGUERITE.

ANJOUAN ou **Joanna**, du groupe des Comores, par 12° 15′ lat. S. et 42° 9′ long. E. 496 kil. carr. 12,000 hab. (musulmans). Forme un petit état; capitale Anjouan ou Makhadou.

ANKARSTREM, voy. ANCKARSTROEM.

ANKLAM, ville de Poméranie, Prusse, à 70 kil. N.-O. de Stettin. 11,000.

ANKOBAR, capitale de l'état de Choa (Abyssinie); 12,000 hab.

ANKWITZ (Mikolaj) [ànnk'-vits], comte polonais qui ratifia, à la diète de Grodno, le second démembrement de sa patrie. Les Polonais le pendirent comme traître, le 18 avril 1794.

ANKYLOBLÉPHARON s. m. [an-ki-lo-blé-fa-ron] (gr. *ankulos*, resserré; *blepharon*, paupière). Méd. Adhérence complète ou incomplète, congénitale ou accidentelle du bord libre des deux paupières; presque toujours le résultat de plaies, d'ulcérations, de brûlures, etc. Le traitement consiste à opérer la séparation au moyen d'un instrument tranchant et à éviter ensuite une nouvelle réunion.

* **ANKYLOSE** s. f. [an-ki-lô-ze] (gr. *agkulos*, courbé). Immobilité d'une articulation; elle est *vraie* ou complète, quand le mouvement est tout à fait aboli; *fausse* ou incomplète lorsque les surfaces articulaires exécutent en-

core quelques mouvements; *générale* lorsque tous les membres sont réduits à l'immobilité. Le coude et le genou sont les membres que l'ankylose affecte de préférence. Causes : immobilité prolongée d'un membre, à la suite de fractures, de luxations, de tumeur blanche, de carie, d'affections rhumatismales ou goutteuses. — Traitement : l'ankylose incomplète est la seule qui offre quelques chances de guérison. On cherche à rendre aux ligaments et aux muscles leur souplesse naturelle, au moyen de douches, de bains, de frictions résolutives, de massages, etc. On recommande les eaux thermales de Bourbon-Lancy, de Barèges, en bains, douches et boissons.

* **ANKYLOSER** v. a. Causer une ankylose : *la sécheresse de la membrane synoviale ankylose parfois le genou.* — S'ankyloser v. pr. Etre ankylosé : *son coude s'ankylose.*

ANN (Cap), limite septentrionale de la baie de Massachusetts, à 50 kil. N.-E. de Boston.

ANNA, nom de plusieurs princesses russes. — I. **Anna Carlovna,** grande duchesse (1718-'46), nièce de l'impératrice Anna Ivanovna à laquelle elle voulut succéder en 1740; mais elle fut supplantée par Elisabeth et mourut en prison. — II. **Anna Ivanovna,** impératrice, nièce de Pierre le Grand (1693-1740), succéda à Pierre II en 1730. Après la mort de son mari, (le duc de Courlande), son favori, Biron, devint omnipotent. Il exila les Dolgoroukis, promoteurs de l'accession de la reine, et organisa un vaste système d'espionnage. Anna l'imposa aux Courlandais en qualité de duc, et lui confia la régence pendant la minorité de son neveu et successeur Ivan; mais il fut renversé et exilé.

ANNA (Santa-). I. Ile du grand Océan, archipel Salomon, par 10° 49′ lat. S. et 160° 11′ long. E. — II. Ile de l'Amérique méridionale, Brésil, par 2° 16′ 23″ lat. S. et 45° 54′ 13″ long. O., au phare.

ANNABERG, ville de Saxe, district d'Erzgebirge, à 32 kil. S. de Chemnitz; 12,000 hab. Fabr. de passementerie, de rubanerie, etc. Autrefois siège de l'administration des mines, elle a perdu une grande partie de son importance depuis que cette administration a été, en 1856, transférée à Marienberg.

* **ANNAL, ALE** adj. [ann-nal] (lat. *annalis*). Jurispr. Qui ne dure qu'un an; qui n'est valable que pendant un an; *il ne m'a donné qu'une procuration annale.* — POSSESSION ANNALE, possession paisible, publique, non interrompue, et à titre non précaire, pendant un an et un jour.

ANNALES s. f. pl. [ann-na-le] (lat. *annales*). Histoire qui rapporte les événements année par année. — Par ext. Histoire : *la prise de Constantine est l'un des plus beaux faits d'armes de nos annales militaires; en lisant nos annales, on y trouve d'aussi beaux exemples que dans l'histoire de l'antiquité.* — Annales, de Tacite, ouvrage éloquent, rapide et concis, sur l'histoire romaine depuis Auguste jusqu'à Néron. Il ne nous en est resté que quelques livres. — Annales DE LA RÉPUBLIQUE, par Ennius, épopée nationale de l'ancienne Rome; il n'en reste que des fragments. — Annales (GRANDES) ou ANNALES PUBLIQUES ou ANNALES DES GRANDS PONTIFES, tables chronologiques, rédigées par le grand pontife et relatant, année par année, les événements mémorables de Rome. De 350 à 631. Les récits du registre *maximus* (grand pontife) des Romains étaient appelés *annales maximi.* La collection fut en partie détruite par les Gaulois (390 av. J.-C.). — Annales DU MUSEUM D'HISTOIRE NATURELLE de Paris, par les professeurs de cet établissement; 20 vol. in-4°, de 1802 à 1813; recueil continué sous le titre de *Mémoires du Museum d'Histoire naturelle,* etc. Paris 1815.

° **ANNALISTE** s. m. [ann-na-liste]. Historien qui écrit des annales.

ANNAM ou **Anam,** empire d'Asie, appelé quelquefois *Cochinchine;* il occupe la partie orientale de la péninsule d'Indo-Chine. Environ 512,900 kil. carr.; population évaluée à 20 millions d'hab. Cet empire comprend le Tsiempa, le Tonquin, la Cochinchine, une partie du Cambodge et plusieurs îles dans la mer de Chine. Une portion des territoires montagneux occupés par les tribus Laos et Moï, appartient également à l'empire d'Annam. La contrée, admirablement irriguée par de nombreuses rivières et par des canaux, produit du riz, du sucre, des épices, des fruits, des bois de charpente. — Gouvernement absolu d'un empereur et d'une classe officielle qui forme une noblesse distincte. Capitale Hué. — Les Annamites font le trait d'union entre les races mongole et malaise; ils professent le Bouddhisme et ont adopté les mœurs chinoises, ainsi que la doctrine de Confucius. La religion des paysans est un culte de génies tutélaires. Il y a environ 420,000 chrétiens, dirigés par six évêques. L'armée compte 150,000 hommes et se compose de six corps, dont la partie de la garde impériale. La flotte compte 7 corvettes, 300 jonques, un vieux vapeur et quelques navires cédés par la France en 1876. Exportation de soieries, de soie grège, de thé, d'étain, d'articles pharmaceutiques, de coton, de champignons, d'huile, d'anis, etc. Importation de coton filé, de chaussures, de fer, de faïence chinoise, de marmites, de miroirs, de nacre, d'opium, de papier, de pommes de terre, de quincaillerie, de vins et de liqueurs. — Les premiers temps de l'histoire d'Annam sont enveloppés de ténèbres. On dit que la contrée fut envahie par les Chinois (324 av. J.-C.) qui la conservèrent jusqu'en 263 après J.-C. Ils l'occupèrent de nouveau en 1406 et l'abandonnèrent en 1428. Dès le XIIIᵉ siècle, les nations européennes eurent connaissance de ce pays visité par Marco-Polo; les Portugais furent les premiers à s'y établir. Aux XVIIᵉ et XVIIIᵉ siècles, le christianisme y fut propagé par les jésuites français, en dépit d'une violente persécution. L'évêque d'Adran (voy. BÉRAINE), obtint la protection de Louis XVI pour son prosélyte, Gia-Long. — Le meurtre de plusieurs missionnaires (1854-'58) amena une intervention des Français. L'armée annamite, forte de 10,000 hommes, fut vaincue le 22 avril 1859, et la paix du 3 juin 1862 garantit la liberté du christianisme et porta l'abandon de trois provinces dont l'armée française s'était emparée; une révolte de ces provinces fut réprimée avec violence et les troubles se terminèrent en février 1863. Au mois de septembre 1863, l'empereur des Français reçut des ambassadeurs annamites qui essayèrent vainement d'obtenir une rétrocession de ces territoires. Par une proclamation du 25 juin 1867, trois autres provinces furent annexées à l'empire français. Depuis cette époque, la paix fut plusieurs fois rompue; mais par le traité de Saïgon (15 mars 1874), la France reconnut l'indépendance du roi d'Annam; ce dernier, de son côté, ouvrit au commerce européen les ports de son empire et s'engagea à tolérer les missionnaires. Depuis 1868, le royaume de Cambodge est sous le protectorat de la France. En vertu du traité de 1874, sont ouverts aux vaisseaux étrangers, les ports de Haïphong et Hanoï en 1875 et de Quinhon en 1876. Haïphong n'est que un village, et il s'y trouve un fort français sur le Coua-cam, qui est un bras de l'embouchure du Songkoï ou Hougkiang (fleuve rouge), situé à l'endroit où ce bras commence à être navigable; Hanoï sur le Songkoï proprement dit, est la capitale du Tonkin; Quinhon est un port sur la côte d'Annam, dans la province Binh-Dinh, sous 13° 50′ de lat. N.

ANNAMITE s. et adj. Habitant d'Annam; qui a rapport à ce pays ou à ses habitants. —

Les Annamites se distinguent par leur taille exiguë et ramassée. Leur langue est monosyllabique et ressemble, pour la construction, comme pour le caractère, à celle des Chinois.

ANNAN, ville d'Ecosse, comté de Dumfries, près de la mer; 4,000 hab. Salaisons, jambons; pêche du saumon. — 54° 59' 23" lat. N. et 5° 35' 33" long. O.

ANNA PERENNA, déesse romaine au sujet de laquelle on n'est pas d'accord. Les uns en font la personnification de la Lune, d'autres celle de la Justice. Sœur de Didon, elle abandonna Carthage, après la mort de cette princesse, et se réfugia en Italie, chez Enée. D'après Ovide, elle apparut, sous la forme d'une vieille femme, aux plébéiens de Rome, retirés sur le mont Sacré, et elle leur distribua des vivres, dont ils avaient le plus pressant besoin. On la fêtait le 15 mars.

ANNAPES, village du cant. de Lannoy, arr. de Lille (Nord); 2,150 hab. Brasseries; fabriques de sucre.

ANNAPOLIS, autrefois Port-Royal, ville de la Nouvelle-Ecosse, l'un des plus beaux ports du monde, à l'embouchure de l'Annapolis (baie de Fundy). 150 kil. O. d'Halifax; 2,200 hab. Ancienne capitale de l'Acadie, fondée par le Français de Monts en 1604; cédée aux Anglais par le traité d'Utrecht; aujourd'hui déchue.

ANNAPOLIS, capitale du Maryland (États-Unis), port sur la rive droite de la Saverne, à 40 kil. E. de Baltimore; 6,000 hab. dont 1,700 noirs. Collège Saint-Jean; Académie navale

Annapolis (Académie navale des États-Unis).

des Etats-Unis; observatoire et bibliothèque. Ville fondée en 1683, sous le nom de Severa; le Congrès s'y assembla pendant la guerre de l'indépendance.

ANN ARBOR, ville du Michigan (États-Unis), sur l'Iburon, à 60 kil. O. de Détroit; 7,200 hab.; siège de l'Université du Michigan; sources minérales. Observatoire, par 42° 16' 48" lat. N. et 86° 3' 12" long. O.

* **ANNATE** s. f. (lat. annus, année). Revenu d'une année que ceux qui obtenaient des bénéfices payaient à la chambre apostolique, en retirant leurs bulles: droit d'annate. —Les annates furent supprimées par l'Assemblée nationale le 4 août 1789; elles avaient été introduites en France vers 1320. Charles VI essaya vainement de les abolir en 1385; le parlement fut aussi impuissant en sept. 1406. Le concordat du 18 germinal an X les a rétablies en partie: on paye toujours une certaine somme à la cour de Rome pour l'expédition des promotions aux archevêchés, aux évêchés et au cardinalat.

ANNE (Sainte), épouse de saint Joachim et mère de la sainte Vierge. Fête, le 28 juillet.

Anne (ORDRE DE SAINTE-) ordre russe, régularisé à l'avènement de Paul 1er; croix à quatre branches et émaillée, suspendue à un ruban rouge liseré de jaune.

ANNE, personnage du conte intitulé Barbe-Bleue. Anne était belle-sœur du terrible tueur de femmes: Celui-ci ayant permis à sa dernière épouse d'aller prier dans sa chambre avant d'être égorgée, cette malheureuse, qui attend l'arrivée de ses frères, ne cesse de demander à sa sœur, montée au sommet d'une tour: « Anne, ma sœur Anne, ne vois-tu rien venir? — Non, répond celle-ci, je ne vois que le soleil qui poudroie et l'herbe qui verdoie ». Les écrivains font souvent allusion à cette demande et à la réponse de la sœur Anne.

ANNE, reine de Grande-Bretagne et d'Irlande, née en 1664, morte en 1714, deuxième fille de Jacques II et d'Anne Hyde; épousa le prince George de Danemark (1683) et succéda à Guillaume III, en 1702. D'un caractère faible, elle se laissa gouverner par les Whigs, à la tête desquels étaient le comte et la comtesse de Marlborough, grands ennemis de la France. La guerre de la succession d'Espagne fut terminée par la paix d'Utrecht, qui donna à l'Angleterre Gibraltar et plusieurs colonies françaises. L'annexion de l'Ecosse avait été complétée le 1er mai 1707. A l'intérieur, le règne d'Anne ne fut pas moins glorieux; on l'a appelé le siècle d'Auguste de la littérature anglaise.

ANNE DE BOLEYN voy. BOLEYN.

ANNE COMNÈNE, fille de l'empereur d'Orient, Alexis 1er; née en 1083, morte en 1148. A la mort d'Alexis (1118), elle poussa son mari, Nicéphore Bryenne, à s'emparer du trône, au détriment de son frère, Jean; mais ses plans ne réussirent pas et elle fut bannie. Pendant son exil, elle composa, sous le titre d'Alexiade, l'histoire de son père (traduite par le président Cousin).

ANNE D'AUTRICHE, reine de France, fille aînée de Philippe III d'Espagne, née en 1601, épouse de Louis XIII (25 déc. 1615); fut d'abord persécutée par son mari qu'influençait Richelieu, mais rentra en crédit à la naissance de Louis XIV (1638), devint régente en 1643, donna toute sa confiance à Mazarin et triompha des troubles de la Fronde. Elle mourut d'un cancer, le 20 janvier 1666. Elle avait fondé le Val-de-Grâce et encouragé quelques littérateurs.

ANNE DE BRETAGNE, reine de France, née à Nantes en 1476; fille et héritière du duc François II, de Bretagne, apporta ses riches domaines à la couronne de France en épousant Charles VIII (6 décembre 1491); elle gouverna sagement la France pendant l'expédition du roi en Italie et, après la mort de ce

prince, elle épousa son successeur, Louis XII (8 janvier 1499); elle mourut à Blois, le 9 janvier 1514, laissant une fille, Claude de France.

ANNE DE CLÈVES, reine d'Angleterre, fille du duc Jean III de Clèves et épouse (6 janvier 1540) de Henri VIII, qui la répudia au mois de juillet. Elle mourut à Chelsea, en 1557.

ANNE DE FRANCE ou de Beaujeu, fille aînée de Louis XI et de Charlotte de Savoie, épousa Pierre II, seigneur de Beaujeu, duc de Bourbon, et fut choisie par son père pour gouverner pendant la minorité de son frère, Charles VIII. Elle justifia ce choix par sa fermeté, combattit les prétentions des grands, vainquit le duc d'Orléans à Saint-Aubin-du-Cormier et convoqua les Etats Généraux en 1484. Elle mourut dans la retraite, en 1522, à 60 ans.

ANNE DE HONGRIE, fille de Ladislas VI, épouse de l'empereur Ferdinand d'Autriche, auquel elle apporta les couronnes de Bohême et de Hongrie (1527); mourut en 1547.

ANNE DE RUSSIE, reine de France, fille du grand duc Jaroslaw; épousa le roi de France, Henri 1er (1044), dont elle eut Philippe 1er et trois autres enfants. Après la mort du roi, elle épousa Raoul, comte de Crépy, qui la répudia. Elle retourna en Russie.

ANNE DE SAVOIE, impératrice de Constantinople, fille d'Amédée V de Savoie; épousa Andronic III (1327); mourut vers 1355.

ANNE IWANOWNA voy. ANNA.

ANNE (Théodore) littérateur, né vers la fin du XVIIIe siècle, mort en 1869; a laissé quelques pièces de théâtre: Marie Stuart, opéra, musique de Niedermeyer; l'Enfant du régiment, la Chambre rouge, drames; l'Espion du grand monde, en collaboration avec M. de Saint-Georges; et quelques romans: la Folle de Savenay, la Reine de Paris, etc.

* **ANNEAU** s. m. [a-nô] (lat. annulus, petit cercle). Cercle qui se fait d'une matière très dure, et qui sert à attacher quelque chose: anneau de fer, de cuivre; anneau à un rideau; passer un cordon, une ficelle dans un anneau. — Fig. Se dit des boucles formées par la frisure des cheveux: elle est frisée par anneaux. — Par anal. Ce qui est en cercle, en forme d'anneau: les anneaux du serpent. — Dans les sciences naturelles. Saillie, marque ou rangée circulaire: les scolopendres ont des pattes à tous les anneaux de leur corps; le mâle de la tourterelle a une sorte d'anneau noir autour du cou.— Anat. Ouverture circulaire qui sert principalement au passage de quelque partie: anneau ombilical, anneau diaphragmatique. — Archit. Ornement figurant une chaîne, qui sert à décorer des frises, des balustrades ou des moulures. — ANNEAU. Se dit particulièrement de certaines bagues. Dans la haute antiquité, l'anneau passé au doigt était un symbole d'autorité. Pharaon, par ce seul fait qu'il mit son anneau au doigt de Joseph, lui confia le gouvernement de l'Egypte. Chez les Hébreux riches, un anneau orné d'un cachet était un des articles les plus indispensables de la toilette, parce qu'il était un signe de distinction, de rang, d'autorité. Homère ne mentionne pas l'usage de cet objet de luxe; ce qui fait supposer que les anneaux ne furent connus en Grèce qu'après la mort de ce grand poète. Suivant Pline, les Romains prirent en Grèce l'habitude de porter des anneaux; mais Tite-Live attribue leur introduction aux Sabins et Florus aux Etrusques. D'abord ces ornements furent en fer. Les premiers anneaux d'or furent donnés aux ambassadeurs romains, comme partie de leur toilette officielle et pour les mettre seulement les jours de cérémonie. Plus tard, le privilège de porter cette parure d'or fut étendu successivement aux sénateurs, aux principaux magistrats et aux membres de l'ordre équestre qui étaient dits jouir du *droit à l'anneau d'or (jus annuli aurei ou jus annulorum).* Les Romains prirent en Egypte l'habitude de graver des figures d'animaux sur les cachets de leurs anneaux; ensuite on remplaça ces figures par celles des héros ou des princes, et quelquefois par des symboles indécents. Quelques anneaux avaient une

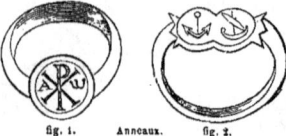

fig. 1.   Anneaux.   fig. 2.

grands valeur. On dit que celui de Faustine avait coûté une somme équivalente à un million de francs; et celui de Domitia, une somme égale à un million et demi. Les premiers chrétiens adoptèrent l'usage des anneaux qu'ils ornèrent des symboles de la foi nouvelle : croix, monogramme du Christ (fig. 1.), poissons, colombes, ancres, navires (fig. 2), palmes, rameaux etc. L'*anneau épiscopal* est toujours en or et enrichi d'une pierre précieuse non gravée, ordinairement une améthyste, quelquefois un saphir, un rubis ou une émeraude. L'anneau de cardinal porte un saphir. Celui du pape est en acier; à la mort du souverain pontife, on le brise dès que la nouvelle élection est terminée. On l'appelle *anneau du pêcheur,* à cause des images des apôtres Pierre et Paul qui y sont gravées. C'est le sceau particulier du pape qui n'en confie la garde qu'à un membre du sacré collège. — L'habitude de faire, le jour du mariage, un échange d'anneaux appelés *alliances,* paraît dater du temps des Hébreux; mais chez les Juifs, l'alliance se donnait avant le mariage; c'était un gage de fiançailles. On croyait à la jeune fille qui avait passé cette parure à son doigt était délivrée de toute obsession, et peu à peu cette croyance dégénéra en superstition. On attribua aux anneaux une puissance magique capable d'éloigner les maladies, les convulsions, la danse de saint Gui. Ces superstitions sur les anneaux magiques font l'objet du livre arabe intitulé *Salcuthal.* — ANNEAUX COLORÉS ou *anneaux de Newton.* Voy. notre article LUMIÈRE. — Astron. ANNEAU DE SATURNE, corps lumineux en forme de cercle, qui environne la planète de Saturne, et qui est à une certaine distance. — ANNEAU ASTRONOMIQUE, instrument propre à mesurer la hauteur des astres dont la lumière est capable de faire ombre sur la terre. — ANNEAU SOLAIRE OU HORAIRE, espèce de petit cadran portatif. — Ant. ANNEAU DE GYGÈS, anneau qui, au dire des anciens, rendait invisible la personne qui le portait.

ANNEBAUD (Claude d'), maréchal de France en 1538, amiral en 1543, né en Normandie, seigneur d'Annebaud ou Appeville (voy. ce mot), mort le 2 nov. 1552. Il fut pris à Pavie avec François 1er. — Son fils, Jean, fut tué à la bataille de Dreux.

ANNECY, ch.-l. du dép. de la Haute-Savoie, près du beau lac du même nom, à 454 m. au dessus du niveau de la mer; à 35 kil. de Genève; 18 kil. N.-E. de Chambéry; 141 S.-E. de Turin et 646 de Paris; 11,600 hab. Cotons, verrerie, poterie, quincaillerie. Cathédrale bâtie au XVIe siècle; église Saint-Dominique du XVe. Château ruiné, ancienne résidence des comtes de Genève; statue du chimiste Berthollet (né aux environs). Patrie de saint François de Sales. Lat. N. 45° (au clocher de Saint-Maurice). Long. E. 3° 47'33''.

*ANNÉE s. f. (lat. *annus*). Temps que la terre

met à faire une révolution entière dans son orbite, et pendant lequel le soleil semble parcourir les douze signes du zodiaque : *l'année passée, d'année en année, l'année commence au premier janvier et finit au trente et un décembre.* — On dit aussi ANNÉE SOLAIRE OU ANNÉE TROPIQUE, pour distinguer cette révolution de la terre des révolutions périodiques des autres planètes : *l'année de Saturne est de trente années solaires.* — Dans les zones tempérées et dans les régions qui avoisinent des pôles, l'année solaire se divise en quatre *saisons;* elle correspond à peu près au temps de 364 révolutions de la terre, plus 1/4 de révolution; elle est marquée, par toutes les parties de la surface de la terre, par le retour apparent du soleil dans la même position du ciel à midi, ainsi que de sa place en avant ou en arrière de la même position lors du solstice de notre été et de notre hiver. — Chez les Juifs, l'année *sacrée* commençait en mars, et l'année civile en septembre. L'année des Athéniens commençait en juin; celle des Macédoniens le 24 septembre. Celle des chrétiens d'Égypte et d'Éthiopie, celle des Persans et des Arméniens le 11 août. Presque toutes les nations chrétiennes commencent aujourd'hui l'année le premier janvier. — En France, l'année, au temps des Mérovingiens, commençait en mars; au temps des Carlovingiens, elle commença pendant quelque temps à Noël (25 déc.) ; mais communément la fête de Pâques marquait le commencement de l'année, ce qui amena une grande confusion, parce que cette fête est mobile. — Charles IX publia, en 1564, un édit dont le dernier article établit qu'à l'avenir l'année commencerait le premier janvier. Ce changement donna naissance au *nouveau style* et au *vieux style* et amena une certaine confusion dans l'établissement des dates, parce que les mois de janvier et de février d'une même année, se trouvèrent reportés dans une autre année, ce qui produisit de graves erreurs chronologiques. — Voy. ANNONCIATION, CALENDRIER, etc. — Jusqu'à la conquête de l'Angleterre par Guillaume le Conquérant, l'année commença dans ce pays le 25 décembre. Ce prince ayant été couronné le premier janvier, l'année commença ensuite à cette époque, qui rappelle la période la plus remarquable de l'histoire anglaise ; mais on adopta ensuite le jour de l'*Annonciation* comme premier jour de l'année. — On appelle aussi ANNÉE la durée de douze mois, sans égard à l'époque où elle commence ni à l'époque où elle finit : *je vais passer quelques années en Italie.* — Se dit souvent par rapport à la température, aux produits de la terre, aux récoltes : *année pluvieuse, année fertile; l'année a été mauvaise.* — *Demiannée,* celle où la récolte n'est que la moitié de ce qu'elle doit être en année ordinaire. — Se dit encore de ce qu'on doit recevoir ou payer par année : *son fermier lui doit deux années.* — Au pl. Age; les différents âges de la vie : *dans ses premières années; le poids des années.*

La valeur n'attend pas le nombre des années.
CORNEILLE, *Le Cid,* acte II, sc. I.

— ANNÉE ANOMALISTIQUE, voy. *Anomalistique.* — ANNÉE ASTRONOMIQUE, durée exacte de la révolution de la terre autour du soleil, telle qu'on l'obtient par les observations astronomiques; elle est de 365 jours, 5 heures, 48 minutes et 49 secondes. — ANNÉE BISSEXTILE, année civile de 366 jours. Dans les années bissextiles le mois de février a 29 jours. — ANNÉE CIVILE, durée de la révolution de la terre autour du soleil, bornée à un nombre entier de jours, pour en faciliter l'application aux usages civils, sans s'écarter jamais sensiblement de la véritable année, qui est dite *astronomique.* L'année civile dite commune est de 365 jours; tous les quatre ans, on la remet d'accord avec l'année astronomique en lui ajoutant un 366e jour, et alors l'année est

dite *bissextile.* — L'année civile se divise en douze mois, savoir :

Mois	jours	Mois	jours
Janvier	31	Juillet	31
Février	28 ou 29	Août	31
Mars	31	Septembre	30
Avril	30	Octobre	31
Mai	31	Novembre	30
Juin	30	Décembre	31

— L'année civile se compose de 52 semaines, plus un ou deux jours, suivant qu'elle n'est pas ou qu'elle est bissextile. — On retranche trois années bissextiles tous les 400 ans; et l'on ajoute un jour tous les 4000 ans. — ANNÉE CLIMATÉRIQUE, voy. CLIMATÉRIQUE. — ANNÉE COMMUNE, année civile de 365 jours. — ANNÉE DE DEUIL, durée d'une année pendant laquelle on est obligé de porter un deuil: *cette veuve s'est remariée dans l'année de son deuil.* — ANNÉE ECCLÉSIASTIQUE, voy. *Ecclésiastique.* — ANNÉE D'EXERCICE, année où l'on exerce actuellement une charge que plusieurs officiers ont droit d'exercer l'un après l'autre : *c'est son année d'exercice,* ou absolument: *c'est son année, il est en année, il est d'année.* — ANNÉE GRÉGORIENNE, année julienne, réformée par le pape Grégoire XIII, en 1582, et généralement adoptée aujourd'hui partout, excepté dans les pays de religion grecque. — ANNÉE JULIENNE, année déterminée par le calendrier de Jules César; elle commence douze jours après la nôtre et se compose de 365 jours et 6 heures. Les Russes comptent encore par années juliennes. — ANNÉE LUNAIRE, espace de douze et quelquefois de treize mois lunaires, c'est-à-dire de douze ou treize révolutions de la lune autour de la terre : *l'année lunaire est celle des musulmans.* — L'année lunaire de douze mois lunaires comprend 354 jours, 8 heures et 48 minutes. Elle était en usage chez les Chaldéens, les Perses et les Juifs. Tous les trois ans on ajoutait un autre mois lunaire, pour établir l'accord entre l'année lunaire et l'année solaire : le mois ajouté se nommait second Adar. — ANNÉE DE PROBATION, année pendant laquelle un religieux ou une religieuse fait son noviciat. — ANNÉE RÉPUBLICAINE, année qui avait été adoptée dans la république française, et qui commençait à l'équinoxe d'automne, à partir du 22 septembre 1792. — ANNÉE SABBATIQUE, voy. *Sabbatique.* — ANNÉE SCOLAIRE, temps qui s'écoule depuis la rentrée des classes jusqu'aux vacances. — ANNÉE SIDÉRALE, ANNÉE SYNODIQUE, voy. *Sidéral* et *synodique.* — ANNÉE SOLAIRE, voy. le commencement de cet article. — ANNÉE THÉATRALE, temps qui s'écoule depuis la rentrée de Pâques jusqu'à la clôture de la semaine sainte. — ANNÉE TROPIQUE, voy. le commencement de cet article. — SOUHAITER LA BONNE ANNÉE A QUELQU'UN, lui témoigner au commencement de l'année qu'on souhaite qu'il la passe heureusement. On dit de même : *Souhaits de bonne année, compliment de bonne année.* — CETTE TERRE VAUT TANT, ANNÉE COMMUNE, ANNÉE MOYENNE, en faisant compensation des mauvaises années avec les bonnes. — ANNÉE LITTÉRAIRE, recueil périodique publié par Fréron, contre les novateurs du XVIIIe siècle (1754-'76).

* **ANNELÉ, ÉE** part. pass. d'ANNELER. — Adj. Sciences naturelles. Qui a un anneau ou des anneaux; qui est entouré d'un ou de plusieurs anneaux : *Le corps de plusieurs serpents est annelé de brun ou de jaune.* — **Annelés** s. m. pl. Nom que les naturalistes modernes ont donné au grand embranchement des *articulés* de Cuvier, parce que le corps des animaux qui le composent semble formé d'une suite d'anneaux placés à la file les uns des autres. Les *Annelés,* appelés aussi *Entomozoaires,* ont été divisés en deux groupes : 1° les *Articulés* ou *Arthropodaires,* qui ont des membres articulés; 2° les *Vers,* dépourvus de membres articulés.

* **ANNELER** v. a. Former en anneaux. N'est guère usité qu'en parlant des cheveux que

l'on frise, et que l'on tourne en boucles : *anneler les cheveux*.

* **ANNELET** s. m. (dimin. du vieux mot *annel*, anneau). Petit anneau. — Archit. Espèce de *tores* formant anneau autour d'une colonne. On dit aussi *Armilles*, *Bagues* ou *Bracelets*. — Petits filets ou listels qui ornent le chapiteau dorique et qui sont placés à la partie supérieure de la gorge. — Blas. Petits anneaux qui ornent un écu.

* **ANNÉLIDES** s. m. pl. Zool. Classe d'animaux articulés qui se distinguent des vers par la couleur rouge de leur sang et par leur système nerveux, formé, comme celui des insectes, d'un double cordon noueux. « Leur corps, plus ou moins allongé, est toujours divisé en anneaux nombreux dont le premier, qui se nomme la tête, est à peine différent des autres, si ce n'est par la présence de la bouche et des principaux organes des sens.... Jamais ces animaux n'ont de pieds articulés; mais le plus grand nombre porte, au lieu de pieds, des soies ou des faisceaux de soies raides et mobiles. Ils sont tous hermaphrodites et quelques-uns ont besoin d'un accouplement réciproque. Leurs organes de la bouche consistent tantôt en mâchoires plus ou moins fortes, tantôt en un simple tube. Presque tous vivent dans l'eau (le ver de terre ou lombric fait seul exception); plusieurs s'y enfoncent dans des trous du fond, ou s'y forment des tuyaux avec de la vase ou d'autres matières, ou transsudent même une matière calcaire qui leur produit une sorte de coquille tubuleuse. » (Cuv.) — CLASSIFICATION. Cuvier divise les *Annélides* en trois ordres, en se basant sur leurs organes de la respiration : 1° *tubicoles*, ou *pinceaux de mer*, à branchies en forme de panaches ou d'arbuscules, fixées sur la tête ou sur la partie antérieure du corps ; 2° *dorsibranches*, à branchies en forme d'arbres ou de lames, sur la partie moyenne du corps ou sur les côtés ; 3° *abranches*, dépourvus de branchies apparentes. — Milne-Edwards a établi une classification plus naturelle qui est aujourd'hui admise par les naturalistes. Il divise cette classe en quatre ordres : 1° *dorsibranches* ou *errants*, 2° *tubicoles* ou *sédentaires* ; 3° *terricoles* ; 4° *suceurs*.

* **ANNELURE** s. f. Frisure de cheveux par boucles ou anneaux.

ANNEMASSE, ch.-l. de cant., arrond. et à 16 kil. de Saint-Julien (Haute-Savoie); 1,150 hab.

ANNÈSE (Gennaro), l'un des successeurs de Masaniello dans le commandement des Napolitains insurgés contre les Espagnols (1647). Ayant proclamé la république, il la plaça sous la protection de la France; mais le duc Henri de Guise, chef des troupes françaises, n'ayant respecté aucune des libertés de la nouvelle république, Annèse livra Naples aux Espagnols (6 avr. 1648), et ceux-ci l'envoyèrent à l'échafaud, au mépris de l'amnistie proclamée.

ANNESLEY I. (Arthur), premier comte d'Anglesey (1614-'86), prit une part active à la restauration de Charles II et publia plusieurs ouvrages politiques. — II. (James, LORD ALTHAM), petit-fils du précédent (né en 1715). Dépouillé par un de ses oncles, il s'enfuit en Amérique où il resta en esclavage pendant 13 ans. Il parvint ensuite à faire valoir ses droits sur le comté d'Anglesey.

* **ANNEXE** s. f. [ann-nè-kse] (lat. *annexus*, joint). — Jurispr. féod. Terres ou domaines attachés à une seigneurie, dont ils n'étaient pas mouvants ou dépendants. — Succursale, église où l'on fait les fonctions paroissiales, et qui relève d'une cure. — Ce qui est uni à une chose principale : *le Bugey fut, pendant quelque temps, une annexe de la Savoie; les paupières et les sourcils sont des annexes de l'œil;*

les trompes et les ovaires sont des annexes de l'utérus; le cerveau et ses annexes.

* **ANNEXER** v. a. [ann-nè-ksé]. Joindre, attacher : *J'ai annexé trois pièces à ce dossier.* — Ajouter, en parlant d'une province, d'une terre, d'un droit, d'une prérogative : *la Bretagne fut annexée à la France par le mariage de l'héritière de cette province avec Charles VIII; annexer un droit à une propriété.* — **S'annexer** v. pr. Prendre : *l'Allemagne s'annexa l'Alsace et une partie de la Lorraine.* — Etre annexé : *la Savoie s'annexa à la France.*

* **ANNEXION** s. f. [ann-nè-ksi-on]. Action d'annexer; d'incorporer un faubourg à une ville; d'ajouter une annexe à un territoire.

ANNEYRON, bourg du cant. et à 14 kil. de Saint-Vallier (Drôme); 1,200 hab. Ruines du château de MANTAILLES, voy. ce mot.

ANNIBAL ou **Hannibal** (en langue punique: *favori de Baal*), nom de plusieurs célèbres Carthaginois. — I. Fils de Giscon, suffète et général, vengea la défaite de son grand-père, Amilcar, par la destruction de Sélinonte et d'Himère. Il mourut de la peste devant Agrigente (406 av. J.-C.). — II. L'ANCIEN, fut défait par Duilius, en 260 av. J.-C., près des côtes de la Sicile. Ses soldats le mirent en croix, puis le lapidèrent. — III. Illustre général, né en 247 av. J.-C., mort en 183, fils d'Amilcar Barca, lequel, au moment de partir avec lui pour l'Espagne, pendant la première guerre punique, lui fit jurer une haine éternelle aux Romains. Il n'avait encore que 9 ans ; mais il n'oublia jamais ce serment solennel, prêté dans un temple, sous les yeux de la divinité. En 221, il prit le commandement de l'armée en Espagne, à la mort de son beau-frère, Asdrubal, et s'empara, après un siège sanglant qui dura huit mois (219), de la ville grecque de Sagonte alliée de Rome. Le sénat romain, ayant vainement demandé la restitution de cette cité, déclara la guerre, et la deuxième guerre punique commença. Déterminé à frapper, au centre même de ses possessions, la terrible rivale de sa patrie, Annibal assembla à la Nouvelle Carthage (aujourd'hui Carthagène), au printemps de l'an 218, une armée composée de 90,000 fantassins, 12,000 chevaux et 37 éléphants, traversa l'Ebre, subjugua les tribus belliqueuses de l'Espagne septentrionale et passa les Pyrénées. À son arrivée sur les bords du Rhône, son armée ne comptait déjà plus que 59,000 hommes. On croit généralement aujourd'hui qu'il remonta la vallée de l'Isère et passa les Alpes Grées, par le petit Saint-Bernard, opinion qui s'accorde, mieux que les autres, avec le récit de Polybe. Mais quelques historiens pensent qu'il traversa les Alpes Cottiennes par le mont Cenis ou le mont Genèvre. Quoi qu'il en soit, les difficultés de la marche sur des routes escarpées et inexplorées, jointes à la trahison des Centrones, réduisirent ses troupes à 20,000 fantassins et 6,000 chevaux, faible armée qui aurait pu être exterminée dans les vallées de la Dora Baltea, si les Insubriens et les Boïens ne se fussent soulevés contre Rome; il enrôla dans ses troupes les guerriers de ces tribus, marcha contre Taurinum (Turin) qu'il prit, battit le consul P.-C. Scipion, dans un combat de cavalerie sur le Ticino (Tésin), et son collègue T. Sempronius sur la Trébia. Le passage des Apennins s'effectua ensuite. Pendant quatre jours et quatre nuits l'armée marcha au milieu des marais de Clusium, où Annibal, monté sur son dernier éléphant, perdit un œil. L'imprudent consul Flaminius, qui l'observait, commit la faute de s'engager dans un défilé près du lac Trasimène, où le Carthaginois l'attaqua et le battit. Le consul périt avec la moitié de son armée; le reste fut pris (217). 4,000 cavaliers qui arrivaient à son secours furent tués ou faits prisonniers.

Q. Fabius Maximus Verricosus fut proclamé prodicateur de la cité romaine, où l'on commençait à trembler. Le prudent Fabius s'avança vers les troupes disponibles, au-devant du vainqueur, qu'il eut le talent d'arrêter tout en évitant de livrer bataille. Sa lenteur calculée tint Annibal en suspens, tandis que les Romains équipaient une armée nouvelle. Des intrigues ayant fait donner le commandement au présomptueux T. Varron, ce général ignorant abandonna la tactique de son prédécesseur et vint se faire battre, avec Paul-Emile, près de Cannes, (Apulie). Paul-Emile, 21 tribuns militaires, 80 sénateurs et des milliers de chevaliers restèrent parmi les 50,000 (d'autres disent 70,000) Romains victimes du carnage. Cette victoire (216) pouvait être suivie de la prise de Rome : *Annibal ad portas!* s'écriaient les Romains avec épouvante ; mais les vainqueurs, réduits à 36,000 combattants et exténués par les fatigues et les privations, ne purent continuer leurs opérations avant d'avoir pris un repos mérité. Capoue leur ayant ouvert ses portes, ils se plongèrent dans les délices de cette luxurieuse capitale de la Campanie. ce qui fit dire à Maharbal, officier qui aurait voulu marcher immédiatement sur Rome : « Tu sais vaincre, Annibal; mais tu ne sais pas profiter de la victoire ». En effet, la fortune des Carthaginois déclina à partir de leur entrée dans Capoue. Des maladies et des désertions les affaiblirent; l'indiscipline les énerva. Assiégés dans Capoue, ils firent, en 211, une vaine démonstration contre les murailles romaines qu'ils n'étaient plus en état de franchir. Capoue et Tarente furent bientôt perdues pour eux; et, après une victoire à Herdonea (210), Annibal, trop affaibli, dut se tenir sur la défensive dans l'Apulie, la Lucanie et le Brutium. Il attendait une puissante armée de renfort que son frère Asdrubal, devait lui amener d'Espagne; mais il apprit, en 207, que cette armée avait été détruite sur le Metaurus; il continua, néanmoins, de lutter avec énergie, jusqu'au rappel en Afrique que venait d'envahir P.C. Scipion, conquérant de l'Espagne (203). Complètement vaincu à Zama (202), le héros qui avait, pendant 16 ans, lutté en Italie contre les forces de Rome, dut accepter une paix humiliante, dont il profita ensuite pour tenter la régénération de sa patrie. Le radicalisme de ses réformes lui créa de nombreux ennemis dans les classes habituées à vivre de concussions et d'abus. D'un autre côté, ses efforts patriotiques pour le relèvement de Carthage, éveillèrent les soupçons des Romains, qui envoyèrent en Afrique des agents pour tramer un complot contre la vie du vainqueur de Cannes. Annibal n'eut que le temps de s'enfuir. Admis à la cour du roi de Syrie, Antiochus le Grand, il excita ce prince à faire la guerre aux Romains. Ces derniers, ayant eu le dessus, n'accordèrent la paix au roi de Syrie, qu'à la condition qu'il livrerait son hôte; mais Annibal, averti à temps, se sauva à la cour de Prusias, roi de Bithynie (187), prince qui eut la faiblesse d'ordonner son arrestation. Annibal, ne voulant pas tomber vivant entre les mains de ses impitoyables ennemis, eut recours au poison qu'il portait toujours dans sa bague. Il termina sa vie par des parjures et la haine pour les Romains et de mépris pour leur corruption. — Chef vigilant, soldat sobre et infatigable, officier d'une grande perspicacité et d'une prompte conception, il doit être mis au nombre des plus illustres hommes de guerre; on le l'admire pas moins comme administrateur habile, comme magistrat intègre et comme citoyen plein de patriotisme.

ANNIHILABLE adj. Qui peut être annihilé.

* **ANNIHILATION** s. f. [ann-ni-i-la-si-on] Anéantissement.

* **ANNIHILER** v. a. (lat. *ad nihilum* à néant).

Anéantir; rendre nul : *annihiler un acte, un testament.*

ANNIUS DE VITERBE (Giovanni Nanni), dominicain italien, favori du pape Alexandre VI (1432-1502). César Borgia le fit, dit-on, empoisonner. Sous le titre de *Antiquitatum volumina XVII*, il a publié un recueil de prétendus anciens ouvrages, dont quelques-uns lui sont attribués.

* **ANNIVERSAIRE** adj. (lat. *annus*, année; *vertere*, tourner). Se dit d'une époque ou d'une cérémonie qui ramène le souvenir d'un événement arrivé à tel jour une ou plusieurs années auparavant : *fête anniversaire, jour anniversaire.* — s. m. Retour annuel de quelque jour digne de remarque : *en Angleterre on fête l'anniversaire de la naissance des enfants; cet anniversaire est appelé birth-day.* — Se dit particulièrement du service que l'on fait à un mort, au retour annuel du jour de son décès: *fonder un anniversaire.*

ANNOBON ou **Annaboa**, île du golfe de Guinée, par 1° 24′ 18″ lat. S. et 3° 17′ 48″ long. E. ; 225 kil. carr. ; 500 hab. Découverte le 1er janv. 1473 par les Portugais, qui la cédèrent à l'Espagne en 1778.

ANNO DOMINI, en abrégé, A. D. (lat. *l'an de Notre Seigneur*), voy. Ère chrétienne.

ANNOMINATION s. f. [ann-no-mi-na-si-on] (lat. *annominatio, de, ad*; à; *nominatio*). Rhét. Genre d'allusion qui consiste à faire un jeu de mots sur un nom propre, soit avec la même orthographe, soit en y changeant une ou plusieurs lettres. Jésus-Christ fit une annomination lorsqu'il dit à l'apôtre Simon Barjona, surnommé Céphas (Pierre) : « Tu es Pierre, et sur cette pierre je bâtirai mon église. »

ANNON ou **Hanno** (Saint), archevêque de Cologne, mort en 1075. Il seconda le pape Grégoire VII dans la question du célibat des prêtres.

ANNONA (Mythol.), déesse romaine qui présidait aux récoltes de l'année.

* **ANNONAIRE** adj. (lat. *annona*, récolte). Qui a rapport aux vivres. Voy. Loi annonaire.

ANNONAY ou **Annonai**, ch.-l. de cant. (Ardèche), arr. et à 34. kil. N.-N.-O. de Tournon, au confluent de la Cance et de la Déaume. Tribunal de commerce, chambre consultative des arts et manufactures; collège, bibliothèque, musée. 19,000 hab. *Annoneum*, s'enrichit dès le xiiie siècle par l'industrie de la parcheminerie; plus tard elle se rendit fameuse par la fabrication des papiers. Pendant les guerres de religion elle fut prise deux fois et mise à sac par Saint-Chamond. Patrie de Boissy d'Anglas, du jurisconsulte Abrial et des frères Montgolfier. Château, ancienne résidence des princes de Soubise, église de Trachi et hôtel de ville. Pont suspendu, le premier qui ait été bâti en France. Exportation de papiers.

* **ANNONCE** s. f. Avis par lequel on fait savoir quelque chose au public, verbalement ou par écrit. — Les annonces se font soit à son de trompe ou de tambour, soit au moyen d'affiches, soit par insertion dans un journal. Ce dernier genre d'annonces a pris en Angleterre et aux États-Unis, une extension extraordinaire ; certains journaux de ces pays consacrent aux annonces une grande partie de leurs colonnes. En France, nous avons eu, dès 1633, le journal de Renaudot, la *Feuille du Bureau d'adresses*, puis, en 1751, les *Petites Affiches*, la *Gazette*, le *Journal des avis et affaires de Paris*. — Pour tous les journaux, l'annonce est devenue une source de revenus. — *Annonce* se dit des publications de mariage que font les protestants et que les catholiques appellent *bans.*—Presse. Feuille d'annonce, toute publication périodique exclusivement consacrée aux annonces. — Annonces judiciaires,

26

publication obligatoire d'actes qu il est utile de faire connaître dans l'intérêt des tiers; tels sont : les actes de sociétés commerciales, les actes relatifs aux changements de noms, aux conseils judiciaires, aux interdictions, aux séparations, aux procédures d'absence, aux faillites, au purges d'hypothèques légales, aux saisies et ventes judiciaires, etc. Autrefois, l'autorité désignait chaque année et pour chaque arrondissement les feuilles dans lesquelles devaient avoir lieu ces publications. Les parties sont libres aujourd'hui de choisir parmi les journaux de leur arrondissement celui auquel il leur convient de confier cette publication. A défaut de journal dans l'arrondissement, on s'adresse au journal de l'arrondissement le plus voisin, ou à l'un des journaux du chef-lieu de département.

* **ANNONCER** v. a. (lat. *annuntiare*). Faire savoir : *annoncer une nouvelle.* — Faire connaître au public par une annonce : *la vente a été annoncée.* — Prédire : *les prophètes annoncèrent la venue du Messie.* — Faire pressentir; *le début de ce roman annonce le dénouement,* — Etre le signe : *ses manières annoncent un homme bien élevé.* — Etre le précurseur : *l'hirondelle annonce le printemps.* — Faire espérer : *cela n'annonce rien de bon.* — Annoncer quelqu'un, annoncer son arrivée. — **S'annoncer** v. pr. Se présenter bien ou mal : *ce jeune homme s'annonce bien; votre affaire s'annonce mal.*

* **ANNONCEUR** s. m. S'est dit du comédien qui venait, vers la fin du spectacle, faire l'annonce des pièces que l'on devait jouer le lendemain.

* **ANNONCIADE** s. f. (vieux mot qui se disait pour *annonciation*). Nom commun à plusieurs ordres religieux et militaires. — Ordre de l'Annonciade, ordre militaire institué par Amédée VI, comte de Savoie, vers 1362, en mémoire de l'héroïque défense de Rhodes par Amédée Ier ; les nouveaux statuts de cet ordre, aujourd'hui répandu en Italie, datent du 3 juin 1869.

* **ANNONCIATION** s. f. Message de l'ange Gabriel à la Vierge pour lui annoncer le mystère de l'incarnation : *annonciation de la Vierge.* — L'annonciation a inspiré plusieurs peintres, parmi lesquels : Paul Véronèse (Académie de Venise); Murillo (musée de Madrid); Ph. de Champagne (musée de Lille). — Jour où l'église célèbre le mystère de l'incarnation : *jour de l'Annonciation ; fête de l'Annonciation.* Cette fête, qui se célèbre le 25 mars, ne fut introduite officiellement en France que sous le règne de Charlemagne ; mais elle existait déjà en Italie. Selon quelques auteurs elle fut instituée en 350; selon d'autres, au viie siècle seulement. — Le jour de l'Annonciation commença pendant longtemps l'année chez les chrétiens. La réforme telle qu'elle existe aujourd'hui fut introduite en France en 1564, en Ecosse en 1599, en Angleterre en 1752.

ANNOT, ch.-l. de cant., sur la Vaire, arr. et à 40 kil. N.-E. de Castellane (Basses-Alpes); 1,200 hab. Aux environs, on visite la curieuse grotte de Saint-Benoît.

* **ANNOTATEUR** s. m. Celui qui fait des annotations, des remarques sur un texte.

* **ANNOTATION** s. f. Note, remarque faite sur un texte, pour en éclaircir un passage : *il a fait de bonnes annotations sur Virgile.* — Désignait autrefois l'état et inventaire des biens, saisis par autorité de justice, sur un criminel ou sur un accusé.

* **ANNOTER** v. a. (lat. *annotare*). Faire des remarques, des notes sur un texte : *il annota le Code; un Virgile annoté.* — Signifiait autrefois : dresser acte et inventaire des biens saisis sur un criminel ou sur un accusé.

* **ANNUAIRE** s. m. (lat. *annus*, année). Publication annuelle dans laquelle on donne, outre le calendrier de l'année, le résumé des événements de l'année précédente, des renseignements statistiques, politiques, administratifs ou industriels, des notices biographiques, l'état et le mouvement du personnel de certaines professions, etc. Le mot *annuaire* fut substitué à celui d'*almanach* lors de la réforme du calendrier, en 1793, et de l'apparition de l'*Annuaire de la République* (1793). Mais on reprit bientôt l'usage du mot *Almanach* pour les publications annuelles qui ne se composent pas exclusivement de science et de renseignements statistiques, astronomiques, etc. Il faut renoncer à nommer tous les annuaires qui ont été publiés depuis cette époque ; nous citerons seulement les principaux. Celui qui a acquis le plus de réputation est, sans contredit, l'*Annuaire du Bureau des longitudes*, publié, depuis 1796, par le Bureau des longitudes de Paris, et qui contient des données statistiques officielles, utiles aux savants, aux voyageurs, etc.; puis l'*Annuaire militaire* (1820), l'*Annuaire de l'instruction publique*; l'*Annuaire de la Noblesse* (1842); l'*Annuaire du commerce* (auj. *Almanach Bottin*); l'*Annuaire de la Société de l'Histoire de France*, l'*Annuaire de l'Economie politique*, l'*Annuaire scientifique*, l'*Annuaire des Sociétés savantes* (1846), l'*Annuaire astronomique de Berlin*, l'*Annuaire de l'Observatoire de Bruxelles*. — Les Anglais ont l'*Annual register*, commencé en 1758 et continué jusqu'à nos jours; c'est le prédécesseur de notre *Annuaire des deux Mondes*, commencé en 1850, comprenant une histoire sommaire de chaque année, avec des tableaux statistiques. — Les Anglais ont, en outre, l'excellent *Statesman's year book* (*Annuaire de l'homme d'État*), qui renferme in-extenso les matières condensées dans l'*Almanach de Gotha*, et dont notre *Annuaire de la politique* ne donne qu'une bien faible idée.

ANNUALITÉ s. f. Qualité de ce qui est annuel.

* **ANNUEL, ELLE** adj. Qui dure un an : *à Rome, le consulat était annuel; magistrature annuelle.* — Ce qu'on touche, ce qu'on perçoit, ce qu'on paye ou ce qu'on acquitte chaque année : *droit annuel, rente annuelle.* — Astron. Mouvement annuel du soleil. Révolution apparente du soleil, d'un point du zodiaque au même point. — Bot. Plantes annuelles. Plantes qui fleurissent, fructifient et meurent dans l'année même de leur naissance. On fait par opposition à *plantes bisannuelles* et *plantes vivaces.* Les plantes annuelles sont aussi appelées *monocarpiennes*, parce qu'elles donnent une seule fois des graines. Le blé, l'avoine et les autres graminées sont des plantes annuelles.

* **ANNUEL** s. m. Messe que l'on fait dire tous les jours pendant une année, pour une personne défunte, à partir du jour de sa mort : *faire dire un annuel.*

* **ANNUELLEMENT** adv. Par chaque année : *cette fête se célèbre annuellement.*

* **ANNUITÉ** s. f. Emprunt dont le débiteur se libère entièrement en faisant annuellement, pendant un nombre d'années déterminé, un paiement qui comprend les intérêts de la somme prêtée et le remboursement d'une partie de cette somme. — Les annuités ou *rentes à terme* diffèrent des *rentes perpétuelles*, en ce que ces dernières laissent le capital intact et ne se composent que de l'intérêt ; tandis que les annuités amortissent et éteignent la dette en rendant, à chaque paiement, une partie du capital avec les intérêts de la somme empruntée.—L'annuité est *fixe* quand on doit la payer pendant un nombre déterminé d'années;*contingente*, si sa durée est soumise à certains événements; *différée*, quand on ne doit commencer à la payer qu'au bout d'un certain temps; *crois-*

L.

vante, si à partir d'une certaine époque elle doit croître dans une proportion déterminée; *réversible*, si l'on ne doit en jouir qu'après le décès d'une ou de plusieurs personnes actuellement vivantes; *à vie*, quand elle est limitée à la vie d'une ou de plusieurs personnes; *à vie temporaire*, lorsqu'elle ne doit durer qu'un certain nombre d'années, et à condition qu'une ou plusieurs personnes survivront à ce terme.

ANNULABLE adj. Qui peut, qui doit être annulé.

* **ANNULAIRE** adj. (lat. *annularis*). Qui est propre à recevoir un anneau, ou qui ressemble à un anneau. — DOIGT ANNULAIRE, le quatrième doigt, ainsi appelé parce que c'est celui où l'on met ordinairement l'anneau dans certaines cérémonies. — Astron. ÉCLIPSE ANNULAIRE, éclipse de soleil pendant laquelle cet astre déborde autour du disque de la lune comme un anneau lumineux. — ⁓ s. m. On dit, quelquefois l'*annulaire* pour le *doigt annulaire*.

ANNULATIF, IVE adj. Qui annule : *sentence annulative*.

* **ANNULATION** s. f. Action d'annuler.

* **ANNULER** v. a. Rendre nul : *la Cour d'appel a annulé toute la procédure; ce compte annule tous les autres*. — ⁓ S'annuler v. pr. Devenir nul.

ANOBION s. m. (lat. *anobium*; du gr. *aneu*, sans; *bios*, vie). Entom. Nom que l'on donne aux coléoptères appelés *vrillettes*, parce que ces insectes font les morts quand on les touche.

* **ANOBLI, IE** part. pass. d'ANOBLIR. — s. Celui qui a été fait noble depuis peu de temps : *les anoblis sont quelquefois plus fiers que les anciens nobles* (Acad.).

* **ANOBLIR** v. a. Faire noble; donner des titres de noblesse : *certaines charges anoblissaient*. — EN CE PAYS, LE VENTRE ANOBLIT, se dit d'un pays où la noblesse peut se transmettre par les femmes, et où l'on est réputé noble pourvu qu'on soit né d'une mère noble.

* **ANOBLISSEMENT** s. m. Action d'anoblir : *lettres d'anoblissement*.

* **ANODIN, INE** adj. (gr. *a*, sans; *oduné*, douleur). Méd. Se dit des remèdes qui ont la propriété de calmer les douleurs et quelquefois de les faire cesser complètement : *les préparations d'opium sont des remèdes anodins*. — Fig. REMÈDE ANODIN. Moyen peu efficace. — Par moquerie. Qui manque d'esprit, de force, de sel; qui est presque insignifiant : *vers anodins; écrit anodin*. — s. m. Médicament qui a la propriété de calmer la douleur. Les principaux anodins sont les narcotiques à petite dose : pavot, laitue, morelle, ciguë, jusquiame, belladone, opium et opiacés. On donne encore le nom d'anodins aux émollients, aux mucilagineux, aux gélatineux (à l'intérieur et à l'extérieur), ainsi qu'aux bains, aux cataplasmes et aux corps gras, à l'extérieur.

ANODONTE adj. (gr. *a*, priv.; *odous*, *odontos*, dent). Zool. Qui est dépourvu de dents. — s. m. Genre de mollusques acéphales testacés, classé par Cuvier dans les moules et les mulettes. Les anodontes sont vulgairement appelés *moules d'étang*. Leur coquille n'a point de dent à la charnière; mais un ligament en occupe toute la longueur. La plus grande espèce, l'*anodonte des cygnes (mytilus cygneus*, Lin.*)* se trouve dans toutes nos eaux à fond vaseux; ses valves verdâtres à l'extérieur et d'un blanc lustré à l'intérieur, sont minces et légères et servent à écrémer le lait. Sa chair possède un goût et une odeur désagréables. On connaît aussi l'*anodonte des canards (mytilus anatinus)*, l'*anodonte de rivière (mytilus fluviatilis)*, etc.

ANOLIS s. m. [a-no-liss] (nom qui désigne aux Antilles une espèce de lézard). Genre de reptiles sauriens, de la famille des iguaniens et qui sont particuliers à l'Amérique. Ils se distinguent des iguanes et des lézards parce que la peau de leurs doigts s'élargit sous l'antépénultième phalange en un disque ovale, strié par dessous, et qui les aide à s'attacher à toutes les surfaces. Corps et queue chagrinés par de petites écailles. La plupart des espèces portent, sous la gorge, un goître qu'ils enflent

Anolis à crête (Anolis velifer).
Anolis vert   Anolis à gorge rouge
(Anolis principalis).   (Anolis bullaris).

et font changer de couleur. Le corps tout entier de ces animaux possède également la faculté de changer de couleur. Les anolis se trouvent dans les bois, dans les taillis, sur les rochers; ils courent, grimpent et sautent avec une telle agilité qu'il est difficile de suivre leurs mouvements. Ils se nourrissent d'insectes et de mouches, et sont inoffensifs. On en a décrit six espèces : 1° le grand anolis à crête (*anolius velifer*), long d'un pied : se trouve à la Jamaïque; 2° le petit anolis à crête (*anolius bimaculata*), long de 6 pouces, de l'Amérique méridionale; 3° le grand anolis à écharpe, long d'un pied; 4° l'anolis à gorge rouge ou roquet (*anolius bullaris*), Antilles; 5° l'anolis rayé (*anolius strumosa*); et 6° l'anolis vert (*anolius principalis*), de la Caroline.

* **ANOMAL, ALE, AUX** adj. (gr. *anómalos*, irrégulier). Didact. Irrégulier. — Bot. Se dit de certaines fleurs polypétales et de forme irrégulière et indéterminée, comme celles de la violette, du réséda, de la balsamine, etc. : *fleur anomale*. — Méd. Se dit des maladies qui ne suivent point une marche régulière dans leur périodes. — Se dit aussi des maladies que l'on ne peut rapporter à aucune espèce connue. — Gramm. Se dit des verbes qui ne suivent pas, dans leur conjugaison, la règle ordinaire des autres verbes : *aller est un verbe anomal*. — ⁓ Anomaux s. m. pl. Nom de la première des quatre sections de la famille des décapodes macroures. Les anomaux ont les deux ou les quatre pieds de derrière beaucoup plus petits que ceux de devant. Cuvier les divise en genres : Albunée, Hippe, Remipède, Hermite ou Pagure, Porcellane et Galathée.

* **ANOMALIE** s. f. Didact. Irrégularité : *anomalies des maladies; anomalies du règne végétal*. — Gramm. Irrégularité dans la formation des noms, dans la conjugaison des verbes, dans l'emploi de certains mots, de certaines tournures. — Les anomalies d'orthographe sont nombreuses, surtout dans la formation du pluriel : *verroux, anomaux*; dans le féminin : *discrète*; dans les verbes : *meurs, je puis, j'irai*. Souvent les anacoluthes, les ellipses, les pléonasmes, les inversions et les idiotismes sont des anomalies syntaxiques. —

Il y a aussi des anomalies de prononciation. On dit, par exemple : Nous *portions* des *portions*. — Mes *fils* achètent des *fils*. — Les poules *couvent* près du *couvent*. — Il nous *convient* à venir, s'il vous *convient* d'accepter. — Il *pressent* l'orage et tous vos amis vous *pressent* de rester. — Il *est* de l'*est*. — Peut-on se *fier* à cet homme *fier*? — Nous *éditions* de belles *éditions*. — Nous *relations* ces relations intéressantes. — Nous *acceptions* ces diverses *acceptions* de mots. — Nous *inspections* les *inspections*. — Je suis *content* qu'ils *content* cette histoire. — D'un caractère *violent*, ils *violent* leurs promesses. — Pour plaire à leur *parent*, elles se *parent* de fleurs. — Ils *expédient* leurs lettres; c'est un bon *expédient*. — Nos *intentions* sont que nous *intentions* un procès. — Nous *objections* une foule d'*objections*. — Ils *résident* chez le *résident*. — Ils *excellent* à faire ce mets *excellent*. — Les poissons *affluent* dans cet *affluent*. — « Les anomalies *étouffent* les règles, » Renan. — Astron. Angle décrit par le rayon vecteur mené du soleil à une planète. *Anomalie vraie*, distance actuelle, vraie, de la planète au périhélie. *Anomalie moyenne*, anomalie qui se rapporte à une planète fictive qui tournerait d'une manière uniforme autour du soleil, de façon à achever sa révolution dans le même temps que la planète vraie et à coïncider avec cette dernière au moment de son passage à l'*aphélie* et au *périhélie*. *Anomalie excentrique*, angle formé par le grand axe de l'orbite d'une planète et une ligne menée du centre de cette orbite au point où une perpendiculaire tirée de la planète sur le diamètre du grand axe rencontre, en le prolongeant, la circonférence du cercle circonscrit à l'orbite elliptique de la planète.

* **ANOMALISTIQUE** adj. Astron. Ne s'emploie que dans cette locution : ANNÉE ANOMALISTIQUE, temps qui s'écoule entre l'instant où la terre est *aphélie*, et celui où elle redevient *aphélie* l'année suivante. L'année anomalistique est de 365 jours, 6 heures, 13 minutes, 59 secondes; elle est plus longue que l'année *sidérale*, qui est plus longue elle-même que l'année *tropique*.

ANOMALON s. m. (gr. *anómalos*, irrégulier). Genre d'insectes hyménoptères, voisin des ichneumons et des ophions.

ANOMALURE s. m. (gr. *anómalos*, qui n'est pas régulier; *oura*, queue). Zool. Genre de mammifères rongeurs, établi pour classer un animal singulier rapporté de Fernando-Po. Sous la base de sa queue se trouvent des écailles solides. Une membrane aliforme, qui s'étend sur les flancs, entre les quatre membres, permet à cet animal vif et léger de voler d'arbre en arbre, comme les polatouches, dont il se distingue par les écailles de sa queue, qui est longue et terminée en forme de panache. On n'en connaît que deux espèces : l'*anomalure de Fraser* (A. *Fraseri*, Waterhouse), de Fernando-Po, à dix écailles; et l'*anomalure de Pélée* (A. *Pelei*, Temm.), de la côte occidentale d'Afrique, à quinze grosses écailles.

ANOMIE s. f. (gr. *anomos*, irrégulier). Moll. Genre de mollusques acéphales testacés, voisin des huîtres, à valves minces, inégales, irrégulières, dont la plus plate est échancrée. Le muscle central, traversant cette ouverture, s'insère à une plaque par laquelle l'animal s'attache aux autres corps sous-marins. Ce genre renferme un grand nombre d'espèces vivantes ou fossiles. La plus commune est la *pelure d'oignon* que les habitants de nos côtes mangent comme l'huître.

ANOMOURE adj. (gr. *anomos*, irrégulier, *oura*, queue). Zool. Dont la queue offre une anomalie.— Anomoures s. f. pl. Sous-ordre de crustacés établi par Milne-Edwards, entre la section des brachyures et celle des macroures, pour les animaux dont le céphalo-thorax est beaucoup plus développé que la portion abdominale. Deux familles : *aptérures* et *ptérigures*.

ANOMPHAL, ALE adj. [a-non-fal] (gr. *a*, priv.; *omphalos*, nombril). Qui n'a pas de nombril.

* **ÂNON** s. m. Produit de l'accouplement de l'âne avec l'ânesse. — Nom que porte l'âne dès sa venue au monde.

ANONACÉ, ÉE adj. Qui ressemble à une anone. — ANONACÉES s. f. pl. Bot. Famille de plantes dialypétales, classe des magnolinées, rangée par Brongniart entre la famille des myristicées et celle des magnoliacées, comprenant des arbres ou des arbrisseaux, à feuilles alternes simples, sans stipules, à calice composé de trois sépales, à corolle de six pétales insérés sur deux rangs. Principaux genres : *anone*, *asiminier*, *guattérie*, *monodore*, *porcélie*.

ANONE s. f. (malais, *manoa*). Bot. Genre d'anonacées dont plusieurs espèces, cultivées dans nos serres chaudes comme curiosité, produisent, en Amérique et dans les Indes, des

Anone réticulée (Anona reticulata).

fruits délicieux. *Anone muriqué* ou *corossol*, *pomme de cannelle*, *cachimentier* (anona muricata, Lin.), des Antilles, à grandes fleurs blanchâtres, solitaires. *Anone du Pérou* (anona chérimolia), à fruits arrondis de la grosseur d'une pomme. *Anone réticulée* ou *cœur de bœuf* (anona reticulata, Lin.), grand arbre de l'Amérique méridionale, à fruit brun ayant la forme d'un cœur; la pulpe, d'un jaune rougeâtre, est crémeuse.

* **ÂNONNEMENT** s. m. Action d'ânonner.

* **ÂNONNER** v. n. Lire ou réciter avec peine, en hésitant : *il ne fait qu'ânonner.* — Activ.: *il ânonne sa leçon* (Fam.).

* **ANONYMAT** s. m. Qualité de ce qui est anonyme. Ne s'emploie guère qu'en langage administratif, en parlant des sociétés anonymes : *cette société a obtenu le privilège de l'anonymat*.

* **ANONYME** adj. (gr. *a*, sans ; *onoma*, nom). Qui est sans nom. Se dit surtout des auteurs dont on ne sait pas le nom, des écrits dont on ne connaît pas l'auteur : *poète anonyme*; *lettre anonyme*. — SOCIÉTÉ ANONYME, société commerciale qui n'est désignée par le nom d'aucun de ses associés, et qui est qualifiée par la désignation de l'objet de son entreprise. — Substantiv. Personne qui ne se fait pas connaître, qui reste anonyme : *ce livre est d'un anonyme*; *l'auteur a conservé l'anonyme.* — Voy. *Supercheries littéraires dévoilées*, par Quérard ; il y a aussi le *Dictionnaire des ouvrages anonymes et pseudonymes*, de Barbier.

ANOPISTHE adj. (gr. *a*, priv.; *opisthen*, derrière). Zool. Se dit des animaux qui n'ont pas d'anus.

ANOPISTHOGRAPHE adj. [a-no-piss-to-gra-fe] gr. *a*, priv.; *opisthen*, derrière ; *graphé*, écriture). Qui ne porte rien d'écrit ou d'imprimé au verso : *pour l'imprimerie, il faut des manuscrits anopishgraphes.* — s. m. pl. Nom donné à certaines éditions xylographiques du XVe siècle, dans lesquelles le papier n'est imprimé que d'un côté.

ANOPLOTHÉRIUM s. m.[a-no-plo-té-ri-omm] (gr. *anoplos*, sans arme; *thérion*, animal). Paléont. Genre de mammifères pachydermes fossiles, découvert en 1806, par G. Cuvier, dans les carrières à plâtre des environs de Paris. Les pieds des anoplothériums, « terminés par deux grands doigts comme dans les ruminants, ont ceci de différent, que les os du métatarse et du métacarpe restent toujours séparés sans se souder jamais en canon. La composition de leur tarse est la même que dans le chameau. Nous avons reconnu cinq espèces : une grande comme un petit âne, avec la forme basse et la longue queue de la loutre (*anoplotherium commune*); une de la taille et du port léger de la gazelle (*anoplotherium medium*); une de la taille et à peu près des proportions du lièvre, etc. » (Cuvier). Voy. CUVIER, *Recherches des ossements fossiles*, tome III.

ANOPSIE s. f. (gr. *anô*, en haut; *ops*, œil). Pathol. Strabisme dans lequel l'œil est tourné en haut.

ANOR, bourg du canton de Trelon, arr. d'Avesnes (Nord); 2,930 hab. Verrerie, forges, marbre, produits chimiques.

ANORDIE s. f. (rad. *nord*). Vent du N., bon frais et d'une certaine durée. On dit mieux *coup du Nord*.

ANORDIR v. n. (rad. *nord*). Mar. Se rapprocher du N. : *tourner au N.* — S'anordir v. pr. S'emploie dans le même sens, surtout en parlant du vent : *le vent s'anordit*.

ANOREXIE s. f. [a-no-rè-ksî] (gr. *a*, priv.; *orexis*, appétit). Pathol. Défaut d'appétit, dégoût des aliments; symptôme ordinaire des maladies aiguës et fébriles, quand elle n'est pas causée par des écarts de régime, une vie trop sédentaire, des passions vives, l'abus des liqueurs spiritueuses ou des boissons chaudes.

* **ANORMAL, ALE, AUX** adj. (gr. *a*, priv.; et *normal*). Contraire aux règles : *acte anormal*; *événements anormaux*.

ANORTHITE s. m. (gr. *a*, priv.; *orthos*, droit). Minér. Substance qui présente des cristaux dérivant d'un prisme oblique, à base de parallélogramme obliquangle, et donnant 2 clivages. Densité 2,763. L'anorthite peut rayer le verre; il fond au chalumeau en émail blanc. On le trouve dans la dolomie de Somma.

ANORTHOSCOPE s. m. (gr. *a*, priv.; *orthos*, droit ; *skopein*, voir). Opt. Instrument destiné à produire certaines illusions causées par la persistance des rayons lumineux. — Appareil décrit par Carpenter, en 1868. A l'intérieur on place des figures contournées qui perdent leur difformité lorsque l'appareil est en mouvement.

ANOSMIE s. f. (gr. *a*, priv.; *osmé*, odeur). Pathol. Diminution ou perte complète de l'odorat; symptôme ordinaire du coryza, du rhume de cerveau, de la fièvre typhoïde, de l'hystérie; détermine, dans ce cas, par la sécheresse de la membrane pituitaire ou par une sécrétion abondante de mucus altéré. L'anosmie n'est une affection essentielle que lorsqu'elle dépend du séjour au milieu d'une atmosphère chargée d'odeurs irritantes.

ANOSTOME s. m. (gr. *anô*, en haut; *stoma*, bouche). Genre formé par Cuvier dans l'ordre des poissons malacoptérygiens abdominaux. Les anostomes ont la mâchoire inférieure relevée au devant de la supérieure, en sorte que la bouche a l'air d'une fente verticale sur le bout du museau.

ANOUDA, île du groupe Viti (grand Océan), par 11° 37′ 12″ lat. S. et 167° 27′ 10″ long. E.

ANOURE adj. (gr. *a*, priv.; *oura*, queue). Zool. Se dit des animaux dépourvus de queue. — ANOURES s. m. pl. Ordre d'animaux de la sous-classe des amphibies ou batraciens qui vivent dans l'eau et respirent par des branchies pendant leur jeunesse, tandis qu'ils deviennent terrestres, respirent par des poumons et perdent leurs queues à l'âge adulte. Les anoures comprennent les genres : grenouille, crapaud, rainette et pipa.

ANQUETIL (Louis-Pierre), ecclésiastique et historien, né à Paris, en 1723, mort en 1806. Ses compilations comprennent un *Précis de l'histoire universelle* (9 vol. in-12); écrits en partie pendant une captivité sous le règne de la Terreur); une *Histoire de France* (1805, 14 vol., nouvelle édition, Rouquette, 1874); et les *Motifs des guerres et des traités de paix de France*.

ANQUETIL-DUPERRON (Abraham-Hyacinthe), orientaliste, frère du précédent, né à Paris, en 1731, mort en 1805; afin de découvrir d'anciens livres des Parsis, il s'engagea dans les troupes destinées à l'Indoustan (1755), et publia, en 1771, la première traduction du Zend Avesta, avec une relation de ses voyages et une vie de Zoroastre (3 vol. in-4°). Il a laissé plusieurs autres ouvrages très remarquables, parmi lesquels : *Législation orientale*, Amst. 1778 ; *Recherches historiques et géographiques sur l'Inde*, Berlin, 1786, 2 vol. in-4°; *De la dignité du commerce*, 1789; *l'Inde en rapport avec l'Europe*, 2 vol. in-8°, 1798; traduction latine des *Oupnikat* (secret qu'il ne faut pas révéler), 2 vol. in-4°, Paris et Strasbourg (1802-'4).

ANQUILLEUSE s. f. [ll mll.]. Argot. Voleuse à la détourne qui s'attaque aux magasins de nouveautés, et qui cache entre ses jambes (quilles) le produit de ses larcins.

ANSALONI (Giordano), missionnaire dominicain sicilien, qui fut torturé au Japon en 1634, après avoir vécu dans ce pays pendant deux ans, sous le costume des prêtres indigènes, afin de sauver les chrétiens de la persécution.

ANSARIENS ou Nossairiens, sectaires des monts Ansariens, au N. de la Syrie. Leur prophète, Nossair enseignait que Dieu a pris onze fois la forme humaine dans les corps d'Abraham, de Moïse, de Jésus, de Mahomet, d'Ali, d'Hakem-bi-Amr-Illah et de plusieurs autres. Le véritable Messie paraîtra sous la douzième forme. Les Ansariens ont défendu courageusement leurs croyances contre les persécutions des Turcs et des pachas égyptiens. Ils croient à la migration des âmes, parmi lesquelles celles des vrais fidèles seront transformées en étoiles, tandis que celles des impies et de ceux qui nient la divinité d'Ali entreront dans les corps des Juifs, des chrétiens, des musulmans, des singes, des chiens et des cochons.

AMSBACH [anss-bak]. Voy. ANSPACH.

ANSCHAIRE, Ansgar ou **Anscarius**, l' « Apôtre du Nord », né en Picardie, en 801, mort en 864; élevé chez les Bénédictins de Corbie, professeur à Corvey (Westphalie), évêque de Brême, archevêque de Hambourg et légat du pape. Il convertit le Danemark et la Sicile. L nous reste de lui des lettres et *Liber de vita et miraculis sancti Wilohadi*, Cologne, 1642, in-8°.

* **ANSE** s. f. (celt. *anc*, *ans*, courbure; lat. *ansa*). Partie saillante, ordinairement recourbée, par laquelle on saisit certains vases; certains ustensiles : *prendre un pot par l'anse*; *anses d'une pièce d'artillerie.* — Géogr. Très petite baie qui s'avance dans les terres : *nous mouillâmes dans une anse.* — Mar. Bouts de filin épissés, en forme de patte, sur les ralingues des voiles, pour les palanquins et les branches des boulines. — Archit. ANSE DU PAɴɪᴇʀ. Définition attribuée à un arc de voûte à plusieurs centres. — * Faire danser l'anse du panier, gagner sur la dépense du ménage ; expression qui était déjà en usage au XVIIᵉ siècle. Se dit surtout lorsqu'une cuisinière fait payer à ses maîtres ce qu'elle achète plus cher qu'on ne lui a vendu. — Faire le pot a deux anses, mettre les mains sur les hanches en arrondissant les coudes. — Panier a deux anses, homme ayant une femme à chaque bras.

* ANSE s. f. Ligue. Voy. Hanse.

ANSE, *Asa Paulini* ou *Ansa*, ch.-l. de cant. (Rhône), arr. et à 5 kil. S. de Villefranche ; 2,300 hab. Résidence royale au Xᵉ siècle ; il s'y est tenu plusieurs conciles. La beauté de cette partie de la vallée de la Saône a donné naissance à ce dicton : « De Villefranche à Anse, la plus belle lieue de France ».

* ANSÉATIQUE adj. f. Voy. Hanséatique.

ANSELME (Saint), né à Aoste, vers 1033, mort en Angleterre, en 1109. A l'âge de vingt-sept ans, il entra au monastère de Bec (Normandie). Devenu archevêque de Canterbury, en 1093, il lutta, pour mettre sa puissance spirituelle au-dessus du pouvoir laïc, contre les rois d'Angleterre, Guillaume II et Henri Iᵉʳ. Ses œuvres ont été publiées par D. Gabriel Gerberon, Paris, 1675, un vol. in-fol. *La vie de saint Anselme* a été écrite par Ch. de Rémusat, un vol. in-8ᵉ, Paris, 1852.

ANSELME DE LAON, célèbre théologien scolastique, né à Laon, vers 1030, mort en 1117 ; disciple de saint Anselme, il enseigna dans l'école de Paris, dirigea pendant cinquante ans celle de Laon, avec un succès qui lui valut le titre de *Docteur des docteurs*. Son meilleur ouvrage : *Glossa in Psalterium Davidis*, a été inséré à la suite du commentaire de Pierre Lombard.

ANSER, nom latin de l'*oie*.

ANSÉRINE adj. (lat. *anserinus*, qui appartient à l'oie). Se dit de la peau de l'homme quand elle présente le phénomène appelé vulgairement *chair de poule*. — s. f. Bot. Genre de chénopodées comprenant généralement des herbes à feuilles alternes, à fleurs hermaphrodites, à étamines insérées au fond du calice. Principales espèces : *ansérine fausse ambroisie*, thé du Mexique, thé des jésuites, ambroisie (*chenopodium ambrosioïdes*), du Mexique, naturalisée dans l'Europe méridionale, aromatique, employée en infusion comme stomachique. *Ansérine anthelminthique* (*chenopodium anthelminthicum*) d'Amérique, cultivée pour ses graines considérées comme vermifuges. *Ansérine aromatique* (*chenopodium botrys*) ou piment, de l'Europe méridionale, employée en infusion théiforme, dans les maladies pituiteuses de la poitrine. *Ansérine puante* (*chenopodium vulvaria*), indigène, d'une odeur fétide ; on lui attribuait la propriété de calmer les douleurs après l'accouchement. *Ansérine blanche* (*chenopodium album*), abondante dans nos champs, à la fin de l'été. Enfin le *quinoa*. Voy. ce mot.

Ansérine anthelminthique.

ANSÉRINÉ, ÉE ou Anséride. Qui ressemble à l'oie. — Ansérinées s. f. pl. Zool. Sous-famille d'*anatidés*, établie par Is. Geoff. Saint-Hilaire et comprenant le genre oie, qui est di-

visé en sous-genres oies et *bernaches*. — Bot. Tribu de *chénopodées*, établie par Moquin-Tandon, dans le sous-ordre des *cyclolobées*, et caractérisée par un embryon annulaire. Principaux genres : betterave, ansérine, blète.

ANSETTE s. f. (diminutif de *anse*). Attache dans laquelle passe le ruban d'une croix.

ANSIBARIENS ou Ampsibariens, peuple germanique, établi primitivement au S. des Bructeri, entre les sources de l'Ems et du Weser. Chassés de ce pays par les Chauces, sous le règne de Néron (59 après J.-C.), ils demandèrent aux Romains l'autorisation de s'établir entre le Rhin et l'Yssel ; mais leur requête ayant été repoussée, ils errèrent dans l'intérieur de la Germanie. Nous trouvons leur nom parmi les Francs du temps de Julien.

ANSON (George), marin anglais (1697-1762). En 1740, il fut envoyé dans la mer du Sud pour y ruiner le commerce espagnol. Plusieurs désastres réduisirent son escadre à un seul navire, avec lequel Anson explora les côtes et les îles du Pacifique, captura Payta (Pérou) et saisit plusieurs vaisseaux. Vice-amiral en 1747, il battit et prit en partie la flotte de La Jonquière, en face du cap Finisterra (Espagne). Son « Voyage autour du Monde », publié en 1748, a été traduit en français par Gua de Malves, Paris, 5 vol. in-12, 1754.

ANSPACH [anss-pakk] ou Ansbach, *Onoldinum*, capitale de la Franconie centrale, Bavière (autrefois capitale de la principauté d'Anspach-Baireuth qui donna le titre de margrave à une branche de la maison de Brandebourg), à 40 kil. O.-S.-O. de Nuremberg ; 13,000 hab. Beau château et nombreuses manufactures. Le dernier margrave, Christian-Frédéric-Charles-Alexandre (1736-1806), vendit sa principauté à la Prusse, dont l'acquit en 1806. — Lat. 49° 18' 13" N.; long. 11° 5' 51" E.

ANSPACH (Lady Elizabeth Craven, margravine d'), fille cadette du quatrième comte de Berkeley, née en 1750, morte en 1828. Elle épousa le futur comte de Craven, en 1767; se sépara de lui en 1780, voyagea, et finit par s'établir à Anspach où elle fonda un théâtre pour lequel elle écrivit des pièces. Le comte de Craven étant mort, le dernier margrave d'Anspach épousa lady Elizabeth, en 1791, et se retira avec elle en Angleterre. Elle a laissé 2 vol. de voyages; des *Mémoires*, traduits en français par Parisot, 1826, 2 vol. in-8ᵉ; et le *Nouveau théâtre d'Anspach*, publié par Asimond, 1789, 2 vol. in-8ᵉ.

* ANSPECT s. m. [an-spèk] (angl. *hand*, main; celt. *spek*, levier). Mar. Barres de frêne ou d'orme, de différentes proportions qui servent à pointer les canons à bord des navires. Les barres d'anspect sont ferrées au gros bout, qui est taillé en sifflet.

ANSPESSADE ou Ancepessade s. m. [anspè-sa-de] (ital. *lancia spezzata*, lance brisée). Ce nom désigna, au temps de Louis XII, un chevalier démonté et obligé de servir momentanément dans l'infanterie. Il cassait sa lance pour la réduire à la longueur des hallebardes des sergents et était considéré comme un soldat d'élite. Les anspessades ayant rendu des services dans l'infanterie encore en formation à la sortie du moyen âge, on créa des postes fixes d'anspessades avec le grade de sous-caporal; il y en avait 12 par bande de 300 hommes. A la création des régiments, on les appela caps d'escadre ou chefs d'escouade des piquiers. Supprimés en 1686, époque où il n'y avait presque plus de piquiers, ils furent rétablis vers 1705 et disparurent définitivement en 1762.

ANSTER (John), poète irlandais (1798-1867), a publié une traduction des auteurs allemands.

ANSTEY (Christopher), poète anglais (1724-1805), publia le « Nouveau guide au bain » satire qui obtint un grand succès.

ANTACIDE voy. Antacide.

* ANTAGONISME s. m. (gr. *anti*, contre; *agônizomai*, combattre). Anat. Action des muscles qui agissent au sens inverse l'un de l'autre. — Opposition de deux forces, opposition d'idées, de doctrines, d'intérêts : *l'antagonisme de la France et de l'Angleterre a troublé le monde pendant plusieurs siècles*.

* ANTAGONISTE s. m. Celui qui fait des efforts, qui soutient une lutte contre un adversaire : *les partisans de Jansénius étaient les antagonistes des disciples de Molina*. — Adjectiv. et substantiv. Anat. Se dit des muscles qui agissent en sens contraire les uns des autres. Tous les muscles ont leurs antagonistes ; ainsi, dans les membres, les muscles *fléchisseurs* sont antagonistes des *extenseurs*; et vice versa.

ANTALCIDAS, général lacédémonien qui conclut avec la Perse, en 387 av. J.-C., la paix honteuse qui porte son nom et qui soumettait à Artaxercès-Mnémon toutes les villes grecques de l'Asie Mineure. Poursuivi de la haine générale, Antalcidas se réfugia en Perse, d'où il fut chassé. Il se laissa mourir de faim.

* ANTAN s. m. (lat. *ante annum*, l'année d'avant). L'année qui précède celle qui court. Ne s'emploie plus dans quelques phrases proverbiales : Je ne m'en soucie non plus que des neiges d'antan, je ne m'en soucie aucunement; mais où sont les neiges d'antan? où sont les neiges de l'an passé? Allusion à un refrain du poëte Villon dans sa ballade des *Dames du temps jadis*.

* ANTANACLASE s. f. [an-ta-na-kla-ze] (gr. *anti*, contre; *anaklasis*, répercussion). Rhét. Répétition du même mot pris dans des sens différents. Cette figure n'est admise qu'à la condition d'ajouter à l'expression de la pensée quelque chose de gracieux, d'ingénieux ou d'énergique; par exemple : *le singe est toujours singe*. — *La raison finit toujours par avoir raison* (D'Alembert).

Ne *voyons plus un cœur où l'on ne nous voit plus.*
                    Boileau, *le Lutrin.*

Sous ce feuillage sombre,
La rivière fuyait à travers les roseaux ;
Et les grands peupliers, en murmurant dans l'ombre,
Jetaient leurs ombres dans les eaux.
                        T. de M.

Dans le dernier des exemples précédents, l'antanaclase est un peu recherchée. Dans l'exemple suivant, elle est tout à fait de mauvais goût : aujourd'hui *Perpétue* et *Félicité* jouissent d'une *félicité perpétuelle* (Saint Augustin).

ANTANAGOGE s. f. (gr. *anti*, contre; *anagôgué*, rejaillissement). Rhét. Figure qui consiste à rétorquer une raison contre celui qui se sert où à faire retomber une accusation sur celui même qui la formée.

ANTANNAIRE adj. Né dans l'année précédente, en parlant d'un animal domestique. On dit aussi Antenois.

ANTAPODOSE s. f. (gr. *anti*, contre ; *apodidômi*, je rends). Rhét. Figure de style qui établit la correspondance, la réciprocité entre les deux parties principales d'une période, dont la première renferme une similitude, et la seconde la chose que l'on veut exprimer à l'aide de la similitude. Ce terme n'est pas employé dans la rhétorique moderne. Voy. Apodose.

ANTAR ou Antara, célèbre guerrier et poète arabe du VIᵉ siècle, auteur de l'un des Moallakas (sept poëmes suspendus dans la casbah de la Mecque). — Les aventures de ce guerrier font le sujet du « Roman d'Antar », ouvrage intéressant que l'on a appelé l'Iliade de l'Arabie et que l'on attribue à Aboul-Moayed-ibn-Essâïgh, écrivain du Xᵉ siècle. En Égypte et en Syrie, on appelle *antari* les personnes dont la profession est de lire et de réciter des fragments de cet ouvrage dans les cafés.

*ANTARCTIQUE adj. [an-tar-kti-ke] (gr. *anti*, contre, à l'opposite; et *arctique*; c'est-à-dire *opposé au cercle polaire arctique*). Se dit du petit cercle tracé sur la sphère terrestre à 23° 28' du pôle antarctique, pour réunir par une même ligne tous les points de l'hémisphère austral où le jour de vingt-quatre heures lorsque le soleil arrive au tropique du Capricorne (22 décembre; solstice d'hiver pour l'hémisphère arctique, solstice d'été pour l'hémisphère antarctique). — *Antarctique* se dit du pôle austral, par opposition au pôle *arctique* ou boréal. On dit *régions antarctiques, Océan antarctique, terres antarctiques*, pour désigner les régions, les mers, les terres comprises dans le cercle austral. — Découvertes antarctiques. Dans son second voyage (1772-'75), le capitaine Cook atteignit 71° 10' de lat. S., sans découvrir de terre, ce qui le fit douter de l'existence d'un continent au pôle S. En 1821, la terre de la Trinité, vers 62° de lat. S. fut entrevue par Howell; la terre de Palmer fut trouvée par Palmer et la terre d'Alexandre le fut par Bellingshausen. L'explorateur anglais Weddel atteignit 74° 15' lat. S., mais ne trouva aucune terre nouvelle. Une expédition commandée par l'Anglais Biscoe, découvrit, en 1831 et 1832, les terres d'Enderby (lat. 67° 30') et de Graham, ainsi que le prolongement au S.-O de la terre de Palmer. En 1839, le capitaine Balleny nomma la terre Balleny (67° S.) et la terre Sabrina (65° 10'). L'expédition de Dumont d'Urville trouva la terre Adélie (1840); et celle du commandore américain Wilkes, qui eut lieu la même année et dans les mêmes régions, prouva l'existence d'un continent qui gît sous le pôle S. En 1841, le cap. Clark Ross découvrit la terre Victoria et pénétra jusqu'à 78° 11' lat. S., par 170° 10' long. E. En cet endroit, il trouva des montagnes d'origine volcanique, dont il évalua la hauteur à 3000 ou 4000 mètres.

*ANTARÈS s. m. Nom d'une étoile de première grandeur située vers le cœur du Scorpion.

*ANTE s. f. (gr. *anteô*, j'avance). Archit. Pilastre saillant, faisant tête de mur et face à une colonne, ou placé à l'angle droit extérieur de deux murs qui se rencontrent, et faisant face à deux colonnes dans leur avancée. — L'église Notre-Dame-de-Lorette, à Paris, offre un spécimen de temple à *antes*. — ⏳ Techn. Pièce de bois appliquée sur l'avant des ailes d'un moulin à vent. — Peint. Petit manche adapté au pinceau à laver.

ANTEBOIS s. m., voy. Antibois.

*ANTÉCÉDEMMENT adv. Antérieurement; avant l'ordre des temps.

*ANTÉCÉDENT, ENTE adj. (lat. *ante*, avant; *cedere*, aller). Qui est auparavant; qui précède dans l'ordre du temps: *acte antécédent; procédures antécédentes*.

*ANTÉCÉDENT s. m. Fait passé que l'on rappelle à propos d'un fait actuel: *il a de fâcheux antécédents*. — Gramm. Nom ou pronom qui précède et régit le relatif *qui*. Dans ces phrases: *Dieu qui peut tout; ceux qui nous ont dit cela*, Dieu et ceux sont les antécédents; *qui* est le relatif. — Log. Première partie d'un argument appelé *Enthymème*, et qui ne consiste qu'en une seule proposition, dont on tire une conséquence: *je vous accorde l'antécédent, mais je vous nie la conséquence*. — Mathém. Le premier des deux termes d'un rapport, par opposition à *conséquent*, qui désigne le second: *l'antécédent et le conséquent*.

*ANTÉCESSEUR s. m. Se disait autrefois d'un professeur en droit dans une université.

ANTECESSORES ou Antecursores s. m. pl. [an-té-sèss-so-rèss; an-té-cur-so-rèss] (lat. *ante*, avant; *cessor*, qui marche; ou *ante*, avant; *cursor*, qui court). Cavalerie légère qui, chez

les Romains, formait l'avant-garde d'une armée en marche.

*ANTÉCHRIST s. m. [an-té-krist] (gr. *anti*, contre; et *Christ*). Ennemi du Christ; esprit du mal qui, suivant quelques paroles de l'Apocalypse, viendra se faire adorer sur la terre, peu de temps avant la fin du monde. Son règne impie et cruel ne durera que trois ans et demi. Enoch et Elie, qui ne sont pas encore morts, essayeront vainement de le combattre; il les fera périr au lieu même où Jésus a été crucifié; mais le Christ le foudroiera. — Le terme *Antéchrist* se trouve cinq fois dans la première et seconde épîtres de saint Jean.

ANTÉCIEN ou Antœcien adj. et s. m. (gr. *anti*, à l'opposite; *oikos*, demeure) Géogr. anc. S'est dit des peuples qui se trouvent sous le même méridien et sous des parallèles opposés, à égale distance de l'équateur, les uns au N., les autres au S.

*ANTÉDILUVIEN, IENNE adj. qui est antérieur au déluge, qui a existé avant le déluge. — Paléontol. Ce mot, dans la science, ne possède qu'une détermination indécise, parce qu'il ne peut s'appliquer aux animaux ou aux plantes qui ont existé avant le déluge de la Bible. On appelle *antédiluviens* les êtres organisés que l'on ne retrouve plus qu'à l'état fossile, tels que les Paléothériums, les Anoplotériums, les Mastodontes, voy. Fossiles. — Histoire antédiluvienne. Partie de la Genèse IV, V, VI.

ANTÉE (Mythol). Géant de Lybie, fils de Neptune et de la Terre; il tuait les passants pour construire avec leurs crânes un temple à son père; il était invincible tant qu'il se trouvait en contact avec sa mère. Hercule, après l'avoir vainement terrassé neuf fois, le souleva en l'air et l'étouffa dans ses bras.

*ANTÉFIXE s. f. [an-té-fik-se] (lat. *ante*, devant; *fixus*, fixé). Archit. Sorte de plaque en pierre, en terre cuite, en marbre ou en airain, que les anciens plaçaient en bordure devant les tuiles demi rondes, pour masquer la cavité de celles qui garnissaient la partie inférieure du toit de leurs édifices. — ⏳ Croix plus ou moins ornée qu'on voit au dessus du pignon du chœur de quelques églises romanes.

ANTÉMÉTIQUE adj. voy. antiémétique.

ANTÉMURAL s. m. Mur d'enceinte d'un château et tout ouvrage avancé qui en défendait l'approche.

ANTENCLÈME ou Anticlème (gr. *anti*, contre; *enklêma*, reproche). Rhét. Accusation opposée à une autre; on dit mieux *récrimination*.

*ANTENNE s. f. (lat. *antenna*). — Vergue d'un bâtiment gréé en voiles latines ou triangulaires. L'antenne est longue, flexible, formée de plusieurs pièces d'assemblage. Elle s'attache au moyen d'une poulie vers le milieu ou vers le haut du mât et n'est jamais placée horizontalement; elle est, au contraire, oblique au plan de l'horizon, position qui diffère de celle des vergues destinées à porter des voiles carrées.

> Et ses vigoureuses *antennes*
> Balançaient sur les vertes plaines
> Des ponts chargés de matelots.
> Lamartine.

On donne aussi le nom d'*antennes* ou *guiternes* à des traverses de bois ou fortes aiguilles qui appuient et retiennent, du côté de la terre, le mât principal ou sous-barbet des bigues d'une machine à mâter. — Zool. Cornes ou appendices mobiles qui se trouvent, au nombre de deux ou de quatre, sur la tête des crustacés et des insectes. Tous les crustacés ont des antennes en filaments articulés attachés au-devant de la tête et presque toujours au nombre de quatre. Le nombre des articles dont se composent les antennes varie de deux ou trois

jusqu'à 200 et au-delà. Elles atteignent leur maximum chez les crustacés, principalement chez les écrevisses et la langouste. Parmi les insectes, il n'y a que les lépidoptères, les orthoptères et les hémiptères chez qui les articles soient multipliés; on appelle antennes *droites*, celles dont les articles sont tous à peu près en ligne droite; antennes *brisées*, celles qui se divisent en deux parties formant un coude; *filiformes*, celles qui sont d'une grosseur égale dans toute leur étendue; *sétiformes*, qui diminuent graduellement de grosseur, depuis la base jusqu'au sommet; *en massue*, qui se terminent par un bouton. On regarde les antennes comme des organes affectés au tact. — Les expériences faites en 1880 prouvent à peu près démontré que c'est par leurs antennes que les insectes sont capables de distinguer les odeurs. Lorsqu'il enlève aux mouches leurs antennes ou lorsqu'il les enduit simplement de paraffine, ces animaux ne s'aperçoivent plus du voisinage de viande corrompue. Mais il ne faut pas en conclure que les antennes ne sont utiles qu'au sens de l'odorat. — Dans quelques espèces, la forme particulière des antennes marque la distinction des sexes.

ANTENNÉ, ÉE adj. Qui est pourvu d'antennes. — Antennères s. f. pl. Nom donné par Lamarck aux *Annélides errants* des naturalistes modernes.

ANTENNIFÈRE adj. Synon. de *Antenné*.

ANTENNIFORME adj. Semblable à une antenne.

ANTENNISTE adj. Synon. de Antenné.

ANTENNOLE s. f. Mar. Petite vergue destinée à recevoir une voile latine.

ANTENNULAIRE adj. Entom. Qui a rapport aux antennules.

ANTENNULE s. f. Entom. Synon. de Palpe.

ANTENOIS, OISE adj. (rad. *antan*). Synon. de Antannaire. — Agneau antenois, agneau qui a ses deux premières dents d'adulte (*pinces*). Il conserve ce nom jusqu'à la sortie des premières mitoyennes.

ANTÉNOR, l'un des plus sages parmi les princes troyens; conseilla de rendre Hélène aux Grecs; mais fut accusé de trahison. Après la chute de Troie il aborda en Italie et fonda Padoue.

ANTÉNOR s. m. Conchyl. Nom donné par Montfort à l'une des nombreuses variétés de la roboline calcaire.

ANTÉOCCUPATION s. f. Rhét. Nom que l'on donne quelquefois à la *prolepse* (voy. ce mot).

*ANTÉPÉNULTIÈME adj. (lat. *ante*, avant; *pené*, presque; *ultimus*, dernier). Qui précède immédiatement la pénultième ou avant dernier: *l'antépénultième syllabe d'un mot; l'antépénultième vers d'une strophe*. — s. f. Antépénultième syllabe d'un mot: *dans ce mot, l'accent est sur l'antépénultième*.

ANTEPILANI s. m. pl. [an-té-pi-la-ni] (lat. *ante*, avant; *pilani*, soldats armés d'un javelot). Ant. Rom. Soldats, qui, dans l'ordre de bataille, composaient les deux premiers rangs, (c'est-à-dire les *hastati* et les *principes*) et se trouvaient ainsi placés devant les *pilani* ou *triarii*, qui formaient le troisième rang.

ANTEQUERA, anc. Antiquaria ou *Anticaria*, ville d'Espagne, à 43 kil. N.-O. de Malaga, sur le Guadalore; 28,000 hab. Dans les hautes montagnes des environs se trouvent des carrières de beau marbre. La ville possède des manufactures de draps, de cuir, de papier, de soie et de coton. — Château mauresque. — Antequera fut enlevée aux Maures en 1410.

*ANTÉRIEUR, EURE adj. (lat. *anterior*). Qui est avant, qui précède: *partie antérieure* *d'un vaisseau : époque antérieure ; fait antérieur.*— Gramm. **PRÉTÉRIT OU PASSÉ ANTÉRIEUR**, temps du verbe qui exprime une action passée, faite avant une autre également passée : *quand j'eus terminé, je partis.* — **FUTUR ANTÉRIEUR**, voy. *Futur.*

* **ANTÉRIEUREMENT** adv. Précédemment.

* **ANTÉRIORITÉ** s. f. Priorité de temps : *antériorité d'hypothèque, de date, de droit, de titre, d'une découverte.*

ANTÉRO (rad. *antérieur*), mot qui entre dans plusieurs composés de la langue anatomique : *antéro-postérieur*, qui va d'avant en arrière ; *antéro-inférieur*, qui est situé à la partie antérieure et inférieure, etc.

ANTÉROS (gr. *amour partagé*). Mythol. Fils de Mars et de Vénus ; était le dieu de l'amour réciproque.

ANTES, ancien peuple sarmate qui envahit plusieurs fois l'empire, au v° et au vi° siècle. Héraclius leur ayant abandonné des terres en Illyrie, ils ont donné naissance aux Bosniaques, aux Serbes, aux Dalmates, aux Croates et aux Esclavons.

ANTESIGNANI s. m. pl. [an-tè-sig-na-ni] (lat. *ante*, devant ; *signa*, enseignes). Nom sous lequel on désignait, dans la légion romaine, au temps de César, un corps d'hommes choisis qui marchaient en avant de la légion et qui servaient d'éclaireurs. Voy. **ARMÉE**.

ANTESTATURE s. f. (lat. *ante*, avant ; *statura*, élévation). Art milit. Massif qu'on élevait pour barrer défensivement une porte de ville. Au moyen âge, palissadement improvisé ou travail quelconque de fortification passagère.

ANTÉVERSION s. f. (lat. *ante*, en avant ; *versus*, tourné). Pathol. Déviation de l'utérus, qui s'incline de telle sorte que le fond en est en avant, appuyé sur la vessie, et le col en arrière sur le rectum. Traitement : repos, bandage approprié. Si l'on a affaire à une femme affaiblie et débilitée, on a recours à une bonne alimentation et aux toniques ; mais au contraire, si l'on reconnaît l'existence d'un état inflammatoire, on emploie les antiphlogistiques.

ANTHÈLE adj. (gr. *anthélé*, panicule velue). Bot. Nom donné par Meyer, dans sa monographie du genre *juncus*, à l'inflorescence des *joncées*.

ANTHÉLIE s. f. (gr. *anti*, contre ; *élios*, soleil). Météor. Image diffuse du soleil que l'on aperçoit quelquefois à l'opposé de cet astre, sur un cercle blanc (cercle parhélique) qui passe par le centre du soleil et qui est parallèle à l'horizon. Ce météore est dû à la réflexion de la lumière par des herbes mouillées, des vésicules de brouillard ou des nuages placés à une faible distance du spectateur.

ANTHÉLIX s. f. [an-té-liks] (gr. *anti*, à l'opposé ; *hélix*, spirale). Anat. Éminence du pavillon de l'oreille située entre la conque et l'hélix, au-devant de celui-ci.

ANTHELME (Saint), général de l'ordre des Chartreux, puis évêque de Belley, mort en 1118.

ANTHELMINTHIQUE adj. et s. m. (gr. *anti*, contre ; *helmins, helminthos*, vers intestinal). Synon. de **VERMIFUGE**. Les anthelminthiques se divisent en deux classes : *téniafuges* et *vermifuges* proprement dits.

ANTHÈME ou **Anthemius**. — I. Empereur d'Occident (467-72), renversé et mis à mort par son gendre Ricimer qui soutenait Olibrius ; — II. Anthème de Tralles, architecte byzantin du vi° siècle ; il construisit la basilique de Sainte-Sophie à Constantinople. Il se rendit célèbre par la supériorité avec laquelle il fit l'application des mathématiques à l'architecture.

ANTHÈME (Saint-), ch.-l. de cant., arr. et à 25 kil. E. d'Ambert (Puy-de-Dôme) ; 3,150 hab.

ANTHÉMIDÉ, ÉE adj. Qui ressemble à l'anthémis ou camomille. — **Anthémidées** s. f. pl. Sous-tribu de sénécionidées, ayant pour type le genre anthémis, et pour genre principal, l'armoise.

ANTHÉMIS s. m. [an-té-miss] (gr. *anthémis*, petite fleur). Bot. Nom scientifique du genre **CAMOMILLE**.

ANTHEMIUS. Voy. **ANTHÈME**.

* **ANTHÈRE** s. f. (gr. *antheros*, fleuri). Bot. Partie de l'étamine qui renferme le *pollen* dans de petites bourses appelées *loges*. Les anthères sont *uniloculaires, biloculaires* ou *quadriloculaires*, suivant qu'elles sont formées de 1, 2 ou 4 loges. On les dit *introrses* ou *extrorses* suivant que la face de leur ouverture (après l'acte de *déhiscence* pour émettre le pollen) est tournée vers l'intérieur ou vers l'extérieur de la fleur.

ANTHÉRIC s. f. (gr. *antherikos*, asphodèle). Bot. Nom que l'on donnait à un genre de *liliacées*, réparti aujourd'hui entre plusieurs familles.

ANTHÉRICÉ, ÉE adj. Bot. qui ressemble à l'anthéric. — **Anthéricées** s. f. pl. Tribu de *liliacées*, distingué par un périanthe étalé, un fruit capsulaire et une racine fibreuse ou tubéreuse. Principaux genres : asphodèle, asphodéline, hémérocalle, phalangère, paradise, bulbine.

ANTHÉRICÈRE adj. (gr. *antheros*, fleuri ; *keras*, corne). Entom. Dont les antennes sont velues.

ANTHÉRIDIE s. f. (gr. *antheros*, fleuri ; *eidos*, forme). Bot. Nom donné aux corps reproducteurs qui, dans certains genres de champignons et d'algues, passent pour représenter l'organe mâle ou anthère des plantes phanérogames. Les anthéridies se présentent sous la forme d'une espèce de sac renfermant un amas de corpuscules appelés *anthérozoïdes*. On compare chacune de ces cellules à un grain de pollen et les anthérozoïdes à la *fovilla*.

ANTHÉROZOÏDE s. m. (de *anthère*, et du grec *eidos*, forme). Bot. Organe reproducteur contenu dans l'*anthéridie* de certains végétaux cryptogames. Les anthérozoïdes, observés au microscope, paraissent doués d'un mouvement de rotation qui leur donne l'apparence d'animalcules infusoires. Ce mouvement devient encore plus sensible lorsque les *anthérozoïdes* sont expulsés de l'*anthéridie*, pour l'acte de la fécondation. Ces animalcules s'agitent alors avec une extrême vivacité, au moyen de deux cils dont ils sont munis ; ils cherchent les *spores* (organes femelles) ; ils s'y attachent pour les féconder et souvent ils leur impriment un mouvement de rotation.

ANTHÈSE s. f. (gr. *anthésis*, floraison). Bot. Synon. de **FLORAISON**.

ANTHESPHORIES s. f. pl. Antiq. Fêtes de Proserpine, célébrées en Sicile.

ANTHESTÉRIES s. f. pl. Antiq. Fêtes de Bacchus, célébrées à Athènes les 11, 12 et 13 du mois anthestérion (décembre).

ANTHIAS s. m. [an-ti-âss]. Icht. Nom grec d'un poisson de la Méditerranée que les modernes appellent *barbier*.

ANTHIDIE s. f. (gr. *anthédôn*, abeille). Entom. Genre d'insectes hyménoptères mellifères, voisin des abeilles et dont quelques espèces sont indigènes. Les femelles creusent dans la terre un nid qu'elles garnissent du duvet des plantes, ce qui leur a valu le nom d'*abeilles cardeuses*.

ANTHIE s. f. (gr. *anthos*, fleur). Entom. Insecte coléoptère pentamère du genre carabe, à languette ovale, et très avancée entre les palpes. Les anthies, propres aux pays chauds

de l'Afrique et de l'Asie, vivent dans le sable ; leur corps est noir, moucheté de blanc et sans ailes ; elles vivent d'autres animaux qu'elles mangent vivants.

* **ANTHOLOGIE** s. f. (gr. *anthos*, fleur ; *legô*, je cueille ; collection ou choix de fleurs). Recueil de petits poèmes ou de pièces de vers choisies, que les Grecs nommaient généralement *épigrammes*. Les principaux auteurs de ces poésies furent Archiloque, Sapho, Simonide, Méléagre, Platon, etc., entre 680 et 95 av. J.-C. Des collections de ce genre furent réunies par Méléagre, Philippe, Agathias et par Maxime Planude, moine du xiv° siècle. Un recueil manuscrit, dû à Constantin Céphalas, (x° siècle), fut trouvé à Heidelberg, par Saumaise, en 1616, publié par Brunck (Strasbourg, 1772-6) et traduit par Bland, Mérival et plusieurs autres.

ANTHOMYE s. f. (gr. *anthos*, fleur ; *muia*, mouche). Entom. Genre d'insectes diptères, tribu des muscides. Les anthomyes vivent sur les fleurs. L'espèce appelée *anthomye des pluies* est cendrée avec des taches noires sur le thorax. Elle est commune chez nous. Dans les temps de pluie, elle s'attache aux yeux des hommes et des animaux.

ANTHOMYZE ou **ANTHOMYSE** s. m. (gr. *anthos*, fleur ; *muzô*, je suce). Zool. Insecte qui suce les fleurs.

ANTHOMYZIDE ou **Anthomyside** adj. Qui ressemble à un anthomyze. — **Anthomyzides** s. m. pl. Entom. Sous-tribu de *muscides*, comprenant des espèces vivant dans les bois, les herbes des champs, sur les excréments ou sur les fleurs. Principaux genres : anthomyies, drymélies, cœnosies, ériphies.

ANTHOPHAGE adj. [an-to-fa-je] (gr. *anthos*, fleur ; *phagô*, je mange). Zool. Qui se nourrit de fleurs. — s. m. Genre de coléoptères brachélytres comprenant la *lestève*.

ANTHOPHILE s. f. [an-to-fi-le] (gr. *anthos*, fleur ; *philos*, ami). Zool. Qui se tient habituellement sur les fleurs.

ANTHOPHORE adj. [an-to-fo-re] (gr. *anthos*, fleur ; *phoros*, qui porte). Bot. Qui porte une ou plusieurs fleurs. — s. m. Prolongement du réceptacle, qui part du fond du calice et supporte les pétales, les étamines et le pistil. — Entom. Genre d'hyménoptères mellifères, voisin des abeilles et renfermant une quinzaine d'espèces européennes. Cuvier les appelle *mégachiles*. L'antophore pariétine de Latreille (genre eucère de Cuvier) fait son nid dans les murs

ANTHOSOME s. m. (gr. *anthos*, fleur ; *sôma* corps). Crustacé siphonostome de la famille des caligites.

ANTHOXANTHE s. m. (lat. *anthoxanthum* ; du gr. *anthos*, fleur ; *xanthos*, jaune). Bot. Nom scientifique du genre **FLOUVE**. L'espèce la plus magnifique est l'*anthoxanthe odorant* ou *flouve odorante* (*anthoxanthum odoratum*). Voy. **FLOUVE**.

ANTHRACÈNE ou **Anthracine** s. f. (gr. *anthrax*, charbon). Chim. Hydrocarbure solide qui accompagne la naphtaline dans les dernières phases de la distillation du goudron de houille. Elle a acquis une grande importance depuis que l'on en extrait l'alizarine artificielle. Pure, elle se présente sous la forme de cristaux d'un blanc bleuâtre appartenant au système rhomboïdal et possédant un bel éclat.

Anthoxanthe odorant
(Anthoxanthum odoratum)

violet. On l'extrait artificiellement de la benzine. Elle est insoluble dans l'eau, peu soluble dans l'alcool, soluble dans la térébenthine.

* **ANTHRACITE** s. f. (gr. *anthrax*, charbon). Minér. Variété la plus condensée de charbon minéral, celle qui contient la plus large proportion de carbone et la plus petite de matières volatiles. Les meilleurs spécimens contiennent 95 p. 0/0 de carbone; mais la moyenne est de 90 p. 0/0. L'anthracite pèse de 1,5 à 1,8; elle brûle difficilement et laisse peu de résidus; elle présente quelque analogie avec la

Carrière d'Anthracite à ciel ouvert, Summit Hill, sur le mont Mauch Chunk, Pennsylvanie.

houille; mais elle ne renferme pas de bitume. Elle paraît avoir la même origine que la houille et n'en différer que parce qu'elle aurait été soumise à une température élevée, hors du contact de l'air. On l'a longtemps considérée comme incombustible parce qu'elle s'allume difficilement; mais lorsqu'elle est allumée, elle brûle bien et produit une chaleur intense, si l'on a soin de l'employer en grandes masses et d'y ménager des courants d'air. En petite quantité, elle s'éteint trop facilement pour servir au chauffage domestique. Elle est utilisée pour le chauffage des machines à vapeur et pour le traitement des minerais de fer dans les hauts-fourneaux. Sa couleur est noir ou quelquefois grisâtre, avec l'éclat métallique de la blende; sa dureté est assez grande. Elle forme des couches, des amas, des rognons, dans les terrains dévoniens et dans des terrains plus modernes. Elle accompagne la houille à Anzin (Nord). Ses principaux gisements en France sont dans les départements de l'Isère, des Hautes-Alpes, de la Mayenne, de la Sarthe et du Gard; elle se rencontre dans le lias alpin de la Tarentaise et dans la grauwacke des Vosges, de la Bohême, de la Saxe, etc. Mais les mines les plus riches se trouvent aux Etats-Unis.

* **ANTHRAX** s. m. [an-traks] (gr. *anthrax*, charbon). Méd. Tumeur inflammatoire du tissu cellulaire sous-cutané. On donnait autrefois le nom d'anthrax à deux affections de nature très différente : l'anthrax bénin et l'anthrax malin. Aujourd'hui, le premier a seul conservé le nom d'anthrax; le second a reçu celui de CHARBON. (Voy ce mot). L'anthrax est une sorte de furoncle volumineux qui se présente d'abord sous la forme d'une tumeur dure, plus large mais moins pointue que celle du furoncle, et qui résulte de l'inflammation du tissu cellulaire sous-cutané et d'un grand nombre d'aréoles du derme. La peau devient d'un rouge violacé. Peu à peu la tumeur se ramollit à son sommet, et la peau se perfore sur chaque paquet cellulo-graisseux malade ou *bourbillon*. En guérissant, les escarres forment des cicatrices irrégulières et enfoncées. Le traitement consiste en applications émollientes; incisions cruciales quand la suppuration est avancée, et ensuite pansements avec des plumasseaux de charpie enduits d'onguent digestif ou de savon. — ~~ Entom. Genre d'insectes diptères,

famille des tanystomes et voisin des bombilles. Les anthrax doivent leur nom à leur couleur noire. L'anthrax morio est velu, avec deux touffes de poils blancs à l'extrémité de l'abdomen, et les ailes moitié blanches et moitié noires.

ANTHRÈNE s. m. (gr. *anthos*; fleur; *rainô*, j'arrose). Entom. Genre de coléoptères pentamères clavicornes, composé de très petits insectes qui vivent sur les fleurs et sur les matières animales desséchées, principalement dans les collections d'histoire naturelle, dont ils sont le fléau. Les larves sont ovales et très velues. Les insectes simulent la mort dès qu'on les touche; leur corps est orné de petites écailles colorées qui s'enlèvent aisément. On distingue : *l'anthrène à bandes*, gris en dessous, d'un jaune roussâtre en dessus; *l'anthrène des musées*, d'un brun obscur, avec des écailles blanches, et dont la larve est redoutable dans nos collections; *l'anthrène de la scrofulaire*, qui se trouve aussi sur le bouillon blanc ; jolie espèce d'un noir foncé, avec 3 bandes grises ondées et du rouge aux élytres.

ANTHRIBE s. m. (gr. *anthos*, fleur; *tribô*, je broie). Entom. Genre de coléoptères curculionites, voisins des charançons et recherchés des amateurs pour leur rareté et la bizarrerie de leurs formes. Ces insectes vivent dans le vieux bois ou sur les fleurs. La plus grande espèce européenne est *l'anthribe latirostre*, long de 12 millim., au bec très large. La larve de l'anthribe raboteux est parasite et vit dans le corps de la cochenille femelle.

ANTHROPOÏDE adj. (gr. *anthrôpos*, homme; *eidos*, apparence). Zool. Qui ressemble à l'homme.— Mamm. Synon. D'ANTHROPOMORPHE. — s. m. pl. Nom donné par Vieillot à un genre d'oiseaux formé au dépens des *grues* de Cuvier et comprenant deux espèces : la demoiselle de Numidie et la grue couronnée.

ANTHROPOLÂTRE s. (gr. *anthrôpos*, homme; *latreia*, culte). Celui, celle qui adore un dieu sous des formes humaines. — Celui qui divinise et adore un homme.

ANTHROPOLÂTRIE s. f. (rad. *anthropolâtre*). Culte que l'on rend à Dieu sous la forme humaine. Dans ce sens l'anthropolâtrie est une conséquence de l'anthropomorphisme. — Vénération outrée que l'on a pour un homme dont on fait comme l'égal d'un dieu. — Apothéose officielle de certains personnages, comme les empereurs romains. D'après la doctrine d'Evemhère, les dieux de la fable auraient été des rois ou des bienfaiteurs de l'humanité divinisés par la reconnaissance ou l'admiration des peuples, et la religion des Grecs serait une ingénieuse anthropolâtrie.

ANTHROPOLITHE s. m. (gr. *anthrôpos*, homme; *lithos*, pierre). Paléont. Nom donné aux os humains fossiles. On n'a pas encore pu découvrir d'ossements humains authentiques antérieurs au déluge.

* **ANTHROPOLOGIE** s. f. (gr. *anthrôpos*, homme, *logos*, discours). Traité de l'homme, étude de l'homme, histoire naturelle de l'homme. L'anthropologie comprend : 1° les sciences relatives à l'esprit humain, la psychologie et la logique ; 2° les sciences relatives au corps humain (physiologie, hygiène, médecine, anatomie, etc.); 3° l'étude des progrès et de l'œuvre de l'homme (archéologie, économie politique, mora e, politique, etc.). — Sociétés D'ANTHROPOLOGIE. Voy. *Anthropologique*.

* **ANTHROPOLOGIQUE** adj. Qui a rapport à l'histoire naturelle de l'homme. — Sociétés ANTHROPOLOGIQUES. Il existe à Paris une *Société d'anthropologie* fondée en 1859, et reconnue d'utilité publique en 1864. Elle a commencé, en 1880, à établir des règles fixes que l'on pourra employer dans la transcription de mots étrangers et qui formeront une partie des instructions anthropologiques fournies aux

explorateurs des pays sauvages. — La *Société anthropologique* anglaise pour encourager l'étude de l'homme et de l'espèce humaine fut fondée en 1863, et qualifiée « Institut anthropologique » en 1871. — Congrès anthropologique, ouvert à Paris, le 16 août 1878.

ANTHROPOMORPHE adj. [an-tro-po-mor-fe] (gr. *anthrôpos*, homme; *morphé*, forme). Qui a la forme de l'homme. — Anthropomorphes s. m. pl. Nom donné par Linné à un ordre de mammifères dans lequel il comprit l'homme, les singes, les lémuriens et les chauves-souris. — Nom donné au groupe de singes pithéciens qui se rapprochent le plus de l'homme par leur intelligence, leur visage, leur forme, leur squelette et leur défaut de queue. Ils forment les quatre genres: chimpanzés, gorilles, orangs et gibbons.

* **ANTHROPOMORPHISME** s. m. (gr. *anthrôpos*, homme; *morphé*, forme). Croyance à l'existence de dieux ayant la forme humaine; doctrine ou opinion de ceux qui attribuent à Dieu une figure humaine ou des actions et des affections humaines.

* **ANTHROPOMORPHITE** s. [an-tro-po-mor-fi-te] (gr. *anthrôpos*, homme; *morphé*, forme). Celui, celle qui croit que Dieu a une forme humaine. Audée, qui vivait en Syrie, vers 340, fonda une secte d'anthropomorphites. Ces hérétiques, prenant à la lettre certains passages de la Genèse, soutenaient que Dieu, ayant créé l'homme à son image, doit être matériellement semblable à son œuvre.

* **ANTHROPOPHAGE** adj. Se dit des hommes qui mangent de la chair humaine : *nations anthropophages*; *peuples anthropophages*. — s. Celui qui se nourrit de chair humaine : *c'est un anthropophage*. Voy. CANNIBALE.

* **ANTHROPOPHAGIE** s. f. Habitude, action de manger de la chair humaine : *acte d'anthropophagie*.

ANTHUS s. m. [an-tuss]. Ornith. Nom scientifique du pipit.

ANTHUSINÉ, ÉE adj. Qui ressemble à l'anthus. — Anthusinés s. m. pl. Sous-famille établie par Lafresnaye, dans la famille des alaudidés.

ANTHYDRIASE s. f. (gr. *anti*, contre; *hudôr*, eau). Méd. Système qui considère comme nuisible la médication par l'eau chaude.

ANTHYDROPIQUE adj. Se dit des moyens employés contre l'hydropisie.

ANTHYLLIDE s. f. (gr. *anthullis*). Bot. Genre de papilionacées, tribu des lotées, sous-tribu des génistées, renfermant une vingtaine d'espèces caractérisées par les ailes de la corolle adhérente à la carène par leur limbe ; une carène que termine un petit bec ; gousse comprimée, stipitée, renfermée dans le calice renflé. Principales espèces : *anthyllide vulnéraire* (*anthyllis vulneraria*) ou *trèfle jaune*, croit dans les pâturages des montagnes ; ses feuilles composées, terminées par une foliole beaucoup plus grande que les autres; fleurs jaunes en bouquets terminaux. Très employée comme vulnéraire. *Anthyllide Barbe-Jupiter* (*anthyllis Barba-Jovis*), joli arbrisseau à feuilles persistantes, à fleurs jaunes en bouquets.

* **ANTI**, préposition grecque qui sert de préfixe à plusieurs mots composés de la langue française, pour marquer opposition, contrariété: *antiscorbutique*; *antiseptique*.—Le même préfixe se joint encore à plusieurs mots composés, dans le sens de la préposition latine *ante*, pour marquer antériorité de temps ou de lieu : *antidate*, *antichambre*.

* **ANTIACIDE** adj. et s. m. Se dit des substances propres à neutraliser l'effet corrosif des acides dans l'estomac. Les antiacides sont employés pour combattre la diathèse urique ou acidique et les manifestations qui en découlent (gravelle, goutte, arthritisme, rhumatisme). Les antiacides les plus employés sont le bicarbonate de potasse, le bicarbonate de soude, le carbonate et le phosphate de chaux, le silicate et le benzoate de soude, la magnésie calcinée, l'eau de Vichy, l'eau de Vals et, en général, les eaux alcalines. On écrit aussi AN-ᵀACIDES.

ANTIAPHRODISIAQUE adj. et s. m. [an-ti-a-fro-di-zi-a-ke]. Se dit des substances propres à calmer les désirs de l'amour. Le camphre, le nénuphar, le lupulin et surtout le bromure de potassium passent pour de puissants anti-aphrodisiaques : mais la vertu de ces substances est plus que douteuse. « Le meilleur sédatif du système sexuel est une vie occupée, une alimentation végétale et des boissons aqueuses » (Dʳ C. Dupasquier).

* **ANTIAPOPLECTIQUE** adj. et s. m. Se dit de certains excitants du système nerveux (arnica, élixir des jacobins, eau de mélisse, des carmes) qui peuvent, dans certains cas, prévenir l'apoplexie.

ANTIAR s. m. [an-ti-ar] (japon. antjar). Poison fourni par l'antiaris toxicaria. Voy. UPAS ANTIAR.

ANTIARINE s. f. Principe toxique de l'antiar. Appliquée sur une plaie, elle ne tarde pas à déterminer la mort.

ANTIARIS s. m. [an-ti-a-riss]. Bot. Genre de grands arbres laiteux de la famille des urticées. Espèce principale : antiaris toxicaria, de Java, dont on fait découler, par incision, un suc jaunâtre, qui est un poison très violent connu sous le nom de UPAS ANTIAR. Voy. ce mot.

ANTIARTHRITIQUE adj. Méd. Qui combat la goutte.

ANTIASTHMATIQUE adj. Qui prévient ou qui combat l'asthme ou les accès de l'asthme.

ANTIBES, ch.-l. de cant. (Alpes-Maritimes), arr. et à 23 kil. E.-S.-E. de Grasse. 6,100 hab. Ancienne Antipolis, qui doit son origine aux Phocéens de Marseille dont son nom à sa situation en face de Nice; conserve quelques ruines romaines, fut le siège d'un évêché du vıᵉ au xıııᵉ siècle; fortifiée par Vauban qui y construisit les forts Carré et Championnet, elle repoussa les Impériaux, en 1706, et les Austro-Sardes en 1815. — Port profond et d'un abord facile, protégé par une longue jetée. Phare à feu fixe de premier ordre, sur la presqu'île de la Garoube. Beaux environs, où fleurit l'oranger. — Patrie de Masséna, enfant chéri de la victoire. Lat. (au phare) 43° 33' 51" N.; long. 4° 47' 48" E.

ANTIBOIS ou **Antebois** s. m. Tringle qui s'applique sur le parquet, le long du mur d'une chambre, pour empêcher les meubles de frotter contre le papier.

ANTICANCÉREUX adj. Propre à combattre le cancer.

ANTICATARRHAL, ALE adj. Qui combat le catarrhe.

ANTI-CATON (L'), titre d'un pamphlet aujourd'hui perdu, que Jules César écrivit pour répondre à l'éloge de Caton par Cicéron.

* **ANTICHAMBRE** s. f. Celle des pièces d'un appartement qui est immédiatement avant la chambre. — Fam. PROPOS D'ANTICHAMBRE, propos de valets. — FAIRE ANTICHAMBRE, attendre dans une antichambre le moment d'être introduit auprès du maître de la maison. Se dit ordinairement en mauvaise part et en parlant des solliciteurs.

ANTICHLORE s. m. [an-ti-klo-re]. Chim. Nom que l'on donne, dans la fabrication du papier, au sulfate de soude, employé pour neutraliser le chlore et l'acide sulfurique en excès dans la pâte.

ANTICHOLÉRIQUE adj. et s. m. Méd. Contre

le choléra; propre à prévenir ou à combattre le choléra.

* **ANTICHRÈSE** s. f. [krè-ze] (gr. anti, contre; chrésis, usage). Droit. Convention par laquelle un débiteur remet en nantissement à son créancier un immeuble dont les revenus doivent servir à l'acquittement de la dette. On convient aussi quelquefois que les revenus se compenseront avec les intérêts de la créance : tenir un immeuble en antichrèse.

ANTICHRÉSISTE s. m. [krè-ziss-te]. Créancier auquel est consenti une antichrèse.

* **ANTICHRÉTIEN, IENNE** adj. Se dit de ce qui est opposé à la religion chrétienne : maxime antichrétienne.

ANTICHTHONE s. f. [an-ti-kto-ne] (gr. anti, à l'opposé; chthôn, terre). Astron. anc. Planète imaginaire qui complétait le système astronomique des pythagoriciens. — Antichthones s. m. pl. Géogr. Peuples qui habitent à deux points opposés de la terre, mais à égale latitude. Pour ces peuples, les saisons sont renversées.

* **ANTICIPATION** s. f. Action par laquelle on anticipe : je l'ai payé par anticipation; l'anticipation sur les époques jette de la confusion dans le récit. — LETTRES D'ANTICIPATION, lettres qu'on prenait en chancellerie pour anticiper un appel. — ANTICIPATION signifie particulièrement : action de dépenser un revenu avant qu'il soit échu : il dépense son revenu par anticipation. — Comm. Avance de fonds sur une consignation de marchandises : accepter une traite par anticipation. — Usurpation, empiétement sur le bien ou sur les droits d'autrui : c'est une anticipation sur ma terre. — Rhétor. Figure par laquelle l'orateur réfute d'avance les objections qui pourront lui être faites.

* **ANTICIPÉ** part. pass. d'ANTICIPER. — Adjectiv. Se dit, au sens moral, de ce qui est prématuré, de ce qui devance le moment convenable : joie anticipée; regrets anticipés.

* **ANTICIPER** v. a. (lat. anticipare). Prévenir, devancer, en parlant du temps ou des choses dont on devance l'époque : anticiper le jour; anticiper un paiement. — Anc. pratiq. ANTICIPER UN APPEL, faire assigner devant le juge supérieur l'appelant qui différait de relever son appel. — v. n. S'emploie avec la préposition SUR et signifie : usurper, empiéter : il anticipe sur mes droits.

ANTICLÉE, épouse de Laërte et mère d'Ulysse.

ANTICLIMAX s. m. [an-ti-kli-makss] (gr. anti, contre; klimax, échelle). Rhét. anc. Opposition dans une même phrase ou dans une même période de deux gradations, dont l'une ascendante et l'autre descendante. Ainsi Cicéron dit à Catilina : « Tu ne fais rien, tu ne trames rien, tu ne projettes rien (gradation descendante), que non seulement je n'apprenne, mais encore que je ne voie et que je ne pénètre (gradation ascendante).

ANTICONSTITUTIONNEL, ELLE adj. Contraire à la constitution d'un état.

ANTICONSTITUTIONNELLEMENT adv. D'une manière anticonstitutionnelle. — Ce mot, formé de vingt-cinq lettres, est le plus long du dictionnaire français.

ANTI-CORN-LAW-LEAGUE, ligue ou association fondée à Manchester (Angleterre), le 18 sept. 1838, pour amener le rappel des lois qui établissaient un impôt sur l'importation des grains.

ANTICOSTI ou **de l'Assomption (ILE)**, à l'embouchure du Saint-Laurent (Amérique du Nord); 6,827 kil. carr. Territoire couvert de forêts; climat très rude; abord difficile en raison des écueils qui forment une ceinture à l'île. Mouillages : baie d'Ellis à l'O., et baie de Fox à l'E. Pêcheries. Deux phares, l'un par

49° 5' 20" lat. N. et 64° 2' 14" long. O.; l'autre par 49° 52' 21" lat. N. et 66° 52' 17" long. O. Cette île fut découverte par Jacques Cartier, qui lui donna le nom de l'Assomption. Elle est inhabitée.

ANTICUM s. m. [an-ti-komm] (lat. ante, devant). Antiq. Nom que les Romains donnèrent à la façade d'un temple, d'une maison, par opposition à posticum (derrière de l'édifice).

ANTICYRA. — I. Ville de l'ancienne Phocide, à 24 kil. S. de Delphes; aujourd'hui Aspro-Spitia. On y préparait l'ellébore que fournissait 'Hélicon, et l'on y traitait la folie. — II. Ville de Thessalie, près de l'embouchure du Sperchius; faisait aussi le commerce d'ellébore. — III. Ile de la mer Égée, entre l'Eubée et les côtes de Thessalie; produisait une grande quantité d'ellébore.

ANTIDACTYLE adj. et s. m. Voy. ANAPESTE.

* **ANTIDARTREUX, EUSE** adj. et s. m. Méd. Propre à guérir, à faire disparaître les dartres.

* **ANTIDATE** s. f. (lat. ante, avant; datus, donné). Fausse date, antérieure à la véritable: on a prouvé l'antidate de cet acte. — Dans un acte public, ou dans un acte de commerce, l'antidate est un faux, si elle implique l'intention frauduleuse et le préjudice possible. — En matière de sous-seing, on distingue si elle est le fait frauduleux d'une partie ou le résultat d'un accord entre les parties. — L'enregistrement est une précaution contre les antidates.

* **ANTIDATER** v. a. Mettre à un acte, à une lettre, à un effet de commerce, etc., une fausse date, antérieure à la véritable : antidater une lettre, acte antidaté.

* **ANTIDOTE** s. m. (gr. anti, contre; dotos, donné). Substance qui a la propriété de neutraliser les poisons, soit en les décomposant simplement, soit en se combinant avec eux pour former des corps inertes et sans action sur nos organes. Antidote est l'expression scientifique; contrepoison est le mot vulgaire. Il n'y a pas d'antidote universel; chaque poison doit être combattu par un agent spécial. Il y a des antidotes qui agissent sur le système nerveux; la belladone, par exemple, neutralise les effets de la morphine. — ANTIDOTE se dit aussi pour : médicament qui prévient ou combat les effets d'un venin, d'un virus, d'une maladie. — Fig. Préservatif. Le travail est le meilleur antidote contre l'ennui.

ANTIDOTUS, peintre grec du IVᵉ siècle avant J.-C. Pline a fait l'éloge de ses œuvres.

ANTIDRAMATIQUE adj. Contraire aux règles, aux usages de l'art dramatique.

ANTIÉMÉTIQUE ou **Antémétique** adj. [an-ti-é-mé-ti-ke]. Propre à combattre le vomissement. — s. m. Remède contre le vomissement : décoction de quinquina, gaz acide carbonique, potion antiémétique de Rivière.

* **ANTIENNE** s. f. [an-ti-è-ne] (lat. antiphona). Liturg. Sorte de verset que le chantre dit, en tout ou en partie, dans l'office de l'église, avant un psaume ou un cantique, et que se récite ensuite tout entier : entonner une antienne. Hilaire, évêque de Poitiers et saint Ambroise, composèrent les antiennes, vers le milieu du IVᵉ siècle. Elisabeth les introduisit dans la religion réformée. — Fam. et fig. CHANTER TOUJOURS LA MÊME ANTIENNE. Dire, répéter toujours la même chose. — ANNONCER UNE TRISTE ANTIENNE. Annoncer une chose fâcheuse.

ANTIER (Benjamin), auteur dramatique, né à Paris, en 1787, mort en avril 1870; a produit, soit seul, soit en collaboration avec Pixérécourt, Decomberousse, Couailhac, etc., un grand nombre de drames, de mélodrames et de vaudevilles : l'Auberge des Adrets (1824), succès retentissant; Robert Macaire (1836); l'Honneur d'une Femme (1840); le Masque de poix

(1855); *les Beignets à la cour* (1835); *Mon gigot et mon gendre* (1861), etc.

ANTIESCLAVAGISTE adj. et s. Adversaire de l'esclavage.

ANTIETAM (CRIQUE D'), près de Sharpsburg, Maryland (Etats-Unis). Une terrible bataille y fut livrée, le 17 sept. 1862, entre les troupes fédérales commandées par le général Mac-Clelan et les confédérés sous les ordres de Lee. Les premiers furent battus, avec une perte de 12,500 hommes; mais les vainqueurs, ayant perdu 14,000 hommes, ne purent continuer l'invasion du Maryland : ils battirent en retraite, après une nuit passée sur le champ de bataille.

ANTIÉVANGÉLIQUE adj. Qui est contraire à l'Evangile.

ANTIF s. m. Argot. Chemin. — BATTRE L'ANTIF, marcher.

*   **ANTIFÉBRILE** adj. Synon. de FÉBRIFUGE.

ANTIFFE s. f. Argot. Marche; action de battre l'antif.

ANTIFLER v. a. (rad. *antife*, vieux mot qui signifiait église). Argot. Conduire à l'église; épouser, marier.

ANTIFRANÇAIS, AISE adj. Contraire à la nationalité française, à l'intérêt de la France.

ANTIFRICTION s. f. Métall. Alliage qui sert à faire les coussinets des axes et des essieux des locomotives et qui empêche l'échauffement par frottement. Il se compose d'environ 90 parties d'étain, 8 de bismuth et 2 de cuivre.

ANTIGOA, voy. ANTIGUA.

ANTIGONE. I. Fille d'Œdipe et de Jocaste, servit de guide à son père aveugle et ensevelit, malgré la défense de Créon, roi de Thèbes, le corps de son frère, Polynice. Condamnée pour ce fait à être enterrée toute vive, elle s'étrangla. Hémon, fils de Créon, qui l'aimait, se poignarda de désespoir. Antigone est restée le type de la piété filiale et de l'amour fraternel. Son dévouement fait le sujet de l'une des plus belles tragédies de Sophocle : *Antigone*, qui fait suite à l'*Œdipe roi* et à l'*Œdipe à Colonne*, du même poète. Cette tragédie, représentée à Athènes l'an 440 av. J.-C., a été imitée ou calquée en italien par Alamani (*Antigone*, 1530); en français par Rotrou (*Antigone*, représentée à Paris, en 1638) et encore en italien par Alfieri. Enfin, les malheurs d'Œdipe et de sa fille ont inspiré à Ballanche un poème symbolique sur les misères humaines (1815).—II. Fille de Cassandre; seconde femme de Lagus qui fonda la dynastie des Ptolémées. — III. Antigone, surnommé le CYCLOPE, parcequ'il perdit un œil au milieu d'une bataille; officier d'Alexandre le Grand; il prit, après la mort de ce prince, le titre de roi d'Asie et régna sur l'Asie Mineure, pendant que son fils, Démétrius Poliorcète, étendait son influence sur la Grèce. — Sa puissance effraya Cassandre, Séleucus et Ptolémée qui s'unirent contre lui. Il fut battu et tué à Ipsus, en Phrygie. — IV. Antigone Gonatas, c'est-à-dire né à Goni (Thessalie), fils de Démétrius Poliorcète; régna sur la Macédoine de 278 à 242. Expulsé une première fois, en 273, par Pyrrhus, roi d'Épire, il reprit son royaume à la mort de ce prince; fut chassé, de nouveau par Alexandre, fils de Pyrrhus, et rétabli par son propre fils, Démétrius. — V. Antigone Doson, petit-fils de Démétrius Poliorcète, né en 280, roi de Macédoine, en 232, mort en 220; eut à réprimer plusieurs révoltes des peuples grecs et s'empara de Sparte. — VI. Roi des Juifs, fils d'Aristobule II, et le dernier des Asmonéens; né en 80 av. J.-C., mort en 35. Placé sur le trône par les Parthes, en l'an 40, il fut assiégé dans Jérusalem par Hérode qui le prit et l'envoya à Antoine. Les Romains le mirent à mort, après l'avoir battu de verges. — VII. Antigone de Cariste, naturaliste du IIIe siècle av. J.-C., auteur d'un *Re-*

27

cueil d'histoires merveilleuses, dont Beckmann a donné une bonne édition. Leips. 1791, in-4°.

ANTIGOUTTEUX, EUSE adj. Propre à combattre la goutte.

ANTIGUA ou **Antigoa** [ann-ti-goua], île des Antilles anglaises, à 64 kil. N. de la Guadeloupe, par 17° lat. N. et 64° 12' 30" long. O. au fort James. — 280 kil. carr. — Pop. (avec l'île adjacente de Barbudia), 35,750 hab. (dont 2,180 noirs); résidence du gouverneur des Antilles anglaises. 3 bons ports : Saint-John capitale, sur la côte occidentale; English Harbor, au S.; et Parham, au N. — Principales productions : sucre et mélasse. — Cette île fut découverte par Colomb en nov. 1493, colonisée par les Anglais en 1632, prise par les Français et restituée en 1667. Elle forme un évêché depuis 1842.

ANTIHYDROPIQUE adj. Propre à combattre l'hydropisie.

ANTILAITEUX, EUSE adj. et s. m. Se dit des médicaments que l'on croit propres à faire disparaître la sécrétion du lait: canne de Provence, racine de fraisier, persil, menthe, pervenche, etc. Mais ces substances ont été reconnues inertes par la médecine, qui emploie comme antilaiteux les purgatifs répétés, les diurétiques et les sudorifiques.

ANTILAMBDA s. m. (gr. opposé au lambda). Signe figuré ainsi : <,>, et que l'on employait autrefois dans les manuscrits pour indiquer une citation. L'antilambda a été remplacé par les guillemets.

ANTILIBAN, l'une des deux chaînes principales du Liban. Voy. LIBAN.

ANTILLE s. f. [an-ti-ye; *ll* mll.] (esp. *ante isla*, avant-ile). Ile située en vedette aux approches du continent américain; s'applique aujourd'hui à toute île qui fait partie du groupe des Antilles.

Les Antilles (esp. *Antillas*), deux groupes des îles appelées *Indes occidentales*. Les Antilles constituent le plus considérable des archipels du N. et l'Amérique du S., depuis la Floride, jusqu'à l'embouchure de l'Orénoque et se divisent en : 1° GRANDES ANTILLES (Cuba, Haïti, Porto-Rico, Jamaïque, Caymanbrack, Grand et Petit Caïman; îles des Pins); 2° PETITES ANTILLES, ou *îles des Caraïbes*, formant un demi cercle depuis Porto-Rico jusqu'à l'embouchure de l'Orénoque et comprenant les îles Vierges (St-Thomas, St-Jean, Ste-Croix, Tortola, Anegada etc.), les îles Anguilla, St Martin, Saba, St-Eustache, St-Barthélemy, la Barboude, St-Christophe, Nevis, Antigua, Montserrat, la Désirade, la Guadeloupe, Marie-Galante, les Saintes, la Dominique, la Martinique, Ste-Lucie, la Barbade, St-Vincent, les Grenadilles, Grenade, Tabago et la Trinité, sans parler d'une multitude d'îlots stériles ou de récifs appelés *Cayes*.— Les navigateurs ont donné le nom d'*îles sous le vent* à celles qui sont les moins exposées aux vents d'est ou vents alisés; ce sont : outre Cuba, la Jamaïque et Porto-Rico, les îles suivantes que nous n'avons pas citées : la Marguerite, Tortuga, los Roques, Orchilla, Aves, Curaçao, Buen-Ayre et Aruba, petites Antilles qui forment un groupe, entre l'embouchure de l'Orénoque et le golfe de Maracaïbo. Toutes les autres sont réputées *îles du vent*, c'est-à-dire exposées aux vents alisés.— Les Antilles produisent du sucre, du café et du rhum. Le climat y est brûlant et elles sont sujettes à la fièvre jaune et à d'épouvantables ouragans. Pour d'autres détails, voir chaque île à son ordre et notre article INDES OCCIDENTALES. — Mer des Antilles ou MER CARAIBE ou MER DES CARAIBES, partie de l'Atlantique comprise entre les Antilles au N. et à l'E., l'Amérique centrale et le Yucatan, à l'O. et les républiques de Vénézuéla et de Colombie, au S. Elle communique avec le golfe du Mexique

par le canal du Yucatan; et elle forme les golfes de Maracaïbo et de Darien et les baies des Mosquitos et du Yucatan.

*   **ANTILOGIE** s. f. (gr. *anti*, contre; *logos*, discours). didact. Contradiction entre quelques idées d'un même discours.

*   **ANTILOPE** s. f. (gr. *antholopos*, nom donné dans l'antiquité à un animal que l'on suppose être l'antilope).—Zool. Genre de mammifères ruminants à cornes creuses, comprenant les plus légers, les plus élégants, les plus gracieux des quadrupèdes. Les antilopes voyagent par

Antilope noire (Aigocerus niger).

bandes, et quelques espèces sont dans l'habitude de se réunir en nombreux troupeaux. C'est l'Afrique qui renferme le plus grand nombre d'espèces, celles qui sont les plus belles et qui renferment les plus jolies variétés. Parmi les véritables antilopes, on admire principalement les gazelles d'Egypte, de Berbérie et de la Turquie d'Asie; l'ariel d'Egypte et du Kordofan; les espèces de l'Afrique méridionale, parmi lesquelles se distingue tout particulièrement l'*antilope noire*, noble animal, dont la race magnifique tend à disparaître et que l'on ne rencontre plus avant peu. Parmi les espèces américaines, citons le *cabril du Canada*, qui présente une certaine ressemblance avec notre chamois européen. — Les Anglais donnent particulièrement le nom d'antilope à l'antilope du Cap, le *saute rocher*, des Hollandais (*Klipspringer; Oreotragus saltatrix*); qui vit dans les endroits les plus escarpés

Antilope du Cap (Oreotragus Saltatrix).

de l'Afrique méridionale, hors de l'atteinte des hommes et des chiens. De même que le chamois, il saute d'un précipice à un autre. Le mâle mesure 3 pieds et demi de long et 22 pouces de hauteur, aux épaules, tête courte et large. Cornes qui existent chez le mâle seulement; elles sont longues de 5 pouces, minces, verticales, presque parallèles, aiguës

I.

quelques anneaux à la base. Robe d'un gris jaunâtre. Ces animaux vivent par paire. — D'après Chenu le grand genre Antilope se divise de la façon suivante : 1ᵉʳ sous-genre, Doacas, comprenant les espèces nommée Dorcas, Dœren, Antilope à bourse, Saïga, Nanguer ou Dama, Tschiru, Kob, Antilope de Sœmmering, Antilope à pieds noirs ou Pallah, Antilope pourpre, Antilope à nez tâché, Antilope de Benett ; 2ᵉ sous-genre, Oryx, comprenant les espèces Pasan, Algazel ou Antilope leucoryx, Osanne ou Antilope chevaline, Antilope bleue, Antilope noire, Cambing outang ou Combstan, Goral ou Bouquetin du Népaul ; 3ᵉ sous-genre, Rupicapra : Chamois ou Isard ; 4ᵉ sous-genre, Addax : Antilope des Indes, Addax, Conçou, Guib, Bos-Bock, Antilope d'Ogilby, Antilope euryceros ; 5ᵉ sous-genre, Nagor : Nagor, Antilope onctueuse, Rit-Bock, Antilope de Delalande ; 6ᵉ sous-genre, Ourebia : Klip-Springer, Ourebi, Antilope de Salt, Steen-Bock, Antilope de montagnes, Antilope laineuse ; 7ᵉ sous-genre, Grimmia : Grimm, Guevei, Antilope de Frédéric, Antilope des buissons, Antilope plongeante ou Ducker-Bock, Spinigera ; 8ᵉ sous-genre, Tetracerus : Chitchara, Raphicère ; 9ᵉ sous-genre, Bubale : Bubale, Antilope à cornes aplaties, Gnou ; 10ᵉ sous-genre, Risia : Nylgau, Antilope à fourche et Antilope palmée.

ANTILOPIDÉS s. m. pl. Zool. Famille de ruminants établie par Chenu et correspondant aux Antilopiens d'Isid. Geoffroy Saint-Hilaire. Cette famille comprend « les espèces à prolongements frontaux subsistant au moins chez les mâles et consistant en des cornes à noyau osseux ». Elle se divise en Antilopiens, Oviens et Boviens.

ANTILOPIENS s. m. pl. Nom donné par Isid. Geoffroy Saint-Hilaire, à une famille de ruminants. Voy. Antilopidés. — Dans la classification de Chenu les antilopiens forment une tribu renfermant le grand genre Antilope qui se divise lui-même en plusieurs groupes ayant pour caractères des cornes creuses, rondes, marquées d'anneaux saillants ou d'arêtes en spirale, et dont les chevilles osseuses sont solides intérieurement.

ANTILOQUE (Mythol.), fils de Nestor, et le plus jeune des héros de l'armée grecque devant Troie. Fut surnommé Philopator, parce qu'il se fit tuer en défendant son père. On l'enterra sur le mont Sigée.

ANTIMAÇONNERIE s. f. Association qui se forma en 1828, à New-York, pour combattre la franc-maçonnerie. Elle compta, pendant un instant, plus de 50,000 adhérents, mais en 1835 elle avait cessé d'exister.

ANTIMAQUE de Colophon, poète épique de l'époque des guerres médiques. A composé une Thébaïde dont il ne reste que quelques fragments.

ANTIMÉPHITIQUE adj. Contre le méphitisme ; qui combat, fait disparaître ou masque la corruption de l'air.

ANTIMÉTABOLE s. f. (gr. antimetabolê), changement par contraste). Rhét. Antithèse qui consiste à renverser certains mots, à les répéter dans deux phrases opposées l'une à l'autre en exprimant des choses contraires. Ex.: il faut manger pour vivre et non vivre pour manger, Corneille a dit du cardinal de Richelieu :

Il m'a fait trop de bien pour en dire du mal ;
Il m'a fait trop de mal pour en dire du bien.

On dit aussi Antimétalepse et Antimétathèse ; mais ces deux derniers mots ne signifient pas identiquement la même chose.

ANTIMÉTALEPSE s. f. (gr. action de prendre dans un sens opposé). Rhét. Sorte d'antithèse assez semblable à l'antimétabole, et qui consiste dans le simple renversement de la pensée dans la répétition des mêmes termes. Ainsi

Boileau disait du P. Lemoine : « Il est trop fou pour que j'en dise du bien, il est trop poète pour que j'en dise du mal ».

ANTIMÉTATHÈSE s. f. (gr. transposition en sens contraire). Rhét. Figure qui consiste à changer la disposition des termes d'une phrase, de manière à corriger ce qu'exprimait un des termes. On a dit de Henri IV : « Je vois toujours l'homme en lui, jamais le roi ; ou plutôt, je vois le plus grand des rois, parce qu'il est le plus simple des hommes. »

* **ANTIMOINE** s. m. (gr. anti, à l'opposé de ; monos, seul ; parce qu'on a cru pendant longtemps que ce métal ne se trouve jamais pur. Selon d'autres, le nom antimoine [contraire aux moines] aurait été appliqué à cette substance parce qu'elle fit mourir plusieurs religieux auxquels Basile Valentin l'administra comme remède prophylactique). Métal blanc bleuâtre, doué d'un éclat argentin, facile à réduire en poudre, et si cassant qu'on ne peut l'employer seul dans l'industrie ; il est entièrement privé de malléabilité et de ductilité. Quand on le frotte, il dégage une odeur qui rappelle celle de l'ail et de la graisse. Gravité spécifique, 6, 7. Symbole, Sb (stibium) ; il fond à 432° C. et peut alors se volatiser au contact de l'air ; il donne une flamme bleuâtre et des vapeurs blanches. L'acide nitrique l'attaque facilement et le transforme en acide antimonieux, poudre blanche insoluble dans l'eau, soluble dans l'acide chlorhydrique. L'antimoine natif se trouve en petite quantité dans les filons métallifères d'Allemont (Dauphiné), de Poullaouen (Finistère), d'Andréasberg (Allemagne) ; il renferme presque toujours de l'arsenic. — Le minerai qui produit le plus d'antimoine est la stibine (antimoine sulfuré) ; substance que l'on trouve surtout à Bornéo, en France et dans la Grande-Bretagne. Pour extraire le métal de ce minerai, on le fait d'abord fondre dans des creusets dont le fond est percé et qui sont enveloppés dans d'autres récipients. En fondant, la partie métallique passe par les petits trous des creusets et tombe délivrée des impuretés terreuses, dans les récipients. Ensuite, on grille cette partie métallique pour en chasser le soufre ; pendant cette opération, il se forme plusieurs combinaisons d'oxyde d'antimoine, telles que le verre d'antimoine, le foie d'antimoine et le crocus. Après le grillage, on mélange l'antimoine encore impur avec du carbonate de soude et du charbon de bois en poudre ; on le met dans une marmite et on le fait chauffer dans un four. On fait encore fondre le produit avec une petite portion d'oxyde d'antimoine qui le purifie. — L'antimoine ne se trouve pas seulement dans la stibine, on le rencontre dans la zinkénite, l'haidingérite, l'existélite, la stibiconise, le kermès minéral et la bournonite ; mais ces minerais n'en contiennent pas autant que la stibine, qui est presque seule employée par la métallurgie. L'antimoine se combine avec tous les métalloïdes, excepté le carbone, le bore et le silicium ; il s'allie avec tous les métaux et leur donne une dureté plus grande. C'est ainsi qu'il entre dans la composition des caractères d'imprimerie, des planches à stéréotyper, des robinets de fontaine, du métal d'Angleterre, etc. D'un grand usage dans la médecine, il est un des éléments essentiels de l'émétique, du kermès minéral, du soufre doré, de la poudre d'algaroth, du crocus metallorum, etc. L'antimoine et ses composés sont tous plus ou moins vénéneux. Dans le cas d'empoisonnement, on doit commencer par favoriser les vomissements à l'aide d'eau tiède, de la titillation de la luette, d'huile d'olive, de quinquina, etc. On considère les décoctions d'écorces et de racines astringentes, de thé, de noix de galle (coupée avec du lait) comme les contrepoisons de l'antimoine. — Connu dès le temps d'Hippocrate, ce métal servit, dans l'antiquité, comme re-

mède pour l'usage externe. Les alchimistes du moyen âge l'étudièrent particulièrement que plusieurs arriver à la découverte de la pierre philosophale. Basile Valentin, moine d'Erfurt, fut le premier qui parvint à l'extraire de son minerai, en 1490. Dans ses expériences sur les propriétés médicales de cette substance, il empoisonna, dit-on, plusieurs de ses collègues. La Faculté de Paris condamna l'emploi de l'antimoine comme remède à l'intérieur ; et le Parlement de Paris rendit, en 1566, un arrêt qui défendit de s'en servir ; mais tel était l'engouement pour ce médicament que plusieurs médecins se firent dégrader plutôt que d'en abandonner l'usage. — Les chimistes le classent parmi les métaux ; sa grande analogie avec l'arsenic le rapproche des métalloïdes. — Antimoine diaphorétique, voy. Diaphorétique. — Beurre d'antimoine, voy. Protochlorure d'antimoine. — Perchlorure d'antimoine, voy. Perchlorure. — Fleurs argentines d'antimoine, Neige d'antimoine, voy. Oxyde d'antimoine. — Crocus, Verre d'antimoine, Foie d'antimoine, voy. Oxysulfure d'antimoine. — Sulfure d'antimoine, voy. Sulfure. — Sels d'antimoine, sels formés par la combinaison d'un acide avec l'oxyde d'antimoine ; ils sont tous vomitifs et vénéneux à faible dose.

ANTIMONARCHIQUE adj. Qui est opposé au gouvernement de la monarchie.

ANTIMONARCHISTE s. Ennemi, adversaire de la monarchie.

* **ANTIMONIAL, ALE, AUX** adj. Qui tient de l'antimoine par l'apparence, les propriétés ou la composition. — ‿‿ s. m. Médicament à base d'antimoine. Les antimoniaux sont classés parmi les contro-stimulants les plus précieux. Ils provoquent les vomissements, ralentissent la respiration et la circulation. Principales préparations antimoniales : émétique ; oxydes d'antimoine ; sulfure d'antimoine ; kermès minéral ; soufre doré d'antimoine ; oxychlorure d'antimoine ; antimoine diaphorétique lavé ; chlorure d'antimoine, etc.

ANTIMONIATE s. m. Sel formé par la combinaison de l'acide antimonique avec une base. — Antimoniate de potasse, à tort confondu avec l'oxyde blanc d'antimoine. Employé comme émétique ou purgatif dans les affections catarrhales, aiguës ou chroniques, à la dose 0,5 à 4 grammes, en suspension dans un looch.

ANTIMONICO-POTASSIQUE adj. Qui est composé d'antimoine et de potasse.

ANTIMONIDES adj. et s. m. pl. Chim. Famille de sels minéraux contenant de l'antimoine.

* **ANTIMONIÉ, ÉE** adj. Chim. Qui est combiné avec l'antimoine. — Hydrogène antimonié, gaz obtenu en versant une dissolution de protochlorure d'antimoine dans un flacon contenant du zinc, de l'acide sulfurique et de l'eau. L'hydrogène qui se dégage de ce mélange est combiné avec l'antimoine. — Tartrate de potasse antimonié, tartre stibié.

ANTIMONIEUX, EUSE adj. Chim. Se dit d'un acide obtenu soit en calcinant l'antimoine à l'air libre, soit en décomposant l'acide antimonique par la chaleur, et composé d'un équivalent d'antimoine et de deux équivalents d'oxygène : Sb O². L'acide antimonieux est une poudre blanche inaltérable par la chaleur, infusible et fixe. On dit aussi Deutoxyde d'antimoine.

ANTIMONIFÈRE adj. Qui contient de l'antimoine.

ANTIMONIQUE adj. Chim. Se dit d'un acide composé de deux équivalents d'antimoine et de cinq équivalents d'oxygène : Sb² O⁵. On l'obtient soit en traitant l'antimoine par de l'eau régale contenant un excès d'acide azotique, soit en décomposant par l'eau le perchlorure d'antimoine. Par le premier procédé on a l'acide *méta-antimonique*, par le second, l'acide *antimonique* proprement dit (peroxyde d'antimoine), *bézoard minéral* ou *matière perlée de kerkringuis*. L'acide anhydre est jaune; hydraté, il est blanc.

ANTIMONITE s. m. Sel insoluble résultant de la combinaison de l'acide antimonieux avec une base.

AMTIMONIURE s. m. Chim. Combinaison de l'antimoine avec un autre métal ou avec l'hydrogène : *antimoniure d'argent* (discrase); *antimoniure de plomb* (plomb antimonié).

ANTIN, bourg et seigneurie du Bigorre (Hautes-Pyrénées); appartenait depuis le XVI° siècle à la famille de Pardaillan; marquisat en 1612; duché en 1711.

ANTIN (Louis-Antoine de Pardaillan de Gondrin, MARQUIS, puis DUC D'), fils unique de M. et de Mᵐᵉ de Montespan, né vers 1665, mort le 2 novembre 1736, se rendit célèbre comme parfait courtisan. Louis XIV étant venu le visiter à son château de Petit-Bourg, le 13 septembre 1707, critiqua une grande allée de marroniers qui cachait la vue de la rivière. Le lendemain, à son réveil, le roi n'aperçut plus le massif de verdure qui lui avait déplu : Une nuit avait suffi pour le faire disparaître. D'Antin s'enrichit dans les opérations de Law et son nom fut donné à un quartier de Paris.

ANTINATIONAL, ALE, AUX adj. Qui est contraire aux intérêts de la nation; opposé au caractère de la nation.

ANTINÉPHRÉTIQUE adj. Méd. Contre les douleurs des reins.

* **ANTINOMIE** s. f. (gr. *anti*, contre; *nomos*, loi). Contradiction réelle ou apparente entre deux lois : *les antinomies embarrassent les jurisconsultes.*

ANTINOMIENS (gr. *anti*, contre: *nomos*, loi). Secte qui naquit de la polémique entre Luther et Agricola. Les Antinomiens croyaient à l'inutilité de la loi évangélique pour le salut; ils disaient que les bonnes œuvres suffisent pour sauver les hommes. Leur secte se répandit en Angleterre et disparut au XVIII° siècle.

ANTINOÜS [an-ti-no-uss]. — I. Prince d'Ithaque, l'un des prétendants de Pénélope; était un homme grossier et cruel qu'Ulysse tua, de ses flèches. — II. Jeune esclave bithynien, d'une beauté extraordinaire, favori d'Adrien. Il se noya dans le Nil, près de Besa, et l'empereur, qu'il le mit au rang des dieux (132 après J.-C.), fit bâtir la ville d'Antinopolis près du lieu témoin de sa mort, dans l'Egypte centrale. On lui dédia des statues, et une étoile nouvellement observée reçut son nom. Parmi les statues qui offrent l'image du favori fait dieu, une est devenue célèbre sous le nom d'*Antinoüs du Belvédère*; elle se trouve au Vatican. C'est une belle figure en marbre de Paros. On la découvrit au XVI° siècle, sous le pontificat de Paul III, dans un quartier de l'Esquilin. Quelques érudits ont cru y voir une image de Mercure. Quoi qu'il en soit, c'est un des plus beaux ouvrages de l'antiquité.

ANTINOÜS (Astron.), constellation de l'hémisphère septentrional, composée de sept étoiles voisines de l'*Aigle.*

ANTIOCHE (anc. *Antiochia* ; turc, *Antakieh*). Ville de Syrie la plus belle et la plus fameuse des seize villes du même nom bâties par Seleucus Nicator (vers 300 av. J.-C.) en mémoire de son père Antiochus. On l'appelait Antiochia Epidaphnes, à cause du bocage de Daphne, contenant un temple d'Apollon, qui se trouvait dans le voisinage de cette cité. Antioche devint la capitale de l'empire séleucide et, plus tard, la résidence favorite des riches Romains. Ses habitants se distinguaient à la fois par leur luxure et leur intelligence; et pendant 600 ans elle mérita le titre de « Reine de l'O-

rient » que lui donna Pline. C'est dans cette ville, que les disciples de Jésus reçurent pour la première fois le nom de chrétiens (42 après J.-C.). Au temps de Chrysostome, la population d'Antioche était évaluée à 700,000 hab., dont 100,000 chrétiens, A la tête de ces derniers se trouvait un patriarche aussi puissant que ceux de Rome, de Constantinople et d'Alexandrie. Aujourd'hui elle possède cinq patriarches, dont un grec, un catholique romain et trois appartenant à des églises dissidentes. Il n'est peut-être pas de ville qui ait autant souffert des guerres, des famines et des incendies. Un tremblement de terre fit périr 250,000 hab. en 526. — La ville fut prise par les Perses en 540, par les Sarrasins en 638, reprise par l'empereur d'Orient en 966; perdue en 1086; capturée par les Croisés en 1098; capitale d'une principauté conservée par Bohemond et ses successeurs, jusqu'en 1268, année où elle tomba au pouvoir du sultan d'Egypte Bibaros. — Ibrahim Pacha s'en empara, le 1ᵉʳ août 1832 et la restitua lors de la paix. Le tremblement de terre du 3 avril 1872 a coûté la vie à 1,600 personnes. La ville moderne (12,000 hab.)s'élève sur la rive méridionale de l'Oronte, à 90 kil. O. d'Alep; Plusieurs églises chrétiennes; montagne fortifiée, au S. Exportation de soie, de laine, de miel, de beurre, d'huile, de savon et de cuir. — CHANSON D'ANTIOCHE. Poème composé par Richard le Pèlerin, trouvère flamand, pendant la première croisade, puis rajeuni par Graindor de Douai, vers 1175. Son sujet est la première croisade et surtout le siège d'Antioche. La marquise de Saint-Aulaire a publié ce poème en français moderne, Paris, 1862, in-12. — ERE D'ANTIOCHE, très employée par les premiers écrivains chrétiens d'Antioche et d'Alexandrie. D'après elle, la création remonte à 5,492 ans av. J.-C.

ANTIOCHUS [an-ti-o-kuss], nom de treize rois de Syrie. — I.**Antiochus Soter** (Sauveur), fils de Séleucus 1ᵉʳ, né vers 325 av. J.-C., roi en 280, mort en 261. Il gagna son surnom en sauvant son empire d'une invasion gauloise qu'il repoussa grâce à ses éléphants (275). — II. **Antiochus Théos** (Dieu), fils du précédent, régna de 260 à 247; reçut son surnom des Milésiens qu'il délivra de la tyrannie; il périt empoisonné par sa première femme, Laodice, qu'il avait répudiée pour épouser Bérénice, fille de Ptolémée. — III. **Antiochus le Grand**, né vers 238, frère et successeur (223-187) de Séleucus III, annexa une grande partie de l'Asie Mineure à ses états, rendit tributaire Arsace III, roi des Parthes, fit une heureuse expédition dans l'Inde et, après la mort de Ptolémée Philopator, prit possession de la Palestine, puis de la Chersonèse de Thrace (196). Cette

dernière conquête ayant amené la guerre avec les Romains, Antiochus passa en Grèce, se mit à la tête des Etoliens (192) et vint se faire battre aux Thermopyles par Acilius Glabrio (191), puis à Magnésie par L. Cornélius Scipion (190). Pour obtenir la paix, il promit de grosses sommes qu'il voulut se procurer en pillant le temple de Belus à Elymaïs; mais le peuple le massacra. — IV. **Antiochus** surnommé *Epiphane* (l'Illustre), puis *Epimane* (le Fou), second fils du précédent, succéda, en 175, à son frère Séleucus Philopator, recouvra la Palestine (171), envahit l'Egypte (170), prit d'assaut Jérusalem dont il pilla le temple. Les persécutions qu'il fit subir aux Juifs motivèrent l'insurrection des Macchabées. Voy. SYRIE. — V. **Antiochus EU-PATOR**, régna dix-huit mois (164-‘3 av. J.-C.);

Antioche.

fut renversé et mis à mort par son cousin Démétrius Soter. — VI. **Antiochus DIONYSIUS** ou BACCHUS, fils d'Alexandre Bala, régna quelques mois (144 av. J.-C.). — VII. **Antiochus SIDÉTÈS**, fils de Démétrius Soter, régna de 123 à 130 av. J.-C. Soumit les Juifs et périt en combattant les Parthes. — VIII. **Antiochus GRYPUS** (*au nez de vautour*), fils de Démétrius Nicator et de Cléopâtre; régna de 123 à 97 av. J.-C.; empoisonna sa mère et périt assassiné.— IX. **Antiochus PHILOPATOR** ou de CYZIQUE, succéda au précédent, en 97, et fut détrôné par Séleucus VI. — X. **Antiochus EUSÈBE** (Pieux), fils du précédent, régna de 94 à 92 av. J.-C. Fut détrôné par deux fils de Séleucus VI. — XI. **Antiochus PHILADELPHE**, se noya dans l'Oronte, en 93 av. J.-C. — XII. Succéda à son frère, Démétrius III, et périt dans une expédition contre les Arabes (83 av. J.-C.). — XIII. **Antiochus d'Asiatique**, fut détrôné par Pompée, qui fit de la Syrie une province romaine (64 av. J.-C.)

ANTIOCHUS HIERAX (Vautour), fils d'Antiochus II de Syrie et de sa première femme Laodice, voulut s'emparer de la Syrie, fut vaincu et périt en se sauvant.

ANTIODONTALGIQUE adj. et s. m. (gr. *anti*, contre; *odontos*, dent; *algos*, douleur). Méd. Se dit des remèdes propres à combattre l'odontalgie ou mal de dents.

ANTIOPE. — I. Reine des Amazones; elle fut prise par Hercule, qui la donna à Thésée, celui-ci la délaissa pour Phèdre. Elle eut pour fils Hippolyte. — II. Fille de Nyctéus, roi de Thèbes, séduite pendant son sommeil par Jupiter, qui avait pris la forme d'un satyre, et qui en eut deux fils : Zéthus et Amphion. Sa beauté rendit jalouse sa tante Dircé, reine de Thèbes, qui la fit mettre dans une prison d'où elle parvint à s'échapper. Ses deux fils s'emparèrent de Dircé et l'attachèrent aux cornes d'un taureau sauvage. Mais Bacchus, vengeur de Dircé, frappa Antiope de démence. L'histoire de cette princesse a inspiré plusieurs artistes. On admire au Louvre l'*Antiope endormie*, chef-d'œuvre du Corrège, et une toile du Titien connue sous le nom de *Vénus del Pardo*.

ANTIOQUIA [an-ti-o-ki-a]. Etat de la République de Colombie, sur le golfe de Darien, 57,813 kil. carr.; 366,000 hab., dont 73,000 blancs. Territoire couvert par la chaîne centrale des Andes, traversé par la rivière Cauca, et borné à l'E. par la Magdalena. Abondance d'or ; sol fertile. Capitale Médellin.

* **ANTIPAPE** s. m. Celui qui prend, qui usurpe le titre de pape sans avoir été élu légitimement et canoniquement. On compte 28 antipapes. Voy. PAPES.

ANTIPAPISME s. m. Etat d'un antipape. — Doctrine qui ne reconnaît pas la suprématie du pape.

ANTIPARASTASE s. f. (gr. *antiparastasis*, démonstration contraire). Rhét. Réfutation véhémente où l'on soutient que l'acte dont on est accusé est digne d'éloges au lieu de mériter une condamnation.

ANPIPAROS (anc. *Oliarus* ou *Olearos*), île des Cyclades (archipel grec), en face de Paros, comme l'indique son nom ; 28 kil. carr. ; 500 hab. Célèbre grotte formée d'une arche immense en magnifique marbre blanc, et admirable par ses stalactites et ses stalagmites.

ANTIPAS (Hérode). Voy. HÉRODE.

ANTIPATER. — I. Officier macédonien, né vers 390 av. J.-C., mort en 319. Pendant l'expédition d'Alexandre en Asie, il resta gouverneur de la Macédoine et battit les Lacédémoniens (331). La Grèce et la Macédoine lui échurent lors du partage de l'empire d'Alexandre. — II. Petit-fils du précédent, et fils de Cassandre, régna sur la Macédoine (296-'94 av. J.-C.), et fut mis à mort en 292. — III. Neveu de Cassandre, régna pendant 45 jours, en 278 av. J.-C.

ANTIPATHE s. m. (gr. *antipathès*, contraire). Zool. Genre de polypes à polypiers, famille des polypes corticaux, à substance branchue et d'apparence ligneuse, enveloppée d'une écorce si molle qu'elle se détruit après la mort; aussi les antipathes ressemblent-ils, dans nos collections, à des branches de bois mort, ce qui leur a valu le nom de *corail noir*.

ANTIPATER v. a. (rad. *antipathie*). Argot. Avoir de l'antipathie : *je l'antipathe*.

* **ANTIPATHIE** s. f. (gr. *anti*; contre; *pathos*, fection). Aversion, répugnance naturelle et non raisonnée que l'on a pour quelqu'un, pour quelque chose : *antipathie naturelle* ; *secrète antipathie* ; *le dindon a une grande antipathie pour le paon* ; *certaines personnes ont de l'antipathie pour la musique*. — Défaut d'affinité, en parlant des choses inanimées : *l'eau et l'huile ont une grande antipathie*.

* **ANTIPATHIQUE** adj. Contraire, opposé : *caractères antipathiques*. — Qui n'inspire que de l'aversion : *cet homme m'est antipathique*.

ANTIPATRIOTIQUE adj. Contraire au patriotisme.

* **ANTIPÉRISTALTIQUE** adj. Physiol. Se dit du mouvement de l'estomac et des intestins, opposé au mouvement *péristaltique*. Voy. ce mot.

* **ANTIPÉRISTASE** s. f. (gr. *anti*, contre; *peristasis*, entourage). Didact. Action de deux qualités contraires, dont l'une augmente la force de l'autre ; les péripatéticiens disent que c'est par antipéristase que le feu est plus ardent l'hiver que l'été (Acad.).

* **ANTIPESTILENTIEL, ELLE** adj. Méd. Se dit des préservatifs et des remèdes contre la peste.

ANTIPHILE, peintre égyptien, contemporain et rival d'Apelle. Ce dernier étant venu à la cour de Ptolémée, le jaloux Antiphile l'accusa lâchement de conspirer contre le roi d'Egypte. Apelle allait subir le dernier supplice, lorsque son accusateur, convaincu de mensonge, fut jeté dans les fers pour le reste de sa vie.

ANTIPHILOSOPHE s. m. Ennemi, adversaire des philosophes.

* **ANTIPHILOSOPHIQUE** adj. Se dit de ce qui est opposé à la philosophie : *maxime antiphilosophique*.

ANTIPHILOSOPHIQUEMENT adv. D'une manière antiphilosophique.

* **ANTIPHLOGISTIQUE** adj. et s. m. [an-ti-flo-ji-sti-ke] (gr. *anti*, contre; *phlogistikos*, brûlé). Méd. Se dit des moyens employés pour combattre les inflammations et de ce qui concerne ces moyens. Les antiphlogistiques sont: les émissions sanguine (saignées ou sangsues), la diète, les boissons aqueuses acidulés, les bains tièdes et les contro-stimulants.

ANTIPHON, orateur athénien (480-'11 avant J.-C.). Il contribua à l'établissement de l'oligarchie des Quatre-Cents. Envoyé à Sparte pour y négocier la paix, il échoua, et à son retour, accusé de trahison, il fut mis à mort. On a conservé quinze de ces discours. Voy. la Collection Didot.

* **ANTIPHONAIRE** ou ~ **Antiphonier** s. m. [an-ti-fo-nè-re] (gr. *anti*, contre; *phoné* voix). Livre d'église dans les antiennes et autres pièces de l'office sont notées avec des notes de plainchant. — L'antiphonaire centonien, le plus ancien de tous, est dû à saint Grégoire.

ANTIPHONEL s. m. (gr. *anti*, contre; *phoné*, voix). Appareil mécanique imaginé en 1846 par M. Debain, facteur d'orgues, et au moyen duquel on peut jouer l'orgue sans être musicien.

ANTIPHONIE s. f. [an-ti-fo-ni] (gr. *anti*, contre; *phoné*, son; *d'où antiphônein*, parler en réponse l'un à l'autre). Mus. anc. Symphonie exécutée par diverses voix ou divers instruments qui chantaient la même mélodie, mais avec des intervalles d'une ou plusieurs octaves. Antiphonie se disait par opposition à *homophonie*, symphonie exécutée à l'unisson.

* **ANTIPHRASE** s. f. [frà-ze] (gr. *anti*, contre; *phrasis*, locution). Rhét. Figure par laquelle on emploie un mot, une locution, une phrase, dans un sens contraire à sa véritable signification, à sa signification ordinaire. Quand on dit : *cet honnête homme*, en parlant d'un fripon, on fait une antiphrase. C'est par antiphrase que les Grecs nommaient les Furies : EUMÉNIDES (c'est-à-dire douces). C'est encore par antiphrase que Boileau a dit dans sa satire IX :

 Je le déclare donc : Quinault est un Virgile.

ANTIPHYSIQUE adj. Contraire à la nature.

* **ANTIPODE** s. m. (gr. *anti*, contre; *pous*, *podos*, pied). Celui qui habite dans un endroit de la terre que l'on considère par rapport à un autre endroit diamétralement opposé ; se dit ordinairement au pluriel : *les habitants de la Nouvelle-Zélande sont nos antipodes*. — Par ext. Se dit aussi en parlant des pays : *tel pays est l'antipode, est antipode de tel autre* ; *les antipodes de Paris* ; *les antipodes de la France se trouvent au delà de la Nouvelle-Zélande, près de l'île des Antipodes*. — L'idée des antipodes se lie à la connaissance ou à la supposition de la sphéricité de la terre. Platon est, dit-on, le premier qui ait pensé que des antipodes doivent exister. Boniface, archevêque de Mayence, légat du pape Zacharie, dénonça comme hérétique, un évêque qui avait émis la même opinion (741). — Fig. *Ce* sont les antipodes, se dit de deux hommes ou de deux choses, de deux caractères diamétralement opposés : *ce raisonnement est l'antipode du bon sens*. — ALLER AUX ANTIPODES, aller très loin.

ANTIPODES (Île), île du grand Océan, par 49° 42' lat. S. et 176° 22' 51" long. E. — On dit aussi : ILE DES ANTIPODES.

ANTIPOÉTIQUE adj. Contraire à la poésie.

ANTIPOLIS, nom latin d'Antibes.

ANTIPOLITIQUE adj. Contraire à la saine politique.

* **ANTIPSORIQUE** adj. et s. m. (gr. *antipsora*) Méd. Se dit des médicaments que l'on emploie contre la gale.

ANTIPTOSE s. f. [an-ti-ptô-ze] (gr. *antiptôsis*; de *anti*, contre; *ptôsis*, cas). Gramm. gr. et lat. Emploi d'un cas pour un autre ; sorte d'ellipse dont on usait surtout en poésie.

* **ANTIPUTRIDE** adj. et s. Synon. d'ANTISEPTIQUE.

* **ANTIQUAILLE** s. f. [an-ti-ka-yeu ; ll mll.]. Chose antique de peu de valeur : *ce sont des antiquailles* ; *chercheur d'antiquailles*. — Chose usée de peu de valeur: *ces meubles sont des antiquailles*.

* **ANTIQUAIRE** s. m. Celui qui est savant dans la connaissance des monuments antiques, comme statues, médailles, etc. On dit ordinairement ARCHÉOLOGUE. — SOCIÉTÉ DES ANTIQUAIRES DE FRANCE, fondée en 1805 sous le nom d'Académie celtique ; elle a publié des travaux nombreux et excellents, elle siège à Paris, palais des Beaux-Arts. — SOCIÉTÉ DES ANTIQUAIRES, société fondée à Londres en 1372. — SOCIÉTÉ DES ANTIQUAIRES DE NORMANDIE, fondée à Caen, en 1824; commença l'année suivante la publication de ses Mémoires. — SOCIÉTÉ DES ANTIQUAIRES DE LA MORINIE, fondée à Saint-Omer, en 1832. — SOCIÉTÉ DES ANTIQUAIRES DE L'OUEST, Poitiers, 1835. — SOCIÉTÉ DES ANTIQUAIRES DE PICARDIE, Amiens, 1839.

* **ANTIQUE** adj. (lat. *antiquus*). Se dit, par opposition à *moderne*, des choses qui sont d'un temps fort reculé : *monnaie antique* ; *mœurs antiques* ; *probité antique*. — Se dit aussi des choses dont l'usage, le goût ou la mode sont passés depuis longtemps : *il portait l'antique paletot de son père*. — Se dit, par raillerie, des personnes âgées ou qui ont l'air âgé. *il a l'air antique* ; *une beauté antique*. — Exprime quelquefois, dans un sens élogieux, un caractère de beauté semblable à celui que nous offrent les ouvrages de l'antiquité : *avec d'une majesté antique*. — s. m. Ce qui nous reste des anciens en productions artistiques : *beau comme l'antique* ; *copier l'antique*. — ~ Elève sortant de l'Ecole polytechnique : *un antique* ; *c'est un antique*. — s. f. Ce qui nous reste de l'antiquité, comme médailles, statues, agates, vases : *le cabinet des antiques* ; *une curieuse antique*. — A l'antique, à la manière antique : *vêtue à l'antique*.

* **ANTIQUITÉ** s. f. [an-ti-ki-té] (lat. *antiquitas*). Ancienneté reculée : *arbre vénérable par son antiquité*. — Époque historique qui comprend toutes les périodes avant la chute de l'empire romain : *les peuples de l'antiquité*. — Collectiv. Les hommes qui ont vécu pendant l'antiquité: *l'antiquité a cru que...* — Monument qui reste de l'antiquité : *une belle antiquité* ; *les antiquités de Rome*. — Connaissance de l'antiquité, sous le rapport des usages, des langues, etc.. : *terme d'antiquité* ; *on trouve dans les Antiquités hébraïques*.

ANTIRAISONNABLE adj. Contraire à la raison.

ANTIRATIONNALISME s. m. Doctrine opposée au rationnalisme.

ANTIRÉFORMISTE s. m. Opposé à toute réforme.

ANTIRELIGIEUX, EUSE adj. Contraire à la religion.

ANTIRÉPUBLICAIN, AINE adj. et s. Qui est opposé à la république.

ANTIRÉVOLUTIONNAIRE adj. et s. Qui est posé aux révolutions.

ANTIRRHINE s. f. (lat. *antirrhinum*; du gr. *anthos*, fleur ; *rin*, nez, museau ; fleur en museau). Bot. Nom scientifique du *Muflier*.

ANTIRRHINÉ,ÉE adj.Qui ressemble à l'antirrhine.—**ANTIRRHINÉES** s. f. pl. Bot. Tribu d'Antirrhinidées ayant pour type le genre antirrhine.

ANTIRRHINIDÉES s. f. pl. Bot. Deuxième groupe de la famille des scrofulariées, caractérisé par une corolle à préfloraison imbriquée, bilabiée, à lobes non plissés. Ce groupe se subdivise en six tribus : Calcéolariées, Verbascées, Hémiméridées, Antirrhinées, Chélonées et Gratiolées.

ANTISANA, volcan assoupi de l'Ecuador, à 60 kil. S.-E. de Quito ; 5,875 m. au dessus du niveau de la mer. Sur un des côtés de la montagne, à plus de 4,000 m. de haut, se trouve le lac Mica, près duquel on a bâti la célèbre Hacienda, l'une des habitations les plus élevées du monde.

ANTISCIENS s. m. pl. (gr. *anti*, à l'opposé; *skia*, ombre). Peuples qui habitent, les uns en deçà, les autres au-delà de l'équateur, et qui, à midi, ont des ombres en sens contraires.

ANTISCORBUTIQUE adj. et s. m. Méd. Se dit des remèdes regardés comme efficaces contre le scorbut; tels sont: le cresson, le cochléaria, le raifort, les amers et les toniques, tels que la gentiane, le houblon, le quinquina, etc. — *Le sirop antiscorbutique* contient les sucs des principales plantes antiscorbutiques.

ANTISCROFULEUX, EUSE adj. et s. m. Se dit des médicaments qui paraissent modifier avantageusement la diathèse scrofuleuse: huile de foie de morue, iodure de fer, iodure de potassium, extrait de ciguë, arséniate de soude, hypophosphite de chaux, toniques.

ANTISÉMITIQUE adj. Se dit d'un ennemi des juifs ; se dit particulièrement du mouvement qui se manifeste en Allemagne et a pour objet de renouveler contre les israélites les proscriptions du moyen âge ou tout au moins de les exclure des fonctions publiques. C'est le prédicateur en titre de la cour, M.Strecher, qui fut le promoteur de l'agitation tentée contre les juifs. Il eut pour auxiliaires l'aristocratie, les ultramontains et les piétistes. Leurs prédications ravivèrent les haines et firent refleurir les préjugés du moyen âge. Les populations de la Poméranie et du duché de Posen, que Strecher et ses acolytes réunissaient dans des meetings et échauffaient par des discours enflammés, se sont portées dans les maisons des juifs et les ont mises à sac (1881).

ANTISEPTIQUE adj. et s. [an-ti-sè-pti-ke] Méd. Qui est propre à arrêter les progrès de la putréfaction, de la gangrène.—Remède employé à l'intérieur et à l'extérieur pour combattre l'état morbide désigné sous le nom de *putridité* et pour réveiller l'action vitale des parties menacées de décomposition. Ce sont les toniques, les astringents et les absorbants (quinquina, camphre, eau-de-vie, vin aromatique, la plupart des chlorures, mais particulièrement le chlorure de chaux ; charbon, goudron, eau phéniquée, coaltar saponiné au 30° et permanganate de potasse). — Chim. Agent qui a la propriété de prévenir ou d'arrêter la décomposition des matières organiques, soit animales soit végétales.

ANTISIGMA s. m. (c'est-à-dire : sigma renversé). Signe en forme de C retourné (Ɔ), employé par les anciens copistes de poésie pour marquer qu'il faut faire permuter deux ou plusieurs vers non placés à leur ordre. — Nom donné à une lettre composée de deux C adossés (ƆC) que l'empereur Claude essaya vainement d'ajouter à l'alphabet latin pour figurer l'articulation *ps*.

ANTISOCIAL, IALE, IAUX adj. [an-ti-so-si-al]. Contraire à la société; qui tend à la dissolution de la société : *doctrine antisociale ; principes antisociaux*. — Qui est désagréable; qui n'est pas admis en société : *l'ail communique à l'haleine une odeur antisociale*.

ANTISPASMODIQUE adj. et s. m. [an-ti-spa-smo-di-ke]. Méd. Se dit des médicaments que l'on emploie pour calmer le système nerveux sans narcotiser. Ce sont : l'éther, le valérianate de zinc, les feuilles et les fleurs de l'oranger, les fleurs de tilleul, l'assa fœtida, le camphre, le bromure de potassium, le musc, le castoréum, etc. Souvent la chaleur arrête les spasmes de la colique, des crampes, les convulsions des enfants provenant de l'irritation intestinale; on peut l'appliquer sous forme de bains ou de fomentation L'éther et le chloroforme sont les puissants antispasmodiques.

ANTISPASTE s. m. (gr. *anti*, à l'opposé de; *spaó*, je tire) Prosod. anc. Pied d'un vers grec ou latin composé de deux syllabes longues entre deux brèves ; c'est l'opposé du choriambe.

ANTISPASTIQUE adj. et s. m. (gr. *anti*, contre ; *spastikos*, sujet aux spasmes). Méd. Synon. de **ANTISPASMODIQUE**.

ANTISTHÈNES ou **Antisthène**, philosophe athénien, chef de l'école des Cyniques ; né vers 424 av. J.-C. Comme il affectait un extérieur négligé, Socrate lui dit un jour : « Je vois percer l'orgueil à travers les trous de ton manteau ». Pour lui, le souverain bien était la vertu, qui fait ressembler l'homme à Dieu. Or, Dieu se suffit à lui-même, et pour lui ressembler, il faut s'affranchir de tout besoin. Antisthènes s'éleva contre les accusateurs de Socrate; il mourut à l'âge de 72 ans, entre les bras de Diogène, son principal disciple.

ANTISTROPHE s. f. Anc. poésie gr. Seconde stance du chœur, semblable pour le nombre et la mesure à la première, que l'on nommait *Strophe*; la troisième se nommait *Epode*. Dans les pièces dramatiques, le chœur chantait l'*antistrophe* en marchant sur le théâtre de gauche à droite, après qu'il avait chanté la *strophe* en tournant de droite à gauche (Acad.).

ANTISYPHILITIQUE adj. et s. m. [ant-ti-si-fi-li-ti-ke]. Méd. Se dit des remèdes propres à détruire le virus syphilitique ; ce sont généralement des altérants et des sudorifiques (préparations mercurielles ou aurifères, iodure de potassium). Le gaïac, la squine, le sassafras et la salsepareille sont la base des tisanes, des robs, des sirops antisyphilitiques.

ANTITHÉISME s. m. (gr. *anti*, contre ; *théos*, dieu). Mot créé par Proudhon pour désigner le système philosophique qui conçoit la nature divine comme opposée à la nature humaine.

ANTITHÉNAR s. m. (gr. *anti*, opposé; *thénar*, paume de la main). Anat. Partie de la main qui s'étend de la base du petit doigt au poignet. On dit aussi **HYPOTHÉNAR**.

ANTITHÈSE s. f. (gr. *antithesis*, opposition). Rhétor. Figure par laquelle l'orateur oppose, dans une même période, des choses contraires les unes aux autres, soit par les pensées, soit par les termes. Cette phrase : *il est petit dans le grand, et grand dans le petit*, est une antithèse. — Voici quelques exemples d'antithèse :

Pour réparer des ans l'irréparable outrage.

    RACINE, *Athalie*, acte II. sc. v.

Le temps, cette image mobile
De l'immobile éternité.

        J.-B. ROUSSEAU. Ode II.

... Pour le citoyen qui défend sa Patrie,
    La mort, c'est l'immortalité.

        T. de M***.

— L'antimétabole et l'antimétalepse sont des variétés de l'antithèse. — L'abus de ces figures donne au style une tournure puérile.

ANTITHÉTIQUE adj. Qui tient de l'antithèse; où l'antithèse abonde : *style antithétique.*

ANTITRAGIEN adj. et s. m. Qui appartient à l'antritagus.

ANTITRAGUS [guss] (gr. *anti*, opposé; *tragos*, bouc). Anat. Languette triangulaire qui limite la conque de l'oreille, en face et un peu au-dessous du tragus.

ANTITRINITARIENS s. m. pl. Sectaires qui rejettent le dogme de la Trinité. — Vers la fin du II° siècle, Théodotus de Byzance fut le premier qui soutint cette doctrine, laquelle fut ensuite celle d'Arius et, après la réforme, de Lélius et de Faustus Socinus. Voy.**ARIENS**, **SOCINIENS**, **UNITARIENS**.

ANTITYPE s. m. Type ou figure correspondant à un autre type. Le Tabernacle construit par Moïse était l'*antitype* du modèle que Dieu lui avait montré sur le Sinaï.

ANTIUM [an-si-omm], auj. *Porto d'Anzio*, ancienne cité maritime du Latium, sur un promontoire rocheux, à 50 kil. S. de Rome, principale ville des Volsques, subjuguée par les Romains, dont elle devint une colonie (340-'38 av. J.-C.). Horace la cite comme le séjour favori des empereurs et des riches particuliers, qui y avaient élevé de nombreuses villas. Les trésors déposés dans son temple de la Fortune furent saisis par Octave, pendant sa guerre contre Antoine. C'est dans les ruines du palais de Néron, que l'on a trouvé, en 1803, l'Apollon du Belvédère. Pie IX s'y était fait bâtir une villa qui fut pendant longtemps sa résidence d'été ; mais Porto d'Anzio n'est plus qu'un gros village de 1,000 hab. Patrie de Néron et de Caligula.

ANTIVARI (turc : *Bar*), ville forte, à 5 kil. de l'Adriatique, sur laquelle elle a un port, et à 35 kil. O. de Scutari ; autrefois à la Turquie ; cédée au Monténégro par le traité de Berlin (13 juillet 1878). Archevêché catholique ; 3,000 habitants.

ANTIVÉNÉRIEN, IENNE adj. et s. Méd. Synon. d'**ANTISYPHILITIQUE**.

ANTIVERMINEUX, EUSE adj. et s. Voy. **VERMIFUGE**.

ANTŒCIEN adj. et s. m. Voy. **ANTÉCIEN**.

ANTOFLE ou **Anthoffe** s. m. Fruit arrondi, oblong, noirâtre, de la grosseur du gland, produit par le giroflier. Il renferme une amande noire, aromatique, stomachique et digestive que l'on confit dans le sucre. L'antofle est aussi nommé *clou-matrice* ou *mère de girofle*.

ANTOIL s. m. [an-toil]. Mar. Instrument qui sert à plier les bordages lorsqu'on veut les fixer sur les membrures.

ANTOINE (Marc-). — I. Orateur romain, (143-87 av. J.-C.) aïeul du triumvir; fut préteur en 104, consul en 99, censeur en 97, adopta le parti de Sylla et fut mis à mort par Marius. — II. (Marcus-Antonius), triumvir romain (83-30 av. J.-C.), servit, sous les ordres de Gabinius, en Syrie et en Egypte, et sous ceux de César, en Gaule, devint tribun du peuple en 50, épousa chaudement la cause de César, qui le nomma son collègue en 44. A la mort de César (44), il feignit de se rendre aux assassins ; mais par un discours artificiel prononcé sur le cadavre du dictateur, il excita si vivement le peuple à la vengeance, que les meurtriers n'eurent que le temps de quitter Rome. Nommé consul, il eut à combattre la rivalité du jeune Octave. Réconcilié avec ce dernier, il forma, avec lui et Lépide un deuxième triumvirat qui ramena l'époque sanglante de Marius et de Sylla. La plus illustre des innombrables victimes sacrifiées par les triumvirs fut Cicéron, beau-père de Brutus. — Marc-Antoine eut le principal honneur de la victoire de Philippes (42) et, dans la division subséquente de l'empire, il reçut l'Asie, la Macédoine, la Syrie et la Grèce. Il fit la guerre aux Parthes, mais sans aucun succès. Séduit par Cléopâtre, qu'il devait punir pour avoir secouru Brutus, il devint amoureux de cette reine d'Egypte, au point de défendre à son épouse légitime, Octavie, sœur d'Octave, de venir le rejoindre en Asie. Cette injure fit naître une nouvelle guerre, à laquelle Antoine se prépara avec mollesse. Battu à Actium, où Cléopâtre l'abandonna, entraînant soixante galères, il suivit cette princesse et quitta sa flotte et son armée de terre. Octave envahit presque aussitôt l'Egypte, et Antoine, abandonné de tous, se perça de son épée et mourut sous les yeux de la reine d'Egypte. La célèbre liaison d'Antoine et de Cléopâtre, fait le sujet d'une tragédie de Shakespeare (*Antoine et Cléopâtre*, 1608).

ANTOINE (Saint). — I. LE GRAND, fondateur du monachisme, né à Coma (haute Egypte), en l'an 251, donna tout son bien aux pauvres, se retira dans un désert et assembla quelques anachorètes, près de Memphis. En 355, il abandonna sa retraite pour soutenir Athanase contre les ariens. Revenu au milieu de ses disciples, il y mourut à l'âge de 105 ans. Saint Athanase, qui a écrit sa vie, raconte ses tentations, ses luttes avec le démon et ses miracles. Il guérissait l'érysipèle, qui fut longtemps appelé « feu de saint Antoine ». Il s'abstenait de bains, et ses disciples imitaient son exemple; ce qui fit dire plus tard qu'il s'était choisi pour compagnon un animal immonde appelé encore « le compagnon de saint Antoine ». Fête, le 17 janvier. — II. **Saint Antoine** de PADOUE, franciscain, né à Lisbonne, en 1195, mort à Padoue, en 1231; il prêcha en Afrique, en Italie et en France. Fête le 13 juin.

ANTOINE DE BOURBON, duc de Vendôme, (1518-'62), fils de Charles de Bourbon, épousa en 1548, la fameuse Jeanne d'Albret et devint, par ce fait, roi de Navarre. Lieutenant général de France, en 1560, et conseiller de Catherine de' Médicis, il embrassa la religion catholique, s'associa aux Guises qu'il détestait, combattit ses anciens alliés, les protestants, et fut tué au siège de Rouen. Son fils régna sous le nom de Henri IV.

ANTOINE (Don), prieur de Crato, fils naturel de l'infant don Luis, né en 1581, prétendit à la couronne de Portugal (1580), fit plusieurs tentatives infructueuse, et mourut à Paris en 1595.

ANTOINE (faubourg Saint-), ancien faubourg de Paris, aujourd'hui situé au cœur même de la capitale, et habité par une nombreuse population ouvrière qui se compose surtout de menuisiers et d'ébénistes. Ce faubourg doit son nom au couvent de Saint-Antoine-des-Champs, fondé au XIIᵉ siècle, pour recevoir les Madeleines repentantes. Dans ce couvent, devenu abbaye royale, fut signée, en 1465', une trêve entre Louis XI et Charles le Téméraire. Le 2 juillet 1652, le faubourg Saint-Antoine fut témoin d'un combat entre Turenne et le grand Condé. Ce dernier eût été écrasé si Paris ne lui eût ouvert ses portes; mais il dut bientôt quitter la France.

ANTOINE (CAP Saint-). — I. Pointe N.-O. de l'île de Cuba, par 21° 53' lat. N. et 87° 21' 22" long. O. — II. Pointe S. de l'embouchure du Rio-de-la-Plata, par 36° 19' 36" lat. S. et 59° 3' 23" long. O.

ANTOING, bourg de Belgique (Hainaut), 2,000 hab. Excellente bière dite *grisette d'Antoing*.

ANTOMMARCHI (Carlo-Francesco) [an-to-mar-ki], médecin corse (1780-1838), professeur d'anatomie à Florence en 1812; attaché au service de Napoléon Iᵉʳ à Sainte-Hélène (1819); publia : *Les derniers moments de Napoléon*, 2 vol. in-8°, Paris, 1825, passa dans les ambulances des Polonais révoltés et alla mourir à Cuba, où Napoléon III lui fit élever un monument en 1855.

ANTONELLE (Pierre-Antoine MARQUIS D'), homme politique né à Arles en 1747, mort en 1819. Il exposa les principes de la Révolution dans son *Catéchisme du Tiers-Etat*. Membre de l'Assemblée législative, puis juré au tribunal révolutionnaire, il dirigea les procès de Marie-Antoinette et des Girondins. Il fit partie du conseil des Cinq-Cents, de 1797 à 1799, fut atteint par la proscription du 3 nivôse et ne rentra qu'en 1814.

ANTONELLI (Giacomo), secrétaire d'Etat du pape (1806-'76), cardinal en 1847, premier ministre en 1848, ministre des affaires étrangères en 1850, il inaugura la politique de réaction et soutint le pouvoir temporel avec une indomptable énergie.

ANTONELLO de Messine, peintre, né en 1414, mort en 1493; fut, d'après Vasari, le premier Italien qui peignit à l'huile. Un voyage en Flandre, où florissait Jean de Bruges, lui avait permis d'étudier ce nouveau genre de peinture, dans lequel il excella bientôt. Il fit part de son secret à Dominique de Venise, qui le communiqua à Andrea del Castagno, et celui-ci, espérant s'attribuer une si rare découverte, assassina Dominique. Mais son crime ne lui profita pas, car Antonello avait également instruit Pino de Messine.

ANTONGIL, h. plus vastebaie de Madagascar, sur la côte E., un peu au N. de notre île Sainte-Marie. Cette baie, dont les rivages sont d'une fécondité remarquable, fut découverte par le Portugais Antoine (Anton) Gilles. Les Français s'y établirent en 1774 et y fondèrent Port-Choiseul. Le comte Beniowsky, agissant au nom de la France, fut élu roi par une tribu des environs. Mais il voulut ensuite agir pour son compte personnel se fit tuer un combattant les Français (23 mai 1786).

ANTONIN. — I. Le Pieux (TITUS-AURELIUS-FULVIUS-BAIONIUS), empereur romain, né à Lanuvium, 86 ap. J.-C., succéda à Adrien, en 138 et mourut en 161. Pendant un règne heureux, prospère et pacifique, il protégea les Lettres et répandit l'instruction. On lui donna le surnom de deuxième Numa; et il mérita celui de Pieux par le zèle qu'il apporta à faire accorder les honneurs divins à son père adoptif, et son prédécesseur, Adrien. Il ne persécuta pas les chrétiens. Le nom d'Antonin parut si respectable que les successeurs voulurent le porter, et le Sénat consacra à sa mémoire une colonne qui n'existe plus. — II. **Le Philosophe**, voy. MARC-AURÈLE.

ANTONIN (Muraille d'), l'un des remparts construits par les Romains dans l'île de Bretagne, (aujourd'hui Grande-Bretagne), pour arrêter les incursions des Calédoniens, vers l'an 140 av. J.-C. Il n'en reste plus de vestiges.

ANTONIN (Saint-), ch.-l. de cant., arr. et à 41 kil. N.-E. de Montauban (Tarn-et-Garonne), au confluent de l'Aveyron et de la Bonnette; 5,100 hab. Fabrique de cuirs, de cadis, d'étoffes de laine; exportation de pruneaux. Patrie de Jean de la Valette, 48ᵉ grand-maître de l'ordre de Malte.

ANTONINE, femme de Bélisaire, fameuse par les dérèglements de sa conduite.

ANTONINE (COLONNE). — I. Colonne élevée dans le champ de Mars à Antonin le Pieux par ses fils. Elle n'existe plus. — II. Colonne triomphale que le sénat romain érigea, au milieu du forum d'Antonin, à Antonin le Philosophe (Marc-Aurèle), pour ses victoires sur les Marcomans. Elle existe encore sur la place *Colonna* (Colonne) et est en 28 blocs de marbre blanc, haute de 42 m. 70, sur un diamètre de 3 m. 80. Elle est surmontée, depuis 1589, de la statue de saint Paul en bronze doré, statue qui remplace celle de l'empereur romain.

ANTONINS (SIÈCLE DES), brillante période de la littérature grecque au IIᵉ siècle ap. J.-C.

Alors florissaient : Plutarque, Arrien, Lucien Appien, Galien, Oppien, etc.

ANTONINUS LIBERALIS, compilateur grec qui vivait au IIᵉ siècle ap. J.-C. Son recueil de *Métamorphoses*, écrit avec élégance, est d'autant plus précieux pour l'étude de la mythologie, qu'il a été puisé à des sources aujourd'hui perdues. L'édition la plus nouvelle est celle de G. A. Koch, Leipsig, 1832, in-8°.

ANTONIO (Nicolas), bibliographe espagnol (1617-'84), agent de Philippe IV à Rome, où il composa une bibliothèque rivalisant avec celle du Vatican. Il a publié : *Bibliotheca Hispana nova* et *Bibl. Hisp. Vetus*, deux ouvrages importants, formant chacun 2 vol. in-fol.

ANTONIO de Bexar (San-), Ville principale du Texas, sur les rivières San-Antonio et San-Pedro, à 120 kil. S.-O. d'Austin et à 380 kil. N.-O. de Brownsville; 12,650 hab. Elle se compose de trois parties : San-Antonio proprement dit, entre les deux cours d'eau; Alamo à l'E. du San-Antonio, et Chihuahua à l'O. du San-Pedro. Cette dernière est exclusivement habitée par les Mexicains; Alamo par les Allemands. Au N. se trouve la place Alamo, avec le fort du même nom, célèbre dans l'histoire du Texas. San-Antonio, fondée en 1714 par les Espagnols, fut le centre d'importantes opérations pendant les guerres de l'indépendance du Mexique.

ANTONIO (San-), rivière du Texas, afflue dans la Guadalupe, à environ 20 kil. de l'embouchure de ce fleuve, après un cours de 300 kil.

ANTONIUS (Primus), voy. PRIMUS.

ANTONNE s. f. (corrupt. du vieux mot *antie*, église). Argot. Eglise.

ANTONOMASE s. f. [an-to-no-ma-ze] (gr. *anti*, au lieu de; *onoma* nom). Rhét. Figure qui consiste à mettre un nom commun ou une périphrase à la place d'un nom propre, ou un nom propre à la place d'un nom commun ou d'une périphrase. *Le père de la tragédie française*, pour Corneille; *le roi-prophète*, pour David; *le législateur du Parnasse*, pour Boileau Despréaux : voilà des périphrases substituées aux noms propres. Mais si nous disons : un *Benjamin*, pour l'enfant chéri dans une famille; un *Néron*, un *Caton*, un *Achille*, un *Thersite*, un *Mécène*, un *Aristarque*, un *Crésus*, une *Phryné*, une *Laïs*, une *Pénélope*, pour un prince cruel, pour un sage, un brave, un lâche, un protecteur des lettres, un sévère censeur, un homme riche, etc., nous mettons des noms propres à la place des noms communs ou des périphrases.

ANTONY, célèbre drame romantique, en 5 actes et en prose, par Alexandre Dumas, représenté pour la première fois sur le théâtre de la Porte-Saint-Martin, le 3 mai 1831. Antony, amoureux d'une femme qu'il n'a pu épouser, finit par l'entraîner au déshonneur. Surpris par le mari, il n'a d'autre moyen de sauver la réputation de son amante; il la tue d'un coup de poignard, et se tournant vers l'époux : *Elle me résistait, je l'ai assassinée*, dit-il.

ANTONY s. m. Nom que l'on donna, après la pièce d'Alexandre Dumas, aux jeunes hommes pâles, blêmes, qui portaient de longs cheveux noirs et affectaient un air désolé, comme le héros du drame en vogue : *les jeunes Antonys passaient la main sur leur front en murmurant : « J'ai la fièvre. »*

ANTONYME adj. et s. m. (gr. *anti*, contre; *onuma*, nom). Gramm. Qui a un sens opposé : *laideur* est l'*antonyme* de *beauté*.

ANTONYMIE s. f. Opposition de mots qui offrent un sens contraire; ex. : *un bon diable*.

ANTOPHYLLITE s. f. Minér. Minéral formé de silice, d'alumine, de magnésie et de protoxyde de fer; on trouve l'antophyllite parmi le micaschiste, à Kiernerudwasser, près de Kongsberg, en Norvège.

ANTOZONE s. m. (gr. *anti*, contre; franç. *ozone*). Chim. Ozone électrisé positivement. D'après les recherches faites à Bâle, de 1840 à 1859, par le docteur allemand Schœnbein, l'antozone est l'un des états de l'oxygène dans l'air. En publiant cette découverte, en 1859, il fit savoir qu'il n'avait trouvé cette nouvelle modification de l'oxygène que dans certains composés de ce gaz (péroxydes de soude, de potassium, etc). Voy. Ozone.

ANTOZONIDE s. m. (rad. *antozone*). Chim. Nom donné aux corps qui produisent l'antozone. Voy. Ozonide.

ANTRAIGUES ch.-l. de cant. (Ardèche) arr. et à 26 kil. O. de Privas, dans une situation pittoresque, sur le sommet d'une énorme masse de lave. Commerce de châtaignes. Aux environs se trouve la Coupe d'Aizac, cratère d'un volcan éteint.

ANTRAIGUES (Emmanuel-Louis-Henri de Launay, COMTE D'), aventurier français, né vers 1755, mort en 1812, membre des États-Généraux; se rendit ensuite à Coblentz, fut arrêté en Italie (1797), s'évada, s'enfuit à Saint-Pétersbourg, se convertit à la religion grecque, fut nommé conseiller de légation à Dresde, trahit la Russie en révélant à Canning les clauses secrètes du traité de Tilsitt et se sauva à Londres, où son valet, redoutant les conséquences d'avoir livré certains manuscrits aux agents de Napoléon, l'assassina, ainsi que sa femme, et se donna ensuite la mort.

ANTRAIN ch.-l. de cant. arr. et à 25 kil. N.-O. de Fougères (Ille-et-Vilaine) sur la rive droite du Couesnon; 1,700 hab. Succès des Vendéens sur les républicains, le 20 nov. 1793.

* **ANTRE** s. m. (lat. *antrum*). Caverne, grotte naturelle : *antre obscur*; *l'antre de la sybille*; *il se cache dans un antre*. — Lieu où l'on court un danger : *toute maison de jeu est un antre*; *l'antre de la chicane*.

ANTRIM [an-trimm] 1. Comté formant l'extrémité N.-E. de l'Irlande, province d'Ulster, 3,090 kil. car.; 420,000 hab. Territoire montagneux, arrosé par le Bann; côtes formées de rochers basaltiques escarpés, parmi lesquels on remarque la chaussée des Géants. Dans la partie N.-E., appelée les « Glens » se trouvent de fertiles et pittoresques vallées. capitale Belfast. — II. Ville du comté ci-dessus, à 19 kil. N.-O. de Belfast; 2,160 hab. Grande fabrication de toile. — Les révoltés irlandais y furent battus, le 7 juin 1798.

ANTROLER v. a.(des deux mots *entre roller*, rouler ensemble). Argot. Emporter.

* **ANTRUSTIONS** s. m. pl. (sax. *an*, en; *trust*, fidélité). Francs qui faisaient partie de la *trust* ou compagnie particulière du roi, qui le suivaient à la guerre, le servaient dans son palais et l'approchaient d'une manière plus intime que les leudes. Les *antrustions* devinrent par la suite les tiges des grandes familles féodales du moyen âge.

ANU ANURARO, île de l'archipel Tuamotu, par 20° 25' 17" lat. S., à la pointe occidentale, et par 145° 42' long. O.

ANU ANURUNGA, île de l'archipel Tuamotu (grand Océan), par 20° 31' 15 lat. S. et 145° 40' 49" long. O.

ANUBIS [a-nu-biss] (égyp. *Anepou*). Divinité du deuxième cycle de la mythologie égyptienne. Primitivement adoré sous la figure d'un chien, Anubis fut ensuite représenté sous une forme humaine, avec une tête de chacal ou de chien, d'où lui vint le nom de *Cynocéphale* (tête de chien). Il était le Dieu de la chasse et le gardien des dieux. Dans la mythologie grecque, on l'identifiait avec Hermès.

* **ANUITER** (s') v. pr. S'exposer à être surpris par la nuit : *ne vous anuitez pas*.

* **ANUS** s. m. [a-nuss]. Anat. Mot latin qui désigne l'ouverture terminale de l'intestin, par laquelle sont rendus les excréments, chez l'homme et chez la plupart des animaux.

ANVAR-SUHAILI ou les *Lumières de Canope*, version persane des anciennes fables de Pilpaï, Bidpay ou Vichnou Sarma, faite par Husain Vaiz, sur l'ordre de Nushirvan, roi de Perse. La traduction anglaise de E.-B. Eastwick a été publiée en 1854.

ANVERS [an-vèrss] (all. et flam., *Antwerpen*; espag., *Amberes*; angl. *Antwerp*; lat. *Antuerpia*). I. Prov. de Belgique, sur la frontière hollandaise;2,832 kil. car.; 538,381 hab., presque tous catholiques. Principale rivière : l'Escaut ou Scheldt. Villes princ. : Anvers et Malines ou Mecklin. — II. Cap. de la province

Cathédrale d'Anvers.

ci-dessus, à 45 kil. N. de Bruxelles, principal port et forteresse de la Belgique, sur le Scheldt (Escaut); 159,579 hab. Capitale d'une petite république au XIe siècle, Anvers resta la ville la plus commerçante de l'Europe jusqu'aux guerres des XVIe et XVIIe siècles. Sa population, au moment de sa plus grande splendeur (XVIe siècle), dépassait 200,000 hab. Le duc de Parme la réduisit, le 17 août 1585, après un siège mémorable de quatorze mois; une trève fut conclue, pour 12 ans, entre l'Espagne et les Provinces-Unies, le 29 mars 1609. Son commerce reçut un coup fatal lorsque les Espagnols obtinrent, par le traité de Munster, un droit de péage sur le Scheldt. Elle se rendit à Marlborough, le 6 juin 1706, fut prise par le maréchal de Saxe, le 9 mai 1746, et occupée par les Français de 1792 à 1793 et de 1794 à 1814. En 1814, Carnot s'y enferma et s'y défendit contre les Anglais, auxquels il ne la rendit qu'à la signature de la paix. La guerre civile de 1830-31 y fit de nombreuses victimes. La garnison hollandaise, chassée de la ville, après un combat sanglant, se renferma dans la citadelle et bombarda de boulets rouges la cité révoltée (27 oct. 1830). Une armée française, commandée par le maréchal Gérard, vint au secours des habitants, (1832), assiégea la citadelle, la bombarda (4 déc.) et força l'opiniâtre général hollandais, Chassé, à se rendre, le 26 décembre. Depuis cette époque, Anvers a repris une partie de son ancienne importance. Les droits de péage sur l'Escaut ont été abolis (1863); de nouvelles fortifications ont été érigées (1860-'70); des quais ont été construits; on y a fondé, en 1843, un jardin zoologique. La moitié du terrain occupé par l'ancienne cita-

delle a été réservée pour la construction de bassins, de docks et de quais; le surplus sert de gare du chemin de fer. Un système étendu de canaux navigables relie cette cité commerçante aux villes de l'intérieur. Les églises, parmi lesquelles il faut citer la fameuse cathédrale, sont riches en tableaux de Rubens et de plusieurs autres maîtres. L'hôtel de ville, le musée, la bibliothèque, la Bourse, le jardin botanique et le fameux musée Plantin méritent d'être visités. Anvers est la ville d'importation et d'exportation de la Belgique; il y passe, à l'entrée et à la sortie, pour cinq milliards de fr. de marchandises chaque année. Arsenal, chantiers de construction. Industrie très active; fabr. de dentelles, dites *malines*; orfèvrerie renommée. Patrie de Van-Dyck, Téniers, Jordaëns, etc. — Statue de Léopold Ier, inaugurée le 2 août 1868. — Lat. (à la cathédrale) 51° 43' 45" N. ; long. 2° 3' 53" E.

ANVERSOIS, OISE s. et adj. Habitant d'Anvers; qui appartient à cette ville ou à ses habitants.

ANVILLE (Jean-Baptiste Bourguignon d') géographe, né à Paris en 1697, mort en 1762. L'ensemble de ses travaux comprend 211 cartes et plans, commentées par 78 mémoires. Le gouvernement acheta pour la bibliothèque royale sa célèbre collection de 18,500 cartes (1779). Voy. *Notice des ouvrages d'Anville*, par Demanne, 1806, in-8°.

ANWARY, Anwery ou Envari, poète persan. Voy. Perse (*Littérature*).

* **ANXIÉTÉ** s. f. [an-ksi-é-té] (lat. *anxietas*). Travail, peine, embarras d'esprit : *vivre dans l'anxiété*. — Malaise général, accompagné d'un resserrement à l'épigastre et d'un besoin continuel de changer de position.

ANXIEUSEMENT adv. Avec anxiété.

* **ANXIEUX, EUSE** adj. [an-ksi-eû]. Qui est dans l'anxiété ; Qui a le caractère de l'anxiété ; qui exprime l'anxiété : *regard anxieux*; *âme anxieuse*.

ANXUR, anc. nom de Terracine.

ANZIN, bourg à 2 kil. N.-O. de Valenciennes (Nord), centre de la plus grande exploitation houillère de France (environ 10,000 ouvriers). Les premières mines furent creusées en juin 1734, après 18 ans de recherches, des accidents de toute sorte et la perte d'énormes capitaux. En 1790, la compagnie des mines d'Anzin avait ouvert 37 fosses qui produisaient sept millions d'hectolitres de charbon; l'invasion de 1792 et les perturbations financières de la Révolution ruinèrent cette compagnie, qui fut réorganisée sous l'Empire, mais qui ne se releva que sous la Restauration. Elle est aujourd'hui très puissante et produit plus de dix millions d'hectol. de charbon par an.

ANZIO (Porto d'), ville et port d'Italie, sur la Méditerranée, à 50 kil. S. de Rome. Autrefois *Antium*.

ANZY-LE-DUC, village du cant. et à 6 kil. de Marcigny, arr. de Charolles (Saône-et-Loire). Belle église du style romano-byzantin, fondée au Xe siècle (mon. hist.); 1,050 hab.

AOD ou **Ahod**, deuxième juge d'Israël, vécut de 1385 à 1305; délivra le peuple *Juif* de la tyrannie d'Eglon, roi des Moabites.

AON (Mythol.). Fils de Poséidon et l'un des héros béotiens; fut l'ancêtre des Aones.

AONES s. m. pl. Antiq. Peuple de Béotie fondé par Aon.

AONIDES, surnom des Muses, parce qu'elles étaient particulièrement honorées en Aonie.

AONIE (Antiq.). Nom que l'on donne quelquefois à la Béotie, parce qu'elle fut habitée par les Aones.

* **AORISTE** s. m. (gr. *aoristos*, indéfini)

Temps de la conjugaison grecque qui présente l'action comme passée, mais sans indiquer s'il en reste pas quelque chose de son effet au moment où l'on parle : *aoriste premier*, *aoriste second*, *aoriste actif*, *aoriste moyen*, *aoriste passif*. — Quelques grammairiens modernes appliquent cette dénomination au temps des verbes français qu'on appelle ordinairement *prétérit* ou *passé défini*.

* **AORTE** s. f. [a-or-te] (gr. *aortê*). Anat. La plus considérable des artères. Elle s'étend du ventricule gauche du cœur, jusqu'à sa division en iliaques primitives; elle passe entre les deux oreillettes, se dirige un peu vers la tête, puis forme, en se recourbant, la *crosse de l'aorte*, prend, près de la colonne vertébrale et le cœur, la direction d'avant en arrière, reçoit les noms d'*aorte descendante*, d'*aorte thoracique* ou d'*aorte abdominale* et se termine au niveau du quatrième ou cinquième vertèbres lombaires. Dans ce trajet, elle donne des branches importantes : tronc innomé ou brachio-céphalique; carotide; sous-clavière gauche; tronc cœliaque; mésentériques supérieure et inférieure, etc. — MALADIES DE L'AORTE. L'*inflammation de l'aorte*, prend le nom d'AORTITE (voy. ce mot). Une *tumeur de l'aorte* est un ANÉVRISME (voy.). — L'aorte peut encore être le siège d'un *rétrécissement* ou d'une *oblitération*, lésions incurables dont le traitement ne peut être que palliatif.

AORTÉVRISME s. m. Anévrisme de l'aorte.

AORTIQUE adj. Anat. Qui appartient à l'aorte. — VALVULES AORTIQUES, valvules sigmoïdes ou semi-lunaires, au nombre de trois, que présente l'orifice aortique. — SINUS AORTIQUE, petites dilatations qui répondent aux valvules aortiques. Grand renflement près de la convexité de la crosse. — VENTRICULE AORTIQUE, ventricule gauche. — COURBURE AORTIQUE, crosse de l'aorte. — ORIFICE AORTIQUE, orifice de communication du ventricule gauche du cœur avec l'aorte.

AORTITE s. f. Pathol. Inflammation de la tunique extérieure de l'aorte; affection très grave qui n'est révélée par aucun signe bien certain.

*AOSTE (anc. *Augusta Prætoria*; ital. *Aosta*). Ville de Piémont, sur la Dora-Baltea, à 80 kil. N.-N.-O. de Turin; 6,000 hab., au pied du grand Saint-Bernard, dans le célèbre *Val d'Aoste*, couvert de forêts de pins et riche en produits minéraux. On y trouve de nombreuses ruines romaines. Fondée par les Salasses, en 1158 av. J.-C., Aoste fut conquise, en l'an 24 avant J.-C., par les Romains qui y établirent 3,000 hommes de cette nation.

AOUROU-COURAOU s. m. Espèce de perroquet du groupe des *amazones*; bleuâtre, bandé de même couleur au-dessus des yeux. L'*amazone aourou-couraou* (*psittacus æstivus*, Lin.), habite la Guyane et le Brésil.

AOUS, auj. *Voïoussa*, riv. d'Épire, affluent de l'Adriatique. Sur ses bords, Philippe, roi de Macédoine, fut vaincu par les Romains en l'an 214 av. J.-C.

AOUST, I. (Jean-Marie, MARQUIS D'), conventionnel, né à Douai, vers 1740, mort vers 1812; vota pour les mesures les plus violentes. — II. (Eustache D'), fils aîné du précédent, fut nommé général de division et fut guillotiné comme traître en 1794.

* **AOÛT** s. m. [oûtt] (corrupt. du mot lat. *Augustus*, Auguste). Huitième mois de l'année. Les Romains l'appelèrent d'abord *Sextilis* ou sixième mois; Jules César lui donna 30 jours et Auguste 31. — Ce dernier prince ayant terminé cette ère sous plusieurs de ses entreprises, le Sénat décréta qu'à l'avenir son nom serait changé en celui d'*Augustus*.

Pluie d'août donne miel et moût.
S'il pleut en août, huile et vin partout.
Vieux proverbes.

— *L'AOUT, la moisson : *faire l'août*. — LA MI-AOUT, le quinzième jour du mois d'août : *à la mi-août*. — JOURNÉE DU DIX AOUT 1790, voy. *Dix août*. — NUIT DU QUATRE AOUT 1789, voy. *Quatre août*.

* **AOÛTER** v. a. [a-ou-té]. Mûrir par la chaleur du mois d'août. Ne s'emploie guère qu'au participe passé : *citrouille aoûtée*. — ~ v. n. Devenir mûr.

* **AOÛTERON** s. m. [oû-te-ron]. Ouvrier loué pour les travaux de la campagne dans le mois d'août : *il faut tant d'aoûterons à ce fermier*.

A. P., ou **A. pr.** Abréviation des mots latins *anni præteriti* ou *anni præsentis*, l'année passée ou l'année présente.

APACHES, peuple nomade, appartenant à la grande famille américaine des Athabascas et habitant principalement l'Arizona, le Nouveau-Mexique et le territoire Indien (Etats-Unis) et la Sonora, Chihuahua et Durango (Mexique). Leurs tribus guerrières et farouches comprennent un total d'environ 10,000 Indiens, qui ne se livrent à aucune culture. Leur langage abonde en intonations sifflantes, gutturales et indistinctes.

APAGOGIE s. f. (gr. *apagein*, déduire). Rhét. Raisonnement par lequel on démontre la vérité d'une chose en prouvant l'absurdité du contraire.

* **APAISEMENT** s. m. Action d'apaiser; état de ce qui est apaisé.

* **APAISER** v. a. (lat. *ad*, à; *pacem*, la paix). Adoucir, calmer quelqu'un : *il est furieux, apaisez-le*. — Calmer l'émotion, l'agitation, la violence de certaine choses : *apaiser les flots, les troubles, une sédition*. — S'apaiser v. pr. Etre apaisé : *la mer s'apaise*.

APALACHES, voy. APPALACHES.

* **APALACHINE** ou ~ **Apalanche** s. f. Bot. Arbrisseau de l'Amérique septentrionale, qui croît particulièrement sur les monts Appalaches, et dont les feuilles se prennent en infusion comme le thé. On devrait écrire APPALACHINE. — L'*apalachine* forme un genre d'ilicinées; calice et corolle à 4-6 divisions; baies contenant 4-6 noyaux, à une seule graine. Les différentes espèces portent généralement le nom de *Houx émétique* (*ilex vomitoria*); leurs feuilles ont des propriétés vomitives et assez enivrantes.

APAMÉE, nom de plusieurs villes de l'ancienne Asie. La plus célèbre, aujourd'hui *Famieh*, était située sur la rive gauche de l'Oronte. Une autre est devenue *Afium-Kara-Hissar*.

* **APANAGE** s. m. (vieux franç. *apaner*, donner du pain). Ce que les souverains donnent à leurs puînés pour leur tenir lieu de partage. — La législation des apanages a subi de nombreux changements depuis Hugues Capet, qui les institua pour prévenir le morcellement du royaume par le partage, jusqu'à Charles V, qui assigna aux princes apanagistes, un simple revenu sur la terre leur servant d'apanage. A la Révolution, l'Assemblée nationale révoqua toutes les concessions d'apanage et assura aux princes des *rentes apanagères*, que la Convention supprima et que Napoléon rétablit en faveur de ses frères. Les différentes monarchies qui sont venues depuis ont conservé le principe des rentes apanagères. — Fig. Ce qui est le propre de quelqu'un, soit en bien, soit en mal : *la raison est l'apanage de l'homme*; *les faiblesses sont notre apanage*. — Se dit des choses qui sont les suites, les conséquences ou les dépendances d'une autre chose : *les infirmités sont le triste apanage de la nature humaine*.

APANAGER, ÈRE adj. Qui a rapport à un apanage : *rente apanagère*.

* **APANAGER** v. a. Donner un apanage : *le prince fut apanagé*.

* **APANAGISTE** adj. et s. m. Qui possède un apanage : *prince apanagiste*.

* **À PART** voy. PART.

* **APARTÉ** s. m. (lat. *a parte*, à part). Ce qu'un acteur prononce de manière à être entendu des spectateurs, mais qu'on suppose ne pas l'être des autres acteurs qui sont en scène: *les apartés doivent être rares et courts* (Acad.). — Se dit aussi de petits groupes séparés et de conversations particulières qui s'établissent quelquefois dans une réunion nombreuse : *Dans cette grave assemblée ils formaient, à eux trois, un joyeux aparté* (Acad.). — Adverbial. *Ce vers doit être dit aparté*.

APATAKI, île du grand Océan (archipel Tuamotu), par 150°16'30" lat. S. et 148°29' long. O.

* **APATHIE** s. f. (gr. *a*, sans; *pathos*, passion). État d'une âme qui n'est susceptible d'aucune émotion. — Se dit ordinairement en mauvaise part, et signifie : insensibilité, nonchalance, indolence : *rien ne peut le tirer de son apathie*. — Poussée à l'excès, l'apathie peut approcher de la démence.

* **APATHIQUE** adj. Qui est insensible à tout : *caractère apathique*. — ~ s. m. Celui qui n'est ni gai ni triste, qui ne s'intéresse à rien.

APATHIQUEMENT adv. D'une manière apathique.

APATITE s. f. (gr. *apatuô*, je trompe; parce que plusieurs variétés de cette substance furent longtemps prises pour des pierres précieuses). Minér. Nom que l'on donne souvent à la chaux phosphatée naturelle. Voy. PHOSPHORITE. — Depuis 1856, l'apatite est largement employée comme engrais. La Norvège en fournit de grandes quantités.

APATURIE (gr. *apatê*, fraude). Surnom de Vénus, qui trompa les géants et les fit tuer par Hercule. — Apaturies s. f. pl. Fêtes que l'on célébrait en Grèce, en l'honneur de Bacchus, et qui duraient trois jours. C'est pendant les apaluries que les jeunes gens ayant atteint l'âge requis étaient inscrits au nombre des citoyens.

APCHÉRON ou **Okoressa**, presqu'île de la Russie d'Asie (Transcaucasie), dans la mer Caspienne. Voy. BAKOU.

APCHON, *Apione*, bourg situé à 35 kil. E. de Mauriac (Cantal). Ses seigneurs se rendirent célèbres pendant les guerres de Cent ans. JEAN D'APCHON fut chambellan de Charles VII, et CLAUDE D'APCHON devint sénéchal d'Auvergne. Sur un rocher de basalte qui domine le bourg, s'élèvent encore les ruines du château-féodal de ces seigneurs.

APE s. m. (gr. *a*, priv.; *pous*, *podos*, pied), voy. APUS.

APELDOORN, ville de Guelderland (Hollande), à 25 kil. N. d'Arnheim; 12,100 hab. Nombreuses manufactures de papier mâché.

APELLE ou **Apelles**, le plus célèbre des peintres grecs, né à Cos ou dans l'Ionie, vécut vers 330 av. J.-C., et fut seul admis, dit-on, à faire le portrait d'Alexandre, prince qu'il suivit dans plusieurs de ses campagnes. Ses chefs-d'œuvre étaient une « Vénus sortant des eaux » et un « Alexandre représenté en Jupiter tonnant »; ce dernier fut vendu pour une somme équivalente à un million de francs. Très sévère pour lui-même, Apelle provoquait les critiques pour en faire son profit. Il exposait ses ouvrages aux yeux des passants et, caché derrière un rideau, il prenait note de toutes les observations. On raconte qu'un jour, un cordonnier ayant trouvé à redire à la sandale d'un personnage, le peintre corrigea son tableau et exposa de nouveau celui-ci. Le cordonnier revint le lendemain et ne pouvant plus critiquer la chaussure, trouva d'autres défauts. Apelle, se montrant aussitôt, lui adressa ces paroles que les tables de Phèdre ont fait passer en proverbe : « Cordonnier, tiens-t'en à la chaussure. »

APELLICON de Théos, philosophe péripatéticien du premier siècle avant J.-C. Fort riche et grand amateur de manuscrits, il découvrit et remit en lumière les écrits d'Aristote.

APELT (Ernst-Friedrich), métaphysicien allemand (1812-'59), dont la méthode combine les théories de Kant et les idées de Jacobi.

APENNINS, chaîne de montagnes qui traverse l'Italie dans toute sa longueur, depuis le col d'Altare (Alpes Maritimes), jusqu'au cap del Armi, sur le détroit de Messine; longueur totale : 1,250 kil. Les Apennins séparent le versant de la Méditerranée de celui de l'Adriatique. Beaucoup moins élevés que les Alpes, ils atteignent à peine 2,900 m. dans leur plus grande hauteur, sans toucher à la limite des neiges perpétuelles. Jusqu'à une hauteur de 1,000 m., leurs flancs sont couverts d'une végétation variée, dont les orangers, les citronniers, les oliviers, les caroubiers et les palmiers forment la zone inférieure. Au-dessus, les montagnes sont arides et leurs sommets sont dépouillés. La chaîne se divise en Apennins Liguriens, Toscans, Romains, Napolitains et Calabrais. Dans les premiers, se trouve le passage de Bocchetta que traverse un chemin de fer. Le point culminant des Apennins est le mont Corno ou Cavollo (2,990 m.), qui se trouve dans le groupe appelé le Gran Sasso d'Italia (chaîne Romaine). Arrivés au mont Volture, les Apennins Napolitains se divisent en deux branches, dont l'une se dirige au S.-E. jusqu'au golfe de Tarente et dont l'autre va vers la péninsule de Calabre. — Au N., le calcaire et le grès forment la base des Apennins; dans la chaîne Calabraise, le squelette des montagnes se compose de granit. A l'O. de la rangée principale, s'étend, le long de la Méditerranée, un système séparé et géologiquement distinct, composé de montagnes plus basses et d'origine volcanique qui ont reçu le nom de monts sub-Apennins.

APENRADE, -ille maritime du Schleswig, Prusse, sur la Baltique; 6,00 hab.

*** APEPSIE** s. f. (gr. a, priv.; pepsis, coction, digestion). Méd. Défaut de digestion. Synon. de DYSPEPSIE.

APER (Marcus), un des meilleurs orateurs latins du premier siècle av. J.-C. Né en Gaule, il s'établit à Rome où il obtint de grandes charges. C'est le principal personnage du dialogue de Oratoribus.

APER (Arrius), ambitieux préfet du prétoire qui voulut revêtir la pourpre, fit assassiner Carus et Numérien, et fut tué par Dioclétien (284).

APERCEPTIBILITÉ s. f. Qualité de ce qui est aperceptible. (Ne s'emploie qu'au sens moral).

*** APERCEPTIBLE** adj. Qui peut être saisi directement sur la conscience.

APERCEPTION s. f. Philos. Acte par lequel l'âme connaît ses propres facultés.

*** APERCEVABLE** adj. Qui peut être aperçu.

*** APERCEVANCE** s. f. Faculté d'apercevoir : prompte apercevance.

*** APERCEVOIR** v. a. (rad. percevoir). Se conjugue comme recevoir. — Commencer à voir, découvrir : je vous aperçus de loin. — S'emploie figurément, au sens moral : j'aperçois quel sentiment vous dirige. — S'apercevoir v. pr. Connaître, remarquer : il ne s'aperçoit pas que l'on se moque de lui. — Etre aperçu : cette montagne s'aperçoit de fort loin.

*** APERÇU, UE** part. pass. d'APERCEVOIR. — s. m. Première vue, regard rapide jeté sur un objet : il y a dans cet ouvrage, de fins aperçus, mais rien n'est développé. — Idée qu'on se forme d'une chose à première vue : je n'ai sur cet objet qu'un aperçu. — Comptabilité. Evaluation approximative : l'aperçu de la dépense; par aperçu, vous me devez tant. — Jurispr. Exposé sommaire des principaux points d'une affaire : l'avocat donnera un aperçu de la cause.

28

APÉRÉE s. f. (lat. aperea; du gr. a, priv.; péra, sac). Zool. Nom scientifique du cochon d'Inde.

*** APÉRITIF, IVE** adj. (a-pé-ri-tiff; ive) (lat. aperire, ouvrir). Méd. Se dit des remèdes propres à rétablir la liberté dans les voies digestives et urinaires : tisane apéritive. — Par ext. Se dit vulgairement de tout ce qui excite l'appétit, comme le grand air, l'exercice, etc. — s. m. Médicament que les anciens médecins supposaient doués de la vertu d'ouvrir l'appétit et de désobstruer les canaux engorgés. « Aujourd'hui, on ne reconnaît plus d'apéritifs, toutefois, on ramène l'appétit en combattant la cause qui l'avait fait perdre, et en tonifiant les organes digestifs par des amers (quinquina, quassia, rhubarbe), en les excitants légèrement par le café, par l'eau de Saint-Galmier, de Vichy, de Condillac, etc.; en faisant usage des pastilles de lacto-phosphate de chaux de Lavie et en donnant soit des vomitifs, soit des purgatifs » (Dr C. Dupasquier).

*** À PERTE DE VUE** loc. adv. Voy. PERTE.

APERTEMENT adv. (lat. apertus, ouvert). Manifestement, clairement.

APERTISE s. f. (lat. apertus, ouvert). Habileté, dextérité.

APERTO LIBRO loc. lat. (a-pèrr-to-li-bro), à livre ouvert. Traduire aperto libro.

*** APÉTALE** adj. (gr. a, priv.; petalon, pétale). Bot. Qui n'a pas de pétales. — ◡◡ APÉTALES s. f. pl. Groupe de plantes qui sont dépourvues de corolle ou de pétales. Tournefort distingue 5 classes d'apétales : 1° apétales sans étamines (graminées, etc.); 2° apétales sans fleurs (fougères); 3° apétales sans fleurs ni graines (algues, etc.); 4° arbres à étamines sans pétales (buis); 5° arbres à fleurs apétales amentacées (saules). — Dans la méthode de Jussieu, le sous-embranchement des apétales comprend les 5e, 6e et 7e classes. Ce sont les dicotylédones dépourvues de corolle, par opposition aux monopétales et aux polypétales. Les trois classes de ce sous-embranchement sont : 1° les apétales à étamines épigynes ou insérées sur l'ovaire (aristoloche); 2° les apétales à étamines périgynes (laurier, arroche, thymélies, etc.); 3° apétales à étamines hypogynes (amarante, plantain, dentelaire, etc.).

*** APETISSEMENT** s. m. Diminution : l'apetissement qui paraît dans les objets éloignés.

*** APETISSER** v. pr. Rendre plus petit, accourcir. On dit mieux RAPETISSER. — v. n. Devenir plus petit. On dit plus communément RACCOURCIR. — S'apetisser v. pr. Etre raccourci, rétréci, resserré : le coton s'apetisse à l'eau.

*** À PEU PRÈS.** Voy. PRÈS.

APEX s. m. (a-pèks). Antiq. rom. Cimier d'un casque; partie à laquelle était attachée la crinière en crin de cheval. — Baguette garnie de laine qui surmontait le bonnet des flamines et, par extension le bonnet lui-même. — Bot. Nom donné à l'étamine par Tournefort; s'emploie aujourd'hui comme synon. de sommet.

APHANÈSE s. m. (gr. aphanès, obscur, peu connu). Minér. Cuivre arséniaté, prismatique, triangulaire, ou arséniate de cuivre équibasique trihydraté; d'un vert glauque ou bleuâtre: substance peu connue, cristallisant en prisme rhomboïdal de 124°. L'aphanèse se rencontre dans le Cornwallshire. 2 (O⁵ As⁵ OCu) + 15 OH²?

APHANISTIQUE s. m. (a-fa-ni-sti-ke) (gr. aphanizô, je disparais). Entom. Genre de coléoptères pentamères, famille des serricornes. Antennes terminées en massues; espèces très petites qui vivent sur les plantes basses et échappent à la vue.

APHASIE s. f. (a-fa-zî) (gr. a, sans; phasis, parole). Philos. Indécision. — Méd. Perte de la parole.

APHÉLANDRE s. f. (a-fé-lan-dre) (gr. aphélés, simple; anér, andros, mâle; anthère à une seule loge). Bot. Genre d'acanthacées, tribu des aphélandrées, à feuilles opposées, fleurs en épis ou solitaires. Principales espèces: aphélandre à crête, superbes fleurs longues, tubuleuses, en épis, d'un beau rouge vermillon; aphélandre orangée, à fleurs jaune d'or; aphélandre panachée, à fleurs d'un jaune vif. Ces espèces, originaire de l'Amérique du Sud, se cultivent chez nous en serre chaude; il leur faut une terre légère et de fréquents arrosements.

*** APHÉLIE** s. f. (a-fé-lî) (gr. apo, loin de; hélios, soleil). Astron. Point de l'orbite d'une planète qui est le plus éloigné du soleil; c'est, par conséquent, l'une des extrémités du grand axe de son ellipse : quand les planètes sont à leur aphélie, leur mouvement est le plus lent possible, tandis qu'il est le plus rapide au point opposé, nommé périhélie ». (Van-Tenac). — Adjectiv.: la terre est aphélie.

*** APHÉRÈSE** s. f. (a-fé-rè-ze) (gr. aphairesis, retranchement, enlèvement). Gramm. Figure de mots qui consiste à supprimer une syllabe ou une lettre au commencement d'un mot; ex.: las, pour hélas; lors, pour alors; Lise, pour Elise. — L'aphérèse se produit surtout dans le passage d'un mot d'une langue à une autre; ainsi, de gibbosus nous avons fait bossu; de arrogans, rogue; de gliris, loir; de jejunium, jeûne; de Apulia, Pouille.— Minér. Cuivre phosphaté bibasique hydraté, formé de l'octaèdre, auquel les sommets manquent et sont remplacés par deux facettes. O⁵ P³; 4 O Cu + 2 OH³. Substance d'un vert foncé, rayant le calcaire. Poids 3,6. Se trouve à Libethen, en Hongrie.

APHIDIEN, ENNE adj. (a-fi-di-ain; è-ne) (gr. aphis, puceron). Entom. Qui ressemble au puceron. — Aphidiens s. m. pl. Nom scientifique des pucerons.

APHIDIPHAGE adj. (a-fi-di-fa-je) (gr. aphis, puceron; phagô, je mange). Entom. Qui se nourrit de pucerons. — Aphidiphages s. m. pl. Larves d'insectes qui dévorent les pucerons; telles sont les larves de coccinelles, d'hémérobes, etc. — Cuvier donne le nom d'aphidiphages à une famille de coléoptères trimères, famille qui se réduit au genre coccinelle.

APHODIE s. f. (a-fo-dî) (gr. aphodos, excrément). Genre de coléoptères pentamères, famille des lamellicornes qui vivent dans les flentes. Les espèces les plus communes en France sont l'aphodie du fumier, longue de 3 lignes, noire, avec les étuis fauves; 3 tubercules sur la tête; stries ponctuées sur les étuis; et l'aphodie fossoyeur.

*** APHONE** adj. Méd. Qui est atteint d'aphonie.

*** APHONIE** s. f. (a-fo-nî) (gr. a, priv.; phoné, voix). Méd. Perte plus ou moins complète de la voix, presque toujours symptomatique d'une affection du larynx (laryngite, croup, angine, etc.); causée quelquefois par une violente émotion (colère, frayeur), certaines névroses, le froid, les efforts du chant. Dans le premier cas, on lui oppose le traitement de l'affection dont elle est un symptôme; mais si elle est nerveuse et liée à quelque affection, on prescrit les antispasmodiques (éther, assa fœtida); lorsqu'elle est due à l'action du froid, on donne des boissons diaphorétiques, des gargarismes astringents; on conseille l'inspiration de vapeurs émollientes et sédatives (infusion de pétales de coquelicots).

*** APHORISME** s. m. (gr. aphorizô, déterminer, définir). Sentence ou maxime énoncée en peu de mots et renfermant ce qu'il y a de plus important à connaître sur un sujet. Parmi les recueils d'aphorismes sur la médecine, on cite ceux d'Hippocrate, de l'école de Salerne et de Boerhaave; en jurisprudence, ceux de J. Godefroy; en politique, ceux de

1.

Harrington. — Fr. Bacon a composé sous forme d'aphorismes son fameux *Novum Organum*. — En 1784, on a publié les *aphorismes* de Mesmer. Au Palais, on nomme *brocards* des aphorismes empruntés aux juriconsultes romains.

APHORISTIQUE adj. Se dit d'un style coupé et sentencieux.

APHRACTE s. m. [a-frak-te] (gr. *aphraktos* ; de *a*, priv., *phrattô*, je fortifie). Antiq. gr. Navire de guerre ponté ou couvert simplement vers l'avant ou l'arrière.

APHRITE s. f. [a-fri-te] (gr. *aphros*, écume). Géol. Nom donné au calcaire nacré qui ressemble à l'écume de mer. — Entom. Genre d'insectes diptères brachocères, famille des brachystomes, ayant pour type l'*Aphrite apiforme* et dont toutes les espèces sont ornées de brillantes couleurs à reflets métalliques. On connaît *trois* espèces européennes assez rares et une belle espèce du Brésil.

APHRODISIAQUE adj. [a-fro-di-zi-a-ke] (gr. *aphrodisiakos* ; formé de *Aphrodite*, Vénus). Méd. Se dit des substances que l'on croit propres à exciter aux plaisirs de l'amour. — s. m. Substance qui excite ou qui passe pour exciter aux plaisirs de l'amour. Les cantharides, le phosphore, la vanille, le musc, les épices en général, les résines, les huiles essentielles, le café, les truffes, le poisson de mer, les gibiers à viande noire, passent pour aphrodisiaques.

APHRODITE, c'est-à-dire *née de l'écume de la mer*, nom grec de Vénus. — s. f. Entom. Genre d'annélides dorsibranches sans mâchoires. « Se reconnaissent aisément aux deux rangées longitudinales de larges écailles membraneuses qui recouvrent leur dos, et sous lesquelles sont cachées leurs branchies, en forme de petites crêtes charnues. Leur corps est généralement de forme aplatie, plus court et plus large que dans les autres annélides. On observe à leur intérieur un œsophage très épais et musculeux susceptible d'être renversé en dehors comme une trompe, un intestin inégal, garni de chaque côté d'un grand nombre de cœcums branchus, dont les extrémités vont se fixer entre les bases des paquets de soie qui servent de pieds. Nous en avons une sur nos côtes, qui est une des animaux les plus admirables par leurs couleurs : l'*aphrodite hérissée (Aphrodita aculeata)*. Elle est ovale, longue de six à huit pouces, large de deux à trois. Les écailles de son dos sont recouvertes et cachées par une bourre semblable à l'étoupe, qui prend naissance sur ses côtés. De ces mêmes côtés naissent des groupes de fortes épines, des faisceaux de soies brillantes de tout l'éclat de l'or et changeantes en toutes les teintes de l'iris. Elle ne le cède en beauté ni au plumage des colibris, ni à ce que les pierres précieuses ont de plus vif. Les autres aphrodites n'ont point d'étoupes sur le dos.» (Cuvier).

APHTALOSE s. m. [af-ta-lô ze] (gr. *aphthitos*, inaltérable ; *als*, sel). Minér. Sulfate de potasse naturel, qui se trouve au milieu des laves. "O³ S, O K. Substance incolore, cristallisable en prismes rhomboïdaux de 118° 8' ; poids 2, 14. Inaltérable à l'air.

APHTE s. m. [af-te] (gr. *aptô*, je brûle). Méd. Petite vésicule qui se développe sur la muqueuse, à l'intérieur de la bouche et qui est suivie d'une *ulcération* superficielle, douloureuse, arrondie, à bords rouges et à fond jaunâtre. On dit aussi *stomatite aphteuse*, et l'on distingue : 1° les aphtes des adultes (*stomatite folliculeuse* ou *vésiculo-ulcéreuse*), fréquente chez les enfants, mais qui attaquent aussi les grandes personnes. Ils sont *discrets*, et alors en petit nombre, isolés, éphémères et sans fièvre ; ou *confluents*, nombreux, rapprochés, accompagnés de fièvre, de *fétidité*

de l'haleine, de salivation, d'engorgement des ganglions sous-maxillaires ; dans ce cas, ils peuvent durer de deux à trois semaines. Une sécrétion pultacée, caséeuse, les distingue du muguet ; et l'absence de fausses membranes ou de plaques pseudo-membraneuses empêche de les confondre avec la stomatite mercurielle. Les aphtes discrets ne demandent d'autre traitement que des gargarismes adoucissants (décoction de figues grasses, de guimauve, d'orge miellée) ou astringents (chlorate de potasse, borax, miel rosat). Pour les aphtes confluents, on a recours à une cautérisation superficielle avec un pinceau trempé dans un mélange de miel rosat et d'acide hydrochlorique par parties égales. On prescrit un régime doux et léger ; des boissons tempérantes et laxatives (eau de pruneaux, petit lait, limonade). 2° Les Aphtes des nouveau-nés, voy. **Muguet**.

APHTEUX, EUSE adj. Qui est accompagné d'aphte ; qui tient des aphtes.

APHTHONIUS, rhéteur grec né à Antioche, au IV⁰ siècle après J.-C ; auteur d'exercices de rhétorique intitulés *Progymnasmata*, ouvrage qui devint si populaire qu'on n'en employa pas d'autre dans les écoles pendant plusieurs siècles. Lors de la renaissance des lettres, ce livre recouvra son ancienne popularité et fut employé principalement en Allemagne pendant les XVI⁰ et le XVII⁰ siècle. Le nombre de ses éditions et de ses traductions fut plus considérable que pour tout autre ouvrage. La meilleure édition est celle qui se trouve dans le premier vol. des *Rhetores Græci* de Walz. Aphthonius a écrit, en outre, quelques *fables* que l'on place souvent à la suite de celles d'Ésope.

APHYE s. f. [a-fi] (gr. *aphuê*, petit poisson). Icht. Petit poisson du genre *Gobie*, appelé aussi *loche de mer*, et que l'on trouve dans la Méditerranée.

APHYLLE adj. [a-fi-le] (gr. *a*, sans ; *phyllon*, feuille). Bot. Dépourvu de feuilles : l'*orobanche est une plante aphylle*.

API s. m. (lat. *appianum malum*, pomme d'*Appius*, du nom d'un Romain qui, par la greffe, obtint cette pomme). Hortic. Espèce de petite pomme ferme, sucrée et croquante, d'un beau rouge vif du côté du soleil ; d'un jaune pâle du côté opposé. L'arbre qui la produit est de moyenne taille, à rameaux longs et redressés. Dans les bonnes années, il porte une quantité innombrable de ces jolis petits fruits que l'on peut conserver jusqu'en avril. On en cultive plusieurs variétés : *Api ordinaire*, la meilleure ; *Api noir*, à peau d'un rouge très brun ; *Api gros* ou *pomme rose*, à gros fruit qui dégage le parfum de la rose. — Plur. *Des apis* ; *j'ai beaucoup d'api*.

APIAIRE adj. (lat. *apis*, abeille). Entom. Qui ressemble à une abeille. — Apiaires s. f. pl. Seconde tribu des hyménoptères mellifères, caractérisée par des mâchoires, une lèvre et des palpes très allongés, formant une trompe qui, dans le repos est appliquée le long de la poitrine. Tête triangulaire et verticale ; abdomen ovoïde, attaché au corselet par un pédicule très court ; pieds dilatés, munis de poils raides et nombreux. Cette grande tribu se divise en : 1° **APIAIRES SOLITAIRES**, qui n'offrent jamais que deux sortes d'individus, (mâles et femelles) ; chacune de ces dernières pourvoit isolément à la conservation de sa postérité ; leurs pieds postérieurs n'ont ni *brosse* (duvet soyeux), ni *corbeille* (enfoncement particulier des jambes). Mais le côté externe des jambes et du premier article des tarses est garni de poils nombreux et serrés, qui servent à recueillir le pollen. On distingue les genres des *Panurges*, des *Nomades* (sous-genres : *Mégachile* et *Xylocope*), des *Eucères*, et des *Centris*. 2° **APIAIRES SOCIALES**. Ces *apiaires* vivent en

sociétés composées de mâles, de femelles et d'un grand nombre de neutres appelés ouvrières. Les pieds postérieurs des ouvrières ont à la face externe de leurs jambes (*palette*), un enfoncement lisse (*corbeille*) où ils placent par pelotes le pollen qu'ils ont recueilli avec le duvet soyeux (*brosse*), dont est garnie la face interne du premier article des tarses (*pièce carrée*) des mêmes pieds. Palpes maxillaires très petits et formés d'un seul article ; antennes coudées. Genres : *Euglosses, Bourdons, Abeilles proprement dites* et *Mélipones*.

A PIC voy. **Pic**.

APICIUS [a-pi-si-uss], nom de trois célèbres gastronomes romains. I, vivait au temps de Sylla ; fit un voyage en Afrique, à la recherche des meilleures écrevisses. — II (Marcus Gabius), vivait au temps d'Auguste et de Tibère, inventa une foule de mets, et tint école publique et gratuite, théorique et pratique, de bonne chère. Ayant dépensé une somme équivalente à environ deux millions et demi de francs, il s'empoisonna au milieu d'un repas, convaincu qu'il ne pourrait continuer de vivre honorablement avec les 250,000 fr. qui lui restaient. C'est de cet Apicius que parlent les poètes et les écrivains du siècle d'Auguste. — III. Contemporain de Trajan, *inventa une précieuse recette pour conserver* les huîtres dans toute leur fraîcheur. Il existe, sous le nom de Cœlius Apicius, un traité de *l'Art culinaire* que l'on attribue à un fervent gastronome, nommé *Cœlius*, qui se serait donné pieusement l'épithète d'*Apicius*.

APICOLE adj. (lat. *apis*, abeille ; *colo*, je cultive). Qui appartient, qui a rapport à l'élève des abeilles : *méthode apicole*.

APICULTEUR s. m. (lat. *apis*, abeille ; *cultor*, qui cultive). Celui qui élève des abeilles.

APICULTURE s. f. (lat. *apis*, abeille ; *cultura*, culture). Zootech. Partie de l'agriculture qui s'occupe de l'élevage des abeilles. C'est une science qui exige l'étude de l'histoire naturelle de ces insectes (physiologie, mœurs, architecture, couvain, maladies). L'apiculture proprement dite comprend le gouvernement des colonies, l'établissement du *rucher*, le choix des *ruches* pour y établir les *essaims* ; la surveillance à exercer sur les *essaimages*, la récolte du *miel* et de la *cire*, le traitement des maladies de l'abeille. — On se livre à l'apiculture presque toute la France, mais surtout dans les départements de l'Ouest et dans ceux du Midi. Les localités où cette industrie est développée avec le plus de soin, sont les suivantes : Gâtinais, environs de Caen, Bretagne, landes de Gascogne, Narbonnais. Le produit des abeilles (miel et cire) est évalué à 25 millions de francs. Mais ce chiffre est sans importance, si on le compare à celui des produits de l'abeille aux États-Unis, où l'apiculture a pris un développement extraordinaire. D'après les derniers recensements, il y a aux États-Unis, 70,000 apiculteurs, possédant trois millions de ruches et produisant pour plus de 80 millions de francs de miel, et pour 30 millions de cire. — **Maladies des abeilles**. Les larves et les nymphes sont sujettes au *fauxcouvain* (voy. ce mot) ; les insectes à l'état parfait ont à redouter principalement les deux maladies suivantes : 1° les *antennes jaunes*, gonflement des antennes et de la partie antérieure de la tête, qui prennent une teinte jaunâtre. Les malades cessent tout travail. Pour les guérir, il suffit de leur donner, dans une soucoupe, un peu de bon vin légèrement sucré. Deux ou trois brins d'osier, flottant à la surface du liquide, permettent aux mouches à miel deноise risquer de se noyer ; 2° la *dyssenterie*, qui dépeuple rapidement les ruches à miel de noise et qui est causée par le surcroît de travail, imposé par l'éleveur, trop avide, fait des récoltes prématurées. Les malades, incapable de sortir pour porter leurs déjections au dehors, se déoarrassent dans la ruche; et leurs déjections, tombant, des parties élevées, sur les insectes qui se trouvent au-dessous, les couvrent d'un enduit noirâtre qui bouche les *trachées*, ouvertures latérales par lesquelles respirent les abeilles. De là une effrayante mortalité. On combat cette maladie en offrant aux abeilles un mélange de vin vieux et de miel par parties égales, mélange auquel on ajoute un peu de sel. — ENNEMIS DES ABEILLES. Les *souris*, les *mulots*, les *campagnols* et plusieurs autres petits rongeurs cherchent à s'introduire dans les ruches pour dévorer le miel. On prévient ce pillage en plaçant les ruches hors de leur portée, à une certaine hauteur, sur une tablette à rebords saillants, de telle sorte qu'ils ne puissent atteindre la demeure des abeilles ni en grimpant, ni en sautant. Le *guêpier*, la *mésange commune*, le *moineau* et presque tous les insectivores aiment les mouches à miel et viennent se poster devant la ruche pour les happer au passage. On leur tend des pièges; mais il faut éviter de leur tirer des coups de fusil, parce que le bruit trouble et irrite les abeilles. — Le *crapaud terrestre* doit être rigoureusement détruit aux environs des ruchers, parce qu'il saute aisément sur le rebord des tablettes et vient, pendant les nuits d'été, dévorer les mouches qui dorment devant la porte de leur habitation. — Les insectes les plus à craindre sont les *fausses teignes*, les *galléries* et le *papillon à tête de mort*. Comme ces insectes sont plus gros que les abeilles, on les empêche d'entrer dans la ruche en construisant des portes assez larges pour livrer seulement passage aux mouches à miel. Les *guêpes* et les *frelons* cherchent aussi à s'introduire dans les ruches, que l'on préserve de leurs attaques en plaçant dans le rucher quelques-unes des bouteilles, connues sous le nom de *carafes à mouches*, et dans lesquelles on met un peu de sirop de groseilles étendu d'eau. Les guêpes et les frelons se jetteront dans les bouteilles, mais les abeilles évitent ce piège. — Les mouches à miel sont quelquefois victimes d'un *acaride* qui vit en parasite sur leur corps, se multiplie avec une effrayante rapidité, et cause une mortalité qui dépeuple rapidement les ruches. On a cru remarquer (E. Duchemin, 1865) que l'*acare* de l'abeille vit sur les fleurs de l'hélianthe annuel (*grand soleil*) et on recommande de bannir cette plante du voisinage des ruches. — Bibliogr. Voy. *le Cours pratique d'apiculture*, par H. Hamet.

APIGÉ, ÉE adj. Mar. Se dit, dans le Levant, d'un bâtiment qui n'est pas complètement chargé, mais qui est néanmoins assez calé pour naviguer.

APINAIRE adj. (lat. *apinarius*). Antiq. rom. Bouffon, saltimbanque.

APINDJI, peuplade d'Afrique, habitant les bords de l'Oᵒooué.

APIOL s. m. [a-pi-ol] (lat. *apium*, persil). Chim. Huile extraite de la graine de persil pulvérisée. L'apiol est à peu près incolore ; il possède une odeur particulière tenace et une saveur âcre et piquante. Il est insoluble dans l'eau, soluble dans l'éther, l'alcool et le chloroforme. Les médecins l'emploient comme emménagogue dans la menstruation difficile. On l'administre en capsules de 25 centigr.; une matin et soir quelques jours avant l'époque.

APION s. m. (gr. *apion*, poire). Entom. Genre de coléoptères tétramères, voisin des attelabes et des charançons. Plusieurs espèces causent des dégâts considérables. Type du genre : l'*apion rouge* (*apionium frumentarium*), rouge avec les yeux noirs; abdomen renflé.

APION, rhéteur alexandrin du premier siècle après J.-C.; auteur d'une *Histoire d'Egypte*, pleine de calomnies contre les Juifs et réfutée par Josèphe ; il n'en reste que des fragments.

APIQUER v. a. Mar. Mettre à *pic* ; incliner de haut en bas. On apique une vergue en pesant sur l'une des balancines et en filant de l'autre. Il en est de même d'un étai ou d'une manœuvre quelconque.

APIS, s. f. [a-piss] (lat. *apis*). — I. Nom scientifique de l'abeille. — II. Constellation de l'hémisphère austral, nommée aussi l'abeille et composée de quatre étoiles.

APIS, roi d'Argos qui donna le nom d'Apio au Péloponèse.

APIS [a-piss] (égypt. *Hapi*). Taureau adoré par les anciens Égyptiens, principalement à Memphis. D'après la mythologie égyptienne, le bœuf Apis renfermait l'âme d'Osiris et symbolisait, par conséquent, la fertilité et la fécondité créatrices. Après l'avoir noyé, à la fin de sa vingt-cinquième année, on l'enterrait magnifiquement dans le serapeum (*serapis, apis mort*); puis on lui cherchait un remplaçant, qui devait être tout noir, avec une marque blanche et carrée sur le front, un croissant blanc sur le côté droit et, sous la langue, une espèce de nœud semblable à un escargot.

APITOYER v. a. Toucher de pitié : *je me laisse apitoyer*. — S'apitoyer v. pr. Compatir, témoigner sa pitié : *elle s'apitoie sur votre sort.*

APIUM [a-pi-omm]. Bot. Nom latin du genre ache.

APLAIGNER au **Aplaner** v. a. Faire sortir la laine du drap et en diriger les brins du même côté.

APLAIGNEUR au **Aplaneur** s. m. Celui qui aplaigne les draps.

À PLAN loc. adv. Mar. On se met *à plan*, lorsqu'on s'assied dans le fond d'une embarcation pour en augmenter la stabilité.

APLANIR v. a. Rendre plan ce qui était inégal : *il faut aplanir les allées*. — Fig. Lever les difficultés, les obstacles, les empêchements: *nous avons aplani toutes les difficultés*. — S'aplanir v. pr. Etre aplani, au propre et au fig.: *ce terrain s'est aplani ; les obstacles s'aplaniront.*

APLANISSEMENT s. m. Action d'aplanir; état de ce qui est aplani.

APLANISSEUR s. m. Synon. de APLAIGNEUR.

APLATER au a, Mar. Faire le rôle du *plat*, désigner quels sont les hommes qui doivent manger ensemble.

APLATI, IE part. pass. D'APLATIR. — LA TERRE EST APLATIE VERS SES PÔLES, son axe est plus petit que le diamètre de l'équateur.

APLATIR v. a. Rendre plat. — ⸱⸱ Jargon. Réduire au silence, confondre son contradicteur. Le superlatif est : *aplatir comme une punaise* — S'aplatir v. pr. Devenir plat. — Fig. S'avilir.

APLATISSEMENT s. m. Action d'aplatir; état de ce qui est aplati : l'aplatissement d'une balle de plomb. — Phys. APLATISSEMENT DES PLANÈTES, dépression sensible qui existe aux deux pôles des planètes; différence des rayons de l'équateur et du pôle, divisée par le rayon de l'équateur. L'aplatissement de la terre est d'environ $\frac{1}{500}$; celui de Mercure, de $\frac{1}{111}$; celui de Vénus, de ⸱⸱⸱; celui de Mars, de ⸱⸱⸱; celui de Jupiter, de $\frac{1}{17}$; celui de Saturne, de $\frac{1}{11}$. — La lune ne présente pas d'aplatissement appréciable.

APLET s. m. [a-plè]. Pêche. Filet dont on fait usage pour la pêche du hareng et des autres poissons de la même grosseur. — On écrit aussi APPELET.

APLODONTE s. m. (gr. *aploos*, simple; *odous, odontos*, dent). Mamm. Genre de rongeurs de l'Amérique du nord. La seule espèce décrite est l'*aplodonte léporiné* (*Aplodontia leporina*) de

la taille d'un gros rat, couleur d'un brun rougeâtre dessus, d'un gris de plomb en dessous.

Aplodonte léporiné (Aplodontia leporina).

Les aplodontes forment de petites sociétés. Les Indiens leur font la chasse.

APLOMB s. m. [a-plon] (de *à* et *plomb*). Ligne perpendiculaire au plan de l'horizon : *prendre l'aplomb d'une muraille; ce vieux mur a perdu son aplomb.* — Fig. Certaine assurance dans la manière de se présenter, de parler, d'agir : *il a de l'aplomb; cet acteur manque d'aplomb.* — Peint. et sculpt. Pondération des figures: *ces figures manquent d'aplomb.* — Mus. Régularité et rectitude de la mesure. — ⸱⸱ s. m. pl. Hippiatrique. Disposition et direction des membres du cheval par rapport au col, et relativement à la répartition régulière du poids du corps sur les membres. — *D'aplomb* loc. adv. Verticalement : *ce mur ne tombe-pas d'aplomb.* — Ferme sur ses jambes, en parlant d'un danseur, d'un lutteur, d'un tireur d'armes: *il retombe toujours bien d'aplomb.*

APLOME s. m. (gr. *aploos*, simple). Liturg. Nappe d'autel dans l'église grecque. — Minér. Variété de grenat que l'on appelle aussi *grossulaire*, voy. ce mot.

APLUSTRE s. m. (gr. *aplaston*; lat. *aplustrum*). Ornement qui servait probablement de girouette et qui se plaçait à la poupe des navires. L'aplustre se composait d'une grande planche coupée en quart de cercle et diversement coloriée.

APLYSIE s. f. [a-pli-zi] (gr. *aplusia*, qui ne peut se nettoyer; nom donné par Aristote à quelques zoophytes). Moll. Genre de gastéropodes tectibranches, dont plusieurs espèces, auxquelles on attribuait autrefois des propriétés fabuleuses, ont été appelés *lièvres marins*. Ce sont des mollusques nus, assez semblables à de grosses limaces et qui se nourrissent de fucus. « Une glande particulière verse, par un orifice situé près de la vulve, une humeur limpide que l'on dit fort âcre dans certaines espèces, et des bords du manteau, il suinte en abondance une liqueur pourpre foncé, dont l'animal colore au loin l'eau de la mer quand il aperçoit quelque danger. » (Cuvier.) La tête présente quatre tentacules, dont les deux supérieurs ou antérieurs, plus grands que les autres, ressemblent à des oreilles de lièvre, d'où le nom de *lièvre marin*. Sur le dos sont les branchies, en forme de feuillets très compliqués. Les aplysies sont hermaphrodites, mais le rapprochement des individus est nécessaire pour la fécondation. Au mois d'avril, a lieu la ponte d'une multitude d'œufs disposés en longs filaments que l'on appelle vermicelle de mer. Les espèces connues sur nos côtes sont : l'*aplysie bordée* (*aplysia fasciata*, Poiret), noire, à bord du manteau rouge; l'*aplysie ponctuée* (*aplysia punctata*, Cuvier), brune, tachetée de blanchâtre ; l'*aplysie dépilante* (*aplysia depilans*, Bohatsch), livide, nuée de noirâtre; on croyait que sa liqueur faisait tomber les poils des parties du corps qu'elle touchait.

APOCALYPSE s. f. (gr. *apokalupsis*, révélation), ou **Révélation de saint Jean**, dernier livre du Nouveau Testament, attribué à saint

Jean, qui l'aurait écrit vers l'an 94 ; mais ce sujet a fait naître de nombreuses discussions, et l'on a prétendu que ce livre a dû être composé par un fidèle nommé Jean et non par l'apôtre de ce nom. L'Eglise romaine, repoussant ces suppositions, a admis l'Apocalypse comme livre canonique. Il n'est peut-être pas d'ouvrage qui ait reçu des interprétations aussi contradictoires ; chacun l'a commenté dans le sens de la thèse qu'il voulait soutenir. L'apocalypse est divisée en trois parties : la première et la plus courte, contient une instruction adressée aux évêques de l'Asie Mineure ; la seconde dépeint les souffrances de l'Eglise persécutée et prédit les terribles vengeances que Dieu exercera contre les persécuteurs ; enfin, la troisième décrit le bonheur de l'Eglise triomphante, d'après des révélations faites à saint Jean, pendant son exil à l'île de Patmos. — Fig. et fam. STYLE D'APOCALYPSE, style obscur. — Prov. et pop. C'EST LE CHEVAL DE L'APOCALYPSE, c'est un mauvais cheval, une haridelle efflanquée.

* **APOCALYPTIQUE** adj. Se dit des discours et des écrits qui sont fort obscurs : *style apocalyptique.*

APOCHYME s. m. [â-po-ki-me](gr. *apochuma* de *apo*, de ; *chud*, je fonds). Mar. Goudron détaché des navires qui ont tenu la mer.

* **APOCO** s. m. (ital. *a*, 3° pers. de *avere*, avoir ; *poco*, peu). Homme de peu d'esprit ou de sens : *il parle comme un apoco.*

* **APOCOPE** s. f.(gr.*apokopé*, retranchement). Figure de grammaire par laquelle on retranche une lettre ou une syllabe à la fin d'un mot : les poètes français usent de l'apocope lorsqu'ils écrivent : *Londre* pour Londres, *je voi* pour *je vois, encor* pour *encore*. — On dit par apocope : *grand'mère* pour grande mère. L'apocope est très employée dans le langage familier ; ainsi l'on dit : *je l'veux* pour *je le veux*; *quoiqu'malin* pour *quoique malin*. — Les couplets de nos chansonniers et de nos vaudevillistes fourmillent d'exemples de cette figure.

* **APOCRISIAIRE** s. m. (gr. *apo*, loin de ; *krisis*, jugement). Antiq. Nom que l'on donna, chez les Grecs du Bas-Empire, aux agents, aux envoyés qui portaient les réponses des empereurs. — Désigna plus tard des officiers publics ou chanceliers chargés de l'expédition des édits et des actes : leur chef se nommait *le grand apocrisiaire*. — C'est aussi de certains agents ou envoyés ecclésiastiques résidant soit à Constantinople, soit auprès de quelques autres cours : *l'apocrisiaire du pape à Constantinople.* — Désigna, dans les anciens monastères, celui qui avait la garde du trésor. — Sous Charlemagne, le grand aumônier portait le titre d'*apocrisiaire.*

APOCRISIE s. f. (gr. *apokrisis*, séparation). Méd. Evacuation, issue forcée de crise, des liquides en excès dans l'économie, ou des substances morbides.

* **APOCRYPHE** adj. [a-po-kri-fe](gr. *apokruphos*, caché). Se dit des livres et des écrivains dont l'autorité est douteuse, suspecte ; des histoires dont l'authenticité n'est pas établie. — *Nouvelle apocryphe*, nouvelle dont on doute, à laquelle on ne peut guère ajouter foi. — Théol. APOCRYPHE, se dit particulièrement de certains livres que l'Eglise ne reçoit pas pour canoniques. — s. m. Terme appliqué à ceux de ces livres auxquels la réception dans le canon de l'Ancien Testament était refusée par l'Eglise primitive. On ne les trouve pas dans le canon hébraïque mais comme la version des Septante les renferme, ils sont fréquemment cités comme livres sacrés par les écrivains de l'ancienne Eglise. Le synode d'Hippone (Hippo-Regius) les accepta en 393 et le concile de Trente déclara qu'ils doivent faire partie du canon. Les juifs et les protestants rejettent, comme non inspirés, les livres suivants : Esdras 1, Esdras 2, Tobie, Judith, Esther X. 4 à XVI., Sagesse, Ecclésias-

tique, Baruch, Chant des trois jeunes hébreux Histoire de Suzanne, Bel et le Dragon, Prière de Manassès, Macchabées 1 et Macchabées 2. — Dans l'Ancien Testament, l'Eglise catholique considère comme apocryphes le livre d'Hénoch, les livres III et IV d'Esdras, les livres III et IV des Macchabées. Dans le Nouveau Testament, elle considère comme non canoniques quelques épîtres attribuées aux apôtres Pierre, Paul, Jacques, Jude, l'épître de saint Barnabé, la lettre de J.-C. à Abgar, plusieurs faux évangiles, etc.

* **APOCYN** s. m.[a-po-sain], (gr. *apo*, loin de, *kuón*, chien ; dont il faut éloigner les chiens, parce que Pline a prétendu que la plante de

Apocyn chanvrin (Apocynum cannabinum).

ce nom est mortelle pour ces animaux). Bot. Genre d'apocynées, tribu des échytées, comprenant des herbes sous-frutescentes, dressées, à feuilles opposées, molles, mucosinées. Principales espèces : *apocyn gobe-mouche à feuilles d'androsème (apocynum androsæmifolium)*, de l'Amérique septentrionale, plante vivace, haute d'un mètre, à fleurs d'un blanc rosé dans lesquelles une foule d'insectes enfoncent leur trompe au point de ne plus pouvoir la retirer. *Apocyn chanvrin (apocynum cannabinum)*, de la Caroline, vivace ; donne de la filasse ; fleurs d'un jaune verdâtre. — *Apocyn à ouate*, voy. ASCLÉPIAS.

APOCYNÉ, ÉE ou **Apocynacé, ée** adj. Qui ressemble à l'apocyn. — **Apocynées** s. f. pl. Bot. Famille de plantes gamopétales asclépiadées, renfermant des plantes à suc laiteux, à fleurs régulières, à limbe découpé en cinq lobes, à cinq étamines insérées sur le tube de la corolle ; à ovaire entouré d'un disque charnu ou de cinq glandes, alternant avec les cinq lobes du calice. — Quatre tribus : strychnées, ophioxylées, plumériées, échytées. Les apocynées se rencontrent particulièrement dans les régions tropicales.

* **APODE** adj. (gr. *a*, priv. ; *pous, podos*, pied). Zool. Qui n'a pas de pieds, de pattes ; se dit poissons privés de nageoires ventrales. — **Apodes** s. m. pl. Nom donné par Cuvier au 7° ordre de ses poissons (3° ordre des malacoptérygiens), constituant sa grande famille des anguilliformes.

APODÈRE s. m. (gr. *apoderó*, j'écorche). Entom. Genre de coléoptères tétramères, du groupe des charançons. Tête rétrécie en arrière, s'unissant avec le corselet par une sorte de rotule. Six espèces se trouvent en Europe.

* **APODICTIQUE** adj. (gr. *apodeixis*, démonstration). Philos. Nom donné par Kant au jugement dont la vérité est nécessaire et ne peut être contredite. Voy. ASSERTOIRE.

APODIPNE s. m. (gr. *apo*, après ; *deipnon*, souper). Antiq. gr. Chanson que l'on chantait après le repas du soir. — Liturg. Dans l'église

grecque, l'apodipne est ce que nous appelons les complies.

APODOSE s. f. [a-po-dô-ze] (gr. *apodosis*). Rhét. Nom donné au second membre d'une période, par opposition à *protase*, qui désigne le premier membre. Dans l'exemple suivant, le dernier vers forme l'apodose :

Sitôt que de ce jour
La trompette sacrée annonçait le retour,
Du temple orné partout de festons magnifiques,
Le peuple saint en foule inondait les portiques.
RACINE. *Athalie*, acte I, sc. ».

APODYTÉRION ou **Apodytère** s. m. Antiq. Antichambre des thermes et de la palestre, dans laquelle les baigneurs et les lutteurs se dépouillaient de leurs vêtements.

* **APOGÉE** s. m. [a-po-gé] (gr. *apo*, loin de ; *gé*, terre). Astron. Point de l'orbite apparente du soleil ou d'un corps céleste où il se trouve le plus éloigné de la terre : *la lune est à son apogée*. — Fig. le plus élevé où une chose puisse atteindre : *l'Angleterre est à l'apogée de sa puissance*; après Austerlitz, Napoléon se trouva à l'apogée de sa gloire. — Adjectiv. Se dit, en astronomie, d'un corps céleste qui a atteint l'apogée : *la lune est apogée.*

APOGON s. m. (gr. *a*, priv. ; *pógón*, barbe). Genre de poissons acanthoptérygiens, appelés surmulets imberbes, à cause de l'absence des barbillons. L'apogon commun (*mullus imberbis*, Lin.) vit dans la Méditerranée, près de Malte, où on l'a surnommé le roi des rougets. C'est un joli petit poisson rouge piqueté de noir, à chair délicate et recherchée. D'autres espèces se trouvent dans la mer Rouge. Toutes ont des dents en velours aux deux mâchoires et quelquefois de longs crochets aigus.

APOGRAPHE s. m. (gr. *apographon*, copie). Copie d'un écrit original (est l'opposé d'AUTOGRAPHE).

APOKOLOKINTOSE (gr. métamorphosé en citrouille). Œuvre satirique de Sénèque le philosophe sur la mort de l'empereur Claude.

APOLDA, ville de Saxe-Weimar, à 20 kil. N.-E. de Weimar ; 9,000 hab. Fabriques de bonneterie ; fonderies de cloches et de fer.

APOLLE s. m. (de *Apollon*). Moll. Sorte de ranelles ombiliquées.

APOLLINAIRE adj. En l'honneur d'Apollon. — JEUX APOLLINAIRES, jeux qui se célébraient à Rome, dans le cirque, en l'honneur d'Apollon, le 5 juillet.

APOLLINAIRE ou **Apollinaris**. — I. L'ANCIEN, grammairien d'Alexandrie, IV° siècle, auteur de plusieurs ouvrages chrétiens destinés à remplacer les auteurs profanes. — II. LE JEUNE, hérésiarque, fils du précédent, évêque de Laodicée, figura seize contre les Ariens, il enseigna, vers 362, que J.-C., en s'incarnant, avait pris une âme sensitive, sans raison, ni entendement. C'était la négation du *nous* ou âme rationnelle. D'après Apollinaire, il y avait deux natures en Jésus : l'une fille de Dieu, l'autre fille de l'homme. Ces opinions furent condamnées par le concile de Constantinople, en 381.

APOLLINAIRE (Sidoine). Voy. SIDOINE.

APOLLINARISTES ou **Apollinariens**, disciples d'Apollinaire.

APOLLINE (Sainte), vierge d'Alexandrie ; elle fut brûlée vive en 248, sous l'empereur Philippe l'Arabe. Fête le 9 février.

APOLLO ou **Apollos**, juif d'Alexandrie, converti au christianisme vers l'an 54 ; ses prédications à Ephèse et à Corinthe lui donnèrent une grande réputation.

APOLLODORE. — I. Célèbre peintre athénien qui vivait vers l'an 408 av. J.-C. Il connut le premier l'art de fondre et de dégrader les couleurs. — II. Grammairien d'Athènes, vers 140 av. J.-C., auteur d'un *Traité des dieux*, d'un

Commentaire sur Homère, d'une *Chronique* en vers; inventeur du mètre triambique. Sa *Bibliothèque*, contenant l'histoire des dieux et des héros grecs, a été traduite en français par Clavier, 1805, 2 vol. in-8°. — III. Grand architecte, né à Damas, mort en 130 après J.-C. L'un de ses chefs-d'œuvre est la colonne Trajane. Adrien, jaloux de son talent et de sa réputation, l'accusa de crimes imaginaires et le fit périr.

APOLLODORE de Charystus, poète comique grec du IIIᵉ siècle av. J.-C.

* **APOLLON**, l'un des grands dieux de la mythologie grecque, fils de Zeus (Jupiter) et de Léto (Latone); frère jumeau d'Arthémise (Diane). Il naquit dans l'île de Délos. Les poètes des temps primitifs le représentèrent comme un archer qui venge et punit avec ses traits; puis comme le dieu du chant et des instruments à corde; comme dieu de la divination et comme dieu des troupeaux. Plus tard, on identifia Apollon avec Hélios, dieu du soleil, et on fit de lui le patron de l'art de guérir. Les lieux les plus célèbres où l'on rendait ses oracles étaient Delphes et Abæ, en Phocide; Isménion, près de Thèbes; Délos et Patara en Cilicie. Quelques jours après sa naissance, Apollon perça de ses traits le serpent Python, suscité par Junon contre sa mère, et c'est d'où lui vient le surnom de *Pythien*. Pour venger son fils Esculape, foudroyé par Jupiter, il tua à coups de flèches les cyclopes, qui avaient forgé la foudre, trait d'audace qui le fit chasser de l'Olympe. Réfugié sur la terre, il se fit berger, garda les troupeaux d'Admète, roi de Thessalie, inventa la lyre, se vengea du jugement de Midas en lui faisant pousser des oreilles d'âne, et écorcha vif le satyre Marsyas qui avait osé lui disputer le prix de la musique. Mercure ayant dérobé les troupeaux confiés à ses soins, il entra au service de Laomédon et s'occupa, avec Neptune, à construire les murs de Troie; Laomédon refusant de payer le salaire convenu, Apollon le punit par une peste horrible qui dépeupla le pays. Après ces aventures, Neptune et Apollon rentrèrent en grâce. Jupiter chargea Apollon du soin de répandre la lumière dans l'univers. Dieu du soleil, il fut surnommé Phœbus (*phos*, lumière; *bios*, vie). Chaque matin, les Heures attelaient ses quatre chevaux d'élite (Pyroïs, Œthon, Eoüs et Phlégon); Aurore ouvrait les portes du ciel, qu'il traversait sur son char enflammé; et chaque soir, il venait se coucher dans la mer. Ce dieu possédait, dans la région des astres, douze retraites, qu'il occupait les unes après les autres, de mois en mois; en astronomie, ces retraites étaient les douze signes du zodiaque. Dans les moments de loisirs, Apollon, retiré sur les monts du Parnasse, de l'Hélicon et du Pinde, donnait des leçons aux neuf Muses. Ce dieu aima un grand nombre de nymphes et de mortelles: Daphné, qui fut métamorphosée en laurier; Cassandre, qui reçut le don de prophétie; Coronis, mère d'Esculape; Clymène, mère de Phaéton, etc. On représentait Apollon sous les traits d'un beau jeune homme blond, sans barbe, le front couronné de lauriers; à ses pieds étaient les emblèmes de tous les arts; il tenait à la main sa lyre d'or. Pris our le dieu du soleil, il était couronné de rayons et parcourait e zodiaque sur un char traîné par quatre hevaux. On lui consacrait le laurier, le tamarin, la jacinthe, le tournesol, le cyprès, le coq, e corbeau, le cygne, la corneille, le loup, le vautour, la cigale et l'épervier. — Les plus magnifiques temples d'Apollon étaient ceux de Delphes, construit en 1263 av. J.-C. et de Daphné, bâti en 434 av. J.-C., à la suite d'une peste qui avait ravagé le pays. Les chrétiens furent accusés d'avoir incendié ce monument en 362. Rome eut, dès l'an 430 av. J.-C., un temple consacré à ce dieu. Les artistes ont philosophes firent d'Apollon le type idéal de la jeunesse et de la beauté. — Apollon faisant écorcher Marsyas, tableau de Carle Vanloo (1735), musée du Louvre. — Apollon poursuivant Daphné, tableau de Vanloo, musée du Louvre. — L'Apollon Musagète, ou Apollon en rapport avec les Muses, marbre antique retrouvé à Tivoli et conservé au Vatican. — Apollon du Belvédère, statue représentant Apollon au moment de sa victoire sur le Python. On la trouva parmi les ruines d'Antium, en 1503. Le pape Jules II, qui l'acheta, la plaça dans le Belvédère du Vatican, d'où est venu son nom. Ce chef-d'œuvre de la statuaire antique est devenu le type, l'idéal de la perfection corporelle. Il orna le musée de Paris depuis 1800 jusqu'en 1815. — Apollon Citharède, belles statues, dont l'une se trouve au musée Degli Studj, à Naples, et l'autre, à la glyptothèque de Munich. — Apollon au cygne, statue du musée Degli Studj, à Naples; la plus belle représentation d'Apollon, après la statue dite du Belvédère. — Apollon Lycien, ainsi nommé à cause de son oracle à Patare, ville de Lycie. Statue antique du Louvre. — Apollon Sauroctone ou *Tueur de lézards*, statue antique du Louvre. — Apollon vainqueur du serpent Python, plafond d'Eugène Delacroix, galerie d'Apollon, au Louvre, allégorie du triomphe de la lumière sur les ténèbres; chef-d'œuvre du maître. — Littéral. Les fils, les favoris d'Apollon, les poètes. — On dit, dans le même ordre d'idées: RIMER EN DÉPIT D'APOLLON, n'avoir aucun talent; L'AMOUR FUT SON APOLLON, l'amour fut son inspirateur, etc.

APOLLONICON (rad. *Apollon*). Instrument de musique construit sur le principe de l'orgue, par Flight et Robson de Westminster, 1817.

APOLLONIE, ville de l'ancienne Illyrie ou Nouvelle-Epire, près de l'embouchure de l'Aous (auj. Voyutza, Albanie). Il en reste les ruines de deux temples.

APOLLONIEN, ENNE adj. Qui ressemble à Apollon. — Qui appartient au géomètre Apollonius.

APOLLONION s. m. Instrument de musique à clavier, inventé, vers la fin du XVIIIᵉ siècle, par Jean Wöller, facteur de la Hesse-Darmstadt. C'était un piano à deux claviers, avec plusieurs jeux d'orgues, et surmonté d'un automate qui jouait divers concertos de flûte.

APOLLONIUS PERGÆUS, *Apollonius de Perga* (Pamphylie) géomètre qui vivait à Alexandrie vers 230 avant J.-C. On a conservé sept de ses huit livres sur les *sections coniques*. Oxford, in-fol. 1710, avec commentaires par Halley.

APOLLONIUS RHODIUS, *Apollonius de Rhodes*, poète grec de la fin du IIIᵉ siècle av. J.-C.; vécut à Alexandrie et à Rhodes. Son poème *Argonautica*, narration vigoureuse et simple de l'expédition des Argonautes, a été plusieurs fois imprimé; Caussin de Perceval en a donné une traduction, Paris 1797 et 1838, dans le *Panthéon littéraire*.

APOLLONIUS TYANÆUS, *Apollonius de Tyane*, philosophe pythagoricien; né quatre ans av. J.-C.; mort vers l'an 85 de l'ère chrétienne; visita presque tout l'univers connu, depuis l'Espagne jusqu'à l'Inde. A Rome, on l'accusa de sorcellerie; mais il fut acquitté. A sa mort, Tyane, ville de Cappadoce où il était né, lui fit mise au rang de ville sacrée. Depuis l'âge de 46 ans, il avait embrassé la règle sévère de Pythagore, s'était abstenu de viande et de vêtements de laine, avait fui la société des femmes, laissé croître ses cheveux et marché nu-pieds. Son but était de restaurer les rites du paganisme dans leur pureté primitive et de concilier les systèmes grec et oriental avec les doctrines de Pythagore. A de bonnes intentions, il sut joindre un peu de charlatanisme, opéra des prodiges et s'attribua une puissance surnaturelle.

APOLLONIUS DYSCOLE (Qui *o mal digéré*,

critique du IIᵉ siècle; est le premier qui ait réduit la grammaire en système; a laissé un *Traité sur la syntaxe*.

APOLLONIUS (Lœvinus), explorateur flamand du XVIᵉ siècle; a laissé une histoire d'1 Pérou et un récit de l'expédition française dans la Floride.

APOLLYON (gr. *le Destructeur*), mot employé dans l'Apocalypse (IX, 11), comme une traduction de l'hébreu *abaddon*. Apollyon est l'ange qui domine sur l'abîme insondable.

* **APOLOGÉTIQUE** adj. Qui contient une apologie: *lettre, discours apologétique*. — s. m. S'emploie en parlant de l'apologie de Tertullien pour les chrétiens: *Tertullien a dit, dans son apologétique*. — L'Apologétique de Tertullien, l'un des ouvrages les plus admirés des premiers siècles chrétiens, fut composé vers l'an 200 après J.-C. — s. f. Partie de la théologie qui a pour objet de défendre le christianisme: *l'apologétique chrétienne*.

* **APOLOGIE** s. f. (gr. *apologia*). Discours par écrit ou de vive voix, pour la justification de quelqu'un, de quelque action, de quelque ouvrage. — Par ext. Tout ce qui est propre à justifier quelqu'un: *sa conduite fait son apologie*.

* **APOLOGISTE** s. m. Celui qui fait l'apologie de quelqu'un ou de quelque chose. — On donne particulièrement le nom d'*apologistes* aux écrivains chrétiens du IIᵉ siècle, parce qu'ils présentèrent aux empereurs romains des *apologies* du christianisme. Voy. *Corpus Apologetarum*, Otto, 1847-'50, 5 vol. in-8°.

* **APOLOGUE** s. m. (gr. *apologos*). Petit récit d'un fait vrai ou fabuleux, dans lequel on a pour but de présenter, d'une manière indirecte, une vérité morale et instructive. « L'apologue est depuis des siècles en possession de dire de bonnes vérités aux maîtres de la terre » (Tissot). — La distinction entre l'*apologue* et la *fable* n'a jamais été nettement établie.

APOMÉCOMÈTRE s. m. (gr. *apo*, loin de; *mekos*, longueur; *metron*, mesure). Géom. Instrument qui sert à mesurer la distance des objets éloignés.

* **APONÉVROSE** s. f. (gr. *apo*, indiquant changement; *neuron*, nerf; parce que les anciens la regardaient comme une expansion nerveuse, toutes les parties tendineuses étant considérées comme des nerfs). Anat. Membrane blanche, luisante, satinée, d'un tissu dense, serré, élastique, peu extensible, très résistant, composé de faisceaux de fibres du tissu cellulaire, et dont l'usage est d'envelopper les muscles, de les fixer aux os et de séparer leurs fibres charnues. On distingue: les APONÉVROSES *générales, d'enveloppes capsulaires*, dont la face interne, en contact avec les muscles, envoie entre ceux-ci des prolongements membraneux qui donnent insertion à des fibres musculaires; les extrémités de ces aponévroses s'attachent au périoste. Les principales reçoivent des épithètes marquant les régions auxquelles elles appartiennent; ex.: *Aponévrose fémorale* ou *fascia lata*, enveloppe des muscles de la cuisse. *Aponévrose palmaire*, qui fixe au-devant du métacarpe les tendons fléchisseurs des doigts, etc. 2° les APONÉVROSES MUSCULAIRES, qui ne sont autre chose que les tendons aplatis de certains muscles. Les unes, nommées *Aponévroses d'insertion*, se remarquent surtout à l'extrémité des muscles larges du bas-ventre; les autres, appelées *Aponévroses d'intersection*, interrompent la continuité d'un muscle et le divisent, en quelque sorte, en plusieurs parties.

* **APONÉVROTIQUE** adj. Anat. Qui appartient, qui a rapport aux aponévroses: *membrane aponévrotique; fibres aponévrotiques*.

APOPEMPTIQUE adj. (gr. *apo*, loin de; *pempò*, je quitte). Antiq. gr. Se disait d'un chant adressé à un ami sur le point de partir pour un long voyage. — s. f. pl. Fêtes où, par des chants apopemptiques, on prenait congé des dieux qui étaient censés retourner dans leur demeure.

* **APOPHTEGME** s. m. [fté] (gr. *apophthegma*, sentence). Dit notable de quelque personne illustre : *apophtegmes de Plutarque*; *les Proverbes de Salomon sont de véritables apophtegmes*. — NE PARLER QUE PAR APOPHTEGMES, prononcer des discours qui abondent en sentences, en maximes.

APOPHYGE s. f. [fi-je] (gr. *apo*, de ; *phugé*, fuite). Archit. Courbe concave par laquelle on élargit une colonne à sa partie inférieure, pour la relier d'une façon harmonieuse aux moulures qui en forment la base.

APOPHYLLITE s. f. [a-po-fil-li-te] (gr. *apo*, hors de ; *phullon*, feuille). Minér. Substance terreuse ainsi nommée à cause de sa tendance à se diviser en petites lames, à s'exfolier. On dit aussi Albine ou Tessélite. 10 O³ Si ², 8 OCa, OK, 16 OH². Densité de 2, 33 à 2,46. Matière blanche, possédant l'éclat nacré et cristallisant en prisme à base carrée ou en prismes octogones terminés par des pyramides. Elle a souvent une structure lamellaire ou fibreuse. On la rencontre dans les mines de fer magnétique d'Uto, d'Hellerts en Suède ; dans les minerais de plomb (Hartz) et dans les calcaires du Bannat.

* **APOPHYSE** s. f. [a-po-fi-ze] (gr. *apo*, de ; *phusis*, croissance). Anat. Eminence osseuse naturelle qui s'élève à la surface d'un os et forme une saillie assez considérable. Chaque apophyse, se développant par un point d'ossification particulier, ne tient à l'os, pendant le premier âge, que par une substance cartilagineuse. On l'appelle alors *épiphyse*. Plus tard les *apophyses* se soudent et font corps avec l'os. Quelques unes sont désignées d'après leurs formes, et l'on dit : *Apophyse styloïde, Apophyse coracoïde, Apophyse coronoïde*; d'autres doivent leur nom à leur position : *Apophyse basilaire*, de l'occipital ; d'autres enfin sont nommées d'après leur direction : *Apophyse montante*, du maxillaire supérieur, etc. — APOPHYSE ODONTOIDE. Voy. AXIS.

* **APOPLECTIQUE** adj. Qui appartient à l'apoplexie, qui menace d'apoplexie : *complexion apoplectique*. — Qui paraît menacé d'apoplexie ou qui en a eu des attaques : *il a un air apoplectique*. — substantiv. : *c'est un apoplectique*.

* **APOPLEXIE** s. f. [a-po-plè-ksi] (gr. *apo*, augmentatif ; *plesso*, je frappe). Nom générique donné à toute affection ayant pour caractère essentiel la formation brusque et spontanée d'un foyer sanguin dans un organe quelconque. L'*apoplexie cérébrale*, (*coup de sang*), maladie du cerveau, caractérisée par une congestion sanguine dans cet organe et par la perte plus ou moins complète du sentiment ou du mouvement, reçoit le nom de CONGESTION CÉRÉBRALE (voy. ce mot) ou celui d'HÉMORRAGIE CÉRÉBRALE (voy.) suivant qu'elle n'est pas ou qu'elle est accompagnée d'*hémorragie*. L'*apoplexie pulmonaire* est appelée HÉMOPTYSIE FOUDROYANTE (voy.). Il y a aussi l'apoplexie nerveuse, l'apoplexie musculaire, l'apoplexie du cœur, du foie, de la rate, de l'utérus, du placenta, etc. — Apoplexie des nouveau-nés, état de mort apparente dans lequel un enfant vient au monde. voy. ACCOUCHEMENT. La mort apparente est ordinairement le résultat d'une asphyxie causée par la compression du cordon ombilical, l'enroulement de ce cordon autour du cou et un accouchement laborieux. La face de l'enfant est gonflée, noirâtre ou violacée ; le cou et la poitrine sont végétées : le corps est immobile et la respiration est suspendue. Dans les cas de mort apparente, on coupe le cordon ombilical,

on laisse couler quelques cuillerées de sang, on fait des frictions stimulantes et on insuffle l'air dans les poumons en imitant l'acte de la respiration.

APORE s. m. (gr. *a*, priv.; *poros*, passage). Entom. Genre d'insectes hyménoptères, dont les ailes supérieures n'ont que deux cellules cubitales au lieu de trois. On a décrit quelques espèces indigènes.

APORÉTIQUE adj. et s. (gr. *aporein*, douter). Nom donné à la doctrine sceptique de Pyrrhon et à ceux qui la professaient.

APORIE s. f. (gr. *a*, priv. ; *poros*, passage). Rhét. Nom donné à la figure appelée *dubitation*.

APOSIOPÈSE s. f. [a-po-zi-o-pè-ze] (gr. *apo*, de ; *siôpaô*, je me tais). Rhét. Figure nommée plus ordinairement réticence.

* **APOSTASIE** s. f. [a-po-sta-zi] (gr. *apostasia*, abandon). Abandon public d'une religion pour une autre. Se prend en mauvaise part, et se dit particulièrement en parlant de l'abandon de la religion chrétienne : *tomber dans l'apostasie*.—Action d'un religieux qui renonce à ses vœux et à son habit. — Fig. et par ext. Abandon d'une doctrine, d'un parti, etc.

* **APOSTASIER** v. n. Tomber dans l'apostasie. Se dit surtout en parlant d'un chrétien qui renonce à sa religion. — S'emploie aussi en parlant d'un religieux qui renonce à ses vœux et à son habit.

* **APOSTAT** adj. m. Qui a quitté sa religion pour une autre, surtout en parlant d'un chrétien qui abandonne sa religion : *chrétien apostat*. — Se dit aussi d'un religieux qui abandonne ses vœux et son habit : *moine apostat*.—substantiv. Celui qui a abandonné la religion chrétienne : *Julien l'Apostat ; c'est un apostat*.

APOSTATE s. f. Celle qui apostasie. N'a guère été employé qu'en parlant de la Pucelle d'Orléans, qui fut condamnée comme hérétique, relapse et idolâtre.

* **APOSTÈME** s. m. (gr. *apo*, indiquant écartement; *istémi*, je pose). Méd. Synon. de ABCÈS (a vieilli). — On a dit aussi APOSTUME.

* **APOSTER** v. a. Mettre quelqu'un dans un poste pour observer ou pour exécuter quelque chose : *il aposta les meurtriers ; on avait aposté un notaire pour rédiger aussitôt le testament*.

* **A POSTERIORI** voy. POSTERIORI (A).

* **APOSTILLE** s. f. [il mll.] (bas lat. *apostilla*, note). Addition faite en marge d'un écrit ou au bas d'une lettre ; dans ce dernier cas, on dit souvent : *post-scriptum*. — Désigne ordinairement une recommandation écrite à la marge ou au bas d'un mémoire, d'une pétition : *il rédigea une apostille*.

* **APOSTILLER** v. a. [il mll.]. Mettre une apostille, des apostilles à la marge ou au bas d'un écrit, d'un mémoire, d'une demande, d'une pétition : *le ministre apostillera votre demande*.

APOSTILLEUR s. m. Celui qui apostille.

APOSTOLAT s. m. (gr. *apo*, loin de ; *stallô*, j'envoie) Ministère d'apôtre : *saint Paul fut appelé à l'apostolat par une voie miraculeuse.* — Par ext. Prédication, propagation d'une doctrine.

APOSTOLICI, membres de plusieurs sectes fanatiques. Les Apostolici de la fin du IIᵉ siècle renonçaient au mariage, au vin, à la chair, etc. Une autre secte, fondée par Gérard de Sagarelli, de Parme, vers 1261, rejetait également le mariage. Ses membres se livraient au vagabondage, s'habillaient de blanc, portaient une longue barbe et une chevelure inculte et se faisaient accompagner de femmes qu'ils appelaient leurs sœurs spirituelles, prêchant contre la corruption de l'église romaine et prédisant sa chute. Ils n'admettaient ni

messe, ni purgatoire, ni baptême. Sagarelli fut brûlé vif à Parme, en 1300 ; et ses disciples furent poursuivis jusqu'à leur disparition complète vers 1405.

APOSTOLICITÉ s. f. Conformité de mœurs avec les apôtres ou avec leurs doctrines; orthodoxie.

* **APOSTOLIQUE** adj. Qui vient des apôtres; qui procède des apôtres : *doctrine apostolique*; *zèle apostolique.*— Se dit aussi de ce qui concerne le saint-siège, de ce qui en émane : *bref apostolique, nonce apostolique.* — MISSION APOSTOLIQUE. Mission des apôtres. — Par ext. Mission de quiconque travaille à la propagation de la religion. — EGLISE APOSTOLIQUE. Eglise fondée par les apôtres. — PÈRES APOSTOLIQUES, nom donné à ceux des successeurs immédiats des Apôtres qui ont laissé des écrits. Tels sont: saint Barnabé, saint Clément de Rome, saint Ignace d'Antioche, saint Polycarpe de Smyrne. Cotelier a donné une édition des *Patres apostolici*, Paris, 1672, 2 vol., et Amsterd., 1720. — SIÈCLE APOSTOLIQUE, premier siècle du christianisme ; époque où vécurent les apôtres. — NOTAIRE APOSTOLIQUE. Notaire qui, dans chaque diocèse, était autorisé à rédiger les actes en matière ecclésiastique.

* **APOSTOLIQUEMENT** adv. A la façon des apôtres : *vivre apostoliquement*.

* **APOSTROPHE** s. f. (gr. *apostréphô*, détourner). Rhét. Figure par laquelle on adresse momentanément la parole à des choses ou à des personnes auxquelles ne s'adresse pas l'ensemble du discours. — Fam. Interpellation vive et quelquefois mortifiante que l'on adresse à quelqu'un. — Gramm. Petite marque en forme de virgule (') que l'on place au-dessus de la ligne, entre deux lettres, pour marquer l'élision ou suppression de l'une des voyelles A, E, I, devant un mot commençant par une voyelle ou une h muette : *l'arbre, l'amitié, l'honneur, je m'engage, je n'y suis pas, jusqu'ici, quelqu'un, s'il venait.* — Par ext. Trace laissée par les soufflets ou les coups de bâton :

J'accours, et je vous vis étendu sur la place
Avec une apostrophe au milieu de la face.
REGNARD. *Folies amoureuses*, acte I, sc. II.

* **APOSTROPHER** v. a. Adresser la parole, dans un discours, à une personne, ou à une chose considérée comme si c'était une personne.— Fam. Adresser la parole à quelqu'un pour lui dire quelque chose de désagréable. — Style comi. APOSTROPHER QUELQU'UN D'UN COUP DE PIED, D'UN SOUFFLET, D'UN COUP DE BATON, lui donner un coup de pied, etc.

* **APOSTUME** s. m. Synon. de *Apostème* ou *Abcès*. Quelques écrivains l'ont mis au féminin :

J'ai, dit la bête chevaline,
Une apostume sous le pied.
LA FONTAINE.

APOSTUMER v. a. Suppurer. (Vieux).

APOTHÈME s. m. (gr. *apo*, loin de ; *tithémi*, je place). Géom. 1° Perpendiculaire abaissée du centre d'une circonférence, sur le côté d'un polygone régulier inscrit dans cette circonférence.

RAPPORT DES APOTHÈMES AUX RAYONS DES CIRCONFÉRENCES

PRINCIPAUX POLYGONES RÉGULIERS	RAYON : 1.
Triangle équilatéral	0,500
Carré	0,707
Pentagone	0,809
Hexagone	0,866
Octogone	0,924
Décagone	0,951
Dodécagone	0,966

Ex.: Quel est l'apothème d'un dodécagone régulier inscrit dans une circonférence dont le rayon est de 5 m. ? Rép. 5 m. × 0,966 = 5 m. 830. — 2° Perpendiculaire abaissée du sommet d'une pyramide régulière sur un des côtés de la base. — 3° Ligne droite qui joint le sommet d'un cône droit à la circonférence de la base.

* **APOTHÉOSE** s. f. [a-po-tê-o-ze] (gr. *apothéôsis*). Déification. — Ant. rom. Cérémonie par laquelle on déifiait un empereur : *l'apothéose d'Auguste.* — Mythol. Réception fabuleuse des anciens héros parmi les dieux : *l'apothéose d'Énée.* — Par hyperb. Honneurs extraordinaires rendus à un homme, même vivant, que *l'opinion générale* et l'enthousiasme public élèvent au-dessus de l'humanité. — Apothéose d'Homère au *Homère déifié*, chef-d'œuvre de Ingres, musée du Luxembourg.

APOTHÉOSER v. a. Mettre au rang des dieux. — Par exag. Louer avec excès, glorifier.

APOTHÉOSIAQUE adj. Qui a rapport à l'apothéose.

APOTHÈSE s. f. (gr. *apo*, du côté de ; *thesis*, action de poser). Chirurg. Action de remettre un membre rompu dans sa position naturelle.

APOTHÈTES s. f. pl. Excavation dans laquelle les Spartiates précipitaient leurs enfants contrefaits ou faibles de constitution.

* **APOTHICAIRE** s. m. (gr. *apothêkê*, lieu où l'on tient certaines choses en réserve ; de *apo* à part ; *tithémi*, je place). Ancien nom du pharmacien. — Cᴏᴍᴘᴛᴇ ᴅ'ᴀᴘᴏᴛʜɪᴄᴀɪʀᴇ, compte sur lequel il y a beaucoup à rabattre. — Fᴀɪʀᴇ ᴅᴇ ꜱᴏɴ ᴄᴏʀᴘꜱ ᴜɴᴇ ʙᴏᴜᴛɪϙᴜᴇ ᴅ'ᴀᴘᴏᴛʜɪᴄᴀɪʀᴇ, prendre trop de remèdes.

* **APOTHICAIRERIE** s. f. A été remplacé par le mot ᴘʜᴀʀᴍᴀᴄɪᴇ. — A signifié aussi : art de l'apothicaire.

APOTOME s. m. (gr. *apotomos*, coupé). Genre de coléoptères dont on ne connaît qu'une espèce, qui se trouve en Italie et en Espagne.

* **APÔTRE** s. m. (gr. *apostolos*, messager). Nom donné par l'Église à ceux des disciples que Jésus chargea particulièrement de prêcher son évangile parmi les Juifs et les Gentils. Ces ambassadeurs furent d'abord au nombre de douze, savoir : 1° Simon Barjona, surnommé Céphas (Rocher ou Pɪᴇʀʀᴇ); 2° Aɴᴅʀᴇ́, frère de Pierre; 3° Jᴀᴄϙᴜᴇꜱ (fils de Zébédée); 4° Jᴇᴀɴ, frère de Jacques; 5° Pʜɪʟɪᴘᴘᴇ; 6° Bᴀʀᴛʜᴇ́ʟᴇᴍʏ; 7° Mᴀᴛʜɪᴇᴜ (Lévi), le Publicain; 8° Tʜᴏᴍᴀꜱ (Didyme); 9° Jᴀᴄϙᴜᴇꜱ (fils d'Alphée); 10° Lᴇʙʙᴇ́ᴇ (Thaddée); 11° Sɪᴍᴏɴ le Zélateur; et 12° Jᴜᴅᴀꜱ Iscariote, remplacé, après sa trahison, par Mᴀ-ᴛʜɪᴀꜱ. Le nombre des apôtres fut ensuite porté à treize par la vocation de Saul (Pᴀᴜʟ); le nom d'apôtre fut encore donné à Barnabé, à Andronic et à Junia. A l'exception de Philippe et de Mathias, tous les apôtres ont souffert le martyre. — Plus tard, en souvenir des douze premiers apôtres, on donna le même titre à tout prédicateur ayant le premier porté la foi dans un pays, et il se dit : saint Denis, apôtre des Gaules; saint Boniface, apôtre d'Allemagne; Augustin, apôtre d'Angleterre; François-Xavier, apôtre des Indes, en ajoutant toujours le nom du pays à celui du prédicateur. — Les Vénitiens appelaient les *douze apôtres* les chefs des douze premières familles patriciennes. — *Apôtre* est encore le nom que l'on donne aux enfants dont on lave les pieds le jeudi saint, à la cérémonie de la Cène. — Fig. Celui qui se voue à la propagation et à la défense d'une doctrine, d'une opinion, d'un système : *il se fait l'apôtre de cette doctrine; les apôtres de l'erreur.* — Lᴇꜱ ᴘʀɪɴᴄᴇꜱ ᴅᴇꜱ ᴀᴘᴏ̂ᴛʀᴇꜱ, saint Pierre et saint Paul. — Lᴇ ɢʀᴀɴᴅ ᴀᴘᴏ̂ᴛʀᴇ ou simplement L'Aᴘᴏ̂ᴛʀᴇ, saint Paul. — Sʏᴍʙᴏʟᴇ ᴅᴇꜱ ᴀᴘᴏ̂ᴛʀᴇꜱ, formulaire faussement attribué aux apôtres et qui contient les principaux articles de la foi, il est mentionné comme *Symbole romain*, par Rufinus (mort. vers 410). L'église grecque d'Antioche ordonna de le réciter dans les prières publiques; l'église romaine l'admit au ᴠɪɪᵉ siècle; les religions protestantes l'ont conservé. — Prov. et fig. Fᴀɪʀᴇ ʟᴇ ʙᴏɴ ᴀᴘᴏ̂ᴛʀᴇ, contrefaire l'homme de bien. — Ironiq. Iʟ ꜰᴀɪᴛ

Lᴇ ʙᴏɴ ᴀᴘᴏ̂ᴛʀᴇ, il fait l'homme de bien, mais il faut se défier de lui. — Uɴ ʙᴏɴ ᴀᴘᴏ̂ᴛʀᴇ, un homme fin, artificieux, de mauvaise foi :

> Tout Picard que j'étais, j'étais un *bon apôtre*
> Et je faisais claquer mon fouet tout comme un autre.
> Rᴀᴄɪɴᴇ.

— ⏳ Argot des voleurs. Doigt.

APOTROPE adj. (gr. *apotrepô*, je détourne). Antiq. gr. Se disait des vers composés pour apaiser la colère des dieux. — Se disait également des divinités ainsi invoquées.

APOTUREAUX s. m. pl. Mar. Bout des allonges de l'avant qui dépassent le plat-bord et servent à amarrer divers cordages.

APOURÉ ou Apure, rivière de Vénézuéla, se jette dans l'Orénoque par 7° 40' lat. N. et 69° long. O.

APOZÈME s. m. (gr. *apozema*, décoction; de *apozeô*, je bous). Méd. Décoction de substances végétales, auxquelles on ajoute divers autres medicaments, tels que des sels, des sirops, des teintures. L'apozème diffère de la tisane en ce qu'il ne sert jamais de boisson ordinaire; il se prend ordinairement à froid et remplit une indication spéciale. On fait des apozèmes purgatifs, fébrifuges, vermifuges, etc.

APPAILLARDIR (s'), v. pr. Devenir paillard.

APPALACHE, large baie du golfe du Mexique, sur la côte S.-O. de la Floride.

APPALACHES. — I. Membres d'une tribu indienne de la Floride, famille des Chactas. Les Appalaches, autrefois très nombreux, ont complètement disparu depuis 1722. Leur souvenir s'est conservé dans le nom de la baie sur laquelle ils vivaient et dans celui des monts Appalaches. — II. Monts Appalaches (et non *Apalaches*), ou Aʟʟᴇɢʜᴀɴɪᴇꜱ. Grande chaîne orientale des États-Unis; elle commence au Canada et vient finir au N. de l'État d'Alabama (2,200 kilom). Le nom d'Alleghanies, qui lui est quelquefois donné, à un sens plus restreint et doit s'appliquer seulement à la portion qui s'étend du centre de la Pennsylvanie à la frontière S. de la Virginie. Outre ce tronçon, les Appalaches comprennent : les monts Blancs (White) et les monts Adirondack que l'on classe quelquefois à part ; les Cats-kills, rameau de la chaîne principale et plusieurs autres chaînes latérales. Entre le lac Champlain et le lac Ontario, les plateaux formés par les Appalaches s'élèvent à une hauteur de 500 m. au-dessus de la mer et sont dominés par les sommités des monts Adirondack. Dans la Virginie et le Tennessee, le fond de la vallée occidentale des Alleghanies se trouve à une hauteur moyenne de 300 à 600 m. au-dessus du niveau de la mer. Au delà, s'étend sur une longueur de 160 kilom. vers l'O., un plateau élevé de 500 à 600 m. La partie centrale de la chaîne (États de New-Jersey, de Pennsylvanie et de Maryland), devient d'une grande largeur, mais elle est très peu élevée. Dès que l'on arrive dans la Caroline du nord elle s'étend sur une largeur de 150 à 200 kil. et atteint à peine une hauteur de 600 m. Quelques sommités se dressent néanmoins à 1,500 m. et le pic Clingman, point culminant de toute la chaîne des Appalaches, mesure 2,230 m. Dans la partie méridionale de la Pennsylvanie, plusieurs rangées parallèles succèdent au mont Alleghany : mont Negro, colline Laurel et chaîne Chestnut. — L'or se rencontre dans les rochers granitiques et métamorphiques de la chaîne orientale; les minerais de cuivre, dans les ardoises talqueuses et micacées des montagnes Bleues; les oxydes rouges de zinc, dans la partie des mêmes montagnes qui s'étendent sur l'État de New-Jersey; les silicates et les carbonates de zinc appelés calamine, dans le tronçon de la Pennsylvanie. Les parties supérieures, fournissent d'immenses quantités d'anthracite et de charbon bitumineux, tandis que dans leur partie occidentale, les

Alleghanies abondent en lits de pierre à chaux. L'essence que l'on rencontrait le plus fréquemment dans les forêts qui couvraient autrefois ces montagnes était le sapin blanc. Dans les parties qui n'ont pas encore été déboisées, on trouve en outre, le chêne blanc, le peuplier blanc, le pin jaune et le châtaignier. Dans quelques localités méridionales, les conifères couvrent les sommités.

APPALACHICOLA. — I. fleuve navigable de la Floride, formé de l'union du Flint et du Chattahouchi; se jette dans le golfe du Mexique, après un cours de 125 kilom. — II. Port à l'embouchure du fleuve ci-dessus; 1,500 hab.

* **APPARAÎTRE** v. n. (lat. *apparere*). Se conjugue comme *paraître*, avec cette différence qu'il emploie les deux auxiliaires *être* et *avoir* avec le participe; tandis que paraître n'admet que l'auxiliaire *avoir*. — Devenir visible; d'invisible se rendre visible : *un spectre lui apparut.* — Se montrer inopinément, en causant de la surprise ou en excitant l'intérêt : *une voile apparut à l'horizon et rendit l'espoir aux naufragés.* — Impersonnell. : *il lui apparut un spectre.* — Sembler : *il lui apparut que vous vous trompiez.* — Prat. Être évident : *s'il vous apparaît que cela soit.* — Anc. chancell. Notifier : *les ambassadeurs firent apparaître de leur pouvoir.*

* **APPARAT** s. m. (lat. *apparatus*, instrument d'étude). Philol. Classification de livres, d'auteurs, d'idées, sous forme de table, de catalogue, de dictionnaire. — Aᴘᴘᴀʀᴀᴛꜱ ᴜʀ Cɪᴄᴇ́ʀᴏɴ, *apparatus ad Ciceronem*, recueil de locutions et de phrases tirées de cet auteur. — Aᴘᴘᴀʀᴀᴛ ꜱᴀᴄʀᴇ́, du jésuite Possevin, catalogue des auteurs ecclésiastiques et de leurs ouvrages, 1611, 3 vol. — Aᴘᴘᴀʀᴀᴛ ᴘᴏᴇ́ᴛɪϙᴜᴇ, du P. Vanière, dictionnaire de mots latins marqués de leur quantité avec des exemples tirés des poètes latins. — Aᴘᴘᴀʀᴀᴛ ʀᴏʏᴀʟ, dictionnaire français-latin en usage dans les écoles avant la Révolution. — On a donné encore le nom d'apparat à des recueils de poésie, à des gloses sur le Code et le Digeste (ᴀᴘᴘᴀʀᴀᴛ ᴅ'Aᴄᴄᴜʀꜱᴇ), etc.

* **APPARAT** s. m. Eclat; pompe : *dîner d'apparat.* — Ostentation : *il fait tout avec apparat.*

* **APPARAUX** s. m. pl. (lat. *apparatus*, machine). Mar. Ensemble des voiles, des manœuvres, des vergues, des poulies, des ancres, des cabestans, des câbles, du gouvernail et de l'artillerie d'un vaisseau. Sa signification est plus étendue que celle du mot agrès.

* **APPAREIL** s. m. [*il* mll.] (lat. *apparatus*, apprêt). Apprêt, préparatif de tout ce qui a de la pompe, de la solennité : *appareil d'une fête; lugubre appareil.* — Chose pompeusement préparée : *il se montra dans le plus pompeux appareil.* — Extérieur, apparence, abstraction faite de toute idée de pompe :

> Belle amie, il n'est plus de simple appareil
> D'une beauté qu'on vient d'arracher au sommeil.
> Rᴀᴄɪɴ. *Britannicus*, acte II.

— Sciences et arts. Assemblage de machines, d'instruments disposés pour faire quelque opération, quelque expérience : *appareil chimique; appareil compliqué.* — Anat. Assemblage, ensemble d'organes divers concourant tous à l'exercice d'une même fonction; tandis qu'on appelle *système* toutes les parties formées d'un tissu semblable. Bichat, qui a fait de cette distinction la base de son Anatomie générale et de son Anatomie descriptive, divise les *appareils* en trois classes : 1° *appareils de la vie animale*, destinés à mettre l'animal en rapport avec les corps extérieurs : voix, locomotion, etc.; 2° *appareils de la vie organique* : digestion, respiration, circulation, absorption, sécrétion; 3° *appareils de la reproduction*. — Archit. Art ou action de tailler les pierres, d'en bien combiner la charge, la poussée et la pose, surtout pour les constructions suspendues, telles que les berceaux, les voûtes, les ponts, les dômes, etc. — Hauteur des assises d'une construction : *assise de bas appareil, de haut appareil.* — *Un bâtiment est d'un bel appareil, lorsque les assises sont de hauteur égale et quand les joints sont proprement faits.* — APPAREIL ANTIQUE OU IRRÉGULIER (*opus antiquum* ou *incertum*), maçonnerie de blocage composée de pierres diverses, noyées dans le mortier. — APPAREIL RÉGULIER (*opus insertum*), appareil dont les pierres sont en liaison, c'est-à-dire dont les joints verticaux d'une assise se trouvent à peu près au-dessus du milieu de chacune des pierres de l'assise inférieure ; très employé pour former les pieds de mur. — APPAREIL RÉTICULÉ (*opus reticulatum*), composé de pierres taillées régulièrement et dont l'assemblage forme une figure semblable à un damier ou à un filet ; se voit aux antiques murailles d'Autun. — APPAREIL EN ÉPI (*opus spicatum*), formé de pierres alternativement inclinées à droite et à gauche. On fait ainsi les dallages en posant sur champ. — APPAREIL RÉGLÉ, celui qui est à assises régulières et égales. — APPAREIL ALTERNÉ, formé d'assises alternées, de hauteurs différentes. — APPAREIL OBLIQUE, formé de pierres rhomboïdales inclinées deux à deux en sens inverse. — APPAREIL IMBRIQUÉ (*imbricatum opus*), formé de pierres quadrangulaires ou arrondies en écailles saillantes les unes sur les autres, à peu près comme les tuiles d'un toit, et posées de même en glacis. — APPAREIL A SEC (*maceria*), dont les pierres sont posées à sec, sans mortier. — APPAREIL A QUEUES D'ARONDE (*opus revinctum*), celui dont les pierres sont unies par des queues d'aronde. — GRAND APPAREIL, assemblage de pierres de taille ayant de 64 centim. à 1m60 de largeur, et de 60 centim. à 1 m. d'épaisseur.— MOYEN APPAREIL, celui qui se compose de pierres moins grandes que le précédent. — PETIT APPAREIL, formé de moellons cubiques de 8 à 16 centim. — APPAREIL ALLONGÉ, formé de pierres moins hautes que larges. APPAREIL ALEXANDRIN, voy. *Alexandrin.* — Chir. Assemblage méthodique de toutes les choses nécessaires pour préparer une opération ou faire un pansement : bandes, bandelettes agglutinatives, etc. ; et l'on dit : *poser un appareil, lever l'appareil,* pour poser les pièces de pansement ; les lever, etc. — Plateau à compartiments sur lequel sont placées les pièces nécessaires pour les pansements, comme bandes, compresses, fils, attelles, lacs, charpie, plumasseaux, etc. *Appareil antiasphyctique,* boîte qui contient les instruments et médicaments destinés à porter secours aux asphyxiés. — Se dit des différentes manières de pratiquer la lithotomie ou la taille : *tailler au grand appareil, au petit appareil.* — Droit adm. APPAREILS A VAPEUR, voy. *Vapeur.* — Mar. APPAREILS DE SAUVETAGE, voy. *Sauvetage.* — Phys. APPAREIL ENREGISTREUR, voy. *Enregistreur.* — Techn. APPAREIL RESPIRATOIRE, voy. *Respiratoire.*

* APPAREILLAGE s. m. [a-pa-ré-ya-ge ; ll mll.] Mar. Action d'appareiller, de tout disposer dans un bâtiment pour mettre à la voile.

* APPAREILLEMENT s. m. Action d'appareiller deux objets, surtout en parlant des animaux domestiques, pour les faire travailler ensemble ou en propager la race : *l'appareillement de deux bœufs pour la charrue ; appareillement du mâle et de la femelle.*

* APPAREILLER v. a. (lat. *apparare*, préparer). Mettre ensemble des choses pareilles ; joindre à une chose une autre chose qui lui soit pareille : *je cherche à appareiller ce beau vase.* — Archit. Tracer les épures sur un plan, les reporter en grand sur un enduit, et en appliquer les figures et mesures sur toutes les faces des pierres, pour les faire tailler selon la place que chacune doit occuper : *l'art d'appareiller est des plus difficiles.* — v. n. Mar. Mettre à la voile : *la flotte appareilla.* — On dit, avec le participe : *le navire est appareillé.* — S'apparreiller v. pr. Fam. Se joindre avec un pareil à soi : *c'est un fripon avec lequel il est digne de s'appareiller.*

* APPAREILLEUR s. m. Chef ouvrier qui trace le trait, la coupe de la pierre à tous les tailleurs de pierre d'un chantier : *un habile appareilleur.*

* APPAREILLEUSE s. f. Synon. de ENTREMETTEUSE.

* APPAREMMENT adv. [a-pa-ra-man]. Selon les apparences, vraisemblablement, sans doute :

> Des raisins mûrs *apparemment.*
> LA FONTAINE.

* APPARENCE s. f. [a-pa-ran-se] (lat. *apparere*, apparaître). Extérieur ; ce que l'on voit d'une chose, ce qui paraît au dehors :

> On se laisse aujourd'hui tromper par l'*apparence.*
> ABEILLE. *Crispin,* acte I, sc. 1.

— Forme, figure : *l'Église catholique enseigne que, dans l'Eucharistie, Jésus-Christ est réellement présent sous les apparences du pain et du vin ; maison de belle apparence.* — Vraisemblance, probabilité : *il a réussi contre toute apparence.* — Marque, reste, vestige : *apparence de liberté, de beauté ; il n'y a pas d'apparence de danger.* — Ostentation : *on ne doit pas se priver du nécessaire pour tout donner à l'apparence.* — SAUVER LES APPARENCES, faire en sorte qu'il ne paraisse rien au dehors qui puisse être blâmé. — En apparence loc. adv. Extérieurement, d'après ce qui paraît : *cet homme est sage en apparence.*

* APPARENT, ENTE adj. Qui est visible, évident, manifeste : *écriture apparente ; droit apparent.* — Remarquable, considérable : *les plus apparents de la ville.* — Spécieux : *prétexte apparent*

APPARENTAGE s. m. Action d'apparenter.

* APPARENTÉ, ÉE part. pass. d'APPARENTER. Ne s'emploie pas seul, et l'on dit : ÊTRE BIEN APPARENTÉ, avoir des parents honnêtes, puissants, riches ou nobles : *être mal apparenté,* avoir des parents pauvres, mal famés, ou de basse naissance.

* APPARENTER v. a. Donner des parents par alliance ; allier : *ce mariage l'a mal apparenté.* — S'apparenter v. pr. Entrer dans une famille ; s'allier.

APPARESSER v. a. Rendre paresseux. — S'apparesser v. pr. Devenir paresseux.

APPARIABLE adj. Qui peut, qui doit être apparié.

APPARIADE s. f. Action d'unir, d'apparier ; résultat de cette action.

* APPARIEMENT ou Appariment s. m. Action d'apparier.

* APPARIER v. a. Assortir par couples ou par paires : *apparier des chevaux de carosse.* — Accoupler un mâle avec une femelle, en parlant de certains oiseaux ; *apparier des pigeons.* — S'apparier v. pr. S'accoupler, en parlant des oiseaux qui s'associent par couples : *les pigeons s'apparient.*

APPARIEUR, EUSE adj. et s. Celui, celle qui aime à faire les mariages.

* APPARITEUR s. m. (lat. *apparitor*). Espèce de sergent dans les cours ecclésiastiques. — Bedeau de certaines universités. — Se dit aujourd'hui de certains huissiers attachés aux diverses facultés : *apparitor de la faculté de droit.* — Se dit aussi, dans quelques provinces, en parlant d'un agent subalterne de la police municipale.

* APPARITION s. f. [a-pa-ri-si-on] (lat. *apparitio*). Manifestation d'un objet qui, étant invisible de lui-même, se rend visible : *l'apparition de l'ange Gabriel à la sainte Vierge.* — Manifestation subite d'un phénomène : *apparition d'une comète.* — Absolum. Spectre, fantôme : *il croit aux apparitions.* — Venue, arrivée : *l'apparition d'un grand poète.* — Action de paraître et de disparaître presque aussitôt : *il fit une courte apparition parmi nous.*

* APPAROIR v. n. (lat. *apperere*, apparaître). N'est plus employé que comme terme de Palais, à l'infinitif et à la 3e pers. du sing. de l'ind., où il est usité impersonnellement et où il fait apparoir, tandis qu'*apparaître* fait *apparaît.* — Être évident, être manifeste : *faire apparoir son droit ; ainsi qu'il appert de tel acte.*

* APPARTEMENT s. m. (bas lat. *appartiamentum,* division). Logement composé de plusieurs pièces : *un bel appartement.* — Autrefois, réunion, cercle qui se tenait à la cour : *il y eut ce jour-là appartement aux Tuileries.*

* APPARTENANCE s. f. Dépendance, ce qui appartient à une chose, ce qui dépend d'une chose : *vendre une maison avec ses appartenances.*

* APPARTENANT, ANTE adj. Qui appartient de droit : *la maison à lui appartenante.* — APPARTENANT est aujourd'hui invariable, excepté au Palais. Il est donc préférable de dire : *la maison à lui appartenant.*

* APPARTENIR v. n. (lat. *ad,* à ; *pertinere,* se rapporter). Se conjugue comme TENIR. — Être la propriété de : *cette maison lui appartient.* — Être le droit, le privilège, la prérogative : *la connaissance de cette affaire appartient à ce juge.* — Être le propre, le caractère particulier de : *la perfection appartient à Dieu.* — Faire partie de : *la société à laquelle j'appartiens.* — Avoir une relation : *cela appartient à mon sujet.* — Être parent de : *ce jeune homme appartient à une honnête famille.* — Être au service de : *ce domestique m'appartient.* — Impersonnell. Convenir, être le droit : *il appartient au père de corriger ses enfants.* — Être capable de : *il n'appartient qu'au génie de s'élever ainsi.* — IL VOUS APPARTIENT BIEN DE, VOUS êtes bien hardi de.— AINSI QU'IL APPARTIENDRA, selon qu'il sera convenable. On dit de même : *à tous ceux qu'il appartiendra,* à tous ceux qui y auront intérêt. — S'appartenir v. pr. Être maître de ses actions : *une femme mariée ne s'appartient pas.* — Être en pleine possession de soi-même : *l'homme sage s'appartient toujours.*

* APPAS s. m. pl. [a-pâ] (lat. *ad,* vers ; *pastus,* nourriture). Agréments extérieurs d'une femme :

> Ta courageuse adresse à ses divins *appas*
> Vient de rendre un secours que leur devait mon bras.
> CORNEILLE. *Théodore,* acte IV, sc. VI.
>
> Oui, je souffrirai tout de vos divins *appas.*
> MOLIÈRE. *Les Fâcheux,* acte I, sc. VIII.

—Fig. Certaines choses qui séduisent, excitent : *la vertu a moins d'appas que le plaisir.*

* APPÂT s. m. (lat. *ad,* vers ; *pastus,* nourriture). Amorces que les chasseurs ou les pêcheurs emploient pour attirer et prendre le gibier ou le poisson : *mettre l'appât à une ligne ; le sel est le meilleur appât pour attirer les pigeons.* — Fig. Tout ce qui attire, séduit : *l'appât du guin.*

* APPÂTER v. a. Attirer avec un appât : *il appâta les poissons.* — Mettre le manger dans le bec des oiseaux ; donner à manger à quelqu'un qui ne peut se servir de ses mains : *appâter un petit oiseau, un petit enfant.*

* APPAUMÉ adj. Blas. Se dit d'un écu chargé d'une main étendue qui montre la paume.

* APPAUVRI, IE part. pass. d'APPAUVRIR.— Sang appauvri, sang pâle, décoloré, abondant en sérosité et pauvre en principes constituants.

* APPAUVRIR v. a. Rendre pauvre : *les procès appauvrissent les plaideurs comme les guerres appauvrissent les belligérants.* — Fig. Épuiser : *les mauvaises cultures appauvrissent le sol.* — S'appauvrir v. pr. Devenir pauvre.

* APPAUVRISSEMENT s. m. Réduction à l'état de pauvreté : *appauvrissement d'une famille, d'un pays, d'un peuple.* — Fig. État d'une langue devenue moins abondante, moins expressive. — Diminution de forces ou de qualités : *appauvrissement du sol, du sang.*

*APPEAU s. m. [a-pô] (rad. *appel*). Espèce de sifflet, au moyen duquel on imite le cri des oiseaux pour les attirer dans un piège. 1° *Appeau à sifflet.* Instrument dont on se sert pour appeler les alouettes, les perdrix, les cailles, etc. A défaut des sifflets que l'on trouve chez les marchands, on forme un appeau à sifflet en usant sur une meule un noyau de pêche que l'on perce des deux côtés et que l'on vide de son amende. Avec un peu d'habitude on imite assez bien le cri des petits oiseaux à l'aide de cet instrument. Pour les oiseaux plus gros, tels que la perdrix, le vanneau, etc. on fait un sifflet avec les os de l'aile de l'oie, du mouton, du lièvre ou du chat. 2° *Appeaux à languette* ou *pipeaux,* pour contrefaire le cri de la chouette, dans la chasse dite à la *pipée.* Une feuille de chiendent tenue entre les lèvres, à l'aide du pouce et de l'index, constitue le plus simple des pipeaux. 3° *Appeaux à frouer,* pour imiter le cri ou le bruissement du vol des oiseaux agités par la crainte ou la colère que leur inspire la chouette. Le plus simple de ces appeaux consiste en une feuille de lierre, percée d'un petit trou sur la nervure médiane, et placée entre les lèvres, ou bien dans une espèce de cornet dont le pétiole forme l'embouchure. — *Appeau* se dit également des oiseaux dont on se sert pour appeler et attirer les autres oiseaux. — Législ. L'emploi des appeaux est prohibé, à moins d'une autorisation spéciale. La loi sur la police de la chasse (art 12), édicte, contre ceux qui en font usage, des peines très sévères : de 50 à 200 fr. d'amende et, dans certains cas, de six jours à deux mois d'emprisonnement.

* APPEL s. m. Action d'appeler avec la voix ou autrement : *j'ai entendu votre appel.* — Appellation à haute voix que l'on fait des personnes qui doivent se trouver à une revue, à une réunion, à une assemblée, afin des'assurer qu'elles sont présentes : *faire l'appel; manquer à l'appel; l'heure de l'appel.* — Signal qui se fait avec le tambour ou la trompette, pour assembler les soldats : *battre, sonner l'appel.* — Fig. et dans un sens analogue : *faire un appel aux armes; répondre à l'appel de la patrie.* — Provocation en duel ; cartel : *faire, recevoir un appel.* On dit ordinairement *cartel* ou *défi.* — Chasse et manège. APPEL DE LA LANGUE. Action d'appeler, d'exciter un chien ou un cheval en donnant de la langue. — Finances. FAIRE UN APPEL DE FONDS, demander de nouveaux fonds aux associés ou actionnaires d'une compagnie, d'une entreprise, quand les versements se trouvent insuffisantes. — L'APPEL D'UNE CAUSE est, au Palais, l'action d'appeler une cause, pour qu'elle soit plaidée. — FAIRE UN APPEL A LA GÉNÉROSITÉ DE QUELQU'UN, invoquer sa générosité. — FAIRE APPEL A SES SOUVENIRS, chercher à se rappeler quelque chose. — APPEL NOMINAL, dans les Assemblées politiques, action d'appeler chaque membre à haute voix, pour qu'il exprime son opinion ou donne son vote. — Recrutem. Action d'appeler sous les drapeaux : *tous les jeunes gens ont répondu à l'appel.* — Escrime. Battements du pied, fait sur place. — Procédure. Recours à un juge supérieur; action d'appeler d'un juge subalterne à un juge supérieur: *interjeter appel, juger sans appel.* — L'appel est une voie de recours ouverte, soit aux parties, soit au ministère public. Celui qui forme l'appel reçoit le nom d'*appelant;* celui contre lequel l'appel est formé se nomme l'*intimé.* — L'*appel principal* est celui que forme l'appelant ; l'*appel incident* est celui que forme l'intimé pendant l'appel principal, quelquefois à la dernière heure. — Pour qu'une décision judiciaire soit susceptible d'appel, il faut que la cause donne lieu au second degré de juridiction; que le jugement n'ait pas acquis l'autorité de la chose jugée, que l'appelant

n'y ait pas acquiescé et que la sentence n'ait pas été exécutée. — L'appel des jugements rendus en premier ressort et au civil par les juges *de paix* est porté devant le tribunal civil. Il n'est pas recevable dans les trois premiers jours qui suivent le prononcé du jugement, à moins qu'il y ait lieu à exécution provisoire; il ne l'est pas après le trentième jour qui suit la signification de ce jugement, sauf une prolongation d'un jour par 5 myriamètres, en faveur des personnes domiciliées hors du canton. Les contestations sur lesquelles les juges de paix connaissent sans appel ou à charge d'appel sont déterminées dans les lois des 25 mai 1838, art. 1 à 7, 20 mai 1854 et 2 mai 1855. — Les juges de paix connaissent sans appel de toutes actions purement personnelles et mobilières jusqu'à la valeur de 100 fr., et à charge d'appel, jusqu'à la valeur de 200 fr. — L'appel des jugements rendus par les juges de paix *comme juges de simple police,* se porte, dans les six jours de la signification, devant le tribunal d'arrondissement. — Les jugements des conseils de prud'hommes sont définitifs et sans appel, lorsque le chiffre de la demande n'excède pas 200 fr. en capital (loi du premier juin 1853, art. 13). L'appel des décisions du conseil de prud'hommes est porté devant le tribunal de commerce; celui des jugements des tribunaux civils ou de commerce est porté devant la COUR D'APPEL (voy. ce mot). — Les tribunaux civils et de commerce connaissent, sans appel, des demandes dont la valeur n'excède pas 1,500 fr., et à charge d'appel, de toutes autres demandes. La loi prescrit un délai de huit jours avant de former l'appel des jugements des tribunaux d'arrondissement, et un délai de trois mois pour formuler l'appel après la signification de ce jugement; ce délai peut être augmenté à raison des distances, et abrégé pour certaines procédures particulières (voy. *Code de procédure,* art. 377, 392, 669, 723, 730, 734, 736, 763 et 809; *Cod. civ.,* art. 291 et suiv.). L'appel est signifié par huissier. — L'appel *en matière criminelle* est porté devant la COUR D'APPEL. La déclaration d'appel doit être faite, au greffe du tribunal qui a rendu le jugement, dix jours au plus tard après celui où il a été prononcé. — L'Appel *en matière de commerce* peut être interjeté le jour même du jugement ou au moins dans le délai de deux mois après la signification. — L'appel *en matière administrative* est de la compétence du conseil d'État, par l'intermédiaire des avocats attachés à ce conseil et à la cour de Cassation. — AMENDE DE FOL APPEL, amende infligée à celui qui fait un appel mal fondé; elle est de 5 fr. pour l'appelant d'un jugement de justice de paix ; de 10 fr. pour celui d'un jugement de tribunal civil ou de commerce. — APPEL A MINIMA, appel interjeté par le ministère public d'un jugement de tribunal correctionnel prononçant une condamnation insuffisante. — APPEL COMME D'ABUS, voy. Abus.

— **Appel au peuple.** Voie de recours qui existait dans l'ancienne Rome en matière criminelle et qui fut proposée en faveur de Louis XVI, lors du jugement de ce roi. C'est par des *appels au peuple* que furent établis le consulat à vie, le premier empire et le second empire.

* APPELANT, ANTE adj. Qui appelle d'un jugement : *il est appelant; elle s'est rendue appelante.* — s. Celui, celle qui appelle d'un jugement : *l'appelant et l'intimé.* — Appelant s. m. Oiseau qui sert pour appeler les autres et les attirer dans un piège : *un bon appelant.* — Appelants s. m. pl. Mécontents qui, au XVIII° siècle, appelèrent de la bulle Unigenitus à un concile (1713).

* APPELÉ, ÉE part. pass. du verbe APPELER. — Substantiv. : *beaucoup d'appelés et peu d'élus,* expression de l'une des paraboles des Évangiles, relative au *mystère de la prédestination.*

* APPELER v. a. (lat. *appellare*). *J'appelle, j'appelais; j'ai appelé; j'appellerai; appelant.* — Nommer; dire le nom d'une personne ou d'une chose, ou lui donner, lui exprimer un nom: *on l'appelle Jean; cette ville est appelée Rouen,* etc. — Donner un titre d'honneur, d'amitié, etc.: *Hérodote est appelé le père de l'histoire.* — Désigner par quelque qualité, bonne ou mauvaise : *il l'appela voleur.*

J'appelle un chat un chat et Rollet un fripon.
BOILEAU.

— Prononcer à haute voix une suite de noms faire l'appel: *on va appeler les soldats.* — Se servir de la voix ou d'un signe pour faire venir une personne ou un animal : *je l'appelai du geste; appelez votre chien; le mâle appelle la femelle.* — Mander, inviter à venir : *appelez le médecin.* — Défier, faire défier : *il l'appela en duel.* — Citer, faire venir devant le juge : *il m'appela comme témoin.* — Avertir de se trouver en quelque lieu : *les cloches appellent à l'église.* — Obliger, exciter : *je vais ou le devoir m'appelle.* — Sommer de se rendre sous les drapeaux : *la réserve fut appelée.* — Exiger : *ces abus appellent une réforme.* — Désigner : *il fut appelé à la chaire de pathologie.* — Destiner : *sa naissance l'appela au trône.* — APPELER LES LETTRES, les nommer. — APPELER UNE CAUSE, signifie, au Palais : lire tout haut le nom des parties, afin que leurs avocats viennent plaider. — APPELER AU SECOURS, crier au secours. — APPELER A SON SECOURS, A SON AIDE, employer, avoir recours à : *il appelle à son aide des moyens inavouables.* — APPELER L'ATTENTION, exciter et captiver l'attention : *le bruit vint appeler notre attention.* — v. n. Recourir à un tribunal supérieur pour faire réformer la sentence, le jugement d'un tribunal inférieur. — APPELER COMME D'ABUS, appeler à une autorité laïque, d'un jugement, d'un acte du pouvoir ecclésiastique. — APPELER DE, ne pas se soumettre, ne pas adopter : *j'appelle de votre décision* ou *j'en appelle.* — EN APPELER A, invoquer, s'en référer : *j'en appelle à votre témoignage.* — EN APPELER, revenir d'une grande maladie : *il en a appelé.* — S'appeler v. pr. Avoir pour nom : *comment vous appelez-vous ? — CELA S'APPELLE, VOILA CE QUI S'APPELLE, voilà ce qui mérite d'être qualifié, désigné : voilà ce qui s'appelle une jolie femme.* — v. récipr. S'inviter l'un l'autre à venir

APPELET s. m. (rad. *appel*). Pêche. Corde garnie de lignes ou empiles, ayant chacune un ou plusieurs hameçons.

APPELEUR s. m. Oiseau qui sert d'appeau.

* APPELLATIF adj. m. [a-pell-la-tif]. Gramm. Ne s'emploie que dans la locution : NOM APPELLATIF, synon. de *nom commun.* — v. Appellatif, ive adj. Qui convient à toute une espèce : *dénomination appellative.*

* APPELLATION s. f. [a-pell-la-si-on]. Action d'appeler. — Action de nommer chaque lettre de l'alphabet. — Jurisp. Appellation, ne se dit guère que dans les formules des arrêts et des jugements : *le jugement sera accueilé nonobstant opposition ou appellation.*

* APPENDICE s. m. [app-pain-di-se. ⌣ Quelques personnes prononcent a-pan-di-se) (lat. *appendix;* de *ad pendere,* tenir à). Supplément placé à la fin d'un ouvrage, et destiné soit à le compléter, soit à l'éclaircir. — Anat. Partie adhérente ou continue à un corps quelconque auquel elle est comme appendue. *Appendice xiphoïque* ou *sternal,* extrémité *inférieure* du rectum. Il doit son nom de *xiphoïde* (en forme d'épée) à sa forme pointue. — *Appendices épiploïques,* prolongements qui règnent le long du côlon ascendant. — *Appendice vermiforme, cæcal* ou *vermiculaire,* petit tube qui existe à côté du cæcum. — *Appendice caudal,* prolongement de la colonne vertébrale en queue. — *Appendice rostral* ou *naso-buccal,* prolongement en trompe du nez et de la lèvre supé-

rieure chez l'éléphant; prolongement de la bouche chez les insectes lépidoptères. — Anat. comp. Organes ou partie d'organes qui semblent ajoutés extérieurement au corps des animaux. Chez les vertébrés, ils peuvent être pairs et constituer les *membres*, ou impairs et placés sur la ligne médiane comme les *nageoires* des poissons. Chez les articulés, les appendices sont des ailes, des pattes, des mâchoires, des antennes, des trachées, des branchies, etc. — Bot. Organes latéraux des plantes, tels que feuilles, bractées, sépales, pétales, etc., par opposition à *axe*. — Écailles qui entourent quelquefois l'ovaire. — Prolongement de la fleur, de la feuille ou d'autres organes, tels que *vrilles, stipules, épines*. — Appendice terminal, petit filet qui se prolonge au-dessus de l'anthère. — *Appendices basilaires* ou *soies*, petits prolongements qu'on remarque quelquefois à la partie inférieure des loges de l'anthère.

APPENDICULAIRE adj. Qui se rapporte aux appendices. — Bot. Organes appendiculaires, organes latéraux des plantes, comme les feuilles, les écailles, les bractées, les pétales, etc. — Se dit par opposition à *organes axiles*.

APPENDICULE s. m. Petit appendice.

APPENDICULÉ, ÉE adj. Qui est pourvu d'un appendice ou d'un appendicule.

* **APPENDRE** v. a. (lat. *appendere*; de *ad*, à; *pendere*, suspendre). Suspendre à une muraille, à une voûte : *appendre un ex-voto aux murs d'une chapelle*. — ᵥ S'appendre v. pr. Etre appendu.

APPENSION s. f. Chirurg. Suspension à l'aide d'une écharpe ou de tout autre moyen.

* **APPENTIS** s. m. [a-pan-tî] (lat. *ad*, vers; *pendere*, pendre). Demi-comble, toit en manière d'auvent, à un seul égout, appuyé contre une muraille, et soutenu en avant par des piliers ou des poteaux.

APPENZELL [a-pain-zèl] canton du N.-E. de la Suisse, enveloppé par le canton de Saint-Gall, arrosé par la Sitter, divisé en Appenzell septentrional ou *Rhodes extérieures* (260 kil. carr.; 49,000 hab.; protestants), fameux par ses broderies sur soie; et en Appenzell méridional ou *Rhodes intérieures* (158 kil. carr.; 12,000 hab.; catholiques). Ch.-l. alternativement Trogen et Appenzell. — La ville d'Appenzell (lat. *Abbatis cella*, cellule de l'Abbé), est sur la Sitter; 3,700 hab.—Jusqu'au xvᵉ siècle, l'Appenzell appartint aux abbés de Saint-Gall. Le pays se souleva, et, après une longue lutte, forma le 13ᵉ membre de la Confédération suisse (1513).

APPENZELLOIS, OISE s. et adj. D'Appenzell, qui appartient au canton d'Appenzell, à la ville d'Appenzell ou à leurs habitants.

APPERLEY (Charles-James), écrivain anglais qui s'est occupé de chasse, de courses et de jeux (1777-1843). Ses articles, publiés dans plusieurs journaux, sous le pseudonyme de Nemrod, ont été réunis en un volume sous le titre de « Chase, Turf and Road », 1827.

APPERT (François), industriel français, mort en 1840, fut quelque temps confiseur à Paris et inventa en 1804, la manière de conserver les substances alimentaires en les faisant bouillir et en les enfermant dans des boîtes de fer-blanc ou dans des flacons de verre chauffés au bain-marie, puis fermés hermétiquement. Le procédé Appert est employé aujourd'hui dans le monde entier. Nous avons de cet inventeur un *Art de conserver les substances animales et végétales*, Paris, 1831.

* **APPERT (il)**, v. imp. Voy. Apparoir.

* **APPESANTIR** v. a. Rendre plus pesant : *la pluie avait appesanti mes habits*. — Rendre moins alerte, moins actif : *l'âge appesantit son pas*; *la bonne chère appesantit l'esprit*. — Ap-

pesantir son bras, sa main, frapper de châtiments : *Dieu appesantit son bras sur les Juifs*.

Il semble que de Dieu la main appesantie...
Corneille. *Héraclius*, acte II. sc. ii.

— S'appesantir v. pr. Devenir pesant : S'appesantir sur une chose, en parler longuement, insister sur elle : *il s'appesantit sur les détails*.

* **APPESANTISSEMENT** s. m. État d'une personne appesantie, soit de corps, soit d'esprit, par l'âge, par la maladie, par le sommeil, etc.

* **APPÉTENCE** s. f. [app-pé-tanse]. Didact. Désir instinctif pour un objet quelconque.

* **APPÉTER** v. a. [app-pé-té]. Désirer vivement par instinct, par inclination naturelle, indépendamment de la raison. Ne s'emploie guère qu'en physiol. : *l'estomac appète les aliments; la femelle appète le mâle*.

APPÉTIBILITÉ s. f. Qualité de ce qui est appétible.

APPÉTIBLE adj. Qui excite l'appétit.

* **APPÉTISSANT, ANTE** adj. Qui donne de l'appétit, qui excite l'appétit : *mets appétissant*. — Se dit aussi d'une jeune personne qui a de la fraîcheur et de l'embonpoint : *elle est appétissante*.

* **APPÉTIT** s. m. (lat. *appetere*, désirer). Inclination vive vers un objet : *appétit sensuel*; *il se laisse entraîner par ses appétits*; *l'appétit des richesses*. — Désir de manger qui s'annonce par une excitation des papilles nerveuses de l'estomac et une sécrétion abondante de salive. Le défaut d'appétit s'appelle *anorexie*; l'exagération du désir de manger reçoit le nom de *boulimie* (faim canine); sa dépravation, sa bizarrerie, comme chez les chlorotiques et les femmes enceintes, est appelée *pica* (malacie); ces désordres, disparaissent avec l'état morbide dont ils sont l'un des symptômes. — Philos. scolastique. Appétit concupiscible, voy. concupiscible. — Appétit irascible, voy. irascible. — Fam. Bon appétit, souhait qu'on adresse à quelqu'un qui mange ou qui va manger. — Prov. et fig. L'appétit vient en mangeant, le désir de s'enrichir ou de s'élever augmente à mesure qu'on acquiert de la fortune ou des honneurs.

APPÉTITS s. m. pl. Nom donné à certaines herbes (ciboule, ciboulette, cive, civette) qui excitent l'appétit. Ce nom s'étend quelquefois à toutes les plantes excitantes mêlées à la ciboule, comme l'échalote, l'oignon, l'ail, le persil, le cerfeuil.

APPÉTITIF, IVE adj. Qui fait désirer.

APPÉTITION s. f. Action de désirer vivement. — Physiol. Besoin de prendre des aliments.

APPEVILLE ou **Annebaud**, bourg du dép. de l'Eure, à 13 kil. S.-E. de Pont-Audemer; 774 hab. Restes d'un château sur pilotis, bâti par le maréchal d'Annebaud, sur la Risle. Église remarquable du xvᵉ siècle.

APPIANI (Andrea), peintre né près de Milan, en 1754, mort en 18.. ou 1818; fit les portraits de presque toute la famille Bonaparte et des principaux généraux et ministres de l'Empire. Ses chefs-d'œuvre sont les fresques du palais de Milan et de la coupole de Santa-Maria de san Celso, à Milan.

APPIANO, famille qui gouverna Pise et Piombino, du xivᵉ au xviiᵉ siècle. Jacopo Iᵉʳ (mort en 1398), fondateur de la famille, profita de troubles intérieurs pour s'emparer du pouvoir à Pise. Gherardo, son fils, vendit Pise aux Visconti de Milan. Jacopo IV (mort en 1511), fut dépossédé de Piombino par César Borgia, en 1501; mais le peuple le rappela.

APPIÉCER v. a. S'est dit pour Rapiécer.

APPIÉCEUR, EUSE s. Ouvrier, ouvrière qui appièce.

APPIEN (lat. *Appianus*), historien, né à Alexandrie, au iiᵉ siècle; auteur d'une remarquable *Histoire romaine* écrite en grec. Il ne reste plus que 11 des 24 livres qui composaient cet ouvrage clair, exact et correct. Le tableau des proscriptions, dans le livre des guerres civiles, est un morceau dramatique et plein d'intérêt. Voy. les traductions de Claude Seyssel (Lyon, 1544); Odet Desmares (Paris, 1659); Combes Dunous, Paris, 1808, 3 vol. in-8ᵉ.

APPIENNE (voie), célèbre route romaine (lat. *via Appia*), dont les embranchements unissaient Rome à l'Italie méridionale. La voie principale, de Rome à Capoue, fut construite par le censeur Appius Claudius Cæcus (312-307 av. J.-C.) et continuée jusqu'à Brundusium. Elle était remarquable par la largeur et l'épaisseur des blocs de pierre qui la pavaient. Des fouilles, opérées en 1850-3, ont mis à découvert une courte mais très intéressante partie de ce travail.

APPILER v. a. Mettre en pile.

APPIUS CLAUDIUS, voy. Claudius.

* **APPLAUDIR** v. n. (lat. *applaudire*). Battre des mains en signe d'approbation : *applaudir aux acteurs*. — Fig. Approuver; manifester de la satisfaction : *j'applaudis à votre conduite*. — v. a. Battre des mains; approuver; au propre et au figuré : *applaudir une pièce, un trait de courage*. — S'applaudir v. pr. Se vanter, se glorifier : *il s'applaudit sans cesse*. — Se féliciter de quelque chose : *on doit s'applaudir d'une action généreuse; vous pouvez vous en applaudir*.

* **APPLAUDISSEMENT** s. m. Approbation manifestée, soit par des battements de mains, soit par des acclamations, soit par la voix publique.

* **APPLAUDISSEUR** s. m. Celui qui applaudit. — Se dit ordinairement de ceux qui applaudissent sans discernement, ou sont payés pour applaudir : *applaudisseurs à gages*. — Fam. Claqueur.

APPLE-CAKE s. m. [ap'-pl-ké'-ke] (angl. *apple*, pomme; *cake*, gâteau). Nom anglais d'un gâteau aux pommes.

APPLETON, ville du Wisconsin (Etats-Unis), sur le Fox, à 160 kil. N.-N.-O. de Milwaukee; 7,000 hab. Université méthodiste.

APPLETON. I. (Daniel), grand éditeur américain (1783-1849); s'établit d'abord à Boston, puis à New-York, où il fonda l'une des plus importantes maisons des Etats-Unis.— II. (Jesse), prêtre américain (1772-1819), a laissé 2 vol. de sermons et de lectures.

APPLICABILITÉ s. f. Qualité de ce qui est applicable.

* **APPLICABLE** adj. Qui doit ou peut être appliqué.

APPLICAGE s. m. Action d'appliquer des ornements sur certains ouvrages.

APPLICATA s. m. pl. (lat. *choses appliquées*). Méd. Choses appliquées à la surface du corps; 1ᵉ habillements; 2ᵉ cosmétiques; 3ᵉ propreté; 4ᵉ frictions et onctions; 5ᵉ applications médicamenteuses. En étiologie, les *applicata* (invar. au plur.) jouent un grand rôle. On comprend en effet l'influence que peuvent avoir sur la santé la malpropreté des vêtements, leur insuffisance ou l'excès contraire; l'abus des cosmétiques, etc.

APPLICATEUR s. m. Celui qui applique.

* **APPLICATION** s. f. (lat. *applicatio*). Action par laquelle on applique une chose sur une autre : *l'application d'un enduit*. — Action d'employer une chose dans les cas auxquels elle convient : *ce procédé est susceptible d'une foule d'applications*. — Action d'appliquer un principe, une loi, une maxime, un passage, un discours, à quelque chose ou à quelqu'un :

on fit l'application de ce vers au prince régnant. — Attention suivie : élève plein d'application. — APPLICATION D'UNE SCIENCE A UNE AUTRE, usage que l'on fait des principes ou des procédés d'une science pour étendre et perfectionner une autre science : l'application de l'algèbre à la géométrie.

APPLIQUE s. f. Téchn. Ce qui est appliqué, fixé sur un objet pour le décorer ; pièces d'applique : l'or brille en applique sur ce meuble.

APPLIQUÉ, ÉE part. pass. d'APPLIQUER. — MATHÉMATIQUES APPLIQUÉES, mathématiques considérées dans leur application aux sciences et aux arts.

APPLIQUÉE s. f. Géom. Droite tirée d'un point de la courbe, perpendiculairement à son axe, et qui sert à déterminer la position d'un point conjointement avec l'abscisse. On dit mieux ORDONNÉE.

APPLIQUER v. a. (lat. applicare, de ad, sur ; plicare, plier). Mettre une chose sur une autre, de façon qu'elle y demeure adhérente, ou qu'elle y laisse une empreinte : il appliqua deux couches de peinture. — Mettre une chose sur une autre, de manière que les deux surfaces se touchent bien : on applique le patron sur l'étoffe à découper. — Fam. Lancer, en parlant de coups : il lui appliqua un soufflet, un coup de pied. — Fig. Employer une chose dans les cas où il convient de faire usage : appliquer un procédé, un remède, une loi. — Faire rapporter un passage, une phrase, un mot à une personne ou à une chose : ce vers de Boileau peut lui être appliqué ; on appliqua ce surnom à telle plante. — Combiner une science avec une autre : on applique l'algèbre à la géométrie, et l'astronomie à la géographie. — Affecter, destiner, consacrer à un certain usage, surtout en parlant de l'argent : il applique une partie de son revenu à soulager les pauvres. — APPLIQUER UN HOMME A LA QUESTION, le mettre à la question. — APPLIQUER SON ESPRIT, SON ATTENTION, étudier, examiner attentivement : il applique son esprit aux sciences les plus abstraites. — S'appliquer v. pr. Etre appliqué : la loi ne peut s'appliquer dans ce cas ; ces deux pièces de métal s'appliquent bien l'une sur l'autre. — Apporter une grande attention à quelque chose : il s'applique à bien remplir son devoir. — S'attribuer, s'approprier ; prendre pour soi : il s'appliquait les émoluments de cette place ; s'appliquer une épigramme.

APPLIQUEUSE s. f. Ouvrière chargée d'appliquer les fleurs sur les dentelles dites d'application.

APPOGIATURE ou **Appoggiature** s. f. [a-po-dji-a-tu-re] (ital. appoggiatura, point d'appui). Mus. Note d'agrément, presque toujours étrangère à l'harmonie, et qu'on ajoute à un ton ou à un demi-ton de distance en dessus ou en dessous d'une note réelle de l'accord. — L'appogiature est dite préparée, quand elle est précédée d'une note située au même degré qu'elle. Quelquefois, le compositeur ne l'a pas écrite et le chanteur l'exécute pour rompre la monotonie du récitatif. On l'écrit en petites notes et quelquefois en notes ordinaires.

APPOINT s. m. (lat. ad, punctum). Monnaie que l'on donne pour compléter une somme qu'il serait impossible de parfaire avec les principales espèces employées au payement : pour faire mille francs en écus de trois livres, il fallait trois cent trente-trois écus, et un appoint de vingt sous. — Comm. Somme qui fait le solde d'un compte : titre qui vous fait les cent francs que je vous dois encore par appoint. — FAIRE L'APPOINT, compléter une somme par un appoint.

APPOINTAGE s. m. Dernier foulage donné aux cuirs. — Action de rendre pointu.

APPOINTÉ, ÉE part. pass. d'APPOINTER. — s. m. Soldat qui exerce provisoirement le grade de caporal. — On disait autrefois ANSPESSADE.

APPOINTEMENT s. m. Anc. prat. Règlement en justice sur une affaire, pour parvenir à la juger par rapport : prendre un appointement à l'audience. — s. m. pl. Salaire annuel attaché à une place, à un emploi : il reçoit de gros appointements.

APPOINTER v. a. Anc. prat. Régler par un appointement en justice : affaire à appointer.

.... Enfin, et toute chose
Demeurant en état, ou appointe la cause
Le cinquième ou sixième avril cinquante-six.
RACINE. Les Plaideurs.

— Donner des appointements : appointer un employé. — Dans les troupes, APPOINTER UN HOMME D'UNE CORVÉE, D'UNE GARDE, ou D'EXERCICE, lui imposer, par punition, une corvée, une garde, hors de tour, ou l'envoyer à l'exercice des recrues. — APPOINTER signifie aussi : tailler en pointe. — S'appointer v. pr. Etre appointé, être taillé en pointe.

APPOLD (J.-George), inventeur anglais (1799-1864). Ses pompes centrifuges attirèrent vivement l'attention, et il inventa ou perfectionna les appareils destinés à l'immersion des câbles sous-marins.

APPOMATOX riv. de Virginie, affluent du James ; cours, 185 kil. Sur une longueur de 140 kil. on l'a rendue navigable au moyen d'un canal.

APPONTEMENT s. m. Mar. Pont volant en planches, qu'on établit entre un quai et un navire.

APPONYI, nom de l'une des plus anciennes familles de Hongrie. GYŒRGY ANTAL (1751-1817) fonda la bibliothèque Apponyi à Presbourg. ANTAL, son fils (1782-1852), fut ambassadeur d'Autriche à Londres, à Rome et à Paris ; RUDOLF, fils d'Antal (1812-76), fut ambassadeur à Turin, Londres et Paris ; GYŒRGY, petit-fils de Gyœrgy Antal (né en 1808), joua un rôle important dans la réconciliation de la Hongrie et de l'Autriche (1867).

APPORT s. m. Vieux mot qui signifiait : marché, lieu où l'on apporte les denrées pour les vendre ; c'est da s ce sens que la place du Châtelet était appelée l'Apport-Paris. — Prat. Action de déposer des pièces : apport de pièces. — Le récépissé des pièces déposées est un Acte d'apport. — Dr. Biens qu'un époux apporte dans la communauté : reprendre son apport, ses apports. — Ce qu'un associé met à la masse sociale : son apport de tant.

APPORTER v. a. (lat. ad portare, porter). Porter d'un lieu à un autre lieu plus rapproché : le facteur apportera des lettres. — Par ext. Fournir : sa femme lui apporte de grands biens. — Fig. Etre pourvu : nous apportons en naissant une foule de défauts. — Employer, mettre : il n'apporte aucun soin de la mauvaise volonté à ce travail. — Alléguer, citer : il apporta de bonnes raisons. — Causer, produire, en parlant des choses : son mariage lui a apporté de grands chagrins.

APPORTEUR s. m. Celui qui apporte.

APPORTIONNEMENT s. m. Action d'apportionner ; résultat de cette action.

APPORTIONNER v. a. Donner une portion à chacun.

APPOSABLE adj. Qui peut être apposé : affiche apposable.

APPOSER v. a. (lat. apponere). Appliquer, mettre : apposer un cachet sur une enveloppe ; apposer une affiche sur un mur.

APPOSITION s. f. [ap-po-zi-si-on]. Action d'apposer : apposition des scellés. — Phys. Jonction ou simple rapprochement de certains corps de la même espèce. — Rhét. Figure par laquelle on joint, sans particule conjonctive, deux substantifs l'un à l'autre, de manière que le second serve comme d'épithète au premier. L'apposition relève d'énergie de l'expression :

Hippolyte lui seul, digne fils d'un héros...
RACINE. Phèdre.

Quelquefois le genre et le nombre diffèrent, surtout lorsque l'apposition est marquée par un nombre abstrait : « Des titres, des inscriptions, vaine marque de ce qui n'est plus. » (Bossuet, orais. fun. du prince de Condé). L'apposition peut servir de qualificatif ou de déterminatif, non à un substantif ou à un pronom, mais à toute une phrase : « Son roi même l'honore de ses regrets et de ses larmes grande et précieuse marque de tendresse et d'estime. » (Fléchier, orais. fun. de Turenne).

APPRÉCIABILITÉ s. f. Qualité de ce qui est appréciable.

APPRÉCIABLE adj. Phys. Qui peut être apprécié par les sens, ou avec le secours de procédés physiques ; dont on peut évaluer le poids, l'intensité, la durée, etc. son appréciable ; quantité qui n'est pas appréciable.

APPRÉCIATEUR s. m. Celui qui apprécie. Ne s'emploie guère que joint à une épithète : appréciateur du mérite. — Appréciatrice s. f. Celle qui apprécie.

APPRÉCIATIF, IVE adj. Qui marque l'appréciation : état appréciatif des marchandises.

APPRÉCIATION s. f. Estimation de la valeur matérielle ou morale d'une chose : appréciation d'une denrée, les appréciations de la critique.

APPRÉCIER v. a. (lat. ad, selon ; pretium, le prix). Estimer, évaluer une chose, en fixer la valeur, le prix, au propre et au figuré : ce diamant a été apprécié à mille francs ; j'apprécie votre conduite. — S'apprécier v. pr. Etre apprécié : la valeur de ce joyau ne peut s'apprécier. — S'estimer réciproquement.

APPRÉHENDER v. a. (lat. apprehendere). Prendre, saisir. — Ce n'est qu'en parlant des prises de corps : on l'a appréhendé au corps. — Craindre, redouter, avoir peur de : elle appréhende le froid.

APPRÉHENSIBILITÉ s. f. Qualité, état de ce qui peut être saisi par l'esprit.

APPRÉHENSIBLE adj. Qui peut être saisi par l'esprit.

APPRÉHENSIF, IVE adj. Timide, porté à la crainte.

APPRÉHENSION s. f. (lat. apprehensio). Crainte : être dans l'appréhension ; avoir de l'appréhension, de continuelles appréhensions. — Log. Idée que l'on prend d'une chose sans en porter alors aucun jugement : la simple appréhension est la première opération de l'esprit.

APPRENDRE v. a. (lat. apprehendere, saisir). Se conjugue comme Prendre. — Acquérir quelque connaissance :

Il faut avoir appris cet art mélodieux
De parler dignement le langage des dieux.
Fr. de Neufchâteau. L'art de vie les vers.

— Contracter volontairement l'habitude de faire quelque chose : apprenez à modérer vos désirs. — Etre informé, averti de quelque chose : qu'est-ce que j'apprends ? — Retenir dans sa mémoire : il apprit sa leçon par cœur. — Dans ce sens, il se dit aussi absolument : il apprend bien. — Enseigner ; faire savoir : il m'a appris ce que je sais ; c'est lui qui m'a appris cette bonne nouvelle. — Par menace : je lui apprendrai à vivre. — Dans le même sens : je lui apprendrai à parler, je le forcerai à parler avec plus de convenance ; je vous apprendrai à mentir, je vous apprendrai à ne pas en coûte de mentir. — S'apprendre v. pr. Etre appris : rien ne s'apprend sans peine. — V. récipr. S'informer mutuellement de quelque chose.

APPRENTI, IE s. Celui, celle qui apprend

un métier : *un apprenti marchand* ; *l'apprentie d'une couturière.* — Fig. et fam. Personne peu habile dans les choses dont elle se mêle :

> C'est un pauvre *apprenti* qui *singe* le docteur.
> DESTOUCHES.

— Législ. Le patron est responsable du dommage causé par son apprenti, pendant le temps que celui-ci est sous sa surveillance. — La durée du travail ne peut être de plus de six heures par jour pour l'apprenti qui n'a pas douze ans, ni de plus de dix heures à partir de douze ans. Jusqu'à l'âge de seize ans, nul travail de nuit ne peut lui être imposé. — Les apprentis âgés de moins de seize ans, et les filles âgées de moins de vingt-et-un ans, ne doivent pas travailler les dimanches et jours fériés. — Nul enfant, ayant moins de douze ans révolus, ne peut être employé par un patron, sans justifier qu'il fréquente actuellement une école. L'enfant admis avant douze ans dans un atelier devra, jusqu'à cet âge, suivre les classes d'une école pendant le temps libre du travail. Nul enfant ne peut être, avant l'âge de quinze ans, admis à travailler plus de six heures par jour, s'il ne justifie, par la production d'un certificat de l'instituteur ou de l'inspecteur primaire, visé par le maire, qu'il a acquis l'instruction primaire élémentaire. — Les maires délivrent gratuitement un livret aux jeunes apprentis. (Loi du 3 juin 1874). — La présente loi doit être affichée dans chaque atelier. — Il sera institué, dans chaque département, des commissions locales chargées de veiller à l'exécution de la présente loi.

APPRENTIF, IVE s. Se disait autrefois pour APPRENTI, IE.

* APPRENTISSAGE s. m. État, emploi, occupation d'un apprenti : *chaque métier exige un apprentissage ; entrer en apprentissage ; sortir d'apprentissage.* — Temps que l'on met à apprendre un métier : *il lui faudra trois ans d'apprentissage ; pendant son apprentissage.* — Fig. Première expérience, premières leçons d'un art quelconque ; essai pratique de ce que l'on a appris théoriquement :

> Le métier du soldat
> Si courageux qu'on soit, veut quelque *apprentissage.*
> C. DELAVIGNE.

* APPRÊT s. m. (lat. *ad, à* ; *paratus*, préparé). Préparatif. En ce sens, il ne se dit guère qu'au pluriel : *les apprêts du départ* ; *les apprêts d'un festin.* Par ext. Affectation, recherche : *il y a trop d'apprêt dans son style* : *une beauté sans apprêt.* — Assaisonnement des mets : *souvent l'apprêt des viandes coûte plus que les viandes mêmes.* (Acad.). — Peint. Couche de couleur à l'huile ou de détrempe dont on enduit la toile, le bois, etc., avant de commencer quelque ouvrage de peinture. Les teintes destinées aux masses de lumière se conservent plus brillantes sur un *apprêt clair.* On donne l'apprêt brun aux parties destinées aux ombres. — Autrefois on donnait le nom de *peinture d'apprêt* à la peinture sur verre. — Technol. Opération que l'on fait subir à certains objets (cuirs, étoffes, toiles, etc.), soit pour les préparer à des manipulations ultérieures, soit pour leur donner un coup d'œil favorable à la vente. — Matières, substances mêmes qui servent à apprêter ; comme dans ces phrases : *chapeau sans apprêt,* chapeau très bien foulé, et dans lequel il n'y a pas de gomme : *il n'y a pas d'apprêt dans cette toile,* on a employé ni chaux ni colle pour la blanchir.

APPRÊTAGE s. m. Action d'apprêter une étoffe.

APPRÊTE s. f. Mouillette, petite tranche de pain pour manger les œufs à la coque.

* APPRÊTÉ, ÉE part. pass. d'APPRÊTER. — *Cartes apprêtées,* cartes arrangées d'une certaine façon, pour tromper au jeu. — *Air, ton, style, langage apprêté, manières apprêtées,* air,

ton, style, langage, manières qui manquent de naturel, où il y a quelque affectation.

APPRÊTÉE s. f. Mar. Paquet de 25 gargousses disposées pour le combat. — FAIRE L'APPRÊTÉE, c'est disposer les gargousses.

* APPRÊTER v. a. Préparer, mettre en état : *apprêtez tout ce qu'il faut pour le voyage.* — Accommoder, assaisonner des mets : *ce cuisinier apprête bien le manger* ; ou neutral. : *ce cuisinier apprête bien à manger* ; ou absol. : *ce cuisinier apprête bien.* — APPRÊTER A RIRE, se rendre ridicule. — S'apprêter v. pr. Se préparer, se mettre en état de faire quelque chose : *il s'apprête à partir.*

* APPRÊTEUR s. m. Celui qui apprête, qui donne l'apprêt, qui fait les préparations.

* APPRIS, ISE part. pass. du verbe APPRENDRE. — BIEN APPRIS, bien élevé. — MAL APPRIS, mal élevé. On dit substantiv. C'est un *mal appris,* ou, plus ordinairement, *un malappris.*

APPRIVOISABLE adj. Que l'on peut apprivoiser.

APPRIVOISEMENT s. m. Action d'apprivoiser.

* APPRIVOISER v. a. (lat. *ad, à* ; *privus*, privé). Rendre doux, moins farouche : *apprivoiser un sauvage, un lion, des oiseaux.* — Fig. Rendre plus sociable, en parlant des personnes : *c'était un homme peu sociable* ; *on a eu bien de la peine à l'apprivoiser.* — S'apprivoiser v. pr. S'accoutumer, se familiariser : *cet enfant s'est apprivoisé* ; *s'apprivoiser avec le danger, avec le vice.*

* APPROBATEUR, TRICE s. Celui, celle qui approuve : *votre conduite n'aura pas d'approbateurs.* Adjectif. Qui approuve : *murmure approbateur.*

* APPROBATIF, IVE adj. Qui contient ou qui marque l'approbation : *geste approbatif.*

* APPROBATION s. f. Agrément, consentement que l'on donne à quelque chose : *l'affaire se fera pourvu que le père donne son approbation.* — Jugement favorable que l'on porte de quelqu'un, de quelque chose ; témoignage que l'on rend au mérite de quelqu'un : *il aura l'approbation de tous les honnêtes gens.* — APPROBATION D'ÉCRITURE, formule que la personne qui s'oblige doit écrire de sa main avant de signer un engagement écrit par un autre. Cette formule se compose du mot *bon* ou du mot approuvé, suivi de la somme ou de la quantité, en toutes lettres. (C. civ, art. 1326). Le défaut d'approbation n'entraîne pas nullité ; mais l'écrit n'est alors qu'un commencement de preuve.

APPROBATIVEMENT adv. D'une manière approbative.

APPROBATIVITÉ s. f. Phrén. Penchant à la louange, à la gloire.

APPROCHABLE adj. Dont on peut approcher.

* APPROCHANT, ANTE adj. Qui a quelque ressemblance, quelque rapport : *ce sont deux couleurs fort approchantes l'une de l'autre.* — Espèce de préposition, qui signifie : environ, à peu près : *il est huit heures ou approchant.*

* APPROCHE s. f. Mouvement par lequel une personne s'avance vers une autre : *à mon approche, il fut interdit.* — Ce qui avance ou paraît avancer vers nous : *l'approche du danger* ; *l'approche de la nuit.* — Abord, accès d'une place, d'un camp, etc. : *cette forteresse est de difficile approche.* — Typogr. Distance, blanc qui se trouve entre les lettres, lorsqu'elles sont mises les unes à côté des autres : « Un caractère est plus ou moins serré d'approche, selon que sa forme le comporte. C'est du montage du moule que dépend la justesse et l'égalité proportionnelle de l'approche de toutes les lettres d'un caractère entre elles ». (Théotiste Lefèvre). — Réunion fautive de deux mots qui

devraient être séparés. — Séparation inopportune de deux lettres, causée par la présence d'un corps étranger ou par une partie saillante : interligne mise de trop dans un ouvrage interligné. — ◡◡ Signe que le correcteur marque sur l'épreuve pour indiquer qu'il faut rapprocher deux lettres. Ce signe est une double parenthèse horizontale ⊃⊂. — Optique. LUNETTE D'APPROCHE, instrument qui agrandit l'angle visuel sous lequel l'œil apercevrait naturellement les objets éloignés, de sorte qu'il semble les rapprocher. — Agric. GREFFE EN APPROCHE OU PAR APPROCHE, manière de greffer qui consiste ordinairement à rapprocher et à mettre en contact deux branches voisines, de manière qu'elles se soudent et adhèrent l'une à l'autre. — Approches s. f. pl. Travaux de terrassement, tels que cheminements, parallèles, logements, galeries, etc., à l'aide desquels l'assiégeant essaye de parvenir jusqu'au corps d'une place, tout en se mettant à couvert du feu de cette place. — LIGNES D'APPROCHE, tranchées. — NETTOYER LES APPROCHES, repousser les assiégeants et détruire leurs travaux.

APPROCHEMENT s. m. Action d'approcher ; état de ce qui est approché.

* APPROCHER v. a. Avancer auprès, mettre proche : *approchez la table.* — APPROCHER QUELQU'UN, avoir un libre accès auprès de quelqu'un : *il approche le ministre.* — v. n. Devenir proche, être proche : *l'heure approche.* — Avancer :

> *Approchez,* dites-lui que tous les arts sont frères.
> COLNET. L'art de dîner en ville, chant I.

— Avoir quelque convenance, quelque rapport, quelque ressemblance : *la beauté de cette jeune fille n'approche pas de celle de sa mère.* — APPROCHER DE QUELQU'UN, s'avancer de son côté. — S'approcher v. pr. Se mettre auprès, devenir proche.

* APPROFONDIR v. a. Rendre plus profond, creuser plus avant : *approfondir un puits.* — Fig. Pénétrer bien avant dans la connaissance d'une chose : *il veut approfondir les mystères.*

* APPROFONDISSEMENT s. m. Action d'approfondir.

* APPROPRIATION s. f. Action d'approprier, de rendre propre à une destination : *appropriation d'un local à des réunions publiques.* — Action de s'approprier : *appropriation d'une terre, d'un bien.*

* APPROPRIER v. a. Proportionner, adapter, rendre propre à une destination ; *les lois d'un peuple doivent être appropriées à ses mœurs.* — S'approprier v. pr. Usurper : *s'approprier un héritage.* — S'attribuer : *il s'approprie l'ouvrage des autres.*

APPROUAGUE I. Rivière de la Guyane. Cours : 160 kil. L'Approuague roule des paillettes d'or. — II. Petite ville de la Guyane française, à 80 kil. S.-S.-E. de Cayenne ; 1,950 hab.

APPROUVABLE adj. Qui peut, qui doit être approuvé.

* APPROUVÉ, ÉE part. passé d'APPROUVER. — S'emploie absolument et par ellipse, au bas d'un acte, d'un état, d'un compte : *lu et approuvé.*

* APPROUVER v. a. (lat. *approbare* ; de *ad, à* ; *probare*, prouver). Donner son consentement : *approuver un mariage.* — Juger louable : *j'approuve votre conduite.* — Autoriser : *cette doctrine fut approuvée par les conciles.* — S'approuver v. pr Se féliciter.

* APPROVISIONNEMENT s. m. Action de rassembler les choses nécessaires à la subsistance d'une ville, d'une flotte, d'une armée, d'un peuple : *l'approvisionnement de Paris.* — Amas des choses rassemblées pour la subsistance d'une ville, d'une armée : *cette forteresse a un approvisionnement suffisant pour six mois.*

* APPROVISIONNER v. a. Garnir de provisions : *approvisionner une place de guerre.* — S'approvisionner v. pr. Se munir de provisions.

APPROVISIONNEUR s. m. Celui qui approvisionne.

* **APPROXIMATIF, IVE** adj. Qui est fait par approximation : *calcul approximatif; estimation approximative.*

* **APPROXIMATION** s. f. [a-pro-ksi-ma-si-on] *(lat. approximatio).* Mathém. Opération par laquelle on approche de la détermination d'une quantité inconnue, de manière à la renfermer entre certaines limites, sans pouvoir obtenir sa valeur exacte : *méthode d'approximation.* — APPROXIMATION se dit, dans le langage ordinaire, d'un calcul, d'une estimation que l'on fait pour avoir une idée de la somme que l'on veut connaître, et sans s'attacher à une exactitude rigoureuse : *j'ai calculé cela par approximation.*

* **APPROXIMATIVEMENT** adv. Par approximation, à peu près.

* **APPROXIMER** v. a. (lat. *ad*, vers; *proximare*, approcher). Évaluer approximativement.

* **APPUI** s. m. (lat. *ad*, à; *podium*, base). Soutien, support ; ce qui sert à soutenir : *l'appui d'un mur.* — Partie d'une fenêtre, d'une balustrade, etc., sur laquelle on peut s'appuyer : *l'appui de cette fenêtre est trop bas.* — Fig. Faveur, aide, secours, protection : *avec votre appui, je réussirai.* — Personne ou chose dont on tire du secours, de la protection : *Richelieu fut le plus ferme appui de la monarchie.* — Hippiatr. Degré de pression du mors sur les *barres* (intervalle entre les dents canines et les molaires) du cheval. L'appui est *léger*, lorsque l'animal a la bouche fine; il est *lourd*, lorsque la bouche est dure; on dit alors que le cheval a *trop d'appui.* — TEMPS D'APPUI, temps pendant lequel un animal laisse son pied posé sur le sol pendant la marche. L'observation du temps d'appui fait reconnaître l'existence des boiteries. On dit aussi FOULÉE. — Mécan. Point d'un levier qui est fixe, ou censé tel, et autour duquel s'opère sa rotation. On dit : *le point d'appui d'un levier.* — Gramm. APPUI DE LA VOIX SUR UNE SYLLABE, élévation plus ou moins sensible de la voix sur une syllabe : *l'accent tonique marque un appui de la voix sur la voyelle qui le porte.* — Jeu de boule. ALLER A L'APPUI DE LA BOULE, jeter sa boule de manière qu'elle pousse celle du joueur avec qui l'on est de moitié, et qu'elle l'approche du but. — A l'appui loc. prépositive. Pour appuyer : *preuves à l'appui; un fait vient à l'appui de mon assertion.*

* **APPUI-MAIN** s. m. Baguette dont les peintres se servent pour appuyer la main qui tient le pinceau. — Plur. des APPUIS-MAIN.

APPUI-TÊTE s. m. Appareil dont les photographes font usage pour soutenir immobile la tête des personnes dont ils tirent le portrait. — Plur. des APPUIS-TÊTE.

* **APPUYER** v. a. Soutenir par le moyen d'un appui : *appuyer une muraille par un contrefort.* — Placer contre un appui : *il appuya l'échelle contre le mur.* — Poser sur : *appuyez votre main sur la table.* — Bâtir contre : *appuyer une maison contre un coteau.* — Faire peser une chose sur une autre ; *il lui appuya le genou sur la poitrine.* — Fig. Protéger, aider, favoriser : *appuyer une proposition.* — Fortifier une chose par une autre : *il appuyait son opinion sur de bonnes raisons.* — APPUYER LA GAUCHE, LA DROITE D'UNE ARMÉE A UN BOIS, A UN MARAIS, etc., la disposer de manière qu'elle touche à un bois, à un marais, etc., et ne puisse être attaquée de ce côté par l'ennemi. — APPUYER UNE ARME A FEU A QUELQU'UN, présenter une arme à feu à quelqu'un à bout portant : *il lui appuya le bout de son fusil sur la poitrine.* — Manège. APPUYER L'ÉPERON A UN CHEVAL, lui appliquer fortement l'éperon. — APPUYER DEUX

deux, appliquer les deux éperons en même temps. — Chasse. APPUYER LES CHIENS, les animer du cor et de la voix. — v. n. Poser, être porté, soutenu : *cette voûte appuie sur des colonnes.* — Peser : *appuyez sur le cachet.* — Fig. Insister : *vous avez trop appuyé sur ce détail.* — Prononcer avec une élévation de voix plus ou moins sensible : *j'appuyai sur les derniers mots.* On dit, de même, en musique : *appuyer sur une note*, y demeurer plus ou moins longtemps. — APPUYER SUR LA DROITE, SUR LA GAUCHE OU APPUYER A DROITE, A GAUCHE, se porter vers la droite, vers la gauche : *appuyez un peu à droite.* — Manège. CE CHEVAL APPUIE SUR LE MORS, il porte la tête basse et fatigue la main du cavalier. — S'appuyer v. pr. Être appuyé : *il s'appuyait sur un bâton.* — Poser sur : *la muraille s'appuie sur cette colonne.* — Compter : *il s'appuie sur la protection de son parent.*

APPUYOIR s. m. [a-pui-ouar]. Morceau de bois plat et triangulaire dont le ferblantier se sert pour presser les pièces qu'il veut souder ensemble.

APRAXIN. I. (Fédor), grand amiral de Russie (1671-1728), créa la marine russe sous le règne de Pierre le Grand, prit Viborg et dévasta les côtes de Suède et de Finlande. — **II.** (Etienne), feld-maréchal russe, mort en 1758. Il envahit la Prusse, en 1757, prit Memel et remporta la victoire de Gross-Jagerndorf (30 août), mais battit en retraite, au lieu de marcher sur Berlin, dont la route était ouverte. Accusé d'avoir voulu mettre sur le trône le prince Paul, au lieu de Pierre III, père de ce prince, il mourut en prison, avant la fin de son procès.

* **ÂPRE** adj. (lat. *asper*). Qui a des aspérités des inégalités rudes et incommodes : *un chemin âpre et raboteux.* — Ce qui est rude au toucher : *âpre au toucher.* — Ce qui produit une impression désagréable sur la surface de la peau : *le froid est extrêmement âpre.* — Ce qui cause à l'organe du goût une sensation d'âcreté très désagréable : *les nèfles sont âpres.* — Ce qui affecte désagréablement l'organe de l'ouïe : *voix rude et âpre.* — Fig. Rude, violent : *âpre réprimande; humeur âpre.* — Avide : *âpre au gain; âpre à la curée.*

* **ÂPREMENT** adv. Avec âpreté, d'une manière âpre.

* **APRÈS** [a-prè] (de *à*, et *près*). prép. de temps, d'ordre et de lieu. A la suite de : *Vous viendrez me parler après la leçon; après avoir chanté ; après boire.* — Contre : *pourquoi criez-vous après lui ?* — A la poursuite de : *le chien court après le lièvre.* — Malgré : *après tant d'efforts, il n'a pu réussir.* — Par, au moyen de : *il résolut le problème après de longues méditations.* — Excepté, en dehors de : *après Turenne et Duguesclin, nul grand capitaine n'eut cette gloire.* (Anquetil). — Adv. Ensuite : *donnez toujours, nous verrons après.* — APRÈS est quelquefois une manière de questionner : *il vous a dit qu'il me connaissait : après ?* — Après tout loc. adv. Cependant, tout bien considéré, en dernier résultat : *après tout, je ne vois pas ce que je fais de mal.* — Après coup loc. adv. Trop tard : *le procès est jugé ; vous produisez les pièces après coup.* — Ci-après loc. adv. Ensuite, un peu plus loin : *comme on verra ci-après.*

* **APRÈS-DEMAIN** adv. de temps. Le second jour après celui où l'on est : *j'irai vous voir après-demain.* — Substantiv. *Après-demain passé, il ne sera plus reçu à faire ses offres.* (Acad.).

* **APRÈS-DÎNER**, Après-diné s. m. ou Après-dinée s. f. L'espace de temps qui s'écoule depuis le dîner jusqu'à la soirée : *je passerai chez vous dans l'après-dîner.* — APRÈS-DÎNER a vieilli.

* **À PRÉSENT** loc. adv. Voy. PRÉSENT (*A*).

* **APRÈS-MIDI** s. m. Partie du jour qui est depuis midi jusqu'au soir : *viendrez-vous dans l'après-midi ?* — Plusieurs le font féminin.

* **APRÈS-SOUPER** s. m. Temps qui s'écoule depuis le souper jusqu'au coucher : *il doit venir me voir dans l'après-souper.* — On écrit aussi : APRÈS-SOUPÉ et APRÈS-SOUPÉE. Dans ce dernier cas, on fait ce mot féminin : *une belle après-soupée.*

APRÈS DE MANNEVILLETTE (J.-B.-N. DENIS D'), marin et hydrographe, né au Havre en 1707, mort en 1780. Son *Neptune oriental* (1743) fournit de précieuses indications pour les navigateurs dans la mer des Indes.

* **ÂPRETÉ** s. f. Qualité de ce qui est âpre : *l'âpreté d'un chemin; l'âpreté du froid ; l'âpreté d'un fruit ; l'âpreté du caractère ; l'âpreté au gain.*

APRIÈS [a-pri-èss], roi d'Egypte de la vingt-sixième dynastie ; l'Hophra de la Bible. Son règne (588-569 av. J.-C.) fut malheureux : ses sujets révoltés lui substituèrent Amasis.

* **À PRIORI.** Voy. PRIORI (*A*).

APRON s. m. (lat. *asper*, âpre). Icht. Genre de poissons acanthoptérygiens percoïdes, distingué des perches par un museau saillant, plus avancé que la bouche, et par la séparation qui existe entre les deux nageoires dorsales. L'espèce commune (*Aspro vulgaris*), appelée *Sorcier*, se trouve dans le Rhône et ses affluents, où il atteint à peine 20 cent. de long. Corps verdâtre, allongé, à peu près rond, armé de huit épines à la première dorsale ; trois ou quatre bandes verticales noirâtres. Chair blanche, délicate et d'un goût agréable. L'*Apron cingle* (*A. zingel*), commun dans les eaux du Danube, atteint jusqu'à 50 cent. et est très recherché à cause de sa chair ferme et délicate.

* **À-PROROS** s. m. Voy. PROPOS.

APS [apss], *Alba Helviorum*, village du département de l'Ardèche, arr. de Privas ; 1500 hab. ; ancienne cap. des Helviens et siège d'un évêché qui a été transféré à Viviers.

APSEUDE s. m. [a-pseu-de] (gr. *apseudès*, sans détour). Genre de crustacés isopodes à quatorze pieds, dont les quatre derniers uniquement propres à la natation, les deux premiers en pince et les deux suivants élargis, comprimés et dentés au bout ; quatre antennes ; corps allongé et terminé par deux soies.

* **APSIDE** s. f. (gr. *apsis*, arc). Astron. Point de l'orbite d'une planète dans lequel cette planète se trouve le plus près ou le plus loin du soleil. — APSIDE SUPÉRIEURE, aphélie ou apside la plus éloignée du soleil. — APSIDE INFÉRIEURE, périhélie ou apside la plus rapprochée. du soleil. — LIGNE DES APSIDES, grand axe de l'orbite d'une planète. — Point de l'orbite d'un satellite dans lequel ce satellite se trouve le plus près ou le plus loin de sa planète. — Ce mot s'emploie ordinairement au pluriel : les *apsides de la lune.*

APSIDE s. f. Archit. Voy. ABSIDE.

APT, *Apta Julia*, ch.-l. d'arr., à 54 kil. E. d'Avignon (Vaucluse), sur la rive gauche du Calavon ; 6000 hab. C'est une des plus anciennes villes des Gaules ; cap. des Vulgientes lorsque César s'en empara, elle portait le nom de Hat. Elle fut dévastée par les Lombards, puis par les Sarrasins, et vainement assiégée, en 1562, par le terrible baron des Adrets. Vieille église (autrefois cathédrale), édifice qui offre le rare assemblage des styles gothique, roman et renaissance. Pont romain sur le Calavon, à quatre kil. de la ville. Fabr. de faïence ; bougies, confiseries; comm. de truffes et de fruits du midi. Lat. N. 43° 52' 36'' ; long. E. 3° 3' 38''.

* **APTE** adj. (lat. *aptus*, propre, à). Qui a des dispositions ; qui a les qualités requises : *il est* *apte à ce genre de travail.* — Jurispr. Qui a les qualités requises pour : *apte à posséder.*

APTÉNODYTE adj. (gr. *aptén, aptenos,* qui ne vole pas; *dutés,* plongeur). Se dit des oiseaux dont les ailes, dépourvues de plumes, sont impropres au vol. — APTÉNODYTES s. m. pl. Nom que l'on donne quelquefois au genre MANCHOT.

APTÉRAL, ALE, AUX adj. (gr. *a,* priv.; *pteron,* aile). Archit. Se dit d'un bâtiment qui ne possède pas de colonnes latérales.

* **APTÈRE** adj. et s. m. (gr. *a,* priv.; *pteron,* aile). Zool. Qui est dépourvu d'ailes; qui n'a que des rudiments d'ailes. Cuvier nomme *aptères* les insectes privés d'ailes et d'écusson : Myriapodes, Thysanoures, Parasites et Suceurs. Mais l'absence d'ailes est un caractère purement négatif sur lequel on ne peut se baser pour la classification des animaux. — Ant. Qualificatif que les Athéniens donnaient à la Victoire : *temple de la Victoire aptère.*

APTÉRICHTE s. m. [a-pté-ri-kte] (gr. *apteros,* sans ailes; *ichthus,* poisson). Genre de poissons malacoptérygiens apodes, qui n'ont aucune nageoire.

APTÉRODICÈRE adj. (gr. *apteros,* sans ailes; *dikeros,* qui a deux cornes). Entom. Se dit des insectes dépourvus d'ailes et munis de deux antennes. — s. m. pl. Sous-classe d'insectes établie par Latreille et comprenant les Thysanoures et les Parasites de Cuvier.

APTÉROLOGIE s. f. (franç. *aptère;* gr. *logos,* discours). Entom. Traité des insectes aptères.

APTÉROLOGUE s. m. Naturaliste qui s'occupe particulièrement d'aptérologie.

APTÉRONOTE s. m. (gr. *apteros,* sans ailes; *nôtos,* dos). Genre de poissons malacoptérygiens apodes, dont la nageoire anale se termine avant le bout de la queue, laquelle porte une nageoire particulière. On en connaît une seule espèce, qui vit en Amérique.

APTÉRURE s. m. (gr. *apteros,* sans nageoires; *oura,* queue). Icht. Synon. de CÉPHALOPTÈRE. — Aptérures s. m. pl. Zool. Famille de crustacés décapodes anomoures, caractérisée par l'absence d'appendices vers l'extrémité de l'abdomen.

APTÉRYGIENS s. m. pl. (gr. *apterugos,* sans ailes). Nom proposé, comme antonyme de *Ptérygiens,* pour les mollusques privés de pied.

APTÉRYX s. m. (gr. *sans ailes*). Étrange oiseau de la Nouvelle-Zélande, où on l'appelle *kiwi-kiwi,* à cause de son cri. Il appartient à la même famille que le casoar, l'autruche et

Apteryx australis.

que les races éteintes du dodo, du dinornis et de l'æpyornis; lui-même ne tardera pas sans doute à disparaître de notre globe. On le rencontre encore dans les régions qui sont couvertes de fougères sur une vaste étendue. C'est un animal nocturne qui poursuit sa proie par l'odorat plus que par la vue; il se nourrit de limaces, d'insectes et de larves; il marche avec rapidité et se défend vigoureusement avec ses pattes. Il est de la grosseur du coq et couvert de plumes brunes. Le premier

aptéryx que l'on vit en Europe, fut déposé dans la collection du comte de Derby, à Londres, en 1813. Depuis, on a essayé de le domestiquer; mais sans succès.

APTÉSIEN, ENNE s. et adj. Habitant d'Apt; qui appartient à cette ville ou à ses habitants.

* **APTINE** s. m. (gr. *aptén,* sans ailes). Genre d'insectes coléoptères pentamères, famille des carabiques, dont plusieurs espèces sont répandues en Europe.

* **APTITUDE** s. f. (rad. *apte*). Disposition naturelle à quelque chose : *il n'a guère d'aptitude aux mathématiques, mais il a de l'aptitude pour la littérature.*

APULÉE ou **Appulée** (LUCIUS), philosophe platonicien et écrivain, descendant de Plutarque par sa mère, né à Madaure (Afrique), vers 128 de J.-C., voyagea en Grèce, fit un riche mariage et fut accusé de s'être fait aimer par magie; il se justifia dans une *Apologie* qui nous a été conservée. Ses « Métamorphoses de l'Ane », son œuvre la plus célèbre, est un roman bizarre, imité du grec de Lucius de Patras et écrit dans le genre des fables milésiennes. Les admirateurs de cet ouvrage ont ajouté les mots « d'or » à son titre primitif qui est devenu l'*Ane d'or.* C'est dans ce roman que se trouve le charmant épisode de l'Amour et Psyché. La plus récente traduction française des œuvres d'Apulée est celle de Bétolaud, 4 vol. in-8°, 1835-'38.

APULIE ou **la Pouille,** *Puglia, Apulia,* division de l'ancienne Italie méridionale ou Grande-Grèce, sur l'Adriatique, au N. de la Lucanie; correspondant à peu près aux provinces modernes de Foggia et de Bari. Elle comprenait les districts des Dauniens et des Peucetiens; sa principale rivière était l'Aufidus (Ofanto); villes importantes : Luceria, Canusium et Cannes. D'abord colonie arcadienne et crétoise, l'Apulie se soumit aux Romains en-317 av. J.-C.; se souleva ensuite en faveur d'Annibal et pendant les guerres sociales. Conquise par les Normands (1059) elle forma le duché d'Apulie donné à Robert Guiscard; après avoir plusieurs fois changé de maîtres, elle fut absorbée par le royaume de Naples, en 1265.

APULIEN, IENNE s. et adj. Habitant de l'Apulie; qui appartient à ce pays ou à ses habitants. — L'APULIEN s. m. Dialecte italien que l'on parle dans la Pouille.

APURÉ, rivière de l'Amérique méridionale, dans le Vénézuéla. Cours, 600 kil., dont une grande partie est navigable. Lat. N. (à l'embouchure) 7° 36' 33''; long. O. 69° 7' 29''.

* **APUREMEMT** s. m. (rad. *pur*). Finances. Vérification définitive d'un compte rendu, d'après laquelle le comptable est reconnu quitte : *apurement d'un compte.*

* **APURER** v. a. (rad. *pur*). Finances. S'assurer, par un examen définitif, que toutes les parties d'un compte rendu sont en règle, qu'il n'y a plus d'articles en souffrance, et que le comptable doit être déclaré quitte.

APURIMAC, riv. du Pérou, l'une des sources de l'Amazone, naît par 15° 21' lat. S., coule vers le N., s'unit à l'Urubamba, pour former l'Ucayali, par 8° 30' lat. S. Après sa jonction avec le Mantaro (lat. 12°), on l'appelle quelquefois Tambo.

APUS s. m. [a-puss] (gr. *a,* priv.; *pous, podos,* pied). Zool. Genre de crustacés branchiopodes, voisin des limules et caractérisé par la présence d'une carapace qui recouvre la tête et le thorax; les pieds sont au nombre d'environ soixante paires, diminuant progressivement. Sur chaque pied de la onzième paire se trouve une capsule de deux valves, renfermant les œufs, qui sont d'un beau rouge. La queue est cylindrique, composée d'un grand nombre de petits anneaux dont le dernier, plus grand, est terminé par deux longues soies

articulées. Les apus habitent les fossés, les mares, les eaux dormantes, presque toujours en grandes sociétés. Ils nagent sur le dos; leurs œufs peuvent se conserver desséchés pendant plusieurs années sans que le germe éprouve d'altération. On distingue l'*apus cancriforme* ou *binocle à queue en filet,* long d'un pouce et demi avec sa queue; l'*apus prolongé* (*monoculus apus*) ou *limule serricaude,* un peu plus petit; commun dans les départements de l'ouest. — Astron. Petite constellation de l'hémisphère austral, nommée l'*Oiseau de Paradis.*

* **APYRE** adj. Minér. et chim. Infusible : *le cristal de roche est apyre.*

APYREXIE s. f. [a-pi-rè-ksi] (gr. *a,* priv.; *purexis,* fièvre). Méd. Cessation de la fièvre; intermission, temps qui s'écoule entre deux accès de fièvre intermittente.

AQUA [a-koua] (lat. *eau*). Préfixe favori des alchimistes pour les mélanges fluides : *aqua fortis,* acide nitrique; *aqua regia,* mélange d'acides nitrique et muriatique.

AQUÆ [a-kouè] (lat. *eaux*). Mot qui entre dans la dénomination latine d'un grand nombre de villes où se trouvaient des eaux thermales : *Aquæ-Bigerronum,* Bagnères de Bigorre; *Aquæ-Borbonis,* Bourbonne-les-Bains; *Aquæ-Calentes,* Chaudesaigues; *Aquæ-Calidæ,* Vichy, Bagnoles; *Aquæ-Grani,* Aix-la-Chapelle; *Aquæ-Gratianæ,* Aix-les-Bains, etc.

AQUA-FORTISTE s. m. Celui qui grave à l'eau forte.

AQUAMOTEUR s. m. [a-koua-mo-teur] (lat. *aqua,* eau; *motor,* qui meut). Bateau qui effectue la remorque en mettant à profit la vitesse du courant. Les aquamoteurs furent imaginés, en 1825, par l'ingénieur Bourdon, et employés sur le Rhône. L'expérience leur fut si défavorable qu'on dut les abandonner.

* **AQUARELLE** s. f. [a-koua-rè-le] (ital. *acquarella;* de *acqua,* eau). Dessin au lavis, dans lequel on emploie diverses couleurs transparentes, ayant le moins d'épaisseur possible, et appliquées à des ouvrages de petite dimension : tableaux de genre, fleurs, paysages, etc. Ce genre tout moderne, prit un peu de développement sous Louis XV.

AQUARELLISTE s. des deux genres. Peintre à l'aquarelle. Les plus célèbres aquarellistes furent : Bonnington, Géricault, Watelet, Paul Delaroche, Charlet, Bellangé, Decamps, etc.

AQUARIENS, *Aquarii,* secte fondée par Tatian, au II° siècle. Les aquariens repoussaient l'usage du vin.

AQUARIUM s. m. [a-koua-ri-omm] ou **Aquavivarium** s. m. [a-koua-vi-va-ri-omm]. Sorte de bassin dans lequel on fait venir des plantes aquatiques et où l'on entretient des poissons. — Plur. des AQUARIUMS (d'aucuns écrivent : des AQUARIA). L'aquarium d'eau douce

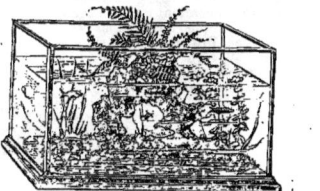

Aquarium d'eau douce.

se construit plus facilement et demande moins de soins que l'aquarium d'eau de mer. On couvre le fond d'une couche de 3 à 4 cent. de sable fin de rivière bien propre; et à la surface de celui-ci, on place de petits cailloux. On décore l'intérieur au moyen de rochers, de coquillages, de rocailles, en évitant d'employer des substances métalliques. On emplit le récipient jusqu'à 3 ou 4 cent. de la partie supérieure de ses parois. L'eau doit avoir au moins 30 cent. de profondeur. On pourrait fixer les plantes dans le sable en les maintenant avec des coquillages; mais il est préférable de les planter dans des pots que l'on dissimule au milieu des rochers. La température de l'eau (qu'il s'agisse d'eau douce ou d'eau de mer) doit être maintenue entre + 5° et + 15° C. L'excès de lumière solaire est toujours à craindre, parce que cette lumière aide à la production de petits champignons verts. L'appareil à eau de mer, en raison de sa grandeur et de l'extrême sensibilité des animaux et des plantes que l'on doit y introduire, demande beaucoup plus de soins que l'aquarium d'eau douce. Ordinairement, une seule de ses faces est en

Aquarium d'eau de mer.

verre; les autres sont opaques, ainsi que le fond. Ce dernier forme un plan incliné sur lequel on établit les anémones, les actinies et autres animaux qui se meuvent rarement et lentement. On y place aussi quelques plantes pour purifier l'eau; mais on évite d'y mettre de trop grandes herbes marines. Le premier appareil de ce genre date de 1832, époque où M. Power commença, près des côtes de Sicile, l'étude des poissons et des algues en les transférant dans des bassins de verre dont l'eau était souvent renouvelée. Ces études démontrèrent que la végétation aquatique conserve

Coupe en profil de l'aquarium d'eau de mer.

la pureté de l'air dans les eaux, comme fait la végétation terrestre qui rend de l'oxygène à l'atmosphère et qui absorbe l'excès de carbone. Il y a équilibre entre la vie animale et la vie végétale; mais comme les plantes, en se décomposant, pourraient détruire la qualité de l'eau, les mollusques dévorent les matières en décomposition. Principaux aquariums : Celui du jardin zoologique, Regent's Park, Londres (1853), le plus ancien établissement de ce genre; composé de 25 réservoirs, longs chacun de 6 pieds, profonds de 90 cent., larges de 90 cent. et garnissant les parois d'une sorte de palais de cristal. Celui du Jardin d'Acclimatation du Bois de Boulogne (1860), long de 50 mètres sur 12 de large, œuvre de l'ingénieur anglais W. Alford Lloyd, qui a construit également celui de Hambourg. Le grand aquarium du Palais de Cristal (1871-72) est encore plus vaste. Il mesure 400 pieds de long sur 70 de large. Il comprend 18 énormes bassins (de 1,500 à 15,000 litres) et 21 réservoirs d'une moindre dimension. A Brighton, on a construit, en 1872, un magnifique aquarium pour les gros animaux marins; on y exhibé des requins. Enfin, dans l'aquarium de Westminster, ouvert en 1876, on enferma des baleines;

mais ces animaux ne purent s'habituer à leur étroite prison : ils moururent.

AQUATILE adj. [a-koua-ti-le] (lat. *aquatilis*; de *aqua*, eau). Bot. Se dit des plantes qui habitent le fond de l'eau et qui restent toujours submergées, comme les cératophylles, les myriophylles, etc. Le mot *aquatile* est beaucoup moins étendu que le mot *aquatique*, qui s'applique non seulement aux plantes submergées, mais encore à celles qui sortent en partie de l'eau, comme les nénufars.

* **AQUA-TINTA** s. f. [a-koua-tain-ta] (ital. *eau colorée*). Espèce de gravure à l'eau-forte, imitant les dessins au lavis. On dit aussi : *aquatinte*. Des AQUATINTES. — Les premiers essais d'aqua-tinta ont été faits, au XVIIIe siècle, par le peintre J.-B. Leprince. Cette gravure fut ensuite pratiquée avec succès par Fragonard, Palmieri, Houel, etc.

AQUA-TINTISTE s. Celui, celle qui grave à l'aquatinte.

* **AQUATIQUE** adj. [a-koua-ti-ke] (lat. *aquaticus*; de *aqua*, eau). Marécageux, plein d'eau : *terres aquatiques*. — Ce qui croît, ce qui se nourrit dans l'eau : *plantes aquatiques, animaux aquatiques*. — Voy. AQUATILE.

AQUATIQUEMENT adv. D'une manière aquatique.

AQUA-TOFFANA voy. ACQUA-TOFFANA.

AQUAVIVA voy. ACQUAVIVA.

* **AQUEDUC** s. m. [a-ke-duk] (lat. *aqua*, eau; *ducere*, conduire). Canal de pierre ou de brique, construit pour conduire de l'eau d'un lieu à un autre, malgré les inégalités du terrain : *dès la plus haute antiquité, on construisit des aqueducs*. — L'aqueduc de Carthage mesurait plus de 110 kil. de long. La portion en ruines que montre l'une de nos gravures, se trouve près d'Undena et se compose d'environ 1,000 arches dont plusieurs ont 100 pieds de haut. Le ciment hydraulique, que l'on employait en grande quantité dans ces constructions, a conservé une telle solidité qu'un morceau long de 80 pieds est tombé du sommet sans se briser. — Appius Claudius fit construire le premier aqueduc romain à la même époque que la voie Appienne (312 av. J.-C.). Les Romains excellèrent ensuite dans ce genre d'architecture; Sextus-Julius Frontinus, qui avait la direction des aqueducs sous l'empereur Nerva, donne la description de 9 aqueducs différents qui conduisaient chaque jour 28 millions de pieds cubes d'eau à Rome. Plus tard, le nombre de ces canaux fut porté à 24. Bâtis en pente régulière, ils tournaient autour des

collines ou les traversaient par des tunnels; dans les basses vallées, ils étaient soutenus par des arches. L'Aqua-Martia, longue de 60 kil., était formée d'environ 7,000 arches. Les conduits étaient en brique. La capacité de ces canaux était extraordinaire; Strabon nous apprend que des fleuves entiers coulaient dans les rues pour l'assainissement de la capitale; on évalue à 50 millions de pieds cubes la consommation journalière de cette grande ville. Quoique privilégiée, Rome n'était pas la seule à posséder de ces gigantesques constructions; il y avait dans toutes les grandes villes de

Pont du Gard.

l'empire. L'un des plus merveilleux aqueducs était celui de Nîmes, comprenant le fameux *Pont du Gard*. Celui qui amenait à Lyon les eaux du Janon et du Giers offrait une particularité remarquable; c'est que pour traverser les vallées, les eaux descendaient et remontaient ensuite dans des tuyaux en plomb soutenus par des arcades en maçonnerie. L'*aqueduc d'Arcueil* prenait les eaux à la source du Rungis, à 17 kil. de Paris, et les amenait aux Thermes. — Après les Romains, ce sont les Arabes qui ont construit le plus d'aqueducs. Ils en couvrirent l'Afrique septentrionale et

Ruines de l'aqueduc de Carthage.

l'Espagne. Les principaux aqueducs modernes sont: celui de Lisbonne, terminé en 1738; celui de Ségovie (139 arches); le prodigieux aqueduc sur le canal Ellesmere, Angleterre, à une hauteur de 126 pieds, sur une longueur de 1,007 pieds anglais, terminé le 26 décembre 1805. Mais le plus merveilleux est celui de *Roquefavour* (voy. ce mot), qui alimente Marseille. L'aqueduc Croton, de New-York, terminé en

1842, est l'une des merveilles du genre. Sa longueur est de 65 kil. Il fournit journellement 500,000 litres. — L'aqueduc du Verdon, qui, depuis 1877, fournit de l'eau à la ville d'Aix-en-Provence, n'est pas inférieur aux chefs-d'œuvre de l'antiquité, et l'on peut en dire autant des aqueducs de Maintenon, de Marly, d'Arcueil, etc. — Anat. Nom donné à différents conduits qui existent dans les os ou les parties molles. — *Aqueduc de Fallope* (canal spiroïde du temporal), long canal qui s'ouvre au fond du conduit auditif interne, se termine au trou stylo-mastoïdien et donne passage au nerf facial improprement appelé portion dure de la septième paire. — *Aqueduc du vestibule*, canal qui commence dans le vestibule et se termine sur la face postérieure du rocher. — *Aqueduc du limaçon*, canal vasculaire qui va de la rampe interne du limaçon au bord inférieur du rocher. — *Aqueduc de Sylvius, aqueduc des tubercules quadrijumeaux*, canal oblique qui établit une communication entre le ventricule moyen du cerveau et le ventricule du cervelet.

* **AQUEUX, EUSE** adj. [a-keû; eû-ze]. Qui est de la nature de l'eau : *l'humeur aqueuse de l'œil ; la partie aqueuse du sang.* — Qui contient de l'eau : *légumes trop aqueux.*

À QUIA loc. lat. [a-ki-a *(à parce que).* Hors d'état de répondre : *il est réduit à quia.*

AQUICULTEUR s. m. Celui qui cultive les êtres aquatiques (plantes et animaux).

AQUICULTURE s. f. [a-kui-kul-tu-re] (lat. *aqua,* eau ; *colere, cultum,* cultiver). Culture de l'eau ou des habitants de l'eau (animés et inanimés). La culture des poissons se nomme Pisciculture.

AQUIDABAN (Paraguay), lieu où la guerre entre le Brésil et le Paraguay se termina par la défaite et la mort du président Lopez, 1er mars 1870.

AQUIFÈRE adj. [a-kui-fè-re] Géol. Qui porte, qui contient de l'eau.

AQUIFOLIACÉ, ÉE adj. [a-kui-fo-li-a-sé] (lat. *aquifolium,* houx). Bot. Qui ressemble au houx. — Aquifoliacées s. f. pl. Synon. de Ilicinées (voy. ce mot).

AQUILA [a-koui-la] ville d'Italie, cap. de la prov. d'Aquila (autrefois Abruzzo Ultériore II; 6,500 kilom. carr. ; 332,850 hab.), sur l'Aterno, à 190 kilom. N.-N.-O. de Naples ; 13,513 hab. Près de cette ville, les Aragonais, sous le condottière Braccio Forte-Braccio, furent battus par les forces alliées papales, napolitaines et milanaises, commandées par Jacob Caldora, 2 juin 1424. Braccio, blessé et prisonnier, refusa toute nourriture et périt d'inanition, le 5 juin.

AQUILA nom scientifique de l'aigle.

AQUILA NON CAPIT MUSCAS loc. lat. [a-kui-la-nonn-ka-pitt-mus-skass] (*un aigle ne s'amuse pas à prendre des mouches*). Un homme d'une grande intelligence doit mépriser les petites questions.

AQUILAIRE s. f. [a-kui-lè-re] (lat. *aquilaria,* de *aquila,* aigle). Bot. Genre d'Aquilariées, comprenant des arbres ou des arbustes de l'Inde, à rameaux cylindriques, à fleurs alternes, entières, sans stipules, à corolle nulle, à dix étamines, à ovaire supère, libre. L'*Aquilaire de Malacca* ou *Bois d'aigle* (*Aquilaria Malaccensis*), répand, quand on la brûle, une odeur aromatique agréable ; c'est un parfum que les Orientaux paient au poids de l'or. L'*Agalloche* ou *Bois d'aloès* (*Aquilaria agallocha*) calambac du Thibet, jouit des mêmes propriétés dues à une matière grasse et résineuse. Ces deux espèces se cultivent en serre chaude.

AQUILARIÉ, ÉE [a-kui-la-ri-é]. Bot. qui ressemble à l'aquilaire. — On dit aussi Aquilariné ou Aquilariacé. — Aquilariées s. f. pl.

Petite famille de plantes dicotylédones, voisine des Térébinthacées, et qui a pour type le genre aquilaire.

AQUILÉE [a-ki-lé] *Aquilea, Aglar.* Village d'Istrie (Autriche) à 2 kilom. de l'Adriatique et à 25 kilom. S.-O. de Gœrz ; 1,750 hab. ; sur l'emplacement de l'antique Aquileia, colonie romaine vers 180 avant J.-C., fortifiée en 168. Ville importante à l'extrémité orientale de la Gaule cisalpine. Constantin II y fut tué dans une bataille contre Constance, mars 340. Maxime, luttant contre Théodose, y subit un sort semblable le 28 juillet 388. C'est encore près d'Aquilée que Théodose battit Eugène et le gaulois Arbogaste, 6 sept. 394. Attila ruina la ville en 452 et l'Ostrogoth Théodoric y vainquit le roi d'Italie, Odoacre, en 489. La ville, rebâtie par Narsès, resta le siège d'un patriarcat, depuis le vie siècle jusqu'en 1751.

AQUILEGIA [a-kui-lè-ji-a] Nom lat. de l'*Ancolie.*

AQUILIEN, ENNE adj. [a-kui-li-ain] (lat. *aquila,* aigle). Ornith. Qui a du rapport avec l'aigle.

AQUILIFÈRE s. m. (*aquila,* aigle ; *ferre,* porter), porte-aigle dans une légion romaine.

* **AQUILIN** adj. m. [a-ki-lain] (lat. *aquilinus,* d'aigle). N'est usité que dans cette locution : *nez aquilin,* nez courbé en bec.

AQUILIUS I. (Manius) consul de Rome en 129 avant J.-C. : céda la Phrygie au roi de Pont.— II Aquilius Nepos (Marcius) consul en 101, sans doute fils du précédent, étouffa la révolte des esclaves en Sicile, tomba au pouvoir de Mithridate qui le fit périr au milieu des supplices.—III Aquilius Gallius (Caius), préteur en 66 avant J.-C.

* **AQUILON** s. m. [a-ki-lon] (lat. *aquilo*). Vent du nord : *le froid aquilon.* — Poétiq. Les Aquilons, se dit de tous les vents froids et orageux : *la violence des aquilons.*

AQUILONIA, ville du Samnium, célèbre par une victoire de Papirius Cursor sur les Samnites (293 av. J.-C.).

AQUIN (ital., *Aquino*; lat. *Aquinum*), ville d'Italie, prov. de Caserta ; à 5 kilom. N.-E. de Pontecorvo ; 1,050 hab. Évêché ; ruines romaines ; patrie de Juvénal. Saint Thomas d'Aquin naquit de là, à Rocca Secca.

AQUIN I. (Philippe d'), savant, né à Carpentras vers 1578, mort à Paris en 1650. Il se nommait Mardochée et fut d'abord rabbin de la synagogue d'Avignon ; mais s'étant fait baptiser à Aquino, il prit le nom de cette ville lorsqu'il vint s'établir à Paris avec sa famille. Louis XIII le nomma professeur au Collège royal et interprète pour la langue hébraïque. Il corrigea, pour la *Bible polyglotte* de Le Jay, l'*Ancien Testament,* travail pour lequel il reçut 4,000 livres (environ 12,000 fr.). Il a laissé un *Dict. hébreu-chaldéen-thalmud-rabbinique* (Paris, 1629, in-fol.) et plusieurs autres ouvrages. — II. (Louis d'), orientaliste, fils du précédent, a traduit en latin le commentaire de Lévy Ben Gerson *sur Job* et le commentaire *sur Esther.* — III. (Antoine d'), fils du précédent, mort en 1696 ; fut premier médecin de Louis XIV, et tué pour fils Louis, qui devint évêque de Fréjus.

AQUITAIN, AINE s. et adj. [a-ki-tain]. Habitant de l'Aquitaine ; qui appartient à ce pays ou à ses habitants.

AQUITAINE, [a-ki-tè-ne], *Aquitania* (Pays des eaux), nom par lequel César désigne une des trois grandes divisions de la Gaule. L'Aquitaine était comprise entre la Garonne, les Pyrénées et L'Océan ; on l'appelait aussi quelquefois *Novempopulanie,* parce qu'elle était habitée par les neuf peuples suivants : *Lactorates* (Lectoure); *Elusates* (Eauze); *Ausci* (Auch);

Consorani (Conserans); *Convenæ* (Saint-Bertrand de Comminges); *Bigerriones* (Tarbes); *Sotiates* (Sos); *Vasales* (Bazas); *Tarbelli* (Dax); ces peuples étaient d'origine ibérique. Conquise par Crassus, lieutenant de César, en 50 av. J.-C., l'Aquitaine fut augmentée sous le règne de Constantin et comprit tous les pays situés entre la Loire, les Cévennes, les Pyrénées et l'Atlantique. Elle formait trois provinces : Aquitaine 1re, cap. Bourges; Aquitaine 2e, cap. Bordeaux ; Aquitaine 3e ou Novempopulanie, cap. Eauze, puis Auch. — Conquise par les Visigoths, en 418, et prise par Clovis, en 507, l'Aquitaine forma un duché donné en 628 à Caribert, frère de Dagobert. Ce prince s'établit à Toulouse, s'agrandit et fit revivre l'ancien titre de *rois d'Aquitaine,* éteint depuis cent ans avec la monarchie des Visigoths. Son fils, Chilpéric, mourut de mort violente et ses autres successeurs, Eudes, Hunald et Waïfre, n'osèrent prendre que le titre de ducs, parce que, ne pouvant résister aux Arabes d'Espagne, ils ne virent d'autre moyen de salut que d'appeler les Francs à leur secours. Après Waïfre, qui fut assassiné par ordre de Pépin (2 juin 768), l'Aquitaine fut réunie à l'empire des Francs; mais son fils, Lupus, (Loup) se chargea de venger, à Roncevaux, la mort des derniers Mérovingiens. Louis le Débonnaire reçut, en 781, le titre de roi d'Aquitaine, et il le donna, en 814, à son fils Pépin 1er, qui le laissa à Pépin II (839), à Charles le Chauve (849), à Charles (865) et à Louis le Bègue (867). Dix ans plus tard, l'Aquitaine fut érigée en duché en faveur de Rainulf, fils de Bernard, comte de Poitiers. Elle s'étendait de la Loire au Rhône et aux Pyrénées. Le mariage d'Eléonore d'Aquitaine avec Louis VII, en 1137, réunit un instant ce vaste fief à la couronne. Par son mariage subséquent avec Henri II Plantagenet, cette princesse, répudiée en 1152, transféra ses immenses domaines aux Anglais, en 1154. Philippe-Auguste les confisqua en 1200, mais saint Louis rendit au roi d'Angleterre, pour être tenue en pairie sous le titre de duché d'Aquitaine, une partie de l'ancienne Aquitaine, qui recevait déjà le nom de Guyenne ; confisquée en 1292, rendue en 1303, abandonnée par le traité de Brétigny, en 1360, érigée en principauté pour le Prince Noir en 1362, l'Aquitaine fut définitivement confisquée en 1370. Le titre de duc d'Aquitaine fut encore pris par les rois d'Angleterre Henri V et Henri VI. Les étrangers ne furent complètement chassés de ce pays qu'après la bataille de Castillon, en 1453.—Louis XV, voulant faire revivre le titre de duc d'Aquitaine, le donna à l'un de ses petits-fils, Xavier-Marie-Joseph de France (1754-'64); voy. Guyenne.

AQUITANIQUE adj. Qui appartient, qui est propre à l'Aquitaine.

AQUOSITÉ s. f. [a-ko-zi-té] (lat. *aquosus,* aqueux). Qualité de ce qui est aqueux.

A. R., abréviation de *anno regni* (an du règne), dans certains traités d'histoire. — Signifie aussi *Altesse Royale.*

* **ARA** s. m. (abrév. d'*araraca,* nom de cet oiseau, chez les Guaranis). Groupe de perroquets à longue queue étagée, à joues dénudées de plumes, et remarquables par leur taille, leur beauté et la variété de leur plumage. Les aras sont des espèces que l'on ne rencontre que dans les forêts de l'Amérique tropicale, où ils se tiennent sur les arbres et ne se posent presque jamais à terre. Ils grimpent autour des branches, en quête de graines, de fruits et d'amandes dont leur bec puissant brise avec facilité l'enveloppe. L'une des plus belles espèces est l'*ara écarlate* (ara macao, Linné) qui mesure plus d'un mètre depuis le bec jusqu'au bout de la queue. L'*ara aracanga,* simple variété du précédent, s'en distingue seulement par la taille qui est plus petite et par sa couleur qui est d'un rouge moins foncé. L'*ara bleu et jaune* (*ara ararauna*, Linné), presque aussi grand que le premier, est une des espèces les plus connues en France; tout le dessus de son corps est d'un beau bleu d'azur plus ou moins teinté de vert; le dessous, jaune

Ara bleu et jaune (Ara ararauna).

orange éclatant; joues blanches; bec noir. Il fréquente les pays marécageux où croissent certains palmiers dont il dévore les fruits. On l'a fait reproduire en captivité sous nos climats. — La femelle des aras pond, dans les trous des vieux arbres, deux œufs blancs qu'elle couve alternativement avec le mâle. Pris jeunes, les petits s'apprivoisent facilement; on leur apprend, avec beaucoup de peine, à prononcer quelques mots.

* **ARABE** s. m. (arabe, *Arab*; lat. *Arabus*). Habitant de l'Arabie ou qui en est originaire. — **Fam.** Homme qui prête son argent à un intérêt exorbitant; qui vend excessivement cher; créancier impitoyable : *il est cruel d'avoir à faire à lui, c'est un arabe.* — Adj. Qui appartient à l'Arabie ou aux Arabes : *langue arabe, cheval arabe, architecture arabe, bureaux arabes.* — **Chiffres arabes,** chiffres en usage dans notre système de numération, c'est-à-dire : 0, 1, 2, 3, 4, 5, 6, 7, 8, 9. Voy. *chiffres.* — Ethnogr. Dans leurs prétentions généalogiques les Arabes nomades se font descendre d'Ismaël fils d'Abraham et d'Agar. Les Arabes sédentaires font remonter leur origine jusqu'à Kahtan ou Jectan, fils d'Héber, descendant de Sem. D'autres, jadis, appelés *Madianites,* se disent issus de Madian, fils d'Abraham et de Cethura. Après Mahomet, les nombreuses tribus arabes se répandirent dans le nord de l'Afrique, où quelques familles se sont conservées pures de tout mélange. « Quelques voyageurs ont prétendu que le Persan est le Français de l'Asie; ces paroles ont été dites un peu à la légère, je suppose; car la comparaison n'a rien de flatteur pour un Européen; on pourrait, je crois, regarder à plus juste titre les Arabes comme les Anglais du monde oriental. — L'amour de la liberté nationale et individuelle, la haine des réglementations inutiles, de l'intervention administrative, un grand respect pour l'autorité, joint à une appréciation clairvoyante des vues et des erreurs des princes, beaucoup de bon sens pratique, la passion des longs voyages, l'esprit de commerce et d'entreprise, le courage à la guerre, la vigueur en temps de paix, une indomptable persévérance, voilà quels sont les traits du génie anglais, et tous s'appliquent également aux Arabes. Comme la plupart des généralités, cette assertion admet sans doute des exceptions nombreuses. » (Palgrave). — « Il y a en Arabie deux classes de populations bien distinctes, — distinctes par la langue ou aucun des caractères qui constituent le fond des nationalités, mais par les mœurs, les habitudes, tout le détail de la vie sociale. Ce sont les

Bédouins ou Arabes nomades, et les Arabes des villes. On sait sous quel jour relatif les voyageurs ont dépeint ces deux classes d'Arabes. L'immense supériorité que le pasteur sémite ou arabe — le Bédouin, pour employer la dénomination qui nous est devenue familière depuis que nous sommes en contact avec eux dans notre possession algérienne, — s'est de tout temps attribuée dans son opinion sur l'Arabe sédentaire, cette supériorité ne lui a été contestée par aucun voyageur. Le Sémite est resté pour tous le type d'une noble nature, que le séjour des villes a pervertie ou abaissée. « Je voudrais, dit quelque part M. Palgrave, que ceux dont l'imagination se complaît dans un portrait idéal de la vie du désert, ceux qui regardent les Bédouins comme dignes d'admiration et leur condition comme digne d'envie, je voudrais qu'ils fussent ici, dans mon campement; seulement pendant trois jours, et qu'ils pussent voir de leurs propres yeux et non d'après des narrations romanesques, à quelle profondeur de dégradation une des plus nobles races de la terre a pu descendre sous l'influence séculaire de la vie nomade. » Mais cette noblesse de la race, c'est dans les parties élevées du centre de la Péninsule, non pas dans le désert comme on l'a cru longtemps, qu'il la faut chercher. « J'ai beaucoup connu, et d'une manière assez intime, et encore notre voyageur, pas mal de races d'Asie, d'Afrique et d'Europe; eh bien, je donnerais difficilement à aucune d'elles la préférence sur le véritable et pur Arabe du centre et de la Péninsule. C'est la même langue et le même sang que les Arabes du désert : et cependant combien ils leur sont immensément supérieurs ! Il n'y a pas plus de distance entre un grossier Highlander et un gentleman anglais. » (Vivien de Saint-Martin). — **Sport.** **Cheval arabe.** On donne généralement le nom de *cheval arabe* ou substantivem, d'*arabe,* à tous les chevaux d'Orient, et l'on confond ainsi les véritables arabes avec les chevaux de Syrie, de Perse, d'Égypte et du Sahara. Chez les uns comme chez les autres, on rencontre quelques familles privilégiées qui possèdent une beauté, une vigueur, une rapidité extraordinaire : ce sont les *nedji* ou chevaux de race. — **Bureaux arabes,** voy. *Bureau.*

* **ARABESQUE** adj. Se dit d'un genre d'architecture que les Arabes introduisirent en Europe au moyen âge, et qui consiste à n'admettre, dans les ornements et la décoration, que des imitations de plantes et de feuillages, parce que la loi de Mahomet défend toute représentation de figures, d'hommes et d'animaux : *architecture arabesque; genre, style arabesque.* — Substantiv., au masculin : *l'arabesque.*

* **ARABESQUES** s. f. pl. Ornements capricieux de sculpture et de peinture, ainsi nommés parce qu'ils ont été fréquemment en usage chez les Arabes, auxquels les prescriptions du Coran interdisaient la représentation des êtres

Arabesques.

animés. Les arabesques se composaient de tiges, de feuillages, de fleurs, de fruits de rinceaux, d'enroulements et d'autres objets gracieux qui pouvaient s'entrelacer et qui formaient tantôt des dessins variés, tantôt la répétition du même modèle. L'Alhambra est particulièrement riche en *arabesques.* Ce genre de dessin était connu des Égyptiens et des

Romains. On en fit un fréquent usage pendant la période moderne de la Renaissance et, chez nous, sous le règne de Louis XIV. Aujourd'hui, on y a encore recours pour la décoration des murs intérieurs, des panneaux, des pilastres, des montants de porte, des frises, des plafonds et des voûtes; mais jamais dans les œuvres d'un style sévère. Nos arabesques diffèrent de celles des Arabes par l'admission de figures, d'animaux réels ou fantastiques, de chimères, etc. — S'emploie aussi quelquefois au sing. : *dessiner une arabesque.*

ARABETTE s. f. (de *Arabie*). Bot. Genre de crucifères, tribu des Arabidées, caractérisé par un silique linéaire, des graines comprimées, ovales ou orbiculaires. Parmi les espèces que l'on cultive dans nos jardins, nous citerons : l'*arabette des Alpes,* printanière ou *tourette* (*arabis Alpena*) qui forme des touffes vertes et porte, en mars, des fleurs blanches un peu odorantes; l'*arabette rose* (*arabis rosea*), de la Calabre, bisannuelle, à fleurs d'un beau rose purpurin, fleurit en mars; l'*arabette d'allioni* (*arabis Allionii*), du Piémont; haute de 60 cent. Ces plantes affectionnent les terrains sablonneux ou pierreux les plus secs.

ARABGIR, ville de l'Asie Mineure, à 185 kil. E.-S.-E. de Sivas; 30,000 hab.; commerce par les caravanes; travail du coton.

ARABIDE s. f. Bot. Synon. d'Arabette.

ARABIDÉ, ÉE adj. Bot. Qui ressemble à l'arabide. — **Arabidées** s. f. pl. Bot. Tribu de crucifères ayant pour type le genre *arabide.*

ARABIE (arabe : *Djéziret el-Arab,* péninsule des Arabes), presqu'île formant l'extrémité S.-O. de l'Asie, entre 12° 40' et 34° N. et entre 30° et 57° de long. E. — 3,156,574 kil. car. Les anciens géographes divisaient l'Arabie en trois parties : 1° *Arabie Pétrée,* région montagneuse entre la Palestine et la mer Rouge; 2° *Arabie Déserte,* comprenant le grand désert et s'étendant de l'Arabie Pétrée au golfe Persique; 3° et *Arabie Heureuse,* sur les rives de la mer Rouge et de l'océan Indien. — **Divisions modernes** : 1° L'*Hedjaz,* vilayet de l'empire turc, comprenant la presqu'île du Sinaï et le territoire entre la mer Rouge et le désert, jusqu'à 19e lat. S., pays presque stérile, qui renferme les villes saintes de la Mecque et de Médine; ports principaux : Djeddah et Yembo; 2° l'*Yémen,* autre vilayet turc, occupant le reste de la côte de la mer Rouge; portion la plus fertile de l'Arabie. Principales villes : Sana, Hodeïda, Moka, Loheïa et Aden (aux Anglais). Le petit état de Lahej, près d'Aden, est placé sous le protectorat de la Grande-Bretagne; 3° l'*Hadramaut,* occupant les côtes sur l'océan Indien, entre l'Yémen et l'Oman, et s'étendant au N. jusqu'au désert. Il est habité par des tribus indépendantes; principal port : Makallah; 4° l'*Oman,* région très montagneuse, entre le golfe Persique, l'océan Indien, l'Hadramaut et le désert. Le Seyid ou sultan d'Oman est indépendant; il a des prétentions sur les côtes de l'océan Indien et sur les îles adjacentes, jusques et y compris Socotora. Villes principales : Mascate, Muttra, Sohar et Soweik; 5° l'Ahsa, (El-Hasa), pays entrecoupé de plaines et de montagnes, sur la côte occidentale du golfe Persique, entre Katar, Irak-Arabi et l'Euphrate. Villes principales : Hofhuf et Katif. l'Ahsa a été envahi par les Turcs, en 1873, et n'a dû son indépendance qu'à la jalousie de l'Angleterre; 6° le *Nedjed* ou *Nejd,* région centrale et la plus vaste des divisions de l'Arabie, plateau montagneux, séparé de l'Ahsa par une langue du désert et formant le sultanat des Wahabites; cap. Riyad. Les chevaux du Nejd sont les véritables chevaux arabes. Le territoire produit du fer et du cuivre; 7° le *Chomer* ou *Schomer,* consistant en trois chaînes de montagnes séparées du Nejd par un désert étroit. Le sultan de Schomer (cap. Hayel) a soumis les tribus de Bédouins qui habitent ce territoire. Il règne également sur le Wady Jouf et sur le Wady Serhan, séparés du Schomer par un vaste désert de sable. Le premier se compose d'une fertile vallée et le second d'un terrain sablonneux et stérile. Au-delà, s'étendent les déserts entre la Syrie et l'Arabie ; ils sont habités par des tribus de Bédouins : Beni Lam, à l'E. ; Howeïtat, Sherarat et Edwan, à l'O. — L'ophtalmie et l'éléphantiasis sont des maladies communes en Arabie. La peste visite les côtes de temps en temps. « L'Arabie offre au centre un large plateau, entouré comme d'une ceinture de déserts sablonneux à l'est et au sud, pierreux au nord seulement. Ce cercle gigantesque est à son tour bordé par des chaînes de montagnes basses et arides pour la plupart, mais qui, dans l'Yémen et l'Oman, acquièrent une hauteur et une fécondité remarquables. Le plateau central, limité par les sinuosités du Nefoud, occupe à peu près la moitié de la Péninsule. Si, à ces hautes terres ou Nedjed, pour prendre ce nom dans son acception la plus large, nous ajoutons le Djowf, le Tayif, le Djebel Asir, l'Yémen, l'Oman, la province d'Hasa, en un mot, toutes les régions fertiles, nous trouverons que les deux tiers au moins de l'Arabie sont propres à la culture, et qu'un tiers seulement est voué à une irrémédiable stérilité. Les espaces vides laissés sur les cartes indiquent souvent les provinces inconnues des géographes, que les parties non habitées du pays. » (Palgrave). — Le plus grande altitude de l'Arabie se trouve non loin de Jelajel, province de Sedeyr, Nedjed : à partir de ce point, le terrain s'incline doucement vers les différentes mers qui environnent cette péninsule. La presqu'île du Sinaï est traversée par les contre-forts de la chaîne du Liban. — Iles importantes : Bahrein (golfe Persique) ; Socotora (Océan Indien). — Il n'y a pas de grands fleuves : les eaux forment des torrents qui se perdent dans les sables en été et n'atteignent la mer qu'au moment des pluies. Dans le désert le thermomètre atteint quelquefois 40° pendant la nuit et 45° pendant le jour. Productions minérales : fer, plomb, cuivre, sel gemme, albâtre, agate, cornaline, tourmaline, émeraude, onyx, gypse, salpêtre, soufre, naphte et asphalte. — Productions végétales : café, dattes, baume, gomme arabique, casse, aloès, myrrhe, encens, céréales, légumes, fruits. — Animaux sauvages : gazelle, antilope, gerboise, hyène, panthère, once, chacal, loup, renard, sanglier, chat sauvage, âne sauvage, singe, etc. — Oiseaux : aigle, faucon, héron, hibou, autruche, perdrix, pintade, faisan. — Fameux cheval arabe ; chameau. — Perles sur la côte d'Oman. — La population a été diversement évaluée de 7 à 15 millions d'hab. ; Palgrave pense qu'elle n'excède pas 9 millions, dont les sept huitièmes appartiennent aux tribus connues sous le nom collectif d'Arabes. Le surplus se compose d'Hindous, de Turcs, de Nègres, d'Abyssins, de Juifs, de Persans et de Francs. La langue arabe est parlée avec une grande pureté, surtout par les Bédouins. La religion dominante est l'islamisme. — Hist. : Les Arabes ont la prétention de descendre directement d'Ismaël qui fut, d'après leurs traditions, le premier grand prêtre de la Mecque. Un autre de leurs ancêtres fut Kahtan, premier roi de l'Yémen, dont la dynastie régna pendant deux mille ans. Saba ; son quatrième successeur, bâtit la capitale ; d'où le nom de Sabéens. Himyar, qui vint après Saba, construisit Mareb. Bilkis, reine de l'Yémen, fut la reine de Saba dont il est question dans l'histoire de Salomon. Le judaïsme se répandit dans tout le pays et les chrétiens furent partout persécutés ; ce qui amena avec le roi chrétien d'Abyssinie, une guerre à la suite de laquelle le royaume himyarite succomba (vers 500). Peu après, l'Arabie entière, un instant envahie par les Perses, tomba sous le joug des Mahométans. La dynastie des Ommiades, qui finit en 750, fut

remplacée par celle des Abbassides (du viiie au xiiie siècle). Après quoi l'histoire de l'Arabie ne présente qu'une suite confuse de querelles entre de petits chefs; il n'y eut de vraiment remarquable que le mouvement wahabite (voy. ce mot). Voy. aussi les noms des divisions citées dans cet article. — Langue. L'arabe appartient, avec l'himyaritique et l'éthiopien, à la branche méridionale de la famille des langues sémitiques. Sa forme classique, celle qui fut employée pour la rédaction du Coran, s'est formée dans l'Hedjaz et le Nedjed. Quoique d'une origine relativement récente, il a conservé plus que les autres une forme archaïque. Peu de langues offrent un pareil exemple d'inflexions et de richesse grammaticale. Il surpasse les autres dialectes sémitiques par sa flexibilité, sa délicatesse et sa précision : c'est le latin de l'Orient. Il a pris possession de presque tous les pays autrefois occupés par la famille sémitique et règne dans l'Asie occidentale et dans l'Afrique septentrionale, où il est parlé, plus ou moins purement, par 35 millions d'individus. De plus, il a fait subir son influence à l'hindoustani, au malai et à l'espagnol. Notre français, lui-même, a admis quelques unes de ses expressions scientifiques. Son alphabet, dérivé du syriaque et du phénicien, se compose de vingt-huit caractères, que l'on écrit de droite à gauche. Cet alphabet, essentiellement consonnant, n'admet les voyelles que pour être écrites au-dessus ou au-dessous de la ligne ; on les omet même quelquefois. L'écriture cufique (de la ville appelée Cufah ou Coufah) fut d'abord employée ; mais la forme cursive, nommée neskhi, prévalut au xe siècle, concurremment avec d'autres formes locales. L'alphabet arabe a été adopté par les Persans, les Afghans, les Hindoustani, les Turcs, les Malais, les Berbères, etc. La grammaire fut la première des sciences cultivées par les Arabes, principalement pour fixer le texte du Coran, et elle constitue encore une étude favorite. Le travail grammatical le plus célèbre est l'Alfiya (ainsi nommé parce qu'il se compose de mille vers), œuvre d'Ibn Malek, qui mourut en 1273; (édition arabe par Dieterici, 1851 ; arabe et française par de Sacy, 1833). Les meilleures grammaires dues aux Européens sont celles de Sacy, (deuxième édition, 1831), et d'Ewald (1834-'33). Les dictionnaires les plus importants sont le Sihah, d'Al-Jauhari (mort vers 1007); le Lisan-el-Arab, d'Ibn Mukarram (mort en 1311); le Kâmûs, de Firuzabadi (mort en 1414), contenant soixante mille mots (imprimé à Calcutta, 1817; et au Caire, 1864); et le Taf el-Arûs, énorme compilation faite au Caire, xviiie siècle, et dont le Kâmûs forme seulement la septième partie. — Littérature, arts et sciences. La poésie fut cultivée en Arabie dès une époque reculée ; mais le premier modèle littéraire fut le Coran, sur lequel se concentra pendant longtemps toute l'activité des Musulmans. Sous le règne des Abbassides, l'étude des auteurs grecs détourna heureusement les esprits. Le droit, l'histoire et la géographie furent cultivés, des écoles et des bibliothèques furent fondées. Protégées par les califes de Bagdad et par les Ommiades d'Espagne, les lettres firent autant de progrès que les sciences et elles se maintinrent dans un état florissant jusqu'à la prise de Bagdad par les Mongols (1258). L'âge d'or de la poésie avait été le siècle avant la venue de Mahomet. Des poèmes de cette époque, les plus célèbres furent les sept Moallakât, chefs d'œuvre, que l'on avait exposés dans la kasba de la Mecque, s'il faut en croire une tradition douteuse. Ils ont été souvent publiés ensemble ou séparément (arabe, par Arnold, 1850; anglais, par sir William Jones). Les poésies d'Amru'l-Kais ont été publiées en allemand par Rückert, 1843. Les œuvres principales de plusieurs autres poètes éminents appartenant à la période primitive se trouvent dans l'Hamâsa d'Abou-Teman (arabe et latin

par Freytag, 1828-'47 ; allemand par Rückert, 1846). Montanebbi, vers le milieu du xe siècle (arabe, par Dieterici, 1861 ; allemand par von Hammer, 1824), est le meilleur poète des siècles après le Prophète. Toutes les poésies arabes appartiennent aux genres lyrique et didactique ; il n'y eut jamais de théâtre. Les Arabes connurent aussi un genre intermédiaire entre la prose et la poésie. Le Makamat, d'Hariri (arabe par de Sacy, 2e édition, 1847-'53; anglais, par Preston, 1850), peut en donner une idée ; c'est une collection d'aventures amusantes, contées avec grâce et habileté, en prose rimée. Rückert (1839) les a admirablement imitées en allemand. Le roman qui a pour titre « Aventures d'Antar » (traduit en partie par Hamilton, 4 vol. 1820) est une charmante peinture de la vie arabe avant Mahomet. Dans la même catégorie de productions se placent les fameuses « Mille et une nuits ou Nuits arabes » dont on ne connaît pas l'auteur et qui paraissent dater du xve siècle. — Le Coran, œuvre contradictoire et sans ordre, demandait à être expliqué, ce qui donna naissance à une foule de commentaires, dont le plus estimé est celui de Beidhawi (publié par Fleischer, 1844-'8) et à des traditions orales, dont Bokhâri a donné une collection (publiée par Krehl 1862-'8). Plusieurs recueils de lois et de décisions des juges ont été publiés et traduits ; parmi eux, le Futawa Alemgir, fait par l'ordre de l'empereur Aurengzebe, fut imprimée à Calcutta (6 vol. in-4°, 1828-'35). — Le nombre des œuvres historiques est très considérable (Hadji Khalfa en compte 1,300). Nous citerons les histoires générales d'Aboulféda, de Masudi, de Tabari, d'Ibn-al-Athiri, d'Ibn Koleiba, d'Ibn Ettiktaka et d'Hamza d'Ispahan ; les histoires des premières conquêtes musulmanes par Al-Beladori, et Al-Wakidi ; l'histoire des Arabes d'Espagne, par Al-Makkari ; l'histoire d'Afrique et d'Espagne, par Ibn Adhari; celle de la Mauritanie, par Ibn Ab-Zer; les histoires des sultans Mamelucks et des Coptes, par Makrizi; les annales de Taghiri; les œuvres profondes d'Ibn Khaldun (mort en 1406); la biographie de Mahomet, par Ibn Ishak (traduction allemande de Weil, 1864). Les philosophes formés à l'école grecque et pour la plupart admirateurs d'Aristote, s'occupèrent principalement des sciences; rappelons les noms d'Alkindi (ixe siècle), d'Alfarabius (xe) et surtout ceux d'Ibn Sina (Avicenne) et d'Algazzali. Au xiie siècle, l'Espagne devint le centre de l'activité scientifique ; alors florissaient : Ibn Badja (Avempace), Ibn Tophail (Abou-Bacer) et Ibn Roshd (Averroès). Les Arabes firent marcher à grands pas les sciences mathématiques ; s'ils n'ont inventé ni l'algèbre ni les chiffres dits arabes, ils ont perfectionné la première et favorisé l'adoption des seconds. Ils ont simplifié les calculs trigonométriques en substituant à l'usage des cordes celui des sinus et des tangentes. Dans le domaine de l'astronomie, Aboulhassan perfectionna les instruments d'observation; Ibn Yunis et Olough-Beg en construisirent de nouveaux qui étaient bien plus puissants, et Aboul Wefa fit des découvertes d'une grande importance. La médecine et la pharmacie ne doivent pas moins aux Arabes. Le « Canon de médecine » par Avicenne, resta pendant plusieurs siècles le livre classique de l'Europe. L'Elhavi ou Continens de Rhazes n'obtint pas moins de succès et fut plusieurs fois imprimé en latin. Geber s'occupa de chimie, et Ibn Baitar de botanique. La vaste étendue de l'empire des Califes, le commerce avec les contrées éloignées et les pèlerinages augmentèrent les connaissances géographiques. Un marchand, nommé Soleyman, visita la Chine au ixe siècle ; vers 950, Al-Istakhri et Ibn Haukal voyagèrent de l'Atlantique à l'Hindoustan. Les traités de géographie les plus importants sont ceux d'Edrisi (vers 1150); le « Dictionnaire géographique » d'Yakut (vers 1210), publié par Wüstenfeld

(1806); et la géographie d'Aboulféda (traduction française par Reynaud, 1848). Ibn Batouta (mort vers 1377) fut le plus fameux des explorateurs arabes; il visita l'Espagne, l'Afrique centrale, l'Asie et la Chine (Arabe et franç., par Defrémery et Sanguinetti, 1853-'9); le médecin Abdallatif décrivit l'Egypte. Sous le calife Al-Mamoun, (813-'33), on mesura la longueur d'un degré en latitude. Enfin, il ne manqua aux Arabes que la connaissance de l'imprimerie pour acquérir une prépondérance littéraire et scientifique tout à fait impérissable. Mais des centaines d'œuvres de la plus haute importance sont encore a l'état de manuscrit, et des milliers ont été détruites, ainsi qu'on peut s'en convaincre lorsque l'on consulte le « Catalogue des sciences » d'Ibn al-Nadim (IXe siècle); le « Dictionnaire biographique » d'Ibn Khallikan (XIIIe siècle); et le « Dictionnaire de littérature arabe, persane et turque » d'Hadji-Khalfa (arabe et latin par Flügel, 7 vol. in-4°, 1835-'58). Plus de 10,000 écrivains ont une notice dans l' « Histoire littéraire des Arabes », par Hammer-Purgstall (XIIIe siècle, publiée en 1850-'56, 7 vol. in-4°).

ARABIENS, *Arabici,* secte chrétienne, fondée vers 207, par Beryllus, évêque de Bostra en Arabie; les Arabici pensaient que l'âme meurt avec le corps et qu'elle renaîtra lors de la résurrection.

ARABINE s. f. (rad. *Arabie*). Chim. Principe immédiat qui constitue presque entièrement la gomme arabique; substance incolore, insipide, infusible, dure, friable, très soluble dans l'eau. Formule, lorsqu'elle est desséchée à 100°, $C^{12} H^{11} O^{11}$ (la même que celle du sucre de canne); desséchée à 140° dans le vide, elle perd un équivalent d'eau et devient $C^{12} H^{10} O^{10}$. Densité 1,35. La solution aqueuse d'arabine fait dévier à gauche le plan de la polarisation.

* **ARABIQUE** adj. Qui est d'Arabie : *gomme arabique*. — Golfe Arabique, voy. MONTE (*Mer*).

* **ARABLE** adj. (lat. *arabilis*; de *arare*, labourer). Labourable : *terres arables*.

ARACAJÚ, cap. de la prov. de Sergipe (Brésil), fondée vers 1856.

ARACAN ou **Arracan.** I. Division du Burmah anglais, entre la baie du Bengale et le Pégou. 37,624 kilom. car.; 484,363 hab. Le principal cours d'eau, l'Aracan ou Kuladyne, se jette dans la baie du Bengale à 30 kilom. N. d'Akyab, la capitale. Le climat est malsain. — II. Ancienne cap. de la province ci-dessus, sur l'Aracan, à 80 kilom. de son embouchure; ville en décadence; 10,000 hab.

ARACARI s. m. Genre d'oiseaux grimpeurs voisin des toucans. Le plumage des aracaris est ordinairement vert avec du rouge ou du jaune sur la gorge et la poitrine; ces oiseaux vivent dans l'Amérique du Sud.

ARACATCHA s. f. Bot. Voy. ARRACACHA.

ARACATY. I. Ville maritime de la prov. de Ceará (Brésil), à 18 kilom. de l'embouchure du Jaguaribe et sur la rive orientale de celui-ci. 20,000 hab. Exportation de coton, de cuirs, de chandelles de *Carnahúba.* — II Fleuve qui arrose la prov. de Ceará et qui se jette dans l'Atlantique près de Pernambuquinho.

ARACÉ, ÉE adj. (lat. *arum,* gouet). Bot. Synon. d'AROÏDÉ.

* **ARACHIDE** s. f. [a-ra-chi-de] (gr. *arachidna,* sorte de gesse; ou *a* priv.; *rachos,* branche; *sans branche*). Bot. Genre de plantes papilionacées, tribu des *Hédysarées,* à calice bilabié, à corolle recourbée, à étamines diadelphes, à ovaires stipités, à stipe court, s'allongeant après la fécondation, à gousse ovale, oblongue, indéhiscente, renfermant deux à quatre graines épaisses, oléagineuses. La seule espèce connue, l'Arachide souterraine, *Pistache de terre, peanut* des Anglais, (*Arachis hypogœa,* Lin.) plante précieuse, originaire du Mexique,

cultivée dans toutes les parties chaudes de l'univers, à cause de son fruit comestible et oléagineux. C'est une légumineuse annuelle qui ne dépasse pas 30 cent. de haut. Ses feuilles sont à quatre folioles, sans vrilles; ses stipules sont allongées et adhérentes au pétiole; ses fleurs sont jaunes et disposées à l'aisselle des feuilles. Celles qui éclosent à la partie supérieure de la plante restent stériles; tandis que

Arachide souterraine. (Arachis hypogœa.)

celles qui sont placées à la partie inférieure produisent chacune une gousse, laquelle est enfoncée à plusieurs centimètres dans le sol par l'allongement de sa gousse rigide. C'est dans la terre seulement que les fruits se développent; ceux qui, pour une cause ou pour une autre, ne peuvent être enterrés par la force de leurs queues, demeurent abortifs. Ces gousses renferment des fruits semblables à des noisettes allongées, que l'on fait rôtir et qui deviennent alors très nourrissants. Il s'en fait une immense consommation en Amérique. Mais le principal produit de la *pistache de terre* est une huile limpide, inodore, que l'on emploie à la place de l'huile d'olive dans les pays où celle-ci fait défaut. Les propriétés siccatives de l'*huile d'arachide* permettent de l'utiliser dans les arts; on en fait un savon blanc de bonne qualité pour la toilette. Les graines contiennent de 42 à 50 0/0 de cette huile. Les Espagnols mêlent l'arachide au cacao pour faire du chocolat; et certains fabricants parviennent, dit-on, à obtenir du chocolat d'arachide, sans aucune addition de cacao. Cette plante vraiment précieuse a été introduite, depuis 1840, sur la côte occidentale d'Afrique, où elle croît spontanément presque partout; elle y forme aujourd'hui l'un des principaux articles d'exportation. Depuis 1800, on la cultive dans le département des Landes, d'où elle s'est répandue dans le midi de la France.

ARACHNÉ [a-rak-né] gr. *araignée*). Mythol., fille d'Idmon, teinturier à Colophon (Ionie); elle était si habile dans l'art de tisser qu'elle osa défier Minerve. Cette déesse, prise de dépit, déchira le travail de sa rivale et lui jeta sa navette à la tête. Arachné se pendit de désespoir et la déesse la métamorphosa en araignée.

ARACHNIDE adj. [a-ra-kni-de] (gr. *arachné,* araignée). Qui ressemble à l'araignée. — ARACHNIDES s. f. pl. Classe d'animaux articulés ayant pour type l'araignée. Les arachnides ont comme un grand nombre de crustacés, la tête et le thorax réunis en une seule pièce, portant, de chaque côté, des membres articulés, mais dont les principaux viscères sont renfer-

més dans un abdomen attaché en arrière de ce thorax; leur bouche est armée de mâchoires et leur tête porte des yeux simples en nombre variable; mais elles n'ont jamais d'antennes. Leur circulation se fait par un vaisseau dorsal qui envoie des branches artérielles, et en reçoit de veineuses; mais leur respiration varie, les unes ayant de vrais organes pulmonaires qui s'ouvrent aux côtés de l'abdomen, les autres recevant l'air par les trachées, comme les insectes. Les unes et les autres ont cependant des ouvertures latérales, de vrais stigmates... Le nombre de leurs pieds est généralement de huit. Quelques-unes en ont deux de moins, et les femelles de quelques autres en ont deux de plus, mais ne servant qu'à porter des œufs. La plupart des arachnides se nourrissent de proie vivante, ou sucent le sang et d'autres humeurs de plusieurs animaux. Elles ne changent pas essentiellement de forme et ne sont sujettes qu'à des mues; dans quelques-unes cependant deux de leurs pieds se développent quelque temps après la naissance. Ce n'est guère qu'un quatrième ou au cinquième changement de peau qu'elles deviennent propres à la génération ». (Cuvier . Les arachnides se divisent en deux ordres : 1° ARACHNIDES PULMONAIRES, qui ont des sacs pulmonaires pour organes, un cœur bien marqué et des vaisseaux évidents. Pieds constamment au nombre de huit; morsure plus ou moins dangereuse. Ordre divisé en deux familles : *a.* arachnides fileuses composée des genres Araignées (Territèles, Tubitèles, Inequitèles, Orbitèles, Latérigrades, Citigrades et Saltigrades); et *b.* pédipalpes (Tarentules et Scorpions). 2° ARACHNIDES TRACHÉENNES, qui respirent par des trachées rayonnées ou ramifiées; et divisées en trois familles : *a.* Faux-scorpions (Galéodes, Pinces,) *b.* Pychnogonides (Pychnogonons, Phoxichiles, Nymphons); et *c.* Holètres (Phalangiens, Acarides).

ARACHNITIS s. f. [a-ra-kni-tiss]. Méd. Inflammation de l'arachnoïde. On dit aussi *Arachnoïdite.* Voy. MÉNINGITE.

* **ARACHNOÏDE** s. f.[a-ra-kno-i-de](gr. *arachné,* toile d'araignée; *eidos,* image). Anat. Membrane séreuse, mince et transparente, qui entoure l'*encéphale* sans le contenir, qui est intermédiaire à la *dure-mère* et à la *pie-mère,* avec lesquelles elle constitue les méninges. L'arachnoïde ressemble assez pour sa forme à un sac sans ouverture ou mieux à un bonnet de coton. Elle présente un feuillet *viscéral* et un feuillet *pariétal,* séparés par une sérosité particulière nommée *liquide céphalo-rachid.*

ARACHNOÏDITE s. f. [a-ra-kno-i-di-te].Pathol. Synon. de ARACHNITIS.

ARACHNOLOGIE s. f. [a-ra-kno-lo-gi] (gr. *arachné,* araignée; *logos,* d'scours). Entom. Etude, traité sur les araignées.

ARACHNOLOGIQUE adj. Qui a rapport à l'arachnologie.

ARACHNOLOGUE s. m. Celui qui s'occupe d'arachnologie.

ARACHNOTHÈRE adj.[a-ra-kno-tè-re](gr.*arachné,* araignée; *thérad,* je chasse). Zool. Se dit des animaux qui se nourrissent d'araignées.

— **ARACHNOTHÈRES** s. m. pl. Ornith. Genre de *Passereaux* formé par Temminck aux dépens des *Souï-Mangas,* et comprenant des espèces à bec fort, sans dentelure, à langue courte et cartilagineuse.Les *Arachnothères* habitent l'archipel des Indes et ne vivent que d'araignées.

* **ARACK** ou **Arac** s. m. (malais, *liqueur spiritueuse*). Très forte liqueur spiritueuse obtenue en distillant du riz fermenté, ou en distillant le *toddy,* sève fermentée du cocotier. Il y a aussi l'arack de raisin, de canne à sucre, d'orge, de dattes, etc. C'est l'eau-de-vie des peuples orientaux.

ARAD. I. Comté S.-E. de Hongrie, touchant à la Transylvanie; 6,013 kil. carr.; 305,000 hab., dont heaucoup de Valaques. — II. Cap. du comté ci-dessus, sur le Maros, à 35 kil. N. de Temesvar; 33,000 hab. — Collège valaque; commerce considérable de tabac et de grains. Les Turcs détruisirent Arad au XVIIᵉ siècle. La forteresse, tenue par les Autrichiens, se rendit en 1849, à une armée hongroise, après avoir soutenu un long siège. Vis-à-vis, de l'autre côté du Maros, se trouve *Nouvel-Arad*, comté de Temes; 5,000 hab.

ARADUS, auj. *Ruad*, îlot à 3 kil. de la côte de Syrie, 60 kil. N. de Tripoli; 3,000 hab., presque tous pêcheurs. Forteresse phénicienne (l'Arvad de la Bible), Aradus venait, comme importance, immédiatement après Tyr et Sidon et fut détruit en 638, sous le calife Omar.

ARAFAT ou **Orphat**, colline granitique d'Arabie, près de la Mecque; 600 mètres de haut; lieu de pèlerinage obligatoire pour tous les fidèles qui visitent la sainte cité musulmane. L'audition du « sermon annuel sur la montagne » confère le titre de *hadji* (pèlerin).

ARAGO I. (Dominique-François), l'un des plus grands savants du XIXᵉ siècle, né à Estagel (Pyrénées-Orientales), le 26 février 1786, mort le 2 octobre 1853. A sa sortie de l'Ecole polytechnique, en 1805, il fut attaché, en qualité de secrétaire, au Bureau des longitudes et, l'année suivante, il fut chargé d'aller avec Biot achever la grande opération de la mesure de l'arc du méridien en Espagne. Son travail était à peine terminé lorsque l'insurrection de Palma éclata. Accusé de faire des signaux à l'escadre française, le jeune savant fut enfermé dans la citadelle de cette ville, où il resta trois mois. Comme il revenait en France, la frégate algérienne qui le transportait fut prise par un corsaire espagnol qui transborda Arago sur les pontons de Palamos. Rendu à la liberté, il fut poussé par la tempête sur les côtes d'Afrique et débarqua à Bougie, puis fut embarqué comme esclave sur un corsaire à bord duquel il remplit les fonctions d'interprète. Enfin le consul de France le fit reconduire à Marseille. En 1809, Arago fut nommé membre de l'Institut, puis professeur à l'Ecole polytechnique; et de 1830 jusqu'à sa mort il fut secrétaire de l'Académie des sciences et directeur de l'Observatoire. Il détermina, avec une précision inconnue jusqu'à lui, les diamètres des planètes et s'affranchit d'une cause d'erreur regardée comme inévitable: l'irradiation. Il découvrit la *polarisation colorée*, branche féconde de l'optique dont il fit de belles applications à la physique et à la météorologie. Il fit des recherches sur la constitution physique du soleil. Dans un travail sur le phénomène des anneaux colorés, il découvrit une multitude de faits nouveaux et détruisit de fond en comble l'ingénieuse théorie de Newton. Assisté de Fresnel, il créa la théorie des équivalents optiques. Arago donna le premier les lois de l'aimantation de l'acier par l'électricité; il annonça, en 1824, que l'aiguille aimantée étant arrivée aux dernières limites de son excursion occidentale, allait désormais marcher vers l'est; il découvrit le magnétisme par rotation, les variations de l'aiguille d'inclinaison, les fluctuations de la force magnétique terrestre, l'influence des aurores boréales sur l'aiguille aimantée, la liaison qui existe entre la force élastique de la vapeur d'eau et sa température. Parmi ses inventions nous rappellerons le photomètre et le polariscope. Associé à Gay-Lussac, il fonda, en 1816, les *Annales de chimie et de physique*. Comme vulgarisateur il s'acquit une véritable popularité : il savait expliquer en termes simples et clairs des sciences jusqu'alors enveloppées de nuages. L'immense amphithéâtre de l'Observatoire, où avaient lieu ses cours gratuits, était trop étroit pour contenir la foule d'hommes et de femmes empressés à l'enten-

dre. Elu membre de la chambre des députés en 1830, il fut plusieurs fois réélu pendant le règne de Louis-Philippe. Il devint le chef de l'extrême gauche, fit partie en 1848 du gouvernement provisoire, qui lui confia le ministère de la guerre et de la marine. Après le coup d'Etat, il refusa de prêter serment au nouveau pouvoir et fut seul exempté de le faire, ce qui lui permit de rester à la tête de l'Observatoire. Les trois dernières années de sa vie furent affligées par une cécité complète. Une souscription a mis à même de lui élever, au cimetière du Père-Lachaise, un beau monument dû au ciseau de David d'Angers. On lui a érigé, à Estagel, une statue, œuvre d'Oliva (1865). Ses ouvrages, disséminés dans différents recueils scientifiques, ont été réunis par Barral, Paris, 1856-'57, en 14 vol. in-8°. La partie principale est, sans contredit, son *Astronomie populaire*. — II. (Jean) frère du précédent (1788-1836), passa au service du Mexique, pendant la guerre de l'indépendance, et parvint au grade de général. — III. (Jacques-Etienne-Victor), frère des précédents (1799-1855), écrivain, auteur dramatique et voyageur, a publié de nombreux ouvrages dont le plus intéressant est le : *Voyage autour du monde*, qui obtint un grand succès. Un autre de leurs frères, ETIENNE ARAGO (né en 1803), a fondé la *Lorgnette*, le *Figaro*, la *Réforme* et a écrit plus de cent ouvrages (romans, pièces de théâtre, etc.). Il fut maire de Paris, en 1870. EMMANUEL ARAGO, fils de l'illustre savant (né en 1812), fut membre du gouvernement provisoire en 1870. Il a écrit quelques poésies et on lui attribue plusieurs vaudevilles signés *Emmanuel*.

ARAGON. I. rivière d'Espagne qui naît dans les Pyrénées et afflue dans l'Ebre, près de l'Alfaro; cours 180 kil. — II. Ancien royaume du N.-E. de l'Espagne; capitale Saragosse; aujourd'hui divisé en provinces de Saragosse, de Huesca et de Téruel. 46,565 kil. carr.; 928,718 hab.; couvert au N. par les Pyrénées et plusieurs de leurs ramifications, dont quelques sommités dépassent 3,500 mètres; arrosé par l'Ebre, et par ses tributaires : Jalon, Gallego, etc.; produit des grains, du lin, du chanvre, des fruits, du maïs, du vin, du fer, du mercure, du plomb, du cuivre, du cobalt, du marbre et du charbon. L'Aragon fit d'abord partie de la Tarraconaise des Romains; ceux-ci l'enlevèrent aux Carthaginois vers 200 avant J.-C.; il passa ensuite aux Visigoths, puis aux Maures (VIIIᵉ siècle), forma de bonne heure un comté dépendant du royaume de Navarre et devint un royaume, lorsque Sancho le Grand partagea ses états entre ses quatre fils (1034). Il échut à Ramire Iᵉʳ, fondateur de la dynastie de Navarre, et qui eut pour successeurs, Sanche-Ramirez (1065), ceux-ci (1094), Alphonse Iᵉʳ, le Batailleur (1104) et Ramire II, le Moine (1134). Sous cette dynastie, le royaume s'étendit jusqu'à l'Ebre et eut pour capitales successivement, Jacca, Huesca et Saragosse. Vers 1137, Pétronille, fille de Ramire II, devint reine. Par son mariage avec Raymond Bérenger, comte de Barcelone, elle porta ses états à une nouvelle famille, appelée Barcelonaise. Les princes de cette dynastie furent : Alphonse II (1162), Pierre II (1196), Jaimes ou Jacques Iᵉʳ, le Conquérant (1213), Pierre III (1276), Alphonse III, le Magnifique (1285), Jacques II (1291), Alphonse IV, le Débonnaire (1327), Pierre IV, le Cérémonieux (1336), Jean Iᵉʳ (1387), Martin (1395). Cette dynastie ajouta à l'Aragon la Catalogne, les îles Baléares, la Sicile et la Sardaigne; elle s'éteignit en 1410 et fut suivie d'un interrègne de deux ans que termina l'élection de Ferdinand Iᵉʳ, de Castille (1412) auquel succédèrent : Alphonse V, le Sage (1416), Jean II, de Navarre (1458) et Ferdinand II, le Catholique (1479), lequel, par son mariage avec Isabelle de Castille, unit sous le même sceptre les deux royaumes qui ont formé le noyau de l'empire

espagnol. Pendant longtemps encore les Aragonais conservèrent leurs privilèges ou *fueros* et leurs *cortès*, qui sont le plus ancien système représentatif du monde moderne. On connaît la célèbre formule par laquelle la couronne était déférée à un nouveau souverain : « Nous, qui valons autant que vous, nous vous faisons notre roi et seigneur, à condition que vous respecterez nos fueros et nos libertés; sinon, non ! »

ARAGONA, ville de Sicile, à 13 kil. N.-E. de Girgenti; 8,000 hab. Aux environs se trouvent de grandes mines de soufre et les volcans vaseux de Maccalube.

ARAGONAIS, AISE adj. et s. Qui est né dans l'Aragon, qui est propre à l'Aragon.

ARAGONITE s. f. Minér. Carbonate de chaux prismatique, découverte dans l'Aragon en 1775. L'aragonite existe en prismes rhomboïdaux qui sont souvent réunis de manière à former un prisme hexaèdre irrégulier. On la rencontre souvent dans les minerais de fer (Vosges, Isère, etc.), dans les argiles du gypse (Molina, en Aragon, Bastennes, près de Dax), et quelquefois dans les basaltes (Vertaizon en Auvergne).

ARAGUAY, Araguaya ou **Rio-Grande**, fleuve du Brésil, naît par 18° 10' lat. S. et 53° 50' de long. O., court vers le N. s'unit au Tocantins et se jette au S. de l'estuaire de l'Amazone, après un cours de 2,000 kil. dont 1,700 navigables.

ARAÏCHE (El-), voy. LARACHE.

ARAIGNÉE s. f. [gn mll.] (gr. *arachné*; lat. *aranea*). Entom. Grand genre d'arachnides à huit pattes et sans ailes, qui tirent de leur corps un fil destiné à former leur toile ou piège. — Fig. et fam. DES PATTES D'ARAIGNÉE, des doigts longs et maigres. — Jargon. AVOIR UNE ARAIGNÉE DANS LE PLAFOND, déraisonner par instant. — Art milit. On nomme araignée les branches ou rayons de galerie, les conduits de mine et les chemins sous terre, sortant d'un puits commun, et qui, par une ouverture de 1 mètre environ de largeur, s'avancent sous le terrain des ouvrages où l'on veut diriger les mines. — Mar. Réseau de cordes qui vont s'attacher des trous espacés qu'on a percés à cet effet dans des poutres. On en fait usage pour empêcher les huniers de frotter ou de s'engager contre les lunes ou au-dessous. — Techn. Crochet de fer à plusieurs branches employé pour retirer des puits les objets qui y sont tombés. — PATTES D'ARAIGNÉE, petit conduit qui livre passage à l'huile de graissage pour lui permettre de se répandre dans toutes les parties d'une machine où il y a frottement. Les différents conduits qui constituent les pattes d'araignée prennent naissance à la base des trous graisseurs. — Art vét. Inflammation des mamelles des brebis, causée par les coups de tête des agneaux, la malpropreté des étables, la chaleur, etc. Dès le début, on vide les mamelles, on les lotionne avec des solutions émollientes. S'il y a des ulcérations, on lave la partie avec l'eau de javelle étendue de quatre fois son poids d'eau, on fait disparaître l'induration des onctions d'un liniment ammoniacal. — Chasse. Sorte de filet que l'on suspend légèrement et dans lequel se donne l'hirondelle de mer au moindre choc. Les oiseaux : merles, grives, etc., en fuyant devant le chasseur, viennent donner dans ce filet, qui les enveloppe aussitôt. — Sport. Sorte de voiture employée dans les courses au trot; elle est très légère, à grandes roues et n'a qu'un siège pour le jockey. — Encycl. Le mot *araignée* s'applique à un genre d'arachnides pulmonaires fileuses, à palpes en forme de petits pieds, à mandibule pourvue, sous son extrémité supérieure, d'une petite ouverture pour la sortie du venin. L'anus est percé d'un grand nombre de petits trous d'où s'échappent des fils de soie d'une extrême ténuité. Les femelles forment des cocons pour envelopper leurs œufs; mâles et femelles de plusieurs espèces ourdissent des toiles qui servent de pièges aux insectes dont ces animaux se nourrissent. « Plusieurs arachnides se servent aussi de cette matière soyeuse pour se construire une habitation. Celles qui font des toiles se tiennent tranquilles dans leur centre ou dans la retraite qu'elles se sont ménagées auprès d'elles, jusqu'à ce que des mouvements extraordinaires imprimés à la toile par quelque animal qui s'y trouve arrêté, les préviennent. Elles accourent promptement, fondent sur lui, et leurs forces ne sont pas inférieures aux siennes, le percent de leur dard, afin de lui donner la mort ou de l'affaiblir, et souvent le garottent en l'enveloppant d'une couche de soie. Elles le sucent et le rejettent ensuite son cadavre; plusieurs espèces cependant le laissent dans leur toile. Plusieurs de ces animaux sont si cruels qu'ils ne font pas même grâce à leur propre espèce et que les mâles, craignant d'être dévorés par leurs femelles, ne s'en approchent, aux temps des amours, qu'avec une grande circonspection ou après beaucoup de tâtonnements. Il n'y a, le plus souvent, qu'une ponte par année, vers la fin de l'été. La quantité des œufs varie. Plusieurs éclosent avant l'hiver et leurs fils forment alors ces corps blancs et filamenteux qui voltigent dans l'arrière-saison et que le vulgaire appelle *fils de la Vierge*. Les œufs des autres n'éclosent qu'au printemps de l'année suivante. Plusieurs espèces peuvent vivre plusieurs années » (Cuvier). Le grand genre araignée a été divisé en sept sections par l'illustre Cuvier. 1re section : TERRITÈLES (Mygales, Atypes et Erodions); 2e section : TUBITÈLES ou *Araignées tapissières* (Ségestries, Dysdères, Clotho, Araignées propres, Filistates, Drasses, Clubiones, Argyronètes); 3e section : INÉQUITÈLES ou *Araignées filandières* (Scytodes, Théridions, Episines, Pholcus); 4e section : ORBITÈLES ou *Araignées tendeuses* (Linyphies, Ulobores, Tétragnathes, Epeires); 5e section : LATÉRIGRADES (Microrammes, Sélénopes, Thomises); 6e section : CITIGRADES ou *Araignées-Loups* (Ctènes, Oxyopes, Dolomèdes, Lycoses); 7e section : SALTIGRADES ou *Araignées phalanges* (Erèses, Saltiques). Les fileuses des cinq premières sections sont dites *sédentaires*, parce qu'elles se tiennent immobiles dans leur piège ou tout auprès; celles des deux autres sections sont appelées fileuses *vagabondes*, parce qu'elles ne font point de toile, guettent leur proie et la saisissent à la course ou en sautant sur elle. — Un patient naturaliste américain, le capitaine Holden, a réuni une collection comprenant 25,000 spécimens d'araignées, (4,000 espèces) de tous les pays du globe, depuis l'animal presque microscopique, jusqu'aux monstrueux arachnides qui tuent un moineau et le dévorent. Cette singulière collection a été exhibée à Cincinnati en 1881. Elle est accompagnée d'un catalogue de tous les ouvrages écrits et publiés sur l'araignée, et comprenant 70,000 références sur 10,000 fiches. — Araignées propres, genre des Arachnides Tubitèles ou tapissières. Caractères : tout entiers, rangés par quatre de chaque côté, sur le bord antérieur du céphalothorax; première et dernière paires de pattes plus longues que les deux autres paires; mâchoires droites; lèvres carrées; filières supérieures fortement saillantes et dépassant les quatre autres. On connaît deux espèces principales : l'*Araignée domestique* (*Aranea domestica*, Linné), commune dans les habitations négligées, dans les étables, dans les greniers, etc.; et l'*Araignée labyrinthique* (*Aranea labyrintica*, Linné), qui vit sur les haies, les buissons, les arbrisseaux touffus. Ces arachnides forment, aux angles des murs, sur les plantes et sur les haies, de grandes toiles, à peu près horizontales, et à la partie supérieure desquelles se trouve un tube ou fourreau dans lequel l'animal se tient

à l'affût, prêt à se jeter sur l'insecte qui vient se prendre dans son réseau. L'araignée détruit des centaines de mouches; c'est donc un animal utile; on le dit assez intelligent et susceptible d'attachement. Pellisson, enfermé à la Bastille, avait familiarisé une araignée au point qu'elle accourait à lui dès qu'il lui en donnait le signal. — TOILE D'ARAIGNÉE. On a essayé de tirer parti de la soie des araignées et l'on est parvenu à la filer et à en faire des bas et des gants. Réaumur composa, à ce sujet, un *Mémoire sur la soie de l'araignée* (Recueil de l'Académie des sciences, 1710); mais les fils de cet animal sont trop faibles pour être employés utilement dans l'industrie. La chirurgie et la médecine en tirent parti comme absorbant, pour arrêter les petites hémorragies. On a vanté la toile d'araignée comme fébrifuge, dans les fièvres intermittentes rebelles au quinquina. — « Un des plus grands ennuis des télégraphes au Japon, dit la *Lumière électrique* (1881), est occasionné par les araignées. Les arbres qui sont situés près des lignes télégraphiques sont remplis d'araignées qui établissent leurs toiles entre le sol, les fils, les poteaux, les isolateurs et les arbres. Quand ces toiles d'araignées sont chargées de rosée, elles constituent un bon conducteur, et les lignes se trouvent reliées au sol. Le seul moyen d'éviter cet inconvénient est de faire balayer les fils avec des balais du bambou. Mais comme les araignées sont plus nombreuses et plus actives que les ouvriers employés à ce travail, la difficulté n'en est pas moins sérieuse. »

ARAIRE s. m. (lat. *arare*, labourer). Agric. Espèce de charrue primitive, sans avant-train et sans roue. Les perfectionnements de Mathieu de Dombasle et de plusieurs autres agronomes ont rendu à l'araire son rang parmi les instruments de labourage.

ARAJA (François), compositeur napolitain, né vers 1700, maître de chapelle à Saint-Pétersbourg; auteur du premier grand opéra écrit en russe: *Céphale et Procris*.

ARAL (mer ou lac d'), autrefois *mer Bleue*; mer intérieure, à 500 kil. E. de la mer Caspienne, dans la Russie d'Asie et le Turkestan; 66,998 kil. car. : 500 kil. de long. (du S.-O. au N.-E), sur 220 de large (de l'E. à l'O.). Niveau de l'eau : 39 m. au-dessus de celui de la mer Caspienne. Le lac d'Aral est poissonneux ; il renferme un grand nombre d'îles et reçoit le Sir-Darya (Jaxartes) et l'Amou-Darya (Oxus). La Russie y a établi des lignes de bateaux à vapeur.

ARALIACÉ, ÉE adj. Bot. Qui ressemble à l'aralie. — ARALIACÉES s. f. pl. Famille de plantes dicotylédones à fleurs incomplètes calyciflores, type de l'ordre des ombellinées qui comprend des arbres ou des arbrisseaux à feuilles entières ou très découpées, dont le pétiole est dilaté ou membraneux à la base ; à baies en plusieurs loges monospermes, couronnées par le calice persistant. Principaux genres : Moscatelline, Panax, Aralie, Lierre.

ARALIE s. f. (*aralia*, nom de cette plante chez les habitants du Canada). Bot. Genre d'Araliacées, comprenant une douzaine d'espèces des régions extra-tropicales de l'ancien continent et de l'Amérique du Nord. Parmi les espèces cultivées comme arbrisseaux d'ornement, nous citerons : l'*Aralie à tige nue* (*Aralia nudi caulis*), à racines amères qui remplacent frauduleusement la salsepareille; l'*Aralie à fleurs en grappes* (*Aralia racemosa*) ; et l'*Aralie épineuse* (*Aralia spinosa*), arbrisseau à forts aiguillons et à fleurs blanches. — Les Chinois possèdent l'*Aralie à papier* (*Aralia papyrifera*); *tung-tsaou*) qui sert à la fabrication de ce qu'on appelle improprement papier de riz.

ARAM [a-ramm] (haut, élevé; lat. *Aramœa*). — I. Nom hébreu de la région N. et E. de la Palestine, jusqu'au Tigre. L'Aram correspondait à la Syrie et à la Mésopotamie. La por-

tion comprise entre le Tigre et l'Euphrate est spécialement appelée Aram-Naharaïm (Aram aux deux rivières), ce que les Grecs traduisirent par le nom de Mésopotamie. — II. Cinquième fils de Sem, d'après la Bible ; c'est de lui que descendent les Araméens.

ARAMAÏQUE s. et adj. [a-ra-ma-i-ke].Idiome sémitique ayant de grands rapports avec l'araméen, et parlé dans le pays de Bagdad et de Bassora, chez les Nabatéens et les Sabéens L'alphabet aramaïque se compose de vingt-deux lettres.

ARAMÉEN, ÉENNE adj. Qui a rapport aux Araméens : *la langue araméenne est une des trois branches de la famille des langues sémitiques.* — s. m. *L'araméen a deux dialectes principaux : le syriaque et le chaldéen.* — La langue araméenne, d'abord identique à l'hébreu, s'en éloigna peu à peu et, au temps d'Ézéchias elle était incompréhensible pour la masse des Juifs. Lorsque les dix tribus furent emmenées en captivité, leur pays fut colonisé par des immigrants araméens qui formèrent graduellement un patois appelé le samaritain. Les exilés de Juda adoptèrent en Babylonie la langue araméenne qui devint ensuite la langue courante de Palestine.—Au VIIe siècle, l'invasion musulmane introduisit l'arabe en Syrie et l'araméen, refoulé, n'exista bientôt plus, comme langue parlée, que parmi les chrétiens syriens qui vivent aux environs de Mossoul. Comme langue écrite, l'araméen a été employé dans ses deux dialectes (le chaldéen et le syriaque), par les hébreux et par les chrétiens d'Orient. Plusieurs des livres apocryphes furent d'abord écrits en araméen; les Targums sont dans la même langue ; et le Talmud dans un dialecte qui s'en rapproche beaucoup.

ARAMÉENS s. m. pl. Peuple établi dans le pays d'Aram et descendant d'Aram, cinquième fils de Sem.

ARAMITS ou **Aramitz**, ch.-l. de cant.; arr. et à 17 kil. O.-S.-O. d'Oloron (Basses-Pyrénées); 1,100 hab.

ARAMON s. m. Ancienne charrue incomplète, sans courbe ni versoir.

ARAMON ch.-l. de cant.; arr. et à 29 kil. E.-N.-E. de Nîmes (Gard), sur la rive droite du Rhône; 2,700 hab. Fabr. de salpêtre, de cordages et de poterie.

ARAMONT (Gabr. DE LUETZ, *baron d'*), diplomate, né probablement à Nîmes, fut ambassadeur de France à Constantinople (1546-'53), conclut avec les Ottomans une alliance contre Charles-Quint et laissa une relation de ses voyages, relation rédigée par son secrétaire Chesneau.

ARAN (val d') vallée d'Espagne, Catalogne, sur le versant N. des Pyrénées, et bornée par nos dép. de la Haute-Garonne et de l'Ariège. Elle mesure 55 kil. de long, sur 40 de large; population, environ 15,000 hab.; ch.-l. Viella; villes princ. Salardou et Bosost. La position géographique de cette vallée la rattache à la France bien plus qu'à l'Espagne. La Garonne et la Noguera y ont leur sources.

ARAN, petite rivière de France, affluent de l'Adour; 45 kil.

ARANAIS, AISE s. et adj. Habitant du val d'Aran. Les Aranais élèvent de nombreux troupeaux et se livrent principalement à la contrebande entre la France et l'Espagne.

ARANDA, I. (Emmanuel d'), né à Bruges en 1719, fut, pendant une traversée, pris par des corsaires barbaresques qui le menèrent à Alger, où il resta deux années en esclavage. A son retour en Brabant (1642), il écrivit en espagnol le récit de sa captivité (trad. en français, Paris 1665, in-16) — II. (Pedro-Pablo Abarca y Bolea, COMTE d'), homme d'État espagnol (1718-1799), fut premier ministre de 1766 à 1773 et expulsa les Jésuites en 1767.

ARANDA DE DUERO, petite ville de la Vieille-Castille, à 97 kil. S. de Burgos, par 41° 40' 12" lat. N. et 6° 0' 7" long. O ; 4,500 hab.

ARANÉEUX, EUSE adj. (lat. *aranea*, araignée). Qui est couvert de toiles d'araignée; qui ressemble à l'araignée ou à sa toile.

ARANÉIDE adj. (lat. *aranea*, araignée; gr. *eidos*, ressemblance). Zool. Qui ressemble à l'araignée. — ARANÉIDES s. f. pl. Nom que donnent quelques naturalistes à une famille d'arachnides, correspondant aux *Fileuses Territéles* de Cuvier.

ARANJUEZ, ville de l'Espagne centrale, sur le Tage, à 50 kil. S. de Madrid ; 4,350 hab. Magnifique palais, entouré de jardins délicieux, construit par Philippe II. Le 17 mars 1808, éclata dans cette ville, contre Charles IV et son favori, Godoï, une révolte, qui amena, le 19 mars, l'abdication de Charles, en faveur de son fils, Ferdinand VII. — Lat. N. 40° 2' 30"; long. O. 5° 56' 15".

ARAPAHOES, nom anglais des Indiens appelés *Gros-Ventres du Sud* par les anciens missionnaires français au Mississipi. Il existe encore 3,000 Arapahoes réfugiés dans les territoires Indien et de Nebraska. On les nomme aussi *Fall Indians*.

ARAPILES (Les). Village d'Espagne, près de Salamanque ; donné son nom à la fameuse bataille perdue par Marmont, le 22 juillet 1810, bataille qui établit la renommée de Wellington et que les Anglais nomment *victoire de Salamanque*. Les Français y perdirent 20,000 hommes, dont 7,000 prisonniers. Marmont ayant été blessé et son remplaçant, Thomière, ayant été tué, Clausel et Foy furent chargés de diriger la retraite.

ARARAT (arménien, *Masis*; turc, *Agri Dagh*), montagne d'Arménie, considérée comme étant celle sur laquelle s'arrêta l'arche de Noé. Elle comprend le Grand Ararat (5,155 m.) et le Petit Ararat (4,180), l'un et l'autre volcans éteints. Parrot (27 sept. 1829) et Stuart (1856) gravirent les premiers le Grand Ararat jusqu'au sommet. James Bryce, qui fit la même ascension, les 11, 12 sept. 1876, décrit la cime de cette montagne comme une petite plaine désolée, silencieuse et couverte de neige, sous un ciel brillant, au milieu d'un panorama austère et monotone. Chez les Persans, l'Ararat est nommé Koh-i-nuh, montagne de Noé. — Lat. du Grand Ararat, 39° 42' 24" N. ; long. 41° 57' 30" E.

ARAS (anc. *Araxes*), riv. d'Arménie, affluent du Kour ; sources à 35 kilom. S. E. d'Erzeroum ; cours 650 kilom.

* **ARASEMENT** s. m. Maçonn. et menuis. Action de mettre de niveau ou à la même hauteur les diverses pièces d'un même ouvrage ; résultat de ce travail.

* **ARASER** v. a. Techn. Mettre de niveau un mur, un bâtiment, en élevant les parties basses à la hauteur de celle qui est la plus élevée : *il faut araser ce mur*.

* **ARASES** s. f. pl. Techn. Pierres de bas appareil qui servent à araser un cours d'assises, à la hauteur des planchers ou des plinthes d'un bâtiment. S'emploie au sing. dans cette expression : *pierre d'arase*.

ARATIKA, île de l'Archipel Tuamotu. (Océanie). — Lat. (à la pointe orientale) 15° 27' 40" S. ; long. 147° 36' 33" O.

* **ARATOIRE** adj. (lat. *arare* labourer). Qui sert ou qui appartient à l'agriculture : *l'art aratoire; travaux aratoires; instruments aratoires*.

ARATUS I. Poète grec né en Cilicie, vers 290 av. J.-C. Ses « Phénomènes » donnent une description générale des corps célestes et de leur mouvement ; et ses « Pronostics » exposent leur influence sur l'atmosphère. — II. Général grec, né à Sicyone, en 271 av. J.-C., mort en 213. Il délivra Sicyone de la tyrannie de Nicoclès (voy. le beau récit de Plutarque, *Aratus*) et fut élu général de la ligue achéenne en 245. Corinthe, qu'il délivra du joug macédonien, Trézène, Épidaure, Mégare, Cléone, Argos et Mégalopolis so joignirent bientôt à cette ligue, ce qui fit naître chez Aratus l'espoir d'unir en une fédération tous les peuples de la Grèce ; mais Sparte, par son opposition, fit avorter ce beau projet. Aratus appela à son aide Antigone Doson de Macédoine, qui s'empara de presque toute la Grèce (223) et ne laissa plus aucune autorité à Aratus. Philippe III, successeur d'Antigone, donna un poison tant à ce général et à son fils.

ARAUCAN, ANE ou **Arauco**, s. Habitant de l'Araucanie, entre le fleuve Biobio au N., l'archipel de Chiloé au S., les Andes, à l'E, et le Grand océan à l'O. Le territoire des Araucans est divisé en quatre provinces, présidées chacune par un chef héréditaire appelé *Toqui*. Ces magistrats forment le grand conseil de la fédération araucanienne, conseil qui décide de la paix et de la guerre et qui, en cas d'urgence, convoque l'assemblée générale. L'Être Suprême des Araucans, appelé le grand Toqui de l'univers, a pour subordonnés le dieu de la guerre, le dieu bienfaisant, le dieu de l'humanité, etc. On ne leur bâtit pas de temple, on ne leur offre pas de sacrifices, on ne leur adore pas sous la forme d'idoles et on ne leur donne aucun prêtre. Le dieu du mal s'appelle Gecouboú. — L'Arauco est solidement bâti, de taille moyenne, d'un teint cuivré, mais moins foncé que les autres Indiens de l'Amérique du Sud. Son visage plat, son front bas, son nez court et large, ses yeux petits et ardents, ses lèvres minces forment un ensemble peu sympathique ; en général, sa physionomie est sombre et défiante. Les femmes sont chargées de tous les travaux des champs et de l'intérieur ; les hommes s'occupent de la chasse et de la guerre. Ils habitent des maisons de bois ou de roseaux enduits de plâtre ; ils ne s'assemblent pas en villages nombreux ; au contraire, ils préfèrent s'isoler au milieu de leurs plantations.

ARAUCANA (1'), poème épique espagnol, en trente-sept chants, par Alonzo de ERCILLA, (voy. ce nom). Le sujet est une expédition entreprise par Philippe II contre les Araucans. Cervantès comparait *l'Araucana* aux meilleurs poèmes épiques de l'Italie ; l'Espagne n'en a pas produit de plus beau. On lui reproche l'absence de plan et d'unité. Il a été traduit en français et abrégé par Gilbert de Merlhiac, Paris, 1824.

ARAUCANIE, contrée qui forme les deux provinces chiliennes d'Arauco et de Valdivia. L'Araucanie fut attaquée par les Espagnols en 1537 ; mais elle se défendit courageusement et finit par faire reconnaître son indépendance en 1773. En 1860, un Français, nommé Orélie-Antoine de Tonnens, natif de Chourgnac, arrond. de Périgueux, entreprit la civilisation de cette riche contrée que le Chili convoitait depuis longtemps. Il se fit nommer roi sous le nom d'Orélie-Antoine Ier et adopta les lois françaises, sauf à les modifier dans la suite. Il se disposait à organiser une armée de 40,000 hommes, lorsqu'au milieu d'un de ses voyages, il fut entouré de soldats chiliens qui le saisirent avec sa suite et le conduisirent dans une maison de fous (janv. 1862). Sur la réclamation du gouvernement français, Orélie-Antoine fut rendu à la liberté quelque temps après. Il revint en France et chargea de le représenter auprès de ses sujets un nommé Planchut qui usurpa le titre de roi ; titre bien éphémère, car le Chili, dont l'attention avait été vivement éveillée par la tentative de notre compatriote, établit partout des postes d'ob-servation et se mit en mesure de réprimer par la force toute velléité d'indépendance.

ARAUCANIEN, ENNE adj. Qui appartient à l'Araucanie ; qui y a rapport.

ARAUCARIE s. f. (Araucaria; de l'espag. *Araucos*, Araucaniens). Bot. Genre d'Abiétinées conifères, renfermant des arbres à rameaux verticillés, à magnifique feuillage, à bourgeons nus et à leurs dioïques ; ces arbres croissent au Chili et dans l'Araucanie. Principale espèce, recherchée pour l'ornement : *Araucarie du Chili (Araucaria imbricata)*, à feuilles luisantes terminées par une pointe aiguë.

ARAUCO, province méridionale du Chili ; 15,802 kil. carr. 51,500 hab. Cap. Los Angeles

ARAUSIO, ancien nom de la ville d'Orange (France).

ARAVAQUE s. m. Dialecte de la langue caraïbe, parlé dans la Guyane anglaise et la Guyane hollandaise.

ARAXES I. nom ancien de l'ARAS. Voy. ce mot. II. Riv. de l'ancienne Perse, passait près de Persépolis, et se jetait dans le Médus, qui allait au golfe Persique.

ARBA (l'), petite ville d'Algérie, dans la plaine de la Mélidja, à 28 kil. S.-E. d'Alger ; 2,000 hab. Elle fut fondée en 1849.

ARBACE, gouverneur des Mèdes pour Sardanapale, roi d'Assyrie ; se rendit indépendant, prit le titre de roi, fonda le royaume de Médie, et établit sa résidence à Ecbatane (876 av. J.-C.) ; régna 28 ans.

ARBALESTRILLE s. m. [ar-ba-lè-stri-lle ; ll mll.] (du vieux fr. *arbalestre*). Mar. Instrument qui servait autrefois à mesurer les distances angulaires de deux objets, ou l'angle formé par les rayons visuels que l'on dirige vers ces points. On l'employait surtout à la détermination de la latitude ou l'on dirige vers ces points. On l'employait surtout à la détermination de la latitude ou de la hauteur du soleil. On l'abandonna en 1,600, pour faire usage du quartier anglais, qui fut délaissé pour l'*octant*. — L'arbalestrille reçut aussi les noms de *radiomètre*, de *bâton de Jacob*, de *verge d'or* et de *rayon astronomique*.

* **ARBALÈTE** s. f. (contraction du lat. *arcus*, arc, et *balista*, baliste). Arme de trait dont on se servit depuis le xe siècle jusqu'à l'invention et le perfectionnement des armes à feu. Proscrite en 1139, comme trop meurtrière, par le concile de Latran, elle fut réintroduite sous le règne de Philippe-Auguste. Les arbalètes de la cavalerie étaient les plus légères et se tendaient au moyen d'un simple levier ou pied de biche. Celles de l'infanterie, beaucoup plus fortes étaient tendues avec un cric à manivelle nommé *cranequin*, d'où le nom de *cranequiniers* donné quelquefois aux arbalétriers à pied. — L'arbalète se composait d'un arc, ordinairement d'acier, qui était fixé, par son milieu, sur un fût de bois nommé *arbrier*. Celui-ci était creusé, dans une partie de sa longueur, d'une rainure qui servait à diriger la flèche; il était terminé par une espèce de crosse que l'on appuyait à l'épaule, en fixant l'œil dans la direction de la rainure; il était muni, vers son milieu, d'un disque d'os ou d'ivoire, appelé *noix*, dont le contour portait deux encoches ; l'une pour recevoir la corde de l'arc, quand elle était tendue ; l'autre pour arrêter l'extrémité d'un ressort de détente. Dans certaines armes, le fût se trouvait évidé en demi-cylindre, pour servir de direction aux différentes espèces de traits. Mais dans les *arbalètes à jalet*, le fût se composait d'un tube dans lequel on mettait des boules de fer ou de plomb, ou des cailloux ronds, et qui était fendu de chaque côté, de manière à laisser passer la corde. Les traits les plus ordinaires étaient les *flèches*; on employait aussi le *carreau* et le *matras* ou gar-

rote, dont la pesanteur était propre à briser les armures. Il y avait des arbalètes portatives pour la chasse et pour les troupes d'infanterie et de cavalerie ; et des arbalètes de campagne, de *passe*, de *place* ou de *siège* qui étaient montées sur des affûts fixes ou mobiles, et qui marchaient à la suite des armées ou étaient placées sur les remparts des forteresses. — CHEVAL EN ARBALÈTE, cheval attaché seul devant les deux chevaux de timon d'une voiture. — ∾ Argot. Croix à la Jeannette. — ARBALÈTE D'ANTONNE, croix d'église.

ARBALÉTILLE s. f. Petite arbalète.

ARBALÉTRE s. f. ou Arbalétrier s. m. Ornith. Nom vulgaire que l'on donne dans le Midi au *martinet noir.*

* ARBALÉTRIER s. m. Soldat armé d'une arbalète. C'est sous le règne de Louis le Gros qu'il est question pour la première fois d'arbalétriers dans nos guerres. Ils rendirent de grands services à la bataille de Bouvines, en

«Arbalétrier.

1214. Bientôt ils formèrent une milice commandée par un *grand maître* des arbalétriers. Le dernier qui porta ce titre fut Aymar de Prie, mort en 1534. Le corps des arbalétriers subsista encore longtemps. Une compagnie de 200 d'entre eux fit merveille à Marignan. Jusqu'à la Révolution, quelques villes entretinrent des escouades d'arbalétriers pour maintenir le bon ordre.

* ARBALÉTRIER s. m. Charpent. Ensemble des pièces de bois qui servent à former le comble d'un bâtiment, et qui sont posées obliquement, de manière à s'assembler par leur extrémité supérieure dans la pièce de bois perpendiculaire que l'on appelle *aiguille* ou *poinçon*, et par l'autre extrémité dans la poutre horizontale nommée *entrait.*

* ARBALÉTRIER s. m. Nom vulgaire du MARTINET NOIR.

ARBALÉTRIÈRE s. f. Meurtrière en forme de croix.

ARBAS, village du cant. d'Aspet (Haute-Garonne) ; 950 hab. Verreries ; forges.

ARBELLES, ancien nom d'*Erbil*, village du Kurdistan turc, à 65 kil. S.-E. de Mossoul. La troisième et dernière bataille entre Alexandre le Grand et Darius se livra le 1er octobre 331 av. J.-C., à Gaugamèle (60 kil. N.-O d'Erbil). — BATAILLE D'ARBELLES, tableau d'Altdorfer au musée de Munich. — Une des cinq grandes compositions de Charles Lebrun, si connues sous le nom de *Batailles d'Alexandre* (Voy. ALEXANDRE).

ARBENNE s. f. Nom savoisien du lagopède.

ARBI s. m. Jargon milit. Arabe : *les Arbis dormaient sous la tente* ; Eh, *l'Arbi!*

ARBICO s. m. (dimin. d'*Arbi*). Jargon milit. Petit Arabe. Plur. DES ARBICOS.

ARBITER [ar-bi-tèrr]. Antiq. Arbitre romain, choisi, en vertu de la loi *compromissum*, par les parties elles-mêmes, pour décider sur leurs différends. Un *arbiter datus* était nommé par le préteur pour prendre une décision sur les matières purement d'équité, tandis que le *judex* se prononçait sur les matières de loi et de précédent.

ARBITRABLE adj. Se dit d'une contestation que l'on peut mettre en arbitrage.

* ARBITRAGE s. m. (lat. *arbitrium*). Jugement d'un différend par arbitres. — « Droit de juridiction conféré à des particuliers, par la volonté libre des parties, afin de résoudre un différend. — L'arbitrage est toujours volontaire. Les art. 52 à 63 du Code de comm. avaient établi un arbitrage forcé qui était imposé aux associés commerçants, pour régler toute contestation s'élevant entre eux, à raison de leur société ; mais cet arbitrage a été aboli par la loi du 17 juillet 1856. Bien que l'arbitrage soit essentiellement conventionnel, les conditions et les formes en sont réglées par le Code de proc. civ. (art. 1,003 à 1,028). — On appelle *compromis* la convention authentique ou sous seings privés par laquelle les parties soumettent leurs différends à des arbitres. Le compromis doit, à peine de nullité, désigner les questions en litige et les noms des arbitres. Pour que l'arbitrage puisse avoir lieu, il est nécessaire : 1° que les parties aient la libre disposition des droits en litige ; 2° que la contestation ne concerne pas une question d'état, une séparation, un don ou legs d'aliments, ou toute autre question sujette à communication au ministère public ; 3° que les arbitres nommés ne soient pas des mineurs, des interdits, des femmes mariées ou tous autres individus frappés d'exclusion par la loi. Les arbitres doivent décider suivant les règles du droit ; mais le compromis peut les en dispenser, en les déclarant *amiables compositeurs*. Si les deux arbitres choisis ne peuvent se mettre d'accord, ils nomment, lorsqu'ils y sont autorisés, un tiers-arbitre pour les départager, mais il faut que celui-ci s'accorde avec l'un des deux autres pour qu'il y ait décision valable. Le jugement arbitral n'a de force exécutoire qu'après avoir été ratifié par une ordonnance du président du tribunal civil ; ce jugement ne peut-être opposé à des tiers. — L'appel des jugements arbitraux est porté devant les tribunaux de première instance, pour les matières qui eussent été de la compétence des juges de paix, et devant les cours d'appel, pour les matières qui eussent été du ressort des tribunaux de première instance. Mais on peut, dans le compromis, renoncer à l'appel et aussi à la requête civile. Le pourvoi en cassation n'est pas admis contre les sentences arbitrales, mais seulement contre les jugements ou arrêts relatifs à ces sentences. On ne doit pas considérer comme un arbitrage la mission des *arbitres-rapporteurs* que les tribunaux civils ou de commerce chargent d'entendre les parties en instance, de les concilier si faire se peut et, dans le cas d'insuccès, de faire un rapport au tribunal. Ils n'ont aucunement le droit de rendre un jugement arbitral. — ARBITRAGE INTERNATIONAL. Dans la politique internationale, l'arbitrage a été quelquefois, bien que rarement employé, afin de terminer des différends entre deux nations. Le congrès de Paris (1856) a émis le vœu platonique qu'avant de recourir aux armes, les nations eussent toujours recours à l'arbitrage de puissances amies. En 1862, le roi des Belges, Léopold Ier, fut appelé à dénouer un conflit survenu entre le Brésil et l'Angleterre. En 1871, l'Angleterre et les États-Unis d'Amérique ont soumis à l'arbitrage de l'empereur d'Allemagne une question de frontières, et à un tribunal arbitral le règlement des indemnités relatives au corsaire l'*Alabama* (voy. ALABAMA). Cet arbitrage, comme celui du droit civil, suppose nécessairement un

compromis préalable. Autrement il n'y aurait qu'une intervention officieuse, c'est-à-dire une médiation. Les congrès sont aussi constitués arbitres dans certaines questions, et c'est là leur véritable rôle. — On nomme ARBITRAGE SUR EFFETS PUBLICS, une opération de bourse consistant à vendre une valeur dont le cours semble avoir atteint son apogée, pour en acheter une autre qui paraît devoir monter, de manière à faire un meilleur placement ou à se préparer un bénéfice au moyen d'une réalisation ultérieure ».
(YVES).

* ARBITRAIRE adj. Qui est produit par la seule volonté de l'homme, sans avoir de règle ni de fondement naturel : *la plupart des noms donnés aux choses sont purement arbitraires.* — Qui dépend de la volonté, du choix de chaque personne : *l'Église n'ayant point décidé là-dessus, la chose est arbitraire.* — Ce que le juge peut prononcer, statuer à son gré : *dans certains cas, les peines sont arbitraires.* — Qui est despotique ; qui n'a d'autre règle que la volonté, le caprice du prince ou de ses agents : *un pouvoir arbitraire ; un acte arbitraire.* — s. m. Se dit, en mauvaise part, des actes de gouvernement, d'administration où la volonté des personnes remplace celle de la loi : *les caprices de l'arbitraire ; une victime de l'arbitraire.*

* ARBITRAIREMENT adv. D'une façon arbitraire, despotique : *il gouverne arbitrairement.*

* ARBITRAL, ALE, AUX adj. Prononcé par des arbitres : *sentence arbitrale ; jugements arbitraux.*

* ARBITRALEMENT adv. Par arbitres : *affaire jugée arbitralement.*

* ARBITRATION s. f. Jurisp. Estimation faite en gros et sans entrer dans le détail.

* ARBITRE s. m. (lat. *arbiter*). Celui qui est choisi par une ou plusieurs personnes, pour terminer un différend. (Voy. ARBITRAGE.) — Par ext. Maître absolu : *Dieu est l'arbitre de la vie et de la mort.*

> Ils se perdaient ces noms de maîtres de la terre,
> D'arbitres de la paix, de foudres de la guerre.
> MALHERBE. *Odes.*

— Métaphys. LIBRE ARBITRE, FRANC ARBITRE, faculté par laquelle l'âme se détermine à une chose plutôt qu'à une autre ; puissance que la volonté a de choisir : *les hommes possèdent leur libre arbitre.*

* ARBITRER v. a. Estimer, régler, décider, en qualité de juge ou d'arbitre : *les experts ont arbitré.*

ARBLAY (Madame d'), née FRANCES BURNEY (1752-1840), épousa, à Londres, en 1793, Alexandre-Richard d'Arblay, officier d'artillerie, émigré de France. Elle écrivit en anglais plusieurs romans qui établirent sa réputation littéraire et parmi lesquels on cite particulièrement *Evelina* et *Cécilia.*

ARBOGASTE, général gaulois, né en Aquitaine, vers 340 et m. en 394 apr. J.-C. Entré de bonne heure au service des Romains, il combattit les Germains sur le Rhin et sur le Danube. Menacé d'une disgrâce, il fit périr Valentinien II et mit à sa place le rhéteur Eugène (392). Aussitôt l'empereur d'Orient, Théodose, beau-frère de Valentinien, assembla une armée et marcha contre Arbogaste, qui fut vaincu dans une grande bataille près d'Aquilée et qui se donna la mort en se perçant de son épée.

ARBOIS ch.-l. de cant. (Jura), à 8 kil. N.-E. de Poligny, dans une vallée profonde ; 6,000 hab. Vins rouges renommés ; vins-blancs doux et mousseux. Collège. Patrie de Pichegru. Ville fondée vers le XIe siècle, commune en 1282, prise par l'armée de Louis XI en 1479 et par Biron en 1595, malgré l'héroïque résistance de cent hommes enfermés dans la ville. Biron déshonora sa victoire en faisant pendre le chef de cette petite troupe.

ARBORÉAL, ALE, ALS adj. Qui est ordinairement sur les arbres ; qui r'mpe sur les arbres. *On trouve à Bornéo une panthère arboréale. Le Galéopithèque, le Polatouche, le Rhacophore sont des animaux arboréals.*

'ARBORER v. a. (lat. *arbor*, arbre). Planter, élever quelque chose droit comme un arbre : *arborer un étendard ; il arbora les couleurs nationales.* — Mar. Hisser, en parlant d'un pavillon, d'une flamme : *nous arborâmes le pavillon français.* — Fig. Se déclarer pour : *arborer l'étendard de la révolte ; arborer l'impiété.*

ARBORESCENT, ENTE adj. [ar-bo-rèss-san]. Bot. Qui a le caractère, la forme, le port d'un arbre.

ARBORICOLE adj. (lat. *arbor*, arbre ; *colere* habiter). Hist. nat. Qui vit sur les arbres. On dit mieux : ARBORÉAL.

'ARBORICULTEUR s. m. Celui qui s'occupe de perfectionner la culture des arbres.

'ARBORICULTURE s. f. (lat. *arbor*, arbre ; *cultura*, culture) Partie de l'agriculture qui concerne la culture des arbres. On la divise en : *Arboriculture forestière* (culture des bois et forêts ; plantations de lignes, des haies vives et des oseraies) ; *Arboriculture d'ornement* (culture des parcs et jardins ; plantations de lignes pour l'ornement) ; *Arboriculture fruitière* (culture des vergers, des jardins fruitiers et des vignobles) ; *Arboriculture économique* (culture de toutes les espèces ligneuses non comprises dans les autres divisions, telles que les arbrisseaux à parfums, les mûriers, etc.) Voy. *Pépinière*, etc. — MALADIES DES ARBRES, ce sont les *plaies*, la *gouttière*, la *carie*, l'*empoisonnement*, la *roulure*, la *cadranure*, la *gélivure*, le *couronnement*, la *décurtation*, l'*aubier faux*, le *retour*, etc. Voy. ces différents mots.

ARBORIFORME adj. Qui a la forme d'un arbre.

ARBORISATION s. f. [ar-bo-ri-za-si-on] (rad. *arborisé*). Minér. Dessin naturel, ordinairement noir, représentant des parties de végétaux, que l'on remarque dans différentes pierres, (surtout dans les agates), dans les schistes, les ardoises, les marnes dures, etc. Les arborisations sont formées par des infiltrations d'eau chargées de manganèse, de fer ou de particules d'un autre métal. Lorsqu'elles sont superficielles, c'est-à-dire lorsqu'elles se sont formées à la surface de la pierre, sans avoir pénétré à l'intérieur, on les appelle *Dendrites*. Représentation d'arbrisseaux sur les vitres quand il gèle.

'ARBORISÉ, ÉE adj. Qui présente des arborisations : *pierres arborisées, agate arborisée.*

ARBORISTE s. m. Se dit quelquefois pour PÉPINIÉRISTE.

ARBOR VITÆ [ar-bor-vi-tè], nom lat. des plantes conifères du genre *Thuia.*

'ARBOUSE s. f. [ar-bou-ze] (lat. *arbutum*, celtique, *ar*, âpre ; *boise*, buisson).Fruit de l'arbousier.

'ARBOUSIER s. m [ar-bou-zi-é](rad.*arbouse*). Bot. Genre d'Ericacées comprenant de beaux arbrisseaux toujours verts, à feuilles alternes, coriaces, persistantes ; à fleurs garnies de bractées, à fruit charnu, globuleux. On en cultive une douzaine d'espèces dans les jardins, à cause de leurs fleurs blanches et rosées, disposées en grappes terminales paniculées. L'espèce la plus commune en France est le *Fraisier en arbre (Arbutus unedo*, Lin. ; de *unum edo*, je mange un seul, parce que les fruits étant mauvais, on n'en mange ordinairement qu'un seul), bel arbre de l'Europe méridionale ; il donne au commencement de l'hiver des fruits rouges de la grosseur d'une cerise, de la forme d'une fraise et possédant une saveur aigrelette. On prétend que ces fruits produisent une espèce de stupeur si l'on en mange avec excès. Les Corses en obtiennent une boisson vineuse agréable ; on peut en extraire du

Arbousier commun (arbutus unedo.)

sucre. Cette espèce a produit plusieurs variétés qui se distinguent par la couleur de leurs fleurs. On cultive, en outre, l'*Arbousier hybride (Arbutus Andrachnoïdes)*, petit arbre originaire d'Orient. La *Busserole* et l'*Arbousier des Alpes* font aujourd'hui partie du genre ARCTOSTAPHYLE (voy. ce mot).

' ARBRE s. m. (lat. *arbor* ; du celtique : *ar*, le ; *bor*, arbre). Bot. Végétal qui présente une tige ligneuse et persistante ; par opposition à *herbe*, qui désigne les plantes dépourvues de tiges ou chez lesquelles les tiges meurent chaque année. On donne particulièrement le nom d'arbres aux grands végétaux dont la tige présente un tronc et ne se ramifie qu'à une certaine hauteur, comme dans le sycomore, le marronnier, le palmier, etc. Ce caractère peu tranché les distingue des ARBRISSEAUX et des ARBUSTES. Voy. ces mots.—ARBRES TOUJOURS VERTS, arbres dont les feuilles sont dites persistantes, parce qu'elles se conservent pendant l'hiver. Ces feuilles, au lieu de tomber toutes à la fois en automne, se renouvellent graduellement et partiellement. Les arbres toujours verts appartiennent surtout à la famille des Conifères. — ARBRE AUX ANÉMONES, Calycanthe de la Floride. — ARBRE D'AMOUR, Gainier. — ARBRE D'ARGENT, Protée. — ARBRE A BEURRE, Bassie. — ARBRE DU BLÉSIL, Césalpinie. — ARBRE DU CASTOR, Magnolier glauque.—ARBRE A CHANDELLES, Muscadier. — ARBRE A CHAPELET, Azédarach.— ARBRE DE CORAIL, Erythrina Coballodendron. — ARBRE de CYTHÈRE, Monbin. — ARBRE DE DIEU, Urostigmate.— ARBRE D'ENCENS, Balsamier. — ARBRE A FRAISES, Arbousier. — ARBRE A FRANGES, Chionante.— ARBRE A LA GALE, Sumac vénéneux.— ARBRE DE LA GLU, Houx.— ARBRE A LA GOMME, Eucalypte ; Métrosidéros.— ARBRE A GRIVES, Sorbier des oiseaux.— ARBRE DE JUDÉE, espèce du genre gainier. — ARBRE A LAIT, Galactodendron.—ARBRE DE SAINTE-LUCIE, espèce de prunier. — ARBRE DE MAI, Ginkgo.—ARBRE A LA MAIN, Cheirostemon.—ARBRE A LA MIGRAINE, Premne.— ARBRE DE MILLE ANS, Buobab. — ARBRE DE MOISE, Buisson ardent.— ARBRE DE NEIGE, Viorne boule de neige; Chionante de Virginie.— ARBRE A PAIN, Artocarpe. —ARBRE PAPIER, Broussonetia.—ARBRE A PERROQUET, Sumac fustet.— ARBRE A LA PISTACHE, Staphylier. — ARBRE A POIVRE, Agnus castus ; Poivrier du Pérou. — ARBRE PUANT, Fétidier ; Sterculier.— ARBRE SAINT, Azédarach.—ARBRE A SANG, Millepertuis.— ARBRE DE SOIE, Acacia julibrissin.— ARBRE A SUIF, Croton sebiferum. — ARBRE DE SAINT-THOMAS, Bauhinier panaché. —ARBRE TRISTE, Nyctanthe. — ARBRE AUX TULIPES, Tulipier. — ARBRE A LA VACHE, Galactodendron. — ARBRE A VELOURS, Veloutiers ou

Pittone argentée.—ARBRE AU VERMILLON, Chêne au kermès. — ARBRE AU VERNIS, Badamier. ARBRE DU VOYAGEUR, Ravenale de Madagascar. — Econ. rur. Au point de vue de leur nature et de leurs produits, les arbres sont classés de la manière suivante: 1° ARBRES ET ARBRISSEAUX FORESTIERS, cultivés pour leur bois. Les uns sont à *feuilles caduques* (Hêtre, etc.) ; les autres *à feuilles persistantes* (Chêne-vert, etc.) et enfin, d'autres sont *résineux* (Pins, etc.) ; 2° ARBRES ET ARBRISSEAUX D'ORNEMENT, cultivés dans les parcs, les jardins paysagers, les squares, les promenades publiques. 3° ARBRES ET ARBRISSEAUX FRUITIERS, *oléagineux* (olivier, etc.); à *fruits de table* (pêcher, cerisier, pommier, poirier, etc.) ; *à fruits propres aux boissons fermentées* (vigne, pommier, poirier, etc.); 4° ARBRES ET ARBRISSEAUX ÉCONOMIQUES, *à parfums* (jasmin, rosier, etc.) ; *à écorce* (sumac, chêne-liège, etc.) ; *à soie* (mûrier, etc.).— Chim. ARBRE s'est dit de certaines cristallisations rameuses et symétriques que l'on obtenait par des procédés chimiques: *arbre de Diane, arbre de Saturne, de Mars, de Vénus.*— HIST. ARBRE DE LA LIBERTÉ, arbre planté sur une place publique comme symbole d'émancipation.— ARBRE GÉNÉALOGIQUE, figure tracée en forme d'arbre, d'où l'on voit sortir comme d'un tronc diverses branches de consanguinité, de parenté.— Mar. ARBRE DE MEISTRE, grand mât d'un bâtiment à voiles latines. — ARBRE DE TRINQUET, mât de misaine. — Technol. ARBRE se dit d'une grande pièce de bois ou de métal sur laquelle tourne une machine: *arbre de moulin.* — ARBRE DE COUCHE, arbre horizontal qui sert à la transmission du mouvement dans les machines à vapeur.—ARBRE D'UNE BALANCE, verge de fer à laquelle est suspendu le fléau d'une balance. — Typogr. ARBRE DE LA PRESSE EN BOIS, appelé aussi *vis de la presse*: pièce de fer ronde et cannelée en spirale qui s'engage dans un écrou également cannelé. Cette pièce porte trois noms différents, savoir: celui de *vis*, depuis la partie supérieure engagée dans le sommier du dessus, jusqu'à l'endroit où se trouvent les trous pour faire entrer le barreau; celui de *milieu de la vis*, depuis la partie dans laquelle s'engage le barreau jusqu'à l'extrémité, qui prend le nom de *pivot.* — Législ.Les *arbres à haute tige*(de plus de quatre mètres de haut), ne peuvent être plantés qu'à la distance de deux mètres du fonds limitrophe, ou, le long des rivières navigables ou flottables, qu'à la distance de dix mètres du côté du chemin de halage, et, du côté opposé, à celle de trois mètres trente-trois. — Les *arbres à basse tige* peuvent être plantés à la distance de cinquante centimètres du fonds voisin. — Tout propriétaire peut couper lui-même les racines qui s'étendent sur son terrain, lors même que les arbres voisins se trouvent à la distance légale ; mais il ne peut couper lui-même les branches, qui avancent sur son domaine : il exige que son voisin le coupe et, en cas de refus, il le cite devant le juge de paix.— Les fruits appartiennent toujours au propriétaire de l'arbre, quand même ils tomberaient sur le fonds voisin. — Les arbres bornes qui marquent la limite de deux propriétés sont mitoyens et ne peuvent être arrachés que du consentement commun des deux propriétaires. — On ne peut planter le long des voies publiques sans avoir demandé un alignement, ni sans observer la distance prescrite par l'administration, sous peine d'amende et de confiscation des arbres. L'action d'abattre ou de mutiler les arbres d'autrui peut être punie d'un emprisonnement de six jours à six mois, à raison de chaque arbre, sans que la totalité de la peine puisse excéder cinq ans. La destruction des greffes est punie d'un emprisonnement de six jours à deux mois par chaque greffe détruite, sans que la totalité puisse excéder deux ans. Voy. Code pénal, art. 345 et suiv. — Le propriétaire d'arbres plantés le long d'une route ne peut les arracher sans autorisation, sous peine d'une amende égale au triple de la valeur de chaque arbre détruit.

ARBRESLE (l') ch.-l. de cant., arr. et à 26 kil. N.-O. de Lyon (Rhône), au confluent de la Brevanne et de la Tardine; 3,500 hab. Mousselines brodées; tissage de la soie; vins, bétail; charbon de terre, etc.

ARBRET s. m. Chasse. Petit arbre ou grosse branche rameuse garnie de gluaux et plantée en terre sur la lisière d'un bois, pour prendre les petits oiseaux. L'extrémité des rameaux est garnie de dés en sureau, long. de deux à trois centimètres. Dans ces dés, les gluaux sont plantés par leur bout pointu, assez légèrement pour que l'oiseau les fasse tomber dès qu'il les touche. On attire les oiseaux à l'aide d'appeaux ou d'appelants; le chasseur se tient caché à quelques pas de l'arbret. Cette chasse se fait le matin, au printemps et à l'automne.

ARBRETER v. n. [ar-bre-té]. *J'arbrette, j'arbretterai.* — Chasse. Préparer des arbrets.

ARBREUX,EUSE adj. Planté d'arbres.

ARBRIER s. m. Fût de bois sur lequel est ajusté l'arc de l'arbalète.

* **ARBRISSEAU** *s. m.* Petit arbre. Les botanistes donnent le nom d'*arbrisseaux* à des végétaux ligneux un peu moins élevés que les *arbres* proprement dits, et qui sont ramifiés dès la naissance de la tige, comme le lilas, le noisetier, le sureau; mais ce ne sont pas, il faut en convenir, des caractères bien tranchés; il n'existe aucune ligne de démarcation entre l'arbre et l'arbrisseau, ni entre ce dernier et l'arbuste. — Sous-ARBRISSEAU, végétal dont la tige est ligneuse, dont les jeunes rameaux sont herbacés et meurent chaque année: la clématite, le jasmin, la sauge, le thym, la vigne vierge, le millepertuis, la rue sont des sous-arbrisseaux.

ARBRISSEL I. Village du dép. d'Ille-et-Vilaine, à 28 kil. de Rennes. — II. (Robert d') ecclésiastique, né à Arbrissel, en 1047, mort en 1117, fut successivement professeur de théologie, anachorète et prédicateur. Il fonda plusieurs monastères, parmi lesquels l'abbaye de Fontevrault.

ARBROATH, Aberbrothwick ou ABERBROTHOCK, ville du Forfarshire (Ecosse), à l'embouchure du Brothwick ou Brothock; 20,000 hab. Rade protégée par un brise-lames. Fabr. de voiles de navires, de fil et de cuir; ruines d'une puissante abbaye détruite en 1560.

ARBUSCULAIRE adj. Hist. nat. Ramifié comme un petit arbre.

ARBUSCULE s. m. Petit arbre; arbrisseau.

* **ARBUSTE** s. m. Bot. Petit arbrisseau qui ne dépasse pas la hauteur d'un mètre et dont les branches ne naissent point de boutons formés l'année précédente. Le groseillier, le rosier, le romarin, le chèvrefeuille sont des arbustes.

ARBUSTIF, IVE adj. Qui appartient à l'arbuste, qui tient de l'arbuste: *ligne arbustive.*

ARBUTHNOT (John), médecin écossais, né vers 1675, mort en 1735, médecin de la reine Anne en 1709. Son ouvrage le plus important est un « Essai sur l'utilité d'étudier les mathématiques ». On lui doit aussi une allégorie politique: « Histoire de John Bull », dans la « Tables des anciens poids, mesures et monnaies » et deux livres sur la médecine. Ses œuvres ont été publiées en 2 vol. in-8°,Glasgow, 1751.

ARBUTINE s. f. Chim. Substance extraite de l'infusion aqueuse des feuilles de l'arbousier *uva ursi.*

ARBUTUS [ar-bu-tuss]. Nom latin de l'arbousier.

* **ARC** s. m. [ark] (lat. *arcus*; de *arceo*, j'éloigne).Arme de trait formée d'une branche de bois ou de métal que l'on courbe avec effort au moyen d'une *corde* fixée à ses deux extrémités, et avec laquelle on lance des *flèches.* Cette arme primitive fut employée par tous les peuples de l'antiquité, et on la trouve encore chez les nations les moins civilisées. Les Crétois, les Perses, les Parthes et les Numides furent longtemps célèbres pour leur adresse à tirer de l'arc. Au moyen âge, cette arme fut remplacée par l'arbalète. — Dans l'Inde et en Chine, l'arc est resté une des principales armes. — Voy. FLÈCHE, CARQUOIS, etc. — Les flèches du grand arc anglais (longbow), traversaient une planche ayant un pouce d'épaisseur; les cuirasses ne leur résistaient pas. Cette

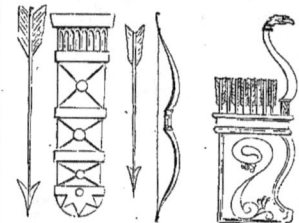

Arc, carquois et flèches de l'anc. Égypte.

Arc et carquois des armées grecques.

Arc et carquois de Chine.

Arc et flèches employés dans l'Inde.

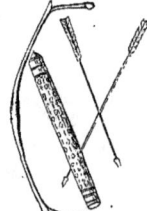

Arc et flèches des Indiens de l'Amérique du Nord.

Arc africain.

arme fut longtemps considérée comme supérieure à toutes les autres, même après l'invention des petites armes à feu, parce que l'arc pouvait lancer six flèches pendant le temps qu'il fallait aux mousquets primitifs pour tirer une seule fois. La flèche était utile principalement contre la cavalerie; elle le montra bien à Crécy, Poitiers et Azincourt. Voy. ARMÉE. — Fig. Anat. ARC DU CÔLON, portion du gros intestin qui s'étend du *côlon lombaire droit* au *côlon lombaire gauche*; on dit aussi *côlon transverse.* — Pathol. ARC SÉNILE. Altération de la cornée qui se développe toujours également sur les deux yeux et qui paraît résulter d'un dépôt de granulation graisseuse. — Géom. ARC DE COURBE. Portion limitée d'une courbe quelconque. — ARC DE CERCLE. Portion limitée d'une circonférence. La droite qui joint les deux extrémités d'un arc se nomme *corde.* La perpendiculaire abaissée sur la corde, du point de l'arc qui en est le plus éloigné, s'appelle *flèche*; dans los arcs de cercle, elle joint le milieu de l'arc au milieu de la corde.— La longueur d'un arc s'estime par le nombre de degrés, de minutes et de secondes qu'il renferme; et l'on dit: *arc d'un degré* (égal à la 300e partie de la circonférence à laquelle il appartient); *arc d'une minute* (60e partie de l'arc d'un degré); *arc d'une seconde* (60e partie de l'arc d'une minute). — *Arcs concentriques*, arcs qui ont le même *centre* (ce dernier se trouve au point de rencontre des perpendiculaires élevées au milieu de deux portions quelconques de cet arc). — *Arcs semblables*, arcs de cercles inégaux qui renferment le même nombre de degrés ou de fractions de degrés. — *Arc égaux*, ceux qui ont le même nombre de degrés d'un même cercle. — *Arc convexe*, arc de courbe quelconque qui ne peut être coupé par une droite qu'en deux points. — Archit. Construction affectant la forme d'une portion de cercle : « Un arc n'est qu'une voûte peu profonde et une voûte n'est qu'un arc d'une grande profondeur. » (H. Wotton). L'arc paraît être une invention des Etrusques; les Romains, qui le leur empruntèrent, purent donner à leurs constructions, une solidité inconnue avant eux. — *Arc à contre-courbures*, voy. ci-dessous arc *infléchi.* — *Arc aigu* ou en *lancette*, élevé sur un triangle dont l'angle supérieur est plus aigu que les deux autres. — *Arc angulaire, brisé, en fronton* ou *en mitre*, formé de deux parties droites, inclinées comme les côtés obliques d'un triangle isocèle. — *Arc aplati*, à quatre centres, déterminés par un carré abaissé de la corde de l'arc, et dont les côtés sont égaux au tiers de cette corde. — *Arc biais*, dont les pieds-droits ne sont pas d'équerre sur les faces de l'arc. Employé pour couper en biais une route qu'il faut conserver. — *Arc bombé* ou en *segment de cercle*, qui a son centre au-dessous de sa naissance. — *Arc brisé*, voy. ci-dessus, *arc angulaire.* — *Arc byzantin*, voy. *Arc en fer à cheval.* — *Arc contourné*, voy. *Arc flamboyant.* — *Arc de cloître*, voûte composée de portions de berceaux se rencontrant en angle rentrant dans leur concavité. — *Arc déprimé*, plate-bande raccordée avec ses pieds-droits par deux quarts de cercle d'un rayon assez grand. — *Arc en accolade* ou *en talon*, arc infléchi qui est décrit de quatre centres, deux en dehors et deux en dedans, et qui est alternativement convexe et concave. Employé principalement au XVe siècle pour couronner les linteaux des portes et des fenêtres. — *Arc en anse de panier, surbaissé* ou *elliptique* dont la hauteur est moindre que celle du plein cintre. — *Arc en berceau*, en demi-cercle parfait (180 degrés). — *Arc en décharge*, arc pratiqué en plein mur au-dessus des vides, des linteaux des portes, des baies de fenêtres, pour reporter la charge de la maçonnerie supérieure sur des points d'appui solides. — *Arc en doucine*, dont le contour a la forme d'une doucine; il est formé de la même manière que l'arc en accolade, mais en sens inverse. — *Arc en fer à cheval, byzantin, outrepassé* ou *moresque*, formé de plus de la moitié d'un cercle. — *Arc en fronton* ou *en mitre*, voy. *Arc angulaire.* — *Arc en plein cintre* ou *roman*, qui comprend exactement un demi-cercle; type de l'architecture romane.— *Arc en plein cintre exhaussé*, celui dont le centre est situé au-dessus des impostes, qui reçoivent sa retombée. — *Arc en segment de cercle*, voy. *Arc bombé.* — *Arc en talon*, voy. *Arc en accolade.* — *Arc en talus*, se voit principalement aux portes fortifiées, dont les parois extérieures, se profilant sur les murs, ont un talus fortement prononcé. — *Arc en ogive, gothique*, ou *pointu*; c'est l'ogive, ou arc formé par deux segments de courbes qui se coupent en formant un angle à la partie supérieure. — Arc *équilatéral*, ou en *tiers point*, arc ogival élevé sur un triangle équilatéral. — *Arc extradossé*, dont tous les voussoirs sont d'égale longueur, de manière que l'intrados et l'extrados soient des courbes concentriques. — *Arc flamboyant* ou *contourné*, dont la partie supérieure se termine par deux talons renversés et adossés ; il imite une flamme tantôt droite, tantôt renversée. — *Arc infléchi* ou *à contre-courbures*, formé de deux talons tangents par leur sommet. On le trace sur quatre centres, dont deux sur la corde pour les sections concaves à l'intrados, et deux en dehors du plan de l'arc pour les parties convexes. — *Arc moresque*, voy. *Arc en fer à cheval*. — *Arc Mousse*, en *ogive obtus* ou en *plein cintre brisé*, arc ogival très ouvert, dont le sommet présente un angle à peine sensible ; c'est l'ogive la plus anciennement employée. — *Arc outre-passé*, voy. *Arc en fer à cheval*. — *Arc pointu*, voy. *Arc en ogive*. — *Arc polylobé*, formé de plusieurs lobes ou portions de cercle, ordinairement en nombre impair ; il y a des arcs trilobés, des arcs quintilobés, etc. — *Arc rampant*, dont les naissances sont placées à des hauteurs inégales, comme dans les arcs-boutans.—*Arc renversé*, dont le sommet est en bas ; employé dans les fondations d'édifices (constructions souterraines du Panthéon de Paris). — *Arc roman*, voy. *Arc en plein cintre*. — *Arc serpentaire*, qui prend deux centres de plus que l'*arc en doucine* et qui représente deux serpents dont la tête se touche au sommet.— *Arc surbaissé*, voy. *Arc en anse de panier*. — *Arc surhaussé*, formé d'une demi-ellipse coupée horizontalement suivant son petit axe. La hauteur est plus grande que celle du plein cintre. — *Arc trilobé*, voy. *Arc polylobé*. — *Arc Tudor*, arc ogival fortement déprimé, employé en Angleterre au temps des Tudors.— *Arc zigzagué*, dont l'intrados est découpé en zigzags.— *Arc triomphal.* Nom que l'on donne quelquefois à l'*Arc de Triomphe*.— Astron. ARC DIURNE, portion de cercle qu'un astre parcourt sur l'horizon.—ARC NOCTURNE, portion de cercle qu'un astre parcourt sous l'horizon. — Phys. ARC VOLTAÏQUE, voy. *Voltaïque*. — Techn. ARC DE CARROSSE. Se dit de deux pièces de fer courbées en arc, qui joignent le bout de la flèche à l'essieu des roues rotées, et par le moyen des quelles le carrosse peut tourner dans un petit espace.

ARC (l'), nom de plusieurs rivières. — I. Affluent de l'étang de Berre (Bouches-du-Rhône), naît dans le dép. du Var, passe à 2 kil. S. d'Aix et inonde souvent les campagnes voisines ; cours, 60 kil. — II. Rivière de Savoie, affluent de gauche de l'Isère, arrose Saint-Jean-de-Maurienne et Aiguebelle. Cours, 120 kil.

ARC (PONT D'), immense arcade naturelle, haute de 30 m. et large de 60, qui traverse l'Ardèche à 20 kil. au-dessus de son embouchure dans le Rhône.

ARC (Jeanne d'). Voy. JEANNE.

ARCACÉ, ÉE adj. Moll. Dont la forme rappelle celle d'une arche. — **Arcacées** s. f. pl. Famille de mollusques acéphales testacés, formée du grand genre arche de Linné. Valves égales, transverses ; c'est-à-dire dont la charnière occupe le long côté ; nombreuses petites dents. Genres : *arches, pétoncles, nucules, cucullées.*

ARCACHON I. Station balnéaire maritime, comm. de la Teste de Buch, au sud du bassin d'Arcachon (Gironde), arr. et à 56 kil. par voie ferrée O.-S.-O. de Bordeaux ; 5.000 hab. — Simple hameau avant 1840, Arcachon prit une grande importance lorsque se répandit l'usage des bains de mer. En 1862, le nombre des voyageurs qui y vinrent fut de 137,000 ; c'est une des plus importantes stations de France. Bien située, sur une belle plage moelleuse, battue par une vague molle, et abritée contre les vents par les dunes de l'ouest, cette petite ville se trouve au milieu d'un site pittoresque, entre la plage et une immense forêt de pins aux senteurs aromatiques. On y trouve un casino, une belle église et de nombreuses villas. — Phare à feu fixe, par 44° 38' 39" lat. N.et 3° 35' 12" long. O. —II. (Bassin d'), grande baie, considérée quelquefois comme un étang, seul refuge des navires sur la côte du S.-O. — 50 kil. de tour ; 12,500 hectares. Dans cette baie se déversent le canal de Lège, sorti de l'étang de Lacanau, et la petite rivière de Leyre. Le bassin communique avec l'Océan par une large entrée, ouverte entre la pointe d'Arcachon et le cap Ferret sur lequel on a élevé, en 1843, un phare à feu fixe de 48 milles de portée. Borné par les forêts de pins qui couvrent les dunes, ce bassin compte plusieurs villages et de nombreuses villas sur ses bords. Au milieu, se trouve l'île des Oiseaux, près de laquelle l'État a construit sa principale ferme-école pour la culture des huîtres. Cet établissement produit l'excellente huître dite de gravette que l'on préfère à celles des Marennes. Entre autres poissons qui vivent dans le bassin, on pêche la sardine recherchée que l'on appelle *royan*.

***ARCADE** s. f. (bas lat. *arcata* ; de *arcus*, arc). Archit. Ouverture pratiquée dans un mur et couronnée par un arc quelconque ; il y a des *arcades* en ogive, en *plein cintre*, etc. (voy. ARC). Toute arcade se compose : 1° de l'arc ; 2° de points d'appui (colonnes, pilastres ou pieds-droits). L'arc est formé de pierres coniques qui reçoivent le nom général de *claveaux* ou *voussoirs*, et les noms particuliers de *clef* ou *contre-clef*, de *sommiers* et de *coussinets*, suivant la place qu'elles occupent.—La surface inférieure et concave de l'arc se nomme *intrados* ; la partie convexe formée par la partie supérieure des voussoirs se nomme *extrados*. — *Arcade feinte* ou *aveugle*, celle qui n'est qu'indiquée ou figurée sur un mur, pour établir une symétrie avec une *arcade réelle*.— *Arcade géminée* et *arcade ternée*, celles qui sont composées de deux, de trois petites arcades s'appuyant sur des colonnes centrales et communes et comprises sous une plus grande arcade. — Anat. ARCADE ALVÉOLAIRE ou DENTAIRE, sorte d'arc que forment les alvéoles et les dents sur le bord des maxillaires. Il y a une *Arcade alvéolaire inférieure* et une *Arcade alvéolaire supérieure*.— ARCADES ORBITAIRES, bords saillants des orbites. — ARCADES SOURCILIÈRES, saillies du coronal qui répondent aux sourcils. — ARCADE CRURALE, repli formé par l'aponévrose abdominale à sa partie inférieure ; ce repli est fixé d'une part à l'épine iliaque antérieure ; de l'autre au pubis. — ARCADES PALMAIRES, courbes décrites dans la paume de la main par les terminaisons des artères radiale et cubitale. Il y a deux arcades palmaires : l'*Arcade palmaire profonde*, qui termine l'artère radiale ; et l'*Arcade palmaire superficielle*, qui termine l'artère cubitale. — ARCADES PLANTAIRES, courbes décrites par les artères plantaires. — ARCADE ZYGOMATIQUE, formée par la réunion de l'angle postérieur de l'os malaire avec l'apophyse zygomatique du temporal.

ARCADE, ÉE adj. Qui a la forme d'une arcade ; qui a des arcades.

ARCADES AMBO loc. lat. [ar-ka-dèss-am-bo] (*Arcadiens tous deux*) se dit ironiquement d'un couple ridicule ou fripon ; mots que Virgile applique aux deux bergers Tircis et Corydon.

ARCADIE I. Division centrale de l'ancien Péloponèse, nommée d'après le roi Arcas. Les Arcadiens se considéraient comme un des anciens des peuples, les aînés même de la lune (*Proseleni*, Pré-hellènes). L'Arcadie eut vingt-cinq rois qui appartiennent à la fable bien plus qu'à l'histoire. De la petite Grèce, les Arcadiens envoyèrent plusieurs colonies dans la grande Grèce (Italie méridionale) sous le règne d'Œnotrus, vers 1710 avant J.-C. et sous celui d'Évandre (1240). Pélasge régna vers 1521 ; il enseigna à ses sujets encore sauvages, la manière de se nourrir de glands, plus nutritifs que les herbes jusqu'alors en usage ; et en souvenir de ce progrès, les générations suivantes en firent un dieu. On attribue à Lycaon, vers 1514, l'institution des fêtes Lupercaliennes, en l'honneur de Jupiter. Arcas, dont le nom resta au royaume, enseigna aux Arcadiens l'art de cultiver la terre et de filer la laine (1520). Au siège de Troie (1194), les guerriers arcadiens étaient commandés par Agépanor. Les poëtes faisaient de l'Arcadie une terre de paix perpétuelle, mais malgré cette réputation, les habitants de ce pays se distinguèrent souvent par leur esprit belliqueux. En 1102, les Lacédémoniens ayant envahi l'Arcadie furent battus et honteusement chassés par les femmes qui combattirent en l'absence de leurs maris. L'avant-dernier roi, Aristocrate 1ᵉʳ, d'Orchomène, fut mis à mort pour avoir violenté la prêtresse de Diane (745) et Aristocrate II, ayant trahi les Messéniens, fut lapidé ; après lui, la république fut proclamée (681). Adversaires déclarés de Sparte, les Arcadiens durent d'abord subir le protectorat de cette ville (560) ; ils en furent délivrés par les Thébains ; Epaminondas, chef de ces derniers, fonda en Arcadie, la ville de Mégalopolis (371). Alliés d'Athènes, les Arcadiens furent vaincus par Archidamus (367) ; ils firent ensuite partie de la ligue Achéenne jusqu'à sa suppression par les Romains (146). Leur territoire était montagneux, couvert de forêts et arrosé par l'Alphéus. Leurs villes principales étaient Mantinée, Tégéa, Orchomène et, dans les derniers temps, Mégalopolis. — II. Nomarchie de la Grèce contemporaine ; 3,253 kil. carr. ; 131,750 hab. ; cap. Tripolitza. — III. En poésie, le mot *Arcadie* désigne un pays habité par le bonheur pastoral, parce que les poëtes grecs avaient fait de l'Arcadie le séjour de l'innocence, de la pureté et de la fidélité. L'*Arcadie* est le titre d'un roman pastoral en prose mêlée de vers par Sannazar (1502). L'auteur chante avec transport les amours des bergers et les occupations des pêcheurs napolitains ; et son poëme est l'une des plus belles œuvres de la littérature italienne au XVIᵉ siècle. Un auteur anglais, Philippe Sidney, donna le titre de : l'*Arcadie* à un roman pastoral et rustique qui obtint une vogue immense (1591). Enfin, on appelle l'*Arcadie*, l'un des plus touchants tableaux de Poussin : *les Bergers d'Arcadie*, auquel le peintre avait donné pour épigraphe ces mots : « *Et in Arcadia ego*, Et moi aussi j'ai vécu en Arcadie ».

ARCADIEN, IENNE s. et adj. Habitant de l'Arcadie ; qui a rapport à ce pays ou à ses habitants.— Sous le second empire, on donna le nom d'*Arcadiens*, aux ultra-conservateurs, parce qu'ils formèrent, en 1868, des réunions privées, *rue de l'Arcade*. Là se rencontraient les hommes politiques décidés à s'opposer à toutes les mesures tardives que prenait l'empereur en faveur de la liberté. La liberté de la presse était particulièrement odieuse aux Arcadiens. Leur réunion se composait de notabilités réactionnaires appartenant aux deux chambres. — **Arcadiens** (ACADÉMIE DES) voy. *Académie*.

ARCADIUS, fils de Théodose 1ᵉʳ, et premier empereur d'Orient, né en 383, empereur en 395, mort en 408. Faible et vicieux, il se laissa gouverner par Ruffin, l'eunuque Eutrope et sa femme Eudoxie.

ARC À JALET s. m. petite arbalète propre à lancer des balles. *plur.* des *arcs à jalet*.

***ARCANE** s. m. (lat. *arcanum*, secret). Mot employé par les alchimistes, pour désigner quelqu'une de leurs opérations mystérieuses.

— Se dit aujourd'hui d'un remède dont on tient secrète la composition, tout en lui attribuant de grandes propriétés. — Mystère profond dont on enveloppe quelque chose.

ARCANNE s. f. Voy ARCAUX.

ARCANSON s. m. Nom que l'on donne quelquefois à COLOPHANE. — Résine de pin desséchée dont on fait la colophane.

ARCAS (Mythol.). Fils de Jupiter et de Callisto; devint roi de l'Arcadie, qui lui dut son nom et sa civilisation. Il faillit tuer à la chasse sa mère, métamorphosée en ourse et fut métamorphosé en constellation. Il forme, avec sa mère, les constellations de la grande et de la petite Ourse.

ARCASIEN, ENNE s. Argot. Celui, celle qui monte un *arcat*. — On dit aussi ARCASINEUR.

• **ARCASSE** s. f. (lat. *arca*, coffre). Mar. Nom donné : 1° à la partie extérieure et plus ou moins ornée d'un navire; 2° à la poulie ou à la pièce de bois qui renferme le rouet; 3° à la moufle d'une poulie.

ARCAT s. m. (d'*arcane*, mystère). Argot. Ne s'emploie guère que dans cette phrase : MONTER UN ARCAT, en demandant une avance sur un trésor enfoui dont on promet de révéler la place.

ARCATE, voy. ARCOT.

ARCATURE s. f. (rad. *arc*). Archit. Rangée de petites arcades, presque toujours aveugles ou feintes, et alors figurées en relief ou peintes sur un mur. Les arcatures sont portées par des colonnettes, des consoles ou des corbeaux; elles ne répondent pas à une nécessité de la construction; elles sont destinées à rompre l'uniformité des grandes surfaces de murs. Quelques-unes sont enrichies de bas-reliefs, de figures, de gaufrures. — *Arcatures en claire-voie,* celles qui sont détachées d'un mur devant lequel elles forment une sorte d'écran découpé à jour. — *Arcatures à jour,* arcatures découpées, non attenantes aux murailles et destinées à être vues sur les deux faces; elles sont décorées des deux côtés.

ARCAUX s. m. Craie rouge délayée avec de l'eau, dans laquelle les charpentiers trempent une ficelle qu'ils destinent à tracer une ligne sur une pièce de bois.

• **ARC-BOUTANT** s. m. [ar-bou-tan] (rad. *arc-bouter*). Archit. Arc employé à l'extérieur d'un édifice pour soutenir les murailles contre la poussée des voûtes. Les anciens ne connaissaient pas ce genre de construction qui appartient au moyen âge, à partir du XIIᵉ siècle. « Demander une église gothique sans arcs-boutants, c'est demander un navire sans quille » (Viollet-Leduc). « Pour que la partie horizontale d'une construction soit soutenue le plus solidement possible, il faut que l'*arc-boutant* fasse avec elle un angle de 45° » (Nicolle). L'arc-boutant a sa retombée sur un contre-fort. Pour les églises de grandes dimensions, il y a deux rangs d'arcs-boutants placés l'un sur l'autre et réunis par des arcatures à jour. Le style des arcs-boutants se modifia insensiblement; d'abord lourds et soutenus par de massifs contre-forts, ils devinrent légers au XIIIᵉ siècle et s'ornèrent de riches découpures. On surmonta d'un aqueduc les arcs-boutants supérieurs pour conduire les eaux des grands combles jusqu'aux gargouilles qui garnissent les têtes des contre-forts. — Fig. Se dit des chefs, des principaux soutiens d'un parti, d'une entreprise : *cet homme est l'arc-boutant de son parti.* — Carross. Les *arcs-boutants* d'un train de carrosse sont les verges qui servent à tenir en état les moutons du carrosse. — Charpent. Arc-boutant se dit des pièces de bois qui servent à soutenir une voûte ou un mur et que l'on nomme autrement contre-fiches. — Mar. On désigne par ce mot : 1° une pièce de bois placée horizontalement dans les

hunes pour maintenir l'écartement des galhaubans; 2° la pièce de bois disposée verticalement sous le beaupré pour contenir les martingales; 3° le petit mât ferré dont on se sert pour repousser l'abordage; 4° la pièce avec laquelle on relie les baux et les barrots. — ARCS-BOUTANTS AFFOURCHÉS, ceux dont les extrémités sont fendues en forme de fourchette. — ARCS-BOUTANTS RONDS, ceux dont la forme est ronde.

• **ARC-BOUTER** v. a. [ar-bou-té] (de *arc*; et *bouter*). Soutenir, appuyer au moyen d'un arc-boutant : *arc-bouter un mur; ce pilier arc-boutera la construction.* — S'arc-bouter v. pr. S'appuyer fortement : *il s'arc-bouta au mur.*

• **ARC DE TRIOMPHE** ou **Arc triomphal** s. m. Monument composé d'un grand portique à plein cintre et élevé sur une voie publique afin que le vainqueur passe dessous le jour de son triomphe. Les Grecs ne connurent ni le triomphe ni les arcs destinés à en perpétuer le souvenir. Les premiers arcs de triomphe des Romains étaient élevés à la hâte et disparaissaient après la cérémonie de l'entrée triomphale. Sertinius fut, dit-on, le premier qui éleva des arcs de triomphe à Rome (196 avant J.-C.). L'empire romain se couvrit ensuite de ces constructions dont la plupart ont disparu.

Arc de Triomphe de l'Étoile.

Les plus remarquables des arcs dont il existe encore des ruines sont : l'*Arc de Constantin,* à Rome, restauré par Clément XII, hauteur, 25 mètres; largeur, 21 mètres. L'*Arc d'Orange,* consolidé sous la Restauration. L'*Arc d'Ancône,* à la gloire de Trajan, élevé en 1868. L'*Arc de Bénévent,* l'*Arc de Saintes,* les *Arcs de Saint-Remy* (près d'Arles) et de *Carpentras,* dont sous consacrés à Marc-Aurèle. — Parmi les arcs de triomphe élevés par les nations modernes, on cite l'entrée du palais royal à Berlin, l'arc du roi Alphonse d'Aragon, à Naples, l'arc de Vicence, etc. Mais c'est en France que se trouvent les plus beaux monuments de ce genre : Portes *Saint-Denis* et *Saint-Martin, Arc de Marseille* et enfin les arcs de triomphe de l'*Étoile* et de la *place du Carrousel.* Ce dernier, commencé en 1806, et plusieurs fois retouché, rappelle celui de Septime Sévère, à Rome. Il a 14ᵐ60 de haut, 19ᵐ50 de large et 6ᵐ50 d'épaisseur. Six bas-reliefs en marbre ornent les faces de cet arc triomphal : la capitulation d'Ulm, Austerlitz, l'entrée de Napoléon à Munich, l'entrée à Vienne, l'entrevue de Napoléon et de François II, la paix de Presbourg. L'*Arc de triomphe de l'Étoile* est le monument le plus colossal et le plus solide qu'on ait jamais construit en ce genre. Il mesure 49 mètres de haut, 45 de large et 23 d'épaisseur. Ses grandes faces sont percées d'une porte en arcade de 15 mètres de large et de 30 mètres de haut; les flancs sont percés d'une arcade de 9 mètres de large, sur 18 mètres de haut. Il a coûté près de 10 millions. La pre-

mière pierre de cette construction élevée à la gloire de la Grande Armée fut posée le 15 août 1806. Les travaux furent commencés sous la direction de l'architecte Chalgrin et terminés, en 1836, sous celle de M. Blouet. Les deux faces principales de cet imposant édifice sont ornées de quatre immenses groupes allégoriques représentant le *Départ* (1793), le *Triomphe* (1810), la *Résistance* (1814) et la *Paix* (1815). Au-dessus de ces grandes compositions se trouvent des bas-reliefs encadrés représentant : les *Funérailles de Marceau,* la *Bataille d'Aboukir,* la *Prise d'Alexandrie* et le *Passage du pont d'Arcole.* Plus haut encore, la frise du grand entablement représente la *Distribution des drapeaux,* le *Départ des armées,* en 1792, le *Retour des armées* et la *Distribution des couronnes,* en 1810. Les deux faces latérales sont décorées de deux grands bas-reliefs encadrés : *Bataille d'Austerlitz* (côté du Roule) et *Bataille de Jemmapes* (côté de Passy). — Sur les boucliers placés dans la hauteur de l'Attique, figurent trente noms de victoires, choisies parmi celles qui ont le plus influé sur les destinées de la France pendant la période révolutionnaire et impériale. Les noms de 128 faits d'armes, éclatants aussi, mais moins importants dans leurs résultats, sont inscrits sous les voûtes du grand arc. Sous les massifs des arcades latérales et sur l'intérieur des piliers se trouvent 658 noms de généraux qui ont concouru à remporter ces victoires; et au-dessous de ces noms sont gravés ceux des armées que la France a entretenues sur tous les théâtres de ses guerres.

• **ARC-DOUBLEAU** s. m. [ar-dou-blô] (de *arc* et *double*). Archit. Arc en saillie sur le nu d'une voûte pour la renforcer, la *doubler.* Dans les voûtes à plein cintre, il n'est souvent que l'occasion de sculptures, comme on peut le voir à l'église des Invalides, de Paris. Les arcs-doubleaux des voûtes gothiques se nomment *nervures* et ajoutent vraiment à la solidité de la construction.

• **ARCEAU** s. m. [ar-sô] (lat. *arculus,* petite arche). Archit. Partie cintrée d'une voûte, d'une porte, d'une fenêtre. Petite voûte surbaissée d'un ponceau et de certaines portes, de certaines fenêtres. — Ornement de sculpture en forme de trèfle. — Méd. Se dit des châssis courbés en arc que l'on nomme autrement *archets.* — Mar. Se dit des pièces de bois de sapin qui, par un bout, s'insèrent dans la flèche, et dont l'autre bout porte sur le bandinet. Les arceaux reçoivent aussi le nom de *guérites.* — Anneau ou anse de corde qui passe dans le trou de la pierre employée pour descendre au fond de l'eau les cordages et les filets des pêcheurs.

ARCELLE s. f. (lat. *arca,* coffre). Nom donné autrefois à une sorte de nécessaire.

ARC-EN-BARROIS, ch.-l. de cant., à 23 kil. S.-S.-O. de Chaumont (Haute-Marne), sur l'Aujon; 1,350 hab. Ancien château qui appartint à la famille d'Orléans.

• **ARC-EN-CIEL** s. m. [ar-kan-sièl]; plur. ARCS-EN-CIEL [ar-kan-sièl]. Météore en forme d'arc, composé de bandes concentriques, qui présentent les couleurs du prisme, et dont le centre est situé sur le prolongement de la ligne qui va du soleil (ou de la lune) à l'œil de l'observateur. L'arc-en-ciel apparaît dans la nue quand un nuage est frappé par les rayons du soleil ou de la lune au moment où il se résout en pluie. Ce phénomène n'est visible que pour l'observateur placé entre la nuée et l'astre, auquel il tourne le dos. Lorsque le nuage est très grand et quand les rayons lumineux sont, en même temps, très éclatants, on voit apparaître un second arc-en-ciel extérieur et concentrique au premier. L'arc intérieur ou primaire est celui qui montre les couleurs les plus vives; le violet s'y montre en dedans, le rouge en dehors. Dans l'arc extérieur ou secondaire, les couleurs sont les mêmes en sens inverse. — Aristote fut le premier à s'occuper de l'explication de ce phénomène, auquel les Grecs donnaient le nom d'*Iris*, parce qu'ils croyaient voir dans l'arc-en-ciel l'écharpe flottante de la messagère des dieux. Aristote, remarqua que lorsqu'on expose aux rayons solaires un globe de verre plein d'eau, certains rayons colorés sont réfléchis sous un angle déterminé; il expliqua la forme circulaire de l'arc en disant que si l'on prend comme un axe le rayon solaire qui passe par l'œil de l'observateur et que si le globe plein d'eau tourne autour de cet axe, à une distance de l'œil qui reste égale dans toute les parties de la course du globe, on doit voir les mêmes couleurs conserver leur angle avec la direction des rayons solaires ou de l'axe. D'où il résulte que l'on produirait un arc-en-ciel si l'on plaçait, dans la nue, des globes en assez grand nombre pour réfléchir au même moment les couleurs de toutes les parties de l'arc. Avant Fleischer de Breslau (1571), on pensait que les couleurs sont simplement réfléchies par les gouttelettes d'eau qui composent les nuages; Fleischer ayant découvert que la réflexion ne donne aucune couleur à la lumière, en conclut que les rayons doivent pénétrer dans les gouttelettes. Plus tard, Descartes démontra : 1o pourquoi il doit y avoir dans un espace de gouttes, frappées par les rayons solaires au moment de leur chute, une bande circulaire de couleurs assez brillantes pour être visibles et toujours d'un diamètre déterminé; 2o que ces couleurs s'y trouvent par bandes séparées parce qu'elles ne sont pas également réfractées. Il donna les raisons pour lesquelles les couleurs se trouvent dans l'ordre qu'elles occupent; mais il ne conçut pas la cause véritable de leur apparition. C'est à Newton que revient la gloire d'avoir expliqué la cause des arcs-en-ciel, lorsqu'il découvrit, en 1666, que la lumière du soleil est décomposable en un nombre fixe de rayons différemment colorés, quand elle est réfractée au même moment à des degrés différents mais définis; de sorte que, dans des circonstances déterminées, les rayons apparaissent séparés et toujours dans un ordre donné. Ce résultat, que l'on obtient lorsque l'on disperse la lumière solaire au moyen de prismes ou de sphères transparentes, doit d'être également lorsqu'il s'agit de gouttelettes globuleuses de pluie. L'arc-en-ciel est donc produit par la *réfraction* des rayons solaires dans les gouttes d'eau. Une partie de ces rayons est réfléchie; l'autre partie pénètre dans l'eau, et subit une certaine déviation et frappe la paroi opposée. Là, une partie de la lumière sort; mais l'autre partie est réfléchie, traverse la goutte de nouveau et subit une seconde réfraction à sa sortie de la goutte. La lumière blanche du soleil se trouve ainsi décomposée. Dans les arcs-en-ciel primaires, les rayons entrent par le côté supérieur de chaque goutte et, après leur trajet, sont réfléchis par la partie inférieure vers l'œil de l'observateur. Dans les arcs secondaires ou externes, les rayons frappent la partie inférieure des gouttes, sont réfléchis deux fois par la paroi opposée et sortent par la partie supérieure de la goutte pour se diriger vers l'observateur, ce qui explique l'ordre inverse des couleurs et la diminution de leur éclat. L'arc-en-ciel lunaire est toujours pâle et primaire; il est quelquefois blanc. Pour les arcs produits par les nuages de petits glaçons, voy. PARHÉLIE. — L'arc-en-ciel, nom de trois magnifiques paysages de Rubens; l'un se trouve dans la galerie de lord Hertford (Angleterre); l'autre dans le musée de l'Ermitage à Pétersbourg; et enfin, le troisième au musée du Louvre.

ARC-EN-QUEUE s. m. Nom vulgaire d'un troupiale.

ARC-EN-TERRE s. m. [ar-kan-tè-re]. Phys, Phénomène analogue à celui de l'arc-en-ciel.

et qui est produit sur la terre par la pluie ou la rosée.

ARCÈRE (Louis-Etienne), oratorien, né à Marseille, en 1698, m. en 1782; se fixa à la Rochelle en 1743, et y écrivit, avec le P. Jaillot, une excellente *Histoire de la Rochelle et du pays d'Aunis*, 1756, 2 vol. in-4o, chef-d'œuvre d'exactitude, de profondeur et de sagesse, qui valut à son auteur une pension et le titre de correspondant de l'Académie des inscriptions et belles-lettres. Arcère a donné, en outre : *Journal historique de la prise de Mahon* ; *Mémoire apologétique de la révolution de Corse en 1760* ; *Dissertation sur l'état de l'agriculture chez les Romains*, Paris, 1776, in-8o.

ARCÉSILAS, *Arcésilaus*, philosophe grec, né à Pitane (Eolide), m. à Athènes (316-241 av. J.-C.), fondateur d'une *seconde* ou *moyenne* académie, dont le caractère principal est le scepticisme.

ARC-ET-SENANS, village, cant. et à 13 kil. de Quingey, sur la Loue (Doubs), possède une saline qui produit environ 35,000 quintaux de sel blanc chaque année. — 1,500 hab.

ARCEY, village du canton de l'Isle-sur-Doubs, arr. de Baume (Doubs), à l'intersection des routes de Villersexel à Montbéliard et de Belfort à l'Isle-sur-Doubs ; 830 hab. Le 13 janv. 1871, le 24e corps de l'armée française, commandé par le général de Bressolles, s'empara de ce village, après un vif combat d'artillerie.

ARCHÆOPTÉRYX s. m. [ar-ké-op-té-rikss] (gr. *arkaios*, ancien ; *ptérux*, aile, oiseau). Nom

archæoptéryx restauré.

donné à un oiseau fossile, trouvé en 1861 dans les carrières de Solenhofen, et décrit en 1863 par Owen.

ARCHAGÈTE ou **ARCHÉGÈTE** [ar-ka-jè-te] (gr. *archégetès*, chef). Ant. Nom que les Grecs donnaient aux héros de leur mythologie. Les rois de Sparte prenaient le titre d'*Archagètes*, parce qu'ils prétendaient descendre d'Hercule.

*ARCHAÏQUE adj. [ar-ka-i-ke]. Qui tient de l'archaïsme : *mot archaïque*. — Se dit de ce qui est ancien, de ce qui se rapproche des origines d'un art : *sculpture archaïque, peinture archaïque*.

*ARCHAÏSME s. m. [ar-ka-i-sme] (gr. *arkaismos* ; de *arkaizo*, j'imite les anciens). Expression, orthographe, tournure, forme grammaticale qui a vieilli. L'archaïsme est le contraire du néologisme. *Oppresser un peuple* est un archaïsme d'expression ; on dit plus *opprimer*. *Savoir* pour *savoir* est un archaïsme d'orthographe. Chez quelques auteurs, l'archaïsme est affecté. « Quand la jeune école actuelle a voulu rompre ouvertement avec le passé classique, elle s'est précipitée, à corps perdu, dans l'archaïsme, et c'est ce qu'elle a fait de mieux. » (Ch. Nodier). Plusieurs écrivains ont tenté la restauration de mots et de tournures abandonnées depuis longtemps ; tel est Paul-Louis Courier ; d'autres, comme Balzac (*Contes drolatiques*) et P. Lacroix (le bibliophile Jacob) ont essayé de reproduire complètement le langage des siècles passés. — Archaïsme se dit aussi en parlant des œuvres de l'art.

ARCHAÏSTE s. m. Celui qui affecte de se servir d'archaïsmes.

*ARCHAL s. m. [ar-chal] (lat. *aurichalcum* cuivre jaune). Voy. FIL.

ARCHAMBAULD, maire du palais en Neustrie (640). Il remplaça Dagobert II sur le trône.

*ARCHANGE s. m. [ar-kan-je] (gr. *archô*, puissance, *aggelos*, ange). Ange d'un ordre supérieur : *les anges et les archanges; saint Michel archange*.

ARCHANGÉLIQUE s. f. [ar-kan-jé-li-ke] (gr. *archos*, chef ; c'est-à-dire la meilleure des angéliques). Bot. Genre d'ombellifères, tribu des angéliées, comprenant des herbes vivaces à feuilles penniséquées, à cinq pétales, à cinq étamines alternes, à fleurs possédant un involucre souvent peu apparent et un involucre polyphylle latéral. Principale espèce : *Angélique cultivée, angélique archangélique (archangelica officinalis)* ; est la plante connue sous le nom d'*angélique* ; on la rencontre dans le nord de l'Europe, dans les montagnes de la Suisse et dans celles des Pyrénées ; on la cultive partout. Elle est aromatique, et dans certains pays on emploie ses tiges comme aliments. Chez nous, on la confit au sucre.

*ARCHE s. f. [ar-che] (lat. *arca*, coffre). Voûte d'un pont, supportée par les piliers et les culées. Elle est *surhaussée, surbaissée, elliptique, cycloïdale*, etc., suivant la forme que présente sa coupe. Sa surface extérieure se nomme *extrados* ; sa surface intérieure est l'*intrados*. L'arche qui se trouve au milieu du pont, souvent plus large et plus élevée que les autres, reçoit le nom de *maîtresse arche* ; et celle qui est réservée au passage des bateaux est l'*arche marinière*. — Les pierres en forme de coin dont se compose l'arche, reçoivent le nom de *voussoirs* ; la pierre supérieure est la clef de voûte. — La plus grande arche de pont en pierre est l'Union Arch, jetée sur le cours d'eau de Cabin John, près de Washington, capitale des Etats-Unis. Cette arche gigantesque dont l'ouverture est de 65 m., et qui forme un arc de cercle de 45 m., appartient à l'aqueduc par lequel Washington reçoit son approvisionnement d'eau. En Angleterre, on cite l'arche colossale du pont de Chester, sur la Dee : 60 m. d'ouverture. Nous n'avons rien de comparable en France. Notre arche la plus remarquable est celle qui se trouve au milieu du pont de Céret, sur la Tech, dans les Pyrénées : 47 m. ; citons encore les arches du pont construit par l'ingénieur Perronet, à Neuilly, près de Paris : 39 m. d'ouverture chacune ; la magnifique arche du pont de Saint-Sauveur, sur la route de Gavarnie, dans les Hautes-Pyrénées, etc. — Mar. Boîte en charpente qui couvre la pompe, afin que celle-ci ne soit point endommagée. — Moll. Genre de mollusques acéphales, famille des arcacées, qui renferme un grand nombre d'espèces vivantes ou fossiles. La plus connue est l'*Arche de Noé*. « Le milieu des valves ne ferme pas bien, parce que l'animal a au-devant de l'abdomen une plaque de substance cornée ou un ruban tendineux, qui lui sert lieu de pied, et par lequel il adhère aux corps sous-marins. Ces coquilles se tiennent près des rivages dans les endroits rocailleux. Elles sont ordinairement couvertes d'une épiderme velu. On les recherche peu pour la table. Il y en a quelques espèces dans la Méditerranée ». (Cuvier.) — Arche d'alliance ou ARCHE SAINTE ou *arche du Seigneur*, espèce de coffre que Moïse fit construire par ordre de Dieu, et dans lequel les tables de la loi étaient gardées. — Cette *arche* (*aron*, en hébreu), témoignage de l'alliance de Dieu avec le peuple hébreu, était construite en acacia recouvert d'une couche d'or, et était renfermée dans la partie du tabernacle nommée le *Saint des Saints*. Sur son couvercle se trouvaient les deux *Chérubins*. On la portait devant le peuple lorsqu'il marchait au combat. Les Philistins s'en emparèrent et ne tardèrent pas à la restituer. — Prov. et fig. *C'est l'arche du Seigneur*, *l'arche sainte*, se dit d'une chose dont il est dangereux de parler, qu'il ne faut pas toucher dans ses discours. — Arche de Noé, (*tebah*, en hébreu) navire que Noé fit construire, par le commandement de Dieu, pour se sauver du déluge, et dans lequel il se réfugia avec toute sa famille, après y avoir fait entrer un couple de chaque espèce d'animaux. — La description de l'arche de Noé se trouve dans la Genèse, VI. — Fig. ÊTRE HORS DE L'ARCHE, être hors de l'Église. — Prov. et Fig. ARCHE DE NOÉ, se dit d'une maison où sont logés des gens de toute espèce : *cette maison-là est une arche de Noé.* — ⁓ Argot. ALLER A L'ARCHE, chercher de l'argent ; courir après des débiteurs récalcitrants. — FENDRE L'ARCHE, ennuyer.

ARCHÉBULE, poète grec de IIIᵉ siècle av. J.-C. On lui attribue l'invention du vers dit *archébulique.*

ARCHÉBULIQUE adj. [ar-ché-bu-li-ke] (de *Archébule*). Prosod. Se dit d'une sorte de vers anapestique composé de quatre anapestes et d'un bacchius final.

* **ARCHÉE** s. f. [ar-ché] (gr. *arké*, puissance, principe). Anc. physiol. Esprit vital qui, selon Paracelse, préside à la nutrition et à la conservation des êtres vivants. D'après Van Helmont, c'est le principe qui donne au corps et à chaque organe la forme qui leur est propre ; il y a autant d'archées que d'organes. — Alchim. Nom que les adeptes de la science hermétique donnaient à la matière ignée, qu'ils plaçaient au centre de la terre. — Quelques-uns le font masculin.

ARCHE-GAYE, Arzegaye ou Lance-gaye s. f. [ar-che-ga-ie]. Lance des cavaliers gaulois. Elle était composée d'un fer très étroit et pointu, monté sur une hanipe légère.

ARCHÉLAÜS [ar-ké-la-uss] I. Philosophe naturaliste de Grèce (vᵉ siècle av. J.-C.), précepteur de Socrate. — II. Roi de Macédoine de 413 à 399 av. J.-C. : usurpa le trône et périt assassiné. — III. Général de Mithridate, souleva la Grèce contre les Romains et fut battu par Sylla à Chéronée et à Orchomène (87 av. J.-C.). Disgracié par Mithridate, il se réfugia à Rome et y mourut. — IV. Fils du précédent. Pompée le fit, en 63 av. J.-C., pontife de la déesse de la guerre à Comana (Pont), office qui donnait à son titulaire des pouvoirs royaux sur Comana et sur son territoire. En épousant Bérénice, il devint ensuite roi d'Egypte et dut disputer la couronne à Ptolémée-Aulète que soutenaient les Romains. Il fut battu et tué après une règne de six mois. — V. Fils du précédent, auquel il succéda dans le pontificat de Comana ; Jules César le renversa. — VI. Fils du précédent ; Marc-Antoine lui donna, (36 av. J.-C.) le royaume de Cappadoce, que Tibère lui enleva. Il mourut à Rome en l'an 17 av. J.-C. — VII. Fils d'Hérode le Grand auquel il succéda sur le trône de Judée (4 av. J.-C.). Accusé de plusieurs crimes, il fut détrôné par Auguste, en l'an 7 après J.-C., et fut exilé à Vienne, en Dauphiné, où il mourut l'année suivante. — VIII. Sculpteur auquel on doit une apothéose d'Homère, bas-relief en marbre qui se trouve au British muséum.

ARCHELET s. m. Petit archet à l'usage des horlogers. — Pêche. Se dit de deux bâtons recourbés et mis en croix, aux quatre extrémités desquels on suspend l'*échiquier*, filet qui sert à prendre le poisson. C'est aussi le nom d'une branche de saule passée en cercle et fixée à l'orifice du filet appelé *verveux*, afin de le tenir ouvert.

ARCHENHOLZ (Johann-Wilhelm, BARON), historien allemand, né près de Dantzig, en 1745, mort en 1812 ; d'abord officier dans l'ar-

mée prussienne en 1760, il dut abandonner, trois ans plus tard, la carrière militaire, à cause de sa passion pour le jeu. Pendant seize ans, il visita les principaux pays de l'Europe et s'acquit ensuite une grande réputation par ses ouvrages : *Angleterre et Italie* (5 vol., 1787) ; *Histoire de la guerre de Sept ans* (2 vol.,Berlin, 1793 et 1801 ; œuvre d'une grande valeur) ; *Histoire d'Elisabeth* (1798) ; *Conspiration de Fiesque* ; *Vie de Sixte V* ; *Histoire des Boucaniers* ; *Histoire de Christine de Suède* ; *Histoire de Gustave Vasa* (1801). Il édita, en outre, plusieurs publications périodiques et s'éleva courageusement, en 1793, contre la coalition destinée à combattre la France.

***ARCHÉOGRAPHE** s. m. [ar-ké-o-gra-fe] (gr. *arkaios*, ancien : *graphein*, décrire). On dit mieux *archéologue.*

ARCHÉOGRAPHIE s. f. [ar-ké-o-gra-fî] (de *archéographe*). Description des monuments antiques. On dit plutôt *archéologie.*

* **ARCHÉOLOGIE** s. f. [ar-ké-o-lo-jî] (gr. *archaios*, ancien ; *logos*, discours). Science de l'antiquité et des monuments anciens. — Pris dans son sens le moins large, le mot archéologie désigne la science des antiquités humaines étudiées au moyen de caractères écrits, ou par les outils, les instruments, les œuvres d'art que les peuples des temps passés ont laissés aprèseux.La période préhistorique de l'homme a été divisée en trois âges. 1° *âge de pierre*, période pendant laquelle tous les instruments étaient en pierre. On subdivise cet âge en paléolithique ou primitif et en néolithique ou plus récent. Des spécimens de l'âge de pierre se trouvent dans des couches d'argile ou de gravier des plaines de l'Europe centrale, quelquefois à 200 pieds au-dessus du niveau des eaux dans les rivières. La présence de l'homme est décelée par ses ossements et par des instruments, des outils et des armes en caillou non polis, et l'on en a tiré cette conclusion que les hommes d'alors possédaient une civilisation analogue à celle des Esquimaux de nos jours. Il existe une similitude remarquable entre les outils de pierre que l'on trouve dans les différentes régions du globe : on a décrit des objets de ce genre découverts depuis la Grèce jusqu'à la Scandinavie, depuis la Palestine jusqu'à l'Inde et au Japon et le long de la côte américaine du Pacifique. L'âge de pierre néolithique ou *pierre polie*, est séparé par un intervalle considérable de la période primitive. On en trouve de nombreux vestiges dans le Danemark et en Suède, où les spécimens de l'âge paléolithique sont inconnus ; ce qui démontre que les contrées septentrionales ont été habitées à une époque relativement récente. On rencontre en Danemark des amas coquilliers contenant des restes d'animaux domestiques, des morceaux de poterie et différents objets de ménage. Des amas semblables gisent dans les deux Amériques ; et plusieurs de ceux des Etats-Unis ont été décrits par J. Wyman, dans le *Naturaliste américain* (1868). La croissance de grands arbres sur ces amas est une preuve qu'ils existent depuis des siècles, mais qu'ils soient plus récents que ceux du Danemark. Les habitations lacustres de la Suisse ont fourni quelques spécimens appartenant à cette période : mais en général on y trouve des objets classés dans l'époque dite de bronze. 2° *âge de bronze.* L'homme, alors sauvage, commence à travailler les métaux, principalement le cuivre et l'étain. Quelquefois, cette période est précédée d'un âge intermédiaire pendant lequel les hommes employaient le cuivre ; ce qui eut lieu en Amérique, où, avant l'âge de bronze, qui existait à l'arrivée des Espagnols, avait existé une période de cuivre, laquelle régnait au Mexique, au moment de la prise de possession par les Aztèques. Si l'on en juge par les forêts qui gisent sur les terrains dans les quels se trouvent des instruments de cuivre,

cette époque doit se placer vers le VIIIᵉ siècle de notre ère. Mais en Europe, l'âge de bronze se perd littéralement dans la nuit des temps. 3° *âge de fer.* Après une période de transition pendant laquelle le bronze fut employé concurremment avec le fer, ce dernier finit par être seul en usage ; l'âge de fer, qui précède immédiatement les temps historiques, nous a laissé de beaux spécimens d'armes et d'instruments tranchants. — Bibliogr. Les auteurs qui se sont occupés d'archéologie préhistorique sont : Christy, Lartel, Boucher de Perthes, de Mortillet et Quatrefages, en France ; Schaffhausen, Virchow et Lindenschmit, en Allemagne ; Thomsen, Engelhardt, Steenstrup et Nilsson, dans le Danemark ; Troyon, Keller, Morlot, Vogt et Desor, en Suisse ; Gastaldi, Canestrini et Foresi, en Italie ; Schoolcraft, Squier, Foster, Davis, Whittlesey et Wyman, aux Etats-Unis ; Crawford, John Evans, Prestwich, Boyd Dawkins, en Angleterre, et principalement Lyell dans son « Antiquity of Man » et Lubbock dans ses«Prehistoric Times».

* **ARCHÉOLOGIQUE** adj. Qui appartient, qui a rapport à l'archéologie.

* **ARCHÉOLOGUE** s. m. [ar-ké-o-lo-ghe].Celui qui est versé dans l'archéologie.

* **ARCHER** s. m. [ar-ché]. Soldat armé de l'arc. — Le plus célèbre archer de l'antiquité fut Aster qui éborgna Philippe de Macédoine. Les Grecs et les Romains avaient des troupes légères d'archers. Chez les modernes, Charles VII institua des compagnies dites de *francs-archers* (1448). Chaque paroisse devait avoir un *archer* exempt de la taille et s'exerçant tous les dimanches à tirer de l'arc ou de l'arbalète. Cette milice, qui devait former un corps de 16,000 hommes, ne rendit aucun service et fut dissoute par Louis XI (1480). On appela *archers de la connétablie* des officiers chargés d'exécuter les sentences des lieutenants des maréchaux de France. Ils exerçaient par tout le royaume. Sous Louis XI et sous François Iᵉʳ, les gardes du corps armés d'un arc ou d'une arbalète s'appelaient *archers de la garde.* L'archer à cheval des anciennes compagnies de gendarmerie portait le nom d'*archers d'ordonnance.* Enfin on appela *archers* des officiers subalternes de justice ou de police qui furent successivement armés de l'arc, de la hallebarde et du fusil, et que la Révolution remplaça par les gendarmes :

J'ai, des *archers* de nuit, vu briller les rapières.

V. HUGO.

— ⁓ Icht. Genre de poissons de la famille des squammipennes, dont on ne connaît qu'une espèce qui habite la mer des Indes. L'archer (*labrus jaculator*) doit son nom à la curieuse faculté qu'il possède de lancer, avec sa bouche, des gouttes d'eau sur les mouches, les fourmis et autres insectes qu'il veut faire tomber dans l'eau pour s'en nourrir. Il est jaunâtre, avec cinq taches brunes sur le dos ; longueur : 12 à 15 centim. A Java, il est très recherché comme objet de curiosité. On le conserve dans des vases au-dessus desquels on suspend de petits insectes destinés à sa nourriture.

ARCHÈRE s. f. Voy. ARCHIÈRE.

ARCHERIE s. f. Usage de l'arc. — Troupes armées d'archers.

* **ARCHET** s. m. (rad. *arc* ; parce que l'archet fut d'abord recourbé en arc). Baguette de bois dur, terminée par deux parties saillantes: l'une immobile, appelée *tête* ; l'autre, mobile, nommée *hausse.* Un faisceau de crins de cheval est attaché à la tête de la hausse et peut être tendu à volonté par le moyen d'une vis à écrou. On se sert de l'archet pour tirer le son de la plupart des instruments à cordes : violons, violes, altos, violoncelles, contrebasses, etc.— Châssis de bois courbé en arc, que l'on met au berceau des enfants, pour soutenir une couverture au-dessus de leur tête. — **Châssis** courbé en arc, que l'on met au lit à un malade pour empêcher les couvertures de peser sur son corps. On dit aussi ARCEAU. — Techn. Arc de baleine ou d'acier, courbé au moyen d'une corde attachée aux deux extrémités, et dont on se sert pour percer ou pour tourner.

* **ARCHÉTYPE** s. m. [ar-ké-ti-pe] (gr. *arkétypon*; de *arké*, principe; *typos*, forme; lat.*archetypus*). Image primitive, modèle d'après lequel une œuvre est exécutée. N'est guère usité qu'en terme de philosophie ancienne : *l'archétype du monde*. — Adjectiv.: *les idées archétypes*. — Monn. Étalon primitif et général des poids et mesures, sur lequel on étalonne les autres. On dit aujourd'hui : *étalon*.

* **ARCHEVÊCHÉ** s. m. Territoire ou province ecclésiastique qui est sous la juridiction d'un archevêque : *cette paroisse est dans l'archevêché de Paris*. — Dignité d'archevêque. — Droits, revenus temporels attachés à l'archevêché. — Demeure, palais d'un archevêque : *je vais à l'archevêché*.

SIÈGES ARCHIÉPISCOPAUX DE L'ÉGLISE CATHOLIQUE.

Rites	Sièges existants	Sièges occupés	Sièges vacants
Latin	146	143	3
Oriental	27	20	7
Totaux	173	163	10

On compte, en France, 17 archevêchés : Aix, Albi, Auch, Avignon, Besançon, Bordeaux, Bourges, Cambrai, Chambéry, Lyon, Paris, Reims, Rennes, Rouen, Sens, Toulouse, Tours. — L'Algérie forme la province ecclésiastique d'Alger. — Voy. ÉVÊCHÉ.

ARCHEVÊQUE s. m. [ar-che-vê-ke] (gr.*arché*, primauté ; et franç. *évêque*). Prélat métropolitain qui est à la fois évêque d'un diocèse et chef d'une province ecclésiastique dont les autres évêques sont suffragants. — Le mot archevêque fut employé en Orient dès le IVe siècle, et on le trouve pour la première fois dans l'*Apologie* contre les Ariens par Athanasius (vers 360) ; il fut introduit en Occident vers le Ve siècle. Voy. ÉVÊQUE. En Orient, les archevêques portent ordinairement le nom de patriarches. — On *intronise* un archevêque, on *installe* un évêque. L'archevêque porte la soutane violette, comme l'évêque ; mais ses privilèges sont un peu plus étendus. On consacre soit un évêque, soit un archevêque ; mais on commet leur consécration à un autre prélat. Les évêques suffragants le consultent avant d'entreprendre les affaires importantes. Il a le droit de convoquer les conciles provinciaux et il en est le président ; il veille à ce que les évêques restent dans leur diocèse ; il corrige et réforme leurs jugements par la voie de l'appel. Il a le titre de *Monseigneur* et de *Grandeur*. En France, son traitement est de 20,000 fr.

* **ARCHI** [ar-chi] (gr. *archein*, commander). Terme qui, placé devant un mot, sert à marquer la prééminence, la supériorité : *archichancelier*. — Il sert aussi à marquer l'excès : *archifou*. — Très employé dans la langue usuelle quand il s'agit d'inventer un superlatif : *je suis guéri.. bien guéri... archiguéri*.

ARCHIAC [ar-chi-ac]. Ch.-l. de cant. (Charente-Inférieure), arr. et à 14 kil. N.-E. de Jonzac ; 1,250 hab.

ARCHIAS [ar-kiâss]. I. L'un des tyrans que Sparte imposa à Thèbes en 482 av. J.-C. On lui passa, au milieu d'un festin, une lettre qui l'informait du complot de Pélopidas ; mais sans la lire, il la jeta sous son coussin, en s'écriant : « A demain les affaires sérieuses ! » Quelques minutes après, il fut égorgé par les conjurés (478). — II. (Aulus Licinius), poète grec du premier siècle av. J.-C., né à Antioche ; il ne nous est connu que par le beau discours Pro Archiâ, dans lequel Cicéron prouve qu'il est citoyen romain.

ARCHIÂTRE s. m. [ar-chi-â-tre] (gr. *archos*, chef ; *iatros*, médecin). Titre donné par Néron au médecin Andromachus l'Ancien, et qui fut ensuite appliqué au premier médecin des empereurs romains et des rois de France. A Constantinople et dans plusieurs grandes villes, on donna le nom d'*Archiâtres populaires* à des médecins payés par le trésor public pour visiter les malades sans leur réclamer de rétribution. En France, on appela *archiâtres* les médecins de plusieurs souverains.

ARCHIBAN s. m. Vieux mot qui désignait un banc à dossier servant de siège d'honneur.

ARCHICAMÉRIER s. m. Dignité honorifique de la cour de Rome.

ARCHICEMBALO s. m. [ar-chi-sain-ba-lo]. Clavecin inventé au XVIe siècle par Niccolo de Vicence. Il avait des cordes et des touches particulières pour les sons enharmoniques.

ARCHICHAMBELLAN s. m. Premier valet de chambre des anciens empereurs d'Allemagne. — L'Electeur de Brandebourg reçut, en 1356, le titre d'archichambellan de l'empire Germanique et, en cette qualité, il portait le sceptre devant l'empereur.

* **ARCHICHANCELIER** s. m. Titre donné à un grand dignitaire pendant les deux premières races des rois de France (418-986). Après le démembrement de l'empire franc, les archevêques de Mayence, de Cologne, et de Trèves devinrent archichanceliers de Germanie, d'Italie et d'Arles. — Le titre d'archichancelier fut rétabli par Napoléon, en faveur de Cambacérès.

ARCHICHANTRE s. m. Premier chantre dans une église cathédrale.

ARCHICHAPELAIN s. m. Grand aumônier de France sous les rois des premières races.

ARCHICONFRÉRIE s. f. Se dit de certaines confréries pieuses d'Italie.

ARCHIDAMUS [ar-ki-da-muss], nom de cinq rois lacédémoniens de la famille des Proclides. — I. Vivait pendant la guerre avec Tégée, vers 668 av. J.-C. — II. Régna de 469 à 427, écrasa les Ilotes révoltés pendant un tremblement de terre (465), envahit l'Attique et s'empara de Platée. — III. Roi de 361 à 338, défendit Sparte contre Epaminondas, secourut les Phocéens contre Philippe et fut tué en Italie, où il était venu protéger les Tarentins. — IV. Roi de 296 à 261, fut vaincu près de Sparte par Démétrius Poliorcète. — V. Le dernier des Proclides, fut périt assassiné peu après son accession au trône (240).

ARCHIDIACONAL, ALE, AUX adj. Qui appartient, qui a rapport à l'archidiaconat.

* **ARCHIDIACONAT** s. m. Dignité, office d'archidiacre.

* **ARCHIDIACONÉ** s. m. Territoire soumis à la juridiction spirituelle d'un archidiacre.

* **ARCHIDIACRE** s. m. Ecclésiastique pourvu d'une dignité qui lui donne une sorte de juridiction sur les curés du diocèse. Depuis la décision du concile de Trente, en vertu de laquelle les archidiacres ne tiennent leur droit de surveillance que sur une permission de l'évêque, elle n'est disparu peu à de plusieurs diocèses catholiques. L'Angleterre est encore divisée en 67 archidiaconats.

ARCHIDIOCÉSAIN, AINE adj. Qui dépend d'un archevêché.

* **ARCHIDUC** s. m. Titre de dignité que l'on emploie seulement lorsqu'on parle des princes de la maison d'Autriche. Ce titre (*Erzherzog*, en allemand), est d'une origine très ancienne et fut porté par plusieurs princes ; il est héréditaire dans la maison de Hapsbourg depuis plus de quatre siècles. Tous les membres de cette dynastie sont appelés *archiducs* et archiduchesses, depuis 1804, époque où François devint empereur d'Autriche.

ARCHIDUCAL, ALE, AUX adj. Qui appartient à un archiduc ou à une archiduchesse.

* **ARCHIDUCHÉ** s. m. Nom que l'on donne au duché d'Autriche : *l'Autriche était un archiduché*.

* **ARCHIDUCHESSE** s. f. Epouse d'un archiduc. — Princesse qui est revêtue de cette dignité par sa naissance. Les filles de l'empereur d'Autriche portent le titre d'archiduchesses.

* **ARCHIÉPISCOPAL, ALE, AUX** adj. [ar-ki-é-piss-ko-pal]. Qui appartient, qui a rapport à l'archevêque : *dignité archiépiscopale* ; *palais archiépiscopal*.

* **ARCHIÉPISCOPAT** s. m.[ar-ki-é-piss-ko-pa]. Dignité d'archevêque. — Temps pendant lequel un archevêque a occupé le siège archiépiscopal : *il mourut après quinze ans d'archiépiscopat*.

ARCHIER s. m. [ar-chi-é]. Celui qui fabrique des arcs.

ARCHIÉRARQUE s. m. [ar-ki-é-rar-ke] (de *archi* ; et du gr. *ieros*, sacré ; *archos*, chef). Nom donné autrefois au pape, comme chef de toute la hiérarchie ecclésiastique.

ARCHIÈRE s. f. [ar-chi-è-re]. Ouverture oblongue que l'on pratiquait dans les murs d'un château fort et par laquelle les archers tiraient leurs flèches. On disait aussi ARCHÈRE.

ARCHIFOU, FOLLE s. Fou ou folle à l'excès. (Fam.)

ARCHILOQUE DE PAROS [ar-ki-lo-ke], un des plus anciens poètes ioniens, inventeur présumé du vers iambique, fut célèbre de 714 à 676 av. J.-C. La vivacité, l'indécence et la grossièreté de ses satires le firent exiler de Paros. Il finit par y rentrer et fut dans une guerre contre les Naxiens. Il ne nous reste de ce poète que quelques fragments recueillis par Brunck dans ses *Analecta*.

ARCHILOQUIEN adj. et s. m. [ar-chi-lo-kiain], se dit d'un vers dont on attribue l'invention à Archiloque. L'*archiloquien* proprement dit a trois pieds et se compose de deux dactyles et une syllabe. Le *grand archiloquien* a sept pieds (trois dactyles ou trois spondées, un dactyle et trois trochées).

ARCHILUTH s. m. [ar-chi-lutt]. Mus. Ancien instrument beaucoup plus grand que le luth ; on s'en servait en guise de contre basse.

ARCHIMAGE s. m. Chef des mages ; titre que se donnait Zoroastre.

ARCHIMAGIE s. f. Partie de la magie qui enseignait à faire de l'or.

* **ARCHIMANDRITAT** s. m. Dignité d'archimandrite, bénéfice, revenus d'un archimandrite.

* **ARCHIMANDRITE** s. m. [ar-chi-man-drite](gr. *arché*, suprématie ; *mandra*, monastère). Nom que l'on donnait autrefois à un supérieur ecclésiastique, évêque ou archevêque. — Ne se dit plus que dans l'Eglise grecque, pour désigner un dignitaire supérieur, qui exerce une certaine surveillance sur les couvents et qui est subordonné à l'évêque.

ARCHIMÈDE [ar-chi-mè-de], le plus grand géomètre de l'antiquité, né à Syracuse vers 287 av. J.-C., mort en 212, visita l'Egypte dans sa jeunesse et y inventa la *vis d'Archimède* pour dessécher les marais du Nil. Vitruve rapporte qu'il découvrit, dans les circonstances suivantes, le principe du poids spécifique des corps : Hiéron, roi de Syracuse et parent du géomètre, pria celui-ci de découvrir une fraude supposée dans le métal d'une couronne d'or qu'un orfèvre venait de lui livrer. Archimède réfléchissait à ce problème, lorsqu'il s'aperçut, en prenant un bain, que son corps perdait dans l'eau un poids égal au volume de l'eau déplacée. Transporté de joie, il parcourut, nu, les rues de Syracuse en criant : « *Eurêka* ! j'ai trouvé !» En effet, il n'eut plus qu'à plonger alternativement dans un récipient contenant de l'eau, deux lingots, l'un d'or, l'autre d'argent, chacun d'un poids exactement équivalent à celui de la couronne, pour voir qu'à poids égal, l'or et l'argent ne déplacent pas le *même volume* d'eau; puis soumettant la couronne à la même épreuve, il trouva qu'elle déplaçait plus d'eau que l'un et moins que l'autre, d'où il conclut que l'ouvrier avait mêlé de l'argent à l'or qu'on lui avait confié. Il compléta cette démonstration en composant un lingot mi-parti d'or et d'argent, et l'immersion de ce lingot donna un résultat identique à celui de la couronne. Archimède trouva ensuite la théorie du levier. « Donnez-moi un point d'appui, disait-il, et je soulèverai le monde ». On lui attribue l'invention de la poulie mobile, des moufles, de la vis sans fin, des roues dentées, de l'orgue mécanique et de la sphère mouvante. Il se consacra, sur ses derniers jours, à la défense de sa ville natale, qu'assiégeaient les Romains, sous les ordres de Marcellus. Il fit construire des machines, qui enlevaient, à l'aide de crampons, les vaisseaux ennemis, les soulevaient et, en les laissant retomber, les abîmaient dans les flots ou les brisaient contre les rochers. On dit qu'au moyen d'un assemblage de miroirs qui réfléchissaient les rayons solaires, il brûlait, à distance, les navires assiégeants. Grâce à ses stratagèmes, la ville résista pendant trois ans et ne fut enlevée que par surprise, un jour de fête. Pendant le sac de cette grande cité, un soldat pénétra dans la demeure du vieux savant qui, insensible aux bruits extérieurs, poursuivait la solution d'un théorème. Le Romain lui ordonna de le suivre; mais Archimède, sans répondre, continua son opération. Alors le soldat lui passa son épée au travers du corps. Marcellus, admirateur d'Archimède, lui fit élever un tombeau sur lequel on grava une sphère inscrite dans un cylindre, en mémoire d'une de ses découvertes. La meilleure édition des œuvres d'Archimède est celle de Torelli, Oxford, in-fol. 1793 ; trad. franç. par Peyrard, 2 vol. in-8°, 1808. Ces œuvres comprennent : De la mesure du cercle (par la méthode d'exhaustion); de la sphère et du cylindre; de la quadrature de la parabole; des sphéroïdes et des conoïdes; des spirales; des centres de gravité; de l'équilibre des corps plongés dans les liquides. — **Vis d'Archimède.** Appareil pour

Vis d'Archimède.

élever l'eau. Il se compose d'un tube ouvert aux deux extrémités et roulé en spirale autour d'une tige qui lui sert d'axe. L'une des extrémités du tube plonge dans l'eau, tandis que l'autre se trouve à la hauteur où l'on veut élever ce liquide, et l'on calcule l'inclinaison de l'axe, par rapport à l'horizon, de manière qu'elle soit moindre que celle de la vis, par rapport à l'axe. La spirale est quelquefois formée par une feuille de tôle ou par une lame de bois enveloppée par un cylindre (voir notre gravure).

ARCHIMILLIONNAIRE s. m. Immensément riche.

ARCHIMIME s. m. [ar-chi-mi-me] Antiq. Acteur qui remplissait les premiers rôles dans les drames mimiques. On employait aussi des archimimes dans les funérailles; ils imitaient la démarche, les gestes et les manières du défunt.

ARCHINE s. f. [ar-chi-ne] (rad. *arche*). 1 Mesure grecque moderne, qui vaut 0 m. 853. — Mesure russe, qui vaut 0 m. 711.

ARCHINOBLE adj. Très noble.

ARCHINOTAIRE s. m. Nom que l'on donnait quelquefois au grand chancelier de France.

ARCHIPARAPHONISTE s. m. [ar-chi-pa-ra-fo-ni-ste] (gr. *archos*, chef; *paraphonéo*, je chante). Chanoine qui, dans certaines églises, remplit les fonctions de grand chantre. On dit aussi *préchantre* et *paraphoniste*.

ARCHIPATELIN, INE s. Patelin à l'excès. (Fam.)

* **ARCHIPEL** (gr. *arché*, principale; *pélagos*, mer). Nom que les anciens Grecs donnaient à la partie orientale de la Méditerranée, et qui s'est étendu comme terme générique à toute mer contenant un grand nombre d'îles; puis à toute agglomération d'îles. — I. Archipel grec (ou mer Égée, dans le sens le plus large de ce dernier mot), partie de la Méditerranée comprise entre la Grèce, la Turquie d'Europe et l'Asie Mineure. L'Archipel contient un grand nombre d'îles et d'îlots divisés en trois groupes (outre Eubée ou Négrepont, la plus grande de ces îles); 1° Groupe du N.-E. il comprend Thasos, Samothrace, Imbros, Lemnos, Tenedos et Lesbos, qui appartiennent à la Turquie; 2° Groupe des Cyclades, en partie à la Grèce; voy. CYCLADES ; 3° Groupe des Sporades, voy. ce mot.—II. Archipel indien ou Archipel MALAIS, agglomération de groupes d'îles au S.-E. de l'Asie, entre la mer de Chine, l'Océan indien et le Pacifique ; de 93° à 148° long. E.; et de 19° 40' lat. N. à 11° lat. S. Cet archipel renferme les plus grandes îles du monde (si l'Australie est considérée comme un continent). Voici la liste des principales îles qui le composent: Amboine, Bali, Banca, Banda, Batchian, Bouro, Bornéo, les Célèbes, Céram, Flores, Gilolo, Java, Lombok, Madura, Nouvelle-Guinée, Philippines, Sumatra, Sumbawa et Timor (voir les articles particuliers).— L'Espagne domine dans les Philippines; mais partout ailleurs, la Hollande s'est établie. Les Portugais possèdent une partie de Timor. Les deux grandes divisions zoologiques indienne et australienne sont séparées par le détroit de Lombok. Bien que ce bras de mer mesure à peine 25 kil. de large, il divise strictement la faune indienne à l'O., de la faune australienne à l'E. Les deux races typiques qui peuplent l'Archipel sont distribuées de la même façon : dans les îles à l'*occident* du détroit se trouvent les Indo-Malais ; tandis qu'à *l'est* vivent les tribus de la Papouasie.

ARCHIPOMPE s. f. [ar-chi-pon-pe] (de *arche*, dans le sens de *coffre*; et de *pompe*). Mar. Retranchement en planches dont on entoure le corps des pompes pour les garantir de tout choc.

ARCHIPOPE s. m. [ar-chi-po-pe]. Principal pope, dans l'Eglise grecque.

* **ARCHIPRESBYTÉRAL, ALE AUX,** adj. [ar-chi-pré-sbi-té-ral]. Qui appartient à l'archipresbitérat, à l'archiprêtre.

ARCHIPRESBYTÉRAT s. m. [ar-chi-pré-sbi-té-ra] (gr. *arché*, commandement; *presbuteros*, prêtre). Dignité, juridiction de l'archiprêtre.

* **ARCHIPRÊTRE** s. m. [ar-chi-prê-tre]. Titre donné autrefois à un dignitaire ecclésiastique qui, en l'absence de l'évêque, le remplaçait dans ses fonctions. — On le donne encore, dans certains diocèses, aux curés de canton ou à des curés qui ont une prééminence purement honorifique sur les autres.

* **ARCHIPRÊTRÉ** s. m. Juridiction spirituelle de l'archiprêtre. — **Demeure de l'archiprêtre.**

ARCHIPRIEUR s. m. Titre donné autrefois au grand maître des Templiers.

ARCHIPRIEURE s. f. Supérieure des religieuses de Lancharre, en Bourgogne.

ARCHIPRIEURÉ s. m. Dignité d'archiprieur. — Synon. d'*archidiaconé*.

ARCHIQUE adj. [ar-chi-ke] (gr. *arché*, principe). Primitif.

ARCHISUPPÔT s. m. Titre que prenaient les *cagoux*, principaux officiers du roi des truands.

* **ARCHITECTE.** s. m. [ar-chi-tèk-te] (gr. *archos*, chef; *tekton*, ouvrier). Celui qui exerce l'art de l'architecture, l'art de bâtir; artiste qui compose les édifices, en détermine les proportions, les distributions, les décorations, les fait exécuter sous ses ordres et en règle les dépenses. — Fig. LE SUPRÊME ARCHITECTE, Dieu.— Législ. Tout le monde peut prendre le titre d'architecte, en payant une patente fixée au quinzième de la valeur locative. — L'architecte est responsable pendant dix ans des constructions qu'il élève à prix fait (code civil 1792 et 2270); il est chargé de régler les mémoires des entrepreneurs et des ouvriers. — Lorsque ses honoraires ne sont pas réglés de gré à gré entre les parties, il est d'usage qu'ils soient de 5 p. cent de la valeur des travaux faits sous sa direction. Son action pour la poursuite de ses honoraires devant les tribunaux se prescrit par six mois après l'achèvement des travaux. — Lorsque l'architecte s'est chargé d'une construction ou d'une réparation, sur un plan convenu avec le propriétaire, il ne peut, sous aucun prétexte, demander une augmentation de prix. — Société CENTRALE DES ARCHITECTES; quai de l'Horloge, 23, à Paris. Elle a pour but l'étude des questions d'art, de pratique, de jurisprudence et d'administration relatives à l'architecture.

* **ARCHITECTONIQUE** adj. Qui a rapport à l'architecture. — Se dit de l'art de la construction : *art architectonique*. — s. f. Art de bâtir: *enseigner l'architectonique*.

ARCHITECTONOGRAPHE s. m. Celui qui écrit sur l'architecture.

ARCHITECTONOGRAPHIE s. f. Art de décrire les édifices.

* **ARCHITECTURAL, ALE, AUX** adj. Qui concerne l'architecture; qui a le caractère de l'architecture.

* **ARCHITECTURE.** s. f. [ar-chi-tèk-tu-re]. Art de construire, de disposer et d'orner les édifices. — Disposition, ordonnance d'un bâtiment : *voilà une belle architecture*; *un beau morceau d'architecture*. — Les plus remarquables vestiges des temps primitifs sont les constructions cyclopéennes que l'on supposait autrefois être l'œuvre de géants ou cyclopes comme ceux que mentionne l'Odyssée. Par qui furent érigés ces monuments ? C'est ce que l'archéologie n'a pu découvrir exactement; mais on les attribue aux Pélasges. Les murs des villes, des tombes et des temples se composaient de blocs de pierres taillés en forme de polygones. Ne faisant pas usage de ciment, on emplissait de petits cailloux les interstices qui se trouvaient entre les grosses pierres; des exemples de ce genre se trouvent à Mycène et à Tyrins. Il ne nous est resté aucun monument architectural complet de Babylone, ni des Phéniciens, des Hébreux, des Syriens, des Philistins et des Chinois. Mais le Japon, Siam et les îles de l'océan Indien sont couverts de ruines antiques, jadis consacrées aux divinités de la foi bouddhique. Les constructions indoues se distinguent par leurs dimensions colossales et par leur aspect sévère et bizarre. — Les spécimens des monuments de l'antiquité semblent insignifiants lorsqu'on les compare à ceux des Egyptiens. Les plus anciennes œuvres architecturales de l'Egypte sont les hypogées, où on enterrait les morts, et qui servaient en même temps de temples souterrains. Ces hypogées devinrent ensuite les modèles des temples dont le plus ancien exemple paraît être celui d'Amada. Le plan de ce monument est tout à fait semblable à celui d'un hypogée. Les murs, les plafonds et les colonnes sont décorés de figures en bas-relief et d'hiéroglyphes richement enluminés, généralement en rouge, en vert, en bleu et en jaune. — Les palais eux-mêmes affectaient un plan semblable à celui des temples. Outre leurs merveilleuses villes des morts, les Egyptiens érigèrent leurs prodigieuses pyramides, qui sont les plus gigantesques monuments de l'antiquité. Du reste, la forme pyramidale prévaut dans presque tous leurs travaux, parce que les murailles de leurs temples et de leurs autres constructions ne sont jamais verticales, mais, au contraire, fortement inclinées. Ils employaient les colonnes pour former les portiques des cours intérieures et aussi pour supporter les plafonds. Les fûts des colonnes présentent des formes diverses : quelquefois cylindriques, d'autres fois coniques ou renflés à la base, ils sont lisses ou couverts d'hiéroglyphes. Les chapiteaux, semblables au lotus, s'épanouissent au sommet ou s'unissent ensemble en affectant toujours une forme bul

Ruines du temple de Querenth, à Thèbes (Egypte).

beuse. Au-dessus se trouve la table carrée appelée abaque. — En Grèce, les villes étaient ornées de temples, de théâtres, d'odéons, de gymnases, etc., construits dans l'un des trois styles dits : Dorique, Ionique et Corinthien. On pense que le premier fut inventé par les

le type de ce genre d'architecture dont les vestiges les plus anciens se trouvent à Corinthe. On attribue aux Ioniens l'honneur d'avoir, les premiers, employé le style ionique, dont il n'existe aucun spécimen appartenant à une époque antérieure au IVe siècle av. J.-C. Vitruve prétend que Callimaque inventa le chapiteau corinthien ; mais les archéologues ne sont pas d'accord à ce sujet, parce que des chapiteaux ornés de feuillage ont été découverts en Egypte et dans l'Asie Mineure et qu'ils paraissent dater de la plus haute antiquité. L'ordre dorique tint toujours le premier rang dans l'architecture grecque, non seulement parce qu'il était le plus ancien, mais le plus généralement employé et, par conséquent, le plus perfectionné, mais surtout parce qu'il s'adaptait le mieux à tous les genres d'architecture. Type de la majesté et de la grandeur imposante, il était exclusivement adopté pour la construction des temples. L'ionique, qui tient le milieu entre le simple dorique et le riche corinthien, était quelquefois employé dans les édifices funéraires. Quant au corinthien grec, on en a découvert un seul spécimen, le monument de Lysicrate, qui est un petit édifice circulaire décoré de colonnes corinthiennes engagées, lesquelles sont placées au-dessus d'un soubassement rectangulaire très élevé. — Si nous passons en Italie nous trouvons d'abord, dans les murailles de l'Etrurie, des formations polygonales appartenant à la civilisation pélasgique et semblables à celles de la Grèce et de l'Asie Mineure. Aux Etrusques est généralement attribué l'ordre dit toscan, variante simplifiée du dorique. Les anciens Romains ne connurent pas d'abord d'autre style ; ensuite ils marièrent peu à peu avec les ordres grecs. De même, il est supposable que les Romains empruntèrent aux Etrusques l'arc et la voûte, qui tiennent une si grande place dans leur architecture et qui modifièrent si profondément l'art de bâtir dans l'antiquité. Recherchant moins la simplicité, les Romains employèrent l'ordre corinthien aussi généralement que les Grecs employaient le dorique, et quelques-uns de leurs monuments offrent les plus magnifiques exemples de cet ordre. A force de le modifier, ils formèrent l'ordre appelé composite, qui en diffère principalement par le chapiteau orné de volutes occupant environ le quart de la hauteur totale. En raison même de sa simplicité, le dorique ne fut presque jamais employé ; l'ionique le fut rarement ; les seuls exemples se trouvent dans les temples de Saturne et de la Fortune, dans les bains de Dioclétien, dans le Colysée et dans le théâtre de Marcellus. Tout l'empire romain se couvrit de constructions massives en partie

des forums, des basiliques, des temples, des mausolées, des palais, des bains, des théâtres, des amphithéâtres, des hippodromes, des naumachies, des arcs de triomphe, des cloaques, des prisons, des fontaines, des citernes, des colonnes monumentales, des villas, des marchés, etc. Pendant l'empire, Rome fut ornée de son Panthéon, l'Asie se couvrit de magnifiques monuments, et Athènes elle-même s'embellit de son célèbre temple de Jupiter Olympien. Les bains ou thermes d'Auguste, de Né

Ruines du Temple de Jupiter Olympien, à Athènes.

ron, de Titus, de Caracalla et de Dioclétien étaient renommés pour une magnificence qui n'était pas surpassée, même dans les propres palais de ces princes. Du reste, dans tous les édifices romains du temps de l'empire, depuis le palais des Césars jusqu'aux villas de Lucullus, de Salluste et d'Adrien, ce qui prévalait, c'était la recherche et un orgueilleux étalage de luxe. Le plus grandiose de tous les monuments de cette période était le Colysée, capable de contenir environ 80,000 spectateurs. Après les premiers empereurs, vint une époque de décadence qui dura jusqu'au moment où le siège de l'empire fut transféré à Constantinople. Dans cette nouvelle capitale, les arts furent cultivés avec succès par les Grecs. C'est alors qu'apparut le dôme, gloire de l'école byzantine, genre dont les exigences amenèrent

Pilier de l'église Saint-Jean, à Constantinople.

forcément, pour la construction des églises, l'abandon de la croix latine, qui fut remplacée par la croix grecque, à bras d'égale longueur. Les dogmes des Iconoclastes ou briseurs d'images contraignirent les architectes à chercher de nouveaux moyens pour enrichir leurs temples ; de là, une profusion de mosaïques, de feuillage en bas-relief et de lignes entrelacées. Les guerres de Bélisaire et de Narsès eurent pour résultat d'introduire le dôme en Italie ; et vers la même époque, le style by

Doriens ; néanmoins, Champollion voit dans un ordre égyptien, qu'il appelle proto-dorique,

conservées jusqu'à nous. On admire encore des voies, des aqueducs, des ponts, des portes,

| Toscan, | Dorique, | Ionique, | Corinthien, | Composite. |

LES CINQ ORDRES D'ARCHITECTURE.

tantin devint la base des nouvelles écoles dites Persane, Russe et Sarrasine, écoles qui régnèrent pendant le moyen âge en Grèce, en Italie, en Sicile, en Espagne, en Arabie et dans l'Inde. Parmi les nombreux édifices dus à la période byzantine, nous citerons Sainte-Sophie de Constantinople, Saint-Marc de Venise et San-Vitale de Ravenne. Les Sarrasins et les Maures introduisirent en Europe certaines formes architecturales dans lesquelles se marient les écoles grecque et byzantine et dont la particularité la plus remarquable est une nouvelle configuration de l'arc, devenu plus haut que large dans l'architecture sarrasine, et qui prit ensuite l'aspect d'un fer à cheval ou d'un croissant dans le style moresque. L'ornementation murale présenta des dessins variés, ces combinaisons géométriques et florales ingénieuses et gracieuses que l'on appelle arabesques. A la suite de l'invasion des barbares en Occident, naquit un système d'architecture que l'on a nommé, nous ne savons pourquoi, style lombard, mais dont le véritable nom est *style roman*. C'est de l'architecture latine modifiée par chaque peuple, suivant le climat, les habitudes et les besoins. On y retrouve toujours l'arc et la voûte. Nos églises du vᵉ au xiiᵉ siècle appartiennent à ce style, que l'on appelle, selon les changements qu'il a subis, roman mérovingien, carlovingien, saxon, normand, etc. Vers le xiiᵉ siècle, les croisades eurent leur influence sur l'art de bâtir et donnèrent naissance au genre *romano-byzantin*, peu différent du roman pur, mais qui s'en distingue par la richesse et la finesse des ornementations. Déjà naissait la brillante période dite *gothique* ou mieux *ogivale*, la plus haute expression de l'esprit chrétien. L'étude des arts, des sciences et de la littérature s'était alors réfugiée dans les monastères ; il n'y avait pour ainsi dire qu'un seul art qui fût resté séculier : l'art de bâtir. Les maçons étaient des artistes libres ou *francs* ; leur corporation, prenant de l'importance et puisant une force invincible dans la fraternité de ses membres, donna naissance à cette *franc-maçonnerie* qui eut, pendant une partie du moyen âge, la surveillance ou la direction de toutes les constructions. Protégée par l'Eglise, l'architecture passa rapidement du style roman (appelé quelquefois *ancien gothique*), au style ogival, que l'on divise généralement en trois périodes, savoir : 1°, xiiᵉ et xiiiᵉ siècles, *style ogival primitif* ou à lancettes ; 2°, xivᵉ siècle, *ogival décoré* ou *rayonnant* ; 3°, xvᵉ et xviᵉ siècles, *perpendiculaire* ou *flamboyant*. L'élément essentiel de ce style est l'arc en pointe ou aigu, employé dans les fenêtres, les portes, les arcades et les voûtes. C'est pendant la première période que régnent les clochers gigantesques surmontés de flèches élancées ; les contre-

Arc-boutant du chapitre de Lincoln.

forts et les arcs-boutants deviennent indispensables à la solidité des édifices plus gracieux

que consistants ; les fenêtres, tantôt simples, tantôt accouplées, prennent une forme plus allongée et moins large. Pendant la seconde période, le style gothique atteint son plus haut degré de perfection ; les arcs-boutants sont plus élégants, les fenêtres moins aiguës, les colonnes s'amincissent ; les sculptures reçoivent plus de relief. La troisième période dite du gothique flamboyant ou *gothique fleuri*, se distingue surtout par la profusion des ornements, signe évident de décadence, par l'excessive décoration des niches, des tabernacles, des arcs-boutants enrichis de pinacles, des encorbellements et des balustrades. Pendant que le gothique régnait en maître chez nous, les Italiens cherchaient, pour leurs constructions civiles, à retrouver la tradition de l'antiquité : dès le xivᵉ siècle, appelé période *trecento*, quelques architectes ne bâtissaient que dans le style dit *classique*, style qui prévalut au xviᵉ siècle et qui fut introduit en France à la suite des guerres d'Italie ; on lui donna le nom de *Renaissance* (retour vers l'antique) ; mais de l'autre côté des Alpes, on l'appelait *cinquecento*. Parmi les maîtres qui avaient le plus travaillé au retour vers l'architecture antique, les Florentins citent, avec orgueil, leur compatriote Brunelleschi (m. en 1444), lequel eut pour successeurs des architectes illustres, tels que Alberti, Bramante, Péruzzi, Sangallo, San Michelli, Palladio et Scamozzi. Pour l'application des éléments du

Cloître gothique de l'abbaye de Kilconnel (Irlande).

style classique aux constructions religieuses et civiles, il fallut se permettre, pour ainsi dire, des licences architecturales : on osa superposer des ordres différents ; on usa plus fréquemment des colonnes engagées et des pilastres ; on varia les formes des frontons ; aux tympans, on substitua des colonnes pour sup-

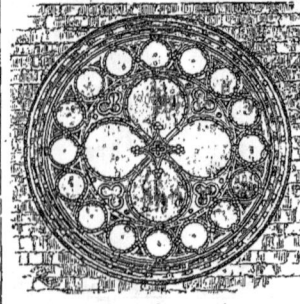

Fenêtre du transept nord de la cathédrale de Lincoln.

porter les arcades ; les murailles furent décorées de médaillons, de feuilles, de cartouches,

le tout mêlé de figures d'animaux. Ces modifications et plusieurs autres produisirent un style qui put s'adapter aux besoins de la civilisation moderne. Michel-Ange, auquel on doit de nombreuses innovations, abandonna l'habitude de superposer des ordres différents pour marquer chaque étage ; il en employa un seul embrassant toute la hauteur de l'édifice. — L'esprit d'examen qui règne depuis le xviiᵉ siècle, ayant provoqué une étude plus

Arc gothique décoré, Dorchester, Oxfordshire.

approfondie des principes de l'art, a fait naître deux mouvements diamétralement opposés, l'un dans le sens du style classique et l'autre vers le gothique, mouvements qui ont pris leur origine en Angleterre. Le rétablissement du genre gréco-romain date de 1762, époque où les Anglais Stuart et Revett publièrent les résultats de leurs recherches dans l'Attique. Peu après, les travaux d'Horace Walpole, à Strawberry Hill, firent renaître le genre gothique, qui commença à atteindre son développement moderne vers l'an 1820. Jusqu'à cette dernière époque le classique régna ; la Révolution et l'empire virent son apogée ; il semblait que rien, désormais, ne nous délivrerait des Grecs et des Romains, que l'on n'imitait pas servilement, il faut l'avouer, mais dont on cherchait à s'éloigner, au contraire, dans les genres *néo-grec* (nouveau grec) et *romantique* (fondé sur les méthodes romaines). La colonne de Juillet, les parties nouvelles du palais de Justice, la bibliothèque Sainte-Geneviève et le palais des Beaux-Arts sont les chefs-d'œuvre de cette architecture classique modifiée, à laquelle on reproche tant d'édifices ridicules. Vers 1840, le genre gothique fut adopté pour les nouvelles chambres du Parlement, à Londres, et l'admirable apparence de cette entreprise porta un coup terrible au style classique. Le *gothique victorien* (de la reine Victoria), diffère des autres genres gothiques autant que ceux-ci diffèrent entre eux ; c'est bien un style nouveau ; néanmoins, il n'a obtenu qu'un médiocre succès sur le continent. — Le journal anglais *le Constructeur* (the Builder) a énuméré comme suit les sommes qu'ont coûtées les édifices les plus récemment construits ou encore en construction, à Paris, en 1881 ; Grand Opéra 40 millions ; le nouvel Hôtel-de-Ville, 40 millions ; le nouvel Hôtel des Postes, 30 millions : les agrandissements du Conservatoire de musique, 8 millions. Ces sommes, qui nous semblent considérables, ne peuvent être comparées à celles que dépensent nos voisins d'Outre-Manche pour la construction de leurs massifs édifices : palais du Parlement, à Westminster, 87 millions et demi de fr. ; nouveau Ministère des affaires étrangères, à Whitehall, 14 millions de fr., etc. Les Belges font moins grand ; Maison du roi, place du Marché, à Bruxelles, 2 millions ; palais des Beaux-Arts, au même lieu, 4 millions; palais de Justice de Bruxelles, 4 millions, etc. — Bibliogr. Voy. les œuvres d'Alberti, de Palladio, de Scamozzi, d'Androuet du Cerceau, de Philibert Delorme, de Blondel, de Raynaud, de Quatremère de Quincy, de Caillat, de Viollet-le-duc, de Seroux d'Agincourt, de Du Sommerard, de Ramée, de Batissier, etc. — Voy. principaux : James Fergusson, History of architecture, 2ᵉ éd., 1874-'6. — Architecture militaire, art de fortifier les places. — Les principaux monuments français de l'architecture militaire au moyen âge sont : « les remparts d'Aigues-Mortes, d'Arles, d'Avignon, de Carcassonne, de Die, de Montpellier, de Narbonne, de Provins et de Saint-Guilhem ; les portes de Cadillac, de Moret, de Nogent-le-Roi et de Saint-Jean de Provins ; les châteaux forts ou donjons d'Alluye, d'Angers, d'Argental, de Beaucaire, de Blanquefort, de Bruniquel, de Chalusset, de Château-Gaillard, de Cesson, de Chinon, de Coucy, de Fougères, de Loudun, de Mehun, de Montlhéry, de Pierrefonds, de Saumur, de Vincennes, et du Vivier; le palais des papes, à Avignon ; celui de Justice, à Paris ; les ponts fortifiés de Cahors et d'Aigues-Mortes ; les abbayes fortifiées de Saint-Jean des Vignes, à Soissons, et de Saint-Leu d'Esserant. Quelques tours voûtées, servant à des signaux, comme celles du Roussillon, se rattachent aussi à cette architecture » (de Chesnel). — Architecture navale, art de construire les vaisseaux. — Architecture hydraulique, art de faire des machines pour la conduite des eaux.

ARCHITONNERRE s. m. [ar-chi-to-nè-re]. Phys. Machine de cuivre inventée, dit-on, par Archimède. Elle lançait des balles de fer avec une force extrême et beaucoup de bruit. Cette machine porte aussi le nom de canon à vapeur.

* **ARCHITRAVE** s. f. (gr. arkos, principal ; lat. trabes, poutre; parce que dans les anciens édifices en bois, elle était formée d'une poutre couchée sur les têtes des piliers). Archit. Partie inférieure de l'entablement, celle qui pose immédiatement sur les chapiteaux des colonnes.

ARCHITRAVÉE s. f. Archit. Corniche accompagnée d'une architrave.

* **ARCHITRICLIN** s. m. (gr. arché, commandement ; triclinon, salle à manger). Antiq. Celui qui était chargé de l'ordonnance du festin. — Se dit, familièrement et par plaisanterie, de celui qui arrange un repas : nous avions un bon architriclin.

* **ARCHIVES** s. f. pl. (lat. archivum). Anciens titres, chartes, et autres papiers importants : les archives d'une administration, d'une abbaye. — Lieu où l'on garde ces sortes de titres : archives voûtées. — Fig. Synon. de bibliothèque : les archives du génie, du savoir. — Fam. METTEZ CELA DANS VOS ARCHIVES, conservez cela avec soin. — Encycl. Collection de titres et de documents concernant un établissement ou une famille. La conservation des titres et actes publics importe à tous et a dû nécessairement être réglementée. L'art. 173 du Code pén. inflige la peine des travaux forcés à tout fonctionnaire qui a détruit ou détourné des titres dont il était dépositaire. La garde des documents publics a été confiée à des fonctionnaires spéciaux, nommés archivistes. Tout citoyen a le droit de demander communication, sans déplacement, des pièces que renferment les dépôts d'archives (à moins

qu'elles ne représentent qu'un intérêt privé) et d'en obtenir des expéditions ou des extraits (Loi du 7 messidor an II, art. 37). Le dépôt des ARCHIVES NATIONALES a été créé dès l'année 1789; mais c'est seulement en 1808 qu'il fut installé dans les bâtiments qu'il occupe à Paris et qui comprennent les anciens hôtels de Soubise, de Guise et de Clisson. Ce dépôt renferme plus de 300,000 cartons, liasses ou volumes. On y a rassemblé des documents historiques qui remontent jusqu'au VIIᵉ siècle; une collection d'empreintes de sceaux, du Vᵉ siècle jusqu'à nos jours; les papiers laissés par l'ancien Conseil du Roi, les administrations provinciales et les communautés religieuses, et ceux des anciennes juridictions. On y verse constamment le trop plein des archives des ministères. C'est dans une dépendance du palais des archives nationales qu'est établi l'Ecole des Chartes (Voy. ce mot). — Les ARCHIVES DÉPARTEMENTALES ont été établies par la loi du 5 nov. 1790. Elles ont été placées sous la garde du secrétaire général de la préfecture, lequel est en outre chargé de signer les expéditions (L. 15 pluviôse an VIII). Mais il doit y avoir, dans chaque préfecture, un archiviste, ainsi qu'un local approprié aux archives, assez vaste pour les contenir, et isolé autant que possible. Les préfets nomment les archivistes départementaux (Décret, 25 mars 1852); mais ils ne peuvent appeler à ces fonctions que les anciens élèves de l'Ecole des Chartes, pourvus du diplôme d'archiviste paléographe. La méthode de classement prescrite pour les archives départementales et pour les autres dépôts publics sépare les archives en deux parties distinctes : les documents antérieurs à 1790 et ceux qui sont postérieurs à ce point de partage. Des inventaires sont établis dans chaque dépôt, suivant un plan uniforme pour toute la France, et ces inventaires, publiés au fur et à mesure de leur confection, aident beaucoup aux recherches historiques. — Les ARCHIVES DES COMMUNES sont déposées dans les mairies et sont sous la responsabilité du maire. Les sous-préfets sont chargés d'inspecter ces dépôts ; mais cette inspection est souvent déléguée par les préfets à l'archiviste départemental. Le récolement des archives communales doit avoir lieu chaque fois qu'un maire est remplacé dans ses fonctions. Tout ce qui concerne le classement et l'inventaire de ces archives a été minutieusement réglé par des instructions ministérielles. Il en est de même des archives des hospices et des bureaux de bienfaisance. Celles des fabriques des églises doivent être inventoriées et enfermées dans une caisse ou armoire (Décret, 30 déc. 1809). Enfin des inspecteurs généraux, délégués par le ministre de l'intérieur, font des tournées en France, avec mission spéciale de visiter les dépôts administratifs, de surveiller leur bonne tenue, le classement régulier des documents et la confection des inventaires. — LES ARCHIVES DES COURS ET TRIBUNAUX sont entre les mains des greffiers, sauf ce qui provient des anciennes juridictions, qui a dû être versé, soit aux archives nationales, soit au dépôt départemental. — Il existe encore d'autres dépôts d'archives : ce sont ceux du Sénat, de la Chambre des députés, du Conseil d'Etat, de la Cour des comptes, des ministères des affaires étrangères, de la guerre, de la marine, les archives de la police, etc. » (CH. Y.)

ARCHIVIOLE s. f. [ar-chi-vi-o-le]. Mus. Ancien instrument composé d'un clavecin auquel on adaptait une viole.

* **ARCHIVISTE** s. m. Celui auquel est confié la garde et le soin d'un dépôt d'archives (Voy. ce mot). — ARCHIVISTE PALÉOGRAPHE, titre attribué par un diplôme aux élèves de l'Ecole des Chartes qui ont satisfait aux épreuves de sortie de cette école. Ce titre donne droit : 1° à un traitement de 600 francs qui ne peut se cumuler avec aucun traitement supérieur;

2° aux fonctions de répétiteur et de professeur à l'Ecole des Chartes; 3° à celles d'auxiliaire pour les travaux de l'Académie des inscriptions et belles-lettres; 4° à celles d'archiviste des départements; 5° à celles de bibliothécaire dans les bibliothèques publiques (voy. Ecole des Chartes). » (CH. Y).

* **ARCHIVOLTE** s. f. (lat. arcus, arc; volutus, contourné). Archit. Ensemble des moulures qui encadrent une arcade de porte ou de fenêtre.

* **ARCHONTAT** s. m. [ar-kon-ta]. Dignité de l'archonte.

* **ARCHONTE** s. m. [ar-kon-te] (gr. archôn, chef). Premier magistrat de la république d'Athènes, d'abord élu à la place d'un roi, après la mort de Codrus, vers l'an 1070 av. J.-C. (voy. ATHÈNES). — Jusqu'en 752, l'archontat fut une magistrature à vie; on limita ensuite sa durée à dix ans et, plus tard, en 683, le pouvoir des anciens archontes fut divisé entre neuf personnes élues chaque année. L'un de ces nouveaux archontes était le chef du corps entier; on l'appelait archonte éponyme (éponymos, par qui quelque chose est nommé), parce qu'il donnait son nom à l'année, comme faisaient les consuls à Rome. Le second, l'archonte roi (basileus) remplaçait les anciens rois dans les fonctions religieuses; le troisième, l'archonte polémarque commandait l'armée. Les six autres, nommés archontes thesmothètes, se partageaient les offices qui n'étaient pas du ressort de leurs collègues.

ARCHYTAS de Tarente, philosophe et mathématicien, né vers 440 av. J.-C., à Tarente, dont il fut six fois élu chef, mort en 360, dans un naufrage sur les côtes de l'Apulie. Il fut le premier à appliquer des principes mathématiques à la mécanique pratique. La collection des œuvres qu'on lui attribue fut réunie par Orelli. D'après Aulu-Gelle, il avait construit une colombe mécanique qui volait dans les airs. On lui attribue l'invention de la vis et de la poulie.

ARCIS-SUR-AUBE; Arcis civitas, Arciaca, ch.-l. d'arr. (Aube), sur la rive gauche de l'Aube, à 30 kil. N. de Troyes. Ville très ancienne, détruite par un incendie, en 1727. Célèbre bataille livrée le 20 et 21 mars 1814 par Napoléon à l'armée de Schwartzemberg. L'ennemi fut battu; mais les Français, trop peu nombreux, durent abandonner le champ de leur victoire. — Eglise, monument historique du XVIᵉ siècle: château du XVIᵉ siècle; pont en pierres; 2,800 hab. — Lat. N. 48° 32' 14"; long. E. 1° 48' 21".

ARCOLE, nom d'un jeune patriote qui fut tué le 28 juillet 1830, au moment où il traversait le pont de la Grève, un drapeau à la main, pour se rendre, suivi de plusieurs camarades, à l'hôtel de ville. Le pont sur lequel tomba Arcole devint le pont [d'Arcole.

ARCOLE, village de Vénétie, à 25 kil. E.-S.-E. de Vérone, célèbre par la bataille de trois jours (15, 16, 17 nov. 1796), livrée par Bonaparte et Augereau, au général autrichien Alvinzy. Ce dernier y perdit 18,000 hommes tués, blessés ou prisonniers, quatre drapeaux et dix-huit canons ; les Français y perdirent 15,000 hommes; mais ils restèrent maîtres du champ de bataille et de l'Italie. Lat. 45° 21' 9" N.; long. 8° 56' 30" E.

ARÇON (Jean-Claude-Éléonore LEMICHAUD D'), ingénieur, né à Pontarlier, en 1733, mort en 1800; inventeur des batteries flottantes qui réussirent si mal au siège de Gibraltar (1780). On a de lui : Correspondance sur l'art militaire; Considérations militaires et politiques sur les fortifications, 1793, in-8°; Réflexions d'un ingénieur, en réponse à un tacticien, Amst., 1773, in-12; Correspondance sur l'art de la guerre, Bouillon, 1774, deux parties in-8°.

ARÇON s. m. (lat. *arcus*, arc). L'une des deux pièces de bois coupées en cintre, qui servent à faire le corps de la selle d'un cheval, et qui sont jointes l'une à l'autre par deux branches de fer : *il est ferme sur les arçons*. — Techn. Instrument en forme d'archet dont on se sert pour battre la laine, la soie, le feutre, etc.: *les chapeliers battent avec un arçon le poil qui sert à fabriquer les feutres*.

ARÇONNER v. a. Battre la laine, la soie, le feutre avec l'arçon.

ARCOS DE LA FRONTERA [ar-koss]. Ville d'Espagne, dans une forte position, sur un rocher escarpé qui domine la rive droite du Guadalete, à 50 kil. N.-E. de Cadix; 12,000 hab. Chevaux estimés.

ARCOS (DON Rodrigue Pons de Léon, DUC D'), vice-roi de Naples pour l'Espagne, en 1646, écrasa le peuple d'impôts et provoqua, en 1647, par ses exactions, la révolte de Masaniello. Il fut remplacé en 1648.

ARCOT ou Arcate. — I. District du Carnate, Inde anglaise, sur la baie du Bengale ; divisé en Arcot du N., 2,007,665 hab.; et Arcot du S., 1,762,550 hab. Principaux cours d'eau : Palaur, Punair et Coleroon. Climat chaud et sec; territoire fertile dans les endroits où il est irrigué au moyen de vastes réservoirs ou de lacs artificiels. Après de nombreuses vicissitudes, ce territoire fut cédé aux Anglais par son nabab *Azim-Ud-Daoula*, en 1801. — II. Ville principale de l'Arcot du N., sur le Palaur, à 100 kil. S.-O. de Madras. 54,000 hab.; fondée en 1716, prise par l'Anglais Clive, le 31 août 1751, reprise en 1758, se rendit au colonel Coote, le 10 février 1760; assiégée et prise par Hyder Aly, qui y défit complètement le colonel Baillie, le 31 octobre 1780 ; définitivement cédée à l'Angleterre, en 1801. Lat. 12° 54' 14" N.; long. 77° 0' 13" E.

ARCS (Les), village du cant. de Lorgue (Var); 1,900 hab. Filatures; huile.

ARCTIE s. f. [ar-ktl] (gr. *arctos*, ours). Entom. Genre de lépidoptères nocturnes, dont les chenilles sont très velues et qui comprend un grand nombre d'espèces communes en France. Les principales espèces sont: *l'arctie à queue d'or* (Bombyx chrysorrhea, Fabricius), à ailes blanches, sans taches; chenille très commune sur nos arbres qu'elle dépouille souvent de toutes leurs feuilles ; *l'arctie martre* (Bombyx caja, Fabricius), à tête et corselet bruns ; ailes supérieures de la *même* couleur, avec raies irrégulières blanches; ailes inférieures et dessus de l'abdomen rouges, avec taches d'un noir bleuâtre ; sa chenille, qui vit sur l'ortie, la laitue, l'orme, etc., a été surnommée *l'hérisonne* ou *l'ours*, à cause des longs poils dont elle est garnie. Elle est d'un brun noirâtre, avec des tubercules bleus, disposés en anneaux.

ARCTIQUE adj. [ar-kti-ke] (gr. *arktikos*; de *arktos*, l'Ourse, constell.). Septentrional: *pôle arctique*. Se dit particulièrement du petit cercle polaire qui est tracé sur le globe terrestre à 23° 28' du pôle arctique, pour réunir tous les points de l'hémisphère boréal où le jour est de 24 heures, lorsque le soleil arrive au tropique du cancer (21 juin, solstice d'été). — *Le cercle polaire arctique* appelé aussi *cercle polaire boréal*, termine les *régions arctiques*, les *mers arctiques*, les *terres arctiques*, etc. — EXPLORATIONS DANS LES RÉGIONS ARCTIQUES. Les Islandais et les Northmen furent les premiers explorateurs des régions arctiques; mais nous ne savons rien de leurs découvertes. En 1497, Jean et Sébastien Cabot ayant débarqué sur le Labrador cherchèrent un passage pour la mer des Indes; ils atteignirent 67° 30' N. — En 1576-'8, Martin Frobisher découvrit le détroit de Frobisher; en 1585-'7, Davis visita le premier le détroit qui porte son nom et découvrit une partie des côtes groënlandaises.

Henry Hudson (1607-'10) s'avança entre le Groënland et le Spitzberg jusqu'à 80° et visita la baie d'Hudson. Baffin donna son nom à une baie qu'il visita en 1616. Pendant un siècle, nul navigateur ne pénétra plus loin. En 1743, le parlement anglais offrit 20,000 livres sterl. à l'équipage qui parviendrait à trouver un passage, soit par la baie d'Hudson, soit par le N. de la Sibérie ; un supplément de 5,000 livres fut offert à l'équipage qui pénétrerait à 1° du pôle. L'entreprise était ardue ; le capitaine Phipps (plus tard lord Mulgrave) se dévoua en 1773 et suivit les côtes du Spitzberg, à la recherche du pôle ; il atteignit 80° 48'. Trois ans plus tard, le capitaine Cook, cherchant, lui aussi, un passage vers le pôle, s'engagea dans le détroit de Behring, et pénétra jusqu'à 70° 45'. Mackensie espéra être plus heureux par la voie de terre; il suivit, jusqu'à son embouchure, le fleuve qui porte son nom. Deux expéditions furent équipées en 1818; l'une sous le capitaine Ross et le lieutenant Parry, pour découvrir un passage par le N.-O.; l'autre, sous le capitaine Buchan et le lieutenant (plus tard sir John) Franklin, pour pénétrer jusqu'au pôle, ne dépassa pas 80° 34'; celle du capitaine Ross ne trouva aucun passage. L'année suivante, une autre expédition, commandée par le lieutenant Parry, traversa les détroits de Lancastre et de Melville, hiverna à l'île Melville et revint en Angleterre en 1820. Cette même année vit une nouvelle expédition de John Franklin qui voulait explorer, par la voie de terre, toute la côte septentrionale de l'Amérique, mais qui ne put accomplir cette mission. Les Russes, de leur côté, ne restaient pas inactifs en Sibérie ; ils équipaient plusieurs expéditions qui fournirent à Behring l'occasion de s'illustrer. En 1820-'23, une expédition en traîneau fut faite par von Wrangel et Anjou, qui pénétrèrent jusqu'à 70° 51' de lat. et entevirent une mer ouverte au N. du continent. Cette découverte donna une nouvelle impulsion à l'activité des chercheurs. L'expédition du capitaine Parry dans le détroit d'Hudson et le canal de Fox (1821-'3), fut suivie d'une exploration de Franklin sur le cours du Mackensie et de la côte voisine. En même temps, le capitaine Beechey, ayant doublé le cap Horn et remonté dans le détroit de Behring, entrait dans le détroit de Kotzebue, avec l'espoir de rencontrer Franklin, mais sans succès. En 1827, le capitaine Parry essaya d'atteindre le pôle sur des traîneaux débarqués sur le rivage septentrional du Spitzberg ; il revint bientôt, ayant atteint 82° 45' de lat. Deux ans plus tard, sir Felix Booth et le capitaine Ross mirent à la voile dans le but de visiter la passe du Prince Régent. Dans un voyage en traîneau (1832), Ross atteignit et fixa la position du pôle magnétique. La compagnie de la baie d'Hudson expédia Dease et Simpson sur le bord du Mackensie. Arrivés à la mer, ces explorateurs suivirent la côte vers l'occident jusqu'à la pointe Barrow et découvrirent deux grandes rivières qu'ils nommèrent le Garry et le Colville. Dans une deuxième expédition (1838), ils suivirent et nommèrent la terre Victoria, au-delà de laquelle ils parcoururent un bras de mer, libre de glaces. L'année suivante, traversant le détroit de Dease, ils explorèrent l'estuaire de Back, qui forme une large entaille sur la côte septentrionale. — Cette côte était donc entièrement décrite, à l'exception de la partie comprise entre Simpson's Point à l'O. et Felix Harbor à l'E. La question était de savoir si les navires pourraient passer dans le détroit supposé entre Boothia et le continent américain. Pour résoudre cette question, la compagnie de la baie d'Hudson expédia en 1846 John Rae qui prouva que Boothia est une presqu'île et ne prétendu passage n'existe pas. En 1847, le même Rae explora presque toutes les parties encore inconnues de la côte polaire américaine. Déjà, en mai 1865, était parti

Franklin, commandant 127 hommes, montés sur les vapeurs à hélice *Erebus* et *Terror*. Ses instructions étaient de traverser la baie de Baffin et le détroit de Lancastre et d'atteindre le détroit de Behring. Trois ans plus tard, n'entendant plus parler du courageux explorateur, on envoya à sa recherche trois expéditions, qui furent suivies de plusieurs autres, équipées soit par le gouvernement anglais, soit par lady Franklin (voy. FRANKLIN). En 1852, Inglefield reconnut l'existence d'un canal entre la baie de Baffin et le grand bassin polaire. Le capitaine Francis Mac Clintock, tout en découvrant, en 1859, le lieu où l'expédition de Franklin avait péri, compléta la carte du détroit de Bellot et affirma que sir John Franklin avait, le premier, découvert le véritable passage par le N.-O. Mac Clure avait été (1850-'3) le premier à passer du détroit de Behring à la baie de Baffin. En 1853, E. K. Kane entra dans le détroit de Smith et hiverna dans le havre de Van Rensselaer, par 78° 37' de lat. De là, une expédition en traîneau poussa jusqu'au cap Constitution (Terre de Washington) par 81° 27', et trouva le canal Kennedy, libre de glace, abondant en animaux de toute sorte et ouvrant dans une grande mer polaire libre. En 1860-'1, l'Américain Isaac Hayes fit une expédition en traîneau depuis Port Foulke, par 78°, jusqu'à la terre Grinnel, par 81° 35' lat. et 72° 50' long. Il pensa se trouver sur le bord de la mer polaire. En 1871, les lieutenants autrichiens Payer et Weyprecht quittèrent Tromsœ (Norvège) et se dirigèrent sur le N. de la Nouvelle-Zemble où ils découvrirent un océan ouvert, par 78° 41'. Ils crurent que c'était la mer polaire dont ils avaient enfin trouvé la meilleure sinon la seule entrée. A la même époque, une expédition commandée par le capitaine américain Hall disparut tout entière. Depuis deux ans, on n'en avait aucune nouvelle et on la croyait perdue comme celle de Franklin, lorsque le 29 avril 1873, le steamer anglais *Tigress* rencontra sur un glaçon 19 hommes qui avaient appartenu à cette expédition. Ces malheureux, racontèrent que leur chef était mort par 82°, que son successeur, Buddington, les ayant envoyés aux provisions, les glaces qui retenaient leur navire, s'étaient brisées soudain et qu'ils étaient restés 196 jours sur un glaçon, heureusement poussé vers le sud; direction dans laquelle ils avaient fait 3,200 kil. Les autres expéditionnaires revinrent quelque temps après. Payer et Weyprecht entreprirent un nouveau voyage d'exploration en 1872. Partis de Tromsœ en juillet, ils restèrent une année dans les glaces, débarquèrent en octobre 1873, sur une terre qu'ils appelèrent terre de François-Joseph (79° 54' lat. et entre 53° et 57° long. E.). Des excursion en traîneau leur firent découvrir des montagnes hautes de plus de 600 m. avec des glaciers énormes et pittoresques. Les explorateurs rentrèrent en 1874. Le gouvernement anglais, désireux de savoir si réellement il existe une mer libre autour du pôle, fit les frais d'une *nouvelle expédition*, composée de deux navires que commandaient MM. Nares et Stephenson. Partis de Portsmouth, le 29 mai 1875, les explorateurs s'engagèrent dans le détroit de Smith, débarquèrent par 82° 24' et atteignirent en traîneau 83° 20' 26". A leur retour, le 2 novembre 1876, ils publièrent le résultat de leurs observations, savoir: qu'il n'existe aucun passage praticable conduisant au pôle ; qu'il n'y a pas la moindre trace de mer polaire libre. Dans cette même année, une expédition suédoise commandée par Nordenskjœld partit de Tromsœ, parcourut la mer de Kara et découvrit un passage navigable conduisant du cap Nord aux bouches de l'Obi et de l'Iénisséi. Les cartes des dernières découvertes ont été publiées par l'Allemand Petermann « Mittheilungen der Geographie ». Les déclarations de Nares et Stephenson ont quelque peu refroidi l'enthousiasme des explorateurs. Sur la demande de la Société arctique d'Allemagne, au gouvernement, un comité de professeurs rédigea un rapport conseillant de ne plus faire d'expéditions vers le pôle, mais d'établir des stations pour des observations scientifiques (1876).

ARCTOMYDE s. f. (gr. *arktos*, ours ; *mus*, rat). Synon. de *Marmotte*.

ARCTOMYDÉ, ÉE adj. Qui ressemble à l'arctomyde. — **Arctomydes** s. m. pl. Nom donné, dans la classification. de Latreille, à une famille de mammifères rongeurs ayant pour type le genre arctomyde ou marmotte. — On dit aussi ARCTOMYSINS.

ARCTONYX s. m. [ark-to-nikss] (gr. *arktos*, ours ; *onux*, ongle). Nom donné par quelques naturalistes au mammifère carnassier plantigrade appelé BALISAUR.

ARCTOSTAPHYLE s. m. [ar-kto-sta-fi-le] (gr. *arctos*, ours ; *staphulé*, raisin). Bot. Genre d'Ericacées, souvent confondu avec le genre arbousier, dont il se. distingue par son fruit, qui est une drupe à cinq petits noyaux monospermes, tandis que celui de l'arbousier est une baie à cinq loges renfermant chacune quatre ou cinq graines. —Principales espèces: *Arctostaphyle officinal*, vulgairement appelé BUSSEROLE (voy. ce mot); *Arctostaphylos des Alpes* (*Arctostaphylos Alpina*) appelé aussi *Arbousier des Alpes*, arbrisseau presque rampant, à baies noirâtres, d'une saveur agréable; il croît sur les montagnes de .la Suisse, de la Sibérie et de la Norvège ; ses fruits constituent une précieuse ressource pour les habitants des régions arctiques.

ARCTOTÈES s. f. Synon. de ARCTOTIDÉES.

ARCTOTHÈQUE s. f. (gr. *arktos*, ours, à cause de ses fruits velus; *théké*, boîte). Bot. Synon. de ARCTOTIS.

ARCTOTIDE s. f. Se dit quelquefois pour ARCTOTIS.

ARCTOTIDÉ, ÉE adj. Qui ressemble à l'arctotis. — Arctotidées, s. f. pl. Bot. Sous-tribu de composées, dans la tribu des *calendulacées* de Brongniart, et dans la tribu des *Cinarées* de Candolle. Plantes à capitules multiflores, à fleurs femelles ou neutres, à akènes turbinés; à aigrettes entourées. d'un rebord saillant. Genres principaux : Arctotis, Venidium, Gorteria, Gazania.

ARCTOTIS s. f. [ar-kto-tiss] (gr. *arktos*, ours ; *ous*, *ôtos*, oreille, à cause de la forme et de la surface velue du fruit). Bot. Genre type de la sous-tribu des Arctotidées, composé de plantes herbacées, à feuilles pétiolées, membraneuses, la plupart originaires du cap de Bonne-Espérance et cultivées dans nos serres. L'*Arctotis tricolore* (*Arctotis acaulis*, Lin.), Jonne, en juin, des fleurs radiées jaunes en dedans, rouges en dehors.

* **ARCTURUS** ou Arcture s. m. (gr. *arktouros*; de *arktos*, Ourse; *oura*, queue). Etoile fixe de première grandeur, située dans la constellation du Bouvier, sur le prolongement de la queue de la grande Ourse.

ARCUBALISTE, s, m. (lat. *arcubalista*). Machine qui servait à lancer des flèches et que l'on suppose identique à l'arbalète.

ARCUEIL [ar-keuï; l mll.], *Circus Julianus*, village du dép. de la Seine, à 6 kil. S. de Paris, sur la Bièvre ; 5,300 hab. On y voit les ruines d'un aqueduc construit par l'empereur Julien pour amener les eaux de la source de Rungis au palais des Thermes. Marie de Médicis n'ayant pu utiliser, pour amener les eaux au Luxembourg, cet aqueduc complètement ruiné, en fit construire un second par le célèbre architecte Jacques Debrosses

de 1613 à 1624. Le nouvel aqueduc a 3,500 m. de long; il est souterrain, sauf sur 390 m., dans le val de la Bièvre, où il a 24 arcades, dont huit à jour et d'une hauteur de 24 m. Berthollet, qui habitait Arcueil, y réunissait une société de chimistes qui ont publié les *Mémoires de la Société d'Arcueil*. L'ancien domaine de Berthollet devint ensuite une résidence de dominicains. Fabrique de colle forte, imprimerie d'indiennes, pépinières, blanchisseries, carrières de pierres à bâtir. Le magnifique aqueduc commencé sous le second empire et terminé sous la troisième république, amène à Montsouris les eaux de la Vanne.

ARCURE s. f. [ar-ku-re]. Hort. Opération qui consiste à courber vers le sol les branches qu'une végétation trop vigoureuse empêche de donner du fruit. L'arcure a pour résultat d'arrêter le mouvement trop rapide de la sève, d'affaiblir, par conséquent, les branches arquées et d'y faire développer des boutons à fleurs.

ARCY-SUR-CURE, village près de Germenton (Yonne), à 25 kil. S.-E. d'Auxerre ; 1,500 hab. Curieuse grotte, que l'on suppose être une ancienne carrière. L'une des salles mesure 400 m. de long sur 28 de haut et 13 de large. Toutes les salles contiennent des stalactites.

ARDABIL ou Erdebill, ville de l'Aderbaïdjan, Perse, à 180 kil. E. de Tabriz ; 6,000 hab. Mausolée du premier schah de la dynastie Suffite. Sa citadelle, construite par des officiers français, fut prise par les Turcs en 1827.

ARDAGH, village d'Irlande, comté de 8 kil. S.-E. de Longford ; 5,000 hab. Evêché fondé par saint Patrick.

ARDAHAN, ville de l'Arménie turque, au N. de Kars, cédée à la Russie par le traité de Berlin, 13 juillet 1878. Les Russes s'en emparèrent le 19 mai 1877.

ARDALE ou Ardalus. Mythol., fils de Vulcain et d'Aglaé. On lui attribue, ainsi qu'à Mercure et Apollon, l'invention de la flûte.

ARDAVALIS ou Hardavalis s. m. [ar-da-valiss]. Mus. Instrument des anciens Hébreux. On suppose que c'était une sorte d'orgue hydraulique.

ARDDHANARI (mythol. indoue), divinité universelle, mâle et femelle, comprenant Vichnou, Brahma et Siva.

ARDEA s. f. Nom latin du héron.

ARDÉATE s. m. Habitant d'Ardée; qui appartient à cette ville ou à ses habitants.

ARDEBYL. Voy. ARDABIL.

ARDÈCHE. I. Rivière de France ; elle naît au pied des montagnes de la Chavade (Cévennes), descend d'abord une pente presque verticale, passe sous le *Pont-d'Arc*, vaste arcade naturelle de 60 mètres d'ouverture, et se jette dans le Rhône, après un cours d'environ 100 kil.; elle devient navigable à Saint-Martin d'Ardèche. — **II.** Département formé de l'ancien Vivarais (moins le canton de Pradelles, annexé à la Haute-Loire); entre les départements de l'Isère, de la Drôme, de Vaucluse, de la Loire, de la Haute-Loire, de la Lozère et du Gard. 552,665 hect. ; 384,378 hab. Territoire montagneux, couvert à l'O. par les monts du Vivarais et borné à l'E. par le cours du Rhône. Point culminant : le Mézenc (1,766 m.). Les monts du Vivarais projettent sur le pays les rameaux volcaniques des Boutières, du Coiron, du Tanargue et de la Chavade. Principaux cours d'eau : Loire, qui y naît au Gerbier des Joncs; Allier, Rhône, Cance, Doux, Erieux, Escoutay, Ardèche. Lac d'Issarlès, dans le cratère d'un ancien volcan. Mines de fer (la Voulte et Veyras); de houille et de lignite; de plomb argentifère, etc. Pierre de Crussol, marbres du Pouzin et de Cho-

mérac. Eaux minérales de Saint-Laurent, Neyrac, Celles, Vals, Saint-Georges, etc. Mûriers, vignes, truffes, marrons (dits de Lyon). Animaux domestiques dégénérés; abeille, vers à soie; quelques civettes. — Soies du Vivarais; grande importance séricicole; papiers. — Ch.-l. : Privas; 3 arr., 31 cant., 339 comm. Evêché à Viviers, suffragant d'Avignon. — Arrond. : Privas, Largentière et Tournon. Cour d'appel de Nîmes; académie de Grenoble.

ARDECHYR-BABEGAN, l'Artaxercès des historiens du Bas-Empire, prétendu petit-fils de Sassan et fils de Babek, fonda la dynastie persane des Sassanides et mourut vers 240 après J.-C. Il restaura la religion de Zoroastre, battit les Parthes et écrivit une *Histoire* de sa vie et un *Traité de morale*.

ARDÉE, Ardea, ville principale des Rutules, dans le Latium, à 25 kilom. S. de Rome et à 5 kilom. de la mer ; fut, dit-on, la capitale des Romains et de la colonisèrent en 442 av. J.-C. Dans son voisinage se trouvait l'*Aphrodisium* latin, ou temple de Vénus, placé sous l'administration des Ardéates.

ARDÉIDÉ, ÉE adj. Qui ressemble à l'*ardéa* ou *héron*. — **Ardéidés** s. m. pl. Ornith. Nom donné par de Lafresnaye à une famille d'oiseaux correspondant à celle des cultrirostres de Cuvier (avec addition des ibis, et retranchements des courlis et du caurale).

* **ARDÉLION** s. m. (lat. *ardelis*). Homme qui fait l'officieux, l'empressé. (Fam.)

* **ARDEMMENT** adv. Avec ardeur.

ARDENNAIS, AISE s. et adj. Habitant des Ardennes; qui appartient aux Ardennes ou à leurs habitants. — RACE BOVINE ARDENNAISE, race laitière, médiocre pour la boucherie; elle habite entre la Meuse et l'Aisne. Corps long, poitrine étroite, encolure mince, cornes petites, jambes fines, robe pie, blanche et noire. — CHEVAUX ARDENNAIS, ancienne race d'attelage autrefois très estimée, mais qui a presque disparu et dont on retrouve quelques types dans les provinces de Namur et de Luxembourg. TÊTE expressive, forte encolure, crinière bien fournie, hanches saillantes, croupe trop avalée, tempérament rustique.

ARDENNES. I. (celt., *forêts*), vaste région aride, montagneuse et boisée qui s'étend, sur une longueur de 200 kilom., entre les sources de l'Aisne et celles de la Roer, et qui est couverte de forêts due étendue de 130,000 hectares. Les Ardennes forment une longue succession de plateaux marécageux appelés *fagnes* ou *fanges*, qui dégénèrent quelquefois en tourbières et qui sont riches en ardoisières. C'est dans cette forêt que se trouve la frontière de la France. — **II.** Département formé d'une partie de la Champagne proprement dite, du Rethelois, de la principauté de Sedan et d'une partie du Luxembourg; entre la Belgique, le grand duché de Luxembourg, les départements de l'Aisne, .de la Marne et de la Meuse. 523,289 hect., 326,782 hab. Territoire couvert par l'Argonne, les Ardennes occidentales au N., et les plateaux secs et crayeux de la *Champagne* au S.; arrosé par la Meuse (Chiers, Semoy, Bar, Vence, Sormonne) et par l'Aisne (Aire, Vaux, Retourne). — Nombreuses mines de fer, carrières d'ardoise qui rivalisent avec celles de l'Anjou. Vastes forêts, gibier abondant; moutons de l'Ardenne, renommés pour la qualité de leur chair et la beauté de leur laine. — Trois canaux : des Ardennes, latéral à l'Aisne, et des Vouziers. Manufactures de draps (surtout à Sedan). — Ch.-l. Mézières. 5 arrondiss., 31 cant., 501 comm. — Arrondiss. : Mézières, Rethel, Rocroi, Sedan et Vouziers. — Poudrerie nationale à Saint-Ponce (comm. de Francheville). Quatre places de guerre : Givet, Mézières, Sedan et Rocroi. Cour d'appel de Nancy. — Circonscription diocésaine de Reims. — Canal des Ardennes, terminé en

1835; réunit la Meuse à l'Aisne; de Pont-à-Bar, entre Donchéry et Flize, à Neufchâtel, sur l'Aisne; 105 kilom.

*ARDENT, ENTE** adj. (lat. *ardens*). Qui est en feu, allumé, enflammé : *fournaise ardente.* — Qui enflamme, qui brûle : *soleil ardent.* — Fig. Violent, véhément : *amour ardent; fièvre ardente.*

> Parmi les plis de ce magique ouvrage
> Erre toujours un essaim de plaisirs,
> Les doux attraits et les *ardents* désirs,
> Les ris, les jeux, le charmant badinage.
>
> B. **IMBERT**, *Le Jugement de Pâris*, chant I.

— Qui se porte violemment à quelque chose : *homme ardent au combat.* — Qui a une grande activité : *esprit ardent, cheval ardent.* — Roux très vif; *cheveux d'un blond ardent; poil ardent.* — Prov. **ÊTRE SUR DES CHARBONS ARDENTS**, éprouver une vive inquiétude. — **CHAPELLE ARDENTE**, appareil funèbre, composé d'un grand nombre de cierges allumés. — **CHAMBRE ARDENTE**, s'est dit des commissions chargées de juger certains accusés, et qui les condamnaient ordinairement à être brûlés. — Mar. **VAISSEAU ARDENT**, celui qui manifeste une grande disposition à venir au vent contre son gouvernail et contre l'effet de ses voiles d'avant. — Ardent s. m. Se dit des exhalaisons enflammées du feu follet, qui paraît près de terre, ordinairement le long des eaux stagnantes, pendant la saison chaude : *on voit souvent des ardents sur les marais.* — S'est dit des malades attaqués du **MAL DES AR-DENTS**, *feu sacré, mal d'enfer, feu Saint-Antoine,* fléau épidémique du moyen âge, qui fut signalé en 943 et qui reparut en 1043, en 1053 en 1060-'64-'63. D'après Mézerai, cette affection fit périr 14,000 Parisiens en l'année 1129. Les malheureux qui en étaient frappés sentaient leurs membres dévorés par un feu ardent et mouraient après un affreux supplice. Quelquefois, les malades en étaient quittes pour la perte d'un membre, qui devenait noir comme du charbon et se détachait du corps. La plupart des pathologistes pensent que le mal des Ardents était *l'ergotisme gangréneux.* — **ACADÉMIE DES ARDENTS**, académie napolitaine dont l'emblème était un taureau placé sur un autel pour y être brûlé.

ARDENTES, ch.-l. de cant., arr. et à 12 kil. S.-E. de Châteauroux (Indre); 2,600 hab.

*ARDER** ou **Ardre** v. a. (lat. *ardere*). Brûler. (vieux).

ARDERET s. m. Sorte de pinson que l'on trouve dans les *Ardennes* et qui se distingue de l'espèce commune par un cri assez perçant.

ARDES, ch.-l. de cant., arr. et à 20 kilom. S.-O. d'Issoire (Puy-de-Dôme), sur la Couze; 1.150 hab. Environs hérissés de roches volcaniques; belle église gothique du XII° siècle; ruines de l'ancien château de Mercœur.

*ARDEUR** s. f. (lat. *ardor*; de *ardere*, brûler). Chaleur vive : *ardeur du feu.* — Chaleur âcre et piquante que l'on éprouve dans certaines maladies : *l'ardeur de la fièvre; ardeurs d'entrailles.* — Fig. Chaleur, vivacité avec laquelle on se porte à quelque chose : *une bouillante ardeur; l'ardeur de son zèle.* — Vivacité, excès d'activité de quelques animaux : *ce chien a trop d'ardeur.* — Fig. et poét. Passion amoureuse :

> Mais, Dieu ! qui s'aimerait, d'une *ardeur* idolâtre,
> Cette plaine de lait, ces collines d'albâtre,
> Cette neige qui fond et brûle les amants,
> Ces globes animés d'éternels mouvements?
>
> **COLLETET**. *Les Amours de Claudine.*

ARDFERT ET AGHADOE, nom de deux évêchés d'Irlande, réunis depuis longtemps.

ARDIALIEN s. m. Dialecte roumain, parlé en Transylvanie.

*ARDILLON** s. m. [*ll* mll.] (gr. *ardis*, pointe). Pointe de métal, faisant partie d'une boucle, et servant à arrêter la courroie que l'on passe dans cette boucle. — **Typogr.** Petite pointe

qui fixe sur le tympan la feuille que l'on imprime.

ARDISIACÉ, ÉE adj. [ar-di-zi-à-sé]. Bot. Qui ressemble à l'ardisie. — **Ardisiacées** s. f. pl. Troisième tribu de la famille des Myrsinées, caractérisée principalement par sa corolle gamopétale, et son ovaire supère. Genre type : Ardisie.

ARDISIE s. f. [ar-di-zi] (gr. *ardis*, dard, parce que les anthères de ce genre sont terminées en pointe aiguë). Bot. Genre de Myrsinées, tribu des Ardisiacées, comprenant des arbrisseaux à feuilles ponctuées, à pétiole court, à fleurs en panicules ou en grappes. Plusieurs espèces, originaires des régions tropicales, se trouvent dans nos serres chaudes : la plus commune, l'*Ardisie crispée (Ardisia crispa),* de Chine, est un arbrisseau à feuilles coriaces, à petites fleurs blanches maculées de pourpre et à fruits drupacés d'un beau rouge.

ARDISIÉES s. f. pl. Synon. de **ARDISIACÉES**.

ARDITO adv. et s. m. (ital. *avec ardeur*). Mus. Terme qui indique que certaines notes doivent être exécutées avec énergie.

ARDJICH-DAGH, Mont Argée, **ARGÆUS MONS**, la plus haute montagne de l'Asie Mineure, à 25 kil. S. de Kaysarieh (anc. *Mazaca Cæsarea,* en Cappadoce). Du haut de cette montagne (3,000 m.) on découvre l'horizon à près de 250 kil.

ARDOCH, petite ville d'Écosse (comté de Perth). Restes d'un camp d'Agricola, au pied du *Grampius mons.*

ARDOIN ou **Arduin**, marquis d'Ivrée, élu roi d'Italie à la mort d'Othon III (1002). Vaincu et déposé deux fois par l'empereur Henri II, il se retira dans un cloître et y mourut (1015).

*ARDOISE** s. f. [ar-doua-ze] (étymol. douteuse : 1° lat. *argilla* argile, mot qui aurait été transformé en *argildensis* et *ardese,* suivant Ménage. 2° *Ardennes,* pays qui fournit beaucoup de *pierre ardoise, pierre ardennoise,* d'après Le Duchat. 3° *Ard,* pierre, en celtique. 4° *Ardesia,* localité d'Irlande d'où l'on aurait tiré les premières ardoises). Minér. Variété de schiste argileux du groupe des roches silicatées, distinguée par sa structure en minces feuillets faciles à diviser, et dont on se sert pour couvrir les édifices. — Encycl. Le schiste ardoisier est formé d'une argile impure, assez riche en débris organiques, presque imperméable, de structure feuilletée, de couleur ordinairement gris bleuâtre, quelquefois verdâtre ou violacée, rougeâtre quand il y a du fer, ou noirâtre s'il y a du carbone. Cette pierre forme, à elle seule, des puissants bancs et même des montagnes appartenant aux terrains stratifiés, inférieurs, non fossilifères, appelés aussi terrains sédimentaires. Les véritables ardoises proviennent des couches inférieures des terrains primaires, et surtout des assises cumbrienne et silurienne; on les rencontre dans presque tous les pays du monde; mais c'est surtout en France que leur extraction est devenue une industrie considérable, par l'importance des masses que fournit notre sol. On trouve des ardoisières dans l'Anjou (de Trélazé à Avrillé, sur un espace de 8 kil. et à une profondeur d'environ 150 m.) ; dans le *Finistère* (Pleyben, Châteaulin et Saint-Ségal) ; dans les *Ardennes* (Fumay, Pepin, Follamprise, Charnois et Signy); dans le *Calvados* (Curcy et Castillon) ; dans la *Manche* (Saint-Lô et Cherbourg); dans la Savoie, dans les Pyrénées, etc. C'est ordinairement à ciel ouvert que se fait l'exploitation des carrières de l'Anjou. Les premières couches que l'on rencontre se débitent difficilement ; c'est à 5 mètres plus bas que commence le franc-quartier que l'on exploite jusqu'à une profondeur de 100 m. L'ardoise est d'autant meilleure qu'elle vient de couches plus profondes. Dans les carrières des Ardennes, l'exploitation a

lieu ordinairement par des galeries souterraines qui vont jusqu'à 120 m. de profondeur. On distingue huit qualités d'ardoises : 1° la *carrée fine,* rectangulaire, sans taches, de 20 sur 30 cent. ; 2° le *gros noir,* plus petite ; 3° le *poil noir,* en minces feuillets ; 4° le *poil taché,* semée de taches rousses ; 5° le *poil roux,* un peu plus commune ; 6° la *carte,* petite et mince ; 7° l'*héridelle* ; 8° la *coffine,* de qualité inférieure. — L'ardoise en lames minces sert à couvrir les maisons ; en blocs non divisés, elle remplace la pierre à bâtir. Quand les feuillets ont une certaine épaisseur, on en fait des carreaux, des dalles, des tables, des billards, des caisses à eau, des cheminées, des balcons, des monuments funéraires, etc. Les ardoises servent encore de tablettes sur lesquelles on fait écrire et même dessiner les enfants, à l'aide d'un crayon de schiste mou ; on efface ensuite facilement les caractères avec une éponge humide. En faisant cuire dans un four à briques les ardoises, jusqu'à ce qu'elles aient acquis une couleur rougeâtre, on leur donne une dureté considérable. On fabrique, avec du carton pierre, des *ardoises artificielles* connues en Allemagne sous le nom d'*ardoises élastiques.* De même que les argiles dont elles tirent leur origine, les ardoises argileuses sont essentiellement composées de silex et d'alumine. Voici, du reste, le résultat de l'analyse d'une variété écossaise : Silex, 50 p. 100 ; alumine, 27 ; oxyde et sulfate de fer, 11 ; potasse, 4 ; magnésie, 1 ; eau, 7 ; carbone, traces. — L'antiquité ne connut pas l'usage de l'ardoise ; l'exploitation des ardoisières de l'Anjou remonte au VI° siècle; Fumay posséda une confrérie d'ardoisiers dès le XI° siècle. — **ARDOISE ÉMAILLÉE**, ardoise sur laquelle on applique une couleur et un vernis, et que l'on fait chauffer, pendant huit ou dix jours, dans les fours à haute température. L'ardoise émaillée se fabrique surtout en Angleterre pour imiter les marbres.

*ARDOISÉ, ÉE** adj. Qui tire sur la couleur d'ardoise : *teinte ardoisée.* — Qui est couvert d'ardoises : *toit ardoisé.*

ARDOISER v. a. Couvrir d'ardoises.

ARDOISERIE s. f. Commerce d'ardoises.

ARDOISIER s. m. Marchand d'ardoises. — Ouvrier employé à exploiter l'ardoise.

ARDOISIER, IÈRE adj. De la nature de l'ardoise ; qui contient de l'ardoise : *schiste ardoisier.*

*ARDOISIÈRE** s. f. Carrière d'où l'on tire de l'ardoise.

ARDRAH, ville d'Afrique, dans la Guinée septentrionale ; 20,000 hab. Les Anglais y ont un comptoir.

*ARDRE** v. a. Voy. **ARDER**.

ARDRES, ch.-l. de cant., arr. et à 23 kil. N.-E. de Saint-Omer (Pas-de-Calais) ; 2,200 hab. Place de guerre démantelée en 1850. Elle fut prise sur les Anglais en 1377, par le duc de Bourgogne, frère de Charles V. ; par les Espagnols en 1596 et rendue à la paix de Vervins en 1598. Dans les environs eut lieu en 1520 la fameuse entrevue dite du *Camp du drap d'or,* entre François 1er et Henri VIII d'Angleterre.

*ARDU, UE** adj. (lat. *arduus*). Escarpé, de difficile accès. — Fig. Difficile à résoudre : *questions ardues.*

ARDUINA, déesse de la chasse, chez les Gaulois.

ARDUITÉ s. f. (lat. *arduitas*, hauteur escarpée). Qualité de ce qui est ardu.

*ARE** s. m. (lat. *area* surface). Unité adoptée pour les mesures agraires dans le système métrique. L'are équivaut à 100 m. carrés ; ou à un carré de 10 m. de côté ; on le divise en centiares valant un mètre carré. Son seul multiple employé est l'*hectare*, qui vaut 100 ares ou 10,000 m. carrés (carré de 100 m. de côté).

AREA s. f. [a-ré-a]. Mot latin qui signifie *place ouverte* et qui désigna particulièrement un *atrium* (voy. ce mot). Les Romains donnaient aussi le nom d'*area* à un espace entouré de portiques, à une cour plantée d'arbres, à l'arène du cirque, etc.

ARÉAGE s. m. Mesurage des terres par ares.

* **AREC** s. m. [a-rèk] (nom d'un arbre sur la côte de Malabar). Bot. Genre de palmiers, tribu des *Arécinées*, à feuilles terminales pennées, à pinnules étalées, à fleurs monoïques, sessiles, accompagnées de bractées; à drupe fibreuse; à noyau mince. La principale espèce, l'*Arec cachou* (Areca catechu, Lin.) des Indes-Orientales, est ainsi nommé parce que l'on pensait autrefois qu'il produisait le *cachou*. Son fruit, appelé *noix d'arec* ou simplement *arec*, renferme une graine dont le périsperme forme la base du *bétel*. Les autres espèces sont : l'*Arec sapide* (Areca sapida), l'*Arec blanc* (Areca alba) et l'*Arec rouge* (Areca rubra).

ARECHAVALETA. Station balnéaire minérale espagnole (province de Guipuzcoa) à 55 kil. de Tolosa ; source sulfureuse froide, 17° C. Maladies cutanées, rhumatismales et scrofuleuses ; en boisson et en bains.

ARÉCINE s. f. Matière colorante jaune que l'on extrait des fruits de l'arec.

ARÉCINÉ, ÉE adj. Qui ressemble à l'arec. — Arécinées s. f. pl. Tribu de palmiers à feuilles pennées ou pennatifides, à fleurs sessiles. Principaux genres : *Chamædorea*, *Euterpe*, *Œnocarpe*, *Arec*, *Iriartea* et *Areng*.

ARÉIEN, ENNE adj. [a-ré-i-ain]. Mythol. Qui appartient à *Arès* ou Mars ; qui concerne ce dieu. — Jeux aréiens, fêtes guerrières que les Scythes célébraient en l'honneur d'Arès.

AREIGNOL s. m. [a-rè-niol ; *gn* mll.]. Pêche. Filet que l'on nomme plus ordinairement *bastude*.

AREMBERG. Voy. Arenberg.

A REMOTIS loc. lat. [a-ré-mo-tiss]. A l'écart. — Mettre un ami a remotis, cesser de le voir.

ARENA (Antoine d'), poète macaronique, né aux environs de Toulon, mort en 1544. A laissé une épopée burlesque, *Meygra entreprisa Catholiqui Imperatoris*, dans la quelle il donne des détails très intéressants sur l'expédition de Charles-Quint en Provence.

ARÉNA. I. (Joseph), officier, né en Corse en 1772, adjudant général en 1793, député au Corps législatif en 1797, il se fit remarquer par l'ardeur de ses opinions républicaines et protesta contre le coup d'État par la démission de son garde de brigade de gendarmerie. Arrêté à l'Opéra, le 18 vendémiaire an IX (10 oct. 1800), sous l'inculpation d'avoir voulu, ce jour même, poignarder le premier Consul, il fut condamné à mort, bien qu'on n'eût trouvé aucune arme sur lui et que l'accusation fût sans fondement. Son exécution eut lieu le 30 janvier 1801, en même temps que celle de ses prétendus complices, Ceracchi, Topino-Lebrun, Demerville et Diana. — II. (Barthélemy), frère du précédent, né en Corse, vers 1775, mort à Livourne en 1829. Député à l'Assemblée législative, il siégea à l'extrême gauche, revint en Corse, combattit Paoli et les Anglais, fut nommé au conseil des Cinq-Cents en 1798 et résista courageusement au coup d'État du 18 brumaire. Il saisit Bonaparte au collet pour l'expulser de l'Assemblée, et cette action donna naissance à la légende du prétendu coup de poignard auquel le dictateur n'aurait échappé que grâce à l'intervention d'un soldat. Désigné pour la déportation, Aréna échappa à la police et se retira à Livourne.

ARÉNACÉ, ÉE adj. Qui ressemble au sable, qui se désagrège facilement.

ARÉNAIRE adj. (lat. *arena*, sable). Qui habite qui vit dans le sable.

ARÉNAIRE s. m. Arenaria, nom donné aux cimetières par les écrivains anciens.

ARÉNATION s. f. [a-rè-na-si-on] (lat. *arenatio* ; de *arena*, sable). Action de couvrir de sable une surface ou un corps. — Méd. Opération par laquelle on couvre de sable chaud le corps ou une partie du corps d'un malade que l'on veut réchauffer, dans les cas de choléra, de ligature d'artère, etc. Le sable chaud est enfermé dans des sachets dont on entoure le malade ou le membre malade.

ARENBERG [a-rènn-berk] I. Bourg et château d'Allemagne, à 10 kil. N.-O. d'Andenau ; territoire érigé en duché (1644). — (Léopold-Philippe-Charles-Joseph duc d'), général autrichien né à Mons en 1690, mort en 1764, devint gouverneur des Pays-Bas, protégea Rousseau dans son exil et entretint une correspondance avec Voltaire. — III. (Auguste-Marie-Raymond, prince d'), plus connu sous le nom de *Comte de la Mark*, né et mort à Bruxelles (1753-1833), fut au service de la France, la guerre en Amérique (1780-'2), fut élu membre de la Constituante, se lia étroitement avec Mirabeau et devint l'intermédiaire des relations entre le célèbre tribun et la famille royale. Après la mort de Mirabeau, dont il était l'exécuteur testamentaire, il passa au service de l'Autriche avec le grade de général. La correspondance d'Arenberg et de Mirabeau a été publiée en 1851.

ARENDAL, ville du S.-E. de la Norvège, à 65 kil. N.-E. de Christiansand ; 7,100 hab. Elle est bâtie sur une île percée de canaux, ce qui lui a valu le nom de « Petite Venise ». Elle fait un grand commerce de fer et de bois. Importantes mines de fer aux environs. Phare à feu fixe, par 58° 26' 16" lat. N. et 6° 27' 16" long. E.

ARENDALITE s. m. [a-rain-da-li-te]. Minér. Variété d'épidote que l'on trouve à Arendal et qui porte plus ordinairement le nom de Thallite.

* **ARÈNE** s. f. (lat. *arena*, sable). Menu sable, gravier dont la terre est couverte en certains endroits, et principalement sur les bords de la mer et des rivières : *les brûlantes arènes de la Lybie* ; *la molle arène.* — Partie de l'amphithéâtre où se faisaient les combats ; *descendre dans l'arène.* — s. f. pl. Se dit des anciens amphithéâtres romains dont les restes subsistent encore : *les arènes de Nîmes.*

ARENENBERG, château du canton de Thurgovie (Suisse), à 15 kil. N.-E. de Frauenfeld ; habité successivement par la reine Hortense, le prince Louis Napoléon (Napoléon III), l'impératrice Eugénie, et son fils, le prince impérial.

ARÉNER v. n. Baisser. — S'aréner v. pr. S'affaisser par trop de pesanteur : *le toit s'arène.*

* **ARÉNEUX, EUSE** adj. Sablonneux : *plage aréneuse.*

ARENG s. m. [a-ran] (nom javanais). Bot. Genre d'Arécinées, à feuilles terminales, pennées, longues de cinq à huit mètres. L'espèce principale, l'*Areng à sucre* (Arenga saccharifera) contient une feuille analogue au sagou et produit une matière textile. Par une section faite à ses spadices mâles, on obtient une sève chargée de sucre.

ARÉNICOLE adj. (lat. *arena*, sable ; *colo*, j'habite). Zool. Qui vit dans le sable, dans les terres sablonneuses. — Arénicoles s. f. pl. Genre d'annélides errantes qui ont les branchies en forme d'arbuscules sur la partie moyenne du corps seulement ; leur bouche se compose d'une trompe dilatable sans dents;

on ne leur voit ni tentacules ni yeux. L'espèce la plus remarquable, l'*arénicole des pêcheurs* (Lumbricus marinus, Linné) est commune dans le sable des bords de la mer. Elle mesure environ un pied de long et répand, quand on

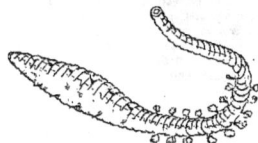

Arénicole des pêcheurs.

la touche, une liqueur jaune abondante ; sa couleur est rougeâtre. Les poissons en sont très friands et les pêcheurs vont la chercher avec des bêches pour s'en servir comme d'appât. — Arénicoles s. m. pl. Entom. Nom donné par Latreille à la deuxième section des Scarabéides. Caractères : labre coriace qui déborde souvent le chaperon ; mandibules cornées, ordinairement saillantes et arquées. Les arénicoles se creusent des trous dans la terre ; ils vivent d'excréments, ne volent guère que le soir et font les matins lorsqu'on les touche. Principal genre : les *Géotrupes.*

ARENSBOURG, ville maritime de Livonie, Russie d'Europe, sur la côte méridionale de l'île d'Œsel (Baltique) ; 4,000 hab. — Lat. (à l'église luthérienne) 58° 15' 17" N. ; long. 20° 9' 2" E.

ARÉOLAIRE adj. Qui se rapporte à l'aréole; qui présente des aréoles.

* **ARÉOLE** s. f. (lat. *areola*, petite surface). Anat. — 1° Petite cavité, petit espace que laissent entre eux les faisceaux de fibres, les lamelles, les mailles d'un tissu. Les aréoles du tissu spongieux des os sont emplis par la moelle. — 2° Cercle plus ou moins coloré qui entoure le mamelon d'une manière permanente ou passagère. — Méd. Aréole inflammatoire, cercle qui entoure un point enflammé. — Aréole vaccinale, cercle qui entoure le bouton du vaccin. — Zool. Nom des plaques écailleuses qui couvrent l'enveloppe osseuse des chéloniens. — Entom. Espaces que laissent entre elles les nervures des ailes chez les diptères. — Bot. Mailles dont est composé le réseau des feuilles des mousses et des hépatiques.

* **ARÉOMÈTRE** s. m. (gr. *araios*, léger ; *metron*, mesure). Instrument qui sert à apprécier la pesanteur relative des corps (particulièrement des corps liquides) et à donner, par conséquent, des indications utiles sur leur nature ou leur degré de pureté. La construction des aréomètres est fondée sur ce principe : Tout corps flottant dans un liquide plonge d'une quantité telle que le poids du liquide qu'il déplace est égal à son propre poids. Il y a deux classes d'aréomètres : 1° Aréomètres a poids constant et a volume variable, aréomètres qui se composent d'une tige graduée et de deux réservoirs ou boules, dont l'inférieur, plus petit, contient du lest (mercure ou grenaille de plomb), ce qui force l'instrument à se tenir droit dans le liquide. Lorsqu'on plonge un appareil de ce genre dans deux liquides de densités différentes, il y enfonce plus ou moins

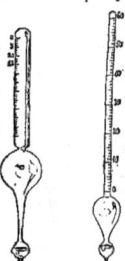

Aréomètres de Baumé.

Fig. 1.   Fig. 2.
Salicimètre.   Alcoomètre.

suivant la pesanteur spécifique de ces liquides et établit la différence de leurs poids. Ordinairement on prend, comme point de comparaison, la densité de l'eau pure. La première mention d'un aréomètre à poids constant se trouve dans les lettres de Synesius à Hypatia (v° siècle av. J.-C.), mais on attribue généralement à Archimède l'invention de ces instruments. Le pharmacien Baumé a construit un aréomètre qui est devenu le type de tous ceux que le commerce emploie sous les noms de *galactomètre* (pèse-lait), *acétimètre* (pèse-acide), *œnomètre* (pèse-vin), *alcoomètre* (pèse-alcool), *salicimètre* (pèse-sels) *alcalimètre* (pèse-alcalis), *volumètre*, *densimètre*, etc. Ces appareils se composent toujours d'un tube de verre renflé au milieu, terminé en bas par une boule creuse contenant du mercure, et en haut par une tige cylindrique graduée. La graduation diffère selon que les liquides auxquels l'instrument est destiné sont plus denses ou moins denses que l'eau. Dans le premier cas on leste l'instrument de façon à produire une immersion presque complète dans l'eau distillée, et on marque 0 au point d'affleurement. On prépare ensuite une dissolution de 15 parties de sel marin bien sec dans 85 parties d'eau pure ; on marque 15 degrés au nouveau point d'affleurement, on partage l'intervalle en 15 parties égales et l'on continue les divisions sur toute la longueur de la tige. Quand l'aréomètre est destiné aux liquides moins pesants que l'eau (alcool, éther, etc.), on le leste de manière que le point d'affleurement dans l'eau pure se trouve vers l'origine inférieure de la tige. On marque 0 à ce point d'affleurement et on plonge l'instrument dans une dissolution de 10 parties de sel dans 90 parties d'eau ; on marque 10 au point d'affleurement, on partage l'intervalle en onze parties égales et l'on continue la division jusqu'au haut de la tige. — ARÉOMÈTRES A POIDS VARIABLE ET A VOLUME CONSTANT. On obtient la densité d'un corps en divisant son poids par le poids d'un égal volume d'eau : sur ce principe est basée la construction des aéromètres à volume constant. Pour les liquides on emploie ordinairement l'*aréomètre de Fahrenheit*, composé d'un cylindre creux qui se termine en bas par une ampoule lestée, et en haut par une capsule destinée à recevoir les poids complémentaires. Un point marqué sur la tige indique l'affleurement que doivent atteindre tous les liquides dans lesquels l'instrument sera plongé. On amène d'abord l'affleurement dans l'eau pure, en ajoutant, par exemple 30 gr. ; puis dans la liqueur dont on veut connaître le poids spécifique, en plaçant, par exemple, 40 gr. sur le plateau supérieur. Deux volumes égaux d'eau et de liqueur pèsent donc le poids de l'appareil ; plus 30 gr. (pour l'eau) et le même poids de l'appareil plus 40 gr. (pour la liqueur). La densité de la liqueur par rapport à l'eau sera de $\frac{45}{30} = 1,3333...$. L'aréomètre de Nicholson sert plus spécialement à prendre la densité des solides ; il est employé surtout par les minéralogistes. Il se compose d'un cylindre creux en métal ; ce cylindre est surmonté d'une tige qui porte un plateau destiné à recevoir les poids et qui est marquée au point d'affleurement. Au dessous du cylindre est suspendue une cuvette conique dans laquelle on met le corps que l'on veut peser. Lorsqu'on opère, on place l'instrument dans l'eau pure et l'on amène l'affleurement en plaçant des poids sur le plateau ; soit 45 gr. On remplace le même poids par le corps et l'on ramène l'affleurement à l'aide de nouveaux poids ; soit 40 gr. Il est clair que le corps produit sur l'appareil le même effet que les 5 gr. qui manquent, ou qu'il pèse 5 gr. Reste à trouver le poids d'un volume d'eau égal au volume du corps. Pour cela, on enlève les poids et on place le corps dans la cuvette inférieure. On ramène l'affleurement en remettant des poids sur le plateau ; soit 12 gr. Le corps plongé dans l'eau ne pèse donc

plus que 3 gr. Donc le poids du volume d'eau qu'il déplace est de 5 — 3 = 2. Ce qui revient à dire qu'à volume égal, le corps pèse 5, l'eau 2 ; et la densité du corps est $\frac{5}{2}$ = 2,5.

ARÉOMÉTRIE s. f. Art, action de déterminer la densité, la pesanteur des corps, au moyen de l'aréomètre.

ARÉOMÉTRIQUE adj. Qui appartient, qui a rapport à l'aréométrie, à l'aréomètre.

* **ARÉOPAGE** (gr. *Areios*, Mars ; *pagos*, colline), tribunal institué à Athènes vers 1507 av. J.-C. et quelquefois attribué à Cécrops (1556) ; son nom (*colline de Mars*) venait d'une tradition mythologique qui voulait que sur la colline où s'assemblait l'Aréopage, Mars eût été le premier jugé, après le meurtre d'Halirrhotius. Pendant un temps, les juges ne siégèrent qu'au milieu de l'obscurité des nuits, afin « d'être aveugles pour tout, excepté pour les faits précis ». Les pouvoirs de cette cour furent augmentés par Solon (594 av. J.-C.) et restreints par Périclès (461). — Fig. Assemblée de juges, de magistrats, d'hommes d'Etat, d'hommes de lettres : *un aréopage littéraire*.

* **ARÉOPAGITE** s. m. (rad. *aréopage*). Membre de l'aréopage. — Surnom de saint Denis, premier évêque d'Athènes, parce qu'il était membre de l'aréopage lorsqu'il embrassa le christianisme.

* **ARÉOSTYLE** s. m. (gr. *araios*, peu serré ; *stulos*, colonne). Archit. Système d'entrecolonnement dans lequel l'intervalle qui sépare les colonnes est de quatre modules ou trois diamètres et demi.

* **ARÉOSYSTYLE** s. m. [a-ré-o-si-sti-le] (gr. *araios*, peu serré ; *sun*, avec ; *stulos*, colonne). Archit. Système d'entre-colonnement dans lequel les colonnes sont accouplées deux à deux, de telle sorte que l'intervalle entre deux couples est de trois diamètres et demi, tandis que celui qui sépare les colonnes du même couple n'est que d'un demi-diamètre. Ce système, inventé par l'architecte Perrault, a été vivement critiqué par Blondel.

* **ARÉOTECTONIQUE** s. f. (gr. *areios*, belliqueux ; *tektoniké*, art de bâtir). Partie de l'architecture militaire qui comprend l'art de fortifier, d'attaquer et de défendre les placés.

ARÈQUE s. f. Fausse orthographe de AREC.

AREQUIPA [a-ré-ki-pa]. I. Dép. méridional du Pérou, sur le Pacifique ; 154,200 kil. carr. ;

Arequipa et le volcan Misti.

200,000 hab. En raison de la diversité d'élévation, presque tous les végétaux connus y prospèrent. Les principaux animaux sont le lama, l'alpaca, le guanaco, la vigogne et plusieurs autres bêtes à laine. Argent, cuivre, étain, plomb, soufre, cristal de roche et charbon. Des tremblements de terre, fréquents et désastreux, sont, presque toujours, accompagnés d'éruptions des volcans Misti, Omate,

Tutupaca et Ubinas. — II. Cap. du dép. ci-dessus, à 2,393 m. d'altitude, sur le Chili et à 65 kil. de la mer. 45,000 hab. Près de la ville se dresse l'imposant volcan d'Arequipa ou Misti. Fondée par Pizarre en 1539 et presque aussitôt réduite en cendres par une éruption, Arequipa fut rebâtie à deux lieues plus loin de son terrible voisin ; elle fut encore détruite entièrement (13,16 août 1868) par un tremblement de terre. Lat. 16° 24' 11" S. ; long. 73° 55' 36" O.

ARER v. a. (lat. *arare* labourer). Mar. Chasser sur ses ancres. Ce mot s'emploie en parlant de la portion d'une ancre qui, étant mouillée dans un mauvais fond, ne prend pas ou lâche prise, et se traîne alors en labourant le sable.

ARÈS, nom grec du dieu MARS.

ARÉTALOGUE s. m. (gr. *areté*, vertu : *logos*, discours). Philosophe de l'ancienne Rome qui fréquentait les tables des grands et y payait son écot en plaisanteries amusantes. On dit aussi *arétologue*.

* **ARÊTE** s. f. (lat. *arista*). Anat. comp. Os longs, minces et pointus qui entrent dans la composition du squelette des poissons : *grande arête*, colonne vertébrale armée de ses longues apophyses ; *arêtes proprement dites*, côtes, apophyses épineuses, apophyses transverses, os interépineux qui supportent les nageoires dorsales. Les poissons cartilagineux n'ont point d'arêtes. — Bot. Filet sec, grêle et plus ou moins raide qui accompagne souvent les glumes et les glumelles des graminées ; on dit aussi *barbe*. Les organes munis de barbes sont dits *aristés* ; ceux qui en sont dépourvus se nomment *mutiques*. — ARÊTE APICILAIRE, celle qui termine le sommet de la glume ou de la glumelle. — ARÊTE DORSALE, celle qui prend naissance sur le dos de la glume ou de la glumelle, comme dans l'avoine. — ARÊTE BASILAIRE, celle qui naît à la base de la glume ou de la glumelle. — Archit. Angle saillant que forment deux faces, droites ou courbes, d'une pierre, d'une pièce de bois, etc. : *cette tablette de marbre a les arêtes écornées*. — Géom. Intersection de deux plans formant les faces d'un polyèdre, d'un angle polyèdre ou d'un angle dièdre. — Intersection des faces latérales d'un prisme. — Lignes qui joignent le sommet d'une pyramide aux sommets du polygone de la base de cette pyramide. — Géogr. Ligne courbe ou brisée que sépare ordinairement deux principaux versants d'une chaîne de montagne.

ARÉTÉE, l'un des plus grands médecins de l'antiquité, né en Cappadoce, vers l'an 100 av. J.-C. Il était supérieur à Hippocrate par ses connaissances anatomiques. On a conservé un traité des affections aiguës et chroniques, édition de Boerhaave, Amst. 1735 ; voy. aussi Kuhn : « Collection des médecins grecs », Leipzig, 1828, in-8°.

ARÉTEUX, EUSE adj. Qui est rempli d'arêtes.

ARÉTHUSE. 1. Fille de Nérée et de Doris, et l'une des nymphes de Diane. Un jour qu'elle chassait à la suite de cette déesse, elle se baigna dans les eaux du fleuve Alphée, qui prit la forme humaine et poursuivit la nymphe effrayée. Celle-ci s'enfuit jusqu'à l'îlot d'Ortygie, au milieu de la rade de Syracuse. Sur le point d'être atteinte, elle implora la déesse qui la changea en fontaine. Mais cette métamorphose ne la sauva pas. Alphée, reprenant sa forme de fleuve, mêla ses eaux à celles de la fontaine Aréthuse. Les anciens croyaient que les eaux du fleuve Alphée (Péloponèse) continuant leur cours sous la mer, venaient alimenter la fontaine qui sort d'un rocher vers la pointe S.-O. de l'île d'Ortygie dans le grand port de Syracuse. Pline prétend que l'on retrouvait dans la fontaine tous les objets que l'on avait jetés dans le fleuve. Le plus merveilleux, c'est que les eaux d'Aréthuse avaient la propriété de conserver leur pureté à travers des eaux amères et fangeuses : mythe poétique qui a enrichi notre langue d'une gracieuse métaphore, pour faire entendre que certaines organisations privilégiées peuvent traverser des milieux corrompus sans en subir l'influence. — II. L'une des Hespérides. — III. Anc. ville de Syrie, dont les débris se voient à 20 kil. S. de Hamah.

ARÉTHUSE s. f. Bot. Genre d'orchidées, tribu des Aréthusées. Espèces connues : l'*aréthuse à deux plumes* (*Aréthusa biplumata*, Lin.), et l'*Aréthuse bulbeuse* (*Aréthusa bulbosa*, Lin.), de l'Amérique du Nord.

ARÉTUSÉ, ÉE adj. Bot. Qui ressemble à une aréthuse. — **ARÉTUSÉES** s. f. pl. Tribu d'orchidées dont voici les genres principaux : Aréthuse, Chlorée, Limodore, Céphalanthère, Sobralie, Vanille.

* **ARÊTIER** s. m. (rad. *arête*). Archit. Pièce de bois formant l'arête ou l'angle des combles de forme pyramidale. — Plomb. Lame de plomb qui, maintenue par des pattes, couvre les angles d'un comble en pavillon ou d'une flèche.

ARÊTIÈRE s. f. (rad. *arêtier*). Archit. Nom des tuiles qui recouvrent l'angle des couvertures sur l'arêtier. — Couche de plâtre ou de mortier qu'on met à l'arêtière ou aux angles saillants d'un toit.

ARÉTIN. I. (Pierre ou Pietro l'). C'est-à-dire né à Arezzo, poète renommé par ses écrits licencieux et satiriques, né en 1492, m. d'un four rire en 1557. Ses attaques contre les nobles, les prêtres et les couvents, le firent chasser successivement d'Arezzo, de Pérouse et de Rome et, après de nombreuses aventures, il s'établit à Venise en 1527. On a de lui des sonnets, des comédies et des psaumes, etc. Sa paraphrase des sept psaumes de la pénitence a été traduite en français par J. de Vauzelles, Lyon, 1540, in-8° et par Fr. Rosset, Paris, 1605, in.-12. Son traité de l'Humanité du fils de Dieu a été traduit par Jean de Vauzelles, vers 1549. — II. Guido d'Aretino, voy. GUI D'AREZZO. — III. Voy. BRUNI.

AREZZO [a-ré-dzo]. I. Province d'Italie, dans la Toscane; 3,309 kilom. carr.; 234,645 hab.; arrosée par l'Arno et fameuse par ses vins, ses grains, son huile et ses fruits. — II. Ancienne *Arretium*, cap. de la province ci-dessus, dans une vallée, au confluent de la Chiana et de l'Arno et à 80 kilom. S.-E. de Florence; 39,000 hab. Arretium ou Aretinum, ville d'Étrurie, fit une paix de trente ans avec Rome, en 308 av. J.-C. Il fut assiégée par les Gaulois Senones, vers 283. Évêché; cathédrale fondée en 1277; ruines d'une grande muraille étrusque; magnifiques monuments. Patrie de Mécène, de Pétrarque, de Vasari, de Gui. d'Arezzo, de l'Arétin, etc. Le château de Caprèse, où naquit Michel Ange, est aux environs.

ARFWEDSONITE s. f. [ar-vè-dso-ni-te] (rad. *Arfwedson*, nom d'un chimiste suédois). Minér. Amphibole appelée communément *Pétalite*.

ARGA s. m. Argot des voleurs. Part de butin.

ARGALI s. m. (mot mongol dérivé de *arga*, crête de montagne). Mouton sauvage qui habite l'Asie centrale. Voy. MOUTON.

ARGALL (Samuel), aventurier anglais (1572-1639). Il prit et pilla Port-Royal (Amérique du Nord) en 1613, et laissa une fortune immense.

ARGALOU s. m. Bot. L'un des noms vulgaires du *paliure piquant*.

ARGAMASSE s. f. Plate-forme de la partie supérieure d'un édifice.

ARGAMASSER v. a. Établir une argamasse.

ARGAN ou **Argane** s. m. Nom vulgaire du *sideroxylum spinosum*.

ARGAND (Aimé), physicien et chimiste, né à Genève vers le milieu du xviiie siècle et mort dans la même ville, le 24 octobre 1803 ; il inventa en 1782, à Montpellier, des lampes à cheminée de verre, à double courant d'air, et dans lesquelles il substituait aux mèches pleines, qui éclairaient mal et qui donnaient beaucoup de fumée et d'odeur, des mèches tissues au métier en forme de cylindre creux. Quinquet, pharmacien à Paris, n'eut qu'à donner aux lampes d'Argand une cheminée plus étroite, pour obtenir les lampes commodes dites *quinquets* (1783). Ce perfectionnement, qu'Argand considéra comme une véritable contrefaçon, motiva un procès que l'inventeur genevois ne put gagner. Accablé de chagrin, il se livra à l'alchimie et tomba dans la misère.

* **ARGANEAU** s. m. Voy. ORGANEAU.

ARGAS s. m. Zool. Genre d'arachnides, tribu des acarides, et voisin des *ixodes*, dont il diffère, par la situation inférieure de la bouche, par les palpes formées de quatre articles, et par le corps qui est granuleux et comme chagriné. Chez nous, on ne connaît que l'*argas bordé* (*ixodes reflexus*, Fabricius) qui est la punaise des pigeons; mais dans les pays chauds, on rencontre d'autres espèces qui tourmentent l'espèce humaine; telles sont l'*argas de Perse* ou *argas de Miana*, qui passe pour venimeux, et l'*argas chinche*, observé en Colombie.

ARGAUM, lieu du Deccan, Inde, où sir Arthur Wellesley remporta, le 29 novembre 1803, une grande victoire sur le rajah de Berard et sur Scindiah, chef des Mahrattes.

ARGÉ (Mythol.). Nymphe qui fut changée en biche pour s'être vantée de courir plus vite que le soleil. — **Argé** s. m. Entom. Genre de lépidoptères diurnes, voisin des satyres. L'espèce la plus connue est l'*argé galathée* ou *demi-deuil*.

ARGÉE (mont). Voy. ARDJICH-DAGH.

ARGÉENS adj. m. pl. Jeux qui se célébraient à Rome pendant les fêtes nommées *Argées*.

ARGÉES s. f. pl. (lat. *argei*; du gr. *Argeioi*, Argiens, et par ext., tous les Grecs). Fêtes célébrées à Rome aux ides de mai. — **Argées** s. m. pl. Mannequins en jonc ou en osier que les pontifes ou les vestales jetaient dans le Tibre, lors des fêtes appelées *Argées*, en souvenir du sacrifice que faisaient autrefois les abrigènes des bords du Tibre de tous les Argiens et des Grecs qui abordaient chez eux.

ARGELANDER (Friedrich-Wilhelm-August), astronome allemand (1799-1875), publia *Ueber die eigene Bewegung des Sonnensystems* (1837), ouvrage dans lequel il démontra la vérité de la théorie d'Herschel concernant le mouvement indépendant du système solaire; *Neue Uranographia* (1843); *Atlas des nœrdlichen gestirnten himmels* (1857); et un catalogue de plus de 216,000 étoiles, dans l'*Astronomische Beobachtungen auf der Sternwarte zu Bonn*.

ARGELÈS ou **Argelez**, ch.-l. d'arr., à 31 kil. S.-O. de Tarbes (Hautes-Pyrénées), sur le Gave d'Azun, à l'entrée de la belle vallée d'Argelès 1,700 hab.— Altitude, 466 m., lat. 43° 0' 11" N.; long. 2° 26' 29" O.

ARGELÈS-SUR-MER, ch.-l. de cant., arr. et à 31 kil. N.-E. de Céret (Pyrénées-Orientales), sur la rive droite de la Massane, à 4 kilom. de la mer. 2,600 hab. Autrefois fortifiée, Argelès fut plusieurs fois assiégée par les Espagnols.

ARGÉLIE, reine de Thessalie, titre d'une tragédie de l'abbé Abeille, en cinq actes et en vers, représentée en 1673. Cette pièce serait complètement oubliée, sans un incident qui marqua sa première et dernière représentation. Dès le début, une princesse demandait :

> Vous souvient-il, ma sœur, du feu roi notre père?

La sœur, décontenancée par l'attitude railleuse du public, n'ayant rien trouvé à répondre, un plaisant du parterre lui vint en aide en répliquant par ce vers resté célèbre :

> Ma foi, s'il m'en souvient, il ne m'en souvient guère.

La représentation ne put continuer.

ARGÉMA ou **Argémon** s. m. (gr. *argos*, blanc). Méd. Petit ulcère de la cornée, succédant à une phlyctène, et consistant en une plaie transparente d'une teinte blanchâtre. L'argéma est un ulcère moins profond que le *bothrion*.

* **ARGÉMONE** s. f. (gr. *argemoné*, plante qui passait pour guérir l'*argéma*). Bot. Genre de papavéracées, renfermant des herbes annuelles, à tiges contenant un suc jaunâtre et caustique, à feuilles glauques, glabres, penninervées, à capsule obovale uniloculaire, s'ouvrant par le sommet et renfermant des graines sphériques attachées sur des placentas linéaires. Principales espèces : le *pavot épineux* (*argemone Mexicana*, Lin.), à feuilles épineuses, à grandes fleurs jaunes, à fruits armés de piquants, à graines narcotiques, employées contre la dysenterie; l'*argémone à grandes fleurs* (*argemone grandiflora*).

ARGÉMONÉES s. f. pl. Bot. Groupe de papavéracées, comprenant des plantes à suc laiteux, anodin et narcotique.

ARGENS, *Argenteus fluvius*, qui naît dans les monts de l'Esterel, reçoit l'Artuby et se jette dans le golfe de Fréjus (Var), après un cours de 100 kilom. Elle doit son nom à la limpidité de ses eaux.

ARGENS (Jean-Baptiste de Boyer, MARQUIS D'), auteur né à Aix (Provence) en 1704; mort en 1771; soldat à quinze ans, puis employé d'ambassade à Constantinople, il mena une vie aventureuse, fut déshérité par son père, procureur général au parlement d'Aix, et se retira en Hollande où il publia ses *Lettres Juives, Chinoises et Cabalistiques*, dont le succès le fit accueillir à la cour de Frédéric II et nommer directeur des beaux arts à l'académie de Berlin. On a encore de lui des *Mémoires* peu exacts, une *Histoire de l'esprit humain* (1765-'68, 14 vol.), la *Philosophie du bon sens* (sous le titre de « Œuvres du marquis d'Argens », 1768, 24 vol.).

ARGENSON (Voyer d'), famille originaire de Paulmy en Touraine. — I. (René de Voyer, COMTE D'), ambassadeur à Venise, mort 1651. — II. (Marc-René), petit-fils du précédent, (1652-1721), créa la police de Paris et inventa les lettres de cachet. — III. (René-Louis, MARQUIS D'), fils aîné du précédent (1694-1757), fut ministre des affaires étrangères de 1741 à 1747. La simplicité de ses manières l'avait fait nommer *Argenson la Bête*; ses écrits sur l'économie sociale eurent pourtant une grande influence sur le mouvement des idées au xviiie siècle. On a de lui : *Considérations sur le gouvernement de la France* (1764-'84, un vol. in-8°), des *Essais* (1787, 2 vol. in-8°), etc. — IV. (Marc-Pierre, COMTE D'), frère du précédent (1696-1764), ministre de la guerre en 1742, fondateur de l'École militaire, janvier 1751, il fournit à Voltaire des matériaux pour son *Siècle de Louis XIV*. L'*Encyclopédie* lui fut dédiée. — V. (Marc-Antoine-René de Paulmy d'), fils de René-Louis (1722-'87), fut ambassadeur dans différentes cours, édita 40 vol. de la *Bibliothèque universelle des romans*, fut gouverneur de l'Arsenal, dont il enrichit la bibliothèque d'environ 150,000 vol. — VI. (Marc-René d'), petit-fils de René-Louis (1771-1842), député libéral sous la Restauration, l'un des chefs de la *Charbonnerie démocratique*.

* **ARGENT** s. m [ar-jan] (lat. *argentum*; du gr. *argos*, blanc). Métal blanc, brillant et très ductile, qui est le plus précieux après l'or et le platine. — Particulièrement, la monnaie faite de ce métal : *voulez-vous être payé en or ou en argent?* On dit quelquefois argent blanc,

— Toute sorte de monnaie, de quelque métal que ce soit :

.... L'argent

Est le nerf de la guerre ainsi que des amours.

RÉGNARD. Les folies amoureuses, acte I, sc. vii.

— Blas. L'un des métaux employés dans les armoiries, et représenté par de l'argent, ou simplement avec du blanc : *d'argent au lion de sable.* — Richesse :

Mais sans argent l'honneur n'est qu'une maladie.

J. RACINE.

— Pop. VIF-ARGENT, mercure. — ARGENT MIGNON, somme réservée pour les menus plaisirs. — PRENDRE POUR ARGENT COMPTANT, croire trop facilement. — JOUER BON JEU, BON ARGENT, jouer avec l'obligation de payer sur le champ. — Y ALLER BON JEU, BON ARGENT, agir sérieusement, franchement. — C'EST DE L'ARGENT EN BARRE, se dit d'une marchandise ou d'une valeur qui vaut autant que de l'argent comptant. — POINT D'ARGENT, POINT DE SUISSE, on n'obtient aucun secours sans le payer, allusion aux paroles de Petit-Jean, dans *les Plaideurs*, de Racine, acte I, sc. I. :

On n'entrait point chez nous sans graisser le marteau.
Point d'argent, point de suisse; et ma porte était close.

— C'EST UN BOURREAU D'ARGENT, se dit d'un homme extrêmement prodigue. — Chim. Ce métal précieux se distingue par sa blancheur, son éclat brillant lorsqu'il est poli, sa malléabilité et son indifférence pour l'oxygène atmosphérique. Il cristallise en cubes et en octaèdres lorsqu'on le laisse refroidir après la fusion, ou lorsqu'on le précipite par solution. En force et en dureté, il est supérieur à l'or et inférieur au cuivre; en malléabilité, il est inférieur à l'or seulement. Des feuilles ayant moins de ₁₅₀₀₀₀ de centimètre d'épaisseur ont été obtenues par le battage, et on peut l'étirer en fils d'une extrême ténuité. — Symbole chimique : Ag; équivalent, 108. D'après G. Rose, la gravité spécifique de l'argent fondu est de 10,505 et celui de l'argent battu est de 10,566. Il fond à environ 1,000° C. (1,832 F.). Il se resserre beaucoup en refroidissant et, par conséquent, n'emplit, que d'une manière imparfaite, les moules dans lesquels on l'a coulé. Il se volatilise à une température très élevée. L'argent fondu absorbe jusqu'à vingt fois son volume d'oxygène qu'il abandonne en se refroidissant. Il a une forte affinité pour le soufre et est assez facilement terni par les composés du soufre, surtout s'ils sont concentrés et si la température est élevée. — L'argent s'allie aisément à presque tous les autres métaux; son alliage le plus connu est celui qui a lieu avec le cuivre. Cent parties d'aluminium avec cinq d'argent produisent un joli composé blanc, malléable, susceptible de recevoir un beau poli. L'acier peut retenir environ ₁/₅₀₀ de son poids d'argent, ce qui, dit-on, augmente sa qualité d'une façon extraordinaire. Combiné avec le mercure, l'argent forme le brillant amalgame employé pour les miroirs. On a dit que l'alliage de trente parties d'argent est trente de nickel et cinquante de cuivre est égal, sous tous les rapports, à l'argent de nos monnaies (neuf d'argent pour un de cuivre). — OXYDES D'ARGENT. L'argent forme trois oxydes. 1° le *protoxyde d'argent* AgO (Ag²O suivant les unitaires), qui se précipite à l'état anhydre, lorsqu'on ajoute de la potasse à une solution d'azotate d'argent. Convenablement lavé, le précipité se présente sous la forme d'un dépôt cotonneux brun olive. Cet oxyde offre un intérêt spécial comme base des sels d'argent; 2° le *sous-oxyde d'argent*, Ag⁴O, poudre noire obtenue en chauffant le tartrate ou le citrate d'argent à 100° dans un courant d'hydrogène, en dissolvant le produit dans l'eau et en traitant la solution brune par la potasse caustique. 3° le *bioxyde* ou *péroxyde d'argent* (probablement Ag²O³), obtenu sous la forme de petits cristaux noirs par l'électrolyse d'une solution étendue d'azotate d'argent; ou par l'action

de l'ozone sur l'argent métallique. Il ne se combine pas avec les acides. — ARGENT FULMINANT. Une solution de protoxyde d'argent dépose, lorsqu'on l'expose à l'air, une poudre noire que plusieurs chimistes envisagent comme un amidure d'argent (Ag H³ N) et d'autres comme une combinaison d'ammoniaque avec le protoxyde d'argent (Ag²O,H³N). Cette poudre, très explosible et très dangereuse, détone par le plus léger frottement. On peut également obtenir l'argent fulminant en ajoutant de l'ammoniaque à une solution de nitrate d'argent et en précipitant la liqueur par la potasse caustique. — SULFURE. Il est d'un gris noir et possède un certain éclat; densité 7,02; formule Ag S; il se prépare en faisant fondre ensemble du soufre et de l'argent. — SULFATE. S'obtient par le traitement de l'argent à une haute température avec de l'acide sulfurique concentré; sur cette réaction est basée une méthode de séparation de l'or et de l'argent. — SELS. Les sels d'argent noircissent généralement à la lumière; mais c'est le *nitrate* ou *azotate* d'argent (Ag NO³) qui jouit au plus haut degré de cette propriété. Pour obtenir ce sel, il suffit de dissoudre l'argent pur dans l'acide azotique à 33° et de laisser refroidir la solution. Coulé en petits bâtons il donne le caustique appelé *pierre infernale*. L'azotate d'argent est très employé pour les préparations d'argent des photographes; il sert de base à l'encre indélébile pour marquer le linge. — MÉTALLURGIE. On obtient ce métal soit en l'extrayant de véritables minerais d'argent, soit d'autres minerais contenant dans des proportions variables de l'argent comme constituant accidentel. A la première classe de minerais appartient le métal natif, qui est ordinairement mélangé d'un peu d'or et quelquefois de plusieurs autres métaux. L'argent natif se rencontre tantôt en masses, tantôt sous une forme arborescente ou filiforme dans les veines de quartz, etc. Les masses se présentent souvent en cristaux affectant la forme de l'octaèdre ou celle du cube. Les plus fameux cristaux d'argent natif (dont quelques-uns pèsent jusqu'à 500 livres) ont été trouvés aux mines de Konsberg (Norvège), de Freiberg, Schneeberg et Johann-Georgenstadt (Saxe), dans les mines de Bohême, de Hongrie, du Pérou et du Mexique. On trouve l'argent en masses de moindres dimensions dans les mines de la Nevada, de l'Idaho et de l'Utah. — L'argent chloruré ou corné (Ag Cl) est un minéral commun au Chili, au Pérou, au Mexique et dans les régions occidentales des Etats-Unis, particulièrement dans certains districts de la Nevada et de l'Idaho. Sa composition est : 75-2 d'argent et 24-8 de chlore. Il présente l'aspect de la cire, avec le lustre de la résine; couleur gris-perle, blanchâtre, verdâtre ou bleuâtre brunissant à l'air. Gravité spécifique : de 5-3 à 5-5; il est très tendre, se coupe au couteau et donne des copeaux ayant l'aspect de la corne. L'argent sulfuré, ou *argent vitreux*, appelé aussi *argyrose* (Ag²S), contient 87-1 d'argent et 12-9 de soufre; c'est donc le minerai le plus riche, celui qui se rapproche le plus de l'argent natif. Il forme une portion considérable des mines de Saxe, de Bohême, de Hongrie, du Mexique, du Pérou et des Etats-Unis. L'argent se trouve encore dans l'*argent antimonial* ou *discrase* (Allemont, en Dauphiné; Guadalcanal, en Espagne); dans l'*argyrythrose*; dans l'*argent sulfo-antimonié noir* ou *myargyrite*, le *psaturose*, la *proustite*, la *polybasite*, l'*iodargyre*, le *plomb argentifère*, le cuivre, le zinc, la *galène* (voy. ces différents mots). Les manières de séparer l'argent des matières avec lesquelles il est mêlé dans les minerais peuvent se réduire à trois classes : 1° la fusion; 2° l'amalgamation et 3° l'extraction humide. — Le procédé par la fusion est basé sur la propriété que présente le plomb métallique, ainsi que son oxyde et son sulfate, de s'emparer de l'argent en fusion

et de le séparer des corps avec lesquels il est mélangé dans les minerais. L'argent libéré s'allie à un excès de plomb et s'accumule dans le bain métallique, au foyer du fourneau. Du plomb argentifère ainsi obtenu, l'argent est extrait directement par fusion oxydante (*coupellation*), qui transforme le plomb en litharge et laisse l'argent métallique sur la coupelle. Ou bien le plomb argentifère est d'abord divisé entre plusieurs chaudières où on le fait fondre. En se refroidissant lentement une portion de la masse liquide se cristallise, tandis qu'une autre portion, riche en argent, reste plus longtemps liquide. On écume les cristaux et on les met dans une autre chaudière pour les soumettre à une nouvelle fusion et à une nouvelle cristallisation. La partie restée liquide subit une série d'opérations en sens inverse jusqu'à ce que l'on arrive à concentrer l'argent dans une petite quantité de plomb très riche que l'on traite ensuite par la coupellation. Cette manière d'opérer est appelée procédé Pattinson. Voici maintenant le procédé Parkes, modifié par Corduric, Flach et autres. L'argent est séparé du plomb fondu au moyen de son affinité supérieure pour le zinc. On ajoute du zinc métallique dans le creuset; il en résulte un alliage de zinc et de l'argent, alliage qui surnage, parce qu'il est plus léger que le plomb. On l'enlève avec soin et on sépare les métaux qui le composent au moyen de la fusion, de la liquation ou de la distillation. — La deuxième méthode, celle de l'amalgamation fut inventée au Mexique, en 1557, par Bartolomé de Medina; elle est employée en Amérique depuis cette époque. Le procédé mexicain, appelé procédé *patio*, convient aux minerais composés d'argent natif, d'argent chloruré ou sulfuré et de ceux riche en arsenic et d'antimoine. Après avoir soumis le minerai à un grillage et après l'avoir lavé dans un magistral composé de sulfate de cuivre et de sel, on l'arrose de mercure, dans la proportion de cinq ou six parties de mercure pour une partie d'argent, en poids. Cet arrosage se fait rarement en une seule fois; ordinairement il a lieu en plusieurs jours et l'on a soin, à chaque fois que l'on met du mercure sur le minerai, de remuer celui-ci pendant six ou huit heures; après quoi, on le laisse reposer jusqu'au lendemain. Cet amalgame a lieu dans des cuves de bois ou de maçonnerie, mesurant environ 9 pieds de diamètre sur 8 de profondeur. Lorsqu'il est terminé, on y ajoute de l'eau, on la lave, on le remuant et on le laisse déposer. Les parties métalliques, très lourdes, coulent au fond, l'eau et les impuretés surnagent. On décante; on filtre la partie métallique à travers des peaux, ou même à travers du bois, au moyen d'une forte pression : le mercure en excès et liquide s'écoule; il reste un amalgame pâteux qui contient beaucoup d'argent et dont on achève de chasser le mercure par la distillation. Le procédé *cazo* employé au Mexique et au Chili est l'amalgamation à chaud. Le minerai (chloruré au Mexique, sulfuré au Chili) est placé, sous forme d'une pulpe aqueuse, dans une cuve à fond de cuivre; on chauffe, on ajoute du sel et du mercure (et, en outre, du sulfate de cuivre pour le traitement de l'argent sulfuré), on agite le mélange. Ce procédé est rapide, mais il entraîne à une grande perte de mercure (de deux à deux fois et demi le poids de l'argent) quand on l'applique à un minerai sulfuré. A Guanajato, Mexique, on écrase et on mêle de mercure et d'eau les minerais libres de sulfures. Le procédé Washoe consiste à remuer dans des marmites, ordinairement de fonte, la pulpe aqueuse du minerai à laquelle on ajoute du mercure. La modification du procédé Washoe, imaginée par Henry Janin, obtient le plus grand succès lorsqu'il s'agit de réduire des minerais réfractaires par d'autres moyens ordinaires. Ce procédé consiste dans l'emploi d'une grande quantité de sulfate de cuivre et de sel marin. Lorsque le mercure a formé l'amalgame, on le lave, on l'écume et on le passe dans un sac de toile qui retient l'amalgame. Celui-ci est ensuite distillé dans des cornues de fonte; ce qui permet de recueillir le mercure. — Reste à parler des méthodes d'extraction dites humides; elles consistent à rendre solubles et à séparer les constituants métalliques au moyen de lavages et de filtration; après quoi, on laisse déposer le résidu et on lui fait subir un traitement subséquent en raison des matières impures qu'il contient. — PRODUCTION. Voici, en millions de francs, quelle a été la production de l'argent en 1873 :

Grande-Bretagne et colonies.............	5 ..
Suède et Norvège......................	1 et 1/4
Russie	2 et 1/2
Autriche-Hongrie......................	8 ..
Empire d'Allemagne	45 ..
France................................	10 ..
Espagne	10 ..
Italie (Sardaigne).....................	2 et 1/2
Mexique..............................	100 ..
Amérique centrale et méridionale........	40 ..
Canada...............................	4 et 1/3
Etats-Unis............................	182 ..
Total................	**380 et 3/4**

D'après Humboldt et Danson, la valeur de l'argent produit au Mexique, au Pérou et dans la Bolivie de 1492 à 1803 fut de vingt milliards et demi; la production européenne pendant la même période fut d'environ un milliard. Pour la période de 1804 à 1848, Danson trouve que l'Amérique du Sud et le Mexique ont produit 6 milliards et 222 millions; l'Europe et la Turquie d'Asie, 1 milliard 625 millions. De 1848 à 1868, W.-P. Blake, dans son « Report on the production of the Precious Metals » donne les chiffres suivants pour la production de l'argent :

Etats-Unis....................	365 millions
Mexique......................	1.080
Amérique du Sud.............	1.000
Europe et Russie d'Asie......	801
Total...............	**4.146 millions**

De 1868 à 1878 (inclusivement), la production a été de 969 millions pour les Etats-Unis, 1.080 millions pour le reste de l'Amérique et 370 millions pour les autres pays (non compris le Japon, la Chine et l'Asie centrale, sur lesquels on n'a pas de renseignements). Comme total général de la production de l'argent, depuis la découverte de l'Amérique jusqu'à nos jours, nous trouvons donc environ 35 milliards et demi. — MINES. La France ne possède qu'un très petit nombre de mines d'argent. Les plus importantes sont celles de Poullaouen (Finistère), qui donnent environ 1,500 kilog. d'argent par an. Les autres mines n'en fournissent même pas autant toutes ensemble. En Angleterre, l'argent provient de plomb argentifère. La plus célèbre mine de Norvège est celle de Kongsberg, découverte en 1623. La mine hongroise de Schemnitz, exploitée depuis plus de huit siècles, atteint aujourd'hui une profondeur de 1,200 pieds. Celles de Joachimsthal, en Bohême, sont profondes de 2,000 pieds; mais elles sont peu productives. La Saxe renferme quatre districts miniers d'où l'on extrait environ 20,000 kilog. d'argent chaque année. Le district Freiberg, de beaucoup le plus important, contient près de cent mines, dont plusieurs n'ont pas moins de 1,400 pieds de profondeur. Nulle mine d'Espagne n'eut de renommée après le moyen âge, excepté celles de Guadalcanal et de Cazalla, au N.-E. de Séville, qui ont produit jusqu'à 170 marcs par jour. La Russie contenait en 1871, des mines de galène argentifère au nombre de vingt et une; on en tirait 1,700 tonnes de plomb et 29,000 livres d'argent. — La conquête du Mexique par Cortez, en 1519-'21, fut aussitôt suivie de l'exploitation des mines extraordinairement riches que renferme ce pays. L'argent, connu des anciens Aztèques, était employé par eux pour des objets d'utilité ou de parure; mais dans les trésors de Montezuma, on ne trouva que peu d'argent, comparative-

ment à la quantité d'or. Peu après la conquête, furent ouvertes et exploitées les mines de Guanajuato, de Zacatecas et des districts voisins. Au XVIIe et au XVIIIe siècles, la production s'augmenta considérablement, en raison de l'abondance du mercure et de son emploi général pour la séparation du métal. Au temps où Humboldt visita le Mexique, le travail d'extraction avait lieu dans 3,000 mines distinctes. Celles de Guanajuato, ouvertes en 1558, se trouvent sur la grande veine appelée veta madre, large de 150 pieds, décrite sur une longueur de 20 kil., à une profondeur de 2,000 pieds. La mine de Valenciana, ouverte en 1760, sur une riche portion de cette veine, rapporte pendant plusieurs années la quinzième partie du produit total des 3,000 mines du Mexique. Bien qu'elle soit aujourd'hui moins productive, très profonde et inondée, on y occupe 1,900 travailleurs, qui tirent environ 195 tonnes de minerai par semaine. — Les fameuses mines de Potosi au Pérou (aujourd'hui en Bolivie) furent découvertes en 1545 par un chasseur indien, Diego Hualca, lequel, d'après Acosta, vit briller les pépites de ce précieux métal dans les racines d'un arbuste qu'il venait d'arracher. Pendant vingt ans, après 1537, la production annuelle des mines de cette région fut d'à peu près 11 millions de francs et la production totale jusqu'à nos jours est évaluée à plus de 7 milliards. Ces mines, ainsi que tant d'autres en Amérique, sont aujourd'hui inondées. — Le travail des mines aux Etats-Unis date de la découverte en 1859 du célèbre gisement Comstock, sur le flanc oriental de la Sierra Nevada. Nul dépôt aussi important n'a été découvert depuis lors, et il est même probable que les mines de Potosi ou du Mexique n'ont jamais été aussi riches. Le Comstock a produit pour plus de 105 millions d'or et d'argent en 1874. — EVALUATION MONÉTAIRE DE L'ARGENT. 1 kilog. d'argent fin vaut, en France, 222 fr. 22 cent. — 1 kilog. de monnaie à 1/10e d'alliage vaut 200 fr.

ARGENT (Manuscrit d'), *Argenteus codex*, manuscrit, contenant la version des quatre Evangiles composée dans le dialecte Mœsogothique par le célèbre Ulfila. Ce manuscrit, qui se trouve actuellement à la bibliothèque d'Upsal, fut écrit, vers le VIe siècle, en lettres onciales d'argent (excepté les initiales, qui sont en or), sur un vélin de couleur violette. On l'a publié à Dordrecht, en 1665, et à Amsterdam, en 1684, 2 vol. in-4e; avec traduction latine, à Stockholm, en 1671, et à Weissenfels, 1805.

ARGENT, ch.-l. de cant., arr. et à 41 kil. N.-O de Sancerre (Cher), sur la rive gauche de la Sauldre; 1,700 hab.

ARGENTAGE s. m. Action d'argenter; résultat de cette action.

ARGENTAL, ALE adj. Minér. Qui contient de l'argent métallique : *mercure argental; or argental.*

ARGENTAN, *Aræ Genuæ*, ch.-l. d'arr. (Orne), à 43 kil. N.-O. d'Alençon, 5,600 hab. Dentelles dites d'*Alençon*; cuirs et plans; collège. — Aux environs le *Haras du Pin.* — Altitude, 166 m.; lat. 48° 44' 43" N.; long. 2° 21' 24" O.

ARGENTARIA, nom latin de COLMAR.

ARGENTAT, ch.-l. de cant., arr. et à 30 kil. S.-E. de Tulle (Corrèze), sur la rive droite de la Dordogne. En 1829, M. le comte de Noailles y fit construire un pont suspendu de proportions monumentales. Récolte de vins liquoreux; commerce de bois et de houille; 3,600 hab. Châteaux et cascades dans les environs.

ARGENTATE s. m. Chim. Sel produit par la combinaison de l'oxyde d'argent avec une base salifiable.

* **ARGENTÉ, ÉE** part. pass. d'ARGENTER. —

Adjectiv. et fig. Se dit de ce qui rappelle l'éclat et la blancheur de l'argent :

Il fend l'onde, et ses deux côtés
Tracent deux sillons *argentés.*
PERRAUT. *Chasse.*

— GRIS ARGENTÉ, couleur grise, mêlée d'un blanc qui lui donne de l'éclat : *cheveux d'un gris argenté.* — ~~ Argot. Se dit en parlant d'une personne riche, qui a de l'argent : *cet homme est argenté.*

* **ARGENTER** v. a. Appliquer une couche d'argent sur des ouvrages de métal, de bois, de cuir, etc., de manière qu'ils semblent être faits d'argent. — Fig. Donner à quelque chose l'éclat, la blancheur de l'argent : *la lune argentait les flots.*

* **ARGENTERIE** s. f. Vaisselle, meubles, ustensiles d'argent : *de la belle argenterie; il a vendu son argenterie.* — Se disait autrefois, chez le roi, d'un fonds qui se faisait chaque année pour certaines dépenses extraordinaires : *trésorier et contrôleur de l'argenterie.*

ARGENTEUIL, ch.-l. de cant. (Seine-et-Oise), sur la Seine, arr. et à 20 kil. N.-O. de Versailles et à 14 kil. de Paris; 8,400 hab. Vin suret, autrefois boisson royale, mais aujourd'hui sans réputation. Le vignoble d'Argenteuil en produit annuellement une moyenne de 75,000 pièces. Ruines d'un couvent fondé en 665 et habité au XIIe siècle, par des Bénédictines; Héloïse s'y retira lorsqu'elle dut se séparer d'Abélard. Après le départ d'Héloïse pour le Paraclet, les religieuses furent remplacées par des moines de l'ordre de Saint-Benoît, qui exposèrent à la vénération des fidèles la *robe sans couture* de J.-C., aujourd'hui déposée dans l'église d'Argenteuil, où on va la vénérer du 2 au 12 juin de chaque année. Autrefois ville forte, Argenteuil a beaucoup souffert des guerres de religion; elle fut prise d'assaut en 1565.

* **ARGENTEUR** s. m. Ouvrier qui argente les métaux, le bois, etc.

* **ARGENTEUX, EUSE** adj. Qui a beaucoup d'argent.

ARGENTICO [ar-jan-ti-ko] (bas lat. *argenticus*, d'argent). Chim. Mot employé dans les adjectifs composés désignant des combinaisons chimiques dans lesquelles entre un sel argentique : *Argentico-calcique.*

* **ARGENTIER** s. m. Nom donné autrefois aux fabricants de vaisselle, de bijoux, de vases d'argent. S'appliquait à tous ceux qui faisaient le commerce d'argent, tels que les changeurs. — Percepteur et distributeur des biens d'une église. — Officier qui, à la cour et dans les maisons princières, contrôlait les dépenses pour meubles, habillement et menus plaisirs. L'argentier Jacques Cœur fut un véritable surintendant des finances.

ARGENTIÈRE (L') ou **Largentière**, ch.-l. de cant. (Hautes Alpes), arr. et à 18 kil. S.-O. de Briançon, près de la Durance; 1,200 hab. Mines de plomb argentifère et d'anthracite. Chapelle fondée par les Templiers.

* **ARGENTIFÈRE** adj. Qui contient de l'argent : *plomb argentifère.*

* **ARGENTIN, INE** adj. Qui a un son clair, retentissant, comme celui de l'argent : *voix argentine.* — Qui a l'éclat et la blancheur de l'argent : *couleur argentine; onde argentine, flots argentins.* — Peint. TON ARGENTIN, effet de couleur qui rappelle le blanc de l'argent.

ARGENTINE s. f. Bot. Nom vulgaire du *céraiste cotonneux* et de la *potentille ansérine.*

ARGENTINE s. f. Icht. Nom d'un poisson du genre saumon qui habite la Méditerranée. Sa vessie natatoire est très chargée de la substance argentée que l'on emploie pour colorer les perles.

ARGENTINE (République). esp. *Confedera-*

cion Argentina ; confédération de l'Amérique du Sud, entre 22° et 41 lat. S.; et entre 55° et 73° 50' long. O.; bornée au nord par la Bolivie et le Paraguay ; à l'E. par le Paraguay, le Brésil, l'Uruguay et l'Atlantique; au S. par l'océan Atlantique et la Patagonie; et à l'O. par les Andes, qui la séparent du Chili. Cap. Buenos-Ayres. La statistique officielle, mais inexacte de 1869, donne pour la population des provinces et de leurs chefs-lieux les résultats suivants :

PROVINCES.	Kil. carr.	Population.	Chefs-lieux.	Population.
Buenos-Ayres.....	311.320	495,107	Buenos-Ayres.	187,787
Catamarca	240,769	79,962	Catamarca..	5,715
Cordoba	216,267	210,508	Cordoba..	28,523
Corrientes	123,661	129,023	Corrientes.	11,218
Entre-Rios	111,642	134,271	Concepcion	5,513
Jujuy...........	93,195	40,379	Jujuy	3,071
La Rioja........	108,692	48,743	La Rioja..	4,480
Mendoza........	155,275	65,413	Mendoza..	8,124
Salta...........	105,481	88,933	Salta	11,716
San-Juan	103,481	60,319	San-Juan..	8,353
San-Luis	125,772	53,294	San-Luis ..	3,743
Santa-Fé	143,350	89,117	Santa-Fé..	10,670
Santiago del Estero	108,692	132,898	Santiago..	7,775
Tucuman	62,110	108,953	Tucuman..	17,438
TERRITOIRES.				
El Gran-Chaco	621,100	45,291	....	....
Misiones........	62,110	3,000	....	....
Pampas	406,880	21,000	....	....
Totaux ...	**3,108,594**	**1,800,214**		

Les documents officiels y ajoutent la Patagonie, évaluée à 1,086,925 kil. carr. ; ce qui porterait la superficie totale de la confédération à 4,195,519 kil. carr. — Aujourd'hui (1880), la population de la confédération est estimée à 2,400,000 hab., dont 212,000 étrangers, principalement des Italiens (72,000), des Espagnols (35,000), des Français (33,000), des Anglais (10,000), des Allemands (10,000). — En 1863, le nombre des immigrants était de 10,000 par an. En 1870, il atteignait 40,000; en 1873, il fut de 76,000; mais-il tomba à 58,000 l'année suivante et à 36,000 en 1878. Les Argentins descendent des premiers colons espagnols et des Indiens (voy. GAUCHOS). Les Indiens restés purs de tout mélange vivent indépendants. — TERRITOIRES EN LITIGE. La république Argentine prétendait avoir des droits sur la Patagonie, que lui disputait le Chili, et sur le Gran-Chaco que réclamaient la Bolivie et le Paraguay. Pour ce qui concerne le Gran-Chaco, la-question a été pacifiquement résolue, le 12 novembre 1878, par la sentence arbitrale du président des États-Unis, qui a adjugé à la république du Paraguay les territoires compris entre le Rio Pilcomayo et le Rio Verde. La prise de possession a eu lieu le 14 mai 1879. Grâce à l'initiative et aux efforts des ministres américains à Santiago et à Buenos-Ayres, les difficultés territoriales qui existaient entre la république Argentine et le Chili ont été résolues par un traité conclu en 1881, entre ces deux nations. La République Argentine laisse au Chili le territoire de Punta Arenas, dans le détroit de Magellan, et lui reconnaît, en outre, le droit de souveraineté sur les territoires situés à l'ouest de la Cordillère. Le traité stipule la neutralisation complète du détroit. — CÔTES. 800 kil. de côtes, généralement basses, sablonneuses et sans bons ports. Le meilleur, Buenos-Ayres, sur la Plata, se trouve à 280 kil. de la mer et présente un difficile accès, en raison des bas fonds de la rivière. Les seuls autres ports importants sont: Rosario et San-Nicolas sur le Parana, respectivement à 550 et à 505 kil. de la mer ; et Bahia Blanca et El-Carmen, l'un et l'autre sur la côte maritime. — MONTAGNES. Les provinces septentrionales et occidentales sont généralement montagneuses. Le point culminant du système Aconquija, qui traverse les provinces de Tucuman et de Catamarca, atteint 5,500 m. La chaîne Cordoba, dans la province du même nom, se divise en deux

branches, qui ne présentent pas de pics élevés. A l'orient, les principales montagnes sont les Yerbales, au N.-E. de Corrientes, et les chaînes de Ventana et de Guamini, au S.-E. de Buenos-Ayres. Dans la partie méridionale de l'Entre-Rios, se dressent des collines d'une certaine hauteur. — PLAINES. A l'exception des parties que nous venons de citer, le pays peut être considéré comme une plaine immense qui s'abaisse insensiblement des Andes à l'Atlantique et à l'Uruguay, et que l'on divise en deux grandes régions : 1° du Rio-Négro au Rio-Salado, comprenant les *Pampas* (voy. ce mot); 2° entre la partie septentrionale du Rio-Salado et l'O. du Paraguay, embrassant le Gran-Chaco, qui s'étend, avec peu d'interruptions, jusqu'aux frontières de la Bolivie. (voy. *Chaco*). — COURS D'EAU. Le Rio de la Plata et ses tributaires, l'Uruguay, le Parana et le Paraguay, qui forment les frontières de la république, sont navigables. Les autres rivières importantes sont : le Pilcomayo et le Barmejo, affluents du Paraguay ; le Salado, qui se perd dans le Parana ; le Colorado et le Negro, tributaires de l'Atlantique, le dernier servant de frontière, du côté de la Patagonie. Tous sont navigables, à l'exception du Pilcomayo. La plaine des Pampas est arrosée par d'innombrables torrents qui se perdent dans les marais ou dans les lacs salés de cette région. — MINÉRAUX. Dans la chaîne des monts Aconquija, on trouve l'or, l'argent et le cuivre; le Gran-Chaco produit du minerai de fer; le sel existe à l'état d'efflorescence, sur de grandes étendues; on le rencontre aussi dans d'innombrables sources salées et dans les lacs de l'intérieur. Le sulfate de soude et le sulfate de magnésie se trouvent en plusieurs endroits, ainsi que le charbon, le gypse, la pierre à chaux, l'alun, la poix minérale, le schiste bitumineux et de grandes quantités de soufre. — CLIMAT. Bien que le climat varie suivant la latitude et l'altitude, on peut dire qu'en général, le territoire de la république est l'un des plus favorisés du monde. Au N. la chaleur est grande; mais à mesure que l'on avance vers le sud, la température devient plus froide et dans la province de Buenos-Ayres, on pourrait se croire dans notre Provence ou en Italie. — VÉGÉTAUX. Le sol est partout d'une grande fécondité, excepté dans les plaines méridionales qui ne sont pas favorables à la végétation. Les pampas sont couvertes de riches pâturages, tandis que le flanc oriental des Andes est revêtu de forêts épaisses, dont les principales essences appartiennent à la famille des mimosas. Au N.-O, prospèrent le cinchona, le thé du Paraguay, le coca, la canne à sucre et le coton. Partout l'aloès, le tabac, le figuier, l'oranger, le noyer, le pêcher, le pommier, etc. peuvent être cultivés; on récolte de bon vin à Mendoza; le maïs, la pomme de terre et les céréales d'Europe réussissent dans toutes les provinces et, pour peu que l'on se donne la peine de remuer ce sol vierge, il rend des récoltes merveilleuses. — ANIMAUX. La richesse végétale ne peut être comparée à celle qui provient du règne animal. Dans les pampas on s'occupe de l'élève du mouton. Une troupeaux de bœufs et de chevaux. Partout on s'occupe de l'élève du mouton. Une espèce d'autruche, plus petite que celle d'Afrique, est commune dans les plaines, où on lui fait la chasse pour ses plumes, article important d'exportation. — INDUSTRIE. L'industrie des Indiens se borne à faire des ponchos, des selles, des vêtements, des cordages; dans les villes on fabrique une imitation de maroquin, des ustensiles de bois, etc. Cordoba est la cité la plus industrieuse. — COMMERCE. Le commerce s'accroît de jour en jour; surtout à l'importation, qui atteint 250 millions de francs par an ; tandis que l'exportation se maintient à 200 millions. L'importation consiste principalement en lainages, cotonnades,

machines, charbon et fer; l'exportation porte sur les laines brutes, le suif, les cuirs de bœuf et de vache, les peaux de mouton, les plumes, etc. Le commerce se fait avec l'Angleterre, la France, la Belgique, les États-Unis, l'Italie, l'Espagne, l'Allemagne, le Brésil, l'Uruguay, le Chili et la Hollande. — En 1878, le territoire était desservi par 2,318 kil. de chemins de fer en exploitation, il devait d'être incessamment par 500 kil. en construction. Enfin le gouvernement avait autorisé la création de 3,100 kil. en y comprenant la ligne de Buenos-Ayres au Chili (1,422 kil.). A la même époque, il y avait 8,000 kil. de télégraphes, dont 5,000 appartenant à l'État et le surplus à des compagnies particulières. La poste transporte une moyenne de 5 millions de lettres. — CONSTITUTION. La constitution de la république Argentine (autrefois « Provincias Unidas del Rio de la Plata »), date du 15 mai 1853. Le pouvoir exécutif est confié à un président élu pour six ans par des délégués des quatorze provinces. Le pouvoir législatif appartient à un Congrès national composé d'un Sénat (deux membres par province) et d'une Chambre des députés (86 membres). Les ministres sont responsables. — Chaque province possède un gouvernement particulier. — ARMÉE ET MARINE: 2,700 hommes d'infanterie ; 3,200 de cavalerie; 410 d'artillerie ; 19,900 hommes de milice et de garde nationale, 2 amiraux, 74 officiers, 2,900 marins; 28 navires à vapeur, portant 88 canons. — REVENUS ET DETTES. Les revenus publics proviennent presque entièrement des droits de douane, qui sont très lourds; ils sont d'environ 100 millions de francs. Les dépenses sont quelquefois supérieures à ce chiffre. Dette extérieure, 350 millions; intérieure, 125 millions. Chaque province a ses revenus particuliers. — INSTRUCTION. On accorde chaque jour une plus grande attention à l'instruction ; en 1880, on comptait plus de 100,000 enfants qui suivaient les cours des écoles publiques; il existait deux universités (Buenos-Ayres et Cordoba) et quinze collèges nationaux. — RELIGION. La religion dominante est le catholicisme, mais tous les cultes sont tolérés. — Archevêché à Buenos-Ayres (le titulaire est nommé archevêque métropolitain de la Sainte-Trinité); évêchés à Parana, à Cordoba, à Cuyo et à Salta. — POIDS ET MESURES. Système métrique décimal adopté en 1873 et obligatoire à partir du premier janvier 1874. — MONNAIES. On compte en pesos-papel (piastres de papier), qui ne valent plus guère que 21 centimes et se divisent en 8 réaux. Mais légalement on compte en piastres fortes de 5 fr. 40, divisées en 10 décimos et 100 centavos. Presque toute la circulation monétaire métallique se compose de souverains d'Angleterre (122 1/2 piastres-papel) et de pièces de 20 fr. de France (97 piastres-papel). — HIST. Le territoire de la Plata, découvert par les Espagnols en 1515 et colonisé dès 1553, forma une partie de la vice-royauté du Pérou jusqu'en 1778, époque où il devint la vice-royauté de Buenos-Ayres; il se joignit à l'insurrection, en 1841, et conquit son indépendance, qui fut solennellement déclarée le 9 juillet 1816. Depuis cette époque, le pays fut presque continuellement troublé. En 1825, une constitution aristocratique lui fut imposée par le parti des *unitarios*, qui firent, de 1826 à 1828, la guerre au Brésil pour la possession de l'Uruguay, lequel resta indépendant sous le nom de Monte-Video. Bientôt se partit fut renversé par Juan-Manuel Ortiz de Rosas, chef des fédéralistes. De 1829 à 1852, année où il fut défait à la bataille de Monte Caseros, Rosas demeura dictateur absolu de la république, il fit la guerre à la France en 1838-40. Après lui, la constitution actuelle, imitée de celle des États-Unis, fut adoptée par toutes les provinces, à l'exception de Buenos-Ayres, qui ne donna son adhésion qu'en 1859. J. URQUIZA.

élu président, le 20 novembre 1853, fut remplacé par S. Derqui, le 8 février 1860, et par Bartholomeo Mitre, le 12 octobre 1862. Pendant l'administration de ce dernier, élu pour six ans, Lopez, dictateur du Paraguay, déclara la guerre à la République Argentine et envahit son territoire(1865); l'intervention du Brésil et de l'Uruguay amena, en 1870, la chute et la mort de Lopez. Le colonel Dominique F. Sarmiento, élu pour six ans (12 octobre 1868), dut réprimer la révolte de Corrientes (nov.1868)et combattre celle de Lopez Jordan (1873). Son successeur, Nicolas Avellaneda (12 octobre 1874), eut à soumettre une insurrection de Mitre, à Buenos-Ayres (7 déc. 1874) et celle de Jordan (12 décembre 1876).—Biblioan. *Almanaque de la Republica Argentina*; in-4°, Buenos-Ayres, 1880.— Beck-Bernard (Charles), *la République Argentine*; in-8°, Berne, 1872. — Arcos (Santiago), *La Plata*, étude historique ; in-8°, Paris, 1865.— Daireaux (Emile), *Buenos-Ayres, la Pampa et la Patagonie* ; in-18, Paris, 1878. — Jordan (Wm. Leighton), *The Argentine Republic*; in-8°, Edimbourg, 1878.

ARGENTOLIEN, IENNE s. et adj. Qui est d'Argenteuil; qui appartient à Argenteuil ou à ses habitants.

ARGENTON, petite rivière qui prend sa source près de Bressuire (Deux-Sèvres), arrose Argenton-Château et se jette dans le Thouet, après un cours de 65 kilom.

ARGENTON-CHÂTEAU, ch.-l. de cant., arr. et à 17 kilom. N.-E. de Bressuire (Deux-Sèvres), 1,100 hab. Bourg entièrement détruit pendant les guerres de la Vendée, ainsi que son château, qui avait été bâti par Philippe de Commines.

ARGENTON-SUR-CREUSE, *Argentomagus*, ch.-l. de cant., arr. et à 28 kil. S.-O. de Châteauroux (Indre) ; vieille ville ; 5,215 hab. Camp retranché, au temps des Romains, Argenton fut pris par les Francs qui y bâtirent une forteresse. Pépin s'en empara et la donna à Remistamus, oncle de Waifre. Remistamus ayant trahi le roi fut pendu par ses soldats. Le château d'Argenton résista aux Anglais; il passa de la maison de Chauvigny dans celle de Condé, devint une des places fortes de la Fronde et fut démoli par ordre de Louis XIV.

ARGENTRÉ I. Ch.-l. de cant., arr. et à 10 kil. E. de Laval (Mayenne) ; 1.700 hab. Carrières de marbre exploitées.—II. Ch.-l. de cant., arr. et à 10 kilom. S.-E. de Vitré (Ille-et-Vilaine); 2,200 hab. — III. (Bertrand d'), le plus célèbre jurisconsulte de l'ancienne Bretagne, né à Vitré en 1519, mort en 1590; il a laissé un commentaire latin de la coutume de Bretagne et une histoire de Bretagne. La collection de ses œuvres a été publiée en 1608 et en 1612.

° **ARGENTURE** s. f. Application d'une couche mince d'argent à la surface des objets auxquels on veut donner l'apparence de ce métal. — Principaux procédés : 1° Argenture en feuilles, procédé primitif employé pour le cuivre, le maillechort ou le laiton. Après avoir recuit, décapé avec les pièces à argenter, on fait naître, à leur surface, de petites aspérités destinées à retenir l'argent. Pour cela, on pratique ordinairement toutes les parties planes, de petites hachures, au moyen d'une lame d'acier. Après quoi on fait chauffer les pièces jusqu'à ce qu'elles prennent une teinte bleuâtre et on les maintient à cette température pour y appliquer de 25 à 50 feuilles d'argent battu que l'on frotte fortement avec un brunissoir. Du nombre des feuilles d'argent dépend la beauté de l'argenture, qui n'est, d'ailleurs, jamais bien solide. — 2° Argenture au pouce, applicable à de petits objets seulement et très peu solide, mais facile à exécuter. Elle consiste à appliquer sur l'objet à argenter la composition suivante : poudre d'argent obtenue en précip tant le nitrate d'argent par une lame de cuivre, une partie; sel marin, deux parties ; crème de tartre, deux parties; le

tout broyé ensemble et formé en bouillie avec un peu d'eau : on trempe dans cette pâte le doigt enveloppé d'un linge fin et on frotte la surface décapée de l'objet, qu'on lave ensuite dans de l'eau de lessive tiède, puis dans de l'eau pure et qu'on essuie avant de le faire sécher à une douce chaleur. — 3° Procédé Mellawitz, argenture facile à réparer. Elle consiste à tamiser la poudre suivante sur la pièce bien décapée : argent précipité de son nitrate par le cuivre, une partie ; chlorure d'argent lavé et séché, une partie ; borax purifié et calciné, deux parties. On chauffe ensuite la pièce au rouge et on la plonge dans de l'eau bouillante contenant un peu de sel marin et de sel de tartre. Ensuite, on applique au pinceau une pâte formée du mélange en parties égales de la poudre précédemment décrite et du sulfate de zinc, du sel marin, du sel ammoniac et du fiel de verre que l'on a broyés avec un peu d'eau gommée. On chauffe encore et l'on recommence plusieurs fois, suivant l'épaisseur que l'on veut donner à la couche d'argent. On donne du brillant à l'argenture en la passant au brunissoir. — 4° Argenture au mercure. C'est l'argenture par l'amalgame d'argent. Elle est simple et très utile pour *réparer* les pièces argentées dans les parties usées. On recouvre ces parties d'un amalgame convenablement préparé et on volatilise le mercure par la chaleur. — 5° Argenture galvanique. Elle a remplacé presque tous les autres procédés, surtout pour les couverts et les pièces d'orfèvrerie de table en maillechort, Alfénide etc. Ce procédé est le même que pour la dorure par la galvanoplastie. Le bain d'argent contient : pour cent grammes d'eau distillée, dix grammes de cyanure de potassium et un gramme de cyanure d'argent. Il doit être maintenu à 15° ou à 20° C. On emploie ordinairement soixante grammes d'argent pour douze couverts. On polit ensuite les pièces au brunissoir, on les plonge dans une solution de borax, on les chauffe au rouge sombre, on les immerge dans une solution faible d'acide sulfurique et on les fait sécher. — 6° Procédé Cuoron, pour le verre. On étend sur la surface à argenter une solution de nitrate d'argent dissous dans l'alcool à 38°; on expose cette couche au gaz ammoniac jusqu'à cristallisation de la solution, on trempe la plaque de verre dans une solution alcoolique de nitrate d'argent additionné d'essence de girofle. — Argenture sur bois. On l'applique par un procédé analogue à celui de la dorure.

ARGENVILLE(Antoine-Joseph Dezalliers d'), maître des comptes de Paris (1680-1765), auteur d'une *Histoire naturelle éclaircie dans une de ses principales parties, la* conchyliologie, in-4°, Paris, 1742. — 2° éd. en 1757, augmentée de la zoomorphose. — 3° éd. en 1780, 2 vol.

ARGIE, fille d'Adraste et épouse de Polynice, auquel elle rendit les honneurs funèbres malgré la défense de Créon. Ce prince la fit mettre à mort, et les dieux la changèrent en fontaine.

ARGIEN, IENNE, adj. s. Qui est d'Argos; qui appartient à cette ville ou à ses habitants.

° **ARGILE** s. f. [ar-ji-le] (lat. *argilla* ; gr. *argillos*, de *argos*, blanc). Terre grasse très-répandue dans la nature et composée du mélange d'un quart desilice environ, d'alumine en assez forte proportion d'eau. — Fig. Matière dont le corps humain est formé : *tous les hommes sont pétris de la même argile*. — Prov. Statue d'or aux pieds d'argile, se dit d'un pouvoir qui a de l'éclat, mais qui est mal assuré. — Encycl. L'argile se distingue des autres terres par un grain très fin. Délayée dans l'eau, elle forme une pâte onctueuse, extensible, tenace. Cette pâte, durcie au feu, devient plus ou moins imperméable et ne peut plus se délayer. — Les argiles sèches happent fortement la langue; au contact de l'haleine, elles répandent une odeur particulière dite *argileuse*. On ne sait rien de précis sur leur formation. On les

trouve dans les terrains sédimentaires, par couches quelquefois épaisses. Elles y ont été produites par des mélanges mécaniques de particules extrêmement fines de différentes substances (chaux carbonatées, magnésie, oxyde de fer, sulfure de fer, combustibles en parties décomposés, etc.), dans des proportions variables et auxquelles l'alumine donne des caractères particuliers. Nous diviserons les argiles en cinq grandes classes : 1° Argiles schisteuses. Ce sont les *ardoises* (voy. ce mot). 2° Argiles infusibles. Les unes, propres à fabriquer la porcelaine, reçoivent le nom particulier de *kaolin* (voy. ce mot). Les autres, employées à la fabrication des poteries, des tuiles, des faïences, etc., sont dites *plastiques*. « L'argile plastique reçoit son nom de la facilité avec laquelle elle peut être modelée selon les formes que l'on veut lui donner. Sa couleur varie du brun clair au rouge brun, au jaune et au bleu d'ardoise. Elle est mêlée avec du sable et n'en contient pas; elle forme avec lui dans la terre, des lits alternatifs d'épaisseur variable. Dans les environs de Paris, elle repose directement sur la craie; dans les environs de Compiègne, à Jonquières, à Clairoix, c'est le sable qui occupe cette position. La lignite, en couches généralement minces, alterne avec de l'argile bleuâtre ou noirâtre coloré par des matières organiques. L'argile plastique est employée pour faire des briques, des tuiles, des carreaux et de la poterie, selon qu'elle est mélangée avec plus ou moins de sable. Les parties qui reposent immédiatement sur le lignite sont exploitées pour faire des engrais. Les exploitations de ce genre se nomment *cendrières*. On y prépare des cendres noires et des cendres rouges. Les cendres noires sont les terres noircies par les matières organiques ou simplement désagrégées; les cendres rouges sont les mêmes terres exposées à l'air humide. Le bisulfure de fer qu'elles contiennent est décomposé et donne naissance à du sulfate de fer qui se décompose lui même en produisant probablement du sous-sulfate de sesquioxyde de fer. Dans cette opération, la matière organique est détruite et la terre prend une teinte rouge qui lui est communiquée par la présence du sel de fer. Ces terres ainsi aérées, mais non entièrement décomposées, servent à préparer de l'alun : il suffit de les lessiver pour en extraire du sulfate de fer et du sulfate d'alumine. » (A. Baudrimont). Parmi les argiles plastiques, on distingue : celles qui sont propres à fabriquer des poteries grossières dites de grès. Les couches principales se trouvent aux environs de Savigny (Oise), de Gournay (Seine-Inférieure), etc. D'autres servent à la fabrication des alcarazas; on les rencontre près d'Estremos (Portugal), d'Anduzar (Andalousie), etc. Enfin, les plus fines produisent des faïences. Les dépôts les plus remarquables sont ceux de Dreux, de Montereau, d'Arcueil, de Choisy, de Chantilly, de Creil, de Gaujal (Landes), de Namur (Belgique). L'argile de Montereau donne les faïences dites de *terre de pipe* et de *porcelaine opaque*. Maubeuge produit la solide poterie dite *grès de Flandre*; l'argile de cette même ville reçoit le nom de *réfractaire* et sert à la fabrication de creusets et de fourneaux à réverbère. Elle présente beaucoup d'analogie avec celle d'Allemagne, qui sert pour les excellents creusets de Hesse. 3° Argiles fusibles. Moins pures et moins tenaces que les précédentes, ces argiles ne peuvent servir aux mêmes usages. On les distingue en argiles *figulines* et en argiles *smectiques*. Les premières plus ou moins solubles dans les acides et contenant de 3 à 6 p. 100 de chaux, forment avec l'eau une pâte tenace. Sous les noms de*glaise*, de *terre à potier*, etc, on les emploie à divers usages. Celle d'Arcueil sert à mouler les œuvres de sculpture et à glaiser les bassins. La glaise diversement colorée produit des briques, des tuiles, des fourneaux, des poteries grossières. L'argile *smectique* ou *terre à foulon* est utile en raison de ses propriétés savonneuses, pour dégraisser les étoffes de laine et leur donner le lustre. Les principaux gisements se trouvent à Issoudun (Indre), à Villeneuve (Isère), à Rodez (Aveyron), dans les comtés de Hampshire et de Surrey (Angleterre), à Schomberg (Saxe), etc. 4° ARGILES EFFERVESCENTES, riches en carbonate de chaux et faisant effervescence avec les acides. Argenteuil, Viroflay, Sèvres produisent la variété dite *calcarifère* ou *marne*, contenant de 5 à 20 p. 100 de calcaire. Montmartre donne la *pierre à détacher*, dont on se sert pour enlever les taches de graisse sur les étoffes de laine. 5° ARGILES OCREUSES, siliceuses, d'un grain extrêmement fin, riches en oxyde de fer, qui les colore en jaune s'il est anhydre, en rouge s'il est hydraté. On distingue : la *sanguine*, ou *mine à crayon rouge*, dont on trouve des gisements à Vierzon, à Saint-Amand (Nièvre), à Pourain (Yonne), à Blankenbourg et à Kœnitz (Thuringe), à Thalliser (Hesse), etc.; le *bol d'Arménie* (environs de Blois et de Saumur); *l'ocre jaune* de Saint-Georges (Cher), de Vitry, de Taunay (Nièvre); la *terre d'ombre*, employée en peinture pour porcelaine et provenant de l'île de Chypre et d'Italie; la *terre de Sienne*, employée en peinture et se trouvant aux environs de Sienne (Italie). Le tableau suivant fait connaître le résultat des analyses faites sur plusieurs espèces d'argile.

CONSTITUANTS, à 104° C.	Gross Aimeroode		Beaufois près Ardennes		Brierly Hill, près Stourbridge.		Sablon dorf.
	Berthier.	Salvetat.	Berthier.	Berthier.	Salvetat.	Salvetat.	
Eau hygrométrique...		0,43					0,50
Eau combinée........	15,2	14,00	19	10,3	17,34	16,50	
Silice...............	46,5	47,50	52	63,7	43,25	45,70	
Alumine.............	34,9	34,37	27	20,7	28,77	28,00	
Oxyde de fer.......	3,0	1,24	2	4,0	7,72	6,35	
Chaux...............		0,50			0,47	1,00	
Magnésie............		1,00			»		

— ARGILE DE BRADFORD, de couleur bleuâtre et marneuse, en couches de 15 mètres d'épaisseur, immédiatement au-dessus de la grande oolithe. — ARGILE D'OXFORD ou de DIVES, de couleur bleue, d'une ténacité remarquable; elle contient des lits de calcaire et des schistes bitumineux; elle s'est formée, au-dessous des calcaires coralliens, au-dessus de la grande oolithe et à la base du terrain jurassique supérieur, par couches de plus de 100 mètres. — ARGILE DE KIMMERIDGE, bleue ou d'un gris jaunâtre; elle est mêlée de calcaire et de schiste bitumineux, parcourues de plus de 100 mètres entre le calcaire corallien et l'oolithe de Portland (terrains jurassiques supérieurs). — ARGILE A LIGNITES, formation d'argile ferrugineuse dans la partie inférieure, ensuite elle devient d'un gris bleuâtre et contient des couches de calcaire. Epaisseur des lits, environ 90 mètres, dans l'étage éocène inférieur du terrain tertiaire, entre les sables ferrugineux et les sables verts inférieurs.

* ARGILEUX, EUSE adj. Qui tient de l'argile qui est formé d'argile : *terre argileuse; couche argileuse.*

ARGILOLITHE ou ARGILOLITE s. f. (fr. *argile; gr. lithos,* pierre; pierre d'argile). Minér. Roche de grès rouge, mêlée de parties argileuses plus compactes. Quelques variétés sont translucides dans leurs parties minces.

ARGINUSES, îles entre Lesbos et l'Asie mineure; elles ont donné leur nom à une bataille navale, dans laquelle l'amiral lacédémonien Callicratidas fut battu par Conon, chef des Athéniens, 406 av. J.-C.

ARGIVES s. m. pl. Nom que l'on donne quelquefois aux habitants d'Argos.

* ARGO, navire des Argonautes; son nom se donne quelquefois à la constellation du Navire.

ARGOLIDE, partie N.-E. du Péloponèse, entre les golfes d'Ægine et de Nauplie, formée d'une plaine arrosée par la Planitza (anc. *Inachus*). Dans l'antiquité, l'Argolide formait les royaumes d'Argos, de Mycène, de Tiryns, de Trézène, d'Hermione et d'Épidaure, qui se constituèrent plus tard en autant de républiques. Dans la Grèce moderne, l'Argolide forme la plus grande partie de la nomarchie d'*Argolide-et-Corinthe*, 3,749 kil. car.; 127,850 hab.; ch.-l. Nauplie. Peuplée d'abord par les Pélasges, l'Argolide obéit successivement aux dynasties des Inachides (fondée par Inachus), des Bélides (descendants de Danaüs), des Abantides (Persée, 1513, av. J.-C.), des Atrides et des Héraclides. Voy. ARGOS.

* ARGONAUTE s. m. (gr. *Argo,* nom d'un navire; *nautès,* nautonier). Genre de mollusques céphalopodes, devenu célèbre comme emblème de la navigation. « Les argonautes sont des poulpes qui ont la coquille symétrique et très mince. Son dernier tour est si grand qu'elle a l'air d'une chaloupe dont la spire serait la poupe; aussi l'animal s'en sert-il comme d'un bateau, et quand la mer est calme, on le voit naviguant à la surface, employant six de ses tentacules au lieu de rames et en relevant deux, lesquels, par une disposition particulière, ont un grand élargissement membraneux et tiennent lieu de voiles. Si les vagues s'agitent ou qu'il paraisse quelque danger, l'argonaute retire tous ses bras dans sa coquille, s'y concentre et redescend au fond de l'eau. Les anciens connaissaient ce singulier céphalopode et sa manœuvre. C'est leur *Nautilus* et leur *Pompilus* » (Cuvier). L'espèce la plus connue est le *nautile papyracé* (*Argonauta argo,* Linné) qui habite l'Atlantique, le Pacifique, l'océan Indien et la Méditerranée (principalement autour de la Sicile). L'argonaute diffère du véritable *nautile* (voy. ce mot) par des tentacules plus larges, plus compliqués et partiellement unis au moyen d'une membrane à la base; par des yeux plus grands, logés dans des orbites; par des branchies au nombre de deux seulement.

* ARGONAUTES, nom donné aux 54 ou 56 héros grecs qui entreprirent de venger la mort de Phryxus et de recouvrer les trésors saisis par son meurtrier, Ætès, roi de Colchide. Le navire dans lequel Phryxus s'était embarqué pour la Colchide étant, encore, à l'avant, de la figure dorée d'un bélier, cela fit naître la fiction que l'entreprise avait pour but de conquérir une *toison d'or.* La Fable nous représente cette première expédition maritime des Grecs comme organisée par Jason, sur l'ordre de son oncle Pélias, roi d'Iolchos, (Thessalie), lequel lui avait donné pour mission d'enlever cette toison à un horrible dragon qui ne dormait ni jour ni nuit. Parmi les princes et les héros qui vinrent se placer sous les ordres de Jason, on remarquait Hercule, Pélée, Castor, Pollux, Admète, Télamon, Hylas, Lyncée, Orphée, etc., qui s'embarquèrent sur un navire appelé *Argo,* son constructeur. L'expédition partit du cap Magnésie, en Thessalie. Typhis, habile pilote, tenait le gouvernail; Lyncée, avec sa vue perçante, découvrait les écueils, et Orphée enflammait le courage de ses compagnons, par les sons de sa lyre. Cette périlleuse traversée fut pleine d'aventures : arrivés dans l'île de Lemnos, les héros furent accueillis avec empressement par les Amazones qui venaient d'égorger leurs époux; enfin, après bien des combats et des tempêtes, ils arrivèrent sous les murs d'Æa, capitale de la Colchide. Le tyran Ætès, mis en demeure de restituer la toison d'or, ne refusa pas de la faire; mais il mit une condition : c'est que Jason dompterait deux taureaux furieux, qui avaient les pieds et les cornes d'airain et qui vomissaient de la flamme. L'intrépide guerrier devait atteler à une charrue de diamant et labourer

avec eux un champ de quatre arpents pour y semer les dents d'un terrible dragon qu'il s'agissait d'exterminer. Heureusement que le jeune Grec avait inspiré une irrésistible passion à Médée, fille d'Ætès. Cette princesse, qui était une habile magicienne, mit ses maléfices au service du héros, qui accomplit les travaux; après quoi, le roi de Colchos, reniant sa parole, refusa la toison. Il ne resta plus à Jason qu'à s'en emparer, ce qu'il fit avec l'aide de Médée, qu'il enleva en même temps. La fuite des Grecs n'est qu'une longue suite d'aventures merveilleuses. D'abord serrés de près par Ætès, ils eurent encore recours à Médée; celle-ci, insensible à la voix du sang, tua son propre frère, Absyrtus, qui avait eu la malencontreuse idée de les suivre, puis elle le coupa en morceaux qu'elle dispersa le long de la côte; de sorte que son père, forcé de les chercher pour les rassembler, perdit un temps précieux. Une tempête affreux assaillit ensuite les Argonautes et les jeta au delà des colonnes d'Hercule; ils n'échappèrent à Charybde que pour tomber dans les écueils de Scylla; la lyre harmonieuse d'Orphée put seule les empêcher de se laisser séduire par les chants des Syrènes. Enfin, ils revinrent, vers l'an 1230 av. J.-C., en Thessalie, à l'endroit d'où ils étaient partis. Pour la fin des aventures de *Jason* et de *Médée,* voy. notre article MÉDÉE. — ARGONAUTES DE SAINT-NICOLAS, ordre militaire fondé par Charles III de Naples, en 1382.

ARGONAUTIQUES (les), poème d'Apollonius de Rhodes. Valérius Flaccus a imité ou plutôt amplifié, au premier siècle de notre ère, le chef-d'œuvre d'Apollonius, dans un poème médiocre intitulé la *Conquête de la Toison d'or.*

ARGONNE, chaîne de hautes collines qui relie le plateau des Ardennes au plateau de Langres, sur une longueur de 75 kil. et qui forme la séparation entre le bassin de la Meuse et celui de la Seine. La forêt de l'Argonne, qui couvre cette longue suite de collines, est parsemée d'obstacles naturels où l'on se retrancha, en 1792, le général Dumouriez, qui appelait l'Argonne les *Thermopyles de la France.* Les défilés sont ceux de l'Argonne-Bois (entre Varennes et Vouziers); de la *Croix-au-Bois* (de Stenay à Vouziers); du *Chêne-Populeux* (de Stenay à Vouziers par Beaumont); de la *Chalade* et des *Islettes.*

ARGOS [ar-gôss], la plus ancienne ville de Grèce, fondée par Inachus (1856 av. J.-C.) ou par son fils Phoroneus (1807), reçut son nom d'Argus, le quatrième roi de la dynastie d'Inachus. Gélanor, dernier prince de cette famille, fut déposé, en 1475, par l'Egyptien Danaüs, lequel fut renversé, 50 ans plus tard, par son gendre Lynceus. La puissance d'Argos s'éleva ensuite avec rapidité et se maintint longtemps contre celle de Sparte. Pendant la guerre du Péloponèse, le parti démocratique parvint à faire déclarer la guerre à Lacédémone, mais le parti aristocratique, grand ennemi d'Athènes, fit bientôt changer ces dispositions. Ces luttes entre les deux partis facilitèrent les succès des Macédoniens qui établirent un gouvernement tyrannique dans la ville. Argos fit ensuite partie de la ligue achéenne (229) et fut subjuguée par les Romains (146). En 1686, après J.-C., elle fut prise par les Vénitiens, et en 1716, par les Turcs qui la gardèrent jusqu'en 1826. La ville moderne d'Argos ne compte guère que 8,000 hab. Elle a conservé les ruines de murailles cyclopéennes et d'un grand amphithéâtre. Elle est bâtie sur le golfe de Nauplie, à 35 kil. S.-S.-O. de Corinthe. Elle est défendue par la citadelle de Larisse, dont l'angle N.-O. se trouve par 37° 38' 9" lat. N. et 20° 22' 49" long. Ⅴ.

ARGOSTOLI, cap. de Céphalonie (îles Ioniennes); 5.000 hab. Raisins de Corinthe.

* **ARGOT** s m. (étymologie fort controversée. Quelques-uns font venir ce mot du grec *argos*, fainéant; d'autres d'*Argus*, emblème de la vigilance; du vieux mot *narquot*, mendiant; de *Ragot*, truand du xvie siècle qui fut le Vaugelas de la langue des gueux; du mot *argu*, finesse). Langage de convention, en usage parmi les gueux et les voleurs: *terme d'argot*. — Par ext. Se dit des mots particuliers qu'adoptent entre eux les gens de certaines professions: *l'argot des coulisses*, *de la Bourse*, etc. — L'argot est aussi ancien que le monde des vagabonds, des gueux et des voleurs. Aussitôt que deux individus se virent forcés de vivre en dehors de la société, ils inventèrent des termes, des tournures inconnues à la langue usuelle, afin de se comprendre entre eux, sans se dévoiler. L'argot des gueux de France se forma, au moyen âge, du mélange de la langue des Gypsies avec des expressions latines corrompues, que les paysans et les vagabonds employaient encore; il s'y joignit un peu de grec de saint Gilles. Cet argot, parlé à la cour des miracles, eut sa grammaire et sa littérature dès le xve siècle; il formait alors une langue à part, dont beaucoup d'expressions ont acquis droit de cité dans le français moderne; nous citerons: *haineux*, *fureter*, *flageoler*, etc. L'argot eut son apogée au xviie siècle; sa période de décadence commença aussitôt la publication d'un petit livre: *le jargon et l'argot réformé*, qui déchirait son voile mystérieux et qui le livrait aux profanes. Alors commença l'ère des transformations, des augmentations, des apocopes, des changements d'acception. Le licenciement des bagnes porta le dernier coup au véritable argot, qui finit par dégénérer en jargon parisien, en langue des filles et de ceux qui les approchent, en jargon des différents corps de métier. — En Angleterre, l'argot des voleurs a été appelé « flash » ou « gig ». En Espagne, on le nomme *germania* (lat. *germanus*, véritable frère) en raison de la fraternité qui existe dans les associations de voleurs; celui des Italiens reçoit le nom de *furbesco* (de *furbo*, charlatan, coquin) et quelquefois celui de *gergo*, jargon, en Allemagne, l'argot des voleurs est le *Rothwælsch* (de *roth*, jargon des vagabonds, et *walsh*, étranger); et quelquefois le *Kökamloschen*, (de l'hébreu, '*hakham*, adroit; *lashon*, langue). Dans les pays musulmans de l'Asie, les vagabonds ont formé le *balaibalan*, d'un mélange de mots arabes, persans et turcs.

* **ARGOT** s. m. Hortic. Bois mort qui est au-dessus de l'œil.

* **ARGOTER** v. a. Hortic. Couper l'extrémité d'une branche morte. — 〜. Parler argot.

ARGOTIER s. m. Celui qui connaît et parle l'argot.

ARGOULET s. m. Soldat d'une milice étrangère admise dans l'armée française au temps de Louis XI et qui disparut à la fin du xvie siècle. Les argoulets étaient des arquebusiers à cheval; plus tard, ces cavaliers furent armés d'une escopette, d'un pistolet et de targes. Ils remplissaient dans les troupes le rôle d'éclaireurs; mais c'étaient en général de mauvais soldats, plus propres au pillage qu'au combat, ce qui leur fit surnommer *croque-moutons*. Leur nom devint dans la suite une injure. On suppose que ce nom venait de ce que, originairement, les *argoulets* étaient recrutés en Argolide (Grèce). Ménage le fait dériver d'*arcus*, arc.

ARGOUN ou **ARGUN** [ar-gounn], rivière qui naît dans la Mongolie, court au N.-N.-E., traverse le lac Kouloun, sépare la Sibérie de la Mandchourie et, par sa jonction avec la Schilka, forme le grand fleuve appelé l'Amour.

ARGOUSIER s. m. [ar-gou-zié]. Bot. Genre d'*Éléagnées*, dont l'espèce unique, l'*Argousier rhamnoïde* (*Hippophae rhamnoides*, Lin.), croît

dans les sables maritimes du S.-E. de l'Europe; on l'emploie, dans certains pays, pour maintenir les dunes; ailleurs, il entre dans la formation des haies; c'est un grand arbrisseau rameux, pouvant s'élever à plus de trois mètres. Ses branches et ses rameaux se terminent par des épines. Feuilles alternes, lancéolées, d'un vert grisâtre en dessus, argentées en dessous, avec de petites taches d'un brun roussâtre. Fleurs blanches, dioïques, dont les mâles ont quatre étamines; fruit d'un beau jaune, bacciforme, en akène, enveloppé par le calice devenu charnu.

* **ARGOUSIN** s. m. [ar-gou-zain] (celt. *arghin*, surveillant; ou esp. *alguazil*). Bas officier des bagnes, chargé de la garde des forçats.

ARGOUT (Antoine-Maurice-Apollinaire, COMTE D'), homme politique et financier, né en 1782, au château de Veyssilieu (Isère), mort en 1858. Il servit tous les gouvernements, fut maître des requêtes au conseil d'Etat, en 1814, préfet des Basses-Pyrénées, pendant les Cent-Jours, pair de France sous la Restauration, plusieurs fois ministre sous Louis-Philippe et sénateur sous le second empire.

ARGOVIE (lat. *Argovia*, all. *Aargau*), canton septentrional de Suisse, borné par le Rhin qui le sépare du grand duché de Bade; 1405 kil. carr. 198,873 hab. dont 89,180 catholiques. Territoire accidenté et arrosé par l'Aar, la Reuss et la Limmat; cap. Aarau. — Grands vignobles; industrie de la soie, du coton et du lin; exportation de chapeaux de paille, de fromages, de grains, de vin et de bétail. Autrefois comprise dans le canton de Berne, l'Argovie devint indépendante en 1803; elle fut troublée par des dissentions religieuses en 1841.

* **ARGUE** s. f. [ar-ghe] (gr. *organon*, engin). Machine servant à dégrossir les lingots d'or, d'argent ou de cuivre, qui doivent ensuite passer par des filières plus fines. — Bureau public où les tireurs d'or portent leurs lingots à dégrossir.

ARGUEIL, ch.-l. de cant., arr. et à 25 kil. S. de Neufchâtel (Seine-Inférieure); 500 hab.

ARGUELLES (Augustin), homme d'Etat, (1775-1844) surnommé le *Cicéron espagnol*, fut l'un des rédacteurs de la constitution de 1812, ce qui lui valut les persécutions de Ferdinand VII. Déporté à Ceuta et ensuite à Cabrera, il fut rappelé en 1820 et devint ministre de l'intérieur. Obligé de fuir en Angleterre, en 1823, il ne revint en Espagne qu'après l'amnistie de 1832, et fut nommé tuteur de la reine Isabelle, poste qu'il céda au duc de Baylen, en 1843.

ARGUENON, rivière qui se jette dans le golfe de Saint-Malo, après un cours de 140 kil.

* **ARGUER** v. a. [ar-gu-é] (lat. *arguere*). Reprendre, contredire, accuser: *arguer un acte de faux*. — v. n. Tirer une conséquence d'un fait, d'un principe: *vous arguez mal à propos de ce fait*.

ARGUER v. a. [ar-ghé]. Passer un fil de métal dans les trous de l'argue.

ARGUIN, anc. *Cerne*, nom d'une vaste baie, d'un village, d'une île sablonneuse et d'un banc de sable, sur la côte du Sahara, au sud du cap Blanc (Afrique occidentale). L'île d'Arguin gît par 20° 25' lat. N. et 18° 40' long. O.; elle mesure 8 kil. de tour. Les Portugais la découvrirent en 1452, les Hollandais et les Français y eurent ensuite des établissements. Elle est entourée de récifs dangereux. Sur le banc de sable périt la frégate la *Méduse* (2 juillet 1816).

ARGULE s. f. Crust. Genre de crustacés suceurs siphonostomes. La principale espèce, l'*Argule foliacée*, est un petit parasite jaunâtre qui vit, en France, sur les têtards de grenouilles et de crapauds.

* **ARGUMENT** s. m. (lat. *argumentum*).

Log. Raisonnement par lequel on tire une conséquence d'une ou de deux propositions: *puissant argument*. — Conjecture, indice, preuve: *j'en tire un grand argument contre lui*. — Sujet en abrégé d'un ouvrage: *argument d'une pièce de théâtre, d'un poème épique, d'un discours, d'un traité*. — ARGUMENT AD HOMINEM, argument qui tire sa force des circonstances propres ou relatives à la personne même à qui on l'adresse.

* **ARGUMENTANT** s. m. Celui qui argumente dans un acte public contre le répondant: *premier argumentant, second argumentant*.

* **ARGUMENTATEUR** s. m. Celui qui aime à argumenter; qui aime à argumenter.

* **ARGUMENTATION** s. f. Action, art d'argumenter.

* **ARGUMENTER** v. n. Faire un ou plusieurs arguments; prouver par arguments; tirer des conséquences d'une chose à une autre: *c'est bien argumenter*. — ARGUMENTER DE, tirer des conséquences d'une chose: *l'acte dont on argumente est nul*.

* **ARGUS** [ar-guss] surnommé *Panoptès* (qui voit tout). Mythol. Prince argien, fils d'Agénor; il avait cent yeux, dispersés par tout le corps; cinquante étaient fermés par le sommeil, tandis que les cinquante autres étaient ouverts. Junon lui confia la garde d'Io, transformée en génisse; mais il se laissa endormir par la musique de Mercure qui le tua. Junon transporta ses yeux sur la queue du paon. — Fig. et fam. Surveillant, espion: *c'est un Argus*. — AVOIR DES YEUX D'ARGUS, être très vigilant; ne rien laisser échapper.

* **ARGUS**, nom du chien d'Ulysse; le seul être vivant qui reconnaît le héros lors de son arrivée à Ithaque, après vingt ans d'absence. Cet épisode, forme un des plus beaux morceaux du dix-septième chant de l'Odyssée.

* **ARGUS** s. m. [ar-guss]. Ornith. Genre de la famille des phasianidés, renfermant une seule espèce, l'*Argus gigantesque* (*argus giganteus*, Temminck), bel oiseau, à tête surmontée d'une double huppe qui se couche en

Argus giganteus.

arrière. Lorsque sa queue magnifique est relevée, elle ressemble à un large éventail; les deux plumes du milieu sont beaucoup plus longues que les autres. Les plumes bleues, rouges et blanches de ses ailes sont splendidement ocellées par de brillants miroirs que l'oiseau montre lorsqu'il étale ses ailes pour piaffer autour de sa femelle. Celle-ci est plus petite que le mâle ; elle mesure à peine. 75 cent., tandis que la longueur totale du mâle est de 1 m. 70 ; il est vrai que la queue n'a pas moins de 1 m. 20. Les argus vivent par couples dans les forêts obscures et sauvages de Sumatra et des îles de l'Inde orientale. — Entom. Espèce de lépidoptères diurnes du genre Polyommate. C'est le *papillon bleu* (papilio Alexis, Hübner) de nos prairies. « Le dessus des ailes du mâle est d'un bleu d'azur, changeant en violet tendre, avec une petite raie noire, suivant le bord postérieur, et une frange très blanche ; celui des ailes de la femelle est brun, avec une rangée de taches fauves, près du bord postérieur, et un trait noir, sur le milieu des supérieures. Le dessous des quatre ailes est à peu près le même dans les deux sexes : gris, avec une rangée de taches fauves renfermées entre deux lignes de points et de traits noirs, près du bord postérieur ; on y voit aussi des points noirs bordés de blanc. Sa chenille vit sur le sainfoin, le genêt d'Allemagne, etc. Ses couleurs sont variées » (Cuvier). — ARGUS. Icht. Nom donné, comme spécifique, à plusieurs espèces de poissons, à cause des taches ocellées répandues sur leur corps. Tels sont : le *céphalopholis argus*, le *chœtodon argus*, le *pleuronecte argus*, etc. — Erpét. Nom donné à plusieurs reptiles qui portent des taches vives et arrondies ; tels sont : l'*améiva argus*, la *couleuvre argus*, etc.— Arachn. Nom donné par Walckenær à une espèce d'araignée fileuse sédentaire. — Conchyl. Espèce de coquille du genre porcelaine, parsemée d'yeux avec quatre taches brunes en dessous. Cette coquille se trouve dans la mer des Indes et dans l'Atlantique.

* **ARGUTIE** s. f. [ar-gu-st] (lat. *argutia*). Subtilité ; raisonnement pointilleux.

ARGYLE ou **Argyll** (COMTES et DUCS d'), titre d'une illustre famille écossaise, fondée en 1445, par Campbell (appelé Mac Callum More, Campbell le Grand). L'un des membres de cette cette famille, COLIN (1457-'93), fut ambassadeur en France et reçut, le premier, le titre de comte d'Argyle. Le deuxième comte, ARCHIBALD, commandait l'avant-garde à Flodden, où il fut tué (1513) ; le huitième, ARCHIBALD (1598-1661), soutint les droits de Charles Ier, fut vaincu dans deux rencontres, se soumit à Cromwell, lors de la restauration, fut décapité comme traître ; le neuvième, ARCHIBALD, resta fidèle à la royauté et fut, néanmoins, exécuté, le 30 juin 1685, comme l'avait été son père. Le dixième, ARCHIBALD, s'associa à la révolution de 1688 et reçut le titre de duc, en 1701. Le deuxième duc, JOHN, (1678-1743), fut ambassadeur en Espagne (1740) et commanda l'armée anglaise à Sheriffmuir (1715).

ARGYLESHIRE ou **Argyllshire**, comté de l'Ecosse occidentale, comprenant les îles Mull, Iona, Staffa, etc. 8,454 kil. car. 75,680 hab. cap. Inveray. Territoire pittoresque ; population qui décroît d'année en année et qui parle l'antique langue gaélique. Dans les pâturages, se trouvent de nombreux troupeaux de bœufs et de moutons. Production de plomb, de cuivre et de charbon.

ARGYLIE s. m. (de Argyle, nom pr.) Bot. Genre de *Bignoniacées*, comprenant des espèces propres au Chili. Feuilles alternes, pétiolées, peltées, digitées. Le type du genre, la *Bignonia radiata*, (Lin.), porte des fleurs en grappes terminales, colorées de jaune, avec des ponctuations rouges.

ARGILIÉ, ÉE, adj. Qui ressemble à l'argylie.

ARGYLIACÉES s. f. Bot. Tribu de *Bignoniacées*, ayant pour type le genre argylie.

ARGYNNE s. m. (lat. *Argynnus*, nom d'un jeune favori d'Agamemnon). Entom. Genre de lépidoptères diurnes, formé par Latreille, et renfermant quelques espèces européennes.

Presque toutes ont des taches nacrées sous les ailes ; leurs chenilles portent des épines dont deux grandes sur le cou ; les autres ont les ailes tachetées en forme de damier ou d'échiquier et leurs chenilles ont de petits tubercules velus. Ces papillons sont très vifs et se laissent difficilement approcher.

ARGYNNIDE adj. Qui ressemble à l'argynne. — s. f. pl. Tribu de lépidoptères diurnes ayant pour type le genre argynne.

* **ARGYRASPIDES** s. m. pl. (gr. *arguros*, argent ; *apsis*, bouclier). Nom d'une troupe d'infanterie d'élite qui faisait partie de la garde d'Alexandre le Grand. A la mort du conquérant, les *Argyraspides* s'attachèrent à Eumène ; Antigone les dispersa.

ARGYRE, nymphe qui présidait à une fontaine de ce nom en Achaïe.

ARGYRE adj. (gr. *arguros*, argent). Entom. Qui a le corps couvert d'un duvet argenté. — s. f. Genre d'insectes diptères, tribu des Dolichopes, comprenant plusieurs espèces couvertes d'un duvet argenté. L'*Argyre diaphane* (*Argyra diaphana*, *Dolichopus diaphanus*) se trouve dans le midi de l'Europe, en mai et juin.

ARGYRÉE s. f. (gr. *arguros*, argent). Entom. Genre de lépidoptères diurnes, appartenant au grand genre des Papillons et caractérisé par des ailes ornées de bandes dorées ou argentées.

ARGYRÉIOSE s. m. (gr. *argureios*, d'argent). Icht. Genre de poissons acanthoptérygiens, renfermant une seule espèce, l'*Argyréiose vomer* ou *abacatuia*, d'Amérique.

ARGYRÉE s. f. (gr. *argureios*, d'argent).

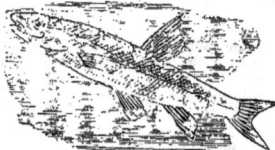

Argyrée d'Amérique (Argyreus atronasus).

Zool. Espèce d'able commune dans les rivières du nord des Etats-Unis.

ARGYRO-CASTRO, ville de l'Albanie, sur le Deropuli, à 75 kil. N.-O. de Janina ; 7,000 hab. Elle est construite sur le flanc d'une montagne et est défendue par une solide forteresse.

ARGYROLÉPIE s. f. (gr. *arguros*, argent, *lepis*, écaille). Entom. Genre de lépidoptères nocturnes , appartenant aux *Tordeuses* de Cuvier, et dont les espèces sont remarquables par les raies et les taches argentées qui diaprent leurs ailes. L'*Argyrolépie Baumann* (*Pyralis Baumannia*) se trouve, en été, dans les environs de Paris.

ARGYRONÈTE s. f. (gr. *arguros*, argent ; *nétos*, filé). Genre d'arachnides pulmonaires filateurs renfermant une seule espèce, l'*argyronète aquatique* (aranea aquatica, Linné), araignée d'un brun noirâtre, avec l'abdomen plus foncé, soyeux, et ayant sur le dos quatre points enfoncés. Elle vit, elle chasse, elle file, elle s'accouple, elle pond dans l'eau ; et cependant, elle respire l'air en nature au moyen de poumons. On la rencontre dans nos eaux dormantes qu'elle traverse en nageant sur le dos. Son habitation, qu'elle construit avec sa soie, au milieu des herbes aquatiques, présente la forme d'un dé ayant l'ouverture en bas ; elle revêt cette cloche d'une matière vitrée qui la rend imperméable. Dans cette demeure, l'argyronète fait provision d'air. Pour cela, elle monte à la surface du liquide et même un peu au-dessus. Lorsqu'elle replonge , des

bulles d'air se sont introduites entre ses poils et l'on croirait voir un petit nuage argenté traverser avec agilité le liquide élément. Arrivée à sa cloche, l'argyronète y introduit les bulles d'air dont elle est enveloppée, et elle recommence ce manège jusqu'à ce qu'elle ait empli son magasin. De la cloche partent des fils dirigés en tous sens et attachés aux plantes des environs ; ce sont les pièges dans lesquels viennent donner de petits animaux que l'argyronète dévore séance tenante, car elle est aussi vorace que les autres araignées. Au printemps, saison des accouplements, un mâle, qui est parvenu à manger les autres mâles des environs, construit son habitation à côté de celle de la femelle et établit une galerie qui communique de l'une à l'autre ; dès que l'accouplement est terminé, il s'enfuit, car il est le plus faible et pourrait servir de pâture à son insatiable moitié. La femelle dépose ses œufs dans un petit cocon soyeux qu'elle fixe dans sa loge ; les œufs éclosent au bout de quelques jours et aussitôt les jeunes se dispersent.

ARGYROPOULOS (Johannes), l'un des rénovateurs des études grecques en Italie ; né à Constantinople vers 1415, mort vers 1486. Il professa à Florence et à Rome.

ARGYROSE s. f. [ar-ji-ro-se] (gr. *arguros*, argent). Minér. Sulfure d'argent (Ag³ S), de couleur grise, possédant l'éclat métallique, quelquefois translucide ; le plus répandu et le plus riche des minerais d'argent ; on la rencontre dans les terrains primitifs, intermédiaires, et même à la base des terrains secondaires (Voy. ARGENT).

ARGYRYTHROSE s. f. (gr. *arguros*, argent ; *eruthros*, rouge). Minér. Minerai qui contient jusqu'à 60 p. 100 d'argent et que l'on appelle aussi argent sulfo-antimonié ou argent rouge ; (S⁶ Sb² Ag³) ; couleur rouge ; fragile ; poussière rouge sombre ; pesanteur spécifique, 5, 8. En Amérique, l'argyrythrose est l'objet d'exploitations spéciales.

ARHIZE adj. (gr. *a*, priv ; *rhiza*, racine). Bot. Qui n'a pas de racine ni de radicule. — ARHIZES s. f. pl. Nom donné par L. Claude Richard aux plantes Acotylédones et Inembryonées.

ARIA s. m. [a-ri-a] (du patois bourguig. *harier*, tourmenter). Embarras : que d'*arias* cette affaire m'a donnés. — Amas confus d'objets : l'aria d'un déménagement(Popul.).

ARIA s. f. Mus. Mot italien désignant le grand air d'un opéra, le morceau capital. — En France, ce mot a produit air, ariette, etc.

ARIA, Aréia, Aréios, la plus importante des provinces orientales de l'ancien empire perse. Aujourd'hui partie E. du Khorassan et parties O. et N.-O. de l'Afghanistan. Les habitants de ce pays se répandirent dans l'Inde et dans le N. de l'Asie ; on les considère comme les ancêtres des peuples Aryens (Voy. ARYEN).

ARIA CATTIVA, nom italien des émanations marécageuses des campagnes de Rome.

ARIALDUS, diacre de Milan, assassiné vers 1066, pendant qu'il prêchait contre la corruption du clergé et inscrit au nombre des martyrs par Alexandre II.

ARIANE ou **Ariadne**, fille du roi Minos et de Pasiphaé. Elle donna à Thésée le peloton de fil à l'aide duquel il put sortir du labyrinthe, après avoir vaincu le Minotaure. Elle se sauva ensuite avec Thésée ; mais l'ingrat l'abandonna dans l'île de Naxos, où elle mourut. Suivant d'autres, Diane la tua de ses flèches. D'après une tradition, Bacchus la consola et l'épousa.—Le *fil d'Ariane* est resté proverbial pour désigner un moyen qui nous sert de guide au milieu des difficultés d'une entreprise.— Ariane, chef-d'œuvre de Th. Corneille ; tragédie représentée en 1672.—Ariane à **Naxos**, drame lyrique de Rinuccini, composé en 1608, mis en musique par Claudio Monteverde et considéré pendant longtemps comme le modèle de l'opéra sérieux.—*Ariane abandonnée*, statue en marbre du XVIᵉ siècle (Musée de Cluny).—*Ariane*, statue en marbre d'Aimé Millet (musée du Luxembourg).

ARIANE ou **ARIADNE** s. f. Division d'arachnéides du genre Dysdera.

* **ARIANISME** s. m. Doctrine d'Arius. Le principe fondamental de l'arianisme était la non divinité du Christ, qui aurait été créé inférieur au Père, mais supérieur aux hommes. Le système d'Arius fut condamné en 320, par le synode d'Alexandrie, puis en 325, au concile général de Nicée. Malgré cela, son opinion se répandit avec une grande rapidité, principalement en Orient, où les trinitaires se trouvèrent en lutte et en persécutions. Sous Constance, l'arianisme devint la religion officielle de l'État. L'influence de cet empereur aux synodes d'Arles (353) et de Milan (355), fit condamner Athanase, principal défenseur des doctrines émises par le concile de Nicée. L'arianisme domina donc dans tout l'empire romain et les orthodoxes furent impitoyablement persécutés. Mais les ariens se divisèrent bientôt en deux sectes. *Celle des ariens rigides, poussant à l'extrême les doctrines d'Arius, et celle des semi-ariens ou homoiousiens, se rapprochant du catholicisme et reconnaissant la similitude du Fils avec le Père; toute entente devint impossible et la lutte de ces deux sectes facilita le triomphe de l'orthodoxie. A la mort de Valens, l'arianisme commença à décliner dans l'Orient; déjà il avait perdu beaucoup de terrain dans l'Occident où le pape Libérius avait rétabli la doctrine de Nicée. Le concile œcuménique de Constantinople (381), prononça l'anathème contre ceux qui professeraient, à l'avenir, les opinions d'Arius, et les empereurs poursuivirent l'arianisme avec une grande énergie. Repoussée de l'empire, cette religion se réfugia au milieu des tribus germaniques dont elle ne fit qu'exciter la haine contre les évêques romains. Les Ostrogoths, les Visigoths, les Vandales et les Burgundes étaient ariens. Mais les Francs se firent catholiques; et cela seul suffit pour gagner les sympathies des prêtres gallo-romains et faciliter les succès de Clovis. Le dernier refuge de l'arianisme fut chez les Lombards, où il régna jusqu'à la mort de Luitprand (744). Il a reparu plusieurs fois sous d'autres noms, et il existe encore, malgré toutes les persécutions dont il a été l'objet.— Bibliogr. Le P. Maimbourg, *Hist. de l'arianisme*, 1672. — Le Français Servet, accusé d'arianisme, fut brûlé en 1553; et l'Anglais Smithfield, le fut en 1614 pour la même raison.*

ARIANO, ville de l'Italie méridionale, à 25 kilom. E.-N.-E. de Benevento, 12,000 hab.

ARIAS MONTANUS (Benedictus), orientaliste et moine espagnol (1527-1598), ennemi des jésuites, auteur de nombreux ouvrages sur les antiquités hébraïques, éditeur d'une « Byble polyglotte », Anvers, 1568-72, 8 vol. in-fol.

ARIBERT, nom de deux rois des Lombards. — I. Régna de 653 à 661, proscrivit l'arianisme. — II. De 701 à 712; fut vaincu par Ansprand, et se noya en traversant le Tessin à la nage.

ARICA, ville maritime du Pérou. dép. de Moquegua, à 1,000 kil. S. de Lima; environ 5,000 (autrefois 30,000) hab. Plusieurs fois détruite par les tremblements de terre, elle fut inondée par la mer, le 13 août 1868. — Lat. (au môle) 18° 28′ 5″ S.; long. 72° 40′ 10″ O.

ARICCIA ou **Lariccia**, village de l'Italie centrale, bâti dans la citadelle de l'antique Aricie; 1,500 hab.

ARICH (el), voy. **Arisch**.

ARICIE, princesse athénienne, de la famille des Pallantides. Hippolyte, ressuscité par Esculape, l'épousa. Racine en fait un type touchant dans sa *Phédre*.

ARICIE, ville du Latium, à 23 kilom. S. de Rome, fondée par Hippolyte; aujourd'hui *Ariccia*. C'est dans les environs de cette ville que se trouvait la fontaine du même nom, célèbre par les entretiens de Numa avec la nymphe Égérie.

ARICIE s. f. Zool. Genre d'annélides dorsibranches marines, voisin des Néréides. Corps grêle, allongé, portant sur le dos deux rangées de cirrhes. — Entom. Genre de diptères, voisin des mouches et renfermant une trentaine d'espèces qui vivent dans les lieux frais et humides. Leurs larves se développent sur les matières végétales en putréfaction. L'espèce la plus commune est l'*aricie lardaria* ou *musca*.

* **ARIDE** adj. (lat. *aridus*, sec). Dépourvu d'humidité : *sables arides*. — Fig. Qui produit difficilement : *esprit aride*. — Qui manque de sensibilité : *cœur aride*. — Qui prête peu aux développements : *sujet aride*. — Qui manque d'agréments : *conversation aride*.

ARIDÉE, fils naturel de Philippe de Macédoine; succéda un instant à son frère Alexandre, sous la tutelle de Perdiccas; il fut assassiné par ordre d'Olympias, en 316 av. J.-C.

* **ARIDITÉ** s. f. Sécheresse : *aridité de la terre*. —Insensibilité : *l'aridité d'un style*.

ARIE ou **Aria**, province de l'ancienne Asie; aujourd'hui Khoraçan oriental et Sedjistan.

ARIÈGE (on ne doit plus écrire Arièxe). I. Ou **Auriège** (*Aurigera*), rivière de France, qui prend sa source principale dans l'étang d'Embeix, dans un pays en litige entre la France et le val d'Andorre, coule dans un défilé sauvage, arrose les départements de l'Ariège et de la Haute-Garonne, et afflue dans la Garonne à 8 kilom. S. de Toulouse, après un cours de 150 kilom. Elle passe à Foix, à Pamiers, à Saverdun et à Cintegabelle, où elle devient navigable. L'Ariège et quelques uns de ses affluents roulent des paillettes d'or isolées et détachées; d'où est venu le nom d'*Aurigera*. Dans ses eaux froides et claires abondent des truites, des aloses et des barbeaux d'un goût exquis. — II. Département formé de l'ancien comté de Foix et de la plus grande partie du Conserans (Gascogne). Il est limité par les Pyrénées, qui le séparent de l'Espagne, par la république d'Andorre et par les départements des Pyrénées-Orientales, de l'Aude et de la Haute-Garonne. 489,387 hect., 244,795 hab. Territoire couvert des Pyrénées au sud (pics des Crabères, 2,630 m.; de Mauberme, 2,880; de Barlonguère, 2,801 ; de Montvallier, 2,839 ; de Montrouch, 2,865 ; de Brougnat 2,881; d'Estax, 3,073 et de Montcalm, 3,080); par la montagne de Tabe (pic de Saint-Barthélemy, 2,349 m.), par le Plantaurel et par les Corbières occidentales. Les Pyrénées ne sont franchissables que par les cols ou ports, dont la plupart ne sont praticables qu'en été et à cheval. Rivières : Ariège, Rize ou Arize, Salat et Aude. Riches mines de fer (surtout au Rancié, commune de Sem); mercure à Dalou ; marbres employés en guise de pierre de taille, albâtre, amiante; nombreuses sources minérales : Ax, Foncirgue, etc. Céréales, légumes. — Forges, travail du jais, commerce de moutons et de mulets expédiés en Espagne. — Ch.-l. Foix; 3 arr., 20 cant., 336 comm. Diocèse de Pamiers, suffragant de Toulouse; ressort de la cour d'appel de Toulouse. Arrond. : Foix, Saint-Girons, Pamiers.

ARIÉGEOIS, OISE s. et adj. Habitant de l'Ariège; qui appartient au département de l'Ariège ou à ses habitants. — *Bœuf ariégeois*, intéressante race bovine, sobre, propre au travail et facile à engraisser. Corps trapu, membres forts, poil brun.

ARIEL (Lion de Dieu), idole des Moabites, dont le nom est donné par les chrétiens à un mauvais ange. Dans les légendes cabalistiques, Ariel est le démon de l'eau.

* **ARIEN, IENNE** s. Partisan de la secte fondée par Arius. — Adjectiv. : *un évêque arien*.

* **ARIEN, IENNE** adj. voy. **Aryen**.

* **ARIÈS** s. m. [a-ri-ès]. Astron. Nom latin de la constellation du Bélier.

* **ARIETTE** s. f. [a-ri-è-te] (diminutif de l'ital. *aria*, air). Mus. Air léger, vif, qui s'adapte à des paroles, et qui se chante avec accompagnement. L'introduction des ariettes dans les comédies a donné naissance à l'opéra comique, vers le milieu du XVIIᵉ siècle.

ARIGISE ou **Arégise**, nom de deux ducs lombards de Bénévent. — I. De 591 à 641, enleva Crotone aux Grecs. — II. De 758 à 787, lutta treize ans contre Charlemagne et finit par se soumettre à ce prince.

ARIKERA, lieu près de Seringapatam. Cornwallis y défit Tippo Sahib, le 15 mai 1791.

ARILLE s. m. [a-ri-yeu; ll mll.] (bas lat. *arillus*, grain de raisin). Bot. Appendice charnu ou membraneux que l'on remarque dans la graine de plusieurs plantes. Quelquefois l'arille forme, outre le test, un tégument qui enveloppe la semence, comme dans le nénuphar et le fusain. Il constitue le *macis* dans le muscadier.

ARIMASPES, peuple mythique du nord de la Scythie. Il en est question dans Hérodote (IV, 22).

ARIMINUM, aujourd'hui *Rimini*, ville d'Italie.

ARINTHOD, ch.-l. de cant., arr., et à 33 kil. S. de Lons-le-Saunier (Jura); 1,350 hab.

ARIOBARZANE, nom de trois rois de Cappadoce. — I. Vivait dans le premier siècle avant l'ère chrétienne; combattit Mithridate et fut soutenu par les Romains. — II. Fils du précédent, régna de 66 à 52 av. J.-C. Fut protégé par les Romains. — III. Fils du précédent, régna de 52 à 42 av. J.-C. Fut tué par ordre de Cassius.

ARION, cheval fabuleux que Neptune fit, d'un coup de trident, sortir tout harnaché du sein de la terre. Il parlait comme un homme, et ses pieds de devant étaient des pieds humains.

ARION DE MÉTHYMNE, célèbre lyrique grec, inventeur présumé du dithyrambe ou chant religieux en l'honneur de Bacchus ; florissait vers l'an 626 av. J.-C. On a conservé de lui un hymne à Neptune inséré dans les *Analecta* de Brunck. Une légende raconte que, dans un voyage en mer, les matelots, convoitant ses richesses, le jetèrent à l'eau, et qu'un dauphin, qu'il avait charmé par le son de la lyre, le porta sur son dos jusqu'au cap Ténare.

ARION s. m. Zool. Genre de mollusques gastéropodes pulmonés terrestres, dont le type est la limace rouge. Ce genre se distingue par la présence d'un pore muqueux à l'extrémité du corps et par l'orifice de la respiration situé vers la partie antérieure du corps.

ARIOSTE (Ludovico Ariosto, dit L'), célèbre poète italien, né le 8 sept. 1474, à Reggio de Modène dont son père était gouverneur, mort à Ferrare, le 6 juin 1533. Quelques poésies lui valurent la protection du cardinal Hippolyte d'Este qui le prit à son service (1503-16), puis il s'attacha au frère d'Hippolyte, le duc de Ferrare, Alphonse Iᵉʳ. Il fut, pendant trois ans, gouverneur de Carfagnana et réussit à délivrer ce district des bandits qui l'infestaient. On a de lui des sonnets, des élégies, des chansons, des comédies. Mais son chef-d'œuvre est le *Roland furieux* (*Orlando furioso*), épopée romanesque en quarante-six chants qui font suite

au *Roland amoureux* de Boiardo. — Voy. Ro-
LAND.

ARIOVISTE (all. *Ehrenvest*, honorable), chef
des Suèves, tribu germanique qui passa le
Rhin pour assister les Séquaniens contre les
Eduens. Ayant vaincu les Eduens, Arioviste,
voulut opprimer ses propres alliés, les Séquaniens, ce qui donna à Jules César l'occasion
d'intervenir dans les affaires des Gaules. Arioviste fut complètement battu par les Romains
à Vesontium (Besançon) en 58 av. J.-C. Il se
sauva et repassa le Rhin sur un petit bateau.

ARISARÉ, ÉE adj. Bot. Qui ressemble à
l'arisarum.—ARISARÉES s. f. pl. Tribu d'aroïdées
ayant pour type le genre *Arisarum* et comprenant le genre *Arisème*. On confond quelquefois les Arisarées avec les Dracunculinées.

ARISARUM ou Arisaron s. m. [a-ri-za-romm;
ron] (gr. réunion des deux mots *aris* et *aron*
qui signifient l'un et l'autre : gouet). Bot.
Genre d'Aroïdées, tribu des Dracunculinées, à
spadice androgyne, sans interruption ni organes rudimentaires; anthères à deux valves
inégales; à baie presque sphérique contenant
de deux à huit graines. Genre principal : *Arisarum commun* (*Arum arisarum*), de l'Europe
méridionale, herbe à rhizome tubéreux.

ARISCH (El-), anc. *Rhinocolura*, place forte
de la Basse Egypte, à l'embouchure du torrent
d'El-Arisch dans la Méditerranée, à 270 kil.
N.-E. du Caire. Les Français l'occupèrent le
15 février 1799 et y signèrent en 1800, la capitulation en vertu de laquelle l'Egypte dut
être évacuée.

ARISÈME s. m. [a-ri-zè-me]. Bot. Genre
d'Aroïdées, tribu des Arisarées, à racine tuberculeuse d'où s'élève une tige simple qui
porte une grande spathe verdâtre ou pourpre.

Arisæma triphyllum.

Cette spathe enveloppe un spadice à la base
duquel sont agglomérées les fleurs. L'*Arisème
à trois feuilles* (*Arisæma triphyllum*)se trouve
dans toutes les parties chaudes de l'Amérique
septentrionale. Sa racine âcre est employée
comme stimulante.

ARISTA (Mariano), président de la république mexicaine, né en 1802. Il se distingua
pendant la guerre de l'indépendance, devint
ministre de la guerre en 1848 et président de
1850 à 1853. Banni peu de temps après avoir
résigné ses pouvoirs, il se retira en Espagne,
où il mourut en 1855.

ARISTAGORAS de Milet, beau-frère d'His-
ïæus, fut nommé gouverneur de son pays
our les Perses. N'ayant pas réussi dans une
.entative contre Naxos qu'il avait promis de
réduire au joug des Perses, et tremblant pour
les conséquences de cet insuccès, il poussa les
villes grecques de l'Ionie à se révolter. Il
demanda du secours aux Spartiates et aux
Athéniens ; les premiers repoussèrent sa
demande ; mais les seconds lui envoyèrent

vingt navires et des troupes. En 499, il prit et
brûla Sardes; mais les Athéniens l'ayant
abandonné, il fut vaincu et chassé de toute
l'Ionie. Désespéré, il s'enfuit en Thrace, où il
périt assassiné en 497.

ARISTARCHI (Nicolas), patriarche grec de
Constantinople, né et mort dans cette ville.
(1800-'66); fut exilé, avec sa famille, dans l'Asie
Mineure en 1821, rentra à Constantinople en
1830 et fut mêlé à toutes les grandes affaires
intérieures et extérieures de la Turquie.

ARISTARQUE. I. de Samos, astronome grec,
né vers 250 av. J.-C. ; fut l'un des premiers,
sinon le premier qui eut l'idée du mouvement
de la terre autour du soleil. Son traité sur les
distances et les grandeurs du soleil et de la
lune a été traduit en français par de Fortia
d'Urban, Paris, 1823, in-8°.—II. Célèbre critique et grammairien alexandrin, né en 160
av. J.-C. dans l'île de Samothrace, fonda une
école qui régna longtemps à Alexandrie, à
Rome et dans plusieurs autres centres littéraires. Il écrivit environ 800 commentaires
sur les poètes de la Grèce; mais sa réputation
est seule parvenue jusqu'à nous. Le texte
actuel d'Homère est basé sur celui qu'il avait
adopté et expurgé.

* **ARISTARQUE** s. m. Le nom du grammairien d'Alexandrie est employé figurément
pour désigner un critique judicieux et sévère;
on l'oppose à celui de Zoïle, critique passionné
et injuste : *nos modernes Aristarques; que de
gens se croient des Aristarques et ne sont que
des Zoïles !*

ARISTE s. m. (gr. *aristos*, courageux). Entom.
Genre de coléoptères pentamères carabiques
dont les espèces vivent dans le midi de l'Europe et en Afrique. L'*ariste bucéphale* étend
son habitat jusqu'aux environs de Paris. Sa
larve ressemble à celle des cicindèles et vit de
la même manière. Les aristes se retirent sous
des pierres ou dans des -trous cylindriques
qu'ils creusent dans la terre. Les mâles de
quelques espèces ont des cornes au-devant de
la tête.

ARISTÉ, ÉE adj. (lat. *arista*, arête). Bot.
Qui est muni d'un appendice en forme d'arête.
Se dit des glumes et des glumelles des graminées, lorsque ces organes sont accompagnés
de barbes ou arêtes.

ARISTÉE (Mythol), fils d'Apollon et de la
nymphe Cyrène ; il épousa Autonoé, fille de
Cadmus, et fut père d'Actéon. On l'adorait
comme protecteur de la vie pastorale et de
l'économie rurale. Il apprit aux hommes à
élever les abeilles. D'après Virgile, il aima
Eurydice dont il causa involontairement la
mort. Les nymphes, compagnes de l'épouse
d'Orphée, la vengèrent en faisant périr toutes
les abeilles d'Aristée. Celui-ci, conseillé par
le devin Protée, immola quatre taureaux et
autant de génisses pour apaiser les mânes
irritées d'Eurydice. Aussitôt, des entrailles des
victimes, s'échappa un essaim d'abeilles qui
consola Aristée. On fait quelquefois allusion
à cet événement mythologique pour caractériser une naissance merveilleuse qui se produit au sein de la mort même.

ARISTÉNÈTE, écrivain grec du ive siècle
après J.-C., né à Nicée, mort pendant le tremblement de terre qui renversa Nicomédie, en
358. On lui attribue 50 lettres érotiques éditées
par Boissonade en 1823.

ARISTIDE. I. Illustre Athénien, surnommé
le Juste, mort probablement en 468 av. J.-C.
Il se distingua à la bataille de Marathon (490)
et fut nommé archonte dans la guerre suivante. Thémistocle, jaloux de l'ascendant
d'Aristide, le fit bannir par l'ostracisme. On
raconte que le jour où -cette sentence fut
rendue, Aristide, invité à tracer son propre
nom sur la coquille avec laquelle devait voter
un paysan qui ne savait pas écrire et qui

s'était adressé à lui sans le connaître, demanda
à cet homme si Aristide l'avait personnellement offensé : « Non, répondit le campagnard,
mais je suis las de l'entendre toujours appeler
le juste ». Le grand homme quitta sa patrie
en faisant des vœux pour sa prospérité. La
veille de la bataille de Salamine, (480), il vint
trouver Thémistocle et le prévint que la flotte
grecque était cernée par la flotte des Perses.
Thémistocle, touché de cette preuve de patriotisme, fit rapporter le décret de bannissement.
L'année suivante, Aristide commanda les
Athéniens à Platée. — Thémistocle, annonça
qu'il avait conçu un dessein d'un intérêt
capital, mais qui ne pouvait pas être divulgué
publiquement. Il demanda que le peuple dé-
signât une personne à laquelle il pût en faire
confidence. Aristide fut désigné. Thémistocle
lui confia alors que la flotte spartiate, entrée
dans les chantiers d'un port voisin, pourrait
être incendiée secrètement pendant la nuit,
en pleine paix, sans qu'on se doutât de la
trahison; ce qui ruinerait la puissance de
Sparte, et ferait d'Athènes la première ville
de la Grèce. Après cette révélation, Aristide
revint à l'assemblée: «Athéniens, dit-il, le projet conçu par Thémistocle semble fort utile à
notre puissance; mais il est injuste. » Les
Athéniens ne voulurent pas entendre le projet
et, sans en avoir pris connaissance, ils le
repoussèrent. La modération d'Aristide engagea les états ioniens à former une confédération sous l'hégémonie d'Athènes. Ce grand
homme mourut si pauvre, qu'il fallut l'enterrer
aux frais du trésor public et que l'Etat fut
obligé de doter ses filles. — II (Ælius), rhéteur
grec, né en Bithynie, vers 117 après J.-C., mort
vers 180; visita une partie du monde connu et
s'établit à Smyrne dont il devint le bienfaiteur. On a conservé 55 -de ses discours; Din-
dorf, Leipzig, 1829. — III. Aristide de Thèbes,
peintre grec qui florissait vers 350 av. J.-C.
Pline nous dit qu'il fut le premier à exprimer
par la physionomie les passions de l'âme. —
IV. (Saint) philosophe athénien qui présenta
à l'empereur Adrien une *apologie* de la religion chrétienne ; cet ouvrage est perdu. Fête
le 31 août.

ARISTION, philosophe péripatéticien du
premier siècle av. J.-C.; décida les-Athéniens
à prendre parti pour Mithridate contre les
Romains. Sylla le fit mettre à mort après
la prise d'Athènes (87 av. J.-C.).

ARISTIPPE, tyran d'Argos, fut vaincu et
tué par Aratus (242 av. J.-C.).

ARISTIPPE, philosophe grec, disciple de
Socrate, né à Cyrène, florissait vers 380 av.
J.-C. ; il passa une partie de sa vie à la cour
de Denys l'Ancien, de Syracuse. Sa doctrine,
appelée école cyrénaïque, fut établie en système par son petit-fils Aristippe le Jeune.
D'après cette doctrine, le but de l'homme est
le plaisir; et le plaisir du corps est supérieur
à celui de l'esprit. Aristippe mourut à Lipara.
Ses amis lui ayant reproché sa liaison avec
Denys le Tyran: « Que voulez-vous? leur répondit-il, je parle à la cour le langage de la
cour, et chez le peuple le langage du peuple».
Pour obtenir une grâce, il se jeta aux genoux
de Denys : « Est-ce ma faute, dit-il, plus tard,
à ses amis, si cet homme a les oreilles aux
pieds ».

ARISTIPPE ou LA COUR, par Guez de Balzac
(1658) ; traité sur les mœurs de la cour.

ARISTO s. m. (abréviat. d'*aristocrate*). «Pour
l'ouvrier, un *aristo* est le monsieur qui a des
gants gris perle; pour le voyou, c'est l'ouvrier
qui se paye un cigare de dix centimes; pour
le *pégriot*, c'est le voyou qui vient de ramasser
un cigare à moitié fumé » (Lucien Rigaud).—
Plur. DES ARISTOS.

ARISTOBULE. I. Auteur juif qui florissait
vers l'an 160 av. J.-C. Il entreprit de prouver
que les poètes, les historiens et les philosophes

de la Grèce avaient fait de nombreux emprunts aux Ecritures juives; à l'appui de cette assertion, il cita des exemples qu'il forgea lui-même. Voy. Valckenaer: *Diatribe de Aristobulo*, Leyde, 1806, in-4°. — II. Grand prêtre des Juifs, après son père Jean Hyrcan (106-105 av. J.-C.). Il prit, en 105, le titre de *Nasi* (prince), enferma dans une tour et laissa mourir de faim sa mère qui voulait partager le pouvoir avec lui, emprisonna trois de ses frères, se proclama roi, fit assassiner le quatrième de ses frères et mourut bientôt rongé de remords.— III. Fils d'Alexandre Jeannée, devint roi des Juifs en 70 av. J.-C., après avoir détrôné son frère Hyrcan II. Les Romains prirent Jérusalem en l'an 63 et Aristobule orna le triomphe de Pompée. En 59, César voulant le faire servir à sa politique lui rendit la liberté; mais il fut assassiné sur la route de Judée par les partisans de Pompée.

ARISTOCRATE, nom de deux rois d'*Arcadie*. — I. Régna en 720 av. J.-C., fut lapidé par ses sujets. — II. Petit-fils du précédent, fut lapidé pour avoir trahi les Messéniens en faveur de Sparte. Après lui, la royauté fut abolie en Arcadie, vers 671 av. J.-C.

* **ARISTOCRATE** s. Partisan de l'aristocratie: *un aristocrate; une aristocrate*. — Pendant la révolution de 1789, on désigna par ce mot ceux qui se montraient attachés à l'ancienne monarchie. — Adj.: *cet homme est fort aristocrate*

* **ARISTOCRATIE** s. f. [sî] (gr. *aristos*, excellent; *kratos*, pouvoir). Gouvernement politique où le pouvoir souverain est possédé par un certain nombre de personnes considérables : *la république de Venise était une aristocratie*. — Gouvernement où le pouvoir est possédé par une classe privilégiée : *l'aristocratie anglaise*. — Classe noble : *dans ce pays, l'aristocratie est pauvre et peu éclairée*. — Classe privilégiée quelconque : *aristocratie d'argent*.

* **ARISTOCRATIQUE** adj. Qui appartient à l'aristocratie; qui tient de l'aristocratie: *gouvernement aristocratique; mœurs aristocratiques*.

* **ARISTOCRATIQUEMENT** adv. D'une manière aristocratique.

ARISTODÈME, roi de Messénie; combattit les Spartiates pendant vingt ans, sacrifia sa propre fille, pour apaiser les dieux, et se tua de désespoir sur le tombeau de cette victime, après avoir été vaincu. (724 av. J.-C.).

ARISTOGITON, Athénien qui conspira avec Harmodius contre les fils de Pisistrate et qui parvint à tuer Hipparque; mais Hippias le fit mettre à mort. Plus tard, les Athéniens dressèrent des statues et créèrent des fêtes en l'honneur des deux tyrannicides.

* **ARISTOLOCHE** s. f. [a-ri-sto-lo-che] (gr. *aristos*, excellent; *locheia*, accouchement). plante bonne pour l'accouchement). Bot. Genre d'*aristolochiées*, comprenant des plantes herbacées, vivaces, souvent ligneuses inférieurement, à feuilles alternes, entières. On en connaît une centaine d'espèces, dont quelques-unes sont employées en médecine. Nous citerons : la *serpentaire de Virginie*. Voy. SERPENTAIRE; l'*Aristoloche siphon (Aristolochia sipho)* ou *pipe de tabac*, superbe plante grimpante de l'Amérique méridionale; on la cultive chez nous, à cause de ses grandes feuilles et de ses fleurs irrégulières qui ornent très bien les murs et les tonnelles; l'*Aristoloche clématite (Aristolochia elematitis)*, plante indigène, employée en médecine comme apéritive, tonique et vulnéraire; l'*Aristoloche à grandes fleurs (Aristolochia grandiflora*, etc.)

ARISTOLOCHIÉ, ÉE adj. [a-ri-sto-lo-chi-é]. Bot. Qui ressemble à l'aristoloche. — ARISTO- LOCHIÉES s. f. pl. Famille de plantes dicotylédones, à feuilles alternes, à leurs axillaires; étamines six à douze gynandres; fruit en cap-

sule, quelquefois charnu. Genres principaux : Asaret et Aristoloche.

ARISTOMAQUE, philosophe péripatéticien qui étudia pendant soixante ans les mœurs des abeilles (ⅲ° siècle av. J.-C.).

ARISTOMÈNE, général des Messéniens, héros de la deuxième guerre de Messénie. A sa voix le peuple se souleva contre les Spartiates. Son courage, à la bataille de Deræ (685 av. J.-C.), engagea ses compatriotes à lui offrir la couronne; il ne voulut pas l'accepter. Pendant onze ans, il tint en échec la puissance des Lacédémoniens; à la fin, trahi par Aristocrate d'Arcadie, il se retira à Rhodes, où il mourut.

ARISTON de Chio, philosophe du ⅲ° siècle av. J.-C., fondateur de l'école *adiaphoristique*. Il plaçait la sagesse dans l'indifférence.

ARISTONIC, fils naturel d'Eumène II, roi de Pergame. Vaincu par le consul Perpenna, il fut emmené à Rome et étranglé dans sa prison (130 av. J.-C.).

ARISTOPHANE, poète comique, né à Athènes, vers 450 av. J.-C.; mort vers 380; commença à se faire connaître dès 427 par une comédie « les Convives » qui est perdue. L'année suivante, il attaqua dans les « Babyloniens », autre comédie perdue, la nomination des archontes par la voie du sort. De ses cinquante-quatre pièces, il ne nous reste que onze comédies, savoir : 1° les « Acharniens » (425) montrant la nécessité de mettre fin à la guerre; comédie produite sous le nom de Callistrate et qui obtint le premier prix; 2° les « Chevaliers » (424), comédie dirigée contre le démagogue Cléon; 3° les « Nuées » (423), contre Socrate; 4° les « Guêpes » (422), imitée par Racine, dans les *Plaideurs*; 5° la « Paix » (419), comédie dans laquelle il tourne en ridicule Jupiter, Bacchus et Hercule; 6° les « Oiseaux » (414), spirituelle parodie des utopies mises en avant par les philosophes; 7° « Lysistrate » (411), contre la guerre; 8° « Femmes à la fête des Thesmophories », probablement en 411, pièce dirigée contre Euripide; 9° « Plutus » (408); 10° les « Grenouilles » (405), contre les dieux; 11° les « Femmes à l'assemblée du peuple, ou conspiration féminine pour opérer une révolution sociale » (392). La vivacité avec laquelle Aristophane attaquait les hommes politiques de son époque motiva une loi qui défendait de nommer personne sur le théâtre (388). Le poète donna ensuite une pièce, *Cocalus*, comédie qui, exempte de toute allusion politique, inaugura le nouveau système comique tel qu'on le comprend encore au théâtre. La meilleure édition des œuvres d'Aristophane est celle de Brunck, Strasbourg, 1783, 4 vol. in-8°. Le théâtre complet a été traduit en français par Poinsinet de Sivry, 1790, 4 vol. in-8°. On le trouve également dans la bibliothèque Charpentier.

ARISTOPHANE de Byzance, grammairien du ⅱ° siècle av. J.-C.; fut le maître du célèbre critique Aristarque. On lui attribue l'accentuation et la ponctuation grecques.

ARISTOPHANESQUE adj. Qui a le caractère des comédies d'Aristophane.

ARISTOTE, le plus célèbre philosophe de la Grèce et l'antiquité, chef de l'école péripatéticienne; né à Stagire (Macédoine), en 384 av. J.-C.; mort à Chalcis, Eubée, en 322. Il était fils de Nicomaque, médecin d'Amyntas III, grand-père d'Alexandre. Orphelin à dix-sept ans, il vint à Athènes où il demeura vingt ans, Platon, dont il suivit les leçons, l'appelait « l'esprit de son école ». Vers 348, Aristote se rendit à la cour de son ami Hermias, roi d'Atarné; bientôt ce prince ayant été livré par un traître à Artaxerces, qui le fit mourir, le philosophe composa son bel hymne, à *la vertu*, en l'honneur d'Hermias, dont il épousa la sœur ou la nièce, nommée Pythias. Sur ces entrefaites, Philippe de Macédoine le chargea de l'éducation de son fils, qui devait

être un jour Alexandre le Grand et qui, appréciant un tel précepteur, répétait souvent : « Je dois la vie à mon père; mais si je règne avec quelque gloire, c'est à Aristote que j'en ai toute l'obligation ». A l'avènement de ce prince, Aristote revint à Athènes, vers 336, tandis que Callisthène, son parent et son ami, accompagna le conquérant jusqu'en Bactriane. Les envois qu'Alexandre fit à son ancien précepteur mirent celui-ci à même d'étendre ses connaissances en histoire naturelle. Mais la mort de Callisthène, qu'Alexandre fit périr pour quelques paroles sévères, refroidit les relations du maître et de l'élève. Aristote fonda au Lyceum, gymnase que la ville d'Athènes lui avait offert, une école qui fut appelée péripatéticienne, parce qu'il enseignait en se promenant de long en large (*peripatos*, promenade). Ses doctrines philosophiques diffèrent essentiellement de celles de la secte académique fondée par Platon. Aristote s'occupe surtout du monde extérieur; il étudie tous les phénomènes de la nature et ouvre la route nouvelle dans laquelle les sciences naturelles s'engagèrent ensuite pour toujours. Il n'est pas une branche des connaissances humaines qu'il ne cherche à approfondir et qu'il ne fasse progresser. Lorsqu'on apprit, à Athènes, la mort de son élève, ses ennemis, les prêtres et les platoniciens, s'unirent contre lui, l'accusant, les uns d'impiété, les autres de conspirer en faveur de la Macédoine. Redoutant le sort de Socrate, le grand philosophe se retira dans l'Eubée où il mourut. Sa doctrine, modifiée par le christianisme, devint l'unique instrument de la scolastique jusqu'à la Renaissance, époque où on lui opposa le platonisme. Plus tard, Descartes, rendant à la philosophie son indépendance naturelle, fit cesser la querelle des deux écoles. Les meilleures éditions des œuvres complètes d'Aristote sont : celle de Bekker, Berlin, 4 vol. 1831-'6, avec des traductions latines et des extraits d'anciens commentaires; et celle de la collection Didot. Ceux de ses ouvrages qui ont été traduits en français sont les suivants : la *Logique*, par Barthélemy Saint-Hilaire, 1844, 4 vol. in-8°; le *Traité de l'âme*, par le même, 1846, 1 vol. gr. in-8°; les petits traités qui sont la suite du précédent, traduction du même 1847. 1 vol. gr. in-8°; la *Politique*, du même traducteur, 1837, 2 vol. gr. in-8°; la *Métaphysique*, par Pierron et Zévort, 1840, 2 vol. gr. in-8°; la *Morale et la Politique*, par Thurot, 1823, 2 vol. in-8°; du *Monde*, par Le Batteux, 1768, in-4°; la *Physiognomonique*, par Jean Bien, 1553, in-8°; les *Problèmes*, par Zimara, Lyon, 1587, in-12; la *Rhétorique*, par Cassandre, 1675, in-12; par Gros, 1822, 2 vol.; par Minoïde Minas, 1837, in-8°; et par Bonafous, 1836, in-8°; la *Poétique*, par Dacier, 1692, in-4°; et par Le Batteux (les *Quatre poétiques*), 1771, 2 vol. in-8°; l'*Histoire des animaux*, par Camus, 1783, 2 vol. in-4°.

Les œuvres d'Aristote comprennent, en outre, un traité de *Météorologie*, un traité des *Couleurs*, un traité sur la *Mécanique*, un traité sur *Melissus, Xénophane et Gorgias*, des *Récits merveilleux*, des *Poésies* et des *Fragments* que l'on a réunis à la fin de l'édition Tauchnitz, Leipzig, 1832, in-18. — Les commentateurs d'Aristote sont innombrables. Nous citerons, dans l'antiquité : Alexandre d'Aphrodisias, Simplicius, Philoponus, etc.; de nos jours Stahr, *Aristotelia*, 1830; Biese, *Philosophie des Aristoteles*, Berlin, 1835-'42, 2 vol. in-8°; Grote, *Aristotle*, 1872. En France, Victor Cousin, Ravaisson, Vacherot, Jules Simon, Barthélemy Saint-Hilaire, Waddington-Kastus, Denis, Bontoux, Nisard, Rondelet, etc.

ARISTOTÈLE s. f. (gr. *Aristotelès*, Aristote). Bot. Arbrisseau du genre *aristotélie*, originaire du Chili, où on l'appelle *Maqui*. Ses baies noirâtres servent à préparer une boisson qui passe pour fébrifuge.

* **ARISTOTÉLICIEN, IENNE** adj. Conforme à

la doctrine d'Aristote : *philosophie aristotéli-cienne.* — Substantiv. Se dit des partisans d'Aristote et de sa philosophie.

ARISTOTÉLIE s. f. (gr. *Aristotelês*, Aristote). Bot. Genre de plantes comprenant plusieurs espèces américaines, parmi lesquelles on distingue l'Aristotèle.

ARISTOTÉLIQUE adj. Qui appartient à Aristote ou à sa philosophie.

ARISTOTÉLISER v. n. Raisonner d'après les principes d'Aristote.

* **ARISTOTÉLISME** s. m. Philosophie, doctrine d'Aristote.

ARISTOXÈNE, philosophe et musicien, né à Tarente, vers 350 av. J.-C., disciple d'Aristote, auteur d'un *Traité élémentaire du Rhythme*, publié par Morelli, Venise, 1785, in-8°, et des *Éléments harmoniques*, publiés dans le recueil des musiciens grecs de Meibomius, Amsterdam, 1652, 2 vol. in-4°. C'est le plus ancien traité de musique qui soit parvenu jusqu'à nous.

ARISTOXÉNIEN s. m. [a-ri-sto-ksè-ni-en]. Disciple, partisan d'Aristoxène.

ARISTULÉ, ÉE adj. (lat. *aristula*, diminut. de *arista*, arête, barbe). Bot. Muni d'une petite barbe.

ARITHMANCIE s. f. Synon. de **ARITHMO-MANCIE**.

ARITHMAUREL s. m. Machine à calculer inventée en 1839, par les Français Maurel et Jayet.

* **ARITHMÉTICIEN** s. m. Qui sait l'arithmétique : *savant arithméticien.*

* **ARITHMÉTIQUE** s. f. (gr. *arithmos*, nombre; *mathê*, science). Science des nombres; art de calculer. — L'arithmétique a pour objet le calcul et toutes les opérations qui se rattachent à la science des nombres. Elle comprend : la *numération*, les *quatre règles* (addition, soustraction, multiplication, division), les *rapports* et les *proportions* des nombres; les règles de *trois*; d'*intérêt*, de *mélange*, d'*alliage*, d'*escompte*; les *puissances*, les *racines*, le *système métrique*, les *logarithmes*, etc. — L'origine de l'arithmétique ne peut être établie d'une manière certaine, mais il est probable qu'elle nous vient des Chaldéens et des Phéniciens, qui la devaient sans doute aux Indous. — L'arithmétique fut introduite d'Égypte en Grèce par Thalès, vers 600 av. J.-C. Les Chinois employaient l'abaque ou *souanpan*, à une époque très reculée. — Le plus ancien traité d'arithmétique (VII° VIII° et IX° livres des *Éléments* d'Euclide), fut composé vers l'an 300 av. J.-C. — L'arithmétique sexagésimale de Ptolémée fut en usage dès 130 après J.-C. — Diophante d'Alexandrie composa treize livres de questions arithmétiques, vers 155 après J.-C.; il ne nous en reste que six. — Les chiffres arabes, employés dans l'Indoustan dès le VI° siècle furent introduits en Arabie vers l'an 900, en Espagne vers 980, en France par Gerbert, en 991, en Angleterre au XV° siècle seulement. Les Hébreux, les Grecs et les Romains employaient les lettres alphabétiques, ce qui ne permit que fort peu de progrès jusqu'à l'introduction des chiffres dits *arabes.* — Boëthius dit que les disciples de Pythagore employaient dans leurs calculs neuf figures particulières qui, de même que les chiffres arabes, provenaient probablement de l'Indoustan. Le plus ancien ouvrage d'arithmétique dans lequel on ait employé des chiffres arabes et le système décimal fut composé par Avicenne, vers l'an 1000. L'un des plus anciens auteurs qui ait traité de cette science fut Sacro-Bosco. — **ARITHMÉTIQUE POLITIQUE**. Nom donné aux calculs et aux procédés arithmétiques à l'aide desquels l'*Économie politique* tire ses conclusions des résultats indiqués par la statistique.

* **ARITHMÉTIQUE** adj. Qui est fondé sur les nombres, sur les quantités; qui est selon les règles de l'arithmétique : *calcul arithmétique; proposition arithmétique.* — **RAPPORT ARITHMÉTIQUE DE DEUX QUANTITÉS**, différence de ces deux quantités. — **PROPORTION ARITHMÉTIQUE**, égalité de deux rapports arithmétiques. — **PROGRESSION ARITHMÉTIQUE**, progression dans laquelle la différence de chaque terme au terme précédent est constante.

* **ARITHMÉTIQUEMENT** adv. D'une manière arithmétique.

ARITHMÉTOGRAPHE s. m. (gr. *arithmos*, nombre; *graphô*, j'écris). Machine à calculer, inventée en 1860, par l'ingénieur Dubois. C'est une ingénieuse modification des *bâtons de Néper.*

ARITHMOGRAPHE s. m. (gr. *arithmos*, nombre; *graphô*, j'écris). Instrument à calculer inventé par Gatley en 1810, et qui est une modification de la *règle à calculs* de Gunter.

ARITHMOMANCIE s. f. (gr. *arithmos*, nombre; *manteia*, divination). Antiq. Divination qui se pratiquait au moyen des nombres. Le mode le plus ordinaire consistait à chercher dans la valeur numérale des lettres d'un nom la révélation des événements.

ARITHMOMANCIEN, IENNE s. Antiq. Celui, celle qui s'adonnait à l'arithmomancie.

ARITHMOMÈTRE s. m. (gr. *arithmos*, nombre; *metron*, mesure). Machine à calculer : machine à calcul de Pascal (1642), machine de Babbage (1812), bâtons de Néper, arithmomètre de Thomas, de Colmar (1819), arithmaurel de Maurel et Jayet (1839), arithmoplanimètre de L. Lalanne (1840), arithmétographe de Dubois (1860), arithmographe de Gatley (1810), etc.

ARITHMOMÉTRIE s. f. Art de faire des calculs au moyen de l'arithmomètre.

ARITHMOPLANIMÈTRE s. m. (gr. *arithmos*, nombre; *planus*, plan; gr. *metron*, mesure). Machine à calculer, inventée en 1840 par Léon Lalanne, pour effectuer facilement les opérations les plus compliquées de la géométrie et de la trigonométrie.

ARIUS, célèbre hérésiarque, né dans la seconde moitié du III° siècle à Alexandrie ou dans la Cyrénaïque. Curé d'un district d'Alexandrie en 320, il soutint contre saint Alexandre, et plus tard contre saint Athanase, évêques de cette ville, que Jésus-Christ est une créature parfaite, semblable à Dieu, mais qui ne participe pas de la divinité. L'hérésiarque mit sa doctrine en cantiques qu'il répandit dans le peuple. Il eut bientôt des milliers d'adeptes. Banni après le synode d'Alexandrie (321), il se réfugia en Palestine et continua la discussion par des lettres et par son traité intitulé « *Thalia* », dans lequel il exposait sa doctrine. Après le concile de Nicée, Arius fut excommunié, Arius fut exilé en Illyrie par l'empereur Constantin. Quelques années plus tard, il rentra en grâce. Mandé à Constantinople, il réussit si bien à convaincre l'empereur, qu'il ordre fut donné à l'évêque de cette ville de le recevoir à la communion. Mais le jour même où devait avoir lieu cette cérémonie, Arius mourut subitement. Ses adeptes crièrent à l'empoisonnement et les orthodoxes attribuèrent cette mort à un miracle dû aux prières de saint Athanase (326). Voy. **ARIA-NISME**.

ARIZE, rivière qui prend sa source dans les montagnes d'Esplas (Ariège) et se jette dans la Garonne après un cours tortueux de 120 kil.

ARIZONA, territoire des Etats-Unis, entre 31° et 37° lat. N. et entre 111° et 117° long. O.; borné par l'Utah, le Nouveau-Mexique, le Mexique, la Californie et le Nevada; 295,030 kil. carr.; 10,000 hab. d'origine européenne, et 30,000 indigènes, pour la plupart hostiles aux blancs. Capitale Tucson, 4,000 hab. Le point

culminant, le grand cône volcanique appelé San-Francisco, se dresse à plus de 3.500 mètres au-dessus du niveau de la mer. — Principales chaînes de montagnes : les Cerbat, le Magollon, le Calabasa. Rivières : le Colorado, qui sert de limite occidentale au territoire, et ses affluents de gauche, la Gila, le Colorado-Chiquito, le Diamant et le Bill Williams's Fork. Territoire riche mais encore inculte. — Or, argent, plomb dans les montagnes; nickel, platine, mercure. Climat sain. — Forêts de pins et de cèdres. — Le long des torrents, croissent les espèces américaines du frêne, du noyer, du cerisier, du saule et du cotonnier. Sur les montagnes se trouve le chêne. Ce territoire, administré par un gouverneur que nomme le président des Etats-Unis, envoie, au congrès de Washington, un délégué élu par le peuple. Il contient de nombreuses ruines espagnoles. Il fut séparé du Nouveau Mexique et organisé en 1863. — L'Arizona fut colonisé par les jésuites au XVII° siècle.

ARJUZANX, ch.-l. de cant. arr. et à 35 kil. N.-O. de Mont-de-Marsan (Landes); 800 hab.; bons vins.

ARKANSAS [ar-kan-zâss]. I. Rivière des Etats-Unis, tributaire le plus important du Mississipi, après le Missouri. Source dans les

Sceau de l'État d'Arkansas.

montagnes Rocheuses, par 39° lat. N. et 108° long. O., à une hauteur de 3,000 mètres. Cours total : 2,350 kil. navigable depuis Little-Rock. Principal affluent, le Canadien, dans le territoire Indien. — II. Nom donné aux Ouquapas, tribu indienne de la famille des Dako-tas. — Anciens habitants des rives du Mississipi. Marquette les visita et en fit des amis de la France. Il en reste encore deux cents, que le gouvernement américain a parqués dans une forêt du territoire Indien; on les appelle aujourd'hui Quapaws. — III. L'un des États de l'Union américaine du N., entre 33° et 36° 30' de lat. N. et entre 92° et 97° de long. O. 135,490 kil. carr. 500,000 hab. La population s'est augmentée dans les proportions suivantes :

Recensements.	Blancs.	Noirs libres.	Esclaves	Totaux.	Rang.
1820	12,579	59	1,617	14,255	25
1830	25,671	141	4,576	30,388	27
1840	77,174	465	19,935	97,574	25
1850	162,189	608	47,100	209,897	25
1860	324,143	144	111,113	435,450	25
1870	363,145	122,169	......	484,471	36

Limites : Missouri, Tennessee, Mississipi, Louisiane, Texas et territoire Indien — Soixante-quatorze comtés. Capitale Little-Rock. — Montagnes Ozark au N.-O.; collines Noires ou de Boston au N.-E. — Le Missouri et le Mississipi servent de frontière au N. et à l'E. Nombreux cours d'eau navigables : Mississipi, Missouri, Arkansas, Red, Saint-Francis, White avec ses tributaires (Black, Spring et Cache), Washita ou Ouachita avec ses affluents (Petit Missouri, Saline et Bayou-Bœuf). Vastes forêts de pins, de cyprès, de chênes, de gommiers, de cerisiers, de noyers, de sycomores, de mûriers, de cotonniers, de frênes, d'oranger osage, etc. Inépuisables carrières de minerai de fer; mines de zinc au N., plomb argentifère, nitre, sources salines; cuivre: considérables dépôts de manganèse. Climat tempéré, mais sujet à des changements rapides. Territoire fertile dans les vallées, produisant coton, froment, tabac, pommes de terre, melons, pêches, raisins et fruits divers. A mesure que l'on s'éloigne des vallées, le sol devient moins fécond. Industrie purement agricole. — Constitution de 1874 : pouvoir législatif composé d'un Sénat (de 33 à 35 membres élus pour 4 ans), et d'une Chambre (de 73 à 100 représentants élus pour 2 ans). Le gouverneur est choisi pour deux ans. Pouvoir judiciaire : une cour suprême de cinq juges élus par le peuple pour huit ans; dix tribunaux (circuit courts), dont les membres sont élus pour quatre ans; un tribunal de première instance dans chaque comté (juges élus pour deux ans); enfin des justices de paix. L'État est représenté au congrès de Washington par deux sénateurs et quatre représentants. Dette en 1876 : 90 millions de francs. Revenu : 6 millions. Université de Fayetteville, collège de Boonsboro et de Little-Rock. 60 journaux, dont 6 quotidiens. — 1,200 bibliothèques comprenant 140,000 volumes. Les religions les plus répandues sont celles : des méthodistes (585 organisations), des baptistes (473), des christians (90), des presbytériens (161), des épiscopaliens (15) et des catholiques (12). — L'Arkansas faisait autrefois partie de la Louisiane ; il fut cédé par l'Espagne à la France en 1763 et acquis par les États-Unis en 1803; il devint territoire en 1819 et admis, en 1836, dans l'Union dont il se sépara le 6 mai 1861. Il ne fut soumis qu'après les batailles de Pea Ridge (mars 1862), de Prairie Grove (7 déc. 1862), d'Hellena (4 juil. 1863), et ne fut réadmis dans l'Union qu'en juin 1868.

ARKHANGEL — I. (russe : *Gorod Arkhangelskoï*, ville du couvent de l'Archange). Ville de la Russie d'Europe, capitale du gouvernement qui porte son nom ; beau port militaire, sur la Dwina, à 50 kil. de son embouchure ; 20,000 hab. Ville fondée en 1584 près d'un ancien monastère dédié à l'archange saint Michel. Le passage d'Arkhangel avait été découvert, trente ans auparavant, par le voyageur anglais, Richard Chancellor. Cette ville resta l'unique port de la Russie jusqu'à la création des docks de Cronstadt et la formation de Saint-Pétersbourg; elle fut presque entièrement détruite par un incendie en 1793. Elle exporte du poisson, des huiles de poisson, du suif, de la graine de lin, des fourrures, des cuirs, du bois de charpente, de la cire, du fer, de la toile et du caviar. — II. Gouvernement le plus septentrional de la Russie d'Europe, comprenant les îles de la Nouvelle-Zemble, de Vaïgatz, de Dolgoï et de Kalgoueof. 858,560 kil. carr.; 284,412 hab. (Russes, Permiens, Samoïèdes et Lapons). Principaux cours d'eau : Petchora, Mezen, Dwina et Onéga. Capitale Arkhangel; villes principales : Kola, Kem, Onéga, Pinega et Mezen.

ARKHANGEL (Nouvelle-), cap. du territoire d'Alaska. On dit plus ordinairement Sitka.

ARKLOW, ville du comté de Wicklow, en Irlande. 34,000 Irlandais insurgés y furent battus, le 10 juin 1798, par un faible détachement de troupes anglaises.

ARKOSE s. f. [ar-kô-ze]. Géol. Roche de grès, composée ordinairement de granits et de gneiss et produite par des fragments d'abord désagrégés, puis agglutinés et consolidés de nouveau. On y trouve des grains de quartz, de silice, de feldspath, de barytine, de mica, de talc, de lithomarge, de galène, de fluorite, etc. L'*arkose friable*, qui existe en Bourgogne et à Pontivy (Morbihan) est une espèce de sable granitique appelé *arène*. L'*arkose granitoïde* est formée d'un empâtement de mica, de feldspath et de quartz hyalin. Quelques variétés

dures ou granitoïdes servent à faire des cheminées, des hauts fourneaux, des meules de moulin.

ARKRIGHT (sir Richard) [ârk'-raïtt], inventeur anglais (1732-'92). Il était le treizième enfant d'une pauvre famille et commença par être barbier, marchand de cheveux et fabricant d'une espèce de cosmétique. En 1769, il prit un brevet pour la fameuse *mull-Jenny*, métier à filer le coton, dont il se prétendit l'inventeur et qui a produit une révolution industrielle. Une indomptable énergie le fit prospérer au milieu de la jalouse inimitié des manufacturiers anglais. Il apprit à lire vers l'âge de cinquante ans et fut, peu de temps après, créé chevalier, puis haut sheriff du Derbyshire (1787). Ses filatures et ses fabriques de calicot l'avaient enrichi; il laissa une fortune évaluée à douze millions de francs. La paternité de la mull-Jenny lui a été vivement disputée et il semble prouvé aujourd'hui qu'il faut l'attribuer à Thomas Higgs, fabricant de peignes à tisser, qui mourut ignoré, tandis que le barbier s'enrichissait avec son invention.

ARLANC [arr-lan], ch.-l. de cant., arr. et à 15 kil. S. d'Amberg (Puy-de-Dôme); 4,200 hab. Aux environs, eaux minérales froides, acidules, ferrugineuses.

ARLAND (Jacques-Antoine), célèbre miniaturiste, né et mort à Genève (1668-1743). Il vint dès l'âge de vingt ans, à Paris, où il s'enrichit.

ARLANDES (François-Laurent, Marquis d'), aéronaute, né à Anneyron (Drôme) en 1742, mort en 1809. Il était major d'infanterie lorsqu'il fit, avec Pilâtre des Rosiers, la première ascension libre qui ait été tentée par des hommes (voy. Ascensions). Il en a laissé une relation, dans une lettre insérée dans le *Journal de Paris* du 29 nov. 1783.

ARLEQUIN [ar-le-kain] personnage comique qui, dans la scène italienne, s'est naturalisé sur tous les théâtres de l'Europe et dont on croit retrouver l'origine dans le bouffon des comédies grecques et dans le *Bucco* et le *Macco* des *Atellanes* latines. C'est le Hanswurst des Allemands. D'après Ménage, le nom d'Arlequin vient d'un comédien de Bergame qui, venu à Paris sous Henri III, reçut de ses compagnons le sobriquet d'*Harlequino* (petit Harlay), à cause de son intimité avec MM. de Harlay ; mais ce nom était déjà connu en Italie avant le règne de Henri III. Quoi qu'il en soit, la vogue de ce personnage fut immense. On composa plus de mille pièces où il jouait le rôle de bouffon, tantôt balourd, poltron, gourmand; tantôt rusé, moqueur, satirique. Il a disparu de la scène, excepté dans quelques pantomimes traditionnelles. Il est vêtu d'un habit étriqué, composé de petits morceaux de drap triangulaire de diverses couleurs; sa tête rasée est couverte d'un petit chapeau et son visage est caché par un masque noir. Armé d'une batte, il en caresse les épaules du vieux Cassandre et du malencontreux Pierrot, dont il détourne l'attention pour faire, tout à son aise, les yeux doux à Colombine. — Voy. Maurice Sand, *Masques et Bouffons*, Paris, 1859, gr. in-8°

* **ARLEQUIN** s. m. Personnage qui change d'opinion à tout moment: *c'est un arlequin*. Un habit d'Arlequin, un tout composé de parties disparates : un ouvrage fait de morceaux pris dans différents auteurs. — Assemblage de victuailles recueillies pêle-mêle dans les restaurants ou dans les grandes maisons et vendues à bas prix aux pauvres gens. « Le mot *arlequin* vient de ce que ces plats sont composés de pièces et de morceaux assemblés au hasard, absolument comme l'habit du citoyen de Bergame. On y trouve de tout, depuis le poulet truffé et le gibier jusqu'au

bœuf aux choux ». (P. d'Anglemont). — *Zool.* Nom donné à plusieurs animaux : *colibri arlequin* sorte de colibri ; *arlequin de Cayenne* insecte du genre Acrocine; *arlequin doré*, nom donné par Geoffroy à la Chrysomèle céréale; *arlequin chevelu*, c'est la cétoine velue; *arlequine*, coquille appelée cypræa histrio ; fausse *arlequine*, cypræa arabica ou porcelaine arabique.

* **ARLEQUINADE** s. f. [ar-le-ki-na-de]. Bouffonnerie d'arlequin, soit dans le jeu, soit dans les paroles. — Genre de pièce de théâtre où l'Arlequin joue le principal rôle : *une plaisante arlequinade*.

ARLEQUINÉ, ÉE adj. Orné de couleurs variées; bigarré.

ARLES (celtique : *Ar-lait*, près des eaux; lat. *Arelatum, Arelate*), ch. d'arr. (Bouches-du-Rhône), sur la rive gauche du Rhône, à 43 kil. de l'embouchure de ce fleuve, à 89 kil. N.-O. de Marseille et 718 kil. S.-E. de Paris ; 26,000 hab. Ville fondée vers l'an 2000 av. J.-C., colonisée par des Grecs, élevée par César au rang de colonie Julienne et appelée la petite Rome des Gaules. Elle possédait un des plus vastes amphithéâtres du monde, un théâtre, un palais impérial, des thermes, des arcs de triomphe et d'autres monuments qui furent détruits par les barbares et par les Sarrazins. La Vénus d'Arles, découverte en 1651, dans les ruines du théâtre, fut transportée à Paris; elle rivalise avec celle de Médicis. Capitale du roi goth Euric, Arles devint en 879, celle du royaume de Provence et en 933 celle de la Bourgogne transjurane ou royaume d'Arles. Rodolphe II, roi en 933, laissa la couronne à Conrad 1er (937) qui fut remplacé par Rodolphe III (993). A la mort de ce dernier (1032), Arles fut transmis à l'empereur Conrad II. Au commencement du XIIe siècle, la ville se constitua en république libre ; mais après des luttes sanglantes, la république fut abolie et Arles devint une possession de Charles d'Anjou, comte de Provence, en 1251. Louis XI l'annexa à la France; Louis XIV lui enleva ses dernières libertés municipales. Arles a conservé de belles constructions : arènes, construites 43 ans av. J.-C.; théâtres, théologale de 15 mètres, thermes, palais de Constantin. Monuments du moyen âge : Saint-Trophisme, les Alyscamps, ou Champs Elysées (mon. histor., célèbre nécropole), et plusieurs églises ou chapelles. —Soie, savons, bouteilles et fameux saucissons. — Lat. (aux arènes) 43° 40' 40" N. ; long. 2° 17' 36" E.

ARLES-SUR-TECH ch.-l. de cant., arr. et à 8 kil. S.-E. de Céret (Pyrénées-Orientales); 2,600 hab. Aux environs, eaux minérales et bains chauds très fréquentés.

ARLÉSIEN, ENNE s. et adj. Habitant d'Arles; qui appartient à cette ville ou à ses habitants. — Moutons arlésiens, race ovine répandue dans l'Hérault, le Gard, Vaucluse et les Bouches-du-Rhône.

ARLÉSIENNE (l'), mélodrame en trois actes et cinq tableaux, avec symphonies et chœurs, représenté avec succès à Paris (Vaudeville), en octobre 1872. Paroles d'Alphonse Daudet, musique de G. Bizet.

ARLEUX ch.-l. de cant., arr. et à 11 kil. S. de Douai (Nord), sur la Sensée; 1,630 hab. — Château fort où fut enfermé Charles le Mauvais; pris par les Français en 1645, démantelé par Villars en 1711. Patrie du jurisconsulte Merlin dit de Douai.

ARLINCOURT (Ch.-Victor Prévôt, vicomte d'). poète et romancier, né en 1789, au château de Mérantes, près de Versailles, mort en 1856. Ecuyer de Madame mère (Letizia Ramolino), sous l'Empire, puis auditeur au conseil d'Etat, il s'attira la faveur du souverain par un poème allégorique, une *Matinée de Charlemagne* qu'il modifia et termina pendant la Restauration, sous le titre de *Caroléide* (1819). Devenu le flatteur des Bourbons, le noble écrivain obtint une grande notoriété. Il fit représenter, en 1827, une tragédie, le *Siège de Paris*, dans laquelle se trouvent les vers suivants, devenus légendaires :

J'habite la montagne, et j'dine d la vallée...
Mon père, en ma prison, seul, d manger m'apporte...

En entendant ce dernier vers un spectateur s'écria :

Certe il fallait qu'il eût la mâchoire bien forte !...

Quelques romans du vicomte d'Arlincourt obtinrent un immense succès de curiosité ; le *Solitaire* fut traduit dans toutes les langues ; sous le règne de Louis-Philippe, il publia contre le régime nouveau plusieurs pamphlets qui eurent moins de retentissement que ses œuvres précédentes.

ARLINGTON (Comte d') voy. Bennet (Henry).

ARLON, ville de Belgique, ch.-l. de la province de Luxembourg et à 27 kil. N.-O de la ville de Luxembourg ; 6,000 hab. Jourdan y remporta une victoire sur les Impériaux, le 19 avril 1793. On y fabrique du fer et des cuirs.

ARLOTTE de Falaise, maîtresse de Robert le Diable et mère de Guillaume le Conquérant.

ARMADA s. f. (esp. *flotte de guerre*), nom appliqué spécialement au grand armement naval que Philippe II équipa en 1588 pour conquérir l'Angleterre et y rétablir le catholicisme. Cette flotte, à laquelle on avait donné le titre présomptueux d'*Invincible Armada*, se composait de 132 navires jaugeant 75,000 tonnes et portant, outre 8,766 marins et 2,088 galériens) 21,556 soldats et 3,148 canons. Le commandement général avait été confié au duc de Médina-Sidonia, dont l'orgueil égalait l'ignorance ; mais on espérait que ses lieutenants Recaldez et Orquendo suppléeraient à sa notoire incapacité. L'Armanda partit du Tage le 20 mai 1588. Aux troupes régulières, s'étaient joints 1,360 volontaires avec une nombreuse suite ; la flotte portait, en outre, 150 moines et Martin Alarco, vicaire de l'Inquisition. A peine partie, l'Armanda fut arrêtée par une violente tempête, vis-à-vis du cap Finisterra ; ayant repris la mer ; après s'être réparée, elle voulut atteindre les côtes de Flandre, où elle devait prendre 30,000 hommes de débarquement. Mais dès son entrée dans la Manche, elle fut assaillie par une nuée de navires anglais qui lui infligèrent des pertes sensibles. Une tempête incessante semblait de connivence avec ses ennemis.Plusieurs gros vaisseaux se perdirent et l'un d'eux, le *Salvador*, sans nom (par corruption, *Calvados*) à la chaîne dangereuse d'écueils déchiquetés sur lesquels il vint se briser en mille pièces au fond de la baie de la Seine. Assaillie par une tempête encore plus violente près de Calais, harcelée par l'ennemi, menacée de terribles brûlots, l'Armada ne put opérer de débarquement. Bientôt la fuite fut sa dernière ressource. Pour éviter les Anglais, elle prit par la mer du Nord et doubla les Orcades ; mais toujours poursuivie par la tempête, elle perdit 30 de ses navires ; d'autres furent pris par les Anglais et par les corsaires de La Rochelle, pendant qu'ils essayaient de regagner leur patrie. Les pertes des Espagnols furent évaluées à 81 vaisseaux et 13,500 hommes.

ARMADILLE s. f. [ar-ma-di-lle; ll mll.] (esp. *armadilla*, diminutif de *armada*). On appela ainsi une escadre composée de six à huit vaisseaux, avec laquelle le roi d'Espagne interdisait aux étrangers l'accès du Mexique et de la Nouvelle-Espagne. — Crust. Genre de crustacés isopodes très voisins des cloportes.

ARMADILLO, nom donné au tatou par les habitants de l'Amérique du Sud. Voy. Tatou.

ARMAGH [ar-ma']. I. Comté situé au N.-E. de l'Irlande, province d'Ulster; 1,327 kil. car.; 179,260 hab.; arrosé par le Blackwater et le Bann. Villes princ. Armagh et Newry. — II. Cap. du comté ci-dessus, à 55 kil. O.-S.-O. de Belfast ; 9,500 hab. ; fut, depuis le vᵉ jusqu'au IXᵉ siècle, un centre intellectuel et religieux. Elle est bâtie autour d'une colline , sur le sommet de laquelle se dresse une magnifique cathédrale dont on attribue la fondation à saint Patrick. Les archevêques catholique et anglican d'Armagh reçoivent, l'un et l'autre, le titre de primat d'Irlande. Commerce de grains, de lin, de laine filée, etc. — Observatoire par 54° 21' 13'' lat. N. et 8° 58' 55'' long. O.

ARMAGNAC, ancien pays de France, compris dans la Gascogne et formant aujourd'hui le dép. du Gers, ainsi qu'une partie de Lot-et-Garonne, Tarn-et-Garonne et Haute-Garonne. Il se divisait en *Haut* et *Bas Armagnac*. Cap. Lectoure. (Voy. Eau-de-vie). — La maison d'Armagnac, issue d'une branche des Mérovingiens, s'agrandit pendant plusieurs siècles. Le comté, qui date de 960, passa en 1525, à Henri d'Albret, roi de Navarre, qui avait épousé la veuve du dernier comte, mort sans postérité. Henri IV le réunit à la couronne (1589).

ARMAGNAC, ancienne famille souveraine de la seigneurie de ce nom, fondée par un comte de Fézensac, Guillaume Garcie, descendant des Mérovingiens. Dans le partage qu'il fit de ses états en 960, il donna le pays d'Armagnac à son fils puîné, Bernard dit le *Louche*. Cette maison atteignit son apogée de puissance au XIVᵉ siècle. Alors régnait Bernard VII, beau-père du duc d'Orléans et chef de la faction dite des *Armagnacs* (voy. ce mot). Victorieux en 1413, il devint connétable, premier ministre et seul maître de la France. Quand il eut concentré entre ses mains tous les pouvoirs, il rompit avec la reine Isabeau, qui implora le secours du duc de Bourgogne. Paris, fatigué de la tyrannie du connétable, reçut les Bourguignons en juin 1418. Pendant le massacre de ses partisans, Bernard s'enfuit chez un maître maçon qui, effrayé des terribles menaces faites contre ceux qui recéleraient un Armagnac, finit par le livrer. On ne lui fit d'abord aucun mal ; mais le bruit s'étant répandu qu'il méditait de s'évader, le peuple furieux envahit sa prison et l'y massacra, le 12 juin 1418. Son petit-fils, Jean V, né vers 1420, épousa publiquement sa propre sœur, Jeanne-Isabelle, qui avait été fiancée à Henri VI d'Angleterre. En punition de ce crime, il fut dépouillé de son comté par le roi Charles VII. Il obtint la restitution de ses biens sous Louis XI. Mais ensuite, il livra les côtes de Gascogne aux Anglais et celles du Languedoc aux Aragonais. Le parlement le condamna à mort. Il se défendit deux mois dans Lectoure et fut traité par trahison en 1473. Sa veuve, Jeanne de Foix, qu'il avait épousée en 1468, qui était enceinte, fut éventrée. — Charles d'Armagnac, frère de Jean V, fut emprisonné quatorze ans à la Bastille. Charles VIII lui rendit la liberté et son comté de l'Armagnac. Pour l'histoire de la branche cadette, voy Nemours.

ARMAGNACS, partisans de la maison de Bourbon, opposés aux *Bourguignons*, sous le règne de Charles VI. Ils tiraient cette dénomination de Bernard, comte d'Armagnac, qui avait donné, en 1410, sa fille au jeune duc Charles d'Orléans, fils de ce duc d'Orléans que Jean sans Peur fit assassiner au coin de la rue Barbette en 1407. Pendant huit années, les Armagnacs et les Bourguignons ensanglantèrent la France et Paris, où les Bourguignons avaient organisé la milice des *cabochiens*. Le parti d'Orléans avait pour lui

la reine Isabeau, les princes et les notables habitants de Paris, moins le Parlement, qui resta neutre. Les Bourguignons étaient soutenus par l'Université, par la corporation des bouchers et, en général par le menu peuple. Les premiers avaient pour signe de ralliement une écharpe blanche; les Bourguignons portaient la croix de Saint-André. En 1413, la population de Paris se souleva contre Jean sans Peur et ses cabochiens. Bernard d'Armagnac entra dans cette capitale. D'un bout à l'autre, la France fut livrée à l'anarchie et à la guerre civile; les Anglais, profitant de cette situation, envahirent le territoire et remportèrent la victoire d'Azincourt (1415). Trois ans plus tard, les Bourguignons introduits dans Paris, grâce à la connivence de Perrinet le Clerc, firent un affreux carnage de leurs ennemis. Le connétable Bernard d'Armagnac, le chancelier, six évêques, un grand nombre de magistrats et plus de 3,500 personnes furent égorgés (1518). Chassés de Paris, les Armagnacs se défendirent en province : ils avaient le dauphin Charles dans leurs rangs; et Jean sans Peur, attiré à une entrevue au pont de Montereau, y fut assassiné à son tour par Tanneguy-Duchâtel (1419). Le nouveau duc de Bourgogne, Philippe le Bon, se jeta dans l'alliance du roi d'Angleterre et y entraîna la reine Isabeau de Bavière qui lui signer au roi Charles VI le honteux traité de Troyes (1420). Cette guerre des Armagnacs se termina donc par la chute de la France, qui fut livrée à un prince étranger. Au temps du roi Charles VII, les bandes armées des *Armagnacs*, exercèrent pendant longtemps les plus horribles dévastations. Charles VII envoya deux armées de ces aventuriers, l'une, forte de 20,000 hommes, contre l'Alsace et la Lorraine, l'autre forte de 30,000 hommes, et commandée par le dauphin en personne, contre les Francs-Comtois et les Suisses, qui la détruisirent, le 14 août 1444, à la bataille de Saint-Jacques-sous-le-Bois.

ARMAILLADE s. f. [ar-ma-ia-de, ll mll.] Pêche. Sorte de filet en forme de tramail que l'on emploie dans le Languedoc. On l'appelle aussi *amairade*.

ARMAN (Jean-Lucien), industriel et homme politique, né à Bordeaux en 1814, mort en 1873. Il construisit des bâtiments de guerre pour la France et la Russie, et fut élu député de la Gironde en 1857. L'illustre Berryer dévoila ses agissements pendant la guerre de sécession aux Etats-Unis. La chute des Etats du Sud, pour lesquels il avait construit des navires corsaires, amena sa ruine. Il donna sa démission de député en 1864.

ARMANÇON, rivière de France qui se jette dans l'Yonne (rive droite), arrose Semur, Tonnerre et afflue à la Roche, après un cours de 200 kil.

ARMAND (Charles). Voy. Rouarie.

ARMANSPERG (Joseph-Louis, comte d'), homme politique bavarois (1787-1853), fut envoyé au congrès de Vienne, devint secrétaire des affaires étrangères, se prêta à la création du Zollverein allemand et accepta la régence de la Grèce pendant la minorité du roi Othon (1833-7).

ARMARINTHE s. f. Bot. Genre d'ombellifères, appelé aussi cachrys.

* **ARMATEUR** s. m. (lat. *armator*; de *arma*, armes). Celui qui arme un ou plusieurs bâtiments pour une expédition maritime. L'armateur est ordinairement un négociant qui affrète un navire, la charge de marchandises et l'expédie sur un port de commerce. — « Ce nom s'applique, dans le langage ordinaire, également au propriétaire d'un navire qui arme pour son compte ou met son bâtiment à la disposition d'un *affréteur*, et à tout négociant qui, ayant affrété un navire en tout ou

.n partie, ou entreprend l'armement pour opérer des transports (Voy. les mots *affrétement, charte-partie et nolissement*). — Législ. L'armateur choisit le capitaine du navire, mais il est civilement responsable des faits de ce dernier ainsi que des engagements par lui contractés pour les besoins de l'expédition. S'il y a plusieurs co-armateurs d'un même bâtiment, c'est la majorité qui décide; mais cette majorité se base sur la valeur des parts, et doit représenter plus de la moitié de la valeur totale (C. comm. 216 à 220). Le *connaissement*, qui contient le détail des objets à transporter, doit être fait en quatre originaux, dont un pour l'armateur. L'armateur est tenu de rembourser les emprunts que le capitaine a pu faire, par *contrats à la grosse*, dans le cours du voyage, pour radoub nécessaire ou achat de vivres, et affectés sur le corps du navire ou sur les marchandises, pourvu que ces emprunts aient été autorisés, savoir : en France, par le tribunal de commerce ou, à défaut, par le juge de paix; à l'étranger par le consul de France ou, à défaut, par le magistrat du lieu. Le dit armateur est en outre tenu d'indemniser les chargeurs dont les marchandises auraient été mises en gage ou vendues par le capitaine, en cours de voyage; mais il peut s'affranchir de cette obligation, s'il abandonne le navire et le *fret* ou loyer. D'un autre côté, le capitaine qui a emprunté sans nécessité est personnellement responsable envers l'armateur. L'armateur est soumis, pour la contribution de la patente, aux droits fixés par la loi du 22 juillet 1880, savoir : 1º au vingtième de la valeur locative de tous les locaux qu'il occupe; 2º à un droit fixe par chaque tonneau de jauge nette de ses navires, lequel droit est de 0 fr. 40 cent. pour les navires à vapeur de long cours; 0 fr. 20 cent. pour ceux de pêche et du cabotage; 0 fr. 40 cent. pour les voiliers de long cours; et 0 fr. 05 cent. pour ceux de pêche ou de cabotage. » (CH. Y.)

ARMATOLES ou **Klephtes**, tribus chrétiennes et guerrières qui, depuis l'établissement de l'empire ottoman, ont maintenu leur indépendance dans les défilés inaccessibles de l'Épire et du N. de la Grèce. Le nom de *klephtes*, qui veut dire *voleurs*, ne leur était donné qu'en raison des brigandages perpétuels qu'ils exerçaient dans la plaine. Au commencement du XVIIᵉ siècle, la Porte parvint à traiter avec eux; mais lors du soulèvement général en 1821, les Armatoles reprirent les armes. Leurs principaux chefs furent Saphacas et Karaïskakis (tous les deux tués devant Athènes, en 1827), Kaltsodemos (tué à Missolonghi), Marco Botzaris, chef des Souliotes, et Odysseus.

* **ARMATURE** s. f. (lat. *armare*, armer). Assemblage de différentes barres ou liens de métal pour soutenir ou contenir les parties d'un ouvrage de maçonnerie, de charpenterie, de mécanique, d'un modèle de sculpture de terre, d'une figure coulée en bronze, etc. — Phys. Plaque métallique qui fait partie des condensateurs électriques. — Pièce de fer doux que l'on place ordinairement au contact des aimants afin de conserver ou d'augmenter leurs propriétés magnétiques. On dit aussi ARMURE.

* **ARME** s. f. (lat. *arma*, armes). Instrument qui sert à attaquer ou à se défendre. — ARMES OFFENSIVES, armes portatives de main, telles que les massues, les masses, les marteaux, les lances, les piques, les hallebardes, les épées, les sabres, les poignards, etc.; armes portatives de jet, telles que le javelot, l'arc, l'arbalète, la fronde, l'arquebuse, le mousquet, le fusil et le pistolet. On appelle aussi *armes offensives*, les armes non portatives de jet : machines, pièces d'artillerie, etc. — ARMES DÉFENSIVES, ce qui protège le combattant, sans lui servir à frapper son adversaire : fortifications, bouclier, armure, etc. — ARMES A FEU,

mousquets, fusils, pistolets, etc. — ARMES BLANCHES, armes portatives de main, par opposition à armes portatives de jet. — ARMES COURTOISES, voy. *Courtois*. — ARME D'HONNEUR, récompense militaire honorifique qu'on décernait pour une action d'éclat. Cet usage des Romains et des Gaulois fut renouvelé sous la République française, par un décret de la Convention, supprimé lors de la création de l'ordre de la Légion d'honneur. — ARME DE JET, toute arme propre à lancer des corps avec force, comme une fronde, une arbalète, etc. — HOMME D'ARMES, se disait autrefois d'un cavalier armé de toutes pièces. — GENS D'ARMES, voy. *Gens*. — CAPITAINE D'ARMES, sous-officier de la marine militaire dont le grade est analogue à celui de fourrier, et qui a la garde des menues armes d'un vaisseau. — SALLE D'ARMES, galerie dans laquelle des armes sont rangées et bien entretenues. — PLACE D'ARMES, place où l'on exerce les troupes (voy. PLACE). — PORT D'ARMES, action de porter les armes (voy. PORT). — Attitude du soldat sous les armes : *il est au port d'armes*. — PORTER, PRÉSENTER LES ARMES, exécuter certains maniements de l'arme qui font partie de l'exercice militaire, et qui sont aussi des signes d'honneur : *présenter les armes à quelqu'un*. — Fig. et prov. — RESTER L'ARME AU BRAS, assister à une lutte quelconque sans y prendre part. — SALUT DES ARMES, espèce de salut qui consiste en un certain mouvement de l'arme. — PORTER LES ARMES, servir, faire la guerre : *il a porté les armes contre son pays*. — AUX ARMES! cri par lequel on avertit une troupe de prendre les armes. — EN VENIR AUX ARMES, commencer la guerre. — POSER LES ARMES, mettre les armes bas, se rendre; Faire la paix ou une trève. — RENDRE LES ARMES, remettre ses armes au vainqueur. — Fig. S'avouer vaincu.

Belle orgueilleuse et qui croit qu'à ses charmes,
Tout doit céder, tout doit rendre les armes.
VERGIER.

— Fig. FAIRE TOMBER LES ARMES DES MAINS A QUELQU'UN, le fléchir, l'adoucir, l'apaiser. — ÊTRE PRÉSENT SOUS LES ARMES, être sous les drapeaux et en état de faire son service. — ÊTRE SOUS LES ARMES, se dit d'une troupe qui a pris les armes pour faire quelque service, ou pour rendre quelque honneur. On dit de même : *se mettre sous les armes; rester sous les armes*. — CETTE NATION A TANT D'HOMMES SOUS LES ARMES, elle a tant d'hommes prêts à combattre. — ÊTRE BIEN SOUS LES ARMES, avoir bonne mine, bonne grâce, quand on est armé, quand on se tient avec son arme, ou ses armes dans l'attitude convenable. — FAIRE PASSER PAR LES ARMES, faire fusiller. — Dans le jargon des troupiers : PASSER L'ARME A GAUCHE, mourir. — ARME s'emploie aussi pour désigner les différents corps de troupes qui composent une armée. Ainsi on dit : *l'arme de l'infanterie, l'arme de la cavalerie, l'arme de l'artillerie et l'arme du génie*. On applique même le mot *arme* aux subdivisions des corps : *l'arme de l'infanterie légère, l'arme de l'infanterie de ligne, l'arme des dragons, l'arme des cuirassiers*, etc. — Fig. Se dit, au sens moral, de tout ce qui sert à combattre quelqu'un, à détruire une erreur, une passion, etc. : *cette loi est une arme terrible entre les mains du pouvoir; les armes de la raison*. — FAIRE ARME DE TOUT, se servir de toutes sortes de moyens pour réussir. — **Armes** s. f. pl. Profession de la guerre, métiers militaires : *il est né pour les armes* — Entreprise de guerre, exploits militaires : *Alexandre porta ses armes jusque dans les Indes*. — SUSPENSION D'ARMES, cessation des hostilités convenue pour un temps, entre deux parties belligérantes, entre deux armées. — FAIRE SES PREMIÈRES ARMES, faire sa première campagne, aller à la guerre pour la première fois. — Fig. Débuter dans une carrière quelconque : *ce médecin a fait ses premières armes en soignant tel malade*. — Prov. LES ARMES SONT JOURNALIÈRES, le sort des armes est inégal. — Fig.: *on ne gagne pas tou-*

jours au jeu, le sort des armes est inégal. — ARMES se dit particulièrement en parlant de l'escrime. — MAITRE D'ARMES, celui qui enseigne l'escrime. — FAIRE DES ARMES, TIRER DES ARMES, s'exercer à l'escrime. — AVOIR LES ARMES BELLES, faire les armes de bonne grâce. — SALLE D'ARMES, lieu où l'on enseigne publiquement à faire des armes. — ASSAUT D'ARMES, voy. *Assaut*. — ARMES désigne aussi toute l'armure d'un homme de guerre : *il se couvrit de ses armes; le coup faussa ses armes*. — Blas. Se dit des signes héraldiques peints ou figurés sur l'écu et sur la cotte d'armes : *les armes d'Angleterre; héraut d'armes; roi d'armes; cachet d'armes*. — JUGE D'ARMES, celui qui était établi pour juger des armoiries et des titres de noblesse. — ARMES FAUSSES ou ARMES A ENQUERRE, armes qui ne sont pas selon les règles du blason, qui offrent, par exemple, métal sur métal, ou couleur sur couleur. — ARMES PARLANTES, celles qui expriment en tout ou en partie le nom de la maison; ainsi, les armes de Castille sont un château; celles de la maison de Mailly, des maillets; celles de la maison de Créquy, un créquier; celles de la maison de Chabot, des poissons appelés chabots. — ENCYCL. Les premières armes de l'homme furent un bâton et une pierre. Lorsqu'il imagina de tailler un morceau de bois en pointe, il eut un épieu; un peu plus tard, il inventa la hache, la pique, la fronde. Devenus plus civilisés, les Assyriens, les Mèdes, les Perses, les Parthes et d'autres peuples orientaux se servirent de l'arc et de la javeline, pour les combats à distance, et du poignard droit et court (acinace) pour les combats à l'arme blanche. Dans les guerres héroïques dont parle Homère, la massue et la pique (sarisse) étaient employées. Cette dernière mesurait 24 pieds de long; le piquier la tenait à deux mains, tandis que son corps était garanti par le grand bouclier rond que portait son bras gauche. Les Romains se servaient d'une pesante javeline, longue de 6 pieds (y compris la pointe d'acier, de 18 pouces) et d'une courte épée à deux tranchants qui était à la fois d'estoc et de taille. Le moyen âge vit le triomphe de la grosse cavalerie bardée de fer. Les chevaliers portaient la lance, la masse, la hache d'armes et l'épée à deux mains. Les armes de l'infanterie consistaient en arcs, maillets de plomb, couteaux des archers anglo-normands, piques et hallebardes des Suisses, arbalètes des Génois, longbows des Anglais, claymore des Écossais, etc. Ces armes disparurent peu à peu lorsque l'on se servit de la poudre, des arquebuses, des mousquets, des fusils et des baïonnettes. Aujourd'hui la balle, la mitraille, le boulet et l'obus sont les arbitres des combats. Outre les différents mots contenus dans cet article, voy. nos articles ARMÉE, ARTILLERIE, POUDRE. etc. — LÉGISL. « Sont compris dans le mot *armes*, toutes machines, tous instruments ou ustensiles tranchants, perçants ou contondants. Les couteaux et ciseaux de poche, les cannes simples, ne sont réputées armes qu'autant qu'il en a été fait usage pour tuer, blesser ou frapper. » (Code pén. art. 101.) — Aucune arme de guerre ne peut, à moins d'une autorisation du ministre de la guerre, être fabriquée que dans les manufactures de l'État (Saint-Étienne, Tulle, Châtellerault). La fabrication des armes de luxe ou de chasse, non prohibées et n'ayant pas le calibre de guerre, est libre; mais ces armes doivent être éprouvées et poinçonnées par les éprouveurs officiels. Tout ce qui concerne la fabrication et la distribution des armes de guerre est confié au corps des officiers d'artillerie. La vente et l'achat de ces armes sont interdits (arrêté, 8 ventôse an IV), et la loi du 24 mai 1834 punit d'emprisonnement et d'amende, non seulement celui qui fabrique, vend ou distribue des armes de guerre, mais encore le simple détenteur non autorisé. Cependant les armes dites *de traite*, destinées à faciliter le commerce de *la troque* avec les peuplades africaines, peuvent avoir le calibre de guerre et sortir des arsenaux de l'Etat. Ce sont des armes réformées ou mal fabriquées qui sont cédées aux armateurs; elles doivent être déposées dans des lieux connus de l'administration et doivent être exportées. Il y a des armes absolument *prohibées* par la loi ou les règlements d'administration publique, et dont la fabrication et le débit défendus par le Code pénal (art. 314) sont néanmoins tolérés. Tels sont les stylets, couteaux-poignards, pistolets de poche, fusils à vent, cannes à épée, etc. L'interdiction du *port d'armes* peut être prononcée individuellement par les tribunaux correctionnels, et elle résulte toujours de la dégradation civique. Le port de toute arme cachée ou secrète est interdit; celui des armes apparentes est également défendu dans les mouvements insurrectionnels, dans les églises, dans les foires, marchés ou autres lieux de rassemblement et dans les assemblées électorales. Sont punis d'une amende, ceux qui, se servant d'armes sans précaution ou avec maladresse, auront causé des dommages aux propriétés mobilières ou aux animaux appartenant à autrui. Enfin la loi défend de laisser dans les champs, dans les rues, etc., des armes dont les malfaiteurs pourraient faire usage. (Cn. Y.)

* **ARMÉ, ÉE** part. pass. d'ArmER : *il est armé jusqu'aux dents; armé de pied en cap.* — A MAIN ARMÉE, à force ouverte et les armes à la main. — FORCE ARMÉE, voy. FORCE. — Adjectiv. en parlant des choses. Garni, muni, pourvu de : *bâton armé d'une pointe de fer; plante armée d'épines; gueule armée de dents.*

* **ARMÉE** s. f. (rad *armer*). Nombre plus ou moins considérable de troupes assemblées en un seul corps, sous la conduite d'un général : *nombreuse armée; les ailes d'une armée.* — Absol. Toutes les troupes qu'un Etat lève et entretient pour sa sûreté : *mettre l'armée sur le pied de guerre, sur le pied de paix; armée permanente.* — L'ARMÉE DU RHIN, DE LA LOIRE, DU NORD, etc. La partie de l'armée qui est en expédition sur les bords du Rhin, sur la Loire, dans le Nord, etc. — ARMÉE CONSULAIRE, armée qui, chez les Romains, était composée de deux légions, de troupes alliées et de cavalerie, le tout représentant un effectif de 18,600 hommes. — ARMÉE DE LA FOI, nom donné, à l'époque de la Restauration, aux forces carlistes qui opéraient dans la Catalogne. — ARMÉE NAVALE, Nom que l'on donnait à une flotte de guerre comprenant au moins 27 vaisseaux de ligne. L'armée navale naviguait sur trois colonnes, composées chacune de neuf vaisseaux. Chacune de ces colonnes, appelées *escadres*, pouvait se former, au besoin, sur trois *divisions* de trois vaisseaux. Les frégates, corvettes et avisos qui accompagnaient l'armée navale formaient l'*escadre légère*, qui n'entrait pas en ligne de bataille. — L'emploi de la vapeur et l'abandon des vaisseaux de ligne ont détruit toute cette tactique. — Encycl. La première armée sur laquelle nous possédons des renseignements positifs est celle des anciens Egyptiens; son époque de gloire coïncide avec le règne de Ramsès II (Sésostris). La caste guerrière d'Egypte se divisait en deux classes : les *hermotybii* et les *calasirii*, qui comprenaient, dans le temps de leur grande splendeur, l'une 160,000 hommes et l'autre 250,000. Ces deux classes se distinguaient l'une de l'autre principalement par l'âge de ceux qui les composaient et par la durée de leur service. L'armée entière était établie dans les colonies militaires. Sa force reposait sur son infanterie et particulièrement sur ses troupes d'archers. L'infanterie était soutenue par de nombreux chars de guerre, montés chacun par deux hommes, l'un pour conduire les chevaux et l'autre pour tirer de l'arc. Plus tard, les Egyp-

tiens possédèrent une imposante cavalerie. Pour attaquer une position fortifiée, ils employaient le *testudo*, le bélier, la *vinea* et l'échelle d'escalade. L'Assyrie nous fournit le type de ces armées asiatiques qui, pendant plus de 1,000 ans, luttèrent pour la possession des pays situés entre la Méditerranée et l'Indus. Ces armées ressemblaient à celles de l'Egypte pour les armes qu'elles employaient et pour ces chars qui leur administration, elles connaissaient également l'usage des tours ambulantes et des chars de guerre. Sur plusieurs antiques monuments, les soldats qui combattaient dans ces chars sont représentés avec de longues cottes de maille. Les Babyloniens paraissent avoir eu des armes semblables à celles des Assyriens. L'empire des Perses dut son élévation à ses fondateurs, les belliqueux nomades du Farsistan actuel, nation avec laquelle la cavalerie devint un instant prédominante. Dans le but de maintenir sous le joug les provinces conquises, Darius Hystaspis créa une armée permanente dans ces provinces durant entretenir à leurs frais. A cette armée permanente appartenaient les 10,000 hommes d'infanterie d'élite appelés les « Immortels ». Pour les grandes expéditions, on avait recours à des levées générales, et l'on formait, par ce moyen, des masses hétérogènes portant, suivant leur nationalité, des arcs, des javelines, des lances, des poignards, des haches, des épées, des massues, des frondes, etc. Ces cohues pesantes et désordonnées ne purent opposer qu'une résistance passive aux héroïques phalanges d'Athènes et de Lacédémone. — A Athènes, tout homme né librement soldat, de 18 à 20 ans; après deux années de service actif, il restait assujetti à des rappels jusqu'à l'âge de 60 ans. En cas de guerre, l'assemblée des citoyens fixait le nombre d'hommes qu'il fallait rappeler. Les *stratèges* (dix desquels le peuple élisait chaque année) étaient chargés de la levée et de l'organisation de ces troupes, de telle sorte que les hommes de chaque tribu (*phyle*) formaient un corps distinct sous un *Phylarque* particulier. Ces officiers, de même que les *Taxiarques* (capitaines de compagnies), étaient également élus par le peuple. La totalité de la levée formait l'infanterie pesamment armée (*hoplites*), destinée à la phalange ou formation en ligne profonde d'hommes armés de lances; ces lanciers à pied avaient d'abord constitué toute la force athénienne. Dans l'attaque, la phalange d'Athènes n'avait pas de rivale; mais pour un combat défensif, celle de Sparte lui était supérieure. A mesure que la puissance des Athéniens prit de l'extension, ils renforcèrent leurs troupes légères au moyen de contingents fournis par leurs alliés ou même à l'aide de soldats mercenaires : on y vit figurer des Acarnaniens, des Etoliens et des Crétois, célèbres comme archers ou comme frondeurs. Une classe intermédiaire entre les hoplites et les troupes légères fut introduite plus tard; c'était celle des *Peltastes*; et, lorsque la république devint riche et puissante, elle eut une brillante et nombreuse cavalerie. Avant Périclès, le soldat ne touchait aucune paie; ensuite, on lui donna quatre oboles; moyennant quoi, il dut subvenir à tous ses besoins. Cette paie était portée au double pour les cavaliers et au triple pour les cavaliers et au quadruple pour les généraux. La prééminence militaire d'Athènes fut de bonne heure remplacée par celle de Lacédémone. Dans l'éducation de leurs enfants, les Spartiates poursuivaient le but principal de leur donner de la vigueur, de la patience et de les endurcir à la souffrance. Chaque homme libre était inscrit sur les listes de l'armée depuis l'âge de dix-huit ans jusqu'à celui de soixante. L'organisation militaire était basée sur les énomoties (confraternités) introduites par Lycurgue et composées de 25 hommes. Deux énomoties formaient une pentécostys; deux de celles-ci, une lochie;

huit ou quatre de ces dernières, une mora. Telle était l'organisation au temps de Xénophon. La force de la mora variait de 400 à 800 et même 900 hommes; le nombre des subdivisions de ce nom fut, pendant quelque temps, fixé à six. La phalange spartiate avait ordinairement huit hommes de profondeur; mais on la doublait quelquefois. On pense que les hommes marchaient en échelons et qu'ils connaissaient quelques évolutions élémentaires. L'un de les rois les commandait. Quant à la cavalerie, elle ne compta jamais plus de 600 hommes, distribués en *ulami*, troupes de 50 hommes; elle servait seulement à couvrir les ailes. Il y avait, en outre, un corps de 300 hommes montés, qui mettaient pied à terre pendant le combat. Ces soldats, l'élite de la jeunesse spartiate, formaient une espèce de garde du corps autour du roi. Parmi les troupes légères, on distinguait les *skirites*, qui couvraient l'aile gauche, et les ilotes des hoplites. La tactique grecque que subit des modifications considérables après la guerre du Péloponèse. A la bataille de Leuctres, Epaminondas dut résister, avec une force thébaine inférieure, à la phalange de Lacédémone; il forma son armée en colonne profonde, s'avança contre une aile de la phalange, rompit sur ce point la ligne ennemie, fit ensuite former ses troupes en cercle et se portant successivement sur les deux côtés de la ligne rompue, la mit dans l'impossibilité de former un nouveau front. Chabrias imagina de faire plier le genou au premiers rangs de la phalange dans les combats défensifs. Les carrés pleins et les autres formations de troupes en bataille furent ensuite introduits dans les armées grecques; en conséquence, les déploiements firent partie de la tactique élémentaire. Vers la même époque, on s'occupa sérieusement de l'infanterie légère; on emprunta plusieurs armes (arcs, frondes, etc.) aux peuples barbares ou semi-barbares qui habitaient le voisinage de la Grèce. Peu à peu les mercenaires formèrent la majorité des troupes grecques; des engins pour lancer des pierres, des dards ou des projectiles incendiaires furent admis, particulièrement par les Athéniens. Philippe de Macédoine forma une armée permanente d'environ 30,000 fantassins et 3,000 cavaliers; le corps principal se composait d'une immense phalange de 16,000 à 18,000 hommes. Chacun des six premiers rangs étant armé de piques longues de 24 pieds, pouvait faire agir les pointes de ces armes au-delà du front. Alexandre compléta cette organisation. Sa phalange se composa de 16,384 hommes ou 1,024 de front sur 16 de profondeur. Deux files formaient une dilochie; deux dilochies, une tétrarchie; deux tétrarchies, une taxiarchie; deux taxiarchies une xénagie ou syntagme de 16 de front sur 16 de profondeur. La xénachie constituait l'unité d'évolution et de marche. Dans la bataille, on n'admettait aucun intervalle entre les subdivisions de la phalange; la totalité de celle-ci formait une ligne continue qui chargeait en muraille. La cavalerie macédonienne se composait de la jeunesse noble de Macédoine et de Thessalie; il y avait aussi un corps d'acrobalistes ou archers montés. Alexandre introduisit dans son armée un corps que l'on a imité de nos jours, les *Dimarques*, troupe montée qui pouvait combattre comme infanterie aussi bien que comme cavalerie. Les troupes des successeurs d'Alexandre ne subirent aucun changement notable; l'emploi des éléphants eut une durée assez courte. Les dernières armées grecques, pendant la ligue achéenne étaient formées en partie d'après le système macédonien et en partie d'après le système romain. — L'armée romaine nous offre l'exemple de la méthode la plus parfaite d'organisation et de tactique de l'infanterie. L'invention de la poudre prt seule y faire apporter des modifications. Cette méthode maintint la prédominance des corps compacts et de l'infanterie lourdement armée; mais elle y ajouta la mobilité des petits corps séparés, la possibilité de combattre sur les terrains les plus accidentés, la disposition en plusieurs lignes de support et de réserve derrière la première ligne, et enfin une manière d'instruire le soldat qui fut égale sinon supérieure à celle des Spartiates. A Rome chaque citoyen de 17 à 45 ou 50 ans pouvait être appelé à servir, à moins qu'il appartînt à la plus basse classe ou qu'il eût déjà servi pendant 20 campagnes dans l'infanterie ou 10 campagnes dans la cavalerie. Ordinairement on n'appelait que les jeunes gens; on les exerçait aux plus rudes manœuvres, aux longues marches sous un pesant bagage et on finissait par les habituer à parcourir une moyenne de 6 kil. à l'heure, en portant un poids de 40 à 50 livres. L'emploi des instruments qui servent pour élever des retranchements et la rapide construction d'un camp retranché faisaient également partie de l'éducation militaire. Dans les meilleurs temps de la république, il y eut ordinairement deux armées consulaires, consistant chacune en deux légions et comprenant, en outre, les contingents alliés, dont l'infanterie était égale en nombre à celle des Romains, mais dont la cavalerie était d'une force double de celle de la cavalerie romaine. Les recrues les plus jeunes et les plus pauvres étaient enrôlées dans les *vélites*. Les soldats un peu moins jeunes et un peu moins pauvres formaient les *hastaires* (hastati) et les *princes* (principes). Les plus âgés et les plus riches devenaient *triaires* (triarii). Au temps de la deuxième guerre punique, chaque légion comprenait 1,200 vélites, 1,200 hastaires, 1,200 princes, 600 triaires et 300 chevaliers (soldats à cheval); en tout, 4,500 hommes. Les hastaires, les princes et les triaires étaient divisés chacun en dix *manipules* (compagnies). Les *vélites* (*roraires, accenses, ferentaires*) formaient l'infanterie légère de la légion et se tenaient sur ses ailes, avec la cavalerie. Les hastaires constituaient la première ligne; les princes la seconde; les uns et les autres furent primitivement armés de lances. Les triaires restaient en réserve. Chaque manipule était commandé par un centurion avec un second centurion pour lieutenant. Dans les commencements, la légion fut placée sous les ordres de ses six tribuns militaires, chacun pendant deux mois, à tour de rôle. Après la première guerre civile, des légats furent mis, comme chefs permanents, à la tête de chaque légion. Déjà, longtemps avant Marius, la différence d'armement entre les trois lignes avait disparu. Ce général forma, en dehors des 30 manipules de la légion, dix cohortes qu'il disposa en deux lignes de cinq cohortes chacune. A la même époque, la force normale de la cohorte fut élevée à 600 hommes. L'armement de l'infanterie romaine consistait en un bouclier semi-cylindrique, de quatre pieds de haut sur deux et demi de large, en bois revêtu de cuir et fortifié par des attaches de fer. Au milieu s'élevait une sorte de cône (*umbo*) destiné à détourner les traits et les coups de lance. Le casque était en airain. Une plaque de métal d'un pied carré couvrait la poitrine et était maintenue par un corset de cuir et par des espèces de bretelles à écailles qui passaient sur les épaules Pour les centurions, ce vêtement était remplacé par une cotte de mailles couverte d'écailles d'airain. La jambe droite, exposée lorsque le soldat s'avançait pour frapper, était protégée par une jambière d'airain. Outre une épée courte le soldat portait le *pilum*, lourde lance de six pieds de long et pesant plus de dix livres. Les vélites, légèrement équipés, portaient une courte javeline. La cavalerie était revêtue d'une armure défensive semblable à celle de l'infanterie; elle se servait de la lance et d'une

grande épée. Plus tard, les cavaliers numides, espagnols, gaulois et germains supplantèrent la cavalerie nationale. Les manipules étaient établis à des intervalles égaux à leur étendue en front; leur profondeur variait de cinq à dix hommes. On plaçait les manipules de la deuxième ligne en arrière des intervalles de la première ligne; les triaires se tenaient en réserve, sur une ligne non interrompue. Le principal avantage de cette formation tactique consistait dans la pluralité des lignes, qui entraient en action les unes après les autres; de telle sorte que le général tenait dans ses mains toutes ses troupes et les faisait donner à l'heure voulue; tandis que l'ancienne phalange grecque, une fois engagée, il était irrévocablement, depuis le premier homme jusqu'au dernier et ne pouvait plus abandonner le combat sans s'avouer vaincue. Cette manière de se former, imaginée par les Romains, leur donna la supériorité sur tous les autres peuples. Au temps de César, on recrutait en Italie les légions, au moyen d'enrôlements volontaires; elles contenaient alors plus de 3,000 hommes. On calculait la solde du soldat de façon qu'elle fût égale au gain d'un laboureur. L'école pour les officiers supérieurs se trouvait à l'état major personnel du général en chef. Elle était composée de jeunes gens riches, ayant déjà reçu une bonne instruction; ces jeunes gens, destinés à un brillant avenir, recevaient un rapide avancement; ils passaient d'abord tribuns militaires, puis légats (*legati*). L'armement du soldat n'avait pas changé. Les ustensiles de campement étaient alors transportés à dos de cheval et de mulet; pour cet objet, chaque légion avait droit à 500 de ces animaux. Pour l'infanterie légère, César tira de ses légions un certain nombre d'hommes (*antesignani*) également propres aux combats d'avant-garde et aux combats en ligne. Outre les antesignani, il possédait ses auxiliaires: archers crétois, frondeurs baléares, contingents gaulois et numides, mercenaires de Germanie. Sa cavalerie se composait de troupes gauloises et germaines. Le questeur était, à proprement parler, le trésorier-payeur de l'armée et le chef du commissariat. Le général avait une sorte de garde personnelle, composée de vétérans qui avaient repris du service. Ordinairement César établissait son ordre de bataille en trois lignes: quatre cohortes par légion sur la première ligne; trois cohortes pour la deuxième; le même nombre pour la troisième. Les cohortes de la deuxième ligne se plaçaient en arrière des intervalles de la première. Auguste s'occupa surtout de faire de ces troupes une armée permanente. Il possédait 25 légions distribuées sur tout l'empire, sans compter les troupes légères auxiliaires fournies par les provinces. A cette époque, les légions étaient commandées chacune par un préfet; la force de la légion était fixée à 6,100 fantassins et 726 cavaliers; la force de la première cohorte fut doublée; l'admission des esclaves et de toute sorte de gens devint la règle; seuls, les officiers furent choisis parmi les Romains de naissance ou d'origine. Ces changements dans la composition des troupes eurent une rapide influence sur l'armement et la tactique: on abandonna le pilum et la lourde cuirasse; on négligea l'exercice, on augmenta les *impedimenta* (train des bagages) et l'on vécut dans les camps au milieu de la luxure. Bientôt il n'y eut plus, entre un soldat romain et un soldat germain, d'autre différence que celle du courage. — Le système féodal s'opposait essentiellement à la discipline; chaque chevalier combattait à son corps défendant, pour la possession de son château et des rochers du voisinage; il se faisait accompagner de quelques fantassins qu'il armait de piques et pour lesquels il manifestait le plus profond mépris. Sur le continent, une partie de l'infanterie apprit à se servir de l'arbalète; mais le grand arc

(*longbow*), arme nationale des paysans d'Angleterre, se montra supérieur à Crécy, Poitiers et Azincourt. (Voy. ARC.) Les archers agissaient soit en ligne soit en tirailleurs. Pendant tout le moyen âge, la cavalerie conserva sa supériorité. Peu à peu, les chevaliers, couverts de leurs armures et montés sur des coursiers tout bardés de fer, s'habituèrent à charger en troupes régulières et donnèrent le premier exemple de grosse cavalerie. Le système tactique fut renversé. La cavalerie forma la ligne de bataille, parce qu'elle était trcp lourde pour se mouvoir avec rapidité. Les troupes légères se composèrent d'infanterie. Vers le XIVe siècle, on essaya d'organiser des corps de cavalerie légère en créant les archers montés; mais ce changement et plusieurs autres restèrent sans utilité, par suite de l'emploi de la poudre à canon et des petites armes à feu. En 1364, Pérouse renferma't 500 canons à main (grands fusils de rempart) et l'usage de l'arbalète fut définitivement abandonné vers 1450. En même temps, la désorganisation générale du système féodal et l'érection de nombreuses communes amenèrent un changement radical dans la composition des armées. En France, Charles VII créa la première force permanente d'éléments nationaux; avec ce prince commença la tactique moderne, qui fut établie de la manière suivante: 1° corps principal d'infanterie, armée de piques, d'épées, de cuirasses, de heaumes et combattant en masses serrées et profondes; 2° grosse cavalerie pour se ruer en ligne de bataille sur l'infanterie; 3° infanterie légère, encore principalement composée d'archers; 4° cavalerie légère, créée d'abord par les Turcs, adoptée par les Italiens sous le nom de *stradioti* et introduite dans les diverses armées européennes pour être employée à poursuivre les fuyards, après une victoire (la Pologne et la Hongrie possédaient, outre la grosse cavalerie, imitée des armées occidentales, leurs cavaleries légères nationales); 5° artillerie encore dans l'enfance et rapidement développée. — Avant Charles VIII, créateur de l'artillerie de campagne, on établissait les canons au moment de la bataille; et ils ne bougeaient plus. Sous le règne du prince que nous venons de nommer, on vit, pour la première fois, des canons se mouvoir pendant la bataille et se porter sur le point où leur présence était nécessaire. Les pièces françaises, montées sur des voitures que traînaient des chevaux, portèrent plus d'une fois le ravage dans les profondes colonnes de l'infanterie italienne. Peu de temps après, les Espagnols inventèrent l'arquebuse, dont l'introduction dans leur grosse infanterie suffit pour établir leur supériorité pendant plus d'un siècle. La guerre qui résulta de la révolte des Pays-Bas produisit d'importantes améliorations dans la formation des armées. Maurice de Nassau. fut le premier qui établit, dans les temps modernes, des règles pour l'exercice des soldats. Son infanterie se composa de petits corps; ses compagnies, primitivement de 400 à 500 hommes, furent réduites à 150 ou 200; 10 compagnies formèrent un régiment. Un tiers de son infanterie consistait en mousquetaires sans aucune arme défensive, mêlés, dans chaque compagnie, avec les piquiers. Dès que le premier rang avait tiré, il se portait en arrière pour recharger les armes. La cavalerie subit encore de plus grands changements; Maurice organisa un corps de chevau-légers armés de l'épée et d'un grand pistolet. Ces troupes se montrèrent supérieures aux hommes d'armes espagnols qui furent renversés à chaque rencontre, avant d'avoir pu s'ébranler. C'est vers la même époque que le roi de France, Henri II, créa les dragons ou fantassins montés pour avoir une locomotion plus rapide. Avec la guerre de trente ans s'ouvre la période de Gustave-Adolphe, le grand réformateur militaire du xviiᵉ siècle. Ses régiments d'infanterie se composaient de deux tiers de mousquetaires et d'un tiers de piquiers ; mais quelques régiments ne possédaient que des mousquetaires. Les formations profondes furent abandonnées ; il forma ses piquiers sur six, et ses mousquetaires sur trois seulement de profondeur. Le régiment fut réduit de 3,000 à 1,400 hommes, distribués entre huit compagnies ; deux régiments composèrent une brigade. La cavalerie fut réorganisée d'après des principes analogues : on rejeta les anciens hommes d'armes ; on rendit plus légers les cuirassiers ; on perfectionna l'artillerie par l'addition de canons moins lourds ; partout s'établit la prépondérance de l'infanterie sur la cavalerie. A la bataille de Leipzig, Gustave-Adolphe ne possédait pas moins de 19,000 fantassins et 14,000 cavaliers ; Tilly avait 31,000 fantassins et 13,000 cavaliers. Le nombre des canons s'augmentait dans les mêmes proportions : les Suédois possédaient de cinq à douze pièces pour 1,000 hommes ; et à la bataille du Lech, Gustave-Adolphe traversa la rivière de ce nom sous la protection d'un feu de 72 gros canons. Pendant la deuxième moitié du xviiᵉ siècle et la première moitié du xviiiᵉ, l'adoption universelle de la baïonnette fit abandonner définitivement la pique et toutes les armures défensives de l'infanterie. Le fusil à pierre fut admis graduellement dans toutes les troupes, en 1700, il était déjà d'un usage général ; mais le tir était si lent que, d'après les calculs faits par les officiers de cette époque, un homme n'usait guère que 36 cartouches dans une bataille. On créa les compagnies de grenadiers, espèce d'infanterie d'élite qui fut chargée de jeter sur l'ennemi les *grenades à main*. On cessa bientôt de se servir de ces projectiles, et les grenadiers reprirent le mousquet ; mais ils conservèrent leur nom, qui ne fut aboli que dans ces derniers temps. Déjà quelques armées allemandes possédaient des tirailleurs, appelés *pandours*. La cavalerie fut allégée, ainsi que l'artillerie, que l'on incorpora dans l'armée et que l'on divisa en compagnies et en bataillons. Avec les campagnes de Frédéric le Grand commença l'ère classique de la tactique de ligne. Le roi de Prusse formait son infanterie sur trois de profondeur ; il augmenta la rapidité du tir de façon à obtenir cinq coups à la minute. La marche lente, au milieu d'un champ de bataille, de son infanterie ainsi armée, suffisait pour assurer le succès. La cavalerie subit une transformation complète. Il la forma sur deux seulement de profondeur et lui défendit sévèrement de se servir des armes à feu, excepté dans la poursuite. Quant à l'artillerie, bien qu'il l'allégeât considérablement, elle était encore d'une grande lenteur. Les canons de régiment se plaçaient sur le front de l'infanterie de ligne, à cinquante pas en avant des intervalles formés par les bataillons ; ils suivaient les mouvements de l'infanterie et ouvraient le feu en crachant des boîtes à mitraille à 250 pas. Infanterie et cavalerie étaient organisées en brigades et en divisions ; mais ces formations n'avaient aucune influence tactique, parce qu'il n'existait, pour ainsi dire, point de manœuvre dès que la bataille était engagée. Des tentes suivaient constamment l'armée ; on les dressait chaque soir dans le camp retranché que l'on établissait à la hâte. L'organisation militaire de Frédéric le Grand fut de suite adoptée par les gouvernements européens, principalement par le gouvernement français. Pendant longtemps tout se fit *à la prussienne*. Le recrutement des soldats se faisait par des enrôlements plus ou moins volontaires que l'on obtenait au moyen d'embauchages non dissimulés. — La révolution américaine montra que l'on peut obtenir l'avantage avec des troupes indisciplinées, en escarmouchant et en combattant sur une ligne étendue. Plus

tard, les officiers français qui avaient soutenu la révolution américaine et qui ne désertèrent pas la révolution française, adoptèrent cette manière d'opérer ; mais ils soutinrent les tirailleurs par de profondes colonnes. Cette nouvelle formation et l'inexpérience de leurs troupes les forcèrent d'attirer l'ennemi sur des terrains accidentés où il perdait en partie les avantages de sa discipline. Le défaut de tentes, de batteries de campagne, etc., les obliga de bivaquer et de vivre sur les ressources offertes par le pays dans lequel se trouvait l'armée. Carnot éleva cette nouvelle méthode à la hauteur d'un système régulier, qu'il combina avec ce qu'il y avait encore d'avantageux dans l'ancien système. Les traits saillants de cette méthode sont les suivants : rétablissement de l'ancien principe que tout citoyen est susceptible d'être appelé à la défense du pays ; abandon des ustensiles de camp et des magasins de provisions ; introduction du bivac et de la règle que *la guerre nourrit la guerre* ; mélange de l'infanterie, de la cavalerie et de l'artillerie dans les plus petites portions de l'armée divisée en corps et en divisions, chacune de ces portions devenant ainsi une armée complète sur une échelle réduite ; ordre de bataille basé sur la colonne d'où s'élançaient et où rentraient incessamment la ligne ou les tirailleurs. Le support mutuel des trois armes, qui reçoivent tout leur développement par leur mélange en petits corps, et la combinaison des trois formes de combat : escarmouche, ligne et colonne, constituent la grande supériorité tactique des armées contemporaines. Les grands mouvements tournants en flanc devinrent une opération stratégique générale. De la ligne des tirailleurs à la position des réserves, la profondeur fut quelquefois de deux ou trois kilomètres. Peu avant la Révolution, deux innovations importantes avaient eu lieu dans l'armée française : 1° adoption d'un nouveau modèle de fusil d'un calibre réduit et d'un tir plus rapide ; 2° simplification et perfectionnement de l'artillerie par Gribeauval. L'artillerie à cheval, créée par Frédéric le Grand, reçut tout son développement sous le

règne de Napoléon Iᵉʳ ; les Anglais ne tardèrent pas à acquérir une grande supériorité dans cette arme. Les Allemands furent les premiers à armer de carabines les corps spéciaux d'infanterie auxquels le système de combattre en ordre étendu donna de suite une grande importance. Presque toutes les troupes européennes adoptèrent, après 1830, le fusil à percussion qui reçut de rapides perfectionnements, jusqu'au jour où les Prussiens introduisirent dans leurs troupes le fusil à aiguille dont la rapidité de tir et la longue portée furent les principaux auteurs de la victoire de Sadowa. Les Français inventèrent immédiatement une arme supérieure sous tous les rapports, le chassepot, qui fit merveille à Mentana, et dont les Allemands se servirent après Sedan et Metz. Les Anglais donnèrent à leur infanterie l'utilité de la carabine d'Enfield, qui est une légère altération de notre carabine Minié, et qui fut ensuite transformée en carabine Sniders (1867). Les Américains ont surpassé tous les autres peuples dans le perfectionnement des fusils rayés et des carabines. Dans les formations tactiques il n'y eut aucun changement important, sinon la modification apportée par la création des chasseurs à pied, et le nouveau système prussien de colonnes de compagnies que les nations européennes ont dû adopter. Pendant la guerre de sécession, les Américains étudièrent avec une grande intelligence l'utilité stratégique des chemins de fer, l'emploi des troupes montées, l'usage de l'électricité dans les armées, etc. Partout on a accompli des perfectionnements de détail dans l'artillerie ; on a simplifié les calibres et les modèles de voitures, de roues, d'attelage, etc.

ETAT COMPARATIF DES PRINCIPALES ARMÉES EUROPÉENNES (1880).

NATIONS	Pied de paix.			Pied de guerre.		
	Hommes.	Chevaux.	Canons.	Hommes.	Chevaux.	Canons.
Russie..........	780,000	88,000	1,332	2,100,000	169,000	2,820
Allemagne.........	479,000	80,000	1,206	2,000,000	299,000	2,750
France...........	502,000	120,000	....	1,500,000	?	2,800
Autriche..........	295,000	49,000	700	1,050,000	179,000	1,625
Grande-Bretagne.....	264,000	30,000	....	707,000	75,000	?
Italie............	199,000	19,000	....	950,000	75,000	?

CE QUE LES ARMÉES EUROPÉENNES ONT COUTÉ EN L'AN DE PAIX 1879.

(EN MILLIERS DE FRANCS).

PUISSANCES	Armée de terre	Armée de mer	TOTAUX.	Par habitant.
Allemagne............	422,312	31,824	454,136	11 fr.
France..............	552,941	160,917	713,858	20
Grande-Bretagne......	506,284	299,057	805,341	23
Italie..............	177,234	42,253	219,487	9
Autriche............	177,395	13,040	190,365	9
Hongrie.............	83,552	5,589	89,141	6
Russie.............	723,995	104,581	828,576	9
Espagne............	118,448	25,126	143,574	9
Turquie............	100,350	14,400	114,750	13
Belgique...........	47,450	......	47,450	9
Danemark..........	13,188	7,535	20,723	11
Grèce.............	11,978	3,374	15,352	9
Pays-Bas..........	45,989	27,920	73,909	17
Norvège...........	10,460	3,871	13,831	8
Portugal...........	24,119	9,050	33,169	7
Roumanie..........	41,552	......	41,552	8
Suède.............	24,314	7,274	31,588	7
Suisse............	13,177	....	13,177	6
Serbie.............	7,032	....	7,032	5
TOTAUX............	3,101,700	655,311	3,757,011	

— L'organisation générale des armées modernes est analogue dans tous les pays. Partout, excepté en Angleterre et aux États-Unis, le recrutement s'opère au moyen de levées coercitives. Même en Angleterre, la conscription (ballot) est établie légalement pour la milice, dans le cas où les engagements volontaires feraient défaut. En Suisse, l'armée entière se compose d'une milice assemblée et exercée pendant un temps limité. L'équipement et l'armement sont presque partout les mêmes. L'infanterie est formée en compagnies, bataillons et régiments; le bataillon, unité tactique, contient de 600 à 1,400 hommes. La cavalerie est divisée en escadrons et en régiments; l'escadron de 100 à 200 hommes, forme l'unité tactique et administrative. L'artillerie est organisée en batteries; en temps de paix on la forme en régiments et en brigades. Les tirailleurs, chasseurs à pied, rifiemen et autres corps d'infanterie légère, sont ordinairement réunis en bataillons et en compagnies seulement. Pendant la guerre, plusieurs bataillons ou plusieurs escadrons forment une brigade; la combinaison de plusieurs brigades constitue la division qui, dans la plupart des armées, comprend les trois armes: infanterie, artillerie, cavalerie. Deux ou trois divisions, quelquefois quatre, forment un corps d'armée. L'état-major constitue partout, excepté en Angleterre, un corps séparé, indépendant, composé d'officiers ayant pour fonctions de reconnaître le terrain sur lequel l'armée agit ou peut agir, de dresser le plan de ce terrain, celui des opérations, etc. Il existe, en outre, à la suite des armées, un nombre considérable de non combattants et des véhicules nécessaires à l'approvisionnement des troupes. — Ninus et Sémiramis possédaient des armées composées de deux millions de combattants. Les troupes de Xerxès comprenaient, au moment de l'invasion de la Grèce, 1,700,000 fantassins et 80,000 cavaliers; celles que Darius opposa à Alexandre le Grand comptaient 750,000 hommes suivant quelques historiens; un million selon d'autres. En 1812, Napoléon possédait les troupes suivantes: en Espagne, 200,000; dans l'empire, 200,000; en Russie 450,000 et 400 canons. Pendant la guerre de Sécession, les états du Nord enrôlèrent, équipèrent et organisèrent deux millions et demi de soldats; à la fin de la guerre, il en restait 1,100,000, qui furent rapidement licenciés; et l'armée dite régulière qui, pendant les hostilités, avait été portée de 18,000 à 50,000 hommes, fut réduite à 30,000, puis à 25,000 hommes. — Quelques jours avant la déclaration de guerre de Napoléon III au roi de Prusse, l'armée de la confédération de l'Allemagne du Nord comprenait 360,000 hommes seulement. Avec une rapidité dont on n'avait jamais eu d'exemple, cette armée fut portée sur le pied de guerre et présenta un effectif de 1,150,000 hommes qui écrasèrent sous leur nombre les 300,000 soldats de Napoléon et du ministre Lebœuf. — Armées d'occupation. La France fut envahie trois fois par les troupes étrangères; mais elle ne subit que deux occupations prolongées: 1° occupation des places fortifiées pendant trois années à partir du traité signé le 20 novembre 1815; 2° occupation par l'armée allemande du 20 septembre 1871 au 16 septembre 1873. — Armée française. Pendant le moyen âge les seigneurs levaient des troupes sur leurs domaines et les conduisaient au roi. A ces armées indisciplinées, on joignait, à partir de Louis le Gros, les milices communales, et toute armée se composa du ban (fourni par les seigneurs) et de l'arrière-ban (fourni par les villes). Philippe-Auguste y ajouta des mercenaires (grandes compagnies, soudoyers, routiers, etc.). Charles VII organisa une armée permanente, composée de compagnies d'ordonnance, de francs archers (infanterie) et de cavalerie. François Ier essaya vainement de créer une armée nationale, lorsqu'il ordonna en 1532 l'armement des légions provinciales qui devaient former sept corps de 6,000 hommes chacun, et correspondre aux grandes divisions de la monarchie. Sous Henri II, ces légions provinciales furent enfin organisées en régiments. L'institution du ministère de la guerre en 1619 amena de grands progrès dans l'organisation d'une armée régulière; mais on peut dire que jusqu'à la Révolution, il n'y eut pas, en France, d'armée

nationale. Les troupes étaient surtout destinées à tenir le pays en respect et à soutenir le despotisme autocratique, aristocratique et religieux qui produisit ses plus grands excès sous le règne de Louis XIV. La Révolution créa une armée nationale dans le sens le plus étendu de cette expression. Les grades furent conférés à l'élection. Carnot trouva quatorze armées et les organisa pour la victoire. L'avancement fut dévolu, pour les deux tiers, à l'ancienneté ou au choix, et pour l'autre tiers, à l'élection. Les hommes capables de porter les armes furent distribués en trois bans: armée active; hommes appelés à la défense des places fortes à l'intérieur; vieillards et enfants. — Napoléon changea tout cela. Lui seul eut le droit de nommer les officiers et il en profita pour éliminer autant que possible les vieux républicains, qu'il remplaça par d'anciens émigrés. Il admit le remplacement ou le rachat des jeunes gens riches. Sous le nom de garde impériale, il créa une armée prétorienne, et pour la composer d'hommes d'élite, il les enleva aux régiments qui furent affaiblis et énervés par ce fait. L'amour de la patrie n'étant plus, sous une monarchie, assez puissant pour enfanter des héros, il dut créer des décorations et des récompenses nobiliaires. Enfin il porta le dernier coup à l'armée française lorsqu'il y admit des étrangers, à défaut des nationaux, rachetés ou en fuite. Au moment de son apogée, vers 1811, Napoléon ne commandait plus qu'à une immense assemblage de régiments sans nationalité. — La Restauration crut détruire complètement l'œuvre de la Révolution en désorganisant l'armée nationale; mais elle échoua. Ayant remplacé les régiments par des légions départementales, elle fut forcée d'en revenir aux régiments, le 23 octobre 1820; elle dut se contenter de donner aux soldats un uniforme blanc. Il y eut aussi une garde royale, composée de nobles et commandée par des émigrés ou par leurs descendants. — Le gouvernement de Louis-Philippe forma une nouvelle armée solide et bien constituée, que Napoléon III épuisa comme on oncle avait épuisé celle de la République. Sous le second empire, reparut la garde impériale. Les troupes africaines, qui furent un instant les premières de l'univers, arrivèrent à leur apogée de gloire en Crimée et en Italie, et entrèrent dans leur période de décadence dès l'expédition du Mexique. Les lois sur le remplacement et sur le rengagement laissèrent dans les rangs l'élément mercenaire qui a toujours été considéré comme une cause d'affaiblissement. Après la formation de la confédération de l'Allemagne du Nord, l'empire sentit le besoin de former une armée nationale à côté de son armée prétorienne. Mais la garde mobile, formée d'éléments nouveaux, n'ayant pas paru propre à concourir au couronnement de l'édifice impérial, tut tenue en suspicion et on ne songea à l'organiser que lorsque les Allemands étaient déjà en France. Napoléon III ayant été vaincu à Sedan, la troisième république eut recours à la garde mobile, à la garde nationale mobilisés et à des bataillons de marche pour opposer aux étrangers une résistance glorieuse quoique sans résultat. Aussitôt que les circonstances le permirent, on dut songer à transformer radicalement l'armée française. Mais en imitant le système prussien, on l'exagéra. Tout Français, non impropre à tout service militaire, fait partie de l'armée active pendant cinq ans (les Allemands se contentent de trois ans), de la réserve de l'armée active pendant quatre ans, de l'armée territoriale pendant cinq ans et de la réserve de l'armée territoriale pendant six ans. Voy. CORPS D'ARMÉE, ÉTAT-MAJOR, RECRUTEMENT, etc. Pour le mode de recrutement, l'organisation de l'armée et la constitution des cadres, voir les lois du 27 juillet 1872, du 24 juillet 1873 et du 13 mars 1875.

ARMÉE FRANÇAISE SUR LE PIED DE PAIX (1880).

INFANTERIE.	Hommes	Chevaux
144 régiments de ligne	236,304	2,304
30 bataillons de chasseurs à pied	18,240	138
4 régiments de zouaves	10,320	92
3 — de turcos	8,505	62
1 légion étrangère	2,589	23
3 bataillons d'Afrique	4,143	18
5 compagnies de discipline	1,560	5
Total de l'infanterie	281,601	2,649

CAVALERIE.		
12 régiments de cuirassiers		
26 — de dragons	58,100	51,806
32 — de cav. légère : 20 de chasseurs; 20 de hussards		
4 — chasseurs d'Afrique	4,148	3,720
3 — spahis	3,477	3,423
8 — comp. de remonte	2,892	80
Total de la cavalerie	68,617	59,023

ARTILLERIE.		
19 régim. d'artillerie divisionnaire	27,939	13,261
19 — d'artillerie de corps	27,303	16,632
2 — de pontonniers	3,012	208
10 compagnies d'ouvriers	1,260	6
3 — d'artificiers	315	
57 — du train d'artillerie	5,142	2,532
Musiciens des 19 écoles	760	
Total de l'artillerie	66,331	32,690

GÉNIE.		
4 régim. de sapeurs mineurs, 1 comp.		
d'ouvriers militaires de chemins de fer et 1 comp. de sapeurs-conducteurs	10,960	733

ÉQUIPAGES MILITAIRES.		
20 escadrons du train	5,743	4,126
12 comp. mixtes du train (Algérie)	3,649	3,554
Total du train	9,392	7,680

États-majors, administration, etc.	38,941	4,446
Gendarmerie	27,014	13,667
Totaux généraux	502,856	120,888

ARMÉE FRANÇAISE SUR LE PIED DE GUERRE

INFANTERIE.	Hommes
468 bataillons actifs	468,000
156 quatrièmes bataillons (de forteresse)	156,000
156 bataillons de dépôt	156,000
30 — de chasseurs	30,000
30 compagnies de chasseurs de dépôt	7,500
435 batail. du 145 rég. de l'armée territoriale	435,000
9 — territoriaux de zouaves	9,000
5 — de chasseurs territoriaux	5,000
1,260 bataillons et demi	1,266,500

CAVALERIE.	
392 escadrons actifs	58,800
79 — territoriaux	11,850
471 escadrons	70,650

ARTILLERIE.	
304 batteries de campagne	
65 — de marine	
57 — à cheval	124,000
76 — de dépôt	
38 — à pied (deposition)	
38 — de campagne de l'armée territ.	56,000
540 batteries, avec 2,898 canons.	180,000

GÉNIE.	
Armée active	26,000
Armée territoriale	19,000
TOTAL	45,000
Pontonniers	5,000
Total de l'armée française sur le pied de guerre.	1,567,150

Il faut y ajouter :

Train, troupes d'administration et de santé.	
Armée active	155,000
Armée territoriale	58,150
Total général	1,780,300

Ce dernier total se décompose ainsi :

Armée active	1,186,300
Armée territoriale	594,000
	1,780,300

MATÉRIEL PERSONNEL DONT DISPOSE LA FRANCE POUR METTRE SUR PIED LES FORCES SUS-INDIQUÉES :	
5 classes de l'armée active et des hommes en disponibilité	704,714
4 — de la réserve	510,294
3 — de l'armée territoriale	582,523
6 — de la réserve de l'armée territoriale . .	625,633
Total	2,423,164
20 classes d'hommes dispensés ou appartenant au service auxiliaire et sans instruction militaire	1,300,000
Total général	3,723,164

ARMÉJER v. a. Mar. Se dit, sur la Méditerranée, de l'action d'amarrer un bâtiment dans un port ou sur une rade.

* **ARMELINE** s. f. (bas lat. *armelinus*, hermine). Peau très fine et fort blanche, qui vient de Laponie, et qui appartient à l'hermine.

* **ARMEMENT** s. m. Appareil de guerre : *grand armement, armement sur mer, armement naval*. — Action d'armer, de pourvoir des armes nécessaires; ensemble des objets qui servent à armer : *armement d'un soldat, d'une troupe, d'une forteresse*. — Mar. Action de mettre un ou plusieurs bâtiments en état de prendre la mer. Les *états*, les *feuilles d'armement* sont les listes des objets qui entrent dans l'armement d'un vaisseau. — BUREAU DES ARMEMENTS, celui où les marins à terre reçoivent leur destination d'embarquement; ce bureau tient des registres à cet effet, ainsi que pour la solde, la comptabilité, les services des marins embarqués, etc. — ARMEMENT EN COURSE, celui qui a pour objet de transformer en *corsaires* des navires légers employés ordinairement pour le commerce. — LÉGISL. « La loi oblige à prendre, pour l'armement des navires français, les trois quarts au moins de l'équipage parmi les marins portés aux rôles de l'*inscription maritime*. — Des *primes* ont été accordées, depuis longtemps en France, à l'armement des navires pour la grande pêche (morue, baleine, cachalot). Ces primes varient, selon le lieu de la pêche, de 30 fr. à 50 fr. par homme d'équipage, au départ, et à 24 fr. au retour, et de 16 fr. à 20 fr. par quintal métrique des produits de la pêche. En outre, la loi du 29 janvier 1881 attribue une prime d'armement ou de navigation aux navires français, en compensation des charges imposées par le service de la marine militaire. Cette prime, affectée exclusivement aux navires de construction française, sortant du chantier et armés au long cours, est de 1 fr. 50 cent. par tonneau de jauge nette et par 1,000 milles parcourus; elle est de 0 fr. 75 cent. seulement pour les bâtiments construits à l'étranger et francisés; dans tous les cas, elle décroît chaque année de 0 fr. 075 pour les navires en bois ou composites, et de 0 fr. 05 pour les navires en fer. Enfin la prime est augmentée de 15 0/0 pour les navires à vapeur construits sur des plans préalablement approuvés par le département de la Marine. »   (CH. Y.).

ARMENGAUD (Jean-Germain-Désiré), historien et critique d'art (1797-1869), auteur de plusieurs travaux illustrés sur les galeries publiques de l'Europe, les chefs-d'œuvre de l'art chrétien, etc. Son *Histoire des peintres de toutes les écoles depuis la Renaissance* a été complétée par Charles Blanc.

ARMÉNIE, portion de l'Asie occidentale, presque entièrement comprise dans les limites de la Turquie, mais s'étendant sur les parties adjacentes de la Russie et de la Perse. On distingue : l'Arménie Mineure, à l'O. de l'Euphrate, et l'Arménie Majeure, région montagneuse à l'E. de ce fleuve. — Principaux cours d'eau : Tigre et Euphrate qui se joignent, avant de se jeter dans le golfe Persique; Kur (Cyrus des Anciens) et Aras (Araxes) qui s'unissent et se jettent dans la mer Caspienne; Tchoruk (Acampsis) affluent de la mer Noire. La plus haute montagne est le Grand Ararat (5,155 m.). Villes principales : Erzeroum, Van,

Bayazid, Bitnia en Turquie; Etchmadzin, Kars, Erivan, Nakhitchevan, Shusha et Akhaltzikh en Russie. Les Arméniens se donnent le nom de Haïks, parce qu'ils descendent de Haïg ou Haïcus, petit-fils de Noé, qui s'établit sur les bords du lac Van. Aramais, deuxième successeur de Haïg, donna son nom à Aramvir, capitale du royaume d'Alexandre le Grand pendant 1,800 ans. Les mots Arménie, Arménien viennent, suivant les mêmes traditions, de Haram ou Aram, septième roi de la dynastie haïguienne. Parmi ses successeurs, l'histoire mentionne Haïkak II (607-569 av. J.-C.), Tigrane Ier ou Dikran, qui régna 45 ans (mort vers 524) et son fils Vahakn (571-'51) qui agrandit une ville fondée par Sémiramis, laquelle ville s'est appelée ensuite Vahakn ou Van. Soumise aux empires d'Assyrie, de Médie et de Perse, l'Arménie tomba au pouvoir d'Alexandre qui, après que ce conquérant eut renversé Vahey, dernier roi de la dynastie haïguienne; elle passa ensuite dans le royaume de Syrie. Vers l'an 189 av. J.-C., Valarsaces ou Vagharshag fonda une nouvelle dynastie, celle des Arsacides, qui régna jusqu'en 428 après J.-C. et dont la capitale fut Artaxarta, bâtie en 186 av. J.-C. Parmi les princes de cette famille, l'histoire cite particulièrement Tigrane le Grand qui s'empara du trône de Syrie et prit le titre de Roi des Rois (83 av. J.-C.). Battu par Lucullus (69), il déposa sa couronne aux pieds de Pompée (66). Son fils et successeur (54) Ardavasi, assista Pompée contre César (48) et les Parthes contre Marc-Antoine (36); ce dernier l'ayant vaincu, l'emmena couvert de chaînes d'argent à Alexandrie où il fut mis à mort (34). Alexandre, fils d'Antoine et de Cléopâtre, fut un instant gouverneur de l'Arménie; mais il fut renversé par les Parthes qui donnèrent la couronne à Artaxias, fils d'Ardavast (33), prince qui fut détrôné par les Romains et remplacé par Tigrane II (20). Conquise par les Parthes (13 après J.-C.) et délivrée par Germanicus (18), l'Arménie devint tributaire des Romains, sous le règne d'Abgar ou Abgarus, petit-fils de Tigrane II. Il fallut une expédition de Trajan (115) pour délivrer le pays d'une invasion des Parthes. Déjà le christianisme s'y était répandu. Après la mort de Tiridate (298), les rois arsacides durent se soumettre à la Perse (342), qui partagea ensuite l'Arménie avec les empereurs romains (443). En 647, les califes arabes l'envahirent et y établirent, en 859, la dynastie tributaire des Bagratides, qui y régna, jusqu'en 1079; une branche collatérale des Bagratides fut installée à Kars en 961, et il se forma, autour de Van, un troisième royaume d'Arménie. Mais après les guerres et les invasions incessantes, les rois émigrèrent avec leurs peuples. La dynastie des Bagratides ne posséda bientôt plus qu'une petite principauté établie en 1080 par Rupen, dont les successeurs, alliés des Croisés, régnèrent dans la Cilicie, jusqu'en 1375. A cette époque, l'Arménie fut envahie par les Mamelucks, et son dernier prince, Léon VI, emmené prisonnier au Caire, vint mourir à Paris en 1393. Après les Mamelucks vinrent : Timour (1383), les Osmanlis (1516), les Persans (1534), les Turcs (1583), qui se disputèrent l'Arménie. Abbas, Shah de Perse, l'abandonna aux Turcs en 1604; mais 22,000 familles émigrèrent dans ses états. Les Russes envahirent une première fois l'Arménie en 1828; et ensuite en 1879. Le traité de Berlin leur a donné Kars, Ardahan et Batoum. — RELIGION ARMÉNIENNE. La nation arménienne fut l'une des premières à adopter le christianisme. Vers l'an 300, le roi Tiridate et plusieurs milliers de ses sujets reçurent le baptême après les prédications de Grégoire l'Illuminateur; mais une lutte longue et sanglante avec le magisme persan précéda la conversion complète du peuple. Les Arméniens acceptèrent sans contestation les décrets des conciles de Nicée et d'Éphèse, mais repoussèrent ceux du concile

de Chalcédoine (451). Depuis cette époque, ils sont considérés comme hérétiques, aussi bien par l'Église grecque que par l'Église catholique romaine. Ils refusent de croire au purgatoire et, néanmoins, ils prient pour les morts; ils communient sous les deux espèces; ils vénèrent les saints, leurs images et la croix; insistent sur la perpétuelle virginité de Marie; maintiennent la confession et la régénération du baptême, mais n'admettent ni l'absolution ni les indulgences. Ils ont 165 jours de jeûne, pendant lesquels on ne touche à la chair d'aucun animal. A la tête de toute la hiérarchie ecclésiastique se trouve le catholicos, sorte de pape, qui réside au couvent d'Etchmadzin, dans la province russe d'Erivan. Son autorité, comme chef suprême, est reconnue par tous les Arméniens, excepté par les adhérents du patriarche d'Aghtamar, sur le lac Van. Les patriarches de Jérusalem, de Sis et de Constantinople reconnaissent la supériorité du catholicos, dont la juridiction religieuse s'étend également sur les Arméniens de Russie et de Perse. Il est élu par un synode et son élection doit être confirmée par le gouvernement russe. On évalue à 3 millions le nombre des adhérents à cette religion. On nomme Arméniens unis (Arméno-catholiques), ceux qui reconnaissent la suprématie du pape. Ils ont un patriarche en Cilicie depuis 1742. On en compte 15,000 à Constantinople et 100,000 dans l'empire de Turquie : Les Arméniens protestants, convertis depuis 1825 par les missions américaines, ne sont pas plus de 25,000, possédant 75 églises. — LANGUE. La langue arménienne appartient à la famille indo-européenne; elle abonde en sons gutturaux et possède de la force, de la flexibilité et de l'étendue. Son alphabet se compose de 38 lettres, dont 36 furent inventées par le moine Mezrob, vers 409. Outre les cas ordinaires : nominatif, génitif, datif, accusatif, ablatif et instrumental, il en existe deux, appelés narratif et circonlocutoire et formés par des préfixes. Lorsqu'il n'est pas intimement uni au substantif, l'adjectif se décline comme lui. Les verbes, divisés en trois conjugaisons et possédant une voix passive, varient leurs formes pour marquer le présent et l'imparfait. Ils ont deux futurs et deux temps aoristes et les temps composés ordinaires. — LITTÉRATURE. Moïse de Chorène a conservé quelques fragments poétiques de la littérature primitive arménienne. Le christianisme ayant fait naître le goût des lettres grecques, les catholicos Mezrob et Isaac envoyèrent des hommes instruits à Édesse, à Constantinople et dans plusieurs autres villes pour traduire les œuvres étrangères, tandis qu'eux-mêmes se chargeaient de la traduction de la Bible (Amsterdam, 1666; Venise, 1805); traduction qui marque immédiatement à la langue vulgaire un haut degré de perfection; et le ve siècle devint l'âge d'or de la littérature. Moïse de Chorène (qui avait étudié à Alexandrie avant d'être archevêque, et qui mourut vers 488, à l'âge de 120 ans) est considéré par les Arméniens comme leur premier auteur classique. Sa chronique d'Arménie (Londres, 1736, avec une traduction latine) est, après la traduction de la Bible, le plus ancien livre authentique de l'Arménie; il écrivit aussi sur la rhétorique et sur la géographie. On lui attribue la traduction du *Chronicon* d'Eusèbe (Venise, 1818; latin, Milan, 1818). Parmi ses contemporains brillèrent l'évêque et historien Elisha ou Eghishe, et David le philosophe. La littérature arménienne jette une grande lumière sur l'histoire des Persans, des Tartares et des Arabes. — L'histoire moderne d'Arménie par Tchamtchean (3 vol. in-4°, Venise, 1786) est l'ouvrage historique le plus sérieusement fait depuis 500 ans. Le catholicos Nerses Klayotsi (mort en 1173) se distingua comme théologien, comme orateur et comme poète; et son neveu, Nerses Lamprotetsi ne s'illustra pas moins comme auteur d'homélies et d'œuvres liturgiques. — Les Mekhitaristes, moines arméno-catholiques, qui habitent San-Lazaro, près de Venise, se sont voués, depuis 1717, d'une manière toute particulière au développement de la littérature arménienne. On leur doit des éditions de la Bible, d'ouvrages historiques et d'œuvres classiques; ils publient, en langue arménienne, un journal bi-mensuel. Les missions américaines ont donné, en 1861, une traduction complète de la Bible, à la fois en langue arméno-turque et arménienne moderne. En 1871, il existait treize journaux arméniens, dont trois à Constantinople. — ÈRE ARMÉNIENNE, commencée le 9 juillet 552. L'année ecclésiastique commence le 11 août. Pour réduire cette dernière en année grégorienne, on ajoute 551 ans et 221 jours.

ARMÉNIEN, IENNE s. et adj. Habitant de l'Arménie; qui appartient à l'Arménie ou à ses habitants. — s. m. Langue d'Arménie. — s. m. Chrétien de la religion arménienne.

ARMÉNIQUE adj. Qui a rapport à l'Arménie ou à ses habitants.

ARMENTIÈRES, *Armentaria*, ch.-l. de cant. (Nord), arr. et à 14 kil. N.-E. de Lille; sur la rive droite de la Lys; 21,900 hab. Hospice d'aliénés, collège; fabriques importantes d'eau-de-vie de genièvre, de linge de table et de dentelles. Commerce de grains, de vin, de tabac, de fer, etc. Prise par les Anglais (1339), les Français (1382), les calvinistes (1566), les Autrichiens (1647), Armentières revint définitivement à la France en 1667.

* **ARMER** v. a. Pourvoir d'armes : *on arma les conscrits.* — Absolum. Lever des soldats, lever des troupes : *on arme de tous côtés.* — Fig. Donner occasion de faire la guerre : *le fanatisme arme les peuples les uns contre les autres.* — Animer, irriter, soulever : *armer le fils contre le père.* — Par ext. Garnir une chose avec une autre qui la fortifie : *armer un aimant; armer une poutre de bandes de fer.* — *armer une meule de moulin avec des liens de fer.* — Mar. ARMER UN BATIMENT, l'équiper, le pourvoir de tous les objets nécessaires pour le mettre en état de prendre la mer. — ARMER CHEVALIER, recevoir ou conférer le titre de chevalier. — ARMER UNE BATTERIE, la garnir de canons. — ARMER UNE PLACE DE GUERRE, garnir les remparts de pièces de canon. — ARMER UN FUSIL, UN PISTOLET, tendre le ressort qui fait le chien de la batterie en état de s'abattre. — Fauconn. ARMER L'OISEAU, lui attacher des sonnettes. — Mus. ARMER LA CLEF, mettre à la clef le nombre de dièzes ou de bémols convenables pour indiquer le ton dans lequel l'air est écrit. — S'armer v. pr. Se munir d'armes, soit offensives, soit défensives : *s'armer d'une épée, d'une cuirasse; ils s'armèrent aussitôt et furent prêts à combattre.* — Faire la guerre, prendre les armes : *les sujets s'armèrent contre le souverain.* — Fig. Se munir, se précautionner contre les choses qui peuvent nuire ou incommoder : *s'armer contre les tentations; il faut vous armer de courage; il s'arme de la prière.* S'ARMER CONTRE LE MORS, résister à l'action du mors, en parlant d'un cheval qui place sa langue de manière à empêcher l'action du mors. — S'ARMER CONTRE SON CAVALIER, résister aux aides et aux châtiments, en parlant d'un cheval.

ARMERET. Voy. ARMET.

ARMÉRIACÉ, ÉE. Bot. Qui ressemble à l'armérie. — ARMÉRIACÉES s. f. pl. Synon. de Plombaginées.

ARMÉRIE s. f. (celt. *ar mor*, au bord de la mer). Bot. Genre de plombaginées à feuilles linéaires, lancéolées ou oblongues. L'*armérie maritime* (*armeria maritima*), vulgairement *gazon d'Olympe*, est une herbe gazonneuse à fleurs rosées. Elle croît naturellement dans les ter-

rains sablonneux; on l'emploie pour les bordures dans les jardins.

* **ARMET** s. m. (rad. *arme*). Casque fermé qui ne différait guère du heaume que parce qu'il était beaucoup plus léger. A la bataille de Marignan, François Ier portait un armet orné d'une magnifique rose d'escarboucles. — Mar. On entend par ce mot, sur la Méditerranée, les câbles, les ancres, les amarres, sur lesquels un bâtiment est mouillé.

ARMICLAUSA s. f. [ar-mi-klo-za] (lat. *arma*, armes; *clausus*, part. passé de *claudere*, fermer, recouvrir). Antiq. Tunique assez courte, fendue par devant et par derrière depuis la ceinture jusqu'en bas.

ARMIDE, l'une des héroïnes de la *Jérusalem délivrée*. Habile magicienne, elle séduit Renaud et le retient dans ses jardins enchantés. C'est la Circé des poëtes chrétiens. Son nom devenu proverbial, désigne une femme qui fascine par ses charmes. Il y a deux célèbres opéras d'*Armide* : l'un de Quinault, musique de Lulli, représenté en 1686; considéré comme le chef-d'œuvre lyrique de Quinault (voy. ci-dessous); l'autre se compose du même libretto mis en musique par Gluck et représenté à l'Académie de musique le 23 septembre 1777; Gluck y obtint l'un de ses plus brillants succès, malgré l'opposition des piccinistes, et particulièrement de La Harpe.

ARMIDE ET RENAUD, tragédie-lyrique en 5 actes, représentée à Paris (Académie de musique), le 15 février 1686, paroles de Quinault, musique de Lulli, dont cette pièce fut la dernière œuvre et le chef-d'œuvre; elle obtint un succès prodigieux, après un début des plus froids.

ARMIGÈRE s. m. (lat. *arma*, armes; *gerere*, porter). Écuyer qui accompagnait les chevaliers au combat et qui portait leurs armes.

* **ARMILLAIRE** adj. f. [ar-mil-lè-re] (lat. *armilla*, bracelet). Ne s'emploie que dans la locution SPHÈRE ARMILLAIRE, instrument astronomique composé de cercles mobiles qui sont disposés de telle sorte qu'ils permettent d'expliquer le mouvement et la position des corps célestes. L'invention de la sphère armillaire est attribuée à Ératosthènes (vers 255 av. J.-C.).

ARMILLÉ, ÉE adj. [ar-millé] (lat. *armillatus*; de *armilla*, bracelet). Qui est entouré d'un anneau ou d'un cercle.

* **ARMILLES** s. f. pl. [ar-mil-le; *ll* mll.] (lat. *armilla*, bracelet). Archit. Petites moulures qui entourent le chapiteau dorique, immédiatement au-dessous de l'ove. — Lorsque ces moulures carrées, au lieu de tourner circulairement, sont étendues en ligne droite, elles se nomment *filets* ou *listeaux*.

ARMILUSTRIE s. f. (lat. *arma*, armes; *lustro*, je purifie). Fête que les Romains célébraient chaque année, le 19 octobre, au champ de Mars, et dans laquelle, à la suite d'une revue des troupes, on offrait un sacrifice expiatoire pour la prospérité des armes de l'empire.

ARMIN (Robert), auteur anglais, auteur de Shakespeare; a laissé un drame : « Histoire des deux servantes de More Clacke. »

ARMINIANISME s. m. Doctrine des *Arminiens*.

ARMINIEN ou Remontrant s. m. Partisan de la secte hollandaise fondée par Jacques Arminius. Les arminiens repoussaient la doctrine de la prédestination et maintenaient la subordination du pouvoir ecclésiastique au pouvoir religieux. En 1610, leurs leurs doctrines dans une « Remontrance » adressée aux États-Généraux, d'où vint leur nom de remontrants. Leurs adversaires étaient appelés les gomaristes, de François Gomar, professeur de théologie à Leyde. Pour mettre fin à l'exci-

tation causée par les discussions religieuses entre ces deux partis, les États-Généraux convoquèrent à Dort (1618-'19) un synode national qui condamna les arminiens, ordonna la déposition de leurs ministres, l'arrestation et le bannissement de leurs chefs. Malgré ces persécutions, la secte des remontrants ne disparut pas; elle existe encore en Hollande, où on la tolère depuis 1630. Les opinions théologiques d'Episcopius, de Grotius et de plusieurs autres arminiens ont été en parties admises par l'Église d'Angleterre et par les luthériens d'Allemagne. Plusieurs sectes peuvent être considérées comme appartenant à la religion arminienne. Ce sont : les Méthodistes Wesleyens, les Unitariens, les Baptistes Généraux, les Baptistes Freewill et une grande partie des églises protestantes Episcopaliennes.

ARMINIUS (improprement : *Hermann*, en allemand), chef de la tribu germanique des Chérusques, né vers l'an 16 av. J.-C.; visita Rome dans sa jeunesse, servit dans l'armée, devint citoyen de l'ordre équestre et, à son retour en Germanie, après la mort de son père, Sigismer, roi des Chérusques, il organisa une vaste conspiration pour délivrer sa patrie. En l'an 9 après J.-C., il extermina presque complétement l'armée de Varus dans la forêt de Teutobourg. Trois légions romaines furent détruites et Varus resta mort sur le champ de bataille. Six ans plus tard, les Germains eurent à repousser une puissante invasion, commandée par Germanicus; Arminius remporta quelques succès; mais c'est l'année suivante (an 16) que se livra la plus grande bataille qui se soit jamais donnée entre Romains et Germains; le premier jour, Germanicus fut victorieux, mais le lendemain, il dut battre précipitamment en retraite. Le champ de bataille, appelé « Prairie de la femme » se trouve dans une plaine située entre les villes actuelles de Hameln et de Rinteln. Comme les armées romaines n'osèrent plus jamais traverser le Rhin, Arminius est considéré comme le libérateur de la Germanie. Énorgueilli de sa victoire, il se fit détester par son despotisme et périt empoisonné. Sa femme, Tusnelda, son fils et son frère, avaient été emmenés en captivité à Rome, où ils ornèrent le triomphe de Germanicus. La mémoire d'Arminius ne tarda pas à être vénérée. Une statue colossale de ce héros fut élevée, au mois d'août 1875, sur le sommet du Grotenberg, montagne près de Detmold. Voy. BANDEL.

ARMINIUS (Jacques) (en hollandais JACOB HARMZEN ou HERMANSZOON), théologien hollandais, né à Oudewater, en 1560, mort en 1609. D'abord pasteur à Amsterdam, en 1588, il fut nommé professeur de théologie à Leyde, en 1603, et ne tarda pas à entrer en discussion avec son collègue Gomar, au sujet de la prédestination et sur plusieurs autres points. L'Université, le clergé et le peuple prirent part à cette controverse; les États-Généraux crurent y mettre fin en défendant de disputer à l'avenir et d'enseigner contre le catéchisme admis. Le 30 oct. 1608, Arminius fit, devant les États, à la Haye, sa fameuse déclaration en 10 points. Une conférence entre Arminius et Gomar, assistés chacun de quatre ministres, fut interrompue par le décès d'Arminius. Voy. ARMINIENS.

* **ARMISTICE** s. m. (bas lat. *armistitium*; de *arma*, armes; *stiti*, j'ai arrêté). Suspension d'armes : *les belligérants convinrent d'un armistice.* — ARMISTICE PARTICULIER, celui qui a son effet sur un point déterminé du théâtre de la guerre. — ARMISTICE GÉNÉRAL, celui qui entraîne partout la cessation momentanée de toute opération de guerre. L'armistice général est une véritable trève et ne peut être conclu sans l'autorisation du pouvoir suprême de l'État. — ROMPRE UN ARMISTICE, le tenir comme non avenu. — VIOLER UN ARMISTICE, enfreindre une ou plusieurs dispositions arrêtées par

l'accord commun des parties. C'est un grave attentat au droit des gens. — DÉNONCER UN ARMISTICE, notifier la reprise des hostilités. — *Armistices les plus célèbres de l'histoire contemporaine.* De LEOBEN (1797), entre Bonaparte et le prince Charles ; de STEYER (25 déc. 1800), entre Moreau et l'archiduc Jean ; de TRÉVISE (16 janv. 1801), signé par Brune et qui livra aux Français la ligne de l'Adige ; de HOLLE-BRUN, signé en 1805, par Murat qui fut sévèrement blâmé par Napoléon ; d'AUSTERLITZ, accordé à l'Autriche le soir même de la victoire d'Austerlitz ; de ZNAÏM, après Wagram ; de PLEISWITZ (4 juin 1813), après la bataille de Bautzen ; l'armistice qui suivit la bataille de Solférino et précéda la paix de Villafranca (8 juillet 1859) ; l'armistice de quatre semaines (12 août 1866) entre l'Italie et l'Autriche ; l'armistice de vingt et un jours signé par Jules Favre et Bismark, le 28 janvier 1871.

* **ARMOIRE** s. f. (lat. *armarium* ; de *arma*, armes, parce qu'on y mit d'abord des armes). Meuble ordinairement de bois, fermé par une ou deux portes, garni de tablettes ou de tiroirs dans l'intérieur, et servant à renfermer toute espèce d'objets, mais principalement des hardes. — **Armoire de fer**, célèbre armoire que Louis XVI pratiqua secrètement dans l'épaisseur de la muraille de l'un des corridors des Tuileries, pour y cacher des pièces compromettantes. Elle était fermée par une solide porte de fer que dissimulait parfaitement un panneau de lambris peint en larges pierres. Un serrurier, nommé Gamain, qui avait travaillé à la construction de cette cachette, en dénonça l'existence à la Convention lorsque Louis XVI fut enfermé au Temple. L'armoire ayant été ouverte, on y trouva, entre autres documents, le fameux *livre rouge* (ainsi nommé à cause de la couleur de sa reliure en maroquin), registre de ce que la cour avait payé à Mirabeau et à d'autres. Une commission nommée par la Convention, inventoria les autres pièces contenues dans l'armoire de fer ; c'étaient des plans de fuite à l'étranger, des lettres des émigrés, etc. D'après Mme Campan, des pièces bien plus compromettantes avaient été retirées de l'armoire de fer longtemps avant la catastrophe du 10 août.

* **ARMOIRIES** s. f. pl. (bas lat. *armarium* ; du lat. *arma*, armes). Blas. Synon. d'ARMES : *faire peindre, sculpter ses armoiries.* — On fait remonter l'usage des armoiries au premier temps des joutes et des tournois, époque où elles devinrent nécessaires pour faire reconnaître au milieu des combattants les chevaliers tout couverts de fer. — Législ. « Les armoiries ont été supprimées en France par le décret des 19-24 juin 1790 qui a aboli la noblesse héréditaire ; elles ont été rétablies implicitement par Napoléon Ier et aussi par la charte de 1814. L'ordonnance du 15 juillet 1814 exigea que les anciennes armoiries fussent concédées à nouveau par lettres-patentes, et celle du 8 octobre suivant permit de conférer aux membres de la Légion d'honneur avec le titre personnel de chevalier. Les armoiries sont un accessoire des titres de noblesse et ne peuvent, non plus que ces titres, être usurpées au préjudice de droits acquis ; mais chacun a la faculté de prendre et d'afficher des armoiries qui ne sont pas la propriété d'une famille ou une *marque de commerce.* (voy. ce mot) ».   (CH. Y.)

* **ARMOISE** s. f. [ar-moua-ze] (lat. *artemisia*, du gr. *Artemis*, nom de Diane). Bot. Genre de composées, sous-tribu des anthémidées (ou suivant quelques botanistes, sous-tribu des artémisiées). Feuilles alternes découpées ; capitules discoïdaux, en épis ou en grappes paniculées ; fleurons du centre à cinq dents, hermaphrodites ou stériles par avortement ; fleurons de la circonférence femelles ; involucre ovoïde, à écailles imbriquées ; réceptacle dégarni de paillettes ; akène comprimé sans

aigrette. Ce genre comprend plus de soixante espèces d'herbes ou de sous-arbrisseaux contenant un principe amer et une huile essentielle aromatique. *Armoise estragon,* voy. ESTRAGON. *Armoise aurone,* voy. AURONE. *Armoise commune* (*Artemisia vulgaris*, Lin.) ou *herbe de Saint-Jean,* indigène, vivace, haute d'environ 1 mètre ; à feuillage d'un vert sombre, glabres en dessus, blanches et tomenteuses en dessous ; à fleurs jaunes ou rougeâtres. Elle croît dans les lieux incultes, parmi les décombres, le long des haies sur le bord des chemins. Elle fleurit de mai à octobre. Ses feuilles et ses fleurs sont employées (5 à 15 gr. en infusion dans un litre d'eau) comme emménagogues, antispasmodiques, toniques et vulnéraires. C'est un remède qui a beaucoup perdu de sa vogue. — *Armoise de Judée* (*Artemisia Judaica*, Lin.) produit le *semen-contra*. *Armoise en épis* (*Artemisia rupestris*), estimée comme vulnéraire. *Armoise absinthe,* voy. ABSINTHE.

* **ARMON** s. m. Carross. L'une des deux pièces du train d'un carrosse, entre lesquelles le gros bout du timon est placé.

ARMONVILLE (Jean-Baptiste), conventionnel, né et mort à Reims (1756-1808). Il siégea à la Montagne et porta constamment un bonnet rouge. Après avoir lutté contre la réaction thermidorienne, il retourna à son humble métier de cardeur de laine et resta honnête homme jusqu'à la fin de ses jours.

ARMORACIE s. f. (lat. *armoracia*, de armorique). Bot. Espèce de cochléaria appelé aussi *moutarde d'Allemagne, moutarde des capucins, cochléaria rustique, méredick, cranson rustique, raifort sauvage,* etc. C'est une plante sauvage, haute de 1 mètre, à racines charnues, à tige dressée et rameuse au sommet. Elle croît dans les lieux humides de la Bretagne, de l'Angleterre et du nord de l'Europe. Sa racine, antiscorbutique, stimulante et vermifuge, se mange comme de gros radis ou se râpe très menu afin de remplacer la moutarde dans les assaisonnements ; mêlée avec du vinaigre, elle peut produire l'effet d'un vésicatoire.

ARMORIAL, ALE, AUX adj. (rad. *armoiries*). Qui appartient, qui a rapport aux armoiries : *il possède des connaissances armoriales.* — * **Armorial** s. m. Recueil d'armoiries ; catalogue des armoiries d'une nation, d'une province, d'une famille, dessinées, peintes ou seulement décrites. — PRINCIPAUX ARMORIAUX : *Armorial général de la France,* par Louis-Pierre d'Hozier et Ant.-Marie d'Hozier; 1738-'68 ; 10 vol. in-fol. Le manuscrit est à la Bibliothèque nationale. — *Armorial général de l'Empire français,* par H. Simon ; 1812, 2 vol.; ouvrage inachevé. — *Armorial universel,* par Jouffroy d'Eschavannes, 1844-'50. — *Armorial général,* par J.-P. Riestap, 1861, Gouda (Hollande) immense recueil nobiliaire de l'Europe. — *Armorial historique et généalogique des familles de Lorraine au XIXe siècle,* 1 fort vol. in-4° par A. Georgel, Elbeuf, 1882.

ARMORICAIN, AINE s. et adj. Habitant de l'Armorique ; qui a rapport à ce pays. — s. m. Langue parlée dans l'Armorique.

* **ARMORIER** v. a. Mettre, peindre, graver ou appliquer des armoiries sur quelque chose.

ARMORIQUE, Armorica ou AREMORICA (celtique : *ar, air, sur*; *muir, mòr, mer*; *ic,* habitant ; qui habite sur la mer, sur le rivage). Nom de la côte N.-O. de la Gaule, depuis l'embouchure de la Ligeris (*Loire*), jusqu'à celle de la Sequana (*Seine*) ; pays habité par plusieurs peuplades celtiques : *Curiosolites* (territoire de Dinan) ; *Rhedones* (confluent de l'Ille et de la Vilaine) ; *Diablintes* (pays d'Aleth et de Dol) ; *Lexoviens* (Saint-Brieuc) ; *Venètes* (Morbihan) ; *Osismiens* (Finistère). L'Armorique opposa une énergique résistance à l'invasion romaine : après avoir fourni 36,000 hommes à Vercingétorix, elle arrêta Crassus et il fallut le génie

de César pour la soumettre (56 av. J.-C.). Plus tard, elle fit partie de la troisième Lyonnaise. Mais au commencement du ve siècle, cette province, toujours insoumise, secoua presque entièrement la domination étrangère et ne fut plus que l'alliée de Rome. Le christianisme, prêché par saint Clair, dès le IIIe siècle, y avait fait de rapides progrès. Vers l'an 284, l'Armorique reçut une émigration de Bretons ; elle en reçut une plus considérable encore pendant la révolte de Maxime contre Gratien (383). Les nouveaux venus obtinrent de l'usurpateur des concessions territoriales qui furent confirmées par Théodose. Au ve siècle, une troisième émigration, provoquée par l'invasion anglo-saxonne en Angleterre, débarqua dans l'Armorique qui devint ainsi une nouvelle *Bretagne* (voy. ce nom). — Les *Armoricæ civitates,* ont été énumérées par César (B. G. VII, 75).

* **ARMORISTE** s. m. Celui qui fait des armoiries, qui enseigne le blason ou qui écrit sur le blason.

ARMSTRONG adj. m. Se dit du canon inventé en 1854 par sir William-George Armstrong (né en 1810). Se dit aussi du boulet qui sert de projectile au canon armstrong. — Substantiv. Canon inventé par Armstrong : *les côtes anglaises se hérissent d'armstrongs.* Voy. ARTILLERIE.

ARMSTRONG, I. (John), officier américain (1758-1843), auteur d'une histoire de la guerre de 1812, entre l'Angleterre et les Etats-Unis. — II. (John) médecin et poète écossais (1709-'79), auteur d'un poème indécent intitulé : « l'Économie de l'Amour » 1737 ; et d'un poème didactique : « l'Art de conserver la Santé », 1744. — III. (John), médecin écossais (1784-1829), propagea les théories de Broussais qu'il exagéra dans ses nombreux ouvrages.

* **ARMURE** s. f. (lat. *armatura*). Armes défensives qui garantissent le corps et les membres, comme le *casque,* la *cuirasse,* la *cape,* le *sayon,* la *cotte d'armes,* la *cotte de mailles,* le *gambeson,* les *brassards,* les *épaulettes,* les *goussets,* les *cubitières,* le *garde-bras,* les *gantelets,* les *cuissards,* les *cuissots,* les *jambières,* les *genouillères,* les *braques,* les *grèques,* les *guêtres,* les *grèves,* les *henses,* les *escarpins,* etc. A ces diverses parties de l'armure, il faut joindre le bouclier. — Phys. Se dit des plaques de fer que l'on attache à un aimant et qui en augmentent la force. — ﹏ Mar. Troisième pièce qui, sous les ponts d'un vaisseau, s'endente ou s'écarte sur le milieu d'un bau, pour compléter sa dimension. — Ce mot s'emploie aussi comme synonyme de jumelle, lorsqu'il s'agit de mâts ou de vergues. C'est en général une pièce endentée sur une autre, pour renforcer ses dimensions et lui donner du bouge. — Techn. Ferrure d'une machine. — Arboric. Appareil dont on entoure les arbres à haute tige pour les défendre, pendant leur jeune âge, contre les mutilations ou les accidents. Dans les vergers, on se sert ordinairement de lattes en chêne garnies de pointes de Paris et réunies par des fils de fer, en sorte qu'elles forment les endroits où l'on peut craindre le choc des charrues ou des charrettes, on plante, de chaque côté de la tige, un gros pieu incliné vers celle-ci et on maintient à l'aide de traverses, les défenses ainsi établies. Quand on craint que l'écorce des arbres soit endommagée par le choc des voitures, on roule autour de l'arbre une corde en paille. Pour soustraire les tiges aux attaques des chats, des moutons et des chèvres, il est utile de les envelopper de branches épineuses. — ENCYCL. Depuis les temps primitifs jusqu'à la chute de l'empire romain, le bronze et l'airain semblent avoir été les seuls matériaux employés pour les casques et pour les armures. Même lorsque les Romains introduisirent l'acier dans la manufacture des armes, leurs armures restèrent en bronze. Celles des Grecs consistaient en un casque surmonté d'un cimier et qui pouvait s'abaisser en partie sur le visage; en une petite pectorale, plaque métallique placée sur la poitrine de façon à laisser libre la région claviculaire; en un ceinturon d'où tombaient des pans d'étoffe ou de cuir recouverts de plaques étroites en métal; et en jambières d'un métal solide, pour les jambes depuis le genou jusqu'à la cheville. Les Grecs portèrent d'abord

Armure des Romains, d'après la colonne Trajane.

de grands boucliers circulaires qui couvraient presque complètement un homme; plus tard, leurs boucliers furent plus petits, mais ils conservèrent à peu près la même forme. — Le soldat romain se revêtit d'une armure semblable, sauf que son bouclier était oblong au lieu d'être rond; ensuite, il rejeta les jambières et resta les jambes nues, afin d'être plus alerte. Cet armement défensif ne changea pas dans les troupes romaines. Au temps des croisades, les guerriers de l'empire d'Orient

Armure au temps des premières croisades.

'e portaient encore exactement tel qu'il est représenté sur les bas-reliefs de la colonne Trajane. — Les nations orientales adoptèrent de bonne heure pour les soldats et pour les chevaux des armures faites en écailles métalliques cousues sur du cuir; mais l'armure défensive complète, qui atteignit sa perfection pendant le moyen âge, eut son origine dans l'Europe occidentale. La tapisserie de Bayeux montre que les Saxons portaient des tuniques de cuir sur lesquelles étaient cousues des anneaux de métal; ils couvraient leur tête d'un casque conique en acier. L'armure normande était semblable; mais elle était formée de mailles d'anneaux mariés ensemble. Ces mail-

les flexibles présentaient le grave inconvénient de s'introduire dans les chairs lorsqu'elles recevaient un coup violent; c'est ce qui fit adopter l'armure composée de plaques de métal.

Armure en 1370.

Au XIVᵉ siècle, l'armement se composait d'une cotte de mailles, de brassards, de cuissards et de jambières en fer; dès le commencement du XVᵉ siècle, la cotte de mailles disparut et fut remplacée par une cuirasse; l'homme fut

Armure de Henri VII, roi d'Angleterre (1500).

bardé de fer depuis la tête jusqu'aux pieds. Cette armure reçut de nombreux perfectionnements et atteignit sa plus grande perfection vers le règne de Louis XII; elle acquit alors son plus haut degré d'élégance et de solidité. Toute l'armure était cannelée. Le heaume affectait une forme naturelle; le cou et les épaules se trouvaient parfaitement protégés par des lames flexibles et perpendiculaires; toutes les pièces s'adaptaient de façon à permettre les mouvements les plus variés. Le cheval n'était pas moins bien garanti; sa tête portait le chanfrein auquel étaient ajoutés le manifère du cou, le girel sur le poitrail et le croupier qui couvrait toute la partie postérieure; ces parties de l'armure du cheval constituaient la barde proprement dite. Les meilleures armures se fabriquaient à Milan. L'art de la défensive avait alors tellement surpassé les moyens de l'attaque, que dans une bataille livrée en Italie, on se heurta pendant sept heures sans qu'il y eut une seule blessure de part ni d'autre. Mais peu à peu l'usage des armes à feu donna l'avantage à l'offensive et depuis lors l'armure n'a fait que perdre de son importance, parce que les combats corps à corps devinrent plus rares; on abandonna

successivement les jambières, les brassards, les cuissards; on ne conserva plus que le casque et la cuirasse pour les hommes des-

Cavalier et son cheval bardés de fer (1534).

tinés à la grosse cavalerie. — ARMURES FÉES. On croyait, au moyen âge, que certains paladins portaient des armures qui n'étaient autres que des fées ou au moins des armures enchantées.

ARMURERIE s. f. Profession d'armurier. — Atelier, boutique d'armurier.

* **ARMURIER** s. m. Ouvrier qui fabrique ou qui vend des armes.

ARNAL (Scipion D'), ingénieur, né à Vallerauque, en 1733, mort en 1801. A laissé: *Prospectus de la navigation des rivières par le moyen de la machine à feu* (1781).

ARNAUD (François-Thomas-Marie DE BACULARD D'). Voy. BACULARD.

ARNAUD de Brescia, disciple d'Abélard, né vers 1100, mort en 1155. Ses attaques contre l'abus que le clergé faisait de ses richesses, causèrent son excommunication. En 1139, il fut chassé de Brescia, où il s'était fait moine après son retour de Paris en 1436. Errant en France et en Suisse il souleva les esprits; puis il se mit, en 1145, à la tête d'une révolte des Romains contre le pape Eugène III. Celui-ci quitta la ville éternelle, où le moine Arnaud, qui rêvait déjà l'unité italienne, proclama la République. Cet état de choses dura dix ans et il fallut l'intervention armée de l'empereur Barberousse pour rétablir le pape Adrien IV sur le trône de saint Pierre. Arnaud fut étranglé et brûlé; et les cendres de son corps furent jetées dans le Tibre. Une secte dite des *Arnaudistes* exista pendant longtemps encore en Italie.

ARNAUD de Villeneuve, dit *de Bachuone*, savant, né en 1238 dans une petite localité appelée Villeneuve (les uns disent près de Montpellier, les autres en Catalogne). Il étudia à Paris; enseigna la médecine à Montpellier, fit faire quelques progrès à la chimie qui n'était pas encore séparée de l'alchimie, découvrit quelques-uns des produits les plus importants de la distillation, crut posséder la pierre philosophale, se livra à l'astrologie et prédit la fin du monde pour l'an 1335. Il se piquait aussi d'être théologien, se jeta dans l'hérésie, déclara que les œuvres de charité sont plus agréables à Dieu que le sacrifice de la messe, attaqua les moines et prétendit prouver que les constitutions des papes sont purement humaines. Ces doctrines, prêchées au sein de Paris, trouvèrent de nombreux adeptes que l'on surnomma les *Arnaudistes*. L'Université s'en émut et Arnaud se vit forcé de fuir. Il se retira en Sicile. Le pape Clément V, gravement malade dans sa résidence d'Avignon, réclama les soins de l'hérétique, qui s'embarqua aussitôt pour se mettre à la disposition du chef de la chrétienté; mais il fit naufrage et périt en 1314, près de Gênes où il fut enterré. Ses ouvrages, composés d'une foule de petits résumés de ses leçons, ont été publiés à Lyon en 1520.

ARNAULD ou Arnaud, famille française, qui se rendit célèbre au temps de la lutte des jansénistes contre les jésuites. — I. (Antoine), avocat, né à Paris, en 1560, mort en 1619, plaida en 1594, pour l'Université de Paris contre les jésuites, dont il était pourtant l'élève. Son discours (inséré par de Thou dans son *Histoire*) lui fit de puissants ennemis qui le dénoncèrent comme huguenot. Arnauld écrivit : « Le franc et véritable discours du roi sur le rétablissement qui lui est demandé par les jésuites », in-8°; « Avis au roi Louis XIII pour bien régner », 1615, in-8°; « Première et deuxième philippiques contre le roi d'Espagne », 1592, in-8°. Il eut vingt enfants, dix qui moururent jeunes, quatre fils et six filles qui furent toutes religieuses à Port-Royal, dont il avait été, en quelque sorte, le second fondateur. — II. (Robert-Arnauld d'Andilly), fils aîné du précédent, né à Paris, en 1589, mort en 1674; d'abord avocat, il se retira, vers 1645, à Port-Royal-des-Champs, où il se voua à la littérature et aux sujets théologiques. Il traduisit les confessions de saint Augustin, les œuvres de Josèphe, écrivit ses « Mémoires » (publiés par l'abbé Goujet, 2 vol. in-12, 1734), « La vie de Jésus » (poème) et les « Vies des saints pères du désert et de quelques saintes ».Son fils se rendit célèbre sous le nom de marquis de POMPONNE. Voy. ce nom. — III. (Henri), frère du précédent, né à Paris, en 1597, mort vers 1692; évêque d'Angers, en 1649, il devint un zélé janséniste et se fit bénir de ses ouailles par sa mansuétude et sa charité. Ses « Négociations à la cour de Rome » (5 vol., 1748) contiennent de curieuses anecdotes. — IV. (Antoine), surnommé le « GRAND ARNAUD », le plus jeune des fils d'Antoine, né à Paris, le 16 février 1612, mort à Liège, le 6 août 1694; docteur en 1641. Les paroles de sa mère lui firent un « devoir de se donner tout entier à la défense de la vérité, quand il irait de la perte de mille vies », et il devint le théologien militant de Port-Royal. Son livre « De la fréquente communion » (août 1643), blâme énergiquement la morale facile des jésuites et souleva une vive controverse. Aux attaques dont il était l'objet, Arnauld répondit par sa célèbre « Théologie morale des jésuites », après laquelle il fut enfermé dans le silence de Port-Royal-des-Champs, afin d'éviter les persécutions dont il était menacé. Dix ans plus tard, la lutte recommença, au sujet d'un refus de sacrement fait au duc de Liancourt par le curé de Saint-Sulpice. Arnauld publia une « Première lettre à une personne de distinction », puis une « Seconde lettre à un duc et pair » (1655), écrits où il justifiait Jansénius et qui le firent condamner à être rayé de la liste des docteurs en théologie (janv. 1656). Pendant douze années, Arnauld s'enferma dans la méditation à Port-Royal. Il collabora, avec Nicole et Lancelot, à la « Grammaire de Port-Royal » (1660) et à la « Logique de Port-Royal » (1661), ouvrages qui seront l'éternel honneur de cette communauté. En 1668, Arnauld, pressentant les persécutions qui allaient écraser les ennemis des jésuites, fit sa soumission et tourna sa vigueur contre les calvinistes. Il publia : « La Perpétuité de la foi de l'Église catholique, touchant l'Eucharistie; Le renversement de la morale de Jésus-Christ par les calvinistes » 1672, in-4°; « l'Impiété de la morale des calvinistes », 1675. Cette soumission ne le sauva pas. Après

avoir été flatté un instant, il n'échappa ensuite aux plus cruelles persécutions qu'en se sauvant à Bruxelles (1679). Il y publia, en 1681, une « Apologie pour les catholiques », véritable apologie de ses anciens adversaires, les jésuites. Jurieu lui répondit par un libelle intitulé 1' « Esprit de M. Arnauld ». Le grand théologien termina son existence au milieu de controverses avec Malebranche, les calvinistes, Bayle et les philosophes sceptiques. — Ses œuvres complètes ont été réunies à Lausanne par Du Pac de Bellegarde, en 45 vol. in-8°, 1775-'83. Sa vie a été écrite par le P. Quesnel et par Sainte-Beuve. — V. (Marie-Jacqueline-Angélique), sœur du précédent (1591-1661), abbesse de Port-Royal, réforma ce monastère. — VI. (Agnès), sœur de la précédente (1594-1671), abbesse janséniste de Port-Royal, composa des ouvrages de dévotion. — VII. (Angélique), connue sous le nom de MÈRE ANGÉLIQUE DE SAINT-JEAN, fille de Robert Arnauld d'Andilly, et nièce des précédentes (1624-'84), était abbesse de Port-Royal au moment des grandes persécutions contre ce monastère. Elle a laissé plusieurs ouvrages parmi lesquels des « Mémoires pour servir à l'histoire de Port-Royal ».

ARNAULT (Vincent-Antoine), poète, né à Paris, en 1766, mort en 1834. Il débuta à 25 ans par une tragédie : *Marius à Minturnes*, qui eut un grand succès; donna *Lucrèce* (1792). émigra, revint en France (1793), composa les *Vénitiens*, s'attacha à Bonaparte, devint membre de l'Académie (1799), puis secrétaire du conseil de l'Université pendant l'Empire; fit jouer successivement, *Cincinnatus* 1795; *Oscar*, 1796; *les Vénitiens*, 1799; *le Roi et le Laboureur*, 1802. Exilé en 1816 et rayé de la liste des membres de l'Institut, il rentra en 1819 et redevint académicien en 1829, puis secrétaire perpétuel en 1833. Il avait écrit *Germanicus* en 1817. Outre ces tragédies, il a laissé un recueil de *Fables* qui lui ont donné une grande réputation (1812, Paris, in-12; réimprimées en 1825). On lui doit encore une *Vie politique et militaire de Napoléon* 1, in-fol.; des *Souvenirs d'un sexagénaire*, 4 vol. in-8°, Paris, 1833. Ses œuvres complètes ont été publiées en 8 vol. in-8°, Paris, 1824-'27.

ARNAUTES ou Arnaouts, peuplade grecque qui était préposée naguère à la garde des côtes de la Crimée, et dont l'état-major résidait dans le petit port du Balaklava. L'organisation de ce corps remonte au temps où la Russie faisait la guerre à la Porte ottomane, en 1769. Voy. ALBANIE.

ARNAY-LE-DUC, *Arnacum*, ch.-l. de cant., arr. et à 33 kil. N.-O. de Beaune (Côte-d'Or), sur la rive gauche de l'Arroux; 2,600 hab. Tanneries, huiles et toiles. En 1570, Coligny y battit les catholiques commandés par Cossé-Brissac. C'est à ce combat que Henri IV, alors âgé de 16 ans, fit ses premières armes.

ARND ou Arndt (Johann) [arnt], théologien luthérien allemand (1555-1621). Son principal livre : *Le vrai christianisme* a été traduit dans toutes les langues européennes; trad. franç. par Samuel de Beauval.

ARNDT (Ernst-Moritz), poète allemand, né dans l'île de Rugen, en 1769, mort le 29 janvier 1860; professeur à l'Université de Greifswald, il fut banni en 1807, après la publication de l'*Esprit du temps*, ouvrage dans lequel il attaquait Napoléon. D'abord réfugié en Suède, puis en Russie, il fit, au moment de la guerre de 1812, un appel à tous les peuples de l'Europe. Ses pamphlets : *le Rhin*, *le Catéchisme du soldat*, etc. eurent une grande influence sur le mouvement des idées en Allemagne à la fin de l'Empire. Persécuté comme libéral, après 1815, il fut élu en 1848 député des provinces rhénanes à l'Assemblée nationale de Francfort.

ARNE (Thomas-Augustin), le plus remar-

quable des compositeurs anglais au XVIIIe siècle, né à Londres, en 1710, mort en 1778. Ses vingt-trois opéras (Rosamond, Tom-Thumb, Comus, Artaxerces, etc.) obtinrent un succès mérité. Son hymne, *Rule Britannia* est resté un chant patriotique.

ARNEDILLO, station balnéaire espagnole (province de Logrono), à 36 kil. de Logrono, près de Calahorra, salines thermales, 42° R. Débilité, affections rhumatismales et consécutives aux accidents de la syphilis. Du 15 juin jusqu'au 30 septembre.

ARNHEIM ou Arnhein, capitale de la province de Gueldre (Hollande), sur le Rhin, à 50 kil. S.-E. d'Utrecht; 38,700 hab., dont 18,000 catholiques. Les anciens remparts ont été convertis en promenades. Fabriques de voitures, de glaces, d'instruments de mathématiques. Belles constructions, parmi lesquelles l'église Saint-Eusèbe, qui renferme les tombeaux des ducs de Gueldre. Lat. 54° 58' 66" N.; long. 3° 34' 29" E.

ARNHEIM, voy. ARNIM.

ARNHEIM (Cap), cap de l'Australie, par 12° 19' lat. S. et 134° 40' 36" long. E.

ARNICA ou Arnique s. f. (corrupt. du lat. *ptarmica*; dérivé du grec *ptarmicos*, qui fait éternuer). Bot. Genre de composées, tribu des sénécionidées, comprenant une dizaine d'espèces de plantes herbacées, à feuilles entières, opposées; à capitules assez grands de fleurs jaunes, radiées, multiflores. Espèce principale : *arnica montana*, appelé aussi *bétoine des montagnes, tabac des Vosges, doronic à feuilles de plantain*, plante vivace qui croît dans les lieux incultes et montagneux de l'Europe et que l'on cultive dans nos jardins, où elle se multiplie par l'éclat des vieux pieds. Ses fleurs ont une odeur qui provoque l'éternument. Tige d'un vert pâle, poilue au sommet; feuilles fermes; fleurs du rayon pistillées; fleurs du disque hermaphrodites; involucre campanulé, réceptacle velu, corole à tube velu, akènes cylindriques, amincis aux deux bouts. — Méd. Les fleurs et les racines de l'arnica possèdent des propriétés stimulantes. On les emploie en infusion dans la commotion qui suit la chute et dans la commotion cérébrale avant la réaction, dans les rhumatismes chroniques et les paralysies. Leur vertu antiseptique est utilisée dans les affections typhoïdes et les résorptions purulentes. Stahl, qui préconisait l'arnica comme fébrifuge, l'appelait le quinquina des pauvres. — Infusion et décoction, 5 gr. de fleurs ou 15 gr. de racines pour un demi litre d'eau. — La décoction sert principalement à frictionner les parties contuses après une chute. Au lieu de décoction, on pourrait employer de la *teinture d'arnica*, dont il est toujours utile d'avoir sous la main surtout si l'on a des enfants. On en verse quelques gouttes dans une soucoupe où l'on trempe les doigts. On renouvelle les frictions matin et soir pendant plusieurs jours.

Arnica montana.

ARMICÈNE s. f. Principe amer non encore bien défini que l'on trouve dans les fleurs de l'arnica.

ARNIM ou Arnheim, famille allemande, d'origine hollandaise, aujourd'hui établie en Prusse. — I. (Johann-George), officier (1581-1641) qui vendit ses services à la Suède, à la

Pologne et à l'électeur de Saxe. Au service de ce dernier, il prit la ville de Prague (1631) et battit les impériaux à Leignitz (1634). — II. (Karl-Otto-Ludwig von), écrivain (1779-1861), auteur de plusieurs récits de voyages en Europe et en Orient. — III. (Ludwig-Achim [JOACHIM] von), écrivain le plus hardi de l'école romantique en Allemagne. Ses poésies sombres et fantastiques soulevèrent ses compatriotes contre le despotisme de Napoléon. La collection de ses œuvres a été publiée en 19 vol. (1839-'46). — IV. (Elisabeth von), sa femme (1785-1859), plus connue sous le nom de « Bettina », se fit remarquer par ses excentricités, par son amour fantasque pour Gœthe et par la singularité de ses ouvrages qu'elle publia, parmi lesquels on remarque la *Correspondance de Gœthe avec une enfant*.

ARNO, *Arnus*, rivière de Toscane; naît au S. de Monte Falterona (Apennins) reçoit la Chianassa, la Chiane, la Sieve, passe à Florence et se jette dans la Méditerranée, à 12kil. au-dessous de Pise, après un cours de 250 kil., dont 130 navigables.

ARNOBIUS, rhéteur africain du IVe siècle; d'abord ennemi violent des chrétiens, il se convertit et mérita, par son traité *Adversus Gentes*, d'être baptisé par l'évêque de Sicca. Son traité a été imprimé à Leyde, 1651, in-4°.

ARNOLD (Benedict), général américain (1740-1804) qui, pour se venger d'une réprimande infligée par la cour martiale, trahit sa patrie pendant la guerre de l'indépendance et projeta de livrer aux Anglais la forteresse de West-Point, dont il était commandant. Washington déjoua ses menées, et Arnold s'enfuit dans le camp ennemi. A la paix, il se retira à Londres, où il mourut.

ARNOLD (Christoph), astronome allemand (1650-'95). Fermier près de Leipzig, il érigea un observatoire, découvrit les comètes de 1682 et de 1686 et observa le passage de Mercure sur le disque du soleil (34 oct. 1690).

ARNOLD (Samuel), compositeur anglais (1740-1802), auteur de 47 opéras, parmi lesquels la « Servante du Moulin » est considéré par les Anglais comme un chef-d'œuvre.

ARNOLD (Thomas), professeur anglais (1795-1842); son œuvre principale est une « Histoire de Rome », 3 vol. 1838-'42.

ARNOLD de Winkelried, voy. WINKELRIED.

ARNOLDIANA, voy. ARNOULD (*Sophie*).

ARNOLFO DI LAPO, architecte et sculpteur florentin (1232-1300). On lui doit plusieurs des monuments de sa ville natale.

ARNON, rivière qui arrose les départements de l'Allier et du Cher, parallèlement au cours du Cher et qui se jette dans ce cours d'eau un peu au-dessous de Vierzon. Cours de 135 kil. Affluents : la Joyeuse, la Tunnière et le Portefeuille.

ARNOTT (Neil), médecin écossais (1788-1874), inventeur d'un poêle, d'un ventilateur, d'un matelas flottant, etc.; auteur d' « Eléments de physique expliqués en langage non technique » et d'un « Essai sur le chauffage et la ventilation ».

ARNOUL I. (Saint), tige de la race carlovingienne, aïeul de Pépin d'Héristal, né vers 580, mort en 640. Il prit l'habit ecclésiastique après la mort de sa femme, devint évêque de Metz en 594 et finit ses jours dans les Vosges, au monastère de Saint-Mort. — II. Arrière petit-fils de Charlemagne, fils naturel de Carloman, roi de Bavière, né en 849, duc de Carinthie en 876, empereur d'Allemagne en 888, à la déposition de Charles le Gros. Il battit les Normands en 894, appela les Hongrois à son secours contre les Moraves (893), força les Francs et les Bourguignons à lui

rendre hommage et envahit deux fois l'Italie. Il mourut en 899.

ARNOULD (Madeleine-Sophie ou SOPHIE ARNOULD) [ar-nou], célèbre cantatrice, née à Paris, en 1744, morte en 1803; débuta en 1757 et devint en peu de temps la reine de l'Opéra. Elle dut sa réputation à son jeu naturel et expressif, à sa physionomie pleine de grâce et de vivacité, autant qu'à la beauté de son chant. Elle se retraita en 1778. La maison de Sophie Arnould était fréquentée par tout ce que les arts, les lettres et la noblesse offraient de plus illustre. Ses bons mots ont été réunis par A. Deville : *Arnoldiana* ou *Sophie Arnould et ses contemporains*, 1813, in-12.

ARNOULD le Mauvais, duc et roi de Bavière, de 912 à 937.

ARNSBERG, ville de Westphalie, Prusse, à 70 kil. S.-S.-E. de Munster; 5,000 hab. Ruines d'un château où s'assemblait la sainte Vehme.

ARNSTADT, ville de Schwarzbourg-Sonderhausen, Allemagne, à 17 kil. S. d'Erfurt; 9,000 hab. C'est l'une des plus anciennes villes de la Thuringe.

ARNSWALDE, ville de Brandebourg, Prusse, à 65 kil. S.-E. de Stettin; 7,000 hab. Fabriques de produits chimiques, de toiles et de lainages.

AROASSOIAVA, montagne du Brésil, province de Saint-Paul. Sur une longueur de 20 kil., elle ne forme qu'une masse de minerai de fer.

ARUE ou Arou, voy. ARROU.

AROERIS, Arouère, Haroéri, HORUS ou ORUS, dieu égyptien, sous le nom duquel on adorait le soleil, au temps des Pharaons. Fils d'Osiris et d'Isis, il avait été conçu dans le sein même de sa grand'mère Rhéa et naquit en même temps que son père et sa mère. On l'adorait principalement, dans un temple de la ville d'Ombos, sous la forme d'un épervier ou d'un homme à tête d'épervier.

AROGEE, lieu d'Abyssinie où sir Robert Napier battit une armée abyssine, le 10 avril 1868.

AROÏDÉ, ÉE, adj. [a-ro-i-dé] (gr. *aron*, arum; *eidos*, forme). Bot. Qui ressemble à l'arum. — AROÏDÉES ou ARACÉES s. f. pl. Famille de plantes monocotylédones, à feuilles engainantes par le pétiole et présentant de fortes nervures; à hampe terminée par un spadice qu'entoure une gaine spathe ordinairement colorée. Etamines à filets souvent très courts ou nuls; anthères biloculaires; stigmate sessile; baie indéhiscente. Principales tribus : *colocasiées* (comprenant le genre *arum*, type de la famille) *dracunculinées*, *ambrosiniées*, *calladiées*, *anaporées*, *callacées*, *orontiacées*, *acorées*, *arisarées*.

AROLAS (Juan), poète espagnol (1805-'49). Ses œuvres ont été publiées en 1860; 3 vol.

AROLSEN, ville d'Allemagne, à 21 kilom. N. de Waldeck; 3,000 hab.

AROMADENDRON s. m. (gr. *aroma*, parfum; *dendron*, arbre). Bot. Genre de magnoliacées dites magnoliées, comprenant de très grands arbres à feuilles alternes entières, coriaces; à stipules linéaires et caduques; à grandes fleurs terminales, solitaires, odorantes. L'*aromadendron élégant* (*aromadendrum elegans*), des forêts de Java, où on le nomme Kelatrong et Kilunglung, fournit un excellent bois de construction. Son écorce et ses feuilles amères et aromatiques passent pour toniques et stomachiques.

AROMAL, ALE, adj. Qui se rapporte aux aromes.

* AROMATE s. m. (gr. *arómata*, pl. de *aróma* parfum). Nom donné à certaines substances végétales qui exhalent une odeur suave et pénétrante. Le baume, le storax, la cannelle,

l'encens, le genièvre, le girofle, la muscade, etc., sont des aromates. Les aromates doivent leurs propriétés à des huiles essentielles et à des résines; on les emploie comme médicaments, comme assaisonnements, comme parfums ou comme cosmétiques. Voy. AROMATIQUES (plantes). — Par ext., on donne le nom d'aromates aux substances animales suivantes : musc, castoréum, ambre gris, civette. — Méd. Les aromates stimulent l'estomac; ils sont toniques, cordiaux et antispasmodiques.

AROMATICITÉ s. f. Qualité de ce qui est aromatique.

* AROMATIQUE adj. Qui exhale un arome plus ou moins agréable; qui est de la nature des aromates. — SAVEUR, ODEUR AROMATIQUE, saveur, odeur des plantes, des substances aromatiques. — PLANTES AROMATIQUES, plantes dont les fleurs, les feuilles, l'écorce, les racines possèdent une odeur suave. Les principales plantes aromatiques se trouvent dans les familles suivantes : *labiées*, *ombellifères*, *composées*, *légumineuses*, *burséracées*, *hespéridées*, *myrtacées*, *laurinées*, *anacardiacées*, *orchidées*, *euphorbiacées*, *myristicées*, *solanées*, *magnoliacées*, *zingibéracées*, *balsamifluées*, *conifères*, *rosacées*, *rubiacées*, *broméliacées*, *pipéracées*, *verbénacées*, *styracées*, *valérianées*, *iridées*. — Les propriétés désinfectantes des plantes aromatiques furent connues de bonne heure. Pendant une peste qui désola Athènes en 459 av. J.-C., on alluma de grands feux dans lesquels on jeta des plantes aromatiques pour purifier l'atmosphère.

* AROMATISATION s. f. Pharm. Action d'aromatiser.

* AROMATISER v. a. Mêler quelque substance aromatique à un remède, à un aliment.

AROMATITE s. m. Pierre précieuse dont parle Pline et qui avait l'odeur et la couleur de la myrrhe.

* AROME s. m. (gr. *aróma*, parfum). Principe odorant des fleurs, et en général des substances végétales qui ont une odeur agréable : *arome du café*.

AROMIE s. f. (gr. *aróma*, parfum). Entom. Genre de coléoptères établi par Serville et répondant à peu près au genre callichrome de Latreille. L'espèce principale est l'aromie musquée, vulgairement appelée capricorne à odeur de rose.

ARON s. m. Armoire dans laquelle les juifs modernes mettent le Pentateuque et qu'ils regardent comme la figure de l'arche d'alliance.

ARON, rivière qui sort de l'étang d'Aron (Nièvre) et se jette dans la Loire non loin de Decize, après un cours de 50 kilom.

ARONA, ville d'Italie, à 35 kilom. N. de Novare, 2,800 hab. Port fortifié sur le lac Majeur. Patrie de saint Charles Borromée, auquel une statue colossale a été élevée en 1697, sur une colline qui domine la ville. Cette statue mesure 21 m. 44 de haut, sans y comprendre le piédestal de 13 m. — Lat. 45° 45' 47" N.; long. 6° 12' 43" E.

* ARONDE s. f. (lat. *hirundo*). Ancien nom de l'hirondelle. — EN QUEUE D'ARONDE, en forme de queue d'hirondelle : *girouette en queue d'aronde*. — Fortif. OUVRAGE A QUEUE D'ARONDE, sorte d'ouvrage à corne. — Moll. Synon. d'AVICULE. Zool. Nom d'une espèce de poisson volant.

ARONDELLE s. f. Zool. Nom donné à l'hirondelle dans quelques provinces du Nord. — Pêche. Grosse ligne composée d'un cordage garni de petites lignes dites *avançons*, armées chacune d'un hameçon.

ARONIE s. f. (gr. *arónia*, néflier). Bot. Genre de rosacées, tribu des pomacées, comprenant des arbres et des arbrisseaux de l'Amérique du Nord, cultivés chez nous pour l'ornement des bosquets. Principale espèce : l'*amélanchier* (voy. ce mot).

AROUET, nom de famille de Voltaire.

ARPACTE s. m. (gr. *arpaktès*, ravisseur). Entom. Synon. de goryte.

ARPAD, khan des Hongrois, vers 890 ; mort en 907. Il compléta la conquête de la Hongrie, commencée par les Magyars. Zoltan, son fils, lui succéda mais ne prit pas le titre de roi de Hongrie. Ce n'est qu'à la fin du xi° siècle que commença la dynastie royale des Arpades.

ARPADE nom de la première dynastie des rois de Hongrie. Elle commença en l'an 1,000 avec saint Stéphane ou saint Etienne, descendant d'Arpad, et se termina en 1301, à la mort d'André III.

ARPAJON. I. *Areopagus*, petite ville à 7 kil. S. d'Aurillac (Cantal) ; 2,200 hab., près du château de Couros, qui appartint aux premiers rois francs. — II. Autrefois *Chatres*, ch.-l. de cant. arr. et à 24 kilom. O. de Corbeil (Seine-et-Oise), au confluent de l'Orge et de la Remarie ; 2,600 hab. Grains, farine, volailles, bestiaux. Vaste église Saint-Germain, dont un portail date du xii° siècle.

ARPANETTA s. f. (mot ital.). Ancienne harpe qui avait deux rangs de cordes, séparées par une double table d'harmonie.

* ARPÈGE s. m. (ital. *arpeggio* ; de *arpa*, harpe). Mus. Accord dont on fait entendre successivement et rapidement les notes, au lieu de les plaquer toutes à la fois. La harpe, la guitare, le piano peuvent employer l'arpège pour donner plus d'élégance à la composition. Pour les instruments à archet et pour les instruments à vent, l'arpège est la seule manière de produire les accords.

ARPÉGEMENT s. m. Action d'ARPÉGER.

* ARPÉGER v. a. Mus. Faire des arpèges.

* ARPENT s. m. [ar-pan] (*arapennis*, nom latinisé d'une mesure carrée des Gaulois). Ancienne mesure agraire contenant ordinairement 100 perches et dont la valeur variait d'une province à l'autre : 1° *arpent d'ordonnance* ou *des eaux et forêts*, carré de 220 pieds de côté, valant 51 ares 7 centiares ; 2° *arpent commun*, carré de 200 pieds de côté, valant 42 ares 21 centiares ; 3° *arpent de Paris*, carré de 180 pieds de côté, valant 34 ares 19 centiares ; 4° *arpent métrique*, nom que l'on donne quelquefois à l'hectare. — ARPENT DES ROMAINS, c'est le *jugère*.

* ARPENTAGE s. m. Mesurage des terres par arpents ou partie d'arpent ou autres mesures. — Science de mesurer les terres.

* ARPENTER v. a. Mesurer des terres. —Fig. et fam. Parcourir un espace avec vitesse et à grands pas : *j'ai arpenté la ville dans tous les sens*. — Absol. : *voyez comme il arpente*.

* ARPENTEUR s. m. Celui dont le métier ou l'office est de mesurer et d'arpenter les terres. — ↳ Ornith. Nom que l'on donne dans quelques provinces au grand pluvier.

* ARPENTEUSE adj. et s. f. Nom donné aux chenilles de certaines phalènes parce que n'ayant que six paires de pattes, elles ne peuvent ramper comme les autres. Elles se fixent d'abord par leurs pattes antérieures, puis ensuite leur corps en forme de boucle pour rapprocher l'extrémité postérieure de celle qui est fixée : elles répètent ce mouvement comme si elles mesuraient le terrain : *chenille arpenteuse ; les arpenteuses donnent naissance à des papillons de nuit.*

ARPHAXAD. I. Fils de Sem, né deux ans après le déluge, et père de Salé. — II. Nom sous lequel *Phraorte*, roi de Médie, est désigné dans l'Ancien Testament (livre de Judith).

ARPICORDO s. m. (mot ital.). Ancien clavecin dont on obtenait, à l'aide de petits sabots appliqués aux cordes, des sons semblables à ceux de la harpe.

ARPINELLA s. f. (mot ital.). Lyre mon... .

36

de cordes des deux côtés, et dont on joue comme la harpe. Son accord est en mi bémol.

ARPINO (anc. *Arpinum*), ville de l'Italie méridionale, à 25 kilom. N. de Pontecorvo, 10,000 hab. Fab. de papiers, de lainages et de parchemin. Fondée par les Volsques, puis comprise dans le Samnium, elle fut prise par les Romains en 304 av. J.-C. Patrie de Marius et de Cicéron.

ARPION s. m. (lat. *arripio*, je saisis). Vieux mot qui a signifié *griffe*, *ongle*, et qui est resté dans l'argot comme synonyme de *pied*.

ARPONE s. f. [ar-po-né] (mot ital.). Sorte de piano droit inventé au xviii° siècle par Michel Barbici, de Palerme. Il est monté de cordes de boyau qui rendent un son très doux lorsqu'on les pince avec les doigts.

ARQUA ou Arquata, village du N. de l'Italie, à 20 kilom. S.-O. de Padoue ; 1,100 hab. On y voit la villa et le tombeau de Pétrarque.

* ARQUÉ, ÉE, part. passé d'ARQUER. — Hippiatr. CHEVAL ARQUÉ. Cheval dont les genoux sont portés en avant, par suite de la faiblesse ou de la fatigue des muscles des jambes de devant. Un cheval arqué est toujours sujet à s'abattre et à se couronner. Lorsque cette conformation est naturelle au cheval est *brassicourt*.

.* ARQUEBUSADE s. f. Coup d'arquebuse : *il fut tué d'une arquebusade.* — EAU D'ARQUEBUSADE, eau vulnéraire que l'on appliquait sur les plaies d'armes à feu et que l'on emploie encore comme résolutive. — *Eau d'arquebusade de Theden.* On l'obtient en mêlant ensemble 750 gr. d'alcool rectifié, 750 gr. de vinaigre d'Orléans, 160 gr. d'acide sulfurique faible et 190 gr. de sucre blanc. On applique, sur les parties nouvellement contuses, des compresses imprégnées de cette liqueur.

* ARQUEBUSE s. f. [ar-ke-bu-ze] (ital. *arco*, arc ; *bugio*, trou). Ancienne arme à feu portative, composée d'abord d'un tube de fer que deux hommes portaient et qu'il fallait appuyer, pour en faire usage, sur une fourche fixée en terre. Des cailloux servaient de projectiles ; on mettait le feu à la poudre au moyen d'une mèche.

Arquebuse.

Cette arme, employée par les Espagnols à Pavie, leur procura la victoire, à la mère de François Ier, déclarée régente pendant la captivité de ce roi, ordonna la formation de compagnies d'arquebusiers sur le modèle de celles des Espagnols. Dans la suite, on diminua le poids de l'arquebuse et l'on en fit d'abord à croc, à rouet, à *mèche* et à *serpentin*, pour arriver enfin à y adapter la batterie à pierre. Au xviii° siècle, l'arquebuse modifiée prit le nom de *mousquet* et plus tard, celui de *fusil*.

* ARQUEBUSER v. a. Tuer à coups d'arquebuse.

* ARQUEBUSERIE s. f. Art, métier de celui qui fait les armes à feu portatives.

* ARQUEBUSIER s. m. Soldat armé d'une arquebuse ; il y eut des compagnies d'*arquebusiers bourgeois*, sous François Ier et sous ses successeurs. Les citoyens qui les composaient se distinguèrent chaque fois qu'il s'agit de défendre leurs villes ; on les obligea même, dans plusieurs circonstances, à servir en campagne, et divers privilèges leur furent accordés. — Le nom d'arquebusier devint synonyme de celui de troupes légères et c'est ce qui explique la présence d'arquebusiers dans l'armée française, longtemps après que l'on n'employa plus l'arquebuse. Il y eut aussi des *arquebusiers à cheval*. — Arquebusier désigne aujourd'hui celui qui fait les armes à feu portatives.

ARQUEPINCER v. a. Argot. Dérober avec adresse ; surprendre ; arrêter : « un voleur *arquepince* un porte-monnaie ; un agent survient qui *arquepince* le voleur » (Lucien Rigaud).

* ARQUER v. a. Courber en arc : *arquer une barre de fer.* — v. n. Fléchir, se courber : *cette poutre commence à arquer.* — S'arquer v. pr. Se courber : *les jambes de cet enfant se sont arquées.*

ARQUES. I. Petit fleuve qui se jette dans la mer à Dieppe, après un cours de 50 kilom., dont 7 navigables. — II. Bourg du département de la Seine-Inférieure, arr. et à 6 kilom. S.-E. de Dieppe, au confluent de la Béthune et de l'Arques ; ancienne ville fortifiée, boulevard de la contrée contre les invasions normandes et anglaises. Ruines d'un château ; curieuse église. Aux environs, victoire de Henri IV sur l'armée de la Ligue commandée par Mayenne (21 septembre 1589) ; 1,350 hab.

ARQÛRE s. f. État de ce qui est arqué.

ARRACACHA ou Aracatcha s. f. (nom de cette plante à la Nouvelle-Grenade). Bot. Genre d'ombellifères, tribu des amminées, renfermant des espèces de l'Amérique du Sud. L'*arracacha comestible* (arracacha esculenta), est une plante vivace dont les racines tubéreuses très charnues servent de nourriture aux peuples du Pérou.

ARRACAN province du N.-E. de l'Inde. La capitale, Arracan, fut prise par les Anglais le 1er avril 1825.

ARRACH, rivière qui naît dans l'Atlas, arrose la plaine de la Métidja et se jette dans la baie d'Alger, à 8 kilom. E. de cette ville, après un cours de 100 kilom.

ARRACHAGE s. m. Action d'arracher des herbes, des racines.

* ARRACHEMENT s. m. Action d'arracher : *on a payé tant pour l'arrachement des souches.* — Archit. État de pierres qu'on arrache d'un mur pour y en mettre d'autres en saillie qui puissent servir de liaison avec un mur qu'on veut joindre au premier. — ARRACHEMENT D'UNE VOUTE, premières retombées d'une voûte liées et engagées dans un mur.

* ARRACHE-PIED (d'), loc. adv. et fam. Tout de suite, sans interruption : *il a travaillé sept heures d'arrache-pied.*

* ARRACHER v. a. (lat. *eradicare*, enlever avec la racine). Détacher avec efforts ce qui tient à quelque chose ; ôter de force quelque chose : *arracher un arbre, de l'herbe, les cheveux*, etc. — Fig. Tirer, obtenir avec peine quelque chose de quelqu'un : *il faut lui arracher l'argent qu'il doit ; il m'a arraché mon secret.* — Détourner, écarter, éloigner avec effort en parlant des personnes, tant au propre qu'au figuré : *arracher à l'étude, arracher d'un lieu.* — Prov. et fig. ARRACHER UNE DENT A UN AVARE, lui tirer de l'argent. — ILS SONT PRÊTS A S'ARRACHER LES YEUX, se dit de deux personnes qui ont ensemble une violente altercation. — ARRACHER LA VIE, tuer. — ARRACHER DES LARMES, DES CRIS, DES PLAINTES à quelqu'un, le faire pleurer, le faire crier, etc. — S'arracher v. pr. Se détacher, s'éloigner avec peine, avec effort : *il s'arracha au plaisir.* — Rechercher, se disputer une personne ou une chose : *on s'arrache ce livre ; on s'arrache cet amusant causeur ; on se l'arrache.* — Jargon. ARRACHER DU CHIENDENT, attendre en vain.

ARRACHEUR s. m. Celui qui arrache. N'est usité que dans les locutions : *arracheur de dents, arracheur de cors.* — Prov. MENTIR COMME UN ARRACHEUR DE DENTS, mentir effrontément.

ARRACHIS s. m. Enlèvement frauduleux du plant d'arbres ; plant arraché sans motte de terre.

ARRACHOIR s. m. Instrument agricole qui

L

sert à arracher les racines d'arbres, les perches de houblon, etc.

ARRACK voy. Arac.

ARRAGEOIS, OISE adj. et s. Qui habite Arras; qui a rapport à cette ville ou à ses habitants.

* **ARRAISONNER** v. a. (rac. raison). Chercher à persuader quelqu'un par des raisons. — ♦ **S'arraisonner** v. pr. Chercher à se rendre compte de quelque chose.

ARRAMBER v. n. Mar. Se dit pour aborder, sur la Méditerranée, lorsqu'il s'agit d'une embarcation qui manœuvre pour accoster un navire.

ARRAN. I. Ile d'Ecosse (comté de Bute), entre Cantyre et la côte; 35 kil. de long; 20 de large; 5,500 hab. Surface haute et rocheuse; 413 kil. carr. Ch.-l. Brodick; monuments druidiques. Phare à feu tournant, par 58°8'55" lat. N. et 12°44'39" long. O. — II. **Iles d'Arran** groupe de trois îles basses et stériles (Inishmore, Inishmaan et Inishere), à l'entrée de la baie de Galway (Irlande), 3,200 hab. — III. Comte d'Arran, titre créé pour sir Thomas Boyd, en 1467, et qui passa, en 1503 dans la maison de Hamilton. — Jacques Hamilton, deuxième comte de son nom (mort en 1575), fut régent d'Ecosse en 1542 et reçut le titre de duc de Châtellerault, après le mariage de Marie Stuart avec le dauphin de France. Son fils, Jacques, devint fou lorsque Marie Stuart, veuve du roi de France, refusa de l'épouser. Le titre et les domaines d'Arran passèrent à son frère Jean, qui fut créé marquis d'Hamilton en 1599.

* **ARRANGÉ, ÉE** part. passé d'Arranger. Projeté, convenu: il est arrangé que nous irons; c'est arrangé. — Manière, recherché, affecté: il est toujours arrangé dans sa manière de s'exprimer.

ARRANGEABLE adj. Qui peut être arrangé, concilié.

ARRANGEANT, ANTE adj. Qui est facile en affaires.

ARRANGEMANER v. a. Jargon. Tromper, duper.

* **ARRANGEMENT** s. m. Action d'arranger; état de ce qui est arrangé: il y a du goût dans l'arrangement de ces meubles. — Disposition, ordre que l'on observe dans un discours, en mettant chaque pensée, chaque terme à la place qui lui convient: l'arrangement des paroles contribue à la clarté, à la force, à la grâce du discours. — Economie, esprit d'ordre dans la dépense: il a mis de l'arrangement dans ses affaires. — Conciliation: l'arrangement de ce procès ne sera pas facile. — Mesure que l'on prend pour terminer ses affaires: il prend ses arrangements pour payer ses dettes. — Arrangement des mots (Traité de l'), par Denys d'Halicarnasse; l'un des meilleurs ouvrages des anciens sur l'élocution poétique et oratoire. Traduit en franç. par Le Batteux, Paris, 1788, in-12.

* **ARRANGER** v. a. (rad. rang). Mettre dans l'ordre convenable, dans un certain ordre: arranger des papiers; arranger des idées, des paroles. — Réparer: arranger une maison. — Fig. Mettre dans un meilleur ordre, dans un meilleur état: il a bien arrangé ses affaires. — Accommoder, terminer à l'amiable: nous arrangerons ce procès. — Régler: il a bien arrangé sa vie. — Fam. et ironiq. Maltraiter, causer du dommage: je l'ai arrangé de la belle manière. — Fam. Cela m'arrange, ne m'arrange pas, cela me plaît, m'accommode, cela me déplaît, me porte préjudice. — S'arranger v. pr. Se ranger dans un certain ordre: arrangeons-nous bien autour de la table. — Se mettre d'une position commode, pour faire une chose: il s'arrange dans son fauteuil pour dormir; il saura bien s'arranger à la table pour écrire. — Rendre sa maison, son appartement propre, commode, y mettre tout en ordre: il me faudra du temps pour m'arranger chez moi. — Prendre ses mesures: arrangez-vous pour finir demain. — Fig. et fam. Se tirer d'affaire: arrangez-vous comme vous voudrez. — Se résigner à: il faut savoir s'arranger dans sa situation. — S'accorder, s'entendre avec: ils se sont arrangés pour partir ensemble. — Terminer à l'amiable un procès, un différend, une querelle: ils n'ont pas voulu s'arranger.

ARRAOUAKS, Arawaks ou Loconos, tribu indienne autrefois puissante, qui habitait le territoire entre l'Orénoque et le Surinam. Au XVIIIe siècle, des missionnaires moraves étudièrent l'Oroco, leur langue, qui est le dialecte le plus doux de l'Amérique, et imprimèrent plusieurs livres religieux pour leurs prosélytes. Les Arraouaks se trouvent encore sur les bords du Surinam et du Berbice (Guyane). On les dit très pacifiques et animés des meilleures dispositions pour les Européens.

ARRAPER v. a. Mar. Saisir avec force.

ARRAS [ar-râss], Nemetocenna, Nemetacum; flam., Atrecht; ch.-l. du dép. du Pas-de-Calais, ancienne capitale de l'Artois, sur la Scarpe, à 177 kil. N. de Paris, par 50° 17' 31" lat. N. et 0° 26' 26" long. E.; 27,500 hab. Place forte avec citadelle; évêché, collège, bibliothèque, musée, jardin botanique, société des sciences fondée en 1737; hôtel de ville (1510), belles places, maisons construites dans le style espagnol. Patrie des deux Robespierre, de Lebon et du naturaliste Palissot. Ancienne capitale des Atrebates, célèbre dès le IVe siècle. par ses fabriques de tapis et d'étoffes de laine; ruinée par Attila et par les Normands. Saint Vaast (VIe siècle) fut son premier évêque ou l'un de ses premiers évêques. Elle partagea les intérêts de l'Artois et passa de la maison de Bourgogne à l'Allemagne, puis à l'Espagne; fut assiégée par Charles VI, en 1414, prise par Louis XI, en 1477. Le roi de France, se sentant peu aimé par les habitants, les chassa de leur ville, à laquelle il imposa le nom de Franchise. Charles VIII rappela les anciens bourgeois en 1492. Peu de temps après, les intelligences livrèrent la place à Maximilien d'Autriche. Henri IV échoua contre elle en 1597; mais Louis XIII s'en empara en 1640, après cinq semaines de siège et trente-sept jours de tranchée ouverte. Les Espagnols avaient gravé sur l'une des portes:

Quand les Français prendront Arras,
Les souris mangeront les chats.

Maîtres de la place, les Français se contentèrent d'effacer le p de prendront. Depuis cette époque, la ville est restée française; assiégée en 1654, par les Espagnols et Condé, elle fut dégagée par Turenne. Vauban la fortifia. Son industrie consiste en fabriques de dentelle, de machines, de sucre, d'alcool, etc. Exportation d'huile de colza, de grains, etc. — Traités d'Arras. 1° Entre les Armagnacs et les Bourguignons, 4 septembre 1414. Jean sans Peur obtint son pardon et abandonna l'alliance des Anglais. 2° Entre Charles VII et Philippe le Bon, de Bourgogne; 21 septembre 1435. Philippe obtint plusieurs villes du N de la France et se tourna contre les Anglais. 3° Entre Louis XI et Maximilien d'Autriche, 23 décembre 1482. La fille de l'archiduc devait épouser le dauphin et lui apporter en dot ses droits sur l'Artois et la Bourgogne.

ARRASTRE s. m. Machine dans laquelle on met le minerai argentifère pour le réduire en et le tamiser.

ARRÉ (Pic d'), montagne des Hautes-Pyrénées; 2,939 mètres.

ARREAU, ch.-l. de cant., arr. et à 32 kil. S.-E. de Bagnères-de-Bigorre (Hautes-Pyrénées); 1,300 hab. Jolie ville, bien située au confluent de la Neste et du Gave de Louron, à l'entrée du Val d'Arreau, qui est un des plus pittoresque des Pyrénées. Les Français y battirent les Espagnols en 1793.

ARRÉE (montagnes d'), chaîne de hautes collines qui borne au N. le bassin de l'Aulne et se termine au Faou, dans le fond des Sizun et Loqueffret, où se trouve le point culminant du dép. du Finistère.

ARRÉMON s. m. (gr. arrémôn, qui ne dit mot). Ornith. Genre de passereaux dentirostres, très voisin des moineaux et ne renfermant qu'une espèce: l'arrémon à collier, appelé aussi oiseau silencieux ou tanagra silens, de la Guyane, où il habite les lieux couverts. D'un naturel noir sur les côtés, avec un demi-collier sur le devant du cou; poitrine et ventre blanchâtres; pieds d'un jaune verdâtre; parties supérieures d'un vert olive foncé. D'un naturel stupide, il se laisse prendre facilement.

* **ARRENTEMENT** s. m. Action de donner ou de prendre à rente: prendre un champ par arrentement, faire un arrentement.

* **ARRENTER** v. a. Donner à rente un héritage, un champ, une terre, un bien quelconque: il a arrenté toutes ses vignes.

* **ARRÉRAGER** v. a. Laisser accumuler des arrérages: il ne faut pas laisser arréorager ses rentes, ses pensions.

* **ARRÉRAGES** s. m. pl. (de arriéré). Ce qui est dû, ce qui est échu d'un revenu, d'une rente, d'un loyer, d'une ferme: il me doit tant d'années d'arrérages. — Législ. « Les arrérages des rentes sont considérés comme fruits civils et, à ce titre, s'acquièrent jour par jour; ils appartiennent donc à l'usufruitier, à proportion de la durée de son usufruit (Code civ. 584 et suiv.). Les arrérages échus produisent eux-mêmes des intérêts, du jour de la demande ou à partir de l'époque convenue (Code civ. 1155). Les arrérages des rentes sur l'Etat sont insaisissables (L. 8 niv. an VI et 22 fl. an VII). On ne peut réclamer les arrérages d'une rente ou pension viagère, qu'en justifiant de l'existence du rentier par un certificat de vie (Code civ. 1983). Le débiteur d'une rente perpétuelle ou viagère peut invoquer la prescription contre la réclamation des arrérages, après cinq années de leur échéance (Code civ. 2277). Mais l'hypothèque ou le privilège qui garantit le capital de la rente ne s'applique aux arrérages que pour deux années échues et l'année courante (Code civ. 2151). Les arrérages des pensions dues par l'Etat sont prescrits après trois ans par réclamation (L. 9 juin 1853, art. 30). » (Ch. Y.).

ARRESTATION s. f. Action d'arrêter quelqu'un, de l'empêcher de continuer sa route. Signifie particulièrement: Action de saisir une personne et de l'emprisonner: procès-verbal d'arrestation. — Etat de celui qui est arrêté: il est en état d'arrestation; il a été deux mois en arrestation. — Législ. « La liberté individuelle est le droit assuré à tout citoyen de n'être arrêté et détenu que dans les cas prévus et selon les formes prescrites par la loi. La sanction de ce droit est dans la disposition du Code pénal (341 et suiv.) qui inflige la peine soit de l'emprisonnement, soit des travaux forcés, pour toute arrestation ou séquestration faite sans l'ordre des autorités compétentes et hors les cas où la loi ordonne de saisir les prévenus. La peine est la dégradation civique pour le fonctionnaire public qui a donné un ordre arbitraire d'arrestation (Code pén. 144). Aucune arrestation ne doit avoir lieu que dans les cas suivants: 1° sur un mandat d'amener délivré par le juge d'instruction soit contre un individu inculpé de délit ou de crime, lorsqu'il n'a pas de domicile ou qu'il refuse d'obéir à un mandat de comparution, soit contre un témoin qui ne s'est pas rendu à une première citation; 2° sur un mandat de dépôt décerné par le juge d'instruction contre un inculpé, après interrogatoire ou en cas de fuite; 3° sur un *mandat d'arrêt* décerné dans les mêmes cas, par le même magistrat, après que le ministère public a été entendu. Ce dernier mandat a pour effet secondaire de grever de privilège les biens de l'inculpé, afin d'assurer le recouvrement des frais. Chacun de ces mandats doit être exhibé au prévenu, et il lui en est laissé copie (Code inst. crim. 91 et suiv.). Le porteur du mandat emploie au besoin, pour l'exécuter, la force publique qui est tenue de marcher sur sa réquisition. Lorsqu'il y a *flagrant délit* ou que le fait commis comporte une peine afflictive ou infamante, les mandats d'arrestation peuvent être délivrés d'urgence par les procureurs de la République, les préfets, les officiers de police judiciaire : juges de paix, maires, adjoints, commissaires de police et officiers de gendarmerie; 4° sur décisions judiciaires ou émanant d'une chambre des mises en accusation ou d'un tribunal correctionnel; 5° sans aucun ordre, dans le cas de *flagrant délit*, dans les cas assimilés, ou lorsque le prévenu est poursuivi par la clameur publique et que le crime ou délit comporte une peine afflictive ou infamante. Alors tout dépositaire de la force publique et même toute personne est tenue d'arrêter le prévenu; 6° sur un ordre des présidents des cours et tribunaux, en cas de trouble de l'audience; 7° sur l'ordre de tous juges et officiers de justice menacés dans l'exercice de leurs fonctions (Code pr. civ. 89 à 92); 8° par mesure de police, contre un étranger que l'on veut expulser du territoire français et sur un ordre du ministre de l'intérieur ou des préfets des départements frontières (L. 3 déc. 1849, art. 7). — L'état d'arrestation cesse : soit par la mise en *liberté provisoire*, avec ou sans caution, dans les cas prévus par la loi ; soit par une *ordonnance de non lieu* rendue par le juge d'instruction ; soit par le jugement ou l'arrêt qui acquitte le prévenu. Lorsque *l'état de siége* est légalement déclaré, les pouvoirs des magistrats pour les mesures de coercition et de police passent à l'autorité militaire (L. 9 août 1849). Enfin nous dirons encore que le règlement de la Chambre des députés autorise le président de cette assemblée à faire procéder à l'arrestation et à l'incarcération d'un membre de la Chambre, lorsque celui-ci, après un vote qui prononce son exclusion temporaire, refuse de se soumettre à cette décision. Pour ce qui concerne l'arrestation en matière civile, voir *Contrainte par corps*. »   (CH. Y.).

* **ARRÊT** s. m. Jugement, décision d'une cour de justice, par laquelle une question de droit ou de fait est décidée : *arrêt de la cour d'appel, de la cour de cassation, du conseil d'État, de la cour des comptes.* — Fig. Se dit des jugements de Dieu, des décisions des hommes qui ont ou croient avoir quelque autorité : *ses paroles sont des arrêts sans appel; les arrêts de la critique :*

> Et je verrai dans peu la mort
> Exécuter l'arrêt du sort.
> CRAULINE, Vie champêtre, 1702.

— Saisie, mainmise de la personne soit des biens : *on a fait arrêt sur sa personne et sur ses biens.* En parlant d'une saisie d'argent faite entre les mains d'un tiers, on ne dit plus que *saisie-arrêt* ou *opposition*. — **MAISON D'ARRÊT**, lieu de détention, prison. — Chasse. Action du chien couchant lorsqu'il arrête le gibier : *ce chien est à l'arrêt, en arrêt.* — Couture et lingerie. Ganse que l'on met à l'extrémité d'une ouverture pour empêcher le linge ou l'étoffe ne se déchire. — Manège. Action du cheval quand il s'arrête : *ce cheval a l'arrêt léger; ferme sur l'arrêt.* — Action de la main pour arrêter le cheval : *temps d'arrêt.* — Action de la main pour ralentir le mouvement sans le faire cesser : *former des arrêts, des demi-arrêts.* — **TEMPS D'ARRÊT**, se dit en général des repos,

courts intervalles que l'on observe entre certains mouvements qui doivent s'exécuter avec précision et régularité. — Art milit. Pièce du harnais où le cavalier appuie et arrête sa lance : *mettre la lance en arrêt.* — Techn. Petit verrou qui retient immobile le chien de certaines platines d'armes à feu : *pistolet en arrêt, au cran d'arrêt.* — Petite pièce qui empêche que le mouvement d'une horloge aille trop vite : *l'arrêt d'une horloge.* — Physiol. **ARRÊT DE DÉVELOPPEMENT**, interruption de développement, d'un organe ou d'une partie quelconque du corps, avant d'avoir atteint leurs dimensions ordinaires. Les arrêts de développement produisent la plupart des monstruosités. — Législ. « Tout arrêt doit être prononcé en audience publique; il est précédé des motifs et indique les articles de loi sur lesquels il est fondé. Les arrêts des cours d'assises ne sont que l'application de la loi, d'après le verdict du jury. Les arrêts des cours d'appel et ceux des cours d'assises sont définitifs ; mais ils peuvent être annulés par la cour de cassation, pour non observation ou fausse application de la loi (V. Cassation). Sous l'ancienne monarchie, le Conseil du Roi ou Conseil d'État qui avait à la fois des attributions politiques, administratives et judiciaires, rendait des arrêts au contentieux, des arrêts réglementaires sur des affaires d'administration, et des arrêts sur la législation et les finances; mais ces derniers n'avaient force de loi que lorsqu'ils étaient confirmés par lettres-patentes du roi et, de plus, entérinés par les parlements. Ceux-ci rendaient aussi parfois, en audience solennelle, des arrêts dits *de règlement* et qui avaient force exécutoire dans tout le ressort, jusqu'à décision contraire du souverain. Aujourd'hui, les arrêts, de quelque cour qu'ils émanent, s'appliquent seulement aux faits en cause, à *l'espèce* ; et il est formellement interdit aux magistrats de statuer d'une façon générale et réglementaire (Code civ. 5 ; Code pén. 127). Néanmoins on comprend que certains arrêts des cours d'appel et surtout de la cour de cassation et du conseil d'État, tout en s'appliquant à des cas particuliers, étant propres à élucider des questions de principe restées douteuses. Ces arrêts de doctrine forment ce que l'on appelle, dans un sens restreint, la *jurisprudence*, et on les invoque concurremment avec la loi. Aussi existe-t-il plusieurs recueils d'arrêts, et les plus répandus sont le recueil de Dalloz et celui de Sirey. Arrêt peut avoir, dans le langage du droit, une signification très différente de celle qui précède; par ex. **ARRÊT DE DENIERS** (V. saisie-arrêt).   (CH. Y.).

— **Arrêts** s. m. pl. Défense qui est faite à un militaire de sortir de chez lui ou de s'éloigner d'un lieu déterminé. — **ARRÊTS SIMPLES**, défense de sortir aux heures où l'on n'est point de service. — **ARRÊTS FORCÉS ou DE RIGUEUR**, défense absolue de sortir; celui qui est condamné aux *arrêts forcés* doit remettre son épée à l'adjudant-major qui les lui signifie.

* **ARRÊTÉ, ÉE** part. passé d'**ARRÊTER**. **AVOIR LA VUE ARRÊTÉE**, avoir la vue assurée. — **N'AVOIR PAS L'ESPRIT BIEN ARRÊTÉ**, n'être pas bien sensé. — **AVOIR DES IDÉES ARRÊTÉES, DES PRINCIPES ARRÊTÉS, UNE OPINION ARRÊTÉE SUR QUELQUE CHOSE**, avoir des idées, etc., bien établies. — **C'EST UNE AFFAIRE ARRÊTÉE**, c'est une chose convenue. — Peint. **DESSIN ARRÊTÉ, ESQUISSE ARRÊTÉE, COMPOSITION ARRÊTÉE**, dessin, etc., où l'on n'a plus rien à retoucher. — **DESSIN ARRÊTÉ** se dit aussi d'un dessin tracé avec justesse et fermeté.

* **ARRÊTÉ** s. m. Résolution prise dans une compagnie, dans une assemblée délibérante : *l'assemblée prit un arrêté.* — Décision réglementaire ou spéciale à un cas particulier, prise par une autorité administrative : *arrêté du préfet de police.* — Finances. **ARRÊTÉ DE COMPTE**, règlement de compte. — Législ. « Les

règlements faits par le pouvoir exécutif, en vertu et pour l'exécution des lois, et que l'on nomme décrets, ont porté le nom d'*arrêtés*, sous le Directoire et sous le Consulat, et aussi pendant les premiers temps du gouvernement provisoire, en 1848. — Les *arrêtés ministériels* émanent de l'un des ministres et sont relatifs soit au personnel, soit à l'exécution des lois et décrets, soit au régime des établissements de l'État, soit à certaines affaires contentieuses ou à des réclamations faites par la voie gracieuse, etc. Par les *arrêtés préfectoraux*, le préfet nomme des agents ou des commissions administratives, prend des mesures de police applicables à tout le département, réglemente les cours d'eau, l'exploitation des minerais, etc., statue, en conseil de préfecture, sur des questions de domaine, de contributions directes, de contentieux; délivre les permissions et alignements de grande voirie; élève devant la juridiction civile les conflits d'attributions, etc. — Les *arrêtés municipaux* sont pris par les maires et sont relatifs à la police urbaine, à la police rurale, à la petite voirie, à la sûreté et à la salubrité publiques. Les préfets, maires et autres administrateurs dont les arrêtés contiendraient des dispositions réservées à l'autorité législative ou empêcheraient l'exécution des lois, seraient passibles de la dégradation civique (C. pén. 130). Un *arrêté de compte* est l'approbation donnée à un compte par celui auquel il devait être rendu. Si un mandataire, un tuteur, etc., refuse de rendre compte de ce qu'il a géré, il peut être obligé à le faire (C. pr. 527 et suiv.). L'arrêté de compte interrompt la prescription qui courait au profit du débiteur, parce qu'un compte arrêté forme contrat, parce qu'un compte arrêté forme contrat. (C. civ. 2,274 ; C. com. 434). Les arrêtés de compte faits sous signatures privées sont soumis au timbre de 0, 10 cent., lorsqu'ils contiennent, même implicitement, quittance ou décharge de sommes, titres, valeurs? ou objets (L. 23 août 1871. art. 18) » (Ch. Y.). — Comm. L'arrêté de compte est l'acte par lequel les parties, après avoir vérifié le compte qu'elles ont ensemble, en arrêtent le chiffre. L'arrêté de compte est une reconnaissance et sorte d'obligation qui ne se prescrit que par trente ans. Cependant, malgré l'arrêté de compte, il est toujours permis de réclamer contre les erreurs ou les omissions; le compte peut être établi sur la présentation des pièces à l'appui; mais si les pièces ont été produites, on devra en faire mention.

* **ARRÊTE-BŒUF** s. m. Nom que l'on donne à la Bugrane commune, parce que sa racine traçante fait souvent obstacle à la charrue. Plur. des **ARRÊTE-BŒUF**.

* **ARRÊTER** v. a. (lat. *ad*, à; *restare*, rester). Empêcher la continuation d'un mouvement, le cours d'une chose, l'écoulement d'une liqueur : *arrêter une horloge, un homme qui court, une hémorragie.* — Fixer, assurer une chose : *arrêter un diamant dans le chaton, une planche avec des clous, une pierre avec du mortier.* — Saisir par voie de justice : *arrêter les exemplaires d'un livre.* On dit dans ce sens : *saisir-arrêter*, faire une saisie-arrêt ou opposition. — Prendre et retenir prisonnier : *il fut arrêté pour vol.* — S'assurer d'avance les services d'une personne, l'usage d'une chose : *arrêter un domestique, un logement.* — Demeurer d'accord de faire une chose : *arrêtons notre plan de conduite.* — **ARRÊTER UN POINT**, faire un nœud au dernier point d'une couture. — **ARRÊTER SES YEUX, SES REGARDS SUR QUELQU'UN, SUR QUELQUE CHOSE**, regarder fixement quelqu'un ou quelque chose. — Chasse. **CE CHIEN ARRÊTE DES PERDRIX, DES CAILLES**, ou simplement, **IL ARRÊTE**, quand il rencontre des perdrix, des cailles, etc., il s'arrête, et indique ainsi au chasseur où se trouve le gibier. — Manège. **ARRÊTER ET RENDRE**, former des demi-temps d'arrêts successifs. — Comm. **ARRÊTER UN COMPTE, DES PAR-**

ties, régler un compte, des parties. — »» Jargon. ARRÊTER LES FRAIS, suspendre une chose commencée. — *Arrêter v. n. Cesser de marcher, de cheminer, pour faire une station en quelque endroit. (Se dit surtout de ceux qui voyagent à cheval ou en voiture) : *nous arrêtâmes à Saint-Denis pour donner l'avoine à nos chevaux.* — Cesser d'agir, de parler. (S'emploie surtout dans une phrase impérative) : *dites au cocher d'arrêter ; arrêtez, vous ne dites que des injures.* — S'arrêter v. pr. Cesser d'aller, d'agir, de parler, etc. : *il s'arrêta tout à coup ; ma montre s'est arrêtée.* — Tarder, s'amuser, rester quelque temps dans un lieu sans sortir : *courez vite et revenez sans vous arrêter.* — Interrompre un voyage pour séjourner quelque temps dans un lieu : *nous nous arrêtâmes plusieurs jours à Bordeaux.* — Avoir égard, faire attention : *il ne faut pas s'arrêter à ce qu'il dit.*

* **ARRÊTISTE** s. m. Compilateur ou commentateur d'arrêts des cours souveraines, etc.

ARRETIUM voy. Arezzo.

ARRÊTOIR s. m. Dent de fer qui surmonte la bague d'une baïonnette. — Vis arrêtoir, vis dont l'extrémité s'engage dans une échancrure pratiquée dans la culasse mobile des fusils en usage dans l'armée et qui empêche celle-ci de sortir complètement de la culasse, quand on charge l'arme. — Petit crochet qui sert à maintenir un arrêt la corde d'une arbalète. — Sorte de roulette à deux crans, dont l'un retenait la corde, et l'autre la détachait au moyen d'un ressort à détente. Quelques arbalètes se tendaient aussi à l'aide d'un petit levier tournant, qui ramenait la corde avec force dans le crochet de l'arrêtoir.

* **ARRHEMENT** s. m. Action d'arrher.

ARRHÉNATHÈRE s. f. (gr. *arrhén*, mâle ; *athér*, barbe d'épi ; parce que la fleur mâle de ce genre porte une arête). Bot. Genre de graminées, tribu des Avénacées, comprenant des herbes vivaces d'Europe nommées quelquefois Fromental. (Voy. ce mot).

ARRHER v. a. S'assurer d'un achat ou d'une location en donnant des arrhes.

* **ARRHES** s. f. pl. [a-re] (lat. *arrha*, gage). Argent qu'un acquéreur ou un locataire donne pour garantir l'exécution d'un marché verbal, et qu'il perd s'il rompt le marché : *l'affaire est conclue, j'ai donné des arrhes.* — S'est dit figurément, dans le sens de gage, d'assurance : *les présents sont des arrhes d'amitié.* — Législ. « La vente garantie par des arrhes est faite sous condition résolutoire, et le désistement est facultatif pour chacune des parties. Celle qui a remis les arrhes peut, en les abandonnant, résilier le marché, et celle qui les a reçues la même faculté, en restituant le double (C. civ. 1590). Mais, si la convention ne peut se réaliser par suite d'un cas fortuit, les arrhes doivent être simplement restituées. En général, les arrhes ne sont pas seulement un moyen de rompre le marché, elles sont aussi le plus souvent une avance à imputer sur le prix. Les conventions verbales ou écrites, et, à leur défaut, l'usage des lieux peuvent modifier ces conditions. S'il s'agit d'une location verbale dont l'une des parties nie l'existence, la preuve par témoins ne peut être admise, même si l'on allègue qu'il y a eu des arrhes données (C. civ. 1715). Le *denier à Dieu* que l'on remet à un domestique en l'acceptant à son service, ou au concierge d'une maison dans laquelle on prend location, est un don plutôt qu'un gage et ne peut être considéré comme des arrhes. Cependant l'usage à Paris en fait un gage qui peut être repris en cas de résiliation dans le délai de 24 heures (Voy. Denier à Dieu) ». (Ch. Y.).

ARRHIDÉE (Philippe), fils naturel de Philippe de Macédoine et de la danseuse Philinna, de Larisse. A la mort d'Alexandre, les troupes le proclamèrent roi avec le fils du conquérant. Mais Arrhidée avait eu l'esprit affaibli par un poison qu'Olympias lui avait donné. Il se laissa gouverner par Perdiccas ; à la mort de celui-ci, il tomba entre les mains d'Olympias, qui le fit assassiner. (317 av. J.-C.).

ARRIA ou Arrie, dame romaine, épouse de Cæcina Pætus, lequel en 42 av. J.-C., fut accusé d'une conspiration contre Claude et fut condamné à se donner la mort. Comme il hésitait à exécuter cette sentence, sa femme, pour lui donner l'exemple, se frappa d'un poignard et dit en expirant : Pæte, non dolet ! (Pætus, on n'en souffre pas).

ARRIEN (Flavius Arrianus), géographe et historien grec, né vers 105 après J.-C. à Nicomédie, disciple d'Épictète, servit dans les armées romaines, fut nommé citoyen romain par l'empereur Adrien, gouverneur de Cappadoce en 134, puis consul et sénateur, se retira à Nicomédie vers 150. De ses nombreux ouvrages, cinq nous sont restés : 1° *Manuel de morale*, en huit livres, dont la moitié est perdue ; 2° *Périples du Pont-Euxin et de la mer Rouge*, d'une haute importance pour l'étude de la géographie ancienne ; 3° *Tactique et moyens de combattre les Alains* ; 4° *Traité de chasse* ; 5° *Campagnes d'Alexandre et géographie de l'Inde*, travaux d'un grand mérite. Les campagnes d'Alexandre se distinguent par la clarté du récit, l'exactitude des descriptions et l'impartialité des appréciations. Elles ont été traduites en français par Chaussard, (1803). L'édition complète des œuvres d'Arrien a été donnée par l'Allemand Borheck (1792-1811).

* **ARRIÈRE** adv. (lat. *ad retro*, en arrière). Loin, bien loin. (N'est guère usité que dans certaines phrases par lesquelles on exprime le se retirer, de s'éloigner, et qui marquent l'horreur ou le mépris) : *arrière Satan ; arrière les médisants.* — Mar. VENT ARRIÈRE, vent qui souffle de la poupe : *aller vent arrière.*

* **ARRIÈRE** s. m. (lat. *ad retro*, en arrière). Mar. Partie postérieure d'un navire ; moitié de la longueur du navire depuis le grand mât jusqu'à la poupe. L'avant et l'arrière sont les noms modernes substitués à ceux de proue et de poupe, encore usités sur les anciens navires, au XVIᵉ siècle. Ces deux parties des bâtiments de guerre étaient garnies de fortifications, en bois, appelées *châteaux* ou *gaillards d'avant* et *d'arrière*, et flanquées de petites tourelles pour abriter les combattants. Le château ou gaillard d'arrière est aujourd'hui remplacé par la *dunette*. — Les *voiles de l'arrière* sont celles du grand mât et du mât d'artimon ; les *canons de l'arrière* sont ceux qui se trouvent placés dans cette même partie. Un bâtiment est *trop sur l'arrière* lorsqu'il est trop calé ou chargé de ce côté. — ARRIÈRE se joint à certains substantifs, pour marquer, en général que la chose ou la personne dont il s'agit est placée derrière une autre, est postérieure à une autre : *arrière-corps d'un bâtiment ; arrière-neveu, des arrière-neveux ; arrière-nièce, des arrière-nièces.*

* **ARRIÈRE** (En), loc. adv. Qui indique mouvement, direction, position vers le lieu ou le côté qui est derrière : *faire un pas en arrière.* — Derrière et à une certaine distance : *il resta bien loin en arrière.* — Fam. IL ME LOUE EN PRÉSENCE ET ME DÉCHIRE EN ARRIÈRE, il me déchire quand je suis absent. — EN ARRIÈRE marque aussi un retard : *il est en arrière pour ses payements.* — En arrière de, loc. prépositive. Sur un plan plus reculé : *en arrière de la ligne de bataille*

* **ARRIÉRÉ, ÉE** part. pass. d'ARRIÉRER. — En retard : *affaires arriérées ; enfant arriéré dans ses études ; peuple arriéré dans ses idées.* — Substantiv. Portion de dette dont le payement a été retardé : *solder l'arriéré ; il réclame l'arriéré.* — Désigne particulièrement, d'une

manière collective, les dettes de l'État dont le payement est retardé : *il a été mis à l'arriéré, dans l'arriéré.* — Par ext. Partie d'un travail, d'une tâche, que l'on n'a pu faire : *il a beaucoup d'arriéré dans sa comptabilité.*

* **ARRIÈRE-BAN** s. m. (lat. *ad retro*, en arrière ; *bannum*, proclamation). Convocation que faisait un souverain de tous les nobles de ses états pour les conduire à la guerre. — Plur. des ARRIÈRE-BANS. Voy. BAN. — Par ext. Se disait du corps même de la noblesse : *l'arrière-ban se mit en marche.*

* **ARRIÈRE-BEC** s. m. Archit. Angle, éperon de chaque pile d'un pont, du côté d'aval. — Plur. des *arrière-becs.*

* **ARRIÈRE-BOUCHE** s. f. Anat. Synon. de PHARYNX.

* **ARRIÈRE-BOUTIQUE** s. f. Pièce placée immédiatement et de plain-pied derrière la boutique.

* **ARRIÈRE-CHANGE** s. m. Nom donné quelquefois à l'intérêt des intérêts. — Plur. des *arrière-changes.*

* **ARRIÈRE-CHŒUR** s. m. Chœur placé derrière le grand autel dans une église de couvent. Un voile, une grille ou un mur percé d'ouvertures le sépare du reste de l'édifice. — Plur. des *arrière-chœurs.*

* **ARRIÈRE-CORPS** s. m. Archit. Parties d'un bâtiment qui ont le moins de saillie sur la façade ou qui sont en arrière de la ligne du plan. — Plur. des ARRIÈRE-CORPS.

* **ARRIÈRE-COUR** s. f. Petite cour servant de dégagement. Les *arrière-cours* sont pratiquées dans les intérieurs du plan à l'édifice pour donner du jour aux pièces qui n'en pourraient tirer des cours extérieures.

* **ARRIÈRE-DEMI-FILE** s. f. Nom sous lequel on désignait autrefois les quatre derniers soldats d'une file de huit hommes d'infanterie. — Plur. des *arrière-demi-files.*

* **ARRIÈRE-FAIX** s. m. Ce qui reste après la sortie du fœtus : placenta, cordon ombilical et membranes qui enveloppaient le fœtus.

* **ARRIÈRE-FIEF** s. m. Fief mouvant d'un contre-fief : *cette terre avait plusieurs arrière-fiefs.*

* **ARRIÈRE-FLEUR** s. f. Fleur qui paraît après la floraison. — Plur. des ARRIÈRE-FLEURS.

* **ARRIÈRE-GARANT** s. m. Jurispr. Garant du garant (peu us.).

* **ARRIÈRE-GARDE** s. f. Corps de troupes destiné à couvrir les derrières d'une armée ou à protéger sa retraite. L'arrière-garde se compose ordinairement d'artillerie et de cavalerie légère. — Plur. des ARRIÈRE-GARDES. — Mar. Division d'une armée navale, qui forme la queue, ou qui se trouve sous le vent. — Se dit aussi d'un bâtiment impropre à prendre la mer, qu'on laisse alors dans le port et sur lequel on établit un corps de garde.

* **ARRIÈRE-GOÛT** s. m. Goût que laissent dans la bouche certains aliments ou certaines liqueurs, différent de celui que l'on avait senti d'abord. Se dit le plus souvent en mauvaise part : *ce vin laisse un arrière-goût.*

* **ARRIÈRE-MAIN** s. m. Jeu de paume. Coup du revers de la main faite : *j'ai gagné la partie par un bel arrière-main* (Acad.). — s. f. Manège. Partie postérieure du cheval, par opposition au corps et à l'avant-main ; les *défectuosités de l'arrière-main.* — S'emploie au féminin dans cette phrase : *avoir l'arrière-main belle, jouer bien du revers de la raquette ou du battoir.*

* **ARRIÈRE-NEVEU** s. m. Le fils du neveu ou de la nièce, par rapport à l'oncle ou à la tante : *ce sont mes arrière-neveux.* — Dans le style soutenu. Nos ARRIÈRE-NEVEUX, la postérité la plus reculée.

* **ARRIÈRE-NIÈCE** s. f. La fille du neveu ou de la nièce, par rapport à l'oncle ou à la tante : *ce sont mes arrière-nièces.*

* **ARRIÈRE-PENSÉE** s. f. Pensée que l'on tient secrète ; intention que l'on cache, tandis qu'on en manifeste une autre : *il a toujours des arrière-pensées* (se dit surtout en mauvaise part).

* **ARRIÈRE-PETIT-FILS** s. m. et **Arrière-petite-fille** s. f. Le fils ou la fille du petit-fils ou de la petite-fille, par rapport au bisaïeul ou à la bisaïeule : *ce vieillard a vu ses arrière-petits-fils.*

* **ARRIÈRE-PETITS-ENFANTS** s. m. pl. Enfants du petit-fils ou de la petite-fille.

* **ARRIÈRE-PLAN** s. m. Plan en arrière d'un autre : *les ouvertures dans cette chaîne de collines laissent voir un arrière-plan de rochers.* — Fig. Se dit en parlant de quelqu'un que l'on laisse ou qui reste volontairement à l'écart, dans une position peu en vue : *sa modestie le retient à l'arrière-plan.*

* **ARRIÈRE-POINT** s. m. Point d'aiguille qui empiète sur celui que l'on vient de faire : *faire un rang d'arrière-points.* — ⏎ On dit aussi : POINT-ARRIÈRE ; des POINTS-ARRIÈRE.

* **ARRIÉRER** v. a. Retarder. Ne s'emploie guère que dans cette phrase : ARRIÉRER UN PAYEMENT, le différer. — S'arriérer v. pr. Demeurer en arrière : *l'infanterie s'arriéra.* — Ne pas payer aux échéances convenues : *ce fermier s'est arriéré.*

ARRIÈRE-RANG s. m. Dernier rang d'une troupe en bataille, d'un escadron ou d'un bataillon carré. — Plur. des *arrière-rangs.*

* **ARRIÈRE-SAISON** s. f. L'automne, ou plus ordinairement la fin de l'automne ou même le commencement de l'hiver : *les fruits de l'arrière-saison.* — Fig. Commencement de la vieillesse : *il s'est réservé un peu de bonheur pour l'arrière-saison.* — En parlant du blé ou du vin, ARRIÈRE-SAISON désigne les derniers mois qui précèdent la récolte ou la vendange.

ARRIÈRE-TEMPLE s. m. Antiq. Partie postérieure d'un temple grec. Les *arrière-temples* s'appelaient *opisthodomes.* Le public n'y était pas admis.

ARRIÈRE-TRAIN s. m. Partie d'une voiture qui est avec les roues de derrière. — Train postérieur d'un animal. — Par ext. :

Rien ne me déplaît plus, par contre, que ce cri
Dont les anes portent tout au faux arrière-train.
H. BROLLET.

— au plur. des ARRIÈRE-TRAINS.

* **ARRIÈRE-VASSAL** s. m. Celui qui relevait d'un seigneur vassal d'un autre seigneur : *il est arrière-vassal du roi de France.* — Des ARRIÈRE-VASSAUX.

* **ARRIÈRE-VOUSSURE** s. f. Archit. Sorte de petite voûte pratiquée à l'ouverture d'une baie de porte ou de fenêtre, pour lui donner de l'évasement et la raccorder avec une autre porte de l'architecture. — Plur. des ARRIÈRE-VOUSSURES. — *Arrière-voussure bombée,* celle qui est en arceau. — *Arrière-voussure Saint-Antoine,* celle qui est pratiquée en dedans de l'édifice, ainsi nommée parce qu'on en fit usage pour la première fois à la porte Saint-Antoine (Paris). — *Arrière-voussure de Montpellier,* celle qui est pratiquée du côté de l'extérieur. — *Arrière-voussure de Marseille,* celle dont l'arc est surbaissé.

ARRIGHI de Casanova (Jean-Toussaint), duc de Padoue, général, né à Corte, Corse, le 8 mars 1778, mort à Paris, le 22 mars 1853. Soldat à seize ans, capitaine à vingt, il fit la campagne d'Égypte, fut blessé à Saint-Jean d'Acre, se distingua à Marengo, commanda les dragons de la garde, reçut le grade de général de division à Essling (1809), puis le titre de duc de Padoue, rendit de grands ser-

vices à Wagram, à Leipzig et pendant la campagne de France ; fut proscrit par la deuxième Restauration et rentra en 1820. Élu député de la Corse en 1849, il fut nommé sénateur et gouverneur des Invalides, en 1852.

* **ARRIMAGE** s. m. (portug. *ruma,* règle). Mar. Arrangement, disposition méthodique de tous les objets plus ou moins pesants qui sont placés dans la cale d'un vaisseau. — Bibliogr. Missiessy, *arrimage des vaisseaux,* 1789, in-4° ; Bourdé de Villehuel, *Principes fondamentaux de l'arrimage,* 1814, in-8°.

* **ARRIMER** v. a. Mar. Distribuer, arranger convenablement et placer avec solidité, dans l'intérieur d'un bâtiment, les divers objets qui composent sa charge.

* **ARRIMEUR** s. m. Mar. Celui qui arrime.

ARRIOLER (S') v. pr. (rad. *ris*). Mar. Se dit de la mer qui, après avoir été clapoteuse, n'est plus agitée que par des lames se succédant d'assez grands intervalles.

* **ARRISER** v. a. (rad. *ris*). Mar. Prendre des ris ; détendre la surface des voiles en les amenant un peu : *arriser les voiles.* — On dit aussi RISER.

* **ARRIVAGE** s. m. Mar. Abord des navires dans un port. — Arrivée des marchandises par les voitures d'eau : *l'arrivage des grains ; lieu d'arrivage.*

ARRIVÉ (Interj.). Mar. Commandement qui signifie de mettre la barre au vent pour arriver ou laisser arriver.

* **ARRIVÉE** s. f. Action d'arriver ; moment où une personne arrive : *son arrivée nous a fait plaisir.* — Moment où les marchandises sont apportées en quelque lieu : *à l'arrivée du grain, ne le mit en vente.* — Postes. Jour, heure où les lettres, les voitures arrivent, par opposition au jour où à l'heure où elles partent. — ⏎ Mar. Mouvement de rotation d'un bâtiment faisant du sillage, lequel mouvement est produit par le gouvernail et la manœuvre des voiles.

* **ARRIVER** v. n. (rad. *rive*). Aborder, approcher de la rive : *le navire arrive au port.* — Mar. Se dit d'un bâtiment opérant un mouvement horizontal de rotation, mouvement qui rend plus grand l'angle d'incidence du vent sur les voiles orientées. — Se dit surtout lorsqu'un navire vient sur un autre : *deux vaisseaux arrivèrent sur nous.* — Parvenir au lieu que l'on voulait atteindre : *il arriva au but ; ils arrivent d'Espagne.* — Parvenir à la destination, en parlant de choses : *une lettre arriva de Rome ; la grande nouvelle est arrivée ; les marchandises arriveront.* — Venir, approcher : *il arrive à grands pas :*

Mourut près du bonheur ! Mourir quand on arrive
A la réalité dont on croyait jouir !
Voir, lorsque notre esquif allait toucher la rive,
Le port s'évanouir.
Mme Louise COLET.

— Se présenter à l'esprit :

Ce que l'on conçoit bien s'énonce clairement,
Et les mots pour le dire arrivent aisément.
BOILEAU. Art poétique.

— Parvenir : *je n'ai pu arriver jusqu'au ministre.* — Fig. Parvenir, atteindre à une chose : *il arrive à la fin de son plaidoyer ; nous arriverons à la perfection.* — Survenir : *la chose arriva comme je l'avais prévu.* — ARRIVER A BON PORT, parvenir heureusement au lieu où l'on voulait aller. — ARRIVER A SES FINS, ou absolument, ARRIVER, obtenir le succès désiré. — CELA PEUT ARRIVER A TOUT LE MONDE, c'est une chose à laquelle tout le monde est exposé. — Sport. ARRIVER PREMIER, dépasser tout concurrent. — v. impers. : *il m'arrive un grand malheur ; il arrive que...* — ARRIVE QUI PLANTE, se dit en parlant d'une chose que l'on veut faire, au hasard de ce qui peut en résulter.

* **ARROBE** s. f. (esp. *aroba*). Mesure de poids

usitée dans les possessions d'Espagne et du Portugal ; = 11 kilog. 500 gr.

* **ARROCHE** s. f. (gr. *atraphaxis,* qui n'est pas nourrissant). Bot. Genre de chénopodées ou atriplicées, renfermant des herbes souvent farineuses et des sous-arbrisseaux à feuilles alternes pétiolées. Fleurs unisexuées ; les mâles ont un calice à quatre ou cinq sépales et trois à cinq étamines ; les femelles ont un calice semblable. Le fruit est un péricarpe membraneux. L'*arroche des jardins* (*atriplex hortensis*), appelée aussi *arroche-épinard, follette, bonne-dame,* originaire de Sibérie, naturalisée chez nous, où elle croît à l'état sauvage, est une plante potagère annuelle, qui atteint 1 mètre et même 2 mètres de haut. Ses tiges herbacées sont rameuses, anguleuses ; ses feuilles, assez grandes, sont d'un vert clair des deux côtés. Redevenue sauvage, elle est dure et sans saveur ; mais celle que l'on cultive est tendre, douce, savoureuse et succulente ; elle peut remplacer l'épinard ou entrer dans les salades. Elle fait partie des *herbes cuites* et du *bouillon aux herbes.* La variété appelée *arroche rouge,* à cause de la couleur de ses feuilles, possède toutes les qualités de la précédente. Une autre variété, l'*arroche très rouge* (*atriplex rubra*), produit un bel effet dans les jardins d'ornement. Nous citerons parmi les autres espèces de ce genre : l'*arroche hastée* (*atriplex hastata*), l'*arroche étalée* (*atriplex patula*), l'*arroche halime* ou *pourpier de mer* (*atriplex halimus*), qui croissent sur les bords de la mer et contribuent à la bonté des pâturages nommés *prés salés.*

* **ARROGAMMENT** adv. Avec arrogance.

* **ARROGANCE** s. f. (lat. *arrogantia*). Fierté, orgueil, présomption qui fait valoir un mérite, un droit, une autorité qu'on n'a pas.

* **ARROGANT, ANTE** adj. Hautain, fier, superbe : *homme arrogant, ton arrogant.* — Substantiv.: *c'est un arrogant, une arrogante.*

* **ARROGER** v. a. Ne s'emploie qu'avec le pronom personnel régime indirect. S'attribuer mal à propos quelque chose : *ils se sont arrogé ce privilège.*

* **ARROI** s. m. (vient du radical germanique *reif,* prêt, apprêté). Train, équipage : *se mettre en arroi, en magnifique arroi.* Ne se dit plus que dans cette phrase familière : *être en mauvais arroi ;* mais on dirait mieux : *être en désarroi.*

* **ARRONDI, IE** part. passé d'ARRONDIR. — Se dit quelquefois simplement de ce qui est rond : *formes arrondies, tige arrondie.*

* **ARRONDIR** v. a. Rendre rond ; donner à quelque chose la forme ronde c'est-à-dire une forme sphérique, cylindrique ou circulaire : *arrondir une boule, un bâton, une meule, une robe ; arrondir les bras.* — Fig. et fam. Augmenter, rendre considérable : *arrondir sa fortune.* — Donner une forme plus régulière : *arrondir un champ.* — Littér. Donner du nombre, de l'harmonie : *arrondir une période ; arrondir ses phrases.* — Peint. Faire sentir la rondeur des objets, leur saillie et leurs tournants, par l'intelligence du clair-obscur. — ⏎ Manège. ARRONDIR UN CHEVAL, le dresser à manier en rond, au trot ou au galop, sans qu'il se traverse ou se jette de côté, et en lui faisant porter les épaules et les hanches uniment et rondement. — * Mar. ARRONDIR UN CAP, UNE ILE, UN ROCHER, en contourner les abords. — S'arrondir v. pr. Prendre une forme ronde : *le ballon s'arrondit en gonflant ; la bouche s'arrondit pour prononcer la lettre O.* — Fig. Augmenter son bien, sa fortune, ses terres : *il s'arrondit peu à peu.*

* **ARRONDISSEMENT** s. m. Action par laquelle on arrondit ; état de ce qui est arrondi : *arrondissement d'une sphère, d'une figure.* — Fig. Se dit en parlant des périodes, des

phrases : *il soigne l'arrondissement de ses phrases*. — Partie du territoire soumise à quelque autorité civile, militaire ou ecclésiastique. Chaque département français est divisé en sous-préfectures qui forment autant d'*arrondissements*. Les anciens *districts*, créés par l'Assemblée constituante en 1790, ayant été abolis en 1795, furent rétablis par le Consulat, qui leur donna le nom d'*arrondissements* et qui en diminua le nombre. La France est divisée aujourd'hui en 362 arrondissements.— Paris était autrefois divisé en douze arrondissements ou mairies. Depuis l'annexion des comm'unes suburbaines (1860), il compte vingt *arrondissements*, subdivisés chacun en quatre quartiers. — *Être marié au treizième arrondissement*, signifiait : vivre maritalement, sans être marié. On dit aujourd'hui : *être marié au vingt et unième arrondissement*. — ARRONDISSEMENT MARITIME. Circonscription de côtes ou de pays avoisinant la mer, qui se trouve sous l'autorité d'un préfet maritime. La France est divisée en cinq arrondissements, subdivisés en douze sous-arrondissements.

ARRONDISSEMENTS.	SOUS-ARRONDISSEMENTS.
1er Cherbourg .	1er Dunkerque; 2e le Havre.
2e Brest, . . .	1er Saint-Servan.
3e Lorient, . .	1er Lorient; 2e Nantes.
4e Rochefort. .	1er Rochefort; 2e Bordeaux ; 3e Bayonne.
5e Toulon. . .	1er Marseille; 2e Toulon; 3e Ajaccio.

* **ARROSAGE** s. m. Action de conduire l'eau d'une rivière ou d'un ruisseau sur des terres trop sèches : *canal d'arrosage*. Voy. ARROSEMENT. — Eau que l'on met de temps en temps dans les mortiers pour lier le salpêtre, le soufre et le charbon, quand on fabrique la poudre. — Fam. Acompte donné à un créancier.

* **ARROSEMENT** s. m. Action d'arroser : *l'arrosement est nécessaire à cause de la sécheresse ; ces plantes ont besoin d'arrosement; arrosement d'une promenade*. — Dans le langage ordinaire, on dit ARROSAGE au lieu de ARROSEMENT: *arrosage d'une allée ; l'arrosage des rues de Paris* ; mais l'Académie n'admet pas cette substitution de mots.

* **ARROSER** v. a. (lat. *ad*, à; *ros*, rosée). Humecter, mouiller quelque chose en versant de l'eau dessus, ou quelque autre liquide: *arroser des fleurs, des plantes, des légumes, une rue*. — Donner un acompte: *j'arroserai mes créanciers*. — Distribuer de petites libéralités; payer à boire : *il lui en a coûté trois francs pour arroser les ouvriers*. — Ajouter un supplément à une mise de fonds pour subvenir aux dépenses imprévues d'une entreprise: *il en coûte souvent plus pour arroser que pour la première mise*. — Jeux. Donner une rétribution dans certains jeux et dans certains cas. — Fam. ETRE BIEN ARROSÉ, être mouillé par la pluie. — ARROSER DE LA VIANDE QUI RÔTIT, répandre sur la viande le suc, ou du beurre, ou du lard fondu. — ARROSER DE LARMES, mouiller de larmes. — ARROSER SON PAIN DE SES LARMES, vivre dans la douleur et la pauvreté. — Dans le style élevé. ARROSER LA TERRE DE SES SUEURS, travailler péniblement la terre. — ARROSER UNE TERRE DE SON SANG, y verser son sang en combattant.

ARROSION s. f. (lat. *arrodere*, ronger). Effet, action de ce qui ronge.

* **ARROSOIR** s. m. Vase fait pour arroser.— Arrosoir. Zool. Genre de mollusques acéphales dont la coquille univalve, en forme de tube conique, est à son extrémité la plus large, par un disque hérissé de très petits tuyaux creux, ce qui donne à cette extrémité une certaine ressemblance avec la pomme d'un arrosoir. L'espèce commune (*serpula penis*, Linné) est blanche, longue de huit à dix pouces, et vient de la mer des Indes.

ARROU, **Arru** ou **Aroe**, groupe d'environ 80 îles de l'archipel malais, entre l'Australie et la Papouasie; 15,000 hab. Commerce de perles, d'écailles de tortue, d'oiseaux de paradis, etc. L'entrepôt est à Dobbo, dans l'île de Wamma. Le mouillage de cette île se trouve par 5° 44′ 40″ lat. S. et 131° 49′ 45″ long. E.

ARROUB (île), île du détroit de Torrès, par 9° 33′ 35″ lat. S. et 141° 35′ long. E.

ARROUCH (El-), village de l'arrond. et à 30 kil. S. de Philippeville (Algérie); 1,200 hab., dont 700 Européens. Bon terroir; marché arabe.

ARROUTER v. a. Mettre en route.

ARROUX, *Arrosius*, rivière qui naît dans l'étang de Mouillon (Côte-d'Or), devient navigable à Autun et se jette dans la Loire à Digoin, après un cours de 90 kil., dont 20 navigables.

ARROW-ROOT s. m. [a-rô-routt] (angl. *arrow*, flèche; *root*, racine; *racine à flèche*, parce que les rhizomes écrasés du maranta étaient appliqués en guise de cataplasme, sur les blessures faites par les flèches empoisonnées). Fécule amylacée que l'on retire, dans l'Inde et en Amérique, de la racine et des graines de plusieurs plantes, telles que le maranta, l'arum, le manioc, la pomme de terre, etc. L'arrow-root de la Floride provient de la *zamia integrifolia*. Le véritable arrow-root, introduit en Europe par les Anglais en 1725, était obtenu des rhizomes, du maranta a un dinacea; on le préconisait comme analeptique; on le mélangea bientôt avec la fécule du maranta indica et, plus tard, on le remplaça par d'autres fécules; susceptibles de constituer un aliment léger et de remplacer le tapioca et le sagou. Il est moins blanc, mais plus fin, plus doux au toucher et plus compact que la fécule de pomme de terre. Il est excellent dans les bouillies et dans les mets sucrés.

* **ARRUGIE** s. f. Mines. Canal pour faire écouler les eaux, dans les minières.

* **ARS** s. m. [arss] (de *arc*, par comparaison des deux membres de devant du cheval avec une arcade). Art vétér. Sillon peu marqué qui forme la limite entre le poitrail et le membre antérieur du cheval. Il longe la *veine de l'ars* et forme des plis en raison des mouvements étendus qu'i ont lieu dans cette partie. Un cheval est *frayé aux ars*, lorsque les plis de l'ars se sont excoriés, par suite de la fatigue et de la poussière, surtout pendant les grandes chaleurs. Ces plaies se guérissent facilement par le repos, des bains ou des lavages. — SAIGNER AU QUATRE ARS, saigner aux quatre membres. C'est une façon abusive de parler, puisque ars ne se dit que des membres de devant. — INTER-ARS, espace compris entre les deux ars.

ARS ou **Ars-en-Ré**, ch.-l. de cant. (Charente-Inférieure), sur la côte occidentale de l'île de Ré, arr. et à 28 kil. N.-O. de La Rochelle ; petit port; commerce de cabotage; 3,500 hab. Dans la plaine d'Ars-en-Ré, le prince de Soubise, chef des protestants, fut battu en 1624.

ARSACE [zace], fondateur de la monarchie des Parthes (255 av.-J.-C.) et de la dynastie des Arsacides. Indigné de la tyrannie de Phéréclès gouverneur des provinces au delà de l'Euphrate, il excita ses compatriotes à secouer le joug du roi de Syrie et fut nommé souverain des territoires qu'il délivra. Plusieurs de ses successeurs portèrent son nom. — *Arsace* et *Isménie*, titre d'un roman que Montesquieu fit dans sa jeunesse. Dernière édition, 1881, Rouen, Lemonnyer.

ARSACIDES, dynastie des rois parthes, ainsi nommée d'Arsace 1er; elle régna de 255 av. J.-C. à 226 de l'ère chrétienne. Le dernier prince de cette dynastie fut Artaban IV, tué, dans une bataille contre Artaxercès fon-dateur des Sassanides. — Une branche des Arsacides, régna sur l'Arménie de 218 à 428.

ARSAMAS. Voy. ARZAMAS..

* **ARSENAL** s. m. (celt. *sanal*, magasin). Établissement où l'on fabrique et l'on conserve les armes et les matériaux employés à la guerre, soit sur terre, soit sur mer. On distingue : « 1° *l'arsenal d'artillerie*, où se trouvent des ateliers pour la fabrication et la réparation des armes, ainsi que des magasins où sont déposés et rangés avec soin les armes, les bouches à feu, les projectiles, les poudres et les artifices; 2° *l'arsenal du génie*, qui comprend les ateliers où se confectionnent les outils de pionniers, les voitures, etc., avec des magasins propres à recevoir les objets confectionnés; 3° *l'arsenal maritime*, qui, placé sur le bord de la mer, renferme des chantiers de construction, des ateliers pour la fabrication des cordages, ancres et voiles, et des magasins pour les bois et objets fabriqués ». (De Chesnel). — PRINCIPAUX ARSENAUX MILITAIRES. *France*: Paris, Vincennes, Lille, Besançon, Perpignan, Auxonne, Douai, Grenoble, Rennes, La Fère et Toulouse: *Angleterre*: La Tour de Londres, Woolwich. *Autriche-Hongrie* : Budweiss. *Russie*: Kiew, Saint-Pétersbourg, Moscou. *Prusse*: Berlin, Cologne. Neiss.—PRINCIPAUX ARSENAUX MARITIMES. *France*: Brest; Toulon et Cherbourg. *Angleterre*: Woolwich, Portsmouth, Plymouth et Deptford. *Italie* : Venise (le plus ancien des arsenaux, construit en 1337, par André de Pise).

ARSÈNE. I. (Saint), diacre de l'Eglise romaine, né à Rome en 350, précepteur d'Arcadius, fils de Théodose. Désespérant de vaincre l'orgueil et l'opiniâtreté de son élève, il se retira dans les déserts de la Thébaïde et y mourut en 445. Fête, le 16 juillet. — II. Patriarche de Constantinople; né dans cette ville ; fut tuteur de Jean Lascaris. Voy. ARSÉNIEN.

* **ARSÉNIATE** s. m. Chim. Sel composé d'acide arsénique et d'une base : *arséniate de potasse, de soude, de magnésie*. — L'arséniate de soude a pris une place importante dans la thérapeutique, comme stimulant, tonique et dépuratif; il a une action spéciale contre les affections névrosiques et rhumatismales du cœur. On l'emploie dans le traitement de la chlorose, de l'atonie générale, des fièvres rebelles, de l'eczéma, des scrofules, des humeurs froides, etc. — Dans le Tyrol, en Styrie et en Autriche, les maquignons et les palefreniers en donnent aux chevaux qui prennent aussitôt une apparence superbe. Dans les parties montagneuses des mêmes pays, les femmes en prennent pour entretenir la fraîcheur de leur teint. La dose, qui est de 1 ou 2 milligr. par jour en commençant, peut être portée progressivement à 10 milligr. On suspend l'usage de ce poison dès qu'il survient une diarrhée. — Minér. Les arséniates existent dans la nature sous les noms de *Pharmacosidérite* (fer arséniaté de Cornwall), *Néoctèse* (fer arséniaté du Brésil), *Scorodite* (arséniate de fer équibasique hydraté), *Sidérite* (arséniato-sulfate de fer), *Erythrine* (arséniate de cobalt), *Nickelocre* (arséniate de nickel), *Olivenite* (cuivre arséniaté), *Aphanèse* (arséniate de cuivre équibasique trihydraté). *Erinite* (arséniate de cuivre équibasique trihydraté), *Liroconite* (cuivre arséniaté en octaèdre obtus), *Mimétèse* (plomb arséniaté), *Pharmacolite*, *Haidingérite* (arséniate de chaux hydraté), *Arsénicite* (chaux arséniatée), *Rosélite* (arséniate de chaux magnésifère).

ARSÉNIATÉ, ÉE adj. Chim. Se dit d'une base convertie en arséniate.

* **ARSENIC** s. m. [ar-se-ni ; le *c* ne se fait sentir que devant une voyelle] (gr. *arsen*, homme, mâle; *nikaô*, je dompte). Corps simple, d'apparence métallique, qui entre dans la composition de plusieurs substances très véné-

neuses, et qui a la propriété de se volatiliser au feu sous la forme d'une fumée dont l'odeur est semblable à celle de l'ail. — ARSENIC se dit aussi de l'acide arsénieux : *l'arsenic est un poison très dangereux.* — Chim. L'arsenic est un métal fragile, cassant, d'un éclat brillant, sombre, gris d'acier. Poids spécifique à l'état solide, suivant différents observateurs : de 5,62 à 5,96 ; densité de la vapeur : 10,3995 (air — 1), ce qui est le double de son poids atomique. Il cristallise en rhomboïdes, isomorphes au tellure et à l'antimoine. Il volatilise à la chaleur rouge et, un peu avant la fusion, il dégage, il émet une odeur d'ail; en se mélangeant à une grande quantité d'air, la vapeur se convertit en oxyde arsénieux; si on l'expose à l'action de l'air humide, il s'oxyde partiellement et produit la poudre nommée *mort aux mouches.* — Il existe deux oxydes d'arsenic : 1° le *sesquioxyde*, As 2O³ ou anhydride arsénieux ; 2° l'*anhydride d'arsenic*, As 2O⁵. Le premier constitue l'arsenic commun du commerce ou *acide arsénieux*, que l'on obtient sur une grande échelle, en Bohême et en Saxe, comme produit collatéral, pendant la fusion des minerais de cobalt, lorsqu'on les fait griller dans les fourneaux à réverbère. — L'arsenic se combine avec l'hydrogène, et forme, suivant les cas, un corps solide ou un corps gazeux (*hydrogène arsénié ou arséniure d'hydrogène*); il forme aussi des composés avec le chlore, le brome, l'iode, le fluor et plusieurs autres corps simples. Les principaux appareils pour reconnaître la présence de l'arsenic dans un composé sont ceux de Marsh et de Reinsh. — L'arsenic fut connu dès l'antiquité. Brandt fit, en 1733, les premières expériences exactes sur sa nature chimique. — Minér. L'arsenic se trouve dans presque tous les gîtes métallifères, ordinairement associé à d'autres minéraux. L'*arsenic natif* est une substance solide, cassante, noire ou d'un gris d'acier, possédant un éclat métallique et répandant une fumée blanche d'odeur alliacée, lorsqu'on la chauffe au feu de réduction. L'arsenic est rarement pur; il accompagne ordinairement les minerais d'argent, de cobalt, de nickel et d'oxyde d'étain. Quoique peu abondant, il est très répandu; on le trouve en France, à Allemont (Dauphiné). On extrait encore l'arsenic des minerais suivants : *réalgar* ou orpin rouge (arsenic sulfuré rouge), *orpiment* ou orpin jaune (arsenic sulfuré jaune), *arsenic blanc* (acide arsénieux ou oxyde d'arsenic), *mispikel* (pyrite arsénicale), *cobaltine* (cobalt arsénio-sulfuré), *smaltine* (cobalt arsénié), *diosmose* (nickel arsénio-sulfuré), *nickéline* (nickel arsénié), *tennantite* (cuivre et fer sulfo-arséniés), *proustite* (argent sulfo-arsénié), *polybasite* (argent et cuivre arséniés), *arsénites* et *arséniates.*

* **ARSENICAL, ALE, AUX** adj. Qui tient des propriétés de l'arsenic ; qui contient de l'arsenic : *poison arsenical*; *pâte arsenicale*; *sels arsenicaux.* — Arsenicaux s. m. pl. Pharm. Composés dérivés de l'arsenic et employés contre les affections de la peau, contre la phtisie et comme fébrifuges.

ARSÉNICITE s. f. Minér. Chaux arséniatée appelée aussi *pharmacolithe* (pierre-poison); substance blanche ou rosée, pulvérulente ou fibreuse, contenant quelquefois de la magnésie. Trouvée à Andréasberg, au Hartz et à Riegelsdorf (Hesse). Formule : 2 (O⁵ As²) + 5 OCa + 13 OH³.

ARSÉNICOPHAGE s. et adj. (de *arsenic*, et du gr. *phagô*, je mange). Celui ou celle qui mange de l'arsenic.

ARSÉNIÉ, ÉE adj. Qui est combiné avec l'arsenic. — HYDROGÈNE ARSÉNIÉ, c'est l'arséniure d'hydrogène. — COBALT ARSÉNIÉ, c'est la smaltine. — NICKEL ARSÉNIÉ, c'est la nickéline. — On dit aussi ARSÉNIQUÉ.

ARSÉNIEN, s. Partisan d'Arsène, patriarche de Constantinople, qui excommunia l'empereur Michel Paléologue pour avoir fait crever les yeux à son collègue Jean Lascaris (1261), et qui fut déposé en 1264.

* **ARSÉNIEUX** adj. m. [ar-sé-ni-eû]. Chim. Se dit de l'acide résultant de la combinaison de l'arsenic et de l'oxygène. L'acide arsénieux appelé aussi *arsenic blanc* ou *oxyde d'arsenic* ou simplement *arsenic*, est un poison mortel; à haute dose, il entraîne rapidement la mort. Les symptômes de l'empoisonnement sont : un goût âcre, la fétidité de la bouche, une salivation fréquente, la constriction du pharynx et de l'œsophage, une sensation de chaleur brûlante au creux de l'estomac, l'inflammation des lèvres, de la bouche, du gosier et de l'œsophage, des selles extrêmement fétides, un pouls petit, fréquent et irrégulier, des palpitations, la syncope; une soif ardente, insatiable, inextinguible; la difficulté de la respiration, des sueurs froides; l'urine peu abondante, rouge, sanglante et quelquefois albumineuse; un cercle livide autour des paupières; des taches livides sur le corps; la paralysie partielle, surtout aux mains et aux pieds; la chute des poils et de l'épiderme ; le délire et les convulsions. Le principal antidote est le sesquioxyde de fer hydraté, donné à l'état humide ou pulpeux, à la dose d'une cuillerée à bouche pour un adulte, toutes les cinq ou six minutes. L'administration de ce contrepoison doit être précédée de l'emploi d'un prompt émétique, comme de la moutarde ou du sulfate de zinc, accompagné de boissons adoucissantes, telles que du lait, du blanc d'œuf et de l'eau. — Ce violent poison est employé à très faibles doses (3 à 10 milligr.) dans les fièvres intermittentes qui ont résisté au sulfate de quinine, dans certaines maladies cutanées invétérées, dans le catarrhe pulmonaire et dans la phtisie. Il forme la base de la liqueur de Fowler et de celle de Pearson, qui se donnent à la dose de 5 à 20 gouttes par jour dans de l'eau sucrée. — À l'extérieur l'acide arsénieux sert comme escarotique dans les ulcères cancéreux. C'est le principe anticancéreux de Lefèvre.

ARSÉNIFÈRE adj. (de *arsenic*, et du lat. *fero*, je porte). Qui contient de l'arsenic.

ARSÉNIOSULFURE s. m. Combinaison d'un sulfure et d'un arséniure métallique.

ARSÉNIOVINIQUE adj. Chim. Se dit d'un acide obtenu en chauffant de l'acide arsénio-vinique ou de l'alcool concentré.

* **ARSÉNIQUE** adj. m. Se dit d'un acide (As O⁵), qui renferme deux proportions d'oxygène de plus que l'acide arsénieux. Il est très vénéneux et sans usage dans l'industrie. Scheele l'a découvert en 1775.

ARSÉNIQUÉ, ÉE adj. Synon. d'ARSÉNIÉ.

* **ARSÉNITE** s. m. Sel formé par la combinaison de l'acide arsénieux avec une base. — ARSÉNITE DE CUIVRE, il forme le vert de Scheele et entre dans la composition du vert de Schweinfurt, employés dans l'impression des papiers peints. — ARSÉNITE DE POTASSE, liquide visqueux, âcre, vénéneux et incristallisable, qui forme la base de la liqueur de Fowler. — Minér. Les arsénites se trouvent dans les *arséniates*, et de plus dans les substances minérales suivantes : *khodoise* (Arsénite de cobalt), *néoplase* (arsénite basique de nickel). — ARSÉNITE DE PLOMB, substance jaune, terreuse, pulvérulente, trouvée en petite quantité sur des minerais de phosphate de plomb de Poullahouen.

ARSÉNIURE s. m. Combinaison de l'arsenic avec un autre métal. Les arséniures portent ordinairement un nom particulier : *arsénure de cobalt*, cobalt arsénié, cobalt arsénical, SMALTINE; *arséniure de nickel*, nickel arsénié, nickel arsenical, NICKÉLINE. — *Arséniure d'hydrogène* ou *hydrogène arsénié*, composé gazeux

(As H³), incolore, vénéneux, d'une odeur repoussante, se décomposant sous l'influence de la chaleur en hydrogène et en arsenic. Sa propriété de se décomposer par la chaleur a servi de base à l'*appareil de Marsh.*

ARSÉNIURÉ adj. m. Se dit d'un métal qui est allié avec de l'arsenic.

ARSÉNIZITE s. m. Arséniate de chaux naturel.

ARSIN s. m. [ar-sain[(lat. *arsus*, brûlé). Bois détruit ou endommagé par le feu.

ARSINES (Les), l'un des points culminants de la France, dans les Hautes-Alpes. Altitude, 4,105 mètres; lat. 44° 55' 20" N.; long. 4° 1' 24" E.

ARSINOÉ. I. Épouse de Lagus, général macédonien, et mère de Ptolémée Ier d'Egypte. — II. Fille de Ptolémée Ier, épouse de Lysimaque, roi de Thrace. Son influence sur ce prince fut désastreuse. Elle fit mourir son beau-fils Agathocles, pour assurer la couronne à ses propres enfants. Cela causa une guerre avec Séleucus de Syrie, guerre dans laquelle Lysimaque fut tué (281 av. J.-C.). Arsinoé perdit ensuite ses enfants, mis à mort par Ptolémée Ceraunus. Elle retourna en Egypte où elle épousa Ptolémée Philadelphe, qui donna à plusieurs villes le nom de sa femme. — III. Fille de Ptolémée Évergète, épouse de Philopater et mère de Ptolémée Epiphane. Elle fut tuée par ordre de son mari. — IV. Fille de Ptolémée Aulète, proclamée reine à Alexandrie, lorsque Ptolémée Dionysius eut été pris par César (47 av. J.-C.). Antoine la fit périr, à l'instigation de sa sœur, Cléopâtre, qu'elle avait essayé de renverser du trône (41).

ARSINOÉ, nom de plusieurs villes d'Egypte. L'une, près du lac Mœris, se nommait primitivement Crocodilopolis. On trouve ses ruines non loin de Médinet-el-Fayoum. Une autre, à l'extrémité N.-O. de la mer Rouge, près de Suez, fut pendant longtemps le principal entrepôt de l'Egypte.

ARSINOÉ, personnage du Misanthrope de Molière; femme sur le retour qui se retranche, par désespoir de coquetterie, dans une apparente dévotion.

ARSIS s. f. [ar-siss] (gr. *arsis*, action de lever). Antiq. Élévation de la voix sur une syllabe, pour marquer le rhythme du vers. Ce mot s'oppose à *thésis*, abaissement.

ARS LONGA, VITA BREVIS loc. lat. [arss-lon-ga-vi-ta-bré-viss]. L'art est long, la vie est courte.

ARSOUF, lieu près d'Ascalon (Syrie). Richard Ier d'Angleterre, y battit avec 30,000 chrétiens, une armée de 300,000 sarrasins commandée par Saladin (6 septembre 1191). Ascalon se rendit et Richard put marcher sur Jérusalem.

ARSOUILLE s. m. [ar-sou-yeu ; *ll* mll.] (anagramme du vieux mot *souillart*, qui désignait l'*arsouille* du moyen âge). Ignoble vaurien. Individu qui a le genre et les goûts canailles. — Adjectiv. : *il a l'air arsouille.*

ARSOUILLER (S') v. pr. Fréquenter des gens crapuleux; prendre le ton et les manières d es arsouilles.

ARS-SUR-MOSELLE, ville d'Alsace-Lorraine, à 8 kilom. S.-O. de Metz, au point de jonction de la Mance et de la Moselle ; 5,500 hab. Aux environs, mines de fer, forges et papeleries.

* **ART** s. m. — Le t ne se lie pas] (lat. *ars*, art; gr. *aretê*, vertu, force, mérite). Méthode pour faire un ouvrage, pour exécuter ou opérer quelque chose selon certaines règles : *savoir un art; savoir l'art ; préceptes de l'art ; termes de l'art ; chef-d'œuvre de l'art; l'art de l'éloquence; l'art de parler; l'art d'écrire ; il est expert en son art; il excelle dans son art.* — Se dit en général de l'industrie, du talent, de l'habileté que l'on emploie pour faire quelque ouvrage, pour obtenir quelque résultat : *cela est fait sans art, avec art.* — Fig. Manière dont quelqu'un agit, se conduit : *il s'insinue avec art.* — Secret, talent, moyen :

Le grand *art* est d'apprendre à bien vivre avec soi.
Gresset.

— Se dit, au propre et au figuré, par opposition à nature :

L'*art* ne fait que des vers, le cœur seul est poète.
André Chénier.

— Se prend aussi dans le sens d'artifice : *l'art perce dans tout ce qu'il dit.* — Art sacré, grand art, noms donnés aux doctrines des philosophes hermétiques ou alchimistes, qui cherchaient la pierre philosophale. — art est encore le titre de certains ouvrages qui renferment des préceptes sur un art quelconque : *l'Art d'aimer* d'Ovide ; *l'Art poétique* de Boileau. — Les maitres de l'art, ceux qui sont considérés comme les plus habiles, les mieux instruits dans la matière dont il s'agit. — Arts industriels, arts qui sont appliqués à l'industrie. — Arts libéraux, ceux où l'intelligence a le plus de part. — Arts mécaniques, ceux qui exigent surtout le travail de la main ou l'emploi des machines. — Les sept arts libéraux, s'est dit des sept principales parties de l'enseignement dans l'école d'Alexandrie. — Les *sept arts libéraux* étaient : la Grammaire, la Rhétorique, la Dialectique, l'Arithmétique, la Géométrie, l'Astronomie et la Musique. Dans les écoles du moyen âge, les trois premiers arts libéraux formaient le *Trivium*, les quatre derniers le *Quadrivium.* — Arts d'agrément, le dessin, la musique, la danse, etc., considérés *comme de simples amusements*, enseignés et appris comme moyens de plaire, d'être agréable : *on ne lui apprend aucun art d'agrément* ; *il réussit dans tous les arts d'agrément.* — Arts, au pluriel, sans épithète, se dit des arts tant libéraux que mécaniques : *les Français cultivent les arts* ; *le bronze s'emploie dans les arts* ; *l'École des arts et métiers.* — Beaux-arts, ou simplement arts, par excellence : la Peinture, la Sculpture, l'Architecture, la Musique et la Danse : *Académie des beaux-arts.* — On y joint quelquefois l'Éloquence et la Poésie, et l'on dit, dans cette acception plus étendue : *aimer les arts* ; *faire fleurir les beaux-arts.* — Arts se disait autrefois, dans les universités, des humanités et de la philosophie. — Maitre ès arts, celui qui avait pris, dans cette partie de l'instruction publique, le degré donnant le pouvoir d'enseigner. — Faculté des arts, celle qui comprenait les régents de l'université chargés d'enseigner les humanités et la philosophie, et tous les maitres ès arts immatriculés : *le recteur de l'université se prenait dans la faculté des arts.* — Art d'aimer (L'), poème érotique d'Ovide, en trois chants ; un titre plus exact serait : *l'Art de faire des conquêtes*, ou encore : *l'Art de tromper sans cesse.* Cet ouvrage, plein de verve, de grâce et d'imagination, a été imité en vers par Gentil-Bernard, et traduit également en vers, par de Saint-Ange ; en prose par Panckouke et par C. Nisard. — Art de bâtir, titre de deux ouvrages célèbres. L'un écrit en latin par l'architecte italien Alberti, (*De re ædificatoria*) au XVe siècle, a été plusieurs fois traduit en italien. L'autre, composé en français par Jean Rondelet, (Paris, 1802-'17, 5 vol. in-4°) a été souvent réédité et n'a cessé d'obtenir le succès qu'il mérite. — Art d'écrire(L'), traité de rhétorique philosophique en quatre livres, par Condillac. — Art de la guerre (discours sur L'), par Machiavel, ouvrage remarquable dont les préceptes ont été reproduits par Frédéric II, dans son poème français: *la Guerre*. — Art de penser (L'), traité philosophique de Condillac. — Art de raisonner (L'), traité en cinq livres, de Condillac. — Art d'être heureux (L'), par Droz, ouvrage de philosophie pratique. — Art de vérifier les dates (L'), ouvrage historique des bénédictins

de Saint-Maur ; immense répertoire publié en 1750, Paris, un vol. in-4° ; augmenté de 2 vol. en 1787; des tables furent ajoutées en 1792. Une autre partie, l'*Art de vérifier les dates depuis l'année 1770 jusqu'à nos jours* (1827), a été publiée en 4 vol., 1824-'44. — Art médical (L'), traité de médecine par Celse (*De re medica*) en 8 livres, plusieurs fois traduit en français. — Art militaire (de L'), traité de Végèce (*De re militari*), fin du IVe siècle. Cet ouvrage judicieux, instructif et concis est extrait de différents écrivains antérieurs. Il se divise en cinq livres: 1° levées et exercices des soldats; 2° ordonnance, armes et chefs des légions; 3° tactique; 4° attaque et défense des places ; 5° marine. — Édition de Valart, Paris, 1762, in-12. Traductions de Bourdon de Sigrais, 1743, in-12; et de Bongars, 1772, in-12. — Art poétique (L'), titre de plusieurs ouvrages didactiques parmi lesquels nous citerons les suivants : 1° L'Épitre aux Pisans, poème latin d'Horace (Ier siècle avant J.-C.), chef-d'œuvre de goût et de jugement, d'élégance et de goût. Traduit en vers français par Daru (Paris, 1798, 2 vol. in-8°); par Cornélie, 1802; Chénier 1815; Beaudoin, 1824; Bon le Camus, 1841. Ces quatre traductions ont été réunies en un seul volume et publiées par Gonod, à Clermont-Ferrand, en 1841. — 2° l'Art poétique, poème latin, de l'Italien Vida, Rome, 1527; ouvrage plein de méthode, de jugement, d'élégance et de goût. Traduit en vers français par Barrau, 1808 et 1810, et en prose par Batteux dans ses *Quatre poétiques*, 1771, 2 vol. in 8° — 3° L'Art poétique français, petit traité de Thomas Sibilet ; Lyon, 1548, in-8°, ouvrage curieux où l'on trouve résumés les principes de l'école de Marot. — 4° l'Art poétique, de J. Vauquelin, poème curieux publié en 1604, et réimprimé en 1862, chez Poulet-Malassis. Boileau, qui l'a souvent imité sans le citer, l'a fait oublier complètement. — 5° l'Art poétique, poème didactique de Boileau-Despréaux, chef-d'œuvre de précision d'élégance et de critique, qui a fait appeler son auteur le *Législateur du Parnasse* et dont des centaines de vers sont cités comme de véritables sentences. L'Art poétique fut publié en 1673. On lui reproche quelques opinions discutables et surtout, dans l'énumération des genres de poèmes, l'omission de la fable et l'oubli de notre bon La Fontaine. — Art universel (L') ou le Grand art (*ars magna*), méthode inventée par Raymond Lulle, vers 1275 et qui servait à raisonner toute sorte de sujets. Elle obtint d'abord une grande vogue, mais l'engouement cessa bientôt. — Arts et manufactures (École centrale des). « Fondée à Paris, en 1829, par l'initiative privée, dans un but de progrès et non de spéculation, cette école fut cédée à l'État en 1857. On y reçoit des élèves externes, français ou étrangers, âgés de dix-huit ans au moins et qui ont été reconnus admissibles après examen. La durée des études est de trois années. Les examens de sortie font obtenir, suivant le mérite des élèves, un diplôme d'*ingénieur des arts et manufactures* ou seulement un certificat de capacité. Ce titre d'ingénieur est justement apprécié par les grands établissements industriels en France et à l'étranger. Les études ont, à partir de la seconde année, des directions diverses auxquelles correspondent des diplômes différents ; ce sont : la métallurgie, la chimie, la construction et la mécanique. L'école se suffit à elle-même; mais les bâtiments tombent en ruines et la reconstruction en est commencée par l'État. — La Convention avait décrété en 1793 qu'il y aurait en France, par 300,000 habitants, une école *centrale* où seraient enseignées les lettres et les sciences, et aussi les arts et métiers. Le nombre fut réduit, dans la même année, à une école par département. Ces établissements eurent du succès, malgré les attaques des partisans de l'ignorance ; mais lorsque les lycées furent organisés, en 1802, les écoles centrales durent

disparaitre peu à peu et la vieille méthode classique régna de nouveau sans partage ».
(Ch. V.)

Arts et métiers (Écoles d'). « Il n'existe encore en France que trois écoles nationales proprement dites d'arts et métiers, à Châlons-sur-Marne, Angers et Aix ; mais ce nombre sera augmenté, et d'autres écoles sont en voie de formation. La première fut fondée en 1803, à Compiègne, par Chaptal, alors ministre de l'Intérieur, et elle fut transférée à Châlons en 1806. Une seconde école, établie à Baupréau vers la même époque ne tarda pas à être transportée à Angers. Celle d'Aix date de 1843. Chacun de ces établissements reçoit, au concours, 300 élèves, dont les trois quarts sont, pour tout ou partie, boursiers de l'État. L'âge d'admission est de quinze à dix-sept ans, et les études durent trois années. L'enseignement comprend la grammaire, la comptabilité, les sciences, le dessin des machines et, de plus, la pratique de la menuiserie, de la fonderie, de la forge, de l'ajustage, etc. On accorde des médailles d'argent aux élèves qui se sont le plus distingués dans leurs études. En sortant de l'École, les jeunes gens sont aptes à être mécaniciens ou contre-maitres dans les usines. — On peut encore ranger ici, sous le titre d'écoles nationales d'arts et métiers, plusieurs établissements ayant une destination plus spéciale, mais dont le but commun est l'enseignement industriel, et qui sont entretenus par l'État. L'*École des mineurs de Saint-Étienne* (Loire), fondée en 1816 et réorganisée en 1831, forme des garde-mines et des chefs d'exploitation minéralurgiques. A cette école sont annexés des cours destinés à l'instruction des mineurs. L'*École des mines d'Alais* (Gard), qui a été créée en 1843, est destinée à former des maitres-ouvriers mineurs. L'enseignement y est à la fois théorique et pratique. L'*École nationale d'art décoratif*, établie à Limoges par la loi du 15 juin 1881 et organisée par le décret du 5 novembre suivant, avait été fondée en 1868 par l'initiative privée, avec le concours de la ville. Elle donne gratuitement aux jeunes garçons et aux jeunes filles un enseignement approprié à diverses professions. On s'y occupe notamment des applications des arts du dessin à la céramique, à l'émail, à la gravure à l'eau-forte, etc. On pourrait citer beaucoup d'autres écoles d'arts et métiers ne dépendant pas de l'État, mais sont entretenues ou subventionnées soit par les villes, soit par des associations. L'*École de la Martinière*, établie à Lyon au moyen du legs fait par le général Martin, est administrée par une commission municipale et procure aux jeunes gens un enseignement approprié à l'industrie du tissage de la soie. La ville de Nîmes possède aussi une école pour but la fabrication des étoffes de soie unies ou brochées ; Dieppe entretient une école de dentelles pour les jeunes filles ; enfin, à Paris et dans beaucoup d'autres villes, on trouve un grand nombre d'écoles professionnelles et des cours de sciences appliquées à l'industrie. Le décret du 22 août 1854 sur l'organisation des académies porte que, dans les facultés des sciences et dans les écoles préparatoires à l'enseignement supérieur des sciences, les professeurs pourront être autorisés à ouvrir des cours pour des applications spéciales, et que, dans ce cas, les facultés ou écoles pourront, après examen, délivrer des certificats de capacité pour les sciences appliquées. Ajoutons enfin, que le décret du 16 décembre 1880 sur les *écoles manuelles d'apprentissage* admet à participer aux subventions de l'État, non seulement les écoles d'apprentissage fondées par les communes ou les départements, et les écoles publiques d'enseignement primaire complémentaire qui comprennent des cours professionnels, mais encore les écoles à la fois primaires et professionnelles entretenues par des associations libres. »   (Ch. V.)

ARTA, ville d'Albanie, Turquie, vilayet de Janina, à 11 kil. du golfe d'Arta. 7,000 hab. Manufactures de lainages, d'étoffes de coton, de cuirs et de vêtements. Avant 1821, époque où elle fut assiégée et en partie occupée par Marco Botzaris, Arta était une ville très importante.

ARTABAN, nom de quatre rois des Parthes. — I. Régna de 216 à 196 av. J.-C., et battit Antiochus III de Syrie. — II. De 127 à 124 av. J.-C., périt dans un combat contre les Scythes. — III. De 18 à 36 de notre ère, fut renversé par Tibère et mourut en 44. — IV. Dernier prince de la dynastie des Arsacides, régua de 216 à 226 ; fut détrôné par Artaxerce.

ARTABAN, Hycarnien, capitaine des gardes de Xerxès qu'il assassina en 465. av. J.-C. Ayant imputé son crime au fils aîné du défunt, il le fit condamner comme parricide ; après quoi il usurpa le trône qu'il occupa pendant quelques mois. Artaxerxès Longue-Main, fils de Xerxès, tua le scélérat et reprit la couronne.

ARTABAN, héros d'un roman de La Calprenède, qui a pour titre *Cléopâtre.* Son caractère fièrement dessiné a passé en proverbe et l'on dit : *fier comme Artaban.*

ARTABAZE. I. Officier de Xerxès. Il commanda les Parthes et les Chorasmiens pendant l'expédition en Grèce, 480 av. J.-C. Après la défaite de Mardonius à Platée (479), il commanda la retraite de 40,000 hommes qu'il ramena en Asie. — II. Général persan des règnes d'Artaxerxès II, d'Artaxerxès III et de Darius Codoman. Satrape de l'Asie occidentale, il se révolta deux fois et se fit pardonner (328 av. J.-C.).

ARTABÉ ou **Artaba** s. m. Ancienne mesure égyptienne évaluée à 35 litres. — Mesure des Perses modernes ; elle vaut 51 lit. 78 cent.

ARTAGNAN, seigneurie de Bigorre (Hautes-Pyrénées), à 4 kil. N. de Tarbes ; possédée par la famille de Montesquiou.

ARTAGNAN (Charles DE BATZ D'), officier né dans le Béarn ; à quinze ans, il quitta le château de son père, n'emportant dans sa bourse que 10 écus, et vint à Paris où il fit connaissance de trois mousquetaires nommés Porthos, Athos et Aramis, qui furent ses compagnons d'aventures. D'abord garde-française, puis mousquetaire sous Richelieu, il devint l'un des « chevaux de poste » de Mazarin, puis espion, espion et capitaine de mousquetaires. Il arrêta Fouquet et fut chargé de le garder à la Bastille ; il se maria, s'ennuya et retourna à la guerre, où il fut tué.

ARTAMÈNE ou le **GRAND CYRUS,** roman célèbre de M¹¹ᵉ de Scudéry, Paris, 1650 ; 10 vol. in-8º. L'engouement fut tel, pour cette œuvre tombée aujourd'hui dans l'oubli, que Massillon, La Fontaine et Boileau en firent l'éloge. Mais ce dernier l'écrasa ensuite sous le ridicule dans ses *Satires* et dans le *Lutrin.*

ARTAUD, archevêque de Reims, mort en 961 ; se rendit célèbre par ses démêlés avec Hugues de Vermandois, qui lui disputait son siège archiépiscopal.

ARTAUD I. (Jean-Baptiste), auteur dramatique et littérateur, né à Montpellier, en 1732, mort en 1796. On cite, parmi ses comédies, l'*Heureuse entrevue,* en vers, et *Sophie,* l'une et l'autre en vers. — II. (François), archéologue, né à Avignon, en 1767, mort en 1838. Son ouvrage le plus connu est un *Voyage dans les catacombes de Rome* (1810). — III. Artaud de Mentor (LE CHEVALIER), diplomate et littérateur, né à Paris, en 1772, mort en 1849. Son *Histoire de Pie VII* a obtenu le prix de l'Académie française en 1838. — IV. (Nicolas-Louis), littérateur helléniste, né à Paris, en 1794, mort en 1861. Devint inspecteur général des lettres vers 1835, et vice-recteur de l'Académie de Paris en 1858. A donné un *Essai littéraire sur*

37

le *génie poétique au XIXᵉ siècle,* et des traductions du grec justement estimées : *Tragédies de Sophocle* ; *Tragédies d'Euripide* ; *Comédies d'Aristophane,* etc.

ARTAXATE (arménien : *Ardaschad*), ancienne ville sur l'Araxe, capitale de l'Arménie, à 110 kil. S.-S.-E. d'Erivan. Elle fut construite sous la direction d'Annibal, qui s'était réfugié à la cour d'Artaxias (Ardaschas). Les Perses la détruisirent presque complètement en 370.

ARTAXERXÈS, nom de trois rois de l'ancienne Perse. — I. Artaxerxès Longue-Main (463-425 av. J.-C.), fils de Xerxès Iᵉʳ ; régna après la mort de l'usurpateur Artaban. Des troubles dans la Bactriane, une révolte des Egyptiens commandés par Inarus, une guerre avec les Athéniens qui soutenaient ces révoltés, furent les principaux événements de son règne. C'était un des plus beaux hommes de son siècle et un prince doué d'un caractère noble et généreux ; il redressa une foule d'abus et fonda plusieurs institutions utiles. On croit qu'il est l'*Ahasverus* ou *Assuérus* de l'Ecriture. — II. Artaxerxès Mnémon (à cause de sa mémoire prodigieuse), fils de Darius II (405-359), vainquit son frère Cyrus le Jeune à Cunaxa (401), fit la guerre aux Spartiates qui furent forcés d'accepter la paix dite d'*Antalcidas* (voy. ce mot) ; rendit tributaires les Cadusiens (à la mer Caspienne) et Evagoras de Chypre ; mais il ne put soumettre les Egyptiens révoltés. Sur la fin de sa vie il dut faire mettre à mort son fils aîné qui avait conspiré contre lui. — III. Artaxerxès Ochus, quatrième fils du précédent, fit assassiner ses deux frères Ariaspe et Arsame. En apprenant ce double meurtre, le vieux Mnémon, âgé de 92 ans, mourut de désespoir et laissa le trône à Ochus, qui prit aussitôt le nom d'Artaxerxès et régna de 359 à 338. Il soumit Artabaze, l'Egypte, la Phénicie et Chypre. Il fut empoisonné par son eunuque égyptien Bagoas, qu'il avait indigné en faisant abattre le bœuf Apis et en se le faisant servir à diner.

ARTAXIAS ou **Ardaschas,** officier d'Antiochus le Grand, qui lui confia, en 189 av. J.-C., le gouvernement de la Grande Arménie. Il accueillit Annibal, bâtit Artaxate, prit le titre de roi en 180 et régna vingt ans.

ARTEDI (Pierre), naturaliste suédois, né en 1705, noyé à Amsterdam le 27 sept. 1735. Son ouvrage sur les poissons a été publié par son ami Linné : P. ARTEDI, *Ichtyologia sive Opera omnia de Piscibus,* 1 vol. in-8º, Leyde, 1738. Cet ouvrage, exposé avec goût et méthode, fut réédité en 1788, Gripswald, 5 vol. in-8º. Mais cette édition, augmentée par un compilateur sans jugement, est loin de valoir la première.

ARTEIJO, station minérale espagnole (province de la Corogne), à 22 kil. de Betanzos, 44 de Santiago. Saline thermale, 21º R. Affections cutanées. Du 1ᵉʳ juillet au mois de septembre.

ARTE MAYOR (Vers d'), vers de la haute poésie espagnole, qui remplit les fonctions de notre alexandrin. Il compte onze syllabes, dont quatre accentuées, ce qui forme un rythme très noble.

ARTÈME (saint), général romain, décapité en 362 pour avoir brisé des idoles. Fête le 20 octobre.

ARTÉMIDORE. I. Le Géographe, vivait vers 104 av. J.-C., voyagea, et mit le résultat de ses observations dans son *Périple* ou description de la terre, en onze livres, dont il ne reste que des fragments, recueillis dans la Bibliothèque grecque de Didot. — II. D'Ephèse, vivait sous Antonin le Pieux. Son *Traité des songes* a été traduit du grec par A. Dumoulin, Rouen, 1664, in-12.

ARTÉMIS, nom grec de la déesse que nous nommons Diane d'après les Latins.

ARTÉMISE. I. Reine d'Halicarnasse, en Carie. Pendant la bataille navale de Salamine (480) elle agit si bravement que Xerxès s'écria : « Les hommes se sont conduits comme des femmes et les femmes comme des hommes ». Désespérée de ne pouvoir se faire aimer de Dardanus d'Abydos, elle lui fit crever les yeux pendant son sommeil et elle se précipita ensuite du haut du rocher de Leucate. — II. Epouse de *Mausole,* auquel elle succéda au trône de Carie (352 av. J.-C.). Elle ne lui survécut que deux années et se rendit célèbre par la douleur inconsolable. Elle fit ériger à Halicarnasse le *Mausolée* qui fut considéré commt l'une des sept merveilles du monde.

ARTEMISIA, nom scientifique de l'armoise.

ARTÉMISIÉ, ÉE adj. Bot. Qui ressemble à l'artemisia ou armoise. — **Artémisiées** s. f. pl. Tribu de composées à capitules en forme de disque ; à fleurs d'un seul sexe ou renfermant les deux sexes ; à fruits dépourvus d'aigrettes. Genres principaux : Armoise, Tanaisie, etc.

ARTÉMISIES s. f. pl. [ar-té-mi-zi], fêtes célébrées, surtout à Delphes et à Syracuse, en l'honneur d'Artémis ou Diane.

ARTEMISIUM promontorium, cap situé au N. de l'Eubée. Vis-à-vis de ce promontoire, la flotte des Grecs tint tête pendant trois jours à celle des Perses. 480 av. J.-C.

ARTÉMON, peintre grec du premier siècle après J.-C. Il s'établit à Rome, décora les portiques d'Octavie, et laissa plusieurs tableaux célèbres, entre autres : la *Danaé* et la *Stratonice.*

ARTÉMON de Clazomène, célèbre mécanicien grec du siècle de Périclès. On lui attribue l'invention de la tortue et de plusieurs autres machines de guerre.

ARTENAY, ch.-l. de cant. arr. et à 20 kil. N. d'Orléans (Loiret) ; 1,050 hab.

*****ARTÈRE** s. f. (gr. *aêr*: air; *terein,* conserver ; parce que les anciens pensaient que les artères renfermaient de l'air). Anat. Nom donné aux vaisseaux qui naissent des ventricules du cœur et qui portent le sang, les uns aux poumons, les autres à toutes les parties du corps. De ces deux systèmes d'artères : 1º *Artères pulmonaires,* qui portent, du ventricule droit au poumon, le sang noir qui a besoin dese revivifier et devenir artériel ; 2º *Artère aorte* ou *grande artère,* qui tire son origine du ventricule gauche et se divise en une foule d'artères (artère carotide primitive, tronc brachio-céphalique, artère carotide externe, artère carotide interne, artère sous-clavière, artère axillaire, artère humérale, artère radiale, artères intercostales, tronc cœliaque, artères mésentériques, artères iliaques, artère crurale, artère poplitée). Ces artères se subdivisent à l'infini pour porter à toutes les parties du corps le sang rouge chargé des matériaux nécessaires à la nutrition. Les ramuscules artériels portent le nom de *capillaires artériels* lorsqu'ils sont arrivés à leur plus grand degré de ténuité ; ils se continuent par les capillaires veineux qui ramènent le sang aux veines. Les artères sont constituées par trois membranes superposées : 1º *tunique externe* ou *celluleuse,* formée par un tissu filamenteux, aréolaire ; 2º *tunique moyenne,* propre, *élastique* ou *artérielle,* composée de fibres élastiques, jaunes, non musculeuses ; elle est extensible, fragile et se coupe sous la ligature ; 3º *tunique interne,* pellicule transparente, mince, ténue, lubrifiée par de la sérosité. Les artères se distinguent des veines par les caractères suivants : elles sont cylindriques et élastiques ; lorsqu'on les coupe, elles ne s'aplatissent pas ; enfin, elles ont un battement régulier dû à la contraction des ventricules du cœur et appelé pulsations. — La dilatation graduelle et la rupture des artères donnent naissance à l'anévrisme ; leur inflammation

1.

se nomme artérite. Elles peuvent subir différentes altérations, telles que le rétrécissement, l'oblitération, l'ossification, l'atrophie, etc. Les blessures faites aux artères sont très graves, à cause de l'hémorragie qui en résulte. — Fig. ARTÈRE se dit des voies de communication et de circulation les plus fréquentées : *ces deux rues sont les principales artères de la ville.* — Artère (TRACHÉE) voy. TRACHÉE-ARTÈRE.

ARTÉRÉVRISME s. m. (gr. *artéria*, artère ; *eurunô*, j'élargis). Pathol. Dilatation contre nature d'une artère.

ARTÉRIALISATION s. f. [ar-té-ri-a-li-za-si-on]. Physiol. Action par laquelle le sang s'artérialise, c'est-à-dire devient artériel.

ARTÉRIALISER v. a. Physiol. *Changer du sang veineux en sang artériel.* — S'artérialiser v. pr. Etre changé en sang artériel.

ARTÉRIALITÉ s. f. Physiol. Qualité du sang artériel.

* **ARTÉRIEL, ELLE,** adj. Qui appartient, qui a rapport aux artères. — SANG ARTÉRIEL, *sang rouge, sang hématosé,* contenu dans les artères. — CANAL ARTÉRIEL, conduit sanguin qui n'existe que dans le fœtus pendant la vie intra-utérine ; il va de l'artère pulmonaire à l'aorte, près de la crosse. A la naissance de l'enfant, il s'oblitère et se convertit en un cordon fibreux nommé *ligament artériel* — SYSTÈME ARTÉRIEL, ensemble des artères.

ARTÉRIEUX, EUSE, adj. Qui tient de l'artère. — VEINE ARTÉRIEUSE, l'artère pulmonaire.

ARTERIOCHALASIE s. f. [ar-té-ri-o-ka-la-zi] (gr. *artéria,* artère ; *chalasis,* relâchement). Pathol. Atonie.

* **ARTÉRIOLE** s. f. Anat. Petite artère.

* **ARTÉRIOLOGIE** s. f. Partie de l'anatomie qui traite des artères.

* **ARTÉRIOTOMIE** s. f. (gr. *artéria,* artère ; *tomé,* coupure). Anat. Dissection des artères. — Chir. Saignée pratiquée sur les artères, pour en tirer du sang artériel. La gravité des plaies artérielles a fait abandonner l'artériotomie, qui ne s'emploie plus que lorsqu'on veut obtenir une débilitation rapide. On la pratique sur les artères temporales, parce que leur position sur les os du crâne offre un point d'appui pour comprimer les artères et arrêter l'écoulement du sang.

ARTÉRIOTOMIQUE adj. Qui a rapport à l'artériotomie.

ARTÉRIOTREPSIE s. ı. [ar-té-ri-o-trépp-si] (gr. *artéria,* artère ; *trepsis,* torsion). Chir. Torsion des artères pour les oblitérer.

ARTÉRITE s. f. (gr. *artéria,* artère). Pathol. Inflammation des artères, par suite d'une lésion interne, ou causée par le voisinage d'une partie enflammée. L'artérite s'annonce ordinairement par une augmentation dans les battements, par de la chaleur et par un malaise indéfinissable ; elle paraît être le point de départ de plusieurs affections dont le tissu artériel est atteint. On la combat par des saignées générales et locales, des cataplasmes et des bains émollients prolongés.

ARTÉSIEN, IENNE adj. et s. Qui est de la province de l'Artois. — * Puits artésien, puits creusé à l'aide de la sonde, souvent à une très grande profondeur, et d'où l'eau jaillit d'elle-même au-dessus du sol, à une hauteur plus ou moins considérable. On dit aussi *puits foré* ou *fontaine artésienne.* Les *puits artésiens* sont appelés ainsi parce que le premier qu'on ait vu en France fut creusé par les chartreux, à Lilliers, en Artois, en 1126. Mais les anciens connaissaient l'art de forer la terre pour en faire jaillir des sources. Les voyageurs assurent que l'on trouve des puits forés dans les déserts de l'Asie, dans l'Inde, la Chine, etc. — THÉORIE DES PUITS ARTÉSIENS.

Tout liquide tend à se mettre de niveau quand ses molécules n'éprouvent aucun obstacle : c'est pourquoi l'eau monte à la même hauteur dans les deux branches d'un tuyau recourbé. Les eaux provenant des pluies s'infiltrent dans la terre à une grande profondeur, jusqu'à ce qu'elles rencontrent des couches épaisses de terre glaise, de craie ou des bancs de pierre, sans fentes ni crevasses. Elles forment alors ces amas souterrains, qui sont constamment en effort contre les obstacles mais qui sont maintenus de tous côtés par des couches imperméables. Lorsque les couches sont fortement inclinées, comme la montre notre gravure, les eaux, après avoir empli les cavités les plus basses, ont toujours une tendance à remonter jusqu'à la hauteur des réservoirs naturels qui les alimentent. On est donc à peu près certain de rencontrer des eaux souterraines jaillissantes dans les endroits dominés, de près ou de loin, par des montagnes ou par des plateaux élevés. Même dans ces conditions, il ne saurait y avoir d'eaux souterraines stagnantes si le sol est formé de couches perméables non enveloppées de couches imperméables ; parce qu'alors les eaux n'ont aucune tendance à remonter. —

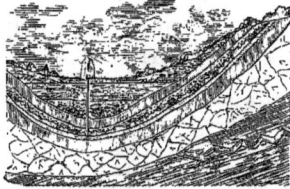
·Théorie des puits artésiens.

PRINCIPAUX PUITS ARTÉSIENS. Les deux merveilles de ce genre sont, sans contredit, le puits artésien de Grenelle et celui de Passy. Le premier, d'une profondeur de 550 mètres, s'élève à 34 mètres au-dessus du sol ; il fut commencé par M. Mulot, en 1833, et continué pendant huit années, au milieu de difficultés imprévues qui en auraient fait abandonner le percement sans la protection éclairée d'Arago. Enfin, le 26 février 1841, la sonde pénétra tout à coup dans la couche qui enveloppe les eaux souterraines, et quelques heures plus tard, l'eau jaillit violemment et en grande quantité à la partie supérieure, entraînant avec elle de la boue ; peu à peu elle devint limpide et l'on constata que ce puits pouvait en fournir 1,000 mètres cubes en 24 heures. L'eau est d'une température de + 28° C. Le puits de Passy, commencé en 1854, fut terminé le 24 septembre 1861, par l'ingénieur Kind. Profondeur, 570 mètres ; débit, 20,000 mètres cubes en 24 heures. Le puits de Grenelle est muni d'un tube en tôle dans toute sa profondeur ; celui de Passy est muni d'un cuvelage en chêne jusqu'à 250 mètres et en fer jusqu'à son extrémité. — Le puits artésien le plus profond est celui de Mandorf (Luxembourg) ; il mesure 730 mètres. — Les fontaines de Trafalgar Square (Londres) sont approvisionnées, depuis 1844, par deux puits artésiens de 131 mètres de profondeur.—Depuis 1856, on a entrepris dans le Sahara algérien le percement de puits qui ont été un véritable bienfait pour cette partie de nos possessions : des oasis en ruines se sont relevées avec une merveilleuse rapidité.

ARTEVELD ou Artevelle. I. (Jacob Van), chef populaire de Gand, né vers 1300, mort en 1345. Par l'emploi généreux d'une brillante fortune, il acquit une grande influence et fut élu doyen des 54 métiers de la ville et capitaine de la corporation des brasseurs. Il aurait

voulu former une sorte de confédération des villes flamandes. Lorsque le roi d'Angleterre, Edouard III, recherche l'alliance des Flamands, Arteveld, considérant que le commerce avec l'Angleterre enrichissait son pays et que les intérêts des Flandres étaient moins grands du côté de la France, prit sur lui de traiter avec Edouard (1335) et il força Ypres et Bruges d'imiter son exemple. Le comte Louis Ier de Flandre voulut s'opposer à cette alliance ; le peuple se souleva contre lui et il dut chercher un refuge à la cour de France. Arteveld, proclamé *Ruwaert* ou Ruart (chef ou gouverneur) devint le véritable comte. Il perdit sa popularité par ses tentatives pour mettre la couronne comtale sur la tête du Prince Noir, fils d'Edouard.[1] fut tué dans une émeute.— II. (Philip Van), fils du précédent, né vers 1340, mort en 1382 ; élu en 1381, gouverneur de Gand, alors assiégée par le comte Louis II. A la tête de 6,000 hommes, il battit le comte, près de Bruges, et prit cette dernière ville ; les autres villes se soumirent aussitôt au vainqueur ; mais Arteveld fut tué à la bataille de Rosebecque, gagnée par les Français (nov. 1382).

ARTHEZ ch.-l. de cant. arr. et à à 14 kil. S.-E. d'Orthez (Basses-Pyrénées) ; 1,500 hab.

ARTHRALGIE s. f. (gr. *arthron,* articulation ; *algos,* douleur). Pathol. Douleur des articulations.

ARTHRALGIQUE, adj. Qui appartient à l'arthralgie.

* **ARTHRITE** s. f. [ar-tri-te] (gr. *arthron,* articulation). Inflammation des articulations, différente du rhumatisme et de la goutte. Elle se développe ordinairement sous l'influence de violences extérieures (coups, chutes, luxations, entorses, plaies, fractures), quelquefois elle est spontanée et de cause interne : on l'appelle alors *arthrite rhumatismale* et *arthrite goutteuse* (voy. RHUMATISME et GOUTTE). — L'arthrite traumatique (causée par des violences extérieures), est caractisée par une douleur excessive avec gonflement et rougeur de la peau, impossibilité des mouvements, fièvre intense et souvent abcès articulaire. Le passage à l'état chronique donne lieu à une variété de tumeur blanche. Le traitement consiste dans l'application de huit à dix sangsues. On combat la douleur par les opiacés à l'intérieur et par des cataplasmes émollients. On maintient l'articulation dans l'immobilité ; on fait des frictions fondantes, on emploie la compression et on soigne l'état général. Voy. HYDARTHROSE.

* **ARTHRITIQUE** adj. Qui appartient, qui a rapport aux articulations. — Pathol. Qui a rapport à la goutte : *douleur arthritique ; remède arthritique.* — Chir. CALCUL ARTHRITIQUE, concrétion composée d'acide urique et d'urate de soude et siégeant au voisinage des articulations.

ARTHROCACE s. f. (gr. *arthron,* articulation ; *kakos,* mauvais). Pathol. Nom que l'on a donné à des affections très différentes (carie, ostéosarcome, ulcère fongueux, etc.), ayant leur siège au voisinage des articulations ou sur les surfaces articulaires.

ARTHROCACOLOGIE s. f. (gr. *arthron,* articulation ; *kakos,* mauvais ; *logos,* discours). Pathol. Traité sur les arthrocaces.

ARTHROCÈLE s. f. (gr. *arthron,* articulation ; *kélé,* tumeur). Pathol. Tumeur blanche.

ARTHRODIE s. f. (gr. *arthrôdia,* articulation où les os sont peu emboîtés). Anat. Articulation dans laquelle les surfaces planes ou presque planes, sont maintenues par des fibres ligamenteuses irrégulièrement placées autour de l'articulation. Telles sont les articulations du carpe et des apophyses articulaires des vertèbres. Leurs mouvements s'opèrent par glissement. — Bot. ou Zool. Productions qui se présentent sous la forme de taches vertes flottant sur les eaux douces de la Sicile. Rafflinesque les considère comme un genre d'algues ; mais Bory de Saint-Vincent les regarde comme des êtres intermédiaires entre le règne végétal et le règne animal.

ARTHRODIÉ, ÉE adj. Bot. Qui ressemble à l'arthrodie. — ARTHRODIÉES s. f. pl. Groupe d'algues à filaments formés de deux tubes, dont l'un, extérieur, transparent, et l'autre intérieur, articulé ; ce dernier contient une matière colorante. Ce groupe ou famille se divise en quatre tribus : *Fragillaires, Oscillaires, Conjuguées* et *Zoocarpées*. On pense que quelques genres d'arthrodiées renferment des infusoires et mériteraient, par conséquent, d'être classés dans le règne animal.

ARTHRODYNIE s. f. pl. (gr. *arthron*, articulation ; *oduné*, douleur). Pathol. Douleur vague, indéterminée, sans chaleur ni gonflement, dans une articulation. Elle se rapporte soit à une névralgie soit au rhumatisme chronique.

ARTHROPODAIRE adj. (gr. *arthron*, article, articulation ; *pous, podos*, pied). Entom. Qui est pourvu de pieds articulés. — s. m. pl. Nom donné par quelques naturalistes aux animaux *articules* de Cuvier.

ARTHROSPORÉES s. f. (gr. *arthron*, articulation ; *spora*, semence). Bot. Genre de champignons composés de filaments articulés dont chaque article et un spore qui peut se séparer et former une nouvelle plante. Ces champignons ont donc les organes de végétation et de reproduction confondus entre eux. Principaux gences : *penicillum, aspergillum, oidium*.

ARTHROSTACHYE s. f. [ar-tro-sta-ki] (gr. *arthron*, article ; *stachus*, épi). Bot. Genre de plantes graminées que l'on a voulu former aux dépens des avoines.

ARTHROSTÈME s. f. (gr. *arthron*, article ; *stéma*, étamine). Bot. Genre de mélastomacées, tribu des mélastomées, comprenant des herbes et des arbrisseaux à calice campanulé, persistant, à 4 lobes ; 4 pétales ; 8 étamines ; capsule à 4 loges polysperme. L'*arthrostème à diverses couleurs* (arthrostema versicolor), du Brésil, est un élégant sous-arbrisseau en feuillage teinté de diverses couleurs ; il porte, en septembre, des fleurs roses, solitaires, terminales. L'*arthrostème luisante* (arthrostema nitida), de Buenos-Ayres, a les fleurs d'un lilas pâle. Ces deux espèces sont cultivées chez nous en serre chaude.

ARTHUR ou **Artus**, héros mythologique de la Grande-Bretagne. Il paraît prouvé qu'un prince nommé Arthur, roi ou chef des Bretons, vers 525, dirigea la résistance nationale contre l'invasion des Anglo-Saxons, fut assassiné par son neveu, et enterré à Glastonbury. Mais les historiens modernes sont d'accord que l'Arthur des romans n'est qu'un être imaginaire. D'après la tradition, il était fils d'Uther Pendragon et d'Igerne de Cornouailles, qu'Uther, protégé par les enchantements de Merlin, visitait sous la figure de son mari. Elevé par un chevalier qui se donnait pour son père, Arthur vint à Londres, où il apprit la mort d'Uther, et prouva son droit à la couronne en arrachant d'un rocher où elle était engagée, une épée sur laquelle se trouvaient ces mots : « qui arrache cette épée est roi par droit de naissance ». Après un règne de plusieurs années, il épousa Guinevère, dont la dot comprenait la table ronde enchantée, autour de laquelle il forma le fameux cercle de chevaliers dits de la Table Ronde. Son histoire se termine par une blessure mortelle reçue de son fou neveu Modred, à la bataille de Salisbury. Les événements de sa vie et les exploits de ses chevaliers ont servi de thème aux romans merveilleux des poètes gallois Taliesin, Llywarch, Hên et Aneurin, dont les œuvres fabuleuses ont été incorporées

dans l'histoire latine de Geoffroy de Monmouth, vers 1130, et mises en vers français par Geoffroy Gaimar et par Wace ; enfin elles ont fourni la matière des « Idylles du Roi » par Tennyson (1859-'69).

ARTHUR, nom de trois ducs de Bretagne. — I. Fils posthume de Geoffroy d'Angleterre et de Constance de Bretagne. Duc dès sa naissance (1187), il devait devenir roi d'Angleterre à la mort de Richard Cœur de Lion (1199) ; mais il fut pris par Jean sans Terre qui l'enferma dans la grosse tour de Rouen (1202). Il disparut pendant la nuit du jeudi saint de l'année 1203. Le bruit courut que son implacable parent, qui était venu en personne le chercher dans un bateau, l'avait égorgé et jeté dans la Seine. Jean prétendit qu'il s'était noyé en voulant s'échapper du bateau. Cette disparition motiva la confiscation des provinces que Jean sans Terre possédait en France (Normandie, Maine, Anjou et Touraine). — II. Fils de Jean II et de Béatrix d'Angleterre, né en 1262, mort en 1372. — III. Fils de Jean V, né en 1393, figura avec éclat dans les guerres que la France soutint contre l'Angleterre, fut prisonnier des Anglais, après Azincourt (1415), devint connétable de France en 1424 et succéda en Bretagne à son neveu Pierre, peu de temps avant de mourir (1486).

ARTHUR s. m. Homme à prétentions séductrices. — Amant de cœur d'une femme galante.

ARTIADE s. f. Chim. Dans la théorie atomistique, on nomme *artiades* les éléments d'une équivalence uniforme dans laquelle les pôles atomiques sont en nombre pairs.

* **ARTICHAUT** s. m. [ar-ti-chô] (celt. *art*, épine ; *chaulx,, chou ; chou à épines). Bot. Genre de composées, tribu de cinarées, à capitules volumineux ; involucres à folioles imbriquées, terminées en épines ; réceptacle charnu garni de soies ; fleurons hermaphrodites ; anthères prolongées en un appendice obtus ; akènes couronnées par une aigrette caduque. Les deux principales espèces sont le *cardon* (cynara cardunculus, Lin.), Voy. CARDON, et l'*artichaut* proprement dit (cynara scolymus, Lin.). — Artichaut proprement dit, plante

potagère vivace, originaire d'Ethiopie, introduite, vers le commencement du XVIᵉ siècle, dans notre pays, où elle est à peu près acclimatée, mais où elle craint toujours les gelées. Sa racine laisse échapper de son collet des feuilles longues, lancéolées, du milieu desquelles s'élève une tige droite, rameuse, surmontée d'un grand involucre évasé. Cet involucre constitue la partie comestible. Il est formé d'écailles charnues à la base.

Artichaut.

L'agglomération des écailles compose une espèce de pomme dont l'intérieur est garni d'une masse d'aspect sétacé appelée *foin* et constituée par les fleurs violettes, petites, serrées, à corolle quinquenfida, à filets papilleux, à style renflé en nœud au sommet, à stigmate cohérent. — Principales variétés : *artichaut de Laon* ou *gros vert*, à écailles divergentes ; *artichaut camus de Bretagne* ; *artichaut violet* ; *artichaut à tête longue*, de Provence ; *artichaut rouge*, du Midi. — L'artichaut veut une terre profonde, grasse, bien amendée ; on le multiplie au moyen d'*œilletons* ou *filleuls*, que l'on détache, chaque printemps, des vieux plants

et auxquels on conserve une partie de la souche pour former ce que l'on appelle un *talon*. Ces œilletons se plantent à un mètre les uns des autres en tous sens ; ils produisent quelquefois dès la première année. Il faut avoir soin de couvrir les artichauts pendant l'hiver ; sinon ils gèlent. Généralement, une plantation d'artichauts reste productive pendant quatre ans. — On donne aussi le nom d'artichaut au capitule servi sur nos tables avant la floraison. On y distingue le *fond* ou *portefeuille*, réceptacle charnu portant les fleurs ; les *feuilles* ou bractées à base charnue ; le *foin*, masse de fleurs non épanouies mêlées à des poils.— Les *artichauts violets* se servent crus à *la poivrade*, comme hors d'œuvre. Ordinairement on fait cuire les autres variétés et on les sert à l'eau, à la sauce blanche, à la barigoule, à la lyonnaise ; on les farcit, on les fait frire, etc. — Techn. Pièce de serrurerie, hérissée de pointes et qui sert à garnir une clôture pour qu'on ne puisse la franchir. — Pyrotech. Sorte de fusée qui décrit dans l'air une parabole de feu et qui s'éteint à une grande hauteur.

ARTICHAUTIÈRE s. f. Terrain planté d'artichauts. — Lieu où l'on conserve les artichauts. — Vase qui sert à faire cuire les artichauts.

* **ARTICLE** s. f. (lat. *articulus*; diminutif de *artus*, articulation). Anat. Jointure mobile de deux os, dans le corps de l'homme ou de l'animal. On dit mieux : ARTICULATION ; excepté dans cette phrase de chirurgie : *amputation dans l'article*, amputation que l'on pratique en coupant un membre à l'endroit où il se joint au corps. — Zool. Chacune des parties dont la réunion constitue les membres des animaux articulés. S'emploie surtout dans le langage entomologique ; ainsi, la tête, le corselet, le thorax, l'abdomen sont formés d'un nombre déterminé de parties appelées *articles*. Le nombre et la disposition des *articles* constituant les antennes, les palpes, les tarses, sont utiles à connaître, *parce qu'ils forment la* base de la classification de beaucoup de genres. — Bot. Pièce comprise entre deux nœuds ou deux points d'articulation dans les plantes articulées. Les presles et certaines algues offrent un article entre chaque nœud. — Fig. Petite partie qui forme une division ou une subdivision d'un traité, d'un contrat, d'un compte, d'un écrit, d'un journal, etc. : *article 10 du titre IV de la loi du 10 brumaire an XI.* — Sujet sur lequel roule une lettre, un mémoire, un passage d'une publication périodique : *je lui ai lu l'article de votre lettre qui le concerne ; avez-vous remarqué le premier article de ce journal?* — Par ext. Sujet, matière : *il entendra raison sur cet article ; causons un peu de cet article.* — Fam. C'EST UN AUTRE ARTICLE, se dit pour marquer la différence d'une chose avec une autre dont il a été parlé. — C'EST UN ARTICLE A PART, se dit d'une chose, d'une question que l'on veut traiter séparément. — ARTICLE DE FOI, chaque point de la croyance en matière de religion ; chacune des vérités que Dieu a révélées comme ayant été révélées par Dieu : *tout ce qui est dans le symbole des apôtres est article de foi.* — A L'ARTICLE DE LA MORT, au dernier moment de la vie. On dit aussi : *in articulo mortis.* — Au Palais. INTERROGER SUR FAITS ET ARTICLES, interroger sur toutes les circonstances et sur les particularités. — Comm. Se dit des différents objets réunis dans un magasin : *article d'un bon débit* ; cet *épicier tient aussi les articles de mercerie.* — ∿ Jargon. FAIRE L'ARTICLE, faire ressortir les qualités d'une personne ou d'une marchandise. — ETRE A L'ARTICLE, être sur le point de mourir. — * Gramm. L'ARTICLE est celle des parties du discours qui précède ordinairement les substantifs, pour déterminer l'étendue de leur signification et qui, placée devant tout autre mot, nous avertit que l'on doit envisager ce mot comme un substantif.

Bien que cette partie du discours ne soit pas un élément indispensable, elle contribue à la clarté, à la précision des langues qui en font usage. Ainsi la phrase latine : *da mihi panem*, signifie à la fois : *donnez-moi du pain*, *donnez-moi le pain* et *donnez-moi un pain*. Les langues qui possèdent l'article ou qui le remplacent par un suffixe sont exemptes de cette cause de confusion. — On reconnaît généralement deux espèces d'articles : 1° l'*article défini*, LE, LA, LES ; 2° l'*article indéfini*, UN, UNE. Mais quelques grammairiens pensent que les mots *un*, *une* sont toujours des numératifs. — L'article s'accorde en genre et en nombre avec le substantif qu'il accompagne. On emploie *le* devant un substantif masculin singulier : *le père*; *la* devant un substantif féminin singulier : *la mère*; et *les* devant un substantif pluriel, quel qu'en soit le genre : *les pères*, *les mères*. — Quand *le* ou *la* se trouve devant un nom commençant par une voyelle ou une *h* muette, on supprime la lettre *e* ou la lettre *a* et on la remplace par une apostrophe ; *l'argent*, *l'envie*, *l'honneur*, *l'humidité*. — Chaque fois que la préposition *à* ou la préposition *de* précède l'article *le* devant un nom masculin singulier commençant par une consonne ou une *h* aspirée, *à le* se contracte en *au*, et *de le* en *du* : *au père*; *il va au Havre*; *du père*; *il vient du Havre*. — Devant tous les noms pluriels, quel que soit leur genre, *à les* se change en *aux* et *de les* en *des* : *je m'adresse aux mères*; *je parle des pères*. — *A* et *de* ne se contractent pas avec *le* devant des noms qui commencent par une voyelle ou une *h* muette, mais alors l'article supporte l'élision : *à l'amour*, *à l'homme*; *de l'amour*, *de l'homme*. — L'article et les prépositions *à* et *de*, qu'ils soient contractés ou non, se répètent généralement devant chaque substantif : *le lis est le symbole de la candeur, de l'innocence et de la pureté*; *envoyez-moi du pain, de la viande et des pommes de terre*. — De même l'article simple se répète devant chacun des substantifs dont il a pour fonction de déterminer l'étendue. C'est pourquoi on ne doit pas dire : *les officiers et soldats*; *le père et mère*; *les frères et sœurs*. — Cette règle s'applique aux prépositions *à* et *de* et à tous les mots qui tiennent la place de l'article : *j'ai parlé au président et au ministre*; *son père et sa mère*. — Quand deux adjectifs sont réunis par la conjonction *et*, il faut répéter l'article devant chacun de ces adjectifs si l'un d'eux qualifie un substantif exprimé et l'autre un substantif sous-entendu : *l'histoire ancienne et la moderne*; *le premier et le second étage*. On observera que dans ces phrases, nous ne mettons pas le substantif au pluriel, parce que les phrases sont elliptiques; c'est comme s'il y avait : *l'histoire ancienne et l'histoire moderne*; *le premier étage et le second étage*. — Lorsque deux ou plusieurs adjectifs unis par *et* qualifient le même substantif, on ne doit pas répéter l'article : *le doux et tendre ouvrage*. Cette règle sur la répétiton ou la non répétition de l'article s'applique aussi à *mon*, *ton*, *son*, *leur*, *ce*, *cet*, *un*, *une*, etc. — CAS DANS LESQUELS ON EMPLOIE L'ARTICLE. — I. On fait usage de l'article devant tout substantif pris dans un sens général ou dans toute l'étendue de sa signification : *l'homme est mortel*; *la guerre est un fléau*; dans la première phrase, le mot *homme* est pris, dans un sens général, pour toute l'humanité; dans le second exemple, *guerre* ne désigne aucune guerre en particulier; il s'agit de la guerre en général. — II. L'article est employé devant les substantifs qui désignent un objet, une chose, une classe ou un individu particulier : *la terre tourne autour du soleil et la lune tourne autour de la terre*; *l'homme dont vous parlez est un de nos amis*. — III. On emploie l'article devant les noms d'arts, de sciences, de vertus, de vices, de métaux; et aussi devant les adjectifs, les infinitifs, les adverbes, les prépositions et les conjonctions, lorsque ces parties du discours sont employées substantivement : *l'ivrognerie est un vice affreux*; *le vert plaît aux yeux*; *le savoir a toujours son prix*; *les si*, *les mais*, *les car et les pourquoi*; *l'or est un métal précieux*. — IV. On place l'article devant les noms de pays, de provinces, d'îles, de montagnes, de rivières, d'orientations et de vents : *l'Angleterre*, *la Gascogne*, *l'Irlande*, *les Pyrénées*, *le Midi*, *le Simoun*. Excepté : 1° lorsque les contrées portent le même nom que leurs capitales : *Naples est un pays délicieux*; 2° quand le nom d'un pays est précédé de la préposition *en* : *je vais en Allemagne*; 3° quand les noms de contrée sont gouvernés par un nom précédent, et ont, par conséquent, la signification adjective : *roi d'Espagne*, *vins de France*, *laine d'Angleterre*; 4° lorsque l'on parle de contrées comme lieux que l'on quitte : *je viens d'Italie*; *il arrive de France*. (Dans ce cas, cependant, on emploie l'article devant les noms des cinq grandes divisions de notre globe, et l'on dit : *je viens de l'Asie*; *il arrive de l'Amérique*); 5° l'usage a consacré l'emploi de *à* ou *de*, avec l'article, au lieu de *en* et *de* dans certains cas. On dit : *je vais au Japon*, *j'arrive du Canada*; 6° on ne met pas l'article devant le nom d'un cours d'eau employé d'une façon indéterminée : *les Parisiens boivent de l'eau de Vanne et de l'eau de Seine*; mais on dirait avec l'article : *l'eau de la Vanne est d'une admirable limpidité*, parce qu'alors on donne au nom propre *Vanne* sa signification la plus étendue. — VI. Les substantifs employés dans un sens partitif doivent être précédés de DU, DE LA, DE L', DES : *donnez-moi du pain*, *de la viande*, *des habits*; *quand on a de l'argent, il est facile d'avoir des amis*. — Excepté lorsque le nom employé dans un sens partitif est précédé d'un adjectif; alors la préposition DE est seule employée : *donnez-moi de bon pain*, *de bonne viande*, *de beaux habits*. — Néanmoins, dans ces expressions : *des petits pois*, *des petites raves*, *des petits pâtés*, *des petits maîtres*, *des jeunes gens*, etc., les substantifs sont tellement unis aux adjectifs qu'ils forment avec eux un seul et même mot; ils prennent l'article selon la règle ci-dessus. On dit de même : *l'opinion des anciens philosophes*; *la suite des grandes passions*; *le propre des belles actions*, parce que dans les expressions de ce genre, les substantifs sont employés dans un sens général et non dans un sens partitif. — VII. On emploie l'article *le*, *la*, devant les noms de mesure, de poids et de nombre : *les pommes valent deux sous la livre*. Mais en parlant de temps, on emploie *par* au lieu de l'article : *il gagne cinquante francs par semaine*; *il dépense dix francs par jour*. — CAS DANS LESQUELS IL NE FAUT PAS EMPLOYER L'ARTICLE. — I. On omet l'article devant les substantifs lorsque l'on emploie ceux-ci d'une manière générale, sans déterminer l'étendue de leur signification : *un tyran n'a ni parents ni amis*. — Il résulte de cette règle que l'article ne s'emploie pas : 1° devant un substantif exprimant une adresse ou un titre : *il demeure rue Jean-Jacques Rousseau* (et non *la rue*); *observations sur l'état de l'Europe* (et non *les observations*); 2° quand le substantif est gouverné par la préposition EN : *je vais en ville*; *il vit en prince*; 3° quand le substantif est employé comme apostrophe ou interjection : *courage, soldats!* On dit cependant à une personne que l'on ne connaît pas et avec laquelle on ne tient pas à faire de cérémonie : *écoutez l'homme! la fille, arrêtez!* (*Dictionn. de l'Elocution française*). — On emploie simplement la préposition DE au lieu de l'article, après *sorte*, *genre*, *espèce*, *variété*, *mélange* et autres mots semblables : *une sorte de fruit*; *un genre de quadrupèdes*, *une variété de poires*, etc. — II. On ne place pas l'article devant les noms propres de divinités, de personnes, d'animaux, de villes et de lieux : *Dieu est tout puissant*; *Jupiter et Vénus étaient des divinités païennes*; *Achille est le héros de l'Iliade*; *Bucéphale ne voulait porter qu'Alexandre*; *Carthage fut la rivale de Rome*. (Quelques noms propres de villes et de lieux gardent toujours l'article comme partie inséparable : *Le Havre*, *La Rochelle*, *La Flèche*). — Les noms propres prennent l'article quand on les emploie dans un sens particulier ou pour indiquer une distinction individuelle; alors le nom a un complément : *le Dieu des Chrétiens*; *le Jupiter d'Homère*; *la Vénus de Médicis*; *l'Apollon du Belvédère*. — En imitation des Italiens, les Français emploient l'article devant les noms de plusieurs Italiens célèbres comme poètes ou comme peintres : *le Dante*, *le Tasse*, *l'Arioste*, *le Titien*, *le Guide*; alors le mot *poète* ou le mot *peintre* est sous-entendu. Mais on dit *Boccace*, *Pétrarque*, *Michel-Ange*, etc. C'est l'usage qui décide dans ces cas, ainsi que dans beaucoup d'autres. — On place encore l'article devant un nom propre lorsqu'on attache à ce nom un sens professionnel, et qu'on veut restreindre son application : *Nelson fut surnommé le Napoléon des mers*; *les Corneilles et les Molières sont rares*. — On met quelquefois l'article devant le nom d'une artiste dramatique devenue célèbre : *la Patti*; mais en dehors du théâtre, l'article, ajouté à un nom de femme, est un témoignage de peu de respect : *la Maintenon*, *la du Barry*. — III. Il ne faut pas employer l'article devant un nom précédé de l'un des adjectifs *mon*, *ton*, *son*, *notre*, *votre*, *leur*; *ce*, *nul*, *aucun*, *chaque*, *tout* (signifiant *chaque*), *certain*, *plusieurs*, *tel*, ni devant le substantif précédé d'un nombre cardinal : *mon frère lit*; *cette montre est bonne*; *tout homme peut se tromper*; *j'ai trois chevaux*. — IV. On n'emploie aucun article devant un nom exprimant titre, profession, commerce, nationalité : *il est médecin*; *êtes-vous libraire? je suis Français*; *je viens de Caen, ville de Normandie*. — Mais quand un adjectif est joint au substantif, ou lorsque la signification du substantif est spécifiée, on emploie l'article indéfini *un*, *une* : *êtes-vous un bon Français? je suis un prince infortuné. Lord X*** est un Anglais d'une illustre maison*. — On fait également usage de l'article indéfini entre *c'est* et un substantif : *c'est un évêque*. — On emploie l'article défini dans cette phrase : *voici le Polonais dont vous m'avez parlé*, parce que le mot *Polonais* est pris dans un sens déterminé. — V. Lorsque l'un des adverbes dont nous donnons la liste ci-dessous est placé devant un substantif, on les sépare au moyen de la préposition DE, sans employer l'article ; ce sont : ASSEZ, AUTANT, BEAUCOUP, COMBIEN, QUE, JAMAIS, MOINS, PAS OU POINT, PEU, PLUS, RIEN, TANT, TROP : *beaucoup de nations*; *moins de paroles et plus d'actions*; *trop de peine*. — BIEN, dans le sens de BEAUCOUP, est le seul adverbe de quantité qui, outre la préposition DE, exige l'article : *elle a bien de l'esprit*; *il a bien des amis*. — Il est à remarquer que si le substantif qui suit l'un des adverbes ci-dessus est accompagné d'un complément qui particularise sa signification, on emploie l'article : *j'ai encore beaucoup de l'argent que j'ai reçu de mes parents*. — VI. On ne place aucun article devant les substantifs joints à des verbes avec lesquels ils expriment une seule idée et forment un idiotisme : *ajouter foi*; *avoir besoin*; *avoir carte blanche*; *avoir chaud*, *froid*, *faim*, *soif*, *honte*, *peur*, *soin*, etc.; *donner carte blanche*; *donner raison*; *faire semblant*; *faire voile*; *mettre fin*; *parler français*; *porter bonheur*; *perdre courage*; *prendre garde*; *rendre visite*; *tenir tête*, etc. — REMARQUE. Afin de rendre le langage plus expressif, plus rapide, plus vif, on omet quelquefois l'article devant les substantifs : *pauvreté n'est pas vice*; *contentement passe richesse*; « *citoyens*, *étrangers*, *ennemis*, *peuples*, *rois*, *empereurs le plaignent et le révèrent* ». (FLÉCHIER).

* **ARTICULAIRE** adj. Qui a rapport aux articulations. — *Artères articulaires*, branches artérielles qui vont de l'artère poplitée à l'articulation du genou. — *Branches articulaires* branches artérielles ou veineuses qui vont à

certaines articulations ou qui en reviennent. — *Capsules articulaires*, voy. CAPSULES. — *Concrétions articulaires*, dépôts calcaires qui s'accumulent dans les articulations pendant la goutte. — *Douleur articulaire*, douleur des jointures, arthralgie. — *Ligaments articulaires*, voy. LIGAMENTS. — *Rhumatisme articulaire*, rhumatisme qui réside dans les articulations.

* **ARTICULATION** s. f. [ar-ti-ku-la-si-on]. Anat. Jonction, jointure des os dans l'homme ou les animaux vertébrés. Les articulations se divisent en trois classes principales : 1° *Synarthroses ou articulations immobiles*, appelées aussi *sutures*. Elles existent lorsque les os doivent constituer des cavités immobiles; alors les os s'engrènent d'une manière inébranlable au moyen de dents inégales. Le crâne nous offre un exemple de ce genre d'articulations; 2° *Amphiarthroses ou symphyses*, en partie mobiles; elles existent lorsque les os enveloppent une cavité qui doit jouir d'une certaine mobilité. Les surfaces osseuses se joignent par l'intermédiaire de cartilages élastiques, comme à la poitrine et à la colonne vertébrale; 3° *Diarthroses*, douées de mouvements plus ou moins étendus et comprenant toutes les articulations à surfaces contiguës ou libres (émarthroses, ginglymes, arthrodies). Elles se composent de têtes arrondies qui roulent dans des cavités comme à l'épaule; ou de poulies ondulées comme au coude; ou de surfaces presque planes, comme au poignet. Outre les *ligaments* qui entourent toutes les articulations, on rencontre, dans les diarthroses, des *cartilages*, parties dures, *élastiques*, croquantes sous la dent; des *fibro-cartilages*; et des *membranes synoviales*, sortes de sacs renfermant la *synovie*. Les ligaments et des *capsules* très résistantes assurent les rapports des articulations et ne cèdent qu'aux violences extrêmes. Voy. ENTORSE, LUXATION. — Entom. Mode d'union qui existe entre la tête d'un insecte et son corselet. — Jonction des diverses parties du corps chez les animaux articulés. On ne connaît pas encore l'usage des articulations des antennes. — Bot. Point où deux parties d'un végétal s'unissent et s'emboîtent. — Physiol. Émission de la voix pour former un langage, par les modifications que subit l'air expiré et au moyen de la contraction des muscles du pharynx, de la langue, des parois buccales, des lèvres et du nez. — Mar. à vap. Sorte de charnières qui facilitent le mouvement de certaines pièces d'une machine à vapeur, comme les aubes, par exemple, qui sans cela perdent beaucoup de leur puissance lorsqu'elles frappent l'eau obliquement. — Au Palais. ARTICULATION DES FAITS, déduction, énonciation des faits article par article. — ARTICULATION ACCIDENTELLE. Voy. *Pseudarthrose*. — MALADIES DES ARTICULATIONS. Voy. Ankylose, Diastase, Entorse, Luxation, Rhumatisme, Goutte, Hydarthrose, Tumeur blanche, etc.

* **ARTICULÉ, ÉE** part. pass. d'ARTICULER. — Bot. Se dit des parties qui sont une ou plusieurs articulations, qui sont composées d'articles : *les antennes de tous les insectes sont articulées; pétiole articulé*. — Zool. ANIMAUX ARTICULÉS, animaux qui ont un squelette extérieur disposé sous la forme d'anneaux qui entourent le corps en s'articulant les uns avec les autres.— ** Articulés s. m. pl. Zool. Nom donné par Cuvier à sa troisième grande division du règne animal. « Cette troisième forme générale, dit-il, est tout aussi caractérisée que celle des vertébrés. Le squelette n'est pas intérieur comme dans ces derniers, mais il n'est pas toujours nul comme dans les mollusques. Les anneaux articulés qui entourent le corps et souvent les membres, tiennent lieu de squelette, et comme ils sont toujours assez durs, ils peuvent prêter au mouvement tous les points d'appui nécessaires, en sorte qu'on retrouve ici, comme parmi les vertébrés, la marche, la course, le saut, la natation et le vol. Il n'y a que les fa-

milles dépourvues de pieds ou dont les pieds n'ont que des articles membraneux et mous qui soient bornées à la reptation. — Le système d'organes par lequel les animaux articulés se ressemblent le plus, c'est celui des nerfs. Leur cerveau, placé sur l'œsophage et fournissant des nerfs aux parties qui adhèrent à la tête, est fort petit. Deux cordons qui embrassent l'œsophage, se continuent sur la longueur du ventre, se réunissant d'espace en espace par des doubles nœuds ou ganglions, d'où partent les nerfs du corps et des membres. Chacun de ces ganglions semble faire les fonctions de cerveau pour les parties environnantes, et suffire pendant un certain temps à leur sensibilité, lorsque l'animal a été divisé. Si l'on ajoute à cela que les mâchoires de ces animaux, lorsqu'ils en ont, sont toujours latérales et se meuvent de dehors en dedans et non de haut en bas, et que l'on n'a encore découvert dans aucun d'eux d'organe distinct de l'odorat, on aura exprimé à peu près tout ce que l'on peut en dire de général. » — Cuvier distribua les articulés en quatre classes : 1° ANNÉLIDES ou *vers à sang rouge*; 2° CRUSTACÉS; 3° ARACHNIDES; 4° INSECTES. Depuis Cuvier, les naturalistes ont apporté de profondes modifications à son système. On distribue généralement les articulés entre les huit classes suivantes : 1° *Annelés*; 2° *Crustacés*; 3° *Arachnides*; 4° *Insectes*; 5° *Myriapodes*; 6° *Cirrhipèdes* ou *Cirrhopodes*; 7° *Rotifères*; 8° *Entozoaires*.

* **ARTICULER** v. a. Prononcer distinctement les lettres, les syllabes, les mots : *les petits enfants ne peuvent articuler les mots*. — Au Palais. Énoncer par articles : *articuler des faits et les proposer par ordre*. — ARTICULER UN FAIT. Affirmer positivement et circonstancier un fait. — S'articuler v. pr. Anat. Se dit des os qui se joignent, qui s'unissent par articulation : *l'humérus s'articule avec l'omoplate*. On dit dans un sens analogue, en termes d'Entom.: *la tête s'articule au corselet, avec le corselet, le corselet avec l'abdomen*, etc.

ARTIE s. m. Argot. Pain. — *Artie savonné*, pain blanc. — *Artie du Gros-Guillaume*, pain noir.

* **ARTIFICE** s. m. (lat. *ars*, *artis*, art; *facere*, faire). Art; industrie : *cette horloge est faite avec un artifice merveilleux*. — Se dit particulièrement en parlant des ouvrages d'esprit, du style : *l'artifice de son style séduit*. — Ruse, déguisement, fraude : *dangereux artifice*; *détestable artifice*; *artifice grossier*; *homme sincère et sans artifice*. — Se dit aussi de toute composition de matières aisées à s'enflammer : *un magasin plein de lances à feu, de fusées, et d'autres semblables artifices*. On dit de même : *pièce d'artifice*. — FEU D'ARTIFICE. Feu préparé avec art, en signe de réjouissance, dans la composition duquel il entre plusieurs matières qui s'enflamment aisément, et qui offrent en brûlant, différentes formes agréables : *tirer un feu d'artifice*.

* **ARTIFICIEL, ELLE** adj. Qui se fait par art. Est opposé à Naturel : *fontaine artificielle*; *fleurs artificielles*; *yeux artificiels*; *dents artificielles*; *beauté artificielle*. — JOUR ARTIFICIEL, espace de temps compris entre le lever du soleil et son coucher; par opposition au *Jour naturel*, qui est de vingt-quatre heures. — MÉMOIRE ARTIFICIELLE, mnémonique, méthode destinée à aider la mémoire naturelle.

* **ARTIFICIELLEMENT** adv. Avec art. Est opposé à Naturellement, et ne se dit guère qu'en parlant des ouvrages de l'art : *fontaines qui vont artificiellement*.

* **ARTIFICIER** s. m. Celui qui fait des artifices, ou des feux d'artifice. — Art milit. Soldat d'artillerie qui est employé spécialement à la confection des pièces de pyrotechnie, et dont les fonctions, devant l'ennemi, consistent à tirer des caissons les munitions pour les

fournir aux batteries. — MAÎTRE ARTIFICIER, sous-officier chargé de diriger les travaux pyrotechniques.

* **ARTIFICIEUSEMENT** adv. D'une manière artificieuse : *il s'y est pris artificieusement*.

* **ARTIFICIEUX, EUSE** adj. Plein d'artifice, de ruse. Ne se prend qu'en mauvaise part : *c'est l'homme du monde le plus artificieux*.

ARTIGAS (José), général de l'Amérique du Sud (1755-1851), d'abord chef des Gauchos, puis capitaine de cavalerie légère au service de l'Espagne, il prit parti pour la junte de Buenos-Ayres, en 1811. À la tête des Gauchos, il battit les Espagnols en plusieurs rencontres, si bien qu'il se trouva maître de tout l'Uruguay en 1814. Ses adversaires politiques le firent exiler à Candelaria en 1820.

ARTILLÉ, ÉE adj. Mar. Garni de son artillerie : *vaisseau artillé de toutes pièces*.

* **ARTILLERIE** s. f. lat. *artillare*, pourvoir d'engins). Partie du matériel de guerre qui comprend les canons, les mortiers, les obus, les bombes, etc. — PIÈCE D'ARTILLERIE, canon, obusier, etc. : *on battit la place avec cent pièces d'artillerie*. — Se dit aussi des troupes employées au service de l'artillerie : *corps d'artillerie*; *officier d'artillerie*; *artillerie à pied, à cheval*; *artillerie volante ou artillerie légère*; *il y avait jadis un grand maître de l'artillerie*. — ÉCOLE D'ARTILLERIE, école où l'on forme des artilleurs. — Encycl. Les Maures ou Arabes de l'Afrique septentrionale possédaient de l'Artillerie à Cordoue, vers 1280 ; Ferdinand IV employa des canons au siège de Gibraltar en 1309; les Français s'en servirent au siège de Puy-Guillaume en 1338 ; les Anglais mirent en batterie trois petites pièces de canon à la bataille de Crécy, en 1346. Ces armes à feu se composaient de barres de fer longitudinales que des cercles attachaient les unes aux autres ; on les appelait bombardes, vases ou mortiers ; elles étaient fort pesantes et lançaient des boulets de pierre. Les Vénitiens furent les premiers à employer l'artillerie à bord de leurs navires (1377). — Dans les livres indous, il n'est pas question de canons avant le commencement du XIII° siècle ; en 1498, les Portugais trouvèrent les indigènes de l'Indoustan aussi habiles que les Européens pour la construction et l'emploi des armes à feu. Ces machines de guerre reçurent de rapides perfectionnements. Les premiers portèrent sur la manière de charger les canons par la culasse ; mais on abandonna bientôt cette voie. Plus tard, l'âme devint cylindrique et

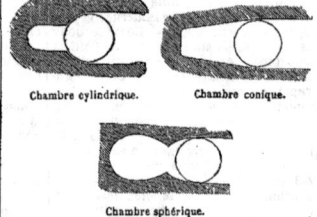

Chambre cylindrique.   Chambre conique.

Chambre sphérique.

terminée par une chambre étroite et profonde, ayant pour but d'augmenter les effets de la poudre en retardant la fuite du gaz avant le départ du boulet. Pendant la première moitié du XV° siècle, on donna de plus grandes dimensions aux bombardes ; une bombarde française pesait 36,000 livres et lançait un projectile de 900 livres. À cette époque, les mortiers étaient rares; ils différaient de la bombarde par leur longueur seulement. On employait aussi le *veuglaire*, moins gros et moins puissant que la bombarde; il se chargeait par la culasse. Il y avait encore le *crapaudeau*, plus petit que le précédent et pesant de 100 à 150 livres; et enfin la *coulevrine*, pièce de moindre dimen-

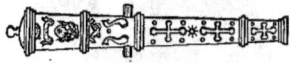

Couleuvrine.

sion, qui lançait des balles de plomb. Deux ou trois petits canons, montés sur des chariots à deux roues, suivaient quelquefois les armées sous le règne de Louis XI. On apporta à l'artillerie des perfectionnements extraordinaires; les Français inventèrent les tourillons, afin d'établir les pièces sur une voiture, et ils substituèrent le boulet de fer au boulet de pierre. Comme le projectile de métal augmentait la tension du gaz d'une manière dangereuse pour les canons alors en usage, les ingénieurs français firent en airain les pièces de petit calibre, (canons, couleuvrines, serpentins et faucons). Ces derniers, qui étaient les plus petits, lançaient des projectiles de plomb. Au xvie siècle, on adopta généralement les canons d'airain et les projectiles de fonte; Tartaglia, ingénieur italien, appliqua les mathématiques à la balistique et imagina le quadrant des canonniers. Les pièces attachées à un corps d'armée et l'équipage qui devait les transporter furent réunis pour former le train de l'artillerie; les canonniers devaient faire un apprentissage régulier; ils formaient une corporation et recevaient une solde quatre fois plus élevée que celle des autres soldats. Toute leur tactique consistait à mettre les canons en position, en ayant soin de les dissimuler au milieu des soldats jusqu'au moment d'ouvrir le feu. Vers la fin du xvie siècle, les Allemands firent usage de la mitraille; déjà les Italiens avaient emprunté aux Chinois et aux Arabes le *mortier*, dont le projectile porta un instant le nom de *coquilles*, parce qu'il se composait de la réunion de deux hémisphères creuses en métal. Plus tard, on dit une *bombe*. Ces projectiles et les grenades à main jouèrent un grand rôle dans les batailles que livrèrent les Hollandais, au commencement du xviie siècle. Maurice et Frédéric-Henri de Nassau réduisirent plusieurs fois le calibre de leurs pièces d'artillerie; vers la même époque, Gustave-Adolphe, voulant obtenir des canons plus légers, adopta un modèle en cuivre mince que l'on fortifiait en l'entourant de cordages et de cuir; ces pièces s'usant trop vite, on les remplaça par des canons de fer pesant environ 650 livres; la rapidité du tir fut augmentée par l'invention de la gargousse. Gustave massait sa grosse artillerie en fortes batteries sur les ailes et au centre. Le mortier devint d'un usage général, au commencement du xviie siècle. A cette époque, le matériel de l'artillerie fut profondément modifié en France. Les munitions consistaient en mitraille, boîtes à mitraille et boulets solides; les voitures furent munies d'un avant-train. En 1671, Louis XIV créa un régiment pour le service de l'artillerie seulement. Sous l'impulsion des écoles d'artillerie, les progrès de cette arme furent rapides au xviiie siècle. On adopta une bombe dont il n'était plus nécessaire d'allumer la mèche avant le tir; les canons devinrent plus légers, sans cesser d'être solides; on augmenta leur nombre par rapport à celui des soldats; c'est ainsi que les Russes, lors de leur entrée en Allemagne, en 1758, ne possédaient pas moins de 425 pièces d'artillerie, pour 104,000 hommes. Les canons furent ornés avec coquetterie de gravures qui témoignaient d'une sorte de vénération. Gribeauval, après avoir servi, pendant la guerre de sept ans, sous les ordres du prince de Liechtenstein, réorganisateur de l'artillerie autrichienne, revint en France et fut chargé, en 1765, d'y mettre cette arme au niveau des progrès faits dans les autres pays. Il créa un matériel distinct pour chaque service (campagne, siège, garnison et côtes); la charge

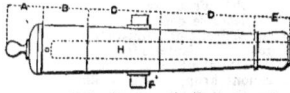

Section d'un canon de côtes.
A. *Culasse et sa monture.* — B. *Premier renfort.* — C. *Second renfort.* — D. *Volée.* — E. *Bourrelet en tulipe.* — F. *Tourillon.* — H. *Ame.*

fut réduite de 1/2 à 1/3 du poids du boulet; les pièces devinrent moins longues et plus légères. On adopta un modèle de caissons de munitions et la vis de pointage; on facilita le service au moyen de bricoles et de prolonges; on fit des voitures plus solides pour des canons devenus plus légers. Gribeauval

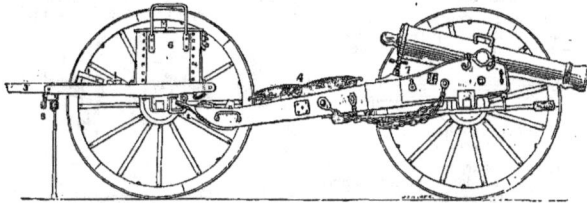

Pièce de campagne.
1. Étriers. — 2 Crochet cheville-ouvrière pour joindre l'avant-train à la crosse de l'affût. — 3. Timon. — 4. Prolonge. — 5. Chambrière. — 6. Caisse des munitions. — 7. Vis de pointage.

réorganisa le personnel. Deux pièces furent attachées à chaque bataillon d'infanterie et elles furent servies par des détachements d'une compagnie d'artillerie attachée à chaque brigade. Le reste de l'artillerie de campagne fut organisé en deux ou trois réserves, chacune des quelles consista en divisions de huit pièces; chaque division comprit une compagnie d'artillerie. Ce système formant un corps spécial d'artillerie, fut introduit; avec de légères modifications, dans toutes les armées européennes. Les Français adoptèrent l'artillerie à cheval en 1792 et abaissèrent leurs divisions à six pièces qui reçurent le nom de batteries. L'emploi de l'artillerie *en masse* fut conçu et enseigné au camp de Boulogne, en 1805; on employa pour la première fois ce nouveau système le 14 juin 1807, à la bataille de Friedland, pendant laquelle 36 pièces françaises vinrent se masser à 150 pas de la gauche des Russes. Nous retrouvons l'application de l'artillerie par masse aux batailles de Wagram, de Borodino, de Lützen, d'Ocana, de Gross-Beeren, de Bautzen, de Hanau et de Brienne. En 1822, le général Paixhans proposa l'emploi de ces canons obusiers, et l'adoption de cette arme nouvelle fut l'événement le plus important de l'histoire de l'artillerie depuis le temps de Gribeauval. Ces canons obusiers, destinés à remplacer le mortier pour le jet des grosses bombes à des distances considérables, montrèrent leur supériorité lors du siège d'Anvers, où l'artillerie des assiégés ne put opposer qu'une faible résistance, à celle des Français (1812). A Sinope, où toute la flotte turque fut anéantie en moins d'une heure par les bombes russes, à Sébastopol aussi bien qu'au combat entre le Kerseage et l'Alabama, les prédictions de Paixhans concernant les effets destructifs des grosses bombes ont été pleinement vérifiées. En 1850, un canon léger, appelé canon napoléon, parce que le prince Louis-Napoléon l'avait inventé, fut essayé en France. Son objet était de substituer aux pièces alors en usage un simple canon, de poids et de calibre moyens, capable de lancer des bombes aussi bien que des boulets. Ayant prouvé sa supériorité pendant la guerre de Crimée, il fut adopté dans tous les pays d'Europe et d'Amérique. Vers 1847, le général Rodman développa, sur la tension initiale, des théories universellement adoptées depuis. En 1850,

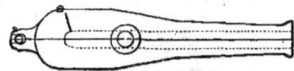

Section du canon dahlgren.

l'amiral Dahlgren proposa un nouveau système de canons de fonte pour la marine. Déjà, on s'occupait sérieusement de la rayure

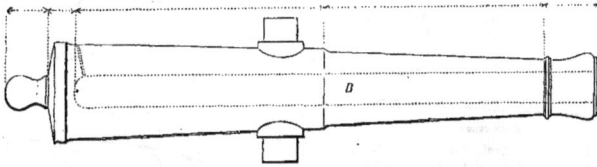

Section d'un canon lisse de bronze.
A. *Culasse* avec son *bouton* — B. *Ame.* — C. *Renfort.* — D. *Volée.* — E. *Bourrelet en tulipe.* — F. *Plate-bande et monture de culasse.*

des armes à feu. Le canon rayé anglais de Lancastre n'obtint qu'un succès négatif devant Sébastopol, parce que le projectile était trop serré dans l'âme de la pièce; mais les pièces rayées françaises de quatre, inventées par le colonel Treuille de Beaulieu, assurèrent la victoire des Français, pendant la campagne d'Italie, en 1859. C'est ainsi qu'à Solférino, elles détruisirent les batteries autrichiennes à 1,500 mètres, avant que celles-ci pussent prendre position. L'artillerie française servait donc de modèle aux autres nations; mais elle se laissa devancer par l'artillerie prussienne.

Elle rejeta, comme une complication inutile, le système du chargement par la culasse des pièces de campagne: elle l'admit seulement pour les grosses pièces, comme économisant l'espace, comme augmentant la facilité et la rapidité du chargement et comme exposant moins les canonniers. La guerre franco-allemande de 1870, vit employer les *mitrailleuses*, invention française, qui tourna à l'avantage des Prussiens. En Angleterre, on a admis six

Canon armstrong.

sortes de canons: l'armstrong, le frazer, le whitworth, le palliser, le parson et le moncrieff. — Les canons armstrong sont de deux

Section d'un canon armstrong se chargeant par la culasse.

sortes: les uns se chargent par la culasse, les autres, les plus gros, dont la portée est considérable, se chargent par la bouche. Le canon

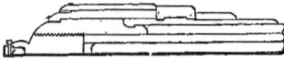

Section d'un canon armstrong qui se charge par la gueule.

frazer est une simple modification de l'armstrong; il est en acier enveloppé de plusieurs cercles de fer forgé. Les whitworths sont en « fer homogène », sorte d'acier obtenu en

Section du canon whitworth.

faisant fondre des barres de fer suédois et en y ajoutant un peu de carbone. Les petits whitworths sont d'une seule pièce; les gros se forment par des cercles concentriques. Les autres canons se distinguent par la manière

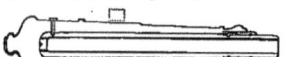

Section du canon palliser.

dont ils sont construits. On préfère le moncrieff pour la défense des côtes. — Le canon le plus célèbre est, sans contredit, le krupp, dont nous avons pu apprécier la supériorité. Il est en acier fondu et porte plusieurs rainures dans l'âme. Ses projectiles, en fonte revêtue de plomb, portent quatre anneaux qui leur donnent le mouvement giratoire. Les calibres mesurent de six à quatorze pouces. Les numéros quatre et six, employés contre l'Autriche, en 1866, lancent des projectiles de huit à treize livres. L'étude de l'artillerie fut poussée en Prusse à ses dernières limites, en prévision d'une guerre avec la France. Aussi, dès le début de la campagne de 1870, les canons krupp furent-ils en état d'agir par masses et de donner, conjointement avec

l'écrasante supériorité numérique, la discipline des troupes et l'instruction des officiers la victoire aux soldats allemands. A Wœrth, une batterie de 96 pièces couvrit l'attaque contre Mac-Mahon. Près de Gravelotte, plus de 300 pièces se déployèrent sur la route, à droite de Saint-Privat, et forcèrent l'infanterie française à se retirer; et à Sedan, le feu de 775 canons krupp repoussa plusieurs fois la furie des troupes françaises, qui éprouvèrent des pertes énormes. Les gros canons krupp, qui nous bombardèrent dans Paris, étaient du calibre de 15 centimètres, pesaient 6,000 livres et lançaient des projectiles de 60 livres. Les Prussiens employaient aussi le mortier rayé de 20 centimètres, portant une charge inflammable de 15 livres qui fait explosion au moyen d'une fusée à percussion. Le système prussien a été adopté complètement en Russie. Quant à l'Italie, à l'Espagne, à la Turquie, à

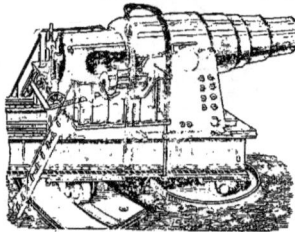

Canon krupp.

la Belgique, à la Roumanie, à la Serbie, à la Chine, au Japon, à la Suisse, à la Hollande,

Mortier.

à la Suède et au Danemark, ils ont généralement pris à la France les canons de

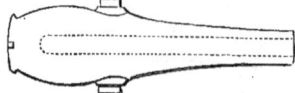

Section du canon rodman.

Canon parrot.

campagne en bronze et à la Prusse les canons

de siège et de côte en acier. Les Etats-Unis d'Amérique ont admirablement perfectionné

Mitrailleuse gatling.

leurs canons en fonte; ils ont admis, pour l'artillerie de côtes, le canon d'après le modèle du général Rodman et le parrot, l'un et l'autre se chargeant par la gueule. Leur mitrailleuse gatling, perfectionnement de la nôtre, tire 400 coups à la minute; elle a été admise en Angleterre, en Russie, en Chine, en Turquie et en Egypte. — Le 6 décembre 1881, fut adopté en France, par décision du président de la République, le canon de 155 millimètres, court, en acier fretté jusqu'à la bouche, du modèle proposé par le colonel de Bange. Pour d'autres détails, voyez *bombarde, canon, calibre, couleuvrine, mitrailleuse*, etc. — **Artillerie à cheval.** Elle fut introduite dans nos armées au commencement des guerres de la révolution, et le général La Fayette prétend, dans ses Mémoires, que c'est à lui qu'est due cette innovation. On n'en créa d'abord que deux compagnies. — **Musée d'artillerie**, célèbre musée d'armes offensives et défensives, le plus complet que l'on connaisse, créé à Paris en 1604, par le maréchal d'Humières, dans une des salles de la Bastille, pour l'instruction des jeunes officiers: transféré à Saint-Thomas d'Aquin en 1796 et aux Invalides en 1871. — **Artillerie française,** voy. FRANCE, MARINE, etc.

* **ARTILLEUR** s. m. Militaire employé au service de l'artillerie. Se dit surtout des soldats artilleurs. — Jargon. Ivrogne (allusion aux canons des marchands de vin). — ARTILLEUR DE LA PIÈCE HUMIDE, pompier; infirmier militaire.

* **ARTIMON** s. m. (lat. *artimo*; du gr. *artaô*, être suspendu). Mar. Mât de l'arrière; le plus petit mât d'un grand bâtiment. — Désigne aussi la voile aurique attachée au mât d'artimon, au-dessus de la poupe.

ARTIODACTYLES s. m. pl. [ar-ti-o-da-kti-le] (gr. *artios*, pair; *dactylos*, doigt). Zool. Nom donné par Owen aux animaux dont le sabot est divisé en deux ongles, comme les ruminants et quelques mammifères omnivores (porc, etc.).

* **ARTISAN** s. m. Celui qui exerce un art mécanique, un métier: *honnête artisan; classe des artisans*. — Celui qui est l'auteur, la cause de quelque chose: *il a été l'artisan de sa fortune; un artisan d'impostures, de calomnies.*

A l'œuvre on connaît l'artisan.
LA FONTAINE. *Les frelons et les mouches à miel.*

Chacun est *artisan* de sa bonne fortune.
MATHURIN RÉGNIER.

* **ARTISON** s. m. Nom vulgaire des insectes qui détruisent les substances végétales et animales, surtout les pelleteries et les étoffes: Anthrène, Dermeste, Teigne, etc. On dit aussi ARTUSON et ARTOISON.

* **ARTISONNÉ, ÉE** adj. Se dit de tout ce qui

est troué par les insectes appelés artisons : *ce bois est tout artisonné.*

ARTISTE s. m. Celui qui travaille dans un art où le génie et la main doivent concourir, qui cultive les arts libéraux : *un peintre, un sculpteur, un musicien, un architecte, sont des artistes; grand, célèbre artiste.* — S'emploie quelquefois au féminin : *une jeune artiste.* — ARTISTE VÉTÉRINAIRE, médecin vétérinaire. — ⤳ Les campagnards disent ordinairement : *dans notre village il y a un artiste* (sous-entendu vétérinaire ; mot à mot : maître en l'art vétérinaire). — Balayeur (allusion poétique au pinceau de bouleau). — L'artiste, revue de l'art contemporain, fondée en 1831, par A. Ricourt, et dirigée ensuite successivement par Arsène Houssaye (1843), É. Houssaye et Xavier Aubryet, et enfin par Arsène Houssaye (1860).

ARTISTEMENT adv. Industrieusement, avec art et industrie : *ouvrage artistement fait.*

ARTISTIQUE adj. Qui concerne les arts, qui appartient aux arts, aux artistes, qui est fait avec art : *œuvre artistique; la propriété littéraire et artistique est garantie par la loi.*

ARTOCARPE s. m. (gr. *artos*, pain ; *carpos*, fruit). Bot. Genre autrefois compris dans la famille des moréacées et qui forme aujourd'hui le type des artocarpées. Caractères : *fleurs monoïques.* Les mâles sont en chaton ; leur calice

Artocarpe ou arbre à pain.

se compose de deux ou trois ou quatre sépales et ne possèdent qu'une étamine ; les femelles sont formées d'un calice tubuleux qui renferme un ovaire libre. L'espèce principale, *l'arbre à pain (artocarpus incisa*, Lin.) est l'une des plantes les plus précieuses de la création. On le rencontre dans les îles du Pacifique, où il

Feuilles, fleurs et fruit de l'arbre à pain.

atteint 40 pieds de haut. Ses fleurs mâles donnent une espèce d'amadou ; sa seconde écorce fournit la matière textile appelée *tapa*; son

bois est **excellent** pour la construction; ses feuilles, larges de 30 centim., servent à couvrir les habitations ; le suc épais qui découle de ses feuilles est employé en guise de glu. Mais ce qui donne une valeur inappréciable à l'arbre à pain, c'est son fruit ovoïde ou arrondi, verdâtre, mesurant de 6 à 9 pouces de diamètre. On le cueille un peu avant sa maturité et on le fait cuire au four ou sur la braise. Sa pulpe farineuse constitue un aliment nutritif et sain, dont la saveur se rapproche de celle du pain fait avec des œufs. C'est le pain de plusieurs peuplades océaniennes, qui enfouissent de grandes quantités de ces fruits, pour en faire provision et les retrouver pendant la saison où les arbres n'en produisent plus. On assure qu'un seul arbre à pain fournit chaque année de quoi nourrir un homme pendant six mois. Une autre espèce, *l'artocarpe à feuilles entières (artocarpus integrifolia*, Lin.), des îles de l'océan Pacifique et des Antilles, porte des fruits à pulpe sucrée, dont les amandes bouillies ou grillées, sont aussi bonnes que nos châtaignes.

ARTOCARPÉ, ÉE adj. Qui ressemble à l'artocarpe. — ARTOCARPÉES s. f. pl. Famille de plantes dicotylédones, à feuilles alternes simples, à fleurs unisexuées. Les genres principaux sont l'artocarpe et le galactodendron.

ARTOIS, ancienne province du N. de la France, entre la Flandre, le Hainaut, la Picardie et le détroit de Calais. L'Artois forme, avec une petite partie de la Picardie, le département du Pas-de-Calais. Sa capitale était Arras ; ses villes principales, Avesnes, Hesdin, Bapeaume, Saint-Pol, Aubigny, Béthune, Lens, Aire et Saint-Omer. Habité anciennement par les *Atrebates*, d'où vient son nom, il fut conquis par les Francs au vᵉ siècle, puis donné par Charles le Chauve à sa fille Judith, pour lui servir de dot lorsqu'elle épousa, en 863, Baudouin Bras de Fer, comte de Flandre. Réuni en 1180 à la couronne par le mariage d'Isabelle de Hainaut avec Philippe-Auguste, il forma, en 1237, un comté que Louis IX donna à son frère Robert. Le mariage de la comtesse Marguerite (fille du comte Louis de Male) avec Philippe le Hardi, duc de Bourgogne, l'annexa à la Bourgogne, en 1384; et celui de Marie de Bourgogne avec Maximilien, le fit passer dans la maison d'Autriche, en 1477. Repris par la France en 1482, rendu à l'Autriche en 1493, il fut enfin réuni définitivement à la couronne de France par conquête (1640), annexion confirmée par les traités de Pyrénées (1659) et de Nimègue (1678). Il forma un pays d'États. Plusieurs princes du sang ont porté le titre de comte d'Artois ; le dernier fut Charles-Philippe, petit-fils de Louis XV et plus tard Charles X.

ARTOIS (Le livre du très chevaleureux comte d'), roman en prose du xvᵉ siècle, publié par Barrois, Paris, 1838, in-4°. C'est l'un des plus gracieux monument de notre vieille langue.

ARTOPHORE s. m. [ar-to-fo-re] (gr. *artos*, pain ; *phoros*, qui porte). Nom que l'on donnait autrefois aux coffrets servant à renfermer des hosties consacrées.

ARTUS. Voy. ARTHUR.

ARUDY, ch.-l. de cant., arr. et à 18 kil. S.-E. d'Oloron (Basses-Pyrénées), près du Gave d'Ossau ; 1,995 hab. Carrières de marbre; église ogivale du xvᵉ siècle.

ARUM s. m. [a-romm]. Bot. Nom scientifique du genre GOUET.

ARUNDEL (*Aruntina*), ville d'Angleterre (Sussex), port sur la rive droite de l'Arun ; 2,950 hab. Château-fort construit par les Saxons, vers 800 et réparé depuis peu.

ARUNDEL (Thomas-Howard, COMTE D'), antiquaire (1592-1646), maréchal d'Angleterre en 1621, et comte de Norfolk en 1644, célèbre par la collection qu'il avait commencée pendant sa résidence en Italie (1607-'14). Cette

collection comprenait 37 statues, 128 bustes, 250 marbres (portant des inscriptions), des sarcophages, des autels, des fragments, des pierres, des camées, des médailles, des tableaux, etc. Exilé en 1642, le comte d'Arundel transporta ses diamants, ses camées et ses tableaux à Anvers. Mais il laissa le reste de sa collection dans son palais de Lambeth, à Londres. Ses fils, Henry d'Arundel et William, vicomte Stafford, se partagèrent son précieux héritage. Ensuite, son petit-fils Henry (plus tard duc de Norfolk) donna les marbres à l'université d'Oxford (1667). Les statues et les bustes furent offerts à la même université par la comtesse douairière de Pomfret, en 1775 Les camées et les pierres gravées passèrent au duc de Marlborough et sont appelés *gemmes Marlborough.* — Société Arundel, fondée en 1848 pour multiplier les belles copies des œuvres les plus remarquables des anciens maîtres. Cette société publie des fac-simile et des photographies. — Marbres d'Arundel ou MARBRES D'OXFORD, tables de marbre couvertes d'inscriptions grecques et de listes chronologiques, et parmi lesquelles se trouve la fameuse *Chronique de Paros*, gravée vers 265 av. J.-C. et contenant les principaux événements de l'histoire grecque depuis la fondation d'Athènes (1582) jusqu'à l'an 355 av. J.-C. Cette table fut trouvée dans l'île de Paros vers 1610, recueillie par l'Anglais W. Petty en 1625 et acquise par lord Arundel. — Les inscriptions des marbres d'Arundel ont été publiées en caractères grecs, par Mattaire en 1732 et par Chandler en 1763; celles furent publiées en latin par Selden en 1668 et par Prideaux en 1676. La *Chronique de Paros* a été traduite par Langlet-Dufresnoy.

ARUNDELL (Blanche), femme de lord Thomas Arundell, née en 1583, morte en 1649 A la tête de vingt-cinq hommes, elle défendit neuf jours le château de Wardour, au commencement de la guerre civile, contre 1,300 soldats des troupes du Parlement.

ARUNDINACÉ, ÉE adj. [a-ron-di-na-sé] (lat. *arundo*, roseau). Bot. Qui croît sur ou dans les roseaux. — Qui ressemble au roseau. — Arundinacées s. f. pl. Tribu de graminées, à fleurs couvertes plus ou moins de longs poils mous. Genres principaux : roseau (arundo), calamagrostis, phragmite, gynerium, ammophile.

ARUNDINAIRE s. f. [a-ron-di-nè-re] (lat. *arundo*, roseau). Bot. Genre de graminées, tribu des festucacées, sous-tribu des bambusées, renfermant de grands végétaux arborecents des régions chaudes de l'Amérique et de

Fleurs de l'Arundinaire à longues graines (Arundinaria macrosperma).

l'Asie. L'espèce principale, *l'arundinaire à longues graines (arundinaria macrosperma*), du Mexique et des États-Unis, atteint jusqu'à 18 mètres de haut. Sa tige sert à faire des perches de ligne.

ARUNDINE s. f. [a-ron-di-ne] (lat. *arundo*, roseau ; parce que ces plantes ont, par leur port, quelque ressemblance avec les roseaux). Bot. Genre d'orchidées, tribu des épidendrées. L'*arundine à feuilles de bambou* (*arundo bambusifolia*) du Népaul, porte des fleurs purpurines en grappes. — L'*arundine serrée* (*arundina densa*), de Singapore, présente des fleurs roses en grappe.

ARUNDO, nom lat. des graminées du genre roseau.

ARUNS. I. Frère de Tarquin le Superbe et époux de Tullie, qui le tua pour épouser Tarquin (536 av. J.-C.). — **II.** Fils de Tarquin le Superbe, fut exilé avec toute sa famille (509 av. J.-C.). Il rencontra dans un combat Junius Brutus, et ils se tuèrent mutuellement.

ARURA s. m. [a-rou-ra] Métrol. Mesure grecque de superficie, valant 2 ares 37,559,175.

ARUSPICATION s. f. Science des aruspices.

ARUSPICATOIRE adj. Qui appartient aux aruspices.

* **ARUSPICE** s. m. (lat. *aruspex*). Nom de prêtres ou d'augures de l'ancienne Étrurie. On distinguait les *Aruspices fulgurateurs*, qui interprétaient la tempête et la foudre, et les *aruspices extispices*, qui prédisaient l'avenir d'après des observations faites sur des entrailles d'animaux. Introduits à Rome par Romulus, vers 750 avant Jésus-Christ, les aruspices formèrent un collège qui ne comprenait pas moins de 70 membres lors de son abolition par Constantin (337 après J.-C.).

ARUTUA, île de l'archipel Tuamotu, par 15° 18' lat. S., et 149° 0' 25'", long. O.

ARVA, comté septentrional de Hongrie, dans les monts Carpathes ; 2,077 kil. carrés ; 82,500 hab. Ch.-l. Also-Kubin.

* **ARVALES** s. m. pl. Ant. rom. Collège de 12 prêtres, institué par Romulus, pour célébrer annuellement la fête de Cérès à la pleine lune de mai. Les onze fils d'Acca Laurentia, nourrice de Romulus, formèrent *d'abord*, avec ce dernier, le collège des Arvales. *On* leur vint le nom de *frères Arvals*. — Chant des Arvales, le plus ancien monument de la langue latine. On conserve au Vatican une table de marbre sur laquelle il est inscrit.

ARVE, riv. de la Haute-Savoie ; naît au col de Balme, arrose la vallée de Chamouny et se jette dans le Rhône près de Genève, après un cours de 100 kil.

ARVERNE s. et adj. Habitant de l'Arvernie ; qui appartient à l'Arvernie ou à ses habitants.

ARVERNES, riche et puissante nation de la Gaule centrale, dont le siège principal était le territoire appelé *Auvergne*. Leur domination rayonna du plateau central de la Gaule jusqu'au Rhône, à la Garonne et à la Loire. Voy. AUVERGNE.

ARVERNIE (lat. *Arvernia*), ancien nom de l'Auvergne.

ARVIENS, peuple de la Gaule, dans un pays qui fait aujourd'hui partie du dép. de la Sarthe. Leur capitale se nommait Vagoritum.

ARWIDSSON (Adolf-Ivar), poète suédois (1791-1858) bibliothécaire à Stockholm en 1843 ; réunit en collection les anciens chants populaires de la Suède (3 vol. in-8°, Stockholm, 1834-'42.

* **ARYEN, ENNE** adj. Qui tient aux Aryens ; qui a rapport aux Aryens : *les peuples aryens*. — LANGUES ARYENNES, langues qui se rattachent par leur origine à l'ancienne langue des Aryens, savoir : le sanscrit, le zend, le grec, le latin, le celtique, l'allemand et le slave.

* **ARYENS** s. m. pl. (sanscrit, *Arya* ; zend, *Airya*. En 1880, un ecclésiastique anglais, I. Hoskyns Abrahall écrivit, dans le *London*

Times, un article sur l'étymologie du mot *Aryen*. D'après lui, *Arya*, qui signifie blanc, dans le sanscrit, a pour racine le radical *arg* ou *arj*, qui a formé un grand nombre de mots des langues indo-européennes : gr. *argos*, brillant; lat. *argilla*, boue blanche, argile; sanscrit *arjunas*, lumière. — D'autres étymologistes pensent que le nom d'*Ariens* ou *Aryens*, fut donné primitivement aux habitants de la province persane appelée *Aria* (voy. ce mot) et qu'il devint ensuite une forme du nom générique de toute la race persane. Il dérivait de la racine *ar* [noble] qui est le radical d'un grand nombre de mots persans. Nom que se donnaient les classes supérieures de l'Iran et de l'Inde, pour se distinguer de la race primitive d'origine mongole. Aujourd'hui, on donne le nom générique d'Aryens à l'un des rameaux de la race blanche. Quelques ethnographes l'appliquent à la division indo-persane : mais le plus grand nombre l'a étendu à tous les peuples asiatiques et européens dont la langue offre quelque analogie avec celle des nobles Aryas qu'une invasion avait rendus maîtres des plaines orientales de l'Indus et du bassin du Gange. D'après ces savants, l'antique langue aryenne se divise en sept branches principales : 1° germanique ou teutonique ; 2° slavo-lithuanienne ou letto-slave : 3° celtique ; 4° italique (latine, etc.) ; 5° grecque ; 6° iranienne ou persane ; 7° sanscrite ou hindoue. L'analogie de ces langues est manifeste dans les adjectifs numéraux, dans les pronoms (principalement dans les pronoms personnels) et dans les mots indiquant parenté ou amitié. Voici quelques exemples de cette relation :

Français....	trois....	moi....	mère.
Slave....	tri....	man....	mater.
Lithuanien....	tri....	manen....	moter.
Celtique....	tri....	me....	mathair.
Latin....	tres....	me....	mater.
Grec....	treis....	me....	mêtêr.
Iranien....	tri....	me....	mâtar.
Sanscrit....	tri....	me....	mâtar.

La communauté d'origine de ces langues dites indo-européennes est indiscutable et implique l'existence primitive d'un peuple aryen qui s'est éparpillé à une époque inconnue. L'opinion dominante fixe la patrie originaire de ce peuple sur le plateau de l'Asie centrale, près des sources de l'Oxus et du Jaxartes. Néanmoins, quelques savants croient que l'Allemagne ou la Russie donnèrent naissance à la race des Aryas, qui se répandit ensuite en Asie. — Bibliogr. Voy. A. Pictet : *Origines indo-européennes ;* voy. aussi les travaux de Max Müller, de W. D. Whitney, de Bopp, de Schleicher et de Flick.

ARYTÉNO-ÉPIGLOTTIQUE adj. Qui a rapport aux cartilages aryténoïdes et à l'épiglotte.

ARYTÉNOÏDE adj. et s. (gr. *arutaina*, sorte de coupe; *eidos*, forme). Anat. Se dit de deux petits cartilages situés à la partie supérieure du larynx, au-dessus du cartilage cricoïde. Ils jouent le plus grand rôle dans la formation de la voix. En avant, ils répondent à la corde vocale supérieure ; leur base se termine par deux apophyses, dont l'antérieure donne insertion à la corde vocale inférieure. Les cartilages aryténoïdes ont la forme d'une pyramide ; ils se déjettent un peu en arrière. Le sommet est surmonté de deux appendices cartilagineux appelés *tête du cartilage aryténoïde*, *cartilage corniculé*, *tubercules de Santorini*. — GLANDES ARYTÉNOÏDES, petits corps glanduleux situés au-devant des cartilages aryténoïdes, dans un repli de la muqueuse. Leur ensemble se compose de deux parties, l'une verticale et l'autre horizontale, que l'on a comparées aux deux branches d'un V.

ARYTÉNOÏDIEN adj. et s. Se dit d'un muscle qui se trouve dans la face postérieure concave des cartilages aryténoïdes et qui va de l'un à l'autre de ces cartilages.

ARZ (Ile d'), petite île située dans la lagune du Morbihan, à 8 kil. S. de Vannes ; 1,100 hab.

ARZACHEL (Abraham), astronome juif, né à Tolède vers l'an 1060. Il écrivit sur l'obliquité du zodiaque et détermina l'apogée du soleil. On a conservé quelques-uns de ses ouvrages traduits en latin.

ARZACQ, ch.-l. de cant., arr. et à 32 kil. S.-E. d'Orthez (Basses-Pyrénées) 1,300 hab.

ARZAMAS ou **Arsamas**, ville de la Russie d'Europe, à 105 kil. S. de Nijni-Novgorod ; 40,650 hab. Production de soie, de cuirs, de toile et de fer.

ARZANO, ch.-l. de cant., arr. et à 5 kil. E.-N.-E. de Quimperlé (Finistère) ; 1,900 hab.

ARZEGAYE ou **Arzaguaye** s. f. [ar-ze-gai ou ar-za-gai]. Longue lance armée d'une pointe de fer à chaque extrémité et dont les Orientaux faisaient autrefois usage. Le cavalier lançait l'arzegaye et la ramenait à lui au moyen d'une corde qui y était attachée. D'Arzaguaye, on a fait *zagaie*. — L'arzegaye fut l'arme des estradiots.

ARZEL s. m. Nom du cheval qui a les pieds de derrière blancs, avec le chanfrein de la même couleur. On croyait autrefois que les *arzels* portent malheur dans les combats.

ARZEU ou **Arzew**, *Arsenaria*, ville d'Algérie, à 40 kil. E. d'Oran, près de la baie d'Arzeu, qui offre un excellent mouillage et sur laquelle est le port, à 6 kil. de la ville. 3,950 hab. Les Français l'occupèrent le 3 juillet 1833. Au sud se trouve le sac salé d'*El-Mélah*; aux environs de la ville, on rencontre de nombreuses ruines romaines. — Fort, par 35° 51' 39'' lat. N. et 16° 43' 44'' long. O.

ARZOBISPO (Iles). Voy. BONIN SIMA.

* **AS** s. m. [ass]. **I.** Unité chez les anciens Romains. Quelle que fut l'unité qu'il représentât, il se divisait en douze parties appelées onces (*unciæ*). Les fractions de l'as se nommaient deunx (11 onces), dextans (10 onces), dodrans, bes, septunx, semis, quincunx, quadrans, ou teruncius, triens, sextans, semuncus ou semunx (1/2 once) et once. — **II.** Unité de poids ou livre romaine qui pesait 27 gr., 187 milligr. — **III.** Unité monétaire que représenta, sous les rois de Rome, une masse de cuivre pesant une livre. Au temps de la première guerre punique, l'as ne pesait que deux onces ; au temps de la deuxième guerre punique une once, et ensuite la moitié d'une once.

* **AS** s. m. [ass]. Point seul marqué sur l'un des côtés d'un dé, ou sur une carte : *as de pique; amener un as; double as.* — ~~ Argot. ÊTRE A L'AS, être sans argent (mot à mot, n'avoir qu'un sou). — A L'AS, au cabinet ou à la table qui porte le n° 1 dans un café ou dans un restaurant. — AS DE CARREAU, ruban de la Légion d'honneur. — Sac de soldat d'infanterie. — AS DE PIQUE, le fondement. — FICHU COMME L'AS DE PIQUE, mal bâti, mal vêtu.

AS, Ase ou **Asa** (pluriel norse : *Æsir* ; plur. allemand : *Asen*). Dans la mythologie des anciens peuples scandinaves le mot *As* signifiait Dieu et s'appliquait aux douze divinités masculines et aux douze divinités féminines parmi lesquelles on distinguait Odin, Thor, Baldur, Freyr, Frigga, Freyja, Iduna, Eira et Saga. — Voy. ASGAARD.

ASA, troisième roi de Juda, régna 41 ans (957-916 av. J.-C.), renversa les idoles, repoussa l'immense armée du roi éthiopien Zérah et fit la guerre à Baasa, roi d'Israël. Son règne fut des plus prospères.

ASA FŒTIDA. Voy. ASSA FŒTIDA.

ASAGRÉE s. f. [a-za-gré] (de *Asa Gray*, nom d'un botaniste américain né en 1810). Genre de Mélanthacées, tribu des vératrées. L'espèce principale ; l'*asagrée officinale* (*asagrea offici-*

I.

nalis) du Mexique, fournit le médicament énergique appelé *cévadille.*

ASAN, chef bulgare qui souleva son pays contre l'empereur Isaac l'Ange, en 1186, fonda un royaume indépendant, dont Widdin fut la capitale, et périt assassiné en 1191. Ses successeurs furent appelés les ASANIDES.

ASANIDES, dynastie bulgare fondée en 1186, par *Asan*. Voy. BULGARIE.

ASAPH. I. Lévite, chantre de David ; on lui attribue douze psaumes. — II. (Saint), premier évêque du bourg qui porte le même nom (VIIᵉ siècle). — III. (Saint-), bourg, au N. du pays de Galles, 8 kil. N. de Denbigh. 3,500 hab. Évêché fondé vers 560 ; cathédrale restaurée en 1875, par 53ᵉ 15' 28" lat. N. et 5ᵉ 46' 33" long. O.

* ASARET s. m. [a-za-rè] (gr. *aséros*, rebuté, parce que les anciens n'en mettaient jamais dans leurs couronnes). Bot. Genre d'aristolochiées, caractérisé par un calice campanulé à limbe trifide ; 12 étamines ; ovaire inféré à 6 loges ; style divisé en 6 branches, capsule coriace à 6 loges. L'*asaret d'Europe* (*asarum Europæum*, Lin.), vulgairement appelé *rondelle, oreille d'homme* (à cause de la forme de ses feuilles) ou *cabaret* (parce qu'on lui attribuait la propriété de faire rejeter le vin pris avec excès), est une petite plante herbacée vivace, qui croît dans les lieux humides et ombragés. Ses fleurs solitaires sont d'un pourpre noirâtre et portées sur un pédoncule court. Sa racine, qui répand une odeur pénétrante et aromatique et dont la saveur est amère, âcre et nauséeuse, peut remplacer l'ipecacuanha comme émétique. Ses feuilles sont à la fois émétiques et très purgatives ; desséchées et réduites en poudre, elles sont employées comme sternutatoires. On a retiré de l'asaret une couleur employée dans la teinturerie.

ASAR-HADDON, roi d'Assyrie (680 à 687 av. J.-C.].

ASARINE s. f. Bot. Nom vulgaire d'une espèce de muflier qui croît dans le midi de la France.

ASARINÉ, ÉE adj. Qui ressemble à l'asaret. — Asarinées s. f. pl. Nom donné par Brongniart à sa cinquante-septième classe, comprenant des plantes à fleurs souvent diclines, à calice de 3, 4 ou 5 sépales et à corolle nulle. Principales familles : cytinées et aristolochiées.

ASARITE s. f. Synon. d'ASARONE.

ASAROÏDE adj. Synon. d'ASARINÉ.

ASARON s. m. [a-za-ron]. Pavé en mosaïque, composé de cailloux de diverses couleurs.

ASARONE s. f. [a-za-rone]. Chim. Substance qui se trouve dans la racine de l'asaret. On l'obtient en distillant avec de l'eau la racine sèche de cette plante. Elle cristallise dans les vapeurs de l'eau, parce qu'elle est insoluble dans l'eau. Son odeur et sa saveur se rapprochent de celles du camphre.

ASAROUAS s. m. pl. Tribu de l'Algérie.

ASARUM s. m. [a-za-romm]. Bot. Nom latin du genre asaret.

ASBAMÉE, source de l'Asie Mineure (près de Tyane). Consacrée à Jupiter Asbamæus ou gardien des serments, elle passait pour rendre malades les parjures qui buvaient de ses eaux.

ASBEN (Oasis d'). Voy. AÏR.

* ASBESTE s. m. [az-bè-ste] (gr. *asbestos*, inextinguible, parce que les anciens employaient cette substance pour en faire des mèches qu'ils mettaient dans des lampes perpétuelles qu'alimentait une source de bitume). Minér. Substance minérale filamenteuse ou fibreuse, flexible, plus ou moins cassante que l'on rencontre dans les rochers de première formation et qui est inaltérable au feu. Les

variétés les plus connues sont l'*amiante* (asbeste très flexible et soyeux), le *cuir fossile*, le *liège fossile* ou *de montagne* (asbeste à fibres entrelacées), le *bois de montagne* (asbeste dur). Ce sont des silicates magnésiens (trémolite, actinote et autres sortes d'horn-blende).

ASBURY (Francis), le premier évêque méthodiste d'Amérique ; né en Angleterre, en 1745, mort en 1816. Missionnaire aux États-Unis, il prononça plus de 16,500 sermons. Son « Journal » a été publié en 3 vol.

ASCAGNE, *Ascanius* ou *Iulus*, fils d'Énée et de Créuse, se réfugia avec eux en Italie après la destruction de Troie, succéda à son père, comme roi de Lavinium, vers l'an 1175 avant J.-C.; fonda la ville d'Albe-la-Longue et fut l'un des ancêtres de Romulus.

ASCAGNE s. m. [gn mll.]. Singe de Barbarie appelé aussi *blanc-nez* (*simia petaurista*, Gmelin). Il a le nez blanc, le visage bleu, la moustache noire; une touffe blanche devant chaque oreille, le corps brun olivâtre en dessus et gris en dessous.

ASCAIN, station minérale du cant. de Saint-Jean-de-Luz (Basses-Pyrénées); 1,160 hab.

ASCALABOTE s. m. (gr. *ascalabos*). Nom donné par les anciens Grecs au gecko des murailles et étendu par Cuvier à tout le genre gecko.

ASCALABOTOÏDE adj. Qui ressemble à l'ascalabote. — s. m. pl. Synon. de GECKOTIENS.

ASCALAPHE, fils d'Achéron et de Gorgyra, fut métamorphosé en hibou.

ASCALAPHE s. m. [ass-ka-la-fe]. Entom. Genre d'insectes névroptères, voisin des fourmilions et renfermant de nombreux insectes ayant l'aspect de libellules. L'*ascalaphe italique* se trouve dans presque toute la France et au midi de l'Europe.

ASCALON ou Ashkelon (auj. *Ascaldn*), ville de l'ancienne Palestine, sur la Méditerranée, à 55 kil. S.-O. de Jérusalem. Son sol produisait surtout des échalotes (*ascaloniæ cepæ*). Godefroy de Bouillon y battit une armée égyptienne, le 12 août 1099. Les croisés assiégèrent cette ville en 1148; Baudouin III la prit en 1153; Saladin la reprit en 1187; elle retomba au pouvoir des chrétiens en 1191. Ses fortifications furent détruites en vertu d'un traité entre chrétiens et musulmans (1270).

ASCANIE ou Askanie, ancien comté dans le N. de l'Allemagne, berceau des princes d'Anhalt, cédé à la Prusse en 1802. Le comté d'Ascanie comprenait le district d'Aschersleben et deux districts adjacents.

ASCANIEN, IENNE s. et adj. Qui est d'Ascanie.

* ASCARIDE s. m. (gr. *ascaris*; de *askarizô*, je m'agite). Zool. Genre de vers intestinaux, ordre des *cavitaires*, embranchement des *zoophytes*, dans la classification de Cuvier. Ces animaux « ont le corps rond, aminci aux deux bouts; la bouche garnie de trois papilles charnues, d'entre lesquelles saille de temps en temps un tube très court. C'est un des genres les plus nombreux en espèces; on en trouve dans toutes sortes d'animaux. Ceux qu'on a disséqués ont montré un canal intestinal droit. Dans les femelles, qui sont beaucoup plus nombreuses que les mâles, on trouve un ovaire à deux branches, plusieurs fois plus long que le corps, donnant au dehors par un seul oviducte, vers le quart antérieur de la longueur de l'animal. Les mâles n'ont qu'un seul tube séminal, également beaucoup plus long que le corps, et qui communique avec un penis quelquefois double, qui sort par l'anus. Celui-ci est percé sous l'extrémité de la queue. Les uns ont la tête sans membranes latérales. L'espèce la plus connue, l'*ascaride lombrical* (*ascaris lumbricoides*, Lin.), vulgairement *lombric*

des intestins, se trouve sans différence sensible dans l'homme, le cheval, l'âne, le zèbre, l'hémione, le bœuf, le cochon. On en a vu de plus de 15 pouces de long. Sa couleur naturelle est blanche; elle se multiplie quelquefois à l'excès et peut causer des maladies mortelles, surtout chez les enfants; auxquels il occasione des accidents de tous genres, principalement quand il remonte dans l'estomac. — D'autres espèces ont une petite membrane de chaque côté de la tête. Tel est l'*ascaride vermiculaire* (*ascaris vermicularis*, Lin.) qui vit dans les enfants et dans certaines maladies des adultes, auxquels il cause des démangeaisons insupportables à l'anus. » (Cuvier.) — Ce dernier ascaride est aujourd'hui appelé oxyure et forme un genre à part. Pour le traitement des ascarides, voy. VERS INTESTINAUX.

ASCENDANCE s. f. (lat. *ascendere*, monter). Supériorité. — Ligne ascendante d'une famille.

* ASCENDANT, ANTE adj. Qui va en montant: *mouvement ascendant.* — Anat. *Aorte ascendante, muscle oblique ascendant,* etc. — Se disait autrefois en astrologie et se dit encore, en astron., des astres qui montent sur l'horizon : *signe ascendant ;* les astrologues prétendaient que le point ascendant avait beaucoup d'influence sur le leur vie. — Jurispr. et Généal. Se dit des personnes dont on descend. En ce sens, il n'est guère usité que dans la locution Ligne ascendante.

* ASCENDANT s. m. Astron. Point de l'écliptique situé dans l'horizon oriental : *tel signe était à l'ascendant quand la tempête s'éleva.* — Se disait en Astrol., du point qui se lève, considéré par rapport à la nativité des personnes : *il faut savoir votre ascendant.* — Par ext. et fig. Penchant honnête ou vicieux qu'on supposait produit par l'influence d'un astre : *il a un heureux ascendant.* — Fig. Certaine supériorité naturelle, souvent inexplicable, qui fait qu'une personne a sur une autre : *il a un grand ascendant sur moi.* — Influence, autorité, pouvoir qu'une personne a sur l'esprit, sur la volonté d'une autre : *abuser de l'ascendant que l'on a sur quelqu'un.* — Jurispr. et Généal. Se dit des personnes dont on descend : *le mariage est défendu entre les descendants et ascendants.* — Légist. « Les droits et les devoirs des ascendants sont rigoureusement déterminés par la loi. Ainsi les enfants et leurs ascendants se doivent réciproquement des aliments (C. civ. 205, 207). Lorsque le dernier mourant des père et mère n'a pas fait choix d'un tuteur pour ses enfants mineurs, la tutelle appartient à l'aïeul paternel ; à son défaut à l'aïeule maternelle; et ainsi de suite en remontant dans les deux lignes d'ascendants (C. civ. 402). En cas d'absence du père depuis six mois et si la mère est décédée, la surveillance des enfants est déférée par le conseil de famille à l'un des ascendants les plus proches (C. civ. 142). Le mariage est prohibé entre tous les ascendants et descendants légitimes ou naturels, en ligne directe, et les alliés dans la même ligne (C. civ. 161). Les aïeuls et aïeules peuvent, à défaut du père et de la mère, faire opposition au mariage de leurs descendants (C. civ. 173). On admet généralement que ce droit appartient concurremment aux deux lignes. À défaut des aïeuls et aïeules, il passe aux bisaïeuls et bisaïeules, puisque c'est seulement lorsqu'il n'existe aucun ascendant que des collatéraux peuvent, dans certains cas, l'exercer (C. civ. 174). Toute succession échue aux ascendants se divise en deux branches, et la moitié dévolue à chaque ligne appartient à l'ascendant le plus proche qui exclut les autres. Les ascendants reprennent, en outre, à l'exclusion de tous héritiers, sauf les enfants, les choses qu'ils avaient données à leurs descendants, si elles se retrouvent en nature dans la succession du donataire (C. civ. 731 et s.) — Les enfants naturels n'ont aucun droit à la

succession de leurs ascendants, autres que leurs père et mère (C. civ. 756). L'adoption n'établit aucun lien entre l'adopté et les ascendants de l'adoptant (C. civ. 348 et s.) Les ascendants ont droit à une réserve dans la succession de leurs descendants, lorsque ceux-ci décèdent sans postérité ; cette réserve est d'un quart de la succession pour chacune des deux lignes d'ascendants (C. civ. 915). Les ascendants peuvent faire, par acte entre-vifs ou testamentaire, le partage de leurs biens entre leurs descendants, afin de leur éviter les frais et les difficultés d'un partage judiciaire, en cas de minorité ou de désaccord (C. civ. 1075 et s.). Le témoignage des descendants d'une personne prévenue de contravention, délit ou crime, ne peut être reçu en justice ; mais cette audition n'entraîne pas la nullité de la procédure, s'il n'y a pas eu d'opposition, soit du ministère public, soit de la partie civile, soit du prévenu lui-même (C. Inst. crim. 156, 322). Celui qui a porté des coups à un de ses ascendants légitimes est puni d'une peine plus forte que s'il s'agissait d'un autre (C. pén. 312) ; au contraire, les soustractions commises au préjudice d'ascendants ne donnent lieu qu'à des réparations civiles (id. 380). »
(CH. Y).

ASCENSEUR s. m. Appareil au moyen duquel on élève des personnes ou des fardeaux, jusqu'aux étages supérieurs d'une construction, d'une mine ou d'un édifice. L'*ascenseur Edoux* que l'on admira à l'exposition de 1867, a été admis, avec quelques modifications, pour le service des grands hôtels de Paris. Il se compose d'un tube vertical mis en communication par le bas avec l'eau d'un réservoir supérieur. Les différentes pièces de l'appareil se font équilibre, de sorte que la pression de l'eau se trouve n'avoir à soulever que le poids même des voyageurs ou des objets placés sur le plateau de la cage. Dans l'application, les ascenseurs ont produit plusieurs accidents, dont une construction mieux entendue prévient aujourd'hui le retour.

***ASCENSION** s. f. [ass-san-si-on](lat. *ascencio; de ascendere,* monter). Action de monter, de s'élever. — Par ext. Jour auquel l'Église célèbre ce mystère: l'*Ascension est quarante jours après Pâques.* — Action de gravir une montagne : *ascension du mont Blanc.* — Se dit également de certaines choses qui montent: *ascension d'un aérostat, d'un ballon; ascension de l'eau dans les pompes, du mercure dans le baromètre, etc.; ascension de la sève dans la tige,* dans les *rameaux.* — Astron. ASCENSION DROITE D'UN ASTRE, point de l'équateur qui se lève en même temps que cet astre dans la sphère droite ; ASCENSION OBLIQUE D'UN ASTRE, point de l'équateur qui se lève en même temps que cet astre dans la sphère oblique. — ASCENSION se dit particulièrement de l'action de s'élever dans les airs au moyen d'un aérostat ou d'un ballon. La première ascension fut exécutée, à l'aide d'une montgolfière captive, par l'intrépide Pilâtre de Rozier, le 15 octobre 1783, chez M. Réveillon, rue de Montreuil, au faubourg Saint-Antoine. Le même ballon transporté au château de la Muette, y fut lâché en toute liberté et emporta, le 22 nov., Pilâtre de Rozier et le marquis d'Arlandes qui, les premiers, prirent possession de l'atmosphère au nom de la science. L'ascension fut heureuse ; le ballon descendit lentement sur la Butte-aux-Cailles. Tel fut l'enthousiasme, que la foule mit en pièces la redingote que Pilâtre avait placée dans la nacelle pendant le voyage, et s'en partagea les morceaux. — La mémorable ascension de Charles et de Robert s'exécuta dans le Jardin des Tuileries, le 1er déc. 1783. Elle eut lieu dans un ballon gonflé d'hydrogène et muni à sa partie supérieure d'une

soupape que l'on pouvait mettre en jeu à l'aide d'une corde, pour modérer la force ascensionnelle de l'aérostat ou le faire revenir à terre en perdant du gaz. Du sable fin ou *lest* que l'on pouvait jeter par-dessus bord diminuait le poids de l'appareil quand on désirait le faire remonter dans l'atmosphère. Les aéronautes prirent place dans une nacelle. Enfin, l'appendice inférieur du ballon était ouvert, afin d'éviter la rupture de l'enveloppe par la dilatation. Bref, l'ingénieux Charles créa de toutes pièces l'art aérostatique. Le succès de cette ascension eut un retentissement extraordinaire dans toute l'Europe ; les voyages en ballon devinrent à la mode et nous devons renoncer à parler de toutes les ascensions qui eurent lieu depuis cette époque. Citons seulement les principales : la troisième ascension eut lieu à Lyon, le 19 janv. 1784, sous la direction de Montgolfier l'aîné ; la quatrième à Milan, le 25 février 1784, par le chevalier Paul Andréani, à l'aide d'une montgolfière ; la cinquième, à Paris, le 2 mars, par Blanchard, dans un ballon à gaz muni de rames et d'un gouvernail. Blanchard ne réussit pas dans ses tentatives de direction. — Les ascensions devinrent ensuite de plus en plus nombreuses ; rappelons seulement celles de : Guyton de Morveau, 25 avril et 12 juin 1784 ; Fleurant et Mme Thiblé, 28 juin ; le duc de Chartres (Philippe-Égalité), 19 sept. ; l'italien Vincent Lunardi, à Londres, 15 sept. (première ascension en Angleterre). Le 7 janv. 1785, Blanchard, accompagné de l'anglais Jefferies, traversa la Manche, de Douvres à Calais. Cette même année fut fatale à Pilâtre de Rozier et à Romain qui voulurent franchir la Manche dans un appareil formé d'un ballon à gaz au-dessous duquel était placé un ballon cylindrique que l'on pouvait gonfler d'un air chaud pour augmenter à volonté la force ascensionnelle du système. Les deux voyageurs partirent de Boulogne, s'élevèrent à quelques centaines de mètres : puis leur appareil rentrant avec une rapidité effrayante, sans que l'on sache au juste quelle fut la cause de cette catastrophe ; on croit que le feu prit au ballon. La science nouvelle avait fait ses deux premières victimes. Le 19 janv. de la même année, le docteur Potain traversa en ballon le canal Saint-Georges et mit, pour la première fois en évidence, l'existence de courants aériens superposés, se mouvant dans des directions différentes. Blanchard, pendant ce temps, parcourait tous les pays de l'Europe et offrait partout le spectacle des ascensions. Il ne devait pas tarder à porter un aérostat jusque dans le nouveau monde. Son rival, Testu-Brissy, allait obtenir le plus grand succès de ses premières ascensions équestres ; l'aéronaute Poitevin devait reprendre en 1850. — En 1797, Jacques Garnerin et sa femme Elisa Garnerin, comme Mme Blanchard et plus tard Poitevin et les Godard, exécutèrent un grand nombre d'ascensions où s'offraient au public le spectacle d'une descente en parachute. » (G. TISSANDIER). Le 21 sept. 1812, l'illustre Zambeccari, part de Bologne ; son ballon prend feu dans les airs et cet incendie aérien cause la mort de l'aéronaute ; un accident semblable coûte la vie à Mme Blanchard, partie de Tivoli le 6 juillet 1819. Les premières ascensions scientifiques furent accomplies en 1803 par le physicien Robertson qui entreprit, en Allemagne et en Russie, une série d'expériences sur le magnétisme, l'électricité, la température, etc. Il atteignit 7,200 m. Biot et Gay-Lussac, qui s'élevèrent le 20 août 1804 du conservatoire des Arts-et-Métiers, exécutèrent une série d'expériences thermométriques, barométriques, magnétiques et atmosphériques et atteignirent 4,000 m. Gay-Lussac recommença l'expérience, le 16 sept. 1804, et s'éleva à 7,016 m. Il recueillit de l'air à 6,500 m. et confirma ses premières observations sur la décroissance de l'humidité de l'air en raison

de l'altitude ; enfin il apporta des documents d'un haut intérêt sur les effets physiologiques de la raréfaction de l'air. Après ces expéditions, l'aérostation retomba pendant près d'un demi-siècle à l'état de science d'amusement. L'Anglais Charles Green (né en 1786, m. en 1870), se rendit fameux par ses 650 ascensions. Les voyages aériens équestres furent prohibés en Angleterre au mois d'août 1852, sur la demande de la Société protectrice des animaux et après plusieurs ascensions de Mme Poitevin. Le 27 juillet 1850, Barral et Bixio exécutèrent une ascension scientifique. A la hauteur de 7,004 m. ils rencontrèrent, pour la première fois, un nuage formé, non pas de vésicules d'eau, mais de paillettes de glace et ils y virent descendre le thermomètre à 39° au-dessous de zéro. Ils atteignirent 7,039 m. En 1861, l'Anglais James Glaisher, directeur de l'observatoire météorologique de Greenwich, commença une série de trente ascensions, dont la dernière eut lieu en mai 1866. La plus remarquable est celle du 5 sept. 1862, exécutée avec l'aéronaute de profession Coxwell qui a fait environ 550 voyages aériens. Le deux intrépides explorateurs s'élevèrent à 8.830 m. au-dessus du niveau de la mer. Glaisher perdit connaissance et Coxwell, presque complètement paralysé, eut à peine la force de tirer avec ses dents la corde de la soupape pour faire échapper du gaz et redescendre vers les niveaux inférieurs. Depuis les expériences de Glaisher, plusieurs ascensions scientifiques furent exécutées en France par W. de Fonvielle, Camille Flammarion, Eugène Godard, Albert Tissandier et Gaston Tissandier. Le plus grand ballon que l'on ait encore vu fut construit en 1863 par l'aéronaute Nadar ; il contenait 6,000 mètres cubes de gaz. La première ascension de cet énorme appareil eut lieu le 4 octobre 1863 ; elle fut heureuse ; mais à la deuxième, le 12 oct., les voyageurs furent emportés dans l'espace et vinrent échouer à Nicoburg, Hanovre, après avoir couru les plus grands périls. Le siège de Paris donna une grande activité à l'aérostation. Nous vîmes partir 64 ballons. La plus célèbre de ces ascensions est, sans contredit, celle de Gambetta, qui descendit près de Creil le 8 oct. 1870 ; mais la plus extraordinaire est celle de M. Rolier qui, en compagnie d'un franc-tireur, quitta la gare du Nord à minuit, le 24 nov. 1870, par un temps sombre et par un vent assez violent. A 2,000 mètres d'altitude, les voyageurs furent entraînés par un courant d'une vitesse incroyable et, en quinze heures de voyage, ils échouèrent au mont Lid, à 300 kilom. au nord de Christiania (Norwège), à 1,600 kilom. de Paris. Ils avaient parcouru plus de 100 kilom. à l'heure ! Après le siège de Paris et la fondation de la *Société française de navigation aérienne,* eurent lieu de nombreuses ascensions scientifiques. La première qui présenta un intérêt réel fut celle qu'exécutèrent, le 26 avril 1873, Crocé-Spinelli, Sivel, Penaud, le docteur Pétard et Jobert. L'année suivante (22 mars 1874), Sivel et Crocé-Spinelli s'élevèrent à 7,300 m. pour expérimenter les nouvelles doctrines physiologiques de Paul Bert, sur le *mal des montagnes* ou *mal des aérostats.* Jusqu'alors on avait cru que la diminution du poids de l'atmosphère et, par conséquent, de la pression sur le corps humain, fait gonfler les veines et produit les congestions, les hémorragies nasales et pulmonaires, lorsque l'on arrive à de hautes altitudes. Paul Bert détruisit cette théorie en démontrant que ces accidents sont dus à une trop faible *tension* de l'oxygène respiré par les hommes ou par les animaux qui sont soumis dans l'air ordinaire à une médiocre pression ; et qu'il suffit, par conséquent, de remplacer d'oxygène dans un air raréfié pour lutter contre les effets de l'asphyxie. Pour vérifier cette théorie, Sivel et Crocé-Spinelli emportèrent des ballonnets emplis de mélanges d'air et d'oxygène dans les proportions déduites des expériences de Paul Bert, dont les affirmations furent confirmées par les aéronautes. Arrivés au-delà de 7,000 m., ils éprouvèrent le *mal des montagnes*: faiblesse, picotements dans la tête, sensation de compression du front, etc.; mais une inspiration d'oxygène faisait disparaître en grande partie les sensations douloureuses. Une ascension exécutée, le 23 mars 1875, dans le ballon le *Zénith*, par Crocé-Spinelli, Sivel, Albert Tissandier, Jobert et Gaston Tissandier, produisit des résultats remarquables au point de vue aéronautique et météorologique; un autre voyage aérien fut préparé. Crocé-Spinelli et Sivel devaient d'abord seuls entreprendre l'expédition; mais Gaston Tissandier, parvint à force d'instances, à faire partie du voyage. L'ascension eut lieu le 15 avril 1875; lorsque le ballon le *Zénith* eut atteint 8,000 mètres, les mains paralysées des navigateurs ne purent soulever les tubes qui devraient apporter à leurs lèvres l'air vital si nécessaire; et ils montaient toujours. A 8,600 mètres, par un froid de — 10°, les trois voyageurs étaient évanouis au fond de l'esquif, lorsque tout à coup le ballon se mit à redescendre; Tissandier eut la force de se soulever et d'appeler ses deux compagnons; ils étaient morts. — Bibliog. *Travels in the air*, by James Glaisher, F. R. S., Camille Flammarion, W. de Fonvielle and Gaston Tissandier, Londres, 1871. *Histoire de mes ascensions*, par Gaston Tissandier, 1 vol. in-8°, Paris, Dreyfous, 1876.

ASCENSION (Ile de l'), île élevée et rocheuse de l'océan Atlantique, à 1,300 kil. N.-O. de Sainte-Hélène; par 7° 55' 29'' lat. S. et 16° 43' 44'' long. O. au mont de la Croix; 88 kil. car. Découverte par le Portugais Jean de Nova, le jour de l'Ascension (20 mai) 1501; occupée en 1815 par les Anglais. 27 hab.

ASCENSIONNEL, ELLE adj. Didact. N'est guère usité que dans ces locutions: *force ascensionnelle*, force par laquelle un corps tend à s'élever; *différence ascensionnelle d'un astre*, différence entre l'ascension droite et l'ascension oblique.

ASCENSOIR s. m. Pièce de bois ou de fer servant à diriger les essieux d'une voiture.

ASCENSUM s. m. [ass-sain-somm] (part. passé du v. lat. *ascendere*, monter). Ne s'emploie que dans la locution: DISTILLER PAR ASCENSUM, distiller en plaçant le feu sous l'appareil pour faire monter les vapeurs.

ASCÈTE s. [ass-sè-te] (gr. *askêtês*, qui s'exerce). Celui, celle qui se consacre d'une manière particulière aux exercices de la piété. (peu us.)

ASCÉTIQUE adj. Qui a rapport aux exercices de la vie spirituelle : *vie ascétique*. — s. m. Ceux qui ont embrassé la vie ascétique : *les extases des ascétiques*. — Se dit également de certains ouvrages ascétiques : *il y a un livre de saint Basile intitulé* : les *Ascétiques*.

ASCÉTISME s. m. Genre de vie des ascètes.

ASCH, ville de Bohême, à 26 kil. N.-O. d'Eger; 10,000 hab. Soieries et lainages.

ASCHAFFENBOURG, ancienne *Ascapha*, ville de la Basse Franconie (Bavière) sur le Mein, à 38 kil. E.-S.-E. de Francfort; 10,900 hab. Beau château de Johannisburg, ancienne résidence des électeurs de Mayence ; église de Stift, construite en 980. Victoire des Prussiens sur l'armée fédérale allemande, le 14 juillet 1866. Lat. 49° 58' 28'' N.; long. 6° 48' 26'' E.

ASCHAM (Roger) [ass-kamm], classique anglais (1515-'68), fut précepteur latin d'Édouard VI, de Marie et d'Elisabeth. Ses œuvres ont été publiées in-8° en 1815; elles comprennent un rapport sur les affaires d'Allemagne au temps de Charles-Quint, un traité sur le tir à l'arc et un traité sur l'art d'étudier les langues.

ASCHE s. f. [a-che] (allem. *asch*, cendre). Géol. Marne friable, généralement grisâtre, renfermant du bitume et quelquefois du sable. On l'emploie pour amender les terres.

ASCHERSLEBEN, ville de la Saxe prussienne, à 53 kil. S.-O. de Magdebourg, sur l'Eine; 17,250 hab. Fabriques de lainages et de toiles. Résidence des anciens comtes d'Ascanie.

ASCIDIE s. f. (gr. *askidion*, petite outre). Genre de mollusques acéphales sans coquilles, à marteau et à enveloppe cartilagineuse en forme de sacs fermés de toute part. Un orifice sert de passage à l'eau; un autre donne issue aux excréments. Les branchies forment un sac, au fond duquel est la bouche. L'ascidie, *thethyon* des anciens, *ascidia* de Linné, se fixe aux rochers et en bouge plus. Son principal signe de vie consiste dans l'absorption et l'évacuation de l'eau par un de ses orifices; elle la lance assez loin lorsqu'elle est effrayée. On a décrit un grand nombre d'espèces d'ascidies.

ASCIDIÉ, ÉE adj. (gr. *askidion*, petite outre). Bot. Se dit des feuilles terminées par un appendice creux, dilaté en vase et surmonté d'un opercule mobile, comme dans les NÉPENTHES.

ASCIDIEN, ENNE adj. Qui ressemble à une ascidie. — ASCIDIENS s. m. pl. Ordre de tuniciers renfermant le genre ascidie.

ASCIDIFORME adj. Synon. d'ASCIDIÉ.

ASCIE s. m. (gr. *askion*, petite outre). Entom. Genre de diptères athéricères, tribu des syrphides, caractérisé par un abdomen rétréci à la base et en forme de massue. L'*ascie commun* (*ascia podagrica*) se trouve partout.

ASCIENS s. m. pl. [ass-si-ain] (gr. *a*, priv.; *skia*, ombre; c'est-à-dire *sans ombre*). Nom donné aux habitants de la zone équatoriale, parce que, deux fois par an, le soleil étant au-dessus de leur tête, ils n'ont pas d'ombre à midi. On dit aussi AMPHISCIENS.

ASCITE s. f. [ass-si-te] (gr. *askos*, outre). Hydropisie du ventre, déterminée par une accumulation de sérosité dans le péritoine, et caractérisée par le développement progressif de l'abdomen. La peau est d'abord tendue et luisante; puis elle devient d'un aspect terreux. Lorsqu'on pose la main sur les côtés du ventre, on perçoit de la fluctuation en frappant légèrement de l'autre main sur le côté opposé. La tuméfaction se porte à droite ou à gauche suivant le côté sur lequel se couche le malade. Il y a matité dans les parties déclives; et sonorité, en haut, dans l'espace occupé par les intestins que le liquide soulève. L'infiltration se communique aux membres inférieurs; il y a amaigrissement. L'ascite se distingue de la grossesse et de l'hydropisie enkystée par la fluctuation et le déplacement de la tuméfaction ; elle se termine souvent par la mort; on guérit cependant celle qui suit la scarlatine ou celle qui provient de l'altération du sang. De même que pour les autres espèces d'hydropisie, on a recours à des moyens énergiques de résorption (scille, digitale, sel de nitre); on y ajoute une compression méthodique du ventre au moyen d'un bandage roulé. Lorsque les purgatifs drastiques, les sudorifiques, les bains de vapeur et les diurétiques ont échoué, on fait une ponction (paracentèse) avec un trocart pour évacuer le liquide.

ASCLÉPIADE adj. Se dit d'un vers grec ou latin composé d'un spondée, de deux choriambes et d'un iambe. — Substantiv.: un *asclépiade*. — PETIT ASCLÉPIADE. Le vers asclépiade proprement dit. — GRAND ASCLÉPIADE. Vers asclépiade dont l'iambe final est remplacé par deux dactyles.

ASCLÉPIADE. I. Poète lyrique grec contemporain de Sapho, inventeur du vers appelé *choriambique* ou *asclépiade*. — II. ASCLÉPIADE BITHYNUS, célèbre médecin grec, né à Pruse

(Bithynie), mort en 96 av. J.-C. Il pratiqua dans la Grèce, puis à Rome, où il gagna une grande fortune. Ses fragments ont été publiés par Gumpert, Weimar, 1798, in-8°.

ASCLÉPIADE s. f. Bot. Synon. d'ASCLÉPIAS.

ASCLÉPIADÉ, ÉE adj. Bot. Qui ressemble à l'asclépiade. — ASCLÉPIADÉES s. f. pl. Famille de plantes gamopétales à feuilles simples et entières; à calice quinquépartite; à corolle hypogyne régulière; à 5 étamines, 2 ovaires, 2 follicules. Les asclépiadées sont remarquables par le suc laiteux, âcre, qui leur donne des propriétés purgatives ou émétiques. Principaux genres : dompte-venin, oxystelma, asclépias, céropégie, calotropis, hoya, périploque, etc.

ASCLÉPIADES (*Asklépios*, nom grec d'Esculape), famille ou corporation de médecins grecs qui se disaient descendants d'Esculape et qui habitaient principalement Cos, Gnide et Rhodes. Dans leur caste, les connaissances médicales se transmettaient par héritage. Les malades étaient traités dans les temples d'Esculape, dont les asclépiades étaient les prêtres.

ASCLÉPIADINE s. f. Substance particulière découverte dans la racine du cynanque dompte-venin.

ASCLÉPIAS s. m. [a-sklé-pi-ass] (gr. *Asklépios*, nom d'Esculape). Bot. Genre type de la famille des asclépiadées, renfermant des herbes vivaces, à fleurs disposées en ombelles interpétiolaires; à calice profondément quinquéparti; corolle à 5 divisions et à préfloraison valvaire; ovaire géminé; follicule renfermant des graines à aigrettes. L'*asclépias de Syrie* (*asclepias Syriaca*, Lin.), appelé aussi *apocyn à ouate*, *coton sauvage* et *plante à soie*, est aujourd'hui acclimaté en France. C'est une plante haute de 1 à 2 mètres, à fleurs pourprées, à tige contenant une matière textile, à graines purgatives. L'*asclépias tubéreux* (*asclepias tuberosa*, Lin.), de l'Amérique septentrionale, est cultivé dans nos jardins pour la beauté de ses fleurs d'un jaune orange. L'*asclépias de curaçao* (*asclepias currassa-vica*, Lin.), à fleurs écarlates, possède des racines émétiques, connues dans le commerce sous le nom d'ipécacuanha des Antilles.

ASCOLI PICENO. I. Province de l'Italie centrale, dans les Marches; 2,095 kil. carr.; 204,000 hab.; arrosée par le Tesin et le Tronto. Production de grains, de vin, d'huile, de soie, de miel, de laine, etc. — II. Ch.-l. de la prov. ci-dessus, anc. *Asculum Picenum*, sur le Tronto, à l'embouchure duquel est son port; à 140 kil. N.-E. de Rome. 11,500 hab. — III. Ascoli di Satriano, *Asculum Apulum*, ville de l'Italie méridionale (Capitanate), à 110 kil. E.-N.-E. de Naples; 5,750 hab.; aux environs, Pyrrhus battit les Romains (279 av. J.-C.) et Tancrède vainquit le comte Andrea, qui perdit la vie dans la mêlée (1190).

ASCOLIES s. f. pl. (gr. *askos*, outre). Fêtes athéniennes en l'honneur de Bacchus. On y sacrifiait un bouc, dont la peau devenait une outre que l'on emplissait de vin. Celui qui parvenait à sauter sur cette outre en tenant de la main le vin dans l'air, pouvait l'emporter avec le vin qu'elle contenait.

ASCOMYS s. m. [a-sko-miss] (gr. *askos*, sac; *mus*, rat; rat à sac). Zool. Voy. GÉOMYS.

ASCOPHORE adj. [a-sko-fo-re] (gr. *askos*, outre; *phoros*, qui porte). Bot. Se dit des plantes qui portent un utricule, un godet. — s. m. Genre de champignons microscopiques voisin des moisissures; l'espèce type, l'*ascophora mucedo*, forme, dans le pain et sur la vieille colle, de petits groupes dont les individus sont distincts.

ASCOPHORÉ, ÉE adj. Bot. Qui ressemble à l'ascophore. — ASCOPHORÉES s. f. pl. Tribu de champignons microscopiques ayant pour type le genre ascophore.

ASCOT, champ de courses, dans le Berkshire (Angleterre), à 10 kil. de Windsor. Courses annuelles en juin.

ASCULUM, ancien nom d'Ascoli.

ASDRUBAL ou **Hasdrubal**, nom de plusieurs Carthaginois qui s'illustrèrent pendant les guerres puniques. — I. *Le Beau*, gendre d'Amilcar Barca auquel il succéda dans le commandement de l'armée d'Espagne (229 avant J.-C.); assisté d'Annibal, il continua les opérations et fonda la nouvelle Carthage (Carthagène). Il fut assassiné par un esclave gaulois qui avait à venger la mort de son maître (221). — II. ASDRUBAL BARCA, fils d'Amilcar, resta en Espagne, tandis que son frère, Annibal, portait la guerre en Italie (218). Après quelques revers, il vainquit et tua Publius et Cneius Scipion (211). Il marchait au secours d'Annibal (207) lorsqu'il perdit son armée et la vie sur les rives du Metaurus. Sa tête fut jetée dans le camp d'Annibal, qui reconnut alors, dit-il, la fortune de Carthage. — III. Fils de Giscon; commanda en Espagne de 214 à 216 (av. J.-C.). Vaincu par P.-C. Scipion, il se retira en Afrique, où il s'allia à Syphax, roi de Numidie, en lui donnant sa fille Sophonisbe, qu'il avait promise à Massinissa. Ce dernier prince se tourna du côté des Romains qui envoyèrent Scipion à son secours (204). Deux fois battu, Asdrubal fut jeté en prison et s'empoisonna. — IV. Chef contre Massinissa, pendant la troisième guerre punique. Après la prise de Carthage (146 av. J.-C.), il se retira d'abord dans la citadelle, puis dans le temple d'Esculape. Toute résistance étant devenue impossible, il se rendit secrètement au camp de Scipion pour implorer sa clémence. Les Romains se firent une joie de le promener triomphalement en face du temple auquel, sa femme indignée avait mis le feu, pour y brûler avec ses enfants et ses derniers défenseurs. Asdrubal orna le triomphe de Scipion et termina sa vie dans l'esclavage.

ASE (plur. **Ases**). Divinité scandinave. Voy. As.

ASELLE s. m. [a-zè-le] (lat. *asellus*, petit âne). Crust. Nom donné par Geoffroy à un petit crustacé isopode d'eau douce qui est devenu le type d'un genre autrefois confondu avec les cloportes et les cymothoés. Ces animaux se distinguent par deux points fourchues en forme de tubercules au bout de la queue. La seule espèce indigène, l'*aselle commun*, long de 12 à 15 millim., brun tacheté de gris et de jaunâtre en dessus, cendré en dessous, se trouve dans nos eaux douces stagnantes. Il marche lentement. Au printemps, il sort de la vase où il a passé l'hiver.

ASELLI ou **Asellio** (Gaspare), anatomiste, né Crémone en 1580, mort en 1626. Professeur d'anatomie à Pavie, il découvrit les vaisseaux chylifères en disséquant un chien qui venait de manger (23 juillet 1622). Gassendi publia après sa mort l'ouvrage qu'il avait composé à ce sujet: *De Lactibus sive Lacteis Venis* (Milan, in-4°, 1627).

ASELLIDES s. m. pl.[a-zè-lli-de]. Groupe de crustacés isopodes établi par Leach et correspondant à peu près à la section des asellotes.

ASELLOTES s. m. pl. [a-zèl-lo-te]. Crust. Section du grand genre cloporte, caractérisée par quatre antennes apparentes, terminées par une tige à plusieurs articles; deux mandibules; quatre mâchoires; queue d'un seul segment, avec deux appendices au bout. Principaux genres: Aselle, Ydothéa, etc.

ASER, huitième fils de Jacob. Le territoire de la tribu d'Aser, s'étendait au S. du mont Carmel, jusqu'à la mer et comprenait une partie de la grande et fertile vallée d'Esdraelon.

ASFELD ch.-l. de cant., arr. et à 20 kil. S.-O. de Rethel (Ardennes), sur la rive droite de l'Aisne. 1,200. hab. C'est à Asfeld, autrefois *Ecry*, que les Normands furent vaincus en 883.

ASFELD (Claude - François - Bidal, CHEVALIER D'), maréchal de France, né en 1665, mort en 1744; s'illustra en Espagne pendant la guerre de succession, prit Lerida, Tortose et Alicante, soumit Majorque. Il fut élevé au rang de maréchal en 1734, après la prise de Philipsbourg.

ASFORD, ville de Kent (Angleterre), à 75 kil. S.-E. de Londres; 8,500 hab.

ASGAARD ou **Asgard**, la ville des *Ases* ou des dieux, dans la mythologie des anciens peuples scandinaves. L'Asgaard était un séjour enchanteur sur les bords du Tanaïs (Don), et au centre du monde; le gardien, Heimdall, s'y tenait debout sur l'arc-en-ciel. C'est d'Asgaard que partirent les dieux qui accompagnèrent Odin lors de ses conquêtes dans l'Europe septentrionale.

ASHANTEE, voy. ACHANTI.

ASHBURTON (Alexander Baring, LORD), homme d'Etat anglais (1774-1848); a donné son nom à un traité avec les Etats-Unis. — TRAITÉ ASHBURTON, conclu à Washington, le 9 août 1842, par Alexandre Ashburton et John Tyler, président des Etats-Unis, pour établir définitivement les frontières entre le Canada et l'état du Maine et pour l'extradition des criminels.

ASHBY DE LA ZOUCH, ville du comté de Leicester, Angleterre, à 27 kil. N.-O. de Leicester; 8,000 hab. Bains minéraux. Manufactures de coton, de chapeaux et de bonneterie.

ASHDOD ou **Azoth** (*Azotus* des Grecs et des Romains; auj. *Esdud*). L'une des cinq villes principales des Philistins, sur la Méditerranée, entre Ascalon et Ekron, à 54 kil. O. de Jérusalem. Vers 715 av. J.-C., elle fut prise par les Assyriens et, 85 ans plus tard, par l'Egyptien Psammétichus, après un siège de 29 ans (le plus long siège mentionné par l'histoire). Azotus forma un évêché au IVe siècle.

ASHDOWN. I. Aujourd'hui *Aston* (Berks, Angleterre). Ethelred et son frère Alfred, y battirent les Danois en 871. — II. Lieu près de Saffron-Walden (Essex) où Canut défit Edmond Côte de Fer, en 1016.

ASHE (John), officier anglais au service des Etats-Unis; né en 1721, mort en 1781. Il fut battu à Brier Creek par le général Prévost en 1779.

ASHLAND, ville de Pennsylvanie, dans la vallée de Mahanoy, à 170 kil. N.-O. de Philadelphie, au milieu de riches mines d'anthracite; 6,000 hab.

ASHMOLE (Elias), antiquaire anglais (1617-'92), capitaine royaliste pendant la guerre civile, héraut d'armes de Windsor et secrétaire de Surinam pendant la Restauration; il fit une compilation de ce qu'avaient écrit les chimistes anglais; traduisit le *Fasciculus Chymicus* et l'*Arcanum* du Dr Dee; puis annonça dans son «Chemin du bonheur», qu'il abandonnait l'alchimie et l'astrologie (1658) et écrivit une «Histoire des antiquités du Berkshire», une autobiographie, etc. Il laissa à l'université d'Oxford la collection de livres et de médailles qui constitue le musée ashmoléen.

ASHMOLÉEN adj. [ach-mo-lé-ain]. Se dit du musée fondé à l'université d'Oxford par Ashmole et ouvert en 1682. Il comprend des livres, des manuscrits, des monnaies, etc.

ASHMOLÉENNE adj. Se dit d'une société savante fondée à Oxford en 1828.

ASHMUN (Jehudi), prêtre américain (1794-1828), directeur, à Washington, du journal de l'émigration des noirs; chef de la colonie de Libéria en 1822, fit construire des fortifications, repoussa plusieurs attaques des indigènes et laissa le pays dans un état florissant, en 1828.

ASHTON-UNDER-LYNE, ville du Lancashire, Angleterre, à 10 kil. E.-S.-E. de Manchester; 23,500 hab., dont plus de 15,000 sont employés dans les manufactures de coton.

ASIA (Mythol.). Nymphe, fille d'Océanus et de Téthys; épouse de Japet. A donné son nom à l'Asie.

ASIAGO, ville du N.-E. de l'Italie, à 30° kil. N. de Vicence; 5,250 hab. Fabr. de *chapeaux de paille d'Italie*. Ancien ch.-l. de la république des « sept communes allemandes » de Vénétie

ASIARCAT s. m. [a-zi-ar-ka]. (gr. *Asia*, Asie; *archos*, chef). Hist. anc. Magistrature annuelle qui était jointe au sacerdoce, et qui donnait le droit de présidence aux jeux sacrés célébrés en commun par les villes grecques d'Asie.

ASIARQUE s. m. Celui qui était revêtu de l'asiarcat.

ASIATIQUE adj. Qui appartient à l'Asie. Se dit particulièrement du luxe, des mœurs, du style. — LUXE ASIATIQUE, luxe excessif. — Style ASIATIQUE, style diffus et chargé d'ornements inutiles. — MŒURS ASIATIQUES, mœurs efféminées. — SOCIÉTÉS ASIATIQUES, la *Société asiatique de Bengale*, fondée à Calcutta en 1784, pour l'étude de l'Asie, s'occupe de géographie, d'histoire, d'éthnologie, d'art, de science, d'archéologie. — La *Société royale asiatique* fut fondée en 1823 et établit de nombreuses sociétés affiliées. Elle vota, en 1828, des fonds pour les traductions d'ouvrages orientaux et publia de nombreux ouvrages. La *Société littéraire de Madras* date de 1845.

ASIDE s. f. [a-zi-de]. Entom. Genre de coléoptères hétéromères mélasomes voisin des blaps. Corps ovale ou presque rond. Parmi plusieurs espèces de notre pays, on cite l'*aside grise* (*opatrum griseum*, Fabricius), longue de cinq lignes, noire mais paraissant d'un gris terreux; corselet chagriné; trois ou quatre rides longitudinales, sur le corselet. On la trouve dans les terres sablonneuses.

ASIE [a-zi], la plus grande division continentale de notre globe: superficie évaluée à 44 millions et demi de kil. carr. Bornes : l'océan Arctique, le Pacifique, l'océan Indien, la mer Rouge, la Méditerranée, l'Archipel, les mers Noire et Caspienne et la Russie d'Europe. Au N.-E., l'Asie est séparée de l'Amérique par le détroit de Behring; à l'O., elle communique avec l'Afrique par l'isthme de Suez; enfin, au N.-O., les monts Oural forment la plus grande partie de ses limites. Ce continent s'étend de 78° lat. N. à 2° lat. N. (ou, si l'on y comprend Sumatra, Java et plusieurs autres prolongements de la péninsule malaise, jusqu'à 9° S.); et de 24° long. E. jusqu'à 188° E. Les côtes, dont le développement dépasse 51,000 kil., creusées de golfes et de baies d'une grande profondeur, surtout dans la partie méridionale. Elles sont baignées à l'O. par la Méditerranée et la mer Noire; au N. par l'océan Arctique qui forme la mer de Kara et le golfe d'Obi; au N.-E. par le détroit de Behring; à l'E. par l'océan Pacifique qui se divise en mer de Behring, mer d'Okhotsk, golfe de Tartarie, mer du Japon, mer Jaune; au S.-E, par la mer de Chine; au S. par l'océan Indien (golfe de Siam, baie du Bengale, mer d'Arabie et golfe Persique). L'orographie comprend quatre grand systèmes de montagnes : 1° l'Altaï; 2° l'Hindou-Koush; 3° l'Himalaya; 4° et le système arménien. L'Altaï court de l'E. à l'O., traversant la moitié du continent, parallèlement à 50° N. Son point central forme le milieu géographique de l'Asie. — Le centre de l'Hindou-Koush gît vers 35° lat. N., et 7° long. E. Ses branches orientales, appelées Kuen-Lun et Karakaroum, couvrent la Tartarie chinoise: et les branches occidentales s'étendent jusqu'à la mer Caspienne, où la chaîne d'Elburz est son principal rameau. L'Himalaya mesure plus de 3,000 kil. de long., sur une largeur de 300 kil. A l'occident, il présente des pics hauts de 5,000 à 5,500 mètres; mais au milieu de la chaîne se dresse le prodigieux Gaurisankar ou mont Everest, point culminant de notre globe, haut de 8,837 mètres: après lui viennent le Dhawalagiri (8,154 mètres) et le Kinchinjunga (8,500 mètres). La chaîne septentrionale traverse le Turkestan, où elle est jointe par les monts Thianshan, qui vont se perdre dans le désert de Mongolie. Le groupe arménien, dont l'Ararat est la sommité culminante, sépare les versants de la mer Caspienne, de la mer Noire et de la Méditerranée. Au N., il va rejoindre le Caucase; à l'O., il forme le Taurus et au S. il projette deux embranchements, dont l'un, le plus occidental, porte le nom de Liban. — A part ces montagnes, l'Asie forme deux vastes plateaux et six grandes plaines. Le plateau oriental, presque aussi grand que l'Europe, si l'on y comprend les hautes terres du Thibet et le désert de Gobi, s'étend de l'Altaï au golfe du Tonquin. L'Himalaya le sépare de l'Indoustan et il est cultivé jusqu'à une hauteur de 3,000 mètres. Le haut plateau occidental ou Iranien ne dépasse pas une élévation moyenne de 1.500 mètres et comprend : la Perse, l'Arménie, le Kurdistan et l'Asie Mineure. Une grande partie de sa surface consiste en plaines salines couvertes de sable et de gravier; mais dans l'Arménie on rencontre de fertiles vallées. L'Asie Mineure est bornée, le long de la mer Noire, par des montagnes boisées qui s'élèvent à 2,000 mètres. Le Béloutchistan se compose d'une vaste plaine sablonneuse et aride. Les hautes terres de Syrie atteignent 3,000 mètres dans l'intérieur et descendent à 400 mètres sur les côtes. Le plateau du Deccan (de 500 à 3,150 mètres) est fermé par les Ghauts occidentaux de la côte de Malabar, par les Ghauts orientaux de la côte de Coromandel et par la chaîne Vindhia. — Grandes plaines : 1° Plaine de Sibérie, au N., presque partout froide et stérile; 2° plaine de l'Oural, sur la côte N.-E. de la mer Caspienne, désert stérile, dont le niveau est quelquefois moins élevé que celui de l'Océan ; 3° plaine Syro-Arabe, presque déserte au S.-O., et formant la Mésopotamie et la Babylonie au N.-E.; 4° plaine de l'Indoustan comprenant le désert Indien au N.-O. et les plaines du Bengale; 5° plaines indo-chinoises formées du bassin de l'Irraouaddi (Burmah) et des régions alluviales du Cambodge et de Siam; 6° plaines chinoises, entre 40° lat. N. et le tropique du Cancer, avec une population de plus de 100 millions d'habitants. — L'Asie comprend six grands systèmes hydrographiques : 1° celui de Sibérie, dont les eaux se rendent de l'Altaï à l'océan Arctique par l'Obi, l'Yénisséi et la Léna, fleuves qui sont gelés pendant une grande partie de l'année; 2° le système chinois, divisé en quatre bassins principaux : Hong-Kiang ou Si-Kiang, Yang-tse-Kiang, Hoang-ho ou fleuve Jaune et Amour; 3° le système indo-chinois, dont les principales rivières sont l'Irraouaddy, le Salwen, le Mé-nam, le Mékong ou Cambodge ; 4° le double système du Brahmapoutre et du Gange; 5° le bassin de l'Indus; 6° celui du Tigre et de l'Euphrate.—Lacs. La mer Caspienne et la mer d'Aral sont de grands lacs salés. Les amas d'eau douce sont les lacs Baïkal, Balkash, l'engrinor. Les principaux amas d'eau salée sont les lacs Van, Urumiah et la mer Morte. — Déserts. La partie septentrionale de la Sibérie, les plaines sablonneuses de Gobi, le désert de Khiva, le désert central de la Perse, une portion de la péninsule arabe et le désert indien, sur la rive gauche de l'Indus, sont des contrées peu habitées et qui ne se prêtent à aucune culture. — Productions : or dans l'Ou-

ral et l'Altaï; argent en Sibérie, Cochinchine et Inde; cuivre et fer en plusieurs localités; mercure en Chine, au Japon et dans l'Inde; étain de Malacca et de l'île de Banca; charbon de terre en Chine et au Japon; pétrole abondant sur plusieurs points de la Chine, de l'Inde, de Siam à Bakou, dans la vallée de l'Euphrate et sur les côtes de la Méditerranée. — Pour la flore et la faune, voir chaque contrée à son ordre alphabétique. — Population : environ 825 millions d'hab. très inégalement distribués. La Chine et les Indes orientales concentrent dans leurs limites autant d'habitants qu'il y en a sur le reste du globe; tandis que les steppes du N., du centre, et de l'occident, et les déserts de l'Arabie nourrissent une population très peu dense. Les éthnologistes groupent les Asiatiques en trois grandes classes : 1° la race mongole, prédominante en Sibérie, en Tartarie, en Chine, au Thibet, dans la péninsule indo-chinoise et dans la Turquie. Plusieurs, néanmoins, considèrent les Chinois comme formant une race particulière; 2° la race aryenne, qui embrasse l'Indoustan, l'Afghanistan, le Béloutchistan, la Perse, la Caucasie, et qui est celle des Russes, des Grecs et des Arméniens répandus dans plusieurs parties de l'Asie ; 3° la race sémitique, comprenant les Syriens, les Arabes et les Juifs. — La race malaise apparaît sur le continent à Malacca seulement. (Voy. ETHNOLOGIE). Il y a trois grandes classes de religions : 1° bouddhisme en Chine et au Japon; religion modifiée par le confucianisme et le shintoïsme; 2° brahmanisme dans l'Inde ; 3° mahométisme dans toutes les régions de l'Asie, mais principalement en Turquie, en Perse et en Arabie. — On évalue à 7 millions et demi le nombre des adhérents à l'église grecque ; à 4 millions et demi celui des catholiques romains et à un demi million celui des protestants. — L'absolutisme est la forme prévalente de gouvernement. En Arabie et dans le Turkestan, diverses tribus nomades possèdent un gouvernement patriarcal. Il n'y a de vraiment indépendants que la Turquie, la Perse, l'Afghanistan, la Chine, le Japon, le Birman ou Burmah, Siam et Annam; tous les autres pays dépendent plus ou moins des empires d'Asie et d'Europe. Plus du tiers du continent asiatique est possédé par la Russie et par l'Angleterre. Voici, du reste, les principales divisions politiques : 1° Chine propre avec Formose et Haïnan. Dépendances de la Chine : Thibet, Mongolie, Mandchourie et Corée; 2° Turquie d'Asie : Asie Mineure, Arménie turque, Syrie, Mésopotamie, Kurdistan et portion de l'Arabie; 3° Japon; 4° Perse; 5° Arabie; 6° Afghanistan, Hérat, Béloutchistan ; 7° Indo-Chine : Annam, Burmah et Siam; 8° Turkestan : Boukhara, Khiva, et Kashgar; 9° Russie d'Asie : Sibérie avec l'Amour, le Turkestan russe et la Caucasie; 10° Inde anglaise, avec les États indigènes qui subissent la domination de la Grande-Bretagne. 11° Possessions françaises: Cochinchine, Pondichéry, etc.; 12° Possessions portugaises : Goa, Macao, Diu. — Hist. Le nom grec d'Asie vient de la nymphe Asia, fille d'Oceanus et de Téthys et épouse de Japet. Cette partie du monde fut le berceau de l'humanité, des religions, des sciences, des arts et de la littérature. A une époque où les autres grandes divisions étaient encore inhabitées, florissaient en Asie les empires de Chine, d'Assyrie, de Babylonie, de Médie, de Perse, de Syrie et des Parthes. — C'est des hauts plateaux de l'Asie centrale que partirent les grands courants d'émigration qui, se succédant et se poussant, ont peuplé notre Europe; c'est de l'Asie que s'élança plus tard une civilisation relativement avancée qui rayonna sur la Grèce et se répandit en Occident; c'est en Asie qu'est né le christianisme qui joue un rôle prépondérant dans l'histoire de la civilisation. Après ces grands mouvements matériels et moraux, l'Asie s'engourdit

et resta stationnaire pendant une longue suite de siècles. La naissance et le développement du mahométisme parvinrent à la réveiller un instant; mais elle retomba presque aussitôt dans sa torpeur. Les luttes de l'Angleterre et de la France secouèrent les peuples assoupis de l'Indoustan, pays où l'Angleterre victorieuse implanta la civilisation européenne. L'écorce glacée de la Sibérie cède lentement à l'influence de la Russie ; l'Arabie subit celle des Anglais, maîtres d'Aden et de Périm. Pour ouvrir les portes de Chine et du Japon aux navires des occidentaux, il a fallu plusieurs guerres. La France, par ses alliances depuis deux siècles, et par ses conquêtes depuis 1859, a fait pénétrer son influence dans l'Indo-Chine ; enfin les nations du centre, resserrées entre les possessions anglaises et le colosse russe, ne peuvent rester longtemps fermées à la civilisation.

ASIE MINEURE, (aujourd'hui *Anatolie*) péninsule occidentale de l'Asie, entre la mer Noire et la Méditerranée; possession de la Turquie; 491,770 kilom. carr.; 5,957,450 hab. Les parties centrale et orientale forment un plateau élevé que dominent le Taurus et l'Anti-litaurus, dont le point culminant, l'Ardjich-Dagh (anc. *Argæus*) s'élève à plus de 3,000 m. Entre la mer et les pentes abruptes de ce plateau s'étend au N. et au S. une étroite bande de terre basse ; mais à l'O. une ceinture des montagnes est plus large et forme une plaine étendue et fertile que l'on appelle le Levant proprement dit. Le principal cours d'eau est le Kizil Irmak (*Halys*), qui se jette dans la mer Noire. Climat sec et chaud sur le plateau; froid en hiver; moins sujet aux températures extrêmes sur les côtes N., et S.; et très agréable dans la plaine occidentale. La principale production du pays consiste en excellents fruits. Dès la plus haute antiquité, l'Asie Mineure fut habitée par des peuples Sémites, Thraces, Hellènes, etc. Elle était divisée en : Bithynie, Paphlagonie et Pont, sur la côte septentrionale; Mysie (comprenant la plaine de Troie), Lydie et Carie (avec les colonies grecques d'Éolie, d'Ionie et de Doride), sur la côte occidentale ; Lycie, Pamphylie, Pisidie et Cilicie, au S.; Phrygie, Galatie, Cappadoce, Isaurie et Lycaonie dans l'intérieur. Les Lydiens probablement d'origine sémitique, fondèrent dans l'Asie Mineure, un vaste empire qui fut conquis par les Mèdes vers 744 av. J.-C., puis par Cyrus (546). L'oppression des colonies grecques par les Perses, amena l'intervention des peuples grecs vers 544 et, plus tard, l'invasion de tout le pays par Alexandre le Grand. Les successeurs de ce prince furent dépossédés par les Romains, qui vainquirent Antiochus de Syrie (190-'89) et renversèrent Mithridate de Pont (65 av. J.-C.). L'Asie Mineure fit ensuite partie de l'empire de Byzance, fut envahie par les Persans, en 609; reconquise en partie par l'empereur Basile (874); prise par Timour (1402) et enfin annexée à l'empire des Turcs (1413). La plus grande partie de son territoire constitue aujourd'hui le district appelé *Anatolie*. Voy. ce mot.

ASIENTO s. m. Contrat entre le roi d'Espagne et des compagnies ou des gouvernements étrangers, qui se chargeaient de fournir des esclaves noirs aux colonies espagnoles d'Amérique. Un asiento fut passé entre des négociants flamands et l'empereur Charles-Quint. Des Génois eurent ce monopole sous Philippe II ; Louis XIV s'en empara lorsqu'il plaça son petit-fils sur le trône d'Espagne; mais il dut le céder à l'Angleterre lors du traité d'Utrecht. Le contrat de l'asiento, par lequel l'Angleterre s'engageait à fournir 4,800 nègres par an, fut renouvelé en 1748, mais abandonné en 1750.

ASILE s. m. [a-zi-le] (gr. *asulon*, lieu inviolable). Lieu établi pour servir de refuge aux débiteurs, aux criminels. — Par extens. Tout lieu où l'on se met à l'abri des poursuites de la justice, d'une persécution, d'un danger, etc. : *Romulus ouvrit un asile à tous les brigands de l'Italie.* — Retraite, séjour, habitation : *un malheureux sans asile.* — Maison où une personne, qui n'a pas de quoi subsister, trouve une retraite dans sa mauvaise fortune : *il a trouvé un asile chez un de ses amis.* — Se dit aussi fig. des personnes et des choses qui protégent, défendent : *la solitude est un asile contre les passions* :

La mort est simplement le terme de la vie ;
De peines ni de biens elle n'est point suivie :
C'est un *asile* sûr, c'est la fin de nos maux.
CHAULIEU, *Sur la mort*, 1700.

— Établissement de bienfaisance qui sert de retraite à des infirmes, à des vieillards, à des convalescents : *l'asile de Vincennes; l'asile du Vésinet.* — SALLE D'ASILE ou simplement ASILE, établissement charitable destiné à recevoir les enfants de deux à six ans, auxquels les parents pauvres et travaillant en journée, ne sauraient donner les soins nécessaires. — HIST. Les Juifs possédaient six villes de refuge : trois de chaque côté du Jourdain. En Grèce, les temples, les tombeaux et les autels étaient des asiles pour les personnes convaincues ou soupçonnées de crimes. Dans les derniers temps de l'histoire romaine, les aigles des légions, les statues des dieux et les palais des empereurs devinrent également des asiles. Sous Constantin le Grand, on étendit le même privilège à toutes les églises chrétiennes. Les Francs dans les Gaules et les Visigoths en Espagne respectèrent cet usage, qui se perpétua pendant le moyen âge, et qui fut favorisé par les papes en Italie. Tous les couvents et même les maisons des évêques devinrent asiles. En Allemagne, où le pouvoir temporel était fort, ce droit ne fut jamais admis. Il exista en Angleterre, mais au temps d'Elisabeth, on le refusa aux criminels en 1879, sous le nom d'*asiles de nuit*, et où l'on reçoit, pendant trois jours seulement. Il fut même retiré à ces derniers en 1697. Il existe encore en Ecosse, où les environs du palais d'Holyrood servent d'asile aux débiteurs insolvables. Louis XII, en 1500, et François Ier en 1539, l'abolirent en France, mais il se maintint jusqu'à la Révolution pour la maison royale, les hôtels des ambassadeurs et l'hôtel du grand prieur de Malte. — Bibliogr. *Essai sur l'asyle religieux dans l'empire romain et la monarchie française* (dans la bibliothèque de l'Ecole des chartes, avril 1854), par Ch. de Beaurepaire.—ADMIN. « On donne le nom d'asiles : 1° aux établissements publics entretenus par les départements pour y recevoir les aliénés; 2° à quelques maisons de retraite et à des hospices de convalescents. Parmi ces derniers on doit citer les asiles nationaux de Vincennes et du Vésinet; 3° à divers établissements destinés, les uns à recevoir des vieillards ou des infirmes, les autres des enfants indigents; d'autres à des maisons que la charité privée a ouvertes à Paris depuis la fin de l'année 1879, sous le nom d'*asiles de nuit*, et où l'on reçoit, pendant trois jours seulement, les indigents qui ne savent où se coucher. Les asiles de nuit de la rue de Vaugirard et de la rue de Tocqueville ne reçoivent que des hommes; ceux de la rue Saint-Jacques et de la rue de Labat n'admettent que des femmes. Ces deux derniers ont été fondés par la Société philanthropique, laquelle a inauguré l'asile de la rue Labat, le 12 décembre 1881 Un cinquième asile est ouvert rue de Laghouat et d'autres viendront augmenter le nombre de ces refuges dont la création répond à des besoins impérieux; peu d'œuvres sont aussi utiles. — Les *salles d'asile* sont des établissements publics, où l'on reçoit, pendant quelques heures de la journée, les enfants des deux sexes, âgés de deux à sept ans, et où l'on donne la première éducation commune. Les salles d'asile ayant enfin reçu le nom qui leur convient, celui d'*écoles maternelles*, c'est sous ce nom que nous en parlerons. » Ch. Y.

ASILE s. m. [a-zi-le] (lat. *asilus*, taon). Entom. Genre d'insectes diptères, famille des tanystomes, à corps oblong, à ailes croisées et à trompe dirigée en avant. « Les asiles volent en bourdonnant, sont carnassiers et très voraces et saisissent, suivant leur taille et leur force, des mouches, des tipules, des bourdons et des coléoptères, pour les sucer. Leurs larves vivent dans la terre, ont une petite tête écailleuse, armée de deux crochets mobiles, et s'y transforment en nymphes qui ont des crochets dentelés au corselet et de petites épines sur l'abdomen... On trouve, fréquemment en Europe, vers la fin de l'été et dans les lieux sablonneux, l'*asile frelon* (asilus *crabroniformis*, Linné), long d'environ un pouce, d'un jaune d'ocre, avec les trois premiers anneaux de l'abdomen d'un noir velouté, les autres d'un jaune fauve et les ailes roussâtres. » (Cuvier.)

ASILIDES s. m. pl. Synon. d'ASILIQUES.

ASILINCUM [a-zi-lain-komm], nom lat. de Château-Chinon.

ASILIQUES s. m. pl. [a-zi-li-ke] (lat. *asilus*, taon). Entom. Section d'insectes diptères, caractérisée par une tête transverse, les yeux latéraux et écartés entre eux, une trompe aussi longue au moins que la tête; un épistome toujours barbu. Ces insectes carnassiers volent avec rapidité et font entendre un bourdonnement assez fort. Principaux genres : Laphries, dasypogons, dioctries, asiles, gonipes.

ASIMINE s. f. Fruit de l'asiminier.

ASIMINIER s. m. [a-zi-mi-nié] (nom canadien). Bot. Genre d'anonacées à fruits bacciformes sessiles, fondants, mangeables, quoi-

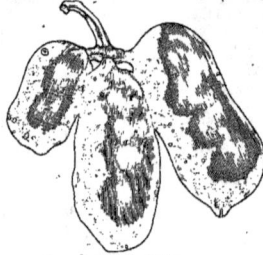
Fruit de l'asiminier.

que un peu fades, et renfermant plusieurs graines unisériées. Espèces appartenant généralement à la Géorgie et à la Floride (Amérique) et cultivées chez nous en plein air. L'*asiminier à grandes fleurs* (asimina grandiflora), présente des rameaux garnis de poils roux en dessous.

ASINAIRE (L') comédie dans laquelle Plaute étale les vices des courtisanes romaines et les ridicules de ceux qui se laissaient charmer par elles.

ASINAIS, tribu d'Indiens qui habitaient le Texas. La Salle et les premiers explorateurs de la Louisiane mentionnent les Asinais, qu'ils appellent Cenis; les Espagnols établirent des missions et des postes au milieu d'eux en 1715. Aujourd'hui ils ont complètement disparu.

ASINARA, *Major Herculis insula*, île d'Italie, à 4 kilom. de la côte N.-O. de Sardaigne; 102 kilom. carr. Habitée par des pêcheurs et des bergers. Lat. (à la pointe Scomunica, haute de 395 m.) 41° 5' 49" N.; long. 5° 57' 47" E.

ASINARIES ou Asinaires, fêtes instituées à Syracuse, en mémoire de la destruction totale de la flotte athénienne sur les bords de l'Asinarus.

ASINARUS, auj. *Fiume di Noto*, fleuve de l'ancienne Sicile, affluent de la mer Ionienne à l'E. Sur ses bords, les Athéniens subirent, en 413 av. J.-C., une défaite qui termina la malheureuse expédition de Sicile.

ASINDULE s. m. [a-zain-du-le] Entom. Genre d'insectes diptères némocères, voisin des tipules, et dont la seule espèce indigène vit sur les champignons.

* **ASINE** adj. f. Ne s'emploie que dans la locution : *bête asine*, un âne ou une ânesse.

ASINUS ASINUM FRICAT loc. lat. [a-zi-nuss-a-zi-nomm-fri-katt] (*l'âne frotte l'âne*). Se dit des personnes qui s'adressent réciproquement des éloges outrés.

ASION-GABER, *Assyun*, ville de l'ancienne Arabie, plus tard *Bérénice*.

ASIPHONOBRANCHE adj. [a-si-fo-no-branche] (gr. *a*, priv.; *siphôn*, siphon; *branchia*, branchies). Moll. Se dit des mollusques dont les branchies sont contenues dans une cavité qui ne se prolonge pas en siphon. — ASIPHONOBRANCHES s. m. pl. Ordre de mollusques établi par de Blainville, pour des animaux qui correspondent à une partie de la famille des trochoïdes de Cuvier.

ASIRAQUE s. m. [a-zi-ra-ke]. Nom donné par Latreille aux insectes hémiptères, voisins des fulgores, dont Cuvier forme le genre delphax.

ASIUS, célèbre magicien auquel la Fable attribue la confection du Palladium.

ASKEW, Ascough ou **Ayscough** (ANNE), anglaise qui fut brûlée vive à Smithfield, le 16 juillet 1546, pour avoir nié la présence du Christ dans l'Eucharistie. Son mari, fervent catholique, avait été le premier à la dénoncer. Quelques sectes religieuses la considèrent comme une martyre.

ASLA s. m. [a-sla] Mesure de superficie des anciens Juifs, équivalant à 127 m. car., 80,625,135.

ASMANNSHAUSEN, village de Hesse-Nassau, Prusse, sur le Rhin, à 3 kil. au-dessous de Rüdesheim ; produit de fameux vins rouges.

ASMODÉE ou **Asmodi** (hébr.: *Aschmedai*; de *schamad*, détruire), génie du mal, qui est mentionné dans le livre de Tobie. Le Talmud en fait le prince des démons, et dit qu'il emporta Salomon hors de son royaume. Le Sage en a fait le principal personnage de son *Diable boiteux*. C'est lui qui enlève les toits des maisons de Madrid pour découvrir les secrets les plus intimes de chaque famille.

ASMONÉENS (hébr.: *Haschmonaïm*) famille ecclésiastique et dynastique de Juifs (167-137 av. J.-C.) fondée par le libérateur Matathias, arrière petit-fils d'Asmonée. Les Asmonéens sont communément appelés Macchabées.

ASNIÈRES [â-ni-è-re], joli village sur la rive g. de la Seine, arr. et à 8 kil. de Saint-Denis, 6,000 hab. ; rendez-vous de canotiers. Dans ce village et aux environs, les gardes nationaux et les troupes de Versailles se livrèrent des combats acharnés en avril 1871.

A SOI-MÊME (*Ta eis eauton*) ou PENSÉES MORALES, titre d'un ouvrage de l'empereur Marc-Aurèle ; c'est un recueil de maximes morales et de pensées, mises par écrit sans choix ni plan, à mesure que les circonstances les faisaient naître dans l'esprit de l'illustre auteur. Paris, 1691, 2 vol. in-12 ; et de Joly, 1778. in-8°. Traduction de Dacier.

ASOPUS ou Asopos, nom de deux petits fleuves de Grèce. L'un (auj. Oropo), traverse la Béotie ; l'autre (auj. *Hagios Georgios*), arrose l'Argolide.

A. S. P. Abréviation de la locution commerciale : *accepté sans protêt*.

ASPALAX s. m: [a-spa-laks] (gr. *taupe*). Zool. Nom scientifique du rat-taupe.

ASPAR, général goth et patricien romain, envoyé en Italie par l'empereur Valentinien pour réduire le rebelle Jean (435). Six ans plus tard, il fut battu en Afrique par Genséric, roi des Vandales. Il conspira contre l'empereur Léon, qui le fit mettre à mort, ainsi que son fils Ardaburius (474).

ASPARAGÉ, ÉE adj. (gr. *asparagos*, asperge), Bot. qui ressemble à l'asperge. — ASPARAGÉES s. f. pl. Tribu de *Liliacées*, sous-ordre des Asphodélées, comprenant des herbes vivaces, des arbrisseaux et des arbres à racine tubéreuse ou fibreuse, à feuilles alternes, opposées ou verticillées, remplacées quelquefois par des écailles. Calice à 6 ou à 8 divisions; étamines en nombre égal à ces divisions; ovaire libre; style simple; stigmate trilobé. Fruit en baie ou en capsule. Genres principaux: dragonnier, asperge, convallaire, fragon, smilax.

ASPARAGINE s. f. (gr. *asparagos*, asperge). Chim. Substance neutre cristallisable qui se trouve toute formée dans les jeunes pousses d'asperge, dans la grande consoude et dans un grand nombre de plantes. On l'obtient en concentrant, après l'avoir décoloré, le jus que fournissent par la pression les jeunes pousses d'asperges. Abandonné à lui-même, ce jus laisse déposer l'asparagine sous forme de cristaux prismatiques, incolores, transparents, solubles dans l'eau chaude; insolubles dans l'éther et dans l'alcool anhydre. $C^8 H^8 Az O^3$.

ASPARAGINÉ, ÉE adj. Bot. Synon. d'Asparagé. — Asparaginées, s. f. pl. Famille de Monocotylédones établie par de Jussieu. Les Asparaginées ne forment plus qu'une tribu, celle des Asparagées.

ASPARAGIQUE adj. Se dit d'un acide extrait de l'asparagine.

ASPARTATE s. m. Sel formé par la combinaison de l'acide aspartique avec une base.

ASPARTIQUE adj. Se dit d'un acide produit par l'action des alcalis sur l'asparagine. $C^8 H^7 Az O^6$.

ASPASIE, célèbre Milésienne qui vivait à Athènes au temps de Périclès, dont elle gagna l'affection par sa grâce et son savoir. Sa maison était le rendez-vous des hommes les plus illustres de la Grèce. Son influence sur Périclès devint si grande, que celui-ci divorça pour l'épouser. Les Athéniens, irrités contre cet homme d'État, mais n'osant l'attaquer personnellement, accusèrent Aspasie de mépriser les dieux. Périclès la défendit devant l'Aréopage et la sauva en pleurant devant ses juges. Aristophane prétendit qu'Aspasie avait suscité les guerres de Samos et de Mégare. Plutarque la disculpa de cette accusation. Après la mort de Périclès, elle épousa Lysiclès, riche marchand de bestiaux, qui, grâce à ses leçons, devint un habile orateur et acquit une grande influence.

ASPE (Vallée d') *Aspalluœnsis vallis*, dép. des B.-Pyrénées, riche en bois de construction et en pâturages. Renferme 45 villages. Le village d'Aspe est célèbre par la victoire d'un faible détachement de l'armée française sur 6,000 Espagnols, le 5 sept. 1792.

ASPECT s. m. [ass-pé ou a-speck] (lat *aspectus*). Vue d'une personne ou d'une chose: *il tremble à l'aspect de son maître*.

> *L'aspect de ces climats, depuis longtemps célèbres,*
> *Déjà de l'ignorance éclaircit les ténèbres.*
> ANCELOT. Louis IX.

— Manière dont une personne ou un objet s'offre à la vue: *aspect noble, auguste, imposant, majestueux; triste, horrible, effrayant*. Différentes faces, différents points de vue sous lesquels se présente une chose, une affaire: *considérer un objet sous tous ses aspects*. — Astrol. Situation respective des étoiles ou des planètes, par rapport à l'influence que les astrologues

lui attribuaient sur les destinées humaines: *aspect bénin, favorable, infortuné*. — Fig. CE PROJET, CETTE ENTREPRISE SE PRÉSENTE SOUS UN TRISTE, SOUS UN FACHEUX ASPECT, ne paraît pas devoir réussir.

ASPERGE s. f. [a-spèr-je] (gr. *asparagos*). Bot. Genre d'asparagées, indigène, caractérisé par une souche horizontale, à fibres épaisses, donnant chaque année plusieurs pousses blanches terminées par un bourgeon ou turion vert, rougeâtre ou violet, tendre et comestible. Quand on ne coupe pas ces pousses, elles produisent chacune une tige rameuse, à feuilles minces, lisses. Fleurs jaunâtres; calice

Asperge commune (asparagus officinalis).

à 6 sépales, 6 étamines, ovaire à 3 loges, style simple; baies d'un beau rouge contenant une ou plusieurs graines presque sphériques. — L'espèce type, l'*asperge commune* (*asparagus officinalis*), cultivée par les vignerons, qui en vendent les graines aux droguistes et aux herboristes, a produit plusieurs variétés: l'*asperge verte* des environs de Paris, d'un goût exquis; l'*asperge de Hollande* ou *asperge blanche*, à tête violette, plus douce et plus hâtive que la précédente; l'*asperge violette*, plus grosse, plus aromatique et plus violette que l'asperge blanche. L'asperge craint l'eau stagnante à sa racine. Elle demande des terres légères, sablonneuses, perméables et, en même temps, beaucoup de nourriture et d'engrais. On peut la multiplier de semis; mais il est préférable de former les planches en repiquant des *griffes* d'un an ou de deux ans, élevées en pépinière. On place ces griffes dans des fosses séparées par des ados, et dont le fond est garni de broussailles sèches, brisées. On ne doit pas commencer à récolter les asperges avant la quatrième année. Une plantation bien gouvernée dure de 15 à 18 ans. — L'asperge c'est le mets le plus délicat que nous offre le printemps. Elle peut être employée en potage ou en garniture. Mais c'est en entremets, dressées en pyramide sur un plat, et escortées d'une sauce au beurre bien étoffée, que les asperges paraissent dans toute leur gloire sur nos tables. On les fait cuire à l'eau bouillante, après les avoir liées en bottillons. On peut aussi les servir à l'huile. La partie blanche de la tige n'est pas considérée comme comestible, bien que plusieurs personnes la préfèrent à l'extrémité qui est colorée. — L'asperge était estimée des Grecs et des Romains. La Quintinie, jardinier de Louis XIV, trouva le moyen de la faire pousser sur couche en toute saison. — Les asperges communiquent une odeur désagréable à l'urine; inconvénient auquel on remédie en versant, dans le vase où elles cuisent, une ou deux gouttes d'essence de térébenthine. — Les racines d'asperges passent pour apéritives et diurétiques; on les prescrit dans les tisanes, à la dose de 16 à 32 grammes. On leur attribue la propriété de

rendre le ventre libre, de dissoudre la pierre, d'être aphrodisiaques et de provoquer à l'urine. Elles font partie des cinq plantes employées pour la préparation des bouillons apéritifs. Les propriétés de l'asperge sauvage étant supérieures et plus actives, on la recommande de préférence aux autres, quand on peut se la procurer. — Les baies d'asperges servent dans quelques pays à colorer le beurre; elles n'ont pas l'inconvénient de lui donner mauvais goût.

ASPERGER v. a. (lat. *aspergere*). Jeter de l'eau ou quelque autre liquide sur une personne, sur un objet, avec un rameau ou un goupillon. N'est guère usité qu'en parlant des cérémonies religieuses: *dans quelques sacrifices, on aspergeait le peuple avec le sang de la victime*. — Fam. Mouiller par la projection d'un liquide: *la foule fut aspergée par les jets d'eau*.

ASPERGERIE s. f. Terrain planté d'asperges.

ASPERGÈS s. m. [ass-pèr-jèss]. Goupillon à jeter de l'eau bénite: *présenter l'aspergès*. — Moment de l'office où se fait la cérémonie de jeter de l'eau bénite: *on en est à l'aspergès*.

ASPERGILLE s. f. [a-spèr-ji-le] (lat. *Aspergillum*, goupillon). Bot. Genre de champignons microscopiques appartenant au groupe des arthrosporées et composé de quelques uns des cryptogames qui constituent les moisissures. L'espèce la plus commune, l'*aspergille glauque*, forme des taches d'un beau vert glauque sur les confitures, les sirops et les matières végétales ou animales en décomposition.

ASPÉRIFOLIÉ ÉE adj. (lat. *asper*, âpre; *folium*, feuille). Bot. Qui a les feuilles rudes au toucher. — ASPÉRIFOLIÉS s. f. pl. Vingtdeuxième classe de plantes dicotylédones gamopétales hypogynes, d'après Brongniart. Feuilles alternes; corolle à préfloraison imbriquée; étamines alternant avec les divisions de la corolle; pistil à deux carpelles, quatre akènes; drupes à quatre capsules. Graines à périsperme nul ou presque nul; embryon droit. — Familles: cordiacées, borraginées, hydrophyllées, hydroléacées.

ASPÉRITÉ s. f. (lat. *asperitas*). Rudesse, qualité de ce qui est raboteux, inégal: *l'aspérité du sol, d'une pierre, d'une écaille d'huître*. — Fig.: *l'aspérité du caractère*. — Se dit des petites élévations qui rendent une surface rude, inégale: *les aspérités d'un terrain*. — Fig.: *les aspérités du style*.

ASPERN (Gross-), village d'Autriche, à 3 kil. E. de Vienne; Napoléon y livra la bataille appelée bataille d'Essling (voy. ce dernier mot). 700 hab.

ASPERSION s. f. Action d'asperger. Particulièrement, action de jeter de l'eau bénite avec l'aspersoir, avec le goupillon: *on distingue le baptême par aspersion, du baptême par infusion et par immersion*.

ASPERSOIR s. f. Aspergès, goupillon à jeter de l'eau bénite: *présenter l'aspersoir*.

ASPÉRULE s. f. (lat. *asper*, âpre; parce que les feuilles de quelques espèces sont rudes). Bot. Genre de rubiacées, tribu des aspérulées, caractérisé par un calice à quatre dents; corolle campanulée; quatre étamines; fruit sec non couronné par les dents du calice. L'aspérule des champs (*asperula arvensis*, Lin.) est une jolie petite plante annuelle, indigène, à fleurs variant du bleu au lilas et dont la racine donne une couleur garance. L'*aspérule à esquinancie* (*asperula cynanchica*, Lin.) également indigène, vivace, autrefois considérée comme excellente contre les maux de gorge, possède une racine employée pour teindre la laine en rouge. L'*aspérule odorante* (*asperula odorata*, Lin.), *petit muguet* ou *reine des bois*. indigène, vivace, à fleurs blanches et suaves, est cultivée pour l'ornement. Elle entra dans la composition

Aspérule odorante (Asperula odorata).

sition des vulnéraires suisses et jouit de propriétés stimulantes.

ASPET, ch.-l. de cant., arr. et à 13 kil. S.-S.-E. de Saint-Gaudens (Haute-Garonne); 2,500 hab. Ouvrages en buis; exportation de porcs en Espagne et en France.

ASPHALTAIS, AISE s. Jargon parisien. Celui, celle qui flâne, qui se promène sur les trottoirs, sur l'asphalte.

* **ASPHALTE** s. m. [ass-fal-te] (gr. *asphaltos*). Espèce de bitume solide, compact, noir et luisant, que l'on trouve à la surface de quelques lacs, et particulièrement sur la mer Morte ou lac Asphaltite, dans l'ancienne Judée : *l'asphalte est employé pour remplacer le dallage des trottoirs* (Acad.). — L'asphalte est un mélange de différents hydrocarbures, dont quelques uns contiennent de l'oxygène. La plupart des chimistes et des géologues lui donnent une origine végétale; d'autres pensent qu'il provient de débris animaux. Il est plus bitumineux que les charbons de terre et, à l'état pur, il offre la consistance de la résine; mais cette consistance varie selon la température et la quantité de bitume liquide ou pétrole qu'il contient. — L'asphalte pur est soluble dans l'huile de térébenthine, dans le naphte, et dans les carbonates des alcalis; mais il est insoluble dans l'eau. L'alcool lui enlève environ 5 0/0 d'une substance résineuse, et l'éther lui enlève 20 0/0 d'une autre résine qui n'est pas affectée par l'alcool. — Plusieurs formations géologiques contiennent l'asphalte; mais il est particulièrement commun dans les couches sablonneuses et calcaires secondaires et tertiaires. On le trouve en grande quantité sur les bords de la mer Morte, dans un lac de l'île de la Trinité, lac qui mesure 5 kil. de circonférence, qui est chaud à son centre, froid et solide à ses extrémités, et dont les bords, sur une largeur de 2 kil., sont couverts de résine durcie, sur laquelle croissent des arbres. Des lacs semblables se trouvent dans l'Amérique du Sud. — L'asphalte fut employé dans la construction des murailles de Babylone; mais depuis l'antiquité on en oublia l'usage. Dans les temps modernes, le physicien grec Eirinus, qui en découvrit des lits près de Neufchâtel, en, 1712, en fit revivre l'emploi. On trouva la pierre d'asphalte à Seyssel, près de Genève, en 1802; et après plusieurs tentatives infructueuses, le comte Sassenay réussit à l'employer au pavage vers 1832. Il sert aussi à rendre imperméables les parois des réservoirs, des conduits d'eau, etc. — L'usage de l'asphalte ayant pris une grande extension, on le fabrique aujourd'hui artificiellement, soit avec du bitume, soit avec du goudron de rebut des usines à gaz. On fait chauffer ce goudron jusqu'à un degré qui le rende dur et cassant. Pour chaque partie de goudron, on

39

ajoute ensuite deux parties de chaux éteinte et trois parties de gravier. Ce mélange est placé dans une chaudière de fonte où on le fait chauffer pendant deux heures, après quoi, on le jette dans des moules. — L'asphalte artificiel des usines à gaz fut employé comme macadam vers 1838; depuis, son usage s'est répandu. Il est fabriqué dans le Puy-de-Dôme et surtout à Seyssel (Ain).

ASPHALTER v. a. Revêtir d'asphalte. — v. n. Jargon parisien. Flâner sur les trottoirs.

ASPHALTITE (Lac), voy. MORTE (mer).

* **ASPHODÈLE** s. m. [ass-fo-dè-le] (gr. *asphodelos*). Bot. Genre de

Asphodelus ramosus.

liliacées, dont quelques espèces sont cultivées dans les jardins : celle qui croît naturellement dans le midi de la France et qu'on nomme *asphodèle rameux, bâton royal* (*asphodelus ramosus,* Lin.) a des racines charnues et nourrissantes, dont on peut faire une sorte de pain, et dont on retire de l'alcool. Cette espèce est aujourd'hui l'objet d'une industrie importante, surtout en Algérie. Dans certaines contrées, on se sert de sa tige pour faire du papier.

ASPHODÉLÉ, ÉE adj. [a-sfo-dé-lé]. Bot. Qui ressemble, qui a rapport à l'asphodèle. — ASPHODÉLÉES s. f. pl. Sous-ordre de la famille des liliacées, comprenant des tribus à périanthe tubuleux, régulier; six étamines; ovaire à trois loges; baies couvertes d'un tégument crustacé noir. — Deux tribus : asparagées et hyacinthées.

* **ASPHYXIANT, ANTE** adj. Qui produit l'asphyxie : *odeur asphyxiante, gaz asphyxiant.*

* **ASPHYXIE** s. f. [as-fi-kst] (gr. a, sans; *sphuxis* pouls). Mort apparente et imminente résultant de la suspension des phénomènes respiratoires. — Méd. Comme l'a dit Bichat, *l'asphyxie* tue par les poumons, la *syncope* par le cœur et *l'apoplexie* par le cerveau. La cause essentielle et immédiate de l'asphyxie est le défaut ou l'insuffisance de l'oxygénation du sang, par suite du manque d'air respirable dans les poumons. On admet huit espèces d'asphyxie, savoir : 1° celle qui est déterminée par une compression des poumons, lorsque la poitrine est violemment serrée, lorsqu'il y a un épanchement d'air ou de liquide dans la cavité des plèvres, lorsque les viscères de l'abdomen pénètrent dans la cavité thoracique par une plaie du diaphragme, etc.; 2° celle qui est causée par l'obstruction des voies respiratoires, dans les cas de strangulation (voy. PENDUS) ou d'introduction de corps étrangers dans les voies aériennes; 3° l'asphyxie par privation d'air (submersion, voy. NOYÉS), ou raréfaction de l'air; 4° celle qui provient de l'arrêt de la circulation pulmonaire, comme dans le choléra asphyxique; 5° l'asphyxie par suppression de l'influx nerveux que l'on peut constater dans la sidération par la foudre; 6° celle qui est occasionnée par l'absorption de gaz non respirables, mais non toxiques, tels que l'azote, l'hydrogène, le protoxyde d'azote; 7° l'asphyxie par la respiration de gaz toxiques : acide carbonique, acide sulfureux, chlore, ammoniaque, acide nitreux, hydrogène carboné, oxyde de carbone, hydrogène sulfuré, hydrosulfure d'ammoniaque; hydrogène arséniqué, etc.; 8° l'asphyxie des nouveau-nés. — L'asphyxie lente offre en général les phénomènes suivants : oppression, bâillements, douleur de

tête, vertiges, tintements d'oreilles, injection de la face avec teinte bleuâtre, gonflement des veines, affaiblissement progressif et irrégularité des battements du cœur, perte de connaissance et mort. Quelle que soit la cause de l'asphyxie, il ne faut perdre tout espoir de guérison que lorsque la mort réelle est bien caractérisée. Chaque genre d'asphyxie demande un traitement particulier, mais dans tous les cas, il faut s'empresser de mettre l'asphyxié hors des circonstances qui produisent l'accident (couper et desserrer la corde des pendus; sortir de l'eau ceux qui périssent par submersion) et ne pas se croire obligé d'attendre l'arrivée d'un médecin ou d'un officier public. On expose le malade à un air pur, on le déshabille, sans mouvements brusques; on cherche à rétablir la respiration en insufflant doucement de l'air dans les poumons à l'aide d'un soufflet ou de la bouche et en exerçant des pressions sur la poitrine et l'abdomen, de manière à simuler l'acte respiratoire. On s'efforce de rétablir la circulation en stimulant la peau par des frictions excitantes sèches (flanelle, linge ou même paume de la main) et surtout par la flagellation et l'urtication. On passe sous le nez un linge trempé d'eau sédative; on frotte la plante des pieds avec une brosse un peu dure. Enfin, on a recours à l'électricité et au galvanisme. Continuer longtemps de donner des soins, même lorsqu'ils paraissent infructueux. Lorsque l'asphyxié revient à lui, on lui donne quelques cuillerées d'une potion cordiale ou d'un vin généreux. Pour les indications particulières, voir nos articles : Noyés, Pendus, Gaz, Froid, etc. — Asphyxie est l'état de mort apparente caractérisée par la décoloration et le froid de la peau, la faiblesse ou l'absence des battements du cœur et des mouvements respiratoires. Il faut laisser l'enfant en communication avec la mère par le cordon ombilical; on fait des frictions stimulantes sur toute la surface du corps, on visite la bouche pour s'assurer que des mucosités n'obstruent pas les voies aériennes; enfin on a recours à l'insufflation de l'air. — ASPHYXIE DES ARBRES. Les arbres sont asphyxiés lorsqu'on rechargeant un terrain, on enfouit outre mesure le pied des végétaux. Dès qu'on s'aperçoit qu'ils dépérissent, on les dégage, afin de rétablir la communication de l'air avec les racines.

* **ASPHYXIÉ, ÉE** part. passé d'ASPHYXIER. — Substantiv. : *secours pour les noyés et les asphyxiés.*

* **ASPHYXIER** v. a. Déterminer, causer l'asphyxie : *la vapeur du charbon asphyxie.* — S'asphyxier v. pr. Se donner la mort au moyen d'une vapeur qui asphyxie : *il a voulu s'asphyxier.*

* **ASPIC** s. m. [a-spick] (gr. *aspis*). Nom donné par les anciens à un serpent très venimeux, dont l'espèce n'est pas bien déterminée.

Aspic.

Plusieurs naturalistes ont appelé aspic (*vipera aspis*), la vipère à museau cornu; mais d'après la description de Pline, il paraît évident que l'aspic de l'antiquité est l'espèce que les Arabes modernes appellent *naya haye* et qui est très répandue en Égypte. C'est un serpent d'un vert foncé, taché de brun; long de trois à cinq pieds. La mort de Cléopâtre a donné une grande célébrité à cette bête venimeuse, dont la morsure produit d'abord une douleur locale aiguë, puis un affaissement général entrecoupé d'accès; enfin la personne mordue passe, en peu de minutes, du sommeil comateux à la mort. — Fig. UN ASPIC, UNE LANGUE D'ASPIC, un médisant.

* **ASPIC** s. m. Cuis. Plat composé de viande ou de poisson froid, et de gelée.

* **ASPIC** s. m. Bot. Nom vulgaire de la Lavande spic. — HUILE D'ASPIC. Substance oléagineuse, blanche, volatile, limpide, transparente, inflammable, âcre, produite par la distillation de la Lavande spic. Elle renferme du camphre. La médecine l'emploie en frictions dans les paralysies; l'on l'ordonne quelquefois à l'intérieur, dans les mêmes cas, à la dose de deux ou trois gouttes. L'huile d'aspic se prépare surtout en Provence.

ASPICARPE s. m. (gr. aspis, bouclier; karpos, fruit; à cause de la forme du fruit). Bot. Genre de Malpighiacées, tribu des Gaudichaudiées, comprenant des plantes qui ont des fleurs de deux sortes : les unes, disposées en ombelles, ont un calice à cinq divisions, cinq pétales onguiculés, cinq étamines, un style et trois ovaires; les autres, très petites, apétales, verdâtres, ont un calice à cinq divisions, avec une seule étamine et deux ovaires sans style. L'Aspicarpa urens (Aspicarpa hortella), du Mexique, se cultive chez nous en serre-chaude. C'est un arbrisseau grimpant, poilu, presque ligneux.

ASPIDIACÉ, ÉE adj. Synon. d'ASPIDIÉ.

ASPIDIE s. f. (gr. aspis, bouclier ; eidos, aspect). Bot. Genre de Fougères, section des Aspidiées, à sores recouverts d'un prolongement de l'indusie (voy. ce mot). Plusieurs espèces croissent en France.

ASPIDIÉ, ÉE adj. Qui ressemble à l'Aspidie. — ASPIDIÉES s. f. pl. Tribu de Fougères ayant pour type le genre Aspidie.

ASPIDOPHORE adj. [a-spi-do-fo-re]. (gr. aspis, aspidos, bouclier; phoros, qui porte). Qui est pourvu d'une enveloppe écailleuse, d'un tégument écailleux. — s. m. pl. Icht. Genre de poissons percoïdes à joues cuirassées, dont le corps est enveloppé de plaques écailleuses, formant une sorte de cuirasse anguleuse ou prismatique; les aspidophores se rapprochent des cottes, dont ils diffèrent par leur cuirasse et par l'absence de dents au vomer ainsi qu'aux os palatins. Ce genre nombreux renferme des espèces étrangères; une seule habite les côtes de notre Océan; c'est l'aspidophore armé (cottus cataphractus).

ASPINWAL voy. COLON.

* **ASPIRANT, ANTE** adj. Hydraul. Qui aspire. N'est guère usité que dans cette locution : Pompe aspirante, sorte de pompe qui élève l'eau en faisant le vide; à la différence de celle qui élève l'eau en la pressant, et que l'on nomme pompe foulante.

* **ASPIRANT, ANTE** s. Celui, celle qui aspire à une chose, qui veut y parvenir. Personne qui aspire à obtenir une charge, un titre, à être reçue dans un corps: il y a pour cette place une foule d'aspirants. — ASPIRANT DE MARINE, officier du grade le moins élevé dans la marine militaire de la France. Ce grade correspond à celui de lieutenant en second de l'artillerie de marine. Pour devenir aspirant de marine, il faut, à l'âge de quatorze à dix-huit ans, avoir été admis par concours à l'École navale de Brest et avoir, après deux années d'école, passé avec succès les examens de sortie. Il y a deux classes d'aspirants; ceux qui sortent du vaisseau-école sont aspirants de deuxième classe et sont embarqués sur un croiseur servant d'école d'application. Ils font une campagne pendant laquelle ils sont exercés à la pratique

de leur profession. Après un an écoulé, ils passent un nouvel examen et deviennent aspirants de première classe. Ils font alors une autre campagne sur l'escadre volante où ils sont chargés de l'instruction des novices, ou bien ils sont employés dans les escadres. Après un an ou deux ans de ce nouveau grade, ils sont nommés enseignes de vaisseau. Le nombre des aspirants de marine varie de 50 à 100 pour la deuxième classe et de 100 à 200 pour la première. L'École polytechnique a le privilège de fournir directement à la marine militaire un certain nombre d'aspirants de première classe. Les aspirants portent un galon d'or et les aiguillettes d'or; pour ceux de deuxième classe, l'or est mélangé de soie bleue.» (Ch. Y.)

ASPIRATEUR s. m. Phys. Appareil hygrométrique servant à mesurer la quantité de vapeur d'eau dans l'air ambiant.

* **ASPIRATION** s. f. Action d'attirer l'air extérieur dans ses poumons: l'aspiration est opposée à l'expiration. Dans le langage médical, on dit plus ordinairement, Inspiration. — Hydraul. Action par laquelle une pompe élève l'eau en faisant le vide : tuyau d'aspiration. — Gramm. Manière de prononcer en aspirant : dans plusieurs mots, l'H se prononce avec aspiration ; les Allemands font un usage fréquent de l'aspiration. — Ascét. Certains mouvements de l'âme vers Dieu.

* **ASPIRÉ, ÉE** adj. Gramm. Affecté d'aspiration : lettre aspirée ; h aspirée.

* **ASPIRER** v. a. (lat. aspirare) Attirer l'air extérieur dans ses poumons. Il est opposé à expirer : aspirer une grande quantité d'air. — Par ext. Action par laquelle une pompe aspirante attire, élève l'eau en faisant le vide: le tuyau de cette pompe aspire l'eau avec beaucoup de force. — Gramm. Prononcer plus ou moins fortement de la gorge: il y a de certains mots dans la langue où il faut aspirer la voyelle qui suit l'H, tels que hauteur, hardiesse, honte, etc. — v. n. S'emploie avec la préposition à, et signifie fig. prétendre à quelque chose, désirer vivement quelque chose : aspirer aux honneurs, à un emploi, à une dignité, au commandement, au pouvoir.

Cette paix de la tombe où quelquefois j'aspire.
Jour, Scylla, acte V, sc. VIII

ASPISURE s. m. [a-spi-zu-re] (gr. aspis, bouclier; oura, queue). Icht. Espèce de poisson, du genre acanthure et qui habite la mer d'Arabie. Chez les aspisures, l'épine de la queue a une pointe en avant et une en arrière.

ASPLAND, prêtre anglais dissident (1782-1845) auteur d'environ 50 ouvrages religieux.

ASPLÉNIACÉ, ÉE adj. Bot. Qui ressemble à l'asplénie. — ASPLÉNIACÉES, s. f. pl. Tribu de fougères à capsules groupées le long des nervures secondaires et recouvertes d'un tégument qui naît latéralement de cette nervure.

* **ASPLÉNIE** s. f. Asplénium ou Asplénion s. m. (gr. a, priv., splén, splénos, rate). Bot. Nom scientifique du genre DORADILLE.

* **ASPRE** s. m. Monnaie turque de billon, dont la valeur est la centième partie d'une piastre. (3 centimes).

ASPRÈDE s. m. Genre de poissons malacoptérygiens abdominaux, voisin des silures et comprenant cinq espèces qui vivent dans les eaux douces de la Guyane. On dit aussi PLATYSTE.

ASPREMONT(Chanson d') ou CHANSON D'AGOLANT, roman écrit, vers le XIIIᵉ siècle, sur une prétendue guerre entre Charlemagne et un prince africain.

ASPRES - LES - VEYNES, ch.-l. de cant. (Hautes-Alpes), arr. et à 30 kil. S.-O. de Gap,

sur le Buech ; 750 hab. Ruines d'un prieuré fortifié; nougat renommé.

ASPRIÈRES ch.-l. de cant. (Aveyron), arr. et à 26 kil. N.-E. de Villefranche ; 1,875 hab. Mines de zinc et de plomb.

ASPRO s. m. (lat. asper, rude). Zool. Nom scientifique du genre APRON.

ASPROMONTE, plateau de l'Italie méridionale, au S.-O. de Reggio, célèbre par un combat qui amena la capture de Garibaldi, 29 août 1862.

ASPROPOTAMO, nom moderne du fl. ACHÉLOUS.

* **ASSA** s. f. [ass-sa] (persan, asa, résine). Suc végétal concret. Il y en a de deux espèces: l'Assa dulcis, qui est la résine du benjoin, et l'Assa fœtida, autre résine d'une odeur désagréable, qui est employée en médecine comme un des plus puissants antispasmodiques (Acad.).

ASSAB ou Saba, baie de la mer Rouge, sur la côte d'Afrique, à 65 kilom. N.-O. de Bab-el-Mandeb ; 35 kilom. de long. sur 8 de large. Une portion de la côte a été acquise, en 1869, par une compagnie génoise de bateaux à vapeur.

* **ASSA FŒTIDA** ou « Asa-Fœtida s. f. (persan, usa, résine ; lat. fœtida, puante). Gomme-résine qui découle par incisions faites à la racine d'une ombellifère appelée Férule assa fœtida. Dans le commerce, l'assa fœtida se présente en petites masses d'un brun rougeâtre, d'une saveur âcre, d'une odeur fétide, d'une consistance un peu molle, laissant voir quelques petites larmes blanches un peu transparentes. Son odeur forte et pénétrante lui a valu le surnom de Stercus diaboli (fiente du diable). Elle fond par l'action de la chaleur et se dissout dans le vinaigre et dans l'alcool. Elle contient : résine, 65 ; bassorine, 11 ; gomme, 19 ; huile volatile, 3 ; sels divers et impuretés, 2. C'est un médicament considéré comme antispasmodique et antihystérique. On la prescrit surtout dans l'hypocondrie, l'asthme, la convulsion des enfants, la chlorose, les coliques nerveuses, les vomissements spasmodiques. A petites doses, elle facilite les fonctions de l'estomac ; à hautes doses, elle provoque des vomissements et des évacuations alvines. Son odeur et sa saveur repoussantes, forcent à l'administrer ordinairement en pilules (ou 2 gr. par jour), en lavement ou en teinture alcoolique. — A l'extérieur, c'est un puissant résolutif dans les cas de tumeurs, de carie des os, etc.

* **ASSAGIR** v. a. Rendre sage : le malheur assagit les hommes.

* **ASSAILLANT** s. m. Celui qui attaque; l'assaillant ne s'attendait pas à une telle résistance. Il succomba sous le nombre des assaillants. — S'emploie particulièrement en parlant de tournois : l'assaillant et le tenant.

* **ASSAILLIR** v. a. [a-sa-yir; ll mll.] (lat. ad. saillir, sauter). J'assaille, tu assailles, il assaille ; nous assaillons, vous assaillez, ils assaillent. J'assaillais. J'assaillirai. J'assaillirais. Que j'assaille. Que j'assaillisse. Attaquer vivement : nous fûmes assaillis d'une grêle de pierres. — S'emploie fig., au sens physique et au sens moral : jamais tentation plus dangereuse n'assaillit mon cœur; tous les malheurs l'assaillirent à la fois.

* **ASSAINIR** v. a. Rendre sain : l'écoulement des eaux qui croupissaient dans ce vallon a bien assaini la contrée.

* **ASSAINISSEMNET** s. m. Action d'assainir, résultat de cette action : on a imaginé divers moyens pour l'assainissement des lieux où sont rassemblés beaucoup d'hommes.

* **ASSAISONNEMENT** s. m. Ce qui sert assaisonner : le poivre est un assaisonnement.

— Action, manière d'assaisonner : *vous avez manqué l'assaisonnement de cette salade.* — Fig. Ce qui rend une chose plus piquante, plus agréable : *il y a d'assez bonnes choses dans ce livre, mais il y manque l'assaisonnement.* — Cuis. Les principaux assaisonnements sont : 1° le *sel*, qui excite la muqueuse de l'estomac, favorise la secrétion du suc gastrique, accroît l'énergie vitale et la plasticité du sang ; 2° le *poivre*, la *moutarde*, le *thym*, le *laurier*, le *persil*, le *cerfeuil*, l'*estragon*, dont l'action est excitante ; 3° l'*ail* et l'*oignon* qui perdent, par la cuisson, leurs propriétés malfaisantes ; 4° le *vinaigre de vin*, excitant qu'il faut n'ajouter qu'en petite quantité aux aliments ; 5° le *sucre*, agréable et nourrissant.

Qu'est-ce qu'esprit ? Raison assaisonnée.
                        J.-B. ROUSSEAU.

ASSAISONNER v. a. Accommoder une viande, ou autre chose à manger, avec les ingrédients qu'il faut pour la rendre plus agréable au goût : *ce cuisinier sait bien assaisonner les mets.* — Manières agréables, douces, etc., dont on accompagne ce qu'on dit, ce qu'on sait ; et, en général, tout ce qui sert à relever le mérite ou l'agrément de quelque chose : *l'art d'assaisonner les plaisirs est celui de ne pas en abuser.*

ASSAKI s. f. Titre de la sultane favorite du Grand Seigneur.

ASSAM [a-samm], prov. N.-E. de l'Inde anglaise, autrefois comprise dans le gouvernement du Bengale, mais formant un gouvernement particulier depuis 1874. — 139, 481 kilom. car, ; 4,282,019 hab. Territoire uni, traversé par quelques chaînes de collines et arrosé, de l'E. à l'O., par le Brahmapoutre. Climat agréable et tempéré ; légers tremblements de terre. Sol fertile : tabac, sucre, soie ; 7,000 hectares environ sont plantés d'arbres à thé. Charbon de terre, fer, pétrole, or. Eléphants, tigres, léopards, ours, cerfs. — Assam forma une monarchie indépendante jusqu'au XVIᵉ siècle. L'anarchie, qui y régna depuis cette époque, donna aux Anglais des motifs d'intervention ; le pays fut définitivement annexé aux possessions de la Grande-Bretagne en 1826.

ASSAR-HADDON ou Esar-Haddon, roi de Ninive, fils et successeur de Sennacherib, régna de 680 à 667 av. J.-C., reprit Babylone, perdue par ses prédécesseurs (680), vainquit Manassès, roi de Juda, dispersa les Israélites et les remplaça par des colonies asiatiques qui donnèrent naissance aux Samaritains. Voy. ASSYRIE.

ASSAS (Nicolas, CHEVALIER D'), capitaine au régiment d'Auvergne. Il commandait, dans la nuit du 15 au 16 oct. 1760, près de Clostercamp, aux environs de Gueldre, une garde avancée qui fouillait un bois. Entouré d'ennemis qui le menacent de mort s'il pousse un seul cri, il se sacrifie au salut de l'armée en poussant ce cri fameux : « A moi, Auvergne, ce sont les ennemis ! » et il tombe criblé de coups de baïonnette. Tel est le récit de Voltaire. Mais Lombard de Langres, dont le père était à cette affaire, attribue ce cri au sergent Dubois, lequel se trouvait dans le taillis avec d'Assas. La ville du Vigan, patrie du chevalier d'Assas, lui éleva une statue en 1830.

ASSASSIN s. m. (pour l'étymol. voy. plus loin ASSASSINS). Celui qui assassine : *l'assassin a été pris ; crier à l'assassin.* — Fig. Petite mouche noire que les femmes se plaçaient autrefois au-dessous de l'œil.

ASSASSIN, INE adj. Qui assassine. N'est guère usité qu'en poésie : *un fer assassin.* — Fig. et fam. : *des yeux assassins, des regards assassins*, des yeux, des regards capables d'inspirer une grande passion.

ASSASSINAT s. m. Action d'attenter, de dessein formé, de guet-apens, à la vie d'une personne ; *l'assassinat est puni de mort.* — Par ext. Outrage fait de dessein formé ; méchanceté noire : *ils l'ont attendu au coin d'une rue et l'ont chargé de coups : c'est un assassinat.* — Se dit aussi des actes et des discours qui portent un préjudice grave, qui sont très funestes, et contre lesquels il n'y a point de défense : *un assassinat juridique.*

ASSASSINER v. a. Attenter, de dessein formé, de guet-apens, à la vie de quelqu'un : *on l'assassina sur le grand chemin.* — Par ext. Outrager, excéder de coups en trahison : *ils se mirent quatre sur lui, et l'assassinèrent de coups.* — Porter un grand préjudice à autrui : calomnier un homme de la sorte, c'est l'assassiner. — Par exag. Fatiguer, importuner avec excès : *il va vous assassiner de ses vers.*

ASSASSINS (arabe : *haschichin*, fumeurs de *haschich*), nom donné aux sectaires du *Vieux de la Montagne*, on les appelle aussi *Bathenites*. Ils formaient la branche orientale de la secte mystique des Ismaélites. Leur société fut fondée en Perse vers l'an 840, par un nommé Abdallah, fils de Maimun Kadah, qui professait l'ancienne religion des Mages. Les adeptes furent appelés Ismaélites parce qu'ils favorisèrent les prétentions des descendants de Mohammed ben Ismaël, appartenant à la famille d'Ali. Un des disciples d'Abdallah, Ahmed fit naître une puissante révolte ; un autre, parvint à monter sur le trône d'Afrique sous le nom d'Obeidallah Mahdi (909). Le renversement du califat abbasside était le but caché des Ismaélites. Ils fondèrent, au Caire, une loge où ils enseignèrent les neuf degrés de leur doctrine secrète. A chaque degré le prosélyte apprenait à mépriser quelques croyances des musulmans. Enfin, au neuvième, il devenait l'instrument aveugle de ses supérieurs. Un membre de cette loge, Hassan-ben-Sabah-el-Homaïri, fut banni d'Egypte et vint prêcher sa doctrine à Alep, à Bagdad et en Perse ; il fut le fondateur des Ismaélites orientaux ou *assassins*. En 1090, s'étant emparé du château d'Alamout (nid d'aigle), dans le Ghilan (Perse), il s'y fortifia et étendit son pouvoir sur plusieurs autres lieux, où il établit de vastes jardins clos de murs, plantés d'arbres chargés de fleurs et de fruits et dans lesquels se promenaient de jolies femmes. Au moment de donner les dernières leçons à ses jeunes adeptes, il les enivrait de haschich et les faisait transporter, tout endormis, dans l'un de ces jardins. A leur réveil, ils se croyaient au milieu du paradis. Mais, lorsqu'ils se rendormaient, on avait soin de les ramener auprès de leur maître, qui se flattait de leur avoir donné un avant-goût du céleste bonheur, leur énumérait les maux attachés à la vie, n'avait pas de peine à les dégoûter de l'existence. Ces jeunes gens étaient donc décidés à tous les sacrifices pour gagner éternellement le lieu de délices entrevu pendant quelques heures. On raconte que le sultan Seldjouk ayant envoyé à Hassan un ambassadeur pour réclamer le serment d'obéissance, le chef des Ismaélites fit un signe à l'un de ses adeptes, en lui disant : « Tue-toi ». Il n'avait pas terminé que le fumeur de haschich se poignardait. Hassan commanda à un autre : « Jette-toi en bas des remparts » et il fut obéi aussitôt. Se tournant ensuite du côté de l'ambassadeur, il lui dit : « Retournez auprès de votre maître et faites-lui savoir comment je suis obéi par 70,000 sujets ». Hassan-ben-Sabah prenait le titre de *Sheikh-el-Djebel*, chef de la montagne (communément *Vieux de la Montagne*). Il avait trois lieutenants (pour la Perse, l'Irak et la Syrie), au-dessous desquels la secte se divisait en émissaires, compagnons, guerriers, meurtriers (*haschaschin*, d'où notre mot *assassin*), novices et peuple. Attaqué par le sultan, le Vieux de la Montagne se soutint à l'aide d'une série de meurtres audacieux. Il mourut en 1124 et fut remplacé par son lieutenant Kia-

Bousourg-Omid, sous lequel le château de Banias, près de la source du Jourdain, devint le centre d'action des assassins en Syrie. Au Caire, le calife fatimite Abou-Ali Mansour fut poignardé par l'un de ses fanatiques et, peu après, en 1135, le calife abbasside de Bagdad périt également. La terreur du Vieux de la Montagne régna sur toute l'Asie occidentale. Mohammed, qui succéda à son père Kia-Bousourg-Omid, en 1138, se défendit avec succès contre Noureddin et Saladin. Il fut remplacé vers 1164, par Hassan II, qui voulut détruire l'islamisme et fut assassiné. Mohammed II, qui méritait sur ses traces, périt empoisonné par son fils Hassan III. La réputation des *assassins* s'était répandue dans l'univers entier. Les chroniques des croisades abondent en merveilleux récits du dévouement absolu de ces sicaires. En 1191, Conrad, seigneur de Tyr et marquis de Montferrat, périt sous les coups de deux assassins, soudoyés, dit-on, par Richard Cœur de Lion. Hassan III ayant rétabli l'islamisme, fut reconnu comme prince souverain par le calife de Bagdad, mais après lui l'institution fanatique des assassins tomba dans la décadence. Son successeur Mohammed III prépara la ruine de l'ordre par son règne efféminé. Il fut tué par ordre de son fils Rokneddin Charchah, septième et dernier Vieux de la Montagne. Vers 1252, Houlagou, chef des Mongols, le renversa et fit égorger 12,000 de ses adeptes. Vingt ans plus tard, le sultan Bibars chassa les assassins des repaires qu'ils occupaient en Syrie. On dit qu'il reste encore des *haschaschin* dans le Liban et en Perse, mais ce n'est plus que comme secte de l'islamisme.

ASSAUT s. m. [a-sô] (lat. *assaltus*; de *ad*, vers, sur ; *salire*, sauter). Attaque pour emporter de vive force une ville, une place de guerre, un poste, etc. : *aller, monter à l'assaut, donner, livrer, repousser, soutenir un assaut.* — Fig. Action de tout ce qui assaille ou attaque avec violence : *les assauts de la tempête ; sa fortune a essuyé un rude assaut.* — Toute sollicitation vive et pressante : *j'ai soutenu plusieurs assauts pour cette affaire ; résister aux assauts des passions, de la tentation.* — Escr. Exercice qui s'exécute avec des fleurets, et qui représente un véritable combat à l'épée : *il y a un assaut public ; faire assaut avec le prévôt d'une salle d'armes.* — Fig. FAIRE ASSAUT D'ESPRIT, DE SAVOIR, DE PLAISANTERIE, etc. Disputer à qui fera paraître plus d'esprit, à qui montrera plus de savoir, à qui dira les meilleures plaisanteries, etc. — Art milit. — On distingue trois sortes d'assauts : 1° *l'assaut des ouvrages extérieurs* : il a généralement lieu par surprise et pendant la nuit ; 2° *l'assaut du corps de la place* : il s'exécute quand l'assiégeant s'est rendu maître des ouvrages extérieurs ; cet assaut se livre à la brèche de l'un des bastions ; 3° *l'assaut général* : on le dirige sur plusieurs des bastions ou sur tous en même temps. Les assauts les plus célèbres, sont : dans le dernier siècle, les assauts de Berg-op-Zoom et de Port-Mahon ; dans le siècle actuel, les assauts de Girone, de Saragosse, du Trocadéro, de Constantine ; et, de nos jours, l'assaut de la tour Malakoff. »   (DE CHESNEL).

ASSAVOIR v. a. Vieux mot, synon. de SAVOIR. — On emploie encore, dans le style badin, *faire assavoir*, pour *faire savoir*. L'Académie écrit *faire à savoir*, mais elle néglige de nous faire assavoir pourquoi.

ASSAYE ou Assye, village de l'Indoustan, à 68 kil. N.-E. d'Aurungabad ; le général anglais Wellesley y battit Scindia et le rajah de Nagpore, le 23 sept. 1803.

ASSÉCHEMENT s. m. Action d'assécher. — Archit. Opération a pour but de combattre ou de détruire les causes de l'humidité dans certaines habitations.

ASSÉCHER v. a. Rendre sec. — Assécher un bassin, en retirer l'eau.

ASSÉEUR ou **Asséieur** s. m. (rad. *asseoir*). Hist. adm. « Nom que l'on donnait, sous l'ancien régime, aux habitants d'un bourg ou d'une paroisse qui étaient chargés par leurs concitoyens d'une fonction semblable à celle que les répartiteurs remplissent aujourd'hui dans chaque commune pour établir le rôle des contributions foncière et personnelle-mobilière. Autrefois, en France, certaines contributions directes, nommées *tailles*, dont le montant était fixé d'abord par le conseil du *roi*, pour chacune des généralités des pays d'élection, étaient réparties entre les paroisses par l'intendant de la généralité, assisté du trésorier de France délégué et des officiers de la juridiction financière appelée élection. Puis des commissaires spéciaux, avec l'aide des asséeurs, préparaient, pour chaque paroisse, le rôle des taillables entre lesquels le collecteur répartissait ensuite la taille personnelle frappant sur les revenus, et la taille réelle frappant sur les biens. Au XVIIᵉ siècle, les fonctions d'asséeurs furent réunies à celles des collecteurs, lesquels étaient des habitants inscrits au choix sur une liste et chargés à tour de rôle du recouvrement des tailles et des vingtièmes ».   (Ch. Y.)

ASSELINE (Louis), écrivain, né à Versailles, en 1829, mort à Paris, en 1878 ; auteur de *Diderot et le XIXᵉ siècle* (1866), *Sous les Sapins* (1869), *Marie Alacoque et le Sacré-Cœur* (1873), *Sa Majesté le Maire* (1873), etc. ; rédacteur de plusieurs journaux républicains, maire du XIVᵉ arrondissement pendant le siège, fondateur de la *Correspondance provinciale*, et membre du conseil municipal de Paris, à partir de 1874. Il posa vainement, dans le XIVᵉ arrondissement, sa candidature comme intransigeant, lors des élections de 1876 ; les électeurs lui préférèrent Germain Casse.

ASSELYN (Jan), peintre, né à Anvers, en 1610, mort à Amsterdam, en 1660. Il peignit des paysages italiens dans le style de Claude Lorrain, des batailles, des tableaux historiques dans le genre du Bamboche. Le musée du Louvre possède de lui quatre toiles qui sont au nombre des meilleures : *Vue du pont Samentano*, sur le Teverone ; *Paysage* ; *Vue du Tibre* ; *Ruine dans la campagne de Rome*.

ASSEMANI. I. (Joseph-Simon), orientaliste, né à Tripoli (Syrie), en 1687, mort à Rome, en 1768. Il réunit, pour le Vatican, une collection de manuscrits orientaux dont il fut nommé le conservateur. Ses principaux ouvrages sont : *Bibliotheca Orientalis Clementino-Vaticana* (1719-'28) ; *Bibliotheca Juris Orientalis* (1762-'4). — II. **(Étienne-Evodius)**, neveu du précédent (1707-'82), conservateur des manuscrits du Vatican et archevêque titulaire d'Apamée ; auteur de plusieurs ouvrages, parmi lesquels : *Acta Sanctorum Martyrum Orientalium et Occidentalium* (1748). — III **(Joseph-Aloysius)**, frère du précédent (1700-'82), professeur à Rome, écrivit : *Codex Liturgicus* (1749) et *De Catholicis seu Patriarchis Caldæorum Nestorianorum* (1775). — IV. **(Simon)**, parent du précédent (1752-1821), professeur de langues orientales à Padoue, écrivit sur la numismatique orientale.

* **ASSEMBLAGE** s. m. Union, réunion de plusieurs choses, ou même de plusieurs personnes : *assemblage de lettres, de syllabes* ; *assemblage d'hommes venus de tous les pays*. — Menuis. et Charpent. Manière de réunir ensemble des pièces de bois : *l'assemblage de cette porte ne vaut rien*. — On appelle Bois d'assemblage, le bois qui sert à faire des assemblages ; Porte d'assemblage, vantail de porte qui est d'assemblage, etc. — Typogr. et Libr. Action d'assembler les feuilles imprimées pour en faire des volumes. L'assemblage

a lieu dans l'ordre des *signatures*. — Se dit fig. des choses morales : *son caractère est un assemblage de vices et de vertus*. — Mar. Un *mât*, une *vergue*, une pièce de construction sont d'assemblage, lorsque plusieurs pièces partielles concourent à sa formation. Il y a des assemblages avec écarts ou empatures, à tenons, à mortaises, à entailles, à patte de loup, à queue d'aronde, à margouillet, etc.

* **ASSEMBLÉE** s. f. Coll. Réunion d'un nombre plus ou moins considérable de personnes dans un même lieu : *belle, grande, brillante, nombreuse assemblée* ; *assemblée choisie ; lieu d'assemblée*. — Se dit en particulier de certains corps délibérants : *assemblée législative, politique, délibérante, d'États, de ville, primaire, nationale, des notables, du clergé* ; *tenir l'assemblée ; l'assemblée se tient ; l'assemblée tient*. On dit dans un sens analogue : *assemblée de parents, de créanciers, d'actionnaires*, etc. — Réunion de personnes en société : *assemblée de jeu*. — Nom donné, dans certains pays, à des fêtes où les habitants ont coutume de se rassembler pour danser et se divertir : *j'irai ce soir à l'assemblée*. — Chasse. Lieu où se rendent les chasseurs, et où ils déjeunent avant d'aller au laisser-courre : *quand on fut à l'assemblée*. — Art milit. L'assemblée des fidèles, l'Eglise. — Art milit. Quartier d'assemblée, lieu qu'on indique aux troupes pour qu'elles s'y réunissent. — Batterie de tambour et sonnerie de trompette par lesquelles on avertit les soldats de se réunir.

* **ASSEMBLER** v. a. Mettre ensemble : *assembler des matériaux pour bâtir*. — Réunir, convoquer : *assembler des troupes, les chambres, le conseil*. — Menuis. Charpent. et Serrur. Joindre, emboîter, enchâsser plusieurs pièces de bois, en sorte qu'elles ne fassent qu'un corps : *il faut assembler les panneaux de cette porte ; assembler les pièces d'une machine, d'une serrure*, etc. — Typogr. et Libr. Réunir les feuilles d'un volume selon l'ordre de leurs signatures : *on assemble les feuilles avant de les plier*. — **S'assembler** v. pr. Se réunir : *le tribunal s'assembla*. — Prov. Qui se ressemble, s'assemble, les personnes qui ont les mêmes inclinations, les mêmes habitudes, se recherchent mutuellement. Ne se dit guère qu'en mauvaise part.

* **ASSEMBLEUR, EUSE** s. Ouvrier, ouvrière qui fait les assemblages, dans une imprimerie ou une librairie.

ASSEN ch.-l. de la province de Drenthe (Hollande), à 23 kilom. S. de Groningue ; 6,500 hab. Aux environs se trouvent de remarquables tumuli appelés les « tombeaux des Géants ».

ASSENEDE, petite ville de la Flandre orientale (Belgique), par 54° 13'44" lat. N. et 1° 25' 5" long. E. ; 4,000 hab.

* **ASSENER** v. a. (lat. *assignare*). *J'assène, j'assénerai*. Porter un coup violent : *il lui assena un coup de massue*.

* **ASSENTIMENT** s. m. (rad. *assentir*). Adhésion expresse ou tacite qu'on donne à une proposition. L'assentiment diffère du *consentement*, en ce que ce dernier s'applique à une demande formelle dont l'objet est ou pourra être subordonné à la volonté de celui qui doit consentir. — Approbation intérieure et forcée qu'on donne à une chose évidemment vraie, évidemment bonne : *tout homme, au fond de sa conscience, donne son assentiment à ce principe immuable*.

* **ASSENTIR** v. n. (lat. *assentire*, consentir). Est toujours suivi de la préposition à. Donner son assentiment. Il a vieilli, et ne se disait guère qu'en jurispr. : *assentir à un acte*, en philos. : *assentir à une vérité démontrée*.

* **ASSEOIR** v. a. [a-soir] (lat. *assidère* ; de *ad*, à ; et *sedere*, s'asseoir). *J'assieds, tu assieds, il assied, nous asseyons, vous asseyez, ils*

asseyent. *J'asseyais. J'assis. J'assiérai* ou *j'asseyerai. J'assiérais* ou *j'asseyerais. Assieds, asseyez. Que j'asseye. Que j'assisse. Asseyant*. — On dit aussi : *J'assois, tu assois, il assoit ; nous assoyons, vous assoyez, ils assoient. J'assoyais. J'assoirai. J'assoirais. Assois, assoyez. Que j'assoie. Assoyant*. Mettre quelqu'un sur un siège, ou sur quelque chose qui tient lieu de siège : *asseyez cet enfant, ce malade*. — Archit. Poser solidement et à demeure : *asseoir les fondements d'une maison sur le roc ; asseoir une pierre, une statue*. — Art milit Asseoir un camp, l'établir dans un lieu quelconque. — Manège. Asseoir un cheval, le dresser à exécuter les airs de manège, en tenant la croupe plus bas que les épaules. — Fig. Fonder, établir : *asseoir un gouvernement, le crédit public ; asseoir son jugement sur de simples présomptions ; asseoir un impôt, une contribution sur un genre de propriété, d'industrie*. — Eaux et forêts. Asseoir les ventes, marquer la coupe des bois qui doit être coupé. — **S'asseoir** v. pr. Se mettre sur un siège, ou sur quelque chose qui en tient lieu : *asseyez-vous sur ce banc ; asseyez-vous par terre*. — Avec ellipse du pronom : *on le fit asseoir*. — Par ext. : *cet oiseau est allé s'asseoir sur une branche, sur un arbre, il est allé s'y percher*. — Fig. Faire asseoir quelqu'un A SA TABLE, l'y admettre. — S'asseoir sur le trône. Monter au trône, devenir roi ou reine. — ~~ Jargon. Allez vous asseoir, taisez-vous (allusion à la fin invariable des interrogatoires judiciaires). — Asseyez-vous dessus, imposez-lui silence ; faites le taire à tout prix :

> Asseyez-vous d'sus,
> Et que ça finisse,
> Asseyez-vous d'sus,
> Et n'en parlons plus.
>
> A. Dalès. *Chansons*.

ASSER s. m. (lat. *asser*, solive). Mar. Sorte de poutre à tête de fer, dont les anciens faisaient usage à bord d'un vaisseau, en la manœuvrant comme un bélier, pour détruire le gréement de l'ennemi. — Asser falcatus. Longue perche munie d'une tête de fer, aiguë et recourbée, dont il était fait emploi, dans l'antiquité, pour atteindre et renverser les assiégés sur les murailles.

ASSER. I. Docteur juif, né à Babylone en 353 après J.-C. ; auteur du *Talmud de Babylone*, que les Juifs préfèrent à celui de Jérusalem. Cet ouvrage a été imprimé à Amst. 1744, 12 vol. in-fol. — II. Moine de Saint-David (Pays de Galles), mort vers 910, collabora aux travaux littéraires du roi Alfred le Grand et écrivit en latin la vie de ce prince. La meilleure édition de cet ouvrage est celle de Wise (Oxford, 1722) ; elle a pour titre : *Annales Rerum Gestarum Ælfredi Magni*.

* **ASSERMENTÉ, ÉE**, part. pass. d'Assermenter. — Qui a prêté serment avant d'entrer dans l'exercice d'une fonction publique : *garde assermenté*. — Prêtre assermenté, prêtre qui avait prêté serment à la constitution, pendant la Révolution.

* **ASSERMENTER** v. a. Lier par un serment. Ne se dit guère qu'en parlant des personnes auxquelles on confère des offices publics.

ASSERTIF, IVE adj. Qui tient de l'assertion, qui en a le caractère.

* **ASSERTION** s. f. (lat. *assertio*). Proposition qu'on avance et qu'on soutient comme vraie : *assertion vraie, fausse, hasardée, singulière* ; *en croire quelqu'un sur sa simple assertion*.

ASSERTOIRE ou **Assertorique** adj. (lat. *asserere*, affirmer). Philos. Nom donné par Kant au jugement dans lequel l'affirmation ou la négation est considérée comme réelle ou porte sur un objet réel, sans qu'il s'y joigne une idée de nécessité. Kant oppose le jugement assertoire au jugement *apodictique*, ou démonstratif et au jugement *problématique*, qui forment avec lui la catégorie de *modalité*.

° **ASSERVIR** v. a. (lat. *ad*, pour; *servus*, esclave). Assujettir, réduire à une extrême dépendance : *asservir un peuple.* — Fig. Au sens moral : *il ne faut pas être asservi par ses besoins.* — **S'asservir** v. pr. Etre asservi : *je ne saurais m'asservir à l'étiquette.*

° **ASSERVISSANT, ANTE,** adj. Qui asservit, qui tient dans une extrême dépendance. Ne se dit guère que des choses : *condition asservissante; joug asservissant.*

° **ASSERVISSEMENT** s. m. Etat de ce qui est asservi, au propre ou au figuré : *tenir un peuple en asservissement; c'est trop d'asservissement à la mode.*

° **ASSESSEUR** s. m. [a-sess-seur] (lat. *ad*, auprès; *sedere*, s'asseoir). Officier de justice adjoint à un juge principal, pour l'aider dans ses fonctions ou le suppléer dans son absence : *conseiller assesseur; premier assesseur; assesseur d'un juge de paix.*

° **ASSEZ** adv. [a-sé] (lat. *ad*, à; *satis*, suffisamment). Suffisamment, autant qu'il faut; *assez bon, assez grand, assez long; assez d'amis; assez de temps; assez parlé; assez disputé; c'est assez parler; j'en ai assez, je m'en contente.*

> Nos pères sur ce point étaient gens bien sensés,
> Qui disaient qu'une femme en sait toujours assez.
> *Les femmes savantes*, acte II, sc. vii.

— Sert quelquefois à affaiblir, plus ou moins la signification des mots auxquels on le joint : *cette femme est assez jolie.* — Sert quelquefois, au contraire, à renforcer le sens : *il est assez étrange que vous refusiez; voilà qui est assez plaisant.* Dans un sens analogue, on dit : *suis-je assez malheureuse?* — Est ordinairement explétif dans les deux locutions ASSEZ PEU et ASSEZ SOUVENT : *a-t-il du bien ? assez peu; on se trouve assez souvent embarrassé pour choisir.* — C'EST ASSEZ, C'EN EST ASSEZ ou simplement ASSEZ; cela suffit :

> C'est assez, il est temps de quitter le pinceau.
> BOILEAU.

ASSI-BEN-OBKA, village de l'arrond. d'Oran (Algérie); 210 Européens. Territoire fertile.

° **ASSIDU, UE** adj. (lat. *assiduus*, exact). Qui est exact à se rendre où son devoir l'appelle : *employé assidu à son bureau.* — Qui a une application continuelle à quelque chose : *homme assidu au travail, assidu à l'étude.* — Qui rend des soins continuels à quelqu'un : *il était fort assidu auprès de cette femme.* — Se dit encore de certaines choses, pour en marquer la continuité ou la fréquente répétition : *soins assidus; peines assidues; travail assidu; visites assidues.*

° **ASSIDUITÉ** s. f. Exactitude à se trouver aux lieux où le devoir appelle : *l'assiduité d'un commis à son bureau.* — Application continuelle à quelque chose : *l'assiduité vient à bout de tout.* — Présence fréquente d'une personne dans un lieu, ou bien auprès de quelqu'un pour lui faire la cour, lui rendre des soins, des services : *son assiduité à la cour lui valut des dignités; l'assiduité d'un médecin auprès d'un malade.* En ce sens, il s'emploie quelquefois au pluriel : *avoir des assiduités auprès d'une femme; avoir des assiduités dans un lieu suspect.*

° **ASSIDÛMENT** adv. D'une manière assidue : *il travaille assidûment.*

° **ASSIÉGÉ, ÉE** part. passé d'ASSIÉGER. — Substantiv. Se dit de ceux qui sont dans une place assiégée; et dans ce sens, il ne s'emploie guère qu'au pluriel : *les assiégés firent une sortie.* — On dit quelquefois au singulier, dans un sens collectif : *l'assiégeant et l'assiégé*, pour : *les assiégeants et les assiégés.*

° **ASSIÉGEANT, ANTE** adj. Qui assiège : *armée assiégeante; troupes assiégeantes.*— s. m. Ne se dit guère qu'au pluriel : *les assiégeants ont beaucoup avancé les travaux cette nuit; un des assiégeants.*— On dit quelquefois collectiv.: *l'assiégeant et l'assiégé*, pour: *les assiégeants et les assiégés.*

° **ASSIÉGER** v. a. Faire le siège d'une place de guerre, d'une citadelle, etc. : *on va bientôt assiéger la ville, la forteresse.* — Se dit fig. des choses, dans des acceptions analogues : *les eaux débordées nous assiégeaient de toutes parts.* — Par exag. Se présenter avec empressement à l'entrée de quelque lieu public, etc. : *la foule assiégeait les bureaux du théâtre.*—Fig. Obséder, poursuivre, importuner : *ses créanciers l'assiègent tous les matins dans sa maison; les fléaux qui nous assiègent.*

° **ASSIETTE** s. f. (rad. *assis*). Situation, manière d'être assis, couché, placé : *c'est un homme inquiet qui ne peut demeurer, qui ne peut se tenir dans la même assiette.* — Manège. Situation du cavalier sur la selle : *perdre son assiette.* — Situation d'un corps posé sur un autre, en sorte qu'il soit ferme et stable : *assiette d'une pierre, d'une poutre.* — Situation d'une maison, d'une ville, d'une forteresse : *l'assiette de cette place est avantageuse.* — Fig. Etat et disposition de l'esprit : *il n'est pas aujourd'hui dans son assiette ordinaire, naturelle,* ou simplement, *dans son assiette.* — Répartition des impôts, des contributions : *faire l'assiette de l'impôt.* On disait de même autrefois : *l'assiette des tailles.* — Sorte de vaisselle plate sur laquelle chacun, à table, met ou reçoit ce qu'il veut manger : *assiette d'argent, de vermeil, d'étain, de terre, de faïence, de porcelaine ; assiette creuse, plate, assiette à soupe, assiette de dessert.* — ASSIETTES VOLANTES, certaines assiettes creuses que l'on sert entre les plats, et où l'on met des entrées, des ragoûts, etc.— ASSIETTES BLANCHES, assiettes nettes qu'on donne en relevant celles qui ont servi. — Par ext. UNE ASSIETTE DE SOUPE, DE FRUITS, ETC., ce qu'une assiette contient de soupe, de fruits, etc. : *ce potage est excellent, j'en ai mangé deux assiettes.* — Fig. et fam., SON ASSIETTE DÎNE POUR LUI, se dit en parlant de celui qui se rend point à une table d'hôte à l'heure du repas, et qui ne laisse pas de payer. — Fig. et fam. PIQUER L'ASSIETTE, manger habituellement chez les autres. PIQUER D'ASSIETTE ou PIQUE-ASSIETTE, parasite.— CASSEUR D'ASSIETTES, tapageur, fanfaron.— Art milit. ASSIETTE D'UN CAMP, établissement de ce camp par rapport au terrain. — Eaux et forêts. ASSIETTE DES VENTES, désignation du canton de bois que l'on destine à être coupé,— Jurispr. ASSIETTE D'UNE VENTE, fonds sur lequel une rente est assise, est assignée. — Mar. ASSIETTE D'UN VAISSEAU, situation la plus favorable où il puisse se trouver sous voile pour bien naviguer.

° **ASSIETTÉE** s. f. Plein une assiette : *une assiettée de potage.* On dit plus ordinairement : *une assiette de potage.*

° **ASSIGNABLE** adj. Qui peut être assigné, déterminé avec précision : *il n'y a pas entre ces deux objets de différence assignable.*

° **ASSIGNAT** s. m. [a-si-gna; *gn* mll.] Jurispr. Constitution ou assignation d'une rente sur un héritage qui demeure nommément affecté au payement annuel de cette rente. (vieux.) On dit maintenant : *assignation de rente.* — Papier-monnaie créé par une loi de l'Assemblée nationale, du 1er avril 1790, et dont la valeur était assignée sur les biens nationaux. Une première émission de 400 millions de francs mit le Trésor en état de faire face à toutes les dépenses publiques sans recourir à l'augmentation des impôts. Mais la confiance vint à manquer à ce signe représentatif, parce que les prêtres et les émigrés répandaient, par leurs émissaires, le bruit qu'ils allaient rentrer victorieux et que les biens nationaux leur reviendraient de droit. Le gouvernement travailla lui-même à discréditer son papier-monnaie par des émissions désordonnées que l'on porta à 1 milliard, puis à 10, puis à 20 milliards, c'est-à-dire au double de la valeur pré-

sumée des biens nationaux. Le Directoire fit une nouvelle émission de 20 milliards dans les premiers mois de 1796. Tel fut le discrédit dans lequel tombèrent les assignats, qu'un billet de 100 fr. se vendait 2 liards. En vain voulut-on rétablir le cours forcé, comme au temps de la Convention. Nul ne voulut plus de cette monnaie; l'épicier vendit un quart d'orge 30 fr. en papier, et une livre de beurre 200 fr. Enfin le 30 pluviôse an IV (19 février 1796), la planche aux assignats fut brisée. On évalue à 45,578,000,000 de fr. la somme totale émise depuis l'origine; 24 milliards restaient en circulation; on les liquida au trentième de leur valeur et on les échangea contre 800 millions de mandats territoriaux.

° **ASSIGNATION** s. f. [a-si-gna-si-on : *gn* mll.] (rad. *assigner*). Action d'affecter un fonds au payement d'une dette, d'une rente, etc. : *l'assignation du douaire de cette femme a été faite sur tel immeuble.* — Mandat, ordre délivré à quelqu'un, pour recevoir une somme assignée sur un certain fonds. Ce sens était fort usité dans l'ancienne administration des finances : *pour le remboursement de ses avances, on lui a donné des assignations sur tel fonds; des assignations peu sûres.* — Procéd. Ajournement, exploit par lequel on assigne une personne à comparaître par-devant le juge : *il faut comparaître, se présenter à toute assignation.* — Rendez-vous : *Vous deviez vous trouver à midi en tel lieu, vous avez manqué à l'assignation* (peu us.). — HIST. « Chez les Romains, l'assignation se faisait d'abord verbalement par le demandeur s'adressant au défendeur; puis elle dut être faite par un acte écrit que portaient les *executores.* Autrefois, en France, l'assignation avait aussi lieu verbalement, en présence de deux témoins ou recors : c'est ce que l'on nommait *bannition* ou *semonce.* En Normandie, l'assignation dite *clameur de haro* se faisait de vive voix, en matière criminelle, et le *clamant* invité le *clamé* à le suivre devant le juge. C'est au xve siècle que les assignations commencèrent à être faites par des *sergents.* — LÉGISL. Toute assignation est soumise aux règles générales concernant les exploits ; en outre, elle doit remplir des conditions spéciales, selon qu'il s'agit d'introduire une instance devant un juge de paix, un tribunal de première instance, un président en référé, un tribunal de commerce, une cour d'appel, etc., ou s'il s'agit d'appeler une personne à subir un interrogatoire, à prêter un serment, à assister à une enquête, etc. L'assignation doit contenir, ainsi que tout autre exploit : 1o sa date ; 2o les noms, profession et domicile du requérant ; 3o les noms, demeure et immatricule de l'huissier ; 4o les noms et demeure du défendeur ; 5o l'indication de la personne à laquelle copie de l'exploit est laissée ; et 6o le coût de l'exploit. Si c'est un ajournement devant un tribunal de première instance, elle doit contenir en outre : constitution d'avoué et élection de domicile pour le demandeur, indication du tribunal et du délai de comparution, exposé sommaire de la demande et des moyens invoqués ; enfin, copie des pièces à l'appui. L'assignation est faite à domicile ; à défaut de domicile connu, à la résidence ; à défaut de résidence connue, l'exploit doit être affiché à la porte du tribunal devant lequel l'instance est portée, et, dans ce cas, une copie est remise au procureur de la République. L'assignation ne peut être donnée un jour de fête légale ; elle doit être remise entre six heures du matin et six heures du soir, du 1er octobre au 31 mars, et le reste de l'année de quatre heures du matin à neuf heures du soir. On doit assigner : l'Etat en la personne du préfet du département, lorsqu'il s'agit de questions domaniales non réservées à la juridiction administrative ; le Trésor public en la personne de son agent judiciaire ; les établissements publics en leurs bureaux ; les communes en la personne du maire; la femme mariée en sa personne et en celle de son mari, par copies séparées; les mineurs, les interdits, les absents, en la personne de leurs tuteurs ou curateurs, etc. Le mot *assignation* signifie quelquefois l'attribution spéciale d'une valeur active au payement d'une dette. C'est ainsi qu'en 1789 on donna le nom d'*assignats* aux bons du Trésor public qui étaient remboursables sur le produit de la vente des biens nationaux. »   (Ch. Y.)

ASSIGNATION s. f. Papier-monnaie russe créé en 1770, et de la valeur nominale d'un rouble d'argent. Le cours des assignations diminua rapidement, en dépit des ukases. Vers 1839, il fallait quatre assignations pour valoir un rouble ; et on dut remplacer ce papier discrédité par des *billets de crédit.*

*ASSIGNÉ, ÉE pas. d'Assigner. — Substantiv., en parlant de celui qui a reçu un exploit d'ajournement : *l'assigné qui ne comparait pas est condamné par défaut.*

* **ASSIGNER** v. a. (lat. *assignare*). Affecter un fonds ou une certaine nature de deniers au payement d'une dette, d'une rente, etc.: *il m'a assigné une rente de tant sur ses biens présents et à venir.* — Déterminer, faire connaître : *on ne peut pas toujours assigner la véritable cause des événements.* — Fixer, donner, attribuer : *vous ne vous êtes pas rendu au lieu qu'on vous avait assigné; assigner le rang qu'une personne ou une chose doit occuper.* — Procéd. Sommer par un exploit de comparaître devant le juge : *on l'assigna au Châtelet; je l'ai fait assigner à comparaître devant le tribunal.*

* **ASSIMILABLE** adj. Didact. Qui est susceptible d'assimilation : *substances assimilables.*

ASSIMILATEUR, TRICE adj. Qui assimile, qui est propre à opérer l'assimilation.

* **ASSIMILATION** s. f. Action d'assimiler. Action par laquelle deux ou plusieurs choses sont présentées comme semblables : *vous faites là une fausse assimilation.* — Didact. Action par laquelle un corps vivant s'empare de certaines matières étrangères à sa substance, se les approprie, et les fait entrer dans le système organique qui le constitue : *la faculté d'assimilation.*

* **ASSIMILER** v. a. (ass-si-mi-lé) (lat. *assimilare*; de *ad*, à; *similis*, semblable). Rendre semblable : *ces penchants honteux assimilent l'homme à la brute.* — Présenter comme semblable ; établir entre deux ou plusieurs choses une comparaison qui suppose ressemblance : *le détenu pour délit politique ne saurait être assimilé à un vil criminel.* — Didact. Acte par lequel les corps vivants s'emparent leur faculté d'assimilation : *les corps vivants croissent et s'entretiennent en s'assimilant des substances étrangères, en les assimilant à leur propre substance.* — S'assimiler v. pr. Se comparer : *il ose s'assimiler à ce grand homme.* — Être assimilé : *une partie de la nourriture s'assimile à la propre substance du corps.*

ASSIMINIER s. m. Fausse orthographe de Asiminier.

ASSIMILATION s. f. [ass-si-mu-la-si-on] (lat. *assimulatio, feinte*). Rhét. Figure par laquelle l'orateur feint d'hésiter à dire quelque chose, à faire un aveu.

ASSING (Rosa-Maria), poétesse allemande, sœur de Warnhagen von Ense, née à Dusseldorf, en 1783, morte en 1840, ses poèmes et ses mémoires ont été publiés en 1841 : *Rosa Maria's poetischer Nachlass.* Sa fille Ludmilla, née en 1827, a terminé la publication des œuvres de Varnhagen von Ense; elle fut exilée pour quelques ouvrages politiques.

ASSINIBOINE, rivière de l'Amérique anglaise; naît par 51° 40' lat. N. et vers 107° long. O., et se joint à la rivière Rouge après un cours de 650 kil.

ASSINIBOINES, tribu d'Indiens de la famille Dakota. Les Assiniboines, autrefois associés aux Sioux Yankton, s'en séparèrent vers l'an 1725. — Aujourd'hui, on trouve 5,000 de ces Indiens dans les provinces anglaises situées entre la rivière Souris et l'Athabasca; et 5,500 dans le territoire de Montana (Etats-Unis).

ASSINIE, comptoir français, sur la côte de la Guinée septentrionale (Afrique), à l'embouchure de la rivière de même nom. Acquis en 1843, il fut abandonné en 1872; mais la France y conserve ses droits.

ASSIPONDIUM s. m. [a-si-pon-di-omm] (mot lat. formé de *as, assis, as; pondus,* poids). Métrol. Première monnaie employée par les Romains. Primitivement masse de cuivre d'une livre, son poids fut peu à peu réduit à une once.

ASSIS, ISE part. pass. d'Asseoir. — Voter par assis et levé, se dit, dans une assemblée délibérante, lorsque les membres font connaître leur opinion, leur vote en se levant ou en restant assis. Voy. Magistrature.

* **ASSISE** s. f. [a-si-ze] (rad. *assis*). Rang de pierres de taille qu'on pose horizontalement pour construire une muraille : *les ouvriers sont à la seconde assise; un cours d'assise.* — Bâtir par assises réglées, c'est-à-dire, avec des pierres qui sont toutes de même hauteur, et dont le milieu répond exactement aux joints montant de l'assise inférieure. — Assises s. f. pl. Se disait anciennement de certaines séances extraordinaires que tenaient les officiers des seigneurs de fiefs; et les assemblées de seigneurs convoquées par le prince pour juger des causes importantes et solennelles. — Fig. et fam. Cet homme tient ses assises dans cette maison, dans cette compagnie, il y est fort écouté, fort applaudi, il y domine. — Assises, se dit maintenant des sessions d'une cour criminelle : *il sera jugé aux prochaines assises.* — Cours d'assises, cours criminelles, tribunaux criminels. — Cours d'assises, composées de chevaliers et d'autres gens notables chargés de juger les cas criminels et civils, furent établies dès les premiers temps de la monarchie anglaise. La grande charte de 1215 leur donna une existence légale et régulière. — Géol. Se dit des couches dont l'ensemble constitue les terrains sédimentaires. Ces masses minérales sont presque toujours séparées par des lignes parallèles qui en forment des bancs distincts. Les géologues connaissent au moins treize assises que voici, indiquées dans leur ordre de superposition, en commençant par la plus ancienne, dès lors la plus inférieure. On leur donne des noms destinés à rappeler : soit les localités qui en offrent les principaux spécimens, soit la nature, le nombre ou quelqu'une des propriétés de leurs composants :

1º   Assise cumbrienne (du Cumberland).
2º   —   silurienne (des Silures).
3º   —   houillère
4º   —   permienne (de Perm, Russie).
5º   —   du trias (ou des trois composants).
6º   —   jurassique (du Jura).
7º   —   crétacé inférieure.
8º   —   crétacé supérieure.
9º   —   parisienne.
10º   —   de molasse.
11º   —   sub-apennine.
12º   —   d'alluvions anciennes.
13º   —   modernes.

« L'ordre de superposition indiqué au tableau est constant en ce sens, que du moment où elle existe, une assise quelconque conserve la place qu'il lui assigne, par rapport aux assises qui l'y précèdent et qui l'y suivent. Seulement il peut se faire que sur des points circonscrits, des dislocations du sol aient accidentellement mis en regard de segments d'assises différentes. Quant à leur épaisseur, à leur puissance, d'environ 1,200 mètres pour la plus épaisse, de 450 mètres pour la plus mince, en somme, elle ne dépasse pas 10,000 mètres, soit de deux lieues et demie. »(L.-R. Le Canu).

— **Assises de Jérusalem**, collection des lois établies par Godefroy de Bouillon pour son royaume de Jérusalem, en 1099.

ASSISE (ital. *assisi*), ville d'Italie, à 21 kil. E.-S.-E. de Pérouse; 3,500 hab. Magnifique cathédrale, dans la crypte de laquelle se trouve le tombeau de saint François d'Assise, par 43° 4' 38" lat. N. et 10° 16' 12" long. E.

* **ASSISTANCE** s. f. Présence. Usité surtout en parlant de la présence d'un officier public à quelque opération, ou de la présence d'un ecclésiastique dans quelqu'une des fonctions de son ministère : *les chanoines ont un droit d'assistance aux enterrements, aux offices,* etc. — Nombre, plus ou moins considérable, de personnes assemblées en quelque lieu : *son discours ravit toute l'assistance.* — Corps des assistants qui compose le conseil de certains ordres religieux : *après la mort du général, l'assistance ordonna que...* — Se dit aussi, dans quelques ordres religieux, par rapport aux différents États où les maisons de leur ordre sont situées, par rapport à la première et principale division qu'ils en ont faite : *l'assistance d'Italie, de France, d'Allemagne,* etc.; *il y a tant de provinces sous l'assistance d'Italie.* — Signifie ordinairement : Aide, secours : *donner, prêter, promettre assistance.* — Assistance judiciaire, autorisation donné par l'État à un plaideur pauvre de procéder en justice sans être soumis à aucun frais. — Assistance publique, partie de l'administration qui comprend les secours à donner aux pauvres et aux malades. — Législ. « *L'assistance judiciaire,* qui permet aux indigents de soutenir leurs droits en justice, n'a été véritablement organisée en France que par la dernière assemblée législative, c'est-à-dire par la loi du 22 janvier 1851. Tout indigent qui désire profiter du bénéfice de cette loi, pour plaider, soit comme demandeur, soit comme défendeur, devant un juge de paix, un tribunal civil ou de commerce, doit adresser au procureur de la République une demande que celui-ci transmet au bureau d'assistance judiciaire établi au chef-lieu de chaque arrondissement. Cette demande doit être accompagnée: 1º d'un extrait du rôle des contributions directes ou d'un certificat du percepteur du domicile, constatant que le réclamant n'est pas imposé; 2º d'une déclaration dont la sincérité est affirmée devant le maire et dans laquelle le réclamant atteste son état d'indigence et fait connaître ses moyens d'existence. Le bureau, qui est composé de cinq membres, décide, après renseignements pris, si l'assistance judiciaire doit être accordée ou refusée. Cette décision ne peut donner lieu à aucun recours de la part du pétitionnaire. Lorsque l'admission est prononcée, un avocat, un avoué et un huissier sont respectivement désignés par le chef de chaque corporation, pour prêter gratuitement leur ministère, et tous les actes de la procédure qui seraient à la charge de l'assisté sont faits pour timbre et enregistrés en débet. Si l'on vient à reconnaître que la déclaration d'indigence était fausse, ou s'il survient des ressources à l'assisté, le bénéfice de l'assistance peut être retiré en cours d'instance. Il existe, auprès des cours d'appel, de la cour de cassation et du conseil d'État, des bureaux d'assistance judiciaire, composés de sept membres; mais une affaire commencée devant une juridiction inférieure peut suivre les degrés les plus élevés sans qu'il y ait lieu à une nouvelle demande d'assistance, lorsque l'appel ou le pourvoi sont interjetés contre l'assisté. En matière criminelle, il n'y a pas lieu à réclamer l'assistance judiciaire, car on sait que les présidents des cours d'assises sont chargés de pourvoir à ce que les accusés soient assistés d'un défenseur (Cod. inst. crimin. 294). Les présidents des tribunaux correctionnels peuvent aussi nommer des avocats d'office pour les prévenus indigents, et les présidents

des conseils de guerre ont le même droit. — **Adm.** L'*assistance publique* est l'ensemble des institutions établies pour secourir l'indigence et qui relèvent de l'administration. La loi du 19 mars 1793 avait établi le droit à l'assistance; mais la loi du 7 frimaire an V, qui a créé les bureaux de bienfaisance, n'a pas admis ce principe dont l'application amènerait la ruine de toute société. L'assistance est donc facultative, sauf dans les cas particuliers où la loi la rend obligatoire. Mais il importe de savoir à la charge de quelle commune ou de quel département incombe l'assistance obligatoire ou facultative d'un indigent, c'est-à-dire quel est le domicile de secours. C'est le lieu de naissance qui détermine jusqu'à 21 ans ce domicile; ensuite le domicile de secours s'acquiert par un séjour d'un an dans une commune (L. 25 vendémiaire an II); mais si l'assistance est due en principe par la commune du domicile, le département y concourt lorsqu'il s'agit d'aliénés, et partage la dépense avec l'État lorsqu'il s'agit d'enfants assistés. Aucune condition de domicile n'est exigée pour l'admission des malades dans les hôpitaux, lorsqu'il y a urgence (L. 7 août 1851).— L'assistance publique comprend : les *bureaux de bienfaisance*, chargés de centraliser les ressources et de distribuer des secours à domicile, dans les communes où ces bureaux sont établis ; les *hôpitaux*, où les malades indigents sont soignés gratuitement ; les *hospices*, dans lesquels sont recueillis les vieillards ou les infirmes ; les *asiles publics d'aliénés* ; le service *des enfants assistés* qui s'occupe, dans chaque département, de recueillir et de faire élever les enfants trouvés, abandonnés ou orphelins ; les établissements publics destinés aux *aveugles* ou aux *sourds-muets* ; les *crèches*, les *dispensaires*, les *ateliers de charité*, les *dépôts de mendicité*, les *colonies agricoles*, etc. (voy. ces mots). A Paris, les bureaux de bienfaisance établis dans chaque arrondissement, les hôpitaux et les hospices sont réunis sous une seule direction, par la loi du 10 janvier 1849 qui a organisé l'*Administration générale de l'assistance publique à Paris*. Les dépenses annuelles de cette administration dépassent 25 millions. En France, il faut le reconnaître, l'assistance publique est organisée d'une manière à peu près complète, quoique l'on ait recours à une taxe spéciale exorbitante, comme en Angleterre, et sans entraver l'action désormais moralisatrice de la charité privée. L'assistance y tend à soulager autant que possible toutes les misères, sans encourager le vice et l'imprévoyance. En dehors des institutions que l'on vient d'énumérer, et des nombreuses fondations, les ministères, les départements ont des fonds affectés à secourir l'indigence, et dès qu'une calamité survient, le Parlement, les Conseils généraux, les Conseils municipaux votent des secours spéciaux, les souscriptions particulières affluent, on assiste à une lutte de générosité, et, si la distribution est faite avec ordre et discernement, les désastres les plus grands sont bientôt réparés et presqu'oubliés. Mais, à côté de l'assistance publique, se trouvent les institutions de prévoyance, que l'on comprend souvent au nombre des établissements de bienfaisance, quoiqu'elles soient beaucoup au-dessus de ces derniers, en ce qu'elles relèvent de la dignité humaine et dispensent de recourir à l'aumône. Ce sont les *caisses d'épargne* et les *caisses de retraites* dont le développement est constant; les *sociétés de secours mutuels* qui entretiennent les sentiments de fraternité; enfin les *assurances*. Il faut citer aussi les cours gratuits, les écoles publiques, etc. Tout ce qui a pour but de désintéresse de combattre l'ignorance tend à diminuer la misère et peut être compris dans l'assistance. Les *asiles d'asile*, auxquelles on donne aujourd'hui leur véritable nom, celui d'*écoles maternelles*, appartiennent à l'instruction publique. Enfin il est difficile d'admettre

que les *monts de piété* soient classés parmi les établissements de bienfaisance, quoiqu, suivant la loi, leurs bénéfices doivent profiter exclusivement à l'assistance publique. » (Ch. Y.)

* **ASSISTANT, ANTE** adj. Qui est présent en un lieu, surtout en parlant des ecclésiastiques qui secondent l'officiant dans quelque grande cérémonie religieuse : *il y avait tant de prêtres assistants à l'autel*. — s. m. Se dit, en général de personnes quelconques présentes en un lieu : *l'officiant avait sept ou huit assistants à l'autel; il prit tous les assistants à témoin*. — Celui qui est établi pour aider le supérieur général de certains ordres religieux dans les fonctions de sa charge : *il est assistant du général*.

* **ASSISTER** v. n. (lat. *assistare*). Etre présent à quelque chose : *assister à un enterrement; j'assistai au jugement; il assista au crime, et ne fit rien pour l'empêcher*. — **Assister a un jugement**, signifie quelquefois : faire partie du tribunal qui prononce un jugement. — v. a. Secourir, aider : *assister les pauvres; assister ses amis de son crédit, de sa bourse, de ses conseils*. — Accompagner pour quelque action : dans ce sens, il n'est guère usité qu'à l'infinitif avec le verbe faire, ou au participe passé : *se faire assister par quelqu'un; il comparut assisté de son avocat*.— **Assister un malade, un criminel a la mort**, *l'exhorter a bien mourir, lui aider à mourir en bon chrétien*.— **Dieu vous assiste**, se dit à un pauvre lorsqu'on n'a rien à lui donner. Autrefois, on le disait aussi à une personne qui éternuait.

* **ASSOCIATION** s. f. [a-so-si-a-si-on] (rad. *associer*). Union de plusieurs personnes qui se joignent ensemble pour quelque intérêt commun, pour quelque entreprise, etc. : *acte d'association*. — Se dit quelquefois en parlant des choses: *association d'intérêts; association bizarre d'idées disparates, heureuse association demots.*—**Législ.** « Les associations de personnes ou d'intérêts ont nécessité un grand nombre de lois, leur existence pouvant présenter de graves dangers pour la sûreté de l'État ou pour la richesse publique. Les *réunions publiques*, si longtemps interdites ou soumises à l'autorisation administrative, ont été déclarées libres par la loi du 30 juin 1881 ; mais la liberté des associations ne semble pas pouvoir être concédée aussi aisément, car l'expérience de cette liberté, faite sous la première République et sous la seconde, en a montré les dangers. Sont *illicites* les associations qui comptent plus de vingt personnes et dont les réunions sont périodiques; leur existence est un délit pour les directeurs de ces associations et pour toutes les personnes qui en font partie. (C. Pén. 291 et s. — L. 10 avril 1834). Les *associations secrètes* sont absolument interdites. (D. 28 juillet 1848 art. 13). En outre, toute *association de malfaiteurs*, ayant pour but de nuire aux personnes ou aux propriétés, est un crime, par le seul fait de son organisation (C. Pén. 265 et s.). — Les *corporations d'arts et métiers*, qui rendirent, à l'origine, des services non contestables, mais qui entravèrent si longtemps le développement de l'industrie et du commerce en France, ont été abolies par la loi du 17 mars 1791 et ne peuvent être rétablies. Ces corporations subsistent encore, mais avec une organisation nouvelle, pour les avocats, notaires, avoués, huissiers. Les *coalitions* (V. ce mot) qui ont pour but de faire hausser le prix des denrées, de changer le taux des salaires ou de porter atteinte au libre exercice du travail donnent lieu à des peines répressives (id. 414-s. Voy. aussi *Grèves*). Les étudiants ne peuvent facultés ne peuvent, sans autorisation, former entre eux aucune association ni agir en nom collectif (Ord. 5 juillet 1820). Les associations religieuses (*congrégations*, *communautés*, *confréries*, etc.) n'ont aucune existence légale, à moins qu'elles ne soient

reconnues par décret. Toutes celles non reconnues sont supprimées en France par la loi du 18 août 1792, laquelle loi a été confirmée par l'art. 11 de la loi organique du 18 germinal an X. Suivant la jurisprudence du Conseil d'État, les congrégations d'hommes ne peuvent être autorisées que par une loi, et il en est de même des communautés de femmes qui n'existaient pas au 1er janvier 1825. Un grand nombre de communautés de femmes ont obtenu l'autorisation; mais les seules congrégations d'hommes autorisées sont celles du *Saint-Esprit*, des *Lazaristes*, des *Missions étrangères* et des *Sulpiciens*. L'*institut des Frères des écoles chrétiennes* est autorisé comme association charitable et non comme congrégation. Les associations religieuses non autorisées peuvent être dissoutes, en vertu du décret-loi du 3 messidor an XII et du décret du 29 mars 1880. — Les associations d'intérêts sont des *sociétés civiles* ou des *sociétés commerciales* (V. **Société**), ou des *associations syndicales*. Ces dernières, formées entre propriétaires co-intéressés, ont pour but l'exécution de certains travaux. Elles peuvent se constituer librement ou sous l'autorisation administrative (L. 21 juin 1865). Les associations ouvrières ou autres, ayant pour but la production, la consommation ou le crédit mutuel, rentrent nécessairement dans une des formes des *sociétés commerciales*. Les *tontines* et les *sociétés d'assurances* soit mutuelles, soit à primes fixes, contre l'incendie, sur la vie, contre la grêle, les accidents etc., sont soumises aux règles du droit civil ou commercial et à la surveillance de l'administration. — Il existe encore une grande quantité d'autres associations, ce sont : les *sociétés de secours mutuels* (V. **Secours mutuels**); les *associations de bienfaisance* (sociétés philanthropiques, de charité maternelle, etc.); les *sociétés scientifiques et littéraires* (académies, sociétés d'agriculture, de géographie, de médecine, d'hygiène, etc.); la *société pour la protection des animaux*, les *sociétés de tempérance*, les *sociétés contre l'abus du tabac*, etc. etc.». (Ch. Y.)

* **ASSOCIÉ, ÉE** part. passé d'Associer. — s. Celui, celle qui est associée : *c'est mon associé; les bénéfices sont partagés entre tous les associés également; leur associé est mort, et sa veuve est aujourd'hui leur associée; un tel banquier, un tel négociant et compagnie*. — On dit plus ordinairement : *un tel et compagnie.* — Dans quelques Académies : **Membres associés**, ou simplement : Associés, ceux qui participent aux travaux d'une académie, sans jouir des mêmes avantages que les autres membres.

* **ASSOCIER** v. a. (lat. *associare*). Prendre quelqu'un pour compagnon, pour collègue dans une dignité, dans un emploi, dans une entreprise, etc.: *Dioclétien associa Maximilien à l'empire; il associa ses deux fils à son commerce*. — Unir, joindre: *l'intérêt qui associe deux personnes; associer des idées disparates.* — S'associer v. pr. Etre associé : *je veux m'associer à tous vos périls; voilà deux idées qui ne peuvent s'associer.* — Hanter, fréquenter, avoir commerce : *il ne faut pas qu'un jeune homme s'associe avec toute espèce de gens.* — **S'associer quelqu'un**, se donner quelqu'un pour collègue, pour collaborateur, etc. — Fig. **Associer quelqu'un a son crime, a ses dangers, a son triomphe**, etc., l'y faire participer.

ASSOGUE s. f. (esp. *azoca*, vif-argent). On donnait ce nom à certains galions d'Espagne destinés à porter en Amérique le vif-argent dont on se sert pour épurer l'or quand il sort de la mine.

* **ASSOLEMENT** s. m. (rad. *assoler*) Agric. Partage de terres labourables en grandes portions ou soles, pour y faire succéder les récoltes suivant un certain ordre. — Il n'y a pas de règles constantes pour les assolements; il n'y a que des principes généraux. — **Pre-**

BIEN PRINCIPE. Varier les récoltes, autant que possible, de manière à faire alterner les plantes améliorantes et les plantes épuisantes. Les agronomes ont classé les plantes cultivées, d'après leur plus ou moins d'exigence, de la manière suivante : 1° plantes qui *enrichissent* le sol : luzerne, trèfle, sainfoin, etc. 2° *plantes non épuisantes* : pois, haricots; et même céréales quand on les récolte avant la maturité; 3° plantes *épuisantes* : céréales, betteraves, navets, carottes, pommes de terre, etc. ; 4° plantes *très épuisantes* : tabac, lin, chanvre, houblon. — **DEUXIÈME PRINCIPE.** Faire alterner les plantes *nettoyantes* (chanvre, sarrazin et autres dont la végétation vigoureuse étouffe les mauvaises herbes) et les plantes *salissantes* (blé, seigle et autres que l'on ne peut sarcler et avec lesquelles grandissent les mauvaises herbes).—**TROISIÈME PRINCIPE.** Combiner la rotation de telle sorte qu'entre chaque récolte et la semaille suivante on ait le temps de préparer la terre tout en la laissant inoccupée le moins possible.—**QUATRIÈME PRINCIPE.** Chercher à obtenir les récoltes les plus abondantes sur le moins d'étendue possible. — Ces deux derniers principes sont la condamnation des jachères et l'application de cet axiome de l'école de Grignon : faire produire à la terre le plus possible, c'est le moyen de l'améliorer le plus promptement.

* ASSOLER v. a. (rad. *sole*). Agric. Diviser des terres labourables par soles, faire un assolement.

* ASSOMBRIR v. a. Rendre sombre : *cette allée d'arbres assombrit le jardin; quel chagrin vous assombrit?*— S'assombrir v. pr. Devenir sombre : *le ciel s'assombrit; son caractère s'assombrit.*

ASSOMBRISSEMENT s. m. Etat de ce qui est assombri.

* ASSOMMADE s. f. Action d'assommer ; résultat de cette action.

* ASSOMMANT, ANTE adj. Qui est excessivement fatigant, ennuyeux, incommode : *travail assommant; chaleur assommante ; homme assommant; discours assommant.* (fam.)

ASSOMMEMENT s. m. Synon. de Assom-MADE.

* ASSOMMER v. a. Tuer avec quelque chose de pesant, comme une massue, un levier, des pierres, etc. : *assommer un bœuf avec un maillet ; il fut assommé à coups de pierres.*—Battre avec excès : *cet homme est un brutal qui assomme ses enfants.* — Fig. Incommoder, importuner ou affliger beaucoup : *la chaleur m'assomme; il m'assomme de ses questions, avec ses questions.*

ASSOMMEUR s. m. Celui qui assomme, au propre et au figuré. — Garçon boucher qui assomme les bœufs.

* ASSOMMOIR s. m. Sorte de piège que l'on tend surtout aux bêtes puantes, telles que renards, blaireaux, etc., et qui sert disposé de manière à les assommer lorsqu'elles s'y prennent. — Bâton garni, à l'une de ses extrémités, d'une balle de plomb enveloppée de ficelle. — Prov. et fig. C'EST UN COUP D'ASSOMMOIR, se dit d'un événement accablant, auquel on était loin de s'attendre. — ‑‑ Jargon parisien. Débit de liqueurs; comptoir de marchand de vin.—L'Assommoir, titre d'un roman naturaliste publié en 1877, par Emile Zola, et dont les principaux personnages vont s'abrutir dans un débit de liqueurs.

ASSOMPTIF, IVE adj. (lat. *assumptivus*, tiré du dehors). Philos. Auxiliaire. — Blas. ARMES ASSOMPTIVES, armes que l'on a le droit de porter après une action d'éclat.

* ASSOMPTION s. f. (a-son-psi-on) (lat. *assumptio*, de *assumptus*, part. passé de *Assumere*, prendre pour soi). Enlèvement miraculeux de la sainte Vierge au ciel par les anges :

l'assomption de la Vierge. — Jour auquel l'Eglise célèbre la fête de cet enlèvement miraculeux : *le jour de l'Assomption est le quinze d'août.* — Tableau ou estampe qui représente l'assomption de la Vierge. — Seconde proposition d'un syllogisme, plus ordinairement appelée : LA MINEURE : *cette assomption n'est pas exacte.* — Encycl. ASSOMPTION se disait autrefois de la mort d'un saint, pour indiquer que son âme était enlevée dans le ciel; se dit particulièrement aujourd'hui d'une fête que l'Eglise romaine célèbre tous les ans, le 15 août, pour honorer la mort, la résurrection et l'enlèvement au ciel de la Vierge Marie. Avant le concile de Mayence (813), cette fête se célébrait le 18 janvier. — La Faculté de théologie de Paris déclara, en 1697, qu'il serait téméraire de ne pas croire à l'Assomption, bien que l'enlèvement de la sainte Vierge ne soit pas un article de foi.

ASSOMPTION (L') capitale du Paraguay. Voy. ASUNCION.

ASSOMPTION (ILE DE L'). I Ile volcanique du groupe des Mariannes, dans le Pacifique, par 143° 34' long. E. 19° 43' lat. N.; 17 kil. de circonférence ; elle se dresse à 600 mètres au-dessus du niveau de la mer. — Riz, arbre à pain, cocotiers. — II. Ile de l'Amérique du Nord. Voy. ANTICOSTI.

ASSON, village du cant. de Nay (Basses-Pyrénées) ; 2,500 hab. Mines de fer et forges considérables.

* ASSONAH s. f. voy. SONNA.

* ASSONANCE s. f. (ass-so-nan-se) (rad. *assonant*). Rhét. Ressemblance imparfaite de son dans la terminaison des mots : *dans la prose il ne suffit pas d'éviter les rimes à la fin des membres des périodes; il faut éviter aussi les assonances.* Proverbe *et perde, Autel et orteil, sont des assonances.* Dans les plus anciens poèmes français l'assonance tient lieu de rime (Acad.).

* ASSONANT, ANTE adj. [ass-so-nan] (lat. *assonans*; de *ad*, vers; *sonare*, sonner). Qui produit une assonance. Ne s'emploie guère qu'au pluriel : *il faut éviter les terminaisons assonantes.*

ASSORATH ou Assonah s. f. Voy. SONNA.

ASSORTI, IE adj. Qui est fourni de marchandises : *magasin bien assorti.* — EPOUX AS-SORTIS, époux qui se conviennent bien.

* ASSORTIMENT s. m. Convenance de plusieurs choses qui ont entre elles quelque rapport : *l'assortiment de ces couleurs est agréable; un bel assortiment de fleurs.* — Assemblage complet de certaines choses qui vont ordinairement ensemble : *un assortiment de diamants de pierres, de couleur, de perles, etc.*—Typogr. Supplément de différentes sortes de caractères, servant à compléter une fonte dans la proportion requise pour le genre de composition auquel on la destine. Voy. POLICE. — Comm. Fonds, collection de marchandises de même genre : *ce marchand a un bel assortiment de soieries, de châles, de dentelles, etc.*—Libr. LIVRES D'ASSORTIMENT, livres qu'un libraire tire des autres libraires ; par opposition à ceux qu'il a fait imprimer ou qu'il est chargé de vendre et qu'on appelle LIVRES DE FONDS : *ce libraire n'a que des livres d'assortiment.* En ce cas, on dit aussi : FONDS D'ASSORTIMENT.

* ASSORTIR v. a. [a-sor-tir] (rad. *sorte*). Mettre ensemble deux ou plusieurs choses qui se conviennent : *assortir diverses couleurs l'une avec l'autre.* — Fig., en parlant des personnes : *quand on prie des gens à un repas, il faut avoir soin de les assortir; pour faire un bon mariage, il faut bien assortir les personnes.* — Fournir de toutes les choses nécessaires, convenables : *assortir un magasin, une boutique de toute sorte de marchandises.* — v. n. Convenir : *cette garniture assortit bien à la robe,*

avec la robe; je cherche un cheval qui puisse assortir à celui que j'ai. — S'assortir v. pr. Se convenir : *ces deux couleurs, ces deux meubles ne s'assortissent pas ensemble.* — Se dit fig. de la convenance des caractères, des humeurs : *leurs caractères ne s'assortissent pas.*

* ASSORTISSANT, ANTE adj. Qui convient qui assortit bien : *donnez-moi une couleur assortissante à celle-ci, à mon âge.*

ASSORTISSOIR s. m. Techn. Crible que le confiseur emploie pour déterminer la grosseur des dragées.

* ASSOTER, v. a. Infatuer d'une passion, rendre sottement amoureux : *il s'est laissé assoter de cette fille.* — S'assoter, v. pr. Prendre un sot amour, un sot attachement : *il s'est assoté d'une femme qui le ruinera.*

ASSOUAN ou Açouan (anc. *Syène*; hébr., *seveneh*), ville de la haute Egypte, sur la rive droite du Nil; en face d'Eléphantine; 4,000 hab., Egyptiens, Nubiens et descendants des troupes bosniennes que Sélim Ier y mit en garnison.

ASSOUCY (CHARLES Coypeau D'), poète burlesque, né à Paris vers 1604, mort vers 1674. Habile joueur de luth, d'un esprit original et bizarre, il divertit l'enfance de Louis XIII et de Louis XIV. Son caractère inconstant l'entraîna dans une longue série de voyages, où il fit de nombreuses mésaventures. Il fut incarcéré dans les prisons du Saint-Office, à Rome, à la Bastille et au Châtelet de Paris. Ses œuvres ne sont plus guère connues que par ce coup de boutoir du législateur du Parnasse :

> Le plus mauvais plaisant eut ses approbateurs,
> Et, jusqu'à d'Assoucy, tout trouva des lecteurs.
> BOILEAU, chant premier de l'*Art poétique.*

D'Assoucy avait publié les *Métamorphoses d'Ovide* en vers burlesques, sous le titre d'*Ovide en belle humeur.* Il avait également travesti le *Ravissement de Proserpine*, de Claudien. Il a raconté sa vie misérable et agitée dans *Les Aventures de M. d'Assoucy* (1677, 2 vol. in-12); dans les *Aventures d'Italie* (1678, in-12); dans la *Prison de M. d'Assoucy* (1672, in-12), et dans les *Pensées de M. d'Assoucy*, *dans le Saint-Office* (1678, in-12). Ces deux ouvrages sont mêlés de prose et de vers. D'Assoucy avait été surnommé le *Singe de Scarron.*

* ASSOUPIR v. a. (lat. *ad*, à; *sopire*, endormir). Endormir à demi, causer une disposition prochaine au sommeil : *les fumées du vin assoupissent.* — Suspendre, affaiblir, diminuer pour un temps. Il ne se dit guère qu'en parlant des douleurs aiguës : *ce remède assoupit les douleurs.* — Empêcher l'éclat, le progrès, les suites de quelque chose de fâcheux : *ses parents assoupirent l'affaire.* S'assoupir v. pr. S'endormir : *il s'assoupit ordinairement après le repas.* — Fig. Se calmer, s'affaiblir : *la douleur va bientôt s'assoupir.*

* ASSOUPISSANT, ANTE adj. Qui assoupit : *remède assoupissant.* — S'emploie quelquefois au figuré : *lecture assoupissante.*

* ASSOUPISSEMENT s. m. Etat voisin du sommeil dans lequel plusieurs fonctions de relations s'exercent encore, mais d'une manière imparfaite. L'assoupissement est plus profond que la somnolence, moins profond que le coma ; il s'observe dans un grand nombre de maladies. — Fig. Grande nonchalance, négligence coupable de ses devoirs, pour ses intérêts.

* ASSOUPLIR v. a. Rendre souple : *assouplir une étoffe, un ressort ; assouplir le caractère de quelqu'un ; assouplir une langue rude et grossière.* — Manège. ASSOUPLIR UN CHEVAL, l'habituer à avoir de la souplesse dans les mouvements. — S'assouplir v. pr. Devenir souple : *le cuir s'assouplit à l'eau; son caractère altier n'a pu s'assouplir.*

ASSOUPLISSEMENT s. m. Action d'assouplir; état de ce qui est assoupli; assouplissement du caractère.

* **ASSOURDIR** v. a. Causer une surdité passagère : *le canon, le bruit du canon l'avait assourdi*. — Par exag. : *il criait à nous assourdir*. — Se dit d'un grand bruit qui ne permet d'entendre aucun autre son : *ce bruit m'assourdit tellement, que je ne puis entendre ce que vous me dites.* — Peint. Diminuer la lumière, et les détails dans les demi teintes.

* **ASSOURDISSANT, ANTE** adj. Qui assourdit: *bruit assourdissant.* — Fig. Par exagération : *babil, bavardage assourdissant.*

ASSOURDISSEMENT s. m. Action d'assourdir; résultat de cette action.

* **ASSOUVIR** v. a. (rad. *soûl*). Rassasier pleinement, apaiser une faim vorace : *on ne saurait l'assouvir; assouvir sa faim.* — Fig. En parlant de certaines passions violentes : *assouvir sa vengeance, sa cruauté, sa rage.* — **S'assouvir** v. pr. Être assouvi, au propre et au figuré : *une bête féroce qui ne s'assouvit que de carnage; cette avarice ne pourra donc jamais s'assouvir ?* — Fig. S'ASSOUVIR DE CARNAGE, DE SANG, etc., tuer, massacrer jusqu'à ce qu'on soit las d'exercer sa fureur.

* **ASSOUVISSEMENT** s. m. Action d'assouvir état de ce qui est assouvi : *rien ne suffit à l'assouvissement de sa faim.* — S'emploie plus ordinairement au figuré : *l'assouvissement des désirs, des passions.*

ASSUAY, voy. ASUAY.

ASSUÉRUS ou **Ahasuérus**, roi de Perse dont il est question dans la Bible (*Livre d'Esther*). C'est le même que Darius 1er (519 av. J.-C.). D'autres rois du même nom sont mentionnés dans Ezra et dans Daniel.

* **ASSUJETTI, IE** part. passé d'ASSUJETTIR. — ÊTRE ASSUJETTI, FORT ASSUJETTI, se dit d'une personne que les devoirs de sa place, de son emploi tiennent dans une grande sujétion.

* **ASSUJETTIR** ou **Assujétir.** Soumettre, ranger sous sa domination : *assujettir un peuple, une province.* — Fig. : *l'âme ne doit point être assujettie au corps.* — Astreindre, obliger à quelque chose : *les règles de l'art assujettissent l'ouvrier.* — Arrêter une chose de telle sorte, qu'elle soit stable et sans mouvement : *assujettir un mât; assujettir une table qui chancelle.* — **S'assujettir** v. pr. Être astreint, être obligé : *s'assujettir aux usages, aux préjugés.*

* **ASSUJETTISSANT, ANTE** ou **Assujétissant** adj. Qui astreint, qui tient dans une grande sujétion , qui exige beaucoup d'assiduité : *c'est un métier bien assujettissant.*

* **ASSUJETTISSEMENT** ou **Assujétissement** s. m. État de dépendance : *l'assujettissement d'un pays.* — Fig. Sujétion, contrainte, obligation de faire habituellement ou fréquemment quelque chose : *je ne saurais vivre dans un tel assujettissement.* On dit dans un sens analogue: L'ASSUJETTISSEMENT AUX MODES, A L'ÉTIQUETTE, AUX USAGES, etc., l'obligation, la nécessité de s'y conformer.

* **ASSUMER** v. a. (lat. *assumere*). Prendre sur soi. Ne s'emploie que figurément et dans cette phrase : *assumer la responsabilité d'une chose.*

ASSUR, second fils de Sem. Voy. ASSYRIE. Il s'établit près du Tigre et y bâtit Ninive.

ASSUR, l'une des capitales de l'Assyrie. Voy. ASSYRIE.

* **ASSURANCE** s. f. [a-su-ran-se] (rad. *assurer*). Certitude : *j'ai l'assurance que cette place me sera donnée.* — Confiance : *vous n'avez qu'à partir, avec assurance que je vous suivrai de près.* — Paroles, promesses, protestations par lesquelles on s'efforce de donner à une personne la certitude de quelque chose, ou de lui inspirer de l'espoir, de la confiance :

donner à quelqu'un des assurances de sa fidélité, de son dévouement. — Hardiesse : *il parle avec assurance; ce jeune acteur n'a pas encore d'assurance.* — Sûreté, état où l'on est hors de péril: *je l'ai mis en lieu d'assurance.* — Promesse, obligation, nantissement, etc., qu'on donne pour servir de sûreté à quelqu'un avec qui l'on traite : *je vous donnerai vos assurances, une bonne assurance.* — Acte, traité par lequel, moyennant une somme convenue, on s'engage à rembourser la valeur de certains objets, dans le cas où ils seraient détruits ou perdus: *assurances maritimes ; prime d'assurance ; police d'assurance; compagnie d'assurances contre l'incendie.* — ASSURANCE MUTUELLE, association de propriétaires qui s'engagent à supporter en commun certaines pertes que viendraient à éprouver quelques-uns d'entre eux. — CHAMBRE DES ASSURANCES, compagnie de gens qui font les assurances maritimes. — Législ. « Contrat par lequel *l'assuré* s'engage à verser une somme fixe ou une sorte d'annuité fixe ou variable, et *l'assureur* s'oblige, en échange, à garantir ce dernier contre un risque ou à payer soit un capital, soit une rente, le tout dans des circonstances déterminées. L'assureur peut être une seule personne ou une société commerciale. L'assuré peut être son propre assureur, ce qui existe dans les sociétés d'assurances mutuelles, où chacun des co-associés verse chaque année une contribution proportionnelle à la fois à son intérêt dans l'association et à la somme des obligations auxquelles la société doit faire face. Dans ces dernières sociétés, la contribution annuelle ou *prime* est nécessairement variable ; au contraire, dans les autres, la prime est fixée à forfait, aux risques et périls de l'assureur, pendant toute la durée de la convention ou *police* : c'est ce que l'on nomme *prime fixe.* L'assurance peut avoir pour objet le remboursement, en cas d'incendie, de la valeur des immeubles ou des meubles assurés ; de la valeur des récoltes, des bestiaux, etc., ou le versement d'une somme, s'il survient des accidents déterminés; elle peut garantir le propriétaire d'un navire ou l'armateur contre la perte en mer du bâtiment et de la cargaison ; elle peut stipuler le paiement d'un capital ou le service d'une rente viagère, soit à l'assuré lui-même et à une époque fixe, soit au décès de l'assuré ou à toute autre personne désignée, en cas de mort de l'assuré. Enfin le contrat d'assurances se prête à une grande variété de combinaisons, parmi lesquelles on distingue généralement trois classes : les *assurances terrestres* (incendie, grêle, accidents, etc.) les *assurances maritimes* et les *assurances sur la vie.* Celui qui contracte une assurance fait preuve de sagesse et de prévoyance ; aussi l'on voit que c'est parmi les populations les plus intelligentes et les plus instruites que les assurances sont les plus répandues. En payant une légère prime, le propriétaire, le négociant, l'armateur, etc., se mettent à l'abri de désastres pouvant produire la ruine des plus grandes fortunes. Le père chargé de famille peut aussi, grâce à l'assurance sur la vie, préparer une dot à ses enfants et laisser un capital à ses héritiers. Par ce moyen, chacun peut se contraindre soi-même à l'épargne et échapper à l'indigence qui menace sa vieillesse. Les assurances sont considérées par la loi comme des contrats *aléatoires*, c'est-à-dire, dont les suites dépendent d'un événement incertain (C. civ. 194); et elles sont soumises aux règles générales du droit, ainsi qu'aux conditions stipulées dans les polices. Mais l'assurance maritime est l'objet de dispositions spéciales contenues dans le titre X du deuxième livre du Code de comm. Les compagnies d'assurances sont, en elles-mêmes, des sociétés commerciales, établies suivant l'une des formes légales de ces sociétés, tandis que les sociétés d'assurances mutuelles sont des sociétés civiles, car leurs associés ne recherchent

pas un gain, et ils sont en même temps assureurs et assurés. Il résulte de cette distinction que les affaires litigieuses concernant les sociétés mutuelles sont du ressort des tribunaux civils, tandis que les autres sociétés sont justiciables des tribunaux de commerce et peuvent être déclarées en faillite. En vertu de la loi du 24 juillet 1867, les sociétés d'assurances peuvent se fonder sans autorisation ; mais elles doivent, pour se constituer, se conformer aux conditions réglementaires du décret du 22 janvier 1868. Les sociétés à primes sont tenues de faire un prélèvement de vingt pour cent sur leurs bénéfices nets annuels, pour former un fonds de réserve égal au cinquième du capital social, et les fonds qui ne sont pas nécessaires au service courant, doivent être placés en immeubles, rentes sur l'État, actions de la Banque de France, obligations foncières ou garanties. Tout assuré peut prendre, au siège social ou dans les agences, communication du dernier inventaire. La constitution des sociétés mutuelles peut avoir lieu par acte authentique ou par acte sous-seing privé, fait en deux originaux seulement ; mais les conditions de leur administration ont été longuement détaillées dans le décret précité. Les polices d'ASSURANCES CONTRE L'INCENDIE sont faites sous-seings privés, et elles contiennent presque toutes les mêmes clauses que l'on peut résumer ainsi : la compagnie-assureur ou l'association mutuelle garantit le remboursement, en cas de sinistre, de la valeur assurée des immeubles autres que magasin, de poudre et de meubles autres que titres, billets de banque, lingots et argent monnayé. Sont couverts facultativement, au moyen de primes spéciales : 1° la valeur des objets qui, par leur nature, présentent des dangers d'incendie exceptionnels; 2° le risque locatif, c'est-à-dire, la responsabilité du locataire envers le propriétaire (C. civ. 4733, 4734); 3° le recours des voisins, contre le dernier occupant d'incendie (C. civ. 1382, s.); 4° la responsabilité du propriétaire envers ses locataires (C. civ. 1386, 1721); 5° les dégâts autres que ceux d'incendie et causés par l'explosion de la foudre, du gaz d'éclairage et des chaudières à vapeur. L'assurance ne comprend jamais les pertes, même résultant d'incendie, lorsqu'elles sont la conséquence de guerres, invasions ou émeutes. Quelle que soit la valeur déclarée dans la police, l'assureur ne doit compte que des pertes réellement éprouvées ; aussi l'assuré n'a aucun intérêt à faire une déclaration supérieure à la valeur véritable des objets. Mais si, pour acquitter une plus faible prime, il déclare seulement moitié de la valeur, il restera son propre assureur pour partie; par exemple, s'il déclare seulement moitié de la valeur, il ne recevra, pour toute indemnité de sinistre, que la moitié de l'évaluation du dommage. Les primes sont fixées à un certain nombre de centimes par mille francs de la valeur assurée. Le contrat d'assurances n'a aucun effet avant le paiement de la première prime, et cet effet cesse de plein droit après un an et de retard dans le paiement d'une prime échue. En cas de sinistre, l'assuré doit en donner immédiatement avis à l'assureur ou à son représentant ; il doit faire à ses frais une déclaration du sinistre et des pertes, devant le juge de paix du canton, et remettre à l'assureur une expédition de cette déclaration, ainsi qu'un état estimatif des objets détruits ou avariés. Les dommages sont réglés de gré à gré ou par experts, et l'assuré ne peut faire aucun délaissement, même partiel.

Les assurances ASSURANCES TERRESTRES ont pour objet d'indemniser les assurés des accidents de toute nature que peuvent éprouver les personnes (voyageurs, ouvriers, etc.) ou les choses (récoltes, bestiaux, voitures, devantures vitrées, faillites, etc.). Le champ de l'assurance est infini. — Les ASSURANCES MARITIMES peuvent avoir pour objet le corps du navire, avec ou

L.

sans ses accessoires, les marchandises du chargement, les sommes prêtées à la grosse (v. ce mot), et toutes autres valeurs sujettes au risque de la navigation (C. com. 334). Si la police ne contient pas l'évaluation des marchandises, leur valeur peut être justifiée par les factures ou par les livres (C. com. 339). Contrairement à la règle admise chez d'autres nations commerçantes, est nulle en France l'assurance du fret et du profit espéré des marchandises (C. com. 347). Le délaissement du navire et des autres objets, peut être fait par l'assuré, pendant certains délais, et l'assureur doit alors payer la totalité de la valeur assurée ; mais ce dernier peut refuser le délaissement lorsqu'il s'agit de simples avaries (C. com. 369, s.). — Les ASSURANCES SUR LA VIE présentent, ainsi que nous l'avons dit, une grande variété de formes ; mais on les divise généralement en trois genres principaux : les assurances en cas de mort, les assurances en cas de vie et les assurances mixtes. Parmi les premières, on comprend l'assurance d'un capital payable au décès de l'assuré, celle d'un capital à payer au survivant de deux ou plusieurs personnes, etc. Dans le second genre se trouvent : l'assurance d'un capital différé, c'est-à-dire, payable à une époque fixe si l'assuré vit ; la rente viagère également différée et la rente viagère non différée, c'est-à-dire, payable sans délai et constituée moyennant l'abandon d'un capital. Enfin, l'assurance mixte permet à l'assuré de recevoir un capital ou une rente à une certaine époque, s'il vit ; et au contraire, s'il meurt, elle apporte un capital à ses héritiers. Les tables de mortalité qui avaient servi, en 1829, à calculer les primes dans les premiers contrats d'assurances sur la vie ont subi de grandes modifications par suite du bien-être général et de la plus longue durée de la vie humaine. Aussi les conditions offertes par les compagnies d'assurances sont-elles de plus en plus favorables aux assurés. En outre, la concurrence des compagnies anglaises et de l'État lui-même ont amené nos compagnies à accorder de nouveaux avantages et à faire participer les assurés aux bénéfices réalisés sur eux-mêmes. Enfin, on doit remarquer que la plupart des assurances mutuelles sur la vie ont successivement cessé d'exister ou ont abouti à la liquidation, tandis que les assurances à primes fixes sont en général florissantes. L'intérêt est-il donc, en toutes choses, la garantie la plus certaine d'une administration économe et vigilante ? Pour les compagnies profitent d'une clause qui leur est très favorable : c'est celle qui, dans le cas de cessation ou de retard de paiement des primes, rend le contrat nul de plein droit, sans qu'il y ait lieu à restitution des sommes perçues. — Certaines assurances mutuelles, connues sous le nom de Tontines (v. ce mot), ainsi que les autres sociétés d'assurances sur la vie, soumises à l'autorisation préalable (L. 24 juillet 1867, art. 66). Les compagnies d'assurances de toute nature, lorsqu'elles se trouvent chargées de risques trop lourds pour leur capital et leur fonds de réserve, reportent elles-mêmes, par des contrats et en payant une prime, une part de ces risques à d'autres compagnies ; c'est ce que l'on nomme des réassurances (C. com. 342). Les polices d'assurances contre l'incendie sont soumises au timbre de dimension et, en outre, à une taxe de huit pour cent, soit, avec les décimes, dix pour cent du montant des primes. Pour les assurances maritimes, la taxe n'est que de cinquante centimes par cent francs, décimes compris, du montant des primes et accessoires. Les réassurances ne sont pas soumises à une nouvelle taxe (L. 23 août 1871, art. 6). La CAISSE DES RETRAITES POUR LA VIEILLESSE, fondée en exécution de la loi du 18 juin 1850 et qui est gérée par la Caisse des dépôts et consignations, est une véritable institution publique

d'assurances sur la vie, subventionnée par l'État et régie en son nom. Elle sert des rentes viagères dont le chiffre est proportionné : 1° aux versements effectués avant la liquidation de la rente ; 2° à l'âge des rentiers à l'époque de cette liquidation ; 3° au capital réservé qui est stipulé remboursable après le décès de l'assuré. Les caisses de retraites, fondées par un grand nombre d'administrations pour assurer des pensions à leurs employés, ne sont pas autre chose que des assurances mutuelles sur la vie. Enfin il existe deux institutions établies sous la garantie de l'État par la loi du 11 juillet 1868 : ce sont : la CAISSE D'ASSURANCES EN CAS DE DÉCÈS, et la CAISSE D'ASSURANCES EN CAS D'ACCIDENTS RÉSULTANT DE TRAVAUX AGRICOLES OU INDUSTRIELS. Elles sont toutes deux subventionnées par l'État et gérées par la Caisse des dépôts et consignations. Leurs tarifs sont révisés tous les cinq ans. La première paie, au décès de l'assuré, une somme proportionnée à ses versements et à l'âge qu'il avait en déposant. La seconde reçoit des assurés une cotisation annuelle et sert des pensions viagères, soit aux assurés qui, par suite d'accidents sont réduits à une incapacité de travail absolue ou relative, soit, en cas de mort, à leurs familles, le tout suivant les règles qui ont été fixées par le décret du 10 août 1868. Ajoutons encore que le gouvernement, adoptant un projet de M. Nadaud, député, doit soumettre au Parlement (janvier 1882) une proposition de loi portant création d'une caisse d'assurances ou de retraites subventionnée par l'État, en faveur des ouvriers âgés ou infirmes. Cette tendance à substituer ainsi l'État à l'initiative privée et à la prévoyance individuelle, en outre des dangers qu'elle fait craindre pour les finances publiques, semble nous acheminer vers la mise en pratique des rêves socialistes ou au moins des plans de certains utopistes qui prétendent faire du gouvernement un assureur universel et de tout citoyen un assuré malgré lui. Et cependant le rôle qui appartient à l'État, c'est d'encourager le bien ; mais en laissant à chacun sa pleine liberté et la responsabilité personnelle de son propre sort. » (CH. Y.)
— HIST. Suétone pense que Claudius fut le premier créateur de l'assurance des navires (43 après J.-C.). Les assurances étaient d'un usage général en Italie, dès le XIIe siècle ; les polices d'assurances étaient connues à Florence en 1523. Les Anglais créèrent l'Amicable, assurance sur la vie, dès 1706.

* **ASSURÉ, ÉE**, part. passé D'ASSURER. — Adjectif. Qui est sûr, qui est en sûreté : rempart assuré, refuge assuré, retraite assurée. — Infaillible, certain : signe, présage assuré ; moyens assurés. — Hardi, sans crainte : mine assurée. — En mauvaise part, se met ordinairement devant le substantif : un assuré voleur ; un assuré menteur. — Substantiv., par opposition à assureur. Celui qui a fait assurer : l'assureur et l'assuré.

* **ASSURÉMENT** adv. Certainement, sûrement : assurément cela est vrai.

Cet homme assurément n'aime pas la musique.

MOLIÈRE. Amphitryon.

* **ASSURER** v. a. Rendre stable, affermir ; faire qu'une chose ne tombe pas, ne vacille pas, qu'elle reste en place : assurer une muraille, un plancher, une poutre, en l'étayant. — Accoutumer à ne point trembler, à ne point s'effrayer : l'habitude d'entendre le canon assure les soldats. — Rendre une chose sûre : assurer sa fortune, sa puissance, son indépendance ; sa perte est assurée ; assurer à une personne la possession d'une chose ; assurer le repos, le bonheur de quelqu'un ; mon amitié, mon estime vous est assurée, vous est pour toujours assurée. —Garantir un droit, faire qu'il ne périclite pas : assurer une hypothèque, une créance ; assurer à quelqu'un une somme, une rente, une pension, etc. — Garantir, par un acte, la propriété d'un

bien à quelqu'un, pour qu'il en jouisse après la mort du donateur : il assura tous ses biens à son neveu, après sa mort. — Prendre des moyens sûrs pour qu'une chose ne manque pas au besoin : assurer des vivres à une armée. — S'engager, moyennant une somme convenue, à rembourser la valeur de certains objets, s'ils viennent à être détruits ou perdus : assurer la cargaison d'un navire, des maisons contre l'incendie, les récoltes contre la grêle, les inondations, etc. — Affirmer, certifier une chose : il assure un mensonge aussi hardiment qu'une vérité ; à cet égard, je n'ose rien assurer. — Avec un nom de personne pour régime : Engager fortement quelqu'un à regarder une chose comme certaine, à y croire : assurer quelqu'un de sa reconnaissance. — Rendre certain d'une chose : ce qu'il a déjà fait nous assure de sa fidélité pour l'avenir. — Mar. ASSURER SON PAVILLON, tirer, en même temps qu'on arbore son pavillon, un coup de canon qui confirme que c'est bien le pavillon national du navire. Assurer un faux pavillon serait commettre un crime de piraterie. — ASSURER LA MAIN, rendre la main ferme et sûre : faire écrire, faire dessiner souvent un écolier, pour lui assurer la main. — Fig. ASSURER SA CONTENANCE, SON MAINTIEN, SON VISAGE. Prendre une contenance, un maintien, un visage ferme. — S'assurer v. pr. S'affermir : assurez-vous bien dans cette position. — Être persuadé, avoir la certitude, la confiance que : je m'assure qu'il fera ce que je lui demande..

Car qui peut s'assurer d'être toujours heureux.

LA FONTAINE. Le lièvre et la perdrix.

— Avec les propositions dans et en. Établir sa confiance : malheur à celui qui ne s'assure que dans ses richesses. — Se procurer la certitude d'un fait : assurez-vous de cette nouvelle avant de la répandre. — S'ASSURER DE QUELQU'UN, s'assurer de la protection, du suffrage de quelqu'un dans les choses où l'on a besoin de lui. — S'ASSURER DE QUELQU'UN, s'assurer de sa personne, l'arrêter, l'emprisonner. — S'ASSURER DE QUELQUE CHOSE, prendre ses précautions pour en être le maître, pour l'avoir à sa disposition : ce général s'est assuré de tel poste.

* **ASSUREUR** s. m. Celui qui, pour une certaine somme, assure les navires de commerce, les marchandises, les maisons, etc.

ASSYRIE, ancienne contrée d'Asie ; autrefois bande étroite sur la rive orientale du Tigre, comprenant l'Aturie (entre le Tigre et le grand Zab [Zabatus ou Lycus]), l'Adiabène, (entre le grand Zab et le Lesser [Caprus]) et quelques autres territoires au S.-E. La chaîne des Ni phates séparait cette région de l'Arménie ; les Zagros la limitaient du côté de la Médie ; enfin, à l'E. et à l'O. elle touchait à la Susiane, à la Babylonie et à la Mésopotamie. Plus tard l'Assyrie comprit le N. de la Mésopotamie ; enfin, dans son sens le plus large, le mot Assyrie désigna la grande plaine arrosée par le Tigris et l'Euphrate. — De même que bien d'autres peuples, les Assyriens, d'origine sémitique, se croient les habitants primitifs de notre globe. Leur historien Berosus cite des monarques qui auraient existé 36,000 ans avant la prise de Babylone par Cyrus (538 av. J.-C.) ; mais il faut déduire 34,000 ans qui appartiennent à l'histoire mythique de quatre-vingt six rois, lesquels auraient régné chacun environ 400 ans. Pour trouver un peu de certitude dans la chronologie des souverains d'Assyrie on doit commencer seulement à Nemrod ou Belus, qui régnait vers 2250 av. J.-C., peu de temps avant Assur qui bâtit Ninive (vers 2248). Pendant 10.0 ans, il n'est plus fait mention de l'Assyrie dans la Bible ; mais les légendes grecques nous parlent de Ninus, de Ninyas, de Sémiramis, d'Aralius, etc. Les premiers documents authentiques sont gravés sur trois cylindres d'argile découverts par l'antiquaire Austin Layard et déposés au British Museum. Ce précieux document fait connaître l'histoire du roi

Téglath-Phalasa: 1ᵉʳ, qui vivait vers 1130. L'Assyrie formait alors un puissant empire entouré de peuples tributaires. La capitale était Kiléchergat, l'Antique Assur, sur la rive droite du Tigre, à 100 kilom. au-dessous de Ninive. A l'O., l'Assyrie atteignait l'Euphrate; au S. elle touchait à l'empire de Babylone, qui était son rival. Pendant deux siècles, l'histoire cherche vainement à percer l'obscurité qui régna sur l'Assyrie. Ce n'est seulement que vers l'an 900, le siège du gouvernement avait été transporté à Calah (auj. Nimrud) sur la rive orientale du Tigre, à 35 kilom. au-dessous de Ninive. Le monarque qui régna de 886 à 858 est nommé Assur-Nasir-Pal, par les inscriptions que l'on a découvertes; il envahit l'Arménie, le Kurdistan et la Phénicie; il habitait un palais orné de cèdre du Liban. Son fils, Salmanasar II, comme le nomme l'obélisque noir actuellement au British Museum, fit vingt-sept campagnes, battit Jéhu d'Israël, et reçut des tributs de Tyr, de Sidon et de Byblus. Il fut remplacé (823-'10) par son fils Shamas-Iva qui subjugua la Médie et la Babylonie, et qui laissa le trône à son frère Iva-Lush. Ce prince, en épousant Sémiramis, de Babylone, unit les deux couronnes et confia le gouvernement de l'Assyrie (dont Ninive était la capitale) à un vice-roi. Une nouvelle dynastie, fondée à Calah, par Téglath-Phalasar II, vers 745, est appelée la basse monarchie et comprend cinq rois mentionnés dans la Bible.— Téglath-Phalasar prit la Babylonie et la Chaldée, subjugua la Syrie, envahit Israël et rendit tributaire Achaz, roi de Juda. Après lui, régna Salmanasar IV (727-'21), qui assiégea Hoschéa d'Israël en Samarie, ville que prit son successeur Sargon, Sargin ou Saryukin. Ce dernier battit, à Raphia, le roi égyptien Sabacon et occupa les côtes de la Phénicie. Mais il perdit la Babylonie, qui se rendit indépendante sous Mérodach-Haladan, allié d'Elam (Susiana), des Arabes, des Egyptiens et des Ethiopiens. Sargon périt assassiné vers 704. L'une de ses résidences Hisr Sargina (maison de Sargon), à Khorsabad, 15 kilom. N. de Ninive, est une des plus belles ruines de l'ancienne Assyrie.— Sennachérib, fils de Sargon, (704-680) reprit la Babylonie, remporta des succès sur les Mèdes, les Arméniens et les Egyptiens, et assiégea Jérusalem. Des bas-reliefs assyriens nous font connaître les détails de cette dernière guerre, qui se termina par la défaite des Assyriens. Sennachérib fut assassiné par deux de ses fils. Son règne avait été marqué par l'embellissement de Ninive, dont son magnifique palais de Koyunjik faisait partie. Esar-Haddon, quatrième fils de Sennachérib, succéda à ce prince et régna de 680 à 667. Grand conquérant, il soumit la Cilicie, une partie de la Médie; envahit la Judée et l'Egypte, et bâtit des palais à Ninive et à Babylone, qui étaient ses deux capitales. Avant de mourir, il partagea son empire et plaça un de ses fils sur le trône de Babylone. Assur-Bani-Pal, que l'on suppose être le Sardanapale des Grecs, fut à la fois un conquérant et un protecteur des arts, et de la littérature. Il établit une grande bibliothèque publique dans son palais de Koyunjik, (voy. CUNÉIFORMES). Il maintint sa domination en Egypte et saccagea Memphis, Saïs et Thèbes. On connaît peu ses successeurs. Le dernier, Sarac ou Sardanapale II, se fit brûler dans son palais, avec sa femme et ses enfants, afin de ne pas tomber entre les mains de ses ennemis, les Mèdes, qui rasèrent sa capitale, Ninive, et réduisirent son empire à l'état de simple province (605). A partir de cette époque, l'Assyrie n'a pas d'histoire. — (Voy. BABYLONIE et CHALDÉE). — La principale divinité des Assyriens était Assur « le roi des dieux », la source de la vie et le directeur des événements. Les dieux secondaires formaient deux séries de double triades, mâles et femelles. La première se composait d'Anu, masculin, et d'Anat, féminin (Pluton); Bel,

m., Bilit, f. (Jupiter); Hea, m. Faokina, f.; (Neptune). La seconde triade se composait de Sin, la lune; Shamas, le soleil; Iva, l'air. Il existait encore un groupe de divinités planétaires inférieures : Ninip (Saturne); Merodach (Jupiter); Nergal (Mars); Ishtar (Vénus); Neho (Mercure). Cette religion ne semble pas avoir développé les sentiments humains chez les Assyriens ; car les monuments historiques de ce peuple ne nous offrent d'autres exemples que ceux des rois faisant la chasse aux hommes et aux bêtes, brûlant des villes et torturant des captifs. Les connaissances astronomiques des Assyriens étaient assez étendues ; ils avaient étudié le mouvement synodique de la lune et connaissaient la durée de l'année; ils attribuaient les éclipses de soleil à leur véritable cause et annonçaient avec exactitude les éclipses de lune. De nos jours, l'Assyrie a été explorée par le colonel Chesney (1835-'7) ; par l'archéologue anglais Layard (1845-'8) qui a publié à Londres le résultat de ses découvertes : Ninive et ses restes 2 vol. 1840 ; et par George Smith (mort à Alep en 1876). Voy. SMITH (George). A. H. Sayce a publié à Londres une Grammaire assyrienne, en 1875.

*ASSYRIEN, IENNE adj. Habitant de l'Assyrie ; qui a rapport à l'Assyrie ou à ses habitants. — L'ASSYRIEN, s. m. langue parlée à Babylone et à Ninive.

ASTABOLO s. m. Sorte de tambour à usage chez les Maures.

ASTACAIRE, ASTACIEN, IENNE ou astacoïde, adj. (gr. astakos, écrevisse). Qui ressemble à l'écrevisse.

ASTACOLITHE s. f. (gr. astakos, écrevisse ; lithos, pierre). Nom donné par les naturalistes à l'écrevisse fossile.

ASTACUS, fils de Neptune et de la nymphe Olbie, donna son nom à une ville de Bithynie et à une ville d'Acarnanie (Grèce).

ASTACUS s. m. [a-sta-kuss] (gr. astakos, écrevisse). Nom scientifique de l'écrevisse. — Astron. La constellation du Cancer.

ASTAFFORT s. m.-l. de cant., arr. et à 20kil. S. d'Agen (Lot-et-Garonne), sur la rive droite du Gers ; 2,650 hab.

ASTAPA, aujourd'hui Estepa la Vieja, ville de l'ancienne Espagne, en Bétique. Assiégée par Marius, lieutenant de Scipion, ses habitants égorgèrent leurs femmes et leurs enfants, incendièrent leurs maisons, et se firent tuer jusqu'au dernier.

ASTARAC, ancien pays de France (Armagnac), compris aujourd'hui dans le Gers et les Hautes-Pyrénées; cap. Marmande. Au XIᵉ siècle, il forma un comté, qui fut, plus tard, réuni au comté de Foix.

ASTAROTH voy. ASTARTÉ.

ASTARTÉ, divinité féminine des Phéniciens et de plusieurs autres anciennes nations sémitiques; elle représentait le principe de la génération. C'est l'Astaroth de l'Ecriture sainte; la Vénus Uranie des Grecs. — La ville d'Og (Astaroth-Karnaïm, Astarté cornue) lui devait son nom. — Dans le langage des poètes, Astarté est un des types de la beauté.

ASTATE s. m. (gr. astatos, qui change souvent de place). Entom. Sous genre de guêpes ichneumons, à antennes filiformes et qui ont les yeux très allongés. « Les Astates se trouvent dans les lieux sablonneux, en France et dans le midi de l'Europe ». (Focillon).

*ASTATIQUE adj. (gr. astatikos; de a, priv. ; istēmi, je suis immobile). Phys. Qui n'est pas stable ; se dit surtout de l'aiguille aimantée disposée de manière qu'elle cesse d'obéir au magnétisme terrestre et oscille follement.

ASTÉISME s. m. (gr. asteismos, urbanité). Littér. Ingénieuse ironie par laquelle on déguise la louange ou la flatterie sous l'apparence du blâme ou du reproche. Dans le lu-

trin, la Mollesse, sous prétexte de se plaindre de Louis XIV, en fait l'éloge en ces termes ;

    Le ciel impitoyable
A placé sur leur trône un prince infatigable ;
Il brave mes douceurs, il est sourd à ma voix.
Tous les jours il m'éveille au bruit de ses exploits, etc.
         BOILEAU.

ASTER, habile archer d'Amphipolis, qui vint offrir ses services à Philippe, roi de Macédoine, auprès duquel il se vanta de ne jamais manquer un oiseau dans son vol le plus rapide: « C'est bien, lui répondit Philippe, je t'emploierai quand je ferai la guerre aux étourneaux ». Au siège de Métone par le roi de Macédoine, le vindicatif Aster se jeta dans la place et se vengea en crevant l'œil droit de Philippe avec une flèche sur laquelle il avait écrit : « A l'œil droit de Philippe ». Le roi lui renvoya la flèche avec ces mots : « Aussitôt la ville prise, Aster sera pendu ». Et il tint parole.

ASTER I. (Ernst-Ludwig von), ingénieur allemand né à Dresde en 1778; mort en 1855; constructeur des forteresses de Coblentz et d'Ehrenbreitstein. Il a laissé des ouvrages estimés. — II. (Karl-Heinrich von), son frère (1782-1855) officier d'artillerie, a également laissé des œuvres remarquables, parmi lesquelles un traité au jourd'hui classique sur l'art des fortifications, Dresde, 1812.

*ASTER s. m. [ass-tèrr] ou ~ ASTÈRE s. f. (gr. astēr, étoile). Bot. Genre de Composées, tribu des Astéroïdées sous-tribu des Astirinées, renfermant plus de 300 espèces à involucre hémisphérique, à folioles lâchement imbriquées sur

Aster de Chine, double.

plusieurs rangs, à réceptacle nu; plan, parsemé d'alvéoles à bords dentés ; capitules radiés à fleurs hermaphrodites ; demi fleurons femelles ou neutres; akènes oblongs. Près de 200 espèces sont cultivées dans nos parterres qu'elles ornent élégamment par leurs grosses touffes de fleurs de couleurs variées. L'Aster œil de christ (Aster amellus, Lin.), d'Europe, des espèces fleurs en corymbe, à disque jaune et à rayons bleus. L'Aster de la Nouvelle-Belgique (Aster Novi Belgii), de l'Amérique septentrionale, est ornée de rayons d'un bleu pâle. L'Aster de Chine (Aster Chinensis, Lin.) forme aujourd'hui le genre CALLISTÈPHE et porte le nom vulgaire de REINE-MARGUERITE (voy. ce mot).

ASTERABAD ou Astrabad. I. Prov. septentrionale de Perse, sur la mer Caspienne. Territoire généralement accidenté, mais qui forme, près du cours du Gourgan et de l'Attruk, de vastes plaines couvertes de pâturages, où vivent plusieurs tribus nomades. — II. Capitale de la prov. ci-dessus, à 25 kil. S.-E. de la mer Caspienne ; 10,000 hab. Autrefois résidence royale ; aujourd'hui tout à fait déserte en été. Elle doit au voisinage de marais pestilentiels, le surnom de « cité des fièvres ».

ASTÉRIE (Myth.). Epouse de Persès et mère d'Hécate. Jupiter, changé en aigle, la rendit mère de l'Hercule Tyrien ; puis il la métamorphosa en caille ; elle se jeta dans la mer et y devint l'île de Délos.

* **ASTÉRIE** s. f. (gr. *astér*, astre). Zool. Famille de zoophytes, de l'ordre des stellérides, classe des échinodermes. Les astéries (*asterias*, Linné), vulgairement appelées *Etoiles de mer*, « ont reçu ce nom parce que leur corps est divisé en rayons, le plus souvent au nombre de cinq, au centre desquels en dessous, est la bouche qui sert en même temps d'anus. La charpente de leur corps se compose de petites pièces osseuses diversement combinées. Elles ont une grande force de reproduction et non seulement reproduisent les rayons qui leur sont enlevés isolément,

Astérie vulgaire (Asterias rubens).

mais un seul rayon conservé peut reproduire les autres, ce qui fait qu'on en trouve assez souvent d'irrégulières ». (Cuvier.) Le corps déprimé des astéries est rugueux et parsemé à la surface supérieure de boutons qui varient de couleur suivant les espèces, mais ordinairement jaunâtres ou rougeâtres ; entre ces boutons se trouvent de très petites ouvertures pour le passage de l'eau qui entre dans le corps ou qui en sort. La peau coriace enveloppe ces boutons, au-dessous desquels se trouve un squelette de pièces en calcaire poreux, pièces qui sont articulées et peuvent se mouvoir. Il y a des individus mâles et des femelles. La propagation a ordinairement lieu par des œufs qui donnent naissance à des larves ovales, ciliées, qui subissent plusieurs phases avant d'arriver à l'état parfait. Les astéries se meuvent au moyen de pieds ou tentacules qui passent par une multitude de petits trous percés aux côtés d'un sillon longitudinal, lequel règne sous chaque rayon. La voracité de ces animaux est si grande que Rymer Jones les considère comme « des estomacs ambulants ». Leur office, dans l'économie de la nature, est de faire disparaître les matières en décomposition qui, s'accumulant sur le rivage, empoisonneraient les eaux. Lorsque ces matières ne leur suffisent pas, les étoiles de mer se nourrissent de crustacés, de mollusques et de petits poissons ; on croit même qu'elles s'attaquent aux huîtres. Aucune espèce d'astérie n'est comestible ; mais dans plusieurs endroits elles sont très recherchées comme engrais. L'*astérie vulgaire* ou *rougeâtre* (asterias rubens, Linné), excessivement commune sur nos côtes, mesure quelquefois un pied de diamètre ; sa couleur varie du rougeâtre au jaunâtre. L'*astérie glaciale* (asteria glacialis, Linné) est revêtue, à la partie supérieure, d'épines entourées d'une foule de petits tubes charnus. L'*astérie orangée* (asteria aurantiaca, Lin.) est notre plus grande espèce. Les bords de ses branches sont garnis de fortes épines mobiles. Tout le dessus est cou-

vert d'autres petites épines terminées en têtes tronquées et hérissées.

ASTÉRINÉ, ÉE adj. Bot. Qui ressemble à l'astère. — **ASTÉRINÉES** s. f. pl. Sous-tribu d'Astéroïdées, à capitules jamais dioïques, quelquefois radiés ; anthères dépourvues d'appendices à la base. Genres principaux : Amelle, Astère, Pâquerette, Reine-Marguerite, Gerbe-d'or ou Verge d'or, Chysocome, Conyza.

ASTÉRION. (Myth.). Roi de Crète, fils de Minos et de Pasiphaé ; on croit qu'il fut le Minotaure. — Un autre **ASTÉRION** fut l'époux d'Europe.

* **ASTÉRISME** s. m. Astron. Constellation, assemblage de plusieurs étoiles : *la grande Ourse, la petite Ourse, sont des astérismes.*

* **ASTÉRISQUE** s. m. (dimin. du gr. *astér*, étoile). Typogr. Petite étoile (*) que l'on met dans les livres pour indiquer un renvoi, pour marquer une lacune ou pour toute autre désignation convenue. Dans les pièces de théâtre, les astérisques désignent souvent les vers qui doivent être retranchés à la représentation. On remplace ordinairement par des astérisques les syllabes d'un nom propre dont on ne met que la lettre initiale : M. X***. — Dans les livres de chant, les astérisques indiquent les poses ou marquent les renvois brefs de quelque chapitre.

ASTÉROÏDE adj. [a-stè-ro-i-de] (gr. *astér*, étoile ; *eidos*, aspect). Zool. Qui a la forme d'une astérie. — s. m. Astron. 1° chacun des petits corps planétaires auxquels on attribue le phénomène des *bolides*. (Voy. ce mot.) 2° Nom du groupe de *petites planètes* situées entre les orbites de Mars et de Jupiter. La première, *Cérès*, fut découverte en 1801 ; *Pallas*, en 1802, *Junon* en 1804, *Vesta* en 1807 ; *Astrée* en 1845. Depuis cette époque, le nombre des astéroïdes a été porté à plus de 200. C. H. F. Peters, professeur à l'observatoire de Litchfield (Clinton, État de New-York, États-Unis) s'est fait une véritable célébrité dans la découverte de ces petites planètes. Le 29 sept. 1878, il découvrit la 191e du groupe ; c'était la 31e qu'il apercevait le premier.

ASTÉROÏDÉ, ÉE adj. [a-stè-ro-i-dé] (gr. *astér*, étoile ; *eidos*, aspect). Bot. Qui ressemble à une astère. — **ASTÉROÏDÉES** s. f. pl. 1° Nom donné par Brongniart à sa 17e classe, comprenant les plantes Gamopétales périgynes, dont la corolle est à préfloraison valvaire, et renfermant la vaste famille des composées. — 2° Nom donné par de Candolle à la troisième tribu des composées, subdivisée en quatre sous-tribus : Astérinées, Tarchonanthées, Inulées et Buphthalmées.

ASTÉROMÈTRE s. m. (gr. *astér*, astre ; *metron*, mesure). Instrument destiné à calculer le lever et le coucher des astres dont on connaît la déclinaison à l'heure du passage au méridien. On dit aussi **ASTÉROMÈTRE.**

ASTÉROPHYLLITES s. f. pl. [a-stè-ro-fil-li-te] (gr. *astér*, étoile ; *phullon*, feuille). Bot. Famille de plantes fossiles, que l'on trouve dans les terrains houillers et qui se distinguent par des feuilles nombreuses, réunies en verticilles et disposées en étoiles.

ASTÉROTE s. f. Espèce de filet très long.

ASTHÉNIE s. f. (gr. *astheneia*, faiblesse ; de *a*, priv. ; *sthenos*, force). Méd. Diminution générale ou locale des forces ; langueur, inertie des appareils anatomiques. Voy. ATONIE.

ASTHÉNIQUE adj. Qui a les caractères de l'asthénie.

ASTHÉNOLOGIE s. f. Traité de l'asthénie.

ASTHÉNOPIE s. f. (gr. *asthénès*, faible ; *ops*, *opos*, œil). Pathol. Lassitude oculaire ; état dans lequel la vue est incapable d'une application soutenue, sans que l'on puisse constater

la moindre altération de l'œil. On distingue : l'*Asthénopie accommodative*, due à la fatigue de l'accommodation ; on la combat au moyen de lunettes à verres convexes ; l'*Asthénopie musculaire*, due à la faiblesse des muscles droits internes ; se guérit par la ténotomie du muscle droit externe ; l'*Asthénopie nerveuse*, qui résulte de l'hyperesthésie du globe oculaire à la suite d'une maladie ou d'excès.

* **ASTHMATIQUE** [ass-ma-ti-ke]. Qui a un asthme, qui est sujet à l'asthme : *il y a quinze ans qu'il est asthmatique.* — Substantiv. : *c'est un asthmatique.*

* **ASTHME** s. m. [ass-me] (gr. *asthma*, respiration). Affection nerveuse caractérisée par une extrême difficulté de respirer, avec sentiment d'oppression, revenant par accès irréguliers, sans fièvre et avec conservation de la santé entre les accès. — Cette affection est ordinairement symptomatique d'une lésion du cœur ou des poumons, particulièrement de l'emphysème vésiculaire. Elle est plus commune chez les hommes que chez les femmes, chez les vieillards que chez les jeunes gens. Les accès sont principalement occasionnés par les variations atmosphériques, l'air froid ou humide, ou chargé de poussière, les émotions vives, surtout la colère, les écarts de régime, etc. — L'asthmatique respire habituellement avec difficulté, surtout dans la position horizontale et lorsqu'il marche vite ou qu'il veut monter un escalier, une côte, etc.— Les accès se déclarent le plus souvent le soir ou pendant la nuit. Ils débutent par un sentiment de compression et de resserrement de la poitrine ; la respiration devient haletante, gênée, sifflante ; le malade est obligé de se tenir droit ou penché en avant ; il hume l'air frais avec avidité ; il s'agite et craint de suffoquer ; il est dans une extrême anxiété ; il fait de grands efforts pour dilater sa poitrine et s'accroche à tous les corps solides qui sont près de lui ; son visage est pâle, altéré, gonflé et livide ; les extrémités se refroidissent, l'asphyxie paraît imminente ; enfin, la toux convulsive et pénible qui accompagne les accès, amène avec difficulté quelques crachats limpides. — Tout asthme qui cesse d'être intermittent pour devenir rémittent indique une lésion organique du cœur ou des poumons ; on dirige le traitement contre l'affection qu'il complique. — L'asthme essentiel ou purement nerveux ne compromet pas la vie, qu'il semble au contraire prolonger ; ce qui a fait dire que l'asthme est un brevet de longue vie. On prévient les accès en évitant les refroidissements, les lieux bas et humides, les appartements trop petits ou mal aérés, les poussières irritantes ; les asthmatiques doivent porter de la flanelle, observer la sobriété, surtout dans les repas du soir et se priver de liqueurs. Le traitement pendant l'accès consiste à faciliter la respiration, en dégageant la poitrine de ce qui peut gêner ses mouvements, à procurer au malade un air abondant, frais et pur, à lui faire fumer une ou plusieurs cigarettes de feuilles de stramoine ou de belladone ou à lui faire respirer la fumée de papier nitré. Les médecins prescrivent les bains de pieds, les manuluves, les expectorants et surtout l'opium. — L'asthme n'est pas tout à fait incurable. L'arséniate de soude longtemps continué, une saison au Mont-Dore ou aux Eaux-Bonnes ont produit des guérisons. — Asthme est quelquefois héréditaire. — Asthme thymique, spasme de la glotte. Voy. ECLAMPSIE.

ASTI, *Asta Pompeia*, ville de l'Italie septentrionale, sur le Tanaro, à 31 kil. O. d'Alexandrie ; 31,500 hab. Vin renommé. Cap. de la république d'Asti, de 1098 à 1158, elle fut brûlée par Frédéric Barberousse, passa au duché de Milan, fit partie de la dot de Valentine Visconti, femme du duc d'Orléans, resta sous la domination de princes français jusqu'en 1529. Le traité de Cambrai la céda à l'empereur d'Allemagne; elle fut ensuite réunie à la Savoie. Ses vieilles murailles, flanquées de 100 tours, la rendaient presque imprenable.

ASTIC s. m. [a-sti] (gr. *astukos*, poli). Techn. Polissoir. L'astic des cordonniers se compose ordinairement d'un gros os de cheval, d'âne ou de mulet.

* **ASTICOT** s. m. (de *asti coter*). Ver qui pullule dans les viandes gâtées et dont on se sert pour amorcer les hameçons ou pour nourrir la volaille, principalement le faisan.

ASTICOTER v. a. (basque : *astigo*, frapper). Contrarier, tracasser quelqu'un sur de petites choses : *il ne cesse d'asticoter ces enfants.*

ASTIER (Saint-) ch.l. de cant., arr. et à 20 kil. S.-O. de Périgueux (Dordogne), sur l'Isle ; 2,958 hab., Ruines d'un ancien château.

ASTIGMATISME s. m. (gr. *a* priv. ; *stigma*, point). Défaut de l'œil qui ne voit pas distinctement les objets dans toutes leurs parties, ce qui tient à ce que, dans différents plans passant par son axe, l'organe ne possède pas le même pouvoir réfringent. Ainsi, l'œil affecté d'astigmatisme, lorsqu'il regarde une surface quadrillée, formée de lignes verticales et de lignes horizontales, ne perçoit nettement que les unes ou les autres. On remédie à ce défaut par l'emploi de verres cylindriques.

ASTIQUAGE s. m. Action d'astiquer, résultat de cette action, nettoyage.

ASTIQUÉ part. pass. d'ASTIQUER. Nettoyé, reluisant de propreté, bien tenu.

ASTIQUER v. a. (rad. *astic*). Polir avec un astic. — Nettoyer. — Fig. et pop. Battre : *je vais t'astiquer.* — S'astiquer v. pr. Etre astiqué. — Fig. et pop. Se battre : *ils se sont astiqués.*

ASTLEY (Philip), écuyer anglais, né à Newcastle, en 1742, mort à Paris, en 1814. Après avoir servi dans la cavalerie, il ouvrit un cirque à Londres. Il posséda bientôt dix-neuf de ces théâtres, dont les principaux se trouvaient à Londres, à Dublin et à Paris (où il était associé avec Franconi). Il a laissé un « Système d'éducation équestre », ouvrage estimé.

ASTOLPHE ou Astulf, roi des Lombards (749-'56), envahit l'exarchat de Ravenne et menaçait Rome, lorsque Pépin le Bref, appelé par le pape Étienne II, battit les Lombards et assiégea leur roi dans Pavie. Astolphe rendit ses conquêtes pour obtenir la paix. Mais dès que Pépin se fut retiré, il envahit de nouveau les états du pape. Les Francs se hâtèrent de revenir. Astolphe, vaincu, céda au pape l'exarchat de Ravenne et la Pentapole. Ce fut le commencement de la puissance temporelle du Saint-Siège. Le roi des Lombards se blessa mortellement en tombant de cheval.

ASTOLPHE, prince d'Angleterre, parent de Renaud et de Roland, et l'un des paladins du poème de l'Arioste. Une fée lui avait donné un cor « dont le son était si perçant et si terrible que nul être vivant ne pouvait l'entendre ». Les écrivains font quelquefois allusion au *cor d'Astolphe.*

ASTOME ou Astoma s. m. (gr. *a*, privat.; *stoma*, bouche). Genre d'arachnides à six pattes, sans suçoir ni palpes visibles. La bouche des astomes ne consiste qu'en une petite ouverture située sur la poitrine; corps mou et ovale. L'*astoma gryllaria* est un animal très petit qui s'attache au corps des sauterelles et y vit en parasite. On voit quelquefois des centaines de ces mites rouges s'accrocher à la base des ailes des locustes.

Astoma gryllaria, vu au microscope.

ASTOMELLE s. f. (gr. *a*, sans; *stoma*, bouche). Entom. Genre de diptères tanystomes qui n'ont pas de trompe apparente. Antennes composées de trois articles, dont le dernier, en bouton allongé, est comprimé et sans soies.

ASTOR (Jean-Jacob), négociant américain, né à Walldorf, Bade, en 1763; mort à New-York, en 1848; s'enrichit dans le commerce des fourrures, fonda la ville d'Astoria, en 1811, pour servir d'entrepôt à la *Compagnie américaine des pelleteries*, qu'il avait formée en 1809, et légua deux millions de francs pour la création, à New-York, de la bibliothèque Astor. Sa fortune s'élevait à cent millions de francs.

ASTORGA, *Asturica Augusta*, ville d'Espagne, à 50 kil. O.-S.-O. de Léon; 5,000 hab. Ruines romaines et vieux château. Astorga fut prise par Junot le 22 avril 1810, après un mois de siège. Les Espagnols la reprirent en 1811, les Français la même année. Ces derniers en furent expulsés en 1812.

ASTORGA (Emmanuel d'), compositeur sicilien (1681-1736); prit son nom de la ville d'Astorga (Espagne), où il était entré au couvent dans sa jeunesse. Il mourut dans un couvent de Bohême. Son œuvre principale est un beau *Stabat Mater.*

ASTORIA, ville et port de l'Orégon, près de l'embouchure de la rivière Colombia; 1,000 hab. Elle fut fondée, en 1811, par la compagnie *Astor*, qui y établit un dépôt de pelleteries.

ASTRABAD, voy. ASTERABAD.

* **ASTRACAN** s. m. Fourrure de peau d'agneau, ainsi nommée de la ville d'Astracan, où il s'en fait un grand commerce : *un bonnet d'astracan.*

ASTRACAN ou Astrakhan, gouv. du S.-E. de la Russie d'Europe, sur la mer Caspienne, 224,471 kil. carr.; 602,000 hab.; population composée de Kalmouks, de Kirghiz, de Tartares, de Persans et d'Arméniens. Sol plat, divisé par le Volga en deux steppes arides où l'on rencontre çà et là quelques fertiles territoires. Nombreux lacs et marais salés. Climat extrêmement chaud en été et très froid en hiver. Astracan formait autrefois un khanat des Tartares de la Horde d'Or; ce khanat comprenait Saratov, Orenburg et le Caucase; il fut annexé à la Russie en 1554. — II. Capitale du gouvernement ci-dessus, port militaire dans une île du Volga, à 59 kil. de la mer Caspienne; 48,500 hab. Mosquées, temples hindous, églises chrétiennes. Imprimerie kalmouke. Entrepôt de commerce russe en Orient. Fabriques de châles, d'étoffes de soie, de coton, de poudre, etc. Importantes salines; riches pêcheries. — Cathédrale, par 46° 20' 59'' lat. N. et 45° 42' 16'' long. E.

* **ASTRAGALE** s. m. (gr. *astragalos*, petit os du talon). Anat. Os du tarse, de forme à peu près cubique. L'astragale du mouton sert pour le jeu des osselets. — Archit. Moulure composée d'un tore et d'un listel qui sépare le chapiteau du fût de la colonne, ou qui règne le long d'une architrave ou d'un chambranle :

Ce ne sont que festons, ce ne sont qu'*astragales.*
                                BOILEAU.

Lorsqu'on orne l'astragale de grains ronds ou oblongs, on lui donne le nom de *chapelet.* — Art milit. Bourrelet ou moulure que l'on ménage autour d'une pièce d'artillerie. Il y a ordinairement trois astragales à chaque pièce: astragale de lumière, astragale de ceinture, astragale de volée.

* **ASTRAGALE** s. m. Bot. Genre de papilionacées, tribu des lotées, caractérisé par un calice tubulé ou campanulé à cinq divisions; étamines diadelphes; gousse biloculaire. Plus de cinquante espèces sont cultivées. L'*astra-*

gale réglisse ou *fausse réglisse* (*astragallus glyciphyllos*, Lin.), vient dans nos bois et donne, en été, des épis ovales, oblongs, de fleurs jaunâtres. C'est une fourrage nourrissant. L'*astragale baticus*, indigène, donne des grains susceptibles d'être employés comme succédanés du café. L'astragale *gummifer* et l'astragale *verus* produisent la gomme adragante.

* **ASTRAL, ALE** adj. Qui appartient aux astres. — Inusité au m. pl. Qui offre quelque rapport avec les astres. — ANNÉE ASTRALE, temps que le soleil emploie à revenir au point du ciel d'où il était parti. — LAMPE ASTRALE, lampe construite de manière que sa flamme éclaire les objets de haut en bas, sans porter d'ombre par ses appuis.

ASTRANCE s. f. (gr. *astér*, astre). Bot. Genre d'ombellifères, tribu des saniculées, comprenant des herbes vivaces aromatiques, à racine noirâtre, à feuilles radicales pétiolées; caulinaires sessiles; fleurs polygames, en ombellules régulières; ombelles irrégulières; fruit comprimé sur la partie dorsale. L'*astrance grande* (*astrantia major*, Lin.), vulgairement *radiaire, sanicle femelle*, des Alpes et des Pyrénées, à fleurs rosées ou rougeâtres, possède une racine âcre, amère et purgative. L'*astrance mineure* (*astrantia minor*, Lin.), *petite radiaire*, croît dans les Alpes.

ASTRAPÉE s f. (gr. *astrapaios*, qui lance des éclairs). Entom. Sous-genre de coléoptères pentamères très luisants, appartenant au grand genre staphylin de Linné. Ces petits insectes vivent sous l'écorce des arbres et se distinguent par un article presque triangulaire qui termine chacune des quatre palpes. L'espèce la plus commune est l'*astrapée de l'orme* (*staphylinus ulmi*), à corps noir, corselet très lisse, avec la base des antennes, la bouche, les étuis et l'avant dernier segment de l'abdomen d'un fauve marron.

* **ASTRE** s. m. Se dit en général de tous les corps célestes : *le mouvement, le cours des astres.* — Poétiq. L'ASTRE DU JOUR, le soleil :

Sur les flots agités par les vents et l'orage,
L'astre brillant du jour ne peint point son image.
                             DELILLE. *Épitre.*

— L'ASTRE DE LA NUIT, DES NUITS, la lune :

.... Et l'astre de la nuit
Dont les faibles rayons nous guident sous l'ombrage.
           C. DELAVIGNE. *Le Paria*, acte I, sc. 1.

— ASTRE, se disait, en Astrol. des corps célestes par rapport à leur influence prétendue sur les corps terrestres, et particulièrement sur les hommes : *les astres influent sur les corps sublunaires; être né sous un astre favorable, sous un astre malheureux.* — CETTE FEMME EST BELLE COMME UN ASTRE, elle est extrêmement belle.

ASTRÉE, déesse de la justice, fille du Titan Astréus et de Thémis. Elle descendit sur la terre pendant l'âge d'or. Mais ensuite, elle eut tant d'horreur de l'humanité qu'elle remonta au ciel, où elle forme, suivant la Fable, le signe de la Vierge, dans le Zodiaque.

ASTRÉE (L'), célèbre roman pastoral, mêlé de prose et de vers, qui fit la réputation d'Honoré d'Urfé (1610). Les bergers du Lignon, gouvernés par la nymphe Amasis, remplaçaient les héros de la chevalerie dont le public commençait à se lasser. Cette œuvre maniérée obtint un immense succès. C'est là que figure la fameuse *Carte du Tendre.* La princesse Astrée, héroïne de ce roman, est restée le type de la femme aimable et belle, mais qui se montre cruelle par un raffinement de coquetterie. Les meilleures éditions de l'*Astrée* sont celles de Paris, 1637, et de Rouen, 1647, 5 vol. in-8°.

ASTRÉE, tragédie lyrique, en 3 actes, représentée à Paris (Académie de musique), le 28 novembre 1691 ; musique de Colasse, élève de Lulli, sur des paroles de La Fontaine, qui disait lui-même que son poème était détestable.

ASTRÉE s. f. (gr. *astraia*, étoilé). Zool. Genre de polypes madréporaires qui se réunissent et forment ordinairement une masse

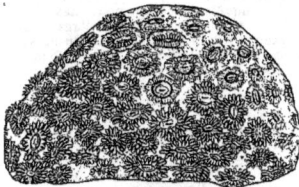

Astrée (Astræa pallida).

de corail globulaire ou hémisphérique, creusée de grandes étoiles. Les animaux de ce genre sont pourvus d'une bouche arrondie, entourée de tentacules.

ASTREINDRE v. a. *J'astreins, nous astreignons, j'astreignais, j'astreignis, j'astreindrai, que j'astreigne, que j'astreignisse, astreignant, astreint, einte.* — Assujettir : *astreindre quelqu'un à des conditions déraisonnables, injustes,* — S'astreindre v. pr. S'assujettir : *ce poète ne veut point s'astreindre aux règles du théâtre.*

ASTRICTIF, IVE adj. Méd. Qui a la propriété de resserrer.

ASTRICTION s. f. [a-stri-ksi-on] (lat. *astrictio*, resserrement). Méd. Action d'une matière astringente sur l'économie animale.

ASTRINGENCE s. f. Qualité des astringents.

ASTRINGENT, ENTE adj. Méd. Se dit des substances, des médicaments qui resserrent : *remède astringent.* — s. m.: *arrêter le sang avec des astringents.* — Encycl. Les astringents sont les médicaments qui ont la propriété de resserrer, de crisper les tissus. Les astringents minéraux les plus employés sont : les acides sulfurique et chlorhydrique étendus d'eau, l'alun, les préparations de zinc, les préparations de plomb, le borax, la chaux, les préparations ferrugineuses. Les astringents végétaux sont : le cachou, le kino, le suc d'acacia, l'écorce de chêne, la noix de galle, l'écorce de quinquina, la racine de ratanhia, la bistorte, le monésia, le sang-dragon et toutes les substances qui contiennent du tannin ; on y ajoute les produits de la famille des rosacées : rose de Provins ; racine de fraisier, de tormentille, de benoite ; feuilles de ronces, d'alchimille, d'aigremoine, d'argentine, etc. — A l'extérieur, on emploie les astringents dans les cas d'hémorragies externes, d'érésipèles, de panaris, dans le début des brûlures, etc.; à l'extérieur, contre les catarrhes, les flux chroniques et les hémorragies passives.

ASTRODERME s. m. (gr. *astron*, astre ; *derma*, peau). Icht. Genre de poissons acanthoptérygiens scombéroïdes, voisin des coryphènes, à écailles découpées en étoiles. La seule espèce connue est l'*astroderma tacheté* (*astroderma guttatus*), de la Méditerranée, argenté, tacheté de noir, à nageoires rouges.

ASTROÏTE s. f. [ass-tro-i-te] (gr. *astron*, astre). Hist. nat. Sorte de polypier que l'on nomme plus ordinairement *Astrée.* Voy. ce mot. — Pierre à laquelle la magie orientale attribuait de grandes vertus.

ASTROLABE s. m. (gr. *astron*, astre ; *lambano*, je prends). Nom que l'on a donné à plusieurs instruments. 1° système de cercles disposés dans l'ordre et la situation qu'on leur suppose dans les cieux, ce qui constituait une véritable sphère armillaire. 2° *astrolabe de mer,* instrument dont il est fait usage en mer pour observer la hauteur des étoiles. Il consiste en

un large anneau de cuivre d'environ 4 décimètres de diamètre, dont le limbe est divisé en degrés et en minutes. Ce limbe porte une alidade mobile pourvue de deux pinnules; on tient l'anneau suspendu verticalement, en le tournant vers le soleil, de sorte que les rayons passent par les pinnules; et, dans cette position, le tranchant de l'index marque sur le limbe divisé une graduation qui est la hauteur de l'astre. Hipparque employa, dit-on, les astrolabes vers 130 av. J.-C. L'astrolabe moderne fut inventé par Fabricius, en 1513. — ASTROLABE se dit aussi de certaines projections de la sphère.

ASTROLABE (Anse de l'), dans la baie Tasman, par 40° 58' 22" lat. S. et 170° 45' 30" long. E.

ASTROLOGIE s. f. (gr. *astrologia* ; de *astron*, astre ; *logos*, discours, traité). Art chimérique, nommé aussi *Astrologie judiciaire*, suivant les règles duquel on prétendait connaître l'avenir par l'inspection des astres. — D'abord cultivée par les Chaldéens, l'astrologie judiciaire fut transmise par eux aux Egyptiens, aux Grecs et aux Romains. Jusqu'au temps de Galilée, on la confondit avec l'astronomie. Les Arabes la répandirent dans l'Europe occidentale, où elle conserva longtemps son crédit, surtout en Italie. Les astrologues italiens furent recherchés autant qu'avaient pu l'être les astrologues chaldéens de l'antiquité. Charles V, dit le Sage, fonda un collège d'astrologie; Louis XI courbait la tête sous les prétendus oracles des astrologues; Catherine de Médicis faisait elle-même des observations ; Henri IV fit tirer, par son premier médecin, Larivière, l'horoscope de son fils, Louis XIII; Richelieu et Mazarin consultaient Jean Morin.

ASTROLOGIQUE adj. Qui appartient à l'astrologie : *prédiction astrologique.* — FIGURE ASTROLOGIQUE, description du thème céleste, ou de l'aspect général des astres qui se trouvaient au-dessus de l'horizon au moment pour lequel on voulait construire cette figure.

ASTROLOGIQUEMENT adv. Selon les règles de l'astrologie.

ASTROLOGUE s. m. Celui qui s'adonne à l'astrologie judiciaire. — Prov. et fig. CE N'EST PAS UN GRAND ASTROLOGUE, se dit d'un homme qui n'est pas fort habile en quelque profession que ce soit.

ASTRONOME s. m. Celui qui connaît et pratique l'astronomie : *les astronomes ont observé, ont remarqué...*

ASTRONOMIE s. f. (gr. *astron*, astre ; *nomos*, loi). Science qui apprend à déterminer les positions relatives des astres, à constater les lois des leurs mouvements et les détails physiques de leur configuration : *les principes de l'astronomie sont certains.* — ASTRONOMIE PHYSIQUE, partie de l'astronomie qui s'élève des phénomènes observés à la détermination de leurs causes physiques, et qui, de ces causes prises pour principes, déduit les lois observables comme autant de conséquences du calcul. — ASTRONOMIE NAUTIQUE, partie de l'astronomie dont la connaissance est nécessaire aux navigateurs, pour se diriger en pleine mer. — Hist. Cette science, la plus ancienne de toutes, si l'on en excepte l'agriculture, traite des mouvements, de la distribution et du caractère physique des corps célestes. On a attribué son origine à plusieurs nations. Bailly prétend, mais sans preuves suffisantes, que les anciens Indous possédaient des connaissances étendues en astronomie; l'évidence de la priorité est en faveur des peuples de la Chine et de la Babylonie. L'empereur chinois Tchouenn-Hio, à une époque que Bailly a démontré être l'an 2,449 av. J.-C., connaissait la conjonction des planètes Mercure, Mars, Jupiter et Saturne: les Chinois expliquaient déjà les éclipses. Les premières observations astronomiques Baby-

loniennes eurent lieu vers 2234 av. J.-C. Les Chaldéens firent faire de grands progrès à cette science, sous le règne de Nabonassar. Leurs observations, au sujet du mouvement de la lune, sont vraiment remarquables; ils connaissaient également la gnomonique, découvrirent la précession des équinoxes et déterminèrent la longueur de l'année tropicale, à une demi-minute près. On a même des raisons de penser qu'ils connaissaient le vrai système de l'univers; et nous apprenons, par Diodorus Siculus et Apollonius Myndius que leurs astronomes considéraient les comètes comme des corps qui voyageaient dans des orbites étendus et qu'ils prédisaient, en quelque sorte, leur retour. — Des inscriptions de la grande pyramide d'Egypte ont fait penser que ce vaste monument avait été élevé pour servir d'observatoire; l'opinion du professeur Smith est que son érection correspond à l'époque où l'étoile α du dragon à son transit supérieur était visible de (jour comme de nuit), à travers le long passage incliné qui forme l'un des traits caractéristiques de cette pyramide. Cette époque aurait donc été l'an 2170 av. J.-C. Mais si nous faisons remonter à une très haute antiquité les premiers systèmes astronomiques, il nous paraît imprudent d'admettre, avec Smith, que les constructeurs de la grande pyramide connaissaient la distance du soleil, ainsi que la véritable longueur de la période processionnelle et d'autres éléments astronomiques dont la découverte a été la récompense des méthodes exactes et des profondes recherches mathématiques des temps modernes. — Thalès de Milet, fondateur de la première école grecque d'astronomie, l'école ionienne, enseignait, plus de 600 ans av. J.-C., que la terre est ronde; cet astronome connaissait la vraie cause des éclipses lunaires; et l'on pense qu'il avait une idée des mouvements du soleil et de la lune, ainsi que de la cause des saisons et de la longueur des années. Plus tard, Pythagore, qui appartenait à la même école, émit la doctrine du mouvement céleste; il croyait à la pluralité des mondes habitables (480 av. J.-C.). Meton imagina le cycle lunaire-solaire, en 433. Les plus anciens ouvrages sur l'astronomie sont le traité d'Aristote « concernant les cieux » et celui d'Autolycus « sur le mouvement de la sphère ». Aratus écrivit un poème sur l'astronomie, vers 350 av. J.-C. Archimède observa les solstices, vers 212; Hipparque de Nicée, le plus grand des astronomes grecs, détermina le mouvement moyen du soleil et de la lune et découvrit la précession des équinoxes (de 160 à 125). Presque en même temps, Ptolémée confirma la précession des équinoxes et découvrit la place et les distances des planètes (140). Ces illustres savants, qui appartenaient l'un et l'autre à l'école d'Alexandrie, fondée sous les Ptolémées, furent les premiers qui se livrèrent à une observation exacte et systématique des corps célestes. Hipparque, que nul n'a surpassé, établit le premier catalogue des étoiles. Quant à Ptolémée, créateur, du système ptolémaïque, on lui dispute la priorité de ses théories, qu'il aurait empruntées pense-t-on, à son prédécesseur, Hipparque. Les lieux qu'il indique pour les étoiles semblent avoir simplement déduits du catalogue de 1,081 étoiles d'Hipparque, avec des corrections pour la précession. Néanmoins, les travaux de Ptolémée ont eu une grande importance : il découvrit l'*évection* ou inégalité des mouvements de la lune, et fut le premier qui reconnut l'effet de la réfraction en changeant les lieux apparents des corps célestes. Son traité, nommé *Almageste*, contient à peu près tout ce que l'antiquité connaissait en fait d'astronomie. — L'astronomie et la géographie, cultivées par les Arabes, dès le VIII° siècle, furent introduites dans l'Europe occidentale vers le XIII° siècle; elles firent d'abord peu de progrès; nous n'avons guère à mentionner, pendant une période de deux siècles, que les fameuses tables alphonsines, composées vers 1263. A la fin du xvᵉ siècle, les travaux de Purbach et de Regiomontanus préparèrent la voie que suivit Copernic, le créateur du vrai système astronomique, qui fit renaître la doctrine du mouvement des corps planétaires dans son célèbre ouvrage intitulé : « Révolution des corps célestes » (1543). Le premier, il osa dire que la terre n'est pas au centre de l'univers; le premier, il trouva une explication simple et rationnelle du mouvement planétaire en plaçant le soleil au centre de notre système. Tycho-Brahé fit faire quelques progrès à l'astronomie ; mais il adhère encore au ystème de Ptolémée. Képler fit connaître les vraies lois du mouvement planétaire. Ses deux premières lois datent de 1609 et sa troisième de 1618. Ces trois lois sont les suivantes : 1° chaque planète décrit, autour du soleil, une ellipse, dont l'orbe de celui-ci occupe un des foyers; 2° les surfaces décrites par les rayons vecteurs sont proportionnelles au temps; 3° les carrés des temps périodiques des planètes sont proportionnels aux cubes de leurs distances moyennes. Galilée ayant construit un télescope en 1609, découvrit les satellites de Jupiter le 8 janvier 1610 et fit une série d'observations tendant à démontrer la vérité du système de Copernic; l'étude des satellites de Jupiter, qui présentent une miniature du système solaire, fut toute en faveur de cette démonstration. Descartes publia en 1637 son système cartésien. Horrocks observa le premier le passage de Vénus sur le disque du soleil, le 24 novembre 1639. Dans l'église de Saint-Petronius, à Bologne, Cassini traça, en 1653, sa ligne méridienne, sur une ligne plus ancienne établie par le F. Ignatius Dante, en 1575. Huygens, à l'aide d'un télescope plus puissant que tous ceux que l'on avait employés avant lui, découvrit un satellite de Saturne et l'anneau de cette grande planète, en 1654. Horrebow découvrit, en 1659, l'aberration de la lumière des étoiles fixes. Grégoire invente le télescope réfléchissant en 1663. Vers 1670, des cartes de la lune furent dessinées par Scheiner, Langrenus, Hevelius, Riccioli, etc. Rœmer découvrit, en 1675, la vélocité de la lumière et observa les satellites de Jupiter. Dans cette même année fut fondé l'observatoire anglais de Greenwich, et l'année suivante, Halley démontra que le soleil tourne sur son axe. Toutes les observations préparèrent la voie aux recherches de l'illustre Newton, dont la découverte de la loi de gravitation n'aurait jamais été admise, sinon par l'évidence obtenue en sa faveur au moyen des observations téléscopiques. Ce savant publia en 1687 son traité intitulé Principia et démontra un système qui est encore enseigné. Flamsteed dressa un catalogue des étoiles en 1688; quatre ans plus tard, Cassini exécuta sa carte de la pleine lune; il décrivit les satellites de Saturne en 1781. Halley expliqua exactement, en 1705, le retour périodique des comètes. Flamsteed publia son Historia Cœlestis en 1725. Bradley expliqua, en 1727, l'aberration de la lumière des étoiles. John Harrison produisit, en 1735, les chronomètres pour déterminer les longitudes. En 1767, fut publié en Angleterre le « Nautical almanach ». Les recherches astronomiques de Lagrange et de Laplace, et particulièrement la découverte des grandes lois dont dépend la stabilité du système planétaire, ne sont dépassées en importance que par la découverte de la gravitation elle-même. Lagrange découvrit les inégalités célestes en 1780. Herschel aperçut les satellites d'Uranus le 13 mars 1781. La publication de la Mécanique céleste de Laplace, en 1796, est une date mémorable dans l'histoire de l'astronomie physique. Il en fut de même des travaux d'Adams et de Leverrier, qui annoncèrent l'existence de la planète Neptune, découverte qui n'est pas due au hasard, mais

aux calculs des perturbations d'Uranus. (Voy. Neptune). Lord Rosse construisit son télescope en 1828-'45. A William et à George Herschel nous devons à peu près tout ce que nous savons sur les nébuleuses. Bond tira une photographie de la lune en 1851. La table de la lune, de Hensen, fut publiée, en 1857, aux frais du gouvernement anglais. En 1861, on commença à appliquer l'analyse spectroscopique à l'astronomie. Les observations récentes de Kirkwood et de Newton aux Etats-Unis, d'Alexander Herschel et de Glaisher en Angleterre, de Quetelet en Belgique, de Schmidt à Athènes, de Heis en Allemagne et de Secchi à Rome ont grandement augmenté nos connaissances sur les météores. L'analyse spectroscopique du soleil et des autres corps célestes, accomplie par des savants tels que Kirchhoff, Huggins, Young, Secchi, Zollner, Lockyer, etc., a révélé un grand nombre de faits d'une haute importance. Les observations des plus récentes éclipses solaires ont conduit aux plus intéressantes découvertes, relativement à la constitution du soleil. Les 11 et 18 août 1877, l'Américain Asaph Hall, de Washington, découvrit deux satellites de Mars. — Bibliogr. Whewell, Histoire des sciences inductives ; John, Geischichte der Astronomie ; Delambre, Histoire de l'astronomie. — Astronomie nouvelle ou Physique céleste, Astronomia nova, sive physica cœlestis, le plus beau monument qui ait été élevé à l'astronomie, par Kepler; Prague, 1609. — Astronomie populaire, traité de cosmographie, abrégé du cours professé à l'Observatoire par l'illustre Arago et publié après sa mort (1856-'57), par Barral; cet ouvrage, ainsi qu'un autre sous le même titre dû à l'astronome Flammarion ont puissamment contribué à populariser la science astronomique.

* **ASTRONOMIQUE** adj. Qui appartient à l'astronomie : tables astronomiques.

ASTRONOMIQUE s. m. Traité en vers sur l'astronomie, tel que l'Astronomie, de Daru, poème didactique en six chants, Paris, 1830. On a, en latin, les Astronomiques, de Manilius, poème astrologique mal composé mais bien écrit. Les meilleures éditions sont celles de Joseph Scaliger, Paris, 1579; Heidelberg, 1590; Leyde, 1600, et celle de Pingré, avec des notes et une traduction française, Paris, 1786.

* **ASTRONOMIQUEMENT** adv. Suivant les principes de l'astronomie.

ASTRUC (Jean), médecin, né à Sauve (Languedoc), en 1684; mort en 1766; professeur à la Faculté de Paris, auteur de trois Mémoires sur la peste de Provence, 1722-'25, 3 vol. in-8°; d'un Traité des tumeurs et des ulcères, 1759, 2 vol. in-12; d'un Traité des maladies des femmes, 1761-'65, 6 vol. in-12; et d'ouvrages de métaphysique sur l'immortalité et l'immatérialité de l'âme, 1755, in-12.

* **ASTUCE** s. f. (lat. astutia). Finesse, ruse qui a pour objet le mal, qui nuit ou tend à nuire : employer de petites astuces.

* **ASTUCIEUSEMENT** adv. Avec astuce.

* **ASTUCIEUX, EUSE** adj. Qui a de l'astuce : homme astucieux. — Se dit aussi des choses où il y a de l'astuce : conduite astucieuse.

ASTUR s. m. Nom latin de l'autour.

ASTURES, ancien peuple qui habitait le nord de l'Espagne et qui a laissé son nom aux Asturies.

ASTURICA AUGUSTA, nom latin d'Astorga.

ASTURIEN, IENNE adj. et s. [a-stu-ri-ain, i-è-ne]. Habitant des Asturies; qui appartient aux Asturies ou à leurs habitants. — Les Asturiens, appelés autrefois Astures, furent les seuls chrétiens de la Péninsule ibérique qui conservèrent leur indépendance après les invasions musulmanes. L'idiome asturien appelé langue buble, est, après le basque, le plus ancien dialecte de l'Espagne.

ASTURIES (Les), ancienne principauté du N.-O. de l'Espagne, sur le golfe de Gascogne; elle forme, depuis 1833, la province d'Oviédo ; 10,596 kil. carr.; 611,000 hab. Habitée primitivement par les Astures, cette province forma après la conquête arabe, un petit Etat chrétien fondé par le chef Visigoth Pélage (713). Ce royaume, noyau de l'Espagne future, s'agrandit sous ses huit premiers princes (Pélage, 713; Favila, 737; Alphonse Iᵉʳ, le Catholique, 739; Froïla Iᵉʳ, 757; Aurélio, 768; Silo, 774, Mauregat, 783; Bermude Iᵉʳ, 788). Sous le neuvième roi des Asturies, le siège de la royauté fut transporté à Oviédo. Depuis 1388, l'héritier présomptif de la couronne d'Espagne porte le titre de prince des Asturies. En 1808, la junte des Asturies commença la résistance organisée contre l'usurpateur Joseph.

ASTYAGE, dernier roi de Médie, fils de Cyaxare et grand père de Cyrus, par lequel, suivant Hérodote, il fut détrôné après un règne de de 35 ans (594-559 av. J.-C.). Voy. Cyrus.

ASTYANAX, fils d'Hector et d'Andromaque. Un oracle avait prédit que, s'il vivait, il serait le vengeur de Troie. Sa mère le cacha dans le tombeau d'Hector. Mais Ulysse le découvrit et le précipita du haut des murailles de Troie. Une autre version, admise par Racine, le fait survivre sa mère à la cour de Pyrrhus. Son nom est quelquefois appliqué au rejeton d'une dynastie détrônée.

ASUAY [a-souaï]. Nom de l'ancien département de l'Ecuador qui a formé la province de Cuenca.

ASUDESTIE ou Assuestie s. f. Mar. Période pendant laquelle les vents du sud-est soufflent constamment.

ASUNCION (Nuestra señora de la) ou L'Assomption, capitale du Paraguay, sur la rive gauche du Paraguay, à 1,050 kil. N. de Buenos-Ayres; 48,000 hab. en 1857; mais la population a diminué depuis cette époque. Fondée en 1536, l'Assomption resta jusqu'en 1620 la capitale de toutes les possessions espagnoles sur le Rio de la Plata. Les maisons irrégulièrement bâties ne possèdent guère qu'un étage. Outre la cathédrale (reconstruite en 1845), on y remarque un théâtre, un arsenal, etc. Mais en général, elle offre un aspect misérable. Elle est pourtant admirablement située pour servir d'entrepôt au commerce de la rivière et de l'intérieur; et son territoire est des plus fertiles. Villa-Rica (240 kil.). Lat. 25°16'49" S.; long. 59°59'10" O.

ASYLE s. m. Ancienne orthographe de Asile.

ASYMÉTRIE s. f. [a-si-mé-trl] (gr. a, priv.; fr. symétrie). Manque de symétrie.

ASYMÉTRIQUE adj. Qui manque de symétrie.

ASYMPTOTE s. f. [a-sain-pto-te] (gr. a, priv.; san, avec; piptô, je tombe; qui ne coïncide pas). Géom. Ligne droite dont la courbe se rapproche indéfiniment sans jamais l'atteindre : les asymptotes de l'hyperbole.

* **ASYMPTOTIQUE** adj. Qui appartient ou qui a rapport à l'asymptote : point asymptotique; courbe asymptotique.

ASYMPTOTISME s. m. Etat, propriété de deux lignes asymptotiques.

ASYNARTÈTE adj. et s. m. [a-si-nar-tè-te] (gr. asunurtétos; de a, priv.; sunartaô, je joins). Nom donné à des vers grecs ou latins, iambiques, et à des trochaïques catalectiques de sept pieds lorsque les quatre premiers pieds se détachent des trois derniers par une césure assez forte pour permettre la suppression d'une élision.

ASYNDÈTE ou Asyndéton s. m. [a-sain-dè-te] (gr. asundeton, de a, priv.; sundeô, lier). Rhét. et gramm. Ellipse par laquelle on supprime une ou plusieurs conjonctions pour donner plus de rapidité et plus de force au discours :

Français, Anglais, Lorrains, que la fureur rassemble,
Avançaient, combattaient, frappaient, mouraient ensemble.
                                        VOLTAIRE

ATABEK (arabe : *père du prince*), titre que prirent, au xi⁰ et au xii⁰ siècle, les émirs qui usurpèrent le pouvoir sur les Seldjoucides, sans oser prendre le titre de sultan. Les Atabeks formèrent quatre dynasties : celle de l'*Irak* (1127-1248), celle du *Farsistan* (1148-1264), celle de l'*Aderbaïdjan* (1169-1225) et celle du *Laristan*, jusqu'en 1339.

ATACAMA. 1. Dép. S.-O. de la Bolivie, entre le Pérou, la République Argentine, le Chili et le Pacifique; 10,000 hab. La plus grande partie du territoire forme un désert sablonneux. Dans ce département, on trouve l'or, l'argent, le cuivre, le sel et l'alun. Ch.-l. Cobija. — II. Prov. N. du Chili, comprenant une portion du désert d'Atacama. 98,227 kil. carr. 72,000 hab. Grande richesse minérale. On exploite plus de 200 mines d'argent et près de 1,000 mines de cuivre. Cap. Copiapô.

ATAHUALPA [a-ta-oual-pa] ou **Atabalipa**, inca du Pérou, fils d'Huayna-Capac, mort en 1533. Huascar, héritier légitime d'Huayna-Capac, partagea volontairement son royaume avec Atahualpa, lequel, s'il faut en croire l'histoire douteuse des annalistes espagnols, leva une armée, surprit Huascar dans sa ville de Cuzco, le chargea de chaînes et fit cruellement expirer sa famille et ses partisans. Sur ces entrefaites, arrivèrent les Espagnols, conduits par Pizarre. Atahualpa entra en pourparlers avec ces dangereux étrangers; il se laissa même, attirer à une entrevue (1532), pendant laquelle sa suite fut massacrée. Lui-même, traîtreusement arrêté, fut jeté en prison. Il paya une rançon énorme, sur la promesse qu'il aurait la vie sauve; mais Pizarre, d'accord avec Almagro, après l'avoir baptisé, le fit étrangler comme coupable de révolte contre le roi d'Espagne « son légitime souverain ».

ATAÏDE (don Luis de), vice-roi portugais des Indes, en 1569, porta à son apogée la puissance de son pays dans ces contrées lointaines, fut disgracié en 1575 et reprit son poste en 1580; il mourut l'année suivante.

ATAKAPAS, tribu éteinte d'Indiens qui habitaient le S. de la Louisiane.

ATALA, titre du premier roman écrit par Châteaubriand (1801); c'est un épisode de la vie sauvage en Amérique. — *Atala au tombeau*, tableau de Girodet, au Louvre.

ATALANTE l'*Arcadienne*, fille de Jasus, était, d'après la légende grecque la plus légère des mortels, elle courait plus vite que les Centaures. Ceux qui la demandaient en mariage devaient lutter de vitesse avec elle; lorsqu'elle les avait vaincus, elle les tuait. Milanion parvint pourtant à gagner la victoire et sa main en usant de ruse. Il laissa tomber, en fuyant, les trois pommes d'or que Vénus lui avait données, et pendant qu'Atalante les ramassa, il regagna le terrain qu'il avait perdu. Atalante et son époux ayant profané le temple de Jupiter, furent changés en lions.

ATALANTE ou la **TOILETTE D'ATALANTE**, statue en marbre de Pradier (1850); musée du Luxembourg.

ATALANTE s. f. (nom mythol.). Bot. Genre d'aurantiacées. — Plante du genre péritome. — Astron. Astéroïde découvert le 19 avril 1855, par H. Goldschmidt.

ATALAYA, ville du Brésil, prov. de Rio-Grande du Sud, sur l'Atlantique. Phare, par 0⁰ 35' 3" lat. S. et 49⁰ 39' 18" long. O.

ATAMAN ou **Ataman** s. m. Chef d'une horde de Cosaques. Voy. HETMAN.

ATARAXIE s. f. [a-ta-ra-ksî] (gr. *a* priv.; *taraxis*, émotion). Philos. Quiétude, calme, tranquillité de l'âme : *les stoïciens tendaient à l'ataraxie*.

ATARAXIQUE adj. Qui a rapport à l'ataraxie.

ATAR-GULL (arabe : *atar*, essence; persan, *gul*, rose; essence de rose), roman d'Eugène Sue, publié à Paris, en 1831.

ATAUAÏ [a-ta-ouai] île d'Océanie; voy. KAUAI.

ATAULPHE (ou **ADOLPHE**), roi des Visigoths d'Espagne, de 410 à 415. Associé à son beau-frère Alaric, il envahit l'Italie avec une armée de Goths et de Huns. A la prise de Rome, il s'empara de Placidie, sœur de l'empereur Honorius, et il l'épousa à Narbonne, le 1⁰ᵉʳ janvier 414. Devenu allié de l'empereur, après la mort d'Alaric, il marcha en Gaule contre les usurpateurs Jovin et Sébastien, auxquels il enleva la Provence et l'Aquitaine. Constance, époux légitime de Placidie, harcela le ravisseur Ataulphe jusqu'à celui-ci passât les Pyrénées et entrât en Espagne. Le roi des Visigoths périt assassiné par l'un de ses écuyers.

ATAVISME s. m. (lat. *atavus*, aïeul). Tendance des êtres organisés à revenir à leur type primitif. « C'est en vertu de l'atavisme que l'homme, comme l'animal, reproduit souvent les traits de ses grands parents. » (LITTRÉ). — Bien que le mot *atavisme* soit de création récente, la tendance anatomique et physiologique qu'il désigne était connue depuis longtemps. Les agriculteursont dû remarquer, dès l'antiquité, que les plantes modifiées par la culture reviennent à leur type sauvage quand on les abandonne à elles-mêmes. Il en est de même chez les animaux : le produit de certains croisements ne peut former de races nouvelles que par la sélection. La connaissance de la loi de l'atavisme a poussé à la démonstration de ce fait que le porc n'est pas un sanglier domestique; car des porcs abandonnés en Amérique sont devenus des cochons sauvages, qui n'ont rien de commun avec le sanglier. Il en a été de même pour le chien qui, devenu sauvage dans le nouveau continent, ne s'est rapproché ni du loup, ni du renard, ni du chacal, ni d'aucun des animaux que les naturalistes lui avaient donnés pour ancêtres. — Dans la physiologie humaine, l'atavisme n'est pas seulement une tendance des descendants à revenir à leur type primitif, comme par exemple, les descendants de métis ou de mulâtres, qui se rapprochent plus ou moins sensiblement du blanc ou de l'homme de couleur; l'atavisme est le retour au caractère, aux aptitudes, aux propensions d'un ancêtre. — En politique, on emploie souvent le mot atavisme pour désigner un mouvement vers les idées du passé.

* ATAXIE s. f. [a-ta-ksî] (gr. *a*, priv.; *taxis*, ordre). Pathol. État de désordre des phénomènes nerveux dans certaines maladies. C'est un symptôme qui indique toujours des complications du côté du cerveau. Ces phénomènes sont une perversion des sensations, des convulsions ou l'immobilité; l'irrégularité du pouls, les soubresauts dans les tendons, le délire, l'insomnie ou la somnolence, la stupeur. — Philos. Désordre dans les passions, dans les appétits, dans les facultés morales et intellectuelles.

* ATAXIQUE adj. [a-ta-ksi-ke] Pathol. Qui a rapport à l'ataxie : *symptômes ataxiques*. — Qui est atteint d'ataxie : *c'est un ataxique*. — *** FIÈVRE ATAXIQUE**. Fièvre caractérisée par les phénomènes de l'ataxie. Les *fièvres ataxiques* étaient autrefois nommées *nerveuses* ou *malignes*.

ATBARA ou **Astaboras**, affluent du Nil. Voy. NIL.

ATCHAFALAYA, riv. ou bayou de la Louisiane, se détachant du Mississipi, près de l'embouchure de la Red River, courant au S., à travers le lac Chetimaches et se jetant dans la baie d'Atchafalaya (golfe du Mexique).

ATCHAR s. m. Voy. ACHARD.

ATCHISON, ville de l'état de Missouri (Etats-Unis), sur le Missouri, à 40 kilom. au-dessus de Leavenworth; 12,000 hab. Siège du collège Saint-Benedict (catholique romain).

ATÉ (gr. *até*, malheur). Divinité malfaisante chez les Grecs; fille de Jupiter qui l'exila sur la terre où elle sème la haine.

ATÈLE s. m. (gr. *a*, priv.; *telos*, impôt). Antiq. athéniennes. Nom de tout citoyen qui, ayant rendu quelque service à l'État, était exempt d'impôts.

ATÈLE s. m. (gr. *atelés*, imparfait, inachevé). Zool. Genre de singes américains établi par E. Geoffroy Saint-Hilaire. Les atèles sont inachevés en ce sens qu'ils n'ont qu'un pouce

Atèle coaïta (ateles paniscus,

rudimentaire à la main. Leur queue, très longue, est prenante comme une main; ils s'en tortillant autour d'une branche, se balançant vivement sur ce point d'attache et se lancent ainsi, par un bond prodigieux, sur l'arbre voisin. Les principales espèces sont le *chamek*, le *coaïta*, etc. Les atèles sont très doux et s'apprivoisent facilement.

ATÉLECTASIE s. f. [a-té-lé-kta-zî] (gr. *atelés*, incomplet; *ektasis*, extension). Pathol. Défaut d'extension, de dilatation : *atélectasie du poumon*.

ATÉLÉCYCLE s. m. (gr. *atelés*, imparfait; *kuklos*, cercle). Crust. Sous-genre du genre crabe, à test rond, dentelé aux bords; yeux écartés; très fortes pinces. Ils sont petits. L'espèce la plus commune sur nos côtes est l'*atélécycle ensanglanté*.

* ATELIER s. m. (étym. inconnue). Lieu où travaillent réunis des artistes ou des ouvriers : *quitter un atelier; quitter l'atelier; un bel atelier*. — Lieu de travail d'un artiste, d'un sculpteur, etc. : *personne n'était admis dans son atelier, qu'il n'eût entièrement achevé ses ouvrages.* — Par ext. Réunion de ceux qui travaillent dans un atelier de peinture ou de sculpture : *la rivalité d'atelier produit l'émulation.* — ATELIER DE CHARITÉ, lieu où l'on fait travailler des pauvres qui manquent d'ouvrage. — Astron. ATELIER DU SCULPTEUR, constellation de l'hémisphère austral, située auprès du tropique du Capricorne. — ATELIERS NATIONAUX. Vastes embrigadements d'ouvriers auxquels on venait en aide en les occupant à des travaux publics, après des troubles ayant amené la fermeture d'un grand nombre d'ateliers particuliers. En 1790, en 1793, en l'an XII, en 1830, on ouvrit à Paris et dans les départements de grands ateliers publics. Mais l'essai le plus large et le plus malheureux fut celui

de 1848. Un décret du 27 février ordonna l'organisation des ateliers dits nationaux, divisés en arrondissements, services, compagnies, lieutenances, brigades, escouades, etc., dont les chefs étaient élus. Le prix de la journée était de 2 fr. pour les simples ouvriers ; chacun ne devait travailler qu'un jour sur deux. Le nombre des travailleurs augmenta avec une rapidité extraordinaire ; il atteignit bientôt le chiffre de 100,000 : c'était une armée qui se souleva dès que l'Assemblée constituante voulut, en juin 1848, dissoudre ces ateliers,qui avaient coûté 17 millions et n'avaient pas produit un travail en rapport avec la dépense.

ATELLA, ville du pays des Osques (Campanie) entre Naples et Capoue. Elle fut dépeuplée en 211 avant J.-C. par les Romains, qui la punirent ainsi d'avoir pris parti pour Annibal ; mais au temps de Cicéron, elle avait recouvré son ancienne importance. En 1030, ses habitants furent transportés à Aversa.

* **ATELLANES** s. f. pl. *Atellanæ fabulæ* ou *ludi Osci,* espèces de farces,ainsi nommées d'Atella, ville des Osques, où elles furent jouées d'abord. On les importa à Rome vers l'an 391. On y représentait les paysans qui parlaient le patois des Osques. — Bibliogr. Meyer : *études sur le théâtre latin,* Paris, 1847, in-8°.

ATÉMADOULET s. m. (arabe *Aïmâd eddaoulet,* appui de l'empire). Titre du premier ministre de Perse.

A TEMPO loc. adv. [a-taïm-po] (ital. *a tempo*) Mus. Expression qui indique qu'après un solo exécuté *ad libitum,* les chanteurs de l'orchestre doivent reprendre la mesure.

ATENAS ou **At'nahs,** tribu indienne de l'Amérique anglaise. On les appelle aussi Indiens Chin. Ils appartiennent à la famille Selish. Ils habitent sur les rivières Frazer et Salmon, et sont assez industrieux.

* **ATERMOIEMENT** ou **Atermoiment** s. m. [a-ter-moi-man] (rad. *atermoyer*). Comm. et Jurispr. Prorogation de délai accordée par un créancier à son débiteur, lorsque celui-ci est dans l'impossibilité de s'acquitter à l'époque de l'échéance.—Législ. « Dans le cas de faillite déclarée, l'atermoiement ne peut plus avoir lieu que par le concordat. Lorsque la prorogation de délai est consentie dans un acte, elle est passible d'un droit d'enregistrement de 50 c. par 100 fr., en vertu de la loi du 22 frimaire an VII ; ce droit est aujourd'hui de 0 fr. 625 décimes compris. Mais lorsque l'atermoiement résulte du concordat, il n'est assujetti qu'au droit fixe de 3 fr. 75, quelle que soit la somme que le failli s'oblige à payer (L. 24 mai 1834, art. 14).—On donne quelquefois au mot *atermoiement* le sens de retard apporté dans la conclusion d'une affaire ou dans l'exécution d'une promesse. »   (Ch. Y.)

* **ATERMOYER** v. a. (rad. *terme*). Comm. et Jurispr. Prolonger, reculer les termes d'un paiement : *atermoyer une lettre de change, une promesse, un billet,* etc. — S'atermoyer v. pr. Faire un atermoiement avec ses créanciers : *il s'est atermoyé avec ses créanciers à six termes d'année en année.*

ATESH-GAH [a-tèsch-ga] (*le temple de feu*), célèbre couvent des adorateurs de feu, à une petite distance de Bakou, au milieu d'une vaste plaine d'où le feu éternel, produit par le naphte, s'échappe d'ouvertures irrégulièrement digues. Au centre de cette plaine s'élève un édifice crénelé ; de chaque créneau sort une gerbe de flammes ; de chaque contrepole, une autre gerbe ; un foyer intense, composé de cinq feux, couronne la plus haute coupole ; à l'intérieur le feu sort partout de la terre ; les autels sont couverts de flammes.

ATEUCHUS s. m. [a-teu-kuss] (gr. *a,* priv.; *teuchos,* arme). Entom. Genre de scarabées, à jambes postérieures longues et grêles, peu

ou point dilatées à leur extrémité. Ces animaux vivent dans la fiente et les excréments, et forment avec ces matières des boules semblables à de grosses pilules, où ils renferment leurs œufs et qu'ils font rouler avec leurs pieds de derrière jusqu'aux trous préparés pour les recevoir. Les larves ont une tête écailleuse,

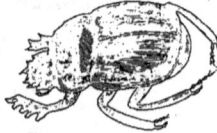

Ateuchus Ægyptiorum.

la bouche armée de mandibules et de mâchoires distinctes, enfin six pattes courtes et terminées par un seul crochet. Sur quarante espèces décrites, il y en a environ trente qui appartiennent à l'Afrique ; les autres habitent les pays chauds de l'ancien continent. Presque tous de couleur noire, ils présentent quelquefois des reflets métalliques brillants. L'espèce la plus célèbre est l'*ateuchus sacré* ou *scarabée sacré* (*scarabæus sacer*) de Linné, appelé quelquefois *ateuchus des Egyptiens* (*ateuchus Ægyptiorum*) parce qu'il a joué un grand rôle dans le culte religieux des anciens Egyptiens. Il est souvent représenté dans leurs hiéroglyphes et sur leurs monuments. Son image, gravée sur des pierres précieuses, se portait comme amulette et on l'enterrait avec les momies. On a même trouvé de ces insectes dans les tombeaux.

ATH ou **Aeth,** ville de Hainant (Belgique), sur la Dendre, à 55 kil. O.-S.-O. de Bruxelles; 8,500 hab. Fabr. de toiles, de dentelles, de gants, etc. Prise par Louis XIV, en 1667, par Catinat en 1697, et par Louis XV, en 1745, elle fut fortifiée après 1815 et démantelée en 1853. Lat. 50° 37' 46" N.; long. 1° 26' 22" E.

ATHABASCA ou **Athapescow.** I. Lac de l'Amérique anglaise, par 59° de lat. N. et entre 114° et 116° de long. O. Il reçoit l'Athabasca, la Peace, et correspond avec les lacs Slave et Wollaston.—II. Rivière qui descend des montagnes Rocheuses et qui se jette dans le lac Athabasca, après un cours de 1,000 kil.

ATHABASCAS, famille d'Indiens américains, comprenant deux grandes divisions : l'une qui habite depuis la baie d'Hudson jusqu'au Pacifique; l'autre depuis le golfe de Californie jusqu'au Texas. A la première de ces divisions, appartiennent les Tinne ou Chipewais, les Tahkali ou Courriers, les Côtes de Chien, les Slaves, les Kénéiens, les Umpquas, etc., au nombre d'environ 58,000 ; à la seconde, les Navajos, les Apaches et les Lipans, au nombre d'environ 17,000.

* **ATHA BEN HAKEM** ou **Alhakem ibn Atta,** surnommé Mokana (le Voilé), imposteur musulman de Khorasan, mort en 780. Il se prétendit la personnification de Dieu et portait un voile, parce que nul n'aurait pu, sans tomber mort, considérer son visage. Il recruta une puissante armée de fanatiques. Assiégé dans le château de Keh, au N. de l'Oxus, par le calife Mahdi, il se tua pour ne pas tomber entre les mains de ses ennemis.

ATHALARIC, roi des Ostrogoths d'Italie (526-'34) ; fils de Théodoric-le-Grand ; sa mère Amalasonte régna pendant sa minorité.

ATHALIE, fille d'Achab, roi d'Israël. Ayant épousé Joram, roi de Juda, elle introduisit l'idolâtrie dans les états de son mari. Après la mort de celui-ci et de leur fils Ochozias (884 av. J.-C.), elle fit périr 42 princes de la famille royale et monta sur le trône. Mais Joas, fils d'Ochozias, avait échappé au massacre. Elevé secrètement dans le temple, par

le grand prêtre Joad, il fut proclamé roi en l'an 878 ; Athalie périt et les autels de Baal furent renversés.

ATHALIE, tragédie en cinq actes et en vers, l'un des chefs-d'œuvre de Racine (1671). Les chœurs ont été mis en musique par Lulli, et de nos jours par J. Cohen.

ATHAMANTE s. f. (gr. *Athamas,* roi de Thèbes qui fut le premier à mettre cette plante en usage ; *anthos,* fleur). Bot. Genre d'ombellifères formé par Linné, mais aujourd'hui distribué entre plusieurs autres genres. L'*Athamante de Crète* (*Athamanta Cretensis,* Lin.; *Petrocarvi Cretensis*), des bords de la Méditerranée, a été employée comme carminative.

ATHAMANTINE s. f. Chim. Substance cristallisable que l'on trouve dans la racine et dans la graine presque mûre de l'*athamanta oreoselinum.*

ATHAMAS, fils d'Eole et roi d'Orchomène, en Béotie. Junon l'affligea de démence,parce qu'il avait abandonné sa femme, Néphélé, pour Ino, qui essaya de faire périr Phryxus et Hellé, enfants de Néphélé.

ATHA MELIK (Ala-ed-Din), officier persan (1227-'82), gouverneur de Bagdad, sous le règne des Mongols ; auteur d'une histoire des Mongols intitulée : « Conquête de l'Univers ».

ATHANAGILDE, quatorzième roi des Visigoths, de 554 à 567, fit de Tolède sa capitale. Brunehaut et Galsuinthe, ses deux filles, épousèrent des rois de la nation franque.

ATHANASE (Saint), docteur et Père de l'Eglise grecque, né à Alexandrie en 296 ; mort en 373. Il fut disciple de l'ermite saint Antoine et accompagna, comme diacre, Alexandre, évêque d'Alexandrie, au concile de Nicée, où il combattit et fit condamner l'arianisme (325). L'année suivante, il fut élu évêque d'Alexandrie. Ses ennemis, les ariens, le persécutèrent et le firent déposer par le synode de Tyr (335) et exiler à Trèves par celui de Jerusalem (336). Constance le rappela en 338 ; mais il fut encore déposé et replacé quatre fois sur son siège épiscopal. — Fête, le 2 mai.—La meilleure édition de ses œuvres est celle que publia Montfaucon, Paris, 3 vol. in-fol. 1797-'8. Elles comprennent des *Commentaires de la Bible* et une *Apologie* à l'empereur Constance.

ATHANASIEN adj. Se dit d'un symbole composé de définitions théologiques exactes des doctrines de la Trinité et de l'Incarnation. Ce formulaire dogmatique de la foi, que l'on attribue faussement à saint Athanase, fut introduit en France vers 870 ; l'Eglise grecque l'accepta vers 1200. L'Eglise d'Angleterre l'a conservé ; mais il est repoussé par les protestants épiscopaliens des États-Unis. Le symbole athanasien est aussi nommé *Symbolum qui conque,* parce qu'il commence par : « Quicon que vult ».

* **ATHÉE** s. m. (gr. *a,* priv.; *theos,* dieu). Celui qui ne reconnaît pas de Dieu : *une secte d'athées.* — adj. Qui nie la Divinité : *sentiment athée; proposition athée.*

* **ATHÉISME** s. m. Opinion, doctrine des athées. Dans l'antiquité, l'athéisme fut professé par Epicure, Lucrèce et plusieurs autres philosophes ; Spinoza adopta des doctrines analogues aux leurs (1650). Lucilio Vanini enseigna publiquement l'athéisme en France et fut condamné à être brûlé, à Toulouse, en 1619. Mathias Knutzen, de Holstein, professait ouvertement, vers 1674, les mêmes doctrines, auxquelles il attira environ 1,000 adeptes. Il voyageait pour faire des prosélytes, et ceux-ci étaient appelés *Conscienciaries,* parce qu'ils ne reconnaissaient d'autre divinité que la conscience.

ATHÉISTE adj. Qui a le caractère de l'athéisme.

ATHÉISTIQUE adj. Qui appartient à l'athéisme.

ATHELSTAN, huitième roi des Anglo-Saxons, de 925 à 941: premier prince qui prit le titre de roi des Anglais. Il était fils illégitime d'Edouard l'Ancien et fut choisi pour lui succéder par le Witenagemote. Il ajouta les pays de Cornouailles, de Devon et de Northumbrie aux territoires anglo-saxons et battit les Danois et les Norvégiens à Brunanburgh et à Brunsbury; il compléta le code d'Alfred, créa des écoles et favorisa le commerce. Sa sœur, Ogive, épousa Charles le Simple.

ATHELXIE s. f. [a-tèl-ksl] (gr. athelxis). Méd. Succion; action de sucer.

ATHÉNA s. f. Sorte de flûte des anciens Grecs. On donnait le même nom à une trompette.

ATHÉNAGORAS, philosophe athénien du IIe siècle. Converti au christianisme, il écrivit une « Apologie pour les chrétiens » et un « Traité sur la Résurrection » qui ont été imprimés à Paris en 1557 et en 1732, in-fol.

° ATHÉNÉE s. m. Athenæum, lieu consacré à Minerve, (Athéné), et servant aux réunions des philosophes et des orateurs qui venaient y réciter leurs compositions. Vers l'an 140 de J.-C., l'empereur Adrien fonda, sur le capitole de Rome, un athénée où étaient logés et nourris des savants et des écrivains qui y faisaient des lectures publiques. Cette institution se maintint jusqu'au Ve siècle. — Chez les modernes, on donne le nom d'Athénées à des établissements où se font des cours publics de science et de littérature. Tels sont l'Athenæum club de Londres, fondé en 1823; l'Athenæum de Liverpool, ouvert le premier, 1799; les Athénées de Manchester, de Bristol, etc.

ATHÉNÉE, auteur grec de la première partie du IIIe siècle av. J.-C., né à Naucratis, Égypte. Ses Deipnosophistæ (banquets des savants), ouvrage volumineux, qui jette une grande lumière sur les mœurs de l'antiquité, ont été conservés en grande partie. Ils ont été édités par Schweighæuser, 1801-'7.; et traduits par Lefebvre de Villebrune, Paris, 1789-'91; 5 vol.

ATHÈNES (d'Athéné, Minerve), capitale de l'ancienne Attique et de la Grèce moderne, par 37° 58' 8" lat. N., et 21° 23' 29" long. E. (au Parthénon), à environ 7 kil. du Pirée qui lui sert de port. Elle était construite autour de la colline rocheuse de l'Acropole, qui s'élève à 100 mètres au-dessus de la ville et à 200 mètres au-dessus du niveau de la mer.

Fortifications de l'ancienne Athènes.

L'Attique, nommée Ionie, fit primitivement partie du royaume de Béotie, dont Ogygès fut l'un des rois. Sous son règne, vers 1764 avant J.-C., un déluge inonda le pays, qui resta ensuite désert jusqu'à l'arrivée de l'Égyptien Cécrops, lequel y fonda douze villes (1556 avant J.-C.). Une suite de seize rois lui succéda,

parmi lesquels furent Amphictyon (1497), Erichtonius (1487), Erechteus (1383), Egée (1283), Thésée (1225), Mnesteus (1205), Demophoon (1182), Melanthus (1123) et Codrus (1192). Sous le règne de Thésée, la capitale, Cécropia, devint Athènes en l'honneur de Minerve (Athéné) dont le culte avait été introduit dans cette ville par Erechteus. C'est à ce dernier prince qu'est dû l'Erechteum; Thésée unit l'Attique; Mnesteus envoya cinquante navires à la guerre de Troie; Codrus s'étant sacrifié pour la patrie, nul ne fut jugé digne de le remplacer et la royauté fut abolie. Son fils Medon, lui succéda sous le nom d'archonte nommé à vie (1070); douze autres archontes à vie lui succédèrent. Le dernier fut Alcméon, qui mourut en 753. Après lui, la république fut gouvernée par une suite de sept archontes nommés seulement pour dix ans. Enfin, en 683, l'archontat devint

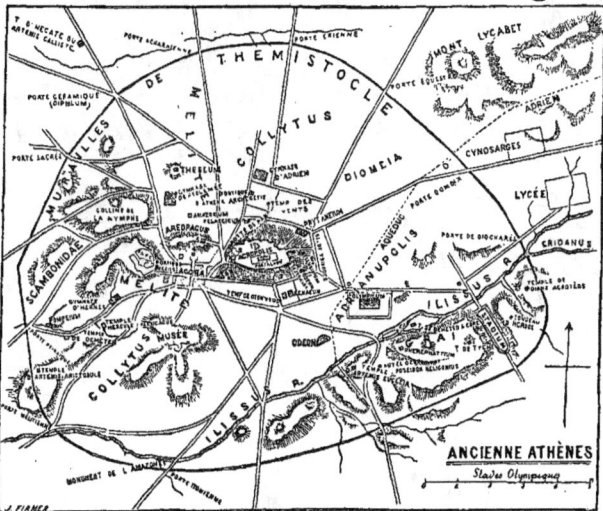

1. Erechtheum. 2 Propylées. 3 Temple de la Victoire sans ailes (Nické Apteros). 4 Temple d'Arès. 5 Sanctuaire de Semos. 6 Odéon d'Hérode. 7 Théâtre de Dionysus. 8 Portique d'Eumenes. 9 Monument de Lysicrate.

une magistrature annuelle, dont les diverses attributions furent distribuées entre neuf collègues. Le droit électoral fut étendu à toute la classe des eupatrides ou nobles. En même temps que l'archontat à vie, avait été institué le conseil appelé boule ou sénat. En 624, les eupatrides ayant abusé de leur pouvoir, le peuple se souleva et chargea Dracon, archonte annuel, de donner un code à la république. Mais l'excessive sévérité des lois de Dracon rendit leur exécution tout à fait impossible. L'État fut ensuite troublé par la conspiration du parti aristocratique, qui voulait rétablir la royauté en faveur de l'eupatride Cylon. Ce dernier fut tué par les alcméonides, dont le chef, Mégaclès, ne craignit pas de poursuivre les eupatrides jusque dans les temples où ils s'étaient réfugiés. Le sang ayant coulé sur les autels, les prêtres déclarèrent que la cité était maudite des dieux; le peuple, pour faire cesser cette malédiction, expulsa les alcméonides et la ville fut solennellement purifiée (597). Solon, descendant de Codrus, et nommé archonte en 594, reçut des pouvoirs constituants illimités, en vertu desquels il donna de nouvelles lois à la république. Les citoyens furent distribués en quatre classes, suivant leurs revenus. La classe pauvre fut exemptée de tout impôt; seuls, les citoyens de la classe la plus riche furent éligibles aux plus hauts emplois de

l'État, ceux des deuxième et troisième classes pouvaient être nommés aux offices inférieurs. Les citoyens de la deuxième classe servaient dans la cavalerie et fournissaient leurs chevaux; ceux de la troisième étaient placés dans l'infanterie pesamment armée; enfin les pauvres faisaient partie de l'infanterie légère. Les quatre classes votaient dans l'assemblée publique (ecclesia) qui élisait les archontes et d'autres magistrats, passait les lois et faisait les guerres et les alliances. Solon reconstitua le boule ou conseil des Quatre-Cents, qui était élu par l'assemblée publique. Enfin, il élargit les pouvoirs de l'Aréopage. — Un parent de Solon, Pisistrate, ǂ arrivt, en 560, à s'emparer du pouvoir qu'il laissa en 527 à ses deux fils, Hippias et Hipparque. Ce dernier fut assassiné en 514 et Hippias fut chassé en 510. Après ces princes, deux rivaux, Clisthène et Isagoras, se

disputèrent le pouvoir. Clisthène, chef du parti démocratique, réorganisa le peuple de l'Attique, qu'il distribua en dix tribus subdivisées en dèmes. Le sénat (boule) se composa de 500 membres (10 par tribu); le commandement de l'armée fut confié à 10 généraux (1 par tribu), auxquels il adjoignit le polémarque ou troisième archonte; enfin il introduisit l'ostracisme dans les lois d'Athènes. — Le succès de la démocratie ayant éveillé la jalousie des Spartiates, ceux-ci soutinrent Isagoras contre Clisthène et projetèrent la restauration d'Hippias; de là naquit une série d'événements qui précédèrent de fort peu les invasions des Perses; mais c'était l'époque de la vertu militaire des peuples grecs et particulièrement des Spartiates et des Athéniens; parmi ces derniers s'illustrèrent Miltiade, Thémistocle et Aristide, qui parvinrent à établirent la suprématie de leur patrie. Après le passage des Perses, qui la brûlèrent (470), il fallut rebâtir Athènes; on le fit sur un plan beaucoup plus vaste et on l'entoura de murailles massives, malgré les protestations de Lacédémone. On augmenta la flotte et on fortifia les ports du Pirée et de Munychie. La rivalité de Périclès et de Cimon, amena le bannissement de ce dernier (461); mais Périclès ne put conserver le gouvernement qu'en flattant l'amour-propre de ses compatriotes. Il établit la tyrannie d'Athènes sur les autres villes grecques, termina la construction des *longues murailles* et protégea les arts, les sciences et les lettres qui atteignirent leur plus haut degré de splendeur. Alors florissaient: Hérodote, Eschyle, Socrate, Phidias et des centaines d'autres admirables talents. La guerre du Péloponèse (431-404) débuta pour Athènes par des désastres que suivit la peste, dont mourut Périclès (429). Les succès d'Alcibiade arrêtèrent un instant la décadence d'Athènes, qui finit néanmoins par tomber au pouvoir du Spartiate Lysandre (404). La capitale de l'Attique fut démantelée; ses arsenaux du Pirée furent détruits; enfin elle dut subir le gouvernement de trente tyrans qui firent peser sur elle un joug insupportable. Thrasybule, qui renversa ces tyrans, rétablit les anciennes lois; mais jamais Athènes ne put ressaisir son ancienne suprématie. Conon rebâtit les longues murailles et fortifia le Pirée (393), au commencement de la guerre corinthienne. La puissance des rois de Macédoine, Philippe et Alexandre, contre lesquels Démosthènes essaya vainement de rallier toute la Grèce, finit par s'étendre sur les états rivaux, qui s'étaient affaiblis par les guerres sacrées ou sociales. La guerre Lamiaque, après la mort d'Alexandre, se termina en 318, par la capitulation d'Athènes, qui se rendit à Cassandre. — Une garnison de Macédoniens soutint, pendant dix ans, le gouvernement détesté de Démétrius de Phalère, lequel fut renversé par Démétrius Poliorcète, qui rétablit l'ancienne constitution. Humiliée par l'état de sujétion où la tenaient les Macédoniens, Athènes demanda aux Romains, qui guettaient l'occasion d'intervenir dans les affaires de la Grèce. Une flotte apporta une armée de Romains (211) qui proclamèrent d'abord la liberté à Athènes (196); mais peu à peu le joug des étrangers s'appesantit sur l'antique cité qui, n'ayant plus la puissance de se défendre elle-même, implora l'assistance de Mithridate, roi de Pont. Ce prince envoya dans l'Attique son lieutenant Archelaüs qui parvint à s'emparer d'Athènes (88 av. J.-C.). Deux ans plus tard, Sylla réduisit la ville par la famine, et l'ayant prise, il détruisit toutes ses fortifications. Athènes ne fut plus qu'un centre artistique, littéraire et philosophique où vinrent se former les jeunes Romains. Vers le milieu du IIIe siècle après J.-C., cette ville, dont Valérien avait relevé les murailles, résista courageusement à une armée de Goths; mais Alaric la prit en 396. — Le christianisme changea le caractère de cette cité: ainsi le temple de Jupiter Olympien fut consacré au Christ Sauveur; le Parthénon à sainte Sophie et le temple de Thésée à saint Georges de Cappadoce. Après que Justinien eut fermé les écoles (529), on n'entendit plus parler d'Athènes pendant près de 400 ans. Elle fut prise et saccagée par les Normands de Sicile, en 1145. Pendant la quatrième croisade, un seigneur franc-comtois, Otho de la Roche, s'en empara et reçut le titre de comte d'Athènes (1205). Saint Louis accorda ensuite à Guy, fils et successeur d'Otho, le titre de duc (1248). Le dernier prince de cette dynastie, Gautier de Brienne, fut renversé par une invasion de Catalans (1310) et le titre de duc d'Athènes passa aux rois de Sicile. — Prise par Mahomet II en 1456, délivrée par les Vénitiens en 1467 et reprise par le sultan trois ans plus tard, Athènes resta pendant deux siècles sous la loi des musulmans qui y rétablirent le système des archontes pour les affaires municipales et qui donnèrent le gouvernement général à un volvode. En 1687, Morosini, amiral vénitien, qui avait des intelligences dans la ville, s'en empara; mais presque aussitôt, une terrible épidémie le força d'abandonner sa capture, que les habitants désertèrent en masse. Athènes ne se releva pas de ce coup. Dès le commencement de l'insurrection générale de la Grèce, en 1821, la garnison turque se renferma dans l'Acro-

pole, où elle soutint, d'avril à juillet, un siège qui se termina par l'arrivée d'Omer Pacha (Briones), et la ville fut pillée et brûlée. Lors-

Vue générale d'Athènes (d'après une photographie).

qu'Omer Pacha, appelé ailleurs, se fut éloigné, les habitants reprirent le *siège* de l'Acropole qui se rendit, le 24 juin 1822. Mais les Turcs réoccupèrent cette position, le 5 juin 1827, après un siège de neuf mois et demi, et ils la conservèrent jusqu'à la fin de la guerre. Athènes devint capitale de la Grèce en 1835; il y restait à peine trois cents maisons habitables: les autres avaient été détruites pendant la lutte. On dut élever une ville nouvelle; percer des rues à travers les décombres, construire un palais pour le roi, bâtir des édifices publics. Depuis cette époque, l'ordre fut troublé pendant un instant, lors de la révolution de 1862. — De l'antique Athènes, il reste encore de belles ruines, parmi lesquelles tout le monde connaît, au moins de réputation, le Theseum et l'Acropole (comprenant les Propylées, l'Erechtheum et le Parthénon). Au moment de sa splendeur, Athènes contint, à ce que l'on

Le Theseum dans son état présent.

pense, environ 200,000 hab., divisés en deux classes distinctes: celle des citoyens et celle des esclaves et des habitants d'origine étrangère. Tous les citoyens de l'Attique étaient qualifiés Athéniens; ils se divisaient en *Eupatrides* ou patriciens, en *Geomari* ou paysans

et en *Demiurgi* ou marchands La ville s'étendait en forme ovale autour de l'Acropole, qui était à son centre. On l'appelait ordinairement

Ruines de l'Erechtheum.

Asty ou ville supérieure, pour la distinguer des trois villes basses: Pirée, Munychia et Phalère qui lui servaient de ports. L'Asty était

Ruines du Parthénon.

entourée de murs; et une double muraille l'unissait à chacun des trois ports. Les murs qui conduisaient au Pirée mesuraient 60 pieds de haut; on suppose que les autres n'étaient pas moins élevés. L'espace laissé d'une muraille à l'autre était de 550 pieds; au milieu se trouvait une route; et il est probable que de chaque côté de cette route, on avait construit des maisons. L'Acropole comprenait, nous l'avons dit, l'Erechtheum, les Propylées et le Parthénon. Du haut de l'Acropole, on découvrait toute la ville. A droite, en supposant que l'on fût tourné du côté de la mer, on avait la colline du Theseum; devant soi, l'Aréopage, qui cachait presque complètement la colline des Nymphes. Entre la Pnyx et l'Acropole, s'étendait l'Agora ou marché, place carrée, entourée de colonnades, de temples, d'édifices publics, et décorée de statues et de peintures. Au S. du Pnyx, se trouvait la colline du Museum couronnée d'une forteresse; plus loin, dans la même direction, serpentait l'Ilissus qui arrosait la ville, du S.-E. au S.-O. — Si l'on regardait au S., on apercevait l'Odéon d'Hérode; un peu plus à l'E., le théâtre de Dionysus et, plus loin, l'Odéon de Périclès. A l'E. de l'Acropole, se trouvaient l'Olympieum, le plus vaste des temples d'Athènes. Le Cynosarges et le Lyceum étaient bâtis en dehors des murailles; le premier était consacré à Hercule; et le second avait entendu Aristote professer sa philosophie. Au-delà de l'Ilissus, au S.-E., était le Stadium. Les principales portes de la ville étaient, en partant de l'O. la porte du Pirée, les portes Mélitienne, Itonienne, Equestre, Erienne, Acharnienne, Céramique, Sacrée, etc. — La population d'Athènes, qui comprenait 41,000 hab. en 1861, s'élevait à 45,000 en 1871 et à 48,000 en 1880; il faut y ajouter les 6,000 hab. du Pirée, ce qui fait un total de 54,000 pour les deux villes. Athènes est la résidence du roi de Grèce et de sa cour; elle possède une université, une bibliothèque publique composée de plus de 90,000 vol., un observatoire, un jardin botanique, deux gymnases d'après le système allemand, une école militaire, des écoles spéciales pour l'éducation des prêtres et des professeurs, une école polytechnique, un séminaire de filles, plusieurs musées où sont classées avec méthode les précieuses reliques de l'antiquité. Parmi les monuments publics, on remarque le palais du roi, la chambre des députés, les casernes, la monnaie, le théâtre, un asile pour les aveugles, un hôpital, l'académie nationale, environ cent églises, dont la plus vaste, Saint-Nicodème, fut bâtie pendant le moyen âge, dans le style byzantin.—Bibliogr. Parmi les ouvrages récents, on peut consulter ceux de Forchhammer, de Leake, de Wordsworth, de Stuart et de Revett; l'« Economie publique des Athéniens », par Bœckh; la « Vie à Athènes au temps de Périclès », par Wessenberg; la « Grèce ancienne et moderne », par Felton; les « Grecs d'aujourd'hui », par Tuckersman.

ATHÉNIEN, ENNE s. et adj. Habitant d'Athènes; qui a rapport à Athènes ou à ses habitants. — Par ext. Se dit de ceux qui se font remarquer par un esprit léger et frivole : *les Athéniens de Paris.*

ATHÉNION, chef des esclaves révoltés en Sicile; il soutint, durant quatre années, la guerre contre les Romains, et fut tué par le consul Aquilius, l'an 101 av. J.-C.

ATHENS, ville de Géorgie (Etats-Unis), sur l'Oconee, à 195 kil. N.-O. d'Augusta; 4,500 hab.; siège de l'université de Géorgie.

ATHÉRICÈRE adj. (gr. *athér*, pointe; *kéras*, corne). Entom. Qui a les antennes terminées en pointe. — s. m. pl. Quatrième famille des insectes diptères, d'après Cuvier; cinquième famille, selon Latreille. Les athéricères se distinguent par une trompe qui se « retire totalement dans la cavité de la bouche; ou si elle est saillante et en forme de siphon, son suçoir n'est alors composé que de deux pièces;

le dernier article des antennes est toujours sans divisions, en forme de palette ou de massue, accompagné d'une soie ou d'un appendice en forme de stylet, dans le plus grand nombre. La trompe porte presque toujours les deux palpes, et se termine ordinairement par deux grandes lèvres. Le suçoir n'a jamais au-delà de quatre pièces et n'en offre souvent que deux. Les larves ont souvent le corps très mou, tort contractile, annelé, plus étroit et pointu en devant, avec la tête de figure variable, et dont les organes extérieurs consistent en un ou deux crochets, accompagnés, dans quelques genres, de mamelons et probablement dans tous, d'une sorte de langue destinée à recevoir les sucs nutritifs. Le nombre de leurs stigmates est ordinairement de quatre. La larve ne change point de peau. Celle qu'elle a dès sa naissance devient, en se solidifiant, une espèce de coque pour la nymphe. L'insecte sort de sa coque en faisant sauter, en forme de calotte, son extrémité antérieure. Il la détache par les efforts de sa tête. Peu d'athéricères sont carnassiers à l'état parfait. Ils se tiennent, pour la plupart, sur les fleurs, les feuilles et quelquefois sur les excréments d'animaux » (Cuvier). Cette famille comprend un certain nombre de tribus; Latreille en admet quatre : 1° les *syrphides*, à suçoir composé de quatre soies; 2° les *œstrides*, suçoir à deux soies, trompe nulle ou rudimentaire; 3° les *conopsides*, suçoir à deux soies; trompe saillante, coudée à la base et en forme de syphon; 4° les *muscides*, suçoir à deux soies, trompe très apparente, membraneuse, rétractile, rentrant entièrement au repos dans la cavité buccale. — Cuvier divise cette famille en genres *conops, syrphe* et *mouche.*

ATHÉRINE s. f. (gr. *athér*, épi, à cause du rapport des arêtes de ces poissons avec un épi barbu comme celui de l'orge). Icht. Genre de poissons acanthoptérygiens percoïdes à ventrales abdominales. Les espèces décrites ont,

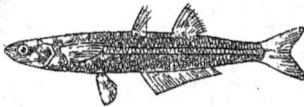

Athérine de l'Amérique du Nord (Atherina notata).

de chaque côté du corps, une large bande longitudinale couleur d'argent. Les plus communes sont le *sauclet, milet* ou *cabassous* (*atherina hepselus*, Lin.), sur nos côtes de la Méditerranée; le *rosère, gras, presta* ou *abusseau*, dans le golfe de Gascogne et sur les côtes de la Manche; l'*athérine de l'Amérique du Nord* (*atherina notata*) et l'*athérine de la mer des Indes* (*atherina sihama*). Ces poissons, en général de petite taille, vont en troupes et sont recherchés à cause de la délicatesse de leur chair. Plusieurs espèces se vendent dans le commerce sous les noms de sardine et d'anchois.

ATHÉRIX s. m. [a-tè-rikss] (gr. *athér*, pointe). Entom. Synon. de *Leptis.*

ATHERMANE adj. (gr. *a*, priv.; *thermos*, chaleur). Phys. Se dit des corps mauvais conducteurs de la chaleur, qui réfléchissent les rayons calorifiques sans leur livrer passage ; tel est l'alun.

ATHÉROME s. m. (gr. *athéré*, bouillie). Pathol. Espèce de loupe enkystée, sans bosselure, élastique, indolente et contenant une matière blanchâtre semblable à de la bouillie. L'athérome affecte spécialement le cuir chevelu. On le traite par l'excision, avec l'enlèvement du kyste.

ATHÉTÈSE s. f. Gramm. grecque. Rejet d'une fausse leçon, d'un passage apocryphe, interpolé, etc.

ATHIAS (Joseph), imprimeur juif d'Amsterdam, mort vers 1700, publia l'Ancien Testament en hébreu (1661 et 1667). Les éditions contemporaines sont copiées sur les siennes.

ATHIS [a-tiss]. Ch.-l. de cant. (Orne), arr. et à 29 kil. N. de Domfront. 4,500 hab. Fabr. de draps.

ATHIS-MONS ou **Athis-sur-Orge**, village du cant. de Longjumeau (Seine-et-Oise); 800 hab. Forges, fabriques d'acier.

ATHLÈTE s. m. (gr. *athlétés*, combattant). Celui qui combattait à la lutte ou au pugilat, dans les jeux solennels de l'ancienne Grèce : *puissant athlète; combat d'athlètes.* — Fig. Homme fort et robuste, adroit aux exercices du corps : *un vrai athlète; un corps d'athlète; une santé, une vigueur d'athlète.* — Fig. LES ATHLÈTES DE LA FOI, LES ATHLÈTES DE JÉSUS-CHRIST, les martyrs.

ATHLÉTIQUE s. f. Partie de la gymnastique des anciens, l'art des athlètes.

ATHLÉTIQUE adj. Qui appartient, qui est propre à l'athlète : *taille athlétique; force athlétique; formes athlétiques.*

ATHLONE, ville d'Irlande, sur les deux rives du Shannon, en partie dans le comté de Westmeath et en partie dans celui de Roscommon; à 105 kil. O. de Dublin; 6,800 hab. Grand château. La ville fut prise d'assaut par les troupes de Guillaume III, que commandait Ginckel, 30 juin 1691.

ATHLOTHÈTE s. m. [a-tlo-thè-te] (gr. *athlothétés*). Nom donné à des magistrats d'Athènes, au nombre de dix (un par tribu), chargés de présider aux jeux publics et de décerner les prix.

ATHOR ou **Athyr**. I. Déesse de l'ancienne Egypte, épouse de Phré (le soleil) et mère des dieux ou nourrice des divinités. On la représentait sous la forme d'une vache, ou sous celle d'une femme à tête de vache, entre les cornes de laquelle on plaçait un disque jaune (lune), surmonté de deux plumes bleues, symboles de la justice et de la vérité. — II. s. m. Troisième mois de l'année solaire des anciens Egyptiens, correspondant à notre mois de novembre.

ATHOS (Myth.). Fils de Neptune; donna son nom à une montagne de la Macédoine.

ATHOS (grec moderne : HAGION OROS, montagne sainte). Péninsule orientale de l'ancienne Chalcidie, aujourd'hui portion du vilayet de Salonique (Turquie d'Europe); longue

Mont Athos.

de 50 kil. et terminée par le mont Athos, haut de 1,936 mètres et couvert d'une forêt. Sur l'isthme qui réunit cette presqu'île à la terre ferme, on distingue encore les restes du canal que Xerxès fit percer pour livrer passage à sa flotte. Des nombreux **monastères** qui s'élurent au moyen âge le surnom de montagne sainte au mont Athos, vingt restent encore et contiennent de précieux manuscrits. Les 6,000 moines de l'ordre de Saint-Basile qui habitent ces couvents s'occupent de la récolte et de la fabrication du vin. Nulle femme n'est admise sur le territoire du mont Athos.

ATHROÏSME s. m. [a-tro-i-sme] (gr. *athroïzô*, je rassemble). Rhét. Figure qui s'appelle aussi *accumulation*, voy. ce mot.

ATICHE s. m. Pêche. Sorte de bandelette qui entoure le tranchant d'un hain, espèce d'hameçon.

* **ATINTER** v. a. Parer, orner avec trop d'affectation : *qui vous a ainsi atintée?* — S'atinter v. pr. Se parer avec affectation : *elle est deux heures à s'atinter.*

ATITLAN ou Atitan, lac du S.-O. de Guatemala; sur ses bords se trouve une ville indienne du même nom; 2,000 hab.

ATKINSON (Thomas-Witlam), artiste et voyageur anglais (1769-1861), auteur des « Ornements gothiques des cathédrales anglaises, » de la « Sibérie Orientale et Occidentale » et de « Voyages dans les régions de l'Amour supérieur et inférieur. »

ATLANIQUE s. m. (gr. *atlaô*, soutenir). Art. milit. Un des sept ordres de bataille en usage chez les Romains.

ATLANTA, cap. de l'État de Géorgie (États-Unis), à 295 kilom. N.-O. d'Augusta ; 22,000 hab., dont 10,000 noirs. Collège médical et université pour les nègres. Atlanta est célèbre à cause des opérations du général sécessioniste Sherman, qui parvint à occuper la ville, le 2 sept. 1864.

* **ATLANTE** s. m. (gr. *Atlas, Atlantis*, Atlas). Archit. Figure ou demi-figure d'homme qui soutient un entablement, en guise de colonnes ou de pilastres. On comprend ordinairement cette sorte de figure sous la dénomination de *Cariatide: balcon soutenu par quatre atlantes.*

ATLANTES, habitants de l'Atlantide et de l'Atlas, d'après les géographes anciens. Voy. Roisel, *les Atlantes.*

ATLANTIADE [a-tlan-ti-a-de]. Mythol. Descendant d'Atlas ; particulièrement Mercure et les Pléiades. On dit aussi ATLANTIDE.

ATLANTIDE, île ou continent qui, d'après la tradition des géographes grecs, aurait existé à une époque très reculée au-delà du détroit de Gibraltar. Platon nous apprend que « des prêtres égyptiens racontèrent à Solon un fait historique conservé dans leurs annales et remontant à 9,000 ans. A cette époque, il existait en face des colonnes d'Hercule, une île plus grande que l'Afrique et l'Asie réunies et qui s'appelait *Atlantide*. Les Atlantes ou habitants de cette île conquirent une partie du monde ; mais un grand tremblement de terre engloutit tout à coup l'Atlantide. » Des géographes modernes croient à l'existence sous-marine de cette grande île, entre l'Afrique et l'Amérique ; d'autres pensent que l'Atlantide était notre Amérique ou simplement le groupe des îles Fortunées.

ATLANTIDE (Nouvelle-), *Nova Atlantis*, ouvrage inachevé du grand Bacon, espèce d'utopie scientifique et politique, contenant la description d'une cité idéale. La *Nouvelle-Atlantide* a été traduite par l'abbé Raguet ; Paris, 1705 ; in-12.

ATLANTIDES, filles d'Atlas ; voy. PLÉIADES.

* **ATLANTIQUE** adj. N'est guère usité que dans ces dénominations : MER ou OCÉAN ATLANTIQUE, le grand Océan, qui est entre l'ancien et le nouveau monde ; et, FORMAT ATLANTIQUE, celui où la feuille entière né forme qu'un seul grand feuillet ou deux pages : on dit plus or-

dinairement aujourd'hui, *Format in-plano.* — s. f. La mer Atlantique : *naviguer sur l'Atlantique; les rivages de l'Atlantique.* — Géogr. D'abord nommée simplement Océan, l'Atlantique reçut plus tard ce dernier nom, parce que le mont Atlas s'élève près de ses rivages. Elle fut connue par les Phéniciens, bien longtemps avant le commencement de l'histoire grecque. Mais sa réelle importance date des XIVe et XVe siècles, époque où elle servit de route aux hardis explorateurs qui trouvèrent les Canaries, Madère, les Açores et l'Amérique. Ses limites ont été tracées d'une façon arbitraire de la façon suivante : au N., elle s'arrête au cercle arctique ; au S., elle se termine à une ligne menée du cap de Bonne-Espérance au cap Horn. Mais dans la géographie physique générale, on doit la considérer comme un immense golfe du grand Océan ; l'océan Arctique est une sorte d'impasse qui la termine au N. On la divise en trois zones principales : 1° zone méridionale ou éthiopique, depuis l'océan Antarctique jusqu'aux détroits entre le cap San-Roque et la Sénégambie; 2° zone centrale ou Atlantique proprement dite jusqu'à une ligne menée entre les îles Féröe et l'Islande ; 3° bassin septentrional ou arctique. — L'Atlantique proprement dite contraste avec l'éthiopique par le grand nombre de bras latéraux ou golfes qu'elle forme des deux côtés : mer des Antilles, golfes du Mexique et du Saint-Laurent ; baies de Baffin et d'Hudson à l'O. ; Baltique, mer du Nord, mer d'Irlande et Méditerranée à l'E. — On suppose que, dans sa partie méridionale, le bassin de l'Atlantique atteint une profondeur de 4,000 à 6,000 m. Entre l'Europe et l'Amérique, où on a dû l'étudier plus attentivement pour la pose des câbles télégraphiques, on a trouvé une profondeur de plus de 4,500 m. Dans cette partie, le lit de l'Océan consiste en deux vallées, séparées par une chaîne de larges collines qui vont des Açores à l'Islande. Au-dessus de cette chaîne, la profondeur ne dépasse pas 3,600 m. ; elle est généralement de 2,500 m. Au N., la chaîne s'élargit et forme un grand plateau qui comprend l'Islande et les îles Féröe. La profondeur des eaux ne dépasse guère 500 m. A l'E. de cette chaîne, du côté de l'Europe, on trouve le fond à 4,000 ou 4,500 m. On a moins bien étudié la vallée occidentale, qui longe les rivages américains ; mais on a trouvé plus de 5,000 m. au S. des Bermudes. A part la chaîne et le plateau dont il a été parlé, le fond de l'Océan présente une surface à peu près unie. Depuis un nombre incalculable de siècles, une pluie lente mais continue de débris organiques, tombant de la surface et se mêlant aux squelettes des animaux aquatiques, a formé une couche uniforme de vase molle et calcaire dont on ne connaît pas l'épaisseur. — La circulation de l'eau dans l'Atlantique consiste principalement en deux gigantesques tourbillons ou courants tournants, l'un dans le bassin du N. ; l'autre dans le bassin éthiopique. Le premier fait un circuit de gauche à droite ; le second de droite à gauche. L'un et l'autre naissent du courant équatorial, lequel consiste en deux parties parallèles, la septentrionale et la méridionale, séparées par un courant inverse, appelé le courant de Guinée. Le courant méridional équatorial, abandonnant la côte d'Afrique et frappant la côte de l'Amérique du sud au cap San-Roque, se divise en deux branches. Celle du midi suit la côte du Brésil, sous le nom de courant brésilien et se partage, vers la latitude du tropique du Capricorne, en deux autres branches dont la moindre longe la côte. L'autre, plus large, court au S.-E. dans la direction du cap de Bonne-Espérance ; un peu avant d'y arriver, il tourne au N. et suit la côte d'Afrique sous le nom de courant atlantique méridional. Entre lui et la côte africaine règne une branche du courant antarctique. L'embranchement septentrional du courant

équatorial du S. suit la côte de l'Amérique méridionale depuis le cap San-Roque, traverse la mer des Antilles et rejoint le plus large courant équatorial du N. dans le golfe du Mexique. La principale masse d'eau qui passe à l'extrémité de la Floride reçoit le nom de Gulf Stream. Elle se dirige au N. entre la Floride et les bancs de Bahama, suit les côtes des États-Unis, à une distance de 100 à 130 kil., jusque vers la baie de Chesapeake, où elle tourne à l'E. Arrivée au S. de Terre-Neuve, elle rencontre le courant polaire, et, suivant quelques auteurs, elle cesse d'exister en tant que courant indépendant. Depuis cette région, les eaux du Gulf Stream sont formées par un remous général de l'Océan, où elles conservent leur chaleur jusqu'à la Nouvelle-Zemble. Le courant polaire, transportant de grandes quantités de glace pendant l'hiver, descend le long de la côte occidentale du détroit de Davis, passe en partie au-dessous du Gulf Stream et en partie entre ce courant et la côte des États-Unis. Les eaux marchent en sens inverse sans se mélanger. Celles du Gulf-Stream sont plus chaudes et plus salées que celles du courant polaire. — La flore de l'Océan est confinée sur les côtes et sur les sommités de la chaîne montagneuse dont nous avons parlé ; partout ailleurs, on ne rencontre pas de végétation, parce que les plantes marines, ayant besoin d'une vive lumière, ne peuvent se développer dans les bas-fonds. Cette flore se compose principalement d'aigues et de zostéracées.

ATLAS (Myth.), fils de Japet et de Clymène, roi de Mauritanie, frère d'Épiméthée et de Prométhée ; fut vaincu par Jupiter en même temps que les Titans et fut condamné à porter les cieux sur sa tête et sur ses épaules. D'autres traditions prétendent qu'ayant refusé l'hospitalité à Persée, celui-ci fit briller à ses yeux la tête de Méduse et le métamorphosa en une montagne très élevée qui soutenait le ciel et que les géographes plaçaient à l'une des extrémités du monde connu, au sud de la Numidie.

ATLAS [a-tlâss] (moresque : *Adrar, Dir, Djebel Tidla* ou *Djebel Adla*). Système montagneux du N.-O. de l'Afrique entre la Méditerranée et le Sahara ; il s'étend parallèlement à la côte, sous différents noms, du cap Ghir, sur l'Atlantique, jusqu'au golfe de Gabès ; longueur 2,000 kil. L'Atlas se divise en trois zones parallèles : 1° Petit Atlas, le plus rapproché de la côte ; 2° Grand Atlas, parallèle au Sahara ; 3° et Moyen Atlas ou plateau central compris entre les deux chaînes précédentes. Le point culminant est le *Miltzin* (3,475 mètres), à 95 kil. S.-E. de Maroc. Les flancs de ces montagnes sont couverts de forêts épaisses où l'on rencontre le lion, la panthère et plusieurs autres bêtes féroces. Les parties habitables sont occupées par les Kabyles. Voy. ALGÉRIE.

* **ATLAS** s. m. [a-tlass] (de *Atlas*, n. pr.). Recueil de cartes géographiques : *grand atlas portatif.* — Tout recueil de cartes géographiques, de planches, de tableaux, etc., qu'on joint à un ouvrage pour en faciliter l'intelligence : *l'atlas de cet ouvrage n'a pas encore paru.* Anat. On donne le nom d'atlas à la première vertèbre du cou, parce qu'elle supporte la tête comme l'atlas de la Fable supportait le monde. Cette vertèbre se compose d'un anneau irrégulier qui s'articule en haut, avec le condyle de l'occipital ; en bas, avec l'axis (2e vertèbre). Cet anneau se divise en deux parties : l'antérieure reçoit l'apophyse odontoïde de l'axis ; la postérieure livre passage à la moelle épinière. — ～ Entom. Espèce de lépidoptères nocturnes du genre bombyx. On l'appelle *phalène porte-miroir*, à cause des taches transparentes encadrées de noir qui se trouvent sur ses ailes.

ATMIDOMÈTRE ou **Atmomètre** s. m. (gr. *atmis*, *atmidos*, vapeur ; *metron*, mesure). Instrument qui sert à mesurer le degré d'évaporation, ou la quantité de liquide qui, dans un temps donné, passe à l'état de vapeur.

ATMIDOMÉTROGRAPHE s. m. (gr. *atmis*, *atmidos*, vapeur ; *metron*, mesure ; *graphein*, écrire). Phys. Instrument qui mesure l'évaporation de l'eau et qui la note en l'absence de l'observateur.

ATMOLYSE s. f. [at-mo-lize] (gr. *atmos*, vapeur ; *luô*, je résous). Méthode de séparation des gaz qui constituent un corps composé gazeux (comme l'air atmosphérique) en faisant passer le composé au travers des parois d'un récipient poreux (en graphite, par exemple). Cette méthode a été découverte en août 1863, par l'Anglais Graham.

*   **ATMOSPHÈRE** s. f. [at-mo-sphè-re] (gr. *atmos*, vapeur ; *sphaira*, sphère). Masse d'air qui enveloppe la terre : *la hauteur moyenne de l'atmosphère est de vingt lieues.* — Phys. Tout fluide subtil et élastique qui enveloppe un corps céleste et en suit les mouvements : *l'atmosphère des planètes, du soleil ; on doute que la lune ait une atmosphère, atmosphère électrique.* — S'emploie quelquefois au figuré : *dans cette atmosphère de corruption et d'intrigue, il est difficile que la vertu ne s'altère point.* — Unité de force propre à évaluer de grandes pressions, particulièrement adoptée pour les machines à vapeur. C'est la pression atmosphérique ordinaire, agissant sur l'unité de surface, et mesurée par la colonne barométrique : elle équivaut à un poids de 1 kilogramme sur 1 centimètre carré. La vapeur peut être employée à une pression de plusieurs atmosphères. Les manomètres ou échelles de pression indiquent à chaque instant la mesure de cette pression. — Encycl. On donne le nom d'atmosphère à l'enveloppe gazeuse de la terre et d'autres corps célestes, dont quelques-uns possèdent une atmosphère qui est analogue à celle de la terre, mais qui en diffère suivant l'état physique du corps céleste. Les atmosphères de Vénus et de Mars paraissent semblables à celle de la terre, tandis que celles de Jupiter, de Saturne, d'Uranus et de Neptune sont probablement à une plus haute température et contiennent, à l'état de vapeur, plusieurs corps qui sont solides et liquides sur notre globe. Les fonctions de notre atmosphère sont : d'agir comme principal conducteur des ondes sonores ; de modérer la chaleur solaire ; de transporter les nuages et la vapeur sur les continents ; de servir comme force mécanique ; de répandre son élément actif, l'oxygène, qui est indispensable à la vie organique. — De même que tous les gaz permanents, l'air est parfaitement élastique ; et, comme toute matière, il a un poids, ce qui se démontre en pesant une bouteille dans laquelle on le comprime et dans laquelle on fait ensuite le vide. Il résulte de ces deux propriétés qu'une portion quelconque de l'atmosphère, à une température donnée, doit occuper un espace en rapport inverse avec la pression à laquelle on la soumet : loi d'abord établie par l'Anglais Boyle et démontrée par Mariotte. Le poids de l'atmosphère, suivant les différentes hauteurs au-dessus du niveau de la mer, se soumet à la loi suivante : à mesure que la hauteur augmente dans une proportion arithmétique, la pression décroît dans une proportion géométrique. — Près de la surface de l'Océan, l'eau bout à 100° C. Si l'on opère à 20 m. au-dessus de la mer, elle bout à 99° C, à cause de la diminution de pression (voy. ÉBULLITION). On a plusieurs fois cherché à déterminer la hauteur absolue de notre atmosphère ; les expériences qui ont produit les meilleurs résultats sont celles qui sont fondées sur le temps qu'il faut, dans une soirée claire et sereine, aux derniers rayons du crépuscule pour atteindre le zénith, ce qui, en connexion avec les lois de la réfraction et de la réflexion de la lumière, indique une hauteur d'environ 60 kil. ; mais il est probable qu'un air très raréfié s'étend au-delà de cette distance. — L'atmosphère se compose principalement du mélange de deux gaz, l'oxygène et l'azote, dans la proportion en poids de 23-2 pour cent du premier et de 76-7 du second ; il faut y ajouter environ 0-1 pour cent d'acide carbonique et des quantités très variables de vapeur d'eau. Les deux principaux éléments gazeux de l'atmosphère existent à l'état non combiné ; mais ils sont susceptibles, sous certaines conditions, de se combiner chimiquement l'un avec l'autre, et de former aussi des combinaisons avec d'autres corps simples. Ainsi, l'oxygène se combine avec des métaux facilement oxydables ou avec des combustibles en ignition ; plusieurs métaux ne s'oxydent à l'air que par leur union avec l'oxygène contenu dans la vapeur d'eau. Les propriétés de l'oxygène peuvent aussi être modifiées par l'électricité et par d'autres causes. Quant à l'azote de l'air, il est la source de l'acide nitrique et de l'ammoniaque.

*   **ATMOSPHÉRIQUE** adj. Qui appartient, qui a rapport à l'atmosphère : *vapeurs atmosphériques.* — Mécan. MACHINE ATMOSPHÉRIQUE. On donna d'abord ce nom à une machine dans laquelle l'air chaud et l'air froid causaient le mouvement d'un piston ; mais on entend aujourd'hui par machine atmosphérique un appareil au moyen duquel la vapeur ou une force mécanique quelconque est employée à la compression de l'air, lequel, en vertu de sa force expansive donne le mouvement à un piston. C'est une bonne méthode de transmission des forces à des distances et dans des milieux où la vapeur ne pourrait être directement employée : dans les cas où l'on veut établir des courants d'air souterrains ou sous-marins, par exemple ; alors, au moyen de tubes de métal ou de caoutchouc, on transmet, au loin, la pression atmosphérique produite dans la pompe de condensation. — L'idée de produire le mouvement au moyen de la pression atmosphérique fut conçue par l'ingénieur français Papin, vers 1680.

AT'NAHS, voy. ATENAS.

ATOLL, fausse orthographe du mot *atoll*.

*   **ATOME** s. m. [a-tô-me] (gr. *atomos*, indivisible). Corps regardé comme indivisible, à cause de son extrême petitesse : *Démocrite et Epicure ont prétendu que le monde était composé d'atomes, que les corps se formaient par la rencontre fortuite des atomes.* — Chim. Désigne les particules dernières qu'on suppose avoir la forme primitive des corps auquel elles appartiennent et qui se combinent entre elles en proportions définies. — Par ext. Désigne les grains de très petite poussière qui voltige en l'air, et que l'on aperçoit lorsqu'un rayon du soleil pénètre dans un endroit obscur ou ombragé : *le mouvement continuel des atomes.* — Fig. Exprime l'extrême petitesse de certains corps relativement à d'autres, ou à l'espace dans lequel ils existent :

Pauvre atome perdu, point dans l'immensité.
         Th. GAUTIER. *Départ pour l'Espagne.*

Que sommes-nous ? Hélas !... atomes, grains de sable.
         SOPHOCLE. *Fragments.*

— ATOMES CROCHUS, éléments mystérieux d'une sympathie réciproque : « Elle a tous les genres d'esprit, de beauté et d'humeur qui me charment. Cependant nos *atomes crochus* ne se conviennent pas ».   (MÉRIMÉE).

ATOMICITÉ s. f. Chim. Puissance de combinaison, valeur de substitution d'un radical simple ou composé.

ATOMIFÈRE adj. (gr. *atomos*, atome ; *pherô*, je porte). Qui est chargé d'atomes.

*   **ATOMIQUE** adj. Chim. Ne s'emploie guère que dans l'expression : *poids atomique*, poids indiquant la proportion dans laquelle une substance se combine avec une quantité déterminée d'une autre substance.

ATOMIQUEMENT adv. D'une manière atomistique.

ATOMISME s. m. Philosophie atomistique : système d'après lequel l'univers se serait formé par la combinaison spontanée des atomes. L'atomisme, expliqué par Démocrite et par Leucippe, est un véritable matérialisme qui n'admet d'autre principe que la matière. Ce système, chanté par Lucrèce et légèrement modifié par Epicure, a été explicitement ou implicitement admis par Hobbes, Diderot, La Mettrie, d'Holbach, Cabanis, Broussais, Buchner. — Voy. Lafaist : *Dissertation sur la philosophie atomistique*, Paris, 1833, in-8°.

ATOMISTE s. m. Partisan de l'atomisme.

*   **ATOMISTIQUE** adj. Didact. Qui appartient, qui a rapport aux atomes. — PHILOSOPHIE, DOCTRINE ATOMISTIQUE, philosophie, doctrine qui explique la formation du monde par le moyen des atomes. — Démocrite, vers 400 av. J.-C., pensait que la matière se compose d'atomes innombrables et indestructibles, qui changent de forme et qui obéissent à des lois mécaniques ; il croyait que l'âme se compose d'atomes ronds, impondérables et libres comme ceux du feu. Sa théorie fut admise par Epicure (vers 306 av. J.-C.), philosophe dont les doctrines ont été clairement exposées par Lucrèce, dans un grand poème « *De Rerum Naturá*, De la Nature des choses », 57 av. J.-C. La philosophie atomistique fut ensuite adoptée et modifiée par Gassendi, au XVII° siècle. — Chim. THÉORIE ATOMISTIQUE, doctrine en vertu de laquelle la matière se compose de particules extrêmement petites ou atomes que l'on ne saurait diviser. La chimie moderne fit un grand pas le jour où elle abandonna la théorie du phlogistique et surtout au moment où Lavoisier élucida le principe de la combustion. Cet illustre savant fit de la balance l'instrument fondamental des recherches chimiques et plaça, de cette façon, la science sur une base quantitative solide. A mesure que l'on établit d'une manière certaine le poids des corps, on découvrit les combinaisons chimiques sont définies et qu'on peut les placer entre les substances qui y ont donné lieu ; les proportions seules ont changé et elles ont, les unes avec les autres, des relations numériques simples. Exemple : Si deux éléments A et B sont susceptibles de s'unir dans différentes proportions, leurs combinaisons peuvent être représentées par A + B ou par A + 2 B ou par A + 3 B, A + 4 B, etc. Les relations ne sont pas toujours aussi simples ; mais le principe, appelé loi des proportions multiples, est général. On découvrit encore que si deux éléments qui se combinent ensemble se combinent ensuite avec un troisième, les proportions de la première combinaison sont conservées dans la seconde. Si un corps A s'unit avec certains autres corps B, C, D, les quantités B, C, D, qui se combinent avec A, ou leurs multiples simples, représentent, pour la plus grande partie, les proportions dans lesquelles elles peuvent s'unir entre elles : c'est l'équivalence chimique, appelée loi des proportions équivalentes ou multiple. Lorsque l'on eut découvert que les actions chimiques obéissent à des lois numériques exactes et que chaque corps a sa mesure fixe, il devint important de déterminer exactement quelle est cette mesure. Des recherches à ce sujet, résulta l'échelle des nombres combinants ou équivalents, communément appelés poids atomiques. Ces faits et plusieurs autres sont connus par expérience et ont cessé, par conséquent d'être hypothétiques. Ils démontrent que, dans sa forme atomistique, la matière est, en quelque sorte, constituée d'une façon numérique. Nous avons dit que l'idée première des poids revient à Lavoi-

sier; mais la théorie atomistique est due à l'Anglais John Dalton, de Manchester. Ce savant étudia la loi des proportions définies et découvrit celle des proportions multiples en faisant des recherches sur les composés de carbone, et d'hydrogène, d'oxygène et de carbone, et d'azote et d'oxygène. En raison de ces lois, il affirma : 1° que toute matière consiste en atomes indivisibles, immuables, d'une extrême petitesse; 2° que tous les atomes du même élément sont du même poids, mais que dans des éléments différents, ils ont des poids différents; 3° que ces poids relatifs correspondent aux nombres combinants, lesquels doivent, pour cette théorie, être nommés poids atomiques; 4° que ces atomes différents ont des attractions mutuelles et se combinent pour former les combinaisons chimiques, non par l'interpénétration de leur substance, mais par une juxtaposition atomistique. Les ressources offertes par cette théorie ont fait progresser la science avec une grande rapidité. Dalton l'appliquait seulement à quelques faits simples; grâce aux développements qu'elle a reçus, elle embrasse aujourd'hui les faits les plus compliqués. La conception des molécules ou du groupe des atomes combinés, joue actuellement un rôle bien plus important qu'autrefois. On considère l'atome comme la plus petite particule de simple matière qui puisse entrer dans la composition d'une molécule. Celle-ci est un groupe d'atomes maintenus ensemble par une force chimique; c'est la plus petite particule d'une substance qui puisse exister dans la nature, à l'état libre ou non combiné. Il y a deux sortes de molécules : 1° *molécules élémentaires*, dans lesquelles les atomes sont semblables; 2° *molécules composées*, dans lesquelles les atomes sont différents. La structure moléculaire constitue l'idée fondamentale par laquelle on établit une connexion entre la physique et la chimie. D'après ce système, on divise les six éléments en six groupes (ou en sept, selon quelques savants) : 1° Monades; 2° Dyades; 3° Triades; 4° Tétrades; 5° Pentades; 6° Hexades; termes qui expriment leurs diverses capacités combinantes. Les Monades (dont l'hydrogène, le chlore et le potassium sont des exemples), sont dits *monogéniques*, parce qu'ils ne se combinent qu'avec des atomes simples. Tous les autres sont dits *polygéniques*, parce qu'ils peuvent se combiner avec 2, 3, 4, 5 ou 6 éléments monogéniques ou leurs équivalents. Les molécules sont encore désignées par les mots monatomique, diatomique, triatomique et pentatomique. Le symbole graphique d'un atome est un cercle avec des lignes rayonnantes qui indiquent l'atomicité et que l'on appelle liaisons. On les représente comme ci-dessous (la première ligne donne leurs noms, la deuxième leurs symboles et la troisième des exemples) :

Monade, Dyade, Triade, Tétrade, Pentade, Hexade.

Ⓗ   -Ⓞ-   ⧖Ⓑ⧖   ⧖Ⓒ⧖   ⧖Ⓝ⧖   ⧖Ⓢ⧖

Hydrogène, Oxygène, Bore, Carbone, Azote, Soufre.

D'après ce système, l'eau, OH², serait représentée par la formule graphique Ⓗ-Ⓞ-Ⓗ dans laquelle l'hydrogène, n'ayant qu'un pôle d'attraction, est représenté par une seule liaison, tandis que l'oxygène possède deux pôles et, par conséquent, deux liaisons. L'atomicité est quelquefois représentée par des accents : H', Ö", B"', C"", N""", S""""; ou encore ainsi, à l'aide des chiffres romains : H¹, O¹¹, B¹¹¹, N¹, S¹¹. L'équivalence d'atomes n'est pas toujours la même; parce qu'un atome peut former plusieurs composés de la même substance. Les éléments d'une équivalence même, dans laquelle les pôles atomistiques sont en nombre pairs, sont appelés artiades; ceux d'une équivalence inégale, dans laquelle les pôles sont

impairs, se nomment périssades. Cette variation d'équivalence atomistique s'explique par l'hypothèse que les liaisons d'un atome sont susceptibles de se saturer l'une l'autre par paires. Une pentade peut donc devenir une triade et une monade successivement; et une hexade peut être convertie en une tétrade ou en une dyade. — Les travaux incohérents de ses devanciers, furent réduits par John Dalton en quatre lois qu'il ont reçu le nom de théorie atomistique et qu'il exposa en 1808, dans sa « Philosophie chimique ». La « Théorie atomistique », du Dʳ Daubeny, fut publiée en 1850. — Hinrichs proposa, en 1855, une nouvelle science hypothétique qu'il appelle « Atomécanique », pour mettre d'accord les partisans et les adversaires de la théorie atomistique. D'après son système, le *pantogène*, composé de *panatomes*, serait le principe chimique *primaire*.—Dans son splendide *Dictionnaire de chimie*, Wurtz a admis la théorie atomistique, qu'il a encore élargie en l'adaptant au système de notation de Berzelius. Voy. **Chimie, équivalents**, etc.

ATONE adj. (gr. *a*, priv.; *tonos*, ton). Fixe, immobile, sans expression, en parlant de l'œil, du regard : *regard atone*. — Sans énergie, inerte : *existence atone*.

ATONIE s. f. Méd. Défaut de ton : particulièrement, faiblesse des organes contractiles, tels que les muscles. Il ne faut pas confondre l'*atonie* avec l'*asthénie*. La première n'est qu'un relâchement, un défaut de fermeté des tissus; la seconde est un défaut de forces en général. On combat l'atonie par les toniques. — Fig. Inertie morale ou intellectuelle :

*............ Une flasque atonie
À détendu partout la fibre du génie.*

               Barthélemy.

ATONIFICATION s. f. Méd. Action de faire tomber un organe dans l'atonie.

ATONIQUE adj. Méd. Qui résulte de l'atonie : *maladies atoniques*.

ATOPE s. f. (gr. *atopos*, insolite). Entom. Synon. de *Dascille*.

À TORT ET À TRAVERS loc adv. Étourdiment, sans réflexion.

ATOSSA, fille aînée de Cyrus, roi de Perse, épouse de Darius et mère d'Artabarzane et de Xerxès. Son désir de posséder des esclaves grecques fut l'une des causes des guerres médiques.

ATOUR s. m. (rad. *atourner*). Parure. Ne s'emploie guère qu'au pluriel, et ne se dit qu'en parlant de la parure des femmes : *elle avait ses plus beaux atours*. — Au sing. **Dame d'atour**, dame dont la charge est de présider à l'habillement et à la toilette de la reine ou des princesses. Il y a aussi des **Femmes d'atour**, et même des **Garçons d'atour**, chargés de la garde des robes et parures des princesses.

ATOURNER v. a. (lat. *adornare*, orner). Orner, parer. Ne se dit qu'en parlant de la parure des femmes, et par plaisanterie : *atourner l'épousée*. (Vieux.)

ATOUSER v. a. Argot. Encourager; donner de l'atout, du courage.

ATOUT s. m. [a-tou] (rad. *à* et *tout*). Jeu de cartes. Carte de la même couleur que celle qui retourne : *les atouts emportent les autres cartes*. — **Je coupe, et je fais atout**, et je joue atout. Voy. **Triomphe**. — ∞ Pop. Coup grave : « Voilà mon dernier atout... Vous m'avez donné le coup de la mort » (Balzac). — Argot. Courage : *tu es un cadet qui a de l'atout* (E. Sue). — **Avoir de l'atout**, avoir le poing solide ; avoir du courage.

ATOXIQUE adj. (gr. *a* priv.; *toxikon*, poison). Qui n'a pas de venin : *la couleuvre est atoxique*.

ATRABILAIRE adj. Nom donné par les anciens médecins aux mélancoliques et aux

hypocondres, chez lesquels ils croyaient l'atrabile prédominante. On l'emploie souvent encore dans le langage ordinaire : *homme atrabilaire*; *humeur atrabilaire*. — s. : *c'est un atrabilaire*.

ATRABILE s. f. (lat. *ater*, *atra*, noire ; *bilis*, bile). Méd. anc. Liquide noirâtre, épais, formé, d'après les anciens, par de la bile et une partie limoneuse du sang. L'atrabile engendrait la mélancolie et la manie.

ATRACTOCÈRE s. m. (gr. *atraktos*, fuseau ; *keras*, corne). Entom. Genre de coléoptères pentamères, tribu des limebois et comprenant un petit nombre d'espèces qui vivent dans les pays chauds. Antennes simples en forme de fuseau ou de râpe.

ATRAGÈNE s. f. (lat. *ater*, noir ; *genus*, origine). Bot. Genre de Renonculacées, tribu des Clématidées, caractérisé principalement par des fleurs sans involucre, à pétales nombreux. On cultive comme arbustes d'ornement les espèces suivantes : *Atragène des Alpes* (*Clematis alpina*) et l'*Atragène de Sibérie* (*Clematis ochotensis*).

ATRATO, Darien ou **Choko**, fleuve de Colombie (Amérique du Sud) ; il naît par 5° 20' de lat. N. et 79° de long. O. et se jette dans le golfe de Darien après un cours de 430 kil. C'était une des routes proposées pour le canal navigable entre l'Atlantique et le Pacifique.

ÂTRE s. m. (lat. *ater*, noir). Foyer, endroit de la cheminée où l'on fait le feu. — **Âtre d'un four**, partie plane d'un four. — Prov. et fig., **il n'y a rien, dans cette maison, de si froid, de plus froid que l'âtre**, se dit d'une maison où l'on ne fait qu'un très petit ordinaire, qu'une fort mauvaise cuisine.

ATREBATES, peuple de l'ancienne Gaule Belgique, dans le moderne *Artois*, dont le nom dérive du leur. Au temps de César (57 av. J.-C.), ils pouvaient mettre 15,000 hommes sous les armes. Leur capitale était Nemetocena (Arras). Une partie de cette nation traversa la Manche, passa en Bretagne (Angleterre), et s'établit dans la vallée supérieure de la Tamise (Oxfordshire et Berkshire).

ATRÉE, roi d'Argos et de Mycène, fils de Pélops et d'Hippodamie, petit-fils de Tantale, et suivant Homère, père d'Agamemnon et de Ménélas. Son frère Thyeste, ayant séduit sa femme Érope, il exerça, contre lui, une épouvantable vengeance : il lui servit dans un banquet les membres des enfants qu'il avait eus de la reine. Le soleil recula, dit la fable, pour ne pas éclairer cet horrible festin. Plus tard, Atrée ayant une seconde fois Thyeste en son pouvoir, voulut le faire égorger par Egisthe, fils inconnu de ce prince. Au moment de consommer ce crime, Egisthe reconnut son père et le vengea en tuant Atrée. La haine de ces deux frères a fait le sujet d'une pièce de Sénèque et d'une tragédie de Crébillon (*Atrée et Thyeste*, 1707) où l'on remarque des traits d'une sauvage énergie.

ATRIDES, nom sous lequel on désigne Atrée et ses descendants, particulièrement Ménélas et Agamemnon. Le nom des Atrides a passé dans la langue pour caractériser une famille où le crime est, en quelque sorte, héréditaire.

ATRIPLICÉ, ÉE (lat. *atriplex*, arroche). Bot Qui ressemble à l'arroche. — **Atriplicées** s. f. pl. Famille de plantes apétales, adoptées par Adrien de Jussieu et caractérisée ainsi : calice 3-5 partite, herbacé ; étamines en nombre égal, opposées ; 4-5 stigmates distincts ; ovaire à une seule loge, renfermant une graine en embryon annulaire ou spiral, amphitrope sur le côté ou *tout autour* d'un périsperme farineux. — Les atriplicées correspondent aux *Chénopodées* de Ventenat (Voy. **Chénopodées**).

ATRIUM s. m. [a-tri-omm]. Mot latin qui désigne une sorte de portique couvert ou de cour à l'entrée de toutes les maisons des anciens Romains : «Il y avait des *atria* oblongs et d'autres circulaires; c'était la partie de la maison ouverte aux hôtes, aux clients et aux visiteurs ». (Bachelet).

* **ATROCE** adj. (lat. *atrox, atrocis,* cruel). Enorme, excessif. Se dit principalement des crimes, des injures, et des supplices: *tourments, supplices atroces.* — DOULEUR ATROCE, douleur très violente.— ATROCE signifie aussi, qui . a beaucoup de cruauté: *âme atroce; homme atroce.*

* **ATROCEMENT** adv. Avec atrocité.

* **ATROCITÉ** s. f. Enormité, excès; se dit principalement des crimes, des injures, des supplices: *l'atrocité d'un crime.*—Action atroce, très cruelle: *des atrocités inouïes.* — Extrême cruauté: *l'atrocité d'un tyran.*

ATROPATÈNE, pays montagneux de l'ancienne Médie; ainsi nommé d'Atropatus, lieutenant d'Alexandre le Grand, qui se rendit indépendant du vivant même de ce prince. C'est à peu près l'*Aderbatjan* actuel.

ATROPE s. m. Icht. Genre de poissons acanthoptérygiens scombéroïdes, voisin des Dorées. Les atropes vivent dans la mer des Indes.

* **ATROPE** s. f. (de *Atropos,* l'une de Parques; allusion aux propriétés vénéneuses de la belladone). Bot. Genre de Solanées à calice quinquépartite; corolle hypogyne campanulée; cinq étamines à filets filiformes et insérés au fond du tube; anthères à déhiscence longitudinale; ovaire à deux loges renfermant un grand nombre d'ovules; fruit en baie. L'espèce principale est la *Belladone* (voy. ce mot).

* **ATROPHIE** s. f. [a-tro-fi] (gr. *a,* priv.; *trophé,* nourriture). Pathol. Amaigrissement extrême, dépérissement, diminution du corps ou d'une partie du corps. L'atrophie est donc générale ou partielle; c'est un phénomène symptomatique d'une affection grave.

* **ATROPHIÉ, ÉE** adj. Qui est atteint d'atrophie.

* **ATROPHIER** v. a. Produire l'atrophie : *la compression atrophie les muscles.*—S'atrophier v. pr. Être atrophié : *son corps s'atrophie.*

ATROPHIQUE adj. Qui appartient, qui a rapport à l'atrophie; qui produit l'atrophie.

ATROPINE s. f. (rad. *atrope,* nom scientifique de la belladone). Chim. Alcaloïde véneux, découvert en 1833 dans la belladone. Elle cristallise en aiguilles soyeuses blanches, transparentes, réunies en aigrettes; son goût est amer; elle ne possède aucune odeur. Voici sa composition : carbone 70-98 ; oxygène, 16-36 ; hydrogène, 7-83 ; azote, 4-83. Formule : C^{34} H^{23} Az O^6. Peu soluble dans l'eau et dans l'éther, elle se dissout très bien dans l'alcool. Combinée avec les acides, elle forme des sels, dont les plus connus sont le sulfate et le valérianate d'atropine. — Méd. C'est un médicament énergique que l'on emploie avec prudence pour dilater fortement la pupille, dans certaines maladies des yeux. Dose : 3 milligr. mêlée à du sucre ou à de la gomme. On l'emploie davantage en collyre: 5 centigr. dans 20 centigr. d'eau; on verse dans l'œil 3 gouttes de ce collyre, chaque fois qu'il est besoin de de dilater la pupille. Le *sulfate d'atropine,* préférable parce qu'il est plus soluble, s'emploie à la même dose. Pour le valérianate, voy. VALÉRIANATE.

ATROPOS [a-tro-pôss] (gr. l'*Inflexible* ; de *a,* priv.; *trépô,* je change), celle des trois Parques qui coupait le fil de la vie. On la représentait sous les traits d'une femme très âgée, vêtue de noir et tenant des ciseaux à la main.

ATROPOS s. m. [a-tro-pôss] (nom mythol.). nom spécifique du *sphinx atropos* (voy. SPHINX).

ATTABALE s. m. Sorte de timbales employées dans la cavalerie des Maures.

* **ATTABLER** v. a. Faire asseoir à table : *si vous ne pouvez accorder ces paysans, attablez-les, et vous les concilierez bientôt.* — S'attabler v. pron. Se mettre à table pour y demeurer longtemps : *ils se sont attablés pour jouer aux échecs.*

ATTACCA [att-ta-ka] (ital. *attaque*). Mus. Terme indiquant qu'un morceau doit suivre le précédent sans aucune interruption. On dit aussi *attacca subito,* attaquez de suite.

ATTACCO s. m. [att-ta-ko] (ital. *chose ajoutée*). Mus. Petite partie d'une figure, étrangère au motif principal et qui lui sert uniquement d'entrée ou d'*attaque.*

* **ATTACÉ** s. m. (lat. *attacus,* nom d'un insecte chez les anciens). Entom. Genre de lépidoptères nocturnes, formant la première division des phalènes dans la classification de Linné. Caractères : ailes écartées, antennes pectinées ou sétacées.

* **ATTACHANT, ANTE** adj. Qui attache, qui fixe fortement l'attention : *livre attachant; étude, lecture attachante.*

* **ATTACHE** s. f. Lien, courroie, etc. ; en général, ce qui sert à attacher : *l'attache d'un limier, d'un lévrier; mettre un chien, un cheval à l'attache.* — Anat. Endroit où l'on s'attacher, se fixer l'extrémité d'un muscle, d'un ligament : *les muscles ont chacun deux attaches.* — S'est dit de l'ordonnance d'un gouverneur de province, pour faire mettre à exécution les ordres du roi qui lui étaient présentés ou adressés.— Se disait des lettres expédiées par le connétable, le grand amiral, le colonel général ou le mestre de camp général d'une armée, en vertu des brevets ou commissions accordés par le roi aux officiers qui devaient servir sous eux. — Fig. Consentement, agrément : *je ne veux rien faire sans votre attache, sans prendre votre attache.* —Tout ce qui occupe l'esprit, ou qui engage le cœur, et le tient en dependance : *il aura bien de la peine à rompre cette attache.*—Chancell.S'employait dans cette locution : LETTRES D'ATTACHE, lettres que le roi donnait, soit que des bulles du pape, soit que des ordonnances d'un chef d'ordre hors du royaume, pour les faire exécuter. — LETTRES D'ATTACHE, se disait aussi des commissions expédiées, soit à la chambre des comptes, soit ailleurs, pour l'exécution de quelque arrêt, de quelque ordonnance. — CHIEN D'ATTACHE, chien de cour que l'on ne détache que la nuit. — Prov. et fig. IL EST LÀ COMME UN CHIEN À L'ATTACHE, COMME UN CHIEN D'ATTACHE; IL EST TOUJOURS À L'ATTACHE, se dit d'un homme dont l'emploi, le travail est fort assujettissant. — PRENDRE DES CHEVAUX À L'ATTACHE, les garder à l'attache moyennant une rétribution, et seulement pour qu'ils soient à couvert pendant quelque temps. On dit de même : *prendre tant pour l'attache d'un cheval,* ou simplement : *prendre tant pour l'attache.* — ATTACHE DE DIAMANTS, assemblage de diamants mis en œuvre, et composé de plusieurs pièces qui s'accrochent l'une à l'autre. — BAS D'ATTACHE, grand bas de soie que l'on attachait autrefois au haut-de-chausses, et dont on ne se sert plus maintenant que dans certains costumes de théâtre. — Mar. PORT D'ATTACHE, voy. Port. — Législ., adm. — On nomme DROIT D'ATTACHE la faculté qui appartient au propriétaire des deux rives d'un cours d'eau de pouvoir fixer sur chaque rive l'extrémité d'un barrage dont l'administration a autorisé l'établissement. Mais si le propriétaire d'une seule rive peut avoir en vertu de titres, et comme servitude active, le droit d'attache sur la rive opposée. On nomme aussi *droit d'attache* la redevance qui peut être exigée par les communes sur les bateaux séjournant à demeure dans les cours d'eau ». (L. du 18 juillet 1837, art. 31, 70).

(CH. Y.).

* **ATTACHÉ. ÉE** part. pass. d'ATTACHER. — ETRE ATTACHÉ A SON PROFIT, ATTACHÉ A SES INTÉRÊTS, aimer trop à son profit, être trop intéressé. — Substantiv.: *un attaché d'ambassade,* ou simplement : *un attaché,* celui qui est employé dans une ambassade.

* **ATTACHEMENT** s. m. Sentiment qui fait qu'on s'attache fortement et volontairement à quelque personne, à quelque chose: *avoir de l'attachement pour quelqu'un ; attachement à un parti.* — Grande application : *attachement à l'étude, au travail, à l'ouvrage.*

* **ATTACHEMENTS** s. m. pl. Archit. Notes des ouvrages de diverses espèces, que l'on prend lorsqu'ils sont encore apparents, pour y avoir recours dans le règlement des mémoires.

* **ATTACHER** v. a. (lat. *ad,* à ; tudesque, *stecho,* piquet). Joindre, fixer une chose à une autre, en sorte qu'elle y tienne : *attacher avec un cordon, avec un clou, avec de la colle; elle fut attachée à la queue d'un cheval fougueux.* — Se dit également au figuré, dans le même sens : *on lui a conféré ce titre avec toutes les prérogatives qui y sont attachées :*

> Louis, les animant du feu de son courage,
> Se plaint de sa grandeur qui l'*attache* au rivage.
>   BOILEAU. *Passage du Rhin.*

— Fig. Lier par quelque chose qui engage, qui oblige à quelque devoir, à quelque marque de reconnaissance ; joindre par l'affection : *il est attaché à la légation anglaise, à l'administration des postes, etc.; le prince l'avait attaché à son service en lui donnant une charge.*—Appliquer, intéresser vivement: *l'étude des mathématiques attache beaucoup.*—ATTACHER LE MINEUR AU CORPS D'UNE PLACE, le porter ou le mettre à même de se rendre dans le trou pratiqué par l'assiégeant au pied du rempart, pour qu'il puisse y travailler à couvert, à l'effet de conduire la mine sous le corps de la place. — ATTACHER SES YEUX, SES REGARDS SUR QUELQU'UN, SUR QUELQUE CHOSE, le regarder fixement avec attention, avec intérêt. — ATTACHER LES YEUX, LES REGARDS, captiver les regards. — ATTACHER DU PRIX, DE L'IMPORTANCE A QUELQUE CHOSE, y mettre du prix, de l'importance. — ATTACHER SON BONHEUR, SA GLOIRE, etc., A QUELQUE CHOSE, l'en faire dépendre. — ATTACHER UN SENS, UNE SIGNIFICATION A UN MOT, A UN TERME, etc., lui donner un certain sens, une certaine signification, l'entendre d'une certaine manière. — S'attacher v. pr. Se joindre, se lier, au propre et au figuré : *la poix s'attache si fort à l'étoffe, qu'elle emporte la pièce ; le plaisir s'attache à l'accomplissement des devoirs.* — Poursuivre, s'acharner contre : *le remords s'attache au crime.* — S'appliquer à : *il s'attache à son devoir.* — CET HOMME S'ATTACHE TROP A SES OPINIONS, A SES FANTAISIES, A SON SENS, il y tient trop fortement, il est aheurté. — S'ATTACHER A LA POURSUITE, AUX PAS DE QUELQU'UN, le suivre, le poursuivre continuellement, obstinément. — Fig. S'ATTACHER AU CHAR D'UNE FEMME, se mettre au rang de ses adorateurs. — On dit dans un sens analogue : S'ATTACHER AU CHAR DE LA PUISSANCE, DE LA FAVEUR, etc. — S'ATTACHER A QUELQU'UN, AUPRÈS DE QUELQU'UN, se dévouer à son service. — S'ATTACHER A QUELQU'UN, signifie aussi, concevoir pour lui de l'affection : *le chien s'attache à son maître.* — LES OBJETS S'ATTACHENT DANS CE TABLEAU, ils paraissent tenir ensemble, quoique l'artiste ait eu l'intention de les montrer séparés par un espace.

ATTAGAS s. m. [att-ta-gass] ou **Attagen** s. m. [att-ta-jain]. Nom grec d'un oiseau un peu plus grand que la perdrix et à plumage de bécasse. On croit que c'était la gélinotte ou le francolin. Quelques naturalistes ont donné ce nom à une espèce de bruyère.

ATTAGÈNE s. m. Entom. Sous-genre de coléoptères du grand genre dermeste. L'attagène *ondé* (*attagenus undatus*) se trouve sur les arbres, aux environs de Paris, il est oblong, noir, avec une tache blanche de chaque côté du corselet; le presternum s'avance sur la bouche.

ATTALE. I. Général de Philippe de Macédoine, oncle de Cléopâtre, épouse de ce roi. Il nia publiquement la légitimité d'Alexandre et après l'accession de ce dernier, il entra dans une conspiration contre lui. Alexandre le fit assassiner par un émissaire. — II. Nom de trois rois de Pergame, alliés des Romains: ATTALE Iᵉʳ, qui prit le titre de roi après une victoire sur les Gaulois, régna de 241 à 197 av. J.-C. C'est de son règne que date l'invention des étoffes *attaliques*, tapis tissus d'or. — ATTALE II, *Philadelphe*, fils du précédent, succéda à Eumène et régna de 159 à 138. — Enfin ATTALE III, *Philométor*, neveu du précédent, régna de 138 à 133. Ses richesses étaient immenses; il institua le peuple romain son héritier. — III. (Flavius-Priscus-Attalus), préfet de Rome au moment du second siège de cette ville par Alaric. Il traita avec les Barbares qui le nommèrent empereur à la place d'Honorius (409). Jouet d'Alaric et de son successeur Ataulphe, il fut après la mort de ce dernier, livré, en 416, à l'empereur Honorius qui lui fit couper deux doigts de la main droite et l'envoya mourir obscurément dans l'île de Lipari.

ATTALÉE s. f. (rad. *Attale*, nom propre). Bot. Genre de palmiers, tribu des cocoïnées, renfermant des arbres à tronc épais et plus ou moins élevés; à feuilles grandes et terminales. On distingue: l'*attalée à cordes (attalea funigera)*, du Brésil, dont les feuilles fournissent des fibres employées pour la fabrication des cordes; l'*attalée magnifique (attalea spectabilis)* à feuilles longues de 6 à 7 mètres, et plusieurs autres espèces.

* **ATTAQUABLE** adj. Qui peut être attaqué.

* **ATTAQUANT** s. m. Assaillant, celui qui attaque: *les attaquants furent repoussés.*

* **ATTAQUE** s. f. Action d'attaquer: *attaque générale.* — Assaut donné à une place: *aller à l'attaque, donner l'attaque.* — Se dit des travaux qu'on fait pour s'approcher d'une place assiégée: *les assiégeants avaient fait trois attaques.* — Fig. Agression, atteinte, insulte: *l'attaque fut moins spirituelle que la défense; il se vit exposé aux attaques d'une foule de critiques; une attaque contre le gouvernement.* — Certaines paroles lâchées comme sans dessein, pour sonder l'intention de quelqu'un, ou pour le piquer par quelque reproche: *il m'a déjà fait une attaque là-dessus.* — Pathol. Invasion brusque et subite d'une maladie; accès d'une affection périodique ou d'un mal sujet à des retours plus ou moins fréquents: *attaques de nerfs*, spasmes et phénomènes nerveux particuliers aux tempéraments délicats, irritables; ces spasmes sont ordinairement accompagnés de cris, de larmes et de mouvements convulsifs: *attaque d'apoplexie*, *d'épilepsie*, *de goutte*, *de rhumatisme*, *d'asthme*, etc. — Argot. D'ATTAQUE, vivement, avec courage: *travaillons d'attaque.* — HOMME D'ATTAQUE, homme d'action. — ÊTRE D'ATTAQUE, ne pas bouder à l'ouvrage.

* **ATTAQUÉ, ÉE** part. pass. d'ATTAQUER. — Prov. BIEN ATTAQUÉ, BIEN DÉFENDU, la défense a bien répondu à l'attaque.

ATTAQUER v. a. (lat. *attingere*, atteindre). Assaillir, être agresseur, au propre et au figuré: *vous êtes allé l'attaquer sur sa naissance, sur sa noblesse; attaquer les vices, les préjugés, les abus, une doctrine, une maladie.* — Fig. Porter atteinte à quelque chose: *cet ouvrage attaque la religion, les mœurs.* On dit au même sens: *attaquer une personne dans sa réputation*, etc. — Se dit aussi en parlant de l'action des maladies: *le croup attaque principalement l'enfance.* — Ronger, altérer, détériorer quelque substance: *les charançons attaquent le blé.* — Entamer, entreprendre: *attaquez ce pâté; il a bien attaqué son sujet.* — Fig.

ATTAQUER QUELQU'UN DE CONVERSATION, adresser la parole à quelqu'un, afin de l'engager à parler. — Jurispr. ATTAQUER QUELQU'UN EN JUSTICE, lui intenter une action judiciaire. — ATTAQUER UN ACTE, en contester la validité. — Art milit. ATTAQUER L'ARME, saisir avec vivacité le fusil dans les divers mouvements de l'exercice. — Mus. IL ATTAQUE BIEN LA NOTE, se dit d'un chanteur qui, passant d'une note basse à une note élevée, entonne celle-ci avec justesse. IL ATTAQUE BIEN LA CORDE, se dit d'un musicien qui fait bien vibrer la corde de son instrument. — Mar. ATTAQUER UNE ÎLE, UN CAP, UNE CÔTE, s'en approcher pour les reconnaître. — Manège. ATTAQUER UN CHEVAL, le piquer vigoureusement avec l'éperon. — S'attaquer v. pr. Offenser, se déclarer contre: *il s'est attaqué à plus fort que lui.* — Réciproquem.: *ils s'attaquèrent l'un l'autre avec fureur.*

ATTARDER v. a. Mettre en retard. — * S'attarder v. pr. Se mettre en retard, se trouver hors de chez soi à une heure avancée du soir ou de la nuit: *il ne faut pas s'attarder sur cette route dangereuse.*

ATTE s. m. (gr. attô, je saute). Entom. Sous-genre de fourmis à pattes très courtes et dont les maxillaires ont moins de six articles; la tête des mulets est ordinairement très grosse.

* **ATTEINDRE** v. a. (lat. *attingere*; de *ad*, à; *tangere*, toucher). J'atteins. J'atteignais. J'atteignis. J'atteindrai. J'atteindrais. Atteins, Que j'atteigne. Que j'atteignisse. Atteignant. — Frapper de loin avec quelque chose: *il l'atteignit d'un coup de pierre; la balle l'atteignit au front.* — Fig. Porter atteinte, léser: *des outrages partis de si bas ne peuvent l'atteindre.* — Parvenir à un terme, à quelque chose dont on était plus ou moins éloigné: *nous atteindrons ce village avant la nuit; cet arbre n'a pas atteint la même hauteur que l'autre.* — Attraper en chemin, joindre: *atteindre l'ennemi par une marche rapide; ce chien n'a pu atteindre le lièvre.* — S'emploie fig. dans l'une et l'autre acception: *nous atteignons enfin le terme de nos souffrances; il atteindra bientôt sa douzième année; avec ces provisions, ils peuvent atteindre la fin du mois.* — Égaler: *il osait se flatter d'atteindre Racine.* — Fig. ATTEINDRE SON BUT, réussir. — v. n. Toucher à une chose qui est à une distance assez éloignée pour qu'on ne puisse pas y arriver sans quelque effort: *atteindre à une certaine hauteur; l'eau atteignait jusqu'au premier étage; atteindre à la perfection, au sublime.* — S'atteindre v. pr. Se frapper, se blesser soi-même. — v. récipr. Se frapper l'un l'autre.

* **ATTEINT, EINTE** part. pass. d'ATTEINDRE. — ÊTRE ATTEINT DE MALADIE, ATTEINT DE PESTE, DE FOLIE, etc., être frappé, affligé de maladie, de peste, etc. On dit figurément, dans un sens analogue: ÊTRE ATTEINT D'UNE MANIE RIDICULE, etc. — ATTEINT ET CONVAINCU, locution qu'on employait autrefois dans les jugements criminels, pour exprimer que l'accusé était reconnu coupable: *atteint et convaincu d'avoir volé.*

* **ATTEINTE** s. f. Coup dont on est atteint: *légère atteinte.* — Coup qu'un cheval se donne lui-même en s'atteignant aux pieds de devant avec ceux de derrière; ou qu'il reçoit, aux pieds de derrière, d'un autre cheval qui marche trop près de lui: *ce cheval se donne des atteintes.* — Fig. Effet de ce qui cause un mal, un dommage, de ce qui porte quelque préjudice: *sa santé n'a jamais reçu d'atteinte.* — Attaque d'une maladie: *une atteinte de goutte.* — Fig. ATTEINTE MORTELLE, impression vive et douloureuse que fait une chose dont on est sensiblement touché. — Au jeu de bague. DONNER ATTEINTE À UNE BAGUE, la toucher en courant sans l'emporter. — Hors d'atteinte loc. adv. Se dit de ce qui ne peut être atteint, de ce à quoi on ne peut atteindre: *le fugitif est maintenant hors d'atteinte.*

ATTÉLABE s. m. (gr. *attélabos*, escarbot).

Entom. Genre de coléoptères tétramères voisin des charançons. Point de labre apparent; palpes très petits, presque imperceptibles, de forme conique; prolongement de la tête représentant un bec ou une trompe; antennes droites, insérées sur la trompe, composées de onze articles, dont les trois derniers se réunissent en une massue perfoliée. Les attélabes de Linné et de Fabricius correspondent au genre *becmare* de Geoffroy. « Ils rongent les feuilles ou les parties les plus tendres des végétaux. Les femelles, pour la plupart, roulent ces feuilles en forme de tuyau ou de cornet, y font leur ponte, et préparent ainsi à leurs petits une retraite qui leur fournit en même temps leur nourriture. Les proportions de la trompe, la manière dont elle se termine, ainsi que les jambes et la forme de l'abdomen ont donné lieu à l'établissement des quatre sous-genres suivants: *apodère, rhynchite, attélabe* et *apion* ». (Cuvier). Les attélabes sont nuisibles au premier chef. Ceux qui, dans nos climats, font le plus de tort à l'agriculture, sont l'*attélabe de la vigne* et l'*attélabe des arbres fruitiers*. Le premier, appelé aussi *attélabe bacchus (rhynchites bacchus*, Herbst), *lisette, bêché, ombré, destraux*, etc., est d'un rouge cuivreux, pubescent, avec les antennes et le bout de la trompe noirs. Ses larves vivent dans les feuilles roulées de la vigne et les dévorent entièrement. L'attélabe des arbres fruitiers ou *des pommes*, fait tomber les fruits en coupant leurs pédoncules. La présence de ses larves dans les fruits les rend véreux.

* **ATTELAGE** s. m. Nombre de chevaux, de bœufs, etc., qui sont nécessaires pour tirer la charrue, ou pour trainer des voitures: *ce laboureur a tant d'attelages.* — Se dit ordinairement de six ou de huit chevaux propres à être attelés ensemble à un carrosse: *attelage de six chevaux gris pommelés; un bel attelage.* — ATTELAGE DOUBLE, quatorze de roi, au jeu de piquet.

* **ATTELÉ, ÉE** part. pass. d'ATTELER. — Prov. et fig. C'EST UNE CHARRETTE MAL ATTELÉE, se dit en parlant d'associés qui n'agissent pas de concert dans leur entreprise.

* **ATTELÉE** s. f. Temps pendant lequel les bêtes de trait sont attelées: *il laboura son champ d'une seule attelée.*

* **ATTELER** v. a. (rad. *attelle*). Attacher des chevaux, des mulets, ou autres animaux de trait, à la voiture, au chariot, à la charrue, etc., qu'ils doivent tirer: *atteler les chevaux à la voiture;* ou simplement: *atteler.* — On dit aussi: *atteler un carrosse, un chariot.* — S'atteler v. pr. s'attacher à une voiture pour la traîner: *ils s'attelèrent au chariot, et le traînèrent l'espace de plusieurs lieues.*

* **ATTELLE** s. f. (lat. *hasta*, lame). Morceau de bois chantourné qu'on attache au collier des chevaux de harnais. — Chir. Petite pièce de bois, de carton, de fer-blanc, etc., dont on sert dans le traitement des fractures pour maintenir les fragments des os, et prévenir leur déplacement.

ATTELLEMENT s. m. Action d'atteler.

ATTELOIRE s. f. Cheville avec laquelle on fixe les traits au timon.

ATTENANCE s. f. Synon. de DÉPENDANCE: *une maison et ses attenances.*

* **ATTENANT, ANTE** adj. Contigu, qui est tout proche, tout contre. Ne se dit guère que des pièces d'un appartement, des maisons, des jardins, et ne s'emploie ordinairement que dans le langage familier, en style de pratique: *logis attenant à un autre.*

* **ATTENANT**, tout proche contre: *il loge tout attenant du palais, au palais, le palais.* — Adverbial. — Adverbial. ATTENDANT s. m. Nom de certains sectaires chrétiens qui attendaient une nouvelle église, parce qu'il n'y en avait pas encore de véritable.

* **ATTENDANT** (En) loc. adv. Jusqu'à tel moment, jusqu'à tel temps, déterminé par ce qui précède : *il se mit à lire en attendant ; je vais, en attendant, copier cette lettre.* — En attendant que loc. conjonct. Jusqu'à ce que : *en attendant que vous soyez mieux informé.* On dit dans la même acception, EN ATTENDANT L'HEURE, EN ATTENDANT MIEUX, jusqu'à ce que l'heure sonne, jusqu'à ce qu'il arrive mieux.

* **ATTENDRE** v. a. (lat. *ad*, vers ; *tendere*, tendre). Rester en un lieu où l'on compte qu'une personne viendra, qu'une chose sera apportée, amenée : *je vous attends ici ; il va peut-être arriver, attendons ; attendre l'ennemi ; ce chien attend son maître ; la voiture m'attend à la porte.* — Compter sur l'arrivée, sur la venue d'une personne ou d'une chose : *nous l'attendons de jour en jour ; sa réponse ne se fit point attendre.* — Fig., dans un sens analogue : *toute l'Europe attend la paix ; attendre la mort avec courage.* — Se dit fig. de certaines choses qui menacent une personne, ou qui lui sont destinées, réservées : *voilà le sort qui vous attend.* — Différer ou cesser de faire une chose jusqu'à ce qu'une autre chose ait lieu, jusqu'à un certain temps : *je n'attends que lui pour agir ; vous allez trop vite, attendez donc ; il se targue beaucoup de ce premier avantage, mais attendons la fin ; attendez, il me vient une idée.* On le dit quelquefois dans un sens de menace : *attendez, lâches ;* ou seulement : *attendez.* — Se joint quelquefois avec la préposition A : *j'attends à partir qu'il fasse moins chaud.* On dit plus ordinairement : *j'attends pour partir, etc.* — ATTENDRE APRÈS, marque le besoin qu'on a de la personne ou de la chose qu'on attend, ou l'impatience avec laquelle on attend : *il y a longtemps qu'on attend après vous ; cette somme est une bagatelle, je n'attends pas après.* — ATTENDRE DE. Espérer, se promettre quelque chose : *je n'attendais pas cela de vous.*

> Je vous aime Zaïre, et j'attends de votre âme
> Un amour qui réponde à ma brûlante flamme.
> <div align="right">VOLTAIRE, <i>Zaïre</i>, acte I, sc. II.</div>

— Prov., fig. et ironiq. ATTENDEZ-MOI SOUS L'ORME, se dit en parlant d'un rendez-vous où l'on n'a pas dessein d'aller, d'une promesse sur laquelle il ne faut pas compter. — Prov. et fig. C'EST OU JE L'ATTENDS, C'EST LA QUE JE L'ATTENDS, signifie tantôt qu'on ne craint point celui dont on parle, et qu'on est en état de lui faire plus de mal qu'il n'en peut faire lui-même ; tantôt qu'on saura tirer avantage contre lui des choses qui lui inspireront le plus de confiance. — Prov. IL ENNUIE A QUI ATTEND, c'est presque toujours avec impatience et ennui que l'on attend. — Fig. LE DINER, LE SOUPER, etc., NOUS ATTEND, le dîner, le souper, etc., est prêt. — Prov. TOUT VIENT A POINT A QUI PEUT ATTENDRE, avec le temps et la patience, on vient à bout de tout. — Prov. VOUS NE PERDREZ RIEN POUR ATTENDRE. Votre payement, pour être retardé, n'en est pas moins sûr. — Par ext. Exprimer que le retard apporté à quelque chose n'est pas un préjudice, et peut même devenir un avantage : *on tarde à vous placer, mais vous ne perdrez rien pour attendre.* — Fig., UN COUP N'ATTENDAIT PAS L'AUTRE, les coups se succédaient rapidement, sans interruption. On dit également : UNE QUESTION, UNE SAILLIE, etc., N'ATTENDAIT PAS L'AUTRE. — En lui, CHEZ LUI, LA RAISON, LA VALEUR, etc., N'A PAS ATTENDU LES ANNÉES, se dit d'une personne en qui la raison, la valeur, etc., s'est montrée de bonne heure.

> La valeur n'attend pas le nombre des années
> <div align="right">CORNEILLE, <i>Le Cid</i>, acte Ier.</div>

— **S'attendre**, v. pr. Se tenir comme assuré de la chose, compter sur quelqu'un, sur quelque chose : *je n'en fus pas surpris, je m'y attendais bien ; je ne m'attendais pas à un pareil traitement de votre part,*

après cela on peut s'attendre à tout. — Prov. Ne t'attends qu'à toi seul.

> T'attends aux yeux d'autrui, quand tu dors, c'est erreur.
> LA FONTAINE.

— Prov. et fig. QUI S'ATTEND A L'ÉCUELLE D'AUTRUI, A SOUVENT MAL DINÉ. Qand on compte sur autrui, on est souvent trompé dans ses espérances. — Iron. ATTENDEZ-VOUS-Y, exprime qu'on est loin de vouloir faire ce qu'une personne espère ou de croire qu'elle obtiendra d'une autre ce qu'elle en attend.

* **ATTENDRIR** v. a. Rendre tendre et facile à manger : *il faut battre ce gigot pour l'attendrir.*—Émouvoir de compassion, de tendresse, toucher : *il m'avait attendri par ses larmes.* — S'attendrir, v. pr. Etre attendri, au propre et au figuré : *les choux s'attendrissent à la gelée ; son père s'est attendri en voyant son repentir* — ⚬ Jargon. Se griser ; devenir tendre après avoir bu.

* **ATTENDRISSANT, ANTE** adj. Qui attendrit, qui émeut de compassion, de tendresse : *spectacle attendrissant ; paroles attendrissantes.*

* **ATTENDRISSEMENT** s. m. Sentiment par lequel on s'attendrit ; état d'une âme attendrie : *verser des larmes d'attendrissement.*

* **ATTENDU, UE**, part. passé d'ATTENDRE. — Cuis. Dont on a différé la consommation : *ce gigot est dur, il n'a pas été assez attendu.* — Attendu prép. Vu, eu égard à : *il fut exempté de cette charge publique, attendu son âge, attendu son infirmité.* — ATTENDU QUE loc. conj. Vu que, comme, car : *je ne saurais accorder cette permission, attendu que mes ordres s'y opposent.*

* **ATTENTAT** s. m. Entreprise criminelle ou illégale contre les personnes ou les choses : *attentat contre la liberté publique ; ce tyran fut puni de tous ses attentats ; les attentats à la pudeur.* — Législ. « Ce mot comprend toute atteinte aux droits d'autrui, toute violation de la loi ; °mais, dans le langage juridique, il s'applique plus spécialement aux entreprises criminelles contre la sûreté de l'Etat, la liberté des individus, et à certains actes contre les bonnes mœurs. — Les attentats contre la personne du chef dynastique de l'Etat étaient punis de la peine du parricide (C. pén. 86). Si l'attentat a pour but de changer la forme du gouvernement et qu'il y ait eu exécution ou tentative, la peine est la déportation dans une enceinte fortifiée (C. pén. 87, 88). Un complot ayant pour but l'un de ces attentats est puni de peines moins rigoureuses que le fait lui-même et que la tentative ; ces peines diffèrent selon qu'il y a eu ou non préparation d'exécution, résolution concertée, ou seulement proposition non agréée (C. pén. 89) S'il s'agit D'UN ATTENTAT DONT LE BUT EST D'EXCITER A LA GUERRE CIVILE ou de porter la dévastation, le massacre et le pillage, et qu'il y ait eu exécution, la peine est, d'après le Code Pénal (91) la peine de mort ; mais elle a été abolie, en matière politique, par la constitution du 4 nov. 1848, et remplacée, dans ce cas, par la déportation dans une enceinte fortifiée désignée par la loi, hors du territoire continental de la République (L. 8 juin 1850). Tout fonctionnaire public qui ordonne ou commet arbitrairement un ATTENTAT A LA LIBERTÉ INDIVIDUELLE est condamné à la dégradation civique et, si c'est un ministre, au bannissement (C. pén. 114, 115) (V. sup. ARRESTATION).—Les ATTENTATS AUX MŒURS comprennent les crimes ou délits suivants : *l'outrage public à la pudeur, le viol, l'adultère, la bigamie* (V. ces mots), *l'excitation des mineurs à la débauche* (V. EXCITATION) et L'ATTENTAT A LA PUDEUR. Ce dernier fait, non accompagné de viol, est puni de la réclusion, s'il est consommé ou tenté sans violence sur un enfant de moins de 13 ans. Est puni de la même peine l'attentat commis par un ascendant sur la personne d'un mineur de moins de 21 ans, non émancipé par le mariage (C.pén.331). Tout attentat consommé

ou tenté avec violence, sur un individu, quel que soit soit son âge, est également puni de la réclusion, et si la victime est âgée de moins de quinze ans, la peine est celle des travaux forcés à temps (C. pén. 332). Si l'attentat à la pudeur est commis par un ascendant, par un instituteur, par les serviteurs à gages de ces derniers ou de la victime, par le ministre d'un culte, ou s'il y a eu des complices, la peine est celle des travaux forcés à temps pour un attentat sans violence, et celle des travaux forcés à perpétuité pour un attentat avec violence (C. pén. 333). — *L'exposition ou la distribution d'écrits ou images contraires aux bonnes mœurs,* n'est pas considérée comme un attentat, mais comme un simple délit, passible d'une amende de 16 à 500 fr. et d'un emprisonnement d'un mois à un an (C. pén. 287). — On constate avec inquiétude que les attentats aux mœurs ne cessent pas d'augmenter et qu'ils forment aujourd'hui plus de la moitié du nombre des crimes contre les personnes. Cette progression semble ne pouvoir être arrêtée par la rigueur de la répression, car la loi du 13 mai 1863, qui a rendu les pénalités plus sévères pour ces attentats, n'a pas eu l'effet désirable. Il faut espérer que la réforme de l'éducation publique, sérieusement entreprise depuis peu, amènera une grande amélioration dans les mœurs, et nous sommes convaincu que là est le vrai remède au mal. » (CH. Y.)

* **ATTENTATOIRE** adj. Qui attente. Ne se dit que des choses : *acte attentatoire aux libertés publiques ; mesure attentatoire à la propriété.* — Ne se disait autrefois que de ce qui va contre l'autorité d'une juridiction : *procédure attentatoire ; sentence attentatoire à l'autorité du parlement.*

* **ATTENTE** s. f. Etat de celui qui attend ; temps instant lequel on est à attendre : *passer la nuit dans l'attente.*

> Qu'en l'attente de ce qu'on aime
> Une heure est fâcheuse à passer
> <div align="right">CORNEILLE. <i>La Suivante</i>, acte IV, sc. I.</div>

— Espérance, opinion qu'on a conçue de quelqu'un, de quelque chose : *il a rempli notre attente.* — TABLE D'ATTENTE, plaque, pierre, planche, panneau sur lequel il n'y a encore rien de gravé, de sculpté, de peint. — Fig. C'EST UNE TABLE D'ATTENTE, CE N'EST ENCORE QU'UNE TABLE D'ATTENTE, se dit d'un jeune homme dont l'esprit n'est pas encore entièrement formé, mais qui est propre à recevoir toutes les impressions qu'on voudra lui donner. — PIERRES D'ATTENTE, pierres qui saillent, d'espace en espace, à l'extrémité d'un mur, pour faire liaison, dans la suite, avec quelque autre construction. Se dit, figurément, d'une chose qu'on ne regarde que comme un commencement, et qui doit avoir une continuation. — Chirur., LIGATURE D'ATTENTE, ligature provisoire.

* **ATTENTER** v. n. (lat. *attentare* : de *ad*, à ; *tentare*, tenter). Commettre un attentat : *attenter à la vie de quelqu'un ; attenter à la pudeur, à l'honneur d'une femme ; attenter à sa propre vie.*

* **ATTENTIF, IVE** adj. (lat. *attentus* ; de *ad*, à ; *tentus*, tendu). Qui a de l'attention, de l'application : *être attentif à son ouvrage ; les auditeurs étaient fort attentifs.* — C'EST UN HOMME TRÈS ATTENTIF, se dit d'un homme rempli d'attention, de politesse et de soin pour les autres.

* **ATTENTION** s. f. [a-tan-si-on] (lat. *attentio*). Application d'esprit à quelque chose : *avoir attention ; prêter attention ; prêter une attention favorable ; avoir une attention, une attention ; redoubler d'attention ; écouter, observer avec attention ; c'est faute d'attention qu'il n'a pas relevé cette erreur ; réveiller, fixer, captiver l'attention.*

> Le trop d'attention qu'on a pour le danger
> Fait le plus souvent qu'on y tombe.
> LA FONTAINE

— **Soin** officieux, obligeant : *il a pour moi des attentions infinies; il eu l'attention de me prévenir.* — Disposition qui porte à rendre des soins : *il m'a donné mille preuves d'attention durant ma maladie.* — Ellipt. et impérativ. : ATTENTION] Soyez attentifs : *attention, je vais donner le signal.* On dit de même, en termes militaires : *attention au commandement* !

ATTENTIONNÉ, ÉE adj. Qui a des attentions, de la prévenance, des égards (Fam.).

* **ATTENTIVEMENT**, adv. Avec attention : *lire, écouter attentivement.*

* **ATTÉNUANT, ANTE** adj. Qui atténue. — Anc. méd. s'est dit des remèdes qui semblent augmenter la fluidité des humeurs : substantiv. : *les atténuants.* — Dr. crim. circonstances qui diminuent la gravité d'un crime, d'un délit : *circonstances atténuantes.*

* **ATTÉNUATION** s. f. Affaiblissement, diminution de forces. N'est guère usité que dans cette phrase : *être dans un état d'atténuation dans une grande atténuation.* — Méd. Action des remèdes atténuants. — Dr. crim. Diminution des charges contre un accusé : *défenses par atténuation; réponses par atténuation.*

* **ATTÉNUER** v. a. (lat. *attenuare*; de *ad*, à ; *tenuis*, ténu, léger). Affaiblir, diminuer les forces, l'embonpoint : *les jeûnes, les veilles, les fatigues l'ont atténué.* — Diminuer, rendre moins grave : *atténuer l'effet d'un mal.* — Méd. ATTÉNUER LES HUMEURS, les rendre moins grossières, plus fluides. — S'atténuer v. pr. Etre atténué : *le délit s'atténue, lorsque....*

ATTERBOM (Pierre-Daniel-Amédée), poète suédois (1790-1855), tuteur du prince Oscar, héritier présomptif de la couronne de Suède (1819) ; professeur à Upsal : l'édition complète de ses œuvres, à été publiée à Orebro, en 1858.

ATTERBURY (Francis), prélat anglais (1662-1732), publia une Apologie de Luther, des épîtres de Phalaris, fut l'un des chapelains de Guillaume III et devint évêque de Rochester en 1713. Peu après la mort de la reine Anne, il fut convaincu d'avoir participé à un complot ayant pour but la restauration des Stuarts. Banni, il vint terminer son existence à Paris.

ATTÉREAUX s. m. pl. Cuis. Voy. HATTÉREAUX.

* **ATTERRAGE** s. m. [a-tèr-a-je] (lat. *ad*, vers; *terra*, terre). Mar. Voisinage, proximité de la terre; parage voisin de la terre : *arriver sur l'atterrage des côtes d'Europe.* — Action d'arriver de la haute mer dans le voisinage d'une terre : *faire son atterrage.* — ETREALL'ATTERRAGE, se trouver aux approches d'une terre, même avant d'être à portée de l'apercevoir.

* **ATTERRER** v. a. (lat. *ad*, à ; *terra*, terre). Abattre, renverser par terre : *ils en vinrent aux prises, et il l'atterra sous lui; il attendit le taureau, le prit par les cornes et l'atterra.* — Ruiner entièrement : *les Goths achevèrent d'atterrer la puissance des Romains.* — Acclamer, affliger excessivement : *ce dernier coup l'atterra.* — Neutral. Mar. Arriver de la haute mer dans le voisinage d'une terre, et la reconnaître : *nous atterrâmes sur Belle-Isle.*

* **ATTERRIR** v. n. Mar. Prendre terre : *nous atterrîmes à tel endroit.*

ATTERRISSAGE s. m. Action d'atterrir : *nous avons fait notre atterrissage.*

* **ATTERRISSEMENT** s. m. Amas de terre formé par la vase cu par le sable que la mer ou les rivières apportent le long d'un rivage, par succession de temps : *Cette prairie s'est accrue de beaucoup par les atterrissements; droit d'atterrissage.*

* **ATTESTATION** s. f. Certificat, témoignage donné par écrit : *attestation de bonne vie et mœurs, en bonne forme.*

* **ATTESTER** v. a. (lat. *ad*, à ; *testis*, témoin). Assurer, certifier un fait, la vérité d'un fait soit de vive voix, soit par écrit : *la chose est at-*

testée par plus de cent personnes. — Fig. servir de preuve, de témoignage :

Tout d'un Dieu créateur atteste le génie.
BAOUX-LORMIAN. *Veillées poétiques.*

— Prendre à témoin :

J'en atteste des dieux la puissance suprême,
LONGEPIERRA. *Médée.* act. III, sc. I.

ATTHIDE s. m. Antiq. gr. Nom que l'on donnait aux auteurs qui avaient écrit une atthis. On disait aussi ATTIODOGRAPHE.

ATTHIS. Fille de Cranaüsqui donna son nom à l'Attique.

ATTHIS s. f. [a-tiss]. Antiq. gr. Histoire de la ville d'Athènes.

ATTICHY ch.-l. de cant. arr. et à 18 kil. E. de Compiègne (Oise), sur la rive droite de l'Aisne ; 925 hab.

* **ATTICISME** s. m. (gr. *attikismos*; de *attikos*, attique). Délicatesse de langage, finesse de goût particulière aux Athéniens. — Par ext. Élégance, pureté de langage. — Gramm. gr. Forme de langage particulière au dialecte attique ou des Athéniens.

* **ATTICISTE** s. m. Philol. Auteur qui s'étudie à imiter en tout le style des écrivains attiques : *Lucien est un atticiste.*

ATTICURGE ou **Atticurgue** s. f. et adj. (gr. *attikos*, attique; *ergon*, ouvrage). Archit. Porte dont les pieds droits sont inclinés l'un vers l'autre, et dont l'ouverture se rétrécit de bas en haut.

ATTICUS (Titus Pomponius), chevalier romain (109-32 av. J.-C.), vécut pendant vingt années à Athènes, ce qui lui valut son nom. Revenu à Rome, il se laissa mourir de faim pour échapper aux souffrances d'une maladie. Il avait composé une histoire universelle comprenant 700 ans. Cornelius Nepos a écrit sa vie.

ATTICUS HERODES (Tiberius-Claudius), rhéteur grec (104-180 après J.-C.), enseigna la rhétorique à Athènes et à Rome; consul en 143; héritier d'une immense fortune, il orna la Grèce de magnifiques constructions. Ses discours, autrefois appréciés, ne nous sont pas parvenus.

* **ATTIÉDIR** v. a. Rendre tiède ce qui est chaud : *cette eau est trop chaude, il faut l'attiédir avec de l'eau froide.* — Fig. Diminuer, amortir la vivacité, l'ardeur de quelque sentiment : *le temps attiédira leur zèle; cette eau s'est attiédie; leur amitié pour moi s'attiédit.* — S'attiédir v. pr. Etre attiédi, au propre et au figuré.

* **ATTIÉDISSEMENT** s. m. État d'une chose qui passe de la chaleur à la tiédeur. N'est guère d'usage qu'au figuré : *son amitié pour moi n'a souffert aucun attiédissement.* — Sert, particulièrement, à marquer quelque diminution de ferveur dans la dévotion.

ATTIFEMENT s. m. Action d'attifer.

* **ATTIFER** v. a. (gr. *stephein*, orner). Orner, parer. — S'attifer v. pr. Se parer, et surtout se coiffer avec affectation : *cette femme aime à s'attifer.* — Fam. et ne se dit que par plaisanterie.

* **ATTIFET** s. m. Ornement de tête pour les femmes (vieux).

ATTIGÉ part. pass. d'ATTIGER. Malade. — PLANQUE AUX ATTIGÉS, hôpital.

ATTIGER v. a. (lat. *attingere*, atteindre). Argot. Frapper, saisir.

ATTIGNOLES s. f. pl. Argot. Tripes à la mode de Caen.

ATTIGNY, ch.-l. de cant. (Ardennes), arr. et à 14 kil. N.-O. de Vouziers, sur la rive gauche de l'Aisne, à la jonction du canal des Ardennes, 1,700 hab. Fabriques de toiles et de biscuits dits de Reims, commerce d'ardoises,

de houille et de bois. Petite ville très importante sous les Mérovingiens. Clovis II, qui y résida, ainsi que ses successeurs, y fit construire en 647, le seul chef des Huns, sur lesquels il régnait, depuis dix ans, conjointement avec ce prince. Witiking y reçut le baptême (786) en présence de Charlemagne. Louis le Débonnaire y fit pénitence publique, 882.

ATTIKAMÈGUES ou **POISSONS BLANCS**, tribu algonquine qui habitait près de Trois-Rivières (Canada). Elle fut détruite par la guerre et les maladies, vers 1651\.

ATTILA, roi des Huns, mort en 453 ou 454; devint, par le meurtre de son frère, Bléda (444), le seul chef des Huns, sur lesquels il régnait, depuis dix ans, conjointement avec ce prince. Ses crimes et ses conquêtes lui valurent le surnom de « Fléau de Dieu ». De 445 à 450, il ravagea l'empire d'Orient; mais ayant fait la paix avec Théodose, il se jeta vers l'occident et, suivi d'une immense armée, il envahit la Gaule, détruisit Metz, menaça Lutèce (Paris) et vint camper devant Orléans. Aétius, chef des Gallo-Romains, lui fit, avec ses alliés les Visigoths, les Francs et les Burgundes, lever le siège de cette ville et le poursuivit jusqu'en Champagne, où se livra la terrible bataille de Châlons-sur-Marne, bataille qui coûta la vie à 160,000 hommes et qui est la plus sanglante de l'histoire européenne (Juin 451). Vaincu, Attila repassa le Rhin. L'année suivante, il se sentit en état d'envahir l'Italie, où il mit tout à feu et à sang; Rome ne dut son salut qu'à la médiation personnelle du pape Léon Ier. Le barbare se retira ensuite dans la Pannonie où il mourut de la rupture d'une artère, la première nuit de ses noces avec la belle Ildico. On l'enterra secrètement et les esclaves qui avaient creusé sa tombe furent égorgés. Les historiens nous représentent ce terrible héros, auquel on attribue ce cri sauvage : « où mon cheval a passé l'herbe ne pousse plus », comme un homme petit, difforme, à grosse tête, à nez aplati, à larges épaules. Ses traits rappelaient son origine mongole; sa démarche était fière, sa voix forte et sonore; tout en lui inspirait l'horreur et la terreur; il habitait une cabane ornée des dépouilles des vaincus et se nourrissait de viande presque crue. Voy. Améd. Thierry « Histoire d'Attila », 1856 — Attila, tragédie de Corneille, en cinq actes et en vers (1667), l'une des dernières et des plus faibles de l'illustre auteur du *Cid*. Tout le monde connaît ce coup de dent que Boileau, protecteur de Racine, porta au vieillard qui régnait au théâtre depuis trente ans :

Après l'*Agésilas*,
Hélas!
Mais après l'*Attila*,
Hola !

Corneille ne s'en releva pas : il céda la place à son rival.

ATTINE s. f. Ancienne monnaie d'argent allemande valant environ 25 cent.

ATTINTER v. a. Etablir un objet sur des tins.

ATTIQUE, division de la Grèce, formait une péninsule triangulaire entre la mer Egée et le golfe saronique; environ 2,000 kil. carr.; territoire couvert de montagnes dont la plus élevée, le mont Cithæron, se dresse à une hauteur de 1,600 mètres. L'ancienne Attique se divisait en plaine d'Eleusis, plaine d'Athènes, terre centrale (Mesogæa, entre la mer, le mont Pentelicus et le mont-Hymète), côte méridionale (Paralia) et plateaux (Diacria, bornés par la mer, et par les monts Pentelicus et Parnes). Les seuls cours d'eau remarquables sont l'Ilissus et le Cephissus. Le sol léger de l'Attique produisait autrefois beaucoup de grains et d'excellentes olives. Ce pays fut colonisé de bonne heure par des hommes appartenant à la race ionienne. Au commencement de la chronologie authentique (vers 700 avant J.-C.), les habitants étaient distribués en quatre tribus ou classes; voy. ATHÈNES. Chaque tribu fut ensuite divisée en trois phratries, et chaque phratrie en gentes, dont le nombre était ordinairement de trente. Solon adopta une autre division en quatre classes, d'après la fortune immobilière des habitants. Ensuite Clisthène distribua le peuple en dix tribus (auxquelles on en ajouta deux autres, un peu plus tard) et ces tribus furent subdivisées en 174 dèmes ou cantons. — Avec la Béotie, la Mégaride et les îles adjacentes, l'Attique forme aujourd'hui la nomarchie d'*Attique et Béotie*; 6,200 kil. carr. 137,000 hab. — Ch.-l. Athènes.

* ATTIQUE adj. Qui a rapport à la manière et au goût des anciens Athéniens : *goût, finesse attique*. — Archit. ORDRE ATTIQUE (Voy. *Architecture*). — DIALECTE ATTIQUE, dialecte qui était particulier aux Athéniens. On dit dans un sens analogue, LES AUTEURS ATTIQUES, ou substantiv., LES ATTIQUES, les auteurs qui ont employé ce dialecte, tels que Thucydide, Xénophon, Démosthène, Aristophane, etc. — FORMES ATTIQUES, formes de langage propres au dialecte attique. — Fig. SEL ATTIQUE, se dit de la manière de s'exprimer délicate, spirituelle et finement railleuse qui distinguait les Athéniens :

Il faut de sel *attique* égayer la satire.
ECOUCHARD LEBRUN. *Épîtres.*

Il est de sel *attique* assaisonné partout.
MOLIÈRE. *Les Femmes savantes*, acte III, sc. II.

— ANNÉE ATTIQUE, année luni-solaire en usage chez les Athéniens, composée de douze mois dans les années solaires et de treize dans les années embolismiques. — ALPHABET ATTIQUE. Alphabet de vingt et un lettres remplacé par l'alphabet ionien de vingt-quatre lettres. — DIALECTE ATTIQUE, l'un des quatre principaux dialectes de la Grèce ancienne; il devint la langue littéraire des écrivains grecs dès le IIIᵉ siècle avant J.-C. et présente ensuite trois phases : 1° l'*ancien attique*, dont on voit beaucoup de formes dans Homère et qui est la langue de Solon; 2° l'*attique moyen*, employé par Gorgias, par Thucydide et par les écrivains de la même époque; 3° l'*attique nouveau*, parlé par Eschine et par Démosthènes, et base du dialecte *alexandrin*. — PHILOSOPHIE ATTIQUE, philosophie qui était professée dans les écoles de Socrate, de Platon, d'Aristote et de Zénon, écoles dont le centre était à Athènes. — ORDRE ATTIQUE, petit ordre d'architecture employé surtout dans les constructions athéniennes. — ETAGE ATTIQUE, petit étage qui surmonte l'entablement pour masquer le toit. — COLONNES ATTIQUES, colonnes carrées. — BASE ATTIQUE, base que les modernes donnent à l'ordre dorique.

* ATTIQUE s. m. Littér. Auteur qui a écrit dans le dialecte attique : *Démosthènes est un attique*. — Archit. Petit étage supérieur, dont le but est de dissimuler le toit. L'invention en est attribuée aux Athéniens. Les attiques des arcs de triomphes ne sont destinés qu'à recevoir des inscriptions. *Attique circulaire*, ordre qui règne au-dessus d'un entablement circulaire : dôme, coupole, etc. *Attique continu*, qui suit l'entablement dans tous les accidents du plan. *Attique interposé*, qui se trouve entre deux grands étages, comme à la galerie du Louvre. *Faux attique*, sorte de piédestal qui règne au-dessous des bases d'un ordre et empêche qu'elles soient masquées par une large corniche placée au-dessous. *Attique de comble*, parapet, garde-fou qui règne au bord d'un toit. *Attique de cheminée*, partie d'une cheminée comprise entre le chambranle et la première corniche.

* ATTIQUEMENT adv. Gram. gr. Dans le dialecte attique : *attiquement, on dit* ξυν (avec) pour συν.

ATTIRABLE adj. Qui est susceptible d'être attiré.

ATTIRAGE s. m. Action d'attirer.

* ATTIRAIL s. m. Coll. Grande quantité, grande diversité de choses nécessaires pour certains usages : *attirail de guerre, de chasse, d'un ménage, de campagne, d'une imprimerie, de la cuisine, de l'artillerie.* — Par ext. et fam. Grande quantité de bagage inutile et superflu, que des gens mènent avec eux en voyage : *qu'était-il besoin de tant d'attirail ?* — Le plur. *attirails*, est peu usité.

* ATTIRANT, ANTE adj. Qui attire. Ne s'emploie guère qu'au figuré : *marchande adroite et attirante; femme qui a des manières fort attirantes*.

* ATTIRANTE s. f. Nœud de ruban que les dames portaient au-dessus de la jupe.

* ATTIRER v. a. (lat. *ad*, vers; *trahere*, tirer). Tirer, faire venir à soi : *l'aimant attire le fer; cet onguent a la vertu d'attirer; attirer quelqu'un à son parti; attirer l'ennemi dans une embuscade; le miel attire les mouches.* — S'attirer v. pr. Appeler sur soi : *s'attirer de méchantes affaires, une querelle, beaucoup d'ennemis, l'affection, l'estime, l'approbation*. — v. récipr. S'attirer mutuellement.

ATTIRET (Jean-Denis), peintre, né à Dôle en 1702, mort en Chine en 1768. Après avoir pratiqué la peinture pendant quelque temps, il entra dans l'ordre des jésuites, fut envoyé à Pékin, y produisit un grand nombre de peintures, principalement au lavis, et refusa le titre de mandarin que lui offrait l'empereur. — Le *Journal des savants*, 1771, donne la description des peintures dont il orna le palais de Kien-Long, empereur de Chine.

ATTISEMENT s. m. Action d'attiser.

* ATTISER v. a. (lat. *ad*, à ; *titio*, tison). Il n'est usité que dans cette phrase : ATTISER LE FEU, approcher les tisons l'un de l'autre, pour les faire mieux brûler. — Fig. ATTISER LE FEU, aigrir les esprits déjà irrités les uns contre les autres.

ATTISEUR s. m. Celui qui attise, qui aime à attiser. (Fam. et peu us.).

ATTISOIR s. m. Ustensile pour attiser le feu.

* ATTITRÉ, ÉE part. passé d'ATTITRER ; voy. ce mot.

* ATTITRER v. a. Donner habituellement à quelqu'un la préférence sur d'autres, pour les choses qui concernent sa profession ou son commerce. Ne s'emploie guère qu'au part. pas. : *son commissionnaire attitré; marchand attitré*. — En mauvaise part. TÉMOINS ATTITRÉS, ASSASSINS ATTITRÉS, gens soudoyés pour porter de faux témoignages, pour assassiner. On dit plus ordinairement, TÉMOINS, ASSASSINS A GAGES.

* ATTITUDE s. f. (ital. *attitudine*). Situation, position du corps : *attitude d'une statue; attitude à peindre, décente, forcée, maniérée, contrainte, imposante; l'attitude du commandement, du respect, de la crainte, etc.; l'attitude qu'il faut prendre pour écrire.* — Fig. Situation dans laquelle on se trouve, on se maintient à l'égard de quelqu'un; résolutions, dispositions où l'on paraît être : *il a gardé dans toute cette affaire une attitude ferme; l'attitude hostile, l'attitude menaçante de telle puissance, fait appréhender une prochaine rupture*.

ATTIUS; voy. ACCIUS.

ATTIWANDARONK, tribu indienne appartenant à la même famille que les Hurons et les Iroquois, et qui habitait sur le Niagara, prin-

cipalement dans le Canada. C'était la *Nation Neutre* des Français. Presque exterminés par les Iroquois, en 1651-'3, les Attiwandaronks se mélangèrent avec les Hurons et les Senecas.

ATTLEBOROUGH, ville de Massachusetts, à 52 kil. S.-S.-O. de Boston (Etats-Unis); 11,000 hab.

ATTOCK ou Atak, ville forte du Punjaub, Inde, sur l'Indus, presque en face de la bouche du Caboul, à 65 kil. E.-S.-E. de Peshawur ; 2,000 hab. On pense que c'est par cet

Attock.

endroit qu'Alexandre le Grand traversa l'Indus. La forteresse fut bâtie par Akbar, afin de commander la route suivie par presque tous les envahisseurs venant du N.-O.

ATTOLL, Attolle ou Attollon s. m. (angl., *attol*; lat. *attollo*, je soulève). Géol. Nom donné à des récifs de polypiers qui ont la forme annulaire et offrent des lagunes. Ils sont caractérisés par une zone de coraux morts qui se montre toujours plus élevée du côté du vent dominant, et par cette circonstance toute particulière, que le récif présente une ouverture ou passage étroit, dont la profondeur, souvent très considérable, sert de communication entre la mer et la lagune. La végétation de ces attolles est en général très chétive.

ATTORNEY s. m. [a-tor-nè]. Procureur ou avoué en Angleterre. — ATTORNEY GÉNÉRAL, procureur général.

* ATTOUCHEMENT s. m. Action de toucher : *Notre-Seigneur guérissait les maladies par le seul attouchement*. — Géom. POINT D'ATTOUCHEMENT, point où une ligne droite touche une ligne courbe, ou bien celui où deux lignes courbes se touchent sans se couper, n'ayant que ce seul point de commun. On dit de préférence aujourd'hui : *point de tangence*, dans le premier cas, et *point de contact*, dans le second.

* ATTRACTIF, IVE adj. Didact. Qui a la propriété d'attirer : *l'aimant a une vertu attractive; force, puissance attractive; onguent attractif*.

* ATTRACTION s. f. [a-tra-ksi-on](lat. *attractio*; de *ad*, à ; *trahere*, tirer). Phys. Action d'attirer, force qui attire : *l'attraction du fer par l'aimant*. — Astron. ATTRACTION NEWTONIENNE, tendance attribuée par Newton à la matière, et en vertu de laquelle les corps célestes sont supposés exercer une action mutuelle les uns sur les autres en raison directe des masses et en raison inverse du carré des distances.—On dit quelquefois absol. : *attraction*, dans le même sens. — ATTRACTION, se dit aussi en physique, de l'action mutuelle que tous les corps sont supposés exercer les uns sur les autres. — ATTRACTION MOLÉCULAIRE, attraction qui ne se manifeste que de molécule à molécule et qui reçoit le nom de *cohésion*

L'attraction entre atomes de nature différente est appelée *affinité.*—Attraction universelle, voy. *Gravitation.* — Attraction électrique, attraction qui se manifeste entre deux corps chargés d'électricités contraires, en vertu des lois dites de *Coulomb,* qui sont les mêmes que celles de l'attraction universelle. Au moyen d'un appareil très sensible, nommé balance de torsion, Coulomb a pu démontrer que cette attraction s'exerce entre deux petites sphères conductrices chargées d'électricité. Elle est proportionnelle aux quantités d'électricité qui chargent les sphères et en raison inverse du carré des distances de leurs centres. — Attraction magnétique, celle qui se manifeste entre deux pôles de noms contraires appartenant à deux aimants; elle est proportionnelle aux quantités de magnétisme des deux pôles et en raison inverse du carré de leur distance. — Hist. Copernic décrivit, en 1520, l'attraction comme une appétence, que le Créateur a imprimée à toutes les parties de la matière. Kepler la considère comme une affection tendant à l'union des corps (1605). Newton publia, en 1687, ses *Principia,* contenant d'importantes recherches à ce sujet. Plus tard, on décrivit les attractions de *gravitation,* de *magnétisme* et d'*électricité.* C. William Siemens exposa son *attractionmètre,* à la Société royale de Londres, en 1876.

ATTRACTIONNAIRE adj. et s. Phys. Partisan du système de l'attraction.

* ATTRAIRE v. a. (lat. *attrahere,* attirer). Attirer, faire venir par le moyen d'un appât. Ne s'emploie qu'à l'infinitif: *le sel est bon pour attraire les pigeons.*

* ATTRAIT s. m. Ce qui attire agréablement; inclination, goût que l'on a pour quelque chose d'agréable: *la beauté est un puissant attrait, l'attrait de la gloire, des richesses, de la volupté.* — En terme de spiritualité: *attraits de la grâce,* douceurs intérieures que la grâce fait sentir. — Attraits, s. m. pl. Se dit particulièrement des agréments et des charmes d'une femme: *les attraits de la jeunesse, de l'innocence, de la pudeur,* etc.

ATTRAPAGE s. m. Jargon parisien. Vive discussion, dispute; critique.

* ATTRAPPE s. f. Tromperie, apparence trompeuse: *ne vous fiez pas à son air naif, c'est une attrappe* (Fam.).—Dragées d'attrappe, dragées dans lesquelles on a mis quelque chose d'un goût désagréable, pour attrapper ceux auxquels on les offre. — ∾ Attrappes s. f. pl. Mar. Cordage destiné à contenir ou à assujettir momentanément un objet mis en mouvement par l'agitation du bâtiment.

ATTRAPE-DENIERS s. m..Charlatan.

* ATTRAPE-LOURBAUD s. m. Voy. Attrape-nigaud. — Plur. des Attrape-lourbauds.

* ATTRAPE-MOUCHE s. m. Bot. Nom vulgaire de diverses plantes dont les feuilles ou les fleurs se plient, le vermet lorsqu'un insecte vient s'y poser. Voy. Apocyn, Dionée, Dracuncule, etc. — ∾ Ornith. L'un des noms du gobe-mouches.

* ATTRAPE-NIGAUD s. m. Ruse grossière, qui ne peut tromper que des ignorants ou des sots. — Plur. des Attrape-Nigauds. On dit aussi : Attrape-Lourbaud.

* ATTRAPER v. a. (rad. *trappe).* Prendre à une trappe, à un piège, ou à quelque chose de semblable : *attraper un loup dans un piège, à une traînée; attraper un oiseau avec de la glu.* — Fam. Prendre sur le fait, surprendre : *que je vous y attrape encore à venir me voler mes raisins.* — Fig. Surprendre artificieusement, tromper : *c'est un filou qui m'a attrapé.* — Se dit également de ce qui occasionne un mécompte, une surprise désagréable : *je croyais voir cette pièce, mais je fus bien attrapé; il y avait relâche.* — Atteindre en courant, en

allant après, ou saisir au passage : *le lièvre eut beau ruser, les chiens l'attrapèrent; je vais vous jeter cela, attrapez.* — Fig. Obtenir, se procurer quelque chose par ruse, par adresse, par quelque manœuvre : *ils ont attrapé l'argent de bien du monde. Louis XI disait :* « *Les chevaux courent les bénéfices, et les ânes les* « *attrapent.* — Se dit également de ce qui échoit à quelqu'un, dans une distribution, dans un partage : *j'ai attrapé le bon numéro.* — Frapper, heurter : *une pierre l'a attrapé au front.* — Fig. Saisir, rendre, reproduire, en parlant des pensées ou des caractères, des ressemblances : *attraper le sens; la pensée d'un auteur que l'on traduit; le dessinateur a bien attrapé votre ressemblance.* — ∾ Absol.: *le dessinateur m'a attrapé.* — Jargon. Critiquer vertement, reprocher, injurier. — * Prov. Il courra bien, si l'on ne l'attrape, on le poursuivra si vivement, que selon toutes les apparences on le prendra. — Fig. et fam. Attrape-toi cela, se dit à une personne que l'on vient de châtier, ou à laquelle il est arrivé quelque accident par sa faute. — Fig. Attrape! Sorte d'exclamation familière par laquelle on exprime qu'une personne vient d'être l'objet d'une malice, d'une plaisanterie piquante. — Fig. et fam. Attraper un rhume, une fièvre; attraper un coup de bâton, un coup d'épée, etc. Prendre un rhume, gagner la fièvre, recevoir un coup de bâton, etc. — Fam. Attrape qui peut, se dit, au propre et au figuré, en parlant de toute distribution dont beaucoup devraient profiter, mais où le plus grand nombre, écarté par la force ou l'adresse des autres, ne peut avoir aucune part. — S'attraper v. pr. Se tromper ou se frapper soi-même. — Manège. Ce cheval s'attrape, se dit d'une des atteintes en marchant. — v. récipr. Se tromper réciproquement.— ∾ Jargon. v. récipr. En venir aux injures ou aux coups.

* ATTRAPEUR, EUSE s Celui, celle qui attrape, qui trompe, qui obtient par ruse. — ∾ Qui critique d'une façon acerbe et bruyante.

* ATTRAPOIRE s. f. Piège, machine pour attraper des animaux. — Fig. et fam. Tour de finesse dont on se sert pour surprendre, pour tromper quelqu'un : *les filous ont cent sortes d'attrapoires.*

ATTRAQUER v. n. (rad. *traquer).* Mar. S'approcher d'un quai pour charger ou décharger un navire.

* ATTRAYANT, ANTE adj. Qui a de l'attrait, qui attire agréablement : *accueil attrayant.*

ATTRIBUABLE adj. Qui peut être attribué.

* ATTRIBUER v. a. (lat. *attribuere;* de *ad,* à; *tribuere;* donner en partage). Attacher, annexer, conférer quelque prérogative, quelque avantage, etc,: *l'édit de création de cette charge y avait attribué de grands privilèges.* — Rapporter, référer une chose à la personne ou à la chose qu'on prétend en être la cause, l'auteur, ou le principal instrument : *on lui attribue cette victoire; on lui attribue ce livre, mais il n'en est pas l'auteur; ils attribuaient ce phénomène à telle cause.* — Affirmer qu'une personne, qu'une chose a une certaine qualité, une certaine vertu : *il a toutes les bonnes qualités qu'on lui attribue.* — S'attribuer v. pr. Attribuer à soi : *chacun des partis s'attribua la victoire.* — S'attribuer des droits, des privilèges, etc. prétendre certains droits, certains privilèges, etc.

* ATTRIBUT s. m. (lat *attributum).* Ce qui est propre et particulier à un être, à quelqu'un ou à quelque chose : *le droit de faire grâce est un des principaux attributs de la souveraineté.* — Peint., sculp. et antiq. Ce qui sert à caractériser une figure mythologique ou allégorique : *le trident est l'attribut de Neptune; le glaive et la balance sont les attributs de la Justice.* On dit dans un sens analogue : *les attributs d'un art, d'une science.* — Log. Ce qui

s'affirme ou se nie du sujet d'une proposition. Ainsi lorsqu'on dit : *Dieu est tout-puissant,* Dieu est le sujet, et *tout-puissant* est l'attribut.

* ATTRIBUTIF, IVE adj. Jurispr. Qui attribue : *arrêt attributif de juridiction.*

* ATTRIBUTION s. f. Concession de quelque prérogative, de quelque privilège, par lettres du prince; le privilège, la prérogative même : *ces charges avaient de grandes attributions.* — Droit qu'une personne, chargée de quelque fonction, a de prononcer sur certaines affaires, de les administrer, d'en connaître, etc.: *c'est une attribution de tel magistrat.* On l'emploie surtout au pluriel : *cela est dans ses attributions.* — Lettres d'attribution, pouvoir que le roi donnait à des commissaires, ou à une juridiction subalterne, pour juger une affaire en dernier ressort.

* ATTRISTANT, ANTE adj. Qui attriste : *attristants souvenirs.*

* ATTRISTER v. a. Rendre triste, affliger : *il ne faut attrister personne.* — S'attrister v. pr. Être attristé : *ne vous attristez pas de cet événement.*

* ATTRITION s. f. [a-tri-si-on] (lat. *attritio;* de *ad,* à; *terrere,* broyer). Phys. Action de deux corps durs qui s'usent par un frottement mutuel : *c'est par l'attrition qu'on aiguise, que l'on polit les métaux.* — Théol. Regret d'avoir offensé Dieu, causé par la crainte des peines : *l'attrition ne suffit pas sans la confession.*

* ATTROUPEMENT s. m. Rassemblement tumultueux. — Législ. « Les attroupements ont été interdits successivement par les lois du 20 octobre 1789, du 3 août 1791, du 10 avril 1831 et du 7 juin 1848. Suivant les dispositions de cette dernière loi, on doit distinguer les attroupements *armés* des attroupements *non armés.* Les premiers sont absolument interdits et tout attroupement est dit *armé* lorsque plusieurs de ceux qui le composent sont porteurs d'armes apparentes ou cachées, ou lorsqu'un seul individu, porteur d'armes apparentes, n'est pas expulsé par les autres. Cette définition trop compliquée rend la distinction difficile. Quant aux attroupements non armés, ils ne sont interdits que s'ils peuvent troubler la tranquillité publique. Lorsqu'un attroupement armé s'est formé sur la voie publique, le maire ou son adjoint, à leur défaut, le commissaire de police ou tout autre dépositaire de la force publique, portant l'écharpe tricolore, se rend sur les lieux et, après un roulement de tambour, fait sommation au rassemblement de se dissoudre et de se retirer. Si cette première sommation reste sans effet, elle est suivie d'un second sommation et d'une seconde sommation ; puis, en cas de résistance, l'attroupement est dispersé par la force. Lorsqu'il s'agit d'un attroupement non armé, le maire invite par le premier roulement de tambour, exhorte les citoyens à se disperser, et la force ne doit être ensuite employée qu'après trois sommations faites successivement sans résultat. Les peines infligées par la loi aux individus qui sont convaincus d'avoir fait partie d'un attroupement varient de quinze jours d'emprisonnement à dix années de réclusion, suivant que l'attroupement était sans armes ou armé, qu'il a eu lieu pendant le jour ou pendant la nuit, qu'il s'est dispersé à la première sommation ou après la deuxième, avant ou après l'emploi de la force publique, enfin selon que l'attroupement a fait ou non usage de ses armes. Toute provocation directe, par discours, affiche ou autre écrit, excitant à faire des attroupements, est punie comme le fait d'y avoir participé et selon la gravité des suites. Les délits d'attroupements qui avaient été placés, par la susdite loi, dans la compétence des cours d'assises sont aujourd'hui du ressort des tribunaux correctionnels (D.-L. 25 fév. 1852 art. 4). Si un attroupement armé se produit à l'occasion d'un mouvement insurrectionnel, les individus qui ont fait attaque ou résistance envers la force publique, ceux qui ont transporté des armes apparentes ou cachées, des munitions, des uniformes, costumes ou autres insignes sont punis de la détention. Dans le cas où ces individus porteurs d'armes ou de munitions étaient revêtus d'un uniforme ou d'autres insignes, la peine est la déportation. Ceux qui ont fait usage de leurs armes sont punis de mort (L. 24 mai 1834). Voy. ATTENTAT et ÉMEUTE.—Chaque commune est responsable des délits commis à force ouverte ou par violence, soit par attroupements armés ou non armés, soit envers les personnes, soit contre les propriétés nationales ou privées, ainsi que des dommages-intérêts auxquels ils donnent lieu (L. 10 vendémiaire an IV. Tit. II, art. 1er). Ces dommages sont fixés par le tribunal civil (Loi 10 vendémiaire an IV. Tit. V, art. 4) ».

(CH. Y.).

* **ATTROUPER** v. a. Assembler plusieurs personnes en troupe et tumultueusement : *il attroupa toute la canaille, pour faire une sédition*. — S'attrouper v. pr. Etre attroupé : *il est défendu de s'attrouper.*

ATURÈS, ville de Vénézuéla, sur l'Orénoque; par 5° 37' 34" lat. N. et 70° 19' 21" long. O.

ATWOOD [a-toud] I. (Thomas), compositeur anglais (1767-1838); fut élève de Mozart et composa des opéras et de la musique religieuse. — II. (Georges), physicien anglais (1745-1807), professeur à l'université de Cambridge, inventeur de l'ingénieuse *machine d'Atwood*, pour démontrer les lois de la chute des corps (1784) et auteur de plusieurs ouvrages.

ATYADES, dynastie de Lydie, fondée par Atys, vers 1579 av. J.-C. Régna jusqu'en 1292 av. J.-C.

ATYCHIE s. f. (gr. *atuchia*, misère). Entom. Genre de lépidoptères crépusculaires, voisin des zygènes et de l'aglaope.

ATYE s. f. Entom. Genre de crustacés décapodes macroures, famille des salicoques, comprenant une seule espèce qui vit sur les côtes du Mexique.

ATYLE s. f. (gr. *a*, priv.; *tulos*, appendice). Genre de crustacés amphipodes voisin des crevettes et dont le devant de la tête se prolonge en forme de bec.

ATYPE s. m. (gr. *a*, priv.; *tupos*, forme). Entom. Genre d'arachnides pulmonaires, voisin des mygales et aussi appelé oilètère. L'*atype de Sulzer* (*aranea picea*, Sulzer; *atypus Sulzeri*, Latreille), très petite araignée noirâtre des environs de Paris, se creuse, dans les terrains en pente et couverts de gazon, un boyau cylindrique long de 7 à 8 pouces où elle se file un tuyau de soie blanche, au fond duquel elle fixe son cocon.

ATYPIQUE adj. (gr. *a*, priv.; *tupos*, type) Qui n'a pas de type régulier. — Méd. MALADIE ATYPIQUE, maladie périodique qui reparaît à des intervalles irréguliers; dont les accès reviennent sans aucune régularité de retour.

ATYS, était, d'après la mythologie grecque, un prêtre de Cybèle. Ayant brisé son vœu de chasteté, il fut frappé de démence par la déesse irritée. Il allait se donner la mort lorsque Cybèle lui rendit la raison. Cette légende a fourni à Catulle le sujet d'un poème et à Quinault celui d'une tragédie lyrique en cinq actes, fort admirée par Louis XIV, en 1676. Musique de Lulli.

ATYS, fils de Crésus, roi de Lydie, fondateur de la dynastie des Atyades (XVIe siècle av. J.-C.). Il était muet de naissance et recouvra la parole par un suprême effort pour crier à un soldat pendant une bataille : « Sol-

dat, ne frappe pas Crésus. » Il sauva ainsi la vie de son père.

* **AU**, contraction de la préposition *à* et de l'article *le*. S'emploie avec les noms masculins qui commencent par une consonne ou par une *h* aspirée : *céder au torrent*. — Au plur., AUX, contraction d'A et de LES : *donner aux pauvres*.

* **AUBADE** s. f. (rad. *aube*). Concert exécuté à l'aube du jour, sous les fenêtres d'un personnage à qui l'on veut rendre des honneurs ou faire une galanterie. — Fig. et par ironie. Insulte, avanie, peur faite avec vacarme à quelqu'un : *il a eu une étrange aubade* (Fam.).

AUBAGNE, *Albania*; *Ooubagno*, ch.-l. de cant. (Bouches-du-Rhône) arr. et à 16 kil. E. de Marseille, sur l'Huveaume. 7,700 hab. Les montagnes calcaires qui l'entourent lui ont valu son nom primitif d'Albania. Son seul monument est une fontaine élevée à la mémoire de l'abbé Barthélemy. —Son territoire fertile produit d'excellents fruits et des vins recherchés. Aux environs se trouve la montagne de Gardelaban, surmontée d'une croix vénérée, et dont les flancs sont creusés de grottes spacieuses.

* **AUBAIN** s. m. (lat. *alibi*, ailleurs, *natus*, né). Chancell. et Jurispr. Etranger qui n'est pas naturalisé dans le pays où il demeure.

* **AUBAINE** s. f. (rad. *aubain*). Succession aux biens d'un étranger qui meurt dans un pays où il n'est pas naturalisé : *l'aubaine appartenait au roi.*—Fig. et fam. Tout avantage inespéré qui arrive à quelqu'un : *il lui est arrivé une succession qu'il n'espérait pas, c'est une bonne aubaine pour lui.*—Le droit d'aubaine, qui existait depuis le commencement de la monarchie française, fut aboli par l'Assemblée nationale, en 1790. Napoléon le rétablit en 1804; il disparut le 14 juillet 1819.

AUBAN (Saint-), ch.-l. de cant. arr. et à 50 kil. N.-N.-O. de Grasse (Alpes-Maritimes); 600 hab. Aux environs, *Clue de Montauban*, gorge effrayante dominée par deux montagnes.

* **AUBE** s. f. (lat. *albus*, blanc). La pointe du jour : *je me suis levé avant l'aube.*

* **AUBE** s. f. Vêtement ecclésiastique qui est fait de toile blanche, et qui descend jusqu'aux talons.

* **AUBE** s. f. Planche qui garnit l'extrémité des rayons de la roue, d'un moulin à eau ou d'un bateau à vapeur, parallèlement à l'axe de cette roue, et sur laquelle s'exerce l'action du liquide. En frappant l'eau, les aubes des bateaux à vapeur agissent sur elle à la façon des rames et font avancer le bateau, action qui, dans ce cas, est inverse de celle qui se produit dans les roues hydrauliques des usines. « Dans celles-ci, c'est l'eau qui est en mouvement et pousse les palettes de la roue, pour la forcer à tourner et imprimer l'action au mécanisme; dans les bateaux à vapeur, au contraire, c'est la roue, que l'appareil intérieur met en mouvement, qui vient frapper l'eau et la chasse derrière elle après s'en être servie comme point d'appui. » (DE CHESNEL.)

AUBE I. Riv. de France (*Alba*), qui prend sa source à Praslay (Haute-Marne), passe à la Ferté, Clairvaux, Bar, Brienne, Arcis, et afflue dans la Seine non loin de Marcilly, après un cours de 190 kil., dont 43 navigables. — II. Dép. formé de la Basse-Champagne, d'une partie du Vallage et d'une petite portion de la Bourgogne; situé entre les départements de la Marne, de la Haute-Marne, de la Côte-d'Or, de l'Yonne et de Seine-et-Marne. 600,139 hect.; 255,217 hab. Territoire plat ou faiblement ondulé, comprenant la *Champagne pouilleuse* au N.-O. et arrosé par la Seine et par l'Aube. Agriculture développée. Bons vins de Champagne (crus de Riceys, de Bar-sur-Aube, de Bouilly, de Laine-aux-Bois et de Javernant); miel; volailles grasses. Industrie

active : bonneterie, draperie, filatures de laine de coton, tanneries, tuileries. — Ch.-l. Troyes. 5 arr., 26 cant., 446 com.; diocèse de Troyes, suffragant de Sens : Cour d'appel de Paris; maison centrale à Clairvaux; académie de Dijon.—Arrond.: Troyes, Arcis-sur-Aube, Bar-sur-Aube, Bar-sur-Seine, Nogent-sur-Seine.

AUBENAS [nâss], ch.-l. de cant. (Ardèche) arr. et à 28 kil. S.-O. de Privas, sur une colline baignée par l'Ardèche. Elle joua un certain rôle pendant les guerres religieuses, 7,600 hab. — Vieux château de Montlaur (belle construction du XVIIe siècle). Commerce considérable de beurre, de fromages et de bétail; marché régulateur du commerce des soies grèges dans le midi. Elève des vers à soie; marrons, truffes.

AUBENTON, ch.-l. de cant. (Aisne), sur le Thon, arr. et à 25 kil. E. de Verrins (1550 hab.)

* **AUBÉPINE** s. f. (lat. *alba*, blanche; *spina*, épine). Bot. Espèce d'arbrisseau du genre épine, famille des rosacées; appelée aussi *épine blanche* ou *bois de mai* (*Cratœgus oyacantha*, Lin.); à rameaux multipliés, tortueux, armés de fortes épines; à écorce blanchâtre; à fleurs en corymbe, blanches, quelquefois d'un rose tendre, toujours printanières et d'une odeur suave; à baies rouges, charnues, presque rondes, d'une saveur douce, astringentes et nourrissantes, renfermant deux noyaux oblongs, séparés, durs, qui contiennent chacun une amande. Le nom de ce joli arbrisseau, qui atteint quelquefois quatre ou cinq mètres de haut, mais qui pousse, le plus souvent en buissons épineux, éveille dans l'esprit une gracieuse idée du printemps, de fleurs, et de parfum :

Tout renaît, et déjà l'*aubépin*»
À vu l'abeille accourir à ses fleurs.

BÉRANGER.

S'éveillant avec la nature,
Le jeune oiseau chantait sur l'*aubépine* en fleurs.
ALPH. SOUMET, *La pauvre fille.*

L'aubépine est particulièrement employée à faire des haies. Par la culture on a obtenu des variétés et des sous-variétés à fleurs roses, rouges, pourpres ou panachées et quelquefois doubles.

AUBER (Daniel-François-Esprit), célèbre compositeur français, né à Caen, le 29 janvier 1782, mort en 1871. Elève de Cherubini, auquel il succéda comme directeur du Conservatoire, il imita Rossini dans la première de ses pièces qui obtint du succès, la *Bergère Châtelaine*, opéra en trois actes, joué en 1820, après plusieurs autres qui avaient été sifflées. Il donna, dans le même genre, *Emma* ou la *Promesse imprudente*, trois actes, 1821; *Leicestre*, 3 actes, 1823; la *Neige*, quatre actes, 1824; le *Concert à la Cour*, un acte; *Léocadie*, trois actes, 1824; le *Maçon*, trois actes, 1825; le *Timide*, un acte, et *Fiorella*, trois actes, 1826. Mais en 1828, abandonnant les sentiers battus, il montra toute l'originalité et la puissance dans son chef-d'œuvre, la *Muette de Portici*. Il produisit ensuite, le *Dieu et la Bayadère*, 1830; le *Philtre*, deux actes, 1831; le *Serment*, trois actes, 1832; *Gustave III*, cinq actes; 1833; le *Lac des Fées*, cinq actes, 1838, etc., qui furent joués à l'Opéra; tandis qu'il produisait pour l'Opéra-Comique: la *Fiancée*, trois actes, 1829; *Fra Diavolo*, trois actes, 1830; le *Cheval de Bronze*, 1835; l'*Ambassadrice*, trois actes, 1836, œuvre très populaire; le *Domino noir*, trois actes, 1837, immense succès; *Zannetta*, trois actes, 1840; les *Diamants de la Couronne*, trois actes 1841; la *Part du Diable*, trois actes, 1843; la *Sirène*, trois actes, 1844; la *Barcarole*, trois actes, 1844; *Haydée*, trois actes 1847; *Marco Spada*, trois actes, 1853; *Jenny Bell*, trois actes, 1855; *Manon-Lescaut*, trois actes. 1856, et plusieurs autres, soit seul, soit en collaboration. Les livrets de ses pièces sont dus en général à la plume du spirituel Scribe. Sa dernière œuvre, le *Premier Jour de Bonheur*, qu'il composa à l'âge de 86 ans, fut jouée en 1868. Le talent d'Auber est caractérisé par une grâce pleine de légèreté et par la simplicité dramatique.

* **AUBÈRE**, adj. Se dit d'un cheval dont le poil est couleur de fleur de pêcher, c'est-à-dire entre le blanc et le bai. Ce cheval est peu estimé, parce qu'on prétend, à tort ou avec raison, qu'il est sujet à perdre la vue. — s. m. Robe d'un cheval aubère; *l'aubère clair; l'aubère foncé, l'aubère rougeâtre, brunâtre, etc.*

AUBERGADE s. f. Droit de gîte qu'avaient le roi et certains seigneurs dans les couvents de leur fondation et dans les maisons de leurs vasseaux.

* **AUBERGE** s. f. (all. *herberge*). Maison où l'on trouve à manger et à coucher en payant : *coucher, vivre à l'auberge.* — Fig. et fam. TE-NIR AUBERGE, avoir maison ouverte, recevoir tout le monde à sa table. — Fig. et fam. PRENDRE LA MAISON DE QUELQU'UN POUR UNE AU-BERGE, s'y établir pour quelque temps, ou aller y dîner fréquemment, sans être invité, ni désiré. — AUBERGE, en parlant de l'ordre de Malte, se disait particulièrement, à Malte, du lieu où les chevaliers de chaque langue étaient nourris en commun : *il y avait une auberge séparée pour chaque langue; l'auberge de France, de Provence, d'Auvergne, d'Allemagne.* — Auberge des Adrets (L'), célèbre mélodrame en trois actes, de Benjamin Antier, Saint-Amand et Paulyanthe, représenté pour la première fois à l'Ambigu-Comique de Paris, le 2 juillet 1823. Les deux principaux personnages de cette pièce, dont le talent de Frédéric-Lemaître fit le succès, sont *Robert Macaire* et *Bertrand.* Jouée comme un mélodrame, l'*Auberge des Adrets* fut sifflée le premier soir. Le lendemain, Frédéric-Lemaître, abandonnant la déclamation tragique, donna à son rôle une tournure comique, grotesque et saisissante qui le posa comme un artiste de premier ordre.

* **AUBERGINE** s. f. [ô-bèr-ji-ne]. Bot. Nom vulgaire de la morelle mélongène (*solanum melongena*, Lin.), appelée aussi méringeanne, mélanzane ou mayenne. C'est une solanée annuelle, originaire des pays chauds, et qui

Aubergine ovigère (Solanum melongena).

se distingue par des tiges, des feuilles et un calice plus ou moins épineux, ainsi que par des pédoncules solitaires fertiles. On en cultive plusieurs espèces dont les fruits allongés, blancs, jaunes, rouges ou violets, constituent un aliment agréable. La variété dite *ovigère* (*solanum ovigerum*), de l'Afrique septentrionale, porte un fruit qui ressemble à un œuf et qui est comestible aussi bien que les autres, bien que les Parisiens le considèrent comme malsain. On ne doit employer les fruits des diverses aubergines que lorsqu'ils sont parfaitement mûrs, sans quoi ils pourraient incom-

moder à cause de la grande quantité de sola-nine qu'ils contiennent. — Fruit de l'auber-gine : *l'aubergine est un mets recherché par quelques personnes.*

* **AUBERGISTE** s. Celui, celle qui tient auberge. — Législ. « Dans le langage du droit, le mot aubergiste comprend les hôteliers et logeurs en général toute personne qui loue en garni, à la nuit, au mois, etc. Le Code civil (art. 1952 et suiv.), déclare que, sauf en cas de force majeure, les aubergistes sont responsables du vol et du dommage des effets apportés par le voyageur qui loge chez eux ; mais il leur accorde un privilège sur lesdits effets, pour le payement de leurs fournitures (2102). Leur action, pour ce qui leur est dû (2271). Les contestations entre les aubergistes et les voyageurs ou locataires, pour dépenses d'hôtellerie et perte ou avaries d'objets déposés, sont jugées par les juges de paix : sans appel jusqu'à la valeur de 100 francs, et à charge d'appel jusqu'à celle de 1,500 francs (L. 25 mai 1838, art. 2). Lorsque les aubergistes se rendent coupables de détournements d'objets à eux confiés par les voyageurs, ils sont punis de la réclusion (Cod. pén. 386). Les aubergistes doivent inscrire, de suite et sans aucun blanc, sur un registre régulièrement tenu, les noms, qualités, domiciles, dates d'entrée et de sortie des voyageurs. S'ils négligent de le faire, ils sont passibles d'une amende de 6 à 10 francs (Cod. pén. 475). En cas de récidive, ils encourent une peine d'un à cinq jours d'emprisonnement (Cod. pén. 478) et s'ils ont omis d'inscrire sur ce registre, un voyageur ayant logé chez eux plus de vingt-quatre heures et qui, pendant la durée de ce séjour, a commis quelque crime ou délit, les logeurs sont responsables civilement des restitutions, indemnités et frais adjugés à ceux à qui ce crime ou ce délit aurait causé quelque dommage (Cod. pén. 73). En outre ils sont punis de six jours à trois mois d'emprisonnement, lorsqu'ils ont inscrit sciemment sous de faux noms les personnes logées chez eux ou qu'ils ont été de connivence avec elles en omettant de les inscrire (Cod. pén. 154). Les aubergistes doivent se conformer à tous les règlements de police en vigueur dans la commune où ils sont établis, notamment aux prescriptions des arrêtés municipaux. Ils sont tenus de faire, au bureau de la régie, les déclarations qui sont obligatoires pour tous les débitants de boissons (L. 28 avril 1816, art. 50), et ils ne doivent pas permettre que l'on se serve, chez eux, de cartes à jouer prohibées (L. 28 avril 1816, art. 467). La loi des patentes (22 juillet 1880) répartit les aubergistes dans plusieurs classes : les maîtres d'hôtel sont placés dans la troisième classe des patentables et, comme tels assujettis à un droit fixe de 18 fr. à 140 fr. suivant la population des communes, et à un droit proportionnel du vingtième de la valeur locative de tous les locaux occupés ; les maîtres d'hôtel garni, louant à la semaine ou au mois, étant compris dans la quatrième classe, paient de 12 fr. à 75 fr., et en outre le trentième proportionnel ; les cabaretiers-logeurs font partie de la cinquième classe et sont assujettis au même droit proportionnel et à un droit fixe de 7 fr. à 50 fr. ; les simples logeurs étant de la septième classe, ne paient qu'un droit fixe de 3 fr. à 20 fr. et en outre, dans les villes de plus de 20,000 âmes, un droit proportionnel du cinquantième ; enfin les loueurs de chambres ou appartements meublés sont assujettis seulement au droit proportionnel du quarantième des locaux servant à l'exercice de leur profession ». (CH. Y.).

AUBERI LE BOURGOING, c'est-à-dire *Auberi le Bourguignon*, titre d'un roman du cycle carlovingien, composé de légendes qui se ratta-

chent au premier temps de l'établissement des Burgondes sur les deux rives du Rhin. La Bibliothèque nationale possède trois manuscrits d'*Auberi le Bourgoing.*

AUBERIVE, ch.-l. de cant., arr. et à 25 kil. S.-O. de Langres (Haute-Marne), sur la rive droite de l'Aube. 975 hab.

AUBERT (l'abbé Jean-Louis), fabuliste, né à Paris en 1731, mort en 1814. Ses *Fables et œuvres diverses*, 2 vol. in-8°, Paris, 1774, ne font pas oublier La Fontaine; mais elles se lisent avec plaisir.

AUBERT LE MIRE, l'un des fondateurs de l'enseignement des jésuites dans les universités des Pays-Bas, né en 1573, mort en 1646; on a de lui : *Elogia Belgica*, Anvers, 1602; in-8°, 1609, in-4°, ouvrage dans lequel il loue indistinctement tous ses compatriotes ; *Bibliotheca ecclesiastica*, in-fol., Anvers, 1639, un *catalogue* des manuscrits que l'on trouve dans les bibliothèques des Pays-Bas, etc.

AUBERVILLIERS [ô-ber-vi-lié] ou NOTRE-DAME DES VERTUS ou LES VERTUS, village du dép. de la Seine, arr. de Saint-Denis, à 8 kil. N. de Paris ; 13,000 hab. Un combat sanglant y fut livré en 1814 entre les Français et les Alliés. — Un peu à l'E. du village, on a construit le fort d'Aubervilliers, en 1852.

AUBERY (Antoine), historien, né à Paris en 1616, mort en 1695 ; auteur d'une *Histoire des Cardinaux*, 1642-'49, 5 vol. in-4° ; *Histoire de Richelieu*, 1660, in-fol.; de *Mémoires pour l'Histoire de Richelieu*, 1667, 5 vol. in-12 ; d'une *Histoire de Mazarin*, 1695, 2 vol., peu exacte; des *Justes prétentions du roi sur l'Empire*, 1667, in-4°.

AUBESPINE I. (Claude DE L'), baron de Châteauneuf, secrétaire d'État, sous François Ier, Henri II, François II et Charles IX, mort en 1567. — **II.** (Gabriel DE L'), évêque d'Orléans, né en 1579, mort en 1630, a laissé de bons écrits religieux. — **III.** (Charles DE L'), marquis de Châteauneuf, frère du précédent, né à Paris en 1580, mort en 1653, fut fait garde des sceaux par Richelieu, présida au jugement de Marillac et de Montmorency, fut disgracié, jeté en prison (1633), rendu à la liberté après la mort de Louis XIII, devint un des principaux chefs de la cabale des *importants*, prit une part active à la Fronde, redevint garde des sceaux et mourut « chargé d'années et d'intrigues », suivant l'expression de Mme de Motteville.

AUBÈTE s. f. (lat. *alba*, aube). Anc. art milit. Guérite en planches, placée au haut d'une poutre, à laquelle on grimpait par une échelle. Des guérites analogues sont encore usitées en Russie. — Lieu de réunion où, dans une place de guerre, se faisait, au dernier siècle, le tirage des billets de service.

AUBETERRE, *Alba-Terra*, ch.-l. de cant., arr. et à 34 kil. S.-E. de Barbezieux (Charente); 750 hab.; petite ville pittoresque, en amphithéâtre sur le penchant d'une colline que domine un ancien château. L'église paroissiale de Saint-Sauveur a été taillée dans le roc.

AUBE-VIGNE s. f. (lat. *alba*, blanche ; *vitis*, vigne). Bot. L'un des noms vulgaires de la clématite des haies.

* **AUBIER** s. m. [ô-bi-é] (lat. *alburnum*; de *albus*, blanc). Partie tendre et blanchâtre qui est entre l'écorce et le corps de l'arbre : *il se forme chaque année un nouvel aubier ; celui de l'année précédente durcit et se change en bois.* — Bot. L'aubier est le jeune bois, ordinairement tendre et blanchâtre, qui se trouve immédiatement sous l'écorce et qui recouvre le bois dur dans les arbres dicotylédonés. L'aubier forme, chaque année, un de ces cercles concentriques qui servent à calculer l'âge du végétal, quand on coupe horizontalement le trone ou les grosses branches. Il se transforme, à son tour, en bois dur, en plus ou moins de temps. Poreux, il pourrit facilement lorsqu'on a enlevé l'écorce qui le protège. — Arboric. AUBIER FAUX, DOUBLE AUBIER, maladie dans laquelle l'aubier périt en tout ou en partie, dans les terrains maigres et les clairières, pendant les grands froids et les sécheresses prolongées. Un arbre atteint de cette affection est perdu pour la charpente.

* AUBIFOIN s. m. [ô-bi-fouain] (lat. albifœnum ; de albus, blanc ; fœnum foin). Bot. L'un des noms vulgaires du bluet ou centaurée bleue.

AUBIGNAC (François HÉDELIN, abbé d'), littérateur, né à Paris en 1604, mort à Nemours en 1676. Il s'essaya dans tous les genres, ne réussit dans aucun, soutint le premier, dans ses Conjectures académiques sur l'Iliade, qu'Homère n'a jamais existé, et attaqua avec acharnement les pièces de Corneille.

AUBIGNÉ (J.-H. Merle d') voy. MERLE D'AUBIGNÉ.

AUBIGNÉ (Théodore Agrippa d'), compagnon d'armes de Henri IV, écrivain satirique protestant, né près de Pons, (Saintonge), en 1550, mort à Genève en 1630. Le roi de Navarre, charmé de sa bravoure, de l'originalité de son esprit et de la noblesse de son caractère, lui voua une amitié que n'altérèrent jamais les écarts d'une franchise souvent imprudente. Disgrâcié lorsque Henri fut devenu roi de France, il se retira dans son gouvernement de Maillezais et consacra ses loisirs à composer une Histoire Universelle de 1550 à 1601, Maillé (Saint-Jean d'Angely) 1616-'20, 3 vol. in-fol., ouvrage plein de détails piquants. Le troisième volume de cette histoire fut brûlé par ordre du parlement, et l'auteur, qui s'était déjà enfui à Genève, fut condamné à l'échafaud (1620). Il fut encore condamné à mort quelque temps après pour avoir employé à la réparation des bastions de Genève les matériaux d'une ancienne église. C'était la quatrième fois qu'il encourait cette peine « pour son bonheur et plaisir » disait-il. Il montra le cas qu'il faisait de cette sentence, en se remariant presque aussitôt, à l'âge de 72 ans. Ses œuvres comprennent : les Tragiques, sept satires passionnées ; les Aventures du buron de Fœneste ; la Confession catholique du sieur de Soncy ; des lettres ; un Libre discours ; des Petites œuvres, en prose et en vers ; son autobiographie, sous le titre d'Histoire secrète de Th. Agr. d'Aubigné. — D'un premier mariage avec Susanne de Lezay, il avait eu, entre autres enfants : Nathan d'Aubigné LA FOSSE, médecin à Genève, auteur d'une Bibliotheca chemica, 1654 ; et Constant d'Aubigné, BARON DE SURINEAU. qui fut père de Mᵐᵉ de Maintenon.

AUBIGNY, ch.-l. de cant., arr. et à 20 kil. E. de Saint-Pol (Pas-de-Calais), sur la Scarpe; 650 hab. Fabr. de calicot.

AUBIGNY-VILLE, ch.-l. de cant., arr. et à 38 kil. N.-O. de Sancerre (Cher), sur la Nère ; 2,650 hab. Brûlé par les Anglais pendant la captivité du roi Jean ; érigé en duché pairie en 1684, pour la duchesse de Portsmouth et son fils, le duc de Richmond. Son église et son château, (aujourd'hui hôtel de ville), construits par Philippe-Auguste, sont classés parmi les monuments historiques. Commerce de laine blanche fine de Sologne.

* AUBIN s. m. [ô-bain] (angl. hobby, petit cheval écossais). Hippiatr. Allure vicieuse d'un cheval, dans laquelle les membres antérieurs exécutent les mouvements du galop, tandis que les postérieurs font ceux du trot. C'est un signe de faiblesse, de fatigue et d'usure complète.

AUBIN, ministre protestant né à Loudun ; publia pendant son exil en Hollande, après la révocation de l'Edit de Nantes, une Histoire

d'Urbain Grandier et des diables de Loudun, qui eut un grand retentissement (Amsterdam, 1693) et qui a été souvent rééditée. Il laissa, en outre, une Histoire de Ruyter (1698) et un Dictionnaire de marine (1702).

AUBIN, ch.-l. de cant. (Aveyron), arr. et à 33 kil. N.-E. de Villefranche (9,900 hab.), petite ville importante par ses mines de houille, de soufre et d'alun. Elle possède plusieurs hauts-fourneaux et est le point de transit des forges de Decazeville. La compagnie d'Orléans y a transporté ses ateliers.

AUBIN (Saint-), village du cant. de Chemin, arr. de Dôle (Jura) ; 1,650 hab. Haras.

AUBIN-D'AUBIGNÉ (Saint-), ch.-l. de cant; arr. et à 18 kil. N.-N.-E. de Rennes (Ille-et-Vilaine) ; 1690 hab.

AUBIN-DU-CORMIER (Saint-), ch.-l. de cant., arr. et à 19 kil. S.-O. de Fougères (Ille et Vilaine) ; 2,150 hab. Exportation de miel, de beurre frais, de cire, de sel, etc. Le duc d'Orléans (plus tard Louis XII), y fut battu par la Trémouille, le 27 juillet 1488. Altitude, 113 m.; lat. 48° 15' 41" N.; long. 3° 44' 7" O.

AUBIN-EN-CHAROLAIS (Saint-) village du cant. de Palinges, arr. de Charolles (Saône-et-Loire), 500 hab. Ferme école.

AUBIN-SUR-MER (Saint-), bourg du cant. de Douvres, arr. de Caen (Calvados) : 1,100 hab. Bains de mer.

* AUBINER v. n. Manège. Se dit d'un cheval qui va l'aubin.

AUBLET (Jean-Baptiste-Christophe Fusée), botaniste et pharmacien, né à Salon (Provence) en 1720, mort à Paris en 1778, se rendit célèbre par ses travaux sur la flore de l'Ile-de-France et de la Guyane; auteur des Plantes de la Guyane, Paris 1775, 4 vol. in-4°, dont 2 vol. de planches. Des 800 plantes qu'il décrit, plus de la moitié étaient inconnues avant lui.

AUBOIS, rivière qui naît à Augny (Cher), arrose Sancoins et la Guerche et se jette dans la Loire à Marseille-les-Aubigny, après un cours de 45 kil.

AUBONNE, ville du cant. de Vaud (Suisse), sur le lac de Genève; 2,000 hab. Vins estimés.

AUBRAC, village de l'arr. d'Espalion (Aveyron), 300 hab. Ruines de la Domerie d'Aubrac, maison hospitalière construite en 1120.

AUBRAC (Monts d'), montagnes de l'Aveyron, de la rive droite du Lot à la rive gauche de la Truyère. Excellents pâturages. — Bœufs D'AUBRAC, race bovine de travail et de boucherie qui s'est formée sur les monts d'Aubrac ; corps trapu, encolure courte, poil long, fauve clair, gris sur le dos, noirâtre à la tête, aux membres et à la queue ; tempérament sobre et rustique ; caractère doux. Le lait des vaches sert à la confection des fromages dits de La Guiole.

AUBRIOT (Hugues), célèbre prévôt de Paris, né à Dijon, mort en 1382. Les dix-sept années de son administration (de 1364 à 1381) furent marquées par d'immenses travaux de fortification, d'embellissement et d'assainissement : Bastille, Petit-Châtelet, Pont-au-Change, Pont-Saint-Michel, premiers égouts. Accusé d'hérésie, il eut l'étrenne de la Bastille. Son crime était d'avoir rendu à leurs familles des enfants juifs que le clergé avait enlevés de force. Les maillotins le délivrèrent de son cachot pour le mettre à leur tête. Il échappa à ce dangereux honneur en se retirant dans sa ville natale.

AUBRY (François), conventionnel, né à Paris en 1750, mort en Angleterre en 1802 ; remplaça Carnot au comité de salut public, après le 9 thermidor, destitua Bonaparte, entra au conseil des Cinq-Cents, fut déporté comme royaliste après le coup d'Etat du 18 fructidor, s'échappa de Cayenne et se réfugia en Angleterre.

AUBRY DE MONTDIDIER, chevalier français assassiné par Richard de Macaire et vengé par son chien, d'après la chronique d'Albéric des Trois-Fontaines, (XIIIᵉ siècle). Depuis le crime, commis dans un bois, près de Montargis, le chien d'Aubry s'acharnait à poursuivre Macaire, ce qui éveilla les soupçons. Le roi ordonna, entre Macaire et le chien accusateur, une sorte de duel judiciaire qui eut lieu dans l'île de Notre-Dame. Macaire était armé d'une massue ; malgré cela, il fut vaincu, avoua son crime et l'expia sur l'échafaud. On place souvent cet épisode sous le règne de Charles V, en 1371 ; mais il était déjà légendaire au temps d'Albéric des Trois-Fontaines, qui vivait un siècle auparavant.

AUBRY (Xavier) littérateur, né à Pierry, près Epernay (Marne), en 1823, mort à Paris en 1880. Il donna de nombreux articles dans les feuilles littéraires et politiques, principalement dans le Moniteur, et publia plusieurs volumes : la Femme de vingt-cinq ans (1853), les Jugements nouveaux, études de critiques (1860); les Patriciennes de l'Amour (1870); les Représailles du sens commun (1873); Madame veuve Lutèce (1874). Il a donné à l'Odéon une pièce en un acte et en vers : le Docteur Molière (1873). En général, ses ouvrages sont d'un style affecté qui tombe dans la préciosité.

AUBURN. I. ville du Maine (Etats-Unis), sur l'Androscoggin, à 60 kil. N.-N.-E. de Portland; 7,000 hab. — II. Ville de l'Etat de New-York (Etats-Unis), à 280 kil. O. d'Albany et à 3 kil. N. du lac Owasco ; 20,000 hab. Carrières de pierre à chaux ; prison d'état et séminaire presbytérien.

AUBUSSON, Albucium, ch.-l. d'arr. (Creuse) à 38 kil. S.-E. de Guéret, sur la Creuse, dans une gorge entourée de montagnes ; fondée au VIIIᵉ siècle par les Sarrasins qui la dotèrent de l'industrie des tapis ; 6,750 hab. Le dernier châtelain d'Aubusson fut le maréchal de la Feuillade. La révocation de l'Edit de Nantes ruina en instant cette ville industrieuse; mais la création, en 1763, d'une manufacture de tapisseries de haute lisse qui n'a de rivales que celles de Beauvais et des Gobelins, lui a rendu son rang. Patrie de Pierre d'Aubusson. Fabr. de draps, de siamoises, de tapis ; commerce de bétail. Altitude, 457 m.; lat. 45° 57' 22" N.; long. O° 10' 3" O.

AUBUSSON (Pierre d') grand maître des chevaliers de Saint-Jean de Jérusalem, né dans la Marche en 1423, mort en 1503. Après avoir servi le dauphin (plus tard Louis XI), il alla à Rhodes et se fit chevalier. Nommé grand maître, à la mort de Des Ursins (1470), il s'illustra par la défense de Rhodes contre Mahomet II et une armée turque de 100,000 hommes qui furent forcés de se retirer après un siège de deux mois (1480). Pierre d'Aubusson donna ensuite asile à Zizim, frère de Bajazet I; mais il abusa de l'hospitalité et retint prisonnier le prince musulman qu'il envoya au pape Innocent VIII. Cette trahison lui valut le chapeau de cardinal et le titre de légat en Asie. Il essaya vainement d'unir l'Europe contre les Turcs. Son histoire a été écrite par le P. Bouhours.

A. U. C. abréviation des mots latins : anno urbis conditæ, que l'on voit sur des monuments et sur des médailles et qui signifie : année de la fondation de la ville (de Rome). Quelques archéologues lisent : ab urbi condita, après la fondation de la ville.

AUCASSIN ET NICOLETTE, roman d'amour d'un auteur inconnu du XIIᵉ siècle ; c'est l'une des plus charmantes productions du moyen âge. Il n'en existe qu'un seul manuscrit, lequel se trouve à la Biblioth. nationale. Méon l'a publié dans son Recueil des Fabliaux, et Lacurne de Sainte-Palaye l'a mis en français moderne sous le titre des Amours du bon vieux *temps*, en 1756. Hachette en a fait une ravissante édition.

AUCH [ôche] ch.-l. du dép. du Gers, par 43°38′50″ de lat. N. et 1°45′8″ de long. O.; à 681 kil. S.-S.-O. de Paris, partie en amphithéâtre sur un coteau, et divisée par le Gers en Haute et Basse ville; 13,500 hab. Avant la conquête romaine, elle était la capitale des *Ausci* ou *Ausks* et se nommait *Cliberris*. Les Romains y établirent une colonie qu'ils appelèrent *Augusta Auscorum*. Elle devint évêché au IVe siècle, et ses prélats portèrent le titre de primats d'Aquitaine, jusqu'en 1789. Ravagée par les Sarrasins, en 732, détruite par les Normands, en 834, cette ville appartint aux ducs de Gascogne, puis aux comtes d'Armagnac (1460-1484), fut ensuite gouvernée par différents seigneurs et réunie à la couronne par Henri IV. Parmi ses monuments, on remarque la cathédrale, Sainte-Marie, (mon. hist. (du XVe au XVIIe siècle), avec un escalier de plus de 200 marches qui met en communication les deux parties de la ville; l'église Saint-Orens, la tour d'Ante (XVe siècle); l'archevêché (XVIIIe siècle), le lycée, (ancien collège des jésuites), le séminaire, un bel asile d'aliénés. la statue de d'Etigny, sur la place du même nom. Auch est le siège d'un archevêché qui a pour suffragants les évêchés d'Aire, de Tarbes et de Bayonne. Patrie du duc de Roquelaure, de l'amiral Villaret-Joyeuse et du comte de Lagrange. Fabr. d'étoffes de fil et de coton, cadis, burats, calmandes et chapeaux. Comm. de vins, de laines et d'eaux-de-vie dites d'*Armagnac*.

AUCHÉNIE s. f. [ô-ké-nî] (gr. *auchen*, cou). Nom scientifique du genre lama.

AUCKLAND I. (William-Eden), diplomate anglais (1750-1814), baron d'Auckland en 1793, fut envoyé en Espagne, en France et en Hollande; écrivit ses « Principes des lois pénales » en 1871. — (George-Eden, COMTE D′), fils du précédent (1784-1849), gouverneur général de l'Inde de 1835 à 1841.

AUCKLAND I. Province de la Nouvelle-Zélande occupant le nord et le centre de North-Island; 63,000 hab., dont 16,000 Maoris. — II. Capitale de la province ci-dessus (et autrefois de

Auckland proprement dite, mesure 50 kil. de long sur 25 de large. Une autre île, Ichaboe, contient des dépôts de guano. Les unes et les autres ne sont habitées que par des lions marins et ne présentent qu'un aspect désolé. Lat. (à la baie 'Sarah's bosom) 50° 33′ 45″ S.; long. 163° 54′ 27″ E. — BIBLIOGR. F.-E. Raynal : *les naufragés des îles Auckland.*

AUCUBA s. m. (nom japonais). Bot. Genre de la famille des cornées, à fleurs dioïques; calice à quatre dents; quatre pétales; chez les mâles, quatre étamines alternes avec les pétales; chez les femelles, un ovaire adhérent au calice, à quatre facettes au sommet; fruit monosperme charnu. L'*aucuba du Japon*, apporté en Europe vers 1785, décore agréablement les bosquets. C'est un arbrisseau de 2 mètres, à feuilles toujours vertes, lisses et panachées de jaune, il donne en mai et juin, de petites fleurs brunes. On le multiplie à l'aide de marcottes ou de boutures.

AUCUN, UNE adj. (lat. *aliquis*, quelque; *unus*, un). Nul, pas un : *je ne connais aucun de ses amis.*

Aucun chemin de fleurs ne conduit à la gloire.
LA FONTAINE.

— Se met quelquefois au pluriel, quand il se rapporte à un nom qui s'emploie de préférence au pluriel ou qui n'a pas de singulier : *elle m'a rendu aucuns soins; il n'a fait aucunes dispositions, aucuns préparatifs; il a obtenu ce qu'il demandait, sans aucuns frais.* — S'emploie aussi, dans le style naïf ou badin, pour : QUELQUES-UNS : *aucuns ou d'aucuns croiront que j'en suis amoureux.*

AUCUN, ch.-l. de cant., arr. et à 15 kil. S.-O. d'Argelès (Hautes-Pyrénées), dans le val d'Argelès; 550 hab. Aucun a été surnommé l'Eden des Pyrénées.

AUCUNE FOIS adv. Quelquefois.

*** AUCUNEMENT** adv. Nullement, en aucune manière : *je n'en veux aucunement.* — Chancell. et Jurispr. S'employait aussi sans négative et signifiait : EN QUELQUE SORTE, PAR CERTAINES CONSIDÉRATIONS : *le roi, n'ayant aucunement égard à...*

*** AUDACE** s. f. (lat. *audacia*; de *audeo*, j'ose). Hardiesse excessive : *répondre avec audace.* — En bonne part : *noble audace; soldats qui vont au combat avec audace; Alexandre eut l'audace de passer le Granique avec trente mille hommes, à la vue de cent mille.*

AUDACES FORTUNA JUVAT loc. lat. [ô-da-sess-for-tu-na-ju-vatt]. La fortune favorise les audacieux.

*** AUDACIEUSEMENT** adv. Avec audace, d'une manière insolente : *parler, répondre, entrer audacieusement.* — En bonne part : *il se jeta audacieusement au milieu des ennemis.*

*** AUDACIEUX, EUSE** adj. Qui a de l'audace, qui a une hardiesse excessive : *un homme audacieux; une mine audacieuse :*

Audacieux et fiant,
J'ai l'œil vif, le pied agile;
Partout mon oreille habile
Est à l'affût d'un secret.
FASTEAU. *Monsieur Rampant*, chansons, 1829.

— Qui a une noble hardiesse, ou une grande intrépidité : *son génie audacieux étonne et subjugue.* — Se dit quelquefois du style et des conceptions de l'esprit : *l'hyperbole est une figure audacieuse; l'ode doit être audacieuse, dans ses expressions et dans sa marche.* — Substantiv.: *c'est un audacieux, un jeune audacieux.*

AUDE I. (*Attax, Attagus*), rivière de France, qui sort de l'étang d'Aude, près du pic de Corlitte (Pyrénées-Orientales), passe à Alet, Limoux et Carcassonne et va se jeter dans la Méditerranée, entre le département de l'Aude et celui de l'Hérault. Une de ses branches, canalisée et devenue navigable, prend le nom de *Robine*, passe à Narbonne et se rend à la mer par le port de la Nouvelle. Cours total de l'Aude de 205 kil. — II. Dép. formé d'une partie du Languedoc, compris entre les départements du Tarn, de l'Hérault, des Pyrénées-Orientales, de l'Ariège et de la Haute-Garonne, et borné à l'E. par la Méditerranée. Territoire très montueux, couvert à l'O. par les Corbières occidentales, au N. par les Cévennes (monts Saint-Félix et montagnes Noires) et à l'E. par les Corbières orientales, qui comprennent le point culminant du département (le Madres, 2,471 m.). Cours d'eau principaux : Aude, Berre, Lhers, Agly (ou Gly). Canaux navigables, du Midi et de la Robine; canaux d'irrigation. Etang de Leucate; lagunes de Bages, de Sigean, de Narbonne, de Périac, etc., séparées de la Méditerranée par d'étroits bourrelets de sable qui sont creusés de canaux appelés *graus*. Côtes : 45 kil. Climat chaud. Vents violents (*cers*, du N. ; *mistral* du S.); fièvres près des lagunes. Beaux marbres; salines de Sigean ; sources minérales de Campagne, Rennes, Alet, Escouloubre, etc. Sol fertile. Oliviers. Vins et eaux-de-vie de Narbonne; vins de Fitou, de la Palme, de Leucate, etc.; blanquettes de Limoux et de Bages ; miel supérieur de Narbonne; oies grasses. — Ch.-l. Carcassonne; 4 arr., 34 cant., 436 comm., 2 places fortes : Narbonne et citadelle de Carcassonne.—Diocèse de Carcassonne, suffragant de Toulouse. Cour d'appel de Montpellier. — Arrond.: Carcassonne, Castelnaudary, Limoux et Narbonne. 634,324 kil. carr.; 321,038 hab.

AUDEBERT (Jean-Baptiste), peintre, graveur et naturaliste, né à Rochefort en 1759, mort en 1800. Il a laissé une *Histoire naturelle des singes et des makis*, Paris, 1800, in-fol. avec 62 planches dessinées d'après les individus empaillés du Muséum ; et une *Histoire des oiseaux dorés ou à reflets métalliques*, Paris, 1802, 2 vol. in-fol., ouvrage tiré à 300 exemplaires et remarquable par la richesse du coloris et par l'exactitude du dessin. Audebert est le premier qui réussit à imprimer l'or ; il remplaça les couleurs à l'eau par les couleurs à l'huile.

AU DEÇA prép. et adv. De ce côté ci.

*** AU DEDANS**. Voy. DEDANS.

AUDÉE Audæus ou Audius, hérésiarque de Mésopotamie. Expulsé en 338 de l'église syrienne en raison de la sévérité qu'il déployait contre les vices du clergé, il forma la secte des Audiens, dont il fut élu évêque. Ils enseignaient que Dieu a la forme humaine.

*** AU DEHORS**. Voy. DEHORS.

*** AU DELÀ**. Voy. DELÀ.

AUDENGE, ch.-l. de cant., arr. et à 39 kil.

Auckland (Nouvelle-Zélande).

toute la Nouvelle-Zélande), sur le rivage méridional de la baie de Waitemate; 25,500 hab. européens; ville fondée en 1840, siège d'un évêché anglican. Exportation d'or, de laine et de gomme. Lat. 36° 51′ 24″ S.; long. 172° 26′ 38″ E. — III. Iles Auckland, groupe d'origine volcanique, découvert en 1806, à 300 kil. S. de la Nouvelle-Zélande, et composé de trois îles principales, dont la plus grande,

O.-S.-O. de Bordeaux (Gironde), au milieu de marais salants, près du bassin d'Arcachon. 4,250 hab.

° **AU-DESSOUS.** Voy. Dessous.

° **AU-DESSUS.** Voy. Dessus.

AUDEUX, ch.-l. de cant., arr. et à 12 kil. N.-O. de Besançon (Doubs); 150 hab. Source d'eau salée.

° **AU-DEVANT.** Voy. Devant.

AUDIANI, adeptes d'*Audée* et de l'anthropomorphisme.

AUDIBERT (Louis-François-Hilarion), littérateur, né à Marseille en 1797, mort en 1861, écrivit dans plusieurs journaux légitimistes.

° **AUDIENCE** s. f. (lat. *audiencia*; de *audiens*, qui écoute). Attention que l'on donne à celui qui parle : *donnez-moi un moment d'audience.* — Temps que les princes, des personnes constituées en dignité, emploient à écouter ceux qui ont à leur parler : *les ambassadeurs envoyèrent demander audience, furent admis à l'audience, introduits à l'audience du roi.* — Séance dans laquelle les juges écoutent les plaidoiries : *audience publique, à huis clos.* — **Audience solennelle,** audience d'apparat, dans laquelle se plaident les causes les plus importantes, où s'entérinent ordinairement les lettres de grâce ou de commutation de peine, et où les avocats, et les personnes qui ont reçu des titres de noblesse, viennent prêter serment : *les tribunaux de première instance n'ont pas d'audience solennelle.* — **Audience,** signifie, par ext., l'assemblée de ceux à qui l'on donne audience, qui assistent à l'audience : *toute l'audience en fut scandalisée, en fut émerveillée.* — Lieu même où se donne, où se tient l'audience : *on le mit hors de l'audience.* — On dit dans le même sens : *la salle d'audience.* — S'employait autrefois dans le sens de Province, en parlant des colonies espagnoles ; *l'audience de Quito; l'audience de Panama.* — Se disait particulièrement de l'administration qui résidait dans ces provinces : *il fallut s'adresser à l'audience de Los Reyes.* — Se dit encore aujourd'hui de certains tribunaux d'Espagne : *l'audience de Valladolid.* — Législ. « C'est dans les tribunaux que la justice doit être rendue (Cod. pr. 1,040). Toute audience doit être publique, à moins que le tribunal n'ordonne le huis clos, dans le cas où la publicité pourrait entraîner du scandale ou des inconvénients graves (Cod. pr. 87); mais le huis clos doit toujours cesser avant le prononcé du jugement ou de l'arrêt (L. 20 avril 1810). Ceux qui assistent aux audiences doivent se tenir découverts, dans le respect et le silence. Le président à la police de l'audience, est qu'il ordonne pour le maintien de l'ordre, doit être exécuté ponctuellement et à l'instant (Cod. pr. 88). La loi donne aux tribunaux le pouvoir de réprimer à l'instant les délits qui se commettent à l'audience; les cours peuvent, dans les mêmes circonstances, punir sans délit les délits et les crimes. On nomme *audience des criées* celle où se font les adjudications d'immeubles. Les cours d'appel et la cour de cassation tiennent des *audiences solennelles,* où toutes les chambres sont réunies, et dans lesquelles sont jugées certaines affaires réservées (L. 1ᵉʳ avril 1837, etc.) ». (Ch. Y.).

° **AUDIENCIER** adj. m. N'est guère usité que dans cette dénomination : *huissier audiencier,* huissier chargé d'appeler les causes dans les audiences des tribunaux, de maintenir le bon ordre, d'ouvrir et de fermer les portes, etc. — Substantiv. Dans le titre de *Grand audiencier,* il désigne un des principaux officiers de la chancellerie de France, dont la fonction était de faire rapport au chancelier des lettres de grâce, de noblesse, etc. : *il y avait deux grands audienciers.*

AUDIERNE, petite ville maritime du Finis-

tère, cant. et à 6 kil. de Pont-Croix, à 35 kil. O. de Quimper, à l'embouchure du Goayen, au fond de la baie d'Audierne; 1,800 hab. Lieu de rendez-vous pour les touristes qui désirent visiter la baie des Trépassés, la pointe de Raz et cette extrémité du continent où une mer orageuse baigne des rochers sans cesse battus par les vents.

AUDIFFRET (Charles-Louis-Gaston, marquis d'), homme politique et économiste, né à Paris le 10 octobre 1787, mort en avril 1878, entra en 1805 dans l'administration des finances; devint auditeur au conseil d'État en 1814, maître des requêtes en 1817, conseiller d'État en 1828, président de la cour des comptes (1829), membre de la chambre des pairs (1837), sénateur (1852). Par décret impérial, il entra à l'Académie des sciences morales et politiques en 1855. Il a écrit plusieurs ouvrages d'économie politique. Son *Système financier de la France* (1840, 2 vol. in-8°), a été réimprimé avec de notables augmentations, de 1863 à 1870 (6 vol. in-8°).

AUDIGANNE (Arnaud), publiciste, né à Anvers en 1814, mort à Paris en 1875; auteur de nombreux ouvrages traitant de matières de commerce, de finances et d'économie politique.

AUDIN (J.-M.-V.), historien religieux, né à Lyon en 1793, mort en 1851; écrivit des pamphlets et des histoires en faveur des Bourbons.

AUDINAC, station balnéaire fréquentée, arr. et à 5 kil. N.-E. de Saint-Girons (Ariège). Deux sources sulfatées calciques et ferrugineuses à + 22°; eaux diurétiques et laxatives; employées contre les affections des organes digestifs, le catarrhe vésical, etc. Établissement.

AUDINCOURT, ch.-l. de cant., arr. et à 6 kil. S.-E. de Montbéliard (Doubs); 3,200 hab. Haut-fourneau et filature importante de coton.

AUDINOT (Nicolas-Médard), acteur et auteur dramatique, né à Bourmont en 1732, mort en 1801; fonda l'Ambigu-Comique, réalisa une fortune assez considérable et écrivit quelques pièces.

° **AUDITEUR** s. m. (lat. *auditor*). Celui qui écoute un discours, une lecture, dans quelque assemblée : *la lecture de sa tragédie endormit la plupart des auditeurs.* — Disciple : *ce professeur a beaucoup d'auditeurs, n'a point d'auditeurs.* — Titre de certains officiers de judicature qui assistent aux audiences d'une cour d'appel ou d'un tribunal de première instance, mais qui n'ont point voix délibérative. On dit aussi, adjectiv.: *juge auditeur, conseiller auditeur. Les juges auditeurs sont aujourd'hui supprimés.* — **Auditeur au conseil d'État,** fonctionnaire établi auprès du conseil d'État ou d'une grande administration, pour y faire une sorte de noviciat, et y acquérir la connaissances des affaires, avant d'être appelé à de plus hauts emplois. — Législ. « On donnait le nom de *juges auditeurs* et celui de *conseillers auditeurs* à des magistrats stagiaires institués par le premier empire et qui furent abolis en 1830. Il existe encore des conseillers-auditeurs dans les cours d'appel de plusieurs colonies françaises. Le consulat avait aussi créé (Ar. 19 germ. an XI) des *auditeurs au conseil d'État* dont les attributions devinrent bientôt très variées, et dont le nombre s'accrut successivement jusqu'à 400, sous l'empire. Cette institution a survécu jusqu'à notre temps; mais les auditeurs ne sont plus aujourd'hui que des magistrats auxiliaires attachés au conseil d'État. Ils sont divisés en deux classes : la première comprend dix auditeurs, la seconde vingt-quatre. Les auditeurs des deux classes sont nommés au concours; ils ont voix délibérative dans leur section et voix consultative à l'assemblée générale, seule-

ment dans les affaires dont ils sont les rapporteurs (L. 26 mai 1872). Voy. Conseil d'État. Un décret du 13 octobre 1856 a créé vingt places d'*auditeur à la Cour des Comptes.* On nomme aussi *auditeurs de Rote,* etc., les membres composant certains tribunaux ecclésiastiques qui subsistent encore à Rome, comme accessoires de la papauté ». (Ch. Y.)

° **AUDITIF, IVE** adj. Qui appartient à l'organe de l'ouïe : *nerf auditif; conduit auditif; artères auditives.*

° **AUDITION** s. f. (lat. *auditio*; de *audire*, entendre). Action d'entendre : *il est difficile de juger d'une pièce de théâtre à la première audition.* — **Audition des témoins,** action d'ouïr des témoins en justice. — **Audition de compte,** action d'ouïr et d'examiner un compte. — Législ. L'*audition des témoins* doit avoir lieu séparément dans les enquêtes civiles (Cod. pr. 262) et dans les instructions criminelles (Cod. inst. crim. 73).

° **AUDITOIRE** s. m. (lat. *auditorium*). Lieu, enceinte où une assemblée se réunit pour écouter des discours prononcés en public. Se dit plus particulièrement du lieu où l'on plaide, dans les tribunaux : *auditoire d'un tribunal; vaste auditoire.* — Assemblée de tous ceux qui écoutent une personne parlant ou lisant en public : *ce prédicateur a toujours un nombreux auditoire.* — Législ. « Des tableaux, placés dans l'*auditoire* des tribunaux civils et de commerce, servent à la publication de certains actes, notamment à celle des demandes en séparation de biens (Cod. pr. 866). A la principale porte de l'auditoire des tribunaux, les huissiers doivent afficher les exploits d'assignation, lorsque la personne assignée n'a pas de domicile connu et que le lieu de sa résidence est également inconnu (Cod. pr. 69) ». (Ch. Y.)

AUDITORAT ou **Auditoriat** s. m. [ô-di-to-ra; i-a]. Grade ou fonction d'auditeur.

AUDITORIUM s. m. [ô-di-to-ri-omm]. Antiq. rom. Tout endroit où des orateurs, des philosophes, des professeurs ou des auteurs assemblaient un auditoire.

AUDITRICE s. f. (lat. *auditrix*). Féminin de Auditeur.

AUDLEY, seigneur anglais qui prit le commandement d'une révolte contre les taxes nouvelles, en 1497. Vaincu à Blackheath, le 22 juin, il fut exécuté le 28 du même mois.

AUDOMAROIS, OISE, s. et adj. (lat. *Audomarus,* Omer). Habitant de Saint-Omer, qui appartient à cette ville où à ses habitants.

AUDOT (Louis-Eustache), vulgarisateur et libraire, né à Paris en 1753 ; auteur d'ouvrages populaires, tels que : *la Cuisinière de la ville et de la campagne,* le *Bon Jardinier,* etc.

AUDOUIN (Jean-Victor), l'un des créateurs de l'entomologie en France, né à Paris en 1797, mort en 1841. Associé à Dumas et Brongniart, il fonda, en 1825, les *Annales des sciences naturelles.* D'abord suppléant (1824), puis successeur (1833) de Latreille, au Muséum, il fonda la Société entomologique. Il a laissé des *Recherches pour servir à l'histoire naturelle du littoral de la France,* avec Milne-Edwards, 1830, 2 vol. in-8° ; une *Histoire des insectes nuisibles à la vigne,* avec Milne-Edwards et Blanchard, in-4° et une foule de mémoires et de notes, que l'on trouve dans les publications scientifiques de l'époque.

AUDOUIN (Pierre), graveur, né à Paris, en 1768, mort en 1822. Il a gravé, d'après les maîtres de toutes les écoles, une centaine de planches.

AUDRAN, nom d'une famille originaire de Lyon, qui a fourni plusieurs graveurs distingués. Claude (1592-1677), fut professeur de gravure à l'académie de Lyon ; son fils Gérard (1640-1703), grava, pour Louis XIV, les plus belles peintures de Charles Lebrun, écrivit sur les proportions de la figure humaine et composa 27 planches représentant d'anciennes statues. Jean, autre fils de Claude (1667-1756), ne fut pas moins célèbre que le précédent. Plusieurs autres membres de cette famille se distinguèrent également.

AUDREIN (Yves-Marie), ecclésiastique, membre de l'Assemblée législative et de la Convention, né en Bretagne vers 1750, assassiné en 1800, par des paysans, au moment où il se rendait à Quimper dont il avait été élu évêque. Il avait voté la mort du roi avec sursis.

AUDREN DE KERDREL (D. Jean-Maure), bénédictin qui prépara les matériaux de l'*Histoire de Bretagne* publiée par dom Lobineau, en 1707. Audren de Kerdrel mourut prieur de Marmoutier, en 1725.

AUDRUICK, ch.-l. de cant., arr. et à 20 kil. N.-O. de Saint-Omer (Pas-de-Calais) ; 2,500 hab. Fabr. de dentelles.

AUDUBON (Jean-Jacques), ornithologiste américain, né dans la Louisiane, le 4 mai 1780, mort à New-York, le 27 janv. 1851. Il était fils d'un officier de marine français qui l'envoya compléter son éducation à Paris, où David lui donna quelques leçons de dessin. En 1797, il retourna en Amérique et commença avec ardeur l'étude des oiseaux de ce pays. Lorsqu'il eut acquis les connaissances nécessaires, il vint en Angleterre et en France, où il trouva 170 souscripteurs, à 5,000 fr. chacun, pour ses « *Oiseaux d'Amérique* » (4 vol. in-fol., 1830-39 ; nouv. édit., 7 vol. in-8°, 1844). Il publia, antérieurement, les « *Biographies ornithologiques* » et exposa à New-York des dessins représentant plusieurs milliers de spécimens d'oiseaux et d'animaux, de grandeur naturelle. Ses « *Quadrupèdes d'Amérique* », ouvrage commencé avec la collaboration de ses deux fils, Victor et John, fut terminé par ce dernier. Après la mort de ses enfants, la veuve (morte en 1874), publia sa biographie en 1869. — Bazin a traduit une partie de ses ouvrages sous le titre de *Scènes de la nature aux États-Unis*, Paris, 1857.

AUDUN-LE-ROMAN. ch.-l. de canton., arr. et à 16 kil. N.-O. de Briey (Meurthe-et-Moselle) ; 500 hab.

AUENBRUGGER VON AUENBRUG (quelquefois appelé Avenbrugg) (Léopold), inventeur de la méthode de percussion pour constater les maladies internes, né en 1722, à Graetz, en Styrie, mort en 1798. Il était médecin à l'hôpital espagnol de Vienne et fit connaître sa découverte dans un traité intitulé : *Inventum novum ex percussione thoracis humani interni pectoris morbos detegenti*, Vienne, 1761, traduit par Corvisart, en 1808.

AUERBACH (Heinrich), professeur de médecine et sénateur de Leipzig (1482-1543), fit construire dans cette ville, en 1530, le vaste bâtiment appelé *Auerbachshof*, aujourd'hui taverne célèbre. On y montre l'endroit où Luther venait boire en discutant des questions religieuses ; et des peintures, sur la porte de l'auberge, fontconnaître que c'est de l'Auerbachshof que Faust s'envola sur un tonneau.

AUESPERG (Anton-Alexander, comte d'), connu sous le nom populaire d'Anastasius Grün, poète allemand (1806-'76), membre inamovible de la haute chambre du Reichsrath autrichien, depuis 1861. Il a produit de remarquables satires politiques.

AUERSTÆDT, village de la Saxe prussienne, à 17 kil. O. de Naumburg, 800 hab. Le jour même de la bataille d'Iéna (14 oct. 1806), Davoust, qui se rendait de Naumbourg à Apolda, avec un corps de 27,000 hommes, rencontra inopinément à Auerstædt, 56,000

Prussiens commandés par Blücher et le duc de Brunswich. Malgré leur immense supériorité numérique, les Prussiens furent culbutés et leur retraite se changea en épouvantable déroute dès qu'ils tombèrent au milieu des vaincus d'Iéna. Davoust reçut le titre de duc d'Auerstædt ; mais Napoléon ne parla pas de sa victoire dans ses éclatants bulletins.

AUFFAY, village du cant. de Tôtes, arr. de Dieppe (Seine-Inférieure) ; 1,360 hab. Fils de coton ; blanch. de toiles.

AUFFE s. f. Nom que l'on donne quelquefois à l'*alfa*

AUGE s. f. (gr. *aggeion*, vase ; lat. *alveus*, cavité ; celt. *osgod*, bassin). Pierre ou pièce de bois creusée, qui sert à donner à boire et à manger aux chevaux, et à d'autres animaux domestiques. —Vaisseau de bois dans lequels maçons délayent leur plâtre. — Mar. Caisse dont on fait usage dans les corderies de la marine, pour contenir le goudron dans lequel on trempe les fils de caret. — Autre caisse qui sert à faire l'*apprétée*, dans la grande soute à poudre des vaisseaux. — *Auges*, s. f. pl. Certaines rigoles de bois ou de pierre, qui servent ordinairement à faire tomber l'eau sur la roue d'un moulin, pour la mettre en mouvement. — Supplice des auges, supplice employé chez les anciens Perses, et qui consistait à placer le criminel entre deux auges, de manière à le couvrir, sauf la tête, les pieds et les mains qui sortaient par des trous faits exprès. On lui frottait le visage avec du miel et on l'exposait en cet état aux rayons du soleil et aux piqûres des mouches. On le nourrissait, et au besoin, on le forçait à manger, pour prolonger ses souffrances. Peu à peu, les mouches engendraient des vers qui finissaient par ronger le corps du patient.

AUGE, *Saltus Augiæ* (celt.: *augia*, pâturage) pays de la basse Normandie (Orne et Calvados), arrosé par la Touque et remarquable par la fertilité de ses pâturages. On l'appelle aussi *Vallée d'Auge.*— Race bovine renommée pour la qualité de sa chair et de son lait. Taille : 1m50 ; robe bigarrée ; tête large ; cornes grosses, de couleur clair ; corps long ; membres un peu minces.

AUGÉE s. f. Ce que peut contenir une auge.

AUGER (Louis-Simon), littérateur, né à Paris en 1772, mort dans la Seine, près de Meulan en 1826. Il collabora à la *Biographie universelle* de Michaud et publia des *Mélanges*. Il entra à l'Académie par ordonnance royale, et en devint secrétaire perpétuel.

AUGEREAU, duc de Castiglione (Pierre-François-Charles), officier, fils d'un maçon et d'une fruitière, né à Paris en 1757, mort en 1816. Sa force physique et son intrépidité firent parvenir malgré ses vices et le manque absolu de génie. Il servit en Italie, décida les victoires de Lodi, prit d'assaut Castiglione en 1796, et partagea avec Bonaparte l'honneur de la victoire d'Arcole. Le titre de duc, un million en or et le bâton de maréchal lui firent un chaud partisan de Napoléon (1805). Il se distingua à Iéna et à Eylau, où il fut blessé ; mais il se laissa battre en Espagne et fut disgracié. Napoléon le plaça à la tête d'une armée en Allemagne pendant la campagne de Russie et s'illustra ensuite à la bataille de Leipzig. La capitulation de Lyon, en 1814, le fit considérer comme un traître par les bonapartistes, et ses tentatives de réconciliation avec Napoléon, après le retour de l'île d'Elbe, le firent repousser par les Bourbons, qu'il avait été l'un des premiers à acclamer dès leur retour.

AUGET s. m. Petite auge où l'on met la mangeaille des oiseaux que l'on nourrit en cage. — Petit seau ou godet placé à la circonférence de certaines roues hydrauliques

pour recevoir l'eau qui les fait mouvoir. — Extrémité de la trémie d'un moulin, par où le grain coule et se distribue sur les meules.

AUGHRIM ou **Aghrim** [à-grimm]. Village d'Irlande près d'Athlone, à 50 kil. E. de Galway, célèbre par la victoire décisive des troupes de Guillaume III sur celles de Jacques II, le 12 juillet 1691. Les Irlandais, commandés par le général français Saint-Ruth, perdirent 7,000 hommes.

AUGIAS, roi mythique d'Élide et l'un des Argonautes. Depuis trente années, ses étables, contenant 3,000 bœufs, n'avaient pas été nettoyées, lorsque survint Hercule qui se chargea de les rendre propres, moyennant la dixième des troupeaux qui appartenaient au roi. Le héros accomplit ce dixième travail en détournant le cours du fleuve Alphée, qu'il fit passer dans les écuries. Augias, ayant refusé le prix convenu, Hercule le tua et mit à sa place sur le trône son fils Philée. — Prov. Nettoyer les écuries d'Augias, faire un travail désagréable et difficile.

AUGIE s. f. [ô-ji] (gr. *augé*, éclat). Bot. Genre de térébinthacées, dont la seule espèce connue, l'augie de Chine, (*augia sinensis*), est un arbre résineux qui passe pour produire le véritable vernis de la Chine.

AUGITE s. f. (gr. *augé*, éclat). Minér. Pyroxène noir, ainsi nommé à cause de l'éclat que présentent ses cristaux.

AUGITIQUE adj. Qui contient de l'augite ; qui est composé d'augite.

AUGMENT s. m. (lat. *augere*, augmenter). Ancien Dr. Ne s'employait que dans cette locution : Augment de dot, portion des biens du mari que la loi permettait de donner à la femme survivante, dans les pays de droit écrit. Dans les pays de droit coutumier, l'*augment* de la dot s'appelait *douaire*. — Gramm. Addition qui se fait au commencement d'un temps de verbe, dans certaines langues, telles que le grec et le sanscrit. On l'emploie surtout en parlant de la conjugaison grecque. — Augment syllabique, celui qui consiste dans l'addition d'une syllabe, comme *i* ντ*o*ν, je frappais, imparfait de τ*ι*πτω, je frappe. — Augment temporel, celui qui consiste dans le changement d'une brève en longue, comme *ôρ*ι_*ο*ν, je bornais, *ô*ρι_*o*ν, je borne. — Méd. Période pendant laquelle les symptômes d'une maladie prennent de l'accroissement.

AUGMENTATIF, IVE adj. Gramm. Se dit de certaines particules et de certaines terminaisons, servant à augmenter le sens des noms ou des verbes : *très, fort*, etc., sont des particules augmentatives dans notre langue.

AUGMENTATION s. f. Accroissement, addition d'une chose à une autre du même genre : *augmentation de gages, de traitement, de fortune.*

AUGMENTER v. a. Accroître, agrandir, rendre une chose plus grande, plus considérable, en y joignant une autre chose de même genre : *il augmente son revenu, sa dépense, ses largesses.*—Accroître le traitement, le salaire de quelqu'un : *augmenter un domestique, un commis, un employé.* — v. n. Croître en qualité, en quantité, en intensité : *ses richesses augmentent tous les jours ; le mal augmente.* — Hausser de prix, en parlant de certaines denrées : *le sucre augmente.* —S'augmenter v. pr. S'accroître, être augmenté.

L'allégresse du cœur s'augmente à la répandre.
MOLIÈRE.

AUGSBOURG, *Augusta Vindelicorum*, ville de Bavière, ch.-l. du district de Souabe-et-Neubourg, au confluent de la Vertach et du Lech, 52 kil. N.-O. de Munich ; altitude 491 mètres. lat. 48° 21' 44'' N. ; long. 8° 33' 53'' E. ; 57,250 hab. Plusieurs de ses monuments sont des chefs-d'œuvre de l'architecture du moyen âge ;

églises fameuses ; palais épiscopal ; magnifique hôtel de ville. La ville renferme des gymnases, une bibliothèque, des institutions charitables, soixante-quinze brasseries, de nombreuses imprimeries et des fabriques de coton. Parmi ses trente maisons d'éditeurs, on cite la maison Cotta, qui publie l'*Allgemeine zeitung* (Gazette universelle). — Fondée par Auguste, qui y établit une colonie, vers l'an 12 av. J.-C., Augsbourg acquit de bonne heure une grande importance commerciale; elle fut créée ville libre en 1276; mais elle déclina après la guerre contre la ligue de Smalkade. Les Français, qui y entrèrent le 10 octobre 1805, la cédèrent à la Bavière en mars 1806. — DIÈTE D'AUGSBOURG, convoquée par Charles-Quint, pour terminer les disputes religieuses en Allemagne, s'assembla le 20 juin 1530 et se sépara en novembre. — CONFESSION D'AUGSBOURG, formulaire que les protestants présentèrent à la diète d'Augsbourg, le 25 juin 1530, et qui contient leur profession de foi en vingt-huit articles rédigés par Melanchton, approuvés par Luther et signés par les princes protestants. La réponse des théologiens catholiques (27 juin) fut aussitôt suivie d'une réplique de Melanchton : *Apologia Confessionis.* — Malgré cette *Apologie de la Confession,* la diète repoussa toute proposition de réforme, ce qui provoqua la ligue de Smalkade. — Tous les réformés n'admettant pas le formulaire de Melanchton, ce dernier crut arriver à une conciliation, en apportant, vers 1540, des modifications à la confession primitive; le nouveau formulaire prit le nom de *Confessio variata.* Mais en 1580, on en revint au texte original (*Confessio invariata*) qui est resté le formulaire des églises luthériennes. — INTÉRIM D'AUGSBOURG, voy. *Intérim.* — ALLIANCE D'AUGSBOURG, 1534, entre François Ier et les princes protestants, contre Charles-Quint. — PAIX D'AUGSBOURG ou *paix de religion,* 25 sept. 1555, entre Charles-Quint et les réformés, auxquels fut accordée la liberté de conscience. — LIGUE D'AUGSBOURG, signée le 9 juillet 1686, entre la Hollande, l'Autriche, la plupart des Etats de l'Empire et la Suède, contre Louis XIV.

AUGUR (Hezekiah), sculpteur américain (1791-1853), inventeur d'une machine à graver dont l'usage s'est répandu. Son chef-d'œuvre représente « Jephté et sa fille ».

* AUGURAL, ALE, AUX adj. Antiq. rom. Relatif aux augures, aux présages; ou appartenant à l'augure : *livres auguraux; bâton augural; loge augurale.*

AUGURALE s. f. Antiq. rom. Place que l'on réservait dans un camp, à droite de la tente du général, pour y prendre les auspices.

AUGURAT s. m. Dignité, fonction d'augure.

* AUGURE s. m. (lat. *avigerium* ; de *avis,* oiseau). Ant. rom. Présage tiré principalement par le vol et le cri des oiseaux et aussi par des phénomènes physiques. Les prédictions déduites de l'observation des oiseaux étaient les *auspices,* que les Chaldéens et transmises aux Grecs, puis aux Latins. A Rome, on n'aurait rien entrepris sans consulter les oiseaux : la vue d'un vautour ou d'un autour, un Romain rentrait chez lui, de crainte d'accident. L'aigle, au contraire, annonçait toujours quelque chose d'heureux, surtout s'il volait de gauche à droite; quand la corneille et le corbeau volaient à gauche, c'était un heureux présage. Le cri de la corneille, du corbeau, du hibou et du coq étaient de bon ou de mauvais augure suivant des circonstances que les prêtres se chargeaient de déterminer. — Chaque armée en campagne était suivie d'une cage à poulets. L'avenir s'annonçait bon ou mauvais suivant que les volatiles jouissaient d'un bon appétit ou refusaient leur nourriture. Le tonnerre et les éclairs étaient également des augures; les signes heureux se manifestaient à gauche; les présages malheureux apparaissaient à droite. Renverser le sel sur la table, faire tomber du vin sur le vêtement de son voisin, poser le pain de façon que la croûte du dessous se trouvât en dessus, éternuer, être pris subitement de mélancolie, passer par un chemin que venait de traverser une bête immonde ou dangereuse étaient autant de circonstances qui annonçaient des malheurs. La superstition augurale perdit son crédit à mesure que les hommes devinrent plus éclairés; elle régnait chez les païens longtemps après l'introduction du christianisme et on en retrouve encore le souvenir dans nos campagnes les plus arriérées. — Se dit, chez nous, de tout ce qui semble présager, indiquer quelque chose que ce soit :

> Que bien m'en soit, j'en accepte l'augure.
> VIRGILE. *Fables.*

Fig. et fam. OISEAU DE BON AUGURE, homme qui fait prévoir quelque bonne nouvelle. Dans un sens contraire : *c'est un oiseau de mauvais augure.* — Augure, prêtre qui interprétait la volonté des dieux, d'après le vol ou le cri des oiseaux. Il y avait des augures dès le temps d'Hésiode (ixe siècle av. J.-C.). Numa, vers 710, constitua un collège de trois augures à Rome; ce collège se composa ensuite de cinq, de neuf, puis de quinze prêtres que l'on consultait sur les affaires publiques et sur les affaires privées. Leur influence fut d'abord très grande. Rien qu'en prononçant ces deux mots : *Alio die* (à un autre jour), ils suspendaient les assemblées du peuple et annulaient les décisions qu'on y avait prises. Les rois furent augures et nommèrent à ce sacerdoce; ensuite les patriciens se réservèrent l'augurat jusqu'à l'an 301 av. J.-C., où une loi y admit, par moitié, les plébéiens consulaires ou triomphateurs; enfin la moitié des augures fut élue par le collège de prêtres et ensuite par les tribus. Les augures étaient inamovibles; ils étaient vêtus de la toge prétexte et, dans l'exercice de leurs fonctions, ils tenaient un lituus de la main droite. Leur collège fut aboli par Théodose le Grand, vers 390 après J.-C.

* AUGURER v. a. Tirer une conjecture, un présage de certaines observations que l'on a faites ou de certains signes que l'on a remarqués : *qu'augurez-vous de leur silence? Je n'en augure rien de bon.*

AUGUSTA I. Cap. de l'état de Maine (Etats-Unis); sur le Kennebec, à 105 kil. N.-N.-E. de Portland, 8,000 hab. Magnifique palais du parlement de Maine ; maison d'aliénés; arsenal. fabr. de chaussures. — II. Ville de Géorgie (Etats-Unis), sur la Savannah, à 210 kil. N.-N.-O. de Savannah ; 16,000 hab., dont 6,500 noirs. — Important commerce de coton. Collège médical de Géorgie.

AUGUSTA, voy. AGOSTA.

AUGUSTÆUM s. m. (ô-guss-té-omm). Ant. Synon. d'AUSIDE. — Nom d'une place carrée de Constantinople, au milieu de laquelle Constantin avait fait élever une statue à sa mère Hélène.

AUGUSTA HISTORIA, nom donné à une série de biographies romains des empereurs, depuis Adrien jusqu'à Carinus (117-385).

AUGUSTAL, ALE, AUX adj. Ant. rom. Qui appartient, qui a rapport à Auguste ou à un auguste. — TROUPES AUGUSTALES. On donna ce nom à 5,000 soldats que Néron faisait placer dans l'amphithéâtre, pour qu'ils applaudissent lorsqu'il se montrait dans les jeux publics.

AUGUSTALE s. f. Tente d'un empereur romain. — Monnaie d'or pesant 100 grains, frappée en Sicile par Frédéric II, qui prenait le titre d'Auguste.

* AUGUSTE adj. (lat. *augustus*). Grand, imposant, respectable, digne de vénération : *tête auguste; auguste personne; auguste assemblée; auguste cérémonie.* — HISTOIRE AUGUSTE, voy. *Augusta historia.* — n. pr. Titre décerné à Octave, en l'an 28 av. J.-C., et porté ensuite par les empereurs romains. Les empereurs d'Allemagne, depuis Othon, se qualifièrent *semper Augustus* ou *perpetuus Augustus.*

AUGUSTE (Caius Julius Cæsar Octavianus), premier empereur romain, né à Velitræ, en 63 av. J.-C.; mort le 19 août de l'an 14 après J.-C. Il était fils de Caius Octavius, qui devint préteur de Macédoine, et d'Atia, fille de Julie, sœur de Jules César. Ce dernier l'adopta et en fit son principal héritier. A la nouvelle que son oncle venait d'être assassiné (44), Octave quitta Athènes, où il étudiait, et accourut à Rome, réclamer son héritage et le titre de vengeur de César, qu'Antoine s'était arrogé. Aidé de Cicéron, il gagna le sénat et le peuple, se fit nommer préteur et marcha contre Antoine qui assiégeait Mutina. Les rivaux se réconcilièrent en 43 et formèrent, avec Lépide, le second triumvirat. Octave, qui avait déjà su se faire nommer consul, eut sa part des sanglantes vengeances qui suivirent. Il livra son bienfaiteur Cicéron à la haine d'Antoine. Après la défaite de Brutus et de Cassius à Philippes (42) les triumvirs se partagèrent le monde romain. Antoine eut l'Orient (Asie, Egypte, Grèce); Octave, l'Occident (Italie, Gaule, Espagne); Lépide, l'Afrique et la Sicile. Pour satisfaire ses soldats, Octave donna aux vétérans les terres qu'il leur avait promises et dépouilla pour cela les paysans italiens, qui se révoltèrent, s'enfermèrent à Pérouse et s'y firent massacrer (40). La révolte, qu'avait soutenue Antoine, fut suivie du massacre de 300 sénateurs, immolés par Octave sur l'autel de César, et d'une nouvelle réconciliation des deux ennemis. Antoine épousa Octavie, sœur d'Octave. Débarrassé de ce côté, le neveu de César marcha contre Sextus Pompée, qui s'était emparé de la Sicile, grenier de Rome (36). La défaite de Sextus précéda de fort peu le renversement de Lépide, qui réclamait la Sicile. Octave le dépouilla de sa province d'Afrique et le laissa vivre riche et grand prêtre dans la retraite et dans l'oubli. La rivalité avec Antoine renaquit aussitôt, par suite de la répudiation d'Octavie; et la victoire navale d'Actium (31) donna à Octave l'empire du monde romain. Il usa de son pouvoir pour détruire une à une les institutions républicaines que César avait respectées, et lorsqu'il eut enfin centralisé dans ses mains les offices des principaux magistrats, il offrit une abdication qui eût plongé l'empire dans l'anarchie (27). Cédant aux prières, il accepta la puissance suprême pour dix ans seulement, et reçut les noms nouveaux d'*Auguste* et d'*Imperator.* Il était la fois empereur, proconsul, tribun et censeur. A ces titres de magistrature, on joignit les noms plus vagues de *père de la patrie* et de *prince du sénat.* Maître absolu, il fit oublier, par la sagesse de son gouvernement populaire, ce que ses débuts avaient eu de cruel et ce que son succès avait coûté de sang. Il cultiva les arts, fonda ou embellit les villes et protégea le commerce ; son règne est considéré comme l'âge d'or de la littérature latine. Pendant les 42 années qu'il resta sur le trône, il ne manqua pas, tous les dix ou cinq ans, d'offrir adroitement une abdication que nul n'eût pu accepter. Ses guerres furent heureuses. Il subjugua les Astures et les Cantabres en Espagne (26-19), remporta de grands avantages sur les Parthes, en Pannonie, et soumit d'abord une partie de la Germanie; mais en l'an 9 après J.-C. les légions de Varus furent détruites par Arminius. L'inconduite de sa fille, Julie, épouse d'Agrippa, la mort de ses deux petits-fils, Caius et Lucius César, affligèrent ses derniers jours. Il choisit pour lui succéder, son gendre, Tibère, fils de Livie et second époux de Julie. — Siècle d'Auguste, période littéraire qui eut son apogée sous le règne de César-Auguste et pendant laquelle s'illustrèrent Cicéron, Horace, Ovide, Virgile, Catulle, Tibulle, Tite-Live, Salluste et plusieurs autres. — Ère d'Auguste; elle commença le 14 février de l'an 27 av. J.-C., ou 727 ans après la fondation de Rome.

AUGUSTE, nom de trois électeurs de Saxe, dont les deux derniers furent rois de Pologne. — I. le Pieux, né en 1526, électeur en 1553; mort en 1586. Il fit rejeter par le parti protestant, à la diète d'Augsbourg, le calendrier grégorien. — II. Frédéric-Auguste I*er* de Saxe, surnommé le *Fort*, Auguste II de Pologne; deuxième fils de l'électeur Jean-Georges III, né à Dresde en 1670, mort à Varsovie, le premier février 1733. Il devint électeur en 1694, à la mort de son frère Georges IV, et, trois ans plus tard, il renonça à la religion protestante pour monter sur le trône de Pologne. Il se joignit au Danemark et à Pierre le Grand contre Charles XII de Suède, qui lui enleva la couronne et la donna à Stanislas Leszczinski (1704). Après la bataille de Pultava, (1709) il envahit et reconquit son royaume. Par sa luxure et sa prodigalité, il ruina et démoralisa à la fois la Pologne et la Saxe qui tombèrent ensuite dans la décadence. Il eut de la comtesse de Kœnigsmark, l'une de ses nombreuses maîtresses, un fils qui fut le maréchal de Saxe. — III. Frédéric-Auguste II de Saxe; Auguste III de Pologne. Fils du précédent, né en 1696, électeur en 1733, élu roi de Pologne à la fin de la même année, mort en 1763. Héritier des mœurs corrompues de son père, il abandonna les affaires à son favori Brühl, s'allia à l'Autriche et fut battu par Frédéric le Grand. A la fin de la guerre de sept ans, son armée ayant capitulé (oct. 1756), il s'enfuit à Varsovie, où il resta jusqu'à la paix de 1763. Il vint mourir à Dresde. C'est de lui, aussi bien que de son père, que le grand Frédéric voulait parler, lorsqu'il publia, en 1771, ce vers fameux :

Quand Auguste avait bu, la Pologne était ivre.

Ce qui signifie que l'exemple d'un roi est suivi par la nation tout entière.

AUGUSTENBOURG, village de l'île d'Alsen (Schleswig) ; 600 hab. Possède un beau palais et a donné son nom à la maison ducale d'Augustenbourg, qui appartient à la famille des rois de Danemark. — Le duc Christian-Karl-Friedrich-Auguste (1798-1869) vendit ses domaines héréditaires au Danemark, en 1852, et renonça, en 1863, à ses prétentions sur le Schleswig et le Holstein. Son fils, Friedrich-Christian-Auguste, né en 1829, essaya vainement en 1864, de faire revivre ses droits sur les duchés.

AUGUSTI (Johann-Christian-Wilhelm), théologien allemand (1772-1841), professeur à Iéna, Breslau et Bonn ; directeur du consistoire de Coblentz. Le plus connu de ses ouvrages : *Faits mémorables de l'Archéologie chrétienne*, (12 vol., 1717-'31), a été réédité en 3 vol. sous le titre de *Manuel d'Archéologie chétienne* (1836-'37).

AUGUSTIN (Saint), *Aurelius-Augustinus*, docteur de l'Église latine, né à Tagaste, près d'Hippone, en 354; mort le 28 août 430; son père, Patricius, était païen ; mais sa mère, Monique, mise depuis au rang des saintes, essaya de lui communiquer des sentiments chrétiens. Envoyé dans les écoles de Madaure et de Carthage, l'ardent jeune homme se jeta dans toutes sortes de désordres. Ayant étudié les religions des Grecs, des Romains, des Juifs et des chrétiens, il ne fut pas plus satisfait des unes que des autres et adopta les croyances des manichéens. Il professait la rhétorique à Carthage, 'lorsqu'il fut chargé d'enseigner l'éloquence à Milan. C'est là qu'il connut saint Ambroise et se convertit, à l'âge de 32 ans. Il revint aussitôt en Afrique, vécut dans la solitude pendant 3 ans, fut or-

donné prêtre en 391 et consacré évêque d'Hippone en 395. Tout en accomplissant, avec la plus scrupuleuse sévérité, ses devoirs épiscopaux, il trouva le temps d'engager une vive polémique avec les manichéens, les ariens, les pélagiens et autres hérétiques; d'entretenir une vaste correspondance avec les empereurs, les nobles, les docteurs, les évêques de toutes les parties du monde et de composer des œuvres volumineuses. Ses ouvrages consistent en commentaires et en travaux poétiques, théologiques, philosophiques, de morale et de critique. Dans l'histoire dogmatique de l'Église, le nom d'Augustin se lie intimement à la réfutation du pélagianisme ; mais le grand nombre des fidèles le connaît comme l'auteur des « Confessions » et de la « *Cité de Dieu* ». Ses ossements, conservés à Pavie, ont été transportés à Bone (Algérie) en 1842. — Fête, le 28 août. La meilleure édition de ses œuvres est celle des bénédictins, 1679-1700, 11 vol. in-fol. Parmi les nombreuses traductions de ses *Confessions*, citons celle de saint Victor et Moreau (1840). La *Cité de Dieu* a été traduite par de Cérizière, in-fol. Paris, 1655. — AUGUSTIN et SAINTE MONIQUE (Saint), chef-d'œuvre d'Ary Scheffer, au Louvre.

AUGUSTIN, ou Austin (Saint-), archevêque de Canterbury, quelquefois appelé l'apôtre de l'Angleterre, mort entre 604 et 614. Moine bénédictin à Rome, il fut choisi par le pape Grégoire I*er*, pour convertir les Anglo-Saxons (596 ou 597). Lorsqu'il eut baptisé Ethelbert, roi de Kent, il n'eut pas de peine à entraîner les sujets de ce prince. Fête: le 26 mai.

AUGUSTIN (Saint-), ville maritime de la Floride, sur la côte orientale, à 55 kil. S.-S.-E. de Jacksonville ; 1,900 hab. Au centre se trouve une belle place publique. Evêché catholique. Ancienne forteresse espagnole de San Marco, aujourd'hui Fort Marion. Cette ville, occupée par les Espagnols en 1565, est la plus ancienne des Etats-Unis.

AUGUSTIN (Baie de Saint-), mouillage très sûr de la côte S.-O. de l'île de Madagascar, à l'embouchure du Darmouth, par 23° 25' lat. S. et 41° 23' long. E.

AUGUSTIN (Cap Saint-), cap situé sur la côte du Brésil, province et à 46 kil. S. de Pernambouc, par 8° 20' 45" lat. S. et 37° 14' 43" long. O.

* AUGUSTIN, INE s. Religieux, religieuse qui suit la règle de saint Augustin: *couvent d'augustins; petits augustins; grands augustins; augustines de sainte Marthe à Rome*. — Augustins, le dernier des quatre ordres mendiants de l'Eglise catholique romaine; formé en 1256, par le pape Alexandre IV, de diverses congrégations, sous la dénomination *d'ermites suivant la régle de saint Augustin*. Les Augustins se répandirent bientôt dans toute l'Europe. Au XIV*e* siècle, ils se divisèrent en congrégations *d'observants réguliers* et *d'observants consistants* ou indiscipliné*s*. En 1556, Pie V les classa parmi les ordres mendiants et leur donna le dernier rang. Voués à la prédication, ils rivalisent avec les dominicains. Vers la fin du XVI*e* siècle, ils se partagèrent en *grands* et *petits augustins, augustins chaussés et déchaussés*. La règle de ceux-ci est la plus rigoureuse. Les augustins déchaussés bâtirent en 1629, près de la rue de Notre-Dame-des-Victoires, un couvent qui fut désigné sous le nom de *Petits-Péres*, à cause de la petite taille de ses fondateurs, les pères Hamet et Mathieu, de Saint-François ; déjà, on avait construit en 1259, le couvent des *Grands-Augustins*, sur l'emplacement actuel du marché de la Vallée; et, en 1606, celui des *Petits-Augustins*, aujourd'hui occupé par l'hôpital de la *Charité*. — Augustines, ordre fondé à Hippone par la sœur de saint Augustin et dont la règle a été rédigée par ce grand docteur chrétien.

AUGUSTINUS (l'), traité de théologie dans lequel Jansénius prétendit exposer les vraies doctrines de saint Augustin ; Louvain 1640 ; Paris, 1641; Rouen 1652. Cet écrit donna naissance au jansénisme.

AUGUSTOBONA , aujourd'hui *Troyes* en Champagne.

AUGUSTODUNUM, nom lat. d'*Autun*.

AUGUSTODURUM, aujourd'hui *Bayeux*.

AUGUSTOMAGUS, aujourd'bui *Senlis*.

AUGUSTONEMETUM. aujourd'hui *Clermont-Ferrand*.

AUGUSTORITUM, nom lat. de *Limoges*.

AUGUSTOWO ou Augustow, ville fondée en 1557, par Sigismond-Auguste ; aujourd'hui comprise dans la Pologne russe, gouvernement de Suwalki, à 225 kil. N.-E. de Varsovie; 9,600 hab. Elle était autrefois capitale du gouvernement d'Augustowo. Elle fait un grand commerce de bétail et d'étoffes de laine et de coton.

AUGUSTULE (Romulus Momyllus, Augustus, surnommé *Augustule*, par dérision), dernier empereur romain d'Occident. Il fut placé sur le trône, en 475, par son père Oreste, général des armées dans les Gaules. Proclamé à Ravenne, Augustule entra bientôt dans Rome. La noblesse de cette capitale implora le secours d'Odoacre, roi des Hérules, qui prit Rome en 476, fit mourir à mort Oreste et se contenta d'exiler le fils dans la villa de Lucullus, avec un revenu de 6,000 livres d'or. On a remarqué que ce fantôme de souverain portait le nom du fondateur de Rome et celui du fondateur de l'empire.

* AUJOURD'HUI adv. de temps, (agglutination de à le jour de hui). Le jour où l'on est: *il arrive aujourd'hui à midi*. — A présent, au temps où nous sommes : *cela se pratiquait autrefois, mais aujourd'hui on en use autrement; les modes d'aujourd'hui*. — Temps quelconque par rapport à un autre qui en est fort rapproché ; dans ce sens, on l'oppose ordinairement à demain ou à hier : *ce qui fut bien hier peut-il être mal aujourd'hui ?* — Substantiv. Le jour actuel, l'époque actuelle : *nous avons tout aujourd'hui pour prendre nos mesures*.— D'AUJOURD'HUI EN HUIT, EN QUINZE, etc., dans huit jours, dans quinze jours, etc., à compter d'aujourd'hui. — Jusqu'aujourd'hui, jusqu'à aujourd'hui s'emploient l'un et l'autre indifféremment.

AULA s. f. Antiq. rom. Cour, salle, vestibule ou place ouverte d'une maison ou d'un palais.

AULÆUM s. m. [ô-lé-omm]. Antiq. rom. Rideau des anciens théâtres. Au lieu de se lever comme nos toiles modernes, il s'abaissait et disparaissait sous la scène. — On appelait aussi *aulæa*, les rideaux des portes ou des fenêtres, les tentures qui séparaient le sanctuaire du reste de l'église, etc.

AULAF ou Anlaf, roi de Northumbrie (Grande-Bretagne) ; mort en 980. Chassé par ses sujets, il vint avec une armée en Irlande, dont il s'empara (953). Il prit le titre de roi d'Irlande et des îles.

AULAQUE s. m. (gr. *aulax*, sillon). Entom. Genre d'hyménoptères, voisin des ichneumons et dont l'abdomen est courbé en forme de faucille. Plusieurs espèces habitent l'Europe méridionale.

AULAYE (Saint-), ch.-l. de cant., arr. et à 28 kil. S.-O. de Ribérac (Dordogne), sur la Dronne; 1,550 hab.

AULBAN s. m. [ôl-ban] (lat. *albus*, blanc). Cépage blanc qui sert à faire le vin de Jurançon.

AULERQUES, *Aulerci*, puissante peuplade gauloise établie entre la Seine (Sequana) et la

Loire (Liger) et divisée en trois grandes tribus : 1° Aulerci Eburovices, près de la côte, sur la rive gauche de la Seine, dans la moderne Normandie ; capitale Mediolanum, plus tard Eburovices (Évreux) ; 2° Aulerci Cenomani, au S.-O. des précédents, non loin de la Loire ; cap. Sudinum (le Mans) ; à une époque très reculée, ils envoyèrent une colonie au-delà des Alpes, dans la haute Italie ; 3° Aulerci Brannovices, à l'E. des Cenomani, cap. Briona (Brienne), près des Eduens, dont ils étaient clients. Les Diablintes dont parle César, formaient, d'après Ptolémée, une branche des Aulerci.

AULÈTE s. m. [ô-lè-te] (gr. aulétês) Antiq. gr. Joueur de flûte. Ptolémée II, roi d'Égypte, fut surnommé Aulète parce qu'il se vantait de bien jouer de la flûte.

AULÉTIQUE s. f. (rad. aulète). Ant. Art de jouer de la flûte.

AULÉTRIDES s. f. (rad. aulète) Ant. Nom donné à des courtisanes qui égayaient les repas en jouant de la flûte.

AULICH (Louis), général hongrois, né à Presbourg en 1792, pendu le 6 octobre 1849. Il s'illustra par de beaux faits d'armes contre les Autrichiens, en 1849, et fut chargé du ministère de la guerre. Les Russes l'attirèrent dans un guet-à-pens et le prirent par trahison à Arad.

AULIDE, pays de l'ancienne Grèce ; cap. Aulis.

AULIDE. Myth. Une des trois déesses des Serments, fille d'Ogygès et de Thébé, donna son nom à la ville de Aulis, fondée par elle.

* AULIQUE adj. (gr. aulé ; lat. aula, cour). Se dit d'une ancienne cour souveraine d'Allemagne (all. Reichshofrath), instituée à Worms en 1495 et réorganisée par Maximilien Ier, en 1501, pour juger les causes de l'empereur. Le conseil aulique subit ensuite plusieurs modifications ; il siégeait dans la capitale de l'empire, au lieu de la résidence de la cour. Il disparut en 1806. — CONSEIL AULIQUE, tribunal particulier de certains princes d'Allemagne. — CONSEILLER AULIQUE, membre d'un conseil aulique.

* AULIQUE s. f. Thèse qu'un jeune théologien soutenait le jour où un licencié en théologie recevait le bonnet de docteur. Le nouveau docteur présidait à cette thèse.

AULIS ou Aulide (auj. Vathi), ville et port de l'ancienne Béotie (Grèce), sur le détroit d'Euripus. C'est là qu'Agamemnon assembla sa flotte pour la guerre de Troie et qu'Iphigénie fut offerte en sacrifice à Diane.

* AULNAIE s. f. voy. AUNAIE.

AULNAY, ch.-l. de cant., arr. et à 18 kil. N.-E. de Saint-Jean-d'Angély (Charente-Inférieure) ; 2,050 hab.

AULNAY DE CHARNISÉ (Charles de Menou, SEIGNEUR D'), gouverneur de l'Acadie, mort en 1850. Il étendit les limites de ses possessions jusqu'au Kennebec.

AULNAY-SUR-ODON, ch.-l. de cant., arr. et à 30 kil. N.-E. de Vire (Calvados) : 3,030 hab. Commerce de moutons, de laine et de suif.

* AULNE s. m. voy. AUNE.

AULNE, riv. qui prend sa source près de Lahuée (Côtes-du-Nord), passe à Châteaulin, et se jette dans la rade de Brest, après un cours de 120 kil. Elle est partout canalisée et navigable. Elle fait partie du canal de Nantes à Brest.

* AULNÉE s. f. voy. AUNÉE.

AULNOIS-EN-PERTHOIS, village du canton d'Ancerville (Meuse) ; 540 hab. Pierre de taille pour sculpture.

AULNOY (Marie-Catherine, jumelle de BER-

NEVILLE, comtesse d'), femme de lettres, née vers le milieu du XVIIe siècle, morte en 1705. A laissé des romans parmi lesquels : Hippolyte, comte de Douglas (2 vol. in-12), est d'une lecture assez agréable. Ses Mémoires sur la cour d'Espagne (1690) contiennent des anecdotes piquantes. Mais sa réputation repose surtout sur ses Contes de Fées, pleins de finesse et de naïveté ; 6 vol. in-12, Paris, 1782. On les a plusieurs fois réimprimés.

AULOF ! ou Aulaf ! interj. Mar. Commandement fait au timonier pour qu'il gouverne au vent lorsqu'il vient une risée.

AULOPE s.m. Icht. Section du genre saumon, à nageoires ventrales presque sous les pectorales ; douze rayons aux branchies. L'Aulopse filamenteux (salmo filamentosus,) de la Méditerranée, est d'un rouge violet sur le dos et d'un blanc argenté sous le ventre.

AULOSTOME s. m. (gr. aulos, flûte ; stoma, bouche). Genre de poissons acanthoptérygiens, voisin des fistulaires. On n'en connaît qu'une espèce de la mer des Indes, l'aulostome de Chine (Fistularia chinensis).

AULT, ch.-l. de cant., arr. et à 35 kil. d'Abbeville (Somme). Port sur la Manche ; pêcheries ; 1,600 hab.

AULU-GELLE (Aulus Gellius), grammairien du IIe siècle après J.-C. Ses Nuits Attiques (Noctes Atticæ), divisées en vingt livres dont dix-neuf sont conservés, contiennent de précieux documents sur l'histoire, et de nombreux fragments d'auteurs perdus. Parmi les éditions, nous citerons celle de Gronovius, Leyde, 1706, in-4° ; et parmi les traductions, celle qui se trouve dans la Biblioth. latine-française, de Panckoucke, deuxième série, 3 vol. in-8° ; et celle de la collection Nisard (1843)

AULULAIRE (l') ou LA MARMITE, comédie de Plaute, représentée à Rome vers l'an 559 et dans laquelle l'avarice est tournée en ridicule. Molière lui a emprunté les grands traits de caractère de l'Avare.

AULUS [ô-luss], station balnéaire minérale, sur le Garbet (Ariège), arr. et à 33 kil. S.-E. de Saint-Girons ; possède un casino et deux établissements de bains. — Trois sources thermales salines et ferrugineuses ; bains, douches et boissons. Les environs pittoresques attirent un grand nombre de touristes. Traitement de l'atonie de l'estomac et des intestins, du catarrhe de la vessie, de la gravelle, de la goutte. — Expédition importante d'eau minérale.

AUMAÇOR s. m. (vieux mot signifiant connétable). Nom sous lequel, au temps des croisades, on désignait le général en chef des Sarrasins.

AUMAILLES adj. f. pl. (U mll.) (lat. animalis). Se disait des bêtes à cornes : un troupeau de bêtes aumailles.

AUMALE, autrefois Albemarle, ch.-l. de cant. (Seine-Inférieure), arr. et à 24 kil. E. de Neufchâtel, près de la Bresle ; 2,250 hab. Fabrique de draps, de serges, de blonde ; filatures. Ancienne abbaye bénédictine. Combat entre les Espagnols et Henri IV, qui y fut blessé, le 5 février 1592. Albemarle formait, vers 950, un domaine sur lequel le seigneur Guérinfroi fit bâtir un château fort et l'abbaye d'Auxy (1027). En mourant, il céda la terre de l'Albemarle au chapitre de Rouen, lequel en fit don à Eudes, fils du comte de Champagne. Eudes, beau-frère de Guillaume le Conquérant, suivit celui-ci en Angleterre, où il reçut de vastes domaines ; sa terre fut érigée en comté. Telle est l'origine du titre de comte d'Albemarle que portèrent plusieurs seigneurs anglais et dont le célèbre Monk fut investi. Philippe Auguste, qui s'empara du pays, donna le comté d'Aumale à Simon de Dammartin, dont la fille, Jeanne, épousa Ferdinand III, roi de

Castille. En 1476, le fief passa par un mariage, aux ducs de Lorraine, et fut érigé par Henri II, roi de France, en duché-pairie (1547). Le titre fut acheté par la couronne, en 1675, pour Louis-Auguste de Bourbon, duc du Maine ; un mariage le donna, en 1769, au duc d'Orléans, père de Louis-Philippe. Il est actuellement porté par Henri-Eugène-Philippe-Louis d'Orléans, quatrième fils de Louis-Philippe. — Trois sources d'eaux minérales ferrugineuses bicarbonatées.

AUMALE I. (Claude DE LORRAINE, comte d'), cinquième fils de René II, duc de Lorraine, fut créé duc de Guise par François Ier, fut le chef de la maison de Guise ; mourut en 1550. — II. (Claude II DE LORRAINE, duc d'), troisième fils du précédent, né en 1523, mort en 1573 ; fut créé duc et nommé gouverneur de Bourgogne par Henri II, défendit Metz contre Charles-Quint, se distingua aux batailles de Dreux, de Saint-Denis et de Moncontour, fut l'un des plus ardents massacreurs, lors de la Saint-Barthélemy, et périt au siège de La Rochelle. — III. (Charles DE LORRAINE, duc d'), fils du précédent, né en 1556, fut l'un des chefs de la Ligue, qui le nomma gouverneur de Paris en 1589 ; battu à Senlis, à Arques et à Ivry ; il força néanmoins Henri IV à lever le siège de Paris. Après la chute de la Ligue, il livra plusieurs places fortes aux Espagnols, fut déclaré criminel de lèse-majesté et écartelé en effigie. Réfugié à Bruxelles, il y mourut.

AUMALE ou Sour-G'hozlan, ville d'Algérie, à 128 kil. S.-E. d'Alger ; 7,030 hab. Poste militaire établi en 1845 sur le versant septentrional du Djebel-Dira. Vignes ; bétail ; céréales.

* AUMÔNE s. f. (gr. eleemosunê ; de eleein, avoir pitié). Ce qu'on donne aux pauvres par charité : faire, donner l'aumône ; racheter ses péchés par l'aumône. — LV VOL À L'AUMONE, variété de vol à la tire, pratiqué par un gentleman ou une grande dame, qui fait étaler, chez un joaillier, un fort lot de bijoux et qui place dans la main d'un faux mendiant, arrêté à la porte, les brillants qu'elle a pu dérober.

* AUMÔNER v. a. Prat. anc. Payer une somme au profit des pauvres, en vertu d'une condamnation judiciaire : on ne condamne plus à aumôner.

* AUMÔNERIE s. f. Charge d'aumônier. Il se disait particulièrement, dans les abbayes, de certain bénéfice claustral, affecté à la distribution des aumônes. L'aumônerie de Saint-Denis, de Saint-Germain-des-Prés. — GRANDE AUMÔNERIE DE FRANCE, charge de grand aumônier ; demeure, hôtel du grand aumônier. — AUMÔNERIE MILITAIRE, charge instituée, par la loi du 20 mai 1874, dans toute garnison ayant un effectif minimum de 2,000 hommes.

* AUMÔNIER, IÈRE adj. Qui fait souvent l'aumône aux pauvres. Ne s'emploie maintenant que dans ce nom propre : SAINT JEAN L'AUMÔNIER.

* AUMÔNIER s. m. Ecclésiastique dont la fonction ordinaire est de distribuer les aumônes de ceux à qui il est attaché, de leur dire la messe, de faire la prière du soir et du matin, etc.: grand aumônier de France. — Ecclésiastique attaché à certains corps, à certains établissements, pour y remplir des fonctions analogues à celles de curé : l'aumônier d'un régiment, d'un hôpital, d'un collège, d'une prison, d'un vaisseau. — AUMÔNIER MILITAIRE, ecclésiastique chargé de l'instruction religieuse et de la direction spirituelle dans une garnison, un hôpital militaire, etc. La présence des aumôniers dans l'armée remonte à l'an 742, époque où le premier concile de Ratisbonne décida qu'à l'avenir tout général serait accompagné dans ses expéditions de deux évêques, avec un nombre proportionnel de prêtres et de chapelains ; et que tout chef de corps serait suivi en campagne de son confesseur. La loi du 20 mai 1874 institua les *aumôneries militaires*; en août 1876, la chambre des députés, sans abroger cette loi, supprima la solde allouée aux aumôniers, mais le sénat rétablit ces crédits (30 déc. 1876). — ACMÔNIER DE LA MARINE, ecclésiastique placé à bord des grands navires, des frégates et de tout bâtiment portant pavillon d'officier général ou guidon de chef de division navale. Traitement de 2,500 à 4,500 fr. à terre, avec frais de logement; de 3,000 à 6,300 fr. en mer, avec nourriture à la table de l'amiral ou du commandant. Hiérarchie: aumônier de 1re classe, aumônier de 2e classe, aumônier supérieur, aumônier en chef. (Voy. *ordon.* 6 déc. 1845, *décr.* 24 mars 1852, 5 mars 1864).

* **AUMÔNIÈRE** s. f. Sorte de bourse qu'on portait anciennement à la ceinture.

AUMONT, ch.-l. de cant., arr. et à 24 kil. N. de Marvejols (Lozère); 1,000 hab.

AUMONT, anc. famille française. — JEAN III, sire d'Aumont était à la bataille de Cassel (1328). — JEAN, DUC D'AUMONT, né en 1522, tué en 1593, soutint d'abord la Ligue, puis Henri IV et fut créé maréchal de France. — ANTOINE, DUC D'AUMONT, petit-fils du précédent, devint maréchal de France en 1651, après s'être illustré à Rethel. Il était né en 1650 et mourut en 1699. — LOUIS-MARIE-ALEXANDRE D'AUMONT, mort en 1814, fut député de la noblesse aux états généraux et favorisa l'évasion de Louis XVI.

* **AUMUSSE** ou **Aumuce** s. f. (all. *mutze*, coiffure). Fourrure dont les chanoines, les chapelains et les chantres se couvrent quelquefois la tête, et qu'ils portent ordinairement sur le bras.

* **AUNAGE** s. m. Mesurage à l'aune; nombre d'aunes que contient une pièce d'étoffe, de toile, etc.: *faire bon aunage; l'aunage des pièces de drap diffère suivant les manufactures.*

* **AUNAIE** ou **Aulnaie** s. f. Lieu planté d'aunes : *une belle aunaie.*

AUNÂTRE s. m. (lat. *alnaster*). Bot. Genre de bétulacées qui tient le milieu entre l'aune et le bouleau et qui se distingue par des chatons mâles sortant de bourgeons latéraux et terminaux; chatons femelles en grappes sortant de bourgeons latéraux. L'*aunâtre vert* (*alnaster viridis*), des Alpes, a des feuilles d'un vert foncé en dessus, pâle en dessous.

AUNAY, voy. AULNAY.

* **AUNE** s. f. (gr. *ôlené*, bras; lat. *ulna*, avantbras). Métrol. Ancienne unité de longueur appliquée particulièrement au mesurage des étoffes. Elle variait d'une province à l'autre. — AUNE DE PARIS, mesure qui valait 3 pieds 7 pouces 10 lignes ½ ou en mètres 1,18844. — AUNE MÉTRIQUE, mesure de 1m20, créée en 1820 pour former la transition entre l'aune et le mètre. La loi du 4 juillet 1834 en a proscrit l'usage. — AUNE, se dit encore de la chose mesurée : *une aune de drap.* — Prov. AU BOUT DE L'AUNE FAUT LE DRAP, toutes choses ont leur fin; il ne faut ni s'étonner ni s'affliger de voir qu'elles viennent à manquer, quand on en a usé autant qu'on le pouvait. — Prov. et fig. LES HOMMES NE SE MESURENT PAS À L'AUNE, il ne faut pas juger de leur mérite par leur taille. — Prov. et fig. MESURER LES AUTRES À SON AUNE, juger d'autrui par soi-même. — Prov. et fig. SAVOIR CE QU'EN VAUT L'AUNE, se dit en parlant des choses que par expérience on sait être difficiles, fâcheuses, pénibles, de grande dépense, etc. — Prov. et fig. TOUT DU LONG DE L'AUNE, beaucoup, excessivement.

* **AUNE** ou **Aulne** s. m. [ô-ne] (lat. *alnus*). Bot. Genre de bétulacées à feuilles tombantes, à bourgeons pédicellés enveloppés par deux ou trois écailles; à fleurs monoïques en chatons; les mâles ont un calice quadripartite et quatre étamines; les femelles sont réduites à un ovaire biloculaire et biovulé, surmonté de deux longs stigmates grêles; strobile ovoïde, consistant en nucules ligneuses pourvues d'une aile. L'*aune grisâtre* (*alnus incana*), arbre du

Aune. Chatons stériles et chatons fertiles à maturité.

nord de l'Europe, présente une écorce d'un gris argenté et luisant qui finit par brunir irrégulièrement. D'une croissance rapide, il atteint 4 ou 5 mètres en cinq ans. L'*aune glutineux* ou *aune commun* (*betula alnus*, Lin.), plus important que le précédent, atteint de grandes dimensions; il habite tous les lieux humides de l'Europe. Sa croissance rapide permet de le couper en taillis tous les huit ou dix ans. Son bois, d'un blanc verdâtre, est un de nos meilleurs combustibles. Il a l'avantage de ne pas pourrir dans l'eau, ce qui le rend utile pour la confection des fascines. Il est employé par les ébénistes parce qu'il s'imprègne facilement de matières colorantes et qu'il offre une coupe nette. On en fait des sabots, des échelles, des échalas, des perches, etc. Son écorce peut être employée en guise de tan et de noix de galle. Elle est astringente et tonique.

AUNEAU, ch.-l. de cant., arr. et à 22 kil. E. de Chartres (Eure-et-Loir), sur l'Aulne; 1,700 hab. Ruines d'un château qui appartint au maréchal de Joyeuse. Victoire de Guise le Balafré sur les Allemands (1587).

* **AUNÉE** ou **Aulnée** s. f. [ô-né] (lat. *inula*). Bot. Herbe vivace du genre inule, appelée aussi *inule campane* (*inula helenium*, Lin.); à feuilles aiguës, dentées, les radicales ovales,

Aunée (inula helenium).

les caulinaires semi-amplexicaules; capitules pédicellés en corymbes; akènes glabres. C'est une belle plante, haute d'un mètre, à fleurs d'un jaune d'or. Sa racine amère et aromatique contient un principe volatil et la fécule grise appelée inuline.

* **AUNER** v. a. Mesurer à l'aune.

AUNEUIL, ch.-l. de cant., arr. et à 12 kil. S.-O. de Beauvais (Oise); 1,200 hab. Restes d'une ancienne forteresse appelée *Tour de César* Patrie du peintre Lebrun.

* **AUNEUR** s. m. Nom que l'on donnait à tout membre de la communauté des jurés qui vérifiaient les aunes des marchands et visitaient les étoffes pour savoir si elles avaient la longueur et la largeur voulue par les ordonnances.

AUNGERVILLE (Richard), connu sous le nom de RICHARD DE BURY, homme d'État anglonormand (1287-1453), garde du sceau privé d'Édouard III; évêque de Durham (1333), grand chancelier (1334) et trésorier (1335), fonda la bibliothèque d'Oxford et écrivit, en latin, un traité de bibliographie (Cologne, 1473); traduction anglaise, (Londres, 1823).

AUNIS [ô-niss], *Alunisium, Tractus Alunensis*, la plus petite des anciennes provinces de France, comprise entre le Poitou, la Saintonge et l'Océan, avec les îles de Ré, d'Oléron et d'Aix. Cap.: La Rochelle ; villes princ.: Rochefort et Brouage. Le sol, couvert de plaines, renferme de beaux pâturages ; on y exploite des marais de sel. Avant la conquête romaine, le pays était occupé par les *Aulni*, peuple gaulois sur lequel on a peu de renseignements. Depuis, le sort de l'Aunis fut étroitement lié à celui de la Saintonge, jusqu'au moment où La Rochelle secoua le joug des Anglais et se donna à la France en 1371. Il forma plus tard une république protestante et maritime, fut conquis par Richelieu et devint, en 1790, la partie N.-O. du dép. de la Charente-inférieure. — Bibliogr. Voy. ARCÈRE.

* **AUPARAVANT** adv. Qui marque priorité de temps : *si vous voulez vous en aller, dites-nous auparavant ce qu'il faut faire.*

* **AUPRÈS** prép. de lieu qui marque le voisinage, la proximité : *sa maison est auprès de la mienne.* — Se dit aussi en parlant du séjour, de la présence habituelle et fréquente d'une personne auprès d'une autre : *cette jeune personne a toujours vécu auprès de ses parents; l'ambassadeur de sa majesté britannique auprès du roi de France.* — Fig. Dans l'esprit, dans l'opinion de quelqu'un : *il est fort bien auprès du roi; il cherche à me nuire auprès de vous.* — Au prix, en comparaison de : *votre mal n'est rien auprès du sien.* — AVOIR ACCÈS, AVOIR UN LIBRE ACCÈS AUPRÈS D'UNE PERSONNE, avoir la facilité, de lui parler, de l'entretenir quand on veut. — Fig. TROUVER PROTECTION AUPRÈS DE QUELQU'UN, en être protégé. — Auprès adv. Proche, à côté : *sa cabane était isolée; auprès, coulait une source d'eau vive.* — Prov., fig. et pop. SI VOUS N'EN VOULEZ POINT, COUCHEZ-VOUS AUPRÈS, se dit à une personne qui refuse une offre que l'on croit raisonnable.

AUPS ou **Aulps** [ôpss]. *Villa Alpium, Alba Augusta*, ch.-l. de cant., arr. et à 26 kil. N.-O. de Draguignan (Var), sur la Braque ; 2,800 hab.

AURA s. f. [ô-ra] (lat. *aura*, souffle). Physiol. Vapeur, exhalaison subtile d'un corps. — AURA ÉPILEPTIQUE, sensation particulière d'une vapeur qui semble s'élever d'un point du corps vers la tête et qui annonce un accès. — AURA HYSTÉRIQUE, sensation analogue qui se manifeste avant une attaque d'hystérie. — AURA SANGUINE, exhalaison particulière du sang fraîchement tiré des vaisseaux. — AURA SEMINALIS, émanation subtile de la semence qui suffirait, d'après quelques physiologistes, pour déterminer la conception, sans contact direct avec l'ovule. — AURA VITALIS, esprit volatil, émanation gazeuse qui constitue le principe vital, d'après Van Helmont.

AURADE s. f. (lat. *aurata*, dorée). Nom du spare doré, sur les bords de la Méditerranée.

AURANTIACÉ, ÉE, adj. [ô-ran-ti-a-sé] (lat. *aurantium*, oranger). Bot. Qui ressemble à l'oranger. — **AURANTIACÉES s. f. pl.** Famille de plantes dialypétales hypogynes, classe des hespéridées, comprenant des arbres ou des arbrisseaux dont toutes les parties sont ordinairement parsemées de petites glandes contenant une huile essentielle. Feuilles alternes, à folioles ponctuées, glanduleuses, fleurs régulières ; calice libre ; corolle à 3, 4 ou 5 pétales, libres ou légèrement soudés entre eux, à préfloraison imbriquée, étamines en nombre double ou multiple de celui des pétales, insérés sur le réceptacle ; filets libres ou polyadelphes ; anthères à deux loges s'ouvrant longitudinalement ; ovaire libre à cinq loges au moins ; style terminal, simple, épais ; stigmate simple, capité ; fruit bacciforme ; épicarpe appelé écorce, couvert de vésicules et ordinairement épais, empli d'une huile essentielle. Cette famille se divise en trois tribus, fondées sur le nombre relatif des étamines, sur celui des ovules et sur leurs dispositions : 1° *limonées* ; 2° *clausénées* ; 3° *citrées*. Principaux genres : atalante, triphasie, limonie, glycosmis, bergère, murraya, oranger, citronnier, wampi, clausène, féronie.

AURATE s. m. (lat. *aurum*, or). Chim. Sel formé par la combinaison de l'oxyde d'or (acide aurique) avec une base. Les aurates sont très peu connus.

AURAY, ch.-l. de cant. (Morbihan), arr. et à 28 kil. S.-E. de Lorient ; à l'embouchure de l'Auray, sur un port très profond ; 4,600 hab. Combat du 29 sept. 1364, entre les Anglais commandés par Jean Chandos et les Français, sous les ordres de Duguesclin ; ce dernier, vaincu, fut fait prisonnier, et Charles de Blois perdit la vie. Cette action décisive assura la domination de Montfort et des Anglais en Bretagne. A 4 kil. de la ville se trouve la chapelle de *Sainte-Anne-d'Auray* où, chaque année, des milliers de paysans bretons viennent pour le pardon.

AURAY, petite rivière qui se jette dans le golfe du Morbihan, après un cours de 60 kil. Son estuaire profond et d'une grande sûreté, forme le port d'Auray.

AURE (Pays ou Vallée d'), *Aurensis vallis*, ancienne vicomté d'Armagnac, relevant des comtes de Bigorre ; ch.-l. Arreau, aujourd'hui dans l'arr. de Bagnères. Les gorges étroites et pittoresques du pays d'Aure renferment de gras pâturages.

AURE ou **Avre,** petite rivière qui naît dans le dép. de l'Orne, sépare le dép. de l'Eure et d'Eure-et-Loire, et qui se jette dans l'Eure, après un cours de 45 kil. Elle baigne Verneuil et Nonancourt.

AUREA MEDIOCRITAS loc. lat. [ô-ré-a-médi-o-cri-tass]. Heureuse médiocrité.

AURÉLIE s. f, (lat. *aurum*, or). Entom. Nom que les anciens naturalistes donnaient à la chrysalide des papillons de jour. — Zooph. sous-genre de zoophytes établi par Péron dans le genre des cyanées, famille des méduses. Le corps de l'aurélie est transparent comme de la gelée, en forme de disque, avec la bouche dans la partie inférieure, au centre d'une cavité d'où pendent des appendices qui varient en nombre et en longueur. Le corps du *soleil de mer* (aurelia), est tellement plein d'eau, que lorsqu'on le fait sécher, il n'en reste plus qu'une mince pellicule membraneuse ; n'étaient ses brillantes couleurs, on aurait bien de la peine à l'apercevoir dans l'eau. Sa cavité digestive est plus compliquée que chez les polypes, parce que, dans la substance du corps, elle est creusée d'embranchements qui ramifient en diverses directions. L'estomac paraît remplir l'office de cœur, distribuant les produits de la digestion dans tout le système, et la nourriture lorsqu'elle arrive à la périphérie, s'échappant par autant d'ouvertures qu'il y a

d'embranchements. De nombreux tentacules, creusés de petits canaux, absorbent l'eau qu'ils mettent en contact avec la nourriture. La digestion est rapide. Les aurélies se meuvent par la contraction et la dilation alternatives de leur disque gélatineux. Quelques-unes, comme

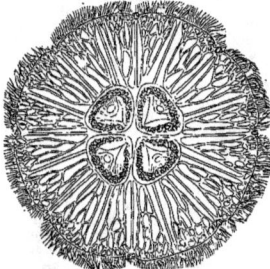

Soleil de mer adulte (Aurelia).

la physalie, ont une large vésicule qui les soutient à la surface de la mer ; alors le mouvement s'opère à l'aide de nombreux tentacules contractiles et des contractions d'une vessie à air. Ces zoophytes présentent le curieux phénomène de la génération alternée, observée également dans d'autres classes du règne animal, particulièrement chez les helminthes et les entozoaires. La *tubularia*, commune dans

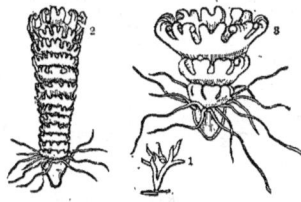

1. Premier état de l'aurélie (Aurelia). 2. La même dans une période plus avancée. 3. L'aurélie prête à se détacher pour former un adulte.

les mares que laisse la mer en se retirant, croît en touffes, comme une petit arbrisseau. Chaque animal pend comme une fleur le long d'un tube délié, et reste attaché à la communauté. Chaque bouche individuelle apporte son contingent à la nourriture de toute la communauté. Les jeunes ne ressemblent pas à leurs parents ; ils ont la forme de petites coupes délicates et transparentes, d'où pendent quatre longs fils et une trompe à l'extrémité de laquelle se trouve la bouche. Sur le côté des bourgeons qui croissent autour du parent, pendent des grappes de petites sphères qui produisent les jeunes ; le long de la trompe de la coupe flottante sont d'autres sphères ou œufs qui produisent de petits corps en forme de poire. Ceux-ci restent attachés et sont semblables à leurs grands parents ; c'est-à-dire que toutes les deux générations l'hydroïde redevient en deux générations il est aurélie à l'état parfait. Tous ces animaux sont extrêmement voraces. Ils se nourrissent de très petits animaux marins, de poissons, de crustacés, de matières animales en décomposition et aussi de matières végétales. La phosphorescence que l'on produisent souvent sur l'Océan est due en partie à la lumière qu'ils émettent.

AURÉLIEN, *Lucius Domitius Aurelianus*, empereur romain (270-'75), né en 212, à Sirmium (Illyrie), d'un pauvre paysan. Enrôlé volontairement, il se distingua, passa par tous les grades de la milice romaine, épousa Ulpia

Severina, qui descendait de Trajan, gagna le surnom de *Gothique*, par ses succès contre les Goths, et fut désigné par Claude II pour lui succéder à l'empire. Quintilius, frère de Claude, prit la pourpre dans l'Aquilée ; mais il se donna la mort, après dix-sept jours de règne, pour ne pas tomber au pouvoir de son rival, dont la cruauté était connue. Aurélien eut ensuite à repousser plusieurs invasions de Goths, de Marcomans, de Sarmates, etc. Il triompha de l'usurpateur Tétricus, gouverneur des Gaules, et captura Zénobie, reine de Palmyre (273). Il marchait contre les Perses, lorsqu'il fut assassiné par un de ses affranchis, près de Byzance.

AURELIUS (Marcus) voy. MARC-AURÈLE.

AURELIUS VICTOR (Sextus), historien latin, né en Afrique vers le milieu du IVe siècle après J.-C. Fut consul en 373. On lui attribue différents abrégés historiques : *de viris illustribus Romæ* ; *de Cæsaribus historia* ; *de vita et moribus imperatorum* ; *origo gentis romanæ*. Traduction française par Dubois, dans la Bibliothèque de Panckoucke, deuxième série ; 1 vol. in-8°.

AURELLE DE PALADINES (Claude-Michel-Louis d'), général français, né en 1803, mort en 1877 ; se distingua pendant la guerre de Crimée, où il servait en qualité de général de brigade. La révolution du 4 septembre le trouva général de division en retraite et le rappela à l'activité. Il remporta à Coulmiers (9 nov. 1870) le premier avantage des Français sur les Allemands, et fut aussitôt nommé commandant en chef de l'« armée de la Loire. » Après la défaite de cette armée (4 déc. 1870), on lui retira son commandement. Élu membre de l'Assemblée, il se rallia au parti de la paix et chercha un instant à prendre le commandement de la garde nationale de la Seine. En 1875, il fut élu sénateur de la Loire. Il a publié en 1872 un intéressant ouvrage, intitulé : *première armée de la Loire*.

AURENG-ABAD voy. AURUNGABAD.

AURENG-ZEYB voy. AURUNGZÈBE.

AURÉOLE s. f. (lat. *aureolus*, doré). Cercle lumineux dont les peintres entourent ordinairement la tête des saints. — Degré de gloire qui distingue les saints dans le ciel. — Par anal. Tout cercle lumineux : *l'auréole du soleil on ignore si l'auréole des éclipses appartient au soleil ou à la lune.* — Fig. Éclat glorieux, sorte de vénération qui s'attache à certaines personnes où à certaines choses ; prestige : *l'auréole de la vertu, de la gloire.*

O palais sois béni. sois bénie, ô ruine!
Qu'une auguste *auréole* s jamais t'illumine!
V. HUGO.

AUREOLE (Manius Acilius), général romain qui fut proclamé empereur en 267. Claude II, son concurrent, le vainquit devant Milan et le laissa massacrer par ses soldats (268).

AURÉOLER v. a. Entourer d'une auréole.

AURES HABENT ET NON AUDIENT [ô-ress-a-baintt-ett-no-nô-di-aintt]. Phrase tirée du psaume *In exitu Israël* et qui signifie, *ils ont des oreilles et n'entendent pas.* Se dit de ceux chez lesquels les préventions étouffent la voix de la raison.

AURÈS (Monts), *mons Aurasius*, chaîne d'Algérie, au S.-E. de Constantine.

AUREUS s. m. [ô-ré-uss]. Ancienne monnaie romaine d'or, valant 27 deniers ou environ 26 fr.

AUREUX adj. m. [ô-reû] (lat. *aurum*, or). Se dit du premier degré des oxydes de l'or et des sels dont il fait la base.

AURICH, ville de Hanovre, Prusse, anc. cap. de la Frise-Orientale, à 100 kil. N.-O. de Brême ; 4,500 hab. Château, collège et école normale. Lat. 53° 28' 14" N.; long. 5° 8' 47" E.

* AURICULAIRE adj. (lat. *auricularis*). Qui a rapport, qui appartient à l'oreille : *nerf auriculaire ; conduit auriculaire ; veines auriculaires.* — DOIGT AURICULAIRE, le petit doigt de la main, parce que sa petitesse permet de l'introduire dans l'oreille. — TÉMOIN AURICULAIRE, témoin qui a ouï de ses propres oreilles ce qu'il dépose. — CONFESSION AURICULAIRE, confession qui se fait en secret à l'oreille du prêtre. La confession auriculaire fut pratiquée depuis les premiers temps du christianisme. Elle fut prohibée au IVe siècle, par Nectarius, archevêque de Constantinople ; mais elle fut ordonnée par le Concile de Latran (1215) et par celui de Trente (1551). Elle a été abolie par la plupart des sectes protestantes. — Bot. Genre mal défini d'agarics, dont une espèce, l'*auricularia mesenterica*, à disque purpurin, plissé, se trouve aux environs de Paris, sur les vieilles souches, principalement sur les souches de noyers, en automne.

AURICULE s. f. (lat. *auricula*, dimin. de *auris*, oreille). Anat. Synon. de PAVILLON DE L'OREILLE. — Conchyl. Genre de mollusques gastéropodes pulmonés dont la coquille présente quelque analogie de forme avec l'oreille d'un homme. Nous n'avons en France que l'*auricule myosotis* (*auricula myosotis*), des bords de la Méditerranée. L'animal n'a que deux tentacules et les yeux sont à leur base. — Ornith. Espèce de crête formée sur les côtés de la tête, chez certains oiseaux, par un bouquet de plumes, comme cela se voit dans plusieurs espèces de chouettes. — Bot. Espèce de primevère, nommée vulgairement *oreille d'ours* et originaire des Alpes et des Pyrénées. C'est la *primula auricula* de Linné. Elle fleurit au printemps ; on en a obtenu une infinité de variétés doubles ou panachées de toutes nuances. — Bot. Appendice arrondi en forme d'oreille qui se trouve sur le côté d'une feuille, d'un pétiole, d'un pétale, d'une étamine.

AURICULO-VENTRICULAIRE adj. Qui se rapporte à l'oreillette et au ventricule du cœur. — ORIFICES AURICULO-VENTRICULAIRES, orifices qui établissent la communication entre les oreillettes et les ventricules du cœur. — VALVULES AURICULO-VENTRICULAIRES, 1° valvule centrale qui se trouve à l'ouverture auriculo-ventriculaire gauche ; 2° valvules tricuspides, à l'orifice auriculo-ventriculaire droit.

AURIFABER, nom latinisé de Johann GOLDSCHMIED, secrétaire de Luther, né près de Mansfeld, en 1519, mort en 1579. Il fit une collection des œuvres inédites de Luther et édita les *Epistolæ Lutheri*.

* AURIFÈRE adj. (lat. *aurum*, or ; *fero*, je porte). Qui porte, qui contient de l'or : *pays aurifère ; minerai aurifère.*

AURIFICATION s. f. Opération qui consiste à remplir d'or les dents creuses.

AURIFIQUE adj. Qui a la puissance de produire de l'or.

AURIGNAC [ô-ri-gnak, gn. mll.] Ch.-l. de cant. arr. et à 21 kil. N.-E. de Saint-Gaudens (Haute-Garonne) ; 1,500 hab. Ruines d'une ancienne forteresse féodale.

AURIGNY (angl. *aldemey*), la plus septentrionale des îles normandes, dépendance politique de Guernesey, à 13 kil. O. du cap de la Hague, dont elle est séparée par le dangereux détroit appelé Ras-de-Blanchard. 8 kil. car. ; 2,750 hab., presque tous pêcheurs ou cultivateurs. Fameuses vaches laitières. Ch.-l. Sainte-Anne, au centre de l'île. Aussitôt la proclamation du second empire français (1852), d'immenses travaux de fortification furent entrepris à Aurigny ; on les abandonna après y avoir dépensé environ 30 millions de francs.

AURILLAC [ô-ri-iak ; *ll* mll.], *Aureliacum, Auriliacum.* ch.-l. du Cantal, à 554 kil. S. de Paris, sur la rive droite de la Jordanne, par

44° 55' 41" de lat. N. et 6' 22" de long. E. ; 11,000 hab. Altitude, 622 m. Vers le IXe siècle, cette ville se forma autour d'une abbaye de l'ordre de Saint-Benoît, fondée par l'ermite saint Géraud. L'école de cette abbaye, où Gerbert reçut son instruction, devint célèbre. La corruption des moines, au XVIe siècle, fit séculariser l'abbaye, en 1561. La résidence des abbés était le château fort de Saint-Etienne, dont il reste une tour au sommet du Roc-Castanet. Les invasions anglaises et les guerres de religion détruisirent presque entièrement l'ancienne ville, dont il ne reste plus que trois monuments : église Saint-Géraud (XVIIe siècle) ; Notre-Dame-des-Neiges (XIIIe siècle) ; et Collège (1619). — Sur la place Montyon, s'élève la statue de Gerbert (Sylvestre II), œuvre de David d'Angers. Cette ville est aussi la patrie du maréchal de Noailles, du poète François Maynard et de Coffinhal, vice-président du tribunal révolutionnaire. — Fab. de café de glands doux, de dentelles, d'orfèvrerie, de chaudrons ; commerce de fromages, de chevaux, de mulets, de bestiaux.

AURILLARD adj. Voy. ORILLARD.

AURIOL, bourg, situé à 25 kil. E. N.-E. de Marseille (Bouches-pu-Rhône), cant. de Roquevaire ; 5,500 hab. On y fabrique des drapeaux ; comm. de la houille produite aux environs. Ruines d'un château du XIe siècle.

AURIOL (Jean-Baptiste), célèbre clown, né à Toulouse, en 1808, mort à Passy, le 29 août 1881. Fils d'un clown et d'une amazone, il entra jeune dans l'arène des cirques et n'y obtint que des ovations. Engagé au Cirque Olympique, en 1834, il s'empara de la vogue, qui lui resta toujours fidèle. On lui fit des articles, des pièces et jusqu'à des aphorismes latins : *quid levius pluma ?* — *Pulvis.* — *Quid pulvere ?* — *Ventus.* — *Quid vento ?* — *Auriol.* Quoi de plus léger que la plume ? — La poussière. — Quoi de plus léger que la poussière ? — Le vent. — Quoi de plus léger que le vent ? — Auriol.

* AURIQUE adj. f. (lat. *auris*, oreille). Mar. Se dit des voiles qui ont quatre côtés ou malingues, sans être d'une forme carrée. Les voiles auriques se hissent dans la direction des étais ou s'enverguent sur les cornes ; il y a donc deux sortes de voiles auriques : les voiles d'étais et les voiles à cornes. Dans la catégorie des voiles auriques, se classent les voiles *brigantines* et les voiles de *lougre*. Les bateaux bermudiens, les goélettes, les canots, les chaloupes sont gréés de voiles auriques.

AURIQUE adj. (lat. *aurum*, or). Chim. Se dit du second oxyde d'or et des sels dont il est la base. — ACIDE AURIQUE, sesquioxyde d'or (Au² O³), obtenu en traitant le sesquichlorure d'or par une dissolution de potasse que l'on porte à l'ébullition, puis en traitant la liqueur par un léger excès d'acide acétique. Il se forme un précipité jaune pulvérulent qui est l'acide aurique. — SULFURE OU OXYDE AURIQUE, Au³ S³, obtenu en faisant fondre du persulfure de potassium avec de l'or en excès.

AURI SACRA FAMES! loc. lat. [o-ri-sa-kra-fa-mèss]. Exécrable soif de l'or.

AURIVILLIUS (Karl), orientaliste suédois (1717-'86), traducteur de la Bible.

* AUROCHS s. m. [o-rok]. (all. *aeurochs*, bœuf de la plaine), ruminant du genre bœuf, le *bos bison* d'Europe, un des contemporains du Mammouth, jadis très abondant mais aujourd'hui confiné dans les forêts de Lithuanie, qui appartiennent à l'empereur de Russie. On dit qu'il existe aussi quelques aurochs dans le Caucase. « L'urus ou ure-ox (*Bos urus* ou *bos primigenius*), aurochs de Suisse, se rencontrait encore dans ce pays au XVIe siècle. Il passait pour la souche sauvage de nos bêtes à cornes ; mais on est revenu de cette erreur. L'aurochs diffère du bœuf par un front bombé plus large que

haut, « par l'attache de ses cornes au-dessous de la crête occipitale, par la hauteur de ses jambes, par une paire de côtes de plus, par une sorte de laine crépue qui couvre la tête et le cou du mâle et lui forme une barbe courte sous la gorge ; enfin par sa voix grognante. »

Aurochs (Bos bison).

(Cuvier). C'est un animal farouche dont la chasse offre de grands dangers, surtout au moment du rut. Alors il devient d'autant plus redoutable que sa force égale sa taille massive. Il mesure 2 mètres de haut, sur 3^m 30 de long. C'est donc le plus grand des quadrupèdes, après le rhinocéros et l'éléphant.

AUROÏDES s. m. pl. Métaux renfermant l'or et l'iridium.

AURON, *Otrio, Utrio,* rivière qui naît au N. de Cerilly (Allier) et qui afflue dans l'Yèvre, à Bourges (Allier).

* AURONE s. f. (lat. *abrotanum*). Bot. Espèce d'armoise, arbuste que l'on cultive dans les jardins à cause de l'odeur citronnée de ses feuilles, et qui a presque les mêmes qualités que l'absinthe. — On dit aussi : CITRONNELLE.

AURORA, ville de l'Illinois (États-Unis), à 65 kilom. S.-O. de Chicago ; 12,000 hab.

AURORAL, ALE, ALS adj. Qui appartient, qui ressemble, qui tient à l'aurore : *clarté aurorale.* — Qui a lieu dès l'aurore : *messe aurorale ; les chants aurorals de l'alouette.*

AURORE (en grec : *Eos*), déesse, fille de Titan et de la Terre, avant-courrière du soleil, auquel elle ouvre de ses doigts de rose, les portes de l'Orient. Elle précédait le lever du soleil sur un char attelé de chevaux couleur de pourpre. Couronnée de fleurs, vêtue d'une robe de safran, elle s'élançait chaque matin du sein de l'Océan et répandait sur la terre une pluie de fleurs. De son union avec Astrée, roi d'Arcadie, naquirent les vents et les astres. Cette belle déesse aima beaucoup : d'abord Mars, puis Orion qui tomba sous les flèches de Diane, Tithon, dont elle eut deux fils (Memnon et Hermation). La mort de ces derniers fut tellement sensible à leur mère, que la rosée qui se répand chaque matin sur les fleurs n'était autre chose que les larmes de l'Aurore. De Céphale, elle eut Phaéton.

* AURORE s. f. Lueur brillante et rosée qui paraît dans le ciel, avant que le soleil soit sur l'horizon : *les anciens avaient fait de l'aurore une divinité.* — Fig. Commencement de certaines choses : *j'ai vu l'aurore de ce beau règne ; l'aurore de la vie ; ce beau génie était à son aurore.* — En poésie, le Levant, les pays qui sont à l'orient : *les climats de l'aurore.* — Fig. : C'EST L'AURORE D'UN BEAU JOUR, se dit d'un événement heureux qui annonce un plus grand bonheur. — COULEUR D'AURORE, espèce de jaune doré : *satin couleur d'aurore.* — Par ellipse : UN RUBAN AURORE, DU SATIN AURORE, etc. — UNE BEAUTÉ DANS SON AURORE, une belle personne qui est très jeune. — Poétiq. et par personnification :

L'AURORE AUX DOIGTS DE ROSE ; LES FLEURS DE L'AURORE. La rosée du matin.

> Tendre fruit de l'Aurore,
> Objet des baisers de Zéphyr,
> Reine de l'empire de Flore,
> Hâte-toi de t'épanouir.
>
> G. BERNARD. La Rose. Chanson.

— **Aurore boréale** (plus correctement *aurore polaire*, parce que ce météore apparaît dans les régions australes aussi bien que dans celles du pôle boréal). Astron. Météore lumineux dont la clarté plus ou moins brillante a été comparée à celle de l'aurore, et dont l'apparition, rare sous nos climats, mais très fréquente dans les régions polaires, est accompagnée d'un trouble profond dans les conditions électriques et magnétiques de la terre. Une aurore boréale est toujours précédée de la formation d'une espèce de voile nébuleux qui monte lentement à une hauteur de 4, 5, 6, 8 et même 10 degrés. Elle se forme dans la direction du méridien magnétique du lieu où le ciel, d'abord pur, commence à devenir sombre. Dans ce segment obscur, dont la couleur passe du brun au violet, on aperçoit les étoiles comme à travers un épais brouillard. Un arc plus large et plus brillant, d'abord blanc, puis jaune, borne le segment sombre. Quelquefois cet arc lumineux paraît agité, pendant des heures entières, par une espèce d'effervescence et par un changement continuel de forme, jusqu'au moment où naissent des rayons et des colonnes de lumière qui s'élèvent jusqu'au zénith. Plus l'émission de la lumière polaire est intense et plus sont vives les couleurs qui, du violet et du blanc bleuâtre, passent par toutes les nuances intermédiaires du vert au rouge pourpre. Quelquefois, les colonnes lumineuses semblent provenir de l'arc brillant mêlangé avec des rayons sombres semblables à une épaisse fumée. D'autres fois, elles s'élèvent simultanément dans les différentes parties de l'horizon ; elles se joignent en une mer de flammes dont aucune peinture ne saurait rendre la magnificence, et, à chaque instant, de rapides ondulations font varier leur forme et leur éclat. Le mouvement paraît augmenter la visibilité du phénomène. Autour du point céleste qui correspond à la direction de l'aiguille aimantée, les rayons s'assemblent pour former une couronne boréale qui annonce ordinairement la fin du météore. Les rayons deviennent ensuite plus rares, plus courts et moins vivement colorés; l'aurore reprend peu à peu son empire dans la voûte céleste, où l'on n'aperçoit plus que des taches nébuleuses, immobiles, pâles ou d'une teinte cendrée. Ces taches disparaissent tandis que les traces du segment sombre restent encore un instant à l'horizon. On a tout lieu de croire que, de même que les pôles magnétiques de la terre changent lentement de place, de même la zone de maximum de fréquence aurorale doit changer de position. Il est prouvé, par exemple que, pendant le XVIIᵉ siècle, alors que le pôle magnétique septentrional gisait entre l'Angleterre et le pôle nord, les conditions terrestres étaient plus favorables qu'aujourd'hui à la formation d'aurores en Angleterre. De nos jours, le pôle magnétique septentrional gît entre le pôle nord et l'extrémité N.-O. du continent américain, ce qui fait que les aurores sont plus fréquentes et plus brillantes dans l'Amérique du nord que dans les latitudes correspondantes d'Europe. Kämtz mentionne le 5 janvier 1769, une splendide aurore fut admirée simultanément en France et en Pennsylvanie, et que l'aurore non moins remarquable du 7 janvier 1831 fut visible dans toutes les parties de l'Europe centrale et septentrionale, ainsi que dans le Canada et dans le nord des États-Unis. Mais ces exemples eux-mêmes sont surpassés en intérêt par la circonstance que des aurores d'un grand éclat paraissent en même temps sur la majeure

partie des deux hémisphères boréal et austral. Ainsi, d'après Kämtz, lorsqu'on analyse les observations du capitaine Cook, on trouve que chaque fois qu'il parle d'une aurore australe, on observait en Europe une aurore boréale ou tout au moins une agitation de l'aiguille magnétique indiquant qu'autour du pôle magnétique se manifestaient les phénomènes d'un météore polaire. La connexion entre l'action aurorale et les pertubations du magnétisme terrestre semble démontrée, bien qu'il reste encore des doutes sur la nature exacte de l'association. Une liaison non moins remarquable existe entre les troubles du magnétisme terrestre et l'apparition des taches du soleil. On a observé que ces taches augmentent et diminuent dans une période de onze années; et que cette périodicité correspond exactement à celle des perturbations magnétiques. On a également observé que toutes les fois que le magnétisme terrestre se manifeste avec une grande intensité, on doit s'attendre à l'apparition d'une aurore boréale; et dès que celle-ci terminée, l'intensité de la force magnétique commence à décroître. L'étude de l'aurore à l'aide du spectroscope a révélé quelques faits importants, bien qu'elle n'ait jeté aucune lumière sur la nature du phénomène. Une des circonstances les plus remarquables que l'on ait démontrées jusqu'à ce jour, relativement aux aurores boréales, est l'accord partiel de leur spectre avec celui de la couronne solaire. En janvier, février et mars 1872, alors que les aurores furent très fréquentes, la lumière zodiacale brilla avec un éclat exceptionnel. On attribue généralement aujourd'hui ces phénomènes au passage de la lumière électrique à travers l'air raréfié des régions polaires.

AURORE (Île), île de l'archipel des Nouvelles-Hébrides (Océanie), par 14° 56' lat. S. et 465° 45' long. E., découverte par Bougainville en 1768. — Longueur 44 kilom. Fertiles vallées.

AUROS ch.-l. de cant., arr. et à 8 kilom. N.-N.-E. de Bazas (Gironde); 600 hab. Ruines d'un château qui appartenait à la maison de Foix.

AURUNGABAD, ville de l'Hindoustan, dans l'ancien état d'Hyderabad, sur la Doudna, à 275 kilom. E.-N. E. de Bombay. Aurungzèbe,

Mosquée d'Aurungzèbe à Aurungabad.

qui en fit sa résidence favorite, y éleva un mausolée à la mémoire de sa fille. Quoique à demi ruinée, cette ville fait encore un commerce considérable de soie, de châles etc. 30,000 hab.

AURUNGZÈBE (ornement du trône), le dernier grand empereur de la dynastie mongole dans l'Inde, né en 1618, mort le 24 février 1807. Nommé vice-roi du Deccan, par son père le Schah Jean, il fit égorger tous les membres de sa famille, et s'empara du pouvoir, après avoir

jeté son père dans une prison. Son règne fut des plus glorieux. Il s'empara de presque tout l'Hindoustan, jusqu'à Caboul. Il commit beaucoup de crimes, mais il s'acquit une grande réputation en punissant ceux que commettaient ses sujets. Il triompha des Mahrattes après une longue guerre.

AURURE s. m. Chim. Combinaison de l'or avec un autre métal.

AUSCHWITZ (pol. *Oswiecim*) ville de Galicie, (Autriche), à 53 kilom. O. de Cracovie ; 3,900 hab. Ville principale des anciens duchés polonais d'Auschwitz et de Zator, qui furent réunis en 1564 et annexés à l'Autriche en 1773.

AUSCI ou **Auscii**, peuple d'Aquitaine, en Novempopulanie, jouissant du droit latin. Cap. Climberrum, Elimberrum, Augusta ou Ausci (auj. *Auch*).

* **AUSCULTATION** s. f. [ô-scul-ta-si-on] (lat. *auscultare*, écouter). Méd. Procédé par lequel on explore, au moyen de l'ouïe, l'état des parties intérieures de la poitrine et de l'abdomen. Cette branche si intéressante de l'art médical se distingue en auscultation proprement dite et en *percussion*, cette dernière consistant à obtenir des sons artificiels. Quand on applique l'oreille sur la poitrine d'une personne bien portante, on perçoit aisément un son particulier appelé murmure respiratoire normal. Si les poumons sont engorgés ou solidifiés partiellement par une maladie, une formation de tubercules ou une inflammation, le murmure respiratoire diminue beaucoup et s'altère d'une manière sensible, tandis que les sons produits dans les parties profondes des poumons, ceux de la respiration dans les tubes bronchiques augmentent d'une manière non moins remarquable. Lorsqu'on ausculte au moyen de la percussion, en frappant avec un petit maillet ou avec l'extrémité des doigts de la main droite, sur un des doigts de la main gauche appliqué bien à plat sur la poitrine, on entend des sons plus ou moins sonores ou complètement privés de sonorité, suivant la présence ou l'absence d'air et leur éloignement de la surface du corps. L'auscultation médiate se pratique au moyen du *stéthoscope* (voy. ce mot), instrument à l'aide duquel on peut, avec plus de précision, distinguer les points où se produisent des sons dans les organes internes. Pour la percussion, le Dʳ Piorry a inventé le *plessimètre*. On ausculte également le ventre, dans les cas de grossesse douteuse ou pour savoir si un fœtus est encore vivant dans le sein de sa mère.

* **AUSCULTER** v. a. Méd. Écouter, en y appliquant l'oreille, les bruits qui se produisent dans la poitrine, dans le cœur, dans les vaisseaux, etc.

AUSONE (Decimus Magnus Ausonius), poète et grammairien latin, né à Bordeaux vers l'an 309, mort vers 394. Il fut précepteur de Gratien et successivement comte de l'Empire, questeur, gouverneur de Gaule, de Lybie et du Latium; fut consul en 379. Ses poésies licencieuses se distinguent par la redondance et la recherche des ornements. Il a laissé des *Épigrammes*, des *Idylles*, des *Églogues* et des *Épîtres*. Ses œuvres ont été éditées par Souchet, Paris, 1730, in-4°. Elles ont été traduites par l'abbé Jaubert, 1769; Corpet, Paris, 1843, 2 vol. in-8°; Demogeot, Toulouse, 1837, in-8° et dans la *bibliothèque* de Panckoucke, deuxième série.

AUSONE (Saint), premier évêque d'Angoulème, martyrisé par les barbares, vers le IVᵉ siècle. Son histoire est incertaine.

AUSONES, l'un des plus anciens peuples de l'Italie ; branche de la grande famille des Osques. Les Ausones habitaient une partie de la Campanie. De leur nom vint celui d'*Ausonie*, que les Grecs donnaient quelquefois à l'Italie méridionale, appelée plus tard Grande Grèce.

AUSONIE, pays des *Ausones;* désigna l'Italie méridionale et quelquefois l'Italie toute entière.

* **AUSPICE** s. m. (lat. *auspicium*). Terme générique qui désignait, chez les Romains, diverses manières de consulter et de connaître l'avenir, lesquelles formaient, parmi les augures, trois ordres différents : *prendre les auspices par le vol des oiseaux, par le chant des oiseaux, par la manière dont mangeaient les poulets sacrés.* — Fig. Sous d'heureux auspices, sous de tristes, sous de facheux auspices, dans des circonstances qui présagent quelques succès, ou quelque revers, quelque malheur, etc. — Fig. Sous les auspices de quelqu'un, sous sa conduite, avec son appui, sa faveur, sa protection.

* **AUSSI** adv. (lat. *aliud sic*, autre ainsi). Pareillement, de même : *vous le voulez, et moi aussi.* — Encore, de plus : *il lui a donné cela aussi.* — C'est pourquoi, à cause de cela : *il sert un maître qui le traite mal, aussi le veut-il quitter.* — Tellement, à ce point : *comment un homme aussi sage a-t-il fait une pareille faute?* — Conj. Autant, également : *il est aussi sage que l'autre.* — Aussi bien loc. conj. Car, parce que : *je ne veux point y aller; aussi bien est-il trop tard.* — Aussi bien que loc. conj. De même que : *il travaille aussi bien que moi.* — Aussi peu loc. conj. Avec autant de modicité; en aussi petite quantité : *j'en ai aussi peu que vous; ils coûtent aussi peu cher l'un que l'autre.*

AUSSIÈRE ou **Haussière** s. f. [ô-si-è-re] (rad. *hausser*). Mar. Cordage formé de trois ou quatre *torons* tournés autour d'un faisceau de *fils de caret* appelé *mèche.* Trois aussières tournées autour d'une *mèche* forment un *grelin.* Les câbles sont de fort grelins. — *Aussière* en *queue de rat*, celle qui est plus grosse à l'un de ses bouts qu'à l'autre. — Pêche. Corde faite de plusieurs faisceaux de fils tordus ensemble et roulés les uns sur les autres.

AUSSIG, ville de Bohême, à la jonction de la Bila et de l'Elbe, 70 kil. N.-N.-O. de Prague; 11,000 hab. Grand commerce de bois, d'eaux minérales et de charbon de terre.

* **AUSSITÔT** adv. de temps. Dans le moment même; sur l'heure : *il arriva aussitôt, tout aussitôt.* — Prép.: *aussitôt qu'il m'aperçut, il vint à moi.* — Par ellipse. Aussitôt votre lettre reçue, j'ai fait votre commission, aussitôt que j'ai eu reçu votre lettre. — Prov. Aussitôt dit, aussitôt fait, exprime une grande promptitude dans l'exécution de quelque chose. On dit dans un sens analogue : Aussitôt pris, aussitôt pendu.

AUSTEN (Jane), romancière anglaise (1775-1817), auteur de *Raison et sentiment; Orgueil et Préjugé; Mansfield Park; Emma*, et de plusieurs autres ouvrages, dont quelques-uns ont été traduits en français. En 1871, J.-E. Austen-Leigh a publié l'histoire de Jane Austen.

* **AUSTER** s. m. [ô-stèr]. Nom que les Latins donnaient au vent du midi, et qui est usité quelquefois dans la poésie française : *le pluvieux, l'humide, l'impétueux Auster.*

* **AUSTÈRE** adj. (lat. *austerus*). Qui est rigoureux pour le corps, et qui mortifie les sens et l'esprit. Se dit surtout des doctrines et des pratiques religieuses : *religion, règle, jeûne austère; vie austère, garder un silence austère.* — Sévère, rude : *homme, vie austère.* — Se dit, dans les Beaux-Arts, d'un caractère de gravité qui exclut les agréments : *l'architecture d'une prison, d'un arsenal, doit avoir quelque chose d'austère.* — Phys. Se dit d'une certaine saveur âpre et astringente : *fruits d'un goût austère, austères au goût.*

* **AUSTÈREMENT** adv. Avec austérité.

* **AUSTÉRITÉ** s. f. Rigueur qu'on exerce sur son corps, mortification des sens et de l'esprit :

pratiquer, exercer de grandes *austérités.* — Sévérité : *l'austérité de Caton.*

AUSTERLITZ (Morave : *Slawkow*), ville de Moravie (Autriche), sur la Littawa, 17 kil. E. de Brünn; 3,500 hab. C'est à 3 kil. à l'O. de cette ville qu'eut lieu, le 2 déc. 1805, la grande bataille dite d'*Austerlitz* ou *des Trois Empereurs* (Napoléon, contre François II d'Autriche et Alexandre Ier de Russie). Les Alliés, complètement vaincus, perdirent 30,000 hommes, 40 drapeaux, 150 pièces de canon, la plus grande partie de leurs bagages et 30,000 prisonniers. Les Français n'avaient engagé que 50,000 combattants. Cette victoire, l'une des plus brillantes de celles que remporta Napoléon, força les ennemis à accepter le traité de Presbourg.

AUSTÉTHOSCOPE s. m. (gr. *authos*, soi-même, et *stéthoscope*). Sorte de stéthoscope à l'aide duquel on peut pratiquer l'auscultation sur soi-même.

AUSTIN, capitale du Texas (Etats-Unis), sur le Colorado, à 345 kil. N.-O. de Galveston; 5,000 hab.

AUSTIN I. (John), juriste anglais (1790-1859), auteur de plusieurs ouvrages, parmi lesquels des « Lectures sur la jurisprudence » (1861-'3). — II. (Sarah) Taylor, sa femme (1793-1867), vulgarisa en Angleterre tout un côté de la littérature allemande. Outre de nombreuses traductions, elle a donné des « Croquis de l'Allemagne de 1760 à 1814 ».

AUSTIN (Jonathan-Loring), patriote américain (1748-1826) qui apporta à Paris la nouvelle de la capitulation de Burgoyne (1777).

AUSTIN I. (Moses), Américain qui fut surpris par la mort, en 1821, au moment où il se disposait à coloniser le Texas. — II. (Stephen), fils du précédent, mort en 1836, fonda la première colonie américaine au Texas, qu'il ne tarda pas à faire soulever contre le Mexique (1835). Il s'occupait de l'annexer aux Etats-Unis, lorsqu'il mourut.

AUSTIN (Samuel), ecclésiastique américain (1760-1830), auteur de plusieurs ouvrages de controverse.

AUSTIN (William) Billy. Fils naturel supposé de la reine d'Angleterre Caroline, qui fut accusée d'adultère par son mari, Georges IV. Mais elle fut acquittée. Austin resta dans un hôpital de fous à Milan (1830-'45), puis dans un asile de Londres.

* **AUSTRAL, ALE** adj. (lat. *australis*; de *auster*, vent du sud). Astron. et géogr. Se dit de l'hémisphère sud et des parties qui y sont comprises : *Pôle austral, hémisphère austral, terres australes, constellations australes.* — Signes austraux ou austraux, les six derniers signes du zodiaque. — Phys. Pôle austral, celui des deux pôles d'un aimant qui tend à se diriger vers le nord.

AUSTRALASIE (Asie australe ou méridionale), nom que les géographes anglais donnent à la Mélanésie des Français; le nom d'Australasie est quelquefois étendu à toute l'Océanie.

AUSTRALIE (autrefois *Nouvelle-Hollande*), nom de la plus grande des îles de notre globe; quelquefois considérée comme le plus petit des continents. Elle s'étend au S.-E. de l'Asie; entre l'océan Pacifique et l'océan Indien; de 10° 43' à 39° 9' lat. S.; et de 111° à 152° long. E. — Plus grande longueur de l'E. à l'O.) 4,360 kil. Largeur extrême (du N. au S.), 3,150 kil. Longueur des côtes, 13,000 kil. Superficie évaluée à 7 millions et demi de kil. car.; 1,900,000 hab. Elle forme les cinq provinces de *Nouvelle-Galles du Sud*, de *Victoria* (autrefois Port-Philippe), de l'*Australie du Sud*, de l'*Australie Occidentale* (ou Swan River) et de *Queensland.* Voyez ces différents mots.—

L'intérieur forme un plateau d'une hauteur modérée, traversé par des groupes de petites montagnes et s'abaissant quelquefois en vallées marécageuses. La surface de ce plateau forme d'immenses plaines rarement fertiles. A l'E., s'étend une chaîne de montagnes hautes de 1,000 à 2,000 mètres. A son extrémité méridionale, cette chaîne projette vers l'O. les Pyrénées australiennes et les collines Grampiennes, tandis que sa partie centrale porte le nom d'Alpes australiennes et comprend les points culminants du pays : mont Kosciusko (2,300 m.) et mont Hotham (2,130 m.) Les autres parties de cette chaîne se nomment monts Bleus, monts de Liverpool et Honeysuckle. Le long de la côte S.-O., les chaînes Darling, Herschel et Victoria ne dépassent jamais 700 mètres. — Peu de rivières sont navigables; la plupart disparaissent en été dans les sables ou les marais. Les principales sont le Hawkesbury, le Hunter, le Clarence, le Brisbane, le Fitzroy et le Burdekin, sur la côte E.; le Murray, le Glenelg, le Hopkins et le Vara-Yara, au S.; le Swan, le Murchison, le Gascoyne et le Fortescue à l'O.; le Victoria, l'Alligator, le Roper et le Flinders au N. — Les lacs consistent, pendant une grande partie de l'année, en marais pleins d'herbes et de joncs ou de sable et de boue. Les principaux sont ceux de Gairdner, Torrens, Eyre, Frome et Gregory, généralement salés. — Géologiquement, le grand plateau de l'Australie repose sur une base d'origine tertiaire, directement placée elle-même sur des roches d'origine primaire, sans aucune trace de formation secondaire. Les montagnes sont d'origine et de structure volcanique.— Climat très chaud, mais sec et sain au S.; on le compare à celui de l'Espagne. Il est moins agréable au N., en raison du voisinage de la zone tropicale. Les pluies, très violentes au S., tombent d'une façon irrégulière de mars à septembre. Il ne pleut presque jamais au centre, où le manque d'eau est le principal obstacle à la colonisation.— La richesse minérale de l'Australie est remarquable. Dans plusieurs localités on trouve de l'or, souvent en petits globules, mais aussi quelquefois en masses qui pèsent plusieurs livres; les plus fameuses mines de ce précieux métal se trouvent dans les provinces de Victoria et de la Nouvelle-Galles du Sud. — On a découvert, dans l'Australie méridionale, des dépôts de cuivre qui sont peut-être les plus riches du globe. L'argent, l'étain, le plomb, le fer, le charbon bitumineux et les pierres précieuses abondent également.—La flore de l'Australie est tout à fait particulière et semble étrange, bizarre à l'Européen qui arrive pour la première fois dans ce pays. Les neuf dixièmes des 8,000 espèces de plantes indigènes n'offrent aucune parenté avec les végétaux des autres parties du monde. Elles appartiennent presque toutes à deux genres distincts : les *eucalypti* et les *acacias* dont chacun possède de 100 variétés bien décrites. Parmi les curiosités de la flore australienne, on remarque les fougères arborescentes, les gigantesques (*doryanthemum*), l'arbre à thé(*leptospermum grandiflorum*), etc. Bien que le continent ne produise, pour ainsi dire, ni fruits indigènes, ni végétaux comestibles, presque toutes les plantes utiles des autres parties du monde y prospèrent. Les céréales, principalement, y donnent des récoltes merveilleuses et les jardins sont pleins de légumes et de fruits d'une qualité supérieure. — La faune ne semble pas moins étonnante; il y a peu de carnivores et point de ruminants indigènes ni de pachydermes; mais c'est là que se rencontrent les *marsupiaux* ou animaux à poche : kangourou, opossum volant, dasyurie, etc. Les oiseaux renferment plusieurs des plus grandes espèces d'aigles et de faucons; des perroquets d'un plumage très brillant; des oiseaux de paradis, des loriots, l'émou, le cygne noir, l'ibis et la pie rieuse. — Parmi les animaux marins, on rencontre le dugong sur les côtes du N. et le requin partout ; il y a peu d'amphibies, peu de serpents venimeux ; mais la piqûre de plusieurs insectes est mortelle. — L'Australie est habitée par une race distincte d'aborigènes qui n'existe absolument que dans les îles australiennes, les Nouvelles-Hébrides, la Nouvelle-Calédonie et les îles Salomon. Leur teint noir leur donnerait l'apparence de nègres, si leurs cheveux, bouclés et non crépus, n'établissaient une différence, leur lèvres sont moins proéminentes que celles des noirs. Leur corps est grêle et paraît faible. Ils se construisent quelquefois de misérables huttes ; mais le plus souvent, ils vivent à la belle étoile, sans autre toit que des feuillages, ni d'autre oreiller qu'une grosse pierre. Dans les tribus tout à fait sauvages, hommes et femmes vont complètement nus. Les Australiens ignorent l'usage de l'arc ; mais il manient adroitement le pieu, la massue et le boumerang, arme qui leur est particulière. On évalue à 50,000 le nombre de ces êtres primitifs dont la race disparaît de jour en jour.— Principales villes : Melbourne, Sydney, Ballarat, Sandhurst, Adelaïde, et Gilong. –Découverte par les Français dès 1530, l'Australie fut entrevue, en 1601, par le Portugais Manoel Godinho de Heredia et visitée en 1606, par les Hollandais qui en décrivirent les côtes: celles du N. furent visitées par le Hollandais Zeachen, en 1618 ; celles de l'O. par Edels, en 1619 ; celles du S. par Nuyts en 1627. Ces parages furent ensuite explorés par Dampier, 1684-'90 et, par ordre des Etats-Généraux, on donna à ce continent le nom de Nouvelle-Hollande, (1665). Au siècle suivant, (1770), le capitaine Cook visita la contrée et la baie qu'il appela, l'une Nouvelle-Galles du Sud, l'autre Botany Bay. En 1788, fut établie la première colonie anglaise, dans la Nouvelle-Galles du Sud où l'on fonda un pénitencier. Près d'un demi siècle plus tard (1837), on cessa d'y transporter les criminels, qu'on dirigea, jusqu'en 1853, sur la terre de Van Diemen (Tasmanie). — De hardis explorateurs se sont avancés dans l'intérieur des terres australiennes ; parmi ceux-ci, nous citerons : Eyre, Leichardt, Sturt, les frères Gregory, Kennedy, Austin, les frères Dempster, Burke et Mac Intyre ; mais une grande partie du territoire est encore peu connue. En 1825, fut fondée la colonie de Queensland ; en 1829, celle de l'Australie occidentale ; en 1835, celle de Victoria : et en 1836, celle de l'Australie du Sud. — La découverte de l'or, en 1851, imprima une vigueur extraordinaire à l'immigration. La population, qui n'était que de 50,000 hab., augmenta de plus de 250,000 travailleurs en une année.

AUSTRALIE DU SUD ou méridionale (angl. *South Australia*) province de la colonie anglaise d'Australie, comprenant toute la partie du continent entre 127° et 136°, long. E., au N. de 26° lat. S. ; et ensuite entre 127° et 139°. — La portion située au N. de 26° lat. S. porte le nom de terre Alexandra. — 2 millions de kil. car. ; 237,000 hab. en 1877 ; en outre, 3,000 aborigènes. Cap. Adelaïde. Territoire visité par Sturt en 1830, occupé en 1836 et aussitôt colonisé. L'avenir de cet établissement ne semblait pas des plus brillants, lorsqu'en 1842 fut découverte la mine de cuivre de Burra-Burra dont la richesse permit aux habitants de réaliser quelques bénéfices. Mais en 1851, les bras manquèrent tout à coup parce que les travailleurs se précipitèrent vers les mines d'or des provinces voisines. — Depuis 1855, la population est revenue. — Le gouvernement de l'Australie du Sud se compose d'un gouverneur nommé par la couronne, d'un conseil exécutif et de deux chambres législatives. Revenus: 30 millions de francs; dépenses: 28 millions; dettes : 80 millions. 600 kil. de chemin de fer desservent les centres agricoles et industriels, qui prennent

chaque jour plus d'importance ; il n'y a pas moins de 6,000 kil. de lignes télégraphiques.

AUSTRALIE OCCIDENTALE ou Swan River (*Rivière des Cygnes*), province de la colonie anglaise d'Australie, comprenant toute la partie du continent située à l'O. de 127° E. ; 1.730,000 kil. car. ; 27,500 hab. en 1877. — La côte, presque partout basse, mesure 5,000 kil. de long ; elle est creusée de baies nombreuses et avoisinée d'îles et de bancs de corail. Territoire presque uni ou ondulé et couvert de forêts. — Principal fleuve : le Swan, qui se jette dans la baie de Melville. Perth, la capitale, et Freemantle, le principal port, sont situés sur l'estuaire de ce fleuve. A l'intérieur, on trouve de vastes plaines de sable ; mais une partie du sol se prête à la culture. — Grande richesse minérale : or, argent, plomb, cuivre, fer; climat très sain. Production de bois de santal et de jarrah ou acajou australien. Pêche aux perles fines sur la côte N.-O. Administration confiée à un gouverneur nommé par la couronne et assisté d'un conseil exécutif. — L'Angleterre prit possession de l'Australie occidentale en 1826 ; les trois villes de Perth, Freemantle et Guildfort furent fondées en 1829. Mais cette colonie fit peu de progrès jusqu'en 1850, époque où le gouvernement y envoya des convicts ou déportés. Ce mode de colonisation dut cesser en 1868, par suite de l'énergique opposition des autres provinces australiennes.

AUSTRALIEN, ENNE s. et adj. Habitant de l'Australie ; qui appartient, qui a rapport à l'Australie ou à ses habitants.

AUSTRASIE (*OEster Reich*, royaume de l'Est par opposition à la *Neustrie*, non royaume de l'Est), royaume des Francs, formé en 511, lors du partage de l'empire de Clovis ; il s'étendait de la Marne à la Saale, et de la mer du Nord au Danube. Thierry Ier, fils de Clovis et premier roi d'Austrasie (511), établit sa capitale à Metz, ce qui fit quelquefois donner à ses domaines le nom de royaume de Metz. Après lui, régnèrent : Théodebert Ier (534) ; Théodebald (548) ; Clotaire Ier (555) qui réunit les quatre royaumes de l'empire franc. A sa mort, (561), un partage entre ses quatre fils, donna l'Austrasie à Sigebert Ier, qui épousa Brunehaut et qui fut assassiné, en 575, par les émissaires de Frédégonde. Son fils Childebert II lui succéda, et après lui régna Théodebert II (596-612).—Clotaire II et Dagobert ajoutèrent l'Austrasie à leurs états et la transmirent à Sigebert II (638), qui fut remplacé par Childéric II (656-673), lequel réunit l'Austrasie à la Neustrie ; mais il commit la faute de laisser à l'Austrasie ses maires du palais, devenus tout puissants sous les derniers rois. Après la mort de Dagobert II (674-'79), le trône d'Austrasie demeura vacant pendant 41 ans; Pépin d'Héristal et ensuite Charles Martel gouvernèrent ce royaume comme maires du palais et ducs des Francs.— Thierry IV (720) et Childéric III (742-'52) régnèrent nominalement sous l'autorité effective de Carloman et de Pépin le Bref. Mais déjà la Neustrie avait à peu près disparu, depuis la bataille de Testry (687) qui avait assuré le triomphe des Austrasiens et la chute des Mérovingiens, remplacés par les Carlovingiens. Le nom d'Austrasie cessa d'exister en 843, lors du partage fait entre l'empereur Lothaire et ses frères.

AUSTRASIEN, ENNE s. et adj. Habitant de l'Austrasie ; qui appartient à l'Austrasie et à ses habitants.

AUSTREMOINE (Saint), *Stremonius*, apôtre et premier évêque d'Auvergne (IIIe siècle) ; il fonda la première église de Clermont. Fête le premier novembre.

AUSTRO (lat. *Austria*), préfixe qui, placé devant un nom de peuple, marque une rela-

tion de l'Autriche avec ce peuple : *austro-hongrois; austro-prussien.*

* **AUTAN** s. m. (*altum*, haute mer). Vent du midi. Ne s'emploie guère qu'en poésie, pour signifier un vent violent: *l'autan furieux; la fureur des autans.*

AUTAN s. m. (du vieux mot *hautain*, élevé). Argot. Grenier.

* **AUTANT** adv. (lat. *aliud*, autre ; *tantum*, tant). Marque égalité de valeur, de mérite, de nombre, de quantité, d'étendue, etc. : *cediamant vaut autant que ce rubis.*—Selon, à proportion: *je le défends autant que je puis, tout autant que je puis.* — Elliptiq. AUTANT FAIRE CELA SUR-LE-CHAMP QUE DE DIFFÉRER, autant vaut faire cela que, etc. La suppression de *vaut* après *autant* est assez fréquente dans certaines phrases familières où il est facile de le suppléer. *Il a perdu neuf cent quatre-vingt-dix francs, autant dire mille francs.* — Prov. et fig. AUTANT EN EMPORTE LE VENT, se dit en parlant de promesses auxquelles on n'ajoute pas foi, ou de menaces dont on ne craint point les effets.

Autant en emporte ly vens.

VILLON.

— Pop. AUTANT COMME AUTANT, également, en même quantité. — AUTANT BIEN et AUTANT MAL, aussi bien, aussi mal. Ces locutions vieillissent; on dit : aussi bien, aussi mal. — D'AUTANT loc. adv. et fam. Dans la même proportion : *donnez-moi cent écus, vous serez quitte d'autant.* — Fam. A LA CHARGE D'AUTANT, A CHARGE D'AUTANT, à condition de rendre la pareille. — Absol. et fam. BOIRE D'AUTANT, boire beaucoup. — D'AUTANT QUE loc. conj. et fam. Vu, attendu surtout que: *à votre place je n'irais point là, d'autant que rien ne vous y oblige.* — D'AUTANT PLUS loc. adv. qui sert à relever l'importance d'un motif de penser ou d'agir : *montrez-vous désintéressé dans cette affaire, vous en serez d'autant plus estimé.* Voy. PLUS. — D'AUTANT MIEUX. Loc. adv. qui signifie à peu près la même chose que D'AUTANT PLUS : *je l'en aime d'autant mieux.* — D'AUTANT MOINS. Loc. adv.·qui s'emploie dans un cas contraire à celui des deux locutions précédentes : *il mérite d'autant moins vos bontés, qu'il paraît en faire peu de cas.*

AUT CESAR, AUT NIHIL loc. adv. [ôt-sézar-ôtt-ni-il] ou empereur ou rien; tout ou rien : devise des ambitieux.

* **AUTEL** s. m. (lat. *altare; de altus*, élevé). Sorte de piédestal ou de table de pierre destinée principalement à l'usage des sacrifices : *dresser, élever un autel ; les autels des faux dieux; conduire la victime à l'autel ; chez les Hébreux, il y avait un autel des holocaustes, un autel des parfums.*

.... J'ai promis jadis à mon vieux père,
Quand aux autels il vint pour nous unir,
De le défendre et de la soutenir.

SCRIBE. *Une faute*, acte II, sc. VII. 1830.

Viens! l'autel est paré ; viens! la victime est prête,
Descends du haut des cieux, Immortelle à Cérès!

BERTIN. *Les amours*, acte I, sc. III, 1782.

— Table où l'on célèbre la messe : *autel dédié à la sainte Vierge; autel de la Vierge;* on met *ordinairement des reliques sous les pierres d'autel; marches de l'autel.* — Fig. surtout au pluriel. La religion, le culte religieux : *défenseur de l'autel et du trône; renverser les autels.* — Astron. Constellation de l'hémisphère austral. — Fig. IL MÉRITE QU'ON LUI ÉLÈVE, QU'ON LUI DRESSE DES AUTELS, il est digne des plus grands honneurs, des plus grands témoignages de la reconnaissance publique. — LE SACRIFICE DE L'AUTEL, LE SAINT SACRIFICE DE L'AUTEL, la messe. — LE SAINT SACREMENT DE L'AUTEL, l'eucharistie. — LE MAITRE-AUTEL ou GRAND AUTEL, le principal autel de chaque église, est placé dans le chœur. — AUTEL PRIVILÉGIÉ, autel où il est permis de dire la messe des morts, les jours où on ne peut la célébrer aux autels qui ne sont pas privilégiés. — AUTEL PORTATIF, pierre plate et carrée, bénite selon les formes ordinaires de l'Eglise, pour célébrer la messe en pleine campagne. — Prov. et fig. QUI SERT A L'AUTEL, DOIT VIVRE DE L'AUTEL, ou simplement, LE PRÊTRE VIT DE L'AUTEL, il est juste que chacun vive de sa profession. — Prov. et par exagérat. IL PRENDRAIT SUR L'AUTEL, SUR LE MAITRE-AUTEL, se dit d'un homme qui prend effrontément tout ce qu'il peut, et partout où il peut. — Fig. ELEVER AUTEL CONTRE AUTEL, faire un schisme dans l'Eglise, ou dans quelque communauté.—Par ext. Opposer son crédit, sa puissance, au crédit, à la puissance d'une autre personne ; ou former une entreprise rivale d'une autre déjà formée. — Prov. et fig. AMI JUSQU'AUX AUTELS, ami à tout faire, excepté ce qui est contraire à la conscience, à la religion. — Encycl. La Genèse (VIII, 20), qui parle du premier autel dont il soit question, nous apprend qu'il servait à offrir des sacrifices ; une idée de sacrifices s'attachait généralement aux autels, et il est probable qu'ils étaient construits en pierre brute. Plus tard, on les travailla avec plus de soin, excepté chez les Israélites. Dans les églises latine et orientale, l'autel est une construction élevée, sur laquelle le prêtre offre le sacrifice de la messe. Dans l'église catholique romaine, son autel permanent est une construction solide, dont le sommet doit être une pierre plate, et qui possède, à l'intérieur, un réceptacle (sépulcre), pour les reliques des martyrs ou des saints. Il est consacré par un évêque, avec le chrême. Les autels dans lesquels on conserve le sacrement possèdent un tabernacle, qui affecte la forme d'un petit temple. Au lieu de tabernacle, les autels orientaux sont accompagnés d'une urne suspendue au plafond et dans laquelle on conserve les hosties consacrées. Les églises protestantes ont aboli les autels, elles donnent un autre nom aux constructions non permanentes qui en rappellent la forme.

AUTEM conj. lat. [ô-tèmm]. Par, aussi, parce que. S'emploie quelquefois dans le style plaisant :

Or celui pour lequel je parle est affamé,
Celui contre lequel je parle *autem* plumé.
JEAN RACINE. *Les Plaideurs.*

AUTERIVE, ch.-l. de cant., arr. et à 18 kil. S.-E. de Muret (Haute-Garonne), sur la rive droite de l'Ariège ; 3,300 hab. Fabriques de draps.

AUTEUIL [ô-leul ; *ll* mll.]. Village annexé en partie au XVIe arrondissement de Paris, en 1859. Le reste a été réuni à Boulogne. Boileau, La Fontaine, Molière, Chapelle, Daguesseau, Helvétius, Franklin, Rumfort et plusieurs autres grands hommes l'habitèrent. On donna le nom de *société d'Auteuil* à une réunion de littérateurs et de savants qui se réunissaient dans la maison de Mme Helvétius, à Auteuil ; et, après la mort de cette dame, en 1800, dans celle de Destutt de Tracy, non loin de l'église paroissiale. C'était le rendez-vous d'une foule d'hommes spirituels et religieux que Napoléon appelait les *idéologues.*—Source d'eau ferrugineuse froide, contenant 715 milligr. de sulfate double d'alumine et de fer protoxydé et un peu de manganèse, employée contre l'anémie, la chlorose et les gastralgies. — Hippodrome d'Auteuil, établi près de la Mare et consacré aux steeple-chases ; le plus beau et le plus complet des hippodromes pour cette spécialité de courses.

AUTEUR s. m. (lat. *auctor*). Celui qui est la première cause de quelque chose : *Dieu est l'auteur de la nature.* — Inventeur : *l'auteur d'une découverte, d'un procédé, d'un projet.* — Celui qui a fait un ouvrage de littérature, de science ou d'art : *l'auteur de ce livre est inconnu.* — On le dit aussi des femmes : *cette dame est auteur d'un fort joli roman.* — Absol. Celui qui a écrit quelque ouvrage, ou qui écrit

habituellement des ouvrages : *il s'est fait auteur ; le métier d'auteur ; les auteurs sacrés.* — Adjectiv.: *une femme auteur.* — Par ext. L'ouvrage même d'un auteur : *expliquer, critiquer un auteur ; choix des auteurs grecs.* — Jurispr. Celui de qui on tient quelque droit : *on lui disputait la possession de cette terre, il fit appeler ses auteurs en garantie.* — Celui de qui on a appris quelque nouvelle : *je vous nomme, je vous cite mon auteur.* — En ce sens, on dit aussi d'une femme : *c'est elle qui est mon auteur.* — LES AUTEURS D'UNE RACE, ceux dont elle est sortie. — LES AUTEURS DE NOS JOURS, notre père et notre mère. — Législ. « Les droits des auteurs ou compositeurs d'œuvres littéraires, scientifiques, dramatiques, musicales ou artistiques, ont été, depuis 1791, l'objet d'un grand nombre de lois ayant toutes pour but de garantir aux auteurs la propriété de leurs œuvres. En outre, des conventions ont été conclues avec la plupart des gouvernements étrangers, afin d'assurer le respect de ce droit, aussi complètement que possible. On est d'accord pour reconnaître que la propriété des ouvrages de l'esprit est aussi respectable que toute autre propriété ; cependant on a cru, par des raisons faciles à saisir, devoir en limiter la durée. Ce droit, reconnu depuis longtemps à l'auteur lui-même, fut attribué à ses successeurs pendant dix années après sa mort (L. 19 juillet 1793), puis porté à vingt ans pour les enfants seulement, et sauf la jouissance accordée à la veuve commune en biens, pendant sa vie (D. 5 février 1810). La propriété des œuvres dramatiques restait limitée à cinq ans, aux termes de la loi du 16 août 1791. En 1854 (L. 8 avril) le droit des enfants fut porté à trente années après le décès de l'auteur et celui de sa veuve. Aujourd'hui, les droits des héritiers ou autres successeurs sur les œuvres d'auteurs, compositeurs ou artistes, ont une durée de cinquante ans après le décès des dits auteurs, avant de tomber dans le domaine public. Pendant le laps de temps, la veuve a la jouissance viagère, quel qu'ait été le régime matrimonial, et en dehors des droits qu'elle peut avoir dans la communauté, pourvu que l'auteur n'ait pas disposé de la propriété de ses œuvres par acte entre vifs ou par testament. Cette jouissance n'a pas lieu si une séparation de corps a été prononcée contre la femme ; elle est réduite, dans les proportions légales, lorsqu'il y a des héritiers à réserve ; enfin elle cesse si la veuve contracte un nouveau mariage (L. 14 juillet 1866). Le droit d'auteur est garanti par la loi civile, comme tout autre droit de propriété. Mais la loi pénale considère comme une *contrefaçon,* c'est-à-dire comme un délit, toute édition d'écrits, de composition musicale ou d'autre production, imprimée ou gravée, faite au mépris de la propriété des auteurs (Cod. pén. 425). La contrefaçon et l'introduction en France d'ouvrages contrefaits à l'étranger sont punies d'une amende de 100 fr. à 2,000 fr.; le délit de ces contrefaçons est puni de 25 fr. à 500 fr. d'amende. En outre, la confiscation de l'édition, des planches, etc., est prononcée et le produit de la vente non est versé au propriétaire, comme indemnité, sans préjudice des autres dommages-intérêts (Cod. pén. 426 et s.). Les directeurs de théâtre qui violent le droit des auteurs dramatiques sont passibles de 50 fr. à 500 fr. d'amende, et en outre de la confiscation des recettes au profit de ces auteurs (Cod. pén. 428). La contrefaçon en France des ouvrages publiés à l'étranger est aussi considérée comme un délit (D. L. 28 mars 1852). Voir, pour la propriété industrielle BREVET, INVENTION, MARQUE DE FABRIQUE, etc. La *société des gens de lettres,* la *société des auteurs et compositeurs dramatiques,* et la *société des auteurs, compositeurs et éditeurs de musique* ont pour but d'assurer à leurs membres la légitime propriété de leurs œuvres, la jouissance de leurs droits, le recouvrement des sommes

dues à Paris, en province ou à l'étranger pour représentations, et aussi de donner des secours ou des pensions à des associés indigents, à leurs veuves et à leurs enfants. — Un arrêt rendu le 20 février 1882, par la Cour de cassation (affaire Goupil et Cie), déclare que le droit de l'auteur ou de l'artiste n'est point un *droit de propriété* sur un objet matériel ! dont les accroissements profitent au propriétaire, mais un simple *droit de reproduction,* essentiellement limité, quant à sa durée, quel que soit le nom sous lequel il peut être désigné dans les contrats. La conséquence de ce principe est que les cessionnaires qui ont traité avec les auteurs ou artistes, antérieurement à la loi du 8 avril 1854, ne peuvent profiter de la prolongation de jouissance accordée par cette loi, et qu'il en doit être de même pour la nouvelle extension apportée par la loi du 14 juillet 1866, ces extensions devant profiter exclusivement à l'auteur lui-même ou à ses héritiers. (CH. Y.).

AUTHARIS, roi des Lombards, de 584 à 590. Il repoussa trois attaques des Francs australiens, fonda les duchés de Bénévent et de Capoue, et étendit ses états jusqu'à l'isthme de Cosenza.

* **AUTHENTICITÉ** s. f. Qualité de ce qui est authentique : *l'authenticité de cette pièce n'est point contestée.*

* **AUTHENTIQUE** adj. (gr. *authenticos*). Se dit des actes reçus, dressés par des officiers publics, et avec la solennité requise : *acte authentique ; copie authentique.* — Substantiv. au féminin. Se dit de la minute d'un acte ou écrit authentique : *j'ai vu l'authentique et la copie* (peu us.).— Certain, dont la vérité ou l'autorité ne peut être contestée : *fait authentique ; histoire authentique.*— Plain-chant. MODE AUTHENTIQUE. Voy. MODE.

* **AUTHENTIQUE** s. f. Nom de certains fragments de lois émanées de Justinien, lesquels ont été insérés dans le corps de droit romain : *les Authentiques de Justinien ; les Novelles et les Authentiques ; l'authentique,* Si qua mulier. — AUTHENTIQUES s. f. pl. Dr. rom. Nom donné au *Novellæ* (ou constitution de Justinien), traduites du grec en latin. Pendant le moyen âge, on appliqua le même nom aux extraits des *Novellæ,* ainsi qu'aux intercalations faites au code de Justinien par les empereurs Frédéric II et Frédéric III. Le recueil des Authentiques (*corpus authenticorum*) resta classique jusque dans les temps modernes :

Je sais le Code entier avec les Authentiques.
CORNEILLE.

* **AUTHENTIQUEMENT** adv. D'une manière authentique.

* **AUTHENTIQUER** v. a. Droit anc. Rendre authentique. Ne se disait guère qu'en parlant des actes où l'on faisait mettre l'attestation des magistrats, et le sceau public : *authentiquer un acte.* — Droit rom. AUTHENTIQUER UNE FEMME, la déclarer atteinte et convaincue d'adultère.

AUTHIE, rivière qui sépare le dép. de la Somme de celui du Pas-de-Calais. Elle se jette dans la Manche, après un cours de 83 kil.

AUTHON, ch.-l. de cant. arr. et à 17 kil. S.-S.-E. de Nogent-le-Rotrou (Eure-et-Loire); 1,600 hab.

AUTHON ou AUTUN (Jehan d'), chroniqueur, né en Saintonge, en 1466, mort en 1527; religieux minime, suivit Louis XII dans tous ses voyages. A laissé des *Chroniques du roi Louis XII,* de 1499 à 1508, éditées par le bibliophile Jacob, Paris, 1835, 4 vol. in-8.

AUTISSIODURUM nom lat. d'Auxerre.

* **AUTOBIOGRAPHIE** s. f. [ô-to-bi-o-gra-fî] (gr. *autos,* soi-même ; *bios,* vie ; *graphein,* écrire). Biographie d'une personne écrite par cette personne même.

AUTOBIOGRAPHIQUE adj. Qui a rapport à une autobiographie.

* **AUTOCÉPHALE** s. m. Nom donné par les Grecs aux évêques qui n'étaient point sujets à la juridiction des patriarches.

* **AUTOCHTONE** s. m. [ô-to-kto-ne] (gr. *autos*, soi-même ; *chthon*, pays). Se dit des premiers habitants d'un pays, pour les distinguer des peuples qui sont venus s'établir dans le même lieu. Voy. **ABORIGÈNE.** — Adjectiv.: *un peuple autochtone.*

AUTOCLAVE adj. (gr. *autos*, soi-même ; lat. *clavis*, clef). Se dit d'une marmite qui se ferme elle-même par la pression de la vapeur et dans laquelle on fait cuire les aliments sans évaporation.

* **AUTOCRATE** s. m., et **AUTOCRATICE** s. f. (gr. *autos*, soi-même ; *kratos*, puissance). Celui, celle dont la puissance ne relève d'aucune autre : titre du czar ou empereur de Russie, ou de la czarine, quand c'est une femme qui règne.

* **AUTOCRATIE** s. f. [ô-to-cra-sî]. Gouvernement d'un seul, exercé avec une autorité absolue, indépendante, illimitée.

AUTOCRATIQUE adj. Qui a rapport à l'autocratie.

AUTOCRATIQUEMENT adv. D'une manière autocratique.

* **AUTODAFÉ** s. m. (esp. *acte de foi*). Cérémonie, dans laquelle l'inquisition faisait exécuter ses jugements qui condamnaient au supplice du feu : *cet autodafé révolta l'humanité* ; *assister à des autodafé.* — ⁓ Fig. Action de brûler, de faire brûler : *faire des autodafé de ses livres.*

AUTODIDACTE s. [ô-to-di-da-kte] (gr. *autos*, soi-même ; *dideskein*, apprendre). Celui qui a appris seul ce qu'il sait, sans le secours d'aucun maître. Personne autodidacte : *les autodidactes les plus connus sont Valentin Duval et le philologue Wolf.*

AUTODIDACTIQUE adj. Qui s'apprend sans maître : *la connaissanse du bien moral est autodidactique.*

AUTODIDAGMATIQUE adj. Qui a rapport à l'autodidaxie.

AUTODIDAXIE s. f. [ô-to-di-da-ksi] (gr. *autos*, soi-même ; *didaskô*, j'apprends). Action, talent d'apprendre sans maître.

AUTODYNAMIQUE adj. (gr. *autos*, soi-même ; *dunamis*, puissance). Qui est mû par sa propre force.

* **AUTOGRAPHE** adj. [ô-to-gra-fe] (gr. *autos*, soi-même ; *graphein*, écrire). Qui est écrit de la main même de l'auteur : *lettre, manuscrit autographe.* — Substantiv. au masc.: *j'ai vu l'autographe.*

* **AUTOGRAPHIE** s. f. Art de transporter l'écriture ou les dessins du papier sur une pierre. Par l'autographie, on obtient rapidement plusieurs copies d'une même lettre. Pour cela, on écrit sur un papier légèrement enduit d'un mélange d'amidon, de gomme et d'alun ; l'encre dont on se sert est composée de graisse, de savon et d'une matière noire quelconque. On mouille le verso du papier avec une éponge imbibée d'eau tiède, on applique la face écrite sur la pierre lithographique, on recouvre le tout de quelques feuilles de papier mou et on appuie fortement, au moyen d'un rouleau. Les caractères restent empreints sur la pierre ; on n'a plus qu'à procéder au tirage comme dans la lithographie.

* **AUTOGRAPHIER** v. a. Reproduire un manuscrit par le moyen de l'autographie.

AUTOGRAPHIQUE adj. Qui a rapport à l'autographie.

AUTOLÂTRE adj. et s. (gr. *autos*, soi-même ; *latria*, culte). Qui s'aime soi-même à l'excès.

AUTOLÂTRIE s. f. (rad. *autolâtre*). Culte de soi-même ; égoïsme à son plus haut degré ; vanité portée à son comble.

AUTOLYCUS I. Myth. Fils de Mercure et de Chione, renommé comme voleur et comme menteur. — II. Mathématicien grec d'Æolis, vivait vers 350 av. J.-C. Ses traités sur le *Mouvement de la sphère* et sur le *lever et le coucher des étoiles fixes* sont les plus anciens travaux grecs qui existent sur les mathématiques.

AUTOMALITE ou **Automolite** s. f. Variété d'aluminate de zinc. Voy. Gahnite.

* **AUTOMATE** s. m. (gr. *autos*, soi-même ; *matos*, mouvement). Machine qui a en soi les principes de son mouvement : *une horloge est un automate* ; *quelques philosophes ont prétendu que les bêtes ne sont que des automates.* —Machine qui imite le mouvement des corps animés : *un automate fort curieux.* — Adjectiv. : *le flûteur automate, le canard automate de Vaucanson.* — Fig. et fam., C'EST UN AUTOMATE, se dit d'une personne stupide. — Encycl. La plus ancienne allusion à des machines renfermant un moteur capable de les mettre en mouvement, se trouve dans Homère, qui attribue à Vulcain l'invention de *tripodes*, mus par des roues. Il y eut ensuite les statues ambulantes et la vache de bois de Dédale ; puis la colombe merveilleuse construite par Archytas, 400 av. J.-C. Le premier *androïde* ou automa'e à forme humaine est celui que fit Albert le Grand, au XIIIᵉ siècle ; il ouvrait, dit-on, la porte de la cellule de son maître et prononçait quelques paroles. Descartes fabriqua un automate auquel il donna la figure d'une jeune fille et qu'il appela sa fille Francine. Telle était l'illusion produite par cette machine que, dans un voyage sur mer, le capitaine du navire jeta dans les flots cette figure qu'il prit pour une incarnation du diable. Comus construisit pour Louis XV un groupe d'automates comprenant une voiture, des chevaux, un cocher, un page et une dame assise dans la voiture. En 1738, Vaucanson exposa à Paris un joueur de flûte et un joueur de tambourin qui excitèrent l'admiration ; un peu plus tard, en 1741, son canard artificiel fut considéré comme le chef-d'œuvre de la mécanique ; cet animal nageait, mangeait, barbotait et imitait, à s'y méprendre tous les actes accomplis par un animal vivant. Le mécanicien suisse Maillardet produisit une figure féminine qui jouait du clavecin avec les mouvements les plus naturels. Le joueur d'échecs de Kempelen n'était pas un véritable automate, puisque ses mouvements étaient dirigés par un joueur de très petite taille, qui s'introduisait dans la machine (1776). Nous n'en finirions pas si nous devions décrire toutes les machines plus ou moins ingénieuses que l'on a fabriquées de nos jours : oiseaux chantants, papillons, animaux, androïdes. On considère comme ayant atteint la perfection, l'automate parlant que Fabermann, de Vienne, a exposé à New-York, en 1872, et à Paris, en 1876-77.

* **AUTOMATIQUE** adj. Physiol. et méd. Se dit des mouvements qui s'exécutent sans la participation de la volonté : *la circulation du sang est un mouvement automatique.* — Se dit aussi des mouvements qu'un malade exécute sans but.

AUTOMATIQUEMENT adv. D'une manière automatique.

AUTOMATISME s. m. Ensemble de mouvements automatiques.

AUTOMÉDON, fils de Diorès ; alla au siège de Troie avec douze vaisseaux et conduisit le char d'Achille ainsi que celui de son fils Pyrrhus. Il s'acquit dans cette fonction d'écuyer une si grande réputation que son nom est encore donné aujourd'hui à ceux qui sont habiles dans l'art de conduire un char ou un coursier. Il se prend le plus souvent dans un

sens plaisant: *notre automédon nous versa dans un fossé.*

* **AUTOMNAL, ALE** adj. [ô-to-mnal]. Qui appartient à l'automne: *plantes automnales.* Inusité au masc. plur. — PARTIE AUTOMNALE DU BRÉVIAIRE, celle qui contient l'office des trois mois de l'automne.

* **AUTOMNE** s. m. et f. [ô-to-ne] (lat. *autumnus*). Celle des quatre saisons de l'année qui est entre l'été et l'hiver : *un bel automne ; une automne froide et pluvieuse.*

> Plus pâle que la pâle *automne.*
> MILLEVOYE. *L'Anniversaire.*

Figurément : âge qui précède la vieillesse : *être dans son automne.*

AUTOMOTEUR, TRICE adj. (gr. *autos*, soi-même ; fr. *moteur*, *motrice*). Qui produit de soi-même le mouvement.

AUTON (Jean d'). Voy. AUTHON.

* **AUTONOME** adj. (gr. *autos*, soi-même ; *nomos*, loi). Titre des villes grecques qui avaient le privilège de se gouverner par leurs propres lois. — Par ext. Se dit des pays, des peuples modernes qui se gouvernent par leurs propres lois.

* **AUTONOMIE** s. f. Liberté dont jouissaient, sous les Romains, les villes grecques qui avaient conservé le droit de se gouverner par leurs propres lois. — Par ext. Indépendance, en parlant des peuples modernes.

AUTONYME adj. (gr. *autos*, lui-même ; *onuma*, nom). Se dit d'un ouvrage publié avec le véritable nom de l'auteur ; se dit encore d'un auteur qui signe ses ouvrages. — Gramm. Se dit des mots qui ont une signification absolument semblable : *aubergine et mélangène sont autonymes.*

AUTOPATHIE s. f. (gr. *autos*, soi-même ; *pathos*, sensation). Philos. Egoïsme qui rend insensible aux souffrances et aux joies des autres.

AUTOPHAGIE s. f. [o-to-fa-jî] (gr. *autos*, soi-même ; *phagô*, je mange). Physiol. Entretien de la vie aux dépens de la propre substance de l'individu, chez un animal que l'inanition réduit à dévorer ses propres membres.

AUTOPLASTIE s. f. (gr. *autos*, soi-même ; *plasios*, modelé ; modelé sur le malade même). Méd. Opération chirurgicale au moyen de laquelle une partie superficielle du corps peut être réparée par une autre partie prise sur le sujet lui-même. Lorsqu'on prend sur le front un lambeau de peau pour refaire un nouveau nez, c'est de l'*autoplastie.* Cette opération reçoit des dénominations particulières selon la région où elle est appliquée ; celle du nez est la *rhinoplastie* ; celle de la paupière, *blépharoplastie* ; celle de l'oreille, *otoplastie* ; celle des lèvres, *cheiloplastie* ; celle des joues, *génioplastie* ; celle du voile du palais, *staphyloplastie.* — AUTOPLASTIE DE CELSE, système parti de Celse pour l'autoplastie labiale et l'autoplastie nasale par *glissement.* Ce procédé consiste à tirer, la partie à rétablir, une sorte de rideau de peau décollée et rendue libre par des incisions latérales. — AUTOPLASTIE ITALIENNE, système inventé au XVᵉ siècle par le Sicilien Branca, pratiqué à Paris, au XVIᵉ siècle, par le chirurgien Lanfranc, et remis en vogue par Gasparo Tagliacozzi ; il consiste à réparer le nez ou les lèvres au dépens de la peau du bras ; c'est l'autoplastie à distance. Voy. RHINOPLASTIE.

AUTOPLASTIQUE adj. Qui a rapport à l'autoplastie.

AUTOPSIDE adj. [ô-to-psi-de] (gr. *autos*, soi-même ; *opsis*, vue). Minér. Qui est de l'éclat métallique : *les métaux autopsides sont les plus précieux.* — s. m. pl. Classe de substances minérales renfermant celles qui sont autopsides. — Les *autopsides* ou métaux proprement dits ne forment jamais de gaz par eux-mêmes, ni en se combinant avec d'autres corps. Ce sont l'antimoine, l'étain, le titane, le molybdène, le chrome, le manganèse, le fer, le cérium, le zinc, l'urane, le cobalt, le nickel, le cuivre, le plomb, le bismuth, le mercure, l'argent, l'or, le platine et l'iridium.

AUTOPSIE s. f. (gr. *autos*, soi-même ; *opsis*, vue). Vision intuitive ; état de l'âme dans lequel, suivant les païens, on avait un commerce intime avec la divinité. — Anat. Inspection de toutes les parties d'un cadavre, examen de l'état où elles se trouvent : *l'autopsie n'a fourni aucune preuve d'empoisonnement.* — Législ. L'autopsie ne peut être faite que par un médecin, avec l'autorisation de l'autorité compétente.

AUTOR (d'), jeu de cartes. D'autorité : *jouer d'autor.* — JOUER D'AUTOR ET D'ACHAR, jouer d'autorité et avec acharnement.

AUTORISATION s. f. Action par laquelle on autorise, on accorde la faculté, la permission de faire quelque chose : *obtenir, accorder une autorisation.* — Législ. « Certaines personnes sont déclarées par la loi incapables de contracter sans une assistance ou autorisation (Cod. civ. 1124). Ainsi la femme mariée ne peut, sans l'autorisation de son mari et alors même qu'elle serait séparée de biens, plaider, vendre, hypothéquer, acquérir ni donner, sauf par testament. Si le mari refuse cette autorisation ou s'il est hors d'état de la donner, la femme peut l'obtenir en justice (Cod. civ. 215 et suiv.). Si elle est séparée de corps ou de biens, elle peut disposer de ses biens meubles et administrer ses immeubles sans autorisation (Cod. civ. 1449 et 1536). Lorsque le mari a autorisé sa femme à faire un commerce distinct du sien, elle peut alors, sans autre autorisation, s'obliger pour ce qui concerne son négoce et obliger en même temps son mari, s'il y a communauté entre eux ; elle peut même, pour les besoins de son commerce, engager, hypothéquer ou aliéner ses immeubles propres, s'ils ne sont pas dotaux (Cod. com. 4 à 7). Le mineur, étant soumis à l'autorité de son père, de sa mère ou de son tuteur, jusqu'à sa majorité ou son émancipation, ne peut contracter personnellement. Quant au mineur émancipé, il a besoin de l'autorisation de son curateur pour certains actes. Un mineur âgé de moins de vingt ans ne peut contracter un engagement dans l'armée, sans l'autorisation de son père, de sa mère ou de son tuteur ; et ce dernier doit être lui même, dans ce cas, autorisé par le conseil de famille (L. 24 juillet 1872, art. 46). Le tuteur d'un mineur ou d'un interdit ne peut souvent agir en cette qualité qu'avec l'autorisation du conseil de famille. En matière administrative et selon les traditions françaises, les communes et les établissements publics sont considérés à peu près comme en tutelle et ne peuvent s'obliger ni contracter dans la plupart des cas, accepter des libéralités, aliéner, plaider, transiger, etc., sans l'autorisation, soit du préfet, soit du chef de l'État, soit du pouvoir législatif. (Voy. *Communes, établissements publics*, etc.) ».   (CH. Y.)

AUTORISER v. a. (lat. *auctor*, auteur). Donner autorité : *c'est le roi qui autorise les magistrats.* — Accorder le pouvoir, la faculté, la permission de faire quelque chose : *je vous autorise à lui dire que...* — Par ext. Mettre en droit de faire une chose, en fournir un motif, un prétexte : *par vos propos indiscrets, vous autorisez cet enfant à oublier ses devoirs.* — S'emploie souvent en parlant des choses : *c'est une action que les lois autorisent.* — S'autoriser v. pr. Acquérir de l'autorité : *les coutumes s'autorisent par le temps.* — Prendre droit ou prétexte de faire quelque chose : *il s'autorise de votre exemple.*

AUTORITAIRE adj. Qui a le caractère de l'autorité. — Qui ne permet aucune discussion. — s. m. Partisan de l'autorité.

AUTORITÉ s. f. (lat. *auctoritas*). Pouvoir ou droit de commander, d'obliger à quelque chose : *l'autorité des magistrats.* — Absol. Administration, gouvernement considéré principalement dans ses rapports avec les citoyens : *les agents de l'autorité.* — Crédit, considération, influence : *il a bien de l'autorité dans sa famille.* — S'applique aux choses, dans le même sens : *ces opinions ont acquis beaucoup d'autorité.* — Sentiment d'un auteur, ou d'un personnage important, que l'on rapporte pour confirmer ce que l'on dit : *vous trouverez plus d'une autorité dans les Pères pour appuyer votre sentiment.* — FAIRE AUTORITÉ, faire loi, servir de règle en quelque matière. — IL VEUT TOUT EMPORTER D'AUTORITÉ, il parle, agit d'une manière impérieuse. — FAIRE UNE CHOSE DE SON AUTORITÉ PRIVÉE, la faire sans en avoir le droit, ou sans observer les formes accoutumées. — AUTORITÉS CONSTITUÉES, par simplement, LES AUTORITÉS, les magistrats, les hauts fonctionnaires chargés d'une partie quelconque de l'administration publique : *les autorités civiles et militaires.*

AUTOSAURE adj. (ô-to-zô-re) (gr. *autos*, soi-même ; *sauros*, lézard). Qui ressemble à un lézard. — s. m. pl. Famille de reptiles sauriens.

AUTOSITAIRE adj. et s. Tératol. Se dit, d'après Isidore Geoffroy Saint-Hilaire, des monstres doubles, composés de deux individus viables qui offrent le même degré de développement et dont chacun est analogue à un autosite. L'ordre des monstres doubles autositaires se subdivise en monstres à ombilics distincts et normaux (*eusomphaliens*), à ombilic simple (*monomphaliens*), à têtes confondues (*sycéphaliens*), à une seule tête (*monocéphaliens*), à corps confondus (*sysomiens*) et à un seul corps (*monosomiens*).

AUTOSITE adj. et s. (ô-to-zi-te) (gr. *autos*, soi-même ; *sitos*, nourriture ; qui se nourrit soi-même). Tératol. Nom donné par Isidore Geoffroy Saint-Hilaire au premier ordre des monstres unitaires. Le principal caractère des *autosites* est de posséder des organes qui rendent la vie possible pendant plus ou moins de temps après la naissance. On les partage en quatre tribus selon les anomalies intéressent les membres, le tronc, l'axe cérébro-spinal ou la tête entière.

AUTOS SACRAMENTALES, c'est-à-dire *Actes* ou *Drames du Saint-Sacrement* ; anciennes représentations dramatiques qui avaient lieu en Espagne le jour de la Fête-Dieu et qui mettaient en scène les principaux faits de l'Ancien et du Nouveau Testament.

AUTOSTÉTHOSCOPE s. m. (gr. *autos*, soi-même ; *stéthos*, poitrine ; *skopeô*, j'examine). Méd. Stéthoscope à l'aide duquel on pratique l'auscultation sur soi-même.

AUTOTHÉTIQUE s. f. (gr. *autos*, soi-même ; *tithêmi*, je place). Philos. Terme adopté par Kant pour désigner la science des apparences du monde sensible, c'est-à-dire le savoir humain.

AUTOUR prép.(rad. *tour*). Marque la situation de ce qui environne un objet, ou le mouvement de ce qui en fait le tour : *ils se rangèrent autour de lui.* — Se dit fig. tant au sens physique qu'au sens moral : *ce prince a autour de lui des gens qui le trompent ; vous tournez autour de la question, vous ne la résolvez pas, vous l'éludez.* — Signifie quelquefois : AUPRÈS, et marque une idée d'attachement, d'assiduité : *il est toujours autour d'elle.* — Prov. et fig. TOURNER AUTOUR DU POT, biaiser, user de détours, au lieu d'aller au fait. — S'emploie quelquefois adverbial. et sans régime : *le palais était fermé ; autour veillait une garde nom-*

breuse. — ICI AUTOUR, dans le voisinage : *il loge quelque part ici autour.*

AUTOUR s. m. (lat. *astur*, du gr. *asterios*, étoile, à cause du plumage de ces oiseaux). Deuxième famille des oiseaux de proie appelés *ignobles*, caractérisée par des ailes plus courtes que la queue et un bec qui se courbe dès sa base. Cette famille a été divisée en genres AUTOUR (*astur*) et ÉPERVIER. Le genre *autour*, le seul dont nous avons à nous occuper ici, se distingue par des tarses robustes et un peu courts. La seule espèce de notre pays,

Autour de l'Amérique du Nord (Astur atricapillus).

l'autour ordinaire (*falco palumbarius, falco gallinarius*) est brun dessus, « à sourcils blanchâtres, blanc dessous, rayé en travers de brun dans l'adulte, moucheté en long dans le premier âge ; cinq bandes plus brunes sur là queue. Il égale le gerfault pour la taille, mais non pour le courage, fondant toujours obliquement sur sa proie. On s'en sert cependant en fauconnerie pour des gibiers faibles. Il est commun dans nos collines et nos montagnes basses ». (Cuvier). C'est le grand nuisance de nos pigeons et des petits oiseaux qu'il chasse en rasant la surface du sol, presque sans mouvement apparent des ailes. Parmi les autours étrangers, on remarque celui de la Nouvelle-Hollande (*falco Novæ Hollandiæ*), cendré ou blanc, avec des vestiges d'ondes grises ; *l'autour rieur* ou *à calotte blanche* (*falco cachinnans*, Linné ; *nacagua*, d'Azzara), des marécages de l'Amérique méridionale, tue et dévore reptiles et poissons ; *l'autour de l'Amérique du Nord* (*astur atricapillus*, Wilson).

AUTOURSERIE s. f. (ô-tour-se-rî). Art d'élever et de dresser des autours.

AUTOURSIER s. m. Celui qui fait profession d'élever et de dresser des autours.

AUTRAN (Joseph), poète, né à Marseille, en 1813, mort en Provence, le 6 mars 1877 ; auteur des *Poëmes de la mer*, de *Laboureurs et soldats*, de la *Vie rurale*, de la *Légende des paladins*, des *Épîtres rustiques*, et d'une tragédie, la *Fille d'Eschyle* qui, jouée quelques jours après la révolution de 1848, obtint un succès d'enthousiasme, malgré les préoccupations du moment. Il fut reçu à l'Académie française en 1877.

AUTRE adj. (lat. *alter*). Distinct, différent : *il amena son frère et deux autres personnes.* — Supérieur en mérite ; plus important, de plus grande conséquence : *le vin de Mâcon est bon, mais celui de Beaune est bien d'autre vin, est tout un autre vin.* — Nouveau, second, pour exprimer la ressemblance, l'égalité, la conformité qu'il y a entre des personnes ou entre deux choses : *un autre Alexandre, un autre César ; un autre lui-même.* — Aucun : *il entra sans autre cérémonie.* — Pron. indéf. Une autre personne, en général, sans en désigner aucune en particulier : *j'aime mieux que vous l'appreniez d'un autre que de* *moi.* — S'emploie fréquemment par opposition avec *l'un, l'une, les uns, les unes,* et quelquefois avec un substantif qui en tient la place : *il y a une grande différence entre l'un et l'autre.* — LES AUTRES, autrui, le prochain : *il s'occupe beaucoup des autres.* — L'UN L'AUTRE, LES UNS LES AUTRES, mutuellement: *aimez-vous les urs les autres.* — NOUS AUTRES, VOUS AUTRES, gallicisme qui signifie : nous, vous :

.... *Vous autres, fortes têtes.*

GRESSET.

— AUTRE PART. Voy. *Part.* — L'AUTRE, CRF AUTRE, désigne une personne que l'on ne veut ou qu'on ne peut nommer, mais dont on répète les paroles :

On apprend à hurler, dit *l'autre,* avec les loups.

J. RACINE.

— ~~ Jargon. ÊTRE L'AUTRE, être dupe : *dans tout cela, c'est moi qui suis l'autre.*

* **AUTREFOIS** adv. Anciennement, jadis, au temps passé : *on croyait autrefois que...; les hommes d'autrefois.*

* **AUTREMENT** adv. D'une autre façon : *faisons autrement.* — Bien plus : *ceci est tout autrement important.* — Sinon, sans quoi : *il vous a vendu sa propriété à telle condition, autrement il n'eût pas voulu s'en défaire.* — Précédé de la négative *pas,* signifie, guère : *c'est un homme qui n'est pas autrement riche.*

AUTREY-LES-GRAY, ch.-l. de cant., arr. et à 11 kil. N.-O. de Gray (Haute-Saône); 1,300 hab. Ch.-l. d'une baronnie érigée en comté en 1692. Ruines du château de Vergy. Hauts-fourneaux.

AUTRICHE (all. *Oestreich* ou *Oesterreich,* empire oriental) officiellement OESTERREICH-UNGARISCHE-MONARCHIE (Monarchie Austro-Hongroise), l'un des grands états de l'Europe, entre 42° 10' et 51° 4' lat. N. et entre 6° 12' et 24° 14' long. E.; borné par l'Allemagne du Nord, la Russie, la Turquie d'Europe, la mer Adriatique, l'Italie et la Suisse; divisé aujourd'hui en deux parties que sépare la rivière la Leithe et qui sont appelées, pour cette raison, l'une, section *Cisleithane* (Autriche), et l'autre *Transleithane* (Hongrie). Dans cet article, nous nous occuperons seulement de la monarchie Austro-Hongroise et de l'Autriche propre; pour le reste, nous renvoyons à notre mot Hongrie. — La population totale en 1878 était de 38 millions et demi d'hab., répartis de la façon suivante :

PROVINCES	Kil. carr.	Habitants.
CISLEITHANIE		
1° Basse-Autriche	19,824	2.172.488
2° Haute-Autriche	11,906	748.196
3° Salzbourg	7,165	154.584
4° Styrie	22,454	1.184.904
5° Carinthie.	10,373	339.035
6° Carniole	9,988	470.965
7° Littoral (Gorts, Gradisca, Istrie et Trieste)	7,988	628.980
8° Tyrol et Vorarlberg . . .	29,326	898.073
9° Bohême	51.955	5.399.025
10° Moravie	22,229	2.001.803
11° Silésie	5,147	565.195
12° Galicie.	78,497	6.088.509
13° Bukowine	10,451	553.949
14° Dalmatie.	12,829	471.180
Totaux de la Cisleithanie. . .	300.208	21.766.587
Troupes		177.449
Totaux des pays autrichiens .	300.208	21.944.335
TRANSLEITHANIE		
15° Hongrie-Transylvanie	280.430	13.724.442
16° Ville de Fiume	19	18.175
17° Croatie et Esclavonie. . . .	23.263	1.128.180
18° Confins militaires.	20.332	693.733
Totaux de la Transleithanie. .	324.045	15.564.533
Totaux de la monarchie. . .	624.254	37.508.869
ACQUISITIONS DE 1878-'79		
19° Bosnie.		862.302
20° Herzégovine	60,484	207.970
21° Novi-Bazar.		142.900
Totaux des acquisitions. . .	60.484	1.212.172
Totaux généraux	684.738	38.721.041

Les provinces acquises en vertu de l'article 23 du traité de Berlin (13 juillet 1878), sont occupées et administrées par l'Autriche. On peut ajouter à la monarchie la petite principauté de Liechtenstein, enveloppée par le Tyrol, mais dont les habitants se considèrent comme indépendants parce qu'ils ne paient aucune taxe et ne sont pas astreints au service militaire. — La capitale de l'empire est Vienne. — Les cinq septièmes de l'Autriche-Hongrie sont montagneux ; les trois principales chaînes de montagnes sont: 1° les Alpes (Rhétiennes, Noriques, Carniques, Juliennes et Dinariques) qui couvrent le S. du territoire, depuis la Suisse jusqu'à la Turquie. Points culminants: Ortlerspitze (3,906 m.) et Gross-Glockner (3,895 m.); 2° les Carpathes, à l'E; ils enveloppent la Hongrie et la Transylvanie et s'élèvent à plus de 2,500 m.; 3° les monts Sudètes, comprenant le Riesengebirge, avec l'Erzgebirge et la forêt de Bohême. Les côtes s'étendent sur l'Adriatique et ont un développement de 1,600 kil. — Cours d'eau : le Danube, artère principale de l'empire, sert de chemin à des centaines de bateaux à vapeur. La Theiss, l'Inn, l'Enns, la Waag, la Drave et la Save, ses principaux affluents, sont également navigables, ainsi que la Moldau, tributaire de l'Elbe. La Vistule, le Dniester et le Pruth naissent en Galicie, l'Elbe en Bohême et l'Adige dans le Tyrol. — Lacs : Balaton et Neusiedler en Hongrie ; Czirknitzer en Carniole. — Climat tempéré et très sain. — Minéraux : or en Hongrie et en Transylvanie ; argent et cuivre en Hongrie; mercure en Carniole (principalement à Idria) ; étain en Bohême ; plomb en Carinthie ; fer presque partout. — Escarboucles de Bohême; opales, calcédoine, rubis, émeraude, jaspe, améthyste, topaze, cornaline, chrysolithe et béril de Hongrie. — Mines de charbon presque inépuisables. Les mines de sel comprennent les roches gigantesques de Wieliczka, près de Cracovie. — Plus de 1,600 sources minérales, dont les principales se trouvent en Bohême. — Végétaux: blé, vin, prunes et tabac de Hongrie ; pommes et poires de Bohême et du Tyrol : coton de Dalmatie. Environ 170,000 kil. car. sont couverts de forêts. — Animaux: chevaux partout; bêtes à cornes et à laine principalement en Hongrie et en Galicie. Ours noirs, chamois, lynx, loups et castors dans plusieurs cantons. — Hab. Le tableau suivant fait connaître le nombre d'habitants qui appartiennent aux diverses nationalités comprises dans l'Empire (1876).

NATIONALITÉS	Cisleithanie	Transleithanie	Totaux
Allemands.	7,800,000	1,800,000	9.600.000
Tchèques, Moraves etc. .	5,000,000	2,000,000	7.000.000
Ruthènes	2,600,000	600,000	3.200.000
Polonais.	2,500,000		2.500.000
Croates et Serbes. . .	580,000	2,570,000	3.150.000
Slovènes	1,190,000	60,000	1.250.000
Magyares	20,000	5,680,000	5.680.000
Romains.	195,000	2,800,000	2.995.000
Italiens, Friouliens et Ladines.	630,000	3,000	633.000
Israélites.	860,000	580,000	1.440.000
Bohémiens. . . .	8,000	159,000	167.000
Bulgares		30,000	30.000
Arméniens. . . .	4,000	5,000	9.000
Albanais	1,500	2,100	3.600
Grecs et Ziagari. . .	2,300	1,000	3.300
Autres	13,000	7,100	20.100

TABLEAU DES RELIGIONS

RELIGIONS	Cisleithanie	Transleithanie	Totaux
Catholiques Romains. .	16.396,000	7,559,000	23.955.000
Catholiques Grecs. . .	2.342,000	1,600,000	3.942.000
Grecs d'Orient. . . .	462,000	2,590,000	3.052.000
Protestants évangéliques	264,000	3,145,000	3.509.000
Sectes protestantes . .	5,000	58,000	63.000
Israélites	822,000	554,000	1.376.000

Il faut y ajouter 9,000 Arméniens. — La hiérarchie ecclésiastique comprend onze archevêchés catholiques romains : Vienne, Salz-

bourg, Gœrz, Prague, Almûtz, Lemberg, Zara, Gran, Erlau, Kalocsa et Agram ; 57 évêchés. Il y a 2 archevêchés catholiques grecs: Lemberg et Blasendorf ; un archevêché grec-byzantin : Carlowitz ; un archevêché arménien à Lemberg. — L'Église romaine possède 300 abbayes et 500 couvents. — INSTRUCTION. L'empire d'Autriche était jadis un des plus arriérés sous le rapport de l'instruction. Avant la guerre d'Italie, deux habitants sur trois ne savaient pas lire. Depuis cette époque, de grands efforts ont été faits pour répandre l'instruction. Les parents sont obligés d'envoyer aux écoles leurs enfants depuis l'âge de six ans jusqu'à celui de douze ans. L'empire compte neuf universités : Vienne, Prague, Pesth, Lemberg, Innspruck, Gratz, Cracovie, Klausenbourg et Czernowitz. En 1870, il y avait 185 journaux politiques et 378 non politiques. — AGRIC. Les productions agricoles sont évaluées à 2 millions et demi de florins. Le nombre des chevaux s'élève à 3 millions et demi ; celui des bêtes à cornes à 12 millions et demi ; celui des moutons à 20 millions ; celui des chèvres à 1 million et demi et celui des porcs à 7 milliards. — INDUSTR. 2,300,000 ouvriers sont employés dans les manufactures ; production en fer, 80 millions de florins ; préparations chimiques, 50 millions ; verres et miroirs (rivalisant avec les miroirs de France), 20 millions ; travail du chanvre et du lin, 150 millions ; de la laine, 140 millions; du coton, 120 millions. Le travail du tabac est monopolisé par le gouvernement. Centres de l'industrie : Vienne, pour les objets de luxe et les instruments de musique ; Moravie, Silésie et Bohême pour les étoffes de lin, de laine et pour la verrerie ; Styrie et Carinthie pour le fer et la quincaillerie. — COMMERCE facilité par un bon système de routes, par 18,000 kil. de chemins de fer et 48,000 kil. de lignes télégraphiques. — Divers traités avec le Zollverein allemand et avec plusieurs nations étrangères ont changé l'ancien caractère prohibitif des relations commerciales et ont préparé les voies qui doivent mener au libre-échange. Trieste, Buccari, Zengg, Portoré et Carlopago sont des ports francs. Il y a une banque nationale à Vienne, et le Lloyd autrichien, établi à Trieste depuis 1833, s'est emparé, par ses lignes de bateaux à vapeur, de presque tout le commerce du Levant. Une autre grande institution est la compagnie de navigation à vapeur sur le Danube. Importation : 585 millions de florins ; export., 425 millions de florins. — CONSTITUTION. La loi fondamentale qui partage la monarchie en deux grandes divisions (contrées représentées par le Reichsrath et pays de la couronne hongroise), date du 21 décembre 1867. Chaque division possède une constitution particulière ; mais elles sont unies sous le seul monarque et sous un ministère impérial (*Reichs ministerium*) qui leur est commun pour les parties que l'on ne peut diviser : guerre, marine, affaires étrangères, finances. La monarchie austro-hongroise est héréditaire dans la maison de Hapsbourg-Lorraine. A défaut d'héritier mâle, la couronne peut être donnée au descendant d'une ligne féminine. La majorité de l'empereur est fixée à dix-huit ans ; ce prince doit appartenir à la religion catholique romaine. Il partage le pouvoir législatif avec les assemblées représentatives de Cisleithanie et de Hongrie et les diètes provinciales. Pour les affaires communes, le Reichsrath autrichien et la diète hongroise délèguent leur droit législatif à 120 membres (60 par assemblée) dont le tiers est choisi dans la haute chambre et le surplus dans la chambre basse. Ces *Délégations* sont élues pour un an et se réunissent alternativement à Vienne et à Pesth. Les ministres des affaires étrangères, de la guerre et des finances sont responsables devant ces délégations. — Le Reichsrath de Gisleithanie se compose d'une chambre de nobles (*Herren-*

haus) et d'une chambre des députés (*Abgeordnetenhaus*). La chambre haute est formée des princes de la famille impériale, des principaux seigneurs autrichiens, des archevêques, des princes-évêques et d'un nombre indéterminé de membres nommés par l'empereur. La chambre basse, autrefois élue par les diètes provinciales, se compose, depuis 1873, de 353 membres, élus par voie d'élections directes dans quatre classes d'électeurs de chaque pays (grands propriétaires, villes, commerce, districts ruraux). Chaque province possède une diète qui exerce le pouvoir législatif en tout ce qui n'a pas été expressément réservé pour le Reichsrath. Ce dernier et les diètes provinciales sont convoqués chaque année; les ministres de Cisleithanie répondent de leurs actes devant le Reichsrath. Tout citoyen âgé de trente ans au moins est éligible à la diète provinciale; mais pour être électeur, il faut payer un certain cens fixé par la loi. — L'administration de chaque province est confiée à un gouverneur ou président de province; les officiers municipaux sont élus par les citoyens. Les délits de presse sont déférés à un jury. — Il y a un tribunal suprême à Vienne. — FINANCES : Les finances ont toujours été le point douloureux de l'administration depuis les guerres de notre Révolution et du premier empire qui amenèrent une banqueroute en Autriche. Les dépenses générales s'élèvent, pour l'Autriche, à une moyenne de 403 millions de florins; et les dépenses de 380 millions seulement. Dette : 3 milliards de florins. La Hongrie a son budget particulier. Enfin, il y a un troisième budget pour les dépenses communes aux deux pays, dépenses qui atteignent 115 millions de florins distribués entre les ministères des affaires étrangères, de la guerre, de la marine et des finances. De ces dépenses communes, l'Autriche paie 70 0/0 et la Transleithanie 30 0/0. — ARMÉE. Le service militaire est général et personnel depuis l'âge de vingt ans. Il est de dix ans, dont trois sous les drapeaux et sept dans la réserve; après quoi les hommes valides sont incorporés dans la landwehr, puis dans le landsturm, formés sur le modèle des mêmes troupes en Prusse.

TABLEAU DES FORCES MILITAIRES AUSTRO-HONGROISES EN 1889.

I. Pied de Paix.

ARMES	Officiers.	Hommes.	Chevaux.
Etats-majors, etc	1.622	1.787	—
Gardes	116	540	92
80 régim. d'infanterie . . .	6.880	141.440	560
1 régim. de chasseurs Tyroliens	151	3.612	15
33 batail. de chasseurs. . .	693	16.995	66
41 régim. de cavalerie. . .	1.722	42.271	37.022
13 régim. d'artillerie de camp.	1.066	20.232	8.710
12 bat. d'artillerie de forteresse.	356	7.110	77
2 régim. du génie.	249	5.579	12
1 régim. de pionniers. . . .	129	2.922	6
Train.	206	2.305	1.271
Corps médical et sanitaire. .	168	2.494	—
Etablissements militaires divers.	1.451	9.240	155
Total.	14.710	257.207	47.987
LANDWEHR			
80 bat. d'infanterie et de chasseurs et 1 sect. de tireurs à cheval en Dalmatie.	509	2.412	22
10 bat. et 1 sect. à cheval de tireurs indigènes du Tyrol . . .	62	370	57
Cavalerie	1	—	1
Total.	572	2.782	80
LANDWEHR HONGROISE			
Garde roy. de la cour. hongroise.	2	58	—
Infanterie.	377	7.348	—
Cavalerie	166	1.882	1.516
Total.	1.045	9.288	1.516
Etats-majors, etc.	136	90	—
Gendarmerie	24	1.069	—
Haras.	148	5.095	—
Total du pied de paix. . .	16.635	275.531	49.583

45

II. Pied de Guerre.

ARMES	Officiers.	Hommes.	Chevaux.
Etats-majors.	3.008	10.460	9.269
Gardes	116	540	92
160 régim. d'infanterie. . .	10.640	473.640	8.060
1 régim. de chasseurs tyroliens.	218	10.037	142
33 bat. de chasseurs. . . .	990	47.233	660
41 régim. de cavalerie. . .	2.214	51.619	51.619
13 régim. d'artillerie de camp.	1.467	58.279	47.840
12 bat. d'artillerie de forteresse.	526	18.358	529
2 régim. du génie.	285	16.348	1.106
1 régim. de pionniers . . .	202	7.356	501
Train.	991	30.047	36.280
Corps médical et sanitaire. .	264	14.843	—
Etablis. militaires divers . .	2.618	17.610	124
Total.	23.639	763.034	156.242
LANDWEHR			
81 bat. d'infanterie. . . .	2.256	92.205	1.701
Tireurs indigènes du Tyrol . .	500	22.100	944
Cavalerie	150	4.320	3.425
Total.	2.916	118.626	6.070
LANDWEHR HONGROISE			
Garde roy. de la cour hongroise.	2	58	—
Infanterie.	2.626	118.356	8.752
Cavalerie	400	8.820	7.990
Total.	3.028	127.234	16.742
Gendarmerie	24	1.069	—
Haras.	148	5.095	—
Total du pied de guerre. . .	29.755	1.015.058	179.054

L'empire est défendu par 25 forteresses : Comorn, Carlsbourg, Temesvar, Peterwardein, Eszech, Brod, Carlstadt, Castelnuovo, Arad, Munkàs, Cracovie, Gradisca, Olmütz, Leopoldstadt, Prague, Brixen, Theresienstadt, Kufstein, Linz, Salzbourg, Bude, Raguse, Zara, Cattaro et Pola. Ces deux dernières villes sont, avec Trieste, les principaux ports maritimes de l'empire.—MARINE. Les forces navales se composaient, à la fin de 1879, de 58 navires, dont 43 blindés, savoir : 8 vaisseaux et 3 frégates à voiles ; 2 frégates, 9 corvettes, 9 canonnières, 6 yachts, 3 transports, 1 navire d'atelier et 2 moniteurs à vapeur. En outre, 9 vaisseaux-écoles, 5 tenders et 1 remorqueur. Le tout jaugeant 105,450 tonneaux, portant 320 canons et manœuvré par 9,895 hommes. L'état-major se composait d'un amiral, 2 vice-amiraux, 5 contre-amiraux, 16 capitaines de vaisseau, 17 capitaines de frégate, 18 capitaines de corvette, 117 lieutenants et 232 enseignes et cadets. La marine se recrute principalement par voie de levées dans la population maritime et aussi par voie d'enrôlements volontaires. La durée du service est de huit ans. — POIDS ET MESURES. Une loi votée par le Reichsrath (23 juillet 1871) a rendu obligatoire l'usage du système métrique décimal. — MONNAIES. L'unité est le florin d'argent = 100 neukreutzer = 2 fr. 46913. Il y a, en outre, des pièces d'argent de 2 florins, d'un quart de florin, de 10 et de 5 kreutzer. En or, l'Autriche a frappé des pièces de 4 et 8 florins, identiques à nos pièces de 10 et 20 fr. et qui sont admises en France. — HIST. La partie allemande de la Cisleithanie, partie qui se trouve au S. du Danube, fut d'abord comprise dans la Pannonie, la Norique et la Rhétie. Conquise par les Romains, vers l'an 33, elle fut ravagée par les Huns et par les Avares, au Vᵉ siècle; vers le milieu du VIᵉ siècle, l'Enns séparait la portion habitée par les Boioarii (Bavarois) de celle que tenaient les Avares. Charlemagne ayant conquis tout ce territoire, établit, pour le gouverner, les margraves de la Bavière orientale et d'Avarie ou *Marchia orientalis* (Autriche). Ces margraves, profitant des malheurs du temps, cherchèrent bien vite à se rendre indépendants. Vers 817, Louis le Germanique, fils de Louis le Débonnaire, dut soumettre Radbod, margrave d'Autriche ; mais les successeurs de ce dernier se tinrent dans un état presque perpétuel de révolte ; Charles le Gros les déclara princes

immédiats de l'empire. Ils annexèrent à leurs domaines la Styrie, la Carniole et d'autres territoires. Le dernier margrave, Henry Jasomirgott, obtint de l'empereur Frédéric Iᵉʳ, l'érection de l'Autriche en duché héréditaire (1156). Après la mort de Frédéric II, dernier duc de la dynastie de Bamberg (qui régnait depuis 983), les états autrichiens élurent pour duc le prince bohémien Ottocar (1250), lequel ayant refusé de connaître Rodolphe de Hapsbourg, comme empereur, fut tué à la bataille de Marchfeld (26 août 1278) ; et depuis cette époque, la maison suisse de Hapsbourg a régné sur l'Autriche. L'empereur Albert, fils de Rodolphe, obtint, en 1301, le margraviat de Souabe. Son fils, Léopold, fut battu à Morgarten (1315) par les Suisses révoltés. Les possessions de la maison furent plusieurs fois divisées et réunies dans la suite. La Suisse se rendit tout à fait indépendante ; mais le Tyrol fut acquis à l'Autriche (1363). Le duc Albert V obtint la Bohême et la Hongrie et fut élu empereur d'Allemagne en 1437; et le duc Frédéric IV, devenu l'empereur Frédéric III, éleva l'Autriche au rang d'archiduché. Son fils, Maximilien Iᵉʳ (empereur de 1493 à 1519), acquit les Pays-Bas par son mariage avec Marie, fille du duc de Bourgogne, Charles le Téméraire (1477) ; et ensuite, en faisant épouser à son fils Philippe Iᵉʳ d'Autriche, la fille de Ferdinand d'Aragon et d'Isabelle de Castille, il plaça la dynastie de Hapsbourg sur le trône d'Espagne. Charles Iᵉʳ d'Espagne (Charles-Quint d'Allemagne), fils de Philippe, céda les possessions autrichiennes à son frère Ferdinand Iᵉʳ, qui lui succéda à l'empire. Ferdinand réunit à l'Autriche la Hongrie et la Bohême, comme héritier de son beau-frère Louis II, tué par les Turcs à la bataille de Mohàcs (1526). Mais Jean Zapolya, voïvode de Transylvanie, ennemi de Hapsbourg, fit alliance avec les musulmans; et grâce à son concours, le sultan Soliman put envahir l'Autriche et remettre investir Vienne. La Transylvanie fut assurée aux descendants de Zapolya et la Hongrie resta livrée aux incursions musulmanes pendant plus d'un siècle. — En 1564, l'Autriche fut partagée entre les enfants de Ferdinand. Maximilien II (empereur d'Allemagne, 1564-'76) obtint l'Autriche, la Hongrie et la Bohême ; Ferdinand, le Tyrol et quelques possessions voisines ; Charles, la Styrie, la Carinthie, la Carniole et Gorz. La réunion définitive de ces états n'eut lieu qu'un siècle plus tard. Rodolphe II, fils de Maximilien (1576-1612), céda la Hongrie, l'Autriche et la Bohême à son frère Matthias, sous le règne impérial duquel (1612-'19), eut lieu la révolte des protestants bohémiens et le commencement de la guerre de Trente ans (1618-'48). Ferdinand II de Styrie, cousin de Matthias et empereur de 1619 à 1637, ayant triomphé en Bohême, expulsa les protestants et abolit toutes les libertés. Son fils, Ferdinand III (1637-'57) termina la désastreuse guerre de Trente ans. Sous le règne de son fils Léopold Iᵉʳ (1657-1705), les Turcs assiégèrent de nouveau en 1683, la ville de Vienne, qui ne dut son salut qu'à des secours amenés par Jean Sobieski. La Hongrie et la Transylvanie furent reconquises. Le projet que Léopold voulut exécuter de mettre son second fils, Charles, sur le trône d'Espagne, amena, en 1701, la fameuse guerre de la succession d'Espagne, pendant laquelle la Hongrie se souleva à la voix de Rakoczy. Les victoires d'Eugène et de Marlborough assurèrent le succès du parti autrichien, lorsque la mort de Léopold et de son fils aîné, Joseph Iᵉʳ (1711), donna la couronne à Charles et fut suivie de la paix d'Utrecht (1713) en vertu de laquelle les Pays-Bas espagnols, Milan, Naples et la Sardaigne (échangée pour la Sicile en 1720) furent donnés à l'Autriche. Le traité de Passarowitz (1718) assura, sur la frontière turque, des avantages qui furent perdus à la paix de

I.

Belgrade (1739). Charles VI sacrifia successivement Naples, la Sicile et une partie du Milanais (1733) pour faire accepter la « Pragmatique Sanction, » par laquelle sa fille, Marie-Thérèse, était déclarée son héritière en Autriche ; et néanmoins, à sa mort (1740), les droits de cette princesse furent généralement contestés. Frédéric II, de Prusse, prit la Silésie, dépendance de la Bohême ; l'électeur de Bavière se donna le titre d'archiduc d'Autriche et se fit élire empereur d'Allemagne, où il régna sous le nom de Charles VII (1742). La fidélité des Hongrois sauva Marie-Thérèse, mais elle perdit quelques territoires en Italie, et la Silésie, qu'elle essaya vainement de reprendre pendant la guerre de Sept ans. A la mort de Charles VII (1745), l'époux de Marie-Thérèse, François de Toscane, appartenant à la maison de Lorraine, devint empereur sous le nom de François Iᵉʳ. Il laissa, en 1765, la couronne impériale à son fils, Joseph II, qui gouverna l'Autriche en qualité d'aide-régent jusqu'à la mort de sa mère (1780). Le partage de la Pologne donna aux Autrichiens la Galicie orientale et Lodomérie (1772) ; la Buckowine fut enlevée aux Turcs en 1777. Joseph II essaya d'établir l'arbitraire dans ses états ; il mécontenta ses fidèles Hongrois, et à sa mort (1790) les Pays-Bas étaient en pleine révolte. Son frère Léopold II (1790-'92) sut se réconcilier avec les Pays-Bas et avec la Hongrie; il fit la paix avec les Turcs pour agir avec plus de liberté contre la Révolution française. Son fils, François II (1792-1835), fut longtemps malheureux dans ses guerres contre la France. La paix de Campo-Formio (1797), lui coûta la Lombardie et les Pays-Bas, en échange desquels il reçut une partie de la Vénétie. Le troisième partage de la Pologne lui donna la Galicie occidentale. Une nouvelle coalition contre la France se termina par le traité désavantageux de Lunéville (1801). Trois ans plus tard, voulant rester au moins l'égal de Bonaparte, il se proclama empereur d'Autriche sous le nom de François Iᵉʳ; mais en 1805, après la défaite d'Austerlitz, il dut signer la paix ignominieuse de Presbourg; et, le 6 août 1806, il abandonna la couronne impériale d'Allemagne. Complètement abattu, dépouillé d'une grande partie de ses possessions et précipité dans la banqueroute par une quatrième guerre contre la France (1809), il espéra se relever en accordant sa fille Marie-Louise à Napoléon et en se tournant contre la Russie. Après la désastreuse campagne de Moscou, il se déclara contre son gendre et prit une part active à la chute de l'empire français. La paix de Paris (1814) et les traités de Vienne (1815) lui assurèrent la Lombardie, la Vénétie et toutes ses anciennes possessions, sauf les Pays-Bas. La Sainte-Alliance fut formée et l'étouffement de toutes les aspirations libérales qui germaient en Europe, devint le principal objet de la politique autrichienne, politique dont le prince de Metternich était l'âme. Gendarme de la réaction, l'Autriche écrasa les insurrections de Naples et du Piémont (1820-'21) et les révoltes de l'Italie centrale, après 1830. Bientôt, elle eut à combattre la révolution sur son propre territoire. L'insurrection de Cracovie se termina par un massacre de la noblesse polonaise (févr. 1846) et par l'annexion de Cracovie. Des mesures despotiques excitaient une grande agitation en Hongrie et en Italie, lorsque, le 13 mars 1848, peu après la révolution française qui avait détrôné Louis-Philippe, le peuple de Vienne se souleva contre Metternich et arracha à l'empereur la promesse d'une constitution. En même temps, la diète hongroise, conduite par Kossuth, obtint un gouvernement constitutionnel indépendant. Milan et Venise parvinrent à chasser les garnisons allemandes, et Charles-Albert de Sardaigne se déclara le champion de l'indépendance italienne. A Vienne, le pouvoir politique était

tombé entre les mains d'un comité central populaire. L'empereur, effrayé, s'enfuit à Inspruck (17 mai) et un comité de salut public fut organisé le 25. Mais la révolution fut écrasée à Prague (15-16 juin) par le prince Windischgrätz et en Lombardie, Radetzki battit l'armée italienne à Custozza (25 juillet) ; les Serbes et les Croates (ces derniers conduits par le ban Jellachich), se révoltèrent contre le gouvernement national de Hongrie, et leur soulèvement donna de grandes chances de restauration allemande. La garnison de Vienne ayant quitté cette ville, le 6 octobre, pour marcher sur la Hongrie, la capitale se mit en insurrection. Le comte de Latour, secrétaire de la guerre, fut pendu ; le parlement qui avait été formé en juillet, se déclara en permanence et Ferdinand qui était revenu à Vienne, s'enfuit à Olmütz. Mais dès le 9 octobre, l'armée du ban Jellachich ayant opéré sa jonction avec la garnison de Vienne et avec les troupes de Windischgrätz, se rapprocha de la ville insurgée, qui fut prise d'assaut le 23. Kossuth fit une tardive tentative pour venir à son secours; la lutte recommença le 30 et se termina le 31, après un immense massacre des habitants. Un ministère réactionnaire se forma et Ferdinand se résigna à abdiquer en faveur de son neveu François-Joseph (2 décembre 1848). La campagne en Hongrie se termina par la sanglante intervention de la Russie, suivie des terribles vengeances du gouvernement autrichien. La Lombardie et la Vénétie furent reconquises par Radetzky. Le parlement fut dissous, le 4 mars 1849 ; et l'empereur promulgua de son plein gré une constitution dont les articles réactionnaires furent seuls appliqués. Quoique affaiblie par ces luttes intestines, l'Autriche se sentit encore capable d'imposer sa volonté à l'Allemagne du Nord qui aspirait à rassembler ses membres disjoints pour former un empire dont l'Autriche aurait été exclue. Devant l'attitude décidée du prince Schwarzenberg, la Prusse recula prudemment (29 nov. 1850) et la diète de Francfort fut rétablie telle qu'elle existait avant 1848. Pendant la guerre de Crimée, l'Autriche se brouilla avec la Russie par son ingrate neutralité ; elle offensa ensuite les Alliés en évacuant les principautés qu'elle avait occupées. En 1855, elle rendit au clergé catholique tous les privilèges qu'il avait perdus depuis le temps de Joseph II. En 1859, l'empereur d'Autriche, ayant refusé de soumettre à un congrès les affaires d'Italie, entra vivement dans la guerre que Napoléon III s'était laissé attirer par le comte de Cavour dans les intérêts de Victor-Emmanuel. Les sympathies de l'Allemagne, de la Russie et même de l'Angleterre étaient toutes pour l'Autriche. Mais François-Joseph précipita les événements par un ultimatum, et ensuite il confia le commandement de son armée au plus incapable de ses officiers, le comte Gyulay. L'espoir d'écraser les troupes sardes avant l'arrivée des Français fut déçu par la rapidité de ces derniers. La défaite de Magenta (4 juin) amena l'évacuation de la Lombardie ; et celle de Solférino (24 juin) força l'Autriche à accepter la paix préliminaire de Villafranca (11 juillet) et la paix définitive de Zurich (10 nov.), en vertu desquelles la Lombardie fut abandonnée. Ces désastres ayant provoqué une irritation générale, le gouvernement dut fléchir devant les exigences de l'opinion publique, qui réclamait des réformes de jour en jour plus urgentes. Le Reichsrath, convoqué en juin 1860, conseilla l'adoption d'une politique fédéraliste, à laquelle il fallut bien se rallier. Un diplôme impérial du 20 octobre 1860 abandonna aux diètes des terres de la Couronne, le pouvoir législatif pour toutes les affaires qui ne sont pas .expressément réservées pour le Reichsrath (finances de l'empire, affaires étrangères, guerres et affaires commerciales). Cette nouvelle constitution ne fut pas acceptée par

les Polonais, ni par les Tchèques ; et encore moins par les Hongrois. Une patente impériale, du 26 février 1861, essaya de mettre d'accord les nationalités antipathiques qui composent la monarchie. Les affaires communes aux provinces non hongroises furent confiées aux membres non hongrois qui formèrent un « Reichsrath limité, » réforme qui ne satisfit personne. En Hongrie, tous les partis s'unirent pour une résistance passive, et bientôt les Tchèques, les Bohémiens et les Moraves refusèrent de payer les impôts. Pendant ce temps, le gouvernement échouait dans ses projets de réforme libérale de la diète allemande. Pour faire échec à la suprématie de la Prusse, l'Autriche se laissa entraîner, malgré la volonté formelle de la diète, à agir, de concert avec cette puissance, contre le Danemark auquel il s'agissait d'enlever le Schleswig-Holstein. La guerre se termina le 30 octobre 1864, par la paix de Vienne, en vertu de laquelle Christian IX céda les duchés de l'Elbe aux monarques d'Autriche et de Prusse. Par la convention de Gastein (14 août 1865), le Lauenbourg fut annexé à la Prusse, le Holstein dut être occupé par les troupes autrichiennes et le Schleswig par celle de la Prusse. Les affaires intérieures de l'empire allant de mal en pis, l'empereur suspendit la constitution de 1861, dont les Allemands autrichiens ne se montraient pas plus satisfaits que les autres. Les impôts ne rentraient pas et tout faisait présager une crise intérieure, lorsque les événements prirent une tournure tragique à l'extérieur. La Prusse et l'Italie s'unirent pour attaquer l'Autriche, qui fut soutenue par les états du centre de l'Allemagne. Après la défaite de Benedeck à Sadowa (3 juillet 1866), le pays, au nord de Vienne, fut abandonné à la Prusse, l'espoir d'apaiser les Italiens, qui avaient été battus à Custozza par l'archiduc Albert (24 juin), François-Joseph céda la Vénétie à l'empereur des Français, auquel il repoussa les offres de paix, et la victoire navale de l'amiral autrichien Tegetthoff à l'île de Lissa (20 juillet) ne put faire pencher la balance du côté de l'Autriche. Une paix préliminaire, conclue à Nikolsbourg, le 26 juillet, fut suivie, le 23 août, de la paix définitive de Prague. L'Autriche consentit à l'agrandissement de la Prusse et à l'établissement de la confédération de l'Allemagne du Nord ; par la paix de Vienne (3 oct.) elle reconnut le royaume d'Italie, auquel Napoléon III avait cédé la Vénétie. Ces coups terribles produisirent leur effet dans la politique intérieure. Le baron Beust, devenu ministre, soumit à l'approbation de l'empereur un plan pour la reconstruction de l'Autriche. Il adopta et fit adopter le dualisme, sur lequel repose la constitution actuelle. Les diètes allemandes se déclarèrent satisfaites de ce changement qui a pour but de contenter la nationalité hongroise (févr. 1867) ; mais les Tchèques de Bohême firent une violente opposition au fonctionnement de la nouvelle constitution et manifestèrent même très hautement des tendances panslavistes. François-Joseph se fit solennellement couronner roi constitutionnel de Hongrie, le 8 juin 1867; et le 21 décembre, il sanctionna les lois fondamentales de l'Autriche cisleithane. Entièrement occupée de ses réformes intérieures, l'Autriche adopta une politique pacifique vis-à-vis des cabinets étrangers. En 1868, elle a réorganisé son armée sur une base semblable à celle de l'armée prussienne. Elle eut à lutter contre l'opposition des Tchèques, qui réclament pour « les domaines de la couronne de saint Wenceslas » (Bohême, Moravie et Silésie) une autonomie identique à celle de la Hongrie. En août 1868, les Tchèques membres des diètes de Bohême et de Moravie ayant refusé d'accepter le contrôle des Allemands, abandonnèrent leurs sièges, furent réélus et ne se présentèrent pas à la diète. En Pologne, on pétitionna (sept. 1868) pour obtenir un gouvernement séparé et, comme cette prétention fut déclarée inadmissible, les membres polonais du Reichsrath se retirèrent et furent imités par la majorité des autres députés de race slave. En Dalmatie, le peuple du district de Cattaro, qui avait été jusqu'alors exempté du service militaire, s'opposa par la force aux enrôlements ordonnés par les nouvelles lois ; pour le soumettre, il fallut lui faire des promesses de concessions. La guerre franco-allemande engendra de nouveaux dangers parce que le gouvernement se vit forcé de réprimer des manifestations sympathiques à l'Allemagne. Des lois sur le clergé provoquèrent en 1874 une vive opposition de la part des évêques et une protestation de la part du pape. Une crise financière coïncida malheureusement avec l'exposition universelle de Vienne (mai 1873). Les affaires extérieures, dirigées depuis novembre 1871, par le comte Andrassy, successeur de Beust, prirent une tournure moins pacifique pendant le conflit entre la Turquie et la Russie (1875) ; l'Autriche agit comme médiatrice et comme protectrice des Slaves ; puis elle s'associa aux autres puissances pour préserver l'intégrité du territoire turc. Le traité de Berlin (13 juillet 1878) l'autorisa à occuper et à administrer la Bosnie et l'Herzégovine. Mais les populations, qu'elle prétendait protéger, se soulevèrent contre son intervention et elle dut la soumettre par la force des armes. La victoire de Zepce (8 août 1878) et de Han Belalovich (16 août) amenèrent les troupes autrichiennes devant la capitale de la Bosnie, Serajevo, qui fut bombardée et prise d'assaut (19 août 1878). La forteresse de Trebinje se rendit volontairement (7 sept. 1878) ; mais il fallut prendre de force Behacs (19 sept.), Senkovicz (21 sept.), Zwornik (25 sept.), Livno (28 sept.) et plusieurs autres places. — Bibliogr. Lévy (Daniel) : L'Autriche-Hongrie, Paris, 1872. Mülinen (Comte de) : Les finances de l'Autriche, in-8°, Paris, 1875.

AUTRICHE, archiduché de la monarchie austro-hongroise; borné par la Bohême, la Moravie, la Hongrie, la Styrie, Salzbourg et la Bavière ; divisé en deux provinces que le cours de l'Enns sépare en partie. 31,821 kil. car. ; 2,920,000 hab., dont, 2,587,000 catholiques. 1° Province occidentale ou Haute-Autriche, 11,997 kil. car. 748,000 hab. Principaux cours d'eau : le Danube (qui reçoit l'Enns et l'Inn) et le Salzbach qui se jette dans l'Inn. Au S. du Danube, les Alpes Noriques couvrent le territoire. Sol extraordinairement fertile dans les vallées; agriculture développée ; élevage du bétail ; travail important dans les mines de sel d'Ischl et de Hallstadt. Capitale Linz. 2° Basse-Autriche, 19,824 kil. car.; 2,172,488 hab. Cours d'eau : Danube, Enns, Leithe et March. Alpes Noriques au S. Large et fertile vallée du Danube; contrée d'industrie plutôt que d'agriculture. Cap. Vienne.

AUTRICHIEN, IENNE s. et adj. Habitant de l'Autriche; qui a rapport à ce pays.

* **AUTRUCHE** s. f. (gr. strouthos, oiseau; première partie du nom grec de l'autruche : strouthio-kamélos, oiseau-cha..eou). Genre d'échassiers brévipennes (Cuv.) ou de coureurs Lacépède), formant, suivant d'autres, le type de la famille des struthionidés. — Les autruches se distinguent par des ailes revêtues de plumes lâches et flexibles, inutiles pour le vol, mais capables d'accélérer la course. Ce qui éloigne davantage l'autruche des oiseaux et la rapproche des mammifères, c'est la forme du sternum, un vaste cloaque où l'urine s'accumule comme dans une vessie, ce qui donne à l'oiseau la faculté d'uriner; et la présence d'une verge volumineuse qui permet un véritable accouplement. Les plumes des ailes n'ont que des tiges minces et forment, sur les

côtés du corps, des sortes de panaches d'une grande élégance. « Le bec des autruches est déprimé horizontalement, de longueur médiocre, mousse au bout; leur langue est courte et arrondie comme un croissant ; leur œil est grand et les paupières sont garnies de

Autruche (Struthio camelus).

cils. Elles ont un énorme jabot, un ventricule considérable entre le jabot et le gésier, des intestins volumineux et de longs cœcums ». (Cuv.) On n'en connaît que deux espèces, l'autruche de l'ancien continent (Struthio camelus) ou autruche proprement dite, et l'autruche d'Amérique ou Nandou (voy. ce mot). L'autruche de l'ancien continent est le plus grand des oiseaux existants ; elle atteint 2 mètres de hauteur et peut peser jusqu'à 140 kil. Tête petite, chauve et calleuse à sa partie supérieure, garnie inférieurement de poils clairsemés, blancs et brillants; orifice de l'organe de l'ouïe découvert et garni de poils à l'intérieur: cou long d'un mètre, couvert d'une peau livide; à chaque aile, deux piquants semblables à ceux du porc-épic ; queue garnie de pennes; jambes recouvertes d'une peau épaisse et ridée ; pieds vigoureux, garnis de grosses écailles ; deux doigts seulement dirigés en avant ; corps recouvert d'un plumage qui tient le milieu entre le poil des mammifères et le vêtement des oiseaux. Ce plumage est noir mêlé de blanc et de gris chez le mâle, avec les grandes plumes des ailes et de la queue blanches. La femelle est brune ou d'un gris cendré partout où le mâle est noir; elle porte des plumes noires à la queue et aux ailes ; les jeunes sont d'un gris cendré la première année. Ces oiseaux vivent en grandes troupes dans les déserts sablonneux de l'Afrique et de l'Asie. Par la vitesse de leur course, ils défient tous les autres animaux, même le cheval; poursuivis, ils savent lancer des pierres avec beaucoup de vigueur; ils ont l'ouïe fine et la vue perçante; mais les sens du goût et de l'odorat sont chez eux très obtus, et ils avalent indifféremment des cailloux et même des morceaux de fer. Leur nourriture consiste en grains, en herbes, en fruits, en feuilles, en racines, en insectes et en limaces. Fort doux, ils n'attaquent jamais et ne se défendent que par la fuite. Les femelles pondent chaque année une quarantaine d'œufs pesant près de 1 kil. et demi, et représentant, comme partie comestible, environ 24 œufs de poule. Dans les pays les plus brûlants, la mère se contente de les exposer sur le sable, à la chaleur du soleil ; mais dans des contrées plus tempérées, elle les couve ; elle les soigne et les défend partout avec courage. La chair de l'autruche, dont s'abstiennent les musulmans et les juifs, était autrefois recherchée; Apicius lui a consacré une sauce spéciale; les cervelles d'autruche se servaient sur la table des plus riches Romains. L'autruche peut livrer à la consommation 30 kil. de chair et 20 kil. d'une graisse limpide qui sert aux mêmes usages

que l'huile. Mais c'est principalement pour s'emparer de son riche plumage que les Arabes font une guerre incessante à cet oiseau qui ne tardera pas à disparaître si l'on ne parvient à le domestiquer complètement, c'est-à-dire à le faire reproduire en captivité. Les efforts se sont tournés de ce côté et la reproduction a été obtenue pour la première fois à la pépinière de Hamma, à Alger, en 1857, puis à Florence, en 1859 et à Grenoble en 1864 et 1865. Ces expériences, continuées avec persévérance, ne peuvent manquer d'aboutir à un bon résultat. En 1879, on a reçu au jardin zoologique du bois de Boulogne un magnifique troupeau d'autruches venant du Cap et destinées à des tentatives d'acclimatation dans le midi de la France.

* **AUTRUI** s. m., qui n'a pas de pluriel (lat. alteri, à un autre). Les autres personnes, le prochain : il ne faut pas désirer le bien d'autrui :

On voit les maux d'autrui d'un autre œil que les siens.
CORNEILLE.

— Prov. Mal d'autrui n'est que songe, le mal d'autrui ne nous touche guère. — Prov. et fig. Qui s'attend a l'écuelle d'autrui a souvent mal dîné, quand on compte sur autrui, on est souvent trompé dans ses espérances.

AUTUN, Bibracte, puis Augustodunum, ch.-l. d'arr. (Saône-et-Loire), à 106 kil. N.-N.-O. de Mâcon, sur l'Arroux ; 12,000 hab. Ancienne capitale des Éduens, cette vieille cité gauloise, qui possédait un sénat et une école de druides, devint très importante au temps des Romains. Son école de rhétorique était célèbre. Prise et pillée par Tétricus, relevée par Constantin, plusieurs fois ravagée par les barbares, Autun passa de la domination des Burgondes sous celle des Francs au VIe siècle ; puis devint capitale d'un comté dépendant du duché de Bourgogne (Xe siècle). Elle renferme de beaux monuments: cathédrale ; églises Saint-Lazare, Saint-Martin (avec tombeau de Brunehaut) ; ruines d'un théâtre, d'un amphithéâtre, d'un aqueduc, etc. — Évêché suffragant de Lyon ; commerce de bois, de chevaux, de grains; fab. de tapis de pied. — Combat d'Autun, 30 novembre 1870, entre Garibaldi et le général Werder. Les Allemands furent repoussés. — Altitude, 379 mètres. Lat. 46° 56' 43" N. ; long. 1° 57' 47" E.

AUTUNOIS, OISE s. et adj. Qui est d'Autun, qui appartient à cette ville.

AUTURA, nom latin de l'Eure.

AUT VINCERE, AUT MORI, loc. lat. qui signifie vaincre ou mourir.

AUVE s. f. Sorte de saindoux très blanc.

AUVEL s. m. Pêche. Sorte de claies en cannes dont on fait usage pour former l'enceinte des bourdigues.

* **AUVENT** s. m. (pour avant-vent ou ôtevent). Petit toit suspendu en saillie à une muraille, pour servir d'abri à une porte, particulièrement à une porte de boutique. Il faut une permission du maire pour placer un auvent sur la voie publique. — Art mil. Anciennement on appelait quelquefois la visière auvent de casque. — Mar. Auvent de sabord, espèce de faux sabord qu'on place à l'ouverture d'un sabord réel, afin d'empêcher la pluie d'entrer dans le navire.

AUVERGNAT, ATE s. et adj. Qui est de l'Auvergne, qui appartient à ce pays. — Bœuf auvergnat. L'Auvergne fournit le type spécial appelé bœuf de Salers. Voy. ce mot. — Cheval auvergnat. L'ancien cheval auvergnat, d'origine orientale et recherché pour la cavalerie, a presque disparu ; il s'est abâtardi. — Mulet auvergnat. Les montagnes de l'Auvergne nourrissent plus de 8,000 jumens, dont les trois quarts sont livrées au baudet et produisent les mulets d'Auvergne, renommés pour leur entêtement. Ces mulets sont exportés dans le midi de la France et en Espagne. — Argot. AVALER L'AUVERGNAT, communier.

AUVERGNE, *Arvernia*, anc. prov. formant aujourd'hui les départements du Cantal, du Puy-de-Dôme et une partie de la Haute-Loire. 13,500 kil. carr.; plus de 800,000 hab. Elle se divisait en Haute et en Basse-Auvergne ou *Limagne*, séparées par la Rue. Sa capitale était Clermont. Son territoire fut primitivement occupé par les *Arvernes*, peuple gaulois redoutable qui fournit d'intrépides soldats aux chefs Bellovèse et Sigovèse, ainsi qu'au Carthaginois Asdrubal. La domination des Arvernes s'étendit de la Loire à la Méditerranée. Les Eduens pouvaient seuls leur disputer la prépondérance dans les Gaules. D'abord opposés à l'intervention des Romains en Provence, ils furent vaincus (121 av. J.-C.) et leur roi, Bétultus, orna le triomphe du vainqueur, le consul Fabius Maximus. Depuis lors, les Arvernes restèrent les alliés des Romains, jusqu'au jour où l'un des leurs, Vercingétorix, souleva tous les peuples gaulois contre la domination des étrangers (52 av. J.-C.) A la chute de ce héros, l'Arvernie fut réduite en province romaine; maiselle obtint de grands privilèges, entre autres l'établissement d'un sénat à l'instar de Rome et le droit de bourgeoisie romaine accordé à Augustonemetum, leur ville principale. Austremoine et Nectaire y apportèrent le christianisme vers 520. L'Auvergne fut cédée, en 475, aux Visigoths par l'empereur Népos ; Clovis la conquit en 507. Incorporée au royaume d'Austrasie, en 511, elle passa, en 630, aux ducs d'Aquitaine, qui conférèrent l'administration à des comtes. Blandin, comte d'Auvergne, défendit ce pays contre l'invasion de Pépin le Bref. L'Auvergne appartint ensuite à des comtes de Poitiers et de Toulouse; en 979, cette seigneurie devint héréditaire dans la maison des vicomtes d'Auvergne; vassale de la Guienne, elle passa, avec cette province, sous la domination anglaise. En 1155 elle se divisa en deux seigneuries: 1º le DAUPHINÉ D'AUVERGNE (Vodable), où se retira Guillaume VIII, dépouillé d'une partie de ses états par son oncle. Le titre de *dauphin* d'Auvergne fut conservé par ses descendants (dont plusieurs se distinguèrent dans nos guerres nationales) jusqu'à l'année 1428, où Jeanne, dernière héritière des dauphins, transporta, par son mariage avec Louis, comte de Montpensier, cette seigneurie dans la famille des Bourbons. Mademoiselle de Montpensier légua le dauphiné d'Auvergne au duc d'Orléans, frère de Louis XIV. 2º le COMTÉ d'Auvergne (Vic-le-Comte), fut confisqué par Philippe-Auguste, et divisé par saint Louis en deux comtés. L'un, la *Terre d'Auvergne*, (Riom), fut donné à Alphonse, frère du roi; puis, comme duché, à Jean, duc de Berry, mort en 1416, sans postérité masculine ; il passa dans la maison de Sourbon, fut confisqué en 1527, pour punir la félonie du connétable de Bourbon ; enfin on le réunit à la couronne en 1531. L'autre, moins considérable, fut rendu par saint Louis, à Guillaume IX, fils du comte, que Philippe-Auguste avait dépossédé. Vers la fin du XIVᵉ siècle, ce comté passa par mariage à l'ancienne maison de la Tour, dite depuis de la *Tour d'Auvergne*. Légué, en 1524, à Catherine de Médicis, il fut cédé, en 1606, au dauphin, depuis Louis XIII, qui le réunit à la couronne, en 1610. — Avant la Révolution, le gouvernement d'Auvergne, formait deux sénéchaussées (Riom et Clermont); cinq bailliages (Saint-Flour, Aurillac, Salers, Vic et Montferrand); deux évêchés: (Saint-Flour et Clermont).

* **AUVERNAT** s. m. Nom qu'on donne à certain vin d'Orléans.

AUVERPIN s. m. Jargon parisien. Auvergnat.

AUVERPINCHE s. m. Gros soulier comme en portent les Auvergnats.

AUVIGNY (Jean DU CASTRE D'), écrivain militaire, né dans le Hainaut, en 1712, mort en 1743 ; son ouvrage le plus connu : *Vie des hommes illustres de la France*, fut continué par l'abbé Pérau.

AUVILLAR [ô-vi-lar]. Ch.-l. de cant., arr. et à 20 kil. O.-S.-O. de Moissac (Tarn-et-Garonne), sur la rive gauche de la Garonne; 1,890 hab.

AUVILLERS-LES-FORGES, village du cant. de Signy-le-Petit (Ardennes); 700 hab. Forges.

AUXERRE [ô-sè-re]. *Autissiodurum, Autesiodurum, Vellaunodunum,* ch.-l. du dép. de l'Yonne, sur la rive gauche de l'Yonne, à 169 kil. S.-E. de Paris; par 47º 47' 5" de lat. N. et 1º 14' 10" de long. E. Port fréquenté ; rues larges et bien percées ; cathédrale Saint-Etienne (du XIIIᵉ au XVIᵉ siècle), église Saint-Germain, avec deux cryptes; excellent vins rouges; bois, charbon, chanvre, tissus et poterie; 16,000 hab. Patrie de Sedaine, de Lacurne de Sainte-Palaye, du président Jeannin, de l'abbé Lebeuf, du géomètre Fourier, de l'avocat Marie, etc. Comprise dans le pays des Sénonais, Auxerre prit de l'importance sous les Romains, fut ravagée par Attila, devint capitale de l'Auxerrois, pendant le moyen âge, passa dans la maison des comtes de Châlons, embrassa la cause des Bourguignons et fut réunie à la Bourgogne par le traité d'Arras. Elle revint définitivement à la couronne sous Louis XI. — DÉCLARATION D'AUXERRE, discours prononcé à Auxerre, le 6 mai 1866, par l'empereur Napoléon III, au moment où allait s'engager la guerre entre la Prusse et l'Autriche. Dans ce discours, l'empereur déclara à quel point il détestait les traités de 1815. Malheureusement, la guerre du Mexique le mettait dans l'impossibilité de les déchirer.

AUXERROIS [ô-ksè-roi]. Ancien pays de France, dans la Bourgogne; cap. Auxerre. Il forme aujourd'hui la plus grande partie de l'arrond. d'Auxerre.

AUXERROIS, OISE s. et adj [ô-ksè-roi, oi-ze]. Habitant d'Auxerre; qui appartient à cette ville ou à ses habitants.

AUXÈSE s. f. [ô-ksè-ze] (gr. *auxêsis*, augmentation). Rhét. Nom que l'on donne quelquefois à l'hyperbole.

AUXI-LE-CHÂTEAU, ch.-l. de cant., arr. et 27 kil. S.-O. de Saint-Pol (Pas-de-Calais); sur l'Authie, dans une contrée marécageuse ; 3,010 hab. Ruines d'un château du XIIᵉ siècle ; église du XVIᵉ et maison de ville flanquée de deux tourelles (XVIᵉ siècle).

* **AUXILIAIRE** adj. [ô-ksi-li-è-re] (lat. *auxilium*, secours). Qui aide, dont on tire du secours. Est principalement usité en parlant des troupes qu'un prince, qu'un Etat envoie au secours d'un autre prince, d'un autre Etat : *armée auxiliaire, troupes auxiliaires.* — Gramm. Se dit des verbes qui servent à former plusieurs temps des autres verbes : *verbe auxiliaire;* AVOIR et ÊTRE sont les verbes auxiliaires de la langue française. — Substantiv.: *l'auxiliaire* ÊTRE, *l'auxiliaire* AVOIR. — s. m. Celui, qui aide, dont on tire du secours : *vous avez choisi un étrange auxiliaire.* — Nom que l'on donne aux corps étrangers qu'un gouvernement prend à sa solde ou qui lui viennent volontairement en aide. — Mar. Les capitaines de long cours sont ainsi appelés, lorsqu'ils font temporairement partie du corps militaire de la marine.

AUXO. Myth. Nom de l'une des Grâces.

AUXOIS [ôk-soi]. *Alsensis pagus,* pays de l'anc. Bourgogne qui a formé les arr. d'Avallon (Yonne) et de Semur (Côte-d'Or). Capitale Semur. L'Auxois formait, au IXᵉ siècle, un comté qui fut réuni à la Bourgogne en 1082.

AUXOMÈTRE s. m. (gr. *auxô*, j'augmente; *metron*, mesure). Phys. Appareil qui sert à mesurer le grossissement d'un instrument d'optique.

AUXONNE [ô-so-ne] *Assonium, Aussona,* ch.-l. de cant. (Côte-d'Or), sur la rive gauche de la Saône. arr. et à 31 kil. S.-E. de Dijon ; 6,000 hab. Ville fondée vers le VIᵉ siècle, par les Burgondes, saccagée par les *Tard-Venus* et fortifiée par Louis XII. Capitale de l'Auxonnois, et cédée à l'Espagne par le traité de Madrid (1526), elle refusa de recevoir les Espagnols qui ne purent y pénétrer. Elle fut prise, en 1586, par le duc de Guise et se soumit à Henri IV en 1595. Au XVIIᵉ siècle, ses fortifications furent reconstruites par Vauban; plus tard, on y établit une école d'artillerie. Elle résista énergiquement aux Autrichiens, en 1815 et ne capitula que deux mois après l'abdication de Napoléon. Etoffes de laine, clous, huile, etc. — Lat. 47º 11' 39" N. Long. 3º 3' 3" E.

AUXONNOIS, comté d'Auxonne; ancien pays dont Auxonne était la capitale.

AUXONNOIS, OISE s. et adj. [ô-kso-noi]. Habitant d'Auxonne; qui appartient à cette ville ou à ses habitants.

AUZANCE, petite rivière qui naît dans le dép. des Deux-Sèvres et se jette dans le Clain, après un cours de 40 kil.

AUZANCES, ch.-l. de cant., arr. et à 26 kil. N.-E. d'Aubusson (Creuse); 1,250 hab.

AUZON, ch.-l. de cant., arr. et arrond. et à 14 kil. N. de Brioude (Haute-Loire); 1.550 hab. Eaux minérales, houille.

AUZON, petite rivière qui naît près de Flassan (Vaucluse), passe à Carpentras et se jette dans la Sorgues, après un cours de 40 kil.

AUZOUT (Adrien), mathématicien, né à Rouen, en 1630, mort en 1691; inventa en 1667 le micromètre à fils mobiles qui sert à mesurer le diamètre apparent des corps célestes, et eut l'idée d'appliquer un télescope au moyen d'un cercle astronomique. On a de lui un *Traité du micromètre*, des *Lettres sur les grandes lunettes* et le *Voyage de Cassini*.

AUZOUX (Théodore-Louis), médecin anatomiste, créateur de l'anatomie clastique, né à Saint-Aubin d'Ecrosville (Eure), en 1798, mort en 1880. Dans le but de faciliter et de vulgariser l'étude de l'anatomie, il inventa une pâte inaltérable en papier mâché, au moyen de laquelle il put fabriquer des modèles anatomiques qui sont admirables de délicatesse et d'exactitude, et qui sedémontent en pièces séparées montrant toutes les parties des organes. Il fonda en 1825, à Saint-Aubin d'Ecrosville, un établissement pour la fabrication de ces modèles, qui sont admis aujourd'hui dans toutes les écoles et à l'aide desquels l'étude de l'anatomie a été simplifiée d'une manière admirable. — Auzoux a exposé son système dans ses *Leçons élémentaires d'anatomie et de physiologie* ou *Description succinte des phénomènes physiques de la vie à l'aide de l'anatomie clastique* (1839, in-8º). Il a laissé plusieurs autres ouvrages. (Voy. ECROSVILLE.)

AVA. I. Anc. cap. de l'empire Birman, sur l'Irrawaddy; 30,000 hab. Presque détruite par un tremblement de terre, en 1839, elle est en pleine décadence. — II. (Royaume d'). Voy. BIRMAN (EMPIRE).

* **AVACHIR (S')** v. pr. (all. *weich,* mou). Devenir lâche, mou, sans vigueur, surtout en parlant des femmes auxquelles un excès d'embonpoint fait perdre la fraîcheur et la vivacité de la jeunesse. (Fam.). — Se déformer et s'affaisser en parlant des cuirs, du cuir, etc.: *cet habit commence à s'avachir.*

AVADÂNAS, (c'est-à-dire *Paraboles*), contes et apologues indiens dont une traduction française a été publiée, en 1859, par Stanislas Julien, 3 vol. in-16.

AVAILLES, ch.-l. de cant.; arr. et à 18 kil. E. de Civray (Vienne), sur la rive gauche de la Vienne. 2,150 hab. Eaux minérales froides.

* **AVAL** s. m. (de à val, en bas). Comm. Souscription qu'on met au bas d'un effet de commerce, et par laquelle on s'oblige d'en payer le montant, s'il n'est pas acquitté par celui qui a souscrit ou accepté l'effet. — Plur. des AVALS. — Législ. « L'aval est un cautionnement par lequel un tiers garantit le paiement d'une lettre de change ou d'un billet à ordre. Il peut être donné soit sur l'effet de commerce, par une simple signature à la suite des mots *pour aval*, soit par un acte séparé, sous seing privé ou devant notaire. L'aval n'est soumis à aucune forme particulière, il peut s'appliquer à l'obligation du souscripteur ou tiré, ou à celle de l'un des endosseurs; il peut être fait sous certaines réserves; mais, dans tous les cas, il constitue un engagement solidaire (Cod. com. 141-142). Il ne faut pas confondre le donneur d'aval avec l'*intervenant* qui, lors du protêt faute d'acceptation d'une lettre de change, accepte cette lettre et prend ainsi la place du tiré (Cod. com. 126). L'aval étant un acte de commerce, tout ce qui concerne son exécution est du ressort de la juridiction commerciale. Il est assimilé à l'endossement et n'est soumis à aucun droit particulier d'enregistrement ». (Ch. Y.).

AVAL s. m. (lat. *ad*, vers; *vallis*, vallée). Navig. fluv. Côté vers lequel descend la rivière. Est l'opposé d'AMONT; on l'emploie surtout avec la préposition *de*, et toujours sans l'article : *pays d'aval*, *patache d'aval*, *vent d'aval*. — EN AVAL DU PONT, DE LA VILLE, etc., se dit pour désigner le côté de la rivière qui est au-dessous du pont, de la ville, etc., dont on parle. — VENT D'AVAL, se dit, sur les côtes, de tout vent qui souffle de l'un des points compris entre le nord-ouest et le sud-ouest, passant par l'ouest, surtout lorsque la terre est au levant : *le vent d'aval amène presque toujours de la pluie*. — UN DES BATEAUX ALLAIT AMONT, L'AUTRE AVAL, l'un montait, l'autre descendait. Dans cette phrase, qui a vieilli, *amont* et *aval* sont employés dans leur signification primitive, c'est-à-dire comme adverbes. — A vau-l'eau loc. adv. Suivant le courant de l'eau : *la barque allait à vau-l'eau*. — Prov. et fig. L'AFFAIRE, L'ENTREPRISE EST ALLÉE A VAU-L'EAU, elle n'a pas réussi, on n'espère plus rien.

AVALAGE s. m. Descente d'un bateau sur une rivière. — Descente d'une futaille dans une cave.

* **AVALAISON** ou **Avalasse** s. f. (rad. *aval*). Chute d'eau impétueuse qui vient des grosses pluies formées en torrents. (Peu us.). — Mar. Vent d'aval qui dure depuis huit jours et plus sans varier.

* **AVALANCHE** s. f. (lat. *ad*, vers; *vallis*, vallée). Masse considérable de neige durcie qui se détache du sommet glacé des hautes montagnes, et roule jusque dans les vallées, en détruisant ou renversant tout sur son passage.

* **AVALASSE** s. f. Voy. AVALAISON.

* **AVALÉ, ÉE** part. pass. d'AVALER. — Adjectiv. Qui pend un peu : *joues avalées*, *épaules avalées*, *oreilles bien avalées*.

AVALEMENT s. m. Action de descendre, d'abaisser; déglutition.

* **AVALER** v. a. (rad. *aval*). Faire passer par le gosier dans l'estomac quelque aliment, quelque liqueur, ou autre chose : *avaler un bouillon*; *il avale les morceaux sans mâcher*. — Pop. Abaisser, faire descendre : *avaler du vin dans la cave*. Pop. Croire : *on lui fera avaler cela*; *on lui en fera avaler bien d'autres*. — Navig. fluv. Suivre le courant de la rivière : *ce bateau*

avale. — Prov. et pop. NE FAIRE QUE TORDRE ET AVALER, manger trop avidement, et avaler presque sans mâcher. — Fam. et par exagérat. IL AVALERAIT LA MER ET LES POISSONS, se dit d'un homme qui a une grande soif, ou qui a un appétit insatiable ; et quelquefois, au figuré, d'un homme extrêmement avide de richesses. — Prov. et fig. AVALER LE CALICE, AVALER LE MORCEAU, se soumettre à quelque chose de fâcheux, malgré la répugnance qu'on y peut avoir. — Prov. et fig. AVALER DES COULEUVRES, recevoir des dégoûts, des chagrins, des mortifications qu'on est obligé de dissimuler, dont on n'ose se plaindre. — Hortic. AVALER UNE BRANCHE, la couper près du tronc. — S'avaler v. pr. Pendre, descendre trop bas : *le ventre de cette jument s'avale*. — ⌣⌣ Argot. AVALER LE PÉPIN, devenir enceinte. — AVALER SON POUSSIN, être mis à la porte, être congédié, dans le jargon des peintres en bâtiment. — AVALER LE LURON, communier. — AVALER SA CUILLER, SA FOURCHETTE, SA LANGUE, SA GAFFE, mourir.

AVALE-TOUT-CRU s. m. Argot. Voleur de diamants. Plur. DES AVALE-TOUT-CRU.

* **AVALEUR** s. m. Celui qui a l'habitude d'avaler quelque aliment, quelque liqueur : *c'est un avaleur de bouillons, de tisanes, de médecines*. (Fam.). — Prov. et fig. C'EST UN AVALEUR DE POIS GRIS, c'est un glouton, un gourmand. — Prov. et fig. C'EST UN AVALEUR DE CHARRETTES FERRÉES, c'est un fanfaron.

AVALLON, *Aballo*, *Abalium*, ch.-l. d'arr. (Yonne), à 48 kil. S.-E. d'Auxerre; 6,500 hab., jolie ville, au sommet d'un rocher de granit, à l'entrée d'une riante vallée, sur la rive droite du Cousin; vins rouges, draperies, merrains, feuillettes, cuirs, etc. La forteresse d'Avallon fut inutilement assiégée par Robert le Pieux. Cette place fut réunie à la couronne par Louis XI, après la mort de Charles le Téméraire. Les Ligueurs la pillèrent en 1594. Altitude, 263 mètres. Lat. N. 47° 29' 12"; long. E. 1° 34' 17".

* **AVALOIRE** s. f. Gosier, en parlant d'un homme qui mange et boit beaucoup : IL A UNE BELLE AVALOIRE. — Pièce du harnais des chevaux, qui leur descend derrière les cuisses, un peu au-dessous de la queue, et qui sert à retenir les voitures dans les descentes ou à les faire rouler d'avant en arrière.

AVALOS (Ferdinando-Francesco d'), MARQUIS DE PESCARA (PESCAIRE), général italien au service de Charles-Quint, né à Naples, en 1490, mort le 4 novembre 1525. Fait prisonnier par les Français à Ravenne (1512), il écrivit, pendant sa captivité, un poème, le « Dialogue de l'Amour », qu'il dédia à sa femme, Vittoria Colonna. Ayant payé sa rançon, il reprit du service dans les troupes de l'empereur. Il s'illustra à Pavie (1525) et fut nommé généralissime. Le duc de Milan, révolté contre la domination des Espagnols et des Allemands, lui offrit la couronne de Naples pour l'attirer dans son parti. Mais Pescaire dénonça ce projet à l'empereur. Son neveu, ALPHONSE D'AVALOS, marquis de Guasto, mort en 1546, commanda également les troupes impériales et fut battu à Cérisoles.

AVALURE s. f. (anc. franc. *avaler*, descendre). Art vétérin. Développement irrégulier (partiel ou général) du sabot d'un cheval : 1° par vice de sécrétion de la corne, à la suite d'une blessure ou d'une opération; 2° par le pus d'un furoncle ou de l'enclouure. On dit que le cheval fait *pied neuf* ou *quartier neuf*, suivant que la maladie attaque la totalité du sabot ou qu'elle intéresse un des quartiers seulement. Lorsque l'avalure est superficielle, on peut la guérir au moyen de plumasseaux de térébenthine et avec de l'onguent de pieds; si elle est profonde, il faut amincir la corne pour en rendre la sécrétion plus régulière. Maladie dangereuse des jeunes oiseaux que l'on élève à la brochette et auxquels on donne

des aliments trop échauffants. Ils maigrissent; leur ventre enfle; leur peau se tend et est couverte de veines rouges qu'il est facile d'apercevoir lorsqu'on écarte les plumes en soufflant dessus. Il faut changer de nourriture, donner de la mie de pain bouillie avec du lait, mettre du fer dans l'eau de la boisson.

AVANÇAGE s. m. Place réservée pour le stationnement des voitures publiques.

* **AVANCE** s. f. Partie de bâtiment qui anticipe sur une rue, sur une cour, et qui sort de l'alignement du reste du bâtiment : *le voyer fera abattre cette avance*. — Espace de chemin qu'on a devant quelqu'un : *il a tant de lieues d'avance sur nous*. — Ce qui se trouve déjà de fait ou de préparé dans une affaire, dans un ouvrage : *c'est une grande avance, quand on veut bâtir, que d'avoir des matériaux*. — Premières recherches, premières démarches pour amener une réconciliation, un accommodement, un traité, pour former une liaison d'amour ou d'amitié : *il ne veut faire aucune avance*. — Somme que l'on prête, paiement anticipé, déboursé que l'on fait pour quelqu'un : *faire une avance de mille écus*; *c'est moi qui ai fait toutes les avances*. — ÊTRE EN AVANCE, avoir fait une avance de quelque somme. — D'avance, par avance loc. adv. pour marquer anticipation de temps, soit par rapport à l'époque où l'on fait ordinairement une chose, soit par rapport à ce qui doit être fait ou dit particulièrement : *payer d'avance une année de son loyer*; *payer quelqu'un par avance*.

* **AVANCÉ, ÉE** part. pass. d'AVANCER. — Art milit. OUVRAGE AVANCÉ, ouvrage de fortification qui n'est pas contigu au corps de la place, et qui contribue à le couvrir. — CORPS DE GARDE AVANCÉ, ou simplement, AVANCÉE, petit poste placé en avant de celui qui garde la porte d'une ville forte. — GARDE AVANCÉE, celle qui est près de l'ennemi. On dit également : *sentinelle avancée*. — L'AFFAIRE EST BIEN AVANCÉE, EST FORT AVANCÉE, elle approche de son terme, de sa conclusion. — LA CIVILISATION DE CE PEUPLE EST FORT AVANCÉE, elle est très perfectionnée. — LA SCIENCE ÉTAIT ALORS PEU AVANCÉE, elle avait fait peu de progrès, etc. — ÊTRE AVANCÉ DANS UN TRAVAIL, en avoir fait une grande partie, approcher de la fin. — Fam. et iron. ÊTRE BIEN AVANCÉ, s'être donné une peine inutile, avoir compromis ses intérêts par de fausses démarches, par une conduite maladroite. — ÊTRE AVANCÉ EN AGE, ÊTRE DANS UN AGE AVANCÉ, être vieux. — L'ANNÉE, LA SAISON, LA NUIT EST BIEN AVANCÉE, LE JOUR EST BIEN AVANCÉ, l'année, la saison, la nuit, le jour approche de sa fin. — ATTENDU, VU L'HEURE AVANCÉE, attendu, vu qu'il est tard. — LA SAISON ÉTANT AVANCÉE, se dit aussi lorsque les fleurs, les fruits, les blés, etc., croissent avant la saison ordinaire. On dit dans le même sens, *les arbres, les fruits, les fleurs, etc., sont fort avancés*. — UN JEUNE HOMME AVANCÉ, UN ESPRIT AVANCÉ, un jeune homme qui a fait de bonne heure de grands progrès dans ses études, qui a une raison précoce. — UNE VIANDE AVANCÉE, une viande qu'on a trop tardé à manger, et qui a beaucoup perdu de sa qualité, qui est près de se gâter.

* **AVANCÉE** s. f. Art milit. Corps de garde avancé, petit poste en avant de celui qui garde la porte d'une place de guerre : *le poste de l'avancée*; *il était à l'avancée*.

* **AVANCEMENT** s. m. Progrès en quelque matière que ce soit : *il fait tout ce qu'il peut pour l'avancement de son travail*. — Progrès que l'on fait dans la carrière des emplois; action de monter en grade : *j'aurai soin de votre avancement*. — Jurisp. AVANCEMENT D'HOIRIE, ce qui se donne par avance à un héritier. — Législ. « L'avancement d'hoirie est une donation faite par une personne à l'un de ses héritiers présomptifs et dont l'objet ou la valeur doit être, après le décès du donateur, rapporté au moins fictivement dans l'actif de sa succession, avant que l'on établisse les droits respectifs de chaque héritier. Si la donation est faite *hors part*, d'une manière expresse, il n'y a pas lieu à rapport, à moins que la valeur des objets donnés ne dépasse sa quotité disponible. Ils sont considérés comme avancements d'hoirie : les dons faits à l'enfant ou au conjoint de l'un des héritiers; les frais de nourriture, d'entretien, d'éducation, d'équipement, de noces et les présents d'usage; mais ce qui a été employé pour l'établissement d'un des co-héritiers ou pour le paiement de ses dettes est sujet à rapport (Cod. civ. 843 et s.) Voy. DOT, RAPPORT, SUCCESSION ». (CH. Y.).

* AVANCER v. a. (rad. *avant*). Pousser en avant, porter en avant : *avancez la table*. — Rapprocher un objet d'un autre : *avancez-moi un fauteuil*. — Est souvent opposé à différer, retarder : *avancer son départ*; *les chagrins ont avancé sa mort*. — Faire du progrès en quelque chose : *avancer sa besogne*. On dit de même : *cela n'avancera pas les affaires*. — Payer par avance : *avancer les gages à ses domestiques*. — Payer une somme pour le compte de quelqu'un, fournir aux frais de quelque entreprise : *il est juste qu'on lui rende ce qu'il a avancé*. Fig. Mettre en avant, proposer une chose comme véritable : *je n'avance rien dont je n'aie de bonnes preuves*. — Aller trop vite : *cette montre avance*. — Procurer de l'avancement : *son protecteur l'a fort avancé*. — AVANCER UNE MONTRE, UNE PENDULE, UNE HORLOGE, faire qu'elle indique les heures avant le temps où elle les eût indiquées si on n'y avait pas touché. — v. n. Aller en avant : *avancez donc*; *l'armée avançait dans le pays*. — Anticiper : *vous avez avancé de plus d'un mètre sur mon terrain*. — Sortir de l'alignement : *cet arbre avance hors de l'allée*. — Faire du progrès : *avancer en âge, en sagesse, en vertu, dans un travail, dans l'étude*. — Se dit également, dans ce dernier sens, des choses : *voilà un travail qui n'avance point*. S'avancer v. pr. Aller en avant :

.... Un cortège funèbre.
Que le peuple suivait avec recueillement,
Vers l'asile des morts s'avançait lentement.
    Mme DE GIRARDIN. *Madeleine*.

— S'approcher, en parlant du temps : *le moment s'avance*. — Fig. Faire du progrès dans une carrière, en parlant de l'avancement : *s'avancer dans un emploi*; *s'avancer dans le monde*. — Se prolonger, faire saillie : *les rochers qui s'avançaient au-dessus de nos têtes*. — S'engager, faire une démarche : *cet ambassadeur s'est trop avancé*.

AVANÇON s. m. (rad. *avancer*). Mar. Bout de planche placé aux abords d'un touret, pour retenir le fil de carret qui s'y enroule. — Pêche. Allonge qu'on met à une ligne, pour y étalinguer les haims.

* AVANIE s. f. (arabe, *haouan*, opprobe). S'est dit d'abord dans le Levant pour désigner les extorsions pécuniaires que les musulmans se permettaient contre les chrétiens. — Affront, traitement humiliant, insulte qu'une personne reçoit en présence de plusieurs autres.

AVANO s. m. Pêche. Filet en forme de poche et à mailles serrées, dont on fait usage pour prendre la sardine, la crevette et autres menus poissons et crustacés.

* AVANT Prép. (lat. *ab à*; *ante*, avant). Antérieurement à : *ceux qui ont vécu avant nous*. — Dans un lieu plus rapproché: *la maison où il loge est avant l'église, en venant du côté de*... — AVANT TOUT, d'abord: *nous devons, avant tout, prendre telle mesure*. — Principalement, préférablement à toute autre chose : *je désire, avant tout, que cela reste secret*. On dit également quelquefois, AVANT TOUTES CHOSES. — Adverbial. LE JOUR D'AVANT, LA NUIT D'AVANT, etc. Le jour précédent, la nuit précédente, etc. — Est aussi une préposition inséparable qui se joint à certains mots pour marquer une chose qui en précède une autre, qui est placée ou qui va devant une autre : *avant-propos*; *avant-goût*; *l'avant-corps*, *l'arrière-corps d'un bâtiment*; *avant-bras*; *avant-garde*, etc. Voyez ces mots à leur rang alphabétique. — Adv. de lieu. Ne s'emploie d'ordinaire qu'avec les mots *si, bien, trop, plus, asser, fort*, et sert à marquer mouvement et progrès : *n'allez pas si avant*; *il entra assez avant dans le bois*. — Se dit aussi par rapport au temps : *bien avant dans l'hiver*. — Se dit fig. en parlant des choses morales considérées comme étendues : *jamais philosophe ne pénétra plus avant dans la connaissance des choses*. — Avant que loc. conj. Avant l'époque où :

Avant qu'à nos erreurs le ciel nous abandonne,
Profitons de l'instant que de grâce il nous donne.
    BOILEAU.

— En avant loc. adv. Au delà du lieu où l'on est; vers le lieu, vers le côté qui est devant : *pousser en avant*. — EN AVANT, MARCHE, ou simplement, EN AVANT. Terme de commandement militaire. — Manège : CE CHEVAL EST BEAU DE LA MAIN EN AVANT, il est beau du devant. — Fig. et fam. ALLER EN AVANT, continuer à faire une chose, ne pas s'arrêter devant les obstacles. — Fig. et fam. CETTE AFFAIRE NE VA NI EN AVANT NI EN ARRIÈRE, elle est toujours dans le même état. — Fig. METTRE EN AVANT, avancer une proposition. — Adv. de temps. Ensuite, après : *de ce jour-là en avant*; *de là en avant*. Dans ce sens, il est vieux. — En avant de loc. prépos. Dans le lieu, dans la situation qui précède quelqu'un ou quelque chose : *il était fort en avant de son siècle*.

* AVANT s. m. Mar. Partie du bâtiment qui est située, par rapport à son centre de gravité, du côté par lequel le navire est destiné à fendre le fluide. Le mât de misaine est toujours à l'avant du centre de gravité. *Voiles de l'avant*, celles des mâts de misaine et de beaupré; *canons d'avant*, ceux qui se trouvent placés en cette partie. Un vaisseau est *trop sur l'avant* ou *sur le nez*, lorsqu'il est trop calé ou chargé de ce côté; et il *est de l'avant de son estime*, quand son point estimé le place plus loin de la terre qu'il ne l'est réellement. — ALLER DE L'AVANT, faire du chemin en avançant : *le navire allait de l'avant*. — Fig. et fam. ALLER DE L'AVANT, s'engager dans une affaire promptement et sans trop considérer les difficultés : *il n'hésite jamais, il va toujours de l'avant*.

* AVANTAGE s. m. (celt. *avantaich*). Ce qui est utile, profitable, favorable à quelqu'un : *grand avantage*; *on lui a fait de grands avantages*. — Supériorité; ce qu'on a par-dessus un autre en quelque genre que ce soit: *dans ses combats, il a toujours eu l'avantage*. — Succès militaire, victoire : *nos troupes remportèrent de grands avantages*. — Jurispr. Libéralité ou préférence que l'on fait à quelqu'un au delà de ce qu'il pourrait exiger ou attendre : *faire des avantages à l'un de ses enfants*. — A différents jeux. Ce que cède ou donne le plus habile à celui qui l'est moins, pour rendre la partie à peu près égale : *je ne jouerai point avec lui, s'il ne me donne de l'avantage*. — Mar. Partie de l'avant du vaisseau qui forme saillie sur l'étrave. — *Avoir* ou *prendre l'avantage du vent*, c'est se trouver ou se mettre au-dessus et plus près du lit du vent, de manière à le recevoir avant qu'il arrive au vaisseau contre lequel on doit manœuvre. — Un bâtiment *fuit avantage* d'une voile ou de deux voiles, à un autre bâtiment, lorsqu'il se prive d'une ou de deux voiles, pour égaliser la marche. — ETRE HABILLÉ, COIFFÉ A SON AVANTAGE, être habillé, coiffé d'une manière qui ajoute à la beauté, à la grâce, à la bonne mine. — PRENDRE DE L'AVAN-TAGE, SON AVANTAGE POUR MONTER A CHEVAL, se servir de quelque petite hauteur, de quelque élévation pour monter plus facilement à cheval. — PRENDRE QUELQU'UN A SON AVANTAGE, l'attaquer quand on est plus fort ou mieux armé que lui. — Au jeu de paume. L'AVANTAGE DU JEU, ou simplement, L'AVANTAGE, se dit lorsque, les joueurs ayant chacun quarante-cinq, l'un des deux gagne ensuite le coup. — Législ. « Le mot *avantages* a généralement pour signification, dans le langage juridique, ce qui a été donné par un ascendant à l'un de ses héritiers naturels, en outre de la part qui lui aurait été dévolue par la loi dans la succession de cet ascendant. Ces avantages ne peuvent excéder la quotité disponible (C. civ. 844. 1079). Dans un acte de société civile ou commerciale, il peut être convenu que des avantages seront réservés à l'un ou à plusieurs des associés; mais la convention serait nulle si elle attribuait à l'un des associés tous les bénéfices, ou si elle déclarait affranchi de toutes les pertes (id. 1855). » (CH. Y.).

* AVANTAGER v. a. Donner des avantages à quelqu'un par dessus les autres; faire à quelqu'un un avantage, des avantages : *la nature l'avait avantagé*; *un père ne peut avantager aucun de ses enfants au delà d'une certaine portion de ses biens*. — S'avantager v. récipr. Se donner mutuellement des avantages : *deux époux s'avantagent, se sont avantagés réciproquement*.

* AVANTAGEUSEMENT adv. D'une manière avantageuse.

* AVANTAGEUX, EUSE adj. Qui apporte, qui produit de l'avantage : *je ne vois pas en quoi cela vous est avantageux*. — Qui est à l'avantage de quelqu'un, qui est en sa faveur : *il m'a parlé de vous d'une manière très avantageuse*. — Confiant, présomptueux, qui cherche à prendre avantage sur les autres, qui se prévaut de la facilité des autres, et qui en abuse : *c'est un homme avantageux en paroles*. — COULEUR, COIFFURE, PARURE AVANTAGEUSE, qui sied très bien. — TAILLE AVANTAGEUSE, taille élevée, avec un port noble.

* AVANT-BEC s. m. Archit. Renfort saillant, pointe ou éperon élevé en avant des piles d'un pont pour rompre le courant, contre-bouter les piles et les protéger contre l'effort des glaces ou le choc des bateaux. On dit aussi BRISE-GLACE. — Plur. des AVANTS-BECS.

* AVANT-BRAS s. m. Anat. Partie du bras comprise entre le coude et le poignet. Plur. des AVANT-BRAS. — L'avant-bras se compose : 1° de deux os, le *radius* et le *cubitus*; 2° d'une vingtaine de muscles, dont les principaux sont le radial antérieur, le palmaire grêle, le cubital antérieur, le fléchisseur superficiel ou sublime, le fléchisseur profond et le long fléchisseur du pouce, qui occupent la face antérieure de l'avant-bras et servent, en général, à la flexion du poignet et des doigts ; le rond pronateur et le carré pronateur, qui servent au mouvement de pronation de la paume de la main ; le long supinateur et le court supinateur, qui agissent sur le radius ; les radiaux externes, l'extenseur commun des doigts, le cubital postérieur, l'anconé, le long abducteur du pouce, le long et le court extenseur du pouce, l'extenseur propre de l'index, qui servent à l'extension de la main et des doigts ; 3° des artères et des veines radiales et cubitales et de plusieurs veines superficielles ; 4° des vaisseaux lymphatiques ; 5° de nerfs.

AVANT-CALE s. f. Mar. Partie qui prolonge la cale de construction au-dessous de l'eau pour soutenir le navire pendant son lancement. — Plur. des AVANT-CALES.

AVANT-CHEMIN COUVERT s. m. Art mil. Second chemin couvert, établi à la crue du glacis ou sur la contrescarpe de l'avant-fossé. — Plur. des AVANT-CHEMINS COUVERTS.

AVANT-CHŒUR s. m. Espace libre qui est

compris entre la balustrade et le jubé de certaines églises et qui précède la principale entrée du chœur. — Plur. des AVANT-CHŒURS.

AVANT-CŒUR, Anticœur s. m. Art vétér. Tumeur inflammatoire au poitrail du cheval et du bœuf qui ont le sternum saillant et qui sont employés au trait. — Plur. des AVANT-CŒURS. — Lorsque cette tumeur reste stationnaire, elle ne donne lieu à aucun accident; un traitement résolutif ou une médication iodée suffit pour la faire disparaître. Mais il arrive que l'avant-cœur prend un caractère charbonneux; il faut alors employer, sans retard, les moyens énergiques prescrits contre le charbon.

* AVANT-CORPS s. m. Archit. Corps de maçonnerie qui est en saillie sur la face d'un bâtiment ; et, généralement, tout ce qui excède le nu de l'architecture de quelque ouvrage que ce soit: *cet avant-corps a trop de saillie.* — Plur. des AVANT-CORPS.

* AVANT-COUR s. f. Espèce de cour qui précède la cour principale d'un grand bâtiment : *l'avant-cour d'un château.* — Plur. DES AVANT-COURS.

* AVANT-COUREUR s. m. Celui qui va devant quelqu'un, et qui en annonce l'arrivée: *les Cosaques sont ordinairement les avant-coureurs des armées russes.* — Tout ce qui annonce ou présage quelque chose qui arrive bientôt après: *cet oiseau est l'avant-coureur du printemps; ces petits frissons, ces lassitudes sont des avant-coureurs de la fièvre.*

* AVANT-COURRIÈRE s. f. Celle qui précède, qui devance. N'est guère usité qu'en poésie et pour désigner l'aurore: *l'avant-courrière du soleil; l'avant-courrière du jour.* — Plur. des AVANT-COURRIÈRES.

* AVANT-DERNIER, IÈRE adj. Pénultième, qui est avant le dernier : *l'avant-dernier article d'une loi.* — Substantiv.: *j'étais l'avant-dernier; elle est l'avant-dernière.* — Plur. des AVANT-DERNIERS.

AVANT-FOSSÉ s. m. Art milit. Second fossé qu'on creuse quelquefois au pied des glacis d'une enceinte, pour se procurer la terre nécessaire aux travaux, si le creusement du premier fossé n'en a pas fourni une quantité suffisante. Il faut remplir ce fossé d'eau, afin que s'il se trouvait à sec et que l'ennemi s'en rendit maître, il lui servirait à se couvrir du feu. — Plur. des AVANT-FOSSÉS.

* AVANT-GARDE s. f. Partie d'une armée qui marche la première: *l'avant-garde plia; les vaisseaux qui font l'avant-garde, qui sont à l'avant-garde.* — Plur. des AVANT-GARDES.

AVANT-GLACIS s. m. Art milit. Second glacis commençant à la queue du premier, où le terrain doit être recreusé pour le rétablissement de la nouvelle crête. — Plur. des AVANT-GLACIS.

* AVANT-GOÛT s. m. Goût qu'on a par avance de quelque chose d'agréable. Ne s'emploie qu'au figuré ; *ce n'est qu'un avant-goût du plaisir qui vous attend, qui vous est promis.* — Plur. des AVANT-GOUTS.

* AVANT-HIER adv. de temps [a-van-ti-èrr]. Avant-veille du jour où l'on est: *il partit avant-hier.*

* AVANT-MAIN s. m. Jeu de paume. Coup poussé du devant de la raquette ou du battoir: *coup d'avant-main.* — Manége et Art vét. Partie antérieure du cheval, par opposition aux corps et à l'arrière-main. L'avant-main comprend la tête, l'encolure, le poitrail, les épaules et les jambes de devant. — Plur. des AVANT-MAINS.

AVANT-NEF s. m. Archit. anc. Partie des églises grecques qui se trouvait à l'entrée, avant la nef. — Plur. des AVANT-NEFS.

* AVANT-PÊCHE s. f. Espèce de petite pêche

qui mûrit avant les autres : *ces avant-pêches sont excellentes.*

* AVANT-PORT s. m. Mar. Partie du port qui précède la partie qu'on ferme. On y reçoit les navires qui ne veulent qu'un abri, ou ceux qui se tiennent prêts à appareiller. — Plur. des AVANT-PORTS.

AVANT-PORTAIL s. m. Archit. Avant-corps isolé, placé à distance d'un portail, dans certaines églises. — Plur. des AVANT-PORTAILS.

* AVANT-PORTE s. f. Première porte disposée dans certaines maisons pour empêcher le froid d'y pénétrer. — Plur. des AVANT-PORTES.

* AVANT-POSTE s. m. Art milit. Poste de sûreté établi dans le voisinage d'un camp, d'un cantonnement ou d'un bivouac, afin que le corps de troupes principal ne soit pas enveloppé à l'improviste. La communication des avant-postes s'établit entre eux au moyen d'une ligne de sentinelles ou de vedettes placées à distance les unes des autres. Les avant-postes comprennent les *postes de soutien,* les *grand'gardes* et les *petits postes.* — Par ext. Les hommes qui forment les gardes avancées: *à la moindre alerte les avant-postes doivent courir aux armes.*

AVANT-PROJET s. m. Rédaction provisoire d'un projet. — Exposé sommaire par lequel on cherche à établir ce que coûtera et ce que produira une entreprise. — Esquisse préliminaire d'une œuvre d'art. — Plur. des AVANT-PROJETS.

* AVANT-PROPOS s. m. Espèce de préface, discours qui se met à la tête d'un livre, pour faire connaître ce qu'il contient, et quel a été le dessein de l'auteur en le composant. — Ce qu'on dit avant de venir au fait, quand on entreprend de raconter quelque chose. — Plur. des AVANT-PROPOS.

* AVANT-QUART s. m. Horlog. Coup que quelques horloges sonnent un peu avant l'heure, la demie, etc. — Plur. des AVANT-QUARTS.

* AVANT-SCÈNE s. f. Antiq. Partie du théâtre où jouaient les acteurs, et qui précédait la scène proprement dite. Chez nous, c'est la partie du théâtre qui est en avant des décorations, et qui s'étend jusqu'à l'orchestre: *loges d'avant-scène, l'avant-scène,* ou fam.: *une avant-scène, des avant-scènes.* — Fig. Événements que l'on suppose avoir précédé l'action, dans une pièce de théâtre: *l'auteur de cette pièce n'indique pas avec assez de clarté les événements qui forment l'avant-scène.* — ⌣⌣ Jargon. Seins de femme.

AVANT-SOLIER s. m. [a-van-so-lié] (avant et sol). Archit. du moyen âge. Étage d'une maison qui avançait sur la rue et formait une sorte d'abri. — Plur. des AVANT-SOLIERS.

* AVANT-TOIT s. m. Toit en saillie. — Plur. des AVANT-TOITS.

* AVANT-TRAIN s. m. Train qui comprend les deux roues de devant et le timon d'un carrosse ou d'un canon de campagne: *l'avant-train a été brisé.* — Manége. Jambes de devant et poitrail d'un cheval. — Plur. des AVANT-TRAINS.

* AVANT-VEILLE s. f. Surveille, le jour qui est immédiatement avant la veille. — Plur. des AVANT-VEILLES.

AVARCHIDE (l'), poëme romantique d'Alamanni, en vingt-quatre chants, sur le siège de Bourges (Avaricum) par Arthur. C'est unecopie servile de l'Iliade.

* AVARE adj. (lat. *avarus*). Qui a un attachement excessif pour l'argent, pour les richesses: *homme, femme avare; caractère avare.* — Fig. Qui ne prodigue pas une chose, qui en est fort ménager. Dans cette acception, il se dit souvent en bonne part : *général avare du*

sang de ses soldats. — s. Celui, celle qui est avare: *l'avare ne manque pas moins de ce qu'il a, que de ce qu'il n'a pas.* — Avare (l'), comédie de Molière, en cinq actes et en prose, représentée, pour la première fois, sur le théâtre du Palais-Royal, le 9 septembre 1668. Elle est imitée de l'*Aulularia* de Plaute et de diverses pièces italiennes que Molière a toutes surpassées; elle n'obtint néanmoins aucun succès et fut retirée après les premières représentation. Racine la critiqua vivement. Aujourd'hui l'*Avare* est considéré comme l'un des chefs-d'œuvre de notre illustre auteur comique.

* AVAREMENT adv. D'une manière avare.

AVARES, peuple d'origine tartare, établi dans les monts Altaï et repoussé, vers 552, par une invasion chinoise. Les Avares se jetèrent sur l'Europe, s'établirent dans la Dacie en 558, occupèrent peu à peu la Hongrie moderne et subjuguèrent les Slaves sur les deux rives du Danube. Baïan, l'un de leurs Khans (570-630) étendit sa domination de l'Elbe à la mer Noire. Il envahit l'empire grec; mais il fut vaincu sous les murs de Constantinople, par Héraclius, en 626. Les khans suivants pénétrèrent en Thuringe et en Italie; ils attaquèrent l'empire des Francs dont ils ravagèrent souvent les frontières. Les populations finirent par se soulever contre eux et par les resserrer dans la Pannonie, où Charlemagne les subjugua (799). Ils furent à peu près anéantis par les Moraves et, à partir de l'année 827, l'histoire cesse de faire mention. Ils se trouvent encore, dans les contrées où ils s'étaient établis, des débris de leurs villes ou camps entourés d'un cercle de fossés, de remparts et de pieux.

* AVARICE s. f. Attachement excessif à l'argent, aux richesses.

AVARICIEUSEMENT adv. D'une manière avaricieuse.

* AVARICIEUX, EUSE adj. Qui est avare; qui tient de l'avarice. — Substantiv.: *c'est un avaricieux; une avaricieuse.*

AVARICUM [a-va-ri-komm]. Nom latin de Bourges ou Bituriges.

AVARIE (celt. *avaria,* rad. *abar, afar* ou *avar,* détérioré). Mar. Dommage causé aux navires et aux marchandises, par suite de navigation. — AVARIES GROSSES OU COMMUNES, celles qui affectent le navire et sa cargaison.— AVARIES SIMPLES OU PARTICULIÈRES, celles qui affectent seulement soit le navire, soit le chargement. — MENUES AVARIES, accidents légers qu'éprouvent le navire ou les marchandises à l'entrée ou à la sortie des ports, des rivières, ainsi que les frais de lamanage, de touage. etc. — AVARIE, se dit quelquefois en parlant de marchandises dont le transport a lieu par terre. — Législ. « Les transporteurs par terre ou par eau sont responsables des avaries éprouvées par les objets qui leur sont confiés, à moins qu'ils ne prouvent que ces avaries sont survenues par cas fortuit, par force majeure, ou encore qu'il y ait stipulation contraire dans la lettre de voiture ou la charte-partie (Cod. civ. 1784; Cod. com. 98, 103). Le destinataire d'un objet transporté peut en refuser la livraison, lorsque cet objet est avarié, puis présenter une requête au président du tribunal de commerce ou, à défaut, au juge de paix, lequel nomme des experts pour constater les avaries. La question d'indemnité est ensuite réglée par transaction ou par jugement. Les actions contre les commissionnaires ou voituriers, à raison d'avaries se prescrivent par six mois ou un an du jour de la livraison, selon que les expéditions sont faites à l'intérieur ou à l'étranger (Cod. com. 108); mais si le destinataire a reçu les objets et payé le prix du transport, son action est éteinte (Cod. com. 105). Cette déchéance est fréquemment invoquée par les compagnies de chemins de fer.

La Cour de cassation a toujours jugé que l'action subsiste si les deux conditions ne sont pas remplies cumulativement; mais la vérification extérieure des colis étant souvent la seule possible au moment de la livraison, les avaries intérieures résultant de chocs, de l'humidité, etc., ne sont connues qu'après la réception, et les transporteurs échappent ainsi à la responsabilité qui doit leur incomber. C'est pourquoi le gouvernement, pressé par de nombreuses pétitions, a présenté, le 28 novembre 1881, un projet de loi qui accorderait au destinataire d'un colis deux jours francs, après la réception, pour notifier ses réclamations au voiturier. En outre, la prescription serait réduite à un ou deux mois, selon que les expéditions viendraient de l'intérieur ou de l'étranger. Les avaries survenues à des marchandises dans les entrepôts de douanes sont réglées à l'amiable ou par experts (L. 22 août 1791. Tit. 2, art. 24; arrêté 2 therm. an X). En ce qui concerne spécialement les transports par navires, sont réputées avaries : 1° Toutes dépenses extraordinaires faites pour le navire ou pour les marchandises, sauf les frais de pilotage et les divers droits de navigation; 2° tout dommage subi par le navire ou les marchandises, depuis le chargement jusqu'au débarquement (Cod. com. 397). Lorsque les avaries proviennent d'une faute, elles sont à la charge de celui qui a commis cette faute; lorsqu'elles sont dues à un vice propre de la chose, elles incombent naturellement au propriétaire; enfin si elles sont le résultat d'un cas fortuit, il y a lieu de distinguer : 1° les avaries dites grosses ou communes qui ont été faites ou souffertes dans l'intérêt commun et qui sont détaillées par le Code de commerce. Elles doivent être supportées à la fois par les marchandises et par la moitié du navire et du fret, au marc le franc de la valeur calculée au lieu du déchargement; 2° les avaries dites simples ou particulières, lesquelles sont supportées par le propriétaire de la chose qui a subi le dommage ou causé la dépense (Cod. com. 398 et s.). Dans l'ordre des privilèges spéciaux garantis par la valeur des navires, les remboursements d'avaries ne viennent qu'au onzième rang (Cod. com. 191). En cas d'abordage de deux navires, chacun d'eux supporte son propre dommage ; mais si l'accident a été causé par la faute de l'un des capitaines, celui-ci paye le dommage. S'il y a doute sur les causes, la réparation des avaries est faite à frais communs et par égales portions (Cod. com. 407) ». (Ch. Y.).

* AVARIÉ, ÉE part. pass. d'AVARIER. — Endommagé par avarie.

* AVARIER v. a. Causer un dommage, gâter. — v. S'avarier v. pr. Être endommagé, gâté : le sucre s'avarie dans un endroit humide.

AVARIS, ville de l'ancienne basse Égypte, sur l'isthme de Suez; centre d'opération des Hyksos ou Pasteurs, lorsqu'ils envahirent l'Égypte.

AVATAR s. m. (sanscrit: descendant). Mot appliqué à l'incarnation de Vishnou et des autres divinités indou's. Tels sont les avatars du poisson, dans lesquels Vishnou conserva Manou, le premier homme, pendant un déluge. Tel est encore l'avatar du porc, dans lequel le même Vishnou jeta le chef des Asuras, ennemi des dieux. Krishna ou Vishnou, le plus grand des avatars, est le sujet du maha-bharata.

AVATCHA (Mont), volcan du Kamtchatka, près de la côte S.-E. Environ 2,700 mètres de haut. Sur la baie d'Avatcha se trouve Petropavlovsk.

* À VAU-L'EAU loc. adv. Voy. AVAL.

* AVÉ, ou Avé Maria s. m. Salutation angélique, prière que l'on adresse à la Vierge, et qui, en latin, commence par les deux mots

AVE MARIA : réciter un Pater et cinq Avé. — Se dit aussi des grains du chapelet sur lesquels on dit l'Avé : il y a dans le rosaire cent cinquante Avé et quinze Pater. — Avé Maria est aussi l'endroit du sermon où le prédicateur s'interrompt pour implorer les secours du Saint-Esprit par l'intercession de la sainte Vierge. — D'après saint Luc, Ave Maria fut le salut de l'ange Gabriel à la vierge Marie, lorsqu'il lui annonça la conception de Jésus. Ces mots devinrent une formule de dévotion sous le pontificat de Jean XXI (vers 1326).

AVEBURY ou Abury, village du Wiltshire, Angleterre, à 10 kil. O. de Marlborough, près des ruines du plus grand temple druidique qu'il y ait en Europe. Ces ruines consistent en 650 blocs de pierre qui s'élèvent de 2 à 7 mètres au-dessus du sol.

* AVEC prép. [a-vèk] (lat. apud). Ensemble, conjointement : je me concerterai avec vous. — S'emploie quelquefois sans régime, et par rédondance, mais seulement dans le langage familier : il a pris mon manteau, et s'en est allé avec. — Sert aussi à indiquer la matière qu'on emploie pour faire une chose : carreler avec de la brique; le rossolis est fait avec de l'esprit-de-vin. — Sert également à désigner l'instrument, le moyen qu'on emploie pour faire quelque chose : couper avec un couteau. — Sert encore à indiquer la manière dont on fait quelque chose : opérer avec dextérité. — Dans certaines phrases familières, indique ce qu'une personne a en elle de singulier, d'extraordinaire, de ridicule, etc.: ou va-t-elle avec une si brillante parure? — Devient quelquefois l'équivalent de contre : il s'est battu avec un tel. — Malgré, sauf : avec tout cela, vous n'en êtes pas moins sa dupe. — D'avec marque la différence de deux choses ou de deux personnes d'une manière positive : distinguer l'ami d'avec le flatteur. — Fam. AVEC VOUS, AVEC LUI, IL N'Y A JAMAIS RIEN DE BIEN FAIT, OU IL N'Y A JAMAIS RIEN DE BIEN FAIT, AVEC VOUS, AVEC LUI, si l'on a affaire à vous, à lui, l'on s'en rapporte à vous, à lui.

AVE, CÆSAR, MORITURI TE SALUTANT! (César, ceux qui vont mourir te saluent), paroles que prononçaient, en s'inclinant devant la loge impériale, les gladiateurs qui défilaient dans le cirque, avant le combat.

* AVECQUE, vieux mot qui s'employait autrefois pour Avec. :

Avecque la science il faut un bon esprit.
Mathurin Régnier.

AVEIN ou Avaine, village de Belgique (prov. de Liège), à 12 kil. S.-E. de Huy. Bataille livrée le 20 mai 1635, au prince Thomas de Savoie, par les maréchaux de Châtillon et de Brézé. Le prince y perdit 4,000 hommes, 900 prisonniers et 14 pièces de canon.

* AVEINDRE v. a. Tirer une chose hors du lieu où on l'avait placée ou serrée.

* AVEINE s. f. Voy. AVOINE.

AVEIRO, Averium, Talabrica, ville maritime de Beira (Portugal), à 60 kil. S. d'Oporto; environ 7,000 hab. Elle était autrefois très importante. Lat. N. 40° 38' 24''; long. O. 10° 58' 9''.

* AVELANÈDE ou Vélanède s. f. [a-ve-la-nè-de] ; vé-la-nè-de] (rad. velani, espèce de chêne). Nom commercial de la cupule du gland du chêne velani (quercus Ægilops, Lin.). Les avelanèdes servent pour le tannage des cuirs et pour la teinture en noir : elles forment, en Orient, un article d'exportation important; surtout à Smyrne, d'où on l'envoie en Italie. — AVELANÈDE DU PIÉMONT, galle ou excroissance maladive de l'enveloppe du gland du chêne; elle sert aux mêmes usages que l'avelanède proprement dite.

* AVELINE s. f. (de Abellinum, aujourd'hui Avellino, ville d'Italie). Bot. Fruit de l'avelinier; c'est une sorte de noisette ovale, unie,

présentant à sa base une grande cicatrice. L'amande est enveloppée d'une pellicule lisse; elle contient une huile très douce. On distingue : l' Aveline de la Cadière (récoltée à la Cadière, Var), la plus grosse, à bois épais, dur, arrondi, rougeâtre, contenant une amande d'un blanc de cire, à pellicule blanchâtre; présentant intérieurement une cavité allongée et séparée en plusieurs endroits par une pellicule mince; l'Aveline du Languedoc, à bois épais, duveteux, rouge brun, taché de gris à la base; grosse amande, couverte d'une pellicule rongeâtre; l'Aveline du Piémont, petite, arrondie, luisante, d'un jaune pâle, avec une pubescence blanchâtre au sommet; amande à pellicule grisâtre.

* AVELINIER s. m. Variété de noisetier ou coudrier.

AVELLA (autrefois Abella), ville de la Terre de Labour, Italie, à 9 kil. N.-E. de Nola; 7,000 hab.; belles ruines.

AVELLANEDA (a-vèl-la-nè-da) (espag. avellanedo, sec, décharné) sobriquet donné par les courtisans espagnols au grand inquisiteur Fray Luiz Aliaga, qui était d'une grande maigreur.

AVELLANEDA (Alonzo-Fernando de), pseudonyme ou nom réel de l'auteur qui écrivit la fausse deuxième partie du « Don Quichotte » (Tarragone, 1614), au moment où Michel Cervantes allait donner la véritable suite de son roman.

AVELLANEDA (Gertrudis Gomez de), femme auteur espagnole, né à Cuba en 1816, morte à Séville en 1863. Elle publia deux vol. de poésies lyriques (2e éd. Mexico, 1852), seize drames et huit vol. de prose.

AVELLINO. 1. Prov. de l'Italie méridionale (Campanie); 3,649 kil. carr.; 375,691 hab. Autrefois Principato Ulteriore. — II. Capitale de cette province, à 45 kil. S.-E. de Naples; 21,500 hab. Fabriques de chapeaux et d'étoffes. Grande production de noisettes dites avelines. Ruines de l'antique Abellinum.

AVEN, rivière qui arrose Rosporden et Pont-Aven (Finistère). Cours, 40 kil.

AVÉNACÉ, ÉE adj. (lat. avena, avoine). Bot. Qui ressemble à l'avoine. — AVÉNACÉES s. f. pl. Tribu de graminées dont les caractères sont: épillets à deux ou un plus grand nombre de fleurs, celle du sommet ordinairement rudimentaire; glume à deux folioles herbacées membraneuses; glumelle inférieure portant souvent une arête dorsale et tordue. — Principaux genres : Conche, Lagure, Avoine, Fromental, Danthonie.

* AVÉNAGE s. m. Redevance en avoine.

*AVENANT part. prés. du verbe AVENIR. Voy. ADVENANT. — s. m. Acte par lequel on augmente ou l'on réduit l'importance d'un objet assuré, ou par lequel on modifie les clauses d'une police déjà souscrite.

* AVENANT, ANTE adj. Qui a bon air et bonne grâce : homme avenant. — Se dit de l'air, des manières, dans un sens analogue : manières avenantes. — À l'Avenant loc. adv. et fam. À proportion, de même, pareillement : c'est un homme qui fait grande dépense en habits, en chevaux et en toutes choses à l'avenant. — Loc. prépos.: le dessert fut à l'avenant du repas.

AVENAS (Les), commune à 25 kil. N.-O. de Villefranche (Rhône). Église fondée, dit-on, par Louis le Débonnaire.

AVENAY, village du cant. d'Aï (Marne); 1,015 hab. Vin de champagne.

AVENBRUGGER (Léopold) voy. AUENBRUGGER.

AVÈNE voy. AVESNE.

* AVÈNEMENT s. m. Venue, arrivée, surtout en parlant de l'élévation à une dignité

suprême : *le roi, à son avénement à la couronne, donna, etc.*— Temps auquel le Messie s'est manifesté aux hommes ; celui où il doit paraître pour les juger : *le premier, le second avénement du Messie.*

AVÉNIÈRE s. f. Champ semé d'avoine.

AVÉNIFORME adj. Qui ressemble à un grain d'avoine pour la forme et la grosseur.

* **AVENIR** v. n. Voy. ADVENIR.

* **AVENIR** s. m. Le temps futur, ce qui doit arriver.

> Non, l'avenir n'est à personne,
> Sire, l'avenir est à Dieu.
> Victor Hugo.

Voy. à la fin de l'art. VENIR. — Fig. Bien-être, état de fortune que l'on peut espérer : *j'assure un avenir à mes enfants.*—Fig. Postérité : *l'avenir vous contemple.* — A l'avenir loc. adv. Désormais, dorénavant : *vous en userez à l'avenir comme il vous plaira.*

* **À-VENIR** s. m. Sommation de l'avoué d'une partie à l'avoué de l'autre partie, de comparaître à l'audience au jour déterminé par l'acte : *donner un à-venir.*

* **AVENT** s. m. [a-van](lat. *adventus*, arrivée). Temps comprenant les quatre dimanches qui précèdent Noël, et qui est destiné par l'Eglise catholique pour se préparer à la fête de Noël : — Au plur. *Les avents de Noël.* — PRÊCHER L'AVENT, JEÛNER L'AVENT, pendant l'avent. — Les homélies au sujet de l'avent furent mentionnées dès 378. Le concile de Mâcon (581) prescrivit aux clercs un jeûne de trois jours par semaine pendant l'avent.

AVENTIN (Mont), l'une des sept collines de Rome, à l'extrémité S.-O. de la ville ; il tirait son nom du roi d'Albe, Aventinus, qui y avait son tombeau. Plusieurs écrivains modernes l'ont confondu avec le mont *Sacré*, situé sur les bords de l'Anio, à plus d'une lieue de Rome et sur lequel se retirèrent les plébéiens révoltés contre l'oligarchie patricienne.

* **AVENTURE** s. f. [a-van-tu-re] (lat. *adventurus*, qui doit arriver). Ce qui arrive d'inopiné, d'extraordinaire à quelqu'un : *aventure singulière ; s'attendre à quelque aventure fâcheuse ; aventure galante.* — Entreprise hasardeuse, mêlée quelquefois d'enchantement : *chercher, achever, mettre à fin les aventures, une aventure.* —Par ext. AIMER LES AVENTURES, COURIR APRÈS LES AVENTURES, aimer les entreprises extraordinaires, hasardeuses. — Fam. TENTER L'AVENTURE, essayer de réussir dans quelque affaire dont le succès est fort incertain. — Commerce. METTRE À LA GROSSE AVENTURE, mettre une somme d'argent sur quelque navire de commerce, au hasard de la perdre si le navire périt. Cette locution a vieilli ; les négociants disent *Prêter à la grosse.* — MAL D'AVENTURE. Nom vulgaire du panaris. — DIRE LA BONNE AVENTURE, prédire à quelqu'un, en abusant de sa crédulité, ce qui doit lui arriver : *c'est une disease de bonne aventure.* —Aventures s. f. pl. Titre de certains ouvrages qui contiennent le récit d'aventures ordinairement imaginaires : *les aventures de Robinson Crusoé.* — A l'Aventure loc. adv. Au hasard, sans dessein, sans réflexion : *marcher, errer à l'aventure.*—D'Aventure, par aventure, loc. adv. et fam. Par hasard : *si d'aventure il venait quelqu'un.*

* **AVENTURER** v. a. Hasarder, mettre à l'aventure : *il aventura son bien.* — S'aventurer v. pr. Se hasarder : *il ne faut pas tant s'aventurer.*

* **AVENTUREUX EUSE** adj. Qui s'aventure, qui hasarde : *humeur aventureuse ; homme aventureux.* — On dit dans un sens analogue : *vie, existence aventureuse.*

* **AVENTURIER** s. m. Celui qui aime les aventures extraordinaires, qui court le monde et s'engage volontiers dans les entreprises hasar-

46

deuses où il peut espérer quelque avantage : *hardis aventuriers ; un ramas d'aventuriers ; vie d'aventurier.* — Ceux qui allaient volontairement à la guerre, sans recevoir de solde, et sans s'obliger aux gardes et aux autres fonctions militaires qui ne donnent que de la fatigue : *les aventuriers firent merveille.* — Certains corsaires qui piratèrent sur les mers de l'Amérique, et qu'on appelait autrement *Flibustiers et Boucaniers.* — Personne qui est sans état et sans fortune, et qui vit d'intrigues : *c'est un aventurier.* En ce sens, il a un féminin : *ce n'est qu'une aventurière.* — Adjectiv. Aventureux : *il y a des hommes hardis et aventuriers qui...; vie aventurière.*

* **AVENTURINE** s. f. Minér. Quartz hyalin qui présente, au milieu d'une masse d'un brun rougeâtre, des reflets dorés, dus à des fissures produites par une agglomération de petits prismes ou à un mélange de lamelles de mica. Lorsque le quartz est poli, ces paillettes forment à sa surface une multitude de points scintillants. L'aventurine ou quartz aventuriné se trouve en cailloux roulés dans les environs de Nantes, de Rennes, en Saxe, en Espagne, en Ecosse. — AVENTURINE ARTIFICIELLE. Techn. Verre jaunâtre dans lequel se trouvent disséminées des milliers de petits cristaux tétraèdres de cuivre. Cette composition, découverte à Venise, en 1750, est due au docteur A. Mioti, qui laissa tomber par hasard (*per aventura*), un peu de limaille métallique dans du verre en fusion. De là est venu le mot *aventurine.*

* **AVENU, UE** part. pass. D'AVENIR. Ne s'emploie que dans l'expression *non avenu, non avenue,* nul, nulle.

* **AVENUE** s. f. Chemin par lequel on arrive en quelque lieu : *les avenues du palais ; les avenues des montagnes ; boucher des avenues ; avenues de Neuilly.* — Allée plantée d'arbres qui conduit à une habitation : *une avenue d'ormes, de tilleuls, de noyers, etc.*— Par ext. OUVRIR DES AVENUES DANS UN BOIS, y ouvrir des allées.

AVEN-ZOAR ou **Ibn-Zohr** (ABOU MÉROUAN), médecin juif, né à Penaflor (Espagne), vers 1072 ; mort en 1162. Les souverains arabes d'Espagne et du Maroc le comblèrent de biens. Il a laissé plusieurs ouvrages, traduits en latin : *Rectificatio medicationis et regiminis,* Venise, 1490, in-fol. ; *Traité des fièvres,* Venise, 1570, etc.

AVERANO s. m. [a-vé-ra-no] (portug. *ave,* oiseau ; *verano,* d'été). Ornith. Sous-genre de Cotingas à bec faible, déprimé, fendu jusque sous l'œil ; à gorge nue. Les averanos se trouvent dans les forêts du Brésil. L'averano de Buffon (*ampelis variegata,* Lin.), porte des caroncules charnues à la gorge ; il a la tête rousse, les ailes noires et le corps d'un gris blanchâtre.

AVERDY (Clément-Charles-François DE L'), jurisconsulte et financier, né à Paris, en 1723, décapité en 1793 ; fut contrôleur général des finances de 1763 à 1768. A laissé quelques ouvrages.

* **AVÉRER** v. a. (lat. *verus,* véritable). S'assurer et faire voir qu'une chose est vraie : *une chose qu'on ne peut avérer.*

AVERNE ou **Averno** (LAC). Ancien *Avernus,* lac d'Italie, à 14 kil. O. de Naples, dans le cratère d'un volcan éteint. De forme circulaire et très profond. Diamètre d'environ 1 kil 1/2. Très célèbre dans l'antiquité, il était considéré comme l'entrée des enfers. Agrippa creusa un canal aujourd'hui comblé, pour l'écoulement des eaux dans le golfe de Baïæ. — *Averne* se dit quelquefois pour : l'enfer :

> Grisons le dieu de l'Averne
> Et faisons de sa caverne
> Notre dernier cabaret.
> MOREAU.

AVERROÈS ou **Averrhoës** (corruption d'Ibn Roschd), illustre philosophe et médecin arabe,

né à Cordoue vers 1120, mort à Maroc, le 12 décembre 1198. Suspect d'hétérodoxie, il fut persécuté. Il réunit dans une vaste encyclopédie ce que les Arabes possédaient de la science grecque, et exposa sa théorie médicale dans son *kulliyat* (généralités), traduit en latin sous le nom de colliget. Il composa sur Aristote trois sortes de commentaires : le grand, le moyen et les paraphrases. Le grand commentaire, traduit en latin et en hébreu, lui a valu le titre de *commentateur par excellence.* Voy. Renan : *Averrhoës et l'averrhoïsme* (1852). — Les œuvres d'Averroës ont été publiées en Venise, en 1552-'60 ; elles forment 11 vol.

AVERROÏSME ou **Averrhoïsme** s. m. Doctrine philosophique d'Averroës, très répandue dans les écoles du moyen âge et, à l'époque de la Renaissance, dans le nord de l'Italie. Averroës inclinait au matérialisme et au panthéisme. Défenseur du rationalisme philosophique contre l'orthodoxie musulmane, il soutenait qu'il n'y a qu'un seul intellect pour tout le genre humain, que l'entendement s'opère par la *conjonction* avec l'être divin et que les âmes particulières sont périssables. Cette doctrine, plusieurs fois anathématisée, fut combattue par saint Thomas.

AVERS s. m. [a-vèrr] (lat. *adversus,* qui est en face). Numism. Côté d'une médaille opposé au revers.-Synon. de *face* ou de *droit.*

AVERSA, ville de l'Italie méridionale, à 13 kil. N. de Naples, 21,000 hab. L'hospice d'aliénés, fondé par Murat, est l'un des premiers établissements où l'on se soit occupé de la cure au moyen de la récréation et du travail. Le vin Asprino d'Aversa se vend sous le nom usurpé de vin de Champagne. La ville fut établie par les Normands vers 1030, près de l'ancienne Atella.

* **AVERSE** s. f. (rad. *verser*). Pluie subite et abondante : *nous essuyâmes une averse.* — À verse loc. adv. Voy. Verse (à).

* **AVERSION** s. f. (lat. *aversio ; de avertere,* détourner). Haine, antipathie, répugnance extrême : *avoir quelque chose en aversion ; avoir de l'aversion contre quelqu'un, pour quelqu'un.* — Fig. et fam. C'EST MA BÊTE D'AVERSION, se dit d'une personne pour laquelle on éprouve une forte aversion.

* **AVERTI, IE** part. pass. D'AVERTIR. — ÊTRE BIEN AVERTI, être bien informé de tout ce qui menace ; se tenir sur ses gardes, lorsqu'on est menacé. — Fam. TENEZ-VOUS POUR AVERTI, se dit, par menace, lorsqu'on veut faire entendre à une personne qu'on l'avertit une dernière fois, une fois pour toutes, de ce qui lui arrivera si elle fait ou ne fait pas certaine chose. — Prov. UN BON AVERTI EN VAUT DEUX, lorsqu'on a été prévenu de ce qu'on doit craindre ou de ce qu'on doit faire, on est, pour ainsi dire, doublement en état de prendre ses précautions ou ses mesures. Se dit aussi par forme de menace, et signifie : Prenez-y garde ; si vous ne tenez compte de l'avertissement que je vous donne, vous vous en repentirez.

* **AVERTIN** s. m. (lat. *vertere,* tourner). Maladie d'esprit qui rend opiniâtre, emporté, furieux. — Par ext. Celui qui est tourmenté de cette maladie : *le peuple appelait saint Mathurin le patron des avertins.* — Maladie des moutons que l'on nomme ordinairement *Tournis.*

* **AVERTIR** v. a. (lat. *advertere*). Donner avis ; instruire, informer quelqu'un de quelque chose : *je l'ai averti à temps ; avertir par une lettre, par un cri, par un signal, par un geste, etc.* — Manège. AVERTIR UN CHEVAL, l'exciter au moyen de quelques aides, lorsqu'il se néglige dans son action.

* **AVERTISSEMENT** s. m. Avis qu'on donne ; avis qu'on donne à quelque chose, afin qu'il y prenne garde. — Titre qu'on donne à une espèce de petite préface, mise à la tête d'un

L.

livre, pour avertir le lecteur de quelque chose.
— Avis que les percepteurs de l'impôt adressent aux contribuables, pour que ceux-ci aient à payer le montant de leurs cotes. — Législ. « On nomme *avertissement* une invitation à comparaître devant un juge de paix, faite par simple lettre, sans le ministère d'un huissier. Dans les affaires qui ne sont pas dispensées du préliminaire de la conciliation, le juge de paix, avant toute citation en justice, appelle les parties devant lui, au moyen d'un avertissement sur papier timbré, rédigé et délivré par le greffier, puis expédié avec affranchissement par la poste, sous bande simple, scellée du sceau de la justice de paix. Le greffier doit tenir un registre constatant l'envoi et le résultat des avertissements. Il a droit, pour chaque avertissement, à une rétribution de 90 cent., y compris le timbre qui est de 60 cent. et l'affranchissement de 15 cent. (Cod. pr., art. 48; L. 2 mai 1855; L. 23 août 1871 et Décr. 24 nov. 1871). Les citations devant le tribunal de simple police sont aussi faites par un simple avertissement, lorsque les parties citées sont disposées à comparaître volontairement (Cod. inst. cr. 147). Les percepteurs doivent, aussitôt après la confection des rôles de contributions directes ou de taxes assimilées, adresser à chaque contribuable un *avertissement* dont le coût est de 5 cent. et qui énonce en détail les sommes à payer, les bases sur lesquelles l'impôt est établi, et la répartition proportionnelle du produit entre l'État, le département et la commune. Les *avertissements* qui étaient infligés aux journaux, avant leur suspension arbitrairement prononcée par décision ministérielle, en vertu du décret du 17 février 1852, ne sont plus aujourd'hui qu'un souvenir du régime auquel la presse était soumise pendant la durée du second empire ».
(Ch. Y.).

AVÈS (Iles d') ou des Oiseaux, groupe d'îles dans les Antilles hollandaises; par 15° 40' 33" lat. N. et 66° 15" long. O.; ainsi nommées de nombreux oiseaux (en lat. *avis*) qui y ont leur retraite. Ces îles sont entourées d'une ligne dangereuse de rochers à fleurs d'eau. Là vint se perdre, en mai 1678, une escadre française de douze vaisseaux, commandée par le vice-amiral d'Estrées.

AVESBURY (Robert d') [aivs'-beur-i], historien anglais, mort en 1356; il était archiviste de l'archevêque de Canterbury et a laissé une *Histoire d'Édouard III*, écrite en latin, remarquable par la simplicité du style et l'exactitude des dates, et imprimée en 1720.

AVESNE ou **Avène**, station balnéaire, arr. et à 16 kil. O. de Lodève (Hérault). Eau minérale bicarbonatée mixte, à 28° C.; sels à base de soude, chaux et magnésie; sédative, tonique; recommandée contre les affections cutanées, les scrofules, les pâles couleurs.

AVESNES, ch.-l. d'arr. (Nord), à 84 kil. S.-S.-E. de Lille; 3,750 hab. Place fortifiée d'après le système de Vauban, sur l'Helpe-Majeure. Fabr. de bonneterie; savon; raffineries de sel, scieries de marbre; commerce de fruits, de grains, de houblon, de fromages dits de Marolles. Aux environs, mine de fer, forges, hauts fourneaux. Avesnes se forma au xi° siècle autour d'un château-fort; elle fut prise, en 1477, par Louis XI qui fit passer tous les habitants au fil de l'épée. Les Espagnols s'en emparèrent en 1559 et les Russes en 1814. L'année suivante, après Waterloo, elle fut bombardée; l'explosion d'une poudrière la détruisit presque complètement. Elle fut reconstruite en moins d'un an. — Lat. N. 50° 7' 22"; long. E. 1° 35' 47".

AVESNE-LE-COMTE, ch.-l. de cant. arr. et à 20 kil. S. de Saint-Pol (Pas-de-Calais); 1,500 hab.

*****AVEU** s. m. Déclaration verbale ou écrite par laquelle un avoue avoir fait ou dit quelque chose : *faire l'aveu de sa faute d'un crime;*

arracher des aveux. — Jurisp. Reconnaissance que fait une partie, du droit prétendu par son adversaire : *aveu d'une dette ; aveu judiciaire.* — Approbation, consentement, agrément qu'une personne supérieure donne à ce qu'un inférieur a fait ou a dessein de faire: *je ne veux rien faire sans votre aveu.*

> Souverain de son cœur, l'homme fait son état,
> Et rien, sans son aveu, ne l'élève ou l'abat.
> Gresset.

— **Homme sans aveu,** vagabond que personne ne veut reconnaître, homme qui n'a ni feu ni lieu. — Législ. « L'*aveu* est l'un des moyens de preuve indiqués par la loi pour la constatation d'un droit, d'une obligation, d'un paiement, etc. Celui auquel on oppose un acte sous seing privé doit avouer ou désavouer formellement son écriture ou sa signature (C. civ. 1323). L'aveu est *judiciaire* lorsque la déclaration est faite en justice, en réponse à un interrogatoire sur faits et articles ou dans les actes de procédure. Il ne peut émaner que d'une personne capable de s'obliger et il ne peut être révoqué que s'il y a eu erreur de fait. L'aveu judiciaire forme contre son auteur une preuve complète ; il ne peut être divisé, c'est-à-dire que l'on ne peut en prendre une partie en rejetant le surplus, à moins que l'aveu ne renferme plusieurs points tout à fait distincts. L'aveu *extrajudiciaire* peut résulter d'un acte, d'une lettre, d'une déclaration verbale. L'aveu verbal ne peut être prouvé que par témoins : il n'est donc sans valeur, lorsque la preuve testimoniale n'est pas admissible, c'est-à-dire lorsqu'il s'agit de plus de 150 francs et qu'il n'y a pas de commencement de preuve par écrit (id. 1354 et s.). Dans les instances en séparation de biens, l'aveu du mari ne fait pas preuve de la situation de ses affaires (C. pr. 870). Aucun aveu ne peut être donné que par la partie elle-même ou par un mandataire ayant pouvoir spécial, à peine de désaveu (id. 352). Mais l'avoué et l'avocat doivent être présumés avoir reçu le mandat, lorsqu'ils font une déclaration formelle au nom de leur client. — Les *gens sans aveu* ou vagabonds sont ceux qui n'ont ni domicile certain, ni moyen d'existence et qui n'exercent habituellement ni métier, ni profession (C. pén. 270). Voir Vagabond. — Hist. Sous le régime féodal, on nommait *aveu* une déclaration par laquelle un vassal, se reconnaissait dépendant du seigneur par lui nommé, et s'obligeait en conséquence à des redevances, impôts, corvées et services. L'acte d'aveu contenait l'énumération des terres que le vassal tenait de son seigneur ». (Ch. Y.).

*****AVEUGLE** adj. (lat. *ab*, sans; *oculus*, œil). Qui est privé de l'usage de la vue : *cheval aveugle; devenir aveugle ; aveugle de naissance,* ou *aveugle-né.* — Fig. Se dit d'une personne à qui la passion offusque l'entendement, ou qui manque de lumières, de jugement, de raison : *les amants sont aveugles.* — Des passions mêmes qui offusquent l'entendement, qui privent de lumières, de jugement : *désir aveugle.* — Des dispositions, des sentiments qui ne permettent pas la réflexion, l'examen : *obéissance aveugle.* — De qui agit ou paraît agir sans aucun discernement : *il fut l'aveugle instrument de leur vengeance.*

> De l'aveugle fortune il dirige la roue.
> Colnet, *L'Art de dîner en ville,* ch. I.

— Archit. Se dit d'un arc, d'une fenêtre ou d'une galerie simulés ou bouchés, destinés à décorer les parois d'un mur. — Prov. et fig. **Changer, troquer son cheval borgne contre un aveugle,** changer, par mépris, une chose défectueuse contre une autre plus défectueuse encore. — Substantiv. Personne aveugle : un *pauvre aveugle ; une jeune aveugle ; un aveugle des Quinze-Vingts.* — Prov. **Crier comme un aveugle qui a perdu son bâton,** crier bien fort pour quelque mal léger. — Prov. et fig. Au **royaume des aveugles les borgnes sont rois,** les personnes d'un mérite médiocre ne laissent

pas de briller lorsqu'elles se trouvent parmi des ignorants ou des sots. — Prov. **Juger d'une chose comme un aveugle des couleurs,** en juger sans en avoir aucune connaissance. — A l'aveugle, en aveugle, loc. adv. A la manière d'un aveugle, sans lumières ou sans réflexion. — **Aveugles de Jéricho (Les)** chef-d'œuvre de Nicolas Poussin, au Louvre. — Encycl. Les aveugles-nés proviennent en majorité de parents atteints de scrofules ou de syphilis ; et quelquefois de parents qui se sont alliés entre eux malgré une consanguinité rapprochée. Il est heureux que tant de mariages entre cousins et cousines restent improductifs ; autrement, les enfants de ces unions viendraient scrofuleux, difformes ou aveugles. — Quant à l'hérédité, elle est très peu fréquente quand il s'agit d'aveugles. Les recherches de Chapin, à l'hospice des Quinze-Vingts, ont révélé ce fait remarquable que, sur des centaines d'enfants provenant de l'union d'aveugles entre eux, pas un seul ne manque de la vue. — Les causes de la cécité qui vient après la naissance sont : 1° des maladies locales, telles que l'*ophtalmie virulente* (voy. *ophtalmie*), l'inflammation de la cornée ou de l'iris, la cataracte ou opacité de la lentille cristalline et l'amaurose ou paralysie du nerf optique ; 2° des maladies générales ayant pour conséquence d'attaquer diverses parties de l'œil ; telles que la petite vérole, la scarlatine, la rougeole, la fièvre typhoïde et plusieurs autres fièvres inflammatoires, ainsi que les scrofules ; 3° les coups, les blessures et autres accidents. — L'examen à 500 cas, à l'institution Perkins (Boston) a produit les résultats suivants : cécité congénitale, 37,75 0/0; provenant de maladies après la naissance, 47,09; cécité provenant d'accidents, 15,16 0/0. A mesure que l'on s'avance vers l'équateur, la proportion des aveugles augmente ; il s'accroît bien plus rapidement dans l'ancien monde que dans le nouveau, à cause des effets que produisent les déserts de l'Asie et de l'Afrique. Voici du reste le tableau de la cécité dans les diverses parties du monde, avec le rapport du nombre des aveugles et celui de la population générale :

EUROPE :

contrées.	Population.	Nombre d'aveugles	Proportion.
Angleterre et Galles.....	20.070.000	19.359	1 pr 1.037
Écosse.....	3.060.000	2.820	1 — 1.086
Irlande.....	5.800.000	6.879	1 — 843
Russie d'Europe.....	64.000.000	70.000	1 — 900
Suède.....	3.640.000	2.536	1 — 119
Norvége.....	1.490.000	2.759	1 — 560
Danemark.....	1.800.000	1.400	1 — 1.523
Allemagne.....	43.000.000	26.500	1 — 1.620
Autriche.....	33.000.000	33.000	1 — 1.000
Suisse.....	2.510.000	1.790	1 — 1.400
Hollande.....	4.530.000	1.663	1 — 1.663
Belgique.....	4.530.000	3.675	1 — 1.233
France.....	38.000.000	40.500	1 — 938
Espagne.....	16.000.000	20.000	1 — 800
Portugal.....	3.600.000	4.500	1 — 800
Grèce et îles Ioniennes..	1.500.000	1.900	1 — 800
Turquie d'Europe.....	13.000.000	16.250	1 — 800
Totaux.....	259.309.000	255.656	1 pr 1.022

Le tableau suivant de la cécité en Asie est emprunté à M. Hanks Lévy « Blindness and the Blind » Londres, 1872 :

contrées.	Population.	Nombre d'aveugles.	Proportion.
Turquie d'Asie.....	17.000.000	28.000	1 pr 900
Arabie.....	10.000.000	25.000	1 — 400
Russie d'Asie.....	10.000.000	25.500	1 — 400
Tartarie.....	8.000.000	6.600	1 — 500
Afghanistan.....	5.000.000	8.300	1 — 600
Perse.....	10.000.000	16.500	1 — 600
Inde.....	177.000.000	354.000	1 — 500
Chine.....	410.000.000	1.025.000	1 — 400
Japon.....	50.000.000	125.000	1 — 400
Indes orientales holland..	16.354.000	55.000	1 — 300
Siam et Annam.....	12.000.000	15.000	1 — 800
Iles Philippines.....	5.000.000	12.500	1 — 400
Totaux.....	726.354.000	1.683.400	1 pr 533

— Pour l'Afrique, il n'existe pas de documents. On compte que la proportion des aveugles doit être de 1 pour 300 hab.; ce qui ferait, en supposant que cette partie du monde renferme 100 millions d'hab., un total d'environ 300,000 aveugles. Voici le tableau de la cécité dans le nouveau monde :

CONTRÉES.	Population.	Nombre d'aveugles	Proportion
Amérique du Nord anglaise	2.663.000	1.568	1 pr 1.099
États-Unis	38.650.000	20.320	1 — 1.897
Mexique	7.200.000	5.800	1 — 1.500
Indes occidentales	3.855.000	6.253	1 — 616
Amérique cent. et Am. mér.	20.000.000	25.000	1 — 800
Australie et Polynésie	3.000.000	3.750	1 — 800
Totaux	75.368.000	61.606	1 pr 1.082

— Il résulte de ces tableaux que plus de 2,300,000 hab. de notre globe sont privés de la vue. — Le premier asile public pour les aveugles fut fondé à Paris en 1260, par saint Louis pour les croisés atteints d'ophtalmie pendant les campagnes d'Égypte. On l'appela hospice des *Quinze-Vingts*, parce qu'il contenait quinze vingtaines de malades (300). Une institution semblable fut créée à Chartres dans la première moitié du XIIIe siècle ; agrandie par le roi Jean, en 1350, elle reçut 120 aveugles. Un asile fut établi à Bruges, en 1305, par Robert de Béthune et un autre à Gand, vers 1370, par Peter Vander Leyen. En 1670, Padre Lana Perzi composa un traité sur l'instruction des aveugles et, près d'un siècle plus tard, l'abbé Deschamps et Diderot proposèrent des plans pour l'éducation des malheureux atteints de cécité ; mais rien de pratique ne fut fait jusqu'en 1784, époque où Valentin Haüy conçut le généreux projet d'ouvrir une école aux aveugles et de consacrer sa vie et sa fortune à leur éducation. Thérèse von Paradis, dont il fit la connaissance, lui donna de grands encouragements, et la Société philanthropique établit, rue Notre-Dame-des-Victoires, une école que M. de Larochefoucauld-Liancourt fit transférer aux Célestins en 1791. Louis XVI, et l'Assemblée Constituante mirent à la charge de l'État cet établissement si utile qui prospéra. Mais l'Empire lui retira les subsides, transféra les aveugles aux Quinze-Vingts et tracassa le généreux Haüy, qui fut forcé de donner sa démission. La Restauration rétablit, rue Saint-Victor, l'ancienne école, qui reçut le titre d'*Institution des jeunes aveugles* (1815). Louis-Philippe fit construire, en 1843, un local plus vaste sur le boulevard des Invalides. Le nombre des élèves gratuits fut élevé à 120. À l'exemple de la France, les autres pays de l'Europe ont ouvert des asiles et des écoles pour les aveugles. — Il existe, dans la Grande-Bretagne, cinquante institutions publiques ou privées où les aveugles apprennent à lire et à écrire au moyen de caractères saillants ; presque toutes ces institutions sont placées sous la protection de l'Église anglicane, à l'exception d'une grande école catholique à Liverpool. En France, il n'y a que 13 écoles et un asile (les *Quinze-Vingts*). L'Allemagne compte 33 institutions où l'on enseigne la lecture, l'écriture, certains métiers et la musique ; l'Autriche 6 écoles et 2 asiles ou établissements industriels ; la Russie, 4 institutions, dont une, à Saint-Pétersbourg, fut fondée en 1806, par Haüy, qui avait quitté la France, et qui créa la même année le premier établissement allemand à Berlin. La Hollande, la Belgique, la Suisse, le Danemark, la Norvège, l'Italie et l'Espagne ont suivi l'exemple des autres nations. Il y a une école à Rio-de-Janeiro et une autre à Beyrout (Turquie d'Asie) ; les États-Unis d'Amérique n'en comptent pas moins de 22. — Bès le XVIe siècle on s'occupa d'imprimer *en creux* des ouvrages pour les aveugles. En 1640, Pierre Moreau proposa de mouler pour cet objet, des caractères mobiles en plomb, mais ce projet n'eut pas de suite.

En 1780, un aveugle nommé Weissenburg, fit des cartes géographiques en relief. Quatre ans plus tard, Thérèse von Paradis, célèbre musicienne aveugle, et plusieurs autres formèrent des lettres en piquant des épingles sur un coussin. Presque aussitôt, on imprima en relief des livres destinés aux aveugles ; les caractères ordinaires étaient légèrement modifiés pour frapper plus vivement la sensibilité des doigts ; les lettres étaient réduites à des angles droits et à des lignes droites un peu brisées. En 1839, l'aveugle Braille introduisit à l'école de Paris son système d'impression par points tangibles, système dont voici l'alphabet :

— Cet alphabet est employé dans les écoles de France, à Lauzanne (Suisse), à Rio-de-Janeiro et dans quelques écoles de Belgique et de Hollande. — Les Anglais ont conservé un système imitant les caractères dits de basse casse ;

le système des États-Unis ne diffère pas sensiblement de celui des Anglais ; mais à New-

York, on a adopté les points tangibles dont on a formé l'alphabet suivant :

En 1878, le congrès universel, réuni à Paris pour s'occuper de l'amélioration du sort des aveugles et des sourds-muets, a émis le vœu que les aveugles du premier âge fussent admis dans les asiles spéciaux, sans être éloignés de leurs familles. Ce Congrès a fondé, le 30 septembre 1878, une société internationale pour l'amélioration du sort des aveugles. Les principaux établissements d'aveugles sont : France. *Institut national des jeunes aveugles et Hospice des Quinze-Vingts*, à Paris. — Espagne. *Collège national des sourds-muets et aveugles*, à Madrid. — Danemark. *Institut des aveugles*, à Copenhague. — États-Unis. *Perkin's Institution*, à Boston. — Suède. *Maison de travail des aveugles*, à Manille. — Autriche. *Maison de Pablasek*, à Vienne. — Italie. *Institut des aveugles* à Milan. — *Institutione Principe di Napoli*, à Naples. — Admin. « Il existe, en France, deux établissements entretenus par l'État et destinés, l'un à faire l'éducation de jeunes aveugles, l'autre à recueillir ou à pensionner des aveugles indigents. L'*Institution des jeunes aveugles*, située à Paris, boulevard des Invalides, a été fondée sous la direction de Haüy (voir plus haut). L'enseignement donné dans cette institution comprend les lettres, les sciences, la musique et quelques arts manuels. L'établissement peut contenir 180 élèves, garçons et filles, parmi lesquels on compte 120 boursiers de l'État. Il existe aussi des bourses fondées par les départements, les communes et les établissements publics au prix de 600 francs par élève. Le prix de la pension est de 1,000 francs pour les autres. La durée des études est de huit années. On n'admet que des enfants frappés de cécité complète, n'ayant pas moins de

neuf ans ni plus de treize ans. On reçoit, à titre d'externes, des aveugles plus âgés qui, moyennant une rétribution de 50 francs par an, sont admis à compléter leur éducation à l'école. L'*Hospice des Quinze-Vingts* est situé à Paris, rue de Charenton. Il donne asile à 300 (ou quinze fois vingt) aveugles internes et sert à 1,000 aveugles indigents, dans toute la France, des pensions de 200 fr., de 150 fr. ou de 100 fr. Les secours ne sont attribués que dans le cas de cécité complète, et les internes sont pris parmi les aveugles déjà admis à l'externat. Chaque interne a un logement pour lui et sa famille ; il reçoit une allocation journalière de 1 fr. 30 cent., et en outre des secours particuliers, lorsqu'il est marié et lorsqu'il a des enfants âgés de moins de quatorze ans. Les demandes d'admission dans l'un ou l'autre de ces deux établissements doivent être adressées au ministre de l'Intérieur avec les pièces et certificats à l'appui. »   (Ch. Y.)

* **AVEUGLEMENT** s. m. Privation du sens de la vue. On dit mieux *cécité* au sens propre. — Fig. Trouble et obscurcissement de la raison : *aveuglement étrange*.

* **AVEUGLÉMENT** adv. Ne s'emploie qu'au figuré. Sans réflexion, sans examen : *je ferai aveuglement tout ce que vous voudrez*.

* **AVEUGLE-NÉ, ÉE** s. et adj. Qui est privé de la vue en naissant. — Plur. des AVEUGLES-NÉS.

* **AVEUGLER** v. a. Rendre aveugle : *le grand soleil, le grand éclat de la neige peut aveugler; il fit aveugler ce malheureux prince.* — Par exag. Éblouir, empêcher pour quelque temps la fonction de la vue : *la trop grande lumière aveugle.* — Fig. Ôter l'usage de la raison : *la passion nous aveugle.* — Mar. AVEUGLER UNE VOIE D'EAU, la boucher provisoirement le mieux qu'il est possible, en attendant qu'on puisse la boucher tout à fait. — S'aveugler v. pr. Fig. S'abuser se faire illusion : *s'aveugler sur ses propres défauts.*

* **AVEUGLETTE** (à l') loc. adv. À tâtons : *aller à l'aveuglette.*

AVEYRON I. (*Veronius*), rivière de France, qui prend sa source dans les Causses de Séverac (dép. de l'Aveyron), passe à Rodez, Villefranche, Négrepelisse (où elle devient navigable), et à Moissac, puis se jette dans le Tarn, après un cours de 220 kil. — II. Dép. formé du Rouergue, entre la Lozère, l'Hérault, le Tarn, le Tarn-et-Garonne, le Lot et le Cantal ; 874,334 hect. 413,826 hab. Territoire (l'un des plus élevés de France) occupant une partie du plateau central, et couvert au S. par un prolongement des Cévennes et par le grand plateau désert et aride du Larzac ; à l'E. par la chaîne non moins stérile du Lévezoux, qui forme le plateau des Causses (*calx, chaux*) ; à l'O. par les derniers contreforts des monts Lozère ; et au N. par la chaîne sauvage d'Aubrac, dont une portion porte le nom de Viadène. Cours d'eau : Lot, Aveyron, Tarn. Mines d'argent, paillettes d'or dans le Tarn ; cuivre, mercure, antimoine, zinc, plomb. Immenses assises de fer ; riches mines de houilles (Decazeville, Aubin, Viviez et Cransac). Châtaignes, champignons. — Mulets ; bœufs d'Aubrac ; chevaux, porcs ; moutons renommés du Larzac. Bêtes sauvages et gibier. Fromage de Roquefort. — Ch.-l. Rodez. 5 arr., 42 cant. 289 comm. — Diocèse de Rodez, suffragant d'Albi. — Ressort de la cour d'appel de Montpellier. — Arr. : Rodez, Espalion, Millau, Saint-Affrique et Villefranche.

AVEZAC (Marie-Armand-Pascal MACAYA D'), géographe, né à Bagnères de Bigorre en 1799, mort à Paris le 14 janvier 1875 ; l'un des fondateurs de la Société d'ethnographie de Paris ; auteur d'un grand nombre d'ouvrages relatifs à l'ethnographie ; membre de l'Académie des inscriptions.

AVIATION s. f. [a-vi-a-si-on] (lat. *avis*, oiseau). Système de locomotion aérienne fondé sur l'emploi d'un véhicule plus lourd que l'air. « Dans tous les temps, les hommes ont pu concevoir l'idée de voyager dans l'atmosphère au moyen d'appareils mécaniques. Mais la pl.̦part des projets qui ont été proposés ne méritent pas qu'on s'y arrête, tellement ils s'éloignent des règles les plus élémentaires de la physique. Le *Journal des savants*, du 13 septembre 1768, nous parle des ailes d'un le Besnier qui étaient attachées chacune à un chassis oblong que l'on devait faire mouvoir avec les mains et les pieds. Dans ces derniers temps, nous avons vu l'infortuné de Groof périr misérablement (9 juillet 1874) en se séparant d'un ballon qui l'avait enlevé avec un châssis muni de deux ailes qu'il devait faire agir. Les plus simples calculs démontrent que des ailes capables de soutenir dans l'air le poids d'un homme exigeraient, pour être mises en mouvement d'une manière efficace, des efforts bien supérieurs à ceux que l'homme le plus vigoureux est susceptible de produire ». (G. Tissandier). En 1784, Launoy et Bienvenu présentèrent à l'Académie un *hélicoptère* qui fut ensuite modifié par plusieurs champions du *plus lourd que l'air*. On étudia aussi la possibilité de se diriger au moyen des *aéroplanes*, des *orthoptères*, des *oiseaux mécaniques*, des *aéronefs*, etc. On y découvre, les membres de notre *Société française de navigation aérienne* ont constaté les immences difficultés que l'aviation pratique doit vaincre avant d'arriver à un résultat. Jusqu'ici on n'a pu construire un appareil de vol mécanique assez puissant pour enlever un homme. D'après un grand nombre de mathématiciens, la navigation aérienne sera impossible tant que nos connaissances ne seront pas étendues dans les sciences mécaniques, physiques et chimiques. Nous manquons d'un moteur assez léger et, en même temps, assez puissant. Les chercheurs qui étudient l'électricité et qui rêvent d'en faire une force motrice, trouveront peut-être ce moteur que certaines personnes, plus sceptiques qu'éclairées, appellent un *point d'appui introuvable dans l'air*.

AVICENNE (corruption d'IBN SINA), célèbre médecin et philosophe arabe, né près de Chiraz, en Perse (980), mort à Hamadan (1036). A l'âge de vingt et un ans, il composa une encyclopédie de science. Il enseigna la logique, l'astronomie, la médecine et la philosophie. Son *Kanun* (canon) est, en grande partie, compilé des ouvrages de Galien. Ce fut jusqu'à la Renaissance une autorité médicale puissante en Europe. On l'a plusieurs fois traduit en latin; sa dernière édition est celle de Bâle, 1556 in-fol. L'œuvre principale philosophique d'Avicenne, l'*Asch-Schéfa* n'a jamais été imprimée.

AVICENNIE s. f. (de *Avicenne* n. pr.). Bot. Genre de verbénacées, comprenant des arbres à feuilles persistantes, coriaces, blanchâtres en dessous; fleurs à pédoncules solitaires, accompagnées de bractées ciliées. On distingue : l'*avicennie brillante* ou *palétuvier rouge* (*avicennia nitida*), petit arbre de la Guadeloupe, à fleurs rosées; et l'*avicennie tomenteuse*, des pays tropicaux; elle fournit aux Nouveaux-Zélandais une résine odorante comestible; sa racine mucilagineuse passe pour aphrodisiaque et ses graines sont employées dans la médecine des Indiens.

AVICENNIÉ, ÉE adj. Bot. Qui ressemble à une avicennie. — AVICENNIÉES s. f. pl. Tribu de verbénacées, ayant pour type le genre avicennie.

AVICEPTOLOGIE s. f. [a-vi-sè-pto-lo-ji] (lat. *avis*, oiseau; *capere*, prendre; gr. *logos*, discours). Traité sur l'art de prendre les oiseaux à l'aide de pièges.

AVICINIUM s. m. [a-vi-si-ni-omm] (lat. *avis*, oiseau; *canere*, chanter). Ancien jeu d'orgue

consistant en une cuvette pleine d'eau dans laquelle plongeaient les extrémités de plusieurs tuyaux. Quand l'air soufflait dans ces derniers, l'eau s'agitait à la surface et il en résultait une sorte de gazouillement d'oiseaux.

AVICULAIRE adj. (lat. *avicula*, petit oiseau). Zool. Qui sert à la nourriture des oiseaux. — Qui se nourrit d'oiseaux. — Qui vit en parasite sur le corps ou dans le nid des oiseaux.

' **AVICULE** s. f. (lat. *avicula*, petit oiseau). Genre de mollusques acéphales testacés, dont la coquille à valves égales, à extrémités rectiligne, est souvent allongée par ses extrémités en une sorte de queue plus ou moins longue, ce qui fait que lorsque les valves sont entr'ouvertes, la coquille offre la représentation assez grossière d'un oiseau qui vole. L'espèce la plus célèbre est l'*aronde aux perles* (*mytilus margaritiferus*, Linné), dont la coquille, verdâtre en dehors, contient en dedans la plus belle nacre employée par les bijoutiers. C'est dans l'intérieur de cette sorte d'huître que se trouvent les magnifiques perles d'Orient ou perles fines dont la pêche se fait principalement à Ceylan, au cap Comorin et dans le golfe Persique. Une autre espèce, que l'on trouve dans la Méditerranée, l'*aronde oiseau* (*mytilus hirundo*, Linné) fournit aussi de la nacre et des perles. Elle est singulière par les oreilles pointues qui prolongent sa charnière de chaque côté. Son byssus grossier et robuste ressemble à un petit arbuste.

AVICULTEUR s. m. Celui qui s'occupe de l'élevage des oiseaux, principalement des oiseaux de chasse et de luxe. *Un faisandier est un aviculteur.*

AVICULTURE s. f. (lat. *avis*, oiseau; *cultura*, culture). Elevage des oiseaux, principalement des oiseaux de chasse et de luxe, ainsi que des oiseaux que l'on cherche à acclimater.

' **AVIDE** adj. (lat. *avidus*). Qui désire quelque chose avec beaucoup d'ardeur : *cet homme est si avide, qu'il dévore plutôt qu'il ne mange.* — Fig. : *être avide de gloire, d'honneurs.* — Absol. Qui a une grande cupidité : *il ne faut pas être si avide.* — Se dit également des choses, dans ces diverses significations : *bouche avide, lèvres avides, mains avides, air avide, regards avides.* —ETRE AVIDE DE SANG, DE CARNAGE, se plaire à répandre le sang.

' **AVIDEMENT** adv. Avec avidité.

' **AVIDITÉ** s. f. (lat. *aviditas*). Désir ardent et immodéré, dans tous les sens d'AVIDE : *manger avec avidité; l'avidité du gain.*

AVIGLIANO [a-vi-lià'-no], ville de l'Italie méridionale, à 18 kil. N.-O. de Potenza; 12,000 hab. En 1824, elle fut à demi détruite par l'éboulement d'une montagne voisine.

AVIGNON, *Avenis* (ville à l'*avoine*), ch.-l. du dép. de Vaucluse, sur la rive gauche du Rhône, à 729 kil. S.-S.-E. de Paris; par 43° 57' 13" lat. N. et 2° 28' 15" long. E.; 38,000 hab. Archevêché; magnifiques quais; promenades agréables; remparts crénelés et garnis de tours carrées. Parmi les monuments, on cite le palais des papes, (du XIIᵉ siècle); masse irrégulière et majestueuse de construction gothique, remarquable par la hauteur et l'épaisseur de ses tours; la métropole, dite Notre-Dame des Donis, rebâtie par Charlemagne, sur le sommet du rocher des Donis et qui contient les tombeaux de Crillon et de plusieurs papes; l'église Saint-Agricol, avec le tombeau du peintre Mignard; l'hôtel de ville, surmonté d'un beffroi gothique, au haut duquel est une horloge antique avec deux figures de bois frappent les heures. Ancien Hôtel des monnaies, théâtre, musée, pont Saint-Bénezet, etc. Statues d'Althen et de Crillon. Cette ville, fondée, au VIᵉ siècle avant J.-C., par les Phocéens de Marseille, devint la capitale des Cavares ou Cavariens; son attachement aux intérêts de la ré-

publique romaine lui valut de grands privilèges après la conquête par Jules César; elle fut prise par les Bourguignons et inutilement assiégée par Clovis, en 500. Thierry l'incorpora au royaume d'Austrasie; Charles Martel en chassa deux fois les Sarrasins (730 et 737). Soumise aux rois Carlovingiens jusqu'en 880, elle fit ensuite partie des royaumes de Provence, de Bourgogne Transjurane et d'Arles, puis du comté de Provence; forma une république sous la protection des empereurs d'Allemagne, fut prise par Louis VIII de France, en 1226, et donnée par Philippe le Bel à Charles II, comte de Provence. Le pape Clément V, français de naissance, ayant promis à Philippe le Bel de résider en France, s'établit en 1309, à Avignon, sous le bon plaisir de Charles II, de Provence. Cinq autres papes, ses successeurs, y résidèrent jusqu'en 1377, époque où Grégoire XI transporta de nouveau le siège pontifical à Rome. Le pape avait acheté Avignon, moyennant 80,000 florins d'or payés à la reine Jeanne de Sicile, comtesse de Provence. Pendant cette période, la plus brillante de l'histoire d'Avignon, cette ville prit l'aspect d'une capitale. Au temps du grand schisme, elle fut la résidence des deux papes élus par les cardinaux français (1379-1411). Avignon fut ensuite gouvernée par un légat du pape; Louis XIV la saisit deux fois (1663-'67; 1689-'90); Louis XV la garda de 1768 à 1774. Pendant la Révolution, une collision éclata entre le parti français et le parti du pape; ce dernier fut vaincu et la ville fut réunie à la France par décret de l'Assemblée nationale (14 sept. 1791), décret qui fut confirmé par le traité de Talentino (19 fév. 1797). La réaction de 1815 y atteignit son paroxysme de fureur; le maréchal Brune y fut lâchement assassiné dans une auberge. Parmi les vingt et un conciles tenus à Avignon de 1080 à 1725, nous rappellerons celui de 1209, contre les albigeois; celui de 1282, contre les usuriers et celui de 1326 contre les sorciers. — Commerce de grains, de soie, de très bons vins rouges. Travail de la soie et des métaux.

AVILA. I. Prov. centrale d'Espagne, dans la Vieille-Castille, arrosée par l'Alberche et l'Adaja; 7,722 kil. carr.; 180,457 hab. La partie méridionale est entrecoupée de montagnes rocheuses et de verdoyantes vallées. Grande production de mérinos. — II Ch.-l. de la province ci-dessus, sur l'Adaja, à 85 kil. O.-N.-O. de Madrid; 7,500 hab. Avila est entourée d'une muraille et renferme une vieille cathédrale très remarquable.

AVILA. I. (Jean d'), prédicateur espagnol (1500-'69), fut nommé l'*Apôtre de l'Andalousie*. — II. Avila y Zuniga (DON Louis d'), capitaine et historien espagnol du XVIᵉ siècle. Ses *Commentaires* sur les guerres de Charles-Quint contre les protestants d'Allemagne ont été traduits en français par Gilles Boileau (Paris, 1551).

' **AVILIR** v. a. Rendre vil, abject, méprisable : *sa conduite l'avilit aux yeux de tout le monde.* — Déprécier : *l'abondance de cette marchandise en a bien avili le prix.* —S'avilir v.pr. Tomber dans l'abjection : *cet homme s'est avili par ses bassesses; s'avilir à ses propres yeux.*

' **AVILISSANT, ANTE** adj. Qui avilit : *état avilissant.*

' **AVILISSEMENT** s. m. Etat d'une personne ou d'une chose avilie : *avilissement d'une dignité.*

' **AVINÉ, ÉE** part. pass. d'AVINER. — Fam., IL EST AVINÉ, C'EST UN CORPS AVINÉ, il a bu, il a coutume de boire beaucoup. — Fig. et fam. AVOIR LES JAMBES AVINÉES, chanceler sur ses jambes pour avoir trop bu.

' **AVINER** v. a. Imbiber de vin. — S'aviner v. pr. Etre imbibé de vin; boire immodérément.

* AVIRON s. m. (rad. *viron*, vieux mot qui signifiait *cercle*). Mar. Rame, pièce de bois en hêtre, en frêne ou en sapin, d'une grosseur plus ou moins grande, façonnée de manière qu'une de ses extrémités est arrondie pour être saisie par la main du rameur, tandis que l'autre est large et plate pour frapper l'eau. Les avirons servaient autrefois à bord des galères :

> . . . . Trente légers vaisseaux
> D'un tranchant aviron déjà coupent les eaux.
>   Boileau.

On ne les emploie plus qu'à mouvoir les chaloupes et les canots. — L'extrémité aplatie se nomme *pelle* ; l'autre bout est appelé *bras*.

* AVIS s. m. (lat. *visus*, vue). Opinion, sentiment: *donner son avis*. — Opinion, suffrage de chaque juge, lorsqu'il s'agit de juger quelque affaire : *les juges en sont aux avis*. — Conseil, délibération : *prendre avis de quelqu'un*. — Instruction, conseil : *avis amical*. — Avertissement: *la plupart des journaux contiennent des avis et annonces*. — Nouvelle que l'on mande ou qu'on reçoit : *je vous donnerai avis de tout ce qui se passera ; il m'a transmis des avis sûrs*. — Lettre d'avis, lettre qu'un négociant écrit à son correspondant pour le prévenir d'une expédition, d'une lettre de change qui lui sera présentée, ou de toute autre affaire relative à leur commerce. — Avis de médecins, résultat d'une consultation de plusieurs médecins. — Avis doctrinal, sentiment d'un docteur en théologie sur quelque point de doctrine. — Fam. Sauf meilleur avis, se dit quand on donne son avis, sans prétendre qu'un autre avis ne puisse mieux valoir. — Fam. Donneur d'avis, homme qui est toujours prêt à donner des avis, même quand on ne lui en demande pas. — Droit d'avis, ce que l'on donne à une personne qui a fourni des instructions utiles pour faire une chose. — Avis au lecteur, petite préface qu'on met à la tête d'un livre. — Prov. et fig. Avis au lecteur, conseil ou reproche exprimé d'une manière indirecte et générale, avec dessein que telle personne s'en fasse l'application. — Législ. « On nomme *avis du conseil d'Etat*, des décisions interprétatives des lois, et qui ont été rendues par ce conseil, de l'an VIII à 1814. La jurisprudence a toujours reconnu force de loi à ces avis, bien que leur autorité ait été sérieusement contestée. Les *avis des cours et tribunaux* sont quelquefois demandés par la garde des sceaux, sur des projets de loi ou sur tout autre objet d'intérêt public. La délibération doit alors avoir lieu immédiatement, en assemblée générale des chambres, et les membres du parquet sont admis à délibérer et à voter comme les autres magistrats (Ord. 18 avril 1841). Les *avis de parents* ne sont autre chose que les délibérations des conseils de famille (Voir Conseil). Dans un cas spécial, la loi exige l'*avis* des quatre plus proches parents de la femme mariée, réunis en assemblée de famille ; c'est lorsque le mari sollicite du tribunal la restriction de l'hypothèque légale qui grève ses immeubles, pour la garantie de la dot, des reprises et des conventions matrimoniales (C. civ. 2,444). Les *avis divers* imprimés que l'on distribue en feuilles volantes sont dispensés de timbre (L. 23 juin 1857) et peuvent être expédiés par la poste, sous bandes, moyennant un affranchissement d'un centime par cinq grammes. Les commerçants qui tirent une lettre de change en informent le tiré par une *lettre d'avis* ».   (Ch. Y.).

* AVISÉ, ÉE adj. Prudent, circonspect, qui ne fait rien sans y bien penser: *homme sage et avisé*. — Substantiv. Un mal avisé, un homme qui manque de circonspection, qui ne réfléchit pas à ce qu'il dit, à ce qu'il fait. On écrit plus ordinairement *Malavisé*.

* AVISER v. a. Avertir, donner avis, envoyer une lettre d'avis: *avisez-moi du jour où vous m'enverrez les marchandises*. — Apercevoir

d'assez loin : *je l'avisai dans la foule*. — v. n. Faire réflexion, faire attention, prendre garde: *avisez à ce que vous avez à faire*. — S'aviser v. pr. Penser, faire attention à quelque chose: *je ne m'en suis pas avisé*. — S'imaginer quelque chose, trouver quelque chose, s'appliquer à inventer quelque chose pour quelque fin: *il n'y a sottise, il n'y a malice dont ne s'avise*. — Etre assez téméraire, assez hardi pour : *il vous vous avisez de parler mal de moi, vous vous en repentirez*.

* AVISO s. m. (rad. avis) Mar. Petit bâtiment de guerre, tel que brigantin, cutter ou lougre, chargé de porter des paquets, des ordres, des avis, etc. — Plur. des Avisos.

AVISSEAU (Charles-Jean), potier, né et mort à Tours (1796-1861). Pauvre et sans protecteurs, il fit, pendant vingt ans, des essais de peinture sur émail et parvint, au prix de mille angoisses, à résoudre le grand problème de la fusion des émaux colorés à une haute température. Il mourut avant d'avoir pu profiter de cette magnifique découverte qui fait époque dans la céramique.

AVIT (Saint), évêque de Vienne en Dauphiné, mort en 525 ; composa de nombreux ouvrages aujourd'hui perdus en partie. Il nous reste de lui des poèmes sur la création, le péché originel, et l'expulsion du Paradis, dont la lecture a pu inspirer Milton. Edition par le P. Sirmond, Paris, 1643, in-8°.

* AVITAILLEMENT s. m. [*ll* mll.] (rad. *victaille*, qui s'est dit pour *victuaille*). Approvisionnement de vivres dans une place, un camp ou un vaisseau.

* AVITAILLER v. a. Mettre des vivres dans une place, dans une ville qui court risque d'être assiégée, ou dans un vaisseau prêt à partir.

AVITUS. I. (Flavius), empereur romain d'Occident, de 455 à 456 ; fut détrôné par le comte Ricimer et sauva sa vie en acceptant l'évêché de Plaisance. — II. **(Saint)** neveu du précédent (voy. Avit).

* AVIVER v. a. Donner de la vivacité, de l'éclat; *aviver un tableau, une couleur ; un peu de rouge avive le teint*. — S'aviver v. pr. Devenir vif.

* AVIVES s. f. pl. (lat. *aqua viva*, parce que l'on croyait que cette maladie survenait aux chevaux qui avaient bu des eaux vives). Art vétér. Glandes aussi appelées glandes parotides. — Inflammation et engorgement des glandes parotides et de la région parotidienne chez le cheval et quelquefois chez le chien, par suite d'une piqûre, d'un coup, d'un breuvage trop froid après un violent exercice. L'animal éprouve de la peine à respirer. On le soulage par l'emploi des résolutifs et des spiritueux employés en frictions. Les avives sont quelquefois le résultat de la gourme ; on cherche alors à favoriser la suppuration des glandes à l'aide de cataplasmes émollients.

AVIZE, ch.-l. de cant., arr. et à 9 kil. S.-S.-E. d'Epernay (Marne). Magnifiques caves pour la conservation du vin de Champagne ; 2,000 hab.

AVLONA, ancienne *Aulon*, ville fortifiée de la Turquie d'Europe et le meilleur port d'Albanie, sur le golfe d'Avlona, à 140 kil. N.-O. de Janina. 8,000 hab.

* AVOCASSER v. n. Faire la profession d'avocat. Ne se dit guère que par dénigrement: *il y a dix ans qu'il avocasse*.

* AVOCASSERIE s. f. Par dénigr. Profession d'avocat.— Mauvaise chicane d'avocat.

AVOCASSIER, IÈRE adj. Terme de dénigrement concernant les avocats : *la gent avocassière*.

* AVOCAT s. m. (lat. *advocatus*, auxiliaire).

Celui qui fait profession de défendre des causes en justice. — Fig. Celui qui intercède pour un autre, qui le soutient, qui en défend les intérêts auprès de quelqu'un : *vous avez en lui un bon avocat*. En ce sens on dit aussi : Avocate: *sa mère fut son avocate*. — On appelle quelquefois la sainte Vierge : *l'avocate des pécheurs*. — Avocat plaidant, celui qui s'adonne principalement à la plaidoirie. — Avocat consultant, celui qui donne seulement son avis et son conseil par écrit sur les affaires litigieuses. — Avocat général, membre du ministère public qui porte la parole dans l'intérêt de la loi et de l'ordre public, devant une cour supérieure. — Fig. et fam. Avocat du diable, celui qui propose les objections, dans une conférence sur quelque point de doctrine ou de morale religieuse. Voy. Advocatus diaboli. — Avocat de Dieu, voy. Advocatus Dei. — Avocat sans causes, avocat qui n'est pas employé. — Hist. « Chez les Grecs, tout citoyen devait plaider lui-même sa cause ; mais l'usage s'introduisit de se faire assister par un ou plusieurs amis, lesquels pouvaient, à titre gratuit seulement, continuer la plaidoirie commencée par la partie intéressée. A Rome, au contraire, la profession d'*orator* et celle d'*advocatus* étaient très honorées et très lucratives. La Gaule fut renommée, chez les Romains, pour le savoir et l'éloquence des avocats formés dans ses écoles. Charlemagne et saint Louis réglementèrent l'exercice de cette profession, dont l'importance s'accrut nécessairement après l'abolition des combats judiciaires. Les textes du droit romain, en vigueur au sud de la Loire, et le droit coutumier, appliqué surtout dans les provinces du Nord, ne pouvaient être connus et discutés que par ceux qui en avaient fait une longue étude; aussi l'ordre des avocats était-il très honoré. Ils portaient la robe et le chaperon, comme les magistrats dont les charges étaient devenues vénales et qui, à part quelques illustrations, ne se distinguaient pas par la science et le talent. Les corporations d'avocats furent abolies en 1790, et l'on créa des *défenseurs officieux*; mais l'ordre fut rétabli par le décret du 22 ventôse an XII, puis réglementé successivement par le décret du 14 décembre 1810 et les ordonnances des 20 novembre 1822 et 27 août 1830. — Législ. Pour exercer la profession d'avocat en France, il faut: 1° être français et avoir la jouissance de ses droits civils et civiques; 2° être licencié en droit; 3° avoir prêté serment devant une cour d'appel; 4° avoir fait un stage de trois ans auprès d'une cour d'appel ou d'un tribunal; et 5° être inscrit au tableau des avocats d'une cour ou d'un tribunal. Les avocats stagiaires sont admis à plaider. La profession d'avocat est incompatible: avec les fonctions de l'ordre judiciaire, à l'exception de celles de juge suppléant ; avec celles de préfet, de greffier, de notaire, d'avoué ; avec tout emploi à gages ; avec toute espèce de négoce ; avec la profession d'agent d'affaires, etc. Les avocats inscrits au tableau, auprès d'une cour ou d'un tribunal, forment l'assemblée de l'ordre; ils élisent chaque année, au scrutin de liste, un conseil de discipline, composé de cinq à vingt et un membres, suivant le nombre des inscrits (D. 22 Mars 1832) ; ils nomment aussi un bâtonnier (D. 10 Mars 1870) qui est le chef de l'ordre et préside le conseil de discipline. Ce conseil statue sur les demandes d'admission au stage, sur celles d'inscription au tableau, sur les infractions que les membres de l'ordre ont pu commettre à leurs devoirs professionnels et même aux simples devoirs de l'honnête homme. Les peines que le conseil de discipline peut infliger sont : l'avertissement, la réprimande, l'interdiction temporaire, et même la radiation du tableau ; le tout, sauf recours devant la cour d'appel. Les cours et tribunaux ont aussi un pouvoir disciplinaire sur les avocats, pour réprimer les fautes comnuses à l'audience. Les avocats peuvent être appelés, selon l'ordre du tableau et à défaut de juges suppléants, à remplacer les juges ou les magistrats du ministère public, et ils ne peuvent refuser cette charge; ils sont aussi appelés, en cas de partage, à siéger parmi les magistrats d'un tribunal ou d'une cour d'appel (C. pr. 118 et 468). Le ministère des avocats est en principe facultatif: c'est-à-dire que les citoyens peuvent se défendre eux-mêmes devant les tribunaux (id. 85); mais ils ne peuvent faire plaider leurs causes par d'autres personnes que des avocats inscrits ou stagiaires, sauf par les avoués, lorsque le nombre des avocats est jugé insuffisant. Les magistrats peuvent plaider eux-mêmes leurs causes personnelles, celles de leurs femmes, de leurs parents ou alliés en ligne directe et celles de leurs pupilles (id. 86). Devant les cours d'assises, le prévenu peut faire plaider sa cause par un avoué à la cour, et même, avec l'autorisation du président, choisir un de ses parents ou amis pour défenseur (C. inst. crim. 295). Les avocats ont le droit de refuser leur ministère, à moins qu'ils ne soient nommés d'office. Ils ne doivent pas révéler, même en justice, les faits qui leur ont été confiés par leurs clients. Les honoraires des avocats ne sont pas fixés par un tarif; mais ils peuvent être réclamés en justice et réduits par les tribunaux. Les avocats sont compris dans le tableau D des patentables. Ils ne sont donc pas assujettis à un droit fixe, mais à un droit proportionnel égal au quinzième de la valeur locative de leur habitation (L. 22 juillet 1880). Dans les colonies françaises, les avocats plaident, concurremment avec les avoués, devant les tribunaux et les cours; mais, en Algérie, les plaidoiries sont soumises aux mêmes règlements que dans la métropole, depuis le décret du 27 décembre 1881. — Les avocats au Conseil d'État et à la cour de Cassation remplissent devant ces deux hautes juridictions les fonctions d'avoué et celles d'avocat. Leur titre est un véritable office, transmissible par vente à un successeur que le titulaire présente. Ces officiers ministériels sont au nombre de soixante. Leur ministère est obligatoire dans les pourvois en matière civile et lorsqu'il s'agit de contentieux administratif; il est facultatif dans les affaires criminelles et lorsqu'il s'agit de contributions, d'élections, etc. Mais ils ont le droit exclusif d'instruire les affaires contentieuses auprès des ministres de la justice, de l'intérieur et des finances. Le titre d'avocat général est celui de magistrats appartenant au parquet des cours d'appel et de la cour de Cassation et qui portent la parole devant ces cours, au nom du procureur général (Voy. MINISTÈRE PUBLIC)». (CH. Y.)

AVOCATIER s. m. [a-vo-ca-tié]. Bot. Nom vulgaire d'une espèce de laurier (laurus persea, Lin.), du genre persea, qui croît dans l'Amérique du Sud, d'où il a été importé et naturalisé à l'île Maurice. Son fruit, de la grosseur et de la forme d'une poire, est succulent et très recherché sous le nom de poire d'avocat.

AVOCETTE s. f. Genre d'échassiers à pieds palmés presque jusqu'au bout des doigts, à tarses élevés, à jambes moitié nues, à bec long, grêle, pointu, lisse, élastique et fortement courbé vers le haut; jambes réticulées; pouce beaucoup trop court pour toucher à terre. L'avocette fréquente les bords de la mer et des grands lacs, les embouchures des fleuves, les marécages; elle fouille, avec son bec, la vase, le limon et les matières molles qui se trouvent au fond des eaux et dans lesquelles se rencontrent les vers, les petits mollusques, les crustacés dont elle se nourrit. Elle fait son nid dans les touffes de longues herbes qui croissent au bord des marais. Ses œufs, au nombre de trois ou quatre, sont de couleur olive pâle et marqués de grandes taches noires irrégulières. Très défiant, cet oiseau ne se

laisse jamais approcher et ne se prend à aucun piège. L'espèce d'Europe (recurvirostra avocetta) est blanche, avec une calotte et trois

Avocette.

bandes noires à l'aile; taille élancée et gracieuse; longueur : 40 à 50 cent. L'espèce d'Amérique (recurvirostra americana) en diffère par un capuchon roux. Celle de la mer des Indes (recurvirostra orientalis) est toute blanche, à ailes noires et à pieds rouges.

AVOGADORS, magistrats vénitiens, au nombre de trois, nommés par le grand conseil, sur la présentation du sénat et qui remplissaient dans les tribunaux les fonctions du ministère public. Ils avaient le droit de veto suspensif sur les résolutions du sénat et du grand conseil. Cette magistrature, dont la création remonte, dit-on, au IXe siècle, perdit la plus grande partie de son autorité après la création du conseil des dix.

AVOGRADO (COMTE Louis d'), patriote italien, né à Brescia, vers la fin du XVe siècle, souleva ses concitoyens contre les Français en 1509, fut pris et écartelé avec ses deux fils par ordre de Gaston de Foix (1512).

AVOINE s. f. (lat. avena). Bot. Genre de graminées, type de la tribu des avénacées, caractérisé par : des épillets de deux à cinq fleurs stamino-pistillées; deux glumes; deux glumelles, dont l'inférieure, bidentée, porte une arête longue, roide et tordue en spirale à sa base; trois étamines; fruit cylindrique, marqué d'un sillon longitudinal et ordinairement velu à son sommet. Ce genre comprend quatre espèces principales : 1° AVOINE CULTIVÉE, plante dont le grain sert principalement à la nourriture des chevaux. On appelle balle d'avoine la pellicule qui enveloppe les graines d'avoine. — Avoines au pl. Se dit de l'avoine quand elle est encore sur pied : faire les avoines. — Les principales variétés cultivées sont l'avoine commune et sa sous-variété, l'avoine de Brie, grasse et productive, l'avoine de Hongrie, à panicule serrée, plus difficile sur le choix du terrain, l'avoine d'hiver, grise, à grain lourd et plus en farine; l'avoine blanche des Flandres, rustique et productive. — L'avoine est l'une des céréales les plus faciles à cultiver; elle vient, en général sur tous les terrains et se contente même des sables arides; peu épuisante, elle prépare la place au blé en détruisant les mauvaises herbes. On la sème en septembre ou en mars. Sa paille, qui n'est pas moins précieuse que son grain, peut servir à la nourriture des bêtes à cornes et même des moutons. — 2° AVOINE JAUNATRE OU DORÉE, à racines vivaces; excellente graminée de nos prairies, où elle porte le nom de fin foin. — 3° AVOINE A CHAPELETS, chiendent à chapelets (avena bulbosa, Lin.), vivace, très nuisible aux céréales et aux prairies artificielles; remarquable par les renflements bulbeux de sa racine. On la détruit par des labours et des hersages successifs; après quoi, on rassemble ces chapelets de bulbes, qui ont la faculté de reproduire; on les laisse sécher au soleil et on les brûle. — 4° AVOINE FOLLE, folle avoine, avron (avena fatua, Lin.), encore plus nuisible que la précédente; à feuilles longues et minces; à épillets de trois fleurs; à balles poilues; difficile à détruire, en raison de sa vigueur et de sa précocité; on la

combat par des sarclages au printemps et en cultivant des plantes étouffantes et précoces.

* **AVOINE** s. f. Fruit de l'avoine cultivée. Elle forme la base essentielle de la nourriture des chevaux dans les pays tempérés et dans les contrées froides, où elle existe partout. Pour les races ardentes du midi, on lui préfère l'orge. L'avoine sert aussi à la nourriture de la plupart des animaux domestiques herbivores. Donnée aux poules, elle pousse à la ponte. Sa farine entre quelquefois dans la fabrication du pain, qu'elle rend brun, gluant, peu agréable au goût. Les Parisiens se souviennent du pain d'avoine qu'ils ont mangé pendant le siège. — La farine de l'avoine sert aussi à fabriquer un bon gruau. — Jargon. DONNER DE L'AVOINE, fouetter un cheval.

* **AVOIR** v. a. J'ai, tu as, il a; nous avons, vous avez, ils ont. J'avais. J'eus. J'aurai. J'aurais. J'ai eu. J'avais eu. J'aurai eu. J'aurais eu. Aie, ayez. Que j'aie, que tu aies, qu'il ait; que nous ayons, que vous ayez, qu'ils aient. Que j'eusse. Que j'aie eu. Que j'eusse eu. Ayant. Ayant eu, eu, eue. — Posséder de quelque manière que ce soit; être en possession, en jouissance de quelque chose : avoir du bien, un emploi, de bons appointements, de l'argent, un revenu, de quoi vivre, des livres; Arcadius eut l'Orient, et Honorius l'Occident. — Se dit dans une signification beaucoup plus étendue, en parlant de toute chose physique ou morale, utile ou nuisible, agréable ou fâcheuse, etc., qui est, avec une personne, dans un rapport quelconque d'appartenance ou de dépendance: avoir une chose à portée, sous la main; à côté de soi.

> L'esprit qu'on veut avoir gâte celui qu'on a.
> GRESSET, Le Méchant, acte IV, sc. VII.

— On l'applique souvent aux animaux : ce cheval a une belle écurie, une selle très riche; cet oiseau a un chant très agréable. — Se dit particulièrement, dans un sens analogue, pour exprimer diverses relations entre les personnes : avoir un père, une mère, une femme, des enfants, une sœur. — On l'applique de même aux animaux : le hibou a presque tous les autres oiseaux pour ennemis. — Avec un nom de chose pour sujet, se dit de ce qui appartient ou est propre à cette chose, de ce qui la caractérise, ou la modifie, etc.: cette ville a de beaux édifices; cette pièce a beaucoup de succès. — Exprime certaines relations d'appartenance ou de dépendance qui unissent les personnes aux choses : cette maison a vingt locataires. — Se procurer; obtenir : c'est un homme que vous n'aurez pas (que vous ne gagnerez pas) facilement. — Avec la préposition à, devant un infinitif, sert à marquer la nécessité, l'obligation, la disposition, la volonté où l'on est de faire une chose : vous auriez fort à faire pour cela :

> Nous n'avons qu'un temps à vivre,
> Amis, passons-le gaiement.
> Refrain de la chanson Jouissons du temps présent, de Luce de BONNAVAL.

— Avoir QUELQU'UN AVEC SOI, en être accompagné, ou seulement, être avec quelqu'un. — Avoir QUELQUE CHOSE POUR SOI, se dit en parlant de tout ce qui peut être à l'avantage d'une personne : ils ont pour eux la justice. — Avoir POUR AGRÉABLE, être satisfait d'une chose, l'approuver. — Avoir POUR BUT, POUR OBJET, se proposer pour but, pour objet. — Avoir EN HORREUR, EN AVERSION, etc., éprouver de l'horreur, de l'aversion, etc., pour quelqu'un ou pour quelque chose. — Par menace, Vous EN AUREZ, vous serez châtié, maltraité. — Fig. et fam. IL EN A dans L'AILE, ou simplement, IL EN A, se dit, par raillerie, d'un homme qui a reçu quelque coup, ou qui a éprouvé quelque disgrâce, ou qui est devenu amoureux. — Fam. CONTRE QUI EN A-T-IL, EN AVEZ-VOUS? contre qui est-il, êtes-vous fâché, en colère? On dit aussi, A QUI EN A-T-IL? — Fig. et fam. L'Avoir BEAU, L'avoir BELLE, avoir une occasion

favorable de faire quelque chose. — **Fam.** Il.
A BEAU DIRE, IL A BEAU FAIRE, IL A BEAU CRIER,
etc., quoi qu'il puisse dire, quoi qu'il puisse
faire, malgré ses cris, etc. — **Prov.** IL N'EST
RIEN TEL QUE D'EN AVOIR, si on n'a du bien, on
n'est pas considéré dans le monde. — IL EN
VEUT AVOIR A QUELQUE PRIX QUE CE SOIT, il est
avide et âpre à l'argent. — **Pop.** AVOIR DE
QUOI, être riche ou dans l'aisance. — AVOIR LA
PAROLE, avoir, obtenir la permission de parler.
— AVOIR UNE FEMME, obtenir ses faveurs. —
Fam. NOUS AVONS, VOUS AVEZ DES GENS QUI...,
il y a, il existe, on trouve des gens qui... —
.** Jargon. AS-TU FINI? As-tu fini de nous ennu-
yer. — **v.** auxil. Sert à former la plupart des
prétérits des autres verbes :

On disait que la Parque *avait tranché ses jours.*
      VOLTAIRE. *Adélaïde du Guesclin,* acte I, sc. 1.

Avez-vous, dans les airs, entendu quelque bruit?
Les vents nous auraient-ils trahis &c avoués cette nuit.
      RACINE. *Iphigénie en Aulide,* acte I, sc. 1.

— Est également auxiliaire de lui-même : *j'ai*
eu raison. — **Y avoir** v. impers. Etre : *il y a des*
gens qui... y a-t-il quelqu'un ici? — IL Y EN A,
il y a des gens. — **Fam.** TANT Y A, quoi qu'il
en soit.

* **AVOIR** s. m. Ce qu'on possède de bien :
voilà tout mon avoir ; on lui enleva son petit avoir.
— Partie (partie ou compte où l'on porte les sommes
dues : *le doit et l'avoir,* le passif et l'actif.

AVOIRDUPOIS, unité de poids chez les Anglais, employée pour les marchandises (excepté
pour les métaux précieux, les pierres fines et
les médicaments). La livre *avoirdupois* = 16
onces = 7,000 grains = 453 gram. 1|2.

AVOISINANT, ANTE adj. Qui est voisin.

* **AVOISINÉ, ÉE** part. pass. d'AVOISINER. —
ETRE BIEN AVOISINÉ, avoir de bons voisins.

* **AVOISINER** v. a. Etre proche, être voisin.
Ne se dit que de la proximité de lieu : *les ter-*
res qui avoisinent la forêt.

AVOLA, ville maritime de Sicile, à 22 kil.
S.-O. de Syracuse ; 11,900 hab. Détruite par
un tremblement de terre en 1693, elle fut
aussitôt rebâtie. Les environs produisent encore le miel autrefois célèbre sous le nom de
miel d'Hybla.

AVOLD (Saint-), ville d'Alsace-Lorraine, anc.
ch.-l. de cant. de l'arr. de Sarreguemines
(Moselle) ; 2,950 hab.

AVON (celtique : *afon,* eau). Nom de plusieurs cours d'eau d'Angleterre et d'Ecosse.
Le principal de ces cours d'eau est l'*Upper*
Avon, qui passe à Stratford et se jette dans
la Severn, non loin de Tewksbury, après un
cours de 185 kil.

AVOR (le camp d'), camp établi en 1871,
sur un vaste terrain désert et inculte où les
légions de César avaient également créé un
camp avant d'engager une bataille décisive contre l'armée gauloise ; cant. de Baugy, arr. de
Bourges (Cher). Ecole régionale pour les sous-
officiers.

* **AVORTÉ, ÉE** part. pass. d'AVORTER. — Se dit
principalement des végétaux, des fruits, etc.,
qui n'ont pu acquérir leur entier développement, et qui sont rabougris, informes : fleur
avorté. — Fig.: *dessein avorté, affaire avortée.*

* **AVORTEMENT** s. m. Expulsion du fœtus
avant qu'il soit viable, en parlant de la femme
et de la femelle des animaux. — **Méd.** L'*avor-*
tement de la femme est quelquefois appelé
fausse couche; il est *naturel* lorsqu'il a lieu
spontanément; *accidentel,* lorsqu'il suit un accident, une chute, une blessure, une secousse
forcé, etc.; et *provoqué,* quand on l'a obtenu
par l'emploi des abortifs. Dans tous les cas, il
est plus grave que l'accouchement et d'autant
plus dangereux qu'il est plus éloigné du terme.
— Une constitution nerveuse, une faiblesse
générale, un état pléthorique sont des causes
prédisposantes ; les blessures, les coups, les

chutes, les exercices violents, des émotions
vives, la colère, le chagrin; une maladie du
fœtus ou de ses membranes sont les causes
occasionnelles les plus fréquentes. — Lorsque
l'avortement a lieu dans les deux ou trois premiers mois de la grossesse, il s'annonce à peu
près comme un retard de menstruation, par
quelques coliques et une hémorragie abondante. A une époque plus avancée, la femme
éprouve des frissons, de l'abattement, du malaise, des défaillances, la sensation d'un poids
dans le bassin et sur le fondement; des besoins
illusoires d'uriner; le fœtus tombe du côté sur
lequel elle se couche, et il ne donne plus signe
de vie. Au bout de quelques jours l'haleine de
la mère devient fétide ; puis il survient un
écoulement séreux, roussâtre ou une hémorragie accompagnée de douleurs. Dès les premiers symptômes qui peuvent faire craindre
un avortement, la femme enceinte doit se
mettre au lit et prendre une potion calmante
et des demi-lavements froids laudanisés. Lorsque l'avortement n'a pu être empêché, on
favorise l'expulsion du fœtus et on laisse agir
la nature, si l'hémorragie ne complique pas
la fausse-couche. — **Législ.** « L'avortement,
obtenu par breuvages, médicaments, violences, ou par tout autre moyen, entraîne la
peine de la réclusion pour la femme et pour
ceux qui l'ont aidée. Les médecins et pharmaciens qui ont indiqué ces moyens ou administré des drogues abortives sont condamnés aux
travaux forcés à temps, dans le cas où l'avortement a eu lieu. (Cod. pén. 317) ». (CH. Y.)

* **AVORTER** v. n. (lat. *abortare*). Accoucher
avant terme. Ne s'emploie guère que lorsqu'il
s'agit d'un accouchement avant terme, provoqué par des moyens criminels. Dans tout autre
cas, on dit plus ordinairement, *faire une fausse*
couche. — Mettre bas avant terme en parlant
des femelles des animaux. — **Par ext.** Ne pas
parvenir à la grosseur et à la maturité requises en parlant des fruits.: *il y a des vents qui*
font avorter les fruits. — **Fig.** Rester sans exécution, ne pas répondre aux espérances, en
parlant des desseins, des entreprises, etc.: *ce*
dessein avorta.

* **AVORTON** s. m. Fœtus sorti avant terme
du ventre de la mère. — **Par ext.** Animal qui
est fort au-dessous de la grandeur ordinaire,
petit homme mal fait, mal bâti : *c'est un avor-*
ton, un petit avorton. — Se dit aussi des végétaux et de ce qu'ils produisent : *les plus belles*
plantes produisent quelquefois des avortons. —
Se dit, fig., des ouvrages d'esprit faits avec
trop de précipitation, auxquels on n'a donné
ni assez de soin ni assez de temps : *c'est un*
ouvrage plein de défauts et fait à la hâte, ce
n'est qu'un avorton.

* **AVOUABLE** adj. Que l'on peut avouer :
projet avouable.

* **AVOUÉ** s. m. (lat. *advocatus,* appelé à
l'aide). Officier de justice, autrefois appelé
procureur, dont la fonction est de représenter
les parties devant les tribunaux de première
instance ou devant les cours d'appel, et de
faire en leur nom tous les actes de procédure
nécessaires. — Se disait anciennement d'un
seigneur qui se chargeait d'être le protecteur,
le défenseur des droits d'une église : *l'avoué*
de Cîteaux; l'avoué de l'évêché d'Arras. — **Hist.**
« On nommait *advoués* des personnes notables chargées autrefois d'administrer le temporel des églises et des abbayes; mais les
fonctions de nos avoués étaient remplies, sous
l'ancienne monarchie, par les *procureurs* dont
le nombre, d'abord non limité, le fut au
XVIᵉ siècle et dont le titre fut en même temps
érigé en *office* vénal. Les procureurs furent
supprimés en 1791 et remplacés par des avoués
sans office, accrédités auprès des tribunaux;
mais, en l'an II, on supprima toute la procédure et les plaideurs purent se faire représenter par un mandataire de leur choix. On ne

tarda pas à reconnaître la nécessité d'avoir,
auprès des tribunaux, des intermédiaires présentant des garanties de moralité, de savoir
et de solvabilité. Les avoués furent donc rétablis par la loi du 27 ventôse an VIII; mais
c'est la loi du 28 avril 1816 qui a déclaré leurs
offices transmissibles. — **Législ.** Les avoués
sont nommés par le chef de l'Etat, comme les
autres officiers ministériels, sur la présentation du propriétaire de la charge. Les candidats doivent: 1° être âgés de vingt-cinq ans;
2° présenter un diplôme de bachelier en droit
ou un certificat de capacité délivré, après
examen, par une faculté de droit à celui qui
a suivi pendant un an certains cours de cette
faculté; 3° justifier de cinq années de cléri-
ture chez un avoué; 4° rapporter un certificat
de moralité et de capacité délivré par la
chambre des avoués de la cour ou du tribunal;
et 5° produire la quittance du versement d'un
cautionnement dont le chiffre varie suivant
les cours et tribunaux. Il y a, près de chaque
cour et de chaque tribunal, une chambre des
avoués dont les membres sont élus par tous
les titulaires et qui possède une certaine autorité disciplinaire sur toute la corporation.
Les fonctions d'avoué sont incompatibles
avec celles de conseiller de préfecture,
de préfet, de notaire, etc.; avec tout emploi
administratif rétribué, avec les fonctions de
l'ordre judiciaire, avec la profession d'avocat
et celle de commerçant. Les avoués sont tenus
de prêter leur ministère à ceux qui le réclament, et de le faire gratuitement pour les indigents admis au bénéfice de *l'assistance judi-*
ciaire. VOIR CE MOT. — Ils ne peuvent occuper
à la fois pour deux parties ayant des intérêts
opposés. Ils sont tenus au secret professionnel.
Ils doivent inscrire eux-mêmes, sur un registre
coté et parafé par le président de la cour ou
du tribunal, toutes les sommes qu'ils reçoivent
de leurs clients. Le ministère des avoués est
indispensable auprès des cours d'appel et des
tribunaux de première instance, dans les affaires civiles, où ils sont chargés de la rédaction des actes de procédure; ils poursuivent
les ventes qui ont lieu en justice et ont seuls
le droit d'enchérir aux audiences des criées.
Leur ministère est encore indispensable pour
les acceptations sous bénéfice d'inventaire et
pour les renonciations à succession ou à communauté. Ils plaident, en général, dans tous
les incidents de procédure ainsi que dans les
audiences de référés, et ils ne peuvent être autorisés par la cour d'appel du ressort à plaider
devant les tribunaux de chefs-lieux de départements ou de cours d'assises, quand le nombre
des avocats est reconnu insuffisant (D. 25 juin
1878). Le ministère des avoués est facultatif,
devant les cours d'assises et les tribunaux correctionnels; il l'est également, pour les préfets
agissant au nom de l'Etat, dans les affaires
domaniales, et pour les régies des finances. Il
leur est interdit d'occuper, si ce n'est comme
simples mandataires, devant les justices de
paix, les tribunaux de commerce et même
ceux de première instance jugeant commer-
cialement. Il ne leur est pas permis d'assister
les parties dans les interrogatoires sur faits et
articles, ni lors de la comparution, devant le
président, des époux en instance de séparation
de corps. En matière criminelle, les avoués
près la cour d'appel peuvent plaider, en cour
d'assises, pour les accusés (Cod. inst. crim. 295);
mais ils ne peuvent pas représenter un contumace (Cod. inst. crim. 468). Devant les tribunaux correctionnels, le prévenu peut se faire
représenter par un avoué, lorsqu'il s'agit de
délits qui n'entraînent pas la peine de l'emprisonnement (Cod. inst. crim. 185). Les avoués
qui ont excédé les bornes de leur ministère
peuvent être condamnés aux dépens, en leur
nom et sans répétition, même à des dommages-
intérêts, s'il y a lieu (Cod. proc. 432). Ils ne
doivent exiger de leurs clients
et de la partie adverse, condamnée aux dépens,

que le remboursement des dépenses qu'ils ont faites et les émoluments fixés par le tarif. Ils ont, pour le recouvrement de ces frais, un privilège sur la chose en litige (Cod. civ. 2,102). La prescription de leur action pour frais et salaires est de deux années, à compter du jugement ou de la conciliation (Cod. civ. 2273). Enfin ils ne sont déchargés des pièces de la procédure que cinq ans après la date du jugement (Cod. civ. 2276). Les demandes en taxe et toutes actions en restitution des frais et accessoires contre les avoués sont prescrites par deux ans du jour du paiement ou du règlement de compte (L. 5 août 1881, art. 4). La contribution de patente à laquelle les avoués sont assujettis est fixée, comme celle des avocats, au quinzième de la valeur locative des locaux occupés par eux ».   (Ch. Y.).

* AVOUER v. a. (lat. *advocare*, reconnaître). Confesser et reconnaître qu'une chose est ou n'est pas, en demeurer d'accord : *avouer le fait, le crime* :

> Vous même *avouerez*, en lisant dans mon âme,
> Qu'il faut plaindre Dorante au lieu de l'accuser.
>   Corneille. *La Suite du Menteur*, acte V, sc. III.

— Approuver, ratifier : *ce sont des principes que la morale peut avouer.* — Avouer une personne, approuver ce qu'elle a jugé à propos de faire d'après l'autorisation qu'on lui en a donnée. — Avouer un écrit, un ouvrage, s'en reconnaître l'auteur. — Avouer un enfant, s'en reconnaître le père. — Avouer pour fils, pour sœur, etc., reconnaître pour fils, pour sœur, etc. — S'avouer v. pr. Se reconnaître : *il s'avoue vaincu.*

* AVOYER s. m. (lat. *advocare*, appeler). Titre du premier magistrat, dans quelques cantons suisses.

AVRANCHES, *Ingena Abrincæ, Abrincatui*, ch.-l. d'arr. (Manche), à 55 kil. S.-S.-O. de Saint-Lô et à 319 kil. de Paris, sur la Sée, non loin de la mer ; 8,950 hab. Ancien évêché réuni à celui de Coutances en 1791 ; de son antique cathédrale, il reste une pierre ; celle sur laquelle, suivant une tradition, le roi d'Angleterre Henri II se serait agenouillé devant les légats du pape pour faire amende honorable du meurtre de Thomas Becket. Au XIVe siècle, *Avranches*, capitale de l'*Avranchin*, passa au roi de Navarre ; elle fut réunie à la couronne en 1438 ; elle ne se rendit à Henri IV qu'après un siège opiniâtre en 1591. — Délicieuse promenade du jardin des plantes. Dans le jardin de l'évêché, on a élevé, en 1832, une statue au général Valhubert, enfant du pays, mort à Austerlitz. Fabr. de bougies et de dentelles ; commerce de beurre, de cidre et de sel. — Lat. N. 48° 41' 6''; long. O. 3° 42' 1''.

AVRANCHIN, contrée de la basse Normandie formant aujourd'hui les arr. d'Avranches et de Mortain.

AVRANCHIN, INE s. et adj. Habitant d'Avranches ; qui appartient à cette ville ou à ses habitants.

AVRE (rivière de l'). I. Voy. Aure. — II. Petite rivière qui naît près d'Avricourt (Oise) et afflue dans la Somme, près d'Amiens, après un cours de 56 kil.

AVRIGNY (Hyacinthe Robillard d'), jésuite et historien, né à Caen (1675-1719) ; a laissé des *Mémoires sur l'histoire universelle de l'Europe* de 1600 à 1716 et des *Mémoires chronologiques*, pour servir à l'histoire ecclésiastique pendant la même période.

AVRIGNY (Charles-Joseph Lœillard d'), auteur dramatique, né à la Martinique vers 1760, mort en 1823. Sa tragédie de *Jeanne d'Arc* renferme quelques belles scènes. Il a laissé plusieurs opéras comiques et des *Poésies nationales*.

* AVRIL s. m. [a-vrill ; *ll* mll.] (lat. *aprilis*; de *aperire*, ouvrir ; parce que ce mois indique

l'époque où s'ouvrent les bourgeons). Quatrième mois du ca'endrier grégorien ; le deuxième du calendrier primitif des Romains. Jules César lui ajouta un trentième jour.

> Dès qu'*avril* renaîtra, j'ouvrirai ma fenêtre,
> Plutôt et du plus loin pour le voir apparaître.
>   H. de Latouche.

— Poétiq. Printemps, dans tous les sens figurés de ce mot :

> Mon *avril* se meurt feuille à feuille.
>   V. Hugo.

— Pop. En avril, ne quitte pas un fil, en avril, il ne faut pas diminuer ses vêtements. — Pop. Poissons d'avril, les maquereaux. — Prov. et fig. Donner un poisson d'avril a quelqu'un, faire accroire à quelqu'un, le premier jour d'avril, une fausse nouvelle, ou l'engager à faire quelque démarche inutile, pour avoir lieu de se moquer de lui.

AVRON (Plateau d'), dans le département de Seine-et-Marne, fut enlevé aux Allemands par les Français, le 1er décembre 1870, pendant la bataille dite de Champigny. Le 27 décembre, les ennemis démasquèrent brusquement une véritable ceinture de batteries et couvrirent d'un déluge de fer, les soldats de la division Hugues qui l'occupait ; il fallut l'évacuer dans la nuit du 28 au 29 ; mais les Allemands, qui essayèrent ensuite de s'y établir, en furent délogés par l'artillerie des forts.

* AVUER v. a. (rad. *vue*). Chasse. Garder à vue, suivre de l'œil : *avuer la perdrix.*

AVULSION s. f. (lat. *avulsio*). Chir. Déchirement, arrachement, extraction.

AVUNCULAIRE adj. (lat. *avunculus*, oncle maternel). Qui a rapport à l'oncle ou à la tante.

AVUSTE ou Ajuste v. Mar. Nœud par lequel deux cordes sont jointes l'une avec l'autre par les bouts.

AWE (Loch) [angl. lok-â]. Lac de l'Argyleshire (Ecosse), à 14 kil. N.-O. d'Inverary ; 40 kil. de long sur 1 de large.

AX ou Acqs, *Aquæ Consorranorum*, ch.-l. de cant. (Ariége), arr. et à 46 kil. S.-E. de Foix, à 802 kil. de Paris ; 1,700 hab. Petite ville renommée pour ses eaux thermales. Philippe-Auguste y avait établi, en 1200, une léproserie qui conserve encore le nom de bain des ladres. Patrie du célèbre médecin Roussel. Cinquante-trois sources sulfureuses thermales variant de + 23° à + 75° C. Etablissement très fréquenté d'août en septembre. Traitement des dermatoses, des rhumatismes, des scrofules, des ulcères, des maladies des os, etc. Environs pittoresques ; forges d'Orgeix.

AXAMENTA s. m. pl. [a-ksa-main-ta]. Antiq. rom. Hymnes chantés par les prêtres saliens pendant les fêtes du dieu Mars.

AXAT. ch.-l. de cant. (Aude), arr. de Limoux ; 500 hab.

AXAYACATL, empereur mexicain, mort vers 1477 ; père de Montézuma II, régna quatorze ans et fut un fameux guerrier. Cortès découvrit ses trésors.

* AXE s. m. [a-kse] (lat. *axis*, du gr. *axôn*, pivot). Ligne droite qui passe par le centre d'un globe, et sur laquelle ce globe tourne : *l'axe d'une sphère* — Ligne qu'on suppose passer par le centre et par les deux pôles d'un astre en mouvement : *l'axe du monde* ; *l'axe de Saturne, de Vénus*, etc. — Beaux-arts. Pièce de fer ou de bois qui passe par le centre d'un corps, et qui sert à faire tourner ce corps sur lui-même. — Par ext. Toute ligne que l'on suppose traverser le centre d'un objet, ou le diviser en deux parties égales et semblables : *l'axe de l'horizon* ; *d'une lentille de verre, d'une courbe, d'une parabole*, etc.; *le grand axe, le petit axe d'une ellipse* ; *l'axe du corps humain*. — Bot. Tout pédoncule allongé autour duquel

sont attachées plusieurs fleurs : *les fleurs du plantain naissent autour d'un axe* ; *dans l'ananas, l'axe des fleurs est charnu*. — Mar. Axe des moments, ligne par rapport à laquelle on prend la distance du centre d'effort du vent sur chaque voile. — Phys. Axe magnétique, ligne qui joint les pôles d'un aimant.

AXEL. Voy. Absalon.

AXENFELD (Auguste), médecin français, n. à Dessa, le 25 octobre 1825, mort à Paris, en 1876 ; fut professeur de pathologie à l'Ecole de médecine ; a laissé un *Traité des névroses* et un ouvrage sur les *Lésions atrophiques de la moelle épinière.* — Mar. Axe

AXIE ou Axia s. f. [a-ksi ; a-ksi-a] (gr. *axia*, mérite). Crust. Genre de décapodes macroures, section des homards, que l'on trouve sur les côtes de France et d'Angleterre. Les deux premières paires de leurs pieds se terminent en une pince à deux doigts ; mais tous les pieds qui suivent finissent par un onglet.

AXIE s. f. [a-ksi] (gr. *axia*, mérite) Bot. Genre peu connu que l'on rapporte aux nyctaginées ou aux valérianées. La seule espèce décrite est un arbuste rampant de la Cochinchine ; sa racine passe pour sudorifique et fortifiante.

AXIFÈRE adj. [a-ksi-fè-re] (lat. *axis*, axe; *fero*, je porte). Qui est muni d'un axe.

AXIFORME adj. Qui a la forme d'un axe ou d'un essieu.

AXIFUGE adj. [a-ksi-fu-je] (lat. *axis*, axe; *fugio*, je fuis). Synon. de Centrifuge.

AXIGRAPHE adj. [a-ksi-gra-fe] (gr. *axôn*, axe ; *graphô*, je décris). Minér. Se dit d'une variété de chaux carbonatée.

AXILE adj. [a-ksi-le] (lat. *axis*, axe). Hist. nat. Qui forme un axe ou qui se rapporte à un axe. — Bot. *Organe axile*, organe central d'une plante : racine, tige, rameau, branche. — *Système axile*, ensemble des organes axiles. — *Graine axile*, qui est attachée à l'axe du fruit. — *Embryon axile*, qui est placé au milieu du périsperme et qui se porte d'un point périphérique de la graine au point diamétralement opposé.

AXILÉ, ÉE adj. Bot. Qui est muni d'un axe ; disposé autour d'un axe.

* AXILLAIRE adj. [a-ksil-lè-re] (lat. *axilla*, aisselle). Anat. Qui a rapport à l'aisselle. — Artère axillaire, suite de la sous-clavière ; a pour limites la clavicule (en haut) et le bord inférieur du grand pectoral (en bas) ; en cet endroit, elle prend le nom de brachiale. Elle fournit cinq branches : l'acromio-brachiale, la thoracique inférieure (mammaire externe), la scapulaire inférieure ; une circonflexe antérieure et une circonflexe postérieure. — Veine axillaire, veine qui accompagne l'artère axillaire, devant laquelle elle est placée. — Nerf axillaire ou circonflexe, fourni par le plexus brachial ; ses rameaux se distribuent aux muscles voisins, principalement au deltoïde. — Glandes axillaires, ganglions très nombreux disposés autour de la veine axillaire et auxquels aboutissent les vaisseaux lymphatiques du membre supérieur. Ces glandes sont souvent le siège d'engorgement. — Bot. Se dit d'un organe placé à l'aisselle d'un autre organe, ordinairement à l'aisselle des feuilles. — Fleurs axillaires, placées entre la feuille et le rameau. — ~ s. f. Entom. Petite pièce triangulaire qui, chez certains insectes, se trouve entre les angles postérieurs du corselet et les angles huméraux des élytres

AXILLE s. f. [a-ksi-le] (lat. *axilla*, aisselle). Bot. Synon. de Aisselle.

AXILLIBARBU, E adj. [a-ksi-li-bar-bu]. Bot. Qui porte des poils dans l'aisselle.

AXILIFLORE adj. [a-ksi-li-flo-re] (lat. *axilla*,

aisselle ; *flos, flora,* fleur). Bot. Qui a des fleurs axillaires.

AXIM [ak-simm]. Ville de Guinée, Afrique, à 125 kil. O. de Cape Coast-Castle. Les Hollandais l'enlevèrent aux Portugais en 1642 et la cédèrent aux Anglais en 1872. Le jeune explorateur français Bazin, qui accompagnait une expédition scientifique dirigée par M. Bonnat, y est mort le 9 mai 1877.

AXINITE s. f. [ak-si-ni-te] (gr. *axiné,* hache). Minér. Pierre précieuse que l'on appelle aussi *schorl violet* ou *yanalite.* Elle se compose de silice, d'alumine, d'oxyde de fer, d'oxyde de manganèse et d'acide borique. Les lapidaires ne l'emploient que lorsque sa couleur violette est bien uniforme ; mais elle est quelquefois mêlée de teintes brunes ou vertes. Les plus beaux cristaux viennent de l'Isère ; on en trouve aussi à Barèges, à Schneeberg (Saxe), etc.

* **AXIOME** s. m. [a-ksiô-me] (gr. *axioma*). Vérité évidente par elle-même ; proposition générale, reçue et établie dans une science : *axiome de philosophie, de mathématique ; c'est un axiome en physique.*

AXIS s. m. [a-kssiss] (lat. *axis,* animal cité par Pline). Zool. *Cerf tacheté de l'Inde,* cerf qui vit en grandes troupes sur les bords du Gange. Il est fauve, tacheté de blanc ; son bois, rond et fourchu à la pointe, grandit avec l'âge et ne porte jamais qu'un andouiller vers la base. L'axis est d'un naturel doux.

AXIS s. m. [a-ksiss] (lat. *axis,* axe). Anat. Deuxième vertèbre cervicale, qui s'articule en haut avec l'*atlas* et en bas avec la troisième vertèbre cervicale. L'axis est remarquable par une éminence allongée qui la surmonte et qu'on appelle *apophyse odontoïde.* Cette apophyse, engagée dans la portion antérieure de l'anneau de l'*atlas,* sert de pivot au mouvement de la tête ; d'où le nom d'*axis* donné à la vertèbre.

AXMINSTER, ville du Devonshire, Angleterre, sur l'Axe, à 40 kil. N.-E. d'Exeter ; 2,930 hab. ; autrefois célèbre par ses fabriques de tapis.

AXOLOTL s. m. [a-kso-lotl]. Nom mexicain d'un genre de batraciens amphibies, voisin de la salamandre et propre aux lacs des environs de Mexico. L'axolotl mesure 20 à 25 cent. de

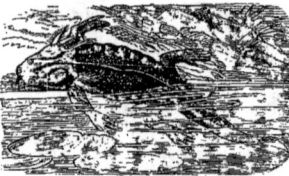

Axolotl.

long ; il est d'un gris sombre tacheté de noirâtre. Au mois de juin, on en prend en grand nombre dans un lac situé à 5 kil. de Mexico, à 2,500 mètres au-dessus de la mer. On le recherche à cause de la délicatesse de sa chair. Quelques naturalistes pensent que cet animal est une salamandre qu'on a observée à l'état de larve seulement, et Cuvier n'est pas loin de partager leur avis. L'Américain O.-C. Marsh a découvert que l'axolotl est la larve d'une salamandre qu'il appelle *amblystoma ;* d'après lui, cette larve vit le plus souvent sans se transformer.

AXOMÈTRE s. m. [a-kso-mè-tre] (gr. *axôn,* axe ; *metron,* mesure). Mar. Instrument dont on faisait usage autrefois, et qui indiquait, à première vue, quelle était la direction de la barre du gouvernail.

* **AXONGE** s. f. [a-kson-je] (lat. *axis,* essieu ; *ungere,* oindre). Graisse qui diffère du lard et

du suif en ce qu'elle est plus molle : *l'axonge humaine est regardée comme un très bon remède pour certaines douleurs.*

AXONOMÉTRIQUE adj. (gr. *axôn,* axe ; *metron,* mesure). Géom. Ne s'emploie que dans la locution *perspective axonométrique,* projection orthogonale sur un plan oblique aux trois directions principales, rectangulaires entre elles, qui existent dans tout produit de l'industrie.

AXOUM ou **Axum** [ak-soumm]. Ville du Tigré, Abyssinie, autrefois cap. d'un royaume, par 14° 5' lat. N. et 36° 7' long. E., à 2,350 mètres au-dessus du niveau de la mer ; 4,000 hab.

Obélisques d'Axoum.

Parmi les monuments de son passé, on remarque plusieurs obélisques, dont un de 60 pieds de haut. Les habitants d'Axoum furent convertis au christianisme par Frumentius, vers 330.

AXOUMITE [a-ksou-mi-te] ou **Aksumite** [a-ksu-mi-te] adj. et s. Habitant d'Axoum. — S. m. Ancienne langue du pays d'Axoum.

AY. Voy. **Aï.**

AYACUCHO. I. Dép. central du Pérou, sur le versant oriental des Andes, arrosé par le Mantaro, le Pampa et l'Apurimac ; 110,000 kil. carr. ; 230,000 hab. Ce département et sa capitale doivent leur nom à la victoire décisive que le général Sucre remporta, le 29 décembre 1824, sur le vice-roi espagnol, Laserna, près du hameau d'Ayacucho. Production d'or, d'argent et de miel. — II. Cap. du dép. cidessus, autrefois Huamanga ou Guamangua, dans une vallée, à 3,000 mètres au-dessus du niveau de la mer ; et à 350 kil. S.-E. de Lima ; 25,000 hab. Ville fondée par Pizarre, en 1539. Belle cathédrale.

AYALA (Pedro-Lopez de), poète espagnol (1332-1407). Fait prisonnier par le prince Noir, à Najera (1367), il charma les loisirs de sa captivité en Angleterre en composant un recueil de poésies, *Les rimes de la cour.* Après sa délivrance, il devint premier ministre de Castille et écrivit une *Chronique des rois de Castille,* qui va de 1350 à 1396, et qui est précieuse surtout pour les détails qu'elle donne sur le règne et les crimes de Pierre le Cruel.

AYAMONTE, ville d'Andalousie (Espagne), près de l'embouchure de la Guadiana ; 6,000 hab., qui vivent presque tous de la pêche.

* **AYAN** s. m. Officier supérieur turc, chargé, dans les provinces, de veiller à la sûreté des particuliers.

* **AYANT** adj. verbal. Prend un s au pluriel dans les deux locutions suivantes. — AYANTCAUSE, celui auquel les droits d'une personne ont été transmis à titre particulier, par legs, donation, vente, etc., par opposition à héritier ou successeur universel : *les créanciers sont quel-*

quefois considérés comme ayants cause. — AYANT DROIT, Celui qui a droit ou qui est intéressé à quelque chose : *chacun des ayants droit.* — Législ. « L'ayant cause est celui qui exerce, à son profit personnel et non comme mandataire, les droits d'une autre personne, parce qu'il la représente comme héritier légataire, cessionnaire à un titre quelconque, ou même parce qu'il agit comme créancier de l'*ayant droit* (voy. ce mot) en vertu de l'article 1,166 du Code civil. Le Code semble parfois distinguer les ayants cause des héritiers proprement dits. Ex.: *l'acte authentique fait pleine foi de la convention qu'il renferme, entre les parties contractantes et leurs héritiers ou ayants cause* (art. 1,319). Voy. aussi les art. 1,322, 1,365. — On appelle *ayant droit* toute personne ayant, par elle-même, un droit de succession, de partage, de propriété, de jouissance, d'hypothèque, de servitude, etc., qu'elle peut exercer en son propre nom. Ex. : *après la liquidation de la succession, le partage a été effectué entre tous les ayants droit. Le syndic de la faillite a distribué tout l'actif aux ayants droit.* On a vu ci-dessus que l'ayant cause est, au contraire, celui qui agit en vertu des droits d'une autre personne dont il est cessionnaire ou héritier ». (Cu. Y.).

AYA-PANA s. m. Bot. Non indigène d'une eupatoire des bords de l'Amazone. Les feuilles de l'*aya-pana* passaient pour guérir le choléra, la fièvre jaune et la morsure des serpents ; on en fait une tisane digestive, que l'on préfère au thé, et une *liqueur d'aya-pana,* qui est aujourd'hui répandue dans le commerce.

AYAVACA, petite ville du Pérou septentrional, sur le territoire montagneux de la tribu des Ayavacas. Altitude, 2,742 mètres. Lat. S. 4° 37' 55" ; long. O. 82° 1' 19".

AYCARD (Marie), romancier, né à Marseille, en 1794, mort en 1859 ; fournit de nombreux articles au *Temps* et au *Courrier français* et publia des romans dont les principaux sont : *Dina ou la fiancée juive* (1824) ; *Flora ; Les parchemins et la livrée ; Le sire de Moret ; Maria de Mancini* (1830) ; *Comme on gâte sa vie* (1835) ; *Lantara* (1850) ; *Le château de la Renardière* (1854) ; il a donné aussi un recueil de *Ballades provençales* et quelques vaudevilles : *Mademoiselle Aïssé, Mademoiselle Desgarcins, Le Premier malade,* etc.

AYE-AYE s. m. [a-1-a-1] (onomatopée du cri de cet animal). Quadrumane découvert par Sonnerat, à Madagascar, et formant le genre *cheiromys* de Sonnini et de Geoffroy Saint-Hilaire. Il tient des rongeurs par une paire

Aye-Aye (Cheiromys Madagascaricus).

d'incisives séparées par des molaires, en haut comme en bas, et par l'absence de canines, mais il se rapproche des quadrumanes par quatre doigts très allongés dans les pieds de devant ; le médius est très grêle ; il est dans les pieds de derrière, le pouce est opposable aux autres doigts. On n'en connaît qu'une espèce, le *cheiromys madagascaricus,* grand comme un lièvre, d'un brun couleur de rouille en dessus, avec les joues, la gorge et les parties inférieures d'un gris clair et les pattes presque noires. Les poils, épais et doux, sont d'une teinte jaune d'or à la racine. Queue longue, oreilles nues, yeux jaunes, très sensibles à la lumière comme chez tous les animaux nocturnes. Les mouvements de l'aye-aye sont pénibles. Il vit dans un terrier; mais on le rencontre quelquefois sur les arbres.

AYEN, ch.-l. de cant., arr. et à 18 kil. N.-O. de Brives (Corrèze); 1,500 hab. Anc. ch.-l. de comté, érigé en duché, en faveur de Louis de Noailles (1737). Mines de fer; ruines d'une commanderie.

AYLESBURY [angl. èlss-beu-ré]. Vieille ville, cap. du comté de Buckingham, Angleterre, à 60 kil. N.-O. de Londres; 7,000 hab.

AYLESFORD, village du comté de Kent, Angleterre, où les Danois furent battus par Alfred et Edmond Côte de Fer. C'est là aussi qu'en 455, les Saxons, sous le fameux chef Hengist, livrèrent bataille aux indigènes, qu'ils vainquirent. On rapporte que Horsa, frère de Hengist, et Catigern, frère du chef breton Vortimer, s'y battirent corps à corps et s'entre-tuèrent.

AYMAR-VERNAY. Voy. AIMAR-VERNAY.

AYMARAS [aï-ma-râss], aborigènes que les Espagnols trouvèrent au S.-E. du Pérou et au N.-O. de la Bolivie. Ils parlaient une langue particulière, mais ressemblaient physiquement à la grande famille des Indiens Incas. Ils travaillaient finement l'or et l'argent, cultivaient le sol et bâtissaient de splendides édifices ornés de sculptures et de peintures (monuments parmi lesquels on admirait ceux de Tiaguanaco, sur le lac Titicaca). Ces peuples possédaient certaines connaissances astronomiques. Les descendants des anciens Aymaras, habitent encore, au nombre de 200,000, les provinces boliviennes de la Paz et d'Oruro; ailleurs, ils ont disparu. Leur teint est d'un beau olivâtre; leurs traits sont fortement accentués et leur attitude est ordinairement celle de gens pensifs et mélancoliques. Ce sont de fervents catholiques.

AYMARD général, né à Villemoustausson (Aude), le 30 janvier 1820, mort à Paris le 10 juin 1880; sous-lieutenant en sortant de Saint-Cyr (1840), il fut nommé général de division le 12 août 1870, au début de la guerre franco-allemande. Pendant la période du 16 mai, sa conduite correcte et républicaine contribua à détourner M. de Mac-Mahon de ses plans de coup d'État.

AYMON (é-mon) (**Les quatre fils**) voy. AIMON.

AYOUB-ANSARI ou **Job-Ansari**, célèbre santon, dont le nom a été donné à une mosquée de Constantinople, dans laquelle les sultans vont ceindre le sabre à leur avènement au trône.

AYOUBITES, dynastie musulmane, dont le chef fut Saladin, fils d'Ayoub, et qui se substitua à celle des Fatimites vers 1171. Elle régna en Syrie et en Égypte jusqu'en 1254, époque où elle fut renversée par les Baharites.

AYR [a-ir], capitale du comté d'Ayr, Écosse, sur le golfe de la Clyde, près de l'embouchure de l'Ayr, à 50 kil. S.-O. de Glasgow; 18,000 hab. L'Ayr y est traversé par deux ponts que Burns a célébrés dans l'un de ses meilleurs poèmes.

AYRAUT (Pierre) *Petrus Ærodius*, jurisconsulte, né à Angers en 1536, mort en 1601. Lieutenant criminel à Angers, il fut surnommé l'*écueil des accusés*, à cause de sa sévérité. Il ne put se faire rendre, malgré les ordres du roi et du parlement, son fils, René, que les jésuites lui avaient enlevé et qu'ils cachaient dans une de leurs maisons. Il écrivit alors son célèbre traité de la puissance paternelle: *De jure patrio*, traité auquel les jésuites répondirent par une réfutation signée René Ayrault. Le vieillard mourut désespéré. Ses œuvres complètes ont paru à Lyon en 1642, in-4°.

Les ponts d'Ayr.

Ménage, son petit-fils, a écrit sa vie en latin; Paris, 1675, in-4°.

AYRER (Jakob), poète allemand de Nuremberg, mort en 1505. Il a laissé 60 comédies facétieuses que l'on a réunies sous le titre d'*Opus theatricum*, 1618, in-fol.

AYR POINT ou **Ayr Head**, pointe septentrionale de l'île de Man. Phare à feu tournant, rouge et bleu, par 54° 24' 56" lat. N. et 6° 42' 10" long. O.

AYRSHIRE, comté du S.-O. de l'Écosse; 2,643 kil. carr.; 201,000 hab.; territoire fertile où l'on trouve le charbon, le plomb, le fer et la pierre à bâtir. — Cap. Ayr.

AYTA (VAN Zuichem Viglius), jurisconsulte hollandais (1507-'77), coadjuteur de l'abbaye de Saint-Bavon; soutint énergiquement les droits de sa patrie contre Philippe II et le duc d'Albe.

AYTON ou **Aytoun** (sir **Robert**), poète écossais (1570-1638), secrétaire particulier des femmes des rois Jacques Ier et Charles Ier. Ses œuvres ont été éditées par C. A. Pryor (1844).

AYTOUN (William-Edmondstoune), poète écossais (1813-'65); a publié les « lais des cavaliers écossais et autres poèmes » Firmilian, tragédie spasmodique, par Percy Jones » et « Bothwell » poème.

AYUNTAMIENTO s. m. [a-ïounn-tâ-mienn'-to] (esp. *ayuntas*, junte, réunion; *miento*, suffixe correspondant à notre *ment* français). Nom donné en Espagne aux assemblées municipales des villes et des villages. Les *ayuntamientos* des villes se composent du juge, du maire, des *regidores*, des *jurados* et des *personeros* ou députés; tous ces officiers municipaux sont élus, à l'exception du juge ou corrégidor, qui est nommé par le pouvoir central. Issus des institutions romaines, les Ayuntamientos conservèrent leur indépendance et leur influence politique jusqu'au règne de Charles-Quint. La violation de leurs antiques privilèges amena de formidables insurrections qui furent réprimées avec la plus implacable sévérité. Les Bourbons firent ensuite disparaître les dernières libertés municipales; mais le pays qui put résister à Napoléon était digne de rentrer en possession de ses droits; Ferdinand VII essaya vainement de détruire les ayuntamientos qui s'étaient rétablis d'eux-mêmes pendant la guerre nationale; il appela à son secours les Bourbons de France, qui lui envoyèrent une armée et le duc d'Angoulême (1823). La liberté, écrasée par l'invasion étrangère, renaquit après la guerre civile de 1837. Les Ayuntamientos rentrèrent dans leurs privilèges. En 1840, le gouvernement central voulut restreindre aux plus imposés le droit d'élire les membres de ces assemblées, ce qui provoqua la révolte d'Espartero et la chute de Marie-Christine. Enfin, une loi de 1844 a enlevé aux ayuntamientos toute influence politique et les a confinés dans leurs attributions municipales.

AZA et **AZAEL**, Talmud. Anges révoltés que Raphaël précipita dans l'abîme.

AZAÏS. I. (Pierre-Hyacinthe), musicien languedocien (1743-'93), maître de musique au collège de Sorrèze, a laissé un grand nombre de morceaux pour violoncelle et une *Méthode de musique*, 1776, in-12.—II. (Pierre-Hyacinthe), fils du précédent, né à Sorrèze en 1766, mort à Paris en 1845, d'abord membre de la congrégation de la doctrine chrétienne (1783), professeur à Tarbes, secrétaire de l'évêque d'Oléron, il écrivit contre la Révolution un ouvrage qui le fit condamner à la déportation. Il resta caché pendant trois ans dans un hospice de sœurs de charité où il conçut et élabora un système philosophique qui fit grand bruit. Il expliquait par la loi optimiste des *compensations* toutes les vicissitudes des destinées humaines, et par la loi de l'*équilibre* tous les phénomènes de la nature et du monde; système qui reproduit les idées d'un ouvrage oublié: la *Balance universelle* d'Antoine Lasalle. L'Empire le fit professeur d'histoire au prytanée de Saint-Cyr; puis inspecteur de la librairie. La Restauration le destitua. Ses principaux ouvrages sont: *Des compensations dans les destinées humaines* (1809); *Système universel*, 8 vol. in-8° (1810-'12); *Manuel du philosophe* (1816); *Du sort de l'homme dans toutes les conditions*, 3 vol. in-8°, (1821); *Jugement impartial sur Napoléon* (1820); *Cours de philosophie générale*, 8 vol. in-8° 1823-'28; *Explication universelle* (1826); *Nouvel ami des enfants* (1816); *Jeunesse, maturité, religion, philosophie* (1837); *Explication du puits de Grenelle* (1843).

*AZALÉE s. f. (pr. azaleos, sec, aride; parce que ces plantes affectionnent les terres arides). Bot. Genre d'éricacées, tribu des rhododendrées, comprenant une vingtaine d'arbrisseaux à feuilles caduques; à calice à cinq dents; corolle hypogine en entonnoir, à cinq lobes irréguliers; cinq étamines non soudées à la corolle; anthères échancrées, s'ouvrant par deux pores au sommet; style filiforme, saillant, arqué; fleurs en corymbes; graines appendiculées aux deux bouts. Parmi les espèces cultivées dans nos jardins, les plus intéressantes sont: l'*Azalée visqueuse*, (*Azalea viscosa*, Lin.), de l'Amérique septentrionale.

où elle atteint jusqu'à dix pieds de haut, à fleurs en corymbes feuillés; à corolle pointue, glutineuse, ayant un tube deux fois plus long que les lobes; l'*Azalée à fleurs nues* (*Azalea nudiflora*, Lin.), du Canada, à corymbes non feuillés et à corolles non visqueuses; l'*Azalée remarquable* (*Azalea speciosa*), de l'Amérique septentrionale, à fleurs ordinairement écarlates, à corolle soyeuse, ciliée, à lobes obtus; l'*Azalée calendulée* (*Azalea calendulacea*), du même pays, à fleurs d'un jaune foncé écarlate, à tube de la corolle plus court que le

Azalea viscosa.

limbe; l'*Azalée du Pont* (*Azalea pontica* Lin.), de Turquie, vénéneuse, à bractées caduques, à fleurs jaunes, à étamines et style saillants, courbés; a produit par l'hybridation avec l'azalée visqueuse, une nouvelle variété, l'*Azalée belge*, robuste et brillante; l'*Azalée de Chine*, (*Azalea chinensis*) à lobes du calice ciliés; étamines à peu près de la longueur du limbe et à filets velus. Ces espèces ont produit plus de cent charmantes variétés qui donnent au printemps une profusion de fleurs ravissantes variant du blanc au rouge et à l'écarlate. Elles réussissent dans la terre de bruyère et réclament un arrosage modéré. On peut les conserver dans les appartements.

AZAMOGLAN s. m. (turc, *enfant étranger*). On donne particulièrement ce nom, dans le sérail, aux enfants chargés des fonctions les plus basses et les plus pénibles.

AZAPES s. m. pl. (turc, *non mariés*). Espèce de milice que les Turcs levaient autrefois dans l'Anatolie, et à laquelle ils confiaient la garde des villes, concurremment avec des troupes régulières.

AZARA (Dom Félix de), officier espagnol, (1746-1811) a laissé de remarquables ouvrages dont l'un : *Essai sur l'Histoire naturelle des quadrupèdes du Paraguay*, fut traduit sur le manuscrit par Moreau de Saint-Méry, 2 vol. in-8°, Paris 1801; et dont un autre : *Voyage dans l'Amérique méridionale*, de 1781 à 1801, fut traduit par Walkenaer, 4 vol. in-8e, Paris, 1809, et annoté par Cuvier. Les deux derniers vol., traduits par Sonnini, contiennent l'histoire des oiseaux du Paraguay.

AZARIAS (riàss) (protégé de Jehovah), nom commun chez les Hébreux. Il fut porté par un prophète qui se joignit à Asa, après la victoire de ce dernier sur le roi éthiopien Zerah; il fut ensuite porté par le grand prêtre qui aida Ezéchias à réformer le culte. Le dixième roi de Juda, Osias (802-752) reçut le même nom, qui fut également donné à l'ami de Daniel, lequel ami s'appelait Abdenago, dans la langue des Chaldéens.

AZAY-LE-RIDEAU, ch.-l. de cant. (Indre-et-Loire), bâti sur le bord de l'Indre, arr. et à 21 kil. N.-E. de Chinon, 2,070 hab. Église

(XIIe siècle) et château renaissance (XVIe siècle) classés parmi les monuments historiques.

AZÉ ou **Azay**, village du cant. et à 10 kil. de Vendôme (Loir-et-Cher), sur le Boulou; 1,750 hab. Fut, le 6 janvier 1871, le théâtre d'une défense héroïque contre les troupes allemandes. Sous les ordres du colonel Thierry (corps d'armée du général Chanzy), une poignée de Français tinrent toute la journée en respect les troupes du prince Frédéric. Le seul quatrième bataillon des mobiles des Bouches-du-Rhône eut la moitié de son effectif mis hors de combat et, dans cette affaire, perdit onze officiers sur vingt. Une compagnie de discipline comprenant 300 hommes, enveloppée par l'ennemi, parvint à se dégager en lui faisant subir des pertes énormes.

* AZÉDARACH s. m. [a-zé-da-rak] (arabe : arbre vénéneux). Bot. Genre de méliacées, dont on connaît deux espèces : l'*azédarach bipinne*, bel arbre de l'Asie méridionale, où il atteint jusqu'à 12 mètres de haut; et cultivé dans les parties chaudes de l'Europe et de l'Amérique; on le recherche comme arbre d'ornement; il croît avec rapidité et donne un bel ombrage; il porte de magnifiques grappes de

Azédarach (Melia azedarach).

fleurs bleuâtres, disposées, comme celles du lilas, au bout des rameaux; malheureusement ces fleurs exhalent une odeur peu agréable. Ses fruits, ronds, pulpeux, amers, de la grosseur d'une cerise, renferment un principe vénéneux dans une matière grasse avec laquelle on fabrique une espèce de cire; ils contiennent un noyau allongé dont on fait des chapelets. L'écorce de sa racine est employée comme vermifuge (8 gr. en décoction dans 250 gr. d'eau); le bois, d'un grain fin, ne craint pas les attaques des insectes. Ce bel arbre porte, en Amérique le nom d'*orgueil de l'Inde* (pride of India); ailleurs, on le nomme *lilas de la Chine*, *lilas de l'Inde*, *arbre saint*, *faux sycomore*, *arbre à chapelets*. L'autre espèce, l'*azédaruch ailé* (*melia azedarach*), est un peu plus élevé que le précédent et porte des fleurs jaunâtres; ses fruits donnent une huile employée dans le Malabar contre les plaies, les piqûres, etc.

AZEGLIO I. (Massimo-Taparelli, MARQUIS D') [a-zé-lio]. Homme d'État et auteur italien, né et mort à Turin (1798—15 janv. 1866), publia les ouvrages patriotiques : *Ettore Fieramosca* (1833); *Nicolo de' Lapi* (1841); *Degli ultimi casi di Romagna* (1846). Il se joignit aux patriotes en 1848 et fut blessé à Vicenza. L'année suivante, il devint premier ministre de Sardaigne; il céda la place au comte de Cavour, le 30 octobre 1852. Sa fille, la marquise Ricci, a publié son autobiographie (*I miei ricordi*, 2 vol. 1867). Rendu a édité son *Italie de 1847 à 1865*, ou sa *Correspondance politique* (Paris, 1867). — II. (Roberto, MARQUIS D'), sénateur italien, mort en 1862, frère aîné du précédent, publia des ouvrages d'art. — III. (Luigi), jésuite, frère

des précédents, mort en 1862, publia la *Civitta catholica*, à Rome.

* AZEROLE s. f. Bot. Fruit de l'azerolier. L'azerole est rouge, ronde de la grosseur d'une cerise, aigrelette, un peu sucrée; elle contient plusieurs noyaux très durs. On peut la manger fraîchement cueillie; mais il est préférable d'en faire des gelées, des confitures et des conserves à l'eau-de-vie. On distingue plusieurs variétés d'azeroles : *azerole de Provence*, ronde, rouge; *azerole du Val*, grosse, rouge; *azerole de Florence*, blanche.

* AZEROLIER s. m. Bot. Arbre du genre alizier, distingué de l'aubépine par des fruits un peu plus gros, appelés azeroles. L'azerolier atteint 7 à 8 mètres de haut; ses rameaux sont courts, très rameux et velus; fleurs blanches en corymbe. On le cultive sous le climat méditerranéen, dans les sols légers, secs et calcaires; on le greffe à œil dormant sur l'aubépine; il commence à donner des fruits abondants vers l'âge de vingt ans, et vit ensuite très longtemps. Son nom scientifique est *cratægus azerolus*.

AZEVEDO (Alexis-Jacob), littérateur et critique, né à Bordeaux le 18 mars 1813, mort en 1876; outre de nombreux articles de critique musicale dans le *Siècle*, la *France musicale*, le *Ménestrel*, etc., il a laissé plusieurs volumes : *Félicien David* (1863), *Rossini, sa vie et ses œuvres* (1865).

AZEVEDO COUTINHO (Joze-Joaquim DA CUNEA), le dernier inquisiteur général de Portugal et de Brésil, né en 1742, évêque de Pernambuco en 1794, mort en 1821. Ses œuvres comprennent un mémoire sur la conquête de Rio-de-Janeiro par Duguay-Trouin, en 1711, et un *Mémoire* dans lequel il se prononce pour la traite des nègres (1798).

AZEVEDO Y ZUNIGA (Gaspard de), vice-roi du Mexique, en 1603; il équipa une flotte pour rechercher le continent méridional; mort en 1606.

AZIME adj. Voy. **AZYME**.

* AZIMUT s. m. [a-zi-mutt] (arabe : *al*, le; *zemi*, droit chemin). Astron. Angle compris entre le plan vertical mené par un astre et le plan du méridien. L'azimut se mesure au moyen du théodolite.—Angle compris entre le méridien d'un lieu et un cercle vertical quelconque. — Ce cercle vertical même. — AZIMUT MAGNÉTIQUE, arc de l'horizon compris entre le méridien d'un lieu et le méridien magnétique : cet arc détermine la déclinaison de l'aiguille aimantée.

* AZIMUTAL, ALE, AUX adj. Qui représente ou qui mesure les azimuts : *cercles azimutaux; compas azimutal*. — Substantiv. : *un azimutal*.

AZINCOURT (autrefois *Agincourt*), bourg du dép. du Pas-de-Calais, à 20 kil. O.-N.-O. de Saint-Pol, et à 75 kil. S.-O. de Calais. Le jour de la Saint-Crépin 1415 (25 octobre), Henri V d'Angleterre y battit, avec une force de 15,000 hommes, une armée de 50,000 Français, dont 10,000 restèrent sur le champ de bataille. Cette action décida du sort de la France, qui fut bientôt conquise par les Anglais.

AZIZ-PACHA, général turc, né en 1830, tué à Rasgrad, le 26 juillet 1877. Il fit de brillantes études militaires à Berlin et commanda en chef l'artillerie du sultan au commencement de la guerre de 1877.

AZKÁR. Voy. **TOUAREGS**.

AZMAR, comte de Gascogne, fut élu chef par les Gascons, vers 825, s'empara de la Navarre qu'il enleva aux Maures, et vit ensuite des plus anciennes monarchies espagnoles.

AZOF ou **AZOV**. I. Ville forte de Russie, près de l'embouchure du Don et dans le gouvernement. de Yékaterinoslaw; 16,800 hab. Non loin de l'Azof moderne, les anciens Grecs

avaient fondé leur importante colonie de Tanaïs. Les Génois ajoutèrent Azof à leurs possessions : Tamerlan s'en empara, les Turcs l'occupèrent en 1471 et la cédèrent aux Russes
en 1774. Les Alliés la bombardèrent en 1855.
— II. (Mer d'), anc. *Palus Mæotis*, grand golfe
de la mer Noire qui communique avec lui
par le détroit d'Yénikalé ou de Kertch (long
de 50 kil.). La mer d'Azof mesure 150 kil. du
N. au S.; 370 de l'E. à l'O., et 36,822 kil. carr.
Ses eaux, presque douces, sont peu profondes;
le Sivas ou mer Putride lui sert de prolongement à l'O. — Principal tributaire : le Don.
Port le plus important : Taganrok.

AZOÏQUE adj. m. (gr. *a*, priv.; *zóon*, animal).
Se dit, en géologie, des terrains primitifs que
l'on suppose avoir été formés avant l'apparition des êtres organisés (végétaux et animaux).

AZOLLE s. f. Genre de naïades comprenant
de petites plantes aquatiques que l'on trouve
dans les eaux stagnantes de l'Amérique et de
l'Australie.

AZOR s. m. Nom que l'on donne souvent
aux chiens et qui est devenu synonyme de
chien : *madame se promenait avec son Azor.* —
Sac d'infanterie, à cause de son pelage qui
ressemble à celui d'un chien. — A CHEVAL SUR
AZOR, sac au dos. — APPELER AZOR, siffler un
acteur.

* AZOTATE s. m. Chim. Sel formé par la
combinaison de l'acide azotique (ou nitrique),
avec une base. Voy. NITRATES.

*AZOTE s. m. (gr. *a*, priv.; *zoé*, vie).Chim. Nom
que les chimistes français donnent à un corps
simple gazeux qui entre dans la composition
de l'air pour tempérer l'activité de l'oxygène,
mais qui, seul, ne peut entretenir ni la respiration ni la combustion.—Adjectiv.: *gaz azote.*
— Encycl. L'azote ou *nitrogène* forme environ
les quatre cinquièmes de notre atmosphère
(voy. AIR). Il fut découvert par Rutherford en
1772, mais ses propriétés ont été plus particulièrement étudiées par Lavoisier en 1775 et par
Scheele, vers la même époque. Lavoisier établit dans quelle proportion l'atmosphère contient ce gaz qu'il appela azote et que Chaptal nomma *nitrogène* (qui produit le nitre).
Le premier de ces noms lui fut conservé en
France ; mais il est inexact, car si l'azote ne
peut entretenir la vie lorsqu'on l'introduit
dans les poumons, en revanche il est indispensable dans l'estomac; les *aliments azotés*
sont les seuls qui réparent les pertes de l'économie (voy. ALIMENTS). On obtient ordinairement l'azote en le séparant de l'oxygène et du
gaz acide carbonique qui sont mêlés à lui,
dans l'air atmosphérique, ce qui se fait en
brûlant du phosphore sous un vase en forme
de cloche. Le symbole de l'azote ou nitrogène
est Az ou N; son poids atomique 14 ; sa gravité spécifique 0-9713 ; il est incolore, inodore,
et sans goût; jusqu'en 1878, il résista à tous les
efforts pour le rendre liquide. L'eau dissout
environ $\frac{2}{100}$ de son propre volume d'azote à la
température ordinaire et il est remarquable
par son peu d'affinité pour les autres corps.
Une bougie placée dans l'azote s'éteint immédiatement; un animal y périt bien en peu d'instants;
et lorsqu'on le respire pur, il produit un sentiment de suffocation, non qu'il jouisse d'aucune propriété vénéneuse, mais parce qu'il
empêche dans les poumons l'accès de l'oxygène, qui est indispensable à l'accomplissement des fonctions du sang. L'azote entre
dans la composition d'un grand nombre de
corps ; il est l'un des constituants essentiels de plusieurs médicaments énergiques,
tels que la quinine et la morphine, et de poisons dangereux, parmi lesquels nous citerons
la strychnine, le cyanogène et ses composés.
Il n'est pas moins important comme constituant de ceux des tissus et des liquides végétaux et animaux qui contiennent de l'albumen et de la fibrine et que l'on appelle pour

cette raison, tissus azotés. Ses composés inorganiques les plus importants sont l'ammoniaque (avec l'hydrogène), le chlorure d'azote
(avec le chlore), le cyanogène (avec le carbone). Avec l'oxygène, il forme une remarquable série de composés: oxyde nitreux ou
gaz hilarant (Az² O ; voy. NITREUX); l'oxyde
nitrique, Az O ;.l'acide nitreux anhydre, Az²
O ³, qui forme l'acide nitreux avec de l'eau;
le peroxyde d'azote, Az O² ou Az² O⁴; et
l'acide nitrique anhydre, Az² O⁵, qui, en combinaison avec l'eau, produit l'acide nitrique.
— L'oxyde nitrique, autrefois appelé deutoxyde d'azote, est un gaz produit par une désoxydation partielle de l'acide nitrique, laquelle
s'accomplit par l'action du mercure ou de la limaille de cuivre sur l'acide étendu d'environ
deux fois son volume d'eau. Ce gaz est incolore, d'une odeur désagréable et irrespirable.
Gravité spécifique, 1-039. — L'acide nitreux
anhydre (Az² O³), fut formé par Dulong en mélangeant un volume d'oxygène et quatre volumes d'oxyde nitrique; et l'autre anhydres ; Liebig l'obtint par l'action de huit
parties d'acide nitrique sur une partie d'amidon. — Le peroxyde d'azote se voit dans les
vapeurs rouges qui apparaissent quand l'air
est admis dans un vase contenant de l'oxyde
nitrique.

* AZOTÉ, ÉE adj. Chim. Qui contient de
l'azote : l'ammoniaque est de l'hydrogène
azoté.

AZOTER v. a. Chim. Charger d'azote : *azoter de l'hydrogène.*

AZOTEUX adj. Se dit de l'acide qui est le
troisième degré de l'oxydation de l'azote.
Voy. NITREUX.

AZOTH, ville de Palestine. Voy. ASHDOD.

AZOTIDE s. m. Chim. Combinaison binaire
dans laquelle l'azote est le principe électro-
négatif.

AZOTIODIQUE adj. Chim. Voy. NITRIODIQUE.

* AZOTIQUE adj. Chim. Se dit d'un acide
qui est le cinquième degré d'oxydation de l'a-
zote. Voy. NITRIQUE.

AZOTISATION [a-zo-ti-za-si-on] s. f. Chim.
Action de charger un corps d'azote. — Action
d'un corps qui se charge d'azote.

AZOTITE s. m. Chim. Voy. NITRITE.

AZOTURE s. m. Chim. Nom donné, d'une
manière générale à toute combinaison de l'a-
zote avec un seul autre corps simple. — Azo-
TURE D'HYDROGÈNE, c'est l'ammoniaque. — Azo-
TURE DE CARBONE, cyanogène. — AZOTURE DE
CHLORE, chlorure d'azote. — AZOTURE D'IODE,
iodure d'azote. — AZOTURE DE BROME, bromure
d'azote.—AZOTURE D'ACÉTYLE, acétamide.—Azo-
TURE D'AMYLE, amyl-ammoniaque. — AZOTURE
D'ANISYLE, anisamide. — AZOTURE DE BENZOILE,
amide benzoïque. — AZOTURE DE BUTYRYLE,
butyramide. — AZOTURE DE CAPRYLE, capryla-
mide. — AZOTURE DE CÉTYLE, tricétylamide.—
AZOTURE DE CINNAMYLE, amide cinnamique. —
AZOTURE DE CUIVRE, cuprosum.—AZOTURE DE CU-
MÉNYLE ET D'HYDROGÈNE, cumidine. — AZOTURE
DE CUMYLE, cuminamide. — AZOTURE DE CYANO-
GÈNE, amide cyanique. — AZOTURE D'ETHYLE,
ethyl-ammoniaque. — AZOTURE D'ETHYLÈNE ET
D'HYDROGÈNE, acétoamide. — AZOTURE DE MAR-
GARYLE, margaramide. — AZOTURE DE MERCURE,
mercuricum. — AZOTURE DE MÉTHYLE, amide
méthylique. — AZOTURE D'ŒNANTHYLE, œnan-
thylamide.—AZOTURE D'OPIANYLE, amide opia-
nique. — AZOTURE PHÉNIL-SULFUREUX, sulfo-
phénilamide. — AZOTURE DE POTASSIUM ET D'HY-
DROGÈNE, amidure de potassium. — AZOTURE
DE PROPIONYLE, propionamide. — AZOTURE DE
BUTYLE, rutamide. — AZOTURE DE SALICYLE,
amide salicylique. — AZOTURE DE SUBÉRYLE,
amide subérique. — AZOTURE DE SUCCINYLE,
amide succinique. — AZOTURE² DE TOLUÉNYLE,

toluidine. — AZOTURE DE TRITYLE, *tritylamine*
— AZOTURE DE VALÉRINE, valéramine.

AZRAËL, ange de la mort, qui, suivant la
croyance des musulmans, guette l'âme au sortir du corps pour la plonger dans les ténèbres.

AZTÈQUE s. m. Nom de l'une des nations
qui occupaient, au XVIᵉ siècle, le plateau d'A-
nahuac (Mexique). Nom d'Aztèques a été
ensuite étendu à tous les Mexicains. Les véritables Aztèques formaient sept tribus appelées
Nahuatlecas; leur langue était le Nahuatl.
D'après leurs traditions, ils venaient d'Aztlan,
ville ou pays que l'on a vainement recherché
dans le nord de l'Amérique. La date de leur
départ d'Aztlan est fixée au XIᵉ siècle, et ils
mirent environ un siècle à errer dans différents pays, avant d'atteindre le Mexique. Ils
trouvèrent ce pays occupé par les restes d'un
puissant peuple, les Toltecs et les Chichimecs,
avec lesquels ils se mélangèrent et dont ils
acceptèrent la civilisation relativement assez
avancée. Ils apprirent à cultiver le sol et à
travailler les métaux. Les Mexicains (ainsi
nommés de Mexi, l'un de leurs chefs militaires) constituaient une de ces sept tribus ;
ils prenaient le titre d'*Aztèques par excellence.*
Voy. MEXIQUE.

AZULEJOS s. m. Carreaux de faïence émaillée et à dessins peints, employés au revêtement des murailles dans l'architecture arabe

AZULINE s. f. (rad. *azur*). Matière colorante bleu foncé produite par une transformation chimique de l'acide phénique provenant du goudron minéral.

* AZUR s. m. (ar. *al-azurd*, le bleu). Verre
coloré en bleu par l'oxyde de cobalt, et réduit
en poudre extrêmement fine, pour servir aux
peintres, etc.: *de l'azur de première qualité.*—
Couleur d'un bleu clair, comme l'azur: *ornements en relief sur un fond d'azur.* — Poétiq.
L'AZUR DES CIEUX, L'AZUR DES MERS, DES FLOTS,
etc. La couleur bleue du firmament, de la
mer, des flots, etc.

Jamais deux yeux plus beaux n'ont du ciel le plus pur
Sondé la profondeur et réfléchi l'*azur.*
                                    A. DE MUSSET.

— Adjectiv. D'AZUR. Serein, paisible, en parlant du ciel, des flots, etc.

Plongeur, n'as-tu pas vu, sous l'eau du lac d'*azur,*
Des reptiles grouiller dans le limon impur ?
          Th. GAUTIER. *Départ pour l'Espagne.*
— PIERRE D'AZUR. Nom que l'on donne quelquefois au lapis-lazuli. — Se dit de l'émail bleu
des armoiries: *d'azur à la bande d'argent*

AZURARA (Gomez-Eannez de), chroniqueur
portugais du XVᵉ siècle, né à Azurara (Beïra):
son principal ouvrage est une *chronique de
Guinée,* découverte à la Bibliothèque nationale
de Paris et publiée en 1841, in-8°.

* AZURÉ, ÉE adj. Qui est de couleur d'azur.
—Poét. LA VOUTE AZURÉE, le ciel. — LA PLAINE
AZURÉE ou LES PLAINES AZURÉES, la mer, la sur-
face des mers.

AZURER v. a. Appliquer de la couleur d'a-
zur. — S'azurer v. pr. Devenir azuré.

AZURITE s. f. Variété bleue de carbonate
de cuivre naturel. 2 (CO⁴) + 3 (O Cu) +
O H². On l'appelle aussi *bleu de montagne,
cuivre azuré, cuivre carbonaté bleu, carbonate
de cuivre sesqui basique hydraté.* Poids spécifique : 3 à 3,80. Ce magnifique minéral existe
dans les dépôts métallifères de Sibérie. On
trouvait autrefois les plus beaux échantillons
dans le grès rouge, à Cessy, près de Lyon,
gisement aujourd'hui épuisé. — On a aussi
donné le nom d'*azurite* à la KLAPROTHINE.

AZUROUX s. m. (rad. *azur* et *roux*). Nom
donné au bruant du Canada.

AZYGOS adj. [a-zi-goss] (gr. *a*, priv.; *zeu-
gos,* paire, couple). Anat. S'est dit, d'après
Morgagni, des deux muscles palato-staphylins,
considérés comme formant un seul muscle.
— VEINE AZYGOS, gros tronc veineux qui établit une communication entre les veines caves

supérieure et inférieure, le long du côté droit antérieur de la colonne vertébrale ; cette veine s'ouvre dans la veine cave supérieure, au moment où celle-ci pénètre dans le péricarde. — VEINE DEMI-AZYGOS, tronc veineux formé par la réunion des quatre ou cinq dernières veines intercostales. Elle monte le long du côté gauche des vertèbres et va s'ouvrir dans la veine azygos derrière le canal thoracique.

* AZYME adj. (gr. a, priv.: zumé, levain). Qui est sans levain : pains azymes, pains sans levain que les Juifs mangent dans le temps de leur pâque. — Le pain azyme sert à envelopper les médicaments d'un goût désagréable. — s. m. pl. : la fête des azymes.

AZYMITE s. (gr. a sans ; zumé, levain). Terme de polémique religieuse, appliqué par l'Eglise orientale à l'Eglise occidentale au sujet de l'emploi par cette dernière de pain non levé dans l'eucharistie.

AZZANO, village d'Italie, à 10 kil. S.-O. de Vérone. Les Français y repoussèrent les Autrichiens, en mai 1799.

B

* B s. m. [bé ou be]. Seconde lettre et première consonne dans tous les alphabets d'origine phénicienne : alphabets hébreu, grec, latin, français, anglais, allemand, italien, espagnol, russe, etc. Dans le grec moderne, le b se prononce comme un v ; et dans l'espagnol, il a presque le même son. — Sur les monuments et les médailles, B, devant un nom de saint ou de sainte, est l'abréviation de beatus, beata (bienheureux, bienheureuse); sur les monnaies françaises, il indique qu'elles ont été frappées à Rouen ; BB, à Strasbourg. Sur les effets de commerce, les quittances, etc., B. P. F.; signifie bon pour francs, et est suivi de la somme (en chiffres). — Fam. NE PARLER QUE PAR B ET PAR F, employer fréquemment dans la conversation des juremens grossiers. — Prov. et fam. ETRE MARQUÉ AU B, être borgne, bigle, bossu ou boiteux : les gens marqués au B passent en général, pour spirituels et malicieux.

BAADER (Franz-Xaver von) [bâ-deur], philosophe mystique né à Munich, en 1765, mort en 1841, fut professeur de philosophie et de théologie spéculative à Munich et adopta la théosophie de Boehm. Ses ouvrages, publiés en 16 vol., Leipzig, 1850-'60, comprennent ses « Leçons sur la philosophie religieuse » et son « Idée chrétienne sur l'immortalité ».

BAAL, mot sémitique signifiant seigneur et s'appliquant particulièrement à la divinité, chez les Phéniciens et les Carthaginois. L'adjonction d'un autre mot lui faisait désigner

Baal.

certaines divinités locales : Baal-Zébuth, le dieu volant des Ekronites, correspondait à Zeus Apomuios ; Baal-Péor représentait le Priape des Grecs; Baal-Bérith ou dieu d'Alliance, correspondait à Zeus Orkios. Mais dans son sens le plus strict, le mot Baal désignait la suprême divinité masculine (soleil ou planète de Jupiter), comme Ashtaroth désignait la plus haute déesse. Le mot babylonien Bel

ou Bil (Bélus) se rapporte intimement au Baal des Phéniciens. L'un et l'autre se retrouvent dans des noms de lieux et de personnes : Babel, Baalbek, Asdrubal, Annibal, etc.

BAALBEK ou Héliopolis (cité du soleil), an-

Ruines de Baalbek.

cienne ville de Syrie, à 60 kil. N.-O. de Damas, dans la plaine de Cœle-Syrie, fertilisée par de nombreux torrents qui descendent de l'Anti-

Temple de Jupiter, Baalbek.

Liban. Baalbek fut fondée à une époque incertaine ; c'était l'entrepôt du commerce entre

la Méditerranée et l'Orient. Elle contenait de splendides monuments. Septime Sévère y fit construire un temple dédié au soleil (200 après J.-C.); et Antonin le Pieux y bâtit ou agrandit un temple qui devint une église chrétienne, et que l'on considéra comme une des merveilles du monde. Baalbek fut dévastée tour à tour par les Musulmans, les califes de Damas, les Croisés, Tamerlan, les nomades Métaouéli et les Turcs. En 1759, un tremblement de terre compléta sa ruine. On y admire encore les restes d'un portique et des murailles d'un grand temple ; des colonnes ayant appartenu à des monuments religieux, pour la plupart dans le style corinthien. — Le village moderne compte environ 2,000 hab.

BAAN ou Baen [bànn] I. (Jan VAN), peintre, né à Harlem en 1633, mort en 1702, fit le portrait des principaux personnages de Hollande. Sa réputation égalait celle de van Dyck. — II. (Jan VAN), fils du précédent (1673-1700) donna le portrait de plusieurs grands personnages anglais.

BAASA ou Baaza, troisième roi d'Israël (942-919 av. J.-C.), usurpa la couronne, après avoir fait périr toute la race de Jéroboam.

* BABA s. m. (turc : père, prêtre, à cause de sa partie supérieure qui ressemble à un bonnet de prêtre oriental). Gâteau qui se prépare avec une pâte à brioche, à laquelle on ajoute du sucre, des raisins de Corinthe, du rhum ou du vin de Madère et un peu de safran en poudre. On met cette pâte dans un moule cylindrique ;

en enflant, elle en dépasse les bords supérieurs et produit une sorte de bourrelet en forme de bonnet. C'est, dit-on, le roi Stanislas qui fit connaître les *babas* en France.

BABA, locution parisienne qui ne s'emploie que dans les phrases : *j'en suis baba, il en est baba,* j'en suis, il en est étonné jusqu'à l'ahurissement, jusqu'à ne plus pouvoir dire autre chose que *bah! bah!*

BABA-ALI, premier dey indépendant d'Alger (1710-'18). Il montra autant d'habileté que de cruauté et sut se concilier les puissances européennes.

BABA-DAGH, ville forte de Bulgarie, à 130 kil. N.-E. de Silistrie; 10,000 hab. C'est la capitale de la Dobrudja ou Bulgarie du N.-E. Elle se trouve dans une situation malsaine, entre des montagnes et des marécages, et près du lac Rassein, qui communique avec le Danube. — Tombeau de Baba le Saint, qui y attire de nombreux pèlerins musulmans. Aux environs, ruines de l'ancienne *Tomes,* lieu d'exil du poète Ovide.

BABBAGE (Charles), mathématicien anglais (1792-1874), inventeur d'une célèbre *machine à calculer* (voy. ce mot), à l'aide de laquelle il construisit d'excellentes tables logarithmiques qui vont jusqu'au nombre 108,000. Il publia: « Application des machines à calculer aux tables mathématiques » 1822; « Table des logarithmes des nombres naturels de 1 à 108,000 » 1826; « De l'Economie des machines et des manufactures » 1832, ouvrage que l'économiste Blanqui appelle un « hymne en faveur des machines »; « Passages de la vie d'un philosophe » 1864, etc.

* **BABEL,** nom hébreu de Babylone; les Chaldéens disaient, sans doute, *Bab-ll,* « porte de (Très Haut) Dieu ». Mais la dérivation biblique de ce mot ne s'applique qu'à la tour de Babel et à la confusion qui fut la conséquence de sa construction. La tour de Babel fut élevée par les descendants de Noé, vers 2247 av. J.-C.; leur but, d'après le livre sacré des Hébreux, était de bâtir une ville que dominerait une tour dont la faîte atteindrait le ciel. Pour punir les hommes de cette audacieuse entreprise, Jéhovah confondit les langues, de telle sorte que les descendants de Noé ne se comprirent plus entre eux, se dispersèrent sur tous les points du globe et leur ville fut nommée *Babel,* c'est-à-dire confusion.— Babel, c'est Babylone, centre d'une brillante civilisation ennemie de celle des Juifs. On croit que la tour mentionnée par la Genèse était le temple de Bel, temple dans lequel Nabuchodonosor plaça les dépouilles de Jérusalem. Hérodote décrit un temple de Bélus, et sa description se rapporte d'une façon extraordinaire à la terrasse de Birs Nimroud (citadelle de Nemrod), ruine d'un temple pyramidal de Bel Mérodach, à Borsippa. Cette terrasse s'élève d'une manière abrupte au milieu d'une grande plaine déserte; les briques que l'on a déterrées de cette montagne pyramidale portent des inscriptions cunéiformes, dans la plupart desquelles se trouve le nom de Nabuchodonosor qui avait complétement rebâti le temple. Dans la partie supérieure de cette construction se trouvait le tombeau de son premier fondateur, Bélus (le Nemrod des Ecritures), que l'on avait déifié après sa mort. Les sept étages du monument (outre la plate-forme ou chapelle) paraissent avoir été peints de couleurs différentes. Celui du bas était noir, couleur de Saturne; le deuxième, orange (Jupiter); le troisième, rouge (Mars); le quatrième, doré (Soleil); le cinquième, jaune (Vénus); le sixième, bleu (Mercure); le septième, argent (Lune). Au sommet, se trouvaient les cendres du grand Nemrod et, près de lui, une table d'or couverte de mets et un lit bien garni pour les plaisirs du Dieu. Du même endroit, les prêtres de cette religion lascive, pouvaient se livrer à leurs observa-

tions astronomiques. (Voy. BABYLONE). — Prov. et fig. C'EST LA TOUR DE BABEL, se dit d'un lieu, d'une assemblée, où tout le monde parle à la fois et sans s'entendre, où règne une grande confusion d'opinions et de discours.

BAB-EL-MANDEB (*Porte du deuil*), détroit qui unit l'océan Indien avec la mer Rouge et qui sépare l'Asie de l'Afrique. Sa largeur est de 33 kil. Vers le milieu du détroit de Bab-el-Mandeb se trouve l'île fortifiée de Périm.

BAB-EL-MANDEB (Cap), autrefois Jebel Manhali. Roc conique, de nature basaltique, haut de 865 pieds anglais, au N. du détroit de Bab-el-Mandeb.

BABER (Zahir-ed-Din Mohammed) ou **Babour,** fondateur de l'empire mongol, né en 1483, mort en décembre 1530. Arrière petit-fils de Tamerlan, il devint, à l'âge de onze ans, sultan de Khokan, se maintint contre de nombreux ennemis et, en 1504, à la tête de 10,000 cavaliers déterminés, il entreprit la conquête de l'Indoustan. Il soumit le Candahar et le Caboul, traversa l'Indus en 1519; et renversa le souverain de Delhi après la brillante victoire de Paniput, remportée le 27 avril 1526. Sa dynastie, à laquelle appartinrent Akbar et Aurungzèbe, régna jusqu'au XVIIIe siècle. Il a écrit, en langue mongole, une autobiographie qui a été traduite en anglais par Erskine et Leyden (1826).

BABEUF (François-Noël), conspirateur et communiste, né à Saint-Quentin en 1764, guillotiné le 27 mai 1797. Commissaire à terrier dans la ville de Roye, il publia, avant la Révolution, un *Cadastre perpétuel ou démonstration des procédés convenables à la formation de cet important ouvrage;* Paris, 1789, in-8°. Ayant fixé l'attention par des articles virulents, dans le *Correspondant picard,* il devint successivement administrateur du département de la Somme et secrétaire de l'administration des subsistances à Paris. Après le 9 thermidor, il se tourna contre ceux qu'il avait lui-même baptisés du nom de *terroristes.* Il publia divers écrits, entre autres : *Du système de dépopulation ou La vie et les crimes de Carrier,* et créa le journal démocratique radical le *Tribun du peuple* ou le *Défenseur de la liberté de la presse,* feuille où il développa ses théories et qu'il signait *Caius Gracchus Babeuf, tribun du peuple.* En 1796, il organisa une conspiration ayant pour but de renverser le Directoire et de rétablir la Constitution de 1793 sur des bases plus larges. Trahis par l'officier Grisel, les conjurés furent arrêtés en mai 1796 et envoyés devant une haute cour de justice assemblée à Vendôme. Plusieurs furent condamnés à la déportation; Babeuf et Darthé furent condamnés à mort (26 mai 1797). Tous les deux se poignardèrent en entendant cet arrêt; le lendemain, on les porta mourants sur l'échafaud. Buonarotti, l'un des conjurés, a publié un livre apologétique : *Conspiration pour l'égalité, dite de Babeuf, suivie du procès auquel elle donna lieu et des pièces justificatives,* Bruxelles, 1828, 2 vol. in-8°, relation curieuse que Gabriel Deville a donné une nouvelle édition; Paris, 1850. Voy. BABOUVISME.

* **BABEURRE** s. m. *Lait de beurre, lait baratté* ou *batture,* liquide blanc, aigrelet, qui se sépare du beurre dans le battage de la crème. C'est un petit lait qui renferme encore un peu de beurre et de fromage.

BABICHON s. m. (corruption de *barbichon*), Espèce de chien épagneul.

* **BABIL** s. m. [ba-bie; *ll* mll.] (hébr. *Babel*). Caquet, abondance excessive de paroles inutiles : *il nous étourdit par son babil.*

* **BABILLAGE** s. m. [*ll* mll.] Action de babiller : *quel sot babillage !* (Fam.).

* **BABILLARD, ARDE** adj. [*ll* mll.] Qui aime à caqueter, à parler beaucoup. — Se dit aussi des oiseaux parleurs : *pie babillarde.* —

Substantiv. : *un grand babillard, une grande babillarde.* — Par ext. Personne qui ne saurait garder un secret. — Argot. Confesseur. —Journal. — BABILLARDE, lettre. — Montre. — **Babillard,** titre de plusieurs publications périodiques. — I. Journal politique publié en Angleterre par Addison et Stelle. — II. Le *Babillard du palais Royal* (1791) journal intéressant publié en 1791.

* **BABILLEMENT** s. m. (*ll* mll.). Action de parler beaucoup et avec volubilité.

* **BABILLER** v. n. (*ll* mll.). Caqueter, parler beaucoup à propos de rien.

BABIN (République de), société satirique de Pologne, fondée en 1578, par Stanislas Pszonka, juge au tribunal de Lublin, et ainsi nommée d'un village où ce juge possédait une propriété. Cette société envoyait immédiatement un diplôme à toute personne qui faisait ou disait une chose insensée. Elle vécut pendant un siècle environ.

* **BABINE** s. f. (étym. inconnue). Lèvre, surtout en parlant des lèvres pendantes de certains animaux: *les babines d'une vache, d'un chien.* — Fig. et pop. IL S'EN EST DONNÉ PAR LES BABINES, se dit d'un homme qui a beaucoup mangé ou qui a mangé son bien.— Fig. et pop. IL S'EN LÈCHE LES BABINES, se dit d'un homme qui vient de manger ou de boire quelque chose de bon, et qui en témoigne son plaisir.

BABINET (Jacques), astronome, né à Lusignan (Vienne) en 1794; mort en 1872; se rendit célèbre comme vulgarisateur et surtout par la verve spirituelle de ses conférences. Son ouvrage principal : *Etudes et lectures sur les sciences d'observation et sur leurs applications pratiques,* a été publié en 1855-'67, 8 vol. in-12; cet ouvrage résume ses mémoires sur la météorologie, le magnétisme terrestre, l'optique, les courants de la mer, etc. Babinet a inventé ou perfectionné divers instruments de physique. On lui doit un polariscope, un goniomètre, un *Traité de géométrie descriptive,* etc. Il devint membre de l'Académie des sciences en 1840.

BABINGTON (Anthony), conspirateur catholique anglais, né vers 1560; condamné à mort et exécuté en 1586 comme chef d'une troupe de jeunes gens qui avaient résolu de délivrer Marie Stuart pour la replacer sur le trône.

BABINGTON (William), médecin anglais, né en Irlande en 1756, mort en 1833 : fondateur de la Société géologique de Londres, dont il fut président; auteur d'un « Arrangement systématique des minéraux », d'un « Nouveau système de Minéralogie » etc. Sa vie a été écrite par Richard Bright.

* **BABIOLE** s. f. (celt. *bab,* enfant). Jouet d'enfants. — Fig. et fam. Toute sorte de choses puériles ou de peu de valeur : *il ne s'amuse qu'à des babioles.*

BABIROUSSA ou **Babyrusa** s. m. (malais

Babiroussa (Sus babirusa).

cochon-cerf). Espèce indienne du genre cochon, caractérisée surtout par l'aspect de ses dents canines supérieures qui se dirigent en haut, percent la peau du museau, se recourbent en arrière et atteignent un développement démesuré. Les dents canines inférieures deviennent de véritables défenses. Le babiroussa habite les forêts marécageuses de l'archipel des Indes; il s'habitue facilement à la domesticité. Des sujets amenés en France s'y sont reproduits. La chair savoureuse de cet animal rappelle, dit-on, par le goût, celle du cerf plutôt que celle du porc.

BABLAH s. m. Bot. Nom commercial de la gousse et de l'écorce de l'Acacie véritable. On s'en sert pour la teinture et pour le tannage des cuirs. On dit aussi : *Bablad*, *Lablad*, *Balibobolah* ou *Neb-neb*.

BABLE adj. et s. m. Dialecte espagnol parlé dans les Asturies.

BABO (Franz-Marius von), auteur dramatique allemand (1756-1822). Sa pièce « Otto de Wittelsbach » est considérée comme l'une des meilleures tragédies historiques du théâtre allemand. Les œuvres de Babo ont été publiées à Berlin, 1793 et 1804, 2 vol. in-8°.

BABOLEIN (Saint), abbé de Saint-Maur-des-Fossés, mort vers 670. Il contribua à la fondation d'églises et d'hôpitaux.

* BÁBORD s. m. (all. *backbord*, bord de derrière). Mar. Côté gauche d'un navire lorsqu'on regarde de l'arrière à l'avant. Le côté opposé se nomme *tribord*. — BABORD LA BARRE! Commandement au timonier de mettre la barre du gouvernail à bâbord.

BÁBORDAIS s. m. Mar. Chacun des hommes de l'équipage qui sont du quart de bâbord, de service à bâbord.

* BABOUCHE s. f. (turc *badbough*; persan *papous*; de *pa*, pied; *pousche*, qui couvre). Sorte de pantoufle dont l'usage nous est venu du Levant.

BABOUE s. f. (rad. *babine*). Figure extravagante ou monstrueuse que les enlumineurs du moyen âge traçaient dans les marges des manuscrits.

* BABOUIN s. m. (rad. *babine*). Zool. Nom vulgaire du *Simia cynocephalus*, genre de singes de l'ancien continent, reconnaissables à leur face couleur de chair et à la forme prolongée de leur museau. Les babouins se distinguent par leur force, leur méchanceté et leur lubricité. Ils vivent en Afrique, principalement en Guinée. — Figure ridicule que les soldats dessinaient grossièrement sur la muraille d'un corps de garde, pour la faire baiser, par forme de punition, aux infracteurs des lois établies entre eux. — Prov. et fig. FAIRE BAISER LE BABOUIN A QUELQU'UN, le réduire à se soumettre malgré qu'il en ait, et avec quelque espèce de honte. — Fig. et fam. Enfant badin et étourdi : dans ce sens, il a un féminin, qui est *babouine*. — Argot. Bouche.

BABOUINER v. n. Faire l'enfant; marmotter comme un enfant. — **ᴡᴡ** Argot. Manger.

BABOUINERIE s. f. Enfantillage.

BABOUR, prince tartare. Voy. BABER.

BABOUVISME s. m. Système politique et social de Babeuf, dont les théories avaient pour but d'établir l'égalité absolue par la communauté des biens. Le babouvisme, écrasé en 1796, renaquit un instant, après 1830, sous l'inspiration du vieux Buonarotti, l'un des coaccusés de Babeuf. Parmi les adhérents de cette école, on distingua particulièrement Charles Teste et le député Voyer d'Argenson.

BABOUVISTE s. m. Partisan du babouvisme.

BABRIUS, *Babrios*, poète grec, qui vécut probablement au temps d'Auguste et qui mit en vers des fables attribuées à Esope. On ne possédait que quelques fragments de ses

œuvres, lorsque l'on découvrit, en 1840, sur le mont Athos, un manuscrit contenant 123 de ses fables. Voy. l'édition de Lewis, Londres, 1847.

BABY s. [bé-bé] (celt. *bab*, enfant). Mot anglais qui signifie petit enfant et qui a été admis en français avec la même signification. Plur. des BABIES [bé-biz]. — On dit beaucoup mieux un *bébé*, des *bébés*.

BABYLAS (Saint), patriarche d'Antioche en 237; subit le martyre pendant la persécution de Dèce (251). Fête, 24 janvier.

BABYLONE, ancienne ville qui se trouve aujourd'hui dans la Turquie d'Asie, par 32° 31' de lat. N. et 41° 51' de long. E., sur l'Euphrate. On attribuait sa fondation au dieu Bel ou Bélus (Nemrod). La reine Sémiramis employa deux millions d'esclaves à son agrandissement ; enfin Nabuchodonosor la rebâtit complètement et en fit la plus magnifique cité de l'univers. C'est à la ville construite par ce prince que se rapporte la description que nous donne Hérodote, 170 ans après la mort de Nabuchodonosor. D'après cet historien, Babylone s'étendait sur les deux rives de l'Euphrate; elle formait un carré exact de 120 stades de côté, elle était entourée d'un fossé large, profond et plein d'eau. En dedans du fossé se dressait une muraille épaisse de 50 coudées et haute de 200 coudées. Au sommet de cette muraille, on avait construit, une double rangée d'habitations entre lesquelles il y avait encore assez de place pour tourner un char attelé de quatre chevaux. Les murs étaient percés de 100 portes d'airain (d'autres disent 250). Les deux parties de la ville étaient unies par un pont en pierres de taille rattachées par des crampons de fer. Hérodote ne parle pas des fameux *jardins suspendus* qui étaient considérés comme une des merveilles du monde et sur l'existence desquels on est réduit à des conjectures. Les historiens nous apprennent qu'ils avaient été construits par Nabuchodonosor pour contenter sa femme mède, Amyitis, qui avait une passion pour les montagnes. Ils étaient carrés, en terrasses superposées, et s'élevaient plus haut que les murailles. L'édifice était supporté par de grandes arcades construites les unes sur les autres en échelon. Le sommet était carrelé de larges pierres plates cimentées avec du bitume et couvertes de feuilles de plomb. Sur cette hauteur, on avait apporté de la terre végétale et on cultivait des arbres et des fleurs variées. Il y avait cinq ou dix ces jardins. — D'après de récents calculs, les murs de Babylone auraient mesuré 88 kil. de circuit. Dans l'intérieur de cette muraille se trouvait une seconde un peu moins élevée et dont Oppert a découvert les traces. Quelques autres voyageurs pensent que la

Babylone. Le Kasr.

muraille intérieure était celle de la ville neuve élevée par Nabuchodonosor. Hérodote nous apprend, en outre, que le centre de chacune des divisions de la cité était occupé par une forteresse et que c'est dans l'une de ces der-

nières que se trouvait le palais des rois. On a découvert les restes de ce palais sur les terrassements appelés aujourd'hui le *Kasr*. Au N. de celui-ci était le sanctuaire ou tombeau de Bélus, décrit par Strabon, et reconnu pour être la ruine appelée *Babil*, masse de briques haute de 140 pieds. George Smith a découvert récemment un texte babylonien qui décrit minutieusement ce temple. D'après lui, la cour extérieure ou « grande cour » mesurait 1,156 pieds sur 900; et la « cour d'Ishtar et Zamana » 1,056 pieds sur 450. Les murs de cette cour étaient percés de six portes. A l'intérieur s'élevaient des temples qui entouraient la grande *Ziggurat*, édifice à sept étages, me

Babil. Vue prise de l'ouest.

surant 300 pieds carrés à la base et 300 pieds de haut. Les terrassements de *Babil* consistent en deux étages de cette tour et se composent, en outre, des ruines des temples qui l'environnaient. — Hérodote qui ne parle pas des jardins suspendus, ignore même l'existence de Nabuchodonosor, dont le nom était estampé sur les briques de chaque construction importante. Il mentionne une reine Nicotris qui détourna les eaux de l'Euphrate au-dessus de Babylone pour bâtir les piles du pont joignant les deux parties de la ville. On pense que la population de cette immense cité s'élevait à un million et demi d'hab. au moment de sa plus grande splendeur. Les Babyloniens étaient notés pour la dépravation de leurs mœurs, dépravation entretenue par la religion des Chaldéens. Chaque femme était tenue de se prostituer, au moins une fois en sa vie; et cela, au milieu même du temple de Bel. — L'ancienne Babel s'élevait probablement à Borsippa (Birs Nimroud, voy. BABEL)

Birs Nimroud.

un peu au-dessus de la Babylone construite postérieurement, et de l'autre côté du grand bras de l'Euphrate. Borsippa resta un faubourg de Babylone, avec des fortifications séparées. Pendant longtemps, Babylone n'eut qu'une importance secondaire, parce que les capitales successives de la Chaldée se trouvaient beaucoup plus bas dans la plaine de l'Euphrate. Elle devint cité d'ordre vers le règne de Nabonassar (747 av. J.-C.). Un demi-siècle plus tard, vers 680, elle fut l'une des deux capitales de l'empire assyrien. Nabopolassar en fit la capitale de la Chaldée. Cyrus la prit (538) en détournant le fleuve et en faisant passer ses troupes dans le lit desséché. Il la démantela. Elle fut ensuite, pendant quelque temps, la résidence des rois de Perse. Deux fois, elle se révolta et subit deux sièges malheureux qui précipitèrent sa décadence. Elle était déjà en ruines lorsque le grand Alexandre en prit possession. Ce prince rêvait de la relever et d'en faire sa capitale lorsqu'il mourut. Elle fournit les matériaux avec lesquels furent construites Séleucie, capitale de Syrie, Ctésiphon ville des Parthes, Madain, cité persane, la Coufah des califes et même, dans une certaine mesure, la moderne Bagdad. Au temps de Strabon, la capitale de Nabuchodonosor présentait l'aspect d'une immense cité en ruines. On l'oublia pendant une longue suite de siècles. En 1848 seulement, on s'occupa de la retrouver et de décrire ses ruines, au milieu desquelles se trouve la petite ville de Hilleh, qui compte environ 7,000 hab. Les ruines consistent principalement en quatre amas ou terrasses : 1º *Birs Nimroud*, ou Borsippa, au S.-O. de Hilley; 2º *Babil*, partie septentrionale déjà décrite; 3º le *Kasr*, palais de Nabuchodonosor, carré irrégulier mesurant environ 600 mètres de côté, surmonté des restes d'une construction carrée dont les murailles sont en briques d'un jaune pâle, toutes marquées du nom de Nabuchodonosor; 4º *Amrun*, au S. du kasr, terrasse en triangle irrégulier dont les côtés mesurent 1,400 pieds, 1,100 pieds et 850 pieds. On suppose que ce sont les ruines d'un palais construit avant Nabuchodonosor. — Bibliogr. Voy. Layard : « Discoveries in the ruins, etc. » 1853; Oppert : « Expéd. scient. dans les Mésopotamies» 1857-'64, 2 vol. — Captivité de Babylone. Partie de l'histoire des Juifs qui commence, suivant les uns, en 605 av. J.-C., lorsque Nabuchodonosor, alors général, s'empara de Jérusalem, et qui se termina en 536, lorsque Cyrus permit aux Juifs de retourner dans leur pays. Suivant d'autres historiens, la captivité de Babylone commença seulement en 586, lorsque Nabuchodonosor détruisit Jérusalem, brûla le Temple et exila en Babylonie la partie la plus considérable de Juda; et elle ne se termina qu'en 516, époque où le Temple fut reconstruit, sous le règne de Darius Iᵉʳ (voy. Hébreux).

BABYLONIE, partie méridionale de la Mésopotamie, avec Babylone pour capitale. Elle comprenait le moderne Irak-Arabi, plus une bande de territoire à l'ouest de l'Euphrate. Cette contrée, admirablement fertilisée par un système de canalisation qui n'a peut-être jamais été surpassé, forma l'un des plus anciens empires de l'antiquité. (voy. Chaldée). On croit que la puissance de cette monarchie fut créée par les exploits de Bélus (Nemrod de la Bible). Ninus d'Assyrie ayant pris Babylone, ajouta toute la contrée à ses états, et la Babylonie fut asservie de 2,059 à 625 av. J.-C. A cette dernière date, Ashur-Bani-Pal, roi d'Assyrie, donna le gouvernement de la Babylonie à un de ses lieutenants nommé Nabonassar; et ce dernier, qui était, sans doute, Chaldéen, s'allia avec le roi mède Cyaxarès, proclama l'indépendance de son pays, battit les Assyriens, détruisit Ninive et annexa Susianah à ses états. Vers la fin de son règne, Nécho, roi d'Egypte, voulut envahir la Babylonie. Nabonassar envoya contre lui son fils Nabuchodonosor qui repoussa les envahisseurs à Carchemiche, sur l'Euphrate, et les poursuivit jusqu'à la frontière, où il reçut la nouvelle que son père était mort (604 av. J.-C.). Pendant un règne de quarante-trois ans, Nabuchodonosor se rendit maître de la Syrie, de la Judée, de la Phénicie, de Moab et d'Edon. Par deux fois, il envahit l'Egypte jusqu'au Nil. Il ramena dans sa capitale des milliers de captifs qui élevèrent les murs de Babylone, bâtirent des temples et des palais, creusèrent des canaux et des réservoirs et transformèrent cette cité en un immense camp fortifié, capable de ren-

fermer tout un peuple et entouré de retranchements inexpugnables. Le fils de Nabuchodonosor, Evilmérodach, qui relâcha Joachim, roi captif de Judée, fut assassiné, (559), au bout de deux ans de règne, par son beau-frère, Nériglissar, lequel laissa le trône (556), à son fils, Laborosoarchod, qui fut tué étant encore enfant (555). Son successeur, Nabonadius, épousa Nitocris, fille de Nabuchodonosor et s'allia à la Lydie et à l'Egypte, contre Cyrus; mais son armée n'arriva pas à temps pour prévenir la défaite de Crésus, à Sardes. Cyrus, ayant soumis la Lydie, tourna ses armes contre la Babylonie. Nabonadius laissa la garde de sa capitale à son jeune fils, Balthasar, et marcha au-devant de son ennemi. Vaincu, il s'enferma dans la forteresse de Borsippa et se rendit après la chute de Babylone (538). Le livre de Daniel nous apprend que Darius le Mède fut fait roi (ou vice-roi) de la Chaldée; après lui, Cyrus gouverna en personne toute la contrée. La Babylonie révoltée fut reconquise par Darius, en 518; elle tomba ensuite au pouvoir d'Alexandre le Grand, qui mourut à Babylone en 323 ; puis elle passa aux Parthes, au Néo-Perses, aux Sarrasins et aux Turcs, sous lesquels elle est arrivée au dernier degré de la misère.

BABYLONIEN, IENNE s. et adj. Qui est de Babylone; qui concerne cette ville.

BABYLONIQUE adj. Qui concerne Babylone; qui a rapport à cette ville. — **Babyloniques (Les)**, récit des aventures merveilleuses de Sinonis.fuyant, avec son époux Rhodanès, la passion adultère d'un roi babylonien nommé Garmos. Les *Babyloniques*, furent écrites au nᵉ siècle de notre ère, par un Grec d'origine syrienne, nommé Jamblique.

BABYSME s. m. [ba-bi-sme]. Secte religieuse persane fondée en 1843 par un enthousiaste, Mirza-Ali-Mohammed, qui se donna le titre de « *Bab-ed-Din*, porte de la Foi ou du Savoir universel » et dont les adhérents portent celui de *Babys*. Mélange de christianisme, de mahométisme, de judaïsme et de plusieurs autres religions, le babysme cherche à fondre ces croyances en une seule. D'abord, le chef ou Bab se donna comme prophète ; puis il prétendit être l'incarnation du Saint-Esprit. Le gouvernement persan s'émut des progrès de la secte. Le Bab fut condamné à mort et exécuté en 1849. Mais le babysme ne tomba pas avec lui. Au contraire, les persécutions sanglantes dont furent victimes ses adeptes ne firent qu'augmenter le nombre de ceux qui demandaient à « retourner à Dieu ». Parmi leurs martyrs, ils citent une célèbre femme missionnaire appelée Gurret-ul-Ayn qui, la première, osa, en Orient, se promener dans les lieux publics sans cacher son visage sous un voile. D'horribles persécutions ont donné à cette religion plus de partisans et n'auraient pu faire les plus éloquentes prédications. Le babysme s'est répandu avec une rapidité extraordinaire, non seulement en Perse, mais dans l'Inde et en Turquie. C'est un mouvement fort important dans l'histoire contemporaine de l'Orient. Le babysme cherche à opérer une réforme radicale dans les mœurs de l'Orient : il élève la femme, rend libre et détruit la polygamie.— Bibliogr. Comte de Gobineau : *les Religions et les Philosophies dans l'Asie centrale*, Paris, Didier, 1866.

* **BAC** s. m. [bak] (celt. *bateau*). Embarcation plate qui sert à traverser les rivières à l'aide d'un câble ou grelin tendu en travers du cours de l'eau. En Amérique, les bacs (ferries) sont mus par la vapeur. Sur le Rhin, le Pô, l'Escaut, etc., ce sont des bacs, on emploie des *trailles*. — ⌣⌣ Argot. Abréviation de baccara: *Faisons-nous un bac ?* – Législ. « Le décret du 15 mars 1790, par lequel l'Assemblée constituante abolit les droits seigneuriaux, contenait certaines réserves, notamment à l'égard

du droit de bac, lequel disparut seulement en 1792, alors qu'il fût permis à tout citoyen d'établir des bacs sur les rivières et canaux, à la condition que le tarif de péage fut admis par l'administration départementale. Presque partout, les bacs faisaient partie des voies publiques et il importait que leur service, souvent irrégulier, fût désormais assuré : aussi la loi du 6 frimaire an VII expropria les possesseurs de bacs établis sur les canaux et rivières navigables, et les passages d'eau firent dès lors partie du domaine de l'Etat. En conséquence, c'est le gouvernement qui concède par adjudication l'exploitation des bacs et qui, par les cahiers des charges, détermine le tarif, les conditions et les franchises ; mais, si le bac est établi sur le parcours d'une route départementale ou d'un chemin de grande communication, c'est au conseil général que, d'après la loi du 11 août 1871 (art. 46 § 13.), il appartient d'accorder la concession. En ce qui concerne les passages d'eau qui relient des chemins vicinaux, la loi de l'an VII est encore en vigueur et c'est l'Etat qui les concède. Le ministre de la marine, par une instruction du 25 juin 1856, a reconnu que les lois précitées sont applicables, sauf certaines réserves, aux bacs établis sur les bras de mer. Après une tentative d'adjudication sans résultat, l'exploitation d'un passage d'eau peut être donnée à l'amiable à un fermier. Les contestations relatives à l'exécution des cahiers des charges sont de la compétence des conseils de préfecture. Les fermiers de bacs ne sont pas considérés comme des commerçants, et une société formée pour cette exploitation est civile, nonobstant l'art. 632 du code de commerce, parce que c'est une régie de droits réservés à l'Etat ou aux départements et non une entreprise de transports. Les particuliers sont autorisés, sur leur demande, à établir des bacs pour leur usage personnel ou pour l'exploitation d'une propriété circonscrite par les eaux; néanmoins il ne doit en résulter aucun embarras pour la navigation. Cette faculté, réservée aux particuliers par la loi du 6 frimaire an VII, a été souvent contestée par les concessionnaires de bacs ou de ponts à péage ; mais la jurisprudence de la Cour de cassation et celle du conseil d'Etat ont maintenu le principe de liberté qui déjà avait été reconnu sous l'ancien régime par un arrêt du conseil du roi du 9 janvier 1758. La patente à laquelle sont assujettis les concessionnaires de bacs se compose d'un droit proportionnel, égal au vingtième de la valeur locative de la maison d'habitation, et en outre d'un droit de 0 fr. 50 cent. par 100 fr. sur le fermage annuel ». (Ch. Y.)

BACALAS ou **Bacalar** s. m. (ba-ka-lass; ar). Mar. chacune des pièces de bois qui se clouent sur la couture de la poupe du vaisseau. — Autrefois, sorte de courbe ayant deux bras, l'un au dedans et l'autre au dehors, pour supporter les avirons.

BACALIAU s. m. (esp. *bacallo*, merluche). Nom que les marins donnent à la morue sèche.

BACAR s. m. Voy. Baccar.

BACASSAS ou **Bacassas** s. m. [ba-ca-sass; zass]. Mar. Petit bâtiment élevé de l'avant et bas de l'arrière, et dont la forme est analogue à celle de la pirogue.

* **BACCALAUREAT** s. m. [ba-ka-lo-ré-a] (lat. *bacca*, baie ; *laureatus*, orné de lauriers : étymologie provenant de l'ancien usage qui consistait à couronner les nouveaux bacheliers de branches de laurier garnies de leurs baies ou fruits). Ensemble des épreuves à subir pour obtenir le premier grade universitaire, c'est-à-dire le titre de bachelier, dans l'une des facultés des lettres, des sciences, de droit ou de théologie. Le baccalauréat précède nécessairement les deux autres grades, qui sont la *licence* et le

doctorat. Dans les facultés de *médecine*, il n'y a pas de baccalauréat ; ces écoles ne confèrent que le diplôme de docteur et le titre d'officier de santé. — **Législ.** Rappelons d'abord ce principe, un instant oublié en 1875; que les examens et épreuves qui déterminent la collation des grades ne peuvent être passés que devant les facultés de l'État (L. 18 mars 1880). Pour se présenter au BACCALAURÉAT ÈS LETTRES, il faut être âgé de seize ans, à moins d'une dispense accordée par le ministre. Un certificat d'études constatant le candidat avait suivi les classes de réthorique et de philosophie dans un établissement autorisé, était exigé depuis 1810, mais il n'est plus nécessaire en ce moment, en vertu du décret du 16 novembre 1849 et de l'art. 63 de la loi du 15 mars 1850. L'examen du baccalauréat ès lettres est divisé en deux séries d'épreuves. La première série comprend une version latine, une composition française, un thème allemand ou anglais, et des épreuves orales sur les auteurs expliqués et les matières enseignées dans les classes de troisième, de seconde et de réthorique des lycées. Les épreuves de la seconde série ne peuvent être subies que lorsqu'une année (scolaire) s'est écoulée depuis le premier examen, et elles comprennent : une composition française, une autre composition sur un sujet scientifique élémentaire, et des questions orales sur les auteurs, sur les sciences, l'histoire et les autres matières enseignées dans la classe de philosophie des lycées (D. 17 juin 1880). Les droits à percevoir par le trésor sont fixés à 420 fr., dont le tiers doit être consigné avant la première série d'épreuves, et le surplus avant la seconde (D. 25 juillet 1874 art. 14). Le diplôme de bachelier ès lettres est nécessaire à tous ceux qui veulent suivre les cours des facultés de droit, de médecine ou de théologie, de l'École des Chartes, etc., et est exigé pour l'admission dans la plupart des administrations publiques. Les jeunes gens qui se présentent au concours d'admission à l'École polytechnique doivent être munis du diplôme de bachelier ès lettres, ou du certificat d'aptitude délivré après le premier examen, ou encore du diplôme de bachelier ès sciences. Il y a deux BACCALAURÉATS ÈS SCIENCES : le complet et le restreint. Pour tous les deux, les épreuves consistent en une version latine de la classe de seconde et en questions orales sur les auteurs latins, les auteurs français, sur une langue vivante, sur l'histoire, la géographie, les mathématiques et la philosophie. Pour le complet, on doit faire, en outre, une composition écrite sur les mathématiques et une autre sur un sujet de physique ; pour le restreint une composition de physique et de chimie et une autre sur l'histoire naturelle. Les droits du Trésor s'élèvent à 400 fr. Le diplôme de bachelier ès sciences est nécessaire pour l'admission à l'école normale supérieure (section des sciences), aux écoles spéciales de pharmacie, à l'école Saint-Cyr et à l'École forestière ; le diplôme restreint est exigé des étudiants en médecine avant leur scolarité inscription. Un diplôme de bachelier de l'enseignement secondaire spécial a été institué par le décret du 4 août 1881. LE BACCALAURÉAT EN DROIT est aujourd'hui divisé en deux épreuves dont chacune termine une année de cours. (D. 28 déc. 1880). Les droits à payer s'élèvent pour le tout à 460 fr. (D. 8 janv. 1881). Ce grade n'est qu'un acheminement à la licence ou au doctorat en droit. Cependant il peut remplacer le certificat de capacité qui est exigé pour les fonctions d'avoué. Le BACCALAURÉAT EN THÉOLOGIE est passé dans l'une des cinq facultés de théologie catholique (Paris, Bordeaux, Rouen, Aix et Lyon) ou devant celles de la religion réformée (Montauban et Paris, cette dernière établie en 1878, pour remplacer celle de Strasbourg). Les candidats doivent être âgés de vingt ans, avoir suivi pendant trois ans les cours de la faculté et soutenir publi-

quement une thèse. Les droits d'examen et de diplôme s'élèvent à 25 fr. Les facultés de théologie catholique entretenues par l'État rendent si peu de services que leur suppression est imminente ; non seulement le nombre des gradués qu'elles forment est insignifiant, mais en outre le chef de l'Eglise romaine a toujours refusé de reconnaître aucune valeur aux grades conférés par les facultés qui font partie de l'Université française — Nous ajouterons quelques observations sur l'ensemble des grades des facultés, et nous dirons que les examens universitaires et surtout le baccalauréat ès lettres ont été et sont encore l'objet de critiques très vives. Le programme complet de ce baccalauréat est tellement étendu qu'il n'est possible à aucun esprit, aussi bien doué qu'il puisse être, de s'en assimiler toutes les matières, de telle sorte que l'instruction acquise est nécessairement très superficielle. Tout le monde s'accorde à déclarer que cette barrière, placée en avant de tant de routes, est en réalité facile à franchir au moyen de procédés mnémotechniques trop connus. Bastiat pensait que les études exigées par le baccalauréat sont non seulement inutiles mais déplorablement funestes. « Ce terrible mot de bacca « lauréat, dit M. E. Le « gouvé (Journal le *Temps*, « 29 déc. 1881) est posé de « vant les jeunes gens à « l'entrée de toutes les car « rières, comme un impôt « qu'il faut payer, comme « un obstacle qu'il faut « franchir, et les corps « damne aux manuels, aux « sommaires, aux nomen « clatures, c'est-à-dire à « tout ce qui est appa « rence, enseigne, allure « ture, carcasse ; le sque « lette sans le corps, le « cadre sans le tableau. « De quoi s'agit-il da « le « baccalauréat ? D'avoir « l'air de savoir ce qu'on ne sait pas. » Le remède à cet état de choses serait de renoncer aux programmes et aux diplômes, d'exiger des études bien faites, de sérieux examens de passage, et en outre, à l'entrée de chaque carrière, des épreuves spéciales ou des concours». (Ch. Y.).

BACCAR, Bacar ou BACCARIS s. m. Plante citée par les auteurs grecs et latins ; on a cru la reconnaître dans l'asaret à feuilles rondes.

> Qu'un magique *baccar* me vienne protéger.
> MILLEVOYE.

BACCARA s. m. Jeu de cartes, d'origine italienne ou provençale, importé en France vers le règne de Charles VIII. L'un des joueurs, le *banquier*, se place entre d'autres joueurs nommés *pontes*, qui mettent chacun devant lui la somme qu'ils veulent engager. Après avoir couvert chacune de leurs mises, le banquier prend deux jeux de cartes entiers, les fait battre par les pontes, les bat lui-même, fait couper, en distribue une à chaque joueur de droite, une à chaque joueur de gauche, en prend une et répète l'opération. Avant cette distribution, il a la faculté de *brûler* autant de cartes qu'il l'a déclaré. Chaque joueur compte ses points. Les figures valent 10. Les meilleurs points sont de 9, 19 et 29 ; ensuite viennent 8, 18, et 28 ; puis, 7, 17, 27, etc. Celui qui a 9, 19, 8 ou 18 abat de suite son jeu ; les autres en font autant. Le banquier ramasse les enjeux des pontes qui ont un point inférieur au sien ; il perd avec les pontes dont le point est supérieur ; le coup est nul s'il y a égalité. Quand aucun joueur ne compte 9, 19, 8 ou 18, chaque joueur offre à découvert une 3ᵉ carte à chaque joueur qui *tire* (accepte) ou qui se déclare *content* (refuse). Le banquier peut également en prendre une. Le gain et la perte se règlent ensuite comme dans le cas précédent.

Celui auquel la 3ᵉ carte fait dépasser 19, *crève* et perd son enjeu. Les points 10 et 20 se nomment *baccara.*

BACCARAT, *Burgaracum*, ch. l. de cant. arr. et à 25 kilom. S.-E. de Lunéville (Meurthe-et-Moselle) ; sur la Meurthe, au pied d'une montagne escarpée ; 5,050 hab. Belle manufacture de cristaux regardée comme la plus importante de l'Europe pour la quantité et la beauté de ses produits. La cristallerie de Baccarat emploie près de 4,200 ouvriers, indépendamment de ceux qu'elle occupe au dehors pour l'exploitation de ses bois, pour ses transports, etc. Elle produit annuellement pour 3 millions de cristaux. Aux environs de Baccarat se trouve une carrière de grès.

BACCHA s. m. [ba-ka] (gr. *bacché*, prêtresse de Bacchus). Entom. Genre d'insectes diptères, appelés aussi SÉPEDONS.

* **BACCHANAL. s. m.** [ba-ka-nal] (gr. *bacchos*, furieux). Grand bruit, tapage.

* **BACCHANALE. s. f.** [ba-ka-na-le]. Danse bruyante et tumultueuse, dans un ballet, dans un grand opéra. — Par ext. et fam. Débauche faite avec grand bruit. — Bacchanales, s. f. pl. ou DIONYSIES, anciennes fêtes du dieu Bacchus

Bacchanales.

ou Dionysius. On les célébra d'abord en Egypte d'où elles furent, sous le nom de *Dionysies*, introduites en Grèce par Melampos (1415 av. J.-C.). Elles avaient lieu pendant la nuit, au bruit éclatant des tambours et des cymbales. Les Bacchants, déguisés en satyres, en faunes et en ityres, parcouraient, furieux, les campagnes, effrayaient les habitants par leurs hurlements ; tandis que les bacchantes, les cheveux épars, se livraient à des transports frénétiques et à tous les désordres de l'ivresse. Introduites en Italie par les colonies grecques, les Bacchanales furent admises à Rome et produisirent des scandales honteux et criminels. Dans l'Attique, on les avait célébrées 4 fois par an (en décembre, en janvier, en février et en mars) ; à Rome, elles finirent par avoir lieu tous les mois. Les initiés des deux sexes, au nombre de plus de 7,000, se livraient à tous les désordres et immolaient secrètement des victimes humaines, dont les chants et la musique étouffaient les cris de douleur. Le sénat, effrayé des rapports qui lui étaient faits, abolit, en 186 av. J.-C., ces fêtes que l'empire fit revivre d'une façon encore plus monstrueuse sous le nom de *Liberalia* et qui se sont perpétuées dans nos mascarades.

BACCHANT s. m. [ba-kan]. Antiq. Prêtre de Bacchus. On donnait encore le nom de *Bacchants* à des hommes déguisés en satyres ou en faunes, qui se mêlaient aux bacchantes dans la célébration des fêtes de Bacchus.

* **BACCHANTE s. f.** [ba-kan-te]. Antiq. Prêtresse de Bacchus ; femme qui célébrait les *Bacchanales* :

> L'œil ardent, le sein nu, la troupe des *bacchantes*
> Bondit ; le vent se joue en leurs tresses flottantes.
> MOLLEVAULT.

— Par anal. Femme à qui l'ivresse ou la

lubricité a fait perdre toute retenue. — Par
ext. Femme en colère. — ~ Argot. BACCHANTES
(l.es), les favoris, la barbe.

BACCHARIDE s. f. [ba-ka-ri-de] (gr. *baccha-*
ris, nom que les anciens donnaient à une
plante aromatique consacrée à Bacchus). Bot.
Genre de composées à capitules multiflores
dioïques, à corolles quinquéfides dans les fleurs
hermaphrodites et à limbe entier dans les femelles. Les espèces les plus répandues sont :
la *baccharide* ou *bacchante de Virginie* ou *se-*
neçon de Virginie (baccharis halimifolia, Lin.),
bel arbrisseau de 3 à 4 mètres, à feuilles argentées parsemées de points blancs ; et la
baccharide à feuilles de laurier rose (*baccharida*
neriifolia), indigène du Cap, cultivée chez nous
en serre chaude.

BACCHARIDÉ, ÉE ou **Baccharoïde** adj. Qui
ressemble à une baccharide. — s. f. pl. Sous-
tribu de la famille des composées ayant pour
type le genre *baccharis*.

BACCHIAQUE s. m. [ba-ki-a-ke] (rad. *bac-*
chius). Ancien vers grec tétramètre, de 12 syllabes et composé de bacchius.

BACCHIGLIONE [bâk-kil-yo'-né]. *Medoacus*
minor, rivière de l'Italie septentrionale ; elle
naît dans les Alpes au N.-O. de Vicence, arrose Padoue et se jette, près de Chioggia, dans
le golfe de Venise. Cours, 190 kil. — Cette rivière donna son nom à un dép. du royaume
d'Italie (1806-'14) ; ch.-l. Vicence.

BACCHILIQUE s. f. Ancienne danse consacrée
à Bacchus.

BACCHIUS s. m. [ba-ki-uss]. Pied de l'ancienne versification grecque et latine, composé
d'une brève et de deux longues.

BACCHUBER s. m. [ba-ku-bèrr] (rad. *Bac-*
chus). Ancienne danse des Allobroges, d'origine grecque, qui s'est conservée au Pont-de-
Cervières, près de Briançon (Hautes-Alpes).
Neuf, onze ou treize danseurs, armés d'épées
courtes et sans pointe, décrivent gravement
douze figures avec une lenteur qui témoigne
que l'on ne se trouve plus sur les côtes brûlantes de la Grèce, mais au milieu des glaciers
alpins.

BACCHUS [ba-kuss]. Mythol. Dieu du vin,
fils de Jupiter et de Sémélé. Celle-ci mourut
avant la naissance de son fils, que Jupiter cacha dans sa hanche jusqu'au moment où il
devait venir au monde. Confié aux soins des
nymphes, Bacchus fut élevé en Thrace. Silène
lui enseigna la manière de cultiver la vigne
et de fabriquer le vin. Après avoir combattu
les Titans révoltés contre Jupiter, le dieu du
vin, environné de faunes, de bacchantes, de
satyres et de corybantes qui portaient des
thyrses ornés de pampres, parcourut au son
des tambours et monté sur un char traîné par
des tigres, la plus grande partie du monde
antique, enseignant aux peuples la culture de
la vigne et les arts de la civilisation. Les
légendes qui le concernent sont innombrables.
Les Grecs, qui l'appelaient *Dionysos*, le représentaient généralement sous les traits d'un
beau garçon imberbe et joufflu ; tandis que
les peuples orientaux lui donnaient la figure
d'un homme mûr et majestueux. Les Latins
l'appelaient indifféremment Bacchus ou *Liber*.
Les fêtes de ce dieu, appelées *Dionysies* en
Grèce, *Bacchanales* ou *Liberales* en Italie, se
célébraient avec une grande licence. On attribuait surtout à Bacchus le don de prophétie
et le pouvoir d'augmenter la fécondité de la
terre.

BACCHYLIDE [ba-ki-li-de], poète lyrique grec,
né dans l'île de Céos, vers 512 av. J.-C. Il était
neveu de Simonide et passa la plus grande
partie de sa vie à la cour de Héron Ier, roi de
Syracuse qui le préférait, dit-on, à Pindare.
Le peu qui nous reste de ses œuvres a été traduit en français par Falconet, dans le *Pan-*
théon littéraire.

* **BACCIFÈRE** adj. [ba-ksi-fè-re] (lat. *bacca*
baie ; *ferre*, porter). Bot. Qui porte des baies :
arbuste baccifère.

BACCIFORME adj. [ba-ksi-for-me] (lat. *bacca*,
baie). Bot. Qui a la forme et la consistance
d'une baie : *fruit bacciforme*.

BACCIOCHI (Felice-Pasquale) (ital., bâ-tcho'-
ki], officier français, né en Corse (1762), d'une
pauvre famille, mort à Bologne en 1841. Capitaine d'infanterie en 1797, il épousa Elisa
Bonaparte, sœur de Napoléon Ier, fut nommé
sénateur en 1804, prince de Lucques et Piombino en 1805 ; mais ne gouverna pas le grand-
duché de Toscane, dont sa femme fut constituée souveraine en 1808. A la chute de Napoléon, il se retira en Autriche où il vécut
jusqu'à la mort d'Elisa ; puis il habita le beau
palais qui porte son nom à Bologne. Il eut
deux fils : Jérôme-Charles, né en 1810, mort
en 1830 ; et Napoléon-Frédéric, né en 1815,
mort à Rome d'une chute de cheval en 1833.
Il eut, en outre, une fille, Napoléone-Elisa, née
en 1806, morte en 1869. Cette princesse, mariée en 1824, au comte de Camerata, gentilhomme de la marche d'Ancône, se sépara de
son mari en 1830. Son fils, NAPOLÉON CAME-
RATA, s'étant suicidé en 1853, elle légua la
plus grande partie de sa fortune au prince
impérial en 1874.

BACCIO DELLA PORTA [bâ'-tcho-del-la-por'-
ta], peintre italien. Voy. Bartholomeo (FRA).

BACENIS SILVA [ba-sé-niss-sil-va]. Antiq.
Groupe de montagnes boisées qui séparait les
Suèves des Etrusques et qui formait proba-
blement la partie occidentale de la forêt de
Thuringe.

BACH [bak], nom d'une célèbre famille de
musiciens allemands. **Veit**, le fondateur de
cette famille, était boulanger à Presbourg,
Hongrie, lorsque les persécutions religieuses
le forcèrent de s'enfuir en Thuringe, où il se
rendit fameux comme joueur de guitare. Ses
fils et ses petits-fils devinrent célèbres dans
toute l'Allemagne. A la cinquième génération,
cette famille produisit l'illustre Jean-Sébastien, né en 1685, mort le 30 juillet 1750, et
considéré comme le plus grand musicien de
son siècle. La société Bach, fondée à Leipzig
en 1850, a publié une collection complète de
ses compositions qui comprennent un grand
nombre de morceaux religieux, écrits pour la
voix et pour les instruments en usage au
XVIIIe siècle. Les membres les plus distingués
de la sixième génération furent : Wilhelm-
Friedmann (1710-'84), fils du précédent, organisa d'un grand talent qui se laissa malheureusement entraîner à l'ivrognerie et mourut
dans la misère ; Karl-Philipp-Emmanuel, troisième fils de Jean-Sébastien (1704-'88), brilla
à la cour du grand Frédéric et fut, peut-être,
le plus prolifique des compositeurs. Son œuvre
principale est « Essai sur la vraie manière
de jouer du clavecin », Berlin, 1750-'62 ; Jean-
Christophe-Frédéric, dixième fils de Jean-
Sébastien (1732-'95), a laissé également de
nombreux ouvrages, principalement pour les
églises ; Johann-Christian, onzième fils de
Jean-Sébastien (1735-'82), maître de chapelle
de la reine d'Angleterre, écrivit six opéras,
des oratorios et de la musique d'église. Son
chef-d'œuvre est l'opéra d'*Orione*, qui obtint
un immense succès à Londres (1763).

* **BACHA** s. m. Voy. PACHA.

BACHA s. m. (turc *pacha*). Ornith. Espèce
de buse africaine très cruelle, qui fait sa principale proie des damans. Huppe noire et blanche ; large bande blanche sur le milieu de la
queue.

BACH-AGA s. m. [ba-cha-ga]. Chef des agas,
en Afrique. Les bach-agas algériens sont des
dignitaires indigènes nommés par le gouvernement français.

BACHARACH [ba-ka-rak], ville de la Prusse

rhénane, sur le Rhin, à 38 kil. S.-E. de Coblentz ; 1,750 hab. Elle est entourée de murailles et conserve quelques ruines. Elle a été
longtemps célèbre par ses vins. Son nom lui
vient d'un rocher ordinairement caché par les
eaux du fleuve et nommé *Bacchi ara* (autel de
Bacchus).

BACHASSE s. f. (augmentatif de *bac*, bateau). Anc. argot. Galère.

BACHAUMONT (François LE COIGNEUX DE),
écrivain, né à Paris en 1624, mort en 1702.
Fils d'un président à mortier du Parlement
de Paris, il était conseiller-clerc au même
Parlement lorsqu'éclatèrent les troubles, auxquels il servit de parrain, en comparant les
champions aux écoliers qui, s'amusant au jeu
de la *fronde* dans les fossés de Paris, se disper-
saient à l'approche de la police et recommen-
çaient aussitôt qu'elle avait disparu. Pendant
cette guerre de *frondeurs*, il se distingua par
le nombre et la vivacité de ses traits satiriques
contre le *Mazarin*. Le calme rétabli, il vendit
sa charge pour jouir de la vie dans une oisiveté épicurienne. *Il a attaché son nom à une
bluette en prose et en vers, le Voyage de Chapelle et Bachaumont*. Voy. CHAPELLE.

BACHAUMONT (Louis PETIT DE), écrivain, né
à Paris, le 2 juin 1690, mort le 28 avril 1771 ;
présida pendant longtemps à des conférences
académiques qui se tenaient chez Mme Doublet.
Dans ces réunions, on enregistrait les nouvelles politiques ou littéraires, les anecdotes,
etc. Puisant à cette source, Bachaumont composa ses *Mémoires secrets pour servir à l'histoire
de la république des lettres en France, depuis
1762*, ouvrage qui fut publié en 1777 (6 vol.
in-12). Pidansat de Mairobert, qui en était
l'éditeur, continua ces mémoires jusqu'au treizième volume. D'autres continuateurs, parmi
lesquels Mouffle d'Angerville, portèrent à trente-
six le nombre des volumes. L'ouvrage entier
fut réédité par Chopin en 1788 et par Merle,
en 1808.

* **BÂCHE** s. f. (celt. *bach*, cavité). Grande
pièce de cuir ou de grosse toile dont on couvre
les charrettes, les bateaux, pour garantir les
marchandises. Voy. BANNE. — Grande caisse
vitrée dans laquelle les jardiniers mettent les
plantes à l'abri du froid, et dont ils se servent
également pour faire venir des primeurs. —
Sorte de cuvette où se rend l'eau puisée par
une pompe aspirante, et où elle est reprise
par d'autres pompes qui l'élèvent de nouveau.
— Machines à vap. Récipient en fonte ou en
chaudronnerie, placé à côté ou au-dessus du
condenseur, attenant à la pompe à air, et
destiné à recevoir l'eau provenant de la condensation lorsqu'elle est refoulée par cette
pompe. Une portion de cette eau est dirigée
vers la chaudière par la pompe alimentaire,
afin d'entretenir le niveau ; et l'excédent est
refoulé à la mer en passant par le tuyau de
trop-plein ou tuyau de décharge. La bâche est
munie de clapets qu'on appelle *clapets de tête*,
lesquels ont pour but de retenir l'eau dans la
bâche en dehors de la pompe à air, lorsque
celle-ci descend ou fait trop-plein. (DECHESNEL).
— ~ Pêche. BACHE TRAINANTE, filet
en forme de manche, que l'on traîne sur le
sable, dans les endroits où il y a peu d'eau,
afin de prendre de la menuise ou frai de poisson. — Argot. Casquette. — Argot des Grecs.
Enjeu. — FAIRE LES BACHES, bachotter.

BACHE (Alexander-Dallas), savant, né à
Philadelphie en 1806, mort en 1867. Il était
arrière petit-fils de Benjamin Franklin. Ses
œuvres comprennent des « Observations faites
à l'observatoire magnétique et météorologique
du collège Girard », 3 vol. 1840-'47, et une
« Lecture sur la Suisse ».

* **BACHELETTE** s. f. (fém. de *bachelier*). Vieux
mot qui signifie : jeune fille d'une figure gracieuse.

* **BACHELIER** s. m. (franç. *bas chevalier*). Celui qui est promu au baccalauréat dans une faculté : *bachelier en droit, ès lettres, ès sciences, en théologie*. — Autrefois, gentilhomme qui, dans sa jeunesse, servait sous la bannière d'un autre, pour apprendre le métier des armes.— Se disait aussi d'un jeune homme à marier.

BACHELIER de Salamanque (LE), le dernier des romans écrits par Le Sage (1736, 2 vol. in-12).

BACHELLERIE ou **Bachèlerie** s. f. Féod. État, grade de bachelier. — Mense possédée ou tenue par un bachelier.

BACHELLERIE (La), commune du cant. de Terrasson (Dordogne); 1,650 hab. Eaux minérales, mines de cuivre.

* **BÂCHER** v. a. Couvrir d'une bâche.

BACHER (Georges-Frédéric), médecin, né en 1709, à Blotsheim (Alsace), mort vers la fin du XVIIIᵉ siècle; inventeur des *pilules Bacher*, à base d'ellébore, pour combattre l'hydropisie.

BACHEVALEUREUX adj. (de *bas* et *chevalier*). Mot qui, dans le vieux langage français, signifiait guerrier, brave, vaillant. — s. m. Féod. Aspirant bachelier.

BACHI [ba-chi] (dérivé de *bach*, tête, chef supérieur). Mot turc que l'on rencontre dans un grand nombre de composés tels que *bachivizir*, premier vizir; *bostandji bachi*, chef des bostandjis; *bachi-bouzouck*, tête brûlée.

BACHI-BOUZOUCK s. m. [ba-chi-bou-zouk] (turc, *tête brisée* ou *tête brûlée*). Soldat irrégulier de l'armée turque. Chaque province de l'empire est tenue de fournir, en temps de guerre, un certain nombre de *bachis-bouzoucks*, les uns à pied, les autres à cheval. « On y trouve des Turcs d'Asie, des Kurdes, des Tcherkess, des Égyptiens, des Tripolitains, des Tunisiens et même des Arabes d'Algérie et des Kabyles. Ils accourent partout où la guerre leur fait pressentir la destruction et le pillage ». (DE CHESNEL.) On a plusieurs fois essayé inutilement de soumettre ces soldats à la discipline. En 1876, les bachis-bouzoucks se sont acquis une triste célébrité par la cruauté avec laquelle ils ont réprimé la révolte des provinces européennes de l'empire turc.

* **BACHIQUE** adj. Qui appartient, qui a rapport à Bacchus : *fête bachique*. — LA LIQUEUR BACHIQUE, le vin. — CHANSON BACHIQUE, chanson de table, où l'on fait l'éloge du vin. — En Peint. LE GENRE BACHIQUE, se dit en parlant des tableaux qui représentent des scènes de buveurs et d'ivrognes. Ces scènes mêmes s'appellent *scènes bachiques*.

BACHELIQUE s. f. (turc *bach*, tête). Capuchon oriental qui sert à la fois de coiffure et de cache-nez, et que les dames françaises ont admis depuis 1870.

BACHMAN (John) [bak-mann], naturaliste des États-Unis (1790-1874), collabora au grand travail d'Audubon « Quadrupèdes de l'Amérique du Nord » et publia les « Caractères de genres et d'espèces que l'on peut appliquer à la doctrine de l'unité de la race humaine » (1854).

BACHO s. m. [ba-cho] (abréviation de *bachelier* et de *baccalauréat*). Jargon des étudiants. Baccalauréat : *il prépare son bacho*. — Bachelier : *il est bacho*.

* **BACHOT** s. m. Petit bateau : *passer la rivière dans un bachot*.

* **BACHOTEUR** s. m. Batelier qui conduit un bachot.

BACHOTIER s. m. Préparateur au baccalauréat.

BACHOTTE s. f. (rad. *bachot*). Pêche. Grand baquet dans lequel on transporte vivants les poissons.

BACHOTTER v. n. Argot des Grecs. Escroquer au jeu. — Établir des paris entre compères dans le but d'exploiter des dupes.

BACHOTTEUR s. m. Grec qui remplit le rôle de compère dans une partie de cartes ou de billard. Il flatte la dupe, la conseille et contribue à la faire plumer.

* **BACILE** s. m [ba-si-le]. Bot. Nom vulgaire du genre *crithmum*, appartenant à la famille des ombellifères, tribu des sésélinées et composé de plantes à racines pivotantes et charnues, à fruits cylindracés et spongieux. L'espèce principale, appelée *bacile maritime* (*crithmum maritimum*), *perce-pierre*, *passe-pierre*,

Bacile maritime (Crithmum maritimum).

criste marine, fenouil de mer, etc., croît sur les rochers voisins de la mer, dans presque toute l'Europe et dans l'Afrique septentrionale. C'est une plante annuelle qui atteint jusqu'à 50 cent. de haut. Ses feuilles et ses jeunes racines possèdent une saveur aromatique piquante et agréable; on les tenait jadis en grande estime comme stomachiques; on les emploie pour assaisonner les salades et on en fait des conserves dans le vinaigre. Le bacile se cultive facilement dans les terrains secs et pierreux.

BACILLAIRE adj. [ba-sil-lè-re] (lat. *bacillus*, baguette). Hist. nat. Qui est long, grêle et cylindrique comme une baguette. — Minér. Qui a la forme d'un prisme allongé plus ou moins profondément strié. — CRISTAUX BACILLAIRES, cristaux gros, prismatiques et accolés les uns contre les autres comme des baguettes en faisceau. — s. f. Infus. Genre de bacillariées, composé d'animalcules infusoires que l'on a quelquefois confondus avec les vibrions.

BACILLARIÉ, ÉE adj. Infus. Qui ressemble à une bacillaire. — s. f. pl. Famille d'infusoires à corps cylindrique ou comprimé, aminci aux extrémités, transparent et teinté ou marqué de points globuleux. Principaux genres : bacillaire, échinelle, lunuline, navicule, styllaire.

BACILLY, village du canton d'Avranches (Manche); 1,350 hab. Eaux minérales.

BACINET ou **Bassinet** m. (bas lat. *bacinetum*). Art milit. Sorte de casque d'infanterie qui ressemblait beaucoup au *cabasset*, que l'on attachait sous le menton avec une courroie et une boucle. — Bot. Nom vulgaire de plusieurs renoncules : la renoncule âcre, la renoncule rampante, la renoncule bulbeuse. On dit aussi BASSIN D'OR.

BACKGAMON s. m. Nom anglais du jeu de trictrac appelé *toute table*.

BACKHUYSEN ou **Bakhuysen** (Ludolf), peintre de marines, né à Embden (Westphalie), en 1631, mort à Amsterdam en 1709. Il rendit admirablement les effets de tempêtes et les attitudes périlleuses des navires. « Backhuysen nous fait craindre la mer; van den Velde nous la fait aimer », a dit Charles Blanc. Le musée du Louvre possède cinq tableaux de ce maître.

Son petit-fils, appelé, comme lui, LUDOLF (1717-82), acquit une certaine notoriété comme peintre de chevaux et de batailles.

BACKUS (Isaac), ecclésiastique des Etats-Unis (1724-1806), devint, en 1774, l'un des principaux chefs des baptistes, secte dont il a écrit l'histoire (nouv. éd. en 1871).

BÂCLAGE s. m. Action de bâcler. — Mar. Fermeture supplémentaire d'un port.—Arrangement donné aux embarcations en réserve dans un port.—Ordre établi entre les bateaux qui doivent débarquer une cargaison sur un quai.

BÂCLE s. f. (lat. *baculus*, bâton). Barre de bois qui sert à fermer une porte ou une fenêtre.

* **BÂCLÉ, ÉE** part. pass. de BACLER. — Fig. et fam. CELA EST BACLÉ, C'EST UNE AFFAIRE BÂCLÉE, se dit d'un traité conclu, d'une affaire arrêtée.

* **BÂCLER** v. a. (rad. *bâcle*). Fermer une porte ou une fenêtre par derrière, avec une barre ou au autre chose. On dit dans une acception analogue : *bâcler un port*. — BACLER UN BATEAU, le mettre dans un lieu commode du port, pour la charge et la décharge des marchandises. — Fig. et fam. Expédier un travail à la hâte : *bâcler la besogne*.

BACLER-D'ALBE (Louis-Albert Guislain, BARON DE), peintre et ingénieur géographe, né à Saint-Pol (Pas-de-Calais), en 1762, mort à Sèvres, en 1824. Il accompagna Napoléon dans plusieurs campagnes, devint général de brigade en 1803 et composa la *Carte du théâtre des campagnes de Bonaparte en Italie* (cinquante-quatre feuilles), ouvrage très recherché; des vues de la Suisse, etc. Ses chefs-d'œuvre de peinture sont la *Bataille d'Arcole* et la *Bataille d'Austerlitz*, représentées avec d'autant plus d'exactitude qu'il avait assisté à ces deux faits d'armes.

BACOLOR, ville des Philippines, ch.-l. de la province de Pamparga, île de Luçon; 8,000 hab. — En 1762, pendant l'occupation anglaise de Manille, Bacolor devint, pour un instan', capitale des Philippines.

BACON s. m. (celt. *baco*, dos). Vieux mot qui signifiait pièce de porc salé.

BACON (Anne), mère de lord Bacon, née vers 1528, morte en 1600. Elle traduisit l'*Apologia* de l'évêque Jewell et quatorze sermons italiens d'Ochino.

BACON (Francis), philosophe anglais, né à Londres, le 22 janv. 1561, mort à Highgate, le 9 avril 1726. Il était le plus jeune fils de sir Nicholas Bacon; il voyagea en France dans sa jeunesse et rentra dans sa patrie après la mort de son père (1576). Il obtint une charge d'avocat dans le conseil extraordinaire de la reine Elisabeth, qui le trouvait « homme d'esprit, mais sans profondeur ». En 1594, Bacon publia sa « Déclaration des causes des grands troubles », apologie de la politique anglaise sur le continent et, en 1597, ses « Essais religieux », qui ont été traduits dans presque toutes les langues et qui sont restés son ouvrage le plus populaire. Sa gloire littéraire n'apporta du reste, aucune amélioration dans sa position. Il était pauvre, mal vu en cour, et ne possédait qu'un protecteur, le comte d'Essex, qui l'avait comblé de bienfaits. Espérant plaire à la reine, il se tourna contre ce généreux Mécène, aussitôt qu'il le vit dans la disgrâce, et plaida si chaleureusement contre lui, lors du son procès de haute trahison, qu'il le fit condamner à mort. Il flétrit ensuite sa mémoire dans une « Déclaration des pratiques et trahisons tentées et accomplies par Robert comte d'Essex », infamie qui fut récompensée par le plus profond mépris de la reine. Plus heureux sous Jacques Iᵉʳ, Bacon, qui était membre de la chambre des communes depuis

1593, se fit grassement payer plusieurs services qu'il rendit à la couronne, principalement un vote de remerciements qu'il obtint de l'assemblée au lieu d'un vote de blâme qui avait été demandé par des mécontents. Il fut nommé solliciteur général, en 1607 et épousa presque aussitôt Alice, fille de Benedict Barnham, riche alderman de Londres. En 1605, il avait publié : « De l'avancement de la science », forme première de l'ouvrage célèbre : « De dignitate et augmentis scientiarum », qui fonda sa gloire comme philosophe et inaugura une ère nouvelle dans la littérature anglaise. En 1609, il donna l'ingénieux opuscule : « De sapientia veterum ; De la sagesse des anciens », interprétation philosophique de la mythologie. Il arriva bientôt au faîte des honneurs. Attorney général et membre du conseil privé en 1612, il reçut du roi une pension de 60,000 livres sterling, puis devint garde des sceaux en 1617 et lord grand chancelier et baron de Verulam en 1618. Deux ans plus tard, il donna au monde un livre qui, revu ou recommencé douze fois, exprime toute sa pensée en philosophie. C'est le : « Novum Organum, sive indicia Vera de Interpretatione Naturæ et Regno Hominis », écrit en latin parce que son auteur s'adressait particulièrement aux lettrés de l'Europe. Dans cette œuvre remarquable, il essaye de substituer au classique Organon syllogistique d'Aristote, un Organon logique, fondé sur l'expérience et l'induction : il étudie les causes d'après leurs effets et remonte des faits à la théorie. Il voulait entreprendre un remaniement et une classification des connaissances humaines, et son Organon n'était que la première partie de cet immense travail qu'il appelait « Instauratio magna » et dont il n'achève que deux parties, le : De dignitate et augmentis scientiarum et le Novum Organum. Bacon fit faire de grands progrès à la physique ; il inventa un thermomètre ; décrivit ses expériences sur la compressibilité des corps, sur la densité et le poids de l'air ; il suggéra des procédés chimiques et devina la cause des couleurs. Son ouvrage, reçu avec admiration par quelques rares intelligences d'élite, fut ridiculisé par le plus grand nombre de ceux auxquels il s'adressait. D'autres, jaloux de sa gloire et de sa fortune, cherchèrent à le perdre. Le 15 mars 1621, à la chambre des communes, sir Robert Phillips lut le rapport d'un comité nommé pour rechercher les abus des cours de justice ; dans ce rapport, le grand philosophe, qui venait d'être nommé vicomte de Saint-Albans, était accusé de deux cas de corruption ; un plaideur lui avait donné 100 livres et l'autre 400. Bientôt on découvrit vingt-quatre cas semblables. Bacon fut jugé : il était innocent de la plupart des concussions dont on l'accusait ; mais par un dernier acte de courtisanerie, pour plaire au roi qui voulait sacrifier une victime au mécontentement général de la nation. Le 22 avril 1621, il écrivit aux lords qu'il abandonnait sa défense et, le 3 mai, il fut condamné à une amende de 40,000 livres et à être emprisonné dans la tour de Londres jusqu'à ce qu'il plût au roi de lui pardonner. Il fut relâché au bout de deux jours et on lui fit remise de son amende. Il acheva sa vie dans la retraite et la pauvreté. Il publia une « Histoire de Henri VII », des « Apophtegmes », quelques travaux d'histoire naturelle, une nouvelle édition, revue et augmentée de ses « Essais » (1625). La plus ancienne histoire de la vie de Bacon est celle du Rév. William Rawley, son secrétaire et son chapelain (1658) ; la plus récente biographie est celle de William Hepworth Dixon « Personal History of lord Bacon » (1889). Les meilleures éditions de ses œuvres sont celles de 1825 et de 1857. Une traduction française a été publiée par Ant. Lasalle, Dijon, 1799-1802, 15 vol. in-8°. Voy. aussi Franz Bacon

von Verulam, par Kuno Fischer (1856), et Bacon, sa vie et son influence, par Rémusat (1857).

BACON (John), sculpteur anglais (1740-'99), qui a laissé des bustes de George III et plusieurs statues de grands personnages.

BACON (Nathaniel), appelé le rebelle de la Virginie, né à Londres en 1630, mort en 1677. Il émigra en Virginie vers 1673 et se mit bientôt à la tête du peuple révolté contre le gouvernement anglais (juillet 1676). Le gouverneur Berkeley fut forcé de s'enfuir, après l'incendie de Jamestown, capitale de la Virginie. Bacon, victorieux, mourut avant d'avoir pu organiser un gouvernement.

BACON (sir Nicholas), homme d'Etat anglais (1510-'79), père du grand Francis Bacon. Elisabeth le choisit, en 1558, pour son conseil privé ; elle lui confia ensuite le grand sceau avec le titre de Lord chancelier.

BACON (Roger), moine célèbre, surnommé le Docteur admirable, né en Angleterre en 1214, mort en 1292 ou en 1294. Il étudia à l'université d'Oxford, puis à celle de Paris et, vers 1240, entra dans un couvent de franciscains, à Oxford. Adonné à l'alchimie, il découvrit certaines combinaisons chimiques qui parurent merveilleuses et le firent accuser de magie. Les moines et les prêtres, dont il blâmait ouvertement l'ignorance et la corruption, le dénoncèrent à Innocent IV, qu'il n'avait pas craint de censurer. Défense lui fut faite d'enseigner ; on le jeta même dans une prison, où il resta dix ans. Il en sortit à l'avènement de Clément IV qui se déclara son protecteur. A la demande de ce pontife, Roger Bacon écrivit son Opus magnus (édité à Londres en 1733, par Jebb), livre dans lequel il exposait la nécessité d'une réforme des sciences par l'étude attentive des langues et de la nature. En 1278, à l'avènement de Nicolas III, ses ouvrages furent interdits et on le renferma dans sa cellule. Il essaya en vain de fléchir le pape par une dissertation sur les moyens de prévenir les maladies de la vieillesse De Retardandis Senectutis Accidentibus (Oxford, 1590) ; il resta gardé à vue pendant dix ans. Outre les ouvrages déjà cités, on a de lui : Perspectiva (Francfort, 1614) ; Speculum Alchimiæ (Nuremberg, 1581), ouvrage traduit en français par Girard de Tournus, en 1557 ; De Secretis Artis et Naturæ Operibus (Paris, 1542). On attribue à Roger Bacon l'invention du télescope ; il connaissait et il a décrit la composition de la poudre à canon. Il avait étudié l'astronomie, et fit faire, par ses écrits, de grands progrès à cette science.

BACONIQUE s. m. (anc. franç. bacon). Repas du moyen âge, dans lequel on ne servait que du porc.

BACQUEVILLE, ch.-l. de cant., arr. et à 17 kil. de Dieppe (Seine-Inférieure) ; fabr. de coutils ; toiles, tanneries, 2,600 hab.

BACS-BODROG ou Bacska [bâtch, bâtch-ka]. Comté de la Hongrie méridionale, entre le Danube et la Theiss ; 11,079 kil. carr. ; 577,000 hab., presque tous Magyars, Allemands et Serbes. Cap. Zombor.

BACSANYI (Janos) [bat'chanie], poète hongrois (1763-1845). Ses principes démocratiques lui attirèrent de nombreuses persécutions. — La collection de ses poèmes a été publiée à Pesth, en 1827.

BACTÉRIDIE s. f. (diminutif de bactérie). Microbe du charbon ; animal microscopique dont la présence détermine la fièvre charbonneuse. Les récentes découvertes qui ont illustré le nom de M. Pasteur ont eu pour résultat de permettre l'atténuation de ce redoutable virus, de le transformer en son propre vaccin et de le forcer à devenir le préservatif de la maladie même qu'il inocule. A nos articles charbon, microbe, etc., nous parlerons plus longuement des admirables travaux de M. Pasteur.

BACTÉRIE s. f. (lat. bacterium ; gr. baktéria, bâton). Infus. Le plus petit des infusoires flagellifères, famille des vibrioniens, formé aux dépens du genre monade. Les bactéries sont des formations très petites susceptibles de paraître dans toute substance solide ou fluide qui contient des matières organiques. Point de départ de la matière organisée, elles se présentent sous la forme d'un corps sphérique, très réfractif et qui se meut avec une activité considérable. On a expliqué par ces formations plusieurs phénomènes de la génération spontanée. Quelques naturalistes voient dans les bactéries des champignons microscopiques ; mais il est difficile, si l'on admet cette hypothèse, d'expliquer le mouvement appréciable dont sont animés ces petits filaments. On place dans le genre bactérie le bacterium termo, considéré comme le premier terme de la vie animale. C'est un être microscopique qui semble se développer spontanément en nombre considérable quand on fait infuser une substance végétale ou animale et que l'on expose cette infusion à l'air. Tout ce que nous respirons, mangeons ou buvons, enfin tout ce qui nous renferme des quantités prodigieuses de ces êtres qui ne mesurent pas plus de 2 ou 3 millièmes de millimètres et qui, opposant une résistance extraordinaire à la destruction, affrontent sans périr les chaleurs les plus extrêmes et les froids les plus excessifs.

BACTRIA ou Bactres, cap. de la BACTRIANE. Voy. ce dernier mot.

BACTRIANE, ancienne contrée d'Asie, bornée au N. par l'Oxus et aujourd'hui comprise dans les pays de Boukhara, de Balk et de Koundouz. Ses habitants appartenaient à la même famille que les Perses et les Mèdes ; et leur langage était le zend. — Bactria ou Zariaspe, cap. de la Bactriane, s'élevait au lieu où se trouve la moderne Balkh ; elle était le quartier-général des Mages. — D'abord puissant royaume, la Bactriane fut subjuguée par Cyrus et forma une province de l'empire perse jusqu'au moment où Alexandre le Grand (330 av. J.-C.), l'ajouta à ses conquêtes. Après lui, elle passa aux Séleucides, se rendit indépendante, sous le sceptre d'un grec nommé Diototus, vers 254 av. J.-C, et fut conquise par les Parthes, vers l'an 126.

BACTRIEN, IENNE s. et adj. Qui est de Bactres ou de la Bactriane ; qui y a rapport.

BACTRIOLES s. f. pl. Rognures ou feuilles d'or défectueuses que l'on emploie quelquefois dans la dorure.

BACTROMANCIE s. f. (gr. baktron, bâton ; manteia, divination). Science de la divination par les baguettes.

BACULARD (François-Thomas-Marie ARNAULT ou d'Arnaud), auteur dramatique et littérateur, né à Paris en 1718, mort en 1805. Connu par quelques vers passables, il se rendit à Berlin et fut nommé membre de l'Académie de cette ville. Ses principaux ouvrages, aujourd'hui oubliés, sont : le Comte de Cominges, Euphémie et Fayel, drames dans le genre horrible ; les Epreuves du sentiment (1772-'81), les Délassements de l'homme sensible (1783-'93), recueils de contes lugubres, l'Histoire de M. et de Mme de la Bédoyère, roman (1745).

BACULITE ou BACULITHE s. f. (lat. baculus, petit bâton ; gr. lithos, pierre). Moll. Genre d'ammonites comprenant des coquilles fossiles, multiloculaires, non spirales, droites, cylindroconiques, représentant une corne droite et mesurant jusqu'à 1m40 de longueur. Ces coquilles se rencontrent dans les anciennes couches des terrains intermédiaires, dans celle de la craie.

BACZKO (Ludwig von) [bâts-ko] auteur prussien (1756-1823), devint aveugle à l'âge de 21 ans et fut nommé supérieur de l'asilo des aveugles à Kœnigsberg (1816). Ses œuvres comprennent une histoire de Prusse et une histoire de la révolution française.

BADAJOS. I. Prov. d'Espagne, Estramadure, sur la frontière du Portugal ; 22,500 kil. carr. ; 432,000 hab. ; arrosée par la Guadiana et contenant des mines de plomb, de cuivre, d'argent, de mercure et d'or. Ch.-l. Badajoz ; ville princ. Mérida ; forteresses d'Albuquerque et d'Olivença, près de la frontière portugaise.—II. Ville forte (anc. *Pax augusta*, que les Maures ont corrompu en *Pazagousa* et que les Espagnols ont changé en *Paz de Agosto*), ch.-l. de la province ci-dessus et cap. de l'Estramadure, sur la Guadiana, à 325 kil. S.-O. de Madrid ; 23,000 hab. Elle s'élève sur une colline haute de 100 m., que couronnent les ruines d'un château moresque. — Fab. de savon et de grossières étoffes. — Badajoz fut enlevée aux Maures en 1230. Après avoir repoussé les attaques de Kellermann et de Victor, elle fut traîtreusement livrée à Soult, le 11 mars 1811. — Wellington, qui l'investit le 16 mars 1812, la prit d'assaut dans la nuit du 6 avril et l'abandonna pendant deux jours et deux nuits au pillage de ses soldats.

BADAKSCHAN, pays montagneux de l'Asie centrale, dépendance de l'Afghanistan, bornée au N. par le Khokan ; environ 100,000 kil. car. ; 500,000 hab., appelés Tajiks et parlant la langue persane. Ancienne cap. Fyzahad, aujourd'hui en ruines ; cap. moderne, Jerm, à 170 kil. E. de Kondouz.

BADAMIER s. m. ou **BADAMIE** s. f. (corruption de *bois de damier*). Bot. Genre de combrétacées, tribu des Terminaliées, comprenant des arbres exotiques à calice campanulé, à corolle nulle. Le *Badamier du Malabar* (*Terminalia Catappa*, Lin.) est un arbre de 6 à 7 m., originaire des Indes orientales ; il porte des fruits concaves d'un côté, convexes de l'autre, dont le noyau contient une amande avec laquelle on fait une bonne huile et des émulsions. Le *Badamier à feuilles étroites* (*Terminalia Angustifolia*), arbre des mêmes régions, fournit le *Benjoin*. Le *Badamier à vernis* (*Terminalia vernix*), fournit le vernis de Chine.

* **BADAUD, AUDE** s. (du vieux mot *bade*, baliverne, niaiserie). Celui, celle qui passe son temps à regarder niaisement tout ce qui lui semble extraordinaire ou nouveau ; *les badauds de Paris*. — Adjectiv. : *c'est un homme très badaud, cette femme est bien badaude.*

* **BADAUDER** v. n. Perdre le temps à regarder avec une curiosité niaise tout ce qui semble extraordinaire ou nouveau.

* **BADAUDERIE** s. f. Action ou propos de badaud ; puérilité, niaiserie : *ce que vous faites est une franche badauderie.*

BADDESDOWN HILL ou **MONT-BADON,** près de Bath (Angleterre). Les Bretons y battirent les Saxons en 493.

BADE (Grand-duché de), all. GROSSHERZOGTHUM BADEN. État de l'Empire d'Allemagne, borné au N. par la Hesse-Darmstadt et la Bavière ; à l'E. par le Wurtemberg ; au S. par la Suisse et à l'O. par l'Alsace et la Bavière rhénane.

Superficie et population

DISTRICTS.	KILOMÈTRES carrés.	POPULATION.
Constance............	4.168.82	276.452
Fribourg............	4.739.69	441.493
Carlsruhe............	2.572.58	387.673
Manheim............	3.602.76	401.581
	15.083.85	1.507.179
Partie badoise du lac de Constance............	182.24	—
Totaux..........	15.266.13	1.507.179

Répartition de la population d'après les cultes, 1875

DISTRICTS.	Catholiques.	Protestants.	Autres sectes.	Israélites.	Autres cultes.
Constance...	251.960	21.009	689	1.575	19
Fribourg...	285.130	149.799	885	5.163	10
Carlsruhe...	230.532	150.286	1.126	5.707	22
Manheim...	191.285	195.867	1.645	12.747	17
Totaux...	958.916	517.861	3.842	26.402	68

Le territoire renferme un grand nombre de petites villes ; mais on n'en trouve que deux : Carlsruhe, (cap. du grand-duché) et Manheim qui comptaient plus de 35,000 hab. en 1875.

— CONSTITUTION. Le grand-duc gouverne avec l'assistance législative d'un parlement composé de deux chambres ; la chambre haute se compose des princes de la famille régnante, des chefs des 19 plus nobles familles, de riches propriétaires, de l'archevêque catholique de Fribourg et du chef de l'église protestante, de 2 députés des universités et de 8 membres nommés par le souverain. La chambre basse est formée de 63 représentants du peuple, dont 22 élus par les villes et les bourgs et 41 par les électeurs ruraux. Tout citoyen est électeur, pourvu qu'il n'ait commis aucun crime et qu'il ne reçoive aucun secours de sa paroisse. Pour être éligible, il faut posséder une propriété de 16,000 marcs au moins ou occuper un emploi public payé 2,500 marcs au moins. Les élections sont indirectes ; c'est-à-dire que les citoyens nomment des wahlmœnnier chargés d'élire les députés. Ceux-ci sont nommés pour 8 ans. Les chambres doivent être réunies au moins une fois tous les deux ans. L'exécutif se compose de 5 ministres. Les dépenses et les recettes se montent à environ 30 millions de marcs. Dette : 86 millions de marcs ; dette pour la construction des chemins de fer : 252 millions de marcs. — Université catholique à Fribourg ; fameuse université d'Heidelberg. — GÉOGR. PHYS. Au S. et à l'O., le Rhin sert de frontière au grand-duché, que le Nekar, le Mein et l'Elz traversent et que termine, au S. le lac de Constance. Les principales montagnes sont : la Forêt-Noire (point culminant, le mont Feldberg, 1,490 m.). — Parmi les nombreuses sources minérales, on exploite principalement celle de Bade. — INDUSTRIE ET COMM. Saint-Blasien est important pour ses manufactures de rubans et de cotonnades ; tout le monde, en Europe, connaît les jouets et les bois sculptés de la Forêt-Noire. Le pays possède des mines de fer et de sel ; il fait un grand commerce de vins, de bois, de grains, de houblon, de tabac et de fruits.— HIST. Le territoire du grand-duché appartint d'abord aux Celtes, aux Allamans et aux Francs. Berthold (mort en 1078), fonda la maison présente comme duc de Zæhringen ; ses successeurs prirent le titre de margraves de Bade et formèrent, après 1190, deux branches principales et plusieurs branches collatérales. Presque tous les domaines de la famille furent réunis par Christophe Ier (mort en 1527), père des fondateurs des lignes de Baden-Durlach et de Baden-Baden. Cette dernière s'éteignit en 1771, à la mort d'Augustus-George. Charles-Frédéric (mort en 1811) devint seul possesseur du pays de Bade. En 1803, il reçut le titre d'électeur et s'arrondit grâce au bon vouloir de Bonaparte. En 1806, il se joignit à la confédération du Rhin et reçut de Napoléon le titre de *grand-duc*, lors du mariage de son petit-fils et héritier, Charles, avec Stéphanie de Beauharnais. Charles, devenu grand-duc en 1811, sauva sa couronne en abandonnant Napoléon (1813) et en se joignant à l'Allemagne (1815). Il mourut le 8 décembre 1818. Son oncle, Louis, qui lui succéda (1815-'30), laissa la couronne à son frère Léopold. La révolution de 1848 eut son contre-coup dans le grand-duché plus que partout ailleurs ; villes et campagnes se soulevèrent, comptant

sur un secours de la France et réclamant des réformes. Mais la République française laissa écraser, sans intervenir, les libéraux allemands. Une révolution s'opéra néanmoins dans le grand-duché en 1849 ; l'intervention militaire de la Prusse dut soumettre le pays et rétablir Léopold dans ses états qu'il avait abandonnés. A la mort de ce prince (1852), son fils aîné, Louis II, atteint d'aliénation mentale, ne put lui succéder. Son cadet, Frédéric (né en 1826), prit les rênes du gouvernement en qualité de régent. Il eut le titre de grand-duc en 1856, peu de temps avant d'épouser la fille de Guillaume (aujourd'hui empereur d'Allemagne). Depuis longtemps le pays était agité par des contestations entre le parti catholique. Frédéric espéra y mettre fin en signant une convention avec le pape, en 1859 ; mais le peuple manifesta si vivement son irritation que le grand-duc en restreignit l'application et décréta la liberté absolue pour l'administration locale des églises catholique et protestante. Pour rester fidèle à la confédération germanique, Frédéric dut se mettre du côté de l'Autriche, lors de la crise de 1866 ; mais il le fit sans doute de façon à ménager son beau-père, Guillaume. Dès que la confédération fut dissoute, le grand-duché, devenu indépendant, se rattacha, par un traité militaire, à la confédération de l'Allemagne du Nord ; et Frédéric fut l'un des premiers à proposer le rétablissement de l'Empire (Versailles, 1870).

BADE (all. *Baden*) I. ville de la Basse-Autriche sur la Schwechat, à 24 kil. S.-S.-O. de Vienne ; 10,500 hab. Eaux sulfureuses thermales très fréquentées : 13 sources. Château de plaisance de l'empereur ; rendez-vous favori des riches habitants de Vienne en été. Manufactures d'acier, de bronze, etc. Les eaux, sulfatées calciques, d'une température de 35 à 40° C., renferment des sels à base de chaux, de potasse, de soude et de magnésie, et des gaz sulfhydrique, acide carbonique, azote. On les recommande contre les rhumatismes, les paralysies, les maladies de la peau, les plaies, les scrofules, les affections catarrhales. Piscines et bassins pour la natation.—II. ville d'Argovie (Suisse) sur la Limmat, à 20 kil. N.-E. d'Aarau ; 3,500 hab. Nombreuses sources thermales sulfurieuses, célèbres au temps des Romains.— Bade fut le siège de la diète fédérale suisse de 1426 à 1712.— Le 7 septembre 1714, Eugène de Savoie et le maréchal de Villars y signèrent le traité qui termina définitivement la guerre de la succession d'Espagne. — Eaux sulfatées calcaires à 50° C., ordonnées contre les névroses, la goutte, les engorgements des viscères. Inhalation de gaz sulfureux contre les maladies de la poitrine.

BADE (all. *Baden-Baden*), station balnéaire allemande, dans le grand-duché de Bade, au pied de la Forêt-Noire, à 29 kil. S.-S.-O. de Carlsruhe ; 10,500 hab. Bade possède 30 sources thermales à la fois diurétiques, laxatives et toniques, dont la température varie de 44° à 67° C. Les eaux de Bade sont recommandées surtout contre les calculs biliaires, les engorgements du foie, certaines affections rhumatismales ou goutteuses, les névralgies et les névroses ; elles donnent de l'ton aux organes et stimulent doucement l'économie. La source de l'*Ursprung* est particulièrement chlorurée sodique. La *Conversationshaus* renferme de belles promenades et des cabinets de lecture. On remarque encore dans cette ville le château grand-ducal, le Museum palæotechnicum, l'église, avec les tombeaux des margraves, les ruines de l'ancien château fort de Hohen-Bade, des chapelles anglaise et russe. —Avant la guerre de 1870, cette station était visitée en été par plus de 50,000 étrangers, parmi lesquels un grand nombre de Français. Les jeux, source d'un riche revenu pour le gouvernement grand-ducal, ont été abolis en 1872

BADE, nom de deux imprimeurs, voy. BA-DIUS.

BADEFOLS-D'ANS, village du cant. d'Heute-fort (Dordogne): 1,250 hab. Forges.

BADELAIRE ou Baudelaire s. m. (anc. franç. *baudel*, baudrier). Cimeterre dont la lame était courte, à deux tranchants, avec une pointe recourbée et élargie.

BADEN-BADEN (Ludwig-Wilhelm Ier), le plus célèbre des margraves de Bade, né en 1655, mort en 1707. Il combattit Turenne, se distingua à Vienne, qu'assiégeaient les musulmans (1683), battit les Turcs à Nissa (1683) et à Salankamen (1691); mais il fut vaincu par Villars en 1702.

BADER v. n. (bas lat. *badare*, ouvrir la bouche). Ouvrir la bouche. — Ouvrir le bec, en parlant des petits oiseaux.

* BADERNE s. f. (angl. *bad*, mauvais: *yarn*, fil de carrelet). Mar. Grosse tresse à trois, quatre, et même cinq torons, qui sert principalement à garnir les endroits qu'on veut préserver du frottement ou de l'humidité. — ~~ Jargon milit. Vieux, usé, en parlant des personnes : *tais-toi donc vieille baderne*.

BADIA Y LEBLICH (Domingo), voyageur espagnol, connu sous le nom d'Ali-Bey, né en 1776, mort en 1818. Déguisé en musulman il passa d'abord deux années au Maroc, puis visita la Mecque et explora la Turquie d'Asie. *Les Voyages d'Ali-Bey en Afrique et en Asie pendant les années 1803 à 1807*, ont été publiés à Paris, en 1814, 3 vol. in-8°. Il mourut subitement à Damas, au début d'une nouvelle exploration.

* BADIANE s. f. ou ~~ Badian s. m. (mot russe). Bot. Genre typique de la tribu des *illicées*, famille des magnoliacées, caractérisé par 3-6 sépales pétalloïdes; 9-30 pétales; 6-30 étamines; fruits en capsules. Ce genre (*illicium*) comprend des arbres toujours verts, à écorce aromatique, à fleurs répandant en général l'odeur de l'anis. Quatre espèces sont cultivées en pleine terre dans nos serres froides. La Badiane rouge (*Illicium floridanum*), de la Floride occidentale, arbrisseau haut de 1 mètre 50, porte des fleurs d'un rouge brun et des fruits à odeur suave. La *Badiane à petites fleurs* (*Illicium parviflorum*), de la Floride, porte des fleurs plus petites, d'un blanc soufré et d'une odeur plus forte. La *Badiane sacrée* ou *des pagodes* (*Illicium religiosum*), arbre de 7 à 8 mètres, originaire du Japon, donne, en mai, des fleurs d'un blanc verdâtre. C'est une plante sacrée des Japonais. La Badiane de la Chine ou Anis étoilé (*Illicium anisatum*), arbrisseau aromatique de 3 à 4 mètres, remarquable par ses belles feuilles lancéolées, qui ressemblent à celles du laurier, porte en mai des fleurs jaunâtres odorantes, et ensuite des graines aromatiques piquantes, dont la saveur sucrée, âcre, acidulée et très chaude, tient le milieu entre celle du fenouil et celle de l'anis. Ces graines forment chez nous la base de l'anisette de Bordeaux et du ratafia de Bologne; elles entrent dans la composition du condiment appelé *soya*.

* BADIGEON s. m. Couleur en détrempe dont on peint les murailles, et qui est ordinairement jaune ou grise.

* BADIGEONNAGE s. m. Action de badigeonner. — Ouvrage de celui qui a badigeonné.

* BADIGEONNER v. a. Peindre une muraille avec du badigeon.

* BADIGEONNEUR s. m. Celui dont le métier est de badigeonner.

BADIGOINCE s. f. [-gou-ain-se). Joue. — SE CALER LES BADIGOINCES, manger.

BADILLON s. m. [ll mll.]. Nom donné à de petites brochettes qu'on fiche de distance en distance sur le gabarit d'un navire en cons-truction, afin de régler la largeur des pièces de bois.

* BADIN, INE adj. (gr. *paidnos*, enfantin). Folâtre, enjoué : *air badin; ton badin, style badin*. — Substantiv: *c'est un badin*.

* BADINAGE s. m. Action de badiner, de plaisanter.

Imitez de Marot l'élégant *badinage*.
BOILEAU. *Art poétique*.

—Chasse. Chasse productive qui consiste à conduire sur le bord d'une pièce d'eau un renard bien dressé ou un chien loulou semblable à un renard ou simplement un petit chien couvert d'une peau de renard. Le chasseur, caché derrière un buisson naturel ou artificiel, donne quelques coups d'appeau et les oiseaux d'eau, principalement les canards, cédant à leur antipathie prononcée pour le renard, viennent en bandes compactes, le braver jusque près du bord. Arrivés au rivage, ils se retournent; c'est le moment que le chasseur saisit pour faire feu, parce que les plumes étant prises par derrière, n'offrent pas de résistance au plomb. Les blessés se hâtent de gagner la terre; on les achève facilement à coups de fusil; les morts sont poussés naturellement vers le rivage. Cette chasse a lieu le matin et le soir, au moment du passage des oiseaux d'eau.

BADINANT s. m. Cheval surnuméraire dans un attelage.

* BADINE s. f. (rad. *badin*). Baguette mince et souple qu'on porte en guise de canne, ou dont on se sert pour battre les habits. — Au plur. Se dit de pincettes fort légères : *une paire de badines*.

* BADINER v. n. Folâtrer, s'amuser, plaisanter; agir, parler ou écrire d'une manière enjouée : *il ne fait que badiner*. — Fam. IL NE BADINE PAS, se dit de quelqu'un qui est habituellement grave et sérieux, ou qui se montre fort sévère; et aussi de quelqu'un qui est susceptible, ombrageux. — Manège. CE CHEVAL BADINE AVEC SON MORS, il joue avec son frein.

* BADINERIE s. f. Ce qu'on fait ou ce qu'on dit dans l'intention de badiner, de plaisanter.

BADINGUET [ba-dain-guè), sobriquet donné à Napoléon III. C'était le nom d'un ouvrier maçon auquel le prince Louis-Napoléon emprunta des habits pour s'évader de la prison de Ham (25 mai 1846). « Ce fut dans cet accoutrement qu'il traversa trois cours ; des haies de soldats, des groupes de geôliers et de maçons. Au moment de sortir, il avait excité la curiosité assez inquiète de deux de ces derniers qui paraissaient étonnés de ne pas le connaître, quand l'un d'eux dit à l'autre : « Non ce n'est pas Berton, c'est Badinguet ». Et c'est de là qu'est venu ce nom si populaire. » (Ph. Hildbrand, *Illustration* du 1er sept. 1877).

BADISTE s. m. (gr. *badistés*, coureur). Entom. Genre de coléoptères carabiques, dont une espèce, le *badiste bipustulé*, se trouve sous les mousses, aux environs de Paris.

BADIUS (Josse ou Jodocus), surnommé *Ascensius*, parce qu'il était d'Assche, près de Bruxelles; célèbre imprimeur, (1462-1555), fonda à Paris l'établissement connu sous le nom de *Prælum Ascensianum*, maison typographique qui a produit les plus belles éditions des auteurs classiques. On a de Badius quelques opuscules en vers et en prose. L'une de ses filles épousa Robert Estienne; et son fils, Conrad (1510-'68), se sauva à Genève pour échapper aux persécutions religieuses. Associé à Robert Estienne, son beau-frère, il publia un grand nombre d'éditions estimées. Il traduisit du latin en français l'*Alcoran des Cordeliers*, d'Erasme Alber, Genève, 1556, in-12 ; et écrivit en vers : *Les vertus de notre maître Nostradamus*, 1562, in-8°; etc.

BADOIS, OISE s. et adj. Qui est de Bade ou du grand-duché de Bade.

BADONWILLER, commune du cant. de Baccarat (Meurthe-et-Moselle); 2,000 hab. Fabrique d'alènes, cotonnades, filatures de laines.

BADOUILLARD s. m. [ll mll.]. Nom donné aux membres d'une joyeuse association d'étudiants, qui florissait à Paris vers 1838. — *Badouillard* est resté, dans le langage populaire, comme synon. de VIVEUR.

BADOUILLE s. f. [ll mll.]. Argot. Mari qui se laisse mener par sa femme.

BADOUILLER v. n. (rad. *badouillard*). Argot. Courir les lieux de débauche.

BADROUILLE s. f. [ll mll.]. Mar. Vieux cordages pelotonnés en étoupe goudronnée pour allumer le bois de chauffage, lorsqu'il s'agit de nettoyer de ses enduits anciens la carène d'un vaisseau. On dit aussi VADROUILLE.

BADUHENNE, *Baduhenæ lucus*, antique forêt située à l'O. de la Frise et dans laquelle 900 Romains furent massacrés, à la fin du règne de Tibère.

BÆCULA ou Bætula. Antiq. Ville de l'Hispania Tarraconensis, à l'O. de Castulo, dans le voisinage de mines de cuivre. Victoire de Scipion sur Magon et Massinissa, 208 av. J.-C.

BAENA [ba-è'-na]. Anc. *Castra Viniana*, ville d'Espagne, à 59 kil. S.-E. de Cordoue; 11,600 hab. Exportation d'huile et de grains.

BAER (Karl-Ernst von) [fon béir], naturaliste russe, né dans l'Esthonie en 1792, mort en 1876, auteur de plusieurs ouvrages sur la zoologie et sur la botanique de la Russie.

BÆRENKOPF, sommet des monts Faucilles, à la jonction des Vosges; 1,003 mètres.

BAERLE (Gaspard van) [bâr-le], écrivain hollandais nommé en lat. *Barlæus*, né en 1584, à Anvers, mort en 1648, professeur de logique à l'université de Leyde, puis professeur de philosophie et de rhétorique à Amsterdam (1631), fut l'un des meilleurs poètes latins de son siècle. On a de lui des *Orationes*, 1632, in-fol. ; des *Poemata*, Amster. 1645, in-12; une *Histoire de l'établissement de Maurice de Nassau* (en lat.), Amster., 1647, in-fol.

BÆTERRÆ. Antiq. L'un des noms de Béziers.

BÆTICA. Antiq. Pays de l'Espagne parcouru par le *Bætis* (aujourd'hui *Guadalquivir*). Voy. BÉTIQUE.

BÆTIS [bé-tiss]. Antiq. L'un des noms du Guadalquivir (Espagne).

BAEZA (anc. *Beatia*), ville d'Espagne, à 37 kil. N.-E. de Jaen et à 5 kil. N. du Guadalquivir; 13,500 hab. Fut, au VIIIe siècle, la capitale d'un petit royaume arabe et renferma un instant jusqu'à 50,000 hab. Elle était alors défendue par une double enceinte et ne fut enlevée définitivement aux Maures qu'en 1227.

* BAF s. m. Prétendu *jumart* provenant de l'union du taureau avec la jument. On dit aussi BAF.

BAFFIN (William), navigateur anglais (1584-1622); explora, en 1613, les côtes du Groënland et découvrit, trois ans plus tard, la baie qui porte son nom. Il voyagea ensuite en Orient et fut tué à Ormuz par les Portugais. Il a publié le récit de plusieurs de ses voyages.

BAFFIN (Baie ou mer de), grand golfe de la côte N.-E. de l'Amérique du Nord, communique avec la mer par le détroit de David et avec l'océan Arctique par le détroit de Smith au N., et le détroit de Lancaster à l'O. — Longueur de la baie : 1,300 kil. du S.-E. au N.-Ô.; largeur moyenne : 475 kil. Les côtes, rocheuses et abruptes, sont dominées par un grand nombre de pics élevés d'une forme singulière.

BAFFO, surnommée la *Pure,* jeune et belle Vénitienne, fille d'un gouverneur de Corfou. Capturée en 1580 par des corsaires musulmans, elle devint la sultane favorite d'Amurat III, sur lequel elle prit un empire absolu. Après la mort de ce prince (1595), elle jouit d'une grande influence sur son fils Mahomet III. Elle fut écartée des affaires par son petit-fils, Achmet III, vers 1603.

BAFFRE s. f. Argot. Soufflet. — **Coller une baffre,** donner un soufflet.

* **BAFOUER** v. a. Traiter quelqu'un avec une moquerie outrageante ou dédaigneuse.

BAFOUILLER v. n. Argot. Bredouiller.

BAFOUILLEUR, EUSE s. Celui, celle qui bafouille.

* **BÂFRE** s. f. Repas abondant. — Action de manger : *ne songer qu'à la bâfre.* Dans les deux acceptions, il est bas.

* **BÂFRER** v. n. Manger avidement et avec excès; se livrer gloutonnement aux plaisirs de la table.

* **BÂFREUR** s. m. Celui qui a l'habitude de manger avec excès et gloutonnerie.

BAGACE. Voy. **Bagasse.**

BAGACUM [ba-ga-komme]. Antiq. Ville principale des Nerviens, dans la Gaule Belgique. Auj. Bavay (Nord).

BAGADAIS s. m. Ornith. Genre de passereaux, formé par Vieillot aux dépens des dentirostres et comprenant des oiseaux dont le bec allongé, recourbé, crochu, denté, à base large, est aplati en dessous et garni en dessus de plumes dirigées en avant. L'espèce connue est le *bagadais de Geoffroy* (prionops Geoffroii), du Sénégal, à huppe et joues d'un blanc pur; à tête et oreilles d'un gris de fer; cou, gorge et parties postérieures d'un blanc de neige; pieds et ongles jaunes, bec noir. Taille d'une grive.

* **BAGAGE** s. m. (vieux franç. *bagues,* paquet). Équipage de ceux qui sont en voyage ou à la guerre. — Fam. Mobilier de pauvres gens : *ils emportèrent tout leur bagage sur une petite voiture.* — Fig. et fam. **Plier bagage, trousser bagage,** déloger furtivement, s'enfuir. — **Plier bagage,** signifie aussi, mourir. — Fig. et fam. **Cet auteur n'a qu'un bien petit bagage, qu'un mince bagage,** a peu écrit, n'a publié qu'un très petit nombre d'ouvrages.

* **BAGARRE** (esp. *baraja*). Tumulte, grand bruit, encombrement causé ordinairement par un embarras de voitures ou par une querelle. — Fig. et fam. **Se tirer, se sauver de la bagarre, d'une bagarre,** se démêler d'une situation embarrassante, s'échapper du milieu d'un débat, d'une discussion fort animée.

* **BAGASSE** ou **Bagace** s. f. (esp. *bagasa,* marc). Techn. Nom donné dans les colonies aux cannes à sucre qui ont passé au moulin et dont on a extrait le suc ou *vesou.* On les fait sécher au soleil et on les emploie ensuite comme combustible. — Tige d'indigotier que l'on retire de la cuve après fermentation.

BAGASSE s. f. Bot. Fruit du bagassier. Les bagasses sont grosses comme les oranges et composées de nucules ovales. Elles sont recherchées comme aliment par les Indiens.

* **BAGASSE** s. f. Femme de mauvaise vie. (vieux). — **Bagasse!** Sorte de juron provençal emprunté aux Italiens.

BAGASSIER s. m. (de *bagassa,* nom de cet arbre chez les naturels de la Guyane). Genre qui paraît appartenir à la famille des artocarpées et dont l'espèce décrite est un arbre laiteux dont le bois est employé pour faire des pirogues.

* **BAGATELLE** s. f. (ital. *bagatella,* tour de bateleur). Chose de peu de prix, et peu nécessaire. — Fig. Chose frivole et de peu d'importance : *il ne s'amuse qu'à des bagatelles.* — **S'amuser a la bagatelle,** s'occuper de toute autre chose que de ses devoirs. — Fam. **Aimer la bagatelle, ne songer qu'à la bagatelle,** n'être occupé que d'amourettes. — Par ext. Chose qui n'a pas toute l'importance, toute la gravité qu'on lui suppose : *vous voilà bien embarrassé pour une bagatelle.*— Absol. et par exclamation. Exprime le doute, l'incertitude, ou marque le peu de cas que l'on fait d'une menace : *il prétend qu'il me fera un procès : bagatelle !* — **Bagatelles de la porte,** parade. — **S'amuser aux bagatelles de la porte,** regarder les parades.

BAGATELLE s. f. Ancien jeu, pour lequel on se sert de billes et d'une queue sur une table de 7 à 14 pieds de long sur 21 pouces de large. Cette table est munie de bandes comme le billard; mais elle est circulaire à une de ses extrémités et, au lieu de blouses, elle a de 9 à 21 ouvertures. Chacune de celles-ci porte un numéro. Les joueurs cherchent à pousser les billes dans ces trous.

BAGAUDERIE s. f. Insurrection des Bagaudes.

BAGAUDES (du celt. *bagad,* insurgé, attroupé). Paysans et serfs gaulois qui se soulevèrent contre les Romains, vers 270 après J.-C. Ils dévastèrent les châteaux et les villas de leurs maîtres, saccagèrent Autun, après un siège de sept mois. Cette formidable insurrection, contenue par Aurélien et par Probus, devint plus terrible à l'avènement de Dioclétien (284). Deux chefs qu'elle s'était donnés, Amandus et Ælianus, qui prenaient le titre d'empereurs, luttèrent avec un courage héroïque pendant plus de dix ans. Ils furent enfin écrasés par Maximien, près du confluent de la Marne et de la Seine, dans une presqu'île qui garda longtemps le nom de *fosse des Bagaudes* (aujourd'hui Saint-Maur des Fossés). La Bagauderie, ne fut point cependant anéantie complètement. Vaincue en rase campagne, elle se perpétua par de continuels brigandages. Elle reprit une extension nouvelle vers 407 et fut définitivement détruite par Aétius, vers 440.

BAGDAD, ville de la Turquie d'Asie, sur les deux rives du Tigre, à 1,650 kil. S.-E. de Constantinople; environ 100,000 hab. Les deux parties de la ville sont réunies par deux ponts de bateaux. L'une de ces parties, entourée de hautes murailles en briques, est, en outre, protégée par une citadelle. Vue de loin, la ville présente un aspect pittoresque, avec ses mosquées couronnées de dômes et ornées de tuiles de diverses couleurs, avec ses églises catholiques, arméniennes, chaldéennes et syriaques et avec ses synagogues juives; mais lorsqu'on pénètre dans ses rues étroites et non pavées, l'illusion se change en déception. L'importance commerciale de Bagdad a décliné pendant la première moitié de notre siècle; elle tend à se relever. Cette cité renferme de vastes bazars bien approvisionnés d'objets produits par l'industrie turque ou importés par le commerce européen. Grande exportation de tabac, de grains, de belle laine, de poil de chèvre, de chevaux, de soie brute, de salpêtre, de bitume et de sel. Évêché catholique. — Fabrique renommée de maroquin et de coutellerie supérieure à celle de Damas. Température assez élevée en été; le thermomètre se maintient pendant quelque temps entre + 43° et 47° C. — Cette ville est la capitale d'un vilayet dont la population est évaluée à deux millions d'hab. — Bagdad ou *Bagdet* fut bâtie, l'an de l'hégyre 145 (763 de J.-C.), par Abou-Giaffar-el-Mansour, vingt et unième calife des Arabes d'Orient, dans une petite plaine de Chaldée, sur les bords du

Tigre, à la place où s'élevait l'antique ville de Séleucie. L'historien arabe El-Macin rapporte que cette ville fut nommée d'abord *Medinah-dahr-el-Selam,* c'est-à-dire *Ville de la colline de la paix,* parce qu'elle s'élevait autour d'une hauteur que dominait le palais du calife, et d'El-Mansour s'acheva au sein d'une profonde tranquillité. Embellie par Haroun Al-Raschid, cette capitale devint le centre de la littérature arabe sous le règne de ses rois Al-Mamoun. A la fin du IXe siècle, on évaluait sa population à deux millions d'hab. Prise par Houlagou (1258) par Tamerlan (1401), ravagée par les Persans, par les Turcs, puis par la peste en 1831, et par la famine en 1870-71, elle se dépeuple lentement. Elle appartient à la Turquie depuis 1638. — Voy. Welisted, Voy. *à la cité des califes.* Londres, 1840. — L. N. 33° 19' 50; long. E. 42° 2' 15"

BAGE (Robert), romancier anglais (1728-1801), auteur de « le Mont Heneth », « Barham Downs », « la Foire Syrienne », «Jacques Wallace », etc.

BAGÉ-LE-CHÂTEL ch.-l. de cant.; arr. et à 30 kil. de Bourg (Ain); 800 hab. Ancienne résidence des sires de Baugé.

BAGGESEN (Jens-Immanuel), poète danois (1764-1826). Il raconta, dans son *Labyrinthe,* ses voyages en Allemagne, en Suisse et en France, et publia, sous le titre de *Travaux de jeunesse,* un recueil de poésies. Son meilleur ouvrage (en allemand) est un poème intitulé *Parthenais* ; il a également écrit en allemand un volume de poésies lyriques. Ses œuvres en danois ont été réunies en 12 vol. (1845).

BAGHERIA, ville de Sicile, à 14 kil. E.-S.-E. de Palerme ; 13,000 hab. Aux environs se trouvent de nombreuses villas.

BAGHIRMI, royaume de l'Afrique centrale, au S.-E. du lac Tchad, entre le Bornou et le Waday, long d'environ 400 kil. sur 250. Pop., un million et demi d'hab., presque tous noirs et nominalement mahométans. Capitale Massenia. Territoire composé d'un grand plateau, à 4,500 mètres au-dessus de la mer. Production de millet, de sorgho, de sésame, de riz, de coton, d'indigo et de l'espèce d'herbe appelée *jojo.* Chevaux de belle race; immenses troupeaux de bœufs et de moutons. Les habitants sont mieux conformés et plus intelligents que ceux des autres parties de l'Afrique centrale.

BAGHISTAN voy. Bisoutoun.

BAGISTANUS (Mont) voy. Bisoutoun.

BAGLIONI (Jean-Paul), condottiere d'une illustre famille de Pérouse, parvint à exercer une autorité absolue sur sa ville natale. Le pape l'attira dans un piège et lui fit trancher la tête (1520). Son fils, Baglioni Astorre, s'illustra par sa belle défense de Famagouste (Chypre). Mustapha le fit mettre à mort malgré les termes formels de la capitulation qu'il lui avait accordée.

BAGLIVI (Georges), célèbre médecin italien (1669-1706). Ses œuvres complètes : *Opera omnia medico-practica et anatomica* (Lyon, 1704; Paris, 1788), comprennent son important ouvrage intitulé : *De l'accroissement de la médecine pratique,* traduit en français par le docteur Boucher, en 1861.

BAGNA-CAVALLO ville d'Italie, à 20 kil. O. de Ravenne, à 44° 24' 55" lat. N. et 9° 38' 16" long. E.; 13,000 hab.

* **BAGNE** s. m. [*gn* mll.] (ital. *bagno,* bain; parce que le bagne de Constantinople était situé dans le local d'un ancien établissement de bains). Lieu où l'on tient des forçats à la chaîne, où l'on renferme les forçats après le travail. — Aussitôt après la suppression des galères royales, en 1748, on institua un bagne à Toulon; deux ans plus tard fut installé celui de Brest; en 1767, celui de Rochefort et, plus tard, celui de Lorient. A l'époque de la Révolution, il y eut instant des établissements du même genre au Havre, à Cherbourg, à Nice, etc. Les travailleurs libres de nos grands ports de mer ne cessèrent de protester contre la concurrence qui leur était faite par les condamnés, employés aux constructions des ports. En 1830, le bagne de Lorient fut fermé, et les condamnés militaires furent désormais dirigés sur l'Algérie. En 1852, une colonie pénitentiaire fut formée à la Guyane, pour arriver à la suppression graduelle des bagnes, qui est maintenant un fait accompli.

BAGNEAUX, village du canton de Nemours (Seine-et-Marne); 475 hab. Verreries, moulins.

BAGNÉRAIS, AISE adj. Qui est de Bagnères; qui appartient à Bagnères ou à ses habitants.

BAGNÈRES-DE-BIGORRE, *Aquæ Convenarum*, *Vicus aquensis*, ch.-l. d'arr. à 20 kil. S.-E. de Tarbes (Hautes-Pyrénées); 774 kil. de Paris; 9,500 hab. Charmante ville fréquentée autant pour ses plaisirs et les beaux sites de ses environs, que pour ses eaux sulfatées, calcaires et magnésiennes, ou chlorurées sodiques et ferrugineuses, ou sulfurées sodiques, qui émergent de la tourbe par environ cinquante sources; (température de 18° à 15° C). Ces eaux, déjà connues au temps des Romains, furent à la mode au xviiie siècle et reprirent leur réputation vers 1820, époque où un grand établissement thermal fut fondé à Bagnères. Elles sont recommandées contre les engorgements des entrailles; les pâles couleurs, les engorgements du foie, dans quelques inflammations chroniques, les maladies de la peau, pour les vieilles blessures et les hémorragies. Située sur les bords de l'Adour, à l'entrée de la délicieuse vallée de Campan, Bagnères est embellie par de magnifiques promenades: jardin de Théas; allées de Maintenon, Elysée Cottin, Elysée Azoïs, etc. — Altitude (horloge) 550 m. Lat. N. 43° 3' 54"; long. O. 2° 11' 25".

BAGNÈRES-DE-LUCHON, voy. LUCHON.

BAGNES, village de Suisse (Valais), à 9 kil. S.-E. de Martigny; 4,000 hab. Sources minérales et bains.

BAGNEUX ou **Bagneux-les-Billettes**, village du cant. de Sceaux (Seine), à 8 kil. S.-E. de Paris; 1,540 hab. Jolie église du xiiie siècle; cuirs vernis; pierres, céréales. — COMBAT DE BAGNEUX. Le 13 octobre 1870, le gouvernement, désireux de connaître la position exacte des Allemands au sud de Paris, ordonna au général Blanchard d'opérer une reconnaissance vers Bagneux, Châtillon et Clamart. A la tête des mobiles de la Côte-d'Or et du premier bataillon de l'Aube, le général Blanchard s'avança jusqu'à Clamart et au Moulin-de-Pierre, sous le feu de deux batteries prussiennes, qu'il força de se taire. Après avoir reconnu les positions ennemies sur les hauteurs de Châtillon, les Français se retirèrent; ils avaient perdu 300 hommes tués, parmi lesquels le commandant de Dampierre. Les pertes des Allemands étaient à peu près égales aux nôtres.

BAGNOLAIS, AISE s. et adj. [ba-nio-lè; è-ze; gn mll.]. Qui est de Bagnols; qui appartient à Bagnols ou à ses habitants. — Hist. relig. Membre d'une secte manichéenne qui prit naissance, au viiie siècle, dans la ville de Bagnols (Gard).

BAGNOLE s. f. [gn mll.] (lat. *balneum*, cabinet de bains). Petite chambre malpropre.

BAGNOLES, station minérale du dép. de l'Orne, à 18 kil. S.-E. de Domfront. Célèbres sources thermales froides, sulfureuses ou ferrugineuses, très fréquentées depuis deux siècles, pour la cure des maladies cutanées, des scrofules, des blessures, des ulcères et des gastralgies. Belles constructions et jolies pro-

menades. Etablissement avec installation complète. — Belle forêt d'Audaine; curieuse tour féodale de Bonvouloir; pèlerinage à la chapelle de Saint-Hoster.

BAGNOLET, village du cant. de Pantin (Seine); 2,900 hab. Plâtre, moellons, culture des pêchers.

BAGNOLS [ba-niol; gn mll.]. I. *Balnea*, ch.-l. de cant. (Gard), arr. et à 23 kil. N.-E. d'Uzès, sur la Cèse, 3,500 hab. — Vins rouges. — Collège. — Patrie de Rivarol. — Siège de la secte des *Bagnolais*, au viiie siècle. — II. Bagnols-les-Bains, *Balneolum*, station balnéaire, à 14 kil. E. de Mende (Lozère); sur le Lot. 500 hab. — Six sources thermales, sulfurées sodiques, bicarbonatées sodiques, à + 42° C.; recommandées contre les rhumatismes chroniques, les scrofules, etc. Etablissement fréquenté annuellement par 2,000 personnes.

BAGOAS, eunuque égyptien qui aida Artaxercès-Ochus, roi de Perse, à conquérir l'Egypte et qui l'empoisonna ensuite pour venger la mort du bœuf Apis, vers 338 avant J.-C. Ayant fait couronner Arsès, fils d'Artaxercès, il régna deux ans sous le nom de ce prince qu'il fit périr à son tour, pour donner le trône à Darius III Codoman (336). Il se disposait à empoisonner ce nouveau roi lorsqu'il fut dénoncé et forcé de prendre le breuvage qu'il avait préparé.

BAGOL ou Baghul, petit état, au N.-O. de l'Inde, sur la rive méridionale du Sutledj, environ 250 kil. carr.; 40,000 hab.

BAGOU s. m. (anc. catalan: *bagol*, babil; provenç.: *bagoul*, bavardage; vieux franç.: *bagouler*, parler). Eloquence factice des charlatans; fausse monnaie du véritable esprit de repartie. On dit ordinairement *blague*.

BAGRADAS. Voy. MEDJERDA.

BAGRATIDES. Voy. PAGRATIDES.

BAGRATION (Pierre, PRINCE), général russe, né en Géorgie, vers 1765, mort le 7 oct. 1812; il appartenait à l'illustre famille des Pagratides, entra au service de la Russie comme simple sergent en 1782, se distingua dans les guerres du Caucase (1783), de Pologne (1788), accompagna Souwaroff en Italie (1799), prit à Brescia (10 avril), remporta quelques avantages et fut enfin repoussé, ainsi que Souwaroff. — En 1805, il commandait l'avant-garde de l'armée envoyée au secours des Autrichiens: il déploya une grande énergie à Eylau et à Friedland, assujettit la Finlande, en 1808, commanda en Moldavie, l'année suivante, et fut mortellement blessé à Borodino, le 7 septembre 1812. Sa femme, morte en 1856, resta longtemps la reine du goût et de la mode.

* BAGUE s. f. [ba-ghe] (lat. *bacca*, perle). Anneau que l'on met au doigt, et qui porte communément une ou plusieurs pierres précieuses: *bague d'or, d'argent, de cheveux*, etc. — Anneau que l'on suspend à un poteau vers le bout d'une carrière où se font des courses, et que ceux qui courent tâchent d'enlever au passage avec le bout de la lance: *courre ou courir la bague* — Art milit. Anneau aplati, en fer, qui embrasse la douille de la baïonnette vers son milieu, et circule sur son embase ou bourrelet, de manière à butter contre l'étouteau, à laisser libre ou à retenir la baïonnette au bout du fusil. — Mar. Anneau, communément en fer, qui sert à tenir les focs et voiles d'état le long de leur draille respective. — Prov. et fig. C'EST UNE BAGUE AU DOIGT, se dit d'une chose de prix dont on peut toujours se défaire avec avantage. Il se dit aussi d'une place, d'un emploi qui donne peu de fatigue, peu d'occupation. — En Jurispr. BAGUES ET JOYAUX, les pierreries, bijoux et autres semblables objets de prix qui appartiennent à une femme mariée, et que son contrat de mariage lui donne le droit de reprendre après la

mort de son mari. — JEU DE BAGUE, machine tournant sur un pivot, à laquelle sont adaptés des sièges et des chevaux de bois, où se placent les joueurs: ceux-ci, en tournant avec la machine, tâchent d'enlever, à la pointe d'un stylet, des anneaux qui sont suspendus à un poteau fixe.

* BAGUENAUDE s. f. (celtique *baghenodad*, niaiser; parce que l'on s'amuse souvent à faire crever les gousses du baguenaudier). Bot. Fruit du baguenaudier; c'est une gousse pleine d'air, qui éclate bruyamment quand on la presse entre les doigt. — ** Argot. Poche. — BAGUENAUDE A SEC, poche vide. — BAGUENAUDE RONFLANTE, poche garnie d'argent.

* BAGUENAUDER v. n. S'amuser à des choses vaines et frivoles, comme les enfants qui font claquer des baguenaudes en les crevant.

* BAGUENAUDIER s. m. Celui qui baguenaude, qui s'amuse à des choses frivoles: *c'est un baguenaudier*. — ** Adjectiv. Qui baguenaude: *poète baguenaudier*. — * s. m. Jeu d'enfants qui consiste à enfiler et à désenfiler des anneaux disposés de manière à ne pouvoir être placés et déplacés que dans un certain ordre. — Bot. Genre de papilionacées à calice campanulé à cinq dents; étamines diadelphes; gousse stipitée, vésiculeuse, cymbiforme, appelée baguenaude. Principales espèces: le baguenaudier commun (*colutea arborescens*), appelé aussi *faux séné*, parce que ses feuilles et ses gousses purgatives pourraient, au besoin, remplacer le séné, est un arbrisseau rameux, haut de 2 mètres, très commun en France où il orne les bosquets et les jardins. Feuillage élégant et léger composé de folioles imparipennées; fleurs en grappes lâches, d'un beau jaune. Gousses complètement closes. — Le *baguenaudier d'Orient* (*colutea cruenta*) haut d'un mètre, porte des fleurs d'un rouge pourpre marqué de deux taches jaunes. Gousses ouvertes au sommet.—Le *baguenaudier d'Alep* (*colutea Alepica*), donne pendant tout l'été des fleurs jaunes. Gousses closes.

* BAGUER v. a. Coutur. Arranger les plis d'un habit, d'une robe, etc., et les arrêter avec du fil ou de la soie: *il faut baguer avant que de coudre*. — Mar. Passer deux bagues ou cosses l'une dans l'autre.

BAGUES s. f. pl. Bagages. Ne s'emploie que dans cette phrase peu usitée: SORTIR VIE ET BAGUES SAUVES, sortir d'une place de guerre avec permission d'emporter sur soi tout ce qu'on peut. — Fig. et fam. SORTIR, REVENIR BAGUES SAUVES, sortir heureusement d'un danger.

* BAGUETTE s. f. [ba-ghè-le] (lat. *baculetta*, diminut. de *baculus*, bâton). Verge, houssine, bâton fort menu. — Archit. Petite moulure ronde en forme de baguette. — Mar. Mateereau placé à un pied en arrière du grand mât d'un senau ou bâtiment de course, pour hisser ou tendre les cornes. — Fig. et fam. COMMANDER A LA BAGUETTE, MENER LES GENS A LA BAGUETTE, ou FAIRE PASSER UN SOLDAT PAR LES BAGUETTES, l'obliger, en vertu d'un jugement, à passer, les épaules nues, entre deux lignes de soldats qui le frappent chacun d'une baguette. Ce genre de châtiment n'est plus usité en France depuis 1788. — BAGUETTE DIVINATOIRE, branche de coudrier fourchue, avec laquelle certaines gens prétendent découvrir les mines, les sources d'eau, la trace d'un voleur, d'un assassin. — BAGUETTE MAGIQUE, baguette avec laquelle les magiciens et les fées sont censés faire leurs enchantements. On dit, au théâtre: RÔLES A BAGUETTE, rôles de magicien et de magienne. — BAGUETTE DE FUSIL, D'ARQUEBUSE, DE PISTOLET, sorte de baguette de fer, de bois, de baleine, ou d'autre matière, dont on se sert pour enfoncer et presser la charge qu'on met dans le canon de ces armes. — BAGUETTE DE TAMBOUR, les deux petits bâtons courts avec lesquels on bat la caisse. — Bot. BAGUETTE D'OR ou bâton d'or. Sorte de giroflée jaune.

* **BAGUIER** s. m. Petit coffret pour serrer des bagues.

* **BAH.** Interj. fam. qui marque l'étonnement, le doute, la négation, l'insouciance, etc.: *bah! cela n'est pas possible.*

BAHAMA ou Lucayes (ILES), archipel d'environ 650 îles, situées entre Haïti et la côte orientale de la Floride. 15 seulement sont habitées. Parmi les plus importantes, nous citerons : la Grande-Bahama, le grand et le petit Abaco, Andros, New-Providence, Eleuthera, San Salvador et Watling. Ce groupe, qui s'étend sur une longueur de 1,000 kil. et dont la superficie est supérieure à 7,500 kil. car., ne nourrit pas plus de 40,000 hab., parce que la plupart des îles Bahama ne sont que des récifs (esp. *cayos* ; angl. *keys*), en général formés de roches calcaires, sur lesquelles se trouve une mince couche de terre sablonneuse. Cet archipel repose sur un immense banc de sable et de corail qui forme de dangereux bas-fonds. Il ne renferme ni rivières ni torrents; mais il est rafraîchi par de nombreuses sources. On y trouve l'acajou. Exportation de sel, d'éponges, d'ananas et d'oranges; climat sain. — L'archipel est administré par un gouverneur assisté d'un conseil exécutif de 9 membres. Il y a un conseil législatif de 28 membres. Ch.-l. Nassau (New- Providence). San-Salvador, appelée Guanahani par les r.x-turels, fut la première terre découverte par Colomb, en 1492. Les Espagnols, reçus de la manière la plus hospitalière, abandonnèrent ces îles lorsqu'ils eurent enlevé toute la population caraïbe pour la faire travailler aux mines de Saint-Domingue. Les Anglais s'établirent en 1629, dans ces pays déserts et y créèrent leur colonie de New-Providence, que les Espagnols ruinèrent en 1641 et qui devint, après 1688, un repaire de flibustiers. Les Anglais reprirent aussitôt possession de ces îles; les Espagnols les leur enlevèrent en 1781 et les leur rendirent en 1783.

BAHAR voy. BEHAR.

BAHARITES (turc *bahr*, mer). Première dynastie des mamelouks d'Égypte, qui s'établit d'abord sur les bords de la mer et régna de 1254 à 1382.

BAHAVOLPOUR ou Bahaoualpour voy. BHAWALPOOR.

BAHIA. I. Province orientale du Brésil, sur

Bahia.

l'Atlantique; 426, 427 kil. carr.; 1,380,000 hab. dont 162,250 esclaves. Principal cours d'eau : le San-Francisco, qui forme la limite au N.

et au N.-O. Grande exportation de sucre, de tabac et de coton. Des diamants ont été découverts en 1844 dans la Sierra Sincura. Le sol, autrefois couvert de forêts vierges, est aujourd'hui défriché presque partout. — II. Bahia ou San-Salvador, ch.-l. de la province ci-dessus, à 1,400 kil. N.-E. de Rio de Janeiro, sur la baie de Tous-les-Saints; 152,000 hab.; population composée par parties égales de blancs, de noirs et de métis. Ville bien bâtie, sur le rivage et sur une haute hauteur, est construite en pierre. Dans la ville haute se trouvent : la plus belle cathédrale du Brésil (ancienne église des jésuites), bâtie en marbre d'Europe; plusieurs hôpitaux et le palais du gouverneur et de l'archevêque. — Séminaire, théâtre et bibliothèque. Vaste commerce; exportation de diamants (environ quinze millions de francs). 800 navires, dont 400 anglais entrent annuellement dans le port. — Bahia (portug. *Baie*) fut fondée en 1510. Elle resta cap. des possessions portugaises de 1549 à 1763. C'est la deuxième ville de l'empire. — Lat. S. (au fort San-Marcello) 12° 58' 20''; long. O. 40° 49' 47''.

BAHRDT (Karl-Friedrich) [bart], théologien protestant, né en Saxe en 1741, mort en 1792. Son déisme et les dérèglements de sa vie lui attirèrent des persécutions. Il voyagea de ville en ville, dans presque toute l'Allemagne. Prisonnier d'État pendant une année, à Magdebourg, il y écrivit son autobiographie (4 vol.) 1790). Son ouvrage le plus connu est intitulé : *Lettres populaires sur la Bible;* 1780.

BAHREIN ou Aval (ILES) [bâ-rêinn], archipel du golfe Persique, dans une baie de la côte orientale d'Arabie; 60,000 hab. L'île la plus importante est Bahrein (40 kil. sur 15), avec la ville de Manamah, qui possède un bon port et renferme 8,000 hab. Les îles moins importantes appelées Maharag, Arag et Tamahoy sont bordées de brisants où se trouvent les fameux bancs d'huîtres qui produisent les plus belles perles d'Orient. Les îles Bahrein, cap. Maharag, sont tributaires de l'Iman de Mascate.

* **BAHUT** s. m. [ba-hu] (celt. *bahu*, coffre). Sorte de coffre, couvert ordinairement de cuir, et dont le couvercle est en voûte.— Archit. APPUI EN BAHUT, appui dont le haut est bombé comme le couvercle d'un bahut. — Jargon des écoliers. École, pensionnat. — Argot. Petit logement : *combien loue-t-il ce bahut?*—Mobilier : *il a vendu tout son bahut.*

BAHUTER jargon des écoliers. Faire du tapage.

BAHUTEUR s. m. Jargon des écoliers. Tapageur. — Mauvais écolier qui change souvent de pension.

* **BAHUTIER** s. m. Artisan qui fait des coffres et des malles.— ᴠᴠ Bahutiers s. m. pl. Corps de troupes qui accompagnait les fourgons ou bahuts et veillait à leur garde.

* **BAI, BAIE** adj. (lat. *badius* brun; espag. *bajo,* brun; égypt. *bai,* branche d'un rouge brun). Zootech. Qui est d'un rouge brun, en parlant de la robe d'un cheval : *un cheval bai; une jument baie; des chevaux bais.*—Quand on désigne la nuance, on dit elliptiquement et invariablement : *des chevaux bai clair, bai doré, bain brun, bai chatain, bai cerise.* On appelle *bai miroité* ou *à miroir,* la couleur d'un cheval dont le corps est parsemé de taches rondes d'une teinte plus claire que la teinte générale. — Substantiv. Cheval bai; jument baie : *un joli bai; une calèche attelée de deux bais.* — S. m. Couleur baie: *un bai fauve.*

BAÏANISME s. m. Voy BAIUS.

* **BAIE** s. f. [bê] (vieux franç. *béer,* être ouvert). Petit golfe ou espace de mer renfermé entre deux terres qui s'avancent, mais laissent entre elles une grande ouverture, ce qui distingue la baie du *port,* dans lequel on n'entre que par une passe étroite. — Maçonn. Ouverture qu'on pratique dans un mur ou dans un assemblage de charpente, pour faire une porte, une fenêtre, etc.

* **BAIE** s. f. (rad. *bayer*). Tromperie qu'on fait à quelqu'un pour se divertir.

* **BAIE** s. f. (lat. *bacca*). Bot. Fruit charnu, syncarpé, indéhiscent, ordinairement succulent et contenant ses graines dans une ou plusieurs loges situées au milieu d'une pulpe. Les baies ligneuses ou foliacées et non succulentes, sont dites *sèches.* — BAIE COURONNÉE, celle à laquelle est attaché le limbe du calice. —BAIE MONOSPERME, DISPERME, TRISPERME, POLYSPERME, celle qui a une, deux ou plusieurs semences. — BAIE UNILOCULAIRE, BI, TRI, QUADRI, MULTILOCULAIRE, celle qui renferme une seule loge (cucubale); deux loges (troène), trois loges (asperge), quatre loges (parisette), ou plusieurs loges.

BAIE DE TOUS-LES-SAINTS voy. TOUS-LES-SAINTS (BAIE DE).

BAIER. I. (Jean-Guillaume), théologien allemand (1647-'95); a laissé quelques ouvrages. —II. (Jean-Guillaume), fils du précédent (1675-1729), chercha à démontrer que le Béhémot et le Léviathan de la Bible sont l'éléphant et la baleine.— III.(Jean-Jacques) frère du précédent, fut un célèbre naturaliste (1677-1735), a laissé de nombreux ouvrages, parmi lesquels *Oryctographia norica,* description fidèle des minéraux et des fossiles observés aux environs de Nuremberg.

BAÏES (anc. *Baiæ;* auj. *Baja*), ville maritime et station balnéaire de l'Italie ancienne, sur le golfe de *Baiæ,* vis-à-vis de Puteoli, à 17 kil. S.-O. de Naples. Son climat délicieux, la beauté de son site, et de nombreuses sources thermales, en faisaient le séjour de prédilection des riches Romains. Jules César, Auguste et plusieurs empereurs y eurent des maisons de campagne; Horace chanta son air ravissant. On n'y trouve plus que des ruines, des terres incultes et quelques mares stagnantes indignes d'attirer les étrangers.

BAÏF. I. (Lazarre de), littérateur et diplomate français, mort en 1547. Fut ambassadeur à Venise et en Allemagne; a traduit en vers français l'*Électre* de Sophocle et l'*Hécube* d'Euripide. — II. (Jean-Antoine de) célèbre poète français, fils naturel du précédent, né à Venise en 1532, mort en 1589; fut élevé avec soin par le poète Daurat, se lia avec Ronsard et fit partie de la pléiade poétique formée de leur temps. Charles IX le nomma secrétaire de sa chambre. Quoique sans fortune, il aimait à recevoir et à traiter l'élite des artistes et des poètes dans sa maison de la rue Saint-Victor. Il organisa une société littéraire qui donna plus tard l'idée de créer l'Académie française. A l'exemple de Jodelle, il composa des pièces de théâtre qu'il jouait avec ses amis. Ses œuvres les plus remarquables sont l'*Antigone*, tragédie en vers de 6 pieds; le *Brave* ou le *Taille-Bras*, comédie en 5 actes, en vers de 4 pieds, imitée de Plaute . Il a laissé 9 livres de poèmes, 7 d'amours, 5 de jeux, 5 de passe-temps et des *Mimes*, suite de maximes et de réflexions sur les mœurs de son temps. Baïf tenta de réformer la langue en la faisant remonter à l'antiquité; il voulut écrire suivant la prononciation, en se servant d'un nouvel alphabet; enfin il essaya d'introduire dans les vers français la cadence et la mesure de la poésie grecque et latine, au moyen de longues et de brèves.

BAÏFIN s. m. Espèce de vers cadencé imaginé par le poète *Baïf.*

* **BAIGNÉ, ÉE** part. pas. de BAIGNER. — *Être baigné de sueur*, suer abondamment.

* **BAIGNER** v. a. [*gn* mll.] (rad. *bain*). Mettre dans le bain, faire prendre un bain, des bains: *baigner un enfant.* — Entourer, toucher, en parlant des mers, des rivières, etc.: *les continents que baignent ces vastes mers ; le fleuve qui baigne ces murs.*—Par exag. Mouiller, arroser: *baigner son lit de larmes; les pleurs baignaient son visage.* — v. n. Être entièrement plongé et tremper plus ou moins longtemps dans un liquide: *ces concombres baignent dans le vinaigre.* — BAIGNER DANS SON SANG, perdre beaucoup de sang, en être couvert. — Se baigner v. pr. Baigner soi: *il se baigne dans la rivière.* — FAIRE BAIGNER, (avec le pronom sous-entendu). Mener au bain; faire prendre un bain: *il fit baigner son cheval.* — Fig. Se BAIGNER DANS LE SANG, faire mourir beaucoup de monde, par cruauté: *il se baigna dans le sang de ses sujets.* — Par exag. SE BAIGNER DANS LE SANG DE QUELQU'UN, le faire mourir.

Dans le sang de son frère il semble *se baigner.*
RACINE.

BAIGNES-SAINTE-RADEGONDE ch.-l. de cant. arr. et à 13 kil. S.-O. de Barbezieux, (Charente); 2,500 hab. Bœufs gras.

* **BAIGNEUR, EUSE** s. Celui, celle qui se baigne: *rivière pleine de baigneurs.* — Celui, celle qui tient les bains publics: *allez chez le baigneur.* — Celui qui surveille ou assiste les personnes qui se baignent dans la mer.

BAIGNEUX-LES-JUIFS ch.-l. de cant.; arr. et à 34 kil. S.-E. de Châtillon-sur-Seine (Côte-d'Or); 500 hab. Abeilles.

* **BAIGNOIRE** s. f. Vaisseau de métal, de pierre, de bois, de cuir verni, dans lequel on prend des bains. — Théâtre. Loge saillante et arrondie en forme de baignoire: *louer une baignoire.*

BAÏKAL (russe: *Sviatoye More*, mer sacrée ; turc: *Beï-Koul*, mer riche), lac de la Sibérie méridionale, sur la frontière du gouvernement d'Irkoutsk et de la nouvelle province de Transbaïkalie. Longueur, du S.-S.-O. au N.-N.-E., environ 620 kil.; largeur de 35 à 120 kil. Superficie: 34,950 kil. car. C'est le plus grand lac d'Asie, après la mer Caspienne et le lac d'Aral. Il est entouré de rivages désolés et de sombres des montagnes couvertes de forêts. Il reçoit les rivières Sélenga et Angara supérieure et communique avec l'océan Arctique par l'Angara inférieure qui se jette dans l'Iénisséï. C'est un des rares amas d'eau où l'on trouve le phoque d'eau douce. — Pêcheries importantes. — Les MONTS BAÏKAL, qui enveloppent le bassin de l'Angara inférieure se font remarquer par leurs formations volcaniques, leurs sources thermales et leur richesse minérale.

* **BAIL** s. m. [baï; *ll* mll.] (bas lat. *balium*). Jurispr. Contrat par lequel on donne à quelqu'un la jouissance d'une chose, moyennant un prix convenu, et pour un temps déterminé.

Dans le langage ordinaire, il se dit principalement en parlant des propriétés rurales et des maisons. — Plur. des BAUX. — Fig. et fam. IL A FAIT UN BAIL AVEC LA VIE, se dit d'un vieillard dont la santé n'inspire aucune inquiétude. — Législ. « Le bail est un contrat synallagmatique, c'est-à-dire contenant des obligations réciproques; c'est pourquoi le bail sous seings privés doit être fait en double originaux au moins (C. civ. 1325); mais, le louage étant parfait par le seul consentement des parties, le bail peut être verbal (id. 1714 et s.). Celui qui consent la location se nomme le *bailleur*, et celui qui la prend le nom de *preneur*, de *locataire* ou de *fermier.* Le Code civil distingue le louage des choses de celui d'ouvrage (1708), et il donne: 1° les règles communes aux *baux de maisons* et à ceux de *biens ruraux* (art. 1714 à 1751); 2° les règles particulières aux *baux à loyer*, c'est-à-dire au louage des maisons et à celui des meubles (art. 1752 à 1762); 3° les règles particulières aux *baux à ferme*, c'est-à-dire au louage des immeubles ruraux, et il comprend dans cette section le *colonat partiaire* ou *métayage*, qui consiste dans le partage des fruits et récoltes entre le bailleur et le preneur, (art. 1763 à 1770); 4° les règles relatives au *louage d'ouvrage* par les domestiques et ouvriers (art. 1780 à 1781); (voy. ces mots); 5° celles relatives au *louage d'industrie*, savoir: *voituriers par terre et par eau* (art. 1782 à 1786). (Voy. *voituriers, roulage, charte-partie, et devis et marchés*) (art. 1786 à 1799); et 6° les règles concernant le *bail à cheptel* ou *louage de bétail* (art. 1800 à 1831), (voy. *cheptel*). Cette longue énumération ne comprend pas les *biens nationaux*, les biens des *communes* et des *établissements publics*, dont la location est soumise à des règles particulières (art. 1712). Le Code ne parle pas du *bail emphytéotique*, bien que ce bail ait été conservé par la loi du 29 déc. 1790. (Voy. *Emphytéose*). Les conventions pour louage d'un navire, appelées *chartes-parties, affrètements* ou *nolissements* (Voy. ces mots), sont soumises à des règles particulières et doivent être rédigées par écrit (C. com. 273 et s.). Malgré tout le soin avec lequel le législateur s'est occupé des diverses espèces de baux, il ne pouvait tenir compte des usages divers appropriés aux localités, aux climats, aux cultures, et il a dû reconnaître force de loi à ces *usages locaux* dont la tradition s'est conservée dans chaque pays et qui varient d'une région à une autre et parfois d'un canton à un autre canton. A Paris, la jurisprudence des diverses ju-ridictions a consacré les usages en vigueur. Dans le reste de la France, les anciennes coutumes, autrefois codifiées, sont encore appliquées lorsqu'il y a lieu de le faire; enfin, dans quelques départements, par exemple dans l'Eure, les usages locaux, et principalement ceux qui sont relatifs aux baux, ont été recueillis avec soin et publiés par des sociétés d'agriculture qui ont rendu par là un service inappréciable. En outre, les conditions stipulées par écrit ou verbalement entre le bailleur et le preneur sont, ainsi que l'usage, une loi pour les parties (C. civ. 1134. 1135), de telle sorte que nous n'avons à faire connaître ici que les dispositions légales les plus importantes, les autres seront indiquées dans les divers articles du *Dictionnaire.*—L'usufruitier, le mineur émancipé, le tuteur du mineur ou d'un interdit, le mari administrant les biens de sa femme et agissant sans son concours, enfin la femme séparée de biens ne peuvent consentir des baux de plus de neuf ans. Celui qui n'a qu'un droit d'usage ne peut ni le céder ni le louer. Contrairement à la règle du droit commun, lorsque le bail verbal n'est pas né par l'une des parties et qu'il n'a pas reçu un commencement d'exécution, il ne peut être prouvé par témoins, lors même que le prix serait inférieur à 150 fr.: mais le serment décisoire

peut être déféré (id. 1715). S'il existe un commencement de preuve par écrit, l'existence du bail peut-elle être alors prouvée par témoins ? L'affirmative est soutenue par plusd'un jurisconsulte, malgré les termes formels de la loi. Les baux dont la durée excède dix-huit ans ne peuvent être faits que par écrit, car ils sont soumis à la formalité de la *transcription*, par la loi du 23 mars 1855. Lorsqu'un immeuble est saisi, les baux qui n'ont pas été enregistrés avant le commandement peuvent être supposés avoir été consentis postérieurement par le propriétaire, et en conséquence les créanciers ou l'adjudicataire peuvent en demander l'annulation (C. pr. 684). On nomme *tacite reconduction* le renouvellement de bail qui a lieu de plein droit, sans convention écrite ou verbale, lorsque le locataire d'une maison continue à l'occuper et que le bailleur ne s'y oppose pas. Cette location nouvelle ne peut cesser qu'après un congé donné et suivant le délai fixé par l'usage des lieux (C. civ. 1759). Le propriétaire d'une maison louée doit tenir les lieux clos et couverts; de son côté, le locataire doit les rendre tels qu'il les a reçus, et il est tenu aux réparations locatives; mais il n'est pas obligé de réparer ce qui a été dégradé sans sa faute. Si la contenance indiquée dans les baux à ferme vient à être reconnue inexacte, il n'y a pas lieu à modifier le prix du fermage, à moins que la différence en plus ou en moins n'excède un vingtième (id. 1764). Lorsque la moitié au moins d'une récolte non encore séparée de la terre est perdue par cas fortuit, le fermier peut obtenir, à la fin du bail, une remise sur son fermage, s'il n'a pas été indemnisé par d'autres récoltes (id. 1769 et s.). Le preneur peut être expulsé, s'il ne garnit pas la maison ou la ferme de meubles suffisants, ou s'il ne donne pas d'autres sûretés, pour répondre des loyers. La loi accorde au propriétaire, en garantie de l'exécution de toutes les obligations du preneur, un privilège sur le prix des objets mobiliers garnissant la maison ou la ferme et sur les fruits ou la récolte de l'année, et ce pour tous les loyers échus. Ce privilège s'applique aussi aux loyers non encore échus, mais seulement s'il existe un bail enregistré. Dans le cas contraire, le privilège ne garantit qu'une année de loyers en outre de l'année courante. Ce droit privilégié a été réduit, pour le cas de faillite du preneur, par la loi du 12 février 1872; et le bailleur ne peut plus exiger, s'il y a résiliation du bail, que deux années échues de l'année courante, sauf à réclamer des dommages-intérêts ; s'il n'y a pas résiliation, il a droit à tout ce qui est échu, mais il ne peut exiger le paiement des loyers à venir, à moins qu'on ne lui refuse les sûretés promises par le bail. Les syndics peuvent sous-louer, si le bail n'en porte pas la défense. Lorsque le preneur ne paie pas ses loyers, le propriétaire a le droit de faire saisir, même sans titre exécutoire, les meubles qui sont sa garantie (C. pr. 819). Dans le cas où ces meubles ont été déplacés, il conserve le droit d'en faire la revendication, pendant quinze jours, s'il s'agit des meubles garnissant une maison, et pendant quarante jours, s'il s'agit du mobilier d'une ferme. Lorsque le preneur a cédé sa location, le sous-locataire est tenu vis-à-vis du propriétaire, mais seulement jusqu'à concurrence des loyers dont il peut être débiteur au moment de la saisie (C. civ. 1753). L'action du bailleur pour le paiement de loyers ou de fermages se prescrit par cinq ans (id. 2277). Les juges de paix connaissent, sans appel jusqu'à la valeur de cent francs et à charge d'appel à quelque valeur que la demande puisse s'élever, des actions en paiement de loyers ou fermages, des congés, des demandes en résiliations de baux, fondées sur le seul défaut de paiement des loyers, des expulsions de lieux et des demandes en validité de saisie-gagerie, le tout

lorsque les locations verbales ou par écrit n'excèdent pas 400 fr. par an (L. 2 mai 1855). Les baux des communes et établissements publics doivent être faits aux enchères et devant notaire, sur cahier des charges approuvé par le préfet (L. 12 août 1807 et 18 juillet 1837). Ces baux peuvent être de 18 ans sans autres formalités (L. 25 mai 1835). L'*enregistrement* est obligatoire non seulement pour les actes contenant des baux, mais aussi, depuis la loi du 23 août 1871, pour toutes les locations faites verbalement. Le droit est de 0 fr. 25 cent. par cent francs (y compris les décimes), sur le montant cumulé de tous les loyers à échoir pendant la durée du bail. Ce droit est à la charge du preneur et il doit être payé dans les trois mois de la date des actes, lorsqu'ils sont faits sous seings privés (L. 22 frim. an VII, art. 22). Lorsque la durée du bail doit être de plus de trois ans, il est facultatif de payer l'enregistrement par périodes triennales. En ce qui concerne les locations verbales, faites suivant l'usage des lieux, le droit doit être acquitté dans les vingt jours de l'échéance de chaque terme, et la perception en est continuée jusqu'à ce qu'il ait été déclaré que la location a cessé. A défaut d'enregistrement ou de déclaration dans les délais fixés, le bailleur et le preneur sont tenus personnellement et sans recours, nonobstant toute stipulation contraire, d'un droit en sus, lequel ne peut être inférieur à cinquante francs (L. 23 août. 1871, art. 14). Mais c'est au bailleur à faire la déclaration et à payer les droits pour toute location verbale, sauf son recours contre le preneur (L. 28 févr. 1872, art. 6). Ce recours ne peut être exercé si le loyer annuel ne dépasse pas cent francs. (Voy. les mots, *Congé, Fermier, Locataire*, etc.). Le bailleur est responsable du paiement de la contribution mobilière due par son locataire et, quant à celle des patentes, du dernier douzième échu et du douzième courant, à moins qu'il n'ait déclaré au percepteur le déménagement ou l'enlèvement des meubles un mois à l'avance, ou en cas de déménagement furtif qu'il n'en ait donné avis dans les trois jours (L. 21 avril 1832, art. 22; L. 22 juillet 1880. art. 30) »
                (CH. Y.)

* **BAILE** s. m. [bè-le] (lat. *bajulus*, porteur). Titre qu'on donnait autrefois à l'ambassadeur de Venise près la Porte.

BAILEY (Gamaliel), journaliste américain anti esclavagiste (1807-'59) Son imprimerie à Cincinnati ayant été détruite trois fois par des émeutes, il s'établit à Washington (1847) et édita la « Case de l'oncle Tom ».

BAILEY (Jacob-Whitman), naturaliste américain (1811-'57), auteur d'un volume d' « Esquisses microscopiques ». Il fit une collection de plus de 3,000 objets que l'on ne voyait qu'au moyen du microscope.

BAILEY ou **Baily** (Nathan), professeur anglais, mort en 1742, auteur d'un « Dictionnaiae anglais étymologique » (2 vol. in-8°, Londres, 1726).

BAILEY (Samuel), philosophe anglais (1791-1870) ; publia des « Essais sur la recherche de la vérité et de l'origine des sciences » 1821.

BAILIFF s. m. (du franç. *baillif*). En Angleterre, officier de justice qui représente le sheriff.

BAILLARD s. m. [ba-iar; *ll* mll.] (rad. *bailler*). Nom vulgaire de la variété productive d'orge appelée aussi *baillarge*.

BAILLARGE s. f. [*ll* mll.].L'un des noms vulgaires de la variété d'orge appelée aussi *baillard*. Le mot vient de l'ancien français *baillard*, donner, à cause de sa production abondante.

* **BAILLE** s. f. [ba-yeu; *ll* mll.] (ital. *baglia*, baquet). — Mar. Sorte de baquet ou de demitonneau. On distingue la *baille de combat*, la

baille à drisses, la *baille de sonde*, la *baille de rations*, la *baille à brai*, etc. — ↷ Se disait autrefois pour meurtrière, et désignait aussi un ouvrage de fortification qui servait d'avant poste ou de défense extérieure.

BAILLE ou **Bayle** (Pierre), conventionnel, né à Marseille, mort en 1793. Envoyé à Toulon, il fut arrêté par les royalistes qui le jetèrent dans un cachot et l'assassinèrent ensuite parce qu'il refusait de crier : *vive Louis XVII.*

* **BÂILLEMENT** s. m. Action de bâiller; inspiration d'air longue, graduelle, involontaire, accompagnée d'un écartement considérable des mâchoires et terminée par une expiration plus ou moins bruyante. Le bâillement est presque toujours un jeu expressif qui dénote l'ennui, le besoin de dormir, le désœuvrement. D'autres fois, c'est un symptôme respiratoire qui exprime la faiblesse, le malaise, qui annonce un accès de fièvre et qui précède et suit la syncope. Il a pour but de porter dans les poumons une quantité d'air plus considérable que dans les inspirations ordinaires. Il est contagieux; lorsqu'il sort des proportions ordinaires, il peut déterminer la luxation de l'os maxillaire. — Gramm. Effet que produit la rencontre de certaines voyelles, comme dans : *il alla à Amiens.* On dit mieux HIATUS.

* **BÂILLER** v. n. [bâ-ié; *ll* mll.] (bas lat. *badare*, ouvrir la bouche). Faire involontairement et en écartant les mâchoires, une inspiration lente et profonde, suivie d'une expiration plus ou moins prolongée, quelquefois sonore : *on bâille souvent en voyant bâiller les autres.* — Fig. S'entr'ouvrir, être mal joint : *une porte qui bâille.* — CETTE ÉTOFFE, CETTE DENTELLE BAILLE, elle n'est pas assez tendue.

* **BAILLER** v. a. [*ll* mll.] (lat. *bajulare*, porter). Prat. Donner, mettre en main, livrer : *bailler à ferme.* — Fam. et par ellipse. Vous M'EN BAILLEZ D'UNE BELLE, VOUS ME LA BAILLEZ BELLE, vous voulez m'en faire accroire.

BAILLÈRE s. f. [*ll* mll.]. Bot. Genre de composées, tribu des sénécionidées, comprenant des herbes de la Guyane, qui possèdent la singulière propriété d'endormir les poissons comme la coque du Levant.

* **BAILLERESSE** s. f. Prat. Celle qui baille à ferme, qui passe un bail.

BÂILLERIE s. f. Action de bâiller.

* **BAILLET** adj. m. [*ll* mll.] (diminut. de *bai*). Se dit du cheval qui a le poil roux tirant sur le blanc : *cheval baillet.*

BAILLET (Adrien) [ba-yè; *ll* mll.], prêtre érudit et littérateur, né à la Neuville, près de Beauvais, en 1649, mort en 1706. Bibliothécaire de l'avocat-général Lamoignon, il dressa un catalogue (35 vol. in-fol.) de la bibliothèque qui lui était confiée. Ses œuvres aujourd'hui à peu près oubliées, comprennent : *Jugements des savants sur les principaux ouvrages des auteurs*, 1685, 9 vol. in-12 ; *Des enfants devenus célèbres*, 1688, in-12 ; *Vie de Descartes*, 1691, 2 vol. in-4° ; *Histoire de Hollande*, 4 vol. in-12 (sous le nom de La Neuville) ; *Dévotion à la sainte Vierge*, 1694, in-12 ; *Vie des Saints*, 1701, 3 vol. in-fol.; *Démêlés de Boniface VIII avec Philippe le Bel*, 1707, in-12 ; *Relation curieuse et nouvelle de Moscovie*, in-12.

* **BAILLEUL** s. m. [*ll* mll.] (nom d'un célèbre rebouteur). Celui qui fait profession de remettre les membres démis, et de raccommoder les os rompus : *le bailleul lui a remis le bras.* On dit plus ordinairement RABOUTEUR.

BAILLEUL [ba-yeul; *ll* mll.]. Ch.-l. de cant. à 14 kil. E. d'Hazebrouck (Nord). Anc. *Ad Lullia*; 13,000 hab. Cité industrielle près de la frontière belge. Fabr. de dentelles, de toiles, de sucre, de poteries, etc. — Fromage recherché

BAILLEUL (Jacques-Charles),conventionnel,

né à Bretteville (Seine-Inférieure), en 1762, mort en 1813. S'associa d'abord aux Girondins, et ensuite aux Thermidoriens. A laissé un grand nombre d'ouvrages, sur la finance, la politique et la géographie.

* **BAILLEUR, EUSE** s. Celui, celle qui bâille, qui est sujet à bâiller souvent.

* **BAILLEUR, BAILLERESSE** s. Prat. Celui, celle qui baille à ferme ou à loyer; par opposition à celui qui prend une ferme, ou une maison à loyer, et qu'on appelle preneur : *le bailleur et le preneur.* — Comm. BAILLEUR DE FONDS, celui qui fournit de l'argent pour une entreprise, ou pour former une maison en commandite. — BAILLEUR DE BOURDES, celui qui a l'habitude de dire, de conter des choses fausses.

* **BAILLI** s. m. [*ll* mll.] (vieux franç. *baillir*, gouverneur). Autrefois, BAILLIF. Officier royal d'épée, au nom duquel la justice se rendait dans l'étendue d'un certain ressort, et qui avait droit de commander la noblesse de son district, lorsqu'elle était convoquée pour l'arrière-ban. — Officier royal de robe longue, qui rendait la justice dans l'étendue d'un certain ressort, et dont les appellations ressortissaient immédiatement au parlement. — Officier de robe longue, qui rendait la justice au nom d'un seigneur. — Chevalier de Malte revêtu d'une dignité qui le met au-dessus des commandeurs, et qui lui donne le privilège de porter la grand'croix : *le bailli de Suffren.* — Se dit encore, dans quelques parties de l'Allemagne et en Suisse, de certains magistrats préposés à l'exécution des lois : *le grand bailli de Zurich.*

* **BAILLIAGE** s. m. [ba-ya-ge; *ll* mll.] (rad. *bailli*). Juridiction d'un bailli. — Tribunal qui jugeait au nom et sous la présidence d'un bailli. — En Suisse, le terme bailliage désignait certains districts, parmi lesquels ceux qui formèrent le canton de Ticino, en 1802.

* **BAILLIAGER, ÈRE** adj. Qui appartient, qui est propre à un bailliage : *assemblées bailliagères.*

BAILLIE. I. (Joanna), femme poète écossaise (1762-1851), auteur de chants religieux et de pièces de théâtre. — **II.** (Matthew), médecin écossais, frère de la précédente (1761-1823), publia un traité illustré sur l'anatomie morbide. Son *Manuel d'anatomie pathologique* (1795) a été traduit en franç. par Guerbois (1815).

BAILLIE ou **Baylius** (Robert), théologien écossais (1599-1662). Parmi ses nombreux écrits, on estime surtout : *Opus historicum et chronologicum*, Amsterdam, 1663.

* **BAILLIF** s. m. [ba-yiff; *ll* mll.]. Ancienne forme du mot bailli. — En Angleterre, synonyme de sheriff.

* **BAILLIVE** s. f. [*ll* mll.]. Femme d'un bailli : *madame la baillive.*

* **BÂILLON** s. m. [bâ-ion; *ll* mll.] (rad. *bâiller*). Morceau de bois, de fer, etc., qu'on met de force entre les mâchoires d'une personne pour l'empêcher de parler et de crier, ou dans la gueule d'un animal pour l'empêcher de mordre ou de faire du bruit. — Fig. et fam. METTRE UN BAILLON A QUELQU'UN, l'intimider, ou le gagner, l'empêcher ainsi de parler de quelque chose sur quoi l'on veut qu'il se taise. — Chir. Morceau de bois ou de liège, tampon de linge ou de charpie qu'on met entre les dents molaires d'un malade, pour que sa bouche demeure ouverte pendant une opération ou une inspection. — *Bâillon dentaire*, plaque d'or ou de platine que l'on fixe sur une dent molaire pour tenir les mâchoires un peu écartées, lorsque l'on veut ramener en avant plusieurs dents incisives ou canines et empêcher les dents déviées de rencontrer celles de l'autre mâchoire.

BAILLON (Emmanuel), naturaliste, mort à

Abbeville en 1802 ; prépara la plupart des oiseaux de mer et de rivage que l'on voit au Museum. A laissé plusieurs ouvrages, parmi lesquels : *Moyens de remédier au dépérissement des bois et de fixer les dunes* (1791).

*BÂILLONNEMENT s. m. Action de bâillonner.

* BÂILLONNER v. a. Mettre un bâillon. — BAILLONNER UNE PORTE, la fermer en dehors avec une pièce de bois.

BAILLOQUE s. f. [ba-io-ke; *ll* mll.]. Comm. Plume d'autruche peu estimée, naturellement mêlée de brun obscur et de blanc, et que l'on n'emploie que dans les ouvrages de matelassiers, après les avoir seulement savonnées pour leur donner de l'éclat.

BAILLOT (Pierre-Marie-François DE SALES) [ba-yo; *ll* mll.], célèbre violoniste, né le 1er octobre 1771, à Passy ; mort à Paris, le 15 septembre 1842. Professeur au Conservatoire (1795), il composa une *Méthode de violon* (1801; nouv. éd. en 1838), des *Exercices pour le violon* et plusieurs morceaux.

BAILLY. I. (Jacques), peintre et littérateur né à Versailles en 1701, mort en 1768; fit pour le théâtre quelques parodies publiées en 1768, 2 vol. in-8°, et donna le « Catalogue des tableaux du cabinet du roi au Luxembourg », 1777, in-12. — II. (Jean-Sylvain), illustre savant et homme politique, fils du précédent, né à Paris, le 15 septembre 1736, guillotiné le 21 novembre 1793. Il essaya d'abord de travailler pour le théâtre ; mais abandonnant bientôt cette carrière, sur le conseil du comédien Lanoue, auquel il avait soumis deux tragédies, il se livra tout entier à l'astronomie, sous la direction de Lacaille. Dès 1763, il offrit à l'Académie des sciences un recueil d'*Observations lunaires;* l'année suivante, il publia un travail sur les *étoiles zodiacales* et concourut avec Lagrange pour le prix de l'Académie sur la « Théorie des satellites de Jupiter » ; son travail le sujet fut publié en 1766 et contient une histoire de cette partie de l'astronomie. Membre de l'Académie des Sciences à l'âge de 27 ans, il suivit avec succès la carrière des concours académiques et publia, en 1770, ses gracieux éloges de Corneille, de Charles V, de Molière, de Leibnitz et de Lacaille, 1 vol. in-8°. — Son *Histoire de l'astronomie ancienne et moderne*, 4 vol. in-4°, 1775-'85, complétée par son *Histoire de l'Astronomie indienne et orientale*, 1 vol. in-4°, 1787; ses *Lettres sur l'Atlantide de Platon*, 1779, in-8°, établirent sa réputation comme historien et comme écrivain et lui ouvrirent les portes de l'Académie des Inscriptions, puis celles de l'Académie française. Elu membre des Etats généraux, il présida la première séance du tiers état, montra son énergie en répondant au maître des cérémonies qui voulait faire évacuer la salle : « La nation assemblée n'a pas d'ordre à recevoir » et fut le premier à prêter le serment du Jeu de paume. Nommé par acclamation maire de Paris, le lendemain de la prise de la Bastille, il reçut, deux jours après, Louis XVI à l'Hôtel de Ville et lui adressa ces paroles devenues célèbres : « Henri IV avait conquis son peuple ; ici le peuple a reconquis son roi ». Le 17 juillet 1791, après l'arrestation de Louis XVI à Varennes, la foule se réunit au Champ de Mars pour y signer une pétition demandant la déchéance du roi. Bailly, accouru à la tête des troupes, proclama la loi martiale, arbora le drapeau rouge et ordonna au rassemblement de se disperser. Comme on ne lui obéissait pas, il commanda de tirer sur le peuple dont il était l'idole et noya sa popularité dans le sang. Le 18 novembre il donna sa démission de maire et voulut rentrer dans la vie privée. Mais ses ennemis l'accusèrent de conspirer avec la reine; appelé comme témoin dans le procès de Marie-Antoinette, il déclara qu'il n'y avait jamais eu de correspondance

entre lui et la prisonnière du Temple. Bientôt, on l'arrêta lui-même à Melun, où il s'était retiré près de son ami, le savant Laplace. Le 10 novembre 1793, il comparut devant le tribunal révolutionnaire pour sa participation aux massacres du Champ de Mars et fut condamné à mort. Avant de l'exécuter, on fit brûler, au pied de l'échafaud, le drapeau rouge qui avait servi lors de la proclamation de la loi martiale. Pendant ce temps, Bailly grelottait sous une pluie fine et glaciale : « Tu trembles, Bailly », lui dit un des bourreaux; « Oui; mais c'est de froid », répondit-il; et il monta d'un pas ferme sur l'échafaud. Il laissait quelques manuscrits : *Mémoires d'un témoin oculaire de la Révolution*, publiés en 3 vol. in-8°; *Essais sur l'origine des Fables et des anciennes Religions*, 2 vol. in-8°, 1798. — Bibliogr. Voy. *Biographie de Bailly*, par Arago.

BAILLY DE JUILLY (Edme-Louis-Barthélemy), conventionnel, né à Troyes en 1760, mort en 1819. Il vota contre la mort du roi, entra ensuite au conseil des Cinq-Cents, travailla à la chute de la République, appuya le coup d'Etat du 18 brumaire. Napoléon le créa baron et le nomma préfet ; mais il fallut le révoquer, en raison des nombreux abus de son administration (1813).

BAILY (Edward-Hodges), célèbre sculpteur anglais (1788-1867). Ses chefs-d'œuvre sont une « Eve à la fontaine » le *Nelson* colossal qui orne Trafalgar-Square et le « Triomphe de la Grande-Bretagne », pour la façade de Buckingham palace.

BAILY (Francis), astronome anglais (1764-1844), fondateur de la Société astronomique de Londres et auteur de mémoires importants. John Herschel a écrit sa biographie.

*BAIN s. m. (lat. *balneum*). Immersion et séjour plus ou moins prolongé du corps dans l'eau ou dans quelque autre fluide, soit par amusement, soit pour cause de propreté ou de santé. Eau, liquide dans lequel on se plonge : *bain de propreté* ; *bain de santé.* — Baignoire : remplir le bain. — Teinture. Cuve où il y a de l'eau et des drogues pour la teinture. — Chim. Toute substance par l'intermédiaire de laquelle on chauffe un vase, pour opérer la digestion ou la distillation de ce qu'il contient. *Un vase est au bain de vapeur*, quand il est exposé à la vapeur de l'eau bouillante ; *il est au bain de sable*, quand il est placé dans du sable que l'on fait chauffer ; *il est au bain-marie*, quand il est plongé dans l'eau chaude. *Rectifier de l'alcool au bain-marie*, le rectifier en mettant dans l'eau chaude le vase qui le contient. — *Bain de siège, bain de pieds*, petite baignoire où l'on prend le bain de siège, le bain de pieds. Voy. SABOT. — *Fond de bain*, linge dont on revêt l'intérieur d'une baignoire, pour plus de propreté. — BAIN LOCAL OU TOPIQUE, celui dans lequel on baigne une partie malade, l'œil, le bras, etc. — BAIN DE PIEDS, celui où l'on ne baigne que les pieds. — DEMI-BAIN, celui où l'on ne se baigne que jusqu'à la ceinture. — BAIN DE SIÈGE, celui où l'on ne met que le milieu du corps. — BAIN DE VAPEURS, celui qu'on prend en demeurant exposé, dans un lieu clos, à des vapeurs chaudes qui s'exhalent d'un liquide ou des parois mêmes du mur, dans les lieux où se trouvent des eaux thermales. — PRENDRE UN BAIN D'AIR, demeurer nu exposé à l'action de l'air pendant la durée ordinaire d'un bain. — BAIN DE MARC DE RAISIN, DE CENDRES, DE SABLE, DE BOUE, DE BOURBE, ETC., celui qui consiste à se plonger le corps de ces matières ou à s'y plonger. — BAIN SIMPLE, bain ordinaire dans de l'eau. — BAIN COMPOSÉ ou MÉDICAMENTEUX, bain contenant certaines substances médicamenteuses. On range parmi les bains médicamenteux, les bains de sang, de marcs, d'eaux minérales, de boues, de fumier, de sable. etc. — *Bain alcalin*, 300 gr. de carbonate de soude, dans un bain. Tonique. —

Bain antiscrofuleux, faire bouillir 1 kilogr. de feuilles de noyer dans 2 litres d'eau ; ajouter 1 kilogr. de sel marin et verser dans un bain d'enfant. — *Bain aromatique*, contre le rachitisme, les scrofules : faire bouillir 1 kilogr. d'espèces aromatiques dans 5 litres d'ea u; passer 500 gr. d'eau : on verse le tout dans une baignoire en bois.— *Bain électrique*. Excitant. Consiste à placer le malade sur un isoloir communiquant avec le conducteur principal de la machine électrique. — *Bain émollient*, contre les maladies inflammatoires; faire bouillir 2 kilogr. de son et 250 gr. de graine de lin dans 5 litres d'eau; verser dans le bain. — *Bain gélatineux*, contre les affections squameuses de la peau. Faire dissoudre 1 kilogr. de colle de Flandre dans 10 litres d'eau chaude; mélanger avec le bain. — *Bain mercuriel*, dans la syphilis et certaines maladies de la peau ; faites dissoudre 15 gr. de sublimé corrosif dans 100 gr. d'alcool; versez dans une baignoire en bois contenant l'eau du bain. — *Bain satin*, qui contient du sel gris en dissolution. — *Bain sulfureux*, contre les maladies de la peau. Il contient du sulfate de potasse, de chaux ou de soude. — BAIN DE PIED, excédant qui tombe d'un petit verre de liqueur dans la soucoupe. — *** Bains** s. m. pl. Appartement destiné pour se baigner : *les bains du roi, de la reine.* — Tout établissement public où l'on peut aller prendre des bains: *bains publics.* — Eaux naturellement chaudes, où l'on va se baigner : *les bains de Bourbonne.* — Encycl. Il y eut de nombreux établissements de bains à Athènes, ainsi que dans les principales villes de la Grèce et dans la Perse; mais nulle part ils ne furent luxueux comme à Rome pendant l'empire. Les bains publics de Pompéi (mis à découvert en 1824) quoique inférieurs en grandeur et en richesse à ceux de la capitale, occupaient une surface de 10,000 pieds carrés et contenaient deux établissements balnéaires distincts; on pense que le plus petit était spécialement réservé aux femmes. — Le système romain comprenait une série de chambres contiguës : l'*apodyterium*, où l'on se déshabillait ; le *frigidarium*, chambre chauffée pour servir d'intermédiaire entre le bain froid et le bain chaud; le *caldarium*, qui contenait le bain d'eau chaude au bout et le *baconicum* ou bain d'air chaud à l'autre bout. L'un de nos dessins montre, d'après une fresque des bains de Titus à Rome, l'arrange-

Bains de Titus.

ment intérieur des bains et la manière de les chauffer à l'aide de fourneaux. Les grands thermes construits par les empereurs étaient bien plus vastes que celui dont nous venons de parler. Ceux de Caracalla, par exemple, mesuraient 1,500 pieds de long sur 1,250 de large. Le *Natatorium* ou bain de natation, dans ceux de Dioclétien, avait 200 pieds de long sur 100 de large, et on a calculé que 1,800 personnes pouvaient se baigner au même temps dans les diverses parties de l'établissement. — Depuis le déclin de la civilisation romaine, ce sont les Arabes et les Turcs qui ont le plus particulièrement pratiqué la balnéation, devenue très compliquée chez eux. Après que le baigneur a transpiré jusqu'à l'excès dans une chambre chauffée, on procède au massage de son corps. Il passe ensuite dans une pièce voisine où on lui couvre la tête d'une couche épaisse de savon écumeux

Bain turc.

et le corps d'une espèce de pommade Dans deux autres chambres, on le lave alternativement avec de l'eau froide et de l'eau chaude et il retourne au grand air en passant par des températures graduées. — Les nations septentrionales ont également des usages particuliers. En Russie, le bain consiste d'abord à transpirer, puis à être frictionné; il se termine par des ablutions successives dans l'eau chaude et dans l'eau froide. Parmi les Russes de Sibérie, les bains sont particulièrement employés comme moyen de combattre les effets du froid violent et de prévenir la fièvre. — Au Mexique, on emploie une forme particulière de bains de vapeur. Le baigneur, penché sur

Bain de vapeur mexicain.

une banquette très basse ou couché sur une planche, est enveloppé dans un nuage de vapeur d'eau produite en dessous du plancher. — Sous le rapport de leur température, les bains se distinguent en : 1° *Bains froids* de 4° à 15° C., employés seulement pour produire une excitation sédative énergique et une réaction intense. De 10° à 45°, ils sont toniques et calmants; les médecins les prescrivent contre certaines affections nerveuses. 2° *Bains frais*, de 15° à 24°, température ordinaire des rivières, des étangs et de la mer en été. Toniques, ils sont salutaires aux jeunes gens des deux sexes. — 3° *Bains tempérés* ou *tièdes*, de 24° à 32°, bains que l'on prend dans les baignoires comme moyen d'hygiène et de propreté. On les recommande surtout aux personnes nerveuses, bilieuses, irritables, à celles qui ont les organes digestifs malades ou une affection de la peau et enfin aux vieillards. 4° *Bains chauds*, au-delà de 35°. Ils produisent un état congestif de la peau et sont employés (sur la prescription du médecin) pour rappeler une éruption rentrée. — Les *bains de vapeur*, ou d'étuve humide sont préférés aux bains chauds, parce qu'ils présentent moins de danger. Ils produisent une vive excitation à la peau et provoquent les sueurs. On fait asseoir le malade sur un tabouret, on l'enveloppe de couvertures (la tête en dehors), puis on produit, sous le tabouret, de la vapeur, au moyen

d'un vase plein du liquide à évaporer et d'une lampe à alcool ayant plusieurs mèches. Ils ont l'inconvénient d'affaiblir. — BAINS DE RIVIÈRE. On s'en abstiendra pendant les journées froides ou pluvieuses; ainsi qu'à la suite des orages qui ont pu troubler les eaux; on ne se baignera ni dans les eaux de source, d'un froid glacial, ni dans les eaux stagnantes. Un quart d'heure de natation suffit aux tempéraments affaiblis ou nerveux; les personnes fortes peuvent prolonger jusqu'au delà d'une demi-heure cet exercice salutaire. — Ne pas entrer dans l'eau froide ou fraîche lorsqu'on est en sueur; s'y plonger en un seul temps et tout entier; se baigner à jeun (4 à 6 heures après les repas); éviter dans le bain un soleil ardent; s'essuyer, s'habiller et prendre de l'exercice dès la sortie du bain. — BAINS DE MER. Ils fortifient mieux que les bains de rivière. On les prend à la fin de l'été ou au commencement de l'automne. Ils combattent la cachexie scrofuleuse par les sels qu'absorbe la peau et par les vapeurs salines qui saturent l'air des côtes. — On les recommande dans les cas d'aménorrhée, de dysménorrhée, de blessures, de carie, de névralgie, de névrose, de pertes séminales, etc. — En France, les principales stations balnéaires maritimes sont : *sur la Méditerranée*, Nice, Cette; Hyères; *sur l'Atlantique*, Biarritz, la Teste, Arcachon, Royan, la Rochelle, les Sables-d'Olonne, Pornic, Saint-Gildas, le Croisic, Belle-Isle, Port-Louis; *sur la Manche*, Saint-Malo, Granville, Luc, Cabourg-Dives, Trouville, Honfleur, le Havre, Sainte-Adresse, Etretat, Fécamp, Saint-Valery-en-Caux, Dieppe, le Tréport, Wissant, Boulogne, Calais, Dunkerque.

* BAIN (Ordre du), *Knights of the Bath*, ordre militaire anglais. Froissart nous apprend qu'au couronnement de roi Henri IV, en 1399, ce prince fit chevaliers quarante-six écuyers qui furent appelés chevaliers du Bain parce qu'ils s'étaient baignés, après avoir veillé pendant toute la nuit précédente. Cet ordre, aboli pendant la Révolution, fut révisé en 1725, puis étendu en 1815 et en 1847. Il se compose aujourd'hui de 75 grand'croix, 150 commandeurs et 725 chevaliers (companions). Il est à la fois militaire et civil. Insignes : pour les militaires, croix de Malte à huit pointes portant au centre la rose, le chardon et le trèfle, au milieu de trois couronnes impériales, avec cette devise : *Tria juncta in uno*. La classe civile ne porte qu'une médaille avec les mêmes emblèmes. Le cordon est rouge.

BAIN (Alexandre), physicien distingué, né en 1810, mort en décembre 1876; a construit le premier télégraphe électro-chimique.

BAIN, ch.-l. de cant., arr. et à 41 kil. N.-E. de Redon (Ille-et-Vilaine); 4,500 hab. Dentelles, serges, étoffes de laine, tanneries.

* BAIN-MARIE s. m. (étymologie contestée : lat. *balneum Mariæ*, bain de Marie; ou *balneum maris*, bain de mer. Si cette dernière étymologie était la bonne, on devrait écrire *bain-maris*). Art cul. et chim. Bain d'eau chaude dans lequel l'on plonge le corps dont on veut élever la température sans les exposer aux coups de feu. — Plur. des BAINS-MARIE. — On a recours au bain-marie chaque fois que l'on veut agir sur des substances susceptibles de s'altérer à une chaleur supérieure à 100° C. (ébullition de l'eau). Lorsqu'on veut obtenir un degré supérieur à celui de l'ébullition de l'eau pure, on dissout du sel dans l'eau du bain.

BAINS, station balnéaire et ch.-l. de cant., arr. et à 25 kil. S.-O. d'Epinal (Vosges); 2,600 hab. Brasseries, broderies, forges, graines et vins. Deux sources principales d'eaux thermales légèrement salines (chlorurées sodiques), fortifiantes et calmantes. Température de la *grosse source*, 50° C.; de la *source tiède*,

33°. — Rhumatisme, débilité, affections nerveuses, maladies utérines. — Deux établissements : le *vieux-bain* et le *bain-neuf*. — Environ 4,000 baigneurs chaque année.

BAINS DE LA REINE, station balnéaire, à 2 kil. d'Oran (Algérie). Sources chlorurées sodiques, bromurées; 54° C. Débilité d'estomac; lenteur des digestions, diarrhées récentes, coliques néphrétiques, calculs biliaires, engorgement des viscères abdominaux, répercussion de la gale, dartres, rhumatismes simples et goutteux, maladies des articulations, anciennes blessures par armes à feu, ulcères rebelles, etc. Etablissement militaire; bains de mer.

BAINS DE RENNES, village du cant. de Couiza (Aude); 500 hab. Eaux minérales.

BAINS DU MONT DORE (Les), village du cant. de Rochefort (Puy-de-Dôme); 1,200 hab. Eaux minérales.

* BAÏONNETTE s. f. (de *Bayonne*, ville où ces armes furent, dit-on, employées pour la première fois en 1523). Lame pointue que l'on adapte au canon du fusil, afin d'en faire une arme de main, et qui peut se retirer à volonté. Les baïonnettes sont ordinairement triangulaires ou carrées à côtés évidés. On dit quelquefois figurément, *vingt mille baïonnettes*, *cent mille*, etc., pour vingt mille, cent mille hommes d'infanterie sous les armes, prêts à combattre. — Hist. Pendant la première partie du XVIIᵉ siècle, on conserva les piquiers dans l'infanterie parce que les soldats armés de mousquets ne pouvaient opposer aucune résistance dans les cas de combat à l'arme blanche. Pour remédier à ce défaut, ils s'habituèrent, vers le milieu du XVIIᵉ siècle, à enfoncer le manche de leurs poignards dans la bouche de leurs fusils, et ils s'en servirent en guise de piques; de telle sorte que lorsque le poignard était ainsi fixé, le fusil ne pouvait plus tirer. Mais comme beaucoup de poignards avaient la garde munie d'un anneau, les hommes trouvèrent à propos de se servir de cet anneau pour maintenir leurs poignards à la bouche des fusils. Bientôt, les poignards, devenus baïonnettes, furent fixés extérieurement autour du canon, de façon à permettre de charger et de décharger l'arme à feu (1701). La baïonnette se composait de trois parties : la *lame*, en acier naturel, trempé et recuit; la *douille*, cylindre creux en fer qui reçoit le bout du canon, et le *coude*, qui relie la lame et la douille. La douille était entourée d'une *bague* en fer qui fixait la baïonnette en se plaçant sous le tenon du fusil. — Vers le milieu du XIXᵉ siècle fut adopté le sabre-baïonnette pour les troupes d'infanterie légère et, plus tard, pour les soldats armés du chassepot.—La nouvelle baïonnette, appelée *baïonnette-épée*, expérimentée en 1873 et adoptée en 1875, est plus courte d'environ 5 centimètres que le sabre-baïonnette; mais elle est plus légère et présente l'avantage de faciliter le tir. Sa lame est triangulaire, à dos plat, sans parois creux, sa poignée est en noyer, son fourreau en tôle d'acier bronzée. Par suite d'un perfectionnement de sa poignée, on peut l'adapter à un fusil quelconque.

* BAÏOQUE s. f. Petite monnaie des Etats romains, qui valait un peu plus de 5 centimes de France.

* BAIRAM, BEIRAM ou Beyran s. m. [ba-ramm]. Mot persan qui désigne chacune des deux fêtes principales de l'islamisme. Le *petit Bairam* ('Id-el-fitr, fête de la rupture) a lieu immédiatement après le jeûne de Ramadan; il commence au lever du soleil, le premier jour du mois de shevval, et dure pendant trois jours. Le *grand Bairam* vient soixante jours plus tard. On l'appelle 'Id-el-kébir, grande fête, ou *kourban bairam*, fête du sacrifice, parce qu'on immole des bêtes de boucherie pour les distribuer aux pauvres. Il commence le 10 du mois de zilhidje et continue pendant quatre jours. Tant que durent ces fêtes, les musulmans suspendent tout travail; ils passent leur temps à rendre des visites, à faire des cadeaux, à prier dans les mosquées et à répandre des aumônes.

BAIRD (sir DAVID), général anglais, né en Ecosse (1757-1829), capitaine dans l'Indoustan, il fut pris et resta en captivité à Seringapatam, pendant près de quatre ans. — En 1799, devenu major général il commanda les troupes qui prirent cette place. — En 1803, il fut mis à la tête de l'expédition contre les établissements hollandais du cap de Bonne-Espérance. Deux ans plus tard, il conduisit une division à l'attaque de Copenhague et, en 1808, il succéda au général Moore, tombé à la Corogne; mais il se démit presque aussitôt du commandement.

BAIRD (Robert), ecclésiastique américain (1798-1868), auteur de « la Religion en Amérique » et d'une « Histoire des Albigeois et des Vaudois ».

BAIREUTH ou Bayreuth, cap. de la Haute-Franconie, Bavière, sur le Mein-Rouge, à 65 kil. N.-N.-E. de Nuremberg; 18,000 hab.

Baireuth.

On y remarque plusieurs palais, parmi lesquels l'Hermitage, habité par Frédéric le Grand et par sa sœur, la margravine de Baireuth. Statue de Richter, brasseries, distilleries, fabriques de nouveautés, de cotonnades, de cuir. Richard Wagner y fit construire un remarquable théâtre pour la production de sa trilogie musicale dont la première représentation eu lieu du 13 au 17 août 1873. Autrefois capitale de la principauté de Kulmbach (plus tard principauté de Baireuth), cette ville fut unie à la principauté d'Anspach à la mort du margrave Frédéric (1763); puis fut cédée à la Prusse en 1791, aux Français en 1806 et à la Bavière en 1810.

BAIS, ch.-l. de cant., arr. et à 21 kil. S.-E. de Mayenne (Mayenne), 2,500 hab.

BAÏSE ou Bayse, riv. qui naît sur le plateau de Pinas, arr. d'Oloron (Hautes-Pyrénées), passe à Mirande, Condom, Nérac, arrose une étroite vallée et se jette dans la Garonne un peu au-dessus d'Aiguillon (Lot-et-Garonne), après un cours de 160 kil. On l'a rendue navigable jusqu'à Condom.

* BAISEMAIN s. m. Féod. Hommage que le vassal rendait au seigneur du fief, en lui baisant la main. — Cérémonie usitée dans quelques cours, et qui consiste à baiser la main du prince : cérémonie du baisemain. — Baisemains s. m. pl. Civilités, compliments, recommandations : faire ses baisemains à quel-

qu'un. — Est féminin dans cette loc. fam. A BELLES BAISEMAINS, avec empressement et reconnaissance.

* BAISEMENT s. m. Action de baiser. Ne désigne guère que l'action de baiser les pieds du pape.

* BAISER v. a. (lat. basiare). Appliquer sa bouche sur le visage, sur les lèvres, sur quelque partie du corps d'une personne, par amitié, par amour, par civilité, par respect : baiser à la joue, au front :

> Sur tes lis de son sein mollement je repose,
> Je baise mille fois ses deux lèvres de rose.
> COLLETET.

— Appliquer sa bouche sur une chose: il baisa la terre :

> De sa divine main elle me cueillerait,
> Et, me cueillant. elle me baiserait
> De sa bouche vermeille.
> SEGRAIS. Eglogues.

— BAISER LA MAIN, porter sa main par respect près de sa bouche. quand on veut présenter ou recevoir quelque chose, ou quand on veut saluer quelqu'un. — Prov. Vous DEVRIEZ BAISER LA TRACE DE SES PAS, CHACUN DE SES PAS, il vous a rendu de très grands services, vous lui devez beaucoup de reconnaissance. — Fig. et Fam. BAISER LES MAINS A QUELQU'UN, lui faire ses compliments. — Fam. JE VOUS BAISE LES MAINS, se dit iron. pour témoigner à quelqu'un qu'on n'approuve point ce qu'elle dit, ou qu'on ne veut pas faire ce qu'elle demande. — SE BAISER v. récipr.:

> Deux pigeons se baisaient.

— Fig. et fam. Etre en contact, en parlant des choses : deux arbres qui se baisent dans la charmille.

* BAISER s. m. (lat. basium). Action de celui qui baise : chaste baiser. — BAISER DE PAIX, baiser qui se donne et se reçoit en signe de réconciliation et de bonne intelligence.—Cérémonie qui se fait à la grand'messe, lorsque le célébrant et ses ministres s'embrassent. — Prov. et fig. BAISER DE JUDAS, baiser d'un traître.

* BAISEUR, EUSE adj. Celui, celle qui se plaît à baiser.

* BAISOTER v. a. Diminutif et fréquentatif de baiser : elle est toujours à baisoter cet enfant.

* BAISSE s. f. Diminution de prix, de valeur, surtout en parlant des fonds publics, des effets publics commerçables : baisse des actions. — JOUER A LA BAISSE, promettre de livrer, au prix du cours actuel et à une époque déterminée, des effets ou papiers de crédit

public, dans l'espoir de les racheter alors à un prix inférieur.

* BAISSÉ, ÉE part. pas. de BAISSER. — TÊTE BAISSÉE loc. adv. et figurée. Se dit en parlant de ceux qui s'exposent au péril hardiment, audacieusement. — Se dit aussi en parlant des personnes qui se portent à quelque chose avec ardeur, sans rien examiner, sans rien craindre : aussitôt qu'on lui eut proposé cette affaire, il y donna tête baissée. — Se dit encore en parlant de ceux qui donnent complètement dans un piège: il a donné tête baissée dans le piège.

* BAISSER v. a. (rad. bas). Abaisser, mettre plus bas : baisser les glaces d'une voiture. — Diminuer la hauteur, rendre plus bas: baisser une muraille. — Fig. et fam. BAISSER LE PAVILLON, BAISSER PAVILLON, BAISSER LA LANCE DEVANT QUELQU'UN, lui céder, lui déférer. — BAISSER LES YEUX, regarder en bas. — BAISSER LA VOIX, parler plus bas. — BAISSER LE TON, parler d'un ton moins élevé, moins assuré, et, figurément, être moins insolent, moins hautain, moins présomptueux. — BAISSER UN INSTRUMENT DE MUSIQUE, le mettre dans un ton plus bas.— Fig. et fam. BAISSER L'OREILLE, paraître découragé, mortifié de quelque perte, de quelque mauvais succès. — Manège. BAISSER LA MAIN A UN CHEVAL, pousser son cheval à toute bride. — Fig. BAISSER LE PRIX D'UNE MARCHANDISE, la vendre à meilleur marché. — v. n. Aller en diminuant de hauteur: la rivière a baissé d'un pied. — LE JOUR BAISSE, le jour diminue, la nuit commence à venir. — CE VIEILLARD BAISSE, il s'affaiblit tous les jours. — CE MALADE BAISSE, son état empire. — SA VUE COMMENCE A BAISSER, sa vue commence à n'être plus aussi bonne. — SON GÉNIE, SON TALENT, SON ESPRIT BAISSE, diminue, s'affaiblit. — CE VIN BAISSE, il perd de sa force, de son bouquet. — CETTE MARCHANDISE BAISSE, LES ACTIONS, LES RENTES BAISSENT, LES FONDS, LES EFFETS PUBLICS BAISSENT, LE CHANGE BAISSE, ils tombent ils diminuent de prix, de valeur. — Fig. et fam. LES ACTIONS DE CET HOMME BAISSENT, sa puissance, son crédit, sa réputation diminuent.— CETTE PLACE DE COMMERCE BAISSE, elle perd de son commerce, de son crédit. — Se baisser v. pr. S'abaisser: il faut se baisser pour entrer dans cette grotte. — Prov. et ironiq. IL SEMBLE QU'IL N'Y AIT QU'A SE BAISSER ET EN PRENDRE, se dit d'une chose qui paraît aisée, et qui ne l'est point. — Prov. et fig. C'EST UN HOMME QUI NE SE HAUSSE NI NE SE BAISSE, il ne s'émeut de rien, il est toujours égal.

* BAISSIER s. m. Celui qui joue à la baisse sur les fonds publics. « Voici comment opèrent les baissiers. Sans avoir d'actions, ils en vendent des quantités plus ou moins considérables, suivant le crédit dont ils peuvent disposer. Or, plus une marchandise est offerte, plus son cours baisse. Quand les actions sont descendues à un cours inférieur à celui auquel ils les ont vendues, ils les rachètent et gagnent ainsi la différence » (Calemard de Lafayette).

* BAISSIÈRE s. f. (rad. baisser). Reste du vin quand il approche de la lie.

* BAISURE s. f. Endroit par lequel un pain en a touché un autre dans le four.

BAIUS (Michel de Bay, connu sous le nom de), théologien flamand (1513-'89), professeur et chancelier de l'université de Louvain, auteur d'ouvrages basés sur les doctrines de saint Augustin. Quelques unes de ses thèses, dénoncées par les jésuites, furent condamnées par la Sorbonne et ensuite par une bulle du pape Pie V. Baius se rétracta et fut nommé inquisiteur général des Pay-Bas. En cette qualité, il combattit les hérétiques; mais ses opinions, appelées le Baïanisme, donnèrent naissance à une hérésie nouvelle, le Jansénisme. Les œuvres de Baius ont été publiées à Cologne, 1696, 2 vol. in-4°. Voy. Histoire du

Baianisme, par le P. Duchesne ; voy. aussi : *Dissertation sur les bulles contre Baius*, par l'abbé Coudrette.

BAIXAS, village du canton de Rivesaltes, arr. de Perpignan ; 2,350 hab. Bon vignoble.

BAJACCA (Jean-Baptiste), jurisconsulte italien du commencement du XVIIᵉ siècle ; auteur de *La vita del cavalier Gio-Bat. Marini* (Rome, 1625).

BAJAZET ou **Bayasid**. I. Sultan ottoman, né en 1347, successeur de son père Amurat Iᵉʳ en 1389, mort en 1403. Ses armées pénétrèrent en Valachie et en Hongrie, subjuguèrent les pays qui entourent le mont Balkan, et châtièrent les princes révoltés de l'Asie Mineure. Il battit complètement Sigismond de Hongrie à Nicopolis (1396), envahit la Morée et mérita le surnom de *Ilderim*, le Foudre de guerre. Vaincu par Tamerlan, à Angora (1402), il resta entre les mains des Mongols qui l'enfermèrent, dit-on, dans une cage de fer. Voy. ANCYRE. — II. Sultan ottoman, né en 1447, successeur de son père, Mahomet II, en 1481, mort en 1512. Il chassa de l'empire son frère Zizim qui lui disputait le trône, soumit la Bosnie, la Croatie, Lépante, Modon et Coron, mais fut battu en Syrie par les Mamelucks d'Égypte et fut détrôné puis empoisonné par son fils Sélim. — III. Prince ottoman, fils de Soliman Iᵉʳ et de Roxelane, disputa le trône à son frère Sélim II, fut vaincu, s'enfuit chez le roi de Perse, qui le livra à Sélim ; celui-ci le fit étrangler (1566). — IV. Prince ottoman, frère d'Amurat IV qui, jaloux de ses brillantes qualités, le fit mettre à mort en 1635. — Racine a tiré de cette histoire le sujet d'une tragédie en cinq actes, représentée le 5 janvier 1672, sur le théâtre de l'Hôtel de Bourgogne et considérée comme l'un des chefs-d'œuvre de ce poète.

BAJAZID ou **Bayazid**, ville forte de l'Arménie turque, à 280 kil. E.-S.-E. d'Erzeroum ; 8,000 hab., presque tous Kurdes. Citadelle, arsenal et palais.

BAJET. Zool. Espèce d'huître des côtes du Sénégal.

BAJOCASSES ou **Bodiocasses**, peuple de l'ancienne Gaule Lyonnaise deuxième. Leur capitale était Augustodurum (Bayeux).

BAJOCIEN adj. Se dit d'un étage jurassique situé au-dessus du lias supérieur, et dont le type français est à Bayeux. Il contient les couches argileuses appelées terre à foulon. — Substantiv. : *le bajocien est aussi nommé oolithe inférieure*.

BAJOIRE s. f. Médaille ou monnaie empreinte de deux têtes affrontées ou superposées.

BAJOLY (Cap), promontoire de l'île de Minorque, par 40°0'48" lat. N. et 1° 25' long. E.

BAJON, naturaliste, né vers la fin du XVIIIᵉ siècle ; chirurgien-major à Cayenne, de 1763 à 1775, il a laissé des *Mémoires pour servir à l'histoire de Cayenne*, ouvrage dans lequel on trouve des détails intéressants ; 2 vol. in-8°, Paris, 1777.

⁎ BAJOUE s. f. (rad. *bas* et *joue*). Partie de la tête du cochon, qui s'étend inférieurement, de chaque côté, depuis l'œil jusqu'à la mâchoire. — ⸺ **Bajoues** s. f. pl. Archit. Talus en terre, ordinairement revêtu de maçonnerie, qui maintient les eaux d'un canal ou d'un bassin.

BAJOYER s. m. [ba-joa-ié]. Archit. Mur ou aile des culées des ponts. — Mur de revêtement d'une chambre d'écluse, évidé de manière à loger les portes lorsqu'elles sont ouvertes.

BAKACS (Tamas) [ba'-katch] homme d'État hongrois, mort en 1521. Chancelier de Ladislas II, archevêque de Gran et cardinal, il as-

pira vainement à la papauté, prêcha une croisade contre les Turcs et souleva une armée de paysans. Mais ces derniers, commandés par Dozsa, au lieu de marcher sur les musulmans, se tournèrent contre la noblesse et commirent d'épouvantables ravages (1514).

BAKALAKAHARI, tribu africaine appartenant à la famille des Bechuanas et habitant le territoire compris entre la rivière Great-Fish, le lac Ngami et la rivière Orange.

BAKEL, ch.-l. d'arr. de la colonie française du Sénégal, à 720 kil. de Saint-Louis, non loin du confluent de la Falémé avec le Sénégal ; 1,900 hab. L'arr. comprend Matam, Sénoudéhou et Médine. Les Français construisirent à Bakel, en 1819, un fort pour protéger le commerce des négociants français avec les indigènes. Importation de verroterie, de cotonnade, de quincaillerie, de poudre, etc. Exportation de gomme, d'or, de cire et de peaux. Climat des plus malsains. Lat. 14° 53' 30" N. ; long. 14° 44' 40" O.

BAKER [bé-keur]. I. (Edward-Dickinson), général et sénateur américain, né en Angleterre en 1811, tué à Ball's Bluff, le 21 octobre 1861. — II. (Henry), naturaliste anglais (1698-1774), introduisit dans sa patrie la grosse fraise des bois, la rhubarbe et plusieurs autres plantes exotiques ; il se livra pendant plusieurs années à l'éducation des sourds-muets. Ses recherches sur la cristallisation ont été traduites en français par le P. Pézenas, sous ce titre : *le Microscope mis à la portée de tout le monde*, 1754. — III. (sir Richard), historien anglais (1568-1645), auteur d'une *Chronique des rois d'Angleterre* qui fut longtemps populaire. — IV. (Robert), voyageur anglais, mort en 1580 ; visita la Guinée en 1562 et 1563. Il a écrit une relation en vers de ces deux voyages, imprimée dans la collection d'Hakluyt.

BAKEWELL [bék-ouèl], ville du Derbyshire, Angleterre, sur la rivière Wye, à 35 kil. N.-N.-O. de Derby, 10,800 hab. Église qui date du temps des Saxons ; mines de plomb et de charbon ; industrie cotonnière ; sources chalybées.

BAKEWELL (Robert), agronome anglais (1725-'95), propriétaire de la ferme de Dishley, introduisit dans le Leicestershire le bœuf à longue cornes et perfectionna les races de moutons, de chevaux et de porcs. — Mouton Bakewell ou *Dishley*, race créée par Robert Bakewell et remarquable par la délicatesse de sa chair, la finesse des os, la légèreté des intestins et une disposition à l'assoupissement.

BAKHMOUT, ville de Russie, à 220 kil. E. de Yekaterinoslov ; 15,000 hab. Mines de charbon, carrière de marbre.

BAKHTCHISERAÏ (turc : Palais des Jardins), ville tartare de Crimée, à 38 kil. N.-E. de Sébastopol ; 12,500 hab. Elle renferme le palais des anciens khans de Crimée ; on y produit du maroquin, de la soie, etc. Près de là, se trouve la ville princ. des Caraïtes, Tchoufou-kalé ou Château des Juifs.

BAKHTEGAN, lac du Farsistan, Perse, par 29° 30' lat. N. ; 100 kil. de long, sur 14 de large. Desséché en été, il met à découvert d'immenses bancs de sel.

BAKHTISHWA, BAKHTICHANA ou **Bakhtichoua**, famille de chrétiens nestoriens qui, pendant les VIIIᵉ, IXᵉ, Xᵉ et XIᵉ siècles, donna les plus fameux médecins de la cour de Bagdad. Le plus célèbre, *Abou Sa*, est l'auteur présumé de l'ouvrage intitulé : « *Le Jardin de la médecine*. »

BAKONY, chaîne de montagnes hongroises entre la Raab et le lac Balaton. Hauteur moyenne 600 m. Ces montagnes sont couvertes de forêts de chêne dont les glands servent à la nourriture de grands troupeaux de porcs. Les gardiens de ces troupeaux figurent

toujours comme voleurs dans la littérature hongroise.

BAKOU, Baku ou **Bakoo**. I. Autrefois Khanat indépendant, aujourd'hui gouvernement ou province de Russie, dans la Transcaucasie, sur la mer Caspienne et comprenant le Schirvan et une partie du Daghestan. 39,243 kil. carr. ; 515,000 hab. Le gouvernement comprend la péninsule d'Apchéron, célèbre par ses boues volcaniques, ses sources de naphte et ses formations salines. Après les pluies chaudes de l'automne, la contrée qui entoure la ville de Bakou est toute imprégnée de matières inflammables et semble en feu. Les flammes roulent par masses énormes sur le sol ; mais, fort heureusement, elle n'émettent pas de chaleur. — II. Capitale du gouvernement ci-dessus ; port principal de la mer Caspienne, sur la péninsule d'Apchéron. 16,000 hab., presque tous musulmans. La ville, entourée d'une double muraille, renferme une maison de douane, plusieurs écoles, des mosquées, des églises et un palais des anciens khans (aujourd'hui caserne). Elle fut annexée à la Russie en 1806. En raison des colonnes enflammées qui courent sur le sol après les pluies automnales, les parsis tiennent la ville de Bakou pour une ville sainte, qu'ils appellent le « Paradis des roses ». Près de là se trouve un temple que les adorateurs du feu ont bâti sur un cratère dont les flammes s'exhalent par quatre cheminées de 8 mètres de hauteur. Voy. ATESH-GAH. — Lat. N., au palais du Khan, 40° 22' 3" ; long. E. 47° 29' 51".

BAKOUNINE ou **Bakounin (Mikhaïl)**, révolutionnaire russe (1814-'76). Sa fuite de Russie, en 1841, motiva la confiscation de ses biens ; et l'agitation que ses écrits ne cessaient de provoquer causa son expulsion de la France, en 1847. L'année suivante, il joua un rôle actif dans les événements qui eurent lieu à Prague, et fut le chef le plus audacieux de l'insurrection de Dresde, en 1849. Fait prisonnier et condamné à mort, il n'échappa à cette sentence que parce que le gouvernement autrichien préféra le livrer à la Russie, qui l'expédia en Sibérie. Bakounine parvint à s'évader, se réfugia au Japon et ensuite aux États-Unis (1861) d'où il vint à Berne. Jusqu'à sa mort il continua d'agiter la Russie. Les nihilistes le considèrent comme un de leurs martyrs.

⁎ BAL (bas lat. *ballare*, danser). s. m. Réunion, assemblée où l'on danse. — LA REINE DU BAL, ⁎celle pour qui on donne le bal, ou à qui on en fait les honneurs. — Fig. et ironiq. DONNER LE BAL A QUELQU'UN, le maltraiter. — Fig. et fam. METTRE LE BAL EN TRAIN, engager une affaire, une discussion ; élever une question qui agite et révolte les esprits. — Jeu. METTRE UNE CARTE AU BAL, jouer sur cette carte. — Législ. « C'est au préfet de police à Paris et aux maires des autres communes, qu'il appartient de prendre et de faire exécuter les mesures d'ordre dans les endroits publics (L. 16-24 août 1790). A Paris, l'arrêté préfectoral du 31 mai 1833 réglemente la police des bals publics. Les règlements ne peuvent être appliqués à des bals privés, alors même qu'ils seraient donnés dans un établissement public (Arr. de Cass. 3 août 1867). Le prix d'entrée dans les bals publics doit être augmenté d'un décime par franc, perçu au profit des bureaux de bienfaisance (L. 7 frim. an V) ». (CH. Y.)

BALAAM (hébr. *Bil'am*), fameux prophète de Phétor, en Mésopotamie. Ayant reçu de Balac, roi de Moab, la mission de maudire les Israélites qui arrivaient sur les bords du Jourdain, il partit monté sur son ânesse. Mais celle-ci, inspirée par le Seigneur, qui lui donna, pour cette circonstance, une voix humaine, reprocha à Balaam sa dureté ; et le prophète se mit à bénir le peuple qu'il avait pour mission de maudire. Voy. dans l'Ancien Testament, les NOMBRES, XXII-XXIV.

BALACLAVA ou **Balaklava**, petite ville maritime de Russie, sur la côte S.-O. de Crimée, au fond d'une baie de la mer Noire; et à 13 kil. S.-S.-E. de Sébastopol ; 750 hab. *Symbalon*, des anciens Grecs, *Cembalo*, des Génois. Au commencement de la guerre de Crimée, les Anglais y établirent leur quartier général, qu'ils défendirent par des fortifications et qu'ils relièrent à Sébastopol par un chemin de fer. Le 25 octobre 1854, Balaclava fut attaqué par les Russes, qui prirent d'assaut quatre redoutes turques et s'emparèrent de onze canons. Aussitôt, le comte anglais de Cardigan, exécutant un ordre mal donné ou mal compris, les chargea avec sa brigade de cavalerie légère, forte de 675 hommes. Il passa dans une vallée dominée des deux côtés par des batteries russes, sahra les artilleurs et revint au camp avec 150 hommes. Cette charge, dite *des six cents*, est restée célèbre dans les annales militaires de l'Angleterre.

BALADE s. f. (vieux franç. *baller*, s'agiter, se diviser). Flânerie, promenade :

> Vrai, y a pas moyen
> D'aller fair'son tour de *balade*.

BALADE. I. Nom indigène de la Nouvelle-Calédonie. — **II.** Port maritime de la Nouvelle-Calédonie. Les Français y entretiennent une garnison depuis 1853. Les indigènes qui habitent le village de Balade se distinguent par leur franchise et leur cordialité. — Lat. S. (au Blockhauss), 20° 17' 52"; long. E. 162° 8' 1".

BALADER (Se) v. pr. (du vieux mot *baller*, se divertir). Argot. Etre en balade; flâner.

BALADEUR s. m. Flâneur. — **Baladeuse** s. f. Coureuse.

* **BALADIN, INE** s. (bas lat. *ballare*, danser). Autrefois, danseur, danseuse de théâtre. Aujourd'hui, farceur de place ; homme qui, des bouffonneries, s'efforce de faire rire.

* **BALADINAGE** s. m. Plaisanterie bouffonne et de mauvais goût.

BALÆNICEPS s. m. [ba-lè-ni-sèpss] (lat. *balæna*, baleine; *caput*, tête). Zool. Genre d'échassiers, comprenant un oiseau qui vit sur les bords du Nil blanc. Le *Balæniceps* mesure 1 m 30 de haut ; il ressemble à une cigogne ; mais sa tête énorme, munie d'un bec massif, rappelle celle de la laleine.

* **BALAFRE** s. f. (particule romane péjorative *bar*, qui donne au mot un mauvais caractère; anc. haut allemand *leffur*, lèvre). Blessure longue, faite au visage par une arme tranchante. — Cicatrice qui reste quand la blessure est guérie.

* **BALAFRÉ, ÉE** adj. Qui a une balafre.—Le Balafré, surnom de Henri de Guise.

* **BALAFRER** v. a. Blesser en faisant une balafre.

* **BALAI** s. m. [ba-lè] (all. *welle*, faisceau de brindilles). Ustensile qui sert à nettoyer, à ôter les ordures, à les pousser hors du lieu où elles sont. — **MANCHE A BALAI**, bâton par lequel on tient le balai. — **DONNER UN COUP DE BALAI A UNE CHAMBRE**, en ôter les plus grosses ordures, la balayer vite et sans beaucoup de soin. — Prov. et fig. **RÔTIR LE BALAI**, passer sa vie, ou plusieurs années de sa vie, dans quelque emploi de peu de considération. — **RÔTIR LE BALAI**, par le plus souvent d'une personne qui a vécu dans la galanterie, dans le désordre.—Prov. et fig. **FAIRE BALAI NEUF**, se dit des domestiques qui servent bien dans les premiers jours de leur entrée en maison. — Fauconn. Queue des oiseaux. — Vén. Bout de la queue des chiens. — ◊◊ Gendarme, agent de police, dans l'argot des camelots.

BALAÏBALAN s. m. Idiome de convention à l'usage des sofis.

BALAÏKA ou **Balaléïka**, sorte de guitare à deux ou trois cordes, en usage chez les Russes et les Tartares.

* **BALAIS** adj. m. Ne s'emploie que dans la locution : **RUBIS BALAIS**, sorte de rubis de couleur de vin paillet.

BALAKLAVA. Voy. **BALACLAVA.**

BALAMBANGAN, île de la Malaisie(Océanie), à la pointe N. de Bornéo. Les Anglais ont plusieurs fois essayé inutilement de s'en emparer. Lat. S. (à la pointe septentrionale) 7° 21' 30" ; long. E. 114° 44' 35".

BALAN, commune du cant. de Sedan (Ardennes) ; 1,500 hab. Brasseries, forges, lainages, savon, balances.

* **BALANCE** s. f. (lat. *bilanx*; de *bis*, deux; *lanx*, bassin). Instrument dont on se sert pour évaluer le poids des corps et dont la forme varie suivant l'usage auquel on le destine. — Comm. Chiffre qui représente la différence de compte entre le débiteur et le créancier.— Action d'arrêter, à une certaine époque, les écritures d'une maison de commerce, pour qu'elle se rende compte de sa situation. — *Balance du commerce*, différence entre les exportations et les importations commerciales d'un pays, comparativement à un autre. — Astron. Constellation zodiacale qui, vers le temps d'Hipparque, coïncidait avec l'équinoxe d'automne. Ce nom est resté attaché au signe dont le commencement répond à ce même équinoxe, dans le zodiaque mobile. — Fig. Polit. **BALANCE OU BALANCE DES PUISSANCES**, équilibre des Etats, relativement à la distribution des territoires, des populations, des alliances, etc., afin d'assurer l'indépendance et l'intégrité des nations et pour contrôler l'ambition des souverains. Ce principe paraît avoir pris naissance chez les écrivains politiques d'Italie au XVᵉ siècle, lors de l'invasion de Charles VIII. Il fut établi par le traité de Münster (24 oct. 1648) et rétabli par le traité de 1815. Depuis 1830, il a reçu de graves atteintes et on lui oppose aujourd'hui le principe des nationalités. — Fig. **BALANCE DES POUVOIRS**, pondérateur des pouvoirs politiques d'un Etat : la balance des pouvoirs existe dans un gouvernement constitutionnel. — **BALANCE D'ESSAI**, ou **TRÉBUCHET**, balance particulière dont se servent les essayeurs. — Fig. **TENIR LA BALANCE ÉGALE ENTRE DEUX PERSONNES, ENTRE DEUX PARTIS**, ne pas favoriser l'un plus que l'autre. — Fig. **FAIRE PENCHER LA BALANCE**, faire qu'une personne, qu'une chose, qu'un avis, qu'une considération l'emporte sur l'autre. — Fig. **METTRE DANS LA BALANCE**, mettre en parallèle, examiner en comparant. — Fig. **METTRE EN BALANCE**, peser dans son esprit le pour et le contre, en quelque matière que ce soit. — Fig. **ENTRER EN BALANCE**, être mis en comparaison. — Fig. **ETRE EN BALANCE**, être en suspens, ne savoir quelle résolution, quel parti prendre. — Fig. **TENIR L'ESPRIT EN BALANCE**, le tenir irrésolu et en suspens. — Encycl. Les balances les plus ordinaires des balances reposent sur le principe du levier du premier genre (v. **LEVIER**), aux deux bras égaux ou des bras inégaux. Dans une balance à bras égaux, le poids égale la puissance lorsque l'instrument est en équilibre. Il est indispensable que le point de support se trouve un peu au-dessus du centre de gravité, parce que s'il était au-dessous, l'équilibre serait instable; s'il se trouvait au centre de gravité, l'équilibre serait indifférent; et s'il était trop élevé au-dessus du centre de gravité, l'instrument ne serait pas suffisamment sensible. Dans les balances les plus délicates, employées pour les expériences physiques et chimiques, le point de support repose sur ce que l'on appelle le fil du couteau, ce qui produit le minimum de frottement. Les matières les plus convenables pour la construction des balances sont celles qui joignent la solidité à la légèreté et qui redoutent le moins l'action de l'air et

des vapeurs acides. Telle est la délicatesse de certaines balances que, lorsqu'elles sont légèrement chargées, il suffit, pour détruire l'équilibre, de la présence d'une personne placée plus près d'un bras que de l'autre et produisant, par conséquent, une dilatation de l'air. Pour les autres formes de balances, voy. **ROBERVAL**, **PÈSE-LETTRE**, **DANOISE**, **ROMAINE**, **BASCULE**, **PESON**, **TORSION**, **HYDROSTATIQUE**, **DYNAMOMÈTRE**, **HYDRAULIQUE**, etc.

* **BALANCÉ, ÉE** part. pas. de *Balancer*. — Mar. Un bâtiment est bien *balancé* dans la voiture, lorsque l'effort du vent sur les voiles de l'avant se trouve en parfait équilibre avec l'effort qui s'opère sur les voiles de l'arrière.

* **BALANCÉ** s. m. Pas de danse où le corps se balance d'un pied sur l'autre en temps égaux.

* **BALANCELLE** s. f. Embarcation napolitaine et espagnole, qui est pointue des deux bouts et navigue à la voile ou à l'aviron. Elle n'a qu'un seul mât, une grande voile à antenne, et une vingtaine d'avirons.

* **BALANCEMENT** s. m. Mouvement par lequel un corps penche alternativement d'un côté et de l'autre. — Peint. Disposition symétrique par laquelle des masses, des groupes répondent à d'autres. — ◊◊ Archit. Diminution progressive de la largeur des marches d'un escalier tournant du côté du limon ou du jour, afin d'éviter les dangers qui résulteraient d'un changement de pente subit.

* **BALANCER** v. a. Tenir en équilibre: *un danseur de corde balance son corps*. — Mouvoir, agiter un corps de manière qu'il penche ou qu'il soit porté tantôt d'un côté, tantôt de l'autre: *corps suspendu que le vent balance*. — Peser dans son esprit, faire l'examen et la comparaison de choses opposées : *balancer les avantages et les inconvénients*. — Compenser une chose par une autre : *balancer les pertes par les gains*.— Empêcher de prévaloir, égaler en importance, etc : *ses preuves balancent les vôtres*.— Peint. Se dit des masses, des groupes qui, dans une composition, servent comme de pendant à d'autres, et forment avec eux une espèce de symétrie ou d'équilibre pittoresque. — **BALANCER UNE COMPOSITION**, faire que les masses, que les groupes s'y balancent, de manière qu'il n'y ait pas un côté du tableau surchargé de figures ou d'accessoires, tandis que l'autre est vide. — **BALANCER UNE FIGURE**, en disposer les membres de manière qu'ils forment équilibre par rapport au centre de gravité. — Comm. **BALANCER UN COMPTE**, rendre égales entre elles, par chiffres, les sommes qui figurent au débit et au crédit d'un compte. — Mar. **BALANCER SA VOILURE**, établir un équilibre convenable entre l'action des voiles de l'avant et l'action des voiles de l'arrière. — **BALANCER LES POIDS DU CHARGEMENT**, les distribuer avec égalité de chaque bord, ce qu'on obtient à l'aide d'un fil à plomb placé le long d'une épontille centrale. — **BALANCER UN COUPLE**, le placer sur la quille de manière que ses branches ne s'écartent pas plus d'un bord que de l'autre. — ◊◊ Argot. Berner, conter des *balançoires*. — Congédier, mettre à la porte.— Envoyer promener. — **BALANCER SON CHIFFON ROUGE**, parler. — **BALANCER SA CANNE**, voler.— **BALANCER LES CHASSIS**, regarder de tous côtés.— **BALANCER SA LARGUE**, quitter sa femme. — **BALANCER SES HALÈNES**, cesser de voler; jeter ses halènes (outils de voleur).— **BALANCER UNE LAZAGNE**, adresser une lettre. — ◊◊ v. n. Danse. Exécuter le pas qu'on nomme *balancé*. — Hésiter, être en suspens, pencher tantôt d'un côté, tantôt de l'autre : *il n'y a pas à balancer*. — Se **balancer** v. pr. Balancer soi : *cette femme se balance trop en marchant*. — Se dit particulièrement de deux personnes qui étant sur deux bouts d'une pièce de bois mise en équilibre, s'élèvent et descendent alternati-

vement. — Être balancé; être égal, équivalent: *les pertes et les profits se balancent.*

BALANCEUR s. m. Ornith. Espèce d'oiseau du genre gros-bec, qui habite l'Amérique du sud et qui vole en se balançant.

*BALANCIER s. m. Pièce qui a un mouvement d'oscillation, et qui sert à régler le mouvement général de toutes les pièces d'une machine. — Machine avec laquelle on frappe les monnaies et les médailles. En France, on attribue l'invention de cette machine à un menuisier nommé Aubin Olivier, qui la présenta au roi Henri II, vers 1553. On l'employa presque aussitôt pour le frappage des médailles; sous le règne de Louis XII, son usage fut étendu au frappage des monnaies. Il est prouvé que le balancier était connu des Italiens avant le règne de Henri II, car Benvenuto Cellini en donne la description dans son *Traité des Arts et de l'orfèvrerie.* — Entom. On nomme *balanciers* les deux petits filets mobiles terminés en massue que les insectes à deux ailes ou les diptères portent au-dessous des ailes et qui semblent remplacer les deux ailes qui manquent. — Long bâton qui sert aux danseurs de cordes à se tenir en équilibre. — Mar. BALANCIER DE BOUSSOLE, cercle de cuivre au milieu duquel la boussole est tenue en équilibre. — BALANCIER DE LAMPE, cercle de fer mobile, au centre duquel demeure constamment en équilibre, malgré les mouvements du vaisseau, la lampe de l'habitacle.

* BALANCIER s. m. Artisan qui fait et vend des poids et des balances. — Saint-Michel était le patron de l'ancienne corporation des balanciers.

* BALANCINE s. f. Mar. Cordage qui, attaché à chaque extrémité d'une vergue, sert à lui faire prendre ou garder la position *horizontale* ou *inclinée,* selon les manœuvres. Toutes les *vergues* ont leurs balancines.

* BALANÇOIRE s. f. Pièce de bois mise en équilibre sur un point d'appui élevé, et sur laquelle se balancent deux personnes placées aux deux bouts. — Se dit aussi, d'une escarpolette. — Argot. Mystification, mensonge, conte en l'air. — ENVOYER A LA BALANÇOIRE, envoyer au diable.

BALANÇON s. m. Marteau de fer dans l'argot des voleurs.

* BALANDRAN ou Balandras s. m. (ital. *palandrano,* augmental. de *palla,* robe). Espèce de manteau dont on se servait anciennement.

BALANDRE s. f. Sorte de navire de transport.

BALANDRIN s. m. Balle de colporteur; marchandise de colporteur.

BALANE s. m. (gr. *balanos,* galand). Crust. Famille de crustacés cirrhipèdes articulés, à coquille conique, composée de 6 valves articulées, à branchies en forme d'ailes, à ouverture plus ou moins fermée par un opercule de 4 valves mobiles, triangulaires. On distingue le *Gland de mer* (*Balanus tintinnabulum*), regardé en Chine comme un mets délicat.

BALANGUINI [ba-lan-ghi-ni] ou Banginge, île de l'Archipel Malais, groupe Soulou; possession nominale de l'Espagne. Balanguini donne son nom aux plus audacieux pirates malais.

BALANINE s. m. (gr. *balaninos,* qui provient du gland). Entom. Sous-genre du grand genre charançon, comprenant des insectes de forme ovale, dont la trompe grêle dépasse souvent la longueur du corps. L'espèce la plus connue est le *Charançon des noisettes* (*Balaninus nucum*), qui perce la coquille des noisettes avec sa trompe et y introduit un œuf dont la larve vit aux dépens de l'amande. Un peu avant la métamorphose, le ver sort de la noisette, pénètre dans la terre et s'y transforme en nymphe.

BALANITE s. m. (gr. *balanos,* gland). Bot. Genre d'olacinées comprenant le *Balanite d'Egypte* (*Xymenia Ægyptica,* Lin.), le *déglig* des Arabes.

BALANITE s. f. (gr. *balanos,* gland). Méd. Inflammation du gland et de son enveloppe cutanée. Elle est ordinairement causée, surtout chez les jeunes enfants, par le *phimosis* (voy. ce mot). Les personnes qui y sont sujettes doivent ne négliger aucun soin de propreté. Dans certains cas, on est obligé de recourir à la circoncision.

BALANT adj. synom. de BALLANT. — s. m. Mar. Partie lâche ou pendante d'une manœuvre. — Donner du balant à un plomb de sonde qu'on veut jeter, c'est l'agiter, le balancer pour l'envoyer plus loin.

BALAOU s. m. Mar. Navire dont il est fait emploi aux Antilles, et qui se distingue par une marche qui lui est particulière.

BALARD (Antoine-Jérôme) chimiste, né à Montpellier en 1802, mort le 30 mars 1876. Professeur de chimie à Montpellier, il fut le premier à isoler le brome que contient l'eau de mer (1826), brillante découverte qui lui valut la chaire de chimie à la faculté de Paris. Il parvint ensuite à extraire directement de l'eau de mer le sulfate de soude, ce qui permit à l'industrie de produire la potasse en plus grande quantité et à meilleur marché. Membre de l'Académie des sciences, Balard a enrichi de plusieurs articles les *Mémoires* de cette savante association. Quelques uns de ses mémoires ont été insérés dans les *Annales de physique et de chimie.* Balard a découvert l'alcool amylique et ses principaux dérivés. Il obtint l'amylène en 1844.

BALARUC, station balnéaire, à 25 kil. S.-O. de Montpellier et à 4 kil. N. de Cette (Hérault), sur une presqu'île qui s'avance dans l'étang de Thau. Eau thermale, de 47° à 50°, chlorurée, sodique, gazeuze, très recommandée contre les paralysies. Outre un établissement de bains, il y a un hôpital pour les malades indigents. — Le village compte 700 hab.

BALASORE ou Balassor, ville de la province d'Orissa, Bengale, sur le fleuve Bourabalang, près de la côte, et à 190 kil. S.-O. de Calcutta; 19,000 hab. Les Anglais s'y établirent en 1642; mais depuis, le commerce a diminué par suite de l'ensablement du fleuve.

BALASSA-GYARMATH [ba-la-chā-diar'-matt], ville de Hongrie, ch.-l. du comté de Nograd, sur l'Eipel, à 70 kil. N. de Pesth; 6,500 hab. Commerce de vin et d'huile.

BALATON (lac). Allem.: *Plattensee;* lac situé au S.-O. de la Hongrie, sur une superficie de 690 kil. car; longueur : 76 kil.; largeur : 15 kil. Il est alimenté par la Szala et se décharge dans le Sió. — Les *fogas,* espèce de perches qui pèsent de 10 à 20 livres, ne se trouvent que dans ce lac. On y pêche aussi beaucoup d'autres poissons.

BALATON-FÜRED, station balnéaire hongroise, comté de Szalad, à 80 kil. de Raab. Source carbonatée ferrugineuse et gazeuse froide. Bains dans le lac Balaton. Anémie, chlorose, névroses.

BALAUDER v. n. Argot. Mendier.

* BALAUSTE s. f. (gr. *balaustion*). Bot. Nom que l'on donne quelquefois à un fruit multiloculaire, indéhiscent, adhérent, à enveloppe dure, à graines entourées de pulpe sans perdre leurs points d'attache. La grenade est une *balauste.* — Pharm. Nom de la fleur du grenadier. (Vieux.)

* BALAUSTIER s. m. Nom du grenadier sauvage.

* BALAYAGE s. m. Action de balayer. — Législ. « En vertu de la loi des 16-24 août 1790 (Tit. XI, art. 3) tout ce qui conc rue la

sûreté et la commodité du passage dans les voies publiques, leur nettoiement et l'enlèvement de ce qui les encombre est attribué à l'autorité municipale. Les obligations des propriétaires, concernant le balayage, sont donc exclusivement déterminées par des règlements locaux. En général, tout propriétaire d'un immeuble bordant une rue est tenu de faire balayer la partie de cette rue qui s'étend devant sa propriété, jusqu'au milieu de la voie; l'enlèvement des balayures, le nettoiement des places et des larges espaces est laissé aux soins d'entrepreneurs ou des agents municipaux. Dans quelques villes, les propriétaires peuvent contracter un abonnement avec un entrepreneur ou avec l'administration elle-même qui se charge alors du nettoiement. L'obligation du balayage comprend aussi l'arrosage de la voie pendant la saison sèche, le cassage de la glace et le relèvement des neiges. Ceux qui contreviennent aux arrêtés municipaux prescrivant le nettoiement des rues et passages sont passibles d'une amende d'un à cinq francs (C. pén. 471). A Paris, la loi du 26 mars 1873 a autorisé un régime particulier ; le nettoiement est fait par les agents de l'administration, et chaque propriétaire de maison est tenu de payer une taxe municipale de balayage, qui est assimilée, pour le recouvrement, aux contributions directes. Un tarif approuvé par décret du 4 décembre 1878 répartit les voies publiques de la capitale en huit catégories et la taxe varie de 0 fr. 04 à 0 fr. 70 cent. par mètre superficiel, selon le classement de la voie. La superficie est calculée pour chaque immeuble en multipliant la longueur de sa façade par la moitié de la largeur de la rue, et au maximum par six mètres. Cette taxe ne dispense pas des obligations imposées par les règlements, en ce qui concerne la glace et la neige. On ne peut méconnaitre ce que ce régime présente d'exorbitant; il frappe, par répercussion, presqu'exclusivement les bouliquiers, bien que le service du nettoiement profite à tous. En outre, la taxe excède de beaucoup la dépense que les riverains avaient à supporter avant la loi de 1873, bien que, suivant cette loi, le produit ne doive pas dépasser les frais du service ». (CH. Y.).

* BALAYER v. a. [ba-lé-ié]. Se conjugue comme PAYER. Nettoyer un lieu, en ôtant les ordures avec le balai. — Enlever, ôter les ordures ou autre chose avec le balai. — Par ext. SA ROBE, LA QUEUE DE SA ROBE BALAYE LA TERRE, LE PLANCHER, la queue de sa robe traîne à terre, traîne sur le plancher. — Fig. LE VENT BALAYE LA PLAINE, se dit lorsque le vent soulève et emporte les tourbillons de poussière en parcourant une plaine. — Fig. LE VENT DU NORD BALAYE LE CIEL, il en chasse les nuages. — Fig. Art milit. BALAYER LA PLAINE, LE PAYS, etc., en chasser les ennemis. — BALAYER LA MER, la purger des corsaires, des pirates qui l'infestent.

BALAYETTE s. f. Petit balai.

* BALAYEUR, EUSE s. Celui, celle qui balaye.

BALAYEUSE s. f. Appareil mécanique employé dans les grandes villes au balayage des rues. La *balayeuse mécanique* se compose d'une petite voiture à l'arrière de laquelle se trouve un cylindre, qui par une chaîne sans fin et garni, en diagonale, de piazzava, de manière à pousser la boue ou la poussière sur l'un des côtés de la rue. Les balayeuses employées à Paris n'emploient qu'un homme et qu'un cheval, et produisent le travail de dix balayeurs. — Jupe à traîne (modes de 1865). — Fausse jupe garnie de dentelles et cousue à la robe (modes de 1876). — Femme vêtue d'une jupe qui balaie le pavé.

* BALAYURES s. f. pl. Ordures qui ont été amassées avec le balai. — BALAYURES DE MER,

les plantes marines et les menus débris que la mer jette sur ses bords.

BALBEK, mauvaise orthographe de BAALBEK.

BALBI (Adriano), géographe, né à Venise en 1782, mort à Vienne en 1848. Des affaires de famille l'attirèrent à Lisbonne en 1820; il s'établit ensuite à Paris et y demeura jusqu'en 1832. Ses principaux ouvrages sont : *Essai statistique sur le royaume de Portugal*, Paris, 1822, 2 vol. in-8°; *Atlas ethnographique du globe*, Paris, 1826, in-fol.; *Abrégé de géographie*, Paris, 1832, 2 vol.; excellent manuel qui a été traduit dans toutes les langues. — Son fils, le géographe EUGENIO BALBI, a publié une collection de ses *Scritti geografici*, 5 vol., Turin, 1841-'2.

BALBI (Giovanni de Juana ou Januensis), moine dominicain du XIIIe siècle, auteur d'une encyclopédie universelle ou *Catholicon* (vers 1286), qui fait époque dans l'histoire de la typographie, parce que ce fut un des premiers livres que l'on imprima. Faust et Schœffer en ont donné des éditions, Mayence, 1460 et 1472.

BALBI (Comtesse de), courtisane, fille du marquis de Caumont la Force et épouse d'un noble génois, née en 1753, morte en 1832, se rendit célèbre par sa liaison avec le comte de Provence (Louis XVIII), émigra avec ce prince, rentra sous le consulat, tint une maison de jeu et de plaisirs à Montauban et obtint une grasse pension lors du retour des Bourbons.

BALBIN (Decius-Cœlius BALBINUS), empereur romain, né vers 178, mort en 238. — D'abord sénateur et deux fois consul, il fut, à la mort du vieux Gordien, élu empereur par le Sénat pour régner conjointement avec Maxime Pupienus (237). Ces deux nouveaux augustes n'obtinrent l'amitié du peuple qu'en s'adjoignant un troisième collègue, le jeune Gordien, fils de l'empereur défunt. Un quatrième compétiteur, Maximin, fut vaincu et tué à Aquilée. La discorde ne tarda pas à éclater entre Balbin et Maxime, qui furent l'un et l'autre mis à mort par les cohortes prétoriennes et remplacés par Gordien.

BALBO (Cesare, comte), homme d'État et auteur italien (1789-1853), forma, en 1848, le premier cabinet constitutionnel de Charles-Albert et, après les revers du gouvernement sarde, exerça une grande influence comme chef du parti modéré. Sa réputation comme écrivain fut établie par ses : *Speranze d'Italia* (1844), ouvrage que suivirent des travaux historiques d'un grand mérite. Sa biographie a été écrite par Ricotti, Florence, 1856.

BALBOA (Vasco-Nuñez de), explorateur espagnol (1745-1517). Le premier, il traversa l'isthme de Darien et découvrit le Pacifique (26 sept. 1513). Le magnifique succès de son expédition éveilla la jalousie du gouverneur, Davila, qui l'accusa de trahison et le fit mettre à mort.

BALBOA (Miguel-Cavello), missionnaire espagnol, dont l'*Histoire du Pérou* (traduction franç. Paris, 1840) est un travail extrêmement curieux.

BALBRIGGAN, station balnéaire d'Irlande, à 30 kil. N.-N.-E. de Dublin ; 2,500 hab. Fabr. de toiles de coton et de bonneterie. — Phare à feu fixe, par 53° 36′ 44″ lat. N. et 8° 31′ 5″ long. O.

BALBUENA (Bernardo de) [bal-boué'-na], poète espagnol (1568-1627), fut évêque de Porto-Rico et écrivit : *El siglo de oro*, roman pastoral; *La grandeza Mejicana* et *El Bernardo*, poème épique.

BALBUS. I. (Lucius-Cornelius), consul romain, né à Gades (Cadix) au premier siècle av. J.-C., fit les guerres d'Espagne et des Gaules avec César. Octave le nomma édile, préteur, puis consul, en 40. Il rédigea une

---

sorte de journal des principaux événements de sa vie et de celle de César. On a conservé le discours que Cicéron prononça pour lui, quand le titre de citoyen romain lui fut contesté par des envieux. — **II.** (Lucius-Cornelius, *Minor*), neveu du précédent, soutint César pendant la guerre civile et fut nommé pontife. Questeur en Espagne, il marqua son passage au gouvernement par la fraude et l'oppression, fut forcé de s'enfuir en Afrique (43), où il fut nommé proconsul (63). Une victoire sur les Garamantes lui valut les honneurs du triomphe, à Rome. — **III.** (Quintus-Lucilius), philosophe romain du premier siècle av. J.-C. Dans le dialogue : *De natura Deorum*, de Cicéron, il est censé exposer les opinions du stoïcisme. — **IV.** (Lucius-Octavius), jurisconsulte romain, l'une des victimes du second triumvirat. — **V.** (Titus-Ampius), gouverneur romain de Cilicie, en 58 av. J.-C., banni après la bataille de Pharsale, il obtint son pardon, grâce à la médiation de Cicéron.

BALBUSARD ou **Balbuzard** s. m. (angl. *bald buzzard*, buzard chauve). Ornith. Sous-genre du grand genre *faucons*, section des oiseaux de proie ignobles, à bec grand, comprimé sur les côtés, à queue dépassée par les ailes, la seconde plume des ailes dépassant les autres. Le balbusard vit presque exclusivement de poisson qu'il saisit avec ses serres à la surface de l'eau ou qu'il attrape en plongeant. L'espèce la plus connue, le *balbusard commun* (*falco haliætus*), long de 60 centim., à bec noir, manteau brun, dessous du corps blanc, taches brunes sur la tête et la nuque, tarses jaunes écaillées de brun, se rencontre sur le bord des rivières de toute l'Europe.

* BALBUTIEMENT s. m. [bal-bu-si-man]. Action de balbutier : *vice de prononciation qui fait qu'on balbutie.*

* BALBUTIER v. n. [bal-bu-si-è] (lat. *balbus*, bègue). Prononcer avec peine les lettres B et L. — Dans une acception plus étendue. Articuler imparfaitement les mots qu'on veut prononcer, hésiter en parlant : *il ne fait que balbutier.* — Est quelquefois actif : *balbutier un compliment, des excuses.* — Fig. Parler sur quelque sujet confusément et sans connaissance suffisante : *il a voulu parler sur cette affaire et n'a fait que balbutier.*

BALBUZARD s. m. Voy. BALBUSARD.

* BALCON s. m. (ital. *balcone*; du lat. *palcus*, poutre). Saillie construite en pierre ou en bois sur la façade d'un bâtiment, soutenue ordinairement par des colonnes ou des consoles, et entourée d'une balustrade. — Ouvrage de serrurerie, qu'on met à une fenêtre, pour servir d'ornement et d'appui. — Théâtre. Sorte de petite galerie placée près du théâtre, de chaque côté de l'avant-scène. — Mar. Galerie couverte et non couverte, qu'on établit sur les grands vaisseaux. — Législ. « Les balcons saillie vers le voisin doivent être distants de 1m90 cent. de sa propriété, en comptant depuis la ligne de séparation des deux propriétés (Cod. civ. 678, 680). Un droit de balcon plus rapproché ne peut s'acquérir que par titre ou par la possession trentenaire sans discontinuité (Cod. civ. 690). Les balcons faisant saillie sur la voie publique ne peuvent être établis qu'en conformité des règlements municipaux. A Paris, la saillie ne peut excéder 0m22; cependant, dans les rues qui ont 10 mètres de largeur ou davantage, on peut placer des balcons de 0m80, mais seulement à 6 mètres au dessus du sol ». (CH. Y.).

BALCONNIER s. m. Orateur qui a l'habitude de parler du haut d'un balcon. Terme que les adversaires de M. Gambetta lui ont souvent appliqué.

* BALDAQUIN s. m. [bal-da-kin] (bas lat. *baldechinum*, tissu d'or et de soie venant de

---

Bagdad, que l'on appelait *Baldac*). Ouvrage de sculpture ou d'architecture, fait en forme de dais, et qui sert de couronnement à un trône, à un autel. — Sorte de dais, ordinairement garni d'étoffe, qu'on suspend au-dessus d'un lit, et auquel tiennent les rideaux : *lit à baldaquin.*

BALDE (Jakob), jésuite allemand (1603-'68), auteur de poésies latines qui le firent surnommer l'Horace de l'Allemagne. Ses œuvres, publiées à Munich, 1729, 8 vol. in-8°, comprennent l'*Urania*, poème élégiaque qui obtint un grand succès.

BALDER ou **Baldor**, l'Apollon de la mythologie scandinave ; fils d'Odin et de Frigga ; le plus beau et le plus aimé des Ases. Sa mère, tourmentée par de mauvais présages, obtint de tous les êtres de la nature, la promesse de ne pas lui nuire ; le gui seul, négligé comme absolument inoffensif, n'avait pas prêté un pareil serment. Loke, génie du mal et l'ennemi de Balder, remarquant cela, tailla en forme de flèche un morceau de cette plante et invita l'aveugle Hoder, dieu du hasard, à lancer cette arme dans la direction du jeune Balder qui fut tué. Sa femme, Nanna, mourut aussitôt de désespoir. — On a vu dans ce gui si funeste une allusion au druidisme celtique dont les Scandinaves redoutaient le développement.

BALDI (Bernardino), auteur italien (1553-1617), abbé de Guastalla (1686), apprit seize langues et composa plus de 100 ouvrages sur les mathématiques, la géographie, l'histoire, etc

BALDINUCCI (Philippe), littérateur florentin du XVIe siècle; auteur d'une *Hist. des artistes célèbres de 1260 à 1670, et de la Vie des plus célèbres graveurs.*

BALDO (Monte), chaîne italienne qui s'étend entre l'Adige et le lac de Garde, sur une longueur de 35 kil.

BALDWIN (Robert), homme politique du Canada (1802-'38); devint ministre et forma l'alliance des libéraux du Haut Canada avec les Franco-Canadiens du Bas Canada.

* BALE, Balle ou **Bâle** s. f. (celt. *bal*, enveloppe). Bot. Espèce de calice qui renferme les organes sexuels des graminées, et qui persiste ordinairement après la fécondation, de manière à recouvrir la graine ou semence. Les savants disent ordinairement *glumelle.* — Agric. Petite paille ou capsule qui sert d'enveloppe au grain dans l'épi : *on vanne l'avoine pour en séparer les bales.*

BÂLE (all. *Basel*). I Canton N.-O. de la confédération suisse, sur la frontière d'Allemagne, divisé en deux demi-cantons, Bâle-Ville et Bâle-Campagne; 458 kil. car.; (36 pour Bâle-Ville; 422 pour Bâle - Campagne) 108,920 hab. (52,865 pour Bâle - Ville et 56,055 pour Bâle-Campagne). Sous le rapport religieux, la population se décompose ainsi :

	Protest.	Cathol.	Autres sectes chrét.	Israél
Bâle - Ville. .	42.523	10.245	228	131
Bâle-Campagne. .	34.457	12.301	496	506
Totaux . . .	77.980	22.546	724	637

Le prolongement septentrional du Jura s'étend sur une partie de ce canton et vient mourir au bord du Rhin. Les sommets les plus élevés ne dépassent pas 1,200 mètres. Le Rhin est le seul cours d'eau important. Mines de sel et de charbon. Exportation de bétail, de beurre, de fromage, d'eau-de-vie de cerises ; industrie très développée. La demi-canton de Bâle-Campagne, ch.-l. Liesthal, est divisé en quatre districts. Les habitants des deux demi-cant. appartiennent à la race teutonique pure ; mais ils parlent un dialecte formé d'un mélange de français et d'allemand. — II. Anc. *Basilia* ou *Basiliana*, ch.-l

ue l'ancien cant. de Bâle et du nouveau canton de Bâle-Ville; à 75 kil. N.-N.-E. de Berne; 44,850 hab. — Altitude, 264 mètres, lat. N. 47° 33' 25"; long. E. 5° 45' 23". Le Rhin sépare le Petit-Bâle, au N., du Grand-Bâle, au S.; et ces deux parties sont réunies par un beau pont de bois, construit en 1226 et qui est long de 190 mètres. — Cette ville, l'une des plus importantes de la Suisse, renferme une université, une bibliothèque (avec des tableaux

Bâle.

de Holbein) et des institutions d'éducation, pour l'entretien desquels elle sacrifie le cinquième de ses revenus. Bâle est la première place de la Suisse sous le rapport du commerce et de l'industrie. Ses fabriques de rubans emploient environ 3,000 personnes. — Patrie de Bernouilli, d'Euler, de Holbein, etc. Vieille cathédrale gothique construite de 1010 à 1019. — Bâle, forteresse bâtie par Valentinien, appartint pendant quelque temps au royaume de Bourgogne, puis à l'empire germanique, après 1032; elle se joignit à la confédération suisse dès la fondation de celle-ci et soutint contre les Impériaux, une lutte qui dura jusqu'à la paix de 1501. Les ouvrages de Luther y furent imprimés en 1519 et, en peu d'années, la religion réformée y fut généralement adoptée. — De 1806 à 1812, Bâle fut le siège des assemblées fédérales. — Le 6 janvier 1831, les campagnes, qui, depuis longtemps se plaignaient d'être opprimées par la ville, se soulevèrent et établirent un gouvernement provisoire à Liesthal; la guerre civile s'alluma, et les bourgeois, malgré l'assistance de leur milice et des troupes mercenaires, furent battus. Les troupes fédérales occupèrent le canton, dont la diète reconnut la séparation en deux parties, ayant chacune une demi-voix (1833). — TRAITÉS DE BALE, conclus par la République française avec la Prusse (5 avril 1795) et avec l'Espagne (22 juillet de la même année). Par le premier, la France acquit les provinces prussiennes de la rive gauche du Rhin; par le second elle restitua ce qu'elle avait conquis au-delà des Pyrénées et reçut la partie espagnole de Saint-Domingue. — CONCILE DE BALE, célèbre concile général ou œcuménique, tenu à Bâle du 3 mars 1431 au mois de mai 1443. Convoqué par le pape Martin V pour opérer la réforme de l'Eglise, terminer le schisme des Hussites et réunir les deux églises latine et grecque, il fut suspendu par Eugène IV, successeur de Martin. Pendant cette suspension, qui dura jusqu'au 14 février 1443, les prélats, au nombre de 30, continuèrent leurs sessions, proclamèrent la supériorité des conciles généraux sur les volontés du pape et citèrent Eugène à comparaître devant eux. Eugène, déclarant le concile de Bâle schismatique, (19 juin 1437), convoqua un nouveau concile à Ferrare. La plus grande partie des hauts dignitaires de

l'Eglise obéit à cette injonction et se rendit à Ferrare; mais quelques prélats et plusieurs centaines de prêtres restèrent à Bâle. Leur assemblée schismatique publia plusieurs propositions relatives à la supériorité des conciles généraux, excommunia le concile de Ferrare, déposa Eugène et élut Amédée VIII, ancien duc de Savoie. Ils continuèrent leurs sessions pendant plus de dix années; enfin l'élection de Nicolas V, mit fin à leur schisme.

BALÉARES, groupe d'îles de la Méditerranée, formant une province espagnole; de 90 à 250 kil. E. de la côte d'Espagne; entre 39° 6' et 40° 5' lat. N. et entre 0° 2' et 4° 58' long. E.; 4,817 kil. car.; 289,035 hab. La province des Baléares se compose des anciennes *Baleares Insulæ* (du gr. *ballein*, lancer, à cause de l'adresse extraordinaire de ses habitants dans le maniement de la fronde) et comprend : *Majorque*, *Minorque* (appelées primitivement les *gymnésiennes*, ou îles des hommes nus), *Iviza* ou *Ivica*, *Formentera* (nommées jadis *Pityusæ Insulæ* ou îles des Pins) et plusieurs îlots, dont le principal, *Cabrera*, au S. de Majorque, sert d'établissement pénitentiaire. Le ch.-l. de la province est Palma, dans l'île de Majorque. Toutes ces îles, couvertes de montagnes ou de collines abruptes que des écrivains ont comparées aux vagues d'une mer en fureur, offrent partout un aspect pittoresque, un territoire fertile et bien boisé, un climat délicieux et salubre, quoique humide. Cabrera est plein de cavernes. — Les Baléares appartinrent successivement aux Carthaginois, aux Romains, (123 av. J.-C.) aux Vandales, (426 après J.-C.) aux Visigoths et aux Maures (1005); furent conquises par Jayme Ier d'Aragon, en 1229, firent partie du royaume de Majorque et revinrent à l'Aragon en 1343. Voy. *Majorque*, *Minorque*, etc.

BALÉCHOU (Jean-Jacques-Nicolas), graveur, né à Arles, en 1715, mort en 1765. Son œuvre principale est le portrait en pied d'Auguste III, roi de Pologne (musée de Dresde). Baléchou fut rayé de la liste de l'Académie des beaux-arts pour avoir vendu à son profit quelques épreuves avant la lettre de ce portrait.

* BALEINE s. f. [ba-lè-ne] (gr. *phalaina*) Mammifère de l'ordre des cétacés, le plus grand des animaux, qui a la forme extérieure d'un poisson, et dont la mâchoire supérieure

Baleine franche (Balena mysticetus).

est garnie de lames cornées et fibreuses, appelées *barbes* ou *fanons*.—Fanon de la baleine, dont on fait la monture des parapluies, dont on garnit les corsets des femmes, etc.—Astron. Constellation de l'hémisphère austral. BLANC DE BALEINE, matière grasse, concrète,

blanche et cristalline, que l'on retire du tissu cellulaire interposé entre les membranes du cerveau de certaines espèces de cachalots : *le blanc de baleine purifié sert à faire des bougies demi-diaphanes*. On l'appelle abusiv. *Sperma ceti* ou *Sperme de baleine*. — Encycl. La baleine offre le type de la famille des cétacés souffleurs; elle forme un genre qui comprend les plus gros animaux de la création, animaux que l'on considéra comme des poissons jusqu'au temps de Linnée, mais qui sont de véritables mammifères à sang chaud et à poumons respirant l'air en nature. Les baleines sont soumises à une période de gestation comme les quadrupèdes; elles donnent naissance à un ou deux petits qui viennent complètement formés et elles les allaitent pendant un temps très long au moyen de deux mamelles abdominales. On les rencontre par grandes troupes dans les mers arctiques et antarctiques, et en moindre quantité dans tous les océans. L'empire de la mer appartient aux baleines et aux cachalots, qui sillonnent les eaux avec autant d'aisance que les vautours planent dans les airs et qui se reposent sur les rochers à pic des plus hautes montagnes sous-marines. Presque tous les êtres de l'océan redoutent ces énormes cétacés qui, d'un coup de leur queue, renversent un navire et font jaillir les eaux écumeuses à 50 pieds d'élévation. La baleine, contemporaine des premiers âges du globe, a échappé seule ou presque seule au cataclysme qui a détruit les animaux du monde primitif. Géant du monde contemporain, elle atteint jusqu'à cent pieds de longueur et pèse quelquefois 400,000 kil. Sa langue peut produire cinq tonneaux d'huile; son palais, semblable à la cale d'un navire, porte, à un pouce les uns des autres, de 300 à 1,800 fanons, longs de dix à quinze pieds et qui forment une râpe flexible à l'aide de laquelle elle retient sa proie, comme ferait un crible. Par le remous que produit l'écartement de ses énormes mâchoires, elle engloutit une immense quantité de petits poissons, de mollusques, de méduses, de vers et d'animaux marins. Deux ou trois mille harengs suffisent à peine à sa nourriture journalière. Après chaque bouchée, elle rejette, par ses évents, en gerbes de vingt pieds, l'eau qu'elle a avalée. Elle ne quitte pas les mers profondes parce que son voisine l'empêche d'approcher des côtes; toujours en voyage, elle parcourt toutes les latitudes sans se soucier des différences de température. De temps en temps, elle vient à la surface de l'eau afin de respirer; elle y reste deux ou trois minutes, pendant lesquelles elle lance huit ou dix fois son jet d'eau; puis elle redescend la bouche vide et les poumons pleins. A l'approche de l'hiver elle quitte les régions où une voûte de glace ne tarderait pas à l'asphyxier. Elle vit, dit-on, près de mille ans. La nature l'a armée d'un cuir dur, épais de deux pouces; au-dessous de cette cuirasse se trouve une couche de graisse qui atteint un pied dans la région du dos et trois pieds sous la mâchoire. On a essayé inutilement de faire vivre des baleines dans les aquariums; il faut trop d'espace à ces cétacés voyageurs. Le 26 septembre 1877, on introduisit dans l'aquarium de Westminster une baleine longue de neuf pieds six pouces; elle mourut au bout de trois jours. Une baleine blanche (beluga), arrivée le 28 mai, était déjà morte au mois de juin. On distingue : 1° LA BALEINE FRANCHE (*Balæna mysticetus*, Lin.), le plus grand des animaux connus, à tête énorme, obtuse en avant, aussi haute que longue; sans nageoire sur le dos. C'est elle qui fournit l'huile de baleine et les fanons appelés *baleines*. Elle atteint de 80 à 100 pieds de long, sur 80 pieds de circonférence; sa gueule mesure 20 pieds d'ouverture. La couleur générale de cet énorme cétacé est noirâtre en dessus et d'un gris blanchâtre en dessous, ses yeux ne sont pas plus gros que ceux d'un bœuf. Sa langue est douce, épaisse, grasse et très mobile. Une baleine parcourt ordinairement 7 ou 8 kil. à l'heure ; mais lorsqu'elle se sent poursuivie, elle dévore 12 kil. à l'heure. Des flottes entières la poursuivent incessamment. On dit que les Norvégiens se livrèrent les premiers à la pêche de la baleine franche vers le IXe siècle. On détruisit d'abord ces énormes cétacés pour s'emparer de leur huile seulement ; parce que les dames ne connaissant pas encore l'usage des corsets, les fanons restaient sans utilité. Les pêcheries de Terre-Neuve et d'Islande existaient en 1578 , les Anglais établirent celles du Spitzberg en 1598 ; mais les Hollandais les avaient précédés dans ces contrées. Au siècle dernier, on détruisait annuellement 2,000 baleines sur les seules côtes du Groënland. Pendant les XIIe XIIIe et XIVe siècles, le golfe de Gascogne, contenait en abondance une des plus petites espèces, à la pêche de laquelle, Gascons et Saintongeais se livraient avec ardeur. Après la découverte de l'Amérique, les Saintongeais, les Bretons, les Normands et les·Flamands devinrent d'adroits pêcheurs. Mais ce carnage si peu séculaire a fini par porter ses fruits ; le cétacé qui a résisté au cataclysme dont le mastodonte a été victime, va disparaître devant la rapacité de l'homme ; la pêche, autrefois si abondante et si rémunératrice, coûte souvent plus qu'elle ne rapporte. Les armateurs français ont cessé, depuis quelques années, d'engager leurs capitaux dans l'équipement de navires pêcheurs. Partout, cette industrie est en pleine décadence. On trouve encore quelques baleines vis-à-vis les grèves de la Patagonie, au sud du cap de Bonne-Espérance, près des Iles Auckland et dans l'océan du Pacifique. La pêche est accidentée et dangereuse. Souvent une douzaine de pirogues s'acharnent à poursuivre le même animal, aussitôt que les vigies ont signalé les deux colonnes rejetées par les évents d'une baleine franche et retombant l'une à droite, l'autre à gauche, ce qui annonce que l'on n'est pas en face d'une baleine à bosse ou d'une baleine à aileron, qui ne fournit pas d'huile. Dès qu'il se sent poursuivi, le cétacé plonge et disparaît ; mais les rusés pêcheurs connaissent la direction de sa course sous-marine à la courbe qu'a décrite sa queue au moment où il a plongé ; ils le suivent à la piste. Au bout d'un quart d'heure environ, la baleine reparaît pour respirer ; les canots bondissent vers elle. Serrée de près par l'un d'eux, elle change de route ; un autre canot lui coupe le chemin et parvient à l'accoster. Le piqueur saisit le manche en bois de son harpon, jette adroitement le dard ; et la pirogue, entraînée par l'animal furieux, parcourt l'immensité de la mer avec la rapidité d'un albatros. Mais bientôt la baleine s'affaiblit ; au lieu d'épuiser la ligne des pêcheurs en s'éloignant toujours, elle revient sur elle-même et décrit de grands cercles ; les canots l'approchent ; l'officier de celui qui est arrivé le premier dans les eaux du géant tranche d'un coup de louchet les tendons des muscles de la queue, et l'animal demeure presque inoffensif. Puis la pirogue remonte le long des flancs de la baleine, que l'officier frappe mortellement d'un coup de lance dans le cœur. L'animal pousse un mugissement terrible et vomit vers le ciel une épaisse colonne de sang. Bientôt il se couche sur le flanc et ne présente plus qu'une masse noirâtre que l'on prendrait, de loin, pour la carène d'une goélette chavirée. On l'amarre près du vaisseau ; on le fait arriver près du vaisseau. Son museau, garni de ses fanons, monte le premier sur le pont ; puis vient, par tranches, son épaisse enveloppe qui vaut jusqu'à 20,000 francs. On abandonne le reste aux poissons voraces et aux oiseaux de mer. — 2° le NORD-CAPER ; 3° les BALÉNOPTÈRES (Gibard, Jubarte des Basques, Rorqual de la Méditerranée). Voy. ces différents noms.

— Les fanons de la baleine sont employés à faire des montures de parapluies, les corsets, les baguettes de fusil, les cannes, etc. Leur prix toujours croissant conduit à les remplacer par de l'acier, du caoutchouc vulcanisé et même du rotin. — Législ. « La pêche à la baleine est encouragée par l'Etat au moyen de primes accordées à l'armement des navires destinés à la grande pêche (morue, baleine, cachalot). Ces primes sont au départ et au retour, de 30 à 50 francs par homme d'équipage et de 16 à 20 francs par quintal métrique des produits de la pêche, selon le lieu où la pêche a été faite (L. 22 juillet 1851, prorogée jusqu'au 30 juin 1891 par L. 15 décembre 1880). Voy. *Armement* ». (CH. Y.).

* BALEINÉ, ÉE adj. Garni de baleine : *col baleiné.*

* BALEINEAU s. m. Petit de la baleine.

BALEINES (Tour des), phare à feu tournant de l'Ile de Ré, par 46° 14' 43" lat. N., et 3° 53' 59" long. O.

* BALEINIER s. m. Mar. Navire équipé pour la pêche de la baleine. — Adjectiv. : *un navire baleinier.*

* BALEINIÈRE s. f. Embarcation longue, étroite et légère, dont les deux extrémités sont semblables, et que l'on emploie particulièrement à la pêche de la baleine.

BALEN [ba-lènn] (Hendrik VAN), peintre flamand, né à Anvers en 1560, mort en 1632, Ses compositions originales et coquettes eurent un grand succès. La cathédrale d'Anvers a conservé quelques-uns de ses tableaux. Le musée du Louvre en possède un, la *Déesse Uranie*, qu'il fit en collaboration avec Breughel de Velours.

BALENAS s. m. Le membre génital de la baleine mâle.

BALÉNOPTÈRE ou Baleinoptère s. m. (franç. *baleine*; gr. *pteron*, aile, nageoire). Zool. Section du genre baleine, caractérisée surtout par la présence d'une nageoire dorsale vers la partie postérieure, et comprenant les deux sous-genres à *ventre lisse* (Gibbar) et à *ventre ridé* (Jubarte et Rorqual).

BALESTON s. m. Mar. Perche qui, dans certains bâtiments, sert à étendre une voile au large, sur l'arrière et au-dessus de son mât. On dit aussi *livarde.*

BALESTRA (Antonio), peintre italien de l'école vénitienne (1666-1740). Les musées d'Italie possèdent plusieurs de ses gracieux tableaux.

BALETOUS (Le), montagne des Pyrénées. 3,146 mètres d'altitude, par 42° 50' 23" lat. N. et 2° 37' 43" long. O.

* BALÈVRE s. f. (de *ba*, syllabe péjorative et de *lèvre*). Ensemble des lèvres avancées et faisant la moue (vieux). — Archit. Excédant d'une pierre sur une autre, près d'un joint, dans la douelle d'une voûte ou dans le parement d'un mur. — Eclat près d'un joint, occasionné dans la pierre par une trop grande pression : *les balèvres sont des irrégularités que l'opération du ravalement fait disparaître.* — Techn. Saillie qu'une pièce de charpente, de menuiserie ou de serrurerie présente près des joints d'assemblage, quand elle est mal dressée ; on corrige ce défaut en abattant les balèvres. — Beaux-Arts. Partie d'un ouvrage coulé en plâtre ou fondu en bronze, qui fait saillie sur la surface de l'épreuve moulée, et présente des traces inégaux.

BALFE (Michael-William), compositeur irlandais (1808-70). Sous le patronage du comte Mazzara, il étudia en Italie ; son ballet, *La Peyrouse*, obtient quelque succès à Milan (1826). L'année suivante, il entra, sous le nom de *Balfi*, au Théâtre-Italien de Paris, où il se fit applaudir dans les rôles de basse, puis il voya-

-rea en Amérique et en Angleterre, où on le reçut triomphalement. Il donna successivement : les *Rivaux* (1830); un *Avertissement* (1832); *Henri IV* (1834); le *Siège de la Rochelle* (1835); *Manon Lescaut* (1836); *Catherine Gray* (1837); la *Dame voilée, Falstaff* (1838); *Jeanne Darc* (1839); *Kiolanta* (1840); la *Gypsy* (1844); l'*Etoile de Séville* (1846); les *Quatre fils d'Aymon*, le *Mulâtre* (1848), etc. Froidement reçu à Paris, ses opéras ont obtenu des succès enthousiastes en Allemagne et en Angleterre. Sa fille, VICTORIA, cantatrice à Londres, épousa, en 1860, sir John Crampton, ambassadeur, divorça, quelque temps après, se remaria au duc espagnol de Frias et mourut à Madrid en 1871.

BALFOUR (Alexander), écrivain écossais (1767-1829), auteur du roman : *Campbell* ou le *Novice écossais* (1819), et de la « Fondation de Glentshorn ou la caverne des contrebandiers » (1823).

BALFOUR (sir James), juriste écossais, mort vers 1583 ; s'attacha au parti de Bothwell, fut créé conseiller privé et gouverneur du château d'Edimbourg ; assista à la mort de Rizzio et fut accusé de complicité dans l'assassinat de Darnley. Murray le nomma président de la cour. Il trahit tous les partis. Il a laissé quelques ouvrages de jurisprudence, entre autres une compilation des statuts écossais connus sous le nom de *Pratiques* (1574).

BALFROUSCH ou Balfurush, ville du Mazanderan (Perse), sur la rivière Babhoul, à 20 kil. au sud de la Caspienne ; environ 60,000 hab. Jadis cité très importante, elle est en décadence à cause de l'insalubrité de son climat sujet aux fièvres, à la peste et au choléra.

* BALI s. m. Voy. PALI.

BALI ou Petite Java, île de l'archipel malais, entre Java et Lombock ; longue de 110 kil. sur une moyenne de 60 kil. de large ; environ 5,500 kil. carr. ; 600,000 hab. Elle est fertile, montagneuse et renferme quelques volcans. Point culminant, le Goenung-Agoen (3,430 mètres). Impénétrables forêts ; minerais de fer et de cuivre. Principaux articles d'exportation : riz, peaux, huiles, nids d'hirondelles. Les indigènes, d'origine hindoue, suivent, en général, la religion de Brahma et sont divisés en huit petites principautés in dépendantes. Sur la côte méridionale, à Badong, les Hollandais ont fondé un établissement.

BALIOL. Voy. BALLIOL.

* BALISAGE s. m. [ba-li-za-ge]. Mar. Action de baliser, de placer des balises. Voy. BALISE.

BALI-SAUR s. m. [ba-li-sôr] (indou : *cochon des sables*). Zool. Animal dont quelques natu-

Bali-Saur (Meles collaris).

-ralistes ont fait le genre *arctonyx*, mais que le plus grand nombre classe parmi les *blm*-

reaux. C'est le blaireau de l'Indoustan; il est seulement un peu plus élevé sur jambes que celui d'Europe; il se distingue encore par un museau moins pointu et par une taille plus courte. Sa forme générale le fait ressembler à un petit ours. De même que l'ours, il se dresse sur ses pattes de derrière aussitôt qu'on l'attaque et il possède une grande puissance dans les bras et dans les griffes.

* **BALISE** s. f. [ba-li-ze]. Fruit du balisier.

* **BALISE** s. f. (bas lat. *palitius* ; de *palum*, pieu). Mar. Perche, mâtereau, ou barre de fer, surmontée d'un petit baril ou de quelque autre objet fort visible, qu'on plante à l'entrée des ports, à l'embouchure des rivières, et en d'autres lieux, pour indiquer les endroits où il y a du péril. — Espace qu'on est obligé de laisser le long des rivières pour le halage des bateaux. On dit plus ordinairement, *chemin de halage*. — Législ. Une loi du 27 mars 1882 prescrit les précautions à prendre pour la protection du *balisage* dans les eaux maritimes. Il est défendu à tout capitaine, maître ou patron d'un navire, bateau ou embarcation, des'amarrer sur un feu flottant, sur une balise ou sur une bouée qui ne serait pas destinée à cet usage; et aussi de jeter l'ancre dans le cercle d'évitage d'un feu flottant ou d'une bouée; le tout à moins que le navire ne soit en danger de perdition. Les contraventions à ces défenses sont punies d'une amende de 10 à 15 francs, et les contrevenants peuvent en outre être condamnés à la peine de l'emprisonnement pendant cinq jours au plus. Le capitaine ou patron qui a renversé ou détérioré un feu flottant, une bouée ou une balise, est tenu d'en faire la déclaration, dans les vingt-quatre heures de son arrivée dans un port; faute de cette déclaration, il est puni de dix jours à trois mois de prison et de 25 à 100 francs d'amende. Quiconque a intentionnellement détruit, abattu ou dégradé un feu flottant, une bouée ou une balise, est puni d'un emprisonnement de six mois à trois ans et d'une amende de 100 à 500 francs, sans préjudice du dommage causé. Dans tous les cas ci-dessus indiqués, la peine de l'emprisonnement peut être élevée au double, si, dans le délai de douze mois depuis une première condamnation, il y a eu récidive ». (Cn. Y.).

* **BALISER** v. a. Mar. Indiquer par des balises les hauts-fonds et les passes.

* **BALISEUR** s. m. Celui qui veille à ce que les riverains laissent un certain espace sur le bord des rivières, pour le chemin de halage. — Celui qui est préposé pour faire le balisage des ports maritimes et des rivières.

* **BALISIER** s. m. (esp. *balija*, enveloppe; parce que les larges feuilles de cette plante servent, dans l'Amérique du Sud, à envelopper une foule de denrées). Bot. Genre d'ammomées, tribu des cannacées, connu sous le nom de *canna* et comprenant des plantes herbacées à fleurs en grappe terminale; corolle à limbe extérieur trifide; à limbe intérieur bifide; étamine unique; anthère sur l'un des bords du filet pétaloïde; fruit capsulaire parsemé de tubercules à sa surface. Plusieurs espèces sont recherchées pour l'ornement de nos jardins et de nos squares. Ce sont le *balisier d'Inde* (canna Indica) haut de 95 cent., à feuilles grandes et larges, à fleurs d'un beau rouge, avec du jaune à la base; à graines noires, luisantes, globuleuses, dures, employées à faire des chapelets dans les Indes; le *balisier de Lambert*, haut de 4 à 5 mètres, originaire de l'île de la Trinité, à fleurs écarlates ; le *balisier à fleurs d'iris*, du Pérou, à corolles roses tachées de jaune sur la lèvre inférieure.

BALISTAIRE s. m. (rad. *baliste*). Officier qui, chez les Romains, était chargé de la conservation des machines de guerre. — Soldat

qui servait les balistes; on distinguait les *arcubalistaires*, les *arrobalistaires*, les *manubalistaires*, etc.

* **BALISTE** s. f. (gr. *ballô*, je lance). Antiq. Machine de guerre employée, avant l'invention des armes à feu, pour lancer des projectiles de toute sorte : pierres, traits, torches enflammées. Le nom de baliste parait avoir été un terme générique que l'on appliqua, suivant les temps, à la catapulte, au mangonneau, au trébuchet, à l'arbalète et même au canon primitif.

* **BALISTE** s. m. (gr. *ballô*, je lance ; à cause de la manière rapide dont ce poisson relève l'aiguillon articulé de sa première dorsale). Icht. Genre de sclérodermes caractérisé par un corps comprimé, huit dents sur une seule rangée à chaque mâchoire, une peau écailleuse ou grenue; Cuvier divise les *balistes* en quatre sous-genres : 1° **Balistes proprement dits** ; corps couvert de grandes écailles dures; trois aiguillons dont le premier est le plus grand. Ce sous-genre comprend plusieurs espèces, parmi lesquelles le *balistes capriscus*, de la Méditerranée ; gris brunâtre , tacheté de verdâtre; chair peu estimée; 2° **Monacanthes**, épine à la première dorsale; extrémité du bassin saillante et épineuse ; 3° **Aluthes**, épine unique à la première dorsale; bassin caché sous la peau; 4° **Triacanthes**, grande épine à la première dorsale; trois ou quatre petites épines.

* **BALISTIQUE** s. f. (gr. *ballein*, lancer). Art de diriger et de faire jouer les machines de guerre. Les anciens disaient *acontismologie* et *catapultique*. La balistique a pris une grande importance depuis l'invention des armes à feu: c'est la science qui a pour objet de calculer le jet des projectiles, les lignes des trajectoires, l'effet des bombes, des obus, des boulets, des balles à mitrailles, l'évaluation de la portée, etc. Parmi les savants qui ont le plus contribué aux progrès de cette science, nous citerons Tartaglia, Bélidor, Blondel, Martillière, Montalembert, Piobert, etc.

* **BALIVAGE** s. m. Sylvic. Opération qui consiste à désigner, au moment d'une coupe de bois, un certain nombre de *baliveaux* (pieds d'arbres qui doivent être réservés).

* **BALIVEAU** s. m (lat. *pallus*, pieu). Sylvic. Arbre qu'on réserve, lors de la coupe d'un bois taillis, afin qu'il puisse devenir arbre de haute futaie.

* **BALIVERNE** s. f. (lat. *bulla verna*, petite bulle qui s'élève sur l'eau pendant les rosées du printemps.). Sornette, propos trivial, occupation futile, passe-temps puéril.

* **BALIVERNER** v. n. S'occuper de balivernes.

BALIVERNIER. s. m. Individu qui dit beaucoup de balivernes.

BALIZE ou **Bélize**, cap. du Honduras anglais, à l'embouchure de la rivière Balize; par 17° 29' 20'' lat. N., et 90° 32' 33'' long. O., au fort Saint-George. Environ 5,000 hab. Ville bâtie sur une seule rue. Exportation de cochenille et d'acajou.

BALKANS (Monts), grande chaîne de la Turquie, au S. du Danube. Le vrai Balkan (anc. *Hæmus*) commence au cap Eminèh, sur la mer Noire, tourne vers le N. et court ensuite vers l'O.-S.-O., jusqu'aux sources de la Maritza (*Hebrus*), séparant la Bulgarie de la Thrace. En cet endroit, il est coupé par le Despoto Dagh (Rhodope) et le Duspanscha Dagh (*Scomius*). Un peu plus loin à l'O., après une courbe vers la frontière méridionale de la Serbie, les monts Balkans se confondent avec l'Orbelus des anciens. Entre la Serbie et l'Albanie, s'étend le Kara Dagh (*Scardus*) après quoi, la chaîne traverse l'Albanie, se rattache aux Alpes Dinariques et se rapproche de la mer Adriatique. La longueur totale des

Balkans est évaluée à 800 kil.; ils jettent au N. et au S. de nombreux rameaux. Leur point culminant, l'Eri-Sou, mesure environ 3,000 m. Ils sont traversés par plusieurs passages, parmi lesquels on cite la *Porte Trajane* et la *Porte de Fer*. L'ossature des Balkans est granitique; on y trouve beaucoup de marbre, du cuivre, du fer et des mines de plomb. Le passage des Balkans, considéré comme impraticable, fut effectué par les Russes, sous les ordres de Diebitsch, le 26 juillet 1829, et par les mêmes, sous les ordres de Gourko, le 13 juillet 1877. Le traité de Berlin (13 juillet 1878) a fait des Balkans la frontière de l'empire ottoman.

BALKASCH, Balkhasch ou Tengiz, lac de la Russie d'Asie, long de 450 kil., sur 110 kil. dans sa plus grande largeur. Au S. et au S. O., il reçoit l'Ili par plusieurs embouchures; il gèle pendant chaque hiver.

BALKH. I. Contrée de l'Asie centrale, formant la plus grande partie de l'ancienne Bactriane; entre l'Oxus, au N. et l'Hindou-Kousch au S. — Environ 75,000 kil. carr., et 1 million d'hab.; presque tous Uzbecks et, par conséquent, musulmans. La partie méridionale est rocheuse; mais elle renferme de magnifiques vallées; la partie orientale est la plus montagneuse et la moins stérile. La population se compose de nombreuses tribus, les unes pacifiques, les autres fort belliqueuses, plusieurs font le commerce par caravanes entre la Russie, la Chine et l'Indoustan. Le pays de Balkh comprenait autrefois Koundouz, Kouloum et plusieurs autres districts; il fit partie de l'empire des Mongols, au XIIIᵉ siècle, fut conquis par les Afghans, au XVIIIᵉ, saisi par le Khan de Boukharie en 1835 et restitué à l'Afghanistan par le traité de 1871, en vertu duquel l'Oxus supérieur forme la séparation entre l'Afghanistan et la Boukharie. — II. Ville (anc. *Bactra*) cap. du pays ci-dessus; par 36° 48' lat. N. et 64° 55' long. E., sur l'Ardisiâh, (tributaire de l'Oxus), à 310 kil. N.-O. de Caboul; environ 2,000 hab. Son origine mythique remonte, suivant la tradition, à Kaimours, le mythique fondateur de la dynastie qui régna sur les anciens Perses, et elle fut très florissante, comme capitale d'un royaume grec, sous les successeurs d'Alexandre le Grand. Voy. Bactriane.—Gengis-Khan, Tamerlan, Nadir-Schah et plusieurs autres la dévastèrent.

BALL ou **BALLÉE** (John) prêtre anglais qui prêchait que l'inégalité des rangs et des fortunes est contraire aux maximes de l'Évangile et qui se mit à la tête de la révolte de Wat Tayler. Poète autant qu'orateur, il composa la ballade qui fut le chant de guerre des 100,000 paysans soulevés contre le despotisme féodal : « Quand Adam labourait et qu'Eve filait, qui donc était gentilhomme ? ». Ball fut exécuté à Coventry, en 1381.

BALLABLE s. m. Art de mettre en scène des masses chorégraphiques, et d'en composer la figuration.

* **BALLADE** s. f. [ba-la-de] (rad. *baller*, danser; parce que les ballades furent d'abord des chansons à danser). Ancienne poésie française, composée de couplets faits sur les mêmes rimes et se terminant tous par le même vers. *La ballade est composée de trois couplets et d'un envoi*, comme la suivante, de Cl. Marot :

> Pour courre en poste par la ville
> Vingt fois, cent fois, ne sais combien;
> Pour faire quelque chose vile,
> Frère Lubin le fera bien.
> Mais d'avoir honnête entretien,
> Ou mener vie salutaire,
> C'est affaire à un bon chrétien :
> Frère Lubin ne le peut faire.
>
> Pour mettre, comme un homme habile,
> Le bien d'autrui avec le sien,
> Et vous laisser sans croix ni pile,
> Frère Lubin le fera bien.
> On a beau dire : Je le tien,
> Et le presser de satisfaire ;
> Jamais ne vous en rendra rien :
> Frère Lubin ne le peut faire.

Pour amuser par un doux style
Quelque fille de bon maintien,
Point ne faut de vieille subtile,
Frère Lubin le fera bien.
Il prêche en théologien ;
Mais pour boire de belle eau claire,
Faites-la boire à votre chien :
Frère Lubin ne le peut faire.

ENVOI.

Pour faire plutôt mal que bien
Frère Lubin le fera bien ;
Mais si c'est quelque bien à faire,
Frère Lubin ne le peut faire.

— Récit en vers, divisé en stances, reproduisant ordinairement des traditions historiques ou légendaires : *les ballades de Schiller ; les Odes et Ballades de Victor Hugo.* — LE REFRAIN DE LA BALLADE, le vers intercalaire qui revient à la fin de chaque couplet. — Prov. et fig. C'EST LE REFRAIN DE LA BALLADE, se dit de ce qu'une personne ramène sans cesse dans ses discours.

BALLADELLE s. f. Petite ballade.

BALLADER v. n. Faire des ballades.

BALLANCHE (Pierre-Simon), philosophe, né à Lyon en 1776, mort en 1847. Dans ses œuvres abstruses, enveloppées d'un mysticisme symbolique, il cherche à concilier les traditions avec le progrès et à expliquer les différentes évolutions des sociétés. — Ses œuvres complètes ont été réunies en 1830-'32, 6 vol. in-18. Il devint membre de l'Académie française en 1842.

BALLANT adj. m. Ne s'emploie que dans cette phrase familière : ALLER LES BRAS BALLANTS, marcher en laissant aller ses bras suivant le mouvement de son corps.

BALLANT s. m. Mar. Toute partie lâche et pendante d'une manœuvre qu'agite le vent ou le mouvement du navire. — TENIR LE BALLANT D'UNE MANŒUVRE, l'amarrer afin qu'elle ne soit pas lâche et qu'elle ne balance pas.

BALLANTINE, voy. *Bellenden.*

BALLARAT ou Ballaarat, ville de Victoria (Australie) à 110 kil. O.-N.-O. de Melbourne, divisée par la crique Yarowee, en Ballarat orientale et Ballarat occidentale ; 80,000 hab. Centre de très riches gisements aurifères.

BALLARD. Famille d'imprimeurs de musique qui conserva, jusqu'à la Révolution, le monopole de ce genre d'impression. Son principal membre fut : ROBERT, qui reçut en 1552 le privilège conservé par ses successeurs.

BALLAST s. m. [ba-last] (mot anglais). Sable ou gravier que l'on tasse sur les voies ferrées pour assujettir les traverses.

BALLASTAGE s. m. Opération par laquelle on ensable une voie ferrée.

BALLASTER v. n. Ensabler une voie ferrée.

BALLASTIÈRE s. f. Lieu d'où l'on extrait du ballast.

BALLE s. f. Petite pelote ronde, faite de rognures d'étoffe, de liège, de caoutchouc ou de toute autre matière élastique, recouverte de drap ou de peau, et servant à jouer à la paume. — Petite boule, ordinairement de plomb, dont on charge certaines armes à feu, comme fusils, mousquets, carabines, pistolets. — BALLE DE CALIBRE, celle qui est d'une grosseur correspondante au calibre de l'arme. — BALLES RAMÉES, deux ou trois balles de plomb jointes ensemble par un fil d'archal pliant. *On se sert peu de balles ramées.* — Fig. et fam. PRENDRE LA BALLE AU BOND, saisir vivement et à propos une occasion favorable. — Fig. et fam. RENVOYER LA BALLE, se décharger sur quelqu'un d'un soin, d'un embarras, d'une affaire. — Répliquer avec vivacité. — SE RENVOYER LA BALLE, soutenir la conversation par des traits vifs, animés. — Fig. et pop. ENFANT DE LA BALLE, enfant d'un maître de jeu de paume ; et, par ext., toute personne élevée dans la profession de son père. — Argot,

Figure, tête, physionomie. — BONNE BALLE, figure ridicule. — RUDE BALLE, tête énergique. — BALLE D'AMOUR, jolie figure.— Balle signifie aussi : pièce d'un franc ; et l'on dit : *cent balles, vingt balles,* pour : *cent francs, vingt francs.*— ROND COMME BALLE, pleinement repu : *il est rond comme balle.*

*BALLE s. f. Gros paquet de marchandises, lié de cordes, et enveloppé de grosse toile, pour être transporté d'un lieu à un autre.

*BALLE s. f. Typogr. Tampon au moyen duquel on appliquait l'encre sur les caractères : il était formé d'un manche de bois évasé en entonnoir, dont le creux était empli de laine que recouvrait une double peau. La balle a été remplacée par le rouleau.

*BALLE s. f. Agric. et bot. Voy. BALE.

BALLENSTEDT [bal-lènn-stètt]. Ville d'Anhalt, Allemagne, sur le Getel, à 25 kil. S.-E. d'Halberstadt ; 5,000 hab. ; devint, en 1765, la résidence des ducs d'Anhalt-Bernburg.

* *BALLER v. n. (ital. *ballare,* danser). Sauter, danser :

...... Il sait danser, baller,
Faire des tours de toute sorte.

LA FONTAINE

— Se dit, en parlant de cérémonies ecclésiastiques des anciennes cathédrales, de certaines salutations que l'on se faisaient au chœur par le grand chantre, et, qui ressemblaient à une danse grave et antique.

BALLERAY, commune du cant. de Pougues (Nièvre) ; 400 hab. ; Forges.

BALLERINE s. f. Danseuse.

BALLEROY, ch.-l. de cant., arr. et à 18 kil. S.-O. de Bayeux (Calvados). 1,300 hab. Dentelles, tulles, forges, mines de fer. Beau château, construit sous les dessins de Mansard.

BALLESTEROS (Don Francisco), général espagnol, né à Sarragosse, en 1770, mort en France, en 1832. Il combattit les Français en 1808 à 1812 ; refusa de servir sous les ordres de Wellington, fut ministre de la guerre en 1815, puis commandant de l'armée de la Navarre et de l'Aragon (1823) et signa, avec le duc d'Angoulême, une capitulation que ses compatriotes considérèrent comme une trahison. Il s'enfuit en France.

* *BALLET s. m. [ba-lè] (rad. *baler*). Chorégr. Danse figurée ; représentation dramatique composée des gestes, des attitudes des danseurs et accompagnée de musique. Les pantomimes dansantes furent populaires chez les Égyptiens, les Grecs et les Romains ; on n'y admit les femmes que vers la chute de l'empire romain, après quoi, la scène leur fut interdite pendant plusieurs siècles. Le ballet renaquit en Italie vers le xve siècle ; il s'introduisit immédiatement en France où il fut particulièrement cultivé. Noverre, de Paris (1727-1810), l'éleva à la hauteur d'un art et en propagea les principes dans toutes les grandes villes de l'Europe. Outre le ballet d'action ou ballet-pantomime, il y a les *divertissements* consistant en pas, sauts, pirouettes et entrechats. — OPÉRA-BALLET, COMÉDIE-BALLET, pièces à chaque acte desquelles était joint un divertissement de danse. — BALLET PANTOMIME, ou simplement, BALLET, pièce de théâtre où l'action n'est représentée que par les gestes et les attitudes des danseurs. On désigne quelquefois ces sortes de pièces par le nom du chorégraphe qui les a composées : *ballet de Noverre ; ballet de Gardel ;* et plus souvent par un titre qui en indique le sujet : *le ballet de Psyché ;* ou aussi par le genre auquel elles appartiennent : *ballet héroïque ; ballet historique ; ballet pastoral ; ballet comique, ballet comique.* — ENTRÉE DE BALLET. Voy. ENTRÉE.

BALL-FLOWER [bâl-fla-oueur]. Ornement caractéristique du style ogival anglais au

xvıe siècle, formant le cœur d'une jeune fleur étroitement enserré entre trois pétales.

BALLIER s. m. Grange ou partie de grange réservée aux menues pailles.

BALLINA, ville maritime d'Irlande, comté de Mayo, sur la rivière Moy, à 95 kil. N. de Galway ; environ 5,500 hab. Importantes pêcheries de saumon. Les Français commandés par le général Humbert prirent Ballina en 1798.

BALLINAMUCK, village d'Irlande, à 18 kil. de Longford. C'est là qu'une poignée de Français et 3,000 Irlandais, sous les ordres du général Humbert, furent vaincus et faits prisonniers par 15,000 Anglais, que commandait lord Cornwallis (8 sept. 1798). Ce fut la fin de l'un des épisodes les plus extraordinaires et les moins connus de nos guerres de la Révolution. Voy. TROUSSET : *Hist. de la Marine.*

BALLINASLOE [ba-li-na-slô], ville d'Irlande, à 33 kil. S. de Roscommon ; est divisée par la rivière Suck en deux parties, dont l'une sur le comté de Galway et l'autre sur celui de Roscommon. Grande foire aux chevaux.

BALLING (Karl-Joseph-Napoléon), chimiste bohémien (1805-1858). Professeur à Prague, il introduisit dans son pays la fabrication du sucre de betterave et écrivit un traité sur la fermentation (4 vol., 1845-7 ; augmenté en 1864), etc.

BALLIOL, Baliol ou Bailleul, nom d'une famille anglo-normande qui possédait de vastes domaines en France, en Angleterre et en Ecosse. Son nom lui vient de son manoir de Bailleul, en France. Parmi les personnages les plus célèbres de cette famille, nous citerons les suivants : JEAN DE BAILLEUL, mort en 1269, conseiller de Henri III, roi d'Angleterre, et quelque temps gardien d'Alexandre III d'Ecosse. Il épousa Devorgilla, petite-fille de David Ier d'Ecosse. Son fils, JOHN BALLIOL, lord de Galloway (mort en 1314), prétendit au trône d'Ecosse, à la mort de la jeune reine Marguerite, et le disputa aux deux autres prétendants Robert Bruce et John Hastings. Edouard Ier, nommé arbitre, se prononça en faveur de Balliol, à la condition que celui-ci lui rendrait hommage. Balliol fut donc couronné en novembre 1292. Mais sa soumission à l'Angleterre souleva la fierté de ses sujets et, pour leur plaire, il rompit avec son suzerain, fut vaincu et fait prisonnier à Dunbar (1297), resta enfermé dans la tour de Londres, jusqu'en 1299 et vint passer le reste de sa vie dans la seigneurie de Château-Gaillard, berceau de sa famille. — Il laissait un fils. EDWARD BALLIOL (mort en 1363), qui envahit l'Ecosse, en 1332, chassa David II et fut couronné le 24 septembre. Mais trois mois plus tard, il fut renversé, s'enfuit en Angleterre et revint, grâce à Edouard III, qui le rétablit après la victoire de Halidon Hill (3 juillet 1333). En reconnaissance de cet appui, il céda une partie de l'Ecosse à son protecteur et souleva l'indignation de ses sujets, qui le chassèrent en novembre 1334. Il lutta encore longtemps contre les Ecossais, remporta quelques avantages en 1335, fut vaincu en 1338, reparut plusieurs fois jusqu'en 1355 et finit par vendre ses prétentions au roi d'Angleterre, Edouard III. On ne sait ce qu'il devint dans la suite. Il ne laissa pas d'hériter.

*BALLON s. m. (augmentatif de *balle*). Vessie ou enveloppe de caoutchouc ou de cuir, enflée d'air, et dont on se sert pour jouer, en la renvoyant avec le poing, ou avec le bras couvert d'un brassard, ou avec le pied. — Phys. Aérostat. Depuis 1855, on fait, pour les enfants, de petits ballons en caoutchouc, gonflés de gaz hydrogène et conduits en ballons captifs. —Chim. Grand vase de verre de forme sphérique, destiné à recevoir et à condenser les fluides qui se dégagent dans certaines opérations. — Mar. Pirogue étroite, peu arrondie, très élevée aux deux extrémités, employée sur les fleuves de Siam et du Pégou. Ces ballons mesurent jusqu'à 100 pieds de longueur, sur 5 de largeur tout au plus. Quatre-vingts rameurs, parfaitement stylés à la voix du patron, leur impriment une rapidité vertigineuse. — Phys. MONTER EN BALLON, FAIRE UNE ASCENSION EN BALLON, s'élever dans les airs en se plaçant dans une nacelle suspendue à un ballon aérostatique. — BALLON PERDU, ballon qu'on abandonne au courant de l'air. On dit dans le sens contraire, ballon captif. — BALLON D'ESSAI, petit ballon qu'on lance pour connaître la direction du vent. — Fig. et fam. Petit ouvrage d'esprit donné par un auteur pour pressentir le goût du public, et dans l'intention de faire paraître ensuite un ouvrage plus considérable. — Annonce d'un projet, faite à dessein de pressentir l'opinion du public. — Première mesure prise seulement afin de connaître comment seront accueillies d'autres mesures du même genre. —⌣⌣ Argot. Derrière. — ENLEVER LE BALLON, donner un coup de pied au derrière. — SE POUSSER DU BALLON, porter une crinoline d'envergure exagérée; faire ballonner sa jupe. — SE LACHER DU BALLON, s'enfuir. — Encycl. BALLONS MILITAIRES. En 1793, le commandant Chanal, assiégé dans Condé, voulut donner de ses nouvelles à une division française qui se trouvait hors des lignes d'investissement. Il fit construire un petit aérostat de papier qu'il lança avec un paquet de dépêches. L'appareil tomba au milieu des assiégeants auxquels il fournit les renseignements sur la situation de la forteresse. Tel fut le début de l'aérostation employée dans les armées; mais ce fait isolé passa inaperçu. A la même époque, Guyton de Morveau proposa d'organiser des postes de ballons captifs pour étudier les mouvements de l'ennemi. Sa proposition étant acceptée par le comité de salut public, il s'adjoignit le physicien Coutelle, qui fut envoyé auprès de Jourdan, commandant de l'armée de Sambre-et-Meuse. Un ballon, l'Entreprenant, que remorquaient, avec des cordes, une poignée de soldats, emmenait dans les airs le hardi physicien qui s'avança jusque sous le feu de l'ennemi. Maubeuge, où eut lieu cette première expérience, était assiégé par les Autrichiens, dont les Français connurent d'heure en heure tous les travaux. Quelques soldats ennemis, frappés d'une terreur superstitieuse devant ce globe qui plane au-dessus d'eux, s'agenouillent et se mettent en prières. Enfin les Autrichiens perdent 6,000 hommes et lèvent le siège de la ville. Aussitôt Coutelle arrive à Charleroi où les Hollandais se préparent à nous opposer une résistance désespérée. Il fait des reconnaissances tellement importantes, que trois jours après n arrivée, la place se rend sans conditions. A Fleurus, l'aérostat l'Entreprenant, toujours monté par Coutelle, rend des services que Jourdan n'hésite pas à reconnaître. A Mayence, d'où l'armée française veut déloger les Autrichiens, l'intrépide aéroster veut continuer ses reconnaissances; mais trois bourrasques le rabattent successivement jusqu'à terre. A chaque raffale, les soixante-quatre aérostiers qui retiennent les câbles sont soulevés du sol et la nacelle se brise sous l'action de ces chocs énergiques. Depuis cette époque, les ballons militaires ne retrouvèrent plus l'occasion de se signaler. Du reste, Hoche et Bonaparte se montraient opposés à leur emploi. De 1820 à 1830, de nombreuses études furent faites, en Allemagne et en Angleterre, en vue d'approprier les ballons au service de la guerre. « En 1849, les Autrichiens, pendant le siège de Venise, gonflèrent des petits ballons de papier, munis de bombes, qui devaient tomber sur la ville assiégée. Ils lancèrent deux cents de ces ballonneaux incendiaires. Les ballons

s'élèvent, ils marchent sur Venise, ils s'élèvent encore, et sont pris par un contre-courant qui les ramène sur la campagne occupée par l'armée autrichienne, où les bombes incendiaires viennent tomber, sans causer de grands dégâts ». (G. TISSANDIER). Pendant la guerre de sécession aux Etats-Unis, l'armée unioniste fit plusieurs fois usage de ballons captifs munis d'appareils photographiques et mis en relation avec la terre par un fil télégraphique. Le succès du général Mac-Clellan devant Richmond (mai, juin 1862) est dû en partie au concours d'un aérostat. — Pendant le siège de Paris, soixante et onze ballons furent lancés et enlevèrent soixante et onze aéronautes, quatre-vingt-onze passagers, trois cent soixante-trois pigeons voyageurs et 9,000 kilogr. de dépêches, représentant trois millions de lettres à 3 gr. Cinq de ces ballons tombèrent dans les lignes ennemies; deux autres se perdirent en mer. Depuis, on a nommé une commission destinée à étudier les ballons militaires. — Voy. AÉROSTATION et ASCENSIONS.

BALLON s. m. Nom donné à divers sommets des Vosges, à cause de leur forme arrondie. — Ballon d'Alsace, un des sommets remarquables du S. des Vosges; 1,429 mètres: lat. N 47° 34' 6''; long. E. 4° 45' 46''. — Ballon de Guebwiller, montagne des Vosges; au S. du lac de Guebwiller; 1,431 mètres.

BALLON, ch.-l. de cant., arrond. et à 23 kil. N. du Mans (Sarthe); 2,000 hab. Toiles; blanchisseries de fil, restes d'un vieux château féodal.

* BALLONNÉ, ÉE, adj. Gonflé comme un ballon, distendu. — Méd. Se dit de l'abdomen, lorsqu'il est enflé par des gaz accumulés dans les intestins.

* BALLONNEMENT s. m. Méd. État de l'abdomen lorsqu'il est ballonné.

BALLONNER v. n. Enfler. — **Se ballonner** v. pr. S'enfler comme un ballon.

* BALLONNIER s. m. Celui qui fait, qui vend des ballons à jouer.

BALLOT s. m. [bal-lott] (anc. franç, ballotte, petite balle). Nom anglais du vote au scrutin secret.

* BALLOT s. m. Petite balle de marchandises.

* BALLOTE s. .. (gr. ballota). Bot. Genre de Labiées, tribu des Stachydées, comprenant des herbes vivaces ou des sous-arbrisseaux à feuilles rugueuses, à fleurs subverticillées. Espèce indigène, la Ballote noire ou Marrube noir (Ballota nigra), commune dans les lieux incultes, sur le bord des chemins; odeur repoussante; fleurs blanches ou rougeâtres; propriétés stimulantes.

BALLOTIN s. m. Dimin. Petit ballot.

* BALLOTTADE s. f. Manège. Saut que l'on fait faire à un cheval, entre deux piliers, en le soutenant de la main, et aidé du gras des jambes, de manière qu'ayant les quatre pieds en l'air, le cheval présente les fers, comme s'il voulait ruer, sans pourtant détacher la ruade.

* BALLOTTAGE s. m. Action de ballotter deux candidats.

* BALLOTTE s. f. Petite balle dont on se sert pour donner des suffrages, ou pour tirer au sort. On dit maintenant, Boule.

* BALLOTTEMENT s. m. Action de balloter, en parlant d'une chose qui, n'étant pas fixée, ballotte, va tantôt d'un côté, tantôt de l'autre.

* BALLOTTER v. a. Agiter en divers sens, en des sens contraires; lc. mer nous a ballottés pendant trois jours et trois nuits sans relâche. — Fig. et fam. BALLOTER QUELQU'UN, se joue-

de lui, le renvoyer de l'un à l'autre; lui donner des espérances, sans avoir envie de rien faire pour lui. — Fig. BALLOTTER UNE AFFAIRE, la discuter, l'agiter de part et d'autre, en délibérer. — Neutral. Remuer, éprouver des secousses, en parlant d'une chose qui n'est pas bien fixée : cette fenêtre ballotte. — Aller au scrutin pour décider lequel l'emportera de deux compétiteurs qui ont eu le plus de voix dans un scrutin précédent; et alors il ne s'emploie guère que passivement : ces deux candidats ont été ballottés. — Jeu de Paume. Peloter, se renvoyer la balle, jouer sans faire de partie réglée.

BALL'S BLUFF [bâlss-bleuff], colline de la Virginie, sur les rives du Potomac. Le 21 octobre 1861, sur l'ordre du général Stone, les troupes fédérales, commandées par l'héroïque colonel Baker, traversèrent la rivière et attaquèrent le camp des confédérés à Leesburg, sur cette colline; mais elles furent écrasées. Le général Stone, accusé de trahison, fut arrêté en février 1862.

BALLYMENA, ville d'Irlande, comté d'Antrim, à 40 kil. N.-N.-O. de Belfast; 7,000 hab. Fabr. de toiles.

BALLYNAHINCH, ville d'Irlande. Les Anglais y furent battus par les insurgés irlandais, le 13 juin 1798.

BALME s. f. (grotte, en vieux français). Mot qui se trouve dans plusieurs noms de lieux : la Balme, Baume-les-Dames, la Sainte-Baume, etc. — La Balme, village du cant. de Crémieu, arrond. et à 32 kil. N.-O. de la Tour-du-Pin (Isère); 900 hab. Céréales, vins. Ruines du château des Dauphins du Viennois. Fameuse grotte de Notre-Dame de la Balme, au fond de laquelle se trouve un petit lac. — Col de Balme, gorge des Alpes Pennines, à la source de l'Arve, entre les vallées de Chamounix et de Trient; 2,304 m. d'élévation; passage très fréquenté; admirable panorama.

BALMÈS (Jaime-Lucio), théologien espagnol, (1810-1848); professa à Cervera et essaya de concilier le catholicisme et la liberté politique. Ses œuvres comprennent : El Protestantisme comparado con il Catolicismo (4 vol.), el Filosofía fundamental (4 vol); traduit en 1852, 3 vol. — Bibl. A. de Blanche-Raffin, Balmès, sa vie et ses ouvrages, Paris, 1850.

BALMONT (LA COMTESSE DE SAINT-), femme de lettres du XVIIIe siècle. Sa tragédie, les Jumeaux martyrs, fut imprimée en 1630.

BALMORAL, résidence royale de la reine Victoria, dans la Haute-Écosse, sur la Dée, à 75 kil. O.-S.-O. d'Aberdeen. Château sur une terrasse naturelle, à 300 m. au-dessus de la mer; domaine de 100,000 acres, dont 1,000 en terres boisées et 30,000 de parcs aux cerfs.

BALNAVES ou **BALNAVIS** (Henry), réformateur anglais, mort vers 1580. Sa « Profession de Foi » écrite pendant son exil en France (1547-59), a été publiée en 1584, par Knox, son coreligionnaire, avec lequel il avait été emprisonné à Rouen, après une conspiration.

BALNÉABLE adj. (lat. balneum, bain). Propre aux bains : ces eaux sont balnéables.

BALNÉAIRE adj. [bal-né-è-re] (lat. balneum, bain). Relatif aux bains : science balnéaire. — STATION BALNÉAIRE, ville, lieu où l'on va prendre des bains. Il y a des stations balnéaires minérales, thermales, maritimes, hivernales, etc.

BALNÉATION s. f. [bal-né-a-si-on] (lat. balneum, bain). Action de prendre ou de donner un bain.

BALNÉOGRAPHE s. m. [bal-né-o-gra-fe] (lat. balneum, bain; gr. graphô, j'écris). Auteur d'écrits spéciaux sur l'usage des bains.

BALNÉOGRAPHIE s. f. Science de l'application des bains à la thérapeutique.

BALNÉOGRAPHIQUE adj. Qui a rapport aux bains ou à la balnéographie.

BALNÉOTECHNIE s. f. [bal-né-o-tè-knî] (lat. *balneum*, bain ; gr. *techné*, art). Théorie médicale de l'usage des bains.

BALNÉOTECHNIQUE adj. Qui a rapport à la balnéotechnie.

BALOCHARD s. m. (rad. *balocher*.). Ouvrier enjoué et tapageur. — Variété du *chicard*, sous le règne de Louis-Philippe.

BALOCHER v. n. Flâner, dans le langage du peuple parisien.

BALOCHEUR, EUSE adj. Qui flâne. — Substantiv. Personne qui baloche :

Pardon ! pardon ! Louise la *Balocheuse*,
De l'oublier, toi, tes trente printemps,
Ton nez hardi, ta bouche aventureuse...
                                        NADAUD.

BALOIRE s. f. Mar. Longue pièce de bois qui, dans la construction d'un vaisseau, détermine la force qu'il doit avoir.

* **BALOURD, OURDE** s. (de *ba*, péjoratif augmentatif ; et *lourd*). Personne grossière et stupide.

* **BALOURDISE** s. f. Chose faite ou dite sans esprit, ou mal à propos. — Caractère d'un balourd.

BALSA s. m. Embarcation chilienne, composée de deux outres en peau de veau marin gonflées d'air et supportant un plancher.

* **BALSAMIER** s. m. [bal-za-mié] (*Balsamodendron*, du gr. *balsamon*, baume ; *dendron*, arbre). Bot. Genre de Burséracées, comprenant des arbres dioïques à calice campanulé ; corolle formée de quatre pétales ; huit étamines.

Balsamier (Balsamodendron Ehrenbergianum).

baie ovoïde, pulpeuse, à deux noyaux contenant chacune une graine. Principales espèces : *Balsamier de Giléad (Balsamodendron Ehrenbergianum; Amyris Gileadensis; Opobalsamum)*, arbre d'Arabie qui produit, par incisions, un suc résineux d'une odeur suave connu sous le nom de *baume de Judée, de la Mecque, de Giléad, d'Egypte, blanc ou de Constantinople;* son bois se brûle comme de l'encens; *Balsamier de Ceylan (Amyris Zeilunica)*, grand arbre qui produit un baume confondu souvent avec le précédent. — On dit aussi BAUMIER.

BALSAMIFÈRE adj. (lat. *balsamum*, baume ; *fero*, je porte). Bot. Qui produit du baume.

BALSAMIFLUÉES s. f. pl. (lat. *balsamum*, baume ; *fluo*, je coule). Bot. Petite famille de plantes acotylédones, établie entre les platanées et les hamamélidées, et comprenant le seul genre *Copalme*. Voy. ce mot.

* **BALSAMINE** s. f. [bal-za-mi-ne] (lat. *bal-*

samum, baume ; parce que les anciens faisaient entrer la balsamine dans la composition d'un baume contre les plaies). Bot. Nom vulgaire d'un genre de plantes appelées en latin *impatiens*, famille des balsaminées. On en connaît une vingtaine d'espèces divisées en deux sections : 1° l'une, distinguée par des pédoncules axillaires multiflores, cinq anthères, dont deux uniloculaires, à stigmates soudés, comprend la *Balsamine des bois (Impatiens noli tangere*, balsamine n'y touchez pas), plante vivace qui croît dans les bois ombragés et humides de

Balsamine des jardins.

l'Europe et de l'Amérique septentrionale, où elle fleurit en juillet et en août. Dès qu'on touche à sa capsule mûre, celle-ci éclate et lance ses graines, d'où vient son nom. Ses principales variétés, *Impatiens pallida* et *Impatiens fulva* sont remarquables par la beauté de leurs fleurs. 2° L'autre section, caractérisée par des pédoncules axillaires uniflores, des anthères bilobées et des stigmates distincts, renferme la *Balsamine des jardins (Impatiens balsamina)*, plante annuelle des Indes orientales, introduite chez nous en 1596. C'est une des plus belles fleurs de nos jardins ; elle rivaliserait avec la rose elle-même si tout parfum ne lui faisait défaut. La culture lui a fait produire une foule de variétés simples ou doubles, rouges, roses, incarnates, carmin, ponceau, violettes, blanches ou panachées. La variété la plus remarquable est la *Balsamine camélia*, à fleurs en rosaces régulières, à pétales larges et imbriqués.

BALSAMINÉ, ÉE adj. Qui ressemble à une balsamine. — s. f. pl. Famille de plantes dicotylédones, comprenant des herbes généralement annuelles, à fleurs irrégulières : cinq étamines, styles nuls ; cinq stigmates sessiles; capsules à cinq loges polyspermes, s'ouvrant avec élasticité. Genres : *Impatiens* et *Hydrocera*.

* **BALSAMIQUE** adj (lat. *balsamum*, baume). Qui ressemble au baume : *parfum balsamique*. — * Fig. Qui calme l'esprit, qui apaise l'âme. — * Pharm. Qui contient un baume, comme les pilules balsamiques de Morton, le sirop balsamique de Tolu, etc. — s. m. Médicament balsamique : *j'emploie des balsamiques.*— AIR BALSAMIQUE, air chargé des parfums qui s'exhalent des plantes.

* **BALSAMITE** s. f. (*balsamita* ; du gr. *balsamon*, baume ; parce que cette plante répand une odeur aromatique). Bot. Genre de composées, tribu des sénécionidées, sous-tribu des anthénidées, aujourd'hui réparti dans les genres chrysanthème, tanaisie, plagius, pentzia.

BALSAMO (Joseph). Voy. CAGLIOSTRO.

BALSAMODENDRON s. m. (bal-za-mo-dain-dron). Voy. BALSAMIER.

BALTA, ville de Podolie, Russie, à 260 kil. S.-E. de Kamenetz ; 15,000 hab. Commerce de bétail, de chevaux, de cuirs, de laine, de grain, etc.

BALTA-LIMAN, baie et port de Turquie, sur la côte européenne du Bosphore. Le premier mai 1849, les Turcs y conclurent une convention en vertu de laquelle la Russie acquit, pour sept ans, le droit d'occuper militairement les Principautés danubiennes.

BALTARD. I. (Louis-Pierre), architecte peintre et graveur, né à Paris en 1765, mort en 1846 ; architecte des chapelles de Saint-Lazare et de Sainte-Pélagie, à Paris, et du palais de justice de Lyon ; auteur de nombreuses planches représentant les monuments de Paris et de ses environs.

BALTES (en visigoth : *hardis*), famille qui fournit des rois aux Visigoths et qui se perpétua sous le nom de *Baux*, seigneurs indépendants près d'Arles.

BALTHAZAR (chaldéen , *Belschatztzar*), prince babylonien, fils du dernier roi, Evilmérodach et petit-fils de Nabuchodonosor (voy. BABYLONIE). Son père lui ayant confié la défense de Babylone assiégée par une invasion de Mèdes et de Perses sous les ordres de Cyrus, il fut fait prisonnier et à mort, en l'an 638 av. J.-C. La Bible nous apprend que le siège durait depuis deux ans, lorsque le jeune prince, ardent au plaisir, ordonna qu'on lui servît un grand festin. Vers le milieu du repas, il se fit apporter les vases d'or et d'argent que Nabuchodonosor avait enlevés du temple de Jérusalem. Au même instant, une main mystérieuse traça sur les murs du palais ces trois mots hébreu-samaritains: *Mané, Thécel, Pharès*, que nul ne put expliquer. Daniel, ayant été appelé par le prince: « Tu as profané les vases sacrés, s'écria le prophète hébreu; et voici ce que Dieu a fait écrire par cette main: *Mané*, tes jours sont comptés ; *Thécel*, tu n'iras pas dans le séjour des élus ; *Pharès*, ton empire sera démembré ». La nuit même, Babylone tomba au pouvoir des ennemis.

BALTHAZAR s. m. Repas plantureux, par allusion au repas du prince babylonien : « je vais me donner une bosse et faire un *balthazar* intime » (Murger).

BALTIMORE ville maritime de Maryland (Etats-Unis), sur un bras de la rivière Patapsco, à 23 kil. de la baie de Chesapeake, à 280 de l'Atlantique, à 62 N.-E. de Washington et à 293 S.-O. de New-York ; 267,354 hab. en 1870, et 295,000 en 1880 ; sixième ville des Etats-Unis pour la population, dont compte 60,000 étrangers et 41,000 noirs. L'entrée du port est défendue par le fort Mac Henry. Surnommée la *cité monumentale*, Baltimore renferme douze grands squares publics, un hôtel de ville, une bourse, un atheneum, de belles églises, une imposante cathédrale catholique surmontée d'un dôme et de deux clochers ; une colonne dorique de marbre blanc haute de 195 pieds, sur laquelle se trouve une statue de Washington, haute de 15 pieds ; le *monument de la Bataille*, érigé en mémoire des citoyens tombés pour la défense de la ville en 1814. On a aussi élevé un beau monument à Wells et à Mac Comas, deux jeunes soldats qui ont, dit-on, fait tomber sous leurs coups de fusil le général anglais, Ross, à la bataille de North-Point, le 12 sept. 1814 ; et un autre monument à Thomas Wildey, fondateur de l'ordre des Odd Fellows aux Etats-Unis. — La ville possède de nombreuses lignes de tramways (street cars) — Entrée en 1875 : 3,000 navires (dont 1,950 caboteurs) sorties : 3,200, (2,250 caboteurs). — Quarante journaux, dont sept quotidiens. — 220 églises ; les dominations religieuses qui comptent le plus de fidèles sont les Baptistes, les Episcopaul, les Luthériens évangéliques, les Méthodistes, les Presbytériens et les Catholiques romains. — Baltimore a été nommée en l'honneur de Cecilius Calvert, lord Baltimore. Un établissement y fut fondé vers 1662, mais la

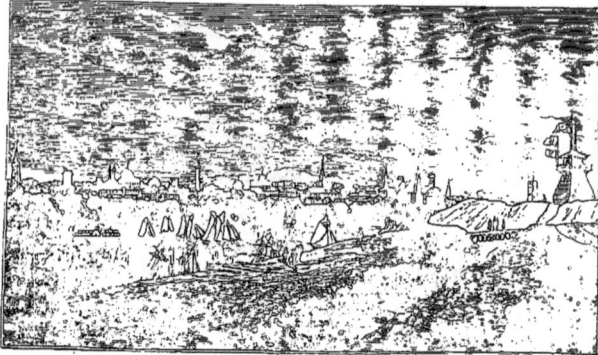

Baltimore.

ville ne fut construite qu'en 1730 ; à la fin du XVIIIᵉ siècle, elle ne comptait pas cent maisons. Elle se défendit avec succès contre une attaque des Anglais, les 12 et 13 sept. 1814. — Lat. N. 39° 17' 48" ; long. O. 78° 57' 3".

BALTIMORE (Lord). Voy. Calvert.

BALTIMORE (oiseau de). Voy. Troupiale.

BALTIQUE (Mer), *Sinus Codanus* ou *Pelagus scythicum* des anciens ; *Ostsee* (mer occidentale) ou *Baltisches Meer* des Allemands ; vaste golfe de l'Europe septentrionale, presque complètement compris entre la Suède, la Russie, l'Allemagne et le Danemark, et communiquant avec la mer du Nord par le Cattégat, le Sund, le Grand Belt et le Petit Belt. Sa plus grande longueur, du N. au S., est de 1,400 kil. sur une largeur de 120 à 325 kil. Superficie, y compris les golfes de Bothnie, de Riga et de Finlande, 400,121 kil. car. A l'E. et au S., ses rivages forment de vastes plaines qui s'avancent en pente douce dans ses eaux relativement peu profondes (de 8 à 250 m.). Son entrée est resserrée entre des îles et des bancs de sable, et ses courants sont très irréguliers. Parmi les lacs nombreux auxquels elle sert de déversoir, nous citerons les lacs de Ladoga, d'Onéga et de Mælar ; elle reçoit les eaux d'environ 200 rivières, généralement peu importantes et dont les principales sont la Düna, le Niémen, la Vistule et l'Oder. L'immense quantité de boues et de sable que ces rivières y amènent a fini par combler plusieurs embouchures et les ports du voisinage, si bien que la navigation y est devenue difficile et dangereuse. Dans la Baltique, on ne connaît pas plus que dans la Méditerranée les marées qui se manifestent dans les océans. Mais à des époques irrégulières, l'eau se soulève à une hauteur qui atteint quelquefois un mètre ; phénomène qui est causé par la pression inégale de l'atmosphère sur les différentes parties de sa surface. Les eaux de la Baltique sont beaucoup moins salées que celles de la mer du Nord ou de l'Atlantique. Chaque année, elles sont plus ou moins encombrées de glaces ; il n'est même pas très rare de la voir prise au point qu'on peut la traverser dans toute sa largeur. Les lacs innombrables qui se trouvent entre la Baltique et la mer Blanche sont les derniers restes d'une grande mer qui couvrait autrefois tout ce pays. On a calculé que les rives de la Baltique s'élèvent d'environ un pouce chaque année. Lübeck,

jadis port de mer, se trouve aujourd'hui à 20 kil. du rivage. Les eaux de cette mer sont très riches en poissons de toute espèce ; sur les côtes de la Prusse orientale et de l'île de Rügen, on recueille une grande quantité

d'ambre. Les ports les plus importants sur la Baltique et sur ses divers bras sont Saint-Pétersbourg, Riga, Mémel, Kœnigsberg, Dantzig, Stralsund, Lübeck, Copenhague, Carlscrona, Stockholm. — **Provinces Baltiques**. Nom sous lequel on désigne les quatre gouvernements russes de Courlande, Esthonie, Livonie et Finlande. 138,180 kil. car. ; 3,269,465 hab.

BALTZER (Johann-Baptist) [bal-tsèrr], théologien catholique allemand (1803-'71). Il professait à Breslau des opinions hermésiennes, lorsqu'il fut invité par le Saint-Siège à se démettre de ses fonctions ; il s'excusa et continua néanmoins de faire des conférences pour soutenir les mêmes opinions, qu'il modifia ensuite pour se ranger au système philosophique d'Anthon Günther. Ses œuvres comprennent un « Traité sur le système hermésien » (1832) et les « Bases d'un jugement équitable entre le catholicisme et le protestantisme » (1840).

BALUCHON s. m. Argot. Petit paquet.

BALUE ou **Ballue** (Jean de la), cardinal et ministre de Louis XI, né vers 1421 au bourg d'Angle (Poitou), mort en 1491. Fils d'un pauvre tailleur, il suivit dans son enfance, un moine dont il portait la besace. D'un caractère insinuant, il s'empara de la confiance de l'évêque de Poitiers, Juvénal des Ursins, qui le fit entrer dans les ordres, le nomma son exécuteur testamentaire, et dont il frustra les héritiers. Il fit ensuite un voyage à Rome et se souilla de toutes les débauches. A son retour, il se présenta à la cour de Louis XI et plut à ce roi par son caractère souple, intrigant, habile à semer la division. Successivement conseiller au parlement, administrateur au collège de Navarre, des hôpitaux et des aumôneries, chargé des promotions ecclésiastiques, trésorier de l'épargne, secrétaire d'Etat, évêque d'Evreux (1464), il causa la mort de Charles de Melun, dont il avait été son protecteur auprès du roi, et calomnia si bien Jean de Beauvais qu'il le força le renoncer à son évêché d'Angers, dont il s'empara. Il poussa Louis XI à abolir la pragmatique sanction, ce qui lui valut le chapeau de cardinal. Après l'entrevue de Péronne, dont il avait été l'instigateur, le roi commença à se défier de lui et à le surveiller. Une lettre du cardinal Balue au duc de Bourgogne fut interceptée ; convaincu d'avoir livré à Charles le Téméraire, des secrets importants, il allait être

jugé régulièrement et, sans doute condamné à mort, lorsque le pape le réclama. Louis XI prit un terme moyen, il arrêta le procès et enferma le cardinal dans une de ces cages de fer de 8 pieds carrés que ce prélat courtisan avait imaginées lui-même pour servir les vengeances de son maître (1469). Il y resta onze années, au château de Loches ou dans celui d'Angers ou à Plessis-les-Tours ; peut-être dans ces diverses prisons successivement. A force de réclamations, le pape Sixte IV obtint enfin que ce prisonnier lui fût remis pour être jugé par la cour de Rome. Aussitôt qu'il eut passé les frontières de France, La Balue fut mis en liberté et comblé d'honneurs. Le Saint-Siège osa même le renvoyer en France, avec le titre de légat *a latere* (1484) ; mais il dut se retirer devant un arrêt du parlement qui lui défendit l'entrée de Paris. Il mourut à Ancône. Il était évêque de Préneste, après l'avoir été d'Albano. Un historien a dit de lui que, de tous les vices, il ne lui manqua que l'hypocrisie.

BALUFFI (Gaetano) [bâ-lou'-fi], prélat italien (1788-1866) ; il fut longtemps nonce dans l'Amérique méridionale, succéda à Mastaï Ferretti (Pie IX) comme évêque d'Imola, devint cardinal en 1846 et archevêque en 1860. Son *Histoire religieuse de l'Amérique* (Rome. 1838), contient des documents intéressants. Un autre de ses ouvrages, la *Divinité de l'Eglise manifestée par sa charité*, a été traduit en français.

***BALUSTRADE** s. f. Suite, rangée de balustres portant une tablette d'appui et servant d'ornement ou de clôture. — Par ext. Toute sorte de clôture qui est à jour et à hauteur d'appui.

* **BALUSTRE** s. m. (gr. *balaustion*, fleur du grenadier sauvage ; lat. *balaustium* ; ital. *balaustra* ; parce que le balustre ressemble au calice de la fleur du grenadier). Petit pilier façonné orné de moulures, pour remplir un appui à jour ou une tablette. Il se compose du *piédouche*, sur lequel porte la *poire* ou *panse*, partie la plus renflée, qu'un *col* étroit sépare du *chapiteau* ou portion supérieure. — Assemblage de plusieurs balustres servant de clôture dans une église ou dans une chambre : *balustre d'autel*.

* **BALUSTRER** v. a. Orner, entourer d'une balustrade

BALUZE (Etienne), érudit, né à Tulle en 1630, mort à Paris en 1718. Bibliothécaire de Colbert (1667), il résigna son emploi pour vivre dans la retraite, en 1700. Il fit paraître, en 1708, une *Histoire généalogique de la maison d'Auvergne*, dans laquelle il prouva que les Bouillon, alors mal en cour, descendaient des anciens ducs de Guienne. Louis XIV, auquel cet ouvrage déplut, le supprima, dépouilla Baluze de ses biens et l'exila (1710). Cette persécution cessa vers la fin de 1713, et le vieux savant put revenir à Paris. Il laissa une riche bibliothèque qui fut vendue et dispersée ; mais le roi acheta ses manuscrits au nombre de 1,500, presque tous annotés de sa main. Ils sont à la bibliothèque nationale. Baluze a publié, entre autres ouvrages : *Regum Francorum capitularia*, Paris, 1677, 2 vol. in-fol. ; réimprimé en 1780 ; *Vies des papes d'Avignon*, 1693 ; 2 vol. in-4° ; les *Capitulaires* ; *Miscellanea*, Lucques, 1671, 4 vol. in-fol.

BALZAC, village du dép. de la Charente, arr. et à 7 kil. N. d'Angoulême. Château construit par Guillaume Guez, qui ajouta depuis lors à son nom celui de sa châtellenie, et qui fut père du célèbre Jean-Louis Guez de Balzac.

BALZAC (Honoré de), romancier français, né à Tours en 1799, mort en 1850. Dès l'âge de vingt-trois ans, il avait déjà publié une demi-douzaine de romans qui n'obtinrent aucun succès et n'annonçaient qu'un esprit des plus médiocres. Pendant sept années encore, il écrivit, sous différents pseudonymes, une masse d'œuvres indigestes qui n'étaient pas de nature à le tirer de l'obscurité. On les a rééditées après sa mort sous le titre d'*Œuvres de jeunesse*. Avec l'insuccès vint la misère, que Balzac espéra faire cesser en se livrant à des entreprises industrielles. Tour à tour libraire, imprimeur, fondeur en caractères, il *ne réussit* en rien et se couvrit de dettes qui, se grossissant sans cesse, l'accablèrent toute sa vie. Forcé d'en revenir au roman, il publia, sous son vrai nom, le *Dernier Chouan* (1829) qui fut son premier succès; il écrivit ensuite la *Physiologie du mariage* (1831), puis la *Peau de chagrin* (comprises dans ses *Contes philosophiques*). A partir de cette époque, il produisit, avec une rapidité extraordinaire, la série de romans, de contes et de nouvelles, auxquels il donna le titre général de *Comédie humaine*, comprenant les *Scènes de la vie privée*, les *Scènes de la vie de province*, les *Etudes analytiques*, etc. Parmi ses autres œuvres, les plus remarquables sont : la *Fille aux yeux d'or*, les *Mémoires de deux jeunes mariées*, les *Parents pauvres*, le *Contrat de mariage*, *Vautrin*, et les *Contes drôlatiques*. Peintre fidèle de la société contemporaine, qu'il copie par ses côtés hideux, Balzac reproduit avec exactitude les détails de la vie bourgeoise, surtout dans *Eugénie Grandet*, le *Médecin de campagne*, etc. Il y a une prétention à la métaphysique dans la *Recherche de l'absolu*, et un mysticisme inexplicable dans *Louis Lambert*. Tout à fait inégal, bizarre, capricieux, il manque souvent de correction et quelquefois de moralité. En 1850, il épousa la comtesse polonaise *Eveline de Hanska* et fut emporté six mois après, par une maladie de cœur. La plus curieuse de ses biographies a été écrite par Théophile Gautier. — Sa sœur, madame Surville, LAURE BALZAC (née en 1800), a publié, en 1858, *Balzac, sa vie et ses œuvres*, avec la correspondance du célèbre écrivain.

BALZAC (Jean-Louis GUEZ, SEIGNEUR DE), l'un des restaurateurs de la langue française, né à Angoulême en 1594; mort le 18 fév. 1655. A l'âge de dix-sept ans, il publia en Hollande un *Discours politique sur l'Etat des Provinces-Unies*, dans lequel il se prononce pour la liberté. Protégé par le cardinal de Lavalette, puis par Richelieu, qui lui donna un brevet de conseiller d'Etat et une pension de 2,000 livres, il se trouva, mieux que tout autre, en état de combattre le mauvais goût de son siècle, et de rendre à notre belle langue sa simplicité que lui avaient fait perdre les imitateurs outrés des Grecs et des Latins. Ses *Lettres*, publiées en 1624, montrèrent tout ce que la langue française renferme d'élégance, de précision et de mâle énergie. L'Europe entière les lut avec admiration; mais elles éveillèrent la jalousie, qui s'acharna sur l'ouvrage intitulé le *Prince*, lequel fut brûlé à Bruxelles et qui brouilla Balzac avec la Sorbonne. Depuis ce jour, le grand écrivain se retira au château de Balzac et s'y enferma dans une solitude qui lui valut le surnom d'*Ermite de la Charente*. Il y écrivit : *Aristippe ou de la cour*, le *Socrate chrétien*, le *Barbon*, des *Œuvres diverses* (discours et dissertations littéraires), ses *Relations à Ménandre*, ses *Apologies*, etc. Ces œuvres, qui lui valurent l'admiration du monde lettré, ont été publiées par l'abbé Cassaigne, 2 vol. in-fol., Paris, 1665. Mersan a donné un volume de *Pensées de Balzac*, et Campenon un choix de lettres de cet écrivain. Vers la fin de sa vie, Balzac s'adonna à la dévotion. Il distribua 8,000 écus en œuvres pies et voulut être enterré dans l'hôpital de Notre-Dame-des-Anges, à Angoulême, hôpital auquel il légua 12,000 livres. Il fit une donation de 100 fr. tous les deux ans à l'Académie française, dont il était membre, et cette somme fut établie à récompenser le meilleur discours sur un sujet de piété.

BALZAN, **ANE** adj. m. Se dit d'un cheval noir ou bai, qui a des marques blanches ou balzanes aux pieds : *cheval balzan, cavale balzane*.

BALZANE s. f. (ital. *balza*, bordure). Marque blanche plus ou moins étendue qui occupe le bas des jambes de certains chevaux. Quand la balzane ne dépasse pas le *boulet*, elle se nomme simplement balzane; elle est *balzane chaussée* ou *haut chaussée* quand elle monte à la moitié du canon ou quand elle le dépasse.

BALZE s. f. Mar. Grand radeau, formé de deux outres pleines d'air réunies par un treillage en bois, dont se servent les Péruviens et les Brésiliens pour naviguer à la voile et à la rame le long de leurs côtes.

BAMBARRA, contrée de l'Afrique occidentale, entre 10° et 15° lat. N. et entre 8° et 11° long. O. — La partie orientale forme une plaine marécageuse et chaude; la partie occidentale, plus accidentée, comprend les pentes des monts Kong. Le Bambarra est arrosé par le cours supérieur du Djoliba ou Niger. Plusieurs districts sont couverts de forêts et de beaux pâturages où les animaux domestiques abondent. Les habitants forment plusieurs tribus barbares gouvernées par des chefs indépendants. Les Mandingues mahométans et les Foulahs forment la population des villes, dont les principales sont : Sego, Bammakou, Nyamina et Sansanding. Le commerce consiste surtout en exportation d'esclaves, d'or, d'ivoire et de grossières étoffes de coton.

BAMBERG, ville de la haute Franconie, Bavière, à 55 kil. N.-N.-O. de Nuremberg; 26,000 hab.; divisée en deux parties par le Regnitz; possède une magnifique cathédrale construite en 1110; de belles églises, des parcs, un gymnase académique (autrefois université), des manufactures de coton et plus de soixante brasseries. Le château ruiné d'Altenberg, l'un des plus remarquables de la Franconie, appartenait aux comtes de Babenberg. Ville fondée par les Saxons en 804; évêché en 1007; prise et pillée par les Prussiens en 1759, incorporée à la Bavière en 1803. — Lat. N. (à la cathédrale) 49° 53' 28"; long. E. 8° 32' 46".

BAMBIN s. m. (gr. *bambainô*, je bégaie). Enfant, petit garçon. (fam.)

BAMBINE s. f. Féminin de bambin.

BAMBOCCIO (bâm-bo'-tcho]. Surnom italien de Pieter van Laer ou Laar, peintre hollandais (1613-73) qui était d'une très petite taille. Le musée du Louvre possède deux tableaux de Bamboccio ou Bamboche.

BAMBOCHADE s. f. (rad. *Bamboccio* n. pr.). Genre de peinture qui a pour objet la nature commune et grossière, la représentation des scènes rustiques ou populaires. — Tableau de ce genre : *les bambochades de Teniers*.

BAMBOCHE s. f. (ital. *bamboccio*, grosse poupée). Marionnette plus grande que les marionnettes ordinaires. — Fig. et par dénigr. Personne mal faite et de petite taille : *cette fille n'est qu'une bamboche*. — Pop. surtout au pluriel. Amusements immodérés, parties de plaisir et même débauche où l'on se livre à la grosse gaieté. Dans ce sens, on dit aussi quelquefois, *bambochade*.

BAMBOCHE s. f. Jeune tige de bambou, dont on fait une canne.

BAMBOCHE, peintre hollandais. Voy. BAMBOCCIO.

BAMBOCHER v. n. Faire des fredaines; se livrer à la débauche.

BAMBOCHEUR, **EUSE** s. Celui, celle qui a l'habitude de faire des bamboches.

BAMBOU s. m. Bot. Genre de graminées de la sous-tribu des Bambusées, dont quelques espèces atteignent dans les pays chauds, la taille d'un arbre ordinaire. Leurs rameaux, nombreux et divisés, naissent des nœuds de

leurs grosses tiges. Leur caractère principal est de présenter 6 étamines. Le bambou commun (*Bambusa vulgaris*), le bambou roseau (*bambusa arundinacea*) et le bambou oriental (*bambusa orientalis*) atteignent jusqu'à 50 pieds

Bambou

de haut; leur diamètre varie de 1 à 8 pouces. Chaque tige meurt après avoir porté des fleurs et des fruits; mais elle est remplacée par un nouveau rameau. Les jeunes pousses de bambou sont comestibles et recherchées dans les temps de disette. Les espèces nommées plus haut sont originaires des Indes orientales; on les a naturalisées dans les Indes occidentales et dans l'Amérique du sud. On en connaît une soixantaine d'espèces qui se trouvent en Chine, au Japon, etc. — Se dit encore de la canne même de roseau de bambou : *j'ai changé mon bambou contre une canne plus solide*.

BAMBOUK, pays de l'Afrique, dans la Sénégambie, entre 12° 30' et 14° 30' lat. N. et entre 12° 30' et 14° 35' long. O. Le Bambouk mesure environ 230 kil. de long sur 140 de large. Il renferme environ 800,000 hab., appartenant à la race des Mandingues. Territoire malsain; chaleurs intolérables sur les confins du Sahara; grande fertilité, production de riz, de maïs, de mil, de melons, d'eau, etc. Riches mines d'or. — Les lions et les éléphants sont nombreux; les crocodiles rendent dangereux le cours du Sénégal et de la Falémé, son affluent. — Le Bambouk fut d'abord connu des Portugais qui y fondèrent quelques comptoirs au xv° siècle. Trois siècles plus tard, la compagnie française du Sénégal y créa des établissements qui furent abandonnés pendant la Révolution. Depuis cette époque, les Français se sont établis à Sénoudébou, sur la Falémé, et à Kénébia. La capitale du Bambouk est Farabana.

BAMBOULA s. m. Tambour des nègres d'Haïti. — Danse que les nègres exécutent au son de cet instrument.

BAMBUSÉ, **ÉE** adj. [ban-bu-zé]. Bot. qui ressemble au bambou. On dit aussi *Bambusacé*. — *Bambusées* s. f. pl. Sous-tribu de graminées, tribu des *Festucacées*. Genre type, le bambou.

BAMIAN, Bamyan ou Baumian, vallée de l'Afghanistan, seule route praticable pour l'artillerie lorsqu'on veut traverser les montagnes et passer dans le Turkestan. Elle a 1 kil. de large sur 20 de long, entre des escarpements perpendiculaires. Au milieu de cette vallée se trouve la ville du même nom, à 130 kil. O.-N.-O. de Caboul; 12,000 hab.

BAN s. m. (haut all. *bann*, édit). Proclamation, mandement public, pour ordonner ou défendre quelque chose. — Féod. Convocation que le prince faisait de la noblesse pour le servir à la guerre. — Corps même de la noblesse qui pouvait être ainsi convoquée. — Exil, bannissement, interdiction d'une partie du territoire à un individu placé sous la surveillance de la haute police, et obligation pour lui de rester dans la circonscription territoriale qui lui a été assignée comme résidence. Celui qui revient dans les lieux d'où il a été banni, où il ne lui est pas permis de résider est *en rupture de ban*. — BATTRE UN BAN, LE BAN, battre la caisse d'une certaine manière pour annoncer qu'il va être fait quelque proclamation ou quelque annonce.— BAN DE VENDANGE. Publication du jour où la vendange s'ouvrira. On disait autrefois de même, *ban de fauchaison, ban de moisson*. — BAN A VIN, BAN VIN. Voyez BANVIN. — BAN DE MARIAGE, publication qui se fait à l'église pour avertir qu'il y a promesse de mariage entre deux personnes. — LE BAN ET L'ARRIÈRE-BAN, la division en deux classes de la population virile d'un pays : l'une composée des habitants les plus valides, prend les armes en certaines occasions; et l'autre, formée des plus âgés, ne se lève que dans les grands périls de l'État, pour seconder la première. — Fig. et fam. CONVOQUER LE BAN ET L'ARRIÈRE BAN, s'adresser à tous ceux dont on peut espérer du secours, quelque appui, pour le succès d'une affaire. Faire une convocation générale de certaines personnes. — FOUR A BAN, MOULIN A BAN, ETC., four, moulin, etc., à l'usage duquel un seigneur avait droit d'assujettir ceux qui étaient dans l'étendue de sa seigneurie. — METTRE UN PRINCE, UNE VILLE AU BAN DE L'EMPIRE, dans l'ancienne Constitution germanique, le déclarer déchu de ses dignités, droits et privilèges, et le proscrire. *En* 1706, *l'électeur de Bavière fut mis au ban de l'Empire par la diète de Ratisbonne*. — Législ. « On nomme *rupture de ban* l'infraction à la loi que commet un individu qui, se trouvant placé sous la *surveillance de la haute police*, paraît dans certains lieux dont le séjour lui a été interdit par l'autorité administrative, ou qui, étant dans le même cas, quitte, sans autorisation et avant le délai de six mois, la résidence qu'il aurait choisie ou qui lui avait été assignée. La rupture de ban est considérée comme un délit, et elle est punie d'un emprisonnement qui ne peut excéder cinq ans. Suivant le texte primitif de l'article 45 du Code pénal de 1810, le gouvernement avait le droit de faire détenir sans jugement l'individu qui se trouvait en rupture de ban, et cela pendant la durée de la surveillance à laquelle il était soumis; ces dispositions ont été modifiées par la loi du 28 avril 1832. Voy. *Surveillance*. Celui qui, étant condamné au *bannissement* (Voy. ce mot), rentre sur le territoire français, avant l'expiration de sa peine, est assimilé à la détention pour un temps au moins égal (au plus double) à la peine qui lui restait à courir du bannissement. — Les *bans de mariage* ou publications d'un mariage projeté ne sont pas les publications légales qui doivent être faites avant le mariage civil (C. civ. 43 et s. voy. *Mariage*); ce sont celles qui ont été prescrites, avant le mariage religieux, dans l'Église catholique, par le décret de réformation touchant le mariage, rendu par le Concile de Trente, dans sa 24ᵉ session, le 11 novembre 1563, et qui confirme les prescriptions édictées en 1216 par le concile de Latran. Ces trois publications doivent être faites par le curé des parties contractantes, pendant la messe solennelle et par trois jours de fête consécutifs. « Mais, dit le concile, s'il arrivait « qu'il y eut apparence et quelque présomption « que le mariage pût être malicieusement « empêché, s'il se faisait tant de publications « auparavant, alors, ou il ne s'en fera qu'une « seule, ou même le mariage se fera sans « aucune, en présence au moins du curé et de « deux ou trois témoins ». Aujourd'hui, la dispense de deux des publications s'obtient aisément sans motifs, sur demande adressée

à l'évêque et moyennant une contribution pécuniaire tarifée. — Le *ban de vendange* est un ancien droit féodal, .établi pour assurer et faciliter la perception de la dîme, et qui a été conservé, dans les pays vignobles, pour les vignes non closes, par la loi du 28 septembre 1791. Il a aujourd'hui pour but d'éviter les rapines qui peuvent être commises à l'époque des vendanges; mais cette précaution légale, exorbitante, qui confie à l'autorité municipale le soin d'apprécier l'état de maturité des raisins, est condamnée, comme tant d'autres coutumes, à disparaître devant le respect dû au droit de propriété et à la liberté de chacun. Cependant cet usage persiste encore aujourd'hui dans quelques parties de la France. Les maires ont le droit de fixer, par arrêtés, le jour de l'ouverture des vendanges; et toute personne qui commence sa récolte avant l'époque indiquée est passible d'une amende de six à dix francs (C. pén. 475) » (CH. Y.).

BAN s. m. (slavon : *pan*, seigneur). Titre du gouverneur de Croatie et de Slavonie. Les gouverneurs des provinces de l'ancienne Hongrie portaient le même titre.

* **BANAL, ALE, AUX** (rad. *ban*) adj. Féod. Se disait des choses à l'usage desquelles le seigneur de fief était en possession d'assujettir ses vassaux, afin d'en retirer certaine redevance, certains droits : *four banal; moulin banal*. — Fig. Qui est, qui se met à la disposition de tout le monde : *amitié banale*. — Ce qui est extrêmement commun, ce qui est devenu trivial ou insignifiant à force d'être employé: *expression banale; compliment banal*.

* **BANALITÉ** s. f. Féod. Droit qu'avait un seigneur d'assujettir ses vassaux à. moudre à son moulin, à cuire à son four, etc. — Fig. Chose, pensée, expression banale.

BANANA (Iles), nom de trois petites îles sur la côte d'Afrique, à 50 kil. S.-O. de Sierra-Leone. La principale, Banana proprement dite, mesure 7 kil. de long sur 1 de large. Ces îles sont élevées, fertiles et très salubres.

BANANAL ou Santa-Anna, île formée par l'Araguay, dans le Brésil; longue de 320 kil., large de 60 et couverte d'une épaisse forêt.

* **BANANE** S. f. Nom que les habitants de la Guinée donnent au fruit du bananier. La banane est une baie oblongue, de 8 à 10 centimètres de long. Dans les variétés non comestibles, les graines sont au milieu de la pulpe; les variétés comestibles n'ont pas de graines. La banane est un des meilleurs fruits du Midi. Sa chair épaisse, un peu pâteuse, constitue la nourriture ordinaire des Indiens et des nègres des colonies. On en obtient le *vin de bananes*; elle sert à préparer un pain nutritif et une pâte saine et agréable.

BANANERIE s. f. Plantation de bananiers. On .établit de préférence les bananeries dans les vallées, sur le bord des ruisseaux.

* **BANANIER** s. m. [ba-na-nié]. Bot. Genre de *Musacées*, comprenant de grandes herbes vivaces à feuilles engainantes. Ces feuilles, en s'engaînant les unes sur les autres, constituent la tige de la plante, qui atteint de 6 à 20 pieds de haut. Du milieu de ses feuilles s'élève une tige qui porte une grosse grappe de fleurs et ensuite une grappe de bananes. Lorsque la fructification est terminée, la tige meurt et tombe, elle est remplacée par d'autres tiges qui se forment au collet de la racine. Le bananier commun (*Musa sapientium*), le bananier plantain (*Musa paradisiaca*), qui paraissent n'être que des variétés de la même espèce, sont des plantes précieuses que l'on cultive aujourd'hui dans tous les pays chauds; ils ont produit une infinité de sous-variétés différant les unes des autres par la forme, la grosseur et la qualité de leurs fruits. Le *Bananier de Manille* (*Musa textilis*), des îles Phi-

ilippines, où on l'appelle *abaca*, présente dans la tige des fibres dont on fait de la filasse

Bananier

employée pour des tissus précieux et des cordages très solides. Presque toutes les parties

Bananier de Manille (*Musa textilis*).

de cette plante textile sont propres à la fabrication du papier; mais ses fruits ne sont pas comestibles.

BANAT (hongrois: *Bánság*, district gouverné par un ban). Partie de la Hongrie, au S. du Maros, entre la Theiss et la Transylvanie; 28,040 kil. car., 1,300,000 hab. C'est une des plus fertiles régions de l'Europe. Les Autrichiens l'enlevèrent aux Turcs en 1716. Le Banat fut séparé de la Hongrie en 1849, pour former, avec le comté de Bacs, une nouvelle Voïvodina; mais il fut réuni à la Hongrie en 1860.

BANBAN (adj. abréviation redoublée de *bancroche*, rachitique). Argot. Se dit d'une personne petite et rachitique ou boiteuse.

BANBURY, ville de l'Oxfordshire (Angleterre), à 10 kil. N.-O. de Londres ; 4,000 hab. Brasseries, fromage et grains.

* **BANC** s. m. [ban] (bas lat. *bancus*; haut all. *tanch*). Long siège où plusieurs personnes peuvent s'asseoir ensemble. — Mar. Élévation notable au-dessus du fond de la mer, qui quelquefois se découvre au pesant, ou bien ne se découvre jamais et ne se montre qu'à une certaine profondeur. — Amas de cailloux roulés ou de galets, de sable, de coquilles, de polypiers et de vase, qui se forment au fond des mers, des lacs, des rivières, et offrent plus ou moins de danger à la navigation, selon qu'ils se trouvent plus ou moins rapprochés de la surface des eaux. — BANC DE GLACE, masse de glace flottante, presque immobile, détachée des régions polaires, mais qui est parfois transportée dans d'autres parages par les vents ou par un courant. — BANC DE GALÈRE ou BANC DE RAMEURS, celui sur lequel sont assis plusieurs rameurs pour tirer à la rame. — BANC D'EMBARCATION, planche portant aux deux extrémités sur la banquière que soutient au milieu une petite épontille, et sur laquelle sont assis les nageurs. — BANC DE QUART, marchepied placé sur le gaillard d'arrière, et qui sert de banc à l'officier de quart. — BANC D'ARMURIER, espèce d'armoire en forme d'établi, où l'on serre des armes, des pièces de rechange et des outils. — Pêche. BANC DE POISSONS, grande quantité de poissons de la même espèce, réunis pour frayer. — BANC DE PIERRE, chaque lit, chaque assise naturelle de pierre, dans une carrière. — Géol. Assise de roche. Dans la série des terrains, on rencontre des bancs de craie, des bancs de sable, des bancs calcaires, etc. Ces bancs sont stratifiés et d'origine aqueuse; ils renferment souvent des fossiles. — Technol. BANC A TIRER, machine destinée à étirer les métaux pour les transformer en fils. On applique aussi le banc à tirer à la fabrication de tubes, de prismes creux, etc. — BANCS DE L'ÉCOLE, bancs sur lesquels s'asseyent les écoliers, les étudiants dans les écoles, dans les collèges; et, par ext. l'école, le collège même. — Fig. ÊTRE SUR LES BANCS, SE METTRE SUR LES BANCS, suivre ou commencer à suivre les cours d'une faculté; être ou entrer au collège. — BANC D'ÉGLISE, siège. ordinairement entouré de menuiserie, où une famille a droit de se placer pour assister au service divin. — BANC DE PROCUREUR, BANC D'A-VOCAT, espèce de bureau où un procureur, un avocat donnait rendez-vous à ses parties, à ses clients, dans la salle du palais. — BANC DES AVOCATS, banquettes sur lesquelles s'asseyent les avocats dans les tribunaux. — BANC DES ACCUSÉS, DANS UNE COUR D'ASSISES, banc où sont placés les accusés pendant les débats. — Chirur. BANC D'HIPPOCRATE, espèce de bois de lit dont on se servait autrefois pour réduire les luxations et les fractures. — BANC DE L'ŒU-VRE, place qui, en vertu du décret du 30 décembre 1809, est réservée, dans l'église paroissiale catholique et devant la chaire, au curé, au maire et aux trois membres du conseil de fabrique, c'est-à-dire au bureau des marguilliers et aussi aux marguilliers d'honneur. — En Angleterre, BANC DU ROI, puis BANC DE LA REINE, ou Cour du banc de la reine, l'une des huit hautes cours de justice dont la réunion forme aujourd'hui la cour suprême, en vertu de l'act du 5 août 1873, mis à exécution le 2 nov. 1876. — ∾∾ Argot des troupiers. PIED DE BANC, dos.

BANCA, île située sur la côte S.-E. de Sumatra, dont elle est séparée par le détroit de Banca. Longueur : 220 kil.; 13,050 kil. carr.; 63,500 hab. Banca est célèbre par ses inépuisables mines d'étain, dont le produit annuel varie entre 3,000 et 5,000 tonnes. Ces mines, exploitées par des travailleurs chinois, sous le contrôle du gouvernement hollandais, donnent l'étain le plus pur. On trouve également dans l'île de Banca, de l'or, de l'argent, du cuivre et du fer. Les forêts, en partie marécageuses et impénétrables, fournissent du bois de campêche et de l'ébène. Cap. et principal port : Muntok ou Minto, à l'extrémité N.-O. du détroit. Depuis la découverte des mines d'étain, vers 1710, les Hollandais s'y sont établis dans l'île; mais ils n'en ont pris complètement possession qu'en 1821. — Lat. N. (à la

pointe méridionale) 1° 44' 8"; long. E. 122° 52' 25".

* BANCAL, ALE adj. (all. bein, jambe). Se dit d'une personne qui a les jambes tortues : cet homme est bancal. — Substantiv.: un bancal; une bancale. — s. m. Sabre recourbé dont on fit particulièrement usage sous la république et l'empire.

BANCAL DES ISSARDS (Jean-Henry), conventionnel, né en Auvergne en 1750, mort à Clermont en 1826. Livré par Dumouriez aux Autrichiens, il fut échangé contre Madame Royale (1795) siégea au conseil des Cinq-Cents jusqu'en 1797 et vécut ensuite dans l'obscurité. Sa correspondance avec Mme Roland a été publiée en 1835.

BANCASSE s. f. (rad. banc). Mar. Caisse qui, dans les galères, servait de lit et de banc.

BANCHE s. f. Géol. Banc de marne argileuse qui, après avoir été humecté par les eaux, se sèche au contact de l'air, blanchit, prend l'aspect de la pierre, et est presque toujours percé par des pholades et autres mollusques lithophages.

BANCHI (le P. Séraphin), dominicain, né à Florence, mort à Paris en 1622. Il dénonça les projets régicides de Barrière en 1593, et a laissé une Histoire prodigieuse d'un détestable parricide entrepris sur la personne du roi (1598).

BANCHIE ou Banshee, être surnaturel, fée ou génie qui, d'après les traditions superstitieuses de l'Irlande et de l'Écosse, s'attache à une famille et apparaît avant la mort de chacun de ses membres.

BANCHUS s. m. Sous-genre d'insectes hyménoptères du genre ichneumon, distingué par son abdomen très comprimé en faucille, pointu au bout, et par une tarière cachée.

* BANCO adj. (mot ital.). Change. On l'emploie dans certaines villes de commerce, pour distinguer les valeurs en banque des valeurs courantes : le florin banco est invariable, au lieu que le florin courant ou de change ne l'est pas (Acad.).—Jeux. FAIRE BANCO, tenir seul l'enjeu :

Un coup trop incertain fait soupirer le ponte,
Mais un hardi banco tout à coup le remonte.
ALVÈS, 1854.

BANCO. Voy. BANQUO.

* BANCROCHE adj. et s. (all. bein, jambe; franç. croche, crochu). Synon. de bancal et de rachitique. Ne s'emploie que par dénigrement, et dans le langage très fam.

BANCROFT I. (Aaron), ecclésiastique américain (1775-1839), auteur d'une biographie de Washington (1807) et d'un volume de sermons (1822). — II. (George), historien et homme d'Etat américain, fils du précédent, né en 1800. Fit une partie de ses études en Allemagne, publia en anglais une traduction de « Politique des anciens Grecs » d'Heerens, puis une « Histoire des Etats-Unis » dont le premier volume parut en 1834 et le dixième en 1874 (nouv. éd., 6 vol. 1876). En 1846, il fut nommé ministre plénipotentiaire en Angleterre et devint membre correspondant de l'Académie de Berlin et de l'Institut de France (1849). Effrayé de l'apparition des troupes françaises au Mexique, il devint l'un des chefs du parti antifrançais, ce qui lui valut d'être appointé ministre en Prusse (14 mai 1867), puis accrédité auprès de la confédération germanique du nord (1868) et ensuite auprès de l'empire d'Allemagne (1871). Sous ses auspices, l'alliance de l'Allemagne et des Etats-Unis se resserra d'une façon plus étroite. Après avoir assisté avec joie à la chute de la France, il retourna dans sa patrie en 1874. Sous le titre de Mélanges, il publia en 1855 la collection de ses articles et de ses essais. — III. (Richard), prélat anglais (1544-1610), évêque de Londres, chargé de missions diplomatiques en Allemagne (1600), archevêque de Canterbury (1604)

il se montra le plus rude adversaire des non conformistes et des papistes.

BANDA (îles), groupe de dix petites îles possédées par les Hollandais dans les Moluques, à environ 80 kil. S. de Céram. 6,000 hab. La plus vaste, Lontoar ou grande Banda, est presque inhabitable, à cause de son insalubrité. Neira ou Banda Neira est le siège du gouvernement néerlandais. L'île Gounong-Api ou Montagne de feu, doit son nom à un volcan haut de 600 mètres. La principale production de ce groupe est la muscade, dont la compagnie hollandaise de l'Inde orientale a le monopole. Les îles Banda exportent, en outre, du sagou et du cacao. Lat. S. (à Gounong-Api) 4° 30' 30; long. E. 127° 31' 10".

BANDA ORIENTAL. Voy. URUGUAY.

* BANDAGE s. m. Chirur. Application méthodique des bandes, compresses, et autres pièces destinées à maintenir un appareil sur une partie du corps : faire un bandage — Bande même dont on serre, dont on entoure quelque partie du corps : bandage en T. — Sorte de bande d'acier élastique, courbée en arc, garnie à son extrémité d'une ou deux pelotes, et qu'on attache avec une courroie autour des reins pour contenir les hernies ou descentes. — Bandage simple, celui dont on se sert pour la descente qui n'est que d'un côté. — Bandage double, celui qui est garni de deux pelotes pour la double hernie. — Bandes de fer ou d'autre métal qui entourent des roues et qui les serrent pour les tenir en place.

* BANDAGISTE s. m. Ouvrier qui fait les bandages en général, et spécialement les bandages herniaires. — CHIRURGIEN BANDAGISTE, celui qui s'occupe de perfectionner les bandages herniaires, et qui les applique.

BANDARRA (Gonzalo-Annes), poète et cordonnier portugais, mort à Lisbonne en 1556. Il composa, sur l'avenir de son pays, alors opprimé par l'Espagne, des poésies prophétiques dans lesquelles il annonçait le retour de la liberté. Le succès prodigieux qui accueillit les strophes de Bandarra émut les agents de l'inquisition qui condamnèrent le poète à figurer dans un auto-da-fé (1541). Un siècle plus tard, ces chants patriotiques acquirent une nouvelle importance, lors du soulèvement national. Le marquis de Niza, ambassadeur de Jean IV en France, les publia à Nantes (1646).

* BANDE s. f. (celt. band, lien). Sorte de lien plat et large, pour envelopper ou serrer quelque chose : bande de toile. — Morceau d'étoffe, de cuir, etc., qui a plus de longueur que de largeur, quelle qu'en soit la destination : la toge prétexte était bordée d'une bande de pourpre. — Archit. Différents membres plats et unis qui ont peu de saillie : le fût des colonnes est quelquefois orné de bandes. On dit plus souvent, plate-bande. — Blas. Une des pièces honorables de l'écu, laquelle va du haut de la partie droite au bas de la partie gauche : de gueules à la bande d'or. C'est l'opposé de barre. — Anat. Certaines parties allongées, étroites et peu épaisses : bande médullaire, etc. — Par ext. Certaines choses plus longues que larges : une bande de terre sépare nos deux propriétés. — Se dit des côtés intérieurs d'un billard, qui sont rembourrés : toucher la bande. — Typogr. Pièces de fer qui règnent de chaque côté dans la longueur de la presse à bras. Elles sont attachées sur le berceau et servent à soutenir le train. — Mar. Inclinaison d'un bâtiment sur un bord par suite de l'effort, qui se fait de ce côté, soit d'appareils employés pour virer le navire en quille. Dans le premier cas, le bâtiment donne la bande; dans le second, il est à la bande. — DEMI-BANDE, inclinaison moyenne imprimée au navire, à l'aide d'appareils, afin de visiter une partie seulement de la carène. — BANDES DE RIS, bandes de toiles en travers, larges de six pouces,

appliquées sur la voile, parallèlement à sa *tétière* ou envergue, et séparées de quelques pieds l'une de l'autre. Ces bandes de toile sont percées d'*œils de pie*, par lesquels passent des tresses de cinq pieds de longueur, et que deux gros nœuds à leur milieu empêchent de se dépasser. Ces tresses se nomment les *garcettes de ris*. — BANDE DU NORD, côte du nord, par rapport à la ligne. — BANDE DU SUD, côté du sud, par rapport à la ligne. — BANDE DE SABORDS, rangée de sabords. — Astron. BANDES DE JUPITER, bandes obscures d'une nature inconnue, qui traversent le disque de Jupiter, et qui sont toutes parallèles entre elles et à l'équateur de la planète. — METTRE SOUS BANDE UN LIVRE, UN JOURNAL, etc., l'entourer d'une bande de papier, ou de deux bandes qui se croisent. — ∾ Fig. COLLER SOUS BANDE, mettre quelqu'un dans une situation difficile. — Réduire son contradicteur au silence. — Argot dès théâtres. BANDE D'AIR, frise peinte en bleu pour figurer le ciel dans les décors de théâtre.

* **BANDE** s. f. Troupe, compagnie : *bande de musiciens ; bande de voleurs, de brigands ; chef de bande.* — Infanterie, après le moyen âge : *les vieilles bandes espagnoles furent vaincues à Rocroy par le grand Condé.* — Parti, ligue : *il est de la bande.* — FAIRE BANDE A PART, se séparer de ceux avec lesquels on était en société. — BANDE NOIRE, nom que l'on donna, pendant la Révolution, à une société de spéculateurs qui achetaient les châteaux et les monuments pour les démolir et en vendre les matériaux. — Législ. « Les *bandes armées* ont été organisées pour envahir des propriétés publiques ou privées, ou pour faire attaque ou défense contre la force publique, les chefs et organisateurs de ces bandes sont punis. Il en est de même de tous les individus faisant partie des dites bandes, s'ils ont été saisis sur les lieux et dans le cas où des attentats contre la sûreté de l'Etat auraient été commis ou tentés. La peine portée par le Code pénal contre les coupables est la peine de mort ; mais, en matière politique, cette peine a été abolie par la constitution de 1848 et elle est remplacée par la déportation dans une enceinte fortifiée, en vertu de la loi du 8 juin 1850. Ceux qui ont fourni à ces bandes des logements, lieux de retraite ou de réunion sont condamnés aux travaux forcés à temps (Cod. pén. 96 à 100). Le vol, le pillage et les dégâts commis en bande et à force ouverte sont punis des travaux forcés à temps (Cod. pén. 440 et s.). Voy. *Attroupements* ».   (CH. Y.)

* **BANDÉ, ÉE** part. pass. de BANDER. — Blas. Toute pièce couverte de bandes.

* **BANDEAU** s. m. Bande qui sert à ceindre le front et la tête : *bandeau de linge.* — Bande ou morceau d'étoffe en plusieurs doubles, qu'on met sur les yeux de quelqu'un pour l'empêcher de voir : *les peintres et les poëtes représentent l'Amour avec un bandeau sur les yeux.* — Fig. Espèce d'aveuglement moral qui naît d'une passion, d'une prévention, ou d'une ignorance :

Pour me faire oublier Sophie,
On me tend un piège enchanteur,
Mais au trait qu'amour lui confie
Perce le *bandeau* de l'erreur.
                          P.-I. CHARRIN l'Erreur. Chans., 1857.

— Archit. Bande en saillie sur le nu du mur autour d'une baie de porte ou de fenêtre, pour tenir lieu de chambranle. — Artill. L'une des pièces de la ferrure d'un fût, qui est appliquée sur le flasque à l'endroit de la crosse, dont elle imite le cintre.—BANDEAU ROYAL, diadème.

BANDEL (Joseph-Ernst von), sculpteur allemand, né à Anspach en 1800, mort en 1876. Il a produit d'admirables travaux en marbre ; mais son chef-d'œuvre est la statue colossale de cuivre qu'il a élevée à Arminius et qui se trouve aujourd'hui au sommet du Grotenberg, près de Detmoldt. Cette statue, haute de 95 pieds, est placée sur un temple gothique

qui lui sert de piédestal. L'artiste a commencé son œuvre en 1838 ; mais il interrompit son travail de 1846 à 1862 et ne le termina qu'en 1875.

BAN DE LA ROCHE, vallée des Vosges, arr. de Saint-Dié, célèbre par le rôle qu'y joua Oberlin ; forma une principauté réunie à la France par le traité de Westphalie.

* **BANDÉLETTE** s. f. Petite bande avec laquelle on entoure et on lie quelque chose : *bandelettes d'un maillot.* — Petite bande dont les prêtres païens se ceignaient le front ; celle qui servait à orner les victimes : *les bandelettes sacrées.* — Archit. Petite moulure plate et unie, plus étroite encore que la plate-bande. — Chirur. BANDELETTES AGGLUTINATIVES, petites lanières larges de un à deux centimètres, que l'on coupe dans un morceau de toile enduite de diachylon ou de taffetas d'Angleterre et dont on se sert pour tenir rapprochées les parties divisées que l'on veut retenir par *première intention*. Afin qu'elles adhèrent mieux, on les expose à la chaleur pendant un instant.

BANDELLO (Matteo), conteur italien (1480-1562), se fit dominicain à Milan, embrassa le parti français, se réfugia en France en 1525 et fut récompensé par l'évêché d'Agen (1550). Son recueil de *Nouvelles* (1554), traduit par Boaistuau et Belleforest (1580), a fourni à Shakespeare les sujets de son « Roméo et Juliette, » de sa « Douxième nuit » et de « Beaucoup de bruit pour rien ». Beaumont et Fletcher y ont puisé leur : « Fille du Moulin » et leur : « Triomphe de la mort ».

* **BANDER** v. a. Lier et serrer avec une bande : *bander une plaie.* — Mettre un bandeau sur les yeux : *bander les yeux à un parlementaire ennemi qu'on reçoit dans une place de guerre.* — Tendre quelque chose avec effort : *bander un câble ; bander un arc.* — Archit. Poser les pierres d'une voûte. — Jeu de paume. BANDER UNE BALLE, pousser dans les filets, avec la raquette, une balle qui roule sur le pavé. On dit en ce sens, *jouer à bander*; et, *bander à l'acquit*, jouer à qui paiera les frais de la paume, en poussant la balle de cette manière. — Mar. BANDER UNE VOILE, coudre à cette voile des morceaux de toile disposés diagonalement, afin qu'elle ait une plus longue durée. — v. n. Etre tendu : *cette corde bande trop.* — Se bander v. pr. Bander soi : *il se banda les yeux.* — Fig. S'opposer, se roidir opiniâtrement contre quelqu'un ; lui être tout à fait contraire : *les bourgeois se sont bandés contre cette mesure des magistrats.*

BANDERALI (David), célèbre chanteur, né en Lombardie en 1789, mort en 1849. Fut professeur au Conservatoire de Paris.

* **BANDEREAU** s. m. Cordon qui sert à porter une trompette en bandoulière.

BANDERILLE s. f. [*ll* mll.]. Dard orné de bandes de papier que les toreros lancent contre le taureau de course.

BANDERILLERO s. m. [*ll* mll.]. Torero chargé de stimuler les taureaux pendant les courses, en leur lançant des banderilles.

* **BANDEROLE** s. f. Espèce de petit étendard, en forme de guidon, que l'on met pour orner à diverses choses. — Pièce de buffleterie, espèce de baudrier auquel est attachée la giberne d'un soldat. — Bretelle d'un fusil, qui sert à le suspendre à l'épaule, ou à le porter à la grenadière.

BANDETTINI (Teresa), improvisatrice italienne (1763-1837). Ses œuvres principales sont : *Rime diverse*, *La morte di Adone* et *Il Polidoro*.

BANDIAT, petite rivière qui passe à Nontron (Dordogne), et afflue dans la Tardoire près de La Rochefoucaud (Charente).

BANDIERA (Attilio, né en 1817), et (Emilio, né en 1819), frères italiens, compromis en 1844, dans une conspiration de Mazzini. Sir James Graham, directeur des postes d'Angleterre, ouvrait leurs lettres, à mesure qu'elles passaient par les mains de ses agents ; ensuite il livrait leur contenu au gouvernement autrichien. Cette odieuse trahison coûta la vie aux deux frères, qui furent arrêtés, à la tête de vingt conspirateurs et furent exécutés à Cosenza, le 25 juillet 1844.

* **BANDIÈRE** s. f. Se disait, en certains cas, pour bannière, pavois : *les vaisseaux avaient mis leurs bandières.* — FRONT DE BANDIÈRE, front d'une armée rangée en bataille sur une ligne droite. — FRONT DE BANDIÈRE D'UN CAMP, ligne des étendards et des drapeaux à la tête des corps campés.

BANDINELLI (Baccio), sculpteur florentin (1487-1559). Il fut protégé par Charles-Quint et par plusieurs papes. Son chef-d'œuvre est une copie du Laocoon, laquelle est considérée comme supérieure au modèle.

BANDINGUE s. f. Pêche. Ligne qu'on attache par un bout à la tête d'un filet tendu à la basse eau, et qu'on enfouit ensuite dans le sable par l'autre bout, afin d'empêcher le filet de se renverser, au moment du retrait des eaux.

BANDINI (Ange-Marie), érudit et littérateur italien (1726-1800). A laissé un grand nombre de dissertations et un ouvrage intitulé : *Vie et lettres d'Améric Vespuce* (1745).

BANDINS s. m. pl. Mar. Pieux sur lesquels on s'appuie lorsqu'on est debout dans la poupe : ils servent, avec les grandes consoles, pour soutenir une espèce de banc formé, par dehors, de petits balustres.

BANDISTE s. Celui ou celle qui fait profession d'écrire les adresses à la main sur les *bandes* destinées aux journaux ou aux prospectus.

* **BANDIT** s. m. (ital. *bandito*, banni). Malfaiteur, vagabond, homme sans aveu.— Fam. ETRE FAIT COMME UN BANDIT, avoir le visage extrêmement défait et les vêtements dans un grand désordre.

BANDOLINE s. f. (rad. *bandeau*). Dissolution visqueuse qui a pour base le mucilage de pepins de coing ou des graines du psyllium et qui est aromatisée par les parfumeurs. Elle sert à maintenir les cheveux lisses.

BANDOLS, petit port sur la Méditerranée, cant. d'Ollioules (Var) ; 1,900 hab. Orangers et primeurs.

BANDON I. Petit fleuve navigable d'Irlande ; naît dans les monts Carberry, arrose le comté de Cork et afflue dans l'Atlantique, après un cours de 65 kil. — II. ou **Bandonbridge**, ville d'Irlande, comté de Cork, sur le Bandon, à 25 kil. S.-O. de Cork ; 6,500 hab.

BANDORE s. f. (espag. *banduria*). Espèce de luth inventé en 1566 par Jean Rose.

BANDOULIER s. m. Contrebandier des Pyrénées. — Brigand qui vole dans les montagnes. — Hist. S'est dit de soldats mercenaires qui, aux XVIᵉ et XVIIᵉ siècles, servaient dans ce qu'on appelait les *vieilles bandes*.

* **BANDOULIÈRE** s. f. (rad. *bande*). Pièce de l'ancien équipement militaire, formée d'une large bande de cuir, qui passait de l'épaule gauche sous le bras droit : elle servait aux cavaliers pour y suspendre leur mousqueton à l'aide d'un crochet, et aux fantassins pour y attacher leur fourniment de poudre et de balles. — Large baudrier de cuir ou d'étoffe : *la bandoulière d'un garde-chasse.* — PORTER UNE CHOSE EN BANDOULIÈRE, la porter en sautoir,

derrière le dos, à l'aide d'une bretelle, d'un cordon.

BANDTKE ou **Bandtkie**. I. (Jerzy-Samuel), historien polonais (1768-1835); professeur à l'université de Cracovie, auteur d'un dictionnaire polonais-allemand, d'une grammaire polonaise et d'une histoire de la nation polonaise. — II. (Jan-Wincenty) frère du précédent (1783-1851), a écrit plusieurs ouvrages sur la jurisprudence polonaise.

* **BANDURE** s. f. Bot. Plante des Indes, dont les feuilles sont terminées par une espèce de vase rempli d'une eau limpide et agréable à boire.

BANER (Johan), général suédois (1595-1641); il s'illustra pendant la guerre de Trente ans. Après la mort de Gustave-Adolphe, sous les ordres duquel il avait combattu en Pologne et en Russie, il fut investi du commandement suprême de l'armée, remporta de grandes victoires à Wittstock (24 sept. 1636) et à Chemnitz (1639), envahit et dévasta l'Allemagne, et fut le point de capturer l'empereur et la diète à Ratisbonne en 1641. Quelques uns attribuent sa mort à l'empoisonnement.

BANFF ou **Bamff**, ville principale du Banffshire, Ecosse, sur le Deveron; 7,500 hab. Fabr. de toiles,, de bonneterie, de cuirs, etc. Pêcheries.

BANFFSHIRE, comté septentrional de l'Ecosse, 1,804 kil. car.; 63,000 hab. L'élevage du bétail constitue la principale industrie. Le pays renferme beaucoup de monuments tumulaires.

BANG ou **Banj** s. m. Nom vulgaire du chanvre avec lequel on fait le haschich.

BANGALORE, ville forte de l'Inde méridionale, capitale du Mysore, à 305 kil. Ô. de Madras; 192,000 hab., presque tous Indous; elle est bien bâtie sur une hauteur. Tissage de la soie et du coton. Les Anglais prirent Bangalore le 21 Mars 1791 ; ils la rendirent à Tippo en 1792. Lat. N. (au palais) 12° 57′ 34″; long. E. 75° 13′ 27″.

BANGKOK, voy. **BANKOK**.

BANGOR. I. Ville du Maine (Etats-Unis) sur la rive occidentale du Penobscott, à 105 kil. N.-E. de Portland ; 20,000 hab. C'est un des plus importants entrepôts de bois qu'il y ait en Amérique. — II. Ville du Carnarvonshire (Pays de Galles) à l'entrée de la baie de Beaumaris, sur le détroit de Menai; 7,500 hab. Cathédrale ; palais épiscopal ; exportation d'ardoises ; bains de mer. — III. Ville maritime d'Irlande, comté de Down, à 20 kil. E.-N.-E. de Belfast, 2,500 hab.

BANGS (Nathan) prêtre méthodiste américain (1778-1862), auteur de nombreux ouvrages de controverse, parmi lesquels: «Histoire des Missions», « Eglise primitive », « Lettres sur la sanctification » et Histoire de l'Eglise méthodiste épiscopalienne».

BANIALOUKA, ville forte de Bosnie, Turquie, sur le Verbas, à 145 kil. N.-O. de Bosna-Séraï; 15,000 hab. 40 mosquées, cathédrale et plusieurs collèges.

* **BANIAN** s. m. Membre d'une classe de marchands dans .'Indoustan.

BANIAN s. m. ou **Arbre des Banians**. Bot. Espèce de figuier (ficus indica), à feuilles toujours vertes et à fruits à peine plus gros qu'un pois. Il est indigène des Indes orientales et se distingue par sa manière de croître. Ses branches jettent des racines aériennes qui descendent jusqu'à terre, s'y enfoncent et forment des arcades qui s'étendent à une grande distance autour du tronc principal. Le plus fameux des banians est celui qui se trouve sur les bords de la Nerbudda, Indoustan. Il mesure 2,000 pieds de circonférence, forme 320 colonnes et peut abriter une armée de 7,000 hommes.

Arbre des Banians.

BANIER (l'abbé Antoine), savant mythologiste, né à Dallet, Auvergne, en 1673, mort en 1741. Auteur d'une bonne *Explication historique des Fables*, 3 vol. in-4°.

BANIM I. (John), auteur irlandais (1798-1842), a peint en termes énergiques la misère et l'asservissement de sa patrie. Ses principaux ouvrages sont : « Damon et Pythias » tragédie ; « Tales by the O'Hara Family » (1825-'26) roman écrit avec la collaboration de son frère. — II. (Michael) frère du précédent (1796-1874), auteur de « The Croppy », « The Ghost hunter », « The Mayor of Wind Gape, » etc.

BANISTER ou **Halifax Court House**, village de la Virginie, sur la rivière Banister, à 190 kil. S.-O. de Richmond ; 4,000 hab. Mine de plombagine, aux environs.

BANJALUKA, voy. **BANIALUKA**.

BANJERMASSIN ou **Banjarmassing**. I. Principale rivière de l'île de Bornéo. Elle se jette dans la mer de Java, après un cours de 370 kil. ; navigable presque jusqu'à sa source. — II. Grand état montagneux situé au S.-E. de Bornéo, sur le détroit de Macassar et la mer de Java, gouverné par un sultan subordonné au gouvernement hollandais. On y trouve du fer, du diamant et du charbon; on y fabrique d'excellentes armes et l'on y cultive le poivre. — III. Cap. de l'état ci-dessus, résidence du gouverneur hollandais des côtes méridionale et orientale, sur la rivière Banjermassin, à 25 kil. de son embouchure; 15,000 hab. Maisons bâties sur pilotis, à cause des inondations.

BANJO s. m. (esp. bandore, sorte de guitare). Guitare ronde à long manche, à 5 cordes et couverte de parchemin, dont se servent les nègres d'Amérique.

BANK BAN ou **Ban Bank**, gouverneur militaire hongrois (ban) qui, en 1214, pour se venger de la séduction de sa femme par Eckart, frère de la reine, Gertrude, fit soulever le peuple, prit d'assaut le palais et massacra la reine; mais Eckart lui échappa. Vaincu dans la suite, Bank fut exécuté avec toute sa famille par ordre d'André II.

BANKNOTE s. f. (angl. bannk-nôtt]. Billet de la banque d'Angleterre.

BANKOK, Bangkok ou Bancok, cap. du royaume de Siam, sur le Meïnam et à 32 kil. de l'embouchure de ce fleuve ; environ 500,000 hab., dont un tiers appartenant à la race chinoise. La plupart des maisons ne sont que de misérables huttes montées sur des ra-deaux de bambous que des chaînes attachent à des pilotis enfoncés dans le Meïnam ou dans les canaux dont toute la ville est coupée. Il n'y a guère que le palais du souverain, les maisons de la famille royale et des personnes influentes qui soient bâtis sur le rivage. Le palais se compose d'une citadelle environnée d'une triple muraille et fortifiée de bastions; près de cette forteresse s'élèvent les temples principaux, le palais et le harem du second roi et le palais de l'éléphant blanc. La ville ne renferme pas moins de 20,000 prêtres, soutenus par les contributions volontaires du public. On y rencontre aussi des missions catholiques et protestantes. A 4 ou 5 kil. au-dessous de la capitale, se trouvent les arsenaux du roi placés sous la surveillance de charpentiers anglais. Presque tout le commerce se fait par eau; il roule principalement sur la laque, l'ivoire, le riz, le coton, l'opium, la soie, les étoffes de sagou, le sucre, les nids d'hirondelles, le café, le poivre noir, le cuir, les chevaux, le tabac, la gomme, l'étain, le santal, le bois de rose, l'arbre de fer et le vernis.

BANKS (John), auteur dramatique anglais qui publia, de 1677 à 1596, sept tragédies dont la plus populaire fut *le Favori malheureux*.

BANKS (Sir Joseph), naturaliste anglais (1743-1820), qui légua d'immenses collections au British Muséum. Il avait accompagné le capitaine Cook en Océanie (1768), avait visité l'Islande et les Hébrides et s'était livré avec passion à l'étude de l'histoire naturelle de ces pays alors peu connus. Il n'a laissé que deux petits ouvrages : *Des maladies du blé* et le *Mouton Mérinos*. Le nom de Banks a été donné à plusieurs îles océaniennes.

BANKS (Thomas), sculpteur anglais (1735-1805), dont les statues et les plâtres obtinrent un grand succès. Les plus connus sont : Mercure, Argos et Io; Caractacus plaidant devant Claudius ; Psyché et le papillon; le deuil d'Achille ».

BANKSIE s. f. [ban-ksî] (du nom de sir Joseph Banks, naturaliste). Bot. Genre de la tribu des banksiées, famille des protéacées, comprenant une trentaine d'espèces d'arbres et d'arbrisseaux qui croissent en Australie et dans la Tasmanie. Quelques espèces sont cultivées dans nos serres, à cause de leur feuillage ornemental. La *Banksie chèvrefeuille* (Banksia integrifolia) recherchée par les abeilles, est très favorable à la production du miel. La *Banksie à feuilles en scie (Banksia spesiosa)* porte des fruits réunis en cône.

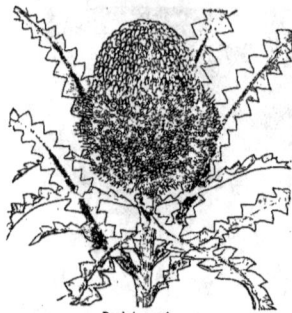

Banksia speciosa.

BANKSIÉ, ÉE adj. Bot. qui ressemble à la banksie.—**Banksiées** s. f. plur. Tribu de Protéacées ayant pour type le genre Banksie.

* **BANLIEUE** s. f. Etendue de pays qui est autour d'une ville, et qui en dépend. — Se disait autrefois *de l'étendue d'une lieue autour* d'une ville, soumise à la même juridiction, et où pouvaient se faire les *bans* ou proclamations de l'autorité.

BANNACKS, Bonnacks ou **Paunaques**, tribu indienne de la famille chochone. Il reste encore un millier de Paunaques dans l'Orégon et l'Idaho. Ce sont des hommes de belle apparence, braves et amis des blancs.

BANNALEC ch.-l. de cant.; arrond. à 13 kil. N. de Quimperlé; (Finistère): 4,600 hab.

* **BANNE** s. f. [ba-ne] (celt. *benn*, voiture). Grosse toile servant à couvrir les marchandises qui sont dans les bateaux, sur les charrettes de rouliers, etc. — On dit aussi *bâche.*— Grosse toile qu'on tend sur un bateau, pour se garantir de la chaleur ou de la pluie. — Espèce de tente que les marchands placent au devant de leurs boutiques, pour se garantir de l'ardeur du soleil. — Espèce de grande manne faite communément de branches d'osier. En ce sens, à deux diminutifs : *Banneau*, et *Bannette*, qui est le plus usité. — Légis. « Les *bannes* ne peuvent être placées en saillie sur la voie publique sans l'autorisation du maire qui prend à ce sujet des arrêtés réglementaires ou particuliers; et il peut être perçu, pour cette autorisation, un droit de voirie suivant un tarif fixé par le conseil municipal. A Paris où ce droit est de 4 fr., les bannes doivent être placées à trois mètres du sol; elles doivent être relevées quand le soleil est caché, et leur saillie ne peut dépasser 1ᵐ50 ». (Ch. Y.).

* **BANNEAU** s. m. Voy. *Banne.*

* **BANNER** v. a. Couvrir quelque chose avec une *banne.*

* **BANNERET** adj. m. (rad. *bannière*). Gentilhomme qui avait assez de vassaux pour en former une compagnie, et pour lever bannière. —Subst. — **Chevalier banneret**, dignité entre celles de baron et de chevalier, conférée autrefois par les rois d'Angleterre aux chevaliers qui défendaient l'étendard royal sur le champ de bataille. Jean Chandos fut fait chevalier banneret par le prince Noir et le roi de Castille à Najara (3 avril 1367). Ce titre, oublié depuis longtemps, fut remis en honneur sous le règne de Georges III.

* **BANNETON** s. m. Coffre percé de trous, qui sert à conserver le poisson dans l'eau.

* **BANNETTE** s. f. Voy. **Banne.**

* **BANNI, IE** part. passé de **Bannir.** — substantiv: *obtenir le rappel d'un banni; rappeler des bannis.*

* **BANNIÈRE** s. f. (celt. *band*, lien). Enseigne, drapeau, étendard.—Autrefois, enseigne que le seigneur de fief avait droit de porter à la guerre, et sous laquelle se rangeaient les vassaux qu'il y conduisait. — Pavillon qui indique à quelle nation appartient le bâtiment qui l'arbore. On dit mieux, *Pavillon.* — Sorte d'étendard que l'on porte aux processions, et qui sert à distinguer une paroisse ou une confrérie : *la croix et la bannière.* — Prov. et fig. Aller au-devant de quelqu'un avec la croix et la bannière, aller le recevoir avec appareil. — Fig. et fam. Se ranger sous la bannière de quelqu'un, se ranger de son parti. — Mar. Voile en bannière, voile déployée sans être tenue par les écoutes; alors les points volent en avant, ce qui permet aux perroquets et aux cacatois de servir de signaux. — Pavillon guidon en bannière, pavillon ou guidon qui, par un temps calme, est envergué pour être présenté en face et à plat à un navire à qui l'on fait un signal. — Argot. Etre en bannière, être en chemise.

* **BANNIR** v. a. [ba-nir] (rad. *ban*). Condamner une personne à sortir d'un pays, à être chassée ou transportée hors d'un territoire, avec défense d'y entrer : *d'après les lois actuelles, on ne peut être banni qu'à temps, c'est-à-dire, pour cinq ans au moins et dix ans au plus.* — Par ext. Expulser, éloigner, exclure : *il faut bannir les médisants des bonnes compagnies ; bannir le luxe.* — Eloigner de son âme, de son souvenir : *bannir toute crainte, toute honte.*

* **BANNISSABLE** adj. Qui doit être banni (peu us.).

* **BANNISSEMENT** s. m. (rad. *bannir*). Peine infamante infligée pour certains crimes et qui consiste dans l'expulsion du condamné hors du territoire français. — Hist. « Le bannissement était fréquemment appliqué dans les diverses républiques de l'ancienne Grèce, pour le crime d'homicide et surtout pour causes politiques. L'ostracisme, en usage à Athènes, n'était qu'une des formes du bannissement. A Rome, la peine de l'exil (*exsilium*), en vigueur sous la République ou sous les premiers empereurs, fut plus tard remplacée par la déportation. Sous l'ancienne monarchie française, le bannissement hors du royaume pouvait être infligé à perpétuité par les parlements ; les autres juridictions avaient seulement le droit de bannir un coupable de la province. La législation intermédiaire conserva le bannissement à perpétuité, sous le nom de *déportation*, et cette peine fut appliquée, avec une cruelle injustice, le 18 fructidor an V, à cinquante-trois membres des assemblées législatives. Il est en outre des exemples de lois spéciales, ayant un caractère exclusivement politique, et frappant du bannissement une famille entière. C'est ainsi que furent successivement bannis de la France en 1816, la famille Bonaparte ; en 1832, celle des Bourbons ; et en 1848, la famille d'Orléans. — Législ. Le bannissement temporaire figure dans le Code pénal. Sa durée ne peut être moindre de cinq ans ni excéder dix ans. Lorsque cette peine est prononcée par une cour d'assises, ce qui est extrêmement rare, le condamné doit être transporté hors du territoire français C'est une peine infamante et qui entraîne de plein droit la dégradation civique et aussi la surveillance de la haute police pendant une durée égale à celle de la peine. Le bannissement est infligé à ceux qui, étant autorisés, ont commis, à l'égard d'étrangers, des actions hostiles qui exposent l'Etat à une déclaration de guerre ou les Français à subir des représailles ; à ceux qui, à la suite d'un plan concerté, ont empêché,

dans plusieurs arrondissements, des citoyens d'exercer leurs droits civiques ; à un ministre, s'il commet certains actes arbitraires ; à ceux qui provoquent à la désobéissance aux lois ou cherchent à soulever des citoyens contre les autres ; à tout ministre du culte qui, dans des instructions pastorales écrites, censure le gouvernement, etc. Quiconque, ayant été condamné à une peine afflictive ou infamante, a commis un second crime emportant la dégradation civique, est condamné au bannissement ; et, si le second crime entraîne le bannissement, la peine de la récidive est la détention. Si, avant l'expiration de sa peine, le banni rentre sur le territoire français, il sera, sur la seule preuve de son identité, condamné à la détention, pour un temps égal au moins à celui qui restait à courir du bannissement et qui ne pourra excéder le double de ce temps ». (Ch. Y.).

BANNOCKBURN, village du Stirlingshire, Ecosse, à 5 kil. S.-E. de Stirling-Castle ; 2,750 hab. Siège de fabr. de lainages qui ont longtemps fourni les tartans portés par les Highlanders de l'armée anglaise. C'est à Bannockburn que, le 24 juin 1314, une armée de 30,000 Ecossais, commandés par Robert Bruce, mit en déroute une armée anglaise de 100,000 hommes commandés par Edouard II. Cette victoire,qui assura l'indépendance de l'Ecosse, coûta la vie à 30,000 anglais.

BANON, ch.-l. de cant., arr. et à 12 kil. N.-O. de Forcalquier (Basses-Alpes) ; 1,200 hab.

* **BANQUE** s. f. (ital. *banco*, banc, parce que les changeurs vénitiens avaient coutume de faire leur négoce sur les places publiques, assis sur un banc devant une table). Commerce qui consiste à effectuer pour le compte d'autrui des paiements et des recettes ; à ouvrir des crédits ; à recevoir des fonds à intérêts, à se charger de la garde et de la conservation des matières précieuses ; à acheter et revendre des monnaies, des lettres de change, des billets à ordre, des effets publics ou des actions ; à escompter les effets ou à les échanger, moyennant une prime ou bénéfice nommé *agio* dans le premier cas et *change* dans le second ; enfin à émettre des valeurs qui prennent quelquefois le nom de *papier-monnaie* ou *billets de banque*. — Caisse commune, ou publique, dont le crédit repose sur des fonds considérables, et que les particuliers déposent leur argent pour en tirer un intérêt, avec faculté de le reprendre à leur volonté, en tout ou en partie, soit en nature, soit en effets équivalents : *banque particulière ; banque publique; banque de France, de Londres, d'Amsterdam, de Bordeaux; régent de la banque; billet de banque.* — Jeux. Somme que celui qui tient le jeu a devant soi, pour payer ceux qui gagnent contre lui : *faire une bonne, une mauvaise banque*, gagner ou perdre en tenant le jeu. — *Faire sauter la banque*, gagner tout l'argent que l'on a fait des ouvriers : *bordereau de banque; faire sa banque.* — Argot. Métier de saltimbanque. — Associations entre escrocs. — Faire une banque, combiner une escroquerie. — Jargon des camelots. Faire la banque, faire mousser la marchandise. — * Maison de banque, maison où l'on fait le commerce de banque. Se dit, par ext., des négociants mêmes qui font ce commerce: *les frères tels sont la meilleure maison de banque d'Amsterdam.* — Fête a la banque, se dit en parlant des jours fériés où la banque est fermée. — Avoir un compte en banque, y avoir des fonds déposés, et s'y faire créditer ou débiter. — Banque agricole, celle qui fait des avances ou des prêts à l'agriculture. — * Banque de circulation, d'émission ou de crédit, banque qui émet des valeurs et les rembourse en argent. Les banques de circulation ont le privilège d'émettre un papier-monnaie, qui leur sert à faire leurs paiements ; elles créent ainsi

un moyen de circulation. Elles sont généra-'lement banques d'escompte et banques de dépôt en même temps. — Banque commerciale ou *banque de commerce*, terme générique qui comprend les établissements de dépôt, d'escompte, d'émission, d'avances sur valeur et à découvert, ou qui se borne à une partie seulement de ces opérations. — Banque de dépôt, banque commerciale qui reçoit de l'argent monnayé, des effets publics ou des matières précieuses, avec mission de les conserver et de les restituer à la première demande, moyennant le paiement d'un droit pour frais de garde. Les banques de dépôt paient l'intérêt de l'argent monnayé qu'elles ont reçu, lorsqu'elles se réservent de le faire valoir dans d'autres opérations de banque. Quelquefois elles reçoivent, moyennant intérêt, de petites sommes qu'elles accumulent à la façon des *Caisses d'épargne*. Certaines banques de dépôt sont en même temps des banques de virement. — Banque d'escompte ou de change, banque commerciale qui achète, moyennant un *escompte* ou intérêt, les billets à ordre, les traites et en général toutes les promesses de paiement. — Banque d'État, institution dont l'État a, complètement ou en partie, fourni le capital et qui est administrée par des fonctionnaires que nomme le gouvernement. Se dit par opposition à *banque particulière*. — Banque hypothécaire ou *territoriale*, celle qui fait des avances sur hypothèque de biens fonds. En France, le plus important établissement de ce genre est le *Crédit foncier de France*. Il y a aussi la *Banque hypothécaire de France*, qui ne possède pas, comme le *Crédit foncier*, de privilèges légaux. — Banque nationale, sorte de banque publique qui jouit de certains privilèges, achetés au prix de certaines obligations, telles que de faire des avances au gouvernement, ou d'administrer, soit entièrement, soit partiellement les finances publiques. — Banque particulière, celle qui est constituée par la réunion de capitaux appartenant à divers particuliers. Les banques particulières sont appelées *banques publiques* lorsqu'elles sont placées sous la surveillance de l'État et publient, à des époques déterminées, un aperçu de leur situation, et leur bilan annuel; mais la plupart des banques particulières sont indépendantes et ne doivent de compte qu'à leurs coparticipants. — Banque populaire, banque coopérative, qui ouvre à ses associés des crédits à découvert. Ces banques coopératives, établies dans toute l'Allemagne du Nord par l'initiative de Schultze-Delitzch, sans l'assistance des capitalistes, et avec les économies des travailleurs, ont montré par l'importance qu'elles ont acquise et par les bénéfices qu'elles donnent, les magnifiques résultats de l'association. Voy. Coopération. — Banque de prêt ou lombard, banque qui prête sur des gages matériels ou sur des cautions fournies par des tiers reconnus solvables. Les garanties matérielles peuvent être des titres d'hypothèques sur immeubles, des valeurs mobilières, des métaux précieux, des effets publics, des marchandises non sujettes à détérioration. Dans cette catégorie se rangent les *banques foncières, territoriales, hypothécaires*, les *monts-de-piété*, etc. — Banque publique, voir plus haut, *banque particulière*. — Banque de spéculation, celle dont la principale opération consiste en achat et vente de titres, tels que : inscriptions de rentes, actions et obligations. — Banque de virement, celle où l'on dépose des métaux précieux en barres ou en espèces monnayées, qui ouvre sur ses livres un crédit au déposant, et qui opère des virements entre les divers comptes de ses créditeurs. Les premières banques de virement furent établies à Londres, en 1775, sous le nom de *clearing-houses*. — Hist. L'antiquité ne connut point les savantes combinaisons de la banque moderne. Les banquiers athéniens (trapézites), s'occupaient du change, du trafic

des monnaies et des matières d'or et d'argent; de plus, ils prêtaient à intérêt ou *usure*. De même à Rome, pour les *argentarii* : c'étaient des usuriers qui recevaient de l'argent à faible intérêt et le prêtaient à gros bénéfice. Il y avait aussi les *mensarii*, banquiers d'État dont l'office consistait à prêter, pour le compte du trésor public, de l'argent aux citoyens solvables. Pendant le moyen âge, le commerce de l'argent se compliqua forcément; les juifs, seuls banquiers de cette période, durent imaginer la lettre de change, vu l'impossibilité de faire voyager d'une place à une autre les métaux précieux que les seigneurs féodaux n'auraient pas manqué de happer au passage. Les Italiens imaginèrent les maisons de prêts sur gages ou monts-de-piété qui furent pendant longtemps appelés *lombards*. Dès le XII° siècle, l'argent était à citoyens solvables *dépôt et de virement*. — La *Banque de Venise*, la plus ancienne banque publique de l'Europe, fut fondée en 1171 et dut son existence aux guerres et à la nécessité de trouver de l'argent pour la soutenir. Cette banque continua ses opérations jusqu'à la chute de la république vénitienne, en 1797. — La *Banque de Gênes*, projetée en 1345, ne fut définitivement créée qu'en 1407. Pendant plusieurs siècles, elle resta l'un des établissements les plus prospères de l'Europe; pillée en 1746 et en 1800, elle disparut. — La *Banque de Barcelone* établie en 1401, institua la première le système de négociation des lettres de change. — Celle d'*Amsterdam*, fondée en 1609, resta longtemps une banque de dépôt seulement; mais à la fin du siècle dernier, les directeurs ayant prêté 10 millions de florins au gouvernement pour résister aux Français, la compagnie se trouva ruinée, après l'invasion de 1794. — La *Banque de Hambourg*, qui date de 1619, est à la fois de dépôt et de circulation; celle de *Rotterdam* fut établie en 1635; celle de *Stockholm* en 1688; celle d'*Angleterre* en 1694; celle d'*Ecosse* en 1693. — La *Banque d'Angleterre* se compose de deux parties très distinctes : la banque d'émission qui fabrique les *banknotes*, et la banque d'escompte. C'est une société par actions; mais son capital social est entre les mains de l'État. La banque paie à l'État une redevance annuelle de 180,000 liv. stérl. pour le privilège de fabriquer les billets; mais elle reçoit une commission pour les nombreuses opérations de recette et de dépense qu'elle effectue pour le compte du gouvernement. — La Régence essaya de fonder une banque de France; mais on connaît l'insuccès de Law et de son système (1720). La *Banque royale* subsista néanmoins après lui; elle reçut son organisation définitive qu'en 1803 et devint la *Banque de France*. Son capital était de 182 millions et demi en 1872. C'est à la fois une banque de dépôt, d'escompte et de circulation, qui émet des billets et qui possède même à ce sujet un monopole exclusif pour toute la France. C'est une institution publique dont l'État nomme le gouverneur et deux gouverneurs adjoints choisis parmi les actionnaires. — La *Banque d'Algérie*, également privilégiée, a été instituée par la loi du 4 août 1851. Il existe plusieurs *banques coloniales* : la banque de la Martinique, celle de la Guadeloupe, celle de la Réunion, celle de la Guyane, celle du Sénégal et la banque de l'Indo-Chine qui a deux établissements, l'un à Pondichéry, l'autre à Saïgon. Les banques coloniales ont le privilège d'émission pour le triple de leur capital réalisé. Il existe, à Paris, une agence centrale des banques coloniales, et en outre, la loi du 24 juin 1874 a créé une commission de surveillance qui, chaque année, rend compte au chef de l'État, des opérations de ces établissements. — La plus ancienne banque belge, la *Société générale*, fut fondée le 28 août 1822, au capital de 50 millions de florins. C'était une banque d'escompte qui dirigea les finances du gouvernement jus-

qu'à la séparation de la Belgique et de la Hollande, époque où elle abandonna cette fonction à la *Banque de Belgique*. Cette dernière fut remplacée, en ce qui concerne les affaires gouvernementales, par la *Banque nationale de Belgique*, créée le 5 mai 1850, au capital de 25 millions de francs. Banque de dépôt et de change, la banque nationale est autorisée à émettre des billets pour une valeur trois fois égale à celle des métaux en caisse. — La *Banque des Pays-Bas*, organisée en 1814 au capital de 5 millions de florins, possédait 10 millions en 1820 et 15 millions en 1839. On l'a réorganisée en 1863. — La *Banque nationale d'Autriche*, fondée à Vienne en 1816, avec le privilège exclusif d'émettre des billets, possède un capital de 110,250,000 florins et est représentée, dans les provinces par vingt-deux succursales. — La *Banque royale de Prusse*, fut établie à Berlin, le 17 juin 1765, au capital de 400,000 thalers (porté à 20 millions en 1871); elle possédait, en 1871, des succursales au nombre de cent soixante-trois, dans toutes les parties du royaume et de l'Alsace-Lorraine. La *Banque royale de Nuremberg*, Bavière, s'occupe de change, d'escompte, de prêt et de dépôt; elle est dirigée sous le contrôle du ministre des finances. Il existe plusieurs autres banques allemandes, la plupart avec le droit d'émettre des billets. — La plus ancienne banque d'émission suisse est celle de *Saint-Gall*, fondée en 1836. En 1869, il existait en Suisse ce pays dix-neuf établissements analogues dont le capital total se montait à 73 millions de francs. De toutes les banques qui fonctionnent actuellement en Italie, la plus ancienne est celle du *Monte di Paschi*, à Sienne, fondée en 1622. La *Banque nationale d'Italie*, fut créée en 1849, par la fusion des banques de Gênes et de Turin, l'une datant de 1844 et l'autre de 1847. Son capital est de 100 millions de lires; elle a étendu ses opérations sur toute l'Italie, où elle possède cinquante-cinq succursales. L'Italie compte, en outre, trente-huit institutions de crédit et cinquante-sept banques du peuple. Six banques ont conservé le privilège d'émission, en vertu de la loi du 30 avril 1874 ; ce sont la banque nationale, les banques de Naples, de Rome, de Florence, de Sicile et la banque de crédit toscane. Le cours forcé existe encore, mais seulement pour un milliard en billets prêtés à l'État, lequel paie seulement un intérêt de 0 fr. 40 cent pour 100 francs. — L'Espagne, le Portugal, le Danemark, la Suède, la Norvège, la Russie et la Grèce ont également des établissements nationaux. La *Banque nationale des États-Unis* fut créée en 1781. Mais il existe, dans l'Amérique du Nord, une grande liberté pour l'émission des billets (*greenbacks*). Chaque état possède une banque d'émission. En 1875, il existait dans la confédération américaine 2,034 banques nationales, régies par les lois particulières des États et possédant un capital de 2 milliards et demi de francs. En Chine, chaque banque peut émettre des billets, et ce mode de paiement y est extrêmement usité pour de petites sommes. — Banque de France. « La *Banque de France* est une société commerciale, anonyme, privilégiée, dont l'organisation a été réglée successivement par les lois des 24 germ. an XI, 22 avril 1806, 17 mars 1834, 9 juin 1857, 27 janvier 1873 et par un plus grand nombre d'ordonnances ou décrets. Son privilège n doit prendre fin que le 31 décembre 1897. Les actions représentant le capital sont au nombre de 182,500. Ces actions peuvent être nominatives, et elles peuvent aussi servir de remploi de biens dotaux, être soumises aux privilèges et aux hypothèques, comme des propriétés foncières. La Banque de France peut faire les opérations suivantes : 1° émission de billets à vue et au porteur; 2° escompte d'effets de commerce à échéance de trois mois au plus et garantis par trois signatures notoirement solvables; 3° recouvrements d'effets de commerce pour le compte d'autrui; 4° encaissement de sommes en comptes-courants; 5° garde de titres, lingots, monnaies et diamants, avec faculté de faire des avances sur effets publics et sur certains titres. La *Banque de France* est administrée par un conseil général composé de quinze régents et de trois censeurs, nommés en assemblée générale par les deux cents plus forts actionnaires. Les régents sont élus pour cinq ans et les censeurs pour trois ans. En outre, le chef de l'Etat nomme un gouverneur et deux sous-gouverneurs. Le conseil se réunit chaque semaine, sous la présidence du gouverneur, lequel préside également les divers comités et nomme tous les agents. La Banque de France s'est obligée à établir au moins un comptoir ou succursale dans chacun des départements, et, jusqu'à ce jour, elle en a fondé quatre-vingt-deux. Les billets de la Banque de France sont remboursables à présentation et n'ont eu cours forcé que pendant deux courtes périodes; de 1848 à 1850, et de 1870 à 1875. La limite extrême des émissions de billets a été légalement fixée à diverses reprises, et a été élevée jusqu'au chiffre de 3,200 millions par la loi du 15 juillet 1872; mais aujourd'hui il n'existe plus de maximum. En vertu du traité du 10 j ᵐᵉ in 1857, la Banque de France s'était engagée à faire au Trésor public des avances jusqu'à concurrence de 60 millions; par une nouvelle convention approuvée par la loi du 13 juin 1878, la Banque a consenti une nouvelle avance de 80 millions au taux d'un pour cent; mais ces avances sont souvent compensées par le compte créditeur du Trésor. La loi des patentes assujettit la Banque de France : 1° à un droit proportionnel du dixième de la valeur locative de tous les locaux qu'elle occupe à Paris et dans les départements; 2° à un droit fixe de 50,000 francs; 3° à une taxe, due pour chaque personne employée en sus de cinq, et qui, fixée à 50 francs pour Paris, varie ailleurs, selon la population ».   (Cʰ. Y.).

BANQUÉ, ÉE part. pass. de BANQUER.—Mar. On est *banqué*, lorsqu'on se trouve sur le grand banc de Terre-Neuve. — VAISSEAU BANQUÉ, celui qu'on emploie à la pêche de la morue, sur le banc de Terre-Neuve.

BANQUER v. n. Mar. Aborder le banc de Terre-Neuve, pour y faire la pêche. — Par ext. Aborder un banc quelconque.

'BANQUEROUTE s. f. (ital. *banco rotto*, banc rompu, parce qu'on brisait autrefois le banc où se tenait, sur la place publique, le banquier insolvable). Cessation de payement et de commerce de la part d'un négociant, pour cause d'insolvabilité réelle ou feinte. La législation commerciale actuelle ne qualifie de *Banqueroutes* que les faillites causées par quelque faute grave, ou attribuées à la mauvaise foi: dans le premier cas, on dit que la banqueroute est SIMPLE et dans le second, qu'elle est FRAUDULEUSE: *les cas de banqueroute simple sont jugés par les tribunaux correctionnels, et ceux de banqueroute frauduleuse par les cours d'assises* (Acad.). — BANQUEROUTE FORCÉE. Voy. FAILLITE. — Par ext. et fam. FAIRE BANQUEROUTE A SES CRÉANCIERS, frustrer ses créanciers de ce qu'on leur doit. — Fig. et fam. FAIRE BANQUEROUTE A L'HONNEUR, manquer à l'honneur, agir contre son devoir. — Législ. « Les tribunaux correctionnels *doivent* déclarer tout failli *banqueroutier simple*, dans les cas suivants et sur la poursuite, soit du ministère public, soit d'un créancier, soit des syndics de la faillite, agissant avec autorisation de la majorité individuelle des créanciers présents; savoir: 1° si ses dépenses personnelles ou de maison sont jugées excessives; 2° s'il a été consommé de fortes sommes soit à des opérations de pur hasard, soit à des opérations fictive⁶ de bourse ou sur marchan-

dises; 3° si, afin de retarder sa faillite, il a fait des achats pour revendre au-dessous du cours, ou s'est livré à des emprunts, circulation d'effets ou autres moyens ruineux de se procurer des fonds; et 4° si, après cessation de ses paiements, il a payé un créancier au préjudice de la masse (C. com. 585). Le failli *peut* être déclaré banqueroutier simple : 1° s'il a contracté pour le compte d'autrui et sans garantie, des engagements trop considérables; 2° s'il est de nouveau déclaré en faillite, sans avoir satisfait aux obligations d'un premier concordat; 3° si, étant marié sous le régime dotal, il n'a pas déposé des extraits de son contrat de mariage aux greffes des tribunaux de première instance et de commerce de son domicile; 4° si, dans les trois jours de la cessation de ses paiements, il n'en a pas fait la déclaration au greffe du tribunal de commerce, avec dépôt de son bilan; ou si, dans le cas de société, cette déclaration ne contient pas le nom de tous les associés solidaires; 5° si, sans empêchement légitime, il ne s'est pas présenté en justice ou devant les syndics, dans les cas et délais fixés; et 6° s'il n'a pas tenu de livres et fait inventaire, ou ses écritures sont irrégulières, sans néanmoins qu'il y ait fraude (id. 586). Le banqueroutier simple est puni d'un emprisonnement d'un mois au moins et de deux ans au plus (C. pén. 402). Il ne peut y avoir de complicité pour le délit de banqueroute simple, puisque les fautes punies sont toutes des fautes personnelles. La *banqueroute frauduleuse* est déclarée par la cour d'assises, sur la poursuite du ministère public, soit d'office, soit sur la plainte du syndic de la faillite ou d'un créancier, lorsque le failli a soustrait ses livres, détourné ou dissimulé une partie de son actif, ou s'est reconnu débiteur de sommes qu'il ne devait pas (C. com. 591). Le failli, en ce cas et celle des travaux forcés à temps, et les complices sont passibles de la même peine, ainsi que: ceux qui, dans l'intérêt du failli, ont soustrait, recélé ou dissimulé tout ou partie de ses biens; ceux qui ont présenté ou fait présenter dans la faillite des créances supposées; enfin ceux qui, faisant le commerce sous le nom d'autrui ou sous un nom supposé, ont dissimulé ou détourné une partie de l'actif. Le conjoint, les descendants ou les ascendants du failli, ou ses alliés aux mêmes degrés qui auraient détourné ou recélé des effets appartenant à la faillite, sans avoir agi de complicité avec le failli, sont passibles des peines du vol, c'est-à-dire d'un emprisonnement d'un an à cinq ans et d'une amende de 16 à 500 fr. Toutes les peines sont édictées sans préjudice de la réintégration des valeurs détournées et de dommages intérêts envers la masse, lors même qu'il y aurait acquittement. Lorsque les agents de change ou des courtiers sont déclarés banqueroutiers, ils sont punis des travaux forcés à perpétuité (C. pén. 403). Toute banqueroute déclarée laisse subsister l'état de faillite avec tous ses effets, relativement aux actions civiles et à l'administration des biens. Le banqueroutier frauduleux ne peut obtenir de concordat, et s'il en avait un qui fut homologué, il serait annulé de droit (C. com. 522).—Les jugements et arrêts de condamnation sont affichés et publiés aux frais des condamnés (id. 600). Le banqueroutier simple peut obtenir sa *réhabilitation* (Voy. ce mot), après avoir subi sa peine (id 612). Quant au banqueroutier frauduleux, il ne peut jamais obtenir la réhabilitation commerciale; mais il peut demander à être réhabilité au point de vue criminel, cinq ans après sa libération et en justifiant qu'il a payé le passif de sa faillite, en principal, intérêts et frais (C. inst. crim. 620-623). L'action publique et l'action civile pour faits donnant lieu à la banqueroute se prescrivent : par trois ans, pour la banqueroute simple, et par dix ans pour la banqueroute frauduleuse (id. 637-638). — On nomme aussi *banqueroute*, l'inexécu-

tion totale ou partielle des obligations d'un état politique à l'égard de ses créanciers. En ce qui concerne la France, nous rappellerons que, sous l'ancienne monarchie, les banqueroutes étaient très fréquentes. Depuis celle de 1350, sous Jean le Bon, on peut en compter un grand nombre. Pendant les XVIᵉ, XVIIᵉ et XVIIIᵉ siècles, les rentiers de l'Etat se virent souvent retrancher des *quartiers*; c'est-à-dire que les arrérages étaient réduits arbitrairement par suite du mauvais état des finances. On opérait aussi des retenues sur les pensions; mais, en même temps, on augmentait le chiffre nominal de celles qui appartenaient aux courtisans, de manière que ceux-ci ne perdissent rien. On sait que la banque de Law, devenue, en 1718, banque de l'Etat, fit perdre à la France plus de trois milliards. Il faut donc reconnaître que la consolidation ou réduction de la dette, opérée le 30 sept. 1797 et qui avait rendue inévitable par la dépréciation des assignats, avait eu de nombreux précédents, et qu'elle est moralement plus justifiable que toutes les autres ».   (Cʰ. Y.).

'BANQUEROUTIER, IÈRE s. Celui, celle qui a fait banqueroute.

'BANQUET s. m. (rad. *banc*). Festin, repas magnifique.

> Puis quand la barque arrive
> Gaîment sautons le pas,
> Qui sait si l'on a'a pas
> Des banquets à l'autre rive.
>   DÉSAUGIERS.

> Au banquet de la vie, infortuné convive.
>   GILBERT.

— LE BANQUET DES SEPT SAGES, le repas où l'on dit que se trouvèrent les sept sages de la Grèce. — Poét. LE BANQUET DES DIEUX, le repas où l'on supposait que les dieux se trouvaient avec Jupiter. — LE BANQUET DES ÉLUS, LE BANQUET DE L'AGNEAU, la joie de la béatitude céleste. — LE BANQUET SACRÉ, la sainte communion.

'BANQUETER v. n. Faire bonne chère; se trouver fréquemment dans de grands repas.

BANQUETEUR s. m. Celui qui banquette ordinairement.

'BANQUETTE s. f. Sorte de banc rembourré, sans dossier, qui sert ordinairement dans les vestibules, les galeries, les lieux d'assemblée, les salles de spectacle. — Banc qui se trouve sur les impériales de certaines voitures publiques.— Fortific. Petite élévation ou large degré de pierre, de terre, ou de gazon, sur lequel on monte pour tirer par-dessus le parapet d'un bastion ou le revers d'une tranchée. — Voirie. Petit chemin pour les piétons, élevé de quelques pouces au-dessus de la voie où passent les voitures. Par ext. *Trottoir*. — Archit. Appui d'une fenêtre, lorsqu'il ne s'élève qu'à hauteur de siège et qu'il est surmonté d'un appui de fer. — Dans les jardins. Palissade taillée à hauteur d'appui, entre les arbres d'une contre-allée.—Théâtre. JOUER DEVANT LES BANQUETTES, JOUER POUR LES BANQUETTES, jouer dans une salle vide ou presque vide de spectateurs.

'BANQUIER s. m. (rad. *banque*). Commerçant dont le négoce consiste à recevoir des sommes en dépôt, à faire des prêts d'argent à court terme, l'escompte des effets de commerce, l'achat et le placement des titres mobiliers, etc., le tout moyennant une commission. — Jeux. Celui qui tient le jeu contre tous ceux qui veulent jouer avec lui, et qui met sur la table une certaine somme d'argent pour les payer lorsqu'ils gagnent. — Législ. « Les banquiers sont soumis aux prescriptions du code de commerce, ainsi que tous les commerçants. Ils sont assujettis pour la patente: 1° au droit proportionnel du dixième de la valeur locative de tous les locaux qu'ils occupent; 2° à un droit fixe qui est de 2,000 fr.

à Paris et qui varie de 200 à 1,000 ou 1,000 à 2,000 fr. selon la population des autres communes, mais qui est rehaussé de moitié pour les banquiers s'occupant d'émissions de titres étrangers ou du paiement des intérêts de ces titres; 3° d'une taxe pour chaque personne employée à la banque, en sus du nombre cinq; laquelle taxe est de 50 fr. à Paris et varie ailleurs de 40 fr. à 10 fr. ».   (CH. Y.).

* **BANQUISE** s. f. (ban-ki-ze)(des mots scandinaves *bank* et *ice*, qui signifient *banc de glace*). Terme créé par Dumont d'Urville pour désigner de grands amas de glaces flottantes qui se forment et s'assemblent dans les régions polaires et qui, dérivant sous l'action des vents et des courants, voguent au loin et ferment le passage aux navires. Ces sortes d'îles flottantes forment quelquefois une enceinte dans laquelle les bâtiments sont aussi tranquilles que dans un bassin, même lorsque les plus furieuses tempêtes mugissent au dehors.

BANQUISTE s. m. Faiseur de banques; saltimbanque.

BANQUO [ban-ko], *thane* ou seigneur écossais qui vivait sous le *règne de Duncan* (II° siècle) et qui fut l'ancêtre des Stuarts. Macbeth l'assassina en 1066: épisode qui a fourni à Shakespeare le sujet d'une scène où le meurtrier, au moment de s'asseoir au milieu de sa cour assemblée pour un festin, croit voir sa place occupée par le *spectre de Banquo*. On écrit aussi *Banco*.

* **BANS** s. m. pl. (all. *banse*, corbeille). Chasse. Nom qu'on donne aux lits des chiens.

BANSHEE [ban-chî], voy BANCHIE.

BANTAM [ban tamm], I. Province hollandaise comprenant l'extrémité occidentale de Java et plusieurs petites îles du détroit de la Sonde; 6,387 kil. car.; 600,000 hab. L'intérieur est montagneux et renferme deux volcans actifs. Principales productions : café, riz, sucre, indigo, thé, cannelle, etc. Bantam formait autrefois un puissant état mahométan : il fut rendu tributaire par les Hollandais en 1683. Le dernier de ses rajahs fut exilé à Surabaya en 1843. Capitale Sirang. — II. Ville, jadis capitale du pays ci-dessus, à 108 kil. O. de Batavia. Un incendie l'a détruite en 1817. Elle a perdu toute importance depuis que l'on a cessé de cultiver le poivre dans ses environs. — Poule de Bantam, variété naine originaire de l'île de Java. Grosse comme le poing, la poule de Bantam, facilement acclimatée chez nous, est précieuse pour l'aviculteur, qui lui confie sans crainte l'incubation des œufs les plus fragiles, tels que ceux de la perdrix, du faisan, de la caille, etc.

BANTING (William), marchand de Londres (1797-1874) qui prétendait avoir découvert le moyen de guérir de la corpulence. Son système, développé dans une brochure qui eut sa sixième édition en 1868, consiste à s'abstenir de farineux, de corps gras et de matières huileuses. Déjà depuis longtemps, notre Brillat-Savarin avait dit la même chose.

BANTRY, ville maritime d'Irlande, dans le comté et à 68 kil. O.-S.-O. de Cork. 3,000 habitants.

BANTRY BAY, ou *baie de Bantry*, vaste rade, profonde, sûre, entourée de montagnes qui la protègent et fermée à l'entrée par l'île de Bear. C'est l'un des meilleurs havres de l'Europe, sur la côte S.-O. de l'Irlande. Le 1er mai 1689, une flotte française commandée par Château-Renaud y battit une armée navale anglaise sous les ordres de l'amiral Herbert. En décembre 1796, le général Hoche y tenta un débarquement. En décembre 1801, les marins de l'escadre anglaise de Bantry Bay se révoltèrent et furent vaincus.

* **BANVIN** s. m. (rad. *ban* et *vin*). Droit qu'avait un seigneur de vendre le vin de son

cru, à l'exclusion de tout autre, dans sa paroisse, durant le temps marqué par la coutume. — Proclamation qui indiquait le jour où les particuliers pourraient vendre leur vin nouveau.

BANYULS, Banyuls-sur-Mer ou BANYULS-DES-ASPRES, commune de l'arr. de Céret (Pyrénées-Orientales); 3,500 hab. Fameux vins de *Grenache* et de *Rancio*. En 1793, ses habitants, ayant été attaqués par 7,000 Espagnols, obligèrent ceux-ci à mettre bas les armes.

BANZ, ancienne abbaye de bénédictins, aujourd'hui résidence d'été du roi de Bavière, à 5 kil. de Lichtenfels, sur le Mein.

* **BAOBAB** s. m. (de *bahobab*, nom de cet arbre en Egypte). Bot. Genre de sterculiacées, tribu des bombacées, comprenant de grands arbres exotiques. Caractères : cinq pétales; étamines monodelphes; style très long; capsule indéhiscente renfermant plusieurs graines au milieu d'une pulpe farineuse. Le *baobab digité (adansonia digitata)*, arbre colossal de l'Afrique, atteint 30 mètres de haut et quelquefois 30 mètres de circonférence. Ses feuilles ressemblent à celles du marronnier d'Inde. Ses fleurs solitaires blanches, larges de 6 pouces, sont remplacées par une capsule ligneuse oblongue, de 8 à 18 pouces de long. Ses graines sont plongées dans une pulpe molle et acide appelée pain des singes, et que les naturels emploient pour donner de la saveur à leurs aliments. Les feuilles séchées et pulvérisées constituent le *lalo*, que les nègres mêlent au couscoussou. Les fibres produites par son écorce servent à faire des cordes très solides. On a exagéré l'âge que peut atteindre ce baobab. Une autre espèce, le *baobab de Grégoire (adansonia Gregorii)*, d'Australie, porte aussi le nom d'arbre à crème de tartre, à cause de la pulpe acide contenue dans ses capsules.

BAOUR-LORMIAN (Pierre-Marie-François-Louis), poète, né à Toulouse en 1770, membre de l'Académie française en 1815 ; mort à Paris en 1854. Versificateur pur et harmonieux, mais sans naturel, il a laissé des satires, des odes, des poèmes d'opéra, une traduction en vers de la *Jérusalem délivrée* et des *Poésies d'Ossian*.

BAPAUME, *Bapalma*, ch.-l. de cant., arr. et à 20 kil. S.-S.-E. d'Arras (Pas-de-Calais); 3,150 hab. Ancienne ville fortifiée, prise et reprise par les Français et par les Espagnols; cédée à la France par le traité des Pyrénées (1659), démantelée en 1847. Combats sérieux mais indécis entre l'armée française du Nord, commandée par le général Faidherbe, et les Allemands, sous Manteuffel (2 et 3 janvier 1871). Les Français battirent en retraite. — Fabriques de mousseline et de batiste; filatures de coton.

BAPEAUME s. m. Mar. On disait autrefois qu'un bâtiment était en *bapeaume*, lorsqu'il se trouvait désemparé en un calme plat.

BAPHOMET s. m. [ba-fo-mè]. Bafomet ou Bahomet. Emblème symbolique mystérieux que les Templiers furent accusés d'adorer et dont le nom était une forme francisée de Mahomet. Quelques-uns de ces emblèmes, trouvés en 1818 dans le musée impérial de Vienne, se composent de statuettes de pierre et représentent un corps de femme portant deux têtes masculines.

* **BAPTÊME** s. m. [ba-tê-me](gr. *baptizô*, je lave). Celui des sept sacrements de l'Eglise, par lequel on est fait chrétien, et qui consiste ordinairement à verser de l'eau sur la tête en prononçant les paroles sacramentelles. — Fig. BAPTÊME DE SANG, martyre souffert sans avoir reçu le baptême. — Par ext. BAPTÊME D'UNE CLOCHE, D'UN NAVIRE, cérémonie religieuse par laquelle on bénit et on nomme une cloche, un navire. — BAPTÊME DU TROPIQUE,

DE LA LIGNE, cérémonie burlesque en usage parmi les marins : elle consiste à mouiller d'eau ceux qui passent pour la première fois le tropique ou l'équateur. — Encycl. Il y a trois manières de pratiquer le baptême : 1° l'immersion; 2° l'affusion; 3° l'aspersion. L'Eglise latine, qui admet ces trois modes, favorise l'*affusion*. L'Eglise grecque requiert l'immersion; mais en Russie, le baptême par aspersion est adopté. Les protestants (à l'exception des baptistes), reconnaissent la validité des trois modes, quoique l'aspersion soit universellement pratiquée. Tous les chrétiens, sauf les baptistes, admettent les petits enfants à ce sacrement, avec des parrains et des marraines; tous sont d'accord que le baptême doit être administré une seule fois. Les églises catholiques (latine et grecque) tiennent que le baptême a pour but de laver la tache originelle et de rendre à l'homme sa première innocence. Pour plusieurs sectes protestantes, ce sacrement n'est qu'une cérémonie d'initiation, et entre ces deux extrêmes existent toutes les croyances qu'il a été possible d'établir.

* **BAPTISER** v. a. Conférer le baptême — Prov. et abusiv. BAPTISER QUELQU'UN, lui donner un sobriquet. — Fig. et fam. BAPTISER SON VIN, y mettre de l'eau. — Prov. et fig. VOILA UN ENFANT BIEN DIFFICILE A BAPTISER, se dit d'une affaire qui se complique de plus en plus, qui rencontre sans cesse de nouveaux obstacles.

BAPTISEUR, EUSE s. m. Celui, celle qui baptise.

* **BAPTISMAL, ALE, AUX** adj. Qui appartient au baptême; qui donne le baptême. — FONTS BAPTISMAUX, fonts où l'on baptise. — ROBE BAPTISMALE, robe blanche que portait autrefois pendant huit jours celui qui avait reçu le baptême.

* **BAPTISME** s. m. [ba-ti-sme] (gr. *baptismos*, action de mouiller; baptême). Doctrine des baptistes.

* **BAPTISTAIRE** adj. m. Ne s'emploie guère que dans ces locutions : *registre baptistaire*, *registre* où l'on inscrit les noms de ceux qu'on baptise : *extrait baptistaire*, ou simplement, *baptistaire*, extrait de ce registre, qui indique l'époque où une personne a été baptisée et les noms qu'elle a reçus.

BAPTISTE adj. et s. [ba-ti-ste]. Nom d'une secte de chrétiens évangéliques, qui diffère des autres sectes pour ce qui concerne le baptême. Les *Baptistes*, qu'il ne faut pas confondre avec les *Anabaptistes*, baptisent, à n'importe quel âge, tous ceux qui se repentent de leur croient à l'Evangile. Ils rejettent la substitution de l'aspersion à l'immersion, laquelle, d'après eux, fut universellement et exclusivement pratiquée pendant treize siècles (excepté dans le cas de maladie). Ils ne croient pas à la validité du baptême des enfants et repoussent de la communion avec des chrétiens d'une autre église. Les affaires religieuses sont traitées dans des assemblées où tous les fidèles, hommes et femmes, ont voix délibérative. Chaque agglomération de baptistes forme une congrégation complètement indépendante. — Dans la grande-Bretagne, les baptistes forment, après les *Congrégationalistes*, le corps le plus nombreux des dissidents protestants. En Angleterre, ils se divisent, depuis 1630, en baptistes généraux ou arminiens et baptistes particuliers ou antinomiens, les premiers ayant adopté les doctrines d'Arminius et les autres étant restés fidèles à celles de Calvin. Les baptistes généraux possèdent une école de théologie à Leicester et une mission florissante à Orissa (Inde). Les baptistes particuliers ont formé le Royaume Uni de la Grande-Bretagne et d'Irlande, 2,567 églises et 243,395 membres, avec 6 écoles de théologie (Londres, Bristol, Horton, Haverfort West,

Pontypool et Edinburgh); ils ont établi des missions dans l'Inde, dans les Antilles, dans le Honduras, en Afrique et en France. Mais cette nouvelle secte, introduite chez nous depuis 1840, n'y a guère prospéré. Elle a obtenu plus de succès en Allemagne, en Suède et en Danemark, où elle compte environ 300 églises et 40,000 adhérents. — Aux Etats-Unis, les baptistes forment l'une des principales sectes évangéliques. Ils y possèdent 28 collèges, 9 écoles théologiques, 50 journaux, une société biblique et plusieurs sociétés de missionnaires. Ils ont établi des missions dans le Canada, l'Orégon, la Californie, le Nouveau-Mexique, Haïti, l'Espagne, le Danemark, l'Allemagne, la Suède, la Norvège, l'Afrique centrale, l'Assam, l'empire birman, la Chine, etc. Les baptistes américains sont généralement calvinistes. Outre le corps général de leur secte, il y a aux Etats-Unis, d'autres sectes, au nombre de neuf, qui s'accordent avec lui en ce qui concerne le baptême, mais qui en diffèrent plus ou moins sur d'autres points; ce sont : les baptistes du septième jour, free-will, antimission et généraux, les tunkers, les mennonites, les christians, les campbellistes et les winebrenariens. Les historiens baptistes font remonter l'origine de leur religion au IIIe siècle après J.-C. D'après eux, Cyrille d'Alexandrie et Innocent Ier de Rome commencèrent la persécution qu'ils supportèrent pendant une longue suite de siècles, jusqu'à l'introduction de la réforme en Angleterre. Roger Williams et John Clark transportèrent le baptisme à Rhode Island en 1638 et, pendant un demi-siècle, l'histoire de cette secte fut celle de proscrits et de bannis. Sa prospérité date de la guerre de l'indépendance. Voy. Curtis : *Progress of Baptist principles for the last one hundred years*, Boston, 1856.

* **BAPTISTÈRE** s. m. [ba-ti-stè-re] (gr. *baptistêrion*). Lieu dans lequel on conserve l'eau destinée au baptême. Autrefois le baptistère était un *exedra* ou petit édifice bâti près de

Baptistère de Novare.

l'église. Vers la fin du VIe siècle, on vit quelques baptistères construits dans l'intérieur même de l'église, dans le vestibule, et cet usage se généralisa dans la suite. Aujourd'hui on confond le baptistère avec les *fonts baptismaux*.

* **BAQUET** s. m. Petit cuvier de bois, qui a les bords fort bas. — **BAQUET MAGNÉTIQUE**, appareil employé par les premiers magnétiseurs : il consistait en une espèce de caisse fermée d'un couvercle, d'où s'élevaient des branches de fer poli sur lesquelles les malades tenaient leurs mains appliquées, pour participer à la circulation du fluide qu'on supposait s'y propager. — *Manège*. Petite branche d'une bride placée au-dessous de l'œil. — **BAQUET DE SCIENCE**, baquet de cor-

donnier et de forgeron. — **BAQUET INSOLENT**, baquet de blanchisseuse et la blanchisseuse elle-même.

* **BAR** ou **BARS** s. m. Genre de poissons acanthoptérygiens percoïdes, qui se distinguent des perches par des opercules écailleux terminés en deux épines et par une langue âpre. Le bar est d'un gris bleu d'acier, avec des reflets argentés sur le dos, et tout à fait blanc sous le ventre. Le *bar commun*, (*labrax lupus*, Cuv.; *perca labrax*, Lin.), appelé aussi *loup* ou *loubine*, est un gros poisson très abondant sur les côtes de la Méditerranée, un peu plus rare dans l'Océan et dans la Manche. Sa voracité l'avait rendu célèbre dans l'antiquité. Sa chair blanche et ferme est excellente. On le fait cuire à l'eau de sel, comme le turbot, et on le sert garni de persil frais, avec une sauce au beurre à part. — On le pêche à la ligne ou au filet, surtout à la fin de l'été.

BAR, rivière qui naît près de Buzancy, (Ardennes) et se jette dans la Meuse à Donchery. Fait partie du canal des Ardennes.

BAR, ville de Podolie, Russie, à 85 kil. N.-E. de Kamenetz; 8,100 hab. Une ligue des patriotes polonais s'y forma le 29 février 1768, sous les ordres des Pulaski (voy. POLOGNE). Les Russes prirent la ville d'assaut le 28 mai suivant.

BAR (comté ou duché de), voy. BARROIS.

BAR (Le) ch.-l. de cant.; arrond. et à 8 kil. N.-E. de Grasse (Alpes-Maritimes); 1,600 hab.

BARA (Joseph). Voy. BARRA.

BARABA, steppe de Sibérie, comprenant la partie S.-E. de Tomsk et les portions S.-O. de Tobolsk. La contrée est habitée par des colons russes et par les *Barabintzi*, petite tribu nomade d'origine tartare.

BARABBAS ou **Barrabas**, juif condamné à mort pour sédition et meurtre, et préféré à Jésus, lorsque Pilate proposa au peuple de délivrer un prisonnier, à l'occasion de la fête de Pâques.

BARAC, général des Hébreux qui défit Sisara, chef des Chananéens.

BARACOA, ville maritime de Cuba, sur la côte N.-E. à 165 kil. E. de Santiago de Cuba.; 5,500 hab. Près de la ville se trouvent de curieuses montagnes crayeuses dominées par l'Anville de Baracoa. Manufacture de cigares; exportation de fruits. — Lat. N. (au fort), 20° 21′ 36″; long. O. 76° 47′ 36″.

BARACHOIS s. m. Mar. Petit enfoncement qui se trouve sur certaines côtes et qui forme un port auquel on accède par des passes difficiles.

BARADA, rivière de Syrie, probablement l'Abana de la Bible, appelée par les Grecs *Chrysorhoas* ou *Bardines*. Elle naît dans l'Anti-Liban, coule au S.-E. et à l'E., traverse Damas, se divise en plusieurs canaux et se termine dans un lac marécageux.

BARAGA (Frederick), missionnaire catholique autrichien (1797-1868), s'établit en 1830, parmi les Chippewas et les Ottawas (Michigan), et fut nommé évêque de Marquette et Sault-Sainte-Marie en 1853. Parmi ses ouvrages sur les Indiens de l'Amérique du Nord, on cite une bonne grammaire et un dictionnaire de la langue des Chippewas (Detroit, 1849 et 1853). Son *Histoire des Indiens de l'Amérique septentrionale* a été traduite en Français; Paris, 1837, in-12.

* **BARAGOUIN** s. m. (celt. *bara*, pain; *gwin*, vin; mots tournés en dérision par les Romains et, plus tard, par les Francs). Langage corrompu et inintelligible. — Abusiv. Langage qu'on n'entend pas : *je ne comprends pas son baragouin*.

* **BARAGOUINAGE** s. m. Baragouin. — Manière de parler vicieuse, embrouillée.

* **BARAGOUINER** v. n. Altérer les mots d'une langue. — Abusiv. Langue qu'on n'entend pas : *ces étrangers baragouinent entre eux*. — Activ. BARAGOUINER UN DISCOURS, le mal articuler, le prononcer d'une manière inintelligible. — BARAGOUINER UNE LANGUE, la parler mal.

* **BARAGOUINEUR, EUSE** s. Celui, celle qui baragouine, qui parle mal une langue, qui la prononce mal.

BARAGUEY-D'HILLIERS. I. (Louis), général, né à Paris en 1764. Pris par les Russes avec la plus grande partie de sa division, en 1812, il mourut presque aussitôt de chagrin. — II. (Achille, COMTE), son fils; maréchal de France, né à Paris en 1795, mort le 6 juin 1878, il perdit à Leipzig la main gauche, qui fut emportée par un boulet; capitaine à 19 ans, il parvint au grade de général en Algérie, commanda l'armée devant Rome (1849) et l'armée de Paris en 1851. Après le coup d'Etat, il devint membre de la commission consultative. Il fut créé maréchal lorsqu'il eut commandé l'expédition de la Baltique. On le mit à la tête du 1er corps d'armée pendant la campagne d'Italie et on lui confia, pour quelques jours, le gouvernement militaire de Paris, en 1870. Il présida le conseil de guerre relatif aux capitulations (1872).

BARANDAGE s. m. Pêche prohibée qui consiste à barrer la clef d'une rivière au moyen d'un large filet, à effrayer au loin le poisson en faisant beaucoup de bruit, pour le pousser vers ce filet, et à replier ensuite vivement celui-ci pour rassembler, vers le rivage, la proie, que l'on n'a plus qu'à prendre au moyen de l'épervier.

BARANDER v. n. (rad. *barrer*). Faire la pêche prohibée dite *barandage*.

BARANOFF (Alexander-Andreyevitch), premier gouverneur de l'Amérique russe, né en 1746, mort en 1819. Il a donné son nom au principal groupe des îles Sitka, dont il prit possession, en 1799.

BARANTE. I. (Claude-Ignace BRUGIÈRE DE) écrivain, né à Riom (Auvergne) en 1670, mort en 1745, a donné une traduction d'*Apulée*. — II. (Claude-Ignace BRUGIÈRE, BARON DE), petit-fils du précédent, né à Riom en 1755, mort en 1814, un instant préfet de Genève, sous l'Empire, auteur d'une *Introduction à l'étude des langues* (1791) et *d'Eléments de géographie* (1796), plusieurs fois réimprimés; d'un *Essai sur le département de l'Aude* (1802). — III. (Amable-Guillaume-Prosper BRUGIÈRE, BARON DE), fils du précédent, né à Riom, en 1782, mort en 1866, préfet sous l'Empire, pair de France sous la Restauration, ambassadeur sous Louis-Philippe, (1830 à Turin; 1835 à Saint-Pétersbourg), auteur de nombreux ouvrages, parmi lesquels nous citerons : *Histoire des ducs de Bourgogne de la maison de Valois* (1824-'26, 13 vol. in-8°; 1858, 8 vol.); *Mélanges historiques et littéraires* (3 vol); *Histoire de la Convention nationale* (1851-'53; 6 vol.); *Histoire du Directoire* (1855; 3 vol.); le *Parlement et la Fronde* (1859); *Etudes historiques et biographiques*. Ces ouvrages portent l'empreinte des temps où ils ont été écrits. Assez libéral sous la Restauration, leur auteur devint absolument réactionnaire après le coup d'État.

BARANYA, comté au S.-O. de la Hongrie, sur la frontière de l'Esclavonie; 5,093 kil. car.; 283,506 hab. — Ch.-l. Fünfkirchen.

* **BARAQUE** s. f. (bas lat. *baraca*). Hutte que font les soldats en campagne. — Abris que les pêcheurs se construisent à la hâte en revenant de la pêche. — Boutique, réduit de planches, mauvaise échoppe de bois : *les baraques de la foire*. — Par ext. et fam. Maison mal bâtie et de chétive apparence : *on ne peut pas loger dans cette baraque*. — Fig. et pop. C'EST UNE BARAQUE, se dit, par dénigrement, d'un

atelier où l'on ne fait que des ouvrages de peu de valeur, et d'une maison où les domestiques sont mal payés.

* **BARAQUEMENT** s. m. Art milit. Action de se baraquer ; ensemble des baraques d'un corps de troupes.

* **BARAQUER** v. a. Art. milit. Faire des baraques. — Se baraquer v. pr. Se construire des baraques, en parlant des troupes.

BARAQUETTE s. f. Mar. Poulie composée de plusieurs rouets établis les uns au-dessus des autres, dans la même caisse.

BARAT s. m. (celtique : *barad*, tromperie). Vieux mot qui signifiait : dol, fraude et d'où est venu **Baraterie**.

BARAT s. m. Interprète musulman auprès des agents diplomatiques des puissances chrétiennes. — Brevet délivré au barat.

BARAT (Marie-Louise-Sophie), née à Joigny (Yonne), en 1779, morte le 15 août 1865, fondatrice de la société du Sacré-Cœur de Jésus.

BARATE s. f. Mar. Grosse sangle que l'on applique en croix pour soutenir les voiles dans un coup de vent.

BARATEAU (Émile), poète et littérateur, né à Bordeaux en 1792, mort en 1870. D'abord journaliste, il devint, en 1823, chef du cabinet de M. de Martignac. Il publia ensuite quelques romans : *Georgine*, *les Pigeons blancs*, etc.; des poésies : *Bagatelles, bigarrures* (1833) ; et plus de trois mille romances populaires, parmi lesquelles, *Jenny l'Ouvrière*, petit chef-d'œuvre dont on répéta longtemps le refrain :

> Elle pourrait être riche et préfère
> Ce qui lui vient de Dieu.

* **BARATERIE** s. f. (rad. *barat*). Mar. Action que commet le capitaine, le patron ou le pilote, chargé de la conduite d'un bâtiment de commerce et qui volontairement, dans une intention frauduleuse, fait périr le navire ou détruit sans nécessité tout ou partie de la cargaison. — Législ. « La baraterie est un crime que la loi du 10 avril 1825, reproduisant certaines dispositions de l'ordonnance sur la marine du mois d'août 1684 punissait de mort, lorsqu'il en était résulté la destruction du navire ; mais le décret-loi du 24 mars 1852 (art. 89) ne maintient cette peine que dans le cas où il y a homicide par suite de l'échouement ; et il inflige celle de vingt ans de travaux forcés au capitaine ou patron, pour la perte volontaire du bâtiment. La même peine lui est applicable s'il a détourné le navire qui lui était confié. Si le capitaine fait fausse route intentionnellement ou s'il détruit une partie du chargement sans nécessité, il est puni des travaux forcés à temps. S'il vend le navire sans y être obligé par les circonstances, il est condamné à la réclusion. L'assureur du navire n'est pas tenu, à moins de conventions contraires, de tenir compte à l'armateur, des avaries provenant du fait ou des fautes de l'équipage et que l'on nomme *baraterie de patron*. » (C. com. 353). (Ch. Y.).

BARATHRE s. f. (gr. *barathron*). Antiq. Gouffre, précipice dans lequel les Grecs lançaient certains condamnés à mort. Le supplice du barathre était particulièrement usité à Lacédémone et à Athènes.

BARATIER (Johann-Philip), enfant d'une prodigieuse précocité, né en 1721, à Schwabach, dans le margraviat d'Anspach, mort à Halle, en 1740. A l'âge de 5 ans, il parlait et écrivait en français, en allemand et en latin ; à 9 ans, il avait écrit un dictionnaire hébreu et chaldéen ; à 13 ans, il publia son *Itinéraire de Benjamin de Tudelle* ; à 14 ans, il était membre de l'Académie de Berlin. Le développement trop rapide du jeune Baratier

amena une maladie de langueur dont il mourut à 19 ans.

BARATON, épigrammatiste, né dans l'Orléanais vers le milieu du XVIIe siècle, mort vers 1725. Ses spirituelles anecdotes rimées se trouvent dans la collection de Bruzen de la Martinière, Amsterdam, 1820.

BARATTAGE s. m. Ensemble des opérations de la fabrication du beurre au moyen de la baratte.

* **BARATTE** s. f. (bas bret. *baraz*, baquet). Ustensile ou appareil dont on se sert pour battre le beurre. La *baratte* ordinaire est un vaisseau de bois en forme de long baril, plus large par en bas que par en haut ; mais elle a reçu de nombreux perfectionnements et subi de profondes modifications. Dans les grandes exploitations agricoles, on emploie des barattes mécaniques, composées d'un récipient cylindrique que traverse une barre de bois munie d'ailettes. Lorsque la barre tourne, les ailettes battent le beurre.

* **BARATTER** v. a. Remuer, agiter du lait dans une baratte pour faire du beurre.

BARATYNSKI (Yevgeni-Aramovitch), poète russe, mort en Italie en 1844. Son œuvre principale « Les Gypsies » donne une gracieuse peinture de la vie des classes élevées en Russie.

* **BARBACANE** s. f. (arabe *bar-bah-khaneh*, galerie qui protège une porte ; celt. *bar*, avant ; *bacha*, fermer). Meurtrière verticale pratiquée dans les murs des châteaux et des forteresses, pour pouvoir tirer à couvert sur les ennemis. — Ouverture qu'on laisse au mur d'une terrasse pour l'écoulement des eaux. — Petit ouvrage de fortification qui a pour objet de masquer un pont ou une porte de ville, et qui consiste en un simple mur percé de meurtrières. — Ouvrage avancé destiné à couvrir les parties faibles d'une muraille, ou bien un chemin couvert, etc. Au moyen âge, la barbacane servait ordinairement d'entrée.

BARBACOAS, ville de la Nouvelle-Grenade (Amérique du Sud), à 180 kil. S.-O. de Popayan ; 4,000 hab. Célèbres mines d'or.

BARBACOU s. m. (de *barbu* et *coucou*). Nom donné par Levaillant à un oiseau grimpeur africain du grand genre coucou.

BARBADE (La), en anglais *Barbadoes* ou *Barbados*, la plus orientale des Antilles, possession anglaise dans les petites Antilles, à 130 kil. E. de Saint-Vincent ; 430 kil. carr.; 162,500 hab. (370 hab. par kil. carr.; population très dense ; 150 hab. sont noirs. Ch.-l. Bridgetown. L'île, entourée de bancs de corail, est montueuse (point culminant, mont Hillaby, 375 mètres), avec un climat chaud mais sain ; elle est souvent visitée par de terribles ouragans. On y trouve des sources de pétrole et des sources chalybées. Principaux objets d'exportation : sucre, coton, aloès et arrowroot. Le gouvernement se compose d'un gouverneur (qui est en même temps gouverneur des îles du Vent) et d'un conseil de douze membres nommés par la couronne, et assistés d'une assemblée de vingt-quatre membres élus annuellement. La Barbade, découverte par les Portugais, vers l'an 1500, fut la première colonie des Anglais, qui en prirent possession en 1605 et y fondèrent Jamestown en 1625. Lat. N. (au fort Willoughby) 13° 5' ; long. O. 61° 56' 48''.

BARBANÈGRE (baron Joseph), général français, né à Pontacq (Basses-Pyrénées), en 1772, mort en 1840. Commandant d'Huningue, pendant les Cent-Jours, il y soutint un siège de deux mois contre 25,000 hommes et obtint de sortir de la place avec les honneurs de la guerre, suivi des 52 hommes valides qui restaient de la garnison ; il quitta fièrement la

place, le 23 août 1815, et rejoignit l'armée de la Loire.

BARBARA (Santa-). Voy. **Abrolhos**.

* **BARBARE** adj. (gr. *barbaros*, étranger). Cruel, inhumain : *âme barbare; soldats barbares; action barbare.* — Fig. Sauvage, grossier, ignorant, qui manque de civilisation : *peuple barbare; les Grecs appelaient barbares tous ceux qui ne parlaient pas leur langue, et les étrangers; les Romains nommèrent aussi barbares tous les autres peuples, excepté les Grecs.* — Littér. Se dit des termes impropres, contraire à l'usage ou à l'analogie : *ces termes sont barbares; style barbare.* — **Langue barbare**, langue imparfaite, rude et qui choque l'oreille. On dit dans un sens analogue : *musique barbare.* — s. Cruel, inhumain : *ces gens-là sont sans pitié; ce sont des barbares.* — Peuple ou homme sauvage, grossier, ignorant, privé de civilisation : *les barbares du Nord; l'invasion, l'irruption des barbares.* — Fig. **C'est un barbare**, se dit d'un homme incapable d'apprécier les beautés de la nature ou de l'art. — **Barbares** s. m. pl. Nom donné aux divers peuples qui envahirent l'empire romain du IVe au VIIe siècle.

BARBARÉE s. f. Genre de crucifères à fleurs jaunes, analogue au cresson. On la mange en salade.

BARBARELLI, peintre. Voy. **Giorgione**.

* **BARBAREMENT** adv D'une façon barbare.

* **BARBARESQUE** adj. Qui appartient aux peuples de Barbarie : *les corsaires barbaresques.* — Substantiv. Ces peuples mêmes : *être en guerre avec les Barbaresques.*

* **BARBARIE** s. f. Cruauté, inhumanité : *adoucir, dompter la barbarie d'un peuple.* — Acte de barbarie : *commettre une barbarie.* — Manque de civilisation, ignorance des arts, des lettres et des sciences chez un peuple : *la barbarie du dixième siècle.* — État grossier d'un art, avant qu'il ait été soumis aux règles du goût et de la raison : *avant Corneille notre théâtre était encore dans la barbarie.* — **Barbarie de langage. De style**, se dit des façons de parler grossières et impropres.

BARBARIE, Berbérie ou États barbaresques, dénomination qui s'applique à la partie de l'Afrique septentrionale située entre l'Égypte et l'Atlantique et entre la Méditerranée et le Sahara. La Barbarie comprend Tripoli, Tunis, l'Algérie, et le Maroc. Son nom lui vient des Berbères, ses habitants primitifs.

BARBARIGO (Augustin), doge de Venise (1486-1501); acquit l'île de Chypre, fit la guerre à Charles VIII et aux Turcs.

* **BARBARISME** s. m. Faute de langage qui consiste, soit à se servir de mots forgés ou altérés, comme : *un visage rébarbaratif*, pour *rébarbatif*; les *réduivent*, pour ils *réduisirent*; de la *cassonade*, pour la *cassonade*; vous *disez*, des *chevals, collidor, carcul*, etc.; soit à donner aux mots un sens différent de celui qu'ils ont reçu de l'usage, comme, *il a recouvert la vue*, pour *il a recouvré la vue*; soit enfin à se servir de locutions choquantes et extraordinaires, comme *je m'en ai douté*, pour *je m'en suis douté*. *Le barbarisme et le solécisme sont deux grands vices d'élocution.* (Acad.). — Dans le style ironique ou plaisant, les barbarismes qui consistent à forger des mots nouveaux sont excusables lorsqu'ils font valoir la pensée mieux que ne le feraient les expressions consacrées par l'usage. Nos meilleurs écrivains se sont permis de pareilles licences, lorsqu'ils ont fait parler des gens sans éducation ou des personnages ridicules.

BARBAROUX. I. (Charles-Jean-Marie), conventionnel, né à Marseille, le 6 mars 1767, guillotiné à Bordeaux le 25 juin 1794. Avocat à Marseille, il vint à Paris avec 500 de ses compatriotes qui furent appelés *les Marseillais* et qui prirent une part importante à l'insurrection du 10 août 1792. Son journal l'*Observateur marseillais*, lui ayant fait une célébrité locale, il fut envoyé à la Convention par les électeurs provençaux. L'influence de Mme Roland lui fit adopter la politique des Girondins et combattre avec acharnement celle des Montagnards. Dans le procès du roi, il vota pour l'appel au peuple; puis lutta contre Robespierre. Après la journée du 31 mai 1793, il fut arrêté; mais assez heureux pour échapper au gendarme qui le gardait, il se retira dans le Calvados, où il organisa, avec d'autres proscrits, l'armée qui fut vaincue à Vernon. Jeune, brillant, beau, éloquent et malheureux, il inspira, dit-on, une vive passion à Charlotte Corday, qui crut, plus tard, le venger en assassinant Marat. Réfugié à Bordeaux, puis dans un souterrain de Saint-Emilion, il abandonna cette retraite, au moment où on venait l'y saisir, avec les compagnons de son infortune. Se croyant poursuivi, il se tira un coup de pistolet dans la bouche; il était à demi lorsqu'on le porta sur l'échafaud. Ses *Mémoires* ont été publiés par Ogé Barbaroux, son fils, Paris, 1822, in-8°. — (Charles-Ogé), magistrat, né à Marseille en 1792, mort en 1867; fils du précédent; sénateur en 1858; collabora à l'*Encyclopédie moderne* et publia plusieurs ouvrages historiques.

BARBASTE, commune du cant. de Lavardac (Lot-et-Garonne); 1,900 hab. Fab. de bouchons de liège.

BARBASTELLE s. f. (lat. *barba*, barbe; *stella*, étoile). Groupe de chauves-souris, section du genre oreillard.

BARBASTRO, ville d'Aragon, Espagne, sur la Cinca, à 48 kil. S.-E. d'Huesca; 7,900 hab. Belle cathédrale et école importante.

BARBAULT (Anna-Lætitia, née AIKIN), auteur anglaise (1743-1825), collabora à plusieurs ouvrages de son frère John Aikin; épousa, en 1774, un descendant de réfugié français protestant et publia de nombreux ouvrages destinés aux enfants : « Premières leçons », «Hymnes en prose », etc.

BARBAZAN, station minérale, à 8 kil. de Montréjeau (Haute-Garonne). Trois sources sulfatées calcaires, recommandées contre la chlorose, l'anémie, les maladies de la peau et les affections des voies respiratoires.

BARBAZAN (Arnauld-Guilhem de) général français qui s'illustra sous les règnes de Charles VI et de Charles VII. Il défendit Melun (1430), battit les Anglais et les Bourguignons à la Croisette (1431) et mourut de ses blessures en 1432. On l'avait surnommé *chevalier sans peur.*

* **BARBE** s. f. (lat. *barba*). Poil du menton et des joues.

> Du côté de la *barbe* est la toute-puissance.
> MOLIÈRE. *L'Ecole des femmes*, acte III, sc. II.

— Longs poils que certains animaux ont sous la mâchoire inférieure ou de chaque côté du museau : *la barbe d'une chèvre, d'un bouc, d'un singe.* — JOURS DE BARBE, jours où l'on se fait la barbe. — Fig. et fam. UNE JEUNE BARBE, un jeune homme. — UNE BARBE GRISE, UNE VIEILLE BARBE, un vieillard. — Fig. et fam. IL A LA BARBE TROP JEUNE, se dit d'un jeune homme, quand il veut faire des choses qui demandent plus de maturité, plus d'expérience qu'il n'en peut avoir à son âge. — Fig. et fam. FAIRE QUELQUE CHOSE A LA BARBE DE QUELQU'UN, faire quelque chose en sa présence, et comme en dépit de lui. — Fig. et fam. FAIRE LA BARBE A QUELQU'UN, avoir ou exercer la supériorité sur lui, l'emporter sur lui. — Prov. et fig. RIRE DANS SA BARBE, éprouver une satisfaction maligne, qu'on cherche à dissimuler. — BARBE DE COQ, les deux petits morceaux de chair qui poussent sous le bec des coqs. — BARBE DE POISSON, cartilages qui servent de nageoires au turbot, à la barbue, et à quelques autres espèces de poissons plats. — BARBES DE BALEINE, crins qui garnissent l'extrémité des fanons de la baleine.—BARBES D'ÉPI, arêtes ou filets longs et minces, qui hérissent les épis de certaines plantes graminées, telles que l'orge. Voy. ARÊTE. — BARBES DE PLUME, petits filets qui garnissent latéralement le tuyau des plumes. — BARBE-DE-CAPUCIN, chicorée sauvage étiolée, qu'on mange en salade. — BARBE-DE-MOINE, plante parasite qui pousse des tiges rougeâtres fort déliées et dépourvues de feuilles. Les botanistes la nomment *Cuscute*. — BARBE-DE-JUPITER, nom donné à plusieurs petits arbrisseaux qui sont garnis de feuilles argentées et soyeuses. — BARBE-DE-BOUC, nom vulgaire du salsifis sauvage. — BARBE-DE-CHÈVRE, espèce de spirée qui tire son nom de la manière dont ses petites fleurs blanches sont disposées à l'extrémité des tiges. — BARBE-DE-RENARD, espèce d'astragale épineux d'où il découle de la gomme adragant. — ᴠ Pop. PRENDRE LA BARBE, s'enivrer. Se dit surtout chez les imprimeurs. AVOIR UN SOUPÇON DE BARBE, être à demi-ivre. — AVOIR DE LA BARBE, vieillir. — On dit d'une histoire déjà connue : *elle a de la barbe; elle a une barbe de sapeur.* — * **Barbes** s. f. pl. Bandes de toile ou de dentelles qui pendent à certaines coiffures de femmes : *les barbes étaient d'étiquette à la cour.* — Technol. Petites inégalités qui restent à certains ouvrages de métal, et qu'on enlève avec un outil tranchant, avec le brunissoir, ou autrement : *enlever les barbes avec l'ébarboir.* — Encycl. Chez tous les peuples primitifs, la barbe fut considérée comme le symbole de la dignité et de la sagesse. Les monuments de l'Antiquité nous montrent les visages des dieux hindous, persans, assyriens, égyptiens et grecs ornés de barbes majestueuses. « Tu ne couperas point les pointes de ta barbe » a dit le législateur des Hébreux. Les Assyriens renoncèrent les premiers à ce noble attribut de l'homme et cela par esprit de courtisanerie, pour ressembler à leur reine Sémiramis. Les dieux eux-mêmes furent représentés chauves et rasés. Seule la nation des Juifs protesta contre l'usage d'abandonner son corps au fer d'un barbier. Jusqu'au règne d'Alexandre le Grand, la barbe subit chez les Grecs les honneurs de l'apothéose. Pas un dieu, pas un héros d'Homère qui ne soit barbu. Vénus elle-même était adorée dans l'île de Chypre sous le nom de *Vénus barbue.* Ornement d'un visage viril, la barbe était enlevée chez les Spartiates, à ceux des guerriers qui avaient fui dans le combat. Mais Alexandre, ayant subjugué les peuples grecs, amena la mode macédonienne de se raser. Les Romains ne connurent pas l'usage du rasoir avant le IIIe siècle avant J.-C., et Scipion l'Africain fut, suivant Pline, le premier qui se fit la barbe tous les jours. Tacite nous apprend que les anciens Germains n'avaient le droit de porter leur barbe que jusqu'ils avaient tué un ennemi. Jules César nous dit que les Bretons se laissaient croître que leurs moustaches. L'empereur Julien écrivit en 362 après J.-C. une diatribe (*Misopogon*) contre les hommes barbus. Les préceptes et l'exemple des premiers chrétiens qui, de même que les rabbins juifs, considéraient l'habitude de se raser comme une violation de la loi de Dieu, firent de la barbe le signe distinctif des princes et des dignitaires. Les peuples vaincus et les esclaves, assimilés à des femmes, furent forcés de se raser. Les rois mérovingiens ne furent pas seulement des rois chevelus; ce furent aussi des rois barbus. Les Gaulois, les Romains, les serfs les vilains furent assujettis à faire disparaître de leur visage l'emblème de la force, du courage et de la noblesse. Quel poète du moyen âge eût osé parler de Charlemagne sans le qualifier d'*Empereur à la barbe florie?* Tel noble que cite l'histoire emprunta de l'argent sur sa barbe et se fit honteusement raser jusqu'à parfait remboursement. Pour se distinguer du patriarche de Constantinople, Léon III se fit raser, et ses successeurs crurent devoir imiter son exemple. Grégoire IV, poussant plus loin l'esprit de lutte contre l'église grecque, édicta des peines contre tout prêtre barbu. Au XIIe siècle, la puissance papale manifesta sa suprématie sur les souverains de l'Europe en leur enjoignant de se livrer au barbier. Le roi Louis le Jeune ayant fait griller 1,300 Champenois dans une église, Pierre Lombard, évêque de Paris, lui fit expier bien chèrement ce crime en lui ordonnant de se faire tondre. La reine Eléonore, considérant que son époux, en obéissant à cette injonction, avait perdu la dignité d'homme, trahit la foi qu'elle lui avait jurée, le traita de moine, divorça et porta ses immenses domaines dans la maison d'Angleterre. C'est ainsi qu'en courbant la tête sous les ciseaux de l'Eglise, Louis VII légua à la France trois siècles de guerres. La soumission du roi de France entraîna celle des empereurs, des rois et des princes de l'Europe, et la barbe reparut rarement sur les faces souveraines jusqu'au temps où le pape Jules II eut le courage de la remettre en honneur, en laissant croître la sienne et en donnant les premières dignités ecclésiastiques aux prêtres qui avaient le menton le mieux garni. Un courtisan maladroit ayant lancé, en jouant, un tison enflammé à la figure de François Ier, ce prince dissimula la cicatrice en donnant à sa barbe la liberté de croître; tout le monde voulut l'imiter, à la cour, à la ville, à l'église. Mais François Ier, ayant besoin d'argent, obtint du pape un bref l'autorisant à lever un impôt sur la barbe des prêtres. En 1535, un édit spécial défendit aux membres du barreau de porter la barbe et, en 1561, la Sorbonne décida que la barbe était contraire à la modestie sacerdotale. Les mémoires du temps disent ce fut à sa belle barbe que Henri IV dut ses succès dans le domaine de la galanterie. En Angleterre, la barbe, qui avait eu son époque de triomphe au temps d'Elisabeth, contemporaine de Henri IV, fut abolie par Charles Ier. En France, elle ne put lutter sous Louis XIII et fut réduite aux moustaches et à la mouche appelée *mouche à la royale.* Les vestiges de moustache qui ornaient les lèvres de Louis XIV tombèrent, à Saint-Cyr, sous les ciseaux de la mystique Maintenon. La barbe reparut un instant sous le Directoire; mais Napoléon ne pouvait en être partisan, parce que la nature ne l'avait pas doué sous ce rapport. Tout le monde sait avec quel étonnement les troupes de l'armée du Rhin virent pour la première fois le vainqueur imberbe d'Italie. La barbe ne reparut qu'après 1830. En dehors de quelques chefs-d'œuvre, ce que le romantisme a eu de plus saillant, fut le triomphe de la barbe; elle envahit les écoles, le comptoir, les cafés. Elle est restée le signe distinctif des hommes indépendants, car elle est généralement interdite aux domestiques et aux employés de certaines administrations.

* **BARBE** s. m. (rad. *barbarie*). Cheval berbère, qui descend de l'antique race numide mélangée à la race arabe, dont il reproduit les principaux caractères. Le barbe a le paturon un peu plus long et les formes plus arrondies que ceux de l'arabe. Il a été introduit en Espagne lors des invasions musulmanes, et l'on pense que les chevaux sauvages de l'Amérique descendent de barbes mis en liberté par les premiers colons espagnols. — Adjectiv. Cheval barbe. Cavale barbe.

> Ici le coursier *barbe* est errant dans vos bois.
> DELILLE.

BARBE (Sainte), vierge et martyre, née à Nicomédie (Bithynie) en 235 ou à Héliopolis (Egypte) en 306. La tradition raconte que son père, riche païen, nommé Dioscore, l'enferma dans une tour afin de l'empêcher de se convertir au christianisme, et qu'il la tua lorsqu'il apprit qu'elle avait été baptisée par un disciple d'Origène. Mais à peine ce païen avait-il donné le dernier coup à sa victime, qu'il tomba frappé de la foudre. Sainte Barbe est invoquée par les marins dans les moments où il tonne. Par une analogie facile à établir entre les effets de l'électricité et ceux des armes à feu, elle est devenue la patrone des artilleurs, des carriers, des mineurs et de toutes les corporations qui emploient ou qui fabriquent la poudre. Fête : le 4 décembre. Les canonniers de la marine ont donné le nom de *Sainte-Barbe* au poste qu'ils occupent à bord.

BARBE (COLLÈGE Sainte-), célèbre collège de Paris, près du Panthéon, fondé en 1460, par Geoffroy Lenormant. Voy. Jules Quicherat, *Histoire de Sainte-Barbe*, 1860, 3 vol. in-8°.

BARBÉ, ÉE adj. Bot. Muni d'une barbe : *épi barbé*.

* **BARBEAU** s. m. Genre de poissons de la famille des cyprins, ainsi nommés parce qu'ils ont quatre barbillons, deux aux coins de la bouche, et deux au bout du museau : *barbeau*

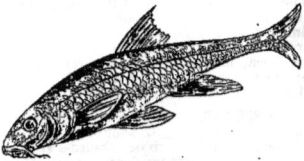

Barbeau commun.

de la Seine ; les œufs du barbeau sont un *purgatif violent*. — Bot. Plante qui vient dans les blés, et qui porte des fleurs bleues. On dit plus communément *bluet*. — BLEU BARBEAU, espèce de bleu clair : *un habit bleu barbeau.* — Encycl. Le *barbeau commun* (*cyprinus barbus*, Lin.), est reconnaissable à sa tête oblongue ; il est très commun dans les eaux claires et vives, où il atteint quelquefois 3 mètres de long. Sa chair, un peu molle, est d'assez bon goût. On le fait cuire comme la plupart des autres poissons d'eau douce, à l'eau salée avec fines herbes et on le sert avec des croûtons de pain frits et une sauce un peu relevée. On peut aussi le faire cuire au bleu comme la carpe, pour le manger froid à l'huile et au vinaigre ; ou bien on le sert grillé avec une sauce au beurre d'anchois ou une sauce blanche aux câpres. Le *barbillon* ou jeune barbeau figure très bien dans une matelote.

BARBE-BLEUE, titre d'un conte de Perrault. On suppose que Gilles de Laval, maréchal de Retz, est le personnage historique mis en scène par le conteur. Quoi qu'il en soit, *Barbe-Bleue*, ainsi nommé à cause de la couleur de sa barbe, est le type des maris féroces ; après avoir égorgé six épouses, il se disposait à faire subir le même sort à la septième, lorsque *Anne*, sœur de cette infortunée, vit accourir du secours. Voy. ANNE.

* **BARBELÉ, ÉE** adj. Se dit des flèches, des traits dont le fer est garni de dents ou de pointes, de manière qu'on ne peut les retirer de la plaie sans causer une déchirure : *flèches barbelées*.

BARBÉ-MARBOIS (François, MARQUIS DE) homme d'État, né à Metz, en 1745, mort à Paris, en 1837. Consul général de France aux États-Unis, il épousa la fille de William Moore, gouverneur de la Pennsylvanie ; de 1785 à 1790, il fut intendant de Saint-Domingue, puis représenta Louis XVI à la diète de Ratisbonne (1792), fut nommé maire de Metz (1795), ensuite membre et président du conseil des Anciens. Soupçonné de conspirer avec le parti royaliste, il fut déporté à la

Guyane au 18 fructidor 1797, obtint son transfèrement à l'île d'Oléron et revint à Paris, après le 18 brumaire. En 1801, Bonaparte le nomma ministre du trésor. C'est en cette qualité qu'il fut autorisé, en 1803, à céder la Louisiane aux États-Unis. Il entra au Sénat en 1813, vota la déchéance de Napoléon, en 1814 ; acclama le retour des Bourbons, essaya vainement de se rapprocher de l'empereur pendant les Cent-Jours, et fut créé pair de France en 1815. Il a laissé des *Réflexions sur la colonie de Saint-Domingue*, et une *Histoire de la Louisiane et de la cession de cette colonie aux États-Unis*, Paris, 1829, in-8°.

BARBENTANE, commune du cant. de Château-Renard (Bouches-du-Rhône) : 3,200 hab. Vins, olives, garance, melons.

BARBERIE s. f. Art de raser et de coiffer (vieux). — Se disait, dans quelques communautés d'hommes, du lieu où l'on faisait la barbe.

BARBERINI, famille de Toscane, dont la plus grande illustration, Maffeo Barberini, fut élu pape sous le nom d'Urbain VIII (1623). Il éleva aux plus hautes dignités tous ses parents et donna le commandement de ses troupes à Taddeo, l'un de ses neveux, qui prit, en même temps, le titre de préfet de Rome. L'ambition de cette famille provoqua la guerre de Castro (1641-'44), entre Odoardo Farnese et les Barberini, qui convoitaient Castro et Ronciglione, mais qui furent vaincus. Un nouveau pape, Innocent X, commença contre eux, une instruction judiciaire qui les effraya. Ils s'enfuirent à Paris, où Taddeo mourut en 1647. Son frère, le cardinal Francesco (1597-1679), rentra en grâce et fonda la fameuse bibliothèque Barberini. Le palais de cette famille est l'un des plus vastes de Rome.

BARBEROUSSE, corruption des deux mots turcs *Baba réis*, père capitaine ; nom donné à deux célèbres pirates renégats, d'origine grecque ou sicilienne. — I. Aroudj ou Horuk, né vers 1474, mort en 1518 ; fils d'un renégat, et renégat lui-même, il servit tour à tour l'Égypte, la Turquie et Tunis. Son intrépidité attira ses ordres une multitude d'aventuriers, à la tête desquels il devint la terreur des chrétiens dans la Méditerranée. Ayant enlevé Alger aux Arabes (1516), il battit les Espagnols envoyés contre lui par le cardinal Ximénès, prit Cherchell, Tenès et Tlemcen ; mais fut tué près de cette ville par de nouvelles troupes espagnoles. — II. Khaïr-Ed-Din, frère et successeur du précédent, né à Mételin, vers 1476 mort en 1546. Il mit ses états d'Alger sous la protection du sultan des Turcs (1520), organisa la piraterie, fut nommé amiral des flottes de Soliman II, prit Tunis et de vastes territoires. Après l'expédition de Charles-Quint et la perte de Tunis (1535), il ravagea les côtes de Sicile, de Calabre, de la Pouille et les îles grecques (1538), prit d'assaut Castel-Nuovo (1539), battit une flotte vénitienne devant Candie et, allié des Français, détruisit une partie de la ville de Nice (1543) et ramena 7,000 captifs à Constantinople.

BARBEROUSSE (Frederick). Voy. FRÉDÉRIC Ier, empereur d'Allemagne.

BARBÈS [bar-bèss] (Armand), homme politique, né à la Pointe-à-Pitre, en 1810, mort à la Haye, le 26 juin 1870. A la mort de son père, qui lui laissa une grande fortune, il vint en France (1830) et se mit à la tête du parti républicain. Il commanda la tentative armée du 12 mai 1839 avec Blanqui et Martin-Bernard, fut blessé, fait prisonnier et condamné à mort. Il allait être exécuté, lorsque sa sœur vint se jeter aux pieds du roi qui, poussé à la clémence par une strophe éloquente de Victor Hugo, commua la peine en celle de la prison perpétuelle. Délivré en 1848 et nommé député de l'Aude à l'Assemblée constituante, il s'associa à l'insurrection du 15 mai, avec Hu-

bert, Raspail et Blanqui, et fut condamné à un emprisonnement perpétuel (1849). Il refusa d'accepter la grâce que lui accorda l'empereur, qui avait pris connaissance d'une lettre patriotique écrite par lui au moment où nos soldats partaient pour la Crimée (1854). Extrait malgré lui de son cachot de Belle-Ile, il s'exila volontairement et ne voulut pas profiter de l'amnistie de 1859. Parmi ses opuscules politiques, nous rappellerons ses « *Deux jours de condamnation à mort* ».

* **BARBET, ETTE** s. Chien à poil long et frisé, qui va à l'eau. Doué d'une grande intelligence, il s'habitue facilement à faire des exercices très variés. — Adjectiv.: *chien barbet.* — Fam. ÊTRE CROTTÉ COMME UN BARBET, être fort crotté. — SUIVRE QUELQU'UN COMME UN BARBET, le suivre partout.

* **BARBETTE** s. f. Art milit. Batterie sans embrasure, sans épaulement, d'où l'on tire le canon à découvert : *une barbette donne des tirs obliques auxquels une embrasure ne se prêterait pas.*—On dit aussi : BATTERIE A BARBETTE, et adjectiv. BATTERIE BARBETTE. — Guimpe de religieuse.

BARBETTE (Rue), petite rue de Paris, dans le quartier du Temple. Le duc Louis d'Orléans y fut assassiné en 1409.

* **BARBEYER** s. m. Mar. Se dit d'une voile qui bat, qui s'agite et ondule, parce que le vent n'y donne pas bien. On dit aussi, BARBOTER, et plus ordinairement, FASIER.

BARBEYRAC (Jean), juriste français, né à Béziers en 1674, mort en 1744, fut exilé pour cause de religion, professa en Allemagne, donna entre autres ouvrages : *Traité du droit de la Nature et des Gens*, 3 vol. in-4° ; *Des devoirs de l'homme et du citoyen*, 2 vol. in-12, traduits l'un et l'autre de Puffendorf ; *Du pouvoir des souverains et de la liberté de conscience*, traduit de Noodt, 2 vol. in-12 ; *Traité du droit de la guerre et de la paix*, traduit de Grotius, 2 vol. in-4° ; *Traité du jeu*, 2 vol. in-8°.

BARBEZIEUX, *Barbisellum*, ch.-l. d'arr., à 34 kil. S.-O. d'Angoulême (Charente), en gracieux amphithéâtre sur le penchant d'une haute colline qui domine une plaine vaste et fertile ; 3,990 hab. Ancienne seigneurie dépendante de celle de La Rochefoucauld et qui passa dans la maison de Louvois. C'est dans les murs de Barbezieux que les *Peteaux*, insurgés contre l'impôt de la gabelle, décernèrent le commandement de toutes leurs forces à Puymoreau, qu'ils proclamèrent couronnal de Saintonge. Église Saint-Mathias (XIIIe siècle) ; restes d'un château de 1453 ; belles halles ; église des Cordeliers, hippodrome. Patrie d'E. Vinet. Source minérale à Reignac. Belle race de poules dont la chair engraissée s'allie admirablement au fumet de la truffe. Fromages, truffes, grains, eaux-de-vie, bétail. — Lat. N. 45° 28' 24" ; long. O. 2° 29' 28".

BARBEZIEUX (Louis-François-Marie LETELLIER, marquis de), troisième fils de Louvois, né en 1668, mort en 1701. A l'âge de 23 ans, il succéda à son père dans la charge de ministre de la guerre.

BARBICAN s. m. Ornithol. Sous-genre d'oiseaux grimpeurs, du genre Barbus ; ainsi nommés parce qu'ils tiennent des barbus et des toucans. Illiger les nomma *Pogonias*, à cause de leurs fortes barbes ; on les trouve en Afrique et en Amérique.

* **BARBICHE** s. f. Large bouquet de poils couvrant et dépassant le menton.

* **BARBICHON** s. m. Dimin. de Barbet.

BARBICHON s. m. Homme barbu. — Moine.

BARBIÉ DU BOCAGE (Jean-Denis), géographe et philologue, né à Paris en 1760, mort en 1825; fit des cartes et ces mémoires pour le *Voyage pittoresque en Grèce*, de Choiseul Gouffier, dressa l'Atlas de l'*Anacharsis* de Barthélemy et fonda la Société de géographie (1821).

* BARBIER s. m. Celui dont le métier est de faire la barbe : *boutique de barbier*. — Prov. et fig. Un barbier rase l'autre, se dit lorsque des gens d'une même profession, ou ayant un intérêt commun, se soutiennent, se louent réciproquement.

BARBIER s. m. Sous-genre de poissons acanthoptérygien du genre *Serran*. Les deux mâchoires et le bout du museau sont armés d'écailles très sensibles. La plus jolie espèce est le *barbier de la Méditerranée* (*Anthias sacer*), charmant poisson d'un beau rouge de rubis, changeant en or et en argent, avec des bandes jaunes sur la joue.

BARBIER (Antoine-Alexandre), bibliographe né à Coulommiers en 1765, mort en 1825; bibliothécaire du Directoire en 1798, bibliothécaire privé de Napoléon en 1807, administrateur des bibliothèques royales de 1815 à 1822. C'est lui qui a formé les collections des châteaux de Saint-Cloud, de Trianon, de Rambouillet et de Compiègne. Son *Dictionnaire des ouvrages anonymes et pseudonymes* (Paris, 1806-'9, 4 vol. in-8°, 2° édition 1822-'27) est une œuvre capitale. Barbier a donné, en outre, une *Nouvelle Bibliothèque d'un homme de goût*, 1807, 5 vol. in-8° et une foule d'articles dans les publications savantes.

BARBIER (Henri-Auguste), poète satirique, né à Paris le 28° avril 1805, mort à Nice le 14 février 1882. Il venait d'achever ses études de droit, lorsque éclata la révolution de juillet. Se jetant à corps perdu dans l'opposition républicaine antibonapartiste, il écrivit ses *Iambes*. Dès le mois d'août 1830, il donna à la *Revue de Paris*, sa première pièce, la *Curée*, dans laquelle il flagellait les solliciteurs qui se pressaient autour du nouveau pouvoir. Il publia, dans le même recueil, la *Popularité*. La plupart des autres *Iambes* parurent dans la *Revue des deux-Mondes*, et furent ensuite réunis en un volume plusieurs fois réédité, avec ses autres poèmes : *il Pianto* et *Lazare*. Élu à l'Académie française le 29 avril 1869, il fut dispensé après sa réception, le 17 mai 1870, de la visite officielle à l'empereur. Outre ses *Iambes et poèmes*, son chef-d'œuvre, il a donné un petit recueil de poésies anacréontiques, intitulé : *Chansons et odelettes*, une traduction en vers du *Jules César* de Shakespeare, des *Rimes héroïques* (1841), etc.

BARBIER (Edmond-Jean-François), juriste, né à Paris en 1699, mort en 1771; a laissé un *Journal historique et anecdotique du règne de Louis XV*, qui a été publié en 1857.

BARBIER DE SÉVILLE (Le) ou la Précaution inutile, comédie en 4 actes, en prose, l'un des chefs-d'œuvre de Beaumarchais, représentée sur la scène de la Comédie-Française, le 23 février 1775. Les principaux personnages sont : le docteur *Bartholo*, sa pupille *Rosine*, qu'il veut épouser, mais qui lui préfère le jeune et séduisant seigneur *Almaviva*. Le mariage de ces amants a lieu, grâce à l'adresse du barbier *Figaro*, et malgré les perfidies de *Basile*. Cette pièce, considérée aujourd'hui comme l'un des chefs-d'œuvre de notre théâtre, qui est pourtant si riche, fut outrageusement sifflée lors de la première représentation. — La spirituelle comédie de Beaumarchais a inspiré plusieurs compositeurs, parmi lesquels, Paesiello, dont le *Barbiere de Seviglia* (Saint-Pétersbourg, 1780), obtint un succès européen; puis, Rossini, dont le *Barbiere de Seviglia* parvint difficilement à faire oublier le précédent. (Rome : théâtre Argentine, 1816. Libretto de Sterbini).

BARBIÈRE s. f. (rad. *barbe*). Plat en fer battu

composé de deux pièces, qui enfermait le cou et le visage et s'élevait jusqu'au-dessus du nez.

BARBIERI (Giovanni-Francesco). Voy. Guerchin.

* BARBIFIER v. a. Raser, faire la barbe. — Se barbifier v. pr. Se faire la barbe (Fam.).— Argot typogr. Synon. de *prendre la barbe*.

* BARBILLON s. m. (diminut. de Barbeau). Espèce de poisson du genre *squale*. — Filament délié et flexible qui est aux deux côtés de la gueule de certains poissons, tels que le barbeau et la carpe. — Pêche. Petite languette que porte un hameçon, pour empêcher le poisson de se décrocher.—Barbillons s. m. pl. Art vétér. Replis membraneux de la bouche du cheval, du bœuf, placés sous la langue et destinés à faciliter les mouvements de cet organe : *autrefois les barbillons étaient regardés, par erreur, comme une maladie de l'animal*.

BARBION s. m. (rad. *barbe*). Ornith. Genre d'oiseaux grimpeurs, famille des barbus, que l'on rencontre en Afrique, principalement en Abyssinie et au cap de Bonne-Espérance.

BARBISTE s. m. Élève ou ancien élève de Sainte-Barbe.

BARBO, puissante famille vénitienne, de laquelle sortit le pape Paul II.

BARDOLE s. f. Hache d'armes dont le fer était barbelé. Elle était très lourde et très meurtrière.

* BARBON s. m. Terme de dénigrement dont on se sert quelquefois, dans le langage familier, pour désigner un vieillard : *vieux barbon*. — Il fait déjà le barbon, se dit d'un jeune homme trop sérieux pour son âge.

BARBOT s. m. Argot. Canard. — Vol exécuté dans les poches du prochain.

BARBOTAGE s. m. Action de barboter.

BARBOTAN, station minérale, arr. et à 30 kil. O. de Condom (Gers), à 14 kil. S.-E. d'Eauze. Sept sources sulfatées sodiques et ferrugineuses, de 21° à 38°. Rhumatisme, névralgies, paralysie essentielle, ataxie locomotrice, diathèses dartreuse, scrofuleuse, rachitique, syphilitique; affections chroniques de l'utérus. Bains, buvette ferro-manganique, buvette sulfureuse, douches, boues.

* BARBOTE s. f. Nom donné à deux poissons de rivière, qui sont la lotte et la loche. — Argot. Fouille des prisonniers avant leur incarcération.

BARBOTEMENT s. m. Synon. de Barbotage.

* BARBOTER v. n. Exprime le mouvement et le bruit que certains oiseaux aquatiques, particulièrement les canards, font avec leur bec, quand ils cherchent leur nourriture dans l'eau ou dans la bourbe : *des canes qui barbotent dans une mare*. — Marcher dans une eau bourbeuse, de manière à se crotter : *le jardin est inondé, on y barbote partout*.—Mar. On dit d'un bâtiment qu'il barbote, lorsque, prenant la mer debout ou plus près du vent, il avance avec lenteur, et que son avant enfonce par le tangage dans de grosses lames courtes. — Fig. S'embarrasser dans son raisonnement, dans son discours. — Argot. Voler en fouillant dans la poche du prochain, comme le bec du canard *barbote* dans un trou. — Fouiller.

* BARBOTEUR s. m. Canard domestique, pour le distinguer du canard sauvage.

BARBOTEUR, EUSE s. Celui, celle qui barbote. Voleur.

* BARBOTEUSE s. f. Femme ou fille de mauvaise vie, qui sollicite les hommes dans la rue.

BARBOTIER s. m. Guichetier; il fait la bar-*bote* des détenus.

BARBOTIÈRE s. f. Mare aux canards.

BARBOTINE s. f. Espèce de santoline ou de semen-contra, qui est la graine de l'armoise de Judée.

BARBOU, célèbre famille d'imprimeurs français qui se distinguèrent par la perfection de leurs ouvrages. Le premier, Jean Barbou, établi à Lyon en 1539, donna, en caractères italiques, une collection très correcte des œuvres de Cl. Marot. Son fils, Hugues, imprimeur à Limoges, fit paraître, en 1580, une magnifique édition des lettres de Cicéron à Atticus. Jean-Joseph, le premier de la famille qui s'établit à Paris (1704), fut à la fois imprimeur et libraire; un de ses neveux, Joseph-Gérard, donna son nom, vers 1755, à la charmante série de classiques latins qui avait été commencée par Coustelier et qui fut continuée, à partir de 1789, par Hugues, neveu de Joseph-Gérard.

BARBOUDE ou Barbuda, Antille anglaise, à 43 kil. N. d'Antigoa (Antigua); 194 kil. carr., 815 hab. Propriété de la famille Codrington.

* BARBOUILLAGE s. m. [ll mll.]. Enduit de couleur, fait grossièrement à la brosse, sur un mur, un plancher, un plafond, etc. — Par dénigr. Mauvaise peinture. — Par ext. Écriture mal formée et qu'on lit difficilement. — Fig. Récit, discours confus, embrouillé, fait par une personne qui s'exprime mal, et qu'il est difficile d'entendre.

* BARBOUILLÉ, ÉE part. pass. de Barbouiller. — Prov. et bass. Se moquer de la barbouille, débiter des choses absurdes et ridicules, faire des propositions exagérées et extravagantes. Se moquer de tout ce qui peut arriver, et de tout ce qu'on peut dire et faire : *il ne craint rien, il se moque de la barbouille*. Dans cette phrase, *barbouillée* est pris substantivement.

* BARBOUILLER v. a. [ll mll.] (bar, syllabe péjorative; et *bouille*). Salir, souiller, tacher : *il lui a barbouillé le visage; il a tout barbouillé d'encre*. — Peindre grossièrement de quelque couleur, une brosse : *barbouiller un plancher, un plafond*. — Absol. et par exag. Écrire d'une manière indéchiffrable, peindre mal, sans art, sans goût : *il n'écrit pas, il ne peint pas, il barbouille*. — Fig. et fam. Prononcer mal, d'une manière peu distincte : *barbouiller un discours, un compliment*. — Absol.: *cet homme barbouille, on ne l'entend pas*. —Parler, exprimer ses idées d'une manière confuse, embrouillée, sans ordre : *qu'est-ce qu'il barbouille?* — Absol.: *il a barbouillé tout le long de son discours*. — Barbouiller un récit, l'embrouiller. — Fig. et fam. Barbouiller du papier, écrire, faire des écritures. Ne se dit que par dénigrement : *il a fallu barbouiller bien du papier pour ce procès*. — Se dit aussi, en mauvaise part, d'un auteur, d'un écrivain : *cet auteur a barbouillé bien du papier dans sa vie, et n'a jamais écrit une bonne page*. — v. n. Typogr. Être maculé : *cette feuille barbouille; la frisquette doit masquer ce qui barbouille*. On dit mieux aujourd'hui Marquer. — Se barbouiller v. pr. Souiller, salir le visage : *il s'est barbouillé de ...* — Fig. et fam. Cet homme s'est bien barbouillé, il a fait beaucoup de tort à sa réputation. — Fam. Le temps se barbouille, le temps commence à se charger de nuages.

* BARBOUILLEUR s. m. Artisan qui peint grossièrement avec la brosse, des planchers, des murailles, des portes, etc. — Par exag. et par mépris. Mauvais peintre. — Mauvais écrivain. — Fig. et fam. Bavard dont les paroles sont confuses, inintelligibles.

BARBOUQUET s. m. Dartre qui affecte les moutons et que l'on appelle aussi *bouquet*.

BARBOUR (John), poète écossais (1320-'96),

archidiacre d'Aberdeen ; auditeur de l'Echiquier sous le roi Robert II ; auteur d'un poème historique sur la vie et les actes de « Robert Bruce », ouvrage encore populaire en Ecosse. La meilleure édition est celle de J. Pinkerton, 1790.

* **BARBU, UE** adj. Qui a de la barbe : *femme barbue; la chèvre est un animal barbu*. — Bot. Se dit des parties d'un végétal qui ont des touffes de poils : *les anthères du charme sont barbues*. — EPI BARBU, épi qui a des barbes. — BLÉ BARBU, sorte de blé dont l'épi est barbu.

* **BARBU** s. m. Ornith. Genre d'oiseaux grimpeurs qui ont cinq faisceaux de barbes roides, dirigés en avant, un derrière chaque narine, un de chaque côté de la base du bec, le cinquième sous la symphyse. Ils vivent de fruits, d'insectes, attaquent les petits oiseaux et nichent dans les arbres. Cuvier les divise en trois sous-genres : *barbican, barbus proprement dits* et *tamatias*. — Les barbus proprement dits vivent dans les deux continents ; ils vont par paire dans la saison de l'amour, et en petites troupes le reste de l'année, dans les lieux les plus retirés des forêts.

BARBUDA. Voy. BARBOUDE.

* **BARBUE** s. f. Espèce de poisson de mer plat, du genre turbot, à corps ovale, sans tubercules. On confond quelquefois la *barbue* avec le *carrelet*. On la trouve dans toutes les mers habitées par le turbot. Sa chair tendre et délicate est des plus estimées. Les grosses barbues et les moyennes s'apprêtent exactement de la même manière que le turbot. On fait griller les petites, après les avoir frottées d'huile, et on les sert avec sauce dessous ou à part.

BARBUQUET s. m. (*bar*, syllabe péjorative; et *bouque*, pour *bouche*). Ecorchure ou bouton au bord des lèvres.

BARBUS s. m. [bar-buss]. Icht. Nom scientifique du *barbeau*.

BARBUTE s. f. Partie du casque appelée aussi *mentonnier*, qui renfermait la barbe. — **Barbutes** s. m. pl. Aventuriers à cheval que les républiques italiennes avaient à leur service, et qui portaient des casques à mentonnier (XIVe siècle).

BARBY, ville de la Saxe prussienne, sur l'Elbe, à 25 kil. S.-E. de Magdebourg ; 5,500 hab.; autrefois siège des comtes de Barby, dont la famille s'éteignit en 1659.

BARCA s. m. Antiq. Sorte de bateau employé pour transporter au rivage la cargaison d'un navire ; on hissait le barca à bord du navire lorsque ce dernier appareillait.

BARCA, contrée de l'Afrique septentrionale, sur la Méditerranée, entre l'Egypte, le désert Lybien et Tripoli dont elle est une dépendance. Le pays de Barca correspond à peu près à l'ancienne Cyrénaïque. Population, environ 400,000 hab., presque tous Arabes nomades ou Berbères. La portion du N.-O. est élevée et fertile. Les parties E. et S. deviennent sablonneuses, à mesure qu'on s'avance vers le désert. On y trouve des buffles, des chameaux, des moutons et une fameuse race de chevaux. Les villes les plus importantes sont Benghazi (anc. *Berenice*), résidence du bey, et Derne (anc. *Darnis*).

BARCA, nom moderne de l'antique BARCÉ.

BARCA, (carthaginois : *foudroyant* ou *foudre de guerre*), nom d'une puissante famille de Carthage pendant les guerres puniques; elle eut pour membres principaux Amilcar, Annibal et Asdrubal, partisans de la guerre, tandis que leurs adversaires, les Hannon, demandaient le maintien de la paix.

BARCALON s. m. Titre de premier ministre de Siam.

* **BARCAROLLE** s. f. (ital. *barca*, barque). Chanson italienne, que chantent les gens du peuple à Venise, surtout les gondoliers. — Mus. Mélodie dont le rythme rappelle le mouvement cadencé des rames. Quelques barcarolles sont restées célèbres. Citons les suivantes :

Accours dans ma nacelle.....
Rossini, *Guillaume Tell*.
Que la vague écumante.....
Hérold. *Zampa*.
Amis, la matinée est belle....
Auber. *Muette de Portici*.

Rappelons aussi le magnifique passage du troisième acte d'*Otello*, où Rossini a imité les

Barcelone.

gondoliers de Venise, qui chantent alternativement, d'une barque à l'autre, les strophes du Dante.

BARCASSE s. f. Mar. Mauvais bâtiment.

BARCE s. f. Sorte de canons dont on faisait particulièrement usage autrefois dans la marine. Les barces étaient courtes, plus renforcées de métal et d'un plus fort calibre que les faucons et les fauconneaux.

BARCÉ, aujourd'hui BARCA, ancienne ville de l'intérieur de la Cyrénaïque, fondée vers 554 avant J.-C. par les Cyrènes révoltés et les Lybiens. Sa puissance s'étendit jusqu'à la mer et jusqu'aux limites de l'empire carthaginois. Vers 514, Arcésilas III, roi des Cyrènes, s'étant réfugié à Barcé, y fut assassiné par les habitants ; sa mère, Phérétine, engagea le satrape perse d'Egypte à s'emparer de cette ville, dont tous les habitants furent crucifiés ou traînés en esclavage. Sous les Ptolémées, la ville fut encore dépeuplée. Ses ruines se trouvent près du village de Mérdjeh. Louis XIV y fit prendre les marbres antiques dont on orna le château de Versailles et le grand Trianon. En 1550, le sultan Solyman annexa Barca au pachalik de Tripoli.

BARCELONA. I. Etat septentrional de la république de Vénézuéla, entre l'Orénoque et la mer des Antilles ; 39,490 kil. carr. ; 102,000 hab. Territoire accidenté et fertile le long des côtes ; partout ailleurs, il se compose de plaines basses et de vastes plateaux, où l'on trouve de beaux pâturages. Principaux cours d'eau : le Neveri, le Pao et l'Unare.— II. Ville autrefois appelée Nouvelle Barcelone, capitale de l'état ci-dessus, près de l'embouchure du Neveri, à 5 kil. de la mer et à 255 kil. E. de Caracas; 7,675 hab. Elle a été presque détruite par les guerres et les révolutions. Exportation de cuir, de coton, d'indigo, de cacao. Climat très insalubre. — Lat. N. 10° 6′ 52″; long. O. 67° 4′ 48″.

BARCELONAIS, AISE s. et adj. Qui est de Barcelone; qui appartient à cette ville ou à ses habitants.

BARCELONE I. Province N.-E. de la Catalogne (Espagne), bornée par la Méditerranée. 7,731 kil. car.; 763,000 hab. C'est la province la plus florissante de la Catalogne. Le Llobregat la traverse du N. au S. On y trouve le fer, le cuivre, le charbon, le sel et des sources minérales. — Ville, ch.-l. de la province ci-dessus, capitale de la Catalogne, sur la Méditerranée, à l'embouchure du Llobregat, à 520 kil. E.-N.-E. de Madrid ; population, y compris le grand faubourg de Barceloneta, 181,000 hab. C'est la ville manufacturière et commerciale la plus importante et la plus belle de la Péninsule. Elle est défendue, au S., par le fort Monjuich, sur la colline isolée du même nom, forteresse imprenable, à 752 pieds de hauteur. La citadelle, au N.-E. de la ville, est une construction régulière, dans le système de Vauban. En outre, Barcelone est entourée de murailles, de fossés et de batteries. Elle renferme une université, plusieurs académies commerciales, des institutions municipales, militaires, artistiques et de bienfaisance. La Rambla, célèbre promenade, traverse la cité. Parmi les monuments, on cite la cathédrale, construite de 1298 à 1448; l'opéra, l'un des plus magnifiques de l'Europe; des ruines de la période romaine. — Exportation de soie, d'étoffes de coton, de papier, de chapeaux, de dentelles, de ruban, de savon, d'acier et d'armes à feu. — Barcelone fut fondée ou reconstruite par Amilcar Barca, en 237 av. J.-C. et nommée Barcino. Les Romains en firent une colonie sous le nom de Faventia. Après avoir appartenu aux Goths et aux Mores, elle fut prise par Charlemagne en 801 et fut gouvernée, à partir de cette époque, par des comtes chrétiens, dont le dernier, Raymond V, devint par mariage, roi d'Aragon, en 1137. Elle défendit toujours son indépendance municipale et politique avec la plus grande énergie. Elle a soutenu plusieurs sièges. Les Français l'attaquèrent en 1694; elle fut délivrée par l'approche des Anglais. Le comte de Peterborough la prit en 1705; le duc de Berwick et les Français la bombardèrent en 1714; Napoléon s'en empara en 1808 et la garda jusqu'en 1814. Elle se révolta contre la reine régente en 1841 et fut bombardée et prise en décembre 1842, par Espartero. Une insurrection démocratique y fut écrasée en janvier 1874.— Le code commercial de Barcelone, *El consultado del mar*, qui date du XIIIe siècle, prédomina longtemps en Europe. — Lat. N. 41° 21′ 44″; long. O. 0° 10′ 18″. — **Comté de Barcelone**, fondé par Charlemagne, en 801, pour le Goth Béra, s'étendit peu à peu, lorsque Wifred le Velu obtint l'hérédité (864). Ce comté avait pour principaux vassaux les comtes de Roussillon, de

Cerdagne, de Besalu et d'Urgel. Au XIe siècle, les puissants vicomtes de Carcassonne consentirent à lui prêter hommage. Raymond Bérenger III ajouta à ses domaines le comté de Provence (1112). Son successeur, Raymond Bérenger IV, épousa en 1151, Pétronille, héritière de l'Aragon et après lui, le comté de Barcelone ne fut plus qu'une province aragonaise. En 1528, saint Louis renonça à toute suzeraineté sur la Catalogne.

* **BARCELONNETTE** s. f. (de *berceau*). Berceau, lit d'enfant, généralement monté sur deux pieds en forme de croissants, qui permettent de le mouvoir sans efforts pour bercer.

BARCELONNETTE, ch.-l. d'arr.; à 755 kil. de Paris et à 84 de Digne (Basses-Alpes), la plus jolie ville des Alpes françaises par sa construction et par sa position pittoresque; 2,000 hab. Patrie d'Antoine Manuel.—Altitude, 1,150 m.; lat. N. (au clocher) 44° 23' 15" long. E. 4° 19' 1".

* **BARCILONETTE** ou Barcelonnette, ch.-l. de cant., arr. et à 16 kil. S.-O. de Gap (Hautes-Alpes), sur la Déoule; 300 hab.

BARCINO, ancien nom de Barcelone.

BARCKHAUSEN ou Barchusen (Johann-Conrad) médecin allemand, né en Westphalie, en 1666, mort en 1723. Il professa à Utrecht et écrivit plusieurs ouvrages sur la chimie.

BARCLAY (Alexander), poète anglais, mort en 1552; on connaît surtout son *Ship of fools*, navire des fous (1509), satire en prose et en vers, imitée du Narrenshiff de Sébastien Brant. Il a également écrit « le Château du travail » et « le Miroir des bonnes mœurs ».

BARCLAY (John), anatomiste écossais (1760-1826); essaya, dans ses ouvrages, de réformer la nomenclature anatomique. Sa collection a Edimbourg, est connue sous le nom de Musée barclayen.

BARCLAY (John), écrivain latin, né à Pont-à-Mousson en 1582, mort à Rome en 1621. Il était fils de William Barclay, qui l'appela en Angleterre (1603), pour l'empêcher de se lier avec les jésuites et qui le présenta à la cour, où il fut très bien accueilli. Ses principales œuvres sont : *Euphormionis Lusinii Satiricon*, roman satirique contre les jésuites; un livre pour la défense de ceux-là que Bellarmin attaquait; *Paraenesis ad Sectarios* ; *Argensis* (1621), célèbre roman, traduit dans plusieurs langues.

BARCLAY (Robert), appelé BARCLAY D'URY, célèbre quaker écossais (1648-90); voyagea en Angleterre, en Hollande et en Allemagne pour la propagation de ses doctrines et fut maintes fois emprisonné à ce sujet. Pour venger sa secte, il écrivit : « la vérité justifiée des calomnies » « Apologie des quakers » et « Traité de l'Amour universel » première protestation des quakers contre la guerre.

BARCLAY (Robert) ou BARCLAY-ALLARDICE, célèbre marcheur anglais (1779-1854), descendant de Barclay d'Ury et capitaine dans l'armée anglaise. Il parcourut 150 kil. en 19 heures sur une route accidentée et 1,600 kil. en 1000 heures.

BARCLAY (William), juriste écossais catholique, né en 1541, mort à Angers en 1603. Il combattit avec un égal acharnement les protestants et les jésuites. Ses œuvres principales sont : *De regno et Regali Potestate; De Rebus Creditis et de Jure Jurando ; de Potestate Papae.*

BARCLAY DE TOLLY (Michael, PRINCE), général russe d'origine écossaise, né en 1759, mort en 1818; servit dans la guerre de Turquie 1788-'89), dans la campagne de Suède (1790) et dans les campagnes de Pologne (1792-1794 et 1805). A la défense d'Eylau (1807), il perdit un bras et fut élevé au grade de lieutenant-général. En 1809, à la tête de 12,000

hommes, il traversa le golfe de Bothnie sur la glace et força les Suédois à capituler à Umea. Ministre de la guerre (1810-'13), il prit le commandement de l'aile droite à la Moskowa (1812), et combattit à Bautzen, Dresde, Kulm et Leipzig (1813). L'année suivante, il commanda pendant toute la campagne de France, après quoi, il fut créé prince et feld-maréchal. En 1815, il revint à Paris avec l'armée russe pour rétablir Louis XVIII sur le trône.

BAR-COCAB ou Bar-Cokheba (hébreu: *fils de l'Etoile*); patriote juif, mort en 135 ou 136 après J.-C. On croit que son vrai nom était Siméon. En 131, il souleva son pays contre Adrien, assembla une nombreuse armée, prit Jérusalem et plusieurs autres places importantes, se proclama le prince des Juifs et se donna comme le Messie attendu par le peuple. Julius Severius, accouru au fond de la Bretagne, l'attaqua, le battit, reprit Jérusalem et enferma les révoltés dans Beth-Horon, où ils subirent un siège désespéré. Bar-Cocab se fit tuer au moment où les Romains prirent d'assaut sa dernière citadelle. C'est de cette insurrection que date la dispersion des Juifs.—Voy. Jost : *Histoire du peuple juif.*

BARCOLONGO s. m. (mot espagn.). Petit bâtiment à voiles et à rames, dont on fait usage en Espagne.

* **BARD** s. m. [bar] (haut all. *bara*, civière). Grande civière propre à transporter des pierres, du fumier, et d'autres fardeaux.

BARD, village de la vallée d'Aoste, sur la Doire, à 36 kil. S.-E. d'Aoste, pris et rasé par les Français en 1800; fortifié de nouveau en 1815, pour défendre la vallée d'Aoste.

BARDAGE s. m. (rad. *Bard*). Action de transporter de la pierre destinée à une construction.

* **BARDANE** s. f. (ital. *barda*, couverture de cheval, à cause de l'extrême largeur de ses feuilles). Bot. Genre de composées, tribu des cinarées, sous-tribu des cardinnées, dont le calice est formé de folioles crochus, et qui croît le long des chemins. On l'appelle aussi *glouteron* ou *herbe aux teigneux*. La *bardane tomenteuse* (lappa tomentosa), indigène, bisannuelle, haute d'1 mètre, se distingue par ses involucres chargés d'une pubescence semblable à des toiles d'araignée. La *grande bardane* et la *petite bardane* (lappa major et lappa minor), également indigènes, sont des variétés de l'espèce de la précédente. La *Burdane commune* (lappa communis), est populaire à cause de sa racine longue, charnue, grosse comme le pouce, employée comme dépurative dans les maladies de la peau; on l'associe souvent à la racine de patience. De 20 à 60 gr. en décoction par litre d'eau.

BARDARIOTES s. m. plur. Soldats d'origine persane qui formaient la garde particulière des empereurs byzantins. En temps de paix, les bardariotes éloignaient le peuple du passage du souverain; pendant la guerre, leur poste était devant la tente impériale.

BARDAS, patrice de Constantinople, tué en 866. Il fut avec son demi-frère Théophile (842), il fut nommé l'un des tuteurs de Michel III, son neveu. Ayant écarté ou fait assassiner ses collègues, il jeta en prison l'impératrice Théodora, sa sœur, et régna pendant 12 ans (854-'66) sous le nom de son neveu, qui prit même le titre de César. C'est lui qui, en exilant le patriarche Ignace, prépara le schisme de l'Église grecque. Sa cruauté et son arrogance lui créèrent de nombreux ennemis, parmi lesquels Le Macédonien Basile, qui l'assassina.

* **BARDE** s. f. (bas lat. *barda*; bât). Armure qui consistait en lames de fer solidement unies, pour couvrir le poitrail et les flancs du cheval. — Aujourd'hui, on donne le nom de barde, dans les manèges, à une longue selle

confectionnée seulement avec de grosses toiles piquées et bourrées. — * **Barde**. Cuis. Tranche de lard fort mince, dont on enveloppe les chapons, les gelinottes, les cailles, et autres oiseaux, au lieu de les larder : *une barde de lard.*

* **BARDE** s. m. (kymrique : *Bardh*; gaélique. *Bard*; celt., *Bardas*). Nom donné aux poètes des Gaulois, des Bretons, des Kymris, des Irlandais, des Ecossais et, en général de tous les peuples d'origine celtique. Le principal ministère des Bardes était de célébrer les vertus et les exploits des héros : *le célèbre barde Ossian; les bardes excitaient par leurs chants le courage des guerriers.* — Par ext. Poète héroïque et lyrique. — Encycl. Les bardes ne sauraient être confondus avec les *rhapsodes* des Grecs, les *vates* des Latins, les *scalds* des Scandinaves, les scopes des Anglo-Saxons, les *ollamhs* des Irlandais, les *baydars* et les *spiewaks* des Slaves, parce que chez les Celtes, les poètes formaient une corporation héréditaire, organisée à l'instar d'une espèce d'ordre religieux dépendant des Druides. Dépositaires des traditions historiques, hérauts des chefs, médiateurs de la paix, ils jouissaient de grands privilèges. Chez les Gaulois, leur institution ne survécut pas à la chute de l'indépendance nationale. Chez les Bretons, chaque chef de clan avait à sa suite un ou plusieurs bardes, dont l'office était héréditaire. La corporation des poètes subsista, dans le pays de Galles, longtemps après l'introduction du christianisme. Ils eurent des assemblées publiques (eisteddfods) jusqu'au XVIe siècle. Après la conquête de ce pays par Edouard Ier d'Angleterre (1282), ce furent des commissaires royaux qui présidèrent ces assemblées, dont la dernière se tint sous le règne d'Elisabeth, à Caerwys, en 1569. Au XVIIIe siècle, des poètes gallois firent revivre les antiques eisteddfods qui réunissent encore de nos jours les admirateurs des temps passés. Les bardes irlandais formaient également une corporation héréditaire; mais leur tendance à entretenir l'esprit de rébellion fit qu'on les supprima de bonne heure. Turlogh O'Carolan (mort en 1737), est considéré comme le dernier barde de l'Irlande.

* **BARDÉ, ÉE** part. passé de BARDER. — Fig. et fam. ÊTRE BARDÉ DE CORDONS, porter plusieurs décorations de divers ordres. — ÊTRE BARDÉ DE RIDICULES, en avoir beaucoup.

* **BARDEAU** s. m. Archit. Nom donné aux lattes courtes qui remplacent les tuiles ou les ardoises d'un toit. — Typogr. Casse grande et profonde dans laquelle on dépose les sortes surabondantes des casses à composition. — Casse dont les cassetins sont, les uns vides, les autres plus ou moins pleins, par conséquent, hors d'état de servir. On dit aussi CASSE BARDEAUDE.

BARDEAUDE adj. f. Typogr. Se dit quelquefois de la casse appelée *bardeau.*

* **BARDELLE** s. f. Selle plate et sans arçon qu'on fait avec de la grosse toile piquée remplie de bourre.

* **BARDER** v. a. Couvrir un cheval de l'espèce d'armure appelée Barde. — Cuis. Couvrir, envelopper de bardes de lard. — Technol. Charger des pierres, des bois, etc., sur un bard. *Barder des pierres*, se dit souvent aussi en parlant des pierres que l'on charge sur un petit chariot, dans les chantiers.

BARDESANE ou Bar-Deisan, gnostique syrien, né à Edesse, vers le commencement du IIe siècle. Il pensait que le génie du mal a une existence propre et indépendante; il niait que J.-C. eût pris un corps humain.

* **BARDEUR** s. m. Celui qui porte le bard. Celui qui traîne les pierres sur un petit chariot, dans les chantiers.

BARDILI (Christoph-Gottfried), métaphysicien allemand, professeur à Stuttgart, né en 1781, mort en 1808. Son ouvrage le plus connu : « *Éléments de logique* » était dirigé contre Kant, qui avait déclaré introuvable la nature de l'absolu.

BARDIN (Etienne-Alexandre, ʙᴀʀᴏɴ), écrivain militaire, né à Paris en 1774, mort en 1840, fils du peintre Jean Bardin, fit toutes les campagnes de la République et de l'Empire (1792-1815), organisa les pupilles de la garde, dont il fut nommé colonel (1811), devint général de brigade en 1813, se distingua à la *bataille de Dresde*, puis à la défense d'Anvers (1814) et vécut dans la retraite après 1815. Son *Manuel d'infanterie*, traduit dans toutes les langues, est devenu classique; il a donné aussi un *Mémorial de l'officier d'infanterie* et un grand nombre d'articles militaires dans les publications de son époque, particulièrement dans le Dictionnaire de la conversation. Mais son œuvre principale est le « *Dictionnaire de l'armée de terre*, 4 vol. in-8º; 1841-'51, immense travail qui lui coûta 30 années de recherches consciencieuses et qui présente le tableau le plus complet de tout ce qui concerne le métier des armes ainsi que l'histoire de toutes les milices.

BARDIN (Jean), peintre né à Montbard en 1732, mort en 1809, auteur de tableaux d'histoire, parmi lesquels on distingue son « Christ discutant avec les Docteurs » ; mais son plus beau titre de gloire est d'avoir formé à son école des maîtres tels que David et Regnault.

° **BARDIS** s. m. [bar-di]. Mar. Plancher léger en forme de demi-toit qu'on place pour préserver l'entre-pont inférieur de l'envahissement de l'eau quand on abat le navire en carène.

° **BARDIT** s. m. [bar-ditt](celt. *bard*, poète). Chant de guerre des anciens Germains.

BARDO, palais fortifié du bey de Tunis, à 2 kilomètres et demi N.-O. de la ville de Tunis. Il est entouré de hautes murailles et d'un fossé, et flanqué de tours. Résidence habituelle de la cour, il est meublé avec luxe, et renferme une véritable population de femmes, de domestiques, de courtisans, de membres du gouvernement, d'employés, de soldats, etc.

BARDOCUCULLUS s. m. [bar-do-ku-ku-luss] (lat. *bardocucullus*, formé de *cuculius*, capuchon). Manteau avec manches et capuchon, que portaient les anciens Francs.

° **BARDOT** s. m. (rad. *barde*, selle). Petit mulet qui marche ordinairement à la tête des autres mulets, et qui porte le mulier avec ses provisions et ses ustensiles.— Fig. et fam. Homme sur qui les autres se déchargent de leur tâche, ou qu'ils prennent pour sujet de leurs plaisanteries. — ⌣ Zool. Prétendu produit du cheval et de l'ânesse. Les écrivains qui parlent de ce mulet avouent qu'ils n'en ont jamais vu. Si le *bardot* n'est pas un mythe comme le *jumart*, il doit être extrêmement rare ; car l'accouplement du cheval et de l'ânesse n'étant pas dirigé par l'homme, comme l'est celui de l'âne et de la jument, ne peut avoir lieu que dans les cas fortuits où le cheval pourrait saillir une ânesse au pâturage.

BARDOTTIER s. m. Bot. Arbre de la famille des sapotacées, dont le bois sert à faire des lattes à l'île Bourbon.

BARDSTOWN, ville du Kentucky (Etats-Unis), à 62 kil. S.-S.-E. de Louisville ; 2,000 hab. Collège catholique de Saint-Joseph.

BAREBONE (Praise-God), corroyeur anglais qui donna son nom au court parlement convoqué par Cromwell en 1653. Barebone était un fanatique de la secte des *saints*, qui voulaient appliquer les lois de Moïse, abolir le clergé, la magistrature et les impôts.

° **BARÉGE** s. m. Etoffe de laine légère et non croisée que l'on fabrique à *Baréges* et dans ses environs, principalement à Bagnères-de-Bigorre, et qui sert à faire des châles, des fichus, des robes de femmes, etc.

BARÉGES, station balnéaire, à 35 kil. S.-E. de Tarbes, commune de Betpouey, canton de Luz, arr. et à 18 kil. S.-E. d'Argelès (Hautes-Pyrénées), sur le Bastan et à 1,300 mètres au-dessus de la mer. 500 hab. Dix sources thermales, sulfurées sodiques (de 30º à 45º C.), mises en vogue par Mᵐᵉ de Maintenon qui y conduisit le duc du Maine, en 1675. Les eaux apéritives, résolutives et diurétiques de Baréges, sont recommandées surtout pour combattre les ankyloses, les blessures, les caries, les maladies de la peau, les paralysies anciennes, les pertes séminales, les scrofules. Le village contient un bel hôpital militaire. Aux environs, les touristes visitent la cascade de Gavarnie, les vallées de Barèges, de Campan, d'Aure, de Brotou et de Lavedan; les montagnes de Cauterets, les pics d'Ayré, de Lisse, du Midi; le Tourmalet, etc.

BARÉGINE ou **Glairine** s. f. Matière anorganique, mucilagineuse, visqueuse, insoluble dans l'eau, formée de globules très petits, incolore d'abord et devenant verte sous l'influence de la lumière. *Cette substance gélatiniforme contenue dans les eaux minérales, particulièrement dans celles de Baréges et de Néris, paraît leur communiquer les propriétés qui les font rechercher. Dans les eaux artificielles, on la remplace par la gélatine.*

BAREILY [bâ-rè-li]. Ville de l'Indoustan, ch.-l. de district, sur une branche du Gange, à 190 kil. S.-E. de Delhi ; 102,990 hab. ; acquise par les Anglais en 1801. Fabr. d'épées, de tapis, de meubles, de broderies, de joaillerie, etc. Les cipayes en garnison dans cette ville se révoltèrent, le 31 mai 1857, et tuèrent tous les Européens qui leur tombèrent sous la main. Bareily fut reprise en 1858 par sir Colin Campbell.

° **BARÈME** s. m. (de *Barême* ou *Barrème*, n. pr.). Livre de comptes tout faits: *un barême décimal.* — On écrit quelquefois ʙᴀʀʀᴇᴍᴇ; mais cette orthographe n'est pas académique. — Fig. *C'est un* ʙᴀʀᴇᴍᴇ, se dit d'un homme qui a une merveilleuse facilité à compter.

BARÈME (Bertrand-François), arithméticien, né à Lyon, vers 1640, mort à Paris, en 1703. Son : *Livre des comptes faits* et plusieurs autres ouvrages didactiques ou satiriques, en prose et même en vers, établirent si bien sa réputation que l'on dit encore aujourd'hui : *compter comme un barême.*

BARENTIN, commune du cant. de Pavilly (Seine-Inférieure); 3,000 hab. Fils, tissus, cotons, papiers.

BARENTON, ch.-l. de cant., arr. et à 10 kil. S.-E. de Mortain (Manche); 2,000 hab.

BARENTZ (Willem) [bâ-raintss], navigateur hollandais, mort en 1596. En qualité de pilote, il accompagna et dirigea trois expéditions hollandaises dans les régions arctiques (1594-'96). Dans la première, il explora la Nouvelle-Zemble et atteignit 77º lat. N. Dans la dernière, il doubla l'extrémité N.-E. de cette île et mourut avant de revoir sa patrie. Voy. Tʀᴏᴜssᴇᴛ : *Histoire des Naufragés.*

BARÈRE DE VIEUZAC (Bertrand), conventionnel, né à Tarbes, en 1755, mort en 1841. Il était conseiller à la sénéchaussée de Bigorre lorsque ses compatriotes l'envoyèrent aux états généraux. Il fonda aussitôt le premier journal politique de la révolution, *le Point du Jour*, feuille exclusivement consacrée aux débats de l'Assemblée nationale (21 vol. in-8º). Membre de la Convention (1792) et du comité de salut public (1793), il se distingua surtout par ses rapports chaleureux sur les victoires de nos armées. Ses discours, au nom-

---

bre de plus de cent, revêtent une forme éclatante jusqu'à l'emphase, et électrisèrent la nation au moment où elle avait besoin de toute son énergie. Président de l'Assemblée, pendant le jugement de Louis XVI, il vota pour la mort sans appel ni sursis. Il devint ensuite le type de l'opportuniste accompli, abandonna toute mesure dès qu'il vit la révolution entrer dans la voie de la répression, déserta le parti girondin et s'attacha à Robespierre aussitôt que la victoire parut se décider en faveur de celui-ci. Séide et protégé du terrible dictateur, il colora d'un brillant vernis les plus violentes motions et fut surnommé l'*Anacréon de la guillotine.* Trop lâche pour soutenir Robespierre dans le danger, il l'abandonna au moment opportun et, le lendemain du 9 thermidor, il le traita de *monstre*, dans une adresse au peuple. Cette trahison ne le sauva pas. Décrété d'accusation le 12 vendémiaire an III, il prononça une défense remarquable, fut condamné par la Convention (11 germinal an III, 31 mars 1795) à la déportation, avec Collot d'Herbois, Billaut, Varennes et Vadier; mais Barère parvint à s'évader de la prison de Saintes. Son élection au conseil des Cinq-Cents, en 1797, fut invalidée; il n'échappa à une arrestation qu'en 1799. Amnistié après le 18 brumaire, il fut subventionné par la police pour écrire des opuscules en faveur du premier consul. Il rédigea aussi le *Mémorial antibritannique.* Député pendant les Cent-Jours, il fut banni par la seconde Restauration, se retira à Bruxelles, où il vécut de sa plume et ne rentra qu'après 1830. Encore élu député par ses compatriotes en 1831, il vit son élection annulée pour vice de forme. Les électeurs le nommèrent alors conseiller général, fonction dont il se démit en 1840. Ses ouvrages les plus connus sont : *Esprit des états généraux* (in-8º 1789); *Beautés poétiques d'Young* (1804, in-8º); *La liberté des mers* (1798, 3 vol. in-8º); *Théorie de la Constitution de la Grande-Bretagne* (1815) et ses *Mémoires*, publiés par Carnot, en 1842 (4 vol. in-8º).

BARETTI (Giuseppe), auteur italien, né à Turin en 1716, mort à Londres en 1789; s'établit dans cette dernière ville, où il enseigna la langue italienne et où il publia ses « Voyages en Angleterre, en Espagne, en Portugal et en France ». Il fonda ensuite à Venise le *Fouet littéraire (Frusta litteraria)*, journal dans lequel il se livra à de telles personnalités qu'il dut bientôt quitter l'Italie et revenir à Londres. Il a également publié un Dictionnaire italien-anglais, un Dictionnaire espagnol-anglais, des considérations sur les mœurs italiennes (en anglais), une traduction italienne des œuvres de Corneille (Venise, 1748, en vers), etc.

BARFLEUR, *Barofluctum*, bourg du dép. de la Manche, cant. de Quettehou, à 25 kil. N.-E. de Valognes, 1,500 hab. Petit port sur la Manche autrefois très important, aujourd'hui sans importance; construction de barques; bains de mer.— Ce fut là, dit-on, que Guillaume le Conquérant prépara son expédition contre l'Angleterre. Cette ville fut prise par Edouard III, en 1346, et démantelée par ordre de Henri IV en 1450. — Phare à feu tournant, par 49º 41' 50'' lat. N. et 3º 36' 11'' long. O.

BARGE s. f. (lat. *barga*). Agric. Monceau de foin appelé aussi *meule*. — Ornit. Genre d'échassiers, classé par Cuvier entre les bécasses et les maubèches, comprenant des oiseaux à leur taille, dont le corps, plus long que celui des bécasses; leur taille est beaucoup plus élancée et leurs jambes plus élevées que celles des bécasses. Les barges fréquentent les marais salés et les bords de la mer. On distingue : la *barge aboyeuse* ou à *queue rayée*, deux fois aussi haute que la bécasse, d'un gris brun en hiver, à plumes bordées de blanchâtre; rousse en été, avec le dos brun et la queue rayée de blanchâtre et de noirâtre; la *barge à queue* *noire*, aussi haute que la précédente, commune dans les plaines de la Hollande septentrionale, à cri très aigu, que l'on peut comparer à celui d'une chèvre; d'un gris cendré en hiver, avec le ventre blanc, le cou et la poitrine roux; queue noire, liserée de blanc au bout. — Mar. Grande pirogue armée en guerre, dont on fait usage aux Indes orientales. — Bateau à fond plat qui porte une voile carrée. — Bateau à fond rond bordé à dix, particulièrement en usage dans la basse Loire. — Bâtiment de l'Etat qui, à Londres, fait un service spécial pour les fonctionnaires.

BARGE, vieille ville du Piémont, à 50 kil. S.-O. de Turin; 6,000 hab. Carrières d'ardoises et fabriques d'armes à feu.

BARGEMON, commune du cant. de Callas (Var); 1,600 hab. Vignes et olivier.

* **BARGUIGNAGE** s. m. [*gn* mll.]. Hésitation, difficulté à se résoudre, à prendre un parti.

* **BARGUIGNER** v. n. [*gn* mll.] (bas lat. *barcaniare*, marchander). Hésiter, avoir de la peine à se déterminer, particulièrement quand il s'agit d'un achat, d'une affaire, d'un traité.

° **BARGUIGNEUR, EUSE** s. Celui, celle qui barguigne.

BARGUSES. Antiq. Peuple qui habitait le N.-E. de l'Espagne, entre les Pyrénées et l'Ebre.

BARHAM (Richard Harris), écrivain anglais (1788-1845), prêtre de la chapelle royale, auteur des « Légendes d'Ingoldsby » (en prose et en vers, 3 vol. 1847) et de deux romans.

BER-HEBRÆUS, voy. ABOULFARAGIUS.

BARI I. Province de l'Italie méridionale (autrefois *Terra di Barri*, Terre de Barri), dans l'Apulie et baignée par l'Adriatique. 5,937 kil. car.; 605,000 hab. Territoire uni et peu arrosé, mais fertile. Grande production du sel et de salpêtre. — II. Ville (anc. *Barium*) appelée aussi *Bari delle Puglie*, capitale de la province de Bari, sur l'Adriatique, à 225 kil. E. de Naples; 50,600 hab. Elle est entourée de solides murailles et dominée par un vieux château normand qui mesure près de deux kil. de tour. Liqueur renommée, dite *Stomatica di Santa Scolastica*. La *Barium* d'Horace devint, au Ixᵉ siècle, une forteresse des Sarrasins et fut prise par l'empereur Louis II, après un siège de quatre ans (871). Au xᵉ siècle elle tomba au pouvoir des Grecs qui en firent la capitale de toutes leurs possessions en Italie. Robert Guiscard l'ajouta aux domaines des Normands vers 1060. Il s'y tint, le 1ᵉʳ octobre 1098, un grand concile où fut discuté l'article de foi *filioque*.

BARICAUT s. m. Petit baril.

* **BARIGEL** (ital. *barigellu*). On nomme ainsi, à Rome et à Modène, le chef des archers chargés de veiller à la tranquillité publique.

BARIGOULE s. f. — Bot. Espèce de champignon du genre agaric. — Cuis. Façon d'apprêter les artichauts à l'huile d'olive.

* **BARIL** s. m. [ba-ri] (bret. *baraz*, baquet). Sorte de petit tonneau, de petite harrique. — BARIL D'HUILE, DE MOUTARDE, D'OLIVES, DE POUDRE, DE SUCRE, DE RIZ, D'ANCHOIS, DE HARENGS, etc.; baril plein d'huile, de moutarde, etc. — Le baril de poudre contient 50 kil.; le baril de savon, 126 kil.; le baril de harengs, 1,000 de ces poissons.

BARILLAGE s. m. ou Barillerie s. f. [*ll* mll.] Art de construire les barils; ce qui a rapport à leur construction.

BARILLE s. f. [ba-ri-yeu; *ll* mll.] (esp. *barilla*). Bot. Nom commercial de plusieurs plantes qui fournissent de la soude (voy. ce mot) et qui proviennent d'Espagne.

* **BARILLET** s. m. [*ll* mll.] Petit baril; plus ordinairement, petite boîte ou petit bijou en

forme de baril. — Horlog. Espèce de boîte cylindrique et plus ou moins plate, qui renferme le grand ressort d'une montre ou d'une pendule.

BARILLON s. m. [*ll* mll.] Petit réservoir demi-circulaire que l'on creuse près d'un étang pour recevoir le poisson qui se laisse entraîner, lors de la pêche, à travers le chenal et qui, s'il n'était retenu, irait dans le fossé d'évacuation ou de vidange.

BARIMA, rivière de l'Amérique du Sud; elle naît dans les monts Imataca (Vénézuéla), traverse la Guyane anglaise et se jette dans l'estuaire de l'Orénoque. Un canal naturel de 12 kil. de long, la fait communiquer, à 95 kil. de son embouchure, avec le Guaini.

BARINAS ou **Varinas**, ville autrefois capitale de l'état du même nom (Vénézuéla), aujourd'hui capitale de l'état de Zamora, sur le Santo Domingo, à 420 kil. S.-O. de Caracas; 4,000 hab. Elle est fameuse par la qualité supérieure de son tabac, dont elle fait une grande exportation.

BARING, nom de l'une des plus puissantes maisons de commerce de Londres. JOHN BARING, fondateur de cette maison, naquit à Brême au commencement du xvIIIᵉ siècle et vint s'établir à Exeter. Son fils FRANCIS (1740-1810) devint directeur de la Compagnie des Indes orientales et seconda avec ardeur la politique de Pitt, qui le créa baronnet, en 1793 Sir THOMAS, fils aîné du précédent (1772-1848), se fit connaître comme protecteur des arts. Son fils aîné, FRANCIS THORNHILL (1796-1866), fut chancelier de l'échiquier et premier lord de l'Amirauté en 1849.

BARING (Île), île de la mer Arctique, découverte par le capitaine Penny, en 1850-51, et ainsi nommée en l'honneur de Francis Thornhill Baring, premier lord de l'Amirauté.

* **BARIOLAGE** s. m. Assemblage de diverses couleurs mises sans règle ou d'une manière vive.

* **BARIOLÉ, ÉE** part. passé de BARIOLER. — Adjectiv. Qui est de diverses couleurs mal assorties ou fort tranchantes: *habit bariolé, robe bariolée.*

* **BARIOLER** v. a. (lat. *varius*, varié). Peindre de diverses couleurs mises sans règle ou d'une manière bizarre.

BARIS, tribu de nègres sauvages et abrutis qui habitent Gondokoro et le territoire avoisinant, sur le Nil Blanc. Chacun de leurs villages forme un grand cercle entouré d'une impénétrable haie. Leur pays fertile nourrit des troupeaux. Lorsqu'ils ne font pas la guerre aux marchands d'ivoire ou d'esclaves qui traversent leur pays, les Baris se battent entre eux.

BARIUM (aujourd'hui *Bari*). Ant. Ville d'Apulie, sur l'Adriatique, célèbre par ses pêcheries. Horace l'appelle *Barium piscosum*; sat. I. 5. 97.

BARIUM, voy. BARYUM.

BARJAC, ch.-l. de cant.; arr. et à 36 kil. E. d'Alais (Gard); 2,500 hab. Houille.

BARJOLS, ch.-l. de cant.; arr. et à 38 kil. N.-N.-O. de Brignoles (Var); 3,350 hab. On l'a surnommé le Tivoli de la Provence, à cause de sa belle situation. Figues, raisins, olives, nougats.

BARKING, ville d'Angleterre (Essex), sur une crique navigable, à 10 kil. E. de Londres, 7,000 hab. Ruines d'une ancienne abbaye de bénédictins, fondée en 677.

BARLÆUS (Gaspar) voy. BAERLE.

BARLAAM (Saint) martyr syriaque du IIIᵉ ou du IVᵉ siècle. Fête le 19 novembre.

BAR-LE-DUC ou **Bar-sur-Ornain**, *Barra Barrum Ducis*, ch.-l. du dép. de la Meuse, 233 kil. E. de Paris, par 48° 46' 8" lat N. et 2° 49' 24" long. E., sur un coteau dont le pied est arrosé par l'Ornain et par le canal de la Marne au Rhin; 17,000 hab. La vieille ville ou ville haute, fondée au xᵉ siècle, par Frédéric Iᵉʳ, duc de Mosellane, devint la capitale du Barrois. Le château construit par Frédéric Iᵉʳ servit de résidence aux ducs de Lorraine; il

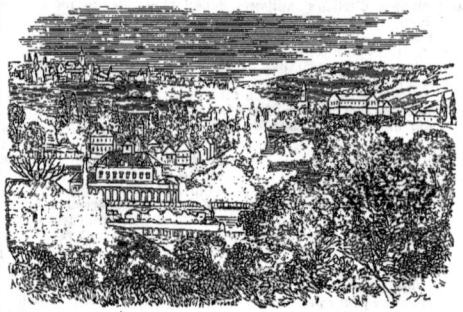

Bar-le-Duc.

fut détruit en 1670; la terrasse seule existe encore. Dans une églises se trouve le monument élevé à René de Châlons, prince d'Orange, par Richier, élève de Michel-Ange. La nouvelle ville ou ville basse, au pied du côteau, le long de la rivière, contient plusieurs manufactures. Les vins de Bar-le-Duc sont estimables; mais ce qui a établi la réputation de cette ville parmi les gastronomes, c'est la qualité de ses *confitures de groseilles*. Bar est la patrie des maréchaux Oudinot et Excelmans. Elle fut prise par Louis XIII, en 1632.

BARLES, commune du cant. de Seyne (Basses-Alpes); 600 hab. Eaux minérales; mines de fer.

BARLETTA, ville maritime d'Italie, à 53 kil. N.-O. de Bari; 29,000 hab. Bien située, sur une excellente rade, elle fait un commerce important. On suppose qu'elle a été construite sur l'emplacement de l'ancienne ville grecque appelée Barduli. En 1503, Barletta fut témoin d'un combat entre treize chevaliers français et treize italiens, tous commandés par Bayard les autres par Prospero Colonna.

BARLETTA (Gabriello), dominicain du xvᵉ siècle, né probablement à Barletta. Il se rendit célèbre par ses prédications burlesques, mêlées de latin, d'italien et de grec. Ses sermons, semés de bouffonneries et de trivialités, ont été publiés plus de vingt fois. Une édition a été donnée à Lyon en 1536. L'estime dans laquelle le tenaient ses auditeurs napolitains donna naissance à ce proverbe : *Nescit prædicare, qui nescit barlettare.*

* **BARLONG, ONGUE** adj. (de bar, syllabe péjorat., et de long). Qui a la figure d'un carré long, mais irrégulier et défectueux : *salle barlongue; bosquet barlong.* — Se dit des habits qui ont le défaut d'être plus longs d'un côté que de l'autre : *manteau barlong.*

BARLOW (Joel), poète américain (1755-

1812). Il vint en Angleterre et en France, où il publia des pamphlets révolutionnaires (1788) et s'enrichit dans des spéculations commerciales. En 1811, il fut nommé ministre des Etats-Unis à Paris. Il était en route pour rejoindre Napoléon à Wilna, lorsqu'il fut surpris par la mort, près de Cracovie. Ses productions comprennent « La Vision de Colomb » 1787; « La Conspiration des rois » 1792, et « La Colombiade » 1807.

BARLOW ou **Barlowe (William)**, théologien anglais, mort en 1569. Ayant accepté la réforme, au temps de Henri VIII, il fut nommé évêque; mais la reine Marie le persécuta et il dut s'enfuir en Allemagne. Edouard VI et Elisabeth le rappelèrent; il se distingua par son zèle protestant et fut nommé évêque de Chichester en 1559. Son ouvrage principal est un livre intitulé : *Enterrement de la messe*.

BARMÉCIDES (c'est-à-dire : *descendants de Barmek*), riche et noble famille du Khoraçan, qui s'attacha aux Abbassides et qui devint toute puissante sous le règne d'Haroun-al-Raschid. L'un des membres de cette famille est le *Giafar* des *Mille et une Nuits*. En 803, les Barmécides furent renversés, jetés en prison ou mis à mort, probablement parce que leur puissance et leur popularité portèrent ombrage au calife. Quelques historiens prétendent que cette catastrophe fut causée par la témérité de Giafar, qui avait séduit Abbassa, sœur d'Haroun. En 1778, La Harpe donna au Théâtre-Français une tragédie en cinq actes, intitulée *les Barmécides*. Cette pièce vivement critiquée, n'obtint aucun succès.

BARMEN, ville de la Prusse rhénane, dans la vallée de la Wupper et contiguë à Elberfeld; 75,000 hab. Elle s'étend sur une longueur de 14 kil. et se divise en Barmen supérieure, moyenne et basse. Ses manufactures (principalement celles de tissus, qui sont les plus importantes de l'Europe), ont pris un accroissement extraordinaire depuis quelques années.

BARNABÉ (Saint), l'un des plus anciens prédicateurs chrétiens, célèbre par sa liaison avec saint Paul. Son véritable nom est Joses ou Joseph; mais les apôtres le surnommèrent Barnabé (du chaldéen *bar-nebuah*, fils d'exhortation ou de consolation). Il naquit à Chypre, de parents juifs, et fut l'un des premiers à se convertir à la religion nouvelle. Après être resté une année à Antioche avec saint Paul, il fit, en compagnie de ce dernier, deux voyages à Jérusalem et une mission à Chypre et dans l'Asie Mineure. Une nouvelle expédition de propagande était résolue lorsqu'il s'éleva quelque différend entre les deux compagnons qui se séparèrent. Barnabé, associé à Marc, se rendit à Chypre, tandis que Paul et Silas allèrent en Syrie et en Cilicie. A partir de ce moment, on ne sait rien d'authentique concernant Barnabé; quelques-uns le font périr à Salamine, lapidé par des Juifs; mais une tradition le fait périr à Milan, dont il aurait été le premier évêque. Il vécut célibataire, profita de ses voyages pour faire du commerce et inclina vers le parti judaïsant. Fête le 11 juin. — *Epître de Barnabé*, lettre attribuée à saint Barnabé et citée par Clément d'Alexandrie, Origène, Eusèbe et Jérôme. Egarée pendant plusieurs siècles, et retrouvée en deux copies imparfaites au XVIIe siècle, elle fut enfin découverte en 1859, par Tischendorf, qui rapporta du mont Sinaï un manuscrit grec de l'Epître entière, laquelle fut publiée dans son *Novum Testamentum Sinaiticum*. L'opinion générale s'est prononcée contre l'authenticité de cette lettre, à laquelle on accorde néanmoins une date très ancienne. Les *Actes de l'Evangile*, attribués à saint Barnabé sont également considérés comme apocryphes.

* **BARNABITE** s. m. (de saint *Barnabé*). Religieux de l'ordre des clercs réguliers de saint Paul, ordre autrefois divisé en deux branches distinctes qui furent réunies et réorganisées sous Charles de Borromée, en 1579. Pendant les persécutions religieuses, les barnabites furent employés presque exclusivement à la conversion des protestants. La maison mère est à Rome et l'ordre possède une vingtaine d'établissements en Italie et en Espagne. Les barnabites, au nombre de trente-deux, ont été expulsés de France, en 1880.

* **BARNACHE** ou **Barnacle** s. f. Cuvier écrit BERNACHE (écossais *barnacle*, nom de cet oiseau). Ornith. Genre de palmipèdes lamellirostres, très voisin des oies, dont il se distingue par un bec plus court, plus menu, et dont les bords ne laissent point paraître au dehors les extrémités des lamelles. L'espèce la plus connue en Europe est la *barnache du Nord* (*anas erythropus*, Gm.), que la Fable faisait naître sur les arbres comme un fruit. Manteau cendré, bec noir, front, joue, gorge et ventre blancs, bec noir, pieds gris. Cette espèce d'oie sauvage se mange en carême comme la macreuse. L'espèce appelée *bernache armée, oie d'Egypte, oie du Cap, oie d'Afrique, etc.* (*anas Ægyptiaca*, Gm.), *chenalopex* ou *oie renard* des anciens Egyptiens, qui la révéraient à cause de son attachement pour ses petits, est remarquable par l'éclat de ses couleurs et par le petit éperon de ses ailes. Elle vit assez bien en domesticité, mais elle a toujours du penchant à s'enfuir. Le genre bernache, comprend, en outre, le *cravant*.

BARNAUL, ville de Sibérie, dans l'Altaï, gouvernement à 375 kil. S.-O. de Tomsk; 13,500 hab. On y a établi un observatoire magnétique et un établissement pour la fusion de l'or trouvé dans les mines de Sibérie. Lat. N. 53° 19' 21"; long. E. 81° 43' 27".

BARNAVE (Antoine-Pierre-Joseph-Marie), orateur de l'Assemblée constituante, né à Grenoble en 1761, guillotiné le 18 nov. 1793. Il était avocat à Grenoble, lorsque ses concitoyens l'envoyèrent aux états généraux; il devint un des chefs. Auxiliaire de Mirabeau, il dépassa quelquefois ce célèbre tribun par la hardiesse de ses propositions; bientôt même l'Assemblée nationale se vit partagée par les débats de ces deux orateurs devenus adversaires. Lors de la mort de Mirabeau, son jeune rival l'avait déjà supplanté, dans la faveur populaire. Président de l'Assemblée en oct. 1790, il prit, le 25 janvier de l'année suivante, la défense du club des Jacobins et foudroya les *amis de la constitution*. Une circonstance opéra tout à coup un changement radical dans sa manière de voir. Envoyé, avec Pétion et Latour-Maubourg, pour surveiller le retour de la famille royale arrêtée à Varennes, il fut séduit par les entretiens qu'il eut avec la reine. Tenté par l'espoir de rétablir la monarchie sur des bases constitutionnelles, il déserta la cause populaire et se lança dans de périlleuses négociations qui ne pouvaient réussir que si la famille royale eût séparé sa cause de celle des émigrés et des contre-révolutionnaires. Désespérée enfin de que de funestes conseils entraînaient la royauté à sa ruine, il abandonna les affaires publiques et se retira dans sa campagne, aux environs de Grenoble. C'est là qu'on l'arrêta le 19 août, lorsque des lettres, découvertes dans la fameuse armoire de fer, eurent révélé qu'il avait conseillé au roi l'usage du *veto* contre les décrets qui frappaient les émigrés. Après quinze mois de détention au fort Barraux et à Saint-Marcelin, il fut transféré à l'Abbaye, puis à la Conciergerie. Le tribunal révolutionnaire le condamna à mort, malgré son éloquente défense : « Voilà donc la récompense de ce que j'ai fait pour la liberté! » s'écria-t-il en présentant sa tête au bourreau. Bérenger (de la Drôme) a publié ses *Œuvres de Barnave*, 4 vol. in-8°, 1843.

BARNES I. (Albert), théologien des Etats-

Unis d'Amérique (1798-1870). Ses commentaires sur le Nouveau Testament et sur une partie de la Bible (6 vol. in-12) sont aujourd'hui classiques dans plusieurs sectes protestantes. — II. **(Thomas)**, journaliste anglais (1785-1841), fut, pendant vingt-cinq ans, l'éditeur du « Times ».

BARNEVELDT. I. Bourg des Pays-Bas (Gueldre), à 30 kil. N.-O. d'Arnheim; 4,000 hab. — II. Ile dans le détroit de Magellan, au N. de la Terre-de-Feu. Lat. S. (à la pointe N.-E.) 32° 6' 40"; long. O. 54° 26' 13".

BARNEVELDT (Jan van Olden), homme d'Etat hollandais, né à Amersfoord le 14 septembre 1547, décapité le 13 mai 1619. A la mort de Guillaume d'Orange (1584), il se mit à la tête du parti républicain, qu'il favorisa en subordonnant le pouvoir du stathouder à celui des Etats-Généraux. Dans le but de limiter la puissance militaire du comte de Leicester, envoyé par la reine Elisabeth au secours des Hollandais, il fit conférer la dignité de stathouder au jeune prince Maurice, fils de Guillaume. Pendant la lutte religieuse entre les Gomaristes et les Arminiens, il se rangea du côté de ces derniers, mais travailla surtout à maintenir la paix. Il se heurta bientôt à la haine sournoise de Maurice, chef du parti militaire, qui voulait recommencer les hostilités contre l'Espagne, tandis que Barneveldt avait conclu, en 1609, une trêve de douze ans, trêve en vertu de laquelle l'indépendance de sa patrie était assurée. Le stathouder, ayant obtenu du synode de Dort (1618), une condamnation de la doctrine des Arminiens, fit arrêter et juger Barneveldt, qui fut condamné à mort « pour avoir jeté le trouble dans l'Eglise de Dieu ». Les deux fils de cette victime, Guillaume et Robert, formèrent, quelque temps après, une conspiration pour venger leur père; ils furent dénoncés, et Robert, qui n'avait pu s'enfuir, fut condamné au dernier supplice. Sa mère eut le courage de se présenter devant le stathouder et de demander sa grâce : « Pourquoi n'avez-vous pas fait la même demande pour votre mari? », lui demanda le despote : « Parce qu'il était innocent, tandis que mon fils est coupable », répondit cette femme héroïque; et Robert fut exécuté.

BARNEVILLE, ch.-l. de cant., arr. et à 24 kil. S.-O. de Valognes (Manche); 1,030 hab. Eaux minérales, gvains, fer.

BARNEY (Josuah), marin américain (1759-1813); il servit la République française en qualité de capitaine de vaisseau (1795-1800).

BARNI (Jules-Romain), professeur et écrivain, né à Lille le 1er janv. 1818, mort en juin 1878; enseigna la philosophie à Reims et à Paris, puis à la faculté de Rouen; se réfugia en Suisse, après le coup d'Etat de 1851 et fut nommé professeur à l'académie de Genève. Il a laissé plusieurs ouvrages de pédagogie et de métaphysique : *Examen de la critique de la raison* (1850, in-8°); *Essai sur la paix perpétuelle*; *Martyrs de la libre pensée* (Genève, 1862, in-12); *Histoire des idées morales et politiques en France au XVIIIe siècle* (1865-'66, 2 vol. in-12); *la Morale dans la démocratie* (1868, in-8°); *Manuel républicain* (1872, in-12), etc. Il a traduit et savamment commenté une partie des œuvres de Kant (1835-'55). Elu député de la Somme, en 1876, il soutint la politique de M. Thiers et combattit celle de M. de Broglie.

BARNSLEY, ville du Yorkshire, Angleterre, à 20 kil. N. de Sheffield; 23,500 hab. Manufactures de toiles, de fils, de quincaillerie, de verres, d'aiguilles, etc.

BARNSTAPLE, ville maritime du Devonshire, Angleterre, sur la Taw, à 55 kil. N.-O. d'Exeter; 11,500 hab. Tanneries, fonderies de fer, papeteries; poterie, étoffes de laine et de coton.

BARNUM s. m. [bar-nomm] (nom de *Phineas-Taylor* BARNUM, célèbre charlatan américain, né à Bethel, Connecticut, en 1810). Industriel qui exploite le talent des autres, à l'aide d'une grande publicité.

BAROACH voy. BROACH.

BAROCENTRIQUE adj. f. (gr. *baros*, poids; francs., *centrique*). Astr. et géom. Se dit de la courbe déterminée sur un plan méridien par les intersections des verticales.

BAROCHE (Fiori-Federigo BAROCCIO ou BAROCCI) peintre et graveur italien, né à Urbino en 1528, mort en 1612. Il décora le palais du Belvédère à Rome. Ses meilleures productions sont : le dernier repas; la descente de la Croix; saint François stigmatisé; le Christ et Madeleine; l'Annonciation. Le Musée du Louvre possède de lui une *Madone, sainte Lucie* et *saint Antoine*.

BAROCHE (Pierre-Jules), homme d'État, né à Paris en 1782, mort à Jersey, le 2 novembre 1870. Bâtonnier des avocats en 1846, il fut envoyé l'année suivante à la Chambre des Députés par les électeurs de Rochefort. Il combattit le ministère Guizot, et contribua à la chute de Louis-Philippe. Après la révolution de 1848, il se signala par ces professions de foi républicaines et démocratiques qui le firent nommer représentant à la Constituante par le département de la Charente-Inférieure. Mais il se rallia bien vite à la politique du prince Louis-Napoléon, devint ministre de l'intérieur en 1850, et mit toute son éloquence à obtenir la suspension ce droit de réunion au nom duquel il avait, de concert avec Odilon Barrot, combattu le gouvernement de Louis-Philippe. C'est lui qui fit voter la *loi du 31 mai*. Sous l'Empire, il fut vice-président du conseil d'État (1852), ministre de la Justice et des Travaux publics (1863-'9), sénateur (1864) et, à deux reprises, ministre des affaires étrangères (1850 et 1860). Son fils aîné, ERNEST, chef d'un bataillon de mobiles, fut tué à la bataille de Bourget (1870).

BARODA, ville de Guzarate, Hindoustan, cap. des États du Gu.covar, sur le Biswamintri à 375 kil. N. de Bombay, 140,000 hab. Les principales constructions sont le palais du Guicovar, la maison du résident anglais et le marché. Autrefois très importante, cette ville a beaucoup perdu depuis 1830. Voy. GUICOVAR.

BAROLITE ou **Barolithe** s. f. (gr. *barus*, lourd; *lithos*, pierre). Voy. WITHÉRITE.

BAROMÈTRE s. m. (gr. *baros*, poids; *metron*, mesure). Phys. Instrument qui sert à déterminer les pressions atmosphériques. Avant Toricelli, on s'imaginait que la nature a horreur du vide et l'on expliquait par cette aversion le phénomène de l'eau qui emplit le corps d'une pompe. Le physicien florentin

Fig. 1.

que nous venons de nommer ne pouvant admettre que la nature n'a plus horreur au delà de 32 pieds (hauteur au-dessus de laquelle l'eau n'obéit plus à l'appel du piston), fit des expériences sur le mercure qui est 13 fois plus lourd que l'eau et publia, en 1645, le résultat de ses observations. L'instrument dont il se servit était à peu près identique à notre baromètre le plus simple. Il se composait d'un tube de verre (fig. 1) long d'environ 3 pieds, fermé à l'une de ses extrémités, presque complètement empli de mercure et plongeant, par son extrémité ouverte, dans une cuvette (n) qui contenait également du mercure. Dès qu'il plongeait cette dernière extrémité dans la cuvette, il voyait la colonne liquide descendre dans le tube et, après plusieurs oscillations, s'arrêter à une hauteur d'environ 28 pouces (76 centim.),

hauteur à laquelle le poids du mercure est précisément équivalent à celui de l'atmosphère. Au-dessus du liquide restait un espace vide que les physiciens nommèrent *chambre barométrique*. Toricelli observa que les variations atmosphériques étaient accompagnées de fluctuations dans la colonne, mais il mourut avant d'avoir complété sa découverte. Pascal et plusieurs autres démontrèrent la connexion qui existe entre la hauteur de la colonne et la pression atmosphérique; ils modifièrent plusieurs fois la forme du baromètre primitif. Pour le rendre portatif, Fortin imagina la cuvette à fond mobile, qui permet de ramener avec exactitude le niveau du mercure de la cuvette au zéro de l'échelle, qui est fixe. Pour cela, le fond de la cuvette est formé par un sac de peau qui, s'appuyant sur une tête de vis et devenant mobile lorsqu'on fait marcher cette vis, ramène le mercure à affleurer la pointe d'une aiguille fixe. — BAROMÈTRE A SIPHON de GAY-LUSSAC. Il est représenté, fig. 2. Le tube barométrique, au lieu de s'ouvrir dans un réservoir distinct, se recourbe verticalement, comme un siphon, en une branche courte, ouverte supérieurement et faisant fonction de cuvette. La principale modification apportée par Bunten à ce mode de fabrication, consiste à percer la branche courte d'une simple ouverture (a) assez large pour laisser passer l'air, mais pas assez pour permettre l'écoulement du mercure. Le baromètre de Gay-Lussac modifié par Bunten est le meilleur des baromètres portatifs à siphon. — BAROMÈTRE A CADRAN ou BAROMÈTRE DE JECKER, construit pour la première fois par Hooke, en 1668. C'est un baromètre à siphon fixé derrière un cadran dont l'aiguille se meut à l'aide d'une petite poulie très mobile. Sur la gorge de la poulie passe un fil portant à ses deux extrémités deux poids inégaux. Le plus lourd entre dans l'ouverture de la petite branche et repose sur le mercure, l'autre pend librement au dehors. Quand le baromètre monte ou descend, le mercure descend ou monte dans la branche ouverte et entraîne le poids qui flotte à sa surface, et par lui, la poulie et l'aiguille sont mises en mouvement. — USAGES DU BAROMÈTRE. Le baromètre, indiquant les pressions atmosphériques, sert : 1° à étudier les variations qui se produisent dans l'état de l'atmosphère; 2° à mesurer les hauteurs des divers points de la surface du globe au-dessus du niveau de la mer. — *Pronostic du temps*. Le mercure se tient plus bas par les temps humides ou pluvieux que par les temps secs; mais quand l'air est froid; il descend quand l'air est chaud ou humide. L'élévation de la colonne barométrique promet donc du beau temps et son abaissement annonce la pluie. Mais ce sont là des prédictions pour ainsi dire instantanées, parce que la pression atmosphérique se modifie quelquefois avec une telle rapidité que l'instrument n'a pas toujours le temps de la sentir. C'est pourquoi beaucoup de personnes considèrent les baromètres comme des prophètes sans autorité.— *Mesure des hauteurs*. Les expériences faites au Puy de Dôme par Perier, beau-frère de Pascal, en 1647, démontrèrent que l'on ne peut s'élever sans que le mercure descende dans le tube barométrique. Au niveau de la mer, une ascension de 10 mètres entraîne une diminution de 0m 001 environ. La hauteur moyenne, au bord de la mer est de 731 millim, 35; elle est à Paris de 756 millim. Le calcul pour la hauteur des montagnes s'effectue au moyen de tables très simples qui donnent les résultats en regard des hauteurs et des températures observées. Ces tables se trouvent dans l'*Annuaire du bureau des longitudes*. Lorsqu'on fait des observations barométriques, il faut tenir compte de la température, qui a toujours

une influence sur le volume du mercure Entre les points d'ébullition et de congélation de ce liquide la différence de volume atteint ⅕. Le *baromètre point d'ébullition* repose dans son action sur la température à laquelle l'eau bout à différentes élévations. Il est construit avec un petit réservoir plein d'eau, contenu dans un cylindre d'étain et chauffé par une lampe à alcool. La différence de température observée en deux points, et exprimée en degrés de Fahreinheit, donne approximativement lorsqu'on la multiplie par 530, la différence en pieds anglais qui existe entre les lieux où l'on a opéré. On fait des corrections pour la différence de température aux deux stations. Dans les expériences barométriques, il est utile, afin de s'assurer d'une plus grande précision, d'employer deux baromètres, l'un à la station inférieure, l'autre à la station supérieure. On fera des observations répétées et il est important que les deux stations ne soient pas trop éloignées l'une de l'autre. A une distance de 60 à 80 kil., les conditions différentes de l'atmosphère, causent, la plupart du temps, une différence de pression qui est indépendante de l'élévation. Lors des premières observations, on considérait l'air comme un fluide uniforme et l'on ne prenait pas en considération la diminution graduelle de sa densité lorsqu'on monte dans les sphères élevées. Mais lorsque Mariotte eut fait connaître la loi qui porte son nom, il proposa de calculer les hauteurs par la règle ordinairement employée dans la construction des tables de logarithmes; ce qui paraît prouver qu'il possédait quelque idée de ce fait remarquable que la densité de l'atmosphère décroît dans une proportion géométrique qui correspond aux élévations prises d'après une progression arithmétique (principe établi par Halley). — BAROMÈTRE ANÉROÏDE. Il fut, dit-on, imaginé par l'aéronaute Conté qui s'en servit dans ses ascensions aux environs de Paris, vers la fin du XVIIIe siècle. La fig. 3 montre l'arrangement intérieur du fil que perfectionné dans la suite. L'appareil inventé en 1847, par Vidy

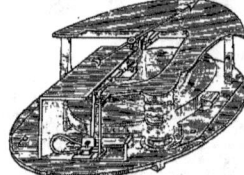

Fig. 3.

et perfectionné par Bourdon, se compose d'un tube de cuivre formant un cercle presque complet: ce tube est fermé à ses deux extrémités et le vide est fait exactement à l'intérieur. Il est fixé, en sa partie moyenne. Ses extrémités sont libres et réunies à un petit levier qui met en mouvement un secteur denté, lequel s'engrène avec un pignon portant une aiguille indicatrice. La courbure du tube s'accroît à mesure que la pression atmosphérique augmente et l'aiguille marque sur un cadran les variations atmosphériques.

BAROMÉTRIE s. f. Partie de la physique qui traite du baromètre.

BAROMÉTRIQUE adj. Qui a rapport au baromètre : *table barométrique, pression barométrique*.— COLONNE BAROMÉTRIQUE, colonne de mercure qui reste suspendue dans le tube du baromètre. — HAUTEUR BAROMÉTRIQUE, hauteur de la colonne barométrique, à partir du niveau du mercure dans la cuvette. — CHAMBRE BAROMÉTRIQUE, espace vide au-dessus du mercure dans le tube du baromètre.

BAROMÉTROGRAPHE s. m. [ba-ro-mé-tro

gra-fe) (de *baromètre* et du *gr. graphô*, j'écris). Baromètre accompagné d'un appareil qui enregistre les indications; ce qui permet à l'observateur de connaître, à chaque instant, les variations qu'a subies, pendant son absence, la colonne mercurielle.

BAROMÉTROGRAPHIE s. f. Description, théorie et application des baromètres.

BARON s. m. (celtique : *barwn*, homme noble; ancien haut allemand : *bar*, homme libre; bas latin : *baro*, *barus*, homme). Féod. Seigneur tenant fief et relevant directement du roi; possesseur d'une terre avec le droit de suzeraineté dans toute sa plénitude. En France, les nobles en général reçurent d'abord le nom de barons. En Allemagne, les premiers barons appartenaient à la plus haute noblesse, à laquelle on appliqua ensuite les titres de comtes, de princes et de ducs. Sous le régime féodal, les grands vassaux furent appelés *hauts barons*, qu'ils fussent comtes, ducs ou évêques. Sous le règne de Philippe-Auguste, on comptait 59 barons, tous relevant directement du roi, les autres étant seulement arrière-vassaux, ce qui dénote déjà un changement dans le sens de ce mot féodal. C'est vers le règne de Louis XI que les barons devinrent nobiliairement au-dessous des comtes. — S'est dit plus tard de tout gentilhomme possédant une terre avec titre de baronnie. Aujourd'hui, simple titre de noblesse. — BARON DE LA CRASSA, se dit d'un homme malpropre qui se donne des airs de noblesse. — GUERRE DES BARONS, troubles qui naquirent en conséquence du despotisme de Henri III d'Angleterre (1258). Les barons, sous les ordres de Simon de Montfort, du comte de Leicester et de Gilbert de Clare, prirent les armes et, le 14 mai 1264, battirent les troupes royales à Lewes; mais de Montfort fut tué à Evesham, où les révoltés furent vaincus, le 4 août 1265. La paix ne fut rétablie qu'en 1268.

BARON (Boyron, DIT), comédien et auteur dramatique, élève et ami de Molière, né à Paris en 1653, mort en 1729. Acteur au Port-Royal et à l'hôtel de Bourgogne, il créa les principaux rôles des pièces de Corneille, de Molière et de Racine. Il a laissé sept comédies, dont une, l'*Homme à bonnes fortunes* est restée au répertoire.

BARONIFIER v. a. Donner le titre de baron: *il se fit baronifier*.

BARONIUS ou Baronio (Cesare), historien italien, né dans le royaume de Naples, en 1538, mort en 1693; succéda, en 1593, à saint Philippe de Néri comme supérieur de la congrégation de l'Oratoire. Clément VIII le créa cardinal, et ensuite bibliothécaire du Vatican. Son œuvre principale, les *Annales Ecclesiastiques* (*Annales Ecclesiastici*), occupèrent les 27 dernières années de sa vie, s'arrêtaient en 1198, lorsque la mort vint interrompre son travail; Rome 1598-1607; 12 vol. in-fol. Bzovius et Raynaldus les continuèrent jusqu'en 1565. L'édition complète de ce corps d'histoire a été donnée à Lucques, 1737-'88; 38 vol. in-fol.

BARONNAGE s. m. Etat, qualité de baron. Ne s'emploie que dans le style comique ou burlesque.

BARONNE s. f. Femme noble possédant une baronnie. Femme d'un baron.

BARONNET s. m. [ba-ro-nè]. Titre héréditaire de noblesse, qui vient immédiatement au-dessous de celui de baron et qui fut institué en 1611, par Jacques Ier, roi d'Angleterre, en faveur des riches propriétaires qui purent payer 1,100 livres sterling de droits de chancellerie. Cette spéculation ayant été très productive, on créa, dans la suite, de nouveaux baronnets (leur nombre est aujourd'hui d'environ 700, qui se distinguent par l'appellation de *sir*, placée devant leur nom de baptême et

par la qualification de *lady* que l'on donne à leurs femmes. — Adjectiv. : *un chevalier baronnet*.

BARONNIE s. f. Seigneurie qui donne au possesseur le titre de baron.

BARONNIES (Les) I. Petit pays du haut Dauphiné, aujourd'hui compris dans le départ. de la Drôme. Sa capitale était le Buys; ses lieux principaux : Nyons, Mérindol et Condorat. Il comprenait les deux baronnies de Mévoillon et de Montauban, qui furent réunies au Dauphiné par Humbert Ier (XIIIe siècle). — II. Petit pays de la Lomagne, dont les lieux principaux étaient Castelmayran et Sérignac (Haute-Garonne.

BAROQUE adj. (étym. inconnue). Irrégulier, bizarre, étrange, en parlant des choses physiques et des choses morales: *meuble d'une forme baroque; goûts baroques; esprit baroque.* — Joaill. PERLES BAROQUES, perles qui ne sont pas bien rondes, et qui, à cause de ce défaut, sont moins estimées.

BAROSCOPE s. m. (*gr. baros*, pesanteur; *scopeô*, je regarde). Sorte de baromètre très sensible que l'on emploie dans les observations nautiques. — Appareil destiné à montrer la poussée qu'éprouvent les corps plongés dans les gaz. Il se compose d'un fléau de balance portant une sphère creuse à l'une de ses extrémités et une sphère pleine mais moins volumineuse à l'autre extrémité. Il y a équilibre dans l'air. Dans le vide, la balance incline du côté de la sphère la plus grosse, ce qui démontre que dans l'air la poussée est plus forte pour le corps le plus volumineux.

BAROSSA. voy. BARNOSSA.

BAROT s. m. Mar. Solive qui s'étend d'un bord à l'autre du vaisseau, et qui supporte les ponts.

BAROTER v. n. Mar. Remplir le fond de cale d'un vaisseau jusqu'aux barots, c'est-à-dire jusqu'au pont inférieur.

BAROTIN s. m. Mar. Petit soliveau qu'on met entre les baux et les barots, sous les ponts, pour les soutenir. — BAROTINS D'ÉCOUILLE, deux bouts de barots ou cubaux qui se terminent aux hiloires et sont soutenus par des pièces de bois, dites arcs-boutants, mises de travers entre deux baux. — BAROTINS DE CAILLEBOTTIS, petites pièces de bois qui servent à faire les caillebotis.

BAROTSI, fertile vallée arrosée par le Zambèse, dans l'intérieur de l'Afrique méridionale. Elle est habitée par la peuplade des Barotsis, qui s'occupent principalement de l'élève du bétail.

BAROZZIO DA VIGNOLA. Voy. VIGNOLE.

BARQUE s. f. [bar-ke] (celt. *barga*, bateau). Mar. Petit bâtiment, ponté ou non ponté, ayant peu de capacité, un ou trois mâts avec ou sans hune, portant au plus 140 tonneaux, servant sur mer au cabotage des côtes, au transport des munitions et des marchandises, au chargement et au déchargement des navires; et sur les rivières, au transport, au passage, à la pêche, etc. — BARQUE D'AVIS, celle qu'on envoie d'un vaisseau à l'autre pour porter les nouvelles, et qui marche à voiles et à rames. — BARQUE LONGUE, petit bâtiment non ponté, plus bas que les barques ordinaires, marchant à voiles et à rames. — BARQUE A EAU, petit bâtiment non ponté dont on fait emploi pour le transport d'eau douce, ou d'eau de mer destinée aux salines. — BARQUE LAMANEUSE, celle qui, principalement au Havre, sert pour toutes les espèces de pêche. — BARQUE A VIVIER, celle dont on fait usage pour transporter en vie le poisson de mer, dans une soute remplie d'eau. — BARQUE EN FAGOT, tout le bois nécessaire pour construire une barque, bois dont chaque pièce est taillée et numérotée. —Fig. CONDUIRE LA BARQUE, conduire quelque entreprise, quelque affaire. — CONDUIRE

BIEN SA BARQUE, conduire bien ses affaires. — Poét. Nacelle dans laquelle les anciens poètes supposaient qu'après la mort, les âmes traversaient le Styx pour entrer dans les enfers: *la barque de Caron; la barque à Caron.*

BARQUEROLLE s. f. Petit bâtiment sans mât, qui ne va jamais en haute mer.

BARQUETTE s. f. Petite barque.

BARQUISIMETO I. Etat situé au N.-O. de la république de Vénézuéla, sur la mer des Antilles; 19,410 kil. car.; 14,500 hab., qui s'occupent principalement de l'élevage du bétail. — II. Capitale de l'état ci-dessus, fondée en 1552, sur la rivière du même nom, à 115 kil. de la mer et à 250 O.-S.-O. de Caracas; 26,500 hab.

BARR, ville d'Alsace, à 30 kil. S.-O. de Strasbourg; 5,700 hab. Fabriques et commerce très animés. Barr fut détruite en 1592 par les troupes du cardinal de Lorraine. Elle est dominée par le mont Odilienberg, (800 mètres), sur lequel sainte Odile, patronne de l'Alsace, établit, vers l'an 675, un monastère, qui est encore un lieu de pèlerinage.

BARR ou Barra, petit royaume mandingue, Afrique occidentale, près de l'embouchure de la Gambie. Il s'étend sur la rive droite de ce fleuve et mesure 80 kil. de long. Environ 200,000 hab., dont plus de 150,000 esclaves.

BARRA (Joseph), enfant célèbre, né à Palaise en 1780, élevé à Palaiseau, près de Versailles, et tué par des Vendéens, le 17 frimaire an II (7 déc. 1793). Tambour dans les troupes qui opéraient contre les révoltés, il fit deux prisonniers à l'affaire de Chollet. Plus tard, un bataillon républicain enveloppé par les ennemis, allait succomber, lorsque le chef des *bleus* envoya plusieurs tambours sur divers points, avec ordre de battre la charge pour simuler l'arrivée de nouvelles forces: ruse qui réussit, car les Vendéens abandonnèrent leurs positions. Mais Barra, tomba entre les mains des paysans. Ceux-ci voulurent lui faire crier: *Vive le Roi!* Il répondit par le cri de : *Vive la République!* et il tomba percé de coups. La Convention décréta que les honneurs du Panthéon seraient accordés à cet enfant et qu'une pension de 1,000 livres serait servie à sa mère. David (d'Angers) a fait une statue représentant la mort de Joseph Barra (salon de 1839). La ville de Palaiseau, qui prétend lui avoir donné le jour, lui a élevé une statue, inaugurée le 11 septembre 1881.

BARRA ou Barray (Iles), groupe d'environ vingt îles, formant une paroisse, sur la côte occidentale de l'Ecosse. La principale, Barra, mesure 12 kil. de long, sur 4 ou 5 de large. 1,600 hab., presque tous catholiques. C'est à Barra que se trouve le phare le plus haut de l'Angleterre (680 pieds au-dessus de la mer).

BARRABAS. Voy. BARABBAS.

BARRACKPOOR [bar-rak-pour], ville et cantonnement militaire de l'Inde, sur la rive orientale de l'Hoogly, à 17 kil. N.-N.-E. de Calcutta; 9,700 hab. Séjour favori des Européens de Calcutta; elle renferme la magnifique maison de campagne du gouverneur général, des barraquements très étendus, un parc de 250 acres avec une magnifique collection hindoue de zoologie et un haras d'éléphants. C'est à Barrackpoor que coula pour la première fois le sang, au moment de la révolte des cipayes.

BARRAGE s. m. Barrière qui ferme un chemin, une rivière; construction qui a pour objet de retenir l'eau, d'élever le niveau, d'empêcher les inondations. — Rochers qui obstruent un cours d'eau. — Barrière qu'on ne pouvait passer qu'en payant un droit de péage. — Droit que l'on payait au barrage pour passer avec des bêtes de somme, des voitures, et qui était anciennement appliqué à l'entretien des routes. — Législ. « Les cours

"Barrackpoor.

d'eau étant soumis à la réglementation et à la surveillance des administrations départementales, aucun barrage ne peut être établi sur une rivière sans l'autorisation du préfet (Arr. Cons. d'Etat, 20 mai 1843 ; Décr. 2 mai 1861, tableau D, § 3 et s.). Voy. Cours d'eau. » (Ch. Y.).

* **BARRAGER** s. m. Celui qui reçoit le droit de barrage.

BARRAL (l'abbé Pierre), écrivain janséniste, né à Grenoble, mort à Paris en 1772 ; auteur d'un *Dictionnaire historique des hommes célèbres*, 1758, 6 vol. in-8° ; d'un *Dictionnaire de la Bible*, 1758, 2 vol. in-8°, et d'un *Dictionnaire des antiquités romaines*, 1766, 2 vol. in-8°.

BARRAL (Jean-Augustin), chimiste, né à Metz en 1819 ; fut le premier à extraire la nicotine du tabac et à démontrer ses propriétés vénéneuses. Il fut professeur de chimie à l'Ecole polytechnique de Paris et au collège de Sainte-Barbe. Il a écrit de nombreux traités sur la chimie appliquée à l'agriculture, à la métallurgie et aux arts. F. Arago le désigna, en mourant, comme éditeur de ses œuvres.

BARRAS s. m. [ba-rass] Nom que l'on donne quelquefois au *galipot*.

BARRAS (Paul-François-Jean-Nicolas, comte de) [ba-râ], président du Directoire, né à Fox-Amphoux (Var), en 1755, d'une des plus anciennes familles du Midi, mort à Chaillot, en 1819. Entré jeune comme sous-lieutenant dans le régiment de Languedoc, ensuite officier dans le régiment de Pondichéry, il assista au siège de Pondichéry et fut promu au grade de capitaine dès son retour en France. Elu à la Convention, il vota la mort du roi sans sursis ni appel et, assisté de Fréron, força les contre-révolutionnaires du Midi à la soumission. Il arrêta le général Brunet, accusé d'avoir livré Toulon aux étrangers. C'est au siège de cette ville qu'il remarqua le jeune Bonaparte dont il se fit le protecteur. Après la prise de Toulon, Barras punit les révoltés avec une grande rigueur. Après la révolution du 9 thermidor, il prit le commandement des troupes qui s'emparèrent de Robespierre à l'Hôtel-de-Ville. Chef de l'armée de Paris et secondé par Bonaparte, il vainquit les royalistes le 13 vendémiaire an IV, fut élu membre du Directoire, livra les babouvistes aux tribunaux et employa surtout son activité à amasser une immense fortune. Le 18 fructidor an V, il exécuta son *coup d'Etat*, bannit la minorité du Directoire (Carnot et Barthélemy) et gouverna ensuite comme un souverain ou, pour être plus exact, comme une sorte de régent. Ses débauches, ses dilapidations, la protection qu'il accordait aux émigrés, ses intrigues avec le parti royaliste lui firent perdre bien vite sa popularité ; et il ne trouva pas un défenseur lorsque Bonaparte, revenu d'Egypte, mit la main sur la

dictature (18 brumaire). Barras donna sa démission et se retira dans son château de Grosbois (Seine-et-Oise), où il espérait mener une existence somptueuse. Mais ses plaisanteries et celles de ses intimes au sujet des relations qu'il avait eues avec Joséphine Beauharnais, devenue Mme Bonaparte, le firent exiler à Bruxelles (1805). Après la conspiration de Mallet, il fut conduit à Rome et mis sous la surveillance de la police. Il rentra en France en même temps que les Bourbons et s'établit à Chaillot. Ses *Mémoires* ont été publiés en 1873.

BARRAUX, village, arr. et à 38 kil. N.-E. de Grenoble (Isère), sur la rive droite de l'Isère, 1,900 hab. Il doit sa célébrité au *fort Barraux*, qui défend l'entrée de la vallée de Graisivaudan. Cette forteresse, fut construite en 1596, sur le territoire français, par Charles-Emmanuel, duc de Savoie, à la vue d'une armée française commandée par le maréchal de Lesdiguières. Cet officier laissa les ennemis terminer leur ouvrage et le fournir de munitions, de vivres et de canons ; après quoi, il s'en empara par escalade (1598), ainsi qu'il avait annoncé qu'il le ferait. C'est aujourd'hui une place de guerre de quatrième classe.

* **BARRE** s. f. (celt. barr). Pièce de bois, de fer, etc., étroite et longue : *barre de bois*, *de fer* ; *barre d'appui d'une fenêtre.* — Pièce de fer longue et carrée, qui se pose, dans le foyer, en travers des chenets, pour soutenir les bûches et les tisons. — Pièce de bois transversale qui serre et soutient les fonds d'un tonneau par le milieu. — Longue pièce de bois ronde qu'on suspend horizontalement à deux cordes, pour séparer les chevaux, dans les écuries. — Petite barrière qui ferme l'entrée de l'enceinte où siègent les membres d'un tribunal, d'une assemblée politique : *on l'a mandé à la barre ; il a parlé à la barre.* — Fig. Trait de plume, de crayon, etc., que l'on fait pour annuler, biffer ou souligner, pour séparer, marquer, noter, etc. : *faire une barre sur un billet acquitté.* — Premiers exercices que l'on fait faire ordinairement aux écoliers pour leur apprendre l'écriture, et qui consiste en une suite de traits droits et parallèles : *cet écolier ne fait encore que des barres.* — Blas. Pièce honorable de l'écu, laquelle va du haut de la partie gauche au bas de la partie droite : *de gueules à la barre d'argent.* C'est l'opposé de Bande. — Mar. Espèce de banc de d'atterrissement formé à l'embouchure des rivières, et qui provient du dépôt opéré par les eaux douces et la mer, à leur point de jonction. Telles sont les barres de l'Adour, de la Gironde, du Sénégal, des Amazones, etc. Lorsqu'elle est montante, la barre force d'alléger les bâtiments ou d'attendre la marée. — Dans la Seine. Se dit des premières lames que la marée montante pousse impétueusement devant elle. — Typogr. Barre de châssis, pièce de fer qui traverse, dans le sens de la hauteur ou de la largeur, le châssis dans lequel on assemble, on impose les pages. — Fig. et fam. C'est de l'or en barre, de l'argent en barre, se dit d'une promesse sur laquelle on peut compter, d'un billet, d'un effet de commerce qui sera bien payé, d'une marchandise dont le débit est sûr et facile. — Mar. Barre d'arcasse, corde du grand arc formé par les estains appuyés sur l'étambot, qui est comme la flèche de cet arc. — Barre d'hourdy, barre parallèle et inférieure à celle d'arcasse.

Barre de pont, celle qui est à la hauteur du pont. — Barres de cabestan, celles qui servent à faire virer le cabestan. — Barres d'écoutilles, longues lattes en fer fixées par des pitons et des cadenas sur les couvertures, formées de planches, dont on recouvre les larges ouvertures qui livrent passage des ponts supérieurs à la cale ou à l'intérieur du navire. — Barres de hune, barres de perroquet et barres de cacatois, petites pièces de bois placées en travers, à différentes distances, sur l'élévation de l'ensemble du mât, et supportant la base de chacun des mâts particuliers qui forment par leur superposition le mât proprement dit. — Barre du gouvernail, sorte de levier en fer ou en bois, servant à faire mouvoir le gouvernail pour donner au navire de la rotation. — Barre franche, celle à l'aide de laquelle on tourne le gouvernail, sans drosse et sans roue, par la seule application de la main sur la barre. — Barre de port, longue poutre ou chaîne au moyen de laquelle, on barre les ports. — Barre de cuisine, assemblage de tringles de fer qui maintiennent les chaudières contre les agitations du vaisseau. — Mettre a la barre, prendre la direction du gouvernail. — Barre au vent! commandement à la suite duquel le timonier porte l'extrémité de la barre du côté où le vent frappe, pour faire arriver le navire. — Barre sous le vent! ou barre dessous! se dit pour que le bâtiment vienne au vent. — Redresse la barre! commandement pour que la barre se reporte vers le plan passant au centre du navire par la quille. — Barre a bâbord ou a tribord, ordre de pousser la barre jusqu'à ce qu'elle touche l'un ou l'autre côté du vaisseau. — Jargon. Compter a la barre, tenir sa comptabilité a la barre, se dit, chez les marchands de vins qui marquent chaque objet de consommation au moyen d'une barre faite à la craie sur une ardoise. — Barres s. f. pl. Parties les plus sensibles de la bouche du cheval, placées de chacun des côtés de la mâchoire inférieure, entre les *mâchelières* et les *crochets*, et sur lesquelles s'appuie le mors. — Lorsque les barres sont irritées par le mors, on laisse le cheval au repos ou on le remet à l'emploie qu'à un travail sans brides. — Jeux. Jeu de course entre les écoliers ou des jeunes gens qui se partagent en deux camps opposés, marqués ordinairement par un sillon, par une branche de feuillage, etc. ; dans les courses on observe certaines règles, et chaque parti s'efforce de faire des prisonniers à l'autre. — Toucher barres, atteindre la marque du camp auquel on appartient, et où l'on est dès lors en sûreté. — Barres forcées, celles où l'on ne délivre point les prisonniers, et qui ne se terminent que lorsque tous les champions d'un camp ont été successivement pris et conduits au camp de l'autre camp. — Fig. et fam. Jouer aux barres, se dit de deux personnes qui se cherchent sans se trouver. — Fig. et fam. Avoir barres sur quelqu'un, avoir sur lui quelque avantage, comme le joueur de barres sur ceux de ses adversaires qui sont partis avant lui. — Fig. et fam. Ne faire que toucher barres, ne point s'arrêter dans un endroit, en repartir presque aussitôt après y être arrivé, comme au jeu de barres, les joueurs qui rentrent au camp ne font souvent que toucher la limite, et repartent aussitôt. — Barres de justice, gros anneaux de fer pouvant glisser le long d'une barre tenue au pont dans certaines circonstances, et dont on peut dégager les anneaux au moyen d'un cadenas. On passe dans ces anneaux les jambes des hommes condamnés à subir cette punition.

BARRE, ch.-l. de cant., arr. et à 10 kil. S.-S.-E. de Florac (Lozère) ; 800 hab. Eglise calviniste.

BARRE. I. (Jacques-Jean), graveur en médailles, né à Paris le 3 août 1792, mort le 10 juin 1855, à l'Hôtel des monnaies, dont il était graveur général depuis 1842. Il a laissé plusieurs types monétaires d'un bon style, et de nombreuses médailles. — II. (Albert-Désiré), fils du précédent, né à Paris le 6 mai 1818, mort en décembre 1878; succéda à son père comme graveur général de l'Hôtel des monnaies.

BARRE (La). Voy. LA BARRE.

° BARRÉ, ÉE part. pass. de BARRER. — Blas. BARRÉ D'ARGENT ET DE GUEULES, à la barre d'argent, etc. Voy. BARRE. — DENTS BARRÉES, dents molaires dont les racines sont écartées ou tortueuses, de sorte qu'on ne peut les arracher sans briser et enlever une portion de l'arcade alvéolaire. — ↣ Mar VERGUE BARRÉE, vergue du mât d'artimon.

BARRE-A-BAS! cri de ralliement de la faction de Henri II, prince de Condé, en 1616. Ce mot signifiait, disait-on, l'intention de faire monter ce prince sur le trône, parce qu'en ôtant de ses armes la barre qui s'y trouvait, il n'y restait que les fleurs de lis.

BARRÉ s. m. (rad. barrer). Doigté particulier à la guitare, qui consiste à prendre dans la même touche deux ou trois cordes avec l'index de la main gauche, et qui a pour but de simplifier l'exécution d'un bon nombre de passages difficiles. — GRAND BARRÉ, doigté qui consiste à prendre cinq ou six cordes avec l'index de la main gauche.

BARRÉ (Pierre-Yves), vaudevilliste, né à Paris vers 1750, mort en 1832. Fonda en 1792, le théâtre du Vaudeville, qu'il dirigea jusqu'en 1815. Ses principales pièces furent: Arlequin afficheur (1792, plus de 700 représentations en 30 ans); Gaspard l'avisé, la Danse interrompue. Ces pièces et plusieurs autres furent écrites en collaboration.

° BARREAU s. m. Barre de bois ou de fer qui sert de clôture: barreaux d'une fenêtre, d'une grille. — Petit bâton qui sert à assembler et à maintenir les montants d'une chaise. — Enceinte réservée où les avocats pour plaider. — Profession d'avocat: il se destine au barreau.— Ordre, corps des avocats: la discipline du barreau; le barreau de Paris, de Rouen, etc. — Typogr. BARREAU D'UNE PRESSE, barre de fer recourbée qui se termine par un gros manche en bois et qui sert à faire tourner la vis sans fin pour presser sur la forme. — Phys. BARREAUX MAGNÉTIQUES OU AIMANTÉS, barres d'acier trempé, auxquelles on a communiqué la vertu magnétique.

BARREAUX (Jacques VALLÉE DES), célèbre poète, né à Paris en 1602, mort en 1673. Son impiété fit dire à Boileau, dans la Satire des femmes, qu'il avait vu « plus d'un Capanée

Du tonnerre dans l'air bravant les vains carreaux
Et vous parlant de Dieu du ton de Des Barreaux. »

— Plus tard, des Barreaux se convertit et composa son fameux sonnet commençant par ces mots:

Grand Dieu ! tes jugements sont remplis d'équité.

BARRELIER (Jacques), botaniste, né à Paris en 1606 ; mort en 1673. Il abandonna l'exercice de la médecine pour se faire moine dominicain, créa et dirigea, pendant plusieurs années, un magnifique jardin dans le couvent des dominicains à Rome, et laissa une histoire générale des plantes, qui n'était pas encore terminée lorsqu'il fut étouffé par un asthme, dans le couvent de la rue Saint-Honoré. Cet ouvrage fut brûlé dans un incendie ; mais on sauva les planches, que de Jussieu (Antoine) rassembla plus tard et publia sous ce titre : R. P. Barrelieri plantæ per Galliam, Hispaniam, et Italiam observatæ, etc. (Paris, 1714, in-fol.).

BARRÊME s. m. Orthographe non académique de BARÊME.

BARRÊME, ch.-l. de cant., arr. et à 17 kil. S.-E. de Digne (Basses-Alpes), au confluent du Bliois et de la Clamane, à l'entrée du Val de Barrême ; 1,050 hab.

° BARRER v. a. Fermer avec une barre par derrière : barrer une porte.—Interrompre, fermer, obstruer un chemin, un passage: barrer un chemin. — Garnir, fortifier d'une barre : barrer les fonds d'un tonneau. — Tirer un ou plusieurs traits de plume sur quelque écrit, pour montrer qu'on ne doit point y avoir égard, pour le biffer, l'annuler. — Art vétér. BARRER UN VAISSEAU, UN NERF, lier un vaisseau ou un nerf, afin d'empêcher une maladie de s'étendre d'une partie à une autre. — Mar. BARRER UN BATIMENT, obliquer la barre du gouvernail hors de propos, contrarier le navire et lui donner trop de barre.— BARRER LE CHEMIN, LE PASSAGE A QUELQU'UN, se mettre devant quelqu'un de manière à l'empêcher de passer. — Prov. et fig., BARRER LE CHEMIN A QUELQU'UN, et simplement, BARRER QUELQU'UN, le traverser dans ses projets, dans ses entreprises, lui susciter des obstacles.

BARRÈRE (Pierre), médecin et naturaliste, né et mort à Perpignan (1690-1755) ; a laissé un Essai sur l'histoire naturelle de la France équinoxiale, 1 vol. in-12, Paris, 1741 ; et Ornithologiæ specimen novum, 1 vol. in-4°, Perpignan, 1745.

BARRETO (Francisco DE), gouverneur des Indes portugaises, mort en 1574. C'est lui qui exila à Macao le poète Camôens. Il mourut sur la rivière Zambèse, (Afrique), en explorant la région que l'on appelait alors le Monomotapa.

BARRETT (J.-J. DE). Savant traducteur français d'origine anglaise, né à Condom en 1717, mort en 1792. A traduit les œuvres de Tacite et l'Histoire de Florence de Machiavel.

° BARRETTE s. f. (celt. bair head, coiffure). Espèce de petit bonnet plat: cet enfant a perdu sa barrette; autrefois, à Venise, les nobles portaient la barrette. — BARRETTE DE CARDINAL, ou absol. La barrette, bonnet carré rouge que portent les cardinaux.—RECEVOIR LA BARRETTE, être nommé cardinal.

BARRHEAD [bâ-rèdd], village manufacturier du Renfrewshire, (Ecosse), sur la Severn, à 11 kil. S.-O. de Glasgow ; 6,000 hab. Filatures de coton, fonderies de fer, etc.

° BARRICADE s. f. (rad. barrer). Retranchement qu'on fait avec des barriques remplies de terre, ou avec des pieux, des chaînes, des pavés, etc., pour se défendre, pour se mettre à couvert de l'ennemi. Le peuple de Paris fit des barricades le 12 mai 1588 (journée des barricades), le 27 août 1648 (guerre de la Fronde), les 27-30 juillet 1830, les 23-26 juin 1848. Un décret de la Défense nationale (1870), créa, pour Rochefort, une direction générale des barricades. Pendant le siège de Paris, on étudia plusieurs systèmes de barricades perfectionnées, blindées, etc. La Commune fit construire de formidables barricades. — JOURNÉE DES BARRICADES. Le 12 mai 1588, le peuple de Paris, soulevé par les Seize, obstrua les rues avec des barriques, des chaînes et autres obstacles, afin d'arrêter la marche des troupes suisses que Henri III avait appelées pour chasser Henri de Guise. Le roi, effrayé, abandonna le lendemain la capitale.

° BARRICADER v. a. Faire des barricades: barricader les rues. — BARRICADER UNE PORTE, UNE FENÊTRE, mettre derrière une porte, derrière une fenêtre, tout ce que l'on peut, pour empêcher qu'elles ne soient enfoncées. — Se barricader v. pr. S'opposer au-devant de soi tout ce que l'on peut, pour faire obstacle à l'ennemi, pour se mettre à couvert, pour se défendre. — Fig. et fam. S'enfermer pour ne voir personne.

° BARRIÈRE s. f. Assemblage de plusieurs pièces de bois servant à fermer un passage: barrière d'une avenue — Bureau garni de bar-

rières, établi aux portes des villes, pour percevoir les droits d'entrée: il fut arrêté aux barrières. — Par ext., surtout à Paris. Portes d'entrée de la ville, soit qu'il y ait ou non des barrières : la barrière du Trône ; la barrière d'Enfer, de la Villette, de l'Étoile ; la barrière Saint-Denis, Saint-Martin, etc. Il y a beaucoup de guinguettes aux environs des barrières. — Autrefois. Enceinte fermée de barrières où se faisaient les joutes, les tournois, les courses de bague, etc. — Ce qui sert de borne et de défense naturelle à un État : l'Espagne est séparée de ses voisins par de puissantes barrières ; les Alpes sont des barrières entre la France et l'Italie, servent de barrière entre l'Italie et la France. — Fig. Empêchement, obstacle à quelque chose : il faut mettre des barrières à sa puissance. — Législ. « Des barrières de dégel peuvent être placées temporairement sur les routes, afin d'empêcher leur dégradation par des voitures trop chargées. C'est aux préfets qu'il appartient de prendre des arrêtés pour suspendre le roulage sur les routes nationales ou départementales; mais il est nécessaire que le ministre des travaux publics ait préalablement indiqué les départements dans lesquels ces barrières peuvent être établies. Pendant la fermeture des barrières, ne peuvent circuler sur les routes que les courriers de la malle, les voitures vides, les voitures suspendues qui n'appartiennent à une entreprise de messageries, et les voitures chargées dont les lames ont au moins onze centimètres de largeur et dont l'attelage n'excède pas le nombre de chevaux limité par l'arrêté du préfet. Toute contravention entraine, en outre de l'amende, la mise en fourrière de la voiture et la réparation du dommage (Décret du 29 août 1863) » CH. Y.). — Traités des Barrières. Il y eut deux traités de ce nom. Le premier, signé en 1713, par la France et la Hollande, donnait comme barrières aux Hollandais: Tournay, Ypres, Menin, Furnes, Warneton, Comines et Knock. — Le second traité des Barrières fut signé, le 15 novembre 1715, par l'Angleterre, l'Allemagne et la Hollande. Ce traité cédait les Pays-Bas à l'empereur Charles VI.

BARRIÈRE (Jean-François), littérateur, né à Paris en 1786, mort en 1868, fut longtemps chef de division à l'Hôtel-de-Ville, collabora jusqu'en 1820 à la Gazette de France, au Journal de Paris, et jusqu'en 1833, au Constitutionnel, entra ensuite au Débats ; publia avec Saint-Albin Berville, la Collection de mémoires relatifs à la révolution française(1822 ; 47 vol.); a laissé aussi une Bibliothèque des mémoires relatifs au XVIIIe siècle (1859 ; 22 vol.), les Mémoires de Mme Campan, du comte de Loménie de Brienne (1838) ; La cour et la ville sous Louis XIV, Louis XV et Louis XVI (1829), etc.

BARRIÈRE (Pierre), régicide, né à Orléans, rompu vif à Melun en 1593, pour avoir voulu assassiner Henri IV. Son projet fut dénoncé par le P. Bianchi.

BARRIÈRE (Théodore), fécond et vigoureux auteur dramatique, né à Paris en 1823, mort en octobre 1877. Son bagage littéraire est trop volumineux pour que nous puissions citer ici toutes les pièces qu'il a écrit, soit seul, soit en collaboration. Voici les principales : Les Pages de Louis XI, son début en 1840; Rosière et nourrice (1842) ; la Vie de Bohème (1848) ; les Filles de marbre (1853), immense succès; l'Ane mort ; le Lys dans la vallée (1853); la Vie en rose ; la Vie d'une comédienne; les Femmes de Gavarni (1855); les Faux bonshommes (1856) ; l'Héritage de monsieur Plumet; l'Outrage; la Maison du pont Notre-Dame (1861); les Jocrisses de l'Amour; le Roi Théodoros (1838) ; La cour et la ville sous Louis XIV, Louis XV et Louis XVI (1829), etc. le Gascon (1873); le Scandale d'hier (1876); le Chemin de Damas (1876).

BARRIER REEFS [ba-rié-riffss], récifs de corail qui enveloppent les îles de la mer du Sud. Le plus remarquable de ces récifs est le *Great Barrier reef*, en face de la côte N.-E. d'Australie.

BARRINGTON. I. (John Shute, vicomte), homme de loi et publiciste anglais (1678-1734); ses principaux ouvrages sont : *Les droits des protestants non conformistes* (1705); *Miscellanea Sacra*, (1725, 2 vol.), etc. — II. **(William-Wildman)**, fils du précédent (1717-'93), chancelier de l'échiquier. — III. **(Daines)**, fils du précédent (1727-1800), juriste et naturaliste, auteur d'*Observations sur les statuts* (1766, in-4°), d'un *Calendrier du naturaliste* (1767); d'une traduction anglaise d'*Orose* (1773), et de *Mélanges sur divers sujets* (1780, in-4°). — IV. **(Samuel)**, marin, frère du précédent, mort en 1800; se signala à la prise de Sainte-Lucie et au ravitaillement de Gibraltar (1782); il mourut contre-amiral. — V. **(Shute)**, frère du précédent (1733-1826), théologien, chapelain de George III, fondateur de Sociétés charitables.

BARRINGTON (sir Jonah), homme d'Etat irlandais (1767-1834); vendu à l'Angleterre, il s'associa à l'annexion complète de l'Irlande, annexion que l'on appela union : mal récompensé, il publia le premier volume de ses *Mémoires historiques*, pour dévoiler les manœuvres secrètes des Anglais. On a prétendu que ceux-ci achetèrent son silence en lui envoyant de fortes sommes en France où il s'était réfugié pour fuir ses créanciers. Il fit paraître des *Esquisses* en 1827 et, trois ans plus tard, ayant épuisé les largesses du gouvernement, il mit au jour le deuxième et dernier volume de ses *Mémoires historiques* sur les affaires d'Irlande.

* **BARRIQUE** s. f. (rad. *baril*). Sorte de futaille ou de tonneau : *les barriques varient de grandeur, suivant les différents pays*. — Certaine mesure de vin, d'eau-de-vie, etc., qui tient le quart d'un tonneau : *ce vin coûte cent francs la barrique ou quatre cents francs le tonneau*. — BARRIQUE DE VIN, D'EAU-DE-VIE, D'HUILE, DE SUCRE, etc., barrique pleine de vin, d'eau-de-vie, etc. — Fam. et par extens. : ETRE GROS COMME UNE BARRIQUE, être très corpulent.

BARRIR v. n. (rad. *barrit*). Crier, en parlant de l'éléphant.

BARRIT s. m. (ba-ri) (lat. *barritus*). Cri de l'éléphant.

BARROIS, Comté ou Duché de Bar, *Barrensis Pagus*, ancien pays qui forme la plus grande partie du dép. de la Meuse; cap. Barle-Duc; villes principales : Saint-Michel, Pontà-Mousson, Stainville et Commercy. Comté, lors du démembrement de l'empire de Charlemagne, il devint duché en 941, sous le règne de Frédéric Ier de Mosellane, beau-frère de Hugues Capet. Au XIe siècle, les seigneurs du Barrois ne portèrent plus que le titre de comtes. L'un d'eux, Henri III, gendre du roi d'Angleterre, fut vaincu et fait prisonnier par Philippe le Bel, en 1301; il ne recouvra sa liberté qu'en rendant hommage pour la partie située sur la rive gauche de la Meuse, partie qui porta ensuite le nom de *Barrois mouvant*. Le reste, appelé *Barrois non mouvant*, releva de l'empire d'Allemagne, comme par le passé. Robert, petit-fils de Henri III, reçut le titre de duc de Bar, vers 1354. Son dernier héritier, Louis, cardinal de Bar, ayant cédé le duché à René d'Anjou, celui-ci le réunit à la Lorraine, dont il suivit ensuite les destinées (1431).

BARROS (Joâo de), historien portugais (1494-1570), gouverneur des établissements portugais en Guinée (1522) et plus tard trésorier des colonies des Indes. Son grand travail intitulé *Asie* (histoire des conquêtes portugaises, de 1412 à 1526), lui a valu le surnom de *Tite-Live* portugais, et son roman de chevalerie : *Cronica de Imperador Clarimundo* (1520), contribua à fixer la langue portugaise.

BARROSSA ou **Barossa**, village d'Espagne, à 25 kil. de Cadix. L'armée anglaise, commandée par Thomas Graham, y battit les Français, sous le maréchal Victor, le 5 mars 1811. Les vaincus y laissèrent 3,000 morts, six canons et une aigle (la première que les Anglais eussent encore prise).

BARROT. I. (Camille-Hyacinthe-Odilon), orateur et homme d'Etat, né à Villefort (Lozère), en 1791, mort en 1873; fils du conventionnel Jean-André Barrot, qui vota contre la mort de Louis XVI, il se montra d'abord très dévoué à la Restauration, mais il se jeta ensuite dans l'opposition, plaida plusieurs causes politiques, se mit à la tête du parti libéral, prépara la chute des Bourbons, comme président de la société *Aide-toi, le ciel t'aidera*, s'associa à la révolution de 1830 et fut secrétaire de la commission municipale qui appela Louis-Philippe au trône. Chef de la gauche modérée pendant la royauté parlementaire, il combattit tous les ministères, à l'exception du cabinet Thiers. Ses philippiques ardentes contre M. Guizot, lui attirèrent, de la part de celui-ci, ce mot prophétique : « Si vous arrivez au pouvoir, vous ferez plus que moi ». Odilon Barrot fut le promoteur et le héros de la fameuse campagne des banquets réformistes; mais bientôt débordé par le mouvement qu'il avait cru diriger à son gré, il abandonna ses alliés, à la dernière heure, et soutint la royauté. A la constituante de 1848, il participa à toutes les mesures qui hâtèrent la dissolution de cette assemblée. Après les élections du 10 décembre, le prince président le chargea de composer un ministère. Comme chef du cabinet, Odilon Barrot, repoussa âprement l'amnistie, combattit le suffrage universel et la liberté de la pressse, et fit voter l'expédition romaine. Ensuite le prince le congédia brusquement (octobre 1849). Il protesta contre le coup d'Etat et essaya vainement de rentrer dans la vie politique pendant le second empire. Les électeurs lui refusèrent un mandat, en 1864. En 1872, M. Thiers le nomma vice-président du Conseil d'Etat. Ses *Mémoires posthumes* (4 vol.) ont été publiées en 1875. — Il a laissé aussi : *De la Centralisation* (1861). — II. **(Victorien-Ferdinand)**, frère du précédent (1860-'70), fut ministre de l'intérieur pendant la présidence de Louis-Napoléon (du 31 octobre 1849 au 15 mars 1850), puis ministre plénipotentiaire à Turin (1850), membre du conseil d'Etat (1852), sénateur (1853) et secrétaire du Sénat (1865).

BARROW, fleuve d'Irlande; il afflue dans la baie de Waterford, après un cours de 160 kil. et communique avec Dublin par le *grand canal*.

BARROW s. m. (ba-ro), nom anglais des *tumuli*.

BARROW (Isaac), géomètre et théologien anglais (1630-77); il voyagea en Orient, devint professeur de grec à Cambridge en 1660, professeur de géométrie à Gresham en 1662, professeur de mathématiques à Cambridge en 1663 et vice-chancelier de l'université de Cambridge en 1675. On le regarde comme l'inventeur du triangle différentiel; par ses travaux, il prépara la voie que devait suivre son élève, Newton. Ses œuvres mathématiques ont été publiées par Whewell (1861), et ses écrits théologiques furent édités en 1685 (nouv. éd., 3 vol. in-8°; Edimbourg, 1842; New-York, 1845).

BARROW (sir John), explorateur anglais (1764-1848); secrétaire de l'Amirauté de 1808 à 1845, il encouragea plusieurs des expéditions dans les régions arctiques, et publia : *Histoire chronologique des voyages dans les régions arctiques depuis 1818* (1846); *Mémoires autobiographiques*, des biographies, une *Histoire des voyages dans l'Afrique méridionale* (1797, 2 vol. in-4°), traduite en français par

de Grand-Pré; *Voyages en Chine* (1794; Londres, 1804), traduits par de Castera; *Voyages en Cochinchine* (1806), traduits par Malte-Brun.

BARROW (Ile), île de la mer Arctique, découverte par le capitaine Penny (1850-'51). — Lat. N. 71° 23' 31''; long. O. 158° 41' 54''.

BARROW (Détroit de), canal large de 65 kil., conduisant du détroit de Melville au détroit de Lancastre (Amérique arctique). Il doit son nom à sir John Barrow.

BARROW-IN-FURNESS, ville maritime du Lancashire, Angleterre, à 80 kil. N.-N.-O. de Liverpool.; 18,500 hab. Il n'y avait pas plus de 300 hab. en 1842. Son accroissement extraordinaire est dû aux usines métallurgiques qui y ont été créées et qui sont aujourd'hui les plus importantes de l'univers. Riches mines de fer (hématite).

BARROYER v. n. (ba-roi-ié]. Fréquenter le barreau.

BARROZI. Voy. VIGNOLE.

BARRUEL (L'ABBÉ Augustin DE), jésuite, né à Villeneuve-de-Berg en 1741, mort à Paris en 1820, entreprit de réfuter la philosophie du XVIIIe siècle dans ses *Helviennes* (1781, 5 vol. in-12); travailla avec Fréron à l'*Année littércire*, rédigea, jusqu'en 1792, le *Journal ecclésiastique*, émigra en Angleterre, d'où il lança ses *Mémoires pour servir à l'histoire du jacobinisme* (1797-1813, 5 vol.), revint en France après le 18 brumaire, composa une apologie de Bonaparte, qui le nomma chanoine de la cathédrale de Paris (1802); puis il publia : *Du pape et des droits religieux* (1803), en faveur du concordat; *Histoire du clergé pendant la Révolution* (1804, 2 vol.); *Obstination des Jacobins* (1814), etc.

BARRUEL DE BEAUVERT (Antoine-Joseph, COMTE), écrivain royaliste, né à Bagnoles (Orne), en 1756, mort en 1817; collabora aux *Actes des Apôtres*, écrivit quelques opuscules contre Bonaparte qui le fit arrêter et le garda en prison jusqu'en 1802. Ses sollicitations en vers et en prose lui firent obtenir un emploi d'inspecteur des poids et mesures à Besançon (1808).

BARRUNDIA (José-Francisco) [bar-rounndi-a], homme d'Etat de l'Amérique centrale, né à Guatémala en 1780, mort en 1854. Après s'être distingué dans la lutte contre l'Espagne, il fut envoyé à la première assemblée constituante républicaine, devint président en 1829 et s'occupa surtout de réformer l'administration et l'instruction publique. En 1852, lorsque les cinq états de l'ancienne république se réunirent de nouveau, il fut élu président à l'unanimité; deux ans plus tard, le Honduras le nomma ministre plénipotentiaire aux Etats-Unis.

BARRY. I. (SIR Charles), architecte anglais (1795-1860), constructeur des nouvelles Chambres du Parlement. — II. (Gerald ou Giraldus Cambrensis), historien anglais, mort vers 1220; il fit son éducation à l'Université de Paris, fut chapelain de Henri II et conseiller privé du prince (ensuite roi) Jean. Il est auteur de nombreux ouvrages, dont plusieurs ont été imprimés et parmi lesquels on cite comme les modèles d'un style vif et pittoresque : *Itinerarium Cambriæ*; *Speculum Ecclesiasticum*; *De Gestis Geraldi laboriosis*. — III. (James), peintre irlandais (1741-1806), auteur d'une série de tableaux sur les progrès de la civilisation, dont le plus remarquable est *Les vainqueurs à Olympia*. Il fut envoyé de l'Académie de peinture de Londres à cause de l'enthousiasme avec lequel il accueillit la Révolution française; et écrivit un ouvrage intitulé : *Recherches sur les obstacles au progrès de l'art en Angleterre* (1775). — (Martin), physiologiste anglais (1802-1855). Ses *Recherches d'embryologie*, publiées dans le recueil de la Société royale de Londres, montrèrent comment se développent l'œuf et l'embryon chez les mammifères. Dans d'autres mémoires, il étudia successivement les corpuscules du sang, les tissus organiques, la formation du chorion, etc.

BARRY (Melchisédech), fameux charlatan qui s'intitulait pompeusement *médecin chimique*, par opposition aux *galéniques* de la Faculté. Il parcourut la France et l'Italie en compagnie d'une troupe de saltimbanques qui attiraient la foule; il mourut, à l'âge de quatre-vingts ans, à l'hôpital d'Amiens, vers 1554.

BARRY (Du), famille noble de Toulouse, devenue célèbre pour avoir donné *son nom* à la maîtresse de Louis XV, MARIE-JEANNE Bécu, dite GOMARD DE VAUBERNIER, COMTESSE DU BARRY. Cette courtisane, née à Vaucouleurs, le 19 août 1743, de père inconnu, porta d'abord le nom de sa mère, Anne Bécu, fille de mauvaise vie que l'on avait surnommée la Quantigny. Venue jeune à Paris, cette future comtesse connue sous le nom de *Lange* (d'un certain minime picpus, qui avait été lié avec sa mère et qu'elle considérait comme son père), tomba dans le dernier degré du vice et fit la connaissance de Jean du Barry, viveur ruiné qui lui rendait de fréquentes visites chez la Gourdan, entremetteuse à la mode parmi les débauchés. Ce comte Jean du Barry, réduit aux derniers expédients pour vivre, offrit la belle *Lange* au roi Louis XV. Ce dernier, qui n'avait plus de maîtresse en titre depuis la mort de Mme de Pompadour (1764), résolut d'élevercette dévergondée au rang si envié de maîtresse royale. Mais rougissant de tomber si bas, il lui donna un autre nom, celui de *Gomard de Vaubernier*, d'un abbé qui se croyait, lui aussi, des droits à la paternité de Mlle Bécu. Sur l'ordre du roi, elle fabriqua un faux acte de naissance, dans lequel il plaça comme père de la favorite, le nom de son propre frère, Jean-Jacques Gomard de Vaubernier, mort depuis longtemps; en outre, il rajeunit celle-ci de trois années, afin de bien mériter les largesses dont il avait le plus pressant besoin et la place d'aumônier du roi qui lui avait été promise. Devenue noble, Jeanne Bécu, que l'on chansonnait toute la France sous le nom de la *Belle Bourbonnaise*, ne pouvait encore figurer à la cour; faute d'un *état*, comme on disait alors. Pour lui donner un nom, le comte Jean du Barry, qui ne pouvait l'épouser, vu qu'il était marié, fit venir de Toulouse, son frère, le comte Guillaume du Barry, pauvre officier gascon, auquel on unit, le 1er septembre 1768, Mlle Lange, devenue Jeanne Gomard de Vaubernier. Aussitôt la cérémonie terminée, l'époux complaisant retourna dans son pays vivre de ses rentes. Mme du Barry, installée à Versailles, fut *présentée* et eut, dès lors, une position officielle, une liste civile; elle plaça richement tous les parents de son mari et enrichit la mère Bécu, devenue Mme de Montrable. Son influence sur le roi fut désastreuse pour la France; elle fit congédier le ministre Choiseul, exiler le Parlement de 1771, donner la direction des affaires au duc d'Aiguillon, au chancelier Maupeou et à l'abbé Terray. On a évalué à 35 millions de francs le total de ses dilapidations personnelles. C'est pour elle que Louis XV fit bâtir le pavillon de Luciennes, près de Marly; le roi parla même de l'épouser, et le cardinal de Bernis se chargea d'entamer, avec la cour romaine, des négociations pour faire annuler le mariage de Mme du Barry. Louis XV mourut sur ces entrefaites; son successeur, Louis XVI, se hâta de débarrasser la cour de cette femme impudique qui fut conduite au couvent de Pont-aux-Dames. Elle fut autorisée, en 1776, à revenir dans son pavillon de Luciennes, où elle vécut avec son amant, le duc de Brissac. Elle était immensément riche. Outre des domaines, elle possédait une rente de 150,000

livres qu'elle toucha jusqu'en 1793. Pendant la Révolution, elle fit plusieurs voyages à Londres, ce qui parut suspect; elle fut arrêtée le 27 septembre 1793. Convaincue d'avoir visité Pitt et entretenu des relations avec les émigrés, elle fut condamnée à mort. Pour gagner du temps, elle fit de prétendues révélations et dénonça au hasard 240 personnes, dont plusieurs furent condamnées; ensuite elle révéla une à une toutes les cachettes où se trouvaient enfouis ceux de ses innombrables bijoux qu'elle n'avait pas encore fait passer à l'étranger. Le 18 frimaire an II, lendemain de sa condamnation, elle fut conduite au supplice. En face de l'échafaud, elle montra une lâcheté bien rare à cette époque de surexcitation et d'énergie. Les *Mémoires*, les *Lettres*, les *Anecdotes* et autres recueils publiés sous le nom de Mme du Barry sont apocryphes.

BARS s. m. Orthographe non académique de BAR, sorte de poisson.

BARS [barche], comté situé au S.-O. de la Hongrie; 2,672 kil. carr.; 138,000 hab.; célèbre par ses richesses minérales. Ch.-l. Kremnitz.

BARSAC, commune de l'arrond. et à 32 kil. S.-E. de Bordeaux (Gironde); 2,000 hab. Fameux vins blancs dits de *Graves*.

BARSE s. f. Boîte d'étain dans laquelle on apporte le thé de la Chine.

BARSET s. m. Petit bar. On le fait cuire à l'eau salée, ou griller comme le merlan.

BARSUMA ou **Barsoumas**. I. Evêque nestorien, mort vers 489. Chassé de l'école d'Edesse, il se réfugia en Perse, avec plusieurs compagnons, fut nommé évêque de Nisibis en 435 et y établit une école d'où sortirent des prêtres et des missionnaires chargés de combattre l'Eglise d'Orient.—II. Archimandrite syrien qui se mit à la tête du parti Eutychien au concile d'Ephèse, en 449.

BAR-SUR-AUBE, *Segessera, Barrum ad Albulam, Bar Albula*, ch.-l. d'arr. (Aube) à 53 kil. E. de Troyes, dans une charmante situation, sur la rive droite de l'Aube, au pied de la montagne Sainte-Germaine, au milieu d'un vignoble estimé. 4,900 hab. Les Romains y bâtirent une forteresse qui fut détruite par les Huns. Sur la montagne qui domine la ville, sainte Germaine, patronne du pays, fut massacrée par les soldats d'Attila, dans le prieuré qu'elle avait fondé. Ensuite Bar devint capitale du Vallage, qui passa dans les domaines des comtes de Champagne et fut réuni à la couronne en 1328. En janvier et février 1814, Bar fut témoin de deux batailles. Dans la première, qui fut livrée le 24 janvier 1814, le maréchal Mortier battit les Autrichiens et leur infligea des pertes sensibles; mais dans la seconde, les Français, commandés par Oudinot et Macdonald, furent presque complètement anéantis par les alliés, le 27 février. La ville, détruite par la canonnade, se releva lentement. Elle renferme plusieurs édifices remarquables : église Saint-Maclou, mon. histor. en partie du XIIe siècle; clocher central en bois; tour carrée du XIIIe siècle; pierres tumulaires des XVe et XVIe siècles. — Eglise paroissiale, mon. histor. des XIIe et XVIe siècles; porches, galeries, sculptures. — 6 ponts sur l'Aube. — Marchés considérables de céréales. — Lat. N. 48° 14' 2"; long. E. 2° 22' 21".

BAR-SUR-ORNAIN. Voy. BAR-LE-DUC.

BAR-SUR-SEINE, *Barum ad Sequanam*, ch.-l. d'arr. (Aube), à 33 kil. S.-E. de Troyes, sur la rive gauche de la Seine (2,950 hab.), ville très ancienne, l'un des sept comtés-pairies de Champagne, brûlée en 1359 par le Lorrain Brongniart de Terre-Frange, saccagée et dépeuplée par les Troyens catholiques, pendant les guerres religieuses. — Très ancien pont; débris de l'ancien château fort; jolie église de la fin du XVIe siècle; chapelle de la commanderie d'Avalleur (XIIe siècle). Fabr.

d'eaux-de-vie. Récolte et comm. de vins, de chanvre, de laine et de bois.— Le 1er mars 1814, Macdonald y livra aux Austro-Russes, commandés par le prince de Würtemberg, un combat désespéré, à la suite duquel, écrasé par le nombre, il dut battre en retraite. — Lat. N. 48° 6' 50"; long. E. 2° 2' 11".

BART, Barth ou **Baert (Jean)** [bar], le plus populaire des marins français, né à Dunkerque le 21 octobre 1650, d'une famille d'armateurs jouissant d'une grande notoriété sur les rivages flamands. Son père, Cornille Bart, et son grand-père, Antoine Bart, s'étaient distingués comme capitaines corsaires, pendant les guerres contre les Anglais. A peine au sortir de l'école, où il avait appris tout au plus à signer son nom, commença pour lui la vie de bord, à l'âge de douze ans. Pendant la guerre entre l'Angleterre et la Hollande, il prit du service sur la flotte de Ruyter et s'instruisit dans la science des manœuvres navales; mais quand Louis XIV déclara la guerre aux Provinces-Unies, en 1672, il quitta la marine hollandaise et arma un navire en course. Le total de ses prises fut de 52 en 5 années. Le roi lui donna ensuite le commandement de 2 frégates, en 1681, et l'envoya combattre les pirates de Salé, qu'il châtia rudement. En 1687, il reprit la course contre les Hollandais; associé au chevalier de Forbin, il fit une campagne pendant laquelle il fut, ainsi que son compagnon, capturé par les Anglais; mais ils s'enfuirent de leur prison de Plymouth. (1689). Sur l'ordre du roi, on donna à chacun d'eux le commandement d'un vaisseau, ce qui leur permit de prendre leur revanche. Mis à la tête d'une petite escadre, et ayant Forbin sous ses ordres, Jean Bart sortit de Dunkerque, traversa une imposante flotte anglaise, lui échappa, jeta la terreur dans la mer du Nord et arriva à Bergue (Norvège) avec un nombre considérable de prises. Au retour, Forbin le présenta à la Cour, où il fut reçu avec admiration, malgré la brusquerie de sa parole et la rudesse de ses manières. De nouveaux succès lui valurent le titre de chevalier de Saint-Louis. Il remercia le roi en délivrant un convoi de vivres que les Hollandais avaient pris et dont la perte allait jeter la famine dans nos ports (1694); l'année suivante, il se signala pendant la défense de sa ville natale assiégée. Enfin, le 19 juin 1696, il remporta une grande victoire navale sur les Hollandais et prit ou brûla plus de 80 navires marchands; après cette fameuse affaire, il fut élevé au grade de chef d'escadre. Il mourut d'une pleurésie, le 27 avril 1702. Dunkerque lui a élevé, en 1845, une statue due au ciseau de David d'Angers. — Son fils, CORNILLE BART, devint vice-amiral en 1753 et mourut 2 ans plus tard. — La tradition populaire a attribué à Jean Bart une foule d'aventures qui lui sont étrangères.

BARTAS (Guillaume de Salluste, SIEUR DU) [bar-tâss], poète, né à Montfort, près d'Auch, [bar-tâss], mortellement blessé à la bataille d'Ivry (1590). Gentilhomme protestant au service de Henri IV, il servit ce prince comme soldat et comme diplomate. Ses poésies pompeuses, dans lesquelles il semble exagérer à plaisir les défauts de l'école de Ronsard, obtinrent une vogue immense. Il donna d'abord la *Muse chrétienne*; puis la *Première semaine ou la Création* qui eut 30 éditions en 6 années, fut traduite dans toutes les langues, même en danois, et donna au Tasse l'idée de son poème des *Sept journées*. Les œuvres complètes de du Bartas, imprimées à Paris, in-f° 1611, renferment, en outre : *Judith* (6 livres); *Triomphe de la Foy* (4 chants); *Seconde semaine*, très critiquée; *Histoire de Jonas*; *Lépanthe de Jacques VI*; *Cantique sur la victoire d'Ivry*; *Suite de la seconde semaine* et quelques opuscules.

* **BARTAVELLE** s. f. Espèce de perdrix

rouge, plus grosse et d'un plumage plus cendré que la perdrix rouge ordinaire. On l'appelle aussi *perdrix grecque* (*perdrix græca*, Briss.). Elle se tient le long des grandes chaînes de montagnes. En France, on ne la trouve guère que dans le Midi. Elle descend des montagnes à l'époque de la ponte et à l'approche de la mauvaise saison.

BARTFEDT [bart-felt] (hongr. *Bartfa*), ville du N. de la Hongrie, comté de Saros, à 245 kil. N.-E. de Pesth; 5,500 hab. Eglise gothique; sources minérales aux environs. Le premier synode des Hongrois protestants fut tenu à Bartfeldt.

BARTH [bartt] ville de Poméranie (Prusse), à l'embouchure de la rivière Barth; 23 kil. O. de Stralsund; 6,150 hab. Elle appartint à la Suède depuis 1630 jusqu'en 1815.

BARTH (Christian-Gottlob), philanthrope allemand (1799-1862), auteur d'une *Histoire de la Bible* et de *Récits bibliques* dont il a été imprimé un million d'exemplaires.

BARTH (Heinrich), explorateur né à Hambourg en 1821, mort à Berlin en 1865. En 1845, il explora le N. de l'Afrique, depuis le Maroc jusqu'en Egypte. Cinq ans plus tard, il repartit, sous les auspices du gouvernement anglais, avec Richardson et Overweg, pour l'Afrique centrale. Ces trois explorateurs se rendirent d'abord de Tripoli à Mourzouk et à Agadez, où ils se séparèrent en se donnant rendez-vous à Kouka. Richardson mourut en route; mais Barth et Overweg se réunirent le 7 mai 1851. Overweg resta à explorer le lac Tchad et Barth se rendit à Adamawa. Ensuite, ils visitèrent ensemble Mandara et revinrent à Kouka où mourut Overweg (1852). Barth atteignit Tombouctou, le 7 septembre 1853. Il explora les contrées avoisinantes et revint en 1854, à Kouka, où il resta jusqu'en mai 1855. Il arriva à Marseille, le 8 septembre. Ses « Voyages et découvertes en Afrique» furent publiés simultanément en anglais et en allemand (5 vol. 1855-'8). Barth fit ensuite, dans la Turquie d'Europe et la Turquie d'Asie, plusieurs voyages dont il a publié les récits. Au moment de sa mort, il était professeur extraordinaire de géographie à l'université de Berlin.

BARTHE (Félix), magistrat et homme d'État, né à Narbonne en 1795, mort en 1863. Membre de la haute vente des Carbonari, il se distingua dans la défense de ses secrets associés : colonel Caron et sergents de la Rochelle. Louis XVIII et Charles X n'eurent pas d'ennemi plus véhément. Elu député de Paris, après la révolution de juillet, à laquelle il s'était mêlé d'une façon très active, il devint ministre de l'instruction publique (1830), de la justice (1831-'34), premier président de la cour des comptes (1834), ministre de la justice (1837-'39) et reprit son poste à la cour des comptes en 1839. Son arrivée au pouvoir ayant profondément modifié les idées libérales de sa jeunesse, il fut révoqué en 1848. L'empire le fit sénateur en 1852.

BARTHÉLEMITE s. m. Clerc séculier de la congrégation des Barthélemites. — s. m. pl. Ordre religieux chassé d'Arménie et établi à Gênes en 1307. Les barthélemites conservaient l'image que le Christ envoya, dit-on, au roi Abgarus. Cet ordre fut supprimé par le pape Innocent X en 1650.

BARTHÉLEMY (Saint), l'un des 12 apôtres, natif de Galilée, et sans doute le Nathanael dont parle saint Jean. D'après Eusèbe, il prêcha dans les Indes. On ne sait pas exactement où il mourut; mais on croit qu'il subit le martyre en Arménie, où il fut écorché vif, puis crucifié, (vers l'an 71). Fête : le 24 août, dans l'Eglise catholique et le 11 juin, dans l'Eglise grecque.

BARTHÉLEMY (Auguste-Marseille), poète, né et mort à Marseille (1796-1867), écrivit d'abord, dans des journaux provençaux, quelques articles antilibéraux, qui lui valurent la faveur du gouvernement royaliste. Il vint à Paris en 1825 et, associé à son compatriote Méry, se lança dans l'opposition. On vit paraître successivement les *Sidiennes* (de Sidi, ambassadeur de Tunis au sacre de Charles X); la *Villéliade*, satire contre le ministre de Villèle; les *Jésuites* (1826); les *Grecs, épître au Grand Turc* (1829); *Rome à Paris* (1826); la *Peyronnéide* (1826), contre le ministre Peyronnet; la *Censure, ou le Congrès des ministres* et plusieurs autres pièces de vers dans lesquels nos deux satiriques attaquaient le système gouvernemental, aux applaudissements de l'opposition. Ils écrivirent ensuite *Napoléon en Egypte*, poème apologétique qui obtint un succès d'enthousiasme (1828); le *Fils de l'homme*, sur le duc de Reichstadt, brochure qui fut saisie et valut à Barthélemy trois mois de prison et 1000 fr. d'amende, malgré son éloquent *plaidoyer* en vers (1829); *Waterloo*, dans lequel les auteurs dénoncent comme déserteur le ministre Bourmont (1829) etc. Après la révolution de 1830, ils glorifièrent les vainqueurs dans un poème intitulé l'*Insurrection*, que Louis-Philippe crut payer suffisamment en offrant une pension de 1,200 fr. à Barthélemy. Décidé à vendre plus cher des coups d'encensoir, le poète se fit républicain ou bonapartiste, ce qui était alors à peu près la même chose, et fonda sa fameuse *Némésis*, journal hebdomadaire en vers, dans lequel, toujours associé à Méry, il attaqua tous les actes du nouveau gouvernement (1831-1832). Louis-Philippe dut céder ; il accorda à l'écrivain une somme en rapport avec ses besoins, et Barthélemy devint, du jour au lendemain, le plus fervent admirateur d'un gouvernement qu'il avait combattu pendant deux années, avec une extrême véhémence. La *justification de l'état de siège* (1832) fut la première palinodie du poète. Il essaya ensuite d'expliquer sa conduite dans *Ma Justification* (1832), brochure en vers, qui contient des maximes à l'usage des consciences élastiques :

> L'homme absurde est celui qui ne change jamais ;
> Le coupable est celui qui varie à toute heure
> Et trahit, en changeant, sa voix intérieure.

Barthélemy publia encore : l'*Ecole du peuple ou l'instruction primaire* (1833) ; l'*Enéide*, traduction (1834) ; la *Bouillotte* (1839) et autres fadeurs didactiques telles que le *Baccarat* (1843) la *Syphilis*, traduction en vers du poème latin de *Fracastor* ; la *Nouvelle Némésis* (1834); la *Vapeur* (1843). Il adopta la révolution de 1848 et la chanta même : mais il se tourna presque aussitôt vers le prince Louis-Napoléon ; il fit, en son honneur, le *Deux Décembre*, poème apologétique publié dans le Siècle. Il composa ensuite plusieurs ouvrages obscurs, parmi lesquels la *Tauride*, qui fut remarquée en Allemagne beaucoup plus qu'en France.

BARTHÉLEMY (François, MARQUIS DE), diplomate, neveu et élève de Jean-Jacques Barthélemy, né à Aubagne, en 1747, mort à Paris, en 1830. Protégé par le duc de Choiseul, ami de son oncle, il fut secrétaire de légation en Suisse, en Suède et en Angleterre. La Révolution le nomma ministre plénipotentiaire en Suisse (1791). Ce fut lui qui négocia et signa les traités de Bâle (1795). Nommé membre du Directoire exécutif (1796), il revint à Paris, fut arrêté au dix-huit fructidor et déporté à Sinnamari avec Pichegru et plusieurs autres. Il réussit à s'évader et à passer aux Etats-Unis, puis en. Angleterre. Bonaparte le rappela, le fit sénateur (1800), et comte de l'Empire. En 1814, Barthélemy s'empressa de voter la déchéance de Napoléon et alla complimenter officiellement l'empereur de Russie. La Restauration le nomma pair de France, marquis et ministre d'Etat.

BARTHÉLEMY (Jean-Jacques), écrivain, né à Cassis (Provence) le 20 janvier 1716, mort le 30 avril 1795. Destiné d'abord à l'état de prêtre, il renonça ensuite à exercer les fonctions du ministère sacré ; mais il porta pendant toute sa vie un habit ecclésiastique, et fut connu sous le nom de l'*abbé* Barthélemy. Il vint à Paris en 1744, étudia la numismatique, et fut nommé, en 1753, garde du cabinet des médailles à la bibliothèque du roi; en peu d'années, il doubla la collection qui lui était confiée. Sa réputation, comme écrivain et comme savant, repose sur son grand ouvrage, le *Voyage du jeune Anacharsis en Grèce*, chef-d'œuvre dont on ne compte plus les éditions (voy. ANACHARSIS). Il a donné, en outre, de nombreux mémoires, insérés, pour la plupart, dans le Recueil de l'Académie des Inscriptions, académie dont il faisait partie depuis 1747. L'édition la plus complète des œuvres de Barthélemy est celle de Villenave, 1821, 4 vol. in-8°. Barthélemy fut reçu à l'Académie française en 1789. La Révolution le ruina; il fut arrêté un instant et privé de ses places. En 1795, il redevint garde du cabinet des médailles. Ses *Œuvres* comprennent un *Voyage en Italie*, voyage de deux ans (1755-'57) pendant lequel il avait découvert un grand nombre d'antiquités et conçu, à la vue des ruines de Rome, d'Herculanum et de Pompéi, l'idée de son *Anacharsis*.

BARTHÉLEMY (La Saint-), massacre des huguenots français, le dimanche 24 août 1572, jour de la Saint-Barthélemy. Le mariage de Henri de Navarre avec Marguerite de Valois fut l'occasion saisie par Catherine de Médicis pour exécuter la promesse faite depuis longtemps d'anéantir le parti protestant. Toutes les précautions ayant été prises pour dissiper les défiances des huguenots, littéralement accablés de caresses depuis quelque temps, les noces furent célébrées, le 18 août, et suivies de quatre ou cinq jours de fêtes, de bals, de banquets, auxquels ne manqua pas d'assister la noblesse protestante du royaume. Un acte de vengeance particulière éveilla pourtant les défiances. Deux jours avant le signal du massacre, l'amiral Coligny, revenant du Louvre à son hôtel, fut blessé d'un coup d'arquebuse tiré par Maurevert, assassin de profession que les Guises nourrissaient depuis longtemps pour cet objet. Mais le meurtrier ayant réussi à s'enfuir, rien ne transpira du complot et le roi se rendit auprès de l'illustre blessé qu'il combla de marques d'intérêt. Catherine de Médicis elle-même affecta une violente indignation, à la nouvelle de cet attentat qu'elle avait préparé. L'émotion causée par cette tentative de meurtre donna à cette hypocrite princesse l'occasion de mettre le faible Charles IX au courant de ce qui se tramait. Dans un conseil tenu le 23 août, elle représenta les huguenots comme prêts à se soulever et à recommencer la guerre civile, et dit qu'il valait mieux en finir par un massacre pendant qu'on avait les chefs sous la main. Le roi refusa d'abord son autorisation ; mais sur l'insinuation qu'il avait peur des huguenots, il éclata et se montra ensuite plus acharné que ses odieux conseillers à l'accomplissement de cette œuvre sanguinaire. Pendant la nuit, un mouvement inaccoutumé de troupes et de milices bourgeoises alarma les protestants qui accoururent en foule vers le palais du Louvre pour en apprendre la cause ; tous les passages leur furent fermés. Le signal devait être donné par l'horloge du Palais; mais Catherine, anxieuse, devança l'heure convenue et fit sonner, dès l'aube du 24, le tocsin à Saint-Germain l'Auxerrois. Aussitôt le bruit des cloches, les arquebusades, le tumulte, les hurlements des assassins et les cris des victimes annoncèrent que les *matines de Paris* étaient commencées. Guise, d'Aumale, le comte d'Angoulème et une nombreuse suite se précipitèrent vers l'hôtel de Coligny. Les portes enfoncées, une bande de forcenés se rua sur le vieillard qui fut achevé, jeté par la fenêtre et roulé à coups de pied dans le ruisseau; après quoi sa tête fut coupée, portée au roi et embaumée pour être envoyée au pape. Dans le même temps, Charles IX faisait égorger sous ses yeux, la fleur de la noblesse qu'il avait réunie au Louvre. Il fit amener devant lui Henri de Navarre et le prince de Condé : « Je ne veux qu'une religion dans mon royaume : la messe ou la mort; choisissez! » leur dit-il. Henri choisit la messe; Condé se montra plus ferme; mais on l'épargna. Le carnage s'étendait par toute la ville. Les soldats entraient dans les maisons désignées d'avance et égorgeaient tout ce qui s'y trouvait. On peut se faire une idée de la frénésie qui les animait, en songeant qu'ils éventraient les femmes enceintes pour arracher de leurs flancs les petits huguenots qu'ils donnaient ensuite aux chiens et aux pourceaux. Les prétendus conspirateurs étaient poursuivis sur les places publiques, dans les rues et jusque sur les toits. Le massacre, commencé le dimanche, 24 août, se continua le 25 et le 26, accompagné de pillage, de viol, et de dévastation des maisons. De la fenêtre de sa chambre au Louvre, le roi tira sur les fuyards, en criant : « tuez! tuez! ». Le 27, il alla visiter les restes de Coligny au gibet de Montfaucon. C'est là qu'il dit à ses courtisans : « Je ne me bouche pas le nez comme vous autres, car l'odeur de son ennemi est très bonne » (Brantôme). Pendant ces trois jours tombèrent assassinés : La Rochefoucauld, Caumont de la Force, Ant. de Clermont, l'avocat Ferrières, l'historien La Place, le philosophe Ramus, le statuaire Jean Goujon, et une foule de bons officiers et de grands savants. Le 28 août, un Te Deum solennel, auquel le roi assista, fut chanté à Notre-Dame afin de remercier Dieu de la victoire remportée sur les hérétiques. Des ordres envoyés dans toutes les provinces pour un massacre simultané furent exécutés à Meaux le 25 août; à La Charité, le 26; à Orléans, le 27; à Saumur et à Angers, le 29; à Lyon, le 30; à Troyes, le 2 septembre; à Bourges, le 11; à Rouen, le 17; à Toulouse, le 23; à Romans, le 30 et à Bordeaux le 3 octobre. D'après Sully, 70,000 huguenots, y compris les femmes et les enfants, furent égorgés dans toute l'étendue du royaume; La Popelinière réduit le chiffre des victimes à 20,000; Adriani, de Serres et de Thou disent 30,000; Davila, 40,000; Pérélixe, 100,000. Dans la seule ville de Paris, 500 personnes nobles et 6,000 roturiers furent tués.—Plusieurs gouverneurs s'honorèrent en refusant d'exécuter les ordres de la cour. D'Orthez, gouverneur de Bayonne, eut, dit-on, le courage d'écrire au roi : « Je n'ai trouvé ici que de bons citoyens et de braves soldats; mais pas un bourreau ». Montmorency, dans l'Ile de France; Longueville, en Picardie; Matignon, en Basse-Normandie; Chabot de Charny, en Bourgogne; Sigognes, à Dieppe; de Gordes, en Dauphiné; Joyeuse, en Languedoc; de Tende, en Provence; Saint-Hérem, en Auvergne; la municipalité de Nanterre, ne se montrèrent pas moins fermes dans leur résistance. — En apprenant ce massacre, le pape Grégoire XIII publia un jubilé universel et Philippe II manifesta une grande joie. Mais ce crime fut plus nuisible qu'utile à la religion. Les protestants exaspérés coururent aux armes et se relevèrent plus indomptables que jamais. — Saint-Barthélemy. s. f. Massacre : pendant le coup d'Etat, on fit une Saint-Barthélemy de républicains. — Dans le langage populaire, une Saint-Barthélemy est le contraire d'une QUATRE-VINGT-TREIZE. (Voy. ce mot.)

BARTHELEMY (Ile Saint-), colonie française, dépendance de la Guadeloupe (petites Antilles); ch.-l. Gustavia, bon port, mais d'un accès difficile. L'île mesure 25 kil. de tour et 21 kil. carr.; 2,592 hab., dont les quatre cinquièmes appartiennent à la race noire. Terri-

toire fertile, bien que privé d'eau. Production de sucre, d'indigo et de café. Colonisée par les Français en 1648, vendue à l'ordre de Malte en 1651, acquise par la Compagnie des Iles de l'Amérique en 1665, puis par l'Etat en 1675, cette petite île, renfermant alors 500 hab., resta française jusqu'en 1784, époque où un traité la céda à la Suède, qui y fonda Gustavia et y creusa un port de relâche pour ses vaisseaux. Les Anglais, qui s'en emparèrent en 1801, la restituèrent à la paix. Quoique possession suédoise, elle demeura française par les mœurs et la langue de ses habitants. La Suède l'abandonna à la France le 16 mars 1878, en vertu d'une convention conclue à Paris les 10 août et 31 octobre 1877. La population, consultée, se prononça pour le retour à sa patrie primitive, à l'unanimité moins une seule voix. — Lat. N. 17° 54' 27''; long. O. 65° 5' 49".

BARTHEZ ou **Barthès** [bar-tèss] (Paul-Joseph), médecin, né à Montpellier en 1734, mort à Paris, le 15 octobre 1806. Professeur de médecine à Montpellier, collaborateur du Journal des savants et de l'Encyclopédie, membre de l'Institut en l'an VIII, médecin du gouvernement en 1802, médecin consultant de Napoléon. Il expliqua l'économie animale par la théorie du principe vital et la subordonna aux contradictions de Dumas, de Cabanis, etc. On l'a surnommé le Hegel de la science médicale. Ses Nouveaux éléments de la science de l'homme (1768, 3 vol., 1858, 2 vol.); sa Nouvelle mécanique des mouvements de l'homme et des animaux; son Traité des maladies goutteuses (1819, 2 vol.); ses Consultations de médecine (1810, 2 vol.), sont autant d'ouvrages qui mériteront d'être traduits dans toutes les langues. — Voy. LORDAT : Exposition de la doctrine médicale de P.-J. Barthez (1818).

BARTHOLD (Friedrich-Wilhelm), historien allemand (1799-1858), professeur à Kœnigsberg et à Greifswald, auteur d'ouvrages estimés, entre autre: l'Allemagne et les huguenots (1848); Histoire de la Hanse allemande (1854, 3 vol.); Histoire de l'art militaire des Allemands (1855).

BARTHOLDY (Jakob-Salomon), diplomate prussien, d'une famille juive, né à Berlin en 1779, mort en 1825. Il laissa une grande collection de bronzes, de vases, etc., qui se trouvent au musée de Berlin. Son livre sur le Carbonarisme et sa Guerre des Tyroliens, reflètent les idées, les opinions des classes officielles pendant la première partie du XIX° siècle.

BARTHOLE, jurisconsulte. Voy. BARTOLE.

BARTHOLIN. I. (Kaspar), médecin danois, professeur à Copenhague, né à Malmoë en 1585, mort en 1629. Son ouvrage principal, Institutiones Anatomicæ, Wittemb. 1611, trad. en français par Duprat, 1647, fut longtemps classique. — II. (Berthel), fils aîné du précédent (1614-90), a laissé une Bibliotheca selecta, parue en 1669. — III. (Thomas), frère du précédent (1616-'80), médecin du roi. On lui attribue l'honneur d'avoir démontré l'existence des vaisseaux lymphatiques; mais la priorité de cette découverte paraît appartenir à Olaus Rudbeck. De ses ouvrages très nombreux, nous citerons : Anatomia ex Gasparis Bartholini institutionibus, Leyde, 1641, in-8°, traduit en plusieurs langues.

BARTHOLO, personnage du Barbier de Séville, de Beaumarchais, type du tuteur jaloux dont les précautions les plus minutieuses restent inutiles.

BARTHOLOMEW BAYOU, rivière de l'Amérique septentrionale, née dans l'Arkansas (Etats-Unis) et affluent de la Vashita, dans la Louisiane. Cours navigable; 400 kil.

BARTLETT. I. (Elisha), médecin américain (1805-'55), auteur d'« Essais sur la philosophie de la science médicale »; de « Recherches sur le degré de certitude en médecine »; des

« Fièvres des Etats-Unis », etc. — II. (Joseph), aventurier américain (1763-1827), voyagea en Angleterre, joua, fut jeté en prison, y écrivit une pièce de théâtre et, redevenu libre, monta sur la scène. Ensuite, il se rembarqua pour son pays, fit naufrage sur le cap Cod, fut élu capitaine par les révoltés de Massachusetts, pendant la rebellion de Daniel Shays (1786), devint poète, publia « Aphorismes sur les hommes, les principes et les choses » et le « Nouveau vicaire de Bray ». Il mourut dans une grande pauvreté. — III. (Josiah), homme d'Etat américain (1729-'95). Député de la colonie de Massachusetts, il fut l'un des signataires de la déclaration de l'indépendance. — IV. (William-Henry), voyageur, dessinateur et graveur anglais (1809-'54), auteur d'environ mille planches et de nombreuses descriptions des pays qu'il a visités. Ses publications comprennent : « Beautés du Bosphore », « Paysages américains », « Paysages et antiquités d'Irlande », des travaux sur la Suisse, l'Egypte et la Terre-Sainte.

BARTOLE ou **Barthole**, célèbre jurisconsulte italien, né à Sasso-Ferrato (Ombrie), vers 1300, mort à Pérouse en 1356. Ses œuvres, longtemps classiques, ont été publiées à Venise, 1499, 4 vol. in-fol. Il rédigea la fameuse Bulle d'Or donnée par l'empereur Charles VI.

BARTOLI. I. (Daniele), jésuite, né à Ferrare en 1608, mort en 1685; devint recteur du collège de Rome et écrivit : Istoria della compagnia di Gesù (5 vol. in-fol., 1653-'73); l'Uomo di lettere, traduit en français, par le P. Livoy (1759). Ses œuvres ont été publiées à Turin, 1825, 12 vol. in-8°. — II. (Pietro-Santi), peintre, surnommé PERUGIO, né à Pérouse en 1635, mort à Rome en 1700. Il a laissé plus de mille planches, dont un grand nombre à l'eau-forte. Ses principaux ouvrages sont : Admiranda Romanorum antiquitatum vestigia, Rome, 1693, in-fol. 84 planches; les Monuments de Rome 138 pl.; Tombeaux antiques de Rome, 1697, in-fol. 110 pl.; Lampes sépulcrales antiques, 1690, in-fol. 110 pl.; la Colonne Trajane, 1822 pl.; la Colonne Antonine, 75 pl.; Peintures antiques des grottes de Rome et du tombeau des Nasons, 1706, in-fol. 75 pl.; et de nombreuses gravures d'après des peintres modernes.

BARTOLINI (Lorenzo), sculpteur florentin (1777-1850), professeur de sculpture à l'Académie des beaux-arts à Florence; excella particulièrement dans la manière de draper gracieusement les figures et dans le modelé exquis des chairs. Son chef-d'œuvre est la « Charité » du palais Pitti, à Florence. Protégé de Napoléon I°, il fit le buste de cet empereur. Il fit, en outre, à Paris, les bustes de Mme de Staël, de Byron, de Guiccioli, de Thiers et de plusieurs autres.

BARTOLO ou **Bartoli**. I. (Taddeo), peintre, né à Sienne en 1363, mort en 1422. Une de ses célèbres madones est à Munich. — II. (Domenico), son neveu, peignit des fresques (1440) que Raphaël imita.

BARTOLOMEO ou **Bartolommeo** (Fra), peintre florentin dont le vrai nom était BACCIO DELLA PORTA (1469-1517); il prit l'habit de dominicain au couvent de Saint-Marc à Florence, en 1500, et se lia avec Raphaël en 1504. Le Louvre possède de lui la Salutation angélique et le Mariage mystique de sainte Catherine.

BARTOLOZZI [bar-to-lo'-tzi] (Francesco), graveur florentin (1725-1815), fut employé à l'Académie royale d'Angleterre et se rendit célèbre par sa « Mort de Chatham », d'après Copley. Il fut ensuite président de l'Académie de Lisbonne. L'un de ses chefs-d'œuvre est « La mort de Didon », d'après Capriani. Il excella dans le pointillé.

BARTON I. (Benjamin-Smith), naturaliste américain, né dans la Pennsylvanie en 1766, mort en 1815. Il fut professeur de botanique et d'histoire naturelle à l'université de Pennsylvanie et plus tard professeur de médecine. Ses œuvres comprennent des «*Eléments de botanique*» (2° éd. 2 vol., 1812-'14) ; *Flora Virginica* (1812) ; *Mémoire concernant la faculté de fasciner attribuée au serpent à sonnettes* (en anglais), Philadelphie, 1796, 1 vol. in-8°., *Faits, observations et conjectures sur la génération de l'opossum* (en anglais), Philadelphie, 1801, brochure in-8° ; *Notice sur la Sirène lacertine et une autre .espèce du même genre* (en anglais), Philadelphie, 1808, brochure in-8° ; *Mémoire sur un reptile nommé aux Etats-Unis Alligator ou Hellbender* (salamandre gigantesque), Philadelphie, 1812, brochure in-8°.— II. (William-P.C.), neveu du précédent (mort en 1856), lui succéda dans sa chaire de botanique et écrivit : la *Flore d'Amérique* (3 vol. 1821-'3) ; *Plantes médicinales des Etats-Unis* (illustré, 1817-'25).

BARTON (Bernard), poète anglais (1784-1849), connu sous le nom de *poète quaker*, parce qu'il appartenait à cette secte ; auteur des ouvrages intitulés : *Effusions métriques* (1812) ; *Poèmes d'un amateur* (1818) ; *Poèmes* (4 vol. 1825) ; *Poésies de famille* (1845). Sa sœur LUCY a publié un choix de ses poèmes et de ses lettres en 1849.

BARTON (Elizabeth), surnommée la *Sainte* ou la *Vierge de Kent*, visionnaire anglaise, née vers 1500, décapitée le 21 avril 1534. Elle était servante dans la paroisse d'Abdington, lorsque son état d'hystérie donna, en 1525, l'idée au curé de sa paroisse, Masters, de la faire passer pour prophétesse. Retirée dans le couvent du Saint-Sépulcre, à Cantorbéry, elle répéta dans de feintes extases, les élucubrations que le prêtre composait d'avance et qu'il recueillait publiquement comme des inspirations du Saint-Esprit. Nul ne s'opposait à ces supercheries lorsqu'elle annonça que le roi Henri VIII mourrait au bout d'un mois s'il épousait Anne Boulen ; cette prédiction produisit une immense sensation ; mais comme elle ne se réalisa pas, Elizabeth Barton fut arrêtée. Soumise à la question, elle avoua tout et fut condamnée à mort, ainsi que son amant, le docteur Bocking, et plusieurs autres complices, parmi lesquels le curé Masters.

BARTON (William) officier américain (1747-1831) ; il était lieutenant-colonel de la milice de Rhodes-Island, lorsqu'il captura en 1777, le général anglais Prescott.

BARTONIE s. f. (de *Barton*, botaniste américain). Bot. Genre de la famille des loasées, comprenant deux espèces, l'une annuelle, l'autre vivace, qui sont originaires de l'Amérique du Nord. La *Bartonie dorée*, qui vient de la Californie, s'est acclimatée dans nos jardins. C'est une plante annuelle qui se lève en avril et qui porte en août de grandes fleurs à cinq pétales d'un beau jaune d'or, avec du jaune orangé à la base et de longues étamines de la même couleur. La Bartonie dorée n'aime que les terres légères.

BARTRAMM [bar-tramm]. I (John), botaniste, né dans la Pennsylvanie en 1701 ; mort en 1777. Il décrivit les productions naturelles de l'Amérique du Nord.— II. (William) fils du précédent, (1739-1833), auteur d'un *Voyage dans les parties sud de l'Amérique septentrionale*, traduit en français par Benoist, Paris, 1799, 2 vol. in-8°. Il a publié la première liste des oiseaux américains.

BARTSCH (Johann-Adam-Bernhard-Ritter, VON), graveur, né et mort à Vienne (1757-1821), produisit plus de 500 pièces d'après les grands maîtres. Son principal titre de gloire est *Le Peintre-Graveur*, (Vienne 21 vol. 1802-'21) nouvelle édition en 1866) catalogue raisonné qui est devenu le *vade-mecum* des amateurs d'estampes. Il a écrit également des *Catalogues raisonnés des œuvres de Rembrandt*, 2 vol. 1797.

BARUCH [ba-ruk] (en hébreu : béni), l'un des douze petits prophètes, compagnon de Jérémie pendant le voyage que celui-ci fit en Egypte. Un des livres apocryphes de l'Ancien Testament porte le nom de Baruch. — *Avezvous lu Baruch?* interrogation devenue proverbiale que La Fontaine, plein d'admiration pour ce prophète dont il venait de lire par hasard quelques passages, posa, pendant plusieurs jours, à toutes les personnes qu'il rencontra. Elle s'emploie pour marquer que l'on a l'esprit frappé d'une chose que l'on considère comme une soudaine découverte.

BARY (Hendrik), graveur né à Anvers, au commencement du XVIIª siècle. Ses productions se distinguent par la netteté de leur exécution.

BARYE (Antoine-Louis), orfèvre et sculpteur, né à Paris en 1793 ; mort le 25 juin 1875. Ses chefs-d'œuvre sont les statues allégoriques, placées dans le pavillon du Nouveau-Louvre, plusieurs statuettes, les « les Trois Grâces », « l'Amazone », « Angélique et Roger » et plusieurs figures de femmes. Il réussit particulièrement dans les groupes d'animaux. On admire en ce genre les bronzes du jardin des Tuileries, qui sont remarquables à la fois par la vérité anatomique et par la grandeur monumentale.

* **BARYTE** s f. (gr. *barus*, pesant). Chim. Protoxyde de baryum, longtemps confondu avec la strontiane qui n'en diffère que par un petit nombre de propriétés. Formule : Ba O. La baryte se trouve dans la nature à l'état de *sulfate* (Voy. BARYTINE) et de *carbonate* (Voy. WITHÉRITE et BARYTOCALCITE). A l'état de pureté, la baryte est une matière blanche, légèrement grisâtre, très caustique, qui s'échauffe et augmente de volume au contact de l'eau et qui dégage de la lumière au contact de l'acide sulfurique. Elle est âcre et vénéneuse. Cette substance, découverte par Scheele en 1774, sert aux chimistes, surtout comme réactif.

BARYTINE s. f. Sulfate de baryte naturel, spath pesant, pierre de Bologne ou baryte sulfatée ; minéral de filon que l'on trouve à Royat (Puy-de-Dôme), en Hongrie et dans le Cumberland (Angleterre) ; la barytine est insoluble ou rousse. Poids spécifique très considérable, — 4, 5. Elle est insoluble dans l'eau et fond difficilement au chalumeau. Sa présence dans un filon indique presque toujours l'existence de minerais métalliques. O³ S, O Ba. La barytine sert à produire la baryte ; elle peut servir à la fabrication d'un verre qui se rapproche du cristal.

BARYTOCALCITE s. f. (de *baryte* ; et du lat. *calx, calcis*, chaux). Minér. Carbonate de baryte et de chaux que l'on trouve à Alston-Moor (Cumberland). 2 (O³ C) O Ba O Ca. Poids spécifique, 3,66.

* **BARYTON** s. m. (gr. *barus*, grave ; franç. *ton*) Mus. Sorte de voix d'homme qui tient le milieu entre la basse et le ténor. Chanteur qui possède cette voix. — Gramm. Se dit des verbes qui se conjuguent sans contraction. S'emploie ordinairement comme adjectif : *les verbes barytons* et *les verbes circonflexes.*

BARYUM s. m. [ba-ri-omm] (gr. *barus*, lourd). Chim. Corps simple métallique, base de la baryte et des terres les plus lourdes ; on le rencontre abondamment sous forme de sulfate et de carbonate de baryte. Voy. BARYTINE et BARYTOCALCITE. Scheele reconnut le premier que l'oxyde de baryte forme une terre distincte qu'il ne faut pas confondre avec la chaux (1774), mais le métal appelé baryum fut obtenu pour la première fois par Humphry Davy, qui trouva moyen de l'extraire d'un amalgame, en 1808. Voici la manière dont on se le procure ordinairement : l'hydrate le carbonate, le chlorure ou le nitrate de baryte est d'abord mélangé avec de l'eau, de manière à être réduit en une masse pâteuse ;

on en forme ensuite une petite capsule que l'on place dans un vase de platine, lequel est mis en communication avec le pôle positif d'une puissante batterie voltaïque. On verse dans la capsule un peu de mercure, et dans celui-ci on plonge le pôle négatif de la pile. Peu à peu la baryte se décompose et son métal se dissout dans le mercure. On soumet ensuite l'amalgame à la distillation ; le mercure se volatilise et le baryum reste seul dans la cornue. Un procédé plus simple, que l'on emploie aujourd'hui pour obtenir ce métal, consiste à chauffer au rouge vif de la baryte dans un courant de vapeur de potassium ou de sodium qui s'empare de son oxygène. — Le symbole du baryum est Ba ; son poids atomique 137, sa gravité spécifique environ 4. Il offre la couleur et l'éclat du fer ; il est malléable, fusible avant la chaleur rouge, difficilement volatile, très oxydable à l'air, décomposant l'eau avec rapidité pour se transformer en baryte. — OXYDES DE BARYUM. On en connaît deux : 1° le *protoxyde de baryum* ou BARYTE (Voy. ce mot), 2° le *bioxyde de baryum* ou *baryte oxygénée*, Ba O², substance poreuse, grise, obtenue en chauffant de la baryte au rouge sombre dans un courant d'air sec. Le bioxyde de baryum sert à la préparation de l'eau oxygénée. — SULFURES DE BARYUM. On en connaît plusieurs : 1° le *monosulfure*, Ba S, obtenu en calcinant le sulfate de baryte en présence du charbon qui lui enlève son oxygène ; on lave à l'eau la matière obtenue, on évapore la lessive qui laisse déposer des cristaux lamelleux blancs de monosulfure. Ce composé joue le rôle d'une base énergique en présence des sulfacides ; il fournit un grand nombre de sulfosels. 2° le *pentasulfure*, Ba S⁵, obtenu en faisant bouillir du soufre dans une dissolution de monosulfure. — CHLORURE DE BARYUM, Ba Cl, réactif souvent employé dans les laboratoires. On l'obtient en dissolvant le carbonate de baryte naturel dans l'acide chlorhydrique. La médecine l'emploie contre les scrofules, en soluté ou en pilules. — *Dose* : 1 à 20 centigr. A forte dose, c'est un poison.

BARZIZZIO ou **Barziza**, surnom de Gasparino de Bergame, parce qu'il naquit à Barzizzio, près de Bergame.

BARZUM, station minérale, à un demi-kil. de Barèges (Hautes-Pyrénées). Eaux sulfurées sodiques, riches en barégine et en azote ; établissement. Maladies nerveuses.

* **BAS, BASSE** adj. (celt. *bass*). Qui a peu de hauteur, ou qui est au-dessous d'un certain degré d'élévation ou pour terme de comparaison : *chaise basse ; plafond bas ; terrain bas et marécageux.* — Se dit de certaines choses situées au-dessous d'autres : *la basse région de l'air ; le bas-ventre.*—*Les basses terres,* se dit par opposition à la partie montagneuse d'un pays. — Baissé, par opposition à LEVÉ, REDRESSÉ : *marcher la tête basse.* — Mus. Grave, par opposition à AIGU : *ce morceau est écrit dans un ton trop bas.* — Fig. Inférieur, moindre, subalterne : *les basses classes de la société ; le bas peuple ; le bas clergé.* On appelait autrefois les *officiers,* dans l'armée, ceux qu'on nomme aujourd'hui *sous-officiers* (Acad.).— Qui est de moindre valeur, de moindre prix : *bas or, bas argent ; or, argent de bas aloi ; les basses cartes du jeu.*—Fig. Vil et méprisable : *sentiments bas ; basse flatterie.* — Qui est sans courage, sans générosité, sans élévation : *un homme bas et servile.* — Littér. Ignoble, trivial : *terme bas ; le bas comique.* — Géogr. Se dit particulièrement des pays dont le sol est plus bas que celui d'où descendent les rivières qui les arrosent : *tout le pays bas est inondé ; le bas Languedoc ; la basse Alsace ; la basse Normandie ; la basse Bretagne ; la basse Égypte,* etc. — BASSE MARÉE, BASSE MER, moment où la mer s'est retirée, où l'on est vers la fin de son reflux.—Fig. et fam. LE TEMPS EST BAS, l'atmosphère est chargée de nuages moins élevés qu'à l'ordinaire, et le temps menace de pluie. — Fig. Le jour est bas, le jour est sur son déclin. — Fig. Avoir la vue basse, ne pouvoir distinguer les objets que de près. — Les bas côtés d'une église, les nefs latérales, plus étroites et ordinairement moins élevées que la nef principale — Ce bas monde, ce monde où nous vivons. — Fig. Le bas bout de la table, la place qui est la plus voisine de la porte d'entrée, et la moins honorable dans un festin. — Fortific. Places basses, les casemates et les flancs de bastion qui servent à défendre le fossé et la courtine. — Les Pays-Bas, la Belgique et la Hollande. — Bas Breton, bas Normand, homme né dans la basse Bretagne, dans la basse Normandie. On appelle aussi bas breton, le langage particulier aux habitants de la basse Bretagne ; et bas allemand, celui que l'on parle dans le nord de l'Allemagne. — Les basses Pyrénées, celles qui sont voisines de l'Océan. — Les basses Alpes, celles qui sont voisines de la Méditerranée. Quand ces dénominations indiquent les départements où sont situées les basses Pyrénées, les basses Alpes, on écrit, les Basses-Pyrénées, les Basses-Alpes. — Bas Rhin, bas Danube, partie de ces fleuves qui est plus voisine de l'embouchure que de la source. Quand il s'agit du département auquel le bas Rhin a donné son nom, on écrit, le Bas-Rhin. — La basse Seine, partie de la Seine qui est au-dessous de Paris, en allant vers la mer, par opposition à la partie qui est au-dessus, et que l'on nomme la haute Seine. — Fig. et fam. Avoir l'oreille basse, être fatigué, abattu par le travail, par quelque excès, par quelque maladie. Être humilié, mortifié par quelque perte, par quelque mauvais succès, etc. — Fam. Faire main basse, piller prendre, enlever. Ne point faire de quartier, tuer, passer au fil de l'épée. — Fig. et fam. Critiquer sans ménagements : Dans le monde, on épargne souvent les vices, mais on fait toujours main basse sur les ridicules. — A voix basse, d'un ton bas, sans élever la voix. — Bas-dessus, basse-contre, basse-taille, voy. ces mots à leur place alphabétique. — Messe basse, messe que le prêtre dit sans chanter, et où il ne fait que réciter les prières. — Prov. et fig. Le cœur haut et la fortune basse, plus de courage que de fortune. — Les basses classes d'un collège, celles par où commencent les écoliers, jusqu'à la quatrième inclusivement. — Féod. Basse justice, se disait par opposition à haute et moyenne justice : ce seigneur avait dans sa terre, haute, moyenne et basse justice. On disait aussi, Bas justicier, par opposition à haut justicier. — Maître des basses œuvres, cureur de retraits, vidangeur. — Le Bas-Empire, l'empire romain à son temps de décadence, que les uns font commencer au règne de Valérien, et les autres à celui de Constantin. — En Angleterre, la chambre basse, la chambre des communes. — Basse latinité, latin corrompu qu'écrivaient les auteurs des derniers temps où le peuple parlait encore la langue latine, alors très défigurée. — Bas prix, prix médiocre, modique, au-dessous du prix ordinaire. — Les fonds publics sont bas, le change est bas, ils sont au-dessous du cours moyen, du cours ordinaire. — En bas âge, dans un âge fort tendre : enfant en bas âge... — Manège. Les airs, airs où le cheval manie près de terre. Les airs bas sont le piaffe, le passage, le galopade et le terre à terre. — Mar. Bas de bord, se dit d'un bâtiment lorsque ses œuvres-mortes sont peu élevées sur l'eau. — Bas mats ou mats majeurs, le grand mât, le mât de misaine, le mât d'artimon et le mât de beaupré. — Basses vergues, la grande vergue et la vergue de misaine. — Basses voiles, la grande voile et la voile de misaine. — Bonnettes basses ou de bas, celles dont les bouts bout-dehors sont supportés par les basses-vergues. — Manœuvres basses, celles des vergues et des voiles basses. — Batterie basse, celle qui est la plus près de l'eau. —

Bas substantiv. Partie inférieure de certaines choses : le bas du visage ; tirer de bas en haut ; il y a du haut et du bas dans la vie. — Typogr., Bas de casse. Voy. Casse. — Bas adv. Dans la partie inférieure : descendez plus bas. — Fig. : cette injure vient de trop bas pour m'atteindre. — D'un ton bas ou dans un ton bas : parlez plus bas, plus bas encore. — Être assis bas, être assis sur un siège peu élevé. — Mettre les armes bas, mettre armes bas, mettre bas les armes, poser les armes. — Mettre chapeau bas, ôter son chapeau. — Être, se tenir chapeau bas, avoir la tête découverte par respect, par déférence. — Par ellipse et d'une manière impérative : bas les armes, chapeau bas. — Mettre pavillon bas, baisser le pavillon. — Fig. Céder, se rendre. — Absol. Mettre bas, en parlant des femelles de quelques animaux. Faire un petit, des petits. — Plus bas, signifie quelquefois, ci-dessous, ci-après. — Mettre habit bas, se disposer à entreprendre quelque travail ou à se battre. — Ce malade est bien bas, il est très mal. — Fam. Il est bien bas, il est bien bas percé, se dit d'un homme qui n'a pas d'argent, qui a épuisé presque toutes ses ressources. — A bas loc. adv. Se dit de personnes et de choses qui tombent, qu'on renverse, qu'on abat : cette maison n'est bonne qu'à mettre à bas. — Par ellipse et d'une manière impérative : à bas, à bas ! on ne doit pas grimper sur ces arbres. — Est aussi un cri d'improbation : à bas l'orateur ! à bas la motion ! Au Trictrac, Tout à bas, se dit lorsqu'on joue en prenant deux dames à la pile. — A bas de, loc. prép. Se jeter, sauter a bas du lit, se lever brusquement. — Il le mit a bas de son cheval, il le descendit de cheval. — En bas, loc. adv. Dans le lieu qui est plus bas, qui est au-dessous : rouler du haut en bas. — Fig. et fam. Traiter quelqu'un du haut en bas, le traiter avec dédain, avec hauteur. — Fig. et fam. Regarder quelqu'un du haut en bas, le regarder avec un air de mépris. — Par bas, loc. adv. Dans le bas : il est logé par bas. — Aller par haut et par bas, vomir et aller à la garde-robe. — Là-bas, loc. adv. qui sert à indiquer un lieu moins élevé que celui où l'on est, ou simplement, un lieu plus ou moins éloigné : il est là-bas. — Ici-bas, loc. adv. En ce monde, sur la terre :

Qui sait vivre ici-bas n'a jamais pauvreté.
                     Mathurin Régnier.

— En bas de, loc. prép. Au bas de : il était en bas de la colline.

*BAS s. m. (abréviation de bas de chausses). Vêtement qui sert à couvrir le pied et la jambe : bas de soie, de coton, de laine, de fil, de toile, de chamois. Les premiers bas tricotés qu'on vit en France furent, dit-on, portés par Henri II, en 1569. — Prov. et fig. Cela lui va comme un bas de soie, se dit d'une chose qui convient parfaitement à quelqu'un, qui semble avoir été faite pour lui.

BAS (Île de). Voy. Batz.

BAS ou Bas-en-Basset, ch.-l. de cant., arr. et à 28 kil. N. d'Issingeaux (Haute-Loire); 3,000 hab.

*BASALTE s. m. [ba-zal-te] (lat. basaltes). Géol. Roche volcanique de fusion d'un noir pur ou moins foncé qui forme des plateaux (basalte en nappe), des buttes isolées (basalte en buttes) ou des filons. « Le basalte s'élève majestueusement en colonnes prismatiques » (Malte-Brun). Les formations basaltiques les plus remarquables sont celles de l'île de Skye, où quelques colonnes atteignent 400 pieds de longueur ; de la chaussée des Géants (Irlande); de la Garde de Fingall (Ecosse), etc. Les montagnes à cratères de l'Auvergne ont vomi de longues coulées de laves, de matières diverses et surtout de basaltes. — Un grand nombre de statues et de monuments égyptiens sont en basalte.

*BASALTIQUE adj. Formé de basalte.

BASAN. Voy. Baschan.

*BASANE s. f. [ba-za-ne] (arabe, peau de mouton tannée). Peau de mouton préparée au tan ou à l'alun. — Basane tannée ou de couche, basane préparée comme le veau et destinée particulièrement aux tapisseries de cuir doré, au-dessus des banquettes et des fauteuils, etc. — Basane alude, basane préparée avec de l'alun et préférée pour couvrir les livres. — Argot. Peau humaine. Deux voyous qui se battent se crèvent la basane.

*BASANÉ, ÉE adj. Noirâtre, hâlé. Ne se dit que de la couleur de la peau : teint basané.

BASANER v. a. Bistrer, donner une couleur de basane. — Se basaner v. pr. Devenir basané.

BASANIER, IÈRE s. Celui, celle qui vend de la basane.

BASARJIK. Voy. Bazardjik.

BAS-BLEU s. m. Par dénigr. Femme qui a des prétentions littéraires ; femme qui écrit ; femme bel esprit. — Plur. des bas-bleus. — Au XVIII° siècle, les dames de Londres formaient des réunions ou soirées, où elles causaient d'art et de littérature avec les artistes et les écrivains les plus renommés. L'un des causeurs les plus aimables et les plus spirituels de ces réunions, était un certain Stillingfleet, qui portait toujours des bas bleus, et lorsque, par hasard, il manquait à une réunion, les dames désolées avaient l'habitude de dire: Nous ne pouvons rien faire sans les bas bleus.» Bientôt ces assemblées furent surnommées : « Clubs des bas bleus », et ensuite les dames qui s'y réunissaient reçurent le nom de bas-bleus.

*BAS-BORD s. m. Mar. Voy. Babord.

BASCHAN, pays de la géographie biblique, situé au N. de Gilead, sur le plateau septentrional de la Palestine trans-jordanique. Le territoire de Baschan, qui produisait le chêne et le cèdre du Liban, était fameux par sa fertilité. Il existe encore d.s restes de ses forêts; le sol noir et profond des vallées produit toujours des herbages nourrissants qui servent à engraisser de nombreux troupeaux. — Arraché au roi géant Og, le pays de Baschan échut à la nomade demi-tribu de Manassé. Plus tard, il fut divisé en Gaulanitis (du Golan de la Bible), Auranitis (Hauran), Batanée, (nom quelquefois employé pour le Baschan en général) et Trachonitis (Argob). Pendant le siège de Jérusalem par les Romains, les chrétiens, abandonnant cette ville assiégée, se retirèrent à Pella, dans le pays de Baschan et, moins d'un siècle plus tard, toute la contrée était convertie au christianisme. Les Sarrasins changèrent les églises en mosquées; leur domination la contrée se dépeupla, elle présente aujourd'hui un aspect désolé. Graham et Porter, qui ont visité ce pays, y ont admiré de nombreuses cités de pierre, construites avec tant de solidité que rien ne saurait en démolir les murs. Les maisons, qui semblent avoir été bâties pour des géants, servent d'asile à quelques Druses et à des réfugiés. Porter a visité plus de trente de ces villes ; mais il en aperçut un plus grand nombre qu'il laissa sans les traverser. Voy. J.-L. Porter: Giant Cities of Bashan. Les montagnes âpres et rocheuses de ce territoire sont d'origine volcanique ; des pics coniques les couronnent en lignes serrées. Au milieu de la plaine de Baschan, s'étend la vaste contrée basaltique jadis appelée Trachonitis, aujourd'hui Lejah. Voy. Wetzstein : Reisebericht über Hauran und die Trachonen (1860).

BASCHI (bass'-ki] (Matteo), franciscain italien, mort à Venise en 1552. Il fonda l'ordre des capucins, après une apparition de saint François, lequel lui ordonna de porter à l'avenir un costume semblable au sien.

BASCHKIRS. Voy. Baskins.

BASCOM [bass-komm] (Henry-Bidleman),

ecclésiastique méthodiste né à New-York en 1696, mort en 1850 ; ses œuvres comprennent 4 vol. ; Nashville, 1850. Sa biographie a été écrite par Henkle, 1854.

* **BASCULE** s. f. (rad. *bas* et *cul*). Pièce de bois ou d'autre matière soutenue par le milieu de manière qu'en pesant sur l'un des bouts, on fait lever l'autre : *la bascule d'un pont-levis; la bascule d'une souricière.* — Jeu où deux personnes, étant chacune sur le bout d'une pièce de bois mise en équilibre, s'amusent à se balancer. — Bascule ou Balance de quintenz. Cette balance, très employée dans le commerce et dans les administrations, est à bras inégaux. Elle se compose d'une table destinée à recevoir l'objet à peser et dont les mouvements sont réduits au dixième de ceux d'un plateau dans lequel on place le poids. 10 kil. placés dans ce plateau y équivalent à 100 kil. placés sur la table, ce qui facilite les fortes pesées. — Faire la bascule, faire un mouvement semblable à celui d'une bascule. On dit dans le même sens, *mouvement de bascule.* — Couteau a bascule, couteau de table qui a une saillie à l'extrémité supérieure du manche et de chaque côté ; de façon que, lorsqu'on pose le couteau, le poids du manche tient la lame un peu relevée, et l'empêche ainsi de toucher la nappe. — Polit. Système de bascule, système par lequel, le pouvoir, placé entre deux partis, se porte tantôt vers l'un et tantôt vers l'autre.

* **BASCULER** v. n. Eprouver, faire un mouvement de bascule. Se conjugue ordinairement avec avoir : *elle a basculé.*

* **BAS-DESSUS** s. m. Mus. Voix plus basse que le dessus ordinaire, et qui est propre à chanter un second dessus. Les Italiens disent *mezzo soprano.*

* **BASE** s. f. [bâ-ze] (gr. *basis*, appui) Toute chose sur laquelle un corps est assis, établi, posé : *base d'un clocher, d'une montagne, d'un rocher.* — Archit. Ce qui soutient le fût de la colonne: *base dorique.* — Géom. Surface sur laquelle on conçoit que certains corps solides sont appuyés : *base d'une pyramide, d'un cylindre, d'un cône.* — Par ext. Côté du triangle opposé à l'angle qui est regardé comme le sommet: *la base d'un triangle.* — Dans un sens analogue, on dit, en anat. : *la base du cœur, de l'omoplate*, etc. : et en bot. : *la base d'une feuille, d'un pétiole,* etc. — Chim. Oxyde métallique électro-positif que ceux qui admettent la théorie dualistique supposent uni dans les *sels* (voy. ce mot) aux oxydes électro-négatifs ou *acides.* Pour les unitaires, les *bases* sont des hydrates métalliques répondant à la formule $M^n(O H)^n$ et susceptibles de faire la double décomposition avec les acides (Wurtz). Voy. *basicité.* — Ce qui entre comme ingrédient principal dans un mélange : *la base d'un médicament, d'une composition* ; *la base de ces pilules est l'aloès.* — Ce qui est le principe, la donnée fondamentale d'une chose ; ce qui en fait le fond : *les bases d'un système* ; *ce raisonnement manque de base.* — Fig. Appui, soutien: *la justice est la base de toute autorité.* — Astron. Distance mesurée sur la terre entre deux points très éloignés, pour en déduire la longueur des degrés du méridien, et par suite les dimensions de la terre, ou encore ses distances au soleil ou aux planètes. — Arithm. Nombre qui exprime le rapport entre les différentes unités successives d'un système de numération. Dans le système *décimal*, la base est 10 : dans le système *duodécimal*, elle est 12. — Logarithmes. Nombre qui a pour logarithme l'unité.

BASE BALL s. f. [béce-bâl]. Jeu athlétique des Etats-Unis. On y joue avec une balle dure et une raquette ronde, qui n'a pas plus de 42 pouces de long.

BASEDOW (Johann-Bernard), pédagogue allemand, né à Hambourg en 1723, mort à Magdebourg en 1790. Professeur à Leipzig, il prépara son *Elementarwerk (Traité élémentaire)* qui fut publié à Altona, en 1774, 3 vol., avec 100 planches de Chodowiecki, ouvrage par lequel il prétendit réformer de fond en comble les méthodes d'enseignement. Il fonda la même année, à Dessau, le *Philanthropinum,* établissement modèle d'éducation, qu'il abandonna en 1778, mais qui subsista encore pendant plusieurs années.

* **BASELLE** s. f. [ba-zè-le]. Bot. Genre de plantes exotiques, à tige grimpante et à feuilles charnues; il renferme des herbes que l'on cultive et que l'on mange, aux Indes, comme nos épinards. — On cultive en France la *baselle rouge,* la *baselle blanche* et la *baselle tuberculeuse.* Les feuilles des deux premières se préparent comme celles des épinards. Les racines de la dernière servent à la nourriture des pourceaux.

BASELLÉ, ÉE adj. Bot. Semblable à la baselle. — s. f. pl. Tribu des chénopodées ayant pour type le genre baselle.

BAS-EMPIRE, nom donné à l'empire romain depuis Constantin; et à l'empire d'Orient depuis Théodose jusqu'à la prise de Constantinople par les Turcs. L'histoire du Bas-Empire a été écrite par Le Beau; 1757 et suiv.; nouvelle édition, Paris 1829-'33, 21 vol. in-8°.

BASER v. n. Fonder, appuyer, asseoir sur une base : *il base son raisonnement sur de bons principes.* — Se baser v. pr. Se fonder sur, s'appuyer : *il se base sur les principes d'Aristote.*

BASEVI (George), architecte anglais (1794-1845). Il donna les dessins de Belgrave square, à Londres. Son chef-d'œuvre est le musée Fitzwilliam, à Cambridge.

BASFOIN, asile d'aliénés, près de Dinan, (Côtes-du-Nord).

* **BAS-FOND** s. m. Terrain bas et enfoncé : *cette pièce de terre est dans un bas-fonds.* — Mar. Atterrissement composé de sable, ou de roches solides, qui se trouvent submergé par la mer, mais à une faible distance de la surface des eaux. Les bas-fonds ne sont communément que le prolongement des plaines à pente douce qui bordent les côtes : *nous échouâmes sur un bas-fond.* — « Les marins le disent plus exactement d'une élévation au fond de la mer, par dessus laquelle tout bâtiment peut passer, et qu'on ne trouve qu'au moyen de la sonde ; à la différence des *hauts-fonds,* qui atteignent presque la surface de la mer, et où les bâtiments risquent de toucher. D'après cette distinction, les *hauts-fonds* sont dangereux, et les *bas-fonds* ne le sont pas » (Acad.). — Fig. Les bas-fonds de la société, les gens sans aveu.

BASICITÉ s. f. Faculté que possèdent les acides d'échanger un ou plusieurs atomes d'hydrogène contre les métaux positifs, en réagissant sur les bases par double décomposition. « Le nombre d'atomes d'hydrogène remplaçables indique le degré de basicité. Un acide qui ne renferme qu'un seul atome d'hydrogène remplaçable est dit *monobasique*, un acide qui en renferme deux est dit *bibasique,* et ainsi de suite ». (Wurtz).

BASILAIRE adj. Anat. Se dit de parties qui concourent à former la base d'autres parties, ou qui sont placées à cette base, qui y prennent naissance : *apophyse basilaire* ou *angle inférieur de l'occipital,* prolongement de l'os occipital. Sa face supérieure est appelée *gouttière basilaire.* — Artère basilaire, tronc artériel logé dans la gouttière basilaire et qui se bifurque pour former les artères cérébrales postérieures. — Bot. Basilaire, se dit d'un organe placé à la base d'un autre : un style est *basilaire* quand il naît à la base de l'ovaire.

BASILAN, île de l'archipel malais, du groupe Soulou, séparée de l'extrémité S.-O. de Min-

danao, par le détroit de Basilan qui est large de 20 kil. ; 1,266 kil. carr.; 5,000 hab. Les pirates de Basilan furent châtiés par les Français en 1845, et leur île fut occupée par les Espagnols en 1853.

BASILE (Saint), surnommé Le Grand, l'un des pères de l'église grecque, né à Césarée (Cappadoce), en 328 ou 329, mort le 1er janvier 379; il était fils de saint Basile l'Ancien et de sainte Emmélie. Après de profondes études, faites à Césarée, à Constantinople et à Athènes, où il se lia d'amitié avec saint Grégoire de Nazianze, il parcourut l'Egypte, devint dans sa patrie (355), embrassa la vie religieuse, distribua ses biens aux pauvres et visita les plus célèbres anachorètes. Retiré dans une solitude du Pont, il y fonda un monastère qui servit de modèle à plusieurs autres pour lesquels il composa des règles ascétiques, d'où vint le nom de *Basiliens* donné aux moines qui appartiennent à l'ordre de saint Basile. En 370, il fut élu pour remplacer Eusèbe, comme archevêque de Césarée, et garda jusqu'à sa mort le siège de cette ville. Il dut sa grande célébrité à la fermeté qu'il apporta contre les ariens et contre leur adepte, l'empereur Valens. L'église grecque le tient dans une vénération particulière. Fête, le 14 juin. Ses œuvres, imprimées pour la première fois en 1532, et, plus tard par Gaume, 1839, 1 vol. gr. in-8o, comprennent : des *Lettres* et des *Sermons,* traduits par l'abbé de Bellegarde, 1691-'3; un traité de *Morale,* traduit par Leroy, 1663 ; l'*Hexaméron,* les *Homélies,* traduits par l'abbé Auger, 1788 ; des *Ascétiques,* traduits par Hermant, 1661 — Une traduction de ses œuvres complètes a été donnée par Roustan, 1845, 12 vol. in-8o. — Ordre de Saint-Basile, ordre fondé par saint Basile le Grand, vers 357, dans les déserts du Pont, sur les bords de l'Iris. Les règles des moines de saint Basile furent publiées en 362 et sanctionnées par le pape Libérius; elles recommandent la contemplation, l'extase, à la différence de celles de saint Benoît qui, faites pour les peuples occidentaux, ajoutent des exercices corporels aux exercices de piété. La règle de saint Basile, adoptée au IIe siècle, dans quelques couvents d'Italie, conserve encore des adhérents dans notre Occident. Son monastère le plus important est celui du Saint-Sauveur à Messine. Les *basiliens,* au nombre de quatre-vingts, furent expulsés de France en 1880.

BASILE, hérésiarque bulgare, fondateur de la secte des Bogomiles, attiré à Constantinople par Alexis Comnène et brûlé vif dans cette ville, en 1118. Voy. Bogomiles.

BASILE (Basilius), nom de deux empereurs de Byzance. — I. surnommé le **Macédonien**, né d'un homme du peuple vers 825, mort en 886. Son habileté à dresser les chevaux lui acquit les bonnes grâces de Michel III, dont il devint le premier chambellan et qui l'associa ensuite à l'empire (866). De sages conseils donnés à Michel irritèrent celui-ci, qui résolut de faire mourir ce désagréable censeur; mais Basile le prévint et le poignarda (867). Resté seul sur le trône, il régna avec sagesse, habileté et courage; il rétablit saint Ignace sur son siège, battit les Sarrasins, subjugua les Pauliciens révoltés et rédigea un recueil des lois appelées *Basiliques.* Dans ses *Avis à son fils,* Léon le Philosophe, qui lui succéda, il a tracé les devoirs du souverain. Cet ouvrage a été traduit en français par D. Porcheron, en 1590, et par l'abbé Gavleaux, en 1782. — II. Fils de Romain II, né en 958, mort en 1025. Il succéda à son père en 963, subit la tutelle de Nicéphore Phocas et de Zimiscès jusqu'en 976; partagea le trône avec son frère Constantin VIII, qui ne régna que de nom; eut à vaincre les révoltes des généraux Bardas Phocas et Bardas Scléros; repoussa les tentatives de son beau-frère, Othon II, sur la Calabre et l'Apulie; fit plusieurs conquêtes sur le calife de Bagdad et, en 1018, après une guerre de vingt ans, compléta la soumission de la Bulgarie. Pour frapper de terreur le peuple de ce pays, il fit arracher les yeux à 15,000 prisonniers bulgares.

BASILE, personnage de Beaumarchais dans le *Barbier de Séville* et le *Mariage de Figaro*. Basile est le type du calomniateur patelin et du complaisant cupide; c'est un Tartufe sans grandeur : « Calomniez, calomniez, il en restera toujours quelque chose », telle est sa devise.

BASILE VALENTIN, un des plus fameux alchimistes du moyen âge. On ne sait rien de son histoire, mais on pense qu'il vécut au XIIe siècle. Les ouvrages qu'on lui attribue furent réunis en 1700, sous ce titre : *Scripta chimica*. Ils comprennent le *Char triomphal de l'antimoine* (*Currus triomphalis antimonii*), dans lequel il nous apprend qu'il naquit en Alsace et que sa jeunesse fut occupée à de longs voyages en Angleterre, en Hollande et en Espagne.

BASILÉE s. f. [ba-zi-lé] (gr. *basileia*, reine). Bot. Genre de liliacées que l'on a fondu aujourd'hui dans le genre eucomide.

BASILÉE. Mythol. syriaque. Mère du soleil et de la lune.

BASILIA, nom latin de BALE.

* **BASILIC** s. m. [ba-zi-lik] (gr. *basilikos*, royal, a cause de son odeur agréable). Bot. Genre de labiées, tribu des ocimoïdées, comprenant des herbes ou des arbrisseaux à fleurs composées d'un calice quinquédenté; corolle

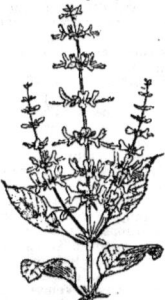

Basilic commun (Ocimum basilicum).

a limbe bilobé; quatre étamines à filets libres; disque hypogyne. Le *basilic commun* (*ocimum basilicum*), *oranger de savetier*, est une jolie plante annuelle d'Asie et d'Afrique, haute de 25 à 30 cent., à tiges rameuses et pubescentes; à feuilles ovales, glabres, un peu dentées, ponctuées en dessus, agréablement odorantes. Comme le thym, cette espèce de basilic sert de condiment dans les préparations culinaires. Le *basilic nain* (*ocimum minimum*) ou *basilic à petites feuilles*, variété de l'espèce précédente, ressemble à une boule de verdure; on le cultive dans des pots que l'on tient sur les fenêtres. Ses fleurs sont blanches en grappes simples. Il est originaire du Chili.

* **BASILIC** s. m. [ba-zi-lik] (gr. *basiliskos*, petit roi). I. Nom donné par les anciens à un serpent dont la tête portait une petite couronne et auquel ils attribuaient des propriétés fabuleuses. Le basilic naissait, disait-on, d'un œuf de coq couvé par un crapaud; et encore de nos jours, certains paysans affirment que les vieux coqs pondent quelquefois un œuf qui éclot dans le fumier et produit un serpent. Le regard de cet animal imaginaire était mortel. Il n'y a pas bien longtemps que les charlatans vendaient dans les campagnes

de petites raies façonnées en forme de basilics. — II. Linné a donné arbitrairement le nom de *basilic* (*basiliscus*) a un genre de reptiles sauriens, famille des iguanidés, caractérisé par une crête tranchante, écailleuse, qui

Basilic mitré (Basiliscus mitratus).

s'étend sur le dos. On trouve ces animaux dans l'Amérique centrale, le Mexique et les Antilles. On en connaît deux espèces : 1e le *basilic mitré* (*basiliscus mitratus*, Daudin), caractérisé par un pli que forme la peau, verticalement sur l'occiput, avec une légère inclinaison en arrière, ce qui lui donne l'air d'être coiffé d'un bonnet phrygien. Il a une crête dorsale et le ventre lisse. Sa couleur est jaunâtre en dessus, blanchâtre en dessous; sa longueur varie entre 60 et 80 cent. 2e le *basilic à bandes* (*basiliscus vittatus*, Wiegmann), qui diffère du précédent par une crête plus faible, par des écailles rugueuses au ventre, et des bandes noires en travers du dos. — L'une et l'autre de ces espèces sont tout à fait inoffensives; elles se nourrissent d'insectes et vivent principalement sur les arbres. — Fig. et fam. DES YEUX DE BASILIC, des yeux qui expriment le dépit, le courroux dont on est animé contre quelqu'un.

BASILICATE, province d'Italie. Voy. POTENZA.

* **BASILICON** ou **Basilicum** s. m. Pharm. Onguent suppuratif, composé de 60 parties de résine de pin, 60 de poix noire, 60 de cire jaune et 235 d'huile d'olive.

BASILIDE ou **Basilides**, hérésiarque, fondateur d'une secte gnostique, qu'il propagea à Alexandrie, vers l'an 120. On lui attribue l'invention des *abraxas*, appelés pour cette raison *pierres basilidiennes*.

BASILIDIEN, ENNE adj. [ba-zi-li-di-ain; è-ne]. Qui appartient à la secte gnostique de Basilide. — *Pierres basilidiennes*. Voy. ABRAXAS. — s. m. Gnostique de la secte de Basilide. Il existait encore des basilidiens au IVe siècle.

BASILIEN, ENNE adj. [ba-zi-li-ain; è-ne]. Relatif à l'ordre de saint Basile. — Substantiv. Religieux ou religieuse de l'ordre de saint Basile. On dit aussi *Moines de Saint-Basile*. Voy. BASILE (SAINT).

BASILIKON DORON. Préceptes sur l'art de gouverner, composés par Jacques 1er d'Angleterre pour son fils Henri, et publiés à Edinburgh en 1599.

* **BASILIQUE** s. f. [ba-zi-li-ke] (gr. *basileus*, roi; *oikos*, maison). Ant. Nom que les Athéniens donnèrent à l'habitation de leurs rois, puis aux monuments où se traitaient les affaires publiques. A Rome, les basiliques furent les édifices où l'on rendait la justice et où les marchands s'assemblaient pour traiter d'affaires. Les chrétiens appliquèrent le même nom aux très grandes églises, particulièrement aux cinq églises patriarcales de Saint-Pierre, de Saint-Jean de Latran, de Sainte-Maria Maggiore, de Saint-Paul et de San-Lorenzo.—Lors de l'établissement du christianisme, beaucoup de basiliques romaines,

ayant été changées en églises, conservèrent l'ancien nom de ces monuments. On l'appliqua ensuite à certaines églises principales, construites selon le plan des anciennes basiliques.

* **BASILIQUE** adj. et s. f. Anat. Se dit de la veine qui monte le long de la partie interne de l'os du bras jusqu'à l'axillaire, où elle se rend.

* **BASILIQUES** s. f. pl. Compilation de lois romaines traduites en grec par l'empereur Basile Ier et par son fils, Léon le Philosophe. Les Basiliques renferment une traduction libre des recueils de Justinien, qui est disposée dans un ordre différent, et qui offre de nombreuses additions. Cette compilation, où du moins ce qui en a été conservé, fut publiée en 1833 par Heimbach.

BASILISQUE, empereur d'Orient, mort en 477. Il était frère de Vérine, femme de Léon Ier, et reçut, en 468, le commandement de l'expédition navale contre Genséric. Parti de Constantinople pour Carthage, à la tête de 1,100 navires et de 100,000 hommes, il trahit, et s'enfuit lâchement. En 475, il renversa Zénon, avec l'aide de Vérine, et fit sanctionner son usurpation par le Sénat. Pendant son administration, Constantinople fut en partie réduite en cendres par un incendie qui fit disparaître sa fameuse bibliothèque publique de 120,000 volumes. Basilisque se rendit tellement odieux par son avarice, sa cruauté et son zèle pour la doctrine d'Eutychès, que les Grecs rappelèrent Zénon, et renfermèrent l'usurpateur dans un château de Cappadoce où il mourut de faim avec toute sa famille.

BASILOSAURE s. m. [ba-zi-lo-so-re] (gr. *Basileus*, roi; *sauros*, lézard). Voy. ZEUGLODON.

* **BASIN** s. m. [-zin]. Etoffe croisée dont la chaîne est de fil et la trame de coton. Une fabrique de basin fut établie à Lyon en 1580, par des ouvriers piémontais.

BASIN (Saint), archevêque de Trèves, au VIIe siècle. Fête le 4 mars.

BASIN ou **Bazin** (THOMAS), chroniqueur et évêque de Lisieux; né à Caudebec en 1402, mort à Utrecht en 1491. Il fit partie de la commission chargée de réviser le procès de Jeanne d'Arc. Protégé de Charles VII et ensuite membre actif de la *Ligue du Bien public*, il lutta toujours contre Louis XI, qui le dépouilla de son siège et de ses biens. Son histoire latine de Charles VII et de Louis XI est restée à l'état de manuscrit. Son *Mémoire justificatif en faveur de Jeanne d'Arc* (1453), a été publié par Quicherat, dans l'ouvrage intitulé : *Procès de la Pucelle*, 1841-'49.

BASINE ou **Bazine**, épouse de Basin, roi de Thuringe. Ayant abandonné ce prince pour Childéric, roi des Francs, elle donna le jour à Clovis.

* **BASIQUE** adj. Chim. Se dit des sels qui contiennent une proportion de base supérieure à celle qui correspond au *sel neutre*. Un sel est *bibasique*, *tribasique*, etc. suivant qu'il contient 2, 3, etc. proportions de base pour un acide. On dit qu'un acide est *monobasique*, *bibasique* ou *tribasique*, suivant qu'il faut 1, 2 ou 3 proportions de base pour former un sel.— Se dit d'un corps quelconque qui présente les caractères de base.

BASKERVILLE (John), imprimeur de Birmingham (1706-1775), inventeur du papier vélin et de beaux types de caractères que Beaumarchais acheta en 1779 pour l'impression des œuvres de Voltaire, dite édition de Kehl.

BASKIRS, peuplade non civilisée qui habite les régions à l'ouest des monts Ourals, dans les gouvernements de Perm, d'Ufa, d'Orenbourg et de Samara. Les Baskirs, au nombre d'environ 500,000, sont d'origine finnoise, mais considérablement mélangés avec les ᴧ artares, ils ont pris le caractère de ces derniers et appartiennent nominalement à la religion musulmane sunnite. Les uns habitent des maisons; d'autres vivent à l'état nomade; environ 40,000 appartiennent à la cavalerie russe. Ils furent subjugués vers le milieu du XVIII° siècle.

BASNAGE [bâ-na-je], nom d'une famille normande protestante qui a fourni quelques hommes célèbres. — I. Basnage (Benjamin), ministre protestant, né à Carentan en 1850, mort en 1652; auteur d'un *Traité de l'Église* (1612). — II. Basnage de Flottemanville (Samuel), petit-fils du précédent, né à Bayeux en 1631, mort en 1712, se sauva en Hollande vers 1860. Il a publié deux ouvrages : *De Rebus Sacris ecclesiasticis exercitationes* (1692); *Annales politico-ecclesiastici* (1706, 3 vol.). — III.. Basnage de Fraquenay (HENRI), oncle du précédent, né près de Carentan, en 1615, mort et 1695; auteur des : *Coutumes de Normandie* (1678, 2 vol.), ouvrage souvent réimprimé; et d'un : *Traité des hypothèques* (1687, in-4°). — IV. Basnage de Beauval (JACQUES), fils du précédent, né à Rouen, en 1653, mort en 1723; ministre protestant à Rouen, puis à Rotterdam et à la Haye (1709); devint historiographe des Etats-Généraux de Hollande. C'est lui qui fut chargé de conclure avec l'abbé Dubois, la triple alliance de 1717 entre la France, l'Angleterre et la Hollande. Le Régent lui fit restituer ses biens, qui avaient été saisis après la révocation de l'Édit de Nantes. Il a laissé : *Traité de la Conscience* (1696); *Hist. de l'Église depuis J.-C.* (1699, 2 vol.); *Hist. des Juifs depuis J.-C.* (1706, 5 vol.); *Hist. de l'Ancien et du Nouveau Testament* (1705); *Antiquités judaïques*, (1713); *Annales des Provinces-Unies* (1719); *Histoire des Duels et des Ordres de Chevalerie* (1720). — V. Basnage de Beauval (HENRI), frère du précédent, né à Rouen, en 1656, mort en 1710. Réfugié en Hollande, il y publia l'*Histoire des ouvrages des Savants*, Rotterd. 1687-1709, 24 vol. in-12, et donna une édition augmentée du *Dictionnaire de Furetière.*

• **BASOCHE** s. f. [ba-zo-che]. (vieux franç. *basauque*, *basogue*, *basilique*). Juridiction qui était tenue par les clercs des procureurs du parlement de Paris, et où se jugeaient les différends que les clercs avaient entre eux, ou dans lesquels ils étaient défendeurs contre les marchands et artisans. Cette association, datant du XIV° siècle, fut réglementée, en 1302 par Philippe le Bel, qui lui accorda le privilège d'élire un roi. François Iᵉʳ lui enleva le droit de donner des représentations dramatiques; Henri III supprima le roi de la basoche et fit passer tous ses privilèges au chancelier de l'Université. — Fam. Se dit des gens de justice et de palais : *il est de la basoche.*

• **BAS OFFICIER** s. m. Nom que l'on donnait autrefois aux sous-officiers. — Plur. des BAS OFFICIERS.

• **BASQUE** s. f. (rad. *basque*, nom de peuple). Pan d'habit, partie découpée et tombante de certains vêtements : *on portait autrefois des justaucorps à quatre basques.* — Par exag. et fam. CET ENFANT NE QUITTE PAS LA BASQUE, EST TOUJOURS PENDU A LA BASQUE DE SON PÈRE, DE SON PRÉCEPTEUR. Il le suit toujours, sans le quitter d'un pas.

• **BASQUE** s. m. (lat. *Vasco*, gascon). Nom de nation. ALLER COMME UN BASQUE, COURIR COMME UN BASQUE. Aller fort vite, courir fort vite. — TAMBOUR DE BASQUE, voy. *Tambour.* — Langue parlée par les Basques : *il parle le basque* — adj. f. Se dit de la langue des Basques: *il parle basque.*

BASQUES, peuple établi de temps immémorial sur les deux versants des Pyrénées occidentales et qui forme une population d'environ 800,000 hab., dont 150,000 répartis dans les trois provinces françaises de Labourd, de Basse-Navarre et de Soule (arrond. de Bayonne

et de Mauléon; Basses-Pyrénées); le surplus habite les quatre provinces espagnoles de Navarre, de Biscaye, de Guipuscoa et d'Alava. Descendants des *Cantabres*, qui furent les habitants primitifs de l'Espagne, les Basques ont conservé leur caractère distinctif, ainsi que leur langue et leurs usages. Ils sont d'une taille moyenne, solidement bâtis, robustes et agiles; d'un teint plus foncé que celui des Espagnols, avec les yeux gris et la chevelure noire. De mœurs simples, il sont gais et hospitaliers, mais indisciplinés, querelleurs, vindicatifs. Leurs femmes se distinguent par une grande beauté, de la vivacité et de la grâce. Les dominations carthaginoise, romaine et gothique passèrent sur le pays basque sans changer le caractère de ses habitants, qui échappèrent à la domination musulmane et dépendirent, plutôt de nom que de fait, du royaume des Asturies. Placés ensuite entre les royaumes de Navarre et de Castille, ils conservèrent leur indépendance jusqu'au XIII° siècle, époque où ils furent annexés à la Castille. Mais ils ne se soumirent jamais complètement à la domination étrangère, ne payèrent pas de taxes et jouirent, en Espagne, du droit de noblesse. Jaloux de leur antique liberté, ils défendirent plusieurs fois les armes à la main, les privilèges de leurs *Fueros* ou constitution écrite, que les rois d'Espagne durent respecter. En France, ils se sont soumis aux lois, excepté à celle qui concerne le recrutement. Pour échapper au service militaire, les jeunes gens émigrent en masse. En 1873, l'Amérique du Sud reçut à elle seule, 10,000 Basques français et l'année suivante, elle en reçut 12,000. — Le véritable nom de la langue basque est *Euscara* ou *Esquera*, dégénéré en *Vasc* ou *Vascongada* et, dans les territoires franç., en *Bascuence*. Le nom que se donne le peuple basque est celui d'*Euscaldunac* (nation de langage), par opposition à *Erdaldunac* (nation de langue étrangère). L'*Euscara*, langue primitive de l'Espagne, diffère complètement des langues indo-européennes et présente quelque analogie avec l'Ouralo-altaïque. D'une richesse sans égale, il renferme un million de syllabes, ce qui vient de ce que chaque verbe se conjugue de vingt-six manières différentes et que chaque nom peut devenir verbe. Déjà fixé au temps d'Auguste, il est aujourd'hui le plus ancien langage vivant de l'Europe. Il comprend trois dialectes principaux : 1° le *Guipuscoan*, qui est le plus pur, le plus agréable et le plus répandu; 2° le *Vizcayan*, parlé dans la Biscaye; 3° le *Labortin*, plus doux que le précédent et le plus répandu en France. — Bibliogr. *Grammaire* de Gèze (1873); *Dictionnaire basque* de Chaho (Paris, 1857 et suiv.), B. Dechepare, *poésies basques* (Bordeaux 1847). Voy. aussi Wilhelm von Humboldt, (1821); le prince Louis-Lucien Bonaparte : *la langue basque et les langues finnoises*; Michel : *le Pays basque* (1847); Broca : *Origine et répartition de la langue basque* (1875, in-8°).

BASQUES (Rade des), grande rade ouverte, en face de l'embouchure de la Charente, protégée par l'île d'Aix. Les 11 et 12 avril 1809, une flotte française ancrée dans la rade des Basques, fut attaquée par les Anglais et n'échappa qu'avec beaucoup de peine aux brûlots et aux fusées à la Congrève. Le vice-amiral Allemand qui commandait la flotte, accusa les officiers placés sous ses ordres; le commandant Lafond, fut juridiquement assassiné; le vénérable Lacaille viᵗ sa longue carrière ternie

par une condamnation imméritée à la dégradation.

• **BASQUINE** s. f. Jupe élégante que portent les femmes espagnoles.

• **BAS-RELIEF** s. m. Ouvrage de sculpture où les objets représentés ont peu de saillie et sont en partie engagés dans le bloc. — Plur. des BAS-RELIEFS.

BASS (George-A.), médecin de la marine anglaise, compagnon de Flinders dans ses deux voyages de découvertes le long de la côte de la Nouvelle-Galles du Sud, en 1796. Deux ans plus tard, le gouvernement anglais lui conféra le commandement d'une expédition pendant laquelle il découvrit le détroit qui a reçu son nom.

BASS (détroit de), canal entre la Tasmanie et la Nouvelle-Galles du sud; long de 450 kil.; large de 240. Il abonde en petites îles et en roches de corail. Il fut exploré en 1798 par l'anglais George Bass, qui lui donna son nom.

BASS (Ile de) ou Bass Rock, îlot d'Ecosse, à l'embouchure du Forth. C'est un rocher presque rond, mesurant environ un mille de circuit et 400 pieds de haut; il est traversé par une vaste caverne, accessible seulement par le sud-ouest. Quelques partisans de Jacques II s'y réfugièrent et y tinrent de juin 1691 à avril 1694, contre les troupes de Guillaume III.

BASSAM (Grand-), ancien comptoir français, occupé en 1842, en vertu d'un traité passé avec les chefs indigènes, et comprenant une petite enceinte entourée d'une haie vive, dans laquelle sont enfermés 3 ou 4 bâtiments, une poudrière, etc., sur une langue de sable marécageuse, au bord de l'embouchure du Grand-Bassam (Guinée). La retraite complète du commerce français devant la concurrence anglaise a motivé l'abandon de cet établissement en 1872. Mais la France a réservé ses droits.

BASSAN ou **BASSANO**. I. (Francesco da Ponte), chef de l'école de peintres italiens appelés les Bassans; né en 1475, mort en 1530. On l'appelle aussi Bassan l'Ancien. — II. (Giacomo da Ponte), son fils, communément appelé Il Bassano, le plus célèbre des Bassans (1510-1592). Son chef-d'œuvre « la Nativité » orne l'église de San Giuseppe, à Bassano. Le musée du Louvre a de lui : *le Christ porté au tombeau*, l'*Entrée des animaux dans l'Arche*, *Moïse frappant le rocher*, l'*Adoration des bergers et Joseph d'Arimathie.* — III. (Francesco), surnommé le Jeune, fils du précédent (1548-'94); son chef-d'œuvre est un plafond du palais ducal à Venise. On voit au Louvre son tableau de *Jésus chez Marthe et Marie.* — IV. (Léandre), dit le chevalier (1560-1623); excella dans le portrait. Sa *Résurrection de Lazare* est au Louvre.

BASSANO. Ville de Vénétie, Italie, sur la

Bassano.

Brenta, à 28 kil. N.-N.-E. de Vicence; 13.500 hab. Au centre de la ville, se dresse le château à demi ruiné d'Ezzelino, qui est occupé par l'archevêque. Aux environs, la villa Rezzonico est fameuse par ses œuvres d'art, et la villa Parolini par son jardin botanique. Bassano renferme : une trentaine d'églises ; l'imprimerie Remondini, autrefois la plus importante de l'Italie, et à laquelle est attachée une école de gravure ; un musée avec vaste bibliothèque, galerie de peinture, collection de médailles et de gravures rares. — Exportation de soie, de lainages, de chapeaux de paille et de cuirs. — A Bassano, les Autrichiens, commandés par Wurmser, furent battus par les Français à la tête desquels se trouvaient Bonaparte et Masséna, le 8 septembre 1796. D'autres combats y furent encore livrés entre Français et Autrichiens, le 6 novembre 1796, le 11 novembre 1801, le 5 novembre 1805 et le 34 octobre 1813. En 1809, Napoléon conféra à Maret le titre de duc de Bassano. Voy. MARET. — Lat. N. 45° 45' 45" ; long. E. 9° 23' 46".

BASSANTIN ou BASSANTOUN (James), mathématicien écossais (1504-'68), professeur à l'Université de Paris. On lui a attribué des prédictions astrologiques. Il a publié des ouvrages sur l'astronomie, sur la musique, etc.

BASSANVILLE (Anaïs LEBRUN, COMTESSE DE), femme de lettres française, née en 1805. Elle fonda le *Journal des jeunes filles*, dirigea la *Moniteur des dames et des demoiselles* et le *Dimanche des Familles*, et publia de gracieuses nouvelles.

BASSARA s. f. (gr. peau de renard). Vêtement de peaux de renards que portèrent Bacchus et ses compagnons.

BASSARIDE s. f. (rad. *bassara*). Tuniques traînantes que portaient les bacchantes.

* BASSE s. f. Mus. Partie qui ne fait entendre que les sons les plus graves des accords dont se compose l'harmonie musicale, et qui, par conséquent, est la base de toutes: *chanter la basse.* — Genre de voix propre à chanter la partie de basse : *ce chanteur a une belle voix de basse.* — Chanteur qui a une voix de basse. — Instrument à cordes en forme de grand violon, dont on joue avec un archet, et qui sert princip alement à exécuter la basse dans les morceaux à plusieurs parties : *la basse de viole a été longtemps en usage; elle est remplacée aujourd'hui par la basse de violon, appelée aussi violoncelle.* — BASSE FONDAMENTALE, celle qui ne fait entendre que les sons fondamentaux de l'harmonie. — BASSE CHIFFRÉE, procédé de notation musicale qui consiste à placer, au-dessus des notes constituant la basse, des chiffres dont chacun désigne l'intervalle que forme à l'égard de la basse la note représentée par ce chiffre. Un 2 indique la seconde, un 3 la tierce, un 4 la quarte, et ainsi de suite. Un accord composé de quinte, tierce et septième est désigné par les chiffres 3, 5 et 7 superposés. — BASSE CONTINUE, celle qui dure pendant tout le morceau. — BASSE CONTRAINTE, celle dont le chant, borné à un petit nombre de mesures, ne fait entendre qu'une même phrase, qu'elle recommence toujours, tandis que les parties supérieures continuent leur chant ou leur harmonie, et les varient de diverses manières. — Basses s. f. pl. Grosses cordes de certains instruments : *il faudra mettre d'accord les basses de ce piano.*

* BASSE s. f. Mar. et Hydrog. Endroit où il y a peu de hauteur d'eau et où se trouve caché un petit banc de sable, de roches ou de corail : *ces basses sont marquées sur les cartes marines.*

* BASSE-CONTRE s. f. Mus. vocale. Sorte de voix qui a la même timbre que la basse-taille; avec cette différence qu'elle a moins d'étendue à l'aigu, et davantage au grave. — Partie de chant que la basse-contre exécute.

* BASSE-COUR s. f. Cour d'une ferme, où l'on entasse le fumier, où se trouve assez or-

dinairement une mare d'eau, et où l'on nourrit la volaille, etc. — Cour destinée à des usages qui ont quelques rapports avec ceux des cours de fermes. — Cour séparée de la cour principale, et destinée pour les écuries, les équipages, etc. — Fam. et fig. NOUVELLES DE LA BASSE-COUR, DE BASSE-COUR, bruits populaires, nouvelles fausses et mal fondées. — Plur. des BASSES-COURS.

BASSÉE (La) ch.-l. de cant., arr. et à 24 kil. S.-O, de Lille (Nord); sur le canal de la Bassée à la Deule ; 3.500 hab. Petite ville d'industrie et de commerce, autrefois fortifiée, prise par les Français en 1641, par les Espagnols en 1642, démantelée en 1667 et cédée à la France par le traité d'Aix-la-Chapelle.

* BASSE-FOSSE s. f. Voy. Fosse. — Au plur. des BASSES-FOSSES.

BASSEIN. I. Ville du Pégou (Inde anglaise) à 160 kil.-O. de Rangoun; 20.000 hab. — Ville en ruine de l'Inde, sur une île, à 50 kil. N. de Bombay.

BASSE-INDRE (La), voy. INDRE (*la Basse-*),

BASSELIN (Olivier), chansonnier du xve siècle né et mort à Vire, où il possédait un moulin à *foulon de l'exploitation duquel il vivait.* Les *vaux* (vallons) situés près de sa ville natale, sur la Vire et sur la Virène, donnèrent leur nom aux chants pleins de verve, de gaieté et de sentiment poétique de Basselin; et l'on appela *vaux-de-vire* les premières productions de la muse gauloise. D'après beaucoup d'étymologistes, ce nom aurait produit le mot *vaudeville.* Les chants populaires de notre plus ancien chansonnier se transmirent de bouche en bouche, jusqu'au temps où Jean le Houx, son admirateur et son imitateur, les recueillit et les livra à l'impression : *Livre des chants nouveaux et vaux-de-vire*, 1610, in-8°. L'édition contemporaine la plus complète est celle d'Avranches, 1833, in-32, elle comprend les chansons de le Houx.

BASSE-LISSE s. f. Manière de travailler les tapisseries de laine, en disposant la chaine horizontalement sur le métier. — Tapisserie ainsi fabriquée.

BASSE-LISSIER s. m. Ouvrier qui travaille en basse-lisse. — Plur. des BASSE-LISSIERS.

* BASSEMENT adv. D'une manière basse. Ne s'emploie qu'au figuré: *se conduire bassement.*

BASSES-ŒUVRES s. f. plur. Ensemble de toutes les choses qui se rapportent aux fonctions du bourreau.

BASSES (Iles). Vastes groupes des îles de Pomotou (Polynésie), entre 13° et 23° lat. S. et 137° et 152° long. O. Récolte de nacre.

* BASSESSE s. f. Vice qui porte à des sentiments, à des actions, à des procédés indignes d'un honnête homme, ou d'un homme de cœur. — Sentiments, actions qui marquent la bassesse d'âme. — Basse naissance , condition obscure. — Trivialité ignoble, choquante: *bassesse d'une pensée.*

* BASSET s. m. Chien de chasse à courre, qui a les jambes fort courtes et quelquefois tortues : *on chasse le blaireau avec des bassets ; basset à jambes torses.* — Fam. et par dérision. Petit homme dont les jambes et les cuisses sont trop courtes pour sa taille.

* BASSET (Adrien-Charles-Alexandre), littérateur, né à Paris en 1822, mort en 1869; a laissé le *Veuf du Malabar*, vaudeville (1846) et quelques romans : le *Mauvais Monde*, les *Diables roses*, la *Vierge aux pervenches*, etc.

* BASSE-TAILLE s. f. Mus. vocale. Voix qui est entre celle que l'on nomme seconde taille ou second ténor et celle qui ne fait entendre que les sons graves de l'harmonie. — Plur. des BASSES-TAILLES.—Genre de voix propre à chanter la basse: *voix de basse-taille.* Dans ce sens, on dit plus exactement, BASSE.

* BASSE-TAILLE s. f. Sculpt. Bas-relief, On dit mieux: BAS-RELIEF.

BASSE-TERRE s. f. Côte peu élevée d'une île. — Plur. des BASSES-TERRES.

BASSE-TERRE (La). I. Ch.-l. de la Guadeloupe (Antilles françaises); sur la côte S.-O de l'île, à l'embouchure de la Rivière-aux-Herbes, à 34 kil. S.-O. de la Pointe à Pitre, par 15° 59' 50" lat. N. et 64° 3' 41" long. O.; 10,000 hab., dont 4,000 noirs. Evêché, cour d'appel; ville fondée en 1635, agréablement située, bien bâtie et défendue par le fort Richepanse et par plusieurs batteries. Rade peu sûre, à laquelle on préfère celle de la Pointe-à-Pitre. Hôtel du gouvernement. — II. Ch.-l. de l'île Saint-Christophe (Petites Antilles anglaises), sur la côte S.-O.; 9,000 hab. Ville défendue par trois forts. Commerce considérable de sucre, de coton et de gingembre. Dans la rade de la Basse-Terre, le comte de Grasse attaqua vainement une flotte anglaise commandée par sir Thomas Graves, les 25 et 26 janvier 1782. — Lat. N. 17° 17' 45"; long. O.; 65° 2' 15".

* BASSETTE s. f. (ital. *bassetta*). Jeu de hasard qui se joue avec des cartes, et qui est une espèce de pharaon. Ce jeu, inventé, dit-on, par un noble Vénitien au xve siècle, fut introduit en France en 1674.

BASSE-VERGUE s. f. Mar. Vergue des bas mâts. — Plur. des BASSES-VERGUES.

BASSEVILLE. Voy. BASSVILLE.

BASSI (Ferdinand), naturaliste italien, né à Bologne en 1774. A laissé plusieurs mémoires dans la collection de l'institut de Bologne.

BASSI (Laura-Maria-Catarina), savante bolonaise (1711-1778), femme du Dr Guiseppe Verati, elle enseigna à Bologne la philosophie, les sciences physiques et les langues anciennes.

BASSIE s. f. (de *Bassie*, nom d'un naturaliste). Bot. Genre de sapotées, composant des arbres de l'Inde et de l'Afrique, dont les graines contiennent une substance butyreuse.

Bassie (Bassia Park!!).

L'arbre à beurre *indien* ou phulwara (*Bassi butyracea*) est un grand arbre du Népaul et des monts Almora. La substance grasse exprimée de ses graines présente la consistance du lard; elle est blanche et se conserve pendant plusieurs mois; on l'emploie comme du beurre animal; c'est le *beurre de galam* ou *beurre végétal.* L'arbre à beurre *africain* (*B. Parkii*), qui croît en abondance dans l'Afrique équatoriale, porte un fruit semblable à une olive. Le beurre que l'on en extrait est doux, blanc et peut se conserver pendant une année sans être salé.

BASSIER s. m. (rad. *bas*). Amas de sable qui se forme dans les fleuves et met obstacle à la navigation.

BASSIGNANA, bourg du Piémont, à 12 kil.

N.-E. d'Alexandrie, sur la rive droite du Pô ; 4,000 hab. Victoire de **Moreau** sur Souwaroff, le 11 mai 1799.

BASSIGNY (Le), *Pagus Bassiniacensis* ancien petit pays de France, partie en Lorraine (ch.-l. Vaucouleurs), et partie en Champagne (ch.-l. Chaumont). Il forme aujourd'hui les arr. de Chaumont, de Langres, de Bar-sur-Aube et le cant. de Gondrecourt.

* **BASSIN** s. m. (all. *back*, creux). Espèce de grand plat creux, et de forme ronde ou ovale. — Plat où l'on reçoit les offrandes à la messe. — Jardin. Pièce d'eau, ordinairement bordée de pierre ou de marbre. — Méd. Vase destiné à recevoir les déjections : *il est allé trois fois au bassin.* — Phys. Plateau d'une balance. — Vaste plaine entourée de montagnes ou de collines élevées : *cette ville est au centre d'un magnifique bassin.* — Géogr. Espace resserré entre deux suites de montagnes ou de collines, dans lequel coule un fleuve; depuis sa source jusqu'à son embouchure : *le bassin de la Seine, de la Loire,* etc. On dit dans un sens analogue, *le bassin de la mer Noire, de la mer Caspienne,* etc., l'espace qui les renferme. On appelle *bassin lacustre* celui d'un lac ou d'une mer intérieure. — Anat. Grande cavité osseuse qui forme la paroi inférieure de l'abdomen et qui sert d'attache aux os des membres postérieurs. Il se compose du sacrum, des os iliaques et du coccyx: *le bassin est plus large chez la femme que chez l'homme.* — Chirur. BASSIN OCULAIRE, petit vase de forme ovale, dont on se sert pour se baigner l'œil. — Mar. Lieu où les bâtiments jettent l'ancre : *ce port est bon, mais le bassin en est petit* (Acad.). On dit aussi *bassin de port.* — Enceinte artificielle fermée par des portes solides ou des vannes qui laissent entrer ou qui repoussent la marée (suivant les circonstances) et destinée à recevoir les bâtiments. Dans le langage populaire, on confond abusivement le *bassin* avec le *dock* (voy. ce mot). Le bassin, appelé *Bassin de construction* (Forme) ou *Bassin de carénage,* suivant l'usage auquel il est destiné, est un ouvrage d'architecture nautique où les navires se construisent, se radoubent ou se carènent à sec, et où l'on peut ensuite le mettre à flot. A la marée haute, on y amène le vaisseau qui a besoin de réparations. Il y reste à sec, étayé de toutes parts. Quand la mer se retire, les portes se ferment, et les ouvriers peuvent travailler à l'aise. Dans les ports de la Méditerranée, qui ne ressent pas le mouvement des marées, on épuise l'eau des bassins au moyen de pompes à vapeur. Les bassins que l'on vide au moyen de pompes sont ordinairement construits en maçonnerie ; ils se composent quelquefois de pieux dont on bouche hermétiquement les intervalles au moyen d'argile. Dans le bassin en maçonnerie (Fig. 1), on ménage ordinairement deux conduits (C C), l'un à droite et l'autre à gauche de l'entrée et tous les deux

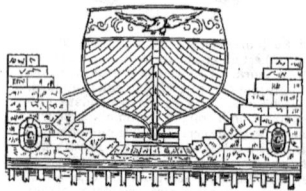

Fig. 1. — Section transversale d'un bassin en maçonnerie.

au-dessous du niveau des marées basses. Ces sortes de canaux, qui vont en pente, reçoivent l'eau et la conduisent jusqu'au fond du bassin. On admire des bassins en maçonnerie dans nos ports et particulièrement à Rochefort, à Cherbourg, à Brest et à Toulon. On appelle *bassin flottant* ou improprement *dock flottant* un ponton divisé en compartiments que l'on emplit d'air ou d'eau suivant le besoin, de façon à conserver l'équilibre voulu. Lorsque les compartiments sont emplis d'air, le bassin devient assez léger pour soulever un vaisseau que l'on veut mettre à sec. D'après ce système, on construit aujourd'hui des bassins flottants en bois et en fonte. Les modèles de ce genre se trouvent à New-York (Fig. 2). En ouvrant les portes ménagées sur les côtés de cette construction on y fait entrer de l'eau; on ferme

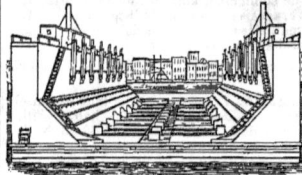

Fig. 2. — Bassin flottant de New-York.

les portes lorsque l'appareil est descendu à la profondeur voulue dans la mer. On fait passer le plancher du bassin sous la quille du navire à soulever et ensuite, à l'aide de pompes à vapeurs, on vide *les chambres latérales* que l'on avait emplies d'eau. — Le *bassin flottant à sections* (Fig. 3) se compose de plusieurs bassins que l'on place côte à côte. A chaque extrémité des sections se trouve un

Fig. 3. — Bassin flottant à sections.

ouvrage en charpente qui supporte la pompe et ses accessoires et qui les maintient au-dessus de l'eau quand tout le reste est submergé. Cet ouvrage fait saillie sur l'extrémité de la section, et sa partie inférieure contient une chambre à air que l'on remplit ou que l'on descend à l'aide d'une crémaillère et qui communique avec la pompe. L'avantage du bassin à sections est de permettre de régler la légèreté de chaque section de manière à opérer une égale pression sur toutes les parties du fond du bâtiment à soulever, mais les irrégularités de pression causées par la houle, par le passage des bateaux à vapeur auprès de l'appareil et par d'autres causes du même genre détruisent en partie cet avantage. — ∿ Argot. Importun ; individu ennuyeux, agaçant.

> Allons, vieux *bassin,*
> Avez-vous fini vos manières ?
> BÉRANGER. *Chansons.*

BASSINAGE s. m. Hort. Léger arrosage. — Boulang. Cinquième opération du pétrissage, consistant à incorporer dans la pâte du sel marin dissous dans l'eau.

* **BASSINE** s. f. Sorte de bassin large et profond dont on se sert, dans plusieurs arts, pour y faire chauffer, bouillir, fondre, etc., diverses substances.

* **BASSINER** v. a. Chauffer avec une bassinoire. — Humecter, fomenter en mouillant avec une liqueur tiède ou chaude : *bassiner une plaie.* — ∿ Argot. Ennuyer fortement; importuner.

* **BASSINET** s. m. Petite pièce creuse de la platine d'une arme à feu, dans laquelle on met l'amorce, et qui est recouverte par la batterie. — Espèce de chapeau de fer que portaient les hommes d'armes. — Anat. Cavité dans laquelle aboutissent tous les entonnoirs du rein. — Bot. Espèce de renoncule à longs jets rampants. Dans ce sens, quelques-uns écrivent, *bacinet.* — Art. milit. BASSINET DE SURETÉ, demi-cylindre creux qui, en tournant de droite à gauche, recouvre toute l'amorce, de manière que, si la détente venait à partir accidentellement, l'étincelle ne tomberait que sur cette amorce. — ∿ Argot. CRACHER AU BASSINET, donner de l'argent de mauvaise grâce.

* **BASSINOIRE** s. f. Bassin à manche, ayant un couvercle percé de plusieurs trous, et servant à chauffer le lit. — ∿ Jargon. Montre d'argent très large et très épaisse.

BASSISTE s. m. Celui qui joue de la contrebasse ou du violoncelle.

BASSOMPIERRE (François, BARON DE), maréchal de France, né le 12 avril 1579, au château d'Harouel, en Lorraine, mort en 1646. Son père, colonel d'un corps de 1,500 reitres au service de la France, se nommait en allemand *Besteinstein,* dont on fit Bassompierre; il appartenait à la famille de *Clèves.* Très instruit, plein de courage, de beauté et d'esprit, François de Bassompierre fut le type parfait du gentilhomme de son temps; il devint à la mode sous Henri IV et sous Louis XIII. Ce dernier le fit maréchal de France en 1622 et l'envoya comme ambassadeur en Espagne, en Suisse et en Angleterre. Mais il eut le malheur de porter ombrage à Richelieu qui le fit enfermer à la Bastille, le 25 février 1631. Pendant une captivité qui dura jusqu'à la mort du vindicatif cardinal, c'est-à-dire près de douze ans, Bassompierre écrivit ses *Mémoires,* précieux pour l'histoire du temps, et le récit de ses *Ambassades.* On dit qu'il fit disparaître ou brûla plus de 6,000 lettres d'amour. Il était secrètement marié à la princesse de Conti, Louise de Lorraine, qui mourut de chagrin en apprenant son arrestation. Ses *Mémoires,* publiés en 1665, 2 vol., ont été réédités en 1870, 5 vol.

* **BASSON** s. m. (rad. *bas* et *son*). Mus. Instrument à vent à anche, dont le caractère est tendre, mélancolique, plaintif et religieux. Le basson fut inventé en 1539, par Apanio, chanoine de Pavie. Il se compose d'un long tube de bois terminé par une anche recourbée en cuivre. Cet instrument, dont l'étendue est de trois octaves, à partir du premier si bémol grave du piano, sert de base à l'harmonie des flûtes, des clarinettes, des hautbois et des cors. — Artiste qui joue le basson : *piano, signor basson...* (A. DE MUSSET). — BASSON-QUINTE, diminutif du basson, dont le diapason est plus élevé d'une quinte que celui de ce dernier. — CONTRE-BASSON, instrument à vent à embouchure qui donne l'octave inférieure du basson. — BASSON-RUSSE, instrument à dix trous, dont quatre munis de clefs. — JEU DE BASSON, jeu d'anches de deux octaves d'étendue, lequel complète le hautbois et lui sert de basse dans l'orgue.

BASSONORE s. m. Gros basson inventé par Vinnen, vers 1834 et destiné surtout à la musique militaire.

BASSORAH ou **Basra**, ville de la Turquie d'Asie, à 460 kil. S.-S.-E. de Bagdad, sur le Chot-el-Arab, à 110 kil. de son embouchure dans le golfe Persique; 8,000 hab. (160,000 avant les guerres, la peste et les inondations du XVIIIe siècle). Exportation de chevaux et de dattes. L'ancienne Bassorah, dont on voit les ruines à 14 kil S.-O. de la nouvelle, était un centre intellectuel et commercial au temps des califes de Bagdad; elle déclina dès le XIIe siècle. La nouvelle ville date du XVIIIe siècle. — Lat. N. 30° 32'; long. E. 45° 31' 15".

BASSORINE s. f. Mucilage qui forme en

grande partie la gomme adragante et la gomme de Bassorah. La bassorine fut étudiée pour la première fois par Vauquelin et Bucholz.

BASSORIQUE adj. Chim. Relatif à la bassorine.

BASSOUTOS, tribu ou association politique de plusieurs tribus des Bechuana, Afrique méridionale, entre la Cafrerie, Natal, l'état d'Orange et la colonie du Cap. Les Bassoutos, au nombre de 127,000, occupent un territoire que l'on évalue à 30,000 kil. carr. Ils se sont promptement civilisés sous la double action des missionnaires français protestants et de l'un de leurs chefs nommé Moschesch. Une partie de leur pays fut annexée à l'état libre d'Orange en 1866 et le surplus au territoire de Natal en 1868.

BASS ROCK. Voy. BASS (*île de*).

BASSVILLE ou **Basseville** (Nicolas-Jean Hugon ou Husson de), diplomate français, mort en 1793. D'abord professeur, écrivain et journaliste à Paris, il fut envoyé à Naples, en 1792, comme secrétaire de légation. Presque aussitôt, il fut chargé de se rendre à Rome pour y protéger nos nationaux. Dès son arrivée, il plaça les armes de la République sur la porte du consulat français (12 janvier 1793). Le lendemain, la populace assassina Bassville et brûla notre consulat, après l'avoir pillé. La Convention tira une vengeance éclatante de cette violation du droit des gens. Elle accorda à la veuve de Bassville, une pension de 1,000 livres, reversible, pour les deux tiers, sur son fils, que la nation adopta. Trois ans après, le pape n'obtint la paix qu'en désavouant cet assassinat et en versant une somme de 300,000 livres pour être répartie entre les victimes de cet attentat. Bassville a publié : *Mythologie*, 1784 ; *Mémoires sur la Révolution*, 1789, 2 vol. in-8° ; *Mémoires sur la cour de Berlin*, in-8° ; *Poésies fugitives*, etc.

BASSVILIANA, poème italien que la mort tragique de Bassville inspira à Monti.

BASTAGUE ou **Bastaque** s. m. Hauban à étaque employé sur les lougres.

* **BASTANT, ANTE** adj. Qui suffit : *êtes-vous bastant pour une si grande entreprise?* (vieux).

BASTARNES, *Bastarnæ*, peuplade belliqueuse d'origine celtique, qui émigra vers l'embouchure du Danube, fit alliance avec Persée contre les Romains, ravagea plusieurs fois la Thrace, fut vaincue par M. Crassus (30 avant J.-C.) et fut presque exterminée par les Goths. Les débris des Bastarnes se fixèrent en Pologne.

* **BASTE** s. m. L'as de trèfle, aux jeux de l'hombre, du quadrille, etc.: *le baste est le troisième des matadors*. — ∾ s. f. Vaisseau de bois qui, dans quelques pays, sert à transporter la vendange.

* **BASTE** interj. Voy. BASTER.

BASTE (Pierre), marin, né à Bordeaux en 1768, tué au combat de Brienne en 1814 ; engagé en 1781, et d'abord simple matelot, il s'éleva aux premières dignités en passant par tous les grades. Après s'être engagé au siège de Mantoue, à la prise de Malte, dans l'expédition de Saint-Domingue, il équipa en 1807, à Dantzick, une flottille pour assiéger Pillau, et captura un convoi de 42 voiles. Chargé, en 1809, de s'emparer de l'île de Muleithen, il exécuta cet ordre avec autant de bravoure que de célérité. Devenu colonel des marins de la garde, il facilita à l'armée française le passage de divers bras du Danube, et prépara, avec les généraux Aubry et Bertrand, la mémorable victoire de Wagram.

BASTELICA, ch.-l. de cant., arr. et à 26 kil. N.-E. d'Ajaccio (Corse) ; 3.100 hab. Grains, bétail, vins.

* **BASTER** v. n. (espagnol *basto*, rempli). Ne s'emploie que dans quelques phrases familières : BASTE POUR CELA, ou simplement BASTE, passe pour cela. — BASTE ! exclamation. Exprime qu'on ne s'inquiète pas d'une menace, qu'on tient peu de compte d'un discours : *Il dit cela : baste! il n'en fera rien.*

BASTER (Job), médecin de Harlem, né en 1711, mort en 1775; a laissé *Opuscula subsciva*, 1 vol. in-4°, Harlem, 1762-65.

* **BASTERNE** s. f. (lat. *basterna*). Nom d'une espèce de char attelé de bœufs, en usage chez d'anciens peuples du Nord, et sous nos rois de la première race.

BASTIA, *Mantinum*. Ville forte de l'île de Corse, ch.-l. d'arr., à 124 kil. N.-E. d'Ajaccio, sur la mer de Toscane ; 21.500 hab. Cour d'appel, lycée, commerce d'exploitation. Jolie ville en amphithéâtre, avec quai, phare, anciens couvents, jardins. De la citadelle qui la domine, la vue s'étend jusqu'aux îles Caprera, d'Elbe et de Monte-Christo. — Bastia fut fondée en 1383, par les Génois qui y construisirent le donjon *(Bastia)* à l'entrée de son port. Elle prit un grand développement après la destruction d'Aleria et de Mariana ; les Génois en firent la capitale de la Corse, et aujourd'hui elle se considère comme sacrifiée à sa rivale Ajaccio. Elle fut ch.-l. du dép. du Golo. Les Anglais la prirent en 1745, en 1768 et en 1794. — Lat. N. (à la boule du clocher Santa-Maria) 42° 41' 30" ; long. E. 7° 6' 59".

BASTIAT (Frédéric), célèbre économiste, né à Bayonne le 19 juin 1801, mort à Rome le 24 décembre 1850. Il publia, de 1834 à 1844, *plusieurs opuscules dans lesquels il développa les principes du libre-échango. En 1845, il visita l'Angleterre et fit paraître : *Cobden et la ligue, ou l'agitation anglaise pour la liberté des échanges*, œuvre capitale qui eut un grand retentissement et plaça son auteur à la tête de l'école libre-échangiste. L'année suivante, il fonda le journal hebdomadaire le *Libre-Echange* et établit à Bordeaux et à Paris l'association libre-échangiste dont il fut nommé secrétaire. Ses controverses avec Proudhon, au sujet du crédit gratuit, furent glorieuses pour lui. Il fut envoyé à l'Assemblée Constituante puis à la Législative par les électeurs du département des Landes. Il publia successivement dans la seule année 1849 : *Propriété et Loi, Justice et fraternité ; Capital et Rente ; Paix et Liberté, ou le Budget républicain ; Incompatibilités parlementaires ; l'Etat, maudit argent!* ; série de pamphlets pleins de bon sens, de chefs-d'œuvre de logique et de style. En 1850, il donna : *Baccalauréat et socialisme; Spoliation et Loi ; la Loi ; Ce que l'on voit et ce que l'on ne voit pas*. Il pensait à donner un second volume à ses *Harmonies économiques*, lorsqu'une maladie de larynx le força de demander au climat de l'Italie une guérison qu'il ne devait pas obtenir. Ses œuvres complètes, publiées en 1855, 6 vol. Guillaumin, et en 1865, 7 vol.; comprennent ses *Sophismes économiques*.

* **BASTIDE** s. f. (celt. *bast*, fort, forteresse) Se disait anciennement d'une sorte de fortin ou fortification de campagne. On entourait quelquefois de bastides une ville assiégée. — Voy. BASTILLE. — Nom qu'on donne, dans le midi de la France, à de petites maisons de campagne.

BASTIDE (Jules) homme politique français, né à Paris en 1800. Combattant de juillet, 1830, il arbora le drapeau tricolore aux Tuileries, et cet acte de courage lui donna une grande influence dans le parti républicain. En 1832, Jules Bastide se mit à la tête de l'émeute qui éclata pendant les funérailles du général Lamarque. Condamné à mort, il s'enfuit en Angleterre et, à son retour, en 1836, il fut acquitté. De 1836 à 1846, il fut l'un des principaux rédacteurs du journal le *National*, feuille dans laquelle il essaya vainement de

faire dominer son ardent catholicisme. Il dut quitter le *National*, et fonda alors la *Revue nationale*. La révolution de 1848 le porta au pouvoir, en même temps que Lamartine et plusieurs hommes politiques qui partageaient ses opinions. Secrétaire général du ministère des affaires étrangères pendant le gouvernement provisoire, ministre des affaires étrangères et de la marine sous la commission exécutive présidée par Lamartine, [et représentant du peuple, il ne cessa d'affirmer des tendances antidémocratiques. Il a donné plusieurs ouvrages : *De l'éducation publique en France* (1847); la *République française et l'Italie de 1848* (1858); *Guerres de religion en France* (1859, 2 vol.)

BASTIDE (La) ch.-l. de cant., arr. et à 22 kil. S.-O. de Gourdon (Lot); 1.709 hab. Patrie de Joachim Murat. On l'appelle aussi La Bastide-Murat.

BASTIDE-CLAIRENCE (La) ch.-l. de cant., arr., et à 15 kil. S.-E. de Bayonne (B.-Pyr.) 1.600 hab. Bonneterie, bérets, bas.

BASTIDE-DE-SÉRON (La) ch.-l. de cant., arr. et à 17 kil. N.-O. de Foix (Ariège) ; 2.800 hab. Grotte de la montagne de la Garosse.

BASTIDE-SUR-L'HERS (La) cant. de Mirepoix (Ariège); 800 hab. Eaux minérales, mines de jayet.

* **BASTILLE** s. f. [*ll* mll.] (rad. *bastide*). Se disait anciennement d'ouvrages, de constructions passagères ou permanentes, qu'on élevait soit pour fortifier une place, soit pour l'assiéger. On disait aussi BASTIDE. — Prov. et fig. IL NE BRANLE NON PLUS QU'UNE BASTILLE, se dit d'un homme qui ne bouge pas de sa place, quoiqu'on l'appelle. — **Bastille** (la). Forteresse servant de prison d'Etat, qui fut commencée le 22 avril 1369, à la porte Saint-Antoine de Paris, et qui ne fut détruite le 14 juillet 1789. C'était une vaste citadelle comprenant 8 tours, reliées entre elles par des murailles hautes de 24 mètres et épaisses de 3 mètres. Les fossés qui entouraient ce puissant édifice, n'avaient pas moins de 26 mètres de large sur 8 de profondeur. La Bastille n'était pas encore terminée que Hugues Au-

La Bastille.

briot, prévôt des marchands, qui en avait posé la première pierre, y fut enfermé (1381). Citadelle des Armagnacs, elle fut prise par les Bourguignons en 1418; tenue par les Anglais elle se rendit aux Français en 1436. Le ligueur Bussi Leclerc y mit au pain sec et à l'eau le président de Harlay et 60 membres du parlement en 1589. Les Frondeurs s'y établirent en 1649, et le canon de la Bastille tonnant contre l'armée royale, sauva Condé le 2 juillet 1652. Comme prison d'Etat, cette sombre forteresse a laissé un nom exécré. On pouvait y enfermer 50 prisonniers dans des cellules solitaires qui étaient ménagées dans les tours. Il y avait, outre ces cellules percées d'une étroite fenêtre, des cachots noirs et infects à 20 pieds sous terre et des caiottes, au sommet des tours, où les détenus avaient à subir un froid intolérable en hiver et une chaleur insupportable en été. Il faut lire dans Linguet (*Mémoires sur la Bastille*, Londres, 1783), le récit des traitements inhumains que subissaient les prisonniers. Ceux-ci y étaient conduits sans jugement, quelquefois sur une simple *lettre de cachet*. Une fois entrés dans cet enfer, ils n'avaient plus aucune communication au dehors. Leur sort, ignoré de leurs amis et de leurs parents, dépendait du bon vouloir d'un despotisme sans contrôle. Dans les cachots de cette prison passèrent tour à tour : Jacques d'Armagnac, duc de Nemours (1475), le maréchal de Biron, Bassompierre, le maréchal de Richelieu, Lally-Tollendal, Lenglet-Dufresnoy, le Masque de fer, Latude, Voltaire, La Bourdonnais, La Chalotais, Le Maistre de Sacy et environ 3.000 autres personnes moins connues. — Le 14 juillet 1789, après une courte défense par le gouverneur Delaunay, assisté d'une garnison qui se composait de 82 invalides et 32 Suisses, cette forteresse tomba au pouvoir du peuple soulevé par Camille Desmoulins. La date du 14 juillet est un jour de fête nationale. Dans les cachots on ne trouva que sept prisonniers, dont un, à grande barbe blanche avait perdu la raison et se croyait encore sous le règne de Louis XV. La vue d'instruments de torture inconnus, pièces accusatrices contre le régime passé, exaspéra le peuple qui saccagea ce sombre édifice et promena dans Paris la tête du gouverneur placée au bout d'une pique. Le lendemain, en démolissant la Bastille, on y découvrit des squelettes. L'emplacement de la Bastille fut, pendant toute la première République, un des centres principaux des fêtes nationales. Louis-Philippe y fit ériger la colonne de Juillet. Bibliogr. Arnould A. de Puyol et A. Maquet : *Histoire de la Bastille*, 1844, 6 vol. in-8°.; Ravaison : *Archives de la Bastille*, 1870-'76, 8 vol. — ◦◦ Par ext. le mot BASTILLE est devenu synonyme de prison.

O sainte égalité ! dissipe nos ténèbres,
Renverse les verrous, les bastilles funèbres.
A. CHÉNIER.

— Fig. Moyen d'asservissement : *les encyclopédistes ont démantelé la Bastille des consciences.*

° **BASTILLÉ, ÉE.** adj. Blas. Se dit, des pièces qui ont des créneaux renversés et tournés vers la pointe de l'écu : *d'argent au chef bastillé d'or.*

BASTIMAGE s. m. Argot des voleurs. Travail.

BASTIN s. m. Mar. Cordage qu'on fabrique dans le Levant avec de la paille et du jonc.

° **BASTINGAGE** s. m. (celt, *bast,* fortification). Mar. Retranchement, parapet qu'on forme autour du pont supérieur d'un vaisseau, avec les hamacs de l'équipage, pour se garantir de la mousqueterie et de la petite mitraille de l'ennemi. Action de former ce retranchement. — FILETS DE BASTINGAGE, ou simplement BASTINGAGE, filets tendus verticalement sur le vibord, et destinés à recevoir les hamacs dont on forme le bastingage.

° **BASTINGUE** s. f. Mar. Bande d'étoffe, toile matelassée qu'on tend autour du plat-bord du vaisseau pour servir d'abri aux matelots qui manœuvrent sur le pont pendant le combat. L'ensemble des bastingues s'appelle *bastingage.*

BASTINGUER v. a. Mar. Etablir des bastingages sur un navire. — ° Se **bastinguer** v. pr. Mar. Faire. un bastinguage ; se mettre à couvert par des bastingages.

° **BASTION** s. m. (lat. *bastilia*; ital. *bastilione* et *bastione*). Grosse masse de terre, quel-

quefois revêtue de pierres et élevée ordinairement sur un des angles d'une place où elle forme une gorge, deux flancs et deux faces. La *gorge* est l'entrée qui conduit dans le corps du bastion ; la *face*, ou *pan du bastion*, est la partie de cet ouvrage la plus avancée vers l'assiégeant ; le *flanc du bastion* est la partie qui répond de la courtine à la face. On fait remonter au commencement du xvi° siècle l'origine des fortifications bastionnées. — Bastion de France (LE), fort que la France possédait autrefois dans la régence d'Alger, pour la protection des pêcheurs de corail, à l'est de La Calle.

° **BASTIONNÉ, ÉE** adj. Qui a des bastions : *tour bastionnée.*

BASTIONNER v. a. Munir de bastions. — Se **bastionner** v. pr. Se fortifier.

° **BASTONNADE** s. f. Coups de bâton. Supplice en usage chez les anciens Romains, chez la plupart des peuples musulmans et dans les bagnes français. En 1877, le député Schœlcher entreprit à faire disparaître de nos établissements pénitenciers ce supplice barbare.

BASTITANS ou Bastules Ant. Peuple de l'*Hispania Bœtica.*

BASTNAÈS, localité très riche en minéraux, près de Riddorhytta, en Suède. On y trouve principalement du bismuth et de la bastnasite.

BASTNAÉSITE ou Bastaésite s. f. [bass-tna-é-zi-te]. Fluorure de cérium et de lanthane que l'on trouve à Bastnaès, en masses compactes, brunes ou noirâtres.

° **BASTRINGUE** s. m. Bal de guinguette (pop.). — ◦◦ Argot. Vacarme : *faire du bastringue.* — Argot des voleurs. Lime, scie. — Nécessaire du voleur, renfermé dans un étui.

BASTRINGUER v. a. Courir les bals.

° **BASTUDE** s. f. Pêche. Filet dont on se sert pour pêcher dans les étangs salés.

BASTULE s. m. Nom donné à l'un des idiomes de l'Espagne ancienne, parlé principalement dans le midi.

° **BAS-VENTRE** s. m. Partie inférieure du ventre.

° **BAT.** S. m. [batt]. Vieux mot qui signifie, QUEUE DE POISSON, et que les marchands de marée emploient encore dans certaines phrases : *le poisson est mesuré entre œil et bat.* — CE POISSON A DIX-HUIT POUCES DE BAT, c'est-à-dire entre l'œil et la queue. — ◦◦ Mar. Petit bordage en bois debout, qu'on cloue sous les dauphins, pour couvrir le vide qui règne entre l'épaisseur inférieure de ces dauphins et le franc-bord.

° **BÂT.** s. m. [bâ] (gr. *bastazô*, je porte). Selle de bois, garnie de cuir ou rembourée dans de la toile, qu'est employée pour les bêtes de somme. Le bât est quelquefois pourvu, de chaque côté, de crochets qui servent à supporter des paniers à recevoir des ballots. — Fig. et fam. C'EST UN CHEVAL DE BAT, se dit d'un sot, d'un lourdaud. — C'EST LE CHEVAL DE BAT, se dit d'un homme chargé dans une maison, dans une communauté, de la grosse besogne que les autres refusent. — Prov. et fig. VOUS NE SAVEZ PAS OU LE BLESSE, se dit pour donner à entendre qu'une personne heureuse ou contente en apparence, a quelque peine secrète, quelque chagrin caché.

° **BATACLAN** s. m. Attirail, équipage embarrassant.

° **BATAILLE** s. f. [*ll* mll.] (rad. *battre*). Combat général de deux armées : *bataille rangée; champ de bataille; refuser la bataille; perdre une bataille; bataille navale.* — Ordre dans lequel on range une armée pour se disposer au combat : *ranger une armée, des troupes en*

bataille; ligne de bataille; combattre en bataille rangée. — Ordre dans lequel est disposée une troupe déployée, par opposition à l'ordre en carré, en colonne, ou par le flanc : *marcher en bataille, passer de l'ordre en colonne à l'ordre en bataille. Se former sur la droite ou sur la gauche en bataille.* Dans ce sens et dans celui qui précède, on ne l'emploie jamais avec l'article. — Représentation d'une bataille en peinture ou en sculpture : *les batailles d'Alexandre, de le Brun; peintre de batailles.* — Espèce de jeu de cartes, qui est le plus simple de tous : *les enfants jouent à la bataille.* — CORPS DE BATAILLE, partie de l'armée qui est entre les deux ailes, et qu'autrefois on appelait *la bataille.* — Fig. et fam. C'EST SON CHEVAL DE BATAILLE, SON GRAND CHEVAL DE BATAILLE, se dit de la chose dont quelqu'un s'appuie le plus fortement. — ◦◦ Jargon des soldats. CHAPEAU EN BATAILLE, chapeau à cornes tombant sur les oreilles. Mis dans le sens contraire, le chapeau est *en colonne.*

° **BATAILLER** v. n. [*ll* mll.] Donner bataille. —Fig. Contester, disputer avec chaleur, avec ténacité : *il a bien fallu batailler pour en venir là.*

° **BATAILLEUR, EUSE** adj. [*ll* mll.] Qui aime à batailler, à disputer.

° **BATAILLON** s. m. [*ll* mll.] Troupe d'infanterie, d'artillerie ou autre corps à pied, composée de plusieurs compagnies, et faisant ordinairement partie d'un régiment : *régiment de deux, de quatre bataillons.* — Par exag. et fam. Un grand nombre : *elle a un bataillon d'enfants.* — CHEF DE BATAILLON. Voy. Chef. — BATAILLON CARRÉ. Voy. Carré. — ÉCOLE DE BATAILLON, théorie des diverses manœuvres qu'un bataillon doit savoir exécuter. — Ant. gr. BATAILLON SACRÉ, bataillon thébain, dans lequel les guerriers, liés entre eux d'une étroite amitié, ne s'abandonnaient jamais et mouraient ensemble s'il le fallait. — Par anal. Se dit chez nous des corps d'élite, surtout de ceux qui se forment dans les retraites, dans les déroutes, pour sauver les débris d'une armée. — Bataillons s. m. pl. Armée (dans le style élevé) : *il se précipita au milieu des bataillons ennemis.*

Aux armes, citoyens ! formez vos *bataillons.*
ROUGET DE L'ISLE. *La Marseillaise.*

BATAKS, peuple de Sumatra, habitant un district montagneux appelé Batta, au S. d'Achem ; 41,500 kil. car.; environ 350,000 habitants. Les mœurs des Bataks sont sauvages et féroces. Ils se nourrissent de la chair des prisonniers et des criminels; leur religion est l'idolâtrie. Ils habitent des cases couvertes de feuilles. Leur alphabet se compose de 22 lettres substantives et 5 voyelles; ils écrivent de gauche à droite. Ils savent fondre et forger le fer, irriguer leurs champs de riz, cultiver et travailler le coton; ils ont domestiqué le bœuf, le cheval, le buffle et le cochon. Ils sont divisés en trois états indépendants et en plusieurs petits districts gouvernés par des rajahs. Les Hollandais ont annexé à leurs possessions la partie occidentale de ce pays.

BATALHA, bourg du Portugal, à 10 kil. S.-O. de Leira, sur la Lis; 1,800 hab. Sources salées; beau couvent de dominicains, fondé en 1385, en souvenir de la victoire de Jean Ier de Portugal sur Jean Ier de Castille à Aljubarrota (14 août 1385). La restauration de ce monastère a été commencée en 1839.

BATANÉE, petite contrée de l'ancienne Palestine, aujourd'hui appelée Baschan ; voy. ce mot.

BATANGAS I. Province S.-O. de Luçon (îles Philippines); 247,000 hab. Territoire accidenté et fertile. Singulier volcan actif de Taal, ayant dans son cratère un petit lac dont les eaux contiennent de grandes quantités d'acide sulfurique. — II. Ch.-l. de la province ci-dessus, sur une baie qui donne dans le cétroit de Mindoro. 20.000 hab. Grand commerce avec Manille.

BATARA s. m. Ornith. Genre de passereaux dentirostres qui habitent les régions chaudes de l'Amérique. Les principales espèces sont: la pie-grièche rayée de Cayenne (Lanius doliatus) et le grand batara.

* BÂTARD, ARDE adj. (rad. *bas*; celt. *tarz*, extraction). Qui n'est pas de la véritable espèce mais qui en approche, et qui en est une dégénération: *mirabelle bâtarde*. — Fig.: *couleur bâtarde*. — Se dit aussi, tant adjectiv. que substantiv., d'un enfant né hors mariage: *enfant bâtard; un bâtard*. Cette expression est injurieuse: on dit plus communément, *enfant naturel, fils naturel, fille naturelle*. — RACE BATARDE, LIGNE BATARDE, les descendants d'un bâtard. — LÉVRIER BATARD, chien né de l'espèce des lévriers et de celle des mâtins. — Substantiv.: *bâtard de dogue*, chien né de l'espèce des dogues et d'une autre espèce de chiens. — PORTE BATARDE, porte de maison qui n'est ni petite porte ni porte cochère.— LETTRE BATARDE, et ÉCRITURE BATARDE, ou substantiv., BATARDE, sorte de lettre, d'écriture penchée, à jambages pleins et à liaisons arrondies, qui tient le milieu entre la ronde et la coulée: *écrire en bâtarde*. — BATARDE ANCIENNE, sorte d'écriture en usage chez les Français dans le XIVᵉ et le XVᵉ siècle, et qu'on « nomme bâtarde, dit Fournier, parce qu'elle dérive des lettres de formes, caractère plus figuré, dont on a retranché les angles et quelques traits ». C'est l'allemand Heilmann, fondeur à Paris, qui en fit les premiers poinçons vers 1490.

* BATARDEAU s. m. Digue de pieux, d'ais et de terre établie au milieu du courant d'une rivière ou d'un canal, soit pour détourner les eaux, soit pour les contenir pendant les travaux qu'on est obligé d'y faire. — Mar. Echafaud dressé sur le bord d'un vaisseau que l'on couche pour le radouber, afin d'empêcher l'eau d pénétrer sur le pont.

BÂTARDEMENT adv. Par bâtardise.

* BATARDIÈRE s. f. Agr. Plant d'arbres greffés qu'on élève dans les pépinières, pour les transplanter ensuite dans des jardins.

* BÂTARDISE s. f. Etat de celui qui est bâtard.

BATATE s. f. Voy. PATATE.

BATAVE adj. et s. Habitant de la Batavie; qui appartient à ce pays ou à ses habitants.— République Batave, nom donné à la Hollande, constituée en république après la conquête de ce pays par les Français en 1795. La république Batave redevint royaume de Hollande en 1806.

BATAVES, peuple issu de l'ancienne nation des Cattes ou Chatti, qui appartenait à la race germanique. A une époque inconnue, les Bataves s'établirent dans l'île appelée ensuite *Insula Batavorum* et formée par le Rhin, le Waal (Vahalis), la Maas (Mosa, Meuse) et l'Océan. Renommés par leur haute stature et leur adresse dans l'équitation, ils furent recherchés de bonne heure par les Romains, pour former des troupes de cavalerie auxiliaire. Peu à peu la Batavie fut envahie par les conquérants de la Gaule, dont elle devint la place d'armes contre la Germanie. Du reste, les Bataves, considérés comme alliés, furent exemptés de tributs et d'impôts En l'an 69 après J.-C., ils se soulevèrent sous les ordres de leur chef, Claudius Civilis, qui, au nom de Vitellius, prit les armes contre Vespasien. Ils ne succombèrent qu'après une défense longue et courageuse. Subjugués par les Francs Saliens, ils firent partie du royaume d'Austrasie et leur nom disparut. Leurs villes principales étaient *Lugdunum* (Leyde) et *Batavodurum*, entre la Meuse et le Waal.

BATAVIA, capitale des possessions hollandaises dans les Indes orientales, sur la côte septentrionale de l'île de Java par 6° 7' 37" lat: S. et 104° 27' 58" long. E., dans une plaine marécageuse, à l'entrée d'une baie profonde de la mer de Java. Population agglomérée: 70,000 hab.; (150,000 avec les faubourgs); cette population se compose de Javanais et de Chinois. La baie, protégée par des îles, offre un sûr abri aux 1,500 navires (dont 1,000 hollandais), qui entrent annuellement

Batavia.

dans le port de Batavia. Principaux articles d'exportation: épices, riz, café, sucre, indigo, tabac, bois de teinture et poudre d'or. Les eaux stagnantes des environs produisent des fièvres qui ont valu à cette ville le nom de « Cimetière des Européens ». Depuis quelques années, on y a entrepris des travaux d'assainissement qui ont déjà produit d'excellents résultats. Batavia occupe l'emplacement d'une ville indigène appelée Jacatra, laquelle fut prise en 1619 par les Hollandais. Elle changea aussitôt de nom et devint capitale des possessions hollandaises. Les Anglais l'occupèrent de 1811 à 1814.

BATAVIA, ville de l'état de New-York (Etats-Unis), à 60 kil. N.-E. de Buffalo; 4,500 hab.

BATAVIE ou Ile des Bataves, *Batavorum insula*, territoire occupé par les Bataves.

* BATAVIQUE ad. employé seulement dans l'expression *Larmes bataviques*, goutte de verre en forme de larme que l'on produit en laissant tomber du verre liquide dans un vase plein d'eau froide. Ces gouttes furent découvertes à Leyde, en Hollande; d'où vient leur nom.

BATAVODURUM. Ant. Ville des Bataves, entre la Meuse et le Wahal.

BATAYOLE s f. Mar. Montant qui servait à porter les lisses des dunettes passantes et fronteaux des gaillards.

BATCHIEN ou **BATJAN**, île appartenant au groupe septentrional des Moluques, près de l'extrémité méridionale de Gilolo; formée de deux presqu'îles que réunit un isthme très bas. Territoire couvert en partie de forêts de palmiers et de girofliers sauvages; intérieur inhabité; au nord, on trouve l'or, le cuivre et le charbon. Résidence d'un sultan vassal des Hollandais.

* BÂTÉ, ÉE, part. passé de BATER. — Voy. ANE.

* BATEAU s. m. (ba-tô) (bas lat. *batus*; vieux franç. *batel*). Navire ou embarcation à voiles, à rames ou à vapeur, tre qu'un

bâtiment de guerre. Se dit particulièrement des barques dont on se sert sur les rivières.

Et l'on voit tout autour les vertes néréides
Escorter le *bateau* sur les pleines humides.
Pierre de Saint-Louis. *La Magdaleinéide*.

— Ce que contient un bateau; plein un bateau: *bateau de sel, de foin, de bois, etc.* — Menuiserie, corps de carrosse: *le bateau de ce carrosse n'est pas bien fait*.— ᴧ Argot. Soulier très large par allusion à la forme.— MENER EN BATEAU, escroquer. — * BATEAU VOLANT,

nacelle d'un aérostat. — PONT DE BATEAUX, voy. PONT. — LIT EN BATEAU, voy. *Lit*. — BATEAU A EAU, bateau destiné à transporter de l'eau douce. — BATEAU DE LOCH, voy. *Loch*. — BATEAU DE REMORQUE, voy. REMORQUE. — BATEAU DRAGUEUR, voy. *Dragueur*. — BATEAU LESTEUR, voy. *Lesteur*. — BATEAU PLONGEUR, voy. *Sous-Marin*. — BATEAU MAIRE, voy. *Maire*. — BATEAU-PORTE, voy. *Porte*. — BATEAU-POSTE, voy. *Poste*. — BATEAU-RABOT, voy. *Rabot*. — BATEAU-BŒUF, voy. *Bœuf*. — BATEAU-PILOTE, voy. *Pilote*. — BATEAU A PONTON, voy. *Ponton*. — BATEAU A AIR, appareil servant à travailler sous l'eau. — BATEAU DE SAUVETAGE, voy. *Sauvetage*. — BATEAU-PHARE, voy. *Phare*. — BATEAU DE FLEURS, voy. *Fleur*. — BATEAU-TRAINEAU, voy. *Traineau*. — BATEAU-VANNE, voy. *Vanne*. — BATEAU-POMPE ou *bateau à pompe*, voy. *Pompe*. — BATEAU PLAT, chaloupe à fond plat, qui peut servir à transporter des troupes. C'est avec des bateaux semblables que Napoléon Iᵉʳ se proposait de débarquer des troupes en Angleterre.— BATEAU A VAPEUR, bâtiment quelconque dont les moyens de

Bateau à vapeur de Fitch, 1788.

propulsion reposent sur l'emploi de la vapeur comme moteur appliqué soit à des rames, soit à une ou plusieurs roues, soit à une ou plusieurs hélices. On dit quelquefois un: *steamer*; et abusivement: un *vapeur*. L'origine de la roue à aubes pour mettre les navires en mouvement date d'une époque antérieure à l'ère chrétienne, mais les aubes restèrent sans emploi, faute d'un moteur assez puissant; on leur préféra les rames. Roger Bacon fut le premier qui eut l'idée d'employer la vapeur pour faire tourner les roues à aubes. Les idées qu'il émit à ce sujet venant trop tôt furent considérées comme d'ingénieuses théories et rien de plus. Pourtant

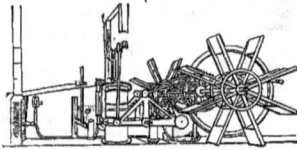

Appareil du *Clermont*, 1807.

l'histoire fait mention d'une tentative d'application faite par Blasco de Garay, en 1543. Ses expériences, étaient oubliées, lorsque Papin réussit à faire marcher un bateau à vapeur sur la Fulda, à Cassel, en 1707. Les bateliers furieux brisèrent sa machine qui, d'après eux, devait porter un coup fatal à leur industrie. La vieille Europe étant encore trop imbue de préjugés pour admettre l'innovation de la marine à vapeur, la gloire d'appliquer l'invention de Papin revint à l'Amérique. William Henry, de Pennsylvanie, essaya un modèle de bateau à vapeur en 1763, sur la rivière Conestoga. James Rumsey commença en 1784 une série d'expériences ; en 1786, il fit voyager sur le Potomac, à raison de 5 kil. à l'heure, un bateau mis en mouvement au moyen d'un jet d'eau à l'arrière. A la même époque, John Fitch s'occupait de la solution de ce grand problème. Le bateau qu'il fit naviguer sur la Delaware, en 1786, était mis en mouvement par des rames, suspendues à leur extrémité supérieure, et mues par une série de manivelles. Ce bateau avait 60 pieds de long. En 1790, un autre navire voyagea sur la Delaware et atteignit une moyenne de 12 kil. à l'heure. — Le premier bateau à vapeur français fut construit par Perrier en 1775. Guyon de la Plombière en 1776, l'abbé d'Arnal en 1780, le marquis de Jouffroy en 1778 et 1783, firent aussi des essais concluants. En 1788, trois Ecossais, Miller, Taylor et Symington, lancèrent sur le Dalswinton loch un bâtiment qui parcourut 8 kil. à l'heure ; il se composait de deux bateaux attachés l'un à l'autre et mis en mouvement par une simple roue à aubes placée entre eux deux ; cette roue recevait l'impulsion d'une petite machine à vapeur. L'année suivante, un gros navire, muni d'une machine d'une force de 12 chevaux, parcourut 12 kil. à l'heure. En 1801, Symington construisit pour lord Dundas un bateau à vapeur destiné à haler des embarcations sur les canaux, et ce navire obtint le succès désirable en 1802. Il était muni, à l'arrière, d'une roue, mue par la vapeur. Il traînait des navires de 140 tonnes et leur faisait parcourir une moyenne de 5 kil. à l'heure. On en abandonna bientôt l'usage, parce qu'on prétendait que les vagues qu'il produisait pouvaient détériorer les digues des canaux sur lesquels il naviguait. L'ingénieur américain Robert Fulton, assisté de Chancellor R. Livingston, construisit un bateau à vapeur qui navigua sur la Seine, à Paris, le 9 août 1803 (voy. FULTON). En 1804, John Stevens essaya avec succès un petit navire mu par une machine à haute pression et par une hélice simple. Il essaya aussi des hélices jumelles pour faire marcher un bateau à vapeur long de 68 pieds et large de 14 pieds. Son appareil est conservé avec une sorte de vénération à l'Institut Stevens de technologie (Hoboken, New-Jersey, Etats-Unis). Fulton, après avoir de nouveau étudié et approfondi ce sujet, retourna aux Etats-Unis en 1806 et, associé à Livingston, construisit un nouveau navire muni d'un appareil construit en Angleterre par Boulton et Watt. Son bâtiment mesurait 130 pieds de long, 18 pieds de large,

7 pieds de profondeur et pesait 160 tonnes. Il l'appela *le Clermont*, nom resté fameux dans les annales de la navigation à vapeur. Ce navire muni de roues de 15 pieds de diamètre, quitta New-York, le lundi 7 août 1807, à une heure de l'après midi ; le lendemain à une heure, il stoppait à Livingston Manor (Clermont) ; il en partait le mercredi matin à 9 heures et atteignait Albany, but de sa traversée, à cinq heures de l'après-midi : sa rapidité avait été d'environ 8 kil. à l'heure. Le *Clermont* fut ensuite allongé de dix pieds et on fit subir quelques légères modifications aux différentes pièces de son appareil moteur ; ce qui le mit à même d'entreprendre régulièrement les traversées entre New-York et Albany. Ce fut le premier bateau à vapeur qui réussit au point de vue commercial ; aussi Fulton a-t-il été considéré comme le créateur de ce genre de navigation. Presque en même temps que lui, Stevens avait fait construire le *Phœnix*, steamer à roues latérales, qui fut muni en 1808 de légères roues à aubes. Mais Fulton et Livingston ayant obtenu le monopole de la navigation sur l'Hudson, le *Phœnix* fut employé à faire de petites traversées en mer. A partir de ce moment la navigation à vapeur devint d'un usage général. Fulton et ses associés créèrent une flotte pour desservir la rivière Hudson et le détroit de Long-Island, pendant que Stevens et ses fils exploitaient la Delaware et le Connecticut. Des perfectionnements permirent en 1825 de faire la traversée de New-York à Albany en 12 heures 18 minutes. — Le premier voyage transatlantique par la vapeur fut fait par le navire mixte *la Savannah*, qui quitta Savannah (Géorgie des Etats-Unis) le 26 mai 1819, traversa l'Océan, aborda en Angleterre et continua jusqu'en Russie. Son retour, de Saint-Pétersbourg à New-York, s'effectua en 26 jours. En 1825, le steamer *Enterprise* fit la traversée de Calcutta en Angleterre. — Dès 1836, il fut sérieusement question d'établir des lignes régulières de bateaux à vapeur entre New-York et Liverpool. — En 1837, Ericsson, Smith et plusieurs autres essayèrent d'employer l'hélice si bien des aubes ; le système Ericsson fut généralement adopté aux Etats-Unis. Son navire à hélice, le *Francis Bogden*, parcourait 15 kil. à l'heure. — Le premier navire de guerre à hélice fut l'*Archimedes*, construit pour la marine anglaise en 1840 et dont le succès fut tel que l'on ne construisit plus guère de bâtiments à aubes pour naviguer sur l'Océan. La même année vit construire deux vaisseaux de guerre à vapeur, la *Nemesis* et le *Phlegethon*, l'un et l'autre anglais. — L'emploi de la vapeur permit d'établir des services réguliers entre l'ancien monde et le nouveau. La ligne Cunard fit partir de Liverpool son premier transatlantique, *la Britannia* (1350 tonnes) le 4 juillet 1840. Les énormes bâtiments de cette compagnie et de celles qui se créèrent dans la suite, atteignirent une vitesse extraordinaire. C'est ainsi que la *City of Richmond*, de la compagnie Inman, est arrivée à faire la traversée de Liverpool à New-York en 7 jours 19 heures 45 minutes (juillet 1875). Le premier service des transatlantiques français fut inauguré à Saint-Nazaire en avril 1862. — Législ. « Les bateaux et navires sont meubles (C. civ. 531 et C. com. 190); mais les bâtiments de mer sont susceptibles d'hypothèques. (L. 10 déc. 1874). Voy. hypothèque. Les barques, chaloupes et autres bâtiments de mer dans du port de dix tonneaux et au-dessous, ainsi que les bâtiments de rivière, ne peuvent être adjugés, sur saisie, sans les formalités particulières de publicité (C. pr. 620). Les navires et bâtiments de mer et les contrats de navires du port, sont soumis à des lois spéciales (C. civ. 2120 ; C. com. 190 et suiv.) Voy. *Marine marchande*. Les maîtres de barques ou de navires qui font un service public de transports sont assujettis, pour la garde des

objets qui leur sont confiés, aux mêmes obligations que les *aubergistes* (C. civ. 1782). Voy. *ce mot*. Ils répondent aussi, comme les voituriers, des dommages survenus pendant le transport, aux objets dont ils sont chargés. Voy. *Avarie*. Ils sont également assujettis aux réglements administratifs particuliers à leur profession et qui font la loi entre eux et les autres citoyens (id. 1786). Les droits de navigation intérieure ont été supprimés par la loi de finances du 21 décembre 1879 et par une loi spéciale du 19 février 1880; mais les mariniers ou patrons sont tenus néanmoins, en vertu de cette dernière loi, de déclarer aux agents de l'administration la nature et le poids de leur chargement. Tout *bateau circulant sur les fleuves, rivières, canaux, lacs et étangs* ne peut naviguer qu'après avoir été jaugé par l'un des bureaux désignés à cet effet. Le nombre de tonnes que le bateau est susceptible de porter doit être déterminé, au moment du jaugeage, par la différence entre le poids de l'eau que déplace le bateau chargé et celui de l'eau que déplacera le bateau contenant seulement ses agrès, la machine et le combustible nécessaire pour un voyage. De chaque côté du bateau, doit être incrustée une échelle en cuivre, graduée en centimètres et dont le zéro répond au tirant d'eau à vide. Sur les bateaux en fer, les échelles de niveau peuvent être peintes sur la coque. Tout conducteur de bateau ou train doit être porteur d'une déclaration indiquant le poids ainsi que la nature des marchandises et rédigée sur les formules imprimées; il est tenu de la présenter à toute réquisition des agents de l'administration (Décret 17 nov. 1880 et circ. sur les travaux publics du 21 nov.). Voy. *Navigation*. Les bateaux de passage ou bacs, (Voy. *ce mot*), et les bateaux de pêche ou de promenade ne sont pas soumis à ces formalités, mais aux règlements de police. Les *bateaux à vapeur naviguant sur les fleuves et rivières* ont été, dès 1823, l'objet de règlements qui ont établi une surveillance rigoureuse sur les chaudières et les machines de ces bateaux. Aucun bateau à vapeur ne peut naviguer sans un permis délivré par le préfet du département où se trouve le point de départ, et ce permis n'est délivré que sur le rapport d'une commission dite de surveillance, instituée par le préfet. Cette commission doit faire la visite du bateau, l'essai de la chaudière et de la machine, et, non seulement cette visite doit être faite ensuite tous les trois mois, mais le permis de navigation doit être renouvelé tous les ans, après de nouvelles épreuves et un nouveau rapport de la commission de surveillance. Les chaudières sont éprouvées au triple de la pression effective, sauf pour celles qui sont à faces planes et dites à *basse pression*. L'ordonnance royale du 23 mai 1843 et l'instruction ministérielle du 25 juillet suivant renferment des prescriptions minutieuses sur l'installation des bateaux à vapeur, leur marche et leur stationnement. On doit afficher, dans les salles des passagers, le permis de navigation et un tableau qui indique le tarif des places, la durée du voyage etc. En outre, cette instruction du 25 juillet 1843 est affichée dans le local où se trouvent les chaudières. Chaque bateau à vapeur, naviguant la nuit, doit porter deux fanaux, l'un à l'avant, l'autre à l'arrière. Les verres de ces fanaux sont blancs, si le bateau descend, et rouges s'il remonte. Les bateaux omnibus de Paris et de Lyon sont soumis à des ordonnances de police locales. Les *bateaux à vapeur naviguant sur mer* sont régis par l'ordonnance royale du 17 janvier 1846 et par l'instruction ministérielle du 5 juin qui reproduisent en partie les prescriptions applicables aux bateaux à vapeur de l'intérieur. Le permis de navigation n'est pas soumis au renouvellement annuel; mais on exige que le capitaine et le mécanicien soient munis de certificats de capacité obtenus après examens. Les bateaux à vapeur doivent porter, depuis le coucher du soleil jusqu'à son lever et pendant la route : un feu blanc en tête du mât de misaine, un feu vert à tribord et un feu rouge à bâbord. Au mouillage, ils portent seulement le feu blanc (Décret 25 oct. 1862). La loi du 21 juillet 1856 inflige des amendes pouvant s'élever jusqu'à 4,000 francs et, dans certains cas, la peine de l'emprisonnement aux propriétaires de bateaux à vapeur, aux capitaines, mécaniciens ou chauffeurs, pour contraventions aux règlements, défaut de permis de navigation ou de certificat de capacité, excès de pression, surcharge des soupapes, insuffisance d'eau dans la chaudière etc. Dans le cas où par suite d'inobservation des règlements, le bateau à vapeur a heurté un autre bateau, le capitaine est puni d'une amende de 50 francs à 500 francs et il peut être en outre condamné à un emprisonnement de six jours à trois mois. En cas de récidive avant douze mois, l'amende et l'emprisonnement peuvent être portés au double. Si lesdites contraventions ont occasionné des blessures, la peine est de six jours à six mois d'emprisonnement et de 50 à 1,000 francs d'amende; si elles ont occasionné la mort, l'emprisonnement est de six mois à cinq ans et l'amende de 300 à 3,000 francs. Une circulaire ministérielle du 10 août 1880 autorise les préfets à admettre, pour la délivrance des permis de navigation concernant les bateaux à vapeur, quelques dérogations aux prescriptions des ordonnances de 1843 et de 1846. Les entrepreneurs ou patrons de tous bateaux servant au transport sur les fleuves, rivières et canaux sont assujettis à un droit de patente du vingtième de la valeur locative de leurs logements et, en outre, à un droit fixe, savoir : pour les barques, trois centimes par tonneau de capacité, pour les bateaux à vapeur, treize centimes par tonneau, pour les bateaux-omnibus vingt-cinq centimes par place, et pour les remorqueurs, soixante francs par bateau. Les bateaux à vapeur armés pour le cabotage et la pêche sont assujettis à vingt centimes et ceux armés au long cours à quarante centimes par tonneau, d'après la jauge nette de la douane (L. 22 juillet 1880). » (Ch. Y.)

* **BATELAGE** s. m. Métier ou tour de bateleur. — **Batelage**, dérivé de *bateau*, se dit des allées et venues de bateaux chargeant ou déchargeant des bâtiments. — Pêche. **Faire le batelage**, porter le bateau, de la mer au marché, le poisson qui a été pris.

* **BATELÉE** s. f. Charge d'un bateau.

BATELER v. a. Mar. Transporter en bateau.

* **BATELET** s. m. Petit bateau.

* **BATELEUR, EUSE** s. (gr. *battalogein*, dire des riens). Celui, celle qui fait des tours de passe-passe. — Se dit aussi de ceux qui montent sur des tréteaux dans les places publiques, comme les charlatans, les danseurs de corde, les joueurs de farces, etc. — ω Ornith. Nom que l'on donne quelquefois à un oiseau de proie du sous-genre circaétes, parce qu'il fait des cabrioles en volant. Il habite l'Afrique.

* **BATELIER, IÈRE** s. Celui, celle dont la profession est de conduire un bateau.

BATELLEMENT s. m. Archit. Double tuile posée à nu sur lattis surplombant les gouttières ou chéneaux et y versant les eaux pluviales.

BATELLERIE s. f. Ensemble des bateaux qui transportent des marchandises sur les fleuves et les rivières : *la batellerie a été amoindrie depuis l'établissement des chemins de fer.*

* **BATÊME, BATISER**, etc. voy. **Baptême, Baptiser**, etc.

* **BÂTER** v. a. Mettre un bât sur une bête de somme.

BATES (Barnabas), promoteur de l'affranchissement à bon marché des lettres, né en Angleterre en 1785, mort à Boston (Massachusets), en 1853. Employé de la poste à New-York, il publia plusieurs pamphlets contre la cherté du port des lettres et parvint à faire diminuer sensiblement le prix de l'affranchissement aux Etats-Unis. L'exemple donné par l'Union américaine fut ensuite imité par les puissances européennes.

BATEUIL ou Bateul s. m. Partie du harnais d'une bête de somme, qui lui bat sur la croupe.

BATH s. m. Argot. Métal précieux : or ou argent : *il y a du bath.*

BATH adj. (abréviation de *batif*). Argot. Bon et beau : *c'est rien bath.* — On écrit quelquefois *bath.*

BATH (*Aquæ solis*, bain ou *eaux du soleil*), ville du comté de Somerset (Angleterre), sur l'Avon, à 19 kil. sud-est de Bristol; 53,000 hab. Bâtie sur les flancs de plusieurs collines

Bath, Angleterre.

rapides, elle forme une succession de terrasses et de jardins. Ses maisons sont généralement construites avec une belle pierre de taille que fournissent des carrières voisines. Elle doit sa prospérité et même son existence à ses trois sources thermales alcalines sulfureuses et ferrugineuses (de 42° à 47° C.), qui y attirent annuellement 15,000 visiteurs. Bath est une des plus anciennes villes d'Angleterre. On y trouve de nombreuses antiquités romaines. Sa cathédrale, commencée en 1495, est un beau monument gothique. — Importantes fabriques de papier, et surtout de papier à lettre.

BATH. I. Ville de l'état de Maine (Etats-Unis), sur le Kennebec, à 20 kil. de l'Océan et à 62 kil. N.-N.-E. de Portland ; 8,000 hab. La construction des navires forme la principale industrie des habitants. — II. Ville de l'état de New-York, à 125 kil. S.-S.-E. de Rochester. 7,000 hab.

BATH (Comte de). Voy. **Pulteney** (*William*).

BATH (Baume anodin de), baume pharmaceutique composé de savon blanc, d'opium brut, que l'on fait digérer dans l'alcool camphré et que l'on aromatise. On l'emploie contre les rhumatismes chroniques et contre les névralgies.

BATHÉNIEN ou Bathénite s. m. (arabe : *bathen*, illuminé) Nom donné en Égypte aux Ismaéliens.

BATHILDE (Sainte), jeune et belle esclave anglaise, que Clovis II, roi de France, épousa

en 649. Elle gouverna pendant la minorité de son fils, Clotaire III, et vint finir ses jours au monastère de Chelles (Seine-et-Marne), qu'elle avait fondé. Elle mourut en 680.

BATHOMÈTRE s. m. (gr. *bathos* profondeur; *metron*, mesure). Mar. Instrument inventé en 1861 par William Siemens et qui sert à mesurer, sans le secours de la sonde, la profondeur des mers. L'action de cet appareil repose sur la diminution de l'effet de gravitation à la surface de l'eau, comparée à l'effet de gravitation sur la terre. Cette diminution, due à la masse d'eau (d'une moindre densité) qui remplace la terre (d'une densité supérieure) est enregistrée avec soin par l'instrument. En d'autres termes, la pesanteur des corps ne dépend pas seulement de leur masse, mais aussi de leur distance de la terre. Des expériences ont démontré qu'à la surface de la mer, le poids diminue d'environ \text{¹/₁₀₀₀} par 1,000 mètres de profondeur de l'eau. D'après cette donnée, Siemens a mis du mercure dans un tube d'acier évasé aux deux extrémités. La partie inférieure est fermée par une feuille d'acier, mince et flexible, que retiennent deux ressorts. Le mercure appuie plus ou moins fortement sur ces ressorts suivant qu'il est plus ou moins lourd, c'est-à-dire suivant que la mer est moins ou plus profonde.

BÀTHORI ou Nyr-Bàthor, village de Hongrie, comté de Szaholcs; 3,000 hab. Berceau de la famille Bàthori.

BÀTHORI ou Bàthory, illustre famille d'origine hongroise qui a donné plusieurs voyvodes (ducs) à la Transylvanie et un roi à la Pologne. L'un d'eux, palatin de Hongrie, périt à la bataille de Varna, contre les Turcs, en 1444. — I. Etienne (Istvan), fils d'un voyvode de Transylvanie, né en 1532, mort en 1586, fut élu prince de Transylvanie en 1571. Il abandonna la couronne princière, en 1575, pour accepter celle de Pologne, après la fuite de Henri de Valois. Son règne fut prospère. — II. Christophe (Kristof), frère aîné du précédent, lui succéda comme prince de Transylvanie (1575), il mourut en 1581. Pendant son règne, les jésuites s'introduisirent en Transylvanie. — III. Sigismond (Zsigmond), fils et successeur du précédent, mort en 1613. Circonvenu par le jésuite Simon Genga, il eut la faiblesse d'abandonner sa principauté à l'empereur Rodolphe II, sur la promesse d'un évêché et d'un chapeau de cardinal. Le transfert s'effectua en 1598; après quoi, Bàthori fut relégué en Silésie, sans évêché ni chapeau. Las de réclamer, il revint en Transylvanie, ressaisit le pouvoir (1601), soutint contre l'empereur une guerre qui devint une des plus calamiteuses par suite de l'intervention des Turcs. Définitivement vaincu, il se soumit et termina obscurément à Prague une existence très malheureuse. — IV. **Gabriel** (GÁBOR), cousin du précédent, mort en 1613. Prince de Transylvanie en 1608, il se rendit odieux par sa cruauté et périt assassiné. Après lui, la principauté sortit de la famille de Báthori. — V. **Elisabeth** (ERZSÉBET), comtesse hongroise, nièce du roi de Pologne Etienne Báthori, morte en 1614. Elle se rendit fameuse par des actes d'une monstruosité inouïe. Dans le seul but de donner plus de souplesse et de fraîcheur à sa peau, elle fit égorger successivement et secrètement plus de 650 jeunes filles, et se baigna dans leur sang. Tant de crimes finirent par être dénoncés au palatin de Hongrie, qui se rendit auprès de la comtesse de Cseithe (1610). Elle fut condamnée à un emprisonnement perpétuel et ses complices subirent le dernier supplice.

BATHURST, ville de la Nouvelle-Galles du Sud, Australie, sur la Macquarie, au centre d'un riche gisement aurifère, à 160 kil. O.-N.-O. de Sydney. 6,000 hab. Fondée en 1815.

BATHURST, principal établissement des Anglais dans la Sénégambie, vers l'île de Sainte-Marie, près de l'embouchure de la Gambie, côte occidentale d'Afrique; fondé en 1815. Environ 3.000 hab., dont fort peu de blancs. Climat des plus malsains. — Lat. N. 13° 2'; long. O. 18° 55' 42".

BATHURST, port du New-Brunswick (Canada), au S. de la baie de Chaleurs; 4,500 hab. Construction de navires.

BATHURST, nom d'une île, d'une passe et d'un cap, situés dans les régions arctiques, au nord de l'Amérique.

BATHURST [baceurst], nom d'une famille anglaise qui remonte à la conquête normande et qui a fourni plusieurs hommes célèbres. — I. (Ralph) (1620-1704) médecin de marine, fondateur de la Société royale, chapelain du roi (1663), doyen de Wells (1670), vice-chancelier de l'université; auteur de plusieurs pièces de vers latins qui se trouvent dans les *Analecta musarum anglic*. Un choix de ses œuvres a été publié par Warton, sous le titre de *Literary remains*, 1761, in-8°. — II. (Allen), premier comte Bathurst (1684-1775), membre du parlement (1705) et de la chambre des lords comme baron Bathurst (1711), combattit énergiquement Robert Walpole et fut créé comte en 1772. — III. (Henry), fils du précédent (1714-1794); lord chancelier en 1771, avec le titre de baron Apsley; il fut président du conseil en 1780. — IV. (Henry), ecclésiastique (1774-1837), évêque de Norwich (1805), il se montra favorable à l'émancipation des catholiques. — V. (Henry), deuxième comte Bathurst, fils du baron Apsley (1762-1834). Il fut successivement. lord commissaire de l'Amirauté, commissaire pour l'Inde, secrétaire des Affaires étrangères, président du conseil (1828-'30), puis premier lord de l'Amirauté. Sous son administration furent fondés les établissements anglais de la Sénégambie et de l'Australie.

BATHYANI voy. BATTHYANI.

BATHYBIUS HÆCKELII s. m. (gr. *bathus*, profond; *bios*, vie). Nom donné par Huxley à une substance gélatineuse trouvée sur les pierres du fond des mers et qu'il suppose appartenir au règne animal. D'après lui, le bathybius serait un animal protozoaire

BATHYLLE I. de Samos, beau jeune homme chanté par Anacréon.—II. Bathylle d'Alexandrie, pantomime, esclave de Mécène qui l'affranchit. Il excellait dans le genre comique, et vint

à Rome sous le règne d'Auguste. — III. Poète latin médiocre qui s'attribua deux vers de Virgile. Celui-ci le confondit par les *sic vos non vobis.*

* **BÂTI, IE** part. passé de BATIR. — Fig. et fam. UN HOMME BIEN BATI, MAL BATI, un homme bien fait, mal fait. On dit quelquefois substantiv. *Un grand mal bâti.* On écrit aussi, *Malbâti*, en un seul mot. — Fig. et fam. VOILA COMME JE SUIS BATI, tel est mon caractère. — Bâti s. m. Disposition des pièces d'un vêtement, que l'on faufile ensemble avant de les coudre : *faire le bâti d'un habit, d'une robe* : IL FAUT OTER LE BATI DE CET HABIT, c'est-à-dire, le fil qui a servi à faire le bâti. — Archit. Assemblage des montants et des traverses qui contiennent un ou plusieurs panneaux de maçonnerie, de menuiserie ou de serrurerie : *le bâti d'une porte.* — Technol. Pièces de liaison en fer fondu qui constituent l'affût d'une machine à vapeur.

BATIAU s. m. Argot des typogr. Préparation au salé. — ALIGNER SON BATIAU, s'arranger pour obtenir une bonne paie.

BÂTIE (Château de la), belle résidence gothique s'élevant au milieu d'un bois, à 18 kil. N. de Montbrison (Loire): ancien domaine des Urfés.

BÂTIE-MONSALÉON (La) village, arr. et à 35 kil. O. de Gap (Hautes-Alpes), au milieu d'une vaste plaine; 500 hab. Célèbre sous le nom de Mons-Seleucus, au temps des Romains; victoire de Constance sur Magnence, en 353.

BÂTIE-NEUVE (La), ch.-l. de cant., arr. et à 10 kil. E. de Gap (Hautes-Alpes); 800 hab. Ruines d'un château; tour de la *Bâtie-Vieille.*

* **BÂTIER** s. m. Ouvrier qui fait et vend des bâts.

BÂTIÈRE s. f. Archit. On dit qu'un toit est en *bâtière*, lorsque n'ayant que deux pentes, il est terminé par un pignon sur chacune de ses extrémités. Les toits en bâtière sont généralement antérieurs au XIIe siècle.

BATIF, BATIFONNE adj. (de *battant*, avec changement de finale). Argot. Neuf, neuve; joli, jolie.

* **BATIFOLAGE** s. m. Action de batifoler.

* **BATIFOLER** v. a. Se jouer à la manière des enfants. (Fam.).

* **BATIFOLEUR** s. m. Celui qui aime à batifoler.

BATIGNOLLES (Les) ou Les Batignolles-Monceaux, ancienne commune, annexée à Paris en 1860 (17e arr.). Les Batignoles comprennent la gare de l'Ouest, des fabriques de bougies et de chocolat, etc.

* **BÂTIMENT** s. m. Toute construction composée d'une ou de plusieurs sortes de matériaux, et plus particulièrement celle qui est destinée à l'habitation. — Se dit quelquefois, dans un sens particulier, des bâtiments en cours de construction ou de réparation: *les ouvriers sont au bâtiment.*— Dénomination générique des vaisseaux, des navires. etc.: *bâtiment de guerre, de transport, de charge.* — BATIMENT DE GRADUATION. Espèce de hangar très long et garni de fagots d'épines disposés sur des charpentes. —⤳ ETRE DU BATIMENT. Exercer la même profession.

BATINE s. f. Selle rembourrée de poils et recouverte d'une grosse toile.

* **BÂTIR** v. a. (celt. *bast*, construction). Edifier, construire, ou faire édifier, faire construire : *bâtir une maison, un pont.* — Absol.: *il aime à bâtir.* — Fig. Etablir : *il bâtit son système sur des suppositions en l'air.* — Couture. Agencer, disposer les pièces d'un vêtement en les faufilant, en les assemblant avant de grands points d'aiguille, avant de les coudre tout à fai : *cette robe n'est que bâtie.* — Fig.

BATIR A CHAUX ET A CIMENT, faire une construction solide. — Fig. BATIR EN L'AIR, BATIR SUR LE SABLE, fonder un établissement sur quelque chose de peu solide, ou former des projets chimériques, se bercer d'un espoir trompeur. — Fig. et fam. BATIR SUR LE DEVANT, se dit d'une personne qui engraisse et prend un gros ventre. On le dit également d'une femme enceinte.

* **BÂTISSE** s. f. Construction d'un bâtiment, quant à la maçonnerie.

* **BÂTISSEUR** s. m. Celui qui a la manie de faire bâtir.

* **BÂTISSOIR** s. m. Tonnell. Appareil pour assembler les douves.

* **BATISTE** s. f. (nom d'un ouvrier de Cambrai qui, le premier, fabriqua cette toile). Espèce de toile de lin très fine, et d'un tissu très serré. On dit aussi quelquefois, *Toile de batiste.* — La batiste, d'abord fabriquée à Cambrai, porte le nom de *Cambric*, dans les pays du Nord. Son importation fut plusieurs fois prohibée en Angleterre.

BATITURES s. f. pl. Fausse orthographe de BATTITURES.

BATJAN voy. BACHIAN.

BATNA ou Bathna, ch.-l. de district militaire et pénitencier militaire, arr. et à 110 kil. S. de Constantine (Algérie); 1,900 hab. dont 1,400 Européens. Beau territoire renfermant de vastes forêts de cèdres et de chênes verts. Sol fertile. — Place d'armes à 1,621 m. d'altitude. Lat. N. 35° 32' 25''; long. E. 3° 49' 56'',

BATOKA, tribu de l'Afrique méridionale, sur la rivière Leeambye.

* **BÂTON** s. m. (ital. *bastone*). Long morceau de bois qu'on peut tenir à la main, et qui sert à divers usages. — Se dit aussi de diverses choses qui ont ou auxquelles on donne la forme d'un petit bâton :*bâton de cire d'Espagne; bâton de réglisse.* — Fig. et fam. UNE VOLÉE DE COUPS DE BATON, un grand nombre de coups de bâton donnés de suite. — JOUER DU BATON, manier un bâton avec dextérité. — BATON DE VIEILLESSE, celui ou celle qui sert d'appui à un vieillard, et qui l'assiste dans ses besoins. — BATON DE COMMANDEMENT, bâton qui est le signe de l'autorité, et que portent certains officiers investis d'un commandement. D'après Hénault, le duc d'Anjou, plus tard Henri III, ayant été nommé généralissime de l'armée du roi son frère Charles IX, prit un bâton comme marque de son commandement (1569). — BATON DE MARÉCHAL, ou simplement, LE BATON, bâton de commandement qui est l'insigne de la dignité de maréchal de France. Cette dignité même. Le bâton de maréchal est long de 50 centimètres et recouvert de velours de soie bleu d'azur avec une calotte de vermeil à chaque extrémité. On fait remonter à Philippe-Auguste l'origine du bâton de maréchal. — BATON PASTORAL, la crosse d'un évêque. — BATON DE CHANTRE, bâton recouvert d'argent, que le chantre d'une église tient à la main pendant l'office divin, en marchant en chape dans le chœur. — BATON DE PRIEUR, bâton qu'un religieux, en qualité de prieur, porte derrière l'écu de ses armoiries. — BATON AUGURAL, bâton en forme de crosse avec lequel les augures partageaient le ciel en quatre régions, lorsqu'ils voulaient observer les présages. — BATON DE LA CROIX, bâton au haut duquel on met une croix pour le porter dans les processions. — BATON D'UNE BANNIÈRE, bâton au haut duquel une bannière est attachée, et qui sert à la porter déployée. — BATON DE MESURE, petit bâton ou rouleau de papier, avec lequel un chef d'orchestre indique le mouvement et marque la mesure. — Fig. BATON DE JACOB, baguette des escamoteurs. — BATON A DEUX BOUTS, arme offensive, qui consiste en un bâton ferré par les deux bouts. — Fig. et fam. METTRE, JETER DES BATONS DANS LA ROUE, susciter des obstacles, entraver, retarder une affaire. — Fig. et fam. BATTRE L'EAU AVEC UN BATON, faire des efforts inutiles, perdre sa peine. — A BATONS ROMPUS, avec de fréquentes interruptions et à diverses reprises. - Fig. et fam. TOUR DU BATON, profit secret et illégitime. — BATON DE PERROQUET, bâton établi sur un plateau de bois, et garni de distance en distance d'échelons sur lesquels cet oiseau monte et descend à sa fantaisie. — ∿ Argot. BATON DE CIRE, jambe. — BATON CREUX, fusil.

BATONI (Pompeo-Girolamo) peintre, né à Lucques en 1708, mort en 1787. Sa toile principale, la « Chute de Simon le Magicien » se trouve dans l'église de Santa Maria degli Angeli, à Rome.

* BÂTONNAT s. m. Fonction de bâtonnier des avocats; durée de ces fonctions.

BÂTONNÉE s. f. Quantité d'eau fournie par un coup de tige de pompe.

* BÂTONNER v. a. Donner des coups de bâton. — Fig. Rayer, biffer.

* BÂTONNET s. m. Petit bâton taillé en pointe par les deux bouts, et qui sert à un jeu d'enfants. Un joueur, placé au milieu d'un cercle tracé sur la terre, jette en l'air le bâtonnet et, le frappant avec une baguette, l'envoie au loin ; un autre joueur ramasse le bâtonnet et cherche à le jeter dans le cercle ; quand il réussit, il remplace l'adversaire ; sinon, celui-ci recommence à renvoyer le bâtonnet.

* BÂTONNIER. s. m. Celui qui a en dépôt, pour un temps, le bâton d'une confrérie, et qui a droit de le porter aux processions. — BATONNIER DES AVOCATS, celui qui est choisi par le corps des avocats pour être leur chef pendant un certain temps. On le nomme ainsi parce qu'autrefois il avait en garde le bâton de Saint-Nicolas.

* BÂTONNISTE s. m. Celui qui sait jouer du bâton, qui sait s'en servir comme d'une arme offensive et défensive.

BÂTON-ROUGE anc. cap. de l'état de la Louisiane, sur la rive orientale du Mississipi ; à 195 kil. au-dessus de la Nouvelle-Orléans ; 6,500 hab. dont 3,500 noirs. Siège de l'université et du pénitencier de la Louisiane. Bâton-Rouge fut pris par les troupes fédérales le 5 août 1862, après un rude combat.

BATOU-KHAN, souverain mongol de Kiptchak, petit-fils de Gengis-Khan, naquit en 1255. Il organisa le khanat de Kiptchak ou de la Horde d'or, servit sous les ordres de son oncle Oktaï, contre la Chine, envahit la Russie, la Pologne, la Hongrie et la Dalmatie ; vainqueur des chrétiens à Wahlstadt, en 1241, il fit trembler toutes les nations de l'Europe. L'attitude énergique de l'empereur Frédéric II le détermina à battre en retraite en 1243

BATOUM ou BATUM, ville maritime du Lazistan, sur la mer Noire. Après avoir repoussé un assaut des Russes, le 4 mai 1877, cette ville fut cédée à la Russie par le traité de Berlin. Elle doit devenir un port libre.

BATOUTA (Mohammed ibn Abdallah IBN), explorateur maure, né à Tanger en 1302, mort vers 1378. Plusieurs fragments du récit de ses voyages (entre 1325 et 1353) dans l'Égypte, l'Asie et l'archipel Indien, ont été résumés par Mohammed ibn Tazri el-Kelbi. Burckhardt en a donné des extraits.

BATOUZE s. f. Argot. Toile.

BATOUZIER s. m. Argot. Tisserand.

BATRACHOÏDE adj. [ba-tra-ko-ï-de]. Voy. BATRACOÏDE.

BATRACHOMYOMACHIE s. f. (gr. batrakos, grenouille ; mus, rat ; makê, combat). Parodie burlesque de l'Iliade en 294 vers. C'est un poème héroï-comique, que l'on a attribué à

Homère. Berger de Xivrey en a donné une traduction en 1837. La Batrachomyomachie a été imitée en vers par un auteur inconnu (1768 ; 2e édition en 1808; 3e édition en 1837, à la suite de la traduction de Berger de Xivrey).

BATRACIEN IENNE adj. [ba-tra-si-ain ; i-è-ne] (gr. batrachos, grenouille). Qui tient de la grenouille ; qui ressemble à cet animal. — * s. m. plur. Groupe d'animaux vertébrés qui formait, d'après Cuvier, la 4e ordre de la classe des reptiles, mais que les naturalistes contemporains en ont séparé pour établir la 4e classe des vertébrés, appelée classe des Amphibies ou Batraciens. Caractères principaux : Oreillettes communiquant avec le ventricule par un orifice unique; circulation incomplète, sang froid, poumons dans l'âge adulte ; respiration branchiale aquatique dans la jeune âge; reproduction au moyen d'œufs; dans la plupart des genres se produit une métamorphose qui modifie la structure générale du corps pour permettre à l'animal de changer son système respiratoire et son mode d'existence. La classe des batraciens comprend 4 ordres : 1o les ophidiobatraciens; 2o les batraciens anoures; 3o les batraciens urodèles: 4o les ichthyobatraciens.

BATRACOÏDE adj. (gr. batrachos, grenouille; eidos, apparence). Qui ressemble à la grenouille. — s. m. plur. Genre de poissons acanthoptérygiens à tête cuirassée, voisins des baudroies. Les batracoïdes se tiennent cachés dans le sable pour tendre des embûches aux poissons dont ils font leur proie. Les blessures faites par leurs piquants sont, dit-on, dangereuses.

BATSHIAN. Voy. BATCHIAN.

BATTA. Voy. BATAKS.

* BATTAGE s. m. Agric. Action de battre le blé, de séparer le grain de l'épi, soit au moyen du dépiquage ou foulage par les pieds des animaux (comme dans le midi de la France et de l'Europe), soit à l'aide du fléau, ou de machines appelées batteuses mécaniques. Le battage a également lieu pour le chaubage. — ∿ Argot. Mensonge.

* BATTANT part. prés. de BATTRE. — TAMBOUR BATTANT, au son du tambour, marcher tambour battant. — Fig. SORTIR TAMBOUR BATTANT, sortir avec une partie des honneurs de la guerre. — Fig. et fam. MENER QUELQU'UN TAMBOUR BATTANT, le traiter sans aucun ménagement. — Fig. et fam. FAIRE UNE CHOSE TAMBOUR BATTANT, la faire au vu et au su de tout le monde. — MENER BATTANT LES ENNEMIS, les obliger à se retirer avec précipitation, les poursuivre dans leur fuite. — Fig. et fam. MENER BATTANT, presser son adversaire dans une discussion, qu'il ne saurait y répondre. Se dit au jeu quand on a constamment l'avantage sur celui contre qui l'on joue.

* BATTANT s. m. Espèce de marteau en forme de massue, qui frappe de côté et d'autre dans l'intérieur d'une cloche, quand on la met en branle. — Chaque partie d'une porte qui s'ouvre en deux. — Mar. BATTANT D'UN PAVILLON, partie de ce pavillon qui flotte en l'air, par opposition au GUINDANT, qui est la partie attachée au bâton. — Mar. Cœur. — Gosier, estomac : je n'ai rien dans le battant. — Langue : elle a un bon battant.

* BATTANT ANTE adj. Qui bat. Ne s'emploie guère que dans les locutions suivantes : MÉTIER BATTANT, métier à ourdir. — PORTE BATTANTE, porte qui se referme d'elle-même ; châssis qu'on met devant les portes des chambres, pour empêcher le vent d'y entrer, et qui se referme de lui-même après qu'on l'a ouvert. — UN VAISSEAU DE GUERRE BATTANT, BIEN BATTANT, dont l'intérieur offre de l'aisance pour le service de l'artillerie. — PLUIE BATTANTE, forte pluie. — Pop. UN HABIT TOUT BATTANT

NEUF, tout neuf. — s. m. BATTANT-BROCHEUR, machine imaginée en 1838 par Prosper Meynier pour permettre de supprimer, dans les tissus brochés, les longs fils qui restaient à l'envers des étoffes et les mettaient rapidement hors de service.

BATTANTE s. f. Argot. Cloche.

* BATTANT-L'ŒIL s. m. Bonnet de femme, coiffure négligée, dont la garniture retombe en partie sur les yeux.

* BATTE s. f. Plateau de bois fixé obliquement à l'extrémité d'un long manche, et dont on se sert pour battre la terre, quand on veut l'aplanir. — Petit banc sur lequel les blanchisseuses battent et savonnent le linge. — Sabre de bois dont se sert Arlequin, personnage de la comédie italienne. — BATTE A BEURRE, bâton qui est terminé par un petit plateau de bois rond, et dont on se sert pour battre le beurre.

BATTELÉE adj. f. Prosod. Ne s'emploie que dans la locution RIME BATTELÉE, rime finale qui se répète au repos du vers suivant :

> Quand Neptunus, puissant dieu de la mer,
> Cessa d'armer caraques et galées,
> Les Gallicans bien le durent aimer,
> Et réclamer ses grands ondes salées.
>
> Cl. MAROT.

* BATTELLEMENT s. m. Archit. Double rang de tuiles qui termine un toit par en bas, et par où le toit s'égoutte. On le nomme autrement égout ou avant-toit.

* BATTEMENT s. m. Action de battre. S'emploie principalement dans les locutions suivantes : battement de mains, action de battre des mains en signe d'applaudissement, battement d'ailes, mouvement qu'un oiseau donne à ses ailes lorsqu'il vole ou se prépare à voler ; battement de cœur, palpitation du cœur; battement des artères, pulsation, mouvement de diastole et de systole des artères. — Danse. Mouvement en l'air que l'on fait d'une jambe tandis que le corps est posé sur l'autre. — Archit. Tringle de bois ou de fer formant feuillure sur les portes ou les grilles. Quand elle est fixe, il reçoit les deux vantaux d'une porte. — Art milit. Choc que le boulet produit dans l'âme du canon, avant qu'il en soit sorti, et qui provient de ce que ce boulet et de la pression exercée par la poudre enflammée.— Mar. Secousse qu'éprouve une voile brassée en ralingue, ou plus particulièrement la voile que l'on déborde ou dont on largue la bouline, ou qui est mal établie, ou enfin que le vent frappe sous un trop petit angle. — Escrime. Attaque qui commence par un coup léger sur l'épée de l'adversaire.— Mus. Agrément de chant, qui consiste à battre un trille sur une note commencée unîment.

* BATTERIE s. ı. Querelle où il y a des coups donnés. — Arquebuse. Pièce d'acier qui recouvre le bassinet, dans les armes à silex, et sur laquelle frappe la pierre adaptée au chien d'un fusil. La batterie n'existe pas dans les armes dont on fait usage aujourd'hui. — Artill. Lieu, ouvrage où l'on place un certain nombre de pièces pour tirer. — Réunion d'un plus ou moins considérable nombre de bouches à feu. On distingue la batterie de place, la batterie de siège, la batterie de côte et la batterie de campagne. Les batteries d'attaque sont aussi appelées batteries d'obusiers, batteries de mortiers et batteries de pierriers; enfin, selon leur position ou leur manière de tirer, les batteries prennent encore les noms de batteries de tranchée, batteries à barbette, batteries à embrasure et batteries de rempart. La batterie à barbette est celle qui tire par dessus le parapet. — Compagnie d'artillerie, en son matériel : ce régiment d'artillerie est composé de tant de batteries. — Manière de battre le tambour : quelle est cette batterie? C'est la charge, la retraite, la générale. — Certaine manière de jouer sur la guitare, qui consiste à battre les cordes avec les doigts, au lieu de

les pincer. — Suite d'arpèges à notes détachées, qui se font sur certains instruments à cordes : *faire des batteries sur le violon.* — Physiq. BATTERIE ÉLECTRIQUE, assemblage de jarres ou de plusieurs bouteilles de Leyde, dont toutes les armatures analogues communiquent ensemble, et au moyen duquel on produit une plus forte électricité. — BATTERIE DE CUISINE, les ustensiles qui servent à la cuisine. — BATTERIE D'UN VAISSEAU, rangée de canons qui garnit un vaisseau de chaque côté, et qui paraît par les sabords. — Se dit aussi du pont et des sabords où elle est placée : *les grands bâtiments de guerre ont trois batteries : la batterie haute, la seconde batterie, et la batterie basse.* — Fig. et fam. DRESSER SES BATTERIES, prendre ses mesures pour faire réussir un projet. — CHANGER DE BATTERIE, se servir de quelque nouveau moyen, le premier n'ayant pas réussi, etc. — Fig. et fam. DÉMONTER LA BATTERIE, LES BATTERIES DE QUELQU'UN, déconcerter son plan, rendre ses moyens nuls, en lui en opposant de plus forts. — BATTERIE FLOTTANTE, ponton, chaloupe ou navire quelconque portant une puissante artillerie et destiné à bombarder une place. Ce moyen d'attaquer fut imaginé par l'ingénieur d'Arçon, qui en fit l'essai au siège de Gibraltar en 1782. Les dix batteries flottantes que d'Arçon plaça devant cette forteresse, résistèrent aux plus gros boulets ; mais les boulets rouges des Anglais parvinrent à y mettre le feu (13 sept. 1782). 5,000 Français furent victimes de cet embrasement. De nos jours, les batteries flottantes ont reparu sous le nom de *canonnières.*

* BATTEUR s. m. Celui qui aime à battre, à frapper. — Chasse. Se dit des hommes employés à battre le bois ou les remises pour en faire sortir le gibier. — BATTEUR EN GRANGE, homme qui, après la récolte, bat les gerbes ou épis avec un fléau, pour en faire sortir le grain.—BATTEUR DE PLATRE, homme qui écrase du plâtre en le battant avec une barre de bois. — BATTEUR D'OR, ouvrier qui bat les feuilles d'or pour les amincir et les étendre. — Fig. et fam. BATTEUR DE FER, celui qui fait un métier de l'escrime, qui va de ville en ville, dans les salles d'armes. — Fam. BATTEUR DE PAVÉ, fainéant qui passe son temps à courir les rues. — BATTEURS D'ESTRADE, se dit des gens détachés d'une troupe pour aller à la découverte, et aussi, de ceux qui perdent leur temps à courir les grands chemins. — ∽ Argot. Menteur. — BATTEUR DE DIG DIG, voleur simulant une attaque d'épilepsie dans un magasin pour que ses compères volent plus à l'aise. — BATTEUR D'ANTIF, indicateur de vols, courtier en vols. — BATTEUR SE BATTOIR, apprêt de change.

* BATTEUSE s. f. Agric. Machine qui sert à battre le grain et à le séparer de la paille et des balles. On attribue à l'Écossais Michael Menzie une machine à battre composée de fléaux mis en mouvement par la puissance de l'eau, vers 1732. En 1758, un fermier du Stirlingshire, nommé Leckie, imagina une machine de rotation consistant en une série de croix attachées à une tige horizontale, le tout enfermé dans une caisse cylindrique. Cette machine d'une grande simplicité fut perfectionnée en 1786, par l'écossais Andrew Meckle, qui plaça, dans le tambour ou cylindre, des pilons agissant simultanément avec des rouleaux et avec une large bande sans fin qui conduisait à l'appareil les matières destinées au battage. Cet appareil, modifié, est encore employé en Angleterre. Mais on l'a généralement remplacé par une machine consistant en solides planches formant une concavité et garnies de pointes de fer qui forment une spirale. Dans la concavité tourne avec rapidité un tambour également armé de pointes en spirale. Une machine de ce genre peut battre 100 hectolitres d'avoine et 36 hectolitres de froment en dix heures. Ordinairement les grandes machines à battre marchent à la vapeur.

BATTEUX (L'Abbé Charles) écrivain, né en 1713, près de Vouziers, mort en 1780 ; professeur de philosophie grecque et latine au collège de France, membre de l'Académie des Inscriptions en 1754, et de l'Académie française en 1761. Ses principaux ouvrages sont : *Les Beaux-Arts réduits à un même principe,* Paris, 1746, 3 vol., dans lequel il ramena tout à l'imitation de la nature ; *Cours de Belles-lettres* (1765, 5 vol. in-12) ; *Traité de la construction oratoire,* 1763. Les trois ouvrages furent réunis en 1774, sous le titre de *Principes de littérature.* Batteux donna encore une *Histoire des causes premières* (1769), etc.

BATTHYANI, vieille famille hongroise qui a fourni plusieurs hommes célèbres. — I. (Karl, PRINCE DE), feld-maréchal autrichien, (1697-1772), remporta sur les Français et les Bavarois la bataille de Pfaffenhoffen (15 avril 1745) et conquit presque toute la Bavière.—II. Kazmér, COMTE), homme d'État hongrois (1807-1854), ministre des affaires étrangères sous Kossuth (1849), vécut ensuite en exil à Paris. — III. (Lajos), membre de la même famille, né en 1809, fusillé le 6 octobre 1849 ; premier ministre de l'administration nationale, après la révolution de mars 1848, il fut pris à Pesth, le 5 octobre 1849, et condamné par la cour martiale que présidait le sanguinaire Haynau. Ses biens furent confisqués ; mais le gouvernement les restitua à sa famille en 1867.

BATTISTA SPAGNUOLI, poète latin, né à Mantoue, vers 1436, mort en 1516.. Erasme le compara à Virgile. Ses œuvres ont été publiées à Paris en 1513, 3 vol. in-fol.

BATTITURES s. f. pl. Parcelles qui se détachent, étincelantes, du fer incandescent, sous le marteau du forgeron.

BATTLE, ville de Sussex (Angleterre), à 95 kil. S.-E. de Londres et 11 d'Hastings ; 3,550 hab. Elle doit son nom, (en anglais, *Bataille*) à la bataille dite d'Hastings, qui y fut livrée. Guillaume le Conquérant y fonda une grande abbaye, dont on voit encore les ruines magnifiques.

BATTLE CREEK, ville du Michigan, à 190 kil. O. de Detroit. 5,500 hab.

* BATTOIR s. m. Espèce de palette à manche court, enduite de colle et de nerfs, recouverte de parchemin, et dont on se sert pour jouer à la courte paume. — Palette à long manche, dont on se sert pour jouer à la longue paume. — Grosse palette de bois, à manche rond et court, avec laquelle on bat le linge lessivé. — ∽ Argot. Main large. — FAIRE TRIMER LES BATTOIRS, applaudir bruyamment.

* BATTOLOGIE s. f. [batt-to-lo-jî] (gr. *Battos,* nom d'un roi de Cyrène qui était bègue ; *logos,* discours). Répétition inutile d'une même pensée dans les mêmes termes.

* BATTRE v. a. (lat. *batuere*). *Je bats, tu bats, il bat; nous battons, vous battez, ils battent. Je battais. Je battis. Je battrai. Je battrais. Bats. Battant. Battu.* Frapper, donner des coups pour faire du mal : *battre un homme; battre quelqu'un à coups de poing; battre un chien.* — Vaincre, défaire : *notre aile gauche battit l'aile droite des ennemis.*— Frapper sur certaines choses avec divers instruments : *battre un habit, les buissons, le briquet; battre en grange.* — Agiter fortement certaines choses liquides avec une batte, une cuiller, etc., pour leur faire prendre de la consistance, pour les brouiller, les mêler : *battre du beurre.* — Mêler : *battre les cartes.* — Remuer : *le vent bat les volets.* — Tricrac. Se dit, lorsque par le point du dé, en partant d'une flèche où l'on a une ou deux dames, on frappe une dame découverte de l'adversaire, ou son coin : *je bats telle dame par cinq et six.* — Parcourir en plusieurs sens, explorer, reconnaître : *le chasseur bat la plaine, le bois,* etc. ; *nos troupes*

battirent tout le pays. — Heurter, se ru... contre :

> L'aurore se levait, la mer battait la plage.
> LAMARTINE.

— Heurter, atteindre en se balançant : *l... voiles battaient le mât.* — Fig. BATTRE EN RUINE, attaquer une personne ou un raisonnement avec tant de force qu'il ne reste aucun moyen de se défendre. — Prov. BATTRE LE FER PENDANT QU'IL EST CHAUD, ne point se relâcher dans la poursuite d'une affaire, quand elle est en bon train. — BATTRE MONNAIE, fabriquer de la monnaie. — Fig. et fam. BATTRE MONNAIE, se procurer de l'argent. — BATTRE LA TERRE, la rendre unie avec une batte.— LA PLUIE A BATTU LA TERRE, elle a rendu la terre plus ferme. — BATTRE LE TAMBOUR, BATTRE LA CAISSE, donner un signal en frappant sur le tambour avec les baguettes. — BATTRE LA SEMELLE, se dit lorsque des personnes (principalement des écoliers), frappent alternativement la terre d'un pied et, de l'autre pied, la semelle d'un camarade, pour se réchauffer. — Fig. et fig. IL A BATTU LES BUISSONS, ET UN AUTRE A PRIS LES OISEAUX, il s'est donné beaucoup de peine, et un autre en a profité. — BATTRE L'EAU AVEC UN BATON, se donner beaucoup de peine sans espoir raisonnable de succès.— BATTRE LE PAVÉ, battre les rues, courir par la ville sans but déterminé, sans occupation sérieuse. — BATTRE DU PAYS, voir, parcourir beaucoup de lieux différents. Parler de beaucoup de choses, traiter beaucoup de sujets différents.— Artill. BATTRE UNE PLACE EN MINE, employer contre cette place la grosse artillerie et les bombes, de manière à détruire les édifices, à incendier les maisons, etc. — BATTRE EN SALVE OU EN CAMARADES, tirer à la fois toutes les pièces d'une batterie quand on bat en brèche. — BATTRE EN BRÈCHE, tirer avec de l'artillerie contre une muraille ou contre un rempart, et d'assez près pour y faire brèche. — BATTRE EN ROUAGE, battre une batterie en flanc ou de revers, afin d'en démonter les pièces par des coups plongés ou tirés à ricochet. — BATTRE DE BRICOLE, faire frapper un boulet à un endroit où il puisse se réfléchir et se porter contre la partie que l'on veut détruire. — BATTRE EN ÉCHARPE, battre un ouvrage sous un angle de 20 degrés et au-dessous. — BATTRE EN SAPE, battre un ouvrage par le pied de son revêtement. — BATTRE A DOS OU EN REVERS, frapper en sens contraire des mobiles d'une batterie directe. — BATTRE A RICOCHET, employer des canons ou des obusiers à faible charge, pour porter le projectile dans un ouvrage enfilé. — BATTRE DE FRONT, frapper directement. — BATTRE EN BUT, frapper, au moyen de mobiles et de projectiles, un but, soit par des percussions isolées, soit par des coups d'armes à feu simultanées ou successives, soit par enfilade, etc.— BATTRE UN OUVRAGE, diriger le feu d'une batterie contre les fortifications. — BATTRE A BOULETS ROUGES, faire usage de cette sorte de boulets.— BATTRE LA POUDRE, la presser de huit ou dix coups pour éprouver le canon. — Mar. BATTRE LA MER, rester longtemps dans les mêmes parages à croiser ou attendre. — BATTRE LES COUTURES, enfoncer, avec un fer et un maillet, l'étoupe ou filasse dont on remplit les joints des planches dans un navire. — BATTRE PAVILLON, arborer sur un vaisseau, à la tête de l'un de ses mâts, le pavillon de l'officier général qui commande. — Art. milit. BATTRE L'ESTRADE, LA CAMPAGNE, parcourir la campagne, aller à la découverte, pour connaître la position, les mouvements de l'ennemi. — Fig. et Fam. BATTRE LA CAMPAGNE, divaguer, s'éloigner de son sujet par des digressions fréquentes et inutiles; répondre vaguement, avec dessein d'éluder une question, une objection ; déraisonner dans le délire de la maladie. — Mus. BATTRE LA MESURE, marquer la mesure par des mouvements égaux de la main ou du pied. — Danse. BATTRE UN ENTRECHAT, DES ENTRECHATS, faire, en dansant, le mouvement qui consiste à croiser plusieurs fois les jambes, lorsqu'on est en l'air. — Escrime. BATTRE LE FER, tirer souvent des armes : *il y a longtemps qu'il bat le fer dans les salles d'armes.* — IL Y A LONGTEMPS QU'IL BAT LE FER, se dit d'un homme qui s'adonne depuis longtemps à quelque profession. — ↝ Argot. BATTRE L'ANTIFLE, battre le pavé, marcher. — BATTRE L'ENTIF, espionner. — BATTRE LE BRIQUET, marcher les genoux en dedans. — BATTRE LA BEURRE, vendre et acheter à la criée les fonds publics à la Bourse. — BATTRE LA CAISSE, être en quête d'argent. — BATTRE LA COUVERTE, dormir. — BATTRE COMTOIS, servir de compère ; faire le niais. — BATTRE JOB, faire le niais. — BATTRE SA FLEMME, flâner. — BATTRE DE L'ŒIL, agoniser. — ˙ BATTRE MORASSE, crier au secours. — ˙ **Battre** v. n. S'emploie dans divers sens.— LE CŒUR BAT, LE POULS BAT, il est agité d'un mouvement continuel et régulier. — LE CŒUR, LE POULS LUI BAT, il a peur. — TANT QUE LE CŒUR ME BATTRA, tant que je vivrai. — BATTRE DES AILES, se dit d'un oiseau qui agite ses ailes. — BATTE DE L'AILE OU D'UNE AILE, se dit d'un oiseau qui, étant blessé à l'une de ses ailes, ne peut plus se servir que de l'autre. — Fig. et fam. NE BATTRE QUE D'UNE AILE, avoir beaucoup perdu de sa vigueur, de son activité; être mal dans ses affaires, être fort déchu de son crédit, de sa considération. — BATTRE DES MAINS, frapper l'une contre l'autre ses deux mains ouvertes, pour applaudir. — LE FER DE CE CHEVAL BAT, il commence à se défaire, il loche. — LE SOLEIL BAT A PLOMB DANS CET ENDROIT, sur nos têtes, etc., il y darde perpendiculairement ses rayons. — BATTRE DE LA CAISSE, DU TAMBOUR, tirer des sons du tambour avec les baguettes. — LE TAMBOUR BAT, on bat le tambour. — BATTRE EN RETRAITE, se retirer du combat en bon ordre ; commencer à se retirer du commerce du monde, ou de quelque société; commencer à céder dans une discussion, dans un débat. — BATTRE FROID A QUELQU'UN, affecter de lui parler, de le traiter avec froideur, avec indifférence. — Manège. BATTRE A LA MAIN, se dit d'un cheval quand il élève et abaisse alternativement la tête avec des mouvements brusques qui fatiguent la main du cavalier.— BATTRE DU FLANC, DES FLANCS, se dit d'un cheval qui est haletant, et dont les flancs s'agitent.— **Se battre** v. pr. Combattre : *se battre en duel.* - Fauconn. SE BATTRE A LA PERCHE, se dit, d'un oiseau de proie qui se tourmente, qui s'agite sur la perche où il est attaché; d'un homme qui se tourmente fort inutilement. — SE BATTRE CONTRE DES MOULINS A VENT, se défendre contre un danger qui n'existe pas, vouloir surmonter des obstacles imaginaires. — Battre soi. — SE BATTRE LES FLANCS, faire beaucoup d'effort pour réussir. — SE BATTRE L'ŒIL DE QUELQUE CHOSE, DE QUELQU'UN, S'EN BATTRE L'ŒIL, s'en soucier peu, s'en moquer, n'en faire aucun cas.— v. récipr. Se battre l'un l'autre : *ils se sont battus à coups de poing.*

˙ **BATTU, UE** part. passé de BATTRE. — Fig. et fam. NE PAS SE TENIR POUR BATTU, n'en pas démordre, quoiqu'on ait succombé ou échoué dans un procès, dans une discussion. — AVOIR LES YEUX BATTUS, avoir le tour des yeux noir et comme meurtri. — Fig. et fam. AVOIR LES OREILLES BATTUES ET REBATTUES D'UNE AFFAIRE, en avoir ouï souvent parler. — CHEMIN BATTU, chemin fort fréquenté. — Fig. SUIVRE LE CHEMIN BATTU, s'attacher aux usages établis. On dit aussi: LES ROUTES BATTUES, LES SENTIERS BATTUS, les procédés ordinaires, les moyens connus. — BATTU DES VENTS, DE L'ORAGE, DE LA TEMPÊTE, exposé à la violence des vents, tourmenté par l'orage, par la tempête. — s. Celui, celle qui a le dessous dans une lutte, dans une contestation, dans une discussion.— Prov. LES BATTUS PAYENT L'AMENDE, souvent ceux qui auraient dû à une réparation, sont réprimandés, condamnés, maltraités de nouveau. Dans cette phrase, *battu* est employé substantiv.

BATTU (Léon), auteur dramatique, né et mort à Paris (1827-'57). Après avoir obtenu du succès dans la petite presse parisienne, il fit, en collaboration, un grand nombre de pièces de théâtre, parmi lesquelles on cite : les *Extrêmes se touchent* (1848); les *Deux font la paire* (1848); *Madame Diogène* (1852); les *Quatre coins* (1852); l'*Honneur de la maison* (1853) ; les *Cheveux de ma femme* (1855) ; *Lucie Didier* (1856).

˙ **BATTUE** s. f. Chasse. Action de plusieurs personnes qui battent les bois et les taillis avec grand bruit, pour en faire sortir les loups, les renards, et autres bêtes. — Manège. Bruit que produit le pied du cheval, en frappant sur le sol, dans la marche. — ↝ Pêche. Creux que fait le poisson pour s'y enfoncer pendant l'hiver.

˙ **BATTURE** s. f. Espèce de dorure qui se fait avec du miel, de l'eau de colle et du vinaigre. — ↝ Mar. Haut fond de roches ou coraux, assez étendu, mais à peu près plat.

BATTUS (Mythol.). Berger que Mercure changea en pierre de touche, pour le punir, d'avoir, malgré sa promesse, divulgué l'endroit où ce dieu avait caché les troupeaux qu'il avait dérobés à Apollon.

BATUM. Voy. BATOUM.

BATYUSHKOFF (Constantin), poète russe (1787-1855). La collection de ses poèmes a été publiée en 1834.

BATZ s. m. [batss] (all. *batzen*). Monnaie suisse de dix centimes.

BATZ ou Bourg de Batz, commune du dép. de la Loire-Inférieure, arr. de Savenay, à 82 kil. O. de Nantes, et près du Croisic. Les habitants, presque tous employés à l'exploitation des marais salants, ont conservé le costume breton. Eglise remarquable ; ruines de Notre-Dame-du-Mourés; curieux peulven haut de 3 mètres. — 2,930 hab.

˙ **BATZ**, petite île de France, arr. à 28 kil. N.-O. de Morlaix (Finistère), vis-à-vis de Roscoff, dont elle est séparée par un détroit de 4 kil. Elle mesure 4 kil. de long sur 3 de large; superficie, 305 hectares ; 1,175 hab., presque tous pêcheurs et réunis en 3 villages formant une commune du canton de Saint-Pol. L'île, entourée de brisants qui en rendent l'accès difficile à la marée basse, se termine au S. par la pointe de Gléguen et au S.-O. par le bec de Gréou ; elle est défendue par quelques ouvrages. Son sol, qui ne produit pas un arbre, fournit quelques fougères, des mousses, de l'ortie, du mouron et des giroflées. — A feu tournant, par 48° 44' 45" lat. N. et 6° 21' 53" long. O.

˙ **BAU** s. m. (all. *balke*). Mar. Solive longue et forte qui traverse le bâtiment du flanc droit à l'autre, et sert à soutenir les tillacs et à affermir le bordage. — BAU DE DALLE, premier bau par l'arrière. — BAU DE LOF, celui bau sur l'avant. — MAÎTRE BAU, celui qui traverse le bâtiment dans sa plus grande largeur. — FAUX BAUX, solives semblables aux baux ordinaires, placés à 2 mètres de distance l'une de l'autre sous le premier tillac des grands vaisseaux, et qui ont pour destination de fortifier le fond du bâtiment et de former le faux pont.

BAUBI s. m. (onomatopée de l'aboiement de ce chien). Chien normand ou anglais, un bas sur pattes, à demi-poil, comme le barbet, et que l'on emploie pour la chasse du gibier à odeur forte, comme le sanglier et le renard.

BAUCENT s. m. Etendard de taffetas rouge que les navires du moyen âge arboraient dans les combats d'extermination.

BAUCHER (François), écuyer français, né vers 1800, mort en 1873 ; professeur d'équita-

tion, il inventa un nouveau système de gymnastique. Sa méthode pour renforcer les muscles des chevaux a été universellement admise. Il a émis ses idées dans sa *Méthode d'équitation basée sur de nouveaux principes* (1842, in-8°; onzième édition, 1839), ouvrage traduit dans toutes les langues. Il a donné aussi un *Dictionnaire d'équitation* (1833, in-8°, plusieurs fois réimprimé); *Dialogues sur l'équitation* (1834, in-8°).

BAUCIS (bô-siss), épouse de Philémon. (Voy. ce mot).

˙ **BAUD** s. m. (ital. *baldo*, hardi). Chasse. Chien courant qui est originaire de Barbarie, et qui chasse le cerf. On l'appelle aussi CHIEN MUET, parce qu'il cesse d'aboyer quand le cerf vient au change.

BAUD, ch.-l. de cant., arr. et à 45 kil. S. de Pontivy (Morbihan); 5,500 hab. Bétail, abeilles, grains, cire, miel, fourrages.

BAUDAU s. m. Pêche. Corde d'auffe qui sert à monter les bourdigues.

BAUDELAIRE (Pierre-Charles), poète, né à Paris en 1821, mort en 1867. Quelques articles de critique et une traduction des œuvres d'Edgar Poë (Paris, 1856-'8, 3 vol.), avaient à peine révélé son nom, lorsque son fameux volume de poésies, les *Fleurs du mal*, entassement de paradoxes, de couleurs criardes et d'images horribles, lui valut un procès retentissant pour attentat à la morale publique. Condamné à supprimer six de ses pièces de vers, il donna, en 1861, une nouvelle édition contenant des poèmes inédits. Ses œuvres complètes (Michel-Lévy, 1871-'72, 7 vol. in-18), comprennent, en outre, ses *Petits poèmes en prose* et ses *Paradis artificiels*.

BAUDELOCQUE (Jean-Louis), accoucheur, né à Heilly (Picardie) en 1746, mort à Paris en 1810; professeur de la Faculté de médecine de Paris, auteur de l'*Art des accouchements*, Paris, 1781, 2 vol. in-8°, ouvrage resté classique.

BAUDENS (Jean-Baptiste-Lucien) [baudanss], chirurgien, né à Aire en 1804, mort en 1857. Fondateur d'un hôpital à Alger, il y enseigna la chirurgie pendant neuf ans. Il fut nommé directeur du Val-de-Grâce, en 1844. Il a publié : *Clinique des plaies d'armes à feu*, 1836; *Nouvelle méthode des amputations*, 1842, in-8°; *Efficacité de la glace pour les hernies étranglées*, 1854, etc.

BAUDEQUIN s. m. [bô-de-kain]. Monnaie française du XIIIe siècle, représentant le roi assis sous un *baldaquin*. Le baudequin valait six deniers.

˙ **BAUDET** s. m. (vieux franç. *bald*, hardi, éveillé). Ane. — Fig. et par injure, homme stupide. — ↝ Technol. Tréteau des scieurs de long.

BAUDIN (Jean-Baptiste-Alphonse-Victor), médecin et homme politique, né à Nantua, Ain, le 20 avril 1811, tué à Paris le 3 décembre 1851. Envoyé par les électeurs de l'Ain à l'Assemblée législative, en mai 1849, il siégea à la Montagne, s'oppose vivement à l'expédition romaine et au maintien de l'état de siège, et proposa de voter l'enseignement primaire gratuit et obligatoire. Le 3 décembre 1851, accompagné d'une douzaine de représentants ceints de leur écharpe, il essaya de soulever contre le coup d'Etat, les ouvriers du faubourg Saint-Antoine; l'indifférence était générale; une femme lui dit : « Vous, croyez donc que nos hommes vont aller se faire tuer pour vous conserver vos 25 francs ! » « Je vais vous montrer comment on meurt pour 25 francs », répondit le représentant du peuple. Quelques instants après, monté sur un commencement de barricade et enveloppé dans un drapeau, il tomba foudroyé par une décharge générale de la troupe. Il fut enterré à Montmartre, le

5 décembre, et sa tombe ignorée, resta jusqu'en 1868 dans le délaissement le plus absolu. Le 2 nov. 1868, quelques centaines de démocrates se réunirent autour de son tombeau, afin d'y déposer des couronnes et d'y entendre des discours. Le lendemain, les journaux l'*Avenir national* (Peyrat) et le *Réveil* (Delescluze), ouvrirent une souscription pour l'érection d'un monument à Baudin; plusieurs autres journaux de Paris et de la province imitèrent cet exemple. Le gouvernement poursuivit les promoteurs de cette souscription, ce qui donna à Gambetta l'occasion d'obtenir un triomphe éclatant par le véhément réquisitoire qu'il prononça contre le coup d'État et contre l'empire, en plaidant pour Delescluze, le 14 novembre 1868. Delescluze fut condamné, mais son jeune avocat fut salué par l'opposition comme un chef du plus grand avenir. L'argent de la souscription, recueilli par un comité, servit à exécuter un monument qui fut inauguré le 2 décembre 1872. Ce monument, dû à Aimé Millet et Léon Dupré, représente Baudin au moment où il vient d'expirer. Sur le piédestal, on lit : « A Alphonse Baudin, représentant du peuple, mort en défendant le droit et la loi, le 3 décembre 1851 ».

BAUDIN (Nicolas), naturaliste et navigateur, né à l'île de Ré, vers 1750, mort à l'île de France en 1803. Sous-lieutenant de vaisseau en 1786, il visita l'Inde et les Antilles d'où il rapporta de précieuses collections de botanique. En 1800, le gouvernement lui confia deux corvettes pour une expédition scientifique en Océanie. Il mourut avant de revoir la France. Péron publia le récit de son exploration (1807).

BAUDIN DES ARDENNES J. (Pierre-Charles-Louis), conventionnel né à Sedan, en 1748, mort de joie, en apprenant que Bonaparte revenait d'Égypte (1799). Il faisait partie de l'Institut et du conseil des Anciens. Il a laissé : *Anecdotes et réflexions sur la Constitution* (1795); *Du fanatisme et des cultes* (1795). — II. (Charles), fils du précédent, amiral, né à Sedan en 1784, mort en 1854. Protégé de Bonaparte, il toucha une pension de 1,000 francs, jusqu'au moment où il fut nommé enseigne de vaisseau. Il perdit le bras droit en 1808 pendant un combat livré aux Anglais dans la mer des Indes. Lieutenant (1809), il fut fait capitaine de frégate en 1815, après avoir soutenu, dans la Méditerranée une lutte contre un brick anglais d'une force supérieure. Il quitta le service en 1815 et ne le reprit qu'en 1830. Capitaine de vaisseau en 1831, contre-amiral en 1838, il reçut le commandement d'une expédition de vingt-trois bâtiments chargée d'opérer contre le Mexique. Le 27 novembre, il bombarda et occupa la forteresse de Saint-Jean d'Ulloa, et le 5 décembre il attaqua la Vera-Cruz; mais il fut repoussé par Santa Anna. Vice-amiral le 22 janvier 1839, il reçut, l'année suivante, le commandement de nos forces navales dans l'Amérique du Sud. En 1841, il fut mis à la tête de notre flotte de la Méditerranée. Quelques jours avant sa mort il fut élevé à la dignité d'amiral.

' **BAUDIR** v. a. (ancien franç. *baud*, hardi). Chasse. Exciter du cor et de la voix. Se dit principalement en parlant des chiens.

BAUDOUIN ou Balduin, nom de neuf comtes de Flandre : Baudouin Ier, surnommé *Bras de fer*, premier comte de Flandre, enleva Judith, fille de Charles le Chauve et mourut en 879. —Baudouin II, le *Chauve*, mort en 918, fit souvent la guerre à son suzerain, le roi de France. — Baudouin III, le *Jeune*, mort en 962. — Baudouin IV, le *Barbu*, mort en 1036. — Baudouin V, le *Débonnaire*, mort en 1067, gendre du roi Robert de France et beau-père de Guillaume le Conquérant; il fut régent de France pendant la minorité de Philippe Ier. — Baudouin VI, dit le *Bon* ou de *Mons*, mort en 1070.

— Baudouin VII, *à la Hache*, tué d'un coup de lance au siège d'Eu, en 1119, fut un fidèle allié de Louis le Gros. — Baudouin VIII, le *Courageux*, régna de 1191 a 1195. — Baudouin IX devint empereur de Constantinople.

BAUDOUIN ou Balduin, nom de deux empereurs latins de Constantinople. — Baudouin Ier (IX de Flandre), né à Valenciennes, en 1171, mort en 1205 ou en 1206. Il se joignit à la quatrième croisade et fut couronné empereur par les croisés en 1204. Son pouvoir était purement nominal. Il délivra une Thrace d'une invasion turque; mais les Grecs ayant appelé contre lui les Bulgares, il fut pris le 14 avril 1205 et mourut en captivité. — Baudouin II, dernier empereur latin de Constantinople, né en 1217, mort en 1273. Il succéda à son frère Robert de Courtenay, en 1228 et fut chassé, en 1261, par Michel Paléologue.

BAUDOUIN ou Balduin. Nom de 5 rois de Jérusalem. — Baudouin Ier, frère de Godefroy de Bouillon, né en 1053, mort en 1118, se joignit à la Ire croisade, devint comte d'Edesse et, après la mort de son frère (1100), il lui succéda. Il combattit activement les Sarrasins, prit Acre, avec l'aide des Génois, en 1104; puis Beyrouth en 1109 et Sidon, en 1110. — Baudouin II, son cousin (mort en 1131), lui succéda comme comte d'Edesse en 1100 et comme roi en 1118. Il fut pris par les Musulmans en 1124. — Baudouin III, petit-fils du précédent, né vers 1130, mort en 1162; succéda à son père Foulques en 1143, perdit Edesse, fortifia Gaza et prit Ascalon (1153) et Césarée (1159). — Baudouin IV, neveu du précédent, né en 1160, succéda à son père, Amaury, en 1173 et mourut en 1186. Vainqueur de Saladin à Rama (1177), vaincu par lui près de Sidon (1178) et sur les bords du Jourdain (1179), il remporta un stérile succès à Tibériade (1182). Il désira pour lui succéder son neveu, Baudouin V, qui mourut après 7 mois de règne, empoisonné, dit-on, par sa propre mère, Sibylle, qui espérait, par ce crime, assurer la couronne à son second époux, Guy de Lusignan.

BAUDRAIS (Jean), écrivain, né à Tours en 1749, mort en 1832, auteur de *La vanité bonne à quelque chose*, poème héroï-comique, 1782; de *chansons*, Paris, 1785 ; d'un *Essai sur l'art dramatique en France*, Paris, 1791, 3 vol. ouvrage inachevé, etc. Envoyé comme juge à la Guadeloupe, en 1797, il fut porté, sans raison, sur la liste des complices de la conspiration de la machine infernale (1801), bien qu'il habitât depuis 3 ans à 1,200 lieues de Paris. Il fut déporté à Cayenne. Il se réfugia plus tard aux États-Unis et vécut d'un travail manuel pendant 13 années. Il rentra en France en 1817.

BAUDRICOURT (Robert DE), gouverneur de Vaucouleurs, envoya Jeanne d'Arc à Charles VII. — II. (Jean DE) maréchal de France, mort à Blois en 1499, fils du précédent; fut l'un des meilleurs capitaines du XVIe siècle; prit une très grande part à la conquête du royaume de Naples, par Charles VIII, en 1495.

'**BAUDRIER** s. m. (lat. *balteus*). Bande de buffle, de cuir ou d'étoffe, qui pend en écharpe, et qui sert à porter le sabre ou l'épée. — Astron. BAUDRIER D'ORION, les trois étoiles placées en ligne droite au milieu de la constellation d'Orion. — ╾ Bot. BAUDRIER DE NEPTUNE, espèce de varech, la *laminaire saccharine*, qui croit dans les mers de l'Europe.

BAUDRILLART (Jacques-Joseph) [bô-dri-yar; *ll* mll.] Agronome, né à Givron 1774, mort en 1832. Son *Traité des eaux et forêts, chasses et pêches* (Paris, 1821, 1844, 10 vol. in-4° avec atlas) fait encore autorité.

BAUDROIE s. f. (franç. *baudrier*). Tribu de poissons acanthoptérygiens à squelette cartilagineux, à peau sans écailles, à estomac

large et dont les ouies ne s'ouvrent que par de petites ouvertures, ce qui permet à ces poissons de vivre très longtemps hors de l'eau. Les baudroies se divisent en genres: *Baudroies proprement dites*, *Chironectes* et *Malthées*. — Les BAUDROIES PROPREMENT DITES se distinguent

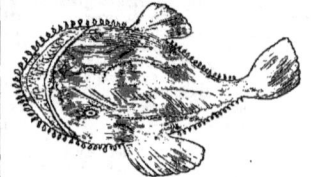

Baudroie d'Amérique. (Lophius Americanus).

par une tête large et déprimée, épineuse en beaucoup de points; par une gueule très fendue, armée de dents pointues; par de nombreux barbillons garnissant la mâchoire inférieure; et par des rayons mobiles sur la tête. Cachées dans la vase, elles font jouer ces rayons que les petits poissons prennent pour des vers et autour desquels ils viennent folâtrer, jusqu'à ce qu'ils soient attirés peu à peu près de la gueule, qui les saisit avec avidité. La *baudroie commune*, appelée aussi *raie pêcheresse*, *diable de mer*, *galanga*, etc. (*lophius piscatorius*, Lin.) atteint dans nos mers jusqu'à quatre ou cinq pieds de long. Elle est un des éléments ordinaires de la *bouillabaisse*.

BAUDROUILLARD s. m. Argot. Fuyard.

BAUDROUILLER v. n. Argot. Fuir.

BAUDRU s. m. (du vieux mot *baudre*, qui a fait *baudrier*). Argot. Fouet, courroie.

' **BAUDRUCHE** s. f. (anc. franç. *baudre*, morceau de cuir). Pellicule de boyau de bœuf, qui sert principalement aux batteurs d'or pour réduire l'or en feuilles, en le battant entre deux peaux de cette espèce. — On emploie aussi la baudruche pour soustraire certaines plaies au contact de l'air et pour fabriquer de petits aérostats.

BAUDRUCHEUR s. m. Ouvrier batteur d'or, qui emploie de la baudruche.

BAUDRY-D'ASSON ancienne famille du Poitou qui a produit plusieurs hommes célèbres.]. — (Antoine), théologien janséniste, mort à Paris en 1668; lutta contre les jésuites et laissa quelques ouvrages. — II. (Gabriel), chef vendéen, né près de la Châtaigneraie vers 1755, tué à la bataille de Luçon en 1793, après s'être signalé dans plusieurs affaires.

BAUER (Anton) juriste allemand (1772-1843), professeur à Marbourg et à Gottingen; auteur d'ouvrages sur les lois naturelles et sur les lois criminelles.

BAUER (Andreas-Friedrich) mécanicien allemand, né à Stuttgart le 18 août 1783, mort à Oberzell (Bavière), le 27 février 1860. Établi à Londres il s'y associa avec Kœnig, l'inventeur de la presse mécanique, s'attacha à cet inventeur et fonda avec lui, à Oberzell, un important établissement pour la construction des machines à imprimer. (Voy. Kœnig).

BAUER (George-Lorentz), théologien, antiquaire et orientaliste allemand (1755-1806). D'abord pasteur, puis professeur de théologie à Heidelberg, il enseigna que la Bible, comme les classiques, doit être interprétée par des règles historiques et grammaticales et non par rapport au dogme. L'un des premiers, il montra les différences doctrinales qui existent entre les auteurs de la Bible eux-mêmes.

BAUFFE s. f. Pêche. Longue et grosse corde que l'on garnit d'hameçons, et qu'on enfouit dans le sable, au bord de la mer, en la retenant par des câblières. On dit aussi *mattresse corde*.

BAUFFREMONT, très ancienne famille française qui tire son nom du bourg de Beauffremont (Vosges) et qui s'allia aux ducs de Bourgogne.

* **BAUGE** s. f. (bas lat. *baugium*). Lieu fangeux où le sanglier se retire, se couche. — Mortier fait de terre grasse, mêlée de paille — s. m. Argot. Coffre. — Ventre.

BAUGÉ, *Balgiacum, Balgium*, ch.-l. d'arr. à 38 kil. E.-N.-E. d'Angers (Maine-et-Loire), dans la belle vallée qu'arrose le Couesnon ; 3,500 hab. — Lat. N. 47° 32' 32" ; long. O. 2° 26' 34". — Beau pont ; château du XVᵉ siècle, autour duquel se forma la ville et qui sert aujourd'hui de mairie. — BATAILLE DE BAUGÉ, livrée le 22 mars 1421, sur le territoire de la commune actuelle de *Baugé-le-Vieil*, près de Baugé, entre les Français commandés par le maréchal de La Fayette, et les Anglais sous les ordres du duc de Clarence. Ce dernier ne fut pas seulement vaincu ; il y fut tué par Allan Swinton, chevalier écossais au service de la France. 1,500 Anglais restèrent sur le champ de bataille.

BAUGÉ (Sirerie DE), ancienne seigneurie comprenant le comté de Bresse. En 1272 un mariage fit passer la sirerie de Baugé dans la maison de Savoie ; saisie par François Iᵉʳ en 1535, elle servit de dot à Marguerite de France et fut échangée en 1601, par Henri IV, contre le marquisat de Saluces qu'il possédait dans le Piémont.

* **BAUGUE** ou **BAUQUE** s. m. Mélange de plantes marines que la Méditerranée rejette sur ses côtes.

BAUGY ch.-l. de cant., arr. et à 28 kil. E. de Bourges (Cher) ; 1,500 hab. Vestiges d'un château bâti par Charles VI en 1412.

BAUHIN. I. (Jean), botaniste, né à Bâle en 1541, mort en 1613 ; il exerça la médecine à Bâle, puis à la cour du duc Ulric de Wurtemberg. Son œuvre principale : *Historia Plantarum Nova et Absolutissima.* (Yverdun, 1650-'51, 3 vol in-fol.) a fait longtemps autorité et fut traduite ou imitée dans toutes les langues. — II. (Gaspard), frère du précédent (1550-1624), auteur d'un *Theatrum anatomicum*, Bâle, 1592, in-8°, tableau des connaissances de l'époque ; d'un *Pinax theatri Botanici* (Bâle, 1596, in-8°), ouvrage célèbre, où l'on trouve les premières tentatives d'une classification naturelle des plantes ; et de plusieurs autres travaux qui le placèrent au premier rang des botanistes de son siècle.

BAUHINIE s. f. (rad. *Bauhin*, nom de deux botanistes). Bot. Genre de césalpiniées, comprenant des arbres *et* des arbrisseaux exotiques, que l'on cultive chez nous dans les serres chaudes et qui donnent, en juillet, de belles grappes de grandes fleurs blanches.

BAUMANNSHŒHLE, grotte découverte en 1672, dans le Hartz, sur la rive gauche de la Bode, à 8 kil. de Blankenbourg, Brunswick. Elle est curieuse par ses stalactites ; on y a trouvé les os fossiles du grand ours des grottes et de plusieurs autres animaux.

* **BAUME** s. m. (lat. *balsamum*). Substance résineuse et odorante, qui coule de certains végétaux, et que l'on emploie souvent en médecine ; ces sortes de baumes sont dits *naturels*, par opposition aux baumes *pharmaceutiques*, qui sont composés de diverses substances mélangées. Les principaux baumes naturels sont : le *benjoin*, les *storax*, le baume du *Pérou*, le *styrax* liquide, le baume de *Tolu*, les *liquidambars*, le baume du *Canada*, le *copahu*, le baume de *copalme*, le baume de *Marie*, le baume de GILÉAD. Voy. ces différents noms. — Par ext. Certains médicaments composés, qui s'emploient la plupart à l'extérieur, et qui ont une odeur balsamique. — Les principaux baumes pharmaceutiques sont : 1° le baume ACÉTIQUE, composé de 10 grammes de savon

râpé, 18 de camphre, 80 d'éther acétique et 30 gouttes d'huile volatile de thym ; le tout dissous à une douce chaleur dans un flacon bien bouché. Employé en frictions contre les douleurs rhumatismales. 2° le baume d'ACIER ou d'AIGUILLE, composé d'une dissolution de 8 grammes de limaille d'acier dans 30 grammes d'acide azotique, dissolution dans laquelle on ajoute 30 gr. d'huile d'olive et 30 gr. d'alcool rectifié ; on chauffe, on triture et l'on obtient une pommade d'un rouge brun, employée en frictions contre les rhumatismes. 3° le BAUME ACOUSTIQUE, composé de diverses huiles, essences, teintures, etc. et employé contre les surdités accidentelles. 4° baume d'AMBRE. Voy. *Liquidambar.* 5° le baume anodin de BATH. Voy. *Bath.* 6° le baume d'ARCÆUS, onguent mou composé de 60 gr. de suif de mouton, 30 gr. de graisse de porc, 45 gr. de térébenthine pure et 45 gr. de résine élémi, le tout fondu ensemble ; très vanté contre les contusions et pour hâter la cicatrisation des plaies. 7° le baume de CHIRON. Voy. *Chiron.* 8° le baume du COMMANDEUR. Voy. *Commandeur.* 9° le baume de FIORAVENTI. Voy. *Fioraventi.* 10° le baume de GENEVIÈVE. 11° le baume HYPNOTIQUE. Voy. *Hypnotique.* 12° le baume de LABORDE ou de FOURCROY. Voy. *Laborde.* 13° le baume de LECTOURE ou de CONDOM. Voy. *Lectoure.* 14° le baume de LUCATEL. Voy. *Lucatel.* 15° le baume NERVAL. Voy. ce mot. 16° le baume OPODELDOCH. Voy. *Opodeldoch.* 17° le baume du SAMARITAIN. Voy. *Samaritain.* 18° le baume de SANCHEZ. Voy. *Sanchez.* 19° le baume SAXON. Voy. *Saxon.* 20° le baume TRANQUILLE. Voy. *Tranquille.* 21° le baume VERT de METZ. Voy. *Vert.* 22° le baume de VIE D'HOFFMANN. Voy *Vie.* 23° l'ÉLIXIR DE LONGUE VIE. 24° le BAUME VULNÉRAIRE. — Fig. Ce qui adoucit les peines, ou dissipe les inquiétudes, les chagrins : *cette nouvelle fut un baume pour moi.* — Bot. Nom d'une plante odoriférante, plus connue sous celui de *menthe.* — Argot. BAUME D'ACIER, instrument de chirurgie.

BAUME (Nicolas-Auguste DE LA), marquis de Montrevel, maréchal de France (1636-1716) ; se distingua au passage du Rhin (1672), à Senef, à Namur, à Luxembourg, à Cassel, à Fleurus ; fut nommé maréchal en 1703, puis gouverneur du Languedoc, et fit, sans succès, la guerre aux camisards.

BAUME (La Sainte-), montagne, à 24 kil. S.-O. de Brignolles (Var) ; 870 mètres. Grotte dans laquelle sainte Madeleine passa, dit-on, les trente dernières années de sa vie. — Pèlerinage.

BAUME-LES-DAMES, ch.-l. d'arr. à 29 kil. N.-E. de Besançon (Doubs) ; sur le Doubs et le canal du Rhône au Rhin ; 2,600 hab. Doit son nom à une ancienne abbaye de chanoinesses dont l'église sert actuellement de halle. Vaste hôpital ; ruines du château fort détruit par les Suisses. — Altitude 532 mètres Lat. N. 47° 22' 9" ; long. E. 4° 1' 20".

BAUME-LES-MESSIEURS, village, arr. et à 11 kil. N.-E. de Lons-le-Saulnier (Jura), au fond d'une fosse étroite et sauvage qu'entourent d'immenses rochers à pic. 950 hab. Doit son nom à une ancienne abbaye de bénédictins.

BAUMÉ (Antoine), célèbre pharmacien et chimiste, né à Senlis le 29 février 1728, mort le 15 octobre 1804 ; membre de l'Académie des sciences en 1773 ; fondateur de la première fabrique de sel ammoniac que l'on vit eu France. Il perfectionna plusieurs procédés employés pour la fabrication de la porcelaine, la teinture écarlate des Gobelins et les pèse-liqueurs, dont le plus usité porte le nom d'*aréomètre de Baumé* ; il inventa une manière de dorer les pièces d'horlogerie, de teindre les

draps de deux couleurs, de blanchir la soie jaune par un procédé chimique, de fabriquer avec le marron d'Inde une fécule douce, propre à faire le pain ; mais il refusa d'adopter la nouvelle nomenclature chimique proposée par Guyton-Morveau et Lavoisier. Il publia un *Dictionnaire des arts et métiers* ; des *Éléments de pharmacie*, Paris, 1762, 1 vol. in-8°, qui eurent, en peu de temps, huit éditions consécutives ; un *Traité de chimie expérimentale et raisonnée*, Paris, 1773, 3 vol. in-8°.

BAUMES. Voy. BEAUMES.

BAUMGARTEN I. (Alexander-Gottlieb), philosophe allemand, professeur à Francfort-sur-l'Oder (1714-1762), fondateur du système de la théorie du beau qu'il nomma *esthétique*, nom qui est resté à cette science nouvelle. Ses œuvres comprennent : *Æsthetica*, 2 vol., Francfort, 1750-'58 ; *Metaphysica*, Halle, 1739 ; ouvrage encore recherché, et *Ethica philosophica.* — II. (Sigmund-Jakob), théologien, frère du précédent (1706-1757), professeur à Halle ; fut l'un des fondateurs de la doctrine rationaliste. C'est lui qui commença la publication de l'*Histoire universelle* dite de Halle.

BAUMGARTEN-CRUSIUS I.(Detlev-Karl-Wilhelm), professeur allemand (1786-1845), effectua des réformes dans le système d'enseignement des écoles de Mersebourg, de Dresde et de Meissen. Par des publications patriotiques, il eut une grande influence sur le soulèvement de l'Allemagne en 1813. — II. Ludwig-Friedrich-Otto, théologien, frère du précédent (1788-1843), fut pendant plus de vingt cinq ans, professeur de théologie à Iéna et se fit remarquer comme historien des dogmes chrétiens.

BAUMGARTNER (Andreas von, BARON) [bômm-gar-tnèr], savant physicien et homme d'État autrichien (1793-1865), d'abord professeur à Olmütz et à Vienne, il dirigea, après 1846, la construction des télégraphes et des chemins de fer ; devint ministre du commerce, des travaux publics et des finances (1851-'5) et membre de la chambre des pairs (1861). Il a laissé des ouvrages estimés : *Histoire naturelle* (8ᵉ éd. 1844) ; *Aréométrie* (1820) ; *Mécanique dans ses applications aux arts et à l'industrie* (2ᵉ éd. 1823). Par sa collaboration à plusieurs publications périodiques populaires, il vulgarisa les sciences naturelles. Ses lectures sur la chimie, l'analyse du spectre, la chaleur, etc., ont été réunies et publiées.

BAUMGARTNER (Gallus-Jakob), historien et publiciste suisse, né à Saint-Gall en 1797, mort en 1869 ; fondateur de la *Nouvelle Gazette suisse*, publication catholique ; auteur de : *Die Schweiz in ihren kæmpfen und Umgestaltungen von, 1830 bis 1850* (4 vol. 1853-'66).

* **BAUMIER** s. m. Bot. Arbre qui donne du baume. Particulièrement celui qui fournit le baume de Judée.

* **BAUQUE** s. f. Voy. BAUGUE.

BAUQUIÈRE s. f. Mar. Bordage d'épaisseur sur lesquels reposent les baux et les barrots.

BAUR (Ferdinand-Christian), théologien allemand (1792-1860), professeur de théologie protestante à Tübingen et fondateur de la nouvelle doctrine théologique dite de Tübingen. Il niait l'authenticité de l'Évangile de saint Jean et des Épîtres de saint Paul, à l'exception des trois qui sont adressées aux Romains, aux Galates et aux Corinthiens. Ses adversaires l'accusaient de panthéisme, d'idéalisme gnostique. D'après eux, son école vise à renverser les doctrines fondamentales du christianisme. Ses œuvres critiques, dogmatiques et historiques sont très nombreuses.

BAUSSE, Bausseresse s. Argot. Bourgeois, bourgeoise ; patron, patronne. — BAUSSE FONDU, chef d'établissement qui a fait de mauvaises affaires.

BAUSSER v. n. Argot des maçons. Travailler.

BAUSSET (Louis-François de), cardinal, né à Pondichéry en 1748, mort à Paris en 1824; évêque d'Alais en 1784, émigra en 1791, devint cardinal en 1817 et ensuite ministre d'E-tat. Il était académicien *par ordre* depuis le retour des Bourbons. Son *Histoire de Fénelon* (Versailles, 1808-'9, 3 vol. in-8°; 3° édition, 1850, 4 vol.), obtint un succès mérité. Mais l'*Histoire de Bossuet* (Paris, 1814, 4 vol. in-8°), ne reçut pas un accueil aussi favorable.

BAUTAIN (L'Abbé Louis-Eugène-Marie), théologien, né à Paris en 1796, mort en 1867; vicaire général de Paris professeur à la Fa-culté de théologie, auteur de nombreux ou-vrages, parmi lesquels on remarque particu-lièrement : *Physiologie expérimentale* (1839, 2° éd. 1859), étude de l'esprit humain et de ses facultés; *Philosophie morale*, 1842, 2 vol.; *Philosophie du christianisme*, 1835, 2 vol.; *Morale de l'Evangile comparée aux divers systèmes de morale* (1855).

BAUTRU (Guillaume de), comte de Serant, bel esprit et diplomate, l'un des premiers membres de l'Académie française, né à An-gers, en 1588, mort en 1665. Richelieu, dont il avait su gagner la faveur, lui donna des titres de noblesse et lui confia plusieurs am-bassades.

BAUTZEN [hô-tzènn], cap. de la haute Lu-sace, Saxe, à 51 kil. E.-N.-E. de Dresde; 13,500 hab. Cathédrale qui sert à la fois aux catholiques et aux protestants. Manufactures de lainages, de toiles, de papier. Napoléon, à la tête de 125,000 hommes, y battit 100,000 Russo-Prussiens, commandés par Barclay de Tolly, les 19, 20 et 21 mai 1813. La lutte com-mença, le 19, par un combat d'avant-postes qui dégénéra en bataille et coûta 2,000 hom-mes à chacune des deux armées. Les Alliés furent ensuite battus à Bautzen, le 20 et à Wurschen le 21.

BAUX (Les) *Baucius, castrum de Baucis*, village à 20 kil. N.-E. d'Arles (Bouches-du-Rhône); ancien ch.-l. d'un puissant comté qui relevait des empereurs. En 1642, Louis XIII donna ce comté à la maison de Monaco. On visite au village des Baux (ligurien : *Baou*, es-carpement), les ruines imposantes de son châ-teau fort.

BAUXITE s. f. *Alumine des Baux, Alumine bihydratée*. Géol. Argile rougeâtre que l'on trouve en grande quantité aux environs du village des Baux (près d'Arles) et qui se ren-contre également en Calabre, en Islande, dans la Carniole et dans la Styrie. Elle se compose de 60 p. 100 d'alumine, 25 p. 100 d'oxyde de fer ; 3 p. 100 de silice et 12 p. 100 d'eau. Elle a pris une grande importance in-dustrielle depuis qu'on l'emploie pour la fa-brication de l'aluminium. — Métall. Ce mine-rai, chauffé au rouge avec du carbonate de soude, se transforme en aluminate de soude soluble et en sesquioxyde de fer insoluble. L'aluminate est traité par l'acide chlorhy-drique et ensuite par un courant de chlore dans un appareil spécial, et le chlorure double d'aluminium et de sodium qui en résulte est décomposé par le sodium, mélangé de cryoli-the (fluorure double d'aluminium et de so-dium), qui sert de fondant. Le tout est placé dans un fourneau à réverbère où l'alu-minium se produit à l'état métallique.

BAVAI voy. Bavay.

* **BAVARD, ARDE** adj. (rad. *bave*). Qui parle sans mesure ou sans discrétion. — s. Celui, celle qui bavarde trop : *c'est une bavarde.* — ∽ Argot. Bavarde, langue.

* **BAVARDAGE** s. m. Action de bavarder. Discours insignifiant et prolixe.

* **BAVARDER** v. n. Parler excessivement de choses vaines et frivoles. — Parler de choses qu'on devrait tenir secrètes.

* **BAVARDERIE** s. f. Défaut du bavard. — Bavardage.

BAVAROIS, OISE adj. et s. Qui est né en Bavière ; qui appartient à ce pays ou à ses ha-bitants.

* **BAVAROISE** s. f. Infusion de thé où l'on met du sirop de capillaire au lieu de sucre.— ∽ On fait également des bavaroises au café, au chocolat, etc.— Argot. Bavaroise aux choux. Verre d'absinthe ou d'orgeat.

BAVASSE s. f. Bavarde.

BAVASSER v. n. Bavarder.

BAVAY ou **Bavai**, *Bagacum*, ch.-l. de cant., arr. et à 20 kil. N.-N.-O. d'Avesne (Nord), 1,775 hab. Antique capitale des Nerviens, dans la Gaule Belgique ; prise par César, et très florissant sous les Romains, elle fut dé-truite par les barbares et ne se releva pas. Les ruines d'un arc de triomphe, de temples, d'aqueducs et de thermes, sept voies romaines, et quelques autres vestiges, sont les seuls té-moins de son importance passée.

* **BAVE** s. f. Salive épaisse et visqueuse qui découle de la bouche, surtout de celle des en-fants pendant le travail de la dentition. — Espèce de salive écumeuse que jettent certains animaux. — La bave du limaçon, liqueur gluante que jette le limaçon, et qui lui sert pour glisser sur les corps à la surface desquels il rampe.

* **BAVER** v. n. Jeter de la bave. — ∽ Fig. Baver sur, injurier bassement des gens qui ne peuvent se défendre, les calomnier : *ne bavez pas sur les vaincus.*— Argot. Parler, ba-varder : *tais-toi, tu baves.*

BAVEROLLE s. f. Pièce d'étoffe attachée à la trompette de guerre et formant une espèce de guidon.

* **BAVETTE** s. f. Petite pièce de toile qu'on attache sur la poitrine des petits enfants, pour recevoir la bave, la salive qui découle ordi-nairement de leur bouche. — Fig. et fam. Etre à la bavette, n'être encore qu'à la ba-vette, être encore trop jeune pour se mêler des choses dont il s'agit, pour en dire son avis. — Fig. et pop. Tailler des bavettes, passer son temps à bavarderies, en commé-rages, en caquets. — ∽ Bavette d'aloyau, voy. Aloyau.

* **BAVEUSE** s. f. Poisson de mer, ainsi appelé, sur la côte de Provence, parce qu'il est couvert d'une sorte de bave.

* **BAVEUX, EUSE** adj. Qui bave : *enfant ba-veux.* — Omelette baveuse, omelette peu cuite et molle. — Chairs baveuses, chairs spon-gieuses d'une plaie qui ne va pas bien. — Typogr. Lettre baveuse, lettre qui n'est pas imprimée nettement, étant trop chargée d'encre.

BAVIÈRE (all. *Bayern* ou *Baiern*; autrefois, *Boioaria*, de la tribu gauloise de *Boii* qui s'y établit longtemps avant l'ère chrétienne), grand royaume de l'empire d'Allemagne, formé de deux parties qui ne se touchent pas. La principale est bornée par la Prusse, la Saxe, les principautés saxonnes, l'Autriche, la Suisse, le Wurtemberg, Bade et Hesse-Darmstadt. La plus petite division du royaume, séparée de la grande par les trois derniers états sus-nommés, porte le nom de Palatinat ou Bavière Rhénane et est bornée par le Rhin, l'Alsace-Lorraine et la Prusse Rhénane. Le royaume de Bavière, capitale Munich, villes princ., Nuremberg, Augsbourg, Würzbourg, Ratisbonne, Bamberg, Fürth et Baireuth, se divise en huit districts, savoir :

DISTRICTS	Kilom. car.	Populatio (1875)
Haute-Bavière (Oberbayern)	17.046.53	894.160
Basse-Bavière (Niederbayern)	10.767.57	622.357
Palatinat (Pfalz)	5.937.06	641.989
Haut-Palatinat et Ratisbonne.	9.664.76	503.761
Haute-Franconie (Oberfranken).	6.998.15	554.935
Moyenne-Franconie (Mittelfranken).	7.559.23	607.084
Basse-Franconie et Aschaffembourg.	8.398.30	596.929
Souabe et Neubourg	9.490.80	601.910
Totaux	75.863.49	5.022.390

Les habitants descendent principalement de trois anciennes tribus germaniques dans les proportions suivantes : 2,500,000 Franconiens; 500,000 Souabiens et 2,000,000 de Bavarois.— Religions. La religion dominante est le catholi-cisme romain, qui comptait 3,573,142 fidèles en 1875. Puis viennent la religion protestante ré-formée (1,392,120), les catholiques grecs (149), les israélites (51,335), le mennonites aussi appe-lés taufgesinnte (3,642), les irvingiens (303), les vieux catholiques (20,000), les anabaptistes (72), etc. — Topoga. La Bavière est un pays élevé, couvert de collines et de montagnes. Les Alpes bavaroises, atteignant une hauteur de 3,000 m., courent au S. du royaume; la Forêt de Bohême s'étend à l'E.; le Fichtel-gebirge et la forêt de Franconie au N.-E., le Rhœn et le Spessart au N.-O. Le Jura bavarois et franconien, ainsi que des chaînes secon-daires, au N. du Danube, traversent la division orientale. Les monts Hardt, branche des Vos-ges, couvrent le Palatinat. Ce dernier pays ap-partient au bassin du Rhin. Le Danube traverse toute la Bavière proprement dite, où il est navigable sur une longueur de 425 kil., et où il reçoit plus de 30 affluents, parmi lesquels le Lech, l'Iser et l'Inn. Le Mein et ses affluents arrosent la Franconie. Les principales rivières de la Bavière Rhénane sont la Lauter et la Nahe. Outre une partie du lac de Constance, le pays renferme les lacs Ammer, Wurm et Chiem, au pied des Alpes bavaroises. Environ un tiers des forêts et toutes les mines de sel appartiennent à l'État. — Productions. Le charbon, le fer, les grains, le vin, le beurre, le fromage et la verrerie sont les principaux ar-ticles d'exportation. On connaît particulière-ment dans le commerce, la célèbre bière de de Bavière, la verrerie, les instruments d'op-tique de Munich et les jouets de Nuremberg. — Canaux et chemins de fer. Le canal Ludwig unit le Rhin au Danube; le territoire est des-servi par 3.500 kil. de chemins de fer. — Re-ligion et éducation. Le royaume est divisé en deux archevêchés catholiques : Munich et Bamberg; en six évêchés: Augsbourg, Eichs-tædt, Passau, Ratisbonne, Spire et Wurzbourg; en 121 doyennés et 2,756 paroisses. L'église protestante est dirigée par un consistoire gé-néral « *Ober-Consistorium* », à Munich, et par quatre consistoires provinciaux. Les Juifs n'ont pas encore obtenu leurs droits. La Bavière compte trois universités, dont deux catholi-ques, à Munich et Wurzbourg, et une protes-tante, à Erlangen. Des écoles élémentaires « Volksschulen » existent dans chaque pa-roisse; et les parents sont obligés d'y envoyer leurs enfants, de six à quatorze ans. — Ecole polytechnique et académie des arts à Munich. — Constitution. Monarchie constitutionnelle — Constitution du royaume, établie le 26 mai 1818; représentation natio-nale par la Chambre des Pairs ou Reichsræthe (grands dignitaires héréditaires et membres nommés à vie par le roi) et la Chambre des dé-putés, qui comprend 156 membres élus, depuis 1848, par l'ensemble de la population. Les élections sont à deux degrés. Traité conclu le 22 novembre 1870 avec la Confédération de l'Allemagne du Nord concernant la fondation de l'Empire d'Allemagne. En vertu de ce traité, la Bavière a obtenu certaines stipulations autres que celles de la Constitution générale de l'Empire; les plus importantes de ces stipulations sont les suivantes : le droit conféré à l'Empire d'exercer la surveillance en ce qui concerne le domicile et le libre établissement ne s'étend pas à la Bavière. Ce royaume conserve l'administration libre et indépendante de ses postes et télégraphes. L'armée bavaroise forme une partie distincte dans l'armée de l'Empire, avec une administration indépendante, placée sous la souveraineté militaire du roi de Bavière ; en temps de guerre elle est sous le commandement en chef de l'Empereur. Pour ce qui est de la durée du service, de l'organisation, de la composition, etc., les règlements qui existent pour l'armée allemande, sont applicables aussi à l'armée bavaroise. L'armée comprend deux corps d'armée, divisés chacun en deux divisions. — FINANCES. Les recettes et les dépenses se balancent ; elles s'élèvent à une moyenne de 220,000 marcs. La dette publique, au 1er janvier 1878, était de 1,215 millions de marcs. — HIST. La Bavière fut primitivement occupée par des Boiens celtes, l'une des tribus principales des Gaulois établis sur le Danube, à une époque très reculée. Des peuples de race germanique envahirent le pays et, de leur mélange avec les celtes aborigènes, les Hérules, les Rugiens, les Turcilingiens et les Skyres, naquit la nation des Bajoariens. La partie située au S. du Danube forma les provinces romaines de Rhétie, de Vindélicie et de Norique. La Bavière fut conquise par les Francs en 630 et gouvernée par des ducs vassaux de la monarchie franque. Charlemagne déposséda le dernier duc, Thassilo II, en 777, et ses descendants gouvernèrent la Bavière en qualité de rois jusqu'en 911. Après deux siècles de troubles intérieurs, le comte palatin Otto von Wittelsbach devint duc, en 1180, et fonda une dynastie qui règne encore. Il fut remplacé par son fils Louis, en 1183, après lequel régna Othon II, l'Illustre (1231), qui gagna le Palatinat ; puis Louis II le Sévère (1253) ; Louis III, (1294), qui devint empereur et perdit le Palatinat ; Étienne Ier (1347) ; Jean (1375) ; Ernest (1397) ; Albert Ier (1438) ; Jean II et Sigismond (1460) ; Albert II (1465) ; Guillaume Ier (1508), qui combattit la Réforme en 1522 ; Albert III (1550) ; Guillaume II (1579), qui abdiqua en faveur de son fils Maximilien le Grand, lequel fut le chef de la ligue catholique pendant la guerre de Trente ans ; prit le titre d'électeur (25 février 1623) et enleva le Palatinat au prince proscrit, Frédéric V. En 1651, Ferdinand-Marie monta sur le trône ; son successeur, Maximilien-Emmanuel (1679), s'allia à la France pendant la guerre de la succession d'Espagne ; vaincu à Blenheim (1704), il ne fut rétabli dans ses états qu'en 1714. Son fils, Charles-Albert (1726), élu empereur sous le nom de Charles VII (1742) mourut (1745), pendant la lutte avec Marie-Thérèse qui saisit la Bavière et ne la rendit à Maximilien-Joseph Ier que lorsque celui-ci eut abandonné toutes ses prétentions à l'empire. Avec Maximilien-Joseph s'éteignit, en 1777, la ligne directe, qui fut remplacée, avec le concours de Frédéric le Grand, par la branche collatérale, dans la personne de Charles-Théodore, électeur palatin du Rhin. Sous le règne de ce prince, les républicains français envahirent la Bavière, et Moreau s'empara de Munich, en 1796. Le duc traita aussitôt avec la France. Son successeur, Maximilien-Joseph II (1799), fut un des plus solides alliés de Napoléon qui agrandit ses états par le traité de Lunéville (1801) et lui donna le titre de roi, par le traité de Presbourg (décembre 1805). Le nouveau roi, qui prit le nom de Maximilien-Joseph Ier, reçut de vastes domaines, après la bataille d'Iéna. Les troupes bavaroises décidèrent des victoires d'Eckmühl et de Wagram, et se joignirent à l'expédition de Russie. Mais lors du soulèvement général de l'Allemagne, en 1813, Maximilien suivit le torrent, se tourna contre son allié et mit son armée, commandée par

le général Wrède, à la disposition des princes coalisés. Wrède fut vaincu à Hanau, mais la Bavière parvint néanmoins à conserver une partie des territoires qu'elle avait acquis depuis 15 ans. Louis Ier, fils et successeur (1825) de Maximilien-Joseph, s'occupa surtout de protéger les arts et d'embellir Munich. Ses relations avec l'aventurière nommée Lola Montès produisirent une irritation générale, qui se traduisit par un soulèvement à Munich, le 20 mars 1848, suivi de l'abdication du roi (21 mars). Son fils et successeur, Maximilien-Joseph II, mourut le 10 mars 1864 et fut remplacé par Louis II qui, dirigé par le parti catholique ultramontain, s'allia à l'Autriche en 1866, fut vaincu et se vit contraint, par un traité particulier, de céder à la Prusse près de 1,000 kil. car. de ses possessions. Devenu en quelque sorte, vassal du roi de Prusse, il fut l'un des premiers à se déclarer contre la France en 1870, ce qui parut tromper l'espoir de Napoléon III, espoir fondé, dit-on, sur des promesses secrètement faites. Une fois engagé dans cette voie, le roi de Bavière agit avec vigueur. Ses troupes envahirent notre territoire et se trouvèrent presque toujours au premier rang. Louis- Il prit l'initiative des mesures qui ont fait de Guillaume un empereur d'Allemagne. La Bavière, incorporée à l'empire, reçut quelques privilèges qui permirent à Louis de n'être pas tout à fait un roi honoraire. Parmi ces privilèges, le roi a conservé le commandement de ses troupes, qui forment deux corps de l'armée allemande, et, en outre, il a le droit de recevoir des agents diplomatiques. Depuis 1873, la Bavière est devenue le centre du mouvement des *Vieux catholiques*

BAVIÈRES s. f. pl. Garnitures d'étoffes qui ornaient les casques légers.

* **BAVOCHÉ, ÉE** adj. Grav. et typogr. Se dit des traits de burin, des contours, des caractères qui ne sont pas nets.

* **BAVOCHER** v. n. Grav. et typogr. Imprimer d'une manière peu nette, maculer.

* **BAVOCHURE** s. f. Défaut de ce qui est bavoché.

BAVOIS s. m. Féod. Tableau qui contenait l'évaluation des droits seigneuriaux suivant le prix courant des espèces.

* **BAVOLET** s. m. Sorte de coiffure villageoise. — Morceau d'étoffe qui orne un chapeau de femme par derrière.

* **BAVURE** s. f. Petite trace que les joints des pièces d'un moule laissent sur l'objet moulé.

BAWIAN, île située à environ 85 kil. N. de Java. 110 kil. carr., 35,000 hab., en majorité pêcheurs ou marchands ; ils parlent un dialecte madura

BAWR (Alexandrine - Sophie - Coury de Champgrand, BARONNE DE), auteur dramatique et romancière française, née à Stuttgard (Wurtemberg), en 1773, morte en 1864. Épouse divorcée de Saint-Simon, le philosophe, qui avait essayé sur elle, pour la réalisation de ses utopies (1801), elle demanda au travail le pain quotidien. *Un petit mensonge*, comédie en un acte représentée le 8 avril 1802, fut suivi de *Une matinée du jour*, deux actes, 1802 ; le *Rival obligeant*, un acte, 1803 ; les *Chevaliers du Lion*, mélodrame, trois actes, 1804 ; le *Revenant de Bérézule*, mélodrame en trois actes, 1805. La comtesse de Saint-Simon se remaria en 1806, avec le comte de Bawr, jeune seigneur russe naturalisé en France. M. de Bawr l'ayant laissée veuve en 1810, elle dut reprendre la plume. Elle donna successivement : le *Double stratagème*, comédie, un acte, 1811 ; *Léon* ou *le Château de Montaldi*, mélodrame, trois actes, 1811 ; la *Méprise*, comédie, un acte, 1813 ; la *Correspondance*, comédie, un acte, 1825 ; l'*Ami de tout le monde*, comédie, un

trois actes, 1827 ; *Charlotte Brown*, comédie, un acte, 1825.

BAXTER I. (Andrew), métaphysicien écossais (1687-1750), auteur de *Recherches sur la nature de l'âme*, dans lesquelles il maintient l'immatérialité des principes de la raison. — II. (**Richard**), théologien non conformiste anglais (1615-1691), recteur de Kidderminster, il se montra opposé à Cromwell, se prononça contre l'acte d'uniformité et contribua, par ses prédications, au rappel de Charles II, qui le nomma chapelain. Sous le règne de Jacques II, ses opinions non conformistes le firent persécuter. Jeté en prison, à l'âge de 70 ans, il y resta dix-huit mois. Ses ouvrages au nombre de 168, ne forment pas moins de 73 vol. in-4°. Son *Repos éternel des saints*, son *Appel aux non convertis*, son *Livre de famille des pauvres* et sa *Concorde universelle* ont obtenu un succès prodigieux. — III. (**William**), archéologue anglais (1650-1723), neveu du précédent, n'apprit à lire que vers l'âge de dix-huit ans, lorsque l'héritage de son oncle lui permit de s'instruire. Il a publié en latin un glossaire des antiquités anglaises (Londres, 1719).

* **BAYADÈRE** s. f. [ba-ia-dè-re] (port. *bailadeira*, danseuse). Fille ou femme de l'Inde dont la profession est de danser et de chanter. Les bayadères, que les Indous appellent *nautchnies*, forment deux classes principales, subdivisées elles-mêmes en plusieurs catégories. Lorsqu'elles sont vouées au service des dieux, elles entrent dans un temple et deviennent *devadasies* ou esclaves des dieux ; elles chantent et dansent dans les fêtes et dans les processions. Les *devadasies* de la première catégorie appartiennent aux premières familles et tiennent un rang respectable. Celles de la deuxième catégorie sont beaucoup plus libres et peuvent sortir des temples pour se rendre chez les riches particuliers où elles animent les fêtes par leurs danses et leurs poses voluptueuses. Chaque temple entretient une troupe de devadasies. Lorsqu'elles sont tout à fait libres, les *nautchnies* sont appelées *kunchinies*, *dominiques* ou *bazigarnies*, suivant la catégorie à laquelle elles appartiennent. Réunies par troupes de dix à douze, elles errent dans le pays, cherchant à gagner quelque argent en dansant et en chantant.

BAYAFE s. m. Argot. Pistolet.

BAYAFER v. a. Argot. Fusiller. .

BAYAGOULAS [lass], ancienne tribu indienne de la famille des Chactas, sur le Mississipi ; appelée également Quinipissas.

BAYAMO, ville de l'île de Cuba, sur un tributaire de la rivière Cauto, à 160 kil. S.-E. de Puerto Principe. Population avant la guerre civile de 1868, environ 18,000 hab.

BAYARD (Jean - François - Alfred), auteur dramatique, né à Charolles (Saône-et-Loire), en 1796, mort à Paris, en 1853. D'une fécondité extraordinaire, il a donné, soit seul, soit en collaboration, environ 250 pièces de théâtre, principalement des vaudevilles. Scribe, dont il avait épousé la nièce, écrivit une notice pour la collection complète de ses pièces 1855-'58, Hachette, 12 vol. in-12.

BAYARD ou **Bayart** (Pierre du Terrail, CHEVALIER DE), surnommé le *Chevalier sans peur et sans reproche*, né au château de Bayard, commune de Pontcharra, à 40 kil. de Grenoble, en 1473 ou 1476, d'une ancienne famille du Dauphiné, mort le 30 avril 1524. Page de Charles Ier, duc de Savoie, il passa dans un tournois, à l'âge de dix-sept ans, le seigneur de Vaudrey, qui passait pour l'un des plus rudes champions de son époque. Entré au service du roi de France, Charles VIII, il accompagna ce prince en Italie (1494-'5) et eut deux chevaux tués sous lui à Fornoue. Pendant la seconde campagne d'Italie, sous le règne de Louis XII (1499), il poursuivit un jour des fuyards avec tant d'ardeur aux portes de Milan, qu'il entra seul dans cette ville et fut fait prisonnier. Ludovic Sforza lui rendit la liberté. Envoyé dans la Pouille (1504), il captura le capitaine don Alonza de Soto Mayor qu'il traita magnifiquement et garda prisonnier sur parole. Mais l'Espagnol, manquant à sa parole, tenta de s'enfuir et, plus tard, lorsqu'il eut payé sa rançon, prétendit que Bayard l'avait maltraité. Le chevalier l'appela en combat singulier et le tua. Un autre combat, celui de Barletta (voy. ce mot), mit le comble à sa réputation. Par un trait de bravoure renouvelé d'Horatius Coclès, il sauva l'armée française en retraite après la bataille du Garigliano. Seul, contre les Espagnols, il défendit un pont, empêcha l'ennemi de le traverser pour surprendre notre arrière-garde et donna aux nôtres le temps de se reformer sur l'autre rive. Il se couvrit encore de gloire à Gênes (1507), à Agnadel (1509), à Padoue, à Brescia (1512), à Raverne et à Pavie. Blessé pendant la retraite de Pavie, il fut transporté dans son château de Bayard. A la honteuse défaite de Guinegate, 16 août 1513, il tint un instant l'armée anglaise en échec, avec 14 hommes d'armes qui n'avaient pas, comme les autres, été frappés de terreur panique. Henri VIII lui rendit la liberté sans rançon, puis il lui fit faire des offres secrètes pour entrer à son service : « Je n'ai qu'un maître au ciel, qui est Dieu, et un maître sur terre, qui est le roi de France » répondit le capitaine. Pendant l'expédition de François Ier en Italie (1515), il captura Prospero Colonna, qui avait tendu des pièges aux Français, et les 13 et 14 septembre 1515, gagna la bataille de Marignan, à la fin de laquelle le jeune roi de France voulut être armé chevalier de la main de Bayard. En 1522, celui-ci sauva la France d'une invasion en s'enfermant dans la ville frontière du fortifiée de Mézières et en y tenant pendant six semaines avec 1,000 hommes seulement contre une armée de 35,000 hommes commandés par le comte de Nassau. Paris et le parlement le reçurent comme le libérateur de la patrie. Après deux ans de repos, il fut envoyé en Italie, pour y secourir l'amiral Bonnivet; mais l'armée française était perdue. Le chevalier fut mortellement blessé par une pierre d'arquebuse à crue qui lui rompit l'épine du dos, pendant qu'il combattait au fond d'un ravin, près du bord de la Sésia, pour protéger la retraite. Les impériaux portèrent eux-mêmes solennellement en France le corps de ce brave soldat qui est resté le type le plus pur et le plus accompli du chevalier français. Il signait *Bayart* et non *Bayard*. Son histoire a été écrite par son écuyer Jacques Joffroy : *Très joyeuse, plaisante et récréative histoire, composée par le loyal serviteur, des faits et gestes du bon chevalier sans paour et sans reproche, gentil seigneur de Bayart*, Paris. 1527, in-4°. — Voy. aussi *Vie et gestes du chevalier Bayard*, par Symphorien Champier, 1525; l'*Histoire de Bayard*, par Guyard de Berville, 1 vol. in-12, Paris, 1760; 7e édition en 1875; l'*Histoire de Bayard*, par Cohen, 1821. La ville de Grenoble a érigé, en 1823, une très belle statue de ce héros, représenté par Raggi, au moment où il est frappé à mort.

BAYART ou **Baïart** s. m. Sorte de bard, de civière, est principalement en usage dans les ports.

BAY CITY, ville du Michigan (Etats-Unis), sur la rive orientale de la rivière Saginaw, près de l'embouchure de cette rivière dans la baie de Saginaw; à 185 kil. N.-N.-O. de Detroit; 15,000 hab. Grande exportation de bois, de sel et de poisson.

BAYER v. n. (vieux franç. *béer*, être ouvert). Se conjugue comme *payer*. Il ne faut pas le confondre avec BAILLER. Tenir la bouche ouverte en regardant longtemps quelque chose. — Fig. *Bayer aux corneilles*, s'amuser à regar-

der en l'air niaisement. — Fig. Désirer quelque chose avec une grande avidité; en ce sens, il se joint toujours avec la préposition APRÈS, *bayer après les richesses, après les honneurs.*

BAYER I. (Johann), astronome bavarois (1572-1660). D'abord prédicateur protestant, il mérita, par son éloquence, le surnom d'*Os Protestantium*. Son ouvrage le plus important *Uranometria* (Augsbourg, 1603, in-fol.), fut publié de nouveau en 1627 sous le titre de *Cælum Stellatum Christianum*, avec une carte astronomique dans laquelle les étoiles de chaque constellation furent, pour la première fois, désignées par des lettres de l'alphabet grec. — II. (Gottlieb-Siegfried), petit-fils du précédent (1694-1738), professeur à Saint-Pétersbourg, auteur de plusieurs ouvrages latins, parmi lesquels *Museum Sinicum* (2 vol. in-8°). Il a donné, en outre, une grammaire chinoise.

* **BAYEUR, EUSE** s. Celui, celle qui regarde niaisement, qui a l'habitude de bayer.

BAYEUX [ba-ieû], *Bajocæ; Bajocassium civitas, Augustodurum*, ch.-l. d'arr., à 27 kil. N.-O. de Caen (Calvados), sur l'Aure à 10 kil. de l'embouchure de cette rivière dans la mer. 9,150 hab. Capitale des *Bajocasses*, elle devint florissante sous les Romains, et fut prise, vers la fin du IIIe siècle, par des pirates Saxons qui s'y établirent. Les descendants des Saxons se soumirent à Clovis qui fit du pays Bessin un comté. Une autre colonie saxonne y fut envoyée par Charlemagne, qui dispersa les compagnons de Witikind. Pendant longtemps, le pays compris entre Bayeux et Isigny fut appelé la *petite Saxe*. En 1044, les Normands repoussés de Paris, se jetèrent sur Bayeux qu'ils prirent d'assaut et dont ils firent une ville saxo-normande. Au XIe siècle, l'idiome et les mœurs des habitants étaient encore scandinaves. Guillaume le Conquérant eut beaucoup de peine à soumettre les seigneurs turbulents du pays Bessin. Après lui, Robert Courtheuse s'enferma dans le château de Bayeux, que le roi Henri d'Angleterre assiégea, prit et livra aux flammes (1105). La ville se rendit au comte de Dunois peu de temps après la défaite des Anglais à Formigny (1450). Sous Louis XIII, un grand nombre des habitants prirent part à la révolte des va-nupieds et périrent dans les supplices. Parmi ses monuments, on remarque une chapelle du séminaire, XIIe siècle (mon. hist.) et la cathédrale gothique dont le chœur est admirable (mon. hist.). Fabr. de dentelles, de blondes, de porcelaines et de papier. Comm. de bétail, de volaille et de beurre d'*Isigny*. Patrie du poète Alain Chartier et du peintre Robert Lefèvre. — Lat. N. (à la cathédrale) 49° 16' 35"; long. O. 3° 2' 27". — **Tapisserie de Bayeux**, tapisserie brodée à l'aiguille, qui est conservée dans la bibliothèque de Bayeux et que l'on suppose, d'après la tradition, être l'œuvre de Mathilde, femme de Guillaume le Conquérant, et des dames de sa cour. L'intérêt historique de cette tapisserie est très grand parce qu'elle représente l'histoire de la conquête de l'Angleterre, depuis la visite de Harold à la cour normande, jusqu'à la mort de prince sur le champ de bataille de Hastings. Les scènes historiques, brodées sur une toile de lin, avec des laines de huit couleurs différentes, sont réparties en cinquante-cinq divisions, dont chaque sujet est indiqué par une inscription latine. La longueur totale de la toile est de 74m14, sur une hauteur de 0m50.

BAYLE I. (François), médecin, né à Saint-Bertrand de Commanges, en 1622, mort à Toulouse, en 1709. Ses ouvrages, réunis en 1701,4 vol. in-4°, contiennent des observations intéressantes concernant la chimie, la physique, les personnes prétendues possédées, etc. — II (Gaspard-Laurent), pathologiste, né au Vernet (Provence), en 1774, mort en 1816. Son principal ouvrage est un traité de la *Phtisie*

pulmonaire, Paris, 1810, in-8°. — III. (Moïse), conventionnel, né dans le Languedoc, vers 1760, mort vers 1815. — IV. (Pierre), célèbre écrivain et critique, né de parents protestants, au Carlat (comté de Foix), le 18 nov. 1647, mort à Rotterdam, en 1706. Converti, dans sa jeunesse, par les jésuites, il se repentit ensuite d'avoir abandonné la religion de son père, abjura, en 1670, entre les mains d'un pasteur, et s'enfuit à Genève pour échapper aux peines portées contre les relaps. Il remplit successivement les fonctions de précepteur chez les fils de M. de Normandie (syndic de la République), chez le comte de Dhona, à Coppet, chez MM. de Béringhen, à Paris, et chez un négociant de Rouen. Après un concours, il fut nommé professeur de philosophie à Sedan (1675), et obtint le même emploi à Rotterdam lorsque le roi de France ordonna la fermeture de l'académie protestante de Sedan (1681). L'année suivante, il publia : *Pensées diverses sur la comète de 1680*, ouvrage dans lequel il s'élevait contre les préjugés, ce qui le fit accuser d'athéisme. Il fit presque aussitôt paraître : *Critique de l'histoire du calvinisme par le P. Maimbourg*, livre qui excita la colère du P. Maimbourg et des jésuites, et qui, sur l'ordre de Louis XIV, fut brûlé par la main du bourreau. En apprenant que son frère avait venait de mourir dans un cachot du château Trompette, à Bordeaux, Bayle écrivit trois lettres dans lesquelles il exposait les fureurs de l'intolérance et qui furent publiées sous ce titre : *Ce que c'est que la France toute catholique sous le règne de Louis le Grand.* — En mars 1684, il donna le premier numéro de ses *Nouvelles de la République des Lettres*, revue périodique contenant les analyses des ouvrages nouveaux. Etant tombé malade en 1687, il abandonna ce travail qui continué par Larroque. Partisan de la tolérance, la fureur des sectes protestantes les unes contre les autres, l'indignait tout autant que les dragonnades catholiques. Il formula ses principes dans son *Commentaire philosophique sur ces paroles de l'Evangile de saint Luc : Contrains-les d'entrer*, ouvrage remarquable qui fut violemment attaqué par Jurieu, jaloux de Bayle comme écrivain et aussi, dit-on, comme époux. Accusé d'être l'auteur d'un livre publié en avril 1690, sous ce titre : *Avis important aux réfugiés*, dans lequel un écrivain anonyme conseillait aux réfugiés français de ne pas attaquer Louis XIV, Bayle se défendit faiblement. Dès lors, il fut perdu aux yeux de ses coreligionnaires; sort réservé à tous ceux qui parlent de conciliation et de modération dans des temps de troubles violents où les colères sont poussées à l'extrême. Jurieu le dénonça bientôt comme un agent secret du gouvernement français et comme l'un des chefs d'un complot destiné à renverser le protestantisme dans tous les Etats du nord de l'Europe. Au lieu de démontrer son innocence, ce qui eut été facile, sans doute, Bayle essaya de ridiculiser son ennemi en traitant de chimérique un complot qui n'était que trop réel. Il publia à ce sujet, deux écrits : la *Cabale chimérique* et la *Chimère de la cabale de Rotterdam*, qui le firent considérer comme l'un des chefs de la conspiration dont il niait l'existence. Les magistrats d'Amsterdam le privèrent de sa chaire, de sa pension et du droit même d'enseigner publiquement (1693). C'est alors qu'il se consacra à son fameux *Dictionnaire historique et critique*, qu'il publia de 1695 à 1697, 2 vol, in-fol. et dont la 5e édition parut en 1821 Paris, 16 vol. in-8°. Cette œuvre considérable, qui a exercé une immense influence sur la direction des idées au XVIIIe siècle, a traduite dans toutes les langues; elle a valu à son auteur le surnom de *précurseur de Voltaire*. Le *Dictionnaire* de Bayle eut encore plus de succès que tous ses écrits précédents; mais il amoncela sur sa tête de nouveaux orages. La vente en fut interdite en France et Jurieu trouva matière à des accusations qui ne furent, du reste, suivies d'aucune condamnation. Bayle passa les dernières années de sa vie dans des disputes philosophiques avec J. Leclerc, King et Jacquelot. — La *Vie de Bayle* a été écrite par Desmaizeaux, qui a recueilli ses *œuvres diverses*, La Haye, 1727, 4 vol. in-fol. — V. (Pierre). Voy. BAILLE.

BAYLEN ou Bailen [ba-I-lènn], ville d'Espagne, à 36 kil. N. de Jaen ; 8,000 hab. Célèbre par la capitulation du général Dupont et de 18,000 Français, qui se rendirent au général espagnol Castanos, le 20 juillet 1808.

BAYON [ba-ion], ch.-l. de cant., arr. et à 22 kil. S.-O. de Lunéville (Meurthe-et-Moselle); 980 hab. Ville jadis fortifiée.

BAYONNE (basque : *Baia-Ona*, bon port ; probablement le *Lapurdum* des Romains), ch.-l. d'arr. à 79 kil. O.-N.-O. de Pau (Basses-Pyrénées), au confluent de la Nive et de l'Adour, à 4 kil. de la mer, 33 de la frontière espagnole et 165 S.-S.-O. de Bordeaux. 28,000 hab. Place forte de première classe défendue par une superbe citadelle que bâtit Vauban, par une forte enceinte et par des réduits. Son port ne mérite pas toujours le nom basque qui lui a été donné. Vers la fin du xvi° siècle, il fallut que l'architecte Louis de Foix remît dans son lit, au moyen de digues, l'Adour récalcitrant qui voulait passer ailleurs. Une

Bayonne.

barre obstrue le port, ce qui fait que l'on n'a jamais pu utiliser cette place maritime qui serait cependant si bien placée, près de la frontière, au milieu de belles forêts pleines de bois de construction. Bayonne possède un de nos plus beaux arsenaux militaires, un hôpital militaire, des quais et d'agréables promenades. Elle se divise en trois quartiers : le grand Bayonne, et le vieux château sur la rive gauche de la Nive; le petit Bayonne, et le château neuf, sur la rive droite de la Nive et la rive gauche de l'Adour; Saint-Esprit et la citadelle, sur la rive droite de l'Adour. La ville, d'un aspect pittoresque, a conservé une physionomie espagnole. Elle fabrique et exporte des eaux-de-vie et des chocolats; mais son produit le plus renommé est le jambon dit *de Bayonne*. Cabotage, armements pour la pêche de la morue. Patrie de l'abbé Saint-Cyran, du chimiste Pelletier et de J. Laffitte. Bayonne a soutenu, depuis 401 jusqu'en 1814, quatorze sièges contre les Vandales, les Sarrasins, les Normands, les Navarrais, les Gascons, les Béarnais, les Aragonais, les Anglais, les Espagnols et les Portugais. Erigée en évêché vers l'an 900, elle fut gouvernée jusqu'en 1205, par des vicomtes qui firent construire au xii° siècle sa belle cathédrale. Réunie ensuite au duché de Guienne, elle tomba au

pouvoir des Anglais en 1295. Sous le règne de Charles VII, son gouverneur, Jean de Beaumont ouvrit les portes aux Français qui l'assiégeaient sous les ordres du comte de Foix et de Dunois (25 août 1451). On pense que c'est à Bayonne que les reines d'Espagne et de France combinèrent avec le duc d'Albe, le massacre de la Saint-Barthélemy (juin 1556). C'est encore à Bayonne que Charles IV d'Espagne abdiqua en faveur de son « ami et allié, Napoléon I° » (4 mai 1808) et que ses fils Ferdinand, prince des Asturies, don Carlos et don Antonio renoncèrent à leurs droits sur le trône espagnol (6 mai 1808). Dans les environs, Français et Anglais se livrèrent des combats désespérés, du 9 au 13 décembre 1813. La ville, investie par les ennemis le 14 janvier 1814, mérita par son héroïque résistance le surnom de *pucelle* qui lui avait déjà été donné lors des sièges de 1505 et de 1654 par les Espagnols. Le 14 avril, après trois mois de siège, la garnison fit une sortie couronnée de succès. Les Anglais, partout culbutés, perdirent un de leurs généraux, John Hope, que nos troupes ramenèrent prisonnier. — En juin 1864, eut lieu à Bayonne une exposition franco-espagnole de l'industrie et des beaux-arts. C'est, dit-on, dans cette ville que l'on inventa la *baïonnette* (Voy. ce mot). — Lat. N. (au clocher de la cathédrale) 43° 29′ 29″; long. O. 3° 48′ 57″.

* **BAYONNETTE** s. f. Voy. BAIONNETTE.

BAZA, *Basti*, ville d'Espagne, dans une haute vallée, près de la rivière Baza, à 80 kil. E.-N.-E. de Grenade; 7,500 hab. Nombreuses cavernes aux environs. Les dames de cette ville sont célèbres par leur beauté qu'elles savent faire valoir à l'aide d'un costume pittoresque. Au temps des Maures, Baza comptait 50,000 hab. Elle fut prise en 1489, après un siège de sept mois, par la reine Isabelle de Castille en personne. Soult y battit une armée espagnole, le 10 août 1810.

BAZADAIS ou **Bazadois**, *Ager Vasatensis*, petit pays de l'ancienne Guienne, aujourd'hui compris dans les départements de la Gironde et du Lot-et-Garonne. On le divisait en deux parties séparées par la Garonne : 1° *Bazadois méridional*, (cap. Bazas ; villes princ. Langon, le Mas-d'Agénois, Castel-Jaloux, etc.; 2° *Bazadois septentrional*, cap. la Réole.

BAZADAIS, AISE adj. ets. Habitant de Bazas ou du Bazadais; qui appartient à ce pays ou à ses habitants. — RACE BOVINE BAZADAISE, race éminemment propre au travail, seule chargée dans le Bazadais, des travaux agricoles, et de plus, tenant lieu de cheval de roulage. Il suffirait de ménager tant soit peu le bœuf baza-

dais pour en faire un animal de boucherie très remarquable.

BAZANCOURT. village, arr. et à 14 kil. N.-N.-E. de Reims (Marne); filatures de laines, la première de ce genre établie en France.

BAZANCOURT (Jean-Baptiste-Marin-Antoine LECAT, BARON DE), général français, né à Val-de-Molle (Oise), en 1767, mort en 1830; protégé de Napoléon, il fut l'un des juges qui condamnèrent à mort le malheureux duc d'Enghien. — II. (César, BARON DE), littérateur français (1810-65), auteur de plusieurs romans, d'une *Histoire de Sicile sous la domination normande* (1846, 2 vol.), et du récit officiel des guerres : *de Crimée* (1857, 2 vol. in-8° plusieurs fois réédité), *d'Italie* (1859-60, 2 vol. in-8°), *de Chine et de Cochinchine* (1861-62, 2 vol. in-8°).

* **BAZAR** s. m. (arabe: *marché*). Nom qu'on donne dans l'Orient aux marchés publics, aux lieux destinés au commerce. Le magnifique *bazar* d'Ispahan n'était surpassé que par celui de Tauris, qui pouvait contenir 30,000 hommes. — Par imitation. Certains lieux couverts où sont réunis des marchands tenant boutique d'étoffes, de meubles, de bijouterie, etc. — ⚓ Jargon. Maison chétive. — Etablissement mal tenu. — Mobilier, effets, vêtements.

BAZARD (Saint-Amand), l'un des fondateurs de la charbonnerie française, né à Paris en 1794, mort en 1832. Il prit part à la défense de Paris en 1815 et obtint la croix de la Légion d'honneur. Dans la première période de la Restauration, il organisa, avec Dugied et Joubert, les ventes des carbonari, qui comptèrent bientôt 200,000 adhérents. Après l'avortement du complot de Belfort, il se cacha et déjoua toutes les recherches de la police. Revenu à Paris sous un nom d'emprunt en 1825, il adopta le Saint-Simonisme et le propagea à l'aide du journal le *Producteur*, dont il devint l'un des plus actifs collaborateurs. En décembre 1829, Bazard et Enfantin furent proclamés les pères de l'église Saint-Simonienne. Mais l'accord ne dura pas longtemps entre ces deux apôtres. Bazard, accusant vers la fin de 1832, son collègue, de projeter un ordre social fondé sur la corruption et la licence, se sépara chef de la nouvelle hiérarchie Saint-Simonienne et essaya d'entraîner les membres de la société. La grande majorité se prononça contre lui et l'ardeur de la querelle lui donna une attaque d'apoplexie à laquelle il survécut peu de temps.

BAZARDER v. a. (rad. *bazar*). Jargon. Vendre: *j'ai bazardé mon mobilier*.

BAZARDJIK (turc: ville de marché). I. Ville de Bulgarie (on l'appelle aussi *Hadji-Oglo-Bazari*), à 40 kil. N. de Varna; 5,000 hab., en majorité musulmans. — II. Ville de Roumélie (appelée quelquefois *Tatar-Bazardjik*), sur la Maritza supérieure, à 35 kil. O.-N.-O. de Philippopolis. Un effroyable massacre des chrétiens y fut lieu pendant l'été de l'an 1876. Il y reste encore environ 4,500 maisons.

BAZAS, *Cossio, Vasatum, Vasata, Vocates, Bazo-Vocates*, ch.-l. d'arr. (Gironde), à 52 kil S.-S.-E. de Bordeaux, sur un rocher escarpé au pied duquel coule la Beuve; 4,900 hab. Ancienne capitale des *Vasates* ou Enfants des forêts, qui furent vaincus par Crassus, (premier siècle av. J.-C.), Bazas fut ravagée pa les Vandales en 408, par les Goths en 414, pa les Normands en 853; devint siège d'évêché au vi° siècle et joua un rôle important pendant la guerre de cent ans. Elle tenait pour le parti français, ouvrit ses portes à Duguesclin et au duc d'Anjou et fut reprise par les Bordelais pour le roi d'Angleterre. Plus tard, elle devint protestante; Montluc y fut envoyé pour y rétablir le culte catholique. La lutte y fut vive et sanglante. — La cathédrale de Bazas, monument historique du xiii° siècle, se distingue par la pureté de son architecture gothique. Source dite du *Trou d'Enfer*, curieuse par ses incrustations. — Lat. N. 44° 25' 57''; long. O. 2° 32' 52''.

BAZE (Jean-Didier), avocat et homme politique, né à Agen en 1800, mort en avril 1881. Élu député en 1848, il vota avec la droite, soutint la politique de Cavaignac et lutta contre Louis-Napoléon, devenu président de la République. En 1851, il fut l'un des auteurs de la fameuse *proposition des questeurs*, demandant qu'on remît entre les mains du président de l'Assemblée le droit de requérir les troupes nécessaires pour le protéger. Cette proposition fut rejetée et le coup d'État ent lieu quelques mois après. Surpris dans le Palais-Bourbon pendant la nuit du 2 décembre 1851, Baze fut banni. Il se retira à Liège, refusa sa grâce et ne rentra qu'après l'amnistie de 1859. En 1871, les électeurs de Lot-et-Garonne l'envoyèrent à l'Assemblée nationale; il y fut aussitôt nommé questeur (16 fév.). Siégeant au centre droit, il combattit les républicains, contribua à la chute de M. Thiers et soutint le gouvernement de combat. Il fut élu sénateur inamovible, le 11 décembre 1875, et ensuite nommé questeur du Sénat.

BAZEILLES [ba-zè-ieu; ll mll.], bourg et commune, cant. S. et arr. de Sedan (Ardennes), au confluent du Chiers et de la Givonne; à 4 kil. S. de Sedan. 1,500 hab. Château habité par Turenne pendant son enfance; château moderne de Montviller. Le 1er sept. 1870, le village fut incendié par les Bavarois, qui y commirent des atrocités indignes de gens civilisés. Après cette horrible exécution, il n'y resta plus que 50 habitants sur 2,000 ; les survivants nièrent avec indignation que l'on eût fourni le moindre prétexte de vengeance aux Allemands. Honteux de cet acte, le général Von der Thann essaya de l'excuser en juillet 1871, en affirmant que plusieurs Bavarois avaient été blessés par des coups de fusil tirés du village et que, d'ailleurs, le nombre des morts avait été exagéré.

BAZIN (Anaïs de Raucou, DIT), historien né à Paris en 1797, mort en 1850; auteur froid que les académies ont couronné. On a de lui: la *Cour de Marie de Médicis* (1830, in-8°); *Éloge de Malesherbes* (1831), couronné par l'Académie française; l'*Époque sans nom* (1833), contre Louis-Philippe et la révolution de 1830; *Histoire de France sous Louis XIII et sous le cardinal Mazarin*, 1837, 4 vol. in-8°, livre qui obtint le prix Gobert.

BAZIN (Antoine-Pierre-Louis), orientaliste, né à Saint-Brice en 1799, mort en 1863. Il fut professeur de chinois à Paris et publia d'importants ouvrages, parmi lesquels : *Grammaire mandarine* (1856); *Théâtre chinois* (1838); *Lo Pi-pa-ki*, drame (1841); le *Siècle de Youën* (1850), etc.

BAZIN (François-Emmanuel-Joseph), compositeur musicien, né à Marseille le 4 septembre 1819, mort le 2 juillet 1878 ; obtint, en 1840, le premier prix de composition au concours de l'Institut avec un intermède lyrique, *Loyse de Montfort*. Ses œuvres les plus connues sont, outre plusieurs morceaux de musique sacrée (*Messe solennelle*, 1842 ; la *Pentecôte*); les opéras de *Maître Pathelin* (1856), une des meilleures pièces à succès de l'Opéra-Comique; la *Saint-Sylvestre*, (1849); la *Trompette de M. le Prince* (1846); *Madelon*, le *Voyage en Chine* (1865), etc.

BAZOCHE-DES-HAUTES, village, près d'Orléans, (Loiret). Le 2 décembre 1870, une partie de l'armée de la Loire, sous d'Aurelle de Paladines, y fut, après une bataille sanglante, vaincue par les Allemands que commandait le grand-duc de Mecklembourg.

BAZOCHES-SUR-HOËNE, ch.-l. de cant., arr. et à 8 kil. N.-O. de Mortagne (Orne); 1,400 hab.

BAZOUGES-SUR-LOIRE, commune, arr. et à 7 kil O. de La Flèche (Sarthe); 1,500 hab. Belle église romane du XIIe siècle, en forme de croix latine.

BDÈLE s. f. [bdè-le] (gr. *bdella*, sangsue). Genre d'arachnides trachéennes, de la tribu des acarides, à huit pieds propres à la course, sans mandibule, à sucoir en alène. La *bdèle rouge* (*acarus longicornis*, Lin.), longue à peine d'un millimètre, d'un rouge écarlate, se rencontre sous les pierres, dans les environs de Paris.

BDELLÉ, ÉE adj. Qui ressemble à une bdèle.

BDELLIUM s. m. [bdè-li-omm] (gr. *bdellion*). Gomme-résine obtenue de l'*Amyris commiphora*, plante de l'Hindoustan et de Madagascar. Le bdellium de l'Inde est le plus rare et le plus recherché ; il forme des fragments irréguliers ou des grains arrondis, d'un rouge foncé, d'une cassure vitreuse; il se ramollit par la chaleur et répand, en brûlant, une odeur analogue à celle de la myrrhe. D'autres espèces, provenant d'Afrique, sont moins pures et moins recherchées; les unes sont inodores, les autres possèdent une odeur un peu alliacée. — On employait autrefois le bdellium comme excitant et résolutif, à l'intérieur et à l'extérieur ; aujourd'hui son usage se borne à entrer dans la composition du diachylon gommé et de quelques autres préparations.

BDELLOMÈTRE s. m. (gr. *bdella*, sangsue ; *metron*, mesure). Instrument inventé par Sarlandière, en 1819, pour remplacer les sangsues, et à l'aide duquel on connaît la quantité de sang tiré.

BÉ ou **Berri** s. m. Argot des chiffonniers. Hotte.

BEACHY-HEAD [angl. bitch'-i-hèdd], promontoire formé par des falaises caverneuses et escarpées, hautes de 575 pieds, au S.-E. du Sussex (Angleterre). Au pied de ce rocher, Tourville remporta la brillante victoire navale connue dans notre histoire sous le nom de *Bévéziers*. (Voy. ce mot.) — Phare à feu tournant, par 50° 44' 15'' lat. N. et 2° 7' 12'' long. O.

BEACONSFIELD [angl. bék'-onnss-fîld], ville du comté de Buckingham (Angleterre), à 39 kil. N.-O. de Londres ; 9,975 hab. En 1876, Benjamin Disraéli, prit le titre de comte de Beaconsfield.

BEAGLE [bî'.gle], petit basset anglais qui mesure à peine un pied de hauteur aux épaules, avec de grandes oreilles pendantes, le poil ras, et la couleur tantôt noire ou sombre, tantôt brune tachée de blanc, quelquefois toute blanche avec les oreilles noires. Le *beagle* se distingue par la finesse de son odorat et par sa persévérance. On le recherchait jadis pour la chasse du lièvre ; mais aujourd'hui les Anglais lui préfèrent le harrier.

BEALE (Mary), femme peintre anglaise (1632-1697), se rendit célèbre comme peintre de portraits.

* **BÉANT, ANTE** (part. prés. de l'ancien verbe *Béer*). Ne s'emploie que comme adjectif verbal. Qui présente une grande ouverture : *gueule béante*. — **Demeurer bouche béante**, rester attentif, très attentif, etc.

BEAR [bérr] (angl. *ours*) I. Great Bear Lake ou *lac du grand ours*, lac de l'Amérique anglaise, à 200 pieds au-dessus de la mer, entre 65° et 67° lat. N. et entre 119° et 125° long. O.; 34,000 kil. carr., plus grande longueur 250 kil., plus grande largeur, 195 kil. Il est formé principalement par les eaux de la rivière Dease, et se déverse, par la rivière Bear Lake, dans le Mackensie. Ses eaux profondes abondent en poisson. — Il **Bear Lake River** ou *Rivière du lac Ours*, rivière qui sort du lac

précédent et porte ses eaux au Mackensie. — III. **Bear Mountain**, *Montagne de l'Ours*, montagne de la Pennsylvanie, près de la vallée du même nom, riche en dépôts d'anthracite.

BÉARN [bé-ar], *Beneharnum*, *Pagus Bearnensis*, ancienne province du S. - O. de la France, entre les Pyrénées ; cap. Pau. Le Béarn forme aujourd'hui la partie orientale du département des Basses-Pyrénées et une portion de celui des Landes. Habité primitivement aux Romains par les Bénéarni, *Beneharnum*, a disparu, il appartint successivement aux Romains et aux différents peuples barbares qui passèrent les Pyrénées pour envahir l'Espagne. Les Francs s'en emparèrent après la victoire de Vouillé (507). Avec Centule Ier (905), commença la dynastie des vicomtes héréditaires de Béarn, vassaux des comtes de Gascogne. Différents mariages firent passer cette vicomté dans les familles de Gavarret (1144), de Moncade (1160), de Foix (1290), de Grailly (1381) d'Albret (1484) et de Bourbon, lorsque Jeanne d'Albret épousa Antoine, duc de Vendôme, père de Henri IV. Par l'avènement de Henri IV au trône de France, le Béarn fut réuni à la couronne ; mais cette annexion, qui rencontra dans les villes comme dans les campagnes, une vive opposition, ne fut définitivement effectuée que par un édit de Louis XIII (1620).

BÉARN (Cap), cap de France, sur la Méditerranée, à l'extrémité des Pyrénées orientales, près de Port-Vendres. Phare à feu fixe, d'une portée de 22 milles, sur le mont Béarn, par 42° 30' 59'' lat. N. et 0° 47' 15'' long. E.

BÉARNAIS, AISE s. et adj. Qui est né dans le Béarn, qui habite le Béarn ; qui appartient à ce pays ou à ses habitants. — Dialecte parlé dans le Béarn. Le béarnais a eu son poète, Despourreins, dont les chants bucoliques sont encore populaires. Voy. la *Grammaire béarnaise* de V. Lespy, Paris, 1858, in-8°. — **Le Béarnais**, nom que l'on donne quelquefois à Henri IV.

BEAR RIVER [bérr'-ri'-veu] (angl. *Rivière de l'ours*) I. Rivière qui unit le lac Bear et le grand lac Salé (Etats-Unis). Cours, 650 kil. — II. Rivière de Californie, qui naît sur le flanc occidental de la Sierra Nevada et se jette dans le Feather, près de Marysville.

BEAS (anc. *Hyphasis* supérieur), rivière du Punjaub, à l'occident de l'Inde, naît dans l'Himalaya, à environ 3,000 mètres au-dessus du niveau de la mer et afflue dans le Sutlej à Endreasa, par 31° 10' lat. N. et par 73° long. E. — Cours, environ 350 kil.

BEASLEY [bî'-zli] (Frederick) ecclésiastique américain (1777-1845) défenseur de la philosophie de Locke, dans un livre intitulé : « Recherche de la vérité dans la science de l'esprit humain ».

* **BÉAT, ATE** s. (lat. *beatus*, heureux) Dévot. Qui fait le dévot. — Adjectiv. S'emploie en parlant de la mine, du ton, etc.: *mine béate*. — Jeux. Se dit d'un homme qui, dans une partie, est exempt de jouer avec les autres, et de payer sa part : *nous sommes cinq pour jouer le dîner ; faisons un béat, et jouons deux contre deux.*

BÉAT (Saint-), ch.-l. de cant., arr. et à 37 kil. S. de Saint-Gaudens (Haute-Garonne), au confluent de la Garonne et de la Pique; 1,100 hab. Carrières importantes de marbre.

* **BÉATIFICATION** s. f. (lat. *beatus*, bienheureux; *facere*, faire). Acte par lequel le pape, après la mort d'une personne, déclare qu'elle est au nombre des bienheureux. On pense que la première béatification fut celle de Guilaume, ermite de Malaval, en Toscane, qui fut mis au nombre des bienheureux sous le pontificat d'Alexandre III.

* **BÉATIFIER** v. a. (lat. *beatus*, heureux; *fa-*

cere, faire). Mettre au nombre des bienheureux. — Par plaisanterie. Rendre heureux.

* **BÉATIFIQUE** adj. Qui rend heureux. N'est guère usité que dans cette locution : Vision béatifique, vue que les élus ont de Dieu dans le ciel.

* **BÉATILLES** s. f. pl. [*ll* mll.] (diminut. de *béat*). Menues choses délicates que l'on met ordinairement dans les pâtés, dans les ragoûts, etc., comme ris de veau, crêtes de coq, foies gras, mousserons, champignons, etc., et que l'on sert aussi quelquefois à part.

BEATI PAUPERES SPIRITU [bé-a-ti-pô-pé-rèss-spi-ri-tu] loc. lat.: *Bienheureux les pauvres en esprit;* paroles de l'Évangile qui s'emploient ironiquement quand on parle de ceux qui réussissent avec peu de science.

* **BÉATITUDE** s. f. Félicité, bonheur dont les élus jouissent dans le ciel. — s. f. pl. Ne se dit que dans cette locution : Les huit béatitudes, les huit sortes de félicités dont l'Évangile fait l'énumération.

BEATON, **Beton**, **Beatoun** ou **Bethune** [bi'-t'n]. I. (**James**), prélat écossais, mort en 1539 ; archevêque de Saint-Andrews, en 1522, et membre du conseil de régence depuis 1513, il s'opposa aux projets du roi Henri VIII d'Angleterre, qui voulait placer l'Écosse sous sa domination. — II. (**David**), prélat écossais, neveu du précédent (1494-1546), cardinal, primat d'Écosse et archevêque de Saint-Andrews en 1539, il persécuta les réformés avec une grande énergie. A la mort soudaine du roi James V,. qui laissait la couronne à sa fille Marie, encore enfant, le cardinal Beaton, en vertu d'un testament fabriqué par un faussaire, s'empara de la régence. Les nobles le forcèrent un instant d'abandonner le pouvoir; mais après un court emprisonnement il fut nommé lord grand chancelier et fit brûler un grand nombre de protestants. L'exécution de Wishart (voy. ce nom), en 1546, exaspéra les réformés qui assassinèrent Beaton dans sa chambre à coucher du château de Saint-Andrews (29 mai 1546).

BÉATRIX [bé-à-trikss]. I. (**Sainte**), sœur de saint Faustin et de saint Simplice. Ayant retiré du Tibre les corps de ses frères qui venaient de subir le martyre, elle fut arrêtée et étranglée dans sa prison, en l'an 303. Ses reliques et celles de ses frères reposent à Sainte-Marie-Majeure de Rome, et leur fête est fixée au 29 juillet. — II. Béatrix de Bourgogne, fille du comte Renaud, épousa, en 1156, l'empereur Frédéric Barberousse et lui apporta en dot la Bourgogne cisjurane et la Provence. — III. Béatrix Cenci. Voy. CENCI. — IV. Béatrix de Hongrie, fille de Ferdinand, roi de Naples (1450-1508), épouse de Mathias Corvin, roi de Hongrie (1475). — V. Béatrix de Lorraine, comtesse de Toscane, morte en 1076; fille du duc Frédéric de Lorraine; elle eut de son union avec Boniface III, duc de Toscane, la célèbre comtesse Mathilde. — VI. Béatrix Portinari, florentine née en 1266, morte en 1290 et épouse, vers 1287, de Simone dei Bardi. L'amour et les vers du Dante l'ont immortalisée. L'illustre poète nous fait connaître sa passion dans la *Vita Nuova;* Béatrix personnifie la science divine dans la *Divina Commedia.* — VII. Béatrix de Provence, fille et héritière de Raymond-Béranger IV, dernier comte de Provence; épouse de Charles d'Anjou (1245), elle fit entrer le comté de Provence dans la monarchie française; elle mourut à Necera, en 1267.

BÉATRIX ou la *Madone de l'art*, drame en cinq actes, en prose, de Legouvé, représenté à l'Odéon, le 25 mars 1861.

BEATSON (**Robert**), compilateur écossais '1762-1818). Ses œuvres principales sont : *Mémoires navals et militaires de la Grande-Breta-*

gne (1790, 3 vol.), et *Registre chronologique des deux Chambres du Parlement* (1807, 3 vol. in-8°).

BEATTIE (**James**) [écossais : bé-ti], écrivain écossais (1735-1803), professeur de philosophie morale au collège Maréchal (Aberdeen); auteur d'un « Essai sur la vérité »; du «Menestriel », poème; de « Dissertations morales et critiques », et d' « Éléments de science morale », ouvrage traduit en français par C. Mallet, Paris, 1840.

* **BEAU** ou **Bel**, **Belle** adj. [bô; bèl; bè-le] (lat. *bellus*) [On emploie *bel* devant un substantif masc. sing. commençant par une voyelle ou une *h* non aspirée : *bel enfant*, *bel homme;* on l'emploie aussi dans certains noms propres : *Charles le Bel*, *Philippe le Bel*]. Dont les proportions, les formes et les couleurs plaisent et font naître l'admiration : *une belle personne; un bel animal, une belle ville.* — Noble, élevé, généreux : *un beau caractère.* — Glorieux, honorable : *un beau nom, une belle victoire.* — Bienséant, honnête, convenable : *rien n'est si beau dans un jeune homme que la modestie.* — Bon, heureux, favorable, avantageux : *belle santé, belle occasion.* — Grand, considérable dans son genre : *une belle fortune.* — Imposant, grand, noble, régulier : *une belle femme.* — Dans ce sens, ce qui est beau peut n'être pas joli : *une belle femme n'est pas toujours jolie.* — Quelques personnes disent que *l'éléphant est un bel animal;* nul ne le trouve *joli.* — Propice favorable : *il fait beau marcher.* — Propre à séduire : *de beaux discours, de belles promesses.* — Pur, serein : *un beau temps; belle soirée.* — Tranquille : *la mer est belle.* — Bien pensé, bien composé, bien imaginé : *beau poème.* — Bien mis, paré de beaux habits : *comme vous voilà beau; se faire belle.* — Jeux. Heureux au adroit : *il a fait un beau coup.* — Se joint à des termes de mépris ou d'injure, comme pour en augmenter la force : *c'est un beau coquin.* — Se joint à divers termes, par redondance : *crier comme un beau diable :*

Un jour, un coq détourna
Une pierre qu'il donna
Au beau premier lapidaire.
             LA FONTAINE.

— Se dit, par ironie dans un sens opposé à sa signification propre : *voilà un bel homme pour prétendre nous imposer; mon bel ami, vous ne savez ce que vous dites; je connais votre belle conduite.* — UNE BELLE ÉQUIPÉE, une chose faite mal à propos, une grande sottise. — IL EN A FAIT DE BELLES, il a fait de grandes fautes, de grandes sottises, de grandes extravagances. On dit à peu près dans le même sens : *il m'en a dit, il m'en a conté de belles.* — C'EST UN BEAU PROMETTEUR, il promet beaucoup, mais il ne tient pas ce qu'il a promis. — VOILÀ UN BEAU VENEZ-Y-VOIR, se dit pour rabaisser une chose qui a été vantée outre mesure. — LE BEAU SEXE, le sexe féminin, les femmes en général. — MA BELLE ENFANT, MA BELLE AMIE, ou simplement, MA BELLE, expressions affectueuses et familières, dont on se sert quelquefois en parlant à une jeune personne, à une femme. — LES BEAUX JOURS, temps de l'année où les jours sont beaux, où l'atmosphère est ordinairement pure et sereine. — Fig. Temps de la jeunesse, qu'on nomme aussi *le bel âge.* — Pop. UN BEAU MONSIEUR, UNE BELLE DAME, monsieur, dame dont la mise est élégante et soignée. — Fam. LE BEAU MONDE, la société la plus brillante. On le dit aussi des personnes bien mises, élégantes : *j'ai vu là beaucoup de beau monde.* — UN HOMME DU BEL AIR, un homme qui a les manières des gens de distinction. — AVOIR LES ARMES BELLES, faire bien des armes, et avec grâce. — Fig. IL FAIT BEAU VOIR, il est agréable de voir. — IL VOUS FAIT BEAU VOIR, vous avez bien mauvaise grâce à. — IL FERAIT BEAU VOIR, il serait bien étrange, bien extraordinaire de voir. — BEL ESPRIT, BEAUX-ARTS, BELLES-LETTRES. Voy. *Esprit, art, lettre.* — DONNER BEAU JEU A QUEL-

QU'UN, lui présenter une occasion favorable de faire ce qu'il souhaite. — DONNER BEAU OU LA DONNER BELLE A QUELQU'UN, donner à quelqu'un une belle occasion de dire ou de faire quelque chose. — VOUS AVEZ BEAU FAIRE ET BEAU DIRE, VOUS AVEZ BEAU PRIER, BEAU PLEURER, NOUS AVONS EU BEAU SOLLICITER, ILS ONT EU BEAU SE RÉCRIER, etc., c'est inutilement que vous réclamez, que vous priez, que vous pleurez, que nous avons sollicité, qu'ils se sont récriés, etc. — Iron. LA BAILLER BELLE, tromper, se moquer. — AVOIR, PRENDRE SA BELLE, avoir, prendre sa revanche; saisir l'occasion.—L'ÉCHAPPER BELLE, éviter un péril. — GRONDER, TRAITER QUELQU'UN DE LA BELLE MANIÈRE, LE MENER BEAU TRAIN, le gronder, le traiter sans aucune espèce de ménagement. — Fam. IL Y A BEAU TEMPS, IL Y A BEAU JOUR, IL Y A BEAUX JOURS QUE JE NE L'AI VU, il y a longtemps que je ne l'ai vu. — UN BEAU PARLEUR, UN BEAU DANSEUR, UN BEAU CHANTEUR, homme qui parle, qui danse, qui chante fort bien. — UN BEAU JOUEUR, un homme qui joue franchement, et qui est d'une humeur égale, soit qu'il gagne, soit qu'il perde. — UN BEAU MANGEUR, UN BEAU DINEUR, un grand mangeur. — FAIRE LE BEAU PARLEUR, LE BEAU DISEUR, affecter de bien parler. — FAIRE LE BEAU FILS, affecter du soin, de la recherche dans son ton, ses manières, ses vêtements. On dit de même : *c'est un beau fils.* — COUCHER A LA BELLE ÉTOILE, coucher en plein air. — MOURIR DE SA BELLE MORT, de sa mort naturelle. — UN BEAU JOUR, un certain jour. — AU BEAU MILIEU, tout au milieu. — BEAU JOUR, jour très clair : *cet appartement a un beau jour.* — Qui éclaire d'une manière agréable : *cet atelier a un beau jour.* — Époque, circonstance heureuse, prospère ou florissante :

Le premier jour où je te vis
Fut le plus beau jour de ma vie.
    DÉSAUGIERS A SOPHIE, *le premier jour de l'an.*

— Aspect favorable, manière avantageuse de voir ou de présenter les choses : *voir les choses sous un beau jour.* — **Beau** s. m. Caractère, nature de ce qui est beau; beauté; ce qui élève l'âme en lui faisant éprouver un sentiment de plaisir mêlé d'admiration : *il a le sentiment du beau.* — Côté distinct d'une chose : *il y a du beau dans cet ouvrage.* — Homme à prétentions : *un beau; un jeune beau, il fait le beau.* — LE TEMPS SE MET AU BEAU, le temps devient beau. — **Belle** s. f. Femme qui a de la beauté, de l'agrément : *courtiser les belles.* — Amante, maîtresse :

Si j'étais hirondelle,
Que je puisse voler,
. . . .
Sur le sein de ma *bella*
J'irais me reposer.
   MÉNISSIER ET A. DE COURCHAMP. *Le passe-port.*

— Femme en général :

Alors qu'une *belle* est en larmes,
Elle est plus belle de moitié.
        LA FONTAINE.

— **Beau** adv. S'emploie, avec le sens de *bien*, dans la phrase : *ce cheval porte beau*, il porte bien la tête. — Tout beau, Bel et bien, Bien et beau loc. adv. et fam. Tout à fait, entièrement : *il refuse bien et beau; s'il ose ouvrir la bouche, je lui répondrai bel et beau; il le fit bel et bien.* — De plus belle loc. adv. et fam. Tout de nouveau : *il se mit à boire de plus belle.* — DE PLUS BELLE EN PLUS BELLE, exprime que les beautés d'un ouvrage, l'intérêt d'un drame, etc., vont toujours en croissant. — En beau loc. adv. Sous un bel aspect, sous une apparence favorable : *voir tout en beau.* — PRENDRE QUELQU'UN OU QUELQUE CHOSE EN BEAU, faire valoir de préférence ce qu'à d'avantageux la personne ou la chose que l'on peint, ou dont on parle. — Tout beau loc. adv. et fam. Doucement, modérez-vous, retenez-vous : *tout beau, ne vous emportez pas.* — Sert à la chasse pour mettre et tenir les chiens en arrêt devant le gibier; hors de la chasse, pour réprimer les mouvements d'un chien, pour le tenir comme en arrêt.

BEAU TÉNÉBREUX (Le), nom que prit Amadis des Gaules, lorsque, désespéré d'avoir offensé sa maîtresse, il se retira dans l'ermitage de la Roche-Pauvre. Ce nom se donne plaisamment aux amoureux taciturnes et mélancoliques.

BEAUCAIRE, *Ugernum, Bellum Quadrum,* ch.-l. de cant., arr. et à 24 kil. E. de Nîmes (Gard), sur la rive droite du Rhône, à l'origine du canal d'Aigues-Mortes et en face de Tarascon; 9,500 hab. Ancienne ville des Volces Arecomiques, elle devint importante sous les Romains. Avitus y fut proclamé empereur. Charles Martel la délivra des Sarrasins et l'érigea en fief héréditaire, sous le nom de Terre d'Argence (*Argenteus Ager*). Elle appartint aux comtes d'Arles, puis aux comtes de Narbonne. Au IIᵉ siècle, la forme carrée de son château la fit appeler *Bel quadro,* d'où son nom de *Beaucaire*. Au XVIᵉ siècle, elle fut prise et pillée par les réformés qui jetèrent dans le Rhône 1,200 de ses habitants. Richelieu fit démolir son château dont il reste encore quelques ruines. Elle est célèbre par la foire qui s'y tient annuellement du 21 au 28 juillet et qui était autrefois regardée comme l'une des plus importantes du monde entier. Cette foire, qui paraît dater du XIIᵉ siècle, reçut une grande extension par suite des privilèges que lui accorda Raymond VII, comte de Toulouse, en 1217. Les marchands de l'Europe et de l'Asie y affluaient. Beaucaire est reliée à Tarascon par un pont suspendu au-dessous duquel se trouve le viaduc qui unit le chemin de fer de Nîmes au chemin de fer de Lyon à Marseille. Un souterrain de 12 kil. se trouve près de l'ancien château. — CANAL DE BEAUCAIRE, commencé en 1773, terminé en 1805; il part du Rhône, près de Beaucaire, est au canal de la Grande-Robine, près d'Aigues-Mortes, 77,100 mètres.

BEAUCAIRE DE PÉGUILLON (François), théologien, né en 1514, au château de Creste (Bourbonnais), mort en 1591; évêque de Metz, soutint, au concile de Trente, les opinions gallicanes, se démit de son évêché en 1568. On a de lui : *Rerum gallicarum commentaria ab anno 1564 ad annum 1580*; Lyon, 1665, in fol.

BEAUCE, BEAUCERESSE s. Argot. Revendeur, revendeuse du marché du Temple.

BEAUCE, *Belsia* ou *Belsa,* territoire compris dans les départements d'Eure-et-Loir et de Loir-et-Cher, autour des villes de Chartres, de Nogent-le-Roi, de Maintenon et de Bonneval. La *Beauce* se compose du plateau de 130 à 150 mètres d'altitude qui sépare le bassin de la Loire de celui de la Seine; vaste plaine uniforme de 716 kil. carr., dont les riches moissons n'ont rien à envier à celles des plus fécondes contrées, et qui serait sans rivale, s'il ne lui manquait *six petites choses*, comme le dit si bien le poète gallo-romain Fortunat, dans un distique traduit ainsi par Andrieux :

> Le triste pays que la Beauce !
> Car il ne baisse ni ne hausse;
> Et de six choses d'un grand prix
> Collines, fontaines, ombrages,
> Vendanges, bois et pâturages,
> La Beauce n'en manque que six.

Unie et découverte, la Beauce forme une immense plaine qui produit une grande quantité d'excellent froment et nourrit de nombreux troupeaux. Elle faisait partie de l'Orléanais et embrassait le pays Chartrain, le Dunois, le Vendômois, le Hurepoix et le Mantois. La pauvreté des gentilshommes de ce pays avait donné naissance à cette locution proverbiale : « Gentilhomme de Beauce, qui garde le lit quand on refait ses chausses ».

BEAUCERON, ONNE s. et adj. Qui est de la Beauce; qui appartient à la Beauce.

BEAUCHAMPS. I. (Aphonse DE), littérateur, né à Monaco en 1767, mort en 1832. A composé une *Hist. des guerres de la Vendée* (1806, 3 vol. in-8°); une *Histoire du Pérou* (1807, 2 vol. in-8°); une *Hist. de la captivité de Pie VII* (1814); etc. — II. (Joseph), astronome, né à Vesoul en 1752, mort à Nice en 1801. Les résultats de ses voyages en Orient ont été consignés dans le *Journal des Savants*. — III. (Pierre-François GODARD DE), littérateur, né à Paris en 1689, mort en 1761. A laissé des pièces de théâtre, des romans et des traductions.

BEAUCHESNE (Alcide-Hyacinthe DU BOIS DE), littérateur, né à Lorient, en 1804, mort en 1873. Chef de section aux Archives, après 1830, il tira de la poussière les documents de son livre intitulé : *Louis XVII, sa vie, son agonie et sa mort* (1852 et 1854). Il a publié, en outre: *Vie de Mᵐᵉ Élisabeth* (1869, 2 vol. in-8°); *Le livre des jeunes mères* (1858) poème; *Souvenirs poétiques* (1830) poésies; et *Légende de sainte Notburg* (1867, in-8°).

* **BEAUCOUP** adv. de quantité. [bô-kou; koup devant une voyelle ou une *h* muette] (de *beau* et *coup*). Un nombre, une quantité plus ou moins considérable, tant au sens physique qu'au sens moral : *il y a beaucoup de gens; il a beaucoup d'esprit.* — Absol., lorsque la chose dont on ne parle point peut être facilement sous-entendue : *il sait beaucoup; beaucoup dire en peu de mots.* — Marque l'intensité, la prolongation ou la fréquence d'une action : *il s'intéresse beaucoup à votre affaire; il vaut mieux lire beaucoup quelques livres excellents* (c'est-à-dire, les lire fréquemment) *que de lire beaucoup de livres mauvais ou médiocres* (c'est-à-dire, une grande quantité de ces livres). — Ne s'emploie avec les adjectifs et les adverbes que lorsqu'il marque comparaison; et alors il exprime une augmentation ou une différence considérable : *je suis beaucoup moins; beaucoup plus content de vous depuis quelques jours.* — Mis après le comparatif, il doit toujours être précédé de la préposition *de : vous êtes plus savant de beaucoup.* — Lorsqu'il est mis avant le comparatif, il peut également dire : *vous êtes beaucoup plus savant, vous êtes de beaucoup plus savant.* — On l'emploie de même avec certains verbes qui marquent comparaison : *l'emporter de beaucoup sur un autre.* — Marque, éloge ou approbation : *c'est faire beaucoup que de commencer.* — IL S'EN FAUT BEAUCOUP, il y a une grande différence. — IL S'EN FAUT DE BEAUCOUP, la quantité qui devrait s'y être, n'y est pas à beaucoup près. — Ironiq. C'EST BEAUCOUP SI VOUS REGARDE, à peine regarde-t-il ces gens : C'EST BEAUCOUP SI VOS FRAIS VOUS RENTRENT, à peine retirerez-vous vos frais.

BEAUCOURT, commune du territoire de Belfort, à 25 kil. de cette ville; 6,500 hab. Horlogerie.

* **BEAU-FILS** s. m. Terme relatif qui exprime l'alliance entre l'enfant mâle d'un mariage antérieur, et le second mari de sa mère ou la seconde femme de son père. — Gendre. — Plur. des BEAUX-FILS.

BEAUFORT. I. Ch.-l. de cant., arrond. et à 15 kil. N.-E. d'Albertville (Savoie), à l'entrée de la vallée de Beaufort, qui est arrosée par le Doron; 2,500 hab. Château de la Salle. — II. Beaufort-du-Jura, ch.-l. de cant. arr. et à 15 kil. S.-O. de Lons-le-Saulnier; 1,200 hab.; pierre de taille. — III. Beaufort-en-Vallée, ch.-l. de cant.; arr. à 16 kil. S.-O. de Baugé (Maine-et-Loire), dans une plaine arrosée par la Loire et l'Authion : 5,500 hab. Cette petite ville, qui appartenait à la famille anglaise de Lancastre, tira sa fin du XIVᵉ siècle, donna son nom aux enfants naturels de Jean de Gaunt, dont descendent les ducs anglais contemporains de Beaufort. Le fief de Beaufort, érigé en comté en 1340, fut acheté, en 1469, par le roi René, qui le laissa à sa femme, Jeanne de Laval. Une statue a été érigée à

cette dernière en 1841. Ruines du vieux château. — IV. Beaufort-Montmorency, seigneurie en Champagne, à 38 kil. S. de Châlons; donnée en fief à Louis d'Evreux, en 1357, confisquée par Louis XI; érigée en comté par Louis XII et donnée à Gaston de Foix (1507): duché-prairie en faveur de Gabrielle d'Estrées (1597); passa, après la mort de François, duc de Beaufort (voy. ci-dessous), dans la famille de Montmorency. — V. Beaufort-en-Artois, comm. du canton d'Avesne-le-Comte; baronnie au XIIᵉ siècle; comté en 1733; marquisat en 1735.

BEAUFORT, famille anglaise, issue des enfants naturels de Jean de Gand (John of Gaunt), et qui tire son nom de Beaufort-en-Vallée (Anjou). Les membres les plus célèbres de cette famille furent : MARGUERITE BEAUFORT, comtesse de Richmond et de Derby (1441-1590); elle était fille de Jean II Beaufort, duc de Somerset; elle épousa le comte de Richmond, frère de Henri VI; et de son mariage, elle eut, à l'âge de 18 ans, un fils qui devint Henri VII d'Angleterre. On lui doit plusieurs fondations utiles, entre autres, des collèges Saint-Jean et du Christ à Cambridge; elle traduisit en anglais plusieurs ouvrages latins. HENRY DE BEAUFORT (1370-1447), fils légitimé de Jean de Gand et demi-frère de Henri IV; évêque de Lincoln en 1397, de Winchester en 1404, et plusieurs fois lord chancelier. Le pape Martin V le fit cardinal et légat *a latere* pour prêcher une croisade contre les Hussites. Dans notre histoire nationale, son nom restera impitoyablement attaché au procès de Jeanne d'Arc; car il présida le tribunal qui condamna cette héroïne à périr sur le bûcher. Pendant la minorité de Henri VI, Beaufort partagea la régence avec le duc de Gloucester, et la lutte de ces deux personnages pour la suprématie agita l'Angleterre pendant plus de 20 ans. La mort soudaine de Gloucester, en 1447, fit naître les soupçons d'assassinat; son rival ne lui survécut que de 5 semaines.

BEAUFORT, famille de comtes et de ducs de Belgique, qui prirent leur nom, au Vᵉ siècle, d'un château du Brabant, à Namur.

BEAUFORT (sir Francis), hydrographe et explorateur anglais (1774-1857), devint contre-amiral en 1846. Il avait publié en 1817 : « Caramanie, brève description des côtes méridionales de l'Asie Mineure et des villes antiques ».

BEAUFORT (François DE VENDÔME, DUC DE), fils de César de Vendôme et petit-fils de Henri IV et de Gabrielle d'Estrées, né à Paris en 1616, disparu en 1669. Il jouit d'abord de toute la confiance de la reine Anne d'Autriche, passa en Angleterre, lors de la découverte de la conspiration de Cinq-Mars et ne rentra en France qu'après la mort de Richelieu. Irrité d'être supplanté par Mazarin dans les bonnes grâces de la reine, il conspira, fut emprisonné en 1643, s'évada en 1649, se joignit aux Frondeurs et, devenu l'idole de la populace, mérita le surnom de *roi des Halles,* surnom bien approprié à ses instincts grossiers, à sa mine hautaine et bravache, à ses propos de brelandier, à ses manières de matamore, à son jargon plein de coq-à-l'âne, à ses plaisanteries de bateleur, au cynisme de son langage. Une halle lui ayant fait une contusion, il disait que ce n'était qu'une *confusion,* qu'il n'y avait pas là de quoi *consteller* (consterner) un homme; et que pour lui, il ne craignait que les *hémisphères* (émissaires) du Cardinal. En 1165, il eut un duel avec son beau-frère, le duc de Nemours, et le tua d'un coup de pistolet. Héritier de son père Vendôme, dans la charge d'amiral, il étudia un instant l'art nautique sous les ordres du célèbre chevalier Paul (1663) et prit aussitôt le titre d'amiral. Chargé par Louis XIV d'une expédition contre les corsaires de Gigery, il réussit, tant qu'il laissa agir le chevalier Paul, devenu son subalterne (1664), s'empara de Gigery et fut bientôt forcé d'abandonner cette conquête dont il ne comprenait pas l'importance (1665). Quatre ans plus tard, il mena quelques renforts aux Vénitiens assiégés par les Turcs dans Candie, et disparut pendant une sortie (25 juin 1669). Quelques historiens prétendirent que le roi, craignant le retour de cet ancien roi des Halles, l'avait fait enlever. D'après eux, Beaufort serait le *Masque de fer.*

BEAUFORT (Louis DE), historien, mort à Maestricht, en 1795; auteur d'une bonne *Dissertation sur l'incertitude des cinq premiers siècles de l'histoire romaine,* 1 vol. in-12, Utrecht, 1738; d'une *Histoire de Germanicus,* 1741; et d'un *Plan de l'ancien gouvernement de Rome,* (La Haye, 2 vol. in-4° 1766), ouvrage plein de bons sens, que l'on consulte avec fruit.

BEAUFORT (Henry-Ernest GNOUT, *chevalier de*), marin né en 1798, à Aubevoye (Eure), mort en 1825. Il explora le Sénégal et la Gambie, en 1824-'25, et fut emporté par une fièvre au moment où il allait entreprendre le voyage de Tombouctou.

* **BEAU-FRÈRE** s. m. Nom d'alliance qui se donne par un mari au frère de sa femme, ou par sa femme au frère de son mari, ou par un frère ou par une sœur au mari de sa sœur, ou à deux hommes qui ont épousé les deux sœurs. — Plur. des BEAUX-FRÈRES.

BEAUGÉ, ancienne orthographe de BAUGÉ.

BEAUGENCY [bô-jan-si], *Balgenciacum,* ch.-l. de cant., arrond. et à 26 kil. S.-O. d'Orléans, sur un coteau qui domine la rive droite de la Loire; 4,650 hab. Ville très forte au temps des premiers Capétiens, elle fut souvent assiégée, prise et reprise. Un concile y prononça, en 1152, le divorce de Louis VII et d'Éléonore d'Aquitaine; Jeanne d'Arc l'enleva aux Anglais en 1429. Beaugency a conservé une tour très ancienne, dite *Tour de César,* et les ruines d'un château agrandi et embelli par Dunois. On y remarque un hôtel de ville avec façade sculptée dans le goût de la Renaissance. Aux environs, magnifique dolmen. Vins, grains, volaille, gibier. Le 8 décembre 1870, les Français, commandés par l'amiral Jauréguiberry, y subirent un grave échec.

BEAUHARNAIS [bô-ar nè], nom d'une famille noble de l'Orléanais. En 1764, Louis XV érigea en marquisat, sous le nom de Ferté-Beauharnais, la terre de Ferté-Aurain. — I. (Fanny, COMTESSE DE), femme poète, née (MARIE-ANNE-FRANÇOISE MOUCHARD) à Paris en 1738, épouse du comte de Beauharnais en 1753, morte en 1813). Elle se sépara de son mari après quelques instants d'union, voyagea et revint à Paris ouvrir ses salons aux gens de lettres. Elle publia plusieurs ouvrages médiocres, qu'elle était soupçonnée de n'avoir pas écrits elle-même. A ce sujet, Écouchard-Lebrun dirigea contre elle une épigramme restée célèbre :

Églé, belle et poète, a deux petits travers;
Elle fait son visage et ne fait pas ses vers.

Pendant le consulat et l'empire, les salons de Mme de Beauharnais furent le rendez-vous de l'ancienne noblesse. Son fils, CLAUDE, COMTE DE BEAUHARNAIS (1756-1819), chevalier d'honneur de l'impératrice Marie-Louise, pair de France sous la Restauration, eut de son mariage avec Mlle de Marnésia, deux filles, dont l'une, *Stéphanie-Louise-Adrienne,* épousa en 1806 le grand-duc de Bade. — II. (François, MARQUIS DE), neveu de la comtesse Fanny, né à la Rochelle en 1756, mort en 1846, fut député aux états généraux et y défendit énergiquement les prérogatives de la noblesse et de la royauté. Par ses conseils, Louis XVI essaya de passer à l'étranger. Après l'arrestation du roi, à Va-

rennes, son conseiller n'eut que le temps d'émigrer; il devint major général dans l'armée allemande destinée à envahir la France (1792). Napoléon, qui avait épousé la veuve de son frère, le rappela et le nomma ambassadeur en Espagne (1805). Son refus d'entrer dans les intrigues qui devaient amener l'abdication de Bayonne et l'invasion de l'Espagne par les troupes de l'Empereur, causa sa disgrâce; il se retira dans le château de la Ferté-Beauharnais. La Restauration le fit pair de France. De son mariage avec sa nièce, MARIE-FRANÇOISE DE BEAUHARNAIS, il eut *Émilie-Louise,* devenue si justement célèbre en sauvant le comte de La Valette, qu'elle avait épousé en 1802. D'un second mariage, le marquis de Beauharnais eut, en 1812, *Hortense-Louise-Françoise,* qui épousa en secondes noces (1848), M. Lally, aide de camp de Napoléon III. — III. (Alexandre, VICOMTE DE), frère du précédent, né à la Martinique en 1760, guillotiné le 23 juillet 1794. Après avoir servi sous les ordres de Rochambeau, pendant la guerre aux États-Unis, il fut député de la noblesse aux états généraux et adopta les principes de la révolution. Il fut deux fois président de l'Assemblée nationale; puis, détaché à l'armée du Nord, il parvint au grade de général de brigade en 1792 et reçut, l'année suivante, le commandement de la première armée du Rhin. Il donna sa démission lorsque parut le décret qui écartait les nobles de tout emploi militaire. Accusé d'avoir, par son inaction, causé la capitulation de Mayence, il fut arrêté et condamné à mort. De sa femme, JOSÉPHINE-TASCHER DE LA PAGERIE, dont il était séparé depuis longtemps, et qui devint l'impératrice *Joséphine* (voy. ce nom), il avait eu deux enfants, le prince *Eugène* et la reine *Hortense,* (voy. ces noms).

BEAUJEU, *Bellijocus,* ch.-l. de cant., arr. et à 22 kil. N.-N.-O. de Villefranche (Rhône), sur l'Ardière; 3,900 hab. Cap. de l'ancien Beaujolais. Au XIIIe siècle, les barons de Beaujeu avaient pris pour devise : *a tout venant beau jeu.* L'antique château de Beaujeu fut détruit en 1611 par ordre du gouverneur du Lyonnais. Vins estimés; comm. de céréales, de cuirs et de laine; tanneries, chapelleries, papeteries, filatures. Église Saint-Nicolas, du XIIIe siècle; ruines du vieux château. Voy. Beaujolais.

BEAUJEU (Anne de), voy. ANNE.

BEAUJEU (Daniel LIÉNARD DE), voy. LIÉNARD.

BEAUJOLAIS, *Bellojocensis ager,* subdivision de l'ancien Lyonnais, formant aujourd'hui la partie N. du département du Rhône et une petite portion de celui de la Loire. D'abord occupé par les Ségusiens, clients des Eduens, ce territoire forma, en 910, le domaine des sires de Beaujeu, passa, par un mariage, aux comtes de Forez (1265). Le dernier de ces comtes n'ayant pas d'enfants, légua son héritage à Louis de Bourbon (1400), dont un des descendants, Pierre II, sire de Beaujeu, épousa Anne, fille de Louis XI. Tous les biens du connétable de Bourbon ayant été confisqués en 1522, le Beaujolais fut donné à Louise de Savoie, puis réuni à la couronne, en 1531. François II le rendit à Louis de Bourbon, duc de Montpensier (1560) et, par succession, il appartint à Gaston d'Orléans, puis à la célèbre *Mademoiselle,* qui le légua à Philippe d'Orléans, frère de Louis XIV. Le dernier comte de Beaujolais, frère de Louis-Philippe, mourut en Sicile (1808). Beaujeu cessa d'être la capitale du Beaujolais en 1532. Le siège de la seigneurie fut alors transporté à Villefranche. — Les vins de Beaujolais sont de l'espèce des vins de Bourgogne et classés parmi les vins de Mâcon. On estime surtout les vins rouges fins de Chenas.

BEAUJON (Nicolas), banquier et spéculateur, né à Bordeaux en 1718, mort à Paris le 26

décembre 1786; fonda à Paris, par acte du 2 juillet 1784, l'hôpital qui porte son nom, dans le faubourg du Roule; les sceptiques disaient que c'était pour donner un asile aux enfants des gens qu'il avait ruinés.

BEAUJOUR (Louis-Félix de), diplomate et publiciste, né en Provence en 1765, mort en 1836, fut consul en Grèce et en Suède, membre du Tribunal, député de Marseille et pair de France en 1835. Ses principaux ouvrages sont : *Traité de Lunéville* ; *Traité d'Amiens* (1801); *Tableau de la Grèce* (1800, 2 vol.); *Aperçu des États-Unis* (1814) ; *Théorie des gouvernements* (1823, 2 vol.); *Tableau des révolutions de la France* (1825).

BEAULIEU I. ch.-l. de cant., arr. et à 29 kil. S.-E. de Brives (Corrèze), sur la rive droite de la Dordogne ; 2,600 hab. Curieuse église ayant appartenu à un monastère fondé par Raoul de Bourgogne près de l'endroit où il avait battu les Normands. — II. Bourg, arr. et à 30 kil. S.-O. de Tours (Indre-et-Loire); 5,000 hab. Restes d'une église fondée en 1010 par Foulques Néra. — III. Village à 2 kil. de Caen (Calvados); 2,500 hab. Maison centrale (800 détenus). — IV. Ville du comté de Hamts (Angleterre); à 11 kil. N.-E. de Lymington; 1,500 hab. Ruines d'une abbaye de bénédictines réformées, fondée par le roi Jean sans Terre, en 1204. Marguerite, femme de Henri VI, s'y réfugia en 1471.

BEAULIEU (Sébastien DE PONTAULT, *sieur de*), maréchal de camp, premier ingénieur de Louis XIV, mort en 1674. On le considère comme le créateur de la topographie militaire. Ses *Glorieuses conquêtes de Louis XIV* (3 vol. in-fol.) est un magnifique recueil comprenant les opérations militaires de 1643 à 1692. L'édition réduite in-4°, est désignée sous le nom de *Petit Beaulieu,* pour la distinguer de la première qui est dite *Grand Beaulieu.*

BEAULIEU (Jean-Pierre, BARON DE), général autrichien, né dans le Brabant en 1725, mort en 1820. Après avoir servi dans la guerre de Sept ans, il apaisa, en 1789, l'insurrection du Brabant ; obtint, en 1792 et 1794, quelques avantages sur les Français dans les Pays-Bas ; en 1796, il fut constamment battu en Italie, par le général Bonaparte, particulièrement à Montenotte et à Lodi, ce qui le contraignit à se démettre de son commandement. Il fut remplacé par Würmser.

BEAUMANOIR. I. (Jean de), chevalier breton du XIVe siècle, compagnon d'armes de Duguesclin Partisan de Charles de Blois contre Jean de Montfort, il fut chargé de défendre le château de Josselin (1351) et envoya un défi à Bemborough, gouverneur anglais de Ploërmel; de là le fameux combat dit des *Trente,* parce que trente chevaliers français s'y rencontrèrent avec trente Anglais. Beaumanoir y fut blessé; mais Bemborough y perdit la vie et les Français restèrent vainqueurs. Pendant la lutte, Beaumanoir, dévoré d'une soif ardente, ayant demandé à boire, un de ses compagnons lui répondit : bois ton sang, Beaumanoir, ta soif passera ». (27 mars 1351). — II. (Philippe, DE), juriste français, mort en 1296. Par l'ordre de Robert, fils de saint Louis, il composa la *coutume de Beauvoisis,* recueil le plus curieux des lois pendant le moyen âge. Cet ouvrage, imprimé pour la première fois avec les *Assises de Jérusalem,* en 1690 ; in-fol., a été réédité en 1842, par Beugnot, 2 vol., in-8° (Société de l'Histoire de France).

BEAUMARCHAIS (Pierre-Auguste CARON DE), écrivain, né à Paris le 24 janvier 1732; mort le 19 mai 1799. Fils de l'horloger Caron, qui était établi dans la rue Saint-Denis, il étudia le métier de son père avec tant de succès, qu'à l'âge de 20 ans, il inventa un nouveau système d'échappement pour les montres. Un célèbre horloger, Lepaute, à qui il avait communiqué ses dessins, voulut s'approprier son invention, mais il se fit rendre justice par l'Académie des sciences, en 1754. Ce succès lui valut le titre d'horloger du roi ; il s'insinua bientôt à la cour, grâce à la protection des filles de Louis XV, auxquelles il donnait des leçons de guitare. Il se maria en 1757 et ajouta à son nom celui de Beaumarchais, emprunté à un petit domaine de sa femme, qui mourut au bout d'un an. Il ne devint légalement gentilhomme qu'en 1762, lorsqu'il eut acheté la charge de secrétaire du roi, qui conférait la noblesse. Deux ans plus tard, il fit le voyage de Madrid, où il força Clavijo, écrivain espagnol, fiancé avec l'une de ses sœurs s'était dédit au dernier moment, de lui donner une éclatante réparation (Voy. CLAVIJO). Il le déconsidéra tellement qu'il le fit chasser de la cour espagnole et déclarer indigne d'occuper aucun office public. Dans son drame intitulé Clavijo, l'illustre Gœthe a célébré cet incident, l'un des plus honorables de l'histoire de Beaumarchais. Celui-ci, revenu à Paris après une année de séjour en Espagne débuta au théâtre, en 1767, par une comédie larmoyante, Eugénie, qui tomba d'abord, mais qui se releva avec éclat lorsque l'auteur l'eut retouchée pour la mettre au goût du public. Il n'en fut pas de même d'une autre pièce dans le même genre, Les Deux amis, qui ne put obtenir le moindre succès (1770). Sur ces entrefaites Beaumarchais eut, avec les héritiers du financier Pâris-Duverney, un associé dans plusieurs spéculations très heureuses, un procès qui lui fournit l'occasion de mettre en lumière la verve satirique dont il était si richement doué. Condamnés en première instance, les héritiers firent appel. Beaumarchais offrit 100 louis et une montre à brillants à la femme du conseiller Goëzman, rapporteur de son affaire ; mais le conseiller conclut contre Beaumarchais, dont le droit était évident et qui fut néanmoins condamné. Les 100 louis et la montre lui furent rendus, selon les conventions ; il prétendit qu'on avait oublié de lui restituer 15 louis, donnés comme supplément de cadeau ; Goëzman le traîna devant les tribunaux, en l'accusant de calomnie ; et aussitôt l'accusé, portant l'affaire devant l'opinion publique, écrivit ses fameux Mémoires judiciaires contre les sieurs de Goëzman, Lablache, Marin d'Arnaud (1774-'75) pamphlet qui livra à la risée de l'Europe le parlement Maupeou et qui produisit un immense scandale en dévoilant, sous une forme souvent naïve ou bouffonne, toujours saillante et inusitée, la vénalité de la magistrature bâtarde, élevée sur les ruines des anciens parlements. Les juges n'osèrent le condamner au pilori et aux galères, comme le demandait Goëzman ; et le parlement termina le procès en admonestant la femme du conseiller et en blâmant Beaumarchais. Il n'y eut qu'un cri pour réclamer contre cet arrêt ; la cour et la ville se firent inscrire à l'envi chez Beaumarchais ; les plus grands seigneurs l'invitèrent à leur table et lui donnèrent des fêtes ; Goëzman quitta sa charge ; enfin, tel fut l'éclat de cette affaire, que M. de Sartines, lieutenant de police, crut devoir écrire à Beaumarchais, sous forme d'avis, que ce n'était pas tout d'être blâmé, qu'il fallait encore être modeste. Quelques années plus tard, un jugement définitif mit à néant toutes les prétentions des héritiers de Pâris-Duverney et le flétrit même comme calomniateurs. D'ailleurs, le crédit de Beaumarchais auprès du roi n'avait jamais diminué. Louis XV le chargea d'une mission secrète qu'il accomplit en véritable diplomate. Il s'agissait de se rendre en Angleterre et d'acheter le silence du pamphlétaire Théveneau de Morande, qui menaçait de publier un libelle contre Mᵐᵉ Du Barry. La faveur de la cour s'attacha encore à lui sous le règne de Louis XVI. Pour arriver à la destruction d'un

pamphlet contre Marie-Antoinette, il courut l'Angleterre, la Hollande et l'Allemagne ; puis négocia à Londres, avec la prétendue chevalière d'Éon, pour obtenir de cet agent secret, la restitution de sa correspondance avec Louis XV. En janvier 1775, il fit représenter son fameux Barbier de Séville, pièce écrite en 1772 dans la forme d'un opéra comique assez médiocre que refusèrent les comédiens dits Italiens, et qu'il transforma ensuite en admirable comédie. Voy. BARBIER DE SÉVILLE. En même temps que ses travaux littéraires, Beaumarchais menait de front plusieurs spéculations qui lui firent gagner une fortune considérable. Au commencement de la révolution américaine, il entreprit de fournir des armes et des munitions aux révoltés. Le cabinet français consentit à l'assister et à lui avancer un million de livres. L'Espagne lui prêta un million et tira de ses arsenaux des armes et des munitions qu'elle lui fournit. Sous la raison sociale Roderique Hortalez et Cⁱᵉ, Beaumarchais équipa, en 1777, trois navires portant 200 pièces d'artillerie, 25,000 fusils, 200,000 livres de poudre à canon et des approvisionnements de toute sorte, avec 50 officiers expérimentés, parmi lesquels La Rouarie, Pulaski et Steuben. Plusieurs autres navires furent ensuite envoyés aux Américains ; si bien qu'en l'an 1780, ces derniers devaient à Roderique Hortalez et Cⁱᵉ (Beaumarchais) une somme de quatre millions de francs, somme qui ne fut pas payée de son vivant, puisque un demi-siècle plus tard, en 1835, ses héritiers reçurent encore un reliquat d'environ 800,000 fr. Beaumarchais publia ensuite simultanément deux éditions complètes des œuvres de Voltaire (Kehl, 1779-'90, 70 vol. in-8° ou 92 vol. in-12), travail colossal qui lui coûta un million de perte. Pendant ce temps, il luttait à Paris pour obtenir l'autorisation de faire représenter son Mariage de Figaro, et parvenait à vaincre l'opposition de la cour, qui se sentait attaquée dans cette œuvre hardie. Sa pièce, représentée en 1784, obtint un succès éclatant. (Voy. FIGARO). Trois ans plus tard, il produisit Tarare, opéra médiocre qui tomba. En 1787, attaqué par le banquier Kornmann, qui l'accusait d'avoir séduit sa femme, il gagna son procès devant les juges et le perdit devant l'opinion publique. Pendant la Révolution, les ennemis puissants et nombreux que tant de succès avaient pu manquer de lui faire, unirent leurs efforts pour le perdre. On l'accusa d'avoir livré aux ennemis des fusils qu'il avait achetés pour la République et qui étaient retenus en Hollande faute de paiement. Il partit pour activer cette livraison, et, pendant son absence, on le porta sur la liste des émigrés et on confisqua tous ses biens. Aussitôt informé de cela, il revint, fut enfermé à l'Abbaye et ne dut la vie qu'à l'intervention de Manuel. En 1792, il avait donné la Mère coupable, drame qui complète la trilogie dont Figaro et Almaviva sont les héros. En 1793, il publia les Six Époques, ouvrage dans lequel il raconte ses malheurs au commencement de la Révolution, ses spéculations malheureuses et son emprisonnement à l'Abbaye, la veille des massacres de septembre. Il consuma ses dernières années dans des luttes stériles pour rassembler quelques débris de son ancienne fortune et trouva encore l'activité nécessaire pour rédiger un « Mémoire au Directoire sur l'assassinat des plénipotentiaires de la République au congrès de Rastadt ». — On le trouva mort dans son lit, frappé d'une attaque d'apoplexie foudroyante. — Bibl. Les œuvres complètes de Beaumarchais ont été publiées par Gudin de la Brenellerie, 7 vol. in-8°, 1809 ; une nouvelle édition a été donnée en 1835, gr. in-8°, un seul vol.; et en 1874, par Moland. Ses Mémoires ont été édités en 1857 (par Sainte-Beuve), en 1868 (5 vol.) et en 1876 (1 vol.). — Voy. Vie privée, publique et littéraire de Beau-

marchais, par Cousin d'Avallon. 1802 ; Beaumarchais et son temps, par Louis de Loménie, 2 vol. in-8°, Paris, Michel Lévy, 1856.

BAUMELLE (de la) voy. LA BEAUMELLE.

BEAUMES ou Baumes-de-Venise, ch.-l. de cant., arr. et à 20 kil. E. d'Orange (Vaucluse); 1,800 hab. Plâtre.

BEAUMESNIL ch.-l. de cant., arr. et à 13 kil. S.-E. de Bernay (Eure); 525 hab. Ruines d'une abbaye de bénédictines et d'un château pris par les Anglais en 1448 et détruit par Richelieu.

BEAUMETZ-LES-LOGES, ch.-l. de cant., arr. et à 10 kil. S.-O. d'Arras (Pas-de-Calais); 600 hab.

BEAUMONT I. Pays du Dauphiné, dont les lieux principaux étaient : Saint-Laurent en Beaumont, Saint-Michel et Quet (Isère). — II. Pays de Normandie, dont les lieux principaux étaient Neuville et Sortosville (Manche). **BEAUMONT** I. Comm. du dép. de la Somme. Les Français y mirent les alliés en déroute le 16 juin 1815. — II Beaumont-en-Argonne, village et commune, cant. et à 9 kil. de Mouzon (Ardennes), arr. et à 25 kil. de Sedan ; 1,350 hab. C'est près de Beaumont que le général de Failly, commandant un corps de l'armée de Mac-Mahon, se laissa surprendre le 30 août 1870, par les Allemands, (particulièrement les Bavarois) sous les ordres d'Albert de Saxe. La défaite des Français empêcha Mac-Mahon de rejoindre Bazaine et eut une influence fatale sur le sort de l'armée de Sedan. De Failly perdit 23 canons, ses munitions et 10,000 hommes, dont 7,000 restèrent entre les mains de l'ennemi. — III. Beaumont-Auge. comm. de France ; cant. arr. et à 6 kil. O. du Pont-l'Évêque (Calvados) ; 900 hab. — IV. Beaumont-Hague, ch.-l. de cant., arr. et à 17 kil. N.-O. de Cherbourg (Manche); 700 hab. Aux environs, retranchements de Hague-Dick, longs de près de 4 kil., et qui paraissent dater des premières invasions des Normands. — V. Beaumont-de-Lomagne, ch.-l. de cant., arr. et à 24 kil. S.-O. de Castel-Sarrazin (Tarn-et-Garonne), dans une position agréable sur la rive droite de la Gimore ; 4,000 hab. Territoire fertile, environs pittoresques. Toiles, faïences, ferronnerie, fouets ; tanneries, filatures de laine. — VI. Beaumont-du-Périgord, ch.-l. de cant., arr. et à 30 kil. S.-E. de Bergerac (Dordogne); 900 hab. Église fortifiée construite en 1272. — VII. Beaumont-le-Roger, ch.-l. de cant., arr. et à 25 kil. E. de Bernay (Eure), sur la Risle. Appartint aux ducs de Normandie (xᵉ siècle) puis à la famille des Vieilles (xⁱᵉ siècle). Le château de Beaumont fut pris et repris par les Anglais, pendant la guerre de Cent ans. Église du xⁱⁱⁱᵉ siècle (mon. histor.); 1,980 hab. — VIII Beaumont-sur-Oise, comm. de France, canton de l'Isle-Adam (Seine-et-Oise), à 20 kil. N.-E. de Pontoise et à 30 kil. N. de Paris, sur la rive gauche de l'Oise ; 2,500 hab. Cette jolie petite ville située sur la croupe d'une montagne, conserve une vieille tour et une église du xⁱⁱⁱᵉ siècle. Le comté de Beaumont fut définitivement réuni à la couronne sous le règne de Henri III. — IX. Beaumont-sur-Sarthe ou le Vicomte, ch.-l. de cant., arr. à 26 kil. S.-O. de Mamers, (Sarthe); 1,800 hab. Ancien château servant de prison. Tombelle celtique, l'une des plus considérables de France. La vicomté de Beaumont devint duché en 1542. Henri IV réunit ce duché à la couronne.

BEAUMONT (Mᵐᵉ Le prince de). Voy. LE-PRINCE.

BEAUMONT (Antoine-François, COMTE DE), chef d'escadre, né au château de Laroque (Périgord), en 1733; mort en 1805. Le 11 septembre 1781, commandant la frégate la Junon, il livra un combat opiniâtre, au sud-ouest d'Ouessant, à la frégate le Fox, l'un des meilleurs voiliers de l'Angleterre, commandée par le capitaine Windsor. Le *Fox* fut entièrement rasé. Ce combat est l'un des plus beaux faits d'armes de la marine française.

BEAUMONT (Christophe DE), archevêque de Paris, né dans le Périgord en 1703, mort en 1781. Il publia un mandement contre J.-J. Rousseau, qui lui répondit par sa *Lettre à M. de Beaumont*. Il lutta contre les jansénistes et contre le gouvernement. Louis XV dut l'exiler. Il a laissé un recueil de *Mandements, lettres et instructions pastorales*(1747-'79, 3 vol. in-4°).

BEAUMONT I. (SIR George-Howland), collectionneur anglais (1753-1827), l'un des fondateurs de la British national gallery. — II. (SIR John), poète anglais (1582-1628), frère aîné de *Francis Beaumont* (Voy. ci-dessous BEAUMONT ET FLETCHER), auteur de quelques poésies morales.

BEAUMONT (Jean-Baptiste-Armand-Louis-Léonce-Elie), connu sous le nom de ELIE DE BEAUMONT, géologue français, né à Canon, (Calvados), en 1798, mort en 1874. Professeur de géologie au collège de France, en 1832, secrétaire perpétuel de l'Académie des sciences depuis la mort d'Arago, sénateur sous le second empire; auteur d'un *Voyage métallurgique en Angleterre* (1827), d'une *Notice sur les systèmes des montagnes* (1852) et de nombreux mémoires dans les *Annales des mines*, dans les *Annales des sciences naturelles*, dans le *Bulletin de la société géologique* et dans les *Comptes-rendus de l'Académie des sciences*. Jusqu'à la fin de sa vie, il travailla à sa grande carte géologique de France, qui est un de ses principaux titres de gloire.

BEAUMONT (William), médecin américain, né dans le Connecticut, en 1796, mort en 1853; se rendit célèbre en étudiant les phénomènes de la digestion chez l'homme. Le 6 juin 1822, un jeune homme de dix-huit ans, Alexis Saint-Martin, de Michilimackinac (Michigan), reçut, dans le flanc gauche, un coup de fusil qui fit entrer dans son estomac des portions déchirées de ses vêtements. Le Dr Beaumont le rappela à la santé, mais la plaie resta béante, ce qui permit au médecin de faire sur l'estomac du sujet, une série d'expériences par l'examen oculaire des procédés de la digestion, etc. Le résultat de ces observations, commencées en 1825, fut publié en 1833. Beaumont est le premier qui ait obtenu du suc gastrique provenant d'un sujet humain. Saint-Martin vivait encore en 1872, à Oakdale (Massachusetts).

BEAUMONT ET FLETCHER, poètes anglais qui travaillèrent en commun pour le théâtre, sans indiquer les parties écrites par chacun d'eux. — *Francis Beaumont* (1585-1615) et *John Fletcher* (1576-1625), se lièrent à l'université de Cambridge et donnèrent 52 pièces, dont 18 sont attribuées au dernier de ces deux écrivains. Parmi celles qui ont obtenu le plus de succès, on cite : « Esprit sans argent », « Coup du sort », etc. L'édition la plus estimée de leurs œuvres complètes est celle de Dyce, Londres, 1844, 11 vol. On a donné, les *chefs-d'œuvre des théâtres étrangers* (Paris, 1823), la traduction de quelques-unes de leurs comédies.

BEAUMONT DE LA BONNINIÈRE I. (Marc-Antoine, COMTE DE), général français (1763-1830), fit les campagnes de la Révolution, de l'Empire et des Cent-Jours. — II. (Gustave-Auguste DE), publiciste et homme politique, né à Beaumont-la-Chartre (Sarthe), en 1802, mort en 1866; fut envoyé avec de Tocqueville aux Etats-Unis pour y étudier le système pénitentiaire (1831). A son retour, il publia : le *Système pénitentiaire aux Etats-Unis* (1833); *Marie ou l'esclavage aux Etats-Unis* (1835); *l'Irlande politique, sociale et religieuse* (1839), ouvrages pleins d'idées libérales. Elu député de la Sarthe, en 1839, il vota avec la gauche

dynastique; à l'Assemblée constituante (1848), il entra dans le parti républicain modéré et fut nommé ambassadeur en Angleterre, puis en Autriche. Il protesta contre le coup d'Etat et vécut dans la retraite après 1851.

BEAUMONT-VASSY (Edouard - Ferdinand, VICOMTE DE), littérateur, né à la Mothe-Sauzay, en 1816, mort en 1875; auteur de travaux historiques d'une authenticité douteuse et de pamphlets contre la Révolution : *Les Suédois depuis Charles XII* (1841, 2 vol. in-8°); la *Politique des honnêtes gens* (1851); la *Préface du Deux décembre* (1853); *Histoire de mon temps* (1755-'58, 4 vol. in-8°), panégyrique du règne de Louis-Philippe: *Garibaldi et l'avenir* (1860, in-8°); *Histoire de la Commune* (1871, in-12), *Histoire du second Empire* (1874, in-12), etc.— En 1859, le vicomte de Beaumont-Vassy fut condamné à deux années d'emprisonnement pour avoir sorti des bornes de la délicatesse dans certains tripotages de bourse.

BEAUNE, *Belna, Belno castrum*, ch.-l. d'arr. à 37 kil. S.-S.-O. de Dijon (Côte-d'Or), près de la source de la Bouzoize. 11,500 hab. Ville d'origine romaine, importante au VIIe siècle, protégée par un château fort et gouvernée par des comtes. Elle fut érigée en commune en 1203, réunie au duché de Bourgogne en 1227 et annexée à la France en 1478. Les ligueurs s'en emparèrent en 1585. Les habitants, révoltés contre eux, appelèrent Henri IV en 1595. Les manufactures florissantes de Beaune furent ruinées par la révocation de l'édit de Nantes; elles ne se sont pas relevées depuis. Cette ville renferme un magnifique hôpital (mon. histor. du XVe siècle); l'église Notre-Dame, édifice du XIVe siècle, dont le portail est resté inachevé. Patrie du marquis de Dampierre et de Monge, auquel on a dressé une statue pédestre. — Tonnellerie; pépinières d'arbres à fruits, grand commerce de vins de premier choix. — VINS DE BEAUNE. On comprend sous le nom de vins de Beaune les produits des vignobles situés sur la côte Beaunoise, c'est-à-dire de Santenay à Comblanchien, entre Nuits et la rivière de Dheune. Les meilleurs vins rouges sont ceux de Volnay, Pomard, Beaune, Aloye, Corton, Chassagne, Meursault, Savigny, Santenot, Saint-Aubin, Brussanes, les Pierres, Combettes, les Charmes, Gouttes d'Or. On n'estime, en fait de vins blancs, que ceux de Meursault, de Montrachet et de Chevalier-Montrachet (commune de Poligny). Les produits de la côte de Beaune joignent une extrême finesse au parfum de la violette. D'après Pétrarque, les vins de Beaune étaient devenus un cinquième élément pour la cour du pape Urbain V. — Lat. N. 47° 1' 28"; long. E. 2° 30' 3".

BEAUNE-LA-ROLANDE, ch.-l. de cant., arr. et à 17 kil. N.-E. de Pithiviers (Loiret), dépendait autrefois de l'abbaye de Saint-Denis; 1,800 hab. Miel du Gâtinais; safran. Sous le sanctuaire de l'église, rebâtie par Charles VII, se trouve une crypte spacieuse où repose le corps de saint Pipe. Le 28 nov. 1870, un corps d'armée commandé par le prince Frédéric-Charles se retrancha dans Beaune-la-Rolande pour arrêter la marche vers Paris de l'armée de la Loire, sous les ordres d'Aurelle de Paladines. La bataille dura toute la journée et les pertes furent énormes des deux côtes. Les Français eurent 1,000 hommes tués et 4,000 blessés; ils laissèrent 4,700 prisonniers entre les mains de l'ennemi et se retirèrent sur Orléans. Les Allemands, très affaiblis, évacuèrent Beaune-la-Rolande pendant la nuit qui suivit. Français et Allemands s'attribuèrent la victoire.

BEAU-PARTIR s. m. Manège. Se dit d'un cheval qui part bien de la main, avec vigueur et facilité, sur une ligne droite, sans s'écarter ou sans se traverser, depuis son partir jusqu'à son arrêt.

˙BEAU-PÈRE s. m. Terme relatif qui exprime l'alliance entre un mari et le père de sa femme, ou entre une femme et le père de son mari, ou entre des enfants et le second mari de leur mère.

˙BEAUPRÉ s. m. (angl. *bow-sprite*, bâton de l'avant). L'un des quatre mâts majeurs, situé à l'avant et remarquable par sa position inclinée, dont l'angle avec l'horizon varie de 30 à 40 degrés. — Un vaisseau est BEAUPRÉ SUR POUPE, quand il sait le plus près un autre vaisseau. — METTRE LE BEAUPRÉ EN TERRE, placer le vaisseau sans danger si près de la terre que le mât de beaupré y puisse toucher.

BEAUPRÉAU, ch.-l., arr. et à 19 kil. N.-O. de Cholet (Maine-et-Loire), sur la rive droite de l'Evre; 4,500 hab. Beau château des XVe et XVIe siècles, au milieu d'un parc. Ancienne seigneurie érigée en marquisat (1554) en faveur de Charles de Bourbon; puis en duché-pairie (1562). Ch.-l. d'arr. jusqu'en 1857. Fabr. de mouchoirs dits *de Cholet*, étoffes de laine, toiles. Collège. — Lat. N. 47° 42' 7"; long. O. 3° 49' 46".

BEAUPRÉAU (Jean - Claude REDON DE), homme d'Etat, né en Bretagne le 2 mai 1738, successivement commissaire dans divers ports et aux colonies, contrôleur de la marine à Rochefort (1777), intendant du port de Brest, emprisonné pendant la Révolution, et porté au pouvoir le 2 juillet 1795, il devint chef de la commission exécutoire qui tenait lieu de ministère de la marine et qui fut remplacée par Truguet (26 octobre 1795). De Beaupréau, créé comte par Napoléon, mourut à la chambre des pairs le 5 janvier 1815.

BEAUREPAIRE I. Ch.-l. de cant., arr. et à 29 kil. S.-E. de Vienne (Isère); 1,800 hab. Fabr. de draps; commerce de grains et de bestiaux. Ancienne place forte, plusieurs fois assiégée pendant les guerres de religion. — II. Ch.-l. de cant., arr. à 14 kil. N.-E. de Louhans (Saône-et-Loire). 800 hab.

BEAUREPAIRE (Nicolas-Joseph DE), héros français, né à Coulommiers en 1740. Chargé de défendre Verdun qu'assiégeaient les émigrés et les Allemands en 1792, il s'opposa énergiquement aux projets de ceux qui voulaient livrer la place aux ennemis et fut assassiné par des traîtres dans la nuit du 1er au 2 septembre. Le lendemain, la ville capitula, et les meurtriers répandirent le bruit que Beaurepaire s'était brûlé la cervelle. La Convention lui décerna les honneurs du Panthéon, et son nom fut donné à une rue de Paris.

BEAUSOBRE I. (Isaac DE), théologien protestant, né à Niort en 1659, mort en 1738. Pasteur à Châtillon-sur-Indre, il se réfugia en Hollande, après la révocation de l'édit de Nantes et obtint la charge de chapelain de la princesse d'Anhalt-Dessau. En 1694, il fut nommé pasteur de l'église française protestante de Berlin, puis inspecteur des écoles et églises françaises de cette ville. Son ouvrage principal est l'*Histoire du Manichéisme*. Amsterd. 1734, 2 vol. in-4°; livre qui atteste une profonde érudition. — II. (Charles-Louis DE), fils du précédent (1690-1743), ministre protestant, a laissé des ouvrages d'une certaine valeur : *Thorn affligée*, Amsterd. 1726, in-12; *Vie du cardinal Albert de Brandebourg*, etc. — III. (Louis DE), frère du précédent (1730-'83), auteur du *Pyrrhonisme du sage* (Berlin, 1754) ouvrage condamné au feu par le Parlement de Paris, etc.

BEAUSSE s. m. Argot. Riche bourgeois.

BEAUSSET (Le) ch.-l. de cant., arr. à 17 kil. N. O. de Toulon (Var); 2,500 hab. Vins, huile, blé, câpres. Patrie de Portalis.

˙BEAUTÉ s. f. [bô-té] (rad. *beau*). Qualité de ce qui est beau; réunion de formes, de proportions et de couleurs qui plaît aux yeux et qui fait naître l'admiration. Se dit particulièrement du visage : *la beauté du corps, du visage, d'une femme*. — Se dit quelquefois des seules formes, des seules proportions : *la beauté de la taille.* — Se dit aussi d'une belle personne : *une beauté dédaigneuse.* —

> Son front est couronné de l'herbe des prairies,
> Pour prouver que de la beauté
> Le premier ornement est la simplicité.
>   Desoulières. *Lettres à Émilie.*

— Absol. *La beauté,* désigne les belles femmes en général : *rendre hommage à la beauté.* — Désigne, en général, la qualité de ce qui touche agréablement les sens, l'esprit, l'âme, ce qui est excellent en son genre : *la beauté du ciel, de la terre, des fleurs, d'une ville, d'un tableau, d'une étoffe, d'une couleur, d'une voix, d'un spectacle, de l'esprit, du style.* — Cette femme était la beauté du bal, elle était la plus belle de toutes les femmes qui se trouvaient au bal. — C'est une beauté, se dit d'une femme très belle. — Beauté grecque, beauté romaine, se disent des femmes dont la beauté rappelle le caractère des têtes que l'on voit dans les statues et dans les médailles antiques de la Grèce et de Rome. — Beauté du diable, éclat, fraîcheur de la jeunesse. — Beautés s. f. plur. Ensembles de choses belles réunies en un même objet ou dans un même lieu : *les beautés de Corneille; les beautés de la nature.* — Charmes :

> Si c'est un crime de l'aimer,
> On n'en doit justement blâmer
> Que les beautés qui sont en elle.
>   Jean de Lingendes (xvii° siècle).

— Titre de certains livres composés de récits ou de traits remarquables tirés de l'histoire : *Beautés de l'histoire de France, de l'histoire romaine, etc.*

BEAUTÉ (Château de), résidence royale qui existait entre Nogent et Vincennes. Charles VII ayant donné ce château à Agnès Sorel, celle-ci reçut le surnom de *Dame de Beauté.*

BEAUTEMPS-BEAUPRÉ (Charles-François) hydrographe, né à Neuville-le-Pont, en 1766, mort en 1854; reçut du ministre Fleurieu la mission de dresser les cartes du *Neptune de la Baltique* (1784), puis fut chargé en 1791, d'accompagner d'Entrecasteaux envoyé à la recherche de Lapeyrouse. Le plan admirablement exact des terres qu'il visita, tomba entre les mains des Anglais, qui retinrent prisonnier au Cap de Bonne-Espérance, le jeune et déjà célèbre hydrographe. Ces plans leur donnèrent connaissance de territoires où ils dominent aujourd'hui en Océanie. De retour à Paris en 1796, Beautemps-Beaupré mérita le surnom de *Père de l'Hydrographie* par ses travaux sur le cours de l'Escaut, sur les côtes orientales de l'Adriatique, sur les côtes de la France et de la mer d'Allemagne. Il a publié le *Pilote français* (6 vol. 1844); la carte du voyage de Marchand; l'Atlas du voyage de d'Entrecasteaux (1808); le Plan de l'Escaut (1804).

BEAUVAIS, *Bellovaci, Cæsaromagus,* ch.-l. du dép. de l'Oise, sur le Thérain et l'Avelon, à 72 kil. N. de Paris; 17,000 hab. Bel hôtel de ville, construit en 1753, palais épiscopal flanqué de deux grosses tours; cathédrale, chef-d'œuvre remarquable par l'élévation et la légèreté de la voûte du chœur. Manufacture de tapisserie fondée en 1664, gérée pour le compte de l'État depuis 1792 et annexe des Gobelins. Statue en bronze de Jeanne Hachette, élevée en 1851 et due au ciseau de Dubray. Fabrique de molletons, flanelles, toiles demi-Hollande. Cette ville, l'une des plus anciennes de France, est capitale des Bellovaques, fut prise par Chilpéric en 474, brûlée en 850, plusieurs fois saccagée par les Normands et conquise par Louis le Gros, en 1109, après un siège de 2 ans. Dans son enceinte commencèrent les troubles de la Jacquerie (1357). Les habitants chassèrent leur évêque, Cauchon, et se donnèrent au roi de France, après l'exécution de Jeanne d'Arc. Les Anglais essayèrent de reprendre la ville

en 1433; mais ils furent repoussés par le courage et la présence d'esprit de Jean de Lignères. Le 10 juillet 1472, une armée de 80,000 hommes commandée par Charles le Téméraire, duc de Bourgogne, tenta l'assaut des murailles de Beauvais et fut repoussée avec des pertes énormes. Parmi les défenseurs se distinguèrent les dames de la ville et, à leur tête, une jeune fille restée célèbre sous le nom de Jeanne Hachette (voy. ce nom). Louis XI, pour récompenser les citoyens de Beauvais, accorda de grands privilèges à leur ville et décida que, dans une fête qui se célébrait en leur honneur annuellement en l'honneur de sainte Angadreme, dont les reliques avaient été portées sur les murailles, les femmes auraient le pas sur les hommes et même sur les magistrats. — Lat. N. 49° 26′; long. O. 0° 13′ 19″.

BEAUVAIS (Hôtel de) ancienne résidence historique construite par Lepautre, rue Saint-Antoine, 82, à Paris.

BEAUVAIS. I. (Guillaume), numismate, né à Dunkerque en 1695, mort en 1773. Il a laissé des ouvrages estimés, parmi lesquels : *Histoire des empereurs romains par les médailles,* Paris, 1767, 3 vol. in-12; *Traité des finances et de la fausse monnaie des Romains* Paris, 1740, in-12. — II. (Jean-Baptiste-Charles-Marie), prélat, né à Cherbourg en 1731, mort en 1790. Prédicateur de la cour, il dit souvent de dures vérités au roi Louis XV. Chargé de prononcer l'oraison funèbre de ce prince, il fit entendre cette phrase restée célèbre : « Le silence des peuples est la leçon des rois ». Il fut nommé évêque de Senez en 1773 et se démit de son siège en 1783. Le clergé de Paris le députa aux États Généraux en 1789. Ses Sermons, panégyriques et oraisons funèbres ont été publiés en 1807, Paris, 4 vol. in-12.

BEAUVAIS DE PREAUX I. (Charles-Nicolas), médecin et conventionnel, né à Orléans en 1755 mort en 1794. Envoyé à Toulon pour s'opposer à ce que cette ville fût livrée aux anglo-espagnols, il fut arrêté par les royalistes et mourut des suites des mauvais traitements qu'il subit dans son cachot. Il a laissé : *Mémoire sur les maladies épizootiques des bêtes à cornes des îles de France et de Bourbon* (1783); *Description du mont Olivet* (1783, in-8°). — II. (Charles-Théodore), fils du précédent, général, né à Orléans en 1772, adopté et pensionné par la Convention, fit les guerres de la Révolution, se brouilla avec Bonaparte en Égypte, donna sa démission; reprit son grade en 1809, servit en Espagne et sur le Rhin, commanda à Bayonne en 1815 et rentra dans la vie privée après Waterloo. Il fut l'un des principaux rédacteurs des *Victoires et conquêtes des Français* (1817, 20 vol.), et publia la *Correspondance de Napoléon avec les cours étrangères* (1819, 7 vol. in-8°).

BEAUVAISIN, INE s. et adj. Qui est né à Beauvais ou dans le Beauvaisis; qui appartient à ce pays ou à Beauvais.

BEAUVAISIS ou **Beauvoisis** pays qui fit partie de la Picardie, puis de l'Île-de-France, et qui est aujourd'hui compris dans le dép. de l'Oise. Il formait les comtés de Clermont-en-Beauvoisis et de Beaumont-sur-Oise, les duchés-pairies de Fitz-James et de Boufflers. Habité primitivement par les Bellovaci, il fut incorporé au royaume de Neustrie, passa aux comtes de Vermandois, à la maison de Champagne et enfin aux évêques de Beauvais.

BEAUVAU ou **Beauveau,** village, à 30 kil. d'Angers (Maine-et-Loire); seigneurie érigée en marquisat (1664) — **Beauvau (de),** illustre famille de l'Anjou, dont la plus puissante au xi° siècle et qui a fourni plusieurs personnages célèbres : René, qui accompagna en Italie Charles d'Anjou et fut mortellement blessé à la bataille de Bénévent (1266); Louis (mort en 1462), qui aida à enlever aux Anglais leurs

possessions en Normandie (1449-'50); Bertrand (mort en 1474), souvent employé comme diplomate par Charles VII et par Louis XI; René-François (1664-1739), évêque de Tournay et, pendant 20 ans, président des États de Languedoc; Charles-Juste (1720-'93), général qui se distingua dans plusieurs actions, gouverneur du Languedoc, en 1763, de la Provence en 1782, maréchal de France en 1783, membre de l'Académie française en 1771. Ministre de Louis XVI pendant 5 mois, en 1789, il fit entendre de sages conseils qui ne furent pas écoutés.

BEAUVILLE ch.-l. de cant., arr. et à 25 kil. N.-E. d'Agen (Lot-et-Garonne); 1,300 hab. Église du xiii° siècle.

BEAUVILLIERS I. (Antoine), célèbre cuisinier; né à Paris en 1754, mort en 1817. Son ouvrage intitulé *Art du Cuisinier* (Paris, 1814, 2 vol. in-8°) est l'un des meilleurs qui existent. — II. (François-Honorat de), duc de Saint-Aignan, (1607-'87), membre de l'Académie française, s'honora par la protection qu'il accorda aux gens de lettres. — III. (Paul, duc de) fils du précédent (1648-1714), fut chargé de l'éducation du duc de Bourgogne. — IV. (Paul-Hippolyte de) duc de Saint-Aignan, fils du précédent (1684-1776); lieutenant général, académicien, découvrit au Capitole l'acte par lequel André Paléologue cédait à Charles VIII ses droits sur l'empire de Constantinople. Voy. *Mémoires de l'Académie des Inscriptions* tome XVII. — V. (Marie de) fille du comte de Saint-Aignan (1574-1656). Henri IV l'enleva d'une célèbre famille et la nomma ensuite abbesse du même monastère (1598).

BEAUVOIR I. Comm. de France, cant. de Toucy, arr. et à 16 kil. O. d'Auxerre (Yonne); ancienne seigneurie qui donna son nom à une célèbre famille. — II. Beauvoir-sur-Mer, ch.-l. de cant. arr. à 60 kil. N.-O. des Sables-d'Olonne (Vendée); 2,500 hab. Commerce de sel et de bois. Elle fut assiégée en 1588, par Henri IV. Montagne d'huîtres fossiles. — III. Beauvoir-sur-Niort, ch.-l. de cant. arr. à 16 kil. S. de Niort (Deux-Sèvres); 600 hab.

BEAUVOIR I. (Édouard Roger de Bully, dit Roger de), littérateur, né et mort à Paris (1809-'66), a laissé des poésies, des romans et des pièces de théâtre, qui obtinrent un grand succès.

BEAUVOIS voy. Palisot (*Beauvois de*).

BEAUZÉE (Nicolas), grammairien, né à Verdun en 1717, mort à Paris en 1789. Il prépara pour l'*Encyclopédie* des articles qui furent ensuite publiés séparément avec ceux de Marmontel : *Dictionnaire grammatical et de littérature,* Liège 1789, 3 vol. in-4°. Il fit paraître en 1767 sa *Grammaire générale,* Paris 1767, 2 vol. in-8°, œuvre claire, méthodique, présentée sous une forme agréable, mais d'une métaphysique quelquefois obscure. Beauzée donna en outre, une édition revue et augmentée des *Synonymes* de Girard, Paris, 1780, 2 vol. in-12 ; des traductions exactes de *Salluste* (Paris, 1770, in-12), de *Quinte-Curce* (Paris, 1789, 2 vol. in-12), de l'*Imitation de Jésus-Christ* (1788) etc. Il remplaça Duclos à l'Académie française et fut nommé professeur à l'École militaire de France.

BEAUZÉLY (Saint-), ch.-l. de cant. arr. et à 16 kil. N.-O. de Milhau (Aveyron), 950 hab. Fruits, houille.

BEAVER (Philip) [bi'-veur], navigateur anglais (1760-1813). Il organisa une association pour fonder en Afrique une colonie agricole et pour civiliser les noirs. Il s'établit dans l'île de Boulama en 1792 et fut forcé d'abandonner son entreprise, après mille déboires (1794). Il publia, en 1805, le récit de son essai de colonisation : *African Memoranda* Londres, in-4°.

L.

BEAVER DAM v. du Wisconsin (Etats-Unis) à 105 kil. N.-O. de Milwaukee; 4,000 hab. siège de l'université Wayland.

BEAVER (Iles) ou ILES DU CASTOR, groupe du lac Michigan, près de son extrémité septentrionale; 750 hab. Une troupe de Mormons s'y établit en 1846; mais elle en fut bientôt expulsée.

BEAVERS ou **Castors**, branche des Indiens Chipeouais, sur la rivière Peace (Amérique du N.). Ils sont gais, actifs et adonnés au jeu.

BEAZLEY (Samuel), architecte et auteur anglais (1786-1851). Il a construit trois théâtres à Londres, deux à Dublin, trois en province et a écrit plus de cent drames et deux romans : le *Roué* et les *Oxoniens*.

BÉBÉ s. m. (celt. *bab*, enfant; angl. *baby*). Petit enfant. — Poupée représentant un petit enfant. — Plur. des BÉBÉS. — Est devenu un terme d'amitié :

> Un mot dont on nous favorise,
> Mot aux nourrices dérobé,
> C'est (aurait-on la barbe grise) :
> Comment ça va ? Bonjour, bébé.
>
> Fᴬ. ᴅᴇ Cᴏᴜʀᴄʏ.

BÉBÉ (Nicolas Fᴇʀʀʏ, surnommé), nain de Stanislas, roi de Pologne, né dans les Vosges en 1739, mort en 1766. A sa naissance, il avait 24 centimètres et pesait à peu près une livre. A l'âge adulte, il avait deux pieds et pesait neuf livres et demie.

BÉBÉCRINE s. f. Chim. Alcaloïde dont les propriétés offrent quelque ressemblance avec celles de la quinine et qui a pour formule : C²⁸ H¹⁸ NO². On l'extrait de l'écorce de *bébécru* ou écorce du *nectandra Rodiei*, arbre de la famille des *lauréacées*, qui croît dans la Guyane et dans les régions adjacentes de l'Amérique méridionale. La *bébécrine* se trouve également dans le buis commun (*buxus sempervirans*).

BÉBIAN (Roch-Ambroise-Auguste), professeur de sourds-muets, né à la Guadeloupe en 1789, mort en 1834. Filleul et élève de l'abbé Sicard, il publia en 1817, un *Essai sur les sourds-muets et sur le langage naturel* (in-8°), ouvrage qui le fit remarquer et lui valut un emploi de professeur à l'Institution royale, où il introduisit des améliorations qui lui créèrent de nombreux ennemis. Il fit paraître une *Mimographie ou Essai d'écriture mimique* 1822, in-8°, un *Manuel d'enseignement pratique* (1827) et plusieurs autres ouvrages. Poursuivi par la jalousie de personnes influentes, il donna sa démission et se retira à la Guadeloupe, en 1825.

BEBOUTOFF ou **Bebutoff** (Vasiﬁ Osipovitch, ᴘʀɪɴᴄᴇ), officier russe (1792-1858), battit Schamyl, en 1846, et remporta plusieurs succès sur les Turcs pendant la guerre de Crimée.

BEC s. m. (bèk] (celt. *bek* ou *beik*). Ornith. Partie saillante et dure qui tient lieu de bouche aux oiseaux, et qui est formée de deux pièces appelées mandibules, l'une supérieure, l'autre inférieure. Par anal. Saillie cornée que certains insectes ont à la tête et qui leur sert de bouche ou de suçoir. — Zool. Bouche de certains animaux, lorsqu'elle est comparable au bec des oiseaux ; c'est ainsi que l'on dit : le bec d'une tortue, d'une sèche, des poulpes, des mollusques céphalopodes, etc. — Chir. Pince recourbée en forme de bec. — Pointe de certains objets : *bec d'une plume*, *d'une aiguière*, *d'un alambic*. — Géogr. Pointe de terre qui se trouve au confluent de deux rivières : *le bec d'Ambez, le bec d'Allier*. — Arch. Masse de pierre de taille disposée en angle saillant, qui couvre la pile d'un pont de pierre. Ne s'emploie que dans les expressions : *avant-bec et arrière-bec*. — Partie d'un luminaire au-dessus de laquelle s'élève la flamme : *le bec d'une lampe, un bec de gaz*. — Mar. Pointe qui termine chaque patte d'une ancre. — Prov. et fig. Aᴠᴏɪʀ ʙᴇᴄ ᴇᴛ ᴏɴɢʟᴇs, être pourvu des moyens de se défendre, savoir en user. —

Aᴠᴏɪʀ ʙᴏɴ ʙᴇᴄ, parler avec une vivacité, une hardiesse accompagnée quelquefois de malignité. — Aᴠᴏɪʀ ʟᴇ ʙᴇᴄ ʙɪᴇɴ ᴀꜰꜰɪʟᴇ, parler, répondre avec promptitude et facilité, et même avec un peu de malice. — N'ᴀᴠᴏɪʀ Qᴜᴇ ᴅᴜ ʙᴇᴄ, n'avoir que du babil. — Sᴇ ᴅᴇꜰᴇɴᴅʀᴇ ᴅᴜ ʙᴇᴄ, se défendre de paroles. — Sᴇ ᴘʀᴇɴᴅʀᴇ ᴅᴇ ʙᴇᴄ ᴀᴠᴇᴄ QᴜᴇʟQᴜ'ᴜɴ, se quereller, avoir un démêlé avec lui. — Dᴏɴɴᴇʀ ᴜɴ ᴄᴏᴜᴘ ᴅᴇ ʙᴇᴄ, lancer en passant un trait piquant, un trait de médisance. — Eᴛʀᴇ ᴘʀɪꜱ ᴘᴀʀ ʟᴇ ʙᴇᴄ, être convaincu par ses propres paroles. — Mᴏɴᴛʀᴇʀ ᴀ Qᴜᴇʟ-Qᴜ'ᴜɴ ꜱᴏɴ ʙᴇᴄ ᴊᴀᴜɴᴇ, lui faire voir sa sottise, son ineptie, lui montrer qu'il est encore fort ignorant. On dit aussi : *Faire payer à quel-qu'un son bec jaune*, lui faire payer sa bienvenue. (Dans ces deux phrases on prononce, et dans la première on écrit plus ordinairement, *Béjaune*. Voy. Bᴇᴊᴀᴜɴᴇ). — Tᴇɴɪʀ QᴜᴇʟQᴜ'ᴜɴ ʟᴇ ʙᴇᴄ ᴅᴀɴꜱ ʟ'ᴇᴀᴜ, ᴀ ʟ'ᴇᴀᴜ, le laisser toujours dans l'attente de quelque chose qu'on lui fait espérer ; le tenir dans l'incertitude, en ne lui donnant pas de réponse positive. — Pᴀꜱꜱᴇʀ ʟᴀ ᴘʟᴜᴍᴇ ᴘᴀʀ ʟᴇ ʙᴇᴄ ᴀ QᴜᴇʟQᴜ'ᴜɴ, le frustrer des espérances qu'on lui a données. — Fᴀɪʀᴇ ʟᴇ ʙᴇᴄ ᴀ QᴜᴇʟQᴜ'ᴜɴ, l'instruire de ce qu'il doit dire. — Fam. CᴀQᴜᴇᴛ ʙᴏɴ ʙᴇᴄ, nom qu'on donne à la pie, parce que cet oiseau apprend facilement à parler. Se dit, figurément, d'une femme jaseuse et médisante. — Bʟᴀɴᴄ-ʙᴇᴄ, voy. ce mot.—Bᴇᴄ-ᴅᴇ-ᴄᴀɴᴇ, ʙᴇᴄ-ᴅᴇ-ᴄʏɢɴᴇ, ʙᴇᴄ-ᴅᴇ-ᴠᴀᴜᴛᴏᴜʀ, ʙᴇᴄ-ᴅᴇ-ᴄᴏʀʙᴇᴀᴜ ᴏᴜ ʙᴇᴄ-ᴅᴇ-ᴄᴏʀʙɪɴ, etc., instruments de chirurgie, maintenant hors d'usage, qui ont quelque ressemblance de forme avec le bec des oiseaux dont ils portent le nom. ∾ Pop. Fɪɴ ʙᴇᴄ, gourmand.—Pᴀꜱꜱᴇʀ ᴅᴇᴠᴀɴᴛ ʟᴇ ʙᴇᴄ, échapper : *cela lui a passé devant le bec*. — Rɪɴᴄᴇʀ ʟᴇ ʙᴇᴄ, payer à boire. — Sᴇ ʀɪɴᴄᴇʀ ʟᴇ ʙᴇᴄ, boire. — Rɪᴠᴇʀ ʟᴇ ʙᴇᴄ, faire taire. — Tᴏʀᴛɪʟʟᴇʀ ᴅᴜ ʙᴇᴄ, manger.

BÉCABUNGA s. m. [bé-ka-bon-ga]. Bot. Espèce de véronique qui croît dans l'eau avec le cresson, et est employée en médecine comme antiscorbutique.

BÉCARD s. m. (rad. *bec*). Nom vulgaire du *harle commun*.

BÉCARDE s. f. (rad. *bec*). Genre de passereaux, voisin des pies-grièches, dont on ne connaît qu'une espèce, la *bécarde d'Amérique* (*Lanius cayanus* Gm.).

* **BÉCARRE** s. m. (b [*si*] carré ; parce que le *si* [autrefois représenté par le signe b], lorsqu'on le ramenait à son ton naturel, était représenté par une sorte de carré). Mus. Caractère en forme de petit carré que l'on met au-devant d'une note qui avait été haussée ou baissée d'un demi-ton, pour la rétablir dans son ton naturel. — Adjectiv. Se dit des notes marquées d'un bécarre : *cette note est bécarre*. — Le bécarre n'a de valeur que pendant la durée de la mesure dans laquelle il est employé.

* **BÉCASSE** s. f. Ornithol. Genre d'échassiers longirostres, à bec droit et long, à tête comprimée, avec de gros yeux placés fort en arrière, ce qui leur donne un air singulièrement stupide que leurs mœurs ne démentent pas. — Prov. et fig. Bʀɪᴅᴇʀ ʟᴀ ʙᴇᴄᴀꜱꜱᴇ, engager adroitement quelqu'un de telle sorte, qu'il ne puisse plus s'en dédire ; l'attraper, le tromper. — Fig. et pop. C'ᴇꜱᴛ ᴜɴᴇ ʙᴇᴄᴀꜱꜱᴇ, c'est une femme sans esprit. — ∾ (de l'esp. *barcaza*). Mar. Barque espagnole non pontée, qui porte une seule voile carrée. — Ornith. Le genre Bécasse comprend la bécasse proprement dite, la bécassine, la double bécassine, la petite bécassine. La *bécasse* (*scolopax rusticola*, Lin.) est un de nos gibiers de passage les plus connus. Plumage varié en dessus de taches et de bandes grises, rousses et noires; en dessous gris, à lignes transverses noirâtres; sur le derrière de la tête, quatre larges bandes transverses noires. Cet oiseau habite pendant l'été sur les montagnes boisées et descend

dans nos bois au mois d'octobre. La bécasse va seule ou par paires, surtout dans les temps sombres ; elle recherche les vers et les insectes que son long bec droit va saisir dans le terreau. Ce bec lui donne une singulière figure. Il est légèrement renflé à l'extrémité de la mandibule supérieure qui dépasse la mandibule inférieure. Ce renflement est mou et très sensible. En hiver et au printemps on fait à ce gibier délicieux, qui a acquis toute sa graisse, une chasse active, soit à l'aide d'un chien bien dressé, soit en battue. On tue aussi la bécasse à l'affût, près des abreuvoirs, où elle vient, matin et soir, se laver les pattes et le bec. On n'emploie, pour la tirer, que du plomb de petite dimension. — On la fait cuire à la broche, sans la vider ; les gourmets vont même jusqu'à déposer dans la lèchefrite, sous la bécasse, des tranches de pain sur lesquelles tombe tout ce qui, pendant la cuisson, découle des intestins ; ils éprouvent à manger ces tartines un bonheur dont les profanes ne peuvent se faire d'idée. On découpe la bécasse en tranchant d'abord la tête, que l'on ne sert pas; on détache ensuite les cuisses et les ailes, qui sont les morceaux les plus délicats; mais la carcasse, à laquelle les filets restent attachés en grande partie, n'est point un morceau à dédaigner. — **Bécasse de mer.**

Bécasse de mer.

Icht. Nom vulgaire d'un poisson du genre *centrisque*, famille des bouches en flûtes. C'est le *centriscus scolopax*, de Linné. La *bécasse de mer* est commune dans la Méditerranée, où l'on en fait peu de cas, bien que sa chair soit tendre. Elle mesure environ 5 pouces de long. Elle est rougeâtre sur le dos et les côtés; argentée en dessous. Elle se nourrit de petits crustacés qu'elle aspire par son grand bec cylindrique.

* **BÉCASSEAU** s. m. Petit de la bécasse ou de la bécassine. — Espèce d'oiseau échassier du genre chevalier, appelé aussi *cul blanc de rivière* (*Tringa ocropus*, Lin.), commun au bord des ruisseaux ; un peu plus petit que la gambette, noirâtre bronzé dessus, blanc dessous, moucheté de gris au devant du cou et aux côtés ; pieds verdâtres. C'est un bon gibier, que l'on chasse en suivant à pied en bateau le bord de l'eau. Leur vol rapide rend le tir très difficile. On les fait rôtir comme la bécasse.

* **BÉCASSINE** s. f. Ornit. Nom de plusieurs espèces de petites bécasses. On distingue : 1° la *bécassine* proprement dite (*scolopax gallinago*, Lin.) à bec plus long que celui de la bécasse, à deux larges bandes longitudinales noirâtres sur la tête; cou moucheté de brun et de fauve ; manteau noirâtre avec deux bandes longitudinales fauves; ailes brunes ondées de gris, ventre blanchâtre ondé de brunâtre aux flancs. Elle se tient dans les marais, au bord des ruisseaux, des fontaines; s'élève à perte de vue, en faisant entendre de très loin un chevrotement perçant. Elle devient abondante chez nous quand les froids la chassent du nord de l'Europe. Elle est difficile à tirer parce qu'elle fait des crochets en partant et ne s'élance en droite ligne que lorsqu'elle est hors de portée. On la fait cuire comme la bécasse et on la découpe en deux parties égales dans le sens de la longueur, après avoir détaché la tête ; 2° la *double bécassine* (*scolopax major*, Gm.), d'un tiers plus grosse que la précédente ; on la trouve près

Bécassine de Wilson.

des eaux claires et limpides ; 3° la *petite bécassine* (*scolopax gallinula*, Gm.), moitié moins grosse que la bécassine commune, à reflets verts bronzés sur le manteau ; reste dans nos marais presque toute l'année. — La *bécassine de l'Amérique du Nord*, (*gallinago Wilsonii*, Bonap.), longue de 10 pouces et demi, se trouve dans les parties tempérées de l'Amérique du Nord.

BECCABUNGA s. m. voy. BÉCABUNGA.

BECCAFUMI (Domenico MECHERINO, plus connu sous le nom de) [bèk-ka-fou'-mi ; mé-ké-ri'-no], artiste, né près de Sienne (Italie) en 1484, mort en 1549 ou, suivant Lanzi, après 1551. Simple berger dans sa jeunesse, il dessinait, sur les murs et sur le sable, des figures qui attirèrent l'attention d'un riche bourgeois nommé Lorenzo Beccafumi. Celui-ci l'adopta et lui fournit les moyens de se livrer à sa passion pour le dessin et la peinture. Sous d'habiles maîtres, Beccafumi devint peintre, sculpteur, fondeur, mosaïste et graveur. Ses bronzes et ses bas-reliefs sont très recherchés ; mais son chef-d'œuvre est le pavé en mosaïque de la cathédrale de Sienne.

* BECCARD s. m. Nom que l'on donne à la femelle du saumon.

BECCARI (Agostino), inventeur du drame pastoral, né à Ferrare en 1510, mort en 1590. Sa pièce intitulée *Il sacrifizio*, représentée en 1554 et imprimée à Ferrare en 1535, in-4, fait époque dans l'histoire du théâtre italien. La musique des chœurs fut composée par Alphonse Della Viola.

BECCARIA (Césare BONESANA, marquis de), juriste italien, né à Milan, le 4738, mort en 1794. Il établit une société littéraire dans sa ville natale, participa à la rédaction du journal le *Café* (1764) et publia son remarquable *Traité des délits et des peines*, dans lequel il demande l'abolition de la peine de mort et de la torture. Ce livre, imprimé en secret à Livourne en 1764, fut accueilli avec admiration par les philosophes de tous les pays ; l'abbé Morellet le traduisit (1766, in-12) ; Voltaire et Diderot le commentèrent. Un instant persécuté comme ennemi de la religion et de l'autorité souveraine, Beccaria fut ensuite nommé professeur à Milan (1768) et magistrat. Il ne cessa de réclamer des réformes dans les lois commerciales, civiles et criminelles. Parmi ses ouvrages sur l'économie politique, nous devons citer : *Rapport sur un projet d'uniformité des poids et mesures* (1784).

BECCARIA (Giambattista), physicien italien, né à Mondovi en 1716, mort en 1781. Il professa à Palerme, à Rome et à Turin et se rendit célèbre par ses travaux sur l'électricité. Ses principaux ouvrages, remarquables par l'élégance du style, sont : *Dell' elettricismo naturale ed artificiale* (Turin, 1753) ; traduit en

anglais par Franklin, 1771) ; *Dell' elettricita terrestre atmosferica a cielo sereno* (1775). Il s'occupa principalement du pouvoir conducteur de l'eau, de l'électrisation de l'air et de la fumée, de la rapidité du fluide électrique, de l'influence de l'électricité dans la réduction des métaux et des phénomènes qui se rattachent aux tempêtes et au magnétisme atmosphérique. Chargé en 1759 de mesurer un degré du méridien en Piémont, Beccaria publia le résultat de cette opération sous le titre de *Gradus Taurinensis* (Turin, 1774, in-4°).

BEC-CROISÉ s. m. Ornith. Genre de passereaux conirostres, ayant les mandibules du bec croisées obliquement l'une sur l'autre. Plur. des Becs-croisés. Les oiseaux de ce genre vivent dans les parties boréales des deux hémisphères où on les rencontre par troupes

Bec-croisé d'Amérique (Curvirostrata Americana).

dans les forêts de pins et d'arbres résineux. Leur bec puissant brise les cônes de ces arbres pour mettre à nu les graines dont ils se nourrissent. Le *bec-croisé des pins* vient quelquefois en France. Une autre espèce, le *bec-croisé d'Amérique* (*curvirostrata Americana*, Wils.) habite le Canada. Le *bec-croisé à ailes blanches* (*curvirostrata leucoptera*, Wils.), se rencontre dans le même pays.

BEC D'ALLIER (Le), pointe de terre que forment l'Allier et la Loire, en se réunissant.

BEC D'AMBEZ (Le), pointe de terre située au lieu de jonction de la Dordogne et de la Garonne.

BEC-D'ANE ou **Bédâne** s. m. [bé-dâ-ne]. Outil de menuisier et de charpentier, pour creuser des mortaises. — Plur. des Becs-d'ane.

BEC-D'ARGENT s. m. Ornith. Nom vulgaire d'un gentil tangara aujourd'hui acclimaté en France et qui provient de la Guyane. — Plur. des Becs-d'argent.

* BEC-DE-CANE s. m. Poignée mobile qui sert à mouvoir le pêne d'une serrure sans le secours de la clef. — Plur. des Becs-de-cane.

* BEC-DE-CORBIN s. m. (franç. *bec*; lat. *corvinus*, corbeau). Forme particulière d'un objet courbé et terminé en pointe : *canne à bec-de-corbin*, ou *en bec-à-corbin*, ou simplement, *bec-de-corbin*, canne dont la poignée a cette forme. — Se dit autrefois d'une espèce de hallebarde que portait une compagnie particulière des gardes du roi, qui ne servait que dans les grandes cérémonies : *gentilhomme à bec-de-corbin ; un des cent gentilshommes à bec-de-corbin*. On appelait aussi ces sortes de gardes : *les becs-de-corbin ; la compagnie des becs-de-corbin*.

BEC-DE-CROSSE s. m. Art milit. Bec qui fait partie de la crosse d'un fusil, et forme la portion la plus élevée de l'arme lorsque celle-ci est placée sous le bras gauche. — Plur. des Becs-de-crosse.

BEC-DE-CUILLER s. m. Anat. Lame osseuse très mince qui sépare la portion osseuse de la

trompe d'Eustache, du canal par lequel passe le muscle interne du marteau. — Plur. des Becs-de-cuiller.

BEC-DE-FAUCON s. m. Anc. art milit. Arme de demi-longueur garnie d'un fer crochu comme celui de la hallebarde, ou terminée par une massue. Le bec-de-faucon servait à tirer à terre ceux qui étaient à cheval et à les assommer. A la bataille d'Azincourt les archers anglais se ruèrent sur la gendarmerie française à coup de bec-de-faucon. — Plur. des Becs-de-faucon.

BEC-DE-GACHETTE s. m. Partie proéminente du devant de la gâchette dans le fusil à pierre. — Plur. des Becs-de-gachette.

* BEC-DE-GRUE s. m. Nom vulgaire d'une espèce de géranium, ainsi nommée parce que la capsule qui contient les semences ressemble au bec d'une grue. — Plur. des Becs-de-grue.

* BEC-DE-LIÈVRE s. m. Chir. Difformité d'une personne dont la lèvre supérieure est fendue comme celle du lièvre. — Personne même qui a ce défaut de conformation. — Plur. des Becs-de-lièvre. — La difformité appelée *bec-de-lièvre* est presque toujours congéniale ; mais elle peut être accidentelle, et résulter d'une plaie dont les bords n'ont pas été réunis. Le bec-de-lièvre peut être simple, c'est-à-dire à une seule division, ou double, à deux divisions. Il se complique quelquefois d'un écartement des os du palais. Il affecte le plus souvent la lèvre supérieure. On le traite en avivant au bistouri les surfaces de la division, en les rapprochant et en les maintenant en contact au moyen de la suture entortillée et d'un bandage unissant.

BEC-EN-CISEAUX s. m. Voy. COUPEUR-D'EAU. — Plur. des Becs-en-ciseaux.

BECERRA (Gaspar), peintre et sculpteur espagnol (1520-70), élève de Michel-Ange. Son chef-d'œuvre, une statue de Notre-Dame de la Solitude, fit longtemps l'admiration des Espagnols. Cette statue a été détruite.

* BECFIGUE s. m. Espèce de gobe-mouches qui recherche les figues, et qui est très délicat à manger. — On donne vulgairement le nom de *becfigues* à plusieurs petits oiseaux insectivores dont la chair délicate, tels que les linotes, les fauvettes, etc. On les fait griller, frire ou rôtir.

BEC-FIN s. m. Ornith. Nom donné par Cuvier à une famille de passereaux à bec droit, menu, semblable à un poinçon. — Plur. des Becs-fins. — Cette famille (*Motacilla*, Lin.), comprend les traquets, les rubiettes, les fauvettes, les roitelets, les troglodytes, les hoche queue, les bergeronnettes et les farlouses.

BÉCHAMEIL ou **Béchamel** (Louis DE), marquis de Nointel, financier mort à Paris en 1704. Il s'enrichit pendant les troubles de la Fronde, devint maître d'hôtel de Louis XIV et se fit un nom dans l'histoire culinaire en inventant la sauce blanche appelée *sauce à la béchamel*.

* BÉCHAMEL s. f. Cuis. Sauce blanche qui se fait avec un peu de farine roussie dans du beurre et mouillée de crème : *sauce à la béchamel ; une béchamel; une béchamel de brochet*.

BÉCHARD s. m. Houe à deux longues dents plates, employée dans le midi de la France pour façonner les vignes.

* BÉCHARU s. m. (corrupt. de *bec de charrue*). Nom que l'on donnait autrefois au Flamant, oiseau de passage, appelé *phénicoptère* par les anciens.

BÊCHE s. f. (rad. *bec*). Outil de jardinage, formé d'un fer plat, large et tranchant, auquel s'adapte un manche de bois, et qui sert à labourer la terre.

BEC-HELLOUIN (Le), commune de l'arr. et à 20 kil. N.-E. de Bernay (Eure) ; 600 hab. Fameuse abbaye de bénédictins fondée en 1039, sur le petit ruisseau du Bec, par un seigneur nommé Hellouin, et dont les bâtiments servent aujourd'hui de dépôt de remonte.

BÊCHELON s. m. Petite binette, dont la lame double présente, d'un côté, un taillant et de l'autre, deux fortes dents.

BÉCHER v. a. (du vieux mot *béchier*, frapper du bec). Frapper à coups de bec, surtout en parlant du petit oiseau qui brise la coquille de son œuf au moment de naître : *les petits poulets n'ont pas toujours la force de bécher leur coquille, il faut leur venir en aide ; un œuf béché.* — Fig. Dire du mal : *on béche surtout ses amis.*

* **BÉCHER** v. a. Couper et retourner la terre avec une bêche.

BECHER (Johann-Joachim) [bè-cher], chimiste allemand, né à Spire en 1635, mort en Angleterre en 1682. Errant et malheureux, il parcourut l'Allemagne, la Hollande et l'Angleterre. Dans sa *Physica subterranea* (Francf. 1669), il établit la relation entre la chimie et la médecine et conçut avec netteté la nature des réactions chimiques. Il est le créateur de la théorie dite du phlogistique. Dominé par les croyances des alchimistes, il émit l'idée que les métaux renferment un principe combustible, une « terre inflammable ». Il exposa principalement son opinion dans son dernier ouvrage, intitulé : *Alphabetum minerale seu virginiti quatuor theses Chymicæ*, 1682. Ses théories, à peine remarquées à l'origine, furent développées par Stahl.

BÉCHEREL, ch.l. de cant., arrond. et à 19 kil. N. de Montfort (Ile-et-Vilaine) ; 800 hab. Source ferrugineuse ; château de Caradenc. Aux environs, lande d'Ervan.

BÉCHETTE s. f. Petite bêche employée dans la culture des pépinières et qui sert à bêcher entre les lignes de légumes et de fleurs bulbeuses. On dit aussi BÉCHOTTE ou BÉCHOT.

BÊCHEUR, EUSE adj. (rad. *bec*). Jargon. Médisant, médisante. — Magistrat chargé du ministère public. — Adjectiv. : *l'avocat bécheur.*

* **BÉCHIQUE** adj. (gr. *bêx*, toux). Méd. Se dit des plantes et en général des remèdes employés contre la toux. — Substantiv. *Le capillaire est un très bon béchique.* — Les béchiques sont, en général, des émollients, des adoucissants et des pectoraux très employés dans la médecine populaire. — Pharm. *Espéces béchiques*, fleurs sèches de guimauve, de pied-de-chat, de pas-d'âne et pétales de coquelicot.— FRUITS BÉCHIQUES OU PECTORAUX, raisins secs, figues sèches, jujubes, dattes débarrassées de leurs noyaux.

BÊCHOIR s. m. Houe carrée à large fer.

BÊCHON s. m. Bêche à lame arrondie, tranchante, qui sert à creuser des trous pour planter de jeunes arbres dans les terres non pierreuses.

BÊCHOT s. m. Sorte de petite bêche ; voy. BÉCHETTE.

BECHSTEIN (Johann-Matthæus) [bè-ktéin], naturaliste allemand, né dans le duché de Saxe-Gotha en 1757, mort en 1822. Il ouvrit à Kemnote, près de Waltershausen (Saxe-Gotha), une école forestière où les élèves accoururent de tous les points de l'Allemagne (1294) ; il fut nommé directeur de l'académie forestière de Saxe-Meiningen en 1800 et publia de nombreux ouvrages : *Histoire naturelle populaire de l'Allemagne*, Leipzig, 1801, 4 vol. in-8°, ne comprenant que les quadrupèdes et les oiseaux ; *Cours complet de science forestière*, Erfurth, 1818, 5 vol. in-8° ; *Botanique forestière*, Erfurth, 1810, in-8° ; *Entomologie forestière*, Gotha, 1818, 3 vol. in-8° ; *Histoire naturelle des oiseaux de cage*, traduit en français par Clairville (Paris, 1825, in-8°).

BECHUANA [bé-tchou-a-'na] (singulier :

Mochuana), peuple de l'Afrique méridionale, divisé en plusieurs tribus. Les Bechuana ont le teint brun du café torréfié ; ils sont de taille moyenne ; leur chevelure est crépue et laineuse. Bien qu'ils n'observent aucun rite religieux, ils possèdent une certaine notion de la Divinité. La polygamie existe sans aucune limite et la circoncision est d'une pratique générale. Chaque tribu possède un chef ou roi qui réside dans le principal village et dont le pouvoir est héréditaire. La puissance de ces princes est très grande ; mais elle est limitée par l'assemblée générale (*picho*) des chefs inférieurs. Autrefois, les Bechuana s'étendaient au S. jusqu'à la rivière Orange ; mais ils furent repoussés par les Hottentots. Plus tard, les Boers (voy. ce mot) ont fondé plusieurs établissements (comprenant les républiques de la Rivière Orange et Transvaale) sur les territoires qui avaient appartenu autrefois aux Bechuana.

BEC-JAUNE s. m. Faucon. Oiseau niais, qui ne sait rien faire, qui a encore le *bec jaune*, parce qu'il est jeune. Voy. BÉJAUNE.

BECK I. (Theodoric-Romeyn), médecin américain (1791-1855), publia le *Journal américain de la folie* (1849-'53).—II.(John-Brodhead), frère du précédent (1794-1851), auteur de la *Thérapeutique de l'enfance* et d'un *Aperçu général sur l'état de la médecine dans les colonies.* — III. (Lewis-C.), frère du précédent (1698-1853), fit paraître la *Minéralogie de New-York*, 1842, in-4°, et de nombreux ouvrages sur la botanique, la chimie, les adultérations, etc.

BECKER I. (Gottfried-Wilhelm), médecin de Leipzig (1778-1854), fondateur d'une institution pour les aveugles.—II.(Karl-Ferdinand) fils du précédent (1804-'77), auteur d'ouvrages sur l'histoire de la musique.

BECKER (Karl-Ferdinand), philologue allemand, né à Trèves en 1775, mort en 1849. Après avoir exercé la médecine, il établit une école à Offenbach et publia des grammaires et des manuels.

BECKER (Karl-Friedrich), historien allemand né à Berlin en 1777, mort en 1806 ; auteur d'ouvrages très intéressants qui ont obtenu les élèves et pour les maîtres(Berlin 1801, 9 vol.) ; continué par Adolph Schmidt et plusieurs autres, de manière à former 20 vol) ; *Narrations tirées de l'histoire ancienne*, (Halle, 1802, 3 vol. in-8° ; 14° édition en 1875).

BECKER ou Bajer-Becker (Léonard-Nicolas), comte de Mons, général français, né à Obernheim, en 1770, mort en 1840 ; fit toutes les guerres de la Révolution, fut nommé comte en 1808 et combattit l'idée d'envahir l'Espagne, ce qui amena sa disgrâce. Il vécut jusqu'en 1814, dans sa terre de Mons, en Auvergne. Représentant du Puy-de-Dôme à la chambre des députés, en 1815, il reçut la mission d'accompagner Napoléon jusqu'à Rochefort et devint pair de France en 1819.

BECKER (Nicolas), poète allemand, né à Geilinkirchen (Prusse Rhénane), en 1816, mort en 1845. Il composa, en 1840, l'*hymne du Rhin*, chant patriotique qui commence par ce vers :

Non! ils ne l'auront pas le libre Rhin allemand !

Cette poésie agressive obtint un succès d'enthousiasme dans toute l'Allemagne. Lamartine répondit par sa *Marseillaise de la paix* et Alfred de Musset par un hymne dont les prédictions ne se sont pas encore réalisées :

Nous l'avons eu votre Rhin allemand...

Où le père a passé passera bien l'enfant.

Les œuvres de Becker ont été publiées à Cologne, en 1841.

BECKER (Rudolf-Zacharius), publiciste allemand, né à Erfurt, en 1752, mort en 1822, journaliste à Gotha, il fut arrêté par ordre

des officiers de Napoléon (nov. 1806). Sa captivité, qui dura jusqu'en avril 1813, le posa comme un martyr de la liberté allemande. En 1814, il publia l'histoire de sa détention.

BECKER I. (Vilhelm-Gottlieb), archéologue allemand (1753-1813). Directeur de la galerie des antiquités et du musée de numismatique à Dresde, il publia des travaux illustrés sur ces collections : *Description des monuments antiques qui se trouvent à Dresde*, 1805, 3 vol. in-pl. On lui doit aussi un *Manuel pour les amateurs de jardins*, Leipzig, 1795.—II. (Wilhelm-Adolf), son fils, professeur d'archéologie à Leipzig (1796-1846). Son chef-d'œuvre est un *Manuel de l'antiquité romaine*, complété par Marquardt, 5 vol., 1843-'64. Il a laissé d'autres ouvrages d'érudition : *Gallus, scènes romaines du temps d'Auguste*, Leipzig, 1838 ; *Chariclés, tableau des mœurs de l'antiquité grecque* (Leipzig, 1843).

BECKET (Thomas à). Connu sous le nom de SAINT THOMAS BECKET, prélat anglais, né en 1117 ou 1119, d'un marchand de Londres ; mort en 1170. Après de brillantes études faites à Oxford et à Paris, il prit les ordres et fut employé par Theobald, archevêque de Canterbury, dans des missions à Rome. En 1158, Henri II le nomma lord chancelier et il figura comme chef militaire aux côtés du roi d'Angleterre. Homme du monde et soldat, il partagea les plaisirs et mêmes les débauches de Henri II, qui lui confia l'éducation de son fils aîné. Grâce à l'influence toute puissante de ce prince, il fut élu au siège de Canterbury, malgré l'opposition du haut clergé, de la cour et desseigneurs, qui voyaient en lui un représentant de la race anglo-saxonne, un adversaire des oppresseurs normands. Aussitôt qu'il fut consacré archevêque et primat d'Angleterre (1162), une métamorphose s'opéra en Thomas à Becket. Il devint studieux, austère et le soutien des pauvres. Pour se livrer tout entier à son ministère, il renvoya au roi le sceau de la chancellerie et s'acquit une immense popularité comme champion de l'Eglise et du peuple, contre la couronne et la noblesse. Son opposition aux fameuses constitutions de CLARENDON (voy. ce mot) fut l'origine d'une rupture ouverte avec le roi, qui lui enleva l'éducation de son fils. Idole de la multitude, qui trouvait la justice ecclésiastique bien plus douce que celle du roi, il ne voulut céder sur aucun article de ces constitutions dont le but réel était, en détruisant les juridictions des cours épiscopales établies par Guillaume le Conquérant, de rendre le clergé justiciable des tribunaux civils (1164). Cité devant le conseil des barons pour rendre compte des sommes qu'il avait reçues dans ses fonctions de chancelier, Thomas à Becket fut condamné à l'emprisonnement ; il s'enfuit à Saint-Omer ; sa famille fut bannie. Le roi confisqua les revenus de son siège et fit de vains efforts pour obtenir son expulsion de France et des Flandres. Non seulement il n'obtint rien de ce côté, mais le pape, prenant fait et cause pour Thomas à Becket, suspendit l'archevêque d'York qui avait accepté certaines attributions de ce dernier. Le conflit dura jusqu'en 1170, époque où intervint une réconciliation. Le primat, rétabli dans ses prérogatives, rentra en Angleterre au milieu de l'enthousiasme du peuple. Il se crut assez fort pour raviver la querelle en publiant la suspension de l'archevêque d'York. A cette nouvelle, Henri II, qui se trouvait en Normandie, s'écria avec colère : « Parmi tous les lâches que je nourris, il ne s'en trouvera donc pas un seul qui me délivrera de ce prêtre turbulent ! » paroles imprudentes qui parurent un ordre à quatre gentilshommes nommés Reginald Fitzurse, Guillaume de Tracy, Hugues de Moreville et Richard Briton. Ils partirent à l'instant pour l'Angleterre, vinrent trouver le prélat dans son palais, le 29 déc. 1170, et eurent avec lui une entrevue orageuse. Le soir même, ils entrèrent dans la cathédrale au moment des vêpres et se jetèrent sur Thomas pour l'entraîner hors de l'église. Légèrement blessé en leur résistant, il s'agenouilla sur les marches de l'autel et y fut assassiné. Le roi, cause de ce meurtre qui souleva l'indignation du peuple, n'échappa à une sentence d'excommunication, qu'en le désavouant solennellement (1172) et on se soumettant à faire amende honorable, nu-pieds, vêtu en pèlerin, à genoux sur la tombe de Becket (1174). Thomas à Becket fut canonnisé en 1172; en 1220, ses ossements furent déposés dans une châsse d'or couverte de joyaux; mais en 1539, Henri VIII fit brûler et jeter au vent les restes de ce saint. Les catholiques anglais, qui l'ont en grande vénération, honorent sa mémoire le 29 déc. Ils lui ont dédié à Canterbury une église inaugurée le 13 avril 1875. — Bibliogr. *Quadrilogus*, Bruxelles, 1682, 2 vol. in-4°; *vie et lettres de Thomas à Becket*, d'après le Rév. J.-A.-Giles, par G. Darboy, archevêque de Paris, 2 vol., Paris, 1858.

BECKFORD, I. (William), homme politique anglais, né aux Antilles en 1690, mort, en 1770. Membre du parlement en 1748, deux fois lord maire de Londres, il se rendit célèbre par ses courageuses observations au roi George III. Sa statue se trouve dans Guildhall; sur le piédestal on a gravé son discours au roi pour demander le changement de cabinet, en 1770. — II. (William), romancier, fils du précédent (1760-1844), plusieurs fois membre du parlement, auteur de *Vathek, histoire arabe* (en français); de *Italie, Espagne et Portugal*, et de *Souvenir d'excursions aux monastères d'Alcobaça et de Batalha* (ouvrages en anglais).

BECKMANN (Johann), technologiste allemand (1739-1811), professeur à Gottingen, en 1766, auteur d'ouvrages sur l'économie rurale, l'économie politique, la technologie. Son chef-d'œuvre est une *Histoire des inventions*, Leipzig, 1786, 5 vol. in-8°.

BÉCLARD (Pierre-Augustin), chirurgien et anatomiste, né à Angers en 1785, mort en 1825. Ses *Éléments d'anatomie générale* (1823, in-8°; 2° édition en 1826, 3° édition en 1852 et 4° édition en 1864) ont longtemps été classiques.

BÉCOIRE (Château de). Voy. BREDONS.

BÉCOT s. m. Jargon. Petit baiser pris du bout des lèvres.

BÉCOTTER v. a. Donner un bécot :

> Petit bossu,
> Noir et tortu,
> Qui me *bécottes*.
>
> <small>BÉRANGER.</small>

BEC-OUVERT s. m. Ornit. Genre d'échassiers, voisin des cigognes et dont les deux mandibules du bec ne se joignent que par la base et par la pointe, ce qui fait qu'il existe un vide au milieu du bord des mandibules. Ces oiseaux vivent dans les Indes orientales. — Plur. des BECS-OUVERTS.

BECQUEBOIS s. m. L'un des noms vulgaires du pivert.

* BECQUÉE ou Béquée s. f. Quantité de nourriture qu'un oiseau peut prendre avec le bec pour la donner à ses petits.

BECQUEREL, I. (Antoine-César), physicien, né à Châtillon-sur-Loing (Loiret), en 1788, mort à Paris en janvier 1878. Au sortir de l'Ecole polytechnique, il fit les campagnes d'Espagne et de France, donna sa démission de chef de bataillon du génie, en 1815, se voua d'abord à des recherches sur la minéralogie et la géologie, mais se rendit célèbre surtout par ses travaux sur les évolutions de l'électricité dans toute espèce d'action chimique et par la construction de la première pile électrique à courant constant. Ses découvertes qui ont fait faire d'immenses progrès à la science de l'électricité, ont été publiées dans

les *Annales de physique et de chimie* et dans les *Mémoires de l'Académie des sciences*. Becquerel, membre de l'Académie des sciences en 1829, fut nommé professeur de physique au Museum d'histoire naturelle, en 1837. L'un des créateurs de l'électro-chimie, il employa cette science nouvelle, en 1828, pour la production de substances minérales et pour le traitement, par voie humide, des minerais d'argent, de plomb et de cuivre. On lui doit encore un procédé de coloration sur or, argent et cuivre et des applications de l'électrochimie à la dorure, à l'argenture, etc. Ses œuvres comprennent : *Traité expérimental de l'électricité et du magnétisme* (1834-'40, Paris, 7 vol. in-4°; 3° édition en 1855-'56; supplément en 1858); *Traité de physique dans ses rapports avec la chimie* (2 vol. in-8°); *Traité d'électro-chimie* (in-8°); *Résumé de l'histoire de l'électricité et du magnétisme*; *Des forces physico-chimiques* (1875, in-8°), etc. — II. (Louis-Alfred), fils aîné du précédent, né à Paris, en 1814, mort en 1862, reçu docteur en médecine (1840); publia la *Sémiotique des urines* (1841), ouvrage qui obtint l'un des prix Monthyon (1842); *Traité du bégayement* (1844); *De l'empirisme* (1844); *Traité d'hygiène* (1854); *Des applications de l'électricité à la thérapeutique médicale* (1853).

BECQUET s. m. Voy. BÉQUET.

BECQUETAGE s. m. Action de becqueter. — Pop. Nourriture, victuailles.

* BECQUETER ou Béqueter v. a. Donner des coups de bec. — Jargon. Manger. — * Se Becqueter v. pr. Se battre à coups de bec, comme font les coqs. Se caresser avec le bec, comme font les pigeons.

BECSE (Ancien) (bétch) (hongrois : *O'-Becse*), ville de Hongrie, comté de Bacs, sur la Theiss; 14,500 hab. Il s'y fait un grand commerce de grains, ainsi qu'à Becse Neuf (*Uj-Becse*), comté de Torontal.

BECSKEREK [bétch-ké-rék] I. (Grand). Ville de la Hongrie méridionale; ch.-l. du comté de Torontal, à 80 kil. S.-O. de Temesvar. 19,700 hab. — II. (Petit), village de Hongrie, à 16 kil. N.-O. de Temesvar; 3,000 hab. Les environs nourrissent d'excellents moutons.

* BÉGUNE s. f. Icht. Poisson de mer très vorace, qui ressemble un peu au brochet.

BEDA (Noël), fougueux docteur de Sorbonne qui, sous le règne de François I°r, ne cessa de faire des dénonciations contre ceux qui paraissaient animés de l'esprit de réforme, et de requérir le bûcher en expiation de leur crime; né à Avranches, mort en 1536. Il fut particulièrement à partie le savant Erasme, qu'il fit condamner, sur une faute d'impression, malgré l'intervention du roi. Il fallut que François I°r, auquel son confesseur, Guillaume Petit, donnait les conseils d'indulgence, ordonnât au Parlement d'arrêter la circulation des livres de Beda, et lui enjoignit même d'empêcher les docteurs de Sorbonne de publier des libelles contre Erasme. Beda envoya au bûcher le malheureux Louis Berquin et un grand nombre d'autres (1528). En 1533 il fit condamner le *Miroir de l'âme pécheresse*, ouvrage de Marguerite de Navarre. Mais la sœur du roi le fit exiler un instant. L'audace du docteur alla jusqu'à attaquer, avec une véhémence extraordinaire, l'alliance de François I°r avec Henri VIII. Le Parlement de Paris le condamna à faire amende honorable sur le parvis Notre-Dame et le fit enfermer à l'abbaye de Saint-Michel (1536). Il a laissé quelques ouvrages écrits dans un style barbare.

* BEDAINE s. f. (lat. *bis*, deux fois; franç. *dondaine*; hébr. *beten*, ventre). Panse, gros ventre (Fam.). — Anc. art milit. Boulet de pierre que lançaient les catapultes.

BÉDARIEUX, *Bedeirix*, ch.-l. de cant., arr.

et à 34 kil. N. de Béziers, sur la rive gauche de l'Orbe. 9,000 hab. Vieille ville qui subit plusieurs sièges pendant les guerres de religion et dont la population fut rudement châtiée pour s'être révoltée contre le coup d'Etat du 2 décembre 1851. Collège, draps fins, lainages, savons, papier; huileries, distilleries; commerce de bois, de céréales, etc. Trois ponts de pierre; viaduc du chemin de fer. A 8 kil., bains de la Malou.

BÉDARRIDES, *Bituritæ*, ch.-l. de cant., arr. et à 15 kil. N.-E. d'Avignon (Vaucluse), sur l'Ouvèze; 2,500 hab. Garance.

BEDDOES I. (Thomas), médecin anglais (1760-1808), fut l'un des premiers à étudier l'emploi du galvanisme en médecine. Etabli à Bristol en 1798, il essaya de démontrer la possibilité de guérir toutes les maladies en faisant respirer une atmosphère contenant des matières médicales. Il a publié : *De la consomption* (1799, in-8°); *Essai de morale* (Bristol, 1802, 3 vol. in-8°); *Histoire d'Isaac Jenkins*, écrite en faveur de la société de tempérance. — II. (Thomas-Lowell), poète, fils du précédent (1803-'49); auteur de : *Tragédie de la fiancée, Le second frère*, etc.

BÈDE le Vénérable, moine et historien anglais d'origine saxonne, né à Wearmouth (Durham), mort en 735. Ordonné prêtre à trente ans, il passa toute sa vie dans l'étude, au monastère de Jarrow, où il composa plus de cinquante ouvrages sur les sciences connues de son temps. Son œuvre principale : *Histoire ecclésiastique de la nation anglaise*, écrite en latin, fut traduite en anglo-saxon par le roi Alfred. Elle commence à l'arrivée de J. César et se termine en 731; on la considère comme la plus haute autorité sur la période dont elle s'occupe. On l'a publiée à Paris, 1544; à Londres, 1843-'44, 6 vol. in-8°.

* BEDEAU s. m. [be-dô] (celt. *bidel*, crieur). Bas officier d'une église, portant verge ou masse : il a pour fonction principale de marcher devant les ecclésiastiques, devant les quêteurs, etc., et de leur faire faire place. — Autrefois, dans les Universités, officier subalterne chargé de fonctions à peu près semblables; appariteur.

BEDEAU (Marie-Alphonse), général, né à Verton, près de Nantes, en 1804, mort en 1863. Au sortir de l'Ecole de Saint-Cyr, il fit la campagne de Belgique et fut envoyé en Afrique en 1836. Il se signala à Constantine, à Cherchell, à Mouzaïa, à Isly (1844) et reçut coup sur coup le grade de général de division et le commandement supérieur de la province de Constantine. En 1847, il fut un instant gouverneur de l'Algérie. L'année suivante, il commandait, sous les ordres de Bugeaud, les troupes destinées à comprimer la révolution de février; son supérieur l'accusa d'avoir, par la mollesse de ses opérations, favorisé le succès des républicains. Cette accusation le désigna à la faveur du gouvernement provisoire, qui le nomma ministre de la guerre, puis commandant militaire de Paris. Elu à la Constituante par le département de la Loire-Inférieure et vice-président de cette assemblée, il combattit l'insurrection de juin et fut blessé (1848). Le département de la Seine le nomma à l'Assemblée législative (1849); il y défendit la constitution républicaine. Au coup d'Etat, il fut arrêté, mis en prison et conduit à la frontière de Belgique. Il ne rentra qu'après l'amnistie de 1859 et se retira dans son pays natal, où il mourut.

BÉDEGAR s. m. Espèce de tumeur ou de gale chevelue produite sur les églantiers, ou rosiers sauvages, par la piqûre d'un insecte du genre cynips.

BEDELL I. (Gregory-Townsend), ecclésiastique américain, de la secte des épiscopaliens, auteur d'*Études sur la Bible* et de la *Vision d'Ezéchiel.* — II. (William), prélat anglais (1570-1642), a laissé une traduction anglaise de l'Ancien Testament (1685).

BEDER, lieu d'Arabie où Mahomet remporta sa première victoire (sur le Koreish de la Mecque) en 623.

BEDFORD I. Cap. du Bedfordshire Angleterre, sur l'Ouse, à 68 kil. N.-O. de Londres ; 17,000 hab. Vastes institutions charitables et d'éducation. — Observatoire, par 52° 8' 28" lat. N. et 2° 48' 9" long. O. — II. Ville de Pennsylvanie (États-Unis) sur le Raystown, à 450 kil. O. de Philadelphie. Célèbres sources minérales.

BEDFORD LEVEL district marécageux de l'Angleterre, près de la mer d'Allemagne, comprenant l'île d'Ely et les terres avoisinantes.

BEDFORD (Gunning-S.), médecin américain (1806-'70), se rendit célèbre comme professeur d'accouchement à l'université de New-York (1840-'62) ; il a publié des ouvrages classiques.

BEDFORD (John ou **Jean** PLANTAGENET, *luc de*), officier anglais, né vers 1389, mort en 1435. Il était le troisième fils de Henri IV, roi d'Angleterre, et de Marie de Bohun, fille du comte de Hereford. Chevalier en 1399, il fut tour à tour gouverneur de Berwick-upon-Tweed, gardien des marches d'Ecosse, gouverneur et commandant en chef de l'Angleterre, régent de France pendant la minorité de Henri VI et lordprotecteur de l'Angleterre. Il cimenta son union avec le duc de Bourgogne, en épousant l'une des filles de ce prince. Après la mort du roi de France, Charles VI, (1422), Bedford proclama Henri VI comme roi des deux pays et prit le commandement des troupes anglaises contre le prince légitime et national, Charles VII. Par son activité et son énergie, il affermit la domination de l'Angleterre sur le continent. Vainqueur à Crevant-sur-Yonne (1423), et à Verneuil (1424), il se disposait à terminer la conquête, lorsque parut Jeanne d'Arc. Il fallut lever le siège d'Orléans (1429) ; d'un autre côté, le duc de Bourgogne abandonna l'alliance anglaise. Charles VII se présenta devant Paris et Bedford, impuissant à le repousser, se vengea sur l'héroïne qui avait donné le signal du réveil national. Jeanne d'Arc, prise devant Compiègne, le 24 mai 1430, fut sacrifiée à la haine de son vainqueur. Bedford mourut de rage en voyant que l'exécution de la Pucelle d'Orléans n'arrêtait pas les progrès du roi de France.

BEDFORDSHIRE, (par abréviation *Beds*), comté d'Angleterre ; 1,196 kil. carr. ; 147,000 hab. Principaux cours d'eau : l'Ouse et l'Ivel. Cap. Bedford.

BÉDIABLE interj. Par le diable.

BÉDIEU interj. (angl. *by*, par ; franç. *Dieu*) ancien juron signifiant : *par Dieu !*

BEDJANAGORE, Bijanagur ou **Bisnagur,** ville ruinée de l'Inde méridionale, sur les deux rives du Tumbuddra, à 50 kil. N.-O. de Bellary. Les restes de nombreuses constructions en granit montrent le style le plus pur de l'architecture hindoue. On y admire principalement un magnifique temple dédié à Mahadeva, avec un portique pyramidal de 150 pieds de hauteur. Bedjanagore fut construite entre 1336 et 1343.

BEDJAPOUR ou **Visiapour** (angl. *Bijapoor*). I. Ville ruinée du S. de l'Hindoustan, dans le Décan, à 425 kil. S.-E. de Bombay, ancienne capitale du royaume musulman de Bedjapour et, suivant les traditions, la plus vaste cité de l'Orient. Il n'en reste plus qu'une citadelle, un fort, quelques magnifiques édifices sarrasins, un temple remarquable, une mosquée et un mausolée. Le gouvernement veille avec soin à la conservation de ces monuments historiques. — II Ancien royaume qui conserva

son indépendance de 1490 à 1689. Conquis par Aureng-Zeb et ensuite par les Mahrattes il fut partagé, en 1818, entre le Nizam, l'état de Sattara et les Anglais.

Ruines de Bedjapour.

BEDJOUR ou **Bijawur** état de Bundelcund (Hindoustan) ; environ 2,200 kil. carr. ; 90,000 hab. Cap. Bedjour, petite ville, à 40 kil. S. de Chutterpoure.

BEDLAM, (corruption de Bethléem) célèbre hospice d'aliénés, établi en 1347, dans un prieuré fondé en 1246, un peu au sud de Londres. L'établissement actuel couvre 14 acres et peut recevoir 600 malades.

BEDOIL s. m. [be-doual] Anc. art. milit. Sabre oriental dont le tranchant était à la partie concave.

* **BEDON** s. m. Vieux mot, qui signifiait, tambour. N'est usité que dans cette locution figurée et familière : UN GROS BEDON, un homme gros et gras.

* **BÉDOUIN** s. m. ∿ **Bédouine** s. .. (arabe : *bedaoui*, plur. *bedoudnn*, habitants du désert). Arabe du désert. — Par ext. Homme brutal, grossier : *c'est un Bédouin.* — Adjectiv. : *les Arabes bédouins.*— Bédouins, nom générique des Arabes nomades répandus dans l'Arabie, dans l'Irak, à l'E. et au S.-E. de la Syrie et dans l'Afrique septentrionale (depuis l'Égypte jusqu'au Maroc). Ils forment des tribus de 200 à 20,000 et même 30,000 individus, qui vont de place en place, suivant les besoins de leurs nombreux troupeaux de bœufs et de moutons. Ils s'occupent aussi de commerce, mais considèrent les travaux agricoles comme au-dessous de la dignité de gens qui établissent, à l'aide de parchemins authentiques, une généalogie remontant à Mahomet et à Ismaël. Le Bédouin est fier, belliqueux, excellent cavalier ; de taille moyenne, bien fait, brun, avec des yeux noirs pleins de vivacité. Il pratique la polygamie, possède des esclaves, est ignorant, superstitieux, vindicatif et d'une morale dépravée. Il ne possède pas de loi criminelle : celui qui est attaqué se défend et chacun s'arroge le droit de venger le meurtre d'un parent. Dans certains cas, les compensations en argent sont admises. Dans chaque tribu, le *cheik* ou chef patriarcal juge en dernier ressort toutes les querelles. « Les Bédouins sont pillards et voleurs. La pauvreté du sol du désert de Syrie a introduit dans ce pays une maxime de jurisprudence que les Arabes ont toujours crue et toujours pratiquée. Ils disent que, dans le partage de la terre, les autres branches de la grande famille humaine ont obtenu les climats riches, heureux, et que la postérité de l'infortuné Ismaël a le droit de prendre par l'artifice et par la violence

la portion de l'héritage dont on le prive injustement. *Il faut bien,* ajoutent-ils, *que nous nous procurions ce que la terre que nous habitons nous refuse.* Aussi, lorsqu'un Arabe a dé

pouillé quelqu'un, il raconte avec orgueil son aventure. Il ne dit jamais : *j'ai volé un chameau, un cheval* ; il dit : *j'ai gagné ceci ou cela.* Les pères nourrissent les enfants dans cet amour du brigandage. Un petit enfant qui, sous une tente étrangère, dérobe quelque objet, reçoit les éloges de tout le monde. *Voilà,* disent les Arabes, *un garçon qui promet.* Et ces mêmes hommes, capables de toutes les fourberies, se croiraient offensés dans leur dignité si on leur offrait de l'argent pour prix de la nourriture qu'ils ont donnée sous leur tente! L'Arabe vagabond dépouillera le voyageur sur le grand chemin, et le recevra sous sa tente *au nom de Dieu clément et miséricordieux* ! Et lorsque l'étranger aura rompu avec lui le pain de l'hospitalité, il le défendra jusqu'à la dernière goutte de son sang ». (Poujoulat).

BÉDRIAC, lieu où Vitellius vainquit Othon, entre Crémone et Vérone (69). D'après une tradition, Vitellius visitant le champ de bataille, prononça ces paroles si souvent répétées depuis : « Le cadavre d'un ennemi sent toujours bon ». Peu de temps après, le même lieu vit la défaite de Vitellius par Vespasien.

* **BÉE** adj. Ne s'emploie que dans cette locution : GUEULE BÉE, qui se dit en parlant des tonneaux vides ouverts par un de leurs fonds.

* **BÉE** s. f. Voy. ABÉE.

BEECHER (Lyman), ecclésiastique américain (1775-1863), auteur de sermons sur l'intempérance (1914).

BEECHEY. I. (Frederich-William), navigateur anglais (1796-1856) ; mousse à dix ans, il s'éleva au grade de contre-amiral. Compagnon de Franklin et de Parry, il fit, avec ces explorateurs, les expéditions de 1818 et de 1819, dans les régions arctiques. En 1825-'26, il doubla le cap Horn et vint dans le détroit de Behring, pour coopérer aux recherches de Franklin et de Parry. En 1827, il découvrit Port-Clarence et la baie de Grantley, au S.-E. du cap du Prince de Galles. — II. (SIR William), peintre anglais (1753-1839) ; membre de l'académie royale et peintre ordinaire de la reine Charlotte.

BEEF STEAK s. m. [angl. bîff-stèkk] (angl. *tranche du bœuf*) Voy. BIFTECK. La ville de Londres posséda, de 1735 à 1867, la « Sublime société des Beefsteaks », dont Arnold a publié l'histoire en 1871.

BEEK ou **Beck (David),** peintre hollandais,

élève de Van Dyck (1621-'56). Il se rendit célèbre par sa rapidité à peindre des portraits d'une ressemblance frappante. Il fut appelé en Angleterre par Charles Ier et en Suède par la reine Christine.

BÉELZÉBUTH voy. BELZÉBUTH.

BEEMSTER [bèmm-steur], grand *polder*, ou espace de terre desséchée par des canaux, à 19 kil. N. d'Amsterdam (Hollande).

* **BÉER** v. n. Voy. BAYER.

BEERSHÉBA, voy. BERSABÉE.

BEER [bèrr]. I. (Wilhelm), astronome allemand d'origine juive, frère aîné du célèbre compositeur Meyer Beer (1797-1850). Il construisit un observatoire à Berlin et, avec Mædler, il travailla aux *Observations physiologiques sur Mars* (1830), et à une carte détaillée de la lune, publiée en 1836 sous le titre de *Mapva Selenographica*, rare et recherchée. Mædler et Beer ont encore publié : *Sélénographie générale et comparative*, 1837, 2 vol. pour expliquer leur carte de la lune. — II. (Meyer) voy. MEYERBEER. — III. (Michael), auteur dramatique, frère des précédents (1800-'33). Son chef-d'œuvre, *Struensee* (1829), a été traduit en français par M. de Saint-Aulaire. Voy. STRUENSÉE.

BEETHOVEN [bè-lo-vènn]. I. (Ludwig van) musicien hollandais, mort en 1773. Il était maître de chapelle à Bonn; il a composé plusieurs opéras qui n'ont pas été conservés. — II. (Ludwig von), un des plus grands musiciens de l'Allemagne, petit-fils du précédent, né à Bonn, le 17 décembre 1770, mort à Vienne le 26 mars 1827. Bien qu'il montrât peu de goût pour la musique, son père lui enseigna, par des moyens violents, à jouer du clavecin, dès l'âge de 4 ans; à 17 ans il était organiste à Bonn, et à 18, l'électeur de Cologne l'envoya étudier à Vienne sous l'illustre Mozart qui lui prédit un brillant avenir. Il reçut aussi des leçons de Haydn et d'Albrechtsberger et ne tarda pas à être considéré comme le meilleur pianiste de l'Allemagne. Avant l'âge de 30 ans, il avait composé des chants, des chants, plus de 20 sonates pour piano-forte, outre des trios pour piano, violon, etc., des trios, des quartets, des quintes, 2 concertos pour piano et pour orchestre. Plus tard il produisit le ballet intitulé les *Hommes de Prométhée*; la *Symphonie héroïque* (1804), *Fidelio*, opéra (1805), ses 1re, 2e, 3e, 4e, 5e 6e symphonies, la messe en C ; les *Ruines d'Athènes* (1812), la *Bataille de Vittoria* (1813), le *Glorieux moment*, cantate en l'honneur du congrès de Vienne (1814); sa 8e symphonie (1815). Les principales productions des dix dernières années de sa vie furent de grandes sonates pour piano-forte, la grand'messe en D, œuvre magistrale qui lui coûta 3 années de travail; l'ouverture en C; sa 9e symphonie avec chœurs, son travail le plus considérable, finie en 1824; et ses derniers quartets. Il n'est pas une seule branche de la musique qui ne soit représentée dans les œuvres de Beethoven; mais la prépondérance de la musique instrumentale sur la musique vocale est frappante. Pour l'orchestre complet, il laissa 9 symphonies, 11 ouvertures et d'autres morceaux; pour la musique d'amateurs ou de salon, il composa 16 quartets, des trios, etc.; il laissa trente-deux sonates pour solos de piano-forte et plus de cent ouvrages pour cet instrument. Sa musique sacrée comprend deux messes, une cantate et des chants; sa musique vocale se compose d'un opéra et d'une grande variété de chants, de trios, etc. La tendance des œuvres de ce grand compositeur était de perfectionner la musique instrumentale, qu'il considérait comme le langage des sensations. Bach, Haydn et Mozart avaient porté la forme de la sonate et de la symphonie à son dernier degré de perfection; Beethoven leur communiqua, pour ainsi dire, une âme nouvelle, et

il est resté sans rival dans ce genre de composition. Dès l'âge de 30 ans, ce maître, admiré et protégé des princes allemands, fut atteint d'une surdité qui augmenta et le rendit triste, morose et fantasque. Il passa ses derniers jours au village de Baden. L'édition complète de ses œuvres a été publiée à Leipzig, en vingt-quatre séries (1862-'64).

BEETING-ROOM s. m. Sport. Fausse orthographe de BETTING-ROOM.

BÉFANA (La), personnage imaginaire qui remplit en Italie le rôle du bonhomme Noël ou du petit Jésus en France, ou celui de Saint-Nicolas dans l'Amérique du Nord. C'est la Béfana qui apporte des jouets et des bonbons dans la chaussure des enfants, la veille de Noël. Elle figure, en grande robe noire, dans les processions burlesques qui ont lieu le jour de l'Épiphanie.

BEFFARA (Louis-François), littérateur, né à Nonancourt (Eure), en 1754, mort en 1838. Commissaire de police à Paris (1792-1816), il consacra ses loisirs à faire des recherches sur la vie et les écrits de Molière. C'est à lui que nous devons la ·véritable généalogie de cet illustre écrivain, la date exacte de sa naissance et les renseignements les plus positifs sur les principaux membres de sa famille : *Dissertation sur Molière*, Paris, 1821, in-8° ; *Maison natale de Molière*, Paris, 1835, in-8° ; *l'Esprit de Molière*, 2 vol. in-12, Paris, 1777. Beffara a laissé d'importants manuscrits, déposés à la Bibliothèque nationale.

* **BEFFROI** s. m. (celt. *ber*, porter; *affreid*, effroi). Grande tour mobile reposant sur des roues, que l'on dirigeait le plus près possible des murs d'une place assiégée, avant l'invention de la poudre à canon. — Tour ou clocher d'où l'on fait le guet, où il y a une cloche pour sonner l'alarme : *on a sonné la cloche du beffroi*. — Cloche qui est dans le beffroi : *sonner le beffroi*. — Charpente qui porte les cloches : *il faut refaire le beffroi de cette tour.*

BÉFORT. Voy. BELFORT.

BEG. Voy. BEY.

* **BÉGAIEMENT** ou **Bégayement** s. m. Action de bégayer; vice de prononciation de celui qui bégaye. — Méd. Vice de la parole ou du langage qui consiste dans la répétition précipitée et pour ainsi dire convulsive de certaines syllabes, et même dans l'empêchement complet d'articuler. On l'observe moins souvent chez les femmes que chez les hommes. Ordinairement congénital, il peut aussi être produit sous l'influence de l'imitation. Plusieurs modes de traitement ont été employés pour remédier au bégaiement. Après 1817, on connut la méthode d'Ithard. En 1825, M. Malbouche introduisit en France la méthode américaine ou méthode de Mme Leig, qui fut ensuite perfectionnée par Colombat (de l'Isère) et Serres (d'Alais). Le traitement consiste à exercer le sujet bègue à lire ou à déclamer lentement et à haute voix, sans hésitation, avec persévérance et une volonté incessante.

BÉGARD, ch.-l. de cant., arr. et à 15 kil. N.-O. de Guincamp (Côtes-du-Nord); 4,500 hab. Ancienne abbaye de l'ordre de Citeaux, construite en 1130 et convertie aujourd'hui en asile d'aliénés.

BÉGARDS, Beghards ou BÉGUARDS (flamand : *mendiants*). Hérétiques appelés aussi *Spiritualistes* ou *Frères du libre esprit*, qui s'élevèrent au XIIIe siècle dans les Pays-Bas, dans l'Allemagne et jusqu'en Italie. Ils prétendaient que l'homme peut arriver à un tel degré de perfection qu'il s'unit à Dieu et devient Dieu lui-même. Sans observer le célibat ni aucune observance monastique, ils portaient un habit religieux. Leur hérésie fut condamnée au concile de Vienne, en 1311.

BÉGAS (Karl), peintre allemand (1794-1854),

élève de Gros. Ses chefs-d'œuvre sont : « Henri IV à Canossa », le « Sermon sur la montagne » le « Christ sur le mont des Oliviers ». Il a laissé beaucoup de portraits.

* **BÉGAYER** v. n. Se conjugue comme *Payer*. Articuler mal les mots, les prononcer en hésitant, et en répétant la même syllabe avant de prononcer celle qui suit. — Fig. Parler de quelque chose d'une manière très vague, très imparfaite : *les plus grands philosophes ne font que bégayer, quand ils veulent parler de ce qui est inaccessible à la raison humaine* (Acad.). — v. a. Prononcer en bégayant : *il a bégayé* sa leçon.

BEG-CHEHER ou Beysheyr, lac, rivière et ville de l'Asie Mineure. Le lac mesure 30 kil. de long sur 8 à 15 de large; on suppose que c'est l'ancien Carallis ou Caralétis de l'Isaurie. La ville, près de l'extrémité S.-E. du lac, est à 70 kil. O.-S.-O. de Konieh.

BÉGHARMI. Voy. BAGHIRMI.

BEGLER-BEG s. m. *Seigneur des seigneurs*, titre donné en Turquie aux vice-rois ou gouverneurs de provinces.

BÉGON (Michel), promoteur de la botanique, né à Blois en 1638, mort en 1710. Il fut successivement garde des sceaux du présidial de Blois, président de ce même corps (1665), trésorier de la marine à Toulon (1677), intendant du Havre (1684), intendant général de Saint-Domingue (1683), intendant des galères de Marseille (1685), puis intendant à Rochefort et à La Rochelle. Il avait rassemblé de riches collections d'antiquités et d'histoire naturelle.

BÉGONIA, BÉGONIE ou BÉGONE s. f. (nom créé par Plumier, en l'honneur de Michel Bégon qui lui avait fait le meilleur accueil à Saint-Domingue). Bot. Genre de Bégoniacées, comprenant des plantes des Indes orientales

Bégoni.

et des Indes occidentales et de l'Amérique du sud. On les cultive à cause de leurs fleurs quelquefois brillantes et surtout à cause de leurs feuilles bizarrement irrégulières et présentant des panachures remarquables. L'hybridation a produit une infinité de variétés. Ce sont des plantes d'appartement, qu'il faut mettre dans la serre chaude l'hiver; on les arrose largement pendant la végétation ; peu ou point pendant le repos.

BÉGONIACE, ÉE adj. Qui appartient, qui ressemble à la bégonia. — s. f. pl. Famille de plantes à pétales périgynes, voisine des cucurbitacées, et ne comprenant que le genre *bégonia*.

* **BÉGU, UE** adj. [bé-gu]. Se dit d'un cheval qui marque toujours quoiqu'il ait plus de dix ans. La marque que conserve le cheval bégu est la *germe de fève*, formée par un petit creux marqué de noir. L'acheteur distingue aisément le

.cheval bégu en examinant si les dents sont longues, jaunes, crasseuses et décharnées.

* **BÈGUE** adj. [bè-ghe]. Qui bégaye. — Substantiv : *c'est un bègue, une bègue*.

* **BÉGUEULE** s. f. [bé-gheu-le] (de *gueule bée*, bouche ouverte). Femme prude avec hauteur, ou dédaigneuse avec impertinence : *c'est une bégueule*. — Adjectiv. : *cette femme est bien bégueule*.

* **BÉGUEULERIE** s. f. Caractère, airs, ton d'une bégueule.

* **BÉGUIN** s. m. (rad. *béguine*, parce que les *béguines* portèrent d'abord cette coiffure). Espèce de coiffe pour les enfants, qui s'attache sous le menton avec une petite bride. — Jargon : caprice amoureux : *elle a un béguin pour lui*, elle en est coiffée. — Tête : *tu y as donc tapé sur le béguin* (Robert Macaire).

* **BÉGUINAGE** s. m. Maison, couvent de béguines. — Dévotion puérile et affectée : *elle donne dans le béguinage*.

* **BÉGUINE** s. f. [bé-ghi-ne]. Nom donné aux femmes qui avaient embrassé l'hérésie des béguins. — Nom donné à des religieuses des Pays-Bas qui ne prononcent pas de vœux, mais s'engagent à vivre dans l'obéissance et la chasteté aussi longtemps qu'elles resteront dans le béguinage. Ces religieuses sont réunies dans des sortes de monastères où chacune a son ménage particulier. Les communautés de béguines furent dit-on fondées par Lambert le Bègue, prêtre liégeois, mort en odeur de sainteté (1177) : d'autres attribuent leur institution à sainte Béga, sœur de Pépin de Landen. Le « Grand béguinage » de Bruges était le plus important. Les nonnes soutinrent que, par une vie exemplaire, elles pouvaient devenir sans péché. Le concile de Vienne condamna cette erreur et abolit une branche de l'ordre en 1311. Il existe encore des béguines en Allemagne et en Belgique; elles se vouent à la garde des malades, des blessés, etc. — En France on a donné le nom de *béguines* aux sœurs de charité, aux sœurs grises et à différentes communautés religieuses. — La condamnation des véritables *béguines* a donné à leur nom un sens injurieux : on appelle *béguine* une dévote qui se livre à des pratiques puériles.

BÉGUINS. Nom francisé des *Bégards*.

BEHAIM ou **BEHEM** (Martin) [bé-hèmm] géographe allemand, né à Nuremberg vers 1459, mort à Lisbonne en 1506. Négociant de son état, il s'établit à Malines, à Anvers, puis en Portugal, fut, en 1483, nommé membre d'une commission chargée de calculer un astrolabe. L'année suivante, il accompagna, en qualité de cosmographe, l'explorateur Diogo Cam dans son expédition sur la côte occidentale de l'Afrique; et en 1486, il fixa, à Fayal, une colonie flamande. En 1490, il revint à Nuremberg et y fit le globe terrestre que l'on conserve encore dans sa famille comme un précieux monument des sciences géographiques à la fin du XVᵉ siècle. Behaim fut ensuite employé dans la diplomatie par le gouvernement portugais. Bibl: Murr, *Histoire diplomatique du chevalier de Behaim*, Nuremberg, 1778, 1801. Humboldt, *Recherches sur le chevalier de Behaim*, Berlin, 1836.

BEHAINE (Pierre-Joseph-Georges PIGNEAU DE) missionnaire, né à Origny en Thiérache, le 2 novembre 1741, mort à Saïgon, le 9 octobre 1799. Évêque *in partibus* d'Adran, en 1770, il vint dans la Basse-Cochinchine au moment où ce pays était déchiré par la guerre civile (1774) et s'attacha à la famille royale, qui fut chassée par les rebelles. Après une lutte de 12 ans, Behaine se décida à revenir en France demander l'appui du roi. Il amena avec lui le fils aîné du souverain légitime, débarqua à Lorient, en février 1787, fut reçu à Versailles,

et signa, le 28 novembre, un traité par lequel Louis XVI s'engageait à secourir le roi de Cochinchine, lequel cédait à la France les îles de Tourane et de Poulo-Condor. De retour en Cochinchine en 1789, Behaine prit le commandement des troupes et mit sur le trône, après une guerre de 10 ans, son protégé Gia-Long.

BEHAM [bé-hamm]. I. (Barthélemy) peintre et graveur allemand, né à Nuremberg en 1494, mort en 1540. Sa manière de graver le place à la tête des graveurs qu'on nomme les *petits-maîtres*.— II. (Hans-Sebald), peintre et graveur, neveu du précédent, né à Nuremberg, vers 1500, mort en 1550. Élève d'Albert Dürer, il excella comme graveur sur cuivre. On dit qu'il mena une vie très débauchée, au sujet de laquelle il fut jeté dans le Mein, à Francfort.

BÉHAR, partie occidentale de la province de Bengale (Inde), formant les commissariats de Patna et de Bhaugulpore. 61.463 kil. car.; 19.738.000 hab. ; vastes territoires couverts de forêts; portions bien arrosées, fertiles et admirablement cultivées. Les principales productions sont l'opium, l'indigo et le riz — Ville princ. Patna.

BÉHÉMOTH, bête énorme et mystérieuse dont parle Job, et que les pères regardent comme le symbole du mal.

BÉHEN s. m. [bé-henn] (arabe, *béhmen*). Racine médicinale, dont deux espèces les plus usitées autrefois nous étaient apportées du mont Liban : *béhen blanc, béhen rouge*.

BEHISTUN voy. BISOUTOUN.

BEHN (Aphara ou Aprha, née JOHNSON), femme poète et romancière anglaise (1640-1689). Ayant accompagné en Amérique son père, nommé gouverneur de Surinam, elle fit connaissance du prince indigène Oroonoko, dont la vie lui fournit le sujet d'un roman plein d'intérêt. A son retour dans sa patrie, après la mort de son père, elle épousa à Londres, le riche marchand Behn, qui était d'origine hollandaise. Pendant la guerre de Hollande, elle fut envoyée sur le continent comme espion politique et mena ensuite une existence libre et joyeuse, en compagnie d'hommes d'esprit et de plaisirs. Ses œuvres réimprimées à Londres, en 1871, 6 vol., comprennent dix-sept pièces de théâtre, *Oroonoko* ou *le royal esclave* (traduit en français par Laplace), quelques romans, des poésies et de nombreuses lettres. Ces productions sont remarquables par la vivacité du style et par une certaine licence.

BEHRING ou **Béring** (Vitus), navigateur, né à Horsens (Jutland) en 1680. S'étant distingué au service de Pierre le Grand, il fut chargé par ce prince d'une expédition scientifique dans le Kamtchatka (1725). Un deuxième voyage (1727-'30) procura la connaissance de quelques petites îles peu éloignées des côtes orientales de l'Asie. La certitude de découvrir de nouvelles terres le fit repartir avec deux navires russes, en 1740. Il traversa la mer d'Okhotsk et gagna la côte N. de l'Amérique. Jeté par les tempêtes sur le désert et glacée d'Avatscha (aujourd'hui *Behring*), il y mourut presque aussitôt (8 décembre 1741). On trouve quelques détails sur ces explorations dans les *Voyages et découvertes faites par les Russes*, 1766, Amsterdam, 2 vol. in-12.

BEHRING ou **Béring**. I. (Ile de), vis-à-vis la côte E. du Kamtchatka, découverte par Behring en 1741, occupée par des marchands de fourrures et remise aux navires du commerce qui viennent y hiverner. — II. (Mer de), partie du Pacifique qui git immédiatement au S. du détroit de Behring, entre l'Amérique et l'Asie. Behring l'explora le premier en 1728. — III (Détroit de), canal qui unit, entre l'Asie et l'Amérique, les océans Pacifique du Nord et Arctique. Il fut découvert

par Behring en 1728. Longueur : 650 kil.; sur un point, il n'a pas plus de 70 kil. de large.

* **BEIGE** adj. [bè-je] (ital. *bigio*, gris). Comm. Se dit de la laine et des tissus qui, n'ayant reçu ni teinture ni blanchiment, ont conservé leur couleur naturelle : *draps beiges*. — s. f. Etoffe de laine beige qui n'a reçu aucune teinture : *une beige de bonne qualité; beige foulée, pure laine*.

BEIGNE s. f. [bè-gne ; *gn* mll.] (celt. *bigne*, enflure). Contusion, enflure provenant d'un coup : *il a reçu une beigne*. — On dit aussi *Bigne* ou *Beugne*.

BEIGNER v. a. (rad. *beigne*). Frapper, donner des coups. — **Se beigner** v. pr. Se faire une contusion. — v. récipr. Se battre.

* **BEIGNET** s. m. [bè-gnè; *gn* mll.] (rad. *beigne*). Espèce de pâte frite à la poêle, et qui enveloppe ordinairement une tranche de quelque fruit. Il y a des beignets de pommes, d'abricots, d'ananas, de crème, de riz, etc. — Les *beignets souflés* ne contiennent pas de fruits; ils se composent de pâte à choux qui gonfle considérablement en cuisant dans la friture.

BEINE ch.-l. de cant., arr. et à 14 kil. E. de Reims (Marne); 1,100 hab. Fon's baptismaux romains très anciens dans l'église paroissiale. Toiles pour bluterie.

BEIRA ou **Beyra**, province de Portugal, autrefois divisée en Haute et Basse Beira (ch.-l. Viseu et Castello Branco) 23,977 kil. car.; 1,390,500 hab. Territoire montagneux et peu fertile, arrosé par le Douro, le Mondego et le Tage. Production de marbre et de fer. Capitale Coïmbra.

* **BEIRAM.** Voy. BAIRAM.

BEIROUT. Voy. BEYROUT.

BEISAN. Voy. SCYTHOPOLIS.

BEISSEL (Johann-Conrad), fanatique allemand, né dans le Palatinat, en 1690, mort en 1768. Il fonda une nouvelle secte à Ephrata (Pennsylvanie), publia des livres en allemand et en latin, et rendit 99 oracles mystiques.

BEIT-EL-FAKIH (*Maison du saint*), ville d'Arabie, à 65 kil. N.-N.-E. d'Hodeïda; 8,000 hab. Rendez-vous de caravanes venant de Syrie, de Perse et d'Egypte pour chercher des marchandises anglaises, en échange desquelles elles apportent du café, de la cire et de la gomme.

BEJA, ville d'Alemtejo, Portugal, à 60 kil. S.-S.-O. d'Evora; 7,000 hab. Vieux château et belle cathédrale. Fabr. de cuirs et de poterie.

BEJAPOOR. Voy. BEDJAPOUR.

BÉJART, famille de comédiens qui firent partie de la troupe de Molière. I. (Jacques), fils d'un procureur au Châtelet, né à Paris en 1622, mort en 1659, gagna une petite fortune comme auteur, tandis que Molière, chef de la troupe, ne pouvait faire honneur à ses engagements. — II. (Louis), son frère (1630-78), créa des rôles dans presque toutes les pièces de Molière. Quand il quitta la scène en 1670, ses camarades lui firent une pension de 1,000 livres, ce qui fut, dit-on, l'origine des pensions de la Comédie-Française. — III. (Madeleine), sœur aînée des précédents (1618-72), jouait les rôles de soubrettes dans la troupe de Molière, dont elle devint la maîtresse. — IV. (Geneviève), sœur des précédents, morte en 1675; joua également les rôles de soubrettes; épousa en secondes noces, Aubry qui, de maître paveur, était devenu acteur tragique. — V. (Armande-Grésinde-Claire-Elisabeth), sœur puînée des précédents (1643, 30 nov. 1700). Molière, plus âgé qu'elle de 28 ans, l'épousa en 1662. Les ennemis de notre grand auteur comique prétendirent qu'elle était la propre fille de son époux, et cette odieuse calomnie s'est perpétuée jusqu'à nos jours, malgré toutes les preuves du contraire. L'inconduite d'Armande Béjart empoisonna les derniers jours de Molière. Après quelques années de veuvage, elle épousa le comédien Guérin d'Estriche et se retira du théâtre en 1694. Voy. MOLIÈRE.

* **BÉJAUNE** s. m. Fauconn. Oiseau jeune et niais. — Fig. Jeune homme sot et niais. — Fig. et fam. MONTRER A QUELQU'UN SON BÉJAUNE, lui faire voir sa sottise, son ineptie. On écrit aussi *Bec jaune*, mais on prononce toujours *Béjaune*.

BEKE (Charles-Tilstone), géographe et explorateur anglais (1800-'74); il visita toute l'Abyssinie et la Syrie. En 1865, il fut chargé de la délicate mission d'obtenir du roi Theodorus la liberté des otages anglais. L'insuccès de sa démarche amena l'expédition d'Abyssinie. Les travaux de Beke comprennent June : « Distribution géographique des langues en Abyssinie »; les « Sources du Nil avec l'histoire des découvertes sur le Nil » et « Les captifs anglais en Abyssinie ».

BÉKÉS. I. Comté du S.-E. de la Hongrie; 3,420 kil. carr.; 209,750 hab. Territoire couvert de *pusztas* (plaines sans arbres); ch.-l. Gyula. — II. Ville du comté ci-dessus, sur le Koros, à 51 kil. S.-O. de Grosswardein; 23,500 hab. Comm. de grains.

BEKKER I.(Balthazar), théologien hollandais (1634-'98). Dans ses *Recherches sur les comètes* Lewarden, 1683, il combattit le préjugé relatif à l'influence pernicieuse des comètes, ce qui le fit accuser d'athéisme. Dans le *Monde enchanté* (traduit en français, Amsterd. 1694, 4 vol. in-12), il réfuta les superstitions au sujet du diable, des sorciers, des génies, etc. Cet ouvrage courageux lui attira d'incessantes persécutions. — II. (Elisabeth WOLF, née), poète et romancière hollandaise, né à Flessingue, en 1738, morte à la Haye, en 1804. Elle publia des poésies remarquables et, en collaboration avec Agathe Deken, des romans qui sont restés populaires. Son *Histoire de Sarah Burgerhart* a été traduite en français, 1790, 4 vol. in-16. — III. (Immanuel), philosophe allemand, né à Berlin en 1785, mort en 1871, longtemps professeur à l'université de Berlin, éditeur de livres classiques et de 24 vol. des historiens byzantins; auteur de *Homerische Blatter*, 1863-'72, 2 vol.

BEL ou **Bil.** Voy. BÉLUS.

* **BEL** adj. Voy. BEAU.

BÉLA, nom de quatre rois hongrois de la dynastie des Arpades. — I. (1061-'63), affermit la religion chrétienne, récemment introduite en Hongrie. — II. *L'Aveugle* (1131-'41). — III. (1173-'96), épousa une sœur de Philippe-Auguste, roi de France. — IV. (1235-'70), soutint de nombreuses guerres. Voy. HONGRIE.

BELABRE, ch.-l. de cant., arr. et à 13 kil. S.-E. du Blanc (Indre), sur la rive droite du Langlin; 2,200 hab. Toiles et métaux. Aux environs, ruines du château de Belabre, où fut étranglé le sire de Flavi.

* **BÉLANDRE** s. f. (holland. *bylander*). Mar. Navire maté, soit en brick, soit simplement en sloop, dont on fait usage dans les rades et sur les canaux pour le transport.

BÉLANDRIER s. m. Marinier qui monte une bélandre.

* **BÉLANT, ANTE** adj. Qui bêle : *brebis bélantes.* — PROV. BŒUF SAIGNANT, MOUTON BÉLANT, il faut que le bœuf et le mouton rôtis ne soient guère cuits.

BELBEIS, Belbeys ou Belbes, ch.-l. du district du même nom, dans la basse Egypte, à 49 kil. N.-E. du Caire; 5,500 hab. C'est à 24 kil. au N.-N.-O. que se trouve Bubastis. Près de la ville de Belbeis, on a découvert les ruines de l'antique Pithom ou Patumus, à la construction de laquelle les Egyptiens em-

ployèrent les Israélites. Belbeis se trouve par 30° 24' 49" lat. N. et 29° 8' 22" long. E.

BELCAIRE, ch.-l. de cant., arr. et à 55 kil. S.-O. de Limoux (Aude); 4,450 hab. Céréales, fourrages, sapins.

BELCHER (sir Edward), explorateur anglais (1799-1877). Il entra fort jeune dans la marine et fut nommé contre-amiral en 1872. Envoyé à la recherche de sir John Franklin, en 1852, il partit avec cinq navires, sauva Mac Clure et son équipage, fit d'importantes explorations près de l'île Melville, et, à son retour, fut jugé par la cour martiale pour avoir abandonné quatre de ses bâtiments; mais il fut acquitté. Il a publié : « Relation d'un voyage autour du monde » (1843) et « Le dernier des voyages arctiques » (1855).

BÈLE s. m. (gr. *bélos*, trait). Javelot dont on se servait au moyen âge, et qu'on lançait comme un trait.

BÉLED-UL-GÉRID. Voy. BILED-OUL-DJÉRID.

BÉLÉE s. f. Corde garnie d'hameçons, qu'on place entre deux eaux.

BELEM [bé-lèmm] faubourg situé sur le Tage, au S.-O. de Lisbonne (Portugal). Son nom dérive de la magnifique église de Notre-

Tour de Belem.

Dame de Béthléem, que l'on y construisit en 1499, lorsque Vasco de Gama revint de son voyage dans les Indes. Une vieille forteresse, la tour de Belem (torre de Belem), plus pittoresque que redoutable, commande la rive du Tage.

BELEM, ville du Brésil, voy. PARA.

* **BÈLEMENT** s. m. Cri des moutons, des agneaux et des brebis.

* **BÉLEMNITE** s f. [bé-lèmm-ni-te] (*l.belemnites*, pierre en forme de flèche). Moll. Sorte

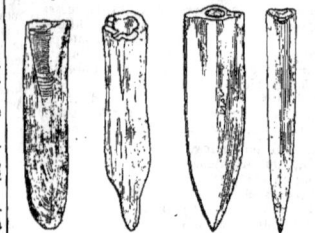

Bélemnites : B. isoceles.   B. urnula.   B. digitalis.

de coquille fossile qui affecte la forme d'un doigt, d'une flèche ou d'un fer de lance et que

l'on considère généralement comme ayant constitué l'os d'un animal céphalopode. Ces coquilles se trouvent par millions dans les couches de craie et de calcaire compact. On en a décrit plus de 90 espèces bien caractérisées; quelques-unes mesurent de 20 à 25

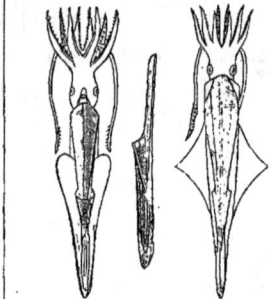

Bélemnites restaurées, d'après d'Orbigny.

centimètres de long. Elles ont un test mince, composé de deux cônes réunis par leur base; le cône intérieur est divisé par des cloisons parallèles. Voy. de Blainville : *Mémoire sur les Bélemnites*, Paris, 1827, in-4°.

BÉLÉNUS, divinité principale de plusieurs peuplades germaniques. On suppose que c'était le soleil.

BELEP, île située au nord de la Nouvelle-Calédonie; 400 hab., tous catholiques; territoire fertile.

* **BÊLER** v. n. (lat. *balare*). Faire des bêlements : *un mouton bêlait dans les champs.*

BÉLÉSIS [ziss], prêtre chaldéen qui se révolta contre Sardanapale et s'empara de sa couronne (579 av.-J.-C.). Son vrai nom est *Nabonassar.* Voy. BABYLONIE.

* **BEL ESPRIT** s. m. Voy. ESPRIT. — Plur. des *Beaux esprits.*

BÉLESTA, commune (Ariège), cant. de Lavelanet, arr. et à 25 kil. S.-O. de Foix, sur la rive droite du Lhers, près de la magnifique forêt de sapins qui porte son nom et qui est la plus belle des Pyrénées (15 kil. sur 4); on y admire des sites pittoresques, des cavernes profondes et le Val d'amour. Non loin du bourg se trouve la fontaine intermittente de Fontestorbe; 2,500 hab.

* **BELÊT** s. m. Cheval destiné à l'équarrissage.

* **BELETTE** s. f. (celt. *bélé*, martre). Petit mammifère carnassier du genre martre, sousgenre putois (Cuv.), de forme allongée et de couleur rousse, d'un caractère fin jusqu'à la ruse et d'un appétit sanguinaire qui en fait le plus redoutable ennemi de nos volailles. La

Belette commune d'Europe (Putorius vulgaris).

belette commune d'Europe (*putorius vulgaris*) est longue de 15 à 25 centimètres, et très allongée; d'une couleur fauve, jaune clair sous le ventre. Elle s'habit près des habitations et quelquefois dans les greniers à foin et dans les trous des murs. Lorsqu'elle peut pénétrer, pendant la nuit, dans un poulailler ou dans un colombier, elle égorge tous les petits et les emporte les uns après les autres. Elle se rend utile par la chasse active qu'elle fait aux rats et aux souris.

BELFAST, ville et port d'Irlande, cap. du comté d'Antrim, sur le Lagan, près de la baie de Belfast, à 140 kil. N.-N.-E. de Dublin; 175,000 hab. protestants, presbytériens et catholiques en nombres à peu près égaux. Evêché catholique de Down et Connor. Belfast est l'entrepôt du commerce de toile dans le nord de l'Irlande et le siège principal de la manufacture des cotonnades et des toiles. Des steamers la mettent en communication régulière avec l'Angleterre et l'Amérique. On y

Belfast. Queen's College.

compte 80 églises et de nombreuses écoles, parmi lesquelles le célèbre collège de la Reine (Que'en's college), le collège méthodiste, l'académie de Belfast, etc. Un des principaux monuments est la tour élevée en mémoire du prince Albert (140 pieds de haut). — Le château de Belfast fut détruit en 1315 par Edouard Bruce. En 1682-'86 fut construit le grand pont (21 arches, 2,562 pieds de long), et en 1841, sur l'emplacement de ce grand pont, on érigea le pont de la Reine (Queen's bridge), qui n'a que cinq arches. Belfast fut le théâtre de plusieurs émeutes catholiques en 1857. La lutte prit le caractère d'une guerre civile en 1864, entre catholiques et protestants; plus de 150 personnes furent tuées ou blessées; les troubles se sont renouvelés en 1865 et en 1872.

Tour du prince Albert.

BELFAST, ville du Maine (Etats-Unis) sur le rivage N.-O. de la baie de Penobscot; 6,000 hab. Pêcheries et construction de navires.

BELFORT ou **Béfort**, ch.-l. du territoire de Belfort ou dép. du Haut-Rhin, sur la Savoureuse, à 115 kil. S.-O. de Strasbourg et à 683 de Paris; place forte de première classe, 15,050 hab. Située au pied des deux hautes collines de la Miotte et de Justice que couronnent des forteresses inexpugnables, Belfort commande le passage dit Trouée de Belfort, entre les Vosges et le Jura. Le voisinage de la Suisse et de l'Allemagne lui donne une grande importance militaire et commerciale. Tanneries, forges, horlogerie, papeteries, etc.; mines de fer aux environs. Belfort doit son origine à un château fort dont on fait remonter la construction au xie siècle. Au xiiie siècle,

il était gouverné par des souverains particuliers, fut réuni au comté de Férette et passa, par un mariage, à l'archiduc Albert d'Autriche, en 1319. Pris par les Suédois en 1632 et 1634, il fut cédé par l'Autriche à la France en vertu du traité de Westphalie (1648). En 1814, Belfort n'ouvrit ses portes qu'après l'abdication de Napoléon; en 1815, le général Lecourbe s'y enferma un instant. En 1820, éclata dans cette ville un complot libéral dirigé par les carbonari. Le 4 novembre 1870 les Prussiens, commandés par le général Treskow, se présentèrent devant cette place, où le colonel Denfert-Rochereau avait réuni 16,200 hommes, dont la plus grande partie se composait de mobiles. Le siège dura 103 jours, dont 73 d'un bombardement sans trêve, qui jeta dans la place près de 500,000 projectiles. Le 13 février 1871, sur l'ordre du gouvernement, l'énergique colonel Denfert, qui avait illustré son nom par cette belle défense, dut cesser de tirer sur l'ennemi; le 18 février, il évacua la place avec ses troupes, ses armes et ses bagages et rallia le poste français le plus voisin. Les Allemands ne rendirent Belfort qu'à la condition que leurs troupes entreraient dans Paris. — Lat. N. (à l'angle occidental de la citadelle) 47° 38' 13"; long. E. 4°31' 44".

BELGARD [bèl-gart] ville de Poméranie, Prusse, sur la Persante, à 25 kil. S.-S.-O. de Köslin ; 6,500 hab. Marché important de chevaux et de bétail.

BELGAUM ville très forte de l'Inde anglaise, dans la présidence de Bombay, à 65 kil. N.-O. de Dharwars, 27,450 hab.

BELGE s. et adj. Qui est né en Belgique; qui habite la Belgique; qui a rapport à ce pays ou à ses habitants.

BELGE s. f. Pipe en terre fabriquée en Belgique.

BELGES, *Belgæ*, nom latinisé des *Welches*, peuple germanique qui s'établit au nord de la Gaule, après avoir expulsé ou réduit les aborigènes d'origine celtique, vers le iie siècle avant J.-C. Ils opposèrent une vigoureuse résistance à César, qui les dépeint comme les plus braves habitants de la Gaule. Leur vaste territoire était borné au N. par le Rhin; à l'O. par l'Océan; au S. par la Sequana (Seine) et la Matrona (Marne) ; et à l'E. par le pays des Treviri. Ils se divisaient en sept tribus principales : Nervii ; Bellovaci, Remi, Suessones, Morini, Menapii, Aduatuci ; et leurs forces collectives s'élevaient à un million d'hommes. Le pays qu'ils habitaient forme aujourd'hui la Belgique et des portions de la France, de l'Allemagne et de la Hollande. Voy. GAULE.

BELGIOJOSO (Christina Trivulzio), princesse de) patriote italienne, née et morte à Milan (1808-'74). Elle était fille du marquis Trivulzio, dont la famille est depuis longtemps célèbre en France et en Italie. Elevée dans les idées de Manzoni, elle affecta le plus profond mépris pour le gouvernement autrichien et fut expulsée de Milan, peu après avoir épousé le prince Emilio Barbian e Belgiojoso (1824). Elle se réfugia à Paris, où ses salons devinrent, après 1830, le centre d'un cercle brillant d'hommes éminents dans les lettres et dans la politique. Ses propriétés confisquées lui furent rendues grâce à l'intervention de Mignet et do Louis-Philippe. A-source à Milan

en 1848, elle équipa à ses frais u.ie troupe de volontaires milanais et s'associa à Marguerite Fuller-Ossoli, pendant le siège de Rome par les Français. Elle s'enfuit en Turquie, après les affaires de 1849, et ne rentra dans la jouissance de ses biens qu'en 1855. Elle revint dans sa patrie en 1859, quelque temps après la mort de son mari. Elle a laissé plusieurs ouvrages, parmi lesquels: *Emina, récits turco-asiatiques*, Leipzig, 2 vol. in-16; *Asie Mineure et Syrie*, Paris 1858, in-8°.; *Histoire de la maison de Savoie*, 1860, in-8°. A partir de 1861, elle rédigea *l'Italie*, journal publié en français à Turin.

BELGIQUE, royaume d'Europe, borné par la France, le grand duché de Luxembourg, l'empire d'Allemagne, la Hollande et la mer du Nord; entre 49° 30' et 51° 34' lat. N. et entre 0° 44' et 3° 42' long. E. Sa plus grande longueur est de 300 kil.; sa plus grande largeur de 205 kil. Capitale Bruxelles; villes principales, Anvers, Gand, Liège, Bruges, Malines, Verviers, Louvain, Tournai, Courtrai, Saint-Nicolas, Namur, Seraing, Mons, Alost, Spa (station balnéaire), Ostende, Charleroi et Arlon.

SUPERFICIE ET POPULATION

PROVINCES	Kilom. carrés.	Pop. en 31 décembre 1876	1878
Anvers.	2.831.73	538.381	560.020
Brabant.	3.282.96	936.063	978.071
Flandre occidentale .	3.234.67	684.468	693.530
Flandre orientale . .	2.909.05	852.458	877.642
Hainaut.	3.721.62	936.354	975.252
Liège	2.893.88	632.228	650.801
Limbourg	2.412.34	205.237	209.343
Luxembourg. . . .	4.417.76	204.201	208.134
Namur	3 660.25	315.790	334.835
Totaux. . .	29.455.16	5.335.185	5.476.668

Le territoire de la Belgique nourrit 161 hab. par kil. carr.; densité qui n'a pas d'égale en Europe. La moitié de la population parle la langue française, qui est la langue officielle; l'autre moitié se sert de différents dialectes flamands. Presque tous les habitants sont catholiques; on évalue le nombre des protestants à 16,000 et celui des juifs à 3,000. Avant l'établissement du royaume de Belgique, en 1830, la population s'élevait à peine à 4 millions d'hab. Depuis cette époque l'augmentation a été d'environ 1 0/0 chaque année. Le nombre des émigrants ne dépasse pas une moyenne de 10,000 personnes par an; tandis que la moyenne de l'immigration s'élève à 43,000. La Belgique nourrit 40,000 Hollandais, 32,000 Français, 20,000 Allemands, 3,000 Anglais, etc. Le sol est généralement plat, excepté au sud-est, où se trouvent les collines des Ardennes. Principales rivières : Meuse, Scheldt (Escaut), Our. the et Sambre. Grande richesse minérale, qui est, avec l'agriculture, la source principale de la prospérité publique. La Belgique est, après l'Angleterre, le pays d'Europe qui renferme le plus de mines de charbon; les plus importantes se trouvent dans la province de Hainaut. La production du fer est également considérable; les meilleurs gisements se rencontrent entre la Meuse et la Sambre. La Belgique fournit, en outre, du plomb, du manganèse et d'autres métaux, principalement du zinc dont les mines se trouvent entre Liège et la frontière d'Allemagne. Presque partout le sol contient la pierre à bâtir, la pierre à chaux, la terre à pipes, l'ardoise et le marbre. On cite pour sa beauté le marbre noir de Dinant. L'agriculture a reçu un développement merveilleux dans ce pays, qui est l'un des mieux cultivés du monde. A peine la quatorzième partie du sol est-elle inculte. On récolte en abondance les genres de céréales, le chanvre, le tabac, les plantes oléagineuses et tinctoriales et la chicorée; mais peu de vin (230 hectares seulement sont consacrés à la culture de la vigne). Les Flandres produisent à elles seules pour 40 millions de francs de lin. — 30,000 chevaux dont les plus recherchés sont ceux du Luxembourg. 1,200.000 bêtes à cornes. 700.000

moutons, parmi lesquels on estime ceux de la Campine anversoise. Porcs des Ardennes. La terre est divisée entre 1,131,000 propriétaires.— L'industrie n'est pas dans une situation moins florissante que l'agriculture. Les principaux articles manufacturés sont les toiles de lin, les lainages, les cotonnades, les rubans, les tapis, la bonneterie, la verrerie, la clouterie, les canons, les armes à feu et les wagons. 500,000 ouvriers, employés dans les fabriques de toiles, produisent un million de pièces valant plus de 100 millions de francs. Les batistes de Bruges, les dentelles ou points de Bruxelles et de Malines sont universellement connus. Le principal article d'exportation, le charbon de terre, est tiré des mines par 108,000 ouvriers (44 millions de tonnes par an); exportation 85 millions de francs. Viennent ensuite les minerais (50 millions), la poterie, les pipes et la verrerie (35 millions), les tissus (100 millions), le papier (20 millions). L'importation porte sur les céréales (450 millions), les denrées coloniales (50 millions), les boissons fermentées (20 millions), les résines, huiles, etc. (159 millions). Le total de l'importation est de 1 milliard et demi; celui de l'exportation s'élève à 1,200,000 francs. — Entrées, 6,850 navires (3,580 à vapeur), jaugeant 2 millions de tonneaux. Sorties, 6,850 navires (3,580 à vapeur) 1,100,000 tonnes. La marine marchande belge ne possède que 50 navires (48,000 tonnes), dont 28 à vapeur (37,000 tonnes); presque tout le commerce maritime se fait par des navires étrangers, principalement sous le pavillon anglais.

Chemins de fer de l'État....	2.500 kil.
— — concédés..	1.260 »
Total......	3.760 kil.

Il y a 600 bureaux de poste, distribuant 65 millions de lettres particulières, 13 millions de cartes, 9 millions de correspondances administratives, 68 millions de journaux, 29 millions d'imprimés; produisant 10 millions de francs et coûtant 6 millions et demi. 5,234 kil. de télégraphes, et 648 bureaux reçoivent ou envoient 3 millions de télégrammes particuliers et 1 million et demi de télégrammes administratifs. Recettes, 2 millions; dépenses, 2 millions et demi — FINANCES : Recettes, 327 millions de francs. Dépenses, 295 millions. — Dette publique : 1 milliard et demi.

ARMÉE BELGE (Pied de paix).

	Hommes.	Chevaux	Canons
19 régiments d'infanterie......	26.391		
3 — de cavalerie......	7.404	5.998	
4 — d'artillerie......	7.925	2.372	204
1 — du génie......	1.390		
Total sur le pied de paix...	43.110	8.370	204
État-major et gendarmerie ...	3.273	1.995	
Total général	46.383	10.365	204

(Pied de guerre).

Infanterie...................	74.000		
Cavalerie...................	7.903	6.572	
Artillerie...................	14.513	4.050	250
Génie et train..............	2.354		
Total..........	98.770	10.622	250

La garde civique active compte 30,000 hommes; outre cela, il y a 90,000 hommes de garde civique non active. La principale forteresse, Anvers, a été rendue presque inattaquable par d'immenses travaux de défense que l'on y a élevés depuis 1870. Les autres places fortes sont Charleroi, Ostende, Gand et Namur. — D'après la charte de 1831, la forme du gouvernement est une monarchie constitutionnelle, représentative et héréditaire. Le pouvoir législatif est conféré au roi, à la Chambre des représentants et au Sénat. La succession au trône a lieu en ligne directe, de mâle en mâle, par ordre de primogéniture; à défaut d'enfant mâle, le roi peut désigner son successeur, avec le consentement des chambres. Sont électeurs tous les citoyens qui paient au moins 42 francs d'impôts directs. La Chambre des représentants consiste en un certain nombre de députés, élus dans la proportion de 1 pour 40,000 hab. Tout citoyen est éligible à l'âge de 25 ans; les députés sont nommés pour quatre ans, et renouvelables par moitié tous les deux ans. Le Sénat est composé exactement d'un nombre de membres moitié moindre que celui de la Chambre des députés. Ils sont élus pour huit ans, par le suffrage direct des mêmes électeurs que pour les représentants. Ils sont renouvelables par moitié tous les quatre ans. Pour être éligible au Sénat, il faut être citoyen, domicilié en Belgique, âgé de quarante ans au moins et payer une taxe directe annuelle de 2,000 fr. Les cens d'éligibilité peut être moins élevé dans certains cas. Les sénateurs ne sont pas payés. Les représentants touchent à peu près 100 francs par semaine. Le roi peut dissoudre les chambres; mais à la condition de les convoquer dans les deux mois. La liste civile du roi s'élève à 3,300,000 francs. L'exécutif se compose de 7 départements : affaires étrangères, finances, intérieur, instruction publique, justice, travaux publics et guerre. Il y a aussi des ministres d'État sans portefeuille, qui forment le conseil privé du souverain. Les titres de noblesse sont admis par la Constitution; mais ils ne confèrent aucun privilège, tous les Belges étant égaux devant la loi. La liberté de la presse et des théâtres est presque illimitée et les délits ne peuvent être jugés autrement que par le jury. La liberté religieuse est garantie par la Constitution. Les prêtres catholiques, protestants et juifs sont payés par l'État. — On compte six diocèses catholiques : 1° archevêché de Malines, dont le titulaire est primat de Belgique; 2° évêché de Bruges; 3° de Gand; 4° de Liège; 5° de Namur; 6° de Tournai. Au recensement de 1876, il y avait en Belgique 178 couvents habités par 2,991 hommes, et 1,144 habités par 15,205 femmes; totaux : 1,322 couvents et 18,196 religieux des deux sexes. L'Église protestante évangélique à laquelle appartiennent presque tous les protestants, est placée sous un synode qui siège à Bruxelles une fois par an. Les juifs possèdent une synagogue centrale à Bruxelles, des synagogues de première classe à Anvers, Gand et Liège et des synagogues de deuxième classe à Arlon et Namur. — Le paupérisme prend, dans tout le royaume, des proportions alarmantes. — Il y a quatre universités : 1° Gand, 2° Liège, toutes deux dirigées par le gouvernement et comprenant, la première, 269 étudiants, la deuxième, 630; 3° Bruxelles, libre, avec 615 élèves; 4° Louvain, gouvernée par le clergé catholique, avec 1,050 étudiants. — A Bruxelles, est établi un célèbre conservatoire de musique. L'instruction primaire est restée jusqu'en 1879 un monopole du clergé catholique, assisté d'un grand nombre de jésuites. Sur quatre paysans, il y a un toujours un qui ne sait pas lire. La loi de 1842, qui était une transaction entre l'État et l'Église, a été remplacée par la loi du 1er juillet 1879, plaçant les écoles publiques sous le contrôle exclusif de l'État.— Poids et mesures comme en France; monnaies françaises, sauf les pièces locales de nickel. — HIST., La Belgique, d'abord occupée par des Celtes, fut ensuite conquise par les Welches ou Belges (voy. BELGES) qui furent soumis par César, en 57 av. J.-C. Elle tomba au pouvoir des Francs et se divisa en une foule de petites seigneuries, dont les principales étaient : les duchés de Brabant, de Limbourg et de Luxembourg; les comtés de Flandre, de Hainaut et de Namur, l'évêché de Liège, la principauté de Stavelot et la seigneurie de Malines. Pendant que les autres pays, pliés sous le joug de la féodalité, demeuraient plongés dans l'ignorance et la misère, plusieurs villes des Flandres, animées par l'esprit communaliste et démocratique, fondèrent la liberté politique telle qu'on la comprend encore aujourd'hui. Telles étaient les communes de Gand, Bruges, Ypres, Courtrai, auxquelles il ne manqua qu'un lien fédératif pour constituer une puissante république. Le défaut d'unité dans l'action des communes permit aux comtes de Flandre, qui avaient réuni entre leurs mains les droits des autres seigneurs féodaux, de comprimer peu à peu l'esprit de liberté. En 1384, la couronne de Flandre, vassale de la France et de l'empire germanique, passa dans la maison de Bourgogne (voy. BRABANT, BOURGOGNE et FLANDRE). Les derniers privilèges des communes s'éteignirent sous le règne brillant de Charles-Quint, prince qui réunit virtuellement les Pays-Bas à la couronne d'Espagne, après des soulèvements qu'il réprima avec une cruelle énergie. Sous le règne de son successeur, Philippe II, qui introduisit l'Inquisition dans tous les états soumis à son pouvoir, le joug de l'Espagne devint si odieux que les Pays-Bas se soulevèrent; la Hollande parvint à proclamer son indépendance, après une longue lutte; mais les contrées qui forment la Belgique actuelle, restèrent sous la domination du roi d'Espagne représenté par des gouverneurs tels que le duc d'Albe, Requesens (1573-'6), don Juan d'Autriche (1576-'8), Alexandre Farnèse, le comte de Mansfeld (1592-'94), l'archiduc d'Autriche, Ernest (1594-'5). Le roi d'Espagne donna les Pays-Bas en dot à sa fille Isabelle, qui épousa l'archiduc Albert (1595). A la mort de ces princes, qui ne laissèrent pas d'héritier, les Pays-Bas revinrent à l'Espagne (1633). Pendant un siècle, ce pays fut le champ de bataille de l'Europe. Trop faible pour résister, il passa d'une puissance à l'autre en vertu des traités d'Aix-la-Chapelle, de Nimègue et de Ryswick. L'occupation continuelle de troupes étrangères, françaises, hollandaises, anglaises, espagnoles et allemandes finit par tarir les sources de sa prospérité. Le traité d'Utrecht (1713) donna les Pays-Bas à l'Autriche. Deux ans plus tard, le traité des Barrières, qui autorisa la fermeture de l'Escaut, porta un dernier coup au commerce de ce pays et ruina Anvers et Ostende. Au moment où éclata la Révolution française, le peuple belge, exaspéré contre Joseph II, qui avait violé les lois fondamentales du Brabant, se souleva, fut écrasé par le général Bender (1790), et accueillit avec joie les troupes de Pichegru qui venaient le délivrer. (1794). Les Pays-Bas, annexés à la France en 1795, formèrent les neuf départements suivants : Lys, Escaut, Deux-Nèthes, Dyle, Meuse-Inférieure, Ourthe, Jemmapes, Sambre-et-Meuse et Forêts. Ils partagèrent les gloires de la France républicaine et les charges de la France impériale. Épuisés d'hommes et d'argent, ils reçurent, en 1814, les alliés comme ils avaient reçu les Français vingt ans auparavant, c'est-à-dire en libérateurs. La paix de Paris (30 mai 1814) réunit la Belgique à la Hollande pour en former le royaume des Pays-Bas, sous le sceptre de Guillaume-Frédéric d'Orange. Cette union, dirigée contre la France, avait été faite sans l'assentiment des deux peuples, qu'une séparation de plus de deux siècles avait divisés d'intérêts, de langue, de religion et de mœurs. L'antagonisme commença par l'opposition du clergé catholique aux lois protestantes et par le refus du peuple belge d'apprendre la langue hollandaise. La nouvelle que les Parisiens venaient de renverser le trône des Bourbons, surexcita les esprits. Le 24 août 1830, jour anniversaire de la naissance du roi Guillaume, après de Bruxelles se soulèva, à la suite d'une représentation de l'opéra la Muette de Portici; le drapeau du Brabant fut arboré à la place des armoiries royales; une garde civique improvisée se chargea de maintenir l'ordre. Des mouvements semblables se produisirent à Verviers, Liège, Bruges, Louvain, etc. Le 4 octobre, un gouvernement provisoire proclama l'indépendance de la Belgique, après une infructueuse tentative de l'armée hollandaise, forte de 45,000 hommes, contre Bruxelles (23-28 septembre). Bientôt, les troupes royales ne possédèrent plus en Belgique que la citadelle d'Anvers, d'où le général Chassé bombarda la ville. Un parti puissant et populaire demandait l'annexion à la France. Le roi Louis-Philippe, craignant de déplaire aux Anglais, repoussa les propositions qui lui furent faites par ce parti. Il alla jusqu'à refuser pour son fils, le duc de Nemours, la couronne que lui offrait le congrès belge (23 février 1831). Pour mettre fin au provisoire qui augmentait chaque jour les forces du parti républicain, le congrès, subissant l'influence de l'Angleterre, donna la couronne au prince Léopold de Saxe-Cobourg (12 juillet), qui fit son entrée à Bruxelles le 19 juillet 1831. Quelques jours plus tard, une armée hollandaise envahit le nouveau royaume, dispersa, à Hasselt et à Louvain, les troupes nationales encore mal organisées, et menaça Bruxelles, qui allait être occupée, lorsque 50,000 Français commandés par le maréchal Gérard, forcèrent les Hollandais à battre en retraite. Une conférence des grandes puissances formula à Londres le traité des 24 articles, traité que repoussa le gouvernement hollandais (15 novembre). Une convention entre la France et l'Angleterre (22 octobre 1832), fut suivie du blocus des ports hollandais par une flotte anglo-française, et du retour en Belgique de l'armée française qui avait évacué le pays un peu prématurément. Le 30 novembre 1832, le maréchal Gérard commença le siège de la citadelle d'Anvers, qui ne fut prise que le 23 décembre, après 24 jours de tranchée ouverte. La guerre étant terminée, les Français, pour ne pas éveiller les susceptibilités jalouses de l'Angleterre, se hâtèrent de quitter le pays qu'ils avaient délivré (27 décembre). Déjà, le 9 août 1832, Léopold Ier avait cimenté son union avec la famille d'Orléans, en épousant la princesse Louise, fille aînée de Louis-Philippe. Les difficultés avec la Hollande ne furent définitivement tranchées que par le traité de Londres (19 avril 1839), en vertu duquel la Belgique dut partager le Luxembourg et le Limbourg. Le sage prince que les Belges avaient mis sur le trône sut déjouer les complots du parti orangiste (1842) et maintenir la balance entre les libéraux et les ultramontains. Après la révolution de février 1848, qui fit chanceler tous les trônes, il offrit de se démettre si la nation le désirait, et cette adroite déclaration suffit pour désarmer les mécontents. La proclamation de l'empire en France, fit naître des inquiétudes d'annexion que le gouvernement français accrut en réclamant impérieusement l'expulsion des réfugiés républicains. Le roi des belges apaisa les craintes en augmentant les fortifications, en portant l'armée à 100,000 hommes et en se rapprochant de la Russie, de l'Autriche et de la Prusse. Son règne paisible se termina le 10 décembre 1865. Son fils et successeur, Léopold II, eut à combattre les mêmes difficultés : tentatives annexionnistes du gouvernement français, lutte des libéraux et des catholiques, etc. Assuré de l'indépendance du pays par un double traité qui l'Angleterre fit consentir à la Prusse le 9 août 1870, et à la France, le 11 août, il laissa le peuple manifester librement sa sympathie pour ceux des vaincus de Sedan qui s'étaient réfugiés sur le territoire belge (septembre 1870) ; on a prétendu qu'il ne respecta pas les règles de la neutralité en fournissant aux Allemands 3,000 wagons dont les bâches leur servirent de tentes-abris. Pour maintenir l'ordre, le gouvernement crut nécessaire d'expulser les Français réfugiés en Belgique, et

cette mesure s'étendit jusqu'à Victor Hugo (30 mai 1871) et au comte de Chambord (27 février 1872). En février 1875, de graves difficultés s'élevèrent avec l'Allemagne, relativement à l'attitude du clergé belge dans la lutte que M. de Bismark avait entreprise contre les jésuites ; le 13 avril, la situation se tendit encore, lorsqu'on apprit à Berlin qu'un Belge nommé Duchesne avait proposé à l'archevêque de Paris d'assassiner le chancelier d'Allemagne. Le gouvernement belge apaisa ce différend sans qu'il en coûtât rien à sa dignité. En 1875 et 1876, il y eut plusieurs émeutes dans les villes au sujet du passage des processions. En 1878, les électeurs des villes, jusqu'alors moins nombreux que ceux des campagnes, parvinrent à obtenir le triomphe d'un ministère libéral, dirigé par M. Frère-Orban, fut installé le 19 juin 1878 et entreprit de réformer la législation électorale et de faire changer plusieurs lois qui établissaient l'influence de l'Église dans le gouvernement. Le 28 juillet, furent inaugurés par le roi les gigantesques travaux pour la distribution des eaux à la Gileppe, près de Verviers ; et les noces d'argent de Léopold II furent célébrées avec beaucoup d'enthousiasme, du 22 au 25 août 1878. — Bibliogr. *Annuaire statistique de la Belgique*, publié depuis 1869, par le ministère de l'Intérieur. — Ch. de Bavary *Histoire de la révolution belge de 1830*, Bruxelles, 1876, in-8°. — Wauters, *la Belgique*, 1876. — Juste, *Histoire de la Belgique*, 2 vol. 1868. — Oppelt, *Hist. générale et chronolog. de la Belgique de 1830 à 1860*, 1861.

BELGIUM (bèl-jiomm) nom latin appliqué généralement au territoire des *Bellovaci*, et des tribus qui dépendaient de la confédération des Bellovaques : Atrebates, Ambiani, Velliocasses, Aulerci et Caleti.

BELGIUS, général gaulois qui envahit la Macédoine vers l'an 279 av. J.-C. ; il battit les troupes de Ptolémée Céraunus. Quelques historiens disent qu'il rentra dans la Gaule ; d'autres, que Ptolémée s'empara de sa personne et le fit mourir.

BELGODERE ch.-l. de cant. arr. et à 43 kil. E. de Calvi (Corse), dans une riante situation, près de la mer ; 1,100 hab. Oranges, citrons, vins, huile ; étoffes de laine, papiers.

BELGOROD ou **Bielgorod** (russe : *la ville blanche*) ville de la Grande Russie, sur le Donetz, à 435 kil. S. de Kursk ; 55,500 hab. Il s'y fait un commerce considérable de chanvre, de crin, de miel, de cire, de cuir et de savon.

BELGRADE (serbe : *Belgrad*, la ville blanche), cap. du royaume de Serbie, à 800 kil. N.-O. de Constantinople, et 75 S.-E. de Peterwardein, sur une langue de terre entre le Danube et la Save ; 29,000 hab. Citadelle sur la Save, commerce florissant avec la Hongrie, dont Belgrade n'est séparée que par le Danube et la Save. Les églises remplacent peu à peu les mosquées, et le nombre des écoles s'accroît chaque jour. Manufactures d'armes, de tapis, de soieries, de coutellerie, etc. Enlevée aux empereurs grecs par Salomon, roi de Hongrie, en 4086, vaillamment défendue par Jean Hunyade contre les Turcs, qui perdirent 40,000 hommes sous ses murs (de juillet à septembre 1456), Belgrade tomba au pouvoir du Sultan Soliman en août 1521. Les Impé-

riaux la délivrèrent en 1688 et la perdirent en 1690. Le prince Eugène l'assiégeait en mai 1717, lorsqu'une armée de 200,000 Turcs s'approcha pour secourir les assiégés. La bataille gigantesque de Péterwardein, qui coûta 120,000 hommes à l'armée musulmane (5 août), fut suivie d'une victoire du prince Eugène sous les murs de Belgrade, le 16 août 1717, et de la capitulation de la ville (18 août 1717). En 1739, cette place fut rendue aux Turcs, qui la trouvèrent complètement démantelée ; elle fut reprise par les chrétiens en 1789 et restituée

Belgrade

à la paix de Reichenbach, en 1790. Les Serbes, révoltés contre le joug de la Turquie, la conservèrent de 1806 à 1813 ; à la fin de l'insurrection, Belgrade était presque détruite. En 1815, elle fut placée sous les ordres du prince Milosch, sujet de la Turquie, et sa citadelle fut reconstruite en 1820. La ville s'étant révoltée en juin 1862, fut bombardée et réduite en cendres par le pacha turc retranché dans la citadelle. Cette forteresse construite pour tenir Belgrade en respect ayant été évacuée le 18 avril 1867, les Serbes s'y établirent et c'est là que fut proclamée, le 22 août 1878, l'indépendance de la principauté de Serbie. — Lat. N. 44° 47' 57" ; long. E. 18° 9' 14".

BELGRAVE-SQUARE (bèl-grè-ve-skouè-re) l'une des plus belles places de Londres, dans le faubourg de Pimlico ; construite de 1286 à 1852, sur un terrain appartenant au marquis de Westminster, vicomte de Belgrave.

BELIAL, dieu des anciens Phéniciens et des Sidoniens. Chez les Hébreux, *Bélial* signifiait nuisible, mauvais ; le culte de *Bélial* était le culte des démons.

BELIDOR (Bernard FOREST de), *général et ingénieur français*, né d'un officier français, en Catalogne, en 1697, mort en 1761. Il fut successivement professeur de l'artillerie, professeur à la Fère, directeur de l'arsenal de Paris, inspecteur d'artillerie, membre de l'Académie des sciences (1756). Il fit sur la poudre à canon des expériences fort utiles fit que l'on pouvait diminuer d'un tiers la charge sans diminuer l'effet ; découverte qui froissa l'amour-propre du prince de Dombes, grand maître de l'artillerie, et fit destituer Belidor de son emploi de professeur à la Fère. Les ouvrages de ce savant sont encore estimés ; ce sont : *Cours d'architecture militaire, civile et hydraulique* (1720) ; *le Bombardier français* (1734) ; *Cours de mathématiques* (1725) ; *Traité des fortifications* (1735) ; *Architecture hydraulique* (1737) ; *Science des Ingénieurs* (1749) ; *Dictionnaire portatif de l'ingénieur* (1755) ; *Nouveau cours de mathématiques* (1757).

* **BÉLIER** ou **Beñer** s. m. [bé-lié] (lat. *balare*, bêler). Mâle non châtré de la brebis. — **Astron.** Constellation zodiacale qui, vers le temps d'Hipparque, coïncidait avec l'équi-

noxe du printemps. Ce nom est demeuré attaché au signe dont le commencement répond à ce même équinoxe, dans 'e zodiaque mobile déplacé par la précession. — Art. milit. Machine dont les anciens faisaient usage

Béliers.

pour battre les murailles des villes qu'ils assiégeaient. Le bélier se composait d'une grosse poutre armée par un bout d'une masse de fer ou de bronze, à laquelle on donnait ordinairement la figure d'une tête de bélier. Plusieurs hommes chargeaient cette machine sur leurs épaules et couraient vers l'obstacle, que le bélier frappait avec violence. Plus tard on suspendit le bélier sous un bâti de bois, ensuite on l'établit sur des rouleaux. Quelquefois, le bélier était dissimulé dans l'étage inférieur d'une tour roulante; ou bien on le mettait à l'abri sous une galerie nommée tortue. Quelques historiens prétendent que le bélier fut imaginé par un Lacédémonien nommé Artemon. — Mar. Machine de guerre consistant en une poutre que l'on suspendait au mât des navires comme une vergue. Lors d'un abordage, cette pièce, poussée avec violence, renversait et écrasait les hommes qu'elle atteignait; elle faisait même aux flancs des vaisseaux de larges ouvertures. — BÉLIER HYDRAULIQUE,

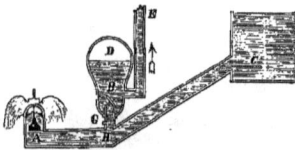
Bélier hydraulique.

machine destinée à l'élévation des eaux par leur propre puissance. Le réservoir C est alimenté par une source. L'eau qu'il contient est amenée au bélier par le tuyau H et s'écoule librement, comme le montre notre figure, par une ouverture au-dessous de laquelle est suspendue la large et pesante soupape A, qui ne ferme l'orifice d'écoulement que lorsque l'eau a acquis par sa rapidité une force assez grande pour la soulever. Lorsque l'eau la soulève, elle ferme brusquement l'orifice d'écoulement. L'eau, arrêtée au moment ou sa vitesse était maximum, soulève la soupape B; elle monte un peu dans le réservoir D, et de là dans le tuyau d'ascension E. L'air logé en D joue un rôle important dans le bélier : il agit comme un ressort, amortit les chocs sans en amoindrir l'effet et, en se détendant, force l'eau à monter dans le tuyau E. Dès que le coup de bélier a été produit, l'équilibre s'est rétabli, la soupape A retombe, l'écoulement recommence avec une vitesse croissante jusqu'à ce que la soupape soit de nouveau soulevée et qu'un second coup de bélier soit donné. Le petit tuyau

latéral G sert au renouvellement de l'air D qui se dissout peu à peu dans l'eau. — Le Bélier hydraulique a été imaginé par Montgolfier l'aîné en 1796 et perfectionné par son fils.

° BÉLIÈRE s. f. Sonnette du bélier qui conduit un troupeau. — Anneau qui est au dedans d'une cloche, pour tenir le battant suspendu. — ˷ Bracelet ou chape de fourreau de sabre.

BELIN ch.-l. de cant., arr. et à 41 kil. S.-O. de Bordeaux (Gironde); 4,800 hab. Abeilles, miel, cire, résine.

BÉLISAIRE, général byzantin, né en Illyrie vers 505, mort en 565. S'étant distingué en 527 pendant une expédition contre les Perses, il reçut le commandement d'une armée destinée à conquérir l'Afrique envahie par les Vandales (533). Il prit Carthage, captura le roi Gélimer, réduisit la Sardaigne et la Corse, et, revenu à Constantinople pour dissiper les injustes soupçons de l'empereur Justinien, il y reçut les honneurs du triomphe et fut nommé consul. En 536, envoyé en Italie pour combattre les Ostrogoths, il délivra Rome, fut assiégé dans cette ville par 150,000 barbares qu'il repoussa, reconquit toute la Péninsule et fut récompensé par une disgrâce immméritée. Une invasion des Perses en Syrie le rappela à la tête des troupes (541-'42). Disgracié de nouveau lorsqu'il eut vaincu les ennemis de Justinien, il vécut un instant dans la retraite; mais les succès des Goths et de Totila, en Italie le rendirent encore indispensable. Il reprit Rome, que les barbares venaient de saccager, releva les fortifications de cette ville et y subit un siège glorieux, après lequel il fut forcé de remettre le commandement à son rival, Narsès (548). De retour à Byzance, il sauva la vie à l'empereur, en déjouant une conspiration; fut élevé au rang de général de l'Orient et de combattre les domestiques et repoussa une invasion des Bulgares qui marchaient sur la capitale (559). Quatre ans plus tard, l'empereur Justinien, ingrat ou jaloux, le fit arrêter sous l'inculpation de crimes imaginaires et le garda emprisonné pendant 8 mois, après quoi il lui rendit la liberté et tous ses biens. D'après une tradition populaire admise par Tzetzès dans ses Chiliades (XIIe siècle), Justinien lui aurait fait crever les yeux et l'aurait laissé mendier son pain dans les rues de Constantinople.

BÉLISAIRE, célèbre roman politique et moral de Marmontel, publié en 1767.

BÉLISE, nom de l'une des précieuses dans la comédie de Molière les Femmes savantes.

° BÉLITRE s. m. (lat. balatro vaurien). S'est appliqué d'abord aux moines mendiants. — Aujourd'hui, Coquin, gueux, homme de rien. — Par ext. Cuistre, ignorant.

BÉLIZE voy. Balize.

BELKNAP (Jeremy), historien américain, (1744-'98), auteur d'une histoire de New Hampshire, d'une vie de Watts et de biographies américaines.

BELL 1. (Andrew), ecclésiastique écossais, de l'église anglaise (1753-1832). Missionnaire à Madras (1789-'97), il trouva en usage dans ce pays la méthode d'enseignement mutuel, et revint à Londres pour en proposer l'adoption. Il lutta jusqu'en 1807 sans obtenir de résultat. Enfin il fit admettre cette méthode dans les écoles de l'Eglise. Il publia des ouvrages sur l'éducation et consacra toute sa fortune (plus de 3 millions de francs) à des dotations d'écoles. — II. (SIR Charles), physiologiste, né à Edimbourg en 1774, mort en 1842. Médecin à Londres (1806), chirurgien militaire (1815), professeur de chirurgie à Edimbourg (1836), se rendit célèbre par ses recherches sur le système nerveux, qu'il divisa en nerfs de sensation ou sensitifs et en nerfs de motion ou de volition ou nerfs moteurs; les uns portant, en quelque sorte, les messages du corps au cerveau; les autres du cerveau vers la volonté au

reste du corps. Cette magnifique découverte, l'une des plus importantes de la physiologie, vaut à son auteur des titres de noblesse. Les œuvres de sir Charles Bell comprennent : Anatomie de l'expression (1806), Anatomie du cerveau (1811), Essai sur les forces qui concourent à la circulation du sang (1819); Traité sur la main (1834). — III. (George-Joseph), homme de loi écossais (1779-1843), professeur à l'Université d'Edimbourg (1821), auteur de commentaires sur les lois écossaises. — IV. (Henry), inventeur écossais (1767-1830); essaya sur la Clyde, en janvier 1812, un bateau mis en mouvement par une machine à vapeur qu'il avait construite lui-même. — V. (John), médecin et voyageur écossais (1691-1780), visita la Perse, la Chine et la Russie; il devint médecin de Pierre le Grand. De retour dans sa patrie, après un séjour à Constantinople, il publia : Voyages de Saint-Pétersbourg à diverses parties de l'Asie, 2 vol. in-4°, 1763; traduit en français par Eidous, 3 vol. in-12, 1766. — VI. (John), chirurgien écossais, frère de sir Charles Bell, (1763-1820), enseigna l'anatomie à Edimbourg et publia : Anatomie du corps humain, Londres, 1793, 3 vol. in-8°; Discours sur la nature et la guérison des blessures, Edimbourg, 1793, in-8; Principes de chirurgie, 1801, 3 vol., in-8°, etc. — VII. (Robert), écrivain anglais, né à Cork en 1810, mort en 1867, auteur d'une Histoire de Russie, 3 vol., 1836, des Vies des Poëtes anglais, 2 vol. 1839; des Vies des dramaturges anglais, 2 vol. 1837; de la Vie de George Canning, 1836; fit représenter quelques pièces qui obtinrent du succès : le Mariage, 1842; les Mères et les Filles, 1843; et le Tempérament, 1849; publia des romans : l'Echelle d'or, 1850, 3 vol; etc.; donna une Edition annotée des poëtes anglais, réimprimée en 1870, 29 vol.

BELLAC, ch.-l. d'arr., à 39 kil. N.-O. de Limoges (Haute-Vienne); 4,100 hab. Draps, couvertures, chapeaux, vins, chataignes, bois. Palais de justice et prison dans l'ancien château. — Altitude, 242 m. Lat. N. 46° 7' 23''; long. O. 1° 17' 20''.

° BELLADONE s. f. (bèl-la-do-ne) (ital. bella donna, belle dame, parce que les Italiens en tiraient une espèce de fard). Plante du genre atropa, famille des solanées, originaire d'Europe et connue par ses propriétés vénéneuses

Belladone.

et par son emploi en médecine. La Belladone commune (Atropa belladonna) est une herbe vivace, haute de 1 mètre, à tiges herbacées, bifurquées, à feuilles ovales, elliptiques aiguës, à fleurs solitaires et colorées d'un rouge ferrugineux, à baies pulpeuses, sphériques, d'un violet livide, assez semblables à de petites cerises. Toute la plante possède une odeur nausé abonde. On la trouve dans les lieux montueux et ombragés; elle fleurit en juin et en juillet. Elle renferme dans toutes ses parties l'alcaloïde appelé atropine (voy. ce mot). Ses baies, cueillies avant maturité, produisent un beau vert employé dans la peinture en miniature. Caractères : calice quinquépartite ; corolle hypogyne campanulée ; 5 étamines ; anthères à déhiscence longitudinale ; ovaire à deux loges renfermant un grand nombre d'ovules. — Toxicol. A hautes doses, la belladone est un poison narcotique. Les baies de cette plante sont d'autant plus dangereuses qu'elles ressemblent à une cerise et qu'elles ont une saveur douce. Les propriétés les plus actives se trouvent dans la racine ; mais le suc exprimé des feuilles est également très énergique. L'empoisonnement par la belladone se manifeste par des nausées, la sécheresse de la bouche et du gosier, des éblouissements, la dilatation et l'immobilité de la pupille, une lourdeur de tête ; puis par des vertiges, la confusion de la vue, la fixité du regard qui semble hébété, une cécité plus ou moins complète, le délire extravagant, des hallucinations, etc. Il est rare que cet empoisonnement cause la mort. On le combat en employant les vomitifs, les lavements purgatifs. Si l'on ne peut évacuer complètement le poison, on a recours aux acides, au café, aux excitants extérieurs, aux bains et, s'il y a congestion vers la tête, aux émissions sanguines. L'iode dissous dans de l'eau avec de l'iodure de potassium rend inertes les parties du poison que l'on n'a pu expulser. — Méd. A petites doses, la belladone agit comme stupéfiant et calmant ; son action se manifeste principalement sur le système nerveux ganglionnaire. C'est un narcotique antispasmodique employé dans les convulsions, les névralgies, les constrictions de l'utérus, la coqueluche (poudre de racine) l'asthme, l'incontinence d'urine, et comme préservatif de la scarlatine ; à l'extérieur pour dilater la pupille. — Dose : poudre, 4 à 20 centigr. ; extrait aqueux, 4 à 10 centigr.; extr. alcoolique, 4 à 5 centigr. ; teinture alcoolique et éthérée, 2 à 12 gouttes ; sirop, une cuillerée à café à 2 cuillerées, suivant l'âge. Contre la coqueluche, on fait fumer les feuilles sèches. A l'extérieur, la belladone s'emploie en frictions sur les parties où siègent des resserrements spasmodiques, des étranglements herniaires, et pour combattre les douleurs névralgiques.

BELLADONINE s. f. Chim. Substance alcaline cristallisable, extraite des feuilles et des tiges de la belladone.

BELLAIRE, ville de l'Ohio (Etats-Unis), sur l'Ohio, à 44 kil. S. de Wheeling ; 4,500 hab. Verreries ; fabrique de clous.

BELLAMONT ou Bellomont (Richard Coote, COMTE DE), homme politique anglais (1636-1701), gouverneur de New-York en 1695, se rendit populaire, combattit la piraterie et prit des mesures énergiques pour la capture du fameux flibustier Kidd.

BELLAMY I. (Jakob), poète hollandais, né à Flessingue en 1757, mort en 1786 ; auteur de chants patriotiques. Ses œuvres complètes ont été publiées en 1842. — II. (George-Ann), célèbre actrice anglaise (1733-'88). Ses mémoires intéressants (Londres, 5 vol. 1785), ont été traduits en français par Benoist et Delamare, (1789, 2 vol, in-8°), et insérés dans la *Collection des mémoires sur l'art dramatique*.

BELLANGÉ (Joseph-Louis-Hippolyte),peintre de batailles, né et mort à Paris (1800-'66). A donné les batailles de *la Moskowa* (1822), de *Fleurus* (1836), de *Wagram* (1837), de *Loano* (1838), d'*Altenkirchen* (1839), d'*Hondschoote* (1840), de *Mouzaïa* (1841), de *la Corogne* (1842), d'*Ocaña* (1845) et un grand nombre d'épisodes militaires, que l'on admire dans nos musées. Ses principales batailles ornent le musée de Versailles. Bellangé excellait à retracer les détails ; il rendait avec énergie la fureur des combattants.

BELLARMIN (Robert) ROBERTO BELLARMINO,

---

théologien italien (1542-1621). Jésuite à 18 ans, il fut envoyé à Louvain, où il se rendit fameux comme écrivain controversiste. Cardinal en 1598, archevêque de Capoue en 1601 et bibliothécaire du Vatican en 1605, il fut, malgré sa volonté, candidat à la tiare, en deux conclaves successifs. Il a laissé, en latin, de nombreux ouvrages, où l'on trouve un zèle ardent pour les doctrines ultramontaines.

BELLART (Nicolas-François), célèbre procureur général à Paris, sous la Restauration, né à Paris en 1761, mort en 1826 ; se rendit fameux par la violence de ses réquisitoires réactionnaires. Le maréchal Ney lui dut sa condamnation.

BELLARY ou Ballari. I. District de Madras, Inde anglaise ; 1,653,000 hab., climat sec et sain. — II. Capitale du district ci-dessus, à 450 kil. N.-O. Madras ; 54,500 hab., ville très forte et bien bâtie.

BELLÂTRE s. m. Celui qui a un faux air de beauté, une beauté mêlée de fadeur, qui a des prétentions à la beauté. — Adjectiv. *Un jeune homme bellâtre*.

BELLAY (du), famille angevine qui a fourni plusieurs personnages célèbres. —I.(Guillaume) seigneur de Langey, né en 1491, au château de Glatigny (Perche), mort en 1543 ; fut l'un des meilleurs généraux de François Ier qui le nomma vice-roi du Piémont (1537-'42). Après sa mort, furent publiés ses intéressants mémoires ou *Ogdoades*, écrits avec impartialité et dans un style naïf ; 1537, 7 vol. in-12 ; plusieurs fois réédités. On possède, en outre, de Guillaume du Bellay : *Instructions sur le fait de la guerre*, Paris, 1588, in-fol.; *Epitome de l'Antiquité des Gaules*, 1566, in-4°. — II. (Jean), frère puîné du précédent, cardinal et diplomate (1492-1560). D'abord évêque de Bayonne, il fut employé dans les négociations entre la cour papale et Henri VIII ; il devint évêque de Paris en 1532 et cardinal en 1535. Dans la guerre entre la France et Charles-Quint, il montra quelque talent militaire en préparant la défense de Paris ; il reçut le titre de lieutenant général. Protecteur généreux des lettres et des arts, il eut Rabelais pour médecin. Il a laissé des *Poésies latines*, des *Harangues*, une *Apologie de François Ier*, 1516, in-8° et des *Lettres* insérées dans l'*Histoire du divorce de Henri VIII*, par l'abbé Legrand.— III. (Martin), frère des précédents, mort en 1559, fut négociateur habile et brave capitaine ; ses *Mémoires*, qui vont de 1513 jusqu'au règne de Henri II, ont eu plusieurs éditions, dont la dernière est celle de 1753, Paris, 7 vol. in-12. — IV. (Joachim), neveu des précédents, célèbre poète, surnommé l'*Ovide français*, né en 1524, à Liré (Anjou), mort à Paris, le 1er janvier 1560. Quoique chanoine à Notre-Dame, il mena une vie assez mondaine à la cour de François Ier et composa 115 sonnets qu'il nommait ses *cantiques*. Ceux-ci furent suivis de 183 autres appelés les *Regrets* et de 47 sur les antiquités de Rome. Sa *Défense et illustration de la langue françoise* (Paris, 1549), son seul ouvrage en prose, fut comme le manifeste de l'école de Ronsard. Les œuvres poétiques françaises de cet écrivain plein de grâce et de naturel ont été réunies en 1567, Paris, 2 vol. in-8°. Il a laissé également des poésies latines sous le titre de : *Xenia et alia carmina*, 1569, in-4°.

BELLE s. f. Mar. anc. On appelait ainsi l'espace qui s'étend entre les haubans de misaine et d'artimon. — POINTER EN BELLE, pointer de manière que le canon soit droit au milieu du sabord, et que l'on puisse tirer alors que le vaisseau est sans aucune inclinaison.

BELLE adj. f. voy. BEAU. — Typogr. BELLE PAGE, page impaire ou recto du feuillet sur lequel on commence une division de l'ouvrage: *faire tomber les livres, les chapitres en belle page.*

BELLE (Jean-François-Joseph DE), **général,** né à Voreppe (Isère), en 1767, mort à St-Domingue en 1802. Beau-frère de Hoche il se distingua à l'armée de Sambre-et-Meuse ainsi qu'en Italie (1799), et fut envoyé par Bonaparte à Saint-Domingue (1801), où il mourut de la fièvre jaune.

BELLEAU (Remy), poète, né à Nogent-le-Rotrou, en 1528, mort en 1577. Il fut l'un des astres les plus brillants de la pléiade. Ses œuvres, réunies en 1578, 2 vol. in-12, comprenant les *Pierres précieuses*, des traductions et une comédie, la *Reconnue*, en 5 actes et en vers de 8 pieds.

BELLE-DAME s. f. Bot. Nom vulgaire de l'arroche, appelée aussi *Bonne-dame*.— Plante qu'on nomme plus ordinairement *Belladone*. Voy. ce mot. — Entom. Papillon du chardon.

BELLE-DE-JOUR s. f. Espèce de liseron (*convolvulus tricolor*) dont les fleurs ne s'épanouissent que pendant le jour. — Plur. des BELLES-DE-JOUR. — La belle de jour ou *liseron tricolor* est annuelle ; elle porte, pendant tout l'été, des fleurs bleues sur les bords, blanches au milieu et jaunes au centre. Elle forme, dans les jardins, des touffes du plus agréable effet.

BELLE-DE-NUIT s. f. Bot. Nom vulgaire des plantes du genre *mirabilis*, famille des nyctaginées. — Pl. des BELLES-DE-NUIT. — Les belles-de-nuit ne s'épanouissent que le soir ou après le coucher du soleil. Elles sont originaires, pour la plupart, des montagnes du

Belle de nuit (Mirabilis jalapa).

Pérou ou du Mexique. L'espèce la plus connue la *Merveille du Pérou* (*Mirabilis jalapa*) a passé pour produire le jalap. Elle porte des fleurs longues de plus de deux pouces, agréablement panachées de jaune, de rouge, de blanc. Quelquefois ses fleurs sont toutes blanches ou violettes ; elles ont toujours une odeur semblable à celle de la fleur d'oranger. Les racines de cette espèce et des autres belles-de-nuit possèdent des propriétés purgatives. — Jargon parisien. Coureuse de bals.

BELLE-D'ONZE-HEURES s. f. Bot. Liliacée (*ornithogallum umbellatum*) qui épanouit ses fleurs à onze heures du matin. — Plur. des BELLES-D'ONZE-HEURES.

BELLE-D'UN-JOUR s. f. Bot. Plante cultivée dans les jardins à cause de ses belles fleurs jaunes, qui se fanent très promptement. On la nomme aussi *Hémérocalle*.

BELLE-FILLE s. f. Fille née d'un premier mariage et rapport au second mari de sa mère ou à la seconde femme de son père.— Bru : *c'est ma belle-fille, elle a épousé mon fils.*

BELLEFONTAINE, ville de l'Ohio (Etats-Unis), à 195 kil. N.-N.-E. de Cincinnati; 4,000 hab.

BELLEFONTAINE, commune du Jura, cant. de Morez ; 700 hab. Clous, horlogerie, fromages.

BELLEGARDE I. ch.-l. de cant. arrond. et à 10 kil. N.-E. d'Aubusson (Creuse); 800 hab. Chevaux, cuirs. — II. Ch.-l. de cant. arr. et à 20 kil. O. de Montargis (Loiret); 1,200 hab.— III. Commune du cant. de Châtillon-de-Michaille (Ain), sur la Valserine, qui s'y est profondément creusé un lit pittoresque dans les rochers calcaires. — IV. Fort de l'arrond. de Céret (Pyrénées-Orientales). Les Espagnols l'occupèrent en 1674 et 1793.

BELLEGARDE I (Roger DE SAINT-LARY DE), un des favoris de Henri III, fut nommé maréchal de France en 1574 et mourut en 1579. — II. (Roger DE SAINT-LARY ET DE TERMES, duc de), neveu du précédent, né vers 1565, mort en 1646. Fut comblé de biens par Henri IV, qu'il avait vaillamment servi; et partagea avec ce roi les faveurs de Gabrielle d'Estrées et celles d'Henriette d'Entraigues. Richelieu l'exila, et il ne reparut à la cour qu'après la mort de ce ministre.

BELLEGARDE (Henri COMTE DE), général autrichien, né à Chambéry en 1760, mort en 1831. Il servit dans la guerre d'Italie, sous les ordres de l'archiduc Charles, et ne put arrêter les progrès de Bonaparte.

BELLE-ILE-EN-MER, primitivement *Calonesus, Pulchra insula*, puis *Guedel* et *Belle-Isle-en-Mer*, île de la côte de Bretagne, à 12 kil. S.-O. de la baie de Quiberon, à 40 kil. de Lorient. Elle forme un cant. du dép. du Morbihan; son ch.-l. est le Palais, petit port d'échouage, sur la côte N.-E. L'île mesure 9 kil. de large sur 16 de long; 40 kil. de périmètre et 87 kil. carr. de superficie; 10,275 hab. Son territoire fertile renferme de bons pâturages et nourrit une race renommée de chevaude trait. Sur les côtes, les pêcheurs prennent une quantité extraordinaire de homards. Excellentes sources; climat doux. Calonesus resta, longtemps après la conquête des Gaules par les Romains, un refuge pour le culte druidique, dont elle a conservé de curieux monuments. Au XIᵉ siècle, elle appartenait au comte de Cornouailles, qui la donna à l'abbaye de Quimperlé. Les Espagnols l'ayant ravagée en 1557, les moines, incapables de la défendre, l'abandonnèrent peu de temps après, au maréchal de Retz, amiral de Bretagne, qui y éleva une forteresse; ceci ne l'empêcha pas d'être dévastée par Montgommery, en 1573. Le célèbre Fouquet acheta Belle-Isle en 1658 et y fit construire un port et des fortifications qui figurèrent depuis parmi les griefs articulés contre lui. Prise par Tromp en 1674, rendue à la France par le traité de Nimègue et cédée à la couronne en 1718, par le maréchal de Belle-Isle, qui reçut en échange, les comtés de Gisors, de Lyons, de Vernon et d'Andely, cette île, en vue de laquelle se livra la malheureuse bataille des *Cardinaux* (20 novembre 1759), fut assiégée en 1761 et obtint, par sa belle défense, une honorable capitulation (7 juin). La France la recouvra en échange de Minorque (1763). Après 1848, Belle-Ile devint un lieu de transportation, puis de déportation politique. Dans des baraques de bois construites à la hâte, furent entassés à différentes reprises, des milliers de personnes politiques, parmi lesquelles Blanqui, Louis Combes, Gabriel Charavay, Barbès, Gambon, Raoul Bravard, Feuillâtre, etc. — Bains de mer au Palais; belles promenades; ferme modèle de Bruté. — Phare à feu tournant, par 47° 18' 41" lat. N. et 5° 83' 54 long. O.

BELLE-ILE-EN-TERRE, ch.-l. de cant. arr. et à 20 kil. O. de Guincamp (Côtes-du-Nord); au bord du Guer; 1,800. Papeterie mécanique de Locmaria; beurre, papier, fer, bois, merrain.

BELLE ISLE [bé-lil] I. du Nord, île de 35 kil. de circonférence, à l'entrée du détroit de Belle-isle, entre le Labrador et Terre-Neuve.

— II. du Sud; île à peu près aussi grande que la précédente, à l'est de la péninsule au N.-O. de Terre-Neuve. — III. (Détroit de) l'un des débouchés du golfe de Saint-Laurent, entre le Labrador et la péninsule au N.-O. de Terre-Neuve; longueur 130 kil.; largeur 20 kil.

BELLE-ISLE (HÔTEL DE), résidence historique de la famille de Belle-Isle, entre la rue de Lille et le quai d'Orsay (Paris), construite au XVIIIᵉ siècle par Bruant.

BELLE-ISLE (Charles-Louis-Auguste FOUQUET, DUC DE), maréchal de France, né à Villefranche (Rouergue), en 1684, mort en 1761. Petit-fils du surintendant Fouquet, colonel puis brigadier sous Louis XIV, lieutenant général en 1734, il tint tête au prince Eugène et négocia le traité de 1736, qui assura à la France la réversion de la Lorraine. En récompense il fut nommé gouverneur des Trois-Evêchés et, plus tard, en 1744, maréchal de France. Le roi l'envoya ensuite comme plénipotentiaire en Allemagne, où il aida à l'élévation sur le trône impérial de l'électeur de Bavière, qui devint Charles VII. Pour soutenir ce prince, il ne craignit pas d'engager la France, qui lui confia une armée. D'abord victorieux, il s'empara de Prague; mais en décembre 1742, il dut battre en retraite, resta un instant prisonnier en Angleterre et vint défendre la Provence et le Dauphiné que les ennemis envahissaient (1746). Il n'eut pas de peine à les repousser; mais voulant envahir le Piémont, il fut vaincu au col de l'Assiette (1747). Il devint duc et pair l'année suivante, membre de l'Académie française en 1749; ministre de la guerre en 1757. Ce fut un des ministres les plus influents et les moins scrupuleux du règne de Louis-XV. Ses *Mémoires* ont été publiés à Londres en 1760. — II. (Louis-Charles-Armand FOUQUET, CHEVALIER DE), frère du précédent, lieutenant général, né à Agde en 1693, mort en 1747. C'était un cavalier brillant, ambitieux, intrigant et dissolu, qui s'associa à tous les actes politiques, diplomatiques et militaires de son frère. Il fut tué au milieu d'une charge désespérée sur les Piémontais, au col de l'Assiette.

BELLÊME, ch.-l. de cant. arr. et à 17 kil. S. de Mortagne (Orne); 3,150 hab. Belle forêt de Bellême; souterrains étendus, mine ferrugineuse de la Herse; porte du XVᵉ siècle. Vieille ville qui a souffert de la guerre de Cent ans, des guerres de religion et de la guerre des Chouans.

*** BELLEMENT** adv. Doucement, avec modération.

*** BELLE-MÈRE** s. f. Celle dont on a épousé le fils ou la fille. — Femme du père, par rapport aux enfants d'un mariage précédent. — Plur. des BELLES-MÈRES.

BELLENCOMBRE, ch.-l. de cant., arr. à 27 kil. S.-E. de Dieppe (Seine-Inférieure), sur la Varennes, 1,000 hab. Toiles, chevaux, petite église du XIᵉ siècle.

BELLENDEN ou Ballantine (William), écrivain écossais du XVIIᵉ siècle, professeur de belles-lettres à Paris, auteur de plusieurs ouvrages écrits dans un latin d'une remarquable élégance. Ses œuvres comprennent *De tribus Luminibus Romanorum*, Paris 1634, in-fol.; et *Bellendenus de Statu*.

BELLÉROPHON [bél-lé-ro-fon], l'un des héros de la mythologie grecque. Son vrai nom était Hipponoüs. Il avait pour père Glaucus, roi de Corinthe, et pour mère Eurymède, fille de Sisyphe, ayant par mégarde, le Corinthien Belléros. il fut surnommé Bellérophon (meurtrier de Belléros) et s'enfuit à la cour de Prœtus, roi d'Argos. Accusé faussement par Antiée, femme de ce prince, d'avoir voulu la séduire, il fut envoyé, par Prœtus, à son beau-père Iobatès, roi de Lycie, avec des tablettes

fermées contenant l'ordre de tuer le porteur. Iobatès ne voulant pas souiller ses mains du sang d'un homme qu'il considérait comme son hôte, crut l'envoyer sûrement à la mort en lui ordonnant de combattre la *Chimère*, monstre horrible qui vomissait des flammes. Mais le jeune héros, protégé par Minerve, qui lui amena le cheval Pégase, vainquit la Chimère, tua les Solymi et les Amazones. Comme il revenait victorieux et sans défiance, il tomba dans une embuscade de Lyciens, que le roi Iobatès avait choisis parmi les plus braves. Il les tua tous; et le roi, reconnaissant qu'il était placé sous la protection invincible des dieux, s'empressa de lui accorder en mariage sa fille (Philonoé, Anticléa ou Cassandre). Bellérophon eut pour enfants Isandre, Hippolochus et Laodamie. Plus tard, ayant voulu contraindre Pégase à monter jusqu'à l'Olympe, il fut jeté à terre par son coursier, qu'une mouche envoyée par Jupiter rendait furieux et aveugle, dans toute la Grèce.

*** BELLE-SŒUR** s. f. Celle dont on a épousé le frère ou la sœur. — Plur. des BELLES-SŒURS.

BELLEVAL (Pierre-Richer DE), l'un des fondateurs de la botanique considérée comme science; né à Chalons-sur-Marne en 1558, mort en 1623; fut professeur au jardin botanique de Montpellier, fondé par Henri IV, et fut le premier à s'occuper des caractères généraux des plantes, sans avoir égard à leur propriétés médicales. Ses principaux ouvrages sont: *Onomatologia seu nomenclatura stirpium horti regii Monspeliensis*, Montpellier 1598, in-8°; *Recherches sur les plantes du Languedoc*, Montpellier, 1603, in-4°.

BELLEVILLE, commune annexée à Paris en 1859; elle comptait alors 60,000 hab. Sur son territoire se trouvaient: la Courtille, Ménilmontant, les Prés-Saint-Gervais, le parc Saint-Fargeau, les Buttes-Chaumont, etc. Elle est comprise dans les 19e et 20eᵉ arrondissements. On a conservé le nom de *Belleville* à un quartier du 20ᵉ arrondissement. — Forteresse de la Commune de 1871 et défendue par sept barricades, Belleville fut prise par Ladmirault et Vinoy, les 27 et 28 mai.

BELLEVILLE I. Ville de l'Illinois (Etats-Unis), à 25 kil. S.-E. de Saint-Louis; 8,500 hab. située au milieu de vastes mines de charbon. — II. Ville de l'Ontario, Canada, à l'embouchure de la rivière Moira dans la baie de Quinté; 190 kil. N.-E. de Toronto; 9,500 hab. Brasseries, distilleries, fonderies, etc. Siège de l'université Albert et du collège Alexandra pour les filles, l'un et l'autre Méthodistes. Institution de sourds et muets.

BELLEVILLE-SUR-SAÔNE, ch.-l. de cant., arr. et à 13 kil. N.-N.-E. de Villefranche (Rhône), 3,273 hab. Belleville occupe l'emplacement d'une ville romaine nommée *Lunna*. On y remarque une église (mon. histor. du XIIᵉ siècle), qui renferme les tombeaux de plusieurs sires de Beaujeu. Fabr. de tissus de soie et de velours.

BELLEVUE, village de Seine-et-Oise, comm de Meudon et de Sèvres, à 9 kil. S.-O. de Paris; 500 hab., château de Mᵐᵉ de Pompadour aujourd'hui détruit. Chapelle de Notre-Dame-des-Flammes, érigée en souvenir de la catastrophe de 2 mai 1842, qui coûta la vie à Dumont d'Urville.

BELLEY [bé-lè], *Bellica, Bellicium*, ch.-l. d'arr. à 74 kᵗˡ. S.-E. de Bourg (Ain) et à 65 kil. S.-O. de Genève; 4,700 hab. Evêché suffragant de Besançon; patrie de Brillat-Savarin, de Récamier, du général Dallemagne, de Richerand. Ville très ancienne, placée par les Romains sous la protection de Bellone; elle renfermait plusieurs temples, dont un consacré à Cybèle. Elle fut ravagée par Alaric en 390, relevée en 412 par Wibertus, et dévint presque aussitôt le siège d'un évêché. Plusieurs de ses prélats reçurent le titre de princes du Saint-Empire; ils jouissaient des droits séculiers les plus absolus, y compris celui de battre monnaie. Ils perdirent ces droits lors de la réunion à la France du Bugey, dont Belley était la capitale (1601). Les pierres lithographiques de cette ville sont considérées comme les meilleures de France ; elle produit des saucissons renommés. Ses environs accidentés offrent une foule de promenades intéressantes: grotte de Charvieux (près Arandat), grotte de la Balme, ruines de Châtillanet, lac d'Ambléon, cascade de Glandieux, cataracte de Serrérieux, source intermittente du Grouin, etc. — Alt. 278 mètres; lat. N. 45° 45' 28''; long. E. 3° 24' 9''.

BELLI peuple celtibère de l'Hispania Tarraconensis.

BELLIARD (Auguste-Daniel COMTE), général, né à Fontenay-le-Comte en 1769, mort à Bruxelles en 1832. Après avoir fait les campagnes du Rhin, d'Italie, d'Egypte, d'Autriche et de Prusse, il fut nommé gouverneur de Madrid (1808-'12), se distingua pendant l'expédition de Russie, devint pair de France sous Louis XVIII et fut emprisonné à la seconde Restauration pour avoir servi Napoléon pendant les Cent-Jours. Ambassadeur à Bruxelles, en 1831, il donna d'utiles conseils pour l'organisation de l'armée belge. Son autobiographie a été publiée en 1834. La ville de Fontenay-le-Comte lui a élevé une statue.

BELLIÈVRE (Pomponne de) chancelier de France, né à Lyon en 1529, mort en 1607. Il prit une grande part aux événements qui aboutirent à la journée des barricades.

* **BELLIGÉRANT, ANTE**, adj. [bèl-li-jé-ran] (lat. *bellum*, guerre ; *gerere*, porter). Se dit des peuples, des puissances qui sont en guerre : *puissances, parties belligérantes.* — s. s'emploie surtout au pluriel : *les belligérants.*

BELLING (Wilhelm-Sebastian VON), officier prussien (1719-'79), lieutenant-colonel en 1762, lieutenant-général en 1776, fut le plus fameux officier de hussards de la guerre de Sept ans et mérita la faveur de Frédéric le Grand.

BELLINI, famille de peintres vénitiens. — I. (Jacoppo), 1405-'70; le temps a détruit presque toutes ses productions. — II. (Gentile), fils du précédent (1421-1507), célèbre peintre de portraits ; il peignit de nombreux tableaux pour le sultan Mohamed II et fut richement récompensé. — III. (Giovanni), second fils de Jacoppo (1426-1516), est généralement regardé comme le fondateur de l'école de Venise. Lui et son frère décorèrent d'une série de tableaux historiques la grande salle du conseil de Venise.

BELLINI (Laurentio), anatomiste italien (1643-1704), il fut professeur à Pise pendant près de trente ans et subséquemment médecin de Cosme III de Toscane et du pape Clément XI. Il considérait le corps humain comme gouverné par des lois mécaniques et fit des recherches intéressantes sur les reins. Ses ouvrages, réunis sous le titre d'*Opera omnia*, Venise, 1704, 2 vol. in-4°, comprennent son fameux *mémoire sur la structure des reins.*

BELLINI (Vincenzo), charmant compositeur, né à Catane (Sicile) le 4er novembre 1802; mort le 24 septembre 1835, à Puteaux, près de Paris ; fit ses études musicales au Conservatoire de Naples, débuta en 1824, par l'opéra en 2 actes *Adelson e Salvina*, qui fut suivi, en 1826, de *Bianca e Fernando*. Appelé à Milan, il y donna, en 1827, *il Pirata*, qui rendit son nom européen. Il produisit ensuite, pour le théâtre de Milan, la *Straniera* (1829), *I Capuleti ed i Montecchi* (1830), *la Sonnambula* et *la Norma* (1831), dont le triomphe fut universel. Après avoir donné à Venise *Beatrice di Tenda* (1833), reçue avec froideur, il visita Londres

et vint à Paris, où l'appelait Rossini. C'est à Puteaux qu'il écrivit i *Puritani* (1834), ouvrage dans lequel l'influence de l'école française se faitsentir. Une mort prématurée ne laissa pas à Bellini le temps de jouir du succès de cette pièce. Sa musique, faible dans l'harmonie et dans l'orchestration, se distingue par un caractère mélancolique, doux et plaintif qui charme et porte à la rêverie. Le 24 septembre 1876, la ville de Catane a rendu de grands hommages à ses restes exhumés du Père-Lachaise et transportés dans sa ville natale.

BELLINZONA (all. *Bellenz*), ville de Suisse ; capitale du canton du Tessin, alternativement avec Lugano et Locarno; sur la rive gauche du Tessin, à 80kil. N.-E. de Milan ; 2,500 hab., presque tous cultivateurs ou éleveurs de bétail. Construite entre deux montagnes rocheuses, sur la pente des Alpes, au point de jonction des routes du Saint-Bernard et du Saint-Gothard, cette ville est la clef des frontières d'Allemagne et d'Italie. Elle est défendue par trois anciens châteaux forts. Les Milanais s'en emparèrent en 1242, les soldats d'Uri en 1459; elle fut réunie au canton du Tessin en 1798. — Alt. 303 mètres. Lat. N. 46° 11' 20''; long. E. 6° 40' 55''.

* **BELLIQUEUX, EUSE** adj. [bèl-li-keû]. Guerrier, martial : *nation belliqueuse; prince belliqueux; humeur belliqueuse.*

BELLIS s. m. [bél-liss] (lat. *bellus*, joli, mignon). Bot. Nom scientifique de la pâquerette.

BELLISSIME adj. Très beau.

BELLMANN (Karl-Michel), poète surnommé l'*Anacréon suédois* (1740-'95), a laissé des recueils de chansons naïves et spirituelles. La collection de ses œuvres a paru à Gottenburgh, en 5 vol., 1836-'8.

BELLONAIRE s. m. (lat. *bellonarii*), prêtre de Bellone.

BELLONE, Mythol. Déesse de la guerre chez les Romains; sœur ou épouse de Mars, qu'elle accompagnait dans les combats, armée d'une lance et d'un fouet, dont elle se servait pour animer les combattants. Elle était précédée de la Discorde et suivie de la Peur; elle embouchait une trompette dont le son répandait partout la terreur.

BELLONE s. f. Astron. Planète télescopique, découverte par Luther, le 1er mars 1854.

BELLONE s. f. La guerre :

    Je laisse le glaive des lois
    Pour porter celui de *Bellone*
   SCARR. et DEFIT. *La jarretière de la mariée*, sc. XVII, 1816.

* **BELLOT, OTTE** adj. (diminut. de beau). Beau, en parlant d'un enfant : *cet enfant est bellot; petite fille qui est bellotte.* — substantiv. *mon petit bellot.*

BELLOT (Joseph-René), marin, né à Paris en 1826, d'une famille originaire de Rochefort, mort le 20 août 1853. Enseigne de vaisseau, il obtint en 1851, l'autorisation de s'associer à l'expédition que lady Franklin envoyait, sous les ordres du capitaine Kennedy, à la recherche de son mari. Il fut nommé lieutenant pendant le voyage. En 1853, il s'embarqua sur le *Phœnix*, pour une seconde expédition commandée par le capitaine Belcher. Il disparut au milieu des glaçons, pendant qu'il portait, avec un courage et un dévouement dont il avait maintes fois donné la preuve, des dépêches importantes de l'île Beechey au capitaine Belcher, lequel venait d'hiverner au N. du canal Wellington. On a élevé, à Rochefort et à Greenwich, des monuments à ce jeune officier. On a publié à Paris, son *Journal d'un voyage aux mers polaires* (1854).

BELLOTE ou **Ballote** s. m. Bot. Nom vulgaire d'une espèce de chêne (*Quercus ballota*), qui croît spontanément en Espagne et en

Algérie et dont les fruits servent de nourriture aux Kabyles. On les emploie également à falsifier le café.

BELLOVÈSE, chef gaulois, neveu du roi Ambigat. Vers l'an 590, il réunit des bandes nombreuses et prit la route d'Italie. Avant de franchir les Alpes, il fit cause commune avec les Phocéens de Marseille qui avaient à repousser les attaques des tribus aborigènes du voisinage. Ensuite il s'établit dans la vallée du Pô ; il y fonda *Mediolanum* (Milan) et cette vallée reçut dès lors le nom de *Gaule cisalpine*

BELLOVAQUES. *Bellovaci*, la plus puissante des tribus de la Gaule Belgique, entre la Seine, l'Oise, la Somme et la Bresles ; cap. *Bellovaci* auj. *Beauvais*. Au temps de César, les Bellovaques pouvaient mettre 100,000 homme: sous les armes. Voy. BELGIUM.

BELLOWS FALLS rapides du Connecticut, dans l'Etat de Vermont (Etats-Unis), à 85 kil. S.-S.-E. de Rutland. La descente est de douze mètres en moins d'un kil.

BELLOY, seigneurie de Beauvaisis, à 3 kil. N.-O. de Compiègne ; baronnie en 1646; comté en 1653.

BELLOY. I. (Pierre de), jurisconsulte, né à Montauban vers 1540 ; fut jeté à la Bastille pour avoir soutenu les droits de Henri IV, dans un écrit intitulé: *Apologie catholique* (1584). Henri IV, devenu roi, le nomma avocat général au parlement de Toulouse. Ses principaux ouvrages furent : De l'*Autorité du roy*, 1588. in-8°; *Abus de la bulle du pape Pie V contre le roy de Navarre*, Cologne 1586 ; *Pièces contre les jésuites*, in-8°. — II. (Pierre-Laurent BUIRETTE, dit DORMONT de BELLOY) poète tragique, né à Saint-Flour, en 1727, mort en 1775. Le premier il produisit sur la scène française des héros nationaux. Destiné au barreau, il s'enfuit de Paris et se livra sous le nom emprunté de *Dormont de Belloy* à sa passion pour le théâtre en jouant la comédie en Russie et dans d'autres pays (1748-'58). Revenu à Paris, il fit jouer une tragédie, qui fut sifflée, et retourna à l'étranger. Le succès de *Zelmire*, en 1762, le consola ; et celui du *Siège de Calais*, (1765) mit le comble à sa réputation. *Gaston et Bayard* (1771), lui ouvrit les portes de l'Académie française; mais la chute de *Pierre le Cruel* (1772), l'impressionna vivement. Deux ans après sa mort, on joua sa *Gabrielle de Vergy*, imprimée dès 1770. Les œuvres complètes de ce poète, qui osa renoncer aux Grecs et aux Romains pour célébrer nos gloires nationales, ont été publiées par son ami Gaillard, Paris 1779, 6. vol. in-8°.

BELLOY (Jean-Baptiste de) cardinal, archevêque de Paris, né à Morange, près de Beaumont-sur-Oise, en 1709, mort en 1808. Se retira à Chambly, pendant la révolution et y vécut en paix; après le concordat, il fut nommé archevêque de Paris.

BELL ROCK (angl. *Rocher de la Cloche*), écueil à fleur d'eau, à l'embouchure de la Tay (Ecosse). Une cloche, mise en mouvement par les flots, annonçait au loin le danger, pendant les tempêtes. Cette cloche est aujourd'hui avantageusement remplacée par l'un des plus beaux phares de la Grande-Bretagne. Ce phare à feu tournant rouge et blanc, haut de 115 pieds, est bâti sur un roc long de 427 pieds large de 200, et dissimulé par 12 pieds d'eau. Le phare, construit en 1808, porte à 23 kil. en mer. Dans les temps brumeux, 2 cloches, mises en mouvement par une machine, dénoncent au navigateur le voisinage du dangereux récif. Lat. N. (au phare) 56° 26' 4''; long. O. 4° 43' 16''.

BELLUAIRE s. m. [bèl-lu-ê-re] (lat. *bellua*, bête féroce). Ant. rom. Celui qui luttait dans le cirque contre les bêtes féroces. — Par ext. Dompteur de bêtes féroces.

BELLUNE (ital. *Belluno*). I. Prov. de la Vénétie, Italie, bornée par le Tyrol, au milieu des ramifications des Alpes carniques, 3,291 kil. carr. ; 175,282 hab. Principale rivière la Piave. Exportation de bois de charpente. — II. Cap. de la prov. ci-dessus, ville fortifiée (anc. *Bellunum* ou *Belunum*), à la jonction de l'Ardo et de la Piave et à 78 kil. N. de Venise; 15,500 hab. Cathédrale bâtie par Palladio. Commerce actif de bois de charpente; travail de la soie. Lat. N. 46° 7' 59"; long. E. 9°52' 53".

BELLUNE (Duc de) voy. Victor (*Maréchal*).

BEL-MERODACH, voy. MERODACH.

BELMONT. I. ch.-l. de cant., arr. et à 25 kil. S.-E. de Saint-Affrique (Aveyron), sur une colline que baigne la Rance; 1,800 hab. Eglise (mon. histor.) du xive siècle, surmontée d'un clocher très hardi. — II. Ch.-l. de cant. arr. et à 38 kil. N.-E. de Roanne (Loire); 3,600 hab. Lin filé.

BELMONT, village du Missouri (Etats-Unis), sur le Missisipi, en face de Colombus. Une bataille y fut livrée, le 7 novembre 1861, entre les forces de l'Union (3,500 hommes), sous les ordres du général Grant, et les confédérés sous le général Polk. Ces derniers, bie nsupérieurs en nombre, repoussèrent leurs adversaires qui furent forcés de battre en retraite.

BELOIT v. du Wisconsin (Etats-Unis); à 115 kil. N.-O. de Chicabo; 5,000 hab.

BELON (Pierre), naturaliste, né près du Mans, vers 1517, mort en 1564. Médecin en 1540, il fit un voyage en Orient, de 1546 à 1549, et publia les résultats de ses explorations dans un ouvrage remarquable, intitulé: *Observations de plusieurs singularités et choses remarquables en Grèce, Asie, Judée, Egypte, Arabie et autres pays étrangers*, Paris, 1553, in-4°. Ce livre, qui a été plusieurs fois réimprimé et traduit, donne de curieux détails sur la géographie et l'histoire naturelle des pays visités par Belon. Ce naturaliste voyageur fut assassiné par des voleurs dans le bois de Boulogne, où le roi Charles IX lui avait donné pour logement le petit château de Madrid. Belon a laissé plusieurs autres ouvrages qui le font considérer comme le fondateur de l'anatomie comparée: *Histoire naturelle des étranges poissons marins, avec la vraie peinture et description du dauplin*, etc. 1 vol. in-4° 1551, avec figures : *Histoire de la nature des oiseaux* 1 vol. in-fol., 1553, illustré; *De arboribus coniferis, resiniferis, aliisque nonnullis sempiterna fronte virentibus*, Paris, 1553, in-4°, etc.

BÉLOUTCHISTAN ou **BELOOCHISTAN**, *Gedrosia* et *Drangiana* des anciens, Etat de l'Asie méridionale, formé au S. et 30° 20' lat. N. et entre 58° 50' et 66° 58' long. E.; borné au N. par l'Afghanistan, à l'E. par le Sinde, au S. par l'océan Indien et à l'O. par la Perse. Superficie (récemment diminuée par une rectification de la frontière occidentale), 276,515 kil. carr. Population (à 1 million d'hab.) formée de deux grandes variétés, les *Béloutchis* et les *Bréouis*, issus probablement d'un mélange de peuples d'origine tartare et persane. Ce sont de zélés sunnites, adonnés à la polygamie. Par leurs habitudes nomades, ils ressemblent aux Tartares et aux Bédouins. Les Bréouis parlent un dialecte qui leur est propre; ils sont plus petits, mais plus robustes que les Béloutchis. Le gouvernement est divisé entre plusieurs chefs dont le khan de Kélat est le commandant pendant la guerre et, en quelque sorte, le seigneur féodal en temps de paix. — L'aspect général du territoire est montagneux, excepté au S. et à l'O., où s'étendent de vastes plaines stériles. Dans les montagnes qui forment la frontière au N.-E. se trouvent les fameux passages de Bolan et de Gondaoua, qui sont traversés par la route directe du N.-O. de l'Hindoustan à Kélat, capitale du Béloutchistan. Il n'y a pas de fleuve digne de ce nom. L'antique *Gedrosia* n'était

guère connue lorsque le grand Alexandre s'engagea sur son territoire, où ses troupes eurent à souffrir tout ce que la soif a de plus cruel. Le Béloutchistan, d'abord soumis à la Perse, passa à l'Afghanistan, jusqu'à la fin du xviiie siècle. Il parvint à se rendre tout à fait indépendant, mais il ne put empêcher, en 1779, le Sinde et, en 1809, le Mekran de se séparer de lui. Lors de la première expédition des Anglais en Afghanistan, les Européens ne craignirent point de violer la neutralité du pays en forçant le passage de Bolan. Cette déclaration de guerre amena de justes représailles de la part des indigènes, qui harassèrent les troupes anglaises pendant tout le temps de leur marche. Pour se venger, les Anglais saisirent Kélat et restèrent pendant quelques mois, en 1840. La nouvelle expédition contre l'Afghanistan amena les mêmes résultats, qui furent l'envahissement par l'armée anglaise de la partie orientale du Béloutchistan. Le khan de ce pays fut obligé d'abandonner ses droits sur Quettah, qui fut occupée par les troupes anglaises en 1877.

BELPECH [pèche]. Ch.-l. de cant., arr. et à 34 kil. S.-O. de Castelnaudary (Aude), au confluent du Lers et de la Vixière ; 2,500 hab. Draps, toiles, grains, farines.

BELPER (autrefois *Bellepoire*), v. du Derbishire, Angleterre, à 12 kil. N. de Derby. 11,500 hab. dont plus de 2,000 sont employés au travail du coton.

BELPHÉGOR, nom d'une idole des Madianites, des Moabites et des Ammonites. C'était une des formes de BAAL. Voy. ce mot.

BELSHAM [bèl-chamm]. I. (Thomas) ecclésiastique anglais (1750-1829), auteur d'ouvrages pour la défense de l'Unitarianisme. — II. (William), frère du précédent (1753-1827) chaud partisan du parti Whig, auteur d'ouvrages politiques, principalement d'une *Histoire de la Grande-Bretagne jusqu'à la paix d'Amiens*, 12 vol. in-8°.

BELSUNCE, ancienne vicomté de la basse Navarre, à 45 kil. O. de Pau.

BELSUNCE ou **BELZUNCE** de Castel-Moron (Henri-François-Xavier de) [bèl-zun-se]jésuite, né au château de la Force, en Périgord, en 1671, mort en 1755. Evêque de Marseille (1709), il s'attira l'admiration de toute l'Europe par sa charité et son dévouement pendant la peste de Marseille en 1720-'21. Ses dernières années se passèrent à persécuter les jansénistes. Le Régent disait de lui : « Voilà un saint qui a de la rancune! » On a de Belsunce : l'*Antiquité de la ville de Marseille*, 3 vol. in-4°, 1747-'54 ; *Instructions pastorales*, etc.— La ville de Marseille lui a érigé une statue en 1853.

BELT (Grand et Petit), deux des trois canaux qui font communiquer la Baltique avec le Cattégat et, par ce dernier, avec la mer du Nord. Le GRAND BELT, entre les îles de Seeland et Fünen, mesure 80 kil. de long, sur 29 de large. La navigation y est difficile à cause des bancs de sable et, en hiver, à cause des glaçons. Le PETIT BELT, entre Fünen et les côtes du Jutland et du Schleswig, est long de 80 kil. sur 4,000 à 18,000 m. de large. Il est complètement gelé de décembre à avril.

BELTANE ou **BELTEIN**, fête que l'on célèbre encore dans certaines parties de l'Ecosse et de l'Irlande, le 1er mai de chaque année. On fait remonter son origine au temps des Druides.

BELTIS ou **BILIT**, déesse des Babyloniens. Voy. MYLITTA.

BÉLUD-EL-DJÉRID. Voy. BILÉD-OUL-DJÉRID.

BÉLUGA, s. m. Zool. Cétacé qui diffère du marsouin seulement en ce qu'il n'a pas de nageoire dorsale. On l'appelle aussi *épaulard blanc*. Il habite la mer Glaciale, d'où il remonte assez souvent dans les rivières.

BELUR TAGH. Voy. BOLOR TAGH.

BÉLUS (hébr. *Bel*; gr. *Bêlos*), nom grécisé du dieu babylonien Bel ou Bil; voy. BAAL. Sa compagne était la déesse *Beltis* ; voy. MYLITTA. D'après les mythes grecs, Bélus était fils de Neptune et ancêtre de plusieurs nations orientales. En dégageant les traditions de ce qu'elles ont de fabuleux, l'histoire voit en Bélus un prince qui conduisit, de 1993 à 1966 av. J.-C., une colonie égyptienne en Assyrie et fonda ou agrandit Babylone. Il régna 27 ans et laissa le trône à son fils Ninus, qui le fit mettre au rang des dieux. Pour la description de son temple, voy. BABEL et BABYLONE.

BÉLUS (gr. *Bêlos* ; aujourd'hui *Nahr Naman*), rivière de Phénicie, naît au pied du mont Carmel et se jette dans la mer un peu au S. de Ptolémaïs (Saint-Jean-d'Acre); elle est célèbre en raison de la tradition qui veut que son sable fin ait conduit les Phéniciens à découvrir le verre.

* **BELVÉDÈRE** ou **BELVÉDER** s. m. [bèl-vé-dè-re ; derr], (ital. *belle vue*.) Pavillon, terrasse construite au haut d'un édifice ou sur quelque élévation, et d'où l'on découvre au loin. LE BELVÉDÈRE, à Rome, c'est la terrasse du Vatican qui fait partie du musée Clémentin. — APOLLON DU BELVÉDÈRE, voy. Apollon.

BELVÈS [bèl-vèss], ch.-l. de cant., arrond. et à 17 kil. S.-O. de Sarlat (Dordogne), sur un plateau élevé ; 2,500 hab. Huile de noix, papier; tanneries, restes d'un monastère des Templiers.

BELZ, ch.-l. de cant., arrond. et à 25 kil. S.-E. de Lorient (Morbihan), 2,000 hab. Moulins, granit.

BELZÉBUTH, divinité des Syriens, le *Baal-Zebub*, dieu-mouche, des Ekronites. D'après les Hébreux, Belzébuth était une divinité à laquelle on attribuait la souveraineté sur les mauvais génies.

BELZONI (Giovanni-Battista), explorateur, né à Padoue en 1778, mort en Afrique le 3 décembre 1823. Fils d'un pauvre barbier, il alla en Angleterre donner, en 1803, des représentations mimiques en qualité d'athlète. Mais un goût passionné pour les sciences le poussa à étudier particulièrement l'hydraulique. En 1815, le vice-roi d'Egypte, Méhémet-Ali, l'appela en Afrique pour y construire des canaux d'irrigation dans les campagnes contigues au Nil. Ses travaux parurent si surprenants que les paysans pensèrent qu'ils devaient être l'œuvre du diable et que le malheureux Belzoni dut les abandonner avant leur achèvement. Se vouant à l'étude des antiquités égyptiennes, il déplaça la tête colossale appelée, par erreur, tête du jeune Memnon. A Ipsamboul, il ouvrit le grand temple découvert par Burckhardt, fit d'importantes excavations à Karnak, explora la 2e des grandes pyramides de Gizeh, visita Fayoum, l'oasis de Jupiter Ammon et le lac Mœris et découvrit les ruines de Bérénice. Il quitta l'Egypte en 1816 et revint à Londres où il publia en anglais ses *Relations de nouvelles découvertes et explorations de pyramides, temples, tombeaux et excavations dans l'Egypte et la Nubie*, (3e édition, 2 vol. 1822). En 1823, il forma le dessein de pénétrer à Tombouctou ; mais il mourut à Bénin.

BELZUNCE, voy. BELSUNCE.

BEM (Jozef), général polonais, né à Tarnow (Galicie) en 1795, mort le 10 décembre 1850. Au service de Napoléon, il fit la campagne de 1812 et, après la chute de l'empereur, il fut nommé professeur à l'Ecole militaire de Varsovie. Pendant l'insurrection polonaise de 1830, il se distingua à Ostrolenka, où son artillerie couvrit la retraite. Commandant en chef de l'artillerie, il assista à la défense de Varsovie. Après la victoire des Russes, il voyagea en Europe jusqu'à la révolution de 1848

Il essaya vainement d'organiser les insurgés de Vienne et dut s'enfuir, lors de l'arrivée de Windischgrætz. Réfugié à Pesth, il obtint de Kossuth le commandement de la Transylvanie. En moins de trois mois, à la tête d'une poignée de patriotes, il nettoya cette province des troupes étrangères (autrichiennes et russes) qui l'avaient envahie. Mais les Russes, revenant en plus grand nombre, écrasèrent sa petite troupe à Schœssburg, le 31 juillet 1849. Bem résista encore jusqu'à la reddition de Gœrgey ; après quoi, désespéré, il s'enfuit en Turquie, embrassa l'islamisme et, sous le nom d'Amurath Pacha, reçut un commandement dans l'armée ottomane. Mais sur les réclamations de la Russie, il fut relégué à Alep, où il mourut. Parmi ses ouvrages en français, nous citerons : *Exposé de la méthode mnémonique polonaise*, 1839.

BEMBÉCIDE adj. [bain-bé-si-de] (de *bembex* et du gr. *eidos*, apparence). Qui ressemble à un bembex. — s. m. pl. Famille d'hyménoptères fouisseurs qui a pour type le genre Bembex.

BEMBEX s. m. [bain-bèkss] (gr. *bembex*, guêpe). Entom. Genre d'hyménoptères fouisseurs propres aux pays chauds, à corps allongé, pointu postérieurement, presque toujours varié de noir et de jaune ou de roussâtre. Les bembex ont des mouvements très rapides ; ils volent de fleur en fleur, en faisant entendre un bourdonnement aigu ; plusieurs répandent une odeur de rose. Ils ne paraissent qu'en été. L'espèce d'Europe, le *bembex à bec* (*apis rostrata*, Lin.), est grand, noir, avec des bandes transversales d'un jaune citron, sur l'abdomen. La femelle creuse dans le sable des trous profonds, où elle empile des cadavres de divers insectes aux ailes, particulièrement de syrphes et de mouches ; après qu'elle a pondu dans la retraite qu'elle a préparé à ses petits, elle la bouche avec de la terre.

BEMBIDION s. m. [bain-bi-di-on] (gr. *bembex*, guêpe ; *eidos*, apparence). Entom. Genre de coléoptères carabiques ayant le pénultième article des palpes extérieurs renflés en forme de poire et le dernier menu et très court. Le *bembidion à pieds jaunes* (*cicindela flavipes*, Lin.), est très commun aux environs de Paris.

BEMBO [bèmm-bo]. — I. (Bonifazio), peintre de Milan et de Crémone (xvᵉ siècle). Ses toiles sont estimées en raison de leur brillant coloris, de l'attitude décidée des personnages et de leurs splendides draperies. — II. (Giovanni-Francesco), frère du précédent, peintre de l'école de Crémone. Renonçant à la manière antique, il adopta un coloris qui se rapproche de celui de Fra Bartolommeo. — III. (Pietro) cardinal, né à Venise en 1470, mort en 1547. Lors de l'accession de son ami Giovanni de Medici (Léon X) à la papauté, il fut nommé secrétaire privé de ce pontife ; après la mort de Léon X, en 1521, il mena une existence oisive et élégante à Padoue. Paul III le fit cardinal en 1539 ; il se voua alors à la théologie et à ses devoirs religieux. Il écrivit divers ouvrages qui se recommandent par un style élégant et gracieux.

BÉMOL s. m. (de *bé* et *mol*, parce que ce signe, qui a la forme d'un *b*, a pour fonction d'amollir les sons). Mus. Signe altératif en forme de petit *b*, qu'on met au devant d'une note pour indiquer qu'elle doit être baissée d'un demi-ton : *mettre un bémol à une note*. — Adjectiv. : *cette note est bémol*.

BÉMOLISER v. a. [bé-mo-li-zé]. Marquer d'un bémol.

BEN [bènn] (hébreu et arabe : *fils*), mot qui fait souvent partie des noms propres avant lesquels il se trouve placé : *Moscheh ben Maimon* (Moïse fils de Maimon ou Maimonide) ; *Abd-el-Kader ben Mahi-ed-Din* (Abd-el-Kader fils de Mahi-ed-Din). Les Arabes, et quelque-

fois les Hébreux, emploient la forme *ibn* dans le même sens ; et, dans les noms rabbiniques, ce préfixe est souvent changé en *aben*. Les noms qualificatifs accompagnés du préfixe *ben* sont aussi employés d'une façon indépendante : Ibn Batuta ; Ben Gabirol, etc. — Le plur. de *ben* est *beni* (enfants), mot qui se place ordinairement en tête d'un nom propre servant à désigner les membres d'une même tribu ou d'une même famille : les *Beni-Yousouf*, les enfants de Yousouf, les hommes de la la tribu de Yousouf.

* **BEN** s. m. [bènn]. Bot. Arbre de la famille des Légumineuses, qui croît dans les Indes orientales, et dont les semences, appelées *Noix de ben*, fournissent une huile de bonne qualité qu'on emploie surtout dans la parfumerie.

BENACUS LACUS Ant. Lac de la Gaule Transpadane ; aujourd'hui *lac de Garde* (Italie).

BENADAB, nom de trois rois de Syrie. — I. Vivait vers l'an 950 avant J.-C. Fit la guerre à Bahasa, roi d'Israël.— II. Fils et successeur du précédent, vers 930 ; fut plusieurs fois vaincu par Achab d'Israël. — III. Vivait vers l'an 836. Conquit et opprima les dix tribus ; mais fut chassé par Joas.

BENALCÁZAR (Sébastien DE) [bé-nal-kâssar] aventurier, né en Estradamure ; mort en 1550. Il quitta l'Espagne en 1514, prit part à la conquête du Pérou par Pizarre, fut nommé gouverneur de Quito et conquit le Popayan (Nouvelle-Grenade) en 1538. Il fut ensuite disgracié.

* **BÉNARDE** s. f. (du nom de l'inventeur). Serrure qui peut s'ouvrir des deux côtés. — Adjectiv : *serrure bénarde*.

BÉNARÈS, ville de l'Inde anglaise, dans les provinces du N.-O., sur la rive gauche du Gange, à 125 kil. E. d'Allahabad ; 176,000 hab. Ville sainte et capitale ecclésiastique des Hindous. Bénarès renferme 1,000 temples (dont un temple de singes sacrés), 300 mosquées (parmi lesquelles on remarque celle

Bénarès.

d'Aurungzèbe), un collège sanscrit, de nombreuses écoles et plusieurs missions chrétiennes. Riche bibliothèque hindoue. Industrie florissante : orfèvrerie, joaillerie, soieries, broderies. Marché central des châles, des mousselines, des diamants et des pierres précieuses de l'Inde. La tradition fait remonter la fondation de Bénarès au siècle qui suivit le déluge. Aurungzèbe embellit cette ville (1660) et le Nabad d'Oude la céda aux Anglais en 1775. Elle se souleva en 1781 et ne fut réduite

qu'en 1783. Une révolte des Cipayes y fut écrasée en juin 1857. — *District de Bénarès*, 17,431 kil. carr., 8,179,307 hab. ; arrosé par le Gange ; territoire fertile produisant du sucre, de l'opium et de l'indigo. — Lat. (à l'Observatoire) 25° 18' 33" N.; long. 80° 35' 28" E.

BENBOW (John) [bènn-baou], amiral anglais (1650-1702), fut chargé par Guillaume III de bloquer et de bombarder les ports français (1693) ; parti avec une escadre pour les Indes occidentales, en 1702, il soutint dans les Antilles, un combat de cinq jours, contre l'armée navale de Ducasse. Il arriva, vaincu, et avec une jambe de moins, à la Jamaïque où il mourut, après avoir fait fusiller plusieurs capitaines accusés de l'avoir abandonné pendant la bataille.

BENBURB, [bènn-beurb] lieu situé près d'Armagh (Irlande septentrionale) et rendu célèbre complètement les Anglais commandés par Monroe, le 2 juin 1646.

BENCOULEN ou Bencoolen [bènn-kou-lènn], (malais, Bangka Ulu, plateau ondulé). I. Résidence hollandaise, sur la côte S.-O. de Sumatra, comprenant l'île d'Engano ; 25,087 kil. car. ; 140,116 hab.; dont 160 Européens. Surface montueuse ou ondulée ; sol peu fertile ; quelques forêts abondent en arbres produisant la gutta percha, la gutta taban, etc. Culture du café et du styrax benjoin. Les Rejangs, l'une des races les plus civilisées de Sumatra, forment la majeure partie de la population. — II. Ville principale de la résidence ci-dessus, par 3° 47' lat. S. et 99° 59' long. E.; environ 10,000 hab., dont un grand nombre de Chinois. Climat très insalubre. La compagnie anglaise des Indes orientales y établit, en 1685, une factorerie pour le commerce du poivre. Le fort Marlborough fut construit à 5 kil. de la ville en 1714. Les Français, sous le comte d'Estaing, détruisirent les établissements anglais en 1760. Enfin cette colonie et le fort Marlborough furent cédés, en 1824, aux Hollandais, en échange de leurs possessions de Malacca.

BENDA I. (Franz), violoniste allemand de la cour de Frédéric le Grand, né en Bohème en 1709 ; mort en 1788 ; il est le fondateur d'une célèbre école de violonistes.—II. (Georg) son frère (1721-'95), musicien des cours de Berlin et de Gotha, composa de nombreux opéras comiques, deux grands opéras et des sonates pour clavecin.

BENDAVID (Lazarus) [bènn-dâ-vitt], philosophe et mathématicien israélite, né à Berlin en 1762, mort en 1832. Ses œuvres volumineuses comprennent : *Théorie der Parallelen*,

Das matematische Unendliche, *Vorlesungen über die Kritik der reinen Vernunft*, *Versuch einer Geschmackslehre*, *Versuch einer Rechtslehre*, et *Ueber de Ursprung unserer Erkenntniss*.

BENDER, ville de Russie (Bessarabie), sur le Dniester, à 60 kil. S.-E. de Kichener; 24,750 hab. Ses rues sombres et malpropres présentent un aspect oriental. On y parle principalement le dialecte roumain et ils y fait un commerce actif. Bender, (en moldave, *Teckin* ou *Tigino*) devint possession des Turcs au xvi° siècle. C'est au petit village de Varnitza, aux environs, que Charles XII se retira après la bataille de Pultava. Il y vécut pendant plusieurs années. Il y soutint, le 1er février 1713, avec 300 Suédois et quelques Polonais, un siège inutile et meurtrier. Le 26 septembre 1770, les Russes, commandés par Panin brûlèrent la ville de Bender et y passèrent au fil de l'épée 30,000 musulmans. Rendue aux Turcs en 1774, la ville fut reprise par les Russes le 15 novembre 1789, rendue de nouveau et enfin assurée à la Russie par la paix de 1812. — Lat. N. 46° 49' 27"; long. E. 27° 8' 53".

BENDER-ABASSI, voy. GOUMBOUN.

BENEDEK (Ludwig von) [bè-ne-dèk], général autrichien, né en 1804, à Œdenberg (Hongrie), mort à Gratz, au mois d'août 1880. Il se distingua contre les Italiens en 1848. Chef de l'aile gauche autrichienne à Solférino, il fut le dernier à quitter le champ de bataille. En 1860, on le nomma gouverneur général de Hongrie, puis commandant en chef en Italie. Au moment où la guerre de 1866 allait éclater entre la Prusse et l'Autriche, il fut considéré comme le seul stratégiste capable de tenir tête à de Moltke; mais son plan, dont on disait des merveilles, fut complètement déjoué, et après une courte campagne, qui se termina à Sadowa, le 3 juillet, il fut mis à la retraite.

* **BÉNÉDICITÉ** s. m. (mot lat. francisé). Prière qu'on fait avant le repas : *des bénédicités*.

BÉNÉDICT ou **Benoit** (Saint), surnommé BISCOP, théologien anglais, né en 628, mort le 12 janvier 690. Après avoir fait trois voyages à Rome, il fonda les monastères de Wearmouth et de Yarrow, où il encouragea l'étude et fonda une collection d'auteurs grecs et romains. Fête le 12 janvier. Son disciple, Bède le Vénérable, a écrit son histoire.

BÉNÉDICT ou **Benoit**, moine anglais, abbé de Peterborough, mort en 1193. Il fut, sous le règne de Richard Ier, gardien du grand sceau. Il a laissé une histoire de Henri II et de Richard, et une vie de Becket.

* **BÉNÉDICTIN, INE** s. [bé-né-di-ktain] (lat. *Benedictus*, Benoit). Religieux, religieuse de l'ordre de Saint-Benoît. — Par ext. Homme érudit, d'une science profonde: *vous êtes un véritable bénédictin*. — Lorsqu'il a un complément, il désigne un spécialiste de premier ordre: *les bénédictins du pinceau*. — Adjectiv. Qui a rapport à l'ordre des bénédictins : *Annales bénédictines*. — Encycl. L'ordre des bénédictins, fondé, au vie siècle, par saint Benoît de Nursia, se répandit rapidement en Italie, en France, en Angleterre et en Allemagne. Les moines de cet ordre, engagés par le triple vœu de pauvreté, de chasteté et d'obéissance, se rendirent utiles à l'agriculture par de vastes défrichements, aux lettres par la copie et la multiplication des manuscrits de l'antiquité et, plus tard, par la rédaction de travaux historiques d'une haute érudition. D'abord laïcs et engagés dans des labeurs manuels, ils devinrent ensuite des prêtres pleins de savoir. Pendant plusieurs siècles, ils instruisirent la jeunesse. Avant l'établissement des ordres mendiants, toutes les corporations monastiques de notre Occident basèrent leurs règles sur celles de Saint-Benoît. L'ordre des bénédictins se divise en congrégations et n'a

pas de supérieur général. Des réformes devenues nécessaires furent apportées par saint Benoît d'Aniane, Eudes de Cluny et Robert de Champagne. Parmi les plus célèbres congrégations de cet ordre on citait particulièrement celles de Cîteaux, de Sauve-Mayor, des Chartreux, de Grandmont, de Fontevrault, de Clairvaux, de Vallombreuse, du Val-des-Choux, du Val-des-Ecoliers, etc. De l'ordre de Saint-Benoît sortirent les communautés de Sainte-Justine de Padoue, de Saint-Vannes de Verdun, de Saint-Maur, des Feuillants, des Camaldules, des Célestins, etc. Il n'est pas d'ordre qui ait fourni autant d'hommes remarquables : 24 papes, 200 cardinaux, 50 patriarches, 116 archevêques, 4,600 évêques, 3,600 saints canonisés, 4 empereurs, 46 rois, plus de 15,000 écrivains. La plus célèbre de leurs congrégations, celle de Saint-Maur, a produit des hommes tels que Ménard, Bouquet, Mabillon, Montfaucon, d'Achéry et des centaines d'autres, dont les œuvres d'érudition ont acquis une célébrité universelle. Qu'il nous suffise de rappeler la Diplomatique, l'Art de vérifier les dates, le Gallia christiana, le Spicilège, la Collection des Historiens de France, les Antiquités expliquées, l'Histoire littéraire de la plupart des provinces, l'Histoire de Paris, etc. Comme signe de la noblesse de leur ordre, les bénédictins font précéder leur nom du mot Dom (*Dominus*, seigneur). Au xve siècle cet ordre comptait 15,700 maisons; après la réforme, il n'en possédait plus que 5,000 ; aujourd'hui il n'en a pas plus de 800. Avant leur expulsion de France (1880), leurs principaux établissements se trouvaient à Solesme (Sarthe), à Angers et à Acey (Jura). Ces établissements renfermaient 239 religieux. Les bénédictins portent un vêtement et un scapulaire noirs. — **Bénédictines**, ordre de religieuses, fondée par sainte Scholastique, sœur de saint Benoît. Leur costume est une robe et un scapulaire noirs.

* **BÉNÉDICTION** s. f. Action de consacrer, de bénir avec les cérémonies ordinaires. — Action d'un prélat ou d'un prêtre qui bénit en faisant le signe de la croix. — Action par laquelle les pères et les mères bénissent leurs enfants. — Grâce et faveur particulière du ciel. — Se dit, surtout au pluriel, des vœux qu'on fait pour la prospérité de quelqu'un, des souhaits qu'on forme en sa faveur. — Fam. C'EST UNE BÉNÉDICTION, se dit en parlant d'une grande abondance qui semble résulter d'une faveur particulière du ciel. — Pop. et iron. Marque l'excès d'une chose fâcheuse, désagréable; alors il est ordinairement précédé de *que* signifiant TELLEMENT QUE: *il pleut, il neige, que c'est une bénédiction.*

BÉNÉDICTIONNAIRE s. m. (rad. *bénédiction*). Litur. Livre renfermant les prières en usage dans les bénédictions, consécrations, etc.

BENEDIX (Julius-Roderich), auteur dramatique allemand, né à Leipzig en 1811, mort en 1873. Il a laissé des pièces comiques et des travaux sur les légendes d'Allemagne, etc. Sa *Shakspearomanie*, œuvre posthume publiée en 1874, produisit une grande sensation.

BÉNEF s. m. [bé-neff]. Jargon. Abréviation de *bénéfice*.

* **BÉNÉFICE** s. m. (lat. *beneficium*). Gain, profit: *calculez tous les bénéfices que peut procurer une entreprise.* — Privilège, avantage, faculté accordée par la loi : *héritier par bénéfice d'inventaire*, *sous bénéfice d'inventaire.* — Hist. Terre conquise dans la Gaule par les Francs, et que les chefs ou princes distribuaient à leurs compagnons d'armes : *Originairement les bénéfices ou fiefs n'étaient donnés qu'à vie; ensuite ils devinrent héréditaires* (Acad.). — Titre, dignité ecclésiastique, accompagnée d'un revenu. Il n'existe plus en France de *bénéfices* ecclésiastiques. — Lieu même où

est l'église et le bien du bénéfice. — BÉNÉFICE A SIMPLE TONSURE, celui qu'on peut posséder quoiqu'on n'ait que la tonsure, et sans être obligé de prendre les ordres sacrés, ni de résider sur les lieux. — BÉNÉFICE SÉCULARISÉ, qui n'est possédé que par des réguliers; et qui, par dispense du pape, peut être possédé en commende par des séculiers. — Chancell. LETTRES DE BÉNÉFICE D'AGE. Lettres que les mineurs obtenaient jadis pour être émancipés, et pour gouverner eux-mêmes leur bien jusqu'à pleine majorité. — Méd. BÉNÉFICE DE NATURE. Evacuations extraordinaires par lesquelles la nature se soulage. — Législ. « Le *bénéfice d'âge* est un privilège ou une dispense que la loi accorde dans certains cas, à cause de l'âge. Ainsi les actes faits par un mineur ne sont pas nuls de plein droit ; mais ils sont sujets à *rescision* et le mineur peut en demander l'annulation dans un délai de dix ans à compter du jour de sa majorité (C. civ. 1304), tandis que les personnes capables de s'engager avec lequel elles ont contracté (id. 1125) et que les majeurs ne peuvent se faire restituer pour cause de lésion (id. 1313), dans les cas et dans les limites déterminées par la loi. Cependant il faut qu'il y ait aussi lésion que les tribunaux prononcent l'annulation des actes faits par le mineur, car, ainsi que le disait Bigot de Préameneu dans l'exposé des motifs de cette partie du code civil : « *restituitur non tanquàm minor, sed tanquàm læsus.* » Tout individu, âgé de 65 ans accomplis, peut refuser d'être tuteur, et celui qui aurait été nommé avant cet âge peut, à 70 ans, se faire décharger de la tutelle (id. 433). En matière criminelle, il y a aussi des bénéfices d'âge. Ainsi, pour les enfants âgés de moins de 16 ans et qui ont commis des crimes ou délits, la peine applicable aux autres coupables est réduite par la loi elle-même, et, s'il est reconnu qu'ils ont agi sans discernement, leur acquittement est prononcé.(C. pén. 66 et s.). Les peines des travaux forcés à perpétuité et des travaux forcés à temps ne peuvent être prononcés contre un individu âgé de 60 ans accomplis, et sont remplacées par la réclusion à perpétuité ou à temps. (L. 30 mai 1854) Les septuagénaires sont dispensés des fonctions de juré (L. 21 nov. 1872). — Le *bénéfice de campagne* est l'avantage que l'on accorde aux officiers et soldats, en comptant, dans le calcul de la pension militaire, avec tous la durée effective du service, le temps passé en guerre ou en captivité et celui passé dans divers services. Nous citerons, comme exemple de nature exceptionnelle, le décret du 23 avril 1852, dont l'article premier est ainsi conçu : « L'année 1851 sera comptée comme bénéfice de « campagne aux militaires de tous grades et « de toutes armes qui, au 2 décembre, se « trouvaient en garnison dans les localités où « des troubles en éclaté ou qui y ont été ap- « pelés à cette occasion ». Voy. PENSIONS. — Le *bénéfice de cession de biens* était accordé par la loi au débiteur malheureux et de bonne foi qui, pour avoir la liberté de sa personne, faisait en justice l'abandon de tous ses biens à ses créanciers (C. civ. 1268). La contrainte par corps ayant été supprimée, en matière civile et commerciale, par la loi du 22 juillet 1867, la cession de biens judiciaire ne peut plus avoir pour effet que de libérer le débiteur jusqu'à concurrence de la valeur des biens abandonnés. Quant aux effets de la cession de biens volontaire, c'est-à-dire acceptée volontairement par les créanciers, ils résultent des conventions arrêtées (C. civ. 1265 et s ; C. proc. 898 et s.). — Le *bénéfice de discussion* est une exception de droit que la caution peut opposer aux poursuites du créancier, en demandant que le débiteur principal soit *discuté*, c'est-à-dire *poursuivi* préalablement. Mais la caution doit : 1° opposer cette exception dès la première réclamation ; 2° se faire connaître les biens du débiteur qui peuvent être saisis dans l'étendue du ressort de la cour d'appel ; 3º offrir au créancier de faire l'avance des frais de poursuite. Le bénéfice de discussion ne peut être invoqué par les cautions qui ont accepté la solidarité avec le débiteur ni par es cautions judiciaires (id. 2021 et s). Un *autre bénéfice de discussion* est accordé au mineur, émancipé ou non, et à l'interdit, pour que leurs immeubles ne soient mis en vente, par suite de saisie, qu'après la discussion, c'est-à-dire la vente préalable de leurs biens meubles (id. 2206). Lorsque plusieurs personnes ont cautionné un même engagement, elles sont obligées, chacune pour toute la dette ; mais si la garantie donnée n'est pas solidaire et que l'une des cautions soit seule poursuivie pour le tout, elle peut opposer le *bénéfice de division*, c'est-à-dire exiger que le créancier divise son action entre les cautions solvables et la réduise à la part de chacune; cette exception peut être invoquée en tout état de cause, même en appel (id. 2205 et s). — L'acceptation d'une succession sous *béné-fice d'inventaire* a pour effet de dispenser l'héritier ou le légataire universel du paiement de la partie du passif qui excéderait l'actif de cette succession, et d'éviter que ses biens et ses dettes soient confondus avec les biens et les dettes de la succession. L'acceptation bénéficiaire doit être faite par l'héritier, assisté d'un avoué, au greffe du tribunal de première instance dans le ressort duquel la succession est ouverte. La loi accorde à l'héritier les délais de trois mois pour faire inventaire, puis de quarante jours pour délibérer sur son acceptation avant de prendre un parti ; ces délais ne sont pas de rigueur et peuvent être prolongés par le tribunal ; mais l'héritier peut être déclaré héritier pur et simple, s'il a disposé, sans autorisation de justice des effets de la succession ou s'il a recélé ou omis sciemment dans l'inventaire, des valeurs dépendant de la succession. La déclaration d'acceptation bénéficiaire n'a d'effet que si elle est précédée ou suivie d'un inventaire. Les mineurs, les interdits et autres incapables ne peuvent accepter une succession, autrement que sous bénéfice d'inventaire. L'héritier bénéficiaire est administrateur de la succession, et doit compte de sa gestion aux créanciers et aux légataires. Il ne peut vendre les meubles qu'aux enchères et par le ministère d'un officier ministériel ; il ne peut également vendre les immeubles que suivant les formes de la procédure. Il est tenu de donner caution de la valeur des meubles et du prix des immeubles non employés à l'acquit des charges. Il doit déléguer le prix des immeubles aux créanciers hypothécaires qui se sont fait connaître. S'il y a des oppositions, il ne doit payer que dans l'ordre et de la manière réglée par justice (C. civ. 793 et s ; C. pr. 986 et s). Le *bénéfice du terme*, ou délai de paiement d'une dette, ne peut plus être réclamé, c'est-à-dire que la dette devient immédiatement exigible, lorsque le débiteur fait faillite, ou lorsque, par son fait, il a diminué les sûretés qu'il avait données à son créancier par le contrat. (C. civ. 1188). » (Ch. Y.).

* **BÉNÉFICIAIRE** adj. Jurispr. Se dit de l'héritier sous bénéfice d'inventaire : *l'héritier bénéficiaire.* — Substantiv. : *le bénéficiaire est tenu des dettes du défunt, jusqu'à concurrence des forces de la succession* (Acad.). — Comédien ou autre personne pour qui on donne une représentation théâtrale à bénéfice.

º **BÉNÉFICIAL, ALE, AUX** adj. Qui concerne les bénéfices ecclésiastiques: *droits bénéficiaux.*

* **BÉNÉFICIER** s. m. [bé-né-fi-sié]. Celui qui a un bénéfice ecclésiastique. — ↔ **Bénéficière** s. f. Celle qui jouit d'un bénéfice ecclésiastique.

* **BÉNÉFICIER** v. n. [bé-né-fi-ci-é]. Faire quelque profit.

BENEKE (Friedrich-Eduard), philosophe allemand, né à Berlin en 1798, mort en 1854; professeur extraordinaire à Berlin, depuis 1831, il enseigna que la philosophie doit être fondée sur un soigneux examen des phénomènes de la conscience. — Ses œuvres comprennent : *Erziehungs-und Unterrichtslehre* (2 vol.), *Grundlinien des natürlichen Systems der praktischen Philosophie* (3 vol.), *System der Logik* (2 vol.), et *Pragmatische Psychologie* (2 vol.).

* **BENÉT** adj. m. (rad. *benott, béni*). Niais, sot. — Substantiv: *c'est un grand benêt.*

BÉNÉVENT (ital. *Benevento*). Anc. *Beneventum.* — I. Prov. d'Italie, traversée par le rameau occidental des Apennins Napolitains ; arrosée par le Calore; 1782 kil. carr.; 233,000 hab. Exportation de céréales, de fruits, de vin, d'huile et de gibier. — II. Cap. de cette prov. (autrefois délégation papale), à la jonction du Calore et du Sabbato; 55 kil. N.-E. de Naples ; 20,500 hab. La Porta Aurea, qui jadis donnait passage à la voie Appienne, est formée par le fameux arc de Trajan, l'un des plus beaux monuments de l'Italie. Parmi les autres reliques de l'antiquité, on admire les ruines d'un amphithéâtre, des portions de murailles romaines et un vieux pont sur le Calore. La cathédrale n'est pas moins intéressante. Les habitants s'occupent principalement du travail du parchemin, du cuir, de l'or et de l'argent. — L'une des villes principales du Samnium, Bénévent, tomba au pouvoir des Romains au IIIᵉ siècle avant J.-C. C'est là qu'ils battirent Pyrrhus, (275) en souvenir de cette action, ils changèrent l'ancien nom de *Maleventum*, en celui de *Beneventum.* Riche et commerçante pendant l'Empire, Bénévent forma plus tard la capitale d'un puissant duché des Lombards, ensuite une possession du pape. Le 26 février 1266, Manfred de Naples y fut vaincu par Charles d'Anjou, dans une bataille célébrée par le Dante. Un tremblement de terre dévasta la ville en 1688. Les Français la prirent et la rendirent au roi de Naples en 1798; Napoléon en fit une principauté qu'il laissa à Talleyrand (1806); elle revint au pape en 1815 et passa à l'Italie en 1860.

BÉNÉVENT-L'ABBAYE, ch.-l. de cant., arr. et à 23 kil N.-O. de Bourganeuf (Creuse); 1,700 hab. Église romaine du XIIᵉ siècle (monument historique).

BENEVENTE [bé-né-vainn'-té], ville maritime du Brésil, prov. d'Espiritu Santo ; à 380 kil. N.-E. de Rio-de-Janeiro; population de la ville et du son district, environ 4,000 hab. Construction de navires.

* **BÉNÉVOLE** adj. (lat. *benevolus*). Qui est ou que l'on suppose favorablement disposé ; ne se dit guère qu'en plaisantant, et dans les locutions : *lecteur bénévole, auditeur bénévole.*

* **BÉNÉVOLEMENT** adv. Volontiers, par un sentiment de bienveillance.

BÉNEZET (Anthony), philanthrope américain, né à Londres, d'une famille française protestante, en 1713, mort en 1784. Établi à Philadelphie en 1731, il se fit professeur en 1742. Il fut l'un des premiers à parler en faveur de la liberté des nègres et il ouvrit une école pour l'instruction des gens de couleur. Il attaqua vivement la traite des nègres et l'esclavage dans sa *Relation historique de la Guinée*, 1762, et dans son *Tableau de l'état misérable des nègres*, 1767.

BENFELD [bain-felt], bourg de l'Alsace-Lorraine, à 18 kil. N.-E. de Schlestadt, 2,800 hab.

BENGALE [bain-], province de l'Inde anglaise, fréquemment appelée Basses-Provinces et souvent, par erreur, qualifiée présidence. La région plate, qu'arrose le Gange dans son cours inférieur, porte le nom du Bengale

propre. Mais le territoire dit *Province de Bengale* est beaucoup plus vaste et gît entre 19º et 29º lat. N. et entre 80º et 95º long. E.; il est borné au N. par le Nepaul, le Boutan et la Birmanie; au S. par le golfe de Bengale et l'O. par les provinces Nord-Ouest et Centrale. La superficie et la population étaient les suivantes en 1872:

DIVISIONS	Kilom. car.	Population.
Bengale propre	123.750	36.769.733
Behar	61.463	19.736.101
Orissa	22.568	3.165.490
Assam	120.481	4.252.019
Chota Nagpore	62.330	3.845.574
Totaux.	409.612	67.775.816

Depuis 1874, Assam forme une province particulière. Le Bengale se compose principalement d'une vaste plaine faiblement ondulée que traversent le Gange, le Brahmapoutre et leurs tributaires. Ces deux grands cours d'eau finissent par s'unir avant de se jeter dans la mer, à laquelle ils arrivent par de nombreuses embouchures. Le long de la côte N. du golfe de Bengale s'étend, sur une profondeur de 300 kil., le labyrinthe de torrents qui enveloppent les îles nombreuses appelées les Sunderbunds. C'est là que se trouvent les jungles qu'infestent de terribles bêtes féroces. Trois des embouchures du Gange sont navigables, si l'on y comprend l'Hougly. Les inondations annuelles de ce grand fleuve couvrent de vastes territoires et deviennent souvent désastreuses. La province de Bengale ne renferme que peu de lacs, dont le principal est le lac Chilka (division d'Orissa). Climat extrêmement chaud. Il n'y a que trois saisons: 1º Saison froide, de novembre à février, avec une température moyenne d'environ 68º F.; 2º Saison chaude, de mars à mai, avec des chaleurs accablantes qui vont jusqu'à 100º et même 110º F.: 3º Saison des pluies de juin à octobre. Le sol alluvial se compose d'un riche humus qui repose sur une argile sablonneuse. Il produit, le riz, le froment, l'orge, le miel, le maïs, les pois, les haricots, plusieurs plantes oléagineuses, les cinq sixièmes de l'indigo produit par notre globe, le coton, l'opium, le sucre et le tabac. Le pavot se cultive principalement à Behar; mais l'opium est manufacturé à Patna, d'où lui vient son nom commercial d'opium de Patna. Dans les jungles et dans les vastes forêts se rencontrent des bêtes féroces dont la réputation est établie. Tout le monde a entendu parler des formidables *Tigres du Bengale.* Mais ce ne sont pas les seuls animaux sauvages que l'on ait à redouter: la panthère, l'hyène rayée, le chacal, la civette, les ours, les renards et le rhinocéros (ce dernier dans la vallée du Brahmapoutre) sont tous plus ou moins dangereux, ainsi que le crocodile et les serpents venimeux, parmi lesquels le terrible cobra de capello. On trouve encore dans cette province des singes en grand nombre, l'antilope, le buffle indien et enfin l'éléphant, auquel on fait la chasse pour le domestiquer. L'administration de la province de Bengale est confiée à un lieutenant-gouverneur nommé par le vice-roi ; chacune des divisons locales est dirigée par un commissaire et subdivisée en districts placés sous les ordres d'un magistrat ou d'un collecteur. En 1875, il y avait 2,100 kil. de chemins de fer dans le Bengale, ce chiffre comprend la grande voie ferrée qui va de Calcutta aux plateaux de l'Inde septentrionale. Calcutta, est à la fois capitale du Bengale et de la vice-royauté de l'Inde. Les villes les plus importantes sont ensuite: Patna, Mourschedabad, Dacca, Bordwan. C'est dans le Bengale que se trouve l'établissement français de Chandernagor. La population de cette province se compose d'Hindous et de Musulmans, dans la proportion de quatre des premiers pour un des seconds. Ce territoire, appartenant aux souverains de Delhi, se rendit indépendant en 1340. Baber l'ajouta à l'empire mogol vers 1529. Quelques années plus tard les Anglais obtinrent l'autorisation d'y faire du commerce; ils s'établirent définitivement à Hougly vers 1632. Les Français et les Danois eurent des comptoirs dans le Bengale dès 1664; mais les Anglais y devinrent seuls puissants. Le Bengale forma pour une agence distincte en 1680; et ils fondèrent Fort William en 1698. Lord Clive établit, par la victoire de Plassey, le 23 juin 1757, la domination définitive de l'Angleterre dans le Bengale et même dans tout l'Hindoustan.

BENGALE (Golfe de), vaste golfe de l'océan Indien, entre l'Hindoustan et l'Indo-Chine. Sa plus grande largeur est de 1.100 kil. Il reçoit le Gange, l'Hougly, le Brahmapoutre, l'Irrawady, le Godavéry et le Kistnah. Sur la côte occidentale, se ne rencontrent pas de bons ports; mais à l'E., les rivages offrent de nombreux refuges aux navigateurs.

* **BENGALE** s. m. [bain-ga-li]. Langue qui est dérivée du sanscrit, et que parlent les peuples du Bengale: *étudier le bengali.* — Adjectiv.: *caractères bengalis; grammaire bengalie.*

* **BENGALI** s. m. Espèce de pinson dont le chant est agréable, et qu'on a ainsi nommé parce qu'il nous est venu du Bengale. Parfaitement acclimaté en Europe, il fait l'ornement des volières. On le nourrit de millet et de graine d'alpiste. Il lui faut du sable fin et propre.

BENGEL (Johann-Albrecht), théologien allemand (1687-1752); pasteur à Denkendorf (1713-'41) et prélat à Alpirsbach (1749), il édita le Nouveau Testament grec (1724), et ensuite des notes critiques sous ce titre: *Gnomon Novi Testamenti.* Il est également l'auteur d'un travail mystique sur l'apocalypse, ouvrage dans lequel il prédit la fin du monde pour l'an 1836.

BENGER (Miss Elizabeth-Ogilvy) femme de lettres anglaise (1778-1827), auteur de poésies, de drames et d'œuvres historiques et biographiques importantes.

BENGHAZI (d'abord *Hesperis*, puis *Bérénice*), ville de Barca, Afrique, sur le rivage oriental du golfe de Sidra; 7,000 hab. (en y comprenant les localités voisines). Le port autrefois profond n'est plus accessible qu'aux petits navires. La ville contient un couvent de franciscains et une église catholique romaine. Les maisons sont généralement inondées pendant la saison des pluies, alors que les rues sont converties en rivières. Voy. BÉRÉNICE. — Lat N. 32° 7' 30''; long. 17° 41' 20''.

BENGUÉLA. I. Contrée de la côte occidentale d'Afrique, formant une partie d'Angola et réclamée par le Portugal. On appelle ordinairement Benguéla tout le territoire compris entre les fleuves Coanza et Nourse. Les autres cours d'eau principaux sont le Copororo, le Rio São Francisco et le Cuvo. Le pays produit du soufre, du cuivre, du pétrole et un peu d'or et d'argent. Presque partout, la végétation en est luxuriante. V. princ.: Benguela, Cacondo, Novo Redondo et Mossamedes. Cette dernière, fondée en 1840, dans une position favorable, est la résidence du gouverneur du Benguela du sud. — II. São Felipe de Benguéla, cap portugaise du pays ci-dessus, près de l'embouchure du fleuve Catumbela, par 12° 33' lat. S., et 14° 2' long. E.; 3,000 hab. Port sûr et commode, mais d'un accès difficile; climat des plus malsains. Lieu de déportation. — Lat. (au fort) 12° 33' 54'' S.; long. 11° 4' 45'' E.

BEN-HAROUN, station balnéaire algérienne, située dans la Kabylie, près de Dra-el-Mizan (province d'Alger). Source bicarbonatée et chlorurée sodique, à 40° C. Dyspepsie, cachexie paludéenne, engorgements viscéraux, gravelle.

* **BÉNI, IE**, l'un des deux part. passés de BÉNIR; a toutes les significations de son verbe sauf celle qui est énoncée à BÉNIT, ITE (voir ce mot); s'emploie surtout en parlant des personnes: *l'ange dit à la sainte Vierge: Vous êtes bénie entre toutes les femmes, et Jésus, le fruit de vos entrailles, est béni; un peuple béni de Dieu.*

BENI ou **Veni**, dép. de Bolivie (Amérique) arrosé par la rivière Beni et embrassant les hautes montagnes et les immenses plaines boisées qui couvrent la partie septentrionale de la république. 54,000 hab. de race mêlée et 40,000 indiens encore sauvages. Ch.-l. Trinidad.

BENI, Veni ou **Paro**, rivière de Bolivie, formée par des torrents qui descendent des Andes au N.-O. de Cochabamba. Elle court au N.-O. pendant 800 kil. Arrivée à la frontière N.-E. du Brésil, elle s'unit au Mamoré et à l'Iténez pour former la Madeira, principal tributaire de l'Amazone.

BENICARLO, ville d'Espagne, prov. de Castellon, sur la Méditerranée, à 130 kil. N.-E. de Valence; 7,000 hab. Elle expédie à Bordeaux de grandes quantités de son vin rouge parfumé qui sert à enrichir certains clairets destinés aux marchés de l'Angleterre et des Etats-Unis.

BENICIA ancienne capitale de l'Etat de Californie, (Etats-Unis), sur le détroit de Carquinez, à 50 kil. E.-N.-E. de San Francisco. 1.700 hab. Excellent port, tête de ligne de la compagnie des bateaux poste sur le Pacifique. Arsenal des Etats-Unis.

BÉNIGNE (Saint), apôtre de la Bourgogne, martyrisé à Dijon en 179. Fête le 1er novembre.

* **BÉNIGNEMENT** adv. D'une manière bénigne.

* **BÉNIGNITÉ** s. f. Douceur, bonté du puissant à l'égard du faible, du supérieur à l'égard de l'inférieur.

BENI-MEREB, village de l'arr. de Blidah (Algérie); 900 hab. dont 600 Européens.

BENI MEZAB ou **Beni M'zab**, contrée méridionale de la province d'Alger, occupée par les M'zabites ou Mozabites. Lieux principaux: Gardéia et Méliti.

* **BÉNIN, IGNE** adj. (lat. *benignus*). Doux, humain: *naturel doux et bénin; humeur bénigne.* — Iron. Se dit d'une bonté, d'une tolérance qui tient de la faiblesse: *c'est le plus bénin de tous les maris.* — Favorable, propice: *ciel bénin.* — Méd. Se dit, des maladies qui n'offrent rien d'alarmant: *angine bénigne.* — REMÈDE BÉNIN, remède qui agit doucement.

BÉNIN. 1. Royaume d'Afrique sur la côte de Guinée, borné à l'E. par le Niger. Le nom de Bénin était autrefois appliqué à toute la côte du golfe de Guinée. Le territoire du Bénin actuel est bas, marécageux et arrosé par les bouches du Niger, Villes principales Bénin et Wari ou Warrah. Bénin fut découvert par les Portugais Diogo Cam en 1484. — II. Cap. du royaume de Bénin, sur la rive droite du bras le plus occidental formé par le Niger; 15,000 hab. Faisait jadis un immense commerce d'esclaves. — III. (Golfe de), portion septentrionale du golfe de Guinée, sur la côte des Esclaves, à l'O. du delta que forme le Niger.

BENINCORI (Ange-Marie), célèbre compositeur italien, né à Brescia en 1779, mort à Belleville (Paris), en 1821, auteur de plusieurs pièces pour le théâtre.

BENIN-D'AZY (Saint-), ch.-l. de cant., arr. à 19 kil. E. de Nevers (Nièvre), 1,800 hab. Forges; beau château moderne.

BENIOWSKY (Moritz-August, COMTE) (bé-niovski), aventurier hongrois, né en 1741, à Verbova, mort en 1786. Fils d'un général autri-

chien, il servit pendant la guerre de Trente ans et combattit les Russes en Pologne. Ces derniers l'ayant fait prisonnier, l'exilèrent au Kamtchatka (1771). En route pour cette lointaine destination, il sauva le navire qui le transportait. Le gouverneur du Kamtchatka, lui ayant confié l'éducation de ses enfants, il profita de la liberté qui lui était accordée pour s'évader en enlevant Aphanasia, fille du gouverneur (1771). Il atteignit Macao, où mourut Aphanasia, et il fit ensuite voile pour la France Le cabinet de Versailles l'accueillit favorablement et lui donna un régiment d'infanterie, avec la mission de fonder une colonie à Madagascar (1764). Il s'établit dans la baie d'Anton-Gil et fut nommé roi par l'une des tribus indigènes; les dames du pays jurèrent fidélité à sa femme légitime, qu'il avait fait venir de Hongrie pour partager son trône et embellir sa cour (1776). Dans le but d'obtenir du secours, il revint en France où il fut fort mal reçu par le ministère. Après de nouvelles aventures, il organisa en Angleterre et en Amérique, une expédition pour conquérir l'île de Madagascar (oct. 1784). Il fut mortellement blessé dans une rencontre avec les troupes françaises envoyées de l'île de France pour le combattre. Il a laissé une intéressante autobiographie: *Voyages et Mémoires*, Paris, 1791, 3 vol. in-8°. Ses aventures ont fait le sujet de plusieurs pièces de théâtre.

* **BÉNIR** v. a. (lat. *bene*, bien; *dicere*, dire). A deux participes passés : voir BÉNI et BÉNIT. Consacrer au culte, au service divin avec certaines cérémonies ecclésiastiques : *bénir une église, une pierre d'autel.* — Appeler sur quelqu'un la bénédiction du ciel : *Jacob bénit ses enfants.*

> Heureux qui peut *bénir*, grand qui sait pardonner.
>   Victor Hugo.

— Combler de faveurs, faire prospérer par faveur divine : *Dieu avait béni la race d'Abraham.*

> Le ciel même *bénit* leur amoureuse flamme.
>   Racan, *Ydalie*, églogue.

— Liturg. Souhaiter à quelqu'un la grâce divine en prononçant certaines paroles ou en faisant certains signes particuliers : *le prêtre a béni la foule.* — Consacrer sous les rites : *bénir un mariage.* — Faire certaines prières pour attirer la grâce de Dieu sur certaines choses : *bénir des drapeaux, des armes, etc.* — Installer dans des fonctions religieuses, avec cérémonies et prières : *c'est aux évêques de bénir les abbés et les abbesses.* — Louer, glorifier, remercier avec des sentiments de vénération et de reconnaissance : *béni soit Dieu; le ciel en soit béni.*

> Que *béni* soit le ciel qui te rend à mes vœux.
>   J. Racine.

> Pais que sur ma tombe paisible
> Les humains jettent quelques fleurs,
> Dis leur au moins ombre sensible
> *Bénit* qui lui donne des pleurs.
>   Mme de Montanglos, *Œuvres diverses*, 1790.

— Se féliciter : *je bénis le moment où je vous vis.* — DIEU VOUS BÉNISSE! Formule de politesse par laquelle on salua, de temps immémorial, la personne qui éternuait. Pendant la Révolution, on prit l'habitude de saluer l'éternuement par cette phrase équivalente : « *à vos souhaits!* » Sous le règne de Louis XVIII, l'usage changea : on salua purement et simplement celui qui éternuait, en portant la main au chapeau ou en faisant un signe de tête. Aujourd'hui, l'éternuement passe à peu près inaperçu. — DIEU VOUS BÉNISSE, se dit ironiquement à une personne dont la conduite nous fâche ou nous contrarie : *Dieu vous bénisse! vous avez fait là une chose bien adroite.*

BÉNISSEUR s. m. Jargon. Père noble de comédie. — Moraliste banal, solennel, qui fait, sans nécessité, des allocutions attendries. — Faux bonhomme qui parle beaucoup d'amitié et de philanthropie, mais qui ne rend jamais aucun service, même à ses meilleurs amis.

BENI-SUEF ou **BENISOUEYF**, cap. de l'Egypte moyenne, à 90 kil. S. du Caire; 6,000 hab. Entrepôt des produits de la vallée de Fayoum.

* **BÉNIT, ITE** part. pass. de BÉNIR. Se dit des choses sur lesquelles la bénédiction du prêtre a été donnée avec les cérémonies prescrites : *eau bénite, pain bénit, cierge bénit, chandelle bénite; les drapeaux ont été bénits.* Dans toutes les autres acceptions, on emploie BÉNI, IE (voy. ce mot). — Prov. et fig. DE L'EAU BÉNITE DE COUR, de vaines protestations de service et d'amitié. On dit dans un sens analogue : *un donneur d'eau bénite.*

* **BÉNITIER** s. m. (lat. *benedicterium*). Sorte de bassin ou de vase destiné à contenir l'eau bénite dont on se sert pour faire le signe de la croix, pour asperger. — Prov. et fam. SE DÉMENER COMME LE DIABLE AU FOND DU BÉNITIER, COMME UN DIABLE DANS UN BÉNITIER, s'agiter beaucoup. — Bénitier s. m. Nom donné par Cuvier à sa troisième famille de mollusques acéphales testacés. La famille des bénitiers ae comprend que les *tridacnes.*

* **BENJAMIN** [bain-ja-main], douzième et dernier fils de Jacob et de Rachel, né à Béthléem, vers l'an 2297 av. J.-C. Sa mère, dont il causa la mort en naissant, l'appela *Ben-onin* (enfant de la douleur), nom que Jacob changea plus tard en celui de *Benimin* (enfant des vieux jours). Après la disparition de Joseph, le jeune Benjamin fut le préféré de son père, d'où vint l'usage d'appeler un Benjamin le dernier né d'une nombreuse famille, ou celui des enfants qui est le préféré de ses parents. — Tribu de Benjamin. Dans l'Exode, la tribu de Benjamin est décrite comme la moins nombreuse, après celle de Lévi. Le territoire qui lui fut assigné dans la terre de Chanaan, était petit, mais fertile. Compris entre les terres données aux tribus de Juda et d'Ephraïm, il contenait Jebus (plus tard Jérusalem), Jéricho, Bethel, Gibéon, Ramah et Mizpeh. Les Benjamites se rendirent fameux par leur adresse à se servir de la fronde. Pendant la période des Juges, ils furent presque tous massacrés par l'armée des autres tribus, à la suite d'un outrage fait au lévite d'Ephraïm. Six cents Benjamites seulement furent épargnés et repeuplèrent le pays. Après la mort de Saül, qui était Benjamite, la tribu de Benjamin resta fidèle à son fils Isboseth, jusqu'à l'installation définitive de David. Lors de la scission des tribus, celle de Benjamin fit partie du royaume de Juda.

BENJAMIN (Saint), diacre martyrisé en Perse vers 424, sous le règne de Varane V. Fête le 31 mars.

BENJAMIN DE TUDELA, rabbin juif, le premier Européen qui visita l'extrême Orient, né à Tudela (Navarre), mort en 1173. Parti de Saragosse, il traversa l'Italie, la Grèce, la Palestine, la Perse; explora les confins de la Chine et revint en prenant par l'Egypte et la Sicile. Son *Itinéraire*, écrit en Hébreu et imprimé à Constantinople (1543), puis à Londres (Asher, 1841), a été traduit en latin (Anvers, 1575), en hollandais, en allemand et en anglais. Nous devons une traduction française de cette curieuse relation à J.-B. Baratier, (Amsterdam, 1734, et Paris 1830, in-8°).

BENJAMIN-CONSTANT, voy. CONSTANT.

BENJAMITE s. et adj. [bain-ja-mi-te], descendant de Benjamin; qui appartient à Benjamin ou à la tribu de Benjamin, qui a rapport à cette tribu : *Saül était benjamite.*

* **BENJOIN** s. m. [bain-jouin] (lat. *benzuinum*). Résine aromatique qui découle par incision du tronc de l'arbre de Sumatra appelé *styrax benzoin* et de plusieurs autres arbres des espèces voisines. Le benjoin de Siam, supérieur au véritable benjoin de Sumatra,

consiste en larmes agglutinées. On nomme *benjoin amygdaloïde* celui dont la masse est formée de larmes blanches liées par un suc brun. Le benjoin *en sortes,* moins pur, d'une teinte verdâtre presque uniforme, provient de Santa-Fé (Amérique méridionale). Jeté par fragments sur des charbons ardents, le benjoin répand une fumée blanche, épaisse, d'une odeur agréable. Il est soluble dans l'alcool et l'éther; la solution précipite en blanc par l'addition de l'eau, et forme le *lait virginal.* Le benjoin se compose d'un mélange de trois variétés de résine avec de l'acide benzoïque et une petite quantité d'huile essentielle odorante. — Dans quelques pays, il est employé en guise d'encens. La médecine en fait usage comme expectorant et stimulant. Il entre dans la composition du baume du Commandeur, des clous fulminants, dans des parfums, des cosmétiques, des vernis, etc.

BENKENDORF (Ernest-Louis DE). Général de cavalerie, né à Anspach d'une famille russe en 1711, mort en 1801. Il décida le gain de la bataille de Kollin (1757).

BEN-LOMOND, montagne d'Ecosse, au N.-O. de Stirlingshire, formant l'extrémité méridionale des Grampians et dominant le lac Lomond, 971 m. de hauteur.

BENNE s. f. [bè-ne] (celt. *benna,* chariot). Voiture d'osier, à quatre roues dont on fait remonter l'invention aux Gaulois et dont l'usage s'est perpétué dans plusieurs localités de la France. — Pêche. Nom que donnent les pêcheurs de la Somme à un espace fermé pour arrêter le poisson. — Minér. Panier qui sert à transporter les produits de l'abatage dans les mines.

BENNET. I. (Henry). Comte d'Arlington, homme d'Etat anglais (1618-'85), suivit la cause de Charles Iᵉʳ, fut nommé sous-secrétaire d'Etat, et assista à plusieurs batailles. A la restauration, il devint garde du sceau privé, secrétaire d'Etat, baron d'Arlington en 1664, comte en 1672, lord-chambellan en 1672 et membre du conseil en 1679. Il faisait partie de la fameuse *cabal.* On a de lui un recueil de lettres, 1701, 2 vol. in-8°. — II. (Agnès-Maria) romancière anglaise (1760-1808), dont plusieurs ouvrages ont été traduits en français : *Anna mémoires d'une héritière galloise, les Imprudences de la jeunesse, la Jeune mendiante et ses bienfaiteurs,* etc. — III. (James-Gordon) journaliste américain, né en Angleterre (1795-1872). Elevé pour faire un prêtre catholique, il ne reçut pas les ordres, émigra en Amérique (1819) et, après plusieurs entreprises malheureuses, fonda à New-York en mai 1835, le journal le « Herald » qui obtint une vogue immense. — IV. (Thomas), théologien anglican (1693-1728), écrivit contre la papauté, contre la quakérisme et contre les non-jurors. — V. (sir William Sterndale), compositeur anglais (1816-'75); élève de Crotch, de Moscheles et de Mendelssohn; professeur à l'université de Cambridge (1856), principal de l'académie royale de musique (1868), annobli en 1871. Son premier succès fut l'ouverture des *Naïades* (1837). Il a laissé plusieurs opéras: *les Nymphes de la forêt* 1838; *Parisina,* des cantates : *la Reine de mai, la Femme de Samarie*; des concertos pour piano et pour orchestre, un Traité sur l'harmonie (1849) et une méthode pour piano-forte (1841).

BEN-NEVIS, montagne de l'Inverness-shire, Ecosse, près du lac Eil, dans les Grampians; 1343 mètres de hauteur. Sa circonférence à la base excède 40 kil.

BENNINGSEM ou **Benningsen** (Levin-August-Theophil, COMTE), général russe, né et mort dans le Hanovre (1745-1826). Il se distingua sous le règne de Catherine II, mais fut disgracié par l'empereur Paul. La part active qu'il prit à l'assassinat de ce czar le désigna à la faveur de son héritier, Alexandre, qui le combla d'honneurs et lui donna, en 1807, le com-

mandement en chef d'une armée destinée à combattre Napoléon. Vaincu à Eylau, à Friedland et à la Moskowa, il surprit Murat à Tarutino (18 oct. 1812) et prit une part importante à la bataille de Leipzig. Il mourut pauvre et aveugle.

BENNINGTON, village de l'Etat de Vermont (Etats-Unis), à 102 kil. S.-S.-O. de Rutland; 2,500 hab. Les Anglais y furent battus le 16 août 1777 par une troupe de miliciens américains sous les ordres de Stark.

BENNO ou **Bennon** (Saint), évêque de Meissen, né à Hildesheim vers 1010, mort le 16 juin 1107. Pendant la guerre entre Henri IV et le pape Grégoire VII, il se déclara en faveur de ce dernier et fut plusieurs fois jeté en prison. Adrien VI le canonisa en 1523.

BENOÎT, OÎTE adj. (lat. *benedictus,* béni). Saint, béni : *le benoît paradis.* — Iron. Doucereux.

BENOÎT, nom de quatorze papes. I. Surnommé BONOSE (574-'78). — II. (684-'5), né à Rome; mis par l'Eglise au nombre des saints. Laissa une grande réputation en raison de sa science, de sa piété et de sa bonté pour les pauvres. — III. (855-'8), né à Rome, loué pour sa douceur et sa bonté; dut embellit plusieurs églises de Rome; eut à lutter contre l'antipape Anastase. — IV. (900-3). — V. (964-'5); pris dans Rome par l'empereur Othon le Grand, qui voulait le remplacer par Léon VIII, il mourut captif à Hambourg. — VI. (972-'4); fut renversé par l'antipape Boniface VII et périt étranglé. — VII. (975-'84), eut à lutter contre Boniface VII. — VIII. (1012-'24), fils du comte de Tusculum, repoussa les incursions des Sarrasins et renouvela les ordonnances de Nicée, relatives au célibat. — IX. Neveu du précédent, pape à 12 ans (1033), chassé trois fois pour ses déportements (1038-'44-'45), rétabli en 1047, il se démit volontairement l'année suivante et mourut vers 1054. — X. Surnommé *Mincio* ou stupide; fut élu par des factieux en 1058 et se démit en 1059. — XI. NICOLO BOCCASINI, né en 1240, général des Dominicains, cardinal et évêque d'Ostie et de Viterbe, élu en 1303, mort empoisonné en 1304. Il essaya de rétablir la paix entre les puissances chrétiennes et se distingua par son humilité. Il a laissé des commentaires sur la Bible. Benoît XIV l'a béatifié. — XII. JACQUES DE NOVELLIS, surnommé *Fournier,* né dans le comté de Foix, cistercien, élu en 1334, mort en 1342; fut le troisième pape d'Avignon, essaya vainement d'entrer à Rome, opéra une réforme des ordres religieux, se signala par son horreur du népotisme et établit cette doctrine que la béatitude du juste et la punition des méchants doivent commencer avant le jugement dernier. — XIII. Deux papes ont pris le nom de Benoît XIII. L'un, qui fut antipape, aura sa biographie à notre article LUNA (*Pedro dc*); l'autre (PIERRE-FRANÇOIS ORSINI), né à Gravina, en 1649, dominicain, évêque et cardinal, fut élu en 1724 et mourut en 1730. Tous ses efforts tendirent à rétablir la discipline ecclésiastique. — XIV. (PROSPERO-LORENZO LAMBERTINI), né d'une ancienne famille de Bologne en 1675, cardinal-prêtre, archevêque d'Ancône, élu en 1740, mort en 1758. Il protégea les lettres, les sciences, les arts et les institutions charitables. Ses œuvres (15 vol. infol.), plusieurs fois réimprimées, comprennent des *Institutiones ecclesiasticæ.*

BENOÎT (Saint), patriarche des moines d'Occident, né à Nursia (Ombrie), en 480, mort le 21 mars 543. Il fit de brillantes études à Rome et, dégoûté du monde, il se retira à l'âge de 17 ans, dans la solitude de *Sublaqueum* (auj. *Subiaco*) à 40 milles de Rome. Il y vécut trois ans dans une horrible caverne, appelée depuis la *Sainte-Grotte.* La réputation de ses vertus ayant attiré près de lui une foule de disciples, douze monastères s'élevèrent, presque en même temps, dans la province de Valoria.

autour de la Sainte-Grotte. Menacé de persécutions, Benoît dut se retirer, en 529, au mont
Cassin, où il fonda l'ordre célèbre des *Bénédictins*. Au bout de quelques années, le mont
Cassin ne pouvant plus suffire à la multitude
de ses disciples, plusieurs se dispersèrent.
Saint Placide partit pour la Sicile et saint
Maur en France ; l'un et l'autre fondèrent
des monastères, d'après la règle écrite par
saint Benoît, règle qui fut suivie pendant plusieurs siècles par tous les moines d'Occident.
Elle est fondée sur la solitude, le silence, la
prière, l'humilité et l'obéissance. D. Calmet
l'a publiée et commentée en 1734, Paris, 2 vol.
in-4°. Saint Benoît mourut au mont Cassin. Sa
vie fut écrite par D. Mège, 1690, in-4°. Fête,
le 21 mars.

BENOÎT D'ANIANE (Saint), *réformateur de*
la discipline monastique, né vers l'an 750,
mort le 11 février 821. Fils d'Aigulfe, comte
de Maguelone, il devint échanson de Pépin et
de Charlemagne et se retira, en 774, à l'abbaye de bénédictins de Saint-Seine. Six ans
plus tard, il fonda, dans une terre appartenant à sa famille, sur la rivière d'Aniane (Languedoc), un petit ermitage qui se transforma
bientôt en une vaste abbaye de *bénédictins réformés*. Les réformes adoptées par Benoît d'A-
niane s'introduisirent peu à peu dans les autres monastères de l'empire franc. Louis le
Débonnaire chargea Benoît de l'inspection de
toutes les abbayes de son empire et, pour
l'avoir près de lui, il lui fit bâtir le monastère
d'Inde près d'Aix-la-Chapelle. C'est là que
mourut saint Benoît. Fête, le 12 février. Nous
devons plusieurs chefs-d'œuvre de la littérature latine à l'émulation qu'il sut exciter
parmi les religieux pour copier les manuscrits de l'antiquité. Il a laissé quelques ouvrages : *Codex regularum*, Paris, 1663 ; *Concordan-
tia regularum*, Paris, 1638 ; *Quatre opuscules*,
contre Félix, évêque hérétique d'Urgel.

BENOÎT (Saint), ville maritime de la Réunion, sur la côte S.-E., ch.-l. de l'un des six
quartiers du district du Vent, à 36 kil. de
Saint-Denis ; 12,000 hab. Port; production de
sucre et d'épices.

BENOÎT-DU-SAULT (Saint), ch.-l. de cant.,
arr. et à 38 kil. S.-E. du Blanc (Indre), près
de la rivière du Portefeuille ; 1,100 hab. Dolmen de Montborneau ; menhir de la Croix-
des-Rendes ; cascade Montgarnoud.

BENOÎT-SUR-LOIRE (Saint-) ou *Fleury-sur-
Loire*), comm. du cant. d'Ouzouer (Loiret), à
32 kil. N.-O. de Gien ; 1,600 hab. Belle église
du xᵉ siècle.

* **BENOÎTE** s. f. (lat. *herba benedicta*, herbe
bénite, à cause des propriétés qu'on lui attribuait). Bot. Plante à fleurs rosacées, qui croit
communément dans les lieux incultes, et dont
on fait usage en médecine. On cultive une
dizaine d'espèces de benoîte. L'espèce commune (*geum urbanum*, Lin.), indigène, porte,
en été, des fleurs petites et jaunes. Sa racine
fébrifuge entre quelquefois dans la fabrication
de la bière et s'emploie à tanner le cuir ; elle donne
une teinture brune. Ses feuilles se mangent
en guise de salade. D'autres espèces décorent
agréablement les parterres.

BENOÎTEMENT adv. D'une manière benoîte.

BENOÎTON, BENOÎTONNE s. Monsieur ou
dame qui ressemble, par l'extravagance de ses
toilettes, par l'excentricité de ses allures, aux
personnages mis en scène par Victorien Sar-
dou, dans sa *Famille Benoîton* (cinq actes, prose,
théâtre du Vaudeville, 4 nov. 1865) : *c'est un
Benoîton*. — Adjectiv.: *les mœurs benoîtonnes*.

BENOÎTONNER v. n. Porter une toilette à la
Benoîton :

　　Et le soir, les gardiens sur vos pas s'étouffant,
　　Croiront tous à vous voir ainsi benoîtonnée
　　Que dans la bischerie une autre biche est née.
　　　　　　　　　　　　　　Vie Parisienne. 1866.

BENOOWE. Voy. BINOUI.

BENSERADE (bain-se-ra-de)(Isaac DE), poète
bel esprit, né à Lyons-la-Forêt (Eure), petite
ville, en 1612, académicien en 1674,
mort à Gentilly en 1691. Mazarin lui servit
une riche pension et, en 1654, toute la cour
fut partagée sur le sonnet de *Job*, par Benserade et sur celui d'*Uranie* par Voiture ; il y eut
les *jobelins* et les *uranistes*. Benserade mit les
Fables d'Esope en quatrains et les *Métamorphoses* d'Ovide en rondeaux. Molière lui décocha des traits mortels dans sa comédie du
Sicilien. Il a donné plusieurs pièces à la Comédie-Française : *Cléopâtre*, tragédie (1635) ;
Iphis et Iante, comédie (1636) ; *Mort d'Achille*,
tragédie (1636) ; *Gustophe* ou *l'Heureuse ambition*, tragi-comédie (1637) ; *Mélèagre*, tragédie
(1640).

BENSON (George), ecclésiastique anglais
(1699-1763), d'abord calviniste, il se fit ensuite
arien. Ses œuvres comprennent : *Histoire du
premier établissement du christianisme* ; et *Récit
sur l'exécution de Servetus*.

BENTAVEO s. m. Ornith. Nom que l'on donne
au Brésil, à un passereau du genre tyran, le
tyran à bec en cuiller (*lanius pitangua*, Gm.).

BENTHAM I. (Jeremy) [bènn'-tamm], philosophe radical anglais, né à Londres en 1748,
mort en 1832. Il fit son éducation à Oxford et
étudia le droit. Admirateur d'Helvétius, il
adopta le système philosophique en vertu duquel l'utilité est la base de la morale et particulièrement de la législation. Dans cet ordre
d'idées, il consacra son temps à la préparation
d'un code qu'il n'a jamais terminé. En 1776,
il fit imprimer ses *Fragments sur les gouvernements*, œuvre dans laquelle il rejette la fiction
d'un contrat originel comme principe de gouvernement, et au lieu des trois divines, il établit que « le bonheur du plus grand nombre »
est ce qu'il faut rechercher dans la morale et
dans les lois. Cet ouvrage et plusieurs autres
qu'il publia dans la suite produisirent peu de
sensation en Angleterre ; mais ils attirèrent
l'attention des philosophes français. En 1792,
l'Assemblée nationale lui conféra le titre de
citoyen français, pour le remercier de son
« *Traité d'un Code pour l'organisation judiciaire
en France* ». Il avait déjà, en 1791, développé
son plan d'une prison modèle, dans le « *Pa-
nopticon ou la Maison de surveillance* » et il obtint du Parlement l'autorisation de construire
une prison selon ses idées (1794) ; mais le contrat fut ensuite annulé par le gouvernement.
La publication, à Paris, de son *Traité de législation civile et pénale*, répandit sa réputation
dans toute l'Europe. Il attaqua le système de
jurisprudence de l'Angleterre dans sa : *Réforme écossaise, comparée à la Non Réforme anglaise* (1808). En 1827 parut un *Traité des
preuves judiciaires* (5 vol). Dans une lettre au
président Madison, en 1811, Bentham offrit
de composer un Code complet pour les Etats-
Unis. Mais cette proposition ne fut pas acceptée ; des offres semblables qu'il fit à plusieurs
autres états eurent le même sort ; seuls les
Cortès d'Espagne lui consentirent au sujet de
leur Code pénal. N'abandonnant pas l'idée
que des peuples différents peuvent se soumettre à des lois uniques ou à peu près semblables, il publia, en 1822, son *Offre de Codifica-
tion* adressée à toutes les nations qui professaient des opinions libérales et auxquelles il
proposa ses services comme législateur universel. Chef de parti en Angleterre il écrivit
des pamphlets et développa ses plans en faveur
des mesures réformatrices les plus radicales.
Au moment où la mort le surprit, il s'occupait
de donner une forme populaire à ses idées
fondamentales. Le travail qu'il avait entrepris
à ce sujet fut publié en 1834 sous le titre de
Déontologie. Plusieurs des conceptions ont
été appliquées dans la législation de l'Angleterre et des Etats-Unis. Ses œuvres complètes
ont été publiées en 1843, Édimburgh, 11 vol.

Dumont de Genève en a traduit une partie en
français, 3 vol. in-12. Sa *Déontologie* a été traduite par Laroche (1834, 2 vol.). — II. (Jacques), antiquaire anglais (1707-'94), auteur
d'une *Histoire de la cathédrale d'Ely* (Cambridge, 1771, in-8°), ouvrage plein d'idées
originales sur les architectures saxonne, normande et gothique. — III. (Thomas), prélat
anglais (1513-78), évêque anglican de Lich-
field et Coventry (1569), auteur d'une « Exposition des Actes des Apôtres ».

BENTINCK, noble famille anglaise d'origine
hollandaise. WILLIAM, fils du seigneur de Die-
penheim, dans l'Overyssel (Hollande) (1648-
1709), était un ami d'enfance et le conseiller
intime de Guillaume d'Orange qui, devenu
roi d'Angleterre, le créa comte de Portland.
Son fils, HENRY (mort en 1726), devint duc de
Portland, en 1716 et fut nommé, gouverneur de la Jamaïque en 1721. WILLIAM-HENRY
CAVENDISH, troisième duc de Portland (1738-
1809), fut deux fois premier ministre sous
George III (1783 et 1807-'9) et vice-roi d'Irlande pendant quelque temps en 1782. —
WILLIAM-CHARLES CAVENDISH, deuxième fils du
précédent (1774-1839), fut gouverneur de Madras (1803-'5), général en Catalogne contre
les Français (1813) et gouverneur de l'Inde
(1827-'35). Dans ce dernier poste il fit des
réformes importantes : abolition du fouet
pour la punition des soldats indigènes ; prohibition du sacrifice plus ou moins volontaire
des veuves sur le bûcher de leurs maris (voy.
SUTTIE) ; et liberté de la presse. En 1834,
il fit la guerre au rajah de Coorg et annexa
son territoire. GEORGE-FREDERICK CAVENDISH,
communément appelé lord George Bentinck,
troisième fils du quatrième duc de Portland
(1802-'48), secrétaire privé de Canning,
devint membre du parlement en 1827, se plaça
à la tête des protectionnistes (1847). Disraeli
fut son disciple et ensuite son biographe
(1851). La branche cadette de la famille Ben-
tink eut pour membre principal WILLIAM
(1701-'73), président des états de Hollande et
de la Frise occidentale, et comte de l'empire.

BENTIVOGLIO [bènn-ti-vol'-io], famille souveraine à Bologne. Dès la fin du xivᵉ siècle,
elle avait déjà une grande influence, lorsque
GIOVANI, son chef, se fit proclamer seigneur
de Bologne, en 1401. Il fut chassé et tué l'année suivante. Son petit-fils, ANNIBALE, s'empara
du gouvernement en 1438 et fut assassiné en
1445. GIOVANNI (mort en 1508), fils du précédent, resta au pouvoir pendant quarante-
quatre ans. Pressé par une armée du pape
Jules II, il s'enfuit sur le territoire milanais
(1506). Plusieurs autres membres de cette famille se distinguèrent dans les lettres, notamment ERCOLE, (1506-'73), petit-fils de Giovanni,
employé comme diplomate par la princesse
d'Este, auteur de *satires*, de *comédies* et de
poésies lyriques. GUIDO (1579-1644), cardinal,
nonce en France, principal conseiller du pape
Urbain VIII, a laissé une *Histoire des guerres
civiles en Flandre* (traduct. franç. par Loiseau,
Paris, 1679), des *Lettres* (traduites par Bia-
gioli, Paris, 1807), une *Relation* de son ambassade en Flandre (Paris, 1631) et ses *Mémoires* (traduits par Vayrac, Paris, 1743,
2 vol. in-12). Ses œuvres complètes ont été
publiées à Milan, 1806, 5 vol. in-8°. CORNELIO
(1668-1732), cardinal, nonce en France et en
Espagne, se distingua par son savoir et traduisit la *Thébaïde* de Stace.

BENTLEY (Richard), philologue anglais
(1662-1742). Destiné à l'état ecclésiastique, il
venait de prendre les ordres (1690), lorsqu'une
épître latine au docteur Mill *Sur le Chronicon
de J. Mallala* (1694) fit connaître son talent et
lui valut l'office de prébendier à Worcester
(1692), puis celui de surveillant des bibliothèques royales (1694) et enfin celui de chapelain à l'ordinaire de Guillaume III (1695).
C'est à cette époque que commence sa fameuse

controverse avec Charles Boyne au sujet de la publication par ce dernier des « Epîtres de Phalaris », contenant des attaques contre Bentley. La dispute se termina par une « Dissertation », dans laquelle Bentley démontra la fausseté des Epîtres et des autres publications de Boyle. Archidiacre d'Ely en 1701, Bentley se fit des ennemis par sa sévérité, à réprimer les abus. L'Université de Cambridge le dépouilla de ses degrés en 1718, mais la cour du banc du roi le réinstala l'année suivante. Ses œuvres comprennent de bonnes critiques dans les éditions qu'il donna de poètes grecs et latins. La plus célèbre de ces éditions est celle d'Horace (1711).

BENTON, village du Wisconsin, à 24 kil. N. de Galena (Illinois) ; 1,800 hab. Mines de plomb.

BENTON (Thomas-Hart), orateur et homme d'Etat américain (1782-1858), élu sénateur par le parti des démocrates (1820-'51), a publié, sous le titre de « Trente ans », l'histoire exacte et intéressante du gouvernement amé-~icain depuis 1820 jusqu'en 1850 (New-York, 1854, 2 vol. in-8°). On lui doit aussi l'Abrégé des débats du Congrès de 1789 à 1856 (15 vol.).

BENTZEL - STERNAU (Christian-Ernst, comte), écrivain allemand (1767-1850); ministre d'Etat et des finances du grand duché de Frankfort (1812'14), auteur de romans satiriques.

BENUE, voy. BINOUÉ.

BENVENUTO CELLINI, voy. CELLINI.

BÉNY-BOCAGE (le) (B.-l. de cant., arrond. et à 14 kil. N. de Vire (Calvados), 836 hab.

BENZAMIDE s. f. [bain-za-mi-de] (de benzoïle et umide). Chim. Amide retiré en traitant le chlorure de benzoïle par l'ammoniaque. Formule : C^{14} H^7 O^4 Az.

BENZAMIQUE adj. Chim. Se dit d'un acide provenant d'une combinaison de l'acide de benzamide et d'oxygène : C^{14} H^6 Az O, ^{3}HO.

BENZANILIDE s. f. Chim. Substance obtenue en dissolvant à chaud l'acide benzoïque anhydre dans l'anilide. C^{26} H^{12} Az O^2. Elle se présente sous forme de lames nacrées. Fondue avec la potasse, elle produit de l'aniline et du benzoate de potasse.

BENZHYDRAMIDE s. f. [bain-zi-dra-mi-de] (de benzamide et du gr. udôr, eau). Chim. Substance obtenue en traitant l'essence d'amandes amères brute par l'ammoniaque caustique. C^{16} H^{18} Az^2. Elle cristallise en aiguilles brillantes très solubles dans l'éther.

BENZILATE s. m. Chim. Sel produit par la combinaison de l'acide benzilique avec une base.

BENZILE s. f. [bain-zi-le] (rad. benzoïde). Chim. Substance jaune, limpide, cristalline, inodore, que l'on obtient en faisant passer un courant de chlore dans la benzine fondue.

BENZILIQUE adj. Se dit d'un acide qui se trouve dans une solution de benzilate de potasse.

BENZIMIDE s. f. [bain-zi-mide] (rad. benzoïde). Chim. Substance blanche et pulvérulente que l'on obtient en distillant certaines essences d'amandes amères et en traitant par l'alcool l'huile qui forme le résidu de l'opération. C^{28} H^{11}, Az O^4.

* **BENZINE** s. f. [bain-zi-ne] (rad. benjoin). Chim. Huile volatile produite par la cristallisation de l'acide benzoïque. On dit aussi phène ou benzole. Pour les besoins des arts et de l'industrie, cet hydrogène carboné s'obtient en grand du goudron de houille. Il existe plusieurs méthodes de préparation, mais la plus pratique est celle qui fut inventée par Mansfield, en 1847, et qui consiste à soumettre à des distillations fractionnées le

goudron impur, tel qu'il sort des usines à gaz. La benzine a pris une grande importance dans la fabrication de l'aniline. On s'en sert pour conserver le potassium et le sodium métalliques ; c'est un dissolvant précieux pour les hydrogènes carbonés solides, pour le soufre, l'iode, les matières grasses ; c'est pourquoi on la préfère à l'ammoniaque pour dégraisser les habits. Son odeur empyreumatique très forte et cette masse en fondant à + 5°5 C., perd un huitième de son volume et ne gèle plus ensuite qu'à 0°C. Le professeur Hoffmann a purifié la benzine en la faisant geler. Refroidie à + 18° C elle devient dure et cassante ; elle bout à +80°C., et se volatilise sans se décomposer. Elle dissout complètement les corps gras, les huiles fixes et les huiles essentielles, le camphre, la cire, le caoutchouc, la gutta-percha, les résines, l'asphalte, le phosphore, l'iode et l'acide picrique ; en petite quantité, la gomme laque, le copal, la gomme gutte, la strychnine et la morphine ; presque entièrement la quinine ; pas du tout la cinchonine. Sa formule est C^6 H^6. Sous des circonstances favorables, 50 kilogr. de charbon bitumineux peuvent produire 5 kilogr. de goudron, 250 gram. de naphte, 90 gram. de benzine, 135 gram. de nitrobenzine et 75 gr. d'aniline. La benzine a été découverte dans l'huile en 1825, par Faraday, qui l'appelle hydrogène bicarburé. Huit ans plus tard, Mitscherlich obtint, en distillant de l'acide benzoïque et de la chaux caustique, une huile à laquelle il donna le nom de benzine. Après la découverte du pétrole, Liébig créa le mot benzole, qu'il appliqua au produit du goudron, tandis que le mot benzine désignait l'huile légère contenue dans le pétrole. Aussitôt que l'on eut bien constaté que la série des hydrocarbones obtenus du pétrole diffère essentiellement de ceux qui proviennent du goudron, le nom de benzine fut généralement appliqué à ces derniers, tandis que celui d'essence de pétrole appartient à l'huile contenue dans le pétrole.—Le chimiste C.-B. Mansfield qui, le premier trouva la benzine dans le goudron (1847), fut brûlé vif par ce dangereux hydrocarbone, au milieu de l'une de ses expériences (25 févr. 1855).

BENZOATE s. m. [bain-zo-a-te]. Chim. Sel produit par la combinaison de l'acide benzoïque avec une base.

PRINCIPAUX BENZOATES

B. d'ammonium.	Az H³, HO, C¹⁴ H⁵ O³.
B. de chaux.	CaO, C¹⁴ H⁵ O³ +HO.
B. de cuivre.	CuO, C¹⁴ H⁵ O⁵ HO.
B. de plomb.	TbO, C¹⁴ H⁵ O³ HO.
B. d'argent.	AgO, C¹⁴ H⁵ O³.
B. de potasse.	KO,C¹⁴ H⁵ O³. HO.

BENZOÈNE s. f. [bain-zo-è-ne]. Chim. Liquide provenant de la distillation sèche du baume de tolu ; C¹² H⁵.

BENZOÏLE s. m. [bain-zo-i-le]. Composé hypothétique que l'on suppose entrer dans les produits dérivant de l'acide benzoïque et de l'essence d'amandes amères.

BENZOIN, voy. BENJOIN.

BENZOÏNAM s. m. [bain-zo-i-namm]. Chim. Substance cristalline, insoluble dans l'eau, soluble dans l'acide sulfurique, l'alcool, l'éther et l'huile de pétrole, qui cristallise en abandonnant pendant plusieurs mois un mélange de benzoïne, d'alcool absolu et d'ammoniaque : C^{28} H^{12} Az O.

BENZOÏNAMIDE s. f. (de benzoïnam et du gr. eidos, aspect). Chim. Substance blanche et soyeuse, obtenue en exposant à une douce chaleur un mélange de benzoïne et d'ammoniaque. C^{12} H^{18} Az^2.

BENZOÏNE s. f. [bain-zo-i-ne]. Chim. Camphre obtenu en soumettant l'essence brute d'amandes amères à l'action de la potasse, du carbonate de baryte, du sulfate ou cyanure de potassium : C^{14} H^6 O^2. La benzoïne fut découverte par Robiquet et Boutron; elle est isomérique avec l'essence d'amandes amères; elle cristallise en prismes incolores transparents, sans saveur ni odeur. Traitée par le chlore, elle perd l'équivalent d'hydrogène et donne le benzyle. Traitée par une solution alcoolique de potasse, elle produit le benzoate de potasse.

* **BENZOÏQUE** adj. [bain-zo-i-ke]. Chim. Se dit d'un acide que l'on extrait du benjoin et qui se trouve en abondance dans les plantes balsamifères. On l'obtient artificiellement de l'huile d'amandes amères, de l'acide hippurique et du benjoin. Pour l'extraire du benjoin, on pulvérise cette gomme, on la fait bouillir pendant quelques heures dans un lait de chaux, on concentre le produit de la filtration et on précipite avec de l'acide hydrochlorique. On pourrait aussi obtenir l'acide benzoïque par le procédé beaucoup plus coûteux de la sublimation directe. Depuis quelques années, on le prépare sur une large échelle en le tirant de la naphtaline et de l'acide hippurique et on l'emploie comme mordant pour l'impression des couleurs de l'aniline sur le calicot ; il sert aussi dans les manufactures de tabac. Il se présente sous forme d'aiguilles blanches, brillantes, flexibles et très légères. Inodore lorsqu'il est pur, il possède une odeur d'encens quand il renferme de la résine et un peu d'huile essentielle ; sa saveur est piquante et amère. Il fond à 120°, se sublime à 150° et bout à 240°. Il se dissout dans environ 200 parties d'eau froide et 25 parties d'eau bouillante. Il est très soluble dans l'alcool et dans l'éther. Formule : C^7 H^6 O^2.

BENZOLE s. f. — I. Nom que les chimistes anglais donnent à la benzine extraite du goudron de houille. — II. Liquide huileux, incolore, qui se trouve dans les produits de la distillation sèche de 1 partie d'acide benzoïque cristallisé et de 3 parties d'hydrate de chaux.

BENZONE s. f. Huile un peu épaisse qu'on obtient, en chauffant avec précaution, du benzoate de chaux : (2 CaC, CO³).

BENZOSULFURIQUE adj. Se dit d'un acide qui se forme lorsqu'on dissout la benzole dans l'acide sulfurique de Nordhausen.

BENZOYLAMIDE s. f. [bain-zo-i-la-mide] Synon. de BENZAMIDE.

BENZOYLATE adj. [bain-zo-i-la-te]. Synon. de BENZOATE.

BENZOYLE s. m. [bain-zo-i-le] (de benzoïque et du gr. ulé, matière). Chim. Radical hypothétique de l'acide benzoïque. Il aurait pour formule : C^{14} H^5 O^3.

BENZOYLIQUE adj. synon. de BENZOÏQUE.

BENZYLE s. m. [bain-zi-le]. Chim. Corps solide, jaune, insipide, que l'on obtient en faisant passer un courant de chlore dans la benzoïne fondue : C^{28} H^{10} O^4.

BENZYLIQUE adj. Se dit d'un acide obtenu en traitant le benzyle par une dissolution alcoolique de potasse: C^{28} H^{11} O^4, HO.

BÉOTARQUE s. m. (gr. boiôtarchês ; de Boiôtos, Béotien ; archein, commander). Titre que portèrent les chefs de la confédération béotienne formée de quatorze états indépendants. La magistrature des béotarques ne durait qu'une année. Il y eut jusqu'à quinze de ces magistrats ; dont deux élus par Thèbes et un par chacun des autres états. Mais ce nombre a changé plusieurs fois.

BÉOTIE ou Bœotie [bé-o-si], division de l'ancienne Grèce, sur la mer Eubée et le golfe de Corinthe ; formée principalement par le bassin qu'enveloppent les chaînes montagneuses du Cithéron et du Parnès au S., de l'Hélicon à l'O., du Parnasse au N.-O.; et la chaîne Opontienne au N. et à l'E. Ce vaste bassin est divisé en *bassin septentrional* ou du lac Copaïs (aujourd'hui Topolias), lac dans lequel se jetait la rivière Cephissus (Mavronero) ; et en *bassin méridional*, comprenant la plaine de Thèbes et la vallée de l'Asope (Oropo). Presque partout fertile, le sol de la Béotie est particulièrement productif dans le district du lac Copaïs, où l'on récolte d'excellents grains. Mais le climat de ce pays est plus rude que partout ailleurs en Grèce. La ville la plus importante était celle de Thèbes, après laquelle venaient Platée, Orchomène, Chéronée, Coronée, Lébadée, Thespies, Haliarte, Tanagre et Aulis. Ce pays fut d'abord habité par diverses tribus barbares appartenant à la race pélasgique : Aoniens, Messapiens, Hyantes, Ogygiens, etc., plus tard subjuguées par les Minyens d'Orchomène et les Cadmiens de Thèbes (1493 av. J.-C.). La suprématie de ces deux derniers peuples fut renversée par les Béotiens, tribu éolienne de Thessalie. Les quatorze cités les plus importantes formèrent une confédération sous la présidence de Thèbes et sous des magistrats annuels nommés béotarques. L'oligarchie prévalait dans les villes, excepté à Platée. Dans les guerres que soutint la Grèce, on vit la Béotie se mettre d'abord du côté des Perses (479), puis du côté de Sparte contre les Athéniens. En 395 av. J.-C., elle se joignit à la ligue contre Sparte et, en 382, s'associa à Athènes. C'est pendant cette guerre, que le Thébain Epaminondas remporta les victoires de Leuctres et de Mantinée, jeta bas la puissance de Lacédémone et donna à son pays la suprématie sur toute la Grèce (362). Peu après, le roi de Macédoine amena la décadence de la Béotie, qu'il envahit et dont il détruisit l'armée à Chéronée (338). Alexandre le Grand soumit toute la contrée et rasa Thèbes, où il ne respecta que la maison de Pindare (335). Enfin, la ligue béotienne fut dissoute par les Romains, en 470. — Les Athéniens disaient que la Béotie ne produisait que des hommes grossiers, d'un esprit lourd, épais, insensible aux plaisirs intellectuels. Cependant ce pays a fourni des personnages tout à fait supérieurs, tels que Pindare, Hésiode, Plutarque, Démocrite, Epaminondas et Corinne. — Dans le moderne royaume de Grèce, la Béotie forme deux éparchies : Thèbes et Livadie, dans la nomarchie d'Attique-et-Béotie.

BÉOTIEN, IENNE s. et adj. [bé-o-si-ain ; i-è-ne]. Habitant de la Béotie ; qui appartient à ce pays ou à ses habitants. — s. Fig. Bête, inintelligent.

BÉOTISME s. m. Stupidité.

BEOWULF (Histoire de), Ancien poème épique anglo-saxon qui raconte des événements de la fin du v° siècle. On suppose que ce poème fut écrit vers 597. Une édition fut publiée par Kemble en 1833. Il a été traduit en anglais par Kemble, par Thorne et par Wackerbarth. Il est inconnu en France. Voy. ANGLO-SAXONS (Histoire littéraire des).

* BÉQUÉE s. f. Voy. BECQUÉE.

BÉQUET s. m. [bé-kè]. Grav. sur bois. Petite planche à graver ; ouvrage de peu d'importance. — Au théâtre. Raccord, retouche faite à une pièce. — Typogr. Synon. de HAUSSE.

* BÉQUETER v. a. Voy. BECQUETER.

* BÉQUILLARD s. m. Vieillard courbé et cassé qui se sert d'une béquille. — Boiteux, qui se sert de béquilles

BÉQUILLARDE s. f. Argot. Guillotine.

* BÉQUILLE s. f. [bé-ki-ye ; ll mll.] (de *bec*, *quille*, jambe, bâton ; bâton à bec recourbé). Bâton surmonté d'une petite traverse, sur lequel les vieillards, les gens infirmes et estropiés s'appuient pour marcher. — Agric. Instrument en forme de ratissoire, avec lequel on donne de légers labours aux plantes en végétation. — Pêche. Espèce de perche dont on fait usage pour manœuvrer le gouvernail de certains bateaux. — Mar. Mâtereau appuyé sur le sol et soutenant un bâtiment échoué.

BÉQUILLER v. n. Marcher avec une béquille. — v. a. Agric. Faire un petit labour avec la béquille, dans une planche, dans une caisse, etc. — Mar. Maintenir droit, au moyen de béquilles, un navire échoué, ou quand la mer s'est retirée de dessous.

BÉQUILLON s. m. Petite béquille sur laquelle on s'appuie avec la main.

* BER s. m. [bèrr] (bas lat. *bersa*, claie d'osier). Mar. Appareil de charpente et de cordages placé sous un grand bâtiment pour le supporter, et qui glisse sur la cale lorsqu'on lance ce bâtiment à l'eau.

BÉRANGER (Pierre-Jean de) chansonnier, né à Paris le 19 août 1780, chez un « pauvre et vieux grand-père», tailleur, rue Montorgueil ; mort d'une hypertrophie du cœur, le 16 juillet 1857. Son père qui, depuis six mois, avait abandonné sa femme, était alors teneur de livres chez un épicier. Malgré la noblesse de son *origine paternelle*, le poète ne perdit aucune occasion de se proclamer plébéien : « *Je suis vilain et très vilain* » est le refrain de l'une de ses premières chansons. En 1789, il fut témoin oculaire de la prise de la Bastille, et il rappela, dans une chanson, *Le Quatorze juillet*, composée quarante ans plus tard, cet événement qui l'avait profondément impressionné. Après avoir reçu une instruction fort incomplète, il entra, à quatorze ans, chez l'imprimeur Laisnez, où il fit plus de progrès dans l'art de versifier que dans le métier de typographie. Son père, conspirateur royaliste et agent de la comtesse de Bourmont, s'était mis à faire des opérations de bourse ; il appela Béranger auprès de lui. Notre futur poète montra une certaine habileté à diriger les affaires commerciales que son père négligeait forcément pour s'occuper d'intrigues politiques ; la maison croula en 1798 ; après un an, Béranger en était sorti. Dégoûté des conspirations et des tripotages, il s'était retiré dans un *grenier* du boulevard Saint-Martin, et il y vécut pendant plusieurs années dans une pauvreté que l'on pourrait appeler la misère. Une calvitie précoce le sauva de la conscription en 1800. Il usa les trois années suivantes à chercher quelque petit emploi, à écrire des comédies qui ne furent jamais jouées, à entreprendre de grands travaux poétiques qu'il n'a jamais terminés et à composer des odes, des satires politiques et des idylles qui ne furent jamais publiées. Pressé par le besoin, il s'avisa, au commencement de 1804, d'envoyer ses œuvres informes à Lucien Bonaparte qui, au moment de quitter la France, lui donna une procuration pour toucher les 1,000 francs de traitement attachés à son titre de membre de l'Institut. A 25 ans, Béranger travailla un instant aux *Annales du Musée*. A la formation de l'Université, Arnault y fit obtenir une place au jeune poète, qui ne tarda pas à restituer volontairement la rente de l'Institut à M. de Bleschamp, père de Mᵐᵉ Lucien, tombé dans le dénûment, par suite de la disgrâce de son gendre. C'est vers 1813 que commencèrent à courir dans le public des copies à la main du *Sénateur*, du *Petit Homme gris*, des *Gueux* et du *Roi d'Yvetot*, œuvres qui révélaient un poète habile et dont la police chercha inutilement à découvrir l'auteur. Les désastres de 1814 et de 1815

donnèrent à Béranger l'occasion d'acquérir une immense popularité en se faisant le barde des vaincus ; ses rimes satiriques, dirigées contre les anciens nobles rentrés à la suite des étrangers et contre les nouveaux nobles s'appuyaient leur maître pour se prosterner devant les Bourbons, lui firent beaucoup d'ennemis, sans lui faire perdre sa position à l'Université. Le premier volume de ses chansons parut en 1815. Six ans plus tard, il publia deux nouveaux volumes et dut abandonner son emploi à l'Université. En quelques jours, on entendit répéter d'un bout à l'autre de la France ses couplets dans lesquels il cinglait en vers mordants les hommes au pouvoir. Sur le réquisitoire de Marchangy, l'ouvrage fut saisi ; une condamnation à trois mois de prison et à 500 francs d'amende ne fit qu'augmenter la popularité du pauvre poète, qui remercia ses juges de lui avoir procuré à Sainte-Pélagie une chambre plus chaude que la sienne. De cette prison, il lança de nouveaux couplets que ses amis répandirent aux quatre vents de l'horizon. En 1825 parut un recueil que le ministère de Villèle laissa passer. Malgré la vente extraordinaire de ses œuvres, Béranger restait pauvre, presque sans ressources. Manuel, qui l'avait recueilli, mourut en 1827 et lui laissa une rente viagère de 1,000 francs. L'année suivante, sous le ministère de Martignac, un nouveau volume de poésies valut à Béranger une condamnation à 9 mois d'emprisonnement et une amende de 10,000 francs, laquelle fut couverte par une souscription. Après la révolution de 1830, qui amena ses amis au pouvoir, il ne voulut rien accepter pour lui-même, et publia en 1833, un cinquième recueil. Aux élections du mois d'avril 1848, les électeurs du département de la Seine l'envoyèrent à l'Assemblée Constituante ; mais il donna presque aussitôt sa démission. Au moment de sa mort il habitait rue de Vendôme, au Marais. Le gouvernement prit les mesures les plus énergiques pour que ses obsèques n'eussent rien de populaire. Son corps fut transporté dans le caveau de Manuel, au Père-Lachaise. Ses œuvres posthumes, composées de 92 chansons et de son autobiographie, parurent en 1858 ; et un peu plus tard, Paul Boiteau publia sa correspondance.— Voy. J. Janin : *Béranger et son temps* (1866).

BERAR, prov. de l'Inde anglaise entre celles de Bombay et d'Hyderabad ; 44,893 kil. carr. 2,234,500 hab. Le territoire, qui appartient en partie au bassin de la Taptie et en partie à celui du Godavery, produit le meilleur froment de l'Inde. V. princ. Amroati.

BÉRARD I. (Auguste), chirurgien, né à Varreins, en 1802, mort en 1846 ; obtint, en 1842, la chaire de clinique chirurgicale, à Paris. Il a laissé plusieurs thèses remarquables : *De la luxation spontanée de l'occipital sur l'atlas* (1830) ; *Des corps étrangers dans les voies aériennes* (1830); *Diagnostic chirurgical* (1836), etc. Il a collaboré au Compendium de chirurgie pratique.—II. (Auguste-Simon-Louis), homme politique, né à Paris en 1783, mort en 1859 ; donna son nom à la charte de 1830, dite *charte Bérard* ; a publié : *Essai bibliographique sur les éditions des Elzévirs* (1822), et *Souvenirs historiques sur la révolution de 1830* (Paris 1834). — III. (Joseph-Balthasar), mathématicien, né à Ville-Neuve (Hautes-Alpes), en 4763, mort en 1843. Sa *Théorie de l'équilibre des voûtes* (1810) est restée classique. Il a publié aussi divers écrits politiques révolutionnaires.—IV. (Joseph Frédéric), médecin philosophe, né à Montpellier en 1789, mort en 1828. Professeur de thérapeutique et d'hygiène à Montpellier (1825) il combattit les opinions de Gall et le matérialisme et analysa les expériences de la Galloise sur le principe vital. Ses œuvres comprennent sa *Doctrine des rapports du physique et du moral* (1823) développement de son système philosophique et contre-partie des opinions de Cabanis.—V.(Pierre-Honoré),dit *Bérard aîné* chirurgien, frère d'Auguste Bérard, né à Lichtenberg en 1797, mort en 1858; fut successivement professeur de physiologie (1831) et doyen à la faculté de médecine de Paris (1848), membre de l'Académie de médecine (1849) et inspecteur général des écoles de médecine (1852). Il a publié son *Cours de physiologie* (1838-'56, 4 vol. in-8°).

BERAT, ville d'Albanie (Turquie d'Europe), à 140 kil. N.-O. de Janina, au pied du mont Tomor; 10,000 hab.

BÉRAT (Frédéric), poète et compositeur, né à Rouen en 1800, mort à Paris, en 1855. Il a laissé un grand nombre de romances, chefs-d'œuvre de grâce et de mélodie, dont il composait les paroles et la musique. On se souvient du succès qui accueillit *Ma Normandie*, *la Lisette de Béranger* et plusieurs autres productions de ce chansonnier populaire. Ses œuvres ont paru en un recueil illustré (1853, in-8°).

BÉRAUD (Antoine-Nicolas), dit ANTONY, littérateur, né à Aurillac en 1792, mort en 1860. Au sortir de Saint-Cyr, il passa sous-lieutenant en 1809, fut fait prisonnier à la bataille du Mincio (1814) et reçut le grade de chef de bataillon à Ligny (1815). Licencié après les Cent-Jours, il se consacra à la littérature, collabora à plusieurs publications, produisit des chansons patriotiques, des *Mémoires pour servir à l'histoire de Napoléon* et un grand nombre de pièces de théâtre.

BERBER, ville de Nubie, ch.-l. du district de Berber qui appartient à l'Egypte. La ville de Berber est située sur la rive orientale du Nil, à 300 kil. N. de Khartoum; 8,000 hab. C'est l'un des centres du commerce entre l'Egypte et l'intérieur de l'Afrique.

BERBERA (anc. *Malæ*), localité sablonneuse et stérile qui se trouve sur le rivage méridional du golfe d'Aden et qui appartient aujourd'hui à l'Egypte. Dès le commencement de l'hiver, ce lieu, désert en été, se couvre d'une grande ville où plus de 20,000 marchands viennent dresser leurs tentes. Lat. 10°25' 15"N.; long. 62° 47'33" E.

BERBÉRACÉ synon. de BERBÉRIDÉ.

' **BERBÈRE** adj. Se dit de la langue des Berbères : *la langue berbère ne ressemble pas à l'arabe.* — s m. Langue des Berbères : *le berbère paraît appartenir à la grande famille des langues chamitiques.*

BERBÈRES ou **Berbers**, nom sous lequel on désigne la race nombreuse qui peupla originairement tout le nord de l'Afrique et qui se composait des nations anciennement appelées Mauri, Gætuli, Numides, Nasamones, Phazaniens et Libyiens; peuples qui se donnent aujourd'hui le nom général d'Amazirghs. Ces différentes nations, conquises, tour à tour, par les Phéniciens, les Romains, les Vandales et les Arabes, se dispersèrent dans l'intérieur où elles conservèrent leurs traits distinctifs et leurs dialectes. La famille berbère comprend plusieurs rameaux : 1° les *schelloukhs*, dans les montagnes du Maroc; 2° les *Kabyles*, dans les montagnes d'Algérie, de Tunis et de Tripoli; 3° les *Touaregs*, dans la partie du Sahara qui est comprise entre le Maroc, le Fezzan et le Soudan. On évalue à trois ou quatre millions le nombre des Berbères existant actuellement. Ils se distinguent par un teint brun clair, une taille moyenne et bien prise, une forme svelte et une solide charpente.

BERBÉRIDÉ, ÉE adj. (rad. *berberis*). Qui ressemble à l'épine-vinette. — s. f. pl. Famille de plantes dicotylédones dialypétales, qui a pour type le genre *berberis* ou épine-vinette, et qui comprend, en outre, les genres mahonie, nandine, épimède et léontice.

BERBÉRINE s. f. Chim. Alcaloïde ainsi nommé parce qu'il fut trouvé d'abord dans la racine du *berberis vulgaris* (épine-vinette). La berbérine se rencontre également dans plusieurs autres racines : columbo, faux columbo (coscinium), coptis, xanthorrhiza, hydrastis, etc. C'est une substance jaune et amère. Formule C¹⁰ H¹⁷ NO⁴.

BERBÉRIS s. m. [ber-bé-riss] (gr. *berberi*, sorte de coquille). Synon. d'*épine-vinette.*

BERBICE I. Fleuve de la Guyane anglaise; il se jette dans l'Atlantique à la Nouvelle-Amsterdam, par un estuaire large de 5 kil. Les navires jaugeant 3 m. peuvent le remonter jusqu'à 250 kil. de son embouchure; après quoi, il y a de nombreuses cataractes.—II. Le plus oriental des deux comtés de la Guyane anglaise; 50,000 hab. ch.-l. la Nouvelle-Amsterdam. Il est arrosé par le Berbice et par plusieurs cours d'eau moins importants. Les principales productions sont le sucre, le café, le cacao et le coton. Exportation de rhum et de mélasse.

' **BERCAIL** s. m. [ber-kaï; l mll.](lat. *berbex*, pour *vervex*, brebis). Bergerie, lieu où l'on enferme un troupeau de moutons ou de brebis.— Fig. RAMENER AU BERCAIL UNE BREBIS ÉGARÉE, ramener un hérétique dans le sein de l'Eglise; ramener à des sentiments de piété, à une conduite pieuse, une personne qui s'en était écartée.—On dit dans un sens analogue : REVENIR, RENTRER AU BERCAIL. — Inusité au plur.

' **BERCE** s. f. Bot. Genre de plantes ombellifères, dont l'espèce la plus connue, appelée aussi *branche-ursine bâtarde*, est grande, vivace, et fort commune dans le nord de l'Europe. La berce, (*Heracleum sphondylium*), appelée aussi *acanthe d'Allemagne* et *angélique sauvage*, est très commune sur le bord des ruisseaux et dans les prairies humides; sa tige est droite, velue, rameuse, haute d'un mètre; ses fleurs blanches forment de larges ombelles en juin et juillet; elle est bisannuelle. Elle sert d'aliment dans certains pays du Nord. Ses racines sont incisives et carminatives.

' **BERCEAU** s. m. [ber-sô] (lat. *versus*, *versullus*, dérivé de *vertere*). Petit lit où l'on couche les enfants à la mamelle, et qui est ordinairement disposé de manière qu'on peut le balancer aisément. — Lieu où certaines choses ont commencé : *Florence fut le berceau de la peinture moderne.* — Fig. Amuser d'espérances fausses ou éloignées: *il y a longtemps que vous me bercez de cette assurance.* — Se bercer v. pr. Se flatter de quelque chose: *se bercer d'espérances frivoles.*

' **BERCEUSE** s. f. Femme chargée de bercer un enfant. — ~~ Adjectiv. CHAISE BERCEUSE, chaise particulière dans laquelle on se berce : *une Américaine ne vit pas sans sa chaise berceuse.*

BERCHE s. f. Petite bouche à feu à tir direct, dont on faisait usage à bord des bâtiments, et qui était en fonte verte.

Le ruisseau
De son murmure
Embellit un joli *berceau.*

DÉSAUGIERS.

— Archit. Voûte en plein cintre : *le berceau d'une voûte.* — ~~ Mar. Assemblage de charpente qui offre la configuration extérieure d'un vaisseau, et qui sert à soutenir le bâtiment et à le diriger lorsqu'on le lance à l'eau.

BERCEMENT s. m. Action de bercer.

' **BERCER** v. a. (lat. *vertere*, tourner). Remuer, balancer le berceau d'un enfant qu'on veut endormir. — Fig.

BERCHOUX (Joseph), poète et journaliste, né en 1765, à Saint-Symphorien de Lay (Rhône), fut élu juge de paix en 1790, échappa à la proscription, pendant la Terreur, en cherchant un asile sous les drapeaux; mais la carrière militaire n'ayant aucun charme pour lui, il revint dans son pays dès que les circonstances le permirent et, sous le voile de l'anonyme, adressa à un journal de Paris cette boutade devenue célèbre :

Qui me délivrera des Grecs et des Romains ? etc.

Le succès de cette satire fit admettre son auteur parmi les collaborateurs de la *Quotidienne*. Il vint à Paris en 1800, avec son poème, la *Gastronomie*, spirituel badinage qui contient beaucoup de vers bien frappés. Les admirateurs de ce poème didactique l'ont comparé au *Lutrin*, et mis au-dessus de *Vert-Vert*; mais les critiques lui trouvent plusieurs défauts dont le principal, sans contredit, est la faiblesse du style. Ce poète donna ensuite : *la Danse; ou les Dieux de l'Opéra* (1806, en 6 chants); *Voltaire ou le Triomphe de la philosophie moderne* (1811, in-8°, en 8 chants); *l'Art poétique* (1814, 3 chants), œuvres pitoyables auxquelles le public fit le plus mauvais accueil. Pendant la Restauration, Berchoux publia contre les libéraux des articles et des livres qui lui valurent l'emploi de censeur des journaux, mais qui n'eurent aucune influence sur le mouvement des idées. Après 1830, il se retira au village de Marcilly (Saône-et-Loire); il y mourut le 17 décembre 1838. Michaud, son ami et son compatriote, a publié ses œuvres poétiques, Paris, 1829, 4 vol. in-8°

BERCHTESGADEN [bèr-tèss-ga-dènn].] Principauté du S.-E. de la Bavière, dans le district de la Bavière supérieure, presque entièrement entourée par le duché autrichien de Salzbourg. 385 kil. carr.; 9,500 hab. Territoire couvert de forêts et de rochers. Point culminant, le mont Watzmann (2,684 m. de haut). Grande production de sel. L'industrie consiste principalement à fabriquer des jouets. Cette principauté fut créée en 1803 ; de l'électorat de Salzbourg, elle passa à la couronne autrichienne en 1805 et à la Bavière en 1810. — II. Cap. de la principauté ci-dessus, à 19 kil. S. de Salzbourg, sur l'Ache ou Albe ; 1,800 hab. Exportation de sel.

BERCK-SUR-MER, station balnéaire maritime, cant. et à 14 kil. de Montreuil (Pas-de-Calais), entre les embouchures de la Canche et de l'Authie; 4,400 hab. Plage bordée par des garennes riches en lapins et en lièvres. Hôpital affecté au traitement des enfants scrofuleux de la ville de Paris. Phare de première classe, à feu scintillant, nouveau système.

BERCY, ancienne commune du dép. de la Seine, sur la rive droite de la Seine, annexée en partie à Paris en 1859 et appartenant aujourd'hui aux XIIe et XXe arr. Le reste, en dehors des fortifications, a été réuni à Charenton-le-Pont. La population de Bercy était évaluée à 18,000 hab. — L'ancien château, commencé en 1650, d'après les plans de François Mansard, terminé en 1710 et démoli en 1861, était entouré d'un magnifique parc dessiné par Lenôtre. Château et jardin ont fait place aux fortifications, à la gare de Lyon et à l'entrepôt pour les vins, les eaux-de-vie, les huiles, le bois de flottage, etc.

BERCYCOTIER s. m. Jargon. Marchand de vin à Bercy.

BERDIANSK, ville de Russie, dans le gouvernement de Taurida. sur la mer d'Azof, 12,250 hab. Ce port, le meilleur de la mer d'Azof, fait un grand commerce avec Kertch. En 1855, la flotte anglo-française détruisit les navires russes qui s'y trouvaient.

BERDITCHEV, ville de Russie, à 135 kil. O.-S.-O. de Kiev; 53,000 hab., en majorité juifs polonais. Centre d'un commerce important entre l'Allemagne et la Russie méridionale.

BERDOUILLARD adj. (rad. *berdouille*). Argot. Ventru.

BERDOUILLE s. f. [*ll* mll.]. Argot. Ventre.

BEREG, comté du N.-E. de la Hongrie, contigu aux monts Carpathes; 3,727 kil. carr.; 139,500 hab. Ch.-l. Beregszasz (7,000 hab). Ville princ. Munkacs.

BÉRENGARIEN s. m. Partisan de Bérenger de Tours. La secte des bérengariens niait la présence du corps et du sang de J.-C. dans le pain et le vin de l'eucharistie. De 1050 à 1079, plusieurs conciles condamnèrent cette hérésie.

BÉRENGER de Tours, BERENGARIUS, hérésiarque, né à Tours vers 998, mort vers 1088. D'abord chanoine à Tours, puis archidiacre à Angers, il s'éleva contre la doctrine de la transsubstantiation. Plusieurs évêques et un grand nombre de prêtres le soutinrent, lorsqu'il l'attaqua, en 1045, les doctrines établies. Philippe Ier le protégea un instant pour des raisons toutes politiques. Mais ses opinions ayant été condamnées aux conciles de Rome, en 1050 et en 1055, Bérenger, fatigué de la lutte, consentit à se rétracter, sans cesser, néanmoins, de professer ses doctrines; il abjura de nouveau en 1059, au concile de Rome et, dès son retour en France, il retomba dans son hérésie. Au concile de Poitiers, où il faillit être tué, en 1075, il défendit son opinion, qu'il n'abandonna toutefois qu'après le concile de Rome en 1078. Il n'est pas prouvé qu'il mourut dans la communion de l'Église. De ce qui reste de ses œuvres, il est difficile de découvrir d'une manière précise quelle était sa doctrine sur l'eucharistie

BÉRENGER, *Berengarius*, nom de deux rois d'Italie. — I. Bérenger Ier, petit-fils de Louis le Débonnaire par sa mère Gisèle; d'abord duc de Frioul, puis de 883 à 925. Après une guerre civile causée par les prétentions de ses rivaux Guido, duc de Spolète, et Arnulph, roi de Germanie, Bérenger parvint à se faire reconnaître, en 916, comme roi et empereur d'Occident (916). Il remporta des avantages considérables sur les envahisseurs Sarrasins et Hongrois; mais les nobles, jaloux de son pouvoir grandissant, lui trouvèrent un compétiteur dans la personne de Rodolphe II, roi de Bourgogne. Une bataille décisive se livra à Firenzuola, le 29 juillet 923. Bérenger, complètement vaincu, se réfugia à Vérone, où il fut assassiné. — II. Bérenger II, petit-fils du précédent, fils du marquis d'Ivrée, roi de 950 à 961. Sa belle-mère Ermengarde ayant donné la couronne à Hugues de Provence, qui était frère de cette princesse, Bérenger se sauva en Allemagne près d'Othon le Grand, dont il conquit les bonnes grâces et qui lui donna, en 945, une armée pour attaquer le roi d'Italie. Hugues fut forcé d'abdiquer en faveur de son fils Lothaire et celui-ci étant mort en 950, Bérenger fut couronné. Othon épousa Adélaïde, veuve de Lothaire et renversa son ancien protégé; mais il le rétablit bientôt, comme vassal de l'empire germanique. Bérenger n'ayant pas été fidèle à son serment féodal, fut assiégé en 961, par Othon, dans la forteresse de Saint-Léo, où il résista jusqu'en 964. Après avoir capitulé, il fut, ainsi que sa femme, emprisonné à Bamberg, où il mourut en 966

BÉRENGER (Raymond). Voy. RAYMOND.

BÉRENGER de la Drôme (Alphonse-Marie-Marcellin-Thomas), homme politique, né à Valence en 1787, mort à Paris en 1866. Fils d'un ancien constituant et élevé dans les principes de la révolution, il fit une vive opposition aux Bourbons, fut député de l'arrondissement de Valence en 1815, en 1828 et en 1830, et fut élevé à la pairie en 1839. Pendant

la seconde république, il présida la haute cour nationale de Bourges (1848), puis celle de Versailles (1849). Sa réputation comme criminaliste repose sur son ouvrage intitulé *De la justice criminelle en France* (1818). Il a laissé un *Rapport sur le système pénitentiaire* (1836); *De la répression pénale* (1855), et a annoté une édition des *Œuvres* de Barnave.

BÉRENGÈRE. I. Reine de Castille et de Léon, femme d'Alphonse VIII et fille de Raymond VI; morte en 1145; a laissé une grande réputation d'esprit et de beauté. — II. Fille d'Alphonse, roi de Castille, épousa Alphonse IX de Léon, en 1201, fut répudiée en 1209; fut régente de Castille pendant la minorité de son frère Henri Ier, auquel elle succéda; abdiqua en faveur de son fils Ferdinand et mourut en 1214. Elle était sœur de Blanche de Castille.

BÉRÉNICE. I. Troisième femme de Ptolémée Ier d'Égypte, renommée pour sa sagesse et sa vertu. — II. Fille de Ptolémée II et femme d'Antioche II de Syrie, lequel, pour l'épouser, répudia Laodice. Celle-ci se vengea plus tard, en empoisonnant son époux, et en faisant assassiner Bérénice. — III. Épouse de Ptolémée III d'Égypte. Sa mère, Arsinoé, reine de Cyrène, s'opposa à son mariage parce qu'elle la destinait à un fils de Démétrius Poliorcète. Bérénice n'hésita pas à assassiner le mari que sa mère voulait lui donner. Devenue reine d'Égypte, elle offrit, en accomplissement d'un vœu qu'elle avait fait pendant une expédition de Ptolémée en Égypte, sa chevelure à la déesse Vénus, et cette chevelure passa pour avoir été changée en sept étoiles de la constellation du Lion, lesquelles étoiles ont porté les noms de *Coma* et de *Crinis Berenices*. — IV. Fille de Ptolémée VIII, appelée aussi Cléopâtre; elle régna conjointement avec son époux Alexandre II (Ptolémée X), qu'elle assassina dix-neuf jours après son mariage; 81 av. J.-C. — V. Fille de Ptolémée XI (Aulète) qu'elle renversa en l'an 58 av. J.-C. Elle était sœur de Cléopâtre et épouse d'Archélaüs de Comana. Les Romains la vainquirent ainsi que son mari et rétablirent Aulète qui fit périr sa fille. — VI. Princesse juive, fille d'Agrippa Ier de Judée. Elle épousa d'abord son oncle Hérode, roi de Chalcis, et ensuite Polémon, roi de Cilicie, qu'elle abandonna. Pendant le siège de Jérusalem, Titus fut tellement captivé par la beauté de cette princesse, qu'il l'emmena à Rome et que le sentiment public put seul l'empêcher de l'épouser. Leur séparation a fait l'objet d'une des pièces de Racine, représentée en 1670 et composée à la demande de Henriette d'Angleterre, duchesse d'Orléans.

BÉRÉNICE. I. Ville de l'ancienne Égypte, sur la mer Rouge, à 326 kil. S.-E. de Syène; fondée probablement par Ptolémée II et centre d'un grand commerce. — II. Ville de l'ancienne Cyrénaïque, près de l'extrémité orientale de la Grande Syrte; appelée d'abord *Hespéris* parce qu'on supposait que le jardin des Hespérides se trouvait dans ses environs. Elle florissante au temps des Ptolémées; la moderne Benghazi occupe son emplacement.

BERESFORD (James), auteur anglais (1764-1840), ses œuvres comprennent « Les Misères de la vie humaine », satire en prose.

BERESFORD (William Carr, VICOMTE), général anglais, né en Irlande, en 1768, mort en 1854; il commanda les troupes de débarquement qui prirent Buenos-Ayres et celles qui s'emparèrent de Madère, en 1807. Deux ans plus tard, il fut nommé généralissime des troupes portugaises qu'il avait réorganisées, battit Soult à Albuéra, se distingua aux batailles de Salamanque, Vitoria, Bayonne, Orthez et Toulouse, fut créé duc d'Elvas et marquis de Santo-Campo. Il réprima une insurrection du Brésil en 1817.

BÉRÉSINA, rivière de Russie, affluent de droite du Dniéper; elle arrose le gouverne-

ment de Minsk: un canal, qui l'unit à la Dûna, la met en communication avec la Baltique et la mer Noire. La Bérésina est devenue célèbre par les combats que les Français et les Russes se livrèrent sur ses bords en novembre 1812. Le 26 novembre, l'armée française en retraite commença de traverser la rivière, près de Borisov. Deux jours après, les Russes parurent qui laissèrent 20,000 des leurs dans les eaux de la rivière. Les scènes épouvantables marquèrent ce passage tristement célèbre. Les ponts faibles et étroits s'écroulèrent sous le poids de la foule; les derniers soldats passèrent sur les débris ensanglantés d'une masse d'hommes écrasés ou étouffés.

BÉRET ou **Berret** s. m. [bé-rè] (bas lat. *birretum*). Toque de laine, ronde et plate, qui est la coiffure des paysans basques. — Coiffure à peu près de même forme, que les dames mettent quelquefois.

BEREYDAH, l'une des villes principales du Kasim (Arabie), un peu au N. d'Oneyzah et à dix journées de marche au N.-O. de Riad (Nedjed). Le voyageur Palgrave décrit avec complaisance cette ville dans laquelle s'étend une atmosphère de paix, de bien-être et de sécurité.

BÉRÉZOV. I. Village de Perm, Russie, sur le versant orientale des monts Oural, à 18 kil. N.-E. d'Yekaterinbourg; 1,750 hab. Les mines d'or des environs occupent 6,000 travailleurs. — II. Ville de Tobolsk, Sibérie, sur la rive gauche de la Sosva; 1,600 hab. Unique station d'un vaste territoire pour le commerce des fourrures. Elle jouit, en Russie, d'une triste célébrité, comme lieu de déportation.

BERG (berk), ancien duché d'Allemagne, aujourd'hui compris dans les districts prussiens d'Arnsberg, de Dusseldorf et de Cologne. Son histoire est liée à celle de Clèves et de Juliers. Longtemps possédé par le Palatinat, il fut élevé en 1808, au rang de grand-duché, par Napoléon, quile donna à Murat; mais en 1815, il passa à la Prusse.

BERG (Friedrich, COMTE), feld-maréchal russe (1790-1874); combattit en 1863-'4 l'insurrection polonaise.

BERGAMA, ville de l'Asie Mineure, à 80 kilom. N. de Smyrne; 12,000 hab. Bâtie sur l'emplacement de l'ancienne Pergame, elle conserve de nombreuses ruines.

BERGAMASQUE s. et adj. Qui est de Bergame ou de la province de Bergame; qui appartient à ce pays ou à ses habitants. — s. m. Dialecte italien qui est le plus rude de tous.

BERGAME s. f. (de *Bergame*, ville d'où sont venues les premières tapisseries de ce genre). Ancienne tapisserie commune et de peu de valeur.

BERGAME (anc. *Bergomum*; ital. *Bergamo*), province de l'Italie septentrionale, dans la Lombardie, 2,807 kil. carr., 368,152 hab. Cette province traversée par l'Adda et l'Oglio, est célèbre pour la beauté des paysages qu'elle renferme. On y cultive la vigne, l'olivier, le noyer et le mûrier. Mines de fer; fonderies; manufactures de lainages et de soieries. — II. Cap. de la province ci-dessus, entre le Serio et le Brembo, à 50 kil. N.-E. de Milan; 36,000 hab. La Città ou ville haute, sur l'un des contreforts des Alpes, possède une cathédrale dont la coupole est remarquable, et une église (Santa Maria Maggiore, commencée en 1134), dont la sacristie est du style roman-gothique et dont le beffroi mesure plus de 300 pieds de haut. Devant le palais Vecchio, qui contient une bibliothèque de 70.000 volumes, se trouve la statue du Tasse (Torquato Tasso). La Città contient, en outre, une académie de musique et un théâtre. La basse ville contient la Fiera di Sant'Alessandro, grande construction carrée, en pierre de taille, dans laquelle il y a des rues, 600 boutiques et une place centrale avec une fontaine. C'est dans la Fiera

Bergame.

que se tient la foire annuelle de la Saint-Barthélemy, fondée au xe siècle, et où se fait encore un grand commerce de soieries et de draps. — Cap. d'une seigneurie particulière au XIIe siècle, annexée à la république de Venise en 1438, prise par les Français en 1509 et en 1796, Bergame fit partie de la république Cisalpine en 1797, devint ensuite le ch.-l. du dép. du Serio, fut donnée à l'Autriche en 1814 et passa à la Sardaigne en 1859. — Lat. 45° 41' 55" N.; long. 7° 20' 53" E.

BERGAMI (Bartolommeo), courrier de la reine Caroline d'Angleterre. Il était soldat en Italie, lorsque la reine remarqua sa belle prestance, à Milan en 1814. Elle fit de lui son chambellan et le créa baron. Lorsque cette souveraine passa en jugement, sous l'inculpation d'avoir eu beaucoup trop de complaisance pour son joli chambellan italien, celui-ci, appelé à la barre, répondit invariablement à toutes les questions des juges par ces paroles devenues proverbiales « Non mi ricordo, je ne me souviens pas ». Il se retira ensuite dans le domaine que Caroline lui avait donné aux environs de Milan.

BERGAMOTE ou ∾ **Bergamotte** s. f. (de Bergame). — I. Espèce d'orange, produite par le bergamotier, et dont le zeste, d'une odeur particulière, contient l'essence de bergamote, très employée en parfumerie. L'écorce de ce fruit sert aussi à doubler de petites caisses à toilette et des boîtes à bonbons qui conservent longtemps leur parfum. Le fruit est un fruit presque sphérique, un peu plus petit que l'orange ordinaire et contenant une pulpe acide et amère. — II. Variété de poire d'automne dont le goût parfumé rappelle celui de l'orange qui porte ce nom. On en a fait plusieurs sous-variétés appelées : bergamote d'Avranches, bergamote fièvée, bergamote lucrative, bergamote carrée, bergamote royale, bergamote de Pentecôte, etc. En général ces fruits savoureux sont pierreux et mollissent vite. — III. Se dit aussi des petites boîtes, des bonbonnières qui sont doublées avec des écorces de cette espèce d'oranges : j'ai rempli ma bergamote de pastilles.

BERGAMOTTIER ou **Bergamottier** s. m. Bot. Espèce de citronnier, que plusieurs botanistes considèrent comme une simple variété de l'oranger commun, mais que le plus grand nombre regarde comme une espèce distincte appelée citrus bergamia. Le bergamottier, inconnu à l'état sauvage, est cultivé dans le midi de l'Europe, principalement dans la Calabre. Ses feuilles et ses fleurs ressemblent à celles de l'oranger amer. Ses fruits portent le nom de bergamote.

BERGARA voy. VERGARA.

BERGASSE l. (Nicolas), avocat et publiciste, né à Lyon en 1750; mort à Paris en 1832. S'est rendu célèbre par sa lutte avec Beaumarchais dans le procès de Kornmann. Il écrivit des brochures contre-révolutionnaires et publia en 1821, un Essai sur la propriété, ouvrage dans lequel il attaquait la validité de la vente des biens nationaux. — II. (Alexandre), frère du précédent, né à Lyon, en 1774, mort à Paris en 1821. Partisan de l'ancien régime il fit imprimer à Lyon, en 1816, une Réfutation des faux principes.

BERGAT s. m. Nasse dont se servent les pêcheurs de la Garonne.

° **BERGE** s. f. (all. berg, élévation). Bord relevé ou escarpé d'une rivière, d'un chemin, d'un fossé. — Espèce de chaloupe étroite, dont on se sert sur quelques rivières. — Législ. « En principe, les berges font partie du chemin ou du fossé qu'elles bordent, à moins de titres établissant un droit contraire; en conséquence, elles doivent être entretenues et réparées par le propriétaire du fossé ou par l'administration de laquelle dépend le chemin, le canal ou la rivière. Cependant, lorsqu'il s'agit de cours d'eau servant à l'irrigation, chaque propriétaire riverain est tenu d'entretenir ses berges et doit empêcher les infiltrations. Cette obligation est définie et sanctionnée par les règlements d'eau qui sont des décrets ou (depuis 1852) des arrêtés préfectoraux ». (Ch. Y.).

BERGEN [bèr-ghènn]. I. Province occidentale de Norvège, comprenant plusieurs îles désertes et une partie continentale; 38,510 kil. carr.; 283,600 hab. Principal cours d'eau : le Leerdals; territoire couvert de hautes montagnes. L'industrie des habitants consiste à élever du bétail et à se livrer à la pêche. — II. Ville maritime, ch.-l. de la province cidessus, à 350 kil. O.-N.-O. de Christiana, sur un promontoire de la baie de Byefjorden, côte occidentale; 30,500 hab. Fondée en 1070, elle fut, pendant longtemps, la première ville commerçante de la Norvège; elle en est encore la deuxième. Le port est bon, mais d'un accès difficile. — III. Cap. de l'île de Rügen, 5,595 hab. — IV. Petite ville d'Allemagne, à 4 kil. N.-E. de Francfort-sur-le-Mein, 2,450 hab. Le 13 avril 1759, les Français, commandés par le général de Broglie, y battirent les Allemands, sous les ordres du duc de Brunswick. — V. Village de Hollande, province de Hollande septentrionale, à 5 kil. N. d'Alkmaar. Le général Brune y battit le duc d'York, le 6 octobre 1799, et cette victoire, qui coûta de pertes énormes aux Français, fut suivie de la capitulation d'Alkmaar (20 octobre), en vertu de laquelle l'armée du duc d'York, prisonnière de guerre, fut échangée pour 10,000 Français et Hollandais prisonniers en Angleterre.

BERGEN-OP-ZOOM ou **BERG-OP-ZOOM** [bèr-gop-zômm], ville forte du Brabant septentrional, Hollande, sur la rivière Zoom, près de son confluent dans l'Escaut oriental, à 32 kil. N.-N.-O. d'Anvers; 9,800 hab. Bon port, exportation de sardines. Forteresse de la Hollande pendant la lutte contre l'Espagne, elle fut assiégée sans succès par le duc de Parme en 1584 et par Spinola, qui fut obligé de se retirer après avoir perdu 10,000 hommes. Les Français, plus heureux, s'en emparèrent en 1747 et en 1795. Les habitants y ayant introduit 5,000 Anglais, le 8 mars 1814, la garnison française, composée seulement de 2,800

hommes, fit un immense carnage des étrangers dont les survivants demandèrent grâce et se rendirent prisonniers. — Lat. 51° 29' 41" N.; long. 1° 57' 9" E.

BERGENROTH (Gustav) [ber-gainn-rote], historien anglais, né en Prusse en 1813, mort en 1869. Après les événements de 1848, il quitta sa patrie, voyagea aux Etats-Unis et s'établit à Londres en 1856. Il a publié une histoire de la reine Jeanne et plusieurs autres travaux.

° **BERGER, ÈRE** s. [ber-jé; è-re] (lat. vervex, mouton). Celui, celle qui garde les moutons, les brebis. — Fig., en poésie pastorale. Amant, amante : berger fidèle, bergère inconstante. — L'HEURE DU BERGER, le moment favorable aux amants. — L'ÉTOILE DU BERGER, la planète de Vénus. — Bergère d'Ivry, nom donnée à une jeune fille trouvée assassinée près de la barrière de Fontainebleau (1827). — Bergers d'Arcadie (LES), chef-d'œuvre de Poussin, au Louvre. Voy. ARCADIE.

BERGER DE XIVREY (Jules), érudit, né à Versailles en 1801, mort en 1863. Publia, en 1823, une traduction en vers de la Batrachomyomachie d'Homère; en 1838, un Traité de la prononciation grecque moderne; en 1839, des Recherches sur les sources antiques de la littérature française; en 1830, une édition des Fables de Phèdre, d'après le manuscrit de Pithou; en 1836, des Traditions tératologiques, et plusieurs autres ouvrages remarquables, ainsi que de savants articles dans un grand nombre de recueils. Il faisait partie de l'Académie des inscriptions et belles-lettres depuis 1839.

BERGERAC, Bergeracum, ch.-l. d'arr. à 48 kil. S.-S.-O. de Périgueux (Dordogne), au milieu d'une grande plaine fertile, sur la rive droite de la Dordogne; 12,500 hab. Jolie ville, divisée en Saint-Martin de Bergerac et Madeleine. Victoire de Jean de Gand (alors comte de Derby) sur les Français, en 1344. Un traité temporaire entre les catholiques et les protestants fut signé à Bergerac, le 17 septembre 1577. Par ce traité, la liberté de conscience fut accordée aux huguenots. Patrie du maréchal de Biron, du duc Caumont de la Force et du Cyrano de Bergerac. Commerce actif de vins, de pierres meulières, d'eaux-de-vie, de grains, de truffes, etc. Hameau sans importance autour du prieuré de Saint-Martin au IIe siècle, Bergerac s'agrandit rapidement, s'entoura de murs et résista aux Anglais qui finirent par s'en emparer en 1345, et se rattachèrent en lui accordant des franchises étendues. Elle leur fut reprise par le duc d'Anjou, frère de Charles V, en 1370 et tomba derechef en leur pouvoir en 1450. Devenue une des places principales des calvinistes, elle fut prise et démantelée par Richelieu en 1621. La révocation de l'édit de Nantes acheva sa ruine. — VINS DE BERGERAC. La vallée de la Dordogne renferme, dans l'arrondissement de Bergerac, des vignobles considérables qui produisent les vins estimés dits de Bergerac. Les meilleurs vins rouges proviennent de la rive droite; les meilleurs vins blancs, de la rive gauche. On distingue particulièrement les vins rouges et blancs de Bergerac et de Genestel, qui sont classés parmi les bons vins fins. Les vignobles de Montbazillac et de Saint-Laurent-des-Vignes donnent des vins de liqueur recherchés. — Lat. N. 44° 51' 8"; long. O. 1° 51' 16".

BERGERAC (Savinien-Cyrano DE). Voy. CYRANO DE BERGERAC.

° **BERGÈRE** s. f. Fauteuil large et profond garni d'un coussin :

Aujourd'hui, dans ma bergère
Je ne suis plus bonne à rien,
Me BEAUCHAMP.

— ∾ Bot. Genre d'aurantiacées que l'on réunit quelquefois au genre murraya. — Argot des grecs. Dernière carte d'un jeu battu.

BERGERET (Jules-Victor), membre de la Commune, né près de Paris en 1839, mort à Jersey en 1876 ; fut successivement garçon d'écurie, typographe, correcteur d'imprimerie et commis en librairie ; s'affilia à l'Internationale, acquit une grande influence dans les clubs de la fin de l'Empire, fut élu capitaine de la garde nationale pendant le siège, prit une part active à la révolution du 18 mars et fut envoyé à la commune par 14,000 électeurs de Belleville. Nommé général des troupes communalistes, « Bergeret lui-même » commanda, selon son expression, l'expédition du 5 avril qui fut écrasée par le canon du mont Valérien. Destitué et incarcéré à Mazas le 8 avril, il fut relâché le 22 et rentra en grâce ; mais on ne lui confia plus de poste important. Étant parvenu à se réfugier en Angleterre après l'entrée des troupes dans Paris, il fut condamné, par contumace, à la peine de mort (19 mai 1872), sous l'inculpation d'avoir incendié les Tuileries et la bibliothèque du Louvre. Il se fit photographie à Jersey. Il a publié : Le 18 Mars, Londres, 1871, in-12.

* **BERGERETTE** s. f. Diminut. Jeune bergère. On dit aussi, Bergeronnette.

* **BERGERETTE** s. f. Sorte de vin mixtionné avec du miel.

* **BERGERIE** s. f. Lieu où l'on enferme les bêtes à laine. Souvent ce n'est qu'un enclos (fixe ou mobile) ; mais le plus souvent c'est un lieu clos et couvert, où chaque bête doit avoir un emplacement de 75 cent. à 1 mètre carré de surface, avec une hauteur de 4 mètres. — Fig. et fam. ENFERMER LE LOUP DANS LA BERGERIE, mettre, laisser quelqu'un dans un lieu, dans un poste où il peut faire aisément beaucoup de mal ; laisser fermer une plaie avant qu'il en soit temps ; faire rentrer un mal qu'il fallait attirer au dehors. — BERGERIES NATIONALES, fermes établies par l'État en vue de l'amélioration des bêtes ovines, l'acclimatation de races étrangères, etc. Il n'y a plus que deux bergeries nationales : celle du Haut-Tingry (Pas-de-Calais), près de Boulogne-sur-Mer, et celle de Rambouillet (Seine-et-Oise). Autrefois, il y en avait une troisième à Chambois (Haute-Saône). — Bergeries s. f. pl. Petits poèmes dont les amours de bergers sont le sujet : les bergeries de Racan.

* **BERGERONNETTE** s. f. Diminut. de bergère. On dit aussi, Bergerette.

* **BERGERONNETTE** s. f. Ornit. Genre de passereaux voisin des hochequeues et comprenant d'élégants petits oiseaux qui se plaisent dans les pâturages et qui poursuivent les insectes parmi les troupeaux. L'espèce la plus commune, la bergeronnette de printemps (motacilla flava), est cendrée avec le dos olive, le dessous jaune, un sourcil blanc et les deux tiers des pennes latérales de la queue blancs. Elle fait son nid dans les prairies ou sous une racine d'arbre ; elle émigre dès les premiers froids. La bergeronnette jaune (motacilla boarula, Lath.), reste chez nous en hiver et va nicher en Allemagne. — La bergeronnette prise au nid s'élève comme le rossignol.

BERGHEM (Nikolas) [berr-ghèmm], peintre hollandais, né à Haarlem en 1624, mort en 1683. Il excella dans le paysage, dans les grands effets atmosphériques et dans la représentation du bétail. Le Louvre possède onze de ses tableaux.

BERGIER. I. (Antoine), membre du conseil des Cinq-Cents et du Corps législatif, sous l'empire ; a laissé divers ouvrages sur la jurisprudence. — II. (Claude-François), littérateur, né à Darney (Lorraine) en 1721, mort en 1784 ; fit paraître de bonnes traductions d'ouvrages anglais. — III. (Nicolas Sylvestre), théologien, frère du précédent, né à Darney en 1718, mort à Paris en 1799. Établit sa réputa-

tion par ses Éléments primitifs des langues (Paris, 1764, in-12) et consacra son talent à lutter contre les doctrines philosophiques. Son Dictionnaire théologique (1789, 3 vol. in-4°) est une œuvre consciencieuse de controverse - dérée. Il a été publié dans l'Encyclopédie méthodique et réédité par Gousset (1830, 9 vol. in-8°). Outre ce dictionnaire considérable, Bergier a écrit : le Déisme réfuté par lui-même (1765) ; Origine des dieux du paganisme (1767, 2 vol. in-12) ; Preuves du christianisme (1768) ; Apologie de la religion chrétienne (1769, 2 vol. in-12) ; Examen du matérialisme (1771, 2 vol. in-12) ; une traduction d'Hésiode ; des Observations sur les divorces, 1790, etc. — IV. (Nicolas), historien, né à Reims en 1567, mort en 1623. Ses principaux ouvrages sont : une Histoire des grands chemins de l'empire romain (1622, in-4°) ; et un Dessein de l'histoire de Reims (Reims, 1636, in-4°).

BERGISTANI, peuple qui habitait le N.-E. de l'Espagne, entre l'Èbre et les Pyrénées. Cap. Bergium.

BERGMANN (Torbern-Olof) [bèrg-mann], savant Suédois (1737-1784). Il étudia presque toutes les branches de la science et présenta à l'Académie de Stockholm des mémoires sur l'attraction, l'électricité, le crépuscule, l'arc-en-ciel et l'aurore boréale. En 1761, il devint professeur adjoint de physique et de mathématiques à Upsal et fut chargé, en même temps que plusieurs astronomes, d'observer le passage de Vénus. Nommé professeur de médecine en 1766, il se livra entièrement à l'étude de la chimie. Il publia, en 1774, un ouvrage sur l'acide aérien (acide carbonique). et produisit l'acide oxalique par l'action de l'acide nitrique sur le sucre et sur d'autres corps organiques. Il posa les fondements de la théorie de la cristallisation, théorie qui fut ensuite développée par Haüy. Ses « Essays sur la physique et la chimie » ont été traduits en plusieurs langues.

BERGOMUM, ancien nom de Bergame (Italie).

BERGONZI, famille de célèbres fabricants d'instruments à cordes, établie à Crémone. CARLO, élève de Stradivarius, fut renommé, de 1716 à 1755, pour les violons, les violes et les violoncelles qui sortaient de son atelier. MICHEL-ANGELO, son fils, lui fut un peu inférieur, et NICOLO, fils du précédent (1758-1838), se retira des affaires vers 1780.

BERG-OP-ZOOM. Voy. BERGEN-OP-ZOOM.

BERGUES ou Bergues-Saint-Winoc, ch.-l. de cant., arr. et à 10 kil. S.-E. de Dunkerque (Nord) ; 6,000 hab. Petite ville formée autour du château de Berg, où se retira saint Winoc, en 902 ; prise et reprise par les Français et les Espagnols, définitivement reprise par Turenne. en 1658 ; fortifiée par Vauban et inutilement assiégée par les Anglais en 1793. Place forte de première classe. Comm. de grains, de beurre et de bestiaux ; fabriques d'amidon, de savon noir, de bonneterie ; filatures, raffineries, distilleries, dentelles, bateaux. Hôtel de ville construit en 1664 ; beffroi remarquable ; tour de l'abbaye de Saint-Winoc. — CANAL DE BERGUES. Il va de Bergues à Furnes (Belgique) ; 30 kil.

BERHAMPOUR. Voy. BURHANPOOR.

BÉRIBÉRI s. m. Méd. Sorte de rhumatisme particulier à quelques pays des Indes orientales, spécialement au Malabar et à Ceylan.

* **BÉRIL.** Voy. BÉRYL.

BÉRIOT (Charles-Auguste de), violoniste né (1802-70), épousa Mme Malibran peu de temps avant la mort de cette grande artiste (1836). Il fut professeur au conservatoire de Bruxelles de 1842 à 1852, époque où il devint presque aveugle. Vieuxtemps est son élève.

BERKELEY, ville du comté de Gloucester.

Angleterre, à 25 kil. S.-O. de Gloucester, dans la vallée de Berkeley, célèbre par son beurre et son fromage ; 42,000 hab. Château construit au temps de Henri II et encore possédé par les descendants directs de son fondateur. Patrie de Jenner.

BERKELEY (George), philosophe irlandais, né en 1684, mort en 1753. Il termina ses études au collège de la Trinité, de Dublin, et publia, en 1709, sa Théorie de la vision, dans laquelle il maintient que l'œil n'a aucune perception naturelle de l'espace et que les perceptions de la distance, de la grandeur et de la position dérivent du toucher : théorie qui fut ensuite généralement adoptée. En 1710, Berkeley fit paraître son Traité sur les principes de la connaissance humaine et, en 1713, ses Trois dialogues entre Hylas et Philonoüs, ouvrages dans lesquels il développa son célèbre système sur la non réalité du monde matériel. D'après lui, ce que l'on nomme généralement matière n'est qu'une impression produite par l'esprit au moyen de règles invariables appelées loi de la nature ; la matière n'existe donc que dans l'esprit. Berkeley affirma toujours que ses théories soutenaient le christianisme ; mais Hume et plusieurs écrivains l'accusèrent d'avoir des tendances sceptiques. Nommé doyen de Derry en 1725, avec des appointements de 26,000 francs par an, Berkeley se maria en août 1728 et s'embarqua le mois suivant pour l'Amérique. Il espérait fonder, dans les Bermudes, un séminaire protestant. N'ayant pas réussi dans cette entreprise, il repartit pour l'Angleterre, en 1731, et fut nommé évêque de Cloyne, en 1734. Devenu vieux, il fut atteint d'hypocondrie et écrivit, sur l'eau de goudron, qui l'avait soulagé, deux traités dans lesquels il recommande ce remède contre toutes les maladies.

BERKELEY (SIR William), gouverneur de la Virginie en 1641. Devenu impopulaire, il dut combattre la révolte de Nathaniel Bacon, et fut rappelé en 1677. Il a publié un drame « la Dame perdue » et une description de la Virginie.

BERKELEY SPRINGS, station balnéaire de la Virginie occidentale (Etats-Unis), à 130 kil. N.-O. de Washington ; sources à 74° F., bains très fréquentes.

BERKHEY (Jan-Lefrancy, VAN), écrivain et naturaliste hollandais, né à Leyde en 1729, mort en 1812. Son Histoire naturelle de la Hollande (Amsterd. 1769, 6 vol.; trad. franç., 1781, 4 vol.), lui valut la chaire d'histoire naturelle à l'académie de Leyde. Il a laissé, en outre, plusieurs volumes de poésies. Le gouvernement impérial le persécuta et il mourut dans la plus profonde misère.

BERKSHIRE ou Berks, comté d'Angleterre ; 1,826 kil. carr. ; 196,500 hab.; arrosé par la Tamise, la Kennet, le Loddon, l'Ock et l'Auburn. Territoire ondulé et bien boisé ; pays essentiellement agricole, noté pour l'élevage des porcs. Ch.-l. Reading.

BERLAIMONT, ch.-l. de cant., arr. et à 12 kil. N.-O. d'Avesne (Nord), sur la Sambre ; 2,500 hab. Fromages, poteries, brasseries, sucre, engrais.

* **BERLE** s. f. Bot. Genre d'ombellifères, tribu des amminées, dont plusieurs espèces sont cultivées à cause de leurs racines nourrissantes, comme celles du céleri. La berle des potagers (sium sisarum) vient dans les jardins. La berle à larges feuilles (sium latifolium) et la berle à feuilles étroites ou ache d'eau (sium angustifolium) croissent au bord de nos étangs. Leurs racines se mangent et sont comestibles.

BERLICHEINGEN (Gœtz von) [gheutz-fon-berr-li-chain-ghènn], dit Main de fer, l'un des derniers chevaliers de l'Allemagne féodale, né à Jaxthausen (Wurtemberg), en 1480, mort en 1562. Il joignait une certaine générosité aux habitudes de pillage qui prévalaient à son époque. Il servit d'abord l'électeur Frédéric de Brandebourg et ensuite Albert V de Bavière. Au siège de Landshut, il perdit la main droite et la remplaça par une main de fer que l'on conserve encore au château de Jaxthausen. Pendant la guerre des paysans (1525), il se joignit au peuple révolté et fut traitreusement fait prisonnier. Après une captivité de plusieurs années au château de Hornberg, il recouvra la liberté lors de la dissolution de la ligue, et se battit ensuite contre les Turcs (1541) et contre les Français (1544). Son autobiographie (2° édition, Nuremberg, 1775) peint d'une manière saisissante les mœurs et l'état social à la fin du moyen âge. Dans un de ses plus beaux drames, Gœlhe a mis en action la vie de cet homme remarquable qui, sans pouvoir se débarrasser des préjugés de son époque, entrevit qu'un monde nouveau naissait avec le xvi° siècle.

BERLIN, cap. du royaume de Prusse et de l'empire d'Allemagne, sur la Sprée, dans la province de Brandebourg, au milieu d'une plaine sablonneuse, à 525 kil. N.-N.-O. de Vienne; par 52° 31' 13" lat. N. et 11° 3' 29" long. E. Population : 600,000 hab. en 1864; 872,000 en 1871; 950,000 en 1874; 1,018,808 le 1er décembre 1877. Les protestants sont en majorité. La ville, divisée en seize arrondissements comprenant six faubourgs, s'étend avec rapidité vers l'ouest et commence à englober Charlottenburg qui en fera partie avant peu. Les anciens quartiers n'ont rien de remarquable; mais les nouveaux sont assez beaux, quoique monotones. En première ligne des promenades à la mode est l'avenue appelée Unter den Linden; la plus élégante est la Luisenstrasse, la plus longue est la Friedrischstrasse; la plus animée est le Leipziger; celle où il y a le plus de foule est la Kœnigsstrasse. Parmi les quarante places, nous citerons: le Gensdarmenmarkt, avec le principal théâtre; le Lustgarten et le Schlossplatz, séparés par le palais du roi; la place Wilhelms, l'Opernhaus, le Dœnhofs; les places Alexandre, et Pariser; le square de la Belle-Alliance, avec le monument de la paix. Les principaux ponts sont le Schloss, le Kurfüsten, le Friedrichs, le Marschalls et le Konigs. La ville renferme environ 60 églises, dont voici les plus anciennes : Nicolaikirche, Marien-

Hedwigskirche.

sont le Bauschule et l'ancien musée (ce dernier sur pilotis). L'Antiquarium et les galeries de peinture et de sculpture se trouvent dans l'ancien musée. Le nouveau musée, qui lui

Théâtre royal de Berlin.

est contigu, contient les collections égyptologiques de Lepsius, une grande salle décorée par Kaulbach et un kunstkammer, riche en reliques d'histoire naturelle. Le Thiergarten et les jardins de Kroll sont de célèbres jardins publics. L'un des plus beaux cimetières se trouve sur la gauche du nouveau parc, en dehors du Kœnigsther. Berlin renferme des académies musicales et artistiques, de nombreuses sociétés savantes, un célèbre observatoire, le plus vaste aquarium du continent, 10 gymnases, plus de 50 écoles supérieures, 100 écoles secondaires et primaires et de nombreuses écoles privées. La bibliothèque royale contient 700,000 vol., et celles de l'université, de l'académie des sciences et de plusieurs autres institutions sont très riches. Plus d'un tiers des livres prussiens sont édités à Berlin (environ 1,500 chaque année); on y trouve à peu près 200 journaux et publications périodiques. Plus de la moitié de la population est occupée à la fabrication de la bière, du fer, de l'acier, de la quincaillerie, des machines, des cotonnades, etc. Berlin peut être appelée la capitale de la misère en Prusse. Des masses de pauvres gens, qui n'ont pas eu leur part de nos cinq milliards, vivent entassés dans de

Berlin. — Statue de Frédéric le Grand.

kirche et Klosterkirche; les plus modernes sont les églises Petri, Markus, Andréas, Bartholomäus et Dorotheenstædtische. — L'Hedwigskirche des catholiques est construite d'après le Panthéon. Schinkel a dessiné la protestante Werder'schekirche; et Soliera donné le plan de l'une des plus belles églises catholiques : Mikaëlis. Les plus beaux monuments se trouvent principalement à l'est de l'Unter den Linden On admire surtout la statue de Frédéric le Grand, œuvre de Rauch, sur l'Unter den Linden; l'Académie (avec la nouvelle galerie nationale), l'Université (plus de 1,800 étudiants), l'Opéra, l'ancien et le nouvel arsenal, le Konigswache, les palais de l'empereur et des princes. Les chefs-d'œuvres de Schinkel

misérables taudis et dans des caves. Il y a environ 8,500 maisons de commerce. Le trafic le plus important porte sur les laines et sur les grains. — La Bourse, près de l'hôtel des postes, sur la Kœnigsstrasse, est un centre d'affaires qui rayonne sur toute l'Europe et jusqu'en Amérique. — Hist. Les deux villages de Koln et de Berlin, créés vers le xiii° siècle, prirent quelque importance lorsque l'électeur Jean Cicéron y transféra sa résidence, en 1493. Les deux villages, situés, l'un sur la rive gauche et l'autre sur la rive droite de la Sprée, se réunirent en une petite ville, qui mérita le nom de capitale après que Frédéric-Guillaume y eut attiré 20,000 protestants échappés de France. Centre des arts et des sciences que

Bourse de Berlin

cultivaient les premiers rois de Prusse, Berlin resta une ville presque entièrement française jusqu'aux guerres de Napoléon; elle comptait alors 200,000 hab. Elle tomba au pouvoir des Français après Iéna, et c'est dans cette ville que Napoléon signa son fameux décret de Berlin pour établir le blocus continental. Après l'Empire il y eut une réaction antifrançaise. La ville devint toute allemande. Sa population s'accrut avec une rapidité extraordinaire et, depuis la création de l'empire d'Allemagne, elle rivalise avec les plus grandes capitales de l'Europe — Congrès de Berlin, ouvert le 13 juin 1878, sous la présidence du comte de Bismark, pour vider la question d'Orient. Chacune des puissances suivantes y était représentée par son ambassadeur et, en outre, par un délégué, savoir: Russie: prince Gortschakoff; Turquie: Alexandre Caraïhéodori; Grande-Bretagne : lord Beaconsfield et marquis de Salisbury; Autriche: comte Andrassy; France: M. Waddington; Italie: comte Corti. — Le 13 juillet, fut signé un traité en vertu duquel : Art. 1 à 12. La Bulgarie est constituée en principauté autonome, tributaire du Sultan, avec les Balkans pour limite méridionale. 13 à 22. Une nouvelle province, la Roumélie orientale, est formée, avec une quasi-autonomie. Elle sera placée sous un gouverneur-général nommé par le sultan et organisée par une commission autrichienne. Une armée russe l'occupera pendant 9 mois, 23. La Bosnie et l'Herzégovine sont occupées et administrées par l'Autriche-Hongrie. 24 à 30. Le Monténégro est indépendant, avec de nouvelles frontières : on lui annexe Antivari. 41 à 49. La Serbie est indépendante avec de nouvelles frontières. 40 à 49. La Roumanie est également indépendante mais elle abandonne, moyennant compensation, une partie de la Bessarabie à la Russie. 50 à 54. La navigation du Danube est réglée. 55 à 57. Des réformes sont apportées au régime de la Crète et de plusieurs autres possessions turques. 58. La Porte cède à la Russie Ardahan, Kars, Batoum et plusieurs territoires sur la frontière. 59. Batoum est déclaré port franc. 60 Alasgird et Bayazid sont restitués à la Turquie. 61 à 62. La Turquie s'engage à protéger la liberté religieuse. — Par un traité particulier, en date du 4 juin, l'Angleterre s'était fait céder l'île de Chypre.

* **BERLINE** s. f. Sorte de voiture suspendue, à deux fonds et à quatres roues, dont on se sert à la ville et en voyage. Elle est recouverte d'une capote que l'on peut relever : elle fut inventée à Berlin, au XVII° siècle, par un architecte nommé Ph. Chiese. — ~ Jargon. BERLINE DE COMMERCE, petit commis de magasin.

BERLINGHIERI (Andrea-Vacca) chirurgien italien (1772-1826), professeur à Pise, auteur de traités et inventeur d'instruments pour les opérations de la cystotomie, de l'œsophagotomie, de la trichiasis, de la fistule lacrymale et le traitement de la fracture du fémur.

* **BERLINGOT** s. m. Berline coupée, c'est-à-dire qui n'a qu'un fond. — Ne se dit plus que d'une mauvaise voiture, d'une voiture délabrée. — Sorte de bonbon au caramel.

BERLINGUES, petit groupe d'îles du Portugal, à 8 kil. O. du cap Carvocira. — Phare à feu tournant, par 39° 25' lat N. et 11° 48' 17'' long. O.

BERLINOIS, OISE. et adj. Qui est de Berlin; qui appartient à cette ville ou à ses habitants.

BERLIOZ (Hector), compositeur, né à la Côte-Saint-André (Isère) le 11 décembre 1803 ; mort en 1869. Venu à Paris pour étudier la médecine, il s'y livra à sa passion pour la musique, et son père ayant supprimé sa pension, il accepta une place de choriste au théâtre des Nouveautés. Il écrivit la musique d'un opéra, les *Francs-Juges*, dont l'ouverture obtint un grand succès ; peu à près il donna sa *Symphonie fantastique* qui produisit encore plus de sensation ; enfin sa cantate de *Sardanapale* (1830), lui valut le premier grand prix de composition et lui permit d'aller à Rome terminer ses études musicales. Il y composa plusieurs morceaux qui furent peu remarqués. A son retour, il subit une chute éclatante à l'Opéra avec son *Benvenuto Cellini*. A la même époque, il donna dans les principaux journaux de Paris, des articles très remarquables de critique musicale. En 1843, il parcourut la Belgique et l'Allemagne en donnant des concerts et établit sa réputation comme chef d'orchestre. Il a publié un *Traité d'instrumentation* (1844); *Voyage musical en Italie et en Allemagne*; *Soirées de l'orchestre* (1855); *Théorie de l'art du chef d'orchestre* (1856) les *Grotesques de la musique* (1859) ; *A travers chants* (1862).

* **BERLOQUE** s. f. Voy. BRELOQUE.

* **BERLUE** s. f. (bèrr-lû) (de *ber*, préfixe péjoratif; et du lat. *lucere*, luire). Eblouissement ordinairement passager. — Fig. AVOIR LA BERLUE, juger mal de quelque chose, s'en faire une idée fausse.

* **BERME** s. f. (teuton. *brim*, *brem*, extrémité). Fortifie. Chemin d'une largeur de quatre pieds ou 4 m. 30, qu'on laisse entre le rempart et le bord du fossé. — Par anal. Chemin qu'on laisse entre une levée et le bord d'un canal ou d'un fossé.

BERMEJO, voy. VERMEJO.

BERMONDSEY, paroisse suburbaine de Londres, sur la Tamise ; 80,500 hab. Nombreuses tanneries.

BERMUDES (les) ou **Îles Summers** (angl. *Bermudas* ou *Summers'isles*), groupe de 300 à 400 îles et îlots appartenant à la Grande-Bretagne, dans l'océan Atlantique, à 900 kil. N.-S.-E. du Cap Hatteras (Etats-Unis), entre 31° 53' et 32° 20' lat. N. et entre 66° 20' et 67° long. O. ; 406 kil. carr., 13,600 hab., dont 6,000 blancs. Cet archipel, formé de rochers de corail, s'étend sur une longueur de 29 kil. et sur une largeur de 9 kil. ; c'est tout au plus si 12 ou 15 îles sont habitées. De dangereux récifs de corail leur forment une ceinture, et d'inextricables détroits les séparent. Climat ordinairement doux et humide. Brises violentes en hiver. Le territoire produit et exporte des légumes, des pommes de terre, des

fruits et un excellent arrow-root. Commerce considérable avec les Etats-Unis ; riches pêcheries. Les seules villes sont: Hamilton, capitale, dans l'île Bermuda ou Long island ; et Saint-George, dans l'île Saint-George, excellent port et station navale fortifiée. Le gouvernement consiste en un gouverneur et un conseil nommé par la couronne, et une assemblée de 36 membres élus par le peuple. L'archipel des Bermudes, découvert par l'espagnol Juan Bermudas en 1522, ne fut colonisé qu'en 1609, époque où l'anglais George Summers y fut jeté par la tempête et s'y établit avec son équipage naufragé. Le gouvernement anglais y envoya en 1612 une soixantaine d'autres colons, et plusieurs royalistes s'y réfugièrent pendant la dictature de Cromwel. Parmi les exilés se trouvait la poëte Waller qui a donné une belle description de ces îles rocheuses. Les Anglais ont fait des Bermudes une puissante position militaire; ils y ont établi une colonie pénitentiaire.

BERMUDEZ (Geronimo) [bèr-mou-dèss], poète espagnol, né en 1530, mort vers 1589. Sous le pseudonyme de Antonio de Silva, il publia en 1577, deux tragédies : *Nise Lastimosa* et *Nise Lanreada*, dont Inès de Castro est l'héroïne. Il a aussi composé un poème, *La Hesperoida*.

BERMUDIEN, IENNE s. et adj. Qui est des îles Bermudes.— Bermudien s. m. Sloop dont on fait usage aux îles Bermudes, renommé pour la légèreté de sa marche et la hardiesse de sa voiture.

* **BERMUDIENNE** s. f. Plante dont la fleur est très belle, et qui tire son nom des îles Bermudes, d'où elle a été apportée.

* **BERNABLE** adj. Qui mérite d'être berné et moqué.

BERNACHE s. f. Fausse orthographe de *BARNACHE*.

* **BERNACLE** s. f. Coquillage à cinq valves, qui s'attache aux rochers et à la carène des bâtiments: on croyait autrefois qu'il en sortait une espèce de canard.

BERNADOTTE (Jean-Baptiste-Jules) général français qui devint roi de Suède et de Norvège, né à Pau en 1764, mort à Stockholm, le 8 mars 1844. Son père était avocat. Il s'engagea en 1780, dans le régiment Royal-Marine et il n'était que sergent-major, lors de la Révolution. Adjudant sous-officier en 1790, il passa par tous les grades en peu d'années et fut nommé général de brigade en 1793. Il commandait une division à Fleurus en 1794, s'illustra en Allemagne et en Italie, refusa de jouer un rôle dans le coup d'Etat du 18 fructidor et fut, après la paix de Campo-Formio, envoyé à Vienne, avec le titre d'ambassadeur. Arrivé dans cette ville, il fit arborer le drapeau tricolore au palais de France, ce qui souleva l'indignation des Autrichiens et motiva une violente émeute, à la suite de laquelle Bernadotte se retira à Rastadt avec toute la légation française. Il se vengea de cet outrage en acceptant le commandement de l'armée du Bas-Rhin ; il ouvrit la campagne par le bombardement de Philipsbourg et par la prise de Manheim. De retour à Paris, il y épousa, le 16 août 1798, Mlle Clary, belle-sœur de Joseph Bonaparte. Nommé ministre de la guerre, après les journées de prairial, il essaya de combattre les menées des réactionnaires, ce qui le brouilla avec le Directoire. Il reçut sa démission sans l'avoir demandée et vécut un instant à l'écart. Quand l'empire arriva, Bernadotte, qui avait refusé de s'associer au 18 brumaire, fut néanmoins créé maréchal et reçut le commandement de l'armée du Nord ; mais il ne fut jamais bien en cour, à cause de l'indépendance de son caractère, du libéralisme de ses opinions et de son génie militaire qui portait ombrage à Napoléon. Ses succès en

Allemagne lui valurent le titre de prince de Pontecorvo, le 5 juin 1806. Il battit les Prussiens à Halle, le 17 octobre ; poursuivit Blücher après Lubeck et le contraignit à capituler, le 7 novembre, à Ratkow; mit en suite les Russes à Mohrungen, le 25 janvier 1807; et remporta l'immortelle victoire de Wagram, dont l'empereur sut s'attribuer tous les lauriers. L'injustice de Napoléon l'irrita au point d'amener une rupture entre ces deux grands hommes, et Bernadotte n'oublia jamais l'injure qu'on lui avait été faite. Après avoir défendu Anvers et la frontière belge, il fut disgracié sans raison et nommé au gouvernement général des Etats romains. Sa réputation d'honneur, de bravoure, d'intelligence des choses de la guerre et des choses de la paix était tellement établie, que la diète suédoise, ayant à élire un prince de la couronne, jeta les yeux sur lui et le nomma, le 21 août 1810 ; aussitôt Charles XIII de Suède l'adopta pour enfant. Napoléon voulut inutilement lui faire signer l'engagement de ne jamais porter les armes contre la France; Bernadotte refusa, et l'empereur finit par signer un acte d'émancipation sans aucune condition. Arrivé en Suède, le prince de Pontecorvo abjura le catholicisme, prit le nom de Charles-Jean et donna, à son fils Oscar, le titre de duc de Sudermanie. Son refus de se joindre aux souverains qui avaient adopté le blocus continental fut considéré comme un *casus belli* par Napoléon qui envahit ses états de la la Poméranie, en janvier 1812; aussitôt Bernadotte fit alliance avec la Russie et devint, en peu de temps l'arbitre de l'Europe, le médiateur de la paix anglo-russo-suédoise d'Œrebro. Il se joignit aux alliés en 1813; battit Oudinot à Grossheren, Ney à Dennewitz, et décida, par son arrivée imprévue, du sort de la bataille de Leipzig. Il envahit ensuite le Danemark et arracha à Frédéric VI le traité de Kiel, par lequel la Norvège fut cédée à la Suède (14 janvier 1814). A la mort de Charles XIII, le 5 février 1818, Bernadotte fut proclamé roi de Suède et de Norvège, sous le nom de Charles XIV Jean. Son règne de 26 ans est considéré comme l'un des plus prospères de l'histoire de Suède. Son filsunique, Oscar Ier, lui succéda.

BERNARD, fils de Pépin et petit-fils de Charlemagne, qui lui donna le royaume d'Italie en 812. S'étant révolté contre Louis le Débonnaire, il fut fait prisonnier en 818 et condamné à mort. Le vainqueur commua sa peine et se contenta de lui faire crever les yeux, opération dont il mourut au bout de trois jours.

BERNARD, duc de Saxe-Weimar. Voy. BERNHARD.

BERNARD (Claude), physiologiste français, né au village de Saint-Julien, près de Villefranche-sur-Saône (Rhône), le 12 juillet 1813, mort à Paris le 10 février 1878. Professeur au collège de France en 1855, et au Museum en 1868, il basa ses cours sur des séries d'expériences et mit en honneur les vivisections pour l'étude de la physiologie. Il établit sa réputation par ses *Recherches sur les usages du pancréas* (1856, in-4°) et par ses importantes découvertes relativement au foie. Outre des mémoires disséminés dans les recueils de l'Académie des sciences, de la société de biologie, etc., il a publié : *Recherches sur le grand sympathique* (1854, in-8°) ; *Leçons de physiologie expérimentale appliquée à la médecine* (1855-'56, 2 vol. in-8°); *Effets des substances toxiques et médicamenteuses* (1857, in-8°) ; *Physiologie et pathologie du système nerveux* (1858, 2 vol. in-8°) ; *Propriétés physiologiques et altérations pathologiques des liquides de l'organisme* (1859, 2 vol. in-8°), *Leçons sur la nutrition et le développement* (1860, in-8°) ; *Introduction à la médecine expérimentale* (1865, in-8°); *Propriétés des tissus vivants* (1865, in-8°) ; *Anatomie de l'homme*

(1867-71, in-fol.); *Discours de réception à l'Académie française* (1869, in-8°); *Physiologie générale* (1872, in-8°); *Pathologie expérimentale* (1872, in-8°); *La chaleur animale* (1875, in-8°); *Les anesthésiques et l'asphyxie* (1875, in-8°).

BERNARD (Jacques), théologien et écrivain, né à Nyons, de parents protestants, en 1658; mort en 1718. Il était pasteur à Vinsobres, lorsqu'il fut forcé de fuir en Suisse, afin de n'être pendu qu'en effigie. Après la révocation de l'Édit de Nantes, il se réfugia en Hollande, où il se fit prédicateur. Il continua la *Bibliothèque universelle* de Leclerc et succéda à Bayle dans la rédaction des *Nouvelles de la république des Lettres*; mais entre ses mains, ce journal tomba. Jacques Bernard a laissé de nombreux ouvrages historiques et religieux: *Histoire de l'Europe* (Leyde, 1686, 5 vol. in-12); *Négociations de la paix de Ryswick* (La Haye, 1699, in-12); ouvrage plusieurs fois réimprimé; etc.

BERNARD (John) comédien anglais (1756-1828), auteur de «Souvenirs de la scène».

BERNARD (Pierre-Antoine), écrivain, né le 29 décembre 1809; mort le 25 septembre 1876; collabora au *National* et au *Siècle*, jusqu'en 1848 ; fut rédacteur en chef de l'*Avènement du peuple*, supprimé le 2 décembre; a écrit le *Jardin des plantes*; l'*Avenir au coin du feu*; la *Bourse ou la vie*; *L'A B C de l'esprit et du cœur*; collabora aux *Français peints par eux-mêmes*.

BERNARD (Pierre-Joseph) voy. GENTIL-BERNARD.

BERNARD (Saint), théologien, abbé de Clairvaux, né en 1091, au château de Fontaines, près de Dijon, mort en 1153. Il appartenait à une famille noble qui, le destinant à l'état ecclésiastique, lui fit faire ses études à l'Université de Paris. A l'âge de 19 ans, Bernard prit l'habit de l'ordre de Cîteaux et engagea quatre de ses frères à entrer comme lui dans un cloître. Il mena l'existence monastique la plus rigoureuse, fit des conversions et fonda plusieurs couvents. En 1115, il fut envoyé, avec douze moines, à la recherche d'un lieu convenable pour créer en Champagne une communauté cistercienne. Il choisit une gorge sauvage, vrai repaire de brigands, la *Vallée d'Absinthe*, dont il remplaça le nom par celui de *Clairvaux* (Belle Vallée). C'est dans cette solitude qu'il fonda un monastère bien vite fameux par le nombre, la charité et la sainteté de sa confrérie. Bernard se voua à la réforme de la discipline conventuelle. Il accorda une attention toute particulière à la théologie de saint Augustin, entretint une vaste correspondance avec les grands hommes de son siècle et poussa ses études jusqu'aux limites des connaissances alors acquises. On l'appela plusieurs fois comme arbitre dans les disputes entre les évêques et leurs diocèses et entre l'Eglise et la noblesse. Lors du schisme causé par les prétentions de l'antipape Anaclet, il prit parti pour Innocent II. En 1132, il accompagna ce pontife en Italie, où il demeura cinq années pour travailler à consolider l'unité de l'Eglise. Par son influence, on assembla à Sens, en 1140, un concile qui condamna les opinions d'Abélard. Pendant plusieurs années l'existence de Bernard fut troublée par des malentendus avec le pape, qui préférait la bienveillance des princes à l'amitié du moine auquel il devait la tiare. Mais à peine Eugène III fut-il arrivé au pontificat, que l'abbé de Clairvaux fut chargé de prêcher une nouvelle croisade. Il s'en acquitta avec un zèle extraordinaire et obtint un succès merveilleux en Allemagne comme en France, où il souleva des masses de recrues. L'insuccès de cette expédition et la mort de presque tous ceux qui y prirent part, soulevèrent contre le moine les blâmes les plus sévères; aussi se retira-t-il dans son couvent et refusa-t-il de prêcher une nouvelle croisade méditée par la

cour de Rome. Il fut canonisé 20 ans après sa mort. Fête, le 20 août. Ses disciples, nommés *bernardins*, formaient une branche des bénédictins. Ses œuvres complètes, comprenant 400 lettres, 340 sermons, une douzaine de traités théologiques et quelques opuscules, ont été publiés par Mabillon (1690, 2 vol. in-fol.) et par Gaume (Paris, 1835-'40, 4 vol. in-8°). Saint Bernard a fondé 72 monastères; on l'a surnommé le dernier père de l'Eglise.

BERNARD I. (Grand-Saint-), le *Mons Jovis* des Romains, passage montagneux des Alpes Pennines, entre Martigny, dans le canton suisse du Valais et la vallée piémontaise d'Aoste. Sur le point le plus élevé de la route qui mène de Suisse en Italie, se trouve, à 2,474 mètres au-dessus du niveau de la mer, près d'un petit lac, à 10 kil. de Saint-Remy, l'hospice et le monastère fondés, en 962, par saint Bernard de Menthon. C'est l'habitation la plus élevée de l'Europe; on peut y recevoir 600 voyageurs à la fois. Ce couvent est habité par 10 ou 12 religieux de l'ordre de Saint-Augustin, assistés de frères lais (*marronniers*) qui possèdent des chiens admirablement dressés à rechercher les voyageurs égarés ou enfouis sous les neiges. L'hospitalité est gratuite; et les dépenses, qui s'élèvent à environ 50,000 francs par an, sont couvertes au moyen de collectes faites en Suisse et au moyen de dons volontaires des étrangers. Au-dessus du passage, se dresse le mont Velan, haut de 3,371 mètres et couvert de neiges éternelles; le couvent lui même est perpétuellement entouré de neiges, dont l'épaisseur moyenne est de 7 à 8 pieds et qui couvrent des précipices de 40 à 50 pieds. On pense que le Saint-Bernard fut traversé pour la première fois par Annibal, (218 avant J.-C.); Jules César y fit ouvrir une route pour les armées romaines. C'est lui que passèrent les Lombards en 547 ; Charlemagne en 773, Frédéric Barberousse en 1166 ; les Français en 1798 et en 1800. — II. (Petit-Saint-) montagne des Alpes Grées, au S. du Mont Blanc, sur la frontière de la Savoie; altitude 2,778 mètres. Passage facile dans la vallée de l'Isère et celle de la Doire. Près du point le plus élevé de la route, on rencontre un couvent fondé par saint Bernard de Menthon pour assister les voyageurs, et desservi par des religieux de l'ordre de Saint-Augustin. Le couvent se trouve à 2,102 mètres au-dessus de la mer. Au point le plus élevé de la route (2,200 mètres), on voit la *colonne de Joue (Jovis)*, d'origine celtique, haute de 7 mètres et 1 mètre de diamètre.

BERNARD (Salomon), surnommé LE PETIT, peintre et graveur, né et mort à Lyon (1520-70), illustra les ouvrages publiés par Tournes.

BERNARD (Samuel), peintre et graveur, né à Paris en 1615; mort vers 1687. Il est connu particulièrement pour ses miniatures, et ses gouaches. Son fils, nommé SAMUEL, devint l'un des plus opulents banquiers de l'Europe (1651-1739).

BERNARD (Simon), ingénieur militaire, né à Dôle en 1779, mort en 1839. Après s'être distingué comme officier de génie, principalement à la défense de Torgau, en 1813, et à Waterloo, en 1815, il prit du service dans l'armée des Etats-Unis. Il construisit le fort Monroe et quelques fortifications à New-York. Dès 1830, il revint en France, où il s'occupa surtout de dresser le plan des futures fortifications de Paris. Il devint ministre de la guerre en 1834, puis de 1836 à 1839.

BERNARD DU GRAIL DE LA VILLETTE (Charles de), romancier, né en 1804 à Besançon, mort à Neuilly, le 6 mars 1850. Ses ouvrages se distinguent par un style ferme mais sans éclat, par une grande finesse d'aperçus et une brillante faculté d'analyse. Ce sont : la *Femme gardée*, qui obtint peu de succès; l'*Acte de vertu*; la *Femme de qua...ans*, œuvre origi-

nale, copiée sur nature; les *Ailes d'Icare*; la *Cinquantaine*; la *Peau du lion*; l'*Homme sérieux*; le *Gentilhomme campagnard* et quelques pièces de théâtre.

BERNARD DE MENTHON (Saint), fondateur de l'hospice du mont Saint-Bernard, né près d'Annecy, en 923, mort à Navarre, le 28 mai 1008. Ayant, malgré la volonté de sa famille, embrassé l'état ecclésiastique, il devint archidiacre d'Aoste et fonda, au milieu des Alpes, deux hospices qui portent encore son nom.

BERNARD DE TRÉVISE, alchimiste italien, né à Padoue en 1406, mort en 1490, il dépensa une partie de son existence et toute sa fortune à voyager et à faire des expériences pour trouver la pierre philosophale; la conclusion de ses travaux et de ses méditations fut que « pour faire de l'or, il faut de l'or ». Pendant longtemps, les alchimistes recherchèrent ses ouvrages.

BERNARDIN, INE s. Nom donné, en France et en Espagne, à un moine ou à une religieuse de l'ordre de Saint-Benoît, réformé par saint Bernard. Voy. CISTERCIENS. — Les Bernardins, au nombre de dix-huit, furent expulsés de France, en 1880.

BERNARDIN DE SAINT-PIERRE. Voy. SAINT-PIERRE.

BERNARDIN DE SIENNE (Saint), éloquent prédicateur franciscain, né à Massa, Italie, en 1380, mort le 20 mai 1444. Nommé vicaire général de son ordre, il essaya de restaurer la discipline monastique primitive et fonda trois cents couvents. Ceux qui embrassèrent sa réforme constituèrent la branche des Observantins. Il a laissé des essais religieux, des sermons et un commentaire sur la Révélation.

BERNARD L'ERMITE s. m. Crustacé du genre pagure, le *cancer Bernhardus* de Linné, commun sur nos côtes et dans toutes les mers de l'Europe. Il est armé de fortes pinces; mais son corps mou serait à la merci de ses ennemis, qui sont nombreux, s'il ne trouvait à le loger dans une coquille. Il choisit de préférence la coquille du buccin ondé; mais il faut

Bernard l'ermite traînant une actinie.

que cette demeure soit à sa taille et, à mesure qu'il grossit, il est forcé de déménager. Il arrive souvent que deux Bernards l'ermite ayant jeté leurs vues sur le même logement se livrent un combat acharné pour sa possession. Mais ce qu'il y a de plus original encore, c'est que l'actinie, qui aime la locomotion et qui peut à peine se *mouvoir*, élit domicile sur le coquillage et se fait traîner, bon gré mal gré, par le pagure, ainsi que le montre notre dessin.

BERNARDO DEL CARPIO, héros espagnol du IXe siècle, dont la légende fait l'heureux antagoniste de Roland à Roncevaux. Sa naissance, d'un mariage secret entre don Sanche de Saldana et Chimène sœur du roi de Léon, Alphonse II, ses aventures à la recherche de son père enfermé dans une tour, ses exploits militaires ont fait le sujet de nombreux poèmes et de plusieurs pièces de théâtre.

BERNAU, ville de Brandebourg, Prusse, à 22 kil. N.-E. de Berlin ; 5,600 hab. La maison de ville contient plusieurs reliques hussites intéressantes.

BERNAUDOIR s. m. Grand panier d'osier dans lequel les bonnetiers recueillent les brins de laine qui tombent pendant le battage sur la claie.

BERNAUER (Agnès) [bèr-nô-èr*e*], femme célèbre par sa beauté et sa mort tragique. Elle était fille d'un teneur de bains ou d'un barbier d'Augsbourg et fut épousée par Albert, fils d'Ernest, duc de Bavière. Le duc, ne pouvant contraindre son fils à rompre ce mariage, profita de son absence pour accuser Agnès de se faire aimer à l'aide de la magie. Des juges, assemblés à la hâte, condamnèrent cette malheureuse, qui fut jetée toute vivante dans le Danube, le 12 octobre 1435. Cette cruelle exécution amena une guerre sanglante entre le père et le fils. L'histoire d'Agnès Bernauer, devenue légendaire en Allemagne, fait le sujet d'un grand nombre de pièces de théâtre.

BERNAVILLE, ch.-l. de cant., arr. et 14 kil. S.-O. de Doullens (Somme) ; 1,200 hab.

BERNAY [bèr-nè] (saxon : *barn*, grange), anc. *Bernaicus*, *Bernaium* ; ch.-l. d'arr., à 40 kil. O.-N.-O. d'Evreux (Eure), sur la Charentonne et la rivière de Crosnier. Ville fondée au XIe siècle, sous les murs d'une abbaye de bénédictins ; fortifiée dans le siècle suivant, plusieurs fois saccagée pendant la guerre de Cent ans, brûlée par les calvinistes, en 1553 ; rasée en 1589, après le soulèvement des Gauthiers. Sa foire annuelle de chevaux, la plus importante de France, attire jusqu'à 40,000 étrangers. Manufactures d'étoffes de laine, de flanelles, de toiles de lin, de cuirs et de cotonnades ; 7,650 hab. Patrie du poëte Alexandre, inventeur du vers alexandrin, et du curé Lindet, membre de la Convention. Eglise Notre-Dame de la Couture ; belles ruines de l'abbaye fondée en 1013, par Judith de Bretagne, femme de Richard II, duc de Normandie. — Lat. N. 42° 5′ 32″; long. O. 1° 44′ 17″.

BERNBOURG, ville d'Anhalt, Allemagne, autrefois capitale du duché d'Anhalt-Bernbourg, sur la Saale, à 35 kil. O. de Dessau ; 15,800 hab. Ancien château ; fabr. de sucre, de papier et de fer.

* **BERNE** s.f. (tud. *baren*). Action de berner.
— Mar. Pavillon en berne, pavillon hissé à la place ordinaire, mais roulé, et non déployé, soit en signe de deuil, soit comme signal de détresse.
— Mettre le pavillon en berne, le rouler sur lui-même.

BERNE. I. Canton de Suisse, borné par la France et l'Alsace ; 6,889 kil. carr. ; 536,561 hab. (86 0/0 appartiennent à la religion protestante et les 5/6 sont Allemands). Au N. s'étendent les montagnes du Jura et au S. les Alpes Bernoises. L'Aar traverse les lacs Brienz et Thun et court vers le N.-O., au milieu du canton. Les vallées de la partie méridionale portent le nom d'Oberland et sont célèbres par la beauté de leurs sites. On admire particulièrement celles de Hasli, de Grindelwald, de Lauterbrunnen et de Simmen, ainsi que la plaine d'Interlaken. Les points culminants des Alpes Bernoises sont le Finsteraarhorn, le Jungfrau, le Mœnch, le Schreckhorn, l'Eiger et le Wetterhorn qui mesurent de 2,500 à 3,000 mètres de hauteur. Le canton de Berne se joignit à la confédération suisse en 1353 ; il prit parti pour la réforme religieuse en 1528 et fut envahi par une armée française que commandait Brune, en 1798, à la suite de troubles qui se terminèrent, en 1803, par

la séparation des territoires d'Aargau et de Vaud, lesquels formèrent des cantons particuliers. La Constitution actuelle date du 31 juillet 1846. Le canton envoie 23 membres au *Nationalrath* ou chambre basse de la diète suisse. — II. (all. *Bern*). Ville fédérale, capitale du canton de Berne et (depuis 1848) capitale de la Suisse ; sur un promontoire autour duquel circule l'Aar, à 22 kil. S. de Bâle, 127 N.-E. de Genève et 415 S.-E. de Paris ; par 46° 57′ 15″ lat. N., et 5° 6′ 46″ long. E. ; 36,000 hab., dont 33,000 protestants. Ville bien bâtie, avec de larges rues droites. Cathédrale qui date de 1421 ; Université fondée en 1834 (73 professeurs et 349 étudiants). Fabr. de chapeaux de paille, de draps, de toiles, de cotonnades, de soieries, etc. La municipalité entretient des ours dans une fosse que les touristes ne manquent pas de visiter. L'ours est l'animal héraldique de Berne. Au XIIe siècle, le duc de Zæringhen, fondateur de cette ville, ne sachant quel nom lui donner, résolut de l'appeler du nom de l'animal qui succomberait sous ses coups dans une chasse faite aux environs. Un ours (en all. *Bar*), eut ce funeste honneur. Sur leur faite ville libre par l'empereur Frédéric, en mai 1218 ; elle repoussa une attaque de Rodolphe de Hapsbourg, en 1288 et fut prise par le général Brune le 12 avril 1798. — Altitude 574 mètres.

* **BERNEMENT** s. m. Action de berner, manière dont on berne quelqu'un.

* **BERNER** v. a. Faire sauter quelqu'un en l'air par le mouvement d'une couverture sur laquelle on l'a mis, et dont plusieurs personnes tiennent les coins et les côtés. — Fig. Se moquer de quelqu'un, le tourner en ridicule : *si je disais cela, je me ferais berner.*

BERNERS ou **Barnes** (Lady Juliana), femme auteur anglaise, née vers 1388, morte après 1460. Elle était prieure du couvent de Sopewell, près de Saint-Albans. On lui attribue un ouvrage curieux sur la fauconnerie, la vénérie et la pêche, ouvrage appelé « livre de Saint-Albans ». Un fac-similé de l'édition de 1496 a été publié en 1810.

BERNERS (John-Bourchier, baron), homme d'Etat anglais (1474-1532) ; il fut chancelier de l'Echiquier en 1515, puis gouverneur de Calais. Il a laissé une traduction anglaise des chroniques de Froissart et plusieurs autres travaux, parmi lesquels un ouvrage religieux intitulé « *Ite in Vincam meam* ».

BERNETTI (Tommaso), cardinal et homme d'Etat italien (1779-1852). Sous le pontificat de Pie VII, il fut chargé de réorganiser le ser-

vice militaire ; en 1826, il devint ambassadeur à Saint-Pétersbourg, cardinal en 1827 et secrétaire d'Etat en 1828. Sous Grégoire XVI, il essaya de créer une milice et donna sa démission lorsque l'Autriche fit des remontrances à ce sujet (1836). Il fut nommé vice-chancelier de l'Eglise romaine.

* **BERNEUR** s. m. Celui qui berne.

BERNHARD [bèrn'-harl], duc de Saxe-Weimar et général allemand (1604-39). Il se joignit à Gustave-Adolphe en 1631 et, après la mort de ce dernier, à Lützen, il prit le commandement et assura la victoire de ses troupes. En 1634, il fut vaincu à Nordlingen ; mais en 1637, il battit les Impériaux commandés par Charles, duc de Lorraine ; en 1638, il prit Breisach et occupa cette place avec des troupes allemandes, malgré la volonté de Richelieu, son ancien allié. Il conduisait les opérations en vue de se former une principauté indépendante, lorsqu'il mourut soudainement, empoisonné, dit-on, par ordre de Richelieu, dont il n'avait pas voulu épouser la nièce.

BERNHARD (Karl), pseudonyme d'un romancier danois nommé Saint-Aubin, né vers 1800, mort en 1865 ; il excella dans la description de la vie domestique de ses compatriotes.

BERNI (Francesco), poète italien, né vers 1490, mort en 1536. Il fut prêtre à Rome et à Florence. Ses ouvrages principaux sont : *Rime burlesche* et une version de l'*Orlando innamorato* de Boiardo, avec des vers additionnels de son cru.

BERNICLE interj. Nullement, point. On dit ordinairement « Bernique.

BERNICLES s. f. pl. Torture en usage chez les Sarrasins et qui consistait à serrer les os du patient entre des morceaux de bois.

BERNIER [bèr-nié]. — I. (Adhelm), historien, né à Senlis, mort vers 1810. Ses principaux ouvrages sont : *Etude sur l'économie politique* (Paris, 1834) ; *Monuments inédits de l'histoire de France, de 1400 à 1600* (Paris, 1835), etc. — (Etienne-Alexandre), l'*Apôtre de la Vendée*, né à Daon (Mayenne), en 1764, mort en 1806. Curé de Saint-Lô, au moment de la Révolution, il devint l'un des principaux chefs de l'insurrection vendéenne. Bonaparte le nomma évêque d'Orléans, en 1802. — III. (François) surnommé le *Mogol*, philosophe et voyageur, né à Angers, en 1625, mort à Paris en 1688. Après avoir fait ses études médicales à Montpellier, il voyagea en Orient et resta, pendant huit ans, médecin de l'empereur Aurengzèbe. De retour en 1688, il rédigea le

Berne, suisse.

récit de ses *Voyages* (Amst. 1699, 2 vol.), relation à la fois simple et élégante, exacte sans sécheresse. On lui doit, en outre, un *Abrégé de la philosophie de Gassendi* (Lyon, 1678, 8 vol. in-12) ; un *Traité du libre et du volontaire* (1685), etc. Il collabora avec Boileau à ce fameux *Arrêt burlesque* qui sauva les œuvres d'Aristote de la condamnation dont le menaçait le parlement de Paris. — IV. (Jean), médecin et historien, né à Blois en 1622, mort en 1698. A laissé une *Histoire chronologique de la médecine et des médecins* (1695). — V. (Nicolas), compositeur, né à Mantes en 1664, mort en 1734. Parmi ses compositions, on distingue un *Miserere* et des cantates sur les paroles de J.-B. Rousseau.

BERNINA, pic des Alpes Rhétiques, dans le canton des Grisons, à 60 kil. S.-E. de Coire ; 6,052 m. — Le passage de la Bernina, (2,634 m.), fait communiquer la Valteline avec la vallée de l'Engadine.

BERNINI. — I. (Giovanni-Lorenzo), surnommé le *Cavalier*, sculpteur et architecte, né à Naples en 1598, mort en 1680. Venu jeune à Rome, il y produisit, à l'âge de 18 ans, le groupe d'« Apollon et Daphné » qui se trouve aujourd'hui dans la villa Borghèse. Il travailla ensuite pendant 9 ans au baldaquin de bronze qui recouvre le tombeau de saint Pierre ; bâtit le palazzo Barberini, la fontaine de la piazza Navona, le palais de Monte Citorio et la colonnade de la façade de Saint-Pierre. — II. (Dominique), fils du précédent, auteur d'une *Histoire de toutes les hérésies*. (Rome, 1705, 4 vol. in-fol.).

* **BERNIQUE** interj. par laquelle on exprime un désappointement : *vous comptez sur lui : bernique !*

BERNIS (François-Joachim DE PIERRES DE), cardinal français, né à Saint-Marcel de l'Ardèche en 1715, mort en 1794. Nommé chanoine-comte de Brioude, il vint à Paris où il égaya de ses jolis vers les joyeux soupers de cette époque. Il entra à l'Académie française, le 29 décembre 1744. Quelques rimes flatteuses adressées à Mᵐᵉ de Pompadour lui valurent l'ambassade de Venise (de novembre 1751 à avril 1755). Adroit médiateur, il fit cesser un différend qui existait entre le pape et cette république. A son retour à Paris, Mᵐᵉ de Pompadour lui fit obtenir une foule de gros bénéfices ; le roi le chargea du ministère des affaires étrangères et le pape le nomma cardinal (2 octobre 1758). Il voulut, contre le dessein de Mᵐᵉ de Pompadour, négocier la paix avec la Prusse et fut brusquement exilé à Vic-sur-Aisne, le 20 octobre 1758. Il y resta 2 ans. Après la mort de Mᵐᵉ de Pompadour, de Bernis fut promu à l'archevêché d'Albi (juillet 1764) ; il devint ensuite ambassadeur à Rome. Il fut l'un des plus ardents adversaires de la Révolution. Il a laissé des poésies légères, pleines d'une « stérile abondance » suivant l'expression de Frédéric II. Ses *Œuvres*, plusieurs fois réimprimées, contiennent, outre un poème intitulé : la *Religion vengée*. On a également publié sa *Correspondance avec Pâris-Duverney* (1790, 2 vol. in-8°) et sa *Correspondance avec Voltaire* (1799, in-8°).

BERNOIS, OISE adj. et s. Qui est de Berne, qui concerne ce pays.

BERNOUILLI ou **BERNOUILLI**, famille de mathématiciens et de savants. Elle était originaire d'Anvers, d'où elle fut chassée par les persécutions du duc d'Albe. Elle s'établit d'abord à Francfort et se fixa ensuite définitivement à Bâle, Suisse, en 1622. — I. (Jacques) mathématicien, né à Bâle, en 1654, mort en 1705. Établi à Genève en 1677, il enseigna l'écriture à une jeune fille aveugle. L'apparition d'une comète en 1680, le poussa à publier un essai dans lequel il établit que les orbites des comètes peuvent être calculées. En 1687, il fut nommé professeur de mathématiques à

l'Université de Bâle et se livra à de profonds travaux, particulièrement sur la théorie du calcul différentiel et du calcul intégral, dont Leibnitz avait posé les bases. Il devint membre de l'Académie française en 1699 et de l'Académie de Berlin en 1701. Son *Ars conjectandi* (1713) est l'un des plus anciens traités sur la théorie des probabilités. Ses œuvres, publiées à Genève, sous le titre de *Jacobi Bernouilli Basilensis opera* (1744), forment 2 vol. in-6°. — II. (Jean) frère du précédent, né à Bâle en 1667, mort en 1748, étudia la médecine et devint professeur de mathématiques à Groningue en 1695. Jaloux de son frère qu'il n'égalait ni pour la finesse, ni pour la profondeur des vues, il essaya inutilement de le faire oublier et il lui succéda comme professeur à Bâle. Malgré son caractère envieux, il resta l'ami de Leibnitz avec lequel il entretint une longue correspondance qui fut publiée en 1745, 2 vol. Il fut le professeur d'Euler, dont il encouragea les essais. Ses découvertes les plus remarquables sont le calcul exponentiel, la solution du problème dit de *la plus courte descente*. Ses œuvres complètes ont été réunies en 5 vol. in-4°, sous ce titre : *Johannis Bernouilli opera omnia*, Genève, 1742. — III. (Daniel) second fils du précédent, né à Groningue en 1700, mort en 1782 ; professeur de mathématiques à Saint-Pétersbourg, de 1725 à 1733 ; ensuite professeur de botanique et d'anatomie, puis de philosophie et de métaphysique naturelles à l'université de Bâle. Il fit plusieurs applications ingénieuses et nouvelles de la science mathématique à la mécanique, l'astronomie et l'hydraulique ; ses plus beaux titres de gloire sont ses : *Exercitationes quædam Mathematicæ* (1724) et son *Traité d'hydrodynamique* (Strasbourg, 1738, in-4°). Son frère aîné Nicolas) (1695-1726) fut également professeur à Saint-Pétersbourg. — IV (Jean) fils du précédent, né à Bâle en 1710, mort en 1760 ; professeur d'éloquence à Bâle en 1743 ; successeur de son père comme professeur de mathématiques, 1758 ; membre de l'Académie des sciences de Paris et de Berlin. — V. (Jean) fils du précédent, né à Bâle en 1744, mort en 1807 ; nommé dès l'âge de 19 ans astronome de l'Académie de Berlin, et plus tard directeur de la classe de mathématiques à la même académie. Il a laissé des *Lettres astronomiques* (1781), une *Description d'un voyage en Prusse, en Russie et en Pologne* (1779, 6 vol.), un *Recueil de voyages* (1784-'5, 16 vol.) ; un *Recueil pour les astronomes* (Berlin, 1772-'6, 3 vol.) ; des *Lettres* (1777-'79, 3 vol.). — VI. (Jacques), frère du précédent, né à Bâle en 1759, mort en 1789. Il se noya en se baignant dans la Néva. Il était professeur de mathématiques à Saint-Pétersbourg, depuis 1784. Il a laissé des *Mémoires*. — VII. (Nicolas), neveu du premier Jacques, né à Bâle, en 1687, mort en 1759 ; professeur de mathématiques à Padoue, de 1716 à 1722, puis professeur de logique et ensuite professeur de droit à Bâle. Ses écrits ont été publiés dans les œuvres de Jean Bernouilli et dans plusieurs recueils. — VIII (Jérôme), de la même famille, naturaliste et minéralogiste, né à Bâle en 1745, mort en 1829 ; fut pendant quelque temps président du conseil de Bâle. — IX. (Christophe), de la même famille, technologiste, né à Bâle, en 1782, mort en 1863 ; professeur à Halle en 1802, puis chef d'une institution privée à Bâle en 1806 et professeur d'histoire naturelle à l'Université de Bâle, de 1817 à 1861. Parmi ses nombreux ouvrages, nous citerons : *Manuel de technologie* (2ᵉ édit., 1840, 2 vol.) ; *Théorie des machines à vapeur* (2ᵉ édit., 1847) ; *Traité de physique, de mécanique et d'hydraulique industrielle* (2 vol.) ; *Traité de statistique* (1840) ; *Encyclopédie manuelle de technologie* (1850).

BERNSTORFF. I. (Johann-Hartwig-Ernst, comte) homme d'Etat danois, né dans le Hanovre en 1712, mort en 1772. Après avoir

rempli plusieurs fonctions civiles et diplomatiques, il devint membre du conseil privé et ministre des affaires étrangères, en 1751. Il protégea l'industrie, les lettres et les arts et émancipa les serfs de ses domaines. L'influence de Struensée le força de démissionner en 1770. Rappelé à la chute de son rival, il mourut avant d'avoir atteint Copenhague. — II. (Andreas-Peter, comte), cousin du précédent (1735-'97), conseiller privé du Danemark en 1769, ministre des affaires étrangères, de 1763 à 1780, puis en 1784, il prépara l'abolition du servage dans le Schleswig et dans le Holstein. Accordant la liberté de la presse, il fournit aux penseurs allemands les moyens de publier leurs idées, chose qui ne leur était pas permise dans leur pays.

BÉROALDE DE VERVILLE (François), écrivain, né à Paris en 1558, mort vers 1612 ; doit une certaine renommée au *Moyen de Parvenir* (1610), recueil de dialogues licencieux et bizarres. Il a écrit encore les *Soupirs amoureux* (Paris, 1583) ; *Aventures de Floride* (1594, 4 vol.) ; la *Pucelle d'Orléans* (Tours, 1599), etc.

BEROALDO. I. (Philippe, dit l'*Ancien*), écrivain italien, né à Bologne en 1453, mort en 1505. Ses *Trois déclarations* ont été paraphrasées en français (Paris, 1566). — II. (Philippe, dit le *Jeune*), poète, neveu du précédent, né à Bologne, en 1472, mort en 1518. Ses poésies latines ont été traduites par Clément Marot

BÉROÉ s. m. (nom de la nourrice de Sémélé). Zooph.|Genre d'acalèphes libres, caractérisé par un corps ovale ou globuleux garni de côtes saillantes, avec des filaments ou des dentelles. Le *béroé globuleux* (medusa pileus, Gm.), à corps sphérique garni de huit côtes, est très commun dans les mers du Nord et passe pour être l'un des aliments de la baleine. Ces animaux, formés d'une sorte de gélatine transparente, se résolvent en eau dès qu'on les blesse ou les touchant. Ils sont phosphorescents et produisent des effets merveilleux sur la mer.

BERCEA. I. Ville de Macédoine dans laquelle saint Paul prêcha l'Evangile, voy. VERIA. — II. L'un des anciens noms d'Alep.

BÉROSE, *Berosus*, prêtre de Bélus, à Babylone, probablement vers 250 av. J.-C. Il écrivit en grec une histoire de Chaldée et de Babylonie, dont plusieurs fragments ont été cités par Flavius et par Eusèbe. Ces fragments se trouvent dans la collection des historiens grecs, de Didot, t. II, p. 495. La chronologie de Bérose, si l'on en excepte une période mythique de 34,080 ans, a été presque complètement confirmée par les inscriptions découvertes en Babylonie et en Assyrie ; et ces fragments avec les inscriptions confirmatives remplissent un espace historique qui, autrement, resterait tout à fait vide.

BERQUIN [bèr'-kain]. I. (Louis de) gentilhomme de l'Artois, né vers 1490, brûlé vif, le 23 avril 1529, pour avoir, dans un ouvrage intitulé : *Louanges du mariage*, combattu le célibat des prêtres catholiques, s'être élevé dans un autre ouvrage intitulé : *Manière de prier*, contre les prières en latin, et avoir mal parlé des moines dans plusieurs autres écrits. Dénoncé, une première fois, par Noël Beda et jeté dans les prisons de l'Université, Berquin ne fut relâché, en 1526, que sur l'ordre formel de François Iᵉʳ. Mais le même Beda le fit poursuivre de nouveau en 1528. Il fut condamné à voir brûler ses livres en public, à faire amende honorable et abjuration en place de Grève, à avoir la langue percée d'un fer rouge, et enfin à être enfermé pour le reste de ses jours. L'appel que le malheureux fit au roi et au pape ne servit qu'à rendre son arrêt plus rigoureux. — II. (Arnaud), littérateur, né à Bordeaux vers 1749, mort à Paris, le 21 décembre 1791. Il se consacra à la rédaction de livres pour l'enfance, rédigea le *Moniteur* et collabora à la *Feuille villageoise*. Ses œuvres complètes (1836, 4 vol. gr. in-8°, Paris), comprennent *Geneviève de Brabant*, *l'Ami des enfants* (courtes histoires pour la jeunesse) et une foule de ballades, d'idylles et de nouvelles dont le sujet est ordinairement emprunté aux conteurs allemands et anglais, mais écrits avec une grâce, un naturel qui en font des œuvres françaises. Berquin s'est peint dans ses écrits : la modestie de sa vie répondait à la candeur agréable de ses ouvrages.

BERQUINADE s. f. Ouvrage dans le genre de Berquin. — Iron. Ouvrage fade et insipide.

BERRE, anc. CADAROSE, ch.-l. de cant. (Bouches-du-Rhône), arr. et à 27 kil. S.-O. d'Aix ; 1,975 hab. Amandes, figues de Marseille, huile d'Aix. — ÉTANG DE BERRE, lagune longue de 20 kil., large de 8 (15,000 hectares); l'étang de Berre communique avec la Méditerranée par un passage d'une lieue et demie (Port de Bouc au canal des Martigues).

* **BERRET** s. m. Voy. BÉRET.

BERRI ou **Berry**, ancienne province du centre de la France, aujourd'hui comprise dans les deux départements du Cher et de l'Indre et divisée, par le Cher, en haut et bas Berri. Cap. Bourges. Le haut Berri comprenait les villes de Bourges, Sancerre, Dun-le-Roi, Vierzon et la principauté d'Henrichemont; le bas Berri, divisé en pays de Brenne, Champagne et Bois-Chaud, contenait les villes de Châteauroux, Argenton, Issoudun, Le Blanc et la Châtre. Ce pays fut primitivement habité par l'un des plus anciens et des plus puissants peuples des Gaules, les Bituriges, auxquels les Romains avaient donné le surnom de *Cubi*, à cause de la forme cubique de leurs habitations. Leur capitale était Avaricum où résidait, au VIIᵉ siècle av. J.-C., le roi Ambigat, oncle de Bellovèse et de Sigovèse. Après la défaite de Vercingétorix, les Bituriges opposèrent à César une résistance désespérée, et brûlèrent leur pays pour arrêter la marche des Romains. Ils furent vaincus et leur royaume fit partie de l'Aquitaine. Conquis par les Visigoths, en 475, puis par les Francs en 507, le Berri forma un comté héréditaire, après Charlemagne. Le dernier comte, Eude ou Herpin, vendit ses droits à Philippe Iᵉʳ (927). Province frontière, le Berri fut plusieurs fois ravagé par les Anglais pendant la guerre de Cent ans, mais il échappa à l'occupation étrangère. Érigé en duché-pairie par Jean le Bon, en 1360, il servit d'apanage à plusieurs princes de la famille royale. Voici la liste des plus apanagistes : *Jean Iᵉʳ*, oncle de Charles VI, et gouverneur du royaume de France. Il défendit vaillamment le Berri contre les Anglais et le conserva intact au roi Charles VII qui fut surnommé le *Petit roi de Bourges*; *Charles*, fils de Charles VII, et l'un des chefs de la ligue du Bien public, fut dépossédé par Louis XI. *Ieanne*, fille de Louis XI; *Marguerite de Valois* une des illustrations de son siècle; *Louise de Lorraine*, veuve de Henri III; *Charles*, petit fils de Louis XIV; *Louis de France*, plus tard Louis XVI; *Charles-Ferdinand*, fils puîné de Charles X. — *Canal de Berri*, partant du canal latéral à la Loire et se rendant à Saint-Aignan-sur-Cher (Loir-et-Cher), par les vallées de l'Aubois, de l'Auron, de l'Yèvre et du Cher. Il fut construit en 1807, pour abréger la navigation entre les vallées supérieure et inférieure de la Loire. Il passe à Bourges et à Vierzon et jette un embranchement de Fontblisse à Montluçon par Saint-Amand, en suivant la vallée du Cher. Son développement est de 320 kil., dont 59 en lit de rivière et 261 en canal proprement dit.

BERRI ou **Berry** I. (Marie-Louise-Elisabeth, DUCHESSE DE), fille aînée du régent, née en 1695, morte en 1719. Elle épousa en 1710 Charles, duc de Be* *, petit-fils de Louis XIV. Ses mœurs

licencieuses lui ont acquis une triste célébrité. On l'accusa d'inceste avec son propre père. — II. (Charles-Ferdinand, DUC DE), deuxième fils du comte d'Artois (Charles X), né à Versailles en 1778, mort en 1820. Il émigra en 1789 et servit dans les armées allemandes jusqu'en 1798. Il se réfugia alors en Russie, puis en Angleterre en 1801. Rentré en 1814 et en 1815 il fut assassiné le 13 février 1820, à la sortie de l'Opéra, par un fanatique nommé Louvel. — III. (Marie-Caroline-Ferdinande-Louise, DUCHESSE DE), veuve du précédent, née à Naples en 1798, morte en 1870. Elle était fille de François Iᵉʳ, roi des Deux-Siciles et elle épousa le duc de Berri en 1816. Près de huit mois après la mort de son mari, elle mit au monde, le 29 septembre 1820, un enfant qui fut Henri, duc de Bordeaux, connu plus tard sous le nom de comte de Chambord. Charles X ne voulut pas, lors de son abdication, en 1830, lui donner le titre de régente; mais ce titre, elle le prit et, en cette qualité, espéra faire recommencer les guerres de Vendée. A son appel répondirent quelques centaines de paysans. Cette émeute ayant été facilement vaincue, la duchesse qui était venue d'Italie se mettre à la tête des Vendéens, se réfugia dans une petite cachette qu'on lui avait préparée sous le toit d'une maison de Nantes. Elle y resta cinq mois. Un juif renégat, nommé Deutz ayant offert de la livrer moyennant un demi-million, M. Thiers accepta les offres de ce misérable. La maison habitée par la duchesse fut envahie. Le feu allumé dans une cheminée derrière laquelle se trouvait sa cachette la força de se découvrir elle-même (6 novembre 1832). On l'enferma dans la citadelle de Blaye, avec MM. Bugeaud et Saint-Arnaud pour gardiens. Le 10 mai 1833, elle mit au jour une fille dont la naissance fut constatée en due forme. Après quoi, Louis-Philippe, lui rendit la liberté, le 8 juin 1833. Elle se retira à Palerme, où elle vécut avec son nouveau mari, le duc della Grazia, dont elle eut plusieurs enfants et qui mourut le 1ᵉʳ avril 1864.

BERRIAT-SAINT-PRIX (Jacques), jurisconsulte, né à Grenoble en 1769, mort à Paris en 1845; devint professeur de procédure à la faculté de Paris (1819) et membre de l'Académie des sciences morales (1840); a laissé un *Cours de législation* (1803-'4, 2 vol. in-8°), un *Cours de procédure* (1808-'10, 2 vol. in-8°), un *Cours de droit criminel* (1817), une *Hist. du droit romain, suivie de l'hist. de Cujas* (1821), des opuscules et des mémoires dans différents recueils; et une excellente édition de Boileau (1830, 4 vol. in-8°), œuvre bénédictine élaborée pendant plus de trente ans.

BERRICHON, ONNE s. et adj. Qui est du Berri ; qui appartient à ce pays ou à ses habitants : *bœuf berrichon, mouton berrichon.*

BERRUYER (Joseph-Isaac), jésuite, né à Rouen, le 7 novembre 1681, mort à la maison professe de Paris, le 18 février 1758 ; écrivit une *Histoire du peuple de Dieu*, dont les 2ᵉ et 3ᵉ parties furent condamnées par Benoît XIV et Clément XIII, censurées par la Sorbonne et désavouées par les jésuites. Berruyer dut lire sa rétractation en cette assemblée (1754).

BERRY s. f. Capote d'études des élèves de l'Ecole polytechnique.

BERRY (Mary), anglaise (1762-1852) qui publia plusieurs ouvrages parmi lesquels : « Angleterre et France », « Vie de Rachel », « Lady Russel » et une comédie « les Amis à la mode » Sa vie et sa correspondance parurent en 1866.

BERRYAT-SAINT-PRIX, voy. BERRIAT-SAINT-PRIX.

BERRYER (Antoine-Pierre), l'un des plus grands orateurs du XIXᵉ siècle, né à Paris le 4 janvier 1790; mort en 1868. Il assista son père, avocat célèbre, dans la défense de Ney, obtint l'acquittement de Cambronne, justifia

Lamennais, dénonça à la chambre de 1830 l'adresse des 221, qui lui paraissait inconstitutionnelle, fut arrêté en 1832, sous l'inculpation d'avoir correspondu avec la duchesse de Berri pour laquelle il plaida, ainsi que pour Châteaubriand. Il s'oppose vivement aux lois de 1835, sur la presse, défendit Louis-Napoléon, en 1840, après l'affaire de Boulogne, et alla à Londres, en 1843, rendre hommage au comte de Chambord. Elu à l'Assemblée nationale, en 1848, il se mit à la tête du groupe qui cherchait à ramener le roi; et après le coup d'Etat du 2 décembre 1851, il vota pour la déposition de Louis-Napoléon. En 1858, il défendit Montalembert et ensuite fut le conseiller de la famille Patterson-Bonaparte. Au corps législatif, il dénonça, en 1863, l'invasion du Mexique et montra que cette guerre coïncidait avec la construction, dans les ports français, de navires corsaires destinés aux états révoltés de l'Union américaine. Il agit même comme chef d'un conseil contre Arman, le principal entrepreneur de ces constructions. Les discours de Berryer ont été réunis en collection (5 vol. 1872) et ses plaidoyers en 1875 (4 vol.).

BERSABÉE, **Beerscéba** ou **Bir-Schéba**, ancienne ville située à la frontière méridionale de la Palestine, à 62 kil. S.S.-O. de Jérusalem. Il en reste quelques vestiges. Son nom qui signifie *Puits du serment*, vient du serment d'alliance jurée entre Abraham et Abimélech, roi des Philistins, près des puits que l'on y trouve encore avec leurs eaux vives et leurs murs de maçonnerie. Au sud, s'étend la solitude sauvage appelée désert de Bir-Schéba.

BERSAGLIER s. m. [bèr-za-yé; *ll* mll.] (ital. *bersagliere*, pr. *bersal'ieri*). Chasseur tirailleur piémontais, dont l'organisation est analogue à celle de nos chasseurs à pied. Les *bersaglieri* furent employés pour la première fois en 1848.

BERSEKER ou **Berserker** (sans armure) nom d'une race de héros appartenant à la mythologie scandinave. Ils combattaient presque nus et se distinguaient par leur férocité.

BERSOT (Pierre-Ernest), philosophe et écrivain, né à Surgères (Charente-Inférieure), le 22 août 1816, mort le 1ᵉʳ février 1880. Ancien élève de l'Ecole normale, professeur de philosophie, secrétaire de Cousin à l'époque de son ministère, il quitta l'enseignement en 1852, pour ne pas prêter serment à l'empire et entra au *Journal des Débats*. Ses principaux ouvrages sont: *Mesmer et le magnétisme animal* (1853); *Etudes sur le XVIIIᵉ siècle* (1855, 2 vol); *Libre Philosophie* (1868, in-42) ; *La Presse dans les départements* (1867, in-18). Il avait été nommé directeur de l'Ecole normale de Paris, le 1ᵉʳ octobre 1871.

BERTAULD (Pierre), érudit et homme politique, né à Verson (Calvados), le 9 juin 1812, mort le 9 avril 1882. Fut professeur de procédure civile et de législation criminelle à la faculté de Caen (1853), deux fois bâtonnier de l'ordre des avocats du barreau de la même ville, élu député du Calvados en 1871, siégea au centre gauche; fut nommé le 36ᵉ comme sénateur inamovible, le 19 décembre 1875 et procureur général à la cour de cassation le 11 février 1879. A publié des ouvrages juridiques très appréciés, notamment : *Etudes sur le droit de punir* (1850); *De l'hypothèque légale des femmes mariées sur les conquets de la communauté* (1852); *Leçons de législation criminelle* (1853); *Loi abolitive de la mort civile* (1857), etc.

BERTAULE s. m. Nom languedocien d'un filet appelé plus communément encore *verveux*.

BERTAUT (Jean), poète et prélat, né à Caen en 1570, mort en 1611. Ses œuvres (réunies en 1605), lui valurent la protection de Henri IV.

BERTAVELLE s. f. Pêche. Nasse de jonc dont on se sert à Gênes.

BERTHAUD (L'abbé), curé de Montmartre qui, pendant la Commune, fut chargé d'aller à Versailles demander à M. Thiers l'échange de Blanqui, prisonnier, contre l'archevêque de Paris. Ayant échoué dans cette négociation, il rentra à son presbytère et n'y fut pas inquiété. Après la victoire du gouvernement de Versailles, il fut décoré. Il mourut le 1er octobre 1881.

BERTHAUT (Jean-Auguste), général, né à Genlis en 1817, mort à Paris le 24 décembre 1881. Au sortir de Saint-Cyr et de l'Ecole d'état-major, il passa en Afrique, devint aide de camp de Cavaignac en 1848, général de brigade en 1870, commandant de la garde mobile de la Seine, ministre de la guerre en 1876, démissionnaire le 24 novembre 1877. Nommé, le 16 mai 1878, commandant du corps d'armée de Bordeaux, il donna sa démission à la suite du vote de flétrissure contre le colonel du Seize mai.

BERTHE s. f. Sorte de petite pèlerine qui orne certains corsages.

BERTHE AUX LONGS PIEDS, femme de Pépin le Bref, mère de Charlemagne; morte le 12 juillet 783 et inhumée à Saint-Denis. C'est la Berthe du vieux bon temps, *du temps que Berthe filait*.

BERTHELOT s. m. Mar. Eperon d'une tartane, d'une pinque, etc.

BERTHELOTIE s. f. (de *Berthelot*, chimiste français). Bot. Genre de composées, tribu des astéracées, comprenant des plantes propres aux régions chaudes de l'ancien Continent.

BERTHELSDORF, village de Saxe, près de Herrnhut, où ont lieu les conférences des Moraves, dans le château du comte Zinzendorf.

BERTHESÈNE ou **Berthezène** (LE BARON Pierre), général, né à Vendargues (Hérault), en 1753, mort en 1847. Volontaire en 1793, il fut nommé général de brigade en 1809, après Wagram; général de division en 1813, après Lutzen et Bautzen; fut fait prisonnier à Dresde (1813); dut s'exiler lors de la rentrée des Bourbons, fut rappelé en 1817, et reçut un commandement important lors de l'expédition d'Alger, remporta la victoire décisive de Staouéli, devint, l'année suivante, gouverneur général de l'Algérie et reçut un siège à la Chambre des pairs en 1832. A laissé : *Souvenirs militaires de la République et de l'Empire*, 1855, 2 vol. in-8°.

BERTHIER (Louis-Alexandre, PRINCE ET DUC DE NEUFCHATEL ET VALENGIN, PRINCE DE WAGRAM), général, né à Versailles, le 10 novembre 1753, mort le 1er juin 1815. Il était fils d'un ingénieur géographe qui lui enseigna le dessin des cartes. Lors de l'expédition de Rochambeau en Amérique, Berthier fit partie de son état-major, il passa ensuite dans celui du général Viomesnil. La Révolution le fit général de division et il entra dans l'état-major de l'armée d'occupation de Rome en 1798, accompagna Bonaparte en Egypte, revint avec lui, le seconda les 18 et 19 brumaire, fut ministre de la guerre jusqu'au 2 avril 1800 et ensuite chef de l'état-major général, accompagna l'empereur dans toutes ses campagnes. En 1806, Napoléon le fit prince souverain de Neufchâtel et Valengin; deux ans plus tard, il lui fit épouser la nièce du roi de Bavière et le créa maréchal et vice-connétable de France. Comme général en chef de l'armée bavaroise il n'accomplit pas grand'chose; mais la part qu'il prit à la bataille de Wagram lui valut un nouveau titre princier. Il se hâta d'offrir ses serments à la Restauration, en 1814, et accepta les titres de pair et de capitaine de la garde royale. Pendant les Cent-Jours, n'osant se présenter devant son ancien maître, il se retira à Bamberg au château du prince de Bavière, son beau-père, avec son épouse et ses trois enfants. Il

fut relevé mort sous une fenêtre du château. On raconte que six hommes masqués le précipitèrent dans la rue ; mais il paraît plus probable que, saisi d'un accès de frénésie, en apprenant que les étrangers envahissaient encore la France, il se débarrassa lui-même de l'existence. Il a laissé une *Relation des campagnes du général Bonaparte en Egypte et en Syrie* (1800) et une *Relation de la bataille de Marengo* (1806). Ses *Mémoires* ont été publiés en 1826. — Son fils unique, NAPOLÉON-LOUIS-JOSEPH-ALEXANDRE-CHARLES, duc et prince de Wagram, né en 1810, devint sénateur en 1852.

BERTHIER (Guillaume-François), jésuite et écrivain, né à Issoudun en 1704, mort en 1782; rédigea le *Journal de Trévoux*; publia une *Réfutation du contrat social* (1789, in-12) et continua l'*Histoire de l'Eglise gallicane* de P. Brunoy (1742).

BERTHIER (Pierre), minéralogiste, né à Nemours en 1782, mort en 1861 : fut nommé en 1816, professeur de docimasie à l'Ecole des mines et entra à l'Académie des sciences en 1827. A laissé un *Traité des essais par les voies sèches* (2 vol. in-8°, 1833).

BERTHIÉRINE s. f. (de Pierre *Berthier*, minéralogiste). Silico-aluminate de protoxyde de fer hydraté, bleu, grisâtre ou verdâtre, qui se trouve mêlé avec les minerais de fer en grains (Champagne, Bourgogne, Hayange, Moselle). La Berthiérine est magnifique à cause de la grande quantité de fer qu'elle contient.

BERTHIÉRITE s. f. (de *Berthier*, minéralogiste). Minerai d'antimoine sulfuré ferrifère, que l'on appelle aussi *haidingérite*.

BERTHOLD DE RATISBONNE, prédicateur allemand, né vers 1215, mort en 1272. C'était un moine franciscain d'une singulière éloquence ; et chaque fois qu'il parlait en public, il attirait autour de lui un immense concours de fidèles. Il visita l'Allemagne, la Hongrie et la Suisse. Ses sermons ont été publiés en langue moderne allemande.

BERTHOLLET I. (Jean), jésuite français, mort à Liège en 1755 ; auteur de l'*Histoire du duché de Luxembourg et du comté de Chini* (1741-'43, 8 vol.) et de l'*Histoire de l'institution de la Fête-Dieu* (1746). — II. (Claude-Louis, COMTE), célèbre chimiste français, né à Talloire, près d'Annecy, le 9 décembre 1748, mort à Arcueil, le 6 novembre 1822. Il étudia d'abord la médecine, et dès qu'il eut pris ses degrés à l'école de Turin, il accourut à Paris, en 1772. Il obtint un emploi au laboratoire du Palais-Royal et combattit les justes théories de Lavoisier sur la combustion. Ses efforts pour soutenir une cause considérée alors comme la meilleure, lui ouvrirent les portes de l'Académie des sciences, le 17 avril 1780. Nommé à la direction des teintures en 1784, Berthollet réussit à appliquer le chlore au blanchiment des toiles. L'année suivante, il donna une preuve éclatante de sa bonne foi en adoptant l'un des premiers les théories de Lavoisier qu'il avait repoussées avec tant d'acharnement. Il établit sa réputation de chimiste en découvrant la composition de l'ammoniaque (1785) et en obtenant les chlorates, parmi lesquels la substance explosible qu'il appelait oxymuriate de potasse et dont il proposa l'adoption pour les armes à feu. En 1791, il publia ses *Eléments de l'art de la teinture* (2 vol. in-8°, 2e édit. en 1804). Pendant le blocus des ports français on eut recours à ses connaissances presque inépuisables pour obtenir le salpêtre, la potasse et jusqu'aux matières colorantes. Il enseigna, ainsi que plusieurs autres savants, les meilleurs procédés pour la fusion du fer et pour la fabrication de l'acier. Il fut l'un des fondateurs de l'Ecole polytechnique, où il eut la chaire de chimie animale. En 1795, on l'inscrivit l'un des premiers sur la liste de l'Institut national, et l'année suivante, il fit partie de la commission envoyée en Italie

pour en rapporter les chefs-d'œuvre de l'art italien. Il accompagna ensuite Bonaparte en Egypte. Il lut plusieurs mémoires devant l'*Institut d'Egypte*, étudia le *Natroun* ou carbonate de soude naturel que l'on exploite depuis un temps immémorial dans les déserts de Lybie; y trouva les principes d'une nouvelle extraction de la soude et y devina les lois des combinaisons chimiques qui ont gardé son nom. Devenu inséparable de Bonaparte, il revint en France avec ce général, fut nommé administrateur des monnaies, sénateur, comte et grand officier de la Légion d'honneur. Il fonda, avec Laplace, la célèbre *Société d'Arcueil*, dont il fut le promoteur et le président. Il coopéra, avec Lavoisier et plusieurs autres à l'établissement d'un système de nomenclature chimique plus rationnel ; obtint le premier l'hydrate de potasse, étudia ses propriétés antiseptiques du charbon. Il vota la déchéance de Napoléon, le 1er avril 1814, et fut pair de France pendant les deux Restaurations. Ses œuvres sont très importantes ; elles consistent en nombreux mémoires que l'on trouve dans tous les recueils scientifiques de son époque. Il a publié à part ses *Eléments de l'art de la teinture*, dont nous avons déjà parlé ; ses *Recherches sur les lois de l'affinité* (in-8°, 1804 ; 2e éd., 1806); son *Précis sur l'acier* (Paris, in-4°, 1789), et son *Essai de statistique chimique* (1803, 2 vol. in-8°). Ses dernières années furent attristées par la mort tragique de son fils unique, AMÉDÉE (1783-1814), chimiste distingué, auquel on prédisait un brillant avenir. Ce jeune savant avait établi une grande exploitation pour la fabrication du carbonate de soude, par le procédé que son père avait indiqué. Il se ruina dans cette spéculation et s'asphyxia par le charbon, à Marseille. Voulant encore servir la science, il eut l'énergie de noter ses sensations aussi longtemps qu'il put tenir une plume. – **Lois de Berthollet**. Lois qui établissent, d'une manière simple, dans quelles conditions les bases, les acides et les sels peuvent réagir sur d'autres sels pour donner lieu à de nouveaux composés.

BERTHOLLÉTIE s. m. [bèr-to-lé-ti] (du nom de *Berthollet*). Bot. Genre de lécythidées, dont la seule espèce connue, le *berthollétie gigantesque* (*bertholletia excelsa*) est un grand et bel arbre qui atteint jusqu'à 30 mètres de haut

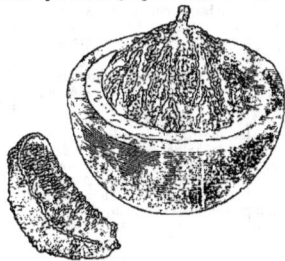

Berthollétie gigantesque.

et que l'on rencontre sur les bords de l'Orénoque et de l'Amazone. Ses feuilles sont alternes, oblongues, coriaces ; ses fleurs d'un jaune blanchâtre, à étamines blanches, sont disposées en sortes de grappes ou d'épis. Ses fruits contiennent de grosses graines triangulaires comestibles, connues en France sous le nom de *noix du Brésil* ou d'*Amérique*. Ces noix renferment une chair solide et huileuse que l'on estime beaucoup lorsqu'elle est fraîche, mais qui rancit en peu de temps. On en extrait une grande quantité d'huile à brûler. Le commerce aujourd'hui très important des noix du Brésil a lieu principalement à Para.

BERTHOUD (Ferdinand), célèbre horloger,

né à Plancemont, canton de Neufchâtel (Suisse), le 19 mars 1727 ; établi à Paris, il y construi- les montres maritimes et des horloges à longitude. Parmi ses nombreux ouvrages, nous citerons : *Essais sur l'horlogerie* (1763, 2 vol. in-4°); *Traité des horloges marines* (1773); *Longitudes pour la mesure du temps* (1775, in-4°); *Histoire de la mesure du temps pour les horloges* (1802, 2 vol. in-4°). Son neveu, Louis BERTHOUD, (mort en 1813) a inventé les châssis de compensation et a publié : *Entretien sur l'horlogerie à l'usage de la marine* (1812).

BERTHOUD (all. *Burgdorf*), ville de Suisse, sur l'Emmen, à 17 kil. N.-E. de Berne; 5,300 hab. Ancienne cap. de la petite Bourgogne. Bains de Sommerhaus dans les environs.

BERTIN (Antoine), poète, né à l'île Bourbon en 1752, mort à Saint-Domingue en 1790. A laissé quelques poésies pleines de grâce et de sentiment.

BERTIN, famille de journalistes français. I. (Louis-François) dit *Bertin aîné*, né à Paris en 1756, mort en 1841 ; fonda le *Journal des Débats*, en janvier 1800, et donna à cette feuille une allure royaliste. Il fut arrêté sur un ordre de Bonaparte, en 1800; et après un emprisonnement de 9 mois, banni à l'île d'Elbe, comme conspirateur. Il rentra en 1804, et reprit la direction de sa publication devenue le *Journal de l'Empire*. Exilé de nouveau à l'île d'Elbe en 1811, il reprit la propriété du *Journal des Débats*, en 1814, accompagna Louis XVIII pendant les Cent-Jours, rédigea le *Journal de Gand*, rentra avec les étrangers et soutint le gouvernement légitimiste jusqu'en 1823. A cette date, le *Journal des Débats* tourna vers l'orléanisme. Bertin fit sa fortune après 1830. Sa publication était devenue l'organe de la haute bourgeoisie constitutionnelle. Il a laissé quelques traductions de romans anglais. — II. (Édouard-François) paysagiste, fils du précédent (1797-1871), fut inspecteur des beaux-arts sous Louis-Philippe et prit, en 1854, la direction des *Débats*. — III. (Louis-Marie-Armand), frère du précédent (1801-'54), prit, en 1841 la direction des *Débats* et conserva jusqu'à sa mort. — IV (Louise-Angélique) sœur du précédent, musicienne et poète (1805-'77), composa des opéras, parmi lesquels *Faust* (1831), la *Esméralda* (1836), sur un poème de Victor Hugo, œuvres monotones qui n'obtinrent pas de succès. Elle a publié des volumes de poésies: les *Glanes* (1842), les *Nouvelles Glanes* (1876), etc.

BERTIN (Rose), marchande de modes de la reine Marie-Antoinette ; se rendit célèbre par son dévouement pour cette princesse. En 1793, elle brûla les registres de commerce où figuraient les fournitures qui lui étaient encore dues par la reine et elle répondit aux agents du gouvernement que Marie-Antoinette ne lui devait rien. Elle était née à Amiens en 1744, et elle mourut à Paris en septembre 1813. On a publié, sous son nom, des mémoires qui sont regardés comme apocryphes.

BERTIN (Saint), abbé de Sithieu, à Saint-Omer, né à Constance (Suisse), mort en 707. Fête, 5 septembre. 91 pères de Saint-Bertin furent expulsés en 1880.

BERTINAZZI (Charles-Antoine), dit CARLIN, célèbre arlequin de la Comédie Italienne, né à Turin en 1713, mort à Paris, en 1783, voy. CARLIN.

BERTINCOURT, ch.-l. de cant., arr. et à 25 kil. S.-E. d'Arras (Pas-de-Calais); 1,500 hab.

BERTINI (Henri-Jérôme), compositeur français, né à Londres, en 1798, mort près de Grenoble en 1876. Il appartient à une famille de musiciens italiens et naquit à Paris en 1821. Il a laissé plus de 200 morceaux pour piano. Ce sont des fantaisies, des nocturnes,

des caprices, des rondeaux, 12 études etc. Il a publié un livre didactique sous le titre de : *Rudiment du pianiste*.

BERTINORO, autrefois *Brictinorium*, ville d'Italie, sur le Ronco, à 10 kil. S, de Forli; 4,000 hab. — Alt. 269 m. Lat. N. 44° 8' 55''; long. E. 9° 47' 53''.

BERTON (Jean-Baptiste), général, né à Francheval, près de Sedan en 1769. Fit les campagnes de la République et de l'Empire, s'empara de Malaga, et commanda une brigade à Toulouse ainsi qu'à Waterloo. Rayé des contrôles de l'armée sous la Restauration, persécuté et même emprisonné sans raison pendant quelque temps, il se fit *carbonaro* et entra dans cet esprit. Parti de Thouars, à la tête de 130 insurgés, il marcha, le 24 février 1822, sur Saumur et dut battre en retraite sans avoir pu y osé entrer dans cette ville. Attiré dans un guet-apens par un agent provocateur nommé Wœlfeld, il fut arrêté le 17 juin, près de Rochefort. Traduit devant la cour de Poitiers avec 55 coaccusés, il fut condamné à mort.

BERTON. I. (Pierre MONTAN, dit), compositeur, né et mort à Paris (1727-'80), a laissé des ballets, des opéras, des divertissements etc. — II. (Henri MONTAN, dit), célèbre compositeur, fils du précédent, né et mort à Paris (1767-1844). Ses principales œuvres sont : *Montano et Stéphanie*, opéra (1799), un véritable chef-d'œuvre; les *Rigueurs du cloître*, opéra-comique en 2 actes, paroles de Fiévée (1790), grand succès; *Aline, reine de Golconde*, opéra-comique en 3 actes, 1803, paroles de Vial et Favières, succès européen, etc.—III. (François), compositeur, fils naturel du précédent, né à Paris (1784-1832), auteur de charmantes romances et de plusieurs opéras.

BERTRADE DE MONTFORT, fille du comte Simon de Montfort, morte vers 1118, épouse de Foulques, comte d'Anjou, elle divorça et épousa Philippe Iᵉʳ, roi de France, qui avait répudié Berthe de Hollande, sa femme. Philippe fut excommunié par le pape, bien qu'il eût obtenu l'assentiment de plusieurs évêques; il ne fut rétabli dans la communion de l'Église qu'après la mort de Berthe.

BERTRAND, s. m. L'un des personnages de l'*Auberge des Adrets*; type du fripon dupé par un autre.

BERTRAND ET RATON, des deux personnages de la fable de La Fontaine connue sous le titre de : *le Singe et le Chat*. Raton se brûle à tirer des marrons du feu, et c'est Bertrand qui les croque. Survient une servante; Raton

N'était pas content, ce dit-on.

Bertrand est resté le type de l'aventurier plein de ruse qui, sans dérangement et sans risques, profite seul des travaux de Raton.

BERTRAND (Henry-Gratien, COMTE), général français, né à Châteauroux en 1773, mort en 1844 ; prit part, comme garde national, à la défense des Tuileries, le 10 août 1792, servit en Italie, fit la campagne d'Égypte, s'attacha à Bonaparte, dont il devint l'adjudant après Austerlitz, et fut le nomma grand maréchal du palais à la mort de Duroc. Après la bataille d'Aspern, il devint comte et gouverneur d'Illyrie. Il suivit l'empereur à l'île d'Elbe et partagea, avec sa femme, son exil à Sainte-Hélène. Ses fils ont publié les *Campagnes d'Égypte et de Syrie, dictées par Napoléon à Sainte-Hélène* (1837, 2 vol. in-8°). Ses restes reposent aux Invalides.

BERTRAND DE BORN voy. BORN.

BERTRAND DE COMMINGES (Saint-), ch.-l. de cant., arr. et à 21 kil. S.-O. de Saint-Gaudens, (Haute-Garonne), près de la rive gauche de la Garonne; 100 hab. Anc. *Lugdunum Convenarum*, capitale des Convenæ, très

importante au temps des Gaulois et des Romains. Détruite au VIᵉ siècle, elle fut reconstruite au XIIᵉ par l'un de ses évêques, saint Bertrand, qui lui a laissé son nom moderne. Magnifique cathédrale (XIIᵉ s.). Patrie du médecin Fr. Bayle. Etablissement thermal de Barbazan.

BERTRAND DE MOLLEVILLE (Antoine-François, MARQUIS DE), ministre de la marine, né à Toulouse en 1744, intendant de Bretagne pendant les troubles moraux provoqués par le parlement de Maupeou, ministre de la marine le 1ᵉʳ octobre 1790. On l'accusa de porter la désorganisation dans son ministère en favorisant l'émigration des officiers, de présenter de faux rapports sur l'insurrection de Saint-Domingue et de conspirer avec les étrangers. Décrété d'accusation le 15 août 1792, il passa en Angleterre et y organisa une fabrique de faux assignats. La Restauration le rnenia et il mourut obscurement en 1818. Il a écrit quelques ouvrages historiques auxquels on accorde peu de confiance : *Histoire de la Révolution* (1801-'3, 10 vol. in-8°); *Mémoires particuliers*.

BÉRULE s. f. (altér. de *ferula*). — Bot. Genre d'ombellifères que l'on confond le plus souvent avec les *berles à feuilles étroites*.

BÉRULLE (Pierre DE), cardinal, né au château de Serilly, près de Troyes, en 1575, mort en 1629; introducteur de l'ordre des religieuses carmélites et de la congrégation de l'Oratoire en France. Ambassadeur en Espagne, il conclut la paix de Mouzon et devint ensuite ministre d'Etat. Urbain VIII le fit cardinal en 1627. Protecteur des sciences et des arts, il fut l'un des premiers à apprécier Descartes. Ses ouvrages de controverse et de dévotion ont été réunis en 2 vol. in-fol. (1644-'57).

BERUS adj. [bé-russ]. S'ajoute au mot *coluber* (couleuvre) et constitue la dénomination scientifique de la vipère commune (*coluber berus*).

BERVILLE (Saint-Albin), magistrat, né à Amiens en 1788, mort à Paris en 1868. Avocat au barreau de Paris, il plaida plusieurs causes célèbres, défendit Paul-Louis Courrier (1821), Béranger (1822); fut député de 1838 à 1848. A laissé quelques ouvrages, a contribué à l'*Encyclopédie moderne* et au *Dictionnaire de la Conversation*; a édité, avec Barrière, l'importante collection des *Mémoires relatifs à la Révolution* (1810-'26, 56 vol. in-8°).

BERWICK (James FITZ-JAMES, DUC DE) [bérik], général français, fils illégitime de Jacques II et d'Arabella Churchill, (sœur du duc de Marlborough); né en 1670, mort le 12 juin 1734. Il se distingua aux côtés de son père au siège de Londonderry et à la bataille française et il montra une grande énergie dans l'extermination des camisards. Ses services dans le Languedoc lui valurent le bâton de maréchal en 1706 et le titre de duc de Fitz-James que ses descendants portent encore. Nommé général en chef des troupes qui opéraient en Espagne pour le compte de Philippe V, il remporta sur les Anglo-Portugais, la célèbre bataille d'Almanza et reçut, en récompense, le titre de duc de Liria et Xerica. A son retour en France, il fut placé à la tête de l'armée du Rhin, en 1691, commanda contre ce même Philippe V qu'il avait mis sur le trône et fut tué au siège de Philipsbourg. Ses *mémoires* ont été publiés en 1778, par son petit-fils.

BERWICK-ON-TWEED [bér-ik-onn-touïd], ville maritime, placée sur la gauche de l'Écosse et de l'Angleterre, près de la mer du Nord, sur la Tweed, à 95 kil. E.-S.-E. d'Edimbourg 13,500 hab. Géographiquement, elle appartient au Berwickshire (Ecosse); mais le Cumberland (Angleterre), la réclame; le fait n'est ni de l'un ni de l'autre. La Tweed y est traversée par un ancien pont et par un nouveau pont (royal border bridge), pour le chemin de fer. Ce dernier viaduc, long de 2,000 pieds anglais et formé de 28 arches, est considéré comme le chef-d'œuvre de Robert Stephenson. 100 navires entrent annuellement dans le port

Berwick-on-Tweed.

— Fabr. de navires, de fer, de machines à vapeur, de tapis, etc. — De tout temps, les Anglais et les Ecossais se sont disputé la ville de Berwick, qui fut prise, perdue et saccagée plusieurs fois. Enfin, elle tomba définitivement au pouvoir des Anglais en 1492. Lat. 55° 46' 24" N.; long. 4° 20' 14" O.

BERWICKSHIRE [bé-rik-cheur], comté qui forme l'extrémité S.-E. de l'Ecosse; 1,202 kil. carr., 36,500 hab. Production de froment, de navets et de bétail; ch.-l. Greenlaw.

* **BÉRYL** ou **BÉRIL** s. m. [bé-ril] (gr. *bérullos*). Minéral composé de 66,8 de silice, 19,1 d'alumine et de 14,1 de glucyne = 100. L'union de l'émeraude et du béryl en une seule variété de pierres précieuses, unique dont parle Pline, fut d'abord reconnue dans les sédiments cristallographiques par de Lisle, et d'une façon plus satisfaisante grâce aux mesures des angles par Haüy, enfin chimiquement par Vauquelin. Le béryl cristallise en prismes réguliers à 6 pans. Densité, 2, 7; dureté de 7, 5 à 8. On le trouve dans les pierres à chaux métamorphiques, dans les ardoises, dans le micaschiste, le gneis et les roches granitiques. Les plus belles de ces pierres ont été recueillies dans la Haute-Egypte, la Sibérie, l'Indoustan, le Pérou et la Colombie. La plus volumineuse est celle qui provient de Grafton (New-Hampshire, Etats-Unis); elle mesure 4 pieds 3 pouces de long sur 30 pouces de large; mais elle manque de finesse. Voy. Emeraude.

BERYTUS voy. Beyrout.

BÉRYX s. m. [bé-riks]. Icht. Genre de poissons acanthoptérygiens percoïdes, d'un beau rouge brillant mêlé de teintes dorées. Les béryx vivent dans les mers intertropicales.

BERZÉLINE s. f. (de *Berzélius*, qui a analysé cette substance). Minér. Cuivre sous-sélénié que l'on trouve dans le calcaire spathique de la mine de cuivre de Skrikerum. C'est une substance blanche, malléable, possédant l'éclat métallique. Se Cu².

BERZELITE s. f. (de *Berzélius*; et du gr. *lithos*, pierre). Oxychlorure naturel de plomb. Voy. Pυταλιτε.

BERZÉLIUS (Johan-Jakob, baron), chimiste suédois, né à Westerlœsa, dans l'Ostrogothie, le 20 août 1779, mort en 1848. Il était fils d'un pauvre maître d'école et étudia la médecine à Upsal. Il s'acquit d'abord une célébrité locale considérable comme chimiste, par une analyse

d'eau minérale; ce qui lui valut, en 1802, l'emploi de professeur adjoint de médecine et de pharmacie à Stockholm. L'année suivante, il publia un ouvrage concernant l'action des courants électriques sur les solutions des sels, ouvrage dans lequel il nota le premier que les corps combustibles, les alcalis et les terres vont au pôle négatif, tandis que l'oxygène et les acides vont au positif; il devançait de trois années plusieurs des découvertes de Davy sur le même sujet. Dans cette même année 1803, Berzélius découvrit le métal appelé *cérium*. En 1808, au moyen d'appareils galvaniques perfectionnés, il prépara le *calcium*, le *barium* et l'amalgame supposé d'*ammonium*. La découverte des métaux alcalins par Davy et ses propres succès dans la même direction, le poussèrent à commencer l'étude des éléments et cette étude, poursuivie avec ténacité, l'amena à l'œuvre principale de son existence, à la loi de la chimie dualistique. La précision de cette loi fut expérimentée par un examen patient de tous les composés chimiques connus et par la préparation de plusieurs composés nouveaux. Pour faciliter cet immense travail, Berzélius avait été forcé de trouver de nouvelles méthodes d'analyse et d'inventer tous les appareils nécessaires à ses investigations. En 1818, il publia une liste de 2,000 corps avec leur composition chimique exacte. Appliquant aux minéraux les mêmes méthodes de recherches, il créa le système minéral basé sur la chimie. Pendant des études, il acquit une habileté extraordinaire dans l'emploi du chalumeau et publia un manuel qui fut pendant 30 ans la principale autorité sur ce sujet : *de l'emploi du chalumeau*, trad. par Fresnel, en 1821. Ses principaux ouvrages sont ; *Mémoires de physique et de minéralogie*, en collaboration avec plusieurs savants (Stokholm, 1806-'18; 6 vol. in-8°) ; *Effets du galvanisme* (1802) ; *Chimie animale* (Stockholm, 1806, 2 vol. in-8°) ; *Théorie des proportions chimiques et influence chimique de l'électricité*, trad. par Fresnel, 1812 ; *Composition des corps* (1812) ; *Nouveau système de minéralogie* (1815), *Progrès de la chimie animale* (1815) ; *Traité de chimie* (1816, œuvro

capitale qui fut presque entièrement refondue dans chacune de ses quatre éditions successives. La 5e édition, qui fut la plus complète, a été traduite en français par Esslinger, sous les yeux de l'auteur (Bruxelles, 1835, 1 vol ; 1846-1850, 6 vol. in-8°). De 1821 à 1845, Berzélius a rédigé un Rapport annuel des progrès de la chimie et de la minéralogie (27 vol. in-8°). En 1807 il fut nommé professeur de médecine et de pharmacie à l'Institut médical de Stockholm; en 1818, il fut anobli et devint secrétaire perpétuel de l'académie des sciences de Berlin.

BERZSENYI (Daniel), [bèrr'-zbénn-yt], poète hongrois, né (1776-1836), auteur d'essais philosophiques et des plus beaux poèmes lyriques maggyares.

* **BESACE** s. f. [be-za-se] (lat. *bis*, deux fois; *saccus*, sac), Sac ouvert par le milieu, et fermé par les deux bouts, en sorte qu'il forme deux poches. — Fig, et fam. ÊTRE A LA BESACE, ÊTRE RÉDUIT A LA BESACE, être ruiné.

* **BESACIER** s. m. Celui qui porte une besace, la besace.

* **BESAIGRE** adj. [be-zè-gre], (préfixe péjor. *bes*; franc., *aigre*). Se dit du vin qui s'aigrit, parce qu'il est au bas. — Substantiv. : *ce vin tourne au besaigre*.

* **BESAIGUË** s. f. [be-zè-gü], (lat. *bis*, deux fois; *acuta*, aiguë). Charpent. Outil de fer, taillant par les deux bouts, dont l'un est en bec d'âne, et l'autre en ciseau : il sert à dresser et réparer le bois de charpente, et à faire les tenons et mortaises.

BESANÇON *Bisuntio*, *Vesantio* (all. *Bisanz*). ch.-l. du dép. du Doubs, ancienne cap. de la Franche-Comté, dans une vallée sur la rivière le Doubs, qui l'entoure presque entièrement à 390 kil. S.-S.-E. de Paris, par 47° 14' 46" lat. N. et 3° 41' 56" long. E. ; 55,000 hab. Ville forte de premier ordre, elle commande la vallée du Doubs, que ses fortifications dominent dans une position si formidable que les Allemands n'en ont pas entrepris le siège en 1870. Elle est défendue par une citadelle, œuvre de Vauban, à 125 m. au-dessus du niveau de la rivière et par les forts Griffon, de Beauregard, de Bregille, de Montfaucon, du Buis, de Châtillon, de Chailluz et de Chaudanne, presque

Besançon.

tous situés sur des collines escarpées. La ville, bien bâtie et bien percée, est le siège d'un archevêché et d'une école d'artillerie. Elle possédait, avant la Révolution, une université fondée par le cardinal Granvelle. Eglise consistoriale calviniste, cour d'appel, synagogue, académie. Industrie très développée, fonderies tanneries. Elle rivalise avec Genève pour la fabrication des montres, qui y occupe environ 15,000 ouvriers. Grand commerce de fromages, de beurre, de sel, de bétail, de vins, de bière etc. Patrie de Granvelle, de J. Droz, du général Pajol, de Fourrier, de Ch. Nodier, de Moncey, de Victor Hugo et P.-J. Proudhon. Vesontio, ville principale des Séquanais, se soumit volontairement à César (58 av. J.-C.) et devint métropole de la grande Séquanaise (Magna Sequanorum) pendant la période romaine. Assiégée par les Vandales, plusieurs fois ruinée par des hordes germaniques, rebâtie par les Burgondes et encore ravagée par les Huns, elle fit tour à tour partie du royaume des Francs, du royaume d'Arles et de l'empire Germanique. Frédéric Ier l'érigea en ville libre impériale et donna à l'archevêque de Besançon des privilèges exceptionnels. Malgré cela, cette ville resta, vis-à-vis du gouvernement impérial, dans un état de sourde opposition qui dégénéra plusieurs fois en révolte ouverte. Charles-Quint, voulant à tout prix se concilier cette cité frontière, favorisa son commerce, lui accorda le droit de battre monnaie et lui donna pour archevêque son propre ministre, Granvelle (1584), lequel y créa une université. Besançon, réunie à l'Espagne en 1648, fut prise par Louis XIV en 1668 et en 1674. Elle résista à l'armée autrichienne en 1814. Ses principaux monuments sont les suivants : Porte-Noire, arc triomphal romain, orné de bas-reliefs ; Rocher-Percé, aqueduc romain ; cathédrale (IIe siècle et suivants), avec crypte creusée en 1864, pour y déposer les restes de huit princes de la famille des comtes de Bourgogne ; église et cloître Saint-Vincent ; palais Granvelle dans le goût espagnol du XVIe siècle. Bibliothèque (125,000 vol., 1,800 manuscr., 40,000 médailles) ; musée de peinture dans les bâtiments de la nouvelle halle ; musée archéologique ; musée d'horlogerie ; musée d'histoire naturelle. Statue en bronze du général Pajol, sur la promenade de Chamards.

° **BESANT** s. m. [be-zan] (lat. *Byzantius*, de Byzance). Ancienne monnaie de l'empire de Constantinople ou Byzance. — Blas. Pièce d'or ou d'argent dont on charge l'écu.

BESANTÉ, ÉE adj. Blas. Semé de besants.

BESBORODKO (Alexandre-Andreyevitch, PRINCE), homme d'État russe (1742-'99), chancelier impérial sous Paul Ier ; il organisa en 1798, la coalition de la Russie et de l'Angleterre contre la France.

BÉSEAU s. m. Agric. Rigole d'irrigation.

BÉSÉKE (Jean-Melchior-Théophile), naturaliste, né en 1746 ; professeur en droit à Mittau (Courlande), auteur de *Matériaux pour l'histoire des oiseaux de Courlande* (en allemand), Mittau et Leipzig, 1792, in-8°.

BESENVAL (Pierre-Victor BARON DE), officier suisse au service de France, né à Soleure en 1722, mort en 1794. On lui confia en 1789 le commandement des troupes réunies autour de Paris ; mais il se sauva au 14 juillet, sans avoir pris aucune des mesures qui semblaient nécessaires pour empêcher le succès de la révolution. Il fut arrêté, puis acquitté par le tribunal du Châtelet. Ses *Mémoires* ont été publiés en 1806.

BESET s. m. [be-zè] (lat. *bis*, deux fois ; franç. as). Trictrac. Coup de dés par lequel un joueur amène deux as.

° **BESI** s. m. [be-zi] (celt. *besi*, sauvage) Nom générique qu'on donne à plusieurs espèces de poires, en y ajoutant le nom du pays d'où elles sont tirées : *besi d'Heri ; besi de la Motte ; besi Chaumontel.*

° **BÉSICLES** s. f. pl. [be-zi-kle] (lat. *bis*, deux fois ; *oculus*, œil). Lunettes à branches, que se fixent à la tête, et que portent les presbytes et les myopes pour distinguer les objets à une distance de 25 à 30 centimètres. Pour les presbytes, les verres sont convergents, à longue foyer ; ils éloignent et grossissent les images. Pour les myopes, ils sont, au contraire, divergents ; ils rapetissent et rapprochent les

images des objets. Ces sortes de lunettes sont employées en Chine de temps immémorial. Les Européens attribuent donc faussement leur invention à Roger Bacon ou à un dominicain nommé Alexandre de Spina (1280-1311).

' **BÉSIGUE** ou ∾ **Besi** s. m. [be-zi-ghe] (lat. *bis*, deux fois ; *juncus*, lié, joint, parce que, dans ce jeu, la dame de pique peut se marier avec son roi et former, avec le valet de carreau, une deuxième union appelée *besique*). Jeu de cartes, originaire de Saintonge et introduit à Paris vers 1820. Le besigue est *simple* lorsqu'on le joue à un seul jeu, à deux personnes, et *double* à deux jeux. Chaque joueur reçoit huit ou neuf cartes, et lève une carte après chaque coup. Le mariage d'atout vaut 40 points ; les autres mariages valent chacun 20 points ; le besigue (mariage de la dame de pique avec le valet de carreau) vaut 40 ; les quatre as valent 100 points, les quatre rois 80, les quatre dames, 60, les quatre valets 40. Le sept vaut 10 points s'il tourne au talon ou si on peut le changer contre la carte de la retourne. L'as l'emporte sur les figures, et l'atout prend toutes les autres cartes d'une autre couleur. Celui qui a en mains la quinte majeure d'atout compte 500 et a gagné, les autres quintes majeures valent 250. On ne peut compter de points qu'après s'être rendu maître de la levée avant l'épuisement du talon. De deux cartes de même valeur, c'est la première jouée qui l'emporte. On ne compte qu'un groupe à la fois, après chaque levée. Quand il n'y a plus de cartes au talon on est obligé de fournir la couleur demandée ou de couper, comme à l'écarté. Celui qui prend le dernier, compte dix. On ajoute aux points ceux qui résultent des besigues et des figures, puis on bat de nouveau les cartes si nul joueur n'a atteint 500 points. Lorsque les deux joueurs atteignent ce chiffre, celui qui a le plus de points a gagné. Au *besigue double*, on prend deux ou plusieurs jeux, pour deux, quatre ou six joueurs ; on joue en 1000 ou 1,500 points. Alors le *double besigue* (deux dames de pique et deux valets de carreau) vaut 500.

BESLER (Michel-Robert), médecin de Nuremberg, né en 1607, mort en 1661, auteur de *Rariora Musei Besleriani*, in-fol. 1716.

BESLÉRIE s. f. (de *Besler*, n. pr.). Bot. Genre de gesnériacées, type de la tribu des beslériées, comprenant plusieurs espèces de l'Amérique du Sud, cultivées chez nous en serre chaude.

BESLÉRIÉ, ÉE adj. Qui ressemble à la beslérie. — s. f. pl. Famille de plantes ayant pour type le genre beslérie.

BESME (Charles DIANOWITZ, dit), l'assassin de Coligny dans la nuit de la Saint-Barthélemy, né en Bohême, mort en 1575. Spadassin à la solde des Guises il se rendit redoutable par son fanatisme. Les huguenots finirent par le prendre ; ils l'enfermèrent au château de Bertanville. Pour s'évader de cette prison, il tira un coup de pistolet sur le gouverneur, qu'il manqua, et qui lui enfonça son épée dans le corps.

° **BESOGNE** s. f. [be-zo-gne ; gn mll.] (rad. *soin*). Travail, ouvrage ; action par laquelle on fait une œuvre : *avoir de la besogne ; mettre la main à la besogne.* — Effet du travail, ouvrage même qui résulte du travail : *bonne besogne.* — AIMER BESOGNE FAITE, n'aimer pas à travailler. — Fig. : S'ENDORMIR SUR LA BESOGNE, travailler nonchalamment.

° **BESOGNER** v. n. Faire une besogne, faire de la besogne.

° **BESOGNEUX, EUSE** adj. Qui est dans la gêne, dans le besoin.

° **BESOIN** s. m. [be-zouin] (celt. *bisung*, affaire). Manque, privation de quelque chose

qui est nécessaire : *on lui a donné de l'argent ; il en avait bien besoin.* — Indigence, dénûment : *il est dans un pressant besoin.* — Faim, manque de nourriture : *nous étions épuisés de fatigue et de besoin.* — Mouvement instinctif, sentiment qui porte à rechercher ou à faire quelque chose : *les besoins du corps et de l'âme, de la nature.* — Par ext. Chose même qui est l'objet du besoin : *l'exercice, le bon air sont un besoin pour la santé.* — Ce qui est ou ce que l'on croit nécessaire, utile, convenable : *cet homme a besoin de dormir, de manger, de marcher.* — ∾ Comm. Avis que l'on met au bas d'un effet de commerce pour annoncer que dans le cas où cet effet ne serait pas accepté ou ne serait pas payé on pourrait s'adresser à une tierce personne qui se chargerait d'en faire les fonds. La formule d'un besoin est celle-ci : *Au besoin chez M... à... rue... pour le compte de M...* — ° BESOIN NATUREL, ou simplement, BESOIN, se dit particulièrement des besoins du corps qui résultent de la digestion : *il est sorti pour un besoin : faire ses besoins.* — AVOIR BESOIN DE, suivi d'un verbe. Etre dans l'obligation, dans la nécessité de : *j'ai besoin d'aller à tel endroit :* — Avoir une envie extrême, un désir immodéré de : *il faut avoir bien besoin de faire parler de soi pour...* — FAIRE BESOIN, manquer : *son fils lui fait besoin.* — Impersonnel. QU'EST-IL BESOIN DE... QU'EST-IL BESOIN QUE... Qu'est-il nécessaire de... Qu'est-il nécessaire que... Hors de l'interrogation, il ne s'emploie qu'avec la négative : *il n'est pas besoin de... il n'est pas besoin que...* — Au Besoin loc. adv. Lorsque le besoin se fait sentir : *cela servira au besoin ; au besoin nous pourrons nous servir de cela.*

BESOUILLE s. f. [il mll.] Argot des voleurs. Ceinture.

BESSARABA, famille qui a donné des voïvodes à la Valachie et qui a régné pendant longtemps sur la Bessarabie. Radu le Noir (mort en 1265), fonda la principauté de Valachie pendant l'invasion de Batou-Khan. Michel II, le Brave, voïvode en 1592, régna sur la Valachie, la Moldavie et la Transylvanie. Il fut assassiné en 1601. Constantin II Brancovan, le dernier de la dynastie, fut exécuté par les Turcs, en même temps que ses quatre fils, en 1714.

BESSARABIE, province S.-O. de Russie, entre la Galicie, la Bukowine, la Moldavie et la mer Noire ; bornée en partie par le Danube et le Pruth ; 36,431 kil. car. ; 4,078,900 hab. La portion la moins élevée consiste en steppes couvertes de riches pâturages. On récolte dans la province, d'immenses quantités de blé, de maïs et de fruits. — Cap. Kishenev. — La Bessarabie, autrefois portion de la Dacie, fut possédée par les Goths et par les Huns. Elle doit probablement son nom au *Bessi* qui obtint la suprématie au VIIe siècle. Elle fut conquise par les Turcs en 1474 et fut, pendant longtemps, le champ de bataille entre les Turcs et les Russes. Ces derniers l'envahirent définitivement en 1770 et se la firent céder en 1812. Une petite partie, restituée à la Turquie en 1856 et annexée à la Roumanie, fut rendue à la Russie en 1878, en échange de la Dobruldscha.

BESSARION (Jean ou Basile) moine célèbre, né à Trébizonde, vers 1390, mort en 1472 ; après avoir passé 21 ans dans un monastère de l'ordre de Saint-Basile, en Péloponèse, il devint patriarche titulaire de Constantinople et archevêque de Nicée ; il assista au concile de Ferrare et demeura ensuite en Italie, parce qu'il s'était rendu odieux aux Grecs schismatiques. Eugène IV le nomma cardinal. Il échoua dans ses tentatives pour obtenir de Louis XI des secours contre les Turcs. Il fit revivre l'étude de l'antiquité ; sa maison à Rome était devenue une sorte d'académie.

BESSE 1. ch.-l. de cant., arr. et à 30 kil. O.

d'Issoire(Puy-de-Dôme): 2,900 hab. Commerce de bestiaux. Chapelle de Chambon (XIIᵉ siècle); aux environs, source minérale de Villatour et lac Pavin, dans le cratère d'un volcan éteint. — II. Ch.-l. de cant., arr. et à 14 kil. S.-E. de Brignoles (Var); près d'un lac poissonneux; 1,700 hab. Bouchons, distilleries.— III. Village à 60 kil. S.-O. de Sarlat (Dordogne); près d'un cromlech et d'antiquités romaines.

BESSÈGES, ch.-l. de cant., arr. et à 31 kil. N. d'Alais (Gard), sur la Cèze, au centre d'un vaste bassin houiller ; 16,000 hab. Parmi les mines, qui ont, en moyenne, 200 mètres de profondeur, on remarque celle de *Lalle*, célèbre par la catastrophe d'octobre 1851, à la suite d'une crue du ruisseau et d'un éboulement. Cent onze ouvriers y perdirent la vie. Non loin de là, à la *Valette*, se trouvent les mines de houille de Trélys et de Meyrannes, qui occupent plus de 1,200 ouvriers et produisent deux millions de quintaux métriques par an. Avant 1836, Bessèges n'était qu'une ferme, au milieu de montagnes boisées de châtaigniers. Aujourd'hui c'est une ville, reliée, depuis 1854, à Alais par un chemin de fer. On y trouve quatre hauts-fourneaux et une forge anglaise.

BESSEL (Friedrich-Wilhelm), célèbre astronome allemand, né à Minden en 1784, mort en 1846; dirigea la construction de l'Observatoire de Kœnigsberg, auquel il resta ensuite attaché depuis 1810 jusqu'à sa mort. Il mesura la distance de la terre à l'étoile 61ᵉ du Cygne et publia un excellent catalogue d'étoiles et plusieurs autres ouvrages d'une grande valeur.

BESSEMER adj. [bè-se-mèrr'] (nom de Henri Bessemer, inventeur anglais contemporain, né vers 1810, qui a trouvé une nouvelle méthode de production de l'acier, en faisant passer de l'air froid dans une masse de fer fondu). Se dit de l'acier obtenu par le procédé de Bessemer : *acier bessemer*. — La fabrication de l'acier bessemer a permis de substituer des rails d'acier aux anciens rails de fer, sur les voies ferrées.

BESSIÈRES (Jean-Baptiste, DUC D'ISTRIE), maréchal de l'Empire, né à Preissac (Lot), le 6 août 1768, tué le 1ᵉʳ mai 1813. Il fut admis, en 1790, dans la garde constitutionnelle de Louis XVI, passa avec le grade d'adjudant sous-officier dans les chasseurs à cheval des Pyrénées, en novembre 1792, y devint capitaine, fit la campagne d'Italie et celle d'Égypte, revint en France avec Bonaparte, auquel il prêta main-forte le 18 brumaire, fit la deuxième campagne d'Italie et commanda à Marengo la célèbre charge de cavalerie d'élite qui eut une influence si décisive sur l'issue de cette bataille. Napoléon le porta sur la première liste des maréchaux (19 mai 1804). Bessières se distingua à Austerlitz, Iéna, Eylau et Friedland. En 1808, il battit Cuesta en Espagne; l'année suivante, il remplaça Bernadotte en Belgique et fut créé duc d'Istrie. Il mit en fuite les Autrichiens à Aspern et à Essling, commanda la garde à cheval en Russie et fut emporté par un boulet, pendant qu'il faisait la reconnaissance, la veille de la bataille de Lutzen.

BESSIN (Le), *Bagasinus, Baiocensis pagus*, petit pays de l'ancienne basse Normandie; divisé en *Bessin* proprement dit, *Bocage* et *campagne de Cœn*. Ch.-l., Bayeux ; villes princ., Saint-Lô, Isigny, Port-en-Bessin. Habité par les *Baiocasses* au temps de César, colonisé par les Saxons, puis par les Normands, il fait aujourd'hui partie des départements de la Manche et du Calvados. Le Bessin produit d'excellent cidre; mais il est célèbre surtout pour la qualité du beurre que l'on y obtient du lait fourni par des vaches de la race cotentine. Le seul arrondissement de Bayeux fournit annuellement pour 10 millions de beurre, connu

à Paris sous le nom de *beurre d'Isigny* et qui s'expédie jusqu'en Amérique.

BESSINES, ch.-l. de cant., arr. et à 31 kil. E. de Bellac (Haute-Vienne), sur la Gartempe; 2,500 hab. Bétail et céréales.

* **BESSON, ONNE** adj. Jumeau, jumelle.

BESSUS [bèss-suss], satrape de la Bactriane, sous le règne de Darius Codoman. Ayant trahi son maître, après la bataille d'Arbelles, il périt dans les plus affreux tourments.

BEST (Jean), graveur et imprimeur, né à Toul (Meurthe), en 1808, mort le 2 oct. 1879. Il fut un de ceux qui renouvelèrent la gravure sur bois. Ses principaux chefs-d'œuvre parurent dans le *Magasin pittoresque*, dans l'*Illustration* et dans une multitude de publications illustrées. Il a fondé une imprimerie importante.

* **BESTIAIRE** s. m. (lat. *bestia*, bête). Ant. rom. Celui qui était destiné à combattre dans le cirque contre les bêtes féroces. — Poème didactique sur les animaux. Le *Bestiaire* de Philippe de Than a été publié en 1407; celui de Guillaume, clerc de Normandie (XIIᵉ siècle), fut imprimé à Paris en 1852, in-8°.

* **BESTIAL, ALE** adj. Qui tient de la bête, qui appartient à la bête : *fureur bestiale*.

* **BESTIALEMENT** adv. En vraie bête : *vivre bestialement*.

* **BESTIALITÉ** s. f. Commerce contre nature avec une bête : *le crime de bestialité*.

* **BESTIASSE** s. f. Personne stupide, dépourvue d'esprit, de bon sens : *c'est une bestiasse*.

* **BESTIAUX** s. m. pl. Signifie la même chose que bétail.

* **BESTIOLE** s. f. Diminut. Petite bête. — Fig. et fam. Enfant, jeune personne qui a peu d'esprit.

BESTUZHEFF (Alexandre) [bèss-tou-jèf], poète et officier russe, né en 1795, tué pendant un combat dans le Caucase en 1837. Compromis dans une conspiration, en 1825, il fut exilé en Sibérie et plus tard à l'armée du Caucase. Il est auteur de l'*Etoile polaire*, le premier almanach qui ait paru en Russie. Il laissa plusieurs romans, parmi lesquels *Mullah Nur* et *Ammalat Beg*, dont les sujets sont empruntés aux mœurs circassiennes et qui se font remarquer par un rare talent de description.

BESTUZEFF - RIUMIN [bess - tou - jèf - riou-minn], famille russe d'origine anglaise. PETER MIKHAILOVITCH fut créé comte par Pierre le Grand. MIKHAIL, son fils, fut ambassadeur à Stockholm et à Paris et devint grand maréchal sous le règne d'Elisabeth. Sa femme entra dans une conspiration contre l'impératrice. ALEXEI, comte, frère de Mikhail (1693-1766) fut diplomate et fut nommé grand chancelier de l'empire sous Elisabeth. En 1743, il fit, avec la Suède, un traité pour régler la succession de ce pays dans l'intérêt de la Russie, et par son influence, la Russie soutint l'Autriche contre Frédéric le Grand.

* **BÊTA** s. m. Se dit de quelqu'un qui est très bête : *un gros bêta*.

* **BÉTAIL** s. m. [bé-taï; l mll.] Coll. Troupeau de bêtes à quatre pieds, qu'on mène paitre, comme bœufs, vaches, brebis, chèvres, cochons. — Au plur. des BESTIAUX.

BETANÇOS (Domingo de) [bè-tann-sôss], missionnaire espagnol, mort en 1549. Il alla vers le nouveau monde en 1514, acquit les langues indigènes et essaya d'arrêter les cruautés commises par ses compatriotes. A sa prière le pape Paul III publia une bulle pour rappeler aux chrétiens que les Indiens sont leurs frères (1537). Par humilité, Betanços refusa un évêché; il mourut peu après son retour en Espagne.

BETASH, ville de la Gaule belgique, entre

les Tungri et les Nervii, aux environs de la ville actuelle de Beetz (Brabant).

BÊTE s. f. (lat. *bestia*). Animal privé de raison : *bête à quatre pieds; bête brute, sauvage, farouche, féroce, à cornes, à laine, à poil*. — Fig. Sens, passions, appétits matériels : *souvent la bête l'emporte*. — Chasse. Le cerf, le sanglier, le daim, ou tout autre animal qu'on chasse à cor et à cri : *relancer la bête*. — Fig. et fam. Personne stupide qui n'a que peu ou point d'esprit, de bon sens : *c'est une bête*. — Jeu de cartes, auquel on joue à trois, à quatre, ou à cinq : *jouer à la bête*. — Jeux de cartes. Somme que l'on dépose quand on a perdu un coup, et qui reste au jeu pour être payée à celui qui gagnera le coup d'après ou un des coups suivants : *ma bête est sur le jeu*. — BÊTES FAUVES, les cerfs, les chevreuils, les daims. — BÊTES NOIRES, les sangliers, etc. — BÊTES PUANTES, les renards, les blaireaux, etc. — BÊTES DE COMPAGNIE, jeunes sangliers qui vont encore par troupes. — Prov. et fig. MORTE LA BÊTE, MORT LE VENIN, un ennemi, un méchant ne peut plus nuire quand il est mort ; quand celui qui nous a offensé ne vit plus, notre ressentiment doit s'éteindre. — Pop. BÊTE ÉPAULÉE, bête de trait ou de somme qui ne vaut plus rien, qui n'est plus en état de servir. — Fig. Personne absolument sans esprit, sans capacité : *c'est une bête épaulée que cet homme-là*. — Fille qui s'est déshonorée : *on l'a trompé, on lui a fait épouser une bête épaulée*. — Fig. et fam. BÊTE NOIRE, se dit de quelqu'un généralement haï : *c'est ma bête noire, ma bête d'aversion*, ou simplement, C'EST MA BÊTE, se dit de quelqu'un pour qui on éprouve une forte aversion. — UNE FINE BÊTE, UNE MALIGNE BÊTE, se dit d'une personne rusée et artificieuse. — UNE BONNE BÊTE, se dit d'une personne de peu d'esprit, mais d'un bon naturel. — C'EST LA BÊTE DU BON DIEU, se dit d'une personne qui pousse la bonté, la crédulité jusqu'à la niaiserie. — FAIRE LA BÊTE, affecter la bêtise : *vous faites la bête, mais vous me comprenez fort bien*. — Refuser quelque chose mal à propos, contre ses véritables intérêts : *on vous offre un bel établissement, ne le refusez pas, et n'allez pas faire la bête*. — Adjectiv. Sot, stupide : *cet homme est bien bête ; propos bête ; une réponse bien bête*. — Prov. et par ellipse. PAS SI BÊTE, je ne suis pas assez sot pour consentir à faire telle chose : *il voulait m'entraîner à faire un mauvais marché; mais pas si bête*. — Bêtes s. f. pl. Ant. rom. Animaux féroces que l'on faisait combattre dans le cirque, et auxquels on livrait quelquefois des condamnés à mort : *ces martyrs furent exposés, livrés aux bêtes*. — Fig. et par plaisanterie. ETRE CONDAMNÉ AUX BÊTES, se dit quelquefois d'un ouvrage, d'un auteur mal jugé, déchiré par des critiques ignorants et malveillants.

* **BÉTEL** s. m. [bè-tèl] (indien *betle*) Bot. Arbrisseau sarmenteux grimpant, que l'on cul-

Bétel.

tive dans les parties chaudes de l'Asie, à cause de ses feuilles qui entrent dans la composition du masticatoire nommé *Bétel*. Ce masticatoire, dont les Orientaux font un usage excessif, est formé d'un mélange de noix d'arec, de chaux et de feuilles de bétel. Les Orientaux lui attribuent la propriété de faciliter la digestion; mais on l'accuse de nuire aux facultés intellectuelles, d'altérer les dents, de les noircir, de les gâter et de les faire tomber.

* **BÉTEMENT** adv. En bête, sottement, stupidement.

BETHAM (sir William) [bî'-tamm], antiquaire anglais (1779-1853). D'abord imprimeur, il fut nommé, en 1812, généalogiste de l'ordre de Saint-Patrick et ensuite anobli. Ses œuvres comprennent : *Recherches sur les antiquités irlandaises; Origine et histoire de la Constitution anglaise; Les Gaulois et les Cimbres; Etrurie celtique; Recherches sur les antiquités et la littérature étrusque.*

BÉTHANIE village de Palestine, sur le versant oriental de la montagne des Oliviers, à 5 kil. de Jérusalem, mentionnée dans le Nouveau Testament comme le lieu où le Christ

Béthanie.

opéra la résurrection de Lazare. Près de là eut lieu l'Ascension. Béthanie est aujourd'hui un petit hameau composé d'une vingtaine de familles appelées El-Azarieh ou Lazarieh.

BETHANY, village de la Virginie occidentale (Etats-Unis) à 16 kil. N.-E. de Wheeling; siège d'un célèbre collège établi en 1841.

BETHEL, ville de l'ancienne Palestine, à 17 kil. N. de Jérusalem. Appelée d'abord Luz, et cité royale des Chananéens, elle reçut de Jacob le nom de Beth-El (maison de Dieu),

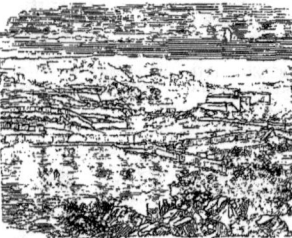

Bethel.

parce que c'est là que ce patriarche aperçut, dans une vision, l'échelle que les anges montaient et descendaient. Après la conquête du pays de Chanaan par les Israélites, Bethel échut à la tribu de Benjamin; plus tard, elle fut occupée par les Ephraïmites: Jéroboam y éleva un autel sur lequel il adora un veau d'or. Parmi les ruines de cette antique cité appelée aujourd'hui Beitin, on distingue celles d'une tour carrée et d'un temple.

BETHEL, ville du Maine (Etats-Unis) sur

l'Androscoggin, à 125 kil. N.-N. O. de Portland; 2,300 hab.

BÉTHENCOURT, village et ancienne seigneurie de Normandie à 6 kil. N.-E. d'Eu.

BÉTHENCOURT (Jean, seigneur de), navigateur normand, mort à Granville en 1425. Suivi d'une poignée de Normands et de Gascons enthousiastes, il porta le christianisme dans l'archipel des Canaries. Parti de la Rochelle en 1402, sous les auspices du roi de Castille, il occupa les îles Lanzarota, Fortaventure, Palma, etc., convertit le roi et un grand nombre de Guanches; vint chercher du secours en Espagne et plus tard en France, où il engagea des colons des deux sexes pour peupler sa conquête (1403). Il fut remplacé comme gouverneur des Canaries en 1406, par son neveu, fondateur de la famille espagnole encore distinguée de Bétancurt. Les détails des expéditions de Béthencourt se trouvent dans l'*Histoire de la première découverte et conquête des Canaries*, par P. Bontier et J. Leverrier, Paris, Bergeron, 1630.

BETHESDA (hébreu : lieu d'effusion ; lieu de grâce). Mare ou fontaine près d'une porte de l'ancienne Jérusalem. On y trouvait des reposoirs pour les malades.

BÉTHISY - SAINT - PIERRE, commune du cant. de Crépy (Oise) ; 1.600 hab.— Papeteries; cordages.

BÉTHISY (Eugène de), marquis de Mézières (1656-1721), couvrit la retraite de l'armée française après Ramillies. — II. (Eustache, comte de), officier royaliste (1737-1823), combattit la république dans l'armée de Condé et dans l'armée autrichienne jusqu'en 1814. La Restauration le récompensa en le nommant gouverneur des Tuileries.

BETH-HORON (Haut et Bas), deux villages de l'ancienne Palestine, territoire d'Ephraïm, à 15 kil. N.-O. de Jérusalem. On trouve encore les vestiges des fortifications que Salomon construisit à Beth-Horon.

BETHLÉHEM ou **Bethléem** [bè-tlè-èmm] (hébr.: maison du pain ; arabe : *Beit-Lahm*, maison de la viande), ancienne ville de Palestine, dans la tribu de Juda, à 10 kil. S. de Jérusalem. On l'appelait Bethléem Ephrata

Église de la Nativité à Bethléhem.

partagé en 2 chapelles, l'une arménienne et l'autre grecque, lesquelles communiquent par des escaliers avec la grotte de la Nativité où l'on exhibe de saintes reliques. — Le village actuel de Bethléhem contient environ 3,000 hab., presque tous chrétiens.

BETHLEHEM, bourg de Pennsylvanie, à 95 kil. N. de Philadelphie ; 4,600 hab.; fondé en 1741 par une colonie de frères Moraves qui y possèdent un séminaire théologique et 7 institutions de bienfaisance. Bethlehem du Sud (3,750 hab.), sur la rive opposée du Lehig, est le siège d'une université épiscopalienne. Les deux bourgs possèdent d'importantes fonderies de fer et de zinc.

BETHLÉHÉMITE ou **Bethléémite** s. et adj. Habitant de Bethléhem ; qui appartient à cette ville ou à ses habitants.— Bethléémites s. pl. — I Ancien ordre religieux dont le seul mo-

glise de la Nativité, érigée, dit-on, par Hélène, mère de Constantin. Cette église, divisée en une nef et 4 bas-côtés que supportent des colonnes corinthiennes, comprend un chœur

(la Fertile) pour la distinguer d'une autre Bethléem, située dans la tribu de Zabulon; et elle est à jamais célèbre comme ayant vu naître Jésus-Christ. A l'endroit même où l'on suppose que s'élevait jadis l'étable où eut lieu cet enfantement, on a construit un vaste couvent, qui est divisé entre les grecs, les catholiques et les arméniens et contient l'E-

nastère connu avait été fondé en 1257, à Cambridge, Angleterre. — II. Ordre de religieux hospitaliers fondé en 1655 à Guatemala, par Fray Pedro de Betancourt, moine franciscain. Les Bethléhémites se vouaient à l'instruction des pauvres et au soin des malades. Ils adoptèrent bientôt une constitution séparée qui fut approuvée en 1687. Un ordre de nonnes béthléhémites fut fondé en 1668 pour le même objet.

BETHLEM (Gabor) [bè-lènn], prince de Transylvanie, né en 1580, mort le 15 nov. 1629. Il fut élu prince en 1613, soutint en 1619 les Bohémiens dans leur guerre contre l'Autriche, prit la ville de Presbourg, menaça Vienne et se fit élire roi de Hongrie, le 25 août 1620. Mais deux années plus tard, lors de la paix de Nikolsbourg, il échangea le titre de roi pour 7 comtés hongrois et 2 principautés silésiennes. Ce traité ayant été violé par Ferdinand II, il recommença les hostilités en 1623, pénétra en Moravie, avec une armée de 60,000 hommes, conclut de nouveau la paix en 1624, se voua aux intérêts transylvaniens et mourut sans laisser d'enfants. Bethlen fut un ardent propagateur du protestantisme.

BETHMONT (Eugène), avocat et homme politique, né à Paris en 1804, mort en 1860 ; plaida plusieurs causes politiques au commencement du règne de Louis Philippe, fut envoyé à la chambre des députés, en 1842, par les électeurs de Paris, siégea à l'extrême gauche, fut un instant ministre de l'agriculture et du commerce en 1848, fut nommé vice-président de l'Assemblée constituante, donna sa démission, pour cause de santé, entra au conseil d'État, protesta contre le Deux décembre et rentra dans ses fonctions d'avocat.

BETH-PHAGÉ, bourg de la Palestine, tribu de Benjamin, sur le versant oriental d'une chaîne de collines entre Jérusalem et Béthanie. C'est à Beth-Phagé que J.-C. monta sur un âne, afin de faire son entrée triomphale à Jérusalem.

BETHSABÉE, épouse d'Urie ; se maria avec David, lorsque ce roi eut fait périr son premier mari. De cette union naquit Salomon.

BETHSAÏDE, nom de deux villes de la Palestine.—I. L'une sur la rive N.-O. du lac de Tibériade.—II, l'autre appelée Bethsaïde-Julias, en face de l'embouchure du Jourdain dans le lac de Tibériade, sur la côte orientale de ce lac.

BÉTHULIE ou Betul, *Bethulia*, place importante du royaume de Juda, en Palestine. C'est dans cette ville que Judith tua Holopherne.

BÉTHUNE, ch.-l. d'arr., à 26 kil. N.-N.-O. d'Arras (Pas-de-Calais); ville forte qui domine la rivière de Brette, le canal de Law et le canal d'Aire à la Bassée; par 50° 31' 58'' lat. N., et 0° 18' 6'' long. E. ; 8,500 hab. Joli beffroi du XVe siècle, sur la place publique ; hôtel de ville sur la même place ; fontaines jaillissantes alimentées par des puits artésiens. Les comtes de Béthune gouvernèrent la contrée depuis le XIe siècle jusque vers le milieu du XVIIe. Leur race s'est éteinte en 1807. Louis XI s'empara de la ville qui fut cédée à l'Espagne par le traité de Senlis, sous le règne de Charles VIII. Les Français l'occupèrent en 1645, la perdirent en 1710 et la reprirent définitivement en 1714; par le traité d'Utrecht, Vauban y construisit une citadelle et des fortifications que l'on a considérées comme son chef-d'œuvre. On dit que c'est à Béthune que furent creusés les premiers puits artésiens. — Huiles, lin, sel, sucre, laineries, grains.

BÉTHUNE (FAMILLE DE), famille d'Artois qui remonte au XIe siècle et qui se divisa en branche aînée ou d'*Orval*; cette branche eut pour chef l'illustre Sully et s'éteignit en 1802 ; et en branche cadette ou de *Selles et Charost*, qui eut pour chef Philippe de Béthune, et qui s'éteignit en 1807. Les principaux membres de cette famille furent : QUESNE DE BÉTHUNE, poète et chevalier, né en 1150, accompagna Baudouin de Flandre à Constantinople. Ses œuvres ont été publiées par Paulin Páris dans le *Romancero*. — PHILIPPE DE BÉTHUNE, frère puîné de Sully, comte de Selles et de Charost,

(1561-1649), fut chargé de plusieurs ambassades et a laissé des *Maximes politiques* publiées en 1667. — HIPPOLYTE DE BÉTHUNE, son fils (1603-'65), légua au roi 2,500 manuscrits qui forment, à la Bibliothèque nationale, ce qu'on appelle le fonds de Béthune. — ARMAND-JOSEPH DE BÉTHUNE, voy. *Charost*.

BÉTHUNE (George-Washington), ecclésiastique américain, né à New-York en 1805, mort à Florence en 1862, auteur de plusieurs ouvrages, parmi lesquels un volume sur « les femmes poètes d'Angleterre » ·

BÉTHUNE ou De Sully (HÔTEL DE), résidence historique, bâtie par Ducerceau, rue Saint-Antoine, en face de la rue Saint-Paul.

BÉTHYLE s. m. (gr. *bethylus*, nom d'un oiseau). Ornith. Genre de passereaux dentirostres, à bec gros, court, bombé de toute part et légèrement comprimé vers le bout. On en connaît une espèce, dont les formes et les couleurs représentent en petit notre pie commune. — Entom. Genre d'hyménoptères de la tribu des oxyures.

BÉTIQUE, division de l'Espagne ancienne, traversée par le fleuve *Bætis* (Guadalquivir) et appelée aujourd'hui *Andalousie*.

*** BÊTISE** s. f. Défaut d'intelligence, de jugement, de bon sens, ou des notions les plus communes. — Action, propos bête : *il a dit une grosse bêtise.* — ↄↄ Jargon. DIRE DES BÊTISES, tenir des propos grivois : *mieux vaut dire des bêtises que d'en faire.*

BETLIS ou Bitlis, ville de la Turquie d'Asie dans le Kurdistan, à 16 kil. S.-O. du lac Van ; 10,000 hab. Manufactures d'étoffes de coton, célèbres pour le rouge éclatant de leur teinture.

*** BÉTOINE** s. f. (celt. *ben*, tête ; *ton*, bon, bonne, à cause des propriétés céphaliques et sternutatoires de la principale espèce). Bot. Genre de labiées, tribu des stachydées, comprenant des herbes vivaces ⁀ommunes en France. La *bétoine officinale* (*betonica officinalis*), haute de 40 cent., porte, en juillet et août, des épis de fleurs rouges ou blanches. Elle répand une odeur pénétrante qui monte à la tête. Sa racine pulvérisée est émétique et purgative ; toute la plante est astringente; réduite en poudre, elle est employée comme sternutatoire. On cultive dans les jardins fleuristes la *bétoine queue de renard* (*betonica alopecuros*), des Pyrénées, à belles fleurs jaunes en épis, la *bétoine du Levant* (*betonica Orientalis*), du Caucase, à fleurs rouge pourpre, la *bétoine à grandes fleurs* (*betonica grandiflora*), de Sibérie à fleurs rouge violacé.

*** BÉTON** s. m. (angl. *bletong*, pouddingue factice). Maçon. Mortier fait de chaux, de sable et de gravier, et dont on se sert principalement pour les constructions hydrauliques, parce qu'il a la propriété de se durcir dans l'eau.

BÉTONNAGE s. m. Travail de maçonnerie fait avec du béton.

*** BÉTONNER** v. a. Construire avec du béton.

BÉTOUA ou Betwah, rivière de l'Indoustan. Elle naît dans les monts Vindhya, près de Bhopaul, et se joint à la Jumna, à 50 kil. E.-S.-E. de Calpée, après un cours de 550 kil. Elle n'est pas navigable.

BETTANDER v. n. Argot. Mendier.

*** BETTE** s. f. (lat. *beta*, rouge). Bot. Genre de chénopodées, tribu des cyclolobées, comprenant des herbes à racines charnues, ordinairement rouges, à feuilles alternes entières. L'espèce la plus importante est la *betterave*. On donne particulièrement le nom de *bette* à la *poirée*.

*** BETTERAVE** s. f. (de *bette* et *rave*). Espèce de bette, dont les racines, appelées également *betteraves*, sont grosses, charnues, d'une aa-

veur sucrée, et se mangent ordinairement en salade, après avoir été cuites au four ou bouillies. Cette plante, qui a pris une grande importance agricole et industrielle depuis que l'on extrait le sucre et de l'alcool de sa racine est, dit-on, originaire d'Espagne; mais on ne la rencontre plus nulle part à l'état sauvage. La culture lui a fait produire plusieurs variétés qui se distinguent surtout par la couleur de leurs racines. Les principales sont la *betterave rouge ordinaire* ou *de Castelnaudary*, comestible, à chair fine et serrée ; la *betterave rouge ronde précoce* ou *de Bassano* ou *rose*, à chair blanche veinée de rose; la *betterave jaune ordinaire*, la *betterave jaune à chair blanche*, la *betterave jaune d'Allemagne*, les unes et les autres moins populaires et moins répandues que les rouges; la *betterave blanche*, *de Prusse* ou *de Silésie* (*betta saccharina*), la plus riche en matière sucrée; enfin la *betterave champêtre*, *racine de disette* ou d'*abondance*, employée surtout pour nourrir le bétail ; c'est une plante fourragère précieuse dont les feuilles servent en été et dont les racines sont recherchées en hiver par les moutons, les bœufs, les vaches, les porcs, etc. — Les betteraves exigent un *sol* meuble et riche en humus; elles peuvent revenir pendant plusieurs années sur le même sol quand il est bien fumé. On les cultive en lignes distantes de 50 à 70 cent., et on bine plusieurs fois.

BETTERTON (Thomas), célèbre acteur anglais (1635-1710); il excella surtout à représenter les personnages de Shakespeare.

BETTINELLI (Saverio), littérateur italien, né à Mantoue en 1718, mort en 1808. Il était jésuite et enseigna la rhétorique à Venise et à Parme. Ses œuvres, dont une édition complète a été donnée en 1801, Venise, 24 vol. in-12, comprennent *Dell' entusiasmo nelle belle arti* (1769); *Risorgimento negli studj*, etc. (1775); *Versi sciolti* ; la tragédie de *Rome sauvée*, traduite par Voltaire, et des *Lettres de Virgile aux Arcades*, traduites par de Pomereul (1778).

BETTING-BOOK s. m. [bett'-igne-bouk] (angl. *betting*, pari ; *book*, livre). Sport. Livre sur lequel on inscrit les paris de courses. — Plur. des BETTING-BOOKS.

BETTING-ROOM s. m. [bett'-igne-roumm] (angl. *betting*, pari ; *room*, lieu, salle). Sport. Bourse des paris sur les courses; lieu où l'on parie.— On dit aussi BETTING-HOUSE [-haousse]. — Plur. des BETTING-ROOMS [-roumss]; des BETTING-HOUSES [-haou'-s's].

BETTINGMAN s. m. [bett'-igne-mann] (angl. *betting*, pari ; *man*, homme). Sport. Parieur aux courses. — Plur. des BETTINGMEN [-mènn].

BETTY (William-Henry-West), célèbre acteur anglais, surnommé le « Jeune Roscius » (1791-1874).

BÉTULACÉ, ÉE adj. Bot. Qui ressemble au bouleau. — s. f. pl. Famille de plantes dicotylédones apétales qui ne comprend que les deux genres *bouleau* et *aune*.

BÉTULINE s. f. (de *betula*, bouleau). Huile volatile concrète que l'on extrait de l'épiderme du bouleau blanc.

BETWAH. Voy. BÉTOUA.

*** BÉTYLE** s. m. Espèce de pierre employée à faire les plus anciennes idoles, auxquelles on attribuait des vertus merveilleuses.

BETZ [bè], ch.-l. de cant., arr. et à 35 kil. S.-E. de Senlis (Oise), sur la Grivette ; 600 hab. Ruines d'un vieux château.

BEUCHOT (Adrien-Jean Quentin), bibliographe et philologue, né à Paris en 1773, mort en 1851. A publié le *Nouvel Almanach des Muses* (1800), collaboré à la *Biographie* de Michaud, dirigé le *Journal de la librairie* (1811-'49), réédité le *Dictionnaire* de Bayle (1820-'21, 16 vol. in-8°) et donné la meilleure édition des *Œuvres* *de Voltaire* (1827-'33, 72 vol. in-8°). Il a laissé plusieurs écrits.

BEUDANT (François-Sulpice), minéralogiste et physicien, né à Paris en 1787, mort en 1852. A laissé des traités élémentaires de physique (1824), de minéralogie (1824, 2 vol. in-8°), de géologie (1842). — Loi DE BEUDANT, principes suivant lesquels certaines substances minérales se combinent entre elles pour former des cristaux.

BEUGLANT s. m. Jargon. Café concert.

* **BEUGLEMENT** s. m. Meuglement, mugissement; cri du taureau, du bœuf et de la vache.

* **BEUGLER** v. n. Meugler, mugir, en parlant du taureau, du bœuf et de la vache. — Fam. et par exag. Jeter de hauts cris : *il se mit à beugler.*

BEUGNE s. f. Synon. de BEIGNE.

BEUGNOT (Jacques-Claude, COMTE), homme d'État, né à Bar-sur-Aube en 1765, mort en 1835, Fut député à l'Assemblée législative, devint conseiller intime de Napoléon qui l'anoblit; préfet de police, ministre de la marine sous la Restauration; pair sous Louis-Philippe. — II. **(Arthur-Auguste, COMTE)**, son fils, né à Bar-sur-Aube, en 1797, mort en 1865. Pair de France en 1841, membre de l'Assemblée législative en 1849, prononça des discours en faveur des jésuites; a écrit dans plusieurs publications religieuses.

BEUKELS ou BEUKELSZOON (Willem), pêcheur hollandais de Biervliet, né à 1397, mort en 1449, inventeur de la manière de conserver les harengs, découverte qui fit la fortune de ses compatriotes. Charles-Quint lui fit élever une statue.

BEULÉ (Charles-Ernest), archéologue français, né à Saumur en 1826, mort par suicide le 4 avril 1874. Professeur à l'école française d'Athènes, en 1849, il fit des fouilles et des découvertes dont il donne les détails dans *l'Acropole d'Athènes* (2 vol. 1855), ouvrage qui lui ouvrit les portes de l'Académie des beaux-arts. Il publia successivement : *Études sur le Péloponèse*(1855); *Fouilles de Carthage* (1860, in-8°); *Histoire de la sculpture avant Phidias* (1864, in-8°); *Causeries sur l'art* (1867, in-8°); *Auguste, sa famille et ses amis* (1867, in-8°); *Histoire de l'art grec avant Périclès* (1868, in-8°); *Fouilles et découvertes* (1873, 2 vol. in-8°), etc. Il devint secrétaire perpétuel de l'Académie des beaux-arts en 1862. Elu « en un jour de malheur » (suivant sa propre expression), par ses compatriotes de Maine-et-Loire, il se montra à l'Assemblée nationale, l'adversaire du régime republicain. La part active qu'il prit au renversement de M. Thiers lui valut le portefeuille de l'intérieur (25 mai 1873); il se démit le 26 novembre.

BEURLOQUIN s. m. Jargon. Patron d'une maison de chaussures de dernier ordre.

BEURLOT s. m. Maître cordonnier d'une petite maison.

BEURNONVILLE (Pierre-Riel, MARQUIS DE), maréchal de France, né à Champignolles (Aube), en 1752, mort en 1821. Volontaire en 1774, il fit les guerres dans l'Inde. La Révolution le trouva lieutenant et le fit général. Il commanda l'armée de la Moselle en 1792 et devint ministre de la guerre en 1793. Envoyé par la Convention pour arrêter Dumouriez, il fut lui-même livré aux Autrichiens et resta en prison jusqu'en 1795. Ayant été échangé contre la dauphine, il obtint le commandement de l'armée du nord, puis l'ambassade de Berlin (1800) et celle de Madrid (1802). L'empereur le fit sénateur (1805) et comte (1809). En 1814, il demanda le retour des Bourbons, devint ministre d'État et pair de France, fut exilé pendant les Cent jours et reçut le titre de Maréchal en 1816 et celui de marquis en 1817.

BEURRE s. m. (lat. *butyrum*). Substance alimentaire, grasse, onctueuse, et plus ou moins jaune, que l'on extrait de la crème en la battant. — Substance grasse et concrète que l'on retire de différents végétaux : *beurre de coco, de muscade, de cacao, etc.* — Chim. Se disait improprement de certaines préparations, qui sont des chlorures métalliques : *beurre d'antimoine, d'arsenic, de bismuth, de zinc.* Voy. CHLORURE. — POT DE BEURRE, TINETTE DE BEURRE, pot, tinette où il y a du beurre. POT A BEURRE, pot à mettre du beurre. — BEURRE FORT, beurre qui a une odeur et un goût forts. — LAITDE BEURRE, petit lait qui demeure dans la baratte, après qu'on a fait le beurre. — BEURRE NOIR, beurre fondu qu'on a laissé noircir dans la poêle. — Fig. et pop. YEUX POCHÉS AU BEURRE NOIR, yeux gonflés, meurtris et noirs. — PROMETTRE PLUS DE BEURRE QUE DE PAIN, promettre plus qu'on ne peut tenir. — Cuis. BEURRE D'ANCHOIS, D'AIL DE HOMARD, D'ÉCREVISSES, D'AMANDES, etc., beurre frais mélangé avec l'une de ces substances que l'on a eu soin de piler. On emploie ces sortes de beurre pour assaisonner certains mets. — ⌇ Argot. Argent :

Nous v'là dans le cabaret
A boire du vin clairet,
A c'theure
Que j'ons du beurre.
Chansons, Avignon. 1813

— FAIRE SON BEURRE, tirer profit, prélever un bénéfice plus ou moins illicite. — AU PRIX OU EST LE BEURRE, par le temps de cherté qui court. — METTRE DU BEURRE DANS LES ÉPINARDS, augmenter son bien-être. — C'EST UN BEURRE, UN VRAI BEURRE, c'est parfait, complet en son genre : *il nous a injuriés, c'était un vrai beurre.* GROS COMME DEUX LIARDS DE BEURRE, se dit d'un avorton. — AVOIR DU BEURRE SUR LA TÊTE, avoir la conscience chargée de crimes. — ENCYCL. Le beurre est la partie grasse et non azotée du lait; il existe sous la forme de globules microscopiques, variant de grosseur et surtout de quantité suivant les espèces d'animaux; celui que produit le lait de vache est considéré comme le meilleur. Les globules sont distribués presque uniformément dans la masse du lait frais et sont la cause de son opacité blanchâtre. Ils mesurent de ⌇ à ⌇ de millimètre en diamètre, la variation étant beaucoup plus considérable dans le lait sain que dans le lait en décomposition. Plus légers que les autres constituants du lait, les globules surnagent à la surface dès que le lait se trouve en repos et la séparation est retardée ou accélérée par la température ou par d'autres circonstances. D'après Heintz, le beurre se compose d'oléine, d'une grande quantité de palmitine et de petites portions de stéarine et de glycérides, le tout produisant par saponification l'acide oléique et l'acide butyque, C⁴ H¹⁰ O³. Il se dissout dans 28 parties d'alcool bouillant d'une gravité spécifique de 0,82. Il rancit facilement par suite de la séparation des acides gras d'avec la glycérine, mais on prévient cet inconvénient en le salant ou en le faisant fondre pour le débarrasser des substances étrangères qui déterminent la décomposition. Au-dessus de + 35° C., il devient liquide; et à + 41°, il peut être complètement saponifié et peut produire, d'après Heintz, les acides stéarique, oléique, palmitique et de petites quantités d'acides myristique et butyque. Le beurre ordinaire, après sa fabrication, est composé de la manière suivante : matière grasse pure, 83; eau, 42,50; sel commun, 3,50; sucre de lait, 0,60; caséine et albumine, 0,40. Le meilleur beurre est celui que l'on obtient pendant les douze premières heures du repos du lait; mais comme sa préparation est dispendieuse, on laisse reposer le lait pendant plus longtemps. On verse le lait dans des terrines et on l'abandonne pendant 24 heures, à la température de 12° à 15° C.; on écume à l'aide d'une écumoire, on bat la crème, au moyen d'une baratte, opération qui a pour but de favoriser l'agglomération des globules butyreux que

l'on sépare de la *caséine* et du *sérum* contenus dans la crème. Quelques personnes pensent qu'il faut laisser reposer la crème avant de la battre; d'autres la battent dès qu'elle est écrémée. Au commencement du barattage, la crème doit être à environ + 13° C.; pendant l'opération, la température monte à + 17° ou 18°. Le temps employé à baratter 50 litres de crème est d'environ 40 à 60 minutes. Lorsqu'on a enlevé le beurre de la baratte, on le lave soigneusement dans de l'eau fraîche, à l'aide d'une cuiller ou d'un rouleau en bois, car il ne faut jamais le toucher avec les mains. Pour conserver le beurre, on le sale avec ⌇ en poids du sel le plus fin et le plus pur, que l'on incorpore à l'aide d'un rouleau, en évitant de toucher le beurre avec les doigts; on obtient ainsi le beurre demi-sel; huit ou dix heures après cette opération, on le recommence et l'on a le beurre salé que l'on met dans des pots à beurre ou dans des barils que l'on recouvre de saumure. Les procédés de fabrication et de conservation varient d'ailleurs suivant les pays. Les meilleurs beurres, ceux de Gournay et d'Isigny, appelés *beurres en mottes,* parce qu'on les expédie à Paris en mottes de 50 à 100 kilogr., ne se salent pas et sont consommés frais. En Bretagne, le beurre demi-sel est obtenu à raison de 30 gram. de sel par kilogr. de beurre; dans les Flandres, le beurre est complètement salé d'un seul coup. — Les premiers Grecs n'eurent connaissance du beurre que vers le siècle av. J.-C. Il était déjà fabriqué par les Scythes, les Thraces et les Phrygiens; les Romains n'en eurent pas connaissance avant la guerre de César dans le nord de la Gaule. Pline nous apprend que les Germains employaient le beurre comme aliment mais qu'ils ne faisaient pas de fromage. Pendant longtemps encore, les Romains ne firent usage du beurre que comme onguent; leurs écrivains ne le mentionnent pas comme article de nourriture, parce que l'huile d'olive, que produisent les pays méridionaux de l'Europe, satisfait mieux le goût des peuples du Midi. En Italie et en Provence, on fait toujours la cuisine à l'huile; dans le sud-ouest et au centre de la France, on emploie la graisse de porc.

* **BEURRÉ** s. m. (rad. *beurre*). Sorte de poire fondante.

* **BEURRÉE** s. f. Tranche de pain sur laquelle on a étendu du beurre.

* **BEURRER** v. a. Etendre du beurre sur du pain.

BEURRERIE s. f. Lieu où l'on fait, où l'on conserve le beurre.

BEURRIER, ÈRE s. Celui, celle qui vend du beurre. — ⌣ Econ. domest. Beurrier s. m. Vase dans lequel on met du beurre. — Argot. Beurrier s. m. Banquier.

BEURRIÈRE s. f. Nom vulgaire de la baratte.

BEURROLÉINE s. f. Contrefaçon de la margarine et du beurre.

BEUTHEN, nom de deux villes de la Silésie prussienne. — I. Beuthen de la Haute Silésie ou Oberbeuthen, sur le Klodnitz, à 84 kil. S.-E. d'Oppeln ; 18,500 hab. (y compris Rossberg); aux environs, mines de fer et de plomb. — II. Beuthen sur l'Oder ou Niederbeuthen, district de Liegnitz, à 110 kil. N.-O. de Breslau; 3,900 hab. Cap. de l'ancienne principauté de Carolath-Beuthen.

BEUVRINE s. f. Grosse toile d'étoupes.

BEUVRON I. Rivière qui prend sa source près de Châtillon-sur-Loire (Loiret) et s'unit à la Loire à Candé (Loir-et-Cher), après un cours de 50 kil. — II. Affluent gauche de l'Yonne, à Clamecy (Nièvre); 40 kil.

BEUZEVAL, station balnéaire maritime du Calvados, cant. de Dozulé, entre Dives et Villers, non loin de Trouville, à l'extrémité du vallon touffu de Beuzeval ; 650 hab. Vaste plage douce, unie et sans galets.

BEUZEVILLE, ch.-l. de cant., arr. et à 12 kil. O. de Pont-Audemer (Eure) ; 2,500 hab. Toiles, grains, bœufs, chevaux.

BEVELAND, nom de deux îles de Zélande (Hollande), à l'embouchure de l'Escaut.— I. Nord-Beveland, 66 kil. carr.; 5,500 hab. En 1332, elle fut entièrement submergée; depuis, on l'a protégée au moyen de digues.— II. Sud-Beveland, 337 kil. carr. ; 24,000 hab. Les Hollandais la nomment Land van Ter Goes. Fertile et bien cultivée, elle renferme plusieurs villages, un port nouvellement construit et des fortifications. Cap. Goes.

EEVEREN [bè-ve-rènn] Ville de la Flandre orientale (Belgique), à 10 kil. O. d'Anvers, 7,200 hab. Dentelles, toiles de lin et de coton.

BEVERIDGE (William), théologien et orientaliste anglais (1638-1708). Il devint chapelain de Guillaume et de Marie en 1688 et évêque de Saint-Asaph en 1704. Ses œuvres (éd. complète en 12 vol., Oxford, 1844-'8), comprennent un « Traité sur la chronologie » « Les canons de l'église grecque au VIII° siècle » et des « Pensées sur la vie chrétienne ».

BEVERLEY, bourg du Yorkshire (Angleterre), à 13 kil. N.-N.-O. de Hull; 11,000 hab. Ancienne église collégiale contenant la fameuse châsse de Percy. Fonderies de fer très importantes.

BEVERLEY (John of), prélat anglais, mort en 721 ; d'abbé de Saint-Hilda, il fut nommé évêque d'Hexam, en 685 et archevêque d'York en 687. Il est connu surtout comme tuteur de Bède. On n'a rien conservé de ses ouvrages.

BEVERLY, ville de l'Etat de Massachusetts (Etats-Unis), sur un bras de mer, en face de Salem, à 31 kil. N.-N.-E. de Boston ; 9,000 hab. Pêche de la morue, fabriques de chaussures.

BÉVÉZIERS, nom francisé du cap *Beachy Head* (Angleterre). Le 10 juillet 1690, Tourville, à la tête d'une flotte de 72 vaisseaux et 18 navires inférieurs, portant 1,300 canons et 7,500 hommes, battit près de ce cap, une flotte anglo-batave composée de 56 vaisseaux et 53 bâtiments inférieurs, sous les ordres de Herbert, comte de Torrington. Les Hollandais perdirent deux amiraux, 500 hommes et plusieurs navires; les Anglais perdirent deux vaisseaux et 400 hommes. Des deux côtés, les commandants en chef furent blâmés: Torrington pour avoir laissé écraser ses alliés sans les secourir ; Tourville pour n'avoir pas su tirer parti de sa victoire.

• **BÉVUE** s. f. (lat. *bis visus*, vu deux fois). Méprise, erreur où l'on tombe par ignorance, par inadvertance. — La plus célèbre est celle que commit le singe de la fable lorsqu'il prit le Pirée pour un nom d'homme.

BEWICK (Thomas), graveur et dessinateur anglais (1753-1828). Il s'est rendu célèbre principalement comme graveur sur bois. Il a illustré « l'Histoire des quadrupèdes »; « l'Ermite » de Parnell ; « Le village abandonné » de Goldsmith, dans l'édition Bulmer ; « Les oiseaux anglais», etc.

BEXLEY (Lord) voy. VANSITTART *(Nicholas)*.

BEXON (Gabriel-Léopold-Charles-Aimé, l'AB-bé), naturaliste, collaborateur de Buffon, né à Remiremont en 1748, mort en 1784. A laissé le premier volume d'une *Histoire de Lorraine* (Nancy, 1777). Son frère, SCIPION-JÉRÔME (1753-1822) a écrit des ouvrages sur la législation.

• **BEY** ou ~ **Beg** s. m. [bé] (turc. *seigneur*). Titre d'honneur qui s'ajoute au nom propre chez les Turcs. Les colonels reçoivent le titre de *bey* ; les souverains de Tunis et de Tripoli portent le même titre, parce qu'ils sont considérés comme simples officiers turcs.

BEYLE (Marie-Henri) [bèle] , plus connu sous le pseudonyme de STENDHAL, écrivain français, né à Grenoble en 1783, mort à Paris en 1842. Au sortir de l'Ecole centrale de Grenoble, en 1799, il entra dans l'état-major civil du comte Daru, visita l'Italie, devint tour à tour officier de dragons, commis épicier à Marseille (1802), intendant des domaines de l'Empereur à Brunswick (1806), adjoint au commissaire des guerres (1807), auditeur au conseil d'Etat (1810) et inspecteur du mobilier de la couronne (1812). Il donna sa démission pour suivre l'armée en Russie. Pendant la Restauration, il séjourna longtemps en Italie où on le soupçonna d'être affilié aux *Carbonari*; du moins, cette accusation motiva son expulsion de Milan, en 1821. Après 1830, il fut nommé au consulat de Trieste, mais l'Autriche ayant refusé de l'accepter, on lui donna le consulat de Civita-Vecchia, qu'il occupait encore lorsqu'il mourut subitement, en sortant de chez M Guizot, ministre des affaires étrangères. Ses œuvres, pleines de finesse et d'originalité, renferment souvent des idées paradoxales; elles sont toujours intéressantes et portent l'empreinte de la lutte du romantisme contre l'école classique. Sous le nom d'Alexandre-César Bombet, il publia en 1814 ses *Lettres de Vienne sur Haydn* (deuxième éd. 1817, sous le nom de Stendhal). Son *Histoire de la peinture en Italie*, dédiée à Napoléon, date de 1817; la même année, il fit paraître *Rome, Naples et Florence*; il donna plus tard ses plus célèbres ouvrages : l'*Amour* (1822) ; *Vie de Rossini* (1823); *Racine et Shakespeare* (1825); *Armance* (roman 1827); *Promenades dans Rome* (1828); Le *Rouge et le Noir* (roman, 1831); *Mémoires d'un touriste* (1838) ; la *Chartreuse de Parme* (roman, 1839). Une édition complète de ses œuvres a été publiée en 1855-'6 (18 vol.) et Prosper Mérimée a donné sa *Correspondance inédite* (1857).

BEYLIK s. m. [bé-lik]. Province gouvernée par un *bey*. Avant la conquête par les Français, l'Algérie comprenait les trois beyliks de Constantine, d'Oran et de Tittery.

BEYNAT, ch.-l. de cant., arr. et à 21 kil. S.-E. de Brive (Corrèze) ; 2,025 hab.

BEYROUT ou **Bairout**, ville de Syrie, à 85 kil. N.-O. de Damas ; 70,000 hab., musulmans, chrétiens, Druses et Juifs. Elle alterne ave

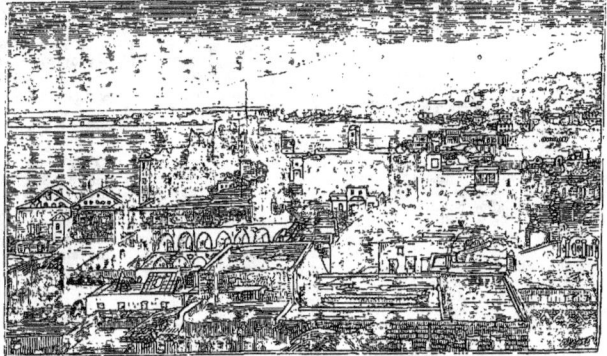

Beyrout.

Damas tous les six mois comme ch.-l. du vilayet turc de Syrie. Le promontoire sur lequel elle est bâtie, projeté son extrémité à 5 kil. en mer et forme le dernier contrefort du Liban. La ville, ses villas suburbaines et ses jardins s'étendent sur le sommet. Son port

étant ensablé, les navires sont forcés de jeter l'ancre dans la baie de Saint-Georges ; malgré cela, le commerce est des plus importants. Beyrout possède des archevêchés syrien uni, grec uni et grec; elle est le centre d'une mission américaine protestante. Sa situation et son climat sont célèbres. Fondée par les Phéniciens, l'antique *Berytus*, la *Berothah* des Ecritures, fut colonisée par les Romains sous Auguste et prit le nom de *Colonia Jutia Felix*. L'empereur Claude l'embellit; elle devint très florissante, métropole et siège d'un école de droit renommée. Détruite en 566 par un tremblement de terre, elle n'était pas complètement relevée lorsque les Sarrasins la saccagèrent. Les Croisés l'occupèrent pendant deux siècles, sauf un court intervalle au temps de Saladin. Le prince druse Fakreddin la rebâtit pour en faire sa capitale, au XVII° siècle. Les Russes la bombardèrent et la pillèrent en 1772. Elle fut prise par Ibrahim Pacha en 1832; mais les Egyptiens en furent chassés par les flottes combinées de l'Angleterre, de l'Autriche et de la Turquie, le 10 octobre 1840, après un bombardement qui dura du 10 au 14 septembre. Le massacre des chrétiens de Syrie en 1860, amena l'intervention des Français, qui occupèrent Beyrout du 14 août 1860, au 5 juin 1861.

BÈZE (Théodore de), l'un des « principaux piliers de la Réforme » né à Vézelai (Nivernais), en 1519, mort en 1605. Il étudia d'abord le droit, mena à Paris une vie de plaisirs; puis s'enfuit à Genève en 1548 et y abjura le catholicisme. Il enseigna le grec à Lausanne jusqu'en 1558 et reçut de Calvin, en 1559, le titre de recteur de l'académie de Genève, avec la chaire de théologie. Il fut le représentant et l'orateur des huguenots à plusieurs conférences et à divers synodes; convertit Antoine de Bourbon et sa femme, Jeanne d'Albret, prêcha la réforme à Paris et fut chapelain de Condé et de Coligny. A la mort de Calvin (1564), il le remplaça comme chef des réformés en France et à Genève. Ses œuvres comprennent les *Juvenilia*, poésies latines composées dans sa jeunesse, et qui lui furent souvent reprochées plus tard, à cause de leur licence ; le *Sacrifice d'Abraham*, tragédie (1552) ; une *Traduction en vers de psaumes omis par Marot* (1563); une fameuse *Version dv Nouveau Testament* (1556), qui eut

sept éditions du vivant de l'auteur; une *Histoire des églises réformées en France* (1580); son traité *De hæreticis a civili magistratu puniendú* (1554), odieuse apologie du supplice de Servet. Nicolas Colladon traduisit ce traité sous le titre de: *L'autorité du magistrat et la punition des hérétiques* (Genève, 1560). Bèze a laissé, en outre, une *Vie de Calvin* et plusieurs sermons. — **Codex de Bèze**, manuscrit sur vélin, probablement du vi[e] siècle, écrit en latin et en grec alternativement de page en page et contenant les quatre évangiles et les Actes des Apôtres avec des omissions et de nombreuses interpolations. Son nom lui vient de ce que Théodore de Bèze l'offrit à l'université de Cambridge, en 1581. On l'appelle aussi *Codex Cantabrigiensis*.

BEZEF ou **Bézéf** adv. Beaucoup, dans la langue *sabir* adoptée par les troupiers d'Afrique.

BEZESTAN s. m. Marché public en Turquie.

* **BEZET** s. m. Trictrac, voy. BÉSET.

BEZI s. m. Se dit quelquefois pour BESIGUE: *jouer une partie de bezi*.

BÉZIERS, *Bitera, Bedras, Besers*, ch.-l. d'arrond. à 63 kil. S.-O. de Montpellier (Hérault), sur un coteau, près de l'Orb et du canal du Midi. 39,500 hab. Son territoire était occupé, à l'époque celtique, par une tribu des Volces, les *Bitteres* ou *Bcteires*. Conquise par les Romains, vers 120 av. J.-C., elle fut, plus tard, nommée *Julia Bæterra*, en l'honneur de Jules César qui y établit une colonie (52 av. J.-C.). Les Vandales, les Visigoths et les Sarrasins, la ravagèrent et l'occupèrent tour à tour.

Cathédrale Saint-Nazaire, Béziers.

Charles-Martel la prit en 737, et en chassa tous les habitants, qui étaient musulmans. Elle se releva et forma une vicomté. Un de ses vicomtes, Roger Trencavel, voulant étouffer le mouvement communaliste, livra les bourgeois sans défense à ses soldats, qui n'épargnèrent que les femmes. Pour repeupler la ville, le vicomte fit remarier ensemble les veuves et les soldats. Pendant la guerre des Albigeois, les catholiques, commandés par Simon de Montfort et Arnaud, abbé de Cîteaux, s'emparèrent de Béziers, le 22 juillet 1209, et ne firent grâce ni au sexe ni à l'âge. Arnaud se glorifia, dans une lettre au pape, d'avoir fait passer 20,000 habitants au fil de l'épée, voy. ALBIGEOIS. Béziers, réunie à la France en 1229, se releva encore. En 1381, ses consuls ayant résisté au duc de Berry, celui-ci les fit brûler vifs dans l'hôtel de ville et ordonna la pendaison de 100 habitants. En 1421, le dauphin, voulant la punir d'avoir pris parti pour le duc de Bourgogne, fit trancher la tête à ses magistrats et abattit ses murailles; Louis XIII fit raser sa citadelle. Cette ville importante, située dans une magnifique position, au milieu d'un riche pays, s'accroît avec une grande rapidité. Son plus beau monument est l'*église* Saint-Nazaire, cathédrale construite, en partie, au xiie siècle. Le clocher (43 m.), les deux tours et le pourtour extérieur du chœur de ce

monument religieux sont couronnés de créneaux et garnis de machicoulis comme on en voit dans les forteresses féodales. Nombreuses églises; musée dans l'hôtel de ville; statue de la Vierge immaculée, érigée en 1856, sur un piédestal de 15 m. Statue en bronze de P.-P. Riquet, sur la place de la citadelle; restes d'un amphithéâtre romain; belles promenades; pont de 17 arches et de 245 m.; écluse de Fonseranes, composée de 8 sas étagés, œuvre de Riquet; bains à l'embouchure de l'Orb. Patrie de Pelisson, de Mairan, de Riquet, du P. Vanière, etc. Vaste commerce de vins, d'eau-de-vie, de trois-six, d'huile de miel, de sel, etc. L'industrie porte sur la fabrication de bas de soie, de lainages, de cotonnades, de parchemin, de vert-de-gris, d'amidon, de gants, de verrerie, de fameuses confitures et d'eaux-de-vie. — Lat. (à la cathédrale) 43°20′ 31″ N.; long. 0° 52′ 23″ E.

* **BÉZOARD** s. m. (bé-zo-ar) (persan, *padzahr*, qui chasse le poison). Concrétion de bile et de résine qui se trouve dans l'estomac, la poche du fiel, les conduits salivaires et particulièrement les intestins de certains animaux, et surtout des ruminants. On distingue le *B. oriental*, provenant de l'antilope des Indes, de la chèvre sauvage, du porc-épic; et le *B. occidental* que l'on trouve dans le corps du chamois, du bouquetin, de la chèvre d'Amérique, du caïman, du castor, etc. Les bézoards étaient considérés comme des antidotes pour tous les poisons. S'est dit aussi de diverses autres concrétions pierreuses, naturelles ou factices, que l'on croyait douées des mêmes propriétés : *bézoard fossile, bézoard minéral, bézoard de Saturne, bézoard mercuriel, bézoard martial*, etc. — BÉZOARD VÉGÉTAL, concrétion pierreuse que l'on trouve dans les cocos.

BEZOUT (Étienne) mathématicien, né à Nemours en 1730, mort à Paris en 1783; membre de l'Académie des sciences, en 1750; auteur d'un *Cours de mathématiques* (1780, 6 vol.) et d'une *Théorie des équations algébriques* (1779) qui sont restés longtemps classiques.

* **B-FA-SI** anc. mus. Le ton de si : *le ton de b-fa-si; cet air est en b-fa-si*.

B. G. Abréviation de *Bello Gallico*, voy. CÉSAR.

BHADRINAT ou **Badrinath** ville de l'Inde anglaise, dans les provinces du N.-O., à 95 kil. N.-E. de Serinagar, dans une vallée de l'Himalaya, à 10,000 pieds au-dessus de la mer; elle possède un célèbre temple de Wishnou, qui y attire environ 50,000 pèlerins tous les douze ans pour le pèlerinage annuel.

BHAGAVAT GITA s. f. (ba-ga-vatt′-ghi′-ta) (sanscrit : *chant excellent*). Poème sanscrit. Voy. SANSCRIT.

BHAMO, BAMO ou **BHANMO** ville du Burmah, sur l'Irrawaddy, à 60 kil. O. de la frontière chinoise; 12,000 hab., presque tous Laos; siège d'un vice-royauté; place principale du commerce entre les caravanes chinoises et les marchands birmans et musulmans. Foires importantes de décembre à avril.

BHARTRIHARI (hindou, b′heur-tri-heur′ri], poète indou du 1er siècle av. J.-C.; frère du roi Vikramaditya. Son ouvrage principal, «les Siècles» est souvent appelé anthologie.

BHATGAN ou **BHATGONG**, ville du N. de l'Hin-

doustan, dans la vallée du Népaul, à 8 kil. S.-E. de Catmandoo. Elle renfermait autrefois 12,000 maisons et 80,000 hab.; mais elle est en pleine décadence.

BHAWALPOOR ou **BAHAWULPORE**. I. État de l'Inde anglaise, au N.-O. de l'Hindoustan, sur une étendue de 450 kil. le long des rivières Ghara (bas Stuley), Pundjnud et Indus; 38,858 kil. car.; 475,000 hab. (Jauts, Belouchis et Hindous). Territoire plat et sablonneux, excepté une bande étroite, près des cours d'eau. Ville princ. Bhawalpoor, Ahmedpoor (résidence actuelle du khan) Khanpoor et Dirawul, poste fortifié dans le désert. Le khan est soumis au protectorat anglais. — II. Anc. cap. de l'état ci-dessus, sur le Ghara, à 80 kil. S.-E. de Mooltan; 29,000 hab. Les maisons, misérablement construites en briques, sont entourées de jardins.

BHILS (sanscrit, *séparés, bannis*), tribu de l'Hindoustan, habitant principalement Candeish (province de Bombay) et composée de plus de 100,000 indigènes, braves et farouches. On pense qu'ils descendent des aborigènes de Guzarate et des territoires adjacents.

BHOOJ [boudj.] Ville de l'Hindoustan occidental, capitale de l'état de Cutch, à 250 kil. S.-S.-E. de Hyderabad; 20,000 hab. Elle est solidement fortifiée et s'est rendue fameuse par ses manufactures d'or et d'argent.

BHOPAUL ou **BOPAL**. I. État du Malwah, Hindoustan, arrosé par la Nerbudda et vassal de l'Angleterre; 17,518 kil. car.; 769,200 hab. presque tous Hindous. — II. Cap. de l'état ci-dessus à 460 kil. S.-O. d'Allahabad; 70,000 hab.

BHOTAN, voy. BOOTAN.

BHURTPOURE ou **BHURTPOOR**. I. État indigène du N.-O. de l'Hindoustan; environ 4,660 kil. carr.; 750,000 hab, presque tous Jauts, professant le brahmanisme. — II. Cap. de l'état ci-dessus, à 60 kil. O. d'Agra; 100,000 hab. Elle mesure près de 12 kil. de circuit. Elle était autrefois entourée d'un fossé et d'une enceinte de terre; elle possédait une forteresse très solide. Les Anglais la prirent d'assaut en 1826.

BI (lat. *bis*, deux fois). Préfixe qui s'ajoute à différents mots scientifiques pour indiquer la répétition ou l'existence simultanée de deux objets semblables : *bioxyde, bicapsulaire*, etc.

BIACOLYTE s. m. (gr. bia, violence; *cóluó*, j'empêche). Antiq. Nom donné dans l'empire grec à certains agents dont le service était analogue à celui de notre gendarmerie.

BIACULÉ, ÉE adj. (lat. *bis*; deux fois; *aculeus*, aiguillon). Entom. Qui a un double aiguillon.

BIACUMINÉ adj. m. Bot. Qui a deux pointes.

BIAFRA. I. Petit royaume de l'Afrique occidentale, sur la baie de Biafra, entre l'équateur et 5° de lat. N. — II. (Baie de), partie orientale du golfe de Guinée, entre le cap Formose au N. et le cap Lopez au S.

BIAGRASSO, voy. ABBIATEGRASSO.

BIAIGUILLONNÉ, ÉE adj. Zool. Qui porte deux aiguillons.

BIAILÉ, ÉE adj. Bot. Se dit de tous les organes végétaux qui portent deux ailes ou appendices membraneux.

* **BIAIS** s. m. [bi-è] (ital. *bieco*, de travers). Obliquité; ligne oblique, sens oblique. — Fig. et fam. Se dit des différentes faces d'une affaire, des divers moyens qu'on peut employer pour réussir à quelque chose : *user de biais et de ménagements*. — **En biais**, de biais loc. adv. Obliquement, de travers.

* **BIAISEMENT** s. m. Manière d'aller en biaisant. — Fig. Détour pour tromper.

* **BIAISER** v. n. [biè-zé]. Être de biais, aller

de biais. — Fig. User de finesses, employer des moyens détournés. — Prendre quelque tempérament dans une affaire; alors il se dit en bonne part, et suppose de l'adresse et de la prudence : *il est des circonstances où l'on doit savoir biaiser, où il faut aller en biaisant.*

BIALYSTOK, ville de Russie, gouvernement et à 95 kil. de Grodno; 19,000 hab., en majorité juifs. Beau château, manufactures importantes; commerce actif.

BIANCHI [bian-ki] (ital. *Blancs*), parti politique florentin, formé en 1300, pour soutenir les Gibelins ou Impériaux et dirigé par Veiri de' Cerchi, contre les *Neri* (noirs), parti guelfe formé par Corso de' Donati. Les Noirs victorieux bannirent leurs adversaires, parmi lesquels se trouvait Dante Alighieri (1302).

BIANCHINI (Francesco) [biann-ki'-ni], astronome italien (1662-1729). Établi à Rome, il tira une ligne méridienne en Italie. De ses nombreux et savants ouvrages, nous ne citerons que son *Histoire universelle* (Rome, 1697) et le recueil de ses *Observations astronomiques et géographiques* (Vérone, 1737, in-fol.).

BIARCHIE s. f. [bi-ar-chi] (gr. *bios*, vie; *arché*, commandement). Intendance des vivres, dans le palais des empereurs d'Orient.

BIARRITZ [bia-ritss], station balnéaire maritime, dép. des Basses-Pyrénées, sur le golfe de Biscaye, à 8 kil. O.-S.-O. de Bayonne et à 30 kil. de la frontière d'Espagne; 4,750 hab. Belle plage, au village pittoresque; villa Eugénie, bâtie sur deux rochers; phare du cap Saint-Martin; grottes curieuses. Entrevue de Napoléon III et de Bismarck, en octobre 1865. C'est à Biarritz que résida, dans sa jeunesse, la comtesse de Montijo avec sa fille Eugénie (plus tard impératrice). — Phare à feu tournant, par 43° 29' 41" lat. N., et 3° 53' 31" long. O.

BIARSÉNIATE s. m. Chim. Sel dans lequel l'acide arsénique contient deux fois autant d'oxygène que la base.

BIARTICULÉ, ÉE adj. Hist. nat. Qui présente deux articulations.

BIAS [bi-ass]. I. Dans les légendes grecques, Bias était frère du prophète Melampus qui lui donna assistance en lui procurant les bœufs d'Iphiclès. — II. Philosophe grec, né à Priène, Ionie, l'un des sept sages de la Grèce, existait vers 750 av. J.-C. Il essaya vainement d'entraîner ses compatriotes à une émigration en Sardaigne pour fuir la domination de Cyrus.

BIATOMIQUE adj. Chim. Qui contient, sous un égal volume, un nombre *double d'atomes* simples.

BIBAN (arabe *porte*), défilé de l'Atlas qu'on appelle aussi les *Portes de Fer*. Plusieurs torrents le traversent, entre autres l'Oued-Mailah, tributaire de l'Adouse. En 1839, les Français le franchirent.

BIBASIQUE adj. [bi-ba-zi-ke] (de *bi* et *basique*). Chim. Se dit d'un sel contenant deux fois autant de base que le sel neutre correspondant. Voy. **BASE** et **BASICITÉ**.

BIBASIS s. f. [bi-ba-ziss]. Ant. Danse bachique usitée chez les Spartiates.

BIBBIENA (Ferdinando-Galli da) [bib-biè'-na], peintre et architecte italien, né à Bologne en 1657, mort en 1743; s'occupa surtout de la décoration des théâtres; fut employé par le duc de Parme et l'empereur Charles VI; se rendit célèbre en inventant les décors mobiles et les machines qui les mettent en mouvement. Il a écrit sur l'architecture et la perspective. Son père, son frère et son fils se distinguèrent également.

* **BIBELOT** ou ✱ **Biblot** s. m. (corruption de *bimbelot*). Ensemble d'outils, d'instruments employés dans divers métiers. Le soldat appelle *bibelot* tout son attirail, depuis l'aiguille

à coudre, jusqu'à son fusil à aiguille. — La demoiselle du quartier Bréda donne le même nom aux objets de fantaisie ou de curiosité qui décorent son *étagère*. — L'amateur achète au marchand de bric-à-brac une foule de menus objets d'une valeur historique plus ou moins authentique et qui portent le nom de *bibelots.*

BIBELOTAGE s. m. Petit trafic; échange de marchandises.

BIBELOTER v. n. Acheter des objets de curiosité. — Vendre ses effets : *il a bibeloté ses frusques.* — Faire des échanges de bibelots. — Faire un petit commerce.

BIBELOTEUR s. m. Collectionneur de bibelots; celui qui bibelote.

BIBERACH [bi-be-rak], ville du Würtemberg, au confluent du Biberach et de la Riss, à 35 kil. S.-S.-O. d'Ulm; 7,200 hab. Ce fut une ville libre impériale jusqu'en 1802. Patrie de Wieland. Moreau remporta à Biberach deux victoires mémorables : la première, le 2 octobre 1796, sur le général autrichien Latour; la deuxième, le 9 mai 1800, sur les Autrichiens commandés par Kray.

* **BIBERON** s. m. (lat. *bibere*, boire). Vase, bouteille ou flacon muni d'un bec ou d'un tube à tétine, qui sert à faire boire les malades et surtout les petits enfants. Le biberon primitif, employé pour l'allaitement des petits enfants, se composait d'une fiole en verre blanc, dont le goulot était muni d'une éponge fine taillée en forme de mamelon et recouverte d'une gaze ou d'une mousseline. Aujourd'hui on n'emploie plus guère d'autre biberon que celui de Robert. C'est un appareil perfectionné qui rapproche, autant que possible, l'allaitement artificiel de l'allaitement naturel. Il se compose d'un flacon de verre dans lequel plonge un tube de verre qui va chercher le lait jusqu'au fond; un tube de caoutchouc, terminé par une tétine également en caoutchouc, amène le liquide dans la bouche du nourrisson; et une soupape livre passage à l'air qui doit s'introduire dans le vase, pour remplacer le lait aspiré. De cette façon l'enfant tète sans effort. On ne saurait trop recommander de laver souvent le biberon. Faute de cette précaution, le lait fermente et se coagule dans toutes les parties où il est susceptible de séjourner, et particulièrement dans le tube de caoutchouc qui sert à l'aspiration. Il s'y forme très vite des animaux microscopiques (bactéries et vibrions) et des végétations cryptogamiques qui peuvent causer la mort du nourrisson.

* **BIBERON, ONNE** s. Celui, celle qui aime le vin, qui est fort buveur; buveur.

BIBESCO (George-Demetrius), ex-hospodar de Valachie, né en 1804, mort à Paris, le 1er juin 1873. Il était frère de Barbo Demetrius Stirbey qui fut hospodar de 1849 à 1856 et qui mourut en 1869. Après avoir fait ses études à Paris, Bibesco voyagea jusqu'en 1841, époque où il devint secrétaire de l'assemblée générale de Valachie. Il usa de son influence pour faire renverser, en 1842, le gouvernement d'Alexandre Ghika, auquel il succéda comme hospodar (1er janvier 1843). Déposé à son tour en 1848, il se retira à Paris.

BIBI s. m. (patois bourguignon, *bibi*, jouet d'enfants, poupée). Petit chapeau de femme que l'on portait vers la fin du règne de Louis-Philippe. — Nom d'amitié donné indistinctement aux gens et aux bêtes, dans le demi-monde. — Argot des voleurs. Fausse clef, monseigneur.

BIBIADERI s. f. Sorte de bayadère : *des bibiaderi dansaient sous les arbres.*

BIBIANE (Sainte), vierge et martyre romaine, morte en 363. Fête le 2 décembre.

BIBION s. m. (lat. *bibio*, petite grue).

Entom. Genre de diptères némocères, qui se distinguent par trois petits yeux lisses. Ce sont des insectes lourds, qui volent très peu. On les désigne sous des noms vulgaires qui indiquent le temps où ils paraissent : *mouche de saint Marc, mouche de saint Jean*, etc. Principale espèce le bibion précoce (*tipula hortulana* Lin.), abondant sur les fleurs au printemps. Le mâle est noir; la femelle a le corselet d'un rouge jaunâtre et le reste noir. Les larves vivent dans la terre et dans le fumier.

BIBITION s. f. [bi-bi-si-on]. Action de boire.

* **BIBLE** s. f. (gr. *biblia*, livres). Nom donné par saint Jean Chrysostôme (IVe siècle) aux livres de l'Ancien et du Nouveau Testament. Ce nom, qui était primitivement au pluriel, fut ensuite changé en un substantif singulier, parce que l'on considéra toute la collection comme formant une unité appelée LE LIVRE par excellence. Les juifs divisaient l'Ancien Testament en trois parties : la Loi, les Prophètes et les écrivains sacrés (Hagiographes). La Loi comprenait les cinq livres de Moïse. (Genèse, Exode, Lévitique, Nombres et Deutéronome.) Les Prophètes se divisaient en Anciens (livres de Josué, des Juges, 1 et 2 de Samuel, 1 et 2 des Rois); et en Nouveaux Prophètes, 3 grands (Isaïe, Jérémie et Ézéchiel) et 12 petits (depuis Osée jusqu'à Malachie). Sous le nom d'hagiographes, on réunissait les livres poétiques de Job, les Psaumes, les Proverbes, le Cantique des Cantiques, Ruth, les Lamentations, l'Ecclésiaste, Esther, Daniel, Ezra, Néhémie et les Chroniques 1 et 2. Le nombre des livres et la manière de les classer ont varié dans la suite suivant les versions. Ainsi les Bibles anglaises se composent de 39 livres, non dans l'ordre chronologique, mais d'après les genres de composition : les livres historiques étant les premiers, les livres poétiques venant ensuite et les livres prophétiques les derniers. Le Nouveau Testament ne contient que le récit de la naissance du christianisme; il est composé de 27 livres : 4 pour les Évangiles; 1 pour les actes des apôtres; 21 pour les épîtres; et le dernier pour l'Apocalypse, seul livre du Nouveau Testament qui soit purement prophétique. — Sur le texte hébreu primitif, il ne nous reste que bien peu de renseignements positifs. L'alphabet employé, tel qu'on le trouve sur les médailles des Machabées, avait probablement une origine phénicienne. Il ne possédait pas de points pour marquer les voyelles; on n'écrivait que les consonnes; les mots couraient généralement en une ligne continue. Après le retour de la captivité de Babylone, les livres sacrés furent soumis à un examen critique. La chirographie, graduellement modifiée, amena l'usage des caractères affectant la forme aramaïque carrée; le texte divisé en sections nommées « parachas », fut conservé avec le plus grand soin ; on ne permit aucun changement; on alla jusqu'à compter les mots et même les lettres; et l'on établit des règles minutieuses pour les copistes. Du VIe au XIe siècle, les Masorites travaillèrent à fixer et à rétablir le texte, en collationnant les manuscrits, en notant les difficultés et en ajoutant des annotations. A l'exception du Pentateuque, aucun manuscrit ne date d'une époque antérieure à la période masoritique. La chirographie, appartenant au XIIe siècle et environ 50 au XIIIe. Quelques manuscrits du Pentateuque sont très anciens. Depuis l'invention de l'imprimerie, on a plusieurs fois essayé de produire un texte pur et véritable, en comparant les meilleurs manuscrits et en les collationnant avec le Masora. La première portion de la Bible hébraïque que l'on imprima fut le psautier (1477), en un petit in-fol., contenant de nombreuses fautes. La Bible hébraïque tout entière fut imprimée pour la première fois à Soncino, en 1488, également avec l'eau-

coup d'erreurs. Cette édition fut copiée textuellement pour celle de Gerson, imprimée à Brescia en 1494 et dont se servit Luther pour faire sa traduction. Trois autres éditions également fameuses sont la Complutensienne (de Alcalà de Henares; 1er vol. en 1522), la première des Polyglotes (voy. POLYGLOTES); et la 2e édition de la Bible rabbinique de Bomberg (1525-'6). Parmi les éditions qui suivirent celles-ci, on en trouve trois qui contiennent un texte mélangé, tiré de de la Complutensienne et la Bible rabbinique. L'édition de Buxtorf (1611) fut basée sur l'étude de la Masora; et celle d'Athias (1665,'67) fut collationnée sur les anciens manuscrits. Plus tard, d'autres savants critiques se sont voués à des recherches; tels sont Michaelis (1720), Kennicott (1776-'80), Hahn (1831) et Theile (1849), dont les travaux consécutifs ont produit un texte aussi exact qu'il est permis de l'obtenir pour des œuvres aussi antiques. Les livres du Nouveau Testament furent écrits en grec, soit sur du papyrus, soit sur un fin parchemin qui commençait à être en usage; et ils affectaient la forme de rouleaux. L'écriture, tracée en rouge, était en lettres onciales, en lignes continues, sans espaces entre les mots, ni capitales, ni points d'arrêt. Les en-tête « d'après saint Mathieu » « selon Luc » etc., ne furent ajoutés que plus tard. A mesure que les copies se multiplièrent, il se glissa des variantes, par suite du peu de soin ou de l'ignorance des copistes ou dans le but de corriger un texte que l'on soupçonnait d'inexactitude. Ces variations, grandes ou petites, atteignirent le nombre de 120,000, principalement dans l'orthographe ou dans l'inflexion. Il n'y a pas plus de 1,600 à 2,000 mots dans lesquels la vraie manière de lire soit tout à fait douteuse; dans quelques uns la doute peut affecter le sens; mais il n'y en a qu'un petit nombre dans lesquels les variantes puissent donner naissance à des discussions ayant une importance doctrinale. A la fin du IVe siècle, on ne possédait pas de manuscrit contenant la collection complète du Nouveau Testament. Les quatre évangiles étaient ordinairement réunis en une collection et les épîtres de saint Paul en formaient une autre; les épîtres générales ou catholiques étaient presque toujours réunies aux Actes des Apôtres. Plus tard on divisa les évangiles en chapitres; mais l'arrangement moderne est dû au cardinal Hugo (XIIIe siècle). La subdivision des chapitres en versets fut introduite par Robert Estienne en 1551. Les lettres cursives ne furent guère substituées aux lettres onciales que vers le xe siècle. De grands soins furent pris par les pères latins et, plus tard, par les savants, pour établir et pour préserver le texte du Nouveau Testament. Il y avait cinquante ans que l'imprimerie était inventée, lorsqu'on songea à le revoir de le Nouveau Testament. La Polyglote complutensienne contenait l'original grec basé sur des manuscrits qui n'avaient aucune valeur. En 1516, Erasme fit paraître la première édition de son Nouveau Testament grec, d'après 5 manuscrits de Bâle. Pendant près d'un siècle les textes complutensien et érasmien furent souvent réimprimés avec de légères altérations. Les plus fameuses éditions sont celle de Robert Estienne (1539-'51) et celle de Théodore de Bèze (1565-'98). Les Elzévirs, à Leyde (1624-'41) et à Amsterdam (1656), publièrent, d'après Estienne et Bèze, ce que l'on appelle le *textus receptus* ou *texte* adopté, dont il y a eu plusieurs éditions, avec diverses interprétations et des *versions* différentes d'après d'anciens manuscrits, et qui fut le produit des éditions critiques modernes. Bengel (1734) Wettstein (1751) et Griesbach (1744), firent à ce sujet des travaux dont se servirent largement leurs successeurs. Scholz (1830-'36) collationna plusieurs manuscrits et Lachmann fit une étude critique très savante. Alford et Tregelles

en Angleterre, Tischendorf en Allemagne sont considérés comme les plus éminents critiques contemporains. Le grand Testament grec de Tischendorf (8e édition 1872) contient le meilleur texte qui ait jamais été publié.— Les anciennes traductions de la Bible ont une grande valeur. La première et la plus célèbre est la version grecque de l'Ancien Testament dite des septante, parce qu'elle est attribuée à 72 interprètes. Elle fut faite pour les juifs d'Alexandrie et contient plusieurs des livres apocryphes. La plus fameuse, après elle, fut la traduction latine de saint Jérôme, base de la Vulgate actuelle et qui fut terminée vers 405. Le concile de Trente la déclara version autorisée et après avoir été deux fois révisée par l'autorité papale, elle fut publiée en 1592. Outre ces versions, il en existe plusieurs autres, dites orientales, d'une date incertaine. On cite particulièrement le Targum aramaïque (voy. TARGUM), le Pentateuque samaritain et le Peschito syriaque.— La Bible gothique d'Ulfilas, traduite au IVe siècle, mérite également une mention particulière. Dans les temps modernes, celle de Luther (entre 1522 et 1532), quoique faite sans moyens philologiques suffisants, n'a jamais été surpassée pour la vigueur et la simplicité et est restée la version populaire d'Allemagne. Avant l'invention de l'imprimerie, les Anglais possédaient une traduction de la Bible entière : celle de Wycliffe, terminée vers 1384. Elle servit de modèle à la version du Nouveau Testament, par Tyndale (1525) à celle de l'Ancien Testament, par Coverdale (1535), à la Grande Bible ou Bible de Cranmer, qui fut la version autorisée sous Edouard VI; à la Bible Génevoise (1560) et à la Bible épiscopale (1568). La traduction anglaise contemporaine date du règne de Jacques Ier, qui commissionna 54 théologiens pour cette entreprise, à laquelle 47 seulement prirent part (1606-'11). Les autres pays eurent également leurs traductions. En France, la plus ancienne paraît être celle de Pierre de Vaud, chef des Vaudois (vers 1160). Un prêtre nommé Guyard des Moulins donna, vers 1294, une traduction française qui fut imprimée à Paris en 1488 (2 vol. in-fol.). Robert Olivetain publia à Neufchâtel, en 1535, la première Bible protestante et René Benoît donna à Paris, en 1566, une Bible calviniste. La version de Lemaistre de Sacy (Paris, 1612, 32 vol. in-8e) a été plusieurs fois réimprimée, paraphrasée, commentée, amplifiée, rajeunie; elle a plus ou moins servi de modèle à la plupart de celles qui ont paru depuis.— BIBLE POLYGLOTTE. Celle que l'on donna particulièrement à la Bible publiée par Le'Jay, en sept langues (hébraïque, samaritaine, chaldéenne, grecque, syriaque, latine et arabe), Paris, 1628-'45, 10 vol. in-fol. Le Jay eut plusieurs collaborateurs, parmi lesquels nous citerons Philippe d'Aquin et Gabriel de Sion. La Polyglotte qu'il mit au jour est d'une belle exécution typographique; mais elle fourmille de fautes.— DICTIONNAIRES DE LA BIBLE. Les plus remarquables sont : le *Dictionnaire de la Bible*, par Calmet, 1722-'28 ; l'*Encyclopédie de littérature biblique*, de Kitto, 1843 et 1851 ; et le *Dictionnaire de la Bible*, par Smith, 1860.

BIBLIANDER voy. **BUCKMANN.**

BIBLIA PAUPERUM [bi-bli-a-pô-pè-romm] (lat. *la Bible des pauvres*), édition des Ecritures publiée au xve siècle sur le texte établi par Bonaventura, général des franciscains, en 1260. Un fac-similé a été réédité par J. Russel Smith en 1859.

* BIBLIOGRAPHE s. m. [bi-bli-o-gra-fe] (gr. *biblion*, livre ; *graphô*, j'écris). Autrefois, copiste de livres. — Aujourd'hui, celui qui est versé dans la connaissance des livres ; qui connaît leurs diverses éditions et leurs prix; celui qui écrit sur cette matière.

*BIBLIOGRAPHIE s. f. [bi-bli-o-gra-fî].

science du bibliographe ; connaissance, description des livres ; écrit, notice sur ce sujet. — L'ancien mot français *bibliographie* était appliqué particulièrement à la connaissance des manuscrits de l'antiquité et à l'art de les déchiffrer. Dans son sens moderne, beaucoup plus étendu, la bibliographie est une science qui a pour objet la description des livres et des manuscrits, en tenant compte des matériaux avec lesquels ils ont été composés, ainsi que de leur degré de rareté, de leur valeur réelle ou supposée, de leurs auteurs et du rang qu'ils doivent tenir dans la classification d'une bibliothèque. C'est pourquoi on la divise en deux branches : la première, que, faute d'une autre expression, l'on peut appeler bibliographie intellectuelle, s'occupe des matières contenues dans les ouvrages ; la seconde, ou bibliographie matérielle, traite de leur caractère extérieur et de la valeur des différentes éditions. L'objet de la première de ces branches est d'enseigner quels sont les meilleurs livres dans chaque branche des connaissances humaines, et cela au moyen de catalogues alphabétiques ou à l'aide de catalogues raisonnés accompagnés de remarques critiques. On a calculé que la collection des ouvrages traitant des différentes branches de la bibliographie excéderait 20,000 volumes. Ce qu'il y a de plus important dans ces ouvrages se trouve indiqué ou expliqué dans la *Bibliographie paléographico-diplomatico-bibliographique générale*, par Namur (2 vol. in-8e, Liège, 1838) ; et dans Peignot : *Répertoire bibliographique universel* (in-8e, Paris, 1812) ; Horne : *Introduction à l'étude de la Bibliographie* (in-8e, Londres, 1814) ; Bone : *Catalogue général* (in-8e, Londres,, 1847); Petzholdt : *Anzeiger für Bibliographie und Bibliothekswissenschaft*, publication périodique importante, commencé à Halle, en 1840; et dans le remarquable catalogue complet de Petzholdt : *Bibliotheca Bibliographica* (Leipzig, 1866). Nous avons, en France, le *Journal de la librairie*, fondé par Beugnot, en 1811 ; la *France littéraire* de Quérard (1837-'40); l'excellent *Manuel du libraire*, par Brunet; le *catalogue de la Bibliothèque nationale*; la *Bibliographie de la presse périodique française*, par Eugène Hatin (Paris, Firmin Didot, 1866).

* BIBLIOGRAPHIQUE adj. Qui appartient, qui a rapport à la bibliographie.

* BIBLIOMANE s. m. (gr. *biblion*, livre ; *mania*, folie). Celui qui a la manie, la passion des livres. Celui qui pousse l'amour des livres jusqu'à la manie. « Il a des livres pour les avoir, pour en repaître sa vue ; toute sa science se borne à connaître s'ils sont de la bonne édition, s'ils sont bien reliés. Pour les choses qu'ils contiennent, c'est un mystère auquel il ne tient pas à être initié ; cela est bon pour ceux qui auront du temps à perdre. » (Diderot.) « Un *bibliophile* sera bientôt *bibliomane*. » (Bibliophile Jacob).

BIBLIOMANIAQUE adj. Qui tient de la bibliomanie.

* BIBLIOMANIE s. f. Rage de posséder des livres rares et précieux. La bibliomanie prit naissance en Hollande vers la fin du XVIIe siècle; et elle se répandit ensuite, d'une façon contagieuse, dans tous les pays de l'Europe. Elle règne particulièrement en France, en Angleterre et aux Etats-Unis. C'est à cette manie seulement que certains livres doivent leur valeur fabuleuse. Ainsi, en 1812, à la vente des trésors bibliographiques contenus dans la bibliothèque du duc de Roxburghe, un exemplaire de la première édition du « Décaméron » publié par Waldarfer, en 1471, atteignit le prix de 51,000 francs.

BIBLIOMAPPE s. m. (gr. *biblion*, livre; lat. *mappa*, carte). Recueil de cartes géographiques. On dit mieux *Atlas*.

BIBLIOPÈGE s. m. (gr. *biblion* livre; *pecio*,

je fais). Ant. Nom que les anciens donnaient au relieur, à l'industriel qui recevait les manuscrits recopiés par le *bibliographe* et qui faisait unir par ses ouvriers (*glutinatores*, colleurs) les feuilles de papyrus ou de parchemin, les unes à la suite des autres. Ensuite le *bibliographe* adaptait solidement au premier feuillet une peau ou un morceau de papyrus très épais destiné à servir de couverture; et il attachait le dernier feuillet à un cylindre sur lequel s'enroulait le livre. Ce cylindre en buis ou en ébène, était orné à son extrémité, d'un bouton (*bulla*), sur lequel étaient gravés le titre de l'ouvrage et le nom de l'auteur. « De même que, chez les Grecs, le *bibliographe* (copiste), le *bibliopège* (relieur), le *bibliopole* (marchand), n'étaient qu'une seule et même personne; de même, à Rome, ces trois emplois étaient réunis entre les mains de celui qu'on appelait *librarius*. » (Vossius, *Commentaires sur Catulle*).

* **BIBLIOPHILE** s. m. (gr. *biblion*, livre; *philos*, ami). Celui qui aime, qui recherche les livres rares et précieux, et particulièrement les éditions bonnes et correctes.

BIBLIOPOLE s. m. (gr. *biblion*, livre; *polein*, vendre). Ant. Nom que les anciens Grecs donnaient au marchand de livres : « Le manuscrit, une fois achevé et distribué en autant de rouleaux pivotant sur leur ombilic d'ébène ou d'ivoire qu'il y avait de livres dans l'ouvrage, allait orner l'étalage de quelque *bibliopole* d'Athènes ou de Corinthe » (Paul Lacroix et Edouard Fournier). Le plus souvent le même s'attribuait tous les travaux constituant la fabrication matérielle du livre et était tout ensemble copiste, relieur et libraire.

BIBLIOTAPHE s. m. (gr. *biblion*, livre; *taphos*, tombeau). Littéral., enfouisseur de livres; celui qui ne possède des livres que pour les enfermer, sans vouloir les communiquer à personne.

* **BIBLIOTHÉCAIRE** s. m. Celui qui est préposé à la garde, au soin d'une bibliothèque. — **Législ.** « Dans les bibliothèques de l'Etat, on distingue l'*administrateur*, les *conservateurs*, les *bibliothécaires*, les *employés*, les *surnuméraires* et parfois des *auxiliaires*. Les administrateurs et les conservateurs sont nommés ou révoqués par décret; les autres employés le sont par le ministre de l'instruction publique (Décr. 9 mars 1852). Un tiers des places vacantes de surnuméraires est réservé aux élèves diplomés de l'Ecole des chartes. Un arrêté ministériel du 23 août 1879 a décidé que, dans les bibliothèques universitaires, les bibliothécaires ne sont pourvus d'un certificat d'aptitude délivré après un examen professionnel. Tous les employés de bibliothèques appartenant aux communes sont à la nomination du maire. (L. 18 juillet 1837, art. 12). » (Ch. Y.)

* **BIBLIOTHÈQUE** s. f. (gr. *biblion*, livre; *thêkê*, dépôt). Lieu où l'on tient un grand nombre de livres rangés en ordre. — Armoire, assemblage de tablettes propres à recevoir des livres : *bibliothèque d'acajou*; *un corps de bibliothèque*. — Livres mêmes qui sont contenus dans une bibliothèque, assemblage méthodique d'une certaine quantité de livres : *nombreuse bibliothèque*; *sa bibliothèque est reliée en maroquin*. — Fig. Recueil, extrait, catalogue raisonné d'ouvrages de même ou de différente nature : *la Bibliothèque de Photius, de Fabricus*; *la Bibliothèque rabbinique*; *la Bibliothèque des Pères*; *la Bibliothèque des Voyages*; *la Bibliothèque des Romains*; *la Bibliothèque d'un homme de goût*, etc. — **Encycl.** La plus ancienne bibliothèque est, sans doute, celle du Ramesseum (temple de Thèbes). Mais la première que l'histoire mentionne d'une manière certaine est la bibliothèque *publique* que Pisistrate fonda à Athènes, vers l'an 540 av. J.-C. Les plus fameuses de toutes les bibliothèques de l'antiquité furent, sans contredit, celle que Ptolémée Soter créa à Alexandrie, en 298 av. J.-C. (voy. ALEXANDRIE) et celle que fonda Eumène II, roi de Pergame. Selon Plutarque, elle contenait 200,000 vol. Marc-Antoine la donna à Cléopâtre qui l'ajouta à celle d'Alexandrie. On citait à Rome les grandes collections de Lucullus, de Varron, d'Atticus et de Cicéron. Auguste établit les bibliothèques publiques *Octavienne* et *Palatine*; et Trajan, la bibliothèque *Ulpienne*. Plus tard, la capitale de l'empire compta 28 bibliothèques publiques, et un grand nombre de collections privées : immenses trésors qui périrent pendant les invasions des barbares. La bibliothèque de Constantinople, fondée vers 355 par Constantin, s'enrichit peu à peu et renferma 120,000 vol. qui furent, en partie, brûlés par les iconoclastes au VIIIe siècle. Constantin Porphyrogénète la rétablit. Lors de la chute de l'empire byzantin, elle fut, selon les ordres de Mohammed II, conservée dans le sérail. On suppose qu'elle fut détruite par Amurath IV. Les musulmans possédèrent une importante bibliothèque à Alexandrie et une autre au Caire. Si l'on en croit les écrivains arabes, cette dernière aurait contenu jusqu'à 1,600,000 vol. D'autres grandes collections se trouvaient à Bagdad, à Tripoli (Syrie) et à Fez. Pendant l'occupation musulmane, l'Espagne posséda 70 bibliothèques publiques; celle de Cordoue comptait 400,000 vol. Dans notre occident, presque toutes les bibliothèques appartinrent, jusqu'au XIVe siècle, aux institutions ecclésiastiques. Avec la renaissance des lettres, commença une ère nouvelle; c'est de cette époque que datent nos principales bibliothèques européennes (Prague, Paris, Vienne, le Vatican et la bibliothèque Laurentienne de Florence, fondée par Lorenzo de Médici). L'invention de l'imprimerie rendit possible la formation de nombreuses collections dans les villes d'Allemagne, d'Italie et de France. Voici le tableau des principales bibliothèques de l'Europe.

PRINCIPALES BIBLIOTHÈQUES PUBLIQUES DE L'EUROPE.

VILLES	NOMS DES Bibliothèques	Date de la fond.	Imprimés.	Manuscrits.
Aix	Mejanes	1418	100.000	1.200
Bordeaux	Ville	1738	140.000	200
Lyon	Ville	....	105.000	2.400
Paris	Nationale	1350	2.100.000	150.000
Paris	Arsenal	1781	225.000	6.000
Paris	Ste-Geneviève	1624	200.000	3.500
Paris	Mazarine	1660	160.000	4.000
Paris	Sorbonne	....	140.000	1.000
Paris	Institut	1759	100.000	.....
Paris	Ville	1759	100.000	.....
Rouen	Ville	1809	120.000	1.000
Troyes	Ville	....	100.000	5.000
Cambridge	University	1475	400.000	3.000
Dublin	Trinity College	1601	145.000	1.600
Edinburgh	Advocates'	1680	200.000	.....
Edinburgh	University	1580	150.000	3.000
Glasgow	University	1473	105.000	.....
Liverpool	Publique	1850	100.000	.....
Londres	British Museum	1753	1.100.000	.....
Manchester	Publique	1852	120.000	.....
Oxford	Bodleian	1598	335.000	30.000
Augsburg	Ville	1537	150.000	.....
Berlin	Royale	1650	700.000	15.000
Bonn	Université	1818	200.000	1.000
Breslau	Université	1811	350.000	2.500
Carlsruhe	Commune	....	105.000	1.300
Cassel	Royale	1580	100.000	400
Darmstadt	Grand-ducale	1760	450.000	6.000
Dresde	Royale	1555	500.000	3.000
Erlangen	Université	1743	120.000	1.000
Frankfort	Ville	....	100.000	.....
Freiburg	Université	1457	250.000	.....
Giessen	Université	1607	100.000	1.500
Gotha	Ducale	1640	150.000	5.000
Gottingen	Université	1736	400.000	5.000
Greifswald	Université	1604	100.000	.....
Halle	Université	1696	100.000	.....
Hamburg	Ville	1529	200.000	5.000
Hanovre	Royale	1690	120.000	2.000
Heidelberg	Université	1703	220.000	2.000
Yéna	Université	1548	200.000	.....
Kiel	Université	1665	140.000	.....
Kœnisberg	Université et ville	1546	220.000	.....
Leipzig	Université	1543	200.000	2.500
Leipzig	Ville	1677	170.000	2.000
Marburg	Université	1527	130.000	.....
Mayence	Cité	....	120.000	1.500
Munich	Royale	1680	900.000	22.000
Munich	Université	1575	220.000	2.000
Rostock	Université	1419	120.000	.....
Strasbourg	Cité	1531	300.000	.....
Stuttgart	Royale	1765	300.000	3.500
Trèves	Cité	1773	100.000	.....
Tübingen	Université	1477	200.000	2.000
Weimar	Grand-ducale	....	150.000	2.000
Wolfenbüttel	Ducale	1604	275.000	5.000
Würzburg	Université	1403	100.000	1.500
Cracovie	Université	1364	140.000	5.400
Pesth	Nationale	1804	200.000	.....
Pesth	Université	....	105.000	1.600
Prague	Université	1350	142.000	4.000
Vienne	Impériale	1440	600.000	20.000
Vienne	Université	1777	160.000	.....
Zürich	Ville	1832	100.000	.....
Bologne	Université	1690	200.000	6.000
Florence	Nationale	1864	200.000	14.000
Milan	Ambrosienne	1609	100.000	15.000
Milan	Brera	1763	185.000	.....
Modène	Este	....	100.000	3.000
Naples	Bourbon	1780	200.000	5.000
Padoue	Université	1629	100.000	1.500
Parme	Publique	....	140.000	.....
Rome	Casanatense	1700	100.000	2.000
Rome	Angelica	1605	100.000	3.000
Rome	Vatican	1378	105.000	25.500
Rome	Vittorio Emanuele	1876	650.000	10.000
Turin	Université	1436	150.000	.....
Venise	St-Marc	1468	120.000	10.000
Madrid	Nationale	1712	200.000	8.500
Lisbonne	Nationale	1796	150.000	10.000
Haye (La)	Royale	1795	100.000	.....
Bruxelles	Royale	1400	250.000	20.000
Copenhague	Royale	1550	550.000	25.000
Copenhague	Université	1731	200.000	5.000
Christiania	Université	1811	200.000	.....
Lund	Université	1671	100.000	1.000
Stockholm	Royale	1540	125.000	5.000
Upsal	Université	1621	150.000	8.000
Helsingfors	Université	1630	140.000	.....
Kiev	Université	1833	110.000	.....
Moscou	Université	1755	174.000	.....
Moscou	Museum	....	165.000	5.000
St-Pétersbourg	Impériale	1714	1.100.000	35.000
St-Pétersbourg	Académie des sciences	1720	120.000	.....
Athènes	Université	1837	125.000	600

Il est probable que plusieurs autres bibliothèques mériteraient d'être comprises dans cette liste, mais nous manquons de documents exacts. — Parmi les collections particulières on cite celle du prince von Oettingen, à Wallerstein (Bavière), contenant 400,000 vol.; celle du prince Thurn-et-Taxis, à Ratisbonne, presque aussi riche, etc.

PRINCIPALES BIBLIOTHÈQUES PUBLIQUES DES ETATS-UNIS.

VILLES	Noms.	Fondation.	Volumes.
Boston	Athenæum	1807	105.000
id.	Publique	1852	300.000
Cambridge (Mass.)	Université Harvard	1638	200.000
New-Haven	Université Yale	1700	100.000
New-York	Astor	1848	153.000
id.	Mercantile	1820	161.000
Philadelphie	Société	1731	105.000
id.	Mercantille	1821	126.000
Washington	Congrès	1802	300.000

La bibliothèque impériale du Brésil renferme plus de 100,000 vol. On dit que la principale bibliothèque de Pékin n'en compte pas plus de 300,000; et celle de Tokio (Yedo), environ 150,000. — BIBLIOTHÈQUES POPULAIRES. Bibliothèques fondées sur les mêmes principes que les sociétés coopératives. Les sociétaires s'unissent pour acquérir, avec le produit d'une cotisation mensuelle, des ouvrages qui deviennent leur copropriété et qui sont déposés dans une bibliothèque commune. Les souscripteurs ont droit à les lire au siège social ou à leurs domiciles. Des bibliothèques de ce genre existent depuis fort longtemps aux Etats-Unis, en Angleterre et en Allemagne. Vers 1830, Cuvier et Gérandor créèrent des bibliothèques populaires. La République de 1848 vit renaître la même idée. Quelques communes de France possédèrent des institutions de ce genre en 1857. A Paris, trois ouvriers, Fontaine (disparu après la Commune), Girard, et un autre dont nous n'avons pu retrouver le nom, parvinrent, en 1861, à fonder, dans le IIIe arron-

rement, la *bibliothèque populaire*. Depuis 1871, ces institutions se sont multipliées, au point qu'il en existait plus de 750 en 1881. Leur fondation est généralement provoquée ou soutenue par l'influence du *Cercle parisien de la ligue de l'enseignement*. — Législ. « Les *bibliothèques publiques*, c'est-à-dire appartenant à l'État, aux départements et aux communes, sont placées dans les attributions du ministère de l'instruction publique : elles sont régies, savoir : celles de l'État, des facultés, etc., par des arrêtés ministériels ; celles appartenant aux départements, par des arrêtés du préfet, et les bibliothèques communales, par des arrêtés municipaux. Les manuscrits existant dans les bibliothèques de l'État, des départements, des communes et des établissements publics, sont déclarés propriétés de l'État par un décret du 20 février 1809, et ils ne peuvent être imprimés et publiés sans l'autorisation du ministre de l'intérieur. Les *bibliothèques scolaires* ont été créées par un arrêté du ministre de l'instruction publique du 1er juin 1862. Ces bibliothèques, placées sous la garde de l'instituteur, se composent des livres de classe à l'usage de l'école primaire, de ceux qui sont donnés par le gouvernement, le conseil général, la commune ou les particuliers, enfin de ceux qui sont achetés à l'aide de dons et de cotisations. Aucun ouvrage ne peut être admis dans ces bibliothèques, sans l'autorisation de l'inspecteur d'académie. Les livres peuvent être prêtés aux habitants de la commune. La cour de cassation a reconnu applicables aux bibliothèques publiques les articles 254 et 255 du code pénal, lesquels infligent la peine de trois mois à un an d'emprisonnement et de 100 à 300 francs d'amende à tout dépositaire de papiers publics qui, par négligence, a laissé détruire ou enlever des pièces dont il était dépositaire. Celui qui a commis la destruction ou la soustraction est puni de la réclusion et, si c'est le dépositaire lui-même, de la peine des travaux forcés à temps. » (Ch. Y.)

* **BIBLIQUE** adj. Qui appartient, qui est propre à la Bible : *livre biblique*. — Style biblique, se dit du style par lequel on imite la simplicité ou les figures hardies du style de la Bible. En mauvaise part, imitation fausse et défectueuse de ce même style. — Sociétés bibliques. Associations qui ont pour but de publier et de répandre la Bible. La *Société biblique anglaise et étrangère*, fondée en 1804, paraît être la plus ancienne de ces sociétés. Pendant un temps, les catholiques s'associèrent à son œuvre ; mais le pape défendit cet accord par une bulle de 1817. Jusqu'à nos jours (1880) la Société biblique anglaise et étrangère a distribué, dans les cinq parties du monde, environ 84 millions de Bibles ou de parties de la Bible. Elle a traduit ce livre sacré en 210 langues et dialectes et elle a donné 269 versions. — La *Société biblique américaine*, fondée à New-York en mai 1815, a publié 950,000 volumes. Elle possède des colporteurs dans toutes les villes des États-Unis et dans beaucoup de pays étrangers. Les livres qu'elle distribue sont considérés comme ne contenant aucune faute typographique et sont aussi conformes que possible aux meilleures éditions. Elle a fait 30 nouvelles traductions à l'usage des missionnaires ; et elle a entrepris la publication d'une Bible pour les aveugles. Elle possède un journal, le « Bible Society Record. » — La *Société biblique américaine et étrangère* organisée à New-York en mai 1836, dut son origine à une sécession des baptistes qui quittèrent la société biblique américaine, parce que celle-ci refusait de donner des fonds pour l'impression de versions birmane et bengalie dans lesquelles les missionnaires baptistes avaient traduit le mot grec *baptein* par « immerger ». L'*Union biblique américaine*, organisée à New-York en juin 1850, se compose de baptistes qui aban-

donnèrent la Société américaine et étrangère parce que celle-ci refusait de recevoir la bible anglaise et répandait la version admise. — Il y eut une *Société biblique russe*, de 1813 à 1826.

BIBLISTE s. m. Celui qui n'admet pour règle de foi que le texte de la Bible.

BIBLORHAPTE s. m. (gr. *biblos*, feuillet ; *rhaptô*, coudre). Livre couseur composé d'une couverture adaptée à un mécanisme qui permet de classer et de relier instantanément les papiers, les manuscrits, les notes, les lettres, les feuilles que l'on veut conserver. Le mécanisme peut durer plusieurs années et faire un grand nombre de volumes.

BIBLOT, Bibloter, voy. Bibelot, Bibeloter.

BIBORATE s. m. chim. Sel de bore dans lequel l'acide borique contient deux fois autant d'oxygène que la base.

BIBRACTE, auj. *Autun* ; ville principale des Ædui (Gallia Lugdunensis) ; plus tard *Augustodunum*.

BIBRAX, ville des Remi (Gallia Belgica), auj. *Bièvre*, près de l'Aisne.

BIBULUS [bi-bu-luss] (Marcus-Calpurnius), collègue de César au consulat (59 av. J.-C.). Il essaya vainement de déjouer les projets ambitieux de César. De sa femme, Porcia, fille de Caton d'Utique, il eut L.-Calpurnius Bibulus, qui prit parti pour Brutus.

* **BIBUS** [bi-uss]. Ne s'emploie guère qu'avec la préposition de pour désigner une chose qui mérite peu d'attention, qui est de nulle valeur : *c'est une affaire de bibus*.

BICAMÉRISTE s. m. Partisan du partage du pouvoir entre deux chambres : « Quoique le mode d'élection du Sénat donnât prise à beaucoup de justes critiques, même de la part des *bicaméristes* les plus déterminés » (E. de Girardin ; la *France*, 31 oct. 1877).

BICAPSULAIRE adj. Bot. Qui est formé par la réunion de deux capsules.

* **BICARBONATE** s. m. Chim. Sel qui contient deux fois plus d'acide carbonique que le carbonate neutre. Voy. Carbonate.

BICARBONÉ, ÉE adj. Chim. Qui contient deux proportions de carbone.

BICARBURE s. m. Chim. Carbure qui contient deux proportions de carbone.

BICARÉNÉ, ÉE adj. Bot. Se dit de la paillette supérieure des graminées, quand elle porte deux nervures équidistantes.

BICARRÉ, ÉE adj. Algèbre. Qui est élevé au carré du carré, à la quatrième puissance : $16 = 2^4 \times 2^2$ est la puissance bicarrée de 2. — Équation bicarrée, celle dont un terme au moins contient l'inconnue à la quatrième puissance. Ex.: $bx^4 + ax^3 + r = 0$.

BICAUDÉ, ÉE adj. Zool. Qui a deux appendices terminaux.

BICÉPHALE adj. [bi-sé-fa-le] (de *bi* et du gr. *kephalê*, tête). Qui a deux têtes : *monstre bicéphale* ; *les aigles prussiennes sont bicéphales*. — s. m. Monstre à deux têtes : *un bicéphale*.

* **BICEPS** s. m. [bi-sèpss] (lat. *bis*, deux ; *caput*, tête). Anat. Se dit de quelques muscles dont la partie supérieure est divisée en deux. — Le biceps du bras (biceps *brachial* ou *huméral*) est situé à la région antérieure et superficielle du bras ; il fléchit l'avant-bras sur le bras. — Le biceps de la cuisse (biceps *crural* ou *fémoral*) se trouve à la région postérieure de la cuisse ; il fléchit la jambe sur la cuisse. — Jargon. Avoir du biceps, avoir la poigne solide. — Fig. Être très énergique. — Tâter le biceps, prendre par la flatterie.

BICÊTRE, village du dép. de la Seine, à 7 kil. N.-E. de Sceaux ; ancienne résidence de Jean, évêque de *Winchestre*, dont les biens furent saisis

en 1294. De Winchester est venu, par corruption, le nom de cette localité. 6,000 hab.. en y comprenant la population de l'hôpital. Richelieu fonda à Bicêtre un hôpital militaire, en 1632. Sous Louis XIV, une partie de cet établissement fut consacrée au traitement des gens atteints de maladies honteuses ; on admettait les malades après les avoir vigoureusement frappés de verges. Une autre partie servait de prison ; on y enfermait surtout les gens suspects à la police ; ils y étaient mieux cachés qu'à la Bastille et on y trouva, en 1789, un homme enterré dans un cachot depuis quatorze ans. On y délivra aussi des fous que leurs gardiens tenaient enchaînés. Sous le règne de Louis-Philippe, la prison de la Roquette remplaça celle de Bicêtre et toute la maison fut transformée en un hospice partagé en cinq divisions. La première reçoit les *reposants* (anciens serviteurs des hospices), des vieillards et de jeunes aveugles ; la deuxième est formée par l'infirmerie générale ; la troisième est consacrée aux vieillards ; la quatrième, aux grands infirmes, aux gâteux, aux aveugles âgés ; la cinquième, la plus importante, aux aliénés, aux incurables, aux idiots, aux épileptiques. La population de l'hospice se compose de 4,000 personnes, y compris 600 employés et leurs familles. Les dépenses annuelles s'élèvent à plus de 1,300,000 francs.

BICHAT (Marie-François-Xavier), médecin et anatomiste, né à Thoirette-en-Bresse (Ain), le 12 novembre 1771, mort à Paris, le 22 juillet 1802. Élève, commensal et protégé de Desault, il acheva la publication des œuvres de son bienfaiteur, dont il soutint la veuve et le fils. En 1797, il ouvrit un cours d'anatomie, de physiologie et de chirurgie. Il fut le premier qui entreprit de comparer les structures complexes du corps à leurs tissus élémentaires et d'étudier les caractères de chaque tissu simple. On lui doit la découverte des membranes synoviales, la généralisation du feuillet adhérent des membranes séreuses. Son *Anatomie générale* (4 vol. in-8°, 1801) ouvrit les routes nouvelles dans la science n'a plus abandonnées. Avant Bichat, l'étude de l'anatomie et de la physiologie ne formait pas un système, parce que l'on ne faisait de distinction qu'en vue de faire progresser la chirurgie. Ayant porté ses investigations dans le domaine de la physiologie, il établit une distinction entre la vie animale et la vie organique ; il a divisé l'organisme en deux mécanismes distincts : l'un qu'il appela organisme végétatif ou organique ; et l'autre qu'il nomma organisme animal ou relationel : divisions qui sont encore admises, bien que la première soit communément subdivisée en systèmes nutritif et de reproduction. Son *Traité des membranes* (1800), obtint un vif succès, ainsi que ses *Recherches sur la vie et la mort* (1800). Son *Anatomie descriptive* (3 vol.) fut terminée en 5 vol. par ses élèves.

* **BICHE** s. f. Femelle du cerf. — Ébénist. Table a pieds de biche, table dont les pieds sont légèrement recourbés en dehors par le bas. — Pied-de-biche, instrument de dentiste. Se dit aussi de divers autres objets dont l'extrémité ressemble, par sa forme, au pied d'une biche. — Jargon. Bicus. Lorette. — Nom d'amitié donné à une femme : *ma biche*.

BICHERIS s. f. Le monde de la galanterie : *la haute bicherie*. — Bicheries s. f. pl. Mar. Bordage des galères.

* **BICHET** s. m. Ancienne mesure de capacité pour les grains, contenant un blé-froment environ 22 livres. Se disait également de la mesure et de ce qu'elle contenait : *acheter un bichet*. — Le bichet de Lyon contenait environ 40 litres.

BICHETTE s. f. Petite biche. — Nom d'amitié : *ma bichette*. — Pêche. Filet semblable à celui qu'on appelle *haveneau*. Il sert à pêcher du petit poisson sur les bords de la mer.

BICHIR s. m. [bi-chir]. Genre de poissons malacoptérygiens abdominaux, dont une espèce (*polypterus bichir*), qui habite le Nil, offre une chair bonne à manger.

BICHLORÉ, ÉE adj. Chim. Qui contient deux équivalents de chlore.

BICHLORURE s. m..Chim. Combinaison de chlore avec un autre corps simple, contenant deux équivalents de chlore.

BICHOF s. m. Voy. BISCHOFF.

* **BICHON, ONNE** s. Sorte de petit chien, qui a le nez court, et le poil long, soyeux et ondoyant.

* **BICHONNER** v. a. Friser, boucler la chevelure, de façon à lui donner quelque ressemblance avec la tête frisée du bichon. — Par ext. Attifer, pomponner. — Se bichonner v. pr. S'attifer, se pomponner.

BICHROMATE s. m. [bi-kro-ma-te] (de *bi* et *chromate*). Chim. Sel de chrome, dans lequel l'acide chromique contient deux fois autant d'oxygène que la base. Voy. CHROMATE.

BICIPITAL, ALE, AUX adj. Anat. Qui a rapport aux biceps. — *Gouttière* ou *coulisse bicipitale*, espèce de sillon placé en avant de la tête de l'humérus, et dans lequel glisse un des tendons du biceps.

BICIPITÉ, ÉE adj. (rad. *biceps*). Qui offre deux têtes ou sommets.— Bot. Se dit de la carène des fleurs légumineuses, quand les deux pièces qui la composent sont soudées aux deux extrémités.

BICKANIR ou **Beykaneer**. I. État indigène du N.-O. de l'Hindoustan, dans le Radjpoutana. 62,150 kil. car.; 550,000 hab., presque tous Jauts. Territoire plat et aride, sous un climat excessivement chaud en été et très froid en hiver. Le seul article d'exportation consiste en bétail et en chevaux inférieurs. — II. Ville forte, capitale de l'état ci-dessus, à 400 kil. N.-O. de Delhi; 60,000 hab. Elle est bâtie dans une situation désolée, et la plupart de ses constructions ne sont que des huttes en terre.

BICKERSTAFF (Isaac), auteur dramatique irlandais, né vers 1735, mort vers 1800. Lieutenant d'infanterie de marine, il fut disgracié et se voua au théâtre. Il a laissé de nombreuses comédies et des opéras comiques qui furent longtemps populaires. Sa comédie la plus connue est « l'Hypocrite ».

BICKERSTETH I. (Edward), ecclésiastique anglais (1786-1850). Il fut envoyé en Afrique, en 1816, pour réorganiser les stations de la société des Missions. Auteur volumineux, il a laissé des ouvrages dont la collection forme 17 vol. (1853). — II. (Henry, LORD LANGDALE) frère du précédent (1783-1851), célèbre légiste anglais.

BICLAVÉE, ÉE adj. Entom. Dont les antennes sont renflées vers le sommet en forme de clous.

BICOLORE adj. Qui offre deux couleurs.

BICONCAVE adj. Qui offre deux faces concaves opposées.

BICONJUGUÉ, ÉE adj. Bot. Qui se divise deux fois de suite en deux segments.

BICONVEXE adj. Qui offre deux faces convexes opposées.

* **BICOQUE** s. f. [bi-ko-ke] (bas lat. *bicoca*) Art. milit. Petite ville ou place de peu d'importance et de peu de défense. — Pop. Très petite maison : *je n'ai dans ce village qu'une bicoque.*

BICOQUE (la), village d'Italie, à 7 kil. N.-E. de Milan. Les Français, commandés par Lautrec, y furent vaincus, le 29 avril 1522, par les Impériaux, sous les ordres de Prosper Colonna. Cette défaite fut suivie de la perte du Milanais.

BICOQUET s. m. (*deux fois coquet*). Sorte de chaperon.

BICORDÉ, ÉE adj. (lat. *cor, cordis*, cœur). Hist. nat. Qui présente deux échancrures semblables à celles que l'on donne aux figures qui représentent ou rappellent un cœur humain.

BICORNE adj. (lat. *bis*, deux fois ; *cornu*, corne). Bot. Se dit de tout organe qui présente deux prolongements en forme de corne.— s. f. Nom que Linné avait donné aux bruyères.

BICYCLE s. m. [bi-si-kle] (préf. *bi* ; gr. *kuklos*, cercle). Vélocipède à deux roues.

BICUSPIDÉ, ÉE adj. Qui a deux pointes. — Bot. et Zool. Se dit des organes qui présentent deux pointes divergentes, ou offrent à leur sommet une échancrure.

BIDACHE, ch.-l. de cant., arr. et à 32 kil. E. de Bayonne (Basses-Pyrénées); 2,800 hab. Ganterie, poteries, clouteries, pierres de taille. — Église du XVIᵉ siècle ; ruines du château de Gramont.

BIDASSOA, rivière presque toujours marécageuse, qui naît à la cime du Bélat (Pyrénées françaises), fait un arc sinueux de 48 kil. sur le sol espagnol et sert ensuite, pendant 20 kil.; de frontière à la France et à l'Espagne. Elle se jette dans la mer de Biscaye, près de Fontarabie ; elle arrose de magnifiques vallées et forme, près d'Irun, l'*ile des Faisans* où fut négocié le traité des Pyrénées en 1659.

BIDDEFORT, ville de l'État du Maine (États-Unis), à l'embouchure du Saco, à 25 kil. S.-O. de Portland, près d'un endroit où la rivière accomplit une chute de 42 pieds. 12,000 hab. Manufactures de coton, de chaussures, de machines, etc.

BIDDLE I. (James) marin américain (1783-1848). Il commanda l'escadre américaine dans la Méditerranée, de 1830 à 1832. — II. (John) théologien, surnommé le « père des Unitarians anglais ». Il était maître d'école à Gloucester, lorsqu'un traité dans lequel il niait la divinité du Saint-Esprit, motiva son arrestation. Du fond de sa prison, il publia sur la Trinité deux ouvrages qui faillirent le faire condamner à mort. On le relâcha néanmoins en 1649 ; mais il fut presque aussitôt emprisonné, puis relâché en 1651. Les persécutions l'avaient mis en évidence ; il était le chef reconnu de la nouvelle secte des biddeliens (plus tard, *sociniens*), dont le principe était que « l'unité de Dieu est une unité de personne aussi bien qu'une unité de nature ». La chambre des communes voulut le persécuter, ce qui n'aurait fait que lui donner de l'importance. Cromwell intervint et, pour le soustraire aux mauvais traitements de ses adversaires, l'exila dans une des îles Scilly. Il y vécut pendant trois années dans le recueillement et dans l'étude. La Restauration le fit arrêter et, n'osant le condamner à mort, on l'enferma dans un cachot tellement malsain qu'il y mourut en cinq semaines. Il .niait le péché originel et l'expiation. — III (Nicholas) officier de la marine américaine (1750-78). Lorsque la révolution des États-Unis éclata, il servit dans la marine anglaise ; il se joignit aux révoltés qui le nommèrent capitaine du brick *Andrew Doria* ; il se distingua en faisant de nombreuses prises près de Terre-Neuve, en 1776. L'année suivante, on lui confia le *Randolph*, qui fit quatre captures en peu de temps ; enfin, on lui donna une petite flotte pour croiser dans les eaux des Indes Occidentales. Il fut blessé au milieu d'un combat et sauta avec 315 hommes qui se trouvaient sur le *Randolph*. — IV (Richard) historien américain (1796-1847); auteur d'une « Revue critique des voyages du capitaine Basile Hall dans l'Amérique du Nord » (Londres 1830) ; il a publié un « Mémoire de Sébastien Cabot » 1731.

BIDEFORT, ville maritime du Devonshire (Angleterre); sur les deux rives du Torridge, à 60 kil. N.-O. d'Exeter ; 7,500 hab. Vaste église du moyen âge ; beau quai long de 1,200 pieds; poteries, cuirs et cordages ; bains de mer.

BIDENT s. m. (lat. *bis*, deux fois; *dens*, dent). Bot. Genre de composées, tribu des sénécionidées, sous-tribu des hélianthées, ainsi nommé parce que les akènes sont couronnés par deux arêtes. Le *bident tripartite* ou *chanvre d'eau* (*bidens tripartita*), répand une odeur forte et donne une teinture jaune; le *bident penché* ou eupatoire aquatique (*bidens cernua*), commun dans les terrains humides, donne, pour la teinture, diverses nuances de jaune aurore très solide.

BIDENTÉ, ÉE adj. Zool. Se dit des animaux lorsque leur bouche ou leur bec est muni de deux dents ou présente une double échancrure.

* **BIDET** s. m. Petit cheval. — DOUBLE BIDET, Bidet plus grand et plus renforcé que les bidets ordinaires. — Petit cheval que montent les courriers, les estafettes, etc.. est un bidet destiné à être attelé à la voiture. — Meuble de garde-robe. dans lequel est renfermée une cuvette longue, et qui sert à la propreté. — ∿ Argot. BIDET. Ficelle qui sert à transporter d'un étage à l'autre la correspondance clandestine des prisonniers.

BIDIGITÉ, ÉE adj. Deux fois digité ; qui a deux doigts ou qui se partage en deux segments allongés.

BIDLO (Godfried), anatomiste hollandais (1649-1713) ; il fut professeur à la Haye et à Leyde, et ensuite, médecin à sa mort, médecin du roi d'Angleterre, Guillaume III. Son *Anatomia humani corporis* (Amsterd., 1685, in-fol.), fit faire un grand progrès à la science. Les planches, légèrement altérées, furent publiées de nouveau par Cowper, qui les donna comme siennes (Oxford, 1693).

BIDOCHE s. f. Argot. Viande.

* **BIDON** s. m. (corrupt. de *bedon*, panse, gros ventre). Espèce de broc de bois qui contient environ cinq litres. — Vase de fer-blanc propre à contenir de l'eau ou tout autre liquide, à l'usage des hommes de troupe.

BIDONNER v. n. Boire copieusement.

BIDPAY ou **PILPAY** [bid-,pil-pai] auteur présumé d'une collection d'anciennes fables hindoues qui datent de plus de 2,000 ans et qui ont été traduites dans toutes les langues. 18 fables de la Fontaine ne sont que des imitations de celles de Bidpay.

BIEBRICH ou **Bieberich** (bié-be-rik], ville de Hesse-Nassau, Prusse, sur le Rhin, à 5 kil. de Wiesbaden; 6,700 hab. (y compris la population de Mosbach). Le palais de Biebrich était autrefois la résidence d'été des duc de Nassau La ville devint port franc en 1831.

* **BIEF** s. m. Voy. BIEZ.

BIELA (Wilhelm von, baron) [bi-la] astronome allemand (1782-1856). Il était officier dans l'armée autrichienne, lorsqu'il découvrit les comètes télescopiques de 1823 et de 1825. Établi à Josephstadt, Bohême, il se rendit célèbre en découvrant, le 27 février 1826, la comète appelée *Biela* qui est visible tous les 6 ans et 9 mois. Biela vécut pendant longtemps à Venise.

BIELEFELD [all. bi'-lé-fèlt], ville de Westphalie, Prusse, à 48 kil. S.-O. de Minden, 22,000 hab. Célèbres fabriques de toiles de lin. Bielefeld devint ville hanséatique au XIIIᵉ siècle et passa à la maison de Bandenburh au XVIIᵉ.

BIELEV ville de Tula, Russie, sur l'Oka, à 250 kil. S.-S.-O. de Moscou; 8,500 hab. Cordages, suif, sucre et huile de lin. Il se tient à Bielev deux grandes foires annuelles.

BIELGOROD, voy. Belgorod.

BIELGRAD, voy. Bolgrad.

BIELITZ, ville de la Silésie autrichienne, sur la Biala, à 30 kil. E.-N.-E. de Teschen; 11,000 hab. Siège d'un consistoire protestant avec juridiction sur la Moravie et sur la Silésie autrichienne. Dépôt de sel; fabriques d'étoffes; teintureries.

BIELLA [bièl-la], ville du Piémont, Italie, à 45 kil. N.-O. de Novarre; 9,000 hab. Cathédrale, collège, soieries, papeteries.

* **BIELLE** s. f. Mécan. Tige rigide qui sert à communiquer le mouvement entre deux pièces placées à distance l'une de l'autre, par exemple entre deux roues, ou d'un piston à une roue. La bielle est articulée par ses deux extrémités à deux points mobiles qu'elle tient à la même distance. Elle transforme un mouvement rectiligne ou circulaire alternatif en un mouvement circulaire continu, comme dans les machines à vapeur et le rouet des fileuses; un mouvement circulaire continu en mouvement rectiligne ou circulaire alternatif, comme dans les scieries mécaniques; un mouvement rectiligne continu en mouvement circulaire continu, comme dans les roues couplées des locomotives.

BIELSHŒLE [bils'-hè-le], grande et belle excavation naturelle du mont Bielstein (chaîne du Hartz), à 10 kil. de Blankenburg. Elle mesure 335 m. de profondeur et forme douze chambres contenant de magnifiques stalactites.

BIELSKI (Marcin) [bièl-ski], historien polonais (1495-1876). Sa *Kronika swiata,* histoire universelle et sa *Kronica polska,* histoire de Pologne, continuée par son fils Joachim jusqu'en 1597; furent les premiers travaux historiques publiés en polonais

* **BIEN** s. m. [biain] (lat. *bene,* de *bonum, bon*). Ce qui est utile, avantageux, agréable : *cela ne fait ni bien ni mal; il n'y a pas de bien sans quelque mélange de mal; un petit mal pour un grand bien; le mieux est l'ennemi du bien.* — Ce qui est juste, honnête, louable : *la science du bien et du mal; faire le bien et le mal sans discernement.* — Ce qu'il est bon de posséder :

Le premier des devoirs sans doute est d'être juste,
Et le premier des biens est la paix de nos jours.
                      Voltaire.

— Ce qu'on possède en argent, en fonds de terre, ou autrement : *bien patrimonial; les biens de père et mère.* — Absol. Bien de campagne, propriété rurale : *il vit dans son bien, sur son bien.* — Fam. Avoir du bien au soleil, avoir des biens-fonds, des terres, des maisons. — Les biens du corps, la santé, la force. — Les biens de l'esprit, les talents. — Les biens de l'ame, les vertus. — Prov. En tout bien et en tout honneur, en tout bien et tout honneur, à bonne fin, à bonne intention : *il voit cette fille en tout bien et tout honneur.* — Les biens terrestres, les biens passagers, les biens temporels, les biens de ce monde, par opposition aux biens éternels, la béatitude éternelle. — Le bien public, le bien général, l'avantage, le bien-être, l'intérêt de tous. — Vouloir du bien a quelqu'un, avoir le désir de l'obliger. — Faire du bien a quelqu'un, procurer du bien à quelqu'un, le secourir, contribuer à son bien-être, à son bonheur, lui procurer quelque avantage : *rendre le bien pour le mal.* — Faire du bien, faire grand bien, se dit des choses qui procurent quelque avantage ou quelque soulagement : *un peu d'aide fait grand bien.* — Pour le bien, pour l'avantage, selon ses intérêts : *écoutez les conseils de ce vieillard; c'est pour votre bien.* — Dire du bien, parler en bien, parler avantageusement de : *on dit beaucoup de bien de cet ouvrage, de ce poëme, etc.* —

Prendre, interpréter quelque chose en bien, l'interpréter d'une manière favorable. — Mener une affaire, une entreprise a bien, faire qu'elle réussisse. — Jurispr. « On nomme *biens,* dans le langage juridique, tout ce qui peut être l'objet du droit de propriété, c'est-à-dire appartenir à une personne à l'exclusion de toute autre. Tous les biens sont *meubles* ou *immeubles* (C. civ. 516) voy. *ces mots.* Les *biens vacants* et sans maître, et ceux des personnes qui décèdent sans héritiers ou dont les successions sont abandonnées, appartiennent au domaine public (id. 539 et 743). Les biens dits *communaux* ne sont pas tous ceux qui appartiennent à une commune : ils ne comprennent ni les biens qui sont affectés à un service public, ni ceux qui font partie du domaine communal et dont la jouissance peut être affermée; mais seulement ceux à la propriété ou au produit desquels les habitants ont un droit acquis (id. 542), ces droits acquis ont, pour la plupart, une origine féodale et résultent des concessions faites autrefois par des seigneurs aux habitants de certains hameaux ou paroisses qui ont ainsi exclusivement la faculté de récolter les fruits ou les bois, de faire paître le bestiaux, etc., sur une étendue de terrain. La loi du 28 août 1792 reconnut le droit des communes sur toutes les terres vaines et vacantes situées sur leur territoire, mais la plupart de ces terres furent partagées entre les habitants en exécution de la loi du 10 juin 1793. On trouve encore dans un grand nombre de communes un ou plusieurs de sections de communes, des biens à l'état d'indivision : ce sont des friches, des landes, des tourbières, des prés, etc; ce sont aussi des servitudes de parcours ou de vaine pâture, des droits aux secondes herbes ou des propriétés particulières. La jouissance ou le partage des fruits a lieu, non par tête, mais par feu, c'est-à-dire par chef de famille domicilié (avis Cons. d'État, 12 avril 1808). Les conseils municipaux ont le droit de régler le mode d'administration ou de jouissance des biens communaux (loi 18 juillet 1837, art. 17) Lorsqu'une section de commune a seule un droit à exercer, les chefs de famille nomment des délégués ou bien constituent un syndicat dans les formes prescrites par la loi du 24 juin 1865. La loi du 28 juillet 1860 a décidé que les marais et les terres incultes appartenant aux communes ou sections de commune et dont la mise en valeur aurait été reconnue utile seraient rendus propres à la culture et plantés en bois, aux frais des communes; mais celles-ci peuvent s'exonérer des avances que l'État aurait faites, en abandonnant la moitié des terrains mis en valeur. Cette loi n'a été mise à exécution que dans un petit nombre de départements. Les contributions frappant sur les biens communaux sont réparties entre les habitants qui en jouissent, au prorata des droits de chacun (L. 26 germ. an XI). Pour les biens de l'État, voy. Domaines »   (Ch. Y.)

BIEN adv. Marque un certain degré de perfection, un certain état heureux, agréable, avantageux, convenable : *il se conduit bien; il se porte bien.* — Son comparatif est Mieux.

Qui prend mari fait bien, fait mieux qui n'en prendra,
Disait le bon Damis à sa fille Lisette.
A ce sage propos répondit la doucette :
Mon père, faisons bien; fera mieux qui pourra.
             ***

— Beaucoup, fort, très : *bien mieux; il est déjà bien loin; il mange bien.*

Souvent femme varie,
Bien fol qui s'y fie.
           François Ier.

Le temps est un grand maître, il règle bien des choses.
   Corneille. *Sertorius,* acte II, sc. IV.

— Formellement, expressément : *il est bien entendu que...* — A peu près, environ : *il y a bien trois ans que je ne l'ai vu.* — S'emploie souvent par redondance, et pour donner plus de force à ce qu'on dit : *auriez-vous bien l'assurance de le nier?* — Etre bien, se porter mieux :

ce malade est bien. — Avoir une figure agréable : *cette jeune fille est bien.* — Avoir un bon maintien : *ce jeune homme est bien.* — ω Pop. Etre riche ou au moins dans l'aisance : *il a fait de bonnes affaires, maintenant, il est bien.* — * Iron. Etre dans une position fâcheuse : *vous voilà bien.* — Etre bien ensemble, être amis. — Impersonnel. Il est juste, il est convenable, il est bienséant : *il est bien de garder une certaine dignité, mais il n'est pas bien qu'elle dégénère en morgue et en insolence.* — Absol. C'est bien, c'est fort bien, ou elliptiq., Bien, fort bien, se disent pour marquer adhésion, assentiment, approbation : *bien, fort bien, je n'y vois aucun empêchement.* Ironiq. et par reproche : *bien, fort bien, ne vous gênez pas.* — Servent aussi à exprimer qu'on a bien compris un avis, une explication, un éclaircissement, qu'on ne veut pas continuer l'entretien sur l'objet dont il s'agit; et alors Bien peut être répété : *fort bien, je vois maintenant ce que j'ai à faire; bien, bien, j'entends ce que vous voulez dire.* — Hé bien, ou eh bien marque exhortation ou interrogation : *hé bien, continuez : Vous ne voulez pas? eh bien, je m'adresserai à un autre; vous croyez peut-être qu'il se fâcha : eh bien, non...* — Bel et bien, bien et beau, loc. adverb. Voy. Beau. — Bien loin de, loc. prépos. Voy. Loin. — Bien que, loc. conj. Encore que, quoique : *bien que je le souhaite de tout mon cœur, je ne le puis pas.* — Si bien que, loc. conj. Tellement que, de sorte que : *la nuit nous surprit, si bien qu'il fallut nous arrêter en route.*

* **BIEN-AIMÉ, ÉE** adj. Chéri, aimé de préférence à tout autre: *c'est son fils bien-aimé, sa fille bien-aimée.* — Substantiv. : *c'est le bien-aimé de sa mère.*

Dans une plaine parfumée,
Sou un bosquet cher aux amants,
J'ai reçu de ma bien-aimée
Mille baisers, mille serments.
           T. de M⋯

* **BIEN-DIRE** s. m. S'emploie dans ces phrases familières : *être sur son bien-dire, se mettre sur son bien-dire,* affecter de bien parler. — Substantiv., (s'écrit sans trait d'union): *le bien faire vaut mieux que le bien dire.*

* **BIEN-DISANT, ANTE** adj. Qui parle bien et avec facilité. On le dit aussi par opposition à médisant : *c'est un homme bien-disant.*

* **BIEN-ÊTRE** s. m. Tout ce qui contribue à une existence agréable et commode; cette existence même : *il n'a pas le bien-être.* — Situation, disposition agréable du corps et de l'esprit : *sentir le bien-être; goûter le bien-être.*

* **BIENFAISANCE** s. f. [On prononce dans le discours ordinaire *bienfesance,* i *bienfesant*; mais, au théâtre et dans le discours soutenu, on prononce *bienfaisance, bienfaisant* (Acad.)] Inclination à faire du bien aux autres; pratique de bienfaits. — * Bureaux de bienfaisance, administrations publiques chargées de recevoir et de distribuer les revenus et les dons destinés à secourir à domicile les indigents des communes. — Hist. Pendant plusieurs siècles, en France, le patrimoine des pauvres c'est dire implicitement, et l'histoire le confirme, que l'assistance était réservée aux fidèles ou à ceux qui paraissaient être tout dévoués à l'Église. Mais on reconnut que les biens des pauvres étaient presque partout mal administrés et que les revenus étaient souvent détournés de leur destination. On fut obligé de confier à des laïques l'administration des hôpitaux, hospices et léproseries, et, dans les villes de quelque importance, on institua des bureaux des pauvres composés de bourgeois; on attribua à ces bureaux le droit d'établir des troncs dans les églises et chapelles, de faire faire des quêtes dans les églises et dans les maisons; on taxa de *deniers à Dieu* les adjudicataires des ventes publiques faites par

les officiers des bailliages, ainsi que les apprentis et les maîtres, au moment de leur admission dans les corps de métiers. Les bureaux des pauvres furent chargés de la délivrance des secours à domicile ; mais le clergé paroissial était représenté dans ces bureaux, et les pauvres secourus étaient souvent obligés de produire des certificats constatant qu'ils avaient communié au moins aux quatre grandes fêtes de l'année. Les bureaux avaient en outre la direction des hôpitaux-généraux dans lesquels on donnait asile aux pauvres non valides et aux enfants exposés ou orphelins. Cette organisation date, pour certaines villes, du xvie siècle ; mais c'est surtout vers le milieu du xviie qu'elle s'est généralisée. François Ier, par un édit de 1543, avait cherché vainement à réprimer les graves abus introduits par le clergé dans l'administration des hôpitaux, et il dut créer en 1544, un bureau général des pauvres, composé de quatre conseillers au parlement et de treize bourgeois. Six ans après, en 1551, Henri II ordonne que des commissaires, désignés par le parlement, feront recueillir, chaque semaine, dans les paroisses, les dons et aumônes destinés aux pauvres. Dix ans plus tard, Charles IX, dans le préambule de son édit de Fontainebleau, rédigé par le chancelier Michel de l'Hospital, déplore la mauvaise administration du bien des pauvres, et, en 1566, par l'ordonnance de Moulins, il prescrit aux villes, bourgs et villages de secourir leurs pauvres et défend à ceux-ci de demander l'aumône hors du lieu de leur domicile. L'édit rendu en 1656 par Louis XIV, a encore pour but de remédier à l'excès de la misère et de la mendicité ; le roi fonde et dote largement de vastes établissements, et néanmoins il semble que le mal aille en s'aggravant et ne puisse jamais être extirpé. La constitution de la propriété du sol, les privilèges de toutes sortes, les impôts excessifs, l'ignorance de la population s'opposent à ce que l'aisance puisse se répandre ; enfin on dirait que les communautés ont pris à tâche d'entretenir la mendicité par la façon dont elles distribuent les aumônes. Voici ce que constatent les motifs d'un arrêt du Conseil du 28 janvier 1721 : « La distribution qui « se fait aux portes des abbayes et prieurés, « indistinctement et sans connaissance, est « faite à celui qui n'en a pas besoin comme « le nécessiteux, d'où il s'en suit que le vé- « ritable pauvre n'en reçoit peu de soulagement. « Cette distribution donne occasion à une « grande quantité de particuliers de venir de « deux et trois lieues loing pour y avoir part ; « ils quittent le travail dont ils auraient retiré « plus de profit, et ces assemblées tumul- « tueuses donnent souvent occasion à beaucoup « de querelles et de désordres, et entretien- « nent la plupart des voisins de ces abbayes « dans l'oisiveté et la fainéantise, en vue de « ces aumônes...». Les mendiants de profession, chassés des villes, infestaient les campagnes et il fallut prendre des mesures générales. La déclaration du roi, datée de Chantilly, 18 juillet 1724, ordonna de renfermer pendant deux mois au moins les mendiants valides, de les mettre sur la paille, au pain à l'eau, en cas de récidive de les marquer au bras de la lettre M, au moyen du scarificateur et de poudre à canon, et, dans le cas de seconde récidive, de les envoyer aux galères pour cinq années. Les ordonnances de 1764, 1767 et 1777 renouvelèrent et complétèrent vainement ces prescriptions, et l'état de choses subsista jusqu'en 1790. La constitution de 1791 et diverses lois de 1793 prétendirent centraliser tous les secours publics et même reconnaître le droit à l'assistance. Le décret du 22 floréal an II ordonna l'établissement d'un livre de la bienfaisance nationale, et enfin, après ces lois inapplicables, vint celle du 7 frimaire an V qui a institué les bureaux de bienfaisance, tels à peu près qu'ils existent aujourd'hui. L'ordonnance royale du 31 octobre 1821 créa des conseils de charité qui devaient se joindre, pour certaines délibérations, aux commissions administratives des hospices et à celles des bureaux de bienfaisance ; mais leur fonctionnement n'était qu'une entrave à la bonne administration, et ces conseils disparurent en 1831. — Législ. Les bureaux de bienfaisance sont établis dans les communes, par arrêtés préfectoraux, lorsque leur utilité est reconnue par les conseils municipaux (L. 24 juillet 1867 art. 14), et, si cela est reconnu utile, il peut y avoir plusieurs bureaux distincts dans une même commune. Ils sont composés du maire, président, et de six membres renouvelables, parmi lesquels deux sont élus par le conseil municipal pour la durée des pouvoirs de ce conseil, et les quatre autres, nommés par le préfet, sont renouvelables chaque année, par quart, et sont rééligibles (L. 5 août 1879). Les membres de chaque bureau élisent entre eux un vice-président, un secrétaire et un ordonnateur, ce dernier chargé de la délivrance des mandats de paiement. Ces élections se renouvellent tous les ans. La présidence appartient au maire, ou à l'adjoint, ou au conseiller municipal remplissant dans leur plénitude les fonctions de maire. En cas d'absence du maire et du vice-président, la présidence appartient au plus ancien des membres présents, et, à défaut d'ancienneté, au plus âgé. Celui qui préside à voix prépondérante en cas de partage. Les fonctions des membres des bureaux de bienfaisance sont absolument gratuites(L.21 mai 1873,art.3).Les bureaux nomment eux-mêmes, lorsqu'ils le jugent nécessaire, pour les seconder dans leur tâche, des membres adjoints et des dames de charité. Ils arrêtent un règlement intérieur qui doit être approuvé par le préfet et qui contient les prescriptions relatives à la tenue des séances, aux attributions des agents, aux conditions de l'admission à l'assistance, au mode de répartition des secours, etc. (Inst. minist. 8 février 1823). Lorsqu'il n'existe pas de bureau de bienfaisance dans une commune, les sommes destinées aux pauvres sont distribuées par les soins du maire (Circ. minist.Int. 16 févr. 1847). Les ressources ordinaires des bureaux de bienfaisance sont : 1° Le revenu des biens, rentes et capitaux leur appartenant ; 2° Un décime par franc en sus du prix de chaque billet d'entrée dans les spectacles et les concerts quotidiens ; cinq pour cent de la recette brute des concerts non quotidiens ; et un quart de la recette brute des lieux de réunion ou de fête où se donnent des bals, des feux d'artifice, des courses, des exercices de chevaux, etc. pour lesquels les spectateurs sont admis en payant. La perception de ces droits, d'abord établie d'une façon temporaire par les lois des 7 frimaire et 8 thermidor an V, et par l'art. 23 de la loi des finances du 3 août 1872, est prorogée, chaque année, au profit des pauvres, par la loi du budget (Etat annexe J), et elle est attribuée aux hospices et aux bureaux de bienfaisance, dans les proportions déterminées par les conseils municipaux (L. 8 therm. an V) ; 3° Le produit des troncs placés dans les églises et autres édifices publics, celui des quêtes faites pour le bureau, dans les églises ou à domicile, et celui des cotisations volontaires souscrites ; 4° Les subventions allouées par la commune, le département ou l'Etat ; 5° Une part à prendre sur le tiers réservé aux pauvres dans le prix des concessions de terrains faites pour sépultures. Ce tiers est réparti par le conseil municipal entre les bureaux de bienfaisance et les hospices (Ord. 6 déc. 1843 et Décis. minist. 7 août 1865 ; et 6° tous les dons et legs faits directement au profit des pauvres dont les bureaux de bienfaisance sont légalement les seuls représentants. Les bureaux sont-ils autorisés à réclamer le produit des quêtes faites par des particuliers ou par des comités libres? Le conseil d'Etat, consulté sur cette question par le ministre de l'intérieur, en mars 1880, a répondu négativement, mais avec cette réserve que le maire est en droit de surveiller l'emploi et la distribution des sommes recueillies, afin de s'assurer que cet emploi est fait conformément aux intentions des donateurs. Les dons et legs faits au profit des pauvres d'une commune n'ont d'effet qu'autant que l'acceptation en a été autorisée légalement (C. civ. 910 et 937). Cette autorisation est donnée par le préfet et, s'il n'y a pas de réclamations de la part des familles (Décrets 25 mars 1852 et 13 août 1861). S'il y a des réclamations ou si la libéralité est complexe, c'est-à-dire commune à des établissements religieux, l'autorisation doit être donnée par décret (avis cons. d'Etat, 27 déc. 1855). Le maire peut provisoirement accepter à titre conservatoire, les libéralités faites au bureau de bienfaisance (arr. cass. 8 janv. 1867). Quant aux dons manuels ou anonymes, leur acceptation n'est soumise à aucune formalité. Les recettes et les dépenses des bureaux de bienfaisance sont confiées à un receveur qui est le receveur municipal ou celui des hospices de la commune, à moins que l'importance des recettes ordinaires ne nécessite un receveur spécial. Ce receveur est nommé par le préfet, mais il ne peut être révoqué que par le ministre de l'intérieur (L. 24 mai 1873 art. 4). La gestion des biens dépendant des bureaux de bienfaisance et leur comptabilité sont assujetties aux mêmes règles que celles des biens des hospices et des communes. En outre, ces bureaux sont obligés de subir dans certains cas le contrôle du conseil municipal et toujours celui du préfet, à l'approbation duquel doivent être soumis les règlements, les budgets et comptes, toutes les délibérations concernant les aliénations ou acquisitions d'immeubles, les baux, les adjudications et marchés de fournitures. Les bureaux ne peuvent plaider sans une autorisation rendue par le conseil de préfecture après avis du conseil municipal(L. 28 pluviose an VIII, etc.) et il est nécessaire de produire préalablement une consultation de trois jurisconsultes désignés par le préfet (Arr. 24 frimaire an XII). En attendant l'autorisation nécessaire pour plaider, les receveurs doivent faire tous les actes conservatoires (Arr. 19 ventôse an XII ; Inst. fin. 20 juin 1859). Les baux d'immeubles doivent être faits par adjudications publiques, devant notaire, sur cahiers des charges approuvés par le préfet, et ils doivent être précédés d'affiches et d'annonces (D. 12 août 1807, etc.). Les bureaux de bienfaisance doivent tenir un registre contenant les noms de tous les indigents assistés par eux. Ce registre est divisé en deux parties : la première contient les indigents secourus temporairement, et la seconde ceux qui reçoivent des secours réguliers. Les secours doivent être distribués autant que possible en nature. L'assistance médicale, organisée en France dans certains départements, devrait, avant toute autre, être rendue obligatoire et mise à la charge des communes et des départements. Divers projets de loi ont été élaborés dans ce but, notamment une proposition présentée le 9 janvier 1872, à l'assemblée nationale par deux de ses membres, MM. Théophile Roussel et Morvan ; mais cette urgente question n'a pu encore être résolue. Bien qu'en principe l'assistance soit facultative et que le droit aux secours ne soit pas reconnu en France, la loi a fixé un domicile de secours qui est le lieu de la naissance pour les enfants jusqu'à l'âge de vingt et un ans ; ensuite ce domicile s'acquiert dans une commune par un séjour d'un an (Decret. 24 vendemiaire an II, Titre V) ; mais les conditions d'admission aux secours sont toujours déterminées par le bureau lui-même, suivant les termes de son règlement intérieur. Tous les ans les bureaux de bienfaisance doivent adresser au préfet un compte administratif et un compte moral de l'exercice clos. Ces comptes sont rendus par celui des membres auquel sont dévolues les fonctions d'ordonnateur des dépenses (Décret, 31 mai 19:2, art. 556). Les inspecteurs généraux des établissements de bienfaisance, délégués par le ministre de l'intérieur, ont le droit non seulement de vérifier la comptabilité des receveurs, comme le font les inspecteurs des finances, mais aussi de contrôler toutes les écritures et tout le service administratif. Les quittances de secours délivrés aux indigents sont exemptes de timbre (L. 13 brum. an VII). Tout ce qui précède ne s'applique pas à la ville de Paris, où les bureaux de bienfaisance sont confondus sous la même direction que les hôpitaux et les hospices, et font partie de l'*administration générale de l'assistance publique à Paris*, fondée par la loi du 10 janvier 1849. Dans chacun des arrondissements de la capitale, est un bureau de bienfaisance, composé d'un certain nombre de membres et qui délibère sur les demandes de secours. — Les derniers renseignements donnés par la statistique constatent que les revenus de tous nos bureaux de bienfaisance s'élevaient à 31,178,411 francs, pour l'année 1880. En *Allemagne*, l'assistance est due aux indigents par la commune, en vertu d'une loi de l'Empire du 6 juin 1870, s'appliquant à tous les états allemands, sauf à la Bavière. Le domicile s'acquiert par une résidence de deux années, et le secours donné par une commune à un indigent qui appartient à une autre commune, est remboursé par celle-ci ; s'il s'agit d'un étranger (non allemand), c'est l'Etat qui fait le remboursement. Celui auquel des secours sont refusés peut les réclamer par la voie administrative. Des communes voisines l'une de l'autre forment entre elles des associations, dans le but de rendre plus facile et moins coûteux le service de l'assistance. Ces associations ou syndicats recueillent les dons et les souscriptions ainsi que diverses taxes sur les théâtres, concerts, etc. Les paroisses forment aussi entre elles des *Unions* et créent pour les indigents des maisons de travail, *workhouses*, qu'administrent des *guardians*, tels chaque année par les habitants. Des inspecteurs, également élus, sont chargés d'assister les pauvres à domicile. La taxe des pauvres (*poor-rate*) qui permet de subvenir à l'assistance donnée à domicile et aux dépenses des *workhouses*, est un impôt local qui frappe certains revenus. En *Italie*, la loi du 20 mars 1865 oblige les communes à fournir aux indigents les soins médicaux ; mais aucune autre assistance n'est légalement obligatoire. En *Danemark*, au contraire, l'indigent a droit aux secours publics en vertu des lois de 1799, 1849 et, en dernier lieu, du 28 juillet 1866. L'assistance est due par la commune dans laquelle l'indigent est domicilié depuis cinq années, et, à défaut de ce domicile acquis, par la commune dans laquelle il est né. Il existe dans chaque commune, un bureau de bienfaisance, et l'on perçoit une taxe spéciale pour les pauvres. En *Suède*, la loi du 43 juillet 1853 n'établit d'obligation que pour l'assistance des enfants indigents, des vieillards et des infirmes. Enfin l'organisation des secours publics varie, en Suisse, suivant les cantons, et dans la grande république américaine, selon les lois de chaque état. Après ce rapide aperçu de la législation comparée, il nous faudrait trop d'espace pour développer les considérations économiques et morales qui s'opposent à ce que les secours publics puissent être obligatoires, et à ce que dans certains cas exceptionnels. La charité légale a d'abord pour effet d'arrêter l'essor de la charité privée, qui est la vertu par excellence et qu'il faut bien se garder de laisser s'éteindre; elle tend à diminuer la dignité personnelle, l'effort individuel et la prévoyance, cette autre vertu qui sait réserver pour l'avenir

l'excédent du bien-être présent. Il faut que ceux qui s'aident eux-mêmes soient aidés, mais non pas que chacun puisse être tenté d'abandonner à la société le soin de son avenir, celui de ses enfants ou de ses vieux parents. Là où la charité légale est établie, comme cela existe en Angleterre, il a fallu nécessairement la limiter et rendre presque intolérable le séjour dans les asiles ouverts à l'indigence. (Voy. ASSISTANCE.) — On nomme *contrat de bienfaisance*, par opposition au contrat à titre onéreux, celui dans lequel l'une des parties procure à l'autre un avantage purement gratuit (C. civ. 1105). Tels sont: la donation, le mandat et le dépôt gratuits, le prêt sans intérêt, le cautionnement, etc. »

(Cu. Y.)

* **BIENFAISANT, ANTE**, adj. [voir *bienfaisance*]. Qui aime à faire du bien aux autres, et qui en fait : *femme très bienfaisante* ; *humeur bienfaisante* ; *caractère bienfaisant*. — Se dit, quelquefois des choses dont l'action ou l'influence est utile, salutaire, etc. : *rosée bienfaisante*.

* **BIENFAIT** s. m.   Bien qu'on fait à quelqu'un : service, bon office que l'on rend ; grâce, faveur que l'on accorde :

Un *bienfait* reproché tient toujours lieu d'offense.
                            Jean RACINE.

Un *bienfait* perd sa grâce à le trop publier.
                          CORNEILLE, *Théodore*, act, I, sc. II.

— Prov. UN BIENFAIT N'EST JAMAIS PERDU, une bonne action a sa récompense tôt ou tard. — Prov. et fig. LES INJURES S'ÉCRIVENT SUR L'AIRAIN ET LES BIENFAITS SUR LE SABLE, on oublie aisément les bienfaits, on se souvient longtemps des injures. — LES BIENFAITS DE LA SCIENCE, D'UNE INSTITUTION, etc., le bien, l'utilité, les avantages qu'elle procure.

* **BIENFAITEUR, TRICE** s.   Celui, celle qui a fait quelque bien, qui a rendu quelque service ou accordé quelque grâce.

* **BIEN-FONDS** s. m. Biens immeubles, comme terres, maisons; on ne l'emploie guère qu'au pluriel : *être riche en biens-fonds*. — Plur. des BIENS-FONDS.

* **BIENHEUREUX, EUSE**, adj.   Fort heureux, extrêmement heureux : *bienheureux qui peut vivre en paix*. — Dans le cas où il est précédé d'un verbe, on fait en deux mots : *bien heureux; il est bien heureux d'avoir évité ce danger*. — Qui jouit de la béatitude éternelle : *les âmes bienheureuses.*—Substantiv. : *le séjour des bienheureux*. — Celui que l'Église, par un acte solennel qui précède la canonisation, reconnaît et déclare avoir été admis à jouir de la béatitude éternelle. — Fam. AVOIR L'AIR D'UN BIENHEUREUX, avoir une figure vénérable, l'air recueilli ; avoir la figure joyeuse, épanouie. On dit aussi quelquefois : *se réjouir comme un bienheureux*.

BIEN-HOA, place maritime fortifiée de la basse Cochinchine, au N.-E. de Saïgon, sur une rivière du même nom, qui se jette dans le Saïgon. Elle fut enlevée d'assaut le 15 décembre 1861, par les Français sous les ordres du contre-amiral Bonard ; et a été assurée à la France par le traité du 5 juin 1862.

* **BIENNAL, ALE, AUX** adj. Qui dure deux ans : *magistrature biennale ; emplois biennaux* ; assolement biennal.

BIENNE (all. *Biel*). I. Ville du canton de Berne (Suisse) au pied du Jura, à environ 2 kil. de l'extrémité du lac de Bienne, à 30 kil. N.-O. de Berne. 8,150 hab. Horlogerie ; cotons imprimés. — II. (Lac de) (all. *Bielersee*), lac qui mesure environ 16 kil. de long sur 5 de large. Il commence à 5 kil. N. du lac de Neufchâtel et s'étend le long du Jura, à environ 400 m. au-dessus du niveau de la mer. Il contient l'île de Saint-Pierre, célèbre depuis que Rousseau y résida quelque temps aq 1765. Au

S.-E. du lac se trouve la tourbière la plus importante de la Suisse. La tourbe que l'on en extrait est employée dans des manufactures de pétrole, de benzine et d'acides. On a récemment découvert un ancien village lacustre.

BIEN PUBLIC (Ligue du), coalition armée que formèrent le duc de Bretagne, le comte de Charolais, le duc de Bourbon et le duc de Berry, contre le roi de France, Louis XI. D'après le manifeste publié en mars 1465, par le duc de Bourbon, la *Ligue du Bien public* avait pour but de réformer les abus et de soulager le peuple écrasé d'impôts. Cette ligue amena la bataille de Montlhéry et se termina par le traité de Conflans, en vertu duquel le roi dut céder la Normandie à son frère, le duc de Berry, et accorder des terres considérables aux autres seigneurs coalisés.

* **BIENSÉANCE** s. f.   Convenance, rapport de ce qui se dit ou se fait, avec ce qui est dû aux personnes, à l'âge, au sexe, à la condition, et avec les usages reçus, les mœurs publiques, le temps, le lieu. etc. : *cela choque la bienséance, les bienséances*. — ÊTRE A LA BIENSÉANCE DE QUELQU'UN, se dit d'une chose qu'il conviendrait à quelqu'un d'avoir : *cet emploi est à votre bienséance*. — Fam. PAR DROIT DE BIENSÉANCE, sans avoir aucun autre droit que celui de sa propre convenance, de sa propre commodité.

* **BIENSÉANT, ANTE** adj. Qu'il sied bien de faire, de dire, etc. : *il est bienséant aux jeunes gens de respecter la vieillesse*.

* **BIEN-TENANT, ANTE** s. Jurispr. anc. Celui, celle qui tient, qui possède les biens d'une succession, ou des biens grevés d'hypothèques : *les héritiers et bien-tenants*.

* **BIENTÔT** adv. de temps. Dans peu de temps, incessamment, promptement : *je pars bientôt* ; *je reviendrai bientôt*. — Fam. CELA EST BIENTÔT DIT. Cela est facile à dire, à prescrire, mais non à exécuter. — A BIENTÔT. Façon de parler elliptique et familière qu'on emploie quelquefois en quittant une personne, pour exprimer qu'on se propose ou qu'on désire de la revoir avant peu.

* **BIENVEILLANCE** s. f. Affection, bonne volonté, disposition favorable envers quelqu'un. — Se dit surtout du supérieur à l'égard de l'inférieur.

* **BIENVEILLANT, ANTE** adj. Qui a de la bienveillance, qui marque de la bienveillance.

* **BIENVENIR** v. n. N'est usité que dans cette locution : *se faire bienvenir*, faire en sorte d'être bien accueilli.

* **BIENVENU, UE** adj. Que l'on accueille avec plaisir. — Substantiv : SOYEZ LE BIENVENU, LA BIENVENUE. On écrit aussi, *bien venu*, en deux mots : voy. le participe de VENIR.

* **BIENVENUE** s. f. Heureuse arrivée de quelqu'un. Ne se dit proprement que de la première fois qu'on arrive en quelque endroit, ou qu'on est reçu dans un corps, lorsque la coutume est de payer quelque droit ou de régaler en ce cas : *payer sa bienvenue*.

BIENVILLE (Jean-Baptiste LE MOYNE, SIEUR DE), gouverneur français de la Louisiane, né à Montréal, en 1680, mort en 1768. Il était frère d'Iberville qui fonda un établissement à Biloxi en 1698. Après avoir exploré les territoires avoisinants, Bienville bâtit en 1700 un fort à 95 kil. au-dessus de l'embouchure du Mississipi. L'année suivante, il devint gouverneur de la colonie ; mais il fut remplacé en 1712 par Cadillac et n'eut plus que le titre de lieutenant gouverneur. Envoyé contre les Natchez, il les détermina à construire un fort pour les Français. En 1718, il redevint gouverneur, fonda bientôt la Nouvelle-Orléans et enleva Pensacola aux Espagnols. Il dut, en 1724, venir en France pour défendre sa couduite qu'attaquaient ses ennemis. Ceux-ci eurent le dessus : il fut destitué ; mais on le rétablit en 1733. Il fit en 1736, en 1739 et en 1740 des expéditions malheureuses contre les Chickasaws. Ses insuccès répétés motivèrent son rappel définitif en France (1744).

BIENVOULU, UE adj. Qui est aimé, à qui l'on veut du bien, On écrit aussi, *bien voulu*, en deux mots ; voy. le participe de Vouloir.

* **BIÈRE** s. f. (all. *bier* ; angl. *beer*). Boisson fermentée qui se fait avec des grains *maltés* (ordinairement de l'orge, de l'avoine ou du blé) et que l'on aromatise avec du houblon ou d'autres substances ayant pour but de lui communiquer leurs propriétés particulières ou de contribuer à sa conservation. On appelle particulièrement *bière de mars*, celle qui est brassée dans le mois de mars.— Prov. Ce n'est pas de la petite bière, ce n'est pas une bagatelle. — Encycl. La bière était probablement connue des anciens Égyptiens ; mais les peuples du Nord de l'Europe attribuèrent son invention au roi mythique Gambrinus (voy. ce mot). Elle était d'un usage général chez les Germains au temps où écrivait Tacite. On distingue plusieurs sortes de bières : *ale*, *porter*, *stout*, *lagerbeer*, *petite bière*, etc. L'ale est produite par une fermentation rapide, pendant laquelle l'écume s'élève à la surface, tandis que les bières ordinaires fermentent lentement dans des caves froides, et l'écume descend au fond de la cuve. Le porter provient d'un mélange de malt noir et de malt plus légèrement coloré. Le stout est une espèce de porter très fort. — Chez nous, on boit des bières ordinaires, des bières de ménage et surtout de la bière de Strasbourg, boisson alcoolique, dont ils se fait une grande consommation dans les cafés. — Les Belges appellent *faro* une petite bière aigrelette qui est, en quelque sorte, la boisson nationale des Brabançons. On fabrique aussi du faro dans la Flandre française. Pour d'autres détails, voy. Brassage. — La bière est nourrissante, en raison des matières azotées et des sels terreux qu'elle contient ; elle engraisse ceux qui en font usage, mais elle les énivre et elle les alourdit. — Bibliogr. Voy. Pasteur : *Etudes sur la bière* (1876).

* **BIÈRE** s. f. (all. *baer*, civière). Cercueil ; sorte de coffre, fait de planches, où l'on enferme un corps mort pour le porter et le déposer en terre.

BIERNACKI (Aloizy-Prosper) [bièr-nâts-'ki] agronome et homme d'État polonais (1778-1856). Il établit dans ses domaines, près de Kalisz, la première ferme modèle que l'on vit en Pologne et introduisit de grands perfectionnements dans les procédés agricoles en usage dans son pays. Ayant pris part à la Révolution de 1830-31, il dut s'expatrier et se réfugia à Paris. Son frère aîné, Joseph, fervent patriote, mourut prisonnier des Russes, en 1836.

BIERNÉ, ch.-l. de cant., arrond. et à 11 kil. E. de Château-Gontier (Mayenne), 1,100 hab.

BIES-BOSCH [biss-bosk], lac marécageux que traverse la Moselle, entre la Hollande méridionale et le Brabant septentrional (Hollande), 200 kil. carr. Il fut formé le 18 nov. 1421, par une inondation qui submergea 72 villages et fit périr 100,000 habitants.

BIÉVILLE (Charles-Henri-Etienne-Edmond Desnoyers de), écrivain, né à Paris, le 30 mai 1814, mort dans les premiers jours de l'année 1880. Produisit un grand nombre de comédies et de vaudevilles. A donné en collaboration : *le Saute-Ruisseau*, *la Vie de Garçon* (1838), *le Flagrant délit*, *la Gardeuse de dindons* (1845), *Eric le Fantôme*, *les Enfants de la Balle*, *un Fils de Famille* (1853), *Ce que deviennent les Roses*, *Rêves d'amour* (Théâtre-Français 1859), *les Deux rats* (1861). Rédigeait le feuilleton dramatique du *Siècle* depuis 1856.

° **BIÈVRE** s. m. Ancien nom du castor.

BIÈVRE (La), petite rivière qui naît entre Bouviers et Guyancourt, près de Versailles, et vient se perdre dans les égouts de Paris, après un cours de 31 kil. Elle passe à Jouy, à Bièvre, entre dans Paris près de la porte de la Maison-Blanche, traverse la manufacture des Gobelins et fournit l'eau à des tanneries, des blanchisseries, des teintureries, etc.

BIÈVRE (Marquis de), personnage plaisant, né en 1747, mort à Spa en 1789. Publia, en 1770 sa *Lettre à Madame la comtesse Tation, par le sieur de Bois-Flotté, étudiant en droit fil*. Portant le calembour jusque dans la tragédie, il donna *Vercingétorix*, pièce remplie de coq-à-l'âne. Sa comédie le *Séducteur*,(1783, 5 actes, vers) est restée au répertoire du Théâtre-Français.

BIEZ s. m. [bié] (bas, lat. *bedium*). Canal qui conduit les eaux pour les faire tomber sur la roue d'un moulin : *le biez d'un moulin*.— Ponts et Chaus. Le biez supérieur et le biez inférieur d'une écluse, les parties du canal qui se trouvent l'une en amont, l'autre en aval de l'écluse.

BIEZ (Oudard de), maréchal de France, mort vers 1554. Faussement accusé de trahison, en 1549, il fut enfermé au château de Loche, et ne fut relâché que peu de temps avant sa mort.

BIF s. m. (angl. *beef*, bœuf). Prétendu *jumart* provenant de l'union du cheval et de la génisse.

BIFACIAL, ALE adj. Bot. Qui a deux faces pareilles.

BIFARIÉ, ÉE adj. (lat. *bifarius*, double). — Bot. Se dit des feuilles ou appendices de la plante, lorsqu'ils sont disposés en deux séries opposées.

BIFASCIÉ, ÉE adj. Entom. Qui offre deux bandes colorées sur un fond d'une autre teinte.

BIFÈRE adj. (lat. *bis*, deux fois ; *ferro*, je porte). Bot. Se dit des plantes qui fleurissent deux fois par an.

BIFFAGE s. m. Action de raturer, d'effacer ce qui est écrit ; rature faite sur l'écriture.

* **BIFFE** s. f. Métier de chiffonnier.

* **BIFFER** v. a. Effacer ce qui est écrit, en sorte qu'on ne le puisse lire, qu'il soit annulé. — ᴧᴧ Argot. Exercer le métier de chiffonnier.

BIFFIN, INE s. Argot. Chiffonnier, chiffonnière.— Soldat d'infanterie de ligne.

BIFFURE s. f. Raie par laquelle on biffe.

* **BIFIDE** adj. (lat. *bis*, deux fois ; *findo* je fends). Bot. Qui est fendu en deux jusqu'à la moitié de sa longueur, environ : *calice bifide* ; *pétale bifide* ; *stigmate bifide*.

BIFIDITÉ s. f. Bot. Etat de ce qui est bifide.

BIFLORE adj. (lat. *bis*, deux fois ; *flos*, fleur). Bot. Qui renferme ou porte deux fleurs.

BIFOLIÉ, ÉE adj. Bot. Qui porte deux feuilles.

BIFOLIOLÉ, ÉE adj. Bot. Composé de deux folioles.

BIFORE s. m. (lat. *bis*, deux fois ; *foratus*, percé). Moll. Genre d'acéphales sans coquilles, à enveloppe cartilagineuse, ouverte aux deux bouts, transparente et brillant des couleurs de l'iris. Ce que les bifores offrent de plus curieux, c'est que pendant longtemps ils restent unis ensemble comme ils l'étaient dans l'ovaire, et nagent ainsi en longues chaînes. Ils sont très nombreux dans la Méditerranée et dans les parties chaudes de l'Océan. Quelques naturalistes écrivent Biphore.

BIFORÉ, ÉE adj. Bot. se dit de toute partie d'un végétal percée de deux trous.

BIFURMIS adj. m. [bi-for-miss] (lat. *bis*, deux fois ; *forma*, forme). Mythol. Qui a deux formes, comme le Minotaure, Janus, les centaures, etc.

* **BIFTECK** s. m. (forme francisée de *beefsteak* ; angl. *beef*, bœuf mort ; *steak* [stèck], tranche). Cuis. Tranche de bœuf grillée : *bifteck aux pommes de terre* ; *bifteck au cresson* ; *bifteck à l'anglaise* ; *servir des biftecks*.

* **BIFURCATION** s. f. (si-on) (lat. *bis* deux ; *furca*, fourche). Endroit où une chose fourche et se divise en deux.

* **BIFURQUER** v. n. Se diviser en deux : *lo route bifurquait*. — Se Bifurquer v. pr. Se diviser en deux, fourcher. S'emploie surtout en termes d'Anat. et de Bot. : *quelquefois les racines des dents molaires se bifurquent vers le bout* ; *la tige, les rameaux de cette plante se bifurquent*.

* **BIGAME** adj. (lat. *bigamus*). Dr. crim. Qui a commis le crime de bigamie.— Substantiv. : *autrefois les bigames étaient punis de mort*.— Droit canon. Celui qui a été marié deux fois : *les bigames ne sont point reçus aux ordres sacrés sans dispense*.

* **BIGAMIE** s. f. Dr. crim. Crime qui consiste à être marié avec deux personnes en même temps. — Dr. canon. Etat de ceux qui ont passé à un second mariage. — Bigamie spirituelle, état de celui qui possède deux bénéfices de même nature, qu'il est interdit de cumuler, comme deux évêchés, deux cures, etc. — Législ. « La bigamie, c'est-à-dire le fait de contracter un second mariage avant la dissolution du premier (C. civ. 147) est considérée par le Code pénal (art. 340) comme un attentat aux mœurs. La peine en est punie de la peine des travaux forcés à temps, et la même peine est infligée à l'officier de l'état civil qui, connaissant l'existence du premier mariage, a prêté son ministère au second. Le second mariage est nul de plein droit et cette nullité est déclarée par les tribunaux civils à la requête soit de l'époux au préjudice duquel ce mariage a été contracté, soit de l'un des époux du susdit mariage, soit de toute personne ayant intérêt à faire déclarer cette nullité, soit du ministère public (C. civ. 183, 188). Mais, il peut arriver que le second mariage ait été contracté de bonne foi, même par le bigame, dans le cas où celui-ci a pu croire au décès de son conjoint. Souvent aussi, l'un des époux du second mariage est seul de bonne foi. Dans ce cas les tribunaux peuvent décider que le second mariage, quoique nul, produira ses effets civils, en faveur de l'époux de bonne foi et des enfants issus du mariage (id. 201, 202). C'est ce que l'on nomme un *mariage putatif*. Voy. ce mot ».   (Ch. Y.)

* **BIGARADE** s. f. Espèce d'orange aigre et un peu amère, sur la peau de laquelle il y a quelques excroissances. On l'emploie comme assaisonnement, en place de citron, pour manger les huîtres ou pour arroser le suc du gibier à chair noire.

BIGARADIER s. m. Bot. Espèce du genre citronnier-oranger, qui comprend une trentaine de variétés. Le bigaradier franc, originaire de la Chine, est acclimaté en Andalousie. Le bigaradier chinois produit des petits fruits qui sont connus, après avoir été confits au sucre, sous le nom de *chinois*.

* **BIGARREAU** s. m. Variété de cerise rouge et blanche, de la forme des guignes, mais d'une chair plus ferme. Confits au vinaigre, les bigarreaux se servent en hors-d'œuvre comme les cornichons.

* **BIGARREAUTIER** s. m. Arbre qui porte des bigarreaux

* **BIGARRER** v. a. (lat. *bis*, deux fois ; *variare*, varier). Rassembler sur un fond quelconque des couleurs qui tranchent, ou qui sont

mal assorties ; *il a trop bigarré sa livrée.* — Fig. Mélanger :

> Toute vertu qui veut être admirée,
> De quelque vice est toujours *bigarrée.*
>
> J.-B. Rousseau.

* **BIGARRURE** s. f. Variété de couleurs tranchantes, ou mal assorties. — Fig. Bigarrure de style, mélange de tons disparates. — Il y a de la bigarrure dans cet ouvrage, il offre un mélange de choses qui vont mal ensemble. — Il y a bien de la bigarrure dans cette société, elle est composée de personnes mal assorties.

BIG BLACK RIVER, torrent des Etats-Unis ; il se jette dans le Mississipi près de Grand-Gulf, après un cours de 325 kil.

BIG BONE LICK, source salée de l'Etat de Kentucky (Etats-Unis). Elle est intéressante à cause de ses dépôts d'os ayant appartenu à des mastodontes et autres mammifères fossiles.

BIGE s. m. (lat. *bigatus*, qui a deux jougs). Ant. rom. Char à deux chevaux. — s. f. Anc. art milit. Tiers de la terze.

BIGE, Bigeot, Bigois s. m. Argot. Dupe.

BIGEARREYN s. m. [bi-ja-rain] ou Bigearreynes s. f. pl. (bi-ja-rè-ne). Pêche. Filet du genre des demi-folles, employé en Gascogne pour pêcher le poisson plat.

BIGÉMINÉ, ÉE adj. Bot. Se dit des fleurs placées deux par deux sur le même pédoncule. — Archit. Se dit d'une baie subdivisée en quatre parties.

BIGÈRE s. f. (lat. *bigera*). Grossier vêtement, roux et à longs poils que portaient les Gaulois.

BIGERRIONES ou Bigerri, peuple de l'anc. Gaule ; ville princ. Turba (Tarbes). De leur nom est venu celui de Bigorre.

BIG HORN RIVER, cours d'eau qui naît dans les montagnes Rocheuses, court au S.-E. puis au N. et se jette dans la Yellowstone, à 500 kil. avant l'arrivée de celle-ci dans le Mississipi. Sur les rives de l'une de ses tributaires, le Little Big Horn, une armée de cavaliers américains sous les ordres du général George-A. Custer, fut anéantie, le 25 juin 1876, par une troupe de Sioux.

* **BIGLE** adj. (lat. *bis*, deux fois ; *oculus*, œil). Louche. Qui a un œil ou les deux yeux tournés en dedans : *cet homme est bigle.* — Se dit de l'œil qui dévie de la direction de l'autre œil : *son œil gauche est bigle.* — Substantiv. Personne bigle : *le regard d'un bigle.* — ⁕ Bigles s. m. pl. Art milit. anc. Soldats romains dont le service spécial consistait à fournir les sentinelles.

BIGLE s. m. Sorte de chien. Voy. Beagle.

* **BIGLER** v. n. Regarder en bigle.

BIGNAN (Anne), poète de l'école dite classique, né à Lyon en 1795, mort en 1861. Ses productions, souvent couronnées par les académies, sont correctes, mais sans imagination. On estime ses traductions en vers de l'*Iliade* (1830) et de l'*Odyssée* (1841), supérieures à ses autres œuvres parce qu'il n'eut pas à y mettre du sien.

* **BIGNE** s. f. Tumeur au front qui provient d'un coup ou d'une chute. Voy. Beigne.

BIGNON s. m. [gn mll.]. Pêche. Filet semblable à la truble.

BIGNON I. (Jérôme), magistrat, né à Paris en 1589, mort en 1656. Sa profonde érudition lui valut le surnom de *Varron françois.* Parmi ses ouvrages, nous citerons son traité de l'excellence des rois et du royaume de France (1610, in-8°).— II. (J.-Paul), oratorien puis prédicateur, académicien, petit-fils du précédent, né à Paris en 1662, mort en 1743 ; collabora au *Journal des savants.* — III. (Armand-Jérôme), magistrat, neveu du précédent (1711-'72), membre de l'Académie française. — IV. (Louis-Pierre-Edouard, baron), homme d'Etat et historien, né à la Meilleraye (Seine-Inférieure) en 1771, mort en 1841. Ministre des affaires étrangères pendant les Cent-Jours, il signa la convention qui livrait Paris aux Alliés (3 juillet 1815). Napoléon lui légua 100,000 francs pour écrire l'histoire de la diplomatie de 1792 à 1815, Bignon répondit à ce vœu en publiant une *Histoire de France depuis le 18 brumaire jusqu'en 1812* (Paris, 1829-'38, 10 vol. in-8°).

BIGNONIACÉ, ÉE adj. Qui ressemble à la bignonie. — s. f. pl. Famille de plantes gamopétales hypogynes de la classe des personnées, comprenant les genres bignonie, millingtonia, spathodea, tecoma, catalpa, jacaranda, calebassier, etc.

BIGNONIE s. f. (de *Bignon* n. pr.). Genre de bignoniacées exotiques qui se cultivent chez nous en serre chaude. La bignonie grimpante ou *bignonie de Virginie* vient en pleine terre ; elle orne, avec le lierre, les berceaux et les murs ; on la multiplie principalement de boutures et de marcottes.

BIGNOU s. m. [gn mll.]. Voy. Biniou.

* **BIGORNE** s. f. (lat. *bicornis*, deux cornes). Enclume à deux cornes ou saillies latérales.— ⁕ Mar. Coin de fer dont se servent les calfats pour couper les joints où ils se trouvent dans les joints. — Argot. Langue parlée par les voleurs et les mendiants : *jaspiner bigorne, rauscailler bigorne comme daron et daronne* (parler argot comme père et mère).

BIGORNEAU s. m. Jargon des marins. Soldat d'infanterie de marine. — Sergent de ville. — Petit coquillage marin comestible.

BIGORNER v. a. Façonner le fer sur la bigorne.

BIGORRE, ancien pays qui formait jadis un comté appartenant au duché de Gascogne, entre les Pyrénées, l'Armagnac, les Quatre-Vallées, le Nébouzan, l'Astarac et le Béarn. Cap. Tarbes. Il forme aujourd'hui la plus grande partie du dép. des Hautes-Pyrénées. Habité primitivement par les *Bigerriones* ou *Bigerri*, la Bigorre fit partie de la Novempopulanie et fut ensuite conquis par les Francs et par les Gascons. Louis le Débonnaire en fit un comté indépendant, qu'il octroya à Donat Loup (819). Un mariage fit passer ce comté dans la maison de Béarn (1080) ; Gaston le Bel le donna au troisième de ses fils, qui régna plus tard sous le nom de Charles le Bel ; Charles VI l'abandonna en 1389 à Gaston Phébus, comte de Foix. Il passa en 1484 dans la maison d'Albret et fut réuni à la couronne en 1607.

* **BIGOT, OTE** adj. (scandinave : *bey Gott*, par Dieu ; jurement des anciens Normands). Dévot outré et superstitieux. — Se dit quelquefois de l'air, des manières, etc. : *manières bigotes.* — Substantiv. : *faire le bigot ; une vieille bigote.*

BIGOT DE MOROGUES. Voy. Morogues.

BIGOT DE PREAMENEU (Félix-Julien-Jean), jurisconsulte, né à Rennes, en 1747, mort en 1825 ; fit partie de l'Assemblée législative en 1791'-92, fut l'un des rédacteurs du Code civil, devint comte et académicien sous l'Empire et fut ministre des cultes de 1808 à 1814.

BIGOTE s. f. ou Bigot s. m. Mar. Morceau de bois d'orme qui fait partie du racage d'une vergue de hune.

* **BIGOTERIE** s. f. Dévotion outrée, attachement superstitieux aux moindres pratiques extérieures de la religion.

* **BIGOTISME** s. m. Caractère du bigot.

BIGOURELLE s. f. (provenç. *bigourélo*). Mar. Couture ronde au moyen de laquelle on réunit les deux lisières d'une laize de toile à voile.

BIGOURETTE s. f. Mar. Nom des pommes qui forment le racage du trinquet, et qui sont moins grosses que les bigotes.

BIGOURNE s. f. Lutin femelle des paysans gascons.

BIGRE interj. (formé de *bougre*). Juron familier lancé dans les cas difficiles : *ah! bigre!*

BIGREMENT adv. (de *bougrement*). Superlativement : *c'est bigrement embêtant.*

* **BIGUE** s. f. Mar. Mât ou mâtereau qui porte, à son extrémité, des poulies garnies de cordages, et qui sert à élever ou à soutenir des fardeaux, à coucher un navire, ou à servir d'appui à une machine à mâter.

BIHAR, le plus vaste comté de Hongrie, à l'E. de la Theiss, sur la frontière de Transylvanie ; 11,084 kil. carr.; 555,337 hab. Ch.-l. Gross-Wardein ; ville princ. Debreczin.

BIHOREAU s. m. [bi-o-rô]. Sous-genre du genre héron. Les bihoreaux ont le port des butors et quelques plumes grêles et roides implantées dans l'occiput de l'adulte. Le *bihoreau d'Europe* (ardea mysticorax Lin.) est gris,

Bihoreau de l'Amérique du Nord (Nyctiardea Gardeni).

à manteau brun, à calotte noirâtre dans sa jeunesse ; son cou et son bec blancs, à calotte et dos noirs. Quand il vole, son cou et ses pattes sont étendus. A terre, il est disgracieux. C'est le héron de nuit. Il vit dans les endroits marécageux, où il se nourrit de poissons, de reptiles, de crustacés, d'insectes aquatiques, de souris et de tous les petits animaux qu'il y trouve. Notre gravure représente le *bihoreau de l'Amérique du Nord* (nyctiardea gardeni, Baird) a des mœurs semblables.

BIJANAGUR. Voy. Bedjanagore.

BIJAWUR. Voy. Bedjour.

* **BIJON** s. m. Pharm. Nom que l'on donne quelquefois à la térébenthine commune.

* **BIJOU** s. m. (lat. *bis*, deux fois ; *jocare*, jouer, briller). Petit ouvrage de luxe, précieux par le travail ou par la matière, et qui sert à la parure : *cette femme a de beaux bijoux.* — Se dit aussi des petites curiosités qui servent à orner une chambre ou un cabinet : *il a un cabinet tout plein de bijoux.* — Fig. et fam. Personne jolie, aimable ou aimée : *c'est un vrai bijou ; cet enfant est son bijou.* — S'applique aussi aux choses : *cette montre est un vrai bijou.*

* **BIJOUTERIE** s. f. Profession de celui qui fait commerce de bijoux. — Objets de ce commerce : *une belle boutique de bijouterie.*

* **BIJOUTIER, IÈRE** s. Celui, celle qui fait et vend des bijoux. — Argot. Marchand d'arlequins. — Bijoutier en cuir, bijoutier sur le genou, savetier.

BIJUGUÉ, ÉE adj. (lat. *bis*, deux fois ; *jugum*, joug). Bot. Se dit des feuilles composées de quatre folioles deux à deux sur un pétiole commun.

BILABIÉ, ÉE adj. (lat. *bis*, deux fois ; *labium*, lèvre). Bot. Doublement labié, qui a deux lèvres.

BILAMELLÉ, ÉE adj. Bot. Se dit des organes des plantes, composés de deux lamelles.

* **BILAN** s. m. (lat. *bilanx*, balance). Jurispr. comm. Etat indiquant la situation de l'actif et du passif d'un négociant en faillite. — Balance que l'on établit entre ce qu'on possède et ce qu'on doit, sans pour cela être en état de faillite, et seulement pour se rendre compte de sa situation. — Législ. « Le *bilan d'un failli* est l'état de sa situation active et passive, qu'il est tenu de joindre à la déclaration par lui faite au greffe du tribunal de commerce, dans les trois jours de la cessation de ses paiements. Le bilan doit contenir : 1° l'énumération et l'évaluation de tous les biens mobiliers et immobiliers du failli ; 2° l'état de ses dettes, comprenant le nom de chaque créancier, la somme due et la cause de la créance ; 3° le tableau des profits et des pertes, dressé au moyen des inventaires annuels, depuis l'entrée dans le commerce ou au moins depuis dix ans ; 4° le tableau des dépenses faites pendant le même temps. Le bilan doit être certifié véritable, daté et signé par le débiteur (C.com. 438, 439). Dans le cas où le bilan n'a pas été déposé par le failli, les syndics nommés le dressent, à l'aide des livres, papiers et de tous autres renseignements, et en font le dépôt au greffe (id. 470). Cette omission de la part du failli peut entraîner la *banqueroute simple* (id. 586). Voy. ce mot. Un bilan supplémentaire doit être dressé par les syndics, en cas de banqueroute frauduleuse prononcée, afin de réparer les omissions faites dans le premier (id. 522). Le failli est admis à rectifier son bilan et par des états supplémentaires, lorsqu'il a commis involontairement des erreurs. Le droit d'enregistrement du bilan est fixé à 1 fr. 25 cent. (L. 22 frim. an VII, art. 68 § 1er n° 13). On nomme aussi *bilan*, la balance générale des comptes, faite par un commerçant, à la suite de son inventaire annuel. C'est en conformité de ce bilan que sont faits les reports à nouveau sur chaque compte clos et rouvert. Dans les sociétés anonymes, les administrateurs dressent, chaque semestre, un état sommaire de la situation active et passive, autrement dit un *bilan*, lequel doit être, quarante jours au moins avant l'assemblée générale annuelle des actionnaires, mis à la disposition des commissaires désignés pour faire un rapport sur les comptes. Le bilan est en outre présenté à l'assemblée générale (L. 24 juillet 1867, art. 34). La Banque de France et le crédit foncier ont l'habitude de publier chaque semaine un bilan sommaire d'autres établissements de crédit le font tous les mois. » (CH. Y.).

* **BILATÉRAL, ALE, AUX** adj. (lat. *bis*, deux ; *latus*, côté). Didact. Qui a deux côtés ; qui se dirige de deux côtés. — Jurispr. Réciproque, qui assigne des obligations aux deux parties contractantes : *contrat bilatéral*. Voy. SYNALLAGMATIQUE.

BILBAO, ville d'Espagne, cap. de la province de Biscaye, sur le Nervion, près du golfe de Gascogne, à 75 kil. O. de Saint-Sébastien ; 20,000 hab. Cette ville bien bâtie, renferme une cathédrale, un collège, trois ponts sur le Nervion, des manufactures et des chantiers de construction pour les navires. Exportation de vins, de fer, de zinc, de farine et de fruits. Les Français prirent Bilbao en 1795. Espartero chassa, le 24 décembre 1836, les carlistes qui attaquaient cette ville, pour la deuxième fois. Bilbao résista encore aux carlistes, de février à mai 1874 ; le maréchal Concha vint à son secours et mit en fuite les assiégeants.

BILBILIS (auj. *Baubola*), ville des Celtibères, dans l'Hispania Tarraconensis, sur la rivière Salo (Xalon) ; patrie de Martial.

* **BILBOQUET** s. m. (de *bille*, boule ; et *bocquet*, fer de lance, en terme de blason). Jouet de bois ou d'ivoire, formé d'un petit bâton

---

tourné, dont un bout est pointu et l'autre terminé par une espèce de petite coupe, et auquel est suspendue, par une cordelette, une boule percée d'un trou : on met cette boule en mouvement de manière qu'elle retombe et reste dans la coupe, ou qu'elle entre et se fixe dans le bout pointu. — Petite figure qui a deux plombs aux deux jambes, en sorte que, de quelque façon qu'on la tourne, elle se replace toujours debout. — Fam. SE TENIR DROIT COMME UN BILBOQUET, se tenir toujours debout. — SE RETROUVER TOUJOURS SUR SES PIEDS COMME UN BILBOQUET, n'éprouver aucun dérangement dans ses affaires, dans sa fortune, quelles que soient les traverses qu'on essuie. — C'EST UN VRAI BILBOQUET, c'est un homme frivole et léger. — Typogr. Petit ouvrage de ville, comme affiches, lettres de faire part, cartes de visite, etc., et en général, tous les *ouvrages de ville*. — Jargon parisien. Litre de vin : *un bilboquet à quinze*.

BILBOQUET, principal personnage des *Saltimbanques*, célèbre pièce de Dumersan et Varin (1838) ; type de l'industriel qui emploie tous les moyens, même les moins légitimes, pour arriver au succès.

BILDERDIJK (Willem) [bil-dèr-daïk], poète hollandais (1756-1831). Il était avocat à la Haye lors de l'invasion française ; il s'enfuit à Londres où il resta plusieurs années, fut professeur à Amsterdam de 1806 à 1810 et fut protégé par le roi Louis-Napoléon. Après l'abdication de ce prince, il s'établit à Haarlem et passa ses derniers jours dans l'abandon. Ses compatriotes le placent bien au-dessus de Schiller et de Byron. Il a laissé de nombreux ouvrages, parmi lesquels des tragédies, un poème épique « Destruction du premier monde » et une Histoire de Hollande (12 vol.).

* **BILE** s. f. (lat. *bilis*). Physiol. Liquide d'un vert sombre, d'une odeur nauséabonde, d'une saveur amère, qui est sécrété par le foie et qui est temporairement emmagasiné dans la poche de la bile ou *vésicule biliaire*. En s'écoulant dans le duodénum, au moment de la digestion, elle rend liquide les corps azotés et, en même temps, elle ramène à un léger degré d'alcalinité les matières alimentaires qu'elle empêche ainsi de se putréfier. Résorbée en nature par l'appareil biliaire, elle produit l'ictère ou jaunisse. Ordinairement, la bile est faiblement alcaline, quelquefois neutre, et dans des cas de maladies assez rares, elle devient acide. Elle se compose d'eau 86; de choléate de soude, 9,10 ; de cholestérine, 0,26 ; de corps gras 0,92; de sels minéraux, 0,77; de mucus et de matières colorantes, 2,95. Les matières colorantes ont reçu le nom de *biliverdine*. D'après les observations de plusieurs physiologistes, on en arrive aux conclusions positives et négatives suivantes : 1° On n'a pas encore démontré que la bile est absolument indispensable à la digestion et à la vie ; 2° Il paraît probable que sa fonction n'est pas essentielle ; 3° Lorsque la bile manque dans les intestins et lorsqu'elle sort du corps par une fistule, la mort est principalement causée par la perte de matières grasses et de matières albumineuses ; 4° malgré des doutes, on a prouvé que le foie est en même temps un organe excréteur et sécréteur, car la bile participe de la nature d'une excrétion et d'une sécrétion. La principale fonction excrétoire du foie est l'élimination de la cholestérine qu'il prend au sang ; fait démontré par le Dr Austin Flint. Voy. Foie. — Fig. ÉMOUVOIR, ÉCHAUFFER LA BILE, exciter la colère. — DÉCHARGER SA BILE, décharger sa colère. — TEMPÉRER LA BILE, réprimer la colère, rendre moins sujet à la colère. — Pop. SE FAIRE DE LA BILE, se tourmenter :

Après l'service, on peut sans retard,
Venir chez les parents sans se faire de bile
Savourer une soupe au lard.

A. CABER.

BILÉD-OUL-DJÉRID ou **Béléd-ul-Gérid** (en arabe: la *terre des dattiers*), région stérile située entre l'Atlas et le Sahara, et qui s'étend du Maroc au territoire de Tripoli : 240 myriamètres sur 80. Le Biléd-oul-Djérid est arrosé par quelques ruisseaux d'eau saumâtre et doit son nom aux innombrables palmiers qui croissent dans ses fertiles oasis. Ce territoire qui forme la transition entre la Barbarie et le désert du Sahara, est habité par des Arabes, de Berbères et des nègres. Les villes les plus importantes sont Tafilet, El-Goléa, Ouargla et Ghadamès. De nombreuses ruines témoignent seules du haut degré de civilisation où était parvenu le Biléd-oul-Djérid à l'époque de la domination romaine et sous la brillante période des califes.

BILFINGER ou **Bulfinger** (Georg-Bernhard) philosophe allemand, né dans le Wurtemberg en 1693, mort en 1750. Le nom de sa famille vient de la possession héréditaire de six doigts à chaque main et à chaque pied. Il enseigna la philosophie à Saint-Pétersbourg et ensuite la théologie à Tubingen. Comme conseiller privé du Wurtemberg, il fit faire de grands progrès à l'éducation, principalement à l'agriculture. Ses nombreux ouvrages comprennent des traités de physique et de fortification.

BILGUER (Paul-Rudolf VON) [bil-ghèrr'], joueur d'échecs allemand (1815-40). A Berlin, en 1840, il dirigea trois jeux en même temps, sans regarder les échiquiers. Son *Handbuch des Schachspiels* est le meilleur ouvrage pratique concernant ce jeu.

* **BILIAIRE** adj. Anat. Qui a rapport à la bile. — APPAREIL BILIAIRE, ensemble des parties qui concourent à la sécrétion et à l'excrétion de la bile. — VÉSICULE BILIAIRE, réservoir membraneux, pyriforme, placé au-dessous du lobe droit du foie, dans l'enfoncement appelé fossette cystique. — VOIES BILIAIRES, petits conduits dans lesquels passe la bile pour se rendre du foie et de la glande biliaire au duodénum. Le principal de ces conduits s'étend du foie au duodénum et est nommé conduit hépatique à sa jonction avec le conduit cystique qui va à la poche de la bile. On l'appelle aussi *ductus communis choledochus*. — CALCUL BILIAIRE, Voy. *Calcul*.

* **BILIEUX, EUSE** adj. Méd. Qui abonde en bile, ou qui a rapport à la bile, qui en résulte: *tempérament bilieux; personne bilieuse*. — Substantiv.: *les bilieux sont sujets à de grandes maladies*. — Fig. C'EST UN HOMME BILIEUX, se dit d'un homme morose et colère. — FIÈVRE BILIEUSE, nom que l'on donnait autrefois à des cas de fièvre intermittente et rémittente — MALADIES BILIEUSES, celles dans lesquelles il y a surabondance de la sécrétion et de la sécrétion de la bile — TEMPÉRAMENT BILIEUX, tempérament dans lequel la bile paraît ou est censée prédominer, et caractérisé par une peau d'un brun jaunâtre, des cheveux noirs ou bruns, de la vivacité, une imagination vive et une grande disposition à la colère. Les personnes du tempérament bilieux sont sujettes aux affections de l'estomac et du foie ; elles doivent suivre un régime rafraîchissant, léger et peu substantiel.

BILIN [bi-linn] ville de Bohême, sur la Bila, à 70 kil. N.-O. de Prague ; 3,500 hab. Bilin est célèbre par ses eaux minérales froides, dont les propriétés se rapprochent beaucoup de celles de l'eau de Vichy. Ce sont les eaux les plus alcalines de l'Allemagne et peut-être de l'Europe. Elles sont riches en carbonates de soude, de chaux et de magnésie, en sulfate de soude, en chlorure de sodium et elles sont saturées d'acide sulfurique. Leur goût est piquant et aigrelet. Peu de malades visitent Bilin; mais 80,000 ou 100,000 bouteilles de l'eau de ses sources sont exportées chaque année.

*BILINGUE adj. (lat. *bis*, deux fois ; *lingua*, langue). Qui est en deux langues : *inscription bilingue*.

BILIVERDINE s. f. Principe colorant de la bile ; sa composition est analogue à celle de l'*Hématosine* ou principe colorant du sang. De même que toutes les matières colorantes organiques, elle contient, d'après M. Verdeil, de l'azote et du fer.

* BILL s. m. [bil]. EnAngleterre et aux Etats-Unis, projet d'acte législatif, avant que cet acte soit passé à l'état de loi ; quelquefois on donne le nom de *bill* à une loi rendue. — BILL D INDEMNITÉ, résolution par laquelle le parlement anglais déclare qu'un acte d'un ministre, quoique irrégulier, ne donnera lieu à aucune poursuite de la part du parlement. — Cette locution a été admise dans la langue politique française, où elle signifie, d'une manière générale, tout ce qui absout, un ministre, un fonctionnaire public dont les actes pouvaient encourir le reproche d'illégalité.

* BILLANCHER v n. Argot. Payer ; donner de la *bille.*

* BILLARD s. m. [bi-yard ; ll mll.] (rad. *bille*) Jeu qui se joue avec des boules d'ivoire sur une table garnie de rebords ou bandes rembourrées, couverte d'un tapis vert. — Table sur laquelle on joue : *tapis d'un billard*. — Salle où est le billard ; maison, lieu public où l'on donne à jouer au billard : *allons au billard.* — Instrument recourbé avec lequel on poussait les boules d'ivoire, et qui a été remplacé par la queue (voy. MASSE et QUEUE). — Mar. Masse de fer qui sert à billarder les cercles que l'on met sur les mâts des navires. — ENCYCL. Bien que le billard ne soit pas considéré comme un jeu d'adresse par la jurisprudence, puisque les dettes qu'il peut occasionner ne donnent lieu à aucune action en justice (C. civ. 1965-'66), on le regarde généralement comme un exercice agréable et même utile à la jeunesse. C'est pourquoi, il est pratiqué aujourd'hui dans un grand nombre de maisons d'éducation. Ce jeu, d'origine orientale, a été introduit en Europe vers l'époque des croisades ; il se répandit surtout pendant le règne de Louis XI et devint, sous celui de Louis XIV, à la mode à un tel point que Chamillard, joueur de profession, dut à son talent de caramboleur l'affection du roi et le ministère de la guerre. Le billard se compose d'un solide bâti enbois qui supporte une table de marbre, d'ardoise ou de bois. Cette table est recouverte d'un épais tapis de drap vert que l'on tend fortement, afin que sa surface ne présente aucune inégalité. Le bâti forme, autour de la table, un rebord haut d'environ 46 millim. Ce rebord,

Fig. 1.—Bande et bille.

revêtu de matières élastiques, porte le nom de bande (fig. 1). Les tables de billard se divisent en trois classes, suivant qu'elles ont six, quatre

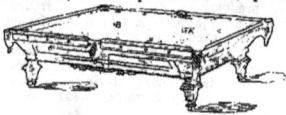
Fig. 2.—Table à six blouses.

ou point de blouses destinées à recevoir les billes. La table sans blouses (fig. 3) s'appelle

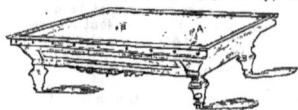
Fig. 3. — Table à caramboleges.

table à caramboleges. Sur toutes les tables

65

sont collées deux petites marques rondes appelées mouches ou points (A et B). Aujourd'hui on en place une troisième à égale distance de chacune des deux autres. On se sert de billes tournées avec soin et de l'ivoire le plus fin. Pour frapper ces billes, on se servait autrefois d'une *masse* ou *billard*, qui était recourbé à une extrémité et que l'on tenait par l'extrémité opposée (fig. 4). Depuis 1789, on fait usage d'une *queue*, grand bâton de bois dur (ordinairement en frêne); cette queue est longue

Fig. 4. — Masse et queue.

de 5 à 6 pieds ; sa forme est un peu conique. A son extrémité la moins grosse se trouve le *procédé*, inventé par le célèbre joueur parisien Mingaud. Le procédé se compose de deux rondelles de cuir : l'une, en cuir dur, est collée sur l'*extrémité de la queue*; l'autre, en cuir doux et élastique, et d'une forme légèrement convexe, est collée sur la précédente. Pour frapper la bille, le joueur prend la queue de

Fig. 5. — Position de la main gauche.

la main droite et la place entre le pouce et l'index de sa main gauche posée solidement sur le tapis comme le montre notre figure 5. L'adresse et la vivacité sont les deux premières qualités du bon joueur ; la force musculaire est la seconde ligne. La *Théorie mathématique des effets du jeu de billard*, par Coriolis, Paris, 1835, fait connaître le mouvement des billes suivant la manière dont elles sont frappées et l'angle sous lequel elles touchent la bande. Quant aux règles des différentes parties que l'on peut engager sur le billard (partie au même, doublé, carambolage, partie russe, partie blanche, mésangère, poule, etc), on les trouve ordinairement affichées dans les salles du billard. Depuis la Révolution, on a débarrassé la table de la *passe*, arceau en fer placé au-dessus de la mouche d'en haut, de sorte que la bille rouge se plaçait entre ces deux branches; on abandonne généralement aujourd'hui l'usage des blouses. — BILLARD ANGLAIS, table inclinée, munie de passes ou ponts et de tiges entre lesquelles il faut faire courir une bille de la manière déterminée par la règle. — BILLARD CHINOIS, table inclinée, munie d'une galerie à compartiments dans lesquels il faut diriger les billes. — LÉGISL. « Les billards publics sont soumis à la surveillance administrative, surtout dans le but d'empêcher que le jeu ne devienne une loterie déguisée. (Voy. *Jeux et Loterie*). Les billards publics ou privés ont été soumis à une taxe annuelle au profit de l'Etat, par la loi du 16 sept. 1871. Cette taxe, assimilable aux contributions directes, est de 60 francs à Paris ; de trente francs, dans les villes de plus de 50;000hab.; de quinze francs, dans celles de 10,000 à 50,000 hab.; et de six francs partout ailleurs. La taxe s'applique également aux billards dont on ne fait pas usage, et même à ceux qui sont démontés, s'ils sont encore en état de servir après un simple remontage (Arr. cons. d'Etat, 27 déc. 1878). » (Ch. Y.).

* BILLARDER v. n. Toucher deux fois sa bille avec la queue, pousser les deux billes à la fois : *on perd le coup quand on billarde ; vous avez billardé.* Voy. QUEUTER. — v. a. Mar. Frapper avec le billard sur les objets qu'on veut chasser ou enfoncer. — Hippiatr. Un cheval *billarde* lorsque, dans la marche ou dans le trot, il porte ses jambes de devant en dehors de la ligne du corps. Cette allure est disgracieuse et fatigante.

BILLAUD-VARENNE (Jean-Nicolas) [bi-iô-va-rè-ne ; ll mll.], conventionnel, né à La Rochelle, le 23 avril 1756. Il était fils d'un avocat de cette ville, entra dans la congrégation de l'Oratoire, fut un instant professeur au collège de Juilly et se fit recevoir avocat au parlement de Paris. Il épousa, quelque temps après, la fille d'un fermier général. Ardent révolutionnaire, il fut l'un des fondateurs de la société des Jacobins, prit une part très active à l'insurrection du 10 août, fut élu substitut du procureur de la commune de Paris, puis député de Paris à la Convention, et se constitua l'accusateur des rois et particulièrement de Louis XVI, dont il vota la mort dans les 24 heures. Après la chute des Girondins, qu'il n'avait cessé de combattre, Billaud-Varenne fut nommé président de la Convention (25 déc. 1793). Il entra dans le comité de salut public et n'en sortit qu'après le 9 thermidor. Bien qu'il fût l'un des premiers à accuser Robespierre, dans la séance du 9 thermidor, son passé le désignait à la vengeance des ennemis de la Révolution. Il lutta longtemps contre ses adversaires chaque jour plus nombreux. Condamné à la déportation, ainsi que Collot-d'Herbois, Barère et Vadier, le 1er avril 1795, il fut arrêté le lendemain, conduit à Ham, à Oléron et à Cayenne. Il resta 20 ans dans cette colonie dont il fut le bienfaiteur ; il repoussa toutes les offres d'amnistie. Lorsqu'il apprit le retour des Bourbons, il s'enfuit à Port-au-Prince, où il mourut le 3 juin 1819. Il a laissé plusieurs ouvrages : *Despotisme des ministres de France* (Amst. 1889, 3 vol. in-8°) ; *Dernier coup porté aux préjugés et à la superstition* (1789) ; le *Peintre politique* (1789); *Plus de ministres* (1790) ; *Acéphalocratie* (1791) ; *Eléments du républicanisme* (1793) : *Principes régénérateurs du système social* (an III).

BILLAUT (Adam) voy. ADAM.

BILLAUT (Auguste-Adolphe-Marie), avocat et homme politique, né à Vannes en 1805, mort le 13 oct. 1863; écrivit plusieurs brochures qui le firent élire député en 1837 par trois collèges de la Loire-Inférieure ; combattit M. Guizot, mais ne se mêla pas au mouvement réformiste. Il ne fut pas envoyé à l'Assemblée législative et s'allia dès lors avec les bonapartistes, fut élu comme candidat officiel par l'arrondissement de Saint-Girons, reçut la présidence du corps législatif, eut le portefeuille de l'intérieur de 1854 à 1858. Sénateur en 1854, ministre sans portefeuille en 1859, il se fit l'avocat de l'occupation de Rome et de l'expédition du Mexique.

* BILLE s. f. [ll mll.] (lat. *pila*, boule à jouer). Boule d'ivoire avec laquelle on joue au billard. — Petite boule de pierre ou de marbre qui sert à des jeux d'enfants, d'écoliers. — Pièce de bois de toute la grosseur de l'arbre, séparée du tronc par deux traits de scie, et destinée à être équarrie et mise en planches, etc. — BILLE D'ACIER, morceau d'acier carré. — Mar. Bout d'un même cordage où sont une boucle et un nœud. — Argot. Tête : *quelle bonne bille !* — Monnaie de billon. — BILLE DE BŒUF, saucisson.

BILLEBARRER v. a. Bigarrer par un mélange bizarre de diverses couleurs.

* BILLEBAUDE s. f. [ll mll.]. Confusion, désordre. — A LA BILLEBAUDE, sans ordre et en confusion : *tout cela s'est fait à la billebaude.* — On appelait autrefois, en terme de Guerre, FEU DE BILLEBAUDE, celui où chaque soldat d'infanterie faisait à sa volonté, en tirant ses coups sans attendre de commandement. — Chasse. Partie où l'on n'a point formé de cordon, ni battu les places, et où chacun tire à sa fantaisie, coup sur coup, sur ce qui se rencontre : *tirer à la billebaude ; feu de billebaude.*

BILLER v. a. [ll mll.]. Serrer un ballot avec

I.

la bille. — Archit. Faire tourner une pièce de bois à droite ou à gauche, après l'avoir mise en balance sur un chantier ou sur une pierre.

* **BILLET** s. m. [*ll* mll.] (bas lat. *billa*, rescrit). Petit écrit que l'on adresse à quelqu'un ; petite lettre missive dans laquelle on peut se dispenser des formules de compliments usitées dans les lettres. — Ecrit imprimé ou à la main, par lequel on informe le particulier ou le public de diverses choses : *billet de convocation.*

> Tous nos *billets* de mariage
> Sont des *billets* d'enterrement.
>
>   Béranger.

-- Papier-monnaie : *billet de banque ; un billet de cent francs.* — Ecrit, promesse par laquelle on s'oblige de payer à quelqu'un une somme : *billet à ordre, au porteur.* — Carte ou potit écrit qui donne entrée dans quelque lieu, à quelque spectacle, à quelque assemblée, etc. : *billet de spectacle, de bal, d'entrée.* — Bulletin, petit papier qui sert pour donner les suffrages dans une élection, ou les votes dans une assemblée délibérante : *déposer les billets dans l'urne du scrutin ; les membres de cette assemblée écrivent Oui ou Non sur leurs billets, selon qu'ils votent pour ou contre le projet présenté.* — Billet mis dans l'urne, et sur lequel il n'y a rien d'écrit. — Petit rouleau de papier avec lequel on tire au sort : *il a eu un bon billet.* — Bulletin délivré aux personnes qui mettent à la loterie publique, ou qui prennent part à quelque loterie particulière : *billet de loterie.* — Billet de logement. Ecrit portant injonction à un habitant de loger un ou plusieurs militaires. — Billet de confession, attestation par laquelle un prêtre certifie qu'il a entendu quelqu'un en confession. — Billet de santé, attestation que des officiers publics ou des magistrats donnaient en temps de peste, pour certifier qu'un voyageur ne venait pas d'un lieu suspect. — Billet d'auteur, billet d'entrée que la direction théâtrale remet chaque jour, en nombre déterminé, à l'auteur de la pièce qui se joue et que celui-ci peut vendre à son profit. — Billet blanc, billet de certaines loteries ou de certains scrutins, sur lequel il n'y a rien d'écrit. — Billet doux, billet d'amour, de galanterie. — Billet de faire part, ou elliptiq. Billet de part, billet circulaire par lequel on annonce un mariage, une naissance, un décès qui intéresse celui qui écrit. — Billet de garde, ordre de service, écrit ou imprimé, par lequel on enjoint à des gardes nationaux de se rendre ce jour en tel lieu, pour monter la garde. — ∿ Jargon. Donner, ficher son billet, certifier : *un mot de plus et je te fiche mon billet que je cogne.* — Prendre un billet de parterre, tomber par accident. — Législ. ○ On distingue le *billet simple* des effets de commerce, en ce qu'il n'a aucun caractère commercial, que c'est seulement une reconnaissance ou une obligation sous seing privé, qu'il ne peut être transmis par endossement, ∿mais seulement par un acte de cession ou transport, enfin en ce qu'il ne peut donner lieu à un protêt. Le billet simple ou la promesse sous seing privé par laquelle une personne s'engage à payer une somme d'argent ou à livrer une chose appréciable, doit être écrit en entier de la main de celui qui le souscrit, ou du moins, il faut qu'outre la signature, il ait écrit de sa main un bon ou un *approuvé*, portant en toutes lettres la somme ou la quantité : cependant la signature seule suffit, si l'acte émane de marchands, artisans, laboureurs, vignerons, gens de journée et de service. Si la somme exprimée dans l'acte diffère de celle exprimée au *bon*, l'obligation est présumée n'être que de la moindre somme (C. civ. 1326, 1327). Le *billet à ordre* est un acte commercial portant l'obligation de payer une certaine somme à une personne, ou à toute autre qui sera cessionnaire de la créance par voie d'endosse-

ment. Le billet doit être daté, de lieu et de jour, énoncer la somme à payer, le nom de la personne à l'ordre de laquelle il est souscrit, l'époque de l'exigibilité et le genre de valeur fournie. Il est en outre soumis aux formalités ci-dessus indiquées pour le billet simple. Toutes les dispositions du code de commerce relatives à la lettre de change et concernant l'échéance, l'endossement, l'aval, le protêt, etc, sont applicables au billet à ordre (C. com. 187, 188) voy. *Effets de commerce, endossement, lettre de change, protêt.* Lorsque le billet à ordre est souscrit par un individu non commerçant et n'a pas pour cause une opération commerciale, toute instance qui y serait relative doit être renvoyée devant le tribunal civil, si le défendeur le requiert (id 636). Le billet à ordre diffère de la lettre de change en ce qu'il doit être acquitté par le débiteur lui-même, et en ce qu'il peut être stipulé payable dans le lieu où la valeur a été fournie ou dans le lieu où il a été souscrit. On nomme *billet à domicile* un billet à ordre qui est payable à un domicile autre que celui du souscripteur. Il diffère de la lettre de change en ce que c'est le souscripteur lui-même et non un tiers qui doit en effectuer le paiement. Le *billet de change*, dont ne parle pas le code de commerce, est cependant autorisé par le dernier alinéa de l'art. 188. C'est l'engagement par lequel celui qui reçoit une lettre de change, sans en fournir immédiatement la valeur, de payer cette valeur à une certaine époque; c'est aussi l'engagement pris à l'inverse par celui qui reçoit une somme d'argent, de fournir une lettre de change équivalente dans un certain délai. Le *billet au porteur* est payable à quelque personne que ce soit qui le présente au débiteur au moment de l'échéance ; il est donc transmissible sans endossement. — Les billets de banque sont des billets remboursables à présentation et au porteur, et qui sont émis par une banque publique privilégiée ou autorisée. C'est là une véritable monnaie et il importe à la sécurité du commerce comme de toutes les affaires, que l'émission des billets de banque soit sévèrement contrôlée. La banque de France a seule, dans ce pays, depuis 1848, la faculté d'émettre des billets au porteur. Ces billets sont de 5,000 fr. de 1,000 fr. de 500, de 100 et de 50 fr. Ceux qui ont contrefait ou falsifié des billets de banque et ceux qui ont fait usage de billets contrefaits ou falsifiés sont punis des travaux forcés à perpétuité (C. pén. 139). Avant la loi du 28 avril 1832, ils étaient punis de mort et leurs biens étaient confisqués au profit de l'Etat. Le timbre des billets simples ou reconnaissances sous seing privé est obligatoire seulement en cas d'enregistrement. Ce timbre est celui de dimension ou le timbre proportionnel ; et l'amende due pour défaut de timbre est de 50 fr. (L. 2 juillet 1862, art. 22). Quand aux effets négociables et de commerce, le timbre est de cinq centimes par cent francs et il est gradué de cent francs en cent francs (L. 29 juillet 1881, art. 2). En cas de contravention, le souscripteur, l'accepteur, le bénéficiaire ou le premier endosseur sont passibles chacun d'une amende de six pour cent du montant de l'effet ou de la somme pour laquelle, le timbre étant insuffisant, le droit n'a pas été payé (L. 5 juin 1850, art. 4). Le droit peut être acquitté par l'apposition de timbres mobiles (Décr. 19 fév. 1874). Les billets de banque sont soumis au timbre proportionnel, comme tout effet négociable ; mais ce droit est réglé par abonnement, d'après la moyenne des billets en circulation dans le cours de l'année (L. 30 juin 1840). Les billets simples ou reconnaissances de dettes qui sont soumis à l'enregistrement payent un droit proportionnel de 1 fr. 25 par 100 fr., et le droit d'effets de commerce le droit de 0 fr. 625 par 100 fr. En cas de protêt, les billets à ordre doivent être enregistrés au

plus tard avec le protêt (L. 22 frim. an VII, art. 69, § 2, 6°; 28 fév. 1872. art. 40 ; 23 août 1874, art. 4 ; 30 déc. 1873, art. 2). (Ch. Y.).

* **BILLETER** v. a. [*llm* ll.]. Attacher des étiquettes, des numéros, etc., sur des marchandises. On dit mieux *étiqueter*.

* **BILLETTE** s. f. Petit écriteau qu'on met aux endroits où un péage est établi, pour avertir les passants d'acquitter le droit. — Blas. Pièce d'armoirie en forme de petit carré long, qui est quelquefois de métal, et quelquefois de couleur. — ∿ Cotret de bois fendu et séché pour le chauffage. — Billettes s. f. pl. Religieuses qui portaient un scapulaire appelé *billette.*

* **BILLEVESÉE** s. f. [bi-le-ve-zé] (de *bille*, bulle, balle ; et du vieux mot *veze, vezaque*, bouillie). Discours frivole, conte vain et ridicule. — Idées creuses, chimériques : *cet homme fait imprimer toutes les billevesées qui lui passent par la tête*

BILLINGS. I. (Joseph), navigateur anglais du XVIIIe siècle. Il accompagna Cook dans son dernier voyage. En 1785, Catherine II de Russie le mit à la tête d'une expédition dans l'océan Arctique et dans les mers situées entre la Sibérie et l'Amérique. Il partit de la rivière Kolyma (au N. de la Sibérie), avec 2 navires en 1787. Deux ans après, il repartit du même point avec 2 bâtiments construits à Okhotsk. Il perdit l'un de ses navires, explora les îles Aléoutiennes et revint en 1791. Un récit de son voyage a été publié en 1802. — II. (William) le plus ancien compositeur américain dont il soit fait mention (1746-1800). Il a mis plusieurs psaumes en musique.

* **BILLION** s. m. [bi-li-on] (lat. *bis* deux fois). Arithm. Mille millions ; un milliard.

BILLIORAY (Alfred-Édouard), membre de la Commune de Paris en 1871, né à Naples, de parents français, vers 1840, mort à la presqu'île Ducos (Nouvelle-Calédonie), en 1876. Peintre, il fit admettre à l'Exposition des beaux-arts, en 1870, un tableau ayant pour titre : la *Sollicitude maternelle.* Le XIVe arrondissement l'envoya à la Commune ; il fit partie du comité de salut public et fut condamné à la déportation dans une enceinte fortifiée par le 3e conseil de guerre (3 sept. 1871).

BILLITON, île hollandaise de l'archipel malais, à l'E. de Banca ; environ 7,000 kil. carr., 22,000 hab. Production d'étain ; fer particulier nommé *pamor.*

BILLOM [bi-ion ; *ll* mll.], ch.-l. de cant., arrond. et à 25 kil. S.-E. de Clermont (Puy-de-Dôme) ; 4,600 hab. Fils, toiles, broderies ; hydrothérapie. Tribunal de commerce. Ancienne église Saint-Cerneuf, remarquable par l'élégance de sa coupole. Ruines du château du Grand et du Petit-Turluron.

* **BILLON** s. m. [bi-ion ; *ll* mll.] (bas lat. *billio*). Monnaie de cuivre pur, ou de cuivre mêlé avec un peu d'argent, comme les anciens sous : *monnaie de billon.* Toute sorte de monnaie décriée ou défectueuse. — Lieu où l'on porte toutes les monnaies défectueuses : *porter au billon des monnaies légères et décriées.*

* **BILLON** s. f. [*ll* mll.] (bas lat. *billa*, pièce de bois). Agric. Ados plus ou moins large et bombé, qu'on forme dans un terrain avec la charrue : *relever un terrain en billons, pour faciliter l'écoulement de la trop grande humidité.* — Verge de vigne taillée de la longueur de trois ou quatre yeux.

* **BILLONNAGE** s. m. Délit de celui qui fait un trafic illégal de monnaies défectueuses.

* **BILLONNAGE** s. m. Agricult. Action de faire des billons dans un champ, dans un terrain ; ouvrage qui en résulte.

* **BILLONNEMENT** s. m. Action de billonner.

* **BILLONNER** v. n. Faire un trafic illégal de monnaies défectueuses; substituer des espèces défectueuses à de bonnes.

* **BILLONNEUR** s. m. Celui qui se rend coupable de billonnage, qui a l'habitude de billonner.

* **BILLOT** s. m. [ll mll.] (diminut. de *bille*). Gros tronçon de bois cylindrique ou taillé carrément, s'élevant ordinairement à hauteur d'appui, et dont la partie supérieure présente une surface plane. — Bloc de bois sur lequel on appuyait la tête d'une personne condamnée à la décapitation, pour l'exécuter : *il mit sa tête sur le billot.*— Par exag. : *j'en mettrais ma tête sur le billot, ma main sur le billot,* se dit pour affirmer plus fortement ce qu'on avance. — Bâton que l'on suspend en travers au cou des chiens, pour les empêcher de chasser, et d'entrer dans les vignes. — Pièce de bois qu'on attache au cou des bœufs, des vaches, et qui est assez lourd pour les empêcher de sortir d'un pâturage. — ∾ Figur. et fam. Livre très gros, et qui a beaucoup trop d'épaisseur, relativement à son format.

BILOBÉ, ÉE adj. bot. Qui est partagé en deux lobes séparés par un sinus plus ou moins arrondi à sa base.

BILOCULAIRE adj. (lat. *bis*, deux; *loculus* lot). Bot. Divisé en deux loges ; qui présente deux cavités.

BILSON (Thomas), théologien anglais (1536-1616). Un livre sur la suprématie de la reine Elisabeth lui valut l'archevêché Worcester, puis celui de Winchester. Il a laissé plusieurs ouvrages.

BILSTON, v. de Staffordshire (Angleterre), à 5 kil. S.-E. de Wolverhampton ; 25,000 hab. Centre de vastes mines de charbon et d'un grand commerce de fers et d'acier.

BIMA, état principal de l'île de Sumbawa et siège d'une résidence hollandaise qui occupe la partie orientale de cette île. Avant l'éruption du mont Tomboro (1815), éruption la plus terrible que l'on ait vue, on comptait 90,000 hab. dans l'île de Bima ; c'est tout au plus s'il en reste 45,000. Les plus importantes productions sont les bois de teinture (santal, sapan, etc.). Port et ville princ. Bima.

BIMANE adj. (lat. *bis*, deux ; *manus* main). Qui a deux mains. — S. m. pl. Nom donné par Cuvier à son premier ordre de mammifères, comprenant un seul genre : *l'homme*. — Genre de reptiles sauriens qui n'ont que les deux pieds de devant. Le *bimane cannelé* (*Lacerta lumbricoides*, shaw), du Mexique, mesure 8 ou 10 pouces de long ; il est gros comme le petit doigt et couleur de chair. Il se nourrit d'insectes.

* **BIMBELOT** s. m. (ital. *bambolo*, poupée). Jouet d'enfant, comme poupée, cheval de bois, etc.

* **BIMBELOTERIE** s. f. Profession de celui qui fait, qui vend des bimbelots, des jouets d'enfants. — Marchandises qui consistent en bimbelots.

* **BIMBELOTIER** s. m. Fabricant, marchand de bimbelots.

BIMINI, île imaginaire des Bahamas; elle contenait, croyait-on, une fontaine de Jouvence. Le nom de Bimini est donné actuellement à un groupe d'îlots et à un passage à l'E. du cap. Florida.

* **BINAGE** s. m. Agric. Action de biner, seconde façon que l'on donne aux terres labourables et aux vignes, à l'aide de la binette, de la ratissoire, de la houe à main ou de la houe à cheval. — Action d'un prêtre qui célèbre deux messes le même jour en deux endroits différents : *le binage est permis dans certains diocèses, à cause de la rareté des prêtres* (Acad.).

* **BINAIRE** adj. (lat. *binarius; de bini*, deux). Arithm. Qui est composé de deux unités : *nombre binaire.* — ARITHMÉTIQUE BINAIRE, système de notation arithmétique basé sur la plus petite échelle possible, c'est-à-dire au moyen des deux figures 1 et 0. La série régulière des nombres un, deux, trois, quatre, etc. serait exprimée ainsi dans le système binaire : 1, 10, 11, 100, 101, 110, 111, 1000, 1001, etc. Leibnitz, à qui l'on doit la première idée de cette arithmétique, a démontré que ce système simplifierait certaines opérations. Dans l'arithmétique binaire, on peut donc exprimer tous les nombres par le seul emploi de deux caractères, l'un désignant l'unité, l'autre indiquant sa place. Ce système est celui des Chinois.

* **BINAIRE** adj. (lat. *bini*, deux à la fois). Chim. Qui est composé de deux éléments : *l'eau et l'air sont des composés binaires.* — Dans la chimie organique, les composés *binaires* sont des substances qui, bien que contenant deux (ou même plusieurs) éléments, jouent, dans les circonstances ordinaires, le rôle d'élément. — La théorie *binaire* fut établie par Berzélius en 1833 et par Liébig en 1838. Aug. Laurent essaya de la modifier par la théorie des noyaux en 1836. — Gay-Lussac isola en 1815 le premier radical composé ou binaire, le cyanogène. L'amyle, l'éthyle et le méthyle offrent d'autres exemples de ces composés.

* **BINARD** s. m. (lat. *binus*, double). Chariot à quatre roues d'égale hauteur, avec un plancher sur lequel on met de grands fardeaux.

Bingen.

BINCHE, ville de Hainaut (Belgique) ; 6,730 hab. Les Français en chassèrent les Autrichiens en 1794.

BINDRABUND, ville de l'Indoustan, dans le district anglais de Muttra (Provinces du N.-O.), sur la Jumna, à 60 kil. N.-O. d'Agra ; 20,000 hab. C'est un lieu de rendez-vous pour de nombreux pèlerins et la rivière, sur près de 2 kil., y est bordée de marches (ghauts) en pierre rouge.

BINE s. f. Argot. Hotte de chiffonnier. — Hotte d'aide-couvreur.

BINELLE s. f. Argot. Faillite, banqueroute.

* **BINER** v. a. (lat. *binus*, double). Agric. Donner une seconde façon aux terres labourables, aux vignes. — v. n. Célébrer deux messes, le même jour, dans deux églises différentes : *ce prêtre a la permission de biner.*

BINERVÉ, ÉE. Bot. Se dit de tous les organes foliacés qui présentent deux nervures.

* **BINET** s. m. (lat. *bis*, deux fois). Petit ustensile qui est ordinairement en forme de bobèche, avec une pointe ou un godet au milieu, et qu'on met dans le chandelier pour brûler la chandelle ou la bougie jusqu'au bout. Voy. BRULE-TOUT. — FAIRE BINET, mettre un bout de chandelle ou de bougie par épargne sur un binet, ou sur le haut d'un chandelier, pour les brûler jusqu'à la fin.

BINET I. (Etienne), jésuite, né à Dijon en 1569, mort en 1639, auteur, sous le pseudonyme de René, d'un *Essai sur les merveilles de la nature* (Rouen, 1621, in-4°) qui a eu plus de vingt éditions. — II. (Jacques-Philippe-Marie), astronome, né à Rennes en 1786, mort en 1856. A laissé de nombreux mémoires publiés dans les recueils scientifiques.

BINETTE s. f. Instrument de jardinage, à manche long, à lame étroite et plate et munie d'un côté opposé à la lame. On s'en sert pour biner.

BINETTE s. f. Nom que l'on donnait aux perruques du temps de Louis XIV. — Pop. Tête, dans le sens de physionomie : *quelle drôle de binette ; les binettes contemporaines.*— BINETTE A LA DÉSASTRE, tête du créancier impayé.

BINGEN (baïn-ghènn), *Bingium*, ville de la Hesse-Darmstadt, sur la rive gauche du Rhin, à l'embouchure de la Nahe, que traverse le pont de Drusus ; à 27 kil. O. de Mayence. 6,500 hab. Près de là, se trouve le *Binger loch* rétrécissement du Rhin au-dessus duquel se dresse la fameuse tour de la Souris où, suivant la légende, l'archevêque Hatto, qui y avait caché son grain pendant, pendant une famine en 969, fut dévoré par une souris. Les environs de Bingen sont pleins de sites pittoresques, parmi lesquels nous citerons le Rupertsberg, avec son couvent ruiné et le Rochusberg, qui conserve les restes d'un château et d'une chapelle.

BINGHAM (Joseph) [binng'-eumm], théologien anglais (1668-1723). Il était recteur à Headbourn-Worthy, Hampshire, lorsqu'il commença ses célèbres « Origines Ecclesiasticæ » ou « Antiquités du christianisme » (10 vol. 1708-'22). En 1712, il devint recteur à Havant, près de Portsmouth.

BINGHAMPTON [bign'-eumm-teunn], ville de l'État de New-York (Etats-Unis), à la jonction des rivières Chenango et Susquehanna et au terminus S. du canal Chenango; à 230 kil. O.-S.-O. d'Albany ; 17,000 hab. Commerce de farines, de bois, de chaussures, de peignes, de machines à coudre, de meubles, etc.

BINGIUM, nom lat. de Bingen (Allemagne).

BINIC, station balnéaire maritime arr. et à 13 kil. N.-O., de Saint-Brieuc (Côtes-du-Nord). 2.600 hab. Port important sur la Manche; chantiers de construction.

BINIOU ou **Bignou** s. m. Sorte de musette en usage dans la basse Bretagne.

BINNEY. I. (Amos), savant américain (1803-'47). Ses « Mollusques terrestres de l'Amérique du Nord » furent publiés après sa mort. — II. (Horace), homme de loi américain (1780-1875), membre du congrès (1833-'5), auteur de plusieurs ouvrages de législation. — III. (Thomas), l'un des prédicateurs les plus populaires de l'Angleterre (1798-1874), auteur d'ouvrages pour la jeunesse.

* **BINOCLE** s. m. (lat. *bis*, deux ; *oculi*, yeux). Lunette qu'on tient à la main, qui est formée de deux branches réunies dans une seule charnière, et qui sert à voir les objets des deux yeux en même temps. — Sorte de longue-vue ou de télescope double, au moyen duquel on peut observer un objet éloigné avec les deux yeux en même temps, et qui est aujourd'hui peu employé. — ∿ Chir. Bandage destiné à maintenir un appareil sur les yeux.

* **BINOCULAIRE** ou ∿ **Bioculaire** adj. (lat. *bis*, deux ; *oculi*, yeux). Qui se fait par les deux yeux : vision *binoculaire*. — Qui est pourvu de deux yeux : *animal binoculaire*. — **Lorgnette binoculaire**, lorgnette à double tube, propre à la vision binoculaire.

BINOIR s. m. Charrue dont le soc est en fer de lance et qui sert, en Belgique, pour recouvrir les semences.

BINOM s. m. [bi-non] (lat. *bis*, deux ; *nomen*, nom). Gramm. Nom propre composé de deux noms : *Philippe-Auguste ; Louis-Philippe, Charlemagne*.

* **BINÔME** s. m. (lat. *bis*, deux fois ; gr. *nomos*, loi). Algèbre. Quantité algébrique composée seulement de deux termes unis entre eux par les signes *plus* (+) ou *moins* (—). A + B est un binôme qu'on exprime ainsi : A plus B. *Newton a le premier découvert la loi qui sert le développement d'un binôme élevé à des puissances quelconques : c'est ce qu'on appelle le binôme de Newton* (Acad.).

BINOMIAL, ALE, AUX, adj. (rad. *binom*). Se dit d'un nom composé de deux autres noms : *Linné a inventé le système binomial de la nomenclature botanique*.

BINÔMIAL, ALE, AUX adj. (rad. *binôme*). Algèbre. Qui a rapport à un binôme. Le terme *racine binômiale* fut employé pour la première fois dans l'Algèbre de Recorda (xvi° siècle). On dit mieux aujourd'hui *binôme*.

BINOUÏ, Benue ou Benoewe, rivière de l'Afrique centrale, principal tributaire du Quora ou Niger ; autrefois appelée Chadda ou Tsadda, parce qu'on la regarde comme débouché du lac Tchad. Elle naît dans l'intérieur du Soudan et se jette, après un cours de 1,100 kil., dans le Niger, auquel elle amène, pendant la saison des pluies, une énorme masse d'eau.

BINTANG ou **Bingtang**, île du groupe Rhio-Linga, archipel malais, à 24 kil. S.-E. de Singapoure et tributaire du sultan de Jahore. 1,456 kil. carr. ; 20,000 hab.; les naturels malais sont moins nombreux que les Chinois. Production de fer et d'étain.

BIOBIO, rivière, qui naît dans le lac Huehueltui (Chili), vers 30° lat. S. et 73° long. O., court est-sud N.-O. et se jette, à Concepcion, dans le Pacifique, après un cours de 300 kil., dont 120 navigables.

BIOCELLÉ, ÉE adj. Bot. Qui a deux taches en forme d'yeux.

BIOCULAIRE adj. Synon. de * **Binoculaire**.

* **BIOGRAPHE** s. m. Auteur qui écrit des biographies ou qui en a écrit. — Les principaux biographes sont : Plutarque, Cornélius Népos, Suétone, Diogène Laërce, Conrad Gessner, Vasari, Brantôme, André Thevet, Moreri, Fénelon, Bayle, Lacroix, Michaud, Fétis, Vapereau, etc.

* **BIOGRAPHIE** s. f. (*bios*, vie ; *graphô*, j'écris). Ouvrage qui a pour objet des vies particulières : *la Biographie universelle ; la Biographie des contemporains ; article de biographie*. — Science et écrits relatifs à ce genre d'ouvrages : *s'occuper de biographie*. — Le livre de la Genèse contient la biographie des patriarches ; les Evangiles donnent celle du Christ. Plutarque a écrit les vies des hommes illustres ; Cornélius Népos les vies des chefs militaires ; Suétone, celles des douze Césars; Diogène Laërce, celles des philosophes ; Vasari, celles des peintres, sculpteurs et architectes; Brantôme, celles des grands capitaines, des dames illustres et des dames galantes ; Fétis, celles des musiciens ; Vapereau, celles des contemporains (1880). — **Biographie universelle**, vaste compilation publiée par Michaud ; 1811-'28, Paris, 52 vol. in-8°. Nouvelle édition in-4°, 1842. C'est l'ouvrage le plus complet en son genre; on lui reproche quelques appréciations discutables.

* **BIOGRAPHIQUE** adj. Qui appartient à la biographie.

* **BIOLOGIE** s. f. [bi-o-lo-jî] (gr. *bios*, vie ; *logos*, doctrine). Etude des conditions et des phénomènes de l'existence des êtres organisés ; science de la vie. Ce terme a été introduit dans la langue scientifique par Lamarck et par Treviranus, en 1802. Il possède un sens très large qui lui fait embrasser l'*anatomie*, la *biotaxie*, la *physiologie* et l'*ethnologie*. Voy. Herbert Spencer « Principles of Biology » (1865-'67).

* **BIOLOGIQUE** adj. Qui concerne la biologie; qui appartient à la biologie.

BIOLOGISTE ou **Biologue** s. m. Celui qui s'occupe de biologie.

BION, poète idyllique grec, né à Smyrne vers 250 avant J.-C. Il émigra en Sicile où il fut empoisonné. Ses poèmes, quelquefois érotiques, sont tous en hexamètres. Avant Henri Estienne, on les imprimait avec ceux de son disciple Moschus et avec ceux de Théocrite. Walckenaer en a donné une édition (Leyde, 1779, in-8°) ; et Gail les a traduits (Paris, 1794, in-18, figures).

BIORNBOURG Voy. **Bjœrnborg**.

BIOT (Le), ch.-l. de cant., arr., et à 22 kil. de Thonon (Haute-Savoie) 715 hab. Pont naturel sur la Dranse.

BIOT (Jean-Baptiste) astronome et physicien, né et mort à Paris (1774-3 février 1862). Il obtint, en 1800, la chaire de physique au collège de France, fit des ascensions scientifiques, devint professeur d'astronomie à la Faculté des sciences, en 1809, et s'associa aux travaux d'Arago, pour continuer les recherches de Borda sur le pouvoir réfractif des gaz. Il mesura en 1806 un arc du méridien en Espagne. Il a laissé de nombreux ouvrages, parmi lesquels, sa *Physique expérimentale et mathématique* (1846, 4 vol. in-8°) ; son *Astronomie physique* (1805, 5 vol.; 3° édition, 1850, 6 vol. in-8°) ; des *Mélanges scientifiques et littéraires* (1858, 3 vol.). Membre libre de l'Académie des Inscriptions en 1841, il entra à l'Académie française en 1856. — Son fils, **Edouard-Constant**, sinologue distingué, né à Paris, en 1803, mort en 1850, a laissé plusieurs ouvrages, parmi lesquels un *Dictionnaire de l'empire chinois* (1845, gr. in-8°).

BIOTAXIE s. f. [bi-o-ta-ksî] (gr. *bios*, vie ; *taxis*, ordre). Science qui a pour but de classer les organismes particuliers afin de tirer des

conclusions sur l'organisme en général. La biotaxie est une branche de la biologie.

BIOVULÉ, ÉE Qui a, qui contient deux ovules: *ovaire biovulé*.

BIOXYDE adj. Deux fois oxyde. — s. m. Oxyde renfermant, pour la même quantité de métal, deux fois autant d'oxygène que le protoxyde.

BIPARTI, ITE adj. (lat. *bis*, deux fois; *partitus*, partagé). Bot. Se dit d'un organe divisé presque jusqu'à sa base.

* **BIPÈDE** adj. (lat. *bis*, deux; *pes*, *pedis*, pied). Se dit des animaux à deux pieds, qui marchent à deux pieds : *les oiseaux sont bipèdes*.— Substantiv. au masculin : *les bipèdes ; l'homme est un bipède*. — Manège : **Bipède antérieur**, les pieds de devant du cheval : **Bipède postérieur**, les pieds de derrière. — **Bipède latéral**, un pied de devant et un pied de derrière du même côté. **Bipède diagonal**, un pied de devant d'un côté et un pied de derrière de l'autre côté. — ∿ s. m. pl. Genre de reptiles sauriens qui manquent entièrement de pieds de devant.

BIPENNÉ, ÉE adj. Deux fois penné. — Se dit des feuilles composées dont les folioles sont rangées comme les barbes d'une plume ou des pétioles secondaires attachés eux-mêmes sur un pétiole commun ; telles sont les feuilles du carvi et de la fumetière.

BIPHORE s. m. Fausse orthographe de *Bifore*.

BIPHOSPHATE s. m. Chim. Sel qui contient une portion double d'acide sulfurique. Voy. **Phosphate**.

BIPONTIN, INE adj. et s. Qui appartient à la ville de Deux-Ponts (Bipontium); habitant de cette ville. — **Éditions bipontines**, *Editiones bipontinæ*, éditions des classiques latins commencées à Deux-Ponts ou Zweibrücken et terminées à Strasbourg (50 vol., 1779 et suiv.).

BIPONTIUM, nom latin de la ville de Zweibrücken ou Deux-Ponts. On dit aussi **Bipontum**.

* **BIQUE** s. f. [bi-ke] (gr. *béké*). Femelle du bouc ; chèvre.

BIQUET s. m. Petit d'une bique. Espèce de trébuchet qui sert à peser de l'or ou de l'argent.

BIQUETTE s. f. Jeune bique.

BIRAGUE I, (René de), chancelier de France et cardinal, né à Milan en 1510, mort à Paris, en 1523. Il appartenait à une famille milanaise qui s'était attachée à la fortune de la France pendant les guerres d'Italie. Il se réfugia à la cour de François I°r, qui le combla de faveurs. Charles IX lui confia les sceaux et il paraît avoir été l'un des principaux instigateurs de la Saint-Barthélemy. — II. (Flaminio de), neveu du précédent, poète français du xvi° siècle. *Œuvres poétiques* (Paris, 1581) et l'*Enfer de la mère Cardine* (Paris, 1583), ouvrage très rare.

BIRBE, BIRBESSE s. (ital. *birbo*). Argot. Vieux, vieille.

BIRCH (Thomas), écrivain anglais (1705-'66). Quaker, puis ministre anglican, il devint secrétaire de la *Société Royale de Londres*, dont il a écrit l'histoire (1756, 4 vol. in-4°). Ses autres œuvres principales sont : « Les papiers d'Etat de Thurlow » ; une Dictionnaire général, historique et critique » (1734-'46, 10 vol, in-fol.); des « Mémoires biographiques » (1752, 2 vol. in-fol.).

BIRCH-PFEIFFER (Charlotte) [birche-pfalfer], actrice allemande et auteur dramatique, née à Stuttgart en 1800, morte en 1868. Elle a laissé plusieurs romans et environ soixante-dix pièces de théâtre, très populaires en Allemagne.

BIRD [beurd]. I. (**Edward**), peintre anglais (1772-1819): il réussit dans les sujets familiers. — II. (**Golding**), médecin anglais (1845-'54). Ses *Éléments de philosophie naturelle* (en collaboration avec C. Worth) sont restés populaires en Angleterre et aux États-Unis. Ses cours à l'hôpital Guy, de Londres, où il était professeur de materia medica, ont été publiés; et John Hutton Balfour a écrit sa biographie (Londres, 1855). — III. (**Robert-Montgomery**), écrivain américain (1803-'54). Il était médecin à Philadelphie et écrivit la tragédie le « Gladiateur », et plusieurs romans, parmi lesquels on cite : « Calavar », « l'Infidèle », etc.

BIRE ou **Bure** s. f. Nasse d'osier qui sert à prendre du poisson.

BIRÉFRINGENT, ENTE adj. Phys. Qui possède une double réfringence.

* **BIRÈME** s. f. (lat. *bis*, deux ; *remus*, rame). Mar. Galère des anciens, ayant deux files de rameurs de chaque côté.

BIREN. Voy. Biron (*Ernest-Jean*).

* **BIRIBI** s. m. (ital. *biribisso*). Jeu de hasard qui se joue avec des boules creuses dans lesquelles sont des numéros correspondants à ceux d'un tableau. Le biribi est défendu en France.

BIRKENFELD [bir-kènn-fèlt], principauté appartenant au grand duché d'Oldenburg, Allemagne, et bornée par les districts de Trèves et de Coblentz (Prusse rhénane) ; 503 kil. carr. ; 37,500 hab. Ville principale Birkenfeld, à 40 kil. E.-S.-E. de Trèves ; 2,500 hab. La Prusse céda cette principauté à l'Oldenburg, en 1817.

BIRKENHEAD [beur'-k'n-hèdd], ville maritime de Cheshire, Angleterre, sur l'estuaire de la Mersey, en face de Liverpool ; 67,000 hab. Docks gigantesques de Wallasey (165 acres, et 16 kil. de quai). Belle ville, bien construite, bien pavée, bien éclairée ; parc public de 180 acres. Collège théologique établi en 1846. Construction de navires ; poteries, vernis, chaudières, canons, fonderies de fer.

BIRKENHEAD (sir **John**), auteur anglais (1615-'79). D'abord secrétaire de l'archevêque de Cantorbéry, il entreprit la publication du *Mercurius aulicus*, journal destiné à défendre, pendant la guerre civile, les intérêts de la royauté. Dans son « Assembly Man » il ridiculisa les presbytériens ; il attaqua ensuite les hommes au pouvoir, fut mis plusieurs fois en prison et devint chevalier après la restauration de Charles II, qui le combla de biens.

BIRKET-EL-KEROUN [bir-kè-tèl-ké-rounn] (arabe, *lac de la Corne*), lac du Fayoum (Égypte centrale), d'une superficie d'environ 50 kil., sur 10 de large. Il communique avec le Nil et avec le canal dont la tradition populaire attribue la création à Joseph. Il abonde en poissons et est alimenté à des pêcheurs.

* **BIRLOIR** s. m. Tourniquet qui sert à retenir un châssis de fenêtre levé.

BIRMAN, ANE adj. et s. Qui est de la Birmanie ; qui appartient, qui a rapport à ce pays. On dit aussi *Burmése* ou *Burmis.*

BIRMAN (**Empire**), partie indépendante de la Birmanie. On dit aussi Empire d'Ava. C'est une contrée de l'Indo-Chine, entre 19° 25' et 28° 15' lat. N. et entre 91° et 100° long. E.; bornée au N. par l'Assam et le Thibet; à l'E. par la Chine; au S.-E. par l'Anam; au S. par le Laos et le Pégu, et à l'O. par l'Aracan, le Bengale et l'Assam; 493,419 kil. carr., environ 4 millions d'hab. Capitale Mandelay; villes principales Ava et Bhamo, près de la frontière chinoise. Territoire montueux au N., avec une légère pente vers le S. L'intérieur est occupé de larges vallées qui gisent entre des rameaux détachés du plateau thibétain et qui sont arrosées par l'Irrawady.

le Salouen et d'autres rivières tributaires du golfe du Bengale, Les frontières N. et O. de l'Empire Birman sont formées respectivement par les monts Patkoi et Yomadong, ce dernier atteint 3,500 mètres. Il existe une chaîne neigeuse qui sépare l'Irrawady du Salouen et qui atteint 3,500 mètres. Les autres rivières principales sont le Kien-Douène, affluent occidental de l'Irrawady, le Sitoung et l'Arakan. Dans les vallées de l'intérieur, on rencontre de beaux pâturages, des cultures de millet et quelques plantations d'arbres à thé. La vallée de l'Irrawady forme une région de collines boisées et de belles cultures de riz, de froment, de plantes légumineuses, de canne à sucre, de tabac, de coton, et d'indigo. Ces forêts fournissent d'excellent bois de construction; les plantations produisent une grande variété de fruits. Parmi les animaux les plus remarquables, nous citerons l'éléphant, le rhinocéros, le tigre, le léopard ; plusieurs espèces de cerfs, le cochon sauvage, le bœuf, le buffle, des singes, des paons, des perroquets, des pigeons, des lézards, des serpents, des sangsues, etc. Le poisson est très abondant dans l'Irrawady. Les ressources minérales comprennent l'or, l'argent, les pierres précieuses (particulièrement les rubis provenant des mines situées à 100 kil. N.-E. de la capitale), le fer, le cuivre, l'étain, le plomb, l'antimoine, l'ambre, le nitre, le sel et le charbon. Il n'existe pas moins de trente-sept puits de pétrole dans la vallée de l'Irrawady, sous 20° 30' lat. N. Le climat est généralement sain, spécialement dans les parties montueuses, où l'on ressent rarement les extrêmes du froid et du chaud. Les tremblements de terre sont fréquents. L'industrie des habitants ne fait pas beaucoup de progrès; ils fabriquent seulement des soieries et des étoffes de coton. Leur commerce d'exportation, qui a lieu surtout avec la Chine, porte sur les cotonnades, les plumes d'ornement, les nids comestibles, l'ivoire et les pierres précieuses. Le pays est gouverné par un souverain qui reçoit le titre de *boa* (roi ou empereur) et dont le despotisme n'a pas de limites. Ce prince tire un immense revenu de différents monopoles commerciaux qu'il a établis; il possède en outre une taxe sur le sol, laquelle est établie selon les récoltes et qui se paye généralement en nature, sur le pied de 5 0/0. Il n'y a d'autre noblesse héréditaire que celle qui est formée par les descendants des princes subjugués, et tous les sujets du boa peuvent atteindre aux plus hauts emplois. Une magistrature vénale et cruelle applique un code dérivé des institutions de Manou. Chaque citoyen doit le service militaire et, en général, les Birmans font de bons soldats. Leur type se rapproche de celui des Mongols beaucoup plus que de celui des Indous; ils se divisent en plusieurs tribus distinctes, parmi lesquelles on remarque celles des Birmans, maîtres du pays; des Schans, qui ressemblent à Siamois et qui habitent les provinces E. et N.; des Kérens, fiers et indomptables habitants des pays montueux situés entre le Salouen et le Sittoung. Ces peuples vivent dans des maisons construites avec du bambou et des paillassons que recouvrent des feuilles ou des herbes. Ils sont bouddhistes et parlent une langue monosyllabique qui possède une riche littérature. — Il existe une chronologie birmane qui commence en 289 av. J.-C. Elle fait connaître l'histoire des révolutions de ce pays, des villes qui lui ont servi de capitales et des dynasties qui l'ont opprimé. Vers 1233 après J.-C., les Chinois envahirent l'empire Birman et subjuguèrent Ava qui devint siège du gouvernement en 1364. Ensuite le pays resta en état de guerre continuelle avec les habitants du Pégu, et ceux des Barmas, ayant eu le dessus, renversèrent la dynastie alors régnante et prirent Ava en 1752. Mais peu de temps après, un chef de village, nommé Alompra, chassa les étrangers et fonda la dy-

nastie actuelle. Ses successeurs soutinrent des guerres heureuses contre la Chine et contre Siam; ils acquirent Tavoy, Mergui et plusieurs autres districts; en 1822, ils s'emparèrent d'Assam. Depuis cette époque, le voisinage de l'Angleterre leur a été fatal. Ils ont eu à soutenir deux guerres contre ces envahisseurs; l'une en 1824-'6, l'autre en 1852, et ils durent abandonner l'Assam et les districts qui forment actuellement la *Birmanie anglaise*. Voy. Burmah. — Bibliogr. Mason : *Burmah, its people and natural productions*, 1865.

BIRMANIE, vaste territoire de l'Indo-Chine, sur les confins de l'Indoustan ; environ 750,000 kil. carr.; 7 millions d'hab. Avant 1826, elle formait un grand empire, dont une partie est restée indépendante (Voy. Birman), et dont l'autre constitue le Burmah anglais (Voy. ce mot).

BIRMENSTORFF, station minérale à une demi-lieue de Bade (Argovie). Source sulfatée sodique et magnésienne, dont les eaux purgent un peu plus doucement que celles de Sedlitz.

BIRMINGHAM [angl. beur'-mign-heum], ville du Warwickshire, Angleterre, à 175 kil. N.-O. de Londres; 345,500 hab. La vieille ville, sur un terrains bas, le long de la rivière Rea, conserve quelques bons spécimens de l'ancienne architecture domestique, tandis que la partie moderne, sur un terrain élevé, contient des monuments coûteux, principalement en briques Il y a trois parcs publics. Birmingham doit son rapide accroissement à la prospérité de ses manufactures situées vers le centre de l'Angleterre, sur la limite d'un district riche en fer et en charbon ; desservie par un admirable système de canaux et de chemins de fer, elle jouit d'incomparables avantages. Ses principaux articles manufacturés sont le fer, l'acier, la quincaillerie, la coutellerie, les armes à feu, la verrerie, les aiguilles d'acier, les boutons, les épées, les baïonnettes, les bijoux d'or, d'argent, de doublé, les cachets, les broches, les lampes, les capsules de fusils à percussion, etc. École libre de grammaire fondée par Édouard VI; école industrielle; école de dessin; collège médical; institution théologique; plusieurs bibliothèques; asile pour les sourds-muets; asile d'aveugles, et autres institutions charitables.

BIRMINGHAM. I. Ville du Connecticut (États-Unis), à la jonction des rivières Naugatuck et Housatonic, à 18 kil. O. de New-Haven; 3,000 hab. — II. Ancienne ville de Pennsylvanie (États-Unis), réunie à Pittsburg depuis 1872; elle contient 10,000 hab.

BIRMINGHAM, s'emploie dans la locution populaire : *être de Birmingham*, être ennuyeux (allusion aux *rasoirs* de Birmingham).

BIRNEY (James G.) [beur'-ni], homme politique américain (1792-1857). Il rendit la liberté à ses esclaves, en 1834, et fonda à Philadelphie, un journal, le *Philanthrope*, dont les bureaux furent plusieurs fois saccagés par des émeutiers esclavagistes. En 1836, il devint secrétaire de la société américaine antiesclavagiste de New-York et organisa le « parti de la liberté », dont il fut président en 1840 et en 1844. Ses fils David-Bell (1825-'64), William et Fritz-Hugh se distinguèrent pendant la guerre de sécession ; le premier devint major-général après la bataille de Chancellorsville (1er mai 1863).

BIRNIE (Vieux), capitale du royaume de Bornou, Afrique centrale, à 110 kil. O. de Kouka ; environ 10,000 hab. On dit qu'elle renfermait jadis 200,000 hab.

BIRON, petite ville, arr. et à 39 kil. S.-E. de Bergerac (Dordogne). Importante place forte pendant la féodalité, elle soutint plusieurs sièges contre les Anglais. Berceau de la famille des barons de Biron, elle fut érigée en duché pairie par Henri IV. Le château de Biron, dans lequel se trouve le tombeau du maréchal de Biron, décapité en 1602, est un des monuments les plus curieux du Périgord.

BIRON, nom que prit la famille de Gontaut, lorsqu'elle eut acquis la baronnie de Biron (Périgord). Les principaux personnages de cette famille furent les suivants :—I. (Armand de Gontaut, BARON, puis DUC DE), maréchal de France (1524-'92). Fervent catholique, il se distingua contre les huguenots à Dreux, à Saint-Denis et à Montcontour, négocia la paix de Saint-Germain, fut créé maréchal en 1577; reconnut Henri IV l'un des premiers, le servit vaillamment et fut tué au siège d'Epernay. Il était le parrain du cardinal de Richelieu.— II. (Charles de Gontaut, DUC DE), fils du précédent, né vers 1562, décapité dans la cour de la Bastille, le 31 juillet 1602. Dès sa jeunesse, il fut disgracié à la suite d'un duel. Attaché à Henri IV, il devint le favori de ce prince qui le combla de bienfaits, lui donna les titres d'amiral de France (1592) et de maréchal (1594); le nomma gouverneur de Bourgogne en 1595, lui sauva la vie au combat de Fontaine-Française et le fit duc et pair en 1598. Tant de dignités lui tournèrent la tête. Il entra dans une conspiration qui avait pour but de démembrer la France et ne craignit pas de s'associer au duc de Savoie et au roi d'Espagne, qui lui promirent leurs concours ; il médita même le meurtre de son bienfaiteur. Henri lui pardonna une première fois; mais Biron reprit ensuite le fil de la conjuration, qui devait lui assurer la principauté d'une province de France. L'un des conspirateurs, nommé Lafin, livra au roi toutes les pièces de cette mystérieuse négociation. Le roi voulait encore user d'indulgence envers Biron, à la condition qu'il ferait l'aveu de sa trahison ; mais le maréchal protesta jusqu'à la fin de son innocence et la justice dut suivre son cours.— III. (Charles-Armand, DUC DE), petit neveu du précédent (1663-1756), Louis XV le nomma maréchal de France.— IV. (Louis-Antoine de Gontaut DUC DE), fils du précédent (1700-'88), pair et maréchal de France; a laissé en manuscrit un *Traité de la guerre.* — V. (Armand-Louis de Gontaut), connu longtempssous le nom de duc de Lauzun, neveu du précédent, né à Paris, en 1747, guillotiné le 31 déc. 1793. Officier de Lafayette, il fit la guerre d'Amérique. La noblesse du Quercy l'envoya aux états généraux (1789) ; il adopta les principes de la Révolution, ce qui lui valut, en juillet 1742, le commandement en chef de l'armée du Rhin et, en mai 1793, celui de l'armée des côtes de La Rochelle. Il prit Saumur et battit les Vendéens à Parthenay. Mais il fit illégalement arrêter le lieutenant-colonel Rossignol. Cette conduite et ses liaisons avec la famille d'Orléans le firent destituer et l'amenèrent devant le tribunal révolutionnaire que le reconnut coupable d'avoir conspiré contre la République. Il mourut avec un grand courage. Ses *Mémoires* ont été publiés en 1822 (2 vol. in-18) et ses *Lettres sur les états généraux* ont paru en 1865.

BIRON (Ernest-Jean), duc de Courlande, né en 1687, mort en 1772. Il était petit-fils d'un second nommé Biren ou Bühren, entra comme écuyer dans la maison d'Anna Ivanovna, nièce de Pierre le Grand, et devint l'amant de cette princesse pendant son règne en Courlande. Devenue impératrice, Anna le nomma grand chambellan ; c'est alors qu'il prit le nom et les armes de la famille ducale française de Biron. Favori de la souveraine, il gouverna despotiquement la Russie, fit mettre à mort toutes les personnes qui lui déplurent, força la noblesse de Courlande de l'élire duc souverain et obtint d'Anna le titre de régent pendant la minorité d'Ivan. Arrêté en 1740, il fut condamné à mort l'année suivante ; mais on se contenta de l'envoyer en

Sibérie. L'impératrice Elisabeth l'interna à Yaroslav. Pierre III le rappela à Saint-Pétersbourg en 1762 et Catherine II lui rendit son grand-duché qu'il gouverna ensuite avec douceur et équité jusqu'à sa mort. Son fils Pierre (mort en 4800) lui succéda, fut chassé de Courlande en 1795, et acheta, en Prusse, de vastes domaines dans lesquels Sagan était comprise.

BIROTÉ s. m. Petit pain algérien, grillé comme la biscotte et gros comme la moitié du poing.

BIRR [beur] voy. PARSONSTOWN.

BIRS ou Birse (La), rivière de Suisse qui prent sa source dans le canton de Berne, traverse la vallée de Moutier et se jette dans le Rhin, près de Bâle. Le 26 août 1444, les Suisses, au nombre de 1,600 soutinrent, sur les bords de cette rivière, une lutte contre une armée de 20,000 hommes, commandée par le dauphin, depuis Louis XI. Ils furent exterminés; mais le dauphin perdit la moitié environ de ses troupes.

BIR-SCHÉBA voy. BERSABÉE.

BIRS NIMROUD [birs-ni-mroud], voy. BABEL.

BIRSTALL [augl. beur'-st'l], paroisse du Yorkshire, Angleterre, à 11 kil. S.-O. de Leeds ; 45,000 hab. Lainages, cotons, soieries; mines de charbon et de fer.

* **BIS, ISE** adj. [bi; bi-ze] (lat. *piceus*, de couleur de poix). Brun. Ne se dit proprement que du pain et de la pâte : *pain bis; pâte bise.* — Fam. CETTE FEMME EST BISE, ELLE A LA PEAU BISE, LE TEINT BIS, elle est très brune. — PAIN BIS-BLANC, pain entre le pain bis et le blanc.

* **BIS** adv. [biss] (lat. *bis*, deux fois). Une seconde fois. S'emploie pour avertir ou pour demander de répéter, de recommencer ce que l'on vient de dire, de chanter ou de faire: *dans cette chanson, le dernier vers de chaque couplet est marqué bis; demander bis; crier bis; tous les spectateurs ont demandé bis; tout le parterre a crié bis.* — Substantiv. CE COUPLET A EU LES HONNEURS DU BIS, le public l'a fait répéter par l'acteur. — Adjectiv. NUMÉRO DEUX BIS, TROIS BIS, etc., sert à indiquer qu'on répète le numéro deux, le numéro trois, etc., pour n'être pas obligé de changer tous ceux qui suivent : *il demeure dans telle rue, numéro douze bis; feuillet trente bis.*

BISACCIA [bi-zà-tcha], ville de l'Italie méridionale, à 50 kil. N.-E. d'Avellino; 6,000 hab. Elle aurait s'élever sur l'emplacement de l'antique Romulea, qui fut prise par les Romains pendant la troisième guerre Samnite.

BISACQUINO ou Busacchino [bi-zak-koui-no; bou-zak-ki'-no], ville de Sicile, à 45 kil. S. de Palerme; 8,750 hab. Manufactures de toiles; commerce de grains et d'huiles.

* **BISAÏEUL** s. m. Père de l'aïeul ou de l'aïeule : *ses bisaïeuls vivent encore.*

* **BISAÏEULE** s. f. Mère de l'aïeul ou de l'aïeule.

BISAIGUË voy. * BESAGUE.

BISAILLE s. f. [bi-za-yeu; *ll* mll.]. Farine de la dernière qualité. — Mélange de pois gris et de vesce pour nourrir la volaille.

* **BISANNUEL, ELLE** adj. [bi-zann-nu-èl]. Bot. Se dit des plantes qui périssent après avoir subsisté pendant deux année : *le chardon est une plante bisannuelle.*

* **BISARD** s. m. [bi-zar] (rad. *bise*). Argot. Soufflet de forge.

* **BISBILLE** s. f. [biss-bi-ieu; *ll* mll.] (ital. *bisbiglio*, mumure). Petite brouillerie pour une cause sans importance : *vous n'allez pas vous battre pour une bisbille.*

BISCAÏEN s. m. [biss-ka-iain] (rad. *Biscaye*). Gros mousquet, dont la portée était plus grande

que celle des fusils ordinaires. — Adjectiv. *Mousquet biscaïen.*— Aujourd'hui on donne ce nom à un petit boulet de la grosseur d'un œuf, qu'on fait entrer dans les charges à mitraille.

BISCAÏEN, ÏENNE s. et adj. Qui est de la Biscaye; qui appartient à ce pays ou à ses habitants.

BISCAÏENNE s. f. Mar. Embarcation de grandeur variée, que l'on dirige à la rame, et dont l'avant et l'arrière se terminent en pointe.

BISCAYE [bi-skaï] (espagn. *Vizcaya*), l'une des provinces basques d'Espagne, dite aussi province de Bilbao, sur la baie de Biscaye ; 2,198 kil. carr.; 188,000 hab. Elle occupe le versant septentrional de la portion orientale des monts Cantabres et produit du fer de première qualité. La grande mine de Somorrostro, ne donne pas moins de 6,000 tonnes chaque année. Le territoire est divisé en petites fermes qui appartiennent aux descendants de très anciennes familles. Les principales occupations des habitants sont l'agriculture, la pêche et le cabotage. Cap. Bilbao.— GOLFE DE BISCAYE. Nom que l'on donne quelquefois au golfe de Gascogne.

BISCAYE (Nouvelle-), ancienne province du Mexique, aujourd'hui comprise dans l'Etat de DURANGO.

BISCEGLIE [bi-chèlle ; *ll* mll], ville maritime fortifiée de l'Italie méridionale, à 35 kil. O.-N.-O. de Bari ; 22,000 hab. Elle s'élève sur un promontoire. Son port ne peut recevoir que de petits navires. Beaux vignobles ; vins estimés ; raisins dits de Corinthe.

BISCHOF (Karl-Gustave) [bi-chofe], chimiste et géologue allemand (1792-1870). Il fut nommé professeur de chimie à Rome en 1822. Son chef-d'œuvre les « Eléments de géologie physique et chimique » a été traduit en plusieurs langues. Il a laissé, en outre : « Sources minérales d'origines volcanique en France et en Allemagne » et un « Traité de la chaleur intérieure du Globe » (1841).

BISCHOFF (Christoph-Heinrich-Ernst), médecin allemand (1781-1861); professeur à Rome, en 1819, a laissé plusieurs savants ouvrages, entre autres : *Doctrine des médicaments chimiques*, 1838-'40, 4 vol.

BISCHOFF s. m. [bi-chof] (all. *bischoff*, évêque, à cause de sa couleur qui rappelle celle de la soutane des évêques). Boisson (froide ou chaude) composée de vin blanc, de sucre et de citron ou d'orange. — On écrit quelquefois *bishop.*

BISCHOFEWERDA [bisch'of-svèr-da], ville de Saxe, à 31 kil. E.-N.-E. de Dresde ; 4,500 hab. Importantes carrières de granit; manufactures de draps. Pendant un engagement entre les Russes et les Français, en 1813, cette ville fut réduite en cendres.

BISCHWEILER ou Bischwiller [bisch-vaïleur;-vi-lère], ville d'Alsace, Allemagne, à 24 kil. N.-N.-E. de Strasbourg ; 9,500 hab. Ses fortifications furent rasées en 1706. Mines de fer, lainages, toiles de lin, savon, poterie.

* **BISCORNU, UE** adj. [biss deux; *cornu*, corne). Qui a une forme irrégulière, baroque: *bâtiment biscornu.* — Fig. Se dit de l'esprit, et des conceptions de l'esprit : *esprit biscornu.*

* **BISCOTIN** s. m. (lat. *bis*, deux fois; *coctus*, cuit). Sorte de petit biscuit ferme et cassant.

BISCOTTE s. f. Tranche de pain au lait séchée au four.

* **BISCUIT** s. m. (lat. *bis*, deux fois; franç. *cuit*). Pain en forme de galette ronde ou carrée, auquel on a donné deux cuissons pour le durcir, et dont on fait provision pour les voyages en mer: *biscuit de mer.* — Pâtisserie, faite ordinairement avec de la farine, des

œufs et du sucre. — Ouvrage de porcelaine cuit au four, et qui n'a point de couverte : *le biscuit imite le grain du marbre.* — Biscuit de mer, os de la sèche ; on s'en sert pour polir certains ouvrages et on le donne aux petits oiseaux pour s'aiguiser le bec. — S'embarquer sans biscuit entreprendre un voyage ou une affaire sans s'être pourvu de tout ce qu'il faut pour réussir.

BISCUITER v. a. Faire cuire sans glaçure.

BIS DAT QUI CITO DAT [biss-datt-kui-si-to-datt]. Loc. lat. tirée de Sénèque : *qui donne à point* (ou *vite*), *donne deux fois.*

* **BISE** s. f. [bi-ze] (all. *bissen,* siffler). Vent du nord. — Poét. L'hiver.

> Quand la bise fut venue.
>
> La Fontaine.

— ‸ Jargon. Baiser, caresse : *faites-moi une bise.*

* **BISEAU** s. m. [bi-zô] (espagn. *bisel,* bord). Extrémité ou bord coupé en biais, en talus ; bord des glaces de miroir, des glaces de voiture, etc., tranchant de certains outils : *tailler une glace en biseau.* — Outil dont le tranchant est en biseau : *biseau de menuisier.* — Joaill. Principale face qui environne la table d'un brillant : *diamant épais de biseau.* — Voy. Baisure. — Typogr. Epaisse règle de bois maintenant, sur les côtés et en bas, les pages de caractères, et dont un côté est taillé en biais pour recevoir les coins qui servent à serrer la forme.

BISEAUTAGE s. m. Action de biseauter.

* **BISEAUTÉE** adj. f. Se dit des cartes taillées en biseau pour tromper au jeu : *cartes biseautées.*

BISEAUTER v. a. [bi-zô-té] Tailler en biseau. — Biseauter des cartes, leur enlever de chaque côté, une petite bande ou un triangle, afin de les reconnaître pour tromper au jeu.

BISEAUTOIR s. m. Typogr. Outil à l'aide duquel on biseaute les clichés.

* **BISER** v. n. [bi-zé] (lat. *bis,* deux fois). Agric. Dégénérer d'année en année : *ce froment, ces avoines ont bisé.*

* **BISER** v. a. Reteindre : *il faudra biser cette étoffe.*

BISER v. a. Jargon. Embrasser.

BISÉRIÉ, ÉE adj. [bi-sé-rié]. Bot. Se dit de tout système d'organes disposés en deux séries, l'une intérieure, l'autre extérieure.

BISERRULE s. . [bi-sé-ru-le] (lat. *bis,* deux fois ; *serrula,* petite scie). Bot. Genre de légumineuses voisin des astragales, dont une espèce, la *biserrule commune* (*biserrula vulgaris,* Lin.), est une herbe annuelle qui croît spontanément dans le midi de l'Europe.

BISERTE, voy Bizerte.

* **BISET** s. m. [bi-zè] (rad *bis*). Espèce de pigeon qui a la chair plus noire que celle des autres, et qui s'écarte du colombier pour chercher sa nourriture. On dit quelquefois adjectiv. : *pigeon biset.* — Le *biset* ou *pigeon de roche* (*columba livia,* Briss.), est la souche de nos pigeons de colombier et de la plupart de nos innombrables races domestiques. Il est gris d'ardoise, avec le tour du cou vert changeant, le croupion blanc et une double bande noire sur l'aile. — Être en biset, faire le service sans uniforme dans la garde nationale.

* **BISETTE** s. f. [bi-zè-te] (diminut. de l'adj. fém. *bise*). Petite dentelle de bas prix.

BISHOP (sir Henry Powley) [bi-chope], compositeur anglais (1780-1855) ; auteur de cantades, de musique sacrée, de morceaux détachés pour les pièces de Shakespeare et de plus de 50 opéras, parmi lesquels : Guy Mannering, le Maniaque, le Meunier et ses garçons, la Marianne, l'Esclave, l'Anglais dans l'Inde, etc.

Il fut professeur de musique à l'université d'Edimbourg, (1841-'43), puis à Oxford (1848-'55).

BISHOP-STORTFORT, ville du Hertfordshire, Angleterre, sur la rivière Stort, à 55 kil. N.-E. de Londres ; 6,700 hab. Depuis la période saxonne, cette ville appartient aux évêques de Londres.

BISKRA ou **Biskara** I. Ville principale des oasis du Ziban (Algérie), province et à 220 kil. S.-E. de Constantine, près du grand lac El-Schott. Place importante pour le commerce de transit entre le Sahara et le Tell. Poste militaire français méridional. 7,500 hab. Burnous, tapis renommés, poteries et chaux. Biskra, occupée par le duc d'Aumale, en février 1844, se souleva le 13 mai et fut reprise le 16 du même mois. — II. (Oasis de) la plus vaste oasis d'Algérie, sur le versant méridional de l'Aurès. Elle produit en abondance des dattes, des abricots, des figues, des olives, des grenades, du blé, de la laine, du bétail. Elle est arrosée par un canal et par la petite rivière de Biskra.

BISKRI s, m. Hab. de Biskra ; celui qui est né dans cette oasis. Les Biskris se distinguent par une grande sobriété et par leur fidélité. Ceux qui abandonnent leur pays — et ils sont nombreux — viennent sur le littoral, particulièrement à Alger, où ils se font portefaix ou bateliers. Ce sont des hommes bruns, nerveux et de taille moyenne.

BISMARCK s. m. Couleur brune, à la mode après Sadowa ; la *baronne est en bismarck de pied en cap.* (*Vie parisienne,* 1867).

* **BISMUTH** s. m. [bi-smutt] (étym. inconnue). Chim. et minér. Elément ou corps simple métallique, reconnu comme formant un métal distinct par Agricola en 1529. Il est d'un blanc argentin jaunâtre, d'une texture cristalline soluble dans l'acide nitrique, et donnant une liqueur incolore dans laquelle l'eau détermine la formation d'un précipité blanc de nitrate quadribismuthique. Dans cette même liqueur, l'hydrogène sulfuré ou les hydrosulfates font naître un précipité noir. Le bismuth est cassant comme l'antimoine, à peu près aussi fusible que l'étain et d'une pesanteur spécifique (9,82) un peu moindre que celle de l'argent. Quoiqu'il soit très oxydable, on le trouve natif avec les minerais d'arsenic et d'argent ; mais en quantité peu considérable. Les principaux gisements se rencontrent dans la vallée d'Ossau (Pyrénées), à Schneeberg et à Altenberg (Saxe), dans plusieurs localités de Suède, du pays de Galles, de Californie, du Texas, de la Caroline du Sud et des Andes. Les mines les plus abondantes sont celles de *bismuth sulfuré* (voy. ce mot). On trouve aussi ce métal dans la Bornine (voy. ce mot). Le symbole du bismuth est Bi ; son poids atomique, 208. Il est tellement oxydable qu'il perd très promptement son éclat lorsqu'on l'expose à l'air. Fortement chauffé, il brûle avec une flamme d'un blanc bleuâtre. A l'état pur, il est peu employé ; mais par les alliages, il augmente la dureté des métaux auxquels on l'ajoute, tels que l'étain et le plomb. Il décolore le cuivre et le rend cassant. Il entre dans la composition des alliages fusibles qui ont acquis, depuis quelques années, une certaine importance parce qu'ils servent à prendre l'empreinte des médailles que l'on veut clicher. *Alliage fusible de Newton,* 8 parties de bismuth, 5 de plomb, 3 d'étain : cet alliage fond dans l'eau bouillante. *Alliage de Darcet,* 2 parties de bismuth, 1 de plomb, et 1 d'étain ; il fond à 94°. Allié avec l'étain, le bismuth donne de l'éclat à ce métal quand on l'emploie à la fabrication des miroirs. Pour les arts, le bismuth est extrait presque exclusivement du minerai de bismuth natif que l'on fait chauffer dans un vase clos jusqu'à ce que le métal, en fondant, se sépare de sa

gangue. Pour l'obtenir chimiquement pur, on forme un nitrate basique, on le mélange avec du flux noir et on le réduit par une douce chaleur, dans un creuset de terre. Le bismuth natif cristallise en cubes et en combinaison du cube avec l'octaèdre ; ou, suivant Dana, sa forme cristalline appartient au système hexagonal. Il forme trois classes de composés, dans lesquel il est diatomique, triatomique et pentatomique. C'est la Saxe qui produit presque tout le bismuth consommé en Europe (à peine une centaine de quintaux chaque année). Pour les composés chimiques de ce métal, voy. Bismuthique (acide), oxyde, sulfure, chlorure, nitrate, sous-nitrate, sous-oxyde de Bismuth.

BISMUTHINE s. f. (rad. *bismuth*). Bismuth sulfuré. S³ Bi². Substance gris jaunâtre, d'un éclat métallique, cristallisant en prismes rhomboïdaux, aiguillés ; pesant 6,54 ; fusible avec projection de gouttelettes. Le sulfure de bismuth pur ne se trouve guère que dans les échantillons de Bastnäes (Suède) ; ailleurs, la bismuthine contient du sélénium, du plomb, de l'argent, du cuivre, etc. On l'exploite comme minerai de bismuth.

BISMUTHIQUE adj. Se dit d'un acide résultant de la combinaison du bismuth avec l'oxygène. Bi² O³. L'acide bismuthique est une poudre d'un rouge clair que l'on obtient en faisant passer un courant de chlore dans la potasse contenant de l'oxyde de bismuth en suspension.

BISNAGUR. Voy. Bedjanagore.

BISOC s. m. [bi-sok]. Charrue à double soc.

* **BISON** s. m. [bi-zon] (lat. *bison* ; gr. *bisôn*). Zool. Nom donné à trois espèces de ruminants du genre bœuf : 1° l'espèce européenne appelée *bonassus* (voy. Aurochs) ; 2° le bison indien (*bison gaunis*), imparfaitement décrit ; 3° le bison de l'Amérique du Nord (*bison Americanus*), communément et par erreur nommé *buffalo,* distingué par la bosse singulière qui s'élève sur ses épaules et qui est formée d'une masse graisseuse et d'un poil long et roussâtre.

Bison Americanus.

La physionomie de cet animal est menaçante et féroce ; mais il ne faut pas se fier aux apparences : le bison est peut-être le plus pacifique des bœufs sauvages ; même dans la saison des amours, il n'attaque pas l'homme. Cette saison dure de la fin de juillet au commencement d'octobre, après quoi, les femelles quittent la compagnie des mâles et forment des troupeaux distincts. De juillet à décembre, les femelles sont grasses et bien en chair ; les mâles sont toujours maigres. Lors de la saison sexuelle, leur chair devient rance et désagréable. Pendant cette période, le mugissement des mâles éclate dans les prairies comme le roulement du tonnerre, et ces animaux se battent entre eux avec une fureur extraordinaire. Lorsqu'ils émigrent, ils se précipitent en colonnes serrées de 1,000 à 10,000 individus, dans les plaines immenses de l'Amérique du

Nord; il est alors impossible d'arrêter leur course furibonde. Les chasseurs recherchent principalement les femelles, parce que leur chair, bien entrelardée, est succulente, tendre et savoureuse au plus haut point. La partie la plus recherchée est la bosse, qui est d'une délicatesse exquise lorsqu'on la fait cuire à la mode des Indiens. La langue et les os à moelle sont également très estimés. L'habitat primitif du buffalo paraît avoir été toute la partie de l'Amérique septentrionale située à l'O. du lac Champlain et de la rivière Hudson. Depuis longtemps cet animal a cessé d'exister à l'E. du Mississipi.

BISONNE s. f. Femelle du bison.

* **BISONNE** s. f. [bi-zo-ne] (de *bis, bise*).Toile grise qui sert principalement à faire des doublures, et qu'on nomme ainsi à cause de sa couleur.

BISONTIN, INE s. et adj. Qui est de Besançon (Bisontium); qui appartient à cette ville ou à ses habitants.

BISORIN, INE adj. [bi-zo-rain] (lat. *bis*, deux fois; *os, oris*, bouche). Qui a deux ouvertures placées à des niveaux différents : *encrier bisorin, bouteille bisorine.*

* **BISOUTOUM, Behistun** ou **BAGHISTAN**, ville ruinée de l'Irak Adjemi (Perse), à 27 kil. E. de Kermanschah. Aux environs se trouve le rocher à pic anciennement appelé mont Bagistanus, sur lequel Darius Hystaspis fit graver des inscriptions cunéiformes pour remercier les dieux de lui avoir accordé la victoire sur les rebelles de son empire (516 av. J.-C.). Les principales inscriptions, qui sont en persan, en babylonien et en scythe, se trouvent sur l'une des faces du rocher, à une hauteur de 300 pieds au-dessus du niveau de la base.

* **BISQUAIN** s. m. Peau de mouton avec sa laine, dont on couvre les colliers des chevaux le trait.

* **BISQUE** s. f. (ital. *bisca*, salle de jeu). Jeu de peaume. Avantage qu'un joueur accorde à un autre lorsqu'il lui donne quinze, en lui laissant là liberté de placer cet avantage à son choix dans la partie.

* **BISQUE** s. f. (lat. *bis*, deux fois; *coctus*, cuit). Cuis. Potage fait de bouillon gras ou maigre,avec un coulis d'écrevisses, et garni de différents ingrédiens (quenelles de volaille ou de gibier, hachis de poisson, etc.). — DEMI-BISQUE, bisque dont le coulis est plus léger, et où il entre moins d'ingrédiens. — BISQUE A LA REINE, bisque de blancs de poulets.

* **BISQUER** v. n. (étym. incon.). Avoir du dépit, de l'humeur (pop.).

BIS REPETITA PLACENT [biss-ré-pè-ti-ta-pla-sainte] loc. lat. empruntée à l'*Art poétique* d'Horace : *les choses dites* ou *faites deux fois plaisent; les choses redemandées sont celles qui plaisent.*

* **BISSAC** s. m. [bi-sak](de *bis* et *sac*). Sorte de sac, ouvert en long par le milieu, et fermé par les deux bouts, en sorte qu'il forme comme un double sac.

BISSAGOS [bis-sa-gôss], groupe d'îles situées près de l'embouchure du Rio-Grande, dans l'Afrique occidentale, entre 10° et 12° lat. N. et entre 17° et 19° long. O. Seize de ces îles ont une certaine grandeur. Bissao contient un établissement portugais et fut pendant longtemps le centre du commerce portugais des nègres; population environ 8,000 hab. Voy. BOULAMA.

BISSECTEUR, TRICE adj. [bi-sèk-teur] (de *bis* et *secteur*). Géom. Se dit d'une ligne, d'un plan qui divise une surface, un espace en deux parties égales.

* **BISSECTION** s. f. (lat. *bis*, deux; *sectio*, coupure). Géom. Division d'un angle, d'une ligne, etc., en deux parties égales.

BISSECTRICE s. f. Ligne bissectrice : *la bissectrice d'un angle.*

BISSER v. a. (rad. *bis*). Crier *bis*; faire répéter une seconde fois un couplet, un air, une finale, un récit. En 1780, le public enthousiasmé fit répéter à Mlle Laguerre l'hymne de l'Amour, à la première représentation de l'*Echo et Narcisse*, de Gluck, et l'usage de *bisser* fut désormais introduit sur la scène française.

BISSET (Robert), auteur anglais (1759-1805). Il continua les histoires de Hume et de Smollett, publia une vie d' « Edmond Barke », le roman intitulé « Douglas » et une édition du « Spectateur ».

* **BISSEXE** adj. Voy. BISSEXUEL.

* **BISSEXTE** s. m. (lat. *bissextus*; de *bis*, deux fois *sextus*, sixième). Addition d'un jour, qui se fait tous les quatre ans, au mois de février, lequel est alors de vingt-neuf jours : *on aura bissexte cette année.*

* **BISSEXTIL. ILE** adj. Se dit de l'année où se rencontre le bissexte : *l'an bissextil, l'année bissextile.*

* **BISSEXUEL, ELLE** adj. [bi-sèk-su-èl] (lat. *bis* deux fois; franç. *sexuel*). Bot. Se dit des plantes qui ont l'organe mâle et l'organe femelle réunis dans la même fleur ou sur le même pied. On dit aussi, BISSEXE.

BISSON (Hyppolyte), lieutenant de vaisseau, né à Guéménée, Bretagne, en 1796. Chargé de commander un brick qui avait été pris sur les Turcs par la flotte de l'amiral Rigny, il se fit sauter avec l'équipage, le 6 novembre 1827, plutôt que de se rendre.

* **BISSUS** s. m. Voy. BYSSUS.

* **BISTOQUET** s. m. (lat. *bis*, deux fois; vieux franç. *toquer*, toucher). Jeux. Sorte de masse avec laquelle on jouait pour éviter de billarder.

* **BISTORTE** s. f. [bi-stor-te] (lat. *bis*, deux fois; *tortus*, tordu; à cause de la forme des racines de cette plante). Espèce de renouée indigène, que l'on rencontre particulièrement dans les prairies et les pâturages des endroits montagneux. Ses feuilles ovales lancéolées se mangent quelquefois comme les épinards. — La racine de bistorte est un astringent contre la diarrhée; de 15 à 30 gram. en décoction dans un litre d'eau.

* **BISTOURI** s. m. (lat. *bis*, deux fois; *tortus*, tordu). Instrument de chirurgie, qui a la forme d'un petit couteau, et qui sert à faire des incisions.

BISTOURNAGE s. m. Action de bistourner un animal, dans le but de le rendre plus docile ou plus apte à l'engraissement.

* **BISTOURNÉ, ÉE** part. passé de BISTOURNER. — Fam. JAMBES BISTOURNÉES, jambes contournées, difformes. On dit plus ordinairement : *jambes torses.*

* **BISTOURNER** v. a. [biss-tour-né] (lat. *bis*, deux fois; franç. *tourner*). Tourner, courber un objet dans un sens contraire à son naturel, de manière à le déformer. — Tordre les vaisseaux qui aboutissent aux testicules d'un animal, pour le rendre incapable de procréer.

* **BISTRE** s. m. Couleur d'un brun rougeâtre, que l'on emploie de la même manière que la sépia et l'encre de chine; s'eau et jamais à l'huile. Pour la préparer, on broie de la suie de bois, particulièrement de hêtre; on la passe au tamis ; on la lave à l'eau froide, puis à l'eau chaude, afin d'en extraire les sels solubles et on ajoute un peu de gomme, destinée à lui donner du liant.

* **BISTRÉ, ÉE** adj. Qui a la couleur du bistre : *teint bistré.*

BISTRITZ, ville du N.-E. de la Transylvanie, sur la Bistritz, à 80 kil. E.-N.-E. de Klausenbourg et ch.-l. du cercle saxon de Nœsnerland

ou Bistritz, 7,500 hab. Aux environs, se voient les ruines d'un château qui servit de résidence aux Hunyades.

BISULCE ou **Bisulque** adj. [bi-sul-sef] (lat. *bis*, deux; *sulcus*, sillon). Zool. Se dit des animaux à deux sabots, comme les ruminants.

BISULFATE s. m. Chim. Sulfate qui contient pour une même quantité de base une quantité d'acide double de celle qui entre dans la composition des sulfates neutres, tels que le sulfate ou plâtre.

BISULFURE s. m. Chim. Sulfure qui contient une proportion de soufre double de celle qui entre dans le protosulfure, voy. SULFURE.

BITANGENT, ENTE adj. Géom. Se dit de deux courbes ou de deux surfaces qui se touchent en deux points distincts.

BITARTRATE s. m. Chim. Sel qui contient deux fois autant d'acide tartrique que le sel neutre correspondant.

BITAUBÉ (Paul-Jérémie), littérateur, né à Kœnigsberg, en 1732, mort à Paris, en 1808; connu par sa traduction libre de l'*Iliade* (Berlin, 1772, in-12) et par sa traduction de l'*Odyssée* (1785, 3 vol. in-8°). Il a laissé plusieurs autres ouvrages, également en français.

BITCHE (all. *Bitsch*), ville et forteresse d'Alsace-Lorraine, à 60 kil. N.-O. de Strasbourg, 3,450 hab. Fabr. de papier et de porcelaine. Le fort s'élève à 200 m. sur un isolé qui commande l'une des principales routes des Vosges. Bitche, investie par les Allemands, le 15 août 1870, résista jusqu'à la fin de la guerre ; elle ne capitula que le 6 mars 1871, sa petite garnison, sous les ordres du commant Bousquet, sortit avec les honneurs de la guerre.

BITERROIS, OISE s. et adj. (lat, *Biterra*, Béziers). Habitant de Béziers; qui appartient à cette ville ou à ses habitants.

BITESTACÉ, ÉE adj. (lat. *bis*, deux fois; *testa*, coquille). Qui est couvert d'un test à deux valves.

BITHOOR ou **Bittoor** [bi-tour], ville de l'Inde anglaise, sur le Gange, à 35 kil. N.-O. de Cawnpore ; 9,000 hab. C'est une ville sacrée

Bithoor. — Ghattes sur le Gange

des Hindous. Ses magnifiques ghattes ou escaliers sur le bord du Gange sont visités par une foule de pèlerins. Pendant longtemps résidence des chefs des Mahrattes, cette ville fut un instant la capitale de Nana-Sahib, pendant la révolte de Cipayes (1857).

BITHYNIE, ancienne contrée de l'Asie Mineure, adjacente au Pont-Euxin et à la Propontide, aujourd'hui comprise dans le vilayet de Khodavendighiar. Elle contenait l'Olympe bithynien et était arrosée par le Sangarius. Les Bythyniens paraissent être originaires de la Thrace. Leur pays appartint successivement à la Lydie, à la Perse et à la Macédoine ; il rogagna son indépendance après la mort d'Alexandre. Son dernier roi, Nicomède III, légua ses territoires aux Romains, en 74 av. J.-C. Les principales villes étaient Nicomédie et Prusa (Brusa), successivement capitales, Héraclée, Chalcedon et Nicæa.

BITHYNUS, fils de Jupiter ; donna son nom à la Bithynie.

BITON, mathématicien grec du IIIᵉ siècle av. J.-C., auteur d'un travail, les *Machines militaires*, qui a été imprimé dans les *Veteres mathematici*, Paris, 1693, pages 105 et suiv.

BITON, voy. CLÉOBIS.

BITONTO (anc. *Butuntum*), ville de l'Italie méridionale, à 16 kil. O. de Bari ; 25,000 hab. Elle est bien bâtie et possède une belle cathédrale. Les Autrichiens y furent vaincus, le 25 mai 1734, par les Espagnols qui restèrent maîtres du royaume de Naples.

* **BITORD** s. m. (lat. *bis*, deux fois ; *tortus*, tordu. Mar. Petit cordage qui se compose de deux, trois ou même quatre fils de carret tortillés ensemble ; on en fait usage pour préparer des enflèchures, pour amarrer, renforcer les manœuvres, etc.

BITTAQUE s. m. Entom. Genre de névroptères planipennes, à quatre ailes égales, couchées horizontalement sur le corps.

BITTE s. f. (angl. *bit*, poutre transversale). Mar. Assemblage de charpente, placé sur l'avant du navire et servant à amarrer les câbles qui tiennent aux ancres jetées au fond de la mer. — PAILLE DE BITTE, grosse verge de fer qui traverse l'une des têtes de la bitte, et contient le câble autour de l'appareil.

BITTER v. a. Mar. Prendre le tour de bitte, ou passer le câble autour de sa bitte.

BITTER s. m. (bi-tèrr] (holl. *amer*). Liqueur amère que l'on obtient en faisant macérer dans du genièvre un mélange de gentiane, d'orangette, de cannelle, de calamus, de quinquina, d'aunée, de coriandre, et en ajoutant du sucre au macéré. — BITTER CUIRASSÉ, bitter mélangé avec du curaçao.

BITTERFELD, ville de la Saxe prussienne, à 30 kil. N. de Leipzig ; 6,000 hab. Mines de charbon, fonderies, brasseries et distilleries. Draps, poterie, machines. Beaux paysages aux environs.

BITTON s. m. (rad. *bitte*). Mar. Pieu fixé sur le rivage pour amarrer les vaisseaux.

BITTONNIÈRES s. f. pl. Mar. Egouts qui règnent à fond de cale, à côté de la carlingue et par où s'écoulent les eaux pour venir à la pompe.

BITTOR. Voy. BITHOOR.

BITUIT (dans les inscriptions, BITULTUS), roi des Arvernes qui se joignit aux Allobroges dans leur guerre contre les Romains. Battu en 124 av. J.-C., au confluent du Rhône et de l'Isère, par Q. Fabius Maximus, il ne tarda pas à tomber entre les mains de ses ennemis, qui le conduisirent à Rome, où il mourut dans l'esclavage.

* **BITUME** s. m. (lat. *bitumen* ; du gr. *pitus*, pin ; parce que les anciens croyaient que le bitume de Judée était produit par la résine des pins). Terme générique désignant une variété des substances combustibles qui se trouvent sous le sol ou qui exsudent à la surface de la terre sous forme de sources. Les variétés liquides épaississent lorsqu'on les expose à l'air et finissent par prendre la forme solide de l'asphalte. Quelques bitumes fluides impurs ressemblent au coaltar. On les distinguent du charbon bitumineux parce qu'ils ne donnent, à la distillation, aucune trace d'ammoniaque et parce qu'on les frotte sans les isoler, ils pro-

duisent de l'électricité négative ; enfin, si l'on brûle le bitume sur un gril, il fond et coule à 100° C. ; tandis que le charbon est réduit en cendres. Les bitumes se dissolvent parfaitement dans les essences de térébenthine et de benzine, dans l'huile de lin, dans l'éther sulfurique, etc. ; tandis que les charbons, après une longue digestion dans les huiles, colorent seulement celles-ci en brun, et produisent avec l'éther sulfurique, un fluide semblable au naphte et un corps résineux. Les bitumes décomposent l'acide nitrique, ce que ne fait pas le charbon; ils se combinent avec l'acide sulfurique qui est impuissant sur le charbon. Versés goutte à goutte dans de l'étain fondu, ils se décomposent et donnent une fumée épaisse, tandis que le charbon n'est pas altéré. Tels sont les principaux caractères des diverses substances qui sont rangées dans la classe des bitumes. Les variétés de bitume sont : le *naphte*, huile liquide dont la forme la plus impure constitue le pétrole ; le bitume visqueux qui passe dans l'asphalte résineux noir ; et le bitume élastique ou *élatérite* des minéralogistes. La *grahamite*, que l'on rencontre dans la Virginie occidentale et l'*albertite* de la Nouvelle-Écosse paraissent être du pétrole épaissi et oxygéné. Le pétrole et le naphte sont des fluides qui s'écoulent par les fissures des roches et viennent flotter à la surface des lacs. Voy. NAPHTE, voy. PÉTROLE. Ces différentes variétés de bitume se trouvent seulement dans les formations secondaires et tertiaires ; quand on les rencontre dans les roches primaires, c'est parce qu'elles s'y sont introduites par des veines ou des fissures. L'analyse des bitumes naturels purs, qu'ils soient solides ou liquides, donne à peu près les proportions suivantes : carbone, 88 0/0 ; hydrogène 12 0/0. Dans certaines localités, on rencontre une pierre à chaux bitumineuse, laquelle, mélangée avec de l'asphalte chauffé est employée à Paris et dans plusieurs grandes villes pour le pavage des rues et des trottoirs (voy. PAVAGE). On ne connaît pas encore l'origine des bitumes. Leur composition paraît se rapporter à celle des matières végétales ; et pourtant ils diffèrent essentiellement des charbons de terre. — BITUME. Jargon. Trottoir. — Fouler, polir le bitume, se promener, flâner.

BITUMER v. a. Enduire de bitume.

* **BITUMINEUX, EUSE** adj. Qui contient du bitume; qui a les qualités du bitume.

BITURE s. f. Argot. Copieuse consommation : *biture soignée*.

BITURER (Se) v. pr. Se donner une biture.

BITURIGES, peuple de l'ancienne Aquitaine, divisé en deux branches : 1° *Bituriges Cubiens*, dans le pays qui forma ensuite le Berri et une partie du Bourbonnais; cap. *Avaricum* ou *Bituriges* (Bourges); 2° *Bituriges Vivisques*, colonie des précédents établie sur la Garonne, dans un pays qui appartient aujourd'hui au département de la Gironde. Leur cap. était Bordeaux (*Burdigala*).

BITZIUS (Albert), auteur suisse, connu sous le pseudonyme de Jérémias Gotthelp, né en 1797, mort en 1854. Dans sa jeunesse, il fut pasteur à Berne. Ses œuvres complètes (24 vol. Berlin, 1855-'8), se composent surtout de romans sur la vie domestique en Suisse. Il a aussi publié des almanachs populaires.

* **BIVALVE** adj. (lat. *bis* deux ; *valva*, valve). Conchyliol. et bot. Qui est formé de deux pièces ou valves : *coquille bivalve; la capsule du lilas, le noyau de la pêche sont bivalves*. — s. m. Coquillage qui est formé de deux valves: *les huîtres, les moules sont des bivalves*.

* **BIVOUAC** ou **Bivac** s. m. (all. *biwacht*, sentinelle). Ne se disait autrefois d'une garde extraordinaire faite la nuit de toute l'armée. — Aujourd'hui, toute station qu'une troupe, qu'une armée en campagne fait en plein air, le jour et la nuit, pour prendre du repos. On

le dit quelquefois de la troupe même, et du lieu où elle s'arrête : *notre premier bivac* ; *l'armée a beaucoup souffert dans les bivacs; feu d'un bivac.*

* **BIVOUAQUER** ou Bivaquer v. n. Camper en plein air, à la belle étoile. — Par ext. et fam. Passer une nuit en plein air.

BIXA s. f. [bi-ksa] (mot américain). Bot. Nom scientifique du *rocou*.

BIXACÉ, ÉE, adj. [bi-ksa-sé]. Bot. Qui ressemble à la *bixa*. — s. f. pl. Petite famille de plantes dicotylédones dialypétales qui a pour type le genre *bixa*.

BIXIO (Jacques-Alexandre), médecin, vulgarisateur et homme politique, né en 1808 à Chiavari (alors département français des Apennins), mort en 1865. Il fit ses études à Paris, fonda, avec Buloz, la *Revue des Deux-Mondes*, publia la *Maison rustique du XIXᵉ siècle*, créa et dirigea (1837-'48), conjointement avec Barral, le *Journal d'agriculture pratique et de jardinage*, entra au *National*, se prononça pour la régence, en 1848, et, fut, néanmoins, chargé d'une mission à Turin, par le gouvernement provisoire. Député à la Constituante par le département du Doubs, il combattit l'insurrection de juin, reçut une balle dans la poitrine à l'attaque d'une barricade, accepta le portefeuille de l'agriculture et du commerce sous la présidence de Louis-Napoléon, mais ne le garda que peu de jours (20-29 septembre 1848). Membre de l'Assemblée législative, il eut, avec M. Thiers, un duel qui fit beaucoup de bruit. Lors du coup d'État il fut arrêté et détenu à Mazas pendant deux mois. Rentré dans la vie privée, il créa sa *Librairie agricole* et s'occupa d'entreprises de chemins de fer. Au moment de sa mort, il était administrateur du Crédit mobilier. Il avait fait, en 1850, avec M. Barral, deux ascensions aérostatiques restées célèbres.

* **BIZARRE** adj. (lat. *bis*, deux fois ; *varius*, différent). Fantasque, capricieux, extravagant: *homme bizarre; esprit bizarre; humeur bizarre*. — Extraordinaire, qui s'écarte de l'usage ou de l'ordre commun :

.... *La fortune bizarre,*
Favorise toujours le plus audacieux.
D'ÉPAGNY, *Lancastre*, acte IV, sc. III.

— Substantiv.: *donner dans le bizarre*.

* **BIZARREMENT** adv. D'une façon bizarre.

* **BIZARRERIE** s. f. Caractère de ce qui est bizarre : *bizarrerie de l'humeur, de l'esprit, des goûts, des opinions, des modes, des saisons, des langues*. — Humeur bizarre, extravagance : *cet homme est d'une étrange bizarrerie*.

BIZERTE ou Benzerta (anc. *Hippo Zarytus*), port fortifié, sur la côte N. de la régence de Tunis, et ville la plus septentrionale de l'Afrique. Le port, autrefois commode, s'est empli de sable et s'ouvre que de petits navires. — Lat. N. 37° 17' 20″ N.; long. 7° 30 20″ E. — Golfe de Bizerte, grande baie de la Tunisie, ainsi nommée à cause de la ville de Benzerta, (Byzerte), située sur un étroit canal qui fait communiquer les eaux de la Méditerranée avec celles de deux grands lacs. Bizerte fut, pendant un moment, la rade la plus sûre de l'Afrique septentrionale ; les corsaires barbaresques y établirent même leur grande station navale. Mais le passage qui y conduit s'est comblé faute de soins et la ville, bien qu'elle soit encore (1881) gouvernée par un agha, est en pleine décadence ; on y trouve à peine une population de 10,000 hab.

BIZET (Georges), compositeur de musique, né 1839, mort à Bougival en juin 1876. Auteur des *Pêcheurs de perles*, opéra, de *Carmen* et de l'*Arlésienne*.

BJŒRNEBORG ou BIORNBOURG, [bior-ne-borg] ville maritime de Finlande, à 125 kil. N.-N.-O. d'Abo; 7,000 hab. Elle est bien bâtie et exporte de la résine, du goudron, de l'huile et du bois.

BJŒRNSTJERNA (**Magnus-Fredrik-Ferdi-nand, comte**) [bjorn-chèr'-na] homme d'Etat suédois (1779-1847). Il conclut l'union de la Suède et de la Norvège et négocia la vente de la Guadeloupe en 1812. Il a laissé un ouvrage sur la théogonie, la philosophie et la cosmogonie des Hindous, et un autre sur le gouvernement des Anglais dans l'Inde.

BLAC s. m. (gr. *blax*, indolent). Espèce de milan de la grosseur d'un épervier et commun depuis l'Egypte jusqu'au Cap.

BLACAS [bla-kâ] (**Pierre-Louis-Jean-Casimir, duc de**) homme d'Etat appartenant à la famille de Blacas d'Aulps, né en 1771, mort en 1839 ; il émigra et combattit en Vendée, rentra en 1815, devint le conseiller intime de Louis XVIII, fit partie de la chambre de pairs, fut successivement ambassadeur à Rome et à Naples et suivit Charles X en exil.

BLACK (**Adam**), éditeur d'Edimbourg (1784-1874), dirigea l'*Edinburgh Review* et publia l'*Encyclopædia Britannica*, dont il était l'un des collaborateurs.

BLACK (**Joseph**), chimiste, né à Bordeaux en 1728, de parents écossais, professeur de médecine à Glasgow en 1756, professeur de chimie à Edimbourg en 1766, mort en 1799. Il fit, en 1762, sa plus importante découverte, savoir : que le passage des corps de l'état solide à l'état liquide est accompagné d'une certaine déperdition de chaleur ; c'est lui qui introduisit le nom et la théorie de la chaleur latente. Il découvrit aussi la nature des alcalis. Ses *Lectures sur les Eléments de chimie* ont été publiées en 1803, 2 vol.

BLACKALL (**Offspring**), théologien et prélat anglais (1654-1716). Il devint évêque d'Exeter en 1707. Ses œuvres (2 vol.) ont été publiées en 1723.

BLACKBOULAGE s. m. Action de blackbouler, d'être blackboulé.

BLACKBOULER v. a. (angl. *black*, noir ; *bowl*, boule ; *boule noire*). Mettre une boule noire dans l'urne, lors du scrutin qui suit certaines discussions législatives, certains examens universitaires ; refuser, repousser rejeter : *l'amendement du député un tel a été blackboulé ; les examinateurs l'ont blackboulé.* — Par ext. Ne pas élire, repousser dans un scrutin quelconque : *le candidat X*** *fut blackboulé aux élections de 1876 ; les électeurs l'ont blackboulé.* — Dans les écoles on dit aussi : *bouler avec perte et fracas.*

BLACKBURN [blak-beurn], ville du Lancashire, Angleterre, à 35 kil. N.-N.-O. de Manchester ; 78,000 hab. Elle est environnée de mines de charbon, possède une belle bibliothèque publique et fabrique des nouveautés en quantité considérable. En 1767, un ouvrier de cette ville, nommé James Hargreaves, inventa la machine à filer nommée *spinning-Jenny* ; il fut, à cause de cela, ignominieusement chassé par les ouvriers de la ville. Vers 1810 ou 1812, justice fut rendue à son invention, qui fait aujourd'hui la fortune de ses concitoyens. Voy. Hargreaves.

BLACKFEET. Voy. Pieds Noirs.

BLACK HAWK (angl. blak-hâk) (angl. *Faucon noir*) chef indien des tribus Sac et Fox ; né vers 1768, près de l'embouchure de la rivière Rock dans le Mississipi, mort en 1838. Chef des Sacs en 1788, à la mort de son père, il apprit à haïr les Américains et prit fait et cause pour les Anglais pendant la guerre de 1812. Il obtint une paix honorable ; mais les Américains lui tinrent rancune. En 1831, ils l'attaquèrent, sous le prétexte de le parquer avec sa tribu dans une forêt éloignée. Il se

défendit, fut pris, promené triomphalement de ville en ville et enfermé, jusqu'en 1833, dans la forteresse de Monroe.

BLACK HILLS (angl. *collines Noires*) chaîne de montagnes située dans le Wyoming et le Dakota (Etats-Unis de l'Amérique du N.), entre 43e et 45e N. et entre 105e et 107e long. O.Hauteur de quelques sommités, 2,000 mètres. La découverte de mines d'or dans ces montagnes, y amena une foule d'aventuriers qui durent commencer par chasser les Indiens (1876).

BLACK HOLE (angl. blak-hôl) (angl. *trou noir*), nom donné par les historiens anglais à un cachot du fort William, à Calcutta. Dans ce cachot, qui ne mesure pas plus de 18 pieds carrés, Surajah Dowla, qui surprit Calcutta, le 20 juin 1756, enferma, pendant toute une nuit, la garnison anglaise, composée de 146 hommes. Le lendemain, 23 hommes seulement respiraient encore ; les autres avaient été asphyxiés. En mémoire de ces victimes, les Anglais ont élevé un obélisque de 50 pieds devant la porte du *Trou noir*.

BLACKLOCK (**Thomas**), ecclésiastique écossais (1721-'94). Il devint aveugle à six mois, par suite de la petite vérole ; malgré cette infirmité, il fit de brillantes études à l'université d'Edinburgh, devint ministre à Kirkcudbrigh. Il a publié un volume de poésies ainsi que des travaux théologiques et philosophiques.

BLACK MAIL, tribut que les propriétaires et les fermiers du nord de l'Angleterre payaient autrefois aux *borderers* ou chefs écossais pour être exempts de leurs attaques.

BLACKMAN (**George-Curtis**), chirurgien américain, mort en 1874. Il se rendit célèbre comme habile praticien. A traduit en anglais le *Traité des maladies vénériennes*, de Vidal ; et a réédité la *Chirurgie* de Velpeau, traduite par Mott.

BLACKMORE (**sir Richard**), écrivain anglais (1650-1729). Il fut médecin de Guillaume III et composa de nombreux ouvrages religieux et des traités de médecine bien moins connus que ses poèmes héroïques : le *Prince Arthur*, le *Roi Arthur*, le *Roi Alfred*, *Eliza*, le *Rédempteur* ; et que son poème philosophique : la *Création*.

BLACK MOUNTAINS (angl.*Montagnes Noires*), groupe culminant du système Appalachien, ainsi nommé à cause du feuillage sombre des sapins et autres arbres toujours verts qui couvrent ses sommités. Ces montagnes gisent dans la Caroline du Nord ; elles renferment des pics qui s'élèvent à 2,000 m.

BLACK RIVER (angl. *Rivière Noire*). I. Riv. des Etats-Unis ; elle se jette dans la baie de Black River (lac Ontario), après un cours de 200 kil., dont 60 navigables. — II. Voy. Big Black River.

BLACKSTONE, ville de l'Etat de Massachusetts (Etats-Unis), sur la rivière Blackstone, à 60 kil. S.-O. de Boston ; 6,000 hab. Fabr. de cotonnades et de lainages.

BLACKSTONE (**Sir William**), homme de loi anglais (1723-'80). Ses *Commentaires des lois d'Angleterre* (4 vol. 1765-'9) font encore autorité en Angleterre et aux Etats-Unis ont été plusieurs fois réédités. (Dernière édition américaine, par T. M. Cooley, 1870).

BLACKWALL [blak-ouâl], faubourg de Londres, à 6 kil. E.-S.-E de Saint-Paul. Fonderies, docks de l'Inde, chantiers maritimes.

BLACK WARRIOR, rivière qui naît au N.-E. de l'Etat d'Alabama (Etats-Unis) ; elle court au S.-O., et se jette le Tombigbee au-dessus de Demopolis, après un cours de 250 kil. Depuis Tuscaloosa, elle est navigable pour les bateaux à vapeur.

BLACKWATER. I. Rivière d'Irlande ; elle

naît au N. E. du comté le Kerry. court vers l'E., et se jette dans la mer à Youghal harbor, après un cours de 160 kil. Elle abonde en saumons.

BLACKWELL (**Alexander**) [bla-kouèl], médecin écossais, mort en 1748. Il publia un recueil de plantes médicales intitulé : *Curious Herbal*, et un ouvrage sur l'amélioration des terres stériles et ces marais. Appelé en Suède pour y mettre en pratique les théories émises dans ce dernier ouvrage, il y fut décapité pour avoir conspiré contre la famille royale.

BLACKWELL'S ISLAND (angl. Ile de Blackwell). Voy. New-York (city).

BLACKWOOD (**William**) [bla-koôd], éditeur écossais (1776-1834). Il se fixa d'abord à Glasgow, puis à Londres jusqu'en 1804 ; ensuite, il s'établit bouquiniste à Edinburgh. C'est dans cette ville qu'il fonda, en 1817, la célèbre revue littéraire, politique et philosophique connue sous le nom de *Blackwood's Edinburgh Magazine* qui devint l'organe le plus populair e du parti tory en Angleterre.

BLADENSBURG, ville de l'Etat de Maryland (Etats-Unis), sur la branche orientale du Potomac, à 9 kil. N.-E. de Washington ; 1,000 hab. Sur le pont qui traverse le Potomac, à l'O. de Bladensburg, les Anglais remportèrent en août 1814, une victoire qui leur livra Washington.

BLAEW ou **Blaeu** I. (**Wilhelm**), imprimeur géographe, né en 1571 à Alkmaar, mort en 1634. Elève de Ticho-Brahé, il fit faire quelques progrès à la science en confectionnant des globes terrestres et célestes plus exacts que ceux que l'on avait publiés avant lui et en publiant des cartes soignées ; il a laissé : *Novus Atlas*, 6 vol. 1634, *Theatrum urbium et munimentorium*, 1649 ; *Theatrum mundi*, 14 vol. in-fol. 1663. — Il (**Johann**), fils du précédent, né à Amsterdam, mort en 1673, entreprit de grands voyages et publia : *Atlas major* ; 10 vol. 1662. On lui doit une foule de planches topographiques et de vues de villes, sous le nom de *Théâtres de Belgique* (2 vol. in-fol. 1649) ; d'Italie (2 vol. 1663) ; de Naples et de Sicile (2 vol. 1663) ; de la Savoie et du Piémont (2 vol. 1682). Ses fils Johann et Peter, typographes renommés, ont attaché leurs noms à de bonnes publications.

* **BLAFARD, ARDE** adj. (all. *blas*, pâle ; *farle*, couleur). Pâle. — Se dit surtout des couleurs ternes, et d'une lumière faible : *couleur blafarde ; teint blafard*.

BLAGOVIESTCHENSK, ville de la Russie d'Asie, cap. de la province de l'Amour, sur l'Amour, fondée en 1858 ; 3,500 hab.

* **BLAGUE** s. f. (all. *blagh*, vessie). Vessie ou petit sachet de grosse toile ou de peau, dans lequel les fumeurs mettent le tabac dont ils font usage :

Les *blagues* de velours, les couvercles d'argent.
BARTHÉLEMY.

— Pop. Mensonge, hâblerie, vanterie :

Le vrai peut quelquefois n'être pas *blague*.
Variante d'un vers de BOILEAU.

— ⁓ Par ext. Facilité à parler, à débiter des hâbleries : *il a de la blague ; il a une bonne blague*. — Avoir la blague, avoir conservé l'avantage dans une discussion, dans une partie. — N'avoir que la blague, que de la blague, parler bien, mais n'avoir aucune valeur réelle. — Blague dans le coin, plaisanterie à part. — Pas de blague, pas de plaisanterie.

BLAGUER v. n. Mentir, se vanter, faire le hâbleur : *ne le croyez pas, il blague*. — ⁓ causer : *nous venons blaguer ensemble*. — v. a. Narguer, plaisanter, railler : *si on te blague, fais semblant de rire* (De Goncourt).

*BLAGUEUR, EUSE s. Celui, celle qui blague:

Mais qu'un *blagueur* me raconte
Ses faits merveilleux,
Quand j'en ai plus que mon compte.
Je lui dis : Mais mon vieux.
Je n' coup' pas beaucoup,
Dans c' montage de coup.
                Aug. Hardy

— ~~ Adjectiv. : un air *blagueur*.

BLAIGUES (Le) voy. BLAYEZ.

BLAIN, ch.-l. de cant., arrond. et à 19 kil.
N.-E. de Savenay (Loire-inférieure), sur l'Isac
et le canal de Brest à Nantes; 6,750 hab.
Ancienne ville forte démantelée par Richelieu.
De son vieux château féodal, il ne reste que
des ruines. Bétail, tanneries, produits chimiques. Fabr. de zinc.

BLAINVILLE (Jean de MAUGENCHY DE), maréchal de France (1322-'94); il défendit le château de Rouen (1364), battit les Anglais dans
le Maine (1370), commanda l'avant-garde à
Rosbecq et contribua à la prise de Bécherel.

BLAINVILLE (Charles-Henri), violoncelliste
et musicographe, né près de Tours en 1711,
mort à Paris, en 1769; fit paraître plusieurs
ouvrages peu estimés : *Esprit de l'art musical*
(1764); *Histoire de la musique* (1767).

BLAINVILLE (Henri-Marie DUCROTAY DE), célèbre naturaliste, né à Arques, le 12 sept.
1777, mort à Paris, le 1er mai 1850. Après
avoir étudié l'art militaire, la musique et la
peinture, il se fit recevoir médecin à 33 ans
et devint bientôt suppléant de Cuvier au Collège de France et au Muséum d'histoire naturelle. Il remplaça même son illustre maître à
la chaire d'anatomie comparée (1832). Il continua les travaux de Cuvier sur les espèces
fossiles éteintes : *Manuel de malacologie et de
conchyliologie* (1825); *manuel d'actinologie*(1834);
il indiqua, dans son : *Prodrome d'une nouvelle
distribution méthodique du règne animal* (1816),
plusieurs changements qui ont été adoptés. Il
basa sa classification sur la forme extérieure
et non sur la structure interne. Il a donné,
en outre, *De l'organisation des animaux* (1822);
une *Ostéographie* (1839), ouvrage inachevé, et
une *Histoire des sciences de l'organisation prise
pour base de la philosophie* (1845). Hollard a
publié ses leçons sur les *Principes de la zoologie*
et Maupied ses leçons sur la *Physiologie*. Le
caractère irritable et orgueilleux de Blainville
lui fit beaucoup d'ennemis. Il offensa même
gravement Cuvier qui l'avait d'abord accueilli
avec bonté, mais qui rompit avec lui en 1817.

BLAIR I. (Francis-Preston), journaliste
américain (1791-1876); éditeur du *Globe* (de
1830 à 1845). — II. (Hugh), théologien écossais
(1718-1800), professeur de rhétorique à l'université d'Edinburgh, auteur de 5 vol. de sermons et de 3 vol. de rhétorique qui sont
classiques (1783). — III. (James), ecclésiastique américain, né en Ecosse en 1656, mort
en 1743; il publia plusieurs discours religieux.
— IV. (John), chronologiste et géographe
écossais, mort en 1782. Il était chapelain de la
princesse douairière de Galles et composa une
histoire chronologique de l'univers, depuis la
création jusqu'en 1753. — V. (Robert), poète
écossais (1699-1746), dont une œuvre posthume
« The Grave » a obtenu un grand succès.

* BLAIREAU s. m. [blè-rô] (étym. douteuse;
cymrique, *blawr*, gris de fer; lat. *bladarius*,
marchand de blé). Zool. Mammifère carnassier, famille des plantigrades. Les blaireaux
sont des animaux inoffensifs et timides qui
dorment pendant tout le jour dans leurs
terriers, où le mâle habite un appartement
séparé. Leur chair est rampante, leurs ongles de devant, très allongés, les rendent habiles à fouir la terre. Ils se distinguent éminemment par une poche située sous la queue, et
d'où suinte une humeur grasse et fétide.
Leur chair, ordinairement très grasse, est estimée et même recherchée dans beaucoup de
pays. Leur distribution géographique s'étend
sur l'Europe entière, l'Asie centrale et sep-

tentrionale et les parties les moins chaudes
de l'Amérique du Nord. On connaît trois espèces de blaireaux : 1° le *blaireau commun
d'Europe* (*Meles vulgaris* ou *taxus*) de la taille
d'un chien modérément gros et moins haut
sur ses jambes. La femelle produit chaque

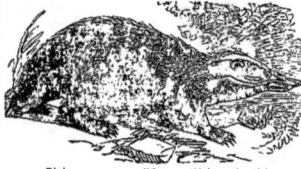

Blaireau commun d'Europe (Meles vulgaris).

année, au printemps, 3, 4 ou 5 petits qu'elle
allaite pendant 5 semaines et qu'elle habitue
ensuite à se nourrir du miel des guêpes, à
chasser le lapin, le mulot, le lézard, le serpent, les sauterelles, les œufs, et, à manger
au besoin, des fruits et des grains. La peau
du blaireau sert à faire des fourrures grossières, des colliers pour les chiens et des couvertures pour les chevaux. Son poil ne se feutre pas; c'est pourquoi on s'en sert pour la
fabrication des pinceaux employés par les
peintres, les barbiers et les brosses à dents.;
2° le *blaireau d'Amérique*, voy. CARCAJOU. 3° le
blaireau de l'Hindoustan, voy. BALISAUR.—Peint.
Blaireau s. m. Pinceau fait de poil de blaireau.
On dit aussi : *pinceau de blaireau*.

BLAIREAU s. m. Jargon. Conscrit.

BLAIREAUTER v. n. Peindre avec trop de
fini : *sa peinture est blaireautée*.

BLAIRSVILLE, ville de la Pennsylvanie (Etats-
Unis), sur la rivière Conemaugh, et sur le canal de la Pennsylvanie, à 105 kil. E. de Pittsburgh; 2,000 hab.

*BLAISE (Saint), évêque de Sébaste, Armé-
nie; martyrisé en 316 ; fête, le 3 fév. Patron
des cardeurs, parce que les bourreaux le dépe-
cèrent avec des peignes de fer.

BLAISOIS, OISE [blé-zouâ] s. et adj. Qui est
de Blois; qui appartient à cette ville ou à ses
habitants. — On écrit aussi BLÉSOIS. — Le
Blaisois ou LE BLÉSOIS, *Blesensis pagus*, ancien
pays de l'Orléanais (cap. Blois ; villes princ. :
Romorantin, Mer et Chambord. Le Blaisois
forma un comté qui fut réuni à l'Orléanais
en 1192. Il est compris dans le département
de Loir-et-Cher.

BLAKE. I. (John-Lauris) [blé-ke], écrivain
et ecclésiastique épiscopalien américain (1788-
1857); a laissé plus de cinquante ouvrages pour
les écoles et un *Dictionnaire biographique*. —
II. (Robert), amiral anglais (1599-1657). D'a-
bord officier de dragons au service du Parlement contre le roi, il fut improvisé chef d'escadre en 1649, à la mort du comte de Warwick. Il détruisit en 1651, la flotte royale qui
se trouvait dans les eaux de Malaga, sous les
ordres du prince Rupert; deux navires seulement s'échappèrent. Ayant enlevé aux royalistes Jersey, Guernesey et les îles Scilly, il fut
récompensé par le titre de membre du conseil d'État. En 1652, il fut nommé seul amiral
et remporta des avantages signalés sur la
flotte hollandaise. Il siégea dans les deux premiers parlements assemblés par Cromwell.
Un de ses exploits les plus curieux fut
accompli en 1657 pendant la guerre d'Espagne. Ayant été envoyé pour bloquer la baie
de Cadix, il détruisit, le 20 avril, une flotte
de galions chargés d'argent; cette flotte était
défendue par une force navale imposante et,
de plus, elle se trouvait protégée par le canon
de Santa-Cruz (île de Ténériffe). A son retour,
il mourut du scorbut en entrant dans la rade
de Plymouth. — II. (William), artiste anglais

(1757-1827). Auteur d'un volume de poésie
(1781), il inventa en 1788 une méthode pour
imprimer et illustrer ses poèmes : sur une
planche de cuivre, il traçait, avec un vernis,
les mots et les dessins, et ensuite, il faisait
mordre par un acide les parties non protégées.
Il tirait les épreuves au moyen d'une presse ordinaire ; quelquefois ses dessins étaient tein-
tés. Les diverses séries de ses œuvres ont pour
titre : « Les chants d'innocence » ; « Invention
pour le livre de Job » ; « Livre de prophéties » ;
« Portes du paradis »; « Urizen »; « Visions des
filles d'Albion et de l'Amérique ». Sa Vie, par
Alexander Gilchrist (2 vol., Londres, 1863),
contient à peu près tous ses poèmes et des fac-
similé de plusieurs de ses dessins, mais sans
aucune teinte.

* BLÂMABLE adj. Digne de blâme, répréhensible.

* BLÂME s. m. (anc. esp. *blasmo*). Sentiment ou discours par lequel on condamne une
personne, une action, une opinion. — Jurispr.
crim. Autrefois, réprimande faite par le juge
ensuite d'une sentence ou d'un arrêt : *la peine
du blâme était infamante*.

* BLÂMER v. a. Improuver, reprendre, con
damner. — Anc. jurispr. crim. Réprimander
publiquement une personne reconnue coupable de quelque contravention aux lois ou aux
ordonnances

BLAMONT, ch.-l. de cant., arr. et à 16 kil.
S.-E. de Montbéliard (Doubs); 800 hab. Autrefois place de guerre, protégée par un château,
que les Alliés ruinèrent en 1814.

BLAMONT, ch.-l. de cant., arr et à 30 kil.
E. de Lunéville (Meurthe-et-Moselle) sur les
deux rives de la Vezouze; 2,300 hab. Bétail,
broderie, distillerie. Patrie de Regnier, duc
de Massa. Vieille ville, autrefois siège d'un
comté.

* BLANC, ANCHE adj. (haut all. *blanch*). Qui
est de la couleur du lait, de la neige, etc.:

Jusqu'à terre à long plis pendait leur cape noire,
Mais leur coiffe brillait blanche comme l'ivoire.
              BRIZEUX. *Hist. poétiques*, 1855.

— Se dit de plusieurs choses qui ne sont pas
tout à fait blanches, pour les distinguer de celles de même espèce qui ne le sont pas tant,
ou qui sont d'une autre couleur : *vin blanc,
poivre blanc* ; *verre blanc* ; *bière blanche* ; *raisin
blanc* ; *bois blanc* ; *poisson blanc* ; *chair blanche* ;
teint blanc ; *gorge blanche*; *mains blanches* ;
peau blanche. — Propre, par opposition à sale :
linge blanc. — ARGENT BLANC, toute sorte de
monnaie d'argent, par opposition aux monnaies de cuivre ou d'or. — MONNAIE BLANCHE,
petites pièces d'argent qui forment la monnaie
d'une plus grande pièce. — ARMES BLANCHES,
armes offensives, comme épées, sabres, baïonnette, etc., par opposition aux armes à feu :
se battre à l'arme blanche. — Ethnogr. RACE
BLANCHE, l'une des trois divisions d'après lesquelles on classe quelquefois le genre humain.
Les deux autres sont la race jaune et la race
noire. — ROUGE SOIR ET BLANC AU MATIN, C'EST LA JOUR-
NÉE DU PÈLERIN, quand le ciel est rouge le soir
et blanc le matin, c'est ordinairement un indice qu'il fera beau temps. — BLANC DE LES-
SIVE, se dit du linge propre, tel qu'il est au
sortir de la lessive. — METTRE QUELQU'UN EN
BEAUX DRAPS BLANCS, DANS DE BEAUX DRAPS BLANCS,
le mettre dans l'embarras, lui susciter des affaires. — SORTIR D'UNE ACCUSATION, D'UNE AF-
FAIRE BLANC COMME NEIGE, être déclaré innocent,
être acquitté sur un arrêt ou un jugement, en
matière criminelle ou correctionnelle . —
Jargon. N'ÊTRE PAS BLANC, n'être pas innocent; être compromis ; craindre d'être répri-
mandé. — * Blanc s. m. Couleur blanche, ce
qui est de cette couleur : *le blanc a côté du
noir en a plus d'éclat*. — Couleur ou matière
blanche que les peintres, les maçons, etc., em-

ploient pour rendre une surface blanche : *blanc de plomb; blanc de céruse; couche de blanc.* — Espace réservé dans une pièce d'écriture pour être rempli plus tard : *le Code ne permet pas que les actes de l'état civil renferment aucun blanc.* — Jeux. Coup qui ne produit rien. Ainsi, *amener blanc,* à certains jeux de dés, se dit lorsque tous les dés présentent la face qui n'est marquée d'aucun point. *Faire chou blanc,* signifie au jeu de quilles, ne rien abattre ; et, dans un sens général, manquer son but. — But auquel on tire, soit avec une arme de trait, soit avec une arme à feu : *tirer au blanc; donner dans le blanc; mettre dans le blanc.* — Petite monnaie qui valait cinq deniers. N'est plus d'usage qu'au pluriel, et dans cette expression populaire, *Six blancs,* deux sous six deniers de notre ancienne monnaie. — Homme qui a le teint blanc ou même olivâtre, à la différence de celui qui l'a noir : *il y a, dans cette colonie, moins de blancs que d'hommes de couleur.* — Bot. et agric. Moisissure que contracte le fumier trop tassé et privé d'air, comme dans les couches maraîchères. Le *blanc* forme des filaments blanchâtres et feutrés qui donnent naissance à une espèce de champignon comestible, l'*agaric de couche,* et il a la propriété de revivre après avoir été conservé sec pendant plusieurs années. Le meilleur provient de couches. Je champignons qui n'ont pas porté fruit : on l'appelle *blanc vierge;* mais on peut aussi se servir du blanc provenant de vieilles couches de champignons, et même de couches à melons.—Cuis. Sauce blanche : *un mets au blanc.* — Pathol. végétale. Maladie des végétaux appelée aussi MEUNIER. Voy. ce mot. — Typogr. Tout ce qui ne marque pas à l'impression dans une composition : espaces, interlignes, demi-cadratins, cadratins et cadrats. On dit qu'une lettre *porte du blanc,* lorsqu'elle laisse naturellement de l'espace entre elle et les autres lettres qu'elle touche. Dans la composition, on appelle *blancs* l'intervalle que l'on met entre les lignes de titres en sus de l'interlignage ordinaire : *JETER DU BLANC,* ajouter une ligne ou deux lignes de blanc. — Dans l'imposition, on appelle *petits blancs* les fonds et les têtières; *grands blancs* les marges extérieures et de pied. — TIRER EN BLANC, imprimer un seul côté de la feuille. — FAIRE SON REGISTRE EN BLANC, le faire sans toucher la forme, en couvrant d'une maculature la feuille sur laquelle on observe du foulage. — BLANCHE, voy. *Page.* — ᵥᵥ Polit. Légitimiste : *c'est un blanc; les bleus et les blancs.* — Jargon. Pièce d'un franc. — *BLANC DE LAIT, BLANC DE PERLES,* nuance de blanc semblable à celle du lait, des perles. — BLANC SALE, couleur blanche dont l'apparence est terne, sans éclat. — AL-LER, PASSER, CHANGER DU BLANC AU NOIR, passer d'une opinion à l'opinion contraire, changer d'une extrémité à l'autre. — SI VOUS LUI DITES BLANC, IL RÉPONDRA NOIR, il se plaît à contredire. — METTRE DU BLANC SUR DU BLANC, écrire, composer. — SAIGNER QUELQU'UN JUSQU'AU BLANC, le saigner abondamment, jusqu'à ce que le sang lui sort de la veine perde de sa couleur rouge. — TIRER DE BUT EN BLANC, tirer en ligne droite, sans que le projectile parcoure une ligne courbe ou fasse des ricochets. — DE BUT EN BLANC, inconsidérément, brusquement, sans garder de mesure. — BLANC SIGNÉ, voy. *Blanc-seing.* — VOUER UN ENFANT AU BLANC, faire vœu qu'un enfant sera entièrement vêtu de blanc, jusqu'à tel âge, en l'honneur de la Vierge. — POUDRÉ A BLANC, extrêmement poudré, de manière que la poudre cache entièrement la couleur des cheveux. — IL A SELÉ A BLANC, il y a eu une gelée blanche. — CE CHEVAL BOIT DANS LE BLANC, DANS ᵥON BLANC, ou adverbial., BOIT BLANC, se dit d'un cheval qui a le tour de la bouche blanc et le reste d'une autre couleur. — BLANC DE L'ŒIL, partie de l'œil qui paraît blanche, et qu'en termes d'anat. on appelle *la cornée.* —

ILS SE SONT MANGÉ LE BLANC DES YEUX, ils se sont fortement querellés. — BLANC D'ŒUF, substance glaireuse de l'œuf qui entoure le jaune, et qui devient blanche par la cuisson : *des blancs d'œufs.* — BLANC DE CHAPON, BLANC DE POULET, BLANC DE PERDRIX, chair de l'estomac de ces oiseaux quand elle est cuite. — BLANC DE BOURRE, voy. *Bourre.* — QUITTANCE EN BLANC, voy. *Quittance.* — BLANC DE FOND, voy. *Fond.* BLANC D'ARGENT, céruse de qualité supérieure. — BLANC DE BALEINE, substance blanche, à texture cristalline et très combustible, que l'on extrait de l'huile contenue dans les cavités de la tête du cachalot et de plusieurs autres animaux marins. On dit aussi *sperma ceti.* Le blanc de baleine sert à la confection des bougies. Purifié à l'alcool, il prend le nom de *cétine.* — BLANC DE CÉRUSE, DE CHAUX, D'ESPA-GNE, DE FARD, DE HAMBOURG, DE HOLLANDE, DE VENISE, DE MEUDON, DE PLOMB, DE ZINC, voy. *Céruse, chaux,* etc.

BLANC (Auguste-Alexandre-Philippe-Char-les), critique d'art et graveur, né à Castres, le 15 novembre 1813, mort en janvier 1882. Il était frère de l'historien Louis Blanc. Il débuta dans les arts comme graveur amateur,

Le Mont Blanc, vu du lac de Genève, au-dessus de Morges.

reproduisit le portrait de Guizot d'après Paul Delaroche, et exécuta une copie du *Ja-nus Lutma,* la célèbre eau-forte de Rembrandt. Il publia dans les articles très remarqués au *Bon Sens,* au *Courrier français,* à l'*Artiste,* au *Temps;* fut, de 1848 à 1850, à la tête de l'administration des Beaux-Arts (ministère de l'intérieur). En 1859, il prit la direction de la *Gazette des Beaux-Arts.* Dès 1845, il avait publié le 1ᵉʳ vol. de l'*Histoire des peintres français au XIXᵉ siècle,* ouvrage qui ne fut pas terminé. Avec l'assistance d'écrivains éminents, il a continué la magnifique publication illustrée d'Armengaud : *Histoire des peintres de toutes les écoles* (1849-'69). Ses publications comprennent ses : *Grammaire des arts du dessin* (1867, in-8°), qui parut d'abord dans la *Gazette des Beaux-Arts,* dont il était le fondateur et le rédacteur en chef ; les *Artistes de mon temps* (1876, in-4°); l'*Œuvre complet de Rembrandt* (1859-'63, 2 vol. in-4°). Il reprit sa place de directeur des Beaux-Arts en 1870 et dut la quitter après la chute de M. Thiers. L'Académie française lui ouvrit ses portes en 1876.

BLANC (Cap), pointe rocheuse et basse, sur la côte occidentale d'Afrique, par 20° 46' 55'' lat. N. et 19° 18' 30'' long. O. Ce cap s'avance, vers le S.-O., à plus de 45 kil. dans l'Atlantique ; il forme l'extrémité occidentale du Sahara et sert de limite à une vaste baie. Il termine les monts Blancs (Jebel el Abiad).

BLANC (Le), ch.-l. d'arrond., à 58 kil. O.-S.-O. de Châteauroux (Indre), sur la Creuse, aux confins du Berri, du côté du Poitou ; 5,750 hab. Ville autrefois importante et fortifiée, ch.-l. d'une châtellenie qui relevait des comtes de Châteauroux et qui appartenait aux sires de Naillac. Elle conserve la magnifique église (mon. histor. du XIIᵉ siècle) dédiée à Saint-Genitour, apôtre de Le Blanc. — Lat. N., au clocher ; 46° 37' 47'' ; long. O, 1° 16' 42''.

BLANC (Mont), pic le plus élevé des Alpes et après le mont Elburz, dans le Caucase, la plus haute montagne de l'Europe ; sur la frontière de la France (Savoie) et de l'Italie (Piémont), s'étendant sur environ 20 kil. du N.-E. au S.-O., avec un largeur de 8 à 9 kil. Son point culminant se trouve à 4,810 m. de haut et à 2,000 m. au-dessus de la ligne des neiges éternelles qui le recouvrent d'un blanc linceul. Les flancs de ce géant sont revêtus de forêts jusqu'à une hauteur de 1,000 à 1,200 m. au-dessus de Chamounix (voy. ce mot) ; les parties plus élevées portent de nombreux rochers qui s'élancent en fines aiguilles ; çà et là, on rencontre des grottes creusées, au-dessous des amas de glace, par la température relativement chaude qui se dégage du sol. Ces grottes présentent d'éblouissantes formations semblables à des stalactites. Les premières ascensions du mont Blanc furent faites par le docteur Paccard et Jacques Balmat, en août 1786, et par de Saussure, en 1787. Depuis cette époque, la mode attire, chaque année, des masses de touristes dans la vallée de Chamounix, autrefois solitaire et ignorée autant qu'elle est bruyante et animée de nos jours. Quoique aussi connu qu'une grande route, le chemin qui mène au sommet de la montagne est pleine de difficultés et même de dangers, à cause des crevasses et des avalanches qui transforment sans cesse un sol mouvant ; il faut franchir de vastes plaines où la neige dissimule les écueils et les précipices. On visite successivement, la Pierre Pointue, la Pierre de l'Echelle, le passage dangereux de l'Aiguille du Midi, la cabane des Grands-Mulets (3,050 m.), le glacier de Tacconay, l'immense plaine de glace appelée le Grand-Plateau (entre le mont Blanc et les monts Maudits) ; le mur de la côte, terrifiante montagne de glace qu'il faut escalader pour atteindre les rochers rouges ; on arrive ensuite aux Petits-Mulets, à 4,666 m. et enfin sur le sommet, d'où l'on domine les Alpes et d'où l'on admire les plaines de la France et de la Lombardie. La cime du mont Blanc forme une espèce de dos d'âne ou d'arête très étroite, presque tranchante sur laquelle deux personnes ne peuvent marcher de front. Quelques heures suffisent pour opérer la descente, qui est plus périlleuse et plus fatigante que la montée. Voy. J.-D. Forbes « Tour of mont Blanc and monte Rosa » (1855) ; Tyndall « The glaciers of the Alpes » récit de deux ascensions (1858-'9).

* **BLANC-BEC** s. m. Jeune homme sans expérience. Plur. des Blancs-becs.

* **BLANCHAILLE** s. f. Fretin, menu poisson.

BLANCHARD s. m. Nom que Levaillant a donné à un aigle-vautour qui habite les forêts du cap.

BLANCHARD (François), aéronaute, né aux Andelys, en 1753 ; mort en 1809. En 1785, monté dans un ballon, il traversa la Manche, de Douvres à Calais ; Louis XVI le récompensa de sa hardiesse en lui donnant 12,000 fr. et une pension de 1,200 fr. Il inventa le parachute (1785). Frappé d'apoplexie pendant sa 66e ascension, qu'il fit près de la Haye, en 1808, il tomba d'une hauteur de plus de 20 m. et ne tarda pas à mourir. Sa femme, Marie-Madeleine-Sophie Armant, née en 1778, prit part aux voyages aérostatiques de Blanchard et fit ensuite des ascensions aussi brillantes que lucratives. Le 6 juillet 1819, elle partit du jardin de Tivoli à Paris. Le feu prit à son ballon et elle se tua en tombant sur une maison de la rue Chauchat.

BLANCHARD. I. (Laman), auteur anglais (1803-'45), édita en 1831, le « New Monthly Magazine » et devient ensuite un prolifique journaliste. Ses « Essais » et ses « Poèmes » ont été publiés. — II. (**Thomas**), inventeur américain (1788-1864) ; il prit plus de 25 brevets et inventa un « wagon à vapeur » longtemps avant qu'il fût question des chemins de fer.

* **BLANCHÂTRE** adj. Tirant sur le blanc.

* **BLANCHE** s. f. Musique. Note qui vaut la moitié d'une ronde ou deux noires.

BLANCHE (Mer), russe Bieloy More, branche de l'océan Arctique, qui forme un vaste golfe dans le gouvernement d'Arkhangel (Russie septentrionale), entre 63° 48' et 68° 40' lat. N. Longueur, du N.-E. au S.-O., environ 560 kil. plus grande largeur, du N.-O. au S.-E., 450 kil. Superficie, 58,312 kil. carr. ; son seul grand port est Arkhangel, à l'embouchure de la Dwina. La navigation n'est ouverte que pendant 5 ou 6 mois de l'année ; ensuite, la mer est blanche, c'est-à-dire gelée et couverte de neige.

BLANCHE (August.), poète suédois (1811-'68) auteur de drames, de comédies et de romans.

BLANCHE (Esprit). médecin, né à Rouen, en 1796, mort en 1852. Il a écrit quelques ouvrages sur le traitement de la folie et dirigea, depuis 1821, une maison de santé à Montmartre. Il transporta son établissement à Passy, en 1847.

BLANCHE DE BOURBON, reine de Castille, née en France, vers 1338, morte en Espagne, en 1361. Elle était fille du duc de Bourbon et fut, à l'âge de 15 ans, fiancée à Pedro, roi de Castille, connu sous le nom de Pierre le Cruel. Dès que le mariage fut accompli, le roi négligea son épouse pour sa maîtresse Maria de Padilla. La princesse délaissée ayant accepté la protection des frères du roi, celui-ci déclara que son mariage était nul. Il fit emprisonner la reine dans le château de Medina Sidonia ; Blanche y mourut de chagrin, selon les uns, empoisonnée, d'après les autres. Voy. Prosper Mérimée : Histoire de don Pèdre.

BLANCHE DE BOURGOGNE, fille du comte palatin de Bourgogne, Othon IV, mariée en 1307 au plus jeune des fils de Philippe le Bel ; s'est rendue tristement célèbre par les débauches auxquelles elle se livra dans la

tour de Nesle. Elle fut emprisonnée au château Gaillard d'Andelys, et vint mourir à l'abbaye de Montbuisson (1325).

BLANCHE DE CASTILLE, reine de France, mère de saint Louis, née vers 1187, morte le 1er décembre 1252. Elle était fille d'Alphonse IX de Castille et d'Eléonore d'Angleterre (fille de de Henri II), et elle épousa Louis VIII de France. Elle montra une grande énergie pendant la lutte que son mari, devenu roi d'Angleterre, eut à soutenir contre le pape et contre la noblesse anglaise. Louis VIII lui témoigna toujours une estime et une confiance qui étaient hautement justifiées. A la mort de ce roi, elle fut régente pendant la minorité de son fils, Louis IX, et sut triompher d'une ligue de plusieurs seigneurs. Louis IX, plein de déférence pour une mère si digne, lui confia la régence pendant sa première croisade, dont elle avait inutilement essayé de le détourner. Lorsque ce roi et ses frères eurent été faits prisonniers en Egypte, elle redoubla d'activité pour recueillir les sommes nécessaires à leur rançon. Malheureusement elle se vit obligée de créer, pour cet objet, de lourds impôts qui provoquèrent le soulèvement du pauvre peuple. Elle réprima avec une implacable fermeté cette révolte dite des Pastoureaux. Malgré sa grande piété, elle défendit toujours les droits de l'État contre les empiétements de la puissance cléricale.

BLANCHE DE NAVARRE. I. Reine de France (1334-'98). Elle épousa Philippe III, en 1349. L'année suivante, le roi mourut ; et Blanche passa le reste de sa vie dans la retraite. — II. Fille de Charles III de Navarre. Elle épousa successivement Martin, roi de Sicile (1402) et Jean d'Aragon (1420) ; elle mourut en 1441. — III. Fille de la précédente. Elle épousa, en 1440, le roi de Castille Henri V, surnommé l'Impuissant. Cette union ayant été annulée en 1452, Blanche se retira à la cour de son père où elle fut en butte à la haine de sa belle-mère, Jeanne Henriquez, et à la jalousie de sa propre sœur, la comtesse de Foix, qui l'empoisonna, à Orthez, vers 1462.

* **BLANCHEMENT** adv. D'une manière propre. Ne se dit qu'en parlant du linge de corps, et n'est guère usité que dans cette phrase familière ; tenir blanchement.

* **BLANCHERIE** s. f. Voy. Blanchisserie.

* **BLANCHET** s. m. Typogr. Morceau d'étoffe de laine ou de soie dont on garnit le timpan de la presse à bras ou les cylindres des machines, pour amortir le coup de la platine, et rendre ainsi le foulage plus égal. — Pharm. Carré de molleton de laine au travers duquel on filtre les sirops et divers autres liquides épais.

BLANCHET. I. (Pierre), poète, né à Poitiers, vers 1459, mort en 1519. Se rendit célèbre par ses farces satiriques. — II. (**François**, abbé) littérateur, né à Angerville, près Chartres, en 1707, mort en 1784. Ses Apologues et contes orientaux (1785, in-8°), comprennent le charmant apologue de l'Académie silencieuse. — III. (**Alexandre-Louis-Paul**) médecin, né à Saint-Lô, en 1819, mort en février 1867. Consacra toute sa vie à l'éducation des sourds-muets, pour lesquels il fonda, en 1847, une société d'assistance. Son principal ouvrage est un Traité sur la surdi-mutité (1850-'52, 2 vol.).

* **BLANCHEUR** s. f. Couleur blanche, qualité de ce qui est blanc : blancheur du lait, de la neige.

BLANCHI, IE adj. Rendu blanc : linge blanchi. — Qui a reçu une couche de blanc : maison blanchie.

* **BLANCHIMENT** s. m. Action d'enlever la matière colorante du lin, du chanvre, du coton, de la cire brute, du suif, etc. — Procédé

employé dans chaque pays pour blanchir les toiles.

* **BLANCHIR** v. a. Rendre blanc : cela blanchit le teint. — Couvrir, enduire d'une couleur blanche : blanchir une muraille avec de la chaux. — Nettoyer, rendre propre, surtout en parlant du linge de table et de corps, des rideaux, des draps de lit, etc.: blanchir du linge, donner du linge à blanchir ; elle sait coudre, blanchir et repasser. — Par ext. Dégrossir, ôter les inégalités les plus saillantes, donner la première façon : blanchir une planche en la rabotant. — Typogr. Espacer les lignes ou les mots. — Blanchir de la chaux, monter sur linge. — Fig. et fam. Le justifier ; le faire paraître innocent de ce dont il était accusé. — Blanchir des fruits, les faire bouillir ou infuser dans de l'eau, pour enlever une partie de leur saveur, quand elle est trop forte. — v. n. Devenir blanc : blanchir à l'âge ; sa tête blanchit ; cet homme commence à blanchir. — Fig. Passer un long temps de sa vie dans quelque occupation : ce savant a blanchi sur les livres. — Jardin. Faire blanchir de la chicorée, des cardes, du céleri, etc., les faire devenir blancs en réunissant et en liant les feuilles quand elles sont encore vertes, et en les couvrant avec de la terre ou du fumier. — Cuis. Faire blanchir des légumes, leur donner une première cuisson dans l'eau bouillante, avant de les apprêter. — Faire blanchir de la viande, la mettre dans de l'eau tiède, pour la faire revenir. — Se blanchir v. pr. Blanchir soi : il s'est blanchi contre la muraille. — Se justifier : il a fini par se blanchir de cette accusation.

* **BLANCHISSAGE** s. m. Action de blanchir le linge ; résultat de cette action.

* **BLANCHISSANT, ANTE** adj. Qui blanchit, qui paraît blanc.

* **BLANCHISSERIE** s. f. Lieu où l'on blanchit des toiles ou de la cire.

* **BLANCHISSEUR, EUSE** s. Celui, celle qui blanchit le linge. — Blanchisseuse de fin, celle qui ne blanchit que le linge fin, comme chemises, cravates, mouchoirs, etc.

* **BLANC-MANGER** s. m. Crème alimentaire composée d'émulsion d'amandes douces, de gélatine (ou de gelée de corne de cerf), de sucre et d'eau de fleurs d'oranger (ou d'essence de citron ou de vanille). C'est une nourriture douce et légère, quoique substantielle, que l'on recommande quelquefois aux convalescents ou aux valétudinaires qui ont l'estomac délicat.

BLANC-RAISIN s. m. Onguent siccatif employé contre les brûlures, et composé de 20 grammes de cire blanche dissoute dans 100 grammes d'huile ; on fait couler la masse dans un mortier de marbre et on agite jusqu'au refroidissement ; on y incorpore 21 grammes d'oxyde blanc de plomb et l'on agite encore jusqu'à parfaite incorporation.

BLANC SAINT-BONNET (Antoine-Joseph-Elisée-Adolphe), philosophe, né à Lyon en 1815, mort en juin 1880 ; de cette école, dès l'âge de 25 ans, par un Traité de métaphysique. A composé un remarquable Traité de la Douleur. Dans différents écrits, il émit l'opinion que pour régénérer la France, il faut ramener le peuple à l'ignorance et rétablir l'Église dans tous ses anciens droits.

BLANCO ou Orford (Cap), promontoire rocheux à l'extrémité occidentale de l'Orégon, par 45° 50' lat. N. et 126° 52' long. O. Il termine les monts Umpqua.

* **BLANC-SEING** s. m. (blan-sain). Papier ou parchemin signé que l'on confie à quelqu'un pour qu'il le remplisse à volonté : ils ont donné leurs blancs-seings aux arbitres.

BLANCS-MANTEAUX s. m. pl. Moines établis à Marseille en 1231 et à Paris en 1258, et ainsi nommés à cause de la couleur du long manteau qu'ils portaient. La rue qu'ils habitaient à Paris a conservé leur nom.

BLAND (Theodoric), patriote américain (1742-'90). Il fut membre du Congrès de 1780 à 1783 et de 1789 à 1790. Il a laissé des mémoires estimés sur la période révolutionnaire des Etats-Unis : *Bland papers* (1840).

BLANDICES s. f. pl. (lat. *blanditiæ* ; de *blandiri*, cajoler). Vieux mot que l'on cherche à rajeunir et qui signifie : caresse cajolerie.

BLANDINE(Sainte-), esclave chrétienne martyrisée à Lyon en 177. Fête le 2 juin.

BLANDRATA (Giorgio), unitarien italien (1515-'90). Chassé d'Italie à cause de ses opinions religieuses, il se réfugia à Genève et résida ensuite en Pologne et en Transylvanie en qualité de médecin de plusieurs princes, acquit une grande influence dans ces deux pays et obtint en Transylvanie la tolérance légale de l'unitarianisme. Il fut étouffé dans son lit par un de ses neveux qui voulait hériter de ses biens. Ses ouvrages, en latin, ont été réunis par Henke (Helmstadt, 1790).

BLANGINI (Giuseppe-Marco-Maria-Felice), compositeur italien (1781-1841). Venu jeune à Paris, il eut le bonheur de plaire à Pauline Bonaparte, sœur de Napoléon. La protection de cette princesse et la jalousie de son mari firent beaucoup pour la popularité de ce musicien, dont les 17 opéras et un grand nombre de morceaux, aujourd'hui oubliés, obtinrent un vif succès. Voy. *Souvenirs de Blangini* (Paris, 1834, in-8°).

BLANGY I. ch.-l. de cant., arr. et à 9 kil. S.-E. de Pont-l'Evêque (Calvados) ; 750 hab. Ruines d'un château féodal ; église de la dernière période ogivale. — II. Ch.-l. de cant., arr. et à 30 kil. N.-E. de Neufchâtel (Seine-Inférieure), près de la forêt d'Eu, sur la Bresle ; 1,700 hab. Tanneries, verrerie, savonnerie, papeterie, filature de coton. Antiquités.

BLANKENBERGHE, port et station balnéaire maritime de Belgique, à 12 kil. de Bruges (Flandre-occidentale) ; 2,900 hab.

BLANKENBURG [all. blänn-kènn-bourg] I. Cercle du duché de Brunswick, Allemagne ; 475 kil. carr.; 24,535 hab. Il contient de riches mines de fer et des carrières de marbre. Possession du Brunswick en 1599, à la mort du dernier comte de Blankenburg, il forma une principauté indépendante de 1707 à 1731. — II. Ville principale du cercle ci-dessus, au milieu des monts Hartz, à 22 kil. E. du sommet du Brocken et près de la base du Blankenstein ; 3,950 hab. Près de cette ville se trouve le palais de Luisenburg, qui renferme 270 appartements et une grande collection de tableaux ; on trouve aussi dans les environs les ruines du château de Regensteins ou Reinstein, taillé, en partie, le roc vif. — Lat. N. 51° 47' 55" ; long. E. 8° 37'.

BLANKHOF (Jan-Teuniss), appelé JEAN MAAT, peintre hollandais (1628-'70). Ses toiles représentent ordinairement des ports italiens ou des côtes de la Méditerranée.

* **BLANQUE** s. f. (ital. *bianca*, blanche). Jeu en forme de loterie, où ceux dont les billets ou les numéros correspondent à certains chiffres, à certaines figures, gagnent quelque lot.

BLANQUEFORT, ch.-l. de cant., arr. et à 10 kil. N.-O. de Bordeaux (Gironde) ; 3,725 hab. Petite ville qui fut jadis défendue par le château fort le plus redoutable de la contrée et qui resta la dernière au pouvoir des Anglais. Vins estimés.

BLANQUET DU CHAYLA, marin. Voy. CHAYLA.

* **BLANQUETTE** s. f. Variété de poires d'été qui a la peau blanche. On distingue le *gros blanquet*, fruit d'un blanc jaunâtre, parfois légèrement rosé, à chair cassante et qui mûrit en juillet; et le *petit blanquet*, bon à manger vers la fin d'août. — Raisin appelé aussi chasselas doré. — Petit vin blanc délicat et mousseux de Languedoc. La *blanquette de Limoux* est particulièrement estimée. — Nom vulgaire d'une espèce d'ansérine (*chenopodium maritimum*), qui croît sur les côtes de l'Océan et de la Méditerranée. — Variété de figuier à fruits blancs (*ficus carica*, Lin.) que l'on cultive surtout à Paris. — Nom vulgaire de la *valérianelle des maraîchers* (*valerianella olitoria*). — Ragoût de viandes blanches déjà cuites (principalement de viandes d'agneau, de veau ou de poulet), accommodées au blanc avec garniture de champignons ou de truffes.

BLANQUI [blan-ki]. I. (Jean-Dominique), conventionnel, né à Nice, en 1759, mort en 1832. Magistrat dans sa ville natale en 1792, il travailla activement à la réunion de ce pays à la France. Compromis dans le parti girondin, il fut emprisonné pendant dix mois et siégea ensuite au conseil des Cinq-Cents, jusqu'en 1797, fut sous-préfet à Puget-Théniers du 18 brumaire jusqu'en 1814, et à Marmande pendant les Cent jours. Il a publié sous le titre de « Mon agonie de dix mois » (1794) le récit de sa captivité. — II. (Jérome-Adolphe), économiste politique, fils aîné du précédent, né à Nice, en 1798, mort à Paris en 1854. En 1826, il publia un *Résumé de l'histoire du commerce et de l'industrie*, qu'il compléta par son *Précis élémentaire d'économie politique* et plusieurs ouvrages moins importants. Il succéda à Say comme professeur au Conservatoire des arts et métiers (1833). Son chef-d'œuvre, l'*Histoire de l'économie politique en Europe depuis les anciens jusqu'à nos jours*, forme 5 volumes (1837-'42). — III. (Louis-Auguste), révolutionnaire, frère du précédent, né à Nice en 1805, mort à Paris le 2 janvier 1881. Blessé dans le combat qui eut lieu rue Saint-Denis, en 1827, au sujet des élections, il fut, dès lors considéré comme l'un des chefs du parti républicain et se constitua le tribun du prolétariat. Impliqué dans le procès des dix-neuf, après 1830, il fut acquitté par le jury, mais condamné par la cour à une année d'emprisonnement pour délit d'audience. Il subit une nouvelle condamnation en 1836; et après l'insurrection du 12 mai 1839, il fut condamné à mort. Sa peine ayant été commuée en un emprisonnement perpétuel, il resta soumis au régime cellulaire jusqu'à la révolution de février. A peine délivré par le gouvernement provisoire, il se lança à corps perdu dans l'opposition, et rêva, dit-on, de transformer le gouvernement de l'Hôtel-de-Ville en une véritable dictature. Ses adversaires essayèrent de le perdre en publiant une *Revue rétrospective* de Taschereau, une pièce qu'on lui attribuait et qui faisait de lui un traître. Blanqui fit à cette accusation une réponse éloquente. A la suite du mouvement du 15 mai, il fut condamné à dix ans de prison par la haute cour de Bourges et subit une partie de sa détention à Belle-Isle-en-Mer et le surplus à Corte (Corse). A l'expiration de son temps, on le transporta en Afrique, par mesure de sûreté; il revint à Paris aussitôt après la signature de l'amnistie de 1859 et fut condamné à quatre ans de prison en 1861 comme chef d'une société secrète. Instigateur de l'émeute du 14 août 1870, il échappa aux poursuites; l'amnistie lui permit de se montrer; il publia la *Patrie en danger*, organe ultra-radical. Il ne joua pas un rôle actif dans la journée du 31 octobre, mais se laissa porter sur la liste des membres du nouveau gouvernement. Dès que Paris fut débloqué, il se rendit dans le Midi, où il fut arrêté, sans avoir participé à l'insurrection communaliste. Un conseil de guerre de Versailles le condamna, le 15 février 1872, à la déportation dans une enceinte fortifiée ; mais sa peine ayant été commuée

en détention perpétuelle, il demeura dans diverses prisons de France et fut gracié. Candidat socialiste à Bordeaux, il fut élu au second tour ; la Chambre invalida son élection. Quelque temps après l'amnistie, il se porta à Lyon et ne fut pas élu. Un groupe de socialistes-collectivistes se donne le titre de *Blanquistes* ; mais en réalité Blanqui n'émit jamais de programme politique ou social. Révolutionnaire, il ne comptait que sur la force pour détruire l'ordre établi, sans avoir jamais dit à ses adeptes ce qu'il espérait mettre à la place.

BLANZAC [blan-za], ch.-l. de cant., arr. et à 26 kil. S.-O. d'Angoulême (Charente), sur la rive droite du Nay ; 850 hab. Vins rouges ; bétail. Blanzac fut l'un des principaux centres de l'insurrection des Pétauds. On y trouve les ruines d'une tour appelée Saint-Nicolas, qui résista, d'après la tradition, à Richard Cœur de Lion, d'où serait venu le refrain populaire :

Les Anglais n'auront pas,
La tour de Saint-Nicolas.

Blanzac produit d'excellente volaille.

BLAPS s. m. [blapss] (gr. *blapsis*, action de nuire). Entom. Genre de coléoptères hétéromères à corps oblong, avec le corselet presque carré. Le *blaps porte-malheur* (*tenebrio mortisaga*, Lin.), long d'environ dix lignes, d'un noir peu luisant, se tient dans les lieux sombres et malpropres.

BLARNEY, village d'Irlande, à 7 kil. N.-O. de Cork, célèbre par son château que construisit, en 1449, Cormich Mac Carty, sur le versant septentrional d'une chaîne de collines

Château de Blarney.

calcaires escarpées. Au sommet de cette forteresse féodale se trouve la *pierre Blarney*, laquelle, suivant la croyance populaire, confère une grande puissance de persuasion à la personne qui l'embrasse.

BLAQUE s. f. Voy. BLAGUE.

BLASCON (anj. *Brescou*). Antiq. Petite île, dans le Gallicus sinus, vis-à-vis d'Agde.

BLASEMENT s. m. Etat d'une personne blasée.

* **BLASER** v. a. (bla-zé) (gr. *blazein*, être indolent). Emousser, altérer par des excès le sens du goût. — Fig. Rendre à la longue, incapable d'émotions, de sentiments, soit au physique, soit au moral : *l'excès de tous les plaisirs l'a blasé*. — Se blaser v. pr. Etre blasé: *il a bu tant d'eau-de-vie, qu'il s'est blasé*.

* **BLASON** s. m. (bla-zon) (anglo-sax. *blœse*, torche brillante). Armoirie, assemblage de tout ce qui compose l'écu armorial. — Connaissance de tout ce qui est relatif aux armoiries :

Moi je sais le *blason*, je veux tenir école.
LA FONTAINE.

* **BLASONNER** v. a. Peindre les armoiries

avec les métaux et les couleurs qui leur appartiennent. — Se dit aussi de certaines lignes et des points qu'on nomme *hachures*, et que les graveurs font pour représenter les métaux et les couleurs. — Expliquer les armoiries dans les termes propres à la science du blason. — Fig. et fam. Médire, blâmer, critiquer : *il a été bien blasonné.*

* **BLASPHÉMATEUR** s. m. Celui qui blasphème :

> Le dieu, poursuivant sa carrière,
> Versait ses torrents de lumière
> Sur ses obscurs *blasphémateurs.*
> LEFRANC DE POMPIGNAN.

— ∾ Le féminin est BLASPHÉMATRICE.

* **BLASPHÉMATOIRE** adj. Qui contient des blasphèmes.

* **BLASPHÈME** s. m. [bla-sfè-me] (gr. *blasphêmein*, de *blapteìn*, nuire; *phêmi*, je dis). Parole dite avec l'intention d'outrager la divinité ou d'insulter la religion. — Par exag. Discours ou propos injuste, déplacé : *on ne peut médire de cet homme là sans faire un blasphème ; de telles critiques sont des blasphèmes.*

* **BLASPHÉMER** v. n. Proférer un blasphème, des blasphèmes. — Par exag. Tenir des propos, des discours injustes, déplacés.— Activ. : *blasphémer le saint nom de Dieu.*

BLASTÈME. s. m. (gr. *blastéma*, bourgeon). Bot. Nom donné à la graine tout entière dépouillée de ses enveloppes. — Méd. Ecoulement à l'intérieur ou à la surface des tissus.

* **BLATIER** s. m. Marchand de blé.

* **BLATTE** s. f. (lat. *blatta*; du gr. *blaptó*, je nuis). Entom. Genre d'orthoptères, groupe des coureurs (*cursoria*), caractérisé par des antennes longues, en forme de soies, un corselet en forme de bouclier, des ailes pliées dans leur longueur, des pattes très longues, propres à une course rapide ; les hanches et les

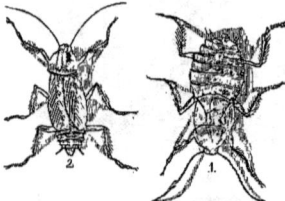

Blatte des cuisines. 1. Mâle. 2. Femelle.

cuisses larges et aplaties. Les blattes sont des insectes voraces qui rongent indistinctement les matières végétales et les substances animales. En raison de leurs mœurs nocturnes, les anciens les appelaient *luci′fugæ* (qui fuient la lumière). On les rencontre dans les bois, sous l'écorce des arbres, sous les feuilles ou sous les pierres. L'espèce des cuisines (*blatta orientalis*, Lin.), aujourd'hui commune en Europe et en Amérique, infeste nos habitations et les boulangeries, où elle dévore les farines, le pain, les corps gras et même le cuir, la laine, le coton et les étoffes. A l'approche de la lumière, elles disparaissent avec une rapidité extraordinaire et se réfugient dans leurs trous, sous les pierres, dans les plis des étoffes, sous les sacs, etc. C'est un fléau que l'on détruit par le poison. Pour cela, on emploie une pâte contenant du phosphore. On les chasse en leur offrant du borax, pour lequel elles ont une grande antipathie.

* **BLAUDE** s. f. Voy. BLOUSE.

BLAVET (Le), *Blabia,* petite rivière qui naît dans l'étang du même nom (Côtes-du-Nord),

passe à Pontivy, à Hennebon, forme le port de Lorient et se perd à Port-Louis dans un vaste estuaire qui reçoit le Scorf. Cours 150 kil., dont 60 sont canalisés de Pontivy et Napoléonville. Cette partie canalisée (1825) forme un embranchement du canal de Nantes à Brest.

BLAYE [blaie], *Blavia,* ch.-l. d'arr. (Gironde), et petite ville maritime, sur la rive droite de la Gironde, à 30 kil. N.-N.-O. de Bordeaux. 4,800 hab. Ville forte, défendue par une *citadelle* que construisit Vauban (1652-1658), par le petit fort Saint-Simon ou du *Pâté* (tour construite en 1689, dans l'île du *Pâté de Blaye,* au milieu de la Gironde) et par le fort du Médoc (sur la rive gauche du fleuve, large de 4 kil. en cet endroit). Ces fortifications sont très importantes, parce qu'elles protègent Bordeaux contre les navires ennemis qui tenteraient de remonter la Gironde. Blaye est très ancienne. Les Romains y établirent une station à l'entrée du pays des Santons. Charibert vint y mourir en 631 et y fut enterré dans l'église de Saint-Romain, aujourd'hui détruite. Charlemagne choisit la même église, pour recevoir les restes de Roland. Blaye attachée au parti anglais, ne fut définitivement conquise à la France qu'en l'année 1451. Louis XIII y séjourna avec la cour en 1620. Les Anglais essayèrent vainement de la prendre en 1814. La duchesse de Berri fut emprisonnée en 1832, dans la citadelle de Blaye. Le port de cette ville est accessible aux navires du plus fort tonnage. — Lat. (à la citadelle) 45° 7′ 43″ N.; long. 3° 0′ 15″ O.

BLAYEZ, *Pagus Blaviensis,* petit pays de l'anc. Bordelais, autour de Blaye.

BLAYMARD. Voy. BLEYMARD.

BLAZE I. (Henry-Sébastien), musicien, né à Cavaillon en 1763, mort en 1833. Fut notaire dans sa ville natale. A publié des sonates, des duos, etc. — II. (Fr.-Henry-Joseph, dit CASTIL), compositeur et littérateur, né à Cavaillon en 1784, mort à Paris le 11 décembre 1857. Après avoir été peintre, employé de la préfecture de Vaucluse, inspecteur de la librairie et marchand de vins en gros, il vint à Paris en 1819 et y publia l'année suivante : *De l'opéra en France* (2 vol.), fit la chronique musicale au *Journal des Débats* (1821-'32), donna des traductions des *Noces de Figaro,* de *Don Juan,* de la *Flûte enchantée,* du *Mariage secret,* du *Barbier de Séville,* du *Freyschütz* (Robin des bois, 1824), collabora, après 1832, au *Constitutionnel,* à la *Revue de Paris,* à la *Revue musicale,* à la *France musicale,* au *Dictionnaire de la conversation,* publia un *Dictionnaire de musique moderne* (1822, 2 vol. in.-8° avec planches gravées), *Molière musicien* (1852) et donna trois opéras : *Pigeon vole, Choriste et liquoriste* et *Belzebuth.*

* **BLÉ** s. m. (saxon *blad,* grain). Genre de graminées dont les nombreuses espèces produisent le grain dont on fait le pain. — Pièce de blé : *se cacher dans un blé.* — Se dit aussi du grain seul : *il y a bien du blé dans ces greniers.* — GRANDS BLÉS, blés-froments et blés-seigle. — *Blé méteil,* blé moitié froment, moitié seigle. — PETITS BLÉS, orge et avoine. —Prov. MANGER SON BLÉ EN VERT OU EN HERBE, dépenser son revenu d'avance. — BLÉ ERGOTÉ, se dit de certains grains noirs qui, dans les épis du seigle, sont allongés en forme d'ergot ou de corne. — BLÉ NOIR OU BLÉ SARRASIN, espèce de renouée qui porte, par petites grappes, un grain noir et anguleux. — BLÉ D'ESPAGNE ou de TURQUIE, voy. MAÏS. — ENCYCL. Le genre blé (*triticum*), cultivé depuis la plus haute antiquité, a produit plus de quatre cents espèces, variétés et sous-variétés, différant les unes des autres par la hauteur de la tige, par le feuillage, par la grosseur et la forme des épis, le nombre des fleurs, la forme et la grandeur

des enveloppes florales, la présence, l'absence, la forme, la longueur, la couleur des barbes, etc. En général, dans chaque pays on cultive de préférence l'espèce ou les espèces qui y sont acclimatées de temps immémorial ; mais depuis quelques années on se livre à la culture des espèces étrangères. — On classe généralement les blés en deux groupes : § I. Froments ; blés dont le grain se détache nu de

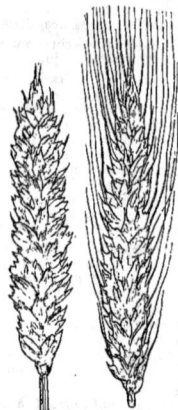

Blé d'hiver. Blé barbu du printemps.

l'épi par le battage. Ils se divisent en BLÉS A GRAINS TENDRES : 1° *Touselle* à paille creuse ; comprenant le froment d'hiver commun, le plus cultivé dans le nord et le centre de la France ; le froment blanc de Flandre, le froment de Hongrie, la touselle blanche de Provence, la richelle blanche de Naples, le froment d'Odessa, le blé meunier du Comtat, le froment de Saumur, le blé de Tunstall, le blé frémol du nord et du centre de la France, le froment du Cap, le froment bleu, etc. ; 2° *Seisettes,* à pailles fermes, comprenant le froment barbu d'hiver, le blé barbu du printemps, le froment à chapeau, la seisette de Provence, le froment hérisson ; 3° *Poulards* ou *pétanielles,* à chaume vigoureux à feuilles très développées ; convenant aux sols humides ; produisent beaucoup de son ; farine médiocre : poulard carré (épeautre blanc du Gâtinais), regagnon du Languedoc ; froment de miracle ou de Smyrne. BLÉS A GRAINS DURS : 1° *Aubaines,* cultivés dans les pays chauds ; blé d'Afrique, de Taganrock, trémois barbu de Sicile, aubaine à épi comprimé (Egypte) ; 2° *Blés* (appelés aussi *seigles*) *de Pologne* à grands et longs épis ; balles d'une dimension extraordinaire, grains très allongés, glacés et translucides rents ; cultivés dans l'Ukraine et la Valachie. § 2. Epeautres, blés dont le grain ne sépare pas au battage. Ils se divisent en GRAND ÉPEAUTRE, très touffu, à variétés blanches, rouges, barbues ou sans barbes, et cultivé surtout dans les provinces Rhénanes ; et PETIT ÉPEAUTRE (*engrain, locular*), qui croît dans les sols les plus mauvais et mûrit tardivement. — En général, le blé aime les terres fortes ; on le sème après une jachère ou une culture sarclée non épuisante. — Dans le commerce, on estime les blés blancs, comme donnant plus de farine et moins de son ; mais la farine des blés rouges a plus de corps. — Les principales maladies du blé sont le *miellat,* sorte de sueur visqueuse ; la *pourriture du collet,* causée par l'humidité du sol, la *carie,* qui attaque l'intérieur du grain. — Voici, en millions d'hectolitres, ce que donnent, en année moyenne, les principaux pays producteurs de blé :

États-Unis	130
France	102
Russie	80
Allemagne	44
Espagne	42
Italie	39
Autriche-Hongrie	37
Grande-Bretagne	15
Turquie d'Europe	12
Roumanie	11
Algérie	9
Belgique	8 1/2
Canada	6
Australie	6
Égypte	6
Portugal	3
Pays-Bas	2
Grèce	2
Danemark, Suède et Norvège.	2
Serbie	1 1/2
Suisse	1
Autres pays (Maroc, Cap, Natal, Chili, Pérou, Paraguay, République Argentine, etc. .	5
Total.	591

Malgré sa grande production, la France importe une moyenne de 3 à 5 millions d'hectolitres de blé chaque année, parce que c'est le pays où l'on mange le plus de pain. Les États-Unis et la Russie, au contraire, ont un excédant de récolte, qui est de 45 millions d'hectolitres pour le premier de ces pays et de 17 à 18 millions pour le second.

BLÈCHE adj. (gr. *blax, blakos,* mou, faible). Mou, faible de caractère. — S'emploie surtout chez les ouvriers imprimeurs dans l'expression *faire banque blèche,* n'avoir rien à toucher un jour de paie. — Au jeu de cadratins. FAIRE BLÈCHE, faire tomber les cadratins le cran en dessous.

BLÉCHIR v. n. Devenir blèche.

BLEDOW (Ludwig) [blé-dou], joueur d'échecs, né en Allemagne vers 1795, mort en 1846 ; fondateur de l'école d'échecs dite de Berlin et du premier journal allemand traitant du jeu des échecs : *Berliner schachzeitung.*

BLEEK [blèk]. I. (Friedrich), théologien allemand (1793-1859), professeur à Bonn, depuis 1829 ; adversaire de la nouvelle école de Tübingen ; auteur de commentaires sur les Évangiles, d'une *Épître aux Hébreux,* etc. — II. (Wilhelm-Heinrich-Immanuel), fils du précédent, philologue (1827-'75), accompagna l'expédition de Baikie sur le Niger, en 1854, et l'évêque Colenso à Natal, en 1855 ; il résida ensuite à Cape Town. Ses œuvres comprennent un *Manuel de philologie africaine, australienne et polynésienne* (3 vol.) ; une *Grammaire comparée des langues de l'Afrique méridionale,* etc.

BLEIME s. f. [blè-me] (gr. *bléma,* coup). Art. vétér. Maladie de la sole du pied chez le cheval, causée par la pression ou une brûlure du fer. Il faut, pour la combattre, donner issue au pus et panser avec des étoupes imbibées d'un peu d'eau-de-vie étendue d'eau.

*****BLÊME** adj. (all. *bleich* ; bas lat. *blecimus*). Pâle. Ne se dit guère que du visage, du teint : *visage blême ; teint blême.*

*****BLÊMIR** v. n. Pâlir, devenir blême.

BLÉMOMÈTRE s. m. (gr. *blax* ; lat. *metron,* mesure). Machine à contre-poids ou à bascule, dont on fait usage pour apprécier la force de résistance des ressorts de la batterie des petites armes à feu.

BLEMMYES ou **Blemmyes,** ancien peuple nomade de l'Afrique, dont la position géographique a changé suivant les époques. Sous la dynastie macédonienne, les Blemyes habitaient à l'E. du Nil ; au IIᵉ siècle, ils se rendirent redoutables sur les frontières d'Égypte et on les craignait encore au VIIᵉ siècle. Quelques écrivains ont pensé que les Arabes bichari et les Ababdeh actuels sont leurs descendants.

BLENDE s. f. [blain-de] (all. *blenden,* trom-

per). Sulfure de zinc naturel appelé aussi *Sphal'rite,* (gr. *sphaléros,* trompeur), parce qu'il ressemble à la galène et ne renferme pas de plomb. La blende se compose de 67 parties de zinc jet de 33 parties de soufre. Une portion de zinc est souvent remplacée par du fer et, plus rarement, par du cadmium. La blende ou minerai de zinc se rencontre ordinairement en brillants cristaux tétraédriques et quelquefois en cristaux fibreux, radiés et massifs. Lorsqu'elle est pure, sa couleur est blanche ou jaune ; dans le cas contraire, elle est brune, noire, rouge ou verte. On ne l'employait pas autrefois pour en obtenir du zinc, à cause des difficultés que présentait l'opération ; mais les procédés modernes perfectionnés permettent aux mineurs de l'utiliser. On la trouve dans les roches à la fois cristallines et sédimentaires.

BLÉNEAU ch.-l. de cant., arrond. et à 14 kilom. de Joigny (Yonne) ; sur le Loing ; 2,200 hab. Le prince de Condé y fut vaincu par Turenne, en 1652. Ce combat sauva l'armée royale. La reine mère dit au vicomte de Turenne : « Vous venez de mettre une seconde fois la couronne sur la tête de mon fils. »

BLENHEIM ou **Blindheim** [all. blènn'-haïm ; blinot'-haïm] village de Bavière, sur le Danube, à 40 kilom. N.-N.-O. d'Augsbourg ; théâtre d'une victoire décisive, remportée le 13 août 1704, par les Anglo-Autrichiens, au nombre de 52,000 hommes, et commandés par le duc de Marlborough et par le prince Eugène, sur 56,000 Franco-Bavarois commandés par Tallard, Marsin et l'électeur de Bavière. Dans l'histoire de France, la bataille de Blenheim est appelée bataille de *Hochstadt,* du village de Hochstadt qui se trouve dans le voisinage de Blenheim.

BLENNERHASSETT (Harman), victime de la conspiration d'Aaron Burr, né en Angleterre de parents irlandais, en 1764 ou 1765, mort en 1831. Ayant émigré aux États-Unis, en 1797, il y devint propriétaire d'un magnifique domaine, près de Parkersburg, sur l'Ohio. Burr l'attira dans sa conspiration, dont il lui cacha le but véritable. Il se ruina dans cette affaire, fut arrêté et acquitté (1807). Sa femme a publié 2 vol. de ses poésies. Voy. *Blennerhassett papers,* New-York, 1864.

BLENNIE s. f. (gr. *blenna,* mucus). Icht. Genre de poissons acanthoptérygiens gobioïdes, dont le corps est couvert de mucosités, ce qui leur a valu le nom de *baveuses.* Les blennies vivent en petites troupes parmi les roches des rivages, nageant, sautant et pouvant se passer d'eau pendant quelque temps.

Blennie ocellée. (Blennius ocellaris.)

Plusieurs espèces sont vivipares et possèdent, près de l'anus, un tubercule qui paraît servir pour l'accouplement. Cuvier, qui fait du mot *Blennie,* un sub. masc., divise le genre *Blennius* en sous-genres : 1ᵉ BLENNIES PROPREMENT DITES, à dents longues, égales, serrées, formant un seul rang bien régulier à chaque mâchoire. La plupart ont un tentacule souvent frangé en panache sur chaque sourcil ; telle est la *Blennie orcellée* (Blennius ocellaris) ;

d'autres comme la *Blennie galérite* (Blennius galerita), n'ont que des panaches à peine visibles aux sourcils, mais portent sur le vertex une proéminence membraneuse qui s'enfle dans la saison de l'amour ; 2ᵉ SALARIA ; 3ᵉ CLINUS ; 4ᵉ GONNELLE ; 5ᵉ OPISTOGNATHE, voy. ces mots.

BLENNORRHAGIE s. f. [blénn-no-ra-jî] (gr. *blenna,* mucus ; *rhégnumi,* je chasse dehors). Pathol. Inflammation aiguë de la muqueuse de l'urètre, avec douleur et écoulement plus ou moins abondant d'un pus qui remplace la sécrétion muqueuse de cette membrane. Elle est ordinairement causée par la cohabitation avec une personne infectée, et très souvent par l'abus d'excitants, de bière, de thé, les excès ou la malpropreté. On lui donne aussi les noms de gonorrhée, d'uréthrite et vulgairement de chaudepisse. Cette maladie contagieuse, mais non virulente, débute, après quelques jours d'incubation, par une sensation d'ardeur, de cuisson (surtout pendant l'émission de l'urine), puis par des érections très douloureuses, la nuit. Il survient un écoulement de muco-pus d'un blanc laiteux. Son cours est parfois de plusieurs mois. Le repos, la continence, un régime doux, les bains de bière, des liqueurs et des asperges, sont nécessaires pour préparer l'effet du traitement médicamenteux, lequel varie suivant la période et l'acuité de la maladie. On cherche d'abord à faire avorter celle-ci par quelques antiphlogistiques et une ou deux demi-cuillerées par jour de baume de copahu dans du sirop ; en même temps, on donne un ou deux purgatifs et des boissons délayantes et mucilagineuses (limonade gazeuse, orge, graine de lin et réglisse). Contre les érections douloureuses le malade prend chaque soir une pilule composée de 50 centigr. de bromure de potassium, de 5 centigr. de camphre et de 4 centigr. d'extrait d'opium. Dans la période aiguë, on combat la blennorrhée par des injections au moyen d'une solution de 1 gr. de tannin ou de sulfate de zinc pour 100 gr. d'eau distillée de matico. Le mercure est complètement inutile pour combattre la blennorrhagie. BLENNORRHAGIE CHRONIQUE. Voy. *Blennorrhée.*

BLENNORRHAGIQUE adj . Qui tient de la blennorrhagie ; qui a rapport à cette maladie.

BLENNORRHÉE s. f. (gr. *blenna,* mucus ; *rhéo,* je coule). Pathol. Écoulement intermittent, quotidien, ayant lieu le matin principalement, d'un liquide mucoso-purulent qui se produit dans les organes génito-urinaires de l'homme et de la femme. On l'appelle aussi blennorrhagie chronique ou goutte militaire. Elle termine ordinairement la blennorrhagie, surtout la blennorrhagie négligée. L'injection de sous-nitrate de bismuth (10 gr. dans 300 gr. d'eau distillée) et les préparations balsamiques sont les éléments principaux du traitement de cette inflammation. Quand elle est rebelle à ces agents, on est forcé d'avoir recours à la cautérisation locale.

BLÉPHARITE s. f. (gr. *blepharon,* paupière). Méd. Inflammation de la paupière. Lorsqu'elle est aiguë, il y a tension, gonflement, chaleur, rougeur et quelquefois sécrétion d'un liquide âcre et irritant. On la combat par des émollients, les bains de pied et la diète. Elle devient souvent chronique, lorsqu'elle est liée à un vice scrofuleux. Dans ce cas, d'abord antiphlogistique, puis résolutif ; on en vient aux toniques et aux antiscrofuleux.

BLÉPHAROPLASTIE s. f. [blé-fa-ro-pla-stî] (gr. *blepharon,* paupière ; *plassô,* je forme). Chir. Procédé autoplastique par lequel on reconstitue les paupières, au moyen des membranes voisines. La première opération de ce genre fut faite en 1818 par l'Allemand Grœfe.

BLÉRÉ, ch.-l. de cant., arr. et à 27 kil. E.-S.-E. de Tours (Indre-et-Loire), sur la rive gauche du Cher ; 3,600 hab. Ruines d'un aqueduc, église du XII° siècle. Récolte de vins rouges. Aux environs, fameux château de Chenonceaux (voy. ce nom).

* **BLÉSEMENT** s. m. Action de bléser.

* **BLÉSER** v. n. (lat. *blæsus*, bègue). Parler avec un vice de prononciation qui consiste à substituer une consonne forte à une consonne faible ; à dire, par exemple : *zerbe, zeval, zour,* pour *gerbe, cheval, jour.*

BLÉSITÉ s. f. Vice de prononciation de la personne qui blèse.

BLESLE, ch.-l. de cant., arr. et à 21 kil. O. de Brioude (Haute-Loire) ; 1,800 hab.

BLÉSOIS. Voy. Blaisois.

* **BLESSANT, ANTE** adj. Qui blesse, qui offense : *propos blessant ; vous êtes blessant dans vos paroles.*

* **BLESSÉ, ÉE** part. passé de Blesser. — Fig., Avoir le cerveau blessé, avoir la tête dérangée ; avoir quelque travers dans l'esprit. — Substantiv. : *les morts et les blessés.* — Société de secours aux blessés, fondée en 1870, sous la présidence de M. de Flavigny, pour seconder les ambulances militaires.

* **BLESSER** v. a. (gr. *plêssein*, frapper, blesser). Donner un coup qui fait une plaie, une fracture ou une contusion : *blesser d'un coup d'épée, d'un coup de bâton, d'un coup de pierre, d'un coup de fusil.* — Faire une plaie ou une fracture : *cet officier n'a point encore fait de campagne qu'il n'ait été blessé.* — Occasionner par le choc, la pression, ou le frottement, quelque plaie ou contusion : *cette selle blesse mon cheval.* — Par ext. Causer seulement quelque gêne, quelque douleur : *ces souliers me blessent.* — Fig. Causer une impression désagréable à la vue, à l'ouïe : *ces couleurs blessent la vue ; ces objets blessent les regards ; ce son blesse l'oreille.* — Offenser, choquer, déplaire : *qu'a donc ce discours qui vous blesse ?* — Faire tort, faire préjudice, porter dommage : *cela blesse mes intérêts.* — Ne pas observer : *blesser la loi.* — **Se blesser** v. pr. Se faire du mal à soi-même par accident, par mégarde, ou à dessein : *il s'est blessé en tombant.* — Se dit d'une femme grosse que quelque accident fait accoucher, ou met en danger d'accoucher avant terme : *elle garde le lit, parce qu'elle s'est blessée.* — Fig. S'offenser de quelque chose : *il se blesse d'un rien.* — v. récipr. Se blesser l'un l'autre : *ils se sont blessés en se battant en duel.*

BLESSINGTON (Margaret, comtesse de), femme de lettres irlandaise (1789-1849) ; reine de la mode, elle réunit les hommes les plus éminents dans les salons de Gore house, faubourg de Kensington. La calomnie s'attacha à montrer sous un faux jour son intimité avec le comte d'Orsay. Ses romans, la comtesse de Blessington prend à tâche de persifler la pruderie hypocrite des dames anglaises. Nous citerons : la *Lanterne magique* (1823) ; *Conversations de Byron* (1834) ; *Confessions d'un vieux gentleman* (1836) ; *Confessions d'une dame sur le retour* (1838), etc.

* **BLESSURE** s. f. Plaie, impression que fait un coup lorsqu'il entame ou meurtrit les chairs : *blessure profonde, dangereuse, mortelle.* — Ne se dit communément que des blessures qui entament les chairs.

Et je puis montrer mes *blessures* ;
Au champ d'honneur, j'ai su les acquérir.
Scribe, Melesville et Xavier. *Le Témoin*, sc. 1. 1820.

— Fig. Ce qui offense l'honneur, la réputation, l'amour-propre : *les blessures faites à l'honneur, à l'amour-propre, sont plus sensibles que les autres.* — Douleur morale que font éprouver certaines passions violentes.

Mais je sais le remède aux *blessures* du cœur.
Corneille. *Clitandre*, acte V, sc. IV.

Rouvrir une blessure, renouveler une douleur passée : *depuis que cette pauvre mère a perdu sa fille unique, chaque enfant qu'elle rencontre vient rouvrir ses blessures.*

* **BLET, ETTE** adj. (gr. *blax*, mou). Se dit des fruits dont la chair s'est tout à fait ramollie, sans être encore gâtée : *fruit blet ; poires blettes ; on ne peut manger les nèfles que lorsqu'elles sont blettes.*

* **BLETTE** ou **Blète** s. f. (gr. *bliton*). Bot. Espèce d'amarante qui est fort commune, et qu'on emploie souvent comme plante potagère. Genre de plantes dont les fruits ont, dans leur maturité, quelque ressemblance avec la fraise.

BLETTERANS, ch.-l. de cant., arr. et à 10 kil. N.-O. de Lons-le-Saunier (Jura) ; 1,215 hab. Poterie ; tuyaux de drainage. Eglise du XIII° siècle.

BLETTIR v. n. Devenir blet.

BLETTISSEMENT s. m. Décomposition que subit un fruit lorsqu'il blettit.

BLETTISSURE s. f. Etat d'un fruit blet.

* **BLEU, EUE** adj. (haut. all. *blaw*). Qui est de couleur d'azur, de la couleur du ciel : *satin bleu ; yeux bleus.* — Se dit quelquefois de la couleur que certains épanchements de sang, ou certaines contusions font prendre à la peau : *l'endroit de la contusion est encore bleu.* — Chim. Cendres bleues, carbonate de cuivre artificiel. — Cordon bleu, large ruban de tabis bleu, que portaient les chevaliers de l'ordre du Saint-Esprit : *porter le cordon bleu.* — Chevalier du Saint-Esprit : *il était cordon bleu.* — Fig. et par plaisant. Cuisinière très habile. — Fig. et fam. Conte bleu, récit fabuleux, conte de fées ; ou discours en l'air, mensonge : *ce sont là des contes bleus.* — Bibliothèque bleue, petits livres à couvertures bleues, qui contiennent les contes et des romans de chevalerie. — ω Jargon. Elle est bleue, éprouver une grande surprise. — Elle est bleue, celle-là, cette nouvelle est difficile à croire. — Colère bleue, grande colère. — * **Bleu** s. m. Couleur bleue : *bleu céleste ; étoffe d'un beau bleu ; teindre en bleu.* Le bleu est l'une des sept couleurs prismatiques. — Hist. Vendre les Vendéens et les Bretons (les *blancs*) donnaient, pendant la Révolution, aux soldats républicains chargés d'opérer dans leur pays. — Jargon milit. Conscrit. — ω Argot. Mauvais vin qui tache la nappe en bleu : *un verre de bleu, de petit bleu.* — * Cuis. Mettre une carpe, un brochet au bleu, faire cuire ces poissons à une sorte de court-bouillon qui leur donne une couleur bleuâtre. — Blanchis. Passer du linge au bleu, tremper le linge, après l'avoir blanchi, dans une eau imprégnée d'une couleur bleue. — Bleu d'azur, voy. Azur. — Bleu de montagne, voy. Montagne. — Bleu d'outremer, voy. Outremer. — Bleu de Prusse, voy. Prusse. — Bleu guimet, voy. Outremer. — Bleu cobalt, voy. Cobalt. — ω Faire des bleus, pincer de manière à laisser des marques. — Passer au bleu, avoir perdu un objet ; faire disparaître. — En faire voir des bleues, causer des contrariétés. — Les bleus et les verts, nom de deux factions byzantines auxquelles donnèrent naissance la couleur des cochers qui se disputaient le prix dans le cirque. Les verts se révoltèrent et assiégèrent Justinien dans son palais. Ils furent vaincus par Bélisaire et Mundus, qui massacrèrent 30,000 séditieux. Hypatius, qu'ils avaient proclamé empereur, fut décapité et son cadavre jeté dans le Bosphore.

* **BLEUÂTRE** adj. Tirant sur le bleu : *couleur bleuâtre.*

* **BLEUES** (Montagnes). I. Chaîne centrale de l'île de la Jamaïque. Ses sommets ne dépassent pas 2,000 mètres. Elle est remarquable par ses rapides déclivités et par ses crêtes acérées. II. Chaîne du S.-E. de la Nouvelle-

Galles du Sud (Australie). — III. Partie la plus orientale de la chaîne principale des Appalaches. On dit aussi *Blue Ridge.* De James-River à la Caroline du Nord, cette chaîne porte le nom particulier de monts Alleghanies ; ensuite, jusqu'au Tennessee elle redevient *Blue Ridge.*

* **BLEUET** s. m. Voy. Bluet.

* **BLEUETTE** s. f. Voy. Bluette.

BLEUINE s. f. Matière colorante produite par l'aniline, et employée en teinturerie. Elle fut découverte en 1860 par Delaire et Girard.

* **BLEUIR** v. a. Faire devenir bleu : *bleuir une pièce de cuivre en l'échauffant.* — ω Se bleuir v. pr. Devenir bleu.

BLEUISSAGE s. m. Action de bleuir ; résultat de cette action. S'emploie surtout en parlant des procédés qui ont pour but de donner, au moyen de la chaleur, une couleur bleue aux substances métalliques : *le bleuissage de l'acier.*

BLEUTÉ, ÉE adj. Se dit, chez les fabricants de papier, d'une pâte dans laquelle on a jeté des fils de coton bleus coupés extrêmement menu. Ces fils apparaissent comme des petites lignes bleues dans la pâte à laquelle ils donnent un aspect bleuâtre : *papier bleuté.*

BLEYMARD ou **Bleymard** (Le), ch.-l. de cant., arr. et à 29 kil. E. de Mende (Lozère) ; 600 hab. Etoffes de laine

BLICHER (Steen-Steensen), ecclésiastique et écrivain danois (1782-1848). Quelques-unes de ses meilleures ballades sont composées dans le dialecte du Jutland ; et il a décrit les mœurs de ce pays dans plusieurs de ses romans.

BLIDAH ou **Blida** (arabe : *petite ville*), sous-préfecture de la province d'Alger, au pied du petit Atlas, à 48 kil. S.-S.-O. d'Alger ; 6,500 hab., 13,000 avec les annexes voisines. Elle est bâtie sur l'emplacement d'une ancienne cité détruite par un tremblement de terre, en 1825. Les Français s'en emparèrent en 1830 ; mais il ne s'y fixèrent pas avant 1838. Elle possède un haras, un jardin public. « Du point central où cette ville est assise, l'œil plonge à l'ouest dans les profondeurs de la plaine des Hadjoutes et va s'arrêter sur les montagnes voisines de Cherchell ; à l'est, se déroule la vaste plaine de la Metidjah ; et en face, l'horizon est borné, sur une étendue considérable, par les collines du massif ou *Sahel* d'Alger, dont quelques coupures laissent apercevoir la mer. »
(Christian.)

BLIGH (William) [blaï], navigateur anglais (1753-1817). Lieutenant de marine, il reçut le commandement de la *Bounty*, avec l'ordre de transporter dans les Antilles les fruits de l'arbre à pain et d'autres productions végétales des îles de la mer du Sud. Au retour, le 28 avril 1788, la plus grande partie de son équipage se révolta à cause de la dureté de sa conduite. Bligh fut mis avec dix-huit autres dans des embarcations et abandonné à la mer. Il parvint, après de grandes misères, dans les colonies hollandaises. Quatorze des mutins furent arrêtés, à Tahiti, en 1791, par les officiers de la *Pandore*, et trois furent exécutés. Une autre partie de l'équipage avait pris possession de la *Pandore* ; et s'était établie sur l'île de Pitcairn (voy. Adams et Pitcairn). En 1806, Bligh fut nommé gouverneur de la Nouvelle-Galles du Sud ; mais sa conduite tyrannique poussa ses officiers à l'arrêter et à le renvoyer en Angleterre. La relation de ses *Voyages dans la mer du Sud* (1790) a été traduite en français par Soulès (1792, in-8°).

BLIGNY-SUR-OUCHE, ch.-l. de cant., arr. et à 48 kil. N.-O. de Beaune (Côte-d'Or) ; 1,400 hab. Chapeaux, tanneries. Colonne dite de Constance Chlore (8 m. de haut).

BLIN s. m. (vieux franç. *belin*, bélier). Mar.

Pièce de bois carrée dont on fait usage pour assembler les mâts de plusieurs membres, ou pour ébranler un vaisseau sur la cale, en frappant des coins.

BLIN (Saint-), ch.-l. de cant., arr. et à 31 kil. N.-E. de Chaumont (Haute-Marne); 600 hab.

* **BLINDAGE** s. m. Action de blinder; résultat de cette action.

* **BLINDER** v. a. Art milit. Garantir le dessus d'un ouvrage de fortification au moyen d'un plafond d'une voûte de charpente, recouverte de terre, et résistant à la chute des projectiles; protéger contre les projectiles au moyen de pièces de bois, de fascines. — Mar. Couvrir de vieux câbles ou d'autres matières le pont supérieur d'un vaisseau, pour le garantir de l'effet des bombes, quand il se trouve dans un port assiégé. — Revêtir le vaisseau d'une armure métallique.

* **BLINDES** s. f. pl. (haut all. *blint*, aveugle). Art milit. Pièces de bois soutenant des fascines, etc., et mettant à couvert des travailleurs, des canonniers, etc. — Pièces de fer, câbles, etc., destinés à amortir l'effet des projectiles.

* **BLOC** s. m. [blok] (celt. *bloch*, tour). Masse, gros morceau d'une matière pesante et dure, telle que la pierre, le marbre, le fer non encore travaillé : *bloc de marbre*. — Amas, assemblage de diverses choses, et principalement de plusieurs marchandises : *faire un bloc de marchandises*. — ∿ Jargon milit. Prison, salle, de police : *menez-moi cet homme au bloc*. — **Bloc de plomb**, se dit, dans une acception particulière, du billot de plomb sur lequel les graveurs posent et arrêtent les ouvrages qu'ils veulent graver. — Géol. **Blocs erratiques**, fragments considérables de roches qui ont été transportés à de grandes distances de leur gisement primitif et qui reposent sur des terrains d'une nature autre que la leur. De grandes masses d'eau ont été les véhicules des blocs erratiques. — **En bloc**, loc. adv. En gros, en totalité, et sans entrer dans l'examen, dans la discussion du détail : *acheter, vendre en bloc*.

* **BLOCAGE** s. m. ou **Blocaille** s. f. Maçonnerie formée de moellons et de petites pierres jetées pêle-mêle dans un bain de mortier, et que l'on emploie à remplir les fondations, l'entre-deux des parements d'un mur, l'intérieur d'une pile de pont, les reins d'une voûte, etc., et qu'on emploie souvent aussi comme pavé. — Typogr. Lettre retournée qu renverse l'œil en dessous, que l'on met dans la composition pour tenir provisoirement la place d'une autre lettre qui manque.

BLOCH (Marcus-Élieser) [blok], naturaliste allemand, né à Anspach en 1723, mort en 1799. Il était juif et exerça la médecine à Berlin. Son grand travail sur l'*Ichtyologie*, en 12 vol. in-fol. (Berlin, 1785-'96) contient 432 planches exactes. Il a encore donné un *Systema Ichtyologiæ* et, en allemand, un *Traité sur la génération des vers intestinaux*, Berlin, 1782, in-4°.

BLOCH (S.), écrivain israélite, mort à Paris, le 22 mars 1879. Il fut pendant 40 ans, directeur et rédacteur en chef de l'*Univers israélite*. Il a laissé plusieurs ouvrages théologiques, entre autres : la *Foi d'Israël* et les *Méditations bibliques*.

BLOCK ISLAND, île de l'océan Atlantique, entre le cap Montauk (l'extrémité orientale de Long Island) et le cap Judith (Rhode Island); longue de 13 kil., large de 3 à 8 ; popul. 1,200 hab. Elle appartient à l'État de Rhode Island (États-Unis).

BLOCKHAUS s. m. (blo-kauss) (all. *block*, bloc ; *haus*, maison). Fortific. Fortin élevé, construit en bois sur un bout de colonne ou sur un gros mât bien scellé en terre.

* **BLOCUS** s. m. [blo-kuss] (rad. *blockhaus*). Investissement par lequel on bloque une ville, un port, un camp, pour qu'il n'y puisse entrer aucun secours d'hommes ni de vivres. — Les circonstances essentielles qui peuvent valider un blocus sont les suivantes : 1° l'existence de l'état de guerre ; 2° le maintien du blocus par une force capable de rendre hasardeuses les tentatives d'entrer dans le port ou d'en sortir ; 3° la notification du blocus aux puissances neutres qui doivent l'observer. L'armée de blocus peut saisir tout navire qui cherche à faire du commerce avec le port fermé ; la cargaison subit le sort du navire confisqué. Aussitôt la notification du blocus, les navires neutres sont autorisés à quitter le port avec la cargaison qu'ils ont à bord, mais rien de plus. — L'usage du blocus fut inauguré par les Hollandais vers 1584. L'Elbe fut bloqué par les Anglais en 1803 ; la Baltique par les Danois, en 1848-'49 et en 1864 ; le golfe de Finlande par les alliés en 1854 ; les ports révoltés des États-Unis en 1861. — **Blocus continental**, nom donné au décret du 6 août 1807, par lequel Napoléon Ier déclarait en état de blocus tous les ports de l'Angleterre.

BLODGET (Samuel), inventeur américain (1720-1807). En 1783, il retira, au moyen d'une machine de sa conception, un navire et sa riche cargaison qui avaient coulé devant Plymouth. En 1793, il construisit le canal qui porte son nom, autour des chutes de l'Amoskeag.

BLOEMAERT (Abraham) [blou-martt], peintre hollandais (1564-1647). Il excella comme paysagiste et comme coloriste et donna de bonnes eaux-fortes. Ses quatre fils, Henri, Frédéric, Cornelis et Adrien ont été célèbres comme peintres et comme graveurs.

BLOEMEN [blou-mènn]. I. (Jan-Franz van), peintre flamand (1636-1740). Il vécut longtemps à Rome et mérita le surnom d'Orizonte, à cause de la profondeur qu'il donna aux horizons de ses paysages. — II. (Peter van), frère du précédent (1645-1719) ; peintre de batailles ; directeur de l'Académie d'Anvers en 1699. Quelques-uns de ses tableaux ornent les galeries de Berlin, de Dresde et de Munich.

BLOEMFONTEIN [bloum-fonn-taïnn] cap. de la république de la Rivière-Orange (Afrique méridionale); sur la Modder, à 410 kil. O.-N.-O. de Port-Natal ; environ 1,400 hab. Grande exportation de laine.

BLOIS [bloua]. *Blesum*. Ch.-l. du départ. de Loir-et-Cher, sur la rive droite de la Loire, à 175 kil. S.-O. de Paris ; 20,500 hab. La ville haute, en amphithéâtre sur un coteau escarpé, renferme de vieilles maisons et des rues étroites, tortueuses, inaccessibles aux voitures. La ville basse, le long des quais, est reliée au faubourg de Vienne, qui est sur la rive gauche du fleuve, par un magnifique pont de 11 arches. Déjà importante au temps des Carlovingiens, Blois devint capitale du Blaisois et eut des comtes particuliers dès l'an 834. Plus tard, la souveraineté de ce pays passa, par les mariages, dans la famille des Capétiens. C'est dans son château que naquit Louis XII et que François Ier, Henri II, Charles IX et Henri III tinrent leur cour. Les états généraux y furent convoqués en 1576 et en 1588. Le duc de Guise y fut assassiné et le cardinal de Guise y périt dans des oubliettes. Catherine de Médicis y mourut et Marie-Louise, régente, s'y réfugia en 1814. Ce monument historique, bien restauré, fut offert au prince impérial par la ville de Blois, en 1860. Blois fut occupée par les Allemands, le 12 novembre 1870 et évacuée par eux le 28 janvier 1871. Cette ville renferme une cathédrale reconstruite sous le règne de Louis XIV ; l'église Saint-Nicolas, du XIIe siècle, restaurée de nos jours ; un hôtel de ville (1777) avec biblio-

thèque (25,000 vol.) ; un palais épiscopal dont les terrains servent de promenade publique ; un palais de justice (1841) et plusieurs vieux hôtels. Patrie de Louis XII, de Papin, des frères Augustin et Amédée Thierry. Jardin botanique, collège, séminaire diocésain. Serges, bonneterie, gants, coutellerie, quincaillerie. Commerce de vins, d'esprits, de vinaigres, de liqueurs et de bois merrains. — Lat. N. 47° 35' 21" ; long. E. 1° 0' 2".

BLOMFIELD (Charles-James) [blomm'-fild] humaniste anglais (1786-1857) ; évêque de Chester en 1824 et de Londres en 1828, édita les auteurs grecs, l'*Adversaria Porsoni*, etc. et publia une « Grammaire grecque » un « Manuel de prières » et des « Lectures sur les actes des apôtres ».

BLOMMAERT (Philip.) [blomm'-martt], écrivain flamand, né à Gand en 1809, mort en 1871. Il se voua à la résurrection de la littérature flamande et donna une édition des poètes nationaux, avec de savants glossaires. Il a donné une traduction métrique des *Nibelungenlied* et une *Histoire des Belges*, dans laquelle il résume ses idées antifrançaises.

* **BLOND, DE** adj. (anglo-sax. *blonden*, coloré). Qui est d'une couleur moyenne entre le doré et le châtain clair. Se dit particulièrement par rapport à la couleur des cheveux et du poil. — Par ext., DU LIN BLOND, UN RÔT BLOND, UNE FRITURE BLONDE. — Poétiq. : *les blonds épis*. — Prov. IL EST DÉLICAT ET BLOND, se dit d'un homme délicat et difficile à contenter. — Substantiv. Couleur blonde : *cheveux d'un beau blond, d'un blond cendré*. — BLOND ARDENT, couleur blonde qui tire sur le roux : *cheveux d'un blond ardent*. — Personne blonde : *c'est un grand blond ; une belle blonde*. — COURTISER LA BRUNE ET LA BLONDE, courtiser beaucoup de femmes. — ∿ Jarg. ETRE CHEZ SA BLONDE, ALLER VOIR SA BLONDE, être chez sa maîtresse, aller la voir.

BLOND (Jacques-Christophe Le). Voy. LE-BLOND.

* **BLONDE** s. f. Espèce de dentelle de soie.

BLONDEL DE NEESLES, l'un des plus célèbres trouvères du XIIe siècle, favori de Richard Cœur de Lion qu'il accompagna en Palestine. D'après une tradition, il parcourut sous un déguisement toute l'Allemagne pour découvrir le lieu où le duc d'Autriche avait enfermé son bienfaiteur. Arrivé à Lœvenstein, en Autriche, il apprit qu'un prisonnier de distinction y était enfermé et se plaça au pied d'une tour, afin de chanter la première strophe d'une ballade qu'il avait composée avec Richard. A peine eut-il achevé que la voix du prisonnier lui répondit du fond de la tour et acheva la chanson. Blondel venait de découvrir son roi. Il n'eut plus qu'à revenir en Angleterre et à s'occuper de recueillir la rançon réclamée par le duc d'Autriche. Ce trait de reconnaissance et de fidélité, absolument contredit par l'histoire, a été conservé et embelli par les poètes, toujours en quête de protecteurs. Sedaine l'a mis en vers dans un opéra (*Richard Cœur de Lion*), dont Grétry a composé la musique. Les *Œuvres de Blondel de Neesles*, publiées à Reims, par Prosper Tarbé, en 1862, contiennent les chants de ce trouvère et ceux de Richard.

BLONDEL. I. (François), architecte qui a construit la porte Saint-Denis ; né à Ribemont (Aisne), en 1617, mort en 1686. A laissé un *Cours d'architecture* estimé. — II. (Merry-Joseph), peintre, né à Paris en 1780, mort en 1853. Gustave Planche disait de lui : « Peintre absolument nul, bien qu'il siège à l'Institut ».

BLONDIER s. m. Ouvrier qui fabrique la blonde.

* **BLONDIN, INE** s. Celui, celle qui a les

cheveux blonds. — Figur. et fam. au masc. Jeune homme qui fait le beau, et qui est sans cesse à courtiser les dames.

> Craignez les blondins doucereux
> Qui fatiguent les ruelles,
> Et, ne sachant que dire aux belles,
> Soupirent sans être amoureux.
>
> Ch. Perrault, L'Adroite Princesse.

* **BLONDIR** v. n. Devenir blond ; la moisson commence à blondir.

* **BLONDISSANT, ANTE** adj. Qui blondit : épis blondissants.

BLONGIOS s. m. Espèce de petit héron, que l'on rencontre quelquefois près des étangs, dans les contrées montagneuses de la France. Il n'est guère plus grand qu'un râle. — Fauve, avec le dos et les pennes noirs.

BLOOD (Thomas) [bleud], aventurier irlandais, vulgairement appelé le colonel Blood, mort en 1680. Officier de l'armée de Cromwell, il fut révoqué, essaya de prendre le château de Dublin, en 1670, et s'empara du gouverneur de l'Irlande qu'il voulait pendre, mais qui fut délivré par ses domestiques. Arrêté, en 1671, au moment où il allait voler les joyaux de la couronne enfermés dans la tour de Londres, il fut pardonné par Charles II, qui le combla de biens.

BLOODHOUND [angl. bleud'-baounnd] s. m. Nom anglais d'un chien courant dressé à chasser les hommes, les animaux blessés et les bêtes sauvages. Il n'est pas aussi féroce que son nom (chien de sang) paraît l'indiquer, mais son éducation lui donne des instincts cruels. — Le chien connu sous le nom de Bloodhound cubain n'a rien de commun avec l'anglais, qui descend, à ce que l'on prétend, de la meute de saint Hubert. Le cubain paraît provenir du croisement du bouledogue et du mastiff. Les Espagnols lui ont donné des mœurs sanguinaires en l'habituant d'abord à faire la guerre aux Indiens et ensuite à capturer les nègres fugitifs.

BLOOMFIELD [angl. bloumm'-fild]. I. (Robert) poète pastoral anglais (1766-1823). Venu jeune à Londres pour apprendre le métier de cordonnier, il composa dans un grenier « le Garçon de ferme » sorte de géorgique dont le succès fut immense (1800). Voy. la trad. franç. d'Allard, Paris, 1800, in-12. Ce petit chef-d'œuvre rapporta 6,000 fr. à son auteur, qui reçut, en outre, du gouvernement une modique pension. Bloomfield donna ensuite : « Contes et ballades champêtres », « Fleurs sauvages », « Rives de la Wye », « Premier jour de mai avec les Muses ». Son « Histoire du chapeau neuf et du petit Davy » a été traduite en français par Berlin (1818). Bloomfield mourut trèspauvre. — II. (Samuel-Thomas) savant anglais (1790-1869). Vicaire à Bisbrooke, Rutland, il publia une édition notée sur le Nouveau Testament (Recensio synoptica, 8 vol.) une « Traduction de Thucydide » (3 vol.); le « Testament grec avec des notes anglaises » (2 vol., plusieurs fois réimprimé).

BLOOMINGTON [bleum'-inn-t'n]. I. Ville de l'Indiana (États-Unis), à 95 kilom. S.-S.-O. d'Indianapolis ; 11,000 hab. Siège de l'université de l'État. Carrières de pierres à chaux; tanneries, etc.—II. Ville de l'Illinois, à 190 kil. S.-S.-O. de Chicago ; 15,500 hab. Siège de l'université Wesleyenne de l'Illinois ; grand commerce ; vastes ateliers pour la réparation du matériel des chemins de fer; fab. de chaussures, de charrues, etc.

BLOOMSBURG [bleum'-sbeur], ville de Pennsylvanie sur la baie de Fishing, sur la branche septentrionale du Susquehannah ; à 95 kil. S.-O. de Scranton ; 3,850 hab. Siège de l'école normale de l'État. Fonderies.

* **BLOQUÉ, ÉE**, part. passé de bloquer. — Billard. Un bloqué, un coup par lequel on a bloqué la bille de son adversaire. — Dans cette locution, bloqué est pris substantivement.

* **BLOQUER** v. a. Occuper avec des troupes toutes les avenues d'une place, d'un camp, ou, avec des vaisseaux, toutes les approches d'un port, de manière qu'il n'y puisse entrer aucun secours d'hommes ni de vivres. - Maçon. Remplir de blocage l'entre-deux des parements d'un mur, l'intérieur d'une pile de pont, etc. Voy. Blocage. — Jeu de billard. Pousser droit et avec force la bille de son adversaire dans une des blouses : il faut bloquer cette bille. — Neutral. : Cette blouse ne bloque pas. — Typogr. Mettre à dessein dans la composition une lettre renversée ou retournée, à la place de celle qui devrait y être, mais qui manque dans la fonte. — ↝ Mar. Mettre de la bourre sur du goudron entre deux bordages, quand on double un vaisseau. — Jargon milit. Mettre en prison, au bloc.

BLOT s. m. Instrument dont on fait usage pour mesurer la marche d'un vaisseau.

* **BLOTTIR (Se)** v. pron. S'accroupir, se ramasser de manière à tenir le moins d'espace qu'il est possible. Se dit des hommes et des animaux : se blottir dans un coin, dans le lit, sous la table.

BLOUNT [angl. bleunnt]. I. (Charles), déiste anglais (1654-'93). Son chef-d'œuvre, intitulé Anima mundi (1679) fait connaître l'opinion des anciens sur une vie future. Son traité en faveur de la liberté de la presse provoqua la chute de la censure anglaise. Des chagrins de cœur le conduisirent au suicide. Son père, sir Henry (1602-'82) a publié une « Voyage en Orient » (1636) ouvrage traduit en français, une « Épître à la louange du tabac et du café » et des « Comédies de cœur ». — II. (Sir Thomas, Pope), savant anglais, frère aîné de Charles Blount, (1649-'97), écrivit : Censura Celebrorium Authorum (in-fol. 1690), De re poetica, etc. — III. (Thomas) auteur anglais (1618-'79). Ses œuvres comprennent : « L'Académie anglaise d'éloquence » (1654) ; un « Dictionnaire des mots difficiles » (1656) ; « Le flambeau de la Loi et les Lumières de l'Évangile » (1658) ; « Boscobel » histoire de l'évasion de Charles II, après la bataille de Worcester (1660 ; 2ᵉ partie en 1681); et un « Dictionnaire des Lois » (1671).

* **BLOUSE** s. f. [blou-ze] (bas lat. belosius). Souquenille, espèce de surtout de grosse toile que les charretiers portent par dessus leurs autres vêtements, et qu'on nomme aussi blaude. — Par ext. Tout vêtement taillé comme une blouse de charretier : les peintres, les sculpteurs ont ordinairement des blouses lorsqu'ils travaillent; cette petite fille a une blouse qui lui va fort bien; mettre une ceinture par dessus sa blouse. (Acad.). — Hist. Blouse blanche, agent provocateur, faux ouvrier vêtu d'une blouse blanche. En 1870, les blouses blanches cherchèrent plusieurs fois à entraîner le peuple de Paris aux manifestations insurrectionnelles. Au moment de la déclaration de la guerre à l'Allemagne, on les vit parcourir les boulevards aux cris de : « A Berlin ! à Berlin ! »

* **BLOUSE** s. f. Chaque trou des coins et des côtés d'un billard. — Sauver une ou plusieurs blouses, convenir avec son adversaire que les billes qu'on y fera seront nulles.

* **BLOUSER** v. a. Jeu de billard. Blouser une bille, la faire entrer dans une des blouses.— Blouser son adversaire, mettre la bille de son adversaire dans une des blouses. — Fig. et fam. Tromper, faire tomber dans quelque méprise, décevoir : il m'a blousé. — Se Blouser v. pr. Mettre sa propre bille dans la blouse.— Se tromper.

BLOW (John) [blô], compositeur anglais (1648-1708). Il publia l'Amphion Anglicus, collection d'hymnes et de chants religieux pour la chapelle royale et composa un Gloria Patri

qui est gravé sur son monument, dans l'abbaye de Westminster.

BLÜCHER (Gebhard Leberecht von) [blucherr], prince de Wahlstadt, feld-maréchal prussien, né à Rostock, en 1742, mort le 12 septembre 1819. Son père était capitaine de cavalerie au service de Hesse-Cassel. Blücher s'engagea dans un régiment de hussards suédois en 1756, fut fait prisonnier par les Prussiens en 1760 et, après une année de captivité, entra dans l'armée prussienne. En 1771, il fut nommé senior capitaine de cavalerie; en 1778, la promotion d'un rival à un grade plus élevé l'irrita contre Frédéric le Grand, au point qu'il abandonna le service. Il abusa, avec la dot de sa femme, la terre de Gross-Raddow, en Poméranie, où il se retira. Mais à la mort du roi (1786), il rentra dans l'armée avec le grade de major. Il devint lieutenant-colonel en 1788 et colonel en 1790. Les guerres de la Révolution le mirent en évidence. Officier de cavalerie des plus distingués, il se signala dans le Palatinat contre les républicains français et gagna le grade de major-général en 1794. Malgré les défaites multipliées de ses compatriotes, il ne désespéra pas du réveil de l'Allemagne, fut nommé lieutenant général en 1801 et gouverneur d'Erfurt, Mühlhausen et Münster. En 1806, il commandait l'avant-garde prussienne à la bataille d'Auerstadt et il fut repoussé par les Français ; après la défaite d'Iéna, il se retira à Lübeck devant les forces unies de Soult, de Bernadotte et de Murat et, plus tard, il capitula dans la plaine de Ratkow (6 novembre 1806). Prisonnier de guerre, il fut bientôt échangé contre le général Victor, et aussitôt nommé gouverneur général de Poméranie ; mais fut relevé de ces importantes fonctions, en conséquence de l'alliance de 1812, entre Napoléon et la Prusse. Le soulèvement national de 1813 le rendit indispensable. Nommé général en chef de l'armée prussienne, il agit, sous les ordres du général Wittgenstein, dans les batailles de Lützen et de Bautzen et reçut bientôt le commandement de l'armée indépendante de Silésie. Les Alliés furent incontestablement redevables de leurs succès à l'habileté de Blücher pendant la campagne de 1813. Il remporta un grand avantage à Katzbach, fut le principal héros de Leipzig, poursuivit Napoléon jusque sur le Rhin, fut nommé feld-maréchal, traversa audacieusement le Rhin, le 1ᵉʳ janvier 1814, fut attaqué à Brienne par Napoléon, battit en retraite, reprit l'offensive à La Rothière, fut malheureux à Vauchamps et se retira, vaincu, jusqu'à Châlons. S'étant séparé de la grande armée des Alliés, il remporta la victoire de Laon qui décida du sort de Paris. Après l'assaut de Montmartre par son armée, le 30 mars 1814, il abandonna le commandement et entra, sous un costume civil, dans la capitale des Français. En 1815, l'arrivée inopinée du renfort qu'il amenait aux Anglais, donna la victoire à Wellington, qui, sans cela, aurait probablement été vaincu (Waterloo, 18 juin). Il poursuivit les Français jusqu'à Paris, où il entra à la tête de ses troupes. Blücher était un officier hardi et énergique, excellent comme chef dans la cavalerie; mais il n'entendait rien à la stratégie. Les Allemands ont fait de cet homme médiocre une sorte de génie guerrier; en France, il est exécré, parce que dès l'instant où il mit le pied sur notre territoire, il érigea en système le pillage et la dévastation.

BLUDOFF (Dmitri-Nikolayevitch, comte) [blou-dof], homme d'État russe (1783-1864). Il jouit d'un grand crédit sous les règnes de Nicolas et d'Alexandre II. Il devint président de l'Académie des sciences de Saint-Pétersbourg et, en 1855, président du conseil des ministres et du conseil de l'empire.

BLUE BIRD [blioû-beurd] nom anglais de l'oiseau bleu appelé siale de Wilson.

BLUEFIELDS (angl. bliou'-filds), ville de la république de Nicaragua, à l'embouchure du Rio-Escondido, appelé aussi rivière Bluefields; 600 hab.; bon port sur la côte du Mosquito; fut la résidence, jusqu'en 1864, du roi des Mosquitos.

BLUE LICK SPRINGS, village de l'État de Kentucky (États-Unis), à 65 kilom. N.-E. de Frankfort. Célèbres sources minérales dont les eaux sont exportées dans toute l'Amérique du Nord.

BLUE MOUNTAINS. Voy. Bleues (montagnes).

BLUE RIDGE. Voy. Bleues (montagnes).

* **BLUET** s. m. Espèce de centaurée qui croît dans les blés, et qu'on nomme ainsi parce que la variété la plus commune a les fleurs bleues. On l'appelle aussi Barbeau.

BLUET D'ARBÈRES (Bernard), écrivain français, né au hameau d'Arbères, pays de Gex, en 1556, mort en 1606. Charles Nodier le place dans le Charenton du Parnasse. Il dut sa vogue à la protection de Henri IV et de plusieurs puissants personnages qu'il encensait dans ses plates bouffonneries. Le roi lui servait une pension plus forte que celle de Malherbe. Ses œuvres, composées d'éloges, de prophéties populaires, etc., ont été réunies en 173 livres, dont 40 ont été perdus.

* **BLUETTE** s. f. Étincelle : une bluette de feu.—Fig. Petit ouvrage, un ouvrage sans prétention, qu'in'est qu'un badinage d'esprit : il a fait imprimer, l'an passé, je ne sais quelle bluette assez agréable; cette petite comédie n'est qu'une bluette. (Acad.)

BLUM (Robert) [bloumm], révolutionnaire allemand, né à Cologne en 1807, mort le 9 novembre 1848. D'abord commis marchand, puis caissier et secrétaire du théâtre de Leipzig, (1831-'47), il collabora au journal politique le Sächsische Vaterlands blätter, ce qui lui attira des persécutions. Son journal ayant été supprimé, par le gouvernement saxon, en 1847, il se lança dans le mouvement catholico-libéral. Après la révolution française de février 1848, Robert Blum devint le chef du parti libéral saxon qui le poussa à la vice-présidence du parlement préliminaire allemand de Francfort; il fut ensuite envoyé, comme représentant de la ville de Leipzig, au parlement régulier. Dès qu'il reçut à Francfort la nouvelle que Vienne s'était insurgée le 6 octobre 1848, il y accourut, avec J. Frœbel, et y publia l'adresse de l'opposition parlementaire. Enrôlé dans le corps des étudiants, il prit le commandement d'une barricade. Fait prisonnier pendant la lutte, il fut fusillé après la capture de Vienne par Windischgrœtz.

BLUMENAU. I. village de la basse Autriche, où les Autrichiens retranchés arrêtèrent, le 22 juillet 1866, la marche des Prussiens sur Vienne. La bataille fut interrompue par la nouvelle qu'un armistice venait d'être conclu à Nikolsburg; et le soir même, Autrichiens et Prussiens bivaquèrent ensemble. — II. Colonie florissante fondée au Brésil, (province de Santa-Catarina) par des Allemands, 6,000 hab.

BLUMENBACH (Johann-Friedrich) [bloumènn-bak], naturaliste allemand (1752-1840); professeur à Gœttingen de 1776 à 1835; fut le premier à faire adopter l'étude de l'histoire naturelle dans les universités. Il plaça l'anatomie comparée sur une base scientifique, et longtemps avant Cuvier, il institua les méthodes de comparaison entre les squelettes complets de différentes variétés (1785). Plusieurs de ses nombreux ouvrages obtinrent une vogue immense. Son Manuel d'Anatomie et de Physiologie a été traduit dans toutes les langues (trad. franç. d'Artaud, Metz, 1803, 1 vol. in-8°). Blumenbach a laissé des collections d'une grande valeur.

BLUNT 1. (Edmund-March), hydrographe américain (1770-1862). Les principaux de ses nombreux ouvrages ont été traduits en français; nous citerons : le « Pilote côtier américain » donnant la description de tous les ports des États-Unis (1796; 24e éd. 1869); son « Guide du navigateur dans l'Atlantique » etc. — II. (John-James) ecclésiastique anglais (1794-1855), professeur de théologie à Cambridge. Ses œuvres comprennent : 5 vol. de « Sermons et discours » (1845-'52); « Vestiges des mœurs et des coutumes de l'Antiquité que l'on peut découvrir dans l'Italie moderne et en Sicile » (1823); « Esquisse de la Réformation de l'Eglise d'Angleterre » (15e éd. 1853); « Coïncidences naturelles entre l'Ancien et le Nouveau Testament, preuve de leur véracité » (3e éd. 1830); « Histoire de l'Eglise chrétienne pendant les trois premiers siècles » (1836).

* **BLUTAGE** s. m. Action de bluter.

* **BLUTEAU** s. m. Voy. Blutoir.

* **BLUTER** v. a. Passer la farine par le blutoir.

* **BLUTERIE** s. f. Lieu où les boulangers blutent la farine.

* **BLUTOIR** ou **Bluteau** s. m. Espèce de sas ou de tamis qui sert à passer la farine, pour la séparer du son. Autrefois les blutoirs étaient faits d'étamine ou de crin, et avaient la forme d'un cône tronqué; aujourd'hui ils sont ordinairement cylindriques et faits avec une toile de fil de fer. — Meuble en menuiserie, contenant un ou plusieurs blutoirs et servant à empêcher la farine de se disperser dans la bluterie.

BÔ (J.-B.-Jérôme), conventionnel, né à Laussignac, (Aveyron) en 1753, mort en 1811. Il siégea à la Montagne, vota la mort du roi, se distingua par son humanité à Nantes, après les excès commis par Carrier, fut emprisonné pendant la réaction thermidorienne et amnistié après Brumaire an IV. Il vécut ensuite à Fontainebleau, où il reprit l'exercice de sa profession de médecin.

* **BOA** s. m. (nom lat. d'un grand serpent d'Italie, probablement la couleuvre à quatre raies). Tribu de serpents non venimeux, de l'ordre des ophidiens, famille des serpents vrais. Ce sont les plus grands reptiles de la création; et, malgré l'absence de venin, ils

Boa constrictor.

sont les plus redoutables à cause de leur immense force musculaire qui leur permet d'étouffer et même de broyer de gros animaux dans les replis de leur corps. Cette tribu a été divisée en vingt-cinq genres, parmi lesquels : 1° le genre Python; 2° le genre Hortulia; 3° le genre Eunectes ou Anacondo. Vos cents. 4° le genre Boa proprement dit, formé de quatre espèces particulières à l'Amérique tropicale. L'espèce la plus connue est le boa constrictor (étouffeur), le tlicoatl ou dieu serpent des Mexicains, d'où son nom de boa devin. Il attaque les grands quadrupèdes et même les taureaux. Après avoir étouffé sa proie, il la comprime, l'écrase, la pétrit, l'allonge, l'arrose de son abondante salive et la dilatant démesurément son gosier. Pendant la digestion qui est lente et pénible, le boa devient engourdi, ce qui permet de l'approcher et de le tuer. Sa chair est analogue, pour la saveur, à celle du poisson. Cet animal atteint, selon les voyageurs, 15 à 16 mètres de long et 50 cent. de diamètre; mais beaucoup de boas de l'Arabie centrale; son héros, chose effrayante! découvre même un buisson rempli des enveloppes dont ces reptiles venaient de se dépouiller; il en avait de toutes dimensions et de toutes les couleurs; c'était, je suppose, un assortiment de robes de chambre à l'usage des serpents. Heureux les voyageurs qui possèdent une imagination aussi fertile! Quelques boas constrictors ajoutent à la variété du paysage, et animent un récit. Mais je n'ai pas été favorisé par de semblables visions, « nol' vedi, né credo che sia » (Palgrave. Voyage dans l'Arabie centrale). — Fourrure étroite et longue que les dames portent autour du cou, dans les temps froids.

BOABDIL ou **Abou-Abdallah,** dernier roi maure de Grenade. Avec l'aide des Espagnols, il enleva la couronne à son père Mulei-Hassem (1481); mais ensuite attaqué par ses anciens alliés, il fut pris et ne recouvra la liberté qu'en reconnaissant la suzeraineté du roi Ferdinand d'Aragon et de la reine Isabelle de Castille. Une révolte de Boabdil amena la prise de Grenade par les Espagnols (1492). En s'enfuyant de sa capitale, le prince détrôné contempla, avec des yeux baignés de larmes, cette ville qu'il ne devait plus revoir : « Pleure comme une femme, lui dit sa mère Ayescha, le trône que tu n'as pas su défendre en homme ». Boabdil passa en Afrique, où il périt en combattant pour le roi de Fez contre celui du Maroc. Sa lutte contre son père, le procès criminel qu'il fit subir à sa femme, le meurtre de sa sœur et de ses deux neveux, et l'égorgement de trente-six chefs Abencérages, ont souvent été exploités par les Romanceros qui ont voué son nom à l'exécration.

BOADEN (James), auteur anglais (1762-1839). Il abandonna la peinture, écrivit des pièces de théâtre et des « Recherches sur l'authenticité des portraits de Shakespeare ».

BOADICÉE ou **Boudicea,** reine des Icènes, peuple breton qui habitait les comtés actuels de Cambridge, de Suffolk, de Norfolk et d'Hertford (Angleterre). Son mari, le roi Prasutagus, avait déclaré, en mourant, qu'il léguait ses états aux Romains; mais Boadicée, traitée d'une façon indigne par ces envahisseurs, leva une immense armée, battit à plusieurs reprises les Romains, et passa au fil de l'épée plus de 70,000 sujets romains. Le gouverneur, Suetonius Paulinus finit par anéantir son armée, près de la moderne Saint-Albans, et la reine vaincue s'empoisonna, vers 62 après J.-C.

BOARDMAM (Gorge-Dana) [bôrd'-mann], missionnaire baptiste américain (1801-'34). Il établit une mission à Tavoy (1828), visita la Birmanie, et baptisa Ko Tha-byoo, indigène influent qui fit ensuite une propagande extraordinaire parmi ses compatriotes. La vie de Boardmam a été écrite par A. King (1856).

BOAVISTA ou **Bonavista,** la plus orientale des îles du cap Vert (Afrique), à 520 kil. du cap Vert; 3,000 hab. Elle mesure 30 kil. de long et possède deux pics basaltiques à son centre. Trois de ses ports reçoivent les plus gros navires; exportation de sel.

BOBADILLA (Francisco de), administrateur espagnol, mort en 1502. Chargé, en 1500, de rétablir l'ordre à Haïti, il fit arrêter Christophe Colomb et le renvoya, chargé de chaînes, en Espagne. Cet outrage excita une indignation générale. Colomb fut réinstallé dans son gouvernement et Bobadilla, pendant l'administration duquel les désordres s'étaient multipliés, fit naufrage et périt en retournant dans sa patrie.

BOBE s. m. Diminut. de BOBÉCHON.

* **BOBÈCHE** s. f. Petite pièce cylindrique et à rebord, qu'on adapte aux chandeliers, aux lustres, aux girandoles, etc., et dans laquelle on met la bougie ou la chandelle. — BOBÈCHE RONDE, celle qui a des bords ronds. — BOBÈCHE CARRÉE, celle qui a des bords carrés. — Partie supérieure d'un chandelier, lorsqu'elle a un rebord comme celui des bobèches mobiles.

BOBÈCHE, pitre qui obtint à Paris, sous l'Empire et pendant les premières années de la Restauration, une vogue due à son jeu empreint de la bêtise la plus naïve. Il prit un instant le titre de *premier bouffon du gouvernement* et disparut vers 1820. Son rival *Galimafré* ne put le faire oublier.

BOBÉCHON s. m. Argot. Tête. — SE MONTER LE BOBÉCHON, se passionner.

* **BOBINE** s. f. Petit cylindre de bois, qui est garni d'un rebord à ses deux extrémités, et qui sert à filer au rouet, à dévider du fil, de la soie, de l'or, etc. — Phys. Cylindre autour duquel est enroulé un fil métallique dans lequel peut passer un courant électrique. — BOBINE DE RUHMKORFF, puissante bobine d'induction composée d'un fil inducteur enroulé sur un faisceau de tiges de fer doux et agissant sur un fil induit beaucoup plus fin et très long, bien isolé et disposé par groupes de petites bobines juxtaposées. Un commutateur établit à volonté la communication entre la pile et le circuit inducteur; un interrupteur produit des alternatives rapides de cessation et de rétablissement du courant inducteur. Avec un fil induit de 100 kilom, on obtient des étincelles foudroyantes de 50 cent. — w Jargon. SE TORDRE EN BOBINE, se tordre à force de rire.

* **BOBINER** v. a. Dévider du fil, de la soie, etc., sur la bobine.

BOBINETTE s. f. Pièce de bois qui servait à fermer les portes dans les campagnes.

BOBINEUSE s. f. Machine à rouler le fil sur les bobines. — Ouvrière qui dévide.

BOBINO, nom populaire du théâtre du Luxembourg, fondé vers 1816, par un certain Saix, dit *Bobino*.

* **BOBO** s. m. Mot du langage des enfants. Petit mal, mal léger : *on lui a fait boto, du bobo.*

BOBŒUF (Pierre-Alexis-Francis), chimiste, né à Chauny le 6 septembre 1807; mort à Saint-Denis en 1874. Sa découverte la plus importante fut celle du *phénol Bobœuf*, voy. PHÉNOL. Il a lu issu un *Mémoire adressé à l'Académie des sciences sur l'acide phénique* (1865, .n-8°); *De l'acide phénique, de ses dissolutions aqueuses et du phénol sodique* (1866, in-8°).

BOBOLINA, héroïne de la Grèce moderne, morte en 1825. Ayant juré une haine implacable aux Turcs, elle équipa trois vaisseaux à ses frais, s'illustra par les prodiges de valeur au siège de Tripolitza et pendant le blocus de Nauplie.

BOBOLINK s. m. ou MANGEUR DE RIZ (*Dolichonyx oryzivorus*), appelé ortolan, dans les États de Géorgie et de Caroline; oiseau migrateur de l'Amérique du Nord, depuis le Labrador jusqu'au Mexique et aux Antilles.

Le plumage du mâle change avec les saisons. Pendant le printemps, le bobolink se répand dans les pays du Nord. Son plumage est gai et son chant vif. En été, cet oiseau accourt dans les prairies fraîches et grasses; il chante

Bobolink (Dolichonyx oryzivorus).

encore agréablement. Il devient silencieux en juillet; le plumage du mâle s'assombrit et se rapproche de celui de la femelle. En août, les bobolinks s'assemblent en grandes troupes et vivent dans les endroits frais, près des riz, sur le bord des rivières où le riz sauvage croît en abondance. En octobre, ils émigrent vers les champs de riz méridionaux; glaneurs infatigables, ils ne laissent pas un grain derrière eux. Ils deviennent si gras et si lourds qu'ils peuvent à peine voler et que, lorsqu'on les tue, à coups de fusil, ils se crèvent en tombant sur le sol.

BOBRUISK [bo-brou-isk], ville fortifiée de Russie, sur la Bérésina, à 140 kil. S.-E. de Minsk; 24,750 hab., dont la moitié appartient à la religion juive. Cette ville résista victorieusement aux Français, en 1812.

* **BOCAGE** s. m. Petit bois, lieu ombragé et pittoresque : *à l'ombre d'un bocage.*

BOCAGE (Le), nom de deux pays de France. 1° Petite contrée de la basse Normandie, diocèse de Lisieux ; cap. Vire (auj. dép. du Calvados). Le linge ouvré qui se fait en basse Normandie, particulièrement aux environs de Caen, a reçu le nom de *bocage*. 2° Pays de Vendée sur les limites des départements de la Loire-Inférieure et de Maine-et-Loire. Est célèbre dans l'histoire de nos guerres civiles.

BOCAGE (Pierre-Martinien TOUSEZ, dit**)**, célèbre acteur, né à Rouen en 1797, mort à Paris le 30 août 1863 ; créa les principaux rôles de plusieurs pièces d'Alexandre Dumas; dirigea l'Odéon de 1845 à 1848.

* **BOCAGER, ÈRE** adj. Qui appartient aux bois, qui hante les bois, les bocages. Il n'est guère usité qu'en poésie.

* **BOCAL, AUX** s. m. (gr. *baukalion*, vase). Bouteille de verre ou de grès, dont le col est court et l'ouverture large, et qui sert à différents usages. — Globe de cristal ou de verre rempli d'eau, dont plusieurs artisans se servent comme d'une loupe, pour rassembler sur leur ouvrage la lumière d'une bougie, d'une chandelle ou d'une lampe placée derrière. — Petite pièce de métal ou d'autre matière, qu'on adapte aux cors, aux trompettes, aux serpents, etc., pour mieux les emboucher, et qui est évasée en forme de godet. — w Jargon. Petit appartement : *ce bocal est à louer.* — Estomac : *il s'est rincé le bocal.*

* **BOCARD** s. m. Métall. Machine au moyen de laquelle on écrase la mine avant de la fondre.

BOCARDAGE s. m. Action de bocarder.

* **BOCARDER** v. a. Métall. Passer au bocard : *bocarder la mine.*

BOCA TIGRIS [bo-ka-ti-griss] (traduction portugaise du chinois *Hu Mun* bouche du tigre). Entrée de la rivière de Canton (Chine); passage étroit, à 60 kil. de Canton. Deux îles rocheuses, situées au milieu des eaux, furent fortifiées par les Chinois, pour défendre l'accès de la rivière ; mais les Anglais les ont deux fois réduites au silence et elles sont aujourd'hui fortifiées.

BOCCACE (Jean), ital. GIOVANI BOCCACCIO [bok-kât'-cho], l'un des plus grands écrivains de l'Italie, né probablement à Paris en 1313, mort à Certaldo (Toscane), le 21 décembre 1375. Fils illégitime d'un riche négociant florentin établi en France, il fut emmené jeune en Italie, par son père qui le destinait au commerce ; mais il montra une grande aversion pour cet état, étudia le droit canon, prit les degrés de docteur et se livra ensuite à la poésie. Il chanta ses amours avec la princesse Marie, fille illégitime du roi de Naples, Robert. Il resta huit années heureux avec sa *Fiammetta* (c'est ainsi qu'il nomme la princesse) et composant, sur la demande de celle-ci, un roman: *Il Filocopo* et plus tard, L'*Amorosa Fiammetta* (1341). L'année suivante, momentanément séparé de Marie, il produisit le roman d'*Ameto*. Vers 1350, il revint à Florence, où il fit la connaissance de Pétrarque. Cet illustre poète, tournant son ambition vers les idées plus pures, lui fit abandonner ses plaisirs licencieux et l'intéressa aux affaires politiques. On lui confia plusieurs ambassades; en 1353, il était ambassadeur près du pape Innocent VI, à Avignon. C'est dans cette même année qu'il publia son DÉCAMÉRON. Voy. ce mot. En 1359, Boccace visita Pétrarque, à Milan, et eut avec lui des entretiens au sujet de la morale et de la religion et ne composa plus guère ensuite que des ouvrages sérieux écrits en latin, ouvrages qu'il considérait comme des chefs-d'œuvre et qui sont tombés dans un profond oubli. Il prit même l'habit ecclésiastique et s'appliqua à la théologie. Il dépensa une grande partie de son modeste patrimoine à réunir des manuscrits grecs, si bien que vers la fin de sa vie il se trouva pauvre et fut abandonné de tous ses anciens amis, à l'exception de Pétrarque. On l'envoya en ambassade auprès d'Urbain V, en 1365 et en 1367. Après une courte résidence à Naples, il revint à Florence, où les magistrats l'honorèrent en lui donnant une chaire créée en mémoire du Dante, pour l'explication de la *Divina Commedia*. Son cours, commencé en octobre 1373, se continua jusqu'à la fin de sa vie. — Boccace a écrit de nombreux ouvrages en italien et en latin, en prose et en vers ; mais toute sa gloire repose sur le *Décaméron*. Ses œuvres italiennes, qui comprennent une *Vie du Dante* et un commentaire sur l'*Inferno*, ont été publiées en 17 vol. in-8°, Florence, 1827-34. La *Teseide* de Boccace, premier essai d'épopée en italien, est écrite en octaves (*ottava rima*), forme poétique dont il passe pour le créateur. Dans ces différents ouvrages, Boccace fixa la langue nationale et peignit avec fidélité les mœurs et les habitudes du peuple florentin de son temps. Admirable conteur, il a servi de modèle à plusieurs de nos écrivains. Ses œuvres ont été mises à contribution par La Fontaine, Musset, Chaucer et surtout par Shakespeare.

BOCCACE ou **Bcage (Manoel-Maria** BARBOSA DU**)** poète portugais, né d'une famille française (1766-1806). Le libéralisme de ses improvisations satiriques lui attira des persécutions. Ses poèmes (7 vol. 1806-14) obtinrent un succès populaire et donnèrent naissance à l'école appelée l'*Emanistas*, d'après son pseudonyme, *Elmano*.

BOCCAGE (du). Voy. Du Boccage.

BOCCANERA [bok-ka-né'-ra]. Famille patricienne de Gênes dont les membres principaux furent : 1. **Guglielmo**, chef de la démocratie génoise, élu dictateur pour dix ans, sous le titre de «capitaine du peuple» en 1257, mais déposé en 1262. — II. **Simone**, descendant du précédent, premier doge à vie (1339), dirigea plusieurs guerres maritimes heureuses, mais fut assiégé par les Guelfes, en 1344, abdiqua et se retira à Pise. Revenu, après douze années d'exil, il délivra Gênes des troupes milanaises, reprit la qualité de doge et périt empoisonné en 1363. — III. **Gilles**, COMTE DE PALMA, frère du précédent, amiral de la flotte de Castille sous Alfonso XI et Henri II, mort en 1373. Il battit deux fois le roi de Maroc, coopéra à la capture d'Algeciras, en 1344, défit la flotte portugaise en 1371 et remporta la brillante victoire navale de La Rochelle, qui coûta la liberté au comte de Pembroke, amiral des Anglais (1372).

BOCCHERINI (Luigi) [bok-ké-ri'-ni], compositeur italien, né à Lucques en 1740, mort à Madrid en 1806. Il a laissé 370 compositions instrumentales d'une incomparable suavité. On admire encore son *Stabat mater*.

BOCCHETTA (La), défilé des Apennins, situé entre Gênes et Novi. Les Impériaux le franchirent en 1746, et les Français en 1796. — Altitude 800 m.

BOCCHORIS, roi législateur d'Égypte, de 771 à 765 av. J.-C. Sabacan, roi d'Éthyopie, le renversa et le fit brûler vif.

BOCCHUS-I. Roi de Mauritanie, beau-père de Jugurtha, qu'il soutint d'abord contre les Romains, mais qu'il livra ensuite à Sylla. Pour le récompenser de cette trahison, les Romains lui connèrent le pays des Massésyliens (106 av. J.-C.). — II. Roi de Mauritanie; prit parti pour Pompée et ensuite pour Octave.

BOCCONE (Paolo, et ensuite Silvio), naturaliste sicilien (1633-1704). Moine cistercien, il visita plusieurs pays. Ses ouvrages les plus importants sont ; *Icones et Descriptiones Variarum Plantarum Siciliæ, Melitæ, Galliæ et Italiæ* (Lyon, 1674 ; *Recherches et Observations naturelles, touchant le corail, la pierre étoilée et l'embrasement du mont Etna* (Paris, 1671 , 1 vol. in-12).

BOCHART [bo-châr], famille de savants et de théologiens français ; 1. (Samuel), philologue, né à Rouen en 1599 mort à Alençon en 1667. Ministre calviniste àCaen, il engagea avec le Jésuite Véron, une controverse religieuse qui dura trois années. Sa *Geographia sacra* (1646-'51, in-fol.) lui acquit une immense réputation, et son *Hierozoicon*, sur les animaux de la Bible (2 vol. in-fol., Londres, 1663) est encore estimé. — II. (Mathias), théologien, cousin du précédent, fut pasteur à l'Académie d'Alençon ; a laissé : *Traité sur l'origine des reliques, de l'invocation des saints, des images et de leur culte* (Saumur, 1636, in-8°) ; *Traité contre le sacrifice de la messe* (Genève, 1658, in-8°). — III. Jean-Baptiste-Gaspard BOCHART DE SARRON, premier président du parlement de Paris, né à Paris en 1730. Astronome distingué, il fit partie de l'Académie des sciences en 1779. Zélé pour les prérogatives du parlement, il se compromit en 1789, et fut guillotiné en 1794.

BOCHE s. m. Argot. Libertin.

BOCHIMANS (holl. *Bosjemans*), peuplade qui habite les deux rives de l. rivière Orange, Afrique méridionale. Les Bchimans ressemblent aux Hottentots, avec plus de maigreur et une taille plus élevée. Un état perpétuel de guerre et de privations leur donne un caractère subtil et une apparence sauvage. N'ayant pas de résidence fixe, ils ne se construisent

pas d'habitations. Presque sauvages, ils n'ont d'autre vêtement que des peaux de mouton. Leurs armes sont le couteau, de petits arcs et des flèches empoisonnées. Leur vrai nom est *Saad* ou *Saan*.

BOCHNIA [bok'-nia], ville de la Galicie autrichienne, à 35 kil. E.-S.-E. de Cracovie ; 8,000 hab. Célèbres mines de sel, près de celles de Wieliczka ; vastes carrières de gypse.

BOCHOLT [bok'-holt], ville de Westphalie, sur l'Aa ; à 70 kil. O.-S.-O. de Münster ; 7,500 hab. Château appartenant au prince de Salm-Salm.

BOCHSA (Robert-Nicolas-Charles) [bo-ksa], compositeur, né à Montmédy (Meuse) en 1789, mort en Australie, en juin 1856. Il fut harpiste de Napoléon Ier et de Louis XVIII ; voyagea en Angleterre (1817), fut nommé professeur de harpe à l'Académie royale de musique de Londres (1822) et se fit entendre en Amérique et, à la surprise des astronomes, dans l'Océanie ; il était accompagné de Mme Anna Bishop. Il a composé 150 pièces pour harpe, des opéras, etc.

BOCHUM [bok'-houm] ville de Westphalie (Prusse), à 62 kil. S.-O. de Münster ; 22,000 hab. Mines de charbon du bas Ruhr ; importantes usines métallurgiques.

BOCK s. m. (bok) (mot angl.) Grande chope de bière : acceptez-vous un bock ?

BOCK. I. (Cornélius-Peter), archéologue allemand (1804-'70). Né d'abord en Italie et à Bruxelles ; vers 1859, il devint professeur honoraire à Freiburg (Bade). Ses ouvrages sont nombreux ; il a publié des fragments inédits de Boëthius (1856). — II. (Karl-August) anatomiste allemand (1782-1833) ; professeur à Leipzig, auteur d'un *Manuel d'anatomie*, 2 vol.

BOCK (Jean-Nicolas-Etienne BARON DE), littérateur, né à Thionville en 1747, mort en 1809. Il émigra, pendant la Révolution et donna de nombreux ouvrages, dont le plus intéressant est l'*Histoire des Francs-juges* (1801). Il a traduit plusieurs ouvrages allemands : *Mémoire sur les Bohémiens*, (de Guellmann) ; *Histoire de la guerre de Sept ans* (d'Archenholz), etc.

BOCKELSON (Johann). Voy. JEAN DE LEYDE.

BOCKENHEIM [bok'-ènn-haïmm] ville de Hesse-Nassau, (Prusse), à 2 kil. N.-O. de Francfort ; 9,000 hab.

BOCKER v. n. Prendre des bocks.

BOCKSBERGER ou **Bocksperger** [boks-pèr-gueur]. I. (Melchior), graveur alsacien du XVIe siècle ; a illustré plusieurs ouvrages allemands. — II. (Hans ou Hieronymus), peintre allemand, fils du neveu du précédent, né à Salzbourg, en 1540, mort vers 1600. On a conservé de lui plusieurs portraits et les fresques du château de Trausnitz. Il excellait dans les scènes de batailles et de chasses.

BOCLE s. m. Art milit. anc. Partie saillante à l'extérieur du bouclier.

BOCOGNANO, ch.-l. de cant., arr. et à 40 kil. N.-E. d'Ajaccio (Corse) ; 1,350 hab. Maïs, châtaignes, bois de construction ; bétail.

BOCOTTER v. n. Argot. Grogner.

BODE (Johann-Elert), célèbre astronome allemand, né à Hambourg, en 1747, mort en 1826. Nommé astronome à l'Académie des sciences de Berlin, en 1772, il ne tarda pas à fonder l'*Almanach Astronomique* (*Astronomische Juhrbücher*, 54 vol., 1776-1829 ; continué par Encke). Ses autres travaux comprennent une *Introduction à l'Astronomie* (1768; 11e éd. 1858) ; *Erlauterung der stenkunde* (2 vol. 1778) ; *Uranographia* (1801) ; en français : *Représentation des astres* (1782). — *Loi de Bode*, coïncidence remarquable qui permet de définir, en combinant certains nombres, les distances relatives des planètes au soleil ; c'est une relation symétrique ou progression dans

les distances des planètes au soleil et des satellites de Jupiter et de Saturne à Jupiter et à Saturne ; c'est la modification d'un système entrevu par Kepler. Si l'on écrit à la suite les uns des autres 0, 3, 6, 12, etc.; et si à ces nombres et aux autres de la même progression. on ajoute 4, on a les nombres : 4, 7, 10, 16, 28, 52, 100, 196, 388... qui sont à peu près le décuple des nombres exprimant les distances respectives des planètes au soleil, en prenant pour unité la distance de la terre à cet astre. Le nombre 28 ne correspondait à la distance de nulle planète, lorsque Bode établit son principe; mais la découverte des astéroïdes vint, à la surprise des astronomes, confirmer la loi, en remplissant la lacune qui semblait exister entre Mars et Jupiter. La planète Neptune devrait répondre au nombre 388 ; mais la loi se trouve en défaut dans ce cas; car la distance moyenne de cette planète n'est que de 300, quand celle de la terre est représentée par 10.

BODEGRAVEN, ville de Hollande, à 20 kil. S.-E de Leyde, sur la rive droite du Rhin ; 2,200 hab. Fut emportée d'assaut, le 28 novembre 1672, par le duc de Luxembourg, qui ternit sa victoire par l'autorisation qu'il donna de livrer la ville au viol et au pillage — Lat. N. 52° 5' 42" ; long. E. 2° 24' 34".

BODIAN s. m. Genre de poissons acanthoptérygiens à dents en crochet.

BODIN. I. (Jean), célèbre publiciste, né à Angers, en 1530, mort de la peste à Laon, en 1596. Après avoir étudié le droit, il se voua à la jurisprudence et surtout à la politique. «Bodin doit être regardé comme le père de la science politique en France, et même, si l'on en excepte Machiavel, en Europe»(J. Reynaud). Ses œuvres sont : *De instituenda in republica juventute* (1559, in-4°), discours latin prononcé avec succès devant le peuple et le sénat de Toulouse; *Cynegetica Oppiani* (Toulouse, 1560, in-4°), traduction en vers latins du poème d'Oppien, sur la chasse: *Méthode de l'histoire* (*Methodus ad facilem historiarum cognitionem*) 1566; *Réponse aux paradoxes de M. de Malestroit, touchant le fait des monnaies et de l'enchérissement de toutes choses* (1568); *Six livres de la République* (1576), œuvre remarquable qui lui acquit une haute réputation et lui valut l'estime de Henri III. Député en 1376, aux États de Blois, par le tiers-état de Vermandois, il soutint les mesures démocratiques. Il s'attacha un instant au parti de la Ligue, publia en latin un mauvais traité de physique, traduit en français par Fougerolles, sous le titre de *Théâtre de la nature* (1597, in-4°). Sa *Démonomanie* ou *Traité des Sorciers* date de 1580. Il laissa inédit son *Heptaplomeres*, dialogue sur la religion entre sept personnages d'opinions différentes.—II. (Jean-François), administrateur et historien, né à Angers en 1776, mort en 1829; auteur de *Recherches historiques sur Saumur et le haut Anjou* (1821, 3 vol. in-8°) et *sur Angers et le bas Anjou* (2 vol. in-8°). — III.(Félix), littérateur et historien, né à Saumur en 1795, mort à Paris en 1837. Il signa avec Thiers l'*Histoire de la Révolution française*. On lui doit la première idée des résumés historiques : il en écrivit plusieurs : *Résumé de l'histoire de France* (1821, 1 vol. in-18); *de l'histoire d'Angleterre* (1823). — IV. (Laurent), médecin, inventeur des pilules stomachiques Bodin, né à Saint-Palerne (Indre-et-Loire), en 1762; auteur d'une *Bibliothèque analytique de médecine* (1799-1801, 3 vol.). — V. (Pierre-Joseph-François), conventionnel et membre du conseil de Cinq-Cents, mort en 1810.

BODINCOMAGUS, ville de la Gaule cisalpine; auj. *Casal.*

BODIOCASSES. Voy. BAJOCASSES.

BODLÉIENNE (Bibliothèque), bibliothèque publique de l'université d'Oxford, ainsi nommée de sir Thomas Bodley, qui la restaura vers la fin du xvi⁰ siècle. Une collection plus ancienne avait été détruite pendant le règne d'Edouard VI. Des dons et des acquisitions ont porté à 300,000 le nombre des volumes imprimés contenus dans cette bibliothèque.

BODLEY (sir **Thomas**), fondateur de la bibliothèque bodléienne (1544-1612). Il fut ambassadeur en Danemark, dans le Brunswick, en France et à la Haye.

BODMER. 1. (**Georg**), mécanicien suisse (1786-1864). Après avoir perfectionné plusieurs machines, il s'établit, en 1809, à Saint-Blasien (Bade) et s'occupa de la fabrication et du perfectionnement des armes à feu et de la mécanique industrielle. De 1824 à 1847, il demeura à Manchester, où il prit plus de quatre-vingts brevets d'invention. Il vint ensuite à Vienne (Autriche), où son activité se porta sur la construction des chemins de fer. — II. (**Johann-Jakob**), réformateur littéraire allemand (1698-1783). Il fut, pendant cinquante ans, professeur d'histoire à Zurich et forma une école littéraire allemande, en opposition à l'école française de Gottsched. Il a laissé des poèmes, des drames et des éditions des anciens poètes allemands. Il a réuni la collection des *Minnesinger*.

BODMIN, ch.-l. du comté de Cornouailles (Angleterre), à 50 kil. O.-N.-O. de Plymouth; 7,500 hab. Ruines d'un ancien hôpital de Saint-Laurent. Foires pour les chevaux, les moutons et les bœufs; commerce de laine.

BODONI (**Giambattista**), imprimeur italien, né à Saluces (Piémont), en 1740, mort à Padoue en 1813. Entré à l'imprimerie de la Propagande, à Rome, en 1758, il y grava des poinçons pour un nouvel assortiment de types orientaux. En 1768, il prit la direction de l'imprimerie ducale de Parme et, en 1775, il imprima ses *Epithalamia Exoticis Linguis reddita*, contenant les alphabets de cent langues. En 1789, il imprima son *Manuale tipografico*, in-fol. (nouv. éd. 2 vol. in-fol., 1818, contenant des spécimens de plus de deux cent cinquante alphabets; œuvre la plus magnifique en son genre). L'imprimerie et la fonderie *Bodoniennes* ont fourni les types employés par les imprimeurs les plus distingués de tous les pays. Lama a publié la biographie et le catalogue des éditions de Bodoni (2 vol. in-fol., Parme, 1816).

BODONIEN, IENNE adj. De Bodoni; qui appartient, qui a rapport à Bodoni : *fonderie bodonienne*.

' **BODRUCHE** s. f. Voy. BAUDRUCHE.

BOÈCE, Boëthius ou BOETIUS (Anicius-Manlius-Torquatus-Severinus) [bo-è-se], philosophe romain, né entre 470 et 475 de notre ère, exécuté vers 525. Fils d'un consul, il atteignit, avant l'âge légal, le rang de patricien, devint consul en 510 et ensuite *princeps senatus*. Il traduisit des ouvrages grecs sur les mathématiques et la philosophie et construisit d'ingénieuses machines. Le roi Théodoric lui conféra la charge de *magister officiorum* (maître des offices). Il fut longtemps l'ami de ce prince; mais plus tard accusé de conspirer avec Symmachus pour délivrer Rome des barbares, il fut arrêté à Pavie, emprisonné pendant quelque temps dans le baptistère de cette ville et ensuite décapité. On le considéra pendant plusieurs siècles comme un saint et comme un martyr; mais il est aujourd'hui à peu près prouvé qu'il n'était pas chrétien. Les œuvres complètes de Boëce, publiées à Venise, en 1491, comprennent un traité *De musica*, en cinq livres; et le traité *De la consolation* (*De consolatione philosophiæ*), composé dans sa prison de Pavie.

BOECKH [beuk] ou Boeckh (**August**), antiquaire allemand (1785-1867). Professeur de rhétorique et de littérature ancienne à l'Uni-

versité de Berlin (1810), il ouvrit une ère nouvelle à l'archéologie et à la philologie, par sa méthode historique ayant pour objet d'étendre la limite des études linguistiques jusqu'à la vie politique et sociale d'un peuple. Ses œuvres comprennent : *Economie publique d'Athènes* (1817, 2 vol.; nouv. éd. en 1851), trad. franç. par Laligant (1828, 2 vol. in-8⁰); *Recherches métrologiques* (1838); *La marine attique* (1840); *Corpus Inscriptionum Græcarum* (4 vol., 1824-'62), etc.

BŒCKING (**Eduard**), jurisconsulte allemand (1802-'70), professeur à l'Université de Bonn, édita plusieurs œuvres de l'antiquité et des traités sur les Pandectes; et publia un travail considérable : *Notitia Dignitatum utriusque Imperii* (3 vol., 1839-'50).

BOÈGE, ch.-l. de cant., arr. et à 24 kil. de Thonon (Haute-Savoie); 1,550 hab.

BŒHL FABER (**Cecilia**) [beul-fâ-berr], romancière espagnole, connue sous le *nom de plume* de Fernan Caballero, née en Suisse en 1797, morte en 1876. Fille d'une Espagnole, elle vint en Espagne, après avoir fait son éducation en Allemagne. Elle a écrit sur les légendes et les mœurs des Espagnols et particulièrement des Andalous, une série de romans, de nouvelles, de ballades, etc. Ses œuvres complètes, publiées à Madrid, en 1860-'61, 13 vol., ont été presque entièrement traduites en français par Aug. Dumas, Ant. de Latour et Marchais.

BOEHM, Bohm ou BOEHME (**Jakob**) [beumm], mystique allemand (1572-1624). Cordonnier à Gœrlitz, sachant à peine lire et écrire, il se familiarisa avec la littérature religieuse de son temps et finit par s'imaginer qu'il conversait directement avec Dieu. Il a laissé plusieurs volumes de spéculations obscures sur la divinité, sur la nature et sur le genre humain. Ces écrits trouvèrent de nombreux admirateurs, même parmi les gens intelligents; ils donnèrent même naissance à une secte anglaise.

BOËN [boin], ch.-l. de cant., arr. et à 18 kil. N. de Montbrison (Loire), sur le Lignon; 1,900 hab. Papier, carton, grains, bois, vins. Patrie de l'abbé Terray.

BOEO (**Cap**), *Lilybeum Promontorium*, pointe de Sicile, la plus occidentale de cette île, à 2 kil. de Marsala. La victoire navale que les Romains y remportèrent sur les Carthaginois, en 241 av. J.-C., termina la première guerre punique.

BOERHAAVE (**Herman**) [boë-ra-ve; holl. bour-hâ-ve], célèbre médecin hollandais (1668-1738). Après avoir longuement étudié la chimie, la botanique et les mathématiques, il se fit recevoir docteur en médecine. En 1701, il fut nommé répétiteur à l'Institut de médecine de l'Université de Leyde; en 1709, il passa professeur de médecine et de botanique; en 1714, recteur de l'Université et professeur de médecine pratique; et en 1718, professeur de chimie. De tous les points de l'Europe, on voyait accourir les étudiants pour suivre ses cours. Non seulement il fallut agrandir son amphithéâtre; mais on dut élargir plusieurs fois l'enceinte de la ville de Leyde, devenue trop étroite pour contenir l'affluence des élèves et des consultants. Telle était sa réputation, qu'on lui écrivait de la Chine : « A Monsieur Boerhaave, médecin en Europe ». Ses ouvrages sur l'étude et sur la pratique de la médecine, sur la classification des maladies, sur la chimie, la botanique, etc., ont été traduits dans toutes les langues et sont longtemps restés classiques.

BŒRNE (**Ludwig**) [beur'-ne], célèbre publiciste allemand (1786-1837). Né d'une famille juif de Francfort, nommé Baruch. Établit à Offenbach deux journaux qui furent supprimés par le gouvernement, se fit chrétien,

changea de nom, s'établit à Paris après la révolution de 1830, fonda le journal *la Balance*, pour provoquer une union plus étroite entre la France et l'Allemagne. Ecrivain caustique, il excellait comme critique dramatique et satiriste politique. Ses meilleurs ouvrages sont : *Menzel le mangeur de Français*, (satire acerbe dirigée contre le parti ultra-national allemand) et *Histoire de la censure à Francfort*.

BOERS [bourz] (holl. *boer*, paysan), nom que l'on donna aux colons hollandais et français dans l'Afrique méridionale et qui a été conservé à leurs descendants. Les Boers ont acquis, par le climat et les habitudes séculaires, un caractère particulier qui les fait considérer comme une nation distincte. Ils refusèrent de reconnaître le transfert à l'Angleterre de la colonie du cap de Bonne-Espérance, en 1814, et émigrèrent dans l'intérieur. Après plusieurs combats contre les Anglais qui se prétendaient les maîtres de tout territoire sur lequel ils s'établiraient, ils s'associèrent, vers 1840, avec les naturels et s'établirent au delà des rivières Orange et Vaal, où ils fondèrent les républiques d'Orange et Transvaale. L'indépendance de la première fut reconnue en 1854. Mais la seconde dut appeler les Anglais à son secours contre les Zoulous (1876). « Il est difficile de faire un voyage dans l'Afrique du Sud sans rencontrer à chaque pas des du Toit, des Hugo, des de Villiers, etc., dont le nom indique l'origine française, et qui sont les descendants des huguenots qui ont quitté leur pays à l'époque de la révocation de l'édit de Nantes. Mêlés depuis deux cents ans aux colons hollandais, ils en ont adopté le langage et les mœurs. De ce mélange est sortie la fière race d'hommes africains qu'on appelle les *Boers*, race colonisatrice par excellence, qui jusqu'à ce jour a servi d'avant-garde à la civilisation européenne, qui a colonisé le pays de Natal, l'Etat Libre, le Transvaal, qui erre aujourd'hui sur les bords du lac N'gami, et qui arrivera la première au cœur de l'Afrique. Semblables aux enfants d'Israël les désert, auxquels les Boers se comparent volontiers, ils sont encore à la recherche d'une patrie. Ils fuient le joug de celui qu'ils considèrent comme leur oppresseur, l'Anglais, dont ils affectent de ne pas comprendre le langage et qu'ils désignent par l'énergique expression de *verdoem de Engelschman* (Anglais maudit). Chez les Boers on reconnaît parfaitement les traces de leur double origine : beaucoup ont les yeux noirs et la barbe noire, avec les yeux bleu-gris des Hollandais si l'expression si douce et si vague; ils aiment à rire, de ce bon rire gaulois fort et plein qui m'a souvent rappelé mon pays. Ils ont gardé, au fond de leurs souvenirs une place pour la France. » (Fabius Féraud; journal *le Temps*).

BOËTHIUS. Voy. BOÈCE.

BOËTHIUS ou Boece (**Hector**), historien écossais, né vers 1465, mort en 1535. Il fut nommé professeur de philosophie à Paris en 1497 et devint premier président du collège d'Aberdeen en 1500. Ses plus importants ouvrages sont : une biographie des évêques d'Aberdeen (Paris, 1522) et une histoire d'Ecosse (en lat., 1526; en anglais, 1536 et 1821).

BOÉTIE (**Étienne de la**) [la-bo-è-sî], écrivain, né à Sarlat, Dordogne, le 1⁰ʳ novembre 1530, mort à Germinac, près de Bordeaux, le 18 août 1563. D'une précocité extraordinaire, il lut, avant l'âge de vingt-deux ans, admis en qualité de conseiller au parlement de Bordeaux. Il est connu principalement à cause des louanges que fit de lui son ami Montaigne, qui a publié plusieurs de ses ouvrages. Son traité *De la servitude volontaire* est une courageuse protestation contre le despotisme.

BŒTTGER (**Adolf**) [beutt-gher], poète allemand, né à Leipsig en 1815, mort en 1870:

traduisit en allemand les poèmes de Byron, de Pope, de Goldsmith, de Milton et d'Ossian, plusieurs pièces de Shakespeare, etc. Ses œuvres (comprenant *Der Fall von Babylon; Die Tochter der kain et Gœthe's Jugendliebe*) ont été publiées en 8 vol.

BŒTTGER, Bœttcher ou **Bœtticher** (Johann-Friedrich), inventeur de la porcelaine saxonne (1682-1719). Etabli à Berlin, puis à Dresde, il s'adonna à l'alchimie; plus tard, il fit, sous les auspices de l'électeur, des recherches sur la fabrication de la porcelaine. En 1705, il produisit une belle porcelaine d'un brun rougeâtre et en 1710, le premier spécimen de la porcelaine blanche. Depuis cette époque, il dirigea une manufacture à Meissen. Sa biographie a été écrite par Engelhardt (1837).

* **BŒUF** s. m. [beuf; au plur des beû] (lat. *bos, bovis*). Taureau châtré.— Chair de bœuf, destinée à servir d'aliment : *un morceau de bœuf.* — Pièce de bœuf bouilli : *le bœuf se mange après le potage.*— Se dit aussi pour taureau, dans certains cas : *des bœufs sauvages*; *le bœuf Apis.* — Fig. et fam. Homme très corpulent : *quel gros bœuf !* On dit quelquefois dans le même sens : *Etre gros comme un bœuf.*— ~ Jargon. Enorme, colossal : *un succès bœuf*; *un aplomb bœuf.* — Etre le bœuf, travailler pour une chose qui ne rapporte rien. — Mar. **Bateau-bœuf**, bateau de cabotage, lourd et solidement construit. — Prov. et fig. **Mettre la charrue ou la charrette devant les bœufs**, commencer par où l'on devrait finir, faire avant ce qui devrait être fait après. — Absol. **Le bœuf gras** (on ne prononce pas l'F), bœuf très gras que les bouchers promènent en pompe par la ville, pendant les derniers jours du carnaval.— **Bœuf a lamode**, bœuf assaisonné et cuit dans son jus. — Fig. et fam. C'est un **bœuf pour le travail**, ou simplement, c'est **un bœuf**, se dit d'un homme qui travaille longtemps sans être en éprouver trop de fatigue. — Fig. et fam. Lourd comme **un bœuf**, se dit d'un homme dont l'esprit est pesant. — Fig. Archit. **Œil-de-bœuf**, petite fenêtre ronde ou ovale, qu'on pratique assez ordinairement à la couverture d'un bâtiment : *des œils-de-bœufs.* — Hist. L'**œil-de-bœuf** se disait autrefois, à Versailles, de l'antichambre du grand appartement, qui était éclairée par un œil-de-bœuf, et où les courtisans se rassemblaient avant d'entrer chez le roi. Voy. **Pied de bœuf**, sorte de jeu d'enfants. Voy. **Pied.** — Encycl. Les bœufs forment un genre de grands ruminants à mufle large, à taille trapue, à jambes robustes et à cornes dirigées de côté, en forme de croissant. Parmi les espèces de ce genre, on distingue : le *bœuf ordinaire*, l'*auroc's*, le *bison* le *buffle*, le *yack* et le *bœuf musqué d'Amérique* ou *ovibos.* Voy. ces différents mots. — **Bœuf ordinaire**, voy. **Bovines** (races)

BOG s. m. [bogg] (ital. *boga*). Jeu de cartes qui se joue ordinairement à cinq personnes, avec un carton circulaire coupé à pans égaux et divisé en six compartiments sur l'un desquels est écrit le mot *bogue.*

BOG s. m. Mot irlandais qui veut dire *mou, tendre*, et que l'on applique, dans la Grande-Bretagne à de vastes districts de terres marécageuses, dont l'humus a été formé en grande partie par la croissance et la corruption d'une espèce de mousse appelée *sphagnum palustre.* Cette mousse a produit, par la suite des siècles, une terre assez profonde pour que des arbres puissent y être plantés. Les bogs d'Irlande couvrent plus de 3 millions d'acres. Le grand bog d'Allen, à l'E. du Shannon, mesure 80 kil. de long sur 5 ou 6 de large. Le plus vaste bog de l'Angleterre est celui de Chatmoss, Lancashire; il contient 7,000 acres et consiste en une masse de matière végétale pure, de 10 à 30 pieds de profondeur.

BOG, rivière de Russie. Voy. **Bug.**

BOGARDUS (James), inventeur américain (1800-74). D'abord horloger, il construisit une horloge à trois roues, puis une pendule à trois roues et à un segment de roue, puis une machine aujourd'hui en usage dans toutes les cotonneries des Etats-Unis ; un moulin

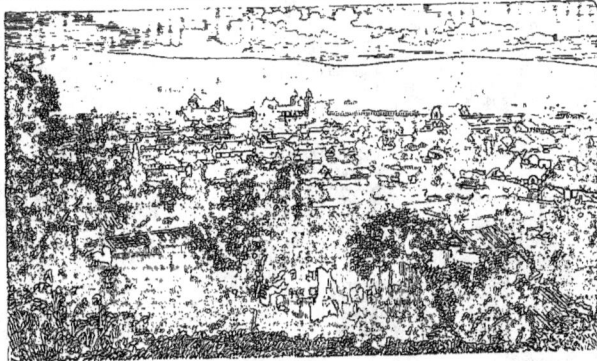

Bogota.

excentrique (1829). Etabli en Angleterre, il inventa la fameuse machine à graver des médailles. Revenu à New-York en 1840, il donna un dynamomètre et une machine à découper le caoutchouc en fils très minces.

BOGDANOVITCH (Ippolit-Fedorovitch), poète russe (1743-1803). Ses chefs-d'œuvre sont un beau poème romantique intitulé *Douchenka*, et le poème de *Psyché* (1775) que les Russes mettent au-dessus des ouvrages du même nom d'Apulée et de La Fontaine. Bogdanovitch a laissé, en outre, un *Tableau historique de la Russie* (1777, in-8°) ; des *Proverbes dramatiques* (1785, 3 vol. in-8°), etc.

BOGHAR, ville de la province d'Alger (Algérie), à 150 kil. S. de Médéah ; 800 hab. dont 300 Européens. Fortifiée par Abd-el-Kader en 1839 ; incendiée par les Français en 1841. Pierre à chaux, céréales. Sa position élevée, à 1,150 m. au-dessus du niveau de la mer, lui a valu le surnom de Balcon du Sud.

* **BOGHEI** s. m. [bo-ghè] (angl. *bog*, bourbier). Voiture légère, petit cabriolet découvert : *des bogheis.*

BOGLIPOOR ou **BHAUGULPORE**, ville du Bengale, sur le Gange, à 320 kil. N.-N.-O. de Calcutta, 3,000 hab. , en général musulmans. C'est une ville moderne, qui est le chef-lieu du district maritime et pierreux du même nom, 14,000 kil carr., environ 2 millions d'hab.

BOGODUKHOV, ville forte de Russie à 50 kil. O.-N.-O. de Karkov; 10,500 hab. Fabr. de cuirs et de chaussures.

BOGOMILES s. m. pl. (du slavon : *bog*, Dieu ; *milui*, ayez pitié ; mots que ces sectaires marmottaient sans cesse). Hérétiques du XIIe siècle, sectateurs d'un médecin nommé Basile, qui prit l'habit monastique, s'entoura de 12 disciples et tenta de faire revivre les doctrines des Pauliniens, sous le règne d'Alexis Comnène. Les Bogomiles rejetaient les livres de Moïse, l'eucharistie, le baptême, la plupart des prières, toute liturgie, la doctrine de la résurrection, le culte des images, l'usage des églises et le mariage. Ils admettaient la communauté des femmes.

BOGOTA (Santa-fé de), capitale des Etats-Unis de Colombie et de l'Etat de Cundinamarca, sur le plateau de Bogota, à 750 kil. N.-E. de Quito, par 4° 37' lat. N. et 76° 30' long. O. ; à 2,750 m. au-dessus du niveau de

la mer ; environ 50,000 hab., en majorité créoles. Vue à distance, cette ville, légèrement élevée en amphithéâtre au-dessus de la plaine, présente un aspect agréable. Deux hautes montagnes, la Guadalupe et la Monserrate, se dressent à l'E. et donnent naissance à des sources assez abondantes pour alimenter les fontaines publiques et privées de la cité. Les rues sont régulières, mais presque toutes étroites, mal pavées, mal éclairées et pleines d'herbes. Les monuments publics les plus remarquables sont : le palais du gouvernement, le palais du Congrès et l'Observatoire. Bogota possède un hôtel des monnaies, une douane, un théâtre, une université, une académie nationale, un muséum (avec une école des mines et une école de botanique), 4 collèges, dont 2 ont été créés au XVIIe siècle; des écoles de médecine et de droit ; des hôpitaux et plusieurs institutions de bienfaisance. En raison de la grande élévation du territoire sur lequel se trouve Bogota, la température y est douce et égale ; le climat, quoique humide, n'y est pas insalubre et l'on n'y connaît aucune maladie épidémique. La hauteur thermométrique varie entre 45° et 65° F. L'industrie est limitée au travail du coton, de la laine, des vêtements, du savon, du cuir et des métaux précieux. On y a porté la culture des beaux-arts jusqu'à un point inconnu dans le reste de l'Amérique du Sud. — Bogota, appelée Santa-Fé par les Espagnols, fut fondée en 1538 ; capitale de la Nouvelle-Grenade en 1811, prise par les Espagnols en juin 1816, délivrée par Bolivar le 10 août 1819, elle reçut aussitôt le titre de capitale de la Colombie. Depuis l'établissement de Vénézuela et de l'Ecuador comme Etats séparés, elle est capitale de la république de la Nouvelle-Grenade (auj. Etats-Unis de Colombie) et siège d'un archevêché.

BOGUE s. f. (haut all. *bouga*, bracelet). Enveloppe piquante de la châtaigne. — Argot. Montre.

BOGUE (David), prédicateur écossais (1750-1825). Etabli à Londres, en 1771, il devint professeur et pasteur indépendant. Il fut l'un des fondateurs de la Société des missions de Londres, de la Société biblique anglaise et étrangère et fut le premier éditeur du « Magasin évangélique ». Son ouvrage le plus connu est une « Histoire des Dissidents », continuation des « Puritains » de Neal. Il a laissé, en français, un ouvrage publié après sa mort : *Paix universelle pendant le millénium* (1829).

BOGUISTE s. m. Argot. Horloger.

BOGUSLAWSKI (Adalbert), pol. *Wojciech* ; [bo-gou-slav-ski], auteur dramatique polonais

(1752-1820). Directeur du théâtre royal, en 1809, il traduisit des pièces et des opéras français, anglais et italiens. Il a donné aussi plusieurs drames nationaux.

BOHA ED-DIN ou Bohaddin (Abul-Mohassen Yusuf ibn Shedad), historien arabe, né à Mossoul en 1145, mort vers 1233. Saladin le nomma cadi de Jérusalem, et Malek Dhaher, fils de Saladin, le fit cadi d'Alep. De tous ses ouvrages, le seul qui nous soit parvenu est sa « Vie de Saladin », d'un grand intérêt pour l'histoire des croisades. Elle a été publiée par Schultens, avec notes, cartes et traduction latine : *Vita et res gestæ sultani Saladini* (Leyde, 1732, in-fol.).

BOHAIN, ch.-l. de cant., arrond. et à 22 kil. N.-E. de Saint-Quentin (Aisne), sur le canal des Torrents ; 5,000 hab. Châles, gazes, mérinos, horlogerie. Ancienne place forte prise par Philippe-Auguste en 1181, par les Anglais en 1329 et en 1523 ; reprise par La Trémouille en 1523 ; siège d'un comté en 1703 ; ruines du château du connétable de Saint-Pol.

BOHATSCH (Jean-Baptiste), professeur à Prague, mort en 1772, son ouvrage intitulé *De quibusdam Animalibus marinis* (1 vol. in-4°, Dresde, 1761) contient de bonnes observations sur quelques mollusques et sur des zoophytes.

BOHÈME, ou Bohémien, ienne s. Se disait autrefois d'une sorte de vagabonds que l'on croyait originaires de la Bohème, et qui couraient le pays, disant la bonne aventure et dérobant avec adresse. On les nommait aussi *Egyptiens, Gypsies, Gitanos* et *Zingaris*. — Fig. et fam. C'EST UNE BOHÉMIENNE, UNE VRAIE BOHÉMIENNE, se dit d'une femme adroite qui sait employer la ruse et les cajoleries pour arriver à ses fins ; ou d'une femme dont les manières sont trop libres, d'une femme dévergondée. — Prov. et fig. MENER UNE VIE DE BOHÉME, VIVRE COMME UN BOHÉME, n'avoir ni feu ni lieu, vivre dans le vagabondage. — FOI DE BOHÉME, foi que les voleurs, les fripons, etc., se gardent entre eux. — Prov. et fig. UNE MAISON DE BOHÉME, se dit d'une maison où il n'y a ni ordre ni règle. — **Bohême** s. f. Nom donné à la classe des artistes qui vivent au jour le jour ; se dit particulièrement de la classe des jeunes littérateurs, des poètes, etc. « La *bohème*, c'est le stage de la vie artistique, c'est la préface de l'Académie, de l'Hôtel-Dieu ou de la Morgue... La *bohème* n'est possible qu'à Paris. (Mürger). — **Bohème** s. m. Personnage faisant partie de la bohème : *c'est un bohème.*

Joyeux comme un enfant, libre comme un *bohème.*
            V. Hugo.

BOHÈME (all. *Böhmen*; bohémien, *Czechy*) contrée de l'Europe centrale, aujourd'hui division politique de la monarchie Austro-Hongroise, bornée au N.-O. par la Saxe, au N.-E. par la Silésie prussienne, au S.-E. par la Moravie et la basse Autriche au S.-O. par la haute Autriche et la Bavière. 51,956 kil. carr. ; 5,351,506 hab. en 1877. La population comprend 61 p. 100 de Czechs (Tchèques), 37 p. 100 d'Allemands, 2 p. 100 de Juifs, il n'y a pas plus de 200,000 catholiques. La Bohême forme un pays bien limité par les hautes chaînes des monts Erzgebirge, Riesengebirge, Moraviens et la forêt Bohémienne qui la séparent respectivement de la Saxe, de la Silésie, de la Moravie et de la Bavière et qui constituent un bassin quadrangulaire élevé. Ses seules rivières sont l'Elbe et ses affluents. On n'y trouve pas de grands lacs ; mais d'après les statistiques, elle ne renferme pas moins de 20,000 étangs et 160 sources minérales ; parmi ces dernières on cite particulièrement Carlsbad, Teplitz, Seidlitz, Marienbad et Franzensbad. La richesse minérale de la Bohême est des plus variées : ce pays renferme en

abondance le plomb, le fer et le charbon. Presque la moitié des terres productives est cultivée ; les forêts couvrent un quart du territoire et fournissent annuellement de grandes quantités de bois de construction. Les vignobles ne produisent pas plus de 10,000 hectolitres de vin chaque année ; et la qualité de ce vin n'est pas de nature à faire oublier le défaut de quantité. En revanche la Bohême renferme des races supérieures de chevaux ; les bêtes à cornes y sont de petite taille. L'industrie nationale la plus célèbre est la verrerie dite de Bohême, ensuite viennent la confection de toiles de lin, de cotonnades, de lainages, de papier, de cuirs, les ateliers de mécaniciens, les poteries, les fabriques de produits chimiques, les raffineries de sucre de betterave, les brasseries, les distilleries, les fonderies, etc. On estime la valeur totale des produits industriels à plus de 200 millions de florins. L'instruction se donne dans 4,000 écoles publiques, 70 écoles spéciales et une université à Prague. La diète bohémienne, composée de 241 membres, envoie 54 délégués au Reichsrath de Vienne et élit un comité permanent dont le président est nommé par l'empereur. — Capitale Prague ; villes principales : Budweis, Pilsen et Eger. — LANGUE ET LITTÉRATURE. Le bohémien ou /mieux czech [tchèque] est le plus dur mais aussi le plus riche des idiomes slaves. Le moravien et le slovaque, parlés au N.-O. de la Hongrie, sont les sous-dialectes du bohémien. Cette langue possède les 5 voyelles italiennes (brèves lorsqu'elles n'ont pas d'accent ; longues quand elles sont surmontées d'un accent) ; de plus, l'alphabet bohémien renferme : un *y* additionnel (bref et long) plus lourd que *i* ; une diphtongue, *ou* (prononcez *aou*), les pseudo-diphtongues de toutes les voyelles avec *y.* On écrit comme *t s* ; *g* devant *e, i, y*, comme *y* dans *il y a.* On roule sur *l'r* avec une espèce de tremblement ; *w* se prononce comme *v* ; *z* comme en français ; *ch* comme *tsch* ; *sch* comme dans l'allemand *glaschen* (skh). Les lettres qui peuvent être surmontées d'un accent, sont *c* [yé] ; *c* [tch], que l'on écrit ordinairement *cz* ; *z* [j], *r* [rzh], écrit souvent *rz* ; *s* [ch] que l'on écrit aussi *sz* ; *d* [dâї] ; *t* [taї] ; *n* [gn ml]. Il y a aussi un *l* barré comme un *t*, et dont nous ne pouvons figurer la prononciation. Le tchèque n'a pas d'article ; il possède trois genres, huit déclinaisons, sept cas (nominatif, génitif, datif, accusatif, vocatif, instrumental ou sociatif et locatif) ; trois nombres (un duel pour les substantifs et les pronoms seulement) ; six formes de verbes, six modes (indicatif, impératif, conjonctif, optatif, conditionnel et transgressif ou participe). La voix passive et les temps futurs se forment à l'aide d'auxiliaires. — Le *Rukopis kralodvorsky* (manuscrit de kœniginhof), découvert par Hanka en 1817, contient quatorze poèmes épiques et lyriques qui paraissent dater du xiv° siècle et qui sont supérieurs à la plupart des productions du même genre publiées en Europe à la même époque. Parmi les œuvres qui précédèrent la venue de Dalimil (1314), on distingue la chronique rimée de Dalimil (1314) ; le livre que Stitny écrivit pour ses enfants en 1376 ; et un poème politico-didactique de Flaska. Charles Ier (Charles IV d'Allemagne) fonda, en 1348, l'université de Prague. Jean Huss corrigea la traduction de la Bible, composa des traités ainsi que des poésies et donna une puissante impulsion à l'activité du génie tchèque. Au xv° siècle, les ouvrages en prose, notamment les documents officiels, sont des modèles de composition. Ziska, chef hussite (1419-'24) produisit des chants de guerre et un traité de tactique sur ses troupes. Vlcek de Cenow écrivit sur la stratégie des Hussites. Plusieurs récits de voyages, l'art de gouverner, par Wszehod, et une grande encyclopédie par le chanoine Zidek sont les principaux monuments de la littérature tchèque dans la dernière moitié du

xv° siècle. Cette littérature atteignit son âge d'or entre 1526 (lorsque Ferdinand Ier de Hapsbourg devint roi) et 1620 (époque où la liberté de la Bohême fut détruite). Les ouvrages suivants sont particulièrement dignes de mention : psaumes de Streyc ; poèmes de Lomnicky ; mémoires et lettres de Charles de Zerotin ; une histoire universelle (aujourd'hui à Stockholm), par un auteur anonyme ; une excellente histoire par Veleslavin ; l'élégante traduction de la Bible, publiée par les frères bohémiens ; et les 15 vol. in-fol. publiés par son temps. L'acte de violence dont Slavata faillit être victime en 1618 fut le premier acte de la guerre de Trente ans qui amena la décadence et la chute de la civilisation tchèque. Toute qu'il y avait d'intelligent dans le pays fut massacré, périt victime de la peste ou émigra. Des aventuriers étrangers prirent la place des anciens habitants et les jésuites firent brûler comme hérétiques tous les livres publiés depuis 1414. Cet état de choses dura jusque vers la fin du xviii° siècle. Le jésuite Anton Konias, qui mourut en 1760, se vanta d'avoir brûlé, pour sa part, 60,000 volumes. Pendant une pareille persécution il ne pouvait y avoir de littérature nationale. C'est hors de la Bohême que les exilés portèrent l'amour de la patrie et de la langue tchèque. En 1774, Marie-Thérèse décréta la cessation de toute barbarie contre les protestants, mais Joseph II, sanctionnant les spoliations antérieures, encouragea la germanisation de la Bohême ; par une sorte de compensation, il détruisit les entraves qui arrêtaient l'essor de la littérature et des sciences. La nationalité tchèque se réveilla de sa longue léthargie et on vit surgir dans tous les genres des écrivains parmi lesquels se distinguaient l'historien Pelzel et le père de la poésie bohémienne moderne, l'ecclésiastique Anton Puchmayer, mort en 1820. Ce poète trouva par successeurs les frères Negedly, Hnievkovsky, Jungmann et plusieurs autres. Les hautes classes, moins, restèrent longtemps étrangères aux lettres tchèques, lorsque la découverte de Hanka, l'introduction de la langue nationale dans les écoles supérieures, la fondation d'un musée national (1822) et plusieurs circonstances politiques produisirent un réveil énergique de la littérature. Schafarik et Palacky commencèrent par reprendre le rythme de l'ancienne versification ; ensuite, ils devinrent les chefs de l'école historique. Langer produisit des poèmes lyriques, didactiques et satiriques ; Roko et Holly publièrent des poèmes épiques ; Schneider donna des chants et des ballades populaires ; Stiepaneck, Klicpera, Mahacek, Vocel et Turinsky firent représenter des pièces dramatiques. Les principaux poètes modernes sont Kollar et Celakosky. Une nouvelle glossologie scientifique fut produite par Presl. La philosophie, la théologie, les sciences naturelles et les mathématiques ont occupé de nombreux écrivains ; mais le roman et, en général, la littérature fictive sont relativement d'une grande pauvreté. La philologie est représentée par les travaux remarquables de Dobrovski, de Celakovski et de Jungmann. Depuis quelques années la littérature tchèque a pris une tournure presque exclusivement politique.— Hist. Les premiers habitants connus de la Bohême furent les Gaulois *Botens*, dont le nom a formé celui de Bohème. Vers le premier siècle avant J.-C. les Boiens furent repoussés par les Marcomans qui devinrent ensuite très puissants sous le sceptre de Marbod (Maroboaduus). Les Marcomans ayant émigré ou ayant été chassés en Bavière, les Czechs (Tchèques) s'établirent en Bohême et en Moravie vers 550. Ce peuple slave eut, dès le premier jour, à disputer le territoire à des hordes germaniques qui menacèrent plusieurs fois son indépendance. Néanmoins, il resta libre entre les Avares et l'empire franc et conserva ses chefs ou ducs nationaux, qui appartenaient à la famille Premysl (Przemysl). Prague fut fondée en 795 et le christianisme devint la religion dominante après les conversions faites par Méthodius (890), sous le règne de Swatopluk, à la fois chef de la Moravie et de la Bohème. Le royaume de Moravie ayant été renversé par les Madgyars, la Bohème se joignit à l'empire germanique. Après le meurtre de saint Wenceslas, le pouvoir échut à son frère le duc Boleslas I⁰ʳ (936-'67), dont le successeur Boleslas II (967-'99) porta jusqu'à la Vistule la frontière de la Bohème. Après lui les ducs soutinrent des guerres souvent malheureuses contre la Pologne et conservèrent avec beaucoup de difficulté la Silésie, objet de la lutte. Boleslas III (999-1002), Jaromir (1002-1012) et Udalric (1012-'37) régnèrent successivement; ensuite Brzétislas I⁰ʳ (1037-'55) annexa la Moravie. Son successeur Spitinew II (1055-'61) reçut de l'empereur Frédéric I⁰ʳ le titre de roi. Des guerres pour la succession de cette couronne royale ensanglantèrent le pays jusqu'à l'accession d'Ottocar (Premislas) I⁰ʳ, (1197-1230) qui rendit la royauté héréditaire dans sa famille. Après ce prince régna Wenceslas III (1230-'53) et ensuite le brillant Ottocar II (1253-'78) qui s'empara de territoires polonais, autrichiens et prussiens, mais qui finit par être vaincu par l'empereur Rodolphe. Il laissa la couronne à Wenceslas IV, roi de Pologne, (1278-1305) et ensuite à Wenceslas V, dont l'assassinat livra le trône à la maison de Luxembourg (1305). Les premiers princes de cette nouvelle famille furent Rodolphe d'Autriche (1305-'7), Henri de Carinthie (1307-'10) et Jean de Luxembourg (1310) tué à Crécy (1346). Charles I⁰ʳ (1346-'78), insignifiant comme empereur d'Allemagne (sous le nom de Charles IV), fit faire de grands progrès à la Bohème en protégeant l'industrie de la verrerie et la fabrication des étoffes de fin et en fondant l'université de Prague. Sous le règne de Wenceslas VI (1378-1419), empereur, commença la guerre des Hussites, qui se continua sous Sigismond I⁰ʳ, (1419-'38), également empereur. Albert, duc d'Autriche, ayant épousé la fille de Sigismond, s'empara des couronnes de Bohème et de Hongrie (1438-'40); mais après lui, on en revint au système électif. Ladislas, fils du roi de Pologne, occupa le trône de 1440 à 1458; il fut remplacé (1458-'71) par George Podiebrad, chef des protestants bohémiens. A la mort de celui-ci, Ladislas II, roi de Pologne fut élu (1471-1516). Son successeur, Louis, roi de Hongrie (1516-'26) ayant été tué à la bataille de Mohacz, fut remplacé par son beau-frère Ferdinand I⁰ʳ d'Autriche, qui trouva moyen de rendre le trône héréditaire dans sa famille. Sous le sceptre des princes autrichiens, la Bohème fut malheureuse parce que le fanatisme religieux provoqua de terribles guerres civiles. La tyrannie de Ferdinand II amena une révolte. Le peuple déposa ce roi étranger et élut à sa place Frédéric, électeur palatin (5 septembre 1619); mais Frédéric, vaincu à Prague (9 novembre 1620) s'enfuit en Hollande, et à la fin de la guerre de Trente ans, la Bohème fut définitivement annexée à l'Autriche (1648). Elle gémit sous la plus implacable oppression religieuse. Plus de 36,000 familles émigrèrent et furent remplacées par des colons allemands catholiques qui formèrent une nouvelle nation au milieu du peuple tchèque. Depuis cette époque, les deux races ne se sont pas fondues; elles vivent dans un état de haine perpétuelle. La Bohème, ainsi divisée, n'a jamais opposé la moindre résistance aux ennemis de l'Autriche. Elle se laissa envahir par les Prussiens 1766 et 1755), se souleva en 1775, obtint un édit de tolérance (1781) et reçut les Français comme des amis en 1805. Lors de la révolution de 1848, la nationalité tchèque renaissante put à combattre les Bohémiens allemands qui

soutenaient la constitution autrichienne. Cette division amena l'écrasement de l'insurrection de Prague (20 juillet 1848) et permit le maintien d'un despotisme politique qui dura jusqu'à l'invasion de la Bohème par les Prussiens (1866). Après cette dernière guerre, si désastreuse pour le gouvernement impérial d'Autriche, la nationalité tchèque ne reçut pas les satisfactions qu'elle était en droit d'espérer. Tandis que la Hongrie recouvrait son autonomie, la Bohème fut, comme par le passé, considérée comme une simple province allemande. C'est en vain que les Tchèques demandèrent que l'empereur vînt se faire couronner roi de Bohème et chercher la couronne de saint Wenceslas à Prague (automne 1867); le gouvernement, les considérant comme des insurgés, suspendit l'acte d'habeas corpus (10 octobre 1868) et rentra dans la voie des persécutions. La Bohème, depuis cette époque, vit dans un état continuel d'opposition.

BOHÉMIEN, IENNE adj. et s. Qui est de la Bohème; qui appartient à ce pays ou à ses habitants. — FRÈRES BOHÉMIENS, société chrétienne qui prit naissance en même temps que le mouvement hussite, au xvᵉ siècle et qui rejetait la messe, le purgatoire, les prières pour les morts et l'adoration des images. On attribue la fondation de cette secte à Pierre de Chelcic, réformateur qui vivait en 1420. D'abord affiliés aux Calixtines, les frères bohémiens s'en séparèrent après leur premier synode de 1460. L'archevêque Rokitzana et George Podiebrad, roi de Bohème, avaient d'abord favorisé cette association; mais ils l'abandonnèrent ensuite et le persécutèrent même. Forcés de vivre dans les souterrains, les frères furent surnommés *Grubenheimer* (habitants des cavernes); mais ils adoptèrent pour leur société le nom de *Unitas fratrum*, (union de frères). Au début de la réforme luthérienne, pour laquelle ils manifestèrent une grande sympathie, les frères formaient déjà des congrégations comprenant 200,000 membres. Sous le règne de Ferdinand I⁰ʳ, ils durent choisir entre la messe et l'exil (1620). Presque tous abandonnèrent leur patrie et se réfugièrent en Prusse, en Pologne et en Hongrie. Après la mort de l'évêque Comenius (1671) leurs congrégations se fondirent peu à peu dans les églises luthérienne et réformée. Néanmoins, ceux de Pologne et un certain nombre de membres restés secrètement en Bohème et en Moravie, continuèrent à élire des évêques, dans l'espoir que tôt ou tard l'*Unitas fratrum* serait restaurée. Cette espérance fut réalisée par la nouvelle organisation des Frères Moraves, établie par le comte Zinzendorf. Voy. MORAVES.

BOHÉMOND (Marc), croisé normand, né vers 1060, mort en 1111. Fils aîné de Robert Guiscard, conquérant de l'Apulie et de la Calabre, il commanda avec distinction dans les guerres que son père eut à soutenir contre l'empereur d'Orient, Alexis. La principauté de Tarente lui échut lors du partage des domaines de Robert. Ensuite, il se ligua, avec une puissante armée, à la première croisade, prit une part très active à la capture d'Antioche (1098) où il fonda une principauté. Après plusieurs aventures, il revint en Europe, épousa Constance, fille du roi Philippe de France, leva une armée et entreprit, en Épire, une guerre désastreuse contre Alexis, empereur d'Orient. Son fils Bohémond II lui succéda comme la principauté d'Antioche, laquelle fut détruite par les musulmans, sous le règne de Bohémond VI (1268).

BOHLEN (Peter von) [fon-bô'-lènn], orientaliste allemand (1796-1840). Il fut professeur successivement à Bonn et à Kœnigsberg. Outre L'Inde antique (Das alte Indien, 2 vol. 1830-'34), La Genèse (Die Genesis, 1835), et plusieurs

autres ouvrages produits par lui, il a édité des auteurs sanscrits.

BOHOL, l'une des îles Philippines, entre Cébu et Leyte, au N. de Mindanao; longue de 75 kil. sur 50. On y trouve de l'or; 115,000 habitants.

BOHUN (Edmund), auteur anglais du xviiᵉ siècle; a laissé un *Dictionnaire géographique* (1688); *Caractère de la reine Elisabeth* (1693), etc.

* **BOÏARD** s. m. Voy. BOYARD.

BOÏARDO ou **Bojardo** (Matteo-Maria), comte de Scandiano, poète italien, né vers 1430, mort en 1494. Il fut gouverneur de Reggio (1478), puis de Modène (1484). Son grand poème de chevalerie, *Roland amoureux* (Orlando innamorato, imprimé pour la première fois à Scandiano en 1495), est une œuvre romanesque tirée de la chronique fabuleuse de Turpin. Ecrit dans une langue barbare et incorrecte, il est complètement oublié depuis que l'Arioste l'a continué dans son *Roland furieux* et que Berni l'a refondu entièrement (1541). Panizzi a republié le texte primitif à Londres, 1830. Outre cet ouvrage, Boïardo a écrit des poésies latines : *Carmen bucolicon* (1500, in-4⁰), des poésies italiennes : *Sonnetti e Canzoni*, (1499, in-4⁰).

BOÏELDIEU (François-Adrien), compositeur, né à Rouen, le 15 décembre 1775, mort près de Bordeaux, le 8 octobre 1834. Il fut professeur de piano au Conservatoire de Paris (1797-1825) et maître de chapelle à Saint-Pétersbourg (1803-'11). Il écrivit d'abord des concertos pour le piano, des duos pour piano et harpe et des romances qui le firent connaître. Peu de temps après son arrivée à Paris, en 1795, il donna *La Dot de Suzette*, représentée à l'Opéra-Comique, le 5 septembre; puis *Les Deux Lettres*, une chute, en 1796; *Montbreuil et Merville*, médiocre succès, 1797; *La Famille Suisse*, partition représentée au théâtre Feydeau, le 11 février 1797; *L'Heureuse Nouvelle* et ensuite *Zoraime et Zulnar*, opéra-comique en 3 actes qui le plaça au premier rang parmi les compositeurs français, (10 mai 1798). *Les Méprises espagnoles* (1799) furent accueillies avec indifférence et *Beniovsky* (1800) n'obtint qu'un succès d'estime. *Le Calife de Bagdad* (16 septembre 1801) tint l'affiche pendant 700 représentations. L'ouverture est restée célèbre. *Ma Tante Aurore* (13 janvier 1803) ne fut pas reçue avec moins de faveur. Boïeldieu, qui avait épousé une danseuse de l'Opéra, eut des ennuis conjugaux qui le poussèrent à chercher de la distraction dans les voyages. Il séjourna pendant environ huit années à la cour de Russie. Il y donna : *Rien de trop*; *La jeune Femme colère*; *Amour et Mystère*; *Abderkan*; *Calypso*; *Aline, reine de Golconde*; *Les Voitures versées*; *Un Tour de soubrette*, et beaucoup de musique militaire. Revenu à Paris en 1811, il composa pour l'Opéra-Comique : *Jean de Paris*, 4 avril 1812; éclatant succès; *Le Nouveau Seigneur de village*, 29 juin 1813; *Bayard à Mézières*, 12 février 1814; *Le Béarnais*, 1814; *Angélina*, 14 juin 1814; *La Fête du village voisin*, 5 mars 1816; *Charles de France*, 18 juin 1816; *Le Petit Chaperon rouge*, 30 juin 1818; puis *La Dame Blanche*, son chef-d'œuvre (1825), et enfin *Les Deux Nuits* (1829). Atteint d'une affection du larynx, il dut interrompre ses travaux et voyager en Italie.

BOÏENS, *Boii*, l'un des plus puissants peuples celtiques. On ne connaît pas le lieu qu'ils habitaient primitivement; on sait seulement que dans le temps des premières migrations gauloises, ils se divisèrent en deux armées, qui suivirent deux courants. Une partie passa les Alpes et vint s'établir entre le Pô et les Apennins; l'autre traversa le Rhin et envahit, en Germanie, le territoire appelé Boiohemun (Bohème); une troisième colonie se rendit maîtresse du pays compris entre le Danube et le Tyrol. Les Boii d'Italie, confondus avec les

Etrusques et ayant pour capitale *Bononia*, luttèrent pendant longtemps contre les Romains et furent subjugués par le consul P. Scipio (491 av. J.-C.); plus tard, il furent compris dans la Gaule cisalpine. Les *Boïens* de Germanie conservèrent plus longtemps leur indépendance ; ils finirent par être conquis par les Marcomans qui les chassèrent de la Bohême. Leurs troupes errantes, qui donnèrent naissance aux vagabonds appelés bohémiens, s'unirent aux Helvétiens, puis aux Æduens; quelques-unes se fixèrent dans le pays appelé depuis *Boiaria* (Bavière).

BOIGNE (Benoît Leborgne, *comte de*), général en chef des armées du prince mahratte, Sindiah, né à Chambéry en 1741, mort en 1830. Rentré dans sa patrie, en 1795, il devint le bienfaiteur de sa ville natale.

BOILEAU ou **Boylesve** (Étienne), prévôt de Paris, mort en 1269. Il accompagna saint Louis à la croisade de 1248 et partagea la captivité de ce prince, devint prévôt en 1258; a laissé le *Livre des Métiers*, ouvrage intéressant pour l'histoire de cette époque.

BOILEAU (Gilles), poète, né à Paris en 1631, mort en 1669. Frère aîné de Boileau-Despréaux, il se montra jaloux de ses succès et se brouilla avec lui. Ses traductions du *Tableau de Cébès* et du *Manuel d'Épictète* valent mieux que ses poésies. Il entra à l'Académie en 1659.

BOILEAU-DESPRÉAUX (Nicolas) [boua-lô-dé-prè-ô], poète français, né le 1er novembre 1636, à Cosne ou à Paris; mort le 13 mars 1711, au cloître Notre-Dame, chez le chanoine Lenoir, son confesseur. Atteint de la pierre, il subit dans sa jeunesse une opération mal faite et s'en ressentit toute sa vie; ce fut là, dit-on, la cause de son humeur chagrine. On a raconté que, dans son enfance, il avait été blessé par un dindon. Son père, greffier de la grand'chambre du parlement, lui fit étudier le droit, puis la théologie. Boileau-Despréaux fut reçu avocat et tonsuré, mais il se consacra à la littérature et à la poésie. principalement à la satire. Prenant Horace pour modèle, il combattit le mauvais goût, livra les méchants poètes à la risée publique, montra que l'art véritable est un heureux mélange de raison et d'imagination et pratiqua lui-même les leçons qu'il donnait. Ses premières satires (*Embarras de Paris, Adieux à Paris*) lui donnèrent accès à l'hôtel de Rambouillet (1660). Son *Discours au Roi* et plusieurs autres poèmes (1660) firent de lui la plus haute autorité littéraire de son siècle. Présenté à la cour en 1669, il devint l'un des écrivains favoris de Louis XIV, qu'il accompagna, ainsi que Racine, dans ses campagnes, avec le titre d'historiographe royal. Le roi, dont il flattait les goûts belliqueux, le récompensa de ses louanges en lui donnant une jolie habitation, à Auteuil. A mesure que son prestige augmenta, ses écrits devinrent plus calmes et plus philosophiques ; mais il employa toujours la satire comme moyen de réforme. Ceux qui vivaient dans son intimité, comme Molière, Racine et La Fontaine, ont dit qu'il n'était cruel que la plume à la main et qu'il n'y avait pas d'homme plus aimable dans les relations ordinaires de la vie. Ayant encouru la disgrâce de Mme de Maintenon, il perdit la faveur de la cour et, désespéré, se retira dans un cloître. Sa réputation comme fondateur d'une nouvelle école de critique et de composition a survécu à tous les changements de la littérature française. Ses œuvres complètes (Brossette, 1708; Amsterdam ; Daunou, 1808; Berriat Saint-Prix, 1830) comprennent : son célèbre poème didactique *L'Art poétique*, un poème héroï-comique, *Le Lutrin*, ses *Satires* sur les femmes, sur l'homme, sur l'équivoque, etc; ses *Épîtres* à ses vers, à Antoine, sur l'*Amour de Dieu*, etc.; quelques *Odes* parmi les-

quelles l'*Ode sur la prise d. Namur*, des *Epigrammes*, des *Dialogues* et une traduction du *Sublime* de Longin.

BOINDIN (Nicolas), auteur dramatique, né et mort à Paris (1676-1751). Ses œuvres, publiées en 1753, 2 vol. in-8°, comprennent plusieurs discours académiques ; les *Trois Gascons*, comédie en 1 acte, en prose, représentée à la Comédie-Française en 1701; le *Port de mer*, autre comédie (1700) qui obtint un immense succès; le *Bal d'Auteuil*, 3 actes, en prose, 1702, etc.

BOINVILLIERS-DESJARDINS (Jean-Etienne-Judith Forestier, dit), grammairien, né à Versailles en 1764, mort en 1830. A laissé une *Grammaire latine* (1798); des dictionnaires, une *Cacologie* (1807), des traductions, etc.

BOIORIX [bo-io-rikss], brenn gaulois, de la nation des Boïens; il combattit les Romains, dans la Gaule cisalpine, en 194 av. J.-C.

* **BOIRE** v. a. (lat. *bibere*). *Je bois, tu bois, il boit, nous buvons, vous buvez, ils boivent. Je buvais. Je bus. Je boirai. Je boirais. Bois. Que je boive. Que je busse. Buvant. Bu.* Avaler un liquide : *boire de l'eau, du vin, une médecine.*

Un ami de Bacchus, atteint d'hydropisie,
S'écria, sur le point de descendre au tombeau :
O ciel ! comment mon corps peut-il être plein d'eau?
Puisque je n'ai *bu* de ma vie.
COQUARD.

— Boire avec excès, s'enivrer : *elle a renvoyé son cocher, parce qu'il buvait.* — S'imbiber, se pénétrer, s'abreuver : *ce papier boit; l'éponge boit; la terre boit l'eau.* — Fig. S'abreuver de; porter la peine de :

Qui gai fait une erreur la *boit* à repentance.
Mathurin Régnier

— Donner à boire, tenir un cabaret, vendre du vin en détail à tout venant. — Vin prompt a boire, vin qu'il faut boire promptement, parce qu'il n'est pas de garde. — Vin prêt a boire, vin qui a acquis sa maturité, qui est en état d'être bu. — Chanson a boire, chanson faite pour être chantée à table. On dit dans le même sens, *Air à boire* — Boire sec, boire beaucoup. — Boire d'autant, boire beaucoup. Boire a sa soif, ne boire que quand on en a effectivement besoin. — Boire son soul, boire tout son soul, boire autant qu'on veut, et au delà du besoin. — Prov. Boire a tire-larigot, comme un templier, comme un trou, comme une éponge, boire excessivement. — Boire rasade, une rasade, un rouge bord, boire un verre plein de vin, boire le verre tout plein. — Boire un doigt de vin, boire un petit coup. — Boire a la santé de quelqu'un, exprimer des vœux pour la santé de quelqu'un en buvant. On dit aussi, *Boire une santé, des santés.* On dit de même : *Boire à quelqu'un.* — Boire a la ronde, boire tour à tour, les uns après les autres. — Fam. Boire ensemble, faire un repas ensemble : *il les réconcilia, et les fit boire ensemble.* — Donner pour boire à des ouvriers, à un commissionnaire, à un cocher, etc. Voy. Pourboire. — Prov. Boire le vin de l'étrier, boire un verre de vin quand on est près de partir. — Prov. C'est la mer a boire, se dit d'une entreprise qui présente des difficultés extrêmes, des obstacles insurmontables. On dit dans le sens contraire : *Ce n'est pas la mer à boire.* — Il n'y a pas de l'eau a boire, se dit d'un marché, d'un travail où il n'y a rien à gagner. — Il y a a boire et a manger se dit d'une affaire qui peut avoir à la fois de bons et de mauvais résultats, d'une question qui présente deux sens, l'un ouvrage de bon et le mauvais. — Prov. et fig. Le vin est tiré, il faut le boire, se dit pour exprimer qu'on est trop engagé dans une affaire pour reculer. — Boire le calice, se soumettre à faire ou à souffrir ce qu'on ne saurait éviter. Boire le calice jusqu'a la lie, souffrir une humiliation complète, une douleur longue et cruelle, un malheur dans toute son étendue.

— Boire un affront, souffrir une injure sans en témoigner de ressentiment. — Le roi boit ! ou La reine boit ! Acclamation usitée dans le repas du jour des Rois, lorsque le roi ou la reine de la fève boivent. — Prov. et fig., Qui a bu boira, se dit en parlant d'un défaut dont on ne se corrige jamais.

* **BOIRE** s. m. Ce qu'on boit à ses repas : *on lui apprête son boire et son manger.* — Fig. et fam. Il en oublie, il en perd le boire et le manger, se dit de celui qui est entièrement absorbé par une occupation, par une passion.

BOIRE s. f. Nom donné aux petits golfes formés par le cours de la Loire.

* **BOIS** s. m. (bas lat. *boschus*). Substance dure et compacte des arbres, des arbrisseaux : *bois vert, sec, résineux, dur, vermoulu; bois veiné; bois blanc; bois de chêne, de hêtre, de sapin, de cèdre, de noyer, de merisier, d'ébène, d'acajou.* — Se dit particulièrement du bois à brûler, du bois de chauffage : *bois rond: bois en chantier; acheter du bois; fendre du bois; scier du bois; scieur de bois ; une voie de bois.* — Réunion d'arbres qui couvrent un certain espace de terrain; terrain même où ils croissent, se dit aussi : *un bois de chênes, de hêtres, de châtaigniers, etc., un bois épais.*

Ah ! quand le pâle automne aura jauni les bois.
Millevoye. La chute des feuilles.

— Bouquet de bois, petite touffe de bois de haute futaie. — Garde-bois, garde préposé pour la conservation des bois et de la chasse d'un domaine. — S'emploie aussi dans les dénominations vulgaires de certaines espèces d'arbres ou d'arbrisseaux, telles que les suivantes : *Bois de Brésil* ou *de Fernambouc*, voy. Fernambouc. — *Bois de sainte Lucie*, voy. Mahaleb. — *Bois puant;* voy. Anagyris. — *Bois gentil,* voy. Lauréole femelle. — Administration forestière. Se dit des arbres en général, réunis ou isolés : *l'âge du bois; jeune bois ; semer du bois.* — Agric. Se dit des menues branches, des rejetons que les arbres poussent chaque année : *ces arbres fruitiers poussent trop de bois.* — Se dit, par ext., de certains objets faits de bois : *Bois de lit,* ce qui compose la menuiserie d'un lit. *Acheter un bois de lit. Faire dresser un bois de lit. Démonter un bois de lit. Bois d'un fusil, d'un pistolet,* morceau de bois auquel est fixé le canon des armes, et qui porte la batterie. *Bois d'une lance,* bâton d'une lance. On appelait anciennement *Bois* la lance même. — Typogr. Toute partie en bois qui sert à garnir une forme (biseaux, réglettes, feuillets, etc.); rigoureusement on n'appelle bois que les parties qui ont une certaine épaisseur. — Se dit en outre des cornes rameuses du cerf, du daim, du chevreuil, de l'élan et du renne, qui tombent à certaines époques, et qui repoussent ensuite : *bois d'un cerf; bois durenne.* — Fig. et pop. Cette femme fait porter du bois a son mari, elle lui est infidèle. — Bois neuf, celui qui a son écorce et qui n'a par voiture ou par bateau; par opposition à *Bois flotté,* celui qui est venu en train ou à flot. — Jeter du bois a buche perdue, a flot perdu, a bois perdu, jeter des bûches une à une dans des canaux ou dans des rivières, qui les portent aux lieux où l'on doit les charger sur des bateaux, ou composer des trains qu'on met à flot. — Bois canards, ceux qui, étant jetés à bois perdu, tombent au fond de l'eau, ou s'arrêtent sur les bords. — Trains de bois, espèce de long radeau formé de bûches que l'on assemble pour leur faire descendre un courant sans se charger sur des bateaux. On le dit, dans un sens analogue, en parlant du bois de charpente et du bois de menuiserie. — Bois pelard, celui dont on a enlevé l'écorce pour faire du tan. — Bois vif, les arbres qui poussent des branches et des feuilles. — Bois mort, les branches qui ne reçoivent plus de sève, et en général tout arbre séché sur le pied. — Mort-bois, les ~~arbres~~ de bois de peu de valeur, comme les épines, les ronces, les genêts etc. — Bois marmenteaux, arbres de haute futaie mis en réserve, qu'on ne coupe point, et qui servent d'ornement à une propriété. — Plein bois, partie de navire qui est au-dessus de l'eau : *tous les boulets ont porté en plein bois.* — Abattre du bois. Abattre bien des quilles. Trictac. Jouer beaucoup de dames de la pile, afin de caser plus aisément. — Prov. et fig. On verra de quel bois je me chauffe, on verra de quoi je suis capable, quel homme je suis.—Prov. Il n'est feu que de bois vert, il n'y a point de meilleur feu que celui de bois vert, quand il est bien allumé; et, fig., on a quelquefois besoin de l'activité des jeunes gens dans les grandes affaires. — Il n'est feu que de gros bois, le gros bois fait un bien plus grand feu que le menu bois. — Prov. et fig. Il ne faut pas mettre le doigt entre le bois et l'écorce, il ne faut pas s'ingérer mal à propos dans les différends des personnes naturellement unies, comme frère et sœur, mari et femme. — Faire flèche de tout bois, mettre tout en œuvre pour se tirer d'affaire, pour venir à bout de ce qu'on a entrepris. — Ne savoir plus de quel bois faire flèche, ne savoir plus à quel moyen recourir; ou être dans une grande nécessité, ne savoir comment subsister. — Tout bois n'est pas bon a faire flèche, il faut savoir distinguer et choisir les personnes et les moyens qu'on veut employer. — Fig. et pop. Il est du bois dont on fait les flûtes, se dit d'un homme qui, par complaisance ou par faiblesse, ne veut ou n'ose contredire personne. — Fig. et fam., Il n'est pas général, évêque, ministre, académicien, etc., mais il est du bois dont on les fait, il a le mérite, les qualités nécessaires pour l'être, pour le devenir. — Prov. et fig. A gens de village, trompette de bois, il ne faut aux ignorants, aux gens grossiers que des choses proportionnées à leur intelligence, à leur goût, à leur état. — Trouver visage de bois, se dit lorsque, venant chez quelqu'un, on y trouve la porte fermée; ou, par extension, pour exprimer qu'on ne trouve personne, quoique la porte ne soit pas fermée. — Fig., Homme des bois, nom vulgaire de l'orang-outang, qu'on applique aussi à d'autres grands singes. — En poésie. Les hôtes des bois, les animaux qui vivent dans les bois, et particulièrement les oiseaux. — Prov. et fig. Qui a peur des feuilles n'aille point au bois, qui craint le péril ne doit point aller où il y en a. — La faim chasse le loup hors du bois, fait sortir le loup du bois, la nécessité détermine un homme à faire, même contre son inclination, bien des choses pour se procurer de quoi vivre. — C'est un bois que cette maison de jeu, on y vole comme dans un bois, il s'y fait des escroqueries, des friponneries fréquentes. — En plein bois, au milieu d'un bois, dans l'épaisseur d'un bois. — Fig. et fam. Abattre bien du bois, expédier beaucoup d'affaires en peu de temps. — Arboric. Bois rouge, maladie du chêne, dont le bois vient d'un rouge brique. Le bois rouge provient d'une sorte de carie sèche qui le rend impropre à tous les services, même au chauffage. On reconnaît qu'un chêne est attaqué de cette maladie lorsque la tige se garnit de petites branches menues et courtes depuis le collet jusqu'au sommet. Il faut l'abattre sans retard. — Mar. Bois d'arrimage. On appelle ainsi des morceaux de bois de hêtre ou de sapin taillés en partie comme le bois à brûler, et qui servent à étayer et accorer dans la cale les barriques qu'on y arrime.

* BOISAGE s. m. Tout le bois dont on s'est servi pour boiser.

BOISARD [boua-zar] I. Jean-Jacques-François-Marie), fabuliste français, d'une remarquable fécondité, né à Caen, en 1743, mort en 1831. La révolution lui fit perdre sa pension de secrétaire du comte de Provence (plus tard

---

Louis XVIII) et il vécut dans le dénuement jusqu'à la fin de sa vie. Ses *Mille et une fables* (2 vol. 1777) sont regardées comme égales à celles de Florian et même, sous certains rapports, à celles de La Fontaine. — II. (Jacques-François) neveu du précédent, né à Caen, vers 1762; étudia sans succès la peinture et ne réussit pas mieux comme fabuliste; il a laissé plusieurs volumes.

BOIS-D'OINGT (Le) [boua-doin] ch.-l. de cant., arr. et à 14 kilom. de Villefranche (Rhône); 1,350 hab. Vieux château avec curieuse chapelle de Notre-Dame de Lorette. Commerce de draps, de chanvreet de bestiaux.

* BOISÉ, ÉE part. pass. de Boiser, adjectiv. Se dit d'un pays, d'une terre qui est bien garnie de bois : *canton bien boisé.*

BOISÉ CITY, capitale du territoire d'Idaho (États-Unis), sur la rive N. du cours d'eau nommé Boisé, à 80 kil. au-dessus du Snake par 43° 40′ lat. N. et par 118° long. O. — 1,000 habitants.

* BOISEMENT s. m. [bous-ze-man]. Action de mettre en forêt un terrain. — État d'un pays boisé.

* BOISER v. a. Garnir de menuiserie : *une chambre, un cabinet.* — Eaux et forêts. Garnir de bois : *boiser un canton.*

* BOISERIE s. f. Ouvrage de menuiserie dont on couvre les murs des appartements.

* BOISEUX, EUSE adj. Ligneux, de la nature du bois. En bot., on dit toujours *ligneux.*

BOISGELIN DE CUCÉ (Jean-de-Dieu-Raymond de), prélat, né à Rennes en 1732, mort en 1804, évêque de Lavaur en 1765, archevêque d'Aix en 1770, membre de l'Académie française en 1776, député du clergé aux États-Généraux; il émigra et fut nommé archevêque de Tours en 1802, puis cardinal. Ses œuvres complètes, Paris, 1818, in-8°, contiennent des vers, des *Considérations adressées aux chefs de la Révolution* (1791), une traduction en vers des psaumes, une traduction des *Héroïdes d'Ovide.*

BOIS-GUILLEBERT ou Guilbert (Pierre Le Pesant de), économiste et publiciste, mort à Rouen en 1794. Son *Factum de la France* (1707) fait date dans l'histoire de l'économie politique. Cet ouvrage fut saisi et condamné. Bois-Guillebert a laissé plusieurs autres écrits.

BOIS-LE-DUC [boua-le-duk] (holl. *'sHertogenbosch,* le bois du duc, ou *Den Bosch,*) ville forte des Pays-Bas, capitale du Brabant septentrional, au point de jonction de la Dommel et de l'Aa, qui y forment la Dieze, à 45 kil. S.-E. d'Utrecht; 25,000 hab. Elle est bien bâtie et traversée par plusieurs canaux sur lesquels on a jeté plus de quatre-vingts ponts. Évêché catholique; barraquements pour 3,000 hommes; académie des beaux-arts, manufactures de fils, de dentelles, de coutellerie et de verrerie. D'abord simple rendez-vous de chasse, au milieu des forêts, Bois-le-Duc fut peuplé et fortifié par Godefroy III de Brabant en 1184; il prit vite l'importance d'une ville. Frédéric-Henri de Nassau l'enleva aux Espagnols, après un siège de cinq mois, en 1629; les Français s'en emparèrent le 14 septembre 1794 après avoir vaincu les Anglais, et le perdirent le 14 janvier 1814. — Lat. N. 51° 41′ 18″; long. E. 2° 58′ 22″.

BOISMESLÉ ou Boismêlé (Jean-Baptiste-Torchet de), avocat au parlement de Paris, au XVIII° siècle; auteur de l'*Histoire du chevalier du soleil,* Paris, 1749, 2 vol. in-12; et de l'*Histoire générale de la marine, suivie d'un Code des armées navale,* Paris, 1744, 3 vol. in-4°.

BOISMONT (Nicolas Thyrel de), fameux prédicateur du XVIII° siècle. Ses *Oraisons funèbres, Panégyriques et Sermons* ont été publiés en 1805, Paris, in-8°. Boismont est né en Normandie vers 1715, mort à Paris en 1786

BOISROBERT (François Le Métel de), poète et bouffon, l'un des premiers membres de l'Académie française, né à Caen en 1592, mort le 16 mars 1662. D'abord avocat, il fit un voyage en Italie, amusa le pape par quelques saillies, et celui-ci le récompensa en lui donnant un bon prieuré en Bretagne, puis un canonicat à Rouen. Devenu prêtre, Boisrobert fut introduit chez Richelieu, dont il se fit le commensal et le bouffon. Le grand ministre ne put bientôt plus vivre sans lui. Il travailla aux comédies de Son Éminence et laissa dix-huit pièces de théâtre, un roman, des poésies, etc. Exilé de la cour, après la mort de son protecteur, il se retira dans son abbaye de Châtillon-sur-Seine. Ses œuvres principales sont : *la Belle plaideuse,* comédie (1655); l'*Histoire d'Anaxandre et d'Orazie* (1629, in-8°); le *Parnasse royal;* le *Sacrifice des Muses* (1835, in-4°); *Œuvres poétiques* (1647-'59 2 vol.); ses *Nouvelles héroïques et amoureuses* (1657, in-8°).

BOISSARD (Jean-Jacques), antiquaire et poète latin, né à Besançon en 1528, mort en 1602. Ses meilleures poésies ont été imprimées dans les *Deliciæ poetarum Gallorum.* Ses ouvrages d'archéologie sont remarquables.

* BOISSEAU s. m. Ancienne mesure de capacité pour les matières sèches. Se dit et du vaisseau et de ce qu'il peut contenir : *le décalitre vaut les quatre cinquièmes du boisseau de Paris; le boisseau actuel vaut 12 litres 50* (Acad.). — Prov. et fig. Dans le langage de l'Écriture. Mettre la lampe, la lumière sous le boisseau, cacher aux hommes la vérité, refuser de les éclairer.

BOISSELAGE s. m. Travail, office du mesureur de blé.

* BOISSELÉE s. f. Mesure d'un boisseau, ce qu'un boisseau peut contenir : *une boisselée de grain.* — Une boisselée de terre, autant d'espace de terre qu'il en faut pour y semer un boisseau de blé.

* BOISSELIER s. m. Artisan qui fait des boisseaux, des mesures de capacité pour les choses sèches, et divers ustensiles de bois servant au ménage.

* BOISSELLERIE s. f. Art, métier du boisselier. Se dit aussi des objets mêmes que fabrique le boisselier, et du commerce qu'il s'en fait : *la boissellerie s'est bien vendue à cette foire.*

BOISSIEU. I. (Barthélemy-Camille de), médecin, né à Lyon en 1734, mort en 1770; auteur d'une *Dissertation sur les antiseptiques* (1769), et d'une *Dissertation sur les méthodes échauffantes et rafraichissantes* (1772).— II. (Denys Salvaing de), diplomate et magistrat, né à Vienne, Dauphiné, en 1600, mort en 1683; auteur d'une *Histoire du chevalier Bayard,* sous le pseudonyme de L. Vidal (1651), in-4°; des *Fiefs du Dauphiné,* 1664, etc. — III. (Jean Jacques de), peintre et graveur, né et mort à Lyon (1736-1840). Ses gravures à l'eau-forte sont classées peu après celles de Rembrandt. — IV. (Pierre-Joseph-Didier), conventionnel royaliste, né à Saint-Marcellin, en 1757; vota contre la mort du roi, et fit partie du conseil des Cinq-Cents.

* BOISSON s. f. Liqueur à boire; ce qu'on boit pour se désaltérer, pour se rafraîchir, etc. Depuis longtemps les sociétés de tempérance anglaises et américaines sont à la recherche d'une boisson pouvant lutter avec les liqueurs alcooliques. Une exposition des divers liquides proposés pour cet objet a été ouverte en août 1881, à l'Agricultural-Hall (Londres). Chacun était à même de vérifier la qualité des produits exposés, car les visiteurs étaient admis et même invités à y goûter gratuitement. Toutes les imitations s'étaient donné rendez-vous à l'Agricultural-Hall, depuis le champagne mousseux (mais sans perfidie), jusqu'au cidre préparé avec du jus de pomme non fermenté et au *koumiss* ou boisson au lait de jument, semblable à celle dont font usage les peuplades nomades de l'Asie, mais rendue non enivrante. — Se dit, dans un sens plus restreint, du vin, du cidre, etc., qu'on boit ordinairement : *acheter du vin pour sa boisson; avoir toute sa boisson en cave.* — Particulièrement. Eau passée sur le râpé, ou sur le marc de la vendange : *faire de la boisson.* — Mar. Mélange d'une grande quantité d'eau avec quelques parties de vinaigre ; *donner de la boisson aux matelots.* — Fam. Etre adonné a la boisson, être sujet a la boisson, être sujet à s'enivrer. Etre pris de boisson, être ivre. On dit dans le même sens, Des excès de boisson. — **Impôts sur les boissons.** — Hist. Les taxes sur les boissons fermentées ou alcooliques ont, en France, pour origine les *aides* qui étaient des subsides de guerre ou des taxes exceptionnelles payées par les vassaux à leurs seigneurs. Des impôts, portant le même nom, furent ensuite établis sur les marchandises vendues, mais ces aides étaient volontairement consenties par les assemblées des bailliages. Quelques mois avant la désastreuse bataille de Poitiers, les Etats-Généraux de 1355 avaient autorisé une aide générale sur la vente de toutes marchandises. Plus tard, le mot aide signifia exclusivement les impôts indirects et principalement le *gros* ou taxe sur les boissons. Cet impôt fut sans cesse accru par des surcharges ou par des taxes locales ayant des noms divers. Un certain nombre de provinces, de villes et de paroisses étaient exemptes de ces contributions, par suite de privilèges concédés; d'autres se rédimaient à prix d'argent. En 1564, on ajouta aux aides de nouveaux droits, à l'entrée des villes et lieux clos. En outre, les personnes qui, dans les pays d'aides, se livraient à la fabrication ou au commerce des boissons, devaient payer l'*annuel*. Dans les autres généralités, on percevait aussi des droits, mais au nom de la province. Une juridiction spéciale, celle des *cours des aides*, dont la première fut instituée à Paris en 1364, réglait en dernier ressort les contestations relatives à la perception des aides, des tailles, des gabelles, etc. Les droits à l'entrée, dont la perception était *octroyée* par le roi à certaines communes, accrurent considérablement les impôts sur les boissons; à Paris, ces droits, frappaient plusieurs denrées et ils étaient très nombreux; mais, en 1680, on les réunit en une seule taxe pour chaque espèce de boisson ou marchandise. Les cours des aides furent supprimées le 7 septembre 1790; mais les impôts sur les boissons subsistèrent jusqu'en mars 1791, époque à laquelle ils furent tous abolis. La loi du 25 ventôse an XII les rétablit, quelques mois avant la proclamation de l'Empire, et, depuis cette époque, ils ont encore subi de nombreuses modifications, notamment en 1816, 1875 et 1880. — Législ. Voici quels sont aujourd'hui les divers droits et taxes frappant sur les boissons. 1° Le *droit de licence*, c'est-à-dire l'autorisation d'exercer une industrie ou un commerce, est indispensable à tous ceux qui se livrent à la fabrication (sauf pour le propriétaire récoltant) ou à la vente, soit en gros, soit en détail, des vins, cidres, poirés hydromels, bières, eaux-de-vie, esprits ou liqueurs alcooliques. Le patron doit ouvrir une cantine réservée à ses ouvriers qu'il nourrit est dispensée de la licence (Arr. cass. 27 avril 1877); mais les aubergistes et autres commerçants, donnant à manger, doivent en être pourvus, alors même qu'ils ne débitent pas de boissons. Le droit varie de 10 à 100 francs par an, selon la profession et selon la population de la commune (L. 28 avril 1816 et 4 septembre 1871). Voy. Licence. A Paris, le droit de licence est confondu dans la taxe de remplacement. 2° Le *droit de circulation* est dû seulement sur les vins, cidres, poirés et hydromels qui sont expédiés à un particulier, dans

quelque lieu que ce soit en France, ou à un débitant de boissons dans les villes soumises à la taxe unique. On a divisé les départements en trois classes pour les droits de circulation à percevoir sur les vins que l'on y expédie. Dans la première classe, le droit est de 1 fr. par hectolitre; dans la seconde, de 1 fr. 50, et dans la troisième, de 2 fr. Le droit de circulation des cidres, poirés et hydromels, est pour toute la France, de 80 cent. par hectolitre (L. 19 juillet 1880). 3° Le *droit de détail* frappe les vins et cidres vendus par les débitants, et ceux qui sont envoyés à des particuliers sans expédition de la régie. Ce droit est, en principal, de 15 p. 100 de la moyenne du prix de vente; il est perçu, chez les marchands, par les agents de l'administration qui constatent périodiquement les qualités vendues ou *manquants*. Le droit de détail peut être remplacé par un abonnement, sur la demande des deux tiers des débitants d'une commune et sur l'avis favorable du conseil municipal. Dans ce cas, l'équivalent du droit est réparti par les syndics que les débitants ont élus (L. 28 avril 1816). 4° Le *droit de consommation* s'applique aux alcools, eaux-de-vie, liqueurs et fruits à l'eau-de-vie et aux vinaigres. Il tient lieu du droit de circulation et du droit de détail qui frappent sur les vins et les cidres. Ce droit est de 125 fr. en principal, par hectolitre d'alcool par contenu dans les eaux-de-vie ou esprits, les liqueurs, les fruits à l'eau-de-vie et l'absinthe (L. 1er septembre 1871 et 19 juillet 1880). La perception est exercée au moyen d'une surveillance spéciale que l'on nomme *exercice* et à laquelle sont soumis les fabricants, marchands, voituriers, etc., mais dont sont affranchis (depuis la loi du 14 décembre 1875) les *bouilleurs de cru* qui distillent les vins, marcs, cidres et fruits provenant exclusivement de leurs récoltes. L'exercice des distilleries est réglé minutieusement par les décrets des 13 et 20 juillet 1878. Les alcools destinés au *vinage*, c'est-à-dire à être versés aux vins, dans les pays de production, ont été pendant longtemps exempts du droit de consommation, pourvu que la force alcoolique des vins ainsi traités ne dépassât pas 26 degrés; mais, par suite de nombreux abus, cette faculté a, d'abord réservée en 1852, à sept départements du Midi, puis entièrement supprimée par la loi du 8 juin 1864. Le gouvernement proposa, en 1875, de réduire à 30 fr. par hectolitre le droit sur les alcools et eaux-de-vie employés au vinage; cette proposition ne fut pas discutée. Un autre projet du gouvernement présenté en 1878 et proposant une taxe de 20 fr. échoua devant les Chambres. Enfin une troisième proposition du gouvernement a été déposée le 23 février 1882; elle consiste à réduire à 20 fr. en principal par hectolitre le droit sur l'alcool employé au vinage, en quantité limitée de façon à ne pas dépasser le maximum de 15 degrés. La franchise existe pour les vins destinés à être expédiés dans les colonies ou à l'étranger. Les alcools dénaturés pour des usages industriels et qui sont impropres à être consommés comme boissons, sont soumis à une *taxe de dénaturation* qui est de 30 fr. en principal (L. 2 août 1872). Les vinaigres sont frappés d'un droit de consommation qui varie de 4 fr. à 12 fr., décimes compris, par hectolitre, selon la proportion d'acide acétique qu'ils contiennent (L. 17 juillet 1875). 5° Le *droit d'entrée* est perçu au profit de l'Etat, sur les boissons autres que la bière, dans les villes dont la population agglomérée est de 4,000 âmes au moins. Le droit varie, pour les vins, de 0 fr. 40 cent. à 3 fr. par hectolitre, selon la classe des départements et selon la population des communes; pour les esprits, eaux-de-vie, etc., il est de 6 à 24 fr. en principal, par hectolitre d'alcool pur et de 0 fr. 35 cent. à 1 fr. 25 cent., décimes compris, pour le cidre et poirés, selon la population seulement (L. 26 mars 1872, 19 juillet 1880). (Voir le tableau ci-après).

Lois du 1er septembre 1871, 26 mars 1872 et 19 juillet 1880

POPULATION des communes	Licence des débitants	Droits d'entrée par hectolitre				
		Sur les vins			3. les cidres	Sur l'alcool
		1er cl.	2e cl.	3e cl.		
Au dessous de 4.000 hab.	15 fr.	"	"	"	"	"
de 4.001 à 6.000...	20	0.40	0.55	0.75	0.25	7.50
de 6.001 à 10.000...	25	0.60	0.85	1.10	0.50	11.25
de 10.001 à 15.000...	30	0.75	1.15	1.50	0.60	15.**
de 15.001 à 20.000...	35	0.95	1.40	1.90	0.85	18.73
de 20.001 à 30.000...	40	1.10	1.70	2.25	0.95	22.50
de 30.001 à 50.000...	45	1.30	2.**	2.60	1.15	26.25
de 50.001 et au dessus	50	1.50	2.25	3.**	1.25	30.**
Droit de circulation ..		1	1.50	2.**	0.80	"
A Paris (taxe de rempl.)..		8 fr. 25		4.50		186.25

Le droit est dû non seulement sur les boissons entrées dans les villes, mais aussi sur celles fabriquées à l'intérieur. Les raisins destinés à être convertis en boissons sont en conséquence assujettis à un droit d'entrée, à raison de trois hectolitres de raisin pour un hectolitre de vin; les pommes à cidre sont soumises au droit, à raison de cinq hectolitres de fruit pour deux hectolitres de cidre, ou de 25 kilog. de pommes sèches pour un hectolitre de cidre. Les boissons de ménage faites avec des raisins secs ne sont exemptes du droit sur les vins que lorsque le titre alcoolique est inférieur à deux degrés. 6° La *taxe unique* remplace, dans certaines communes, le droit d'entrée et le droit de détail. Cette taxe est appliquée de plein droit dans toutes les villes dont la population agglomérée atteint 10,000 hab.; et l'est aussi dans celle de 4,000 à 40,000 hab., lorsque le conseil municipal a réclamé ce régime. Dans les villes de 40,000 hab. et au-dessus, la taxe ne peut dépasser le triple des droits d'entrée. Les tarifs doivent être révisés tous les cinq ans, à dater de 1886 (L. 19 juillet 1880). 7° Le *droit de remplacement*, spécial à la ville de Paris, y tient lieu des droits de licence, de circulation, de consommation, d'entrée et de détail. Il se perçoit à l'entrée et il est ainsi fixé, en principal et décimes : Vins en cercles ou en bouteille, 8 fr. 25 par hectolitre; cidres et poirés, 4 fr. 50; et, en principal seulement, par hectolitre d'alcool pur contenu dans les eaux-de-vie, esprits ou liqueurs, 149 fr. Toute distillation d'alcool est absolument interdite à Paris. 8° Le *droit de fabrication* perçu sur les bières faites en France est de 3 fr. 75 par hectolitre de bière forte et de 1 fr. 75 pour la petite bière (décimes compris). (Voy. Brasserie). 9° Les *droits de douane* établis par le tarif général du 7 mai 1881, à l'entrée des boissons en France, sont ainsi fixés par hectolitre, et, indépendamment des taxes intérieures : Vins et vinaigres, 4 fr. 50 (réduit à 2 fr. par la plupart des traités de commerce); cidres et poirés, 1 fr.; bières, 1 fr. 75; hydromel, 20 fr.; alcools et eaux-de-vie ramenés à l'alcool pur, 30 fr. Eaux-de-vie et boissons distillées, en bouteilles (sur le volume), 30 fr.; liqueurs, 40 fr. Les vins titrant plus de 15 degrés sont soumis au droit d'importation de l'alcool, pour ce qui excède 15 degrés (30 cent. par degré). Tous ces droits, fixés par le tarif général, peuvent être réduits en vertu de traités de commerce ratifiés par le Parlement. 10° Les *droits d'octroi*, perçus sur les boissons au profit des communes (voy. Octroi), ne peuvent excéder le double des droits d'entrée qui frappent les vins, cidres, poirés et hydromels dans les mêmes communes, à moins qu'une loi spéciale n'autorise des tarifs plus élevés. Dans les communes de moins de 4,000 hab., il n'existe pas de droits d'entrée, mais les taxes d'octroi ne peuvent y dépasser la limite fixée pour les communes de 4,000 à 6,000 hab. (L. 29 juillet 1880.). Les formalités prescrites par les lois et les règlements pour assurer la perception des taxes sur les boissons sont très complexes, et les pénalités qui frappent les contrevenants sont rigoureuses, surtout depuis les lois du 28 février 1872 et 21 juin 1873; mais la fraude se montre toujours d'autant plus active et ingénieuse que les droits sont plus élevés. D'un autre côté, les frais de perception absorbent une part trop grande du produit de l'impôt. En aucun pays, les taxes sur les boissons ne présentent autant de complication qu'en France, bien qu'ailleurs elles soient souvent plus élevées; on doit donc tendre à simplifier tout le système. Ainsi le vin est taxé seulement à la frontière, en Angleterre, en Russie, en Suède et en Danemark. Il en est de même aujourd'hui en Allemagne, bien que ce pays soit producteur de vin. L'alcool n'est soumis, en dehors des tarifs de douane, qu'à un droit de fabrication, *excise* ou *accise*, en Angleterre, en Autriche, en Allemagne, en Russie, etc. Le droit de consommation sur l'alcool s'élève, en France, à 156 fr. 20, décimes compris, par hectolitre, tandis qu'en Hollande, les droits sont de 240 fr.; aux États-Unis d'Amérique, de 275 fr.; en Norwège, de 252 fr.; en Angleterre, de 437 fr., et en Russie, de 455 fr. — **Débits de boissons.** Tout individu majeur peut ouvrir un débit de boissons, à moins qu'il n'ait été condamné pour crime ou, depuis moins de cinq ans, pour certains délits; mais il est nécessaire qu'il fasse, à la mairie de la commune, quinze jours au moins avant l'ouverture du débit, une déclaration dont il lui est donné récépissé et dont copie est, dans les trois jours, transmise par le maire au procureur de la République. Cette déclaration doit indiquer les nom, prénoms, profession et domicile du déclarant, et la situation du débit. Toute mutation de propriétaire ou de gérant doit être déclarée dans les quinze jours qui la suivent, et la translation du débit d'un lieu dans un autre doit l'être huit jours au moins à l'avance; le tout sous peine d'une amende de 16 à 100 fr. Ceux qui ouvrent des débits temporaires dans les foires et fêtes publiques sont dispensés de déclaration; mais ils doivent obtenir l'autorisation du maire (L. 17 juillet 1880). Nous avons parlé plus haut de l'obligation imposée à tout débitant d'être pourvu d'une *licence* délivrée par l'administration des contributions indirectes. Les débits de boissons sont, comme tous les lieux publics, soumis aux règlements municipaux et à la surveillance des officiers de police. Les préfets ont le droit de faire à ce sujet des règlements pour tout le département qu'ils administrent. Ces fonctionnaires avaient en outre, en vertu du décret du 29 septembre 1851, le pouvoir discrétionnaire d'ordonner la fermeture des débits, par mesure de sûreté publique; mais ce décret a été abrogé par la loi du 17 juillet 1880. Les débitants ne peuvent servir de boissons alcooliques à des mineurs ayant moins de seize ans accomplis ou à des gens en état d'ivresse (L. 23 janvier 1873). — **Falsifications des boissons.** Ceux qui falsifient des boissons encourent la peine de trois mois à un an d'emprisonnement, une amende de 50 fr. au moins, et la confiscation des objets du délit, lesquels sont attribués, s'il y a lieu, aux établissements de bienfaisance, ou bien sont détruits ou répandus. En outre, si le tribunal l'ordonne, le jugement est affiché et inséré dans les journaux, aux frais du condamné. Si la falsification a eu lieu au moyen de mixtions nuisibles, l'amende est de 50 à 500 fr. et l'emprisonnement de deux à cinq ans. Ceux qui, sans avoir eux-mêmes falsifié les boissons, en détiennent dans leurs maisons de commerce, sont punis, pour ce seul fait, d'une amende de 16 à 25 fr. et d'un emprisonnement de six à dix jours, ou de l'une de ces deux peines seulement, suivant les circonstances; mais, si les boissons falsifiées ainsi détenues ou en magasin sont nuisibles à la santé, l'amende peut être portée à 50 fr. et l'emprisonnement à

quinze jours. Des circonstances atténuantes peuvent être admises et amener la réduction des peines fixées (Cod. pén. 423; L. 27 mars 1851, et L. 5 mai 1855). l'a simple addition d'eau au vin mis en vente est considérée par la jurisprudence comme une falsification.

(CH. Y.)

BOISSONADE (Jean-François) savant helléniste français (1774-1857). A publié une foule de textes inédits ou peu connus et a traduit du portugais le *Goupillon*, poème héroï-comique (Paris, 1832, in-32). Ses articles de journaux et de biographie ont été recueillis, sous le titre de *Critique littéraire sous le premier Empire* (1863, 2 vol. in-8°).

BOISSONNER v. n. Jargon. Boire.

BOISSY (Louis de) écrivain fécond, mais médiocre, né à Vic-le-Comte (Puy-de-Dôme) en 1694, mort à Paris en 1758; membre de l'Académie en 1754. Ses œuvres complètes, 1788, Paris, Duchesne, 9 vol. in-8°, comprennent des satires en vers et en prose et de nombreuses pièces de théâtre. Ses chefs-d'œuvre sont : le *Babillard* (1725), le *Français à Londres* (1727), les *Dehors trompeurs* (5 actes, vers, 1740).

BOISSY (Hilaire-Étienne-Octave ROUILLÉ, *marquis de*), homme politique, né à Paris en 1798, mort en 1866. Il entra à la Chambre des pairs en 1839 et s'y acquit une grande notoriété par ses altercations avec le duc Pasquier, président de cette assemblée, par ses boutades, ses invectives, et en dévoilant journellement une foule de scandales politiques. Nommé sénateur en 1853, il prononça des discours brillants dans lesquels il eut des mots cruels : « J'ai prêté plusieurs serments, il est vrai, s'écria-t-il un jour ; mais je n'en ai trahi aucun ». Il avait épousé, en 1851, la comtesse Guiccioli, ancienne maîtresse du poète anglais Byron.

BOISSY D'ANGLAS (François-Antoine de) [bouâ-si-d'an-glâ], homme politique, né à Saint-Jean-Chambre, canton de Vernoux, le 8 décembre 1756, mort à Paris le 20 octobre 1826. Avocat au parlement de Paris, il fut élu député du tiers-état de la sénéchaussée d'Annonay, aux États généraux, puis député de l'Ardèche à la Convention, vota contre la mort de Louis XVI et se rallia aux Girondins. Épargné par les Montagnards victorieux, qui ne voyaient en lui qu'un modéré sans caractère, il devint, à la chute de Robespierre, secrétaire de la Convention et membre du comité de salut public (5 décembre 1794). Il fut principalement chargé de la partie des subsistances et de l'approvisionnement de Paris et fut surnommé *Boissy-famine*. Pendant l'émeute du 20 prairial, causée par la famine, l'enceinte de la Convention fut envahie par une foule furieuse qui criait : « Du pain et la constitution de 1793 ». Vernier et André Dumont ayant l'un après l'autre abandonné le fauteuil présidentiel, Boissy d'Anglas y monta et resta sourd aux menaces et aux imprécations. Comme les insurgés espéraient l'effrayer en lui présentant, au bout d'une pique, la tête du député Féraud, il salua respectueusement cette tête sanglante. Pendant ce temps, les sections purent se réunir et dégager la Convention. Boissy d'Anglas fut envoyé au conseil des Cinq-Cents par 72 départements. Il fit une opposition assez vive au Directoire. Ses discours contre-révolutionnaires le firent comprendre parmi les proscrits du coup d'État du 18 fructidor ; il se cacha pendant deux ans et finit par se constituer prisonnier à l'île d'Oléron. Bonaparte le nomma au Tribunat, dont Boissy d'Anglas devint président, le 24 novembre 1803 ; il devint ensuite sénateur et comte de l'Empire. Boissy d'Anglas adhéra à la Restauration, qui le créa pair de France ; Napoléon, de retour de l'île d'Elbe, le comprit dans la promotion des pairs impériaux ; il fut encore pair pendant la deuxième Restauration. Il

passa ses dernières années à cultiver les lettres et a laissé un ouvrage sur Malesherbes (2 vol. in-8°) et *Études littéraires et poétiques d'un vieillard* (5 vol. in-12).

BOISSY-SAINT-LÉGER, ch.-l. de cant., arr. et à 20 kil. N. de Corbeil (Seine-et-Oise). Château de Grosbois (XVIIᵉ siècle), habitation princière ayant appartenu à Barras.

BOISTE (Pierre-Claude-Victoire), lexicographe, né à Paris, en 17.5, mort à Ivry-sur-Seine, le 24 avril 1824. Il fut successivement avocat et imprimeur; il publia un *Dictionnaire universel de la langue française* (1800, in-8°), qui jouit longtemps d'une grande faveur; un *Dictionnaire de géographie* (1820, in-8°); un *Dictionnaire des belles-lettres* (1821, 5 vol. in-8°) et un poème en prose, l'*Univers* (1801).

BOITARD (Pierre), vulgarisateur, né à Macon en 1789, mort en 1859; publia un grand nombre de manuels et 1de traités sur l'histoire naturelle et l'agronomie, soit dans la collection Roret, soit dans divers autres recueils.

BOITE s. f. [boua-te] (rad. *Boire*). Degré auquel le vin devient bon à boire : *vin en boite*.

* **BOÎTE** s. f. [bouâte] (celt. *boestl*, forme de *boes*, bois, et *twl*, creusé). Ustensile à couvercle, dont la matière, la forme et la grandeur varient, et qui est destiné à contenir différentes choses, et qu'on peut porter sur soi, ou transporter aisément d'une autre manière : *boîte de sapin, de carton*. — Absol. Tabatière : *j'ai oublié ma boîte.* — Ce qui est contenu dans une boîte : *boîte de prunes, d'onguents, de bombons.* — Espèce de petit mortier de fonte ou de fer, qu'on charge de poudre, qu'on bouche ensuite d'un tampon de bois, et auquel on met le feu par une lumière. — Jargon parisien. Atelier, magasin, établissement sans importance ; tout ce qui n'est pas une bonne maison est une boîte. — BOÎTE AUX DOMINOS, cercueil. — BOÎTE AU LAIT, sein. — BOÎTE AUX DÉGELÉS, AUX REFROIDIS, la Morgue. — FERMER SA BOÎTE, fermer sa bouche, se taire. — Prov. et fig. DANS LES PETITES BOÎTES SONT LES BONS ONGUENTS, flatterie populaire envers les personnes de petite taille, pour leur faire entendre qu'elles ont souvent plus de mérite que les autres. — Fig. et fam. LA BOÎTE A PERRETTE, caisse secrète d'une association non avouée, qui recueille des dons volontaires de ses affidés, et fait du produit un emploi mystérieux et caché. — BOÎTE DE LA POSTE ou BOÎTE AUX LETTRES, espèce de coffret où le public met les lettres que la poste se charge de faire parvenir à leur adresse. — BOÎTE DE LANTERNE ou DE RÉVERBÈRE, sorte de boîte où est enfermée la corde qui sert à hisser et à abaisser un réverbère. — Méd. BOÎTE FUMIGATOIRE, boîte qui contient tous les objets nécessaires pour secourir les noyés et les asphyxiés, au moyen de fumigations. — Anat. BOÎTE DU CRANE, cavité osseuse qui renferme le cerveau.

* **BOITER** v. n. Clocher, incliner à chaque pas son corps plus d'un côté que de l'autre, ou alternativement de l'un et de l'autre côté : *cet homme boite.*

BOITERIE s. f. Claudication d'un animal.— Chez le cheval, c'est un cas rédhibitoire.

* **BOITEUX, EUSE,** adj. Qui boite : *cheval boiteux.* — Fig. TABLE BOITEUSE, SIÈGE BOITEUX, table, siège qui a un de ses pieds plus court que les autres. — Fig. RUBAN BOITEUX, CHÂLE BOITEUX. Ruban, châle qui n'offre pas de dessin qu'à l'un de ses bords boiteux. — Fig. et fam. PHRASE BOITEUSE, PÉRIODE BOITEUSE, celle qui a un des membres trop court par rapport à un autre ou aux autres. — VERS BOITEUX, vers auquel il manque une ou plusieurs syllabes. — Substantiv. *Un boiteux, une boiteuse.* — Prov. et fig. IL NE FAUT PAS CLOCHER DEVANT LES BOITEUX, il ne faut rien faire devant les gens qui semble leur reprocher quelque défaut naturel.

* BOÎTIER s. m. Boîte à plusieurs compartiments, dont les chirurgiens se servent, principalement dans les hopitaux, pour serrer les
instruments, les onguents, et les diverses
pièces d'appareil. — Horl. Boîte qui renferme
le mouvement d'une montre.

BOIVIN ou Boyvin (François de), baron de
Villars, chroniqueur français, mort en 1618.
On lui doit : *Mémoires sur les guerres dans le
Piémont*, etc. (Paris, 1607, in-4°); *Instruction
sur les affaires d'État* (1610, in-8°).

BOIVIN. I, (Louis), érudit, né à Lisieux, en
1643, mort en 1724, a laissé des mémoires
dans le recueil de l'Académie des inscriptions.
—II. Boivin de Villeneuve (Jean), érudit et littérateur, frère du précédent, (1663-1726), admis
à l'Académie française en 1721. On a de lui
de nombreuses dissertations; une *Vie de
Christine de Pisan* ; des traductions de la *Batrachomyomachie* d'Homère, de l'*Œdipe roi* de
Sophocle, des *Oiseaux* d'Aristophane, etc.

BOIVIN (Marie-Anne-Victoire Gillain, dame)
célèbre sage-femme, née à Montreuil, près
de Versailles, en 1773, morte en 1841. Elle
étudia, pendant trois années, l'anatomie et la
physiologie, et restée veuve sans moyens
d'existence, elle obtint la place de sage-femme
à l'hospice de la Maternité, en 1800 et celle de
surveillante en chef de la Maternité en 1801.
Son *Mémorial de l'art des accouchements* (1812)
a eu plusieurs éditions. Elle a laissé des mémoires sur les *Hémorragies internes de l'utérus*
(1819); sur les *Maladies tuberculeuses des femmes et des enfants* (1825, in-8°); sur l'*Avortement* (1828, in-8°); un *Traité sur les maladies
de l'utérus* (1833, 2 vol. in-8°).

BOJADOR (Cap), promontoire élevé de l'A-
frique occidentale; par 26° 6' 57'' lat. N. et
16° 48' 30'' long. O. Il est formé par le dernier contrefort des montagnes Noires, qui
s'étendent à l'E. jusque dans l'intérieur
du Sahara. Les côtes voisines sont très dangereuses.

BOJARDO. Voy Boïardo.

* BOL s. m. (gr. *bôlos*, motte de terre). Terre
argileuse colorée, qui était employée autrefois en médecine comme tonique et astringente : *bol d'Arménie*; *bol rouge, blanc, gris,
verdâtre*; *les peintres, les doreurs et autres artisans se servent de bols*. — Minéral. Nom générique des terres argileuses, douces au toucher, savonneuses, auxquelles les anciens
attribuaient des propriétés merveilleuses
comme médicaments. On dit aussi *terres bolaires* ou *terres sigillées*. Ces terres se rencontrent en masses amorphes de diverses couleurs : jaune, noire, brune ou d'un rouge
éclatant, dérivant toutes de l'oxyde de fer.
Le bol est un silicate d'alumine contenant
toujours plus ou moins d'oxyde de fer avec
des traces de chaux et de magnésie. On l'emploie pour la fabrication de certains fards,
pour relever les taches de graisse et pour raper
des pipes de fumeurs. — Bol d'Arménie ou
terre de Lemnos, terrecompacte, rouge, grasse,
happant la langue, que l'on trouve en Arménie, en Perse, en Toscane, en Silésie et en
France. On l'emploie comme hémostatique
et astringent.

* BOL ou Bolus s. m. (bol; bo-luss) (gr. *bôlos*,
bouchée). Méd. et Pharm. Petite boule composée de substances médicinales, qu'on prend
seule, ou enveloppée de pain à chanter : *casse
en bol*; *bolus de casse*; *des bols*. — Bol alimentaire, pelote formée par les aliments qui vont
être avalés après la mastication.

* BOL s. m. (altération mot anglais *Bowl*).
Coupe, vase demi-sphérique, qui sert à prendre certaines boissons, telles que le lait, le
punch, etc.: *bol de porcelaine, de faïence, d'argent.* — Ce qu'un bol peut contenir : *bol de
lait, de tisane.*

BOL. I. (Ferdinand), peintre hollandais
(1611-'81); fut élève de Rembrandt et fit
d'excellents portraits. — II. (Hans), peintre
et graveur flamand (1534-'93); il a laissé de
belles miniatures.

BOLA, *Bolæ* ou *Volæ* (Bolanus), anc. ville
des Èques.

* BOLAIRE adj. Ne s'emploie que dans cette
dénomination, *Terre bolaire*, bol, argile très
fine et rougeâtre, telle que la terre de Lemnos : *c'est avec les terres bolaires que se font
les terres sigillées* (Acad.).

BOLAN, défilé situé dans les montagnes au
N.-E. du Béloutchistan, sur la route qui mène
de l'Inde inférieure au plateau de l'Afghanistan. Il consiste en une succession de ravines
étroites.

BOLAS s. m. (bo-lass), arme offensive que
les Indiens et les Gauchos des plaines de l'A-
mérique du Sud emploient principalement
pour capturer les animaux sauvages. C'est une
espèce de fronde composée de 2 balles couvertes de cuir et réunies par une courroie de
6 à 8 pieds de long. Ces balles peuvent être
en pierre, en fer ou en bois; on lance l'arme
en lui imprimant un mouvement de rotation
autour de la tête.

BOLBEC. I. Petite rivière qui passe à Bolbec
et se jette dans la Seine en face de Quillebeuf,
après un cours de 28 kil. — II. Ch.-l. de cant.
arrond. et à 35 kil. E.-N.-E. du Havre, sur la
Bolbec, qui sert de force motrice à plusieurs
usines; 10,500 hab. Etoffes de laines, toiles et
coton.

BOLDETTI (Marc-Antoine), antiquaire italien (1663-1749), fut inspecteur des cimetières
de Rome et publia: *Osservazioni sopra i cimiteri
de santi martiri ed antichi christiani di Roma.*
(Rome, 1720).

BOLDUC s. m. Ruban de fil étroit, ordinairement rouge, dont on sert pour attacher les
paquets.

BOLÉRO s. m. Danse espagnole très vive,
mais moins fougueuse et plus décente que le
fandango. — Air approprié à cette danse.

BOLESLAS [bo-less-lâss], nom de cinq rois
ou ducs de Pologne. — I. Boleslas Khrobrii
ou le Vaillant, duc de Pologne, fils et
successeur du duc Mietchislaf (992), couronné
roi en 1001, propagea le christianisme, battit
les Russes, s'empara de la Chersonèse cimbrique, de la Prusse et de la Poméranie.
Après un règne glorieux de trente-trois ans,
il laissa le trône à son fils Miecislas. — II.
Boleslas le Hardi, né en 1042, mort en 1090,
fils et successeur (1058) de Casimir Ier. Il remporta de grands succès sur les Russes, les
Hongrois et les Bohémiens; mais s'étant livré
à tous les excès, il fut excommunié et chassé;
après lui le titre de roi fut aboli. — III. Boleslas Krzywousty ou Bouche de travers,
fils de Vladislas Herman, duc en 1403, mort
en 4139. Il se distingua contre les voisins,
battit l'empereur Henri IV, près de Breslau
(1109) et finit par être vaincu par les Russes.
Il partagea ses États entre ses quatre fils. — IV.
Boleslas Crispus, fils du précédent, succéda
à son frère aîné Vladislas en 1447, mourut à
Cracovie en 1173; fut battu par les Prussiens
qui restèrent indépendants. — V. Boleslas
le Chaste, duc, né en 1220, fils et successeur
(1227) de Leszko V, mort en 1279. Demeura
chaste, ainsi que sa femme Cunégonde, fille
de Bella, roi de Hongrie. Il laissa lâchement
les Tartares envahir son pays.

* BOLET s. m. (lat. *boletus*). Bot. Genre de
champignons remarquables par les petits
tubes qui garnissent la surface inférieure du
chapeau, et dont les orifices ressemblent à
autant de pores : *l'amadou est une espèce de
bolet*; *le bolet comestible porte le nom de ceps.*

BOLEYN, Bullen ou Bouleyne (Anne) [bou-

lènn], seconde femme de Henri VIII d'Angleterre et mère de la reine Elisabeth, née vers
1500, décapitée le 19 mai 1536. Elle passa une
partie de sa jeunesse à la cour de France,
près de Marie d'Angleterre, qui épousa
Louis XII. Sa conduite plus que légère lui
avait valu le surnom de *la Haquenée d'Angleterre*. Attachée ensuite à Catherine d'Aragon,
première femme de Henri VIII, elle inspira à
ce prince une telle passion qu'il demanda son
divorce. L'opposition du pape poussa le souverain anglais dans le schisme. Enfin, Cranmer, archevêque de Cantorbéry, prononça le
divorce, après cinq années de troubles et d'a-
gitation. Anne Boleyn épousa le roi, le 25 janvier 1533 ; mais elle ne régna pas longtemps;
elle fut bientôt supplantée par une de ses
filles d'honneur, Jeanne Seymour. Henri,
pour se débarrasser d'elle, l'accusa d'adultère
et d'inceste. Jugée par une commission de
pairs, elle fut condamnée à mort et exécutée,
malgré ses protestations d'innocence.

BOLGRAD, ville de Moldavie, sur le lac Yal-
pukh, à 45 kil. N.-N.-O. d'Ismaïl; 10,500 hab.
Elle appartint à la Bessarabie jusqu'en 1857.

* BOLIDE s. m. (gr. *bolis, bolidos*, jet). Astron. Météore qui traverse le ciel avec rapidité,
s'enflamme dans notre atmosphère, laisse après
lui une traînée lumineuse et fait souvent explosion, donnant lieu à une chute d'aérolithes.

BOLINGBROKE (Henry Saint-John**, comte)**
[bol'-igu-brou-ke], homme d'État anglais
(1678-1751). Membre du parlement, il se joignit au tories, devint secrétaire de la guerre
(1704-'8), secrétaire d'État pour les affaires
étrangères (1710), par (1712), premier ministre quelques jours avant la mort de la reine
Anne (1714) et fut révoqué par Georges Ier,
qui le soupçonnait de comploter la restauration des Stuarts. Il s'enfuit en France sous
un déguisement, devint premier ministre titulaire du prétendant Jacques III, épousa une
nièce de Mᵐᵉ de Maintenon, rentra dans son
pays, en 1723, recouvra ses propriétés et écrivit des pamphlets contre le ministère Walpole. Il résida de nouveau en France de 1735
à 1742. Ses œuvres réunies, publiées en 1754
(5 vol. in-4°), consistent principalement en
études politiques, historiques et théologiques.

BOLINTINEANO (Demeter), poète et publiciste roumain (1826-'72), a laissé des ballades
et des poèmes lyriques ayant rapport à sa
patrie. En 1864, il fut nommé conseiller
d'État.

BOLIVAR s. m. Chapeau évasé à la mode
en 1820.

BOLIVAR (Simon), espagnol : Bolivar y
Ponte, libérateur de la Colombie, né à Caracas en 1783, mort le 17 décembre 1830. Il fut
l'un des rares créoles auxquels le gouvernement d'Espagne permettait de faire ses
études à Madrid, et il obtint ensuite l'autorisation de visiter le reste de l'Europe. De
retour en Amérique, après avoir épousé la
fille du marquis d'Ustariz, il se joignit en
1811 aux insurgés, comme lieutenant-colonel, dans l'état-major du général
Miranda, qui lui confia le commandement de
Puerto Cabello. Les Espagnols ayant recouvré
Vénézuéla, en 1812, Bolivar organisa contre
Carthagène une expédition insurrectionnelle,
à la tête de laquelle il entra à Caracas, le
8 août 1813. Il se fit proclamer « dictateur
et libérateur des provinces occidentales de
Vénézuéla », se laissa battre deux fois par le
général espagnol Boves, en 1814, répara ses
forces à Tunja, où le Congrès de la Nouvelle-
Grenade lui donna le titre de commandant
en chef, titre dont il ne jouit pas longtemps,
car désespérant de vaincre les Espagnols, il
se retira à Kingston (Jamaïque). Peu après,
les fautes des oppresseurs de l'Amérique

ayant de nouveau surexcité les esprits, Bolivar se mit, en 1316, à la tête d'une nouvelle expédition destinée à délivrer Vénézuéla; il prit le titre de commandant en chef des républiques de Vénézuéla et de Nouvelle-Grenade. Battu près d'Ocumare, par le général espagnol Morales, il se réfugia aux Cayes; mais au bout de quelques mois, un groupe .mportant de chefs militaires vénézuéliens le rappela. Le 16 février 1817, il battit Morillo à Barcelona. Les provinces de Guiana ayant été débarrassées des Espagnols, un Congrès provincial confia le pouvoir exécutif à un triumvirat dont Bolivar fut membre. Il ne tarda pas à dissoudre le congrès ainsi que le triumvirat; il établit un suprême conseil de la nation, avec lui-même comme chef. En 1818, après plusieurs batailles, il perdit toutes les provinces septentrionales du bas Orénoque; tandis que dans le haut Orénoque, Paez, chef des *Llaneros*, était constamment victorieux. En 1819, il recruta une nouvelle armée, fit une marche extraordinaire à travers les Andes, remporta des victoires signalées, entra triomphalement, le 10 août, à Bogota dont les habitants l'acclamèrent comme leur libérateur. Le 17 décembre, les deux républiques de Vénézuéla et de Nouvelle-Grenade s'unirent sous le nom de Colombie, et Bolivar fut élu président. Dans la république de Vénézuéla, la guerre fut terminée par la victoire de Bolivar et de Paez à Carabobo, le 24 juin 1821. — En 1823, Bolivar marcha sur Lima, que les royalistes se hâtèrent d'évacuer et, le 10 février 1824 il fut proclamé dictateur du Pérou. Ensuite, il traversa les Andes, battit l'armée espagnole dans les plaines de Junin, le 6 août, il résigna la dictature du Pérou, le 10 février 1825. Les provinces du haut Pérou lui rendirent hommage en prenant le nom de Bolivie et en le nommant protecteur perpétuel. Des factions ayant troublé l'ordre dans la Colombie, il vint à Bogota en 1826, s'empara de la dictature et fut, peu de temps après, réélu président. De nouvelles factions le forcèrent d'abdiquer le pouvoir en 1830. On l'accusait d'aspirer à la couronne impériale.

BOLIVIE, Republica Boliviana, république de l'Amérique méridionale, située entre 10° et 20° lat. S. et entre 59° 45' et 72° 50' long. O.; bornée par le Pérou, le Brésil, le Paraguay, la Confédération Argentine, le Chili, et l'océan Pacifique. Sa superficie était évaluée en 1875 à 1,297,225 kil. carr.; mais en 1878, la république de Bolivie a perdu la partie du Grand-Chaco située entre 22° lat. S. et le Rio Pilcomayo. La Bolivie renferme environ **2** millions d'habitants, chiffre dans lequel ne sont pas compris 250,000 Indiens non civilisés. Capitale Sucre ou Chuquisaca. La république est divisée en neuf départements, dont voici le tableau:

DÉPARTEMENTS	Habitants	CHEFS-LIEUX
La Paz...............	515.000	La Paz
Cochabamba...........	395.000	Cochabamba.
Potosi...............	345.000	Potosi.
Chuquisaca...........	255.000	Sucre.
Oruro...............	146.000	Oruro.
Santa-Cruz...........	185.000	Santa-Cruz.
Tarija...............	125.000	Tarija.
Beni...............	75.000	Trinidad.
Atacama............	25.000	Bobija.
Total...........	**2.075.000**	
.ndiens sauvages....	250,000	
Population totale.....	**2.325.000**	

Les départements se subdivisent en lo provinces, celles-ci en cantons; chaque canton se compose d'un village chef-lieu et de hameaux ou de métairies. Les départements sont régis par des préfets, les provinces par des gouverneurs, subalternes des préfets; les cantons par des corégidors et des alcades de campagne assujettis aux gouverneurs. Le quart de la population appartient à la race espagnole pure de tout mélange. Un grand nombre d'habitants sont cholos (métis d'Indiens et de blancs) ou zambos (métis d'Indiens et de nègres). Le surplus se compose d'Indiens civilisés, de noirs et de mulâtres. Les aborigènes se distinguent en Aymaras, Quichuas, Moxos, Chiquitos, etc. — Topogr. Les côtes sur le Pacifique ne mesurent guère que 400 kil., y compris les sinuosités; à l'intérieur s'étend un désert sablonneux et aride qui n'est habitable que le long des rivières. Les moyens de transport y sont extrêmement limités. La Bolivie se divise en trois régions principales: la *Côte*, de l'océan Pacifique au pied des Andes, presque partout sablonneuse, stérile, peu habitée, dédaignée jusqu'à ces derniers temps, où l'on y a découvert d'immenses gisements de guano et de nombreuses mines de lignite, de salpêtre, de cuivre, d'argent et d'or; la *Sierra*, entre les deux rameaux des Cordillères, célèbre par ses inépuisables mines du Potosi; les *Yungas*, chaudes et fertiles vallées du versant oriental; elles présentent une végétation merveilleuse. — Climat. Glacial sur les cimes neigeuses; tempéré sur les plateaux; très chaud dans les vallées. L'année se divise en deux saisons: 1° saison humide, de novembre à avril, période pendant laquelle il pleut chaque jour; les nuits sont fraîches et même froides; 2° l'hiver, de mai à octobre, période pendant laquelle on ne voit ni pluie ni neige. Le commencement et la fin de l'été sont annoncés par des tempêtes de neige. Les tempêtes de grêle et de tonnerre sont fréquentes et terribles dans les régions montagneuses, et plusieurs maladies particulières rendent extrêmement désagréable le séjour de la Bolivie. Au sud de la Cordillère royale, une chaleur étouffante et humide donne naissance à des fièvres intermittentes. Dans les vallées des Yungas, le goître est fréquent; mais il n'est pas accompagné de crétinisme comme dans certaines parties de l'Europe. — Orographie. Le territoire de la Bolivie contient les plus hautes montagnes de l'Amérique du Sud. C'est à Chuquisaca que se trouve le *divortia aquarum*, ou grande ligne de partage des immenses bassins de l'Amazone et de la Plata. Vers le S.-O., ces immenses montagnes se divisent en deux systèmes, appelés Cordillères occidentales et Cordillères orientales ou royales, ces dernières consistant en plusieurs rameaux très élevés. Ces deux chaînes des Andes courent vers le nord et s'y réunissent au nœud d'Apolobamba. Elles renferment des volcans et des pics qui dépassent la ligne des neiges perpétuelles. C'est là que se trouvent le Sorata, aujourd'hui considéré comme le pic culminant de l'Amérique (7,695 m.) et l'Illimani (7,000 m.). Au delà des contrées montueuses qui s'étendent dans la vallée du Rio Grande ou Guapey jusqu'à 600 kil. de la côte, gît la plaine du grand Moxos, laquelle est inondée pendant la saison humide, au point que les bateaux peuvent circuler au milieu des épaisses forêts qui la couvrent. Entre les deux grandes Cordillères, se trouve la vallée de Desaguadero, appelée aussi haut plateau des Andes boliviennes; cette vallée mesure en longueur plus de 180 lieues espagnoles de 17 1/2 au degré, sur 30 à 35 lieues de largeur; elle est à 4,000 mètres au-dessus de la mer, et renferme le fameux lac de Titicaca, dont le trop plein s'écoule par le rio Desaguadero, lequel aboutit au lac de Pampa-Aullagas. — Hydrogr. Toutes les grandes rivières de la Bolivie se dirigent vers l'Atlantique. Le Beni et le Mamoré courent au N. pour former le Madeira. Parmi les tributaires du Mamoré, on remarque le Rio Grande et l'Iténez ou Guaporé. Le Pilcomayo et le Bermejo sortent vers le S.-E. et entrent dans le Paraguay. Le Pacifique reçoit seulement quelques torrents et le Loa qui sert de frontière à la Bolivie du côté du Pérou. — Les hauts plateaux renferment plusieurs lacs, parmi lesquels celui de Pampa-Aullagas et celui de Titicaca, le plus important de l'Amérique du Sud. — Ports et mouillages, du N. au S.: Loa, Arema, village de pêcheurs; Paquiqui; Algodonales; l'anse Cooper; Cobija; Mejillones; la Herradura; le havre Consulution; baie Morena ou Playa Brava; anse Jara. — Géol. Des conglomérats trachytiques en différents états de décomposition constituent l'élément dominant dans la formation de la Cordillère maritime et des parties les plus élevées de la vallée de Desaguadero. Dans la Cordillère orientale, le granit prévaut sur les pics élevés. Les monts Chiquito sont formés de gneiss que recouvrent des stratifications siluriennes. Les dépressions se sont emplies de dépôts sédimentaires qui contiennent les restes fossiles de mammifères d'une taille colossale. — Minéraux. La richesse minérale de la Bolivie consiste principalement dans ses mines d'argent presque inépuisables; la seule montagne de Cerro de Potosi produit annuellement pour douze millions de métal. On a découvert de riches mines d'argent dans la Sierra del Limon Verde, près de Calamar, et dans plusieurs autres parties de la république. L'or se rencontre également dans les montagnes. Les mines d'étain d'Oruro sont classées parmi les plus riches de l'univers et le cuivre abonde dans les montagnes aux environs de Corocoro. La Bolivie produit des pierres précieuses telles que les topazes, les émeraudes, les opales, les jaspes, les lapis-lazuli de Lipez et d'Atacama; les hyacinthes de Santo-Corazon; les améthystes de Candelaria; et la timpanite ou pierre sonore de Salinas; des cristaux de roche, du cobalt, du plomb, du mercure natif, du sel gemme, du phosphore, des sulfates et du zinc. Mais ces immenses richesses sont encore improductives, faute de voies de communication. Le territoire renferme d'innombrables sources thermales. — Végétaux. « Les conditions topographiques de la Bolivie doivent nécessairement faire de ce pays une des régions botaniques les plus riches en produits variés. A l'E., en effet, dans les immenses plaines boisées, où les Indiens errent encore en liberté, la végétation tropicale se développe avec toute son exubérance, tandis qu'en s'élevant peu à peu sur les flancs et dans les hautes vallées des Andes, on rencontre successivement toutes les formes de plantes qui caractérisent les zones tempérées et les zones froides, jusqu'à ce que la vie végétale expire enfin à la limite inférieure des neiges éternelles. La vaste étendue et l'élévation du plateau central favorisent encore, d'une manière exceptionnelle, la croissance des types végétaux inconnus ordinairement sous ces latitudes. » En première ligne des plantes indigènes qui croissent à l'état sauvage sur le territoire de la Bolivie, il faut citer la pomme de terre, le coton, plusieurs céréales et presque tous les fruits des zones tropicales et des zones tempérées. Le café et le cacaotier se trouvent en très grande quantité dans toute l'étendue des Yungas. Le cacaotier vient particulièrement sur les territoires des Mojos et des Chiquitos et sur les bords des affluents de l'Amazone supérieure. Le café gagne en volume dans les plaines; mais il y perd en saveur; il est toujours supérieur dans les pays élevés. Celui des Yungas est tellement estimé qu'on le classe à côté du Moka. La province de Beni et celle de Santa-Cruz produisent une espèce de tabac réputé l'égal de celui de la Havane. Les plantes alimentaires du pays sont plusieurs variétés de pommes de terre et de racines: manioc (*yucca*) et ignames; les céréales, les fruits et les légumes de l'Europe, la vigne, l'olivier, la canne à sucre, l'algarobas, la vanille, le café, le maïs, les bananes, le cacao, le tabac, l'*arundo donax* et surtout la *yerba maté* et la fameuse coca. En tête des plantes médicinales, il faut placer le quinquina, puis le yaravisca qui est, dit-on, plus puissant que le quina contre les fièvres intermittentes ; le chiriguano, qui arrête les hémorragies ; la salsepareille, le galac ; le copaiba, le jalap, la valériane, l'ipécacuanha et toute sorte de plantes à baume, à gomme et à huiles essentielles. Plantes textiles : coton, lin, chanvre, sparte, agave, aloès, mapujo. Dans de vastes et épaisses forêts se trouvent tous les bois de construction et de teinture, l'ébène, le bois de rose, l'acajou, le cèdre, le bois brésil, et la meilleure espèce de quinquina, (cinchona calisaya). — ANIMAUX. Le llama, l'alpaca, le guanaco et la vigogne errent en grand nombre sur les régions élevées. Partout se rencontrent le cheval, l'âne et la mule. De grands troupeaux de bêtes à cornes trouvent leur pâture dans les plaines ; tandis que les forêts sont infestées de pumas ou couguars, de jaguars, d'ocelots, de chats sauvages, d'ours et de plusieurs espèces de singes. On chasse le pecari pour l'empêcher de détruire les récoltes, le chinchilla pour s'emparer de sa fourrure, le tapir, le carpincho (cochon de rivière), le paresseux, le glouton, l'armadillo et deux espèces de sangliers pour se nourrir de leur chair. Parmi les oiseaux, on distingue le condor, le gallinazo, plusieurs espèces de faucons et le nandou. Les plus redoutables reptiles sont le crotale ou serpent à sonnettes et l'anacondo. Dans les rivières pullulent les caïmans. — VOIES DE COMMUNICATION. Il y a peu de routes. Jusqu'à ces dernières années les immenses ressources agricoles et minérales de ce pays sont demeurées improductives, faute de moyens de communication. On s'occupe activement d'améliorer les voies navigables en faisant disparaître les obstacles qui obstruent les rivières. En 1872, une ligne ferrée unissant La Paz au port d'Aygacha sur sur le lac Titicaca a été livrée à la circulation et une seconde ligne (d'Autofagasta à Solar, 50 kil.) a été terminée en septembre 1874. Plusieurs autres voies sont en construction. — INDUST. Travail d'un grossier coton, de vêtements d'une fine étoffe en poils de llama ; bonnets de laine ou de vigogne, ustensiles, cordages, cuirs, fourrures et verres. — COMM. Limité à l'importation de cotonnade, de quincaillerie, d'ameublement, de joaillerie et de soieries en échange de quinquina, de guano, de minerai de cuivre, d'étain, de borax, de bois, de fourrures, de laines et de bonnets de laine. 25 millions de francs à l'importation ; 28 millions à l'exportation. — CONSTIT. La constitution établie par Bolivar, libérateur de la Bolivie, date du 25 août 1826 ; mais d'importantes modifications y furent apportées en 1828, 1834 et 1863. Le pouvoir exécutif est confié à un président élu pour quatre années ; l'autorité législative appartient à un congrès de deux chambres, l'une appelée le sénat et l'autre le corps législatif, toutes les deux élues par le suffrage universel. Le président nomme son vice-président et son ministère, composé de quatre départements : Intérieur et Affaires étrangères ; Finances et Industrie ; Guerre ; Justice et Travaux publics. Presque toujours la puissance suprême est prise de vive force par quelque général que ses soldats portent au pouvoir et qui, à défaut de toute sanction populaire, maintient sa dictature par la force des armes contre ses rivaux militaires. Ce système d'élection entretient le pays dans un état perpétuel de guerre civile. Le siège du gouvernement, autrefois à La Paz, a été transporté en 1869, dans la ville fortifiée d'Oruro ; mais la ville de Sucre se proclame capitale. — ARMÉE. 2,000 soldats commandés par 8 généraux, 359 officiers supérieurs et 654 officiers subalternes. L'armée coûte par an deux millions de pesos. — RELIGION. La religion catholique est celle de la plupart des habitants. Archevêché métropolitain à La Plata (Charcas) ; évêchés à Le Paz

69

à Cochabamba et à Santa Cruz de la Sierra. Il y a trois universités et environ 350 écoles. — FINANCES. Recettes : trois millions de bolivianos; dépenses quatre millions et demi de bolivianos ; dette : 85 millions de francs. — MONNAIES. L'unité est le peso ou boliviano de 100 centomas. Le peso est censé représenter le dollar (5 fr.) ; mais des altérations successives ont fait descendre sa valeur réelle à 3 francs environ. — POIDS ET MESURES, comme à Buenos-Ayres. — HIST. Primitivement appelée Présidence de Charcas et ensuite Haut-Pérou, la Bolivie forma, après 1776, une partie de la vice-royauté de Buenos-Ayres. Une insurrection des Indiens commandés par Tupac-Amarou Andres ne fut réprimée qu'avec les plus grandes difficultés en 1780-'2. Le pays tout entier, soulevé à la voix de Bolivar, proclama son indépendance le 6 août 1824 et l'établit définitivement par la victoire d'Ayacucho le 9 décembre de la même année. En l'honneur de Bolivar, il prit le nom de Bolivie le 11 août 1825, assembla son premier congrès le 25 mai 1826, eut son premier président, le général Sucre, en 1826 et vit éclater sa première révolution militaire en 1828. Depuis cette époque, la Bolivie n'a plus connu le repos. Aux troubles civils se joignit, en 1866, la guerre contre l'Espagne qui attaquait le Chili. A la fin des hostilités, fut signé un traité qui établit le vingt-quatrième parallèle comme frontière entre la Bolivie et le Chili. Pour donner une idée de l'état d'anarchie dans lequel se trouve plongé ce pays, il nous suffira de rappeler le sort de ses derniers présidents. José de Acha fut renversé le 28 décembre 1864, par le général Melgarejo qui le remplaça. Balzu, ayant soulevé le peuple en mars 1865 fut tué dans un combat, et Melgarejo maintint son pouvoir, malgré plusieurs révoltes, jusqu'en 1871, époque où il fut exilé. Son successeur, A. Morales, périt assassiné en janvier 1873 et fut remplacé par Thomas Frias que renversa le général Hilarion Daza, le 4 mai 1876.— Une guerre malheureuse avec le Chili, commencée en 1879 et pendant laquelle le Pérou intervint en faveur de la Bolivie, a dépossédé cette dernière puissance des riches pays miniers situés au sud du 23e degré de lat. S. Voy. CHILI. — BIBLIOGA. A. D. d'Orbigny (1835-'40 ; 7 vol.) ; comte d'Ursel : Sud-Amérique, Paris, 1879.

BOLKHOV, ville de la Russie d'Europe, à 55 kil. N. d'Orel ; 19,500 hab. Fabr. de gants, de chapeaux, de cuirs, etc.

BOLLAND ou Bollandus (Jean), jésuite flamand, né à Tirlemont (Pays-Bas), est devenu célèbre pour avoir entrepris les Vies des Saints du calendrier romain (Acta Sanctorum), dans l'ordre chronologique, et sous les auspices des autorités ecclésiastiques. Les écrivains qui continuèrent après lui ce grand travail reçurent le nom de BOLLANDISTES.

* BOLLANDISTES s. m. pl. (de Bolland), nom donné aux jésuites d'Anvers qui, de 1643 à 1794, publièrent à Anvers, à Bruxelles et à Tougerloo, la collection connue sous le nom d'Acta Sanctorum. Jean Bolland, assisté de son collègue Henschen, mit en œuvre les matériaux réunis par Héribert Rosweyde (d'Utrecht) et compléta son travail pour les mois de janvier, de février et une partie de mars. Papebroek et plusieurs autres continuèrent ce travail, qui fut interrompu en 1794 ; il était complet jusqu'au 6 octobre et en était au 53e vol. Cette collection, reprise en 1837 sous le patronage du gouvernement belge, fut abandonnée en 1867. Il formait 60 vol. et s'arrêtait au 29 octobre.

BOLLÈNE, ch.-l. de cant., arr. et à 20 kil. N. d'Orange (Vaucluse), sur la rive droite du Lez ; 5,000 hab. Vers à soie, filatures, céréales, huile de ricin, vins, fourrages ; terre réfractaire ; vases poreux pour les piles électriques. Ruines antiques.

BOLLMANN (Eric), médecin allemand (1769-1821) ; il s'établit à Carlsruhe, puis à Paris et s'enfuit à Londres, en 1792. Il fut arrêté et resta prisonnier pendant près d'une année pour avoir, à l'instigation de Lally-Tollendal, coopéré à la tentative d'évasion de Lafayette, à Olmütz. Réfugié aux Etats-Unis, il y fut compromis dans la conspiration de Burr ; et il revint à Londres. Il a écrit sur l'économie politique.

BOLOGNA (Giovanni da), sculpteur, né à Douai vers 1524, mort en 1608. Il passa la plus grande partie de sa vie dans la ville de Florence qui conserve ses chefs-d'œuvre : « Enlèvement des Sabines» groupe en marbre et « Mercure » en bronze. Il a laissé la célèbre fontaine de Bologne, et on suppose que c'est de là que vient son nom.

BOLOGNE. I. Province d'Italie, entre celles de Ferrare, de Ravenne, de Florence et de Modène. 3,604 kil. carr.; 439,500 hab. Principale rivière : le Reno, qui se jette dans le Po di Primaro, près de Ferrare. Au S., cette province est bornée par les Apennins ; au centre, elle s'étend en une vaste plaine très productive en vins, grains, figues, huiles, chanvre, etc. — II. Capitale de la province ci-dessus (ital. Bologna ; anc. Bononia) grande cité entourée de murailles, au pied des Apennins, entre les rivières Savena et Reno, à 305 kil. N.-O. de Rome ; 116,000 hab. On y remarque : la piazza Vittorio-Emmanuele, place ornée d'une célèbre fontaine ; la piazza del Gigante, la piazza d'Armi ; les deux fameuses tours penchées (Asinelli, 83 m. de haut; et Garisenda, 44 m.), toutes deux construites au XIIe siècle ; une Bourse ; la casa Rossini, maison construite par l'illustre compositeur, en 1825 ; la casa Lambertini où naquit le pape

Tours penchées de Bologne.

Benoît XIV ; les maisons de Galvani, de Guercino et de Guido ; 130 églises, parmi lesquelles l'ancienne cathédrale, l'église de San Bartolommeo di Ravegnana, San Bartolommeo di Reno renfermant des tableaux de Carrache, San Domenico (avec les tombeaux de saint Dominique, du roi Enzio, de Taddeo Pepoli et de Guido) ; la basilique de San Petronio, fondée en 1390 et la plus vaste église de Bologne ; (c'est dans cette basilique que fut couronné l'empereur Charles-Quint par Clément VII, en 1530 ; et sur les pierres qui lui servent de dalle, Cassini traça sa ligne méridienne) ; l'église San Stefano, très vaste et très ancienne ; l'université, fondée, à ce que l'on prétend, par Théodore II, en 425, et qui devint le principal centre de l'enseignement au moyen âge (au XIVe siècle, on y pratiqua les premières dissections, et plus tard sa renommée s'aug-

L.

menta par la découverte du galvanisme, on y compte environ 600 étudiants); la bibliothèque, riche de 200,000 volumes et de 6,000 manuscrits; l'académie des beaux-arts, fondée par le pape Clément XIII et contenant la célèbre *Pinacoteca* ou galerie de peinture des maîtres bolonais; l'*Académie filarmonica*; le *Liceo filarmonico* (avec une bibliothèque de 17,000 vol. de musique imprimée et les collections de Martini); le *Campo santo*, l'un des plus beaux et des plus vastes cimetières d'Italie; les ruines des prétendus bains de Marcus et d'un temple d'Isis. De tous les objets de l'industrie bolonaise le plus connu est le saucisson appelé *mortadelle*. La race pure des espèces de barbets appelés chiens bolonais, devient de plus en plus rare. Il se fait à Bologne un commerce très actif portant principalement sur les soieries. — Cette ville, fondée par les Étrusques, s'appela d'abord Felsina; en 189 av. J.-C., elle devint colonie romaine sous le nom de Bononia; Charlemagne en fit une ville libre; au XIIᵉ siècle, elle atteignit le zénith de sa puissance comme cité républicaine. Elle se donna volontairement au pape en 1513, fut réunie à la république cisalpine en 1797, puis incorporée au royaume d'Italie. A la chute de Napoléon Iᵉʳ, elle fut rendue au pape. Le 14 août 1848, une tentative d'occupation autrichienne fut repoussée par le peuple. Les Autrichiens revinrent à la charge l'année suivante et après une résistance de huit jours et un furieux bombardement, la ville se rendit, le 16 mai 1849. Une garnison autrichienne l'occupa jusqu'en 1859. Les Français l'ayant délivrée, elle se donna à Victor-Emmanuel, en 1860. — Lat. (à l'observatoire) 44° 29' 47" N.; long. 9° 0' 59" E.

BOLONAIS, AISE s. et adj. Qui est de Bologne; qui a rapport à cette ville ou à ses habitants.

BOLONCHEN, village du Yucatan, à 95 kil. E.-N.-E. de Campêche; on y remarque neuf anciens puits creusés dans le rocher, à une profondeur de 400 pieds, et une caverne qui produit de l'eau quand les puits viennent à en manquer, et qui est profonde de plus de 450 pieds.

BOLOR TAGH ou **Palolo Tagh**, portion occidentale de la chaîne des monts Karakorum, (Asie centrale) entre les sources du Gilgit et de la Nahra, affluents de l'Indus, et séparant le Cachemire du Turkestan chinois. Le nom de Bolor ou Belur Tagh est fréquemment appliqué à une prétendue chaîne qui réunirait les monts Thianshan et les monts Kuenlun, sur la frontière occidentale du Turkestan chinois.

BOLSENA [bol-sè-na], anc. *Volsinii*, ville d'Italie, sur le lac Bolsena, à 90 kil. N.-N.-O. de Rome; 2,750 hab. Volsinii était une des plus puissantes cités étrusques. Les Romains la prirent et la rasèrent en 280 av. J.-C. Il reste quelques vestiges de la ville qu'ils construisirent plus tard sur le même emplacement. Le lac de Bolsena, long de 13 kil., large de 10, nourrit de délicieuses anguilles bien chères aux gourmets italiens. Il renferme deux îles, Martana et Bisantina, et se décharge dans la Méditerranée par la rivière Marta.

BOLSWERT ou **Bolsward**. I. (Boetius-Adam), dessinateur et graveur hollandais (1580-1634), a exécuté de belles gravures sur les dessins de Bloemaert et de Rubens. — II. (Scheltius), frère du précédent, né en 1586, se distingua particulièrement par les gravures d'après les chefs-d'œuvre de Rubens et de Van Dyck.

BOLTON ou **Bolton-le-Moors** [bôl'-t'n], ville du Lancashire (Angleterre), à 18 kil. N.-O. de Manchester; 82,800 hab. Principal centre des manufactures de coton en Angleterre. Ses blanchisseries et ses teintureries peuvent être considérées comme les plus importantes du Royaume-Uni et elle possède de vastes fonderies, ainsi que des imprimeries sur étoffes.

* **BOLUS** s. m. Voy. BOL.

BOLZANO. Voy. BOTZEN.

BOLZANO (Bernhard) [bol-dzâ'-nc], philosophe allemand et théologien catholique, né à Prague en 1781, mort en 1848. Professeur de théologie à Prague (1005-'20), il fut suspendu de ses fonctions à cause du libéralisme de ses tendances. Il a laissé : *Exposé de la logique* (1837, 4 vol.); *Manuel religieux* (1834, 4 vol.), etc.

Baie de Bombay.

BOMARSUND. .. Canal étroit, situé entre l'île d'Aland et celle de Vardö, à l'entrée du golfe de Bothnie. — II. Ancienne place forte située à l'extrémité nord de la vaste baie de Lumpar (île d'Aland). Une flotte anglo-française la bombarda du 13 au 16 août 1854. Elle capitula et ses fortifications furent détruites. La Russie s'engagea, par le traité de 1856, à ne pas relever la forteresse de Bomarsund.

BOMBA (Il re) [ital. il-rè-bomm'-ba] (ital. *le roi Bombe*). Sobriquet sous lequel on désignait le roi des Deux-Siciles, Ferdinand II, qui avait impitoyablement fait *bombarder* plusieurs villes révoltées.

BOMBACÉ, ÉE adj. (rad. *bombax*). Qui ressemble au bombax. — S. f. pl. Famille de plantes dicotylédones dialypétales hypogynes, voisine des malvacées. Principaux genres : baobab et bombax ou fromager.

BOMBAGE s. m. Action de cintrer le verre au four.

* **BOMBANCE** s. f. (lat. *pompa*, luxe). Bonne chère abondamment servie.

* **BOMBARDE** s. f. (gr. *bombos*, bruit). Se disait anciennement de certaines machines de guerre, dont on se servait pour lancer de grosses pierres. Après l'invention de la poudre, ce nom fut appliqué à quelques-unes des premières pièces d'artillerie. — Bâtiment construit pour porter des mortiers et lancer des bombes. — Jeu d'orgue, qui ne diffère du jeu de trompette que parce qu'il sonne l'octave au-dessous.

* **BOMBARDEMENT** s. m. Action de jeter des bombes, de bombarder.

* **BOMBARDER** v. a. Jeter, lancer des bombes.

* **BOMBARDIER** s. m. Artilleur qui lance des bombes. — RÉGIMENT DES BOMBARDIERS, corps créé par Louis XIV pour le service des obusiers et des mortiers.

BOMBARDON s. m. Instrument en cuivre, d'un son très grave et d'un puissant effet, sans clefs, à trois cylindres; dont l'étendue va du *fa* (une octave au-dessous des lignes va du *fa*) jusqu'au re au-dessous des lignes clef de *fa*) jusqu'au re au-dessous des lignes.

BOMBASIN s. m. Manuf. Étoffe de soie dont la fabrique a été apportée de Milan en France. — Espèce de futaine à deux envers.

BOMBAX s. m. [bon-bakss] Bot. Nom scientifique du *fromager*.

BOMBAY [bon-bè] (portug. *Boa-Bahia*, bonne baie). I. province de l'Inde anglaise, s'étendant sur 1,600 kilom., le long de la mer d'Arabie, entre 14° et 29° lat. N. et entre 64° et 75° long. E. et formant une bande de terre large de 400 à 500 kilom.; 322,343 kil. carr.; 16,349,206 hab. La division administrative nommée Sinde (voy. ce nom), couvre le nord de cette province, dans la vallée de l'Indus; on y rencontre quelques territoires fertiles au milieu de déserts incultes; le climat y est sec et étouffant. Un peu plus au sud, se trouvent les districts alluviaux qui entourent le golfe de Cambay. C'est un territoire plus grande portion de la province de Bombay, au S. de 20° de lat., est une bande maritime rugueuse et inégale, que l'on appelle les Deux-Concans; elle mesure 550 kil. de long, sur 40 à 80 de large, entre la mer et les Ghattes occidentales, qui n'y dépassent pas 1,200 mètres de haut. Le climat de cette région est aussi chaud mais plus humide que celui du Sinde. Dans l'île de Bombay, la température annuelle moyenne s'élève à 80° F., il y tombe 80 pouces d'eau. Les districts qui se trouvent sur le versant oriental des Ghattes reçoivent beaucoup moins de pluies et produisent le sucre et l'indigo, tandis que le coton et le riz sont cultivés dans les parties plus humides de la côte et que le froment, l'orge, le chanvre et le tabac prospèrent dans le Sinde. — La province de Bombay produit une quantité considérable de soie. L'administration est confiée à un gouverneur nommé par le gouvernement anglais et assisté d'un conseil législatif. La province est divisée en vingt-quatre districts qui sont distribués entre les trois commissariats de Sinde et les divisions dites de Bombay septentrional et de Bombay méridional. Les États indigènes soumis à la surveillance du gouverneur de Bombay, (comprenant ceux du Guzerate et du Cutch) comptent 9,272,073 hab. En 1878, il y avait 4,950 kil. de chemins de fer et 300 écoles dans la province de Bombay. La moyenne des importations est de 38 millions de francs; celle des exportations dépasse 50 millions. Les villes principales sont Bombay, Kurachée, Surate et Pounah. — II. Grande ville, cap. de la province ci-dessus, dans l'île de Bombay, (qui mesure 56 kil. carr., près de la côte O. de l'Inde, par 18° 56' 7" lat. N. et 70° 28' 58" long. E.); 644,500 hab. C'est la deuxième ville de l'Indoustan; elle rivalise avec Calcutta par son commerce, sa population et ses éta-

blissements publics. Irrégulièrement bâtie de maisons en bois ou en bambou, elle n'offre pas de monuments remarquables. Ce qui fait son importance, c'est son commerce, principalement avec la Chine, où elle envoie de l'opium, des perles et du bois de santal, en échange d'ivoire, de soie et d'épices qu'elle expédie ensuite en Europe. Les parsis constituent la classe indigène la plus influente au point de vue commercial, politique et social. Du port de Bombay, le plus profond et le plus sûr de toute cette côte, partent chaque jour des navires chargés de coton, de laine, de grains, de châles, de café, d'épices, de borahs de thé, de soie, de salpêtre, d'opium et de tabac. L'île de Bombay, visitée par les Portugais en 1509, fut acquise par eux en 1530. Ils la cédèrent avec Tanger et 300,000 livres au roi Charles II, pour servir de dot à sa femme, Catherine de Portugal, 1662, Charles II la transféra à la compagnie de l'Inde orientale en 1668. Saisie un instant par les Mongols, en 1690, elle revint à l'Angleterre et augmenta d'importance à mesure que les Anglais envahirent les terres voisines : Bancot, 1756 ; Salsette, 1775. Un évêché y fut établi en 1837 ; mais la ville contient relativement peu de chrétiens. Les deux principales castes religieuses sont les parsis (descendants des anciens Persans adorateurs du feu) et les rajahs issus des premiers indigènes qui se convertirent à l'islamisme). La haine entre ces deux castes riches, influentes et actives, ne connaît pas de bornes. Il a fallu l'intervention des troupes anglaises pour faire cesser une lutte armée qui ensanglanta la ville, du 13 au 15 févr. 1875, à propos d'un livre, la *Vie de Mahomet*, par Washington Irving, que les parsis avaient publié.

* **BOMBE** s. f. (gr. *bombos*, bruit). Globe de fer creux, qu'on remplit de poudre, qu'on lance avec un mortier, et qui, en arrivant à sa destination, éclate au moyen d'une fusée qui y est adaptée. — Les Français attribuent à Jean Bureau, maître général de l'artillerie de France, l'invention de ces engins de destruction (1452) : les Hollandais affirment que l'honneur en revient à un bourgeois de Vanloo (1495). Leur usage devint général au XVIe siècle : Hollandais, Espagnols, Français et Turcs les employèrent dans toutes leurs guerres de sièges. L'emploi des bombes à bord des navires est dû au Français Petit-Renau (bombardement d'Alger, 1er sept. 1682). — Sorte d'entremets glacé d'une forme ronde. — Fig. et fam., LA BOMBE CRÈVERA, LA BOMBE EST PRÈS DE CREVER, se dit lorsque quelque malheur est près d'arriver ou qu'un complot, une machination est près d'éclater ; ou simplement lorsqu'on attend l'issue prochaine d'un événement de quelque importance. On dit aussi, lorsqu'un événement est à craindre : GARE LA BOMBE ! — Fig et fam., IL EST TOMBÉ DANS NOTRE SOCIÉTÉ COMME UNE BOMBE, il est arrivé au moment où on l'y attendait le moins.

* **BOMBÉ, ÉE** part. passé de BOMBER. — VERRES BOMBÉS, verres auxquels on donne une forme convexe, arrondie, ovale, etc., et qui servent à couvrir des pendules, des vases, de petites statues, etc.

BOMBELLI (Raffaello) mathématicien bolonais du XVIe siècle. Dans son *Traité d'algèbre* (1572), il fut le premier à chercher la solution du « cas irréductible » ou « cas imaginaire » des équations.

* **BOMBEMENT** s. m. État de ce qui est bombé ; convexité.

* **BOMBER** v. a. Rendre convexe. *Bomber un chemin, une rue, un ouvrage de sculpture, d'orfèvrerie, de menuiserie*, etc. — Neutral, *ce mur bombe.*

BOMBERG (Daniel), imprimeur hollandais établi à Venise ; mort en 1549. Il imprima le

Thalmud babylonien (12 vol. in-fol.), une Bible et plusieurs autres ouvrages hébreux. Il se ruina par les dépenses qu'il fit pour porter son art à la perfection.

BOMBERIE s. f. Endroit d'une fonderie où l'on fond les bombes.

* **BOMBEUR** s. m. Celui qui fabrique et qui vend des verres bombés.

BOMBITE s. f. (de *Bombay*, parce que cette substance se trouve dans les environs de cette ville). Silicate compacte très finement granuleux, noir ou bleu, d'une densité de 3, 21, rayant le quartz et fusible au chalumeau en verre jaunâtre.

* **BOMBYX** s. m. [bon-bikss] (gr. *bombux*, ver à soie). Entom. Genre de lépidoptères nocturnes dont les principales espèces sont le *bombyx paon de nuit* ou *grand paon, bombyx du mûrier* ou *ver à soie*, le *bombyx livrée*, le *bombyx processionnaire*, etc.

BOMILCAR. I. officier carthaginois qui partagea avec Hannon le commandement des troupes contre Agathocle (310 av. J.-C.) ; en 308, il essaya de saisir le gouvernement de Carthage, mais il fut crucifié. — II. Officier chargé d'amener du renfort à Annibal, après la bataille de Cannes ; il n'osa secourir Syracuse assiégée par Marcellus. — III. Chef numide, confident de Jugurtha. Pendant un voyage qu'il fit à Rome, en compagnie de ce prince, il assassina Massiva (109 av. J.-C.) Plus tard, il trahit son maître pour les Romains et fut mis à mort par lui en 107.

* **BON, ONNE** adj. (lat. *bonus*). Qui a pour comparatif MEILLEUR. Se dit, tant au sens physique qu'au sens moral, de ce qui a les qualités convenables à sa nature, à sa destination, à l'emploi qu'on en doit faire, au résultat qu'on veut obtenir, une *bonne terre* ; un *pays ; une bonne odeur ; aimer les bons morceaux ; avoir un bon jugement, un bon esprit, une bonne tête.* — Se dit même des choses nuisibles, mais qui sont propres à produire l'effet qu'on en attend : *de bon arsenic.* — Se dit des choses ordinairement nuisibles ou désagréables dont l'effet est favorable : *une bonne pluie, une bonne gelée.* — Vrai, véritable, sur :

> Les amis de l'heure présente
> Ont le naturel du melon :
> Il faut en éprouver cinquante
> Avant d'en rencontrer un bon.

— En état de faire honneur à ses engagements : *c'est une bonne maison de commerce, une bonne caution, un bon garant.* — Franc, sincère, loyal : *c'est un bon Français, un bon patriote.* — Juste, fondé, légitime :

> Ne plaide point, suis l'avis qu'on te donne ;
> Laisse la le procès, crois-moi.
> Ton procureur t'a dit que ton affaire est *bonne* :
> Oui pour lui ; mais non pas pour toi.

— Qui est conforme à la raison, à la justice, à la morale, au devoir, à l'honnêteté : *des loyaux services ; les bonnes œuvres.* — Exact : *ce calcul est bon.* — Clément, miséricordieux : *Dieu est bon.* — Bienfaisant, favorable : *bon ange, bon génie.* — Humain, qui aime à faire du bien : *il n'est ni bon ni mauvais.* — Indulgent, affectueux, facile à vivre : *il a un bon caractère ; il est de bonne composition.*—Propre : *homme bon à tout faire ; vin bon à boire.* — De bonne humeur, de bon caractère, commode à vivre : *c'est un bon compagnon, un bon vivant, un bon garçon, un bon enfant, un bon diable.* — Crédule : *vous êtes bien bon de croire cela.* — Audacieux : *je le trouve bon de prétendre cela.* — Vigoureux, *se malade a encore le cœur bon.* — Qui excelle en quelque chose, en quelque profession : *un bon marcheur ; bon médecin ;* se dit aussi des choses, dans une acception analogue : *poule bonne couveuse ; chien de chasse.* — Avantageux, favorable, utile, convenable : *cela est de bon augure ; bon certificat ; bonne réputation ; arriver au bon moment ; un bon commerce ; j'ai eu ce livre à bon marché ; il est bon que vous le sachiez.* — S'ap-

plique, dans une acception analogue, à l'humeur, à la disposition d'esprit, aux manières d'une personne : *être en bonne humeur, de bonne humeur ; faire bon visage à quelqu'un ; lui faire bonne mine, bon accueil.* — Sert à donner plus de valeur et d'énergie aux substantifs avec lesquels il se joint : *il y a une bonne lieue d'ici là ; gagner de bonnes journées ; une bonne récolte ; quelle bonne aubaine ; faire un bon feu, ayez bon espoir, bon courage ; un bon coup d'épée ; une bonne fièvre ; c'est un bel et bon catarrhe.* — Y ALLER A LA BONNE FOI, TOUT A LA BONNE FOI, agir avec franchise, sans astuce, sans finesse. — BONNE SOCIÉTÉ, BONNE COMPAGNIE, société composée de personnes distinguées par leur éducation, leur politesse, leur bon ton. — Par injure ou par plaisanterie : C'EST UN BON COQUIN, UN BON FRIPON, UN BON DÉBAUCHÉ, UN BON VAURIEN, UNE BONNE PIÈCE, UNE BONNE LANGUE, UN BON BEC. On dit de même, par exclamation : LA BONNE PIÈCE ! LA BONNE LANGUE ! etc. — Fig. C'EST UNE BONNE ÉPÉE, UNE BONNE LAME, UNE BONNE PLUME, c'est un homme habile dans l'art de l'escrime, dans l'art d'écrire. — BON ANGE, ange gardien : *se recommander à son bon ange.* — Fig. VOUS SEREZ MON BON ANGE, vous me préserverez de malheur. — BON HOMME, se dit, par éloge, d'un homme d'esprit, plein de droiture, de candeur, d'affection : *c'est un homme de mérite, et un très bon homme.* Il ne faut pas confondre *bon homme* avec *bonhomme* (voy. ce mot). Un *bon homme* est un homme bon ; un *bonhomme* est un homme simple, peu avisé, qu'il est aisé de dominer et tromper ; dans les deux sens le pluriel est *bons hommes* ; mais dans le premier sens, on dit de préférence, au pluriel : *des bonnes gens ; ce sont des bonnes gens.* — Le féminin de *bon homme* et de *bonhomme* est *bonne femme.* — Fig. et fam. C'EST UN BON PRINCE, IL EST BON PRINCE, se dit d'un homme aisé à vivre, d'un homme qui a un caractère et des manières faciles. — Fig. et fam. IL EST BON COMME LE BON PAIN, COMME DU BON PAIN, c'est un homme extrêmement bon et doux. On dit dans le même sens : C'EST UNE BONNE PATE D'HOMME, C'EST UNE BONNE AME ; et par mépris, C'EST UNE BONNE BÊTE. — MON BON AMI, MA BONNE AMIE, ou simplement, MON BON, MA BONNE, termes d'amitié ou de bienveillance qu'on emploie surtout entre égaux, ou de supérieur à inférieur. — BONNE AVENTURE, aventure heureuse ou agréable. — Absol. LA BONNE AVENTURE, les vaines prédictions que font certaines gens sur l'inspection de la main, ou en tirant des cartes, etc. — BONNE ANNÉE, année fertile et abondante. — JOUER BON JEU, BON ARGENT, jouer sérieusement, et avec obligation de payer sur-le-champ. — Prov. et fig. N'ÊTRE PAS BON A JETER AUX CHIENS, être mal considéré, mal reçu. — Prov. CE QUI EST BON A PRENDRE EST BON A RENDRE, manière de s'excuser d'avoir pris une chose sur laquelle on croit avoir des droits, en disant que le pis aller sera de la rendre. On dit plaisamment, dans un autre sens : *ce qui est bon à prendre est bon à garder.* — Comm. BON POUR TELLE SOMME, formule qu'on met au bas ou à la tête de certains effets de commerce, pour rappeler la somme mentionnée dans le corps de l'écrit : *Bon pour cinq cents francs.* En abrégé : B. P. F. 500. On écrit, dans un sens analogue, sur certains billets d'entrée : Bon pour une personne, *pour deux personnes*, etc. ↝ BON POUR, abréviation de *bon pour ce que dessus*, formule que l'on est obligé de mettre sur certains actes lorsqu'on les signe sans les avoir écrits de sa main. On dit, substantiv.: *il a donné son bon pour.* — * BON PLAISIR, voy. *Plaisir.* — BONNE GRACE, voy. *Grâce.* — EN BONNE PART, voy. *Part.* — REVENANT BON, voy. *Revenant.* — BONNE FORTUNE, voy. *Fortune.* — LA JOURNÉE, LA NUIT DE CE MALADE A ÉTÉ BONNE, il a bien passée. — DONNER, SOUHAITER LE BON JOUR, LE BON SOIR A QUELQU'UN, le saluer en lui disant, *bon jour* ou *bon soir*, en lui souhaitant une heureuse journée, etc. : dans ces phrases, *bon jour* et *bon soir* s'écrivent plus ordinairement en un seul mot. On dit de même : *souhaiter une bonne nuit, un bon voyage; souhaiter la bonne année à quelqu'un*, etc. Voy. BONJOUR, BONSOIR, NUIT, VOYAGE, ANNÉE, AN, etc. — BON JOUR, jour où l'Eglise célèbre quelque fête : *c'est aujourd'hui un bon jour.* — BONNE FÊTE, fête solennelle. — Pop. FAIRE SON BON JOUR, communier, recevoir le sacrement de l'eucharistie. — Prov. et pop. BON JOUR, BONNE ŒUVRE, bonne action faite en un jour solennel : *ils se sont réconciliés le jour de Pâques; bon jour, bonne œuvre.* — Par ironie : *il a voté le jour de Pâques; bon jour, bonne œuvre.* — DE BONNE HEURE; A LA BONNE HEURE, voy. *Heure.* — SUR LE BON PIED, SUR UN BON PIED, voy. *Pied.* — UNE BONNE FOIS, voy. *Fois.* — BONNE BOUCHE, voy. *Bouche.* — Prov. TOUT CELA EST BEL ET BON, MAIS L'ARGENT VAUT MIEUX, se dit à un débiteur, lorsqu'on ne se contente pas des excuses, des prétextes qu'il allègue pour retarder le paiement. La même chose se dit à ceux qui veulent amuser par de belles promesses, par de vaines espérances. — TROUVER TOUT BON, s'accommoder presque également de tout. On dit de même : *tout lui est bon.* — Fam. FAIRE UNE BONNE VIE, se bien nourrir, se bien traiter. — Fam. IL VEUT FAIRE COURTE ET BONNE, se dit d'un homme qui mène joyeuse vie, qui mange sa fortune et ruine sa santé. On dit de même proverbial.: *vie de cochon, courte et bonne.* — Fam. AVOIR BON TEMPS, SE DONNER DU BON TEMPS, PRENDRE DU BON TEMPS, se divertir, se récréer. — FAIRE UNE BONNE FIN, mourir chrétiennement, honorablement. — BONNE MAISON, voy. *Maison.* — EN BONNE MAIN, UNE À MAIN BONNE, etc., voy. *Main.* — BON PIED, voy. *Pied.* — BON COMPTE, voy. *Compte.* — A BONNES ENSEIGNES, voy. *Enseigne.* — Finances, FAIRE LES DENIERS BONS, se rendre garant du payement d'une somme. — Elliptiq. au jeu, FAIRE BON, répondre qu'on payera ce que l'on perdra au delà de ce qu'on a au jeu. — A BON ESCIENT, voy. *Escient.* — UN BON MOT, UNE BONNE PLAISANTERIE, un mot spirituel, une plaisanterie de bon goût. — UN BON TOUR, un tour malin et plaisant, etc. — Elliptiq. et fam. LA BAILLER BONNE A QUELQU'UN, lui faire quelque chose. — LA LUI GARDER BONNE, conserver du ressentiment contre lui, avec dessein de se venger dans l'occasion. — IL M'EN A DIT DE BONNES, il m'a dit des choses singulières, extraordinaires, peu vraisemblables. — Fam. IL EST BON LA, se dit d'un mot, d'un conte qui cause quelque surprise agréable à ceux qui l'entendent. Se dit le plus souvent par ironie. — Elliptiq. BON CELA, se dit pour approuver une chose, après en avoir désapprouvé une autre. — C'EST BON ou elliptiq. BON, se dit pour marquer approbation, satisfaction, ou pour mieux exprimer que l'on a compris, entendu : *Vous lui avez remis ma lettre? c'est bon; j'entends, bon, cela suffit.* — par antiphrase et pour se plaindre : *vous me refusez une chose si simple? c'est bon, je m'en souviendrai.* — Elliptiq. et fam., en parlant de vin ou de quelque autre boisson. — TIRER DU BON, DONNER DU BON; et proverbial. QUI BON L'ACHÈTE, BON LE BOIT. Cette dernière phrase se dit aussi fig. et signifie alors qu'il ne faut point plaindre l'argent à de bonne marchandise. — Bon substantiv. Ce qui est bon : *le beau et le bon; le bon et l'honnête.* — Bonnes qualités, ce qu'il y a de bon dans la

personne ou dans la chose dont il s'agit : *c'est un homme qui a du bon et du mauvais; qui n'a pris de son père que le bon; cette pièce a des défauts, mais il ne laisse pas d'y avoir du bon.* Ce qu'il y a d'avantageux, d'important, de principal en quelque chose : *le bon de l'affaire est que...* — LE BON DE L'HISTOIRE, LE BON DU CONTE, ce qu'il y a de plaisant dans un conte, dans une histoire. — AVOIR DU BON DANS UNE AFFAIRE, DANS UN TRAITÉ, y trouver du gain, du profit. — Se dit, surtout au pluriel, des gens de bien : on l'oppose souvent à MÉCHANTS : *que les bons se rassurent et que les méchants tremblent.* — ✦ ÊTRE UN BON, être un solide républicain (1848). — ÊTRE DES BONS, avoir des chances de réussir. — ÊTRE DANS SES BONNES, être bien disposé. — * Adverbial. Ne s'emploie que dans certaines phrases : *sentir bon*, avoir une odeur agréable ; *tenir bon*, résister avec fermeté ; *coûter bon*, coûter extrêmement cher ; *faire bon*, voy. FAIRE. — Tout de bon loc. adv. Sérieusement : *jusqu'ici il ne faisait que plaisanter, mais pour cette fois il s'est fâché tout de bon.* — Bon! exclamation qui exprime l'étonnement ou qu'il y a de plaisant dans une histoire. — Bon! exclamation qui exprime l'étonnement, le doute, l'incrédulité, l'insouciance : *il est parti? bon! vous voulez rire.* — Bon Dieu! exclamation qui marque la surprise : *bon Dieu, l'aurait-on jamais pu croire!*

* **BON** s. m. Ordre, autorisation par écrit adressée à un fournisseur, à un caissier, à un correspondant, à un employé, de fournir ou de payer pour le compte de celui qui l'a signée : *bon sur le Trésor; signer un bon.* — Fig. et fam. METTRE SON BON A TOUT, être facile jusqu'à l'excès, ne refuser son consentement à rien. — Typogr. BON A TIRER, voy. *Bon* adj. — **Législ.** Lorsque la promesse ou reconnaissance sous seing privé n'est pas écrite en entier de la main du débiteur, elle ne peut faire preuve en justice qu'autant que le débiteur a fait précéder sa signature de ces mots, écrits par lui en toutes lettres : *Bon pour*, etc., ou *Approuvé pour la somme de*, etc. Cette formalité a pour but de prévenir les fraudes qui pourraient être commises, ainsi que l'abus des blancs-seings. Mais le législateur a pensé que certaines personnes, ne sachant que lire et signer, ne devaient pas être obligées d'avoir recours au ministère d'un notaire pour contracter un engagement, et il a dispensé de la formalité du *bon* ou *approuvé* les marchands, artisans, laboureurs, vignerons, gens de journée ou de service (C. CIV. 1326). Voy. BILLET. L'instruction primaire ayant été rendue obligatoire pour tous, cette exception pourra être supprimée un jour. — **Bons de poste.** Les bons de poste destinés à remplacer, au besoin, les mandats sur la poste, ont été créés par la loi du 29 juin 1882, afin de simplifier et de faciliter le service postal des envois d'argent. Ce système, appliqué depuis peu de temps en Angleterre, y a donné de très bons résultats. Les bons que l'administration des postes et des télégraphes est autorisée à mettre à la disposition du public représentent les sommes fixes de 1 fr., 2 fr., 5 fr., 10 fr. et 20 fr. et sont égales dans tous les bureaux de poste de France et d'Algérie. Un décret peut étendre ce service aux bureaux de poste français, établis dans les colonies, en Tunisie et à l'étranger. Le droit à percevoir, lors de la délivrance des bons, est de 5 cent. pour ceux de 1 fr., de 2 fr. et de 5 fr.; il est de 10 cent. pour les bons de 10 fr., et il est de 20 cent. pour les bons de 20 fr. Un décret peut réduire à moitié les droits fixés pour les bons de 10 fr. et de 20 fr. Les bons de poste ne sont pas payables au porteur; on y inscrit le nom et l'adresse de la personne qui doit en recevoir la valeur. L'insertion dans une lettre non recommandée d'un bon de poste qui ne porterait pas cette inscription est punie d'une amende de 50 à 500 fr., conformément à la loi du 4 juin 1859. Chaque bon porte la date de son émission et doit être présenté au paiement dans les trois mois de sa date; faute de quoi il devra être

soumis à la formalité du renouvellement et assujetti à une nouvelle taxe, laquelle sera égale à autant de fois la taxe primitive qu'il s'est écoulé de trimestres depuis l'expiration du premier délai de trois mois. Si les bons de poste n'ont pas été payés dans le délai d'un an, depuis le jour de leur émission, le montant en est acquis à l'Etat. La contrefaçon des bons et la mise en circulation de ceux contrefaits sont punies des travaux forcés à perpétuité (C. pén. 139); ceux qui ont altéré le nom ou la valeur portés sur un bon de poste, ainsi que ceux qui ont contrefait la signature du bénéficiaire sont punis des travaux forcés à temps (C. pén. 147; et loi précitée, art. 7). — **Bons du Trésor.** Ces bons, créés par la loi du 4 août 1824, sont émis par le ministre des finances, dans les limites fixées chaque année par la loi du budget. Ils sont à échéances fixes, soit à trois mois, soit à six mois, soit à un an du jour de leur émission. C'est le ministre qui fixe le taux de l'intérêt. Les bons du Trésor ont pour but de permettre à l'Etat de payer les dépenses annuelles avant l'encaissement des recettes, et le montant de ces emprunts temporaires figure dans la dette flottante.
                             (CH. Y.)

BON (Cap), RAS ADDER, promontoire, à l'extrémité N.-E. de la régence de Tunis, par 37° 4' 20" lat. N. et 8° 43' 44" long. E.

BONA (Giovani), cardinal romain, né dans le Piémont en 1609, mort en 1674. Ses œuvres comprennent : *Res liturgicæ*, ouvrage qui fait autorité pour le service de la messe. Un autre de ses ouvrages, *De Principiis vitæ christianæ*, a été traduit en français par Cousin (Paris, 1693, in-12).

BONACCA (autrefois *Guanaja*), île du golfe de Honduras (mer Caraïbe), à 50 kil. N. du cap Castilla, 12 kil. de long, sur 4 de large. Elle fait partie du groupe des îles de la Baie, qui furent saisies par les Anglais en 1850 et restituées au Honduras en 1859.

* **BONACE** s. f. Mar. Calme, tranquillité. Ne se dit guère que de l'état de la mer quand elle devient calme ; encore, dans cette acception, est-il maintenant peu usité : *un temps de bonace.*

BONA DEA (lat. la bonne déesse), divinité romaine, sœur, femme ou fille de Faune, son culte était secret ; les femmes seules étaient admises à l'adorer et les hommes ne devaient pas même connaître le nom de ses prêtresses. D'après Juvénal, les abominations les plus licencieuses s'accomplissaient pendant les fêtes de la bonne déesse. Le symbole de cette divinité était un serpent.

BONA FIDE [bo-na-fi-dè] loc. lat. *de bonne foi : j'ai agi bona fide.*

BONALD. I. (Louis-Gabriel-Ambroise, VICOMTE DE), publiciste et philosophe, né à Milhau en 1754, mort en 1840. Il émigra en Allemagne pendant la Révolution et s'associa, en 1806, à Chateaubriand et à Fiévée pour éditer le *Mercure.* Député sous la Restauration, il se distingua comme l'un des chefs du parti absolutiste. Il maintint les doctrines de la monarchie absolue et de la sujétion du pouvoir civil à l'autorité ecclésiastique. Ses œuvres complètes, publiées en 12 vol., 1817-'19, comprennent : *Théorie du pouvoir politique et religieux* (1796); *Essai sur les lois naturelles* (1800) ; *du Divorce* (1801) ; *Législation primitive* (1802) ; *Recherches philosophiques* (1818); *Démonstration philosophique du principe constitutif des sociétés* (1827). Elevé à la pairie en 1823, il rentra dans la vie privée en 1830. — II. (Louis-Jacques-Maurice de), cardinal, archevêque de Lyon, l'un des fils du précédent, né à Milhau en 1787, mort en 1870. Evêque du Puy, en 1823, archevêque de Lyon en 1839, cardinal en 1841, il fut le plus ardent champion de l'Eglise contre l'Etat pendant la lutte pour la liberté de l'enseignement.

BONANNI ou **Buonanni** (**Philippe**), jésuite, professeur au collège romain, né en 1638, mort en 1725; a laissé plusieurs ouvrages, parmi lesquels nous citerons : *Recreatio mentis et oculi in observatione animalium testaceorum*, 1 vol. pet. in-4°. Rome, 1684.

BONAPARTE, ital. **Buonaparte** [bou-o-na-par'-té], famille qui a fourni des podestats à Padoue au XVIᵉ siècle, des empereurs à la France et des rois à différents autres pays. — **Charles-Marie** ou **Carlo-Maria**, dignitaire corse et père de Napoléon Iᵉʳ, naquit en 1746 et mourut en 1785; ses ancêtres figurent parmi les patriciens d'Ajaccio, pendant les XVIᵉ, XVIIᵉ et XVIIIᵉ siècles. Il se distingua comme partisan de Paoli dans la lutte que celui-ci soutint contre Gênes. Parmi les adversaires de Paoli, on remarquait les Ramolini qui s'opposèrent autant qu'ils purent au mariage de Charles-Marie Bonaparte, avec leur nièce MARIA-LETIZIA Ramolino, (voy. LÆTITIA). Cette union, qui s'accomplit en 1767, produisit treize enfants, dont cinq fils et trois filles seulement survécurent à leur père. Celui-ci fut successivement assesseur, député des nobles à la cour de France (1777-'79) et l'un des douze membres de leur conseil (1781). Les trois filles qui lui survécurent se nommaient : 1° Marie-Anna-Elisa, voy. ELISA; 2° Marie-Pauline, voy. PAULINE; 3° Caroline-Marie-Annonciade, voy. CAROLINE. Ses fils étaient : Joseph, Napoléon, Lucien, Louis et Jérôme. Voy. ces différents noms.

BONAPARTISME s. m. Attachement au gouvernement de Napoléon.

BONAPARTISTE adj. Qui appartient au bonapartisme. — S. Celui, celle qui a de l'attachement pour le gouvernement de la famille Bonaparte.

* **BONASSE** adj. Simple et sans aucune malice. Ne se dit guère que d'une personne de peu d'esprit : *homme bonasse, tout bonasse.* (Fam.)

BONAVENTURE (Saint) (GIOVANNI DI FIDANZA), docteur de l'Eglise romaine, né à Bagnara (Toscane) en 1224, mort à Lyon en 1274. Il entra dans l'ordre des frères mineurs en 1243, devint professeur de théologie à Paris en 1253, fut élu général des franciscains en 1256, nommé évêque d'Albane en 1273 et cardinal en 1274. Il mourut légat du pape au concile de Lyon. On l'avait surnommé le Docteur Séraphique. Ses œuvres, recueillies pour la première fois à Rome (1588-'96), comprennent une *Apologie des frères mineurs*; des *Commentaires sur le livre des Sentences de Pierre Lombard*, un *Manuel des dogmes* (Centiloquium); une *Bible pour les pauvres*; le *Miroir de la sainte Vierge*, etc.

* **BONBON** s. m. Confis. Toute sorte de sucreries, de friandises faites avec du sucre : *ce bonbon est excellent pour la rhume; cornet de bonbons; soyez sage, et vous aurez du bonbon.*

BONBONNE s. f. Très grosse bouteille en verre ou en grès.

* **BONBONNIÈRE** s. f. Boîte à bonbons. — Fig. et fam. *UNE BONBONNIÈRE*, se dit d'une petite maison arrangée avec beaucoup de propreté et de goût.

BONCHAMP (**Charles-Melchior-Arthur**, MARQUIS DE), chef vendéen, né en 1760, au château du Crucifix, province d'Anjou, mort en 1793. Il servit dans la guerre d'Amérique et fut capitaine de grenadiers au régiment d'Aquitaine lorsqu'il quitta le service pour ne pas prêter le serment que la Révolution imposait aux officiers. Le 10 mars 1793, il se mit à la tête des jeunes gens de Florent-le-Viel qui s'insurgèrent contre la loi sur la conscription. Il remporta d'abord de grands succès; prit la Chataigneraie, gagna la bataille de Fontenay, entra à Ancenis et à Houdan et battit Kléber près de Torfou. Mais ensuite moins heureux,

il fut mortellement blessé près de Cholet. Mᵐᵉ de Genlis a édité les mémoires de sa femme.

* **BON-CHRÉTIEN** s. m. Sorte de grosse poire. — Plur. des BONS-CHRÉTIENS, ou mieux : des POIRES DE BON-CHRÉTIEN.

* **BOND** s. m. Saut, rejaillissement que fait un ballon, une balle, ou autre chose semblable, lorsque, étant tombée à terre, elle se relève plus ou moins haut : *la balle a fait deux bonds; le boulet de canon fit plusieurs bonds.* Action de s'élever subitement par un saut, soit en restant à la même place, soit pour s'élancer en avant : *le cheval a fait un bond; en trois bonds, il fut au bas de l'escalier.* — Fig. N'ALLER QUE PAR SAUTS ET PAR BONDS, parler ou écrire avec une vivacité déréglée, sans garder aucun ordre, aucune liaison dans les idées. — PRENDRE LA BALLE AU BOND; PRENDRE UNE BALLE, UN COUP ENTRE BOND ET VOLÉE, prendre la balle dans le moment qu'elle est près de s'élever après avoir touché à terre. — Prov. et fig. PRENDRE LA BALLE AU BOND, saisir vivement et à propos une occasion favorable. — Prov. et fig. PRENDRE LA BALLE ENTRE BOND ET VOLÉE, faire une chose dans un moment après lequel il serait à craindre qu'elle ne manquât. — Fig. et fam. LA BALLE N'A ÉTÉ PRISE QUE DU SECOND BOND, l'entreprise, l'affaire n'a réussi qu'à la seconde tentative, qu'après avoir éprouvé des obstacles. — Au jeu de paume. FAIRE FAUX BOND, se dit lorsque la balle, en bondissant, ne suit pas la direction qu'elle aurait prise naturellement si la surface qu'elle a frappée eût été bien plane. — Prov. et fig. FAIRE FAUX BOND A QUELQU'UN, manquer à l'engagement qu'on a pris envers lui, ou à ce qu'il était en droit d'attendre de nous. *Plusieurs convives nous ont fait faux bond.* — FAIRE FAUX BOND A SON HONNEUR, manquer à ce qu'on doit à son honneur.

BOND. I. (**William-Cranch**), astronome américain (1789-1859). Le premier, il appliqua la photographie à la constatation des phénomènes célestes. — II. (**George-Phillips**), fils de précédent, (1825-'65), découvrit le satellite de Neptune et le septième satellite de Saturne. Il a laissé d'importants travaux sur l'astronomie.

BONDA s. et adj., voy. ABONDA.

* **BONDE** s. f. (haut all. *spunt*). Large ouverture pratiquée au fond d'un étang et destinée à laisser écouler l'eau quand on retire la bonde ou la bouche [ordinairement]. — Tampon ou pièce de bois qui, étant baissée ou haussée, sert à retenir ou à lâcher l'eau d'un étang. — Trou rond fait à un tonneau, pour verser la liqueur dedans. — Tampon de bois qui sert à boucher ce trou. Dans cette acception, on dit mieux : BONDON. Voy. ce mot. — Fig et fam. LACHER LA BONDE A SES LARMES, A SES PLAINTES, LACHER LA BONDE A SA COLÈRE, etc.; donner un libre cours à ses larmes, à ses plaintes, à sa colère, etc.

* **BONDER** v. a. Mar. Remplir un bâtiment autant qu'il est possible : *navire bondé de marchandises.* — v. Bondonner, mettre une bonde : *bondez cette barrique.*

BONDI (**Clemente**), poète italien (1742-1821); enseigna la rhétorique à Parme, fut ensuite bibliothécaire de l'archiduc Ferdinand, à Brunn (1797). Sa manière poétique ressemble à celle de Pierre Métastase. Il traduisit l'*Énéide* et les *Métamorphoses* d'Ovide. On l'a surnommé le *Delille de l'Italie*. Ses œuvres poétiques ont été publiées à Vienne, en 1808 (3 vol. in-8°).

BON DIEU s. m. Dieu : *les enfants prient le bon Dieu.* (Pop.).

BONDIEUSARD s. m. [zàr]. Mot créé par Courbet, pour désigner un peintre religieux; a été étendu aux enlumineurs d'images de sainteté. Est souvent employé dans les jour-

naux avancés, ainsi que son composé *bondicuserie.*

BONDIEUSERIE s. f. [ze-rî]. Métier du bondieusard. — Commerce d'objets de sainteté.

* **BONDIR** v. n. (lat. *bompitare*, faire du bruit). Faire un ou plusieurs bonds : *Cette balle ne bondit point; les boulets de canon bondissent sur le pavé.* — Sauter : *un chien qui bondit de joie; il bondissait de fureur.* — Fig. CELA FAIT BONDIR LE CŒUR, LE CŒUR ME BONDIT, se dit pour exprimer l'extrême répugnance qu'on a pour un aliment, ou pour quelque autre chose qui fait soulever l'estomac.

* **BONDISSANT, ANTE** adj. Qui bondit : *agneaux bondissants; chèvres bondissantes.*

* **BONDISSEMENT** s. m. Mouvement de ce qui bondit : *bondissement des agneaux; — la vue seule d'une médecine lui cause des bondissements de cœur.*

* **BONDON** s. m. Morceau de bois court et cylindrique avec lequel on bouche la bonde d'un tonneau. — Bonde même, l'ouverture où l'on place ce morceau de bois. Dans cette acception, on dit mieux, bonde. — ~ Petit fromage affiné qui a la forme d'un bondon et qui se fabrique à Neufchâtel-en-Bray.

BONDONNEAU, station minérale, arrond. et à 3 kil. de Montélimar (Drôme). Trois sources froides, bicarbonatées calciques, gazeuse et iodurées. — Affections cutanées, scrofuleuses, syphilitiques et utérines, indurations indolentes des articulations, tumeurs goîtres, etc., fièvres intermittentes. L'établissement ne donne pas actuellement de bains et se borne à l'exportation.

* **BONDONNER** v. a. Boucher avec un bondon.

BONDONNIÈRE s. f. Instrument pour percer les tonneaux.

BONDOU, royaume de Sénégambie, Afrique occidentale, entre le Sénégal et la Gambie supérieure. Territoire fertile qui produit en abondance le coton, le riz, l'indigo, le tabac et des fruits de toute espèce. La population, composée principalement de Foulahs (qui forment les tribus dominantes) et de Mandingues, est évaluée à 1 million et demi d'habitants Cap. Boulibani (3,000 hab.); v. princ. Samecolo, dont les habitants montrent une adresse extraordinaire dans les travaux de l'or et du fer.

BONDRÉE s. f. Ornith. Genre d'oiseaux de proie diurnes voisin des buses, dont une espèce, la *bondrée commune* (*falco apivorus*), se rencontre en Europe; elle se nourrit d'insectes et principalement de guêpes et d'abeilles.

BONDUC s. m. Botan. Arbrisseau épineux, à fleurs légumineuses, qui croît aux Indes, et dont les semences, très dures, restent plusieurs années dans la terre avant de germer.

BONE, v. maritime d'Algérie, prov. de Constantine, sur le golfe de Bone, à 450 kil. E. d'Alger; 16,500 hab., dont plus de 8,000 Européens. Les Français y ont construit un nouveau port et des jetées; ses fortifications formidables ont été réparées et complétées. La capture de la citadelle construite par Charles-Quint en 1535, fut l'un des plus brillants exploits de l'invasion française (26 mars, 1832). Bone fut bâtie vers l'an 697 de notre ère avec les débris de l'ancienne HIPPONE, voy. ce mot. Riches pêcheries de corail sur la côte; manufactures de soieries, de tapis et d'autres articles. — Cette ville était la plus ancienne station de la compagnie française d'Afrique. — Lat. (à l'hôpital) 36° 53' 58" N.; long. 5° 25' 44" E.

BONE (**Henry**), peintre émailleur anglais (1755-1834). A laissé des portraits, et de célèbres peintures sur ivoire et sur émail; son « Bacchus et Ariadne » se vendit 2,200 guinées.

BONE DEUS [bo-nè-dé-uss]. Loc. lat. employée familièrement pour marquer l'étonnement et qui signifie : *Bon Dieu!*

BONELLI (François-André), naturaliste italien, né à Cunéo (Piémont) en 1784, mort à Turin en 1830; directeur du cabinet d'histoire naturelle et professeur de zoologie à Turin ; auteur d'un *Catalogue des oiseaux du Piémont*, in-4°, 1811 ; *Observations entomologiques*.

* **BON-HENRI** s. m. (bo-nan-ri). Bot. Plante herbacée qui ressemble à l'épinard, et qui croît naturellement dans les lieux incultes. On la nomme aussi épinard sauvage.

* **BONHEUR** s. m. (de *bon* et *heur*). Félicité, état heureux, prospérité :

La raison est partout heureuse,
Le *bonheur* du sage est partout.
GRESSET.

C'est le plaisir des dieux et le *bonheur* des femmes.
C. DELAVIGNE. *Les Comédiens*, acte III, sc. v.

— Événement heureux, chance favorable : *bonheur inespéré; quel bonheur qu'il ne nous ait pas reconnus !* Dans ce sens, il a un pluriel : *Il lui est arrivé plusieurs bonheurs en un jour.* — AVOIR DU BONHEUR, être favorisé par le hasard, par des circonstances heureuses, dans les choses qu'on entreprend : *il a eu du bonheur toute sa vie.* On dit dans un sens analogue: *son bonheur parut l'abandonner.* Aux jeux de hasard : *jouer avec bonheur; être en bonheur* — Fig. et fam. JOUER DE BONHEUR, réussir dans une affaire où l'on avait à craindre d'échouer. — Fam. et pop. AU PETIT BONHEUR, arrive ce qu'il pourra. — AVOIR LE BONHEUR DE, façon de parler dont on se sert par civilité, par compliment : *depuis que je n'ai eu le bonheur de vous voir.* — Par bonheur, loc. adv. Heureusement : *par bonheur, je me trouvai avoir assez d'argent pour le payer.*

BONHOME (Pasquier), l'un des plus anciens imprimeurs parisiens. Il publia vers 1476, le premier livre français : les *Chroniques de France*, appelées *Chroniques de Saint-Denis*, depuis les Troiens jusqu'à la mort de Charles VII en 1461, 3 vol. in-fol., gothique.

* **BONHOMIE** s. f. (rad. *bonhomme*). Manière d'être à l'air qui laisse voir la bonté du cœur unie à la simplicité extérieure, même dans les moindres choses : *un homme plein de bonhomie ; spirituelle bonhomie.* — Dans un sens défavorable. Simplicité excessive, extrême crédulité : *il a la bonhomie de croire tous les contes qu'on lui fait.* (Fam.)

* **BONHOMME** s. m. Plur. DES BONSHOMMES. Homme plein de candeur, et *bonté* (Voy. **Bon**, adj.), et plus ordinairement, homme simple, peu avisé, qui se laisse dominer et tromper : *c'est un bonhomme à qui l'on fait croire tout ce qu'on veut.* Le féminin *bonne femme* s'emploie rarement dans une acception analogue à ce sens. — Homme, femme d'un âge avancé : *le bonhomme se porte encore bien ; la bonne femme n'en peut plus.* — Par familiarité et par hauteur, on dit quelquefois, *bonhomme, bonne femme*, en parlant à un homme, à une femme du peuple ou de la campagne, quel que soit leur âge. — Figure dessinée négligemment; figure de plomb ou de papier découpé qui sert de jouet aux enfants : *cet écolier s'amuse à dessiner des bonshommes sur son cahier, sur le mur.* — ~ Chez les artistes. Image, tableau, statue de saint. — * UN PETIT BONHOMME, un petit garçon. — Absol. LE BONHOMME se disait autrefois, parmi les gens de guerre, des paysans en général : *vivre aux dépens du bonhomme.* De là est venue l'expression : JACQUES BONHOMME, le paysan français. — UN FAUX BONHOMME, celui qui, par finesse et pour son intérêt, affecte la bonté, la simplicité, le désintéressement : *ne vous fiez pas à son air patelin ; ce n'est qu'un faux bonhomme.* On dit de même : *faire le bonhomme.* — ALLER SON PETIT BONHOMME DE CHEMIN. Voy. *Aller.* — ~ Jargon des artistes.

ENTRER DANS LA PEAU DU BONHOMME, se bien pénétrer de son sujet.

* **BONI**. s. m. Finances. Somme qui excède la dépense faite ou l'emploi de fonds projeté. — Au Mont-de-piété. Ce qui revient sur un gage qu'on a laissé vendre, passé les treize mois : *Il lui revient trente francs de boni ; rayer les bonis.*

BONI, État Bughis situé sur la péninsule S.-O. des Célèbes, borné à l'E. par le golfe de Boni et à l'O. par le Macassar ; 6,500 k.²,. carr.; environ 180,000 hab. Il renferme le Lompo-Batang (grand pilier) pic le plus élevé de toute l'île. Les vallées et les plaines de ce royaume sont fertiles; le peuple se .montre industrieux. Quoique tributaire de la Hollande, le Boni est soumis à un roi élu à le par huit chefs. Cap., Boni, petite ville sur le golfe du même nom.

BONICARD, ARDE s. Argot. Vieux, vieille.

BONIFACE, nom de neuf papes. — I. (Saint), successeur du pape Zosime en 418; mort en 422. L'empereur Honorius le soutint contre son rival schismatique Eulalius.— II. Pape de 530 à 532. — III. Pape de mars à nov, 607. Il obtint de l'empereur Phocas la reconnaissance de la suprématie universelle du Saint-Siège. — IV. (Saint), successeur du précédent, après une vacance de 9 mois; mort probablement en 615. Transforma le Panthéon en église. — V. Napolitain, élu en 619, mort en 624 ou en 625 ; il confirma aux églises le droit d'asile. — VI. Élu par une faction en 896, ne régna que quinze jours et est quelquefois considéré comme un antipape. — VII. Surnommé FRANCO, élu du vivant même de Benoît VI, pendant un tumulte populaire, en 974, mort en 985. Il fut chassé de Rome peu de temps après son élection et demeura en exil jusqu'à la mort de Benoît VII (983). Il fit emprisonner Jean XIV et périt assassiné. Plusieurs historiens le considèrent comme antipape.—VIII. (Benedetto GAETANO), l'un des papes les plus fameux du moyen âge, né à Anagni (États de l'Église), vers 1228, élu en 1294, mort en 1303. Dans sa célèbre bulle *Clericis laicos* (1296), il s'opposa à l'imposition des taxes sur les propriétés ecclésiastiques, ce qui l'engagea dans une lutte contre les autorités séculières, particulièrement contre le roi de France Philippe le Bel, qu'il excommunia en 1303. Il invalida l'élection de l'empereur Albert Ier, persécuta les Gibelins, affirma partout les altières prétentions du Saint-Siège et finit par déclarer, par sa bulle *Unam sanctam*, que tous les souverains sont assujettis au pape pour les matières séculières aussi bien qu'au spirituel. Il proclama le premier jubilé en 1300. Des émissaires de Philippe le Bel parvinrent à le surprendre dans sa résidence d'Anagni, mais il fut délivré par ses amis. La colère le fit mourir quelques jours plus tard. Telle était sa frénésie qu'il refusa dit-on, les secours de la religion. — IX. (Pietro TOMACELLI), Napolitain, élu en 1389, mort en 1404. Il eut pour compétiteur l'antipape Clément VII, qui régnait à Avignon. Deux fois chassé de Rome par les autorités municipales, il les renversa définitivement en 1400. Il célébra deux jubilés (1390-1400) et fit les annates perpétuelles.

BONIFACE (LE COMTE), général romain du Bas-Empire, né en Thrace, mort en 432. Il défendit Marseille contre le roi Ataulf, fut nommé gouverneur d'Afrique, se vengea d'une intrigue de cour en livrant sa province aux Vandales; combattit ensuite ces envahisseurs, s'opposa aux projets d'Aétius et fut mortellement blessé, près de Ravenne, de la main de son rival.

BONIFACE (Saint), l'apôtre d'Allemagne, né en Angleterre vers 680, mort en 755. Ordonné prêtre à 30 ans, il se rendit à Rome en 748 et reçut du page Grégoire II une mission apostolique en Allemagne. Son nom baptismal

de Winifrid fut changé en Boniface lorsqu'il fut nommé évêque en 723. Le pape Grégoire III le fit archevêque et primat de Germanie en 732, légat en 738 ; Pépin le Bref lui donna l'archevêché de Mayence. Il fonda des églises, des monastères et des évêchés et abandonna son archevêché de Mayence pour aller prêcher chez les Frisons. Il fut tué pendant une de ses missions. Une collection de ses œuvres a été publiée à Oxford en 1845, 2 vol.

BONIFACIO, ch.-l. de cant., arr. et à 40 kil. S.-E. de Sartène (Corse), sur le détroit de Bonifacio ; 3,600 hab. Petite ville que l'on croit être l'antique *Pallæ civitas*, dont parle Ptolémée. Elle résista aux Sarrasins et resta fidèle aux Génois. Belles grottes creusées par la mer ; vieille tour, églises. Pêche du corail ; fabrication d'huile d'olive. - Phare à feu tournant du mont Pertusato, par 41° 22' 10" lat N. et 6° 51' long. E.

BONIFACIO (Détroit de ou Bouches de) ital. *Bocca di Bonifacio* [boni-fà'-tcho], passage entre la Corse et la Sardaigne, d'une largeur d'environ 11 kil. dans sa partie la plus étroite. La navigation y est difficile et souvent périlleuse.

* **BONIFICATION** s. f. Amélioration, augmentation du produit d'une affaire : *affaire susceptible d'une grande bonification.* — Comm. BONIFICATION DE TARE, ce qui est accordé en sus de la tare réelle.

* **BONIFIER** v. a. (lat. *bonum facere*, rendre bon). Mettre en meilleur état, rendre meilleur. — Suppléer un déficit : *si cette place me vous vaut pas mille écus, je vous bonifierai de ce qui s'en manquera.* — Se bonifier v. pr. Devenir meilleur : *ce vin s'est bonifié en cave.*

* **BONIMENT** s. m. (rad. *bonir*). Annonce de saltimbanque. — Par anal. Annonce pompeuse quelconque. (Pop.)

BONIN [all. bo-ninn]. I. Eduard - Wilhelm-Ludwig von), officier prussien (1793-1865); commanda les troupes prussiennes dans le Schleswig-Holstein (1849) et fut ministre de la guerre en 1852-4 et en 1858-9. — II. (Adolf von), officier prussien (1803-72); devint gouverneur général de Lorraine (1870-71).

BONIN (Iles), archipel de 70 îles volcaniques et de 19 rochers (Pacifique du Nord) composé de 3 petits groupes, à 800 kil. S.-E. du Japon. Le capitaine Beechey, qui en prit possession pour la Grande-Bretagne en 1826, donna aux îles du nord le nom de groupe de Parry, à celles du S., le nom de groupe de Bailly et aux îles du milieu les noms de Peel, Buckland et Stapleton. Seule, l'île Peel est habitée.

BONINGTON (Richard PARKES), peintre anglais (1801-'28); fit son éducation à Paris et fit renaître en France le goût de l'aquarelle. Ses meilleures productions sont les paysages maritimes.

BONIR v. n. Argot. Annoncer avec emphase. — BONIR AU RATICHON, se confesser.

BONISSEUR s. m. Argot. Pitre chargé de bonir. — Candidat à la députation. — BONISSEUR DE LA BATTE, témoin à décharge.

* **BONITE** s. f. Poisson de mer qui est à peu près de la grosseur d'une morue.

BONJEAN (Louis-Bernard), jurisconsulte. né à Valence (Drôme) le 4 décembre 1804, fusillé à Paris le 24 mai 1871. Répétiteur à Paris, en 1830, il prit une part énergique aux journées de juillet, devint avocat à la Cour de cassation; posa, en 1848, sa candidature comme républicain avancé dans le département de la Drôme et, aussitôt élu, vota avec la droite, fit partie du comité de la rue de Poitiers, et ne fut pas réélu. En 1850, le prince Louis-Napoléon le nomma avocat général à la Cour de cassation et, pendant quinze jours, ministre de l'agriculture et du commerce (9-24 janvier 1851), puis sénateur (1855) et président de chambre à la Cour de cassation (1863). Arrêté comme otage pendant la Commune de Paris, il fut conduit à Mazas, puis à la Roquette, dans la cour de laquelle il fut, avec l'archevêque de Paris, le curé de la Madeleine et plusieurs autres, passé par les armes. Ses principaux ouvrages sont : *Institutes de Justinien, traduites en français* (Paris, 1839, 2 vol. in-8°); *Traité des actions* (1841; deuxième éd., 1843); *Socialisme et Sens commun* (1849, in-18).

* **BONJOUR** s. m. Terme dont on se sert pour saluer quelqu'un : *je vous donne, je vous souhaite le bonjour.* — Elliptiq.: *bonjour, monsieur.* (Fam.) On dit quelquefois plus familièrement encore : *bonjour à monsieur un tel, à monsieur le conseiller, à monsieur le docteur, etc.*— **Voleur au bonjour,** industriel qui exerce le matin dans les appartements dont on a négligé d'enlever la clef. Si on lui demande ce qu'il veut, il dit s'être trompé d'étage, souhaite le *bonjour* et s'esquive.

BONJOUR (Les deux frères), prêtres français qui fondèrent, vers 1780, une nouvelle secte dite *flagellants fareinistes.* L'aîné était curé et le cadet vicaire de Fareins, près de Trévoux. Le premier s'acquit une grande réputation en opérant des miracles, et l'on raconte que l'un de leurs adeptes fut publiquement crucifié sans éprouver la moindre souffrance. Les flagellants fareinistes professaient la communauté des biens. Ils se réunissaient la nuit dans une grange et s'administraient la discipline. Bannis sous le Consulat, les frères Bonjour se retirèrent à Lausanne, où ils moururent dans une extrême pauvreté; leur secte disparut avec eux.

BONJOUR (Casimir), auteur dramatique, né à Clermont-en-Argonne (Meuse), en 1795, mort à Paris en 1856. Quelques-unes de ses comédies sont remarquables par la pureté du style et la finesse de l'esprit; nous citerons : *la Mère rivale* (3 actes, vers, Comédie-Française, 4 juillet 1821); *l'Éducation ou les Deux Cousines* (5 actes, vers, Comédie-Française, 10 mai 1823); *le Mari à bonnes fortunes* (5 actes, vers, Comédie-Française, 30 septembre 1824); *l'Argent ou les Mœurs du siècle* (5 actes, vers, Comédie-Française, 12 octobre 1826).

BONJOURIER s. m. Voleur au bonjour.

BONJOURIÈRE s. f. Femme qui se fait conduire au domicile de sa dupe et la dévalise pendant la nuit, sans lui dire *bonjour.*

BONN, *Bonna ad Rhenum,* ville de la Prusse rhénane, sur la rive gauche du Rhin, à 24 kil. S.-E. de Cologne, 28,550 hab., en majorité catholiques. Célèbre université qui occupe un

Université de Bonn.

ancien palais électoral et qui compte 90 professeurs, et environ 900 étudiants. Cette université, fondée en 1786, renferme des facultés

de théologie catholique et protestante, de médecine, de jurisprudence et de philosophie. Dans la cathédrale se trouve une statue de sainte Hélène, mère de Constantin le Grand et fondatrice présumée de cet édifice religieux. La villa Poppelsdorf, à 2 kil. de la ville, est un ancien palais qui contient des cabinets de lecture, des galeries de peinture, des collections et des logements pour les professeurs de l'université. On y trouve aussi un jardin botanique et un institut agricole d'une étendue de plus de 100 acres. — L'ancienne Bonna, sur le territoire des Ubii, devint une des principales forteresses des Romains. Drusus y construisit un pont sur le Rhin. Détruite au VIᵉ siècle et relevée par Julien, elle eut à supporter les invasions des peuples barbares. En 1273, elle devint la résidence des électeurs de Cologne. En 1673, les Français y soutinrent un siège contre les Alliés; elle fut prise, en 1689, après un violent bombardement, par l'électeur de Brandebourg, Frédéric III. En 1703, l'ingénieur hollandais Coehorn la bombarda trois jours et l'emporta. L'électeur de Cologne n'en reprit possession qu'en 1715; les fortifications furent détruites en 1717. Les républicains français s'en emparèrent en même temps qu'ils envahirent la Prusse rhénane. Napoléon détruisit l'université de Bonn, mais elle fut réorganisée en 1818. — Lat. (à l'observatoire) 50° 44' 9" N.; long. 4° 46' 36" E.

BONNA, ancien nom de *Bonn.*

BONNAT, ch.-l. de cant., arr. et à 22 kil. N. de Guéret (Creuse), sur la petite Creuse; 2,700 hab. Tuileries, moulins à huile.

* **BONNE** s. f. Fille ou femme chargée de soigner un enfant et de le promener : *bonne d'enfant; la bonne, veillez sur cet enfant.* — Servante: *bonne à tout faire; une vieille bonne.* — Fam. Contes de bonnes, contes dont les bonnes amusent les enfants, récits puérils et sans vraisemblance.

BONNECHOSE (François-Paul-Émile, Boisnormand de), littérateur et historien, né à Leyendorp (Hollande), le 18 août 1801, mort à Paris le 15 février 1875. Son *Histoire de France* (1834, 2 vol. in-12), fut adoptée dans l'enseignement et eut dix éditions.

* **BONNE-DAME** s. f. Bot. Plante potagère, qu'on nomme autrement : *belle-dame* ou *arroche.*

BONNE-ESPÉRANCE (Cap de), angl. Cape of good hope ou Cape peak. Promontoire qui s'élève à environ 250 mètres au-dessus de la mer, près de l'extrémité méridionale du continent africain, ayant l'océan Atlantique à l'O. et la False bay à l'E. Lat. S. 33° 56' 3"; long. E. 16° 8' 36" Le cap de Bonne-Espérance fut découvert en 1487, par Barthélemy de Diaz, qui lui donna le nom de *Cabo Tormentoso,* cap des Tempêtes. On l'appela aussi le « Lion de la mer » et le « cap d'Afrique ». Son nom actuel lui fut donné par Jean II de Portugal, qui tirait un espérance favorable de la découverte faite par Diaz. — Par est. La colonie anglaise située dans la partie méridionale du continent africain; on dit plus ordinairement aujourd'hui Le Cap.

* **BONNEMENT** adv. De bonne foi, naïvement, avec simplicité : *il a dit ce qu'il pensait tout bonnement. Quoi! vous croyez bonnement ce qu'on vous a dit* (Fam.) — Se dit quelquefois pour précisément; et alors il ne s'emploie qu'avec

la négative : *je ne sais pas bonnement combien il y a d'ici là* (vieux).

BONNER (Edmund), prélat anglais (1495-1569), favori de Henri VIII qui l'employa dans diverses ambassades; évêque de Londres en 1540, rompit avec les réformés après la mort de Henri; fut privé de son évêché et jeté en prison (1549). Rétabli par Marie (1553), il se signala par les persécutions qu'il fit supporter aux protestants; fut déposé par Élisabeth (1559) et mourut dans la prison de Marchalsea.

BONNES, se dit aujourd'hui pour les Eaux-Bonnes : *l'angine chronique est combattue avec succès par les eaux minérales d'Enghien, de Bonnes, de Cauterets* (Dᵣ C. Dupasquier).

* **BONNET** s. m. (bas lat. *boneta,* sorte d'étoffe). Coiffure faite ordinairement d'étoffe, de peau, ou de tricot, et dont la forme varie : *bonnet de laine, de peau de loutre; bonnet de nuit.* — Coiffure de femme faite de gaze, de tulle, de dentelle, etc.: *un bonnet de négligé; un bonnet de tulle, de gaze, de dentelle.* — Anat. Second estomac des ruminants. — Fig. Prendre le bonnet de docteur, et absol. Prendre le bonnet, se faire recevoir docteur dans une faculté. — Donner le bonnet a quelqu'un, lui mettre le bonnet sur la tête, dans la séance où il est reçu docteur. — Fam. Opiner du bonnet, ôter son bonnet pour marquer que l'on adhère à l'avis proposé. — Fig. Se déclarer de l'avis d'un autre, sans y rien ajouter ni rien retrancher. — Fig. Prendre le bonnet vert, porter le bonnet vert, signifiait faire cession de biens, pour éviter d'être poursuivi comme banqueroutier. Cette façon de parler venait de ce que celui qui avait fait cession de biens était anciennement obligé de porter un bonnet vert. — Fam. Mettre la main au bonnet, ôter son bonnet, mettre la main au chapeau, ôter son chapeau par respect. — Fig. et fam. Avoir la tête près du bonnet, être prompt, colère; se fâcher aisément pour peu de chose. — Mettre son bonnet de travers, entrer en mauvaise humeur. — Prov. et fig. Il a pris cela sous son bonnet, c'est une chose qu'il a imaginée, et qui n'a aucun fondement, aucune vraisemblance. — Jeter son bonnet par-dessus les moulins, braver les bienséances, l'opinion publique. — Ce sont deux têtes, ou ce sont trois têtes dans un bonnet, se dit de deux ou trois personnes liées d'amitié ou d'intérêt, et qui sont toujours de la même opinion, du même sentiment. — Être triste comme un bonnet de nuit, être chagrin et mélancolique. — C'est bonnet blanc et blanc bonnet, il n'y a presque point de différence entre les deux choses dont il s'agit, l'une équivaut à l'autre. — Un gros bonnet, un personnage important. — Fortific. Bonnet-de-prêtre ou a-prêtre, ouvrage extérieur dont le front du côté de la campagne est à redans, et qui se rétrécit du côté de la place. — Bot. Bonnet-à-prêtre. Voy. Fusain. — « Bonnet d'évêque, train de derrière d'une volaille découpée de manière qu'il figure une mitre. C'est un des morceaux les plus délicats. — Bonnet chinois, instrument de musique militaire garni de petites sonnettes.

BONNET (Charles), célèbre philosophe et naturaliste de Genève, né en 1720, mort en 1793. Il avait à peine vingt ans, lorsqu'il fut élu membre correspondant de l'Académie française des sciences pour sa magnifique découverte que plusieurs générations d'aphides (pucerons) sont produites par une succession vivipare de femelles, sans accouplement. Il fit ensuite de belles expériences sur la force de reproduction des naïades (vers à sang rouge). Sa vue s'étant affaiblie, Bonnet se jeta dans le champ de la philosophie spéculative. Ses œuvres complètes (8 vol. in-4°, Neufchâtel, 1769, ou 18 vol. in-12) comprennent son *Traité d'insectologie,* un *Essai de psychologie,* un *Essai analytique des facultés de l'âme, des Considérations sur les corps organisés, la Contemplation* *de la nature*, une *Palingénésie philosophique* (pour démontrer que l'âme des animaux est immortelle); et des *Recherches philosophiques sur les preuves du christianisme*.

BONNÉTABLE, ch.-l. de cant., arr. et à 23 kil. S. de Mamers (Sarthe); 4,500 hab. Etamines, siamoises, calicot, mouchoirs, tanneries, poterie. Château gothique (1478).

* **BONNETADE** s. f. Coup de bonnet, salut qu'on fait en ôtant son bonnet. Il a vieilli, et ne se dit que par plaisanterie.

BONNET-DE-JOUX (Saint-), ch.-l. de cant., arr. et à 14 kil. N.-E. de Charolles (Saône-et-Loire); 1,700 hab. Pierre de taille; bétail. Aux environs, montagne de Joux, qui était consacrée à Jupiter; mont de Mars; château de la Guiche (XVIe siècle).

BONNETEAU s. m. Jeu qui consiste à faire deviner une carte parmi trois cartes que manie, avec une maladresse affectée, le bonneteur. La dupe ne devine jamais, grâce à une substitution. — Par ext. Toute espèce de jeux de cartes tenus dans les foires et dans lesquels le public ne gagne jamais.

BONNET-EN-CHAMPSAUR (Saint-), ch.-l. de cant., arr. et à 16 kil. N.-O. de Gap (Hautes-Alpes), à 999 mètres d'altitude, et à l'entrée de la vallée de Champsaur; 1,790 hab. Antiquités romaines et sarrasines; longue montée; territoire fertile. Patrie de Lesdiguières, dont on voit encore la maison. Eaux sulfureuses.

* **BONNETER** v. a. Rendre des respects et des devoirs assidus à des personnes dont on a besoin. Se dit, particulièrement, en parlant de sollicitations humbles et fréquentes : *je ne saurais tant bonneter ces messieurs*.

* **BONNETERIE** s. f. Art, métier de bonnetier; marchandise qu'il vend : *il est dans la bonneterie*.

* **BONNETEUR** s. m. Celui qui prodigue les révérences et les compliments. — Fam. Filou qui, à force de civilités, tâche d'attirer les gens pour leur gagner leur argent : *je fus suivi par un bonneteur*. — ᴟ Filou tenant un jeu de bonneteau.

* **BONNETIER** s. m. Celui qui fait ou qui vend des bonnets, des bas, et d'autres objets de ce genre.

BONNET-LE-CHÂTEAU (Saint-), ch.-l. de cant., arr. et à 26 kil. S. de Montbrison. (Loire). Dentelles, scieries. Église gothique.

* **BONNETTE** s. f. Fortific. Ouvrage composé de deux faces qui forment un angle saillant, fait en façon d'un petit ravelin, sans aucun fossé, ayant un parapet de trois pieds, bordé d'une palissade. On construit la bonnette au delà de la contrescarpe comme un petit corps de garde avancé.

* **BONNETTE** s. f. Petite voile qu'on ajoute aux grandes, lorsqu'on veut offrir plus de surface à l'impulsion du vent : *les bonnettes prennent le nom de la vergue au bout de laquelle elles sont hissées* (Acad.).

BONNEVAL, ch.-l. de cant., arr. et à 14 kil. N. de Châteaudun (Eure-et-Loir). Anc. *Bonavallis*, autrefois important; rasée par Louis le Gros, puis détruite par les Anglais. Église et ruines intéressantes d'une abbaye de bénédictins. Dans ses environs, château de Condreaux. — 3,500 hab.

BONNEVAL (Claude-Alexandre, COMTE DE), aventurier, né en 1675 d'une bonne famille du Limousin, mort en 1747. Il quitta la marine à la suite d'un duel, acheta un régiment (1701), se distingua par son courage; offensa Mme de Maintenon et Chamillard, qui le firent condamner à mort. Il s'enfuit en Allemagne où il prit du service dans l'armée du prince Eugène, dévasta la Provence et le Dauphiné, se brouilla avec le prince, l'appela en duel, fut condamné à mort, se réfugia en Turquie, où

il embrassa le mahométisme (1720), devint pacha à trois queues sous le nom d'Ahmed, et entreprit de réorganiser l'armée turque. Exilé en Asie (1738), il y mourut.

BONNEVILLE, ch.-l. d'arr., à 34 kil. N.-E. d'Annecy (Haute-Savoie), dans une position pittoresque, sur la rive droite de l'Arve, entre le Môle et le mont Brizou; 1,650 hab. Colonne de Charles-Félix à 450 mètres d'altitude et par 46° 4' 32" lat. N. et 4° 4' 12" long. E. Horlogerie.

BONNE-VOGLIE s. m. [bo-ne-vol *igl* mll.]. Homme qui se louait pour ramer sur les galères de Malte. Voy. RAME.

BONNIER (Édouard-Louis-Joseph), jurisconsulte né à Lille le 27 septembre 1808, mort en 1877. A publié un *Traité des preuves* (1843, 2 vol. in-8°) et plusieurs autres ouvrages.

BONNIER D'ARCO (Ange-Elisabeth-Louis-Antoine), conventionnel, né à Montpellier en 1750, assassiné le 28 avril 1799 par des hussards autrichiens à Rastadt, où il avait été envoyé comme plénipotentiaire. Il a laissé des *Recherches politiques et historiques* sur Malte (1798).

BONNIÈRES, ch.-l. de cant., arr. et à 13 kil. N.-O. de Mantes (Seine-et-Oise), sur la rive gauche de la Seine; 900 hab. Chanvre, bois, charbons, grains, plâtre.

BONNIEUX, ch.-l. de cant., arr. et à 12 kil. S.-O. d'Apt (Vaucluse); 2,500 hab. Église remarquable à laquelle on arrive par des escaliers de plus de 80 marches et qui renferme un saint François d'Assise peint par Mignard.

BONNIVARD (François de), homme politique et écrivain, né en France vers 1495, mort vers 1571. Possesseur d'un riche prieuré, près de Genève, il s'opposa aux desseins du duc de Savoie et fut emprisonné de 1530 à 1536 dans les souterrains du château de Chillon. Il écrivit plus tard ses *Chroniques de Genève*, dont les deux premiers volumes seulement ont été imprimés (Genève 1831). C'est lui que Byron a mis en scène dans son poème « Prisoner of Chillon ».

BONNIVET (Guillaume Gouffier, SEIGNEUR DE), amiral de France, né vers 1488, mort à la bataille de Pavie. Fut élevé avec François Ier, se distingua au siège de Gênes (1507) et à la Journée des Éperons (1513), reçut le titre d'amiral après Marignan (1515), reçut d'importantes missions en Angleterre et en Allemagne, commanda l'armée de Guyenne (1521), prit Fontarabie, servit la haine de Louise de Savoie contre le connétable de Bourbon, eut en 1523, le commandement de l'armée d'Italie et ne commit plus que des fautes; causa la défaite de Bayard à Robec et amena, par ses conseils, la déroute de Pavie.

BONNY, l'un des bras du fleuve Niger, sur la côte de Guinée. Près de son embouchure se trouve Bonnytown, qui était autrefois un des grands centres de la traite des noirs.

BONNY, bourg à 21 kil. S.-E. de Gien (Loiret); 2,000 hab.

BONNYCASTLE I. (John), mathématicien anglais, mort en 1821; auteur de nombreux ouvrages sur les mathématiques élémentaires. — II. (Charles), son fils (1792-1840), professeur en Amérique, auteur d'une « Géométrie inductive » et de plusieurs savants mémoires.

BONOMI I. (Giuseppe), architecte italien (1739-1808). Il s'établit en Angleterre (1767) et y construisit de beaux édifices. Son chef-d'œuvre est Roseneath, maison de campagne du duc d'Argyll.—II. (Joseph), son fils, archéologue anglais, né en 1796; passa plusieurs années en Égypte et en Syrie. Écrivit « Ninive et ses palais », ouvrage illustré (3e éd. 1857); « le Sarcophage d'Oimenepthah Ier, décrit par Samuel Sharpe » (1864).

BONONCINI ou **Buononcini** (Giovanni-Battista) (bo-nonn-tchi-'ni), compositeur italien, né à Modène vers 1670, mort après 1752. Il produisit quelques opéras à Vienne et vint à Londres, où il osa rivaliser avec Handel. Vaincu dans cette lutte, il quitta subitement l'Angleterre; fut compositeur de la chapelle du roi à Paris, et se retira ensuite à Venise. Il a laissé 17 opéras.

BONONIA. I. Nom que Caligula donna à un phare élevé près de *Gesoriacum*, pour perpétuer le souvenir de sa prétendue conquête de l'Océan. *Bononia* devint *Boulogne*.— II. Ancien nom de Bologne, Italie. D'abord ville étrusque appelée Felsina et capitale de l'Étrurie du N., elle tomba entre les mains de Boii et fut conquise par les Romains en 191 av. J.-C. C'est alors qu'elle changea de nom.

BONPLAND (Aimé), naturaliste, né à La Rochelle en 1773, mort dans l'Uruguay en 1858. Il fut chirurgien de marine pendant la Révolution, accompagna Humboldt au Mexique et dans l'Amérique du Sud (1799-1804), enseigna l'histoire naturelle à Buenos-Ayres (1816-21), commença l'exploration des Andes, mais fut détenu dans le Paraguay jusqu'en 1831, par le dictateur Francia. Il s'établit ensuite, en qualité de colon dans l'Uruguay. Il a collaboré au *Voyage aux régions équinoxiales* de Humboldt. Il a fait paraître seul : *Nova genera et species plantarum* (publié par Kunth, 7 vol. in-fol. 700 pl., 1815-'25); *Plantes équinoxiales* (1805, 2 vol. in-fol.; 140 pl.); *Monographie des mélastomes* (1806, 2 vol. in-fol. 120 pl.); *Plantes rares de Navarre et de la Malmaison* (1812, in-fol. 64 pl.); Brunel a écrit la vie de Bonpland (1872).

BONSHOMMES [bon-zo-me], religieux augustins qui parurent en France vers 1257 et en Angleterre vers 1283. Leur nom vient de ce que le roi saint Louis avait familièrement appelé le *bon homme*, le prieur de leur ordre.

BONSOIR s. m. Terme dont on se sert pour saluer quelqu'un sur la fin du jour et dans la soirée : *je vous donne, je vous souhaite le bonsoir*. Elliptiq. : *bonsoir, monsieur*; *bonsoir et bonne nuit*. — Fig. et fam. exprime qu'une affaire est finie ou manquée, et qu'il n'y faut plus songer : *tout est dit, bonsoir; n'en parlons plus*. — Fig. et pop. DIRE BONSOIR A LA COMPAGNIE, mourir.

BONSTETTEN (Charles-Victor de), littérateur suisse, né à Berne en 1745, mort à Paris en 1832. Il voyagea beaucoup et écrivit en français et en allemand. Ses principaux ouvrages sont : *Recherches sur la nature et les lois de l'imagination* (Genève, 1807); *Études de l'homme* (1821).

* **BONTÉ** s. f. (lat. *bonitas*). Qualité de ce qui est bon, ce qui fait qu'une chose est bonne dans son genre : *bonté d'un terroir, de l'air, d'un aliment, d'une étoffe, d'une montre, d'une action*. — Qualité morale qui porte à faire du bien, à être doux, facile, indulgent : *le propre de la bonté est de se faire aimer*. — Fam. et par exclam. : *bonté de Dieu ! bonté divine !* Bienveillance, ou pure politesse : *la bonté que vous avez eue de m'écrire; vous avez trop de bonté*. — Ironiq. : *ayez la bonté de sortir d'ici; quand je parle, ayez la bonté de vous taire*. — Simplicité, trop grande facilité : *la bonté du père a causé la perte du fils : vous avez eu la bonté de le croire*.

BONTIUS (Jacques), médecin, naturaliste et voyageur hollandais, mort à Batavia en 1631. A laissé : *Historiæ naturalis et medicæ Indiæ Orientalis*, libri VI, imprimé à la suite de l'ouvrage de Pison : *De India utriusque re naturali et medica*.

BONUM VINUM LÆTIFICAT COR HOMINIS [bo-nomm-vi-nomm-lé-ti-fi-katt-cor-o-mi-niss] Loc. lat. tirée de l'Écriture sainte et qui signifie : *le bon vin réjouit le cœur de l'homme*.

BONVICINO (Alessandro) [bonn-vi-tchi'-no]. V. **Maretto da Brescia.**

* BONZE s. m. (japonais *bonsa*), prêtre de Fo ou Bouddha, en Chine, au Japon, en Birmanie, etc. Les bonzes professent le célibat, habitent ensemble dans des monastères, vont nu-tête et se rasent la barbe et les cheveux. Il y a des bonzes femelles, qui vivent dans des couvents et se vouent à l'instruction des filles.

BONZERIE s. f. Monastère de bonzes.

BONZESSE s. f. Féminin de **bonze.**

BOOK s. m. (bouk). Mot anglais qui signifie *livre* et dont nos anglomanes font quelquefois usage. Il entre dans plusieurs mots composés.

BOOKMAKER s. m. (bouk-mé-keur]. Industriel qui reçoit les paris sur les champs de courses, qui tient un livre (book) de paris.

BOOLUNDSHAHUR, Bulundshuhur ou **Buraun,** ville de l'Inde anglaise, sur le Kali-Nuddee, à 60 kil. S.-E. de Delhi; 12,000 hab. Cap. du riche district de Boolundshahur (936,595 hab.), que les Anglais enlevèrent en 1803 à l'aventurier français Perron.

BOOM [bômm], ville de Belgique, sur le Rupel, prov. et à 18 kil. S. d'Anvers, 10,150 hab. Collège; briqueteries, tuileries, brasseries, tanneries, etc.

BOOMERANG [bou-mé-rangh]. Voy. **Boumérang.**

BOONDEE [bounn-dî]. Voy. **Bundi.**

BOONE. I. (Daniel), aventurier américain (1735-1820). Il explora le centre des Etats-Unis, mena une existence romanesque au milieu des Indiens, dont il fut plusieurs fois prisonnier, et fonda Boonesborough. — II. (**William-Jones**), missionnaire, premier évêque protestant de l'église épiscopale de Shanghaï, né dans la Caroline du sud en 1813, mort en 1864. Il a traduit la Bible en langue chinoise.

BOONESBOROUGH, village de Kentucky, fondé le 1er avril 1775, par Daniel Boone, qui y construisit un petit fort contre les sauvages.

BOONTON ville des Etats-Unis, sur la rivière Rockaway et sur le canal Morris, à 55 kil. N.-O. de New-York; 4,000 hab. Importante usine métallurgique.

BOONVILLE, ville de l'Etat de Missouri (Etats-Unis), sur la rive droite du Missouri, à 65 kil. N.-O. de Jefferson City; 4,000 hab. Mines, richesse agricole; corderies.

BOORHANPOOR ou **Burhaunpoor** (bourann-pour'], ville de l'Inde anglaise dans le territoire de Gwalior, sur le Taptee, à 320 kil. E. de Surate; 29,500 hab. Le commerce y est presque monopolisé par une tribu musulmane appelée les Borahs, originaire d'Arabie. Fabriques de mousseline, de soieries et de brocart.

BOOS [bô], ch.-l. de cant. arrond. et à 12 kil. S.-E. de Rouen (Seine-Inférieure); 800 hab.

BOOTAN ou **Bhutan** [bou-tan], territoire indépendant de l'Hindoustan, sur la frontière N.-E. du Bengale, adjacent au Thibet; 35,243 kil. carr.; 200,000 hab. Quelques-unes des sommités de l'Himalaya se dressent à son extrémité septentrionale; les rivières, qui y sont nombreuses, y forment de violents rapides; le principal cours d'eau se jette dans le Brahmapoutre. Commerce important avec le Thibet et le Bengale. Exportation de riz, de froment, de farine, de chevaux, de lin, de musc et de fruits. Les habitants, nommés Booteahs (Boutias), sont grands et bruns, leur visage est semblable à celui de la race chinoise. Ils s'occupent d'agriculture et sont industriels. Leur religion est le bouddhisme; ils professent la polyandrie et la polygamie. L'Etat est gouverné par deux souverains : l'un spirituel et l'autre temporel. Villes principales : Tassisudon,

Wandipoor, Poonakha, Ghassa, Paro, Murichon. — Les Anglais ont eu plusieurs fois la guerre avec le Bootan. A la suite de la dernière, terminée en 1865; ils ont annexé les Dooars, fertile territoire de 250 kil. sur 60, au pied des passages qui mènent d'Assam dans le Bengale.

BOOTÈS s. m. [bo-o-tèss] (gr. *bouvier*) Astron. Nom grec de la constellation du Bouvier, dans l'hémisphère boréal, comprenant *Arcturus*, étoile de première grandeur.

BOOTH. I. (Barton), célèbre acteur anglais (1681-1733). On l'admira surtout dans le rôle de Caton (pièce d'Addison). — II. (**Sia Felix**), distillateur anglais, (1775-1850). Il donna 500,000 fr. pour couvrir les frais de l'expédition arctique entreprise par sir John Ross; et pour ce fait, il fut créé baronnet. — III. (Junius-Brutus), tragédien, né à Londres en 1796, mort en 1852. Se rendit fameux dans les rôles de Richard III, de sir Giles Overreach et du roi Lear, et joua pendant 30 ans avec un succès extraordinaire. — IV. (**Edwin**), acteur américain, fils du précédent, né en 1833; parcourut une brillante carrière en remplissant les principaux rôles de Shakespeare. — V. (John-Wilkes), frère du précédent, acteur et assassin d'Abraham Lincoln, né en 1838, mort le 26 avril 1865. Il monta jeune sur les planches et n'y obtint jamais qu'un médiocre succès. Sécessioniste forcené, il entra dans la conspiration qui avait pour but d'assassiner le président Lincoln, le vice-président et plusieurs membres du cabinet. Le 14 avril 1865, Booth s'introduisit dans la loge du président au théâtre de Washington, et brûla la cervelle à Lincoln. Sautant sur la scène, il s'écria, en brandissant un poignard : « *Sic semper tyrannis* »; puis il s'enfuit par les coulisses. Il se sauva dans le Maryland, se brisa une jambe en tombant de cheval, parvint jusque dans la Virginie, se cacha dans une ferme, près de Bowling Green, y fut découvert, refusa de se rendre, se défendit et tomba mortellement blessé d'un coup de feu.

BOOTHAUK [bout'-haouk]. Voy. **Bouthaouk.**

BOOTHBAY ville de l'Etat de Maine (Etats-Unis), entre les rivières Damariscotta et Sheepscot; à 60 kil. E.-N.-E. de Portland; 3,500 hab. Excellent port; pêcheries importantes; commerce d'huile et de graine.

BOOTHIA FELIX, grande péninsule formant la partie la plus septentrionale du continent américain, entre 69° et 75° lat. N. et entre 93° et 99° long. O. Découverte par le capitaine Ross, en 1830; elle fut nommée en l'honneur de sir Felix Booth.

BOOTHIA (Golfe de), continuation méridionale de la passe du Prince-Régent, entre Boothia Felix, l'île Cockburn et la presqu'île de Melville; longueur environ 500 kil., largeur de 100 à 150 kil.

BOOTON, île montagneuse et boisée, en face de la presqu'île S.-E. des Célèbes; longue d'environ 130 kil.; large de 35. Les habitants sont musulmans et indépendants. Sur la côte E. règne un courant dangereux.

BOOZ, personnage biblique, épousa Ruth et fut l'ancêtre de David.

BOPP (Franz), philologue allemand, né à Mayence en 1791, mort en 1867. Il fut professeur de langues orientales depuis 1821 jusqu'à sa mort; publia une grammaire sanscrite, des textes sanscrits avec leur traduction, etc. Mais son grand travail, qui peut être considéré comme ayant fondé la science de la philologie comparée, est sa *Grammaire comparée* (*Vergleichende Grammatik*), 5 vol.; plusieurs fois rééditée en Allemagne et traduite en plusieurs langues. (Trad. franç. de Michel Bréal, 1866, in-8°).

BOPPARD ou **Boppart,** ville fortifiée de la Prusse Rhénane, sur le Rhin, à 14 kil. S. de Coblentz; 5,500 hab. Elle doit son origine à

Boppard.

un fort que Drusus y construisit et devint ville libre impériale. Ses rues sont étroites et tortueuses. Fabriques d'eau-de-vie et de poterie.

* BOQUILLON s. m. Bûcheron. (Vieux.)

BORA (Katarina von), épouse de Martin Luther (1499-1552). D'une famille noble, elle dut prendre le voile dans le couvent cistercien de Nimptschen, près de Grimma. Ayant lu quelques ouvrages de Luther, elle réclama son assistance, afin de quitter la vie conventuelle. Il réussit à lui faire rendre la liberté qu'à huit autres religieuses, dont quelques-unes firent maîtresses d'école, et dont les autres se marièrent. Luther épousa Katarina, le 13 juin 1525 ; il en eut trois fils et deux filles.

* BORACIQUE adj. (rad. *borax*). Chim. Fausse dénomination de l'acide borique, lequel semblerait avoir pour radical le *borax* et non le *bore*.

BORACITE ou **Borazite** s. f. Minér. Magnésie boratée ou borate de magnésie, trouvée dans une espèce de gypse du Brunswick et du Holstein. 4 (O³ B²) 3 O Ma. Poids spécifique, 2,56. Substance blanche ou limpide, en petits cristaux cubiques, très durs, insolubles dans l'eau. D'après Polyka, la boracite présente la constitution suivante : magnésie, 26,10 ; oxyde de fer, 1,60; acide borique, 61,10; chlorure de magnésium, 10,30; eau, 0, 90.

BORAQ (Al-). Voy. **Al-Borak.**

BORATE s. m. Chim. Sel résultant de la combinaison de l'acide borique avec une base.

BORATÉ, ÉE adj. Chim. Qui contient de l'acide borique.

* BORAX s. m. [bo-raks] (hébreu, *borak*, blanc). Chim. Borate de soude qui existe en dissolution dans les lacs de l'Inde, de la Perse, de la Chine, dans certaines montagnes de l'Europe, dans les Andes du Pérou, en Californie, etc. C'est une substance incolore, limpide ou blanche, quand elle est effleurie ou gris jaunâtre, cristallisant en prismes obliques rectangulaires, inclinés sur les bases de 106° 30'. Formule : Na³ B⁴ O⁷. Le borate de soude se compose d'acide borique 69,05 et de soude, 30,95. Poids spécifique, 1,74. Il est soluble dans l'eau; sa dissolution concentrée donne un précipité nacré, incolore d'acide borique, par l'acide nitrique, et ne précipite pas par le carbonate de potasse. Chauffé au chalumeau, le borax se boursoufle considérablement et finit par donner une perle vitreuse, transparente. Ce sel fut mentionné pour la première fois par Geber au xe siècle ; sa nature chimique fut découverte par Geoffroy o

1732. Les emplois du borax sont nombreux. Il possède la propriété de dissoudre, à une haute température, les oxydes métalliques et de former des verres transparents dont la couleur varie suivant le métal; il est donc utile dans la soudure. On en fait usage dans la fabrication du strass, des émaux, de quelques espèces de verre, du mordant vitreux pour les verres et la porcelaine, dans le vernis de la poterie; comme fondant, pour séparer certains métaux des matières impures qui se trouvent dans le mineral. — En 1702, Homberg découvrit dans le borax l'acique horique, qui fut décomposé, en 1808, par Gay-Lussac, Thénard et H. David; ces savants firent produire à cet acide l'oxygène et l'élément encore inconnu que l'on appela bore. Voy. BORIQUE. — Méd. Le borax est un sel fluidifiant et détersif employé avec le plus grand succès dans les aphtes et les ulcérations de la bouche : 8 gr. pour 100 gr. d'eau en gargarisme; ou bien on le mêle par parties égales avec le miel ou de la glycérine, comme collutaire. On l'a vanté, à l'intérieur, comme fondant, emménagogue et pour faciliter l'accouchement quand il y a excitation nerveuse.

BORBECK, ville de la Prusse Rhénane, sur la Ruhr, à 7 kil. N.-O. d'Essen; 17,500 hab. château; florissantes usines métallurgiques; mines de charbon dans le voisinage.

BORBETOMAGUS, ancien nom de *Worms* (Allemagne).

* **BORBORYGME**, s. m. (gr. *borborygmos*). Méd. Bruit que font entendre les gaz contenus dans l'abdomen, quand ils se déplacent, et qui est quelquefois le symptôme d'un embarras intestinal : *avoir des borborygmes.*

BORCE, village du cant. d'Acceus (Basses-Pyrénées); 800 hab. Beau marbre.

BORCETTE (all. *Burtscheid*), ville de la Prusse Rhénane, tout près d'Aix-la-Chapelle, dont elle forme une sorte de continuation; 10,500 hab. Manuf. de draps et d'aiguilles. Sources sulfureuses et bains.

* **BORD** s. m. (bor) (tudesque : *bort*, ais, planche, madrier). Extrémité d'une surface, ce qui la termine : *bord d'une robe, d'un manteau, d'un chemin, d'un navire, sauter par dessus le bord.* — Ce qui s'étend vers les extrémités de certaines choses : *le bord, les bords d'un plat*, ce qui est depuis la partie concave d'un plat jusqu'à l'extrémité; *les bords d'un chapeau*, ce qui excède par en bas la forme d'un chapeau. — *Terrain*, sol qui est le long de la mer, d'un fleuve, autour d'un lac, etc. : *les bords d'une île; les bords de la Marne, du lac de Côme, de la mer.* — Ruban, galon, bande d'étoffe, dont on borde certaines parties de l'habillement : *mettre un bord d'argent à un chapeau; mettre un bord à une jupe.* — Avoir UN MOT SUR LE BORD DES LÈVRES, être ou se croire tout près de se souvenir d'un mot, d'un nom qu'on a oublié, et qu'on cherche à se rappeler. — Avoir UN AVEU, UN SECRET SUR LE BORD DES LÈVRES, éprouver une grande envie de faire un aveu, de révéler un secret. — Fig. ÊTRE AU BORD DU PRÉCIPICE, ÊTRE SUR LE BORD DU PRÉCIPICE, être prêt de tomber dans un malheur, dans quelque grand danger; être sur le point d'être ruiné. — Fig. ÊTRE SUR LE BORD DE SA FOSSE, ÊTRE AU BORD DU TOMBEAU, être extrêmement vieux, n'avoir que peu de temps à vivre. — Fam. UN ROUGE BORD, un verre de vin plein jusqu'aux bords.. — VENIR, ARRIVER À BORD, atteindre le rivage, arriver au bord de l'eau, au bord de la mer. Se dit d'un bateau ou d'un navire. — IL NE PUT ATTEINDRE LE BORD ET SE NOYA, il ne put atteindre le rivage et se noya. — Elliptiq. À BORD, À BORD, cri de gens qui sont sur un navire, pour avertir qu'ils veulent aller à terre; ou de gens qui sont sur le rivage, pour demander à s'embarquer. — Poétiq. LES SOMBRES BORDS, les bords du Cocyte, l'enfer. — Mar.

Côté d'un bâtiment, d'un vaisseau : *de quel bord vient le vent? Ces deux bâtiments sont bord à bord.* Voy. BABORD et TRIBORD. — Le navire, le bâtiment même : *le capitaine nous régala sur son bord; aller à bord; quitter le bord.* — Bordée : *courir des bords.* LE BON BORD, celle des deux bordées qui rapproche du but. LE MAUVAIS BORD, celle qui en éloigne. — VIRER DE BORD, changer de route, en mettant au vent un côté du bâtiment pour l'autre. — Fig. et fam. VIRER DE BORD, changer la direction de sa conduite, s'attacher à un autre parti. — ROULER BORD SUR BORD, éprouver un roulis violent et continu. — ÊTRE BORD À QUAI, se dit quand l'un des côtés du bâtiment touche à un quai. — VAISSEAU DE HAUT BORD, se disait autrefois de tout bâtiment qui naviguait au long cours; par opposition à *Vaisseau de bas bord*, qui se disait d'une galère ou de tout autre petit bâtiment plat. Ne se dit plus aujourd'hui que des bâtiments de guerre à plusieurs ponts. — COURIR BORD SUR BORD, louvoyer à petites bordées, tantôt à droite, tantôt à gauche, pour se maintenir à la même place, ou pour ne changer de place que le moins possible. — Fig. et fam. ÊTRE DU BORD DE QUELQU'UN, être de son parti, de son avis, de son opinion. — Bords, au plur., se dit poétiq. des régions, des contrées environnées d'eau : *les bords africains;*

D'un zéphir indulgent, si les douces haleines
Ont conduit mon vaisseau sur des bords enchantés.
                         Docs. *L'Amitié.*

— **Bord à bord de**, loc. prépositive. Se dit des liquides qui remplissent toute la capacité de ce qui les contient : *la rivière est bord à bord du quai; l'eau est bord à bord du vase.* On dit dans un sens analogue : *cette rivière, ce canal coule à pleins bords.*

BORDA (Jean-Charles), marin et mathématicien, né à Dax en 1733, mort en 1799. Son *Mémoire sur le mouvement des projectiles* (1756) lui valut d'être attaché à l'Académie des sciences. Le gouvernement l'employa dans plusieurs expéditions scientifiques; il servit comme major-général pendant la guerre de l'indépendance des États-Unis. Il a inventé ou perfectionné plusieurs instruments et fait faire de grands progrès à l'art nautique. Il a publié en 1778, le récit de son *Voyage en Europe et en Amérique* (2 vol. in-8°); en 1787, sa *Description et usage du cercle à réflexion.* Ses *Tables trigonométriques décimales* ont été revues par Delambre, en 1804, Paris. — On a donné le nom de *Borda* au vaisseau-école, ordinairement en rade de Brest.

* **BORDAGE** s. m. Mar. Se dit des planches épaisses qui revêtent d'un bout à l'autre le corps

d'un bâtiment, tant à l'extérieur qu'à l'intérieur : *les bordages du premier pont, du second pont*, etc.

BORDAILLER ou bordayer v. n. Mar. Louvoyer à petits bords, battre la mer bord sur bord, sans gagner au vent.

BORDE (Andrew), médecin anglais, mort en 1549. Il voyagea en Europe et en Afrique et écrivit de nombreux ouvrages humoristiques et médicaux.

* **BORDÉ** s. m. Galon d'or, d'argent ou de soie, qui borde des vêtements, des meubles, etc. : *mettre un petit bordé à des rideaux.*

BORDEAUX s. m. Vin que l'on récolte dans le Bordelais : *boire du bordeaux*; on dit mieux : *boire du vin de Bordeaux.* — Petit bordeaux, cigare de la manufacture de Bordeaux; cigare d'un sou :

Avec un sou, tous sont égaux
Devant le petit bordeaux
                         LIGRAY.

BORDEAUX, *Burdigala, Burgdikal*, ch.-l. du dép. de la Gironde, la quatrième ville de France, sous le rapport de la population, la troisième au point de vue du commerce maritime, à 585 kil. S.-S.-O. de Paris, sur la Garonne, à 96 kil. de l'embouchure de la Gironde; par 44° 50' 19'' lat. N. et 2° 54' 56'' long. O.; 245,450 hab. Hôtel des monnaies, bourse, académie universitaire, faculté de théologie, sciences et lettres; athénée, lycée national de première classe, école de méde-

Bordeaux.

cine, chaire de chimie appliquée aux arts, de mécanique et d'agriculture; cour d'appel; archevêché dont le titulaire est primat d'Aquitaine. Cette ville, d'un aspect grandiose, s'étend en demi cercle sur la rive gauche du fleuve, qui forme un vaste port pour 1,000 à 1,200 navires du plus fort tonnage. Sur le fleuve est jeté un magnifique pont de pierres et de briques, construit de 1808 à 1824, long de 486 mètres et formé de 17 arches. Ce pont met la ville de Bordeaux en communication avec la Bastide, qui forme sur la rive droite du fleuve, une espèce de faubourg où aboutit le chemin de fer d'Orléans. En face du pont s'élève la porte de Bourgogne, érigée en 1775 et transformée depuis 1807 en arc de triomphe. Le pont du chemin de fer, en amont du précédent, relie la gare de la Bastide à la gare de Saint-Jean. Les quais, larges et en pente douce, sont accessibles aux plus faibles barques. Ils sont desservis par un chemin de fer et sont bordés, depuis les chantiers de construction jusqu'à Bacalan, par les Quinconces, la Bourse, la Douane et par de superbes hôtels. De l'époque romaine, Bordeaux n'a conservé que les ruines d'un amphithéâtre désigné improprement sous le nom de *Palais Galien*. Les édifices gothiques sont plus nombreux : cathédrale Saint-André, fondée au XIII° siècle, terminée au XIV°; sur sa façade on remarque la statue de Bertrand de Goth; sa tour quadrangulaire de Pey-Berland date du XIV° siècle; église Saint-Michel, du XII° siècle; dans le caveau de son beffroi détaché, on a appliqué, debout contre la muraille, des cadavres dans un état presque parfait de conservation; Sainte-Croix (11° siècle), dont le portail, orné de figures allégoriques, fait l'admiration des archéologues; Saint-Cernin, avec le tombeau de saint Fort dans une crypte; église des Feuillants, actuellement chapelle du lycée, avec le tombeau de Michel de Montaigne; porte Caïlhan ou porte du Palais, seul reste de l'Ombrière, ancien palais du parlement de Guienne. — La ville neuve, qui date de la dernière moitié du XVIII° siècle, fut tracée et commencée par M. de Tourny, et terminée par le Richelieu. Elle est magnifiquement bâtie et renferme de beaux hôtels, la place et le parc des Quinconces (390 m. sur 170) sur l'emplacement de l'ancien Château-Trompette; les allées de Tourny, les Chartrons, les fossés de l'Intendance, la rue du Chapeau-Rouge, le jardin botanique; le Grand-Théâtre, l'un des plus beaux de l'Europe, bâti par l'architecte Louis et inauguré en 1780; la Bourse, de la même époque; la Douane, en face d'elle; la Bibliothèque, riche de 150,000 volumes; le Musée, le Grand-Hôpital. Bordeaux possède un hôtel des monnaies, un bel hôtel de ville, un musée de peinture, un musée d'histoire naturelle, etc.— Patrie d'Ausone, de saint Paulin, du pape Clément V, du prince Noir, de Berquin, de Carle Vernet, de Garat, de Royer-Ducos, de Boyer-Fonfrède, de Gensonné, de Desèze, de Peyronnet, de Martignac, de Trenitz, de Dufaure, de Lainé, de Rode, etc. Bordeaux est, après Marseille et le Havre, le port le plus important de la France. Centre d'exportation des vins de Gascogne et des cognacs et l'entrepôt des denrées coloniales qui alimentent le centre et le sud-ouest de la France. — Mouvement du port : 4,600 navires à l'entrée et à la sortie, non compris le cabotage. On y trouve des chantiers pour la construction des navires, des fabriques d'eaux-de-vie, d'anisette, de savon, de tapis, de couvertures, de faïence ; des raffineries, une manufacture de tabacs, des filatures, des tuileries, etc. Deux siècles avant l'ère chrétienne, une peuplade gauloise appelée Bituriges Vivisci, avait construit un village de pêcheurs sur l'emplacement de la ville actuelle. Les Phéniciens, en relations d'affaires avec cette bourgade, l'avaient nommée Burgdikal, ou la ville du port. Les Romains, qui n'y rencontrèrent aucune résistance, en firent la capitale de la deuxième Aquitaine et y construisirent une cité somptueuse, centre commercial et intellectuel que saccagèrent les Vandales et qui tomba sous le joug des Visigoths (412) et sous celui des Francs, après la bataille de Vouillé. Charles-Martel l'enleva aux Sarrasins. Devenue capitale de l'Aquitaine, elle suivit les destinées de ce duché. Le mariage d'Éléonore avec Henri Plantagenet (1452) la fit passer dans les domaines des rois d'Angleterre, dont elle fut la ville de prédilection et la capitale continentale. C'est là que le Prince-Noir, devenu prince d'Aquitaine, tint sa cour pendant onze ans. Bordeaux se rendit à Charles VII le 14 octobre 1453; ce roi fit construire deux forts pour la garder : le fort de Hâ et le Château-Trompette. Ces bastilles n'empêchèrent pas la ville d'être prise par les Gabeleurs, en 1548. Un massacre général des protestants y eut lieu le 5 octobre 1572. En 1814, les Anglais l'occupèrent un instant et elle fut l'année suivante, le théâtre des déplorables excès de la Terreur blanche. Le 10 décembre 1870, les délégués du gouver-

nement de la Défense nationale et les représentants des puissances étrangères, ne se trouvant plus en sécurité à Tours, se retirèrent à Bordeaux. C'est dans cette ville que l'Assemblée nationale tint ses premières séances, vota les préliminaires de la paix, proclama la déchéance de Napoléon III et confia, par un pacte dit *de Bordeaux*, le pouvoir exécutif à M. Thiers (17 février 1871). C'est à Bordeaux que se tint, le 5 septembre 1872, la première réunion de l'Association française pour l'avancement des sciences (sous la présidence de M. Quatrefages).— VINS DE BORDEAUX. On donne le nom de vins de Bordeaux aux produits des vignobles de l'ancien Bordelais; on y rattache les vins de la Dordogne (*Bergerac*), ceux du Quercy, de l'Albigeois (*Gaillac*), de Toulouse, de l'Armagnac, des Landes, du Béarn (*Jurançon*) et les vins des Pyrénées. Mais la véritable gloire des vins de Bordeaux repose sur la qualité supérieure des crus de la Gironde. On les divise en crus classés et en crus non classés. Les crus classés comprennent les cinq catégories suivantes qui ont chacune un article à leur ordre alphabétique : *Médoc, Côtes, Palus, Entre-deux-Mers et Graves*. Voici comment le commerce classe les vins de Bordeaux : *Grands vins de première classe* : Château-Margaux, Château-Laffite, Château-Latour et Haut-Brion; de *deuxième classe* : Mouton, Rauzan, Léoville, Gruau-Laroze, Cos-Destournels; de *troisième classe* : Kirwan, Lagrange, Langoa, Giscours, etc. Les quatrième et cinquième classes, comprennent une trentaine de crus. Ensuite viennent les vignobles non classés, moins importants, mais justement estimés. Le territoire de la Gironde possède 135,000 hectares de vignes, dont les produits annuels dépassent 200 millions de litres, (125 millions en vins rouges et 75 millions en vins blancs), le tout évalué à 280 millions de francs. Le caractère distinctif des vins de Bordeaux est leur belle couleur pourprée, du velouté, de la suavité, une grande finesse de bouquet. Moins spiritueux et plus doux à boire que les vins de Bourgogne, ils se recommandent aux estomacs délicats, aux convalescents et aux vieillards. Ce qui les distingue particulièrement, c'est leur humeur voyageuse; ils ne sont dans la perfection qu'après avoir fait une expédition en mer. On embarque ceux du Médoc après la troisième ou la quatrième année et ceux des Graves après la cinquième ou la sixième. Ils se bonifient en voyageant et sont dits ensuite *retour des Indes* ou *retour de la mer*. De tout temps en grand honneur chez les Anglais, ils portent, de l'autre côté de la Manche, le nom de *claret* (du français *clairet*) que l'on applique particulièrement au médoc et que beaucoup de plusieurs sortes de vins du sud-ouest de la France. La quantité de vins mélangés que la place de Bordeaux expédie à l'étranger et qui est consommée sous le nom de claret, est vraiment prodigieuse.

BORDÉE s. f. Mar. Décharge simultanée de tous les canons rangés sur les côtés du vaisseau : *lâcher une bordée contre l'ennemi.* — Fig. et fam. UNE BORDÉE D'INJURES, ou absol., UNE BORDÉE, beaucoup d'injures rapidement accumulées, et dites presque à la fois. — BORDÉE, signifie aussi : chemin, route que fait un bâtiment sur un même bord, lorsqu'il est obligé de louvoyer : *les vaisseaux furent obligés de courir plusieurs bordées pour arriver sur les ennemis.* — ◦◦. Jargon. Absence. — TIRER UNE BORDÉE, quitter son travail sans permission. — Abandonner ses occupations ou sa maison pour se livrer à des plaisirs illicites.

* **BORDEL** s. m. (vieux franç. *borde*, maison de campagne). Lieu de prostitution. (Pop.)

BORDELAIS, AISE s. et adj. Qui est de Bordeaux ou du Bordelais; qui a rapport à cette ville, à ce pays ou à ses habitants.

BORDELAIS, *Burdigalensis ager*, ancien pays

de la Guienne, comprenant le Bordelais propre, le Médoc, les Landes de Bordeaux, les pays de Buch, de Born, de Marensin, le comté de Benauge, le pays d'Entre-deux-Mers, le Fronsadais, le Cubzaguès, le Bourgès, le Blayer, le Vitrezay et le pays de Libourne.

BORDEN (Siméon) [bor-dènn], ingénieur américain, (1798-1856). Il inventa et construisit en 1830 un appareil pour l'arpentage trigonométrique de l'État de Massachusetts. Après 1841, il établit la frontière entre cet État et celui de Rhode Island, construisit plusieurs chemins de fer et publia « Un système de formules utiles, appliquées aux opérations pratiques de construction des voies ferrées».

BORDENTOWN ville de l'État de New-Jersey, (États-Unis), à 10 kil. S.-E. de Trenton; 6,000 hab. Ateliers de mécanique.

* **BORDER** v. a. Garnir le bord d'une étoffe, d'un vêtement, d'un meuble, etc., en y cousant un ruban, un galon, un morceau d'étoffe, de toile, etc. : *border un chapeau d'un galon d'or.* — S'étendre, régner, le long de certaines choses : *le quai, la chaussée borde la rivière; la foule bordait le chemin.* — Mar. Côtoyer, naviguer le long des côtes : *la flotte ne fit que border les côtes.* — BORDER UN VAISSEAU ENNEMI, le suivre de côté, afin de l'observer. — BORDER UN BATIMENT, revêtir sa membrure de bordages. — BORDER LES AVIRONS, les mettre sur le bord d'un bâtiment à rames, prêts à nager. — BORDER UNE VOILE, l'arrêter, la tendre par en bas. — Jardin., BORDER UNE PLANCHE, relever, avec le dos de la bêche, la terre des bords, de manière que la planche soit plus élevée que le sentier. — BORDER UNE ALLÉE, UNE PLATE-BANDE, etc., planter une bordure sur ses bords. — BORDER LA HAIE, se dit en parlant de troupes rangées en longue ligne des deux côtés ou de chaque côté d'une rue, d'un chemin où doit passer un personnage important, un cortège, etc. — BORDER UN FILET, attacher une étoffe au bas d'un filet pour le rendre plus fort. — BORDER UN LIT, engager le bout des draps et de la couverture entre le bois de lit et la paillasse, ou le matelas.

* **BORDEREAU** s. m. État ou note des espèces diverses qui composent une certaine somme : *bordereau de caisse.* — BORDEREAU DE COMPTE, extrait de compte dans lequel on récapitule les sommes du débit et du crédit, afin de les balancer. — BORDEREAU DE COURTIER, D'AGENT DE CHANGE, écrit constatant les opérations, les négociations faites par un courtier, par un agent de change. On dit dans un sens analogue, chez les imprimeurs : *le bordereau d'un metteur en pages*, etc.— Procéd. BORDEREAU DE COLLOCATION, acte que le greffier d'un tribunal délivre à chacun des créanciers hypothécaires utilement colloqués, dans un ordre. On se sert du mot de *Mandement* pour les actes semblables délivrés dans une distribution par contribution. — Hypothéc. BORDEREAU D'INSCRIPTION, acte dressé par un créancier et remis par lui à un conservateur des hypothèques, pour que ce dernier le copie sur ses registres, et qui contient, entre autres désignations, celle des sommes dues à ce créancier en principal et accessoires, ainsi que celle de l'immeuble affecté à l'hypothèque. C'est l'inscription de ce bordereau sur les registres du conservateur qui fixe la date et le rang de l'hypothèque (Acad.).

BORDERIE s. f. (vieux franç. *borde*, maison de campagne). Petite métairie : ne se dit guère que dans le midi de la France et dans le S.-O.

BORDEU (Théophile de), médecin, né à Iseste (Béarn) le 22 février 1722, mort à Paris le 24 novembre 1776 ; fit d'importantes découvertes sur l'utilité des glandes, sur la structure des tissus, etc.; collabora à l'*Encyclopédie*, combattit les doctrines mécaniques de Boerhaave et chercha à les remplacer par la physiologie vitaliste. Ses *Œuvres complètes* ont été publiées à Paris, 1818, 2 vol. in-8°.

* **BORDIER** adj. et s. m. Mar. Se dit d'un bâtiment qui a un côté plus fort que l'autre, qui incline plus d'un côté que de l'autre. — ⁓ Agric. Dans certaines provinces, celui qui loue des terres à condition de partager les produits. — Petit fermier.

* **BORDIGUE** s. f. Pêche. Enceinte formée avec des claies, des perches, etc., sur le bord de la mer, pour prendre du poisson, ou pour retenir et garder du poisson vivant.

BORDONE, (Paride) peintre de l'école de Venise (1500-'70); il excella dans le portrait. François Iᵉʳ l'attira à sa cour et le combla de biens. Le Louvre possède son tableau : *Vertumne et Pomone.*

* **BORDURE** s. f. Ce qui garnit et qui orne ou renforce le bord de quelque chose : *bordure d'un bas-relief, d'un chapeau; bordure de galon.* — Ornement de jardin, en bois, en gazon, etc. — Cadre dans lequel on met un tableau, un miroir, une estampe : *bordure carrée, bordure ovale.* — Blason. Brisure qui entoure l'écu, et qui est toujours différente de l'émail de l'écu : *bordure de gueules.* — Bordure d'un bois, d'une forêt, arbres qui en forment la lisière. — Bordure de pavé, rang de gros pavés qui terminent et retiennent chacun des deux côtés d'une chaussée.

* **BORE** s. m. (de *borax*). Chim. Corps simple, élément combustible de l'acide contenu dans le borax. Symbole B. Dans la nature, on le rencontre toujours en combinaison avec l'oxygène. Il présente une grande analogie avec le silicium, par ses propriétés et son mode de combinaison; il peut, comme lui, être obtenu sous deux états : l'état cristallisé et l'état amorphe. 1° Sous la forme amorphe, on l'obtient en grande quantité en chauffant au rouge un creuset de fer, et y projetant un mélange de 100 gr. d'acide borique fondu et de 60 gr. de sodium coupé en petits morceaux. On jette sur le mélange 50 gr. de sel commun. Le sodium enlève l'oxygène contenu dans le bore; ce dernier reste sous forme de poudre; on le recueille, on le filtre et on le lave. 2° Le bore cristallisé a une gravité spécifique de 2,68; il affecte la forme d'un octaèdre transparent, appartenant au système pyramidal. Les cristaux sont à peu près incolores lorsqu'il est pur; mais ils contiennent ordinairement des traces de matières étrangères qui lui donnent une couleur jaune ou rouge. Les cristaux réfléchissent puissamment la lumière; ils sont assez durs pour rayer le rubis et pour polir le diamant.

* **BORÉAL**, ALE adj. Qui est ou qui se montre du côté du nord : *pôle boréal.* — Aurore boréale. Voy. *Aurore.*

* **BORÉE** Mythol. gr. Vent du nord; fils d'Astrée et d'Eos (Aurore), frère d'Hesperus, de Zéphyr et de Notus. Il habitait une caverne du mont Hæmus, en Thrace. D'Orithye, fille d'Erechthéus, il eut Zetes, Calaïs et Cléopâtre, que l'on appelle Boréades.

BOREL (Pierre Borel d'Hauterive, connu sous le nom de Petrus), littérateur et poète, né à Lyon le 28 juin 1809, mort de faim en 1859; collabora à différents journaux littéraires. Ses principaux ouvrages sont : *Rhapsodies* (1831), *Champavert* (1833), *Madame Putiphar* (1839), etc.

BORELLI (Giovanni-Alfonso) médecin et mathématicien italien (1608-'79); il fut professeur de mathématiques à Messine et à Pise; puis il s'établit à Rome, fut l'un des chefs de l'école iatro-mathématique et se distingua comme astronome. Son chef d'œuvre est : *De Motu Animalium*, Rome, 2 vol. 1680-'84, in-4°).

BORGARUCCI (Prosper), médecin italien que Charles IX nomma médecin de la cour de France en 1567. Il a publié en italien un traité d'anatomie (Venise, 1554, in-8°) et en latin plusieurs ouvrages estimés.

BORGERHOUT ville de Belgique, à 5 kil. E. d'Anvers, 10,800 hab. Lainages; blanchiment des toiles.

BORGHÈSE (bor-guè-ze), nom d'une famille patricienne de Sienne (Toscane), où, depuis le milieu du xvᵉ siècle, elle occupa les places les plus importantes. Marco-Antonio s'établit à Rome au commencement du xviᵉ siècle, et devint avocat de la cour papale. Son troisième fils, Camillo, fut pape sous le nom de Paul V (1605) et enrichit sa famille, dans laquelle se fondit, par un mariage, la fortune des Aldobrandini. Un second Marco-Antonio devint vice-roi de Naples, en 1721; et un troisième, son descendant (1730-1809), orna de riches collections artistiques la magnifique villa Borghèse construite sur la colline Pincienne, à Rome. Camillo-Filippo-Ludovico, prince de Sulmona et Rossano, fils du précédent (1775-1832) se rangea du côté des Français lorsque ceux-ci envahirent l'Italie et épousa en 1803, Pauline (voyez ce nom), sœur de Napoléon et veuve du général Leclerc. A la fin de la guerre d'Autriche, en 1805, il reçut le titre de duc de Guastalla, d'un duché que Napoléon donnait à Pauline. Il servit pendant les campagnes de Prusse (1806-'7), quitta sa femme et se retira à Florence. En 1807, l'empereur son gouverneur général de Piémont et de Gênes. Après l'abdication de Napoléon, il cessa toute relation avec la famille Bonaparte et vécut à Florence. Il vendit aux Français, moyennant 8 millions de fr., 300 œuvres d'art de la collection de son père

BORGHESI (Bartolommeo) comte, numismate italien, né près de Rimini en 1781, mort en 1860. La publication de ses œuvres complètes fut commencée sous les ordres de Napoléon III (vol. 1 à 5, 1864-'72).

BORGIA, famille italienne, originaire du royaume de Valence (Espagne) et qui a fourni plusieurs personnages célèbres. — I. (Cesare), prélat et soldat (1457-1507), fils illégitime du pape Alexandre VI, qui le nomma archevêque de Valence et cardinal, acquit par la guerre et l'assassinat de vastes provinces et de grands trésors. En 1497, il fut relevé de ses vœux et prit au service dans l'armée de Louis XII qui lui donna le titre de duc de Valentinois; et il obtint Forli, Cesena, Imola, Rimini, Piombino, Elbe, Faenza et Camerino, dont il assassina les véritables propriétaires. En 1499, il épousa Charlotte, fille de Jean d'Albret, roi de Navarre et, en 1501, il fut fait duc de Romagne. Ses prétentions au titre de roi le tinrent dans un état perpétuel de guerre avec ses voisins. Mais la mort de son père brisa sa fortune. Le pape Jules II le chassa des Etats pontificaux, malgré sa résistance; Ferdinand d'Aragon l'emprisonna pendant deux ans et il fut tué dans une bataille, pendant qu'il était au service du roi de Navarre. Son instruction, son éloquence, la protection qu'il accorda aux arts et aux lettres, lui valurent de nombreux apologistes; mais sa cruauté comme chef militaire lui a fait un triste renom. — II. (Lucrezia ou Lucrèce), sœur du précédent, morte en 1523. D'une beauté remarquable, instruite, aimable, elle s'acquit une grande réputation; on l'accusa d'être fort déréglée dans ses mœurs et d'agir comme actrice principale ou comme complice dans l'accomplissement de plusieurs crimes. Elle épousa d'abord Giovanni Sforza, seigneur de Pesaro, et divorça en 1497; son second époux, Alfonso, duc de Bisceglie, périt assassiné. Son troisième époux, Alfonso d'Este, plus tard duc de Ferrare, devint, grâce à son influence, la plus brillante de l'Italie.

BORGIA (Saint François), troisième général de la société de Jésus, né en Espagne en 1510, mort le 1ᵉʳ octobre 1572. Duc de Gandia, il renonça à son titre et à ses biens pour se faire jésuite; fut ordonné prêtre à l'âge de 40 ans et succéda à Laynez comme général en 1565.

BORGIA (Stefano), cardinal italien (1731-1804). Il fut gouverneur de Bénévent pendant plusieurs années et ensuite secrétaire de la Propagande, de 1770 à 1788. Pendant cette période, il enrichit d'une manière extraordinaire ses collections de manuscrits, de médailles et d'antiquités. Il a écrit plusieurs ouvrages historiques.

* **BORGNE**, adj. [*gn mll.*] (bas bret. *born*). Qui ne voit que d'un œil, à qui il manque un œil : *homme borgne; femme borgne; cheval devenu borgne.* — S'emploie, fig. et fam. en parlant de diverses choses : *maison borgne, appartement borgne*, maison, appartement sombre et obscur; *cabaret borgne*, mauvais petit cabaret; *collège borgne, pension borgne*, collège, pension où les études sont incomplètes; *conte borgne*, conte ridicule, invraisemblable, et auquel on ne croit pas; *compte borgne*, compte dont les articles ne sont pas clairs. — Prov. et fig. Changer, troquer son cheval borgne contre un aveugle, changer, par méprise, une chose défectueuse contre une autre plus défectueuse encore. — Jaser comme une pie borgne, parler beaucoup, babiller. — Mar. Ancre borgne. ancre qui n'a qu'une patte, ou ancre qui est mouillée sans avoir de bouée. — Substantiv. : *c'est un borgne, un méchant borgne; parmi les borgnes célèbres, on cite Civilis, Annibal, Sertorius, Nelson.* — Prov. et fig. Au royaume des aveugles, les borgnes sont rois, les personnes d'un mérite médiocre ne laissent pas de briller quand elle se trouvent avec des ignorants ou des sots.

BORGNE (Lac), lac situé au S.-E. de la Louisiane; ouvert dans le détroit du Mississippi et réuni au lac Pontchartrain par le passage Rigolet.

* **BORGNESSE** s. f. Femme ou fille borgne. (Bas et injurieux).

BORGO, ch.-l. de cant.; arr. et à 20 kil. S. de Bastia (Corse); 800 hab. Paoli remporta à Borgo son dernier avantage sur les Français en 1768.

BORGO (Pozzo di). Voy. Pozzo di Borgo.

BORGOGNONE (Jacopo-Cortesi) [bor-go-nio-né], peintre italien, né en Bourgogne en 1621, mort en 1676. Son vrai nom était Jacques Courtois. Elève de Guido, à Bologne, il se fixa en Italie et vécut à Florence et à Rome. Il se rendit célèbre comme peintre de batailles, entra dans l'ordre des jésuites vers 1656 et s'adonna à la peinture religieuse.

BORGOMANERO, ville fortifiée de Piémont, à 32 kil. N.-N.-O. de Novare; 4,600 hab. Comm. de soieries.

BORGOU. I. Contrée de l'intérieur de l'Afrique, comprise, en partie, dans le royaume de Gando, et bornée à l'E. par le Niger et au S. par le Yorouba. Territoire généralement uni. Les habitants sont doux et économes. Voy. princ. Boussa. — II. Autre contrée de l'intérieur de l'Afrique, à environ 600 kil. N.-E. du lac Tchad. Elle n'a jamais été explorée.

BORIE (Pierre-Rose-Ursule Dumoulin), missionnaire français, né en 1808, mort en 1838. Après un séjour de six années dans le Tonkin, il fut condamné à être décapité. Telle était sa réputation que l'on eut toutes les peines du monde à trouver un exécuteur. Les indigènes honorent Borie comme une divinité.

BORIES (Jean-François-Louis Leclerc). L'un des quatre sergents de La Rochelle; né à Villefranche (Aveyron) en 1795, décapité à Paris le 21 septembre 1822. Sergent-major au 45ᵉ régiment de ligne, il entra dans la conspiration des *Carbonari*.

BORINAGE (Le), petit pays du Hainaut (Belgique), formant un vaste et riche bassin houiller, et comprenant les communes de Jemmapes, Quaregnon, Hornu, Wasmes, Pâturages, Frameries, etc.; environ 35,000 hab.

* **BORIQUE** adj. (rad. *bore*). Se dit d'une combinaison acide de bore avec l'oxygène et l'hydrogène. L'acide borique (B³ O³) se trouve dans la nature sous le nom de sassoline. (Voy. ce mot). On le rencontre également dans la boracite, la rhodicite, le borax (tinkal), la tourmaline, le schorl et plusieurs autres minéraux. Il fut découvert en 1702 par Homberg, qui l'appela sel sédatif. Il apparaît dans les districts volcaniques, particulièrement en Toscane, où il s'échappe de la terre avec la vapeur de l'eau et où il apparaît comme efflorescence dans le voisinage des sources thermales. Il existe encore dans plusieurs eaux minérales, telles que la source bouillante de Wiesbaden, et dans la source de l'Empereur à Aix-la-Chapelle. Autrefois le commerce l'obtenait en le tirant du borax; mais aujourd'hui on l'extrait des sources de la Toscane. Pour cela, on construit, sur les endroits où des vapeurs jaillissent de la terre, de grossières maçonneries contenant des bassins dans lesquels coule de l'eau. En traversant de six à huit de ces bassins, le liquide absorbe environ 5 p. 100 d'acide borique qui atteint un poids spécifique de 1,007 à 1,010. On le condense dans des marmites de plomb et on le fait cristalliser par évaporation. Les cristaux sont blancs, transparents, en lames à six côtés, d'une gravité spécifique de 1,48, avec une saveur très légèrement acide et amère.

BORISOGLEBSK, ville de Russie, sur la Vorona, à 140 kil. S.-E. de Tambov; 12,000 hab. Foire importante, manufactures.

BORISOV, ville de Russie sur la Bérésina, à 66 kil. N.-E. de Minsk; 7,500 hab. C'est près de là que les Français traversèrent la Bérésina, en 1812.

BÖRJESSON (Johan) [beur-'ièss-son], auteur dramatique suédois (1790-1866), fut ministre de l'église de Weckholm. Son premier et son meilleur drame, *Erik XIV* (1846), fut suivi de plusieurs tragédies.

BORLACE (Edmund), historien anglais, mort vers 1682, auteur de la « Réunion de l'Irlande à la couronne d'Angleterre » (1675) et de l' « Histoire de l'exécrable rébellion irlandaise » (1680).

BORLASE (William), ecclésiastique anglais, curé dans le pays de Cornouailles, né en 1696, mort en 1772; a laissé une *Histoire naturelle de Cornouailles* (en anglais), 1 vol. in-fol., Oxford, 1758.

BORMES, petit port du cant. de Colobrières (Var); 2,000 hab. Orangers, oliviers, huile, fruits, vins, parfums, liqueurs.

BORMIDA, rivière d'Italie qui descend des Apennins, passe à Acqui et se jette dans le Tanaro à 2 kil. d'Alexandrie, après un cours de 50 kil.

BORMIO, ville de Lombardie, traversée par la magnifique route militaire du mont Stelvio. — Alt. 1,262 m.; lat. 44° 29' 32" N. et 8° 2' 16" long. E.

BORN (Bertrand de), vicomte de Hautefort, troubadour du XIIe siècle, né en Périgord, mort vers 1209, prit une part très active aux querelles intestines qui eurent pour théâtre l'Aquitaine divisée entre Richard Cœur de Lion et Henri II. A la mort de Richard, il se retira dans le monastère de Cîteaux. Par ses vers enflammés, il contribua à soulever les croisés; mais il ne les suivit pas en Palestine et chanta, de loin, leurs exploits. Voy. Laurens, *Le Tyrtée du Moyen âge* (1863).

BORN (Ignace, BARON DE), minéralogiste allemand (1742-'91) a laissé de savants ou-

vrages en latin. Son *Voyage minéralogique de Hongrie et de Transylvanie* a été traduit en français par Monnet (1780, in-12); sa *Méthode d'extraire les métaux* par le mercure a été publiée en français, à Berne, 1787, in-8°. On lui attribue une satire politique intitulée : *Essai sur l'histoire naturelle de quelques espèces de moines*, traduit par Broussonnet, 1784.

BORNA, ville de Saxe, à 25 kil. S.-S.-E. de Leipzig; 6,000 hab. Vieille église gothique, ruines intéressantes; industrie développée.

* **BORNAGE** s. m. Jurispr. Action de planter des bornes pour marquer les limites d'un champ, d'une propriété rurale. — ACTION EN BORNAGE, celle qu'un propriétaire intente à un voisin pour l'obliger au bornage de leurs propriétés contiguës. — Législ. « Tout propriétaire peut obliger son voisin au bornage de leurs immeubles contigus. Le bornage a lieu à frais communs, c'est-à-dire que chacun y contribue en proportion de l'étendue de sa propriété (C. civ. 646). Les bornes sont en pierre calcaire, grès ou silex, selon les usages locaux, et l'on a soin de placer dessous des fragments de briques, de tuiles, de charbon ou de verre que l'on nomme témoins et qui servent à faire reconnaître l'endroit où était la borne, dans le cas où elle serait enlevée ou déplacée. Les bornes sont placées sur la ligne séparative des propriétés; elles sont enfoncées à une profondeur de 16 à 33 centimètres et maintenues de tous côtés par des cailloux. Leur sommet s'élève de 8 à 33 centimètres au-dessus du sol. Les questions litigieuses relatives au déplacement des bornes sont de la compétence des juges de paix, lesquels connaissent aussi des actions en bornage, lorsque les titres ne sont pas contestés. (L. 25 mai 1838). Le juge de paix nomme des experts pour procéder au bornage en présence des parties, ou, s'il le juge convenable, il se rend lui-même sur les lieux. Quiconque a déplacé ou supprimé des bornes qui avaient été plantées pour limiter deux propriétés, est puni d'un emprisonnement d'un mois à un an et d'une amende de 50 fr. au moins (C. pén. 456); mais, pour celui qui a enlevé des bornes, dans le but de commettre un vol, l'emprisonnement est de deux à cinq ans et l'amende peut s'élever à 500 fr. Le condamné peut en outre être privé du tribunal de ses droits civiques, civils et de famille pendant cinq ans, et être mis, pendant le même temps, sous la surveillance de la haute police (C. pén. 389). Le bornage entre les forêts de l'État et les propriétés riveraines est fait par les agents de l'administration des forêts, en présence des parties intéressées ou elles dûment appelées (C. forest., art. 8 et s.). Il en est de même lorsqu'il s'agit des bois des communes ou de ceux des établissements publics (Ord. for., 1er août 1827, art. 129 et s.). Les actes et procès-verbaux de bornage que l'on veut produire en justice doivent être timbrés et enregistrés. Le droit d'enregistrement est de 3 fr. 75 pour les procès-verbaux dressés par des experts (L. 28 avril 1816, art. 43, n° 16) et seulement de 1 fr. 25 pour les actes faits à l'amiable entre propriétaires (L. 22 frim. an VII, art. 68, § 12, n°51). — MAR. On entend aussi par *bornage* la navigation faite par une embarcation jaugeant vingt tonneaux au plus, avec faculté d'escales intermédiaires entre son port d'attache et un point déterminé, mais qui ne doit pas être distante de plus de quinze lieues marines. Les conditions de cette navigation sont déterminées par un décret du 20 mars 1852. » (CH. Y.)

* **BORNE** s. f. (bas lat. *bodena*). Pierre, arbre, ou autre marque qui sert à séparer un champ d'avec un autre. — Colonne qui marquait l'extrémité de la carrière, dans les cirques des anciens. — Pierre plantée debout à côté des portes, le long des murailles, ou à l'encoignure des édifices, pour empêcher qu'ils ne

soient endommagés par les voitures; ou dont on borne un chemin, une place publique, un port, etc. : *mettre une borne contre un mur; place publique entourée de bornes*. — BORNE MILLIAIRE, borne placée de distance en distance, le long des grands chemins, pour indiquer les lieues, les milles, les kilomètres, etc : *nous atteindrons bientôt la dernière borne*. — BORNE-FONTAINE, petite fontaine en forme de borne : *des bornes-fontaines*. — Fam. ÊTRE PLANTÉ COMME UNE BORNE, se tenir debout et sans remuer. — BORNES, au plur. Tout ce qui sert à séparer un État, une province d'une autre : *l'Espagne a pour bornes les deux mers et les Pyrénées; reculer les bornes d'un État*. — Fig. Limites, au sens moral : *passer les bornes de son pouvoir, de sa juridiction*. — Absol. PASSER LES BORNES, aller trop loin.

* **BORNÉ, ÉE** part. passé de *Borner*. — CETTE MAISON A UNE VUE BORNÉE, la vue en est de peu d'étendue. — Fig. AVOIR DES VUES BORNÉES, avoir peu de lumière, avoir peu d'étendue dans l'esprit. Avoir peu d'ambition. — AVOIR L'ESPRIT BORNÉ, ÊTRE BORNÉ, avoir peu d'intelligence, peu de capacité, être capable de peu de chose. — UNE FORTUNE BORNÉE, une fortune qui est médiocre, et qui ne peut guère augmenter. — UNE AUTORITÉ BORNÉE, une autorité fort restreinte.

BORNÉO, en langue indigène, *Poulokalamantin*, île de l'archipel indien, la plus grande du globe, après l'Australie (et, peut-être, la Nouvelle-Guinée), située directement sous l'équateur, entre 7° lat. N. et 4° lat. S. et entre 107° et 117° long. E. Environ 748,690 kil. carr.; 2,800,000 hab. Les côtes mesurent à peu près 5,000 kil., elles sont peu découpées et basses, excepté au N.-E., où elles deviennent très élevées, rocheuses et creusées de profondes baies, parmi lesquelles on remarque la baie Maloudou. En face de la côte N.-O. se trouve la petite île de Labuan, qui est une colonie anglaise. L'intérieur de Bornéo est encore peu connu; on sait seulement qu'une chaîne de montagnes le sépare en deux versants, du S.-O. au N.-E., et que les hauteurs y atteignent généralement 1,000 à 1,200 mètres. On a mesuré le mont Kina-Balou, que l'on suppose être le point culminant du pays, et qui se dresse, en forme de cône, à une hauteur de 4,175 m. Vers le centre de l'île se trouve le groupe Madi, d'où rayonnent plusieurs rameaux. Les rivières navigables sont nombreuses. Les plus importantes sont : le Saraouak, le Batang-Loupar, le Limibang qui se jettent dans la mer de Chine, au N.-O.; le Bolongan, tributaire de la mer des Célèbes; le Koti, qui porte ses eaux dans le détroit de Macassar, sur la côte E.; le Bandjer, principal cours d'eau de la côte méridionale, a son embouchure dans la mer de Java. Les volcans et les tremblements de terre sont inconnus. Parmi les productions minérales, dont cette île est si riche, nous citerons : l'antimoine, en assez grande abondance pour alimenter une partie de l'industrie anglaise; les diamants, l'or, le charbon, l'étain, le fer, le cuivre et le plomb. Climat chaud et humide dans les pays voisins de la mer et des fleuves; mais tempéré et salubre dans les districts élevés. La végétation, riche et variée, est caractérisée par des plantes résineuses remarquables et par de nombreuses fougères. Le territoire est en partie couvert de vastes forêts où l'on trouve le bananier, le bétel, l'arbre à pain, les arbres à camphre, les cocotiers, l'ébénier, la gutta-percha, le palmier et le bois de santal. Le sol fertile produit le riz, le sagou, le manioc, le coton, le sucre, le girofle, les muscades, des pavots et le gingembre. Dans la faune, on distingue : 12 espèces de quadrumanes, principalement l'orang-outang, qui ne se trouve nulle part ailleurs, sinon à Sumatra, l'éléphant, une panthère arboréale, le cerf, le chat sauvage, le cochon sauvage;

une grande variété d'oiseaux et d'insectes ; des crocodiles, des tortues, des serpents et des poissons très abondants. Principales divisions territoriales : 1° *Sarawak* ou *Saraouak*, Etat indépendant gouverné par un rajah anglais ; il s'étend le long de la côte O., sur une longueur de 500 kil. ; 2° *Bornéo* proprement dit, royaume malais, capitale Brunal, sur le fleuve Limbang, embrassant la côte N.-O. et N. jusqu'à la baie Maloudou ; 3° les colonies hollandaises, au S., à l'E. et à l'O., comprenant *Sambas*, *Banjermassin* et *Pontianak*, qui ont une superficie totale de 516,159 kil. carr., avec une population de 1,255,084 hab. — Les aborigènes, appelés *Dyaks*, sont en majorité ; mais à côté d'eux vivent une masse d'émigrants malais, javanais, chinois et bughis des Célèbes. Les Dyaks s'occupent ordinairement d'agriculture, tandis que les Chinois sont les industriels du pays, dont les Bughis sont les négociants. Les épices, le camphre, l'antimoine, l'or et les diamants sont les principaux articles qui s'exportent en Europe. — Hist. En 1518, les Portugais abordèrent à Bornéo ; mais ils ne purent jamais s'y établir solidement. Dès 1604, les Hollandais eurent des relations commerciales avec les habitants. En 1643, un traité avec les indigènes leur donna les factoreries de Tatis et de Pontianak ; depuis cette époque, ils ont étendu leur influence sur une partie du territoire. Les Anglais qui, dans les années 1702 et 1774, avaient fait d'inutiles efforts pour s'établir dans le pays, prirent en main les intérêts du commerce pour châtier les innombrables pirates que Bornéo jetait sur les mers voisines. En 1813 et en 1843 des expéditions rendirent quelque sécurité à la navigation. Un Anglais, sir James Brooke, établi à Saraouak, fut nommé rajah et établit la prépondérance de ses compatriotes sur la partie N.-O. de l'île (1846-'49). L'Angleterre ne possède nominalement que l'île de Labouan et ses dépendances, annexées à l'empire britannique, le 2 décembre 1846. Labouan devint le siège d'un évêché anglican en 1855. Une sanglante insurrection des Chinois de Saraouak fut vigoureusement réprimée les 17 et 18 février 1857.

* **BORNER** v. a. Mettre des bornes pour marquer des limites. — Limiter, resserrer, renfermer dans une certaine étendue, dans un certain espace : *la mer et les Alpes* bornent *l'Italie ; il veut vendre ce domaine, parce qu'il s'y trouve trop* borné. — Fig. Modérer, restreindre :

Qui borne ses désirs est toujours assez riche.
VOLTAIRE.

— Se borner 7. pr. Se modérer, se restreindre : *je me suis* borné *à demander, à exiger telle chose*. — Absol. : *il faut se* borner.

BORNHEIM [born-heim], village de Hesse-Nassau (Prusse), près de Francfort-sur-le-Mein ; 6,500 hab. Non loin de cette localité, le prince Lichnowski et von Auerswald furent assassinés pendant une émeute, le 18 septembre 1848.

BORNHOLM, île danoise de la Baltique, à 40 kil. S. du cap Sandhamar (Suède) et à 140 kil. E. de Seeland, 583 kil. carr., 32,900 hab. Elle est entourée de récifs dangereux et ne possède pas de port capable de recevoir les gros navires. Production de charbon de terre, de marbre, de pierre à bâtir, de moutons, de bétail et de poterie. Ch.-l. Rönne. — Phare sur la pointe N., par 55° 17' 8" lat. N. et 12° 26' 38" long. E.

BORNINE s. f. (de *Born*, nom d'un minéralogiste). Tellurure de bismuth en lamelles hexagonales. On trouve cette substance à Borsony, à Schernowitz, à Tellemarken (Norvège) et à Bastnaës.

BORNOU (appelé *Kanaoura*, par les indigènes), pays de l'Afrique centrale, borné au

N. par le grand désert, à l'E. par le lac Tchad et le Baghirmi, au S. par le Mandara et à l'O. par l'Houssa. Principales rivières : le Komadougou et le Chéré, qui se jettent dans le lac Tchad. Territoire uni, sujet aux inondations ; sol extraordinairement fertile, mais mal cultivé. Population noire, entièrement assujettie à une poignée d'Arabes qui se livrent au commerce des esclaves. Le chef nominal est un sultan indigène ; mais le vrai souverain est un cheikh arabe. Capitale Kouka. — Le Bornou fut exploré par Denham et Clapperton en 1822. Denham évalue sa population à 5 millions d'hab., Barthe croit qu'elle s'élève à 9 millions d'hab.

* **BORNOYER** v. a. (rad. *borgne*): Se conjugue comme *employer*. Regarder d'un œil, en fermant l'autre, pour mieux connaître si un alignement est bien droit, si une surface est bien plane. — Placer des jalons pour tracer la ligne des fondations d'un mur, ou celle d'une rangée d'arbres qu'on veut planter.

BORNY, village d'Alsace-Lorraine, près de Metz. Le 14 août 1870, une armée de 60,000 Français commandés par Bazaine et en retraite sur Verdun, y fut attaquée, pendant qu'elle

Iles Borromées (Isola Bella)

traversait la Moselle, par une armée d'Allemands supérieure en nombre. Les Français perdirent 3,608 hommes ; les Allemands plus de 5,000. Des deux côtés on s'attribua la victoire.

BORODINO, petit village de Russie, sur la Kolotcha, à 4 kil. au-dessus du point où cette rivière se jette dans la Moscova et à 110 kil. O.-S.-O. de Moscou. C'est en face de ce village que se livra, le 7 septembre 1812, la célèbre bataille dite de la *Moscova*.

BORO-SILICATE s. m. Chim. Sel double formé de la combinaison d'un borate avec un silicate. — Minér. La datholite, la botryolite, la tourmaline et l'axinite sont classées parmi les boro-silicates.

BOROVITCHI, ville de Novgorod (Russie), sur la Masta, à 250 kil. S.-E. de Saint-Pétersbourg ; 9,500 hab.

BOROVSK, ville de Russie, à 80 kil. N. de Kalouga, sur la Protva ; 8,950 hab. Près de là se trouve l'un des plus riches couvents de l'empire. Toiles à voiles et lainages.

BORRAGINÉ, ÉE adj. (lat. *borrago*, bourrache). Bot. Qui ressemble à une bourrache. — s. f. pl. Famille de plantes dicotylédones ayant pour type le genre bourrache.

BORROMÉE. I. (SAINT Charles), ital. CARLO BORROMEO, saint de l'Eglise catholique romaine, né au château d'Arone, sur les bords du lac Majeur, le 2 octobre 1538, mort le 4 novembre 1584. Son oncle maternel, le pape Pie IV, lui donna l'archevêché de Milan, le nomma cardinal et président du conseil. Son administration fut vigoureuse ; il réforma des abus, établit l'ordre des oblats, fonda des écoles et perfectionna le gouvernement séculier de Mi-

lan. Il fut l'un des héros de la charité chrétienne, renonça à ses biens, s'imposa une grande austérité et perdit la santé en prodiguant des soins aux pestiférés de Milan (1576). Il fut canonisé en 1610 et sa tombe devint un lieu de pèlerinage. La meilleure édition de ses œuvres est celle de 1747 (Milan, 5 vol. in-fol.). — II. (Federigo), comte, cousin du précédent, archevêque de Milan, cardinal (1563-1631); fonda la bibliothèque Ambrosienne (1609), à laquelle il consacra une partie de sa fortune.

BORROMÉE (Communauté de saint Charles), association religieuse de femmes créée en France en 1652 par l'abbé d'Estival (siège principal Nancy); introduite à Bonn en 1846. But : l'éducation, la charité et la distribution des publications catholiques.

BORROMÉES (Iles), *Insulæ cuniculares*, petit groupe de quatre îles (Isola Madre, Isola Bella, Isola dei Piscatori et Isolino), dans le golfe de Tosa, bras du lac Majeur, au N. de l'Italie. Leur nom vient de ce qu'elles appartinrent pendant plus de six siècles à la famille Borromée. Avant 1671, ces îles n'étaient que des rochers nus et stériles, que Vitaliano,

comte de Borromée, fit couvrir d'un terrain artificiel, si bien qu'elles présentent aujourd'hui un aspect délicieux. Isola Bella renferme dix jardins en terrasse que couronne un palais ; Isola Madre, la plus grande du groupe (5 kil. de circonférence), possède également un palais ; et l'île des Pêcheurs (Piscatori) renferme un village de pêcheurs avec une église paroissiale.

BORROMINI (Francesco), architecte italien (1599-1667); fut employé, sous les ordres de Carlo Maderno et de Bernini, aux derniers travaux de Saint-Pierre de Rome. Il se suicida dans un accès de folie jalouse contre Bernini.

BORSA [bor-cha], village de Hongrie, comté de Mamaros, à 75 kil. S.-E. de Szigeth ; 5,600 hab. Mines d'or, de plomb et de cuivre aux environs.

BORSOD [bor-chod], comté du N. de la Hongrie, borné en partie par le Theiss et l'Hernad, et traversé par le Sajo. 3,543 kil. carr. ; 196,000 hab. Cap. Miskolcz.

BORT, ch.-l. de cant., arr. et à 29 kil. S.-E d'Ussel (Corrèze), sur la rive droite de la Dordogne ; 2,700 hab. Aux environs les *Orgues de Bort* et le *Saut de la Saule*. Les *Orgues* consistent en une montagne formée, dans sa partie supérieure, par des prismes irréguliers d'un effet pittoresque. Le *Saut de la Saule* est une cascade d'un affluent de la Dordogne, remarquable par la hauteur de sa chute, le volume de ses eaux et la forme bizarre des roches que celles-ci y ont creusées. — Commerce de grains et de bestiaux. Beau pont et buste de Marmontel, qui est né à Bort.

BORUSSES, peuple de l'Ancienne Sarmatie d'Europe, a donné son nom à la Prusse.

BORY DE SAINT-VINCENT (Jean-Baptiste-George-Marie), naturaliste, né à Agen en 1780, mort en 1846. Après son voyage scientifique à Maurice, Bourbon, Sainte-Hélène, etc., dont il publia les résultats (*Les îles Fortunées et l'antique Atlantide*, 1803 ; *Voyage en Afrique*, 1804) ; il embrassa la carrière militaire et servit en qualité d'officier d'état-major. La Restauration l'exila jusqu'en 1828 ; il se cacha dans les carrières des environs de Maëstricht, consigna l'histoire de ces vastes cryptes, dans son *Voyage souterrain* (1823), voyagea en Allemagne, entra au ministère de la guerre (1829), fit l'expédition scientifique de Morée, et fut nommé, en 1839, chef de l'expédition scientifique d'Algérie. Il a laissé un *Essai sur la matière* ; un *Traité des animaux microscopiques* ; une *Géographie de la péninsule ibérique* (1838) et une foule d'articles dans différents recueils.

BORYSTHÈNE, ancien nom du fleuve DNIÉPER.

BOS (Lambert), philologue hollandais, professeur de grec à Franeker, né en 1670, mort en 1717 ; publia plusieurs ouvrages classiques : *Ellipses Græcæ*, *Vetus Testamentum ex Versione Septuaginta Interpretum* (nouv. édit. 5 vol. Oxford, 1805), etc.

BOS, Bosch ou **Bosco** (Hieronymus), surnommé « le Joyeux », artiste flamand, mort au commencement du XVIᵉ siècle. Parmi ses chefs-d'œuvre qui ornent principalement les galeries espagnoles, on cite une Tentation de saint Antoine, une Fuite en Egypte et le Triomphe de la mort.

BOSA, ville de l'île de Sardaigne, prov. de Cagliari, à l'embouchure du Termo ; 6,750 hab. Importantes pêcheries de corail.

BOSAN s. m. Breuvage fait avec du millet bouilli dans de l'eau : *les Turcs font un grand usage de bosan*.

BOSC. I. (L.-Ch.-Paul), ecclésiastique et historien français (1740-1800) ; a laissé des *Mémoires pour servir à l'histoire du Rouergue* (1793, 3 vol. in-8°). — II. (Paul), médecin de Louis XV (1726-'84). Ses *Œuvres* (Paris, 1780, 2 vol. in-12) contiennent des traités estimés sur l'art de la verrerie. — III. (Louis-Augustin-Guillaume), naturaliste, fils du précédent, né à Paris en 1759, mort en 1828. Fut pendant quelque temps directeur en chef des prisons ; puis professeur au jardin zoologique de Versailles et ensuite au jardin des Plantes, à Paris. On lui doit un *Dictionnaire d'agriculture ;* une *Histoire naturelle des Coquilles* (1801, 5 vol. in-18); une *Histoire des vers et des crustacés* (1802, 7 vol.); un *Nouveau Dictionnaire d'histoire naturelle* (Paris, 1803-'4, 24 vol. in-8°), des articles, des mémoires, des descriptions des districts vignobles français, etc.

BOSCAN ALMOGAVER (Juan), poète espagnol, mort vers 1543. Il servit dans l'armée, accomplit de longs voyages, et fonda une école poétique espagnole qui prévalut pendant longtemps. Ses œuvres complètes furent publiées par sa veuve en 4 livres (1543). 1ᵉʳ livre, poèmes de l'ancienne école castillane ; le IIᵉ, poésies d'après Pétrarque et les autres modèles italiens ; IVᵉ l'*Allégorie*, son œuvre la plus originale et la plus célèbre.

BOSCAWEN (Edward), amiral anglais (1711-'61). Il commanda les forces de terre et de mer dans les Indes Orientales (1748) et fut placé à la tête de l'escadre qui agit contre les Français devant Terre-Neuve et à Louisbourg (1758).

BOSCH (Hieronymus de), poète latin et philologue hollandais (1740-1811) ; fut curateur de l'université de Leyde. Ses *Pocmata* sont classés parmi les meilleurs morceaux de la poésie latine moderne. Son chef-d'œuvre est l'*Anthologia Græca* (4 vol.); Vᵉ vol. par van Lennep).

BOSCO (Bartolomeo), prestidigitateur, né à Turin en 1793, mort à Dresde en 1862. Il fit plusieurs campagnes de l'Empire, tomba entre les mains des Russes qui l'envoyèrent en Si-

bérie (1812-'14). Son adresse merveilleuse lui fit une réputation européenne.

BOSCOT, OTTE s. Jargon parisien. Bossu, bossue.

BOSCOVICH (Ruggiero-Giuseppe) [bo-sko-vitch], mathématicien et philosophe italien, né à Raguse en 1711, mort en 1787. Il fut professeur de mathématiques à Rome et à Pavie ; ensuite professeur d'astronomie à Milan où il établit un observatoire. Lors de l'abolition de l'ordre des jésuites auquel il appartenait (1773), il se retira à Paris, où il fut directeur de l'optique de la marine ; il se retira ensuite à Milan. Ses œuvres nombreuses comprennent un poème didactique, *De solis ac Lunæ Defectibus* (1760, in-4°) ; *Voyage de Constantinople en Pologne* (1772) traduit en français, et plusieurs ouvrages de philosophie, d'astronomie, etc.

* **BOSEL** s. m. [bo-zèl] (altérat. de *boissel*, boisseau). Archit. Membre rond, qui est la base des colonnes, et qu'on appelle plus communément *tore*.

BOSIO (Angiolina), cantatrice italienne, née à Turin en 1829, morte en 1859. Soprano d'une voix pure, sympathique et puissante, elle se rendit célèbre à Paris, dans les opéras de Rossini et obtint de grands succès dans les principales villes de l'Europe.

BOSIO (Antoine), antiquaire romain, mort en 1629, auteur d'un ouvrage posthume très important, *Rome souterraine* (1632, in-fol.), œuvre traduite en latin par Paul Aringhi (1651) et réimprimé par Bottari (1753).

BOSIO (François-Joseph, BARON), sculpteur français, né à Monaco en 1769, mort en 1845. Il exécuta les bas-reliefs de la colonne Vendôme, la statue équestre de la place des Victoires, des bustes d'hommes au pouvoir, et devint directeur de l'Académie des beaux-arts. Le mausolée Demidoff, au Père La Chaise, renferme quelques-uns de ses chefs-d'œuvre.

BOSJESMANS [bo-sièss-manns], l'un des noms donnés aux BOCHIMANS.

BOSMAN (Guillaume), négociant hollandais du XVIIᵉ siècle ; son ouvrage intitulé : *Voyage en Guinée* (1 vol. in-8°, Utrecht, 1705), renferme quelques notes originales sur divers animaux.

BOSNA-SÉRAÏ, cap. de la Bosnie. Voy. SERAYEVO.

BOSNIAQUE, adj. et s. Habitant de la Bosnie, qui appartient à ce pays ou à ses habitants.

BOSNIE (turc, *Boshmaïli*), vilayet de la frontière N.-O. de la Turquie d'Europe, aujourd'hui occupée et administrée par l'Autriche. Elle

subdivision du S.-O.). Elle est bornée au N.-O. et au N. par la Croatie autrichienne et par la Slavonie ; à l'E. par la Serbie et la Bulgarie ; au S. par Prisrend, l'Albanie et le Monténégro et à l'O. par la Dalmatie et l'Adriatique. Environ 43,000 kil. carr.; et un million d'hab.: tous Slaves, à l'exception de 30,000 qui sont d'origine albanaise. On compte 350,000 Slaves musulmans, 140,000 catholiques romains, et quelques milliers de Juifs et de Gypsies. Le surplus appartient à l'Eglise grecque orthodoxe. Cap. Bosna-Séraï. Un rameau des Alpes Dinariques forme la ligne de séparation entre les eaux qui se rendent au Danube et celles qui coulent vers le S. — Principales rivières : la Save, sur la frontière autrichienne, et ses tributaires, l'Una, le Verbas, la Bosna et la Drina, toutes obstruées par des bancs de sable et par des troncs d'arbres. La Bosna et la Narenta abondent en poissons. Grande production de prunes, de fruits, de moutons, de chèvres, de porcs, de volailles et de grains. Gisements peu exploités de charbon et d'autres richesses minérales. Fabr. de coutellerie et d'armes à feu. Exportation de bois, de grains, de laine, de miel et de cire ; importation de sel. Les monopoles et le défaut de moyens de communication sont les grands ennemis du commerce. On a commencé en 1870 un chemin de fer qui doit joindre Banialuka à la frontière, près de Novi. — Avant l'invasion slave du VIᵉ siècle, la Bosnie était gouvernée par les chefs hongrois pendant les XIIᵉ et XIIIᵉ siècles et par le roi serbe Etienne, de 1339 jusqu'à sa mort(1356), après laquelle le ban Tvartko, chef national, devint roi de Bosnie. Les Turcs envahirent ce pays en 1389 et le rendirent tributaire ; ils l'incorporèrent à leur empire en 1463 et l'ont maintenu depuis dans la soumission, malgré des révoltes répétées qui causait leur tyrannie. La dernière rebellion, celle de septembre 1875, fut comprimée en août 1877. Mais la Bosnie ne resta pas longtemps sous le joug, elle fut livrée à l'Autriche, par le traité de Berlin (1878). L'occupation autrichienne ne put s'effectuer sans combattre l'opposition armée des begs musulmans et d'autres insurgés, soutenus par des soldats turcs. Les Autrichiens victorieux entrèrent de vive force à Busna-Séraï, le 19 août 1878. Ils durent bombarder plusieurs villes.

BOSON, deuxième roi de Provence, frère de Charles le Chauve, mort en 887. Louis III et Carloman le dépossédèrent un instant de ses Etats.

* **BOSPHORE** [boss-fo-re] (gr. *Bosphoros* ; de

Le Bosphore (châteaux d'Europe et d'Asie).

comprend la Croatie turque et, jusqu'à ces derniers temps, l'Herzégovine (qui formait sa

bous, bœuf ; *poros*, passage, gué du bœuf ; parce que, suivant la Fable, il fut traversé à la nage par Io, sous la forme d'une génisse). Nom que les Grecs donnaient à plusieurs détroits, mais particulièrement aux deux suivants : I. **Bosphore de Thrace**, détroit que les Turcs nomment aujourd'hui Istambul Boghazi (détroit de Constantinople), joignant la mer Noire à la mer de Marmara, entre l'Europe et la Turquie d'Asie. Il a un courant supérieur et un courant inférieur, qui vont dans des directions opposées. Sa longueur est d'environ 25 kil. et sa plus grande largeur de 3 kil.; mais dans sa partie la plus étroite, il mesure à peine 1 kil. En cet endroit ses courants sont très forts et ses rivages sont couverts par les vieux châteaux d'Europe (Rum Ili Hissar) et d'Asie (Anadoli Hissar). A l'entrée méridionale du détroit, se trouvent Constantinople et Scutari, en face l'une de l'autre. — II. **Bosphore Cimmérien**, autrefois détroit de Kaffa ou de Féodosia, aujourd'hui détroit de Kertch ou d'Yénikalé, qui réunit la mer Noire à la mer d'Azof. Il est plus étroit et moins long que celui de Constantinople.

BOSPHORE (Royaume de), ancien royaume comprenant les contrées situées sur les deux rives du Bosphore Cimmérien ; il fut fondé en 502 av. J.-C. par les Archænactidæ, dynastie indigène qui fut remplacée en 440 par une famille grecque. La capitale était Panticapæum (aujourd'hui Kertch) dans la Chersonèse Taurique (Crimée). Vers 280, ce royaume devint tributaire des Scythes. Mithridate le Grand plaça son fils Machares sur le trône. Pharmaces, frère de ce prince, fut vaincu par César en 47 av. J.-C. Après lui, la dynastie de Mithridate régna, sous la protection des Romains, jusqu'en 259 après J.-C. Voy. CRIMÉE.

* **BOSQUE** s. m. Petit bois, touffe d'arbres.

BOSQUET. I. (Georges), historien, né à Toulouse au XVIᵉ siècle ; a laissé une *Histoire des troubles occasionnés à Toulouse par les Huguenots*. — II. (Jean), poète du XVIIᵉ siècle, prévôt rural du Hainaut, auteur du poème intitulé : *Réduction de la ville de Bonne* (Anvers, 1699, in-4°). — III. (François de), prélat français (1605-76), évêque de Lodève et de Montpellier, auteur de plusieurs ouvrages latins. — IV. (Pierre-Joseph-François), maréchal de France, né à Mont-de-Marsan en 1810, mort en 1861. A sa sortie de l'Ecole polytechnique, il fit les campagnes d'Algérie, commanda une division à l'Alma et à Inkerman où les Anglais auraient été battus sans son arrivée. Il prit part aux assauts du Mamelon-Vert et de Sébastopol (1855) et y fut blessé d'un éclat d'obus. Maréchal de France en 1856.

* **BOSSAGE** s. m. Archit. Toutesaillie laissée exprès à la surface d'un ouvrage de pierre ou de bois, soit comme ornement, soit pour y faire quelque sculpture : *bossage en tête de diamant*. — MUR A BOSSAGES, PORTE A BOSSAGES, COLONNE A BOSSAGES, mur, porte, colonne ornés de bossages.

BOSSE s. f. (ital. *bozza*). Grosseur ou saillie contre nature, qui se forme au dos ou à la poitrine, par la déviation de l'épine dorsale ou du sternum : *avoir une bosse par devant, une bosse par derrière*. — Grosseur que quelques animaux ont naturellement sur le dos : *bosse d'un chameau, les deux bosses d'un dromadaire*. — Se dit des éminences arrondies qu'on remarque à la surface des os plats : *bosses frontales, pariétales ; bosse occipitale*. — Se dit des protubérances du crâne considérées comme indices des penchants, des dispositions morales : *avoir la bosse de la musique, du vol*, etc. En ce sens, ordinairement familier, ne s'emploie guère que par allusion au système du docteur Gall. — Enflure, tumeur qui provient d'un coup, d'une chute, d'une contusion : *il s'est fait une bosse au front*. — Elévation dans toute superficie qui devrait être plate et unie : *terrain plein de bosses ; pièce d'argenterie pleine de bosses*. —

Relief ; s'emploie principalement dans les locutions suivantes : Sculpt. *Ouvrages de ronde bosse*, ouvrages de plein relief, les statues proprement dites ; *Ouvrages de demi-bosse*, bas-reliefs dont quelques parties sont saillantes et entièrement détachées du fond. Dessin et peint. *Dessiner, peindre d'après la bosse*, dessiner, peindre d'après une figure ou une portion de figure moulée en plâtre. On dit de même, *dessiner la bosse ;* et dans un sens analogue : *Etude d'après la bosse, l'atelier des bosses, une belle bosse*. — Beaux-Arts. *Relever en bosse*, donner un relief et quelque convexité à certaines parties d'un ouvrage : *de la vaisselle relevée en bosse*, ou simplement, *de la vaisselle en bosse*, par opposition à la vaisselle plate. On dit de même : *travailler en bosse, des ornements faits en bosse*. — Serrur. *Serrure à bosse*, serrure appliquée en saillie sur le côté intérieur d'une porte. — Jeu de paume. Endroit de la muraille du côté de la grille, qui renvoie la balle dans le dedans par bricole. *Attaquer la bosse, donner dans la bosse*, se dit lorsqu'on pousse la balle à l'endroit qui la renvoie dans le dedans, *défendre la bosse*, lorsqu'on rechasse la balle avant qu'elle y puisse entrer. — Mar. Se dit de certains cordages très courts qui font dormant d'un bout en un point solide, et qui servent principalement à tenir tendu un câble, un ȷgrelin, etc. : *retenir une manœuvre avec des bosses*. — Prov. NE DEMANDER QUE PLAIE ET BOSSE, souhaiter qu'il y ait des querelles, des procès, qu'il arrive des malheurs, dans l'espérance d'en profiter, ou par pure malignité. — ⋙ Jargon. SE DONNER, SE FLANQUER UNE BOSSE, faire une noce complète, manger et boire outre mesure. — SE FLANQUER UNE BOSSE DE RIRE, rire comme un bossu. — ROULER SA BOSSE, voyager :

> Nous roulons notre bosse
> Dans un beau carosse.
>
> DECOURCELLE, 1822.

* **BOSSELAGE** s. m Travail en bosse. Ne se dit guère que du travail en bosse qui se fait sur la vaisselle.

* **BOSSELÉ, ÉE**, part. passé de BOSSELER. — Adjectiv. Se dit de certaines feuilles de plantes qui ont des éminences ou saillies creuses en dessous : *les feuilles des choux sont bosselées*.

* **BOSSELER** v. a. Travailler en bosse : *bosseler de la vaisselle*. — Bossuer (alors on l'emploie surtout avec le pronom personnel), *cette écuelle s'est bosselée en tombant*.

BOSSELURE s. f. Produit du travail en bosse. — Déformation par des bosses.

* **BOSSEMAN** s. m. (all. *boot, bateau ; mann*, homme). Autrefois, sous-officier de marine ayant le grade intermédiaire entre ceux de contre-maître et de quartier-maître.

* **BOSSER** v. a. Mar. Retenir avec des bossés. — ⋙ Argot. S'amuser, rire à l'excès ; *nous avons bossé*.

* **BOSSETTE** s. f. Ornement attaché aux deux côtés du mors d'un cheval, et fait en bosse.

BOSSI. I. (Guiseppe), peintre italien (1777-1815), secrétaire puis président de l'académie des beaux-arts de Milan ; président des académies des beaux-arts de Venise et de Bologne. Il enrichit le musée Brera et la bibliothèque Ambrosienne et publia *Libri quattro sul Cenacolo di Leonardo da Vinci* (1810). — II. (Guiseppe-Carlo-Aurelio, BARON DE), poète italien, né à Turin en 1758, mort à Paris en 1823. Fut ministre de Sardaigne à Saint-Pétersbourg (1797), agent de Napoléon et l'un des trois administrateurs ou triumvirs de Sardaigne. Il se joignit au service civil français en 1805. Il a laissé des poèmes italiens parmi lesquels : *l'Independenza americana, la Olanda pacificata* (en 2 chants) et *Oromasia* (sur la Révolution française ; 12

chants). — III. (Luigi, COMTE), chanoine et écrivain italien de Milan (1758-1835). Agent de Bonaparte à Turin, puis conservateur des archives italiennes, pendant l'occupation française ; a écrit plus de 80 ouvrages sur des sujets archéologiques, scientifiques et historiques. On cite particulièrement : *Stora della Spagna* (8 vol.) ; *Istoria d'Italia* (19 vol.) ; *Introduzione allo studio delle arti del disegno*, etc.

* **BOSSOIR** s. m. Mar. Chacune des deux grosses pièces de bois qui se prolongent en saillie à l'avant du bâtiment, et qui servent à suspendre les ancres, à les hisser hors de l'eau. — Jargon. Par allus. Seins exagérés.

* **BOSSU, UE** adj. Qui a une ou plusieurs bosses, au dos ,⋙ à la poitrine, par un vice de conformation . *homme bossu ; femme bossue*. — Substantiv. : *c'est un bossu plein de malice ; une petite bossue*.

* **BOSSUER** v. a. Faire des bosses. Ne se dit qu'en parlant des bosses et des creux qu'on fait par accident à de la vaisselle, à de l'argenterie, à quelque pièce d'une armure, etc. : *Bossuer des plats ; un casque, une cuirasse*. — Se bossuer v. pr. Etre bossué : *ce plat d'étain s'est bossué en tombant*.

BOSSUET (Jacques-Bénigne) prélat français, l'un des plus grands orateurs sacrés des temps modernes, né à Dijon en 1627, mort en 1704. Après de brillantes études faites chez les Jésuites, à Paris, il devint chanoine de Metz (1652). Son éloquence lui acquit de bonne heure une grande renommée ; il fut plusieurs fois appelé à la cour pour y prêcher. Ses *Oraisons funèbres*, justement admirées, qui devinrent souvent de véritables panégyriques, comprennent celle de Henriette-Marie, veuve de Charles Iᵉʳ d'Angleterre ; celle de Condé ; celle d'Anne, princesse palatine ; et celle de la duchesse d'Orléans. Mais les *Sermons* de Bossuet, ou plutôt les ébauches de sermons qu'on a publiés après sa mort, nous donnent l'idée d'une éloquence plus élevée encore. Ce grand orateur possédait une liberté d'allures inconnue aux sermonnaires. Sans apprêt, il abordait son sujet, le fouillait, improvisait, s'élevait peu à peu du langage familier au langage sublime, planait ; avait des éclairs accompagnés de traits semblables à des coups de foudre, puis revenait au calme après avoir captivé son auditoire par la netteté, la simplicité de ses énonciations, par un style dramatique, souvent abrupt, par un langage coulant et par une sorte d'attraction magnétique. En 1669, il reçut l'évêché de Condom qu'il abandonna en 1670, lorsque Louis XIV lui confia l'éducation du Dauphin. C'est pour l'instruction particulière de son élève que Bossuet écrivit son *Discours sur l'histoire universelle ; De la connaissance de Dieu et de soi-même ;* et *La Politique*, ouvrage dans lequel il se fait l'un des champions de l'absolutisme. Sa célèbre *Exposition de la foi catholique* gagna au catholicisme de nombreux protestants, parmi lesquels nous citerons l'illustre Turenne. Nommé évêque de Meaux en 1681, Bossuet devint le chef du parti qui faisait de l'opposition à l'ultramontanisme ; et il rédigea les quatre célèbres articles de l'Eglise gallicane. Controversiste d'une grande énergie, il écrivit contre le protestantisme et dénonça le quiétisme de Mᵐᵉ Guyon et de Fénelon. On l'a accusé d'avoir été l'un des prêtres qui conseillèrent au roi de révoquer l'édit de Nantes et de convertir les protestants au moyen des plus violentes persécutions. Il a laissé une correspondance volumineuse comprenant les lettres qu'il écrivit à Leibnitz au sujet de l'union des Eglises catholique et réformée. Parmi les éditions complètes des œuvres de Bossuet, on estime celle de 1825 (Paris, 60 vol. in-12).

BOSSUT (Charles, ABBÉ), mathématicien, né à Tarare en 1730, mort en 1814 ; rédigea la partie mathématique de l'Encyclopédie de d'Alembert; publia un *Essai sur l'histoire des mathématiques* (1802, 2 vol. in-8°); des *Mémoires concernant la navigation, l'astronomie, la physique et l'histoire* (1812, in-8°); et édita les œuvres de Pascal.

BOSTAN ou **Al-Bostan**, ville de la Turquie d'Asie, sur le Sihun (anc. *Sarus*), à 65 kil. N.-O. de Marasch; 9,000 hab. On suppose qu'elle est bâtie sur l'emplacement de l'antique cité cappadocienne appelée Comana.

* **BOSTANGI.** s. m. (turc, *jardinier*) S'applique particulièrement aux soldats d'un des corps de la milice turque. — BOSTANGI-BACHI, chefs des bostangis.

BOSTAR, général carthaginois qui, avec Amilcar et Asdrubal, combattit M. Atilius Regulus, en Afrique (256 av. J.-C.). Vaincu et fait prisonnier, il fut conduit à Rome où il périt sous les traitements barbares des enfants de Régulus.

* **BOSTON** s. m. Jeu de cartes très compliqué qui se joue à quatre personnes, avec deux jeux complets, et qui diffère peu du whist, dont il tire son origine; aussi s'est-il appelé d'abord WHIST BOSTONIEN : *faire une partie de boston, un boston.* — D'origine américaine, le *boston* fut, dit-on, introduit en France par Franklin.

BOSTON, ville maritime d'Angleterre (Lincolnshire), sur les deux rives du Witham, à 10 kil. de la mer et à 165 N.-N.-E. de Londres; 16,000 hab. Son édifice le plus remarquable est l'église paroissiale de Saint-Botolf; h, l'une

Boston (Angleterre), église Saint-Botolph.

des plus grandes de l'Angleterre, bâtie en 1309, avec une tour haute de 282 pieds, construite sur le plan de celle de la cathédrale d'Anvers, et surmontée d'une lanterne octogonale visible à 60 kil. en mer. Cette église contient la chapelle Cotton, ainsi nommée en l'honneur de John Cotton, vicaire de Saint-Botolph et ensuite l'un des premiers ministres protestants de Boston en Amérique. Halles spacieuses; bains d'eau salée, au milieu de jardins agréables. Toiles à voiles, cordages, cuirs, fer, etc., commerce considérable avec la mer Baltique. Boston (corruption de Botolph) doit son origine au monastère de Saint-Botolph, qui y fut érigé en 654. Ville importante au XVIᵉ siècle, elle vit décliner sa

prospérité à la suite d'une peste à laquelle sa situation dans un pays bas l'exposait particu-

Chapelle Cotton, à Boston.

lièrement. Des drainages l'ont assainie. Voy. Pishey, Thomson, *Histoire et antiquités de Boston.* 1856.

BOSTON, capitale de l'état de Massachusetts (Etats-Unis), principale ville de la Nouvelle-Angleterre et, en 1670, la septième ville de l'union américaine; par 42° 21' 24" lat. N. et 73° 24'32" long. O. à l'extrémité de la baie de Massachusetts et à 350 kil. N.-E. de New-York. La ville comprend : Boston proprement dit, Boston-Est, Boston-Sud, Roxbury, Dorchester, Charlestown, Ouest-Roxbury et Brighton. Boston propre ou Vieux-Boston occupe une presqu'île qu'elle jointe au continent par une étroite langue de terre. Le nom de Trimountain donné à cette petite péninsule, lui vient de ce qu'elle renferme trois collines. Boston-Sud, se trouve au sud du havre, et Boston-Est occupe l'île Maverick ou Noddle, entre Boston propre et Chelsea. Charlestown s'étend sur une presqu'île au N. de Vieux-Boston. Roxbury, Ouest-Roxbury et Dorchester gisent au S. de Boston; Brighton est à l'O. Autour de ces centres principaux il y a de nombreux faubourgs. La vieille ville, irrégulièrement bâtie, possède des rues étroites, tortueuses et courtes. Le plus célèbre mo-

Boston (Massachusetts), vue prise du havre.

nument public, Faneuil Hall, surnommé le « Berceau de la liberté », doit sa renommée historique aux réunions que les patriotes révolutionnaires y tinrent au siècle dernier. Construit par Peter Faneuil, en 1742, et offert par lui à la cité de Boston, il a été rebâti en 1761 et agrandi en 1805. La maison d'Etat,

dans la rue Beacon, date de 1793. Les autres édifices publics sont la maison de ville, le nouvel hôtel des postes, le musée des beaux-arts, la douane, l'école normale et plusieurs marchés. Dans Charlestown se trouve le fameux monument de BUNKER HILL (voy. ce mot). La ville renferme plusieurs promenades : le parc, le jardin public, 31 squares, etc. En 1790, la population de Boston se composait de 18,000 hab. En 1860, on y comptait 177,840 hab. La population était de 250,526 en 1870; de 341,919 en 1875. Les différentes parties de la ville sont reliées par des ponts, des bacs à vapeur (ferries) et de nombreuses lignes de tramways (street cars). Le port de Boston, qui peut contenir 500 navires du plus fort tonnage, est mis en communication avec les ports américains et européens par plusieurs lignes de steamers. Il est éclairé par un phare à feu tournant, haut de 98 pieds et d'une portée de 16 milles. Le fort Warren protège la principale entrée du port, qui est, en outre défendu à l'intérieur par les batteries imprenables du fort Winthrop (sur l'île du Gouverneur) et du fort de l'Indépendance (sur l'île du Château). A Charlestown, on a construit l'un des arsenaux de l'Etat. Boston est la deuxième ville de l'Union pour la valeur des importations et la quatrième pour la valeur des exportations. Entrées, 2,400 navires au long cours (jaugeant 770,000 tonneaux); sorties 2,200 navires au long cours (640,000 tonneaux); entrées, 1,200 caboteurs (1,100,000 tonneaux); sorties, 1,500 caboteurs (1,250,000 tonneaux). La ville possède 148 vaisseaux (350,000 tonneaux); sur ses chantiers on construit, chaque année, une moyenne de 30 bâtiments (17,000 tonneaux). Le commerce intérieur porte sur les chaussures, les laines, le coton, les étoffes, les vêtements, le poisson, la farine et les grains. Les principaux produits de l'industrie sont : les articles de la librairie et du journalisme (plus de 32 millions de fr.); la chaussure, les voitures et les wagons, les vêtements, les machines, les pianos (10 millions de fr.), le sucre (70 millions), les liqueurs (25 millions), etc. Parmi les institutions de bienfaisance, on doit citer l'asile des aveugles, l'école pour les faibles d'esprit, l'hôpital pour les infirmités des yeux et des oreilles, l'école des sourds-muets, etc. Prison de l'Etat à Charlestown. Ville lettrée, Boston possède des écoles qui jouissent d'une grande réputation : neuf écoles supérieures, écoles médicales, école d'agriculture, université méthodiste, collège des jésuites, collège de pharmacie, université Harvard; écoles primaires fréquentées par près de 50,000 élèves. Bibliothèque publique fondée en 1852 et contenant déjà plus de 350,000 ouvrages imprimés et un grand nombre de manuscrits. L'athénée de Boston, créé en 1804, renferme une bibliothèque de 100,000 volumes avec des galeries de sculpture et de peinture. L'académie américaine des arts et

Faneuil Hall. Boston (Mass.).

des sciences possède également une bibliothèque. Société d'histoire naturelle; musée des beaux-arts. Plusieurs théâtres. Dans Music hall, se trouve un orgue que l'on considère comme le plus beau de l'univers. A Boston parut le premier journal publié en Amérique, le « News Letter », 24 avril 1704. Aujourd'hui on compte dans cette ville, plus de 100 journaux. Principales dénominations religieuses : baptistes, congrégationalistes, épiscopaliens, méthodistes, catholiques et unitariens. 200 églises, parmi lesquelles la cathédrale (Sainte-Croix), dont la grande tour mesure près de 100 mètres de haut. Boston fondée le 7 sept. 1630 par une partie des émigrants que John Winthrop avait amenés d'Angleterre, porta un instant le nom de Trimountain et reçut ensuite celui de Boston, en souvenir de la ville anglaise dans laquelle étaient nés la plupart

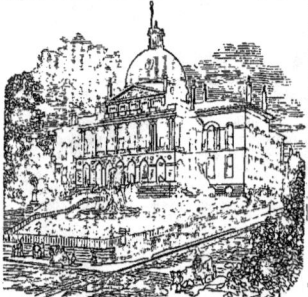

Maison d'Etat (State House) à Boston.

de ses fondateurs. Elle prit une part active aux mouvements qui précédèrent l'indépendance des Etats-Unis. Quelques émeutes provoquées par l'établissement de nouveaux impôts amenèrent l'occupation de la ville par une armée anglaise, qui fit un massacre des habitants, le 5 mars 1770. Mais cette terrible répression, fameuse dans l'histoire des Etats-Unis sous le nom de « Massacre de Boston », fut impuissante à maintenir la population surexcitée et, le 16 déc. 1773, le peuple commença la révolution en jetant à la mer le thé importé d'Angleterre. Aussitôt, le parlement ordonna la fermeture du port et se vengea en ruinant le commerce de la ville insoumise. En 1775, 4,000 soldats anglais et plusieurs vaisseaux de guerre maintenaient Boston dans l'obéissance et la terreur, lors-

que l'affaire de Lexington (19 avril) souleva le pays et amena Washington et ses troupes devant cette place, qui fut assiégée et bombardée. La défaite des patriotes à Bunker Hill (17 juin 1775) ne put leur faire abandonner leurs projets et l'année suivante, ils parvinrent à s'établir sur les hauteurs de Dorchester (4 mars), d'où ils dominèrent le port et la ville. Les Anglais, abandonnant la partie plièrent bagage, le 17 mars. 400 maisons avaient été détruites pendant la lutte. Une conflagration bien plus terrible eut lieu du 9 au 11 nov. 1872 : presque toute la vieille ville fut anéantie par les flammes, sur une étendue de 80 acres, dans les quartiers les plus industrieux. 959 maisons occupées par 1,900 familles furent la proie de l'incendie. On évalua les pertes matérielles à 400 millions de fr. En moins de quatre ans, la ville fut reconstruite plus belle qu'auparavant.

BOSTON (Thomas), ecclésiastique écossais (1676-1732), auteur d'ouvrages calvinistes.

BOSTRA. Voy. Bozrah.

BOSTRYCHE s. m. (gr. bostruchos, boule de soie). Entom. Genre de coléoptères tétramères xylophages, dont la taille varie entre trois et cinq millim. et dont les larves causent de grands ravages dans les forêts en vivant aux dépens de l'aubier des arbres, qu'elles sillonnent dans tous les sens. L'insecte attaque tout d'abord la partie supérieure de l'arbre, y perce un trou imperceptible, pénètre dans l'aubier et là, se creuse, pour lui et pour sa famille, un lieu de réunion. Il forme des galeries, des chambres, pour y déposer les œufs. Un seul arbre peut contenir jusqu'à vingt mille ménages de ces petits animaux redoutables, dont on connaît plus de cinquante espèces. Celle qui, de préférence, dévore les conifères a reçu le nom de bostryche typographe, parce que ses galeries ressemblent à des caractères d'imprimerie; une autre a été nommée bostryche chalcographe, parce que ses innombrables tracés rappellent l'écriture. L'écorce des arbres attaqués finit par se détacher du tronc.

BOSWELL (James) [boz'-ouèll], ecclésiastique et écrivain écossais (1740-'95). A laissé un Récit des affaires de Corse, avec les mémoires du général Pasquale di Paoli (1768), ouvrage qui fut traduit en plusieurs langues; un Récit d'un voyage aux Hébrides, fait avec Samuel Johnson (1785) : une Vie de Samuel Johnson (1791), considérée comme le chef-d'œuvre du genre biographique; une suite d'essais humoristiques sous le titre de l'Hypocondrie (1782); et des Lettres (1856). Son fils aîné, sir Alexander, né en 1775, tué en duel par James Stuart, en 1822, a publié des « Chants en dialecte écossais » (1803); et son second fils, James (1780-1822) a édité les œuvres de Shakespeare et les « Mémoires d'Edmund Malone » (1814).

BOSWELLIE s. f. [bo-zoué-li] (rad. Boswell,

Boswellie dentelée (Boswellia serrata).

n. pr...) Bot. Genre de burséracées compre-

nant plusieurs arbres de l'Inde. La boswellie dentelée (boswellia serrata) produit le véritable encens ou gomme d'oliban, au moyen d'incisions faites au tronc. La boswellie glabre (boswellia glabra), donne une résine que les Indous emploient comme de la poix.

BOSWORTH ou Market Bosworth [bosc-ouourth], ville du Leicestershire (Angleterre), à 20 kil. O. de Leicester; 2,500 hab. Aux environs se livra, les 22 août 1485, la bataille qui coûta la vie à Edouard III et qui termina la guerre des deux Roses, par le triomphe dé finitif de Henri VII.

BOSWORTH (Joseph), philologue anglais (1790-1876), auteur d' « Eléments de la grammaire anglo-saxonne » , d'un « Dictionnaire anglo-saxon » de l' « Origine des langues anglaise, allemande et scandinave » et der « Evangiles en gothique et en anglo-saxon ».

* BOT adj m. [bô] (lat. bos, bœuf). N'est usité que dans cette locution familière, Pied bot, pied contrefait : avoir un pied bot.— Pied bot, se dit aussi d'un homme qui a le pied contrefait : c'est un pied bot ; des pieds bots.

BOTAL ou Botalli (Leonardo), médecin piémontais, né vers 1530. Etabli à Paris en 1561, il s'acquit une grande célébrité par les controverses qu'il eut avec la Faculté au suje des saignées, dont il était partisan. Il fut médecin d'Elisabeth (épouse de Charles IX), et ensuite de Catherine de Médicis. Ses œuvres complètes ont été publiées à Leyde (1660) sous le titre de Opera omnia.

* BOTANIQUE s. f. (gr. botaniké; de botané, plante). Division de la science naturelle qui traite des plantes ; science qui a pour objet la connaissance, la description et la classifi cation des végétaux : étudier la botanique ; traité de botanique.— Adjectiv. Qui appartient à la botanique, qui a rapport à cette science: jardin botanique, voy. Jardin; géographie botanique, voy. Géographie.— Hist. On considère Aristote comme le fondateur de cette science (vers 347 av. J.-C.); Théophraste composa son Historia Plantarum en 320 av. J.-C. Vers la fin du xve siècle de notre ère, l'étude des plantes prit une nouvelle activité, et au siècle suivant parurent les travaux de Fuchsius, Boch, Baubin, Cœsalpinus et de plusieurs autres. Les beaux travaux de Tournefort (fin du xvii° siècle) servirent de modèle à Linné qui basa sa classification des plantes sur les différences des étamines et des pistils (1735), et son système artificiel fut dès lors adopté et resta en usage dans toutes les écoles de botanique. Linné imagina le système binomial de nomenclature, désignant chaque plante par un nom générique et spécifique. Bien qu'elle soit aujourd'hui tout à fait hors d'usage, la classification de Linnée est encore intéressante à étudier comme la meilleure classification artificielle que l'on ait jamais imaginée. — Bernard de Jussieu adopta un arrangement d'après les affinités naturelles des plantes; et comme il ne publia jamais sa méthode, ce fut à son neveu, Antoine-Laurent, qu'incomba la tâche de faire connaître le système naturel dans ses : Genera Plantarum secundum Ordines Naturales disposita (Paris, 1789), donnant la description de plus de 20,000 espèces, et célèbres comme un merveilleux monument de sagacité, de profondeur, de science et comme un chef-d'œuvre d'élégance et de précision. Au système de Jussieu, les botanistes contemporains ont apporté de nombreuses modifications. De Candolle, dans son Prodromus Systematis Naturalis Regni Vegetabilis, description de toutes les espèces connues (ouvrage commencé en 1818 et terminé en 1876), adopte les séries descendantes; c'est-à-dire qu'il décrit d'abord les végétaux dont l'organisation est considérée comme la plus complète et qu'il passe ensuite à ceux qui sont d'une structure plus simple. John

Lindley, dans son « Vegetable Kingdom » (1846; 3ᵉ éd. 1853), adopte, au contraire, les séries ascendantes. Le *Genera Plantarum* de Hooker et Bentham (1ᵉʳ vol. 1867) est l'ouvrage qui présente la plus récente classification en ordres et en genres; il restera pendant longtemps le guide pour l'établissement des herbiers et des flores locales.— A la mort de Linné, en 1778, on avait décrit 11,800 *espèces* de plantes; on en connaît aujourd'hui environ 100,000. — Un congrès botanique international fut ouvert à Londres, sous la présidence de de Candolle, le 23 mai 1866; un autre congrès se tint à Amsterdam le 13 avril 1877.

BOTANISER v. n. Herboriser.

* **BOTANISTE** s. m. Celui qui étudie la botanique, qui est savant en botanique.

BOTANY BAY (angl. *Baie botanique*, à cause de la grande quantité de plantes que trouva sur ses bords le capitaine Cook, premier Européen qui visitât cette baie, en 1770), vaste baie de la côte orientale d'Australie (Nouvelle Galles du Sud), à 8 kil. S. de Sydney. On y créa un établissement de convicts en 1788; mais ce pénitencier fut ensuite transporté à Port-Jackson.

BOTARGUE s. f. Voy. BOUTARGUE.

BOTHNIE (suédois, *Botten*). I. Golfe constituant le bras septentrional de la Baltique, entre la Suède et la Russie; 600 kil. de long.; largeur moyenne 180 kil. A son embouchure se trouve l'archipel d'Aland, appartenant à la Russie. Vers le milieu de son étendue, le golfe se rétrécit et forme le détroit de Quarken, parsemé d'îles. Principaux ports : sur la rive russe, Abo, Bjœrneborg, Uleaborg et Tornea; sur le rivage suédois, Gefle, Hernœsand, Pitea, Umea et Lulea. Le golfe de Bothnie est presque toujours gelé en hiver. Un courant assez rapide, entretenu par les nombreuses rivières qui se jettent dans le golfe, fait que ses eaux sont presque douces. — II. Nom donné à la partie de la Suède et de la Finlande située au nord de la Baltique.

BOTHWELL (both-ouèll), village du Lanarkshire (Ecosse), sur la Clyde, à 12 kil. E.-S.-E. de Glasgow; 4,100 hab. Mines de fer et de charbon. Célèbre bataille du Pont de Bothwell, livrée le 22 juin 1679, entre les Covenanters et les troupes royales; ces dernières y furent victorieuses et firent un affreux massacre de leurs ennemis. L'ancien château de Bothwell, autrefois forteresse des Douglas, est l'une des plus belles ruines de l'Ecosse.

BOTHWELL (James-Hepburn QUATRIÈME COMTE DE), troisième époux de Marie, reine des Ecossais, né vers 1526, mort en 1576. Membre du conseil privé en 1561, il fut emprisonné pour sa participation à un complot ayant pour but de saisir la personne de la reine; mais il s'évada, s'enfuit en Angleterre, puis en France, où il resta jusqu'en 1565. Rentré dans son pays peu de mois avant le mariage de Marie avec Darnley, il fut accusé de haute trahison, se sauva de nouveau, mais reparut bientôt et gagna la faveur de la reine. Il épousa Lady Jane Gordon (1566), s'opposa au meurtre de Rizzio, mais lorsque ce meurtre fut accompli, il prêta la main à la fuite de Marie et de Darnley. Plus tard il fut le chef de la conspiration qui se termina par le meurtre de ce dernier; mais il fut acquitté par un inique jugement et, le 14 avril 1567, il s'empara de tous les prétendants à la main de Marie et la renferma dans le château de Dunbar. Il répudia Jane Gordon et épousa la reine à Holyrood (15 mai). A cette nouvelle, le peuple indigné prit les armes; Marie fut faite prisonnière à Carberry Hill; Bothwell se cacha dans les Orkneys, puis en Danemark. Accusé de piraterie, il fut enfermé dans le château de Malmœ (Suède), où il passa le reste de ses jours.

BOTOCHAN ou **Botuchani**, ville de Roumanie, dans la Moldavie, à 95 kil. N.-O. de Jassy; environ 40,000 hab. Commerce étendu, principalement en bétail. Foire la plus importante de toute la Moldavie.

BOTOCUDOS (bo-to-kou-doss) (portug., *botoque*, bonde de barique), nom donné par les Portugais à une tribu d'Indiens Tupayas du Brésil, à cause de l'habitude où ils sont d'orner de disques en bois leurs oreilles et leur lèvre inférieure. Ces sauvages reçoivent les autres Indiens le nom d'Aymborés ou Aimorés; mais ils se donnent celui d'Engereckmung. Ce sont des hommes bien bâtis, d'une taille moyenne, larges de corps et très musculeux; leur teint est d'un jaune blanchâtre. Les travaux les plus pénibles incombent aux femmes, que leurs maris traitent avec une grande dureté. Les guerriers ne connaissent d'autres armes que le bâton, l'arc et les flèches. D'après la croyance générale, les Botocudos étaient jadis cannibales; quelques-uns se sont civilisés et vivent divisés en petites bandes; mais d'autres errent encore dans les forêts; les uns et les autres habitent les territoires situés entre le Rio doce et le Rio Pardo. Ils vont toujours nus, à l'exception des civilisés qui se vêtent lorsqu'ils viennent visiter les *fazendas* ou plantations. Aujourd'hui les femmes seules ont conservé l'habitude de se percer les oreilles et la lèvre inférieure pour y suspendre des disques. La langue des Botocudos, parlée ordinairement sur un ton élevé et très rapidement, ne possède ni sons gutturaux, ni sons sibilants.

BOTRYOLITE ou **Botryolithe**, s. f. (gr. *botrus*, grappe; *lithos*, pierre), Minér. Boro-silicate de chaux hydraté, qui affecte la forme d'une grappe et qui diffère peu de la datholite. On a trouvé la botryolite dans une mine de fer magnétique des environs d'Arendal (Norvège).

BOTTA. I. (Carlo-Giuseppe-Guglielmo), historien italien, né dans le Piémont en 1766, mort en 1837. Fit de bonnes études médicales, étudia aussi la musique et la littérature, fut emprisonné pendant 17 mois (1792-'3) pour un prétendu délit politique et servit ensuite dans l'armée française, comme chirurgien. Il devint membre du triumvirat exécutif de Piémont, membre du conseil général d'administration après l'annexion à la France, et résida pendant plusieurs années à Paris comme membre du Corps législatif. Sa *Storia della guerra dell'independenza degli stati Uniti d'America* (4 vol. in-4°, 1809-'10) a été traduite en français par Sevelinges, 1812. Sa *Storia d'Italia del 1789 al 1814* (1824) fut ensuite reliée au grand travail de Guicciardini par l'addition de l'histoire d'Italie depuis 1532 jusqu'en 1789 (10 vol., 1832). Botta a publié en français une *Histoire populaire d'Italie* (1826) un *Précis historique sur la maison de Savoie* (1803); et en italien une épopée, *Il Camillo*, douze chants, 1846.— II. (Paul-Emile) archéologue français, fils du précédent, né vers 1800, mort en 1870. Il fit deux voyages scientifiques, l'un autour du monde, l'autre dans le pays de Sennaar comme médecin de l'expédition de Mehémet-Ali (1830-'33). Consul de France à Alexandrie, puis à l'Yémen dont il donna la description : *Voyage dans l'Yémen* (1841). Agent consulaire à Mossoul (1843), il commença les fouilles des antiquités assyriennes sur les bords du Tigre et publia, en 1848 : *Ecriture cunéiforme assyrienne*. Avec l'assistance de plusieurs hommes éminents, il fut commissionné par le gouvernement français pour la préparation de ses *Monuments de Ninive*; magnifique ouvrage, illustré par Flandin (5 vol. in-fol. 1849-'50).

BOTTARI (Giovanni-Gaetano), prélat italien (1689-1775), fut directeur de la presse grand-ducale à Florence, conservateur de la bibliothèque du Vatican, éditeur principal du vocabulaire *Della Crusca* et du beau *Virgile* du Vatican.

* **BOTTE** s. f. (anc. all. *boss*, fagot). Assemblage de plusieurs choses de même nature liées ensemble : *botte de paille*; *du foin en botte*; *botte d'oignons*. — Fam. Grande quantité de plusieurs choses : *une botte de lettres, de paperasses*. — LES RACINES DE CETTE PLANTE NAISSENT EN BOTTE, leur assemblage forme une espèce de botte, de paquet. — BOTTE DE SOIE, assemblage de plusieurs écheveaux de soie ou de chanvre liés ensemble : *soie en bottes*; *une botte de chanvre*.

* **BOTTE** s. f. (bas lat. *botta*, sorte de tonneau). Chaussure de cuir qui enferme le pied et la jambe, quelquefois même une partie de la cuisse : *de grosses bottes*; *bottes fortes*; *bottes molles*. — Fig. et fam. Terre qui s'attache aux pieds, à la chaussure, quand on marche dans un terrain gras et humide : *ce terrain est si gras qu'on ne saurait s'y promener sans en rapporter des bottes*. — Partie d'une manche fermée qui est la plus voisine du poignet. Sorte de tonneau : *botte d'huile, de cidre*. — Fig. et fam. PRENDRE SES BOTTES DE SEPT LIEUES, se disposer à marcher, à voyager rapidement; par allusion au personnage de l'Ogre, dans le conte du Petit Poucet.— Prov. et fig. GRAISSER SES BOTTES, se préparer à partir pour quelque voyage; et, dans un sens plus figuré, se disposer à mourir. — Prov. et fig. METTRE DU FOIN DANS SES BOTTES, amasser beaucoup d'argent dans un emploi, y bien faire ses affaires. — Prov. et fig. A PROPOS DE BOTTES, sans motif raisonnable, hors de propos. — Manège. SERRER LA BOTTE, serrer les jambes contre les flancs du cheval pour l'exciter à avancer. — CE CHEVAL VA A LA BOTTE, il se défend du cavalier qui le monte, en tâchant de le mordre à la jambe. — BOTTE DE CARROSSE, marchepied fixe et placé en dehors, à l'aide duquel on montait dans un carrosse. — ↝ Jargon. BOTTE DE NEUF JOURS, chaussure percée à jour.

* **BOTTE** s. f. (espagn. *bote*; de *botar*, toucher). Escrime. Coup que l'on porte avec un fleuret, ou autre arme, à celui contre qui on se bat : *porter, allonger, parer une botte*. — BOTTE SECRÈTE, manière particulière de porter un coup d'épée à son adversaire. — Fig. et fam. POUSSER, PORTER UNE BOTTE A QUELQU'UN, lui faire une demande indiscrète, embarrassante, ou une objection pressante, une attaque imprévue. — Desservir quelqu'un par des discours ou par des actions qui lui nuisent.

* **BOTTÉ, ÉE** part. passé de BOTTER.— Prov. et fig. SINGE BOTTÉ, se dit d'un homme petit, mal fait, qui est embarrassé dans son accoutrement.

* **BOTTELAGE** s. m. Action de lier en bottes du foin, de la paille, etc. : *le bottelage coûte tant le cent*.

* **BOTTELER** v. a. Lier en bottes : *botteler de la paille, des raves, des asperges*, etc.

* **BOTTELEUR** s. m. Celui qui fait des bottes de foin, de paille, etc.

* **BOTTER** v. a. Pourvoir de bottes, ou faire des bottes à quelqu'un : *botter un régiment de cavalerie*; *ce cordonnier botte bien, botte mal*; *quel est le cordonnier qui vous botte ?* — Mettre des bottes à quelqu'un : *venez me botter*. — ↝ Jargon. Convenir : *ça me botte*. — Donner un ou plusieurs coups de pied au derrière. — * Se botter v. pr. Mettre ses bottes soi-même : *je vais me botter*. — Fig. et fam. Amasser beaucoup de terre autour de ses pieds, en marchant dans un terrain gras et humide : *on ne saurait se promener dans ce jardin qu'on ne se botte*. — CET HOMME SE BOTTE BIEN, SE BOTTE MAL, il porte ordinairement des bottes bien faites, mal faites.

BOTTERIE s. f. Atelier, magasin de bottier; art, commerce de bottier.

BOTTICELLI (Sandro) [bo-ti-tchèl-'li], peintre florentin (1437-1515). Il décora pour Sixte IV une chapelle du Vatican; fit plusieurs portraits de papes et grava les 19 premières gravures de l'édition florentine de l'*Inferno* du Dante (1481).

BOTTIER s. m. Cordonnier qui fait des bottes.

BOTTILLON s. m. [ll mll.]. Petite botte de racines ou d'herbes. — Bottine de petit enfant.

* **BOTTINE** s. f. (Diminut.). Petite botte d'un cuir fort mince; botte dont la tige a peu de hauteur. — Chirurg. Chaussure semblable à une petite botte, qui est munie de courroies, de ressorts et de boucles, et qui sert à corriger les vices de conformation du pied ou de la jambe : *les pieds de cet enfant se contournent, il faut lui mettre des bottines.*

BOTTS (John-Minor), homme politique américain (1802-'69), auteur de l'*Histoire secrète de la Grande Rebellion* (1866).

BOTZARIS. Voy. Bozzaris.

BOTZEN (ital. *Bolzano*), ville du Tyrol (Autriche), magnifiquement située au confluent de la Talfer et de l'Eisack, près de l'Adige, à 85 kil. S. d'Innsbruck; 9,500 hab., presque tous Italiens. Les environs produisent le fameux vin de Terlau. — Commerce de soies, de cuirs et de fruits. Quatre foires annuelles.

BOUAYE, ch.-l. de cant., arr. et à 12 kil. S.-O. de Nantes (Loire-Inférieure); 1,400 hab.

BOUBOUILLE s. f. Jargon. Synon. de Portbouille.

* **BOUC** s. m. [bouk]. Mâle de la chèvre : *barbe d'un bouc.* — Par ext. Peau de bouc pleine de vin ou d'huile : *bouc d'huile; bouc de vin.* — Fig. et fam. Barbe de bouc, barbe d'un homme, lorsqu'il n'en a que sous le menton. — Bot. Barbe-de-bouc, salsifis sauvage. — Dans le Lévitique. Bouc émissaire, bouc que l'on chassait dans le désert, après l'avoir chargé des malédictions qu'on voulait détourner de dessus le peuple. — Fig. et fam. Homme sur lequel on fait retomber les torts des autres : *ils l'ont pris pour leur bouc émissaire.* — Dans l'Evangile. Au jour du jugement, Jésus-Christ séparera les agneaux, les brebis d'avec les boucs, il séparera les bons d'avec les méchants, les élus d'avec les réprouvés.

BOUC. Voy. Port-de-Bouc.

* **BOUCAGE** s. m. (de *bouc*, à cause du goût de cet animal pour le boucage). Bot. Ombellifère du genre *pimpinella*, dont l'espèce la plus importante, le *boucage anis* (*pimpinella anisum*), produit des graines aromatiques si connues sous le nom d'anis. Cette plante, originaire d'Egypte, est cultivée dans quelques-unes de nos départements méridionaux. Le *grand boucage* (*pimpinella magna*), indigène, fournit un bon fourrage, ainsi que le *boucage saxifrage* (*pimpinella saxifraga*) qui est très commun dans nos prairies.

Boucage anis (Pimpinella anisum).

* **BOUCAN** s. m. (rad. *bouc*). Lieu où les sauvages de l'Amérique fument leurs viandes. Gril de bois sur lequel ils les fument et les font sécher. — ⁓ Jargon. Vacarme : *faire du boucan.*

* **BOUCANER** v. a. Préparer, faire sécher de la viande ou du poisson à la manière des sauvages de l'Amérique, c'est-à-dire, en les exposant longtemps à la fumée : *boucaner de la viande.* Dans un sens analogue : *boucaner des cuirs.* — Neutral. Aller à la chasse des bœufs sauvages ou autres bêtes, pour en avoir les cuirs.

* **BOUCANIER** s. m. Celui qui va à la chasse des bœufs sauvages. On le disait particulièrement autrefois de certains pirates de l'Amérique appelés aussi *flibustiers.* — Par ext. Sorte de gros et long fusil dont se servaient les boucaniers.

BOUCARD s. m. Argot. Boutique.

BOUCARDIER s. m. Argot. Marchand, boutiquier. — Voleur qui exploite les boutiques, avec l'aide d'un *pégriot* ou gamin qui s'y cache à l'heure de la fermeture et qui ouvre la porte pendant la nuit au boucardier.

BOUCARO s. m. (esp. *bujaro*). Espèce de terre odorante et rougeâtre, qui vient des Indes, et dont on fait différents vases, tels que des pots, des théières, etc.

* **BOUCASSIN** s. m. (bas lat. *boccassinus*). Etoffe de coton dont on fait des doublures.

* **BOUCAUT** s. m. (rad. *bouc*). Tonneau, futaille grossièrement faite, qui sert à renfermer certaines marchandises sèches ; *un boucaut de sucre, de café, de riz, de tabac, de morue.*

BOUCHAGE s. m. Action de boucher.

BOUCHAGE (du), voy. Dubouchage.

BOUCHAIN, *Buchanium*, ch.-l. de cant., arrond. et à 18 kil. S.-O. de Valenciennes (Nord), au confluent de la Sensée et de l'Escaut ; 1,600 hab. Place forte qui offre l'aspect d'une citadelle; écluses qui permettent d'inonder le pays. Elle fut prise en 1477 par Louis XI qui faillit y être tué d'un coup de fauconneau. Les Français s'en emparèrent en 1676 et en 1711. Teintureries, brasseries, raffineries de sel et de sucre. Tour d'Ostrevant, reste de l'ancien château.

BOUCHARD (Alain), historien breton, mort vers 1515. Ses « Grandes chroniques de Bretagne », publiées en 1514, renferment de curieuses particularités, notamment le récit de l'expédition de Charles VIII à Naples.

BOUCHARDE s. f. Instrument dont se servent les sculpteurs pour faire des ouvertures dans le marbre. — Sorte de marteau.

BOUCHARDON (Edme), statuaire, né à Chaumont (Marne), en 1698, mort à Paris en 1762. Etabli à Rome, il y demeura 10 années, il exécuta le buste de Clément XI et ceux de plusieurs grands personnages. Il devint ensuite membre et professeur de notre Académie des beaux-arts.

* **BOUCHE** s. f. (lat. *bucca*). Partie du visage de l'homme d'où sort la voix, et par où se reçoivent les aliments : *ouvrir, fermer la bouche.* — Se dit, quelquefois seulement, de la partie extérieure de la bouche :

Il valait sa *bouche* vermeille,
Le teint aussi vif que le sien.

Houdard de Lamotte. *L'Amour réveille.*

Se dit particulièrement de la bouche considérée comme organe de la voix et de la parole : *on recueillait jusqu'aux moindres paroles qui sortaient de sa bouche.* — Se dit aussi de la bouche considérée particulièrement comme destinée à recevoir et à goûter les aliments : *avoir la bouche pleine.* — Se dit quelquefois des personnes mêmes, par rapport à la nourriture qu'elles consomment : *les vivres commençant à manquer dans la place on en fit sortir toutes les bouches inutiles, toutes les personnes incapables de la défendre.* — Se dit également en parlant des chevaux, et de quelques autres bêtes de somme ou de voiture : *bouche d'un cheval, d'un mulet, d'un âne ; ce cheval est fort en bouche, il n'a point de bouche, il n'obéit point au mors : il n'a ni bouche, ni éperon, il est fort en bouche et dur à l'éperon.* — Se dit aussi en parlant de certains poissons, des grenouilles, etc. : *bouche de saumon, de carpe, d'une grenouille.* — Se dit, par ext. et par anal. de plusieurs sortes d'ouvertures : *la bouche d'un four, d'un tuyau, d'un puits, d'un volcan, d'un canon, d'un mortier.* Les artilleurs disent plus ordinairement: *l'embouchure d'un canon, d'un mortier,* etc. — Se dit encore, surtout au pluriel, des embouchures par où de grands fleuves se déchargent dans la mer : *les bouches du Nil, du Danube, du Gange, département des Bouches-du-Rhône.* On appelle *bouches du Cattaro* les passes étroites par lesquelles le golfe de Cattaro communique avec la mer. — Fam. Faire bonne bouche, laisser un bon goût à la bouche. — Fam. Laisser quelqu'un sur la bonne bouche, terminer le repas qu'on lui donne par quelque chose d'exquis. Fig. Le laisser avec quelque espérance flatteuse, ou avec quelque pensée agréable. — Fig. et fam. Rester, demeurer sur la bonne bouche, cesser de manger ou de boire, après qu'on a bu ou mangé quelque chose qui flatte le goût. S'arrêter après quelque chose d'agréable, dans la crainte d'un changement, d'un retour fâcheux. — Garder quelque chose pour la bonne bouche, réserver pour la fin quelque chose de très bon, d'agréable. (Au propre et au fig.). Ironiq. Il la lui gardait pour la bonne bouche, se dit de celui qui, après avoir fait plusieurs mauvais tours à quelqu'un, lui en fait un dernier plus sanglant que les autres. — Flux de bouche, abondance inaccoutumée de salive. — Fam. Faire la bouche en cœur, donner à sa bouche une forme mignarde, affectée. — Le pape ouvre la bouche aux cardinaux nouvellement créés, se dit en parlant de la cérémonie que le pape fait pour autoriser les cardinaux à parler dans les consistoires. — Fig. Fermer la bouche à quelqu'un, le faire taire d'autorité, ou le réduire à ne savoir que répondre. — Respect me ferme la bouche, le respect m'interdit de répondre, de parler. — Demeurer avec bouche béante, être, rester étonné, très attentif, etc. — Avoir toujours quelque chose a la bouche, le répéter, l'employer continuellement. — Fig. et fam. Faire la petite bouche de quelque chose, sur quelque chose, ne vouloir pas s'expliquer tout à fait sur quelque chose ; et absolument: Faire la petite bouche, faire le difficile, le dégoûté, le dédaigneux sur quelque chose. — Ne faire point la petite bouche de quelque chose, s'en expliquer librement et ouvertement. — Dire quelque chose de bouche a quelqu'un, s'en expliquer de vive voix avec lui. — Elliptiq. Bouche close, locution par laquelle on avertit qu'il faut garder le secret sur l'affaire dont il s'agit. On dit de même: *bouche cousue.* — Aller, passer, etc., de bouche en bouche, se dit de ce qui devient public, de ce qui court et se transmet d'une personne à une autre par le moyen de la parole : *cette nouvelle va de bouche en bouche.* On dit à peu près de même : *cette nouvelle est dans toutes les bouches; mon nom est dans toutes les bouches,* etc. — Poétiq. La déesse aux cent bouches, la Renommée. — Prov. C'est saint Jean bouche d'or, un saint Jean bouche d'or, se dit d'un homme éloquent et franc. C'est un homme qui a la parole dorée. — Cet homme est fort en bouche, il parle avec beaucoup de véhémence et de hardiesse. — Prov. et fam. Il dit cela de bouche, mais le cœur n'y touche, il parle contre sa pensée. — Fig. Féod. Ne devoir a son seigneur que la bouche et les mains, lui devoir la foi et l'hommage, sans être tenu à aucune redevance. — Fam. Traiter quelqu'un a bouche que veux-tu, lui faire très bonne chère. — Fam. Manger de la viande de broc en bouche, aussitôt qu'on l'a tirée de broche. — L'eau vient a la bouche ; cela fait venir l'eau a la bouche, se dit d'une chose agréable au goût, et dont l'idée excite l'appétit quand on en parle ou qu'on en entend parler. Se dit aussi, fig. de tout ce qui peut exciter les désirs : *ce que vous avez dit sur les avantages de cette entreprise, lui a fait venir l'eau à la bouche.* — Fig. Prendre sur sa bouche, épargner sur la dépense de sa nourriture. — Fig. et fam. S'ôter les morceaux de la bouche, se priver du nécessaire pour secourir ou obliger quelqu'un. — Fig. et pop. Être sur sa bouche, être sujet à sa bouche, être gourmand. — La dépense de bouche, la dépense qu'on fait pour la nourriture. — Avoir bouche à cour, ou avoir bouche en cour, être nourri dans la maison d'un prince ; ne se dit proprement que des officiers de la maison du roi ou des princes, lorsqu'ils ont droit de manger à quelqu'une des tables. — Vin de la bouche, vin destiné à être servi sur la table du prince. — Les officiers de la bouche, ou absol. *la bouche.* Les officiers qui apprêtent à manger pour le roi. On dit dans un sens analogue : *le service de la bouche.* — Bouche de chaleur, ouverture pratiquée sur les côtés d'une cheminée ou d'un poêle, au moyen de laquelle la chaleur se communique dans l'appartement. — Exposer à la bouche du canon, conduire, placer fort près de l'artillerie de l'ennemi. — Bouche a feu, terme générique par lequel on désigne les canons, mortiers, obusiers, pierriers, etc. — Hyg. La bouche, les dents surtout, méritent des soins continuels. L'altération des dents, donne lieu, non seulement à des douleurs très vives, mais encore à la fétidité de l'haleine, puis à une imparfaite mastication, cause de digestions laborieuses. Nous conseillons donc de se rincer la bouche après chaque repas et de se nettoyer les dents chaque jour... Nous conseillons aussi de s'abstenir de fumer, de chiquer, de boire chaud et froid l'un après l'autre, de briser des corps durs (noisettes, sucre) avec les dents. Il faut se servir d'un cure-dents mou, comme une plume d'oie, et non en métal. Les gencives aussi réclament des soins. Lorsqu'elles sont tuméfiées, rouges, saignantes, on les frictionne plusieurs fois par jour avec un coin de linge mouillé qu'on trompe dans un mélange (par parties égales) de poudre de borax et de sucre. » D' C. Dupasquier.

BOUCHE (Honoré), historiographe de Provence, né et mort à Aix (1598-1671), embrassa l'état ecclésiastique ; auteur d'une bonne *Chorographie ou description et histoire de Provence.* Aix, 1664, 2 vol. in-fol., nouv. éd. en 1736. Son frère, Balthazar, a laissé une excellente discussion sur le droit public de la *Provence* considérée comme pays d'État.

BOUCHE (Charles-François), avocat au parlement d'Aix, député aux états généraux (1789), mort vers 1794. On a de lui : 1° *Essai sur l'histoire de Provence, suivi d'une notice des Provençaux célèbres.* Marseille, 1785, 2 vol. in-4° ; 2° *Droit public de la Provence,* 2° éd. Paris, 1788, in-8°.

* **BOUCHÉ, ÉE** part. passé de Boucher. — Fig. et fam. Avoir l'esprit bouché, être bouché, avoir peu d'intelligence, ne pouvoir comprendre les choses les plus simples.

* **BOUCHÉE** s. f. Morceau d'aliment solide qu'on met dans la bouche en une seule fois : *bouchée de pain, bouchée de viande.* — Par exag. Ne faire qu'une bouchée de quelque mets, le manger avidement et promptement. — Fig. et fam. Il n'en ferait qu'une bouchée, exprime la facilité avec laquelle un homme grand et fort vaincrait, dans un combat, un adversaire beaucoup plus faible que lui.

* **BOUCHER** v. a. Fermer une ouverture : *boucher un trou.* — Boucher un passage, un chemin, une avenue, etc., empêcher par quelque obstacle qu'on n'y puisse passer. — Boucher les vues d'une maison, murer celles de ses fenêtres qui voient de trop près sur une propriété voisine, contrairement à la coutume, à

la loi. — Boucher la vue d'un objet, empêcher de l'apercevoir. — Fig. et fam. Boucher un trou, se dit d'une somme d'argent qui sert à payer quelque dette, ou à dédommager de quelque perte. — Se boucher v. pr. Être bouché : *cette ouverture s'est tout à fait bouchée.* — Boucher à soi : *se boucher les yeux, les oreilles.*

* **BOUCHER** s. m. (rad. *bouche*). Celui qui tue des bœufs, des moutons, etc., et qui en vend la chair crue au détail d'un boucher ; garçon boucher. — Fig. C'est un boucher, un vrai boucher, se dit d'un homme cruel et sanguinaire. Se dit aussi d'un chirurgien maladroit, et de celui qui opère sans ménagement pour le patient.

BOUCHER (François), peintre et graveur, né et mort à Paris (1703-'70). Le nombre de ses peintures et de ses gravures, en général dans le goût licencieux qui prévalait à cette époque, dépasse 10,000. Le fameux cabinet érotique exécuté par Mme de Pompadour, se trouve aujourd'hui dans la galerie du marquis de Hertford. Sa meilleure toile mythologique, le *Bain de Diane* (1742), est l'une des plus belles perles du Louvre.

BOUCHER (Jean), théologien, curé de Saint-Benoît et ligueur, né à Paris en 1550, mort à Tournay en 1644. Il fit, dans un pamphlet (*De justa Henrici III abdicatione,* 1589), l'apologie du régicide et écrivit une *Apologie pour Jean Chatel et pour les pères de Jésus* (1595, in-8°). Henri IV lui pardonna sans le ramener à de meilleurs sentiments.

BOUCHER (Jonathan), ecclésiastique anglois (1738-1804) ; il passa la plus grande partie de sa vie aux États-Unis et publia : *Causes et conséquences de la Révolution américaine* (1797).

BOUCHER (Pierre), sieur de Boucherville, pionnier canadien, né en France en 1622, mort dans le Canada en 1717. Émigrant en Amérique en 1635, il fut député en France en 1661 pour faire connaître à la cour l'état de la colonie et publia une *Histoire véritable et naturelle des mœurs et des productions de la Nouvelle-France.* Il fut anobli et fut nommé gouverneur des Trois-Rivières en 1663.

BOUCHER DE CRÈVECŒUR DE PERTHES (Jacques), appelé Boucher de Perthes, célèbre archéologue, né à Rethel en 1788, mort en 1868. Président de la *Société d'émulation* d'Abbeville, il créa en Picardie un centre littéraire et scientifique dans lequel il occupa le premier rang. Il s'acquit une grande renommée par son ouvrage *De la Création, essai sur l'origine et la progression des êtres* (5 vol. in-8° ; 1839-'41). Ayant découvert près d'Abbeville des restes de mammifères, des hachettes en fer et divers instruments, il les attribua aux époques les plus reculées, dans son livre *De l'industrie primitive.* Plusieurs de ces restes sont représentés dans ses *Antiquités celtiques et antédiluviennes* (1847). Il a publié en outre, *De l'homme antédiluvien et de ses œuvres* (1860), *Des outils de pierre* (1866), *Sous dix rois* (8 vol. 1862-'7), des poèmes, des voyages, des pièces de théâtre, etc.

* **BOUCHÈRE** s. f. Celle qui vend de la viande crue. Femme d'un boucher.

* **BOUCHERIE** s. f. Endroit où un boucher tue les bœufs, les moutons, etc. — Étal où il en vend la chair en détail : *les boucheries sont fermées, sont ouvertes ; viande de boucherie.* Dans quelques grandes villes, et particulièrement à Paris, les bouchers ne tuent point le bétail chez eux ; mais on n'en donne pas moins à leur boutique le nom de *boucherie.* — Fig. Tuerie, massacre, carnage : *ce ne fut pas un combat, ce fut une boucherie.* — Mener, envoyer a la boucherie, exposer à une mort presque certaine. — Législ. « Le commerce de la boucherie est libre et il n'est soumis qu'aux règlements de police. Le nombre des étaux a été limité à Paris, de 1811 à 1828 et de 1829

à 1858 ; mais aujourd'hui, toute personne peut ouvrir une boucherie à Paris ou ailleurs, en se conformant aux règlements locaux, concernant la salubrité de l'étal, l'abatage des animaux, l'inspection des viandes, la fonte des graisses, etc. Les maires ont le droit de taxer les viandes de boucherie, en vertu de l'art. 30 de la loi des 19-22 juillet 1791 ; mais cette faculté n'est exercée que dans un petit nombre de villes. La taxe de la viande a été appliquée, à Paris, de 1855 à 1858, et aussi pendant le siège, en 1870-1874. Les bouchers ont un privilège sur les biens de leurs débiteurs, pour le payement des fournitures faites en détail pendant les six derniers mois qui ont précédé le décès, la faillite ou la déconfiture (C. civ, 2101, 2405). Leur action se prescrit par un an (C. civ. 2272). Les bouchers qui se servent de faux poids ou qui débitent des viandes corrompues, encourent un emprisonnement de trois mois à un an, et une amende de 50 fr. au moins, sans préjudice du droit réservé au tribunal correctionnel d'ordonner l'affichage et l'insertion du jugement aux frais du condamné (L. 27 mars 1851). Les bouchers sont assujettis à une patente dont le droit fixe varie de 12 à 75 fr., selon la population de la commune, et dont le droit proportionnel est égal au trentième de la valeur locative des locaux qu'ils occupent. » (Cn. Y.).

BOUCHES-DE-L'ELBE, dép. sous le premier Empire ; ch.-l. Hambourg.

BOUCHES-DE-L'ESCAUT, anc. dép. perdu en 1814 ; ch.-l. Middelbourg.

BOUCHES-DE-LA-MEUSE, dép. sous le premier Empire ; ch.-l. La Haye.

BOUCHES-DU-RHIN, anc. dép. de l'Empire sous Napoléon Ier ; ch.-l. Bois-le-Duc.

BOUCHES-DU-RHÔNE, dép. maritime du S. de la France, situé dans l'ancienne basse Provence ; entre la Durance qui le sépare du dép. de Vaucluse ; le Rhône et le petit Rhône qui le bordent du côté du Gard ; borné à l'E. le dép. du Var et au S. par la Méditerranée ; 5,103 kil. carr. ; 584,734 hab. Territoire couvert au N. et à l'E. par cinq chaînes calcaires reliées entre elles à la Sainte-Baume. Ces chaînes sont : 1° la Sainte-Baume ; 2° la chaîne de l'Étoile ou de Notre-Dame-des-Anges, entre l'Arc et l'Huveaune ; 3° la chaîne de Sainte-Victoire, comprenant le point culminant du dép. (pic de Sainte-Victoire, 1,025 mètres) ; 4° la chaîne de Trévaresse, entre la Touloubre et la Durance ; 5° les Alpines, qui se rattachent aux Alpes. — A l'O. le dép. est formé de vastes plaines alluvionales (camargue et crau). Les côtes, longues de 200 kil. en suivant les contours et de 160 en ligne directe, sont basses le long du Rhône, escarpées dans les autres parties et découpées par des golfes et des étangs peu profonds qui communiquent avec la mer au moyen de simples décharges ou par des canaux navigables. Golfes de Beauduc, de Fos, de Marseille, de l'Huveaune ; baies de Cassis et de la Ciotat. Caps Couronne, de la Croisette, Canaille, de l'Aigle, etc. Au S. de Marseille, petit archipel composé de onze îles dont voici les principales : Ratonneau et Pomègue (réunies par une chaussée), if, Tibouden, le Maire, Riou, du Planier. A l'E. on trouve l'île Madrague et l'île Verte. Principaux cours d'eau, le Rhône, la Durance, la Touloubre, l'Arc et l'Huveaune. Nombreux étangs, parmi lesquels on cite ceux de Valcarès, de Berre, de Ligagnau, de Léandre, de Galezon. Climat chaud et sec ; terrible mistral. Deux canaux navigables : 1° d'Arles au port de Bouc ; 2° de Saint-Louis au golfe de Fos. Riches mines de houille ; carrières de marbre de diverses couleurs. Eaux minérales d'Aix ; salines renommées de Berre. — Sol aride produisant peu de blé ; vins liquoreux estimés de Roquevaire, de Séon-Saint-André, de Séon-Saint-Henry, de Saint-Louis, de Château-Renard, d'Orgon, des Eguilles, de Cassis, de la Ciotat; excellents fruits.— Olives, figues, raisins, pistaches, etc. Flore luxuriante. Thon, sardines et anchois sur les côtes. Les pâturages nourrissent, en hiver, environ 600,000 bêtes à laine qui émigrent dans les dép. voisins dès qu'arrivent les chaleurs. Savonneries renommées; eaux-de-vie, esprits, huiles, essences, parfums, bougies. Commerce maritime très étendu. — Ch.-l. Marseille; 3 arr., 27 cant. et 108 comm. Forts de Bouc, de Saint-Jean, Notre-Dame, Saint-Nicolas, château d'If, Pomègue, Ratonneau. Raffinerie de salpêtre et poudrerie à Saint-Chamas. Cour d'appel à Aix; archevêché à Aix. Le dép. forme deux diocèses : 1° celui d'Aix (arr. d'Aix et d'Arles); 2° celui de Marseille (arr. de Marseille). Académie, facultés et écoles à Aix.— Ch.-l. d'arr. Marseille, Aix et Arles.

BOUCHES-DU WÉSER, anc. dép. sous le premier Empire. Ch.-l. Brême.

BOUCHES-DE-L'YSSEL, dép. perdu en 1814. Ch.-l. Zwolle.

* **BOUCHE-TROU** s. m. Personne qui ne sert qu'à faire nombre, à laquelle on n'a recours qu'au besoin, pour remplir, tant bien que mal, une place vide, un emploi vacant : *ce comédien n'est pas bon, mais c'est un bouche-trou.* (Fam.).— ◆ Article de journal sans valeur, mis en réserve pour les jours où la copie manque. — Acteur jouant les utilités.

BOUCHIMANS, nom que l'on donne quelquefois aux *Bochimans.*

* **BOUCHOIR** s. m. Grande plaque de fer qui sert à fermer la bouche d'un four.

* **BOUCHON** s. m. Ce qui sert à boucher une bouteille, ou quelque autre vase de même nature : *bouchon d'une bouteille; bouchon de liége, de bois, de papier, de filasse, de verre, de cristal.* — Rameau de verdure, une couronne de lierre, ou autre signe qu'on attache à une maison, pour faire connaître qu'on y vend du vin : *un bouchon de cabaret.* — Par ext. Cabaret même : *il n'y a dans ce village qu'un mauvais bouchon.* — Morceau de liége qui soutient la ligne sur l'eau. — Jeu dans lequel on place de l'argent sur un bouchon de liége, que l'on cherche à renverser avec un palet ou une pièce de monnaie : *jouer au bouchon.* — Faire sauter le bouchon, faire partir avec bruit le bouchon qui ferme une bouteille de vin fumeux, tel que le vin de Champagne mousseux. — Bouchon de paille, bouchon de foin, poignée de paille tortillée, ou de foin tortillé. — Bouchon de linge, paquet de linge tortillé.

BOUCHONNEMENT s. m. Action de bouchonner un cheval.

* **BOUCHONNER** v. a. Mettre en bouchon, chiffonner : *bouchonner du linge.*— *Bouchonner un cheval,* le frotter avec un bouchon de paille. — Fam. Cajoler, caresser : *bouchonner un enfant* (vieux).

* **BOUCHONNIER** s. m. Celui qui fait, qui vend des bouchons de liége pour les bouteilles.

BOUCHOT s. m. Grand parc établi sur le bord de la mer, ouvert du côté de la terre et dans lequel le poisson se trouve enfermé à la marée basse.

BOUCHOTTE (Jean-Baptiste-Noël), ministre de la guerre, né et mort à Metz (25 décembre 1754-juin 1840). Capitaine lors de la Révolution, qu'il adopta avec enthousiasme, il fut bientôt nommé colonel, défendit Courtraï contre les Autrichiens, fut ensuite membre du conseil exécutif (4 avril 1793) et ministre de la guerre. Malgré ses services, son dévouement et son patriotisme, il fut plusieurs fois mis en accusation. Après la chute de Robespierre, il fut poursuivi comme terroriste; mais il fut impossible de trouver la moindre preuve contre lui.

BOUCHOUX (Les), ch.-l. de cant.; arr. et à 10 kil. S. de Saint-Claude (Jura); 1,000 hab.

BOUCICAULT. I. (Jean LE MAINGRE DE), maréchal de France, mort en 1370; négocia le traité de Brétigny (1360) et rendit de grands services aux rois Jean et Charles V. — II. (Jean LE MAINGRE DE), son fils, maréchal de France, né à Tours en 1364, mort prisonnier en Angleterre en 1421; fit des prodiges de valeur à Rosebecque, reçut le bâton de maréchal en 1391, gouverna Gênes au nom de Charles VI 1401-11) et fut fait prisonnier à la bataille d'Azincourt (1415), qui avait été engagée malgré ses avis.

BOUCLAGE s. m. Jargon. Cadenas. — Arrestation.

* **BOUCLE** s. f. (bas lat. *buccula*). Anneau de diverses formes, garni d'une ou de plusieurs pointes mobiles fixées sur un axe, et qui sert à tendre à volonté une ceinture, une courroie, une sangle, etc. *boucle de soulier; ceinture à boucle; boucles de jarretière, d'un harnais,* etc. — Anneau que les femmes portent à leurs oreilles comme ornement : *boucles d'oreilles.* — Anneau de cuivre qu'on met aux cavales pour les empêcher d'être saillies. — Mar. Gros anneau de fer où l'on attache un câble, un cordage. Organeau d'un port, destiné à recevoir les amarres des bâtiments. — Fig. Anneaux que forment les cheveux, naturellement ou par la frisure : *ses cheveux tombent en boucles sur ses épaules ; boucle de cheveux.* — Archit. Petit cercle en forme d'anneau qui sert d'ornement à une moulure ronde.

* **BOUCLÉ ÉE,** part. passé de Boucler. Raie bouclée, nom donné à l'espèce de raie qu'on vend le plus ordinairement dans nos marchés.

* **BOUCLER** v. a. Mettre une boucle; attacher, serrer avec une boucle : *boucler ses souliers, ses jarretières, sa ceinture.* — Fermer au moyen des boucles : *boucler un portemanteau.* — Faire prendre la forme de boucles à des cheveux, mettre des cheveux en boucles : *boucler des cheveux, une perruque, un enfant.* — Jargon. Fermer. — Arrêter : *boucler un poivrot.* — ◆ Boucler une cavale, lui mettre des boucles pour empêcher qu'elle ne soit saillie.— Fig. Boucler un port, en fermer l'entrée. — Neutral. : *ses cheveux bouclaient naturellement.* — Maçonn. Ce mur boucle, se dit d'un mur dont les parements s'écartent, faute de liaison suffisante dans la construction. — Se boucler v. pr. Boucler ses cheveux : *elle est une heure à se boucler.*

* **BOUCLIER** s. m. (bas lat. *buccula*). Arme défensive ancienne que les gens de guerre portaient au bras gauche, et dont ils se servaient pour se couvrir le corps. — Fig. Sauvegarde, protection, défense : *son âge lui sert de bouclier ; ce général est le bouclier de l'État.*

Boucliers. Fig. 1. Scutum, d'après la colonne Trajane. — 2. Clipeus, d'après un vase grec.

— Levée de boucliers, démonstration par laquelle les soldats romains témoignaient leur résistance aux volontés de leur général. — Fig. Opposition ou attaque contre une personne, contre un corps, faite avec éclat et sans succès. — Par ext. Faire un bouclier de son corps a quelqu'un, se mettre au devant de quelqu'un,

pour le préserver des coups qui lui sont portés. — Encycl. D'un usage universel dans l'antiquité, le bouclier a été peu à peu abandonné à mesure que les armes offensives ont été perfectionnées; l'emploi de la poudre à canon l'a fait disparaître des armées européennes; il n'est plus employé que chez certaines nations arriérées, telles que les Chinois. Le bouclier primitif se composa de bois léger ou d'osier tressé, sur lequel on tendait une peau de bœuf plus ou moins épaisse, ou bien sur lequel on fixait une pièce de métal. Le principal bouclier des Grecs était le *clipeus;* celui des Romains portait le nom de *scutum* (écu); d'autres formes portaient les noms de *parma,* de *pelta* et de *cetra.* Jusqu'au milieu du XIIe siècle, le bouclier normand fut long, arrondi à la partie supérieure et en pointe vers le bas; plus tard, il devint plus petit et prit diverses formes; on l'orna d'emblèmes héraldiques. Voy. Armure, etc.

* **BOUÇON** s. m. (ital. *boccone*). Mets ou breuvage empoisonné.

BOUDDHA (sanscrit, *savant, éclairé*), rédempteur, dans la religion bouddhique. Voy. Bouddhisme.

* **BOUDDHIQUE** adj. Qui appartient, qui a rapport au bouddhisme.

* **BOUDDHISME** s. m. [bou-diss-me]. Religion asiatique basée sur la croyance à d'innombrables Bouddhas, apparus pour sauver le monde. L'un de ces rédempteurs, appartenant à la période actuelle, est Sâkyamuni ou saint Sâkya, neuvième incarnation de Vichnou (Voy. Sâkyamuni). Les bouddhistes repoussent le brahmanisme comme étant une religion cruelle et intolérable; ils nient l'autorité des Védas, les sacrifices et tous les rites brahmaniques. Il est vrai que le bouddhisme populaire a adopté quelques-unes des divinités adorées par les brahmes; mais il les place toujours au-dessous de Bouddha. Le bouddhisme primitif était simple, moral, rationnel, hostile à la mythologie et aux fraudes du clergé; bienveillant pour l'humanité, il ouvrait à chaque pécheur la voie du salut; sans proscrire les castes, il les ignorait. La première période de cette religion, depuis Sâkyamuni jusqu'à ce qu'elle fut reconnue comme religion d'État, comprend la fixation des dogmes, les premiers schismes et des conciles œcuméniques. Kâsyapa, le principal disciple de Sâkyamuni, établit, dans le premier concile, la Vinaya ou discipline basée sur les Sûtras (apophtegmes), et sur les sermons du rédempteur. Après l'invasion du Punjaub, par Alexandre le Grand, la puissance des Brahmanes fut facilement renversée par Chandragupta, qui réunit toute l'Inde. Son petit-fils, Dharmâsoka, surnommé Piyadâsi (pieux), publia en prakrit (dialectes populaires) plusieurs édits que l'on retrouve gravés sur la plupart sur des colonnes ou sur des rochers. Le troisième grand concile, assemblé à Pataliputra, sur l'ordre de Piyadâsi, envoya des apôtres dans les pays étrangers; et le bouddhisme, en s'introduisant dans le Thibet, dans le haut Hindoustan, en Chine, au Japon, en Mongolie, en Sibérie et dans la Tartarie, fut un véritable bienfait pour les populations superstitieuses de l'Asie. Son influence se fit sentir jusque sur les religions occidentales, telles que le gnosticisme et les superstitions des Lapons. Dans l'Hindoustan, son caractère primitif fut altéré d'une façon désastreuse de quinze siècles autant que par des mélanges avec le brahmanisme et particulièrement avec les dogmes sanguinaires du sivaïsme; il finit par dégénérer en un mélange confus de diverses croyances. C'est dans l'île de Ceylan qu'il a été le moins altéré. On évalue à 300 millions le nombre des bouddhistes. Dans tous les pays où règne cette religion on remarque une profusion de temples, de monastères, de stûpas, de dhagobas (piliers et tombes contenant des reliques de Bouddha), et d'autres monuments surchargés de statues et de sculptures représentant les divinités sous les formes les plus grotesques. Beaucoup de ces monuments ont été ruinés par le temps ou par le vandalisme des Portugais. Dans l'Hindoustan, on ne retrouve que fort peu de traces du bouddhisme primitif. — On peut résumer de la manière suivante les doctrines de cette religion : le bouddhisme maintient la vanité, la non réalité de la nature. L'esprit du mal existe partout en se dissimulant sous les apparences les plus trompeuses. Le but final est Moksha, Nirvâna ou la délivrance de l'âme de toute affliction et de toute erreur. Le cercle sans fin de la métempsycose est brisé lorsque, par une vie exemplaire, exempte même du désir d'exister, on obtient que son âme ne renaîtra pas. La voie d'annihilation comprend huit parties : une vue juste, un sens droit, un parler franc, des actions vertueuses, une tenue décente, une grande énergie, une mémoire exacte et des méditations. L'essence de la morale bouddhique est « d'éviter le mal, de perfectionner le bien et de dompter ses passions ». Les préceptes de Sâkyamuni se nomment « voie » (Gati) ou « chemin des quatre vérités ». La loi primitive était à la fois morale et pratique. Toute la mythologie, la hiérarchie et le mysticisme que l'on remarque dans le bouddhisme contemporain, y ont été ajoutés dans la suite des temps. Le bouddhisme altéré comprend trois sections : la Dharma, la Vinaya et l'Abhidarma. — I. La Dharma (vertu, devoir, loi) comprend la révélation, les dogmes et leurs préceptes. Le bouddhisme ne reconnaît pas de création : « les mondes sont, depuis le recommencement dans une perpétuelle révolution de formation et de destruction ». La succession est la seule réalité. La rotation n'a pas de cause et, par conséquent, pas de commencement. Un Bouddha peut seul concevoir les mondes. Croire que les mondes sont limités ou illimités ou qu'ils ne sont pas limités ni illimités sont des hérésies. Le mont Sumeru est le centre du monde, qui est aussi profond sous l'océan, qu'il est élevé au-dessus du niveau des mers. L'océan est enveloppé d'une ceinture de rochers, qui comprend six autres océans avec de semblables ceintures. Le tout repose dans le véritable océan connu des hommes qui contient quatre grandes îles, accompagnées chacune de cinq cents îlots. Chacun de ces univers possède son soleil, sa lune, ses étoiles et son enfer. Le Meru est comme l'index d'un cadran, il projette son ombre sur chaque île et produit ainsi les nuits. Au-dessus du Meru se trouvent les cieux. Le second ciel appartient à Indra, le ciel supérieur au dieu bouddhiste. Le ciel supérieur à tous les autres, compte une existence de 80,000 kalpas ou périodes depuis l'origine d'un monde jusqu'au commencement d'un autre monde. Vingt grands chiliocosmes (dont chacun embrasse des myriades de mondes) s'emplient les uns sur les autres et reposent sur une fleur de lotus. Cette fleur donne naissance à un nombre infini d'autres fleurs qui parsèment « la mer d'aromes » et qui portent chacune 20 milliards de mondes. Le nombre de ces mers aromatiques est encore dix fois plus grand que le nombre qui serait écrit par une unité suivie de 4,456,488 zéros. Les mondes et les cieux sont partout peuplés d'entités de six gatis (voies de rénovation), dont les deux premières sont de bons gatis et les quatre autres de mauvais gatis, savoir : 1° la voie des Devas ou dieux (non patronnés par Bouddha); 2° la voie des hommes; 3° celle des Asuras ou génies du mal les plus puissants; 4° celle des animaux; 5° celle des Pretas, des lutins, des monstres, etc.; 6° la voie des habitants de l'enfer (invention des Brahmes). Des nombres incommensurables de mondes ont apparu et ont disparu. Une kalpa est une période de destruction et de reconstruction. Les monstres et beaucoup de damnés sont revenus sous la forme humaine. — L'univers est gouverné par une destinée. Les êtres vivants ne peuvent, en aucune façon, être produits par la nature. La matière existe seulement parce que les entités ont péché pour l'éternité ou sont devenues matérielles ; et les mondes innombrables naissent, vivent et s'évanouissent parce qu'ils sont, de toute éternité, en progrès de purification. Les entités sont la moelle dont l'univers est l'écorce. Il n'y a pas d'être absolu indivisible comme germe de la nature. La morale est le premier agent de ce tourbillon qui agite l'univers en Être et Non-Être. Les êtres changent de forme parce qu'ils ont péché. Sansâra ou la vie mondaine est le mal fondamental, l'océan d'existence avec les quatre torrents empoisonnés, (naissance, âge, maladie et mort), sur lesquels nous sommes ballottés, sans relâche et sans trouver de port, par la tempête des passions. Sansâva n'est constante que dans l'inconstance. Nirvâna est l'affranchissement béatifique. Klesa (péché originel ; péché commis pendant une existence antérieure) est la fontaine de tout mal ; sa conquête doit être le but de la vie. Avec la mort du corps, l'âme n'est pas affranchie de ses désirs; elle est dirigée par le Gati qu'il a mérité. La destinée individuelle est déterminée par une chaîne sans fin de causes et d'effets, de mérite et de fautes. Quand un individu vient à mourir, son corps est dompté, son âme s'éclipse et ne laisse que ses actions comme germe d'un nouvel individu qui est, suivant les circonstances, un démon, un animal, un homme ou un dieu. L'identité des âmes est ainsi remplacée par leur continuité. La métempsycose des Bouddhistes est une métamorphose de l'âme. Le but final pour atteindre le salut est de déraciner le péché dans le cours de l'existence, de manière à passer de la Sansâra dans la Nirvâna. Le suprême affranchissement est, pour les déistes, l'absorption de la vie dans Dieu ; pour les athées, l'absorption de la vie dans le mal. — D'innombrables Bouddhas sont apparus pour tourner la roue de la foi et inaugurer le salut. Ce sont des êtres qui se sont élevés à ce pinacle par les vertus et les sacrifices. Leur doctrine est une et toujours la même. Les seules différences qu'il y ait entre les Bouddhas sont celles de leurs familles ; de l'âge et de la taille (qui varie de 6 pieds à 420,000 kilomètres, suivant les périodes). La volonté de Sâkyamuni, qui désirait devenir Bouddha, dura pendant la révélation de 425,000 Bouddhas, et la phase de ses progrès se mûrit pendant que 387,000 Bouddhas tournaient la roue de la foi. — II. La Vinaya est la discipline des prêtres. Les Sramanas (dompteurs de raisonnement) doivent observer deux cent cinquante ordonnances, dont dix sont particulièrement essentielles : ne pas tuer; ne pas voler; être chaste; ne pas mentir; ne pas s'enivrer; ne pas manger dans l'après-midi; ne pas chanter, danser, etc.; s'abstenir de vêtements luxueux, ne pas coucher dans un grand lit; ne pas recevoir de métaux précieux. Les sramanas s'habillent en jaune et se coupent la barbe et les cheveux. — Voici quels sont les ustensiles indispensables à un moine mendiant : une coupe pour recevoir les aumônes; une espèce d'aiguière dans laquelle l'eau se filtre; un parasol, qui sert de bâton; un rosaire composé de cent huit grains, un rasoir et des aiguilles. A part cela, un moine mendiant ne doit rien posséder. La solitude et le vagabondage des temps primitifs ont été remplacés par l'existence dans des couvents, où la vie est en commun, mais où chaque religieux possède une cellule particulière. Le célibat est obligatoire. La nourriture animale est absolument interdite ; il en est de même des végétaux tant qu'ils ont conservé leur pouvoir de germination. Les nonnes observent les mêmes règles que les moines; elles coupent leurs chevelures, mais elles s'habillent en blanc. Les chefs des communautés sont élus par les religieux, à l'exception de ceux des royaumes de Siam et de Birmanie, qui sont nommés par le roi. Le nombre des religieux, dans un même couvent, varie de quatre à plusieurs milliers. La hiérarchie est démocratique, excepté dans le Thibet, où elle est plutôt monarchique. (Voy. LAMAÏSME). La morale bouddhiste, moins active que passive, a pour base l'amour général des êtres (y compris les ennemis et les animaux). Nulle religion n'est méprisée ; les guerres religieuses sont inconnues ; les barrières nationales sont nivelées. La monogamie prévaut généralement et la femme est assez bien traitée. La polyandrie n'est pas rare dans le Thibet et dans la vallée de l'Himalaya. — On dit que Bouddha peignit son propre portrait qui est devenu le modèle stéréotypé d'une infinité d'images. Il existe, en outre, différentes reliques de ce dieu et de ses saints. La plus fameuse de ces reliques est la dent canine gauche de Bouddha, laquelle est le palladium actuel de Ceylan. On conserve les reliques dans des stûpas ou topes d'une forme particulière. La plupart de ces constructions ont des coupoles; mais d'autres, comme les suvurghans des Mongols, présentent la forme d'une pyramide ou d'une pyramide tronquée ; leur hauteur varie de quelques pouces à 300 pieds et davantage. — Une trinité, appelée Triratna (les trois joyaux), développée assez tard dans le bouddhisme, personnifie l'ancienne formule : Bouddha, Dharma (loi) et Sangha (collection, concile, en dernier lieu prêtrise). Depuis que le clergé est devenu le représentant de Bouddha et l'explicateur de la Dharma, la prêtrise est devenue en même temps la trinité tout entière et même Dieu ; bien que dans le bouddhisme pur, il ne soit fait mention d'aucun dieu. « Je me réfugie en Bouddha, je me réfugie en Dharma, je me réfugie en Sangha », telles sont les paroles qui sont répétées ad infinitum, en égrenant un chapelet. Mais les grains du rosaire n'étant pas assez nombreux pour calculer le nombre incommensurable de fois que les fidèles peuvent répéter ces formules, on a inventé des machines qui font ce calcul. Les sermons sont devenus également une partie intégrante du culte, de même que les processions autour des temples ou stûpas, en portant des reliques ; les sacrifices de végétaux, la confession des laïcs, la consécration d'eau bénite, le jeûne, les bénédictions, les litanies, les psalmodies, les chants, etc. Les lamas s'habillent en pontifes ; les temples s'emplissent d'images de saints, de peintures, de bannières, de guirlandes, de tapisseries et de représentations allégoriques. Les cérémonies sont accompagnées de fumigations, d'illuminations, de musique. Les lamas disent des messes pour le repos des âmes ; il y a des fêtes à la nouvelle lune et à la pleine lune et de grandes fêtes annuelles. Le prêtre agit aussi comme médecin et, dans les pays du nord, comme sorcier, magicien ou augure. — III. L'Abhidharma ou métaphysique, provient indirectement de Sâkyamuni. Les bouddhistes méridionaux ont l'habitude de dire : « Les Sûtras sont pour les hommes, la Vinaya pour les prêtres, l'Abhidharma pour les dieux ». Il n'y a que deux sources de savoir : la perception sensuelle et la déduction logique. Du reste, la logique bouddhiste est extrêmement contradictoire. Chaque détermination se termine en mal : être se définit aussi ne pas être. Une formule ordinaire pour l'argumentation est la suivante : « Une chose est et n'est pas ; et elle n'est pas ni n'est ». La philosophie, la cosmologie et la théologie sont une roue qui tourne toujours, sans aucune substance. Quelques systèmes admettent une âme spécifique ; d'autres la nient. — Biblog. (Voy. Burnouf, *Lotus de la bonne loi* (1865) ; Hardy,

Manual of Buddhism (1850); Kœppen, *Die Religion des Buddha* (1857) ; J.-B. Saint-Hilaire, *Bouddha et ses religions* (1860).

* **BOUDDHISTE** s. m. Sectateur du bouddhisme.

* **BOUDER** v. n. (wallon, *boder*, enfler). Laisser voir, par son silence et par l'expression de son visage, que l'on a de l'humeur, que l'on garde quelque ressentiment : *cet enfant ne fait que bouder* (Fam.). — Jeu du domino. Ne pas jouer à son tour, faute d'avoir un dé à placer: on dit alors : *je boude.* — Hort. Ne pas profiter en parlant des jeunes arbres : *ces pommiers boudent.* — Ne pas bouder, être brave, actif ; ne pas craindre de répondre à une attaque. — ⤳ Jargon. Bouder au domino, avoir des dents de moins.—' Fam. Bouder contre son ventre, se dit d'un enfant qui se mutine, et qui ne veut pas manger. — Fig. Refuser, par dépit ce que l'on désire. — v. a. Montrer du dépit: *d'où vient que vous me boudez ?* — Se bouder v. récipr.: *ils se sont boudés pendant longtemps.*

* **BOUDERIE** s. f. Action de bouder ; état où est une personne qui boude: *il y a toujours quelque bouderie entre eux.*

* **BOUDEUR, EUSE** adj. Qui boude habituellement, fréquemment. — Substantiv.: *c'est un boudeur, une boudeuse.*

* **BOUDIN** s. m. (bas lat. *botulus*). Boyau rempli de sang et de graisse de porc, avec l'assaisonnement nécessaire. On dit : *un boudin*, en parlant d'une portion de boudin, de médiocre longueur, lorsque les deux bouts en sont fermés et noués. — *Boudin blanc*, sorte de boudin fait avec du lait et du blanc de volaille; par opposition au boudin ordinaire, appelé *boudin noir.* — Prov., fig. et bass. s'en *aller en eau de boudin*, se dit d'une affaire, d'une entreprise qui ne réussit pas. — Se dit, par ext. de certaines choses qui ont, par leur forme, quelque ressemblance avec le boudin: *boudins de grosse toile.* — Archit. Gros cordon de la base d'une colonne. — Sellerie. Petit portemanteau de cuir, en forme de valise, qu'on attache sur le dos d'un cheval. — Serrur. Espèce de ressort qui est formé d'une spirale de fil de fer. — Boucle de cheveux en spirale qui est ferme et un peu longue. — Mines. Fusée, mèche avec laquelle on met le feu à la mine. On se sert, en termes de guerre, du mot *saucisson.* — ⤳ Argot. Faire du boudin, saigner du nez.

BOUDINAGE s. m. Action de boudiner, de manger du boudin.

* **BOUDINE** s. f. Verrerie. Masse de verre qui forme une espèce de noyau au milieu d'un plateau de verre.

BOUDINER v. n. Faire du boudin ; manger du boudin. — Réveillonner. — Jargon des artistes. Mal dessiner, mal modeler les extrémités; faire des bras et des doigts ronds comme des boudins.

BOUDINIÈRE s. f. Entonnoir que l'on emploie, quand on fait des boudins, pour introduire le sang, la graisse, etc. dans les boyaux.

BOUDINOT (Elias), patriote américain d'origine française, né à Philadelphie en 1740, mort en 1824. Il fut président du congrès en 1782 et premier président de la Société biblique américaine en 1816. Parmi ses ouvrages, nous citerons: « L'Étoile de l'ouest ou un Effort pour découvrir les tribus perdues d'Israël », dans lequel il veut démontrer que les aborigènes américains sont des Hébreux.

BOUDJOU, monnaie d'argent algérienne. Voy. Algérie.

* **BOUDOIR** s. m. Cabinet orné avec élégance, à l'usage particulier des dames, et dans lequel elles se retirent, lorsqu'elles veulent être

seules ou s'entretenir avec des personnes intimes.

* **BOUE** s. f. (haut all. *buzzi*). Fange des rues et des chemins : *chemin plein de boue.* — Dépôt d'encre épaisse, qui se forme au fond de l'écritoire : *ce n'est plus de l'encre, c'est de la boue.* — Prov. et fig. Cette maison n'est faite que de boué et de crachat, elle n'est bâtie que de mauvais matériaux. — Prov. Ne pas faire plus de cas d'une chose que de la boue de ses souliers, ne s'en soucier aucunement, la mépriser. — Fig. Tirer quelqu'un de la boue, le tirer d'un état bas et abject. — Traîner quelqu'un dans la boue, proférer ou écrire contre lui des injures graves, des imputations diffamantes : dans la boue, dans l'abjection. — Boues s. f. pl. Sorte de limon qui se trouve près de certaines eaux minérales, et qui est imprégné des matières que ces eaux charrient avec les: *les boues de Saint-Amand, de Barbotan*, etc.

* **BOUÉE** s. f. (bas lat. *tôja*, chaîne). Mar. Morceau de bois ou de liège, fagot, baril vide, qui flotte au-dessus d'une ancre pour indiquer l'endroit où elle est mouillée. — Toute marque semblable qui sert à indiquer les passages difficiles, les écueils, les bris de bâtiments, etc. — Le nombre des bouées s'élève aujourd'hui à 758 sur les côtes de France. Les unes sont d'énormes cônes de tôle fixés sur des hauts-fonds, à l'aide de chaînes se rattachant à des ancres. Leur forme rappelle celle d'un pain de sucre dont la pointe émergerait de l'eau. Quelques bouées sont des cônes tronqués dont la base supérieure est suffisamment grande pour permettre à des naufragés de s'y cramponner et d'attendre du secours. En outre, ces bouées sont munies d'une cloche qui sonne d'elle-même par suite des mouvements et des secousses que la mer leur imprime. — Bouée de sauvetage, grand plateau de liège qu'on jette à la mer, lorsqu'un homme y est tombé, et qu'on ne peut pas lui donner d'autres secours.

BOUET-WILLAUMEZ (Louis-Édouard, comte de) [boué-vi-lô-mèzz], marin français (1808-'71) fut gouverneur du Sénégal, de 1844 à 1847, contre-amiral pendant la guerre de Crimée et vice-amiral en 1860 ; a publié de nombreux ouvrages : *Campagne aux côtes occidentales de l'Afrique* (1850); *Description nautique des côtes comprises entre le Sénégal et l'équateur* (1849, in-8°) ; *Tactique supplémentaire à l'usage d'une flotte cuirassée* (1865) ; *La flotte et les colonies* (1852) ; *Batailles de terre et de mer* (1865).

BOUETTER v. n. Pêche. Jeter à la mer, pour déterminer les sardines à s'élever sur l'eau, un hachis d'œufs de morue et de maquereau salé.

* **BOUEUR** s. m. Charretier payé pour enlever les boues des rues avec un tombereau.

* **BOUEUX, EUSE** adj. Plein de boue : *chemins boueux*; *rue boueuse.* — Impression boueuse, celle dont l'encre s'écarte et tache le papier au delà de l'empreinte du caractère. On dit aussi ; *écriture boueuse.* — Estampe boueuse, estampe tirée sur une planche mal essuyée, et où il est resté du noir entre les hachures.

BOUFARIK ou **Bouffarik**, ville d'Algérie, au centre de la Métidja, à 34 kil. S.-O. d'Alger ; 6,000 hab. ; 10,000 avec ses annexes. Poste militaire important. Sol fertile, bien arrosé. Vignes, oliviers, tabac, mûriers, orangers, blé, coton, fourrages. Territoire aujourd'hui assaini.

* **BOUFFANT, ANTE** adj. Qui bouffe, qui paraît gonflé. Ne se dit que des étoffes qui ont assez de consistance pour ne pas s'aplatir, et qui se soutiennent d'elles-mêmes. — Bouffants s. f. Se disait autrefois d'un petit panier

qui servait aux femmes à soutenir et à faire bouffer leurs jupes.

BOUFFARDE s. f. (rad. *bouffer*). Jargon des fumeurs. Pipe et particulièrement grosse pipe :

> Le dévorant brûlot, la *bouffarde* grossière.
>   Barthélemy.

BOUFFARDER v. n. Fumer la bouffarde.

* **BOUFFE** s. m. (ital. *buffa*, farce). Bouffon. Ne se dit que des acteurs qui jouent dans les opéras italiens (Fam.). — Absol. et fam. *Les Bouffes*, le théâtre italien à Paris. — Adjectiv. ; *opéra bouffe*, opéra-comique italien.

* **BOUFFÉE** s. f. Souffle de vent ou courant de vapeur, qui arrive brusquement et qui dure peu : *une bouffée de vent.* — Haleinée : *envoyer des bouffées de vin* ; *bouffées de tabac.* — Fig. et fam. Accès subit et passager, en parlant de la fièvre, des passions, etc. : *une bouffée de fièvre.* — Fig. et fam. Ne faire une chose, ne s'y abandonner que par bouffées, ne la faire, ne s'y abandonner que par intervalles et par boutades.

* **BOUFFER** v. n. (ital. *buffare*, souffler). Enfler, gonfler ses joues en soufflant. Ne se dit guère qu'en parlant d'une personne qui manifeste ainsi la colère dont elle est animée. — Gonfler, en parlant de l'effet de certaines étoffes qui se soutiennent d'elles-mêmes, et qui, au lieu de s'aplatir, se courbent en rond : *étoffe qui bouffe.* — Maçonnerie, gonfler, en parlant du plâtre. Pousser en dehors, en parlant d'un mur. — Enfler dans le four, par l'effet de la chaleur, en parlant du pain. — ⤳ Jargon. Manger gloutonnement, se rendre *bouffi* de nourriture. — Se bouffer le nez, se disputer nez à nez.

* **BOUFFETTE** s. f. Petite houppe qu'on attache à divers objets, pour servir d'ornement: *bouffettes de harnais.* — Nœud de ruban un peu renflé qui fait partie de certains ajustements d'homme ou de femme.

* **BOUFFI, IE** part. passé de Bouffir. — Par extension : Être bouffi de rage, de colère, avoir le visage altéré, gonflé par une violente colère. — Fig. Être bouffi d'orgueil, de vanité, être plein d'orgueil, de vanité, et l'annoncer par son air et ses manières. — Style bouffi, style ampoulé. — Bouffi de grec et de latin, se dit d'un pédant.

* **BOUFFIR** v. a. Rendre enflé. Ne se dit au propre qu'en parlant des chairs : *l'hydropisie lui a bouffi tout le corps.* — Neutr. : *le visage lui bouffit tous les jours.*

* **BOUFFISSURE** s. f. Enflure des chairs, molle, sans rougeur, et plus ou moins étendue, causée par un épanchement de sérosité, ou de sang, ou d'air. — Fig. Bouffissure du style, emploi des termes ampoulés, des expressions exagérées.

BOUFFLERS. Voy. Boufflers.

BOUFFON s. m. Personnage de théâtre dont l'emploi est de faire rire. — Par ext. Homme qui prend à tâche de faire rire, par ses plaisanteries, les personnes dans la société desquelles il se trouve : *c'est un excellent bouffon*; *mauvais, insipide bouffon.* — Servir de bouffon, être dans quelque société un objet de moquerie. — Au fém. Faire la bouffonne, se dit d'une femme qui cherche à faire rire une société. On dit aussi : *c'est une petite bouffonne*, en parlant d'une petite fille gaie et enjouée.

* **BOUFFON, ONNE** adj. Plaisant, facétieux : *personnage bouffon* ; *mine bouffonne.* — Substantiv. Style bouffon, genre bouffon, bassement comique : *cet auteur tombe trop souvent dans le bouffon.*

* **BOUFFONNER** v. n. Faire ou dire des plaisanteries qui sentent le bouffon, qui ont quelque chose d'ignoble.

* BOUFFONNERIE s. f. Ce qu'on fait ou ce qu'on dit pour exciter le rire.

BOUFLERS (Louis-François, DUC DE), maréchal de France, né en 1644, mort en 1711; on le connaît sous le nom de chevalier de Bouflers. Maréchal en 1693; il soutint avec succès un siége de trois mois dans la place de Lille (1708) et, après Malplaquet (1709), il remplaça Villars, qui avait été blessé, et sauva l'armée en opérant une retraite que l'on considère comme un chef-d'œuvre en son genre.

BOUFLERS (Catherine-Stanislas, MARQUIS DE), d'abord appelé l'ABBÉ, puis le CHEVALIER DE BOUFLERS, poète, né à Lunéville le 30 avril 1738, mort à Paris, le 30 janvier 1815. Ses petites pièces de vers, pleines d'esprit et généralement licencieuses, lui attirèrent la faveur de la cour et lui ouvrirent les portes de l'Académie française, 1788. Il émigra après le 10 août, rentra en 1800 et se fit le courtisan de Napoléon, ce qui le mena à l'Institut. Ses *Œuvres complètes*, publiées en 1817, 4 vol, in-18, et plusieurs fois réédidées, comprennent ses *Lettres de Suisse*, des contes en prose, dont le plus connu est *Aline, reine de Golconde* (1761); le *Cœur*, poème érotique (1763); des *Poésies fugitives* (1782); le *Derviche*, conte oriental (1810, 2 vol. in-8°), etc.

BOUFLERS-ROUVREL (Marie-Charlotte-Hippolyte, COMTESSE DE), femme célèbre, née à Paris en 1724, morte vers 1800. Veuve en 1764, elle entretint une liaison étroite avec le prince de Conti et ouvrit au Temple, dans la demeure de ce prince, des salons que fréquentèrent tous les hommes de lettres en renom. Sa correspondance avec Jean-Jacques Rousseau ne dura pas moins de seize ans et elle fut l'amie de Hume.

BOUGAINVILLE (Louis-Antoine de), célèbre navigateur, né à Paris en 1729, mort en 1811. Jeune encore, il publia la première partie du son *Traité du calcul intégral* (1754-'56, 2 vol. in-4°), se fit recevoir avocat et, cédant à sa vocation pour l'art militaire, il entra, en 1753, comme aide-major dans le bataillon de Picardie. Il servit, en 1756 dans le Canada comme aide de camp de Montcalm, et fit, en 1761, la campagne sur le Rhin. Entré dans le service de mer, après la paix de 1763, il obtint, avec le grade de capitaine, l'autorisation de fonder une colonie aux îles Malouines; mais forcé de remettre ces îles aux Espagnols qui s'en déclarèrent propriétaires, il prit, pour revenir en Europe, la route de l'océan Pacifique et aborda à Saint-Malo, le 15 mars 1769, après avoir fait le tour du monde en 2 ans et 4 mois, et avoir découvert entre autres terres nouvelles, les îles des Navigateurs. Il publia la relation de son *Voyage autour du monde*, en 1771-'72 (2 vol.). Pendant la guerre de l'indépendance des États-Unis, il commanda un vaisseau de ligne et se distingua sous les ordres du comte de Grasse. Il quitta le service naval en 1790 et fut nommé sénateur par Napoléon.

* BOUGE s. m. (lat. *bulga*). Petit cabinet auprès d'une chambre. On ne l'emploie guère qu'en parlant des maisons où logent les gens du bas peuple. — Logement étroit et malpropre : *c'est un bouge, un vrai bouge.* — w Technol. Partie la plus renflée d'un tonneau.

* BOUGEOIR s. m. Chandelier sans pied qu'on porte au moyen d'un manche ou d'un anneau, et dans lequel on met ordinairement une bougie. — Petit chandelier d'or qu'un valet de chambre portait au coucher du roi; et que le roi, lorsqu'il se déshabillait, faisait donner par distinction à quelqu'un des courtisans.

* BOUGER v. n. (provenç. *boulegar*). Se mouvoir de l'endroit où l'on est : *si vous bougez de votre place, vous me désobligerez.* S'emploie ordinairement avec la négation : *je ne bouge-*

rai de là, puisque vous l'ordonnez. — Fig. S'agiter d'une manière hostile, se soulever : *s'ils bougent, c'est à moi qu'ils auront affaire.* — Fam. NE BOUGER D'UN LIEU, y être fort assidu : *il ne bouge pas du café.*

* BOUGETTE s. f. (celt. *bolga*, bourse). Petit sac de cuir qu'on porte en voyage.

* BOUGIE s. f. (de *Bougie*, n. pr.). Chandelle de cire. — Chirurg. Petit cylindre flexible et sans cavité, fait de cire, de gomme élastique ou d'autre matière, qu'on introduit dans le canal de l'urètre, pour le dilater et le tenir ouvert, ou, pour y détruire par la suppuration, des obstacles qui s'opposent à la sortie de l'urine. — AUX BOUGIES, à la lumière des bougies : *dîner aux bougies.* — PAIN DE BOUGIE, bougie mince et flexible, pliée en rond ou autrement, qu'on porte dans sa poche pour s'en servir au besoin, et qu'on nomme familièrement *Rat de cave.* — LÉGISL. « Les bougies sont l'objet d'un impôt de consommation, ainsi que les cierges et aussi les chandelles à mèche tissée ou moulinée ayant reçu une préparation chimique. Cet impôt, établi par loi du 30 déc. 1873, est de 25 fr. par 100 kilog. (soit, en y comprenant les décimes, 0 fr. 3125 par kilog.) Le droit de douane, fixé par cette loi à 10 p. 100 de valeur, a été remplacé dans le tarif général du 7 mai 1881 par un droit spécifique de 19 fr. par 100 kilog., non compris les taxes intérieures; mais le droit n'est que de 12 fr. pour les chandelles à mèche tissée et de 6 fr. pour les autres. Les fabricants et marchands de bougies et de cierges sont soumis à l'exercice et doivent être pourvus d'une licence, dont le prix est de 25 fr. Les marchands en détail sont dispensés de la licence. Les bougies et les cierges ne peuvent être livrés au commerce qu'en paquets fermés et scellés au moyen de timbres et de vignettes portant la marque de l'État (Décret du 8 janv. 1874). Celui qui fabrique des bougies et des cierges, sans déclaration faite à la régie des contributions indirectes, est puni d'une amende de 300 à 3,000 fr. Les autres contraventions entraînent une amende de 100 à 4,000 fr., sans préjudice du remboursement des taxes dues et de la confiscation des objets trouvés en fraude ».
(CH. Y.)

BOUGIE [bou-jî] (anc. *Saldæ*; arabe *Bujayah*), ville maritime de l'Algérie, cap. de la Kabylie, prov. de Constantine, à 175 kil. E. d'Alger et sur la côte O. du golfe de Bougie; 3,750 hab. Rade la plus sûre de toute la côte algérienne; commerce actif : huile, grains, vins, oranges, miel et cire. Centre du commerce de la Kabylie et de la plaine de Medjana. Sous Auguste, l'antique *Saldæ* était une colonie romaine de la Mauritania Sitifensis; elle devint plus tard le siége d'un évêché. Au vᵉ siècle, Genséric, roi des Vandales, en fit la capitale; au viiiᵉ, elle tomba au pouvoir des Arabes et atteignit son haut degré de splendeur. Les Espagnols la prirent en 1509 et la fortifièrent soigneusement en 1541; la domination turque lui fut fatale. Le 29 sept. 1834, les Français s'en emparèrent. — Lat. (au fort Goureya) 36° 46' 34" N.; long. 2° 44' 36" E.

* BOUGIER v. a. Passer sur la cire fondue d'une bougie allumée les bords de quelque étoffe, pour empêcher qu'elle ne s'effile.

BOUGIVAL, commune du dép. de Seine-et-Oise, arrond. et à 6 kil. N. de Versailles, à 18 kil. de Paris, sur la rive gauche de la Seine; 2,108 hab.; chaux, acier. — COMBAT DE BOUGIVAL. Le 19 oct. 1870, les mobiles du Morbihan, en reconnaissance, pour protéger la bifurcation des routes de Bougival et de la Jonquière, en face d'une batterie prussienne, dont les boîtes à balles, tirées de trop près, ne leur firent aucun mal. Les balles des chassepots français, beaucoup plus meurtriers, tuèrent ou blessèrent 300 Allemands.

BOUGLON, ch.-l. de cant., arrond. et à 18

kil. S.-O. de Marmande (Lot-et-Garonne); 900 habitants.

BOUGON, ONNE adj. (du vieux mot *bouquer*, gronder). Grognon, grognonne. — Substantiv : *c'est un bougon.*

Car toujours madame Bougon
Fait carillon.
Almanach chantant, pour 1869.

* BOUGONNER v. n. Gronder entre ses dents.

* BOUGRAN s. m. Toile forte et gommée dont les tailleurs se servent pour mettre dans quelques parties d'un habit, entre la doublure et l'étoffe, afin de les tenir plus fermes.

BOUGRE, ESSE s. (autrefois *boulgre*, de *Bulgare*). Autrefois, méchant garnement. — Aujourd'hui, gaillard, luron : *un bon bougre, un mauvais bougre.* — BOUGRE A POILS, homme déterminé, solide. — Bougre ! interj. Juron trivial. S'écrit et se prononce souvent *b...*

Les b, les f voltigeaient sur son bec.
GRESSET.

BOUGREMENT adv. Superlativement, en bonne et en mauvaise part.

BOUGUER (Pierre), hydrographe et mathématicien, né au Croisic en 1698, mort en 1758. Fut géomètre associé de l'Académie des sciences et accompagna Godin et La Condamine dans l'Amérique du Sud. Il inventa l'héliomètre et fonda la science de la *photométrie* dans son ouvrage posthume : *Traité d'optique sur la gradation de la lumière* (1760, in-4°). Ses autres écrits sont un *Mémoire sur la mâture des vaisseaux* (1727, in-4°); une *Méthode d'observer sur mer la hauteur des astres* (1729); un *Traité du navire, et de sa construction et de ses mouvements* (1746, in-4°), etc.

BOUHOURS (Dominique), jésuite, littérateur, né à Paris en 1628, mort en 1702. Il a laissé des ouvrages de critique et un *Nouveau Testament* traduit selon la Vulgate (1697, 2 vol.)

BOUI-BOUI, Bouig-bouig ou BOUIS-BOUIS. m. [boui-boui] (de l'ancien argot *boui*, maison de boue, mauvais lieu). Café concert, petit théâtre où l'on exhibe des femmes; restaurant où il y a beaucoup de femmes.

* BOUILLABAISSE s. f. [*ll* mll.] (de *bouillir* et *abaisser*) Cuis. Potage provençal au poisson. On fait la bouillabaisse dans une casserole contenant des tronçons de poissons bien frais, tels que sole, turbot, merlan, rouget, dorade, mulet, bar, quelques petites langoustes, ou des écrevisses. Le tout baigne dans l'eau; on assaisonne avec oignons revenus dans l'huile d'olive, poireau, laurier, etc. On fait bouillir à grand feu pendant un quart d'heure environ; on ajoute un peu de safran et persil haché. On verse le bouillon sur du pain et on sert le poisson à part, avec accompagnement d'ailloli.

BOUILLAGE s. m. Techn. Opération qui consiste à faire bouillir : *bouillage des baleines.*

* BOUILLANT, ANTE adj. Qui bout : *eau bouillante : huile bouillante* — Prompt, vif, ardent : *homme bouillant; courage bouillant.* — Par exag. Brûlant, très chaud. — BOUILLANT DE COLÈRE, D'IMPATIENCE, etc., plein de colère, d'impatience, etc.

BOUILLAUD (Jean-Baptiste), célèbre médecin, né à Angoulême, le 16 sept. 1796, mort le 30 oct. 1881. Docteur en 1823, disciple de Broussais, il se fit connaître par un *Traité de l'encéphalite* (1825, in-8°) et par plusieurs autres ouvrages également remarquables; fut nommé professeur de clinique médicale à l'hôpital de la Charité en 1831 et se plaça au premier rang pour la précision du diagnostic. Représentant d'Angoulême à la Chambre des députés (1842-'6), il vota ordinairement avec la gauche. Il fut ensuite l'un des premiers à réclamer la réforme électorale. En 1848, il fut choisi comme doyen de la Faculté de médecine de Paris, en remplacement d'Orfila; mais il dut se retirer à la suite de démêlés avec ses nombreux adversaires. Il entra à l'Académie des sciences en 1868. Parmi ses nombreux ouvrages, nous citerons : *Traité des maladies du cœur* (1835, in-8°) ; *Traité du rhumatisme articulaire* (1840, in-8°) ; *Curabilité du cancer* (1854) ; et surtout le fameux *Traité de nosographie médicale* (1846, 5 vol. in-8°).

* **BOUILLE** s. f. [*ll* mll.] Longue perche dont les pêcheurs se servent pour remuer la vase et troubler l'eau, afin que le poisson entre plus facilement dans les filets.

BOUILLÉ (François-Claude-Amour, MARQUIS DE) [bou-ié ; *ll* mil.], général, né au château de Cluzel (Auvergne), le 19 novembre 1739, mort à Londres, le 14 novembre 1800. Il obtint, à seize ans, le commandement d'une compagnie de dragons, se distingua pendant la guerre de Sept ans, fut nommé gouverneur de la Guadeloupe en 1768, et devint gouverneur des Antilles françaises, au commencement de la guerre de l'indépendance des Etats-Unis. Ayant pris parti contre la Révolution française, il reçut le commandement de la division militaire de l'Est, ce qui lui donna la facilité de servir les projets de la cour et des étrangers. Voulant se débarrasser de quelques régiments dévoués aux idées nouvelles, il leur fit subir des retenues de solde et, lorsque les hommes exaspérés voulurent réclamer, il les déclara rebelles, appela aux armes la garde nationale de la Lorraine et fit naître le conflit qui se termina par l'épouvantable massacre de Nancy (31 août 1790). L'Assemblée nationale, qu'il trompa sur les causes de cette affaire, lui vota des remerciements. Mais Bouillé ne tarda pas à se démasquer en secondant la fuite du roi, et en marchant, à la tête des troupes royalistes, sur Varennes. Lorsqu'il arriva dans cette ville le roi était déjà arrêté et reparti pour Paris. Le conspirateur n'avait plus qu'à passer dans l'armée des ennemis ; c'est ce qu'il fit. Il écrivit à l'Assemblée nationale, une lettre annonçant qu'il ne tarderait pas à revenir, à la tête des Allemands et qu'il rétablirait l'ordre dans Paris. La défaite des alliés lui fit perdre ses illusions ; il se réfugia en Russie, puis à Londres, où il passa ses dernières années dans d'obscures intrigues politiques. Il a publié des *Mémoires sur la Révolution française*, Londres, 1797. Un vers de la *Marseillaise* a voué le nom de Bouillé à l'exécration des patriotes.

* **BOUILLER** v. a. Troubler l'eau avec une houille. — BOUILLER UNE ÉTOFFE, la marquer suivant les règles prescrites.

BOUILLET (Marie-Nicolas) [bou-yè ; *ll* mll.], encyclopédiste, né le 5 mai 1798, à Paris ; mort le 28 décembre 1864. D'abord professeur de philosophie à Rouen, puis à Paris, il devint inspecteur général de l'instruction publique, en 1861. Il a laissé un *Dictionnaire classique de l'antiquité sacrée et profane* (1826), falsification du *Classical Dictionary* de Lempriège ; un *Dictionnaire universel d'histoire et de géographie* (1842), ouvrage dont chacune des 22 éditions a été remaniée dans un sens de moins en moins libéral ; et un *Dictionnaire universel des sciences, des lettres et des arts* (1854 ; 9° éd. 1870).

BOUILLEUR s. m. Chaudière d'une machine à vapeur. — Distillateur d'eau-de-vie. — BOUILLEUR DE CRU, propriétaire qui distille lui-même les vins, cidres, etc. provenant de sa récolte : *les bouilleurs de cru sont affranchis de l'exercice* (loi du 14 déc. 1875).

* **BOUILLI, IE** part. passé de BOUILLIR. — CUIR BOUILLI, cuir de vache préparé d'une certaine façon, et endurci à force de bouillir.

* **BOUILLI** s. m. Viande cuite dans un pot, dans une marmite, et qui a servi à faire du bouillon. Se dit ordinairement du bœuf : *ne manger que du bouilli.*

* **BOUILLIE** s. f. Aliment qui est fait de lait et de farine bouillis ensemble jusqu'à une certaine consistance, et qu'on donne ordinairement aux petits enfants. — Se dit aussi des chiffons bouillis et réduits en pâte liquide, avec lesquels se fabriquent le papier et le carton.— Prov. et fig. FAIRE DE LA BOUILLIE POUR LES CHATS, prendre de la peine *pour faire une* chose qui ne servira à rien.

* **BOUILLIR** v. n. [*ll* mll.] (lat. *bullire*). *Je bous, tu bous, il bout ; nous bouillons, vous bouillez, ils bouillent. Je bouillais. Je bouillis. Je bouillirai. Je bouillirais. Bous. Qu'il bouille. Que je bouille. Que je bouillisse. Bouillant.* S'agiter en bouillons, en petites hulles, en petites ondes, par l'effet de la chaleur ou de la fermentation, en parlant des liquides : *l'eau bout à cent degrés ; le vin bout dans la cuve ; la chaux vive se met à bouillir quand on l'arrose d'eau.* — Entrer en fermentation : *au printemps la sève bout.* — Faire cuire dans un liquide : *faire bouillir de la viande.* — Contenir un liquide bouillant : *le pot bout ; la cuve bout.* — Fig. LE SANG BOUT DANS LES VEINES, se dit d'un jeune homme ardent, fougueux, dans la première vigueur de l'âge. — CELA FAIT BOUILLIR LE SANG, se dit de ce qui cause une vive impatience. — LA TÊTE ME BOUT, LA CERVELLE ME BOUT, je sens une excessive chaleur à la tête. — BOUILLIR D'IMPATIENCE, éprouver une impatience violente. — Fam. CELA FAIT BOUILLIR LA MARMITE ; CELA SERT, CELA AIDE A FAIRE BOUILLIR LA MARMITE, A FAIRE BOUILLIR LE POT, se dit de ce qui contribue particulièrement à faire subsister un ménage. — Prov. et fig. BOUILLIR DU LAIT A QUELQU'UN, lui faire plaisir, lui dire quelque chose d'agréable. Dans cette phrase, *bouillir* est employé activ.

BOUILLITOIRE s. m. Techn. Bouillage, dans un liquide spécial, d'un métal que l'on veut blanchir. — Liqueur dans laquelle on plonge un objet de cuivre que l'on veut argenter par le procédé au pouce.

* **BOUILLOIRE** s. f. Vaisseau de cuivre, ou d'autre métal, destiné particulièrement à faire bouillir de l'eau.

* **BOUILLON** s. m. Petites ondes qui se forment à la surface d'un liquide lorsqu'il bout : *il n'y faut qu'un ou deux, que deux ou trois bouillons*, se dit d'une chose qu'il ne faut pas faire bouillir longtemps. — Fig. et fam. *Dans les premiers bouillons de sa colère*, dans les premiers mouvements, dans les premiers transports de sa colère. — Flot de liquide bouillant ; ondes que forme un liquide, lorsqu'il est agité, lorsqu'il tombe ou jaillit :

Cependant, sur le dos de la plaine liquide,
S'élève à gros bouillons une montagne humide.
       RACINE. *Phèdre.*

—*Bouillon d'eau*, jet d'eau qui sort en grande abondance, sans s'élever bien haut.— Se dit, par exag., du sang qui sort abondamment d'une blessure, ou par la bouche : *le sang sortait à gros bouillons de sa blessure.* — Par ext. Gros pli rond qu'on fait à quelques étoffes pour la parure et l'ornement, soit dans les vêtements, soit dans les meubles : *taffetas renoué à gros bouillons.* — Technol. Bulle d'air qui se trouve engagée dans le verre. — Eau qu'on a fait bouillir quelque temps avec de la viande, ou avec des herbes, pour servir de nourriture ou de remède : *prendre un bouillon*, avaler autant de bouillon qu'il en tient à peu près dans une écuelle, dans un bol ; *bouillon coupé*, bouillon affaibli par un mélange d'eau. —Restaurant où les plats cotés à bon marché et où on a la prétention de donner d'excellent bouillon : *les bouillons Duval.* — Chez les éditeurs, les libraires et les marchands de journaux. Exemplaires non vendus d'une publication, ordinairement d'un journal. Suivant les conventions, le marchand *boit* (garde) *le bouillon* ou le rend à l'éditeur de la publication ou à l'administration du

journal. — Désastre financier, opération funeste : *il a bu un fameux bouillon*, il a fait une perte considérable. — Pluie torrentielle : *il va tomber du bouillon.* — BOUILLON POINTU, lavement :

Le meilleur looch et le meilleur topique,
C'est un *bouillon pointu.*
       FESTEAU.

— BOUILLON D'ONZE HEURES, poison. — BOUILLON DE CANARD, eau :

Jamais mon gosier ne se mouille
Avec du *bouillon de canard.*
       OUDET.

— BOUILLON AVEUGLE, bouillon maigre, sans yeux.

BOUILLON [bou-ion ; *ll* mll.], ville du Luxembourg belge, sur la Semoy, à 26 kil. O.-S.-O. de Neufchâteau ; 2,500 hab. Elle possède un vieux château et fut autrefois capitale de la seigneurie de Bouillon, dans les Ardennes. Godefroy le croisé l'engagea à l'évêque de Liège (1095), dont les successeurs furent seigneurs de Bouillon pendant plusieurs siècles. Elle fut gouvernée par des ducs particuliers, à partir de 1548 et possédée par les Français de 1676 à 1815.

BOUILLON (Godefroy de). Voy. GODEFROY.

BOUILLON. I. (Henri DE LA TOUR D'AUVERGNE, duc de), maréchal de France (1555-1623). D'abord nommé vicomte de Turenne, il se fit calviniste, soutint Henri de Navarre qui lui fit épouser l'héritière de Bouillon et le combla de bienfaits. Compromis dans la conjuration de Biron, le duc de Bouillon s'enfuit en Allemagne, se fit pardonner, mena une vie d'intrigues, entra dans le conseil de régence après la mort du roi et fut chargé de plusieurs ambassades. La première partie de ses *Mémoires* a été publiée à Paris (1666, in-12). L'un de ses fils fut l'illustre Turenne. — II. (Frédéric-Maurice, DUC DE), fils aîné du précédent, né à Sedan en 1605, mort en 1652. Poursuivi par la haine de Richelieu, il quitta le service de la France et entra dans les troupes espagnoles, battit ses compatriotes à la Marfée, rentra en grâce, fut arrêté comme complice de Cinq-Mars, abandonna le calvinisme pour le catholicisme et lutta contre Mazarin. Ses *Mémoires* ont été publiés avec ceux d'Agrippa d'Aubigné (Amsterd. 1731, 2 vol. in-12).

* **BOUILLON-BLANC** s. m. Bot. Espèce de molène, plante fort commune, dont les fleurs sont employées en médecine comme pectorales. — Plur. des BOUILLONS-BLANCS. — Les fleurs de *bouillon-blanc* sont adoucissantes, un peu calmantes et pectorales ; on les emploie surtout dans les bronchites et les pneumonies : de 10 à 30 gr. par litre d'eau en infusion.

* **BOUILLONNANT, ANTE** adj. Qui bouillonne : *eau bouillonn*ante.

* **BOUILLONNEMENT** s. m. Mouvement, agitation d'un liquide qui bouillonne : *bouillonnement de l'eau*, d'une source, du sang.

* **BOUILLONNER** v. n. Jaillir, tomber ou s'agiter en formant des bouillons : *fontaine, source qui bouillonne.* — Fig. BOUILLONNER DE FUREUR, DE COLERE, être agité de fureur, d'une violente colère. — Activem. BOUILLONNER UNE ROBE, UNE ÉTOFFE, UN RUBAN, y faire les gros plis qu'on appelle des bouillons.

* **BOUILLOTTE** s. f. Voy. BOUILLOIRE.

* **BOUILLOTTE** s. f. Espèce de brelan à quatre personnes, avec un jeu de piquet dont on ôte les sept, les dix et les valets, et où l'on cède sa place quand on a perdu sa cave, c'est-à-dire, tout ce qu'on avait devant soi : *jouer à la bouillotte.* Ce jeu date du Directoire.

BOUILLY, ch.-l. de cant., arr. et à 14 kil S.-O. de Troyes (Aube) ; 750 hab. Vins. Eglise gothique.

BOUILLY (Jean-Nicolas) [bou-y ; *ll* mll.], auteur dramatique, né à La Couldraye, près de Tours, en 1763; mort à Paris en 1842. Parmi ses pièces, fort nombreuses, nous citerons *Le Jeune Henri*, opéra-comique en deux actes; musique de Mehul (1797); *Les Deux Journées*, musique de Cherubini (1800). Il a donné des drames et des comédies en général fort médiocres.

* **BOUJARON** s. m. Mar. Petite mesure de fer-blanc qui sert, dans la cambuse, a distribuer les divers liquides à l'équipage, et qui contient le seizième d'une pinte.

BOUKHARA, capitale du khanat de Boukharie, sur un bras du Zérafschan, à 675 kil. N.-O. de Caboul; environ 50,000 hab. Elle est entourée de murailles percées de onze portes; elle contient plus de 100 mosquées et environ 80 médresis (collèges) où viennent s'instruire des jeunes gens de tous les pays musulmans sunnites de l'Asie. C'est une ville triste, aux rues étroites et tortueuses. Elle est défendue par une citadelle où réside l'émir. Travail des laines, des cotons et des soies. Voy. VAMBÉRY: *Bokhara*, Londres, 1873.

BOUKHAREST. Voy. BUCHAREST.

BOUKHARIE, khanat du Turkestan, entre 36° et 43° lat. N.; et entre 60° 10' et 67° 5' long. E.; borné principalement par le Turkestan russe, l'Afghanistan et Khiva; superficie, environ 250,000 kil. carr.; population évaluée à 2,500,000 hab. Les parties occidentales, à l'exception des rives luxuriantes du Djihoun, offrent l'aspect d'un vaste désert et sont souvent balayées par un vent sec appelé *tebbad*. La partie orientale, mieux arrosée, est plus fertile. Les principaux cours d'eau sont le Djihoun ou Amou-Daria (ancien Oxus), qui coule vers le N.-O., au milieu du territoire; le Zérafschan, qui passe à Boukhara, court vers l'O, et se divise en plusieurs branches qui, en connexion avec de nombreux canaux artificiels, produisent une fertilité extraordinaire; et le Scherizebz, entre le Djihoun et le Zérafschan. Climat tempéré. En été, on ne connaît pas les pluies; mais les nuits sont froides. Octobre et février sont les mois pluvieux. Les plus violents orages viennent ordinairement du N.-O. Principales récoltes : froment, seigle, millet, riz, sésame, chanvre, tabac, plantes légumineuses, fruits, une espèce d'indigo, manne, coton et soie. Or dans les rivières; sel provenant des petits lacs salés. Parmi les animaux sauvages, on distingue l'ours, le loup, le chacal, l'âne sauvage et l'antilope; parmi les animaux domestiques, le chameau, le dromadaire, le mouton à queue grasse et une variété des chèvres thibétaines. La population se compose d'Uzbecks, de Tajicks, de Turcomans, d'Afghans, de Kirghiz, d'Arabes, de Kalmouks, d'Indous, de Persans et de Juifs. Religion dominante, le mahométisme sunnite. Commerce considérable au moyen de caravanes qui vont dans les contrées voisines. Gouvernement : despotisme militaire, ayant pour chef un émir qui est à la fois prince, commandant de l'armée et directeur religieux. Les divisions administratives, basées sur les plus grandes villes, comprennent Karakoul, Boukhara, Karschi, Tchardyui et Schébrizebz. Chaque division est administrée par un gouverneur. La Boukharie formait autrefois une partie peu connue de la Transoxiane (Sogdiana) qui fit successivement partie des empires des Perses, d'Alexandre et de la Bactriane. Sous les musulmans, elle devint fameuse par ses écoles de Samarcand, de Balkh et de Boukhara, villes dont la dernière seulement appartient au khanat actuel. Les Persans, Gengis khan et Tamerlan envahirent les uns après les autres la Boukharie, qui secoua, vers la fin du XVᵉ siècle, le joug des descendants de Tamerlan et tomba en 1505 sous celui des Tartares Uzbecks. Depuis cette époque, elle est restée soumise à des dynasties

tartares. Parmi ses derniers émirs, il en est un, le khan Nasrullah, qui s'est rendu fameux par les mauvais traitements qu'il fit subir aux voyageurs européens. En juin 1843, il fit mettre à mort deux officiers anglais, chargés d'un message amical, le colonel Stoddart et le capitaine Connolly, qu'il accusa d'être des espions. En 1850, les Russes, désireux de se rapprocher des colonies anglaises de l'Indoustan, s'établirent à l'embouchure du sir Darya et remontèrent ce fleuve dont ils finirent par se rendre maîtres. Ils ont envahi peu à peu la partie septentrionale de l'ancien khanat, se sont emparés de Kokan, et ont dicté, en 1867, un traité humiliant à Mozaffar Eddin successeur de Nasrullah. Une nouvelle guerre leur donna Samarcand et les territoires adjacents, en 1868; si bien que la Boukharie actuelle ne forme plus qu'une portion de ce qu'elle était jadis. (Voy. TURKESTAN.)

* **BOULAIE** s. f. Champ planté de bouleaux.
BOULAINVILLIERS (Henri, COMTE DE), historien, né à Saint-Saëns (Seine-Inférieure), en 1658, mort en 1722. Son ouvrage principal : *Histoire de l'ancien gouvernement de la France* (La Haye, 1727) est une apologie du système féodal.

BOULAK, ville d'Égypte, sur le Nil, à 2 kil. N.-O. du Caire, dont elle est le port; 5,000 hab. Méhémet-Ali y a établi de vastes manufactures de coton et une imprimerie arabe, persane et turque. Ismaïl Pacha y a fondé son fameux musée égyptologique. La ville contient un arsenal maritime et est environnée des maisons de campagne qui servent de résidence à l'aristocratie du Caire.

BOULAMA ou Bulama, la plus orientale des îles Bissagos, vis-à-vis la côte occidentale d'Afrique, à 30 kil. S. de Bissão, longue de 30 kil. et large de 14. Elle est bien boisée et fertile, mais insalubre. En 1792, une compagnie anglaise y envoya 275 colons, qui y moururent presque tous en peu de temps. Voy. BEAVEA (Philip).

* **BOULANGER, ÈRE** s. (rad. *boule*). Celui, celle dont le métier est de faire et de vendre du pain.

* **BOULANGER** v. a. Pétrir du pain, et le faire cuire.

* **BOULANGERIE** s. f. Art de faire le pain, commerce du boulanger. — Lieu où se fait le pain, dans certains établissements publics, dans les communautés, dans les maisons à la campagne : *aller à la boulangerie*. — Établissement, fonds d'un boulanger. — Législ. « La boulangerie a été longtemps réglementée par les ordonnances de police, tant à Paris que dans d'autres villes de France. Dans ces villes, le nombre des boulangers était limité et l'exercice de la profession soumis à des conditions particulières. A Paris, notamment, le nombre des boulangers était très restreint; ils étaient tenus d'avoir en réserve et d'entretenir un approvisionnement de farines. Une caisse de la boulangerie fut instituée en 1854, sous la garantie de la ville de Paris, dans le but de maintenir le prix du pain au-dessous d'un certain chiffre, ce qui avait lieu par le moyen d'avances faites dans les moments de cherté des farines, et récupérées pendant les périodes de bas prix. Ce régime a pris fin le 1ᵉʳ sept. 1863, et aujourd'hui le commerce de la boulangerie est libre dans toute la France, sauf le droit de taxe qui appartient aux maires, en vertu de la loi des 19-22 juillet 1791, et sauf les prescriptions des règlements de police en vigueur dans chaque commune. La taxe du pain a cessé d'être en usage à Paris, depuis 1863, sauf pendant le siège; mais le préfet de police a toujours le droit de la rétablir. Ce régime de la taxe existe encore dans un grand nombre de villes, et il semble difficile d'y renoncer. Cependant le progrès des mœurs amènera l'abrogation de l'article 30 de

la loi de 1791; on a même prétendu que cet article avait été abrogé implicitement par le décret du 22 juin 1863; mais le contraire a été reconnu par un arrêt de la Cour de cassation du 3 janvier 1878. La taxe ne peut subsister longtemps, puisque le monopole a disparu et que la facilité des communications assure l'approvisionnement et la concurrence. La liberté du commerce porte en elle le remède à ses propres excès, et elle sera un jour débarrassée des dernières entraves auxquelles elles est encore soumise. Les boulangers ont, comme les autres fournisseurs de subsistances, un privilège sur les biens meubles et immeubles de leurs débiteurs, pour le payement des six derniers mois de fournitures; mais ce droit ne vient qu'au dernier rang des privilèges généraux sur les meubles (C. civ. 2101, 2105). L'action pour le recouvrement de ces fournitures se prescrit par un an, à moins d'une demande régulière en justice (C. civ. 2272). Le Code pénal inflige une amende de 11 à 15 fr. aux boulangers qui font usage de faux poids ou qui vendent au delà du prix fixé par la taxe légalement faite et publiée; ils peuvent en outre être condamnés à un emprisonnement dont la durée ne peut excéder cinq jours. En cas de récidive, dans les douze mois d'une première condamnation, la peine est de cinq jours d'emprisonnement (C. pén. 479 à 483). Les boulangers sont soumis à une patente fixe de 7 à 50 fr. selon la population de la commune, et à un droit proportionnel égal au trentième de la valeur locative. Le droit fixe est de 12 à 75 fr., lorsque le boulanger fait usage de procédés mécaniques. » (CH Y.)

* **BOULE** s. f. (lat. *bulla*). Corps sphérique, corps rond en tous sens. Se dit surtout des objets de cette forme qui sont faits par la main de l'homme : *boule de bois, d'ivoire*. — Signe conventionnel d'adoption ou de rejet dans certaines assemblées parlementaires et dans certaines commissions d'examen de candidats : la *boule blanche* exprime l'adoption, la *boule noire* le rejet; dans les examens, la *boule rouge* exprime une note intermédiaire entre le *bien* (*boule blanche*) et le *mal* (*boule noire*). — Par ext. et fam. ROND COMME UNE BOULE, gros et replet. — SE REMASSER EN BOULE, se ramasser, se pelotonner. — Pharm. BOULE DE MARS ou DE NANCY, tartre chalybé, ou tartrate de potasse et de fer, qu'on a mis en boule. — EAU DE BOULE, liqueur tonique qu'on prépare en mettant des boules de Mars dans de l'eau-de-vie : *l'eau de boule est bonne pour les contusions*. — JEU DE BOULE, jeu où plusieurs personnes font rouler des boules vers un but, en cherchant à les faire arriver le plus près du but qu'il est possible : *jouer à la boule*. — Lieu où l'on joue à la boule *jeu de boule couvert*. — AVOIR LA BOULE, avoir l'avantage de jouer le premier. — ALLER A L'APPUI DE LA BOULE, jouer sa boule, de manière qu'elle pousse colle du joueur avec qui l'on est de moitié, et qu'elle l'approche du but. — Fig. et fam. ALLER A L'APPUI DE LA BOULE, seconder celui qui a commencé dans quelque affaire que ce soit; appuyer une proposition qui a été faite, un avis qu'a été ouvert. — Au jeu de quilles. PIED A BOULE, se dit pour avertir celui qui joue à rabattre, de tenir le pied à l'endroit où sa boule s'est arrêtée. — Fig. et fam. TENIR PIED A BOULE, être extrêmement assidu, s'attacher à quelque travail avec beaucoup d'application et de persévérance. — BOULE se dit aussi de certains arbrisseaux taillés en forme de boule : *un eboule de myrte*.— Bot. BOULE-DE-NEIGE, espèce de viorne dont les fleurs blanches sont rassemblées en boules. — ᴥ Jargon. Tête: *il a une bonne boule*. Dans ce sens on dit . *perdre la boule*, perdre la tête. — BOULE DE SIAM, visage grotesque. — BOULE DE SINGE, personne laide. — BOULE DE LOTO, œil rond et saillant. — Iron. BOULE DE NEIGE, nègre. — BOULE DE SON, figure tachée de rousseurs, pain de munition.

* **BOULE** s. m. (de *Boule*, n. pr.). Meuble provenant des ateliers de Boule : *les boules, bien qu'er bois de chêne ou de châtaignier, se vendent à un prix exorbitants*. — On dit ordinairement : *un meuble, des meubles de Boule*. — Par ext. Les meubles à incrustations de cuivre et d'écaille, faits à l'imitation de ceux de Boule, s'appellent aussi : *Meubles de Boule*.

BOULE (André-Charles), célèbre sculpteur ébéniste, né à Paris en 1642, mort en 1732; acquit une grande réputation par le goût parfait de ses meubles de luxe, enrichis de bronzes élégants et de mosaïques d'un magnifique dessin.

* **BOULEAU** s. m. [bou-lô] (celtique : *betu*; lat. *betula*). Bot. Genre de bétulinées renfermant des arbres et des arbrisseaux à feuilles alternes non persistantes; à fleurs monoïques, en chatons cylindriques, nues, pendant l'hiver chez les mâles, abritées par des écailles chez les femelles; à fruits en nucules lenticulaires, ailés des deux côtés. L'écorce extérieure du bouleau est ordinairement susceptible de se séparer en feuilles ou lames; ses rejetons et

Bouleau blanc (feuilles et chaton).

ses feuilles possèdent souvent un goût aromatique et son feuillage est gai. On en connaît une trentaine d'espèces confinées dans l'hémisphère septentrional. Le plus répandu, le *bouleau blanc* (betula alba), se trouve en Europe, en Asie et dans l'Amérique du Nord; tel est le nombre de ses variétés, qu'il n'a pas moins de cinquante synonymes. Son écorce

Tronc du bouleau blanc.

blanche produit un effet pittoresque dans les jardins paysagers. Il est facile à cultiver, parce qu'il prospère dans les terres les plus maigres. Son bois solide sert à faire des ustensiles de ménage, des sabots, du charronnage, etc.; son charbon, recherché pour les forges et pour la fabrication de la poudre à canon, sert, en outre, aux dessinateurs; son écorce est considérée comme fébrifuge; sa

sève un peu sucrée donne, par la fermentation, une liqueur vineuse et un bon vinaigre; ses feuilles contiennent une matière colorante jaune. Le *bouleau noir* (betula lenta) présente une écorce sombre, semblable à celle du châtaignier brun. Ses bourgeons sont aromatiques, son bois fin et rosé est recherché par les ébénistes. C'est un grand arbre d'Amérique.

Bouleau pleureur.

Le *bouleau à papier* (betula papyracea), appelé aussi *bouleau à canots*, de l'Amérique du Nord, sert à faire des canots. La grande résistance que présente son écorce fait qu'on peut s'en servir en guise de papier. Le *bouleau jaune* (betula lutea) et le *bouleau de rivière* (betula nigra), également américains, donnent une écorce employée dans les tanneries. Le *bouleau pleureur* est remarquable par la disposition tombante de ses rameaux.

* **BOULEDOGUE** s. m. (angl. *bull* [boul], taureau; *dog*, chien; chien-taureau). Variété de dogue, d'origine anglaise, plus petite et plus féroce que le grand dogue. Le *bouledogue* (canis molossus) est le plus féroce, le plus tenace, le plus implacable de la race canine; son courage, ou plutôt son insouciance du danger quand il est furieux, en fait un animal extrêmement redoutable. Son cerveau est moins

- Bouledogue (Canis molossus).

volumineux que celui des autres chiens; sa poitrine et son cou sont énormément développés; son museau est court et large, ses mâchoires et ses dents sont disposées de telle sorte que lorsqu'il a saisi un objet, il est impossible de lui faire lâcher prise. C'est le chien de combat des Anglais; il n'est bon qu'à se battre parce que son intelligence, trop bornée, ne lui permet pas de se plier aux exigences des devoirs d'un chien ordinaire. Par son croisement avec d'autres variétés de chiens, il produit des sous-variétés auxquelles il communique du courage et de la ténacité.

BOULENDOS s. m. Jargon. Bossu.

BOULER v. a. Blackbouler. Se dit surtout, dans les écoles, au sujet des examens : *il a été*

boulé avec perte et fracas. — Battre, renverser, rouler par terre comme une boule. — Envoyer **BOULER**, envoyer promener. — v. n. Enfler son jabot, en parlant des pigeons. — Se renfler, en parlant du pain.

BOULEREAU s. m. Icht. Espèce de poisson du genre gobie, appelé aussi *goujon de mer* et que l'on rencontre sur toutes les côtes rocheuses ou sablonneuses de l'ancien monde.

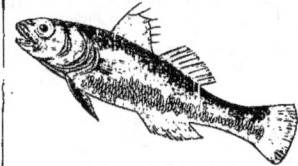

Boulereau noir (Gobius niger).

Le *boulereau noir* (gobius niger, Lin.), le plus commun sur nos rivages de l'Océan n'atteint que 13 à 16 cent. Le *boulereau blanc* (gobius minutus Lin.), à nageoires blanchâtres, rayées de fauve, n'a pas plus de 8 cent.

* **BOULET** s. m. Boule de fer fondu, de différentes grosseurs, dont on charge les canons : *boulet de canon; boulet de vingt-quatre; boulet de calibre*. — **Boulet** ramé ou **Boulet à deux têtes**, boulet de canon divisé en deux parties qui tiennent l'une à l'autre par une chaîne ou par une barre de fer, et dont on se sert dans les combats sur mer. — **Boulet** rouge, boulet qu'on a fait rougir au feu avant que de le mettre dans le canon. — Fig. et fam. **Tirer à boulets rouges sur quelqu'un**, en dire les choses les plus offensantes; le tourmenter par des railleries, par des épigrammes. — Légis. milit. Peine afflictive et infamante qui consiste à traîner le boulet. Quand la dégradation du condamné a lieu, il passe devant la troupe assemblée, ayant à la jambe une chaîne à l'extrémité de laquelle est attaché un boulet. — Art. vétér. Jointure qui est au-dessus du paturon de la jambe d'un cheval : *cheval blessé au boulet*. — ∾ Jargon. **Boulet à queue**, melon. — La peine du *boulet* était, avant 1857, infligée aux soldats qui désertaient à l'intérieur, lorsque cette désertion était accompagnée de circonstances aggravantes. Le condamné devait traîner un boulet de huit, retenu par une chaîne de fer qui tenait à l'homme par une ceinture. En cas de tentative d'évasion, on attachait à la chaîne un second boulet (Arr. 19 vendémiaire an XI, Ord. 21 février 1817). La peine du boulet a été abolie par le Code de justice militaire promulgué le 9 juin 1857, et aussi par le Code de justice maritime promulgué en 1858.

* **BOULETÉ, ÉE** adj. Art. vétér. Se dit d'un cheval dont le boulet est hors de sa situation naturelle.

* **BOULETTE** s. f. Petite boule de cire, de papier, de mie de pain, etc. : *jeter des boulettes*. — Pâtis. et Cuis. Petite boule de pâte ou de chair hachée : *excellentes boulettes*. — Pop. Petite faute moins grave que la *brioche* : *il a commis une boulette*.

BOULEUR, EUSE s. Au théâtre. Doublure des premiers rôles.

* **BOULEUX** s. m. Se dit d'un cheval trapu, qui n'est propre qu'à des services de fatigue. — Fig. et fam. **C'est un bon bouleux**, c'est un homme d'une capacité médiocre, mais qui ne laisse pas de bien faire son devoir dans l'occasion.

* **BOULEVARD** ou **Boulevart** s. m. (all. *bollwerk*, fortification). Terre-plein d'un rempart, terrain d'un bastion ou d'une courtine. — Par ext. Promenade plantée d'arbres qui fait le tour d'une ville, et qui occupe ordinairement l'espace où étaient d'anciens remparts : *les boulevards de Paris, boulevards intérieurs, extérieurs.* — Fig. Place forte qui met un grand pays à couvert de l'invasion des ennemis : *Malte fut longtemps le boulevard de la chrétienté contre les Turcs.* — Tout ce qui offre une grande réunion d'hommes, à un ou plusieurs peuples, sauvegarde et protection : *l'union des citoyens est le plus sûr boulevard de l'État.* — Jargon. BOULEVARD DU CRIME, boulevard du Temple, à cause des théâtres de drames.

BOULEVARDIER, IÈRE adj. Qui a rapport aux boulevards de Paris, qui porte le cachet des boulevards : *gargotte boulevardière; écrivain boulevardier.*

BOULEVARDIER s. m. Homme qui passe son temps à flâner sur les boulevards. — Boulevardière s. f. Femme galante qui fréquente les boulevards.

* BOULEVERSEMENT s. m. Renversement, désordre, trouble violent; action de bouleverser : *ce tremblement de terre fit un bouleversement général; au milieu de ce bouleversement, bien des fortunes furent anéanties.*

* BOULEVERSER v. a. Ruiner, abattre, renverser entièrement : *le tremblement de terre a tout bouleversé.* — Agiter, troubler avec violence : *la surface des mers est bouleversée par la tempête.* — Déranger, mettre sens dessus dessous : *bouleverser tout dans une maison.* — Fig. Produire un grand désordre, une confusion extrême : *cet événement bouleversa toute l'Europe; cela m'a bouleversé.*

BOULIBANI, cap. du royaume de Bondou; 3,000 hab.

* BOULIER s. m. Pêche. Espèce de filet qu'on tend aux embouchures des étangs salés. — Synon. d'ABAQUE. Voy. ce mot.

* BOULIMIE s. f. (gr. *boulimia*; de *bous*, bœuf; *limos*, faim). Pathol. Faim excessive, appétit vorace qu'on apaise difficilement et qui s'accompagne quelquefois de défaillance. C'est ordinairement une névrose des organes de la digestion; mais elle peut être aussi le symptôme d'une autre maladie : on l'observe dans plusieurs affections vermineuses et surtout dans le tænia. Lorsqu'elle est purement nerveuse, on la combat par les opiacés. Dans les autres cas, il faut combattre la maladie dont elle est une complication. On dit aussi FAIM CANINE.

* BOULIN s. m. (rad. *boule*). Trou pratiqué dans un colombier, afin que les pigeons s'y retirent et y fassent leurs petits. — Pot de terre fait exprès pour servir de retraite à des pigeons, pour attirer des pigeons étrangers. — Maçonn. Trou qu'on fait à un mur pour recevoir des pièces de bois qui portent les échafaudages. — Par ext. Ces pièces de bois mêmes.

* BOULINE s. f. (angl. *bow*, avant; *line*, corde). Mar. Cordage amarré vers le milieu de chaque côté d'une voile carrée, pour lui faire prendre le vent de côté. — ALLER A LA BOULINE, tenir le plus près du vent, recevoir le vent de biais en mettant les voiles de côté par le moyen des boulines. — COURIR LA BOULINE, se dit d'un châtiment qui consiste à faire passer le condamné entre deux haies de matelots qui le frappent avec des garcettes.

* BOULINER v. a. Mar. Haler la bouline, les boulines. — V. n. Aller à la bouline, naviguer avec un vent de biais : *il nous faudra bouliner.* — Argot. Voler en pratiquant un trou à l'aide de la boulinoire.

* BOULINGRIN s. m. (angl. *bowl*, boule; *green*, vert). Pièce de gazon que l'on tond et que l'on entretient, dans un jardin, dans un parc, etc.

BOULINGUE s. f. Mar. Petite voile du haut du mât.

* BOULINIER s. m. Mar. Bâtiment, selon qu'il va bien ou mal à la bouline : *bon boulinier, mauvais boulinier.*

BOULINOIRE s. f. Argot. Vilebrequin.

BOULLONGNE, famille de peintres français. — I. (Louis), LE PÈRE OU LE VIEUX, né et mort à Paris (1609-'74), l'un des fondateurs de l'Académie de peinture et de sculpture où il fut professeur jusqu'à sa mort. Ses chefs-d'œuvre décorèrent la cathédrale de Paris. — II. (Bon), L'AÎNÉ, fils du précédent, né et mort à Paris (1649 ou 1649-1717). Ses imitations des grands maîtres ont été prises quelquefois pour les originaux. Il devint professeur de l'Académie en 1678. Nos musées possèdent plusieurs de ses toiles. — (Louis de), le JEUNE, frère du précédent, né et mort à Paris (1654-1733 ou 1734). Il fournit aux Gobelins les dessins imités de Raphaël pour une tapisserie destinée au roi. En 1725, il devint président de l'Académie et premier peintre du roi qui lui donna des titres de noblesse. — IV. (Geneviève et Madeleine), sœurs des précédents, nées en 1645 et 1646, mortes en 1708 et 1710. Toutes les deux furent admises à l'Académie et excellèrent comme peintres de portraits.

BOULOGNE, ch.-l. de cant., arr. et à 25 kil. N.-O. de Saint-Gaudans (Haute-Garonne); 2,000 hab. Grains, châtaignes, fil de lin, clouterie; belle église du XIVe siècle.

BOULOGNE-SUR-MER (anc. *Gesoriacum*, puis *Bononia*), ch.-l. d'arr. (Pas-de-Calais); ville maritime, sur la Manche, à l'embouchure de la Liane, à 118 kil. N.-O. d'Arras, à 237 kil. N.-N.-O. de Paris (272 par le chemin de fer

Boulogne-sur-Mer.

du N.); à 32 kil. de Douvres; place de guerre de 2e classe; par 50° 43' 33" lat. N. et 0° 43' 25" long. O. (au beffroi); 44,085 hab., dont 7,000 Anglais. La ville haute, la *Bononia* des Romains, bien bâtie, quoique sur un plan irrégulier, renferme un vieux château construit par *Philippe Hurepel*, en 1231; un hôtel de ville, bâti sur l'emplacement du palais des comte de Boulogne, dont naquit Godefroy de Bouillon; un beffroi du XIIIe siècle; et la nouvelle église Notre-Dame. La ville basse ou ville neuve, *Gesoriacum*, sur un plan plus uniforme, comprend le port (protégé par deux grandes jetées) et d'importants établissements de commerce. Boulogne possède un musée fameux et une bibliothèque de plus de 30,000 volumes. Le port, qui manque de profondeur, a reçu de grandes améliorations; le voisinage des côtes anglaises lui donne une grande importance. Il arme environ 300 navires, dont plusieurs pour la pêche de la morue à Terre-Neuve et 200 pour la pêche du hareng. Son commerce avec les villes de la mer du Nord et de l'Angleterre est très étendu. La ville, en partie anglaise, renferme deux chapelles protestantes et plusieurs écoles où l'on reçoit de jeunes pensionnaires anglais.

— Patrie de Daunou, de Cuvelier, de Sainte-Beuve, de l'inventeur de l'application de l'hélice à la navigation à vapeur, Frédéric Sauvage, auquel on a érigé une statue, inaugurée le 11 septembre 1881, etc. — *Gesoriacum*, port des Mormi, dans la Gaule Belgique, fut créé par les Romains et devint rapidement célèbre comme point d'embarquement pour la Bretagne (Angleterre). Charlemagne la fortifia, ce qui ne l'empêcha pas d'être saccagée par les Normands en 888. — Pendant le démembrement féodal, Boulogne devint capitale d'un comté appelé le Boulonais. Philippe le Bon, duc de Bourgogne, s'en empara en 1430. Louis XI, qui envahit le comté et qui le garda en 1477, s'affranchit de la suzeraineté du comté d'Arras en donnant la ville et son territoire à la sainte Vierge, dont une image miraculeuse était conservée dans une des églises de Boulogne. Jusqu'à Louis XV, les rois de France conservèrent le Boulonais comme vassaux de la mère du Christ, et, en cette qualité, ils lui rendirent hommage, par eux-mêmes ou par procuration, dans l'église Notre-Dame. Henri VIII, d'Angleterre, qui prit la ville en 1544, et qui la conserva jusqu'en 1550, fit disparaître l'image de la Vierge. Charles-Quint ruina la ville en 1553. Le port de Boulogne, d'un trop faible tirant d'eau pour recevoir des vaisseaux de guerre, fut négligé pendant longtemps. Louis XIV fortifia la ville haute. En 1801, Bonaparte, rêvant une descente en Angleterre, fit commencer de grands armements à Boulogne, qui devint un port de premier ordre après la rupture de la paix d'Amiens (1803). Une flottille de 2,172 bateaux, portant 147,000 hommes et 8,000 chevaux, fut répartie entre Boulogne, Étaples et Vimereux; les troupes de débarquement campèrent au camp de Boulogne que Napoléon visita trois fois et où il fit, le 15 août 1804, la seconde distribution des croix de la Légion d'honneur. Le désastre de Trafalgar et une nouvelle coalition ayant fait avorter les projets d'invasion en Angleterre, le camp de Boulogne fut levé le 27 août 1805. Une colonne monumentale rappelle ces événements. C'est à Boulogne que le prince Louis-Napoléon, suivi d'une cinquantaine de conspirateurs et d'un aigle vivant, débarqua, le 6 août 1840, pour marcher sur Paris et se faire proclamer empereur. Quelques soldats du 42e de ligne, ébranlés par les paroles du prétendant, se mirent à crier : *vive l'empereur!* lorsque survint le capitaine Col-Puygelier, qui les rappela au devoir : « Soyez des nôtres et *vous aurez tout ce que vous voudrez* », lui dit le prince; mais le capitaine, outré de ces propositions corruptrices, répondit : « Assassinez-moi; je mourrai en faisant mon devoir »; alors Louis-Napoléon lui tira un coup de pistolet, d'une main si mal assurée, qu'il manqua son but et tua un grenadier. La force armée arrivant de toutes parts, les conjurés se sauvèrent du côté de la mer et, ne trouvant plus leur embarcation, se jetèrent dans un canot de sauvetage qu'ils s'efforcèrent de pousser au large. Poursuivis par les coups de fusil des gardes nationaux, qui tuèrent ou blessèrent plusieurs des fugitifs, ces malheureux surent si mal se diriger que leur esquif chavira. Le prince, à demi asphyxié, vint, dans un piteux état, se constituer prisonnier, ainsi que ses complices. A la suite de cette échauffourée, le prétendant, jugé par la Chambre des pairs et défendu par Berryer, fut condamné, le 6 octobre, à une prison perpétuelle. Devenu empereur, Napoléon III passa à Boulogne une revue des troupes françaises destinées à l'expédition de la Baltique (10 juillet 1854) et le 5 septembre de la même année, il eut dans cette ville une entrevue avec le prince Albert et le roi des Belges. Le 11 septembre 1865 fut érigée la statue d'Edward Jenner. La troisième République aura fait beaucoup pour Boulogne : une loi, votée le 19 juin 1878, a ordonné le commencement de vastes travaux qui doivent coûter 17 millions et dont la première pierre a été posée, le 9 septembre 1878, par le ministre Freycinet. Ces travaux, conduits par M. Stœcklin, ont pour but de créer un port capable de recevoir les plus gros navires. On estime qu'ils ne seront pas terminés avant 1893.

BOULOGNE-SUR-SEINE, ville du département de la Seine, cant. et à 5 kil. de Neuilly; à 9 kil. O. de Paris, sur la rive droite de la Seine qui la sépare de Saint-Cloud ; 22,000 hab. Ancien hameau des *Menus,* situé à l'extrémité du bois de *Rouvray,* il devint bois Boulogne, lorsque Philippe IV, au retour d'un pèlerinage à Notre-Dame de Boulogne-sur-Mer, voulant procurer aux fidèles peu fortunés l'avantage d'un lieu de pèlerinage moins éloigné, ordonna que l'on y construirait une église semblable à celle de Boulogne-sur-Mer ; vœu qui fut accompli par Philippe V (1319). L'église, agrandie au siècle suivant, a été ornée d'une flèche et d'un portail en 1860. Dans la forêt de Rouvray, François 1er fit bâtir le château de Madrid, démoli sous le règne de Louis XVIII. Cette forêt comprenait le monastère et le hameau de Longchamps, aujourd'hui converti en hippodrome pour les courses de chevaux. En vertu d'une loi du 24 juin 1852, la forêt de *Rouvray,* depuis longtemps devenue forêt de Boulogne, a été distraite du régime forestier et concédée à la ville de Paris ; elle perdit son titre de forêt et devint le bois de Boulogne (700 hectares), promenade habituelle du monde élégant. De tous les côtés, à l'E. par les fortifications ; à l'O. par la Seine : au N. et au S. par un saut de loup ; il a 14 portes ornées de jolis chalets. Dessiné en jardin anglais, il renferme des lacs et des rivières, alimentés par le puits artésien de Passy; la butte Mortemart, une superbe cascade, le Pré-Catelan ; le célèbre jardin de la Société d'Acclimation, etc. Pendant les hivers rigoureux, les amateurs viennent patiner sur les rivières et sur les lacs. La ville de Boulogne contient de nombreux établissements de blanchisseurs.

* **BOULOIR** s. m. Instrument avec lequel on remue la chaux quand on l'éteint, et quand on la mêle avec le sable ou le ciment.

BOULOIRE, ch.-l. de cant., arrond. et à 18 kil. N.-O. de Saint-Calais (Sarthe) ; 2,200 hab. Céréales, châtaignes, chanvre. Vieux château.

* **BOULON** s. m. Serrur., charpent., charonn. Grosse cheville de bois qu'on a une tête à un bout, et à l'autre une ouverture où l'on passe une clavette, pour l'arrêter.

BOULONETTE, AISE s. et adj. Qui est de Boulogne ou du Boulonnais, qui appartient à cette ville, à ce pays ou à leurs habitants.

BOULONNAIS, ancien comté de Boulogne

(province de Picardie), aujourd'hui compris dans le département du Pas-de-Calais. Il comprenait Boulogne, Etaples et Ambleteuse. Habité d'abord par les Morins ou Morini, il fut conquis par les Romains, puis par les Francs et fit partie de la Neustrie et ensuite du Ponthieu. Vers le milieu du ix⁰ siècle, Helgaut 1er, comte de Ponthieu, donna le Boulonais à sa fille Berthe, épouse de Hernequin, neveu du comte de Flandre. Ainsi naquit le comté de Boulogne, qui passa successivement à diverses maisons. Ses comtes les plus célèbres furent : Eustache III, frère aîné de Godefroy de Bouillon ; Etienne de Blois, qui devint roi d'Angleterre ; Renaud de Dammartin, qui fut fait prisonnier par Philippe-Auguste, à Bouvines, en 1214 ; Philippe Hurepel, qui lutta contre Blanche de Castille. En 1422, Philippe le Bon, duc de Bourgogne, s'empara du comté de Boulogne et le garda en vertu du traité d'Arras (1435). Louis XI le reprit en 1477 et déclara, par lettres patentes, la Vierge seule souveraine du Boulonais, c'était un expédient digne de lui pour s'affranchir de la suzeraineté du comté d'Artois.

BOULONAISE s. f. Voiture qui dessert le bois de Boulogne.

* **BOULONNER** v. n. Arrêter avec un boulon.

BOULOT, OTTE s. (rad. *boule*). Qui est gros et gras.

BOULOTTER v. n. (rad. *boule*). Vivre à l'aise: *il boulotte tout doucement.* — Etre en bonne santé : *ça boulotte.* — Faire heureusement ses affaires.—V. a. manger : *il a boulotté toute la confiture.*

BOULOU (Le), station minérale, cant. et à 9 kil. N.-E. de Céret, sur la rive gauche du Tech ; 1,200 hab. Eaux bicarbonatées sodiques, ferrugineuses et arsenicales. Trois sources, de 16⁰,5 à 49⁰,5. Dyspepsie, gastralgie, entérite chronique, coliques néphrétiques, ictères, gravelle, goutte, engorgements du foie, de la rate, de la prostate, fièvres intermittentes, diabète, spermatorrhée, chlorose, anémie.

BOULTON (Matthew) (bôl'-t'n), célèbre mécanicien anglais (1728-1809). En 1762, il fonda à Soho, près de Birmingham, une manufacture, pour laquelle il construisit en 1767 une machine à vapeur. Deux ans plus tard, il s'associa avec James Watt, et les machines à vapeur de Soho ne tardèrent pas à jouir d'une réputation européenne. Pendant plusieurs années Boulton et Watt frappèrent toutes les monnaies de cuivre de l'Angleterre.

BOUM ! interj. Cri par lequel le garçon de café annonce qu'il a entendu l'ordre du consommateur.

BOUMÉRANG, Boomerang, Bomerang ou

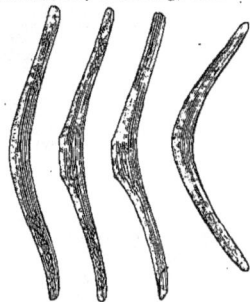

Boumérangs.

Womera s. m. Arme de jet employée par les aborigènes d'Australie. C'est un bâton plat, en

bois très dur, long de 2 pieds et formant une courbe parabolique. Les sauvages, qui se servent de cette arme avec une merveilleuse dextérité, prennent le boumérang par l'une de ses extrémités et le jettent verticalement en l'air, en lui imprimant un mouvement de rapide rotation ; l'arme monte à une grande hauteur, décrit subitement une ellipse, prend un mouvement rétrograde et vient tomber en arrière de celui qui l'a lancé.

* **BOUQUE** s. f. (lat. *bucca,* bouche). Mar. Passe, bouche, canal, détroit. (Vieux.) Ses dérivés *embouquer* et *débouquer* sont encore usités.

* **BOUQUER** v. a. et n. Baiser par force. Ne se dit guère au propre que d'un singe ou d'un enfant, lorsqu'on lui force à baiser ce qu'on leur présente. — Fig. FAIRE BOUQUER QUELQU'UN, le forcer à faire quelque chose qui lui déplaît, ou l'empêcher de faire ce qu'il voulait. (Vieux.)

* **BOUQUET** s. m. Assemblage de fleurs liées ensemble : *bouquet de fleurs, de roses.* — Fig. Petite pièce de vers adressée à une personne le jour de sa fête. Un bouquet est ordinairement un madrigal ou une chanson ; la délicatesse ou la gaieté devrait en être le caractère, mais la fadeur en est le défaut la plus ordinaire. On dit aussi ; *bouquet à Chloris, à Iris, à Philis.* Clément Marot, Chaulieu et Dorat excellaient dans ce genre aujourd'hui discrédité.

BOUQUET

Présenté à Madame C. de S., le jour de sainte Adélaïde

Adélaïde
Semble faite exprès pour charmer ;
Et mieux que le galant Ovide,
Ses yeux enseignent l'art d'aimer
Adélaïde.

. . . .

D'Adélaïde,
Fuyez le dangereux accueil;
Tous les enchantements d'Armide
Sont moins à craindre qu'un coup d'œil
D'Adélaïde.

. . . .

— Cadeau que l'on fait à une personne, à l'occasion de sa fête : *j'ai donné à ma sœur une robe pour son bouquet.* — Par ext. Assemblage de certaines choses qui sont liées ensemble, ou qui tiennent naturellement l'une avec l'autre : *bouquet de plumes, de diamants, de cerises ; mettre un bouquet de persil dans un ragoût.* — BOUQUET DE PAILLE, poignée de paille que l'on met à la queue ou au cou des chevaux, pour indiquer qu'ils sont à vendre. — Prov. et fig. CETTE FILLE A LE BOUQUET SUR L'OREILLE, elle est à marier. — CETTE MAISON A LE BOUQUET SUR L'OREILLE, elle est à vendre. — BOUQUET DE BOIS, petite touffe de bois de haute futaie. — AVOIR LA BARBE PAR BOUQUETS, n'en avoir que par petites touffes, et par-ci par-là. — Pyrotech. BOUQUET D'ARTIFICE, BOUQUET DE FUSÉES, paquet de différentes pièces d'artifice qui partent ensemble. La gerbe des fusées ou girandole qui termine le feu d'artifice, se nomme absolument le *bouquet.*—Fig. et fam. RÉSERVER UNE CHOSE POUR LE BOUQUET, réserver pour la fin ce qu'il y a de mieux dans un récit, dans une fête, etc. — BOUQUET, se dit aussi du parfum qui distingue certaines qualités de vin : *le bouquet du vin de Bourgogne : ce vin a du bouquet, un bouquet agréable.* — Bouquets s. m. Méd. Espèce de gale qui vient au museau des moutons.

BOUQUET (dom Martin), bénédictin de Saint-Maur, né à Amiens en 1685, mort en 1754 ; commença, en 1738, la publication des *Rerum gallicarum et francicarum scriptores,* dont il mit au jour 8 vol., et que termina l'Académie des inscriptions.

* **BOUQUETIER** s. m. Vase propre à mettre des bouquets.

* **BOUQUETIÈRE** s. f. Celle qui fait ou vend des bouquets de fleurs naturelles.

* BOUQUETIN s. m. Sorte de bouc sauvage qui vit sur les montagnes les plus hautes et les plus inaccessibles de la Suisse, des Pyrénées, du Caucase et de l'Abyssinie. Le bouquetin commun d'Europe (*capra ibex*, Lin.), mesure 5 pieds de long et 2 pieds ; de haut

Bouquetin commun (Capra Ibex).

aux épaules. Cornes larges, solides, d'une couleur sombre, carrées en avant et marquées de nœuds saillants et transverses. L'adulte est brun, avec une teinte grise en hiver et rougeâtre en été. La chasse du bouquetin est périlleuse, parce que cet animal se tient sur les rochers, près de la ligne des neiges éternelles.

* BOUQUIN s. m. Vieux bouc : *sentir le bouquin*. — Lièvre mâle. — Cornet a bouquin, trompe recourbée qui est faite ordinairement *d'une corne*.

BOUQUIN s. m. (all. *buch*, livre). Vieux livre dont on fait peu de cas : *acheter des bouquins*.

BOUQUINE s. f. Barbe poussant sous le menton comme celle du bouc (Pop.).

* BOUQUINER v. n. Chercher de vieux livres, et en général des livres d'occasion, dans les boutiques ou sur les étalages de libraires.

* BOUQUINER v. n. Couvrir la femelle, en parlant du lièvre.

* BOUQUINERIE s. f. Amas de bouquins, de livres peu estimés.

* BOUQUINEUR s. m. Celui qui cherche de vieux livres, *qui aime à bouquiner*.

* BOUQUINISTE s. m. Celui qui achète et revend de vieux livres, des bouquins.

* BOURACAN s. m. Sorte de gros camelot.

* BOURBE s. f. (gr. *borboros*). Fange de la campagne ; fond des eaux croupissantes des étangs et des marais.

* BOURBEUX, EUSE adj. Plein de bourbe.

* BOURBIER s. m. Lieux creux et plein de bourbe. — Fig. et fam. Se mettre dans un bourbier, s'engager dans une mauvaise affaire.

* BOURBILLON s. m. [*ll* mll.] (rad. *bourbe*). Corps blanchâtre et filamenteux, portion de tissu cellulaire gangrené qu'on trouve au centre d'un furoncle, d'un javart.

BOURBON, famille ducale et royale française, dont diverses branches ont régné en France, en Espagne, à Naples et à Parme. — I. Famille ducale. Le fief de Bourbon, appelé aujourd'hui Bourbon-l'Archambault, fut possédé au commencement du xᵉ siècle par un descendant de Childebrand, frère de Charles Martel, et au xiiiᵉ siècle, par la maison de Dampierre. En 1272, Béatrix, héritière de cette famille, épousa Robert, sixième fils de saint Louis. La seigneurie fut érigée en duché, pour Louis, fils de Robert, en 1327.

Pierre Iᵉʳ, fils aîné de Louis, continua la branche ducale, tandis que Jacques, deuxième fils de Louis, fut l'ancêtre de la lignée royale. Louis II, fils de Pierre Iᵉʳ (1337-1409) fonda la grande puissance de sa maison et étendit ses domaines depuis le Cher jusqu'au Rhône. Ses successeurs jouèrent un rôle important dans les événements de leur époque. Pierre II, de Beaujon, épousa, en 1474, Anne, fille de Louis XI et plus tard régente, sous le règne de Charles VIII. Leur fille unique devint épouse de Charles de Montpensier, dernier duc de Bourbon. Ce prince, qui appartenait à une branche cadette de la même famille, devint, par ce mariage, le plus riche seigneur de France. Le roi François Iᵉʳ le nomma grand connétable ; mais comme le duc de Bourbon repoussa les avances amoureuses de la reine-mère, Louise de Savoie, celle-ci se vengea de ses dédains en réclamant l'héritage de la duchesse de Bourbon, morte sans enfants et dont elle était la plus proche parente. Elle trouva des juges qui lui donnèrent raison, et le duc, dépossédé et persécuté, entra dans les ténébreuses négociations avec les ennemis de la France. Dénoncé au roi avant d'avoir pu mettre ses projets à exécution, il se sauva, leva une armée, se joignit à Charles-Quint et contribua à la victoire de Pavie. Pour apaiser ses soldats qui réclamaient leur solde, il leur promit de les mener au pillage de Rome. Il fut tué pendant l'assaut de cette ville, le 6 mai 1627. Ses biens furent confisqués et réunis à la couronne. — II. Dynasties royales. 1º France. Le chef de la branche royale des Bourbons fut Jacques, comte de La Marche et deuxième fils de Louis, le premier duc de Bourbon. Son descendant, Antoine de Bourbon, épousa Jeanne d'Albret, héritière de la Navarre, et leur fils, Henri, devint le roi de France Henri IV, en 1594. Après lui régnèrent sans interruption Louis XIII, Louis XIV, Louis XV et Louis XVI ; et après la chute de Napoléon, Louis XVIII et Charles X. Le chef de cette famille, dite branche aînée des Bourbons ou branche légitime, est actuellement le comte de Chambord, petit-fils de Charles X et prétendant au trône sur lequel il porterait le titre de Henri V. La branche cadette, dite de *Bourbon-Orléans*, descend de Philippe, duc d'Orléans, frère de Louis XIV et père de Philippe-Égalité. Ce dernier eut pour fils Louis-Philippe, qui monta sur le trône, en 1830. Le chef de cette branche est le comte de Paris, petit-fils de Louis-Philippe. — 2º Espagne. Les Bourbons montèrent sur le trône d'Espagne dans la personne de Philippe V, petit-fils de Louis XIV, et y régnèrent, avec des intervalles, jusqu'à nos jours. Là encore, la branche aînée a été remplacée par la branche cadette. — 3º Naples. Don Carlos, second fils de Philippe V d'Espagne (et plus tard Charles III d'Espagne), obtint en 1734-'5 les couronnes de Naples et de Sicile qui restèrent à ses descendants jusqu'à l'époque où ils en furent dépossédés par les Français. Remis au pouvoir lors de la chute de Napoléon, ils furent renversés par Garibaldi et l'armée sarde, en 1860. — 4º Parme. Don Carlos, déjà mentionné, fut pendant quelque temps duc de Parme et de Plaisance. En 1748, son frère Philippe se saisit du duché de Parme. Ses héritiers conservèrent ce duché jusqu'en 1801; ensuite, ils furent ducs de Toscane (Étrurie) puis, de Lucques et finalement de Parme jusqu'aux annexions opérées par Victor-Emmanuel.

BOURBON (Ile). Voy. Réunion (ile de la).

BOURBON (Louis-Henri, duc de), connu sous le nom de M. le duc, né à Versailles en 1692, mort en 1740. Chef du conseil de régence et surintendant de l'éducation du roi pendant la minorité de Louis XV, premier ministre après la mort du Régent, il pilla le trésor public, persécuta les protestants et abandonna le contrôle des affaires à sa maîtresse, la marquise de Prie. Il fut exilé à Chantilly en 1726.

BOURBON (Louis-Henri-Joseph, dernier duc de). Voy. Condé.

BOURBONIEN, IENNE adj. Qui a rapport à la famille des Bourbons; qui est partisan de cette famille.

BOURBON - LANCY *Borbonium Anselmium*, ch.-l. de cant. et station balnéaire renommée, arrond. et à 53 kil. N.-O. de Charolles (Saône-et-Loire); 3,500 hab. Eaux minérales faiblement salines, chlorurées sodiques. 6 sources thermales (de 40º à 60º C.); 1 source froide (28º). Par litre : 1 gr. 170 chlorure de sodium; 0 gr. 210 carbonate de chaux; 0 gr. 250 sulfate de soude; un peu d'acide carbonique mélangé d'azote. Propriétés médicales analogues à celle de Néris. Bains romains dits *de César*; source du *Lymbe*, etc.

BOURBON-L'ARCHAMBAULT (celtique, *burbo*, eau bourbeuse).Ch.-l. de cant., et station balnéaire, arr. et à 23 kil. O. de Moulins (Allier) 3,450 hab. Très ancienne ville qui appartient aux Visigoths, puis aux ducs d'Aquitaine et qui fut prise en 759, par Pépin le Bref. Les Archambault, sires de Bourbon, y bâtirent la fortesse féodale dont les ruines sont classées parmi les monuments historiques. La tour de *Quiquengrogne*, qui existe encore, fut élevée par Pierre II, époux d'Anne de France. Comme les bourgeois murmuraient, semblant menacés par cette construction, le duc leur dit : « On la bâtira, *qui qu'en grogne* ». La sainte chapelle est un *autre* monument historique du xiiᵉ siècle. Célèbre établissement thermal autrefois très en vogue. Sources thermales (12º à 52º), contenant du chlorure de sodium, 0 gr. 240; des bicarbonates alcalins, 1 gr. 244 ; 1/16 en volume d'acide carbonique. Ces eaux excitantes sont ordonnées contre les maladies scrofuleuses des os, les paralysies, le rhumatismes, les engorgements articulaires, etc.

BOURBONNAIS, *Borbonensis Ager*, ancienne province de la France centrale, entre la Loire et le Cher, et formant aujourd'hui le département de l'Allier et une partie de ceux du Puy-de-Dôme, de la Creuse et du Cher. Ce pays, habité primitivement par les Eduens, les Bituriges et les Arvernes, forma, au viiiᵉ siècle la baronnie ou sirerie de Bourbon, qui fut réunie à la couronne en 1531. Capitale, d'abord, Bourbon-l'Archambault, puis Moulins; villes principales : Gannat, Montluçon et Vichy.

BOURBONNAIS, AISE s. et adj. Habitant du Bourbonnais; qui appartient à ce pays ou à ses habitants.

BOURBONNAISE s. f. Ancienne chanson accompagnée d'une danse burlesque. — Plus tard, on composa *la belle Bourbonnaise*, chanson dirigée contre Mᵐᵉ du Barry, maîtresse d'un Bourbon.

BOURBONNE-LES-BAINS, ch.-l. de cant. et station balnéaire très fréquentée, arr. et à 39 kil. N.-E. de Langres (Haute-Marne), sur une colline baignée par l'Apance ; 4,000 hab. Trois sources salines, thermales (de 48 à 50º C.) chlorurées sodiques ; contenant : chlorure de sodium, 5 gr. 783; sel de magnésium, 0 gr. 392 ; bromure de sodium, 0 gr. 065; sels de potasse, de chaux et de fer. Eaux excitantes prescrites surtout contre les paralysies, les plaies d'armes à feu, les engorgements des viscères, les fausses ankyloses, les maladies nécrosées, etc. Établissement civil. Magnifique hôpital militaire fondé en 1732 et pouvant recevoir 100 officiers et 400 soldats.

BOURBON-VENDÉE. Voy. La Roche - sur - Yon.

BOURBOULE (La), station minérale du canton de Rochefort (Puy-de-Dôme), à 45 kil. de Clermont et à 7 kil. du Mont-Dore. Eaux chlorurées sodiques bicarbonatées, arsenicales, employées contre les maladies cutanées, les affections scrofuleuses, dartreuses, rhumatismales, les maladies de la poitrine, les fièvres intermittentes, la chlorose, l'anémie, le diabète : *Etablissement Choussy*, 72 cabinets de bains avec douches, bains de pieds, appareils de pulvérisation. Tempér., 60°. *Thermes de La Bourboule*, grand établissement nouveau ; 120 cabinets de bains avec douches, bains de pieds, appareils de pulvérisation, etc. *Etablissement Mabru*, 33 cabinets de bains avec douches, bains de pieds, appareils, etc. Ces deux établissements, exploités par la Compagnie fermière, sont alimentés par les trois sources communales : Perrière, 60°; Sedaiges, 31°; La Plage, 35°, et les deux sources Fenestre, 21 et 22°.

BOURBOURG-VILLE, ch.-l. de cant., arr. et à 18 kil. S.-O. de Dunkerque (Nord); 2,500 hab. Bière, huile, beurre, bétail.

BOURBRIAC, ch.-l. de cant., arr. et 11 kil. S.-O. de Guingamp (Côtes-du-Nord); 4,220 hab. Bétail, chevaux, beurre, suif. Exploitation de minerai de fer.

* **BOURCETTE** s. f. Voy. Mache.

* **BOURDAINE** ou **Bourgène** s. f. Arbrisseau dont l'écorce est purgative, et dont le bois, blanc et tendre, fournit le charbon le plus propre à la fabrication de la poudre à canon.

* **BOURDALOU** s. m. (de *Bourdaloue*, prédicateur qui portait un de ces cordons). Tresse qu'on attache avec une boucle autour de la forme d'un chapeau.

BOURDALOUE (Louis), jésuite, l'un des plus grands orateurs sacrés du règne de Louis XIV, né à Bourges en 1632, mort à Paris en 1704. D'abord professeur au collège des jésuites de Bourges, il fut envoyé à Paris en 1669 et y fut pendant 20 ans le prédicateur favori de la cour et de la ville. Il substitua la plus grande simplicité à l'éloquence théâtrale qui régnait à son époque ; on l'a surnommé « le prédicateur par excellence ». Les œuvres de Bourdaloue (Paris, 1833-'34) ont été plusieurs fois imprimées. On cite ses sermons sur la *Conception*, sur le *Jugement dernier* et surtout sur la *Passion* comme les chefs-d'œuvre de l'éloquence chrétienne.

* **BOURDE** s. f. Mensonge, défaite, niaiserie.

BOURDEAUX, ch.-l. de cant., arr. et à 57 kil. S.-O. de Die (Drôme), sur le Roubion ; 1,405 hab. Petite ville fréquentée par les touristes. Pont pittoresque ; place entourée de maisons dont la construction date du xve siècle. Ratine, soies, céréales, truffes.

BOURDEILLES [bour-dé-yeu; *ll.* mll.], village, arr. et à 25 kil. N.-E. de Périgueux (Dordogne), sur la rive gauche de la Dronne ; 1,500 hab. Ancienne baronnie appartenant à la famille de Bourdeilles; patrie de Brantôme. Manoir féodal de la fin du xiie siècle, dominé par un donjon d'une grande hardiesse. Nouveau château construit au xvie siècle. Aux environs, gouffre profond du Puy-de-Fontas.

* **BOURDER** v. n. Se moquer, dire des mensonges, des sornettes.

* **BOURDEUR** s. m. Menteur, celui qui donne des bourdes.

* **BOURDILLON** s. m. Bois de chêne refendu et propre à faire des futailles.

BOURDIN (Maurice), antipape, né dans le Limousin, évêque de Braga, il fut envoyé, comme légat, près de l'empereur Henri V, et fut excommunié pour avoir couronné ce prince sans autorisation. En 1118, Henri l'éleva, sous le nom de Grégoire VIII, au trône pontifical, tandis que le conclave avait élu Gélase II. Après la mort de Gélase, l'empereur se réconcilia avec son successeur, Calixte II, et Bourdin mourut en prison.

* **BOURDON** s. m. Long bâton fait au tour, surmonté d'un ornement en forme de pomme,

et que les pèlerins portent ordinairement dans leurs voyages. — Typogr. Faute d'un compositeur qui a omis un ou plusieurs mots de la copie. Autrefois, le correcteur faisait dans la marge de l'épreuve, en face de l'omission, un signe qui ressemblait à un *bourdon* de pèlerin; de là l'origine du nom que l'on donne à cette faute.

* **BOURDON** s. m. (mot formé par onomatopée). Entom. Genre d'hyménoptères mellifères, remarquables par un corps gros, trapu, court, couvert de poils de couleurs tranchantes. Les insectes de ce genre produisent, en volant, le bruit particulier que l'on appelle bourdonnement. Le différent de l'abeille par leurs mœurs, leur grosseur, leur aspect. Ils vivent en sociétés plus nombreuses, dans des habitations souterraines. Les mâles et les neutres meurent dès les premiers froids, tandis que les femelles, réfugiées dans les fissures des murs ou dans les trous des arbres, résistent à l'hiver et font, au printemps, un nid qui devient le siège d'une nouvelle société.

Bourdon terrestre (Bombus terrestris) et son nid.

Elles sont beaucoup moins prolifiques que les reines d'abeilles. Les bourdons ne font aucune provision de miel ; leur mission principale dans la nature paraît être de féconder les plantes en transportant le pollen des fleurs mâles sur les fleurs femelles. On trouve en France le *Bourdon terrestre (Bombus terrestris)*, noir, long de 16 millim., avec une bande jaune citron au corselet; le *Bourdon des pierres (Bombus lapidarius)*, noir, long de deux décimètres ; le *Bourdon des mousses (Bombus muscorum)*, fauve, à ventre jaune, long de 12 millim.; le *Bourdon des rochers (Bombus ruderatus)*, semblable au *Bourdon des pierres*, mais à ailes noirâtres. — On appelle vulgairement *faux bourdons* les abeilles mâles, que les abeilles ouvrières tuent dès que la reine est fécondée (voy. Abeille). — Mus. Ton qui sert de basse continue dans divers instruments, tels que la vielle, la musette, la cornemuse. Corde qui donne ce ton. *Bourdon d'orgue*, celui des jeux de l'orgue qui fait la basse, et qui a les tuyaux les plus gros et les plus longs. *Faux-Bourdon*, pièce de musique dont toutes les parties se chantent note contre note : *chanter en faux-bourdon*. — Grosse cloche : *le bourdon de Notre-Dame de Paris*.

BOURDON (Louis-Pierre-Marie), mathématicien, né à Alençon en 1799, mort en 1854. Il enseigna les mathématiques dans plusieurs collèges de Paris et publia divers ouvrages classiques : *Eléments d'algèbre* (1817 ; in-8°) ; *Arithmétique* (1821) ; *Application de l'algèbre à la géométrie* (1824) ; *Trigonométrie rectiligne et sphérique* (1854).

BOURDON (Sébastien), peintre, né à Montpellier en 1616, mort en 1671. Il fut l'un des fondateurs de l'Académie de peinture et de sculpture. Le musée du Louvre renferme plusieurs de ses toiles parmi lesquelles son chef-d'œuvre *Le Crucifiement de saint Pierre*. Il fit aussi de belles gravures.

BOURDON DE VATRY (Marc-Antoine), administrateur, né à Saint-Maur en 1761, mort

à Paris en 1828. Il fut nommé ministre de la marine le 3 juillet 1799, offrit sa démission après le 18 brumaire, eut de vives discussions avec le premier consul, au sujet de ses projets de descente en Angleterre et de nos échecs dans la Méditerranée. Il fut bientôt disgracié.

* **BOURDONNEMENT** s. m. Bruit que font entendre quelques petits oiseaux et beaucoup d'insectes, quand ils volent, quelquefois même quand on les saisit. — Fig. Murmure sourd et confus d'un grand nombre de personnes réunies qui parlent, qui discutent entre elles : *on entendit dans toute l'assemblée un bourdonnement*. — Bruit sourd et continuel que l'on croit entendre; et qui est seulement un effet de quelque altération de l'oreille interne : *cette maladie lui a laissé un bourdonnement d'oreille*.

* **BOURDONNER** v. n. Bruire sourdement, *hanneton qui bourdonne*. — Par ext. Murmurer sourdement et confusément; parler, discuter : *on entendit bourdonner toute l'assemblée*. — V. a. Chanter à demi-voix, entre ses dents : *il bourdonne toujours quelques vieux airs*. — Fig. Faire entendre des discours importuns : *que venez-vous nous bourdonner sans cesse?* (Fam.)

* **BOURDONNET** s. m. Chirur. Rouleau de charpie de forme oblongue, qui sert à tamponner une plaie, à en absorber le pus, etc.

* **BOURG** s. m. [bourk; ou mieux bour] (lat. *burgus*, ville entourée de murailles). Grand village où il se tient des marchés : *gros bourg*. — **Bourg pourri**, se disait en Angleterre des localités qui, ayant conservé, malgré leur petit nombre d'habitants, le droit d'envoyer des députés au parlement, en trafiquaient ou ne l'exerçaient que sous le bon plaisir de quelques grands propriétaires. Se dit chez nous d'une localité accusée de la même vénalité.

BOURG (Le), petit pays de France, dans l'Anjou, autour de Saint-Cyr-en-Bourg (Maine-et-Loire).

BOURG (Anne du). Voy. Dubourg.

BOURG [bourk] ou **Bourg-en-Bresse** [bourkan-brè-se], *Tanus* puis *Burgus*, ch.-l. du dép. de l'Ain, par 46° 12' 24" lat. N. et 2° 53' 28" long. E., à 422 kil. de Paris, sur la rive gauche de la Reyssouze ; 13,800 hab. Rues irrégulières mais propres. Ancienne possession des sires de Beaugé, puis des princes de Savoie ; réunie à la France par François Ier. La citadelle, construite en 1569, passait pour l'une des plus régulières de l'Europe; elle fut démolie en 1611, sur l'ordre de Louis XIII. Patrie de Bichat, de l'astronome Lalande, du général Joubert, du traducteur Bachet, du jurisconsulte Collet, de l'historien Faret, du grammairien Favre de Vaugelas, de l'évêque Albert de Chouin, du conventionnel Goujon, du biographe Michaud, etc. Faïences, bijouterie; bétail, volaille.

* **BOURGADE** s. f. Petit bourg, village dont les maisons disséminées occupent un assez grand espace.

BOURGADE (François), orientaliste, né à Ganjou (Gers), en 1806, mort en 1866. Missionnaire en Algérie (1838), puis à Tunis, il fonda dans cette ville un hôpital, un collège et des écoles pour les filles. Il a publié : *La Clef du Coran ; Le Passage du Coran à l'Evangile ; Soirées de Carthage ; La Toison d'or de la langue phénicienne*, contenant plusieurs inscriptions puniques, et une réponse à la *Vie de Jésus* de Renan.

BOURGANEUF, ch.-l. d'arr. à 30 kil. S.-O. de Guéret (Creuse), près du Thaurion ; 3,600 habitants. Tour de Djem ou de Zizim, qui fut construite, vers 1485, pendant la captivité du prince musulman dont elle porte le nom et qui était enfermé dans le prieuré de Bourganeuf. Fabriques de papier, de porcelaine ; mines de houille. — Alt. 449 mètres. Lat. 45° 57′ 14″ N. ; long. 0° 35′ 5″ O.

BOURG-ARGENTAL, ch.-l. de cant., arr. et à 28 kil. S.-E. de Saint-Etienne (Loire) ; 3,500 hab. Peluche, velours, soies ; vins du Rhône ; flottage de bois. Eglise du ix° siècle (mon. histor.).

BOURG-DE-PÉAGE, ch.-l. de cant., arr. et à 18 kil. N.-E. de Valence (Drôme) ; sur la rive gauche de l'Isère, en face de Romans, avec lequel il communique par un pont de quatre arches, long de 128 mètres.— Pop. 4,515 hab. Culture du mûrier ; filature de soie ; bois, huile de noix. Petite ville qui doit son origine au pont bâti pendant le x° siècle par le chapitre de Saint-Bernard-de-Romans, qui y prélevait un péage. A 3 kil. se trouve *Vernaison*, avec les ruines d'une abbaye, lieu de pèlerinage fréquenté.

BOURG-DE-VISA, ch.-l. de cant., arr. et à 20 kil. N.-O. de Moissac (Tarn-et-Garonne) ; 900 hab.

BOURG-D'OISANS, ch.-l. de cant., arr. et à 49 kil. S.-E. de Grenoble (Isère) ; 2,770 hab. Toiles de coton ; mines de baryte et d'argent. Vallée pittoresque de la Romanche.

BOURGELAT (Claude), chirurgien vétérinaire, créateur de l'hippiatrique, né à Lyon, le 27 mars 1712, mort à Paris le 3 janvier 1779. Il fut d'abord avocat et quitta le barreau après avoir gagné une cause injuste. Il tint école d'équitation à Lyon et ouvrit dans cette ville, en 1762, la première école vétérinaire que l'on eût en France. Trois ans plus tard, il fonda l'école d'Alfort, qu'il dirigea jusqu'à sa mort. Son chef-d'œuvre, *Traité de la conformation extérieure du cheval, de sa beauté et de ses défauts* (1776), a été plusieurs fois réimprimé et traduit.

* **BOURGÈNE** s. f. Voy. **Bourdaine**.

* **BOURGEOIS, EOISE** s. Citoyen d'une ville : *bourgeois de Paris; une riche bourgeoise.* — Autrefois, collectif. Tout le corps des citoyens ou bourgeois d'une ville : *cela mécontenta le bourgeois.* — Parmi les ouvriers, personne pour laquelle ils travaillent, quelle que soit sa qualité : *il ne faut pas tromper le bourgeois.* — Maître ou maîtresse chez qui travaille un ouvrier : *sa bourgeoise l'a congédié.* — Se dit aussi par opposition à noble ou à militaire : *gentilshommes, militaires et bourgeois.* — Par hauteur et par dénigr. Qui n'est pas noble, qui n'a aucun usage du grand monde : *ce n'est qu'un bourgeois; cela sent bien son bourgeois.* — Le **Bourgeois** gentilhomme, comédie-ballet en 5 actes et en prose ; farce désopilante dans laquelle Molière a à la risée les prétentions des parvenus qui veulent singer les manières des nobles. — *Le bourgeois gentilhomme* fut représenté à Chambord en présence du roi, le 14 octobre 1670, et à Paris sur le théâtre du Palais-Royal, le 29 novembre suivant. Molière y remplissait le rôle de M. Jourdain qui, depuis quarante ans, *faisait de la prose sans le savoir.*

* **BOURGEOIS, OISE** adj. Qui convient, qui appartient à un bourgeois, aux bourgeois : Caution **bourgeoise**, caution solvable et facile à discuter. (Vieux.) — Garde **bourgeoise**. Voy. *Garde.* — Comédie **bourgeoise**, représentation d'une ou de plusieurs pièces de théâtre, donnée par des personnes qui ne jouent la comédie que pour leur amusement. — Ordinaire **bourgeois**, cuisine **bourgeoise**. Soupe **bourgeoise**, chère, cuisine, soupe bonne et simple. — Maison **bourgeoise**, maison simple et propre, sans luxe ni recherche. Maison quelconque par opposition aux hôtels, aux maisons garnies. — Vin **bourgeois**, vin non frelaté, et qu'on a dans sa cave, par opposition à *vin de cabaret.* — Habit **bourgeois**, se dit par opposition à l'uniforme militaire et aux costumes des différents états : *cet officier va*

73

dans la société en habit bourgeois. — Par mépris : *avoir l'air bourgeois, la mine bourgeoise, les manières bourgeoises,* avoir l'air commun et des manières différentes de celles du grand monde. — Ce nom est bien **bourgeois**, il n'annonce pas que celui qui le porte soit d'une condition bien relevée.

BOURGEOIS (Anicet-). Voy. **Anicet-Bourgeois**.

BOURGEOIS (Dominique-François), inventeur français, né à Châtelblanc, près de Pontarlier, en 1698, mort en 1781. Il fut emprisonné pendant deux ans comme imposteur, pour s'être attribué l'invention du canard automate de Vaucanson. En 1744, l'Académie des sciences approuva une lanterne de son invention et, en 1766, lui accorda un prix pour son mode d'éclairage des grandes villes. Il reçut même un monopole de vingt ans pour l'éclairage de Paris ; mais il en fut ensuite dépouillé, et mourut dans le dénuement. Le P. Joly a publié, sous son nom, deux *Mémoires sur les lanternes à réverbère.*

* **BOURGEOISEMENT** adv. D'une manière bourgeoise, en simple bourgeois.

* **BOURGEOISIE** s. f. Qualité de bourgeois : *droit de bourgeoisie.* — Collectiv. Le corps des bourgeois, les bourgeois en général : *la bourgeoisie fit des représentations.*

* **BOURGEON** s. m. (haut all. *burjan*, lever). Bouton un peu développé qui paraît aux arbres et aux arbrisseaux, et d'où il doit sortir une branche, des feuilles ou du fruit : *au mois de mai, on commence à voir les bourgeons aux arbres.* — Nouveau jet de la vigne, lorsqu'il est déjà en scion : *couper les nouveaux bourgeons d'un cep de vigne.* — Fig. Bouton, bube qui vient au visage de certaines personnes : *avoir le visage tout couvert de bourgeons.*

BOURGEONNEMENT s. m. Développement des bourgeons.

* **BOURGEONNER** v. n. Jeter des bourgeons, pousser des bourgeons au printemps : *tout bourgeonne déjà.* — Fig et fam. Son nez, son visage commence a bourgeonner, il lui vient des boutons, des bubes au nez, au visage.

BOURGERON s. m. Petite veste de toile que portent certains ouvriers.

BOURGES [bour-je] *Avaricum, Biturica,* ch.-l. du département du Cher, à 221 kil. S. de Paris, et 95 kil. S.-S.-E. d'Orléans, au confluent de l'Auron et de l'Yèvre, par 47° 4′ 59″ lat. N., et 0° 3′ 43″ long. E. ; 37,000 hab. Ville très ancienne, déjà fortifiée au temps de Bellovèse et de Sigovèse, c'est-à-dire au vin° siècle avant notre ère ; cap. des *Bituriges Cubi;* prise d'assaut et saccagée par César, après un siège mémorable qui dura plus d'un mois. De 40,000 hab. qu'elle renfermait, c'est tout au plus si 800 échappèrent au massacre ordonné par César (52 av. J.-C.). Un peu plus tard, Avaricum, reconstruite magnifiquement, devint une ville romaine que l'on appela Biturica. Métropole de la première Aquitaine et l'un des principaux centres manufacturiers de la Gaule, Bourges offrit une riche proie aux Huns, aux Visigoths, aux Vandales et aux Suèves, qui la ravagèrent. Elle accueillit Clovis comme un libérateur, parce qu'il était catholique et qu'elle était déjà le siège d'un archevêché. Après Charlemagne, les comtes de Bourges rendirent héréditaire le pouvoir qu'il leur avait confié. Le dernier de ces comtes vendit ses droits à Philippe Ier afin de prendre part à la première croisade. Pendant l'occupation de Paris par les Anglais, Charles VIII, réfugié dans le Berri, fut surnommé le *petit roi de Bourges.* Dans cette ville fut signée la *Pragmatique sanction* (1438). Deux souvenirs qui dominent tous les autres de la même époque sont ceux d'Agnès Sorel et de Jacques Cœur. Louis XI, né à Bourges, y créa une université

d'où sortirent plus tard Calvin et Théodore de Bèze et qu'illustrèrent des professeurs tels que Cujas, Alciat Hotman, etc. Un incendie, en 1487, détruisit 3,000 maisons et 10 abbayes. Un massacre général des protestants eut lieu à Bourges quelques jours après la Saint-Barthélemy (voy. **Barthélemy**). L'antique métropole de l'Aquitaine a conservé une enceinte et des monuments gallo-romains. Ses plus beaux monuments sont : la cathédrale, dédiée à Saint-Etienne, (monument historique du xiii° siècle), dominée par la tour Sourde (58 mètres)

Bourges. — Cathédrale Saint-Etienne.

et la tour de Beurre (65 mètres), du style flamboyant ; l'église Notre-Dame, construite en 1520 ; Saint-Bonnet (1510) ; l'hôtel de Jacques Cœur (1443), aujourd'hui palais de justice et contenant, dans une chapelle, les portraits des hommes célèbres du Berri ; les hôtels Lallemand et de Cujas, etc.. Ecole et direction d'artillerie. Fonderie de canons. Draps, fer, coutellerie, salpêtre, porcelaine, joaillerie, etc. Patrie de Louis XI, de Lescuyer, peintre sur verre, de Jean Boucher et de Bourdaloue.

BOURGET (Le) I. Bourg de l'arr. et à 11 kil. N.-E. de Chambéry (Savoie), sur la rive méridionale du lac du même nom ; 1,800 hab. — II. Village de l'arrond. et à 6 kil. E. de Saint-Denis (Seine), à 11 kil. de Paris ; 4,700 hab. — Combats du **Bourget**. I, 28 oct. 1870. Le général de Bellemare, à la tête des francs-tireurs de la Presse, attaque l'ennemi. Dans la nuit suivante, les Allemands essaient inutilement de reprendre le village à la baïonnette. — II, 29 oct. 1870. Les Allemands, au nombre de 15,000 et soutenus par une formidable artillerie, tournent les mobiles et nous font un grand nombre de prisonniers. Mort glorieuse du commandant Baroche.— III, 21 déc. 1870. Les marins reprennent le village et se font décimer en le défendant pied à pied contre des forces supérieures. A la nuit, le général Blaise fut mortellement blessé.

BOURGINE s. f. Jeu barbare auquel on se livre dans les environs d'Arles, et qui consiste à martyriser publiquement un bœuf, avant de le faire brûler vif.

BOURG-LA-REINE [bour-la-rè-ne], commune du cant. et à 1 kil. de Sceaux (Seine), sur la Bièvre ; 2,750 hab. Manufacture de faïence.

BOURG-LASTIC ch.-l. de cant., arr. et à 60

L.

kil. S.-O. ne Clermont (Puy-de-Dôme); 2,500 hab. Mines de houille à Messeix.

BOURG-LÈS-VALENCE, commune du cant. et à un demi kil. N. de Valence (Drôme); 3,600 hab.; verreries, indiennes, impressions de toiles et de foulards. Eglise romano-byzantine; château du Valentin.

* **BOURGMESTRE** s. m. [bourg-mèss-tre] (all. *burger*, bourgeois, *mester*, chef). Titre des premiers magistrats de quelques villes de Belgique, d'Allemagne, de Suisse, etc. : *le bourgmestre de Hambourg*; *les douze bourgmestres d'Amsterdam*.

BOURGNEUF-EN-RETZ, petite ville maritime, ch.-l. de cant., arr. et à 29 kil. S. de Paimbœuf (Loire-Inférieure), au fond de la baie de Bourgneuf; 2,900 hab. Marais salants; pêche, commerce d'eau-de-vie et de sel. Belle église. Aux environs, rochers appelés les Cheminées; cromlech de trente pierres.— BAIE DE BOURGNEUF, baie comprise entre la pointe de Saint-Gildas, au N. et le détroit de Fromentin, au S. Elle est dangereuse à cause des bancs de sable dont elle est parsemée et des vents du N.-O. contre lesquels elle n'est pas abritée.

BOURGOGNE s. m. Vin que l'on récolte en Bourgogne : *un verre de bourgogne*. On dit mieux : *vin de Bourgogne*. On comprend sous le nom de vin de Bourgogne ceux qui proviennent de la basse Bourgogne (Côte-d'Or et environs de Châlon-sur-Saône) et ceux de la haute Bourgogne (Yonne). On y joint ceux du Mâconnais et du Beaujolais. Les meilleurs crus sont ceux de Chambertin, de Richebourg, de Corton, de la Tâche, de Romanée-Saint-Vivant, de Romanée-Conti et du Clos-Vougeot, d'une excellence sans égale et d'un prix énorme. Ensuite viennent les vins de Nuits, de Volnay, de Pomard, de Beaune, de Vosne, de Chambolle et de quelques autres vignobles un peu inférieurs à ceux de la première classe. Tout ces vins sont rouges. Parmi les vignobles produisant des vins blancs, nous citerons Montrachet, qui est le plus renommé et après lequel viennent : la Perrière, la Cambotte et la Goutte-d'Or, à Meursault. Le département de l'Yonne produit des vins blancs, étendue de vins blancs, appelés Chablis. Les vins de Bordelais sont les seuls que l'on puisse comparer aux *bourgognes*. A une belle couleur les vins bourguignons joignent un parfum et à un goût délicieux, une délicatesse sans égale. Sans être trop fumeux, ils sont corsés, fins et spiritueux. Les vins blancs sont moelleux et prennent une teinte ambrée en vieillissant. Les vins de Bourgogne ne supportent pas les traversées en mer.

BOURGOGNE ch.-l. de cant., arr. et à 12 kil. N. de Reims (Marne); 1,000 hab. Eglise du XIIIᵉ siècle (mon. hist.).

BOURGOGNE, nom de trois royaumes, d'un duché féodal, d'un cercle de l'empire et d'une ancienne province française.— Royaumes de Bourgogne. Le premier fut fondé en 413 par les Burgondes, qui se répandirent dans les vallées de la Saône et du Rhône jusqu'à la Méditerranée. Ce royaume fut renversé par les Francs en 543. — Lors du démembrement de l'empire carlovingien, la Bourgogne devint indépendante. Il se forma alors deux royaumes de Bourgogne : 1° BOURGOGNE CISJURANE, formée en 879, par Boson, beau-frère de Charles le Chauve, et comprenant la Provence, le Vivarais, le comté d'Ozès, le Lyonnais, le Dauphiné, une partie de la Bourgogne, la Franche-Comté et la Savoie. Boson eut pour successeurs Louis l'Aveugle (887-928) et Hugues de Provence (928-'33). 2° BOURGOGNE TRANSJURANE, au N. de la précédente, comprenant la Suisse en deçà de la Reuss, le Valais, le pays de Genève, le Chablais et le Bugey. Ce royaume, formé en 888, par le duc Rodolphe, lors de la déposition de Charles le Gros, s'agrandit, en

933, de la Bourgogne cisjurane, qu'achata Rodolphe II, fils et successeur du fondateur de la dynastie. Ces deux états réunis prirent alors le nom de *Royaume d'Arles* et passèrent, à la mort de Rodolphe III (1033), à Conrad le Salique, roi de Germanie. — Duché de Bourgogne. La partie N.-O. de l'ancienne Bourgogne, qui ne s'était pas séparée du royaume des Francs, fut donnée, par Charles le Chauve, à son beau-frère Richard le Justicier, qui régna de 877 à 921. Son fils, Rodolphe, mourut sans héritier direct en 936. La Bourgogne fut réunie à la France en 1002, et abandonnée en 1032, à Robert le Vieux, fils du roi Robert et frère de Henri Iᵉʳ. La dynastie capétienne régna en Bourgogne pendant 330 ans avec une autorité presque indépendante. Elle acquit une grande puissance, s'empara de la Franche-Comté, d'un fragment du royaume d'Arles et, pendant un moment, posséda des principautés en Orient. Elle a fourni douze ducs, savoir :

Robert Iᵉʳ......	(1032)	Eudes III.........	(1193)
Hugues Iᵉʳ......	(1075)	Hugues IV.........	(1218)
Eudes Iᵉʳ........	(1078)	Robert II.........	(1272)
Hugues II. le Pacifique	(1102)	Hugues V..........	(1305)
Eudes II.........	(1142)	Eudes IV..........	(1315)
Hugues III........	(1162)	Philippe de Rouvre...	(1350)

Le dernier duc étant mort sans postérité, en 1361, le roi de France Jean entra en possession de ses domaines, en qualité de plus proche héritier dans la ligne masculine; il investit, en 1363, l'un de ses fils, Philippe le Hardi, de la dignité de duc de Bourgogne. Avec cette nouvelle dynastie dite de Valois commença la plus brillante période de l'histoire de Bourgogne. Philippe épousa en 1369, Marguerite, héritière de Flandres, et eut pour successeurs : Jean sans Peur (1404), Philippe le Bon (1419) et Charles le Téméraire (1467). Les deux derniers de ces princes possédaient des droits régaliens; leurs états comprenaient la Belgique et la Hollande modernes, le duché de Lorraine et le vicariat impérial d'Alsace; ils humilièrent plusieurs fois la monarchie française, cultivèrent les beaux-arts, protégèrent le commerce et l'industrie et amenèrent leurs sujets à un degré de bien-être et de civilisation auquel on ne pouvait rien comparer dans les autres pays. A la mort de Charles le Téméraire (1477), qui fut l'un des princes les plus puissants de l'Europe, son vaste domaine fut démembré. Sa fille, Marie, épouse de Maximilien d'Autriche, eut les Flandres; mais Louis XI saisit la Franche-Comté, la Picardie, l'Artois et le duché de Bourgogne, comme fief tombé en quenouille; il fut ensuite obligé d'abandonner la Franche-Comté. Les héritiers de Marie, se considérant comme injustement dépouillés par les rois de France, entreprirent une longue lutte pour reconquérir ce qui avait appartenu au duché de Bourgogne. Charles-Quint, petit-fils de Marie, obtint même de François Iᵉʳ, par le traité de Madrid, l'abandon de tout l'ancien duché. Mais les états de Bourgogne décidèrent que le roi n'avait pas le droit de disposer de leur pays; et l'empereur dut renoncer à ses prétentions par le traité de Cambrai (1529).— Cercle de Bourgogne, portion du duché de Bourgogne que Louis XI laissa subsister à Charles le Téméraire. Le cercle de Bourgogne fut amoindri peu à peu et le comprit plus tard le Brabant, le Limbourg, le Luxembourg et une portion de la Flandre, du Hainaut, de Namur et de la Gueldre. L'expression géographique *Cercle de Bourgogne*, cessa d'être employée lorsque la maison d'Autriche eut abandonné ses prétentions sur l'héritage de Charles le Téméraire. — Province de Bourgogne, nom que reçut, après son annexion à la France, la partie de l'ancien duché de Bourgogne comprise entre la Champagne, la Franche-Comté, la Savoie, le Lyonnais, le Dauphiné, le Bourbonnais et le Nivernais. Cette province, riche et fertile, fut pendant quelque temps le boulevard de la France; elle a toujours manifesté un vif patriotisme et un grand attachement à notre nationalité. Au temps des Gaulois, elle

était habitée par les Eduens, les Mandubiens et les Ambares, qui furent compris dans la première Lyonnaise des Romains. Plus tard on la divisa en Auxois, pays de Montagne, Autunois, Dijonnais, Bugey, pays de Gex et principauté des Domhes. La Bourgogne a formé, en tout ou en partie, les départements de l'Yonne, de la Côte-d'Or, de Saône-et-Loire et de l'Ain; elle a fourni de petites portions à ceux de l'Aube et de la Nièvre. Elle est traversée par les montagnes du Charolais et de la Côte-d'Or et arrosée par la Seine, la Saône, le Rhône et l'Ain. — Canal de Bourgogne, grand canal qui met en communication la Méditerranée avec la Manche par le Rhône et la Saône d'un côté, l'Yonne et la Seine de l'autre. Sa longueur, de La Roche (Yonne) à Saint-Jean-de-Losne (Côte-d'Or) est de 242,572 mètres; il a 191 écluses. Il suit les vallées de l'Armençon et communique, à Pouilly, par un souterrain de 3,333 mètres avec la vallée de l'Ouche. Il passe à Brinon, Saint-Florentin, Tonnerre, Ancy-le-Franc, Buffon, Montbard, Pouilly, Vandenesse, Plombières et Dijon. Il fut creusé de 1832 à 1834 et coûta 54,403,314 francs. Le canal du Rhône au Rhin le fait communiquer avec le Rhin. — Hôtel de Bourgogne, hôtel des ducs de Bourgogne à Paris, bâti au XIIIᵉ siècle, entre les rues Pavée-Saint-Sauveur, Saint-Denis, Mauconseil et Montorgueil. Il n'en reste plus qu'une tour construite par Jean sans Peur, qui s'y enfermait pour se mettre en garde contre la vengeance de la veuve du duc d'Orléans. — Théâtre de Bourgogne, théâtre établi en 1548, sur une partie de l'emplacement de l'hôtel de Bourgogne, par les *Confrères de la Passion* associés aux *Enfants sans Souci*. C'est sur ce théâtre, origine de la Comédie-Française, que l'on joua les œuvres de Corneille et de Racine. L'*Illustre-Théâtre* de Molière lui fit une rude concurrence. Fermé en 1697, pour avoir joué la *Fausse Prude*, le théâtre de Bourgogne rouvrit après la mort de Louis XIV et fut démoli en 1784. Il fit place à la halle aux cuirs.

BOURGOGNE (Louis, DUC DE), petit-fils de Louis XIV, né à Versailles le 6 août 1682, marié en 1697 à la princesse Adélaïde, dauphin à la mort de son père auquel il ne survécut que dix mois (1712).

BOURGOIN, *Bergusium*, ch.-l. de cant., arr. et à 15 kil. O. de La Tour-du-Pin (Isère), sur la Bourbre; 4,500 hab. Filatures, taillanderies et tanneries; farines.

BOURG-SAINT-ANDÉOL, ch.-l. de cant., arr. et à 25 kil. S.-E. de Privas (Ardèche), sur la rive droite du Rhône; 4,150 hab. Ville très ancienne. Saint Andéol y fut, dit-on, martyrisé en l'an 208, sous le règne de l'empereur Sévère. Dans les environs se trouve une fontaine des Tournes. Filatures de soie, tanneries, vins.

BOURG-SAINT-MAURICE, ch.-l. de cant., arr. et à 27 kil. de Moutiers (Savoie); 2,600 hab. Mines de sel gemme, dans la montagne d'Arbonne.

BOURG-SUR-MER ou Bourg-sur-Gironde, ch.-l. de cant., arr. et à 12 kil. S.-E. de Blaye (Gironde); 2,850 hab. Port non loin du confluent de la Dordogne. Toiles, quincaillerie, foins dits au sel.

BOURGTHEROUDE ou Bourgthéroulde, ch.-l. de cant., arr. et à 16 kil. S.-E. de Pont-Audemer (Eure); 750 hab. Ancien château; église ornée d'une tour carrée du XVᵉ siècle et de verrières de la Renaissance. Toiles, bétail.

BOURGUÉBUS, ch.-l. de cant., arr. et à 10 kil. S.-E. de Caen (Calvados); 300 hab. Eglise du XIIIᵉ siècle.

BOURGUEIL, *Burgolium*, ch.-l. de cant., arr. et à 17 kil. N.-O. de Chinon (Indre-et-Loire), sur le Doit; 3,400 hab. Ruines intéressantes d'une abbaye; église du XIIᵉ siècle. Porcs, chanvre, vins et bestiaux.

BOURGUET (Louis), naturaliste, né à Nîmes en 1678, mort à Neufchâtel en 1742; fut professeur à Neufchâtel, et auteur d'un bon *Traité des pétrifications*, 1 vol. in-4°, Paris, 1742.

BOURGUIGNON, ONNE s. et adj. Qui est né en Bourgogne; qui appartient à ce pays ou à ses habitants. — Faction des Bourguignons, parti opposé à celui des Armagnacs, sous les règnes de Charles VI et de Charles VII. Jean sans Peur, duc de Bourgogne, ayant fait assassiner le duc d'Orléans (1407), le royaume se trouva divisé entre les partisans et les adversaires du meurtrier. La lutte fut longue et sanglante; elle se compliqua de l'invasion des Anglais, appelés par Jean sans Peur et ne se termina qu'au traité d'Arras (1435).

BOURIGNON (Antoinette), visionnaire, née à Lille en 1616, morte à Franeker (prov. de Frise) en 1680. Son existence fut des plus agitées; elle voyagea en France, en Hollande, en Angleterre et en Ecosse, tantôt sous les habits d'un homme, tantôt sous un costume religieux. Elle soutenait que le christianisme ne consiste pas dans la foi et dans les pratiques religieuses, mais qu'il résulte d'un sentiment intérieur et d'une impulsion surnaturelle. L'un de ses adeptes, nommé Court, lui fit don d'une grande fortune. Ses œuvres, publiées en 1686, forment 21 vol. in-8°.

BOURIGNONISTE s. Disciple d'Antoinette Bourignon.

BOURLE s. f. Espièglerie, tour (Vieux).

* **BOURLET** s. m. Voy. BOURRELET.

BOURLINGUER v. n. Mar. Eprouver de la fatigue, en parlant d'un navire ou d'un homme.

BOURMONT (*Burnonis Mons*), ch.-l. de cant., arrond. et à 47 kil. N.-E. de Chaumont (Haute-Marne), près de la rive droite de la Meuse; 950 hab. Brosseries, coutellerie.

BOURMONT (Louis-Auguste-Victor, COMTE DE GHAISNE DE), maréchal de France, né au château de Bourmont (Maine-et-Loire), en 1773, mort en 1846. Il servit dans l'armée de Condé (1793), puis dans celle des Chouans (1794-1800), mit la ville du Mans à feu et à sang (15 octobre 1799), se soumit, vint à Paris, conspira, fut compromis dans le complot de la machine infernale, mais s'en tira habilement en accusant les Jacobins, fut néanmoins arrêté, s'évada de sa prison de Besançon (1805), se retira à Lisbonne, où il se trouvait lors de la prise de cette ville par Junot (1810), se rallia à Napoléon, fut nommé colonel et devint général de division en 1814. La Restauration lui conserva son grade. Chargé, en 1815, d'arrêter Napoléon à son retour de l'île d'Elbe, il fut impuissant à accomplir cette tâche. Napoléon lui maintint son commandement, malgré l'insistance de Ney, fut fatal à ce dernier. Le roi le créa successivement pair de France, ministre de la guerre (1829), commandant en chef de l'armée expéditionnaire d'Alger et maréchal de France, après la prise d'Alger. Remplacé dans son commandement après la révolution de Juillet, il refusa le serment à Louis-Philippe, fut déclaré démissionnaire, essaya de soulever la Vendée, passa au service de don Miguel de Portugal, puis de don Carlos, en Espagne, fut amnistié en 1840 et finit ses jours dans son château de Bourmont.

BOURNE. I. (Hugh), ecclésiastique anglais (1772-1852), fondateur (1810) de la secte des méthodistes primitifs. — **II.** (Vincent), poète

latin anglais, mort en 1747. A donné des versions latines des anciennes ballades anglaises (1734). Ses *Œuvres poétiques* ont été publiées en 1808.

BOURNON (Jacques-Louis, COMTE DE), minéralogiste, né à Metz en 1751, mort à Versailles en 1825. Il a laissé quelques ouvrages, entre autres : *Catalogue de la collection minéralogique du roi*.

BOURNONITE s. f. (de *Bournon*, minéralogiste qui, le premier, l'a établie en espèce). Minér. Triple sulfure de plomb, d'antimoine et de cuivre; plomb antimonié, sulfuré : on l'appelle aussi *Endellione*; S³ Sb Cu Pb. Poids 5,7. La bournonite se trouve dans des filons contenant des minerais de plomb et de cuivre (Le Harz, Huel-Boyr-Mine, en Cornwall). Eclat métallique; couleur gris de plomb.

BOUROU (holl. *Boeroe*), île des Indes orientales hollandaises, à l'O. de Ceram; environ 8,000 kilom. carr.; environ 100,000 hab. Territoire montagneux contenant des pics de 2,500 m. Sol fertile. Les babiroussas et les daims abondent. — Lat. (au mont Tomahou) 3° 13' S.; long. 123° 54' 10" E.

* **BOURRACHE** s. f. (lat. *borrago*). Bot. Genre type de la famille des borraginées, dont une espèce, la *bourrache officinale*, originaire de

Bourrache (Borrago officinalis).

l'Asie Mineure, mais naturalisée depuis un temps immémorial dans nos climats, est une herbe annuelle, dont les tiges et les feuilles sont hérissées de poils. Ses fleurs, en grappes unilatérales, sont d'un beau bleu et s'épanouissent pendant tout l'été; on s'en sert quelquefois pour orner la salade. La bourrache est une plante émolliente, légèrement sudorifique et diurétique, employée dans les fièvres éruptives, dans la pneumonie, la grippe et le rhumatisme musculaire. 30 gr. par litre d'eau.

* **BOURRADE** s. f. Chasse. Atteinte donnée par le chien au lièvre qu'il court. — Fig. et fam. Coups que l'on donne à quelqu'un avec la crosse d'un fusil. — Reparties aigres dans une discussion.

* **BOURRAS**, s. m. Voy. BURE.

* **BOURRASQUE** s. f. (ital. *borea*, vent du nord). Tourbillon de vent impétueux et de peu de durée : *il s'éleva tout d'un coup une bourrasque.* — Fig. Redoublement subit de quelque mal; vexation imprévue et de peu de durée : *je me croyais quitte de ma fièvre, il est survenu une bourrasque.* — Mouvement de colère brusque et passager, accès de mauvaise humeur d'une personne : *il est sujet à des bourrasques.*

BOURRASSOL, station balnéaire, arr. de Toulouse (Haute-Garonne). Eau ferrugineuse bicarbonatée, à 17° C. Anémie, chlorose, lymphatisme.

* **BOURRE** s. f. (bas lat. *bura*, poil). Amas de poils détachés de la peau de certains animaux à poil ras, tels que les bœufs, les vaches, les chevaux, etc. : *la bourre sert à garnir des selles, des bâts, des tabourets*, etc. — Ce qu'on met dans les armes à feu, par dessus la charge, pour la retenir et la presser : *ce morceau de papier me servira de bourre.* — Agric. Duvet qui couvre les bourgeons de quelques arbres et arbrisseaux, lorsqu'ils commencent à pousser : *la vigne a*

gelé en bourre, c'est-à-dire, au moment où le bourgeon se formait. — *Blanc de bourre*, enduit formé de terre, que l'on recouvre de chaux mêlée de bourre. — BOURRE DE SOIE, ou BOURRE LANICE, partie la plus grossière qui provient de la laine. — BOURRE DE LAINE, partie la plus grossière du cocon, celle qui ne se dévide pas. — BOURRA TONISSE, ce qui tombe des draps lorsqu'on les tond. — Fig. et fam. IL Y A BIEN DE LA BOURRE DANS CET OUVRAGE, il y a, dans cet ouvrage, bien des choses non seulement inutiles, mais mauvaises, mêlées avec d'autres qui sont bonnes.

* **BOURREAU** s. m. Exécuteur des hautes œuvres, des arrêts rendus en matière criminelle. Ce terme n'est pas employé dans la loi pénale actuelle : *mourir par la main du bourreau; les bourreaux tuent, mais les écrivains diffament* (L. Vieillot). — Par ext. Meurtrier :

Bourreau de vos sujets, pourquoi, dans vos transports,
N'aspirer qu'au plaisir de régner sur des morts.
                         RACINE.

— Fig. Homme cruel, inhumain : *Néron mérita le nom de bourreau.* — Par exag. Personne qui taquine, qui fatigue : *eh bien, bourreau, t'expliqueras-tu?* — Cause de douloureux tourment : *le remords est un cruel bourreau.* — Fig. et fam. : *bourreau d'argent*, homme excessivement prodigue, un grand dissipateur. — Fig. ETRE LE BOURREAU DE SOI-MÊME, ne ménager ni sa santé ni ses forces.

* **BOURRÉE** s. f. Fagot de menues branches : *chauffer le four avec des bourrées.* — Sorte de danse : *un pas de bourrée; bourrée d'Auvergne.* — Air sur lequel on exécute cette sorte de danse : *jouer, chanter une bourrée.*

BOURRÈLEMENT s. m. Douleur : *bourrèlement de l'estomac.* — Fig. Etat d'une conscience bourrelée de remords.

* **BOURRELER** v. a. Tourmenter, gêner. Ne s'emploie qu'au figuré pour exprimer les peines intérieures que les reproches de la conscience font subir : *la conscience bourrelée les méchants.* Son plus grand usage est au participe passé.

* **BOURRELET** ou **Bourlet** s. m. Coussin rempli de bourre ou de crin, fait en rond, et vide par le milieu. — Gaine étroite et longue, faite de toile et remplie de bourre ou de crin, qu'on adapte aux bords intérieurs des portes et des fenêtres qui joignent mal, pour empêcher le froid et l'humidité de pénétrer dans les appartements. — Bandeau rembourré dont on ceint la tête des enfants pour empêcher qu'ils ne se blessent, quand ils tombent. — Rond d'étoffe qui est au haut du chaperon que les docteurs, les licenciés et certains magistrats portent sur l'épaule. — Enflure qui survient autour des reins, à une personne attaquée d'hydropisie : *il a un bourrelet.* — Renflement circulaire qui se forme quelquefois à la tige ou aux rameaux d'un arbre, d'une plante : *bourrelet naturel; bourrelet accidentel.*

* **BOURRELIER** s. m. Ouvrier qui fait le harnais des chevaux et des bêtes de somme.

* **BOURRELLE** s. f. Femme du bourreau.

* **BOURRELLERIE** s. f. Métier, commerce du bourrelier.

* **BOURRER** v. a. Enfoncer la bourre dans une arme à feu que l'on vient de charger : *la baguette sert à bourrer.* — Fig. et fam. Faire manger de quelque chose avec excès : *elle bourre son enfant de pâtisseries.* — Chasse. Se dit d'un chien qui, en poursuivant un lièvre, lui donne un coup de dent, et lui arrache du poil : *le chien a bien bourré le lièvre.* — Fig. et fam. Donner des coups, pousser avec la crosse d'un fusil : *les gendarmes l'ont bourré.* — Par ext. Maltraiter de coups ou de paroles : *il voulait faire l'insolent, mais on l'a bien bourré.* — Neutral. Manège. Se dit d'un

cheval qui s'élance brusquement en avant, dans que le cavalier s'y attende et puisse l'en empêcher.— **Se bourrer** v. pr. Manger de quelque chose avec excès: *il s'est bourré de haricots.* — v. récipr. Se maltraiter l'un l'autre : *ils se sont bien bourrés.*

* **BOURRICHE** s. f. Espèce de panier long dont on se sert pour transporter du gibier, de la volaille, du poisson, etc.

BOURRICHON s. m. Argot. Tête : *il ne faut pas se monter le bourrichon.*

BOURRIENNE (Louis-Antoine FAUVELET DE), secrétaire privé de Napoléon Ier, né à Sens en 1769, mort fou à Caen en 1834. Condisciple de Bonaparte à Brienne, il resta dans son intimité, fut nommé conseiller d'État après le 18 brumaire, fut deux fois destitué à cause de ses concussions, se rallia à la Restauration, suivit Louis XVIII à Gand, fut créé conseiller d'État, puis ministre d'État. Avec la collaboration de Villemarest et de plusieurs autres, il prépara les *Mémoires sur Napoléon, le Directoire, le Consulat, l'Empire et la Restauration* (10 vol. in-8°, 1829-'31). L'impression que lui causa la révolution de Juillet le rendit fou ; il termina sa vie dans une maison de santé.

BOURRIER s. m. Ordure, fumier.

* **BOURRIQUE** s. f. Anesse : *paysan monté sur une bourrique.* — Par denigr. Toute sorte de petits mauvais chevaux dont on se sert à divers usages, comme pour porter des légumes au marché, du plâtre, etc. Ce sens a vieilli. — Fig. pop. Personne très ignorante : *il fait le savant, et c'est qu'une bourrique.* — w TOURNER EN BOURRIQUE, devenir comme une brute. — Fam. FAIRE TOURNER QUELQU'UN EN BOURRIQUE, l'abrutir.

* **BOURRIQUET** s. m. Petit ânon, âne d'une petite espèce. — Maçonn. Civière qui sert à enlever, au moyen d'une grue, des moellons ou du mortier dans des baquets.

BOURRIR v. n. Se dit du bruit que fait la perdrix en s'envolant.

BOURRIT (Marc-Théodore), orographe, né à Genève en 1755, mort en 1815. Peintre sur émail, il reproduisit les principaux sites de son pays. Après plusieurs tentatives pour exécuter, avec de Saussure, l'ascension du mont Blanc, il y réussit en 1787. Ses principaux ouvrages sont : *Description des Alpes pennines et rhétiennes* (1781) , et *Description des cols et passages des Alpes* (1803).

* **BOURRU, UE** adj. Qui est d'une humeur brusque et chagrine : *homme bourru, femme bourrue; esprit bourru, humeur bourrue,* etc. — MOINE BOURRU, prétendu fantôme que l'ignorance faisait craindre dans les campagnes.— Fam. Homme de mauvaise humeur : *cet homme-là est un vrai moine bourru.* — VIN BOURRU, sorte de vin blanc nouveau qui n'a point fermenté, et qui se conserve doux dans le tonneau pendant quelque temps. — Substantiv. Personne brusque et chagrine: *c'est un bourru bienfaisant.*

BOURSAULT (Edme), poète français, né à Mussy-l'Evêque (Bourgogne) en 1638, mort à Montluçon en 1701. Il débuta très jeune, fit paraître une gazette en vers qui lui valut une pension de 2,000 fr., laquelle fut ensuite supprimée à cause de plusieurs vers mordants à l'adresse de plusieurs personnages de la cour. Il eut plus tard querelle avec Molière, mais sut se concilier l'amitié de Boileau. Plusieurs de ses pièces de théâtre ont obtenu du succès. Nous citerons : *Le Mercure galant* (1683) ; *Esope à la ville* (1690) ; *Esope à la cour* (1701). Son *Théâtre* a été publié en 1725 et en 1746.

° **BOURSE** s. f. (gr. *bursa*, cuir). Petit sac de peau, d'étoffe, ou d'un tissu quelconque, dans lequel on met ordinairement l'argent qu'on veut porter sur soi: *bourse de cuir, de peau, de velours.* — *Sa bourse est bien plate,* se dit en parlant d'une personne qui n'a guère d'argent.—*Demander la bourse, la bourse ou la vie,* demander à quelqu'un son argent, sa bourse, sous menace de le tuer s'il la refuse. — *Coupeur de bourses,* filou qui dérobe avec adresse. On dit quelquefois dans un sens analogue: *couper la bourse.*— Par ext. Argent dont on peut disposer actuellement ou habituellement: *avoir recours à la bourse de quelqu'un.* — *Sa bourse est ouverte à ses amis,* il prête volontiers de l'argent à ses amis, lorsqu'ils en ont besoin. — *Toutes les bourses sont fermées,* on ne trouve point d'argent à emprunter. — *Avoir la bourse, tenir la bourse, tenir les cordons de la bourse,* avoir le maniement de l'argent. — *N'avoir qu'une bourse, ne faire qu'une bourse, faire bourse commune,* se dit de deux ou plusieurs personnes qui font leur dépense en commun. — *Faire bon marché de sa bourse,* se vanter qu'on a payé une chose moins qu'elle n'a coûté réellement. — *Sans bourse délier,* sans donner d'argent. — *Ne pas laisser voir le fond de sa bourse,* cacher l'état de ses affaires. — *Bourse à jetons,* bourse destinée à contenir des jetons. — *Bourse de jetons,* bourse pleine de jetons, qui contient des jetons. On se sert ordinairement d'une bourse semblable pour faire la quête dans les églises: *bourse de quêteuse.*—Dans le Levant. Somme ou monnaie de compte évaluée ordinairement à cinq cents piastres (1,781 fr. 28 cent.): *il lui envoya trente bourses.* — Sac de cuir que l'on met quelquefois de chaque côté de l'avant de la selle d'un cheval, et qu'on nomme plus ordinairement sacoche.— Petit sac de taffetas que les hommes enfermaient autrefois leurs cheveux par derrière : *bourse à cheveux.*— Chasse. Longue poche faite de réseau, qu'on met à l'entrée d'un terrier, pour prendre les lapins qu'on chasse au furet. — Liturg. Double carton, couvert d'étoffe, dans lequel on met les corporaux qui servent à la messe. — Bot. Membrane qui enveloppe les champignons lorsqu'ils sont encore jeunes, et qui s'ouvre ou se déchire quand ils prennent de l'accroissement. C'est ce qu'on appelle autrement *volva*. — BOURSE-A-PASTEUR, plante crucifère très commune qui porte des silicules aplaties en forme de cœur renversé.—Bourses s. f. plur. Peau qui enveloppe les testicules.

* **BOURSE** s. f. Pension fondée par le gouvernement, par une commune, ou par un particulier dans un collège, dans une école publique, dans un séminaire, pour l'entretien d'un écolier, d'un élève, durant le cours des études qu'il y doit faire : *bourse entière, demi-bourse, trois quarts de bourse; fonder plusieurs bourses dans un collège, dans un séminaire; bourse communale; bourse ecclésiastique.* — LÉGISL. « *Les bourses accordées aux élèves,* dans les établissements d'instruction publique, consistent dans la remise totale ou partielle du prix de la pension ou des droits à payer, ou même dans l'allocation d'une indemnité. Dans les facultés des sciences et dans les facultés des lettres, elles bourses de licence et des bourses d'agrégation, consistant en indemnités mensuelles, sont accordées, au concours, ainsi qu'il résulte d'un arrêté du ministre de l'instruction publique du 3 juin 1880. Il a été aussi fondé des bourses du doctorat. (Circ. 6 janvier 1880). Les bourses entretenues dans les lycées et collèges sont fondées soit par l'État, soit par les départements, soit par les communes, soit par des particuliers. Celtes entretenues par l'État sont divisées, par le décret du 19 janvier 1881, en trois catégories : les bourses d'internat, les bourses de demi-pensionnat et celles d'externat simple ou surveillé. Les bourses d'internat et celles de demi-pensionnat se subdivisent en bourses entières, trois quarts de bourse et demi-bourses. Les candidats aux bourses d'enseignement classique et d'enseignement spécial doivent justifier, par un examen préalable, qu'ils sont en état de suivre la classe correspondant à leur âge. L'examen est subi devant une commission de cinq membres nommés par le recteur. Il doit en outre être fourni des renseignements sur la situation de fortune des familles des candidats. Les boursiers de l'État sont nommés par le président de la République, ceux des départements sont nommés par les conseils départementaux, et ceux des communes par les conseils municipaux avec approbation des préfets. Les boursiers restent en possession de leur bourse jusqu'à la fin de l'année classique dans laquelle ils atteignent l'âge de dix-neuf ans accomplis. Des bourses sont instituées à l'école normale d'enseignement spécial de Cluny ; dans les écoles normales primaires; dans les écoles régionales d'agriculture ; dans les écoles vétérinaires d'Alfort, de Lyon et de Toulouse ; dans les écoles d'arts et métiers ; à l'école des jeunes de langues ; à l'école d'horlogerie de Cluses, etc. Des bourses et des demi-bourses sont accordées, aux cas d'insuffisance de fortune, aux élèves de l'école polytechnique, de l'école navale et de l'école spéciale militaire. Au Prytanée militaire, des places gratuites sont réservées exclusivement aux fils d'officiers servant ou ayant servi dans les armées, et aux fils de sous-officiers morts au champ d'honneur. Des bourses nationales ont été instituées dans les collèges communaux, en exécution de la loi de finances du 2 août 1868 ; mais elles sont aujourd'hui régies par le décret réglementaire précité du 19 janvier 1881. Les boursiers nationaux dans les écoles primaires supérieures sont nommés par le ministre de l'instruction publique, conformément au décret du 14 février 1880. Un arrêté ministériel, du 3 janvier 1882, fixe les conditions des concours d'aptitude pour ces bourses, lesquels concours ont lieu, dans chaque chef-lieu de département, entre les aspirants et les aspirantes divisés en deux séries, dont l'une comprend les candidats ayant douze ans au moins et quatorze ans au plus au 1er octobre de l'année de l'examen; et l'autre série, les candidats ayant de quatorze à seize ans à la même date. — BOURSES D'AGRÉGATION, bourses instituées pour accroître le personnel enseignant des lycées de l'État. L'école normale supérieure ne fournissant plus un nombre de professeurs suffisant, eu égard au développement qu'a pris l'enseignement secondaire, il a fallu augmenter le nombre des bourses. Les Chambres ont inscrit au budget de l'instruction publique pour 1882 un crédit de 150,000 fr. destiné à entretenir 100 bourses d'agrégation à 1,500 fr. chacune. » (CH. Y.)

* **BOURSE** s. f. Edifice, lieu public où s'assemblent, à de certaines heures, les négociants, les banquiers, les agents de change, les courtiers, pour y traiter d'affaires. — Par ext. Réunion même des négociants, etc., temps pendant lequel elle peut être assemblée : *la Bourse de Paris; aller à la Bourse.* — COURS DE LA BOURSE, cours des effets publics. — Bourses de commerce. LÉGISL. « *Les Bourses de commerce* sont les lieux où se réunissent, à certaines heures, les agents de change et les courtiers, pour y conclure entre eux les achats et les ventes d'effets publics, de valeurs diverses et de marchandises. Il est interdit de vendre, dans un lieu public autre que la Bourse, des marchandises non exposées en vente sur le lieu même où cette vente se fait. La loi du 13 fructidor an III punissait les contrevenants de deux années de détention. Ils étaient en outre exposés publiquement avec un écriteau sur lequel était écrit le mot AGIOTEUR ; enfin tous leurs biens étaient confisqués au profit de l'État. Il existe en France des Bourses de commerce, dans 68 villes ; mais la plupart n'ont qu'une importance minime et n'établissent aucune cote officielle. Le cours des marchandises, des valeurs, du change, etc., résulte des transactions qui se font à la Bourse, et il est déterminé par les agents de change et les courtiers, dans la forme prescrite par des règlements spéciaux (C. comm. 74 à 73). Les dépenses causées par les Bourses de commerce sont supportées par les patentables des trois premières classes, domiciliés dans la ville où la Bourse est instituée. La police de la Bourse appartient au maire qui fixe les heures d'ouverture et de fermeture. (Arr. 29 germinal an IX.) Les Bourses sont ouvertes à tous les citoyens et même aux étrangers ; l'entrée en est interdite aux femmes et aux faillis non réhabilités (C. comm. 613). L'admission d'une valeur à la cote officielle est décidée par la chambre syndicale des agents de change. En vertu de l'art. 13 de la loi du 27 prairial an X, les agents de change doivent exiger, avant toute opération, le dépôt de l'argent ou des titres, et ils sont personnellement responsables de la livraison ou du paiement. La cour de cassation, se basant sur l'art. 76 du Code de commerce, considère comme nulles les négociations d'effets publics ou autres susceptibles d'être cotés, faites par d'autres intermédiaires que les agents de change. Cependant le tribunal de commerce de Paris a reconnu quelquefois la validité de négociations faites en dehors de la Bourse, lorsqu'il s'est agi de valeurs non cotées au registre de la chambre syndicale des agents de change. En ce qui concerne les courtiers, ils ont été dépossédés de leur privilège par la loi du 18 juillet 1866. La loi du 28 ventôse an IX frappe ceux qui s'immiscent dans les fonctions des agents de change d'une amende égale au douzième au moins et au sixième au plus du cautionnement desdits agents de change. Un arrêt du conseil du roi, du 7 août 1785, interdisait aux agents de change de faire des opérations à terme, parce qu'elles donnaient lieu à un agiotage désordonné. La cour de cassation considère aujourd'hui les marchés à terme comme des *paris* et les déclare en conséquence nuls et ne donnant lieu à aucune action, et ce conformément à l'art. 1965 du Code civil. Ces marchés sont en outre regardés par le Code pénal (art. 421, 422) comme étant des délits, et le vendeur doit être puni d'un emprisonnement d'un mois à un an et d'une amende de 500 à 10,000 fr., s'il ne prouve pas que les effets publics qu'il s'est engagé à livrer étaient à sa disposition au moment de la convention, ou devaient s'y trouver au moment de la livraison. Les coupables peuvent en outre être mis tous sous la surveillance de la haute police pendant deux ans au moins et cinq ans au plus. Il est vrai que ces articles du Code pénal ne sont jamais appliqués ; mais si les législateurs de 1810 ne se défiaient pas bien compte des opérations de crédit, et si la cour de cassation croit devoir déclarer la nullité des ventes à terme, il est nécessaire qu'une loi nouvelle fasse rentrer ces négociations dans le droit commun. On ne peut comprendre que les marchés à terme soient valables lorsqu'ils sont pour objet des grains, des farines, des tissus, etc., et que ces marchés soient nuls s'il s'agit de titres de rentes, d'actions ou d'obligations. Les articles 1583 et 1610 du Code civil reconnaissent que la vente est valable, alors même que des délais ont été stipulés et l'on ne comprend pas qu'il en puisse être autrement. Les marchés à terme semblent même indispensables, lorsqu'il se fait une émission importante de titres ou un emprunt d'État que les achats au comptant ne pourraient entièrement absorber, et sans les opérations à terme faites par les banquiers et les spéculateurs, l'émission ou l'emprunt ne pourrait réussir. En outre cette assimilation des marchés à terme aux paris, loin d'empêcher le jeu, encourage les gens de mauvaise foi, en refusant une action légale aux personnes qui ont traité avec eux. Aussi la chambre de commerce de Paris a-t-elle décidé à l'unanimité le 8 février 1882, de renouveler la demande par elle adressée en 1877 au ministre du commerce afin que le gouvernement présente un projet de loi reconnaissant la validité des marchés à terme. Déjà, en 1876, M. Andrieux, député, avait déposé une proposition dans le même but. Les pays voisins, qui avaient copié notre législation commerciale, nous ont devancés en la reformant sur ce point. La Suisse a reconnu la validité des marchés à terme par une loi de 1860 ; en Belgique, une loi de 1867 restreint l'exception de jeu à des cas exceptionnels ; en Autriche, cette exception n'est pas admise et les opérations de bourse sont reconnues actes de commerce par une loi de 1875 ; en Allemagne, le tribunal de commerce suprême de Leipzig dont la compétence s'étend sur tout l'Empire allemand, en vertu de la constitution du 16 avril 1871, assimile les ventes de valeurs de bourse aux ventes de marchandises et admet très rarement l'exception de jeu ; enfin en Italie, une loi de 1876 reconnaît que les marchés à terme sont valables, même lorsqu'il s'agit du paiement des différences, pourvu que les conventions aient été rédigées sur papier timbré. »   (CH. Y.)

* **BOURSICAUT** s. m. Diminut. Petite bourse.
— Petite somme amassée avec économie, et tenue en réserve. (Fam.)

BOURSICAUTER v. n. Faire des économies.
— Jouer à la Bourse, tripoter sur les fonds publics. — On écrit aussi BOURSICOTER.

BOURSICAUTIER ou **Boursicotier** s. m. Individu qui tripote à la Bourse sur les fonds publics. — On dit aussi BOURSICOTEUR.

BOURSICAUTIÉRISME ou **Boursicotiérisme** s. m. Art de spéculer en Bourse.

* **BOURSIER** s. m. Celui qui jouit d'une bourse dans un collège, dans une école publique, dans un séminaire. — ᴠᴠ Celui qui travaille à la Bourse, depuis l'agent de change jusqu'au coulissier.

* **BOURSIER, IÈRE** s. Ouvrier, ouvrière qui fait et qui vend des bourses (peu us.).

* **BOURSILLER** v. n. [*ll* mll.]. Contribuer chacun d'une petite somme pour quelque dépense commune : *il fallut que chacun boursillât* (fam.).

* **BOURSON** s. m. Petite poche au dedans de la ceinture d'une culotte. On dit aujourd'hui, *Gousset*.

* **BOURSOUFLAGE** s. m. Enflure. Ne se dit qu'au figuré, en parlant du style : *style plein de boursouflage*.

* **BOURSOUFLÉ, ÉE** part. passé de BOURSOUFLER. — Fig. : *style boursouflé*. — Substantiv. : *c'est un gros boursouflé*, se dit d'un homme gras et replet, qui a de grosses joues.

BOURSOUFLEMENT s. m Etat d'une substance qui s'enfle par l'effet du feu ou le développement d'un gaz.

* **BOURSOUFLER** v. a. Rendre enflé. Ne se dit qu'en parlant de la bouffissure des chairs : *le vent lui a boursouflé le visage*.

* **BOURSOUFLURE** s. f. Enflure, au propre et au figuré : *boursouflure du visage ; boursouflure du style*.

BOU SAADA, ch.-l. de cant., arr. de Sétif (Algérie, province de Constantine ; 4,000 hab. dont 150 Européens. Cercle militaire, pépinière ; marché arabe. — Alt., 578 m. Lat. N. 34° 12' 53" ; long. E. 4° 47' 20".

BOUSCAILLE s. f. [*ll* mll.]. Argot. Boue.

BOUSCAILLEUR, EUSE, s. [*ll* mll.]. Balayeur, balayeuse.

BOUSCULADE s. f. Action de bousculer ; résultat de cette action. — On dit aussi BOUSCULEMENT.

* **BOUSCULER** v. a. (de *bouter* et *cul*, mettre sur le cul). Mettre sens dessus dessous : on a *bousculé mes livres*. — Pousser en tous sens : *nous fûmes horriblement bousculés dans la foule* (fam.).

* **BOUSE** s. f. [-ze] (gr. *bous*, bœuf). Fiente de bœuf ou de vache : *la bouse de vache est un bon engrais pour les terres.*

BOUSIER s. m. Entom. Genre de coléoptères lamellicornes comprenant une centaine d'espèces qui vivent dans les excréments.

* **BOUSILLAGE** s. m. [bou-zi-ia-je ; *ll* mll.]. Mélange de chaume et de terre détrempée, dont on se sert pour faire des murs de clôture dans les lieux où la pierre est rare : *maison faite de bousillage.* — Fig. et fam. C'est DU BOUSILLAGE, CE N'EST QUE DU BOUSILLAGE, se dit de tout ouvrage mal fait ou qui doit durer peu.

* **BOUSILLER** v. a. [*ll* mll.] (rad. *bouse*). Maçonner en bousillage. — Activ. et fig. Faire un ouvrage avec précipitation et sans soin : *il bousille tout ce qu'il fait.*

* **BOUSILLEUR, EUSE** s. Celui, celle qui travaille en bousillage. — Fig. et fam. Mauvais ouvrier en toute sorte d'ouvrages.

* **BOUSIN** s. m. [bou-zain]. Surface tendre des pierres de taille. — ᴠᴠ Argot. Tapage.— Café borgne. — Lieu de débauche.

BOUSINGOT s. m. [bou-zain-go] (angl. *bowsing*, taverne fréquentée par des matelots). Petit chapeau de marin. — Café borgne. — A signifié : Poseur, et s'est dit, en 1830, des romantiques vêtus d'une manière excentrique et de certains républicains qui essayaient de remettre en honneur le costume des conventionnels.

BOUSQUER v. a. Mar. Faire travailler malgré lui un matelot paresseux.

BOUSQUET, officier français, né et mort à Carmaux (30 mai 1877). Chef de bataillon en 1870, il s'enferma dans le fort de Bitche, avec quelques hommes de cœur, et y soutint vaillamment un siège qui dura près de sept mois. Voy. BITCHE.

BOUSSA, ville principale du Borgou, sur le Niger ; Mungo-Park y fut assassiné.

BOUSSAC, ch.-l. d'arr. à 35 kil. N.-E. de Guéret (Creuse), sur une montagne, au confluent de la petite Creuse et du Véron. Ruines imposantes d'une vieille forteresse féodale. Tanneries ; bois, grains, laines, bétail ; 1,100 hab. Murailles flanquées de tours. Très ancien château. — Alt. 380 m. Lat. 46° 20' 57"N.; long. 0° 7' 26" O.

BOUSSIÈRES, ch.-l. de cant., arr. et à 16 kil. S.-O. de Besançon (Doubs). 260 hab.

* **BOUSSOLE** s. f. Cadran au centre duquel est fixée une aiguille aimantée qui tourne

Boussole marine anglaise.

librement sur son pivot, et dont la pointe aimantée se dirige toujours vers le pôle magnétique. — Fig. Guide, conducteur : *soyez ma boussole ; vos conseils me serviront de boussole.* — Astron. Constellation de l'hémisphère austral. — Fam. Tête, cervelle. — PERDRE LA BOUSSOLE, déraisonner, devenir fou. — ENCYCL. L'aiguille aimantée de la boussole indique le méridien magnétique et, au moyen d'un cercle gradué, les azimuths ou position des objets par rapport à ce méridien. Les Chinois paraissent avoir connu les propriétés de polarité de la pierre d'aimant (voy. AIMANT) et du fer ou de l'acier aimantés. Mais quelques écrivains prétendent qu'ils employèrent l'aimant naturel seulement, en le faisant flotter sur un morceau de liège dans un vase plein d'eau, et que l'aiguille aimantée fut inventée par Flavio-Gioja d'Amalfi au XIVᵉ siècle ; d'autres affirment que la boussole fut apportée de Chine en Italie par Marco Polo vers 1295. Mais Guyot de Provins, nous apprend, dans le roman de la *Rose* (XIIᵉ siècle), que les pilotes français employaient déjà une aiguille aimantée qu'ils nommaient une *marinette*, et qui leur servait à se diriger pendant les temps nébuleux :

> Icelle estoile ne se muet,
> Un art font qui mentir ne puet.
> Par vertu de la *marinette*,
> Une pierre laide, noirette,
> Ou li fer, volentiers se joint, etc.

— Plusieurs formes de boussole sont en usage. La *boussole marine* se compose d'une aiguille placée sur un pivot au centre d'un disque, sur lequel on a marqué les points cardinaux et leurs subdivisions. La boussole attachée à divers instruments d'observation ou d'arpentage est formée d'un cercle gradué sur lequel l'aiguille montre les degrés à chacune de ses extrémités. — Une autre forme, très utile, est la boussole *prismatique*, l'aiguille y est suspendue sur un pivot, dans une boîte cylindrique peu profonde et comportant, par ses extrémités, un anneau d'argent gradué à 360°, avec les demi-degrés et quelquefois les quarts de degrés indiqués par de petites lignes. — La boussole est sujette à erreur dans ses indications, soit pour des causes locales, soit pour des causes générales.

BOUSTIFAILLE s. f. [*ll* mll.]. Pop. Repas copieux, composé de mets peu recherchés.

* **BOUSTROPHÉDON** s. m. [bouss-tro-fé-don] (gr. *bous*, bœuf ; *stréphô*, je tourne). Manière d'écrire alternativement de droite à gauche, et de gauche à droite, sans discontinuer la ligne, à l'imitation des sillons d'un champ : *les plus anciennes inscriptions grecques sont en boustrophédon.*

* **BOUT** s. m. Extrémité d'un corps, d'un espace : *les deux bouts d'un bâton ; il lui présenta le bout du fusil ; appuyer le bout d'un pistolet sur la poitrine de quelqu'un ; tirer à bout portant, à bout touchant ; le bout des doigts, du nez, de l'oreille.* — Ce qui garnit l'extrémité de certaines choses : *mettre un bout d'argent, un bout de cuivre à une canne.* — Parcelle, petite partie de certaines choses, comme ruban, ficelle, corde, etc. : *il prit un bout de corde, et l'en frappa.* — Morceau, petite portion de certaines choses qui se mangent, comme boudins, saucisses, cervelas, etc. : *il n'a mangé qu'un bout de boudin, de saucisse.* — Fin, terme : *au bout de l'an, du mois, d'un sermon ; écouter jusqu'au bout.* — Petite partie de certaines choses qui ne devraient point se diviser. N'est guère usité que dans les phrases suivantes : *entendre un bout de messe, un bout de vêpres, un bout de sermon.* — Fam. *Un bout de lettre, un bout de rôle,* lettre fort courte, un rôle très court, etc. — Mar. Avant, proue du bâtiment : *ce bâtiment a bout à terre.* — *Avoir vent de bout,* avoir vent contraire. On écrit aussi *debout* en un mot. — BOUT DE LA MAMELLE, BOUT DU SEIN, DU TETON, mamelon qui est au milieu de la mamelle : *elle n'a pas de bout, elle ne peut nourrir faute de bout.* — BOUTS D'AILES, extrémité des ailes de certains oiseaux bons à manger : *terrine d'ex-*

cellents bouts d'ailes. Voy. AILE. — Prov. et fig. RIRE DU BOUT DES DENTS, s'efforcer de rire, quoiqu'on n'en ait nulle envie. — Prov. et fig. AVOIR, TENIR LE BON BOUT PAR DEVERS SOI, être nanti, avoir déjà des avantages assurés dans une affaire où l'on cherche encore à en obtenir d'autres. — PRENDRE UNE AFFAIRE PAR LE BON BOUT, la commencer d'une manière convenable. — Fig. et fam. ON NE SAIT PAR QUEL BOUT LE PRENDRE, se dit de quelqu'un dont l'humeur est revêche, le caractère difficile. — LE HAUT BOUT, la place qui est regardée comme la plus honorable. — LE BAS BOUT, celle qui est regardée comme la moins honorable. — TENIR LE HAUT BOUT, exercer de l'influence, être fort considéré dans un certain cercle. — Prov. et fig. AU BOUT DE L'AUNE FAUT LE DRAP, toutes choses ont leur fin ; il ne faut ni s'étonner ni s'affliger de voir qu'elles viennent à manquer, quand on en a usé autant qu'on le pouvait. — AU BOUT DU FOSSÉ LA CULBUTE, se dit lorsque, se conduisant avec étourderie ou avec audace, on veut faire entendre que, s'il en résulte pour soi des suites fâcheuses, on ne se plaindra point, on les verra d'un œil indifférent. — A TOUT BOUT DE CHAMP, à chaque instant, à tout propos. — IL A VOYAGÉ D'UN BOUT DU MONDE A L'AUTRE, il a parcouru beaucoup de pays. — Par exag. et fam. IL EST ALLÉ LOGER, IL EST LOGÉ AU BOUT DU MONDE, dans un quartier fort éloigné. — C'EST LE BOUT DU MONDE, se dit lorsqu'on estime quelque chose à son plus haut prix, à sa plus grande valeur : *s'il a cent écus chez lui, c'est le bout du monde.* — BOUT DE FLEURET, bouton de cuir rembourré qu'on met à la pointe d'un fleuret, pour qu'il ne blesse pas. — BÂTON A DEUX BOUTS, sorte d'arme offensive, qui consiste en un grand bâton ferré par les deux bouts. — BOUTS DE SOULIERS, morceaux de cuir que l'on met aux semelles des souliers, à l'endroit où elles sont usées. On dit à peu près dans le même sens : *mettre des bouts à des bottes.* — UN BOUT DE BOUGIE, UN BOUT DE CHANDELLE, morceau qui reste d'une bougie, d'une chandelle brûlée en grande partie. — Prov. et fig. ÉCONOMIE DE BOUTS DE CHANDELLES, épargne sordide en de petites choses. — UN BOUT D'HOMME, un homme extrêmement petit. — BOUT SAIGNEUX DE VEAU, DE MOUTON, cou d'un veau ou d'un mouton tel qu'on le vend à la boucherie ; et absol. *bout saigneux,* cou d'un mouton. — BOUT DE L'AN, voy. AN. — AVOIR DE LA PEINE A JOINDRE LES DEUX BOUTS DE L'ANNÉE, ou simplement, *à joindre les deux bouts,* fournir difficilement à sa dépense annuelle. — ÊTRE AU BOUT DE SA CARRIÈRE, se dit d'une personne qui n'a plus longtemps à vivre, ou qui a rempli jusqu'à la fin toutes les fonctions de sa place, tous les devoirs de son emploi, de sa profession. — ÊTRE AU BOUT DE SON RÔLET, ne savoir plus que dire ni que faire, ne savoir plus que devenir. On dit à peu près dans le même sens : *être au bout de son rouleau.* — IL N'EST PAS AU BOUT, se dit de quelqu'un qui a rencontré des obstacles, éprouvé des contrariétés, des chagrins, et lorsqu'on veut faire entendre que ses peines ne sont pas finies. — Au bout du compte loc. adv. et fam. Tout considéré, après tout. — A bout loc. adv. qui a différentes acceptions. — ÊTRE A BOUT, se trouver dépourvu de toute espèce de ressource, ne savoir plus que devenir. — METTRE QUELQU'UN A BOUT, le réduire à ne savoir plus que faire ni que dire. — POUSSER QUELQU'UN A BOUT, METTRE, POUSSER SA PATIENCE A BOUT, le mettre en colère à force d'abuser de sa patience. — SA PATIENCE EST A BOUT, elle est épuisée. — POUSSER QUELQU'UN A BOUT, le réduire à ne pouvoir répondre. — A bout de loc. prép. qui a également différentes acceptions. — ÊTRE A BOUT DE VOIE, ne savoir plus quel moyen employer, être à la fin de ses ressources. — VENIR A BOUT D'UN DESSEIN, D'UNE ENTREPRISE, réussir dans un dessein, dans une entreprise. — VENIR A BOUT DE FAIRE UNE CHOSE, A BOUT D'UNE CHOSE, parvenir à faire une chose,

parvenir à la fin d'une chose, en trouver la fin. — VENIR A BOUT DE QUELQU'UN, le réduire à la raison, le réduire à faire ce qu'on veut. — Bout à bout, loc. adv. Qui se dit en parlant de certaines choses qu'on joint, qui sont jointes par leurs extrémités : *coudre deux bandes de toile bout à bout.* — Fig. et fam. METTRE BOUT A BOUT, se dit en parlant de l'énumération et de l'assemblage de certaines choses, qui ne sont presque rien à les prendre séparément, mais qui forment un tout considérable, si on les réunit. — De bout en bout loc. adv. D'une extrémité à l'autre. — D'un bout à l'autre loc. adv. et quelquefois prép. D'une extrémité à l'autre, ou depuis le commencement jusqu'à la fin : *courir la ville d'un bout à l'autre :*

> Oui mon livre est fort inégal,
> Colin, vous n'en jugez pas mal ;
> Rien n'est plus égal que le vôtre ;
> Tout n'y vaut rien d'un *bout à l'autre.*
>
> LA MONNOYE.

* **BOUTADE** s. f. (rad. *bouter*). Caprice, saillie d'esprit et d'humeur.

BOUTAN. Voy. BOOTAN.

* **BOUTANT** adj. m. Archit. A le même sens que *Butant,* et s'emploie qu'avec le mot *Arc.* Voy. ARC-BOUTANT.

* **BOUTARGUE** ou *Botargue* s. f. Mets qu'on prépare en Italie et dans le midi de la France, avec des œufs de poisson salé, confis dans le vinaigre.

* **BOUT-DEHORS** ou *Boute-hors* s. m. Mar. Pièce de bois longue et ronde qu'on ajoute, par le moyen d'anneaux de fer, à chaque bout de vergue du grand mât et du mât de misaine, et qui sert à porter des bonnettes, quand le vent est faible, ou quand on veut accélérer la marche du navire.

* **BOUTÉ, ÉE** adj. Manège. Se dit d'un cheval qui a les jambes droites depuis le genou jusqu'à la couronne.

* **BOUTE-EN-TRAIN** s. m. Haras. Cheval entier dont on se sert pour mettre les juments en chaleur. — Plur. des BOUTE-EN-TRAIN. — Petit oiseau qui sert à faire chanter les autres. — Fam. Homme qui excite les autres à la joie, qui met tout le monde en train.

* **BOUTE-FEU** s. m. Baguette garnie à son extrémité d'une mèche d'étoupe qui sert à mettre le feu à certaines pièces de canon : *des boute-feu.* — Celui qui met le feu au canon ou à des pièces d'artifice. — Fig. Celui qui excite des discordes et des querelles.

* **BOUTE-HORS** s. m. Nom d'un ancien jeu. — s. m. Fig. et fam. ILS JOUENT AU BOUTE-HORS, ils tâchent de se débaucher l'un l'autre de quelque emploi, de quelque place. — Mar. Voy. BOUT-DEHORS.

* **BOUTEILLE** s. f. [*ll* mll.] (haut all. *bodden,* flacon). Vase à goulot, de formes diverses et d'une capacité plus ou moins grande, destiné à contenir du vin, ou d'autres liquides : *bouteille de verre, de terre, de grès, de cuir bouilli.* — Les premières bouteilles furent en cuir ; on a trouvé des bouteilles de verre dans les ruines de Pompéi, ce qui prouve que les Romains en 79 av. J.-C. — Liqueur qui est contenue dans une bouteille : *bouteille de bière, d'eau-de-vie, de rhum, de vin.* — Absol. Bouteille de vin : *boire une bouteille.* — VIDER UNE BOUTEILLE, boire le vin qu'elle contient. — Fig. et fam. C'EST LA BOUTEILLE A L'ENCRE, se dit d'une affaire très obscure. — PAYER BOUTEILLE, payer le prix d'une bouteille de vin qu'on boit au cabaret avec quelqu'un. — AIMER LA BOUTEILLE, LA DIVE BOUTEILLE, aimer le vin, être adonné au vin. — Phys. BOUTEILLE DE LEYDE, appareil qui produit la commotion électrique par la réunion soudaine de deux quantités d'électricité de différente nature accumulées sur ses

deux surfaces. Cet appareil fut inventé à Leyde, et formé d'abord d'une simple bouteille de verre recouverte de feuilles de métal. ~ Bouteilles s. f. pl. Mar. Lieux d'aisances dans un vaisseau.

* **BOUTEILLER** s. m. Voy. Boutillier.

* **BOUTER** v. a. (rad. *bout*). Mettre. N'est plus usité que dans le bas langage, ou en termes de marine : Bouter au large, pousser une embarcation au large.

* **BOUTER** v. n. Se dit d'un vin qui pousse au gras : *cette cave fait bouter.*

BOUTERNE s. f. Boîte vitrée où sont exposés, aux foires de village, les lots destinés à attirer les amateurs de loteries foraines et de jeux. Les objets les plus apparents, les plus gros, les plus chers, sont ceux que l'on ne gagne jamais.

BOUTERNIER, IÈRE s. Celui, celle qui tient une bouterne.

* **BOUTEROLLE** s. f. Garniture qu'on met au bout d'un fourreau d'épée. — Chacune des fentes d'une clef qui reçoivent les gardes de la serrure. — Blas. Pièce d'armoirie représentant la garniture d'un bout de fourreau d'épée.

BOUTERWEK (Friedrich) [bou-tèrr-vèk], philosophe et poète allemand, né près de Goslar en 1766, mort en 1828; professeur de philosophie à Gœttingen. Fut d'abord disciple de Kant et ensuite de Jacobi. Son principal ouvrage : *Geschichte der neuern Poesie und Beredsamkeit* (12 vol. 1801-'19), a été traduit en français par Strock. Outre des œuvres de métaphysique, il a publié *Aesthetic* (1806) et *Klein Schriften* (1818).

* **BOUTE-SELLE** s. m. Art. milit. Signal qui se donne avec la trompette, pour avertir les cavaliers de seller leurs chevaux, et se tenir prêts à monter à cheval. — Plur. des Boute-selle.

BOUTEVILLE, commune du canton et à 7 kil. de Châteauneuf (Charente). Eaux-de-vie. Beau château de la Renaissance.

BOUTEVILLE (François de Montmorency, comte de Suize, seigneur de), fameux duelliste, né en 1600, décapité le 21 juin 1627. Il était fils du vice-amiral Louis de Montmorency. Dès 1624, il fut condamné à être pendu, ainsi que son adversaire et son second, à cause du duel qu'il avait eu le jour de Pâques; mais ils parvinrent à s'échapper; en 1626, il tua le marquis de Thorigny et ensuite lutta contre le marquis de Beuvron, parent et vengeur de Thorigny : ils furent mis à mort l'un et l'autre. Six mois après la mort de Bouteville, sa veuve donna le jour à un garçon qui fut le maréchal de Luxembourg.

BOUTHAOUK ou **Boothauk**, ville fortifiée de l'Afghanistan, à 20 kil. E. de Caboul, à l'entrée des étroits passages, et des gorges affreuses dans lesquels l'armée anglaise évacuant Caboul, en janvier 1842, fut exterminée par les Afghans.

BOUTIÈRES (Les), ramification des Cévennes, à partir du mont Pilat (département de la Loire) jusqu'au mont Mezenc (Ardèche).

* **BOUTILLIER** s. m. [ll mll.]. Echanson. Ne s'emploie que dans cette dénomination ancienne; *grand boutillier de France*, grand officier de la couronne qui avait l'intendance de tout ce qui concernait la bouche, et spécialement du vin. On dit aussi, Bouteiller.

* **BOUTIQUE** s. f. (gr. *apothéké*). Lieu où un marchand étale et vend sa marchandise, où un artisan travaille : *les boutiques sont ordinairement au rez-de-chaussée des maisons, et ouvertes sur la rue.* — Par ext. Toutes les marchandises dont une boutique est garnie : *il a vendu sa boutique, son fonds de boutique.* — Tous les instruments qu'un artisan : *il a emporté ses marteaux, ses limes, etc., enfin toute sa boutique.* — Bateau de pêcheur dont le

fond est percé de trous, et dans lequel le poisson se conserve vivant. — Par mépris, Courtaud de boutique, garçon de boutique. Garde-boutique, étoffe, marchandise passée de mode, que le marchand garde depuis longtemps; toute marchandise de mauvais débit. — Se mettre en boutique, ouvrir boutique, lever boutique, entreprendre quelque espèce de commerce ou d'industrie à boutique ouverte. — Fermer boutique, cesser de travailler ou de vendre en boutique, quitter le commerce. — Faire de son corps une boutique d'apothicaire, prendre trop de remèdes. — Cela vient, cela sort, cela part de la boutique d'un tel, cela est de l'invention d'un tel, c'est un tel qui a tenu ce propos, qui a débité cette nouvelle. Ne se dit guère qu'en mauvaise part. — w Pop. Maison mal tenue, mal dirigée : *c'est une baraque, une boutique.* — Par dénigr. Etre de la boutique, faire partie de la maison, de l'administration ou de la coterie.

* **BOUTIQUIER** s. m. Artisan ou marchand qui est en boutique. Se dit surtout d'un petit marchand. — w Par dénigr. Homme à idées étroites.

* **BOUTIS** s. m. Chasse. Endroit où un sanglier a fouillé avec son boutoir; traces de cette fouille : *cette partie de la forêt est pleine de boutis.*

* **BOUTISSE** s. f. Maçonn. Pierre taillée qu'on place dans un mur suivant sa longueur de manière que sa largeur paraît en dehors : *placer alternativement des pierres en boutisse et en parement.*

* **BOUTOIR** s. m. (rad. *bouter*). Instrument avec lequel les maréchaux enlèvent la corne superflue du pied d'un cheval, avant de le ferrer. — Groin d'un sanglier. — Fig. et fam. Coup de boutoir, trait d'humeur, propos dur, repoussant, qui blesse.

* **BOUTON** s. m. Petit corps arrondi ou allongé que poussent les arbres et les arbustes, et d'où naissent les branches, les feuilles ou les fleurs : *bouton à bois, à feuilles, à fruit.* — Fleur qui n'est pas encore épanouie : *bouton de rose.* — Méd. Terme vague que l'on emploie pour désigner de petites tumeurs cutanées, isolées, plus ou moins dures que l'on observe à la surface de la peau. Ces boutons se distinguent en *papules, bulles* et *pustules.* Voy. ces mots. — Petite pièce de diverses matières, ordinairement ronde et plate, quelquefois bombée ou en boule, qui sert à attacher ensemble différentes parties d'un vêtement, et que l'on passe, à cet effet, dans des fentes appelées *boutonnières,* ou dans des ganses : *bouton de métal, d'or, d'argent, de diamant, de nacre.*

> Il mange tout, ce gros glouton,
> Il boit tout ce qu'il a de rente;
> Son pourpoint n'a plus qu'un bouton;
> Mais son nez en a plus de trente.
>   Gombault.

— Art vétér. Boutons de farcin, certaines bubes qui viennent aux jambes du cheval atteint de farcin. — Bouton du sein, bout du sein, mamelon. — Bouton de soie, de fil, de drap, etc., bouton formé d'un petit morceau de bois ou d'os recouvert de soie, de fil, etc. — Moules de boutons, petits morceaux de bois ou d'os avec lesquels on fait cette sorte de boutons. — Prov. et fig. Serrer le bouton a quelqu'un, le presser vivement sur quelque chose, et quelquefois avec menaces. — Sa robe, sa soutane ne tient qu'a un bouton, se dit d'un homme qui porte la robe ou la soutane, et qui est prêt à la quitter pour embrasser une autre profession. — Bouton, se dit par ext. de plusieurs choses qui ont la figure d'un bouton : *le bouton du canon d'un fusil, bouton qui sert pour servir de mire; le bouton d'un fleuret; le bouton qui garnit le haut d'une pelle à feu.* — Bouton d'une serrure, d'un verrou, partie saillante et arrondie à l'aide de laquelle on pousse et on tire le

pêne d'une serrure ou d'un verrou. On dit dans un sens analogue, *bouton d'un tiroir, d'un couvercle,* etc. — Bouton d'une porte, pièce de fer ou de cuivre, qui est ordinairement de forme ronde ou ovale, et qui sert à tirer une porte à soi ou à l'ouvrir. — Artill. Bouton de culasse, pièce qui termine la culasse d'un canon. — Equit. Bouton de la bride, petit anneau de cuir qui coule le long des rênes, et qui sert à les resserrer. — Chirur. Bouton de feu, instrument de fer en forme de bouton, qui sert à cautériser, après qu'on l'a fait rougir au feu.— Dans les essais. Bouton de fin, ou simplement, Bouton, petite portion d'or ou d'argent qui reste après l'opération de la coupelle. — Bot. Bouton-d'or, variété de la renoncule des prés, dont les fleurs sont doubles et d'un beau jaune doré. —Bouton d'argent, variété à fleurs doubles de la matricaire des jardins.

BOUTONNANT, ANTE adj. Qui se boutonne : *robe boutonnante.*

* **BOUTONNÉ, ÉE** part. passé de Boutonner.— Fig. et fam. C'est un homme toujours boutonné, boutonné jusqu'à la gorge, jusqu'au menton, boutonné comme un portemanteau, c'est un homme qui a grand soin, lorsqu'il parle ou qu'on l'interroge, de ne pas laisser pénétrer sa pensée, ses desseins.

* **BOUTONNER** v. n. Pousser des boutons : *les rosiers commencent à boutonner.* — v. a. Attacher, arrêter un vêtement, ou quelque partie d'un vêtement, au moyen des boutons que l'on passe dans les boutonnières ou dans les ganses. — Se boutonner v. pr. Attacher son vêtement à l'aide de boutons : *cet enfant ne sait pas encore se boutonner.*

* **BOUTONNERIE** s. f. Marchandise ou commerce du boutonnier.— Fabrique, atelier où l'on fait des boutons.

* **BOUTONNIER** s. m. Celui qui fait et qui vend des boutons.

* **BOUTONNIÈRE** s. f. Fente faite à un vêtement pour y passer un bouton, et qui est bordée de soie, de laine, etc. — Boutonnière fermée, boutonnière qui n'est que figurée sur le vêtement et qui n'est qu'à l'orner. — Fig. et fam. Faire une boutonnière a quelqu'un, lui faire une blessure un peu large avec une arme perçante ou tranchante.

BOUTRE s. m. Bateau à fond plat, à deux mâts ou peu inclinés sur l'avant et à un mât de tape-cul sur le couronnement. C'est le bateau le plus employé par les Arabes dans la mer des Indes.

* **BOUTS-RIMÉS** s. m. pl. Rimes, souvent très bizarres, données pour faire des vers dont le sujet est ordinairement à volonté : *donner des bouts-rimés; remplir des bouts-rimés.* — Par ext. Bout-rimé, au singulier, pièce de vers composée sur des rimes données : *un mauvais bout-rimé.*

BOUTURAGE s. m. Action de bouturer.

* **BOUTURE** s. f. Branche, racine, tige ou feuille, coupée à un arbre, un arbuste, et qui, étant plantée en terre, y prend racine.

BOUTURER v. n. Agric. Pousser des tiges par le pied : *cet arbre bouture bien.* — v. a. Reproduire par boutures; *planter des boutures.*

* **BOUVARD** s. m. Marteau dont on se servait pour frapper les monnaies, avant l'invention du balancier.

BOUVART (Alexis), astronome suisse (1767-1843); aida Laplace dans les calculs relatifs à la *Mécanique céleste,* devint membre du Bureau des longitudes et expliqua le premier les perturbations d'Uranus. A publié de *Nouvelles Tables des planètes Jupiter et Saturne* (1808).

* **BOUVERIE** s. f. Étable à bœufs, particulièrement dans les environs des marchés publics.

* **BOUVET** s. m. Charpent. et Menuis. Rabot à faire des rainures.

BOUVET (Joachim), jésuite et missionnaire, né au Mans en 1662, mort à Pékin en 1732. Il passa 50 ans en Chine, où il se fit le promoteur du progrès scientifique et laissa des *Relations de ses missions et un État présent de la Chine* (1697).

* **BOUVIER, IÈRE** s. Celui, celle qui conduit les bœufs et qui les garde. — Fig. et fam. C'EST UN GROS BOUVIER, UN VRAI BOUVIER, se dit d'un homme grossier. — Astron. Constellation de l'hémisphère boréal, dont l'étoile principale, l'une des plus brillantes du ciel, se nomme *Arcturus*.

BOUVIER (Jean), juriste américain, né en France en 1787, établi à Philadelphie en 1822, mort en 1851 ; a laissé un *Dictionnaire des lois*. Sa fille HANNAH, née en 1811, a publié un *Cours d'astronomie*.

* **BOUVILLON** s. m. Diminut. de *Bœuf*. Jeune bœuf. (Peu us.)

BOUVINES, village, arr. et à 13 kil. S.-E. de Lille, (Nord), sur la Marque ; 600 hab. Célèbre victoire remportée le 27 juillet 1214, par les Français sous les ordres de Philippe-Auguste, sur les Allemands et leurs alliés les Flamands (150,000 hommes) commandés par l'empereur Othon IV. Les comtes de Flandre et de Boulogne furent faits prisonniers, ainsi que le comte de Salisbury, frère de Jean sans Terre. — En 1340, Philippe de Valois y battit 10,000 soldats anglais ; et les 17 et 18 mai 1790, les Français y remportèrent un avantage sur les Autrichiens.

* **BOUVREUIL** s. m. [*l* mll.]. Genre d'oiseaux conirostres, voisin des moineaux et dont le bec est gros, court, bombé, également renflé partout et assez fort pour briser les semences les plus dures. C'est un oiseau de volière, dont le plumage est de plusieurs couleurs, qui a le bec noir, et qui chante assez agréablement. Le bouvreuil ordinaire (*pyrrhula rubicilla*), cendré dessus, rouge vineux dessous et à calotte noire, est un charmant oiseau indi-

Bouvreuil ordinaire. (Pyrrhula rubicilla.)

gène. On l'élève à la brochette en lui donnant une pâtée peu épaisse de pain trempé, de graine le navette écrasée et de jaune d'œuf ; lorsqu'il mange seul, on donne à cette pâtée plus e consistance et on la remplace peu à peu ar du chènevis écrasé et de la navette trempée t même par du millet. Le bouvreuil pris adulte se laisse mourir de faim, à moins que l'on ait soin de lui donner à manger si largement qu'il marche, pour ainsi dire, sur la nourriture et qu'il puisse la voir de tous côtés. On apparie quelquefois le bouvreuil avec la serine. Libre, le bouvreuil niche dans les taillis, ou sur les arbres. La femelle a du gris roussâtre au lieu de rouge.

BOUXWILLER, village d'Alsace, à 15 kil. N.-E. de Saverne, sur la Moder ; 3,750 hab.

BOUYOUKDEREH ou **Buyukdereh**, village de la Turquie d'Europe, sur le Bosphore, à 14 kil. N.-N.-É. de Constantinople. Il est célèbre à cause de sa situation délicieuse ; on y trouve de nombreuses villas et les palais de plusieurs ambassadeurs.

BOUZONVILLE, bourg de Lorraine, à 32 kil. S.-E. de Thionville ; 1,900 hab.

BOVADILLA. Voy. BOBADILLA.

BOVES (José-Tomas) [bo'-vèss], aventurier, né en Espagne, tué à Urica (Vénézuéla), le 5 décembre 1814. Il s'associa aux révolutionnaires dès le commencement de la guerre de l'indépendance dans le Vénézuéla, se joignit ensuite aux royalistes, battit Marino et d'autres chefs insurgés, fit égorger tous ses prisonniers, et se conduisit avec une telle cruauté, que sa troupe, recrutée en grande partie d'esclaves et de vagabonds, fut surnommée la division infernale. En 1814, il défit Bolivar et Marino à La Puerta, s'empara de Valencia, remporta la victoire d'Anguitta, entra à Caracas et fut tué peu de temps après.

BOVIDÉ, ÉE adj. (lat. *bos, bovis*, bœuf ; gr. *eidos*, aspect). Qui ressemble à un bœuf. — s. m. pl. Famille de ruminants ayant pour type le genre bœuf.

* **BOVINE** adj. f. (lat. *bovinus* ; de *bos, bovis*, bœuf). Ne s'emploie que dans ces locutions : *bêtes bovines*, *race bovine*, les bœufs, les vaches, les taureaux. — ESPÈCE BOVINE, espèce du genre bœuf, comprenant seulement le bœuf domestique, sa femelle et ses petits. — RACES BOVINES, races de bœufs domestiques. Les caractères distinctifs du bœuf sont des cornes lisses, unies, sans anneaux, naissant des côtés de la tête et se recourbant ensuite en haut, en bas ou en avant. Sous le

Bœuf Alderney.

rapport de la couleur, la domesticité leur a fait subir une foule de changements, du noir au brun, au rouge et au blanc. Les cornes ne présentent pas moins de diversité ; tandis que le bœuf à longues cornes du Brésil est

Bœuf brésilien à longues cornes.

armé d'une façon démesurée, le Durham a courtes cornes ne présente que des cornes longues de quelques centimètres. La forme gé-

nérale du corps a été également modifiée par le climat, la nourriture et les méthodes d'élevage. Tandis que les bœufs anglais des-

Bœuf Durham à courtes cornes.

tinés à la boucherie sont devenus d'énormes masses de chair supportées par des os relativement forts petits, les races de travail sont fortement musclées et d'une solide ossature.

Vache Ayrshire.

— RACES ÉTRANGÈRES. 1° *Anglaises*, Durham à courtes cornes, Hereford. Devon, Sussex, Alderney, Ayrshire, Angus noire et sans cornes, Aberdeen, Galloway, West-Highland, Kerry, etc. ; 2° *Suisses*, Fribourgeoise, Bernoise, Schwitz, etc. ; 3° *Allemandes*, Ober-Hasli, Ober-Unterwald, Pinzgau, Ober-Innthal, Zillerthal, Murzthal, Hongroise, Bohème, Morave, etc. ; 4° *Italiennes*, Piémontaise, etc. — RACES FRANÇAISES. *Normande*, renommée pour la qualité de son lait et de sa chair, et divisée en race cotentine, de haute taille, à robe brune, striée de noir, et en race du pays d'Auge, un peu moins haute ; *Flamande*, de grande taille, bonne laitière ; *Charolaise*, rouge ou blanche, de travail et de boucherie ; *Gasconne*, grande et belle race, produit d'excellent suif ; *Agenaise* ; *Bazadaise* ; *Comtoise*, labour, lait peu abondant, mais excellent fromage ; *Baraton* ; des *Pyrénées* ; *Limousine*, blonde, beaucoup de chair et peu de suif ; *Salers*, *Aubrac*, *Auvergne*, du *Mezec*, dociles, infatigables au travail, peu estimées comme bêtes de boucherie ; *Parthenaise*, *Choletaise*, *Nantaise*, à chair excellente, recherchées pour la qualité de leur cuir ; *Bretonne*, bonne petite laitière, sobre et robuste ; *Hollandaise*, répandue dans nos départements du Nord.

BOVINO, ville fortifiée de l'Italie méridionale, à 30 kil. S.-S.-O. de Foggia ; 7,500 hab. Les Impériaux y battirent les Espagnols en 1734.

BOWDICH (Thomas-Edward) [baou'-ditch], explorateur anglais (1790-1824). Il accompagna une mission dans le pays des Achantis en 1817 et mourut pendant un second voyage en Afrique. Le plus important de ses écrits sur la géographie africaine est intitulé « Mission de Cape Coast Castle à Ashantee » (1819)

BOWDOIN [bô'-douin], famille américaine, dont un membre, **James** (1727-'90), fut gouverneur de l'état de Massachusetts, et dont un autre membre, **James**, fils du précédent (1752-1811), représenta les Etats-Unis en Espagne (1805-'8) et fit un don au collège Bowdoin.

BOWDOIN (Collège), la plus ancienne école médicale de l'état du Maine (Etats-Unis), ainsi nommée en l'honneur de James Bowdoin, gouverneur de Massachusetts, et fondée en 1797. En 1875, il y avait au collège Bowdoin, 32 professeurs ou maîtres et 241 élèves.

BOWL s. m. Voy. Bol.

BOWLES (**William-Augustus**), aventurier américain, né dans le Maryland en 1763, mort en 1805. Etabli à Pansacola, il y épousa une femme creek, devint le chef de la tribu des Creeks et fut pris, en 1804, par les Espagnols, qui le jetèrent en prison, où il mourut.

BOWLING GREEN, ville de Kentucky (Etats-Unis), à 180 kil. S.-S.-O. de Louisville; 5,000 hab., dont 1,500 noirs. Commerce considérable de porc, de tabac, etc.

BOWYER (**William**) [bô-ieur], célèbre imprimeur anglais (1699-1777); a donné une fameuse édition grecque du Nouveau Testament, avec des notes (1763).

BOX ou Boxe s. f. [bo-kse] (angl. *box*). Stalle d'une écurie établie à l'anglaise: *chaque cheval a sa boxe.* — Sport. Tribune que les jockeys qui ne courent pas occupent sur l'hippodrome.

* BOXE s. f. Pugilat anglais. En 1742, Londres possédait un amphithéâtre destiné spécialement à ce genre de lutte et, après 1790, il y eut partout des écoles de boxe. Les coups de poing cessèrent un peu d'être à la mode vers 1860, époque où le gouvernement anglais prit des mesures pour les interdire.

* BOXER v. n. Se battre à coups de poing. On dit aussi, dans le même sens, avec le pronom personnel, *se boxer.*

* BOXEUR s. m. Celui qui boxe, qui fait en quelque sorte un métier de ce genre de combat.

BOXTEL, ville de Hollande. arrond. et à 15 kil. S. de Bois-le-Duc; 2,600 hab. Une armée anglaise, commandée par le duc d'York, y fut battue par les républicains français qui lui enlevèrent 2,000 prisonniers et 8 canons, le 17 septembre 1794.

BOYACA. I. Etat de la confédération de Colombie, sur la frontière de Vénézuéla; 44,048 kil. carr.; 428,875 hab. Il est traversé à l'O. par une chaîne des Andes et s'abaisse, à l'E. en plaines immenses, couvertes, en partie, de forêts épaisses et de marécages, et en partie, de luxuriants pâturages arrosés par la Méta et d'autres tributaires de l'Orénoque. Les terres basses donnent les productions des pays tropicaux; les hautes terres fournissent celles de l'Europe. Les habitants élèvent une grande quantité de bétail. Le sol renferme du sulfate de soude, les émeraudes, le plomb et un peu d'or. — II. Petite ville de l'état ci-dessus, à 20 kil. de Tunja. Bolivar y remporta sur les Espagnols, le 7 août 1819, une victoire qui fut décisive pour l'indépendance de la Nouvelle-Grenade.

* BOYARD s. m. (de *boï*, combat). Nom qu'on donne aux anciens feudataires de Russie et de Transylvanie. — Le mot boyard, d'origine slave, fut d'abord employé spécialement par les Bulgares, les Serbes et les Russes, et adopté ensuite par les Moldaves et les Valaques. Chez ces différents peuples, il désigne la plus haute position sociale. Dans l'ancienne Russie, les boyards venaient immédiatement après les princes du sang et remplissaient les charges les plus élevées. Les luttes qu'ils eurent entre eux pour la prééminence ayant importuné Pierre le Grand, ce prince abolit cette dignité.

74

* BOYAU s. m. [boi-iô] (lat. *botellus*, petit boudin). Intestin, conduit qui fait plusieurs circonvolutions, et sert à recevoir les aliments au sortir de l'estomac, ainsi qu'à rejeter du corps les excréments. Ne s'emploie pas en médecine. On dit INTESTIN. — Par anal. Long conduit de cuir adapté à une machine hydraulique pour porter l'eau à distance, ou pour l'élever à une certaine hauteur. — Fig. Espace long et peu large: *cette salle n'est qu'un boyau.* — Art milit. Fossé particulier qui part du logement ou de la tranchée pour aller envelopper différents terrains, et qui est tiré parallèlement aux ouvrages et aux défenses du corps de la place pour en éviter l'enfilade, le parapet des boyaux étant toujours du côté de la place; ils servent encore de lignes de circonvallation pour empêcher les sorties et assurer les travailleurs. — Se dit de chaque partie des chemins en ligne droite qui composent les zigzags par lesquels on communique d'une parallèle à l'autre: *boyau de communication.* — DESCENTE DE BOYAUX, hernie abdominale. On dit maintenant: *descente* ou *hernie.* — Pop. IL A TOUJOURS SIX AUNES DE BOYAUX VIDES, se dit d'un homme qui est toujours prêt à bien manger dès qu'on l'y invite. — IL A FAILLI RENDRE TRIPES ET BOYAUX, il a vomi avec de grands efforts. — CE CHEVAL A DU BOYAU, IL N'A POINT DE BOYAU, il a beaucoup de flanc, il en a peu. — CE CHEVAL EST ÉTROIT DE BOYAU, il n'a point de corps. — CORDE A BOYAU ou DE BOYAU, corde faite des boyaux de certains animaux et servant à garnir divers instruments de musique, comme violon, guitare, harpe, etc., à monter des raquettes, et à beaucoup d'autres usages. — IL NE FAIT QUE RACLER LE BOYAU, se dit d'un homme qui joue mal du violon, de la basse, etc.

* BOYAUDERIE s. f. Lieu où l'on nettoie et où l'on prépare les boyaux de certains animaux, destinés à différents usages dans les arts.

* BOYAUDIER s. m. Celui qui prépare et file des cordes à boyau.

BOYER. I. (**Abel**), auteur anglais, né à Castres en 1664, mort à Chelsea en 1729. Il s'établit à Londres en 1689, écrivit une histoire de sir William Temple et publia un *Dictionnaire français et anglais* qui fut longtemps en usage. — II. (**Alexis**, BARON), l'un des plus grands chirurgiens français, né à Uzerches (Limousin) en 1757, mort en 1833. Fils d'un tailleur de campagne, il fut tour à tour apprenti barbier à Paris; étudia l'anatomie sur des pièces de cadavres qu'il obtenait des étudiants, entra comme élève à l'hôpital de la Charité en 1787 et parvint à compléter son éducation première. En 1795, il était professeur de médecine opératoire et, l'année suivante, il publiait son *Traité d'anatomie*, qui répandit sa réputation dans toute l'Europe. En 1804, il fut nommé chirurgien de l'empereur et baron. Il fut également chirurgien de Louis XVIII, de Charles X et de Louis-Philippe. Son *Traité des maladies chirurgicales* (1811, 11 vol.) est longtemps resté le *vade-mecum* des élèves. — III. (**Jean-Pierre**), président de la république d'Haïti, né à Port-au-Prince en 1776 d'un blanc et d'une négresse affranchie, mort à Paris en 1850. Il fit son éducation en France, prit parti pour la Révolution haïtienne, fut exilé

par Toussaint-Louverture, après la défaite de Rigaud, fit partie, en qualité de capitaine, de la désastreuse expédition de Leclerc, et quitta ensuite le service de la France. En 1818, à la mort de Pétion, sous lequel il avait combattu Christophe, il fut élu président. Son administration, d'abord sage et prospère, devint ensuite arbitraire. En 1825, il se soumit aux réclamations de la France qui demandait une lourde indemnité pour les biens des anciens colons confisqués par les nègres. Les impôts qu'il voulut créer pour acquitter cette dette firent soulever le peuple en 1842; Boyer s'enfuit à la Jamaïque et ensuite en France. — IV. (**Philoxène**), poète et littérateur, né à Cahors en 1829, mort en 1867; a fait représenter *Sapho*, drame en vers (1850), le *Feuilleton d'Aristophane* (1853), le *Cousin du roi* (1857), etc.; a publié des odes, des cantates, etc.

BOYLE, ville d'Irlande, comté de Roscommon, à 170 kil. N.-O. de Dublin; 4,000 hab. Elle est divisée, par la rivière Boyle, en ville neuve et vieille ville. Dans cette dernière se trouvent les ruines de l'abbaye de Boyle et plusieurs autres anciens monuments.

BOYLE. I. (**Robert**), célèbre physicien et chimiste anglais, né en Irlande en 1626, mort en 1691. On l'a appelé l'inventeur de la machine pneumatique, parce que son assistant, Robert Hooker la perfectionna et parce que ce fut au moyen de cet appareil qu'il démontra l'élasticité de l'air. Ses œuvres, avec une autobiographie, ont été publiées en 1744 (5 vol. in-fol.). — II. (**Charles**, COMTE D'ORRERY) (1676-1731), qui eut une fameuse controverse avec Bentley, au sujet d'une édition des *Epîtres de Phalaris*, qui avaient été publiées sous son nom.

BOYNE (La), rivière d'Irlande. Elle naît près de Carberry, comté de Kildare, traverse la mer d'Irlande, après un cours sinueux de 100 kil. Sur ses bords près de Drogheda se livra, le 1er juillet (vieux style) 1690, la bataille décisive dite de la Boyne. L'armée catholique, forte de 30,000 hommes, et commandée par Jacques II, fut taillée en pièces par les protestants, au nombre de 30,000, commandés par Guillaume III. Jacques s'enfuit à Dublin, puis en France. En souvenir de cette victoire, les protestants ont élevé, près de Drogheda, un magnifique obélisque, haut de 150 pieds.

BOZEL, ch.-l. de cant., arr. et à 13 kil. de Moutiers (Savoie); 4,300 hab.

BOZOULS, ch.-l. de cant., arr. et à 23 kil. N.-E. de Rodez (Aveyron), sur la rive droite du Dourdou; 2,600 hab. Mine de fer.

BOZRAH ou Bostra, ville en ruines du Hau-

Ruines de Bozrah.

ran (Palestine), dans une oasis, à 125 kil. S.-S.-E. de Damas. C'était jadis l'une des principales villes du territoire de Baschan. Elle mesurait 8 kil. de circuit, avec des murailles hautes de 5 mètres et une forteresse. Parmi ses ruines, on remarque des temples, un théâtre, des églises, des mosquées, des bains, des fontaines, des aqueducs et des arcs de triomphe. Elle a contenu 100,000 hab.; il n'y reste plus guère que vingt familles. Quelques historiens identifient celte ville avec la Bozrah de la Genèse et des prophètes; mais d'autres l'appellent Bozrah de Moab, pour la distinguer de la Bozrah d'Edom, qu'ils placent entre la mer Morte et Pétra. Agrandie par les Romains, Bostra devint sous Trajan la capitale de la province d'Arabie; l'empereur Philippe, qui y était né, lui donna le titre de métropole et la fortifia. Les Sarrasins la ruinèrent au xiiᵉ siècle.

BOZZARIS (Marco), proprement Marcos Botzaris, patriote grec, né à Souli vers 1790, mort près de Missolonghi, le 20 août 1823. Son père, chef souliote, ayant été vaincu et mis à mort par le terrible Ali, pacha de Janina, Marco Bozzaris s'enfuit et se réfugia dans les îles Ioniennes. Il entra, comme sous-officier, dans l'armée française (régiment albanais). En 1820, il fit taire ses ressentiments et se mit au service d'Ali, en guerre contre les Turcs. Lors du soulèvement national de la Grèce, il se mit à la tête d'une troupe de volontaires, essaya vainement de secourir Kiapha, forteresse des Souliotes, perdit la fleur de ses compagnons et continua la lutte jusqu'à la bataille de Peta (16 juillet 1822) qui lui coûta ce que l'on appelait l'*élite* des patriotes. Vaincu, il s'enferma dans Missolonghi qu'il défendit jusqu'à la fin de la campagne. Dans la nuit du 19 août 1823, il fit, avec Tzavelas et plusieurs autres *chefs*, une attaque combinée, près de Carpenisi, contre le camp du pacha de Scutari; suivi de 350 Souliotes, il se fraya un chemin jusqu'au milieu du camp, où il fut tué d'un coup de fusil..

BRA, ville de Piémont (Italie), à 13 kil. O. d'Alba; 13,500 hab. Célèbre église de Santa Chiara, bâtie par Vettone en 1742; soies excellentes; commerce de vins, de grains et de bétail.

BRABANÇON, ONNE s. et adj. Habitant du Brabant; qui appartient à ce pays ou à ses habitants. — s. m. pl. Mercenaires du moyen âge, composés d'Allemands et de Flamands, qui se rendirent redoutables par leurs brigandages.

BRABANÇONNE (La), chant national de la Belgique, inspiré à un comédien français nommé Jenneval, par les événements politiques de 1830, et mis en musique par Campenhout.

BRABANT. I. (Duché de), ancienne division des Pays-Bas, entre les provinces de Hollande, de Guelderlande, de Limbourg, de Liège, de Namur, de Hainaut, de Flandre et de Zélande. Le Brabant fit successivement partie de l'Austrasie, du royaume carlovingien, du royaume de Lorraine et du duché de basse Lorraine. Erigé en duché dès 1190, il passa à Philippe le Bon, de Bourgogne, en 1430 et resta dans le duché de Bourgogne jusqu'en 1477, époque où Marie, héritière de Charles le Téméraire, épousa Maximilien d'Autriche. Charles-Quint, petit-fils de ce dernier prince, laissa le Brabant à Philippe II d'Espagne. Le traité de Westphalie (1648) sépara du Brabant la partie septentrionale qui forma l'une des provinces unies. D'autres portions de ce duché furent ensuite annexées aux provinces de Malines et d'Anvers, qui firent, ainsi que le Brabant méridional, partie des domaines de l'Espagne et ensuite du cœur de l'Autriche. Au congrès de Vienne, le Brabant septentrional et le Brabant méridional, qui avaient été conquis l'un et l'autre par les Français, en 1794, furent donnés à la Hollande; mais la révolution de 1830 les sépara de nouveau. — II. Brabant

septentrional, province de Hollande, sur la frontière belge; 5,128 kil. carr.; 443,632 hab. Principales rivières : Meuse (Maas), Dintel, Donge et les deux rivières Aa. Agriculture perfectionnée; les habitants sont renommés pour leur industrie et leur frugalité. Ch.-l. Bois-le-Duc. — III. Brabant méridional, province métropolitaine de Belgique, séparée de la précédente par la province d'Anvers; 3,283 kil. carr.; 942,247 hab. Cours d'eau : Dyle, Dender, Senne. Fabr. de lainages, de cotonnades, de dentelles, de toiles de lin. ch.-l. Bruxelles. L'héritier du trône de Belgique reçoit le titre de duc de Brabant.

BRABEUTES s. m. pl. (gr. *brabeus*, arbitre). Ant. gr. Officiers qui présidaient aux jeux solennels.

* **BRACELET** s. m. (lat. *brachium*, bras). Ornement qui se porte au bras, et qui sert, parmi nous, à la parure des femmes. Le musée du Louvre possède une collection de bracelets égyptiens. — ∾ Argot. Menottes.

* **BRACHIAL, ALE** adj. [-ki-al]. Anat. Qui appartient, qui a rapport au bras : *muscle brachial; artère brachiale; nerfs brachiaux.*

BRACHINE s. m. [-ki-a]. (gr. *brachus*, court). Entom. Genre de coléoptères carabiques dont l'abdomen contient un appareil à l'aide duquel une liqueur corrosive est lancée dans les moments de danger. Quelques espèces vivent en France.

BRACHIOPODE adj. [-ki-] (gr. *brachión*, bras; *pous*, *podos*, pied). Zool. Dont les bras servent de pieds. — S. m. pl. Classe d'animaux que l'on a placés jusqu'à nos jours dans les mollusques, mais que l'on commence à considérer comme des articulés. Cuvier les nomma

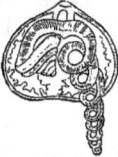

Brachiopode.

brachiopodes à cause de leurs deux longs bras ciliés et rétractiles, qui partent de chaque côté de leur bouche et qui, par leur mouvement, créent un courant destiné à faire approcher la nourriture. Bivalves, ils diffèrent des conchifères par l'inégalité de leurs valves, qui sont pourtant symétriques. Les anciens naturalistes les nommaient *lampades* (coquilles lampes), à cause de la ressemblance de leur forme avec celle d'une lampe antique. Les brachiopodes appartiennent tous aux eaux salées; on les trouve attachés aux coraux, à d'autres coquillages ou sous les rochers. Parmi les formes les plus primitives de la vie animale furent les *lingulæ* des roches fossilifères les plus basses; et le genre *lingula* des premiers âges du monde existe encore dans le Pacifique et dans l'Atlantique. Les *térébratules* et les *discines*, qui existaient à des périodes non moins éloignées, ont encore leurs représentants vivants. Nulle autre classe ne présente donc une pareille étendue de temps ni de distribution géographique; nulle autre ne vit aussi profondément sous les eaux. — En 1871, M. E.-S. Morse a donné dans les « Mémoires de la Société d'histoire naturelle de Boston » les raisons pour lesquelles il faut séparer les brachiopodes des mollusques. Sa conclusion est que ce sont de véritables articulés ayant certaines affinités avec les crustacés, mais appartenant en réalité aux vers.

BRACHYURE adj. [-ki-] (gr. *brachus*, court; *oura*, queue). Zool. Qui a la queue courte. — S. m. pl. Grande division de la classe des crustacés décapodes, comprenant les espèces dont la queue, plus courte que le tronc, est dépourvue d'appendices ou nageoires à son extrémité. Cette division comprend en général les *crabes.*

BRACIEUX, ch.-l. de cant., arr. et à 17 kil. S.-E. de Blois (Loir-et-Cher), sur le Beuvron; 1,200 hab.

* **BRACONNAGE** s. m. Action de braconner.

* **BRACONNER** v. n. (rad. *braque*, chien de

chasse). Chasser furtivement et sans permission sur les terres d'autrui, pour faire son profit du *gibier.*

* **BRACONNIER** s. m. Celui qui braconne.— Celui qui, sans ménagement, tue le plus de gibier qu'il peut : *ce chasseur est un grand braconnier.*

BRACONNOT (Henri), chimiste, né à Commercy (Meuse) en 1781, mort en 1855. S'est occupé surtout des alcalis végétaux et a laissé de nombreux articles dans les recueils scientifiques.

* **BRACTÉE** s. f. Bot. Petite feuille, ordinairement colorée, qui naît avec la fleur de certaines plantes, et qui diffère des autres feuilles par la forme, la couleur et la consistance : *bractées du tilleul, de la fritillaire, de l'ananas.*

BRADDOCK (Edward), officier anglais (1695-13 juillet 1755). Il servit avec distinction sur le continent et fut chargé en 1755 de conduire une expédition contre le fort Duquesne (aujourd'hui Pittsburgh, Etats-Unis); mais il tomba dans une embuscade française et fut battu et blessé mortellement.

BRADFORD, ville d'Angleterre (Yorkshire), à 14 kil. O. de Leeds; 149,000 hab.; siège important de manufactures où l'on travaille le

Bradford. (Maison de ville).

fer et le coton. Aux environs, se trouvent les usines métallurgiques de Low Moor et de Bowling.

BRADFORD I. (Alden), écrivain américain, né dans le Massachusetts (Etats-Unis), en 1765, mort en 1843. De 1812 à 1824, il fut secrétaire d'Etat de Massachusetts. Il a publié une histoire de Massachusetts (de 1764 à 1820) et une histoire du gouvernement fédéral. — II. **(John)**, martyr anglais, né vers 1510, brûlé à Smithfield, après un long emprisonnement, le 1ᵉʳ juillet 1555. Prédicateur le plus populaire du royaume, il fut condamné à mort, sous l'inculpation de sédition et d'hérésie.

BRADLEY (James), astronome anglais (1692-1762); fut professeur d'astronomie à Oxford en 1721 et astronome royal en 1742. Ses découvertes les plus importantes sont : l'*Aberration de la lumière* (1727) et la *Nutation de l'axe de la terre* (1747).

BRADYPE s. m. (gr. *bradus*, lent; *pous*, pied). Mamm. Famille d'édentés vulgairement appelés paresseux.

BRADYPEPSIE s. f. (gr. *bradys*, lent; *pepsis*, digestion). Méd. Digestion lente et difficile.

BRAGA, *Bracara Augusta*, ville de la province de Minho (Portugal), à 55 kil. N.-E. d'Oporto; 20,000 hab. Elle est entourée d'une vieille muraille et protégée par une forteresse. Siège archiépiscopal du primat de Portugal. Cette ville, que l'on suppose avoir été fondée par les Carthaginois, devint la capitale des Suèves.

BRAGANCE (port. *Bragança* ou *Braganza*), capitale de la province de Tras-os-Montes (Portugal), à 165 kil. N.-E. d'Oporto; 5,000 hab. Elle a donné son nom à la famille royale de Portugal. — Maison de Bragance, famille royale régnante de Portugal et du Brésil fondée par Alphonse, duc de Bragance, fils naturel de Jean Ier de Portugal. En 1578, à la mort du roi Sébastien, le roi d'Espagne, Philippe II, saisit la couronne de Portugal comme seul héritier légitime; et, lors du réveil national, en 1640, Jean, duc de Bragance, descendant d'Alphonse, fut mis sur le trône et devint Jean IV.

BRAGG (Braxton), général des états révoltés de l'Union américaine (1815-76). Il était lieutenant d'artillerie lors de la guerre du Mexique. S'étant distingué comme officier confédéré au commencement de la guerre de Sécession, il fut chargé de remplacer Beauregard en qualité de général en chef (1862). En août, il envahit le Kentucky, mais après la bataille de Perryville (8 octobre), il recula. Arrêté et dépouillé de son commandement, il obtint néanmoins la direction des forces que les confédérés voulaient opposer à l'armée fédérale de Rosecranz. Ce dernier lui fit échec à Murfreesborough; mais Bragg remporta un grand avantage à Chickamauga, le 19 septembre 1863. Il fut ensuite complètement battu par Grant à Chattanooga (23-25 novembre 1863) et chercha vainement, en 1864, à arrêter la marche de Sherman en Géorgie.

BRAGUE s. f. S'est dit quelquefois pour *bruie*.

* BRAGUETTE s. f. Voy. BRAYETTE.

BRAÉ (Tycho-). Voy. TYCHO-BRAHÉ.

BRAHMA, nominatif et accusatif du nom neutre *brahman*, que l'on rencontre souvent dans les parties les plus anciennes du Véda comme synonyme de « culte, offrande de dévouement et de prière ». De ce mot est d'abord venu le nom masculin *brahmán* (nominatif *brahmá*) qui a un double usage : 1° il désigne le prêtre surveillant dans le cérémonial indou; 2° il est devenu le nom du dieu suprême, *Brahma*. Dans la *trimûrti* (trinité) des Indous, ce dieu figure comme créateur, tandis que Vishnou est le préservateur et Siva le destructeur. Mais Brahma ne fut jamais réellement adoré et on ne lui bâtit pas de temple. Notre mot brahmane ou brahmine représente l'adjectif dérivé *bráhmana*, qui, lors de la naissance d'une caste sacerdotale et d'une hiérarchie dans l'Inde, devint le nom de cette caste, classe dominante du système de gouvernement religieux appelé brahmanisme (voy. INDE). — *Brâhmanam*, neutre du même adjectif, est employé pour désigner une classe d'écrits presque aussi anciens que les hymnes du Véda. (Voy. VÉDA.)

* BRAHMANE s. m. Prêtre du brahmanisme, qui appartient à la première des quatre grandes castes. On dit aussi BRAHME, BRAME ou BRAHMINE. — On pense que Pythagore tenait des brahmanes sa doctrine de la métempsycose et l'on affirme que plusieurs philosophes grecs firent le voyage de l'Inde pour suivre les leçons de ces prêtres.

* BRAHMANIQUE adj. Qui appartient, qui a rapport aux brahmanes : *traditions, croyances, brahmaniques*...

* BRAHMANISME s. m. Doctrine des brahmanes.

BRAHMAPOUTRE (angl. *Brahmapootra*), l'un des trois plus grands cours d'eau de l'Hindoustan. Il naît dans le Thibet, près de la source du Sutlej, porte d'abord le nom de Sanpo, coule vers l'est pendant un espace de 1,500 kil., contourne l'extrémité orientale des monts Himalaya, arrose les provinces d'Assam et du Bengale, envoie au Gange quelques-uns de ses embranchements et s'unit à la Megna à 160 kil. avant d'arriver à la baie du Bengale; cours total, 2800 kil. Il se divise et se réunit plusieurs fois dans la partie basse des pays qu'il arrose; ses bras reçoivent différents noms. Il devient navigable dans la province d'Assam.

* BRAI s. m. (ital. *bratto*, sorte de goudron). Suc résineux et noirâtre qu'on tire du pin et du sapin; résine refondue dont on a extrait

la térébenthine : *brai sec*. — BRAI GRAS, celui qu'on a rendu liquide en y mêlant du goudron, du suif ou d'autres matières grasses et gluantes. — ∾ Orge broyée pour faire la bière.

* BRAIE s. f. (lat. *bracca*). Linge dont on enveloppe le derrière des enfants. On dit mieux aujourd'hui lange ou couche. — Braies s. f. pl. Large pantalon, serré par le bas, que portaient plusieurs peuples dans l'antiquité : les Gaulois, les Mèdes, les Perses, les Arméniens, les Parthes, les Gètes, etc. Aujourd'hui, large culotte : *les braies des Bretons*. — Fig. et pop. IL EN EST SORTI, IL S'EN EST TIRÉ LES BRAIES NETTES, se dit d'un homme qui s'est tiré heureusement d'une mauvaise affaire.

BRAÏLA, IBRAÏLA ou Brahilov, (turc *Ibrahil*), ville et port principal de la Valachie, sur le Danube, à 160 kil. N.-E. de Bucharest; 29,000 hab. — Lat. (au minaret de Laz-Jami) 45° 15' 11" N.; long. 25° 38' 20" E.

* BRAILLARD, ARDE adj. Qui parle ordinairement beaucoup, fort haut et mal à propos. — Substantiv. : *c'est un grand braillard, une grande braillarde*. (Fam.). — ∾ Argot. Braillarde s. f. (de *braie*, d'où est venu *débrailler*). Caleçon.

BRAILLE (Louis) [*ll mll.*], aveugle musicien, créateur d'un nouveau système d'écriture pour l'instruction des aveugles, né à Coupvray en 1809, mort en 1852. Fils d'un bourrelier, il se blessa à un œil en jouant avec l'un des outils de son père et l'inflammation gagnant l'autre œil, il devint aveugle vers l'âge de quatre ans. Admis à l'institution des Aveugles en 1819, il y devint professeur dans la maison même en 1827 et appliqua son système d'écriture par points tangibles (voy. AVEUGLES) qu'il étendit ensuite à la notation musicale.

BRAILLEMENT s. m. Action de brailler.

* BRAILLER v. n. [*ll mll.*] (all. *brallen*, crier). Parler très haut, beaucoup et mal à propos. (Fam.). — Crier d'une manière importune ou ridicule : *ce n'est pas là chanter, c'est brailler*.

Mais, en attendant
Qu'à mon convoi le chantre,
En mauvais latin,
Braille un beau matin :
Moi, je remplis mon ventre.
MARCILLAC.

* BRAILLEUR, EUSE adj. Qui braille, qui ne fait que brailler : *homme extrêmement brailleur; femme brailleuse*. — Substantiv. : *c'est un brailleur, une brailleuse*. (Fam.)

* BRAIMENT s. m. Cri de l'âne.

BRAINE-L'ALLEUD ou Braine-la-Leude, ville du Brabant méridional (Belgique), à 11 k. S. de Bruxelles; 6,500 hab. La bataille de Waterloo fut livrée en grande partie sur le territoire de cette commune.

BRAINE-LE-COMTE, ville du Hainaut (Belgique), sur la Senne, à 20 kil. N.-N.-E. de Mons; 6,500 hab. Lin; dentelles.

BRAINERD (David), missionnaire américain (1718-'47). Il voyagea, en 1744 chez les Indiens Delaware et, l'année suivante, près de Newark (New-Jersey). Sa vie a été écrite par Jonathan Edwards, (Nouv. éd. avec son journal et ses autres écrits, 1822).

BRAINTREE, ville de l'état de Massachusetts, à 15 kil. S. de Boston; 5,000 hab. Chaussures, toiles de lin, lainages, etc.

* BRAIRE v. n. (bas lat. *bragïre*, hennir), se dit d'un âne qui crie; ne s'emploie guère qu'à l'infinitif, et aux troisièmes personnes du pré-

sent de l'indicatif du futur et du conditionnel. *Son âne se mit à braire; il brait, ils braient; il braira, ils brairont; il brairait, ils brairaient.* — Fig. et fam. CET HOMME NE CHANTE PAS, IL BRAIT, sa voix est fausse et criarde.

* BRAISE s. f. [brè-ze] (gr. *brazein*, être chaud). Bois réduit en charbons ardents : *pommes de terre cuites sous la braise*. — *Gigot à la braise*, cuit dans un vaisseau entouré de braise. — Charbon que les boulangers tirent de leur four, et qu'ils éteignent ensuite pour le vendre : *acheter de la braise; menue braise*. — Pop. CHAUD COMME BRAISE, amoureux. — LE RENDRE CHAUD COMME BRAISE, se venger promptement de quelque tort qu'on a reçu; une répartie vive et prompte à un propos piquant. — IL A PASSÉ LA-DESSUS, COMME CHAT SUR BRAISE, se dit de quelqu'un qui, dans un discours ou dans un écrit, passe légèrement sur un article qu'il ne veut pas trop approfondir. — TOMBER DE LA POÊLE DANS LA BRAISE, tomber d'un fâcheux état dans un pire. — ∾ Argot. Argent : *il a de la braise*.

* BRAISÉ, ÉE adj. Cuit dans une braisière : *gigot braisé*.

* BRAISER v. a. T. de cuisine. Faire cuire de la viande dans une braisière.

* BRAISIER s. m. Huche où le boulanger met la braise quand elle est étouffée.

* BRAISIÈRE s. f. Cuis. Vaisseau dans lequel on fait cuire à la braise différents mets. — ∾ Vase pour étouffer la braise.

BRAISNE, *Brannacum*, T. de cant., arr. et à 19 kil. S.-E. de Soissons (Aisne); 1,650 hab. Quelques sources minérales; vieille église du XIIe siècle (mon. histor.); ruines de la Folie, citadelle du XIIIe siècle; musée archéologique. Braisne fut le séjour favori des rois de la première race.

BRAKE ou Braake [brâ-ke], ville d'Oldembourg (Allemagne), sur le Weser, à 30 kil. N.-O. de Brême; 4,077 hab. Port franc depuis 1834.

BRAMAH (Joseph), inventeur anglais (1749-1814); trouva une nouvelle serrure de sûreté (1784), une presse hydraulique (1796), une machine à numéroter les billets de banque (1806) et apporta des perfectionnements à la pompe à incendie, aux machines à fabriquer le papier, etc.

BRAMANTE D'URBINO, architecte italien, dont le vrai nom était Donato Lazzari (1444-1514); bâtit plusieurs édifices à Rome et traça les dessins originaux que Michel Ange changea ensuite pour la construction de Saint-Pierre de Rome. Raphaël était son neveu.

BRAMBANAN (Séjour de Brahma), petite ville indigène de Java, à environ 17 kil. de

Le Grand Temple à Brambanan.

Jokjokerta. Aux environs se trouvent plusieurs

temples magnifiques, les uns en ruines, les autres dans un état parfait de conservation.

BRAME (Jules-Louis-Joseph), homme politique, né à Lille en 1808, mort en février 1878. Il fut élu au Corps législatif par le dép. du Nord en 1857, 1863 et 1869. Il fit partie du ministère qui remplaça celui de M. Ollivier, sous la présidence du comte de Palikao (1870), fut renversé au 4 septembre; fut élu à l'Assemblée nationale (1871), siégea parmi les partisans de l'appel au peuple et fut envoyé au Sénat par les électeurs du dép. du Nord, le 30 janvier 1876.

* **BRAME** ou **Bramine** s. m. Voy. Brahmane.

BRAMEMENT s. m. Cri du cerf.

* **BRAMER** v. n. (gr. *bremein*, frémir). Crier, en parlant du cerf.

* **BRAN** ou ~~**Bren**~~ s. m. [bran; brain] (celt. *bran*, son). Son; sciure de bois. — Pop. Matière fécale. — Terme bas qui marque du mépris pour quelqu'un, pour quelque chose: *bran de lui; bran de vos promesses* (Vieux).

* **BRANCARD** s. m. (bas lat. *branca*, branche). Civière à bras et à pieds sur laquelle on transporte un malade couché, ou des meubles, des objets fragiles, etc. — Se dit des deux pièces de bois qui se prolongent en avant d'une charrette, et entre lesquelles est placé le cheval qui la traîne: *cheval de brancard*. — Se dit des deux pièces de bois ou de fer qui, dans une voiture à timon et à quatre roues, réunissent le train de derrière et celui de devant. On dit quelquefois, dans ce sens, les *brancards*, au plur.: *l'un des brancards de cette voiture est rompu*.

* **BRANCARDIER** s. m. Celui qui va chercher les blessés pendant un combat et qui les transporte sur des brancards. D'après un arrêté du ministre de la guerre, en date du 19 septembre 1881, chaque compagnie d'infanterie sur le pied de guerre doit comprendre un infirmier et une équipe de quatre brancardiers. Deux de ces brancardiers sont, en principe, l'ouvrier tailleur et l'ouvrier cordonnier; les deux autres sont pris parmi les hommes les moins aptes au service du rang.

* **BRANCHAGE** s. m. Coll. Ensemble des branches d'un arbre.

* **BRANCHE** s. f. (celt. *brank*). Bois que pousse le tronc d'un arbre, d'un arbrisseau, et qui s'allonge comme une sorte de bras; *oiseau qui saute de branche en branche*; *branche de laurier*. — Par anal. Chacune des ramifications d'un tout composé de parties disposées sur un axe principal; c'est dans ce sens que l'on dit: *les branches du bois d'un cerf*, les deux parties du bois d'un cerf; *chandelier à plusieurs branches*, chandelier dont la tige se partage en plusieurs rameaux qui portent chacun une bougie, une chandelle, etc.; *les branches d'un mors*, les deux pièces de fer qui tiennent au mors du cheval et où la bride est attachée; *lunettes à branches*, lunettes qu'on fixe devant les yeux au moyen de deux petites branches de métal, d'écaille fondue, etc., qui s'appliquent le long des tempes; *les branches d'un compas, d'un binocle, d'un forceps*, etc., les deux pièces qui forment un compas, un binocle, un forceps, etc., et qu'on peut écarter ou rapprocher à volonté; *les branches d'une artère, d'une veine, d'un nerf*, les petites artères, les petites veines, les petits nerfs qui tiennent, qui aboutissent aux grosses artères, aux grosses veines, aux grands nerfs; *les branches de la moelle allongée, du pubis*, etc. — Ramification d'une chaîne de montagnes: *la forêt Noire est une branche des Alpes*. — Affluent: *la Marne et l'Yonne sont deux branches de la Seine*. — Bras d'une rivière: *le Rhône se divise en plu-*

sieurs *branches*. — Fig. Extension, ramification d'un tout qui s'étend en se divisant: *une bonne branche de commerce, d'industrie, d'exportation; les branches de l'administration, d'une science, des mathématiques, de la physique, de l'anatomie, de l'histoire naturelle*. — Généal. Chacune des familles, qui sortent de la même tige: *branche aînée; branche des Bourbons*. — Fortific. Boyau d'une tranchée. — Minér. Petit filon qui part du filon principal. — Mère branche, grosse branche d'où sortent plusieurs autres branches. — Branche a bois, celle qui ne donne ni fleurs ni fruits. — Branche a fruits, celle dont les boutons doivent produire des fleurs et ensuite des fruits. — Branche gourmande, celle qui absorbe la nourriture des autres branches. — Branche chiffonne, branche courte et menue, qui ne peut donner ni bois ni fruit. — Sauter de branche en branche, passer brusquement d'un sujet à un autre, en ne s'arrêtant à aucun et en les traitant tous superficiellement. — Se prendre, s'attacher aux branches, s'arrêter aux circonstances inutiles d'un sujet, et négliger le fond. Cette phrase est peu usitée. — S'accrocher a toutes les branches, se servir de tous les moyens, bons ou mauvais, pour se tirer d'embarras, de danger. — Il vaut mieux se tenir, s'attacher au gros de l'arbre qu'aux branches, il vaut mieux s'attacher à celui qui a l'autorité supérieure, qu'à celui qui n'a qu'une autorité subalterne. — Etre comme l'oiseau sur la branche, être dans un état incertain, et sans savoir ce qu'on deviendra. — Argot. Ami aussi attaché qu'une branche à l'arbre: *embrassons-nous, ma vieille branche*.

* **BRANCHÉ, ÉE** part. passé de Brancher. Se dit proprement d'un oiseau perché sur des branches. On l'emploie fig. et fam. dans quelques occasions: *un mousse branché sur une vergue*.

* **BRANCHEMENT** s. m. Division en branches des tuyaux qui conduisent l'eau ou le gaz dans les maisons.

* **BRANCHER** v. a. Pendre, attacher à une branche d'arbre (vieux, fam.). — v. n. Chasse. Se percher sur des branches d'arbre, en parlant des oiseaux: *le faisan, la perdrix rouge, le coq de bruyère branchent*.

BRANCHETTE s. f. Petite branche.

* **BRANCHE-URSINE** ou **Branc-ursine** s. f. (franç. *branche*; lat. *ursinus*, d'ours). Voy. Acanthe et Berce.

BRANCHIAL, ALE adj. Qui a rapport aux branchies: *arcs branchiaux*.

* **BRANCHIER** adj. m. Fauconn. Ne se dit que dans cette locution: *oiseau branchier*, celui qui n'a encore que la force de voler de branche en branche.

BRANCHIES s. f. pl. (gr. *bragchia*). Hist. nat. Se dit des organes en forme de peignes, qui servent à la respiration de l'eau, dans les poissons, et qu'on nomme vulgairement ouïes. — Se dit aussi d'organes analogues, mais de forme plus variable, dont les têtards et les mollusques aquatiques sont pourvus.

BRANCHIOPODE adj. [-chi-o-] (gr. *bragchia*, branchies; *pous*, podos, pied). Dont les branchies sont placées sur les pattes. — s. m. pl. Ordre de crustacés qui ont des branchies placées sur les pattes. Il comprend de petits animaux qui habitent les eaux douces stagnantes. Leurs pieds, qui leur servent à nager, sont dans un état continuel d'agitation, même lorsque l'animal reste en place.

BRANCHIOSTOME s. m. [bran-chi-oss-to-me] (gr. *bragchia*, branchies; *stoma*, bouche). Zool. Voy. Amphioxus.

* **BRANCHU, UE** adj. Qui a beaucoup de branches.

BRANCO (Rio), rivière du Brésil septentrional; naît dans les monts Pacaraima, sur les confins de Vénézuéla et de la Guyane anglaise, court au S. et se jette dans le Rio-Negro, après un cours de 650 kil.

* **BRANDADE** s. f. (provenç. *brandar*, remuer). Cuis. Manière d'apprêter la morue, qui consiste à l'émincer et à la faire cuire avec de la crème, des blancs d'œufs, de l'ail haché, de l'huile, etc.: *Morue en brandade; brandade de morue*.

BRANDAN (Saint), prêtre irlandais, mort en 578; fête le 16 mai. Il est le héros légendaire de voyages dans les Canaries entrepris sous la protection d'un ange. Le récit de ces voyages a été publié, en latin et en vieux français, par Jubinal, Paris 1836, d'après des manuscrits qui datent du XIᵉ ou du XIIᵉ siècle.

* **BRANDE** s. f. Bruyère, petit arbuste qui croît dans les campagnes incultes. — Lieu inculte où croissent çà et là ces sortes de petits arbustes.

BRANDE (William-Thomas), chimiste anglais (1788-1866); enseigna la chimie à l'Institution royale et publia, avec Faraday, le *Journal trimestriel de science*; donna un *Manuel de chimie*, qui fut traduit en français, des *Esquisses de géologie* et un *Dictionnaire de science, de littérature et d'art*.

* **BRANDEBOURG** s. m. Ornement de broderie ou galon qui entoure les boutonnières de certains habits. — s. f. Casaque à longues manches qui était à la mode du temps de Louis XIV.

BRANDEBOURG (all. *Brandenburg*) [brǎnn-dènn-bourg] (du celt. *Brenn burk*, bourg du Brenn, suivant les uns; du slavon, *Brennibor*, *Branibor* ou *Banber borg*, château de la forêt, selon d'autres). — I. Province centrale de la Prusse, bornée par le Mecklembourg, la Poméranie, la Prusse occidentale, Posen, la Silésie, la Saxe, Hanhalt et le Hanovre; 39,890 kil. carr.; 3,132,483, hab. (y compris Berlin qui, depuis le 1ᵉʳ janvier 1876, forme une division distincte). Cette province comprend, outre plusieurs autres territoires, l'ancien Uckermark, Neumark, Mittelmark, et la basse Lusace. Villes princ.: Potsdam et Francfort-sur-l'Oder. Cours d'eau: Elbe, Oder, Havel et Sprée. Territoire plat; généralement sablonneux et pauvre. — Le Brandebourg fut d'abord habité par des tribus germaniques, puis par des Wendes et autres Slaves. Ceux-ci furent subjugués, vers 927, par l'empereur Henri l'Oiseleur, qui créa la Marche du nord (Nordmark), laquelle devint la Vieille Marche (Altmark) et qui fait aujourd'hui partie de la Saxe prussienne. De nouvelles marches furent successivement érigées. La soumission des Slaves fut complétée par Albert l'Ours, comte de Ballenstedt, de la maison d'Ascanie (mort vers 1170). Ce seigneur ayant été nommé margrave de la Nordmark, acquit, par ses conquêtes, le titre de margrave de Brandebourg; il fonda plusieurs villes et disputa la Saxe à Henri le Lion. Ses arrière-petits-fils, Jean Iᵉʳ et Othon III, après avoir régné conjointement ensemble, finirent par se partager les marches; l'un fit de Stendal sa capitale, et l'autre s'établit à Salzwedel. Jean fut le premier qui reçut le titre d'électeur de Brandebourg. Le longtemps troublé enfin par tomber en la possession de la maison de Bavière et fut successivement accordé, par l'empereur Charles IV, à ses fils Wenceslas et Sigismond. Ce dernier, devenu empereur, donna le titre d'électeur de Brandebourg à Frédéric de Hohenzollern, burgrave de Nuremberg et ancêtre de la ligne royale de Prusse.

MARGRAVES ET ÉLECTEURS DE BRANDEBOURG

1134 Albert Ier, l'Ours.	**1388** Josse, le Barbu.
1170 Othon Ier.	**1411** Sigismond.
1184 Othon II.	**1415** Frédéric de Hohenzol-
1206 Albert II.	lern.
1221 Jean Ier et Othon III.	**1440** Frédéric II, Côte de fer.
1266 Jean II.	**1470** Albert III, l'Achille al-
1282 Othon IV.	lemand.
1309 Waldemar.	**1476** Jean III (comme mar-
1319 Henri Ier, le Jeune.	grave.
1320 (Interrègne.)	**1486** Jean III (comme élec-
1323 Louis Ier, de Bavière.	teur).
1352 Louis II, le Romain.	**1499** Joachim Ier.
1365 Othon V, le Fénéant.	**1535** Joachim II.
1373 Wenceslas de Luxem-	**1571** Jean-Georges.
bourg.	**1598** Joachim-Frédéric.
1378 Sigismond de Luxem-	**1608** Jean-Sigismond.
bourg.	

Jean-Sigismond reçut, en 1618, le titre de *duc de Prusse*. — II. Ville de Prusse qui a donné son nom à la province de Brandebourg; sur l'Havel, à 55 kil. O.-S.-O. de Berlin; 25,900 habitants. Belle cathédrale du XIVe siècle. Brandebourg, fondée par les Slaves, fut prise en 926 par Henri l'Oiseleur, qui la fortifia pour en faire le boulevard de l'Allemagne contre les Huns et qui en confia la garde à Sigefroi, comte de Ringelheim, margrave (protecteur) des marches (frontières).

BRANDEBOURGEOIS, OISE s. et adj. Habitant de Brandebourg ou du Brandebourg; qui appartient à ce pays ou à ses habitants.

* **BRANDEVIN** s. m. (all. *brantwein*). Eau-de-vie de vin.

BRANDEVINIER, IÈRE s. Celui, celle qui vend et qui crie du brandevin, de l'eau-de-vie dans un camp, dans une garnison (vieux).

* **BRANDILLANT** part. prés. de BRANDILLER.
— **Argot. Brandillante** s. f. Sonnette. —
BRANDILLANTE ENRHUMÉE, sonnette fêlée.

BRANDILLEMENT s. m. Mouvement qu'on se donne en se brandillant.

* **BRANDILLER** v. a. Mouvoir, agiter deçà et delà : *brandiller les jambes, les bras.* — **Se brandiller** v. pr. Se mouvoir, s'agiter en l'air par le moyen d'une corde, d'une escarpolette ou de quelque autre machine. (Fam.)

* **BRANDILLOIRE** s. f. Se dit de branches entrelacées ou de quelque autre chose semblable, sur quoi l'on peut s'asseoir pour se brandiller.

* **BRANDI, IE** part. passé de BRANDIR. —
Prov. ENLEVER UN GROS FARDEAU, UN GROS BALLOT TOUT BRANDI, l'enlever tout d'un coup.
— ENLEVER UN HOMME TOUT BRANDI, l'enlever en l'état où il se trouve.

* **BRANDIR** v. a. (anc. fr. *brand*, épée). Secouer, agiter dans sa main une lance, un épieu, une épée, etc., comme si on se préparait à frapper : *il brandissait une pique.* — Charpent. Arrêter, affermir deux pièces de bois l'une contre l'autre, sans qu'elles soient entaillées ; ce qui se fait au moyen d'une cheville qui les traverse.

BRANDO, ch.-l. de cant., arr. à 10 kil. N. de Bastia (Corse); 4,600 hab. Vins, huile d'olive; conserves de tomates. Aux environs, grottes de Brando, ornées de stalactites semblables à de l'albâtre ; pèlerinage à la madona de la Vasina ; cascade d'Erbalunga.

* **BRANDON** s. m. (all. *brand*, feu). Espèce de flambeau fait avec de la paille tortillée : *allumer des brandons.* — Corps enflammé qui s'élève d'un incendie : *le vent poussait des brandons.* — Paille tortillée au bout d'un bâton qu'on plante aux extrémités d'un champ, d'un terrain, pour marquer que les fruits en ont été saisis judiciairement : de là l'expression *saisie-brandon*, en termes de procédure. — Fig. Excitation, cause de dispute : *les brandons de la discorde.*

* **BRANDONNER** v. a. Mettre des brandons aux extrémités d'un héritage où l'on a fait une saisie de fruits.

BRANDT (Gérard). célèbre théologien armi-

---

nien, né et mort à Amsterdam (1626-'85). Ses principaux ouvrages sont : *Réformation des Pays-Bas*, texte hollandais, Amsterdam, 1674, 4 vol. in-4°, traduction française, 1726, 3 vol. in-12, La Haye ; *Vie de Ruyter*, texte hollandais, Amsterdam, 1687, traduction française par Aubin, Amsterdam, 1699, in-fol. ; *Histoire du procès de Barneveldt*, et plusieurs autres histoires en flamand. Son fils GASPARD (1653-'96) a laissé une bonne histoire de *Jacob Arminius*, en latin, Amsterdam, 1724, in-8°.

BRANDYWINE CREEK [brann'-dé-oual-ne-krik], torrent qui naît dans la Pennsylvanie, court au S.-E. et se jette dans la crique Christiana, à Wilmington. Sur ses rives, 13,000 Américains, sous les ordres de Washington, furent battus par 18,000 Anglais, commandés par Howe, le 11 septembre 1777.

BRANECKI ou **Branicki (Franciszek-Xawery)** [brä-nètss'-ki, — nitss'-ki], homme politique polonais, issu d'une famille obscure, mort en 1819. Agent des amours de Poniatowski et de Catherine II, il eut un rapide avancement et devint grand-général du royaume en 1771. Déclaré traître en 1794, pour avoir contribué au démembrement de sa patrie, il se retira dans les vastes domaines que Catherine lui avait donnés en Ukraine. Ses descendants sont parmi les plus riches propriétaires de Russie.

BRANICKI (Jan-Klemens), homme d'Etat polonais (1688-1771). D'une illustre famille, il atteignit aux plus hautes dignités. A la mort d'Auguste III, les nobles lui offrirent la couronne, dont Poniatowski parvint à s'emparer. Sa lutte contre l'influence russe le fit surnommer le dernier patriote.

* **BRANLANT, ANTE** adj. Qui branle, qui penche tantôt d'un côté, tantôt de l'autre : *tête branlante; poutre branlante.* — C'EST UN CHATEAU BRANLANT, se dit de quelqu'un ou de quelque chose de mal assuré, et qui paraît près de tomber.

* **BRANLE** s. m. Oscillation, mouvement qui porte un corps tantôt d'un côté, tantôt de l'autre : *branle d'une cloche; mettre les cloches en branle.* — Sonner en branle, donner à ces cloches tout le mouvement qu'elles peuvent recevoir. — Fig. Première impulsion donnée à quelque chose : *suivre le branle général.* — Etre en branle, se mettre en branle, commencer à être en mouvement pour faire quelque chose, à être en action. — Donner le branle aux autres, mettre les autres en branle, les mettre en mouvement, les mettre en train, en disposition d'agir. — Donner le branle à une *affaire, aux affaires*, les mettre en mouvement, leur donner une impulsion plus ou moins forte. On dit absol. : *donner le branle.* — Espèce de danse où plusieurs personnes se tiennent par la main, et se menant tour à tour : *mener un branle.* — Air sur lequel on danse un branle. — Fig. et fam. MENER LE BRANLE, donner le premier l'exemple de quelque chose ; être le chef d'une association d'intérêt ou de plaisir.

* **BRANLE-BAS** s. m. Mar. Action de détendre tous les hamacs d'entre les ponts, de les mettre dans les filets de bastingage, et de dégager les batteries, pour se disposer au combat. — Plur. Des BRANLE-BAS.

* **BRANLEMENT** s. m. Mouvement de ce qui branle.

* **BRANLER** v. a. (rad. *brandir* ou *brandiller*). Agiter, mouvoir, remuer, faire aller deçà et delà : *branler les jambes, les bras*, la *tête.* — v. n. Etre agité, osciller, pencher de côté et d'autre, faute de solidité : *ce plancher branle*; *la tête lui branle.* — BRANLER AU MANCHE, DANS LE MANCHE, se dit d'un outil qui n'est pas solidement emmanché. — Fig. et fam. BRANLER AU MANCHE, DANS LE MANCHE, n'être pas ferme dans le parti qu'on a embrassé, dans la résolution qu'on a prise. — Etre menacé de

---

perdre sa fortune ou sa place, la faveur dont on jouit, etc. : *ce ministre branle au manche.*
— BRANLER, signifie quelquefois : se remuer, se mouvoir. Ainsi on dit : *ne branlez pas de là*, ne bougez de là ; et, fig. : *ces enfants n'osent branler devant leur père*, ils sont dans une crainte, dans une contrainte continuelle devant lui.

* **BRANLOIRE** s. f. Planche ou solive posée en travers et en équilibre sur un point d'appui un peu élevé, et aux deux bouts de laquelle deux personnes se balancent en faisant tour à tour le contre-poids.

BRANNE. ch.-l. de cant., arr. et à 10 kil. S.-E. de Libourne (Gironde), 675 hab.

BRANNOVICES. Voy. AULERQUES.

BRANT (Sébastien), poète satirique allemand, né à Strasbourg, en 1458, mort en 1521. Son ouvrage le plus célèbre est le *Narrenshiff, vaisseau des fous*, Bâle, 1494, traduit ou imité dans toutes les langues. Traduction française par Rivière, 1497.

BRANTFORD, ville de l'Ontario (Canada), sur la grande Rivière, à 120 kil. O.-N.-O. de Buffalo ; 8,500 hab. On y trouve un asile pour les veuves et les orphelins.

BRANTÔME, *Brantosomum*, ch.-l. de cant., arr. et à 25 kil. N.-O. de Périgueux, sur la Dronne ; 2,700 hab. Petite ville qui doit son origine à une abbaye de bénédictins dont on attribue la fondation à Charlemagne et qui existe encore presque entièrement. L'historien Brantôme en fut commendataire.

BRANTÔME (Pierre BOURDEILLES, seigneur et abbé de), chroniqueur et écrivain, né à Bourdeilles (Périgord), entre 1527 et 1540, mort le 15 juillet 1614. Pourvu dès sa jeunesse de la riche abbaye de Brantôme, il mena une existence mondaine à la cour et à l'armée, se mêla à toutes les intrigues de son époque et se retira dans ses terres en 1582, à la suite d'une chute de cheval qui le rendit impotent. Il consigna les souvenirs de sa vie dans des écrits d'un style naïf et piquant, mais souvent cyniques ou scandaleux. Écrivain sans préjugés et sans passion, il a jugé, avec impartialité, les hommes et les événements de son siècle. Ses fameux *Mémoires du seigneur de Brantosme*, ont été souvent réimprimés. Les œuvres de Brantôme comprennent : *Vies des hommes illustres et grands capitaines français ; Vies des grands capitaines étrangers ; Vies des dames illustres ; Vies des dames galantes ; Anecdotes touchant les duels ; Rodomontades des Espagnols.* Il a publié plusieurs éditions collectives des œuvres de Brantôme avec des biographies, par Mommerqué (1822), Mérimée et Lacour. — Brantôme avait deux sœurs et trois frères, dont le plus éminent fut ANDRÉ DE BOURDEILLES, conseiller privé et gouverneur de Périgord de 1372 jusqu'à sa mort (1582). Sa vie, ses écrits militaires et sa correspondance forment le 8e volume de l'édition de Brantôme par Mommerqué.

BRAOUÉZEC (I.-E.), explorateur français (1828-'70). Officier de marine, il visita en 1858-'9 le Gabon, le Sénégal et plusieurs autres cours d'eau de l'Afrique, et publia des récits de ses explorations.

* **BRAQUE** s. (bas lat. *bracco*). Espèce de chien de chasse : *un braque, une braque.* — Fig. et fam. C'EST UN BRAQUE, se dit d'un jeune homme très étourdi.

* **BRAQUEMART** s. m. (gr. *brachus*, court ; *machaira*, épée). Epée courte et large qu'on portait autrefois le long de la cuisse.

* **BRAQUEMENT** s. m. Action de braquer : *braquement d'un canon.*

* **BRAQUER** v. a. (lat. *vertere*, tourner). Tourner, placer dans une direction déterminée, une pièce de canon, une lunette, etc. —

Fig. Braquer ses regards sur quelqu'un, sur quelqu chose, tenir ses regards arrêtés sur quelqu'un, sur quelque chose.

° **BRAS** s. m. [brâ] (lat. *brachium*). Membre du corps humain qui tient à l'épaule : *bras droit, bras gauche.*

Sur l'ivoire d'un cou flexible
Son *bras* reposait incliné.
DORAT. *Les Baisers.*

— Anat. Partie du bras qui s'étend depuis l'épaule jusqu'au coude; celle qui va du coude au poignet se nomme *avant-bras.* — Par ext. Personne même qui travaille, qui agit, ou qui peut travailler, agir : *Cette terre exige un grand nombre de bras; les bras manquent à l'agriculture.*—Fig. Pouvoir, puissance : *la puissance de son bras.*— Force, courage guerrier, exploits militaires: *tout cède à l'effort de son bras.* — Chandelier qu'on attache au mur, à la boiserie d'une chambre ou d'une salle, parce que jadis on lui donnait ordinairement la figure d'un bras. — Il se dit également de plusieurs autres choses qui ont avec les bras de l'homme un certain rapport de forme ou de destination : *les bras d'une baleine,* ses nageoires; *siège à bras,* siège aux deux côtés duquel il y a dequoi s'appuyer les bras; *bras d'une civière, d'un brancard,* les deux bâtons parallèles qui se prolongent à chaque extrémité d'une civière, d'un brancard, et qui servent à le soulever et à le porter; *bras d'un aviron,* partie par laquelle on le tient, on le manie, pour ramer; *bras d'une vergue,* manœuvres ou cordages amarrés à l'extrémité d'une vergue pour la gouverner ou la mouvoir selon le vent; *bras de balance,* chaque moitié de la verge transversale qui est posée en équilibre sur le point d'appui, et aux deux extrémités de laquelle pendent les bassins de la balance; *bras de levier,* partie du levier comprise entre le point d'appui et celui auquel est appliquée la puissance ou la résistance; *bras de rivière,* chaque branche d'une rivière qui se sépare en deux, en trois, etc.; *bras de mer,* partie de la mer qui passe entre deux terres assez proches l'une de l'autre. — Donner le bras a une femme, l'accompagner et lui présenter le bras replié à la jointure du coude, en le soutenant à une certaine hauteur, de manière qu'elle pose le sien dessus, et s'y appuie en marchant. — Donner, offrir, tendre le bras a quelqu'un, lui prêter le bras, de façon qu'il s'en aide et s'appuie dessus, soit pour se relever, s'il est tombé, soit pour marcher plus facilement. On dit, dans un sens analogue, *Prendre le bras de quelqu'un,* et *s'appuyer sur le bras de quelqu'un en marchant.* On dit aussi dans le sens réciproque, Se donner le bras, en parlant de deux personnes dont l'une a son bras passé dans celui de l'autre. — Avoir un bras de fer, avoir le bras très fort, très vigoureux. Exercer une dureté, une impérieuse un pouvoir dont on est revêtu. — Avoir les bras rompus, avoir les bras fatigués par l'excès du travail. — Ne vivre que de ses bras, ne vivre que du travail de ses bras. — Demeurer les bras croisés, demeurer sans rien faire. — Faire les beaux bras, se donner des airs, avoir des manières affectées par lesquelles on croit se rendre agréable. — Couper les bras et jambes a quelqu'un, lui retrancher beaucoup de ses prétentions, de ce qu'il regarde comme ses droits, ôter à quelqu'un le moyen d'agir, d'arriver à ses fins, de réussir. Frapper d'étonnement, de stupeur : *Cette nouvelle me coupa bras et jambes.* On dit dans une acception analogue à ce dernier sens : *les bras m'en tombent.* — Traiter quelqu'un de monsieur, de monseigneur, gros comme le bras, lui donner ces titres fréquemment et avec emphase. — Tendre les bras a quelqu'un, l'aider, lui offrir ses secours, son appui; s'il a des torts, être prêt à les lui pardonner. On dit quelquefois dans ce sens : *Ouvrir ses bras à quelqu'un.* — Tendre les bras a quelqu'un, dans un autre sens, implorer son

secours. On dit également : *tendre les bras vers quelqu'un.* — Se jeter dans les bras, entre les bras de quelqu'un, se mettre sous sa protection, recourir à lui pour en avoir du secours. — Recevoir quelqu'un a bras ouverts, le recevoir avec grande joie. — Avoir quelqu'un sur les bras, en être chargé ou importuné. — Avoir l'ennemi, avoir une armée entière sur les bras, avoir à se défendre contre l'ennemi, contre une armée entière. — Avoir beaucoup d'affaires sur les bras, en être accablé, surchargé. — Tirer quelqu'un d'entre les bras de la mort, des bras de la mort, le guérir d'une maladie qui semblait mortelle. — Etre dans les bras du sommeil, dans les bras de Morphée, dormir. — Passer des bras du sommeil dans ceux de la mort, être tué, recevoir la mort lorsqu'on est endormi. — Arrêter, retenir le bras a quelqu'un, l'empêcher de punir, de se venger. — Voir entre les bras d'un autre la personne qu'on aime, ou qu'on recherchait, la voir mariée à un autre. — Fig. Etre le bras droit de quelqu'un, être son principal agent en toutes choses. — Bras séculier, puissance temporelle, par opposition à puissance ecclésiastique. — Avoir les bras longs, avoir un crédit, un pouvoir qui s'étend bien loin. — Faire les grands bras, affecter un crédit, un pouvoir, une importance qu'on n'a pas. — A force de bras, ou simplement A bras, locutions adv. qui se disent en parlant de travaux, de transports pour lesquels on n'emploie que la seule force des bras: *ils montèrent le canon à bras.* On dit dans un sens analogue : *moulin à bras, civière à bras, charette à bras.* — A tour de bras, loc. adv. De toute sa force : *frapper à tour de bras.* — A bras raccourci, loc. adv. Hors de garde, hors de mesure, et de toute sa force. — A bras-le-corps, loc.adv. Ne s'emploie guère que dans cette phrase : *saisir, prendre, tenir, porter quelqu'un à bras-le-corps,* le saisir, le prendre, le tenir, le porter au moyen du bras ou des deux bras passés autour du corps. — Bras dessus, bras dessous, loc. adv. et fam. En se donnant le bras avec amitié. — Fig. Ils sont bras dessus bras dessous, il règne entre eux la plus grande intimité.

BRASAGE ou **Brasement** [-za-; ze-] rad. *braser*). Techn. Opération qui a pour but de réunir deux métaux différents ou deux morceaux d'un même métal, à l'aide d'un autre métal plus fusible ; par opposition à *soudure* qui désigne l'opération par laquelle on réunit directement deux métaux sans intermédiaire.

BRASÉNIE s. f. Genre d'ombellifères, dont l'espèce principale, le *bouclier d'eau (brasenia*

Bouclier d'eau. (Brasenia peltata.)

peltata), est répandue dans les étangs et les rivières peu rapides de l'Amérique septentrionale, depuis le Canada jusqu'au golfe du

Mexique. On la trouve aussi dans l'Inde et en Australie. Sa feuille ovale et attachée au centre est verte dessus et pourpre en dessous.

° **BRASER** v. a. [bra-zé] (gr. *brazein,* être chaud). Joindre ensemble deux morceaux de fer, d'acier ou de cuivre, au moyen d'un métal intermédiaire plus fusible.

BRASERO s. m. [bra-zé-ro] (mot esp.). Réchaud empli de braise allumée, qui sert, dans certains pays du Midi, à chauffer les appartements. C'est un mode de chauffage très dangereux, parce que les gaz dégagés vicient l'air.

BRASIDAS, général spartiate pendant la guerre du Péloponèse, mort en 422 av. J.-C. Il secourut Méthone en 431, et délivra Mejare en 424. Peu après, ayant été envoyé contre les Athéniens en Thrace, il traversa, par une marche rapide et habile, les territoires hostiles de Thessalie, porta secours à Perdiccas le Macédonien, surprit Amphipolis et soumit presque toutes les cités de ce pays. Il fut mortellement blessé en défendant Amphipolis contre Cléon, qui tomba dans le même combat.

° **BRASIER** s. m. [bra-zié] Feu de charbons ardents. — Espèce de grand bassin de métal où l'on met de la braise pour échauffer une chambre. — C'est un brasier que son corps, se dit d'une personne qui a une fièvre ardente. — Sa tête est un brasier, il s'échauffe jusqu'à l'exaltation.

° **BRASILLEMENT** s. m. [ll mll.] Mar. Effet de la mer brasille, qui réfléchit les rayons du soleil et de la lune — Eclat phosphorescent des flots. Voy. Brasiller.

° **BRASILLER** v. a. [ll mll.]. Faire griller quelque chose un peu de temps sur la braise. N'est guère usité que dans cette phrase : *faire brasiller des pêches,* où il est pris neutral. — Se dit de la mer lorsque les rayons du soleil ou de la lune la frappent obliquement, et qu'on voit à sa surface comme une traînée de lumière éblouissante et scintillante : *la mer brasille* — Se dit également lorsque, dans l'obscurité la trace du bâtiment ou d'un poisson brille d'une lueur qu'on attribue à l'électricité développée par le frottement.

° **BRASQUE** s. f. (rad. *braser).* Métall. Mélange d'argile et de charbon pilé, dont on enduit la surface des creusets dans lesquels on réduit les mines.

° **BRASQUER** v. a. Métall. Enduire de brasque la surface des creusets.

BRASSAC, ch.-l. de cant., arr. et à 22 kil. E. de Castres (Tarn), sur l'Agout; 2,000 hab; marbres, granit, tourmaline rose; ardoises. Filatures de laine; molletons.

BRASSAC-LES-MINES, commune du cant. de Jumeaux, arr. d'Issoire (Puy-de-Dôme, 1,800 hab. Houille, verrerie, ardoises.

° **BRASSAGE** s. m. Somme que prenait autrefois le maître des monnaies, sur chaque marc d'or, d'argent ou de billon ouvré en espèces, pour les frais de fabrication et les déchets. — Action de brasser de la bière; ou manufacture de la bière. — Le procédé du brassage consiste à produire un extrait saccharin de l'orge ou d'un autre grain, à y ajouter du houblon pour lui donner du goût et pour le conserver, et à le faire subir la fermentation vineuse. L'art du brassage peut se diviser en : 1° *Maltage*; 2° *formation du moût et houblonnage*; 3° *fermentation*; 4° *clarification.* — Maltage. Il a lieu en trois phases : 1° *trempage.* On jette l'orge dans les cuves avec quatre fois son poids d'eau; elle y gonfle peu à peu. Cette opération dure généralement de 50 à 60 heures; trop prolongée, elle amène la détérioration de l'orge; on reconnaît qu'elle a duré assez longtemps lorsque l'orge peut être facilement percée d'une aiguille ou écrasée sous l'ongle. 2° *Germination.* Le trempage étant à point, on égoutte le grain et on le porte au *germoir*, qui est ordinairement en pierre ou en ciment; on y étale le grain en couche de 50 à 60 cent. d'épaisseur et à une température de 15° à 16° C. On le laisse au repos pendant 12 heures. Pendant ce temps, l'orge gonfle, cesse d'être humide à sa surface, s'échauffe et, à la fin du second jour, fait monter sa température à 18° ou 20°. Elle acquiert alors l'odeur de pommes, une rosée paraît à sa surface, marquant une phase d'adoucissement, pendant laquelle commence la germination, marquée par le développement de radicules; 24 heures plus tard paraît à une extrémité de chaque grain la gemmule ou plumule (germe). C'est alors qu'il faut, vers la fin du troisième jour, étaler peu à peu l'orge en diminuant l'épaisseur de la couche, de manière qu'elle n'ait plus que 15 cent. de haut lorsque l'opération est terminée; mais la température s'élève jusqu'à la fin du quatrième jour et atteint ordinairement 24° à 25°. La gemmule a presque atteint l'autre extrémité de la graine, et la transformation de l'amidon en dextrine est parvenue au point désirable. On étend encore la couche et on la retourne deux ou trois fois par jour, jusqu'à ce qu'elle n'ait plus que 8 ou 10 cent. de profondeur. La dernière partie de l'opération consiste à transporter le grain sur un plancher à l'air libre. Ces différentes opérations durent de neuf jours à deux semaines suivant les pays. La transformation d'amidon en dextrine est effectuée par une substance appelée diastase qui se développe pendant la germination. C'est en mars qu'elle s'accomplit le mieux, d'où vient la meilleure bière est nommée *bière de mars*. 3° *Touraillage*. Lorsque la plus grande quantité possible de dextrine a été de sucre a été produite, on passe au touraillage qui s'effectue sur des planchers de tôle percés de trous appelés tourailles. Le malt est établi en couche de 13 cent. On amène de l'air d'abord à 25° et ensuite graduellement à 100°. Lorsque la dessiccation est complète, les radicelles sont devenues cassantes; on les détache au moyen du tarare et on concasse le grain entre des cylindres de fonte. Le *malt* ainsi préparé peut se conserver longtemps; il renferme la diastase en quantité suffisante pour les opérations qui vont suivre. — FORMATION DU MOUT ET HOUBLONNAGE. Cette partie de la fabrication de la bière se divise en trois phases : 1° *Brassage* proprement dit ou extraction des matières saccharines du malt. On introduit le malt dans de grandes cuves en bois, appelées *brassins* et munies d'un double fond percé de trous. Entre les deux fonds se trouvent le robinet de vidange et un tube qui amène de l'eau chaude. Le brassage a pour but de convertir l'amidon resté dans le malt en dextrine et en sucre, et d'en extraire, en même temps que lui, cette dextrine et ce sucre avec le gluten, au moyen d'eau amenée à la température désirable. Un agent important de cette opération est la diastase qui reste encore dans le malt. On introduit une fois et demi autant d'eau chaude (60°) qu'il y a de malt (en poids). On brasse fortement le mélange avec les fourches, des roues ou des agitateurs spéciaux; on laisse reposer une demi-heure; on introduit d'autre eau à 90° jusqu'à ce que la masse ait atteint 70° ou 75°; on brasse de nouveau, on ferme la cuve et on laisse reposer pendant deux ou trois heures. On soutire le liquide ou *moût* on le transporte dans des chaudières où il doit subir le houblonnage. Cette première opération n'ayant pas épuisé le malt, on introduit dans la cuve de l'eau à 80°, on brasse, on laisse reposer une heure, on soutire et on ajoute la liqueur à la précédente. En traitant le malt une troisième et même une quatrième fois, on obtient un moût plus pauvre, employé à la fabrication des petites bières. Le malt bien égoutté reçoit ensuite le nom de *drêche* et sert à l'alimentation du bétail. — 2° *Houblon-*

nage. On fait chauffer les chaudières de façon à amener le moût à 100°; on laisse bouillir pendant une heure ou davantage et l'on y introduit un kilog. de houblon par hectolitre de liqueur pour les bières de table, et 2 kilog. pour les bières de garde; on laisse bouillir encore pendant deux heures et demie ou trois heures, en ayant soin de fermer les chaudières pour éviter l'évaporation de la substance huileuse fournie par le houblon. On reconnaît que l'ébullition a été assez prolongée lorsqu'il se forme des flocons coagulés qui se séparent de la masse. — 3° *Refroidissement*. Des pompes amènent le moût dans des cuves peu profondes, ordinairement situées à la partie supérieure de la brasserie. Un saccharomètre fait connaître le degré de concentration du liquide pendant les diverses phases de préparation. Il est désirable de le faire refroidir promptement pour qu'il n'y ait aucune fermentation prématurée avant l'addition de la levure; c'est pourquoi on le fait ordinairement refroidir aujourd'hui dans des conduits entre lesquels circule en sens contraire un courant d'eau froide. — FERMENTATION. On verse le moût refroidi dans une cuve appelée *guilloire*. L'atmosphère est maintenue à 20°; on verse de 200 à 400 gr. de levure de bière par hectolitre de moût. En huit ou dix heures, la fermentation commence et se manifeste par la formation de petites éminences d'écume à la partie supérieure. Pendant un intervalle de six à trente-six heures, on fait écouler cette écume, il se forme de nouvelle levure qui devient très visqueuse: la fermentation diminue d'activité. On soutire le moût fermenté dans des *quarts* de 100 à 200 litres, où la fermentation reparaît bientôt. La levure y acquiert sa perfection; elle se présente sous l'aspect d'une écume épaisse, que l'on exprime dans des sacs pour s'en servir lorsqu'on aura besoin d'établir une autre fermentation. Les bières faibles que l'on consomme presque aussitôt après cette fermentation de quatre à huit jours, ne peuvent se conserver plus de cinq à six semaines; on les clarifie promptement à la colle ou aux blancs d'œufs et on les met en bouteilles. La fermentation se continuant, l'acide carbonique qui ne peut se dégager rend la bière mousseuse; mais l'alcool se transforme vite en acide acétique, ce qui aigrit le liquide. Pour les bières que l'on veut conserver, on laisse opérer la fermentation pendant une plus long temps. La bière de Bavière, par exemple, fermente pendant six semaines et même davantage. Cette fermentation s'effectue dans de grandes salles basses, fraîches, maintenues à la température de 8° à 10° seulement. En Allemagne et aux Etats-Unis, on appelle *lagerbier* la bière qui, après une fermentation suffisante, est mise en barriques et abandonnée pendant plusieurs mois dans une cave fraîche où une légère fermentation continue lentement, jusqu'à ce que le liquide soit parfaitement limpide et libre de toute matière fermentescible.

* **BRASSARD** s. m. Ancienne armure qui couvrait le bras d'un homme de guerre. — Par anal. Espèce de garniture de cuir, ou cylindre de bois, dont on se couvre le bras pour jouer au ballon. — ◡◡ Tout ornement ou signe de reconnaissance porté au bras.

* **BRASSE** s. f. Mesure de la longueur des deux bras étendus, qui est ordinairement de 5 à 6 pieds : la brasse marine est de 5 pieds, ou 1ᵐ62 (Acad.); *les lignes de sonde qui servent à indiquer la profondeur de l'eau, sont divisées en brasses*. PAIN DE BRASSE, grand pain de 10 à 12 kilog. 500.— NAGER A LA BRASSE, nager en étendant, au-dessus de l'eau, les bras l'un après l'autre.

* **BRASSÉE** s. f. Autant que les bras peuvent entourer, contenir et porter : *brassée de foin*. — Mouvement des bras pour nager : *il fit plusieurs brassées*.

* **BRASSER** v. a. Remuer avec les bras, à

force de bras, plusieurs matières ayant quelque fluidité, pour qu'elles s'incorporent ensemble : *il faut bien brasser tout cela*; *brasser de l'or et de l'argent fondu dans le creuset*. Remuer, agiter avec les bras : *brassez la paillasse*. — Faire vite, en grande quantité : *il aura bien vite brassé sa besogne*. — Pratiquer, tramer, négocier secrètement; et il ne se dit qu'en mauvaise part : *brasser une trahison*.— Mar. Mouvoir les bras d'une vergue pour changer la direction de la voile qu'elle porte : *brasser d'un bord* ; *brasser au vent*, etc. Dans ce sens, on dit aussi : *brasseyer*. — Faire de la bière :

De mal *brasser* vient l'amère boisson.

Cl. MAROT.

— D'après l'Académie, on peut dire aussi : *brasser du cidre*, pour : faire du cidre.

* **BRASSERIE** s. f. Lieu où l'on brasse de la bière. — Etablissement où l'on vend de la bière au détail. — LÉGISL. « Les brasseries sont soumises, même à Paris, à l'exercice des employés de l'administration des contributions indirectes. Lorsqu'une fabrication doit avoir lieu, les brasseurs sont tenus d'avertir à l'avance les employés de l'heure de la la mise en train et de faire connaître les quantités et l'espèce de bière qui seront fabriquées. Les quantités imposables sont réduites à .⸪. de la contenance des chaudières ou des cuves de fermentation. Toute contravention aux lois ou aux règlements administratifs donne lieu à la saisie des bières trouvées en fraude et à une amende de 200 à 600 fr. Dans les villes de plus de 30,000 hab., les brasseurs peuvent obtenir que les droits de fabrication soient remplacés par un abonnement commun à tous. Un établissement en activité doit porter à l'extérieur une enseigne sur laquelle on inscrit le mot : *Brasserie*; les tonneaux doivent être marqués d'une empreinte particulière déposée au bureau de la régie (L. 28 avril 1816). La *licence* dont les brasseurs doivent être pourvus est du prix de 125 fr. dans les départements ci-après : Aisne, Ardennes, Côte-d'Or, Meurthe, Nord, Pas-de-Calais, Rhône, Seine, Seine-Inférieure, Seine-et-Oise, Somme, et de 75 fr. dans les autres départements (L. 1ᵉʳ sept. 1871). Les brasseurs sont en outre soumis à divers droits de patentes : 1° à un droit fixe de 1 fr. par hectolitre de la capacité brute de toutes les chaudières; 2° à un droit proportionnel du vingtième sur la valeur locative de la maison d'habitation; 3° à un droit du cinquantième sur celle de l'établissement industriel (L. 22 juillet 1880). L'impôt de fabrication sur les bières, est, ainsi que nous l'avons dit à l'article BOISSONS, de 3 fr. 75 par hectolitre pour la bière forte et de 1 fr. 25 pour la petite bière. En Allemagne, la taxe qui frappe la bière est établie sur le malt. Il en était de même pendant longtemps en Angleterre, où l'on percevait en outre un droit sur le sucre employé au brassage, et un droit de houblon; mais depuis le 1ᵉʳ octobre 1880, l'impôt est prélevé sur le moût de bière, en calculant à la fois la qualité et la densité; il est fixé à 6 *shellings* 3 *pence* pour 36 gallons (environ 5 fr. par hectolitre) de moût d'une densité de 1057 millièmes, comparée à celle de l'eau distillée. En Belgique et en Hollande, le droit est calculé sur la capacité des cuves. » (CH. Y.)

* **BRASSEUR, EUSE** s. Celui, celle qui brasse de la bière et qui en vend en gros.

* **BRASSEYER** v. a. Marine. Voy. BRASSER.

* **BRASSIAGE** s. m. Mar. Mesurage à la brasse. — Quantité de brasses d'eau que l'on trouve dans un endroit quelconque de la mer : *le brassiage est très variable dans certains parages*.

BRASSICOURT s. m. Cheval qui a les jambes de devant arquées mais non ruinées.

* **BRASSIÈRE** s. f. Petite camisole qui sert à maintenir le corps, et qui est particulière-

ment en usage pour les femmes et les enfants : *brassière de basin, de futaine, de serge.* — Fig. METTRE, TENIR QUELQU'UN EN BRASSIÈRE, le mettre, le tenir dans un état de contrainte qui ne lui laisse pas la liberté de faire ce qu'il voudrait, le traiter comme un enfant.

* **BRASSIN** s. m. Vaisseau, cuve où les brasseurs font la bière. — Quantité de bière qu'on tire de la masse de grains sur laquelle on opère. —Savon. Quantité de savon que l'on *zuit* à la fois.

* **BRASURE** s. f. [-zu-]. Endroit où deux pièces de métal sont brasées, soudées.

BRATTLEBORO, ville de Vermont (Etats-Unis), sur le Connecticut, à 300 kil. S.-S.-E. de Burlington; 5,000 hab.

BRATUSPANTIUM (anj. *Bratuspante*, près de Breteuil, sur la lisière du diocèse de Beauvais, ville principale des Bellovaques.

BRAUNITE s. f. (de *Braun*, n. pr.). Minér. Manganèse sesqui-oxydé; O³ Mn². Substance d'un noir brun, plus dure que le feldspath, pesant 4,82, cristallisant en octaèdre à base carrée. On la trouve en Thuringe, dans le Harz, en Piémont.

BRAUNSBERG [braounns'-bèrg], ville de Prusse, sur la Passarge, à 55 kil. S.-O. de Kœnigsberg; 10,500 hab. Lycée, faculté de philosophie et de théologie.

BRAURON, Ant. gr. Ville de l'Attique, célèbre par le culte que l'on y rendait à Artémis (Diane).

BRAURONIES s. f. pl. Ant. Fête que l'on célébrait à Brauron, en l'honneur de Diane, à laquelle on consacrait de jeunes Athéniennes, âgées de dix ans au plus, d'où venait le nom de *dekateuein* (de *deka*, dix), donné aux jeunes filles qui avaient subi cette consécration.

BRAUWER ou **Brouwer** (Adrian) [braou'-er], peintre et graveur hollandais (1608-40).Excella dans la représentation des fleurs et des oiseaux, des scènes de cabaret et des soldats. Il ne travaillait que lorsqu'il y était forcé par la nécessité et resta toujours dans la misère à cause de sa vie déréglée.

* **BRAVACHE** s. m. Faux brave, fanfaron.

* **BRAVADE** s. f. Action, parole, manière par laquelle on brave quelqu'un.

* **BRAVE** adj. (gr. *brabeion*, prix du combat). Vaillant, qui a beaucoup de valeur, beaucoup de courage : *trave soldat.* — Fam. Honnête, bon, obligeant : *c'est un brave homme, une brave femme.* — Vêtu, paré avec soin : *vous voilà bien brave aujourd'hui.* — Un homme brave est un homme courageux ; un *brave homme* est un homme bon, honnête. — Brave s. m. Homme courageux, vaillant : *c'est un brave.* — Dans un sens odieux. Spadassin, homme déterminé à tout faire. — Fam. et par plaisant. : C'EST UN BRAVE A TROIS POILS, c'est un homme d'une bravoure éprouvée.

* **BRAVEMENT** adv. D'une manière brave, vaillamment : *il monta bravement à l'assaut.* — Habilement, adroitement : *il joua bravement son personnage.*

* **BRAVER** v. a. Témoigner ouvertement qu'on ne craint pas quelqu'un, et qu'on le méprise, qu'on le défie : *braver l'autorité.* — BRAVER LES DANGERS, LA MORT, LA HONTE, L'INFAMIE, etc., s'y exposer sans crainte.

* **BRAVERIE** s. f. Magnificence en habits. (Vieux.)

* **BRAVO** interj. (mot ital.) Expression dont on se sert pour applaudir : *toute l'assemblée cria bravo.* — Le superlatif est *bravissimo.* — s. m. Applaudissement : *sa voix fut couverte par les bravos.*

* **BRAVO** s. m. Assassin à gages, spadassin. —Plur. des BRAVI.

BRAVO (Nicolas), général et homme politique mexicain (1790-1854). Il prit part à la révolution de 1810. S'étant associé à Minas, en 1817, il fut emprisonné à Mexico jusqu'en 1820. Membre de la régence en 1822, il contribua à la déposition de l'empereur Iturbide en 1823 et fit partie du gouvernement provisoire jusqu'en 1824. Vice-président en 1827, il se mit à la tête de la révolte contre Bustamante. En 1830, il commanda les troupes contre l'insurrection de Guerrero. En 1839, il fut.président du conseil et en 1842-'3 il tint le pouvoir suprême pendant quelques mois. Il fut encore président en 1846 et.fut déposé par une révolution. Sa mort soudaine fit naître des soupçons d'assassinat.

BRAVO MURILLO (Juan) [brà-vo-mou-ril-io], homme d'Etat espagnol (1803-'73); fut avocat, publia un journal *moderado*, devint premier ministre comme extrême absolutiste (1850-'52), fut exilé (1854-'6) et remplit ensuite d'importants offices diplomatiques.

* **BRAVOURE** s. f. Courage guerrier, vaillance.— Mus. AIR DE BRAVOURE, air d'une exécution difficile et où peut se montrer tout le talent du chanteur.

BRAY (Le), *Braium*, pays de la Normandie, aujourd'hui compris dans l'*arr.* de Neufchâtel (Seine-Inférieure) ; villes principales : la Ferté-en-Bray, Neufchâtel-en-Bray et Aumale. Beurre et cidre.

BRAY, paroisse du Berkshire (Angleterre), à 39 kil. O. de Londres. Tout le monde, en Angleterre et aux Etats-Unis, raconte l'histoire du fameux curé de Bray, Symon Symond, qui se fit deux fois protestant et deux fois catholique,sous les règnes de Henri VIII, d'Edouard VI, de Marie et d'Elisabeth, parce qu'il disait que peu lui importait la religion, pourvu qu'il « vécût et mourût curé de Bray ».

BRAY (Thomas), ecclésiastique anglais (1656-1730), qui fonda en 1698 une célèbre société pour la propagation de l'Evangile dans les pays étrangers.

* **BRAYER** s. m. [brè-ié] (lat. *bracca*, braie). Chir. Bandage destiné à contenir les hernies : *porter un brayer ; faiseur de brayers.* — v Bretelle que l'on a terminée par un petit sac où l'on place l'extrémité d'un bâton de drapeau pour le porter. — Cordage dont se servent les maçons pour enlever les moellons, etc.

* **BRAYER** v. a. Enduire de brai liquide et chaud : *brayer un navire.*

* **BRAYETTE** s. f. Fente de devant d'une culotte à l'ancienne mode : *fermer sa brayette.*

* **BRAYON** s. m. Véner. Piège pour prendre les bêtes puantes.

BRAY-SUR-SEINE, ch.-l. de cant., arr. et à 20 kil. de Provins (Seine-et-Marne); 1,650 hab. Construction de bateaux ; blé, farine, bois. Pont en pierre de dix arches, restauré en 1848.

BRAY-SUR-SOMME, ch.-l. de cant., arr. et à 18 kil. O. de Péronne (Somme); 1,500 hab. Grains, fourrages, laine.

BRAZIER (Nicolas), auteur dramatique et chansonnier, né à Paris en 1783,mort à Passy en 1838. A composé seul ou en collaboration de nombreuses pièces à succès où le sel gaulois ne faisait pas défaut. On n'a pas oublié le *Savetier et le Financier*, le *Soldat laboureur, Préville et Taconnet*, la *Laitière de Montfermeil*.

BRAZOS [esp. bràs-sôss], rivière qui naît au N.-O. du Texas, court à l'E., puis au S.-S.-E. et se jette dans le golfe du Mexique, à 60 kil. S.-O. de Galveston ; cours, 1,400 kil.

BRAZOS DE SANTIAGO ou **Brazos Santiago**, village du Texas, à l'extrémité N. de l'île Brazos, qui est située à 15 kil. de l'embouchure du Rio Grande.

BRAZZA [bràt'-sa], île la plus grande et la plus productive de l'archipel dalmatien (Autriche) 396 kil. carr.; 16,000 hab. Elle est montagneuse et possède de bons ports. Cap. San Pietro.

BRÉA (Jean-Baptiste-Fidèle), maréchal de camp, né à Menton, vers 1790; mort le 25 juin 1848. Il servit l'Empire, la Restauration, Louis-Philippe et la République de 1848. Chargé par le gouvernement de prendre les barricades que les insurgés avaient élevées dans le quartier du Panthéon, il obtint la soumission des rebelles en leur promettant la vie sauve ; on prétend qu'il les fit fusiller après qu'ils eurent déposé leurs armes (24 février 1848). Le lendemain, à la barrière de Fontainebleau, les combattants virent lesquels il était venu parlementer, se jetèrent sur lui et le tuèrent. On a donné le nom de Bréa à une église et une rue de Paris.

* **BREAK** s. m. [brèk] (mot angl.). Voiture élégante, légère, à quatre roues, ayant un siège sur le devant et, sur le derrière deux sièges ou bancs placés longitudinalement en face l'un de l'autre.

* **BRÉANT** s. m. Voy. BRUANT.

BRÉBEUF (Guillaume de), poète, né à Thorigny (Normandie), en 1618, mort près de Caen en 1661. Sa parodie burlesque du VII° livre de l'*Enéide* et sa traduction en vers de la *Pharsale* de Lucain lui firent une grande réputation. Il a laissé, en outre, des *Poésies diverses* et des *Eloges poétiques.* — Voy. ECRITURE.—II.(Jean de), oncle du précédent, jésuite missionnaire (1593-1649), passa plusieurs années parmi les Hurons, au moment de leur guerre contre les Iroquois ; fut pris et brûlé à petit feu par ces derniers, avec son compagnon Lalemant. Ses *Lettres* ont été publiées à Paris en 1870. Son traité sur la langue huronne est un monument précieux.

* **BREBIS** s. f. (lat. *vervex*). Femelle du bélier : *lait de brebis ; toison de brebis.* — Fig. et prov. BREBIS GALEUSE. Personne dont le commerce est dangereux ou désagréable. — BREBIS QUI BÊLE PERD SA GOULÉE, quand on cause beaucoup à table, on perd le temps de manger; en parlant beaucoup, on perd le temps d'agir. — A BREBIS TONDUE, DIEU MESURE LE VENT, Dieu proportionne à notre faiblesse les maux qu'il nous envoie. — C'EST BIEN LA BREBIS DU BON DIEU, se dit d'un être si inoffensif, si patient, qu'on peut l'attaquer sans qu'il cherche à se défendre ou qu'il songe à se plaindre. — BREBIS, dans le langage de l'Ecriture, se dit figurément d'un chrétien, en tant qu'il est sous la conduite de son pasteur: *le bon pasteur donne sa vie pour ses brebis.*

BRECCIOLE s. f. [brè-ksi-o-le] (de l'ital. *breccia*). Nom francisé de la *breccia* (brèche); on l'applique particulièrement aux *breccias* préparées artificiellement.

BRÉCEY, ch.-l. de cant., arr. et à 6 kil. N.-O. d'Avranches (Manche). 2,500 hab. Eglise du XVII° siècle ; ruines d'un vieux château.

* **BRÈCHE** s. f. Ouverture faite par force ou autrement à ce qui sert de clôture, comme un mur, une haie. — Ouverture que des assiégeants font aux murailles, aux remparts de la place assiégée : *brèche praticable.* — Fig. Fort dommage que l'on fait à quelque chose, diminution d'un bien qui devrait être conservé entier, intact : *il a fait une brèche à son honneur, à sa réputation.* — BATTRE EN BRÈCHE, tirer avec de l'artillerie contre une muraille, pour y faire une brèche ou contre un rempart, et d'assez près pour y faire brèche. — Par ext. FAIRE UNE BRÈCHE, DES BRÈCHES A UN COUTEAU, A UNE ÉPÉE, faire une ou plusieurs cassures au tranchant. — FAIRE BRÈCHE A UN PATÉ, l'entamer et en manger. — ON A ABATTU CENT ARPENTS DE BOIS DANS CETTE FORÊT, C'EST UNE GRANDE BRÈCHE, c'est un grand vide qu'on y a fait.

* **BRÈCHE.** s. f. (ital. *breccia*, rupture). Sorte de marbre qui semble formé d'un amas de cailloux unis ensemble : *brèche violette : brèche d'Alep, de Dourlais*, etc. — La brèche est une roche composée de fragments anguleux de la grosseur d'un pois, qui semblent avoir existé dans différentes formations antérieures et qui sont réunis par un ciment quelconque. Les breccias composées de cailloux portent le nom de conglomérat ou celui de poudingue. Le territoire des *Ababdèh*, en Egypte, produit le marbre appelé *Breccia verde*. Voy. BRECCIOLE. — Par ext. Géol. Réunion de pierres agglutinées par un ciment naturel, trouvée dans des fentes de rochers.

* **BRÈCHE-DENT.** adj. Qui a perdu une ou plusieurs dents de devant : *homme brèche-dent, fille brèche-dent.* — Substantiv. *Un brèche-dent, une brèche-dent ; des brèche-dent.*

* **BRECHET.** s. m. [bre-chè] (kymri, *bryced, brysket*, poitrine). Os de la poitrine, auquel aboutissent les côtes par devant ; extrémité inférieure de cet os : *avoir mal au brechet.* (Fam.) — Anat. Apophyse saillante et longitudinale qui se trouve à la face externe du sternum des oiseaux.

BRECHIN [angl. brèk'-inn], bourg du Forfarshire (Ecosse), sur l'Esk du Sud, à 36 kil. N.-N.-E. du Dundee ; 7,950 hab. Evêché épiscopalien écossais ; ancienne tour ronde, haute de 103 pieds.

BRECKNOCK, BRECON ou Aber-Hondey, capitale du Brecknockshire (Galles), à 23 kil. au N. de Merthyr Tydfil, 6,000 hab.

BRECKNOCKSHIRE [brèk'-nok-cheur], comté du pays de Galles (Grande-Bretagne), traversé par les montagnes Noires et autres chaînes, qui contiennent le mont Van ou Beacon, célèbre pour ses beaux paysages (850 mètres de haut). Superficie du comté : 1,862 kil. carr.; 59,950 hab. Près du centre du Brecknockshire se trouve le Brecknock-Mere ou Llans-Afeddar, l'un des plus grands lacs du pays de Galles méridional. — Pays agricole. Capitale Brecknock.

BRÉCOURT, village de la commune de Douains, canton de Vernon (Eure). Le 14 juillet 1793, les insurgés girondins du Calvados et d'Ille-et-Vilaine, commandés par Puisaye, sous les ordres de Wimpfen, furent surpris, vers sept heures du soir, entre Brécourt et la Sablonnière, par l'armée de la Convention, que commandait le chef de brigade Humbert. Dès le premier coup de canon, une irrésistible panique s'empara des révoltés, qui s'enfuirent dans le plus grand désordre. Cette *Déroute de Brécourt,* appelée aussi *Bataille sans larmes,* décida du sort des girondins.

BREDA, [bré-da], ville forte du Brabant septentrional (Hollande), à la jonction des rivières Mark et Aa, 39 kil. O.-S.-O. de Bois-le-Duc, par 51° 35' 22'' lat. N., et 2° 26' 33'' long. E. ; 17,760 hab. Un canal la met en communication avec la Meuse. Manuf. de laines, de tapis, etc.; tanneries, brasseries. Académie militaire et navale. Breda fut enlevée aux Espagnols par le prince Maurice de Nassau en 1590, prise par les Espagnols, et commandait Spinola, en juin 1625 ; par les Hollandais, en octobre 1687 ; par les Français, en 1793. La garnison française fut chassée par les bourgeois en 1813. — COMPROMIS DE BREDA, remontrances faites en 1566 au roi Philippe II pour le supplier de faire cesser les persécutions dans les Pays-Bas. Le roi d'Espagne refusa d'entendre ces remontrances. — DÉCLARATION DE BREDA, pardon général que Charles, prétendant au trône d'Angleterre, promit à ses sujets, avant la Restauration, 4 avril 1660. — PAIX DE BREDA, entre la Hollande, la France, l'Angleterre et le Danemark, 31 juillet 1667.

BRÉDA (Quartier), portion de Paris (rive droite), comprenant à peu près tout le IX° arrondissement, et ayant pour centre Notre-Dame-de-Lorette. Ce quartier, particulièrement la rue Bréda (*Bréda-Street*), est célèbre en France, et encore plus à l'étranger, comme un lieu habité par des lorettes. C'est là que les jeunes gens riches de l'Europe et de l'Amérique viennent étudier les mœurs de la France, et se faire une étrange opinion sur les Françaises.

BREDASSE s. f. Etourdie, écervelée. (Pop.)

BREDERODE (Hendrik VAN comte) [brè-de-ro-de], patriote des Pays-Bas (1534-'68) ; fut l'un des chefs du soulèvement contre la domination espagnole, présenta la fameuse remontrance contre l'inquisition, fut traité de *gueux,* ainsi que ses partisans, et accepta, dans un banquet donné à Bruxelles, ce nom injurieux qui fut ensuite orgueilleusement porté par les révoltés. En 1567, il leva des troupes dans sa ville seigneuriale de Vianen, à Anvers et à Amsterdam, mais il n'entreprit rien d'important et passa son temps dans la dissipation ; puis il se sauva en Allemagne où il mourut.

BRÉE. I. (Mathieu-Ignace VAN), peintre, né à Anversen 1763, mort en 1839. Se distingua par la rapide exécution de grands tableaux historiques, excella comme lithographe et sculpteur et fut directeur de l'Académie des beaux-arts à Anvers. — II. (Philippe-Jacques VAN), peintre, frère du précédent (1786-1840); a laissé des tableaux historiques. Son *Intérieur de Saint-Pierre* fut acheté par le gouvernement belge.

* **BREDI-BREDA.** Expression adverbiale et très fam., qui s'emploie en parlant d'une chose dite ou faite avec trop de précipitation : *il nous a raconté cela bredi-breda.*

* **BREDINDIN** s. m. Mar. Palan moyen dont on se sert pour enlever de médiocres fardeaux.

* **BRÉDIR** v. a. Bourrel. Assembler deux pièces de cuir avec des lanières au lieu de fil.

BRÉDISSAGE s. m. Bourrell. Couture faite avec des lanières.

* **BRÉDISSURE** s. f. Méd. Impossibilité d'écarter les mâchoires, produite par l'adhérence de la membrane des gencives à celle qui revêt les joues intérieurement.

BREDONS, village sur un rocher à 3 kil. de Murat (Cantal) ; ruines d'un vieux château fort et, aux environs, château de Bécoire, bâti par saint Louis, pris et pillé par les Anglais en 1357.

* **BREDOUILLAGE** s. m. Paroles bredouillées.

* **BREDOUILLE.** s. f. [ll mil.] (vieux franç. *bredir,* gazouiller). Trictrac. Jeton et pavillon qui servent à marquer, le premier qu'on a pris douze points de suite, le second qu'on a pris de suite six trous : l'avantage qu'on a résulte pour le joueur est de doubler son gain. — AVOIR LA BREDOUILLE, ÊTRE EN BREDOUILLE, être en état d'obtenir l'avantage que donne la bredouille. — PRENDRE DEUX TROUS EN BREDOUILLE, prendre douze trous de suite, où qui donne le droit de marquer deux trous. — MARQUER EN BREDOUILLE, marquer avec deux jetons l'un sur l'autre, qu'on est en état de gagner deux trous. — MARQUER EN BREDOUILLE, gagner six trous de suite, ce qui donne le droit de marquer double. — MARQUER EN GRANDE BREDOUILLE, gagner douze trous de suite, et plus, ce qui donne le droit de marquer quadruple. Adjectiv. GAGNER LA PARTIE BREDOUILLE, gagner la partie double en faisant douze trous de suite. — Fig. et fam. SORTIR BREDOUILLE D'UN LIEU, D'UNE ASSEMBLÉE, en sortir sans avoir pu rien faire de ce qu'on s'était proposé. — REVENIR BREDOUILLE, n'avoir pas réussi.

BREDOUILLEMENT s. m. Action de bredouiller. (Fam.)

* **BREDOUILLER** v. n. Parler d'une manière précipitée et peu distincte : *il ne fait que bredouiller.*—Activ. *Que bredouillez-vous là?* (Fam.)

* **BREDOUILLEUR, EUSE** s. Celui, celle qui bredouille.

BREEDE [bré-de] (holl. *large*), rivière de la colonie du Cap (Afrique méridionale) ; elle coule au S.-E. et se jette dans la mer à Port-Beaufort. C'est un des cours d'eau les plus larges et les plus profonds de ce pays ; mais la navigation y est rendue impossible par les barres qui obstruent son embouchure.

* **BREF, BRÈVE** adj. [brèfl] (lat. *brevis*). Court, prompt, de peu de durée ou d'étendue : *un bref délai ; réponse brève.* — Qui est de petite taille : *Pepin le Bref.* — Sec, brusque, impératif : *ton bref.* — Avoir le parler bref, la parole brève, s'exprimer en peu de mots ; parler d'une manière précipitée. — Gramm. Se dit des syllabes, des voyelles qu'on prononce rapidement : *syllabe brève, voyelle brève. A* est *long* dans *grâce,* et *bref* dans *race.* — Substantiv. dans le même sens, au féminin : *en grec et en latin, les brèves et les longues sont très marquées; l'iambe est composé d'une brève et d'une longue.* — Fig. et fam. OBSERVER LES LONGUES ET LES BRÈVES, être fort cérémonieux; être extrêmement circonspect et exact en tout ce qu'on fait. — IL EN SAIT LES LONGUES ET LES BRÈVES, se dit d'un homme habile et intelligent en quelque affaire. — En bref, pour le dire en peu de mots : *cela ne doit pas être; bref, je ne le veux pas.* — PARLER BREF, prononcer rapidement. — En bref, loc. adv. En peu de mots : *je vous le dirai en bref.*

* **BREF** s. m. [brèfl] (lat. *brevis,* court). Lettre pontificale adressée à des ecclésiastiques ou à des princes temporels sur quelque matière de discipline ou pour une réclamation. Le bref se distingue de la bulle par son peu d'étendue et l'absence de préambule ; il est écrit sur papier et non sur parchemin comme cette dernière. Il est scellé, en présence du pape, avec de la cire rouge, et porte le sceau du pêcheur (saint Pierre dans un bateau). Le petit calendrier ecclésiastique qui indique l'office de chaque jour : *bref à l'usage de Paris, à l'usage de Rome.*

BREGENZ [brè-ghènns], anc. *Brigantium,* ville d'Autriche, capitale du Vorarlberg, à l'extrémité orientale du lac de Constance, près de l'embouchure de la rivière Bregenz ; 3,700 hab. Fabrique de maisons en bois pour

Bregenz.

l'exportation. Aux environs, le Bregenze-Wald, contre-fort des Alpes d'Algau (2,100 mètres). La partie S.-E. du lac de Constance reçoit le nom de *Bregenzer see.* — Lat. N. 47° 30' 30''; long. E. 7° 23' 40''.

* **BREGIN** s. m. Pêche. Espèce de filet à mailles étroites.

BREGMA s. m. (gr. *brechein,* humecter). Anat. Sommet de la tête; région occupée par la grande fontanelle.

* **BRÉGUET** (Abraham-Louis), horloger, né en 1747, à Neuchâtel (Suisse), d'une famille

de protestants français réfugiés, mort à Paris en 1823 : fit son apprentissage chez un horloger de Versailles ; porta à la perfection, en 1780, les montres perpétuelles qui se remontent d'elles-mêmes par le mouvement qu'on leur imprime en marchant ; fonda à Paris une maison d'horlogerie très importante ; fut ruiné par la Révolution et dut quitter la France. A son retour, il fut nommé horloger de la marine, membre du Bureau des longitudes et membre de l'Institut. On lui doit les ressorts-timbres, les chronomètres de poche, les horloges marines, les pendules sympathiques, un compteur astronomique, un thermomètre métallique, des timbres pour les montres à répétition, un parachute, des échappements, le mécanisme des télégraphes établis par Chappe, etc.

* BREHAIGNE adj. f.[gn mll.] (celt. brehaing, stérile). Se dit des femelles des animaux qui sont stériles. — CARPE BRÉHAIGNE, carpe qui n'a ni œufs ni laite. — Substantiv. Femme stérile : c'est une bréhaigne. (Pop.)

BRÉHAL, ch.-l. de cant., arr. et à 49 kil. S.-O. de Coutances (Manche) ; 1,500 hab. Commerce de fers.

BREHON s. m. [irland. brè'-heunn]. Nom que les Celtes d'Irlande donnaient à leurs juges et qui fut conservé aux juges irlandais jusqu'au XVe siècle. En 1365, Édouard III défendit aux sujets anglais établis en Irlande de se soumettre aux Brehon laws (lois des brehons) ; mais elle n'accepta jamais cet état de cela restèrent en vigueur jusqu'en 1650. On a commencé en 1865 la publication d'une importante traduction de ce corps de lois.

BREIL, ch.-l. de cant., arr. et à 60 kil. de Nice (Alpes-Maritimes) ; 2,800 hab. Beau pont sur la Roia.

BREISGAU. Voy. BRISGAU.

BREITENFELD [brai'-tènn-fèlt], village de Saxe, à 7 kil. N. de Leipzig. Gustave-Adolphe y écrasa l'armée de Tilly, le 7 septembre (vieux style) 1631 ; et Torstenson y battit les Impériaux, le 23 octobre 1642.

* BRELAN s. m. (celt. berlancs, succès). Jeu qui se joue à trois, à quatre ou à cinq, et où l'on ne donne que trois cartes à chaque joueur. — AVOIR BRELAN, avoir trois cartes de même figure ou de même point : avoir brelan d'as, de roi. — BRELAN FAVORI, brelan qu'on est convenu de payer double. — BRELAN QUATRIÈME ou CARRÉ, celui que le joueur a dans la main lorsque la carte qui retourne est de même sorte que les trois qui forment son brelan. — Par ext. Lieu, réunion où l'on joue habituellement à différents jeux de cartes : brelan public ; tenir brelan.

* BRELANDER v n. Jouer continuellement à quelque jeu de cartes que ce soit : ne faire que brelander. (Fam.)

° BRELANDIER, IÈRE s. Celui, celle qui fréquente les maisons de jeu ; celui, celle qui joue continuellement aux cartes.

* BRELLE s. f. Assemblage de pièces de bois en radeaux, dont on forme un train pour le faire flotter : quatre brelles font un train complet.

* BRELOQUE s. f. Curiosité de peu de valeur : cet homme vend bien cher ses breloques. — Se dit, particulièrement, des cachets et autres petits bijoux qu'on attache aux chaînes de montre : il a beaucoup de breloques à sa montre.

* BRELOQUE s. f. Art milit. Batterie de tambour qui annonce les repas, les distributions, etc. : battre la breloque. — Fig. et fam. BATTRE LA BRELOQUE, ne savoir où donner de la tête ; divaguer.

* BRELUCHE s. f. Droguet de fil et de laine.

* BRÈME s. f. (lat. abramis). Icht. Sous genre de poissons malacoptérygiens abdominaux cyprinoïdes du genre cyprius. Les

brèmes habitent les eaux douces de toutes les rivières de l'Europe et même des grands lacs. Leur chair, sans être très délicate, est assez bonne à manger. Elles se préparent comme la carpe et se servent ordinairement sur une sauce à l'échalote. La brème commune d'Europe (Abramis brama) est abondante dans

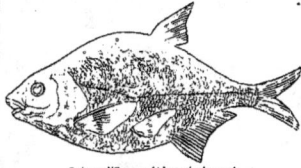

Brème d'Europe (Abramis brama).

la Seine ; elle pèse quelquefois jusqu'à cinq ou six livres. On la pêche avec une forte ligne de cordonnet et un hameçon n° 3 ou 4 ; on amorce avec des asticots ou des vers rouges. On peut l'élever et l'engraisser dans des viviers profonds, où on la nourrit de débris végétaux, de pâtes de pommes de terre et de graines de toutes sortes. — Argot. Carte à jouer. — TIRANGEUSE DE BRÈMES, tireuse de cartes.

BRÈME (all. Bremen), ville libre et hanséatique de l'empire d'Allemagne, sur le Weser, à 98 kil. S.-O. de Hambourg ; pop. 102,550 hab.. en majorité protestants. Avec son territoire, elle constitue un État (Freie Stadt Bremen), de 255 kil. carr., comprenant les ports de Bremerhafen et de Wegesack ; pop. 142,550 hab., dont 136,750 protestants, 4,850 catholiques, 650 juifs. Forme du gouvernement : république. Constitution révisée du 5 mars 1849, modifiée le 21 février 1854 et le 17 novembre 1875. Le pouvoir législatif se partage entre le Sénat (17 sénateurs élus, après présentation de la part du Sénat, par la bourgeoisie et dont au moins 10 doivent être des juristes et 4 des négociants), et la bourgeoisie (150 membres, dont 14 sont élus par des habitants ayant fréquenté une université, 42 par les négociants, 22 par les industriels, 44 par les autres citoyens de la ville ; les autres représentants sont élus par les villes de Bremerhafen (8) Wegesack (4) et les campagnes (16). Le pouvoir exécutif est confié au sénat et aux comités du sénat. — Pour les troupes, voir HAMBOURG.

Finances. (En marcs de 1 fr. 25 cent.)
Recettes de 1876 : 13.191.586 | Déficit : 1.863.485.
Dépenses .... 15.055.071 |
Dette au 1er janvier 1879 : 81.735.943 marcs.

La ville renferme de beaux ponts, une magnifique cathédrale avec orgues et clocher haut de 324 pieds ; un palais du conseil (avec

Brème (maison du conseil).

cave où se trouvent des tonneaux contenant du vin du Rhin âgé de plus de 150 ans). Célèbre statue de Roland ; nombreuses institutions savantes ; académie navale ; observatoire et Lloyd de l'Allemagne du Nord. Brème est l'un des principaux centres commerciaux de l'Europe.

Elle importe pour 442 millions de marcs de marchandises ; et elle en exporte pour 430 millions. Pour la construction des navires, l'importation du tabac, la fabrication des cigares, elle tient le premier rang ; de 1830 à 1870, près de 1,200,000 émigrants s'y sont embarqués pour les États-Unis. Elle est gouvernée par deux bourgmestres que le sénat élit. — Charlemagne fonda Brème en 788 et

Statue de Roland.

y établit un évêque dont les successeurs prirent bientôt le titre d'archevêque ; mais leur puissance temporelle ne tarda pas à être absorbée par la bourgeoisie. Brème se joignit de bonne heure à la ligue hanséatique et prit une grande part aux conquêtes de celle-ci ; elle fut une des premières à accepter la réforme. Au commencement du XVIIe siècle, la ville forma un duché de la monarchie suédoise ; mais elle n'accepta jamais cet état de choses, et les Suédois l'assiégèrent vainement en 1654 et en 1666. Les Danois la prirent en 1712 et la vendirent au Hanovre en 1731. Les Français s'en emparèrent en 1757 et en furent chassés l'année suivante. Napoléon l'annexa à l'empire français en 1810 ; mais les jeunes gens, abandonnant la ville, formèrent des bataillons de volontaires qui combattirent l'empereur jusqu'en 1814. Les traités de Vienne firent de Brème, rétablie dans ses anciennes libertés, un membre de la confédération germanique. Elle entra dans la confédération de l'Allemagne du Nord en 1866 et se joignit à l'empire en 1870. — Lat. (à la tour Saint-Ausgarius) 53° 4' 48" N.; long. 6° 28' 6" E.

BREMERHAFEN ou Bremerhaven, ville qui appartient et qui sert de port à Brème, à 50 kil. N.-N.-O. de cette ville, sur un estuaire du Weser ; 11,650 hab. Le territoire fut acheté au Hanovre en 1827 et la ville date de 1830. Le port, accessible aux plus gros vaisseaux, a une rade intérieure et une vaste extérieure, un dock et un vaste dépôt pour les émigrants. Il est défendu par le fort Wilhelm, construit sur l'autre rive du Weser.

BRÉMULLE. Voy. BRENNEVILLE.

BREN s. m. [brain]. Voy. BRAN.

BRENADE s. f. Synon. de BRENÉE.

BRENÉE s. f. (rad. bran ou brenl). Mélange de son et d'herbe qu'on donne aux oies, aux poules et aux cochons.

* BRENEUX, EUSE adj. Sali de matières fécales : chemise breneuse. — Sali d'une matière quelconque : figure breneuse. (Bas.)

BRENNER, montagne du Tyrol (Autriche) ; 2,150 mètres de haut. Le chemin de fer d'Insbruck à Botzen, Trente et Vérone, traverse le passage du Brenner, à une hauteur de 1,500 mètres.

BRENNEVILLE, aujourd'hui Brémulle, village de la commune de Gaillardbois-Cressenville, cant. de Fleury-sur-Andelle (Eure). Célèbre combat du 20 août 1119, entre 400 Français commandés par le roi Louis le Gros et les 500 Anglais sous les ordres de leur roi Henri Ier. Les Français eurent le dessous, et Louis le Gros, qui avait combattu comme un simple soldat, faillit tomber entre les mains de ses ennemis. Un archer anglais saisit la bride de son cheval, en criant : « Le roi est pris ! ». Mais le prince lui fendit la tête d'un coup de hache, en lui disant: « Va, coquin, t'en vanter dans l'autre monde; mais sache qu'aux échecs le roi n'est jamais pris ».

BRENNUS [brènn-nuss] (forme latinisée du mot celtique *Brenn*, qui signifiait *chef militaire, général*). Nom de plusieurs chefs gaulois qui se rendirent célèbres. — I. Général des Gaulois Senonais qui, en 390 av. J.-C. passa les Apennins, battit les Romains sur l'Allia et pénétra dans Rome qu'il livra aux flammes et au pillage. Quatre-vingts vieillards, qui avaient refusé de quitter la ville et de se retirer avec les jeunes gens dans le Capitole, se laissèrent égorger sur leurs chaises curules. Les Gaulois assiégèrent pendant six mois le Capitole, qui leur opposa une invincible résistance. Une nuit, ils essayèrent de le prendre d'assaut ; déjà quelques-uns avaient escaladé les rochers, lorsque les oies sacrées, poussèrent de grands cris qui réveillèrent la garnison. Quelque temps après, les assiégés, livrés à toutes les horreurs de la famine, demandèrent à capituler. Les Gaulois consentirent à lever le siège moyennant 1,000 livres pesant d'or. Le tribun Sulpicius apporta la somme et, pendant qu'on la pesait, les Romains firent observer que les poids étaient faux. C'est alors que le Brenn, jetant sa lourde épée dans la balance, prononça ce mot devenu proverbial : « *Væ victis !* » (*Malheur aux vaincus*). D'après une légende populaire, une armée rassemblée dans la campagne par Camille aurait attaqué les Gaulois pendant leur retraite et les aurait anéantis. Mais cette légende, admise comme historique par Tite-Live, ne repose sur aucun document. Il est à peu près certain que le Brenn revint en Gaule avec ses soldats et son butin. — II. Général en chef des Gaulois qui envahirent la Macédoine et la Grèce (280-279 av. J.-C.). En 280, Ptolémée Ceraunus, fut battu et tué par un officier gaulois nommé Belgius ; et l'année suivante, Brennus pénétra en Grèce par les Thermopyles et marcha sur Delphes pour piller le temple de cette ville. Mais son armée, prise d'une terreur dite *panique* (voy. ce mot) s'enfuit en désordre, fut décimée par les ennemis, et se retira en Thrace. Brennus, blessé, s'empoisonna. (Voy. ACICHORIUS.)

BRÉNOD, ch.-l. de cant., arrond. et à 20 kil. S. de Nantua (Ain); 975 hab. Bois, bétail.

BRENTA, rivière de l'Italie septentrionale. Elle naît dans un petit lac, à environ 13 kil. S.-E. de Trente (Tyrol), coule dans le lac, dans les plaines de la Vénétie, est reliée à plusieurs canaux, et se jette dans la lagune qui se trouve en face de Venise. La partie située au-dessous de la Mira a été canalisée et porte le nom de Brenta Morta. Cours total : 193 kil.

BRENTFORD, ville d'Angleterre, capitale nominale du comté de Middlesex, à 11 kil. O.-S.-O. de Londres ; 20,500 hab. Elle est sur la Tamise; un port la relie à Kew. Edmond Côte de Fer y battit les Danois en mai 1016. Charles Ier s'en empara après un rude combat, le 12 novembre 1642.

BRENTON (Edward-Pelham), capitaine de la marine anglaise (1774-1839) ; a publié une *Histoire navale de la Grande-Bretagne* de 1783 à 1822.

BREQUIN s. m. Outil qui sert à percer. — Mèche de vilbrequin.

BRESCIA [brè-cha]. I. Province d'Italie,

dans la Lombardie; 4,257 kil. carr.; 456,000 hab. Elle est arrosée par l'Oglio et par ses affluents la Mella et la Chièse. Elle comprend le lac Iseo et est bornée par le lac de Garde. L'industrie principale des habitants consiste

Brescia.

à élever des vers à soie et à travailler les produits de ces insectes. Autrefois le territoire de Brescia était fameux pour la fabrication des armes blanches et des armes à feu. Villes principales : Lonato, Montechiaro et Salo. — II. (Anc. *Brixia*), capitale de la province ci-dessus, à 80 kil. E.-N.-E. de Milan, sur la Mella et la Garza ; 39,500 hab. Son château, sur le sommet d'un rocher était nommé autrefois le « faucon de la Lombardie ». La ville, bien bâtie, possède un nombre considérable de fontaines. Dans sa cathédrale et dans plusieurs de ses églises, on admire des chefs-d'œuvre de peinture. C'est dans la Santa Afra que se trouve la « Femme adultère » du Titien ; et le palais Tosi renferme le « Sauveur » de Raphaël. La bibliothèque quirinienne, fondée au milieu du XVIIIe siècle par le cardinal Quirini, contient 100,000 vol. et de précieux manuscrits. Le cimetière de Brescia est considéré comme le plus beau de l'Italie. Cette ville possède des cabinets d'antiquités et d'histoire naturelle, un théâtre et plusieurs académies (celle qui porte le nom de philarmonique est l'une des plus anciennes de l'Italie). En 1822, des fouilles ont mis à découvert un temple romain en marbre. — Colonie étrusque agrandie par les Gaulois Cénomans, vers l'an 600 avant J.-C., *Brixia* passa sous la domination romaine en 197. Plus tard, Brescia, devenue ville libre sous le règne de l'empereur Othon le Grand, entra dans la première ligue lombarde (1167), contre Frédéric Barberousse ; puis dans la seconde ligue (1226), contre Frédéric II, qui l'assiégea inutilement (1228) ; et dans la troisième, contre Henri VII, qui lui accorda une capitulation honorable (1311). Prise au profit de Venise par le condottiere Carmagnola, en 1426, elle fit partie des états vénitiens jusqu'en 1797. Elle eut beaucoup à souffrir des invasions françaises en Italie ; Gaston de Foix, qui s'en empara en février 1512, y fit passer, à ce que

disent les historiens italiens, 40,000 hab. au fil de l'épée. Prise par Bonaparte en 1796, elle devint ch.-l. de dép. de la Mella et passa à l'Autriche en 1814. Elle se souleva en 1849, fut bombardée par Haynau et capitula le 10 mars. Dix ans plus tard, elle fut annexée à la Sardaigne. — Lat. (au château) 45° 32' 49" N.; long. 7° 53' 8" E.

BRESCHET (Gilbert), médecin, né à Clermont-Ferrand en 1784, mort à Paris en 1845 ; chef des travaux anatomiques à la Faculté de Paris, fondateur du *Répertoire d'anatomie* (1826-'29, 8 vol. in-4°); successeur de Dupuytren à l'Institut. Ses recherches anatomiques les plus remarquables portèrent principalement sur le système *bois de Brésil*. Voy.

BRESCOU (anc. *Blascon*), îlot fortifié, en face du cap d'Agde (Hérault), à 4 kil. S. d'Agde. Phare à feu fixe de 12 kil. de portée; petit fort, construit en 1589 et qui a servi de prison d'État.

BRÉSIL s. m. [bré-zie ; *ll* mll] (corruption du mot portugais *braza*, braise, employé pour désigner la couleur vive que donne le bois brésil). Arbre du genre *cæsalpinia* qui fournit un bois rouge employé pour la teinture. On l'appelle communément *bois de Brésil*. Voy. CÆSALPINIE. — PROV. SEC COMME DU BRÉSIL, COMME BRÉSIL, extrêmement sec.

BRÉSIL [bré-zil; *ll* mll]. IMPERIO DO BRAZIL, vaste empire de l'Amérique du Sud, seule monarchie du nouveau monde ; entre 5° 10' lat. N. et 33° 46' lat. S., entre 37° 7' et 76° 27' long. O.; borné au N. et au N.-E. par la république du Vénézuéla, les Guyanes et l'Atlantique; à l'E. et au S.-E. par l'Atlantique ; au S.-O. et à l'O. par l'Uruguay, la république Argentine, le Paraguay, la Bolivie, le Pérou, la république de l'Equateur et les Etats-Unis de Colombie. Les limites entre plusieurs de ces pays sont mal déterminées et donnent matière à litige. L'empire se divise en 20 provinces et un municipe ou municipalité (*municipio neutro ou municipio da côrte*), immédiatement subordonné au pouvoir législatif et au gouvernement. Voici le tableau de ces divisions :

SUPERFICIE ET POPULATION

Résultats du recensement de 1872. D'après le rapport de la « Directoria geral de statistica ».

PROVINCES	KIL. CARR.	POPULATION.			CAPITALES
		Libres.	Esclaves.	Total.	
Amazonas	1.897 020	56.631	979	57.610	Manaos.
Para...........	1.149.712	247.779	27.458	275.237	Belem.
Maranhao.......	459.884	284.101	74.939	359.044	Sao Luiz.
Piauhy.........	301.797	178.427	23.795	202.222	Therezina.
A reporter.....	3.808.413	766.938	127.171	894109	

PROVINCES	KIL. CARR.	POPULATION.			CAPITALES
		Libres.	Esclaves.	Total.	
Report.......	3.808.413	766.938	127.171	894.109	
Ceara..........	104.250	689.773	31.913	721.686	Fortaleza.
Rio Grande do Norte	57.485	220.959	13.020	233.979	Natal.
Parahyba..............	74.731	354.700	21.526	376.226	Parahyba.
Pernambouc.............	128.395	752.511	89.028	841.539	Recife.
Alagoas...............	58.491	312.268	35.741	348.009	Maceio.
Sergipe...............	39.090	153.620	22.693	176.243	Aracaju.
Bahia.................	426.427	1.211.792	167.824	1.379.616	Sao Salvador.
Espirito Santo........	44.839	59.478	22.659	82.137	Victoria.
Rio de Janeiro........	68.982	490.087	292.637	782.724	Nicterohy.
Municipio Neutro......	1.394	226.033	48.939	274.972	Rio de Janeiro.
Sao Paulo.............	290.876	680.742	156.612	837.354	Sao Paulo.
Parana................	221.319	116.162	10.560	126.722	Curitiba.
Santa Catharina	74.156	144.818	14.984	159.802	Desterro.
Rio Grande do Sul	236.553	367.022	67.791	434.813	Madre de Deos.
Minas Geraes..........	574.855	1.669.276	370.459	2.039.735	Ouro Preto.
Goyas.................	747.311	149.743	10.652	160.395	Goyas.
Matto Grosso	1.379.651	53.750	6.667	60.417	Cuyaba.
Totaux	8.337.218	8.419.672	1.510.806	9.930.478	
Communes non énumérées, environ..................				177.813	
Total général..............				10.108.291	

Il faut y ajouter un million d'Indiens non civilisés (*selvagens*), 3,800,000 hab. appartiennent à la race caucasienne ; 1,975,000 à la race africaine ; 3,900,000 sont mulâtres ou métis. Le surplus appartient à la race américaine, composée d'Indiens civilisés (375,000) et d'Indiens sauvages (principalement de Tupi-Guaranis). Les Indiens qui habitent près des côtes sont depuis longtemps civilisés et, dans les provinces du N., ils forment une large portion de la population ; mais on trouve encore des sauvages dans les terres de l'intérieur, surtout dans les hautes régions de l'Amazone et de ses tributaires. On ne compte pas, dans tout l'empire, plus de 28,000 acatholiques. Sous le rapport de la nationalité, la population *non brésilienne* se compose de 244,000 hab., savoir : 121,000 Portugais, 46,000 Allemands, 43,000 Africains, 6,000 Français, etc. Le Brésil est le seul pays du continent américain où l'esclavage existe légalement. Une loi pour l'émancipation graduelle des esclaves, promulguée le 28 septembre 1871, arrête que désormais les enfants d'une femme esclave seront considérés comme de condition libre (*considerados de condição livre*), quoique tenus de servir les maîtres de leurs mères, jusqu'à l'âge de vingt et un ans, sous le nom d'apprentis. La même loi émancipa les esclaves, au nombre de 1,600, qui appartenaient au gouvernement. La ligne côtière, longue de 6,000 kil. et extrêmement variée d'aspect et de configuration, forme quelques indentures, dont la principale est tracée par l'embouchure de l'Amazone ; elle est échancrée par des baies et des ports tels que Rio de Janeiro, Para, Maranhão, Recife, Bahia, etc. Le lac des Canards (Lagôa dos Patos), long de 250 kil., large de 60, sur la côte de São Pedro, le lac Mirim et plusieurs autres au S. du premier, communiquent ensemble et se déversent dans la mer. — Une grande partie du territoire brésilien (probablement la moitié) est couverte de plateaux et de montagnes. On distingue 3 chaînes principales, sans compter celle qui borne l'empire au N. L'une d'elles, nommée la Serra do Mar, court, avec plusieurs interruptions, de 6° à 30° lat. S., en suivant les sinuosités de la côte. Elle atteint sa plus grande hauteur (de 2,000 à 2.500 m.) dans la province de Rio de Janeiro, où on l'appelle Serra dos Orgãos (montagnes des Orgues). A l'O. de la Serra do Mar, s'étend la Serra Centrale, do Espinhaço ou da Mantiqueira, qui est la plus importante ; elle va de 10° à 23° 30' lat. S., et atteint sa plus grande hauteur dans la province de Minas Geraes. Elle comprend le mont Itatiaia ou Itatiaïossu (2,712 m.), point culminant du Brésil. La Serra occidentale ou des Vertendes (chaîne des Versants), va des provinces de Ceara et de Piauhy jusqu'aux confins de celle de Matto Grosso ; elle se divise en deux branches : l'une qui prend la direction de l'ouest jusqu'à la frontière bolivienne et l'autre qui poursuit sa course vers le S. jusqu'à la frontière du Paraguay. Cette troisième chaîne est la plus étendue, mais la moins élevée. Elle doit son importance à ce qu'elle sépare les affluents de l'Amazone et du Tocantins de ceux du São Francisco et du Rio de la Plata. Les trois chaînes principales dont nous venons de parler reçoivent diverses dénominations suivant les pays qu'elles traversent. — Le bassin de l'Amazone, consistant en vastes plaines sujettes à des inondations périodiques, se termine, vers les sources de ce fleuve, par des terres plus escarpées où les cours d'eau roulent en cataractes et en rapides. Le Brésil est arrosé par un grand nombre de larges rivières presque toutes navigables et appartenant aux deux bassins principaux de l'Amazone au N., de la Plata au S. Au premier de ces bassins, qui couvre environ 2 millions et demi de kil. carrés sur le territoire brésilien, appartiennent le Rio Negro, au N., le Purus, la Madeira, le Tapajós, le Xingu, etc. au S. Le Tocantins, grossi à 500 kil. de son embouchure, par les eaux de la grande rivière d'Araguay, afflue dans le Rio Para (que l'on considère comme faisant partie de l'estuaire de l'Amazone), à 65 kil. S. de Belem. Le Paraguay court vers le S. en formant une partie de la frontière bolivienne ; et le Parana (réunion du Paranahyba et du Grande (coule au S.-O. en formant une partie de la frontière paraguaienne ; ces deux rivières, se joignant hors les limites de l'empire, envoient, par la Plata, leurs eaux à l'Atlantique. Un autre tributaire de la Plata, l'Uruguay, forme, en partie, la frontière du côté de la république Argentine. Les principales rivières qui se rendent directement à l'Océan sont le Parnahyba (3° lat. S.), le São Francisco (10° 30' lat. S.) et le Parahyba do Sul (dans la province de Rio de Janeiro). — Le Brésil renferme d'immenses richesses minérales : diamants, saphirs, émeraudes, rubis, topazes, aigues-marines, or, argent, cuivre, étain, plomb, fer et plusieurs autres métaux. Le diamant se rencontre dans presque toutes les parties de l'empire ; mais la principale région où l'on se livre à sa recherche se trouve dans la province de Minas Geraes, entre 17° et 19° lat. S. Les mines les plus célèbres sont celles de la Serra do Frio. Les autres pierres précieuses dénommées ci-dessus se trouvent dans la même province, ainsi que les plus riches mines d'or (près d'Ouro Preto). Partout on rencontre des grenats et de belles améthystes. L'argent accompagne toujours les formations de galène ; le cuivre abonde dans les provinces de Matto Grosso et de São Pedro ; on le trouve également dans celles de Minas, de Ceara et de Bahia et près de Villa-Viçosa (Maranhão). On a découvert de l'étain dans les sables de la rivière Paraopeba (Minas) et dans la province de Rio de Janeiro. Il existe des minerais de fer entièrement libres de pyrite et, par conséquent, égaux ou même supérieurs à ceux des fameuses mines de Dannemora, en Suède. Le travail des fers est dirigé par le gouvernement à São Jão de Ipanéma. La chaux employée pour les constructions dans les pays de la côte provient des *sambaquis*, énormes amas de coquillages formés depuis des siècles par les aborigènes, ou des lits de coraux qui abondent dans toutes les baies au nord de 18° lat. S. Le gypse se trouve dans les provinces de Minas, de Rio Grande do Norte, de Ceara, de Maranhão et d'Amazonas. Celle de São Pedro contient des mines, riches en excellent charbon : on en trouve également dans celle de Ceara ; et on suppose qu'il en existe dans la vallée de l'Amazone et dans les provinces de Piauhy et de Maranhão. La tourbe git dans presque toutes les parties de l'empire ; la lignite se rencontre dans la province de São Paulo, le graphite, dans celle de Ceara ; le nitre, l'alun, le sulfate de magnésie, le sulfate de soude sous une forme efflorescente et le sel de roche sont communs dans la plupart des provinces. Le climat de la côte (de 24° lat. S. jusqu'à la frontière N.) et de la vallée de l'Amazone est généralement chaud et sujet, sur plusieurs points, à des perturbations atmosphériques violentes et soudaines. Dans les vallées du Parana et de l'Uruguay, ainsi que sur les plateaux supérieurs, prédomine une température fraîche et même froide. En général le climat brésilien, quoique humide, est salubre. Les maladies les plus communes sont la consomption pulmonaire, les fièvres intermittentes et le rhumatisme. Le goître prévaut dans les provinces de Minas et de Bahia ; la lèpre est commune sur les rives de l'Amazone et à Rio de Janeiro. Chaque année il y a en été des cas de fièvre jaune à Rio de Janeiro ; et le choléra morbus règne quelquefois sur la côte. — Sous le rapport de la fertilité, le sol présente une grande diversité. Quelquefois d'une fécondité surprenante, il produit presque toutes les espèces de végétaux, tandis que dans d'autres parties il est sec, aride et peu favorable à la végétation. Les immenses plaines de l'intérieur sont couvertes en partie de forêts vierges qui renferment des quantités inépuisables de bois excellents pour la charpente, l'ébénisterie et les travaux d'art. Il est bien peu de pays capables d'offrir une flore comparable à celle que l'on admire dans la vallée d'Amazone, principalement dans le bassin du Solimoens (nom de l'Amazone au-dessus de l'embouchure du Negro) ; tel arbre qui fleurit une fois chaque année sur la côte, produit des fruits dans chacune des quatre saisons dans la haute vallée de ce fleuve. Nous ne pouvons parler ici que des principaux arbres que l'on trouve au Brésil : jacaranda ou bois de rose ; itauba ou bois de pierre ; capaiba (*copaifera Guayanensis* ou *officinalis*); pao brazil ou bois brésil ; pao d'arco ou bois d'arc (*tecoma speciosa*) ; macaranduba (mimusops elata) ; sapucaia (*lecythis Ollaria*) ; Bertholletia excelsa (qui produit la noix du Brésil); augico, vinhatico, caixeta, sucupira, cannellier, pao ferro (bois de fer), cèdre, pérobal, gonçalo, aloès, bacuri, jiquitiba, conduru, piquia, bracutiara, et une multitude d'autres d'une valeur inestimable pour leur bois, leurs fruits, leurs huiles ou leurs résines. On ne compte pas moins de 350 espèces de palmiers. L'arbre à caoutchouc abonde entre Belem et le Xingu, ainsi que sur les rives de Solimoens et du Rio Negro. Le smilax syphilitica, dont la racine est si connue sous le nom de salsepareille, se trouve dans toutes les forêts de l'Amazone. La muscade du Brésil, la fève Tonka et le gérofle Maranhão sont communs sur le Rio Negro. Dans les forêts de l'Amazone dominent des arbres de la famille des légumineuses qui laissent pendre de leurs branches d'énormes cosses, semblables à celles de pois ou de haricots gigantesques. Il y a de nombreuses espèces de vanille. Le trait caractéristique des forêts est l'exubérance des vignes parasites, des lianes innombrables, variant de grosseur depuis celle du doigt jusqu'à celle du bras, et s'enroulant autour des troncs d'arbres pour atteindre le sommet des plus hautes branches. Partout abondent les fruits tropicaux dont la nomenclature serait longue. — Nos animaux domestiques sont depuis longtemps naturalisés au Brésil, où l'on élève sans difficulté le cheval, l'âne, le mouton, le porc et le chien. Devenues sauvages, les bêtes à cornes errent en troupes nombreuses dans les vastes plaines de l'intérieur ; le cochon sauvage infeste les forêts, et la chasse au cheval fut longtemps une spécialité des Paulistes. Voici la liste des principaux animaux indigènes : grand lion sans crinière (couguar ou puma), jaguar, ocelot, anta (tapir d'Amérique), paresseux, paca, agouti, armadillo (tatou), capybara, fourmilier, coaïti, environ 60 espèces de singes, 30 espèces distinctes de perroquets, près de 20 variétés d'oiseaux-mouches ; l'autruche d'Amérique, qui parcourt les territoires depuis la province de Ceara jusqu'à l'Uruguay. Parmi les reptiles, nous citerons le jiboïa (boa constrictor), l'anaconda (sucuruju), et un grand nombre de serpents venimeux tels que le terrible jararaca, le cobra coral ou serpent corail, le cobra sipo ou serpent liane, le cobra fria ou serpent froid et le cascavel ou serpent à sonnettes. 3 ou 4 espèces d'alligators rendent très dangereux les rivages de l'Amazone et de ses tributaires. Les tortues sont presque toutes estimées et se servent sur les tables les mieux servies. L'espèce la plus nombreuse et la plus volumineuse porte le nom de jurara. Lacs et rivières abondent en poissons excellents. Dans les eaux de l'Amazone, on pêche un cétacé herbivore, le peixeboi ou vache d'eau, appelé jurua par les Indiens et dont il existe deux espèces. On prend dans le même fleuve d'immenses quantités de pirurucu, que l'on conserve comme la morue. — Les côtes comprises entre Bahia et Santa Catharina (à l'exception du territoire d'Espiritu Santo), sont généralement consacrées à la culture du café ; et l'on trouve, en outre, dans les provinces qui avoisinent Rio de Janeiro, d'importantes rizières. Partout s'étendent les immenses fazendas couvertes de cannes à sucre. Les régions où la culture est moins développée produisent une grande quantité de bétail que l'on élève par troupeaux. La partie qui embrasse les provinces de San Pedro, du Parana et de Santa Catharina est fertile en céréales. Les districts les plus rapprochés de l'équateur se distinguent par les productions spontanées des forêts : liège, gommes, résines, substances textiles. Presque partout on cultive le coton et le tabac. Il y a au N. de Rio de Janeiro de vastes plantations de cacao, de manioc. La vigne et l'olivier ne prospèrent que dans quelques districts des provinces méridionales. La moitié du café consommé dans l'univers provient du Brésil. L'industrie consiste à raffiner le sucre, principalement dans les provinces de Bahia et de Pernambuco, à travailler le coton, à scier le bois, à distiller le rhum et une espèce d'eau-de-vie, à brasser la bière, à préparer le tabac et les cigares, à tisser quelques étoffes de soie, à fabriquer un papier commun, du savon, des rubans, du galon ; à fondre le fer et à fabriquer quelques instruments aratoires et industriels. Exportation : 500 millions de francs chaque année ; importation : 400 millions. Principaux articles exportés : café, 280 millions de francs ; coton, 50 millions ; sucre, 60 ; peaux, 35 ; gomme élastique, 30 ; tabac, 12 ; thé du Paraguay, 6 ;

diamants, 2 ; cacao, 1. L'importation roule principalement sur les objets manufacturés, les vins, les farines, le fer, le charbon, la graisse, les jambons, les vêtements, la glace et le pétrole. — GOUVERNEMENT. L'empire du Brésil est gouverné par une monarchie constitutionnelle et héréditaire ; la loi salique n'y existe pas et les femmes sont aptes à régner. La loi fondamentale du 25 mars 1824, modifiée par les actes additionnels du 12 août 1834 et du 12 mai 1840, établit 4 pouvoirs : législatif, exécutif, judiciaire et modérateur. Le premier est confié, pour les affaires générales de l'empire, à une assemblée législative, et pour les affaires locales, aux assemblées provinciales. L'assemblée législative générale consiste en deux chambres : le sénat et le congrès. Les sénateurs, au nombre de 58, sont nommés à vie par l'empereur qui choisit chacun d'eux sur une liste de 3 candidats présentée par une assemblée d'électeurs. Les membres de la chambre du congrès, nommés pour quatre ans seulement et au nombre de 122, sont élus par le suffrage indirect. Pour cet objet, le territoire est divisé en districts électoraux et chaque groupe de 30 sujets, qualifiés voteurs, nomme un électeur. Un certain nombre de ces électeurs est chargé de désigner le député. Pour être voteur, il faut payer au moins 500 fr. d'impôts, les électeurs sont choisis parmi les contribuables qui paient 4,000 fr., et les députés parmi ceux qui paient 2,000 fr. et qui appartiennent à la religion catholique. Le vote est obligatoire pour tous les voteurs. Il y a 1,100,000 voteurs et 20,000 électeurs. Il n'existe, du reste, aucun préjugé de couleur ; les noirs sont éligibles comme les blancs, pourvu qu'ils paient l'impôt déterminé. Le pouvoir exécutif appartient au souverain assisté d'un conseil d'Etat et d'un ministère qui se compose de 7 départements : ministères de l'empire, des affaires étrangères, de l'intérieur, de la marine, des finances, de la justice, et de la guerre. A la tête de chaque province, il y a un gouverneur nommé par le pouvoir exécutif ; chaque gouverneur est assisté d'un parlement local élu directement par les voteurs, et d'un conseil général ou assemblée législative de province nommée par une assemblée d'électeurs. Le terme du pouvoir de ces deux chambres n'est que de deux ans. Le pouvoir modérateur qui consiste principalement à dissoudre les chambres et à repousser certaines mesures législatives, appartient au souverain. — ARMÉE. La loi du 27 février 1875, qui établit l'obligation du service militaire pendant six ans dans l'armée active et trois ans dans la réserve, admet de nombreuses exceptions et permet le remplacement. L'effectif de paix est fixé à 15,000 hommes et l'effectif de guerre à 32,000 hommes. La marine comptait, en 1875, un total de 61 navires, portant 230 canons ; mais les embarras financiers du souverain l'ont poussé à offrir aux Russes un de ses bâtiments de guerre les plus redoutables, l'Indepandenzia, magnifique cuirassé que les Anglais, qui l'avaient construit, se hâtèrent de payer un bon prix, afin de ne pas le laisser tomber dans les mains de la Russie. Voici le tableau de la marine brésilienne, à la fin de juin 1879 :

NAVIRES A VAPEUR	Nombre	Canons	Chevaux vapeur	Équipages
Cuirassés	18	68	5.060	1.381
Frégates	4	12	350	169
Corvettes	8	61	1.670	1.303
Canonnières	23	47	1.067	933
Transports	7	—	1.880	181
Totaux	57	177	10.027	3.967

A la même époque, l'état-major se composait de : 1 amiral, 2 vice-amiraux, 4 contre-amiraux, 8 chefs de division, 16 capitaines en premier, 30 capitaines de frégate, 60 com-

mandants, 166 lieutenants et 88 sous-lieutenants. Il y a 5 arsenaux maritimes : Rio de Janeiro, Para, Pernambuco, Bahia et Ladario de Matto Grosso. Recettes moyennes : 300 millions de francs ; dépenses : 325 millions ; déficit : 25 millions ; dette, au 30 avril 1879 : 1 milliard 360 millions de francs. — RELIGION. Le catholicisme est la religion d'Etat ; nulle croyance n'est persécutée, pourvu qu'elle ne se manifeste que dans des maisons n'ayant pas la forme de temples ou d'églises. L'empire forme une province ecclésiastique, avec un archevêque métropolitain et primat du Brésil, à Bahia ; 11 évêques suffragants : à Belem, Saô Luiz, Fortaleza, Olinda, Rio de Janeiro, Saô Paulo, Porto d'Alegre, Marianna, Diamantina, Goyas et Cuyaba ; 12 vicaires généraux, 1,297 curés et 11 séminaires (4,365 élèves). — INSTRUCTION. L'instruction est encore fort arriérée. En 1874, on comptait 5,890 écoles primaires et secondaires (publiques et privées) que fréquentaient 187,945 élèves. Le total des dépenses votées pour l'instruction publique s'élevait à 11 millions de francs, auxquels il faut ajouter 250,000 francs de subsides accordés aux séminaires. Outre ces établissements, il y un collège impérial ; une école polytechnique, un institut commercial, une académie des beaux-arts, un conservatoire de musique, une école des mines, des institutions pour les aveugles et les sourds-muets, deux facultés de médecine et deux facultés de droit. — MONNAIES. On compte en milréis. Le milréis d'argent vaut 2 fr. 59 c. ; les 5 milréis d'or valent 14 fr. 15 c. Il y a des pièces de 500 réis, de 1 milréis et de 2 milréis en argent, et de 5, 10, 20 milréis en or. Pour les grandes sommes, au lieu d'écrire 4,000 milréis ou un million de réis, on écrit un conto de réis. — POIDS ET MESURES. Le système métrique français, obligatoire en vertu d'une loi du 26 juin 1862, est réellement mis en vigueur depuis le 1er janvier 1874. — COMMUNICATIONS. En 1879, il y avait au Brésil 2,753 kil. de chemins de fer. La capitale est reliée aux principales villes des environs, et les provinces orientales seront desservies par une ligne ferrée, en voie de construction, qui sera terminée en 1884. Des lignes de steamers font communiquer le Brésil avec l'Europe ; les grands fleuves sont sillonnés de bateaux à vapeur. L'empire comptait en 1879, plusieurs lignes télégraphiques d'une longueur de 6,805 kil. Il y avait, à la même époque, 106 bureaux télégraphiques. Des câbles sous-marins relient les différents points de la côte et font communiquer le Brésil avec la république de la Plata, avec les Etats-Unis et avec l'Europe. Le nombre des lettres confiées à la poste a été de 44,762,144 en 1878. Le nombre des bureaux était de 1,061. — HISTOIRE. Le 22 avril de l'an 1500, Pedro Alvarez de Cabral, navigateur portugais qui longeait les côtes d'Afrique pour doubler le cap de Bonne-Espérance, fut poussé par des courants inconnus vers une grande terre où il crut être une île et qu'il nomma Vera-Cruz (Vraie-Croix). Quelques jours auparavant, l'explorateur espagnol Vincente Ianez Pinzon avait visité l'embouchure de l'Amazone, qu'il nomma Maranan. Portugais et Espagnols négligèrent pendant un quart de siècle des terres dont ils avaient pris nominalement possession ; mais des armateurs normands visitèrent souvent ces contrées lointaines, pour faire du commerce avec les populations. En échange d'objets manufacturés de peu de valeur, ces négociants, appartenant principalement à la ville de Dieppe, obtenaient l'autorisation de prendre, sur le rivage, de riches cargaisons de bois de teinture, dont le nom (brésil) est resté à ce pays, qui le produit en abondance. Ces côtes étaient alors couvertes de tribus sauvages qui semblaient appartenir à deux nations distinctes : l'une, la Tupi ou Guarani, dominait sur presque tout le littoral et les parties méridionales du continent; l'autre, la *Tapuia*, venait du nord et s'avançait vers le sud en refoulant la première. Ces deux grandes nations se divisaient en une infinité de tribus sans cesse en guerre les unes avec les autres. D'ailleurs, ces peuples méritaient bien le nom de sauvages qui leur fut donné : presque errants, sans gouvernement régulier, d'une ignorance profonde et, de plus, anthropophages, ils pouvaient donner une idée de l'humanité à son état primitif. En 1531, quelques colonies furent fondées au Brésil sous les auspices de la couronne de Portugal et, en 1549, Thomé de Souza, nommé gouverneur de ces établissements, jeta les fondements de São Salvador da Bahia, ville qui reçut le titre de capitale. En 1551, il y eut un évêque du Brésil. Le 10 novembre 1555, Nicolas Durand de Villegagnon, suivi d'un grand nombre de calvinistes français, arriva dans la baie de Rio de Janeiro, s'établit avec le concours des *Tamoyos*, sauvages qui avaient appris à aimer notre nom, dans un îlot qui a conservé le nom de Villegagnon, et fonda successivement Fort-Coligny et Henryville (sur la côte occidentale de la baie). Malheureusement des dissensions religieuses ayant divisé cette colonie, il fut possible aux Portugais de faire respecter les décrets du pape, en vertu desquels le Brésil leur appartient de droit divin. Sous la conduite de Mem de Sá, ils attaquèrent les Français et détruisirent leurs établissements (1560). La guerre dura encore longtemps entre les Portugais et les calvinistes réfugiés dans les bois; Estacio de Sá, neveu de Mem de Sá, ayant fondé en 1567 São Sebastião (aujourd'hui Rio de Janeiro), et son oncle, ayant écrasé les Français dans une bataille qui dura trois jours, la domination des Portugais dans le Brésil fut assurée. Après l'annexion du Portugal à l'Espagne, en 1580, les pirates et les corsaires anglais, français et hollandais ne cessèrent d'infester les côtes; ils firent rigoureusement sentir à São Vicente, à Espiritu Santo, à Bahia et à Pernambuco, les effets de l'inimitié universelle contre l'Espagne de Philippe II. Les Français, au nombre de 200 et commandés par un homme entreprenant nommé La Renardière, s'établirent en 1612 sur la côte de Maranhão, à l'embouchure de l'Amazone et y bâtirent le fort Saint-Louis. Il fallut, pour les déloger une armée de 500 Portugais, sous les ordres du premier héros brésilien, Jéronimo de Albuquerque, fils d'un gouverneur et d'une Indienne. Telle fut la joie des uns en apprenant la défaite des Français qu'ils décernèrent à Albuquerque le nom du pays conquis (1615). Mais un ennemi plus dangereux se disposait à envahir le Brésil. Les Hollandais s'emparèrent, en 1630, d'une partie de la côte et des villes de Recife et d'Olinde. On pouvait les considérer comme maîtres du territoire, lorsque le Portugal secoua le joug de l'Espagne, en 1640, après soixante années de domination. Alors les colonies resserrérent contre leur vainqueur et le prince Maurice de Nassau, gouverneur hollandais, fut forcé d'abandonner le Brésil qui fut reconnu possession portugaise par le traité de 1660. Cette colonie fut érigée en principauté, et, puis en 1645, l'héritier présomptif de la couronne de Portugal prit le titre de prince du Brésil. Les exactions de toute sorte firent naître les révoltes des *Paulistas* en 1708. Presque aussitôt, le pays fut troublé par les expéditions de Duclero (1710) et par celle de Duguay-Trouin qui prit et rançonna Rio de Janeiro (1711). Les jésuites furent expulsés en 1758 et le siège du gouvernement fut transferré de Bahia à Rio de Janeiro en 1763. Lorsque les Français envahirent le Portugal, en 1808, la famille royale se réfugia au Brésil et cet événement modifia profondément l'administration de ce pays. On abolit les restrictions commerciales; les

ports furent ouverts à tous les navires des nations amies. A la chute de Napoléon, le Brésil fut élevé au rang de royaume et don João prit le titre de roi de Portugal, des Algarves et du Brésil. Comme il manifestait l'intention de résider à Rio de Janeiro, le Portugal menaça de se révolter. Forcé de revenir en Europe, le roi, au moment de s'embarquer, le 26 avril 1821, recommanda à son fils, le régent don Pedro, de ne pas hésiter à prendre le sceptre souverain, dans le cas où la colonie proclamerait son indépendance. Cette révolution, que tout le monde prévoyait et que le régent était décidé à ne pas combattre, s'opéra sans lutte et par un soulèvement général, le 12 octobre 1822. Don Pedro, acclamé empereur le 1er décembre, octroya une constitution le 25 mars 1824, et fit reconnaître par le Portugal l'indépendance de son empire, le 7 septembre 1825. Sa conduite antilibérale ayant irrité les esprits, il fut forcé d'abdiquer, le 7 avril 1831 et d'abandonner la couronne à Pedro II, âgé de six ans. (Voy. PEDRO I). Le pays fut gouverné par une régence jusqu'en 1841, époque où l'empereur, déclaré majeur, fut couronné (18 juillet). Pedro Ier avait eu à combattre la république Argentine en 1826. Son fils dut réprimer plusieurs révoltes locales. Il entreprit, contre Rosas, une lutte qui se termina en 1852 et fit contre le Paraguay, une alliance avec l'Uruguay et la république Argentine (1865-'70). Voy. PARAGUAY. En 1873, la tranquillité publique fut un instant troublée par plusieurs prélats qui refusaient de se soumettre à la constitution; elle fut encore, l'année suivante, par une prétendue prophétesse, *Jacobina Maurer*, qui fit naître un commencement de guerre civile. Voy. MAURER. — Bibliogr. Joaquim Manoel de Macedo. *Chorographie du Brésil*, Leipzig, 1873, in-8°. Fletcher et Kidder, *le Brésil et les Brésiliens*, 9e édit. Londres, 1879, in-8°. W. de Selys-Longchamps, *Notes d'un voyage au Brésil*, 1875, Bruxelles, in-8°. Comte C. d'Ursel, *Sud-Amérique*, Paris, 1879, in-12.

BRÉSILIEN, IENNE s. et adj. Qui est du Brésil; qui appartient à ce pays ou à ses habitants. — s. m. Langue parlée par les peuplades américaines du Brésil. — Dans le jargon de certaines Parisiennes. Homme très riche et très généreux : *elle se promenait, donnant le bras à son Brésilien.*

* **BRÉSILLER** v. a. Rompre par petits morceaux : *voilà qui est tout brésillé.*

* **BRÉSILLET** s. m. L'espèce de bois de Brésil la moins estimée.

BRESLAU (brèss-lô; all. brèss-laou), capitale de la Silésie prussienne, à la jonction de l'Ohlau et de l'Oder, à 300 kil. S.-E. de Berlin; 239,000 hab. Elle vient immédiatement après Berlin comme grandeur et comme population. C'est le premier marché du monde pour les laines, et le centre du commerce silésien. Université; bibliothèque de plus de 300,000 vol.; 4 autres bibliothèques, gymnases; jardins botanique et zoologique; observatoire et nombreux établissements de bienfaisance. Breslau existait dès le xe siècle. Elle appartint à la Pologne jusqu'en 1163; après quoi, elle passa au ducs de Silésie; les Mongoles la brûlèrent en 1241. Elle échut à la Bohême en 1335 et, avec celle-ci, à l'Autriche, en 1526; elle fut cédée à Frédéric le Grand en 1741. Une bataille sanglante entre les Autrichiens et les Prussiens y fut livrée le 22 novembre 1757. Les Prussiens vaincus évacuèrent la ville; mais ils la reprirent le 24 décembre de la même année. Les Français, commandés par Vandamme, l'assiégèrent et la prirent en janvier 1807. Ils la démantelèrent et la reprirent de nouveau en 1813. — Lat. (à l'Observatoire) 51° 6′ 56″ N.; long. 14° 42′ 21″ E.

BRESSAN, ANE s. et adj. Qui est de la

Bresse; qui appartient à ce pays ou à ses habitants.

BRESSANI (Francesco-Giuseppe), jésuite missionnaire italien (1612-'72). Il visita les Hurons en 1645 et retourna en Italie en 1650. Son récit intitulé : *Relazione dei missionnari della compagnia de Gesu nella Nuova-Francia* (Macerata, 1653), a été publié en anglais à Montréal (1852).

BRESSE (*Brexia* ou *Bressia*; de *Brixius saltus*, nom d'une vaste forêt qui s'étendait, au ixe siècle, depuis le Rhône jusqu'à Châlon), ancienne province comprise entre le duché de Bourgogne, la Franche-Comté, le Bugey, le Rhône, le Lyonnais et la Saône. Le territoire qui forma la Bresse fut habité primitivement par les Ségusiens. On la divisait en haute Bresse ou pays de Revermont, et basse Bresse, à l'ouest de la précédente. Elle fit partie du royaume de Bourgogne, donna les sireries de Beaugé, de Coligny, de Thouars et de Villars, passa dans la maison de Savoie au xve siècle et fut annexée à la France en 1601, par le traité de Lyon; elle fut enclavée dans le gouvernement militaire de Bourgogne et forma ensuite une partie du département de l'Ain. Sa capitale était Bourg-en-Bresse.

BRESSON (Charles, comte), diplomate, né à Paris en 1788, mort en 1847; fut chargé d'affaires à Berlin en 1830; réconcilia la Prusse avec la France, fut ministre des affaires étrangères en 1834 et retourna ensuite à Berlin. Il reçut l'ambassade de Madrid en 1841 et celle de Naples en 1847. C'est lui qui négocia les mariages espagnols (mariages des ducs d'Orléans et de Montpensier). La réception offensante que lui fit le roi des Deux-Siciles, dont il avait contrarié les vues dans les négociations de ce genre, le poussa au suicide.

BRESSUIRE *Bersuria*, ch.-l. d'arr. à 55 kil. N. de Niort (Deux-Sèvres), près de l'Argenton; 2,900 hab. Lainages, grain, grains, bétail. Eglise (mon. histor. des xiiie et xive siècles). Ville ancienne que du Guesclin prit d'assaut en 1371. Les Vendéens, au nombre de 10,000, l'assiégèrent inutilement en août 1792. — Lat. 46° 50′ 32″; long. O. 2° 49′ 45″.

BREST, *Gesobrivates*, *Brivates portus*, ch.-l. d'arr. (Finistère), à 90 kil. S.-O. de Quimper et à 583 kil. O. de Paris; préfecture maritime, premier arsenal et premier port militaire de France; place de guerre de première classe; à l'extrémité et sur la côte nord de la rade la plus sûre du monde; 67,000 hab. Son nom vient de *Bristolo*, chef gaulois du bas Léon; elle fut fortifiée en 1065 et repoussa ensuite plusieurs sièges. Montfort s'en empara, mais du Guesclin et Clisson essayèrent vainement de la prendre. Elle relevait de la seigneurie du bas Léon. Réunie à la France en même temps que la Bretagne, elle repoussa les Espagnols sous le règne de Henri IV; Richelieu résolut d'y créer un grand établissement maritime et y établit des chantiers de construction. Duquesne, ayant fixé l'attention de Colbert sur cette ville si admirablement située, l'ingénieur de Seuil y fut envoyé et y établit quarante-quatre magasins, une corderie, un moulin à poudre, un hôpital, des forges, des étuves, de vastes chantiers. L'ingénieur militaire Sainte-Colombe y commença la fortification que Vauban termina par terminer en 1683. C'est à ce dernier que l'on doit la construction des forts qui entourent et dominent la ville et sa rade : Conquet, Berthaume, Blancs-Sablons, Quèlern, Ile-Longue, Camaret. Il couvrit de batteries les falaises du goulet (passe profonde et encaissée qui mesure 1,650 mètres de large); il fortifia le rocher du Mengant, qui se dresse au milieu de la passe; Recouvrance fut comprise dans l'enceinte de Brest. Le gouvernement créa, à la même époque, une école d'hydrographie et une école d'artillerie. Ces travaux donnèrent naissance à une ville nouvelle dont la population, qui n'était que de 1,500 hab. s'augmenta avec une rapidité merveilleuse et atteignit 15,000 hab. en 1680. A peine les fortifications étaient-elles terminées qu'elles eurent à repousser une attaque de 10,000 Anglo-Hollandais (1694). En 1743, il fallut reconstruire les magasins brûlés l'année précédente. En 1766, les bagnes, construits en 1754, brûlèrent ainsi que l'hôpital de la marine. En 1769, fut créée la voilerie, ainsi que le cours d'Ajot, magnifique promenade qui permet à la vue d'embrasser toute la rade et qui est due à

Brest

M. d'Ajot, directeur du génie. En 1861, la ville fut dotée d'un pont tournant long de 257 mètres et haut de 28. Les arsenaux de Brest occupent 9,000 ouvriers. Dans cette ville sont établis : un pénitencier maritime, une école navale nationale, une école des apprentis marins et novices, une école de mousses, une école d'hydrographie, un maréopage, un observatoire, etc. Ses chantiers de construction, ses bassins, son port de guerre, son port de commerce, avec ses jetées qui s'étendent au loin dans la rade, et tous ses travaux relatifs aux intérêts militaires et commerciaux sont d'une grande magnificence. Brest est reliée, par un câble télégraphique sous-marin posé en 1869, à la ville de Duxbury, près de Boston (Etats-Unis). Bâtie sur le penchant d'une montagne, à l'embouchure de la petite rivière de Penfeld, qui forme le port militaire, elle est divisée en deux parties : Brest proprement dite, sur la rive gauche, et Recouvrance sur l'autre rive. Ses rues sont étroites et obscures. Commerce d'eaux-de-vie, de sardines, etc., armements pour la pêche de la morue, fabriques de toiles à voiles. Patrie de Lamothe-Piquet, de Kersaint et d'Orvilliers. — Lat. (à l'Observatoire) 48° 23′32″N.; long. 6°49′50″ O. — RADE DE BREST. Rade la plus vaste et la plus sûre que l'on connaisse; elle mesure 32 kil. de circonférence et peut offrir un asile à 500 vaisseaux de guerre. Abritée de tous côtés par des escarpements faciles à défendre, découpée d'anses et de baies qui permettent presque partout d'établir des ports, elle ne communique avec l'Océan que par un goulet long de 5 kil. et large d'environ 1,650 mètres. Au milieu de cette passe étroite, s'élève le Mengant, rocher redoutable que l'on a fortifié. Pour s'introduire dans ce goulet, il faudrait commencer par réduire au silence les nombreuses batteries qui le protégent et qui contiennent 400 énormes bouches à feu. Les différents ancrages de la rade contiennent 60 pièces d'artillerie; la ville de Brest peut en mettre 450 en batterie et elle est défendue, en outre, du côté de la terre, par un camp retranché. La

rade tout entière n'a donc rien à redouter. Elle reçoit la Penfeld, la rivière de Landerneau, qui y forme un vaste estuaire, l'Aulne, avec un estuaire étroit et profond qui sert au mouillage de vaisseaux désarmés. La rade de Brest est parsemée d'îles qui émergent brusquement et à pic au-dessus des eaux; nous citerons Tibidy, les îlots du Bind, l'île Longue, l'île des Moris et enfin l'île de Trébéron, où l'on a établi un lazaret. Le goulet est éclairé par les 5 phares de Saint-Mathieu, du Petit-Miaou, du Portzic, de Camaret et du Toulinguet.

BREST LITOWSKI, ville fortifiée de Russie, sur le Bug, à 175 kil. S. de Grodno ; 23,500 hab., dont plus de la moitié appartiennent à la religion israélite. Vieux château ; considérable transit. Suyaroff y battit les Polonais en 1794.

BRET (Antoine), littérateur, né à Dijon en 1717, mort à Paris en 1792. Sa comédie la *Double Extravagance* est restée longtemps au répertoire.

BRETAGNE. I. Nom d'une origine incertaine que l'on donna d'abord à la grande île européenne appelée aujourd'hui Grande-Bretagne. On pense que les premiers habitants de cette île se nommaient *Brydtraine* (d'où *Bretagne*) et qu'ils appelaient le pays habité par eux *Eilanban* (d'où *Albion*). On ne connaît rien de son histoire avant l'invasion de César ; plus tard, les aborigènes, d'origine celtique, furent repoussés par des tribus gothiques jusque dans les parties les plus inaccessibles du territoire. De 388 à 457, un grand nombre de Bretons, fuyant devant diverses invasions anglo-saxonnes, passèrent le détroit et se fixèrent sur le sol de l'Armorique qui, à partir de cette époque, devint une petite Bretagne ou Bretagne proprement dite. — II. Nom donné vers le Ve siècle à l'ancienne Armorique. La Bretagne forme la grande péninsule profondément indentée qui s'allonge dans l'Atlantique à l'O. de la France et qui se comprise dans les départements de la Loire-Inférieure, d'Ille-et-Vilaine, du Morbihan, des Côtes-du-Nord et du Finistère. Ses collines, ses étroites vallées, ses bruyères et ses forêts étendues, ses vieux châteaux, les âpres rochers de ses côtes, le costume de ses bergers au rude langage lui donnent un caractère particulier. — Après avoir été soumise aux Romains et aux Francs, cette contrée finit par se rendre indépendante, lors du démembrement de l'empire carlovingien, et fut gouvernée par Nomenoé, son premier comte, qui prit même, selon quelques-uns, le titre de roi (824). Ce prince eut pour successeurs Erispaé (851), Salomon III (857), Pas-

quitien et Gurvan (874), Alain Ier et Judicaël (877). Après cette dynastie, la Bretagne livrée aux incursions des Normands se divisa en plusieurs comtés, jusqu'en 992, époque ou Geoffroi Ier eut pour successeurs Alain III (1008), Conan II (1040), Hoël V (1066), Alain VI (1084), Conan III le Gros (1112), Eudes (1148), Hoël VI, chassé en 1155 et remplacé par Geoffroi, duc d'Anjou; Conan IV, le Petit (1156), fit valoir ses droits, il épousa en 1213 Pierre Mauclerc, à Henri II d'Angleterre et fiança sa fille Constance à Geoffroi, fils de Henri (1159); ce prince monta sur le trône en 1171 sous le nom de Geoffroi II; il fut tué dans un tournoi en 1185. Son fils, Arthur, périt assassiné par Jean sans Terre (1203) et sa fille, Éléonore, jetée dans une prison de Bristol, y mourut après une captivité de 39 ans. Alice, fille de Constance, prit le titre de duchesse en 1203 et partagea le trône avec son époux Gui de Tours; elle épousa en 1213 Pierre Mauclerc, qui eut pour successeurs : Jean Ier, le Roux (1237), Jean II (1286), Arthur II (1305), et Jean III le Bon (1312), mort sans postérité en 1341. Sa succession fut disputée entre Jean de Montfort (Jean IV) soutenu par Edouard d'Angleterre et Charles de Blois, allié de Philippe VI de France. Jean fut fait prisonnier; mais sa femme, Jeanne de Flandre, soutint la lutte; assiégée dans Hennebon, elle prolongea la défense jusqu'à l'arrivée des Anglais qui la délivrèrent (1343); Jean mourut en 1345; son compétiteur, ayant perdu l'appui de la France, vaincue à Crécy, perdit ses avantages et fut fait prisonnier à la Roche-Derrien (1347). Pendant la captivité de Charles de Blois, son épouse, Jeanne de Bretagne, continua la guerre. Charles, redevenu libre en 1356, moyennant rançon, fut abandonné forcément par le roi de France, Jean le Bon (traité de Londres, 1359). Il fut vaincu et tué à Auray, le 29 septembre 1364, et la Bretagne passa définitivement à Jean de Montfort par le traité de Guérande (1365). Sa veuve conserva le comté de Penthièvre. Le règne de Jean V de Montfort fut marqué par sa querelle avec Olivier de Clisson ; il eut pour successeurs Jean VI (1399), François Ier (1442), Pierre II (1450), Arthur III (1457), François II (1458), qui prit parti pour le duc d'Orléans, fut battu à Saint-Aubin-du-Cormier (28 juillet 1488) et mourut dans la même année. Sa fille et héritière, Anne de Bretagne, épousa Charles VIII de France en 1491, et ensuite Louis XII en 1499; la fille aînée de cette princesse, Claude de Bretagne (née en 1499), devint épouse de François, comte d'Angoulême (1514) et monta sur le trône de France en même temps que ce prince, le 1er janvier 1515. La Bretagne fut formellement unie à la couronne de France par le testament de Claude (1524), ratifié par les états de Bretagne (1532). Cette province tint pour la Ligue contre Henri IV, fut enlevée par les Espagnols en 1591 et leur fut enlevée en 1594. Depuis cette époque, la Bretagne a partagé le sort de la France, à laquelle elle a toujours fourni de bons soldats et surtout d'excellents marins. Pendant la Révolution, les habitants des campagnes se soulevèrent en faveur de la royauté et prirent une part très active à l'insurrection vendéenne; c'est aux Bretons surtout que s'appliqua le nom de chouans.—Au moyen âge, ce pays se divisait en *haute Bretagne* à l'E. et *basse Bretagne* ou *Bretagne bretonnante* à l'O. — Ses premiers habitants furent les *Diablintes*, les *Redones* et les *Namnètes* à l'E., les *Vénètes* au centre, les *Curiosolites* à l'O., les *Ossismiens*, sur le littoral du Finistère.

BRETAGNE (Nouvelle-), angl. NEW BRITAIN. I. Nom d'un groupe composé de grande île et de plusieurs îlots, dans l'océan Pacifique, entre 4 et 6° 30′ lat. S. et entre 146° et 150° long. E. La grande île mesure 500 kil. de long, de 10 à 75 de large, environ 25,000 kil.

carr. ; elle est séparée de la Nouvelle-Guinée par le détroit de Dampier et de la Nouvelle-Irlande par le canal Saint-George. L'intérieur est couvert de hautes montagnes et au nord se dressent des volcans actifs. Les principales productions sont les fruits du palmier, de l'arbre à pain, le sucre, les cochons, les tortues et le poisson. Les indigènes sont bien bâtis et d'un teint très foncé. — II. Ville du Connecticut, à 15 kil. S.-O. de Hartford; 9,300 hab.

* BRÉTAILLER v. n. Etre dans l'habitude de fréquenter les salles d'armes et de tirer l'épée. Se prend toujours en mauvaise part.

* BRÉTAILLEUR s. m. Celui qui brétaille, qui met l'épée à la main pour la moindre bagatelle.

* BRETAUDER v. a Tondre inégalement : on a bretaudé ce chien. — Prov. et par plaisant. BRETAUDER LES CHEVEUX DE QUELQU'UN, les lui couper trop courts. — BRETAUDER UN CHEVAL, lui couper les oreilles.

BRETÈCHE s. f. (haut all. brett, planche; tach, couverture). Art milit. Fortification en charpente que l'on élevait au moyen âge, pendant les sièges, en arrière de la brèche pour prolonger la défense.

* BRETELLE s. f. Bande plate et plus ou moins large, que l'on passe sur les épaules et qui sert à porter certaines choses : bretelle de cuir. — Double bande, qui porte sur l'une et sur l'autre épaule, et qui soutient le pantalon, la culotte : mettre des bretelles.

BRETENOUX, ch.-l. de cant., arr. et à 40 kil. N.-O. de Figeac (Lot), sur la Cère; 1,150 hab. Anciennes murailles assez bien conservées.

BRETEUIL, Bretolium, ch.-l. de cant., arr. et à 35 kil. S.-O. d'Evreux (Eure); sur l'Avre et sur l'Iton; 1,950 hab. Nombreux moulins à blé; hauts-fourneaux. Ville ancienne, plusieurs fois prise pendant les guerres féodales.

BRETEUIL-SUR-NOYE, ch.-l. de cant., arr. et à 40 kil. N.-E. de Clermont (Oise); 2,930 hab. Cuirs, chaussures; bétail, grains. — Ruines de l'abbaye de Sainte-Marie. La seigneurie de Breteuil appartint à la maison de Montmorency.

BRÉTIGNY, hameau de l'arr. et à 9 kil. S.-E. de Chartres (Eure-et-Loir), 450 hab. ; doit sa célébrité au traité humiliant (8 mai 1369), par lequel le roi de France, Jean le Bon, recouvra sa liberté, après une captivité de quatre ans, en abandonnant aux Anglais, Calais, Guines, le Ponthieu, l'Aunis, la Saintonge, tous les pays situés dans la Guyenne et la Gascogne, ainsi que dans le Limousin : il devait, en outre, payer 3 millions d'écus d'or, pour sa rançon. Ce traité n'ayant pas été exécuté, le roi retourna en Angleterre se constituer prisonnier.

BRETON, ONNE s. et adj. Qui est né en Bretagne, qui appartient à ce pays. — LANGUE BRETONNE Voy. celtique.

BRETON (Pertuis), canal du golfe de Gascogne, entre l'île de Ré et la pte. de la Charente-Inférieure.

BRETON DE LOS HERREROS (Manuel) [brétonn'-dé-loss-èr-ré'-ross], poète espagnol (1800-'73), auteur de plus de 150 pièces de théâtre originales et de poésies satiriques. Ses œuvres ont été réunies en 5 vol.

BRETONNANT, ANTE adj. Qui a conservé le langage et les mœurs de l'ancienne Bretagne.

BRETONNEAU (Pierre) médecin, né à Tours en 1771, mort en 1862, fit de magnifiques travaux sur le croup; on lui attribue l'invention de la trachéotomie. Il a laissé des notes et des mémoires.

BRETTE adj. f. Se dit quelquefois pour BRE-TONNE : nourrice brette.

° BRETTE s. f. Epée. Ne se dit que familièrement et par plaisanterie : c'est un batteur de pavé, qui portetoujours une brette. On disait autrefois épée brette, parce que ces sortes d'épées se fabriquaient en Bretagne.

* BRETELLER v. a. (rad. bretelle, qui a signifié gravure). Archit. Tailler une pierre ou gratter un mur avec des instruments à dents.

* BRETTEUR s. m. Celui qui aime à se battre à l'épée, à ferrailler. (Fam.)

BRETTEVILLE-SUR-LAIZE, ch.-l. de cant., arr. et à 20 kil. N.-O. de Falaise (Calvados); 1,650 hab. Marbre, tannerie; église du XIIIᵉ siècle.

BREUGHEL. I. (Pieter) peintre flamand, né vers 1520, mort vers 1580. Il voyagea en France, en Italie et en Suisse et vécut à Anvers et à Bruxelles. Il a peint des fêtes de village, des attaques de brigands et des scènes de bohémiens. — II. (Pieter LE JEUNE), fils du précédent, surnommé Hell Breughel, à cause du caractère diabolique de ses sujets; né vers 1567, mort en 1623. L'un de ses plus fameux tableaux représente la tentation de saint-Antoine. — III. (Jan), frère du précédent, surnommé Breughel de velours, né vers 1570, mort en 1635. Il représenta des paysages admirablement finis et fut souvent employé par Rubens.

* BREUIL s. m. [ll. mll.](celt. brog, élévation). Eaux et Forêts. Bois taillis ou buisson enfermé de haies, dans lequel les bêtes se retirent.

* BREUVAGE s. m. Boisson, liqueur à boire : breuvage agréable, délicieux — Mar. Mélange de vin et d'eau qu'on donne quelquefois en mer aux gens de l'équipage, indépendamment de la ration : faire du breuvage; donner du breuvage. — Art. vétér. Tout médicament liquide qu'on administre aux chevaux, aux bœufs, aux vaches, etc. : donner un breuvage à un cheval.

BRÈVES (François SAVARY, comte de), diplomate, né en 1550, mort à Paris en 1628; fut ambassadeur à Constantinople, de 1591 à 1606, publia la Relation de ses voyages (1628, in-4º), rapporta d'Orient plus de 100 volumes turcs et persans qui se trouvent aujourd'hui à la Bibliothèque nationale, et fit exécuter des poinçons et des matrices des caractères orientaux, qui furent achetés par Richelieu pour l'Imprimerie royale.

* BREVET s. m. (rad. bref). Autrefois, sorte d'expédition non scellée par laquelle le roi accordait quelque grâce, ou quelque titre de dignité : brevet d'une abbaye, brevet de duc, brevet de retenue. — Ducs à brevet, ceux qui n'avaient que des brevets de ducs, et à vie ; par opposition aux ducs héréditaires. — Justaucorps à brevet, sorte de justaucorps bleu, à parements rouges, que quelques courtisans avaient droit de porter par brevet du roi. — Aujourd'hui, titre ou diplôme, délivré au nom d'un gouvernement, d'un prince souverain, etc. : brevet de pension, brevet de colonel, de lieutenant, de capitaine. — Fig. et fam. DONNER A QUELQU'UN BREVET, SON BREVET D'ÉTOURDI, D'EX-TRAVAGANT, etc., le déclarer tel. — BREVET D'AP-PRENTISSAGE, acte par lequel un apprenti et un maître s'engagent réciproquement. — Acte en brevet. Législ. « Acte simple fait par un notaire et dont il n'est pas tenu de garder minute. Les principaux actes en brevet sont : les certificats de vie, procurations, autorisations maritales, consentements à mariage, dépôts, ratifications, actes de notoriété, mainlevées, certificats de propriété, actes respectueux, quittances de loyers, etc. (L. 25 ventôse an XI, art. 20.) Les actes faits d'abord en brevet peuvent être ensuite déposés comme minutes chez un notaire, lequel en délivre alors des expéditions en forme. » (CH. Y.) — Brevets de capacité. « Aux termes de la loi du 16 juin

1881, nul ne peut exercer les fonctions d'instituteur ou d'institutrice, titulaire ou adjoint, dans une école publique ou libre, sans être pourvu du brevet de capacité pour l'enseignement primaire. Toutes les équivalences admises par la loi du 15 mars 1850 sont abolies, sauf les tolérances accordées aux directeurs d'écoles publiques ou libres qui exerçaient ces fonctions au 1ᵉʳ janvier 1881, et, dans certaines conditions, aux directrices d'écoles, aux adjoints et aux adjointes qui à cette époque comptaient trente-cinq ans d'âge et cinq au moins de services. Il y a deux sortes de brevet pour l'enseignement primaire : le brevet de capacité de second ordre ou brevet élémentaire, indispensable pour exercer la profession d'instituteur, et le brevet de premier ordre ou brevet supérieur auquel est attaché l'émolument annuel de cent francs, fixé par l'art. 3 de la loi du 19 juillet 1875. Il existe, en outre, un certificat d'aptitude pédagogique, complémentaire de l'un et de l'autre brevets, et qui est nécessaire pour la direction des écoles publiques comprenant plusieurs classes. Le candidat qui se présente aux examens du brevet élémentaire doit être âgé de seize ans au 1ᵉʳ janvier précédent; celui qui se présente aux examens du brevet supérieur doit être pourvu du brevet élémentaire et être âgé de dix-sept ans au moins, enfin le candidat au certificat d'aptitude pédagogique doit être âgé d'au moins vingt ans et justifier de deux années d'exercice dans l'enseignement, à compter de l'époque à laquelle il a obtenu le brevet élémentaire (Déc. 4 janvier 1881). Voy. INSTI-TEUR. Les candidats aux fonctions d'aspirant répétiteur de l'enseignement spécial, non pourvus du diplôme de bachelier ès lettres ou ès sciences, peuvent remplacer ce diplôme par le brevet de capacité de l'école de Cluny, institué par la loi du 21 juin 1865, et il faut, pour se présenter à l'examen être âgé d'au moins dix-huit ans. » (CH. Y.) — BREVET D'IN-VENTION, brevet que le gouvernement délivre à un inventeur, à l'auteur d'une nouvelle découverte, pour lui en assurer la propriété et l'exploitation exclusive, pendant un certain nombre d'années. On dit dans un sens analogue, brevet de perfectionnement, et brevet d'importation. — Législ. « Le droit de l'inventeur peut, ainsi que celui des auteurs et artistes (Voy. AUTEUR) être considéré comme une propriété d'un genre particulier, et le législateur a dû faire respecter ce droit, par esprit d'équité, et dans le but d'encourager les recherches et les essais ; mais il a dû tenir compte aussi de l'intérêt général et limiter la durée de la monopole accordé aux inventeurs, d'une façon plus restreinte que pour la propriété littéraire ou artistique. Sous l'ancien régime, l'esprit d'invention se trouvait paralysé par l'état social et surtout par les règlements étroits des corporations. Dans le préambule de l'édit célèbre de 1776, Turgot parle « des difficultés sans nombre que rencontrent « les inventeurs et des retards qui en résultent « pour le progrès des arts ». Les brevets que les rois de France accordaient, à titre de privilège, pour exploiter un procédé, n'étaient pas toujours attribués à l'inventeur, et leur durée indéterminée les rendait nuisibles à l'industrie. Ce fut l'Assemblée constituante qui, par la loi du 7 janvier 1791, a reconnu le droit de l'inventeur. Le brevet délivré par l'autorité administrative n'établit pas un droit certain ; il appartient aux tribunaux d'en reconnaître la validité ou la nullité : le brevet constate seulement l'intention de celui qui se prétend inventeur, de jouir de la faveur que la loi lui accorde, en profitant seul et temporairement, de tous les bénéfices de son invention. L'administration ne se livre à aucun examen des procédés indiqués, si ce n'est pour s'assurer que la demande est recevable, et elle ne donne au public aucune garantie. Aux termes de la loi du 5 juillet 1844, quiconque veut prendre un brevet d'invention doit déposer sous cachet, au secrétariat de la préfecture, dans le département où il est domicilié : 1° sa demande au ministre du commerce ; 2° une description de son invention ; 3° les dessins tracés à l'encre et à une échelle métrique, ou les échantillons nécessaires à l'intelligence de la description ; 4° un duplicata de la description et des dessins ; 5° un bordereau des pièces déposées. Le tout écrit en langue française, sans altération ni surcharge, signé par l'auteur de la demande, avec la constatation des mots rayés comme nuls et le parafe des pages et des renvois. Ce dépôt ne peut être reçu à la préfecture que sur la production d'un récépissé constatant le versement de 100 fr. à valoir sur le montant de la taxe. La durée du brevet commence à courir le jour du dépôt de la demande. Les descriptions, dessins, etc., des brevets délivrés restent, jusqu'à l'expiration desdits brevets, déposés au ministère du commerce où ils sont communiqués, sans frais, à toute réquisition. Toute personne peut demander la copie des descriptions, moyennant un droit d'expédition de 25 fr., et celle des dessins, moyennant un droit proportionnel au travail que nécessitent les copies. L'État publie lui même à ses frais les descriptions et dessins, lorsque la deuxième annuité des brevets est payée. En outre, tous les trois mois, la liste des brevets délivrés pendant le trimestre est publiée au *Bulletin des lois*. Après l'expiration des brevets, les descriptions et dessins sont déposés au Conservatoire des arts et métiers. Toute invention de nouveaux produits industriels ou de nouveaux moyens pour l'obtention d'un de ces produits peut être l'objet d'un brevet, à l'exception des remèdes de toute espèce, des combinaisons financières, des découvertes purement théoriques et de celles qui sont contraires aux lois ou aux bonnes mœurs. Les brevets sont, à la volonté de l'inventeur, de cinq ans, de dix ans ou de quinze ans, mais ils ne peuvent dépasser cette durée, et ils ne sont pas renouvelables. La taxe due est de 100 fr. par année, et doit être payée avant le commencement de chaque nouvelle année, sous peine de déchéance. Si la demande de brevet est rejetée pour défaut de formalités, la moitié de la somme de 100 fr. déposée est acquise au Trésor, à moins que l'inventeur ne présente dans le délai de trois mois une nouvelle demande suivie d'acceptation. Si le rejet a pour cause la non recevabilité de la demande, la somme versée est restituée intégralement. Toute personne intéressée à la faire peut demander aux tribunaux de première instance, dans les formes prescrites pour les affaires sommaires, la nullité ou la déchéance d'un brevet, dans certains cas, notamment : 1° si la découverte n'est pas nouvelle ; si l'annuité n'a pas été acquittée avant l'époque prescrite ; si le breveté n'a pas exploité son invention en France dans le délai de deux ans de la date du brevet, ou s'il a cessé de l'exploiter pendant deux années ; enfin s'il a introduit en France, sans autorisation du ministère du commerce, des objets fabriqués à l'étranger et semblables à ceux qui sont garantis par son brevet (L. de 1844 et L. 31 mai 1856). Tout breveté peut céder son brevet en tout ou en partie, à titre gratuit ou à titre onéreux ; mais la cession ne peut être faite que par acte notarié et après le paiement intégral de toutes les annuités. Les actes de cession sont passibles d'un droit d'enregistrement de 2 fr. 50 cent. par 100 fr. du prix de vente. Ils ne sont valables à l'égard des tiers que s'ils sont en outre enregistrés à la préfecture du département dans lequel l'acte a été passé. Le breveté peut, sans céder la propriété de son brevet, donner à un tiers l'autorisation ou *licence* d'exploiter ce brevet, ce qui n'exige pas les formalités requises pour la cession. La contrefaçon, le recel ou la vente d'objets brevetés sont égale-

ment punis d'une amende de 100 à 2,000 fr. et, s'il y a récidive, d'un emprisonnement d'un à six mois ; mais l'action correctionnelle ne peut être exercée par le ministère public que sur la plainte de la partie lésée. Les objets contrefaits et les instruments ayant servi à leur fabrication sont, même en cas d'acquittement, confisqués et remis au propriétaire du brevet, sans préjudice de plus amples dommages-intérêts et de l'affiche du jugement, s'il y a lieu. Le tribunal correctionnel, saisi d'une plainte en contrefaçon, statue sur les questions de déchéance ou de nullité qui peuvent être opposées au plaignant. Toute personne qui, dans des annonces, enseignes, etc., prend le titre de breveté sans en avoir le droit, ou sans ajouter ces mots : *sans garantie du gouvernement*, est puni d'une amende de 50 à 1,000 fr., laquelle, en cas de récidive, peut être portée au double. On nomme ordinairement *brevet de perfectionnement* un brevet d'invention qui se rattache à une découverte dont le brevet est en vigueur ; il ne donne pas à un second inventeur le droit d'appliquer l'invention primitive, avant qu'elle ne soit tombée dans le domaine public ; mais il a pour effet d'interdire à tout autre d'exploiter l'invention nouvelle ; la loi ne le distingue pas des autres brevets. Il n'en est pas de même du *certificat d'addition* qui est délivré au breveté ou à ses ayants droit, moyennant une taxe de vingt francs, lorsque ceux-ci ont déclaré, dans les formes prescrites pour les brevets, faire à l'invention des changements, perfectionnements ou additions. Les effets de ces certificats prennent fin avec le brevet principal auquel ils se rattachent. La législation sur les brevets d'invention a été rendue applicable aux colonies par un arrêté du 21 octobre 1848, et à l'Algérie par un décret du 5 juin 1850. Les étrangers peuvent prendre des brevets, aux mêmes conditions que les Français ; mais ils sont tenus d'élire domicile en France. L'auteur d'une invention déjà brevetée à l'étranger a la faculté d'obtenir en France un brevet dont la durée ne peut excéder celle du brevet antérieurement pris à l'étranger. A l'égard des objets admis dans une exposition publique, autorisée par l'administration, la loi du 23 mai 1868 donne à l'exposant les mêmes garanties qu'aux possesseurs de brevets, s'il se fait délivrer, à la préfecture, un certificat descriptif de l'objet déposé. La demande doit en être faite dans le premier mois de l'ouverture de l'exposition et la garantie ne cesse que trois mois après la clôture. En Angleterre et aux États-Unis d'Amérique, la durée des brevets d'invention ou *patents* est de quatorze ans ; elle est de dix ans en Allemagne et en Russie, et de vingt ans en Belgique. Aux États-Unis, les demandes sont l'objet d'un examen préalable. La Suisse ne délivre pas de brevet, et quelques économistes demandent que ce principe soit appliqué en France ; mais la suppression des brevets découragerait beaucoup d'inventeurs qui renonceraient à tenter de grands sacrifices en recherches et en essais, s'ils n'avaient plus l'espoir d'être récompensés par un monopole temporaire. En ce qui concerne la propriété des modèles, dessins et marques de fabrique, elle est garantie par des lois spéciales qui seront analysées plus loin, au mot : PROPRIÉTÉ INDUSTRIELLE. » (CH. Y.)

* BREVETÉ, ÉE part. passé de BREVETER. — Qui a un brevet : *invention brevetée. s. g. d. g.* (sans garantie du gouvernement). — Substantiv. : *c'est dans l'intérêt des brevetés.*

* BREVETER v. a. donner un brevet à quelqu'un : *se faire breveter par le gouvernement.*

BREVEUX s. m. Crochet de fer pour prendre les homards et les crabes.

* BRÉVIAIRE m. (lat. *breviarum* ; de *brevis*,

court). Livre contenant les heures canoniales ou office divin, que ceux qui sont dans les ordres sacrés, qui ont jouissent de quelque bénéfice, sont obligés de dire tous les jours : *bréviaire romain ; bréviaire de Paris.* — Office même que disent chaque jour ceux qui y sont obligés : *dire, réciter son bréviaire.* — Fig. et fam. Livre dont on fait sa lecture habituelle : *Corneille est son bréviaire.* — On suppose que le *bréviaire* est ainsi nommé parce que l'office aujourd'hui en usage est un abrégé d'un autre plus long. Les Églises grecque et arménienne ont aussi des bréviaires. Celui des catholiques est attribué au pape Gelasius Ier (vers 490). On l'appela d'abord *custos* ; il devint d'un usage général dans les ordres ecclésiastiques vers 1080 et fut réformé par les conciles de Trente et de Cologne, ainsi que par Pie V, Urbain VIII et d'autres papes. — Le type du caractère qui servit à l'impression des premiers bréviaires conserva longtemps le nom de *brévier.*

BRÉVIPENNE adj. (lat. *brevis*, court ; *penna*, aile). Ornith. Qui a les ailes courtes.

BREWSTER (SIR David), célèbre physicien écossais (1781-1868) ; fit de belles découvertes dans le champ de la polarisation de la lumière, fut créé chevalier en 1831, perfectionna le microscope et le télescope, inventa le kaléidoscope, fit entrer le stéréoscope dans le domaine de la pratique scientifique et artistique, démontra l'utilité des lentilles et des zones dioptriques dans l'illumination des phares, édita l'*Edinburg Cyclopædia* (1808-'30) et publia plusieurs savants ouvrages.

BREWSTÉRITE s. f. [brou-sté-ri-te] (de *Brewster*, nom d'un physicien). Minér. Silicate hydraté d'alumine, de strontiane et de baryte, qui se présente sous la forme de cristaux blancs ou transparents rayant le verre. Densité, 2, 4. La brewstérite se trouve dans le calcaire spathique à Strontian (Ecosse), à Saint-Turpet, près de Fribourg-en-Brisgau, etc.

BREYNIUS (Jean-Philippe), médecin et naturaliste de Dantzig (1680-1764). A publié *Dissert. de Polythalamiis, nova testacearum classe.* Dantz. 1732, in-4° ; *Historia naturalis cocci radicum tinctorii*, 1 vol. in-4°, Gelani, 1731.

BRÉZÉ, bourg de l'arr. et à 12 kil. S. de Saumur (Maine-et-Loire) ; 900 hab. Château de Brézé (XVIe siècle).

BRÉZÉ, ancienne famille d'Anjou, dont un membre, Pierre II, grand sénéchal d'Anjou, puis du Poitou et de Normandie, mort en 1465, servit Louis XI et se distingua à la bataille de Montlhéry (1465).

BRÉZIN (Michel) philanthrope, né en 1758, mort à Paris le 21 janvier 1828. Fils d'un pauvre serrurier, et à peu près illettré, il acquit par son travail et son économie, une fortune considérable qu'il consacra à des œuvres charitables.

BREZOLLES, ch.-l. de cant., arr. et à 23 kil. S.-O. de Dreux (Eure-et-Loir), sur la Meuvette, 925 hab. Eglise du XIIe siècle ; pierres druidiques.

BRIAN BORU ou Boroihme [brai'-n-borou' ; bo-roïm]. (Brian des tributs), roi d'Irlande, né vers 927, tué à Clontarf en 1014. Sucesseur de son père Kennedy, roi de Munster, en 978, il subjugua les Danois, se fit chef suprême d'Irlande en 1003, fit construire une route autour de cette île, et introduisit l'usage des surnoms. Il mourut au moment d'une victoire sur les Danois.

BRIANÇON, *Brigantium*, ch.-l. d'arr. (Hautes Alpes), au centre de quatre vallées, près du point de jonction de la Guisanne, de la Clairée, de la Servière et de la Durance, au pied du mont Genèvre, à 61 kil. N.-O. de Gap ; 5,100 hab. — Ville forte de première ilasse, elle sert de magasin et d'arsenal aux Alpes françaises et commande les principaux passages des frontières suisses et italiennes. Elle est entourée d'un triple rempart et protégée

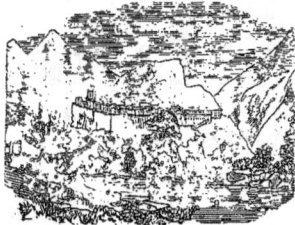

Briançon.

par sept forts qui communiquent entre eux au moyen de galeries souterraines et qui sont reliés à la ville par un pont d'une seule arche sur la Durance. Briançon, construite à l'extrémité d'un contre-fort des Alpes, à 1,320 mètres au dessus du niveau de la mer, est la ville la plus élevée de France. Aux environs s'étend le bassin houiller dit de Briançon; commerce de craie de Briançon et de manne ou térébenthine de Venise. Belles fontaines, jolie église; ascension du mont Genèvre et du mont Pelvoux. Cette ville très ancienne, fondée par une colonie grecque, résista aux barbares et se constitua en république indépendante; au xiᵉ siècle, déchirée par les factions, elle se livra aux comtes d'Albon. — Lat. 4° 54′ N.; long. 4° 18′ 20″ E.

BRIANÇONNAIS, AISE s. et adj. Qui est du Briançonnais; qui appartient à ce pays ou à ses habitants.

BRIANÇONNAIS, petit pays du Dauphiné; aujourd'hui compris dans le département des Hautes-Alpes. Sa capitale était Briançon; il avait pour villes principales: Queyras, le Monestier et Mont-Genèvre. Après avoir fait longtemps partie du marquisat de Suze, le Briançonnais finit par passer dans le domaine des comtes d'Albon, puis dans ceux des dauphins du Viennois.

BRIANSK, ville de Russie, sur la Desna, à 110 kil. O.-N.-O. d'Orel; 13,950 hab. Fonderie impériale de canons; manufacture d'armes, arsenal; commerce de grains, de lin, etc.

BRIARD, ARDE s. et adj. Qui est né dans la Brie; qui appartient à ce pays.

BRIARE, *Brivodurum*, ch.-l. de cant., arr. et à 10 kil. S.-E. de Gien (Loiret), à la jonction du canal de Briare avec la Loire; 4,500 hab. Vins, bois, pierre de taille.

BRIAREUS, Voy. EGÆON.

* **BRIBE** s. f. (wallon *briber*, mendier). Gros morceau de pain : *manger une bribe de pain bis* (Pop.)— s. f. Restes d'un repas : *on a donné aux pauvres les bribes du dîner.* — Fig. et fam. Citations, phrases prises çà et là sans discernement : *livre composé des bribes de vingt autres.*

* **BRIC-À-BRAC** s. m. (bri-ka-brak). Se dit de vieilleries, de vieux objets d'art de parure, d'ameublement ou de vêtements, qui font l'objet d'un commerce particulier. — S'emploie surtout dans cette locution vulgaire: *marchand de bric-à-brac*, marchand qui achète et qui revend toute sorte de vieille ferraille, de vieux cuivres, de vieux tableaux, et divers autres objets d'occasion. — Le marchand lui-même : *un bric-à-brac qui se respecte se donne le titre de marchand de curiosités.*

BRICABRACOLOGIE s. f. Science du bric-à-brac; connaissance de la valeur des objets.

BRICABRACOMANIE s. f. Manie des antiquailles, des vieilleries, des poteries, etc.

BRICE-EN-COGLÈS (Saint-), ch.-l. de cant., arr. et à 13 kil. N.-O. de Fougères (Ille-et-Vilaine), sur la rive gauche de l'Oisance. Miel, papiers, cuirs. 1,900 hab.

* **BRICK** ou **Brig** s. m. (angl. *brig*). Mar. Bâtiment à deux mâts, qui a son grand mât incliné vers l'arrière : *brick du commerce, brick de guerre.*

BRICOLAGE s. m. Jargon. Travail de peu d'importance que l'on fait à ses moments perdus; on dit aussi BRICOLE.

* **BRICOLE** s. f. (bas lat. *bricola*). Partie du harnais d'un cheval de trait, contre laquelle s'appuie son poitrail lorsqu'il va en avant. — Longe ou lanière de cuir dont se servent les porteurs de chaises pour porter la chaise, les porteurs d'eau pour porter leurs sceaux, etc. On dit aussi BRETELLES. — Jeu de paume. Retour de la balle lorsqu'elle a frappé une des murailles des côtés : *jouer de bricole.* — Jeu de billard. Coup par lequel on envoie sa bille frapper une des bandes, de manière qu'elle rencontre ensuite la bille sur laquelle on joue : *coup de bricole.* On dit dans un sens analogue, en termes d'artillerie, qu'*un boulet frappe de bricole*, lorsqu'il frappe après un bond. — Prov. et fig. JOUER DE BRICOLE, N'ALLER QUE PAR BRICOLE, user de voies trompeuses et détournées. On emploie aussi les locutions : DE BRICOLE, PAR BRICOLE, dans un sens moins défavorable, pour : indirectement : *s'il ne peut parvenir là directement, il y viendra de bricole, par bricole.* — ⁓ Jargon. Petit travail mal rétribué, que l'on fait à temps perdu. —' s. f. pl. Espèce de rets ou de filet pour prendre cerfs, des daims, etc.: *tendre les bricoles.*

* **BRICOLER** v. n. Jouer de bricole, soit à la paume, soit au billard : *il est adroit à bricoler.* — Fig. et fam. Ne pas aller droit, biaiser dans une affaire : *il ne fait que bricoler.* — Chasse. Changer de piste, en parlant du chien : *ce chien bricole sans cesse.* — ⁓ Faire du bricolage. — Faire un effort, donner un coup de bricole. — Faire toute espèce de métier; n'avoir pas d'état ou de commerce déterminé.

BRICOLEUR s. m. Celui qui bricole, qui fait toute espèce de métier.

BRIÇONNET. I. (Guillaume), connu sous le nom de CARDINAL DE SAINT-MALO, directeur des finances sous Louis XI, principal ministre de Charles VIII, qu'il poussa à faire l'expédition d'Italie, né à Tours, mort à Narbonne en 1514. Devenu veuf, il entra dans les ordres et fut nommé successivement évêque de Saint-Malo (1491), archevêque de Reims (1494) et cardinal. Le pape Jules II l'ayant excommunié pour avoir convoqué les conciles réformateurs de Pise, de Milan et de Lyon, le roi Louis XII le dédommagea en lui donnant la riche abbaye de Saint-Germain-des-Prés. Le pape Léon X lui accorda l'archevêché de Narbonne. — II. (Guillaume), fils du précédent, né en 1533, fut successivement évêque de Lodève et de Meaux. Accusé d'hérésie, il se disculpa et poursuivit ardemment les calvinistes.

BRICQUEBEC, ch.-l. de cant., arr. et à 13 kil. S.-O. de Valognes (Manche); 3,500 hab. Vieux château fort; statue du général Lemarois (1837); église du xiᵉ siècle.

BRIDAINE (Jacques), prédicateur et missionnaire, né en 1701 à Chusclan, diocèse d'Uzès, mort en 1767, à Roquemaure, près d'Avignon. Il visita toute la France en s'adressant à la foule, sur les places publiques ou dans les rues, avec une singulière éloquence. Il prêcha aussi à Saint-Sulpice de Paris et y obtint un succès extraordinaire. Son éloquence était toujours simple et quelquefois rude. Une édition complète de ses sermons a été donnée à Avignon, (1821, 5 vol.)

* **BRIDE** s. f. Partie du harnais d'un cheval, qui sert à le conduire, et qui est composée de la têtière, des rênes et du mors. — Se prend quelquefois pour les rênes seules : *ce cheval a rompu sa bride.*— Lien qui sert à retenir certaines coiffures, et qui passe ou qu'on noue sous le menton : *bride d'un béguin d'enfant, d'un chapeau de femme.* — Coutur. Point à chaînette qu'on fait à l'extrémité d'une ouverture en long, pour empêcher qu'elle ne se déchire et ne s'agrandisse. — Boutonnière formée d'une suite de points à chaînette, au bord de quelque partie de vêtement : *les manches de cette robe sont fermées au poignet par des boutons qui entrent dans de petites brides.* — Petit tissu de fil qui sert à joindre les fleurs les unes avec les autres, dans l'espèce de dentelle qu'on nomme point de France, de Venise, de Malines. — Lien de fer avec lequel on scelle une pièce de bois, pour empêcher qu'elle n'éclate. — Chir. Filaments membraneux qu'on rencontre dans le foyer des abcès, dans le trajet des plaies d'armes à feu, etc. — Fig. et fam. TENIR QUELQU'UN EN BRIDE, le contenir, surveiller sa conduite. — TENIR LA BRIDE HAUTE, LA BRIDE COURTE, traiter avec quelque sévérité. — LACHER LA BRIDE A QUELQU'UN, lui donner plus de liberté. — METTRE LA BRIDE SUR LE COU, l'abandonner à sa propre volonté, laisser toute liberté d'agir. — Fig. LACHER LA BRIDE A SES PASSIONS, s'y abandonner entièrement.

> Heureux, heureux l'homme sage,
> A qui ses réflexions
> Ont appris à faire usage
> Tour à tour des passions;
> Qui, conducteur intrépide,
> Sait et leur lâcher la bride
> Et, s'il faut, les retenir.
>
> La Fare. *Odes.*

— ALLER A TOUTE BRIDE, A BRIDE ABATTUE, mener son cheval au grand galop. — Fig. et fam. COURIR A BRIDE ABATTUE APRÈS LES PLAISIRS, A SA RUINE, A SA PERTE, se livrer aux plaisirs sans aucune retenue; se porter ardemment et inconsidérément à quelque démarche, sans en prévoir les suites dangereuses, funestes. — Fig. et fam. ALLER BRIDE EN MAIN DANS UNE AFFAIRE, y procéder avec beaucoup de retenue et de circonspection. — Prov. et fig. A CHEVAL DONNÉ ON NE REGARDE PAS A LA BRIDE, quand on reçoit un présent, il ne faut pas le déprécier. — IL A PLUS BESOIN DE BRIDE QUE D'ÉPERON, se dit d'un homme ardent, impétueux, qui a plus besoin d'être retenu que d'être excité. — TOURNE-BRIDE. Voy. Tournebride.

* **BRIDÉ, ÉE** part. passé de BRIDER. — OISON BRIDÉ, celui à qui l'on a passé une plume dans les ouvertures qui sont à la partie supérieure du bec, pour l'empêcher d'entrer dans les lieux fermés de haies. —' Fig. et par dérision. OISON BRIDÉ, se dit d'une personne niaise et sotte, à qui l'on fait croire ou *faire tout ce que l'on veut.*

* **BRIDER** v. a. Mettre la bride à un cheval, à un mulet, etc. : *brider un cheval.*— Absol.: *bridez, il faut partir.* — Par ext. Serrer, cindre étroitement, en parlant des vêtements : *ce pantalon me bride.* — Fig. Contenir : *des lois sévères brident le peuple.* — Cuis. Assujettir les ailes et les cuisses d'une volaille au moyen de ficelles.—Fig. BRIDER LE NEZ A QUELQU'UN AVEC UNE HOUSSINE, AVEC UN FOUET, frapper quelqu'un au travers du visage avec une houssine, avec un fouet, etc. — BRIDER QUELQU'UN PAR UN CONTRAT, PAR UN ACTE, mettre dans un contrat, dans un acte, des conditions qui l'obligent indispensablement à se tenir dans de certaines bornes. — BRIDER LA BÉCASSE, engager adroitement quelqu'un de telle sorte, qu'il ne puisse plus s'en dédire; l'attraper, le tromper. — Prov. BRIDER SON CHEVAL, SON ANE PAR LA QUEUE, s'y prendre maladroitement à contre-sens dans une affaire.

BRIDES-LES-BAINS ou **La Perrière**, station thermale, arr. et à 5 kil. E. de Moutiers (Savoie); 175 hab. Eaux sulfatées calciques, à

35°. Action purgative. Anémie, faiblesse, dysénorrhée, leucorrhée, certaines affections scrofuleuses des muqueuses, diverses dermatoses, affections utérines chroniques. Etablissement thermal.

BRIDGEND, ville du Glamorganshire (Galles), à 30 kil. N.-O. de Cardiff; 3,600 hab. Aux environs, vastes ruines du château de Coyty.

BRIDGENORTH, ville du Shropshire (Angleterre), sur les deux rives de la Severn, à 30 kil. S.-E. de Shrewsbury; 6,700 hab. Vieux château; fabr. de tapis; moulins.

BRIDGEPORT, ville du Connecticut (Etats-Unis), sur le détroit de Long Island, à l'entrée de la baie de Pequonnock, à 100 kil. N.-E. de New-York; 20,000 hab. — Manufactures de machines à coudre, de cartouches, d'armes à feu, de voitures, etc.

BRIDGETON, ville du New-Jersey (Etats-Unis), sur la baie de Cohansey, à 35 kil. au-dessus de la baie de Delaware; à 70 kil. S. de Philadelphie; 8,000 hab. Grand commerce de cabotage; fonderies; fabr. de clous, de verrerie, de lainages et de navires.

BRIDGETOWN, capitale et port principal de la Barbade, sur la baie de Carlisle, à l'extrémité S.-O. de l'île; 25,000 hab. Résidence du gouverneur. Barraquements, hôpitaux, écoles, bibliothèques.

BRIDGEWATER. I. Ville de Massachusetts, sur la riv. Taunton, à 45 kil. S. de Boston; 4,000 hab. Siège de l'école normale de l'Etat. — II. Ville du Somersetshire (Angleterre), sur la riv. Parret; à 48 kil. S.-O. de Bristol; 13,000 hab. Vaste commerce. Briques et tuiles. Belle église paroissiale. — Lat. 51° 7' 4" N.; long. 5° 20' 24" O.

BRIDLINGTON ou **Burlington**, paroisse du Yorkshire (Angleterre), sur la mer du Nord, à 40 kil. N.-E. de Hull; 9,750 hab. Ruines d'un prieuré construit au XIII° ou au XIV° siècle.

BRID'OISON, personnage plaisant du *Mariage de Figaro*, juge ridicule qui aime la forme avant tout.

* **BRIDON** s. m. Espèce de bride légère dont le mors brisé a point de branches, et qu'on emploie quelquefois indépendamment de la bride.

BRIDPORT, ville maritime du Dorsetshire (Angleterre), à 190 kil. S.-O. de Londres; 7,750 hab. Construction de navires. Foires importantes.

BRIE s. m. Fromage de Brie : *servez-moi pour deux sous de brie; un morceau du brie le plus gras.*

BRIE, *Brigensis pagus, Briegius*, ancien pays de l'Ile-de-France et de la Champagne; on la divisait en *Brie champenoise*, capitale Meaux; et en *Brie française*, capitale Brie-Comte-Robert; une portion de la première de ces deux divisions recevait le nom de *Brie pouilleuse*, capitale Château-Thierry, on disait aussi *haute Brie*, capitale Meaux; et *basse Brie*, ch.-l. Provins, ancienne résidence des comtes de Brie. La Brie, arrosée par la Seine et par la Marne, renferme de beaux pâturages, est fertile en blé et produit un excellent fromage dont les Parisiens font une grande consommation. — Au temps de César, la Brie était habitée par les *Meldi*; elle fit partie de la quatrième Lyonnaise, puis du royaume de Neustrie, eut, dès le IX° siècle, des seigneurs particuliers qui prirent le titre de comtes de Meaux, fut réunie en 908 au comté de Troyes ou de Champagne, par Herbert comte de Vermandois, et passa à la couronne en 1368. Elle fait aujourd'hui partie des départements de Seine-et-Marne, de l'Aisne et de la Marne.

BRIEC, ch.-l. de cant., arr. et à 15 kil. N.-E. de Quimper (Finistère), 5,500 hab. Beurre, fruits, grains, chanvre, bétail.

BRIE-COMTE-ROBERT, ch.-l. de cant., arr. et à 18 kil. N. de Melun (Seine-et-Marne); 2,800 hab Chandelles, plumes à écrire, pierres de taille, fours à chaux, grains, fromages de Brie. Eglise Saint-Etienne (mon. hist. du XIII° siècle); Hôtel-Dieu, fondé en 1208, par Robert de France. Ruines de l'ancien château des comtes de Brie. Cette ville fut prise d'assaut par les Anglais (1430), par le duc de Bourbon (1434), par les princes révoltés pendant la guerre de la Praguerie (1440) et pendant la Fronde (1649).

* **BRIEF, IÈVE** adj. Court, de peu de durée, prompt. On ne le dit plus guère qu'au féminin et dans ces locutions : *briève description, briève narration,* courte description, courte narration. — Il était assez fréquemment usité jadis en termes de Palais. *Il fut ajourné à trois briefs jours. Ils en ont fait bonne et briève justice.* — **Briève sentence**, sentence rendue promptement.

BRIEG [brig], ville de la Silésie prussienne, sur l'Oder, à 48 kil. S.-E. de Breslau; 16,000 hab. Arsenal. Fabr. de toiles de lin, de colonnades et de lainages.

BRIELLE, Voy. **Brille** (*La*).

BRIENNE, *Briona* ch.-l. de cant., arr. et à 24 kil. N.-O. de Bar-sur-Aube (Aube); 2,100 hab. Gros bourg divisé en *Brienne-la-Ville* et *Brienne-le-Château* et dont on fait remonter l'origine à la tribu gauloise des Branovii. Menacée par Attila, Brienne dut son salut à l'intercession de saint Loup. Magnifique château construit en 1780. Ecole militaire où Napoléon Bonaparte eut Pichegru pour répétiteur. Cette école, établie en 1730 dans un ancien couvent de minimes, fut supprimée en 1790 et le couvent lui-même disparut. Le 29 janv. 1814, Napoléon remporta à Brienne sur Blücher l'une de ses dernières victoires. — Patrie du maréchal Valée.

BRIENON ou **Brinon-l'Archevêque**, ch.-l. de cant., arr. et à 17 kil. E. de Joigny (Yonne), sur l'Armançon et le canal de Bourgogne, 2,500 hab. Laines, draps; bois flotté.

BRIENZ (Lac de), lac du canton de Berne (Suisse), long de 12 kil., large de 3 m. et à 500 m. au-dessus du niveau de la mer. A l'O. la rivière Aar le met en communication avec le lac Thun. Les eaux des montagnes voisines y arrivent en formant de belles cascades. Le village de Brienz (2,750 hab.) se trouve sur l'extrémité N.-E. du lac.

BRIES [briss] (hongr. *Brezno-Banya*), ville de Hongrie, comté de Zolyom, sur le Gran, à 40 kil. N.-E. de Neusohl; 12,000 hab., en majorité Slovaks; fameux fromage.

BRIEUC (Saint), *Briochus, Brioc*, né en Grande-Bretagne, vers 409, mort vers 502; converti par saint Germain d'Auxerre, fonda un monastère qui fut l'origine de Saint-Brieuc.

BRIEUC (Saint-) [brieû], *Briocum*, ch.-l. du département des Côtes-du-Nord, à 451 kil. de Paris, par 4°° 0' 53" lat. N., et 5° 6' 7" long. O., à l'embouchure du Gouet, et relié à la Manche par le port du Légué; 16,000 hab. Saint-Brieuc (*Brioci*) fut fondé au V° siècle, par un Breton vénérable nommé *Brioc*, qui fut canonisé depuis. Le connétable Olivier de Clisson assiégea les Briochains retirés dans leur cathédrale fortifiée : il prit cette forteresse après 15 jours de siège. Deux siècles plus tard, en 1591, Arraugourd-Saint-Laurent, lieutenant du duc de Mercœur, vint assiéger la tour de Cesson et fut fait prisonnier. Cette tour, haute de 100 pieds et construite sur une falaise de 200 pieds, fut prise par le maréchal de Brissac et détruite par ordre de Henri IV. La cathédrale renferme plusieurs tombeaux. Statue du du Guesclin.

* **BRIÈVEMENT** adv. En peu de mots.

BRIÈVETÉ s. f. Courte durée : *brièveté de la vie.*

BRIEY, ch.-l. d'arr., à 68 kil. de Nancy (Meurthe-et-Moselle), à 345 kil. E. de Paris, sur le Woget, affluent de l'Orne, par 49° 14' 59" lat. N. et 3° 36' 8" long. E.; 2,000 hab. Forges, teintureries, filatures; bières.

BRIFAUT (Charles), poète, membre de l'Académie, né à Dijon en 1781, mort à Paris en 1857; chercha à ridiculiser Victor Hugo et produisit des tragédies qui tombèrent sous les sifflets.

* **BRIG** s. m. T. de marine. Voy. **Brick**.

* **BRIGADE** s. f. (ital. *brigada*, troupe). Corps de troupes composé de plusieurs bataillons ou escadrons, sous le commandement d'un officier général. Se dit ordinairement d'un corps formé de deux régiments : *brigade d'infanterie, de cavalerie; général de brigade.* — Autrefois, escouade de cavaliers: aujourd'hui, quelques gendarmes réunis sous les ordres d'un sous-officier, dans une localité déterminée : *la gendarmerie est distribuée par brigade; conduire un réfractaire de brigade en brigade jusqu'à son corps* — Mar. Un certain nombre d'ouvriers ou de matelots canonniers réunis pour travailler : *brigade de charpentiers, de calfats, de canonniers, etc.*

* **BRIGADIER** s. m. *Brigadier des armées du roi*, officier supérieur dont le grade tenait le milieu entre ceux de colonel et de maréchal de camp. — Militaire qui a, dans la cavalerie, le grade correspondant à celui de caporal dans l'infanterie : *brigadier de chasseurs, de dragons* etc. — *Brigadier de gendarmerie*, celui qui commande une brigade de gendarmerie. — *Brigadier de sergents de ville*, celui qui commande une escouade de sergents de ville. — Mar. Titre du maître des matelots d'une embarcation : *le brigadier remplace le patron au besoin.*

* **BRIGAND** s. m. (du vieux mot *bringand*, homme armé). Celui qui exerce habituellement le brigandage : *troupe, bande de brigands; chef de brigands.* — Par ext. Celui qui fait des exactions et des concussions. — Mauvais sujet, vaurien.

* **BRIGANDAGE** s. m. Volerie, pillage, crime commis avec violence et à main armée, et le plus souvent par des malfaiteurs réunis en troupe: *exercer des brigandages; réprimer le brigandage.* — Par ext. et fam. Concussion, exaction, déprédation : *les traitants furent punis pour les brigandages qu'ils avaient exercés sur le peuple.*

* **BRIGANDEAU** s. m. Diminutif de brigand. Se dit ordinairement d'un praticien fripon, d'un agent d'affaires qui vole ses clients.

* **BRIGANDER** v. n. Se livrer au brigandage se conduire en brigand.

* **BRIGANDINE** s. f. Armure ancienne en forme de corset ou de cotte de mailles.

BRIGANTES. I. La plus puissante des tribus bretonnes, établie au N. de la Grande-Bretagne, depuis l'*Abus* (Humber) jusqu'à la muraille des Romains. — II. Tribu celtique qui habitait le S. de l'Irlande, entre les rivières Birgus (Barrow) et Dabrona (Blackwater).

BRIGANTINI. Antiq. Tribu de la Vindélicie, sur le lac Brigantinus. Les Brigantini étaient considérés comme formant une bande de voleurs qu'ici une peuplade.

* **BRIGANTIN** s. m. Mar. Petit bâtiment à un ou deux mâts, gréé comme un brick, et qui n'a qu'un pont : *autrefois les brigantins allaient à voiles et à rames.*

* **BRIGANTINE** s. f. Mar. Petit bâtiment en usage dans la Méditerranée. — Voile particulière au brigantin.

BRIGANTINUS LACUS, l'un des noms anciens du lac de Constance.

BRIGANTIUM. Antiq. I. Ville des Ségusiens

dans la Gaule, au pied des Alpes cottiennes; aujourd'hui Briançon. — II. Ville maritime des Lucenses, en Galice (Espagne), avec un phare qui a été réparé en 1791 et qui porte le nom de la Torre de Hercules. Brigantium se nomme aujourd'hui Coruña (La Corogne).— III. Ville des Brigantini Vindelici, sur le lac de Constance. Aujourd'hui Bregenz.

BRIGHAM (Amariah) [brig'-heum], médecin américain (1798-1849); s'occupa surtout de l'aliénation mentale et publia : De l'influence de la religion sur la santé; Anatomie, physiologie et pathologie du cerveau, etc.

BRIGHAMIE s. f. Bot. Genre de plantes de la famille des lobéliacées, originaires des îles Hawaï et d'un aspect très ornemental.

BRIGHT (Richard) [braît], célèbre médecin anglais (1789-1858); découvrit que les épanchements de l'hydropisie et la condition albumineuse de l'urine, dans la maladie qui porte son nom (maladie de Bright; voy. ALBUMINURIE), dépendent d'une dégénérescence particulière de la substance des reins; écrivit sur l'anatomie morbide, sur les maladies des reins et du cerveau, sur les tumeurs abdominales, etc.

BRIGHTON [braî'-teun], ville et station balnéaire maritime, sur la Manche, comté de Sussex (Angleterre), à 80 kil. S. de Londres; 91,000 hab. Sa réputation comme ville de

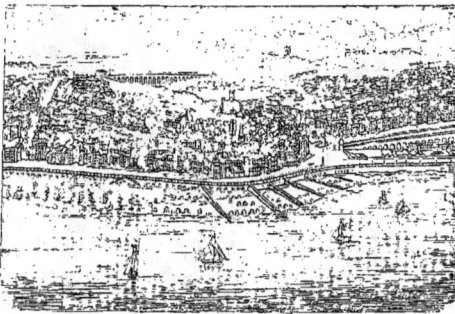
Brighton.

bains à la mode fut établie par le prince de Galles (plus tard Georges IV) qui en fit son séjour de prédilection et y bâtit un beau pavillon, semblable au Kremlin de Moscou, au milieu d'un magnifique jardin, aujourd'hui public. Brighton possède de nombreux établissements balnéaires, un vaste aquarium, terminé en 1872; deux jetées qui s'avancent à 300 mètres dans la mer (créées en 1865), une bibliothèque publique, avec musée et galerie de peinture (ouverte en 1873) et une statue de sir John Cordy Burrows, bienfaiteur de la ville (inaugurée le 14 février 1878).

BRIGHTON, ville de Massachusetts (Etats-Unis), annexée à Boston en 1874. Pop. 5,000 hab.

BRIGITTE (Sainte). I. BRIDGET ou Bride, patronne de l'Irlande, née vers la fin du vᵉ siècle ou au commencement du viᵉ. Elle se construisit elle-même une cellule sous un chêne et lui donna le nom de kill-dara ou kildare (cellule du chêne) et fut bientôt à la tête d'un ordre florissant qui subsista pendant plusieurs siècles. — Fête, 1ᵉʳ février. — Un autre ordre appelé Sœurs de Sainte-Brigitte fut fondé en 1806 par Delany, évêque de Kildare et Leighlin (Irlande), pour la direction des écoles paroissiales. — II. BRIGITTA, Brigida, Birgit, née en Suède vers 1302, morte à Rome en 1373. Elle appartenait à la famille royale de Suède, épousa le conseiller Ulf Gudmarson, eut huit

enfants, parmi lesquels sainte Catherine de Suède, se fit nonne, bâtit le monastère de Wadstena près de Linkœping, fit un pèlerinage à Jérusalem et fonda à Rome un asile pour les pèlerins et les étudiants suédois. Fête, 8 octobre. Ses Revelationes (Rome, 1488) ont été plusieurs fois imprimées et traduites.

BRIGITTIN, INE s. Religieux, religieuse de l'ordre de Notre-Sauveur, branche des augustins, fondé à Wadstena (Suède), par sainte Brigitte, vers 1344. Le couvent renfermait des moines et des nonnes, qui occupaient des bâtiments contigus mais ne pouvaient se voir les uns les autres. La prieure était la supérieure pour les biens temporels. Cet ordre se répandit dans le nord de l'Europe. Il existait encore en 1860 quelques couvents de brigittins en Bavière, en Pologne, en Hollande et en Angleterre.

BRIGNAIS, Prisciniacum, village à 11 kil. S.-S.-O. de Lyon (Rhône); 2,150 hab. Ancienne forteresse qui tomba au pouvoir des Routiers ou Tard-Venus, en 1361. La noblesse d'Auvergne, du Dauphiné, de la Savoie et du Limousin, s'étant assemblée pour les en déloger, fut écrasée par le nombre. Cette défaite coûta la vie à Jacques de Bourbon, chef des troupes royales.

BRIGNOLE s. f. Sorte de prune desséchée qui vient de Brignoles, ville de Provence : compote de brignoles.

BRIGNOLES [gn mll.], Brinolium, Brinonia, ch.-l. d'arr. à 44 kil. S.-O. de Draguignan (Var), sur le Culami; 5,700 hab. Draps, savon, colle-forte, bougies, filatures de soie, tanneries, eau-de-vie, vins, liqueurs, huile d'olive, oranges; prunes et pruneaux renommés. Orme âgé de 7 à 8 siècles. Ville bien bâtie; fut saccagée par Charles-Quint en 1535 et par le duc d'Epernon en 1395. Patrie de Raynouard et du poète Parrocel. — Lat. 43° 27' 33" N.; long. 3° 43' 31' E.

BRIGUE s. f. (bas lat. briga, querelle). Manœuvre secrète et détournée, poursuite vive pour obtenir quelque chose par le moyen de plusieurs personnes qu'on engage dans ses intérêts. — Cabale, faction, parti : puissante brigue.

BRIGUER v. a. Tâcher d'obtenir quelque chose par brigue, par cabale, par le moyen de plusieurs personnes qu'on engage dans ses intérêts : briguer le ministère, les faveurs du maître; les uns méritent les récompenses, les autres les briguent; ce sont souvent ces derniers qui les obtiennent. — Solliciter, rechercher avec ardeur, avec empressement : briguer les bonnes grâces, la faveur, la protection de quelqu'un.

BRIGUEUR s. m. Celui qui brigue.

BRIHUEGA [bri-ouè'-ga], ville de la Nouvelle-Castille (Espagne), à 30 kil. N.-E. de Guadalajara; 5,000 hab. Grand commerce d'étoffes, de nouveautés. Les Français, commandés par Vendôme, y remportèrent en 1710, une victoire décisive sur les alliés commandés par lord Stanhope.

BRIL s. m. [bril] (lat. berillus, sorte de pierre précieuse). Eclat, lueur (vieux).

BRIL (Matthew et Paul), nom de deux frères, qui se rendirent célèbres comme peintres; nés à Anvers, Matthew vers 1550, Paul vers 1556;

morts à Rome, l'aîné vers 1584, son frère en 1626. Ils décorèrent le Vatican. Paul exécuta d'importants travaux pour la chapelle Sixtine; quelques-uns de ses paysages contiennent des figures peintes par Annibal Carrache.

BRILLAMMENT adv. D'une manière brillante.

BRILLANT, ANTE adj. Qui brille, qui a beaucoup d'éclat : lumière brillante; yeux brillants; couleur brillante, un coloris brillant. — Par ext. Qui frappe vivement et agréablement les regards par le luxe, la pompe la magnificence : parure brillante; spectacle brillant; le prince avait une suite brillante; brillant état-major. — Qui frappe l'oreille d'une manière vive, éclatante, en même temps agréable : musique brillante, voix brillante.

Laissons à l'Italie
De tous ces traits brillants l'éclatante folie.
BOILEAU.

— Fig. Qui est très remarquable dans son genre, ou qui frappe et saisit vivement l'esprit, l'imagination : succès brillant; brillante victoire; règne brillant; fortune brillante; brillantes espérances; brillant avenir; actions brillantes; vertus brillantes; pensées brillantes; brillante improvisation; style brillant; imagination brillante. — SANTÉ BRILLANTE, belle santé. On dit dans un sens analogue : BRILLANT DE SANTÉ, DE JEUNESSE. On dit aussi : BRILLANT DE GLOIRE, qui s'est acquis une grande gloire. — s. m. Eclat, lustre : les perles orientales ont un certain brillant qui ne se trouve pas dans les autres. — Fig. IL Y A DU BRILLANT DANS CE POÈME, DANS CETTE PIÈCE D'ÉLOQUENCE, on y trouve des beautés brillantes et d'un grand éclat. — Fig. CET HOMME A PLUS DE BRILLANT QUE DE SOLIDE, il a beaucoup d'imagination et d'esprit, mais peu de jugement. — s. m. Diamant taillé à facettes par dessus et par dessous : vous avez là un fort beau brillant. — FAUX BRILLANTS, diamants faux, pierreries fausses. — Fig. FAUX BRILLANTS, pensées ingénieuses, qui ont quelque éclat, mais qui sont dépourvues de justesse et de solidité.

BRILLANTÉ, ÉE part. passé de BRILLANTER. — Rendu brillant : chevelure brillantée de bijoux.

BRILLANTER v. a. Tailler des diamants à facettes, par-dessous comme par-dessus : brillanter un diamant. — Fig. BRILLANTER SON STYLE, le charger d'ornements recherchés, le semer de faux brillants.

BRILLAT-SAVARIN (Anthelme) [ll mll.], célèbre gourmet, né à Belley (Bugey) en 1755, mort à Paris en 1826. Il fut avocat à Belley et député aux états généraux (1789), s'enfuit à New-York pendant la Terreur, y demeura près de trois ans en donnant pour vivre des leçons de français et jouant à l'orchestre d'un théâtre. Revenu en France en 1796, il fut secrétaire de l'état-major général de l'armée en Allemagne, puis président du tribunal civil du département de l'Ain et enfin conseiller à la cour de cassation. Il a publié plusieurs ouvrages d'économie politique ou de jurisprudence; mais sa renommée repose sur son fameux livre de gastronomie la Physiologie du goût, publié sous le voile de l'anonyme en 1825 et qui a été souvent réimprimé. On l'a traduit dans toutes les langues.

BRILLE (La) [ll mll.] ou Briel, ville forte de la Hollande méridionale, près de l'embouchure de la Meuse, à 22 kil. O. de Rotterdam; 4,500 hab. Les gueux de mer parvinrent à s'en emparer, le 1ᵉʳ avril 1572, et ce fut le premier avantage des confédérés des Pays-Bas sur les Espagnols, que commandait le duc d'Albe. — Phare à feu fixe, par 51° 56' 11" lat. N, et 1° 49' 37" long. E.

BRILLER v. n. [ll mll.] (rad. bril). Reluire, jeter une lumière étincelante, avoir de l'éclat : *le soleil brille ; les étoiles brillent ; diamants qui brillent ; ses yeux brillent.*

L'autel où de l'hymen vont *briller* les flambeaux.
C. Delavigne. *Le Paria*, acte III, sc. vii.

— Fig., dans le sens physique. Attirer et fixer agréablement les regards, par l'éclat des couleurs, par la beauté des formes, par la pompe et la magnificence, etc. : *fleurs qui brillent dans un parterre; cette jeune personne brille parmi ses compagnes; l'opulence brille dans sa maison.* — Fig., dans le sens moral. Attirer et fixer l'attention, frapper l'imagination, faire remarquer, admirer : *sa gloire brille dans tout l'univers.*

Le désir de *briller*, l'amour de la parure,
Font taire dans un cœur la voix de la nature.
Evienne. *Les Deux Gendres*, acte I, sc. i.

Chacun veut aujourd'hui *briller*, voilà le mal!
Casimir Bonrour. *L'Éducation*, acte I, sc. x.

— *Exceller*, en parlant des personnes : *cet avocat brille à la réplique.* — Chasse. Quêter, battre beaucoup de pays, en parlant d'un chien : *cet épagneul brille dans une plaine.* — Fig. Faire briller la vérité aux yeux de quelqu'un, la lui montrer, la lui faire connaître. — La joie, le contentement brille dans ses regards, ses regards expriment toute sa joie, tout le contentement qu'il éprouve. — La santé, la jeunesse brille sur son visage, on voit, à son visage, qu'il est jeune, qu'il est en bonne santé.

BRIMADE s. f. Épreuve vexatoire que les anciens infligent aux nouveaux dans les écoles militaires et dans les écoles des arts et métiers. Les brimades dégénèrent souvent en voies de fait fort dangereuses, et l'autorité a pris des mesures pour en faire disparaître l'usage.

* **BRIMBALE** s. f. Levier qui sert à faire aller une pompe. Les marins disent aussi, *Bringuebale.*

* **BRIMBALER** v. a. Agiter, secouer par un branle réitéré. Se dit principalement en parlant des cloches, quand on les sonne longtemps et jusqu'à l'importunité.

* **BRIMBORION** s. m. (rad. *bribe*). Colifichet, babiole, chose de peu de valeur.

BRIMER v. a. (lat. *primus*, premier). Donner une brimade.

BRIMEUR s. m. Celui qui *brime.*

* **BRIN** s. m. (celt. *brin*, petite chose). Ce que le grain ou la graine pousse d'abord hors de terre : *brin d'herbe.* — Pousse grêle et allongée d'un arbre, d'un arbuste, d'une plante : *un brin de marjolaine; des brins de romarin; couper des brins de bouleau pour faire un balai.* — Par ext. Toute petite partie de certaines choses longues et minces, telles que la paille, les cheveux, le poil, le fil, etc. : *brins de cheveux, de crin, de paille, de sauge, de fil, de soie.* — Un brin de plume, une plume d'autruche. — Fam. Un brin, se dit quelquefois, surtout avec la négation, pour exprimer une très petite quantité de certaines choses, telles que la paille, le foin, le fourrage, le bois, etc. : *ces pauvres gens n'ont pas un brin de paille pour se coucher.* — Fig. : *il a pour elle un petit brin d'amour.* — Prov. Il n'y en a brin, il n'y a rien de la chose dont il s'agit. — Agric. Arbre de brin, arbre qui n'a qu'une tige et qui provient de semence : *les arbres de brin viennent plus droits et vivent plus longtemps que les autres.* — Charpent. Bois de brin, bois qui n'a point été fendu par la scie. — C'est un beau brin de bois, se dit d'une poutre longue et droite. — Fig. et fam. Un beau brin d'homme, un jeune homme grand et bien fait. — Un beau brin de fille, un beau brin de femme, fille ou femme grande et bien faite. — Brin d'estoc, long bâton ferré par les deux bouts. — Brin à brin loc. adv. Successivement, petit à petit, avec attention.

* **BRINDE** s. f. (all. *bringen*, porter une santé).

Coup qu'on boit à la santé de quelqu'un, et qu'on porte à un autre. — Prov. et fig. Il est dans les brindes, il est ivre.

BRINDES, *Brundusium, Brundisium,* voy. **Brindisi.** Le poète Pacuvius naquit dans cette ville et Virgile y mourut. César fit le siège de Brindes pendant la guerre civile (49 av. J.-C.) et son adversaire, Pompée, n'osant lui résister, prit honteusement la fuite.

BRINDEZINGUES s. f. pl. [brain-de-zain-ghe]. Ne s'emploie que dans la locution populaire : être dans les brindezingues, avoir trop bu, avoir trop porté de *brindes.*

* **BRINDILLE** s. f. Branche d'un arbre, mince et courte.

BRINDISI [brain-di-zi], nom moderne de l'antique *Brundusium (Brindes)*; ville d'Italie sur la côte N.-E. de la province de Lecce, sur une bonne rade de l'Adriatique, à 70 kil. E.-N.-E. de Tarente; 12,500 hab. Château fort

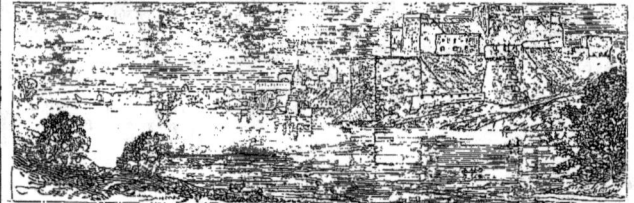
Château de Brindisi.

commencé par l'empereur Frédéric II et terminé par Charles-Quint. — Archevêché. Port que l'on améliore chaque jour et qui prend une grande importance comme point de départ de plusieurs lignes de transatlantiques italiens. — Brundusium, que l'on suppose d'origine crétoise, resta indépendante jusqu'en 267 av. J.-C., époque où elle devint la principale station navale des Romains. Elle passa ensuite sous la domination des Goths, des Sarrasins, des Grecs et des Normands. Louis de Hongrie et Louis d'Anjou la saccagèrent, au xive siècle, et un tremblement de terre la détruisit au xve siècle.

BRINGUE s. f. [brain-ghe]. Cheval mal bâti. — Femme grande, maigre et de mauvaise tournure. — En bringues loc. adv. En morceaux.

* **BRINGUEBALE** s. f. Voy **Brimbale.**

BRINIATES. Antiq. Peuple de Ligurie, établi au S. du Pô, près de la moderne Brignolo.

BRINON-LES-ALLEMANDS, ch.-l. de cant., arr. et à 23 kil. S. de Clamecy (Nièvre); 600 hab. Étoffes, mercerie et bois.

BRINVILLIERS (Marie-Marguerite d'Aubray, marquise de) (Il mil.), célèbre empoisonneuse, fille de M. de Dreux d'Aubray, maître des requêtes, épousa, en 1651, le jeune marquis Gobelin de Brinvilliers, maître de camp du régiment de Normandie et fils d'un président à la chambre des comptes; exécutée à Paris le 16 juillet 1676. Ayant appris de son amant, aventurier qui se faisait appeler le chevalier Gaudin de Sainte-Croix, la manière de préparer un terrible poison que l'on croit être l'acqua-toffana, elle fit d'abord des expériences sur les malades d'un hôpital de Paris, sur ses convives et sur sa femme de chambre. Assurée de l'effet qu'elle pouvait produire, elle en donna dans un bouillon à son père qui lui reprochait ses dérèglements; elle empoisonna ses deux frères pour hériter de leurs biens; elle attenta plusieurs fois à la vie de son mari, qui avait été son complice; mais il fut sauvé chaque fois par un antidote que

lui administrait Sainte-Croix. Ce dernier finit par s'empoisonner lui-même involontairement en préparant la drogue mortelle; et les scellés ayant été mis dans son appartement, on découvrit, dans une cassette, des pièces accusatrices contre la marquise, qui se hâta de s'enfuir en Angleterre, d'où elle se réfugia dans un couvent des Pays-Bas. Un de ses complices, La Chaussée, valet de Sainte-Croix, ayant tout avoué lorsqu'on le mit à la question, la justice obtint l'extradition de la Brinvilliers, qui fut ramenée à Paris. La torture lui fit avouer tous ses crimes. Après sa mort, il y eut une recrudescence de crimes d'empoisonnement et il fallut établir (7 avril 1679) la chambre royale de l'Arsenal appelée *Cour des poisons.*

BRIO s. m. (ital. *vivacité*). Mus. Exécution vive, chaleureuse, entraînante : *cette jeune actrice a du brio.* — Par ext. Pétulance, fougue, jeunesse de talent, dans n'importe quel genre : *Un peintre peut avoir du brio tout aussi bien qu'un acteur ou un écrivain.*

BRIOCHAIN, AINE s. et adj. Habitant de Saint-Brieuc, qui appartient à cette ville où à ses habitants.

* **BRIOCHE** s. f. Sorte de pâtisserie. — Pop. Acte plus sot et plus maladroit que la *boulette* : *il a fait une brioche.*

BRIOLLAY, ch.-l. de cant., arr. et à 13 kil. N.-E. d'Angers (Maine-et-Loire), sur la Sarthe; 975 hab. — Pêche, sabots; corderies; oies et plumes d'oies. Ruines d'un château où le prince de Rohan reçut Henri IV et le duc de Mercœur pour leur réconciliation.

* **BRION** s. m. Bot. Mousse qui croît sur l'écorce des arbres, et particulièrement sur celles des chênes.

BRIONNE, *Brionia*, ch.-l. de cant., arr. et à 16 kil. N.-E. de Bernay (Eure); petite ville située sur la Risle; 4,500. Donjon de l'époque romaine; cimetière romain dont l'on a fait des fouilles intéressantes. Blé, huile, farines. Ville prise par Henri 1er de France (1124), par Henri II, d'Angleterre (1160), par Philippe-Auguste (1194), par les Anglais (1421) et par les protestants (1562).

BRIOUDE, *Brivas*, ch.-l. d'arr., à 64 kil. N.-O du Puy (Haute-Loire), près de la rive gauche de l'Allier; 4,950 hab. Tulles, toiles, lainages, vins, chanvre et antimoine. Église paroissiale de Saint-Julien, du style byzantin (xiie siècle). Ville très ancienne, prise par Théodoric (532), par les Sarrasins (752), par le vicomte de Polignac (1179). — Alt., 447 mètres; lat 1° 17' 39" N.; long. 4° 52" E.

BA.OUX, ch.-l. de cant., arr. et à 11. kil. S.-O. de Melle (Deux-Sèvres); 1,175 hab. Mulets, chevaux, bestiaux.

BRIOUZE, ch.-l. de cant., arr. et à 40 kil S.-O d'Argentan (Orne); 1,850 hab. Coutils et toiles de coton.

* **BRIQUE** s. f. (lat. *imbricatus*, en forme de gouttière). Terre argileuse et rougeâtre, pétrie, moulée ordinairement en forme de carreau plus ou moins épais, puis séchée au soleil ou cuite au feu, et dont on se sert pour

bâtir. — Par anal. BRIQUE D'ÉTAIN, DE SAVON etc., masse d'étain, de savon, etc., qui a la figure d'une brique. — ENCYCL. La brique fut employée dès la plus haute antiquité; c'est avec des briques cuites couchées sur du bitume que furent construites les murailles de Babylone, ainsi qu'on a' pu le vérifier en examinant les monceaux encore existants formés par les ruines des murs extérieurs. Des fréquentes allusions à ces matériaux dans l'Ancien Testament, on a conclu que leur fabrication devait avoir une grande importance chez les Israélites et chez les Égyptiens; cette fabrication était la tâche que ces derniers imposaient à leurs captifs. Les Grecs et les Romains entendaient parfaitement l'art de fabriquer des briques, ainsi que le montrent de nombreuses ruines grecques et les bains de Titus et de Caracalla. Les ruines de certaines fortifications et de murailles offrent des spécimens de briques d'excellente qualité, d'une couleur rouge sombre, bien cuites et très dures. Dans les contrées montagneuses du Népaul, celles que l'on fabrique sont d'une texture compacte et si élégamment ornées sur leur surface, qu'elles sont propres aux décorations architecturales. Les Chinois donnent a la partie supérieure de leurs briques l'apparence de la porcelaine. Les anciens Péruviens excellaient dans cette fabrication, ainsi que dans beaucoup d'autres arts usuels. Après avoir examiné avec soin les grandes briques péruviennes, Ulloa crut pouvoir affirmer qu'il y avait dans leur composition quelque secret aujourd'hui perdu, parce qu'il les trouva supérieures à celles que l'on fabrique de nos jours. En France, on emploie les briques dans les contrées où la pierre de taille est rare et chère. Seules ou associées avec la pierre ou le granit, elles forment quelquefois des dessins originaux. Leur fabrication varie dans chaque localité, suivant les propriétés de la terre et l'objet auquel on la destine : nous ne pouvons donc ici ne donner que des indications générales. L'argile, après avoir été exposée à l'air et suffisamment humectée d'eau est broyée entre des cylindres et façonnée dans des moules soit à la main soit par des machines. En gâchant l'argile, on trouve quelquefois avantageux d'y introduire un peu de cendres et même quelquefois un peu de charbon, ce qui diminue le temps de la cuisson; mais les briques ne sont jamais aussi bonnes. On fait sécher à l'air les briques débarrassées de leurs moules, après quoi, on les dispose dans des fours, par lits alternant avec du combustible. Le four annulaire, inventé par Friedrich Hoffmann, de Berlin, est aujourd'hui très répandu en Europe, et produit une grande économie. — La couleur rouge des briques est due à la péroxydation du fer contenu dans l'argile; si le fer est en petite quantité ou si la chaleur a été insuffisante, les briques ont une couleur pâle. — BRIQUES CREUSES, celles dont l'intérieur est plein de cavités qui les rendent plus légères. Plus résistantes que les briques pleines à l'action d'une pression donnée, elles servent à la construction des voûtes, des plafonds et des conduits de cheminée. — BRIQUES FLOTTANTES, briques très légères obtenues en mêlant à l'argile une terre siliceuse. Des briques de ce genre sont mentionnées par Posidonius, Strabon, Vitruve, Pollio et Pline. En 1791, le Toscan Giovanni Fabrorni trouva les anciens procédés et Kützin prouva que ces briques doivent leur légèreté à une immense quantité de coquilles siliceuses d'infusoires microscopiques. Elles résistent mieux que les autres à un poids donné, ce qui les fait préférer pour la construction des voûtes; mauvaises conductrices de la chaleur, elles conviennent aux fourneaux des navires; leur extrême infusibilité les fait propres pour les fourneaux à réverbère. — BRIQUES RÉFRACTAIRES, celles qui peuvent résister, sans se fondre aux températures les plus élevées. Elles

sont fabriquées avec les argiles les plus infusibles contenant de 63 à 80 p. 100 de silice avec de 18 à 20 p. 100 d'alumine et 25 à 30 p. 100 d'eau. Elles se fabriquent comme les autres briques.

* BRIQUET s. m. Petite pièce d'acier dont on se sert pour tirer du feu d'un caillou : battre le briquet. — Par ext. Tout appareil au moyen duquel on obtient du feu, soit par la compression de l'air, soit à l'aide du phosphore, ou par d'autres moyens chimiques : briquet à piston ou pneumatique; briquet phosphorique. — Sabre court et un peu recourbé, à l'usage de l'infanterie.

`BRIQUET s. m. (rad. braquet ou braque). Petit chien rapporté à la chasse du blaireau et du renard.

* BRIQUETAGE s. m. Maçonnerie de briques: construire en briquetage. — Enduit sur lequel on trace des joints et des refends, pour donner à une construction l'apparence de la brique : revêtir de briquetage un mur, une façade.

* BRIQUETÉ ÉE part. passé de BRIQUETER. — Adjectiv. URINE BRIQUETÉE, urine qui est couleur de brique. — BRIQUETÉ, en teinture, se dit d'un ton rougeâtre, qui rappelle la couleur de la brique : ton briqueté.

* BRIQUETER v. a. Appliquer un enduit sur une muraille, et y tracer des joints et des refends, pour imiter la brique : briqueter un mur.

* BRIQUETERIE s. f. Lieu où l'on fait de la brique.

* BRIQUETIER s. m. Celui qui fait ou qui vend de la brique.

Vieux-Brisach.

* BRIQUETTE s. f. Petite masse faite de houille, ou de tourbe, ou de tan, et qui sert de combustible.

* BRIS s. m. [brî] (gaél. bris, rupture). Rupture faite avec violence d'un scellé ou d'une porte fermée : bris de portes; bris de scellé. — BRIS DE PRISON, évasion ou tentative d'évasion, avec fracture aux portes, aux fenêtres, aux murs de la prison. — BRIS, signifie aussi les pièces d'un bâtiment qui s'est défoncé, brisé en donnant contre les rochers ou sur les bancs: le bris des vaisseaux, après l'an et jour passé sans réclamation, appartenait anciennement au seigneur du lieu où la mer le jetait; et ce droit était appelé droit de bris; maintenant il appartient à la caisse des invalides de la marine (Acad.). — Législ. «Le bris de clôtures, de haies, est puni d'un emprisonnement d'un mois à un an et d'une amende égale au quart des restitutions et des dommages-intérêts, mais qui ne peut être au-dessous de cinquante francs (C. pén. 456). Le bris de prison, lorsqu'il est la conséquence d'une évasion ou d'une tentative d'évasion, est puni diversement selon la peine que l'évadé avait à subir, s'il était condamné, ou qu'il devait encourir, s'il n'était que prévenu (id. 211). Le bris de scellés

entraîne, pour les gardiens négligents, une peine de six jours à six mois d'emprisonnement, lorsque les scellés ont été apposés par ordre du gouvernement ou par ordonnance de justice. Certaines circonstances aggravantes peuvent rendre la peine plus rigoureuse. Lorsqu'il s'agit de tous autres bris de scellés, le coupable est puni de six mois à deux ans d'emprisonnement, et, si c'est le gardien lui-même, de deux à cinq ans de la même peine. Le vol commis à l'aide d'un bris de scellés est puni comme vol commis à l'aide d'effraction (id. 249 à 253). Le bris de navire, par suite d'échouement, est une des causes qui permettent à l'armateur de faire le délaissement des objets assurés, en réclamant la somme garantie par le contrat d'assurance; mais l'assuré est tenu de travailler au recouvrement des effets naufragés (C. comm. 369 et 381). Le droit de bris était un usage barbare que les seigneurs et aussi les habitants des bords de la mer exerçaient, ainsi que le font encore quelques peuplades sauvages de l'Afrique et de l'Océanie, en s'emparant de tous les objets jetés à la côte par la mer, après un naufrage. Ce droit a été aboli en France en 1681.» (CH. Y.)

BRISABLE adj. [-za-ble]. Qui peut être brisé.

BRISACH [bri-zak] (all. Breisach) I. Neuf-Brisach [neu-bri-zak] (all. Neu-Breisach), ville d'Alsace (autrefois ch.-l. de cant. du dép. du Haut-Rhin, de la rive gauche du Rhin, à 15 kil. S.-E. de Colmar; 2,775 hab. Fortifiée par Vauban, en 1697, après la France eut perdu Vieux-Brisach. Elle se rendit aux Allemands, le 10 novembre 1870. — II. Vieux-Brisach (all. Alt-Breisach), ville très forte du grand-duché de Bade, sur la rive droite du Rhin, vis-à-vis de Neuf-Brisach, à 20 kil. O. de Fribourg-en-Brisgau; 3,210 hab. Possède une vieille et forte cathédrale. La population s'occupe principalement à la culture du tabac et à la navigation sur le Rhin. Cette vieille ville (Brisacius mons) fut de tout temps considérée comme une place très importante, au point de vue stratégique. Les Français la possédèrent de 1648 à 1697. Vauban la reprit en 1703; mais il fallut l'abandonner en 1715.

* BRISANT s. m. [bri-zan]. Mar. Rocher, écueil à fleur d'eau, sur lequel la mer se brise en formant des vagues écumeuses : il y a dans cette passe un brisant qui la rend fort dangereuse; de la côte, on voyait déjà les brisants; l'entrée de ce port est pleine de brisants; les brisants sont figurés sur les cartes marines par de petites croix (Acad.). — Tout corps qui fait briser la mer, qui la brise, sur lequel elle vient se briser : placer un brisant, des brisants en avant d'une construction, pour la garantir du choc des vagues (Acad.).

BRISBANE, ville d'Australie, sur les deux rives de la Brisbane, à 38 kil. de la baie de

Morton et à 750 kil. N. de Sidney ; 20,000 hab. Siège d'évêchés catholique et anglican. Jardins botaniques. Les petits navires peuvent remonter jusqu'à cette ville.

° **BRISCAMBILLE** s. m. Voy. Brusquembille.

BRISCARD s. f. Vieux soldat qui a beaucoup de brisques (Pop,).

° **BRISE** s. f. Mar. Nom générique qu'on donne au vent, quand il n'est pas très violent: petite brise. — Vent léger : brise du matin, brise du soir. — Brise de terre, celle qui souffle du côté de la terre. — Brise du large, ou brise de mer, celle qui vient du côté de la mer. — Brise cabaринge, vent qui souffle avec une violence extraordinaire.

° **BRISÉ, ÉE** part. passé de Briser. — Par exag. Etre brisé, sentir une extrême lassitude dans tous les membres. — Vantail brisé, volet brisé, etc., vantail, volet, etc., qui se brise, qui peut se plier sur lui-même. — Archit. Comble brisé, ou Comble en mansarde, celui dont la partie supérieure forme égout, et dont la partie inférieure est presque verticale. — Blas. Chevron brisé, chevron dont la tête est séparée.

BRISEBARRE (Édouard-Louis-Alexandre), auteur dramatique, né à Paris en 1817, mort en 1873. Il a écrit, en collaboration, environ 150 pièces, dont quelques-unes ont obtenu un grand succès : La Fiole de Cagliostro (1835) ; Le premier coup de canif (1848) ; Un Tigre du Bengale (1849), etc., etc.

BRISE-BARRES s. m. Enfant destructeur, qui brise tout ce qu'il touche : c'est un brise-barres. — Des Brise-barres.

BRISE-COU s. m. Casse-cou, lieu où l'on peut facilement tomber. — Des Brise-cou.

° **BRISÉES** s. f. pl. Branches que le veneur rompt aux arbres, ou qu'il sème dans son chemin, pour reconnaître l'endroit où est la bête, et où on l'a détournée. — Eaux et For. Branches qu'on coupe dans un taillis, ou à de grands arbres, pour marquer les bornes des coupes. — Fig. et fam. Suivre les brisées de quelqu'un, suivre son exemple, l'imiter. — Courir, aller sur les brisées de quelqu'un, courir sur son marché, entrer en concurrence, en rivalité avec lui. — Reprendre ses brisées, revenir sur ses brisées, reprendre une affaire, un dessein qu'on avait abandonné ou interrompu.

° **BRISE-GLACE** s. m. Arc-boutant qu'on met en avant des piles d'un pont pour briser les glaces et les séparer. — Plur. des Brise-glace.

BRISÉIS [bri-zé-iss], fille de Brisès, grand-prêtre d'un temple de Lyrnesse (Cilicie). Cette ville étant tombée au pouvoir des Grecs, Briséis échut en partage à Achille (voy. ce nom).

° **BRISE-LAMES** s. m. Construction placée à l'entrée d'un port pour amortir la violence des flots : le brise-lames de Saint-Malo, le brise-lames de Cherbourg. — Plur. des Brise-lames. — Le môle extérieur de la rade de Civita Vecchia fut construit par l'empereur Trajan pour servir de brise-lames ; et les jetées de l'ancien Pirée et de Rhodes avaient la même destination. Joséphe nous apprend qu'Hérode, dans le but de former un port entre Dora et Joppa, ordonna de jeter d'énormes pierres dans la mer, à une profondeur de 21 brasses, pour former une fondation ; le plus grand nombre de ces pierres mesuraient 50 pieds de long sur 9 de haut et 10 de large ; quelques-unes étaient même plus volumineuses. Par l'emploi de ces énormes blocs de pierre, les véritables principes des barrières permanentes contre les vagues semblent avoir été compris dans l'antiquité mieux qu'ils ne le furent dix-sept siècles plus tard. Les plus grands brise-lames des temps mo-

dernes sont ceux de Cherbourg, en France, de Plymouth, en Angleterre, et de la Delaware, aux Etats-Unis. D'après l'expérience acquise par leur construction et par l'étude de l'histoire, les principes d'abord mal compris ont été établis.

° **BRISEMENT** s. m. Choc violent des flots qui se brisent contre un rocher, une digue, une côte, etc. : brisement des flots. — Brisement de cœur, douleur profonde causée par le regret d'avoir offensé Dieu ; douleur vive et profonde.

BRISE-MOTTES s. m. Agric. Gros cylindre pour briser les mottes de terre. — Des Brise-mottes.

° **BRISER** v. a. (gaél. bris, rupture). Rompre, casser, mettre en pièces : briser une glace, un miroir, une porte ; les hérétiques qui s'élevèrent sous Léon l'Isaurien brisaient les images. — Fig. Abattre, détruire, supprimer, renverser : briser ses fers, ses chaînes.

Quel joug ne brise point un peuple audacieux ?
Longepierre, Médée, acte II, sc. III.

— Par exag. Fatiguer, incommoder, harasser par une agitation trop rude : les cahots de la voiture l'ont brisé. — Brisons la, brisons là-dessus, se dit lorsqu'on veut empêcher quelqu'un de continuer un discours qui déplaît. — v. n. Mar. Se briser, surtout en parlant des lames, des vagues : le navire alla briser contre un écueil ; la mer commence à briser à terre. — Blas. Ajouter une pièce d'armoirie à l'écu des armes d'une maison, afin de distinguer les branches cadettes de la branche aînée : briser d'un lambel, d'une barre, d'une bordure de gueules. — Se briser v. pr. Etre mis en pièces, se casser : le navire se brisa contre les rochers. — Se dit des vagues, des lames qui, venant à choquer un corps solide avec plus ou moins de violence, crèvent et se résolvent en écume : les vagues se brisent contre les écueils. — Fig. Au sens moral. Etre soumis à une profonde douleur : mon cœur se brise. — Echouer : leurs efforts vinrent se briser contre cet obstacle. — Phys. Changer brusquement de direction, en parlant des rayons lumineux : les rayons lumineux se brisent en passant d'un milieu dans un autre. — Se plier, s'allonger, se raccourcir, être formé de pièces mobiles : ce fauteuil se brise ; une porte qui se brise. — Casser une partie de la main : il s'est brisé la jambe. — Prov. Tant va la cruche a l'eau, qu'a la fin elle se brise, en retombant souvent dans la même faute, on finit par s'en trouver mal ; en s'exposant trop souvent à un péril, on court risque d'y demeurer, d'y succomber. — ↝ Jargon. Se la briser, fuir, partir.

° **BRISE-RAISON** s. m. Personne qui parle ordinairement à tort et à travers : ces jeunes étourdis sont de vrais brise-raison. — Des Brise-raison.

° **BRISE-SCELLÉ** s. m. Celui qui rompt le scellé apposé par l'autorité légale. — Des Brise-scellés.

° **BRISE-TOUT** s. m. Etourdi, maladroit qui brise tout ce qui lui tombe sous la main.

° **BRISEUR** s. m. Celui qui brise, qui rompt quelque chose. Ne se dit guère qu'en parlant des hérétiques qui brisaient les images, et qu'on nommait Iconoclastes ou Briseurs d'images. — ↝ Argot. Voleur qui se la brise ; faiseur d'affaires qui disparaît avec les marchandises que les négociants imprudents lui ont confiées.

° **BRISE-VENT** s. m. Agric. Clôture, abri, plantation destinée à garantir des arbres et des plantes de l'action du vent : des brise-vent.

BRISGAU ou Breisgau [all.bri'-sgaou; brai'-sgaou], ancienne division de l'Allemagne, dans le S.-O. de la Souabe. Elle appartint successivement aux comtes de Breisach, aux ducs de

Zæhringen, à l'Autriche et, en 1305, au duché de Bade. Ville principale : Freiburg im Breisgau (Fribourg-en-Brisgau).

° **BEISIS** s. m. [bri-zî]. Archit. Angle que forment les deux plans d'un comble brisé.

BRISKA s. m. (russe, chariot léger). Calèche de voyage très légère et découverte.

° **BRISOIR** s. m. Instrument qui sert à briser certaines choses, et principalement le chanvre ou la paille.

° **BRISQUE** s. f. Sorte de jeu de cartes qui se joue à deux personnes avec un jeu de piquet. La grande brisque reçoit le nom de mariage. — Carte qui est atout : j'avais trois brisques dans mon jeu. — ↝ Galon indiquant le grade ou l'ancienneté dans l'armée. Une vieille brisque est un vieux briscard, un vieux soldat qui a plusieurs brisques.

BRISSAC, bourg de l'arr. et à 18 kil. S.-E. d'Angers, sur l'Aubance ; 1,000 hab. Vieux château dont quelques parties datent de la féodalité et qui fut restauré sous le règne de Louis XVIII. Brissac fut érigé en comté (1560) en faveur de Charles de Cossé-Brissac, en duché-pairie (1611), en faveur de son fils. Voy. Cossé-Brissac.

BRISSE (Le baron Léon), gastronome, né à Guéménos (Bouches-du-Rhône) en 1813, mort à Paris le 13 juillet 1876. Ses menus quotidiens publiés dans le journal la Liberté, occupèrent pendant un moment l'attention publique. On les a publiés sous le titre de : Trois cent soixante-cinq menus du baron Brisse (1868, in-8°), et ils ont été souvent réimprimés.

BRISSON (Barnabé), jurisconsulte et président à mortier au parlement de Paris, né en 1531 ; composa le Code de Henri III ; fit partie de la Ligue, mais parut suspect aux Seize qui le pendirent le 15 novembre 1591. Ses écrits, réunis en 1605, sous le titre d'Opera varia (Paris), ont été réimprimés à Leyde en 1749.

BRISSON (Mathurin-Jacques), naturaliste et physicien, né à Fontenay-le-Comte en 1723, mort à Paris. Dès sa jeunesse garde du cabinet d'histoire naturelle de M. de Réaumur, puis professeur de physique au collège de Navarre et membre de l'Académie des sciences. Parmi ses ouvrages remarquables, on cite: Pesanteur spécifique des corps (1787, in-4°), que les physiciens consultent encore; Le Règne animal divisé en IX classes, 1 vol. in-4°, Paris, 1756, contenant seulement les quadrupèdes et les cétacés; Ornithologie, 6 vol. in-4°, Paris, 1770, ouvrage utile par l'exactitude minutieuse des descriptions. Il fit une vive opposition aux théories de Franklin sur l'électricité.

BRISSOT (Jean-Pierre), conventionnel et chef girondin, surnommé de Warville, né au village de Ouarville, près de Chartres en 1754, guillotiné le 31 octobre 1793. Ayant abandonné le barreau pour la littérature, il fut deux fois jeté à la Bastille comme auteur présumé d'écrits anonymes, et réussit successivement en Angleterre et aux Etats-Unis, où il puisa les principes de décentralisation politique qu'il devait plus tard chercher à faire prévaloir en France. Rentré en 1789, il publia le Patriote français, avec Roland, Mme Roland et Mirabeau. Membre de l'Assemblée législative, il y fut l'un des plus ardents promoteurs de la liberté des noirs, prononça un discours véhément contre le roi de Prusse et contre Louis XVI et sa cour (9 juillet 1792), se déclara partisan de la lutte contre les émigrés, forma le parti des Girondins appelés quelquefois Brissotins, vota néanmoins pour l'exécution du roi, provoqua la guerre contre l'Angleterre et la Hollande, voulut à vendre, après avoir été mis en accusation le 2 juin, fut arrêté à Moulins et condamné avec tous ses collègues. Il a laissé de nombreux ouvrages principalement sur le droit, sur la po litique et sur la métaphysique.

BRISSOTIN s. m. Surnom que l'on donna aux partisans de Brissot.

BRISTOL s. m. Papier très fort qui sert à dessiner et à faire des cartes de visite.

BRISTOL, ville maritime d'Angleterre, sur les confins du Gloucestershire et du Somersetshire, mais indépendante de l'un et de l'autre, au point de jonction de l'Avon et de la Frome, à 185 kil. O. de Londres ; 182,500 habitants. Bâtie par un brenn ou prince breton en 380 av. J.-C., elle prit quelque importance pendant la domination romaine et est mentionnée comme une ville fortifiée en 430 après J.-C. On l'appelait alors Caer Oder (ville dans la vallée du bain) et quelquefois Caer Brito (ville bretonne). Son nom actuel (corruption de Bright stowe, place agréable) lui fut donné par les Saxons. Du XIIe au XVIIIe siècle, Bristol fut, après Londres, le port le plus florissant de l'Angleterre ; depuis, elle a été surpassée par Liverpool ; elle est restée le principal point de transit entre l'Irlande méridionale et l'Angleterre. Son industrie florissante comprend le travail du coton et du tabac, des raffineries de sucre, des usines métallurgiques, des papeteries, des fabriques de savon, de verres, de chaînes, d'ancres, de machines, de salpêtre, de sel, de zinc, de feuilles de plomb, d'épingles, de plomb de chasse et de guerre, de fils métalliques, de poterie, etc. De ses monuments anciens, le plus

Bristol. — Eglise de Sainte-Marie Redcliff.

célèbre est l'église Sainte-Marie Redcliff construite en 1292. Parmi les constructions modernes, on remarque la maison du conseil, dans le style italien; l'hôtel de ville (Guildhall), dans le style Tudor, les salles Victoria pour les concerts et les expositions; l'institut de Bristol, avec une belle galerie de beaux-arts; et la maison de correction. La bibliothèque, fondée en 1772, compte 50,000 vol. — Dans l'ancien château de Bristol, aujourd'hui disparu, mourut, après une détention de trente-neuf années, Eléonore de Bretagne, petite-fille de Henri II (1241). Bristol devint comté en 1373 et évêché en 1542. Le prince Maurice et le prince Rupert la prirent d'assaut le 26 juillet 1643; Cromwell en devint maître le 10 septembre 1645. Le fameux pont suspendu de CLIFTON (voy. ce nom) fut terminé le 8 décembre 1864. — Lat. (à la cathédrale) 51° 27' 6" 4.; long. 4° 56' 9" O.

BRISTOL. I. Ville de l'état de Rode-Island (Etats-Unis), sur une presqu'île de la baie de Narragansett, à 25 kil. S.-E. de Providence; 6,000 hab. — II. Ville de Pennsylvanie (Etats-Unis), sur la Delaware, à 35 kil. N.-E. de Philadelphie; 4,000 hab.

BRISTOL (Canal de), canal qui sépare la portion méridionale du pays de Galles et du Monmouthshire en Angleterre, du Devonshire et du Sommersetshire; il est composé de l'estuaire de la Severn et du large bras de mer dans lequel elle se jette.

* BRISURE s. f. Partie brisée, cassée : *il y a des brisures dans ce parquet, dans cette boiserie.* — Ouvrage de menuiserie ou de serrurerie dont les parties se replient les unes sur les autres au moyen de charnières : *brisure d'un volet.* — Fortific. BRISURE DE LA COURTINE, prolongement de la ligne de défense dans le renfoncement d'un bastion à orillons. — Blas. Toute pièce d'armoirie que les cadets ajoutent à l'écu des armes pleines de la maison dont ils sortent.

BRITANNIA s. m. Alliage appelé aussi métal blanc et qui est ordinairement composé de 86 parties d'étain, 10 d'antimoine, 3 de zinc et 1 de cuivre. Il est très employé à faire des théières, des pots au lait et d'autres ustensiles de l'économie domestique.

BRITANNICUS (Claudius-Tiberius), fils de l'empereur Claude et de Messaline, né en 42 après J.-C., mort en 55. Dépossédé par Agrippine du trône dont il était l'héritier légitime, il fut empoisonné par Néron. Sa mort a fourni le sujet de l'une des plus belles tragédies de Racine (1669).

BRITANNIQUE adj. [bri-tann-ni-ke] (lat. *Britannicus*, de *Britannia*, Bretagne). Qui appartient aux Anglais ou à l'Angleterre : *orgueil britannique.* — *Iles britanniques*, groupe de l'Europe, formant le plus grand archipel de l'Atlantique, au N.-O. de l'ancien continent, dont il est séparé par la Manche, le Pas-de-Calais et la mer du Nord, et comprenant: l'Irlande, la Grande-Bretagne, les Shetland, les Orcades, les Hébrides, les Sorlingues, Man, Anglesey, Thanes et Wight; on y joint quelquefois les îles anglo-normandes, qui appartiennent géographiquement à la France. — *Empire britannique*, vaste et puissante monarchie, à peu près aussi étendue et presque deux fois et demie aussi peuplée que tout l'empire moscovite ; vingt fois aussi grande et plus de cinq fois aussi peuplée que la France et ses colonies, et comprenant le Royaume-Uni de Grande-Bretagne et d'Irlande et les immenses possessions anglaises.

TABLEAU DE L'EMPIRE BRITANNIQUE

PAYS	KIL. CARR.	HABITANTS.
EUROPE		
Royaume-Uni	314.951	34.160.000
Heligoland	1/2	1.912
Gibraltar	5	25.142
Malte	369 1/2	147.436
	315.326	34.332.192
ASIE		
Chypre	9.602	125.000
Inde anglaise	2.329.201	191.093.445
Ceylan	63.975.6	2.755.587
Straits Settlements	3.742.4	308.097
Hong-Kong	83	120.144
Labouan	77.7	4.898
Nicobares	1.878	6.000
Andamans	1.927	13.500
Laccadives	1.927	6.800
Aden	35	—
Perim	10	12.707
Mosha	11.8	?
Kamarau	1.1	?
Iles de Keeling	165	500 / 400
	2.417.371	194.487.048
OCÉANIE		
Queensland	1.730.721	203.084
Nouvelle-Galles du Sud	789.129	662.212
Ile de Norfolk		481
Victoria	229.078	860.787
Australie méridionale	985.720	236.864
Territoire du Nord	1.355.891	743
Australie occidentale	1.527.283	27.838
Indigènes de l'Australie		55.000
Tasmanie	67.894	107.104
Nouvelle-Zélande	270.050	414.316
Maories de Nouvelle-Zélande		42.819
Ile de Chatham	1.587	—
Ile d'Auckland	509	—
Ile Lord-Howe	8.3	25
Iles Fidji	20.807	4.585
A reporter	7.998.671	2.615.954

PAYS	KIL. CARR.	HABITANTS.
Report	7.998.671	2.615.956
Indigènes de Fiji		118.000
Ile Fanning	55	150
Ile Starbuck		—
Ile Caroline		—
Ile Malden	88.6	79
	7.988.874	2.734.183
AFRIQUE		
Colonie du Cap avec la Cafrerie britannique	517.849	720.984
Basoutoland	21.886	127.701
Griqualand occidentale	43.076	45.277
Transkaï-Districts	35.250	254.500
Natal	48.560	325.511
Transvaal	296.175	40.000
Indigènes de Transvaal		275.000
Namaqualand	258.800	16.850
Damaraland	258.900	121.150
Gambie	179	14.190
Sierra-Leone	1.211	38.926
Côte-d'Or	42.059	520.070
Lagos	189	60.221
Sainte-Hélène	121	6.241
Ascension	88	27
Tristan da Cunha	116	85
Ile Maurice	1.914	348.268
Dépendances de Maurice	742	13.291
Nouvelle-Amsterdam	7	—
Saint-Paul	7	—
	1.525.188	2.208.400
AMÉRIQUE		
Dominion of Canada	8.733.878	3.686.596
Terre-Neuve	104.114	161.374
Bermudes	506	13.601
Honduras	19.585	24.710
Iles de Bahama	13.060	39.162
Iles de Turc	25	2.843
Iles de Caïcos	550	1.878
Jamaïque	10.859	506.154
Iles Cayman	584	2.400
Iles Vierge	148	6.651
Saint-Christophe et Anguilla	178	28.169
Nevis et Redonda	118	11.680
Antigoa et Barboude	407	35.642
Monserrat	82	8.652
Dominique	754	27.178
Saint-Lucie	614	35.476
Saint-Vincent	381	35.688
Barbade	430	162.042
Grenade	344	41.355
Grenadines	88	—
Tobago	295	18.376
Trinité	4.544	109.638
Guyane anglaise	221.243	216.909
Indiens et militaires		21.600
Iles Falkland	16.834	1.310
Staten Island	7	—
	9.130.110	5.201.135
Total des possessions anglaises	21.062.018	205.525.128
Total général de l'empire britannique	21.376.969	239.685.130

BRITISH MUSEUM [bri-tiche], célèbre musée de Londres (Great Russel street; Bloomsbury); il se compose d'un vaste bâtiment (commencé en 1823, terminé en 1847), dans lequel on a réuni les plus riches collections d'objets d'art, de science et de littérature.

British Museum

C'est à la fois notre bibliothèque nationale, notre muséum d'histoire naturelle, notre musée du Louvre et plusieurs autres, assemblés dans un seul palais. Le British Museum doit son origine au testament de sir Hans Sloane (mort en 1753) qui légua à la nation sa collection de médailles, d'antiquités, de sceaux, de camées, de gravures, de tableaux et sa bibliothèque (50,000 volumes et manuscrits), à la condition que l'Etat paierait à ses héritiers une somme relativement peu élevée de 20,000 livres sterling (un demi million de francs). Le parlement accepta cette proposition et ordonna que l'on ajouterait à cette collection la bibliothèque Cottonienne, collection de documents historiques faite par sir Robert Cotton, pendant les règnes d'Élisabeth et de Jacques Ier. Le British Museum, enrichi de plusieurs autres collections et formant une institution unique en son genre, fut ouvert au public le 15 janvier 1759. Le nouveau palais qui a été construit pour le contenir, renferme une magnifique salle de lecture. Ce

Reading Room (salle de lecture).

musée se divise en sept départements : manuscrits, imprimés, antiquités, gravures, minéralogie et géologie, zoologie et botanique. La bibliothèque, qui n'est surpassée que par celle de Paris, se compose de 1,500,000 vol. imprimés et de 70,000 manuscrits. La collection de livres hébreux est la plus riche de l'univers. Celle des antiquités égyptiennes n'a pas de rivale ; mais celle de l'histoire naturelle est inférieure à notre muséum de Paris. Nul n'est admis dans la salle de lecture sans une carte personnelle valable pour six mois. Voici la liste des principales collections qui ont formé le British Museum, par suite de dons, de legs ou d'acquisitions :

BIBLIOTHÈQUES.

Bibliothèque *Gowin Knight*, ajoutée au British Museum en 1753. *Cottonienne*, 1755. *Harléienne*, 1755. *Bibl. hébraïque* de Solomon da Costa, 1759. *Birch*, imprimés et manuscrits, 1766. *Matthew Maty*, 1772. *Charles Morton*, 1776. *Murgrave*, 1790-'99. *Cracherode*, 1799. *Joseph Planta*, 1799. *Lansdowne*, manuscrits, 1807. *Hargrave*, 1813. *Burney*, 1818. *Du roi George III*, 1823-'5. *Henry Ellis*, 1827. *J. Bank*, 1827. *Egerton*, manuscrits, 1829. *Manuscrits d'Arundel*, 1831. *Manuscrits syriaques*, 1841-'7. *Greenville*, 1847. *Bibl. chinoise* de Morrison, 1847. *Antonio Panizzi*, 1856. *Winter Jones*, 1866. *E.-A. Bond*, 1878. *Manuscrits orientaux*, 1864.

MARBRES.

Collection *Townley*, ajoutée au British Museum en 1805. Collection *Phigaléienne*, 1815. Marbres *d'Elgin*, 1816. Marbres *Lyciens*, 1845. Marbres *Halicarnassiens* et *Cnidiens*, 1855-'60. Marbres de *Cyrène*, 1860, etc.

AUTRES COLLECTIONS ARCHÉOLOGIQUES.

Hamilton, vases, 1772. *Roberts*, médailles anglaises, 1810. *Bank*, collection archéol. 1818. Coll. *Assyriennes* de Layard, 1848-'53 et de G. Smith, 1873. *Antiquités carthaginoises*, 1859. *Antiquités élamites*, 1876, etc.

HISTOIRE NATURELLE.

Collection *Solandre*, fossiles, réunie au Musée en 1766. *Hatchett*, minéraux, 1799. *Greville*, minéraux, 1810. *Mantell*, fossiles, 1839.

BRITTON, ancien traité de lois anglaises,

écrit en français par le roi Édouard Ier, ou en son nom, vers 1291. Coke attribue ce travail à Jean Le Breton, évêque d'Herefort, qui mourut en 1275. Une édition du *Britton*, avec traduction anglaise, a été donnée par F. Nicholls en 1865.

BRIVE-LA-GAILLARDE, *Briva Curretia, Brivatensis vicus*, ch.-l. d'arr., à 28 kil. S.-O. de Tulle (Corrèze), dans la jolie vallée de la Corrèze ; 10,500 hab. Filatures de coton, lainages, mousselines, soieries, mouchoirs ; tanneries, sabots, huile de noix, poterie ; truffes, conserves alimentaires, porcs, volailles, bétail ; ardoises, meules de moulin. Église Saint-Martin (XIIIe siècle) ; pont Cardinal. Statues en bronze du maréchal Brune (1841) et du lieutenant-général de La Montjoie. Ville très ancienne qui a longtemps disputé à Tulle le titre de capitale du bas Limousin. Gondowald, prétendu fils de Clotaire Ier, y fut couronné roi d'Aquitaine, à l'instigation du duc Boson (585). Patrie du cardinal Dubois, du maréchal Brune et du comte de Lasteyrie. Aux environs, château de Malemort (XVe siècle), où les Brabançons furent assiégés et exterminés par la noblesse limousine. — Lat. 45° 9' 33" N.; long. 0° 48' 16" O.

BRIXELLUM. Antiq. (*Brixellanus* : *Bregella* ou *Brescella*), ville située sur la rive droite du Pô, dans la Gaule cisalpine.

BRIXEN, ville du Tyrol, à 60 kil. S.-E. d'Innspruck, au confluent des rivières Eisack et Rienz ; 5,000 hab. Position stratégique importante, à la jonction de routes nombreuses qui traversent de hautes montagnes. Elle est défendue par les forts Franzensveste et Francis, érigés en 1831. Siège d'un évêché depuis 992. — Lat. 46° 40' N.; long. 9° 17' E.

BRIXHAM [brics'-eum], ville maritime du Devonshire (Angleterre) ; à 38 kil. S. d'Exeter ; 4,500 hab. Pêcheries.

BRIZEUX (Julien-Auguste-Pélage), poète, né en 1805 à Lorient ou à Scaër dans la vallée du Scorff, mort en 1858 à Montpellier. Venu à Paris en 1828, il y obtint peu de succès avec sa comédie intitulée *Racine*, voyagea en Italie, publia des poésies dans la *Revue des Deux-Mondes* et fit paraître en 1836 son poème de *Marie*, dans lequel on admira des églogues d'un tour naturel. Il donna successivement *Les Ternaires* (1841) ; *Les Bretons* (1846) et des poésies en langue celtique ; on lui doit une traduction en prose de la *Divine comédie* (1841).

BROACH ou *Baroach*, ville de la province de Bombay (Inde anglaise), sur la Nerbudda, à 40 kil. de l'embouchure de cette rivière et à 50 kil. S.-O. de Baroda ; 37,000 hab. Production de coton. La rivière et une partie des ruines sont couvertes de sable.

BROCCHI (Giovanni-Battista) [brok'-ki], géologue italien, né à Bassano en 1772, mort en 1826, fut inspecteur des mines, publia un ouvrage sur l'Apennin et décrivit la géologie de la région qui entoure Rome. Commissionné en 1823 par Méhémet-Ali pour visiter le pays de Sennaar, il mourut à Khartoum.

BROAD RIVER [brâd], rivière de la Caroline du Nord (États-Unis).

* BROC s. m. [bro ; dans les vers, brok, pour rimer avec troc, froc, etc]. Vaisseau portatif d'une assez grande capacité, communément de bois, garni de cercles de fer ou de cuivre, qui a une anse et un bec évasé, et dont on se sert ordinairement pour tirer ou transporter du vin. — Ce qu'un broc peut contenir : *un broc de vin*. — S'est dit autrefois pour broche, et il en est resté cette phrase familière : *manger de la viande de broc en bouche*, la manger sortant de la broche [brok-an-bou-che]. — De bric et de broc loc. adv. et fam. Deçà et delà, d'une manière et d'une autre : *il a ramassé des écus de bric et de broc, comme il a pu* [de-bri-ke-de-bro].

BROCA (Paul), chirurgien anthropologiste, né à Sainte-Foy-la-Grande (Gironde), en 1824, mort le 9 juillet 1880 ; professeur de pathologie chirurgicale à la faculté de médecine de Paris, et l'un des chefs de l'école anthropologique moderne. Parmi ses œuvres nombreuses et savantes, nous citerons : « De l'étranglement dans les hernies abdominales » (2e édit, 1856) ; « Traité des tumeurs » (1865-'9 ; 2 vol. in-8°) ; « l'Ethnologie de la France » (1859) ; « Mémoires sur les caractères physiques de l'homme préhistorique et sur les ossements des Eyzies » (1869, in-8°) ; « Mémoires d'anthropologie » (1871-'75, 2 vol.) ; « La langue basque » (1875) ; « Instructions craniologiques et craniométriques » (1875, in-8°) ; « Atlas d'anatomie descriptive du corps humain » (en collaboration avec Beau et Bonamy) ; d'excellents articles dans la « Revue d'anthropologie ». Il avait été nommé sénateur le 5 février 1880.

* BROCANTAGE s. m. Action de brocanter, commerce de celui qui brocante.

BROCANTE s. f. Jargon. Objet sans valeur.

* BROCANTER v. n. Acheter, revendre ou troquer des marchandises de hasard, particulièrement des tableaux, des bronzes, des médailles, des bijoux, des porcelaines, etc.

* BROCANTEUR, EUSE s. Celui, celle qui brocante. — LÉGISL. « Il est interdit aux brocanteurs d'acheter aux soldats leurs armes et leurs effets d'habillement et d'équipement (L. 28 mars 1793). Il est également interdit d'acheter des armes prohibées et des armes de guerre (Décr. 2 nivôse an XIV). Les brocanteurs sont soumis aux règlements de police rendus par les autorités compétentes. A Paris, ils sont tenus, en vertu d'une ordonnance royale du 8 nov. 1780, d'inscrire jour par jour, sur un registre timbré, les objets qu'ils achètent, ainsi que les noms et domiciles des vendeurs, et il leur est défendu d'acheter aux enfants des objets quelconques, sans le consentement des parents ou tuteurs. Mais on conteste avec raison l'application de cette ordonnance à la zone qui a été annexée, en 1860, à la capitale ; car ses prescriptions ne concernent que « les marchands et artisans de la ville de Paris et de ses faubourgs », à l'époque où elle a été rendue, et il est nécessaire qu'un arrêté de police nouveau, publié régulièrement, la déclare applicable dans toute l'étendue actuelle de la ville ». (CH. Y.)

* BROCARD s. m. (bas lat. *brocca*, objet pointu). Parole de moquerie, raillerie piquante : *lancer des brocards* :

Aux brocards d'un chacun vous allez vous offrir.
MOLIÈRE.

— Véner. Jeune cerf d'un an ; chevreuil à sa première tête. — VIEUX BROCARD, chevreuil qui a plus de deux ans. — * L'Académie écrit BROQUART et non *Brocard*.

* BROCARDER v. a. Piquer par des paroles plaisantes et satiriques.

* BROCARDEUR, EUSE s. Celui, celle qui dit des brocards.

* BROCART s. m. (esp. *brocado*, brodé). Etoffe de soie brochée d'or ou d'argent et ornée de fleurs ou de figures entrelacées. Le brocart est, dit-on, d'origine chinoise ; il fut longtemps employé pour les riches costumes ; mais on en fait peu usage aujourd'hui. On admirait le brocart de Gênes et de Venise. Une manufacture de brocart fut établie à Lyon, en 1757.

* BROCATELLE s. f. (ital. *brocatello*, brocart). Etoffe fabriquée à la manière du brocart, mais de moindre valeur : *tapisserie de brocatelle*. — Marbre qui jaune et violet, ou rougeâtre, ou de plusieurs couleurs : *les diverses espèces de brocatelles*.

* **BROCHAGE** s. m. Libr. Action de brocher un livre, des livres ; résultat de cette action.

* **BROCHANT.** Blas. Voy. Brochea.

* **BROCHE** s. f. (bas lat. *brocca*). Ustensile de cuisine, instrument de fer long, étroit, pointu par un bout et coudé par l'autre ou garni d'une poulie, et que l'on passe au travers de la viande qu'on veut faire *rôtir* : *viande à la broche* — Par anal. Petite verge de fer qu'on adapte aux rouets, aux métiers à filer, et sur lesquelles le fil, le coton, la laine se roulent à mesure qu'ils sont filés : *broche d'un rouet* ; *ce métier à filer a deux cents broches, trois cents broches*, etc.— Petite verge de fer, de laiton, ou de bois dur et poli, dont on se sert pour former les mailles d'un tricot : *broches à tricoter*. Ces sortes de broches s'appellent plus ordinairement *Aiguilles à tricoter*, lorsqu'elles sont de métal. — *Drap à double broche* (par corruption, pour *à double fil de chaine en broche*), drap épais, serré, fort et presque imperméable ; ainsi nommé parce qu'on le faisait autrefois en plaçant, dans les intervalles des broches ou dents formant le peigne du métier, deux fils au lieu d'un. — Baguette de bois dont on se sert pour enfiler divers objets, comme des cierges, des chandelles, des harengs, etc. — Espèce de cheville de bois pointue, qui sert à boucher le trou d'un tonneau qu'on a percé. — Pointe de fer qui fait partie de certaines serrures, et qui doit entrer dans le trou d'une clef forée. — Petite verge de fer qui sort du milieu d'un carton où l'on tire au blanc : *donner dans la broche.* — Bijou garni d'une longue épingle dont les femmes se servent pour attacher leurs châles et pour orner le haut du corsage de leurs robes ; les broches servent aussi pour fixer les bouts d'une cravate.— **Broches** s. f. pl. Chasse. Défenses du sanglier.

* **BROCHÉE** s. f. Toute la quantité de viande qu'on fait rôtir à une broche en une fois : *une brochée de viande.*

* **BROCHER** v. a. Passer l'or, la soie, etc., en différents sens dans une étoffe, en y figurant un dessin : *brocher une étoffe* ; *la brocher d'or et d'argent.* — Blas. *Brochant sur le tout*, se dit des pièces qui passent tout entières d'un côté de l'écu à l'autre, en couvrant une partie des pièces dont l'écu est chargé : *les anciens ducs de Bourbon portaient de France à la bande brochant sur le tout.* — Fig. et fam. *Brochant sur le tout*, se dit, par plaisanterie en un dérision, de ce qui est ajouté à une quantité, à un nombre déjà trop considérable, d'un surcroît de mal, d'importunité, de ridicule, etc. : *il a la fièvre, la goutte, et un gros rhume brochant sur le tout.* — Assembler et plier les feuilles d'un livre de manière que les pages se suivent, puis les coudre ensemble avec de la ficelle ou du fil passé dans la marge intérieure et les couvrir d'un papier de couleur ou autre : *brocher un livre, un manuscrit.* — Fig. et fam. Faire un ouvrage à la hâte : *il ne fait que brocher la besogne.* — Maréchal. Enfoncer à coups de brochoir les clous qui servent à fixer le fer d'un cheval : *brocher un clou.*

BROCHER DE VILLERS (André) géologue et minéralogiste, né à Paris en 1773, mort en 1840 ; a laissé une *Carte géologique de la France* (avec 3 vol. in-4° de texte), qui lui coûta 20 années de travail, et à laquelle collaborèrent Élie de Beaumont et Dufresnoy.

* **BROCHET** s. m. Genre de poissons malacoptérygiens abdominaux, famille des ésoces, comprenant de grands poissons qui ont l'ouverture de la bouche grande et de petites dents pointues au milieu de la mâchoire supérieure. Tout le reste de leur bouche et même les arceaux de leurs branchies sont hérissés de dents en carde. Museau oblong, obtus, large et déprimé ; corps allongé, fusiforme, couvert de petites écailles oblongues et dures. On n'en connaît qu'une espèce européenne : le brochet

commun (*esox lucius*, Lin.), long de 3 pieds et pesant de 12 à 20 livres. Les jeunes, appelés *lançons* ou *lancerons*, sont verdâtres ; et ensuite leur couleur varie suivant l'âge. Le brochet habite la plupart des rivières et des lacs de l'Europe ; il est fort, très actif et féroce. Poisson de proie, il se précipite, avec la rapidité

Brochet (Esox reticulatus).

de la flèche, de sa cachette au milieu des roseaux, sur les poissons moins forts, sur les rats d'eau, et même sur les chats et les jeunes chiens ; Lacépède l'a appelé le requin d'eau douce. La chair de ce poisson est blanche, ferme, de facile digestion et assez agréable au goût ; son foie est très estimé, mais il faut s'abstenir de ses œufs et de sa laitance qui excitent des nausées et purgent violemment. Les brochets des eaux limpides sont toujours meilleurs que ceux des eaux vaseuses ; on les reconnaît à leur dos vert et à la chair verte qui avoisine l'épine dorsale. Le brochet se pêche à toute espèce de filet, à la nasse et à la ligne ; il mord assez facilement à l'hameçon amorcé d'un petit poisson. On le fait cuire au blanc ou au court-bouillon, ou encore à la broche. — Les eaux douces d'Amérique renferment trois espèces de brochets : l'*esox estor* (Lesueur), long de trois pieds, particulier aux lacs de l'Amérique du Nord ; l'*esox nobilior* (Thomson), du lac Champlain, à chair délicieuse ; et l'*esox reticulatus* (Lesueur), plus petit, également bon ; se trouve dans l'Amérique du Nord.

* **BROCHETON** s. m. Petit brochet.

* **BROCHETTE** s. f. Petite broche de fer, de bois, et quelquefois d'argent, dont on se sert, soit pour assujettir la viande à la broche, soit pour faire rôtir ou griller de petites pièces de gibier, des rognons de veau, et d'autres viandes : *rognons à la brochette.* — Par ext. Petites pièces de gibier, rognons de veau, morceaux de foie, petits poissons, etc., ainsi rôtis ou grillés : *brochettes de foies gras, d'ortolans, d'éperlans* ; *entrée de brochettes.*— Petite broche qui sert à porter ensemble plusieurs décorations : *la brochette de croix ne lui suffit pas* ; *il voudrait une plaque.* — **Élever des oiseaux a la brochette**, élever de jeunes oiseaux en leur donnant à manger au bout d'un petit bâton ou d'une plume. — Fig. et fam. **Élever un enfant a la brochette**, l'élever avec beaucoup d'attention et avec des soins trop minutieux.

* **BROCHEUR, EUSE** s. Ouvrier, ouvrière qui broche des livres.

* **BROCHOIR** s. m. Marteau de maréchal, propre à ferrer les chevaux.

* **BROCHURE** s. f. Action de brocher un livre, des livres ; résultat de ce travail. On dit également *Brochage*, surtout en librairie. — Ouvrage imprimé, qui a peu d'étendue, et qui n'est que broché : *petite brochure.*

BROCKEN, montagne d'Allemagne, dans la chaine du Harz. Altitude 1,140 m. ; lat. 51° 47′ 57″ N. ; long. 8° 47′ 2″ E.

BROCKHAUS (Friedrich - Arnold) [brok′-haouse], éditeur allemand, né à Dortmund en 1772, mort en 1823, il termina en 1810 la publication du fameux *Dictionnaire de la Conversation* (*Conversations-Lexikon*), commencée en 1796 ; cet ouvrage a eu six éditions de son vivant et six après sa mort (la douzième date de 1876) ; il a été imité dans toutes les langues. De 1813 à 1816, Brockhaus publia le *Deutsche Blætter*, journal patriotique.

BROCKTON, ville de Massachusetts (Etats-Unis), à 30 kil. S. de Boston ; 11,000 hab. Son nom a été changé en celui de North Bridgewater (1874).

BROCKVILLE, ville d'Ontario (Canada), sur le Saint-Laurent, à 200 kil. S.-O. de Montréal ; 6,000 hab. Manufactures de machines à vapeur, fabriques de gants, de quincaillerie ; plomb, cuir, farines, produits chimiques, etc.

* **BROCOLI** s. m. Espèce de chou qui nous vient d'Italie, et dont on a conservé le nom italien : *brocoli blanc, brocoli violet* ; *les brocolis se mangent accommodés comme les choux-fleurs.*

Brocoli.

— Au point de vue botanique, le brocoli (*brassica oleracea*) établit le trait-d'union entre le chou et le chou-fleur ; il n'existe même aucune différence marquée entre le chou-fleur blanc et le brocoli. Dans l'un et dans l'autre, la portion comestible forme une masse de branches florales non développées et de bourgeons floraux avortifs. Le *brocoli violet* paraît à la fin de l'hiver.

* **BRODEQUIN** s. m. (flam. *broseken*). Chaussure antique qui couvre le pied et une partie de la jambe, et qui n'est en usage que dans certaines grandes cérémonies : *mettre les sandales et les brodequins à un évêque* ; *on chaussait des brodequins aux rois de France, dans la cérémonie de leur sacre* ; *les brodequin étaient, chez les anciens, la chaussure ordinaire des acteurs, lorsqu'ils jouaient la comédie* ; *on représente Thalie chaussée de brodequins.* — Fig. *Chausser le brodequin*, composer une comédie, ou se faire acteur dans la comédie : *quitter le brodequin pour prendre le cothurne*, etc. — Espèce de bottines, ouvertes et lacées par devant, en usage surtout pour les femmes et les enfants. — s. m. pl. Sorte de question qui se donnait avec des planches et des coins dont on serrait fortement les jambes de l'accusé : *donner les brodequins.*

* **BRODER** v. a. (corrupt. de *border*). Travailler avec l'aiguille sur quelque étoffe, et y faire des dessins, des ouvrages en relief avec de l'or, de la soie, etc. : *broder une robe* ; *broder une fleur* ; *broder or, broder au métier, au plumetis, au crochet, en lames, au tambour.* — Fig. et fam. Amplifier un récit, y ajouter des détails, des circonstances souvent fausses, mais qui sont ou que l'on croit propres à le rendre plus piquant, plus intéressant : *il brode fort bien un conte.* — Absol., dans le même sens : *ah ! monsieur, vous brodez.*

* **BRODERIE** s. f. Ouvrage que l'on fait en brodant : *broderie relevée, plate, au métier.*— Fig. Circonstance, détail que l'on ajoute à un récit pour l'embellir : *il y a de la broderie à ce que vous dites.* — Fig. Notes de goût que l'on ajoute dans l'exécution à un morceau de musique.

* **BRODEUR, EUSE** s. Celui, celle qui brode.

BRODY, ville de la Galicie orientale (Autriche), sur la frontière de Russie, à 80 kil. E.-N.-E. de Lemberg ; 18,950 hab. ; dont les deux tiers appartiennent à la religion juive. Centre important, au point de vue commercial ; tanneries ; filatures.

BRŒNDSTED (Peder-Oluf), archéologue danois (1780-1842); explora la Grèce, l'Italie, etc., et en 1832 devint professeur de philologie classique et d'archéologie à Copenhague. Le plus important de ses ouvrages : *Reisen und Untersuchungen in Griechenland*, a été publié à Paris, 2 vol. 1826-'30.

BROGLIE, ch.-l. de cant., arr. et à 12 kil. S.-O. de Bernay (Eure), sur la Charentonne ; 1,250 hab. Château construit au XVIIIᵉ siècle par le maréchal de Broglie. Eglise en partie de style roman (mon. hist.). Filatures de coton. Le bourg, autrefois nommé *Chambrais*, fut enlevé aux Anglais par Dunois en 1449. Il appartenait à la baronnie de Ferrières qui fut érigée en duché en faveur de la famille de Broglie (1742) et l'ancien château de Ferrières fît place au château moderne.

BROGLIE [bro-yeu ; *ll* mll.], ancienne famille originaire de Chiari ou Quiers (Piémont), fixée en France au XVIIᵉ siècle et dont plusieurs membres devinrent célèbres — I. (**François-Marie** COMTE DE), général français, né en Piémont en 1611, mort au siège de Valence en 1656 ; il servait la France depuis 1644. — II. (**Victor-Maurice**, COMTE DE), maréchal de France, fils du précédent (1640-1727), se rendit tristement célèbre par sa cruauté envers les paysans des Cévennes ; fut créé maréchal en 1724. — III. (**François-Marie**, premier DUC DE), maréchal de France, troisième fils du précédent (1671-1745), fit les campagnes de la fin du règne de Louis XIV, fut créé maréchal en 1734. Comme ambassadeur en Angleterre, il négocia le traité de 1725 entre la France, l'Angleterre et la Prusse.— IV. (Victor-François, second DUC DE), fils aîné du précédent (1718-1804). Lieutenant-général pendant la guerre de Sept ans, il se distingua, fut créé prince de l'empire, devint maréchal en 1759 et gagna la bataille de Corbach (1760). Ministre de la guerre en 1789, il se sauva après la prise de la Bastille, passa aux ennemis et combattit la France dans les rangs allemands, anglais et russes. Il mourut à Munster.— V. (Claude-Victor, PRINCE DE), fils du précédent, né en 1757, guillotiné le 27 juin 1794. Fut, pendant un instant, président de l'Assemblée constituante, servit ensuite comme général de brigade, et après le 10 août 1792, refusant obéissance au décret de l'Assemblée qui suspendait le pouvoir du roi, il fut privée de son grade, puis arrêté et condamné par le tribunal révolutionnaire.—VI.(Achille-Léonce-Victor-Charles, DUC DE), fils du précédent, né à Paris, en 1785, mort en 1870. Elevé dans les écoles de la République, il y puisa des idées libérales et servit l'Empire sans l'aimer. En 1814, Talleyrand présenta son nom pour être porté sur la liste des pairs de France. Entré dans la Chambre haute, il s'y montra partisan de l'abolition de la traite des nègres ; fut pendant peu de temps, après la révolution de 1830, ministre de l'instruction publique et président du conseil d'Etat, fait encore 'é-é en 1849 devint chef des conservateurs à l'Assemblée législative. Il protesta contre le coup d'Etat de 1851, entra à l'Académie en 1856. Ses *Ecrits et discours* ont été publiés. Sa femme (1797-1838), fille de Mᵐᵉ de Staël, était une protestante zélée. Elle préparolas *Œuvres diverses* de son frère, Auguste de Staël (5 vol., 1829). Elle a laissé des *Fragments sur divers sujets de religion et de morale*, qui ont été publiés après sa mort.

BROGNI (Jean ALLARMET, *cardinal de*) [bronn'-], prélat romain, né au village de Brogni, près d'Annecy, (Savoie), en 1342, mort en 1426. D'abord gardeur de pourceaux, il devint successivement évêque de Viviers et d'Ostie, archevêque d'Arles, évêque de Genève, cardinal et chancelier de l'Eglise romaine, travailla à faire cesser le grand schisme, présida le concile de Constance jus-

qu'à l'élection de Martin V, t pre nonça la sentence contre Huss.

BROGUES s. f. pl. (écoss. *brogan*). Gros souliers que les Ecossais attachent avec des courroies.

* **BROIE** s. f. Instrument propre à briser la tige du chanvre et du lin, pour détacher la filasse de la chènevotte.

* **BROIEMENT** ou **Broîment** s. m. Action de broyer. — ⁀ On dit aussi BROYAGE.

BROKEN-DOWN adj. m. [brô-k'n-daoun] (angl. *broken*, brisé ; *down*, à terre). Sport. On dit d'un cheval qu'il est tombé *broken-down*, quand il a fait une chute dangereuse dont on craint les suites.

BROMATE s. m. Sel produit par la combinaison de l'acide bromique avec une base.

BROMBERG (pol. *Bydgoszcz*), ville de la province de Posen (Prusse), ch.-l. d'un district administratif, sur la Brahe, à 10 kil. de la Vistule et à 110 N.-E. de Posen ; 28,000 hab. Filatures ; cuirs , sucre , chicorée, bleu de Prusse. Le canal de Bromberg unit les rivières Brahe et Netze.

* **BROME** s. m. [brô-me] (gr. *brômos*, puanteur). Chim. Corps simple , intermédiaire entre le chlore et l'iode, découvert par Balard en 1826, dans les eaux mères des marais salants de l'Hérault, et ainsi nommé à cause de son odeur désagréable. — Symbole, Br.— D'après von Bibra, la quantité de brome contenue dans les eaux de l'Atlantique est de six grains par litre; dans les eaux de la mer Morte, examinées par Herapath, elle est de trente grains; dans les résidus desséchés de la Méditerranée, de 1,13 pour cent. On trouve le brome dans plusieurs eaux minérales.— Ce corps se présente sous la forme d'un liquide rouge tellement foncé qu'il est presque opaque; gravité spécifique 2.966; très volatil, il émet des vapeurs rouges, denses, ressemblant pour la couleur, au péroxyde d'azote, et répandant une odeur qui se rapproche de celle du chlore; ces vapeurs irritent les fosses nasales, même lorsqu'elles sont largement mélangées d'air. Le brome bout à + 62ᵉ et se congèle à 22ᵉ; il forme alors un corps solide cristallin rouge. Il blanchit plusieurs couleurs végétales. Sa vapeur ne peut entretenir la flamme d'une bougie. On emploie ce corps simple dans la fabrication des couleurs d'aniline, et ses composés servent en médecine et en photographie. — Méd. Le brome est un poison irritant, plus énergique que l'iode, dont il a été considéré comme un succédané dans la scrofule. On l'emploie surtout à l'état de bromure de potassium.

BROME s. m. [brô-me] (gr. *brôma*, pâture). Genre de graminées, tribu des festucées, dont plusieurs espèces, répandues dans nos prairies, fournissent un bon fourrage.

BROMÉLIACÉ, ÉE adj. Qui ressemble à une broméliе. — s. f. pl. Famille de plantes monocotylédones ayant pour type le genre bromélie.

BROMÉLIE s. f. (de *Bromel*, médecin suédois). Bot. Genre de plantes, famille des broméliacées, dont une espèce porte le nom d'*ananas*.

BROMHYDRATE s. m. Chim. Sel formé par la combinaison de l'acide bromhydrique avec une base.

BROMHYDRIQUE adj. (de *brome*, et du gr. *udôr*, eau). Chim. Se dit d'un acide résultant de la combinaison du brome avec l'hydrogène.

BROMIQUE adj. Se dit d'un acide produit par la décomposition du bromate de baryte par l'acide sulfurique. Br Oₛ, HO. Liquide, incolore, inodore, très acide et très altérable. Forme avec l'oxygène deux combinaisons : les acides *bromeux* et *hypobromeux*.

BROMOFORME s. m. Composé chimique analogue au chloroforme, dans lequel 3 atomes d'hydrogène sont remplacés par 3 atomes de brome. C²H Br²; c'est un liquide incolore possédant des propriétés anesthésiques.

BROMSGROVE, ville du Worcestershire (Angleterre), sur la Salwarp, à 18 kil. S.-S.-O. de Birmingham. 14,000 hab. Fabr. de clous, de boutons et d'aiguilles.

* **BROMURE** s. m. Chim. Résultat de la combinaison du brome avec un radical. Les bromures offrent la plus grande analogie avec les chlorures ; mais ils sont généralement colorés. Les bromures les plus importants sont ceux de potassium, de sodium, d'ammonium, de lithium, de fer et de mercure. Les bromures alcalins sont employés pour soulager l'excitabilité nerveuse. Le bromure de potassium possède plusieurs propriétés bien constatées : il agit comme sédatif du système cérébro-spinal ; il est antiphlogistique ; on l'emploie dans les affections nerveuses, dans la spermatorrhée et dans l'épilepsie non héréditaire : de 1 à 2 gr. par jour ; on porte progressivement la dose à 8 gr. dans l'épilepsie.

BROMURÉ, ÉE adj. Converti en bromure ; qui contient du bromure.

* **BRONCHADE** s. f. Action de broncher.

* **BRONCHE** s. f. Anat. Chacun des deux conduits qui naissent de la bifurcation de la trachée artère, et par lesquels l'air s'introduit dans les poumons.

* **BRONCHER** v. n. Faire un faux pas, chopper.— Fig., au sens moral. Faillir : *il ne faut pas broncher devant lui.* — IL N'Y A SI BON CHEVAL QUI NE BRONCHE, il n'y a point d'homme si habile qui ne fasse quelquefois des fautes, qui ne se trompe quelquefois.

* **BRONCHIES** s. f. pl. Voy BRANCHIES.

* **BRONCHIQUE** adj. Anat. Qui a rapport ou qui appartient aux bronches : *veines*, *artères bronchiques*; *nerfs bronchiques*.

* **BRONCHITE** s. f. (gr. *bronchia*, bronches; de *bronchos*, gosier). Inflammation de la membrane muqueuse qui tapisse les bronches. On l'appelle aussi catharre pulmonaire, et simplement rhume, lorsqu'elle est légère. Cette affection fréquente est *aiguë*, ou *chronique*, *ordinaire* ou *capillaire*. Elle est ordinairement l'impression du froid, surtout du froid humide ; par les brusques changements de température, principalement en automne et au printemps. Un tempérament lymphatique, une constitution débile sont des causes prédisposantes. Les personnes qui se couvrent trop ou qui habitent des appartements trop chauffés y sont plus sujettes que les autres.— Bronchite aiguë. Elle est légère ou intense. Dans le premier cas, on l'appelle rhume. C'est une indisposition sans fièvre, mais avec une toux médiocre suivie de quelques crachats muqueux. On la combat en évitant le froid et l'humidité et en prenant des tisanes pectorales chaudes. On suit un régime léger. Dans le second cas, elle est ordinairement précédée de malaise, de coryza, d'anorexie ; elle débute par une toux sèche et fréquente accompagnée de tiraillements dans les grosses bronches, de dyspnée, de douleur derrière le sternum, pendant les quintes de toux, et d'une fièvre plus ou moins intense. Les crachats, d'abord séreux, filants, aérés et peu abondants, deviennent au bout de quelques jours, volumineux, opaques, d'un blanc sale, peu aérés et lourds. Le passage de l'air produit des râles sibilants, ronflants dans les tuyaux bronchiques ou des râles muqueux ou sous-crépitants dans les petites bronches. Ces râles occupent la base des *deux* poumons en arrière, tandis que dans la pneumonie le râle existe ordinairement d'un seul côté. On garde le lit, on observe la diète, on prend des tisanes pectorales chaudes; on respire de temps en temps la vapeur

d'une décoction de têtes de pavot; on prend le soir une pilule de cynoglosse ou 2 à 4 centigrammes d'extrait thébaïque. Au début, un vomitif, puis des dérivatifs intestinaux, des vésicatoires entre les épaules et des expectorants. — Bronchite capillaire ou catharre suffocant, bronchite qui occupe les petites bronches. Elle succède souvent à la bronchite ordinaire avec des symptômes plus graves : extrême oppression, pâleur de la face, teinte violacée des lèvres, nombreux râles ronflants, sibilants et muqueux. Cette maladie, qui affecte particulièrement les enfants et les vieillards, peut causer la mort par asphyxie. Outre les moyens indiqués pour la bronchite ordinaire intense, on a recours aux vésicatoires entre les épaules, aux sinapismes, et même aux émissions sanguines lorsque le tempérament l'indique. A l'intérieur, 25 centigr. de tartre stibié dans une potion, à prendre par cuillerée d'heure en heure. Dans la bronchite capillaire des petits enfants, on recourt surtout aux vomitifs (une demi-cuillerée de sirop d'ipéca, chaque matin, ou même plusieurs fois par jour); sinapismes; toutes les deux heures, une 'demi-cuillerée d'une potion contenant de 5 à 10 centigr. de kermès minéral. Purgatifs; boissons émollientes ou balsamiques de bourgeons de sapin du Nord; sirop de tolu; pastilles d'ipéca ou de kermès. — Bronchite chronique, autrefois catarrhe, inflammation chronique de la membrane muqueuse des bronches, caractérisée par une toux habituelle et une expectoration muqueuse, tantôt peu abondante (catarrhe sec), tantôt très abondante (catarrhe pituiteux, bronchorrhée); de crachats transparents ou opaques, par des râles sous-crépitants, humides à la base postérieure des deux poumons. Cette maladie, apanage des vieillards et d'une durée souvent fort longue, n'empêche pas, dans la plupart des cas, les malades de vaquer à leurs occupations. Elle s'exaspère généralement l'hiver. S'il survient de l'amaigrissement, il faut se défier de la tuberculose. On recommande aux malades d'éviter tout refroidissement, et surtout l'humidité ; de porter de la flanelle, de prendre des expectorants (kermès minéral, oxyde de blanc d'antimoine, oxymel scillitique), d'avoir fréquemment recours aux vomitifs, et aux purgatifs, de faire usage des excitants balsamiques et résineux (goudron, etc.); d'aspirer la fumée qui se dégage du benjoin ou du genièvre lorsqu'on les projette sur des charbons ardents; de placer un cautère ou des vésicatoires;` de combattre la toux par des calmants et de recourir, autant que possible, aux eaux minérales sulfureuses d'Enghien, d'Eaux-Bonnes, d'Allevard, de Saint-Honoré, à l'eau alcaline du Mont-Dore, de Royat, etc. — Bronchite ordinaire, celle qui occupe les grosses et les moyennes bronches. Elle peut être aiguë ou chronique. Voir bronchite.

BRONCHOCÈLE s. m. [ko] (gr. brogchos, gorge; kélé, tumeur). Chir. Nom scientifique du goître.

BRONCHOPHONIE s. f. [bron-ko-fo-nî] (de bronche, et du gr. phoné, voix). Résonnance particulière de la voix dans les divisions bronchiques; voix rauque.

BRONCHOPLASTIE s. f. [ko] (de bronche, et du gr. plassein, former). Chir. Opération qui consiste à combler, au moyen de la peau du cou, une lacune survenue dans le larynx ou dans les bronches.

BRONCHORRHÉE s. f. [bron-ko-ré] (de bronche et du gr. 'rheô, je coule). Méd. Nom que l'on donne quelquefois à la pituite.

* BRONCHOTOMIE s. f. [bron-ko-to-mî]. Chirur. Opération qui consiste à faire une ouverture aux voies aériennes. Quand on la pratique, elle prend le nom de Laryngotomie; si l'on ouvre la trachée-artère, elle se nomme Trachéotomie.

BRONGNIART [bron-ni-ar]. I. (Alexandre-Théodore), architecte, né et mort à Paris (1739-1813), construisit l'hôtel Frascati, donna le dessin des grandes avenues qui entourent les Invalides et l'Ecole militaire. Son œuvre capitale est le palais de la Bourse à Paris. — II. (Antoine-Louis), chimiste, frère du précédent, mort à Paris en 1804. Fut apothicaire de Louis XVI, pharmacien militaire et professeur dans différentes institutions ; a publié un important Tableau analytique des combinaisons et décompositions (Paris, 1778, in-8°). — III. (Alexandre), minéralogiste et géologue, fils d'Alexandre-Théodore, né et mort à Paris (1770-1847), fut successivement ingénieur des mines, professeur à l'école centrale des Quatre-Nations, professeur à la Faculté des sciences de Paris, directeur de la manufacture de Sèvres; créa le musée céramique, perfectionna l'industrie de la peinture sur verre et publia de nombreux ouvrages : Essai d'une classification naturelle des reptiles, Paris, 1805, in-4°; Traité des arts céramiques (1845) 2 vol. in-8° avec atlas, considéré comme le meilleur de tous ceux qui ont été publiés sur le même sujet. Associé à Cuvier, il publia la fameuse Description géologique des environs de Paris (1822). On lui doit aussi un Tableau des terrains qui composent l'écorce du globe (1829). Il est considéré comme le fondateur de la méthode en géologie.— IV. (Adolphe-Théodore), botaniste, fils du précédent, né à Paris le 14 janvier 1804, mort en février 1876 ; s'adonna de bonne heure aux études botaniques, se fit surtout connaître par ses travaux sur les végétaux fossiles et sur la génération des plantes, devint professeur de botanique au muséum d'histoire naturelle de Paris en 1839, s'occupa de phytologie antédiluvienne, fut nommé inspecteur général de l'Université et membre de l'Académie des sciences. Il a laissé une Botanique fossile (Paris, 1828, 2 vol. in-4°), ouvrage important mais inachevé; une Classification des champignons (1825), une Organographie, etc. On le considère comme le fondateur de la paléontologie végétale.

BRONTE, ville de Sicile, près de la base occidentale du mont Etna, à 35 kil. N.-N.-O. de Catane ; 15,000 hab. Manufactures de lainage et de papiers. Commerce de vins, d'huiles, de soies, de grains et de fruits. En 1799, le gouvernement napolitain donna à Nelson le titre de duc de Bronte.

BRONZAGE s. m. Techn. Opération par laquelle on recouvre les objets en bois, en argile, en plâtre, en métal, en ivoire, en carton, etc., d'une composition qui leur donne l'apparence du bronze. Ordinairement, on commence par enduire l'objet à bronzer d'une couche uniforme de colle ou de vernis, et quand elle est sur le point de sécher, on projette sur l'objet, à l'aide d'un sachet, la poudre à bronzer, préparée avec des feuilles d'étain ou d'or, ou avec de l'or mussif, ou avec du cuivre métallique précipité. Quelquefois on mélange la poudre avec le vernis ou avec la colle. — On obtient sur le cuivre une belle couleur bronzée en prenant : d'une part, une solution de savon dans l'eau; de l'autre, une solution de sulfate de fer ou vitriol vert dans l'essence de térébenthine. On mêle ensemble les préparations et il se forme un précipité dont on barbouille la pièce à bronzer, qui a dû être chauffée fortement, mais non jusqu'au rouge. Quand la pièce est refroidie et sèche, on l'essuie et on la frotte avec une brosse demi-dure. Si, au lieu de ce bronze dit florentin, on désire obtenir une teinte de bronze vert antique, on procède de la même manière, sauf que l'on remplace le sulfate de fer par le sulfate de cuivre ou vitriol. Cette recette convient surtout pour rebronzer les objets d'usage journalier, tels que flambeaux, garde-feux, suspension de lampes. Quand celles-ci ont été vernies couleur d'or, on doit

d'abord les déverdir par une chauffe modérée, puis par le passage du papier de verre ou au grès.

* BRONZE s. m. Alliage de cuivre et d'étain dans des proportions qui varient suivant le but que l'on veut atteindre. On y ajoute quelquefois du plomb, du zinc, de l'argent ou de l'antimoine, soit pour lui donner du brillant, soit pour le rendre plus fusible. Le zinc n'y est introduit que sous forme d'airain, car il ne faut pas commettre l'archaïsme académique de confondre le bronze avec l'airain; la métallurgie a établi une grande différence entre ces deux alliages. Les principales variétés de bronze sont : 1° le métal des miroirs et des télescopes, le plus blanc, le plus dur, le plus brillant et le plus cassant, composé de 100 parties d'étain pour 245 de cuivre; 2° le métal des cloches, sonore et cassant, ordinairement composé de 78 parties de cuivre pour 22 d'étain; 3 le bronze des canons, dur et tenace, formé de 8 à 11 parties d'étain pour 92 à 89 de cuivre; 4° le bronze d'art ou bronze antique, composé de 87 parties de cuivre pour 13 d'étain et renferment quelquefois une notable proportion de zinc.— Pour faire le bronze, on met fondre séparément les métaux, on verse l'étain fondu dans le cuivre fondu et on agite le mélange jusqu'à ce qu'il soit homogène. Il faut verser cet alliage dans les moules aussi vite que possible. L'usage du bronze date de la plus haute antiquité, pour la fabrication d'instruments tranchants, tels que glaives, haches, etc. Chez les Egyptiens, les Grecs et les Romains, cet alliage avait pris une importance considérable. En Grèce, particulièrement, la statuaire en bronze atteignait un degré de perfection qui n'a pas été dépassé.— Tout morceau de sculpture de bronze: voilà un beau bronze ; un bronze antique. — Numismat. Le Grand bronze, le petit bronze et le moyen bronze, les grandes, les petites et les moyennes médailles de bronze. — Archéol. Le cuivre pur et le cuivre allié sont appelés bronze. — Fig. Avoir le cœur de bronze, un cœur de bronze, avoir le cœur dur, insensible. — Bronze d'aluminium, voy. Aluminium.

* BRONZÉ, ÉE part. passé de Bronzer. — Souliers bronzés, souliers de chamois teint en noir. — Teint bronzé, teint qui approche de la couleur du cuivre.

* BRONZER v. a. Peindre en couleur de bronze : bronzer une statue, une lame. — Bronzer un canon de fusil, lui donner, par le moyen du feu, une couleur bleuâtre, qui sert à le préserver de la rouille. On dit de même, bronzer des boucles, des boutons d'acier, etc. — Se bronzer v. pr. Prendre la teinte du bronze. — Fig. S'endurcir.

BROOKE (sir James) [brou-ke], officier anglais qui devint rajah de Sarawak (Bornéo), né en 1803, mort le 11 juin 1868. Après avoir servi dans l'Inde, il conçut le projet d'établir un gouvernement civilisé dans l'archipel Indien. Il équipa un yacht en 1838, se rendit à Bornéo, dont le sultan était en guerre avec les Dyaks de Sarawak. Ayant battu les Dyaks, il fut nommé rajah du district conquis (1841), et travailla avec un grand succès à habituer les Dyaks à se soumettre à un gouvernement régulier. Il leur fit abandonner la piraterie ainsi que les guerres de village à village, et tourna leurs idées vers l'agriculture et l'industrie. Le 2 déc. 1846, il incorpora à l'empire britannique l'île de Labouan et ses dépendances et fut nommé gouverneur de cette acquisition. Il fut reçu en Angleterre avec des honneurs extraordinaires en oct. 1847. Les Chinois de Sarawak, s'étant révoltés en 1857, il ne leur échappa qu'en traversant un bras de mer à la nage, et, revenu avec une armée de Malais, il égorgea 2,000 des révoltés (17-18 fév. 1857). Pour obtenir du secours contre le mauvais vouloir de ses sujets, il fit plusieurs voyages en Angleterre, où il mourut. Ses lettres et des portions de son journal ont été publiées; sa vie a été écrite par miss Jacob (1876).

BROOKITE s. f. [brou-ki-te] (de *Brook*, nom pr.). Minér. Oxyde naturel de titane que l'on rencontre au Mont-Blanc, au Saint-Gothard et à Saint-Christophe, dans l'Oisans. Sa composition n'est pas encore fixée.

BROOKLINE [brouk'-laïne], ville de l'état de Massachusetts (Etats-Unis), sur la riv. Charles, à l'O. de Boston; 7,000 hab. Elle est presque entièrement occupée par les belles résidences des personnes aisées qui ont leurs occupations à Boston.

BROOKLYN [brouk'-linn], grande et belle ville de l'état de New-York, la troisième des Etats-Unis sous le rapport de la population, à l'extrémité occidentale de Long-Island, vis-à-vis de New-York, dont elle est séparée par le bras de mer appelé Rivière Orientale (East River) et dont elle forme, en réalité, le principal faubourg. Sa population était de 396,000 hab. en 1870, et de 485,000 en 1875. On y compte 83,000 Irlandais, 42,000 Allemands et 25,000 Anglais. Elle est bien bâtie, en briques, en granit et en bois, dans une magnifique position sur la baie de New-York. Elle est reliée à New-York par un grand nombre de bacs à vapeur (ferries) qui transportent chaque jour, d'une rive à l'autre, des milliers de voyageurs et des centaines de voitures avec leurs attelages et leurs chargements. Dans ses rues alignées se croisent, comme une immense toile d'araignée, d'innombrables voies ferrées sur lesquelles courent sans cesse les petits tramways, que les Américains nomment street cars ou wagons de rue. Brooklyn et New-York sont aujourd'hui réunies par le pont suspendu dit de Brooklyn, chef-d'œuvre de l'architecture civile, sous lequel un trois-mâts passe toutes voiles dehors (voir notre gravure). Pour poser les fondements de cette colossale construction, l'architecte a dû miner le rocher qui forme le fond de la mer en cet endroit. Voici quelles sont les principales dimensions de ce pont unique en son genre. Longueur : 3,475 pieds anglais entre les ancrages; 1,595 pieds entre les deux grandes piles en granit

Pont suspendu de Brooklyn.

qui surgissent au-dessus du bras de mer. Hauteur du tablier : 135 pieds au-dessus de la mer. Hauteur des deux grandes piles ou tours : 268 pieds au-dessus de la mer. Le tablier, en fer, mesure 85 pieds de large et est soutenu par quatre câbles principaux, de 16 pouces de diamètre chacun, composés de fils galvanisés et dont la force est de 160,000 livres par pouce carré de section. La force totale du tablier entre les deux grandes tours est de 5,000

tonnes. Le célèbre ingénieur A. Roebling conçut quelque temps avant sa mort (1869) le plan de cette œuvre hardie. Ce qui frappe le plus, lorsqu'on arrive à Brooklyn, c'est le grand nombre des clochers qui dominent cette ville et qui lui ont valu le surnom de « Cité des églises ». On y compte 263 de ces édifices religieux, appartenant principalement aux cultes baptiste, congréga-tionaliste, épiscopalien, luthérien, méthodiste, presbytérien, réformé et catholique. La cathédrale catholique est le plus vaste édifice religieux des Etats-Unis. Les principaux monuments publics sont la maison de ville, le palais de justice du comté, la prison du comté, le pénitencier, l'arsenal de l'Etat, l'académie de musique. Parmi les promenades, on cite le parc Prospect et le parc Washington. La ville renferme plusieurs cimetières : Greenwood au S., avec une entrée monumentale ; le cimetière des Cyprès, le Calvaire, etc. Massifs docks de l'Atlantique; vastes bassins Erie et Brooklyn. Entrepôts de mélasse, de sucre, de grains, de café, d'huile, de bois, etc. Chantiers de construction pour les navires, distilleries, raffineries de sucre, usines à gaz, etc. C'est à Brooklyn que se trouve l'arsenal maritime des Etats-Unis, sur le rivage méridional de la baie de Wallabout; sa superficie totale est de 144 acres ; 2,000 ouvriers y sont occupés. Près de l'arsenal se trouve l'hôpital de la marine. La ville renferme le collège de Long-Island et 48 écoles publiques, dont les cours sont suivis par 70,000 élèves. Les principales institutions d'éducation sont l'institut Packer, pour demoiselles, l'institut polytechnique pour gar-

çons, l'académie Adelphi, pour les deux sexes, le séminaire pour demoiselles et le collège Saint-Jean (catholique). L'une des bibliothèques (Mercantile library) contient 50,000 volumes. — D'après l'historien Stiles, quelques Hollandais s'établirent à Brooklyn en 1636 et donnèrent au village qu'ils y fondèrent le nom du hameau de Breuckelen où se trouve près d'Amsterdam. A Brooklyn se livra, le 27 août 1776, la célèbre bataille dite de Long-Island.

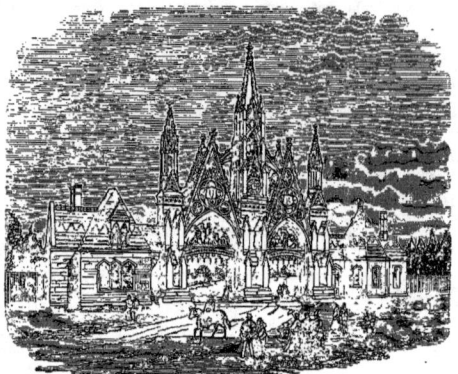

Entrée du cimetière de Greenwood, à Brooklyn.

Depuis ce moment jusqu'en novembre 1783 cette ville fut occupée par les Anglais. Ils y établirent, pendant six ans, dans la baie de Wallabout, les affreux pontons dans lesquel moururent 11,500 Américains dont les ossements, religieusement recueillis en 1808, reposent depuis 1873 dans une fosse du parc Washington, en attendant que l'on élève un monument digne de les recevoir. — Le 1er janvier 1855, furent réunies à Brooklyn les villes importantes de Williamsbourg et de Bushwick (comprenant le village de Greenpoint). Le 5 déc. 1876 le théâtre de Brooklyn fut entièrement consumé par les flammes, et ce sinistre, l'un des plus épouvantables dont les annales théâtrales fassent mention, coûta la vie à 300 spectateurs.

BROONS, ch.-l. de cant., arr. et à 26 kil., S.-O. de Dinan (Côtes-du-Nord); 2,900 hab. Céréales, bétail. Château de Lamotte-Broons où naquit du Guesclin.

* **BROQUART** s. m. Nom que les chasseurs donnent à quelques bêtes fauves d'un an. Voy. BROCARD.

BROQUE s. m. (anc. franç. petit clou). Argot. Centime : cinq broques font un rond, vingt ronds font une balle, cinq balles font une roue de derrière ou forte thune.

BROQUER v. a. (rad. broque, pour broche).— Pêche. Accrocher à l'hameçon un petit poisson destiné à servir d'amorce.

BROQUETEUR s. m. Agric. Ouvrier qui entasse les gerbes sur les voitures.

* **BROQUETTE** s. f. Techn. Petit clou à tête plate. — Collectiv : acheter de la broquette.

BROQUILLAGE s. m. [ll mll.]. Vol à la broquille.

BROQUILLE s. f. [ll mll.] (diminut. du vieux mot broque, petit clou, broche). Argot. Minute : j'en ai pour deux broquilles. — VOL A LA BROQUILLE, sorte de vol qui consiste à entrer chez un joaillier, à marchander des bijoux et à leur substituer des objets semblables en cuivre ou en strass, après quoi, le voleur s'esquive, nanti des vrais joyaux, en disant avec une politesse infinie, que leur prix est trop élevé. — Il y a aussi les broquilleurs de tableaux qui substituent des copies aux originaux.

BROQUILLER v. a. Voler à la broquille.

BROQUILLEUR, EUSE s. Celui, celle qui vole à la broquille.

BROS s. m. [brô]. Techn. Corps étranger dans le papier collé.

BROSME s. m. [bro-sme]. Icht. Genre de poisson voisin des gades et comprenant deux espèces, le brosme vulgaire (brosimus vulgaris,

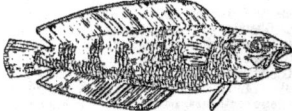

Brosme d'Amérique (Brosimus flavescens).

Cuv.), des mers du nord de l'Europe, et le brosme de Terre-Neuve (brosimus flavescens). On sale les brosmes comme la lingue et la morue.

BROSSAC, ch.-l. de cant., arr. et à 20 kil. S.-E. de Barbezieux (Charente); 1,450 hab. Vins pour la distillerie; bétail, grains.

BROSSAGE s. m. Action de brosser.

* **BROSSAILLES** s. f. pl. Voy. Broussailles.

BROSSE s. f. (all. büerste). Ustensile servant à nettoyer les vêtements, les meubles, etc., et fait ordinairement d'un assemblage de poils de cochon ou de sanglier, quelquefois de crins de cheval, de brins menus de bruyère ou de chiendent, etc. — Brosse à dents, petite brosse dont on se sert pour se nettoyer les dents. — Brosse à barbe, pinceau qui sert à étendre le savon sur le visage, avant de faire la barbe. — Sorte de pinceau de différentes grosseurs, composé de soie de porc, dont les peintres font usage pour placer leurs couleurs sur la toile, et dont ils se servent plus ordinairement que de pinceau. — Fig. L'EXÉCUTION DE CE TABLEAU EST D'UNE BELLE BROSSE, il est habilement peint. — TABLEAU FAIT À LA GROSSE BROSSE, tableau grossièrement peint.

* **BROSSÉ, ÉE** part. passé de BROSSER. — ∾ Brossée s. f. Défaite à coups de poings, à coups de fusil ou au jeu : il a reçu une brossée.

* **BROSSER** v. a. Frotter avec une brosse, nettoyer avec une brosse : brosser un habit.— Dans un sens analogue : BROSSER QUELQU'UN, lui frotter, lui frictionner quelque partie du corps avec une brosse.—BROSSER QUELQU'UN, brosser l'habit, le vêtement qu'il a sur lui. — ∾ Pop. Battre, vaincre. — * Se brosser v. pr. Brosser soi : se brosser la tête; il s'est brossé. — ∾ v. récipr. Se battre, se frapper l'un l'autre : ils se sont brossés. — SE BROSSER LE VENTRE, être privé de manger. — Fig. Se passer forcément de quelque chose.

* **BROSSER** v. n. Chasse. Courre à cheval ou à pied au travers des bois les plus épais et les plus forts : brosser dans les forêts, dans les bois.

* **BROSSERIE** s. f. Art ou commerce du brossier. — Lieu où l'on fabrique des brosses.

BROSSES ou **Debrosses (Charles DE)**, premier président au parlement de Bourgogne, et écrivain, né à Dijon en 1709, mort en 1777. Son Histoire des navigations aux terres australes (2 vol., 1756), écrits à la demande de Buffon, introduisit dans la langue géographique les mots Australie et Polynésie; il fut le premier qui écrivit sur Herculanum (1750); son Histoire du VIIᵉ siècle de la république romaine (3 vol., 1777), est une collection de passages tirés de Salluste, avec des commentaires.

* **BROSSEUR** s. m. Soldat attaché à un officier en qualité de domestique.

* **BROSSIER** s. m. Celui qui fait ou vend des brosses.

* **BROU** s. m. Ecale, enveloppe verte des noix : teindre un plancher avec du brou de noix; noix confites avec leur brou; ratafia de brou de noix, simplement brou de noix. On dit dans le même sens, le brou d'une amande.

BROU ou **Saint-Romain-de-Brou**, ch.-l. de cant., arr. et à 21 kil. S.-O. de Châteaudun

(Eure-et-Loir), sur la rive gauche de l'Ozanne; 2,400 hab. Aux environs, beau château de Frazet. Serge, étamines, faïence; toiles, bétail. Maison en bois (mon. histor.).

BROU (Eglise de), chef-d'œuvre de l'architecture du XVIᵉ siècle, au hameau de Brou, comm. et à 1 kil. de Bourg-en-Bresse (Ain). Cette église fut construite par ordre de Marguerite d'Autriche, qui y est enterrée.

BROUAGE, Broagium, bourg de l'arr. et à 6 kil. N.-E. de Marennes (Charente-Inférieure); 700 hab. Place forte et port sur l'Océan; marais salants. — Canal de Brouage, petit canal de 14 kil. de long, qui va de Brouage à la Charente et fut construit de 1782 à 1807.

BROUCKÈRE (Charles-Marie-Joseph Guislain DE), homme d'Etat belge (1796-1860); fut député aux états généraux, se mit à la tête du mouvement qui se termina par la révolution de 1830 et fut successivement ministre des finances, de l'intérieur et de la guerre; ensuite professeur à l'Université, maire de Bruxelles et député en 1848.

* **BROUÉE** s. f. Bruine, brouillard.

* **BROUET** s. m. (bas lat. brodium). Espèce de bouillon au lait et au sucre. Ne se se dit guère que dans ses locutions, maintenant peu usitées ; le brouet de l'accouchée, le brouet de l'épousée. — BROUET NOIR, mets simple et grossier des anciens Spartiates. — Mauvais ragoût : il a craint de tâter de ce brouet ; fi, c'est du brouet.

* **BROUETTE** s. f. [brou-è-te] (lat. bis, deux; rota, roue). Petit tombereau qui n'a qu'une roue en avant, et qu'on pousse devant soi. On attribue à Pascal l'invention de la brouette; mais il ne fit que la perfectionner, car ce véhicule était déjà employé au moyen âge ainsi que le prouvent d'anciennes estampes.— Autrefois, sorte de chaise fermée, à deux roues, tirée par un homme. C'est ce qu'on nommait autrefois vinaigrette. — ETRE CONDAMNÉ A LA BROUETTE, c'est, dans certains pays, être condamné aux travaux publics, et principalement aux travaux de fortification et de terrassement.

BROUETTÉE s. f. Ce que peut contenir une brouette.

* **BROUETTER** v. a. Transporter dans une brouette. — Mener dans une petite chaise à deux roues.

* **BROUETTEUR** s. m. Celui qui traînait les brouettes de place ou vinaigrettes, dans lesquelles on se faisait voiturer par la ville.

* **BROUETTIER** s. m. Celui qui transporte des terres, des pierres ou d'autres fardeaux dans une brouette.

BROUGHAM (Henry) [brou-eumm], baron Brougham et Vaux, lord chancelier d'Angleterre, né à Edimbourg, le 19 septembre 1779, mort le 9 mai 1868. Il fit connaître par quelques écrits, entra au parlement en 1810, acquit une grande réputation comme orateur, fut l'avocat de l'éducation populaire, de la réforme législative, du retour au droit commun pour les catholiques, de l'abolition de l'esclavage, de la suppression de la traite des nègres, de la loi établissant des impôts sur l'entrée des grains et de plusieurs autres réformes. Sa Lettre à Sir Samuel Romilly sur l'abus de la charité publique (1818) eut 12 éditions successives. Il fut nommé lord chancelier en 1830 et élevé à la pairie; il quitta la chancellerie en 1834 et passa ensuite une grande partie de son temps dans la magnifique propriété qu'il avait achetée près de Cannes. Ses œuvres ont été publiées en 1857, 10 vol.

* **BROUHAHA** s. m. Bruit confus qui s'élève dans une assemblée nombreuse, dans une foule, et qui est un signe d'approbation ou d'improbation.

* **BROUILLAMINI** s. m. [ll mll]. Désordre, brouillerie, confusion ; il y a bien du brouillamini dans cette affaire, elle est fort embrouillée, on n'y comprend rien. — Fam. — Pharm. Masse de bol de la grosseur et de la longueur du doigt.

* **BROUILLARD** s. m. [ll mll.] (rad. brouiller). Vapeur plus ou moins épaisse, et ordinairement froide, qui obscurcit l'air. — Par all. N'Y VOIR QU'À TRAVERS UN BROUILLARD, avoir la vue extrêmement affaiblie, n'apercevoir les objets qu'avec peine, et comme si on les voyait à travers un épais brouillard. — ∾ Pop. ETRE DANS LE BROUILLARD, être ivre. — CHASSER LE BROUILLARD, tuer le ver, boire de bon matin un verre d'eau-de-vie. — ENCYCL. A la réunion du Congrès anglais des sciences sociales, assemblée à Edimbourg (Ecosse), en 1880, Alfred Carpenter a lu un mémoire dans lequel il dit que les brouillards particuliers aux grandes villes de l'Angleterre ne sont pas dus à des vapeurs d'eau; mais qu'il faut les attribuer à du carbone non consommé qui se répand dans l'atmosphère. C'est pourquoi il recommanda l'emploi du gaz pour faire la cuisine ou l'usage de tout autre moyen de chauffage qui ne produit pas de fumée. — Fig. et fam. JE N'Y VOIS QUE DU BROUILLARD, je n'y démêle rien, je n'y comprends rien. — UN ESPRIT PLEIN DE BROUILLARDS, se dit d'un homme dont l'esprit n'est pas net, dont les idées sont confuses. — Prov. et fig. UNE RENTE ÉTABLIE, UNE CRÉANCE HYPOTHÉQUÉE SUR LES BROUILLARDS DE LA SEINE, se dit par plaisanterie, d'une rente ou d'une créance dont rien n'assure et ne garantit le payement. — Tenue des livres. Livre sur lequel on prend note des opérations de banque ou de commerce, à mesure qu'elles se font, pour les reporter ensuite sur le livre-journal, sans surcharges ni ratures. C'est ce qu'on nomme aussi brouillon et main courante. — Adjectiv. PAPIER BROUILLARD, sorte de papier non collé, et ordinairement de couleur grise, dont on emploie à différents usages, comme à filtrer quelque liquide, à sécher l'encre d'une écriture fraîche, etc.

BROUILLASSER v. n. impersonn. S'emploie lorsqu'un brouillard tombe en pluie très fine : il brouillasse.

* **BROUILLE** s. f. [ll mll.] Brouillerie.

* **BROUILLEMENT** s. m. Mélange, confusion.

* **BROUILLER** v. a. [brou-yé ; ll mll.] (ital. broghiore). Mettre pêle-mêle, mêler : il a brouillé des œufs. — Brouiller du vin, remuer un tonneau, une bouteille de vin, en sorte que la lie et le sédiment se mêlent avec la liqueur. — Fig. et fam. Brouiller le teint, causer une légère altération dans le coloris du visage. — Mettre de la confusion, du désordre dans les affaires ou dans les idées : brouiller les affaires.

... Faisons toujours ce que le clerf prescrit,
Et d'aucun autre soin ne nous brouillons l'esprit.
    MOLIÈRE.

— Fig. Mettre la désunion, la mésintelligence entre des personnes qui vivaient bien ensemble : brouiller deux amis. — Fig. et fam. CET HOMME EST BROUILLÉ AVEC LE BON SENS, il n'est pas raisonnable, il est extravagant. — IL EST BROUILLÉ AVEC L'ARGENT COMPTANT, il n'a point d'argent, il ne sait pas en garder. — Fig. et fam. BROUILLER LES CARTES, chercher à mettre du trouble, à embrouiller les affaires. — Fam. BROUILLER DU PAPIER, écrire des choses inutiles ou ridicules.—Absol. Faire les choses avec confusion, par ignorance, par maladresse, ou par malice : il n'a ni règle ni ordre dans l'esprit, il ne fait que brouiller. — * Se brouiller v. pr. Etre brouillé : les affaires se brouillent. — v. récipr. Etre en mésintelligence : ces deux amis se sont brouillés. — LE TEMPS SE BROUILLE, le ciel se couvre de nuages. — SE BROUILLER EN PARLANT, s'embarrasser, se troubler en parlant. — Fam.

Se BROUILLER AVEC LA JUSTICE, s'exposer aux poursuites de la justice par quelque méfait.

* **BROUILLERIE** s. f. Désunion, mésintelligence, dissension.

* **BROUILLON, ONNE** adj. Qui met, qui se plaît à mettre le trouble et la confusion dans les affaires : *esprit brouillon, humeur brouillonne.* — Substantiv. : *c'est un brouillon, une brouillonne.* — C'EST UN BROUILLON, se dit quelquefois d'un homme qui embrouille les affaires, par ignorance, étourderie ou maladresse ; ou bien encore, d'un homme qui manque de netteté dans les idées, et qui s'embrouille dans ses discours.

* **BROUILLON** s. m. Ce qu'on écrit d'abord, ce qu'on jette d'abord, sur le papier, pour le mettre ensuite au net ; papier même sur lequel on a écrit le brouillon. — Tenue des livres. Ce qu'on nomme plus ordinairement *brouillard.*

BROUILLONNER v. a. Écrire en brouillon ; écrire à la hâte.

* **BROUIR** v. a. (néerland. *broeijen,* échauffer). Dessécher et brûler les productions végétales, blés, fruits, feuilles des arbres, etc.; en parlant du soleil : *le soleil, qui s'est montré après cette gelée blanche, a broui jusqu'aux feuilles des arbres.*

* **BROUISSURE** s. f. Dommage que la gelée cause aux fleurs, aux premiers bourgeons des arbres, etc.

* **BROUSSAILLES** s. f. pl. [*ll* mll.] (rad. *brosse*). Épines, ronces, et autres arbustes semblables *qui croissent dans les forêts, dans* les terrains incultes. — Fig. et fam. SE SAUVER, S'ÉCHAPPER PAR LES BROUSSAILLES, se tirer d'embarras comme on peut.

BROUSSAIS (François-Joseph-Victor), célèbre médecin, né à Saint-Malo, le 17 décembre 1772, mort en 1838 ; fut pendant quelque temps chirurgien de marine, puis chirurgien militaire ; nommé en 1814 professeur adjoint à l'hôpital militaire du Val-de-Grâce et, à partir de 1832, professeur de pathologie générale à la Faculté de médecine. Il essaya de fonder un système physiologique de médecine, en opposition au système *ontologique* de Pinel ; fit sortir l'enseignement médical de la voie spiritualiste et développa, au contraire, ses tendances matérialistes ; fit, pendant quelque temps, dominer le *brownisme* et se convertit à la phrénologie. Son cours de *phrénologie* (1836) fait connaître ses opinions. Dans son *Examen des doctrines médicales* (1817 et suiv.), il passe en revue et condamne toutes les anciennes théories. Son Histoire des *phlegmasies chroniques,* publiée en 1808, n'obtint qu'un médiocre succès.

BROUSSE (anc. *Prusa* ou *Prusias ad Olympum*), ville de l'Asie Mineure, ch.-l. du vilayet de Khodavendighiar, au pied de l'Olympe bithynien, à 95 kil. S.-E. de Constantinople ; environ 70,000 hab. Fabriques de tapis, de draps, de soieries et de satin. Capitale de la Bithynie, elle devint celle des sultans, après qu'elle eut été prise par Orkhan, fils d'Othman ; mais elle cessa de l'être lorsque le sultan Amurath transporta le siège de l'empire à Andrinople. Elle renferme un grand nombre de mosquées, de tombeaux des sultans, et est l'une des cités turques les plus pittoresques. Elle souffrit cruellement du tremblement de terre de 1853.

BROUSSEL (Pierre), conseiller au parlement de Paris ; XVIIe siècle), s'opposa au parti de la cour, sous la régence d'Anne d'Autriche, fut arrêté en 1648, ce qui souleva une nouvelle journée de Barricades, fut nommé gouverneur de la Bastille en 1649 et prévôt des marchands en 1652.

* **BROUSSIN** s. m. Excroissance ligneuse qui vient sur le tronc ou sur les branches de certains arbres et qui est produite par un fréquent élagage. Le broussin du buis, de l'érable, etc., présente à l'intérieur des veines qui le font rechercher par les ébénistes.

BROUSSON (Claude), martyr protestant, né à Nîmes en 1647, mort en 1698. Forcé de quitter Toulouse où il était avocat, il s'enfuit dans les Cévennes, où il fut ordonné prêtre et où il devint un prédicateur ambulant des plus populaires. Sa tête ayant été mise à prix, il se réfugia, en 1693, en Suisse, puis en Hollande. En 1697, il osa rentrer en France et revint prêcher dans les Cévennes ; il fut arrêté et brisé sur la roue à Montpellier, pour le prétendu crime de trahison et de conspiration avec les étrangers. Il a laissé plusieurs ouvrages

BROUSSONNET (Pierre-Marie-Auguste), naturaliste et médecin, né à Montpellier en 1761, mort en 1807. Secrétaire perpétuel de la Société d'agriculture, membre de l'Académie des sciences ; introduisit en France le mouton mérinos et la chèvre d'Angora ; découvrit l'arbre qui produit la résine sandaraque ; a laissé : *Mémoire sur les chiens de mer* (Académie des sciences, 1780) ; *Ichthyologia,* dont il ne parut qu'une décade, gr. in-4°, Londres et Paris, 1782. Il fut membre de l'Assemblée nationale en 1789, membre de la Convention en 1792, s'enfuit à Madrid en 1793, résida ensuite à Maroc en qualité de médecin, fut consul à Mogador et dans les Canaries, revint en France en 1805 et entra au Corps législatif. Il publia, en 1805, son ouvrage principal : *Elenchus plantarum horti Montispeliensis.*

BROUSSONNÉTIE s. f. [-ti]. Genre de mûriers qui croissent dans l'extrême Orient et dont la seule espèce connue, la *broussonnétie à papier* ou *mûrier de Chine,* naturalisée en Europe, porte des feuilles employées à la fabrication du fameux papier de Chine.

* **BROUT** s. m. Pousse des jeunes taillis au printemps.

* **BROUTANT, ANTE** adj. Qui broute. — Vén. : *bêtes broutantes, cerf, daim, chevreuil, etc.*

* **BROUTER** v. a. Paître ; manger l'herbe, les feuilles des arbres. Ne se dit guère qu'en parlant de l'herbe qui tient à la terre, et des feuilles attachées à l'arbre : *les moutons broutent l'herbe ; les chèvres broutent la feuille, le bourgeon, etc.; la famine fut si grande, que les pauvres étaient réduits à brouter de l'herbe.* — Neutral. : *ses moutons broutaient dans mon pré.* — Fig. et fam. L'HERBE SERA BIEN COURTE, S'IL NE TROUVE DE QUOI BROUTER, se dit d'un homme industrieux qui sait trouver à subsister aisément où d'autres auraient peine à vivre. — Prov. et fig. OU LA CHÈVRE EST ATTACHÉE, IL FAUT QU'ELLE BROUTE, on doit se résoudre à vivre dans l'état où l'on se trouve engagé, dans le lieu où l'on est établi.

* **BROUTILLES** s. f. pl. [*ll* mll.]. Menues branches d'arbres dont on fait des fagots : *fagot de broutilles.* — Fig. et fam. Choses inutiles et de peu de valeur.

BROUVELIEURES, ch.-l. de cant. arr. à 23 kil. S.-O. de Saint-Dié (Vosges) ; 575 hab. Grès des Vosges.

BROWN [braoun]. I. (John), médecin écossais, fondateur du système brownien ou brunonien, né en 1735, mort en 1788. Après avoir fait ses études à Édimbourg, il eut une querelle avec ses professeurs et prit ses degrés à Saint-Andrews. En 1780, il publia ses *Elementa Medicinæ* qui contiennent ses doctrines et qui produisirent une sensation extraordinaire dans toutes les écoles médicales de l'Europe. En 1786, il ouvrit à Londres une école privée de médecine et fit beaucoup d'adeptes ; mais ses habitudes d'intempérance le ruinèrent, si bien qu'il fut jeté en prison pour dettes. Il avait publié en 1781 ses *Recherches sur les principes de la philosophie inductive* ; il fit paraître en 1787 ses *Observations sur les principes de l'ancien système* de médecine. Son fils a donné une édition complète de ses œuvres en 1804. — La base de la théorie médicale de Brown est la doctrine de l'*excitabilité.* D'après lui, l'organisme humain, de même que celui des animaux, diffère surtout des corps inorganiques par la propriété d'être excité sous l'influence d'agents externes (chaleur, lumière, etc.) ou par les fonctions d'organes internes, particuliers à la vie organique. La santé consiste en un équilibre convenable entre les forces excitantes et le principe vital d'excitabilité : toutes les maladies sont donc causées par l'excès ou par l'insuffisance de forces stimulantes ; celles qui proviennent de l'excès sont dites *sthéniques* (du gr. *sthénos,* force) ; les autres sont appelées *asthéniques.* — II. (John), célèbre abolitionniste américain, né à Torrington (Connecticut), le 9 mai 1800, pendu à Charlestown (Virginie), le 2 décembre 1859. Il reçut une éducation profondément religieuse ; une maladie des yeux l'empêcha seule de terminer ses études pour se faire prêtre congrégationaliste, et il entra dans le commerce de la tannerie qu'il exerça pendant vingt ans, d'abord dans l'Ohio et ensuite dans la Pennsylvanie. En 1846, il ouvrit un commerce de laines à Springfield (Massachusetts), mais ses affaires ne purent prospérer et il se retira à North-Elba, état de New-York (1849). Pendant les dix années qui suivirent, il s'occupa, avec une fiévreuse activité, de trouver des adeptes à l'idée abolitionniste. Ses ardentes prédications lui ayant attiré beaucoup d'ennemis, il retourna dans l'Ohio, où il reprit le commerce des laines (1851). En 1854, ses quatre fils aînés, établis à Lykins (Kansas), près de la frontière du Missouri, à 12 kil. du village d'Ossawatomie, lui écrivirent pour lui demander des armes et des munitions contre les bandes de maraudeurs du Missouri, dont ils avaient eu plusieurs fois à se plaindre. Il partit, et vint, avec toute sa famille, se fixer dans le Kansas, auprès de ses fils. Il se jeta dès lors dans la lutte armée contre les esclavagistes missouriens. La guerre civile existait déjà dans les états du Sud, mais le gouvernement central de Washington n'ayant pas encore jugé prudent d'intervenir, la lutte restait circonscrite. Brown entra, en novembre 1855, dans la place de Lawrence, que les Missouriens assiégeaient. Il équipa une petite troupe d'abolitionnistes déterminés, repoussa les assiégeants, s'établit en mai 1856, au camp de Pottawatomie, livra le combat de Black-Jack, qui se termina par la capture des troupes missouriennes. En août 1856, les Missouriens, qui voulaient en finir avec la famille Brown, marchèrent en force sur la ville d'Ossawatomie, près de laquelle John Brown était campé, avec 30 hommes seulement. La petite troupe, surprise par l'arrivée inattendue des ennemis, fut coupée. Un de ses fils fut tué ; mais à la tête de 15 hommes, il parvint à battre en retraite, après avoir fait éprouver des pertes cruelles aux Missouriens. Cette rencontre, lui valut le surnom d'*Ossawatomie Brown.* En 1857, il était le chef reconnu des antiesclavagistes du Kansas. Il avait résolu d'abolir l'esclavage, non seulement dans le Kansas, mais aussi dans tous les autres états de l'Union, et il ne comptait y réussir que par la force. Il délivra plusieurs esclaves et les enrôla ; mais lorsqu'il s'agit de commencer les opérations, il ne se trouva plus commandé que 22 hommes, dont 17 nègres. Dans la nuit du 16 octobre 1859, il surprit l'arsenal de Harper's Ferry, sur la frontière de la Virginie et du Maryland, arrêta les trains du chemin de fer, coupa le télégraphe, et appela le peuple aux armes. La milice de Harper's Ferry, l'assiégea dans l'arsenal mais elle subit des pertes sensibles ; le gouvernement dut envoyer contre lui des troupes et de l'artillerie. Les portes de l'arsenal furent enfoncées à coups de canon; ses hommes, exaltés par ses prédications, se firent tuer ou blesser un à un. Lui-même reçut un coup de sabre et tomba au moment où les troupes donnaient l'assaut à sa forteresse (18 octobre). Un soldat crut l'achever en lui donnant deux coups de baïonnette; mais il survécut. Son procès, qui fut fort expéditif, créa une surexcitation extraordinaire. Le 27 octobre, il comparut, avec beaucoup de calme, devant les juges de l'état de Virginie. Il était accusé, ainsi que les trois seuls de ses compagnons qui eussent survécu, de conspiration avec les nègres, de trahison envers l'état de Virginie et de meurtre. Le 31, il fut déclaré coupable et condamné à être pendu. Il mourut avec le plus grand courage, et ses restes furent enterrés à North-Elba. Ses compagnons furent exécutés en mars 1860. — L'exécution de John Brown eut un immense retentissement; elle fut suivie de l'élection de Lincoln qui, lui aussi, avait juré de détruire l'esclavage. — III. (Robert), théologien puritain anglais, fondateur de la secte des Brownistes (1550-1630). Maître d'école et prédicateur, il fit une violente opposition à l'Eglise établie, se fit pasteur d'une société d'anabaptistes à Norwich, et fut plusieurs fois emprisonné. Des persécutions lui donnèrent beaucoup d'adeptes et le posèrent en martyr. Il s'enfuit en Hollande et rentra en Angleterre en 1585. Ses opinions sur l'indépendance absolue de chaque congrégation furent plus tard ad,mises dans le congrégationalisme. — IV. (Robert), botaniste anglais (1773-1858). Il visita l'Australie en 1805 et publia en 1810: *Prodromus Floræ Novæ Hollandiæ* (supplément en 1830), ouvrage dans lequel sont décrites et classées les plantes recueillies pendant son *voyage*. — V. (Samuel), chimiste écossais (1817-'56). Il soutint que les substances ordinairement considérées comme simples sont transmuables.

BROWNE (William-George) explorateur anglais (1758-1813); a publié ses *Voyages en Afrique, en Egypte et en Syrie en 1792-'98* (1799) et fut assassiné pendant une exploration dans l'intérieur de la Perse.

BROWNIE, nom que l'on donne en Ecosse au génie bienfaisant d'une famille.

BROWNIEN, IENNE adj. [braou-ni-ain; i-è-ne]. Qui a rapport au système du médecin Brown : *école brownienne*. — **MOUVEMENT BROWNIEN**, mouvement que le botaniste Robert Brown observa à l'aide du miscroscope dans les particules d'une goutte de rosée, en 1827. Il attribua d'abord ce mouvement à une sorte de vitalité des particules; mais il fut décidé dans la suite qu'il est occasionné par l'évaporation et par des inégalité de température.

BROWNISME s. m. [braou-ni-sme]. Doctrine médicale de Brown.

BROWNISTE s. m. Méd. Partisan du brownisme. — Hist. relig. Partisan des doctrines religieuses de Robert Brown.

BROWNSVILLE. I. Bourg de Pennsylvanie, sur la rivière Monongahela, à 50 kil. S. de Pittsburgh; 1,800 hab. Mines de charbon, verreries, fonderies, distilleries, etc. — II. Ville du Texas, sur le Rio Grande, en face de Matamoros, à 60 kil. du golfe du Mexique; 5,500 hab. Les bateaux à vapeur y arrivent facilement. Grand commerce avec le Mexique. — III. Ville du Tennessee, à 95 kil. N.-E. de Memphis; 3,500 hab. Fabriques de coton.

BROWN UNIVERSITY, institution d'instruction fondée à Providence (Rhode-Island), par les baptistes, vers 1764.

BROYAGE s. m. Voy. * **BROIEMENT**. Le *broyage* à la main des couleurs s'opère à l'aide d'une *molette*, outil en cristal plein, dont la base est beaucoup plus large que le faîte.

* **BROYER** v. a. Se conjugue comme *Employer*. Casser, piler, triturer de manière à

réduire en poudre ou en pâte : *broyer du poivre*. — **BROYER DES COULEURS**, pulvériser des substances colorantes, en même temps qu'on les mêle avec de l'eau ou avec de l'huile. — Fig. et fam. **BROYER DU NOIR**, se livrer à des pensées sombres, mélancoliques.

* **BROYEUR** s. m. Celui qui broie.

* **BROYON** s. m. Impr. Instrument, espèce de molette de bois qui servait à prendre l'encre et à l'étaler, quand on faisait usage de balles, au lieu d'employer le rouleau.

* **BRU** s. f. Femme du fils par rapport au père et à la mère de ce fils. On la nomme plus ordinairement belle-fille.

* **BRUANT** ou **Bréant** s. m. Genre de passereaux conirostres, comprenant des oiseaux de la grosseur du moineau franc, qui ont le plumage presque entièrement jaune, et dont le ramage est assez agréable. Plusieurs espèces habitent le nord de l'Europe en été et émigrent vers le sud en hiver. On les reconnaît à leur bec conique, court, droit, au tubercule saillant et dur du palais, la mandibule supérieure rentrant dans l'inférieure. Ils sont granivores et donnent dans tous les pièges. On distingue le *bruant commun* (*emberiza citrinella*) à dos fauve tacheté de noir, à tête et dessous du corps jaune; les deux pennes externes de la queue à bord interne blanc; niche dans les haies. Le *bruant fou* (*emberiza cia*) a le dessous gris roussâtre, les côtés de la tête blanchâtres; vit dans les montagnes. Le *zizi* ou *bruant des haies* (*emberiza cirlus*) a la gorge noire, les côtés de la tête jaunes, niche dans les taillis, au bord des champs. Le *bruant des roseaux* (*emberiza schæniclus*) a une calotte noire; taches noires sur la poitrine; niche au pied des buissons ou au bord des eaux. Le *bruant de neige* (*emberiza nivalis*) a une large bande longitudinale blanche sur l'aile, devient presque tout blanc en hiver; habite le Nord. — Le *proyer* (*emberiza miluria*), le plus grand des bruants de nos pays, est gris brun, tacheté de brun foncé; niche dans l'herbe et dans le blé. — L'*ortolan* (*emberiza hortulana*), célèbre par la saveur délicieuse de sa chair, a le dos brun-olivâtre, une gorge jaunâtre, les deux plumes externes de la queue blanches en dedans; devient très gras en automne. — Les jeunes bruants pris au nid sont difficiles à élever en cage; on les nourrit à la brochette comme les serins. Pris adultes, ils s'habituent facilement à la captivité. Le chant du bruant est agréable, mais il n'a rien de brillant.

BRUANT (Libéral), architecte de la seconde moitié du XVIIᵉ siècle, l'un des fondateurs de l'Académie d'architecture, a donné le plan des Invalides, qu'il fit construire, à l'exception du dôme.

BRUANTIN s. m. Espèce de loriot de l'Amérique du Nord, que l'on appelle aussi *cow bird* (oiseau vache), parce qu'il suit les troupeaux

Bruantin (Molothrus pecoris).

et se nourrit des insectes cachés dans les crottes d'animaux domestiques.

BRUAT (Armand-Joseph), amiral né en 1796, à Colmar, où son père, ancien repré-

sentant, était président du tribunal civil, mort du choléra en 1855. Commandant du brick *le Silène* qui fit naufrage sur la côte algérienne en 1830, il resta prisonnier jusqu'à la prise d'Alger. Gouverneur des établissements français de l'Océanie, il imposa à la reine Pomaré le protectorat de la France; vice-amiral en 1852; prit part aux opérations maritimes de la guerre d'Orient.

BRUCE, famille royale d'Ecosse, fondée par Robert de Bruis, chevalier normand, dont le petit-fils, Robert, reçut de David Iᵉʳ, roi d'Ecosse, la seigneurie d'Annandale. — I. (Robert), né en 1210, mort en 1295; appartenait à la famille royale par sa mère, fut l'un des quinze régents d'Ecosse pendant la minorité d'Alexandre III; entra en compétition avec Jean Balliol pour la possession de la couronne (1291-'2), mais ne put faire valoir ses droits. — II. (Robert), son fils, mort en 1304. Accompagna Edouard Iᵉʳ d'Angleterre en Palestine en 1270, devint comte de Carrick par sa femme en 1292, fut connétable du château de Carlisle, se battit contre Balliol en 1296 et eut pour adversaire le roi d'Angleterre. — III. (Robert Iᵉʳ) fils du précédent, le plus connu, né le 21 mars 1274, mort le 7 juin 1329. Pendant la lutte de Wallace il soutint Edouard Iᵉʳ, et en 1299 fut associé à Comyn et à l'évêque de Saint-Andrews, comme gardien d'Ecosse. Comyn, neveu de Balliol et prétendant à la couronne, lui révéla l'existence d'une conspiration ayant pour but de lui donner le trône; Bruce feignit d'entrer dans ses vues; mais il l'attira dans un guet-apens et l'assassina (1306), après quoi, il se fit couronner par les conjurés à Scone. Fugitif, pendant quelque temps, il put éviter les Anglais qui tenaient le pays et qui, s'emparant de trois de ses frères, les pendirent à Carlisle. Après la mort d'Edouard (1307), il établit son pouvoir sur la plus grande partie de l'Ecosse, remporta la victoire de Bannockburn sur Edouard II (1314) et contraignit par un traité (1328), Edouard III à renoncer à toutes ses prétentions sur l'Ecosse. — IV. (David II), roi d'Ecosse, fils du précédent, né vers 1324, mort le 22 févr. 1371. Dépossédé par Edouard Balliol en 1332, il se réfugia en France et fut rétabli en 1341. Il envahit l'Angleterre en 1346, fut fait prisonnier à Neville's Cross et emprisonné dans la tour de Londres jusqu'en 1357, époque où il paya une rançon et conclut une trêve qui fut plus tard portée à 25 ans. Il eut pour successeur son neveu Robert II, le premier des Stuarts. — V (Edward), frère du roi Robert Bruce, accepta en 1315 la couronne d'Irlande que lui offrirent les chefs de l'Ulster, révoltés contre les Anglais, s'embarqua à Ayr avec 6,000 hommes, fut bientôt en possession de l'Ulster, se fit couronner roi le 2 mai 1316, mais fut tué à la bataille de Dundalk, le 5 oct. 1318.

BRUCE (James), explorateur écossais (1730-'94). Fut nommé consul général de la Grande-Bretagne à Alger en 1762. Remplacé en 1765, il parcourut la Tunisie et la Tripolitaine, visita Palmyre et Baalbek, se fixa un instant à Alep, se rendit à Alexandrie, et après quelque recherches concernant les antiquités égyptiennes, passa deux ans en Abyssinie, décrivit, jusqu'à sa source, l'Abaï alors considéré comme le principal bras du Nil. Son *Voyage en Abyssinie et aux sources du Nil* pendant les années 1768-'73 (5 vol. in-4º, 1790), a été traduit en français, Paris, 1760, 5 vol. in-4º. Plusieurs de ses descriptions, considérées pendant longtemps comme fictives, ont été pleinement confirmées.

* **BRUCELLES** s. f. pl. Arts. Petites pinces dont les branches font ressort et qui servent à prendre, à tenir des pièces légères.

BRUCHE s. f. (gr. *bruchô*, je ronge). Entom. Genre de coléoptères tétramères voisin des charançons, et comprenant un grand nombre d'espèces redoutables dont les larves vivent à l'intérieur des graines. La bruche du pois (bruchus pisi) pond au printemps sur la gousse du pois, de la fève ou de la lentille; la larve perce cette gousse, s'introduit dans une graine et s'y transforme en nymphe, après en avoir rongé la substance. Elle attaque aussi les pois secs.

Bruche du pois (Bruchus pisi)

BRUCHSAL [bruok'-sâl], ville du grand-duché de Bade, à 18 kil. N.-N.-E. de Carlsruhe; 9,800 hab. Ancien château qui servit de résidence aux évêques de Spire et qui sert aujourd'hui de prison.

BRUCINE s. f. Alcaloïde amer qui est associé avec des corps de la même nature (strychnine et igasurine) dans la noix vomique et dans la fève de Saint-Ignace. La brucine est cristallisable, soluble dans l'eau et dans l'alcool et possède des propriétés médicales de la strychnine; mais comme elle possède seulement la douzième partie de la force de cette dernière, on la préfère dans certains cas. Elle fut d'abord découverte dans l'écorce de la fausse angusture par Pelletier et Caventou. Formule; C^{18} H^{16} Az^2 O^4+8 aq. La brucine est un stimulant à la manière de la strychnine: de 1 à 10 centigr. progressivement. A haute dose, c'est un poison énergique.

BRUCITE s. f. (de Bruce, nom d'un minéralogiste). — Minér. Nom donné à trois substances: 1° Zinc oxydé manganésifère, voy. ZINCITE; 2° Fluosilicate de magnésie, voy. CONTRODITE; 3° Hydrate de magnésie, Magnésie hydratée ou Talc hydraté, substance blanchâtre, translucide, lamelleuse, nacrée, que l'on trouve à New-Jersey, dans l'île d'Unst et dans les roches serpentines d'un certain nombre de localités. OH^3 OMa. Pesanteur spécifique, 2,34. Elle est rayée par le calcaire. Chauffée avec le nitrate de cobalt, elle prend une teinte rosâtre. Par la calcination, elle laisse un résidu blanc, infusible, qui rougit le papier de curcuma humide.

BRUCK [brook], nom de deux villes d'Autriche. I. Bruck-sur-la-Leitha, dans la basse Autriche, à 32 kil. S.-E. de Vienne; 4,500 hab. Camp pour les manœuvres annuelles. — II. Bruck-sur-la-Mur, en Styrie, à 40 kil. N.-O. de Gratz; 2,900 hab. Célèbres grottes aux environs.—Lat. 47° 24' 42" N.; long. 12° 56' 4" E.

BRÜCKENAU [all. bruk'-e-naou], ville de Bavière, à 60 kil. N. de Würzburg; 4,700 hab. Elle est dans une belle position, au pied du mont Rhœn. Château royal. A 3 kil. de la ville se trouvent des bains d'eau chalybée.

BRUCTERI, peuple de Germanie, établi sur les deux rives de l'Amisia (Ems) et qui s'étendait au S. jusqu'à la Luppia (Lippe).

BRUÉ (Etienne-Robert), cartographe, né à Paris en 1786, mort en 1832; publia, en 1816, un Atlas universel qui fut critiqué par Malte-Brun.

BRUEYS, poète. Voy. PALAPRAT.

BRUEYS D'AIGALLIERS (François-Paul, COMTE DE), marin, né à Uzès, en 1753, d'une ancienne et noble famille du Languedoc. Volontaire à l'âge de treize ans, garde de la marine en 1768, lieutenant de vaisseau en 1780 sous les ordres du comte de Grasse, capitaine en 1792, disgracié en 1793, il fut mis en relief par le Directoire, qui l'éleva au grade de contre-amiral en 1796, puis à celui de vice-amiral au mois de mai 1798. Il fut chargé de transporter en Egypte l'armée que commandait Bonaparte. Les troupes une fois débarquées, il vint, malgré les appréciations du général en chef, mouiller à Aboukir, et y fit prendre une mauvaise position à ses navires. Surpris par

78

Nelson, le 1er août 1798, il ne songea pas à modifier son ordre de bataille; et sa flotte fut anéantie. Il racheta sa faute en se faisant ensevelir sous les décombres de son vaisseau.

BRUGEOIS, EOISE s. et adj. Qui est né à Bruges; qui a rapport à ce pays.

BRUGES [bru-je] (flam. Brugge), ville de Belgique, ch.-l. de la Flandre occidentale, à 93 kil. N.-O. de Bruxelles, à la Roye, et à 13 kil. de la mer du Nord, à laquelle elle est reliée par les canaux d'Ostende, de Gand et de la Sluis; 45,000 hab. Elle renferme cinquante-quatre ponts (d'où vient son nom flamand), de magnifiques églises (Notre-Dame, cathédrale Saint-Sauveur), l'hôpital Saint-Jean, un célèbre beffroi dont le carillon sonne d'heure en heure, un fameux hôtel de ville,

Beffroi de Bruges.

une académie des beaux-arts, de nombreuses institutions charitables, le palais de Philippe le Bon, aujourd'hui palais de justice, etc. Capitale du comté de Flandre, Bruges devint, dès le IXe siècle, une ville puissante, qui s'enrichit par le commerce et l'industrie. Sa corporation de tisserands était déjà célèbre pendant le règne de Charlemagne. Au XIIIe siècle, elle devint la première ville de l'univers sous le rapport des relations commerciales. Telle était sa prospérité au XVe siècle, que l'ordre de la Toison d'or fut institué en l'honneur de son commerce de laines. Centre le plus important de la ligue Hanséatique, elle correspondait avec toutes les villes du monde et se rendit fameuse par ses tapisseries et par l'école de peinture flamande de van Eyck. Pour son malheur, elle passa, en même temps que la Flandre, sous le joug de la Bourgogne, de l'Autriche et de l'Espagne. Aucun de ses privilèges ne fut respecté sur sa population, exaspérée, se révolta plusieurs fois. Son premier gouverneur autrichien, l'archiduc Maximilien, fut jeté en prison par les habitants qu'il avait poussés au désespoir. Ces fréquentes émeutes, suivies de sanglantes répressions, dépeuplèrent la ville, à laquelle les persécutions religieuses portèrent les derniers coups. Bruges fut, après 1794, ch.-l. du département français de la Lys. — Lat. 51° 12' 30" N.; long. 0° 53' 20" E. — Canal de Bruges, creusé en 1612, de Bruges à Gand; 45 kil.; alimenté par les eaux de la Lys.

BRUGES (Roger VAN), peintre flamand du XVe siècle, élève de Jean van Eyck.

BRUGG ou **Bruck** [broug; brouk], village du canton d'Aargau (Suisse), sur l'Aar, à 16 kil. N.-E. d'Aarau; 1,400 hab. Brugg occupe une partie de l'emplacement de l'ancienne Vindonissa. A 3 kil. du village se dresse le château ruiné des comtes de Hapsburg. Non loin de là, l'empereur d'Allemagne fut assassiné dans l'abbaye, aujourd'hui en ruines, de Königsfelden. Brugg a été surnommée « la petite ville des prophètes », à cause du grand nombre de théologiens qui y sont nés.

BRUGMANS (Sebaldus-Justinus), médecin hollandais (1763-1819); fonda le célèbre musée d'anatomie comparée à Franeker, et fut le principal éditeur de la Pharmacopœia Batava.

*BRUGNON s. m. [gn mll.] (lat. prunus, prunier). Espèce de pêche ou de pavie qui a la peau lisse et fine : brugnon violet; brugnon jaune.

BRUGUIÈRES (Jean-Guillaume), médecin de Montpellier, voyageur, né vers 1750, mort à Ancône, à son retour de Perse, en 1799. A publié un Dictionnaire des vers, dont il n'a paru qu'un volume, Paris, 1792, in-4°.

BRÜHL (Heinrich, COMTE), homme d'Etat allemand (1700-'63); chambellan et favori d'Auguste II de Pologne et de Saxe, assura la couronne polonaise à Auguste III en 1733, gouverna sa nom avec extravagance et d'une manière corruptrice; il eut le titre de premier ministre de 1747 à 1763.

*BRUINE s. f. (lat. pruina, gelée blanche). Petite pluie très fine, et ordinairement froide, qui tombe lentement.

*BRUINÉ, ÉE part. passé de BRUINER. N'est usité qu'en parlant des blés : les blés ont été bruinés, c'est-à-dire ont été gâtés par la bruine.

BRUINEMENT s. m. Action de bruiner.

*BRUINER v. impers. Se dit de la bruine qui tombe : il bruine.

*BRUIRE v. n. N'est guère usité qu'à l'infinitif, à la trois. pers. du sing. du prés. de l'indic., et aux troisièmes personnes de l'imparfait. Il bruit. Il bruyait, ils bruyaient. Rendre un son confus : le vent bruit dans la forêt.

*BRUISSANT, ANTE adj. Qui bruit.

*BRUISSEMENT s. m. Espèce de bruit confus : bruissement des flots.

*BRUIT s. m. Son ou assemblage de sons, abstraction faite de toute articulation distincte, et de toute harmonie : grand bruit; bruit du tambour; faire du bruit. — Loin du bruit, loin du tumulte et du commerce du monde. — Sans bruit, tout doucement, sans qu'on soit entendu: il bruine. — Fam. Faire beau bruit, se gâcher, s'emporter. — Prov. et fig. Cet homme est bon cheval de trompette, il ne s'étonne pas du bruit, il ne s'effraie pas des menaces, il ne s'émeut pas de ce qu'on lui dit, soit pour l'intimider, soit pour l'embarrasser. — Fam. Cet homme n'aime pas le bruit s'il ne le fait, il prend des libertés qu'il ne veut pas permettre aux autres. — Fam. Faire plus de bruit que de besogne, se donner beaucoup de mouvement, et faire peu d'ouvrage; ou parler plus qu'on n'agit. — Chasser à grand bruit, chasser à cor et à cri avec une meute et des piqueurs. — Tumulte, trouble, mouvement séditieux : il y a eu du bruit dans cette ville. — Querelle, démêlé :

Le bruit est pour le fat, la plainte pour le sot,
L'honnête homme trompé s'éloigne et ne dit mot.
    LANOUE, La Coquette corrigée, acte I, sc. III.

— Nouvelles qui circulent dans le public : le bruit court; bruits dans l'air. — Eclat que font certaines choses dans le monde; et alors le se construit presque toujours avec le verbe FAIRE : cet événement fait du bruit.

Cette fière raison dont on fait tant de bruit
Contre les passions n'est pas un sûr remède.
    DESHOULIÈRES.

I.

— On dit, dans un sens analogue, en parlant d'un personnage fameux, d'un héros : *le bruit de son nom, de ses exploits*. — A GRAND BRUIT, avec faste, avec ostentation. — BRUITS DE BOURSE, nouvelles qui circulent à la Bourse. — IL Y A DES BRUITS DE GUERRE, on parle d'une guerre prochaine. — IL N'EST BRUIT QUE DE CELA, IL EN EST GRAND BRUIT DANS LE MONDE, on en parle beaucoup. — A PETIT BRUIT, secrètement, sans éclat. — LÉGISL. « Les auteurs ou complices de bruits ou tapages, soit injurieux, soit nocturnes, et troublant la tranquillité des habitants, sont punis d'une amende de onze à quinze francs ; ils peuvent être condamnés, selon les circonstances, à un emprisonnement de cinq jours au plus. En cas de récidive, la peine de cinq jours d'emprisonnement est toujours prononcée (C. pén. 479 à 482). Des arrêtés de police peuvent interdire certains bruits à certaines heures ; ils peuvent défendre de sonner du cor, de tirer des pétards, etc., et les contrevenants sont alors passibles d'une amende d'un à cinq francs et, en cas de récidive, d'un emprisonnement d'un à trois jours (Id. 471, 474). Les peines sont applicables, non seulement lorsque le bruit a lieu sur une voie ou dans un lieu public, mais aussi lorsqu'il se produit dans une habitation particulière (Arr. cass. 13 janv. 1863) ; toutefois il est nécessaire que le procès-verbal constate que la tranquillité publique a été troublée. (Arr. cass. 21 juillet 1870). » (CH. Y.)

BRUIX (Eustache), marin, né à Saint-Domingue en 1759, mort en 1805 ; volontaire pendant la guerre de l'indépendance des États-Unis, il devint officier et membre de l'Académie de marine, quitta un instant le service en 1793, revint, en qualité de major général sous les ordres de Villaret-Joyeuse, fut nommé contre-amiral, après l'expédition d'Irlande, et ministre de la marine du 28 avril 1798 au 3 juillet 1799. Vice-amiral en 1799 et amiral en 1803, il fut choisi par Napoléon Ier, pour commander la flotille de Boulogne ; mais sa santé délabrée le força d'abandonner ce poste. C'était un des marins les plus remarquables de cette époque. Il unissait la passion, l'instantanéité, la valeur du créole, à l'esprit de suite et d'organisation des Européens. Malheureusement, le jeu et les femmes consumaient son activité dévorante. On a a lui un *Essai sur les moyens d'approvisionner la marine*, 1794, in-8°.

BRÛLABLE adj. Qui mérite d'être brûlé.

* BRÛLANT, ANTE adj. Qui brûle, qui a une extrême chaleur : *soleil brûlant ; climat brûlant ; plat brûlant ; fièvre brûlante*. — Fig. Très vif, très ardent, très animé : *zèle brûlant ; âme brûlante ; pages brûlantes*. — Fig. UNE QUESTION BRÛLANTE, un sujet dangereux, auquel on craint de toucher.

* BRÛLÉ, ÉE part. passé de BRÛLER. — VIN BRÛLÉ, vin qu'on a mis sur le feu avec des épiceries. — CRÈME BRÛLÉE, sorte de mets délicat, qui se fait avec du lait, des œufs et du sucre passé au feu. — Fig. et fam. CERVEAU BRÛLÉ, CERVELLE BRÛLÉE, homme extravagant, qui porte tout à l'excès. — Pop. Démasqué : *c'est un grec brûlé qui n'est plus reçu nulle part*. — Un créancier est *brûlé* quand il ne veut plus faire crédit. — Substantiv. : *cette bouillie sent le brûlé, a un goût de brûlé*. — IL SENT ICI LE BRÛLÉ, on y sent l'odeur de quelque chose qui brûle, ou qui a été brûlé.

BRÛLÉE s. f. Correction plus forte, plus cuisante que la *brossée*.

BRÛLE-GUEULE s. m. Pipe dont le tuyau écourté brûle les lèvres du fumeur.

* BRÛLEMENT s. m. Action de brûler, état de ce qui brûle.

* BRÛLE-POURPOINT (À), loc. adv. A bout portant, inopinément. Voy. BRÛLER.

* BRÛLER v. a. Consumer ou endommager par le feu : *brûler une maison ; chez les Grecs et chez les Romains, on brûlait ordinairement les morts*. — Se dit particulièrement de l'impression douloureuse et de l'altération que produit à la peau le contact du feu ou d'un corps extrêmement chaud : *ce tison m'a brûlé*. — Faire du feu de quelque chose : *dans ce pays, on ne brûle que du chardon de mer, que de la tourbe*. — Se dit également des substances qui ont la propriété d'agir comme le feu, en consumant et corrodant les matières animales ou végétales : *les acides concentrés brûlent la peau*. — Par exag. Échauffer excessivement, causer une violente chaleur, dessécher par une chaleur excessive : *cela me brûle, me brûle les mains ; une fièvre le brûle*. — Se dit, par anal., en parlant de l'effet d'un froid excessif : *la neige brûle les souliers*. — Prov. et fig. J'Y RÉUSSIRAI, OU J'Y BRÛLERAI MES LIVRES, je mettrai tout en œuvre pour le succès de cette affaire. — BRÛLER SES VAISSEAUX, s'engager dans une affaire, dans une entreprise, de manière à s'ôter tout moyen d'y renoncer ou de s'en désister. — BRÛLER DE L'ENCENS DEVANT QUELQU'UN, l'aduler, le flagorner avec de grandes démonstrations de respect. — BRÛLER DE LA CIRE, DE LA CHANDELLE, DE L'HUILE, se servir de bougie, de chandelle, d'une lampe à huile pour éclairer. — BRÛLER LA CHANDELLE PAR LES DEUX BOUTS, consumer son bien en faisant différentes sortes de dépenses également ruineuses ; ou se livrer à la fois à des excès de genres différents. — BRÛLER DU VIN, mettre du vin sur le feu pour le distiller et en faire de l'eau-de-vie. — BRÛLER L'EAU-DE-VIE, DE L'ESPRIT DE VIN, mettre le feu à une certaine quantité d'eau-de-vie, d'esprit de vin, contenue dans un vase. — BRÛLER DU CAFÉ, donner aux grains du café le degré de cuisson nécessaire. — ILS S'EMPARÈRENT DE LA VILLE SANS BRÛLER UNE AMORCE, sans tirer un seul coup de fusil. — BRÛLER LA CERVELLE A QUELQU'UN, lui casser la tête d'un coup de pistolet tiré à bout portant. — Prov. TIRER UN COUP A BRÛLE-POURPOINT, le tirer à bout portant, ou de très près. — TIRER SUR QUELQU'UN A BRÛLE-POURPOINT, LUI DIRE QUELQUE CHOSE A BRÛLE-POURPOINT, lui dire en face quelque chose de dur, de désobligeant. On dit de même : y aller à brûle-pourpoint, parler ou agir sans ménagement. — BRÛLER LA POLITESSE A QUELQU'UN, le quitter, s'en aller, partir sans lui dire adieu, sans le prévenir. — Jeux de cartes. BRÛLER UNE CARTE, la mettre de côté, parce qu'elle a été vue, ou parce que le joueur à qui on la propose, use du droit de la refuser. — Fig. CE CHEVAL BRÛLE LE PAVÉ, il court très vite. — SON STYLE BRÛLE LE PAPIER, son style est plein de chaleur. — Au théâtre. BRÛLER LES PLANCHES, jouer avec feu. — ⁞⁞ BRÛLER DU SUCRE, être applaudi. — Argot. BRÛLER LE PÉGRIOT, faire disparaître les traces d'un vol. — * Brûler v. n. Être consumé par le feu : *le bois sec brûle mieux que le bois vert ; votre maison brûle*. — Se dit particulièrement d'une chandelle, d'une bougie, d'une lampe, etc., qui est allumée : *il y a devant cet autel une lampe qui brûle toujours*.

En pleurant l'époux qu'elle perd
Clara vous fait pitié : quelle erreur est la vôtre !
Tel est un bâton de bois vert.
Qui *brûle* par un bout, quand il pleure par l'autre.

PIRON.

— On dit de même : *le feu brûle bien, ne brûle pas, le feu de la cheminée flambe, est animé, ou il ne flambe pas, il n'est pas animé*. — Être fort chaud : *les mains lui brûlent*. — Se dit aussi des mets auxquels l'action trop vive ou trop prolongée du feu donne une couleur rousse ou noire, et un goût désagréable. — Fig. Être possédé d'une violente passion : *il brûle du désir de se signaler*. — Exprime un grand désir, une extrême impatience de faire quelque chose : *je brûle de vous revoir*. — Jeux d'enfants. Se dit lorsque celui qui cherche l'objet qu'on a caché et qu'il s'agit pour lui de découvrir, vient de s'en approcher : *vous n'y êtes pas encore, mais vous brûlez*. — Fig. et fam. LES MAINS LUI BRÛLENT, il est impatient d'agir. *Les pieds lui brûlent*, il est impatient de sortir, de s'en aller. — LE TAPIS BRÛLE, se dit, à certains jeux de cartes, pour avertir qu'un des joueurs a oublié de mettre au jeu. — LE SOL BRÛLE, il n'y a pas de temps à perdre, il serait dangereux de tarder. — Se brûler v. pr. Brûler soi ; être brûlé ; ou être atteint par le feu, par un corps très chaud : *les papillons viennent se brûler à la chandelle*. — Prov. et fig. SE BRÛLER, VENIR SE BRÛLER A LA CHANDELLE, se dit d'un homme qui, séduit par des apparences décevantes, s'engage, se jette dans une situation embarrassante ou périlleuse. — ⁞⁞ Jargon. Être connu, démasqué. — Au théâtre. SE BRÛLER A LA RAMPE, jouer pour soi, sans se préoccuper de la pièce.

* BRÛLERIE s. f. Lieu où l'on brûle du vin pour en faire de l'eau-de-vie ; fabrique d'eau-de-vie.

* BRÛLE-TOUT s. m. Petit cylindre d'ivoire ou de métal, sur lequel on met un bout de bougie ou de chandelle qu'on veut brûler entièrement : *des brûle-tout*.

* BRÛLEUR s. m. Il n'est guère usité que dans cette locution : *un brûleur de maisons*, un incendiaire. — Prov. IL EST FAIT COMME UN BRÛLEUR DE MAISONS, se dit d'un homme mal habillé et tout en désordre. — ⁞⁞ Au théâtre. BRÛLEUR DE PLANCHES, acteur qui joue avec feu.

BRULON, ch.-l. de cant., arr. et à 38 kil. N.-O. de la Flèche (Sarthe) ; 1,800 hab. Toiles de lin ; minerai de fer (oxydé).

* BRÛLOT s. m. Mar. Bâtiment rempli d'artifices et de matières combustibles, et destiné à incendier d'autres vaisseaux : *il y avait trente navires et six brûlots*. — C'EST UN BRÛLOT, se dit d'un homme de parti, ardent, inquiet, et qui est une espèce de boute-feu. — Par anal. Morceau d'aliment très poivré ou très salé. — ⁞⁞ Eau-de-vie sucrée à laquelle on met le feu.

* BRÛLURE s. f. Impression que le feu, ou toute autre substance échauffée à un très haut degré, fait sur la peau, ou sur quelque autre matière, et qui va jusqu'à les altérer. — Agric. Altération produite sur les végétaux, soit par l'action du soleil, soit par l'effet de la gelée ou du vent : *les pêchers sont très sujets à la brûlure*. — Méd. Voici quelques indications générales qui peuvent servir dans la plupart des cas de brûlure. Aussitôt l'accident, on fait des aspersions d'eau froide, puis on enlève les vêtements avec précaution, de peur de déchirer l'épiderme. Si le malade est froid, décoloré et comme frappé de stupeur, on le ranime avec une infusion chaude de tilleul ou de feuilles d'oranger. On ouvre légèrement les bulles avec une épingle, pour en faire sortir la sérosité. On plonge le membre dans l'eau froide, ou bien on applique sur la plaie, une compresse d'eau froide souvent renouvelée. Au besoin, on peut employer de la pomme de terre râpée ou de l'eau de Goulard. L'eau contenant de l'alun a été préconisée. On évite soigneusement aux parties dénudées le contact de l'air qui augmente la douleur : pour cela, on emploie la pulpe de pomme de terre ou le coton cardé. Plus tard, on passe aux applications de cérat, d'huile d'olive ou de liniment oléo-calcaire. — On divise les brûlures en un certain nombre de degrés, suivant l'action plus ou moins prolongée du calorique. Dupuytren admet six degrés ; mais les médecins se rangent ordinairement à l'opinion de Boyer qui n'en admet que trois, savoir : 1er degré. Le calorique n'a atteint que l'épiderme ; il n'y a pas de phlyctènes et la rougeur disparaît à l'impression du doigt. C'est une blessure légère qu'on traite au moyen d'applications réfrigérantes, pendant plusieurs heures, ou même plusieurs jours si la douleur ne cesse pas. 2e degré. L'épiderme se soulève et forme des

bulles remplies de sérosités. On observe souvent des escarres jaunes, minces, qui se détachent spontanément. La douleur s'apaise quelquefois et reparaît au bout de quelques jours en même temps que la réaction, laquelle est accompagnée de fièvre, d'anxiété, d'inflammation d'entrailles, de convulsions, etc. On pique les ampoules; on étale avec soin les débris de l'épiderme de cellules qui sont déchirées; on applique des réfrigérants ou du liniment oléocalcaire, avec du coton cardé par-dessus. Au moment de la suppuration, on recouvre d'un linge fenêtré enduit de cérat et on place par-dessus des plumasseaux de charpie pour absorber la suppuration. Aspersion de poudre d'amidon. 3ᵉ degré. La lésion s'étend jusqu'aux muscles et même jusqu'aux os; les chairs sont désorganisées, parfois charbonnées, d'un aspect jaunâtre ou noir; du quatrième au sixième jour, il s'établit une suppuration abondante qui entraîne des escarres. La douleur renaît avec la réaction, qui est quelquefois suivie de mort. On doit d'abord plonger le membre malade dans l'eau froide et l'envelopper ensuite de cataplasmes de fécule. On coupe, avec des ciseaux, les lambeaux isolés. On prescrit, pour traitement général, les antiphlogistiques (sangsues autour de la partie brûlée; diète sévère, boissons tempérantes, laxatives : petit lait, limonade). A la chute des escarres, pansement avec le cérat. Si la réaction fébrile est intense, saigner; dans les suppurations abondantes, nourrir le malade. Surveiller la cicatrisation, de crainte d'adhérence ou de difformité.

* **BRUMAIRE** s. m. (rad. *brume*). Second mois du calendrier républicain (du 23 octobre au 21 novembre). — **Le Dix-Huit Brumaire** ou **COUP D'ÉTAT DU DIX-HUIT BRUMAIRE AN VIII**, révolution qui renversa le Directoire, les 9 et 10 nov. 1799, et qui établit le consulat en faveur de Bonaparte, de Sieyès et de Roger-Ducos.—Aussitôt son retour d'Égypte (24 vendémiaire-16 octobre), Bonaparte trouvant la France aussi grande que le jour où il l'avait quittée, se rendit chez les Directeurs, auxquels il fit les plus vives protestations de dévouement. De cette façon, il éloigna les soupçons. Mais plusieurs conspirateurs l'avaient appelé en lui représentant le pays comme troublé à l'intérieur et envahi aux frontières, comprirent de suite que ce général, qui avait eu l'audace de rentrer la tête haute après s'être mis dans un véritable cas de désertion, ne s'en tiendrait pas là et ne reculerait devant rien pour assouvir son ambition. Talleyrand, Lucien Bonaparte, président du conseil des Cinq-Cents, Sieyès et Roger-Ducos, tous les deux Directeurs, préparèrent un coup d'État qui devait leur assurer le pouvoir, mais qui ne pouvait réussir qu'avec la participation de Bonaparte et de l'armée. Chacun eut son rôle à jouer et s'en acquitta à merveille. La principale difficulté était de dissoudre les Conseils; Sieyès et Lucien Bonaparte trouvèrent un expédient qui réussit. Le 18 brumaire, on convoqua les membres des Anciens dont on était sûr, leur fit annoncer, supposant un complot de jacobins contre les représentants de la nation, transférèrent à Saint-Cloud le Corps législatif. Fouché, chef de la police, suspendit, en même temps, les douze municipalités de Paris, municipalités toutes républicaines qui auraient pu appeler le peuple aux armes. Sieyès et Roger-Ducos donnèrent leur démission, pour entraîner celles de leurs collègues du Directoire; mais le pusillanime Barras imita seul cet exemple; Gohier et Moulins, gardés à vue au Luxembourg par le général Moreau, s'honorèrent par la fermeté de leur attitude. Investi du commandement militaire de Paris, par les membres du conseil des Anciens, Bonaparte se trouva donc maître absolu de la capitale avant la fin de la journée. Le lendemain il fallut prendre Saint-Cloud, où s'étaient réunis les Anciens et les Cinq-Cents. Les membres non convoqués du premier de

ces conseils étaient arrivés en toute hâte, en criant à la trahison; quant à l'autre assemblée, elle était presque toute républicaine et se prépara à la résistance. Bonaparte, précédé de troupes nombreuses, se rendit à Saint-Cloud le lendemain, 19 brumaire. Il entra d'abord au conseil des Anciens, où il ranima le dévouement de ses partisans par ses protestations de républicanisme et en jurant de *sauver la patrie* qu'un complot de jacobins mettait en danger. Il effraya ses adversaires par ces paroles : « Souvenez-vous que je marche accompagné du Dieu de la guerre ». En quittant la barre des Anciens, il se rendit aux Cinq-Cents, où l'on discutait vivement la question de prétendu complot qui avait servi de prétexte à la translation des conseils à Saint-Cloud. L'apparition de Bonaparte entouré de grenadiers, soulève une tempête : « Pas de sabres ici! hors la loi! », tels sont les cris que l'on entend de toutes parts. Le général décontenancé veut prononcer quelques paroles; les députés l'entourent en lui reprochant sa trahison. Son compatriote, Aréna, député de la Corse, le saisit au collet pour le jeter à la porte. Ses grenadiers l'arrachent de cette foule irritée et l'emportent à demi évanoui. Son frère, Lucien, président des Cinq-Cents, dépose les insignes, sort de la salle, et devient le sauveur de la conspiration en la couvrant d'un semblant de légalité. « On a voulu assassiner mon frère, s'écria-t-il; des représentants à stylet, vendus à l'Angleterre, oppriment l'Assemblée : à vous, soldats de la délivrer ! » Murat, ajouta : « Ils sont là cinq cents avocats qui voudraient nous priver de notre général ». Leclerc entraîne les soldats; le sanctuaire de la loi est envahi; les protestations des représentants sont étouffées par le roulement des tambours. Les grenadiers, obéissant à leurs chefs, refoulent lentement les députés et les poussent hors de l'Orangerie, par la porte et par les couloirs. Le soir, une trentaine de ces représentants, réunis à grand'peine par les conspirateurs, se constituèrent en assemblée, votèrent des remerciements à Bonaparte et établirent le consulat. Leurs décrets furent aussitôt ratifiés par les Anciens, et les consuls vinrent prêter serment à la *légalité*, à la *liberté* et au *système représentatif*.

* **BRUMAL, ALE** adj. Qui vient l'hiver, qui appartient à l'hiver : *plante brumale*. — Inus. au masc. pl.

BRUMATH ou **Brumpt**, *Brucomagus*, bourg de la basse Alsace, à 16 kil. N.-O. de Strasbourg; 5,800 hab. Julien l'Apostat y défit les Allemands en 356; les rois Francs y eurent un palais au VIIIᵉ siècle. Ou y trouve des tumuli et d'autres ruines celtiques.

* **BRUME** s. f. (lat. *bruma*, hiver). Brouillard; se dit surtout des brouillards qu'on observe sur la mer.

* **BRUMEUX, EUSE** adj. Couvert, chargé de brume, de brouillard.

BRUMMEL (George-Bryan), fameux lion de la mode, né en Angleterre en 1778, mort en 1840. On ne l'appelait que le Beau Brummel et il devint le favori du prince de Galles. L'engouement du monde de la fashion lui fut fidèle jusqu'en 1813. Lorsqu'il eut dépensé toute sa fortune, qui était considérable, il s'endetta et mit ensuite la Manche entre ses créanciers et lui (1814); il obtint le consulat de Caen, mais fut réduit à la plus extrême pénurie et mourut à l'hôpital. Voy. JESSE : *Life of Brummel*, 2 vol. 1844.

* **BRUN, UNE** adj. (haut all. *brūn*). Qui est d'une couleur sombre, entre le roux et le noir : *teint brun, cheveux bruns; cet homme est brun*. — Qui a des cheveux bruns. — Substantiv. Personne qui a les cheveux bruns : *un beau brun; une brune piquante*. — Fam. ALLER DE LA BRUNE A LA BLONDE, être inconstant dans ses amours. — Couleur brune : *cette étoffe tire*

sur le brun; *un brun clair, foncé*. — Fam. il COMMENCE A FAIRE BRUN, la nuit approche. — SUR LA BRUNE, A LA BRUNE, vers le commencement de la nuit.

BRUNÂTRE adj. Qui tire sur le brun.

BRUNCK (Richard - François - Philippe) [bronnk], philologue franco-allemand, né à Strasbourg en 1729, mort en 1803; a publié plusieurs œuvres poétiques des Grecs, qu'il corrigea d'une manière souvent heureuse, mais qu'on l'accuse d'avoir quelquefois altérées. Ses éditions les plus estimées sont celles de Sophocle et d'Aristophane; il publia aussi Virgile, Térence et Plaute.

BRUNDUSIUM ou Brundisium. Voy. BAINDISI.

BRUNE s. f. Voy. BRUN.

BRUNE (Guillaume-Marie-Anne), maréchal de France, né à Brive-la-Gaillarde, le 13 mars 1763, assassiné par les royalistes d'Avignon, le 2 août 1815. Fut tour à tour étudiant en droit, journaliste, imprimeur (1790) et volontaire dans un bataillon de Seine-et-Oise. Elu adjudant-major, le 18 octobre 1791. il eut un rapide avancement, combattit les fédéralistes du Calvados, prit part, comme commandant de la 17ᵉ division, à la révolution de thermidor, et seconda Barras au 13 vendémiaire; disperса les bandes d'assassins qui désolaient le Midi; fut l'un des héros de Rivoli et commanda la division de l'avant-garde de l'armée d'Italie, avec le grade de général de division; força le roi de Sardaigne à céder la citadelle de Turin (1798) et le duc d'York à capituler à Alkmaar (1799), fut ambassadeur à Constantinople (1803-5), reçut le bâton de maréchal en 1804, eut ensuite le titre de gouverneur des villes Hanséatiques, établit son quartier général à Hambourg (1807), soumit la Poméranie et fut rappelé pour avoir signé, avec la Suède, un traité qui déplut à Napoléon. Rentré en grâce pendant les Cent-Jours, il fut mis à la tête de l'armée du Var. Il se hâta de reconnaître Louis XVIII après Waterloo, résilia son commandement et partit pour Paris. Assailli à Aix par une troupe de royalistes, il n'échappa que grâce à la protection des soldats autrichiens. Reconnu à Avignon, malgré son déguisement, il fut attaqué dans son hôtel que des furieux avaient envahi; il tomba sous les coups de fusil; un médecin constata qu'il s'était suicidé, et ensuite son cadavre fut ignominieusement traîné, avec une corde au cou, sur le pont d'Avignon et jeté dans le Rhône. A la requête de la veuve, on fit, six ans plus tard, un simulacre de procédure judiciaire contre les assassins; les véritables coupables ne furent pas inquiétés, mais les assises de Riom condamnèrent à mort un portefaix nommé Guindon, qui n'avait jamais existé et que l'on déclara contumax. On fit disparaître l'inscription : « *Cimetière du maréchal Brune* » qui avait été mise sur le pont d'Avignon.

BRUNEHAUT ou Brunehild (dans la langue germanique *Brunhild*, fille brillante), reine d'Austrasie, fille d'Athanagilde, roi des Visigoths d'Espagne, née en 534, morte en 613, épousa Sigebert (568), abjura l'arianisme, prit un grand empire sur son époux et se rendit célèbre par ses démêlés avec Frédégonde, reine de Neustrie. Sigebert ayant été assassiné par les émissaires de Frédégonde (575), elle tomba entre les mains de son ennemie, s'échappa en séduisant Mérovée, fils de Chilpéric de Neustrie, rentra en Austrasie, saisit les rênes du gouvernement sous le nom de son fils mineur, Childebert, fut chassée par les nobles à la mort de ce prince; se réfugia à la cour de son petit-fils Thierry II de Bourgogne, qui lui laissa la direction du gouvernement, et essaya de regagner le trône d'Austrasie. Mais Clotaire II, fils de Frédégonde, s'opposa à ses projets, la fit prisonnière, lui fit subir la torture pendant trois jours, la fit promener sur un chameau et l'attacha ensuite par les cheveux, par un pied et par un bras, à la queue d'un cheval sauvage. — Ses ennemis ont chargé sa mémoire de crimes monstrueux; mais quelques historiens se sont faits ses apologistes.

BRUNEL. I. (SIR Marc-Isambard), célèbre ingénieur, né à Hacqueville (Eure) en 1769, mort à Londres en 1849. Après plusieurs voyages, il quitta définitivement la France en 1793, fut employé aux Etats-Unis à des travaux d'architecture et s'établit en Angleterre en 1799. Son œuvre la plus célèbre est le tunnel de la Tamise (1825-'43). Il inventa ou perfectionna une foule de machines. — II. (Isambard-Kingdom), ingénieur, fils du précédent, né en Angleterre en 1806, mort le 15 septembre 1859. Il dirigea comme ingénieur en chef (1833-'46) le *Grand chemin de fer de l'Ouest*, construisit le bateau à vapeur *Great-Western*, le premier qui traversa régulièrement l'Atlantique (1838), puis le *Great-Britain*, premier vaisseau à hélice (1845), et le *Great-Eastern*, le plus grand bâtiment que l'on ait jamais vu (1853-'9). Voy. GREAT-EASTERN.

* **BRUNELLE** s. f. Bot. Plante labiée qui passe pour astringente.

BRUNELLESCHI (Filippo) [brou-nèl-lèss-ki], architecte florentin (1377-1444); fit revivre le style classique; son plus grand travail est le dôme de Santa-Maria-del-Fiore, à Florence, le plus large en diamètre qu'il y ait au monde.

* **BRUNET, ETTE** s. Diminutif de brun : *un beau brunet; petite brunette.*

BRUNET (Jacques-Charles), célèbre bibliographe, né à Paris le 2 novembre 1780, mort en 1867; donna en 1810, son *Manuel du libraire et de l'amateur de livres* (3 vol. in-8°; 5e édition en 1860-'7, 7 vol.), ouvrage le plus complet et le plus exact que l'on ait jamais publié sur cette matière; a laissé des notices et des dissertations détachées concernant la bibliographie.

* **BRUNETTE** s. f. (rad. brunette), petite brune). Se disait autrefois de petites chansons tendres et sur des airs faciles à chanter.

* **BRUNI, IE** part. passé de BRUNIR. — Substantiv. Orfèvr. Poli, par opposition à *mat*, qui désigne la partie de l'ouvrage à laquelle on n'a pas donné le poli : *le mat et le bruni d'une pièce d'orfèvrerie.*

BRUNI (Leonardo), surnommé ARETINO (*l'Arétin*), littérateur italien, né à Arezzo en 1369, mort à Florence en 1444. Il fut secrétaire apostolique à Rome et ensuite, pendant plusieurs années, chancelier de la république florentine; il traduisit les auteurs grecs en latin; écrivit en latin une histoire de Florence (trad. ital. 1473), la *Guerre des Goths en Italie*, des *Epistolæ familiares*, etc. A laissé en italien la biographie du Dante et celle de Pétrarque.

* **BRUNIR** v. a. Rendre de couleur brune, peindre en brun : *le soleil lui a bruni le teint.* — Polir, rendre brillant par le poli : *brunir de l'or, de l'argent.* — BRUNIR DE L'ACIER, donner à l'acier une certaine préparation qui le rend plus brun. — v. n. Devenir de couleur brune : *les cheveux de cet enfant étaient blonds, mais ils commencent à brunir.* — Se brunir v. pr. Devenir brun : *son visage s'est bruni au soleil.*

* **BRUNISSAGE** s. m. Action de brunir, de polir; résultat même de ce travail : *brunissage de la vaisselle, des ouvrages d'or et d'argent, de l'or appliqué sur la porcelaine.*

* **BRUNISSEUR, EUSE** s. Celui, celle qui brunit les ouvrages d'or et d'argent.

* **BRUNISSOIR** s. m. Outil qui sert à brunir.

* **BRUNISSURE** s. f. Poli d'un ouvrage qui

a été bruni. — Art du brunisseur : *apprendre la brunissure.* — Teint. Façon donnée aux étoffes que l'on teint, pour diminuer et brunir leurs teintes, afin de mieux assortir les nuances des couleurs.

BRÜNN, capitale de la Moravie (Autriche), au confluent de la Schwarza et de la Zwittawa, à 115 kil. N. de Vienne; 74,500 hab. (y compris 20 faubourgs placés en dehors des fortifications). Le château de Spielberg, sur le sommet d'une colline haute et rapide, devint après 1809, une prison d'Etat où furent enfermés Silvio Pellico et plusieurs autres personnages politiques. Murat s'empara de Brünn,

Brünn.

le 18 novembre 1805; les Prussiens y entrèrent, le 13 juillet 1866. Cette ville renferme plusieurs palais, des jardins, des institutions savantes et des fabriques de lainages. — Lat. (à l'hôtel de ville) 49° 11' 39" N.; long. 14° 16' 30" E.

BRUNNEN [broun'-nènn], village de Suisse, sur le lac de Lucerne, à 5 kil. S.-O. de Schwytz; 1,850 hab. Les députés des trois cantons primitifs y jetèrent les bases de la république Suisse, en 1315.

BRUNNICH (Martin-Thomas), naturaliste danois, professeur à Copenhague; a laissé : *Ichthyologia Massiliensis*, 1 vol. in-8°, Copenhague, 1768; *Entomologia sistens insectorum tabulas systematicas*, Copenhague, 1764, in-8°.

BRUNNOW [brounn'-no]. I. (**Ernst-Georg VON**), médecin homéopathe allemand (1796-1845); traduisit en français l'*Organon de l'art médical* d'Hanemann (Dresde, 1824). — II. (Philipp, COMTE), son frère, diplomate russe (1797-1875); entra au service de la Russie en 1818, fut ambassadeur à Londres (1840-'54), à la diète allemande de Francfort (1855), à Berlin (1856-'8) et à Londres (1858-'75). Il fut créé comte, après la conférence pour la dé-neutralisation de la mer Noire (1874).

BRUNO (Saint). I. Apôtre de Prusse, né d'une noble famille saxonne à Querfurt en 970, mort en 1008; succéda à saint Adalbert dans son œuvre de propagande religieuse, devint chapelain de l'empereur Henri II et fut assassiné aux frontières de la Lithuanie. — II. Fondateur de l'ordre des chartreux ou chartreux, né à Cologne vers 1040, mort en 1101. Chanoine à Reims, il abandonna le monde pour se vouer entièrement à l'ascétisme. L'ordre qu'il fonda dut son nom à la retraite qu'il s'était choisie dans un lieu désert, La Chartreuse, près de Grenoble. En 1084, il y établit une petite communauté avec des règles d'une sévère austérité. Il mourut dans un monastère fondé par lui en Calabre. Canonisé en 1623; fête le 6 octobre.

BRUNO (Giordano), philosophe italien, né à Nole en 1550, mort sur le bûcher à Rome le 17 février 1600. D'abord dominicain à Naples, il se sauva du couvent en 1576, se réfugia à Toulouse, à Genève, en Angleterre et en Allemagne (1580). Il rentra en Italie en 1592, fut

arrêté par l'inquisition de Venise et emprisonné à Rome jusqu'à sa condamnation, qui était celle de la libre pensée. Il a développé ses idées philosophiques dans des ouvrages tels que *Della causa principio ed uno; Dell' infinito universo e mondi ; De Monade, numero et figura.* Il a laissé des satires : *Spaccio della bestia trionfante* (expulsion de la bête triomphante) ; la *Caboia del cavallo Pegaseo coll' aggiunta del asino Cillenico*, éloge satirique de l'ignorantisme ; la *Cena delle Ceneri*, défense de la théorie de Copernic.— Voy. Berti: *Vita di Giordano Bruno* (1868).

BRUNOY, village du cant. de Boissy-Saint-Léger (Seine-et-Oise); 1,600 hab. Philippe V y résida ; le château appartint à La Rochefoucauld, devint en 1815, Louis XVIII donna à Wellington le titre de marquis de Brunoy.

BRUNSWICK. [bron-svik'] (all. *Braunschweig*). I. Duché de l'empire d'Allemagne, composé des principautés de Wolfenbüttel et de Blankenbourg, du district de Hartz et Weser (séparés les uns des autres par le territoire prussien)et de cinq petits districts isolés.

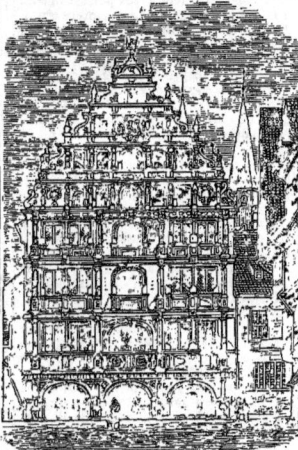
Le Gewandhaus à Brunswick.

Superficie : 3,690 kil. carr. *Population* (1875): 327,493 hab., en majorité luthériens. Capitale: Brunswick. Armée: 1 régiment d'infanterie (n° 92), 1 régiment de hussards (n° 17), 1 batterie de 4 canons, 2 bataillons de landwehr. Ces troupes appartiennent au 10e corps d'armée. Constitution : monarchie constitutionnelle et héréditaire. Loi fondamentale de l'État proclamée le 12 novembre 1832, modifiée plusieurs fois dans la suite. L'assemblée représentative du duché est composée, d'après la loi du 28 novembre 1851, de 21 députés des personnes les plus imposées, de 10 députés des villes, de 12 députés des communes rurales et de 3 députés élus par le clergé. — Recettes et dépenses : 7 millions et demi de marcs ; dette publique : 87 millions de marcs. Principale rivière : le Weser. Territoire bien boisé ; monts Hartz abondants en richesses minérales. Chevaux, bétail, grains, fruits, tabac et lin ; industrie peu développée. — II. Cap. du duché, sur l'Ocker, à 55 kil. E.-S.-E. de Hanovre ; 67,000 hab. — Palais ducal, appelé *Gewandhaus* ; maison de conseil dans le style gothique ; *Collegium Carolinum* qui est aujourd'hui l'Institut polytechnique. Au xiiie siècle, Brunswick fut l'une des premières villes hanséatiques. Elle fait un grand commerce de livres, de bière et surtout de ses fameux saucissons. — Lat. 52° 16' 6" ; N. long. 8° 11' 16" E.

BRUNSWICK. I. Ville de l'état de Maine (États-Unis), sur la rive droite de l'Androscoggin, à 50 kil. N.-N.-E. de Portland ; 5,500 hab. Coton, farine, cuirs, etc. Collège Bowdoin. Par 43° 53' lat. N. et 72° 49' 45" long. O. — II. Ville de Géorgie, sur le détroit de Saint-Simon, à 13 kil. de l'Atlantique et à 110 S.-S.-O de Savannah ; 3,000 hab. Bonne rade ; grande exportation de bois de pin.

BRUNSWICK (Maison de), l'une des plus anciennes familles d'Allemagne, dont une branche règne actuellement en Angleterre. La famille de Guelph obtint en 1235 la ville de Brunswick qui fut, avec ses dépendances, érigée en duché. La famille de Brunswick se divisa de bonne heure en branche aînée de Lüneburg (éteinte en 1369) et en branches de Grubenhagen, Gœttingen et Wolfenbüttel. De cette dernière, qui survécut aux autres, sortirent en 1409 les nouvelles branches de Lüneburg et de Wolfenbüttel-Kalenberg, dont la dernière transféra ses possessions en 1634 à la maison actuelle. La première a produit la famille de Brunswick-Lüneburg, qui a donné naissance à la dynastie électorale et ducale de Brunswick-Lüneburg-Hanovre. Henri, duc de Brunswick-Lüneburg-Dannenberg (mort en 1598), fonda la dynastie actuelle de Brunswick. Sa descendance se divisa en 1666, en branches de Brunswick-Wolfenbüttel et de Brunswick-Bevern ; la première s'éteignit en 1735 et ses possessions passèrent à la seconde. Les principaux personnages de cette famille furent : — I. (Ernest), duc de Brunswick-Lüneburg (1497-1546), l'un des signataires de la confession d'Augsbourg. — II. (Christian), duc de Brunswick-Lüneburg (1599-1626) ; il épousa la cause de Frédéric V pendant la guerre de Trente ans, commit de grands ravages, fut battu par Tilly sur le Mein en 1622, se joignit alors aux Hollandais contre l'Espagne à son retour fut, de nouveau, battu par Tilly. — III. (Ernest-Augustus), duc de Brunswick-Lüneburg, premier électeur de Hanovre (1629-'98), se distingua comme général et comme diplomate ; fut créé électeur en 1692. Il épousa Sophie, fille de l'électeur palatin Frédéric V et petite-fille du roi d'Angleterre Jacques Ier, et sa maison hérita de la couronne anglaise dans la personne de son fils George Ier. — IV (Ferdinand), duc de Brunswick, général de la guerre de Sept ans (1721-'92), commanda les Anglo-Hanovriens en 1757, battit les Français à Crefeld et à Minden. — V. (Charles-William-Ferdinand), duc de Brunswick (1735-10 nov. 1806), combattit pour les Prussiens pendant la guerre de Sept ans ; reçut le commandement général des armées alliées contre la France, publia à Coblentz, le 15 juillet 1792, son arrogant manifeste, annonçant qu'il allait mettre les Français à la raison et *marcher directe*

ment sur Paris ; mais après Valmy, il fut heureux d'accepter un armistice. Chef de l'armée prussienne en 1806, il tomba à Auerstædt. Son quatrième fils, Frédérick-William, qui devint duc en 1806, fut général prussien et fut tué à Quatre-Bras, le 16 juin 1815. — VI. (Charles-Frederick-Augustus-William), duc de Brunswick, fils de Frédérick-William (1804-'73) régna d'une façon tellement arbitraire et avec tant de négligence qu'il fut expulsé en 1830 et déposé par un conseil de famille en 1831 ; il fut remplacé par son frère William, et résida ensuite à Paris et à Londres, où il se fit remarquer par l'excentricité de ses manières ; il conserva une sorte de jalousie une collection de bijoux.

BRUNSWICK (Léon LÉVY dit *Lhérie*, connu sous le nom littéraire de) auteur dramatique français, né à Paris en 1805, mort au Havre en 1859 ; a collaboré une foule de vaudevilles, d'opéras comiques, etc.

BRUNSWICK (Nouveau-) angl. NEW-BRUNSWICK, province de la confédération canadienne, entre 44° 35' et 48° 5' lat. N. et entre 66 7" et 74° 32' long. O. ; 300 kil. de long ; 250 de large ; 70,762 kil. carr. ; 285,594 hab. Limites : province de Québec, baie de Chaleurs, golfe de Saint-Laurent, détroit de Northumberland, Nouvelle-Écosse, baie de Fundy et état de Maine. Capitale : Frédericton (6,040 hab.) ; métropole commerciale : Saint-John, (28,950 hab.). Principaux cours d'eau, le Saint-John, la Sainte-Croix, le Peticodiac, le Restigouche, le Miramichi et le Richibucto. Production de gypse, pierre de taille, granit, charbon bitumineux, sel, cuivre, plombagine, antimoine, fer, maganèse. Climat sain, quoique sujet aux excès de froid et de chaud. Le sol est couvert de neige pendant 4 mois de l'année (de déc. à avril). En été, les vents du S.-O. produisent souvent des brouillards intenses. Le terrain est fertile à l'E. du Saint-John ; ailleurs, il est moins riche. Les principales productions agricoles sont : le froment, l'avoine, le topinambour, le foin, le beurre et la laine. Le territoire nourrit 45,000 chevaux, 164,000 bêtes à cornes, 235,000 moutons et 66,000 porcs. Produits industriels : cuirs, lainages, papier, fonte, locomotives et machines à vapeur. Pêche du saumon, du hareng, de la morue et du homard. — L'administration est confiée à un lieutenant-gouverneur, nommé pour 5 ans par le gouverneur du Canada et assisté d'un conseil exécutif de 9 membres. L'autorité législative appartient à un conseil législatif de 15 membres qui sont nommés par le lieutenant-gouverneur et à une assemblée de 41 membres élus par les districts. Les dénominations religieuses les plus nombreuses sont : les catholiques, les baptistes, les épiscopaliens, les presbytériens et les méthodistes. — Le Nouveau-Brunswick et la Nouvelle-Écosse formaient autrefois une colonie française appelée Acadie ou Nouvelle-France. L'établissement le plus important se trouvait alors sur la baie de Chaleurs (1639). L'Acadie fut cédée aux Anglais en 1743 et appelée Nova Scotia ou Nouvelle-Écosse. Le premier colon anglais s'établit à Miramichi en 1764. Le Nouveau-Brunswick fut séparé de la Nouvelle-Écosse et forma une colonie distincte en 1784. Vers la fin de la révolution américaine, 5,000 loyalistes quittèrent les États-Unis et se fixèrent dans le Nouveau-Brunswick ; leurs descendants forment une partie considérable de la population. En 1867, le Nouveau-Brunswick entra dans l'union canadienne.

BRUSCAMBILLE (DESLAURIERS, dit), fameux comédien de l'hôtel de Bourgogne, au commencement du xviie siècle. Ses saillies firent fureur ; on a publié en 1619 les *Œuvres*, qui lui ont été attribuées.

BRUSCHIUS (Casparus), historien et poète allemand, (1518-'59), fut d'abord correcteur chez J. Oporin, imprimeur à Bâle, et s'acquit

une telle célébrité comme poète latin que Ferdinand l'éleva à la dignité de comte palatin. Il fut assassiné par des gentilshommes, qu'il avait maltraités dans ses satires.

° **BRUSQUE** adj. Prompt et rude : *homme brusque ; femme brusque ; brusque repartie.* — Se dit, dans un sens analogue, du ton, des manières, des discours, etc : *air brusque.* — *Faire une réponse brusque,* faire une réponse vive et dure. — Subit et inopiné : *brusque démarche.*

° **BRUSQUEMBILLE** s. f. [U mll.] Jeu de cartes, qui peut se jouer à deux, trois, quatre, ou cinq personnes : quand le nombre des joueurs est pair, on emploie un jeu de piquet entier ; dans le cas contraire, on supprime deux sept, un rouge et un noir. — Se dit également, à ce jeu, des dix et des as : *l'as est la brusquembille supérieure.*

° **BRUSQUEMENT** adv. D'une manière brusque. — **CHARGER BRUSQUEMENT LES ENNEMIS,** les charger promptement et vivement, sans leur donner le temps de se reconnaître.

° **BRUSQUER** v. a. Offenser quelqu'un par des paroles rudes, inciviles : *un homme grossier brusque tout le monde.* — **BRUSQUER LA FORTUNE,** tenter de réussir par des moyens prompts, mais hasardeux. — **BRUSQUER L'AVENTURE,** prendre brusquement son parti, au hasard de ce qui peut en arriver. — **BRUSQUER UNE AFFAIRE,** la faire vite, sans préparation ou sans ménagement. On dit de même, *Brusquer le dénoûment d'une pièce de théâtre.* — **BRUSQUER UNE PLACE DE GUERRE,** essayer de l'emporter d'emblée sans en faire le siège en forme.

° **BRUSQUERIE** s. f. Caractère d'une personne brusque ; qualité de ce qui est brusque : *sa brusquerie le rend insupportable.* — Action, discours brusque, offensant par sa rudesse : *dire une brusquerie.*

° **BRUT, UTE** adj. [brutt] (lat. *brutus*, lourd). Qui est dans l'état grossier de la nature l'a produit : *matière brute.* — *Sucre brut, camphre brut,* etc., sucre non raffiné, camphre non purifié, etc. — *Terrain brut,* terrain qui n'a jamais été soumis à la culture. — Se dit particulièrement des diamants, des pierres, du marbre, etc., qui n'ont pas encore été taillés, polis, : *diamant brut ; pierre brute ; marbre brut.* — Dans un sens analogue : *bois brut, pièce de bois brute,* qu'on n'a pas encore mise en œuvre. — Fig. Se dit des ouvrages d'esprit qui ne sont qu'ébauchés, auxquels on n'a pas encore mis la dernière main : *je ne puis vous montrer cet ouvrage, il est encore tout brut.* — Se dit, d'une personne qui n'a reçu aucune éducation, ou qui n'a aucun usage du monde : *je l'ai vu arriver de son village encore tout brut.* — Se dit, dans un sens analogue, des manières, de l'esprit, etc. : *avoir des manières brutes.* — **BÊTE BRUTE,** animal privé de raison. Voy. **BRUTE,** substantif. — Hist. nat. **CORPS BRUTS,** se dit des minéraux, par opposition aux végétaux et aux animaux, qu'on nomme *Corps organisés.* — Fig. **PATENTE BRUTE.** Voy. **PATENTE.** — Agric. **PRODUIT BRUT,** quantité totale de productions que rend un sol cultivé, ou valeur totale de ces productions avant qu'on en ait défalqué les frais de culture et autres. — Finances, **PRODUIT BRUT,** totalité du produit de l'impôt avant qu'on en ait déduit les frais de perception. — Brut, adv. Comm. Se dit, par opposition à *Net,* du poids total d'une quantité de marchandises, y compris les fûts, les caisses, ou les emballages : *ce boucaut de sucre pèse brut deux cents kilogrammes.* On dit quelquefois adjectiv., dans le même sens, *Poids brut.*

° **BRUTAL, ALE, AUX** adj. Tenant de la brute : *passion brutale ; appétits brutaux.* — Grossier, violent, emporté : *homme brutal ; trait brutal ; franchise brutale.* — Substantiv. *C'est un brutal, un franc brutal.* — ⚓ S. m. Jargon milit. Canon : *Entends-tu ronfler le brutal ?*

* BRUTALEMENT adv. Avec brutalité, d'une manière violente et grossière.

* BRUTALISER [v. a. Traiter quelqu'un durement et grossièrement.

* BRUTALITÉ s. f. Vice de l'homme brutal, grossièreté accompagnée de violence. — Passion brutale : *assouvir sa brutalité*. — Action brutale; parole dure et brutale : *elle a bien d souffrir des brutalités de son mari.*

* BRUTE s. f. Animal privé de raison. Se dit principalement des bêtes qui sont le plus dépourvues d'intelligence et de sensibilité : *l'instinct tient lieu de raison aux brutes*. — Fig. et fam. C'est une brute, une vraie brute, se dit d'une personne qui n'a ni esprit ni raison, ou qui, comme la brute, s'abandonne sans modération à ses penchants.

BRUTIUM s. m. Élève du prytanée de la Flèche. — Ce prytanée lui-même.

BRUTIUM [bru-si-omm] ou **Bruttium** (*Bruttii*), division de l'ancienne Italie, dans la grande Grèce; aujourd'hui appelée *Calabre ultérieure*. Le Brutium occupait le S.-O. de la Péninsule; il était borné au N. par la Lucanie et traversé par les Apennins. Ses principaux cours d'eau étaient le Crathis (aujourd'hui Crati) et le Neæthus (Neto). Il produisait surtout du bois de charpente. Il paraît avoir été habité à une époque très reculée par les Œnotriens d'origine pélasgique; mais les Grecs formèrent de bonne heure des établissements importants à Crotone, à Scyllacium, à Locri et à Rhegium et les aborigènes furent, sans doute, complètement subjugués. Après la guerre du Péloponèse, les Lucaniens se rendirent maîtres de presque tout l'intérieur, et les Brutiens proprement dits, qui semblent être des descendants des Œnotriens, se soulevèrent vers 356 av. J.-C., se rendirent indépendants et arrivèrent vite à acquérir une certaine puissance. Ils se joignirent aux Samnites et ensuite aux Lucaniens contre Rome, qui finit par les réduire à l'obéissance. Pendant le moyen âge le Brutium reçut le nom de Calabre.

BRUTUS. I. (Lucius-Junius), patriote romain, principal auteur de la révolution qui détruisit la royauté à Rome, fils de Marcus Junius et d'une sœur de Tarquin le Superbe. Ayant vu périr son père et ses frères par ordre du tyran, il évita un sort semblable en contrefaisant l'idiot (d'où son nom de *Brutus*, Brute). Après le viol de Lucrèce, il se mit à la tête de l'insurrection qui renversa la monarchie et il fut nommé consul en même temps que Collatinus, époux de Lucrèce. Il condamna à mort ses deux fils qui s'étaient associés à une conspiration ayant pour but de restaurer les rois. Il périt en 508 en combattant Aruns, l'un des fils de Tarquin. — La conspiration et la mort de ses fils ont fourni le sujet d'une tragédie de Voltaire : *Brutus*, 5 actes, Comédie-Française, 11 déc. 1730. Il y a aussi une tragédie d'Andrieux, *Brutus*, qui fut terminée en 1795, jouée en 1830 et reprise en 1848 (Odéon); elle obtint peu de succès. — II. (Marcus-Junius), l'un des assassins de César, neveu de Caton d'Utique, né à Rome vers l'an 86 av. J.-C., mort en 42. Orphelin de bonne heure, il fut élevé par son oncle, qui lui donna une éducation stoïcienne et lui fit épouser sa fille Porcia. Pendant la guerre civile, il prit parti pour Pompée, défenseur de la République. César, qui se croyait le père de Brutus, ayant été l'amant de sa mère vers l'époque où il était venu au monde, lui pardonna et le traita avec beaucoup d'égards; mais Brutus, le considérant comme le destructeur de la liberté, et croyant que la mort d'un tyran suffit pour régénérer un peuple corrompu, se fit le chef du complot formé pour l'assassinat du dictateur. Leur crime commis (voy. César), les conjurés comprirent de suite, à la vue du peuple furieux, qu'ils s'étaient mépris

sur le résultat du tyrannicide. Brutus s'enfuit en Grèce, puis en Asie Mineure, prit le titre d'*imperator*, vit régner sous ses yeux dans sa propre armée les abus qu'il avait cru détruire par un coup de poignard, accepta à Philippes la bataille que lui offraient Antoine et Octave, vengeurs de César; prit le commandement de l'aile gauche, qui fut victorieuse, et donna à Cassius celui de l'aile droite qui fut enfoncée. La défaite de Cassius décida de son sort : il ne pouvait plus résister : « O vertu, tu n'es qu'un mot! » s'écria-t-il en se précipitant sur son épée que lui tendait, en détournant les yeux, le rhéteur Straton. Sa veuve se suicida également. — Brutus est devenu le type du républicain farouche qui pousse la haine de la tyrannie jusqu'à l'assassinat du tyran; pour les monarchistes, c'est un abominable parricide. — III. (Decimus-Junius), général romain, parent du précédent, exécuté en 43 av. J.-C. Il servit sous les ordres de César, qui lui donna sa faveur; mais il se joignit à ses meurtriers. Retiré ensuite dans la Gaule cisalpine, il battit Antoine sous les murs de Modène. Lorsque les deux vengeurs de César, Octave et Antoine, se furent réunis, Brutus fut abandonné de la plupart des siens; il s'enfuit dans la Gaule transalpine et fut fait prisonnier par un chef séquanais qui le mit à mort et envoya sa tête à Rome.

BRÜX, ville de Bohême, à 70 kil. N.-O. de Prague; 6,500 hab. École militaire, gymnase piariste, nombreuses manufactures. Bataille entre les Saxons et les Hussites, en 1421.

BRUXELLES [bru-sè-le] (flam. *Brussel*; all. *Brüssel*; angl. *Brussels*), cap. de la Belgique et de la province du Brabant méridional, sur la Senne, par 50° 50' 56'' lat. N. et 2° 13'' long. E.; à 370 kil. N.-E. de Paris par le chemin de fer du Nord et 260 kil. par voie de terre. Au 31 décembre 1878, la population était de 167,693 hab. (ou 391,393, avec les 5 communes suburbaines). Dans la vieille ville se trouvent : la magnifique église Sainte-Gudule, terminée en 1273; l'hôtel de ville, sur une

Bruxelles. — Église Sainte-Gudule.

place pittoresque ornée des statues d'Egmont et de Horn. Cet hôtel de ville, construit de 1401 à 1442, est dominé par une tour gothique, haute de 364 pieds et sur laquelle tourne au gré du vent une figure de saint Michel. Le palais des beaux-arts renferme une célèbre galerie de peinture, des musées et une bibliothèque importante. Le palais Aremberg est également remarquable par ses collections, et l'on considère l'observatoire comme l'un des plus beaux de l'Europe. Les autres institutions comprennent l'université, des académies scientifiques et artistiques, un conservatoire de musique et un jardin botanique. Le passage Saint-Hubert, couvert de glaces et garni de

magasins, s'étend du marché aux légumes jusqu'à la rue de l'Évêque. Sur la plus belle place (celle de la Monnaie) se trouvent de beaux cafés et l'Opéra. La nouvelle ville haute est ornée de plusieurs palais, parmi lesquels se distingue celui du roi; on y remarque l'allée Verte, des parcs, des promenades, les chambres, des bibliothèques, des statues, des musées, dans l'ancien palais autrichien, et plusieurs belles avenues. Fabrication de dentelles, dites point de Bruxelles, et commerce de librairie. Bruxelles, souvent appelée « un petit Paris », et l'une des villes les plus agréables du continent, est le séjour favori d'un grand nombre d'Anglais, d'Allemands et d'exilés de tous les pays. Fondée vers le VIIe siècle, fortifiée et capitale du duché de Brabant au XIe, puis capitale des Pays-Bas espagnols en 1507, elle eut à souffrir la tyrannie du duc d'Albe et de l'inquisition. Le maréchal Villeroi, qui la bombarda en août 1695, y détruisit 14 églises et 4,000 maisons. Les Français la prirent 1701; Marlborough en 1706; les Saxons, le 16 février 1746 et Dumouriez en novembre 1792. Les Alliés la reprirent le 9 avril 1794 et en furent chassés le 9 juillet suivant. Ch.-l. du département de la Dyle, elle resta française jusqu'en 1814. La révolution belge y commença le 25 août 1830. Il s'y tint, du 27 juillet au 24 octobre 1874, des conférences, dites *de Bruxelles*, pour l'amélioration du sort des prisonniers de guerre. Les membres de ce congrès philanthropique ne séparèrent sans avoir pu s'accorder sur le programme qui leur avait été soumis.

BRUXELLES (Point de). Voy. Dentelle.

BRUXELLOIS, OISE s. et adj. [bru-sè-loi]. Qui est de Bruxelles; qui concerne cette ville ou ses habitants.

* BRUYAMMENT adv. Avec grand bruit.

* BRUYANT, ANTE adj. Qui fait du bruit, ou qui est accompagné de bruit : *jeux bruyants; conversation bruyante*. — Où il se fait, où l'on entend beaucoup de bruit : *rue bruyante, assemblée bruyante*. — Un homme bruyant, un homme qui se rend importun par le bruit qu'il fait.

BRUYAS (Jacques) [bru-iass], jésuite missionnaire français (1637-1712); se rendit dans le Canada en 1666 et fut employé dans les missions chez les Iroquois. Son ouvrage intitulé : *Racines de la langue des Mohawks* a été publié à New-York en 1862.

* BRUYÈRE s. f. [bru-iè-re] (celt. *brug*, buisson). Bot. Genres d'arbustes ligneux dont le feuillage est toujours vert, et qui croissent dans les terres incultes et stériles. — Lieu où croît la bruyère : *au sortir de là on trouve une grande bruyère*. — Terre de bruyère, mélange de sable et de débris de végétaux plus ou moins décomposés. — Plantes de bruyère, plantes exotiques ou indigènes qui ne peuvent bien venir que dans la terre de bruyère. — Coq de bruyère, espèce de coq sauvage qui vit dans les bruyères. On dit ordinairement *tétras*. — Encycl. Les bruyères forment, dans la famille des éricinées, un groupe d'environ 400 espèces, la plupart originaires de l'Afrique occidentale, quelques autres de l'Europe occidentale et un petit nombre du nord de l'Europe et de l'Amérique. Tandis que plusieurs espèces africaines atteignent de 8 à 10 pieds de haut, celles des pays moins chauds restent généralement basses et ne dépassent pas 50 centimètres. Presque toutes, même celles qui paraissent les plus humbles, sont d'une grande beauté qui les fait rechercher dans l'horticulture. En France, où l'on en compte une douzaine d'espèces indigènes, elles couvrent quelquefois des espaces étendus; elles donnent si souvent un caractère particulier aux paysages que leur nom se rencontre dans les phrases populaires : courir sur la bruyère, danser sur la bruyère, etc. — La bruyère la plus répandue est la *bruyère commune* (*erica vulgaris*), qui forme aujourd'hui le genre calluna. Elle couvre les plateaux

Bruyère commune (Erica vulgaris).

arides des environs de Paris. Dans certains endroits, on l'utilise pour tanner le cuir et pour remplacer le houblon dans la fabrication de la bière. La *bruyère cendrée* (*erica cinerea*) est couverte de poils qui la font paraître grise quand on la voit de loin. La *bruyère à balai* habite la Provence. Depuis le commencement du XIXe siècle, on cultive les plus jolies espèces étrangères, qui sont très recherchées comme plantes d'ornement, à cause de l'élégance de leur feuillage, et de la couleur et des formes variées de leurs fleurs. Elles ne réussissent que dans la terre dite de bruyère et se multiplient par semis, par marcottes et par boutures.

Bruyère cendrée (Erica cinerea).

BRUYÈRE (Jean de la), voy. La Bruyère.

BRUYÈRES, ch.-l. de cant., arr. et à 25 kil. N.-E. d'Épinal (Vosges); 2,400 hab. Acier des Vosges; eaux minérales; coutellerie, papeterie; fromages, œufs, beurre, chicorée. Ruines d'un château fort qui existait déjà au VIe siècle.

BRUYÈRES (Les Hautes-), redoute située à 4,600 mètres au S.-S.-O. du fort de Bicêtre, près Paris. Elle tomba au pouvoir des Allemands lors de l'affaire de Châtillon (19 septembre 1870); mais on la leur enleva le 23 et ..ous leurs efforts pour la reprendre furent inutiles.

BRUYN (Cornelis de), artiste hollandais (1652-1720), a publié en 1698 et en 1711 les récits illustrés de ses voyages dans le Levant, en Russie, en Perse et dans l'Inde; ces ouvrages ont été traduits en français.

BRUYS ou Bruis (Pierre de) [bru-î] hérésiarque du XIIe siècle, brûlé vif à Saint-Gilles (Languedoc) en 1120, 1124, 1126 ou 1147. Il se fit, dans le Midi, l'avocat du retour à la simplicité primitive pour le culte et la doctrine religieuse. Ses adeptes furent d'abord appelés Pétrobusiens, et plus tard Henriciens, parce que leur nouveau chef fut Henri de Lausanne.

BRY (Theodoric ou Dirk de), dessinateur et graveur flamand (1528-'98), fut éditeur à Liège, puis (1570) à Francfort; illustra plusieurs des ouvrages qu'il publia. Ses fils, Johann et Theodor, prirent la suite de ses affaires.

BRYAN ou Bryant (sir Francis), officier

anglais, mort en 1550; il brûla Morlaix en 1522, fut ambassadeur en France et laissa quelques poésies.

BRYAN (Michael), connaisseur de peinture, né à Newcastle en 1757, mort en 1821. En 1794, il reçut la mission d'acheter la fameuse galerie d'Orléans. Il a publié en 1816 son *Dictionnaire des peintres et des graveurs* (augmenté par George Stanley en 1858).

BRYANT (Jacob), auteur anglais (1715-1804); s'occupa de mythologie et chercha à prouver que la ville de Troie n'a jamais existé.

BRYENNE (Nicéphore), général byzantin, gendre de l'empereur Alexis Comnène, mort vers 1137. Il a laissé une histoire des empereurs, qui va de 1057 à 1070; le président Cousin en a donné une traduction.

* **BRYON** s. m. (gr. *bryon*, mousse). Bot. Voy. Brion.

* **BRYONE** s. f. Bot. Voy. Couleuvrée.

BRYOZOAIRES s. m. pl. (gr. *brúo*, je germe; *zôon*, animal). Moll. Groupe de mollusques aquatiques que l'on a longtemps confondus avec les polypes les plus simples.

BRZEZAN [brzé-zànn'], ville de Galicie (Autriche), à 80 kil. S.-E. de Lemberg; 9,500 hab. Fabrique de cuirs; vieux château; gymnase.

* **BU, UE** part. pass. de Boire. — Substantiv. Trop bu, sorte de droit sur les boissons. — Prov. et fig. Avoir toute honte bue, n'avoir plus honte de rien. — ∿ Jargon. Complètement ivre : *il est bu*.

BUA [bou'à], île autrichienne de l'Adriatique, près de Spalato; 27 kil. carr.; 4,000 hab. On y remarque un puits d'asphalte. Le principal de ses six villages est Bua ou Santa-Croce. Les prisonniers politiques et les hérétiques y furent internés pendant les derniers temps de l'empire romain.

BUACHE. I. (Philippe), géographe, né à Paris en 1700, mort en 1773; fut géographe du roi (1729), entra à l'Académie des sciences en 1729, publia plusieurs mémoires dans le recueil de cette société, et imagina le système des *bassins*. — II. (Jean-Nicolas Buache de la Neuville), géographe, neveu du précédent, né à la Neuville-en-Pont, en 1741, mort en 1825; fut géographe du roi, conservateur des cartes de la marine, et prépara les plans pour l'expédition de La Pérouse. Il a laissé plusieurs traités de géographie.

* **BUANDERIE** s. f. (rad. *buée*). Lieu où sont établis un fourneau et des cuviers pour faire la lessive.

* **BUANDIER, IÈRE** s. Celui, celle qui fait le premier blanchiment des toiles neuves. — s. f. Femme qui est chargée de faire les lessives.

BUANSUA s. m. Chien sauvage de l'Inde septentrionale, auquel on a attribué la paternité de nos races canines domestiques. Pris jeune, il s'apprivoise facilement.

* **BUBALE** s. m. (gr. *boubalos*). Zool. Espèce d'antilope d'Afrique, dont les cornes sont à double courbure, et ont la pointe en arrière. On le nomme aussi quelquefois buffle.

BUBASTE, Bubastis ou Bubastus (dans l'Écriture, *Phi-Beseth*), ville de l'ancienne Égypte, capitale du nome Bubastitis, dans la delta du Nil, au S.-O. de Tanis. Elle fut bâtie en l'honneur de la déesse Pasht, que les Grecs appelaient Bubastis. Cette déesse était quelquefois représentée avec la tête d'un chat et d'autres fois avec celle d'une lionne; on pense qu'elle était la divinité du feu, la bien-aimée de Ptah. Au côté N. de la ville commençait le canal de Néchao entre le Nil et la mer Rouge. On a trouvé, parmi ses ruines, les restes de temples magnifiques, confirmant le récit d'Hérodote.

* **BUBE** s. f. (gr. *boubôn*, tumeur). Petite élevure, pustule qui vient sur la peau.

* **BUBON** s. m. (gr. *boubôn*, aine). Pathol. Tumeur inflammatoire qui a son siège dans les glandes lymphatiques sous-cutanées et qui se montre particulièrement à l'aine, à l'aisselle et au cou. Le *bubon pestilentiel* et de la *scrofule* est une adénite symptomatique qui accompagne la peste et la scrofule. Le *bubon syphilitique* est une adénite qui succède toujours à l'apparition d'une ulcération vénérienne primitive. Le *bubon d'emblée* est un bubon syphilitique qui se montre avant tout autre symptôme de la syphilis. Le *bubon consécutif* est celui qui survient après d'autres accidents.

BUBONA, déesse qui présidait aux travaux de l'étable, dans la mythologie romaine.

* **BUBONOCÈLE** s. m. (gr. *boubôn*, aine; *kélé*, tumeur). Chir. Hernie située dans l'aine, hernie inguinale.

BUC (Le), village du cant. et à 4 kil. S. de Versailles (Seine-et-Oise), sur la Bièvre; 600 hab. Bel aqueduc construit en 1686.

BUCAILLE s. f. ou Bucail s. m. [ll mll.]. Agric. Sarrasin; blé noir.

* **BUCCAL, ALE, AUX** adj. [bu-kal] (lat. *bucca*, bouche). Anat. Qui a rapport à la bouche.

* **BUCCIN** s. m. [buk-sain] (lat. *buccinum*). Conchyl. Genre de mollusques à coquille univalve en forme de cornet et tournée en spirale : *on trouve des buccins dans la mer, dans les rivières et dans la terre.* — ∿ Mus. Ancien instrument à vent qui différait du trombone par un pavillon en gueule de serpent.

* **BUCCINATEUR** adj. et s. m. Anat. Se dit d'un muscle qui occupe latéralement l'espace compris entre les deux mâchoires : *muscle buccinateur*; *le buccinateur*. — ∿ Joueur de trompette dans les anciennes armées romaines.

BUCCINE s. f. [buk-si-ne] (lat. *buccina*). Antiq. rom. Trompette recourbée dont sonnaient les buccinateurs.

BUCCINIDÉS s. m. pl. (lat. *buccinum*, trompette). Famille de mollusques gastéropodes carnivores, dont plusieurs espèces ont une coquille en forme de trompette. Genre type, le buccin.

* **BUCENTAURE** s. m. [bu-san-to-re] (gr. *bous*, bœuf; *kentauros*, centaure). Mythol. Centaure qui avait le corps d'un taureau. —

Le Bucentaure.

Hist. (ital. *il Bucentoro*), galère richement ornée que montait le doge de Venise le jour où il épousait l'Adriatique (voy. ce mot). Les Français, maîtres de Venise en 1797, brûlèrent le Bucentaure.

* **BUCÉPHALE** s. m. (gr. *bouképhalo*, à tête de bœuf). Nom du cheval d'Alexandre, que l'on applique à un cheval de parade ou de bataille, et quelquefois, par antiphrase, à une rosse : *c'est un vrai bucéphale.* — Bucéphale était un magnifique cheval blanc, avec une marque noire ressemblant à une tête de taureau sur le front. Nul Macédonien, excepté

Alexandre, ne pouvait le monter. Il périt dans la bataille que son maître livra à Porus, et Alexandre lui fit faire des funérailles magnifiques sur les bords de l'Hydaspe. Sur son tombeau fut fondée la ville de Bucéphalie.

BUCER (Martin) [bou'-tsèr], réformateur allemand, *né* en Alsace en 1491, mort en 1551. Il s'enfuit d'un couvent de dominicains, embrassa les doctrines de Luther, fut pasteur à Strasbourg (1523) et louvoya entre les doctrines de Zwingle, des luthériens et des réformés ; il prit part à la conférence de Smalcade, refusa de signer l'*Intérim* et se retira à Cambridge (Angleterre), où il professa la théologie. Sous le règne de Marie, son cadavre fut déterré et brûlé. Il a laissé de nombreux ouvrages en latin et en allemand.

BUCH (Captalat de), *Boiorum ager*, ancienne subdivision du Bordelais ; cap. la Teste de Buch. — (Captal de), titre que reçut Jean de Grailly, qui joua un rôle important dans les guerres de l'Angleterre et de la France, sous le règne de Charles V.

BUCH (Leopold von) [bouk] ; géologue allemand, né en Poméranie en 1774, mort en 1853. Ayant étudié sous Werner, à Freiberg, il adopta ses théories sur la formation des roches ; mais ayant ensuite visité le Vésuve et les volcans éteints de l'Auvergne, il abandonna le neptunisme absolu et pencha vers le vulcanisme. Ses recherches en Scandinavie, en Suisse, dans les Alpes, dans les montagnes de l'Allemagne, eurent une grande importance. Il avança le premier cette opinion que le niveau de la Suède s'élève lentement au-dessus de celui de la mer, qui n'a jamais couvert ses montagnes, et que ces dernières sont dues à un soulèvement de la croûte terrestre. En 1815, il visita les îles Canaries, et le pic de Ténériffe devint la base d'une série d'investigations sur la nature et sur les résultats de l'action volcanique. Il continua ses excursions jusqu'à sa mort, visita les Hébrides, les côtes d'Irlande et d'Écosse. Il a laissé de nombreux ouvrages.

BUCHAN (David) [beuk'ann], explorateur anglais (1780-1837) ; il fut mis, en 1818, à la tête de deux navires, visita le Spitzberg, pénétra jusqu'à 80°34' lat. N. et dut revenir sans avoir pu découvrir un passage entre l'Atlantique et le Pacifique. Pendant un second voyage aux mers polaires, il disparut avec toute son expédition. Le capitaine Beechley a publié les importantes observations sur les courants sous-marins, sur les variations de l'aiguille aimantée, sur la température du fond de la mer, sur la compression du globe aux pôles, etc.

BUCHAN (William), médecin écossais (1729-1805). Sa *Médecine domestique* (1770) a été traduite dans toutes les langues.

BUCHANAN [beuk'-ann-ann]. I. (Franklin), marin américain, né à Baltimore vers 1800, mort en 1874. Il fut surveillant de l'Académie navale des États-Unis, de 1845 à 1847 ; entra en 1861 au service des confédérés, commanda le cuirassé *Merrimack*, fut défait par Farragut, dans la baie de Mobile, le 5 août 1864, et resta prisonnier jusqu'à la fin de la guerre. — II. (George), auteur écossais (1506-'82). Il fit son éducation à Paris, fut tuteur de l'un des fils de Jacques V en 1537. Ses satires contre les moines le forcèrent à fuir sur le continent ; il fut confiné par l'inquisition dans un monastère de Coïmbre, où il prépara sa fameuse version latine des psaumes. En 1562, il fut tuteur de la reine Marie et se déclara protestant en 1566. Il fut l'un des plus redoutables accusateurs de la reine. Parmi ses ouvrages, **on a conservé** le souvenir de : *De Maria Scotorum Regina totaque ejus contra Regem Conjuratione Fœdo cum Bothuellio Adulterio*, etc. (1571); *De Jure Regni apud Scotos* (1579), dans

lequel il établit la doctrine que les gouvernements existent pour faire le bonheur des gouvernés et qui, pendant deux siècles, fut considéré comme contenant toutes les hérésies et l'esprit de révolte ; *Rerum Scoticarum Historia* (1582). — III. (James), quinzième président des États-Unis d'Amérique, né à Franklin (Pennsylvanie), le 22 avril 1791, mort le 1er juin 1868. Ministre plénipotentiaire en Russie (1831), il conclut le premier traité commercial entre ce pays et les États-Unis. Il devint sénateur en 1833, secrétaire d'État en 1845, soutint que le congrès n'avait pas le droit de faire de lois concernant l'esclavage et fut l'un des premiers à demander l'annexion du Texas. Il rentra dans la vie privée en 1849, fut nommé ministre en Angleterre, de 1853 à 1856, et rédigea, avec les ministres accrédités en Espagne et en France (Soulé et Mason) le « manifeste d'Ostende » en faveur de l'acquisition de Cuba par les États-Unis. Le parti démocratique l'élut à la présidence en 1856. Le commencement de son administration fut troublé par la situation incertaine du Kansas, par l'opposition des Mormons et par l'affaire John Brown. A la fin de sa présidence, le mouvement de sécession des États du Sud prit un caractère inquiétant. Il publia, en 1866, un livre intitulé : « Administration de Buchanan ».

BUCHAREST [bu-ka-rèst] (valaque : *Bukuresti*). Capitale de la Roumanie et de la principauté de Valachie, par 44° 25' 39" lat. N. et 23° 46' 12" long. E., sur la Dimbovitza, affluent du Danube ; en 1878, la population était de 177,146 hab. dont 133,000 grecs orthodoxes, 21,000 israélites, 17,000 catholiques et 6,000 protestants. La ville compte environ 20,000 Allemands. Elle est triste, parce que ses maisons sont basses et presque toujours entourées

Bucharest.

de jardins. Moins triste que les cités orientales, elle affecte une apparence européenne ; on y rencontre les types de toute l'Europe centrale et de l'Asie : Grecs, Arméniens, Juifs, Allemands et Valaques s'y coudoient. Elle possède une église métropolitaine grecque, une université, plusieurs théâtres et, parmi d'autres institutions, un grand orphelinat. Fabriques turques d'étoffes d'or et d'argent ; tapis, manufactures, toiles de lin, sellerie, pelleteries, colliers, chapelets, pipes et tabac. Bucharest, fondée vers le commencement du XIIIe siècle, tomba entre les mains des Turcs à la fin du XVIe siècle. Le 28 mai 1812, les Russes et les Turcs y concluront un traité en vertu duquel le pays, quoique restant sous la domination de la Turquie, fut placé sous le protectorat de la Russie. Le congrès international relatif aux principautés danubiennes s'assembla à Bucharest en 1858. Le congrès de Berlin (1878) fit de cette ville la capitale d'un état indépendant.

* **BÛCHE** s. f. Morceau de gros bois de chauffage : *bûche de hêtre, de bois flotté.* — Par anal. : *bûche de charbon de terre*, etc. — Fig. et fam. Personne stupide, lourde, indolente : *c'est une bûche que cet homme-là.* — BÛCHE DE NOEL, bûche que l'on met au feu la veille de Noël et qui doit durer toute la nuit.

* **BÛCHER** s. m. Lieu où l'on serre le bois à brûler. — Amas de bois sur lequel on mettait anciennement les corps morts, pour les brûler : *dresser un bûcher.* — Amas de bois sur lequel on plaçait ceux qui avaient été condamnés au supplice du feu : *il fut brûlé vif, et l'on jeta au vent les cendres du bûcher ; la persécution recommença, et de toutes parts les bûchers se rallumèrent.*

* **BÛCHER** v. a. Charpent. de mar. Dégrossir une pièce de bois, la travailler grossièrement : *bûcher une pièce de bois à coups de hache*. — Détruire une pièce qu'on veut remplacer par une meilleure. — ⁓ Pop. Travailler avec ardeur. — Battre :

> Il vient pour me *bûcher*;
> Moi, je *lais trébucher*.
>
> *Chansons*, Avignon, 1813.

— Se bûcher v. pr. Se battre.

* **BÛCHERON** s. m. Celui qui travaille à abattre du bois dans une forêt.

* **BÛCHETTE** s. f. Diminut. Petit morceau de bois sec et menu : *ramasser des bûchettes dans les bois.* — Petit brin de bois ou de paille avec lequel on joue, on tire à la courte paille.

BÛCHEUR s. m. Travailleur assidu.

BUCHEZ (Philippe-Joseph-Benjamin) [buché], médecin philosophe et homme politique, né le 31 mars 1796, à Montagne-la-Petite, pays wallon, alors département des Ardennes, mort à Rodez en 1865. Il fut l'un des créateurs de la charbonnerie française et passa en jugement devant la cour de Colmar, après la conspiration de Belfort. Six voix le condamnaient à mort ; deux l'acquittaient ; et il fut sauvé, grâce à la minorité dite de faveur. Peu après, Buchez publia un *Précis élémentaire d'hygiène* et devint l'un des adeptes du saint-simonisme ; mais ses sentiments religieux lui firent bientôt abandonner cette doctrine, pour se consacrer à la propagation de l'école dite néo-catholique. Il fonda, dans ce but, le journal l'*Européen*, qui parut de 1831 à 1838. Il expliqua ses théories sociales dans son *Introduction à la science de l'Histoire, ou Science du développement de l'humanité* (1833), et dans son *Essai d'un traité complet de philosophie au point de vue du catholicisme et du progrès* (3 vol. 1839 ; 6e vol. 1866) ; associé à Roux-Lavergne, il donna l'*Histoire parlementaire de la Révolution française* (40 vol., 1833-'3), vaste compilation pleine de renseignements. La révolution de février porta Buchez à l'Hôtel-de-Ville ; les électeurs de Paris l'envoyèrent à la Constituante, dont il fut le premier président. Il appartenait au groupe nombreux des députés modérés qui espéraient asseoir la République sur l'Église catholique. Il occupait le fauteuil, le 15 mai, et montra une grande faiblesse en cette circonstance critique. Il ne fut pas élu à l'Assemblée législative et publia, en 1859, son *Histoire de la formation de la nationalité française*. Il vécut constamment pauvre.

BUCHLOÉ s. m. [bu-kloé]. Genre de graminées dont une espèce, l'*herbe aux buffles (bu-*

chloé dactyloïdes), couvre les prairies de l'Amérique du Nord.

Herbe aux buffles (Buchloë dactyloïdes).
1. Mâle. 2. Femelle.

BÜCHNER (Georg), poète allemand (1813-'37), traducteur de plusieurs drames de Victor Hugo et auteur d'une pièce intitulée « Danton's Tod » (1835).

BUCHON (Jean-Alexandre), écrivain, né en 1791 à Maneton-Salon (Cher), mort à Paris en 1846. Il est connu surtout par ses *Collections des chroniques nationales françaises* (47 vol., 1824-'9); il a publié des voyages en Grèce et des ouvrages sur les conquêtes des Français pendant les croisades.

BUCHU s. m. Nom que l'on donne aux feuilles de plusieurs espèces de barosme (*barosma*), genre de plantes de l'Afrique méridionale. Ces feuilles contiennent une huile volatile fortement odorante et une espèce de camphre. Le buchu a été vanté contre les affections chroniques des organes urinaires.

Buchu (Barosma crenata).

BUCHY, ch.-l. de cant., arr. et à 27 kil. N.-O. de Rouen (Seine - Inférieure) ; 775 hab.

BUCKAU [all. boukaou], ville de la Saxe prussienne, sur l'Elbe, près de Magdebourg ; 9,750 hab. Florissantes manufactures.

BÜCKEBURG [all. bu-ke-bourg], capitale du Schaumberg-Lippe (Allemagne), à 10 kil. E.-S.-E. de Minden ; 4,550 hab. Château, parc et gymnase.

BUCKINGHAM [bu-kain-gamm; angl. beuk'-irn-hamm], bourg d'Angleterre, ch.-l. du Buckinghamshire, sur l'Ouse, à 80 kil. N.-O. de Londres, par 54° 59' 53" lat. N. et 3° 49' 26" long. O.; 3,800 hab. Brasseries; foires importantes.

BUCKINGHAM (comtes et ducs de). Le titre de comte de Buckingham paraît avoir été porté d'abord par le plus jeune fils des rois de la dynastie des Plantagenêt; ainsi que ce fut le cas du plus jeune fils d'Édouard III, qui fut créé duc de Gloucester par son neveu, Richard II, et ensuite tué par son ordre. Le fils de Gloucester étant mort sans enfants, son héritier, Humphrey, comte de Stafford, fut créé duc de Buckingham. Son successeur dans ce titre, Henri Stafford, aida Richard III à monter sur le trône et ensuite conspira contre

lui et fut exécuté en 1483. Le titre s'éteignit avec son fils, Edouard Stafford, décapité sous le règne de Henri VIII, en 1521 ; on le fit revivre en 1617, en faveur de George Villiers. — I. George Villiers, duc de Buckingham (1592-28 août 1628). Sa beauté, son esprit, ses manières en firent le favori de Jacques Ier. Il accompagna le prince Charles à Madrid en 1623; mais son arrogance fit manquer le mariage projeté entre ce prince et l'infante. Il négocia l'alliance entre Charles et Henriette-Marie, fille de Henri IV de France. Sous Charles Ier, il conserva son influence et mit l'Angleterre en lutte avec la France et l'Espagne. Accusé à la chambre des communes, il fut sauvé par l'influence du roi (1626). L'année suivante, il conduisit une expédition contre l'île de Ré. Malgré ses insuccès et malgré les remontrances de la chambre des communes, il fut nommé par Charles commandant en chef de la nouvelle expédition destinée à secourir les protestants français de La Rochelle. Il se disposait à mettre à la voile, lorsqu'il fut assassiné par un officier révoqué, nommé John Felton. Les romanciers français en ont fait l'amant d'Anne d'Autriche. — II. George Villiers, son fils, second duc de Buckingham (1627-'88), écrivain, né en Angleterre, accompagna Charles en Ecosse, assista à la bataille de Worcester (1651), rentra en Angleterre, épousa la fille de Fairfax en 1657. À la Restauration, il acquit une grande influence et en 1670 fit partie du fameux ministère de la *Cabal*. Il se joignit ensuite à l'opposition sous Salisbury et passa le reste de sa vie à combattre ses anciens amis. Il a publié plusieurs ouvrages. De mœurs extrêmement dissolues, il dissipa une fortune énorme.

BUCKINGHAM (James-Silk), voyageur anglais (1786-1855). Il servit pendant plusieurs années dans la marine, fut engagé en 1813 par Méhémet-Ali pour chercher quel serait le meilleur tracé d'un canal à travers l'isthme de Suez; abandonna ce travail; visita l'Orient et publia le récit de ses voyages.

BUCKINGHAMSHIRE [angl. beuk'-ign-hammcheu] ou Bucks (beukss], comté d'Angleterre; 1,889 kil. carr.; 175,870 hab. Territoire agréablement varié. Principales rivières : Tamise, au S. et au S.-O.; Thame, Ouse et Colne. Les produits les plus importants sont : le beurre,

le bétail, les moutons et la volaille; ch.-l. Buckingham; villes princ. : Aylesbury, Marlow et Wycombe.

BUCKLAND (William), géologue anglais (1784-1856). A publié *Reliquiæ diluvianæ* (1823) et un ouvrage populaire : *La géologie et la mi-*

néralogie considérées dans leurs rapports avec la théologie naturelle (1836).

BÜCKLER (Johann). Voy. Schinderhannes.

BUCKMANN ou Bibliander (Théodore), théologien et orientaliste suisse (1500-'64); a laissé une traduction latine du Coran (Bâle, 1543) et une *Vie de Mahomet* (1543).

BUCKSPORT [angl. bok'-sportt], ville de l'état de Maine (États-Unis), sur le bord oriental de la rivière Penobscot, à 26 kil. S. de Bangor, 4,000 hab. Construction de navires; scieries, aciéries, etc.

* **BUCOLIQUE** adj. (gr. *boukolikos*, relatif aux pâtres). Se dit des poésies pastorales. — On dit aussi : *poète bucolique*. — s. f. On ne l'emploie guère qu'au pluriel et dans cette phrase : *les Bucoliques de Virgile*, les Eglogues de Virgile. — Fig. et fam. Ramas de choses de peu de conséquence, comme papiers, nippes, etc.: *j'ai cela dans mes bucoliques*.

BUCQUOY (Jean-Albert d'Archambaud, *comte et abbé de*), écrivain, né en Champagne vers 1650, mort en 1740. Il fut tour à tour soldat, homme à bonnes fortunes, homme d'église, professeur, sceptique et philosophe moral. Ses *Evénements des plus rares* (1749) racontent son emprisonnement à la Bastille, d'où il s'échappa. Il se réfugia dans le Hanovre. Georges Ier lui servit une pension.

BUCYRUS, village de l'Ohio (Etats-Unis), sur la rivière Sandusky, à 310 kil. N.-O. de Pittsburgh; 4,000 hab. Sources minérales.

BUCZACZ [bou-tchâtch], ville de Galicie (Autriche), à 435 kil. S.-E. de Lemberg; pop. (avec le faubourg Nagorzanka) 9,800 hab. Par le traité qui y fut signé le 18 oct. 1672, entre la Pologne et la Turquie, la première de ces puissances perdit la Podolie et l'Ukraine.

BUDAON ou Budaun, ville de l'Inde anglaise, ch.-l. de district, dans la Robilcund, à 190 kil. E.-S.-E. de Delhi; 34,000 hab. Elle prit fait et cause pour les Cipayes révoltés en 1857-'58.

BUDÆUS. Voy. Budé.

BUDAPEST ou Buda-Pesth (nom donné officiellement depuis 1873 à la réunion des deux villes de Bude et de Pesth). Nouvelle capitale de la Hongrie, sur les deux rives du

Pont suspendu de Budapest.

Danube que traverse un pont suspendu; 275,000 hab. Voy. Bude et Pesth. Ce pont de *Budapest*, œuvre vraiment remarquable, fut inauguré le 5 janvier 1849, pour livrer passage à l'armée hongroise de Gœrgey qui battait en retraite.

BUDE (hong. *Buda* [bou'-dâ]; all. *Ofen*),

ancienne capitale de la Hongrie, aujourd'hui réunie à Pesth, pour former la nouvelle capitale, *Budapest*. Bude s'élève sur la rive droite du Danube, par 47° 29' 12" lat. N. et 46° 43' 1" long. E.; 56,000 hab., en majorité Allemands. Un pont suspendu la relie à Pesth, qui se trouve sur l'autre rive du fleuve. Elle est bâtie autour du Schlossberg, colline inclinée que couronne un château et qu'entoure une muraille au bas de laquelle s'étendent les faubourgs, le long du Danube. Les principales constructions sur le Schlossberg sont le palais royal, édifice quadrangulaire de 564 pieds de long, une église paroissiale gothique, les bureaux du gouvernement, le trésor et les palais de plusieurs ministres. Au S. du Schlossberg, se dresse le Blocksberg, colline encore plus élevée, que domine un fort. Le principal commerce de Bude consiste dans l'exportation des vins rouges que produisent les campagnes voisines. On trouve dans cette ville des fonderies de canons, des chantiers de constructions navales et des manufactures de soie, de velours, de coton, de lainages et de cuirs. Les faubourgs contiennent des sources thermales, dont quelques-unes alimentent les fameux « bains de l'Empereur », construits par les Turcs près du vieux Bude (*Alt-Ofen*), faubourg que l'on suppose situé sur l'emplacement de l'*Aquincum* des Romains (16,000 hab.). Bude fut prise par Charlemagne en 799; saccagée par Soliman II après la bataille de Mohatz, en 1526; complètement dépeuplée par les Turcs en 1541, reprise en 1686, après un siège sanglant et mémorable, par les chrétiens que commandait Charles de Lorraine. Gœrgey l'ayant évacuée le 5 janvier 1849, elle fut occupée le jour même par les troupes autrichiennes. Mais le général hongrois reprit bientôt l'offensive; il attaqua et bombarda la ville dont il s'empara après un célèbre assaut, le 20 mai 1849. Deux mois après, Bude fut occupée sans coup férir par les Russes qui la rendirent à l'Autriche. L'empereur François-Joseph s'y fit couronner roi de Hongrie le 8 juin 1867; et elle fut réunie officiellement, en novembre 1873, à la ville de Pesth, pour former avec elle la capitale du nouveau royaume.

BUDE (Lumière de), manière d'augmenter la lumière du gaz ou des lampes Argand, en introduisant de l'oxygène dans la flamme. Ce système fut inventé par Goldsworthy Gurney, de Cornouailles (Angleterre); *Bude* est le nom de sa résidence.

BUDÉ (Guillaume), *Budæus*, restaurateur de la langue grecque en France, né à Paris en 1467, mort en 1540; publia en 1519 ses *Commentarii Linguæ Grecæ* (1529, in-fol.), qui donnèrent une puissante impulsion à l'étude de la littérature grecque; et un traité *De asse* (Venise, 1522, in-8°), sur les monnaies et les mesures antiques, où brilla sa vaste érudition. Maître des requêtes sous François Ier et prévôt des marchands de Paris, il usa de son influence pour déterminer le roi à créer le Collège de France et la bibliothèque de Fontainebleau. Il porta le premier le titre de *maître de la librairie*, c'est-à-dire de gardien de la *Bibliothèque royale*. Ses œuvres ont été réunies à Bâle, 1577, 4 vol. in-fol. Voy. REBITTÉ : *Guillaume Budé*, 1846, in-8°.

* **BUDGET** s. m. (vieux franç. *boulgette*, petite bourse). Administ. publique. Etat annuel des dépenses qu'on présume avoir à faire, et des fonds ou revenus affectés à ces dépenses: *budget de l'Etat, de la ville de Paris; de la marine, de la guerre*, etc. — Absol. Budget de l'Etat, qui est soumis chaque année à l'examen des deux Chambres législatives : *dresser, discuter le budget; chapitre, article du budget.* — Fam. Dépenses et revenus, actif et passif d'un particulier, d'une famille : *budget d'un ménage.* — Législ. « Le budget de l'Etat est l'acte par lequel sont prévues et autorisées les

recettes et les dépenses annuelles de l'Etat (Déc. 31 mai 1862, art. 5). Bien que ce budget soit lui-même une loi, il est soumis à des règles que des lois précédentes ont établies. Ainsi, pour mettre fin à des abus qui s'étaient produits jusqu'alors, la loi du 16 septembre 1871 (art. 30), rétablissant les principes qui avaient été suivis de 1833 à 1851, a décidé non seulement que le budget doit être voté par chapitres séparés, mais qu'aucun virement de crédits ne peut avoir lieu d'un chapitre à un autre, et que les suppléments de crédits ainsi que les crédits extraordinaires doivent être autorisés par une loi. Cependant, dans le cas de prorogation des Chambres législatives, des crédits supplémentaires ou extraordinaires peuvent être ouverts provisoirement par décrets rendus en conseil d'Etat, après avoir été approuvés en conseil des ministres; mais ces décrets doivent être soumis à la sanction du Parlement, dans la première quinzaine de la plus prochaine réunion. En outre, les crédits extraordinaires ne doivent être ainsi ouverts par décrets que pour des services qui ne pourraient pas être réglés et prévus par le budget. Chaque ministre est personnellement responsable des dépenses qu'il laissera s'engager sans qu'un crédit fût régulièrement ouvert (L. 15 mai 1850). Le budget de l'Etat comprend trois parties distinctes : 1° les dépenses et les recettes ordinaires et celles extraordinaires prévues et autorisées pour une année; 2° le budget sur ressources spéciales; c'est-à-dire les recettes et les dépenses concernant les départements, ainsi que les centimes additionnels perçus au profit des communes; 3° les recettes et les dépenses inscrites pour ordre et celles des divers établissements qui dépendent directement des ministères. En outre du budget primitif qui, en principe, doit être voté avant l'ouverture de l'exercice, un budget rectificatif est toujours nécessaire et est soumis aux Chambres pendant le cours de l'année. Aucune contribution directe ou indirecte autre que celles autorisées par la loi du budget ou une loi postérieure ne peut être perçue, à peine contre les autorités qui ordonneraient cette prescription, et contre les agents, receveurs, etc., d'être poursuivis pour concussion (Voy. ce mot) en vertu de l'art. 174 du Code pénal, sans préjudice de l'action en répétition pendant trois années. L'exercice financier comprend les droits constatés et les dépenses réellement faites pendant l'année; mais il n'est définitivement clos que le 31 août de l'année suivante, bien que l'ordonnancement des sommes dues doive cesser dès le 31 juillet de cette seconde année. Les sommes restant dues à l'époque de la clôture d'un exercice sont reportées à l'exercice suivant, c'est-à-dire à celui qui est alors en cours (Déc. 31 mai 1862). Les créances non payées dans un délai de cinq années à partir de l'ouverture de l'exercice sont prescrites au profit de l'Etat, à moins que le retard ne vienne du fait de l'administration (L. 9 janv. 1831). Le budget de chaque exercice terminé est réglé par une loi spéciale, après l'apurement des comptes des ministres, sans préjudice du contrôle de la cour des comptes, laquelle, de son côté, après une minutieuse vérification des pièces de comptabilité, rend, lorsqu'il y a lieu, un arrêt de conformité sur les comptes de l'exercice. — Le *budget départemental* se divise en budget ordinaire et budget extraordinaire. Le premier comprend, en recette, le produit des centimes ordinaires et spéciaux légalement autorisés, les revenus, les remboursements des communes, etc., et en dépense, les charges obligatoires ou facultatives ordinaires, les dépenses des services de la voirie, de l'instruction publique, des aliénés, des enfants assistés, etc. Le budget extraordinaire comprend, en recette, le produit des centimes extraordinaires, les emprunts et les autres recettes accidentelles; et en dépense, les cré-

dits imputés sur lesdites recettes. Les dépenses ordinaires sont divisées en seize sous-chapitres qui correspondent aux crédits ouverts dans la deuxième partie du budget de l'Etat. Le budget départemental, préparé par le préfet au moyen des propositions présentées par les chefs des divers services, est soumis au vote du conseil général dans la première session ordinaire de l'année qui précède l'exercice dont il s'agit. Lorsqu'un conseil général omet d'inscrire au budget un crédit suffisant pour acquitter des dépenses obligatoires ou fait au moyen des propositions, il est pourvu d'office par l'établissement d'une contribution spéciale. Cette contribution est établie par décret, si elle ne dépasse pas le maximum de centimes fixé par la loi des finances; elle est autorisée par une loi, lorsqu'elle doit excéder ce maximum (L. 10 août 1871). Dans la session d'août, le conseil général délibère sur le compte de l'exercice clos et sur le budget rectificatif de l'exercice courant. Les budgets primitifs et les budgets rectificatifs doivent être approuvés par décrets. Le budget de report, qui contient les sommes dues sur l'exercice clos et reportées à titre de crédits nouveaux, est arrêté par le ministre de l'intérieur. Les préfets remplissent les fonctions d'ordonnateurs des dépenses départementales, mais ils ne peuvent délivrer de mandats que lorsque le ministre a mis des fonds à leur disposition par des mandats de délégation sur la caisse du trésorier-payeur du département. L'exercice est clos au 30 avril; mais les mandats ne peuvent être délivrés sur le budget que jusqu'au 31 mars. Le conseil général ne peut arrêter les comptes qui lui sont soumis que d'une façon provisoire; ils sont réglés définitivement par décrets et sauf la vérification de la cour des comptes. — Le *budget communal est unique*; mais les recettes et les dépenses sont divisées en ordinaires et extraordinaires. Certaines dépenses sont obligatoires (L. 18 juillet 1837; Déc. 31 mai 1862, art. 484 et suiv.), et si ces dépenses étaient omises, elles seraient portées d'office au budget par le préfet. Le maire doit présenter au conseil municipal, dans la session de mai, le projet de budget pour l'année suivante, le projet de budget supplémentaire pour l'exercice courant et le compte de l'exercice clos. Ce compte est accompagné du compte de gestion du receveur municipal, pour le même exercice. La clôture a lieu le 31 mars pour les paiements et dès le 15 mars pour les mandats. Le conseil délibère sur chaque article du budget; les chiffres qu'il adopte sont portés dans une colonne spéciale à côté de celle contenant les propositions du maire. Le préfet règle ensuite définitivement le budget communal, sauf pour les villes ayant trois millions au moins de revenus et dont les budgets sont approuvés par décrets. Sont également approuvés par décrets les budgets des villes dont le revenu dépasse cent mille francs, lorsqu'il y figure des impositions extraordinaires dépassant le maximum de centimes fixé par le conseil général. Le budget extraordinaire de la ville de Paris devait être approuvé par le pouvoir législatif, en vertu de la loi du 48 avril 1869; mais cette prescription a été abrogée par la loi du 26 janvier 1872. Lorsque le budget communal pourvoit à toutes les dépenses obligatoires et qu'il n'applique aucune recette extraordinaire aux dépenses ordinaires, les allocations portées par le conseil municipal pour des dépenses facultatives ne peuvent être modifiées par l'arrêté préfectoral ou par le décret qui règle le budget (L. 24 juillet 1867). Les mandats de paiement sont délivrés par le maire; s'il se refusait à ordonnancer une dépense régulièrement autorisée et liquidée, le préfet prendrait, en conseil de préfecture, un arrêté qui tiendrait lieu de mandat. Les comptes de gestion des receveurs municipaux sont apurés par le conseil de préfecture, pour les communes dont les revenus ordinaires n'excèdent pas 30,000 fr., et par la cour des comptes, pour les communes dont les revenus ont dépassé cette somme pendant trois exercices consécutifs. — Les *budgets des établissements de bienfaisance* sont soumis aux mêmes règles que ceux des communes (Déc. 31 mai 1862, art. 547); ils sont préparés par celui des administrateurs auquel ont été dévolues par ses collègues les fonctions d'ordonnateur des dépenses; la commission administrative de l'établissement en arrête à l'état de projets; ils sont ensuite soumis à l'avis du conseil municipal de la commune et à l'approbation du préfet. S'il y a plusieurs établissements sous la même administration, les dépenses de chaque maison doivent être présentées séparément. Les articles de dépenses concernant les denrées à acheter par les hôpitaux et hospices, ont pour base un *budget-matières*, et le compte annuel d'administration doit être accompagné du compte-matières, rendu par l'économe, dans les formes prescrites par l'instruction ministérielle du 20 novembre 1836. Il doit être établi en outre un compte moral de l'exercice, contenant un résumé de la situation, en ce qui touche l'état financier, la population secourue, les dons et legs, les consommations en denrées, les prix de journée, etc. L'instruction générale des finances du 20 juin 1859 et le décret du 31 mai 1862 sur la comptabilité publique renferment, en ce qui concerne l'État, les départements, les communes, etc., et sauf quelques modifications apportées par des lois ou des décrets ultérieurs, toutes les prescriptions relatives aux budgets, à la comptabilité des recettes et des dépenses, aux pièces à produire à l'appui des paiements ou des recettes, et aux comptes à dresser. — Les *budgets des fabriques paroissiales* sont dressés par le bureau des marguilliers, conformément au modèle administratif, puis soumis au conseil de fabrique et enfin à l'évêque qui a le droit de les modifier (Décr. 30 mars 1809). Le budget ne doit être soumis au conseil municipal que lorsque la commune est appelée à fournir une subvention à la fabrique. Lorsqu'une église est à la fois cathédrale et paroisse, il y a souvent des revenus distincts et il est alors nécessaire de dresser deux budgets (Circ. minist. 22 août 1822). Le compte annuel du trésorier est arrêté par le conseil de fabrique et une copie en est remise au maire, à titre de renseignement (Circ. minist. 26 mai 1812). La comptabilité des fabriques des cathédrales est seule soumise au contrôle du ministre des cultes. »   (Ca. Y.)

* **BUDGÉTAIRE** adj. Qui appartient, qui a rapport au budget : *allocation budgétaire*.

BUDWEIS [houtt'-vaïss] (bohém.*Ceske Budejovice*). Ch.-l. d'un cercle de Bohême, sur la Moldau, à 125 kil. S. de Prague; 17,500 hab. Évêché; institut pour les sourds-muets; poterie, crayons; commerce de grains, de bois, de sel et de graphite.

BUECH (Grand-), rivière qui naît au pied de la Croix-Haute (Drôme), arrose le sud-ouest du département des Hautes-Alpes et se jette dans la Durance à Sisteron (Basses-Alpes). Cours, 85 kil.; flottable sur 57. Affluent de gauche, le Petit-Buech.

* **BUÉE s. f.** (lat. *buere*; de *imbuere*, mouiller). Lessive : *faire la buée* (vieux). — Par ext. Vapeur humide.

BUEIL (Jean de), surnommé le Fléau des Anglais, capitaine du xv⁰ siècle, amiral de France en 1450; servit sous Jeanne d'Arc, accompagna le roi à Reims et prit part à la Ligue du Bien public.

BUENA VISTA (esp. *boue*'-na-viss'-ta) hameau situé au N.-E. du Mexique, à l'extrémité S. de l'état de Coahuila et à 11 kil. S. de Saltillo. Les 22 et 23 févr. 1847, l'armée des États-Unis, commandée par le général Taylor, y repoussa celle du Mexique, sous les ordres de Santa-Anna.

BUEN-AYRE ou **Bonaire** [bouènn-aï-ré; bonaï-ré], petite île hollandaise des Indes occidentales, à 40 kil. E. de Curaçao; 4,000 hab. pénitencier; exportation de sel.

BUÉNOS-AYRES [bué-nô-zè-re; esp. bouènoss-aï-rèss].1. Province de la république Argentine, bornée par l'Atlantique et le Rio-de-la-Plata; 241,320 kil. carr.; 495,107 hab. en 1869. La population comprenait 151,241 étrangers, en majorité Italiens, Espagnols et Français. Côte presque partout sablonneuse. A l'exception du Guamini, du Ventana, du Tandil, du Volcan et de quelques chaînes montagneuses qui surgissent près de la côte et vont se perdre dans les pampas, cette province forme une vaste plaine accidentée de collines, principalement au N. et au N.-E. La portion méridionale se divise, à peu près également, en déserts arides et pierreux et en immenses territoires marécageux mêlés de lagunes salées qui s'évaporent pendant la saison chaude, abandonnant sur le sol desséché une croûte de sel pur. La portion septentrionale de la province est couverte de luxuriantes prairies riches en graminées. Le sol y est riche et y produirait de merveilleuses moissons, si l'agriculture n'y était pas négligée. On s'y occupe surtout de l'élevage des moutons, des bêtes à cornes et des chevaux. Principaux articles d'exportation : peaux, suif, toisons, laines et viandes conservées. Climat généralement salubre, mais sujet à des changements soudains. — II. Ch.-l. de la province ci-dessus,

- Buénos-Ayres.

capitale et port principal de la république Argentine, la seconde ville de l'Amérique du Sud (Rio-de-Janeiro étant incontestablement la première), sur la rive droite de l'estuaire formé par le Rio-de-la-Plata, à 300 kil. de la mer et à 200 kil. de Montevideo ; par 30⁰ 36' 29" lat. S. et 60⁰ 41' 29" long. O. ; 177,787 hab. en 1869 (dont 88,126 étrangers). Depuis 1860, cette ville maritime a pris un rapide essor et, tout en s'agrandissant, elle s'est régularisée et s'est embellie de magnifiques monuments. En 1872, on a adopté un plan général de canalisation pour le drainage complet de la ville et pour un approvisionnement suffisant d'eau potable. Buénos-Ayres renferme 10 plazas ou places, dont la plus vaste, la plaza Victoria, couvre une superficie de 2 hectares. Les principaux édifices publics sont : le vieux *Cabildo* ou hôtel de ville, le palais archiépiscopal, la cathédrale, la douane (dont une partie est occupée par le gouvernement national), le palais du congrès et le palais du gouvernement provincial. Buénos-Ayres est reliée aux villes de l'intérieur par plusieurs voies ferrées; des steamers la mettent chaque jour en communication avec les divers ports du Rio-de-la-Plata et chaque mois avec les villes maritimes de Bahia, Blanca et de El Carmen. De nombreux navires transatlantiques font régulièrement le trajet des grandes villes maritimes de l'Europe à Buénos-Ayres. Les bas-fonds et les sables mouvants qui encombrent le Rio-de-la-Plata rendent les abords de cette ville extrêmement difficiles pour les navires de fort tonnage ; de sorte que ceux qui calent 5 mètres se voient forcés d'ancrer à 8 ou 10 kil du rivage. Pour obvier, en partie, à cet inconvénient, on a construit, en 1855, deux jetées, l'une de 400 mètres et l'autre de 600 mètres. Environ les quatre cinquièmes du commerce extérieur de la république, se font à Buénos-Ayres. — En 1873, le nombre des entrées fut de 2,190 navires (950,726 tonneaux). En 1874, la valeur des exportations a été de 150 millions de francs ; et le nombre des immigrants, de 40,500. Les principales institutions charitables sont : un refuge pour les émigrants, (entretenu par le gouvernement national et par des souscriptions publiques); l'asile des fous, l'asile des pauvres, l'hospice des enfants trouvés, l'institut des sourds-muets et plusieurs hôpitaux. Outre l'université de Buénos-Ayres et le collège national, il y a un séminaire théologique, un collège des jésuites, un collège dirigé par des prêtres français, environ 75 écoles publiques et plusieurs écoles privées. La ville renferme une bibliothèque nationale, fondée en 1870 ; la bibliothèque de l'État (18,000 vol.); et un musée, riche en fossiles. Dix journaux sont publiés dans cette ville (six en espagnol, un en français, un en italien, un en anglais et un en allemand). — La province de Buénos-Ayres fut explorée par Sébastien Cabot, en 1526; la capitale de cette province fut fondée par don Pedro de Mendoza, en 1535. Mais les Indiens révoltés ayant chassé les colons, il fallut que don Juan de Garay reprît possession du sol en 1580. Une nouvelle ville fut créée en 1585. Elle devint évêché en 1620 et vice-royauté en 1775. Les Anglais s'en emparèrent le 27 juin 1806 et la perdirent le 12 août. Une nouvelle attaque des Anglais fut victorieusement repoussée le 5 juillet 1807. Depuis la révolution, Buénos-Ayres n'a cessé de réclamer la suprématie sur toute l'ancienne vice-royauté espagnole dont elle était la capitale; et cette prétention, à laquelle s'opposent les Fédéralistes, a fait naître des guerres civiles et des tentatives de sécession. La ville subit le joug de Rosas jusqu'en 1851, époque où ce dictateur fut renversé par Urquiza, lequel fut déposé et remplacé par Oribe, en der. 1852. Buénos-Ayres se sépara plusieurs fois de la confédération Argentine. Elle y est rentrée en 1862. L'ordre y fut troublé, le 28 février 1878, par une violente émeute, pendant laquelle le collège des jésuites et le palais archiépiscopal furent saccagés.

BUÉNOS-AYRIEN, IENNE adj. s. Qui est de Buénos-Ayres; qui se rapporte à la province ou à la ville de Buénos-Ayres.

BUEN-RETIRO s. m. Endroit propice: lieu

où l'on se retire pour se mettre à l'aise. - tron. Synon. de *water closet* : *un buen-retiro à quinze centimes.*

BUFFALO [angl. bof'-lo], grande ville des Etats-Unis dans l'état de New-York, sur l'extrémité orientale du lac Erie, à l'entrée du Niagara et à 650 kil. N.-O. de New-York. Pop. 117,714 personnes en 1870, et 135,000 en 1875. On y compte 25,000 Allemands et 12,000 Irlandais. Port magnifique sur l'Erie; belles jetées, fort Porter. Rues tracées à angle droit au milieu d'une grande plaine. Vastes parcs, larges boulevards; séjour délicieux en été. Nombreux bateaux à vapeur qui mettent Buffalo en communication avec les lacs. Canal de l'Erie. Explorations aux chutes du Niagara. Immense commerce de grains et de farine. Industrie florissante : fer, bronze, fonte, tanneries, distilleries, chaussures, bières. Nombreuses institutions charitables. 45 écoles publiques (16,000 élèves); école normale, collège médical; collèges catholiques (Saint-Joseph et Canisius); institution théologique luthérienne dite collège Martin Luther. Bibliothèque publique Grosvenor (20,000 vol.), sociétés savantes, 9 journaux quotidiens; 95 églises (principales dénominations : baptiste, épiscopale, évangélique et luthérienne, méthodiste, presbytérienne et catholique). — Buffalo fut fondée par une compagnie hollandaise en 1801. Elle devint un poste militaire en 1812, fut brûlée par les Anglais en 1814 et rebâtie à la fin de la guerre.

* **BUFFET** s. m. Espèce d'armoire pour enfermer la vaisselle et le linge de table. — Table où l'on met une partie de la vaisselle qui doit servir au repas, avec le pain, le vin, les verres, etc : *dresser le buffet.*— Dans les bals et dans quelques autres assemblées, table où sont des mets, des vins, des liqueurs rafraîchissantes, et dont s'approchent ceux qui veulent boire ou manger : *il n'y avait pas de souper à ce bal, mais il y avait un buffet très bien fourni, très bien garni.* — *Vins du buffet,* vins plus choisis que ceux qui sont ordinairement sur la table. — Lieu où l'on tient constamment des mets à la disposition des voyageurs : *buffet de chemin de fer.* — Par ext. Assortiment de vaisselle : *buffet de vaisselle plate, de vermeil.* — En parlant des orgues. Toute la menuiserie où sont renfermées les orgues; menuiserie de chaque jeu en particulier : *buffet du grand jeu, buffet du positif.* — *Buffet d'orgues,* petit orgue tout entier, c'est-à-dire, le buffet et tout ce qu'il renferme, tuyaux, soufflets, clavier, etc. : *acheter un buffet d'orgues.*

BUFFIER (Claude), auteur, né en Pologne en 1661, mort en 1737. Il fut professeur au collège des jésuites de Paris et écrivit sur la grammaire, sur les lettres, sur les sciences, sur la théologie et sur l'histoire. Sa *Pratique de la mémoire artificielle* (4 vol., 1701-'15) est une application de la méthode de Lancelot pour la chronologie et sur les sciences. Sa *Grammaire française sur un plan nouveau* resta longtemps célèbre.

* **BUFFLE** s. m. (lat. *bubalus*). Espèce de bœuf plus gros et d'un naturel moins traitable que le bœuf ordinaire : *on mène les buffles par des anneaux qu'on leur passe dans les naseaux.* — Peau de buffle et de quelques autres animaux, préparée comme le chamois : *ceinturon de buffle.* — Espèce de justaucorps de buffle que les gens de guerre portaient comme une sorte de cuirasse : *il reçut un coup d'épée dans son buffle.* — ENCYCL. On donne le nom de buffle à deux espèces du genre bœuf, qui offrent quelque ressemblance avec le bison d'Amérique, mais avec lequel il ne faut pas les confondre. Ce sont : *le buffle indien* (*bos bubalus*) et *le buffle du Cap*, (*bos Caffer*). Le premier comprend le buffle domestique et le buffle sauvage qui est d'un tiers plus gros et d'une force à tenir tête à un éléphant. Sa

robe consiste en poils moelleux, courts et minces ressemblant aux soies du cochon bien plus qu'aux poils des autres bœufs. Il aime à se vautrer dans la boue des marais, est farouche, et se considère comme le maître des

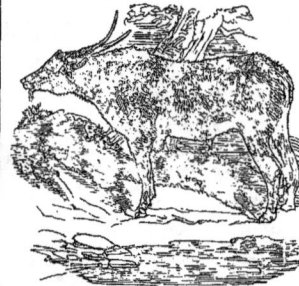

Buffle indien (Bos bubalus).

jungles où il ne faut pas le déranger; le tigre du Bengale lui-même ne le combat que lorsqu'il est provoqué. Les buffles du Cap s'assemblent en immenses troupeaux; mais les vieux taureaux, qui deviennent presque gris

Buffle du Cap. (Bos Caffer)

et perdent quelquefois tout leur poil, aiment la solitude. Ils deviennent alors extrêmement farouches et attaquent avec un courage extraordinaire les hommes aussi bien que les animaux qui viennent les troubler. Après avoir renversé leur adversaire, ils le piétinent, se mettent à genoux sur son corps, l'écrasent sous leur masse énorme, le frappent de leurs cornes massives et ne l'abandonnent qu'après s'être assurés qu'ils lui ont brisé tous les os. Ils aiment également à se vautrer dans la fange.

* **BUFFLETERIE** s. f. Dénomination générique des diverses bandes de buffle qui font partie de l'équipement d'un soldat, et qui servent à porter la giberne, le sabre, etc.

* **BUFFLETIN** s. m. Jeune buffle.

BUFFON, commune, cant. de Montbard (Côte-d'Or). Vignoble; ancien château de Buffon; 500 hab.

BUFFON (Georges-Louis LECLERC, *comte de*), célèbre naturaliste, né à Montbard le 7 septembre 1707, mort à Paris le 16 avril 1788. Son père, Benjamin Leclerc, conseiller au parlement de Dijon, lui fit donner une brillante éducation. Il voyagea dans sa jeunesse, visita la France, la Suisse, l'Italie, se fixa à Londres pendant quelque temps et y traduisit le *Traité des fluxions* de Newton et la *Statistique des végétaux* de Hales. Divers mémoires adressés à l'Académie des sciences lui ouvrirent les portes de cette société en 1733. Il fut nommé directeur du *Jardin du roi* en 1739 et s'attacha à enrichir cet établissement, qu'il dota de galeries, d'un musée, de serres, etc.

C'est au milieu de ces trésors qu'il conçut le plan de ses vastes travaux qui, d'après ses projets, devaient embrasser la description de tous les êtres. Avec la collaboration de Daubenton, il commença cette œuvre considérable qui devait rester inachevée; traita d'abord de la *Théorie de la terre,* puis de l'*Histoire de l'homme* et de celle des *Quadrupèdes vivipares,* et enfin de celle des *Oiseaux.* Ces différentes parties furent successivement publiées, à mesure qu'elles étaient terminées. L'*Histoire des animaux domestiques* parut entre 1753 et 1756; celle des *Tribus carnivores et des autres espèces sauvages,* entre 1758 et 1767; l'*Histoire des oiseaux,* entre 1770 et 1781; l'*Histoire des minéraux,* entre 1783 et 1788, et les *Epoques de la nature* en 1788. Ces divers traités portent ensemble le titre de : *Histoire naturelle, générale et particulière, avec la description du cabinet du roi,* in-4°, Paris, 1749-'88, 36 vol., dont trois de généralités, douze de quadrupèdes, sept de suppléments, neuf d'oiseaux et cinq de minéraux. Jamais aucun ouvrage de ce genre n'obtint un succès aussi populaire et aussi prolongé, parce que c'est celui qui donne le plus d'attrait à l'étude de l'histoire naturelle. Le style en est toujours élégant et élevé. L'auteur semble peindre les êtres dont il parle; sous sa plume la nature vit. Il fait chatoyer à nos yeux les étincelantes couleurs des plus brillants oiseaux. Malgré les critiques de Voltaire et les reproches de Condorcet, qui l'accusaient d'être ampoulé, inexact ou infidèle, on le considère et on le considérera encore comme l'un des meilleurs écrivains du XVIIIe siècle. Malheureusement, ses théories sont vagues et hypothétiques : c'est un vulgarisateur; il prend la science au point où ses devanciers l'ont portée et il la répand sous une forme populaire; il va chercher les lecteurs que rebutent les descriptions arides. Plus tard, Jussieu, de Candolle, Cuvier, Agassiz et des centaines d'autres créeront des nomenclatures naturelles et renverseront la plupart de ses théories; malgré cela, la gloire de Buffon ne sera pas éclipsée, parce que l'on trouve dans ses écrits un merveilleux éclat de style joint à la hardiesse d'un puissant génie. Reçu, sans sollicitation, à l'Académie française en 1753, il donna dans son discours sa théorie littéraire et exprima cette pensée « que le style de l'écrivain est l'homme même ». Il ne travaillait qu'après s'être vêtu comme pour se rendre à quelque cérémonie. Peu d'écrivains jouirent de leur vivant d'une renommée semblable à la sienne; les savants, les princes, les rois se glorifiaient d'être en correspondance avec lui. De son mariage (1760), avec Mlle de Saint-Belin, il eut un fils qui entra dans le corps de cavalerie et fut guillotiné en 1793. Les œuvres de Buffon ont été souvent réimprimées; on les a traduites dans toutes les langues. La meilleure édition de l'*Histoire naturelle* est la première (1749-'88). Huit volumes y furent ajoutés par Lacépède (quadrupèdes, ovipares, serpents et poissons). Outre Daubenton, Buffon eut pour collaborateurs Mertrud, Guéneau de Montbelliard et l'abbé Bexon. — La *Correspondance de Buffon* a été publiée à Paris (1860, 2 vol.) par son petit-neveu, M. Nadaud de Buffon.

BUG [bourg]. I. Rivière de la Russie occidentale; naît en Galicie (Autriche), traverse la Pologne russe, reçoit la Narew et se jette dans la Vistule à 30 kil. N.-O. de Varsovie; cours, 700 kil. dont 450 navigables. — II. Rivière de la Russie méridionale; naît dans la Podolie et se jette dans l'estuaire du Dnieper; 900 kil. dont 425 navigables. On l'appelle aussi Bog.

BUGEAT, ch.-l. de cant., arr. et à 39 kil. N.-O. d'Ussel (Corrèze), sur la Vézère; 919 hab. Intéressantes ruines romaines.

BUGEAUD DE LA PICONNERIE (Thomas-Robert, DUC D'ISLY), maréchal de France, né à

Limoges en 1784, mort du choléra, à Paris, le 10 juin 1849. Vélite dans les grenadiers à pied de la garde impériale, à l'âge de vingt ans, caporal à Austerlitz, puis chef de bataillon en Espagne. il gagna le grade de lieutenant-colonel à Ordal (Catalogne), où, à la tête d'une poignée d'hommes, il attaqua un régiment anglais et le mit en déroute (1813). Il entra au service des Bourbons (1814); puis déserta leur cause pour celle de Napoléon (1815); vainquit les Autrichiens à l'Hôpital-sous-Conflans (Savoie) en juin 1815, fut licencié par la seconde Restauration, supplia vainement pour qu'on lui rendit son grade pendant l'expédition d'Espagne et se vit forcé de vivre obscurément sur ses terres d'Excideuil, où il s'occupait d'agriculture. Le gouvernement de Juillet le nomma maréchal de camp, et les électeurs l'envoyèrent à la Chambre des députés où il se distingua par son dévouement à la nouvelle monarchie et par ses trivialités de langage et par ses menaces à l'adresse des membres de l'opposition (1831). C'est à lui que fut confiée la triste mission de garder la duchesse de Berry, prisonnière à Blaye, et de donner une publicité scandaleuse à l'accouchement de cette princesse. Dans une discussion à la Chambre, le député Dulong ayant dit ironiquement : « Il faut que le militaire obéisse jusqu'à se faire geôlier », Bugeaud l'appela en duel et le tua (27 janvier 1834); quelques jours plus tard, le bouillant général commandait les troupes qui massacrèrent les habitants de la rue Transnonain. Envoyé en Afrique, il battit Abd-el-Kader le 7 juillet 1836 et en mai 1837; mais il conclut avec lui le traité impolitique et désastreux de la Tafna. Nommé gouverneur général de l'Algérie, en 1840, il inaugura le système qui consistait à poursuivre les Arabes par des mouvements rapides et à les prendre par la famine en incendiant leurs récoltes. Soigneux du soldat, il se rendit populaire dans les troupes, à l'aide d'une apparente bonhomie pleine de finesse et par une faconde qui était au service d'un véritable courage personnel. Ses succès militaires, ses efforts pour coloniser la conquête, la chute de l'émir Abd-el-Kader, qui dut s'enfuir au Maroc, lui valurent la dignité de maréchal, en 1843. L'année suivante (14 août), il attaqua les Marocains, très supérieurs en nombre, et remporta une brillante victoire dont la récompense fut le titre de duc d'Isly. Après une expédition en Kabylie, il fut remplacé par le duc d'Aumale comme gouverneur général de l'Algérie (11 sept. 1847). Pour vaincre les Parisiens révoltés en février 1848, Bugeaud demanda seulement quatre hommes et un caporal au roi Louis-Philippe, qui lui donna le commandement de l'armée de Paris et de la garde nationale. Celle-ci ayant refusé de tirer sur le peuple, force fut de cesser le feu. Le gouvernement provisoire repoussa les services du maréchal qui les offrit, avec plus de succès, au prince Louis-Napoléon. Il reçut le commandement de l'armée des Alpes et fut élu à l'Assemblée nationale par les électeurs de la Charente-Inférieure.

BUGENHAGEN (Johann) [bou'-ghèn-hâghènn], connu sous le nom populaire de Pomeranus ou Dr Pommer, réformateur allemand (1485-1558); fut le principal coadjuteur de Luther et de Melanchthon, l'un des auteurs de la « Confession d'Augsbourg »; aida Luther à traduire la Bible, organisa la réforme en Allemagne, en Danemark et en Norvège et a laissé un commentaire sur les psaumes.

BUGEY, ancien pays ayant le titre de comté, dans le duché de Bourgogne, borné par la Franche-Comté, le Dauphiné, la Savoie et la Bresse; compris aujourd'hui dans le département de l'Ain. Capitale Belley. Du temps de César, le Bugey était habité en partie par les Séguisiens. Il fit partie du royaume de Bourgogne, eut ses seigneurs particuliers au commencement de la féodalité, passa en 1137 au

comte de Savoie qui partagea ses droits avec l'évêque de Belley, les abbés d'Ambournai et de Saint-Rambert et le prieur de Nantua. Il fut cédé à la France avec la Bresse et le pays de Gex par le traité de Lyon (1601), en échange du marquisat de Saluces.

BUGGE (Thomas) [boug'-ghè], astronome danois (1740-1815); fut professeur d'astronomie et de mathématiques à Copenhague, fit d'importantes découvertes, perfectionna plusieurs instruments, etc.; a laissé des traités élémentaires d'astronomie et un récit d'une mission scientifique en France en 1798.

BUGHIS ou Bouguis, peuple de l'archipel Malais, dont l'établissement principal se trouve dans la péninsule S.-O. des Célèbes, sur les territoires de Boni et de Waju, dont les souverains, qui appartiennent souvent au sexe féminin, sont élus par les nobles. Au commencement du XIXe siècle on représentait les Bughis comme de féroces pirates; aujourd'hui, ils sont civilisés, possèdent une littérature, habitent des maisons confortables, ont des manufactures et de vastes cultures, et sont les principaux négociants des mers de l'Inde. Ils se sont récemment convertis au mahométisme. Ils émigrent et s'établissent à Bornéo, à Sumatra, à Singapore, etc.

* BUGLE s. f. Bot. Genre de plantes labiées, à rejets rampants, qui étaient jadis fort vantées comme astringentes et vulnéraires. — v. s. m. Clairon à clef et à trous.

* BUGLOSSE s. f. [bu-glo-se] (gr. bous, bœuf; glôssa, langue). Bot. Genre de borraginées, dont une espèce, la buglosse médicinale, indigène, vivace, commune dans les lieux secs, a beaucoup de rapport avec la bourrache, et doit des mêmes propriétés médicinales : en Italie, on mange la buglosse cuite comme des choux.

* BUGRANE s.f. (gr. bous, bœuf; agreuô,)'arrête). Bot. Genre de plantes légumineuses qui comprend un grand nombre d'espèces, dont quelques-unes abondent tellement dans les champs négligés que leurs racines gênent les labours.

BUGUE, ch.-l. de cant., arr. à 30 kil. N.-O. de Sarlat (Dordogne), sur la Vézère; 3,000 hab. Huile de noix; grotte du Cluseau.

BUL (Bernardo) [bou'-il], bénédictin espagnol, qui fut le premier missionnaire dans le nouveau monde, mort en 1520. Il accompagna Colomb en 1493 comme vicaire apostolique, revint en Europe en 1495 et fut l'un des plus sournois ennemis de l'illustre navigateur.

* BUIRE s. f. Vase à mettre des liqueurs : buire d'argent.

BUIRONFOSSE, commune du cant., et à 7 kil. de La Capelle (Aisne), dans une vaste plaine; 2,500 hab. Fabrication de sabots.

BUIS s. m. [bui] (gr. buxos; lat. buxus ou

Buis.

buxum). Bot. Genre d'euphorbiacées, tribu

des buxacées, dont l'espèce indigène d'Europe, le buis toujours vert ou buis des forêts (buxus semper virens), est un arbrisseau toujours vert, dont le bois, jaunâtre et très dur, est d'un grand usage dans la tabletterie. — Bois de cet arbrisseau, employé à divers ouvrages : boîte de buis; peigne de buis. — Branche de buis :

.....L'eau sainte où trempe un buis bénit.
V. Hugo.

BUIS-LES-BARONNIES (Le), ch.-l. de cant., arr. et à 33 kil. S.-E. de Nyons (Drôme); 2,500 hab. Chapellerie, filature de soies, orfèvrerie.

BUISSE s. f. Techn. Instrument dont les tailleurs se servent pour rabattre les coutures — Outil de cordonnier pour cambrer les semelles.

* BUISSON s. m. (rad. buis). Hallier, touffe d'arbrisseaux ou d'arbustes sauvages, épineux. — Bois de peu d'étendue, par opposition à forêt : ce n'est pas une forêt, ce n'est qu'un buisson. — Chasse. Trouver buisson creux, ne plus trouver l'enceinte la bête qu'on avait détournée. — Prov. et fig. Trouver buisson creux, ne plus trouver la personne ou la chose qu'on était allé chercher. — Prov. et fig. Il a battu les buissons, et un autre a pris les oiseaux, il a eu toute la peine, et un autre tout le profit. — Hortic. Arbre en buisson, ou simplement, buisson, arbre fruitier nain, auquel on a donné la forme d'un buisson, en le taillant du dedans, et le laissant pousser au dehors de tous côtés. — Buisson ardent, ou Pyracanthe, espèce de néflier dont les fruits, rassemblés en gros bouquets, sont d'un beau rouge écarlate.

* BUISSONNEUX, EUSE adj. Couvert de buissons : pays buissonneux.

* BUISSONNIER, IÈRE adj. Se dit des lapins qui, n'ayant point de terrier, se retirent dans les buissons : lapins buissonniers. — Prov. et fig. Faire l'école buissonnière, se dit d'un écolier qui manque à aller en classe.

BUKOWINE [bou-ko-vi-ne], terre de la couronne (Autriche cisleithane), au S.-E. de la Galicie; 10,451 kil. carr.; 513,404 hab., presque tous Roumains et Ruthènes; environ les trois quarts appartiennent à l'Eglise grecque orientale. Territoire traversé par des embranchements des Carpathes; arrosé par le Pruth et ses affluents, la Sereth, la Suczawa et la Moldava. A l'E. s'étendent de vastes forêts, principalement de hêtre. Les travaux de l'agriculture et surtout de la sylviculture occupent généralement les habitants. Capitale Czernowitz, où une université a été établie en 1875. Après avoir formé un district de la Moldavie et avoir payé un tribut à la Porte, la Bukowine fut cédée à l'Autriche en 1777 et unie à la Galicie. En 1849, on en forma une terre séparée de la couronne.

BULAMA. Voy. Boulama.

BULARQUE, peintre grec, auteur de la première peinture que mentionne l'histoire, vers 720 av. J.-C.

* BULBE s. f. (gr. bolbos). Plusieurs le font masculin. Bot. Oignon de plante : la bulbe du lis. — Anat. Partie renflée, globuleuse; et alors il est toujours masculin : le bulbe de l'urètre ; le bulbe ou la racine des poils.

* BULBEUX, EUSE adj. Bot. Qui est formé d'une bulbe; qui a une bulbe pour racine : racine bulbeuse, plante bulbeuse. — Anat. Qui est pourvu d'une bulbe, ou qui forme bulbe : corps bulbeux; substance bulbeuse.

BULGARE s. et adj. Qui est de la Bulgarie ; qui concerne ce pays.

BULGARIE (anc. Mœsia inferior), province de la Turquie d'Europe, formant autrefois le vilayet de Tuna (Danube); établie par le traité de Berlin (1878) principauté autonome, tributaire du sultan. 63,855 kil. carrés ; 1,869,000 hab., dont 60 p. 100. d'origine bulgare et de la religion grecque; 20 p. 100. d'origine turque. Le surplus se compose de Serbes, de Grecs, d'Arméniens, de Juifs, de Tartares, de Circassiens, d'Albanais, de Bosniaques, de Valaques et de Gypsies. — LIMITES : Roumanie au N.; mer Noire à l'E.; Roumélie au S. ; Turquie à l'O.; Serbie au N.-O. — TOPOGR. — La principauté s'élève graduellement du Danube qui la borne au Nord jusqu'aux Balkans qui lui servent de limite au S. Parmi ses principales rivières, on remarque les branches orientales de la Morava, l'Isker, le Vid, etc., qui se jettent dans le Danube ; la Struma qui se dirige vers le S. et afflue dans l'Archipel ; le Sirisen Dere et le Kamtchyk qui se rendent à la mer Noire. — Capitale Sofia; villes principales : Nissa, Ternova (ancienne capitale), Sistova, Widin, Roustchouk, Nicopolis. — Les principales villes fortes sont : Roustchouk, Silistrie et Widin, sur le Danube; Varna, sur la mer Noire, et Schoumla, dans l'intérieur, commandant le principal passage des Balkans.— Au N.-E., le long du bas Danube, s'étend la vaste plaine nommée Dobrudja, partie naturelle de la Bulgarie, mais qui en a été politiquement séparée par le traité de Berlin, pour être donnée à la Roumanie. — CONSTITUTION ET GOUVERNEMENT. La principauté de Bulgarie a été créée par le traité de Berlin (13 juillet 1878). D'après l'article premier de ce traité, elle est autonome, sous la suzeraineté du sultan ; elle possède un gouvernement chrétien et une armée nationale. L'art. 3 ordonne que le prince sera librement élu par la population et confirmé par la Sublime-Porte, avec le consentement des grandes puissances. Aucun membre de l'une des familles régnantes dans les grandes puissances ne peut être élu prince de Bulgarie. D'après la constitution de 1879, l'autorité législative est confiée à une chambre unique, nommée assemblée nationale de Bulgarie. Cette assemblée se compose de l'exarque bulgare, de la moitié des évêques, de la moitié des présidents et des membres de la cour suprême, de la moitié des présidents des cours de cercle et de cercle, et des députés du peuple (1 par 20,000 hab.). Le pouvoir exécutif appartient au prince, assisté de sept ministres : affaires étrangères ; intérieur; instruction publique; finances; travaux publics ; justice; guerre. — D'après l'art. 9 du traité de Berlin, les grandes puissances doivent fixer le tribut à payer par la Bulgarie à la Porte, en faisant supporter à la principauté une partie de la dette contractée par sa suzeraine.— Les ministres sont responsables. — La religion d'État est la confession grecque orientale. — Armes de la principauté : un lion d'or sur un écusson brun obscur. — Le 29 avril 1879, l'assemblée nationale a élu à l'unanimité le prince Alexandre Ier, né le 5 avril 1857, fils du prince Alexandre de Hesse et de la princesse Julie de Battenberg. La principauté est désormais héréditaire dans sa descendance; et il ne serait procédé à une nouvelle élection que si un prince venait à mourir sans héritier direct. — POPUL., AGRIC., INDUST., COMM. La grande majorité de la population s'occupe d'agriculture. Les Bulgares, anciens maîtres du pays, se sont répandus dans les provinces turques du voisinage où ils sont presque aussi nombreux que dans la Bulgarie proprement dite. C'est un peuple paisible, industrieux et intelligent, malheureusement livré à l'ignorance et à la superstition. Chaque village possède une cour (mejlis) consistant en un maire assisté de plusieurs membres, lequel cour juge les affaires civiles et les délits. — Le principal article d'exportation est le blé, dont un million et demi de tonnes sont expédiées chaque année à Constantinople. La culture de la vigne a pris une grande extension Les pays montagneux pro-

duisent le miel, la résine et du gibier. On trouve un peu d'or et d'argent dans le lit des torrents ; du fer et du charbon dans les montagnes. La Bulgarie exporte, en outre, de la laine, du suif, des peaux, du bois de construction; elle importe des tissus, du fer et de la houille. La seule ligne ferrée en exploitation est celle de Roustchouk à Varna, 224 kil. — LANGUE ET LITTÉRATURE BULGARES. Le bulgare a été la langue biblique de l'Eglise gréco-slave, employée dans la littérature ecclésiastique des anciens pays slaves. Après la chute du royaume de Bulgarie, la structure grammaticale et la pureté de ce langage furent altérées par des additions d'albanais, de roumain, de turco-tartare et de grec. Le bulgare moderne possède seulement le nominatif et le vocatif des sept cas slaves ; les autres cas sont remplacés par des prépositions. Il y a un article ; mais on le place après le mot qu'il qualifie. L'inflexion du verbe est, en quelque sorte, imparfaite. Parmi les ouvrages de l'ancienne littérature bulgare, on cite les traductions de la Bible par Cyrille et par Methodius, et les écrits de Jean de Bulgarie (xe siècle). La littérature moderne consiste presque entièrement en quelques livres élémentaires et religieux. Il existe des grammaires bulgares par Neofyt (1835), par Christaki (1836), par Venelin (1837), par Bogoyev (1845) et par le missionnaire américain E. Riggs (1849). Des dictionnaires ont été préparés par Neofyt et par Stojanowicz. On a imprimé à Smyrne, en 1840, une version du Nouveau Testament. La Bulgarie possède de nombreux chants populaires, dont la plupart ont été édités dans la collection de Celakovsky. Douze poèmes historiques ont été publiés en 1845 par Bogoyev. Les principales villes où l'on imprime des livres bulgares sont : Bucharest, Belgrade, Bude, Cracovie, Constantinople, Smyrne et Odessa. — HIST. Les Bulgares, qui forment aujourd'hui la principale division des Slaves en Turquie, apparaissent d'abord dans l'histoire non comme tribu slave, mais en qualité de tribu finnoise, sur le Volga, sur le Don et, ensuite, sur le Danube. Ils ravagèrent continuellement l'empire byzantin et l'Italie de 499 à 1018. Constantinople vit plusieurs fois ces barbares camper sous ses murs. Un instant subjugués par les Avares, les Bulgares reconquirent bien vite leur indépendance. Vers 750, le khan Kormes, de la maison d'Asparuk, envahit la Thrace, mais fut tué par ses propres sujets, et le trône devint électif. En 811, le khan Krumm battit et tua l'empereur Nicéphore. Vers 860, sous le règne de Bogoris, qui prenait le titre de roi, le christianisme fut introduit en Bulgarie; des mélanges constants avec les tribus slaves du voisinage avaient déjà converti les Bulgares en une nation slave. Après une longue série de luttes cruelles, ils furent enfin vaincus en 1014 par l'empereur Basile. Ce prince ayant fait 15,000 prisonniers, leur creva les yeux, ne laissa un œil qu'à un homme sur cent, afin que ceux qu'il épargna à demi pussent reconduire les autres vers leurs domiciles. La Bulgarie fut complètement soumise en 1018. Elle se souleva en 1186, à la voix des deux frères Pierre et Asan, qui descendaient des anciens khans et qui fondèrent une nouvelle dynastie des Asanides. Après plusieurs révolutions, ce royaume fut renversé par la victoire du sultan Amurat Ier à Kosovo (1389) et annexé à l'empire ottoman par Bajazet en 1396. Depuis cette époque, les Bulgares ont supporté, plus paisiblement que les autres peuples chrétiens, le joug pesant de la Turquie. Ils semblaient résignés à cette abrutissante domination, lorsque la guerre de Crimée réveilla les esprits et créa une agitation considérable. L'opposition au gouvernement de Constantinople prit d'abord une tournure religieuse. Les paysans refusèrent de payer la dîme due au patriarche grec de Constantinople et ils

chassèrent leurs évêques. Ces efforts, secondés par la Russie, aboutirent à la formation de deux partis: l'un favorable à la formation d'une Eglise indépendante ; l'autre, soutenu par Napoléon III, disposé à se rallier au catholicisme romain. Un archimandrite, Sobolski, nommé par Pie IX, vint prêcher dans le pays; mais il fut bientôt forcé de s'en aller. Les revers de la France, en 1870, firent faire un grand pas à la révolution, en donnant plus d'influence à la Russie. Le sultan crut satisfaire les aspirations populaires en déclarant l'autonomie religieuse de la Bulgarie qui forma un exarchat. Un concile de l'Eglise bulgare s'étant assemblé en février 1872, élut pour premier exarque, Anthimos, métropolitain de Widin. Mais cette satisfaction donnée aux exigences de la nation, fit naître de nouveaux désirs. Dès que l'Herzégovine et la Bosnie se révoltèrent, en 1875, des troubles annoncèrent que la Bulgarie ne tarderait guère à suivre leur exemple, pour peu qu'elle se sentirait soutenue par une grande puissance. Le 1er mai 1876, tout le pays se souleva, à la voix d'agitateurs étrangers; l'insurrection fut aussitôt réprimée par les troupes turques irrégulières et par les colons circassiens qui commirent des massacres épouvantables dans la Bulgarie aussi bien que dans les districts avoisinants du vilayet d'Edirneh. Le 7 mai, les bachi-bouzouks avaient déjà brûlé 63 villages, détruit plusieurs villes, tué 15,000 personnes de tout âge et de tout sexe. Ces atrocités soulevèrent l'indignation des peuples civilisés et préparèrent l'affranchissement du pays qui en avait été victime. Les Bulgares furent délivrés par les Russes, qui prirent Billa, le 5 juillet 1877, Plevna, le 6, Tirnova, le 7, et s'établirent dans les Balkans dès le 14. Un instant victorieux, les Turcs reprirent Plevna le 20 juillet et s'y fortifièrent. Les Russes et les Roumaniens parurent devant cette ville le 7 septembre et commencèrent un siège qui fut l'un des principaux actes de la guerre. Plevna dut se rendre le 10 décembre. La prise de cette forteresse, suivie de celle de Sofia (3 janv. 1878), décida du sort de la Bulgarie, qui fut déclarée autonome par le traité de Berlin. En reconnaissance du service rendu par la Russie, l'assemblée nationale élut à l'unanimité le prince Alexandre de Hesse, neveu de l'impératrice de Russie et officier dans l'armée russe.

BULGARIN (Thaddeus) [boul-gâ'-rinn], écrivain russe d'origine polonaise (1789-1859). Il servit dans l'armée russe, puis dans l'armée française (1810-14) et se retira ensuite à Varsovie et à Saint-Pétersbourg. Il publia plusieurs ouvrages historiques ou sur la vie domestique des Russes.

BULGNÉVILLE, ch.-l. de cant., arr. et à 24 kil. S.-E. de Neufchâteau (Vosges), à l'entrée de la forêt de Bulgneville; 1,100 hab. Broderies fines, souliers de pacotille. Ancienne baronnie qui fut érigée en marquisat (1708). Combat entre René Ier, duc de Lorraine et le comte Antoine de Vaudemont. René fut vaincu et retenu cinq ans en captivité.

BULIME s. m. (de bulle). Genre de mollusques gastéropodes, voisin des hélices et comprenant de nombreuses espèces dont les coquilles sont ordinairement ornées de couleurs agréables.

BULL (John) [djonn-boul], mots anglais qui signifient Jean Taureau et qui s'appliquent plaisamment au peuple anglais pour peindre sa lourdeur et son flegme. Swift est, dit-on, le premier qui ait employé ce sobriquet, aujourd'hui aussi populaire que celui de Jacques Bonhomme pour désigner le paysan français, ou celui de Jonathan pour désigner les habitants des Etats-Unis. Par sa satire: Histoire de John Bull (1712), Arbuthnot répandit ce surnom familier.

BULL (John), musicien anglais, né vers 1563, mort en 1622. On lui a faussement attribué le *God save the King*.

* **BULLAIRE** s. m. Recueil de plusieurs bulles des papes.— ☞ Ecrivain qui copiait les bulles.

BULLANT (Jean), sculpteur et architecte, mort à Ecouen en 1578. Ses chefs-d'œuvre sont le château d'Ecouen, commencé vers 1540, l'hôtel Carnavalet, le tombeau de Henri II. A laissé : *Règle générale d'architecture des cinq manières* (1568); *Recueil d'horlogiographie* (1561).

BULLE adj. Se dit d'un grossier papier à écrire : *papier bulle*. — Substantiv. : *acheter cent kilogrammes de bulle*.

* **BULLE** s. f. (lat. *bulla*). Globule rempli d'air qui s'élève quelquefois à la surface des eaux, qui se forme sur les liquides en ébullition ou en fermentation, etc.: *bulle d'eau; bulle d'air*. — BULLE D'AIR, se dit aussi d'une petite quantité d'air qui reste enfermée dans une matière jetée en fonte ou coulée: *les bulles d'air sont une imperfection dans les glaces*. — BULLE DE SAVON, petit globe transparent et rempli d'air qu'on forme en soufflant dans un chalumeau trempé dans l'eau de savon, et qui s'élève et voltige en se nuançant de couleurs brillantes. — ARCHÉOL. Petite boule d'or, d'argent ou d'autre métal, que portaient au cou les jeunes patriciens de Rome, jusqu'à l'âge de dix-sept ans.

* **BULLE** s. f. (bas lat. *bulla*, sceau). Au sens propre une *bulle* est un sceau en or, en argent, en plomb ou en cire. — Particulièrement. Ordonnance pontificale scellée d'or ou de plomb, et dont le sceau, portant d'un côté les images des saints Pierre et Paul, de l'autre le nom du pape régnant et l'année de son pontificat, est attaché au document par un cordon. Les bulles sont ordinairement désignées par les premiers mots qu'elles contiennent et l'on dit : la bulle *In cœnâ Domini*, la bulle *Clericis laicos*, la bulle *Unigenitus*, etc. Les brefs ont une égale autorité; mais ils sont publiés avec moins de solennité. — On appelle *Bullæ dimidiæ* ou *demi-bulles*, celles que publie le pape avant son couronnement. Pour les bulles, au plur. des provisions en cour de Rome de certains bénéfices : *avoir ses bulles*; *un évêque qui attend ses bulles pour se faire sacrer*. Constitution de quelques empereurs. Ainsi la constitution de l'empereur Charles IV (1356), qui réglait, entre autres choses, la forme de l'élection des empereurs d'Allemagne, était appelée *la bulle d'or*. — LÉGISL. « Aucune *bulle*, aucun bref, rescrit, ni aucune autre expédition de la cour de Rome, même non concernant que des particuliers, ne peut être reçue, publiée, imprimée, ni autrement mise à exécution sans l'autorisation du gouvernement (L. 18 germ. an X). Ce principe a toujours été reconnu sous l'ancienne monarchie, et il avait été confirmé par le décret de l'Assemblée nationale des 9-17 juin 1791. Le droit de vérifier les bulles et autres actes de la cour romaine appartient au conseil d'Etat (Décr. 21 août 1872, art. 5); mais le recours pour abus porté devant ce conseil en vertu des articles organiques (6, 7 et 8) est à peu près sans portée, et l'on attend encore qu'une sanction légale soit donnée aux défenses contenues dans la loi de l'an X. »   (CH. Y.)

BULLE s. f. (lat. *bulla*). Ant. Nom que les Romains donnaient au bouton qui terminait le cylindre autour duquel s'enroulait un manuscrit. La bulle ou *bulla* était en ivoire, en argent ou or, suivant le prix et le luxe du manuscrit. Elle portait le titre de l'ouvrage, le nom de l'auteur et quelquefois même celui du copiste ou du libraire.

* **BULLÉ, ÉE** adj. [bul-lé]. Ancienne chancell. Qui est en forme authentique : *expédition bullée*. — BÉNÉFICE BULLÉ, bénéfice dont

les provisions ne s'expédient à Rome qu'en forme de bulle. — ETRE BULLÉ, N'ETRE PAS BULLÉ, avoir reçu ou n'avoir pas encore reçu les provisions d'un bénéfice bullé auquel on est promu.

BULLET (Pierre), architecte, né vers 1639, mort en 1716. Son chef-d'œuvre est l'arc triomphal de la porte Saint-Martin.

* **BULLETIN** s. m. (rad. *bulle*). Petit papier sur lequel on donne par écrit son vote, pour concourir à une élection ou à une délibération : *dans cette assemblée, on vote en écrivant* Oui *ou* Non *sur son bulletin*. On dit également, *billet*. — Petit écrit par lequel on rend compte chaque jour de l'état actuel d'une chose qui intéresse le public : *le bulletin de la maladie du prince*. — BULLETIN DE L'ARMÉE, récit officiel d'une ou de plusieurs opérations de l'armée. — Petit billet ou écrit servant à constater certaines choses : *le bulletin constate le dépôt d'un livret*. — Résumé des nouvelles donné par un journal et ordinairement placé en tête de ce journal. — Titre d'un grand nombre de publications : *Bulletin des lois; Bulletin de la Société de géographie*. — BULLETIN DES SCIENCES *par la Société philomatique*, journal publié une fois par mois, depuis 1791; on y trouve, en abrégé, une foule de notices précieuses pour l'histoire naturelle. — LÉGISL. « Le *Bulletin des lois* a été créé en 1793, pour servir à la publication des lois d'intérêt public ou d'une exécution générale. Il a servi pendant longtemps à la promulgation en vertu de laquelle les lois deviennent exécutoires dans tout le territoire français (Code civil, art. 1er et constitution du 16 juillet 1875, art. 7). Depuis le décret-loi du 5 nov. 1870, la promulgation des lois et décrets résulte de leur insertion au *Journal officiel de la République française*. Cependant, dit l'article 2 de ce décret « le *Bulletin des lois*, continuera à « être publié, et l'insertion qui y sera faite « des actes non insérés au *Journal officiel* en « opérera la promulgation ». Le *Bulletin des lois* est imprimé par l'imprimerie nationale. Il est envoyé gratuitement à toutes les autorités constituées et aux fonctionnaires chargés de surveiller ou de faire l'application des lois (Déc. 25 mai 1814). L'abonnement, qui est de 9 fr. par an pour les particuliers, est réduit à 6 fr. pour les communes. Cet abonnement est obligatoire pour les chef-lieux de canton; les autres communes doivent s'abonner, moyennant 4 fr. par an, au *Bulletin des communes*, publication officielle, laquelle est imprimée d'un seul côté pour être affichée, et qui, depuis 1872, remplace le *Moniteur des communes*, fondé en 1852. Plusieurs ministères et quelques administrations publiques font imprimer un *Bulletin officiel*, contenant les arrêtés ministériels, circulaires, décisions et autres documents qui doivent être portés à la connaissance des agents subordonnés. Pour les bulletins électoraux, voy. ELECTION. »   (CH. Y.)

BULLETINIER ou **Bulletiniste** s. m. Au XVIIIe siècle, faiseur de gazettes à la main. — Aujourd'hui, rédacteur chargé du bulletin dans un journal.

BULLINGER (Heinrich) [boul-ign-eur], théologien suisse (1504-75). Il fut pasteur à Zurich et publia les œuvres de Zwingle.

BULL RUN [boul-reunn], petit tributaire de l'Occoquan, au N.-E. de la Virginie (Etats-Unis). Près de ses bords se livrèrent deux batailles pendant la guerre de sécession (21 juillet 1861 et 29-30 août 1862). Voy. MANASSAS JUNCTION.

BULLY (Jean-Vincent), parfumeur qui inventa le vinaigre qui porte son nom; mort à l'hôpital de la Charité vers 1846.

BÜLOW (bu-lô). I. (Friedrich-Wilhelm VON), comte de Dennewitz, général prussien (1755-1815). Au commencement du soulèvement na-

tional en 1813, il fut élevé au grade de lieutenant-général, après quarante-trois ans de service. Il battit Oudinot à Grossbeeren et Ney près de Dennewitz, monta le premier à l'assaut des portes de Leipzig, poursuivit les Français en Hollande et en Belgique, joignit Blücher en Champagne après la prise de La Fère et de Soissons, prit Compiègne et Montmartre en respect pendant que les Alliés entraient dans Paris. En 1815, il contribua essentiellement à la victoire des Prussiens à Waterloo, en arrivant sur le champ de bataille par des marches forcées. — II. (Adam-Heinrich-Dietrich VON), écrivain militaire, frère du précédent (1757-1807). Son *Histoire de la campagne de 1805* (Berlin, 1806, 2 vol.), motiva son arrestation et il mourut en prison.

BULOZ (François), publiciste, né à Oulbans, près de Genève en 1803, mort à Paris le 12 janvier 1877; fondateur (1831) de la *Revue des Deux-Mondes*, qu'il a dirigée jusqu'à la fin de sa vie, et créateur (1850) de l'*Annuaire des Deux-Mondes*. De 1838 à 1848, il fut commissaire royal près de la Comédie-Française.

BULTEAU (Louis), historien, né à Rouen en 1625, mort à l'abbaye de Saint-Germain-des-Prés, à Paris en 1693. A laissé : *Histoire monastique de l'Orient* (Paris, 1678); *Histoire de l'ordre de Saint-Benoît et des moines d'Occident, jusqu'au Xe siècle* (1684, 2 vol. in-4°).

BULTI, Bultistan ou PETIT-THIBET, dépendance du royaume de Cachemire, dans la partie N.-O. de l'Himalaya; environ 75,000 hab., de race tartare et musulmans. Climat froid; grande production de fruits semblables à ceux de l'Europe. Ce pays fut indépendant jusqu'en 1846. Capitale Iskardo, sur l'Indus.

BULWER [boul-oueur] (Henry-Lytton-Earle), baron Dalling et Bulwer, diplomate anglais, frère de lord Lytton (1804-72). Fut secrétaire de légation à Bruxelles, à Constantinople et à Paris, ministre plénipotentiaire à Madrid (1843-8), à Washington (1849-52) et à Florence (1852-6) et ambassadeur à Constantinople (1858-65). A publié : *La Monarchie et les Classes moyennes en France* (1836); *Caractères historiques et Vie et Lettres de lord Palmerston*.

BULWER-LYTTON (Edward - George EARLE LYTTON, *baron Lytton*), poète, auteur dramatique et romancier anglais (1805-73), membre du parlement, 1831-41 et 1852-9, baronnet en 1838. Ses œuvres poétiques et dramatiques (5 vol. 1852-4), comprennent : « O'Neill ou le Rebelle », « le Roi Arthur » poème épique ; « le Nouveau Timon » et les comédies : « la Dame de Lyon », « Richelieu », « Argent », « Pas si mauvais que nous le paraissons ». Il traduisit en vers anglais, les poèmes et les ballades de Schiller, et les odes et les épodes d'Horace. Ses principaux romans sont : « Falkland » (1827), « Pelham », « le Désavoué », « Devereux », « Paul Clifford », « Eugène Aram », « l'Etudiant », « Pèlerins du Rhin », « Derniers jours de Pompéi », « Rienzi », « Ernest Maltravers », « Alice », « Leila ou le Siège de Grenade », « Nuit et Matin », « Zanoni », « le Dernier des barons », « Lucrèce », « Harold », « les Caxtons », « Mon Roman », « Qu'en fera-t-il? », « Une étrange histoire », « Les Pharisiens », « Kenelm Chillingli » « Pausanias le Spartiate ». Ses autres œuvres comprennent : « Caxtoniana », « Les Histoires perdues de Milet » (poèmes), et plusieurs pamphlets politiques.

BUNDA s. et adj. Voy. ABONDA.

BUNDELCUND, territoire de l'Inde centrale, borné par le Sindh et la Jumna; 2,260,000 hab. Il comprend les districts anglais de Hummerpoor, de Jaloon, de Jhansi, de Lalatpoor et de Bandah, et une centaine de petits Etats sous le protectorat anglais. Les Bundelas, qui s'en emparèrent au XIVe siècle, ne forment qu'une partie de la population.

BUNDI ou Boodee. I. État indigène de Radj-poutana (Hindoustan), placé sous le protecto-rat anglais; 224,000 hab. Il est traversé du N.-E. au S.-O. par une chaîne de montagnes; son climat est malsain. Une partie des habi-tants appartient à la tribu pillarde des Minas. Le Bundi renferme les principaux défilés qui mènent dans le haut Hindoustan. — II. Capi-tale de l'État ci-dessus, à 35 kil. N.-O. de Kotah. Elle est dans une belle position, entou-rée de murailles que percent trois portes mas-sives et renferme des temples, des fontaines et des palais.

BUNKER HILL, colline haute de 110 pieds, située dans Charlestown (Boston). Le 17 juin 1775, les troupes américaines qui assiégeaient Boston, y furent vaincues par les Anglais. La

Monument de Bunker Hill.

première pierre d'un monument commémo-ratif (voir notre gravure) fut posée par La Fayette sur le sommet même de la colline, le 17 juin 1825, jour du cinquantenaire de cette bataille. Le monument, construit en granit, mesure 221 pieds de haut; il a a 31 pieds carrés à la base et 15 pieds au sommet.

BUNZLAU [bounnts'-laou], ville de la Silésie prussienne, à 98 kil. O.-N.-O. de Breslau ; 8,850 hab.

BUONAROTTI [bo-na-rot'-ti], famille ita-lienne dont les membres les plus célèbres fu-rent : 1° Michel-Angelo, voy. MICHEL-ANGE; 2° Michel-Angelo, peintre, neveu de l'illustre peintre (1568-1646), éditeur des poésies de son oncle et auteur de plusieurs ouvrages parmi lesquels les comédies, *La Fiera et La Tancia*; 3° Filippo, révolutionnaire, descendant de Michel-Ange, né à Pise en 1764, mort en 1837. Chassé de Toscane, de Corse et de Sar-daigne, à cause de son enthousiasme pour la Révolution française, il vint à Paris, où il sui-vit le parti de Robespierre et ensuite celui de Babeuf. Arrêté en même temps que les autres babouvistes, il resta prisonnier jusqu'en 1806, se retira en Suisse, puis en Belgique, jusqu'en 1830. Il passa les dernières années de sa vie à Paris, où on le considérait comme le pa-triarche de la démocratie. Il a publié une *Histoire de la conspiration pour l'égalité, dite de Babeuf*, Bruxelles, 1828; nouvelle édition, Paris, 1850. — Voy. Trélat : *Notice sur Buo-narotti*, Épinal, 1838.

BUONO. I. Architecte et sculpteur du XII° siècle, construisit à Venise la fameuse tour de Saint-Marc(1154) ; à Naples, le Castel-Capuano et le château de l'Œuf. —II. (Bartolommeo), architecte et sculpteur,mort à Venise en 1529. Construisit l'église Saint-Roch et plusieurs mo-numents de Venise.

* **BUPLÈVRE** s. m. (gr. *bous*, bœuf; *pleura*, côte). Bot. Genre d'ombellifères, comprenant une cinquantaine d'espèces herbacées ou d'arbrisseaux.

* **BUPRESTE** s. m. (gr *bous*, bœuf; *pretho*,

j'enfle). Entom. Genre de coléoptères penta-mères serricornes, comprenant un grand nombre d'espèces dont la plupart sont remar-quables par la richesse et l'éclat de leurs cou-leurs métalliques. Les buprestes doivent leur nom à cet ancien préjugé que lorsqu'un bœuf venait à en avaler un en broutant l'herbe, il enflait au point de mourir.

BUQUER v. n. Heurter, frapper (vieux). — Argot. Voler dans une boutique en demandant de la monnaie.

* **BURALISTE** s. Personne préposée à un bureau de payement, de distribution, de re-cette, etc. : *un buraliste, une buraliste.*

BURANO [bou-râ-no], île et ville d'Italie, dans la lagune et à 8 kil. N.-E. de Venise; 6,950 hab. Pêcheries.

* **BURAT** s. m. Étoffe commune de laine.

* **BURATINE** s. f. Popeline dont la chaîne est de soie et la trame de grosse laine.

BURCKHARDT [bourk'-hart]. I. (Johann-Karl), astronome, né à Leipzig en 1763, mort en 1825. Fut, en 1799, nommé professeur ad-joint au Bureau des longitudes de Paris et, en 1807, directeur de l'observatoire de l'École militaire. A publié des tables et des mé-moires astronomiques. Ses *Tables de la Lune* (1812) sont très estimées. — II. (Johann-Lud-wig), explorateur, né à Lausanne en 1784, mort au Caire en 1817. Il étudia l'arabe pen-dant plusieurs années en Angleterre, se ren-dit en Syrie en 1809, accompagna une cara-vane à Alep, où il acquit une telle habitude des mœurs, du caractère et de la langue des Orientaux qu'il lui fut facile ensuite de passer pour un musulman lettré. En 1808, il visita Palmyre, le Lyban, Hermon et d'autres loca-lités, explora le Hauran, où il découvrit de nombreux vestiges d'anciennes cités et des inscriptions grecques. En 1811, il visita les bords de la mer Morte et ensuite les ruines de Petra, que nul pied européen n'avait en-core foulées. Se joignant à une caravane, il traversa le désert d'El-tih, visita les princi-pales ruines du Nil et le temple d'Ipsambul. En 1814, il fit des pèlerinages à La Mecque et au mont Arafat, et visita Médine ; il fit en-suite un voyage dans la basse Égypte et, en 1816, gravit le mont Sinaï. Parmi ses œuvres, on cite : *Mœurs et coutumes des Égyptiens mo-dernes ; Notes sur les Bédouins et les Wahabies et Proverbes arabes.*

BURDACH (Karl-Friedrich) [bour'-dâk], phy-siologiste allemand, né à Leipzig en 1776, mort en 1847. Professeur à Dorpat en 1811 et à Kœnigsberg en 1814. A publié des œuvres pleines de science et d'originalité. Sa remar-quable *Physiologie considérée comme science expérimentale* a été traduite en français par Jourdain.

BURDEKIN, rivière de la partie septentrio-nale de Queensland (Australie) ; cours, environ 550 kil.

BURDIGALA, *Bourdigala*, Bordeaux. Antiq. Capitale des Bituriges Vivisci, en Aquitaine, sur la rive gauche de la Garumna (Garonne) ; place d'une grande importance commerciale, et ensuite centre littéraire où s'élevèrent des écoles renommées.

BURDWAN, ville du Bengale (Hindoustan), sur la Dummodah, à 90 kil. N.-O. de Cal-cutta; 33,500 hab. Grands palais du maha-rajah titulaire de Burdwan; gouvernement et école militaire. Soies et cotons.

* **BURE** s. f. (all. *bohren*, percer). Puits pro-fond qui donne accès dans une mine. — Par-tie supérieure d'un fourneau de forge.

* **BURE** s. f. Étoffe grossière faite de laine.

* **BUREAU** s. m. Signifie la même chose que *Bure* (vieux).

* **BURREAU** s. m. [bu-rô]. Table destinée au

travail des affaires, et sur laquelle on met des papiers, on compte de l'argent, on écrit, etc. : *le bureau du président, du greffier, etc.* — Es-pèce de table à tiroirs ,et à tablettes, où l'on enferme des papiers, et sur laquelle on écrit : *j'ai mis ces papiers dans mon bureau.* — Par ext. Tout endroit où travaillent habituelle-ment des employés, des commis, des gens d'affaires, etc. : *commis de bureau ; homme de bureau ; bureaux de la guerre, de la marine, de la police, de la banque, de la caisse d'é-pargne,* etc. — Les employés mêmes qui tra-vaillent dans un bureau : *chaque bureau est composé d'un chef, d'un sous-chef,* etc. ; *chef de bureau.* — Se dit de certains établissements qui dépendent la plupart de l'administration publique, qui sont destinés à quelque service public : *bureau des hypothèques, des classes de la marine, des longitudes, d'enregistrement, de poste, de douane, des messageries, de garantie, de timbre, de papier timbré, de tabac, de lo-terie.* — Certain nombre de personnes tirées d'une assemblée, pour s'occuper spécialement d'une ou de plusieurs affaires dont elles doi-vent ensuite rendre compte à l'assemblée gé-nérale : *formation des bureaux ; président, se-crétaire d'un bureau ; proposition renvoyée à l'examen des bureaux ; rapporteur du deuxième bureau.* — En parlant des assemblées législa-tives ou électorales, d'une académie, etc. Réu-nion du président, des vice-présidents et des secrétaires de l'assemblée : *former le bureau; faire partie du bureau ; bureau provisoire.* — GARÇON DE BUREAU, employé subalterne attaché au service d'un bureau. — LE BUREAU, LES BUREAUX D'UN SPECTACLE, etc., se dit des en-droits où se distribuent les billets d'entrée pour un spectacle, ou pour tout autre lieu dans lequel on n'est admis qu'en payant : *la foule assiégeait les bureaux.* On dit aussi bureau de *location des loges, bureau des suppléments,* etc. — Fig. et fam. L'AIR DU BUREAU, LE VENT DU BUREAU, ce que l'on connaît ou ce que l'on pré-sume des dispositions où sont les personnes chargées de prononcer sur une affaire. — PRENDRE L'AIR DU BUREAU, s'informer de l'état d'une affaire, chercher à connaître les dispo-sitions de ceux qui doivent en décider. — CONNAÎTRE L'AIR DU BUREAU, pressentir l'issue d'une affaire.— BUREAU ARABE, juridiction mi-litaire en usage dès 1834, et organisée par ar-rêté du 1er février 1844, pour servir d'inter-médiaire entre l'administration française et les indigènes d'Algérie. Les bureaux arabes se composent d'officiers français chargés de la répartition des impôts et qui assurent le re-couvrement ; ils ont la police du pays et con-duisent au combat les goums de la circons-cription. — BUREAU DES MESSAGERIES, lieu où l'on retient sa place dans une voiture publique. On dit de même : *bureau d'omnibus.* — BU-REAU RESTANT, locution qui indique que tout envoi, tout paquet portant cette suscription, doit rester déposé au bureau des voitures qui l'ont apporté, jusqu'à ce que celui auquel il est destiné le fasse retirer. — BUREAU DE CHARITÉ, lieu où l'on fait des distributions de secours aux indigents, et où s'assemblent les com-missaires des pauvres. On dit de même BU-REAU DE BIENFAISANCE. Ces deux dénominations servent également à désigner la réunion même des administrateurs de ces bureaux : *il est membre du bureau de bienfaisance.* — BU-REAU DE PLACEMENT, établissement où l'on se charge de procurer diverses places d'employés, de domestiques, à ceux qui en ont besoin ; et des employés, des domestiques, à ceux qui en manquent.— LÉGISL. « Aucun *bureau* de pla-cement ne peut être tenu par des per-sonnes d'une moralité reconnue et munies d'une permission spéciale délivrée par l'auto-rité municipale, laquelle doit exercer la sur-veillance des bureaux et régler le tarif des droits qui peuvent être perçus par les gérants Toute contravention à ces prescriptions et a celles des arrêtés municipaux relatifs au maintien de l'ordre et de la loyauté dans les bureaux de placement, est punie d'une amende de 1 à 15 fr. et d'un emprisonnement de cinq jours au plus, ou de l'une de ces deux peines seulement ; sans préjudice des restitutions et dommages-intérêts qui pourraient être dus, et du droit de l'autorité municipale de retirer la permission. Les règlements municipaux et les retraits de permission ne sont exécutoires qu'après l'approbation du préfet. (Décret 25 mars 1852.) » (CH. Y.) — Pour les bureaux de bienfaisance, voy. BIENFAISANCE.— BUREAU DES NOURRICES, établissement où l'on se charge de procurer des nourrices. — BUREAU D'ADRESSES, lieu, établissement l'on donne certains renseignements. — Fig. e. fam. C'EST UN VRAI BUREAU D'ADRESSES, se dit d'une maison où l'on débite ordinairement beaucoup de nouvelles ; et quelquefois d'une personne qui aime à savoir et à répandre les nouvelles. » (CH. Y.)

- BUREAU D'ESPRIT, se dit, par dénigrement, d'une société où l'on s'occupe habituellement de littérature et d'ouvrages d'esprit. — Bureau des longitudes, société officielle de savants qui siège à l'observatoire de Paris et s'occupe de questions mathématiques et astronomiques. « Le bureau des longitudes a été créé par la loi du 7 messidor an III, sur la proposition de Lakanal et sur un rapport de Grégoire ; il a été reconstitué par un décret du 30 janvier 1854 et en dernier lieu par un autre décret du 15 mars 1874. Il est composé de quatorze membres titulaires nommés par décret, savoir : cinq astronomes, trois membres de l'Académie des sciences, trois officiers de la marine militaire, un officier de l'armée de terre, un géographe et un artiste. Il y a aussi des membres adjoints et des membres correspondants. Le bureau des longitudes publie, trois ans à l'avance, la connaissance des temps ou des mouvements célestes, à l'usage des astronomes et des navigateurs, publication commencée en 1679 par l'Académie des sciences. Il publie aussi un Annuaire et des Annales ; et il s'occupe des progrès de l'astronomie et de la géographie. Les observatoires de Paris et de Marseille ont cessé, depuis 1854, d'être sous la direction du bureau des longitudes. » (CH. Y.) — Bureau central météorologique. « Il a été institué à l'observatoire de Paris par le décret du 11 mars 1878. Ce bureau, composé de météorologistes titulaires, de météorologistes adjoints et d'aides-météorologistes, forme un service distinct de l'observatoire astronomique. Il dirige les observatoires régionaux et les stations météorologiques ; il s'occupe des correspondances avec l'intérieur et l'étranger, des avertissements à donner aux ports et à l'agriculture, de l'organisation des commissions régionales ou départementales, de la publication des travaux et des recherches de météorologie et de climatologie. Chaque jour, le bureau central reçoit 139 dépêches dont 52 de France et d'Algérie, et, au moyen de ces renseignements, on trace cinq cartes le matin et trois le soir, afin de représenter graphiquement l'état de la pression atmosphérique, celui de la température, leurs variations depuis la veille, la force et la direction du vent, la pluie et les orages. A midi, le bureau envoie des avis de prévision du temps aux huit régions agricoles de France et aux quatre districts maritimes. Ces dépêches sont en outre adressées au ministère de la marine, aux instituts météorologiques étrangers, en Algérie, etc. Le soir, à cinq heures, un nouvel avis est envoyé aux districts maritimes. Enfin, depuis le 1er septembre 1881, le bureau central transmet directement tout le littoral de la France les avis de tempêtes qui lui parviennent. Dix-huit journaux reçoivent quotidiennement les cartes et les communications du bureau. On a constaté que les prévisions du service d'avertissement se sont réalisées 82 fois sur 100, et qu'un seul ouragan a atteint nos côtes en 1881, sans avoir été annoncé. Des travaux

d'ensemble sont faits et publiés par le bureau, au moyen du dépouillement des nombreux documents recueillis par le service de la météorologie générale, lequel correspond, en France, avec 4,561 stations pluviométriques, avec 40 stations départementales, dont 29 dressent elles-mêmes des cartes d'orages, et avec les 11 départements dans lesquels les renseignements ne sont recueillis que par l'école normale primaire. » (CH. Y.)

BUREAU (Jean). Voy. LA RIVIÈRE.

BUREAUCRATE s. m. Employé de bureau.

* **BUREAUCRATIE** s. f. [bu-rô-kra-si]. Autorité, pouvoir des bureaux ; influence abusive des commis dans l'administration.

BUREAUCRATIQUE adj. Qui a rapport à la bureaucratie.

* **BURETTE** s. f. Petit vase à goulot, propre à contenir du vinaigre, de l'huile, etc. : burette de cristal. — Petit vase de ce genre, où l'on met le vin et l'eau qui servent à la messe : burette d'étain.

Burgos.

BURG [bourg]. I. Ville de la Saxe prussienne, sur l'Ihle, à 22 kil. N.-E. de Magdebourg ; 15,300 hab., parmi lesquels de nombreux descendants de protestants français réfugiés. 10,000 personnes sont occupées dans les usines. — II. Ville de la Prusse rhénane, sur la Wupper, à 11 kil. S. d'Elberfeld ; 2,000 hab. Importantes fabriques de rubans et de quincaillerie.

BURG (Johann-Tobias), astronome allemand (1766-1834) ; fut adjoint à l'observatoire de Vienne et professeur à Klagenfurt. Ses publications les plus importantes se rapportent au mouvement de la lune.

* **BURGAU** s. m. Mollusque des Antilles, dont la coquille en limaçon fournit la nacre burgaudine.

* **BURGAUDINE** adj. et s. f. Se dit de la plus belle espèce de nacre, qui est l'écaille du coquillage appelé burgau : nacre burgaudine ; la burgaudine.

BÜRGER (Gottfried-August) [bur-ghèur], poète allemand, né en Prusse en 1747, mort en 1794. Il se rendit célèbre par des ballades telles que Lénore, qui fut traduite ou imitée dans toutes les langues, Le Chasseur sauvage (Der wilde Jæger), La Fille du pasteur de Taubenhain (Des Pfarrers Tochter von Taubenhain). Il eut un petit emploi public près de Gœttingen, et fut professeur de philosophie. Ses dérèglements le mirent dans la misère. Sa première femme, Dorette Leonhart, mourut en 1784 ; il avait empoisonné les

jours de cette malheureuse en vivant sous ses yeux avec sa sœur Auguste (la Molly de ses poèmes), qu'il épousa ensuite et qui mourut en 1786. Sa troisième femme, Christine-Elise Hahn, femme auteur et actrice, qui lui avait offert sa main sans l'avoir jamais vu, l'abandonna bientôt et leur divorce fut prononcé en 1792.

BURGHLEY (lord) [beur'-li]. Voy. BURLEIG.

BURGOS [bur-goss ; esp. bour-goss]. I. Province septentrionale d'Espagne dans la Vieille Castille ; 14,635 kil. carr. ; 332,461 hab. Territoire montagneux traversé par la Sierra de Oca et arrosé par l'Ebre, l'Arlanzon et le Douro. — II. Capitale de la province ci-dessus, à 210 kil. N. de Madrid, sur l'Arlanzon ; population avec les faubourgs 28,000 hab. Elle est irrégulièrement bâtie en amphithéâtre autour d'une colline que domine la citadelle ; elle conserve des souvenirs du Cid qui y vécut et y fut enterré. Cathédrale gothique, l'une des plus remarquables de l'Europe par son architecture et les œuvres artistiques qu'elle contient. Commerce assez actif de laines et de lainages, fabriques de chapeaux et de cuirs. L'université de Burgos, autrefois si célèbre, a cessé d'exister depuis longtemps. Cette ville comptait un grand nombre de couvents dont les bâtiments sont, pour la plupart, affectés à des services publics. Fondée au IXe siècle et capitale de la Castille, avant Charles-Quint, Burgos possédait une importance qu'elle a perdue. Près de ses murs, Soult anéantit l'armée espagnole, le 10 nov. 1808. Wellington essaya vainement d'en chasser les Français en 1812. Après un siège qui dura du 19 sep. au 21 oct., il dut abandonner son projet. Avant d'évacuer la ville, le 12 juin 1813, les troupes françaises firent sauter les fortifications. — Lat. 42° 20' 28" N., long. 6° 3' 13" O.

BURGOYNE [angl. beur-goï-ne]. I. (John), général anglais (1722-92). Il servit avec distinction en Portugal, avec le grade de brigadier général (1762), fut élu au parlement (1761 et 1768), reçut le grade de lieutenant général en 1777 et fut placé à la tête de l'armée anglaise dans le Canada ; prit Ticonderoga (6 juillet), mais fut battu à Stillwater (19 sept.), et à Freeman's farm (7 oct.) et capitula à Saratoga (17 oct.). De retour en Angleterre, il donna sa démission et ne fut rétabli dans son grade qu'en 1782 ; il fut nommé conseiller privé et commandant en chef en Irlande. Voy. Fonblanque : « Episodes and Correspondence of Burgoyne » (1876). — II. (Sir John Fox), général anglais, fils naturel du précédent (1782-1871). Il servit en Espagne (1808-14), et dirigea les sièges de Burgos et de Saint-Sébastien. En 1814-'15, il commanda, comme ingénieur en chef, à l'attaque de la Nouvelle-Orléans. Il fut chef en second des troupes anglaises de Crimée (1854-'5), fut créé baronnet en 1856, connétable de la tour de Londres et feld-maréchal en 1868.

* **BURGRAVE** s. m. (all. *burgraf*; de *burg*, forteresse; *graf*, comte). Seigneur d'une ville : ancien titre de dignité en Allemagne : *burgrave de Magdebourg*. — ∾ Homme politique rétrograde qui croit pouvoir faire marcher le peuple à sa guise. — **Les Burgraves**, drame de Victor Hugo, en 3 actes et en vers, représenté au Théâtre-Français le 7 mars 1843.

* **BURGRAVIAT** s. m. Dignité de burgrave.

BURGSCHMIET (Jakob - Daniel) [bourgchmit], sculpteur allemand (1796-1858). Il établit une célèbre fonderie de bronze à Nuremberg et produisit des statues de Melanchthon, d'Albert Dürer, de Beethoven, de Luther et de plusieurs autres.

BURGUETE (El) [bour-ghè'-tè], bourg d'Espagne province de Navarre, à 30 kil. N.-E. de Pampelune, dans la vallée de Roncevaux, où périt Roland en 778. Le général Moncey y battit les Espagnols en 1794.

BURGUNDES, *Burgundiones, Burgundii*, puissante nation germanique, établie d'abord entre le Viadus (Oder) et la Vistule. On les considère comme appartenant à la même race que les Vandales et les Goths. Ils prétendaient descendre des garnisons romaines que Drusus et Tibère avaient laissées en Germanie; mais cette généalogie avait été inventée pour obtenir plus facilement des Romains le droit de s'établir à l'O. du Rhin. Continuellement poussés en avant par les Gépides, ils abandonnèrent les bords de la Vistule et émigrèrent sur le Mein, où ils se heurtèrent aux Alemani. Au vᵉ siècle ils finirent par s'emparer d'une partie de la Gaule, où ils fondèrent le puissant royaume de Bourgogne (413). Leur capitale fut d'abord Genève et ensuite Lyon. L'un de leurs rois, Gundebald ou Gondebaud, mit en vigueur la fameuse loi Gombette, *Lex Gundebalda*.

BURHANPUR [bour-hânn-pour']. I. Ville de l'Inde anglaise, dans le district de Nimar (Provinces centrales), à 450 kil. N.-E. de Bombay; 29,500 hab. Capitale du Deccan, av. 1635; elle fut cédée aux Anglais en 1861. On y fabrique des mousselines, des soieries etc. — II. ou **Berhampore**, ville de la prov. de Madras (Inde), à 16 kil. S.-O. de Ganjam; 20,000 hab. Sucre, soie et coton.

BURIATS, nom collectif de tribus mongoles qui ressemblent aux Calmoucks, et qui errent, au nombre d'environ 250,000, dans la Sibérie méridionale, particulièrement autour du lac Baïkal. Les Buriats sont bouddhistes, vivent sous des huttes et ont une administration locale dirigée par leurs princes nationaux et par les anciens des tribus. L'agriculture et la chasse sont leurs principales occupations.

BURIDAN (Jean), subtil dialecticien, né à Béthune vers 1295; enseigna la philosophie à Paris; et mourut vers 1360. Il commenta savamment Aristote et produisit plusieurs ouvrages latins, complètement oubliés. — Très habile dans la discussion, il embarrassait ses adversaires par l'examen des raisons qui doivent déterminer le libre arbitre; ce qui donna naissance à la fameuse hypothèse d'un *âne* également pressé par la soif et par la faim et qui, placé à égale distance entre un seau d'eau et un picotin d'avoine, ne saurait quel besoin satisfaire le premier et se laisserait mourir de faim et de soif, parce que s'il s'était décidé pour l'eau ou pour l'avoine, il aurait eu son libre arbitre. Tels étaient les arguments de la scolastique au moyen âge. Il n'est pas certain du reste que cet argument soit de Buridan;

on le trouve dans les premiers vers du quatrième chant du *Paradis* du Dante.

BURIE. ch.-l. de cant., arr. et à 17 kil. E. de Saintes (Charente-Inférieure). 1,800 hab. Vannerie, bois, charbon, poisson salé.

BURIGNY (Jean Lévesque de), écrivain français, né à Reims en 1692, mort à Paris en 1785. Assisté de ses deux frères, il composa la plus grande partie d'une énorme encyclopédie qui est restée manuscrite. Il a publié un *Traité de l'autorité du pape* (1720, 4 vol); les vies de Grotius (1750), d'*Érasme* (1757); de *Bossuet* et de *Duperron*.

* **BURIN** s. m. (all. *bohren*, creuser). Instrument d'acier dont on se sert pour graver sur les métaux : *ouvrage fait avec le burin, fait au burin*. — Par ext. Manière de graver : *il grave à le burin ferme*. — Fig. Le BURIN DE L'HISTOIRE, la puissance de l'histoire pour éterniser les grands événements, la gloire des grands hommes, les grands forfaits, etc.

* **BURINER** v. a. Travailler avec le burin, travailler au burin, graver : *buriner une planche*. — Par anal. Ecrire avec une grande perfection : *ce copiste burine*. — Fig. Ecrire avec énergie et profondeur : *Tacite n'écrit pas, il burine*.

BURKE [beurk]. I. (**Edmund**), homme d'Etat anglais (1729-'97). La publication de sa *Recherche philosophique sur l'origine de nos idées du Sublime et du Beau* (1756, trad. franç. 1803) le plaça à la tête des critiques esthétiques de son temps. Il fonda en 1759 l'*Annual Register*, qui lui ouvrit la carrière des fonctions publiques. Elu au parlement, en 1765-'68-'74, il se fit remarquer par la modération de ses idées au sujet des affaires américaines et économiques, ne fut pas celle-ci moins même de sa modération. Il reparut au parlement en 1783, combattit violemment les idées françaises dans ses *Réflexions sur la Révolution française* (1790), ouvrage qui obtint un immense succès et qui le brouilla avec le parti libéral avancé, dont il avait été jusqu'alors l'un des chefs. Il se retira de la vie politique en 1794. Les Anglais le considèrent comme le premier orateur de l'univers. Pour eux, il surpasse ce que l'antiquité et les temps modernes ont produit de plus illustre au point de vue de l'éloquence. Ses œuvres, maintes fois imprimées, ont toujours obtenu du succès; la 16ᵉ édition a paru en 1869. Sa biographie a été écrite par James Prior (1824), George Croly (1840), Peter Burke (1853) et Thomas Macknight (1858-'64). — II. (**John-Doly**), historien américain, né en Irlande, tué dans un duel dans la Virginie en 1808. A laissé une *Histoire de la Virginie depuis le premier établissement jusqu'en* 1804. — III. (**Robert** O'Hara), explorateur irlandais (1821-'61). Il servit dans l'armée autrichienne et dans la police anglaise (1848), fut inspecteur de police en Australie pendant sept ans et quitta Melbourne en 1860, à la tête d'une expédition organisée par le gouvernement. Il traversa tout le continent australien, du sud au nord, atteignit le golfe de Carpentarie et mourut de faim pendant le retour.

BÜRKEL (Heinrich), peintre allemand, né en Bavière en 1802, mort en 1869. Il excella dans la reproduction des mœurs populaires italiennes, bavaroises et tyroliennes. Ses *Brigands romains* sont célèbres.

BURLAMAQUI (Jean-Jacques) [bur-la-ma-ki], légiste suisse, né à Genève en 1694, mort en 1748. Ses *Principes du droit naturel, du droit politique, du droit de la nature et des gens* font autorité en Allemagne et en Angleterre.

* **BURLESQUE** adj. (ital. *burlesco*). Qui est d'une bouffonnerie outrée et hors de nature : *vers burlesques; genre burlesque*. — Par ext. Qui est plaisant par sa bizarrerie : *mine bur-*

lesque, aventure burlesque.—Substantiv. Genre, style burlesque : *le burlesque n'est plus à la mode*.

* **BURLESQUEMENT** adv. D'une manière burlesque.

* **BURLEIGH** ou **Burghley** (William Cecil, lord). [beur-li'], homme d'Etat anglais (1521-'98). Membre du parlement en 1555, il fit une vive opposition au gouvernement de la reine Marie et, ce le titre de secrétaire, fut un véritable premier ministre sous le règne d'Elisabeth. On lui attribue la plus heureuse influence sur la marche des affaires pendant ce grand règne.

BURLINGAME (Anson), diplomate américain (1820-'70). Fut élu sénateur (1852), coopéra à la formation du parti républicain (1855); reçut le titre de ministre plénipotentiaire en Autriche (1861), mais ne fut pas accepté par le gouvernement autrichien, à cause de ses anciens discours en faveur de l'indépendance des Hongrois, et fut alors nommé ambassadeur en Chine. Lorsqu'il annonça, en 1867, son intention de quitter la Chine, le prince Kung, régent de l'empire, le nomma son ambassadeur spécial auprès des grandes puissances. Il remplit ce mandat avec beaucoup d'activité, signa des traités avec les Etats-Unis, l'Angleterre, le Danemark, la Hollande et la Prusse, et mourut à Saint-Pétersbourg.

BURLINGTON [beur-lign-t'n]. I. La plus grande ville de l'Etat de Vermont (Etats-Unis), dans une belle position, sur la rive orientale du lac Champlain, à 60 kil. S.-O. de Montpelier; 15,000 hab. Carrières, fonderies, etc. Université de Vermont. — II. Ville de l'Etat de New-Jersey (Etats-Unis), sur la Delaware, à 30 kil. N.-E. de Philadelphie; 7,500 hab. Ancienne capitale du Jersey occidental. Collège; séminaire Sainte-Marie, pour les dames, etc. — III. Ville de l'état d'Iowa (Etats-Unis), sur le Mississipi, à 325 kil. O.-S.-O. de Chicago; 20,500 hab. Université de baptistes. — IV. Voy. BRIDLINGTON.

BURLINGTON (Richard-Boyle, comte de), architecte anglais (1695-1753). Ses ouvrages les plus connus sont ses propres villas à Cheswick et à Lanesborough, la façade de Burlington house (Londres), le dortoir de l'école de Westminster, la réparation de l'église Saint-Paul, Covent Garden, etc.

BURMAH ANGLAIS, province de l'Inde anglaise, comprenant les états d'Aracan et de Tenasserim, cédés par la Birmanie en 1826, et l'état intermédiaire du Pégu, acquis par l'Angleterre en 1852, après la deuxième guerre anglaise de l'empire birman. 222,000 kil. carr.; 2,747,148 hab. en 1872. L'Aracan, au nord, forme une vallée de terrains d'alluvions déprimées, bien boisée, arrosée par plusieurs torrents, entourée de chaînes montagneuses qui la séparent de l'empire Birman. — Ville princ.: Akyab. Au milieu du Burmah anglais se trouve le Pégu, pays de collines boisées, formé d'alluvions et également bien arrosé. Il est traversé du N. au S. par l'Irrawaddy, sur lequel on rencontre les villes de Prome, de Bassein et de Rangoon (capitale du Burmah anglais). Le territoire de Tenasserim, au S., est montagneux et riche en produits minéraux, spécialement en étain. Villes princ.: Moulmain, Amherst, Tavoy et Mergui. — Le climat du Burmah anglais est chaud et humide, mais non malsain. L'administration de cette province est confiée à un commissaire en chef. Le pays a prospéré sous le gouvernement de l'Angleterre.

BURNES (Sir Alexandre) [beurnss], explorateur anglais; fils d'un cousin de Robert Burns (1805-'41). En 1822, il fut nommé interprète et traducteur dans l'Inde, fut ensuite envoyé en mission dans différentes parties de l'Asie centrale, reçut le titre de résident à Caboul en 1839, et fut assassiné pendant l'insurrection de 1841. (Voy. Afghanistan). Il avait le grade de lieutenant-colonel. Il a laissé : *Voyages en Boukharie* (3 vol., 1834) ; et *Caboul : récit personnel d'un voyage et d'une résidence dans cette ville en 1836-'8* (1842).

BURMÈSE s. et adj. Synonyme de Birman.

BURMIS adj. et s. Synonyme de Birman.

BURNET [beur'-nètt] (Gilbert), prélat anglais, né à Edimbourg en 1643, mort en 1715. A la mort de Charles II, il se retira à la Haye et fut l'un des agents les plus actifs des événements qui amenèrent la révolution de 1688 en faveur du prince d'Orange. Ses principaux ouvrages sont : *Histoire de la réformation en Angleterre* (1679), traduction française par Rosemond ; *Histoire de mon temps*, traduction française de La Pilonnière (1725) ; *Essai sur la reine Marie Stuart*, traduction française de David Nazel (1695) ; *Exposition des Trente-neuf articles*. — II. (John), graveur et peintre écossais (1784-1868). Publia de nombreux ouvrages illustrés, des manuels pour les artistes, *Rembrandt et ses œuvres*, *Vie et œuvre de J. Turner*, etc. — III. (Thomas), théologien anglais (1635-1715). Il perdit la faveur de la cour par son ouvrage intitulé *Archæologiæ philosophicæ libri duo* (1692), dans lequel il traita d'allégorie le récit biblique de la chute de l'homme. Un autre de ses ouvrages : *Telluris theoria sacra*, eut un grand succès.

BURNEY (Charles), [beur'-ni], musicien et auteur anglais (1726-1814). A laissé une *Histoire de la musique*, qui est encore estimée ; une *Vie de Métastase*, etc. Une de ses filles devint Mme d'Arblay (voy. ce nom). Une autre, Sarah-Harriet, écrivit plusieurs romans. Un de ses fils, James (1749-1821) devint contre-amiral et écrivit une *Histoire chronologique des découvertes dans l'Amérique du Sud, avec une histoire des Boucaniers d'Amérique* (5 vol. in-4°, 1803-'17); Charles, un autre de ses fils, (1757-1817), réunit une bibliothèque qui fait aujourd'hui partie du British Museum.

BURNLEY, ville du Lancashire (Angleterre), sur la rivière Burn, à 35 kil. N. de Manchester; 31,700 hab. Elle doit sa prospérité à l'abondance du charbon que l'on trouve dans ses environs.

BURNOUF. I. (Jean-Louis), célèbre philologue, né à Urville (Normandie) en 1775, mort en 1844. D'abord employé de commerce, il entra dans l'enseignement en 1808, fut professeur de rhétorique au collège Louis-le-Grand, maître de conférences à l'Ecole normale (1811), professeur d'éloquence latine au Collège de France (1817); publia, en 1814, une *Méthode pour étudier la langue grecque*, qui fait époque dans l'enseignement, et en 1840, une excellente *Méthode pour étudier la langue latine*. — II. (Eugène), orientaliste, fils du précédent, né à Paris le 1er avril 1801, mort le 28 mai 1852 ; fut professeur de sanscrit au Collège de France (1832); acquit une véritable célébrité en rétablissant le zend à l'aide du sanscrit. Ses *Commentaires sur le Yaçna* (ouvrage liturgique persan) furent les premiers à jeter de la lumière sur la langue et les dogmes de Zoroastre (1833-'34). Son chef-d'œuvre est l'*Introduction à l'histoire du bouddhisme indien* (1845). Il mourut pendant la publication du *Lotus de la bonne foi*, traduction d'un livre de la religion bouddhique.

BURNOUS s. m. [bur-nouss] (ar. *bornos*). Grand manteau de laine à capuchon, que portent les Arabes et qui a été adopté par les modes françaises depuis la conquête de l'Algérie. — ∾ On dit aussi Bournous.

BURNS (Robert) [burnss], poète écossais (1759-'96). Fils de pauvres paysans, il étudia la littérature pendant les courts instants que lui laissaient les travaux de la terre. Décidé à s'enrichir pour épouser une jeune fille, Jeanne Armour, qu'il avait rendue mère de deux jumeaux, il voulut partir pour la Jamaïque et publia, en 1786, un volume de poésies dont il vendit 600 exemplaires. Cela lui produisit les 20 livres sterling qui lui étaient nécessaires pour entreprendre son voyage. Il allait s'embarquer, lorsqu'une lettre du Dr Bracklock le détermina à se rendre à Edimbourg. Il y fut *lionisé*, selon l'expression consacrée dans la Grande-Bretagne; c'est-à-dire qu'il devint le *lion* du moment. Une nouvelle édition de ses poésies lui produisit 500 livres sterling (12,500 fr.), et cette petite fortune lui permit d'épouser sa bien-aimée (1788). Il tint une ferme et fut ensuite nommé collecteur d'excise. L'intempérance abrégea ses jours. En 1843, un monument lui fut élevé à Dumfries, où il naquit. Le centenaire de sa naissance a été célébré avec une certaine pompe dans toute la Grande-Bretagne et aux Etats-Unis. Allan Cunningham a publié l'édition la plus complète de ses poèmes (8 vol., 1834); sa vie a été écrite par Lockhart (1828).

BURNTISLAND [beurnt'-aï-lannd], port du Fifeshire (Ecosse), sur la rive N. du Frith of Forth; 3,000 hab., qui s'occupent principalement de pêche et de navigation.

BURR (Aaron), homme politique américain (1756-1836). Il se distingua, en qualité d'officier, pendant la guerre de l'indépendance, et fut élu vice-président de la république en 1800, avec Jefferson pour président. Ses mémoires ont été publiés en 1837, 2 vol.

BURON s. m. (normand, *bur*, habitation). Petite hutte.

BURRHUS ou Burrus (Afranius), mort en 62 après J.-C. Claude le nomma préfet des prétoriens en 52; il facilita l'élévation de Néron au trône, mais ensuite il s'opposa aux crimes de ce prince et à ceux de sa mère. On suppose que Néron l'empoisonna.

BURSAIRE adj. (lat. *bursa*, bourse). Qui est en forme de bourse. — s. f. Genre d'infusoires qui habitent les eaux douces stagnantes.

*BURSAL, ALE, AUX adj. Qui a pour objet un impôt extraordinaire, dans quelque nécessité publique : *édits bursaux*.

que toutes les universités allemandes adhèrent à cette société ; mais après l'assassinat de Kotzebue par un étudiant d'Iéna nommé Sand, elle fut supprimée. Elle continua de se réunir en secret, fit une tentative insurrectionnelle en 1833, et on ne manqua pas de lui attribuer une grande part dans tous les mouvements qui eurent lieu en Allemagne. Elle a disparu depuis longtemps.

BURSÉRACÉ, ÉE adj. (rad. *bursère*). Bot. Qui ressemble à une bursère. — s. f. pl. Famille de plantes dicotylédones, voisine des térébinthacées, et qui a pour type le genre bursère.

BURSÈRE s. f. (de Burser, nom d'un botaniste allemand du xviie siècle). Bot. Genre d'arbres, type de la famille des burséracées, comprenant trois espèces qui croissent aux Antilles.

BURSLEM [beur-slèmm], ville du Staffordshire (Angleterre), à 26 kil. N. de Stafford; 21,000 hab. C'est une des villes principales du district appelé « les Poteries ».

BURTON-UPON-TRENT [beur-t'n-eup-one traïnnt], ville du Staffordshire (Angleterre), à 34 kil. E. de Stafford; 20,750 hab. Fameuse bière dite ale de Burton. Immense brasserie d'Allsopp, qui couvre 50 acres: celle de Bass en couvre 40. Ancienne abbaye, fondée en 1002.

BURTSCHEID [bourt'-chaïtt]. Voy. Borcette.

BURY (angl. ber'-ri), ville du Lancashire (Angleterre), à 14 kil, N. de Manchester; 39,500 hab. Elle est ancienne; mais son importance date des temps modernes. Eglise paroissiale avec un beau clocher; maison de ville dans le goût italien; église gothique surmontée d'une flèche haute de 130 pieds. Industrie des laines introduite sous le règne d'Edouard III; importantes manufactures de coton.

BURY-SAINT-EDMUND'S, ville d'Angleterre, sur la rivière Larke (Suffolk), à 40 kil. N.-O. d'Ipswich; 15,000 hab. Elle contient trois belles églises, dont l'une, Sainte-Marie, date de 1430. La tour Normande, reste de la plus magnifique abbaye de l'Angleterre, après celle

Bury-Saint-Edmund's (Tour Normande et abbaye).

BURSCHEID [bour'-chaïtt], ville de la Prusse rhénane, à 30 kil. S.-E. de Düsseldorf; 5,750 hab. Manuf. de coton et de lainages.

BURSCHENSCHAFT s. f. [bour'-chènn-châft]. Association d'étudiants de l'Université allemande, organisée à Iéna en 1815, dans un but d'abord social et patriotique, ensuite politique. L'as-

de Glastonbury, est une vaste construction carrée, haute de 80 pieds et d'un âge inconnu; on la considère comme le plus remarquable spécimen de ce qui existe en fait d'architecture normande. Ecole libre de grammaire fondée par Edouard VI; hôpital pour œufs et veuves âgés.

BURZET, ch.-l. de cant., arr. et à 33 kil.

N.-E. de Largentière (Ardèche); 2,750 hab. Laine, beurre, fromages, bétail. Château de Peyre; église gothique. Environs pittoresques.

BUS (César de) (buss), prêtre français, né à Cavaillon en 1544, mort à Avignon en 1607. Il fonda près d'Avignon, en 1592, le premier établissement des *doctrinaires* ou *frères de la doctrine chrétienne*, pour répandre l'instruction parmi le peuple. Il avait déjà établi en 1589 une branche des ursulines sous le nom de *filles de la doctrine chrétienne*. Son principal ouvrage est intitulé *Instructions* (5 vol. 1666).

BUSACO [bou-sa'-ko], hameau de Portugal, à 30 kil. N. de Coïmbre. Combat sanglant mais indécis du 27 septembre 1810, entre les Anglais commandés par Wellington et les Français, sous les ordres de Masséna.

BUSAIGLE s. m. [bu-zè-gle] (de *buse* et *aigle*). Ornith. Espèce de buse d'Europe à pattes emplumées.

* **BUSARD** s. m. Ornith. Genre de falconidés sous-famille des cercinés de Gray ou des milvinés des ornithologistes contemporains et du genre *circus* de Lacépède. Les busards se distinguent des buses par leur tarse grêle et élevé. On en a décrit environ quinze espèces, répandues dans les diverses parties du globe,

Busard de Saint-Martin (Circus cyaneus).

ordinairement dans les pays incultes et découverts ou marécageux et le long des côtes maritimes stériles. Leur vol n'est pas rapide, mais il est gracieux, peu élevé au-dessus du sol. Ils poursuivent leur proie à terre et ne la prennent pas au vol. Les quatre espèces européennes sont : le *busard harpaye* ou des *marais*, qui fait la chasse aux serpents; le *busard Saint-Martin* (*circus cyaneus*), le *busard Montagu* et le *busard blafard*.

BUSBECQ (Augier GHISLEN DE) *Augierus, Gislenius Busbequius*, diplomate flamand (1522-'92). Il fut ambassadeur de l'empereur à Constantinople et à Paris et, pendant l'intérim, gouverneur des enfants de Maximilien II. Son principal ouvrage : *Legationis Turcicæ Epistolæ* (Paris, 1589), donne un aperçu très exact de l'état de l'empire ottoman au XVIe siècle.

* **BUSC** s. m. (busk). Espèce de lame d'ivoire, de bois, de baleine ou d'acier, plate, étroite, et arrondie par les deux bouts, qui sert à maintenir le devant d'un corps de jupe, d'un corset.

BUSCA [ital. bouss'-ka], ville de Piémont (Italie), à 14 kil. N.-O. de Cuneo; 9,600 hab. Excellents vins.

BÜSCH (Johann-Georg), philanthrope allemand (1728-1800) ; professeur de mathématiques à Hambourg, fondateur d'une célèbre école de commerce, et d'une association pour encourager l'art et l'industrie. Ses œuvres (16 vol., 1813-'16) comprennent une *Histoire du commerce* et des écrits politiques et économiques.

BUSCHETTO [bouss-kèt'-to] *da Dulichio*, architecte italien du XIe siècle; commença la rénovation du style grec et s'illustra par la construction de la cathédrale de Pise, où on lui a élevé un magnifique monument.

BÜSCHING (Anton-Friedrich), géographe allemand (1724-'93); l'un des créateurs de la géographie contemporaine. Sa *Description de la terre* (*Erdbeschreibung*) 1754-'92, continuée par plusieurs autres géographes jusqu'en 1807, mérite encore d'être consultée.

* **BUSE** s. f. [bu-ze] (lat. *buteo*). Ornith. Genre de falconidés, sous-famille des butéonidés, comprenant une trentaine d'espèces répandues dans les diverses parties du monde et qui passent pour être fort stupides. — Fig. et fam. C'EST UNE BUSE, CE N'EST QU'UNE BUSE, se dit d'une personne ignorante et incapable d'être instruite. — ENCYCL. Les buses se distinguent par un bec courbé dès la base et des poils sur l'espace entre l'œil et les narines.

Buse commune d'Europe (Buteo vulgaris).

La *buse commune d'Europe* (*buteo vulgaris*, Cuv.) se tient ordinairement dans les bois touffus; elle se nourrit de petits mammifères, d'oiseaux, de serpents et de gros insectes; son vol est lourd, sa vue faible, son air stupide. La *buse pattue* ou *busaigle* (*buteo lagopus*) se trouve en Europe, dans les bois voisins des marais.

BUSEMBAUM (Hermann) [hou'-zèmm-baoum], théologien allemand (1600-'68). Fut recteur du collège des jésuites à Münster. Sa *Medulla Theologiæ Moralis*, qui eut cinquante éditions, contient, sur le régicide des théories que l'on reprocha plus tard aux jésuites. Presque tous les tribunaux séculiers de l'Europe condamnèrent cet ouvrage à être brûlé. Il fut proscrit en France, après l'attentat de Damiens.

BUSHEL [angl. bouch'l], mesure anglaise employée pour les matières sèches et divisée en 4 pecks et 8 gallons.

BUSHIRE. Voy. ABOUSCHER.

BUSHMEN [bouche-mènn] (angl. *hommes des buissons*). Nom anglais des Bochimans.

BUSIGNY, commune de France, cant. de Clary, (Nord) ; 2,600 hab. Château du moyen âge ; église du XVIe siècle.

BUSINER v. n. [bu-zi-né] (angl. *business*, occupation). S'occuper à des riens.

BUSIRIS [bu-zi-riss], roi d'Egypte, fils de Poseidon et de Lysianassa. On dit qu'il ordonna de sacrifier tous les étrangers qui visitaient l'Egypte. Hercule, en arrivant dans ce pays, fut arrêté comme les autres et mené sur les autels ; mais il brisa ses chaînes et tua Busiris.

BUSIRIS. I. *Abousie*, ville de l'ancienne Egypte, capitale du nome Busirite dans la

basse Egypte, au milieu du Delta, sur la rive occidentale du Nil; cette ville possédait un grand temple d'Isis, dont les ruines existent encore. — **II.** *Abusir*, près de *Jizeh*, petite ville de l'ancienne Egypte, un peu au N.-O. de Memphis.

* **BUSQUÉ, ÉE** part. passé de BUSQUER. — Manège. Se dit d'un cheval dont la tête est arquée. — Par anal. : *cet homme a le nez busqué*; *les moutons ont le nez busqué*.

* **BUSQUER** v. a. Mettre un busc : *busquer un corset ; une petite fille.* — Se BUSQUER v. pr. Se mettre un busc (vieux).

* **BUSQUIÈRE** s. f. Endroit d'un corps de jupe où l'on met le busc.

BUSSANG, commune du cant. de Ramonchamp (Vosges), au milieu des montagnes, non loin des sources de la Moselle, célèbre par ses eaux ferrugineuses, gazeuses, arsenicales, froides. Deux sources ; débit, 2,500 litres. Dyspepsie, anémie, chlorose. Exportation considérable.

* **BUSSARD** s. m. Ancienne mesure de capacité, qui contenait près d'un muid de Paris ou 268 litres, et qui avait la forme d'un tonneau.

BUSSEROLE s. f. Bot. Espèce de plantes du genre arctostaphyle. C'est un sous-arbrisseau à feuilles persistantes, à fleurs en grappes blanches avec la gorge de la corolle rouge, à fruits d'un beau rouge, agréables au goût et recherchés, dit-on, par les ours. Cette plante croît dans les montagnes des pays méridionaux de l'Europe.

BUSSIÈRE-BADIL, ch.-l. de cant., arr. et à 18 kil. N. de Nontron (Dordogne); 1,350 hab. Ruines de deux châteaux du moyen âge. Belle église du XIIIe siècle (mon. hist.).

BUSSY, ancien petit pays du Forez; ch.-l. Allien-en-Bussy, aujourd'hui dans le cant. de Boen (Loire).

BUSSY (Roger DE RABUTIN, comte de), connu sous le nom de BUSSY-RABUTIN, officier et écrivain, né à Epiry (Nièvre) le 13 avril 1618, mort à Autun, le 9 avril 1693. Il fut soldat dès l'âge de douze ans, colonel à dix-huit ans, lieutenant du roi dans le Nivernais à vingt et un ans, joua un rôle dans la Fronde, y gagna la charge de mestre de camp dans la cavalerie; écrivit de méchants couplets contre les hommes de son époque, contre Turenne, contre le roi Louis XIV, contre Mlle de La Vallière, fut envoyé à la Bastille, puis exilé de la cour; fut élu académicien et rentra ensuite, après seize ans d'éloignement. On trouve dans ses *Lettres* et dans ses *Mémoires* le récit de ses prouesses et de ses galanteries. Il a laissé une *Histoire de Louis le Grand* qui est une apologie sans autorité, et une *Histoire amoureuse des Gaules*, pleine de malignité.

BUSSY-CASTELNAU (Charles-Joseph PATISSIER, marquis de), lieutenant général né à Bucy, près de Soissons en 1718, mort à Pondichéry en 1785. Avec une poignée de Français et 10,000 Indous, il conquit la province de Carnate, fit lever aux Anglais le siège de Pondichéry (1748) et fut fait prisonnier par eux sous le gouvernement de Lally. Il eut de graves démêlés avec ce dernier.

BUSSY D'AMBOISE (Louis DE CLERMONT DE), gentilhomme français du XVIe siècle, l'un des principaux massacreurs de la Saint-Barthélemy. Devenu commandant du château d'Angers, il essaya de séduire la comtesse de Montsoreau et fut assassiné par l'époux qu'il voulait outrager.

BUSSY-LECLERC (Jean), l'un des Seize ; fut nommé gouverneur de la Bastille par le duc de Guise ; arrêta en plein parlement les magistrats qui ne secondaient pas les violences des ligueurs (1589), obtint son pardon en livrant la Bastille à Mayenne et se retira à Bruxelles, où il reprit sa profession de maître d'armes. Mort vers 1630.

BUSSY-LE-GRAND, *Bossum*, petit village, à 19 kil. S.-E. de Semur (Côte-d'Or). Intéressant château de Bussy-Rabutin. Patrie de Junot, duc d'Abrantès.

BUSSY-RABUTIN. Voy. Bussy.

RUSTAMANTE (Anastasio) [bouss-ta-mânn-té], officier et homme d'État mexicain (1780-1853). Il fut d'abord médecin, entra dans l'armée en 1808 et devint, après la mort d'Iturbide, gouverneur militaire des provinces de l'intérieur, avec le rang de général de division. Il se mit à la tête de la révolution de 1829, fut nommé vice-président de la république en 1830 et exerça le pouvoir exécutif suprême. Exilé en 1833, il fut élu président en 1837 et garda le pouvoir jusqu'en 1841. Il fut président du congrès en 1846.

BUSTAMITE s. f. (de *Bustamante*, n. pr.). Minér. Silicate naturel de chaux et de manganèse que l'on trouve près de Puebla, au Mexique, en masses radiées d'un gris verdâtre ou rosâtre. Densité 3,15.

* **BUSTE** s. m. (esp. *busto*). Ouvrage de sculpture, représentant la tête et la partie supérieure du corps d'une personne : *buste de marbre, de bronze*. — Ouvrage de peinture, de gravure, qui représente les mêmes parties : *il s'est fait peindre en buste*. — Tête et partie supérieure du corps d'une personne : *cet homme a le buste fort beau*.

* **BUT** s. m. [bu] (bas lat. *buto*). Point où l'on vise : *viser au but*. — Terme où l'on s'efforce de parvenir : *arriver le premier au but*.—Fig. Fin que l'on se propose, principale intention que l'on a : *cacher son but ; aller à son but par des voies détournées*. — ALLER AU BUT, aller directement à la fin qu'on se propose. — Toucher au BUT, FRAPPER AU BUT, saisir le vrai dans quelque chose, trouver le point de la difficulté, le nœud d'une affaire, etc. — TIRER DE BUT EN BLANC, tirer en ligne droite, sans que le projectile parcoure une ligne courbe ou fasse de ricochets. — Fig. et fam. DE BUT EN BLANC, inconsidérément, brusquement, sans garder de mesure. — But à but, loc. ad. également, sans aucun avantage de part ni d'autre. — TROQUER BUT À BUT, sans aucun retour de part ni d'autre, et troc pour troc. — SE MARIER BUT À BUT, sans que l'un des conjoints fasse un avantage à l'autre.

* **BUTANT** adj. m. Archit. Qui soutient la poussée d'une voûte, etc. Ne s'emploie que dans les expressions : *arc-butant et pilier-butant* : on dit plus ordinairement, *arc-boutant*.

* **BUTE** s. f. Instrument de maréchal, qui sert à couper la corne des chevaux.

BUTE [biou-te], île du Buteshire (Écosse), dans le bras de mer de la Clyde ; longue de 25 kil. ; large de 5 à 8 ; 120 kil. carr. ; 10,500 hab. La population parle le dialecte gaélique. Sur la côte orientale se trouve Rothesay, autrefois résidence royale.

BUTE (John Stuart, *troisième comte de*), homme d'État anglais, né en Écosse en 1755, mort en 1792. Fut élu pair pour l'Écosse, en 1737, gagna l'affection du prince de Galles, devint l'un des secrétaires d'État en 1761, premier ministre de mai 1762 à avril 1763, parvint à faire conclure la paix de Fontainebleau, et fut accusé, ainsi que la princesse douairière, de s'être laissé corrompre pour accorder des conditions trop favorables à la France. Il rentra dans la vie privée.

* **BUTÉ, ÉE** part. passé de Buter. — IL EST BUTÉ A CELA, il est fixe, il est arrêté à cela. — ILS SONT BUTÉS L'UN CONTRE L'AUTRE, ils sont fort opposés l'un à l'autre.

* **BUTÉE** ou **Buttée** s. f. Maçonn. Massif de

pierres aux deux extrémités d'un pont, pour résister à la poussée des arches.

BUTÉONIDÉ, ÉE adj. (lat. *buteo*, buse). Ornith. Qui ressemble à la buse. — s. m. pl. sous-famille de falconidés, dont le genre principal est la buse.

* **BUTER** v. n. Frapper au but, toucher le but. (Vieux). Ne se disait guère qu'au jeu de billard : *il a buté*. — Fig. et fam. Tendre à quelque fin : *c'est à quoi je bute*. — Maçonn. BUTER UN MUR, UNE VOUTE, soutenir un mur, une voûte, par le moyen d'un pilier butant, d'un arc-boutant, pour les empêcher de s'écarter. — Se buter v. r. Se fixer, se tenir à quelque chose avec obstination : *il se bute à cette idée*. — ILS SE BUTENT, ILS SE SONT BUTÉS L'UN CONTRE L'AUTRE, se dit de deux personnes qui sont toujours contraires l'une à l'autre.

BUTESHIRE [angl. bioutt'-cheur], comté d'Écosse formé par les îles de Bute, d'Arran, d'Inchmarnoch, des Cumbrays, de Lamlach et de Pladda, dans le bras de mer de la Clyde ; 578 kil. carr. ; 16,980 hab. L'agriculture et la pêche sont les principales industries. Ch.-l. Rothesay.

* **BUTIÈRE** adj. f. Se disait autrefois de certaines arquebuses avec lesquelles on tirait au blanc : *arquebuse butière*.

* **BUTIN** s. m. sans pluriel (bas lat. *botinus*). Ce qu'on prend sur les ennemis : *riche butin ; partager le butin*. — Pop. Profit, richesse : *il a gagné bien du butin dans cette affaire*. — Fig. Ce dont on s'empare comme d'une conquête ; ce qu'on obtient par de laborieuses recherches : *il y a un riche butin à faire dans ces vieux manuscrits*.—Poétiq. : *le butin de l'abeille, de la fourmi*.

* **BUTINER** v. n. Faire du butin : *les soldats ont bien butiné dans ce pays-là*. — Poétiq. : *les abeilles vont butiner sur les fleurs*. Dans ce sens on l'emploie aussi comme verbe actif : *les fleurs que l'abeille butine*.

BUTLER [bout'-leur]. I. **(Alban)**, théologien catholique anglais (1710-73) ; fut professeur au séminaire anglais de Douai et plus tard directeur du collège anglais de Saint-Omer. Sa *Vie des saints* (5 vol. in-4°, 1745) a été souvent réimprimée. Elle a été traduite en français par le professeur Marie (1763). — II. **(Charles)**, historien anglais, neveu du précédent (1750-1832). Ses *Horæ Biblicæ* donnent une histoire du texte original de la Bible et des versions primitives du Coran, du Zend Avesta et de l'Edda ; ses *Horæ Juridicæ subsecivæ* sont des notes sur la géographie, sur la chronologie et sur l'histoire littéraire des principales lois des Grecs, des Romains, de la féodalité, et les lois canoniques. — III. **(Joseph)**, théologien anglais (1692-1752). Sa fameuse *Analogie de la religion naturelle et révélée avec la constitution et le cours de la nature* (1736), lui valut l'évêché de Bristol (1738). — IV. **(Samuel)**, célèbre poète anglais (1612-'80). Son *Hudibras*, dont il ne publia que trois parties (1663-'64-'78), est une facile satire dirigée contre les républicains vaincus, et lui valut la protection des royalistes. Il épousa à cinquante ans une riche veuve dont il dépensa toute la fortune. Il mourut dans la misère. — V. **(Walter)**, aventurier irlandais, mort sept. 1634. Officier dans la *légion irlandaise* de l'armée impériale, il devint le favori de Wallenstein, qui le nomma colonel de dragons en 1632 ; il se brouilla plus tard avec son protecteur, conspira avec Piccolomini, et assassina Wallenstein le 25 fév. 1634. L'empereur le fit comte, chambellan et général.

BUTOME s. m. (gr. *bous*, bœuf ; *tomé*, incision). Bot. Genre de butomées, dont une espèce, commune en Europe, est vulgairement appelée *jonc fleuri*. C'est une belle plante à tiges nues, à feuilles droites, longues, linéaires, portant en juillet une ombelle de grandes

fleurs d'un rose pâle ; elle se trouve dans nos marécages.

BUTOMÉ, ÉE adj. Bot. Qui ressemble au butome. — s. f. pl. Famille de végétaux monocotylédonés, aquatiques, à graine sans albumen ; ayant pour type le genre butome.

* **BUTOR** s. m. (lat. *bos*, bœuf ; *taurus*, taureau ; parce que le cri de cet oiseau ressemble au mugissement du taureau). Ornith. Genre de la tribu des hérons, composé d'oiseaux solitaires qui se cachent dans les roseaux des marécageux et qui font entendre au printemps, le matin et le soir, 5 ou 6 fois de suite, un cri terrible, effrayant, plus intense et plus perçant que celui du taureau. L'espèce

Butor commun d'Europe (botaurus stellaris).

commune d'Europe (*Ardea stellaris* Cuv. ; *botaurus stellaris*, steph.), fauve doré, tacheté et pointillé de noirâtre, à bec à pieds verdâtres, à les plumes du cou longues et serrées. Perché sur ses grandes jambes, il court dans les eaux douces peu profondes, dont les poissons, les reptiles et autres animaux aquatiques dont il fait sa proie. Il est inoffensif, mais il se défend avec courage et blesse cruellement le chasseur qui l'attaque. Sa chair est assez bonne à manger ; mais il faut avoir soin de la dépouiller de la peau, qui est huileuse et rance. Il habite la France. — Fig. et fam. Homme grossier et stupide : *c'est un butor*. On lui donne, populairement, un féminin : *butorde*.

BUTORDERIE s. f. Action, propos de butor.

BUTTAGE s. m. Agric. Action de butter.

* **BUTTE** s. f. Petit tertre, petite élévation de terre : *au haut de la butte*. — Petite élévation de terre ou de maçonnerie, sur laquelle on place un but pour tirer au blanc : *butte du polygone*. — Fig. ETRE EN BUTTE, être exposé. — A Paris, LA BUTTE MONTMARTRE, LA BUTTE CHAUMONT, etc., la colline de Montmartre, etc. — Argot, Guillotine. — Lieu où l'on fusille.

* **BUTTÉE** s. f. Voy. Butée.

* **BUTTER** ou **Buter** v. a. Jardin. BUTTER UN ARBRE, le garnir tout autour de ses mottes de terre, après l'avoir planté. — BUTTER DES CARDONS, DES ARTICHAUTS, BUTTER DU CÉLERI, les entourer de terre, pour les faire blanchir. — Broncher, en parlant d'un cheval qui heurte du pied une inégalité de terrain : *ce cheval butte à chaque pas*. — Argot. Assassiner. — Guillotiner. — Fusiller.

BUTTES, village de Suisse, à 30 kil. S.-O. de Neufchatel ; 1,500 hab. Ce village se trouve au fond d'une étroite vallée privée de soleil pendant plusieurs mois chaque année.

BUTTEUR s. m. Argot. Assassin, meurtrier. — Bourreau.

BUTTISHOLZ [bout'-tiss-hôlts], village de Suisse, à 18 kil. N.-O. de Lucerne ; 1,600 hab. Aux environs, une butte de terre, appelée

Butte des Anglais, marque l'endroit où furent vaincus, en 1375 les 3,000 compagnons d'Ingelram de Coucy.

BUTTMANN (Philipp-Carl) [bout'-mânn], philologue allemand (1764-1829); fut professeur à Berlin. A publié trois grammaires grecques qui furent pendant longtemps d'un usage général dans les écoles allemandes.

BUTTOIR s. m. Agric. Espèce de petite charrue qui sert à butter. — Techn. Nom donné à divers outils qui servent à sculpter, à fouiller dans les creux.

BUTTON (sir Thomas) [beu'-t'n], navigateur anglais, successeur d'Hudson dans l'exploration de la côte N.-E. de l'Amérique du Nord (1612-'13); un extrait de son journal se trouve dans la collection de Purchas.

BUTURLIN (Dmitri-Petrovitch) [bou-tour-linn], écrivain militaire russe (1790-1850). Il fut major général, et en 1828-'9 quartier-maître général pendant la guerre de Turquie. Il a publié plusieurs ouvrages en russe et a donné en français : *Campagne d'Italie* en 1799 (Saint-Pétersbourg, 1810), *Campagne de 1813 en Allemagne* (Paris, 1815), *Guerre d'Espagne* (Saint-Pétersbourg, 1817).

BUTYQUE adj. Se dit quelquefois pour BUTYRIQUE.

BUTYRACÉ, ÉE adj. (lat. *butyrum*, beurre). Qui a la consistance du beurre.

BUTYRAL s. m. Chim. Corps obtenu en même temps que la butyrone.

BUTYRAMIDE s. f. Chim. Azoture de butyryle : C⁸H⁷AzO². On l'obtient en agitant, dans un flacon, de l'éther butyrique avec une dissolution aqueuse d'ammoniaque et en évaporant l'alcool qui se forme. La butyramide reste sous forme de belles paillettes cristallines.

BUTYRATE s. m. Chim. Sel produit par la combinaison de l'acide butyrique avec une base. Tous les butyrates cristallisent sous des formes facilement déterminables; secs, ils sont inodores; humides, ils dégagent une forte odeur de beurre; placés sur l'eau, ils prennent, comme le camphre, un mouvement giratoire. Ils ont, pour formule générale : MO, C⁸H⁷O³. Les butyrates alcalins, le butyrate de chaux et de baryte, sont solubles dans l'eau; ceux de plomb et d'argent sont insolubles.

BUTYREUX, EUSE adj. Didact. Qui est de la nature du beurre.

BUTYRINE s. f. Chim. Substance grasse qui se trouve dans le beurre.

BUTYRIQUE adj. (lat. *butyrum*, beurre). Se dit d'un acide volatile gras découvert par Chevreul parmi les produits de la décomposition du beurre. Sa formule s'écrit ainsi aujourd'hui : C⁸ H⁸ O². C'est lui qui donne un goût désagréable au beurre rance. On le trouve aussi dans la transpiration humaine, dans le guano, dans les excréments et dans plusieurs espèces de matières en décomposition.

BUTYROMÈTRE s. m. Phys. Instrument inventé par un pharmacien de Fécamp, nommé Marchand, pour déterminer la richesse du lait en beurre.

BUTYRONE s. m. Chim. Produit liquide obtenu par la distillation du butyrate de baryte ou de chaux : C⁶ H⁶ O².

BUTYRYLE s. m. (rad. *butyral*). Chim. Radic. hypothétique dont l'acide butyrique et le butyral seraient dérivés.

BÜTZOW [bu-tsô], ville de Mecklenburg-Schwerin, à 40 kil. N.-E. de Schwerin; 4,800 habitants. Eaux-de-vie, cartes à jouer, etc.

° **BUVABLE** adj. Potable : *ce vin-là n'est pas buvable.*

° **BUVANT, ANTE** adj. Qui boit : *bien buvant et bien mangeant*, en bonne santé.

BUVARD s. m. Portefeuille contenant du papier non collé qui sert à sécher l'encre d'une écriture fraîche : *j'ai mis cette lettre dans mon buvard.* — Adjectiv. : *papier buvard.*

° **BUVETIER** s. m. Celui qui tient une buvette.

> Elle eût du *buvetier* emporté les serviettes.
> Plutôt que de rentrer au logis les mains nettes.
> Jean RACINE, *Les Plaideurs.*

° **BUVETTE** s. f. Cabaret qui était situé près du palais, et où les officiers de judicature allaient habituellement déjeûner ou se rafraîchir. — Buffet de rafraîchissement dans les chambres législatives. — Endroit dans les gares de chemins de fer où l'on donne à boire et à manger à meilleur marché qu'au buffet.

° **BUVEUR, EUSE** s. Celui, celle qui boit. Ce sens général n'est guère usité que dans la phrase familière : *du vin qui rappelle son buveur*, du vin excellent et qui excite à boire. — Homme qui aime le vin, qui boit beaucoup : *c'est un buveur, un grand, un bon buveur.* — BUVEUR D'EAU, se dit d'une personne qui ne boit que de l'eau, ou du vin fort trempé. Personne qui fréquente les stations où l'on boit des eaux minérales : *baigneurs et buveuses d'eau.*

° **BUVOTER** v. n. Boire à petits coups et fréquemment.

BUXACÉES s. f. pl. [bu-ksa-sé] (lat. *buxus*, buis]. Bot. Tribu d'euphorbiacées, ayant pour type le genre buis.

BUXHŒWDEN (Friedrich-Wilhelm, COMTE) [bouks'-heu-dènn], général russe (1750-1811). Après avoir servi contre les Turcs, les Suédois et les Polonais, il devint général en 1789, fut gouverneur de Varsovie (1794-'6), gouverneur militaire de Saint-Pétersbourg et gouverneur général des provinces Baltiques. A Austerlitz, il commanda l'aile gauche des Russes, et dirigea l'expédition contre les Suédois en 1808.

BUXIFOLIÉ, ÉE adj. [bu-ksi-fo-li-é] (lat. *buxus*, buis; *folium*, feuille). Bot. Qui a des feuilles semblables à celles du buis.

BUXTON [beuks'-t'n], ville du Derbyshire (Angleterre), à 32 kil. S.-E. de Manchester; 6,500 hab. Fameuses sources minérales, sulfureuses chargées d'azote. Traitement de la goutte et des rhumatismes.

BUXTON. I. (Jedidiah), calculateur anglais (1705-'75). Il savait pas écrire, mais il possédait une facilité merveilleuse pour accomplir mentalement des calculs compliqués; pour tout le reste, il était d'une intelligence bornée. — **II.** (sir Thomas FOWEL), philanthrope anglais (1786-1845). Il fut membre du parlement, de 1818 à 1837, s'occupa de la discipline des prisons, de l'amélioration des lois criminelles, de la suppression des loteries, de l'abolition de l'esclavage, de la mort par le feu des veuves indoues, et écrivit contre la traite des nègres. — **III.** (Charles), son fils (1822-'71), publia l'autobiographie du précédent et écrivit quelques ouvrages.

BUXTORF [bouks'-torf]. **I.** (Johann), hébraïste allemand (1564-1629). Il fut professeur d'hébreu à Bâle pendant 38 ans, publia la *Bible hébraïque* avec les notes masorétiques et rabbiniques (1618-'19, 4 vol. in-fol.), une *Grammaire hébraïque*, un *Lexique hébraïque et chaldaïque* (1607, in-8°), etc. — **II.** (Johann), son fils (1599-1664). A publié un *Lexique chaldaïque et syriaque* (Bâle, 1622, in-4°).

BUXY, ch.-l. de cant., arr. et à 16 kil. S.-O. de Châlon-sur-Saône (Saône-et-Loire); 2,150 hab. Vins estimés, huileries, blanchisserie de toiles. Eglise du XIᵉ siècle ; ruines d'un ancien château.

BUYUKDEREH. Voy. BOUYOUKDEREH.

BUZANÇAIS, *Busantiacum*, ch.-l. de cant., arr. et à 28 kil. N.-O. de Châteauroux (Indre),

sur la rive droite de l'Indre et sur plusieurs îlots qui communiquent entre eux par 6 ponts; 5,150 hab. Fonderies et hauts-fourneaux; grosse tapisserie, filature de laine. Ruines d'un ancien château fort; débris de remparts. Buzançais fut enlevé aux Anglais par Philippe-Auguste.

BUZANCY, ch.-l. de cant., arr. et à 22 kil. E. de Vouziers (Ardennes); 900 hab. Ruines de murailles du VIIIᵉ siècle. *Mosquée de Mahomet*, édifice construit par Pierre d'Anglure, baron de Buzancy, en souvenir de sa captivité en Palestine. Les 27 et 28 août 1870, le général de Failly y fut battu par le prince de Saxe.

BUZENVAL, petit village des environs de Paris, près de la Malmaison et de Rueil. On a donné le nom de *bataille de Buzenval* à la suprême tentative de sortie que firent, le 19 janvier 1871, l'armée et la garde nationale assiégées dans Paris.

BUZOT (François-Nicolas-Léonard), conventionnel, né à Évreux, le 1ᵉʳ mars 1760, mort en 1793. Avocat à Évreux, il fut député aux Etats généraux et attaqua d'abord violemment la noblesse, le clergé et la monarchie. A la Convention, il se rangea parmi les Girondins, accusa Robespierre d'aspirer à la dictature, après la défaite des Girondins à Brécourt, il se réfugia à Evreux (juin 1793), puis dans la Gironde. Son corps et celui de Péthion furent trouvés dans un champ, non loin de Saint-Emilion.

BUZOT O CABEZA DE ORO, station balnéaire minérale, à 16 kil. d'Alicante (Espagne). Eaux salines thermales, à 33ᵉ R. Affections rhumatismales, ulcères.

BUZZARD'S BAY, baie de la côte S. du Massachusetts, longue de 50 kil., large de 11 kil., contient les ports de New Bedford, de Fair Haven, de Mattapoisett, de Sippican et de Wareham.

BYNG (John) [bign], amiral anglais, né en 1704, fusillé à Portsmouth le 14 mars 1757. Minorque étant menacée par les Français en 1756, l'amiral Byng fut envoyé à son secours, avec une escadre qu'il fut forcé de réparer à Gibraltar; les Français purent débarquer 19,000 hommes avant son arrivée. Il livra à l'amiral La Galissonnière un combat indécis, essaya inutilement d'établir une communication avec les assiégés et, à son retour, futsacrifié à l'orgueil britannique, qui ne voulut point attribuer son insuccès à d'autre cause qu'à la lâcheté. Un tribunal le condamna injustement à la peine de mort.

BYNKERSHOEK (Cornelis VAN) [bainn-kerss-houk], juriste hollandais (1673-1743). Ses œuvres furent réunies et publiées à Genève (1761, in-fol.), comprennent : *Observationes juris Romani* (Leyde, 1710), *Questiones juris Publici; De Foro legatarum competenti* (1721), traduit en franç. par Barbeyrac sous le titre de *Du juge compétent des ambassadeurs* (La Haye, 172., 2 vol.), etc.

BYRD ou **Birde. I.** (William), jurisconsulte américain (1674-1744). Il construisit, sur ses propriétés, les villes de Richmond et de Petersburg (1784). Des manuscrits qu'il avait laissés furent publiés en 1841 à Petersburg. — **II.** Compositeur anglais (1540-1623). Il fut organiste de la reine Elisabeth, il composa un nombre considérable de morceaux pour la voix, et pour l'orgue. On le surnomma le Palestrina de l'Angleterre.

BYRGIUS (Justus) [bir'-ghi-ouss] (JOST BURGI), mathématicien suisse (1552-1633). Attaché à l'observatoire de Cassel, il construisit un globe céleste, et fut employé par l'empereur Rodolphe II (1604-'12). On lui attribue le compas de réduction. Il devança Napier dans son *canon* de logarithmes et inventa un secteur et une horloge à pendule.

BYROM (John) [baï'-romm], poète anglais (1691-1763). Ses œuvres, publiées en 1773 et en 1814, comprennent son fameux poème, *Colin et Phœbe*, qui fit sa réputation.

BYRON [baï-r'n]. I. (John), amiral anglais, grand-père du poète Byron (1723-'86). Aspirant sous Anson, il fut jeté sur une île désolée, près de la Patagonie, et y resta pendant cinq ans. Il rentra en 1748. Il commanda en 1764, un voyage d'exploration, entre le cap de Bonne-Espérance et l'Amérique du Sud, et découvrit deux îles, dont l'une porte encore son nom. Il fut nommé gouverneur de Terre-Neuve en 1769 et livra, en 1779, un combat indécis, près de Grenada, à une escadre française commandée par le comte d'Estaing. Il a publié le récit de ses premières aventures. — II. (George Gordon, Lord), célèbre poète anglais, né à Londres, le 22 janvier 1788, mort à Missolonghi (Grèce), le 19 avril 1824. Il était fils de John Byron, capitaine des gardes, et de Catharine Gordon, riche héritière écossaise, qui reçut 25,000 livres (625,000 fr.) de dot; cette somme servit en partie à payer les dettes de son mari. Celui-ci étant mort en 1791, le futur poète fut élevé par sa mère, femme d'une intelligence étroite et d'un caractère emporté. Il était boiteux de naissance et sans fortune. La mort d'un grand-oncle, William, lord Byron de Rochdale et Newstead Abbey, dont il était seul héritier, lui donna un titre et quelque argent pour finir son rang. Sa mère le mit à l'école de Dulwich où il apprit à boxer, jouer à la paume et nager. De 12 à 17 ans, il demeura à l'école de Harrow, où il passa son temps à dévorer des romans. Son éducation de gentilhomme étant ainsi ébauchée, il fut, de 17 à 19 ans, la cour à Mary-Anne Chaworth, qui en épousa un autre, malgré ses chaleureuses déclarations. En 1805, il entra au collège de la Trinité et fit, l'année suivante, imprimer à ses frais, un petit volume de poésies, dont la plupart furent imprimées en 1807, dans ses *Heures d'oisiveté*. Il répondit à une critique parue dans l'*Edinburgh Review*, par une satire, *les Bardes anglais et les Journalistes écossais*. En prenant son siège à la chambre des lords, le jeune poète eut le dépit de n'y jouir d'aucune considération, parce qu'il était le plus pauvre des pairs de tout le Royaume-Uni. Le peu de succès obtenu par ses vers et l'acharnement de ses créanciers, auxquels il devait 10,000 livres (250,000 fr.), le poussèrent, en 1809, à s'éloigner de la brumeuse Angleterre. Il visita l'Orient et ne revint qu'en juillet 1811. A peine débarqué, il courut chez son parent Robert-Charles Dallas, pour lui donner connaissance des poèmes qu'il avait écrits en voyage. Le sévère Aristarque se montra fort peu satisfait de la satire imitée de l'*Art poétique* d'Horace; mais, après la lecture des deux premiers chants de *Childe Harold*, il s'écria qu'il fallait le publier immédiatement, et cette première partie du chef-d'œuvre de Byron parut le 29 février 1812. Son succès fut immense. « Un beau matin je me trouvai célèbre » a dit Byron, en parlant de l'impression produite sur le public par son poème. Bien accueilli à la chambre des pairs, et en faveur dans les salons du grand monde, il commença à mener une existence dissipée et fut bientôt aussi fameux comme libertin que comme poète. En mai 1813, parut *Le Giaour*, et l'année suivante n'était pas terminée qu'il avait déjà donné *La Fiancée d'Abydos*, *le Corsaire* et *Lara*, qui accrurent sa popularité, mais ne l'enrichirent pas. Ses créanciers se montrant de plus en plus intraitables, il parvint à épouser une jeune personne riche et charmante, Anne-Isabelle Milbanke, qui avait plusieurs fois re-

poussé ses avances. Le mariage eut lieu le 2 janvier 1815; le 10 décembre de la même année, lord Byron devint père d'une fille, appelée Ada-Augusta. Pendant cette année 1815, il avait écrit *Le Siège de Corinthe* et *Parisina* et il avait employé toute la fortune de sa femme à apaiser ses créanciers. Le 15 janvier 1816, lady Byron, après avoir écrit à son mari une lettre pleine d'affection, termina en lui annonçant qu'il ne la reverrait jamais; et elle se retira chez son père. Il répondit par une pièce de vers intitulée *Adieu à ma femme*: il consentit sans peine à une séparation formelle. On s'est perdu en conjectures sur la cause de cette brusque désunion; on alla jusqu'à parler d'un inceste entre Byron et sa propre sœur, nommée Augusta; mais on ne sait encore rien de positif à ce sujet. Ce qu'il y a de certain, c'est que l'opinion publique se prononça vivement contre lui. Byron voulut un instant braver la répulsion qu'il inspirait universellement. Devant lui, toutes les portes se fermèrent; il n'entendait partout, il ne lisait dans les journaux que des paroles de mépris. Le 25 avril 1816, il quitta sa patrie pour toujours. Il traversa la Hollande et l'Allemagne, atteignit Genève en mai, fit des excursions dans les Alpes, écrivit le troisième chant de *Childe Harold*, *le Prisonnier de Chillon*, le commencement de *Manfred* et le roman *Le Vampire*. Il quitta la Suisse en octobre 1816 et vint s'établir à Venise où il demeura trois ans, occupé à finir *Manfred* et à écrire *Beppo*, *Mazeppa*, le quatrième chant de *Childe Harold* et quatre chants de *Don Juan*. En avril 1819, il fit la connaissance d'une belle Italienne, âgée de 16 ans, Teresa Guiccioli, troisième épouse du comte de Guiccioli, âgé de plus de 60 ans. A partir de ce jour, la comtesse ne put vivre sans lui. Forcée de suivre son mari à Ravenne, elle tomba malade et, pour la sauver, son père, son frère et même son mari, invitèrent Byron à venir à Ravenne; si bien qu'il prit sa résidence dans le palais de l'époux; il y demeura deux ans, pendant lesquels il écrivit *Marino Faliero*, *Sardanapale*, *Les Deux Foscari*, *Caïn*, le cinquième chant de *Don Juan*, le commencement de *Werner* et la *Difforme transformé*. Le comte Guiccioli finissant par avoir des soupçons, la comtesse, sous prétexte de se retirer chez son père, abandonna la maison conjugale et vint rejoindre, à Pise, le poète, alors occupé avec son père et ses frères, à donner une direction aux conspirateurs appelés *carbonari*. Ils durent bientôt quitter cette ville, où leur vie était en danger. Ils se retirèrent à Gênes. Pendant ce temps, Byron avait terminé *Werner* et la *Difforme transformé*; il avait composé l'*Age de Bronze*, l'*Ile*, et la fin de *Don Juan*. Le gain d'un procès, dans lequel il réclamait les biens de Rochdale, *vendus* illégalement, le rendit puissamment riche. Il avança des sommes considérables au comité révolutionnaire grec, le 14 juillet 1823, s'embarqua pour les îles grecques, où il demeura six mois. Il arriva à Missolonghi, le 5 janvier 1824, organisa, contre Lépante, une expédition dont il fut nommé commandant, mais qui ne put mettre à la voile. Le 15 février, il eut une congestion cérébrale et expira le 19 avril. Ses restes furent embaumés et envoyés en Angleterre, où on les enterra dans l'église de Hucknall, près de Newstead Abbey. Voy. Moore : *Lettres et Notes journalières de lord Byron*, avec des observations sur sa vie (1830); Elze : *Biographie de lord Byron* (Londres, 1872). — Sa femme Anne-Isabella Milbanke (1792-1860) se voua à des œuvres de bienfaisance. Sa fille Ada-Augusta (10 déc. 1815, 27 nov. 1852), épousa, en 1835, William, lord King, plus tard comte de Lovelace.

BYRONIEN, IENNE adj. Se dit du style et surtout de l'école de Byron : *poésie byronien-*

BYRSA (phénicien : *peau de taureau;* pour l'origine de ce nom, voy. notre article Didon), citadelle de Carthage (voy. ce mot).

* **BYSSUS** s. m. [bi-suss] (gr. *byssos*; hébr. *butz*). Nom donné par les anciens à la matière dont ils se servaient pour fabriquer les plus riches étoffes. Selon les uns, le *byssus* était une espèce de soie jaune, fournie par le coquillage appelé *Pinne marine*; selon d'autres, c'était une sorte de laine soyeuse, produite par certains végétaux : *David avait un manteau de byssus*. Dans ce sens, quelques-uns disent aussi, *Bysse*. — Bot. Espèce de lichen qui se développe en filaments très déliés et entrelacés.

BYSTRŒM (Johann-Nils) [buss-treumm], sculpteur suédois, né en 1783, mort à Rome en 1848. Ses principales œuvres sont : *Nymphe entrant au bain*; *Junon et Hercule*; *Pandore arrangeant sa chevelure*; *Une jeune danseuse*, et les statues de Linnée, de Gustave-Adolphe, de Charles XII et de plusieurs autres rois de Suède.

BYTOWN. Voy. Ottawa.

BYTTNÉRIACÉ, ÉE adj. Bot. Qui ressemble à une byttnérie. — s. f. pl. Famille qui a pour type le genre byttnérie et qui renferme le cacaoyer.

BYTTNÉRIE s. f. (de *Byttner*, n. pr.). Bot. Genre de byttneriacées comprenant une vingtaine d'espèces exotiques.

BYZANCE, ancienne ville grecque, sur l'emplacement de la moderne Constantinople. Fondée par les Mégariens, vers le commencement du VIIe siècle av. J.-C., elle fut détruite par les Perses, au temps de Darius Hystaspis. Pausanias la repeupla au moyen de colonies dorienne et ionienne; pendant un siècle, elle obéit alternativement à Sparte et à Athènes. Son port et sa position sur le Bosphore lui donnaient une grande importance commerciale. Elle venait de se rendre indépendante, lorsque Philippe de Macédoine l'assiégea; elle fut sauvée par un secours envoyé d'Athènes; mais elle dut se soumettre à Alexandre. Alliée ensuite avec Rome, contre la Syrie et le Pont, elle resta ville libre confédérée, jusqu'à Vespasien, qui la priva de toutes ses libertés. Sévère la prit après un siège de trois ans, et elle fut le dernier refuge de Licinius contre Constantin. Ce prince y transporta le siège de l'empire, et le nom de Byzance fut changé en celui de Constantinople, 330 après Jésus-Christ.

* **BYZANTIN, INE** adj. Qui a rapport au Bas-Empire, dont la capitale était Byzance : *historiens byzantins*. — Discussion, dispute byzantine, querelle futile. — Substantiv. : *la byzantine*, la collection des historiens byzantins. — Historiens byzantins, série d'auteurs grecs qui écrivirent entre le IVe et le XVe siècle. Les plus célèbres furent Zosime, Procope, Agathias, Constantin Porphyrogénète, Cedrenus, Anna Comnène, Zonaras, etc. Une collection de leurs œuvres les plus remarquables fut faite aux frais de Louis XIV (*Corpus Scriptorum Historiæ Byzantinæ*, 36 vol. 1648-1711). Le texte grec y est accompagné de notes et d'une traduction en latin. Niebuhr prépara une nouvelle édition qui fut commencée à Bonn en 1828 et dont il a été publié 48 vol. Bekker, les Dindorfs, Schopen, Meineke et Lachmann en ont été les principaux éditeurs.

BZOVIUS (Abraham), en polonais, *Bzowski*, savant polonais (1567-1637), dominicain et professeur de philosophie et de théologie à Milan et à Bologne; il continua les annales ecclésiastiques de Baronius, depuis l'année 1198 jusqu'en 1572.

C

* C s. m. [sé ou se]. Troisième lettre des alphabets qui emploient les caractères romains. C'est la consonne dont le son varie le plus. Il est probable que dans la langue latine, il se prononçait *k*; dans les langues modernes il n'a cette valeur que devant *a, o, u,* : *cabas, colère, cuve*; devant *e, i,* le *c* se prononce comme *s*, dans les langues française, anglaise et portugaise : *ceci*; il a quelquefois la valeur de *z* en anglais; il prend celle de *tch* dans la langue italienne; de *ts* dans la langue allemande et un son particulier dans la langue espagnole; il se prononce alors comme le *th* anglais. Dans les langues polonaise et bohémienne, le *c* se prononce toujours *ts*, à moins qu'il ne soit marqué d'un signe qui en change la valeur. La langue française a également adopté un signe modificatif: la cédille, qui donne au *c* le son de *s*, devant *a, o, u,* : *façade, façon, reçu*. Lorsque *c* doit se faire entendre devant une consonne, ou à la fin d'un mot, on le prononce comme *k* : *accès* [akcès], *cneius* [knéius], *crédit* [krédit], *trictrac* [triktrak], *sec* [sek], *bloc* [blok], *du blanc* au noir [du blank au noir], etc. Voyez, sur la valeur du *c* joint à l'*h*, l'article de cette dernière lettre.

* ÇA adv. de lieu (métathèse du mot latin *hâc*, par ici). Ici. On ne l'emploie que dans ces phrases familières : *viens çà, venez çà.* — ÇA ET LA, de côté et d'autre : *il va çà et là.* — Fam. QUI ÇA, QUI LA, les uns d'un côté, les autres d'un autre : *ils courent tous qui çà, qui là.* — DE-ÇA. Voyez DEÇA. — DEPUIS DEUX MOIS, DEPUIS DEUX ANS EN ÇA, depuis deux mois, depuis deux ans jusqu'à présent. — Çà interj. familière pour exciter et encourager à faire quelque chose : *çà, travaillons.*

* ÇA, se dit par contraction, dans le langage familier, pour cela : *donnez-moi ça.* — COMME ÇA, à peu près, passablement, pas très bien: *comment vous portez-vous? comme ça.* On dit dans le même sens: *Comme ci, comme ça.* — ᴎ Jargon. C'EST ÇA, c'est ce qu'il faut; C'EST ÇA, *c'était ça.* — AVOIR DE ÇA, avoir de l'argent; avoir du courage; avoir des appas. — PAS ÇA, rien : *il n'a pas ça de talent.* — C'EST UN PEU ÇA, c'est très bien. PAS DE ÇA, pas de plaisanterie. On dit quelquefois : *pas de ça, Lisette.* — Y A UN PEU DE ÇA, c'est la vérité.

CAABA ou **Kaaba**, petit temple situé dans la cour de la mosquée de la Mecque.

CAB s. m. (abréviation de *Cabriolet*). Voiture anglaise de place, à un seul cheval et à l'arrière de laquelle se trouve le siège du cocher. Les cabs furent inventés en 1840; on essaya de les introduire à Paris vers 1850.

CABACET. Voy. CABASSET.

CABACLE s. m. Habit militaire des Grecs modernes.

* CABALE s. f. (hébreu, *kabbalah*, tradition, réception; de *kabbel*, recevoir). Terme employé primitivement par les écrivains israélites, pour désigner l'enseignement religieux oral et, plus tard, un système de théosophie juive. Parmi les livres les plus importants de cette théosophie sont le *Sepher Yetzirah* «Livre de la Création», attribué au rabbin Akiba (vers 120 av. J.-C.), mais écrit probablement six siècles plus tard; et le *Sepher haz-Zohar* (Livre de Lumière), attribué à Siméon ben Yohai, contemporain d'Akiba, mais généralement considéré comme l'œuvre d'Abraham Aboulafia, rabbin espagnol du xiiiᵉ siècle. Les idées fondamentales développées dans ces livres sont les suivantes: l'Être suprême, *En Soph*, «l'Illimitable» est en dehors et au-dessus de tout ce que nous pouvons concevoir; mais il est tout et dans tout; chaque chose est en lui et par lui. De l'En Soph émana une *Sephirah* ou intelligence; de celle-ci émana une autre intelligence etainsi de suitejusqu'à la dixième. Ces *Sephiroth* sont les créateurs et les ordonnateurs de toute chose. La dixième est She-khinah, divinité révélée des Hébreux. Ces émanations d'En Soph se sont incarnées dans les patriarches, et David est l'incarnation de la dixième. Toutes les âmes humaines ont existé avant le commencement de leur vie terrestre; toutes doivent s'attendre à être jugées avant leur admission dans le paradis. De nombreux corps sont habités par des âmes que les jugements précédents n'ont pas déclarées suffisamment pures. La dernière des âmes sera celle du Messie, qui naîtra à la fin du monde. Après son épreuve terrestre, la pleroma de tous les siècles sera complète et toutes les âmes seront assez purifiées pour entrer au ciel. — Plus tard, le mot *cabale* fut appliqué à différentes manières de tirer des sens cachés des Ecritures hébraïques, l'une de ces manières était la *gematria* (géométrie). D'après elle, chaque lettre est un numéral; *aleph*, la première représente le chiffre 1 : lorsqu'elle est surmontée d'une ligne elle signifie 1000. Ainsi la valeur numérique de *bereshit* «Dans le commencement», premier mot de la Genèse, est 913, ainsi que celle de *battorah yatzar* «par la loi il forma» (le monde); ce qui démontre, d'après ce système de cabale, que la Loi existait avant la création et que ce fut elle qui accomplit la création. — Science prétendue, art chimérique d'avoir commerce avec les êtres élémentaires, tels que les gnomes, les sylphes, etc. : *terme de cabale*. — Fig. Sorte de complot formé par plusieurs personnes qui ont un même dessein. Se prend en mauvaise part : *forte cabale; dangereuse cabale*. — Troupe même de ceux qui ont formé une cabale: *la cabale remplissait le parterre.* — Ministre de la cabale, angl. *Cabal*, ministère du roi d'Angleterre, Charles II, (1670), composé de cinq ministres impopulaires: Clifford, Ashley, Buckingham, Arlington et Lauderdale, dont les initiales forment le mot anglais *Cabal*.

* CABALER v. n. Faire une cabale, être d'une cabale. Se prend en mauvaise part.

CABALETTE s. f. (bas lat. *caballus*, cheval; ital. *cabaletta*). Phrase musicale d'un mouvement accéléré et qui termine souvent un morceau.

* CABALEUR s. m. Celui qui cabale.

CABALISER v. n. Se servir de l'art prétendu de la cabale.

* CABALISTE s. m. Celui qui est savant dans la cabale des Juifs.

* CABALISTIQUE adj. Qui appartient à la cabale des Juifs : *livre cabalistique*. — Se dit aussi en parlant de la prétendue science qui a pour objet de communiquer avec les êtres élémentaires : *art cabalistique; termes cabalistiques*.

CABALLERO (Fernan) [ka-bâl-iè'-ro]. Voy. BŒBL FABER.

* CABAN s. m. (bas lat. *cappa*, chappe, cappe). Vêtement ample, avec des manches et un capuchon. — Depuis 1870, le caban est d'uniforme dans l'armée française. — Capote à capuchon dont font usage les marins. Elle ᴜᵉ dépasse pas le genou.

CABANDE s. f. Argot. Chandelle.

* CABANE s. f. (gr. *capané*). Petite maison grossièrement construite et ordinairement couverte de chaume. — Retranchement ou réduit le plus souvent formé de planches: *cabane de berger; cabane à lapin*. — Mar. Petit logement fait de planches et pratiqué à l'arrière ou le long des côtés d'un vaisseau, pour servir de retraite aux pilotes et à certains officiers. On dit aussi *cahute* ou *cajute*.

CABANER v. a. Se retirer sous des cabanes. — Préparer les cabanes de vers à soie, lorsqu'ils sont sur le point de filer leurs cocons. — Mar. Chavirer, sombrer, faire capot. — Mettre des objets dans une position inverse de leur destination naturelle : CABANER UNE EMBARCATION, la mettre sens dessus dessous, la renverser complètement de manière qu'elle figure une cabane, dont la toiture est représentée par la quille et la carène : CABANER UNE ANCRE, la porter en travers sur une chaloupe, le jas placé verticalement.

CABANIS [niss] (Pierre-Jean-Georges), médecin de l'école sensualiste, né à Cosnac (Charente-Inférieure) en 1757, mort à Paris en 1808. Pendant la Révolution, il épousa la cause populaire et fut l'ami autant que le médecin de Mirabeau, de Condorcet et des principales illustrations de cette époque. Professeur de médecine à l'Université de Paris, il mit une grande activité à réorganiser l'enseignement médical. Sous le Consulat, il consentit à être sénateur; mais plus tard, désapprouvant la politique de Napoléon, il rentra dans la vie privée et se voua complètement à la science. Ses œuvres, publiées en 1823-'25, 5 vol. in-8ᵉ; comprennent son fameux livre des *Rapports du physique et du moral de l'homme* (1802, 2 vol. in-8ᵉ), ouvrage dans lequel il démontre que la plupart des criminels sont des malades qu'il faut guérir.

CABANNES (Les), ch.-l. de cant., arr. et à 26 kil. S.-S.-E. de Foix (Ariège); 500 hab.

* CABANON s. m. Petite cabane. Se dit, dans quelques prisons et dans les asiles d'aliénés, de certains cachots très obscurs : *il fut mis aux cabanons.*

* CABARET s. m. Taverne, maison où l'on vend du vin en détail, soit que l'acheteur l'emporte, soit qu'il le boive dans le lieu même. — Espèce de petite table ou plateau qui a les bords relevés, et sur lequel on met des tasses pour prendre du thé, du café, etc. : *il a acheté un beau cabaret.* — Assortiment de tasses qu'on met sur ce plateau : *cabaret de porcelaine.* — Nom vulgaire de la plante appelée autrement *Asaret.*

CABARETER v. n. Hanter les cabarets.

* CABARETIER, IÈRE s. Celui, celle qui tient cabaret.

CABARRUS (Francisco de) COMTE [ka-bar-uss], financier espagnol, né à Bayonne en 1752, mort à Séville en 1810. Employé dans une maison de commerce de Sarragosse, il attira l'attention des ministres de Charles III en imaginant d'émettre un papier-monnaie et de fonder une nouvelle banque royale. Il fut nommé conseiller d'Etat et directeur de la banque de Saint-Charles. Disgracié après la mort du roi et injustement emprisonné pendant 4 ans, il fut honorablement acquitté en 1795, créé comte et ministre de la diplomatie. Sous Ferdinand VII et Joseph Bonaparte, il devint ministre des finances et directeur de la banque. Il a laissé plusieurs écrits relatifs à l'économie politique et aux finances de l'Espagne. Sa fille, Thérèse, devint bien célèbre sous le nom de Mᵐᵉ Tallien et sous celui de princesse de Chimay.

* CABAS s. m. [ka-bâ] (gr. *cabos,* sorte de mesure). Panier de jonc, qui sert ordinairement à mettre des figues : *cabas de figues.* — Panier aplati fait de tresses de jonc, que les femmes portent au bras quand elles vont au marché. — Fam. et plais. Vieille voiture à l'ancienne mode. — Anc. art. milit. Grand pavois ou bouclier qui servait à protéger les archers et les arbalétriers ou ceux qui attaquaient les retranchements. — ∾ Jargon Femme avachie : *c'est un vieux cabas.*

CABASSER v. n. Argot. Tromper. — Bavarder.

* CABASSET ∾ Cabacet ou **CAPACET** s m. [diminutif de *cabas*). Sorte de casque sans visière, à bords larges et abaissés, sans crête, sans gorgerin, d'une fabrication fort simple, comme en portaient les reîtres et les argoulets.

CABASSEUR s. m. Argot. Trompeur. — Bavard.

CABEÇA DE VACA. Voy. NUÑEZ (*Alvar*).

CABEL.(Adrien van der), célèbre peintre de l'école hollandaise (1631-'98). Son vrai nom était *Van der Tow* (de la Corde), qu'il changea en celui de *Van der Kabel* (du Câble). Après un long séjour en Italie, il se fixa à Lyon.

CABÈS ou **Gabès** (Golfe de) [ka-bèss], *Syrtis Minor,* golfe que forme la Méditerranée sur la côte orientale de Tunis (Afrique) ; il tire son nom de la ville de Khabs, qui se trouve sur le rivage.

* CABESTAN s. m. (esp. *cabra,* chèvre ; *stante,* debout). Mécan. Treuil vertical ou horizontal formé ordinairement d'un cylindre de bois autour duquel s'enroule un câble et que l'on met en mouvement au moyen de barres en bois qui font l'office de levier. La force de cette machine est très considérable. — Mar. On distingue, à bord des navires, le *grand cabestan,* le *petit cabestan* et le *cabestan volant,* qui peut être transporté d'un lieu dans un autre. Depuis l'invention du *câble-chaîne* (1808), le cabestan est armé d'une roue dentée ou couronne de fonte de fer. Le cabestan perfectionné du capitaine Barbotin est adopté aujourd'hui sur tous les bâtiments de l'Etat.

CABET(Etienne), communiste, né à Dijon le 2 janv. 1788, mort en 1856 ; fut procureur général en Corse, après 1830 et député en 1831. Condamné en 1836 pour offense au roi, il s'enfuit en Angleterre, rentra après l'amnistie de 1837 et prépara son fameux *Voyage en Icarie,* dans lequel il développa ses utopies. 69 de ses adeptes, nommés *Icariens,* voulant fonder une société selon ses théories, 's'établirent en commun sur un territoire du Texas, en 1848 ; ils se transportèrent à Nauvoo (Illinois) en 1850 et Cabet ne tarda pas à venir les rejoindre ; mais cette tentative de mettre en pratique les théories du maître échoua misérablement au milieu de la discorde des Icariens. Cabet a écrit une *Histoire de la révolution de 1830* et une *Histoire de la révolution de 1789,* ainsi que de nombreuses brochures politiques. Il mourut dans la misère à Saint-Louis (Amérique).

CABET (Paul-Jean-Baptiste), sculpteur, né à Nuits (Côte-d'Or) en 1816, mort en octobre 1876 ; élève de *Rude,* dont il épousa la sœur. Il exposa dès l'âge de vingt ans, fut forcé de quitter la France pour fuir les tracasseries de la police politique de Louis-Philippe, visita la Russie, où il se fit connaître par de beaux travaux, et reparut en France vers 1843. Ses principaux ouvrages sont : *Jeunes Grecs aux Thermopyles* ; *Jeune pâtre dénichant des oiseaux* ; *Réveil du printemps,* le buste de *Rude,* la statue de *Hugues Sambin.* Son chef d'œuvre était sa fameuse statue de la *Résistance,* 1870 exécutée pour orner la place de Gray, à Dijon, et qui fut brisée par des soldats français, sur l'ordre du gouvernement de M. de Mac-Mahon, le 26 oct. 1875.

CABIAI s. m. [ka-bi-è]. Mamm. Genre de grands rongeurs qui habitent l'Amérique du Sud. Le *Cabiai de la Patagonie* (*dolichotis Patachonica* Shaw) atteint quelquefois 1 mètre de long, 35 centimètres de haut aux épaules,

Cabiai (Dolichotis Patachonica).

et un poids de 15 kilog. On le rencontre dans les plaines désertes et pierreuses de la Patagonie, où il habite ordinairement des terriers. Il court à la façon du lapin, mais relativement moins vite, se blottit comme le lièvre, est très timide et mange pendant le jour. La femelle produit deux petits à la fois, qu'elle met bas dans son terrier. La chair du cabiai est blanche, mais sèche et sans goût.

* CABILLAUD s. m. [*ll* mll.] (holl. kabeljaauw). Espèce de morue qu'on pêche sur les côtes de l'Océan et que l'on consomme fraîche.

CABILLAUDS (Les), faction populaire hollandaise du XIVᵉ siècle. Les Cabillauds tenaient pour Marguerite, veuve de l'empereur Louis de Bavière, contre les nobles, surnommés les *Hameçons,* soutenaient les prétentions de Guillaume V, fils de Marguerite. Les Cabillauds furent détruits en 1492 par Maximilien d'Autriche.

CABILLONUM, aujourd'hui *Châlon-sur-Saône,* ville des Ædui, sur l'Arar (Saône), dans la Gallia Lugdunensis.

CABILLOT ou **Cavillot** s. m. [*ll* mll.] (diminutif de *caville* ou *cheville*). Mar. Petit morceau de bois façonné au tour, qui sert dans diverses parties du gréement. — Cheville dont on garnit les râteliers disposés sur les gaillards. — Soldat de passage sur un navire.

CABINDA, ville maritime de la Basse-Guinée, à 50 kil. N. du Congo ; 16,000 hab. On l'a surnommée le Paradis du Congo.

* CABINE s. f. (angl. *cabin*). Mar. Petite chambre qu'occupe le capitaine d'un bâtiment de commerce. — Espace étroit qui sert à loger, durant la nuit, des passagers et des officiers inférieurs, dans les paquebots et bâtiments qui transportent des voyageurs et des marchandises. — Cabinet, réduit en toile ou en planches dans lequel un baigneur vient déposer ses habits : *dans les établissements de bains de mer, chaque baigneur a sa cabine.*

* CABINET s. m. Lieu de retraite pour travailler ou converser en particulier : *il est dans son cabinet.* — Homme de cabinet, homme que sa profession oblige à travailler dans le cabinet, homme que ses aptitudes rendent surtout utile dans le conseil. — *Cabinet d'affaires,* sorte d'établissement formé par un homme qui se charge de diriger des affaires contentieuses. — *Cabinet de lecture,* lieu où l'on donne à lire, moyennant une rétribution, des journaux et des livres. — Fig. Clientèle, ensemble des affaires dont on est chargé : *cet avocat a un très beau cabinet.* — Gouvernement, conseil où se traitent les affaires générales de l'Etat, et en particulier celles qui concernent ses relations avec l'extérieur : *le cabinet des Tuileries, de Saint-James, de Vienne ; les cabinets européens.* — Petite pièce d'un appartement plus retirée que les autres, et destinée à différent usages : *cabinet de toilette ; cabinet de garde-robe ; cabinet de bains ; cabinet noir.* — Lieux d'aisances :

> Franchement, il est bon à mettre au cabinet,
> *Le Misanthrope,* acte I, sc. II.

— Lieu où l'on place, où l'on expose des objets d'étude ou de curiosité, tels que livres, tableaux, médailles, productions naturelles, etc. : *cabinet de peintures, de tableaux, d'armes, de curiosités, de raretés, d'antiques, de médailles ; d'histoire naturelle, d'anatomie.* — Tout ce qui est contenu dans un cabinet d'objets précieux, de curiosités, etc. : *il vend son cabinet.* — *Cabinet de physique,* collection des divers instruments nécessaires pour les expériences de physique. — Espèce de buffet à plusieurs layettes ou tiroirs, qui servait autrefois à décorer les appartements : *cabinet de la Chine ; cabinet d'ébène, d'écaille de tortue.* — *Cabinet d'orgue,* espèce d'armoire dans laquelle il y a un orgue. Petit lieu couvert dans un jardin, et formé de treillage, de maçonnerie, ou de verdure : *cabinet de chèvrefeuille, de jasmin, de verdure.* — CABINET NOIR, chambre dans laquelle les lettres confiées à la poste étaient ouvertes et lues, pour voir si elles ne contenaient aucun renseignement utile à la police. Ce système d'investigation secrète commença dès le règne de Louis XI et fut réorganisé sous celui de Louis XV. M. Vandal, directeur des postes sous le second Empire, avoua publiquement qu'il avait été rétabli.

* CABIRES s. m. pl. *Cabiri,* divinités anciennes que l'on adorait en Egypte, en Phénicie et en Grèce. Leur nom dérivait probablement du sémitique *kabir* (grand), mais on ne connaît ni la nature, ni le nombre, ni l'origine de ces divinités mystérieuses dont il était défendu de prononcer le nom. On les appelait quelquefois les enfants de Vulcain, à cause de leurs connaissances en métallurgie. Les Grecs les représentaient comme des nains ayant des ventres proéminents. On leur rendait de secrets hommages. Les principaux lieux où on les adorait étaient Lemnos, Samothrace, Imbros, Thèbes, Bérvte et Memphis.

* **CÂBLE** s. m. (arabe *kabel*). Nom générique de toute grosse corde employée pour élever, retenir ou réunir de pesants fardeaux. — CA- BLE-CHAINE, voy. *Chaîne*. — Mar. *Maître câble*, celui de la première ancre que laisse tomber un navire en mouillant. — *Câble d'affourche*, câble étalingué ou noué à l'ancre d'affourche. — La longueur d'un câble est de 120 brasses ou 200 mètres, et sa circonférence de 32 à 65 centimètres. Les câbles-chaînes des gros vais- seaux ont jusqu'à 300 mètres de long. — FILER DU CABLE, lâcher, dérouler peu à peu une lon- gueur plus ou moins considérable du câble qui tient à l'ancre, lorsque le navire est au mouillage. ∾ BITTER LE CABLE, le ranger au- tour des bittes. — DÉBITER LE CABLE, le dérou- ler. — TAILLER LE CABLE, le lâcher. — LAISSER TRAINER LE CABLE SUR LE SILLAGE D'UN VAISSEAU, l'abandonner au flottement pour ralentir la course du bâtiment. — LEVER LE CABLE, le mettre en rond, afin qu'il soit disposé à être filé. — Fig. et fam. FILER DU CABLE, gagner du temps, lorsqu'on est pressé par quelqu'un de prendre un parti; différer de se décider. — HIST. On fit probablement les premiers câbles avec les fibres de l'écorce de quelques arbres ou d'her- bes ou avec des poils d'animaux. Les Égyp- tiens employaient les fibres du lin et celles du dattier. L'histoire a fait une célébrité aux fa- meux câbles qui servirent à la construction des ponts de bateaux jetés par Xerxès sur l'Hellespont, lors du passage de l'armée des Perses. Il y avait six câbles pour chacun des deux ponts, deux de ces câbles étaient en fils de lin; les quatre autres étaient en papyrus. — CABLES MÉTALLIQUES. Les câbles de matières végétales s'allongent par la sécheresse et se raccourcissent par l'humidité. L'industrie con- temporaine produit des câbles métalliques qui n'ont pas les mêmes inconvénients et qui servent aux constructions à demeure, telles que ponts suspendus, câbles de mines, câbles des machines fixes de chemins de fer, etc.

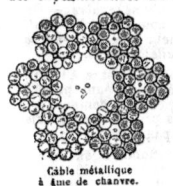

Câble métallique à âme de chanvre.

Pour ces câbles, on employa d'abord le fil de fer le plus pur; aujourd'hui on com- mence à employer des fils d'acier. On assemble les fils en un faisceau, main- tenu, de distance en distance, par des liens métalliques, et recouvert d'une cou- che de peinture pour prévenir l'oxydation. Au centre de chaque faisceau se trouve une *âme*, soit en fils de fer (pour les ponts suspendus), soit en cordage de chanvre (quand on ne veut pas de rigidité). Les câbles comprennent plus ou moins de fils et affectent un diamètre plus ou moins grand, suivant l'usage auquel on les destine et la ten- sion à laquelle ils doivent être soumis. — CA- BLE TÉLÉGRAPHIQUE SOUS-MARIN, assemblage de plusieurs fils de métal isolés entre eux par une substance gommeuse et servant à mettre en communication, au moyen de l'électricité, deux pays séparés par la mer. L'idée des télé- graphes sous-marins paraît avoir été conçue par plusieurs des premiers électriciens. En 1840, l'anglais Charles Wheatstone dressa le plan d'un télégraphe sous-marin en projet pour relier Douvres à Calais. Le 18 octobre 1842, Morse établit un câble de cuivre entre l'île du gouverneur et la batterie de New- York. Ce câble se composait d'un fil isolé par une couronne enveloppée de goudron, de poix et de caoutchouc; il fut enlevé par l'ancre d'un navire qui l'amena à la surface; les ma- rins le brisèrent. Samuel Colt en établit un autre, l'année suivante, dans la rade de New- York. En 1847, un Anglais, John-Watkins Brett (représentant de son frère Jacob Brett, inventeur d'un système breveté), soumit un plan analogue au roi Louis-Philippe; il ne fut

pas compris; mais il obtint de Louis-Napo- léon l'autorisation de poser le premier câble sous-marin. Les travaux commencèrent le 28 août 1850. Le fil télégraphique fut embar- qué sur le steamer le *Goliath*; il était enve- loppé d'une couche de gutta-percha épaisse d'un pouce (en diamètre) et venait se rattacher à d'autres fils qui aboutissaient sur la jetée du Gouvernement, dans la rade de Douvres. Le *Goliath* quitta cette rade en déroulant peu à peu le fil télégraphique, de façon à lui per- mettre d'atteindre le fond de la mer. Dans la soirée, il arriva près des côtes françaises; le fil put être attaché sur le sommet du cap Gris-Nez; des messages furent échangés entre les deux pays. Malheureusement le fil se brisa presque aussitôt et l'entreprise si bien conduite fut considérée comme n'ayant pas réussi. La ténacité anglaise eut le der- nier mot; on fit un câble plus solide, et le 13 novembre 1851 les canons de Douvres par- tirent au moyen d'un courant électrique ve- nant de Calais. En mai 1853, Douvres et Os- tende correspondirent, ainsi que Portpatrick et Donaghadee. En novembre 1854, on put envoyer un télégramme de Paris à Bastia. — Le succès des applications de l'électricité enhardit les inventeurs. On reprit en 1857 un projet, élaboré dès 1845 par les frères Watkins et Jacob Brett, pour unir, au moyen d'un câble transatlantique, l'ancien et le nouveau monde; 2,500 milles de fils furent préparés et l'on commença à Valentia (Irlande) leur immersion, le 5 août 1857. Cette tentative fut malheureuse; les câbles se brisèrent plu- sieurs fois et on abandonna l'opération. Le 20 juin 1858, on recommença avec aussi peu de succès. Une troisième tentative réussit. Un câble fut immergé entre Valentia et Terre- Neuve; les deux premiers télégrammes entre l'Europe et l'Amérique furent une lettre de la reine d'Angleterre au Président des Etats- Unis et la réponse de celui-ci (5 août 1858). Cet événement motiva de grandes réjouis- sances dans les deux pays; mais la joie fut de courte durée : le câble ne transmit ensuite les dépêches que d'une manière de plus en plus incomplète, et le 4 septembre les commu- nications furent absolument arrêtées. Une nouvelle compagnie se forma en 1860 et le géant des mers, appelé le *Great-Eastern*, fut chargé des 25,000 tonnes du câble destiné à unir les deux mondes. Une première tentative d'immersion ne réussit pas. Le navire, parti de Valentia le 22 juillet 1865, abandonna l'o- pération le 2 août, lorsque le câble se fut brisé sans que l'on pût le retrouver. Tant d'insuc- cès, tant de pertes d'argent ne décourageaient nullement les Anglais. La compagnie anglo- américaine du télégraphe transatlantique se reconstitua. Le *Great-Eastern*, chargé d'un nouveau câble, quitta Medway (Angleterre), le 30 juin 1866; il vint rattacher ses fils à Valen- tia, qu'il quitta le vendredi 13 juillet. Les per- sonnes superstitieuses virent dans cette date un pronostic d'insuccès, et pourtant l'opéra- ration réussit, cette fois. Le câble fut attaché à Heart's Content (Terre-Neuve); un télé- gramme à lord Stanley annonça cette heu- reuse nouvelle, le vendredi 27 juillet, et le len- demain, un télégramme de la reine Victoria parvenait au président des Etats-Unis. Le câble abandonné l'année précédente fut heu- reusement repêché, le 2 septembre, et attaché, lui aussi, à Terre-Neuve (8 septembre). L'An- gleterre eut donc deux câbles de communica- tion avec l'Amérique. Une compagnie fran- çaise se forma en 1868 pour unir la France aux Etats-Unis; elle obtint une concession au nom de Jules Reuter et du baron Emile d'Er- langen (8 juillet 1868). Le *Great-Eastern*, chargé de cette nouvelle immersion, attacha le câble français à Brest le 17 juin 1869 et ar- riva à Duxbury (Massachusetts), le 23 juillet. Les deux compagnies anglo-américaine et

françaises'unirenten janvier 1870. Les commu- nications furent complétées ensuite entre Suez et Bombay. Le 24 octobre 1872, le maire d'Adé- laïde (Australie) adressa un télégramme au lord-maire de Londres. Un quatrième câble transatlantique fut posé par le *Great-Eastern* (8 juin-3 juillet 1873); il va de Valentia à Heart's Content. Le 22 septembre 1873, le Brésil correspondit avec l'Europe. Un câble fut jeté entre le Canada et l'Angleterre en 1874. On compte aujourd'hui environ 250 câbles sous-marins, d'une longueur de 150,000 kil. — CABLE SUPEROCÉANIQUE, câble imaginé par M. Menuisier, qui a exhibé, à l'exposition d'électricité de 1881, des modèles mécaniques, des cartes, des plans, etc., pour l'établisse- ment d'un nouveau système de câbles trans- atlantiques. De soixante lieues en soixante lieues, course moyenne fournie quotidienne- ment par un navire, M. Menuisier greffe sur le câble principal un câble vertical, soutenu au niveau de flottaison par une bouée. A droite et à gauche du câble principal partent deux câbles-embranchements, d'une longueur de 10 à 20 lieues chacun, terminés par un câble vertical, soutenu aussi par une bouée. Les câ- bles secondaires sont donc en croix sur le câble principal et forment comme d'immenses bras étendus à droite et à gauche. Il serait impos- sible à un navire de ne pas rencontrer une bouée par jour, soit en ligne droite, soit à gauche, soit à droite. Chaque bouée porte un numéro; sa position sur l'Océan est connue à l'aide de tableaux spéciaux. Lorsqu'un navire, passant près de la bouée, veut télégraphier, il met les fils de son appareil en communication l'un avec le fil de la bouée et l'autre avec la bouée elle-même servant de fil de terre. Le circuit est formé et la conversation s'engage avec ce navire et un poste central établi soit sur une île ou un rocher, soit sur un navire amarré à l'aide du système Menuisier. Le navire peut ainsi indiquer le lieu où il se trouve, deman- der du secours s'il est en détresse, recevoir des ordres, s'il doit changer son itinéraire, etc. D'après l'inventeur, la bouée serait lumi- neuse pendant la nuit, sonore dans la brume et abordable par tous les temps.

CÂBLE (Le), comédie de Plaute, représentée l'an de Rome 549. Pièce touchante et morale, très bien conduite.

* **CÂBLÉ** s. m. Passement. Gros cordon qui sert principalement à attacher les tableaux et à relever les tentures: *cordon de sonnette de câblé*.

* **CÂBLEAU** ou **Câblot** s. m. Mar. Petit câble qui sert d'amarre aux embarcations.

* **CÂBLÉE** s. f. Mar. Mesure d'environ 200 mè- tres. On dit plus ordinairement une *encablure*.

* **CÂBLER** v. a. Mar. Assembler plusieurs fils ou plusieurs cordes et les tortiller pour n'en former qu'une seule.

* **CÂBLIAU** s. m. Voy. CABILLAUD.

CÂBLIÈRE s. f. Pêche. Pierre percée par le milieu, dont on fait usage pour *maintenir* les filets au fond de l'eau ou sur le sable.

* **CÂBLOT** s. m. Voy. CABLEAU.

* **CABOCHE** s. f. (ital. *capoccia*). Tête : *grosse caboche*. (Fam.) — Fig. UNE BONNE CABOCHE, un homme qui a beaucoup de sens et de juge- ment. — CABOCHE A X, tête à mathématiques. — ∾ Sorte de clou à grosse tête.

CABOCHE (Simonet), l'un des chefs de la faction populaire des Cabochiens. Il exerçait, à Paris, le métier d'écorcheur d'animaux.

CABOCHIENS, faction populaire du parti bourguignon, sous Charles VI, ainsi nommée de l'un de ses chefs, Simonet Caboche, écor- cheur, puis maire de Paris. Les Cabochiens prirent la Bastille en 1413 et forcèrent Char- les VI et le Dauphin à signer l'*ordonnance cabo- chienne* sur la réforme du royaume. Le roi dut se couvrir la tête du chaperon blanc, symbole de la liberté populaire. Mais le mouvement démocratique cabochien effraya la bourgeoisie qui s'unit aux Armagnacs et enleva l'autorité au parti démocratique. Les Cabochiens reprirent un instant l'avantage en 1418, lorsque les Bourguignons rentrèrent à Paris; la domination anglaise mit fin à leur règne; on les poursuivit partout et on les extermina.

* **CABOCHON** s. m. Joaill. Pierre précieuse qu'on n'a fait que polir sans la tailler : *cabochon d'émeraude, de rubis*. — Adjectiv. Se dit en parlant d'un rubis : *rubis cabochon*. — ⌣ Jargon. Taloche, contusion.

CABOT s. m. Jargon. Chien.

CABOT. I. (Jean ou Giovanni Caboto ou, dans le dialecte vénitien, Zuan Calbot ou Zuan Caboto), navigateur qui découvrit le continent de l'Amérique du Nord. On ignore l'origine et la patrie de cet illustre explorateur; on a trouvé dans les archives de Venise des lettres de naturalisation, qui lui furent accordées après quinze ans de résidence dans cette ville (28 mars 1476); en 1495, il habitait Bristol, en Angleterre; l'année suivante, il obtint du roi Henri VII, une commission pour chercher des terres nouvelles. Il s'embarqua, en mai 1497, sur un navire qui fit voile vers l'occident. Après une navigation de 700 lieues, il arriva, le 24 juin, sur la côte du Labrador, longea 300 lieues de côtes et, à son retour, entrevit 2 lies qu'il n'eut pas le temps de visiter. Il atteignit Bristol au mois d'août suivant. Sa découverte fut complètement méprisée et le navigateur mourut dans l'obscurité, qui lui parut puisse dire le lieu où il termina son existence ni à quel âge il décéda. — II. (Sébastien), fils du précédent, explorateur qui visita les côtes des Etats-Unis, depuis Terre-Neuve jusqu'à la baie de Chesapeake; né vers 1476, probablement à Venise, mort vers 1557, probablement à Londres. Ayant accompagné son père dans son voyage aux Indes occidentales (1497), il pensa pouvoir y découvrir un passage pour la Chine et le Japon. En mai 1498, il partit de Bristol, à la tête de 2 navires, arriv: à une terre qu'il crut être Terre-Neuve et découvrit les immenses territoires qui forment aujourd'hui les Etats-Unis. Mais on considéra son voyage comme ayant avorté, parce qu'il ne put découvrir le passage tant désiré. Méconnu comme son père, Cabot quitta l'Angleterre après la mort du roi Henri VII, et passa au service de Ferdinand d'Espagne, qui le nomma membre du conseil des Nouvelles-Indes, puis pilote major d'Espagne (1518). Espérant toujours trouver un passage, il partit en 1526 et entra, l'année suivante, dans le fleuve Plata; il rentra à Séville, vers la fin de juillet 1530, sans avoir perdu ses illusions, qu'il fit partager à plusieurs riches Anglais (1548). Une société de négociants, dont il était le président, lui confia le commandement de 2 navires anglais en 1553. Il se dirigea cette fois vers le Nord-Est. L'un de ces deux vaisseaux fut pris dans les glaces de la Laponie; l'équipage périt de froid. L'autre navire atteignit Arkhangel et ouvrit les premières relations commerciales entre l'Angleterre et la Russie. Le récit de ces voyages a été publié à Venise en 1583, in-fol.

* **CABOTAGE** s. m. (rad. *caboter*). Mar. Commerce fait sur les côtes par de petits bâtiments; se dit par opposition à long cours. — Petit cabotage, navigation au moyen de petits navires qui ne perdent pas la terre de vue et qui la longent de plus ou moins près. — Grand cabotage, navigation entre les ports français de l'Océan et les ports de la Grande-Bretagne et de l'Europe en deçà du Sund et du détroit de Gibraltar, entre les ports français de la Méditerranée et les ports étrangers de la même mer et de la mer Noire; entre les ports français de la Méditerranée et les ports français de l'Océan. — Législ. « On distingue en France,

le grand cabotage du petit cabotage. Le premier est celui qui se fait des côtes de l'Océan à celles de la Méditerranée et *vice versa*; le second est la navigation qui a lieu entre deux ports de la même mer. Le cabotage est soumis aux règlements de la marine marchande. Nul ne peut *commander* un navire faisant le cabotage, s'il n'a été reçu, après examen, *maître au cabotage*. Voy. Capitaine. Depuis l'ordonnance du 25 nov. 1827, on ne distingue plus, à cet égard, entre le grand cabotage et le petit, sauf dans les colonies françaises où existent encore des conditions spéciales, pour la réception des maîtres et patrons. Des mesures ont été prises afin d'éviter que la fraude des droits de douane ne puisse s'exercer par le cabotage. Les lois du 22 août 1791 et du 5 juillet 1836 exigent que les marchandises expédiées par le cabotage soient accompagnées d'un passavant et, dans certains cas, d'un acquit-à-caution.» (Ch. Y)

* **CABOTER** v. n. (espag. *cabo*, cap). Naviguer de cap en cap, de port en port, faire le cabotage.

* **CABOTEUR** s. m. Marin qui fait le cabotage.

* **CABOTIER** s. m. Bâtiment dont on se sert pour faire le cabotage.

* **CABOTIN** s. m. (corrupt. de *cabotier*, parce que les cabotins sont au véritable artiste ce que le cabotier est à un vaisseau de guerre). Comédien ambulant. — Par ext. Tout comédien sans talent : *il nous vint une troupe de cabotins*. — Cabotine s. f. Actrice médiocre ou nomade.

CABOTINAGE s. m. Action de cabotiner.

CABOTINER v. n. Faire le métier de cabotin. — Fréquenter les cabotins. — Par ext. Tomber dans les désordres de la vie d'artiste.

CABOTVILLE Voy. Chicopee.

CABOUDIÈRE ou **Cabusière** s. f. Pêche. Espèce de trammil dont on se sert dans le Languedoc.

CABOUL ou **Kabul. I.** Province N.-E. de l'Afghanistan, le long des monts Hindou-Kousch et sur la frontière de l'Inde, longue d'environ 400 kil., large de 230; arrosée au N. par la rivière Caboul (affluent de l'Indus), et par de nombreux tributaires; au S. par le Gomal; habitée par les Durranis, les Ghildjies, les Tadjiks et plusieurs autres peuplades. — II. Cap. de l'Afghanistan, sur la rivière Caboul,

Caboul.

à 6,000 m. au-dessus de la mer; par 34° 30' lat. N. et 66° 49' long. E. Environ 60,000 hab. La citadelle, Bala Hissar, ou fort supérieur, couronne une montagne, au S.-E. de la ville et renferme le palais, ainsi que plusieurs autres édifices. La ville est divisée en subdivisée par une infinité de murailles percées de portes étroites. Les maisons, construites en bois et en briques cuites au soleil, sont hautes

de deux ou trois étages. Climat rude pendant l'hiver. Caboul est un lieu de passage pour les caravanes entre la Perse et l'Inde. Fabr. de quincaillerie, de cuirs, de cotonnades et de châles. Cette ville, qui fut la résidence de l'empereur Baber (1504-'19), devint capitale de l'Afghanistan en 1774.

CABOULOT s. m. Petit café où l'on consomme surtout de l'absinthe et où l'on trouve des femmes.

CABRA, ville d'Andalousie (Espagne), sur la rivière Cabra, à 50 kil. S.-S.-E. de Cordoue; environ 12,000 hab. Tuiles, toiles de lin, lainages et vins. Sources minérales aux environs.

CABRAL. I. (Francisco), jésuite missionnaire portugais (1528-1609), fut, pendant trente-huit ans, supérieur d'une maison de jésuites à Goa. Plusieurs de ses lettres se trouvent dans les *Lit-teræ Annuæ* des jésuites. — II. (Gonçalo Velho), navigateur portugais qui découvrit l'une des Açores en 1432. — III. (Pedro-Alvarez de), navigateur portugais, mort vers 1526. Chef d'une expédition pour les Indes orientales, il fut poussé par une tempête sur les côtes encore inconnues du Brésil, dont il prit nominalement possession (1500). Il finit par atteindre l'Inde, établit une factorerie à Calicut et revint à Lisbonne en juillet 1501, avec une riche cargaison.

CABRE s. f. (lat. *capra*, chèvre). Mar. Sorte d'astre à trois aiguilles. Techn.—Partie du métier destiné au tissage de la soie.

* **CABRER (SE)** v. pr. Se dresser sur les pieds de derrière en parlant du cheval : *ce cheval se cabre; ne tirez pas la bride à ce cheval, vous le ferez cabrer*. Dans cette dernière phrase, le pronom *se* est sous-entendu. — Fig. S'emporter, se révolter contre une proposition, un conseil, une remontrance, etc. : *on ne saurait lui dire un mot qu'il ne se cabre*. — On emploie aussi cabrer, comme verbe actif, sans le pronom personnel : *prenez garde à ce que vous lui dites, vous allez le cabrer*.

CABRERA, *Capraria*, petite Baléare, à 12 kil. S. de Majorque, habitée seulement par une garnison espagnole, et célèbre comme lieu de déportation pour les prisonniers français pendant les guerres d'Espagne (1808-'13).

CABRERA (kà-bré-'ra) (Ramon) général espagnol, (1810-'77). Chef carliste (1833-'40), il se fit une réputation de courage, d'habileté et de cruauté. Don Carlos le nomma comte de Morella en 1838. Il renouvela un instant la lutte en Catalogne (1848-'9), puis se retira définitivement en Angleterre où il se maria. Il refusa de se joindre à ses anciens associés pendant la guerre de 1872-'76 et se déclara même ouvertement pour Alphonse XII.

* **CABRI** s. m. (dimig nut. de *cabre*). Chevreau, petit d'une chèvre : *sauter comme un cabri*

CABRIÈRES, village de l'arr. et à 30 kil. S.-E. d'Avignon; à 3 kil. de la fontaine de Vaucluse (Vaucluse); 990 hab. Célèbre par un massacre des Vaudois, le 18 avril 1545.

CABRIL s. m. (ka-bril). Synon. de Cabri. — Zool. Espèce d'antilope qui présente une grande affinité avec le chamois et qui habite presque toute l'Amérique du Nord. Le cabril du Canada, prong-horn (corne fourchue) des Américains (*antilope Americana*) , est de la grandeur du chevreuil ; il se distingue par un crochet en forme d'andouiller, qui se détache de chaque corne, vers le milieu de leur hauteur, et qui se dirige en arrière. En hiver, sa

Cabrii du Canada (Antilope Americana)

robe diffère de celle de tous les autres animaux. Ses poils, qui se dressent à angle droit sur sa peau, mesurent environ deux pouces de long ; ils sont tubuleux comme des tuyaux de plumes et presque aussi cassants que du verre.

* **CABRIOLE** s. f. (diminutif du lat. *capra*, chèvre). Saut d'une personne qui se retourne sur elle-même avec agilité: *il fait une cabriole, des cabrioles.* — Manège. Le plus élevé et le plus parfait des airs relevés. Le cheval étant en l'air et dans une égale hauteur du devant et du derrière, il détache une ruade vigoureuse.

* **CABRIOLER** v. n. Faire la cabriole ou des cabrioles.

* **CABRIOLET** s. m. Voiture légère, montée sur deux roues, et à un seul cheval, inventée vers 1667 et qui revint à la mode sous la Restauration. — Espèce de petit fauteuil. — Jargon. Hotte de chiffonnier. — Argot. Corde à nœuds, munie d'une double poignée, et à l'aide de laquelle les agents de police tiennent le poignet droit du détenu.

* **CABRIOLEUR** s. m. Faiseur de cabrioles.

CABRION ou Cabriou s. m. (rad. *cabre*). Mar. Prisme triangulaire en bois que l'on met sous les roues des affûts, dans les gros temps. —Madrier qu'on emploie pour l'arrimage des caisses à eau.

CABRIOT s. m. Sorte de chariot à vapeur. On dit aussi FARDIER.

CABULE s. f. Espèce de mangonneau dont on se servait au XIIᵉ siècle pour lancer des pierres.

* **CABUS** adj. m. [ka-bu] (lat. *caput*, tête). Pommé. Ne se dit qu'avec le mot chou: *choux cabus.* — On disait autrefois: *laitue cabusse.*

* **CACA** s. m. (lat. *cacare*, faire ses nécessités). Excrément, ordure. Terme dont se servent ordinairement les nourrices, les bonnes, etc., en parlant de l'ordure des enfants: *menez cet enfant faire caca; fi! c'est du caca.*

* **CACADE** s. f. Décharge de ventre. — Fig. FAIRE UNE VILAINE CACADE, manquer par imprudence ou par lâcheté une entreprise où l'on s'était flatté de réussir.

* **CACAO** s. m. (mot américain). Amande du cacayoer, enfermée dans une capsule, et qui, étant rôtie, broyée et mise en pâte, fait le principal ingrédient de la composition appelée *Chocolat.* — Les grains de cacao, mangés crus, constituent un remède contre les plus violentes dyssenteries. — BEURRE DE CACAO, les grains de cacao contiennent de 40 à 45 p. 100 d'une matière solide grasse ou huile fixe concrète, appelée *beurre de cacao*, et qui entre dans la composition de pommades contre les

gerçures des seins et des lèvres. — CACAO CARAQUE, celui qui est fourni par les provinces de Caracas et de Cumana ; on le considère comme le meilleur de tous. — CACAO DE GUAYAQUIL, celui qui provient de la république de l'Equateur, il est très aromatique. — CACAO DE PARA OU DE MARAGNAN, savoureux, mais souvent fraudé par les planteurs. — CACAO DES ILES, des Antilles, d'une saveur faible. — CACAO BOURBON, à grain petit et à saveur vineuse. — Législ. « Les droits à percevoir, à l'entrée des cacaos en France, ont été fixés en dernier lieu par le tarif général des douanes, en date du 7 mai 1884. Ces droits sont de 104 fr. par 100 kilog., pour les *cacaos en fèves et pellicules*, et de 135 fr. pour le *cacao en pâte, en tablettes ou en poudre.* Le *beurre de cacao* est également soumis à un droit de 135 fr. Quant au chocolat, le droit de douane a été fixé à 88 fr. par la loi du 19 juillet 1880 (art. 16). Il faut ajouter à ces droits la surtaxe sur les cacaos provenant des entrepôts d'Europe, laquelle surtaxe, fixée à 20 fr. par le tarif général, a été réduite à 10 fr. par les traités de commerce conclus en 1882. » (CH. V.)

* **CACAOYER** ou Cacaotier s. m. Bot. Genre de byttnériacées, dont la graine est connue sous le nom de cacao et qui comprend une dizaine d'espèces d'arbres toujours verts de l'Amérique équatoriale. Le cacaoyer (*theobroma cacao*) atteint de 6 à 10 mètres de haut. Ses fleurs

Theobroma cacao.

jaunâtres font place à des capsules ovoïdes appelées *cabosses*, longues de 15 à 20 cent, semblables pour la forme à des concombres, et dont le péricarde ligneux est sillonné de dix côtes rugueuses. Chaque fruit renferme de 50 à 100 graines enveloppées d'une pulpe agréablement acidulée. Ces graines sont exposées au soleil où elles se dessèchent ; la fermentation développe le principe aromatique qu'elles contiennent.

* **CACAOYÈRE** s.f. Lieu planté de cacaoyers.

* **CACATOIS** ou Kakatoès s. m. [ka-ka-toi] (onomatopée du cri de certains perroquets). Ornith. Genre de perroquets de la sous-famille des cacatuines, remarquables par une huppe formée de longues plumes qui se couchent et se redressent au gré de l'oiseau. On connaît une douzaine d'espèces du genre *cacatua* (Briss.). Ces oiseaux habitent les forêts des Moluques et d'Australie; ils sont défiants et difficiles à approcher, bien que leur présence soit décelée au loin par les bruits perçants que produisent leurs troupes nombreuses. Ils se nourrissent de substances végétales, de noix, de graines, de tubercules, de racines bulbeuses qu'ils arrachent à l'aide de leur bec puissant. Ce genre comprend quelques espèces magnifiques, de grande taille, d'un beau plumage blanc teinté de rose ou de jaune soufre. Parmi les plus belles espèces, on distingue particulièrement le cacatois à huppe tricolore

(*cacatua Leadbeateri*, Vigors), dont la huppe, écarlate, jaune et verte, est formée de longues plumes acuminées, qui se dirigent en arrière et qui s'ouvrent comme un éventail lorsque l'oiseau les redresse ; le corps est blanc, teinté de cramoisi sur le cou, sur la poitrine, sur les

Cacatoès à huppe tricolore (Cacatua Leadbeateri).

côtés et sous les ailes. C'est un oiseau d'Australie. Une autre espèce du même pays est le *calyptorhynchus*, caractérisée par un bec très large et très fort et des ailes modérément longues. Ces oiseaux vivent par petites troupes, dans les bois, près des rivières, se nourrissant des fruits et de l'écorce de l'eucalyptus ; leur vol est lourd et bruyant ; ils sont très défiants et plus farouches, plus sauvages que les autres perroquets ; ils déposent 2 ou 3 œufs dans les trous des arbres morts. Quelques espèces sont d'une plus grande taille et d'un plumage sombre ; la plus belle est le cacatois de Banksie (*cacatua stellata*, Wagler). La plus grosse est le Goliath ou grand cacatois noir, appartenant au genre *microglossum* de Geoffroy. Il habite les forêts de la Papouasie, de Céram et d'autres îles orientales. — Mar. Voile légère de toile fine, qui termine ordinairement le système de voilure d'un bâtiment et offre peu de résistance à un vent très frais.— Mât qui supporte cette voile. On dit quelquefois, par corruption, *Catois.*

CACATUINÉ, ÉE adj. Qui ressemble ou qui se rapporte au cacatois, — s. m. pl. Sous-famille de perroquets, ayant pour type le genre cacatois.

CACAULT (François), diplomate, né à Nantes en 1742, mort à Clisson en 1805. Il signa à Gênes le traité de Tolentino, fit partie du conseil des Cinq-Cents, fut ambassadeur à Rome de 1800 à 1803 et entra au Sénat en 1804. Sa collection artistique, formée par lui en Italie, fut achetée après sa mort par la ville de Nantes.

CACERES [kâ-sé-ress]. I. Province occidentale d'Espagne, dans l'Estramadoure, sur la frontière du Portugal ; 20,754 kil. carr.; 303,000 hab. Entre les montagnes pittoresques du N. et le fertile plateau du S., coule le Tage, dans une vallée contenant une vaste forêt de chênes. — II. Capitale de cette province (anc. *Cæcilia Castra*), à 230 kil. S.-O. de Madrid ; 14,000 hab. La ville ancienne, sur le sommet d'une colline, est entourée d'une solide muraille percée de cinq portes. La ville neuve, bâtie autour de l'ancienne, renferme de nombreuses manufactures. La ville fut fondée par Q. Cœcilius Metellus, en 142 av. J.-C. On y trouve des antiquités romaines et moresques. — Caceres nueva, ville épiscopale, dans les Philippines (île Luçon).

* **CACHALOT** s.m. (nom basque de ce cétacé). Zool. Genre de grands cétacés voisins des baleines, dont ils se distinguent par l'énorme dimension de la tête et les fortes dents coniques dont leur mâchoire inférieure est armée. Les cachalots ne portent pas de fanons. Leur mâchoire inférieure, plus courte et moins

large que la supérieure, est complètement enveloppée par celle-ci lorsque la bouche est fermée, et alors chacune de ses dents s'engage dans une cavité correspondante de la mâchoire supérieure. La tête est si volumineuse qu'elle fait, à elle seule, le tiers de la longueur du corps. Elle se compose, à la partie supérieure, de grandes cavités recouvertes et séparées par des cartilages, et remplies de l'huile connue sous le nom de spermaceti, blanc de baleine ou adipocire. Cette substance se rencontre également dans plusieurs autres parties du corps. Les pêcheurs n'attaquent pas seulement le cachalot pour s'emparer du blanc de baleine qu'il contient, mais pour extraire de ses intestins la concrétion odorante connue dans la parfumerie sous le nom d'ambre gris. Le plus connu et le plus

Cachalot macrocéphale (Physeter macrocephalus).

colossal de ces énormes cétacés est le cachalot macrocéphale (physeter macrocephalus, Shaw), rival de la baleine, aussi grand mais plus agile qu'elle, tyran des mers, mugissant comme une bête féroce, sifflant comme un serpent, attaquant et poursuivant, sans provocation et sans besoin, ses victimes, les squales, les requins et même une certaine espèce de baleine. Le mâle atteint une longueur de 20 à 25 mètres; la femelle est beaucoup plus longue. La couleur est noirâtre et gris verdâtre en dessus du corps; blanchâtre en dessous et autour des yeux. On rencontre ces géants dans toutes les mers, mais principalement dans celles de l'hémisphère austral. Ils vivent dans les eaux profondes et s'approchent rarement des côtes. On les rencontre par troupes de 20 à 50 femelles et jeunes avec un ou deux vieux mâles. Ils se nourrissent principalement de mollusques. Lorsqu'ils remontent à la surface de l'eau, ils y restent dix minutes pendant lesquelles ils respirent de 60 à 70 fois; après quoi, ils redescendent pour une demi-heure ou même une heure. Leur caractère distinctif est de n'avoir qu'une éminence calleuse au lieu de dorsale et un seul évent au lieu de deux comme chez la plupart des autres cétacés. — La pêche du cachalot est classée dans la grande pêche et donne lieu à des primes d'armement. Voy ARMEMENT.

* CACHE s. f. Lieu secret propre à cacher quelque chose.

* CACHÉ, ÉE part. passé de CACHER.—N'AVOIR RIEN DE CACHÉ POUR QUELQU'UN, ne rien lui cacher de ce qu'on pense ou de ce qu'on projette. — ESPRIT CACHÉ, esprit dissimulé. — VIE CACHÉE, vie solitaire et retirée. — Fig. C'EST UN TRÉSOR CACHÉ, se dit d'un homme qui a beaucoup de talents ou de bonnes qualités, et qui ne les produit pas.

CACHE-ADENT s. m. [ca-cha-dan]. Mar. Petite entaille au talon d'une varangue, qui pénètre dans l'adent de la contre-quille. Plur. des CACHE-ADENT.

* CACHE-CACHE s. m. Jeu d'enfants, que l'on nomme aussi Cligne-musette, et dans lequel l'un des joueurs cherche à découvrir les diffé-

rents endroits où les autres joueurs se sont cachés.

* CACHECTIQUE adj. Méd. Qui est attaqué de cachexie; qui appartient à la cachexie : il est cachectique; sang cachectique; état cachectique. — ⁓ substantiv.: c'est un cachectique.

CACHE-FOLIE s. m. Pièce de plomb que l'on place sur la lumière d'une arme à feu. — Perruque blonde flottante des merveilleuses (sous le Directoire). Pl. des CACHE-FOLIE.

* CACHEMIRE s. m. Tissu très fin fait avec le poil des chèvres ou des moutons du petit Thibet : châle de cachemire ou simplement un cachemire.— Les habitants de l'état de Cachemire reçoivent les laines les plus fines du Thibet et de la Tartarie; après les avoir fait blanchir, ils les filent et les teignent de diverses couleurs. Les tisserands, que les marchands emploient pour quelques centimes par jour, reçoivent ces laines ainsi préparées, les tissent d'après les dessins et les ordres du patron, soit dans des ateliers, soit à leur domicile. Chaque métier produit 5 châles ordinaires par an; mais un seul châle très fin peut quelquefois occuper tout un atelier de 3 ou 4 ouvriers pendant une année entière. Le principal marché d'exportation est Londres. — Paris, Lyon, Nîmes et Reims produisent une grande quantité d'imitations de cachemires.— ⁓ Jargon des cafetiers. Torchon : donnez un coup de cachemire à la table. — CACHEMIRE D'OSIER, hotte de chiffonnier.

CACHEMIRE, Cashmere ou KASHMIR, royaume situé dans la partie N.-O. de l'Inde, presque complètement enveloppé par les chaînes du Karakorum et de l'Himalaya, borné par la Tartarie chinoise et le Thibet; environ 200,000 kil. carr.; 750,000 hab. Ce royaume comprend les province de Jamou, de Bulti, de Ladakh, de Chamba, et la fameuse vallée de Cachemire, entourée de montagnes qui s'élèvent à 1,500 mètres au-dessus de la mer. Principale rivière, le Jhylum; territoire d'une extraordinaire fertilité; vastes forêts; climat sain, plus tempéré que dans les autres parties de l'Hindoustan. Population d'origine Hindoue. Capitale Serinagur ou Cachemire; villes principales : Islamabad, Shupeyron, Pampur et Sopur. Fabr. de châles dits de cachemires, de fusils, de pistolets, de papiers, d'eau de roses, etc. L'état de Cachemire fut conquis par l'empereur Akbar en 1587, par les Afghans en 1752, et par les Sikhs en 1819. Compris dans le territoire transféré par ces derniers au gouvernement anglais en 1846, il fut vendu à Gholab Singh, moyennant 18 millions de francs; mais dans les termes même de ce marché, la suprématie de l'Angleterre est établie.

CACHE-MISÈRE s. m. Vêtement large et long qui couvre les guenilles de celui qui le porte, ou qui cache l'absence de son linge. — Plur. des CACHE-MISÈRE.

CACHE-MOUCHOIR s. m. Jeu d'enfants dans lequel un des joueurs cherche des mouchoirs des autres qui les sont cachés; celui dont le mouchoir est trouvé cherche à son tour.

* CACHE-NEZ s. m. Grosse cravate dont on se couvre la partie inférieure du visage pour la garantir du froid. — Plur. des CACHE-NEZ.

CACHE-PLATINE s. m. Arqueb. Morceau de cuir qui couvrait la platine d'un fusil au XVIIIᵉ siècle. — Pl. des CACHE-PLATINE.

CACHE-POT s. m. Enveloppe de carton, de papier ou de tapisserie qui dissimule un pot de terre contenant une fleur d'appartement : des cache-pot.

* CACHER v. a. Mettre une personne ou une chose en un lieu où l'on ne puisse pas la voir, la découvrir : cacher des papiers, cacher quelqu'un. — Couvrir une chose, empêcher qu'on ne la voie : cacher un tableau. — Fig. et fam.

Cacher son jeu, dissimuler son habileté, en feignant de ne pas savoir bien jouer. Cacher ses desseins, ses vues, ou les moyens qu'on met en œuvre pour réussir.—Fig. dans le sens précédent : ces dehors grossiers cachent une âme fière et sensible.—Taire, céler, dissimuler : cacher son nom. — CACHER SA VIE, se plaire loin du monde, chercher l'obscurité. — Se cacher v. pr. Cacher soi : il se cache pour n'être pas arrêté. — Etre caché : certains défauts ne peuvent se cacher. — SE CACHER A QUELQU'UN, ne pas se laisser voir à lui. — SE CACHER AU MONDE, mener une vie fort retirée. — SE CACHER DE QUELQU'UN, lui cacher ce qu'on fait, ses desseins, sa conduite. — SE CACHER DE QUELQUE CHOSE, n'en pas convenir, faire en sorte que nul ne le sache : il a des liaisons qui le feraient rougir; il s'en cache — ON NE PEUT SE CACHER A SOI-MÊME, on ne peut se dissimuler ses sentiments, les dispositions de son âme.

* CACHET s. m. Petit sceau qu'on applique sur de la cire ou sur quelque autre matière, soit pour fermer une lettre, un billet, etc., soit pour que l'empreinte serve de marque distinctive : cachet bien gravé. — Cire ou autre matière qui porte l'empreinte formée avec un cachet : le cachet est entier; le cachet est rompu. — Cachet volant, cachet qu'on met sur le pli supérieur d'une lettre, et qui, n'étant point adhérent au pli intérieur, ne la ferme pas : la lettre que je lui ai envoyée par le ministre était à cachet volant, sous cachet volant, afin qu'il pût en prendre lecture. — Petite carte sur laquelle on met son cachet ou son nom, et qui sert à tenir compte du nombre de fois qu'une personne a fait quelque chose : ce maître de danse prend cinquante francs pour douze cachets, pour douze leçons; on a quinze cachets pour vingt-cinq francs chez ce restaurateur, quinze dîners, etc. — Fam. Courir le cachet, donner des leçons en ville.—Fig. Caractère particulier qui distingue les ouvrages d'un auteur, d'un artiste, etc. : cet ouvrage porte son cachet; son style a un cachet particulier, un cachet d'originalité. — LETTRE DE CACHET, voy. Lettre.

CACHE-TAMPON s. m. Jeu d'enfants, qui diffère du cache-mouchoir, en ce que l'objet caché est roulé en tampon.

* CACHETER v. a. Je cachette. Je cachetais. Je cachèterai. Cachetant. Fermer avec un cachet; appliquer un cachet sur quelque chose : cacheter une lettre, une bouteille; cire à cacheter, pain à cacheter.

* CACHETTE s. f. Petite cache. — En cachette loc. adv. En secret, à la dérobée.

* CACHEXIE s. f. [ka-chè-ksi] (gr. cachexia, mauvaise disposition; de kakos, mauvais ; exia, état). Pathol. Dépérissement qui accompagne certaines affections chroniques et qui annonce que leur développement s'est fait d'une manière complète : cachexie cancéreuse, scrofuleuse, scorbutique, alcaline, etc. — CACHEXIE AQUEUSE. Art vétér. Maladie caractérisée par l'infiltration du tissu cellulaire, par l'hydropisie des séreuses, etc., sous l'influence de l'humidité; on l'appelle aussi POURRITURE.

CACHIN (Joseph-Marie-François), ingénieur, né à Castres (Tarn) en 1757, mort en 1825. Inspecteur général des ponts et chaussées (1804), il dirigea, pendant 20 ans, et termina les gigantesques travaux de la digue de Cherbourg. Il a laissé un Mémoire sur la digue de Cherbourg, Paris, 1820, in-4°.

* CACHOT s. m. Prison basse et obscure.

* CACHOTTER v. a. (diminut. de cacher). Faire mystère de quelque chose.

* CACHOTTERIE s. f. Manière mystérieuse d'agir ou de parler, qu'on emploie pour cacher des choses peu importantes.

* CACHOTTIER, IÈRE s. Celui, celle qui se plaît à faire des cachotteries.

* **CACHOU** s. m. (rad. *catechu*, arbre qui produit le cachou). Substance brune, concrète et astringente, que l'on extrait du bois et des gousses fraîches de l'*acacia catechu* et de l'*acacia suma*, petits arbres assez abondants dans les Indes orientales. Le cachou est employé par les teinturiers et les tanneurs. On lui donne quelquefois le nom de *terra japonica*, appliqué également à d'autres extraits similaires d'autres plantes. Le cachou est un tonique astringent qui entre dans un grand nombre de préparations pharmaceutiques, contre les diarrhées anciennes non inflammatoires et contre certains écoulements muqueux. Les fumeurs l'emploient, mélangé à l'essence de menthe, pour dissimuler l'odeur du tabac.

* **CACHUCHA** s. f. [ka-tchu-tcha], danse espagnole qui s'exécute à deux sur un air vif, gracieux et passionné.

* **CACIQUE** s. m. Nom que les indigènes d'Amérique donnaient aux gouverneurs de provinces et aux généraux d'armée dans l'empire du Pérou, ainsi qu'aux princes du Mexique, de Cuba et de Saint-Domingue.

CACIS s. m. Voy. Cassis.

* **CACOCHYME** adj. [ka-ko-chi-me] (gr. *kakos*, mauvais; *chymos*, humeur). Se dit de celui que le mauvais état de sa constitution rend sensible aux moindres causes de maladie : *corps cacochyme, vieillard cacochyme*. On dit dans un sens analogue : *état cacochyme.* — Fig. Exprime la bizarrerie de l'esprit, l'inégalité de l'humeur : *esprit cacochyme, humeur cacochyme.* — Substantiv. : *c'est un cacochyme.*

* **CACOCHYMIE** s. f. Méd. Mauvais état du du corps, mauvaise complexion qui rend sensible aux moindres causes de maladie.

CACOGRAPHE s. m. Celui qui écrit mal l'orthographe. — Professeur qui enseigne l'orthographe à l'aide de la cacographie.

.* **CACOGRAPHIE** s. f. (gr. *kakos*, mauvais; *graphê*, écriture). Orthographe vicieuse : *il y a des maîtres qui procèdent par des exemples de cacographie à l'enseignement de l'orthographe.* — Recueil de phrases où les règles de l'orthographe ont été violées à dessein, et que le professeur fait corriger par ses élèves : *une bonne cacographie.*

* **CACOLET** s. m. Panier à dossier, garni de coussins, que l'on place sur le dos des mulets, des chevaux et des chameaux. Il est d'un usage fréquent dans les Pyrénées. En 1840, on s'en servit pour le transport des blessés dans les guerres d'Algérie. On fabrique des cacolets en fer, plus légers et plus solides que ceux en bois.

* **CACOLOGIE** s. f. (gr. *kakos*, mauvais; *logos*, discours). Locution vicieuse : *recueil de cacologies.*

* **CACOPHONIE** s. f. [ka-ko-fo-nî] (gr. *kakos*, mauvais; *phônê*, voix). Rencontre de syllabes ou de mots qui produisent un son désagréable à l'oreille. Ce vice d'élocution s'appelle *hiatus* quand il est le résultat de la rencontre des voyelles finales avec les voyelles initiales : *il alla à Alençon*; mais il est encore plus sensible quand il est produit par la répétition des mêmes consonnes : *l'on la lira.* — La cacophonie a été quelquefois un objet de la moquerie d'un écrivain qui tourne en ridicule le style rocailleux d'un autre écrivain. Voici, par exemple, dans quel langage Boileau adresse la parole à Chapelain, l'auteur de la *Pucelle* :

Maudit soit l'auteur dur dont l'âpre et rude verve,
Son cerveau tenaillant, rima malgré Minerve,
Et, de son lourd marteau martelant le bon sens,
A fait de méchants vers douze fois plus pesants.

— M.-J. Chénier n'est pas moins cruel pour Lemierre :

Lemierre, ah! que ton *Tell* avant-hier me charma !
J'aime ton ton pompeux et ta rare harmonie ;
Oui, des foudres de ton génie
Corneille lui même t'arma.

— En 1840, Parceval-Grandmaison décocha le quatrain cacophonique suivant à Victor Hugo, dont la candidature venait d'échouer à l'Académie :

Ou, ô Hugo, huchera-t-on ton nom?
Justice, enfin, que faite ne t'a-t-on?
Quand à ce corps qu'Académie on nomme
Grimperas-tu de roc en roc, rare homme?

— Mus. Se dit en parlant de voix et des instruments qui chantent et qui jouent sans être d'accord.

CACOPHONIQUE adj. Discordant; qui a le caractère de la cacophonie.

CACQUE-TRIPPES s. f. Chausse-trape qui se place dans les rivières pour mettre obstacle au passage de la cavalerie.

CACTÉ, ÉE adj. (rad. *cactus*). Qui ressemble au cactus. — **Cactées** s. f. pl. Famille de plantes grasses ayant pour type le genre cactus.

* **CACTIER** s. m. Synon. de Cactus.

* **CACTUS** s. m. [ka-ktuss] (gr. *kaktos*, sorte de chardon). Nom donné par Linnée à un grand genre de plantes grasses, type de la famille des cactées, comprenant des végétaux à tige ordinairement charnue, garnie d'aiguillons et dépourvue de feuilles. Les naturalistes contemporains ont subdivisé ce genre en plusieurs autres, dont les uns ne porte le nom de *cactus*, bien qu'ils appartiennent à la famille des cactées. Mais le nom populaire de cactus (au plur. des *cactus*, selon les uns, des *cacti*, d'après les autres) est resté à toutes les plantes de cette famille. Ce sont des végétaux charnus, sans feuilles (sauf une exception), la respiration ayant lieu par la tige, qui est verte, quelquefois globuleuse, cannelée ou composée de pièces articulées, armée de bouquets d'aiguillons souvent formidables. Les fleurs, ordinairement grandes et splendides, possèdent de nombreux sépales, des pétales et des étamines, avec un style unique et plusieurs stigmates. L'ovaire inférieur mûrit dans une baie pulpeuse, à une seule cellule, souvent comestible et contenant plusieurs graines. On a décrit environ 1,000 espèces de ces plantes bizarres, et l'on en obtient chaque jour de nouvelles au moyen de l'hybridation. Toutes, sauf une, sont originaires du continent américain; mais la plupart sont aujourd'hui naturalisées dans l'ancien monde, où on les recherche à cause de leur étrangeté, de leur élégance ou de la beauté de leurs fleurs. C'est à cette famille de plantes qu'appartiennent le *cactus vulgaire* ou *raquette*, introduit en Algérie et appelé *figuier de Barbarie* (voy. ce mot); le *mamillaire*, l'*opuntie*, l'*échinocacte*, le *cierge*, l'*épiphylle*, le *nopal*, etc. Voy. ces mots.)

CACUS [ka-kuss], fameux brigand de la légende romaine, fils de Vulcain, demi-homme et demi-satyre, d'une taille colossale. Retiré dans une caverne du mont Aventin, il n'en sortait que pour se livrer au vol et à l'assassinat. Sa bouche vomissait des tourbillons de flammes et de fumée ; des têtes sanglantes étaient sans cesse suspendues à la porte de son antre. Hercule, préposé à la garde du troupeau de Géryon, s'étant endormi pendant que son bétail paissait sur les bords du Tibre, le géant lui déroba quatre paires de bœufs et, pour n'être point trahi par les traces de leurs pieds, les traîna à reculons dans sa caverne. Hercule, à son réveil, devina la ruse du voleur, pénétra dans son repaire, le saisit et l'étouffa entre ses bras. (Voy. *Énéide*, VII* liv.)

C.-A.-D., abréviation de *c'est-à-dire.*

CADAHALSO [kâ-da-âl-so] ou **Cadalso** (José de), littérateur espagnol (1741-'82). Il était colonel de cavalerie et fut tué à Gibraltar. Ses œuvres (Madrid, 1848, 3 vol. in-8°), comprennent des *Odes anacréontiques* et autres poésies lyriques, la tragédie de *Sancho Garcia*, une piquante satire en prose : *Los Eruditos a la violeta* (Les Erudits à l'eau de rose), contre

les études superficielles ; et *Las Cartas marrue-cas* (lettres marocaines), contrefaçon des *Lettres persanes* de Montesquieu.

CADALEN [ka-da-lènn], ch.-l. de cant., arr. et à 12 kil. S.-E. de Gaillac (Tarn); sur le Candou; 2,000 hab.

CADAMOSTO ou **Ca da Mosto** (Luigi), navigateur vénitien (1432-'80). Au service du prince Henri de Portugal, il explora la côte d'Afrique (1455), découvrit les îles du cap Vert (1456) et écrivit, en italien, le récit de ses voyages (Vicence, 1507, in-4°).

* **CADASTRAL, ALE, AUX** adj. Qui est relatif au cadastre : *opérations cadastrales*; *registres cadastraux.*

* **CADASTRE** s. m. Registre public dans lequel la quantité et la valeur des biens-fonds sont marquées en détail : *le cadastre sert de règle pour l'assiette de l'impôt.* — Opération qui consiste à déterminer l'étendue et la valeur des biens-fonds : *on fait le cadastre de ce département.* On dit de même : *opérations du cadastre.* — Administration chargée de faire le cadastre : *il est employé du cadastre.* — Législ. « Il existait, au siècle dernier, dans quelques provinces de France, des registres servant à établir la *taille réelle*; mais ce n'était pas là un cadastre. Il faut, pour trouver quelque chose de semblable, se reporter au *Domesday-book*, fait en Angleterre par les ordres de Guillaume le Conquérant, vers 1087, et qui a été imprimé il y a peu d'années. L'Assemblée constituante prescrivit l'établissement du cadastre, par une loi du 1er décembre 1790; mais l'exécution n'en fut pas commencée avant la loi du 15 septembre 1807, en vertu de laquelle le levé des plans et l'estimation du revenu des propriétés foncières durent être faits dans toutes les communes de France. Cet immense travail, souvent retardé, n'a été complètement achevé, pour le territoire continental, qu'en 1850. Le revenu cadastral sert de base à la répartition de l'impôt foncier; mais ce revenu n'est presque jamais le revenu net véritable : c'est un chiffre de convention plus ou moins abaissé, selon le mode d'évaluation que l'on a employé dans chaque commune. L'impôt foncier est fixé en bloc, pour toute la France, par la loi annuelle du budget, et la répartition s'en opère, suivant les revenus cadastraux, entre les départements, les arrondissements et les communes (Voy. Contribution foncière). Les différences qui existent dans le mode d'évaluation du revenu produisent des inégalités choquantes dans la proportionnalité de l'impôt; c'est pourquoi l'on ne cesse de réclamer la péréquation de la contribution foncière, au moyen de bases identiques admises partout pour l'évaluation du revenu imposable. D'un autre côté, le classement des terres qui a été fait selon leur qualité et leurs produits, il y a 40, 50 ou 60 ans, est aujourd'hui fort inexact, par suite des défrichements, des dessèchements, etc., qui ont modifié la valeur relative des immeubles; la loi du 21 mars 1874, dont nous parlons plus loin, a remédié trop faiblement à cette source d'inexactitudes. La loi du 7 août 1850 autorise toute commune, cadastrée depuis trente ans au moins, à réclamer de l'administration, après avis conforme du conseil général, le renouvellement de son cadastre; mais cette dépense est bien lourde pour les communes, et les réfections partielles sont généralement supportées par les départements au moyen de centimes spéciaux (L. 31 juill. 1821 et 2 août 1829). Lorsqu'il y a lieu de refaire un cadastre, les opérations de *triangulation* et de *levé de plans* de la commune, et l'*arpentage parcellaire* sont confiés à un géomètre en chef, nommé par le ministre des finances et assisté de géomètres choisis par lui. La minute du plan parcellaire est remise à la direction des contributions directes, et une copie

de ce plan est déposée dans les archives de la commune. La *classification* à faire suivant les qualités, puis le *classement* ou la répartition des parcelles dans les diverses classes adoptées, enfin l'*évaluation du revenu net* sont faits, en suivant une procédure spéciale, par des *classificateurs* nommés par le conseil municipal. Ces classificateurs sont assistés du contrôleur des contributions directes, et, si le conseil municipal le demande, d'un expert nommé par le préfet. Le directeur des contributions directes dresse la *matrice cadastrale*, registre qui contient la désignation de chacune des parcelles, avec l'indication de la section et du numéro du plan, la contenance, la classe, le revenu imposable, le nom et la demeure du propriétaire; une copie de cette matrice est remise au maire de la commune, et toute personne peut en obtenir des extraits. La matrice cadastrale sert à préparer le rôle annuel de la contribution foncière. Les réclamations contre le classement cadastral ne sont admises que dans le délai de six mois après la publication du premier rôle de recouvrement dressé sur la nouvelle matrice (Ord. 3 oct. 1821). Cependant, dans le cas de destruction des immeubles ou de détériorations survenues par suite d'événements imprévus; ou, s'il s'agit de propriétés bâties, en cas de surtaxe, de démolition totale, ou partielle, les réclamations sont admises dans les trois mois de la publication du rôle annuel. La réclamation doit être faite sur papier timbré, lorsque la cote est supérieure à 30 fr., et l'on doit y joindre la quittance des termes échus. C'est le conseil de préfecture qui statue sur ces réclamations, sauf recours au conseil d'Etat (L. 21 avril 1832, art. 28). Chaque année, avant la confection des rôles, les mutations résultant de changements de propriétaire, de constructions nouvelles ou de démolitions, sont constatées sur la matrice cadastrale. L'estimation du revenu des propriétés devenues imposables est faite par les commissaires-répartiteurs de la commune, assistés du contrôleur. Les parcelles figurant comme terres incultes sur la matrice cadastrale et qui sont devenues productives depuis la confection du cadastre, doivent être évaluées et cotisées comme les autres parcelles de même nature et d'égal revenu. Au contraire, les parcelles qui ont cessé d'être productives depuis ladite époque, doivent être soumises à un nouveau classement et à une nouvelle cotisation; et elles font l'objet d'un dégrèvement dans la contribution foncière de la commune, de l'arrondissement, du département et de l'Etat (L. 21 mars 1874, art. 9). La loi de finances du 29 juillet 1881 (art. 2) a prescrit que désormais le revenu cadastral des propriétés bâties doit être réduit abstraction faite du revenu du sol, et inscrit à part sur les matrices. » (Ch. Y.)

CADASTRER v. a. Faire le cadastre d'un terrain, le mesurer, en lever le plan.

CADASTREUR s. m. Celui qui est employé à la rédaction du cadastre.

* **CADAVÉREUX, EUSE** adj. Qui tient du cadavre : *teint cadavéreux; odeur cadavéreuse.*

CADAVÉRIN, INE adj. Qui vit sur les cadavres.

* **CADAVÉRIQUE** adj. Anat. Qui a rapport au cadavre : *autopsie cadavérique.*

* **CADAVRE** s. m. Corps mort. Se dit surtout en parlant du corps humain : *dissection d'un cadavre; anciennement on faisait quelquefois le procès au cadavre d'un criminel.* — Fig. et fam. C'EST UN CADAVRE AMBULANT, se dit d'une personne qu'on voit aller et venir avec toutes les apparences d'une mort prochaine. — ⌁ Jargon. Corps humain vivant : *nourrir son cadavre, manger; promener son cadavre, se promener; travailler le cadavre de quelqu'un, le rouer de coups.* — IL Y A UN CADAVRE, se dit en parlant de la liaison de deux ou plusieurs per-

sonnes que l'on suppose unies par leur complicité dans une mauvaise action. — CONNAITRE LE CADAVRE, SAVOIR OU EST LE CADAVRE, posséder la preuve d'un acte répréhensible. — PIÉTINER SUR LE CADAVRE, médire d'une personne décédée depuis peu de temps. — Législ. « Lorsque le procureur de la république ou un officier de police est appelé auprès d'un cadavre dont la cause de mort est inconnue ou suspecte, ou s'il s'agit d'une mort violente, il doit se faire accompagner d'un ou de deux médecins qui font ensuite un rapport sur les causes de la mort et sur l'état du cadavre. Ces médecins doivent prêter serment, devant le procureur de la république, de faire leur rapport et de donner avis en leur âme et conscience. L'inhumation ne peut avoir lieu avant que l'officier de l'état civil ait dressé procès-verbal de l'état du cadavre, des circonstances y relatives, et des renseignements qu'il aura pu recueillir sur les nom, prénom, âge, profession, lieu de naissance et domicile de la personne décédée. L'officier de police transmet sans retard à l'officier de l'état civil du lieu où la personne est décédée, tous les renseignements énoncés dans son procès-verbal, d'après lequel l'acte de décès est rédigé sans qu'il y soit fait mention des circonstances (C. civ. 81, 82, 85; C. inst. crim. 44). La gendarmerie est également chargée de constater, par procès-verbal, la découverte de tous les cadavres trouvés sur les chemins, dans les campagnes, ou retirés de l'eau, et elle indique avec soin l'état du cadavre, les vêtements dont il est couvert, etc. Elle empêche que qui que ce soit y touche jusqu'à l'arrivée de la justice. Les commissaires de police ont les mêmes devoirs (Ord. 1er mars 1854, art. 283 et s.). » (Ch. Y.)

CADDOR s. m. [kad-dor]. Epée à lame droite, que les spahis de l'armée turque attachaient à la selle de leurs chevaux pour s'en servir dans le combat à défaut de leurs sabres.

CADE s. m. Bot. Nom provençal du genévrier oxycèdre, dont le bois produit une huile fétide employée contre la gale des moutons. — Baril en usage dans les salines.

CADE (John ou Jack), insurgé irlandais, mort le 11 juillet 1450. Il se fit passer pour Mortimer, cousin du duc d'York, qui avait été dépossédé du trône, souleva le comté de Kent en mai 1450 et, à la tête de 20,000 rebelles, défit les troupes de Henri VI à Sevenoaks, le 27 juin. Il fut maître de Londres pendant trois jours. Mais bientôt ses bandes se dispersèrent sur une promesse d'amnistie. Il fut tué pendant la fuite.

CADÉAC, station balnéaire; arr. et à 43 kil. S.-E. de Bagnères-de-Bigorre, à 2 kil. S.-O. d'Arreau, (Hautes-Pyrénées), sur la Nesle; 600 hab. Cinq sources sulfurées sodiques froides; deux établissements de bains. Traitement des affections de la gorge, des bronches de certaines affections cutanées et surtout du lymphatisme.

* **CADEAU** s. m. [ka-dô] (lat. *catellus*, petite chaîne; à cause du lien que le cadeau établit entre celui qui le donne et celui qui le reçoit). Repas, fête que l'on donne principalement aux femmes. (Vieux). — Petit présent, chose que l'on donne à quelqu'un dans l'intention de lui être agréable : *il m'a fait cadeau d'une bague, d'une boîte.*

* **CADENAS** s. m. (lat. *catena*, chaîne). Espèce de serrure mobile qui sert à fermer une porte, une malle, une valise, etc., au moyen d'un anneau passé soit dans un autre anneau, soit dans deux pitons. — Espèce de coffret d'or ou de vermeil contenant le couteau, la cuiller, la fourchette, etc., qu'on sert à la table du roi et des princes.

* **CADENASSER** v. a. Fermer avec un cadenas.

* **CADENCE** s. f. (lat. *cadere*, tomber). Me-

sure qui règle le mouvement de celui qui danse : *danser en cadence.* — Répétition régulière de sons ou de mouvements :

> Un soir, t'en souvient-il? Nous voguions en silence;
> On n'entendait au loin, sur l'onde et sous les cieux,
> Que le bruit des rameurs qui frappaient en cadence
> Tes flots harmonieux.
> LAMARTINE. *Le Lac.*

— Mus. Divers mouvements à l'opère la basse ou partie grave de l'harmonie, lorsqu'elle vient se reposer ou prendre à la fin d'une phrase sur l'un des degrés de l'échelle : *cadence parfaite, imparfaite, interrompue, etc.; faire un trille sur la cadence parfaite.* — S'est dit improprement de ce qu'on nomme trille, c'est-à-dire du battement de deux sons rapprochés : *cadence brillante; cadence perlée.* — Agrément qui résulte d'un vers ou d'une période dont l'harmonie flatte l'oreille : *la cadence de cette période est belle.* — Action d'un cheval dressé qui soutient ses temps et ses mouvements avec une agréable égalité. — Art milit. CADENCE DU PAS, mouvement égal et bien réglé du pas du soldat.

* **CADENCER** v. a. Conformer ses mouvements à la cadence, les régler sur une certaine mesure : *ce danseur ne cadence pas bien ses mouvements.* — Donner du nombre à ses phrases, à ses périodes, à ses vers, les rendre agréables à l'oreille par des repos habilement ménagés : *cadencer ses périodes.* — Art milit. CADENCER LE PAS, marcher avec un mouvement bien uniforme.

* **CADÈNE** s. f. (lat. *catena*, chaîne). On appelle ainsi la chaîne à laquelle sont attachés les galériens. — CADÈNE DE HAUBANS, la chaîne de fer au bout de laquelle est un cap-demouton qui sert à amarrer et à rider les haubans contre les bordages.

CADENET, ch.-l. de cant., arr. et à 19 kil. S. d'Apt (Vaucluse), sur la Durance; 2,500 hab.

* **CADENETTE** (lat. *catena*, chaîne). Tresse de cheveux partant du milieu du crâne et se retroussant de chaque côté de la tête sous le chapeau. Un règlement du 25 avril 1767 prescrivit cette mode pour l'infanterie; les hussards en conservèrent l'usage jusqu'au temps de la Révolution; après le 9 thermidor, elle devint un signe distinctif pour la jeunesse réactionnaire.

CADEROUSSE, gros village, cant. et à 5 kil. O. d'Orange (Vaucluse); 3,150 hab. Mûriers, céréales, garance, vin, soie.

CADES (Giuseppe) [kà-dèss], peintre de Rome, (1750-1800), a laissé de très exactes copies des œuvres des anciens maîtres.

* **CADET, ETTE** adj. (autrefois *capdet*, petit chef, second chef de la famille; du lat. *caput*, tête). Puîné, puînée. Quelquefois il se dit du second frère seulement, lors même qu'il a d'autres frères nés après lui; mais on le dit souvent aussi de chacun des puînés par rapport à tous les frères qui sont plus âgés : *fils cadet; sœur cadette.* — Branche cadette d'une maison, branche de cette maison, sortie d'un cadet. — Substantiv. : *dans certaines provinces de France, les cadets n'avaient autrefois qu'une part légitime.* — Dernier des fils : *cet homme est le cadet de toute cette maison.* — Par ext. Moins âgé : *je suis son cadet.* — Moins ancien, dans un corps, dans une compagnie : *ce lieutenant se plaint qu'on ait fait capitaines plusieurs de ses cadets.* — Jeune gentilhomme qui servait d'abord comme simple soldat, et bientôt après comme officier, pour apprendre le métier de la guerre. L'ordonnance du 25 février 1670 fixa le nombre des cadets à deux par campagnie. — COMPAGNIES DE CADETS, compagnies toutes composées de jeunes gens qu'on élevait dans l'art militaire : *il entra dans une compagnie de cadets,* ou simplement, *dans les cadets.* Louvois créa six compagnies de cadets comprenant ensemble 6,000 jeunes gentilshommes en 1682. Ces compagnies, cassées dix

ans plus tard pour cause de mutinerie, furent rétablics par ordonnance du 12 décembre 1726, mais réduites à 100 hommes chacune. En 1732, il n'y eut plusqu'une compagnie, et le 22 septembre 1733, on la supprima.— Fam. C'EST UN CADET DE HAUT APPÉTIT, se dit d'un jeune homme qui aime à faire beaucoup de dépense. — Jargon. Derrière : *attends, mon petit garçon, tu vas recevoir sur ton cadet.* — Argot. Pince à l'usage des voleurs.

CADET BUTEUX, personnage créé par Désaugiers, qui en fait le héros de plusieurs pots-pourris et de parodies.

CADET-GASSICOURT. I. (Louis-Claude), pharmacien, né à Paris en 1731, mort en 1799, a laissé de nombreux mémoires, dans les recueils de l'Académie des sciences, découvrit l'*alkartine* et plusieurs produits pharmaceutiques.— **II.** (Charles-Louis), fils du précédent, né à Paris en 1769, mort en 1821. Pharmacien de Napoléon Ier, il accompagna l'empereur dans la campagne de 1809, et publia un *Voyage en Autriche, en Moravie et en Bavière.* Ses principaux ouvrages sont : *Dictionnaire de Chimie* (1803, 4 vol. in-8°), une *Histoire secrète des Templiers,* plusieurs mémoires, *le Souper de Molière,* pièce jouée au Vaudeville, et des chansons, composées pour le *Caveau moderne.*

CADET DE VAUX (Antoine-Alexis-François), frère de Louis-Claude Cadet-Gassicourt, né à Paris en 1743, mort en 1828, pharmacien aux Invalides, puis au Val-de-Grâce, chimiste distingué, fondateur du *Journal de Paris* (1777), inventeur du galactomètre, auteur d'*Instruction sur l'art de faire les vins* (Paris, 1800, in-8°); de *Traités sur le blanchiment à la vapeur,* de *l'Histoire de la taupe et les moyens de la détruire.* Adonné à l'économie rurale, il propagea la culture et l'emploi de la pomme de terre, apporta des perfectionnements dans l'art du boulanger et proposa l'établissement des Comices agricoles.

CADET ROUSSEL, type du niais, mis en vogue par une chanson qui fut écrite vers 1792, par un auteur inconnu.

* **CADETTE** s f. Pierre de taille propre pour paver.

* **CADETTE** s. f. La moins longue des deux grandes queues qui servent au jeu de billard pour atteindre aux billes placées hors de la portée ordinaire.

* **CADI** s. m. (de l'arabe *cadha,* décréter). Officier civil et criminel musulman, magistrat d'un village ou d'une ville. « En arabie, le titre de cadi désigne un juriste plutôt qu'un magistrat. »(Palgrave). En Turquie, on nomme *cadilesker,* un juge d'armée.

CADICHON s. m. Argot. Montre.

CADIE s. f. Bot. Arbrisseau de la tribu des césalpiniées, originaire d'Arabie, et cultivé chez nous à cause de ses jolies fleurs campanulées, d'abord d'un blanc rosé puis lilacées. Les cadies se multiplient de marcotte.

CADIÈRE (La) gros bourg, cant. et à 4 kil. du Beausset (Var); 2,500 hab. Huile d'olive, vins, eaux-de-vie, fruits, câpres, noisettes.

CADIÈRE (Marie-Catherine La) jeune visionnaire, née à Toulon vers le commencement du XVIIIe siècle, connue par son histoire scandaleuse avec le P. Girard, jésuite, et par le procès retentissant qui en fut la suite. Les juges, effrayés par les menaces des jésuites, allaient la condamner, lorsque le peuple se souleva. Elle fut acquittée, mais on la fit disparaître.

CADILLAC. I. ch.-l. de cant., arr. et à 37 kil. S.-S.-E. de Bordeaux (Gironde), sur la rive droite de la Garonne; 900 hab. Chef-lieu de l'ancien comté de Benauges. Hospice d'aliénés. Maison de détention pour les femmes, dans le magnifique château bâti par le duc d'Epernon en 1583. Chapelle funéraire des d'Epernon dans l'église paroissiale. — **II.** Bourg du département de la Gironde, à 9 kil. N.-O. de Fronsac; 500 hab. Ruines du château de Branda; grottes curieuses.

CADILLAC (Antoine DE LA MOTHE) [ka-di-yak; ll. mll.] explorateur français, mort vers 1720. Il fut nommé gouverneur de Michilimackinac (Canada)(1691-'97), fonda la ville aujourd'hui importante de Détroit en 1701, y commanda pendant plusieurs années et fut gouverneur de la Louisiane de 1712 à 1717. Son imprudence fit naître les premières guerres avec les Natchez.

* **CADIS** s. m. Serge de laine, de bas prix : *lit de cadis; tapisserie de cadis.*

CADIX (ka-diss) (esp. *Cadiz* [kâdiss].) **I.** Prov. méridionale d'Espagne, dans l'Andalousie, le détroit de Gibraltar et l'Atlantique. 7,276 kilomètres carrés ; 427,000 habitants. Territoire montagneux, traversé par la Sierra-Nevada. Principale rivière, la Guadalète ; fameux vignobles qui produisent l'excellent vin de Xérès ou Jeres. — **II.** Capitale de la province du même nom, sur un promon-

L'Alameda à Cadix.

toire qui s'étend au N.-O. de l'isla de Léon dans l'Atlantique, à 475 kil. S.-O. de Madrid; 72,000 hab. L'île est séparée du continent par un canal étroit que protègent de solides fortifications. En dehors des remparts se trouve l'Alameda, ou grande promenade. Les maisons de la villes ont bâties en pierres blanches. Cadix, principal port de l'Espagne, exporte principalement du vin. On y remarque 2 cathédrales, des collèges et un observatoire. — Les Phéniciens fondèrent Cadix vers 1100 av. J.-C.; on la nommait alors Gadir. Les Romains, auxquels les Carthaginois l'abandonnèrent en 206 av. J.-C., la nommèrent Gades. Les Arabes l'enlevèrent aux Goths en 711 et la gardèrent jusqu'en 1596. Les Anglais, qui la saccagèrent en 1596, y détruisirent 13 vaisseaux de guerre et 40 gallions, dont la perte fut sur le point de provoquer une banqueroute en Espagne. Ils l'attaquèrent infructueusement en 1625 et en 1702; l'amiral Blake la bloqua en 1657. Comme résidence de la junte nationale (1810-'12), cette ville fut assiégée par les Français jusqu'à l'approche de Wellington. L'intervention française en faveur de Ferdinand VII, se termina par la reddition de Cadix au duc d'Angoulême en 1823. Dans cette ville commença, le 17 sept. 1868, la révolution qui renversa la reine Isabelle.

CADMÉE, (de Cadmus), citadelle de Thèbes, construite par Cadmus; se dit quelquefois pour Thèbes même.

* **CADMIE** s. f. (gr. *kadmeia*). Nom donné par les anciens Grecs à la Calamine, en l'honneur de Cadmus qui passait pour avoir introduit en Grèce la fabrication de l'airain.— Chim. Oxyde impur de zinc, qui s'attache aux parois intérieures des fourneaux où l'on fond des minerais contenant une certaine quantité de ce métal.

CADMIUM s. m. [ka-dmi-omn]. (de *cadmie,* parce qu'il se trouve souvent dans le minerai de zinc). Chim. Corps simple métallique, solide et blanc comme l'étain, découvert par Stromeyer en 1818 et presque en même temps par Hermann. On le trouve souvent associé au zinc et il se dépose alors la cadmie sur les parois du creuset dans lequel on réduit le minerai de ce métal. Pour l'obtenir pur, on fait dissoudre ce dépôt dans l'acide sulfurique et l'on convertit celui-ci en sulfure par l'hydrogène sulfuré; on dissout de nouveau et on précipite par le carbonate d'ammoniaque; on obtient en oxyde par le grillage; on distille ce dernier avec un dixième de son poids de charbon pulvérisé dans une cornue de porcelaine, à la température du rouge sombre, et l'on obtient le cadmium métallique. Il est malléable, fond à 315° C., bout à 860° C.; poids spécifique, 8,6; symbole, Cd. La gravité spécifique de son gaz est 3,9, ou 56 fois plus pesante que celle de l'hydrogène. Allié aux autres métaux, il les rend plus fusibles. L'*alliage de Wood,* qui fond à + 70° C. se compose ordinairement de 2 parties de cadmium, 2 d'étain, 4 de plomb et 3 ou 8 de bismuth. En mêlant ensemble une solution de gomme arabique, de chlorure de cadmium et d'hyposulfite de soude, on obtient une belle couleur jaune, l'une des plus durables que puissent employer les artistes peintres. Les sels de cadmium sont généralement solubles et prennent des formes de cristaux; ils sont incolores, possèdent un goût nauséeux et agissent comme émétiques.

CADMUS, fondateur légendaire de Thèbes, fils du roi de Phénicie Agénor; passe pour avoir introduit en Grèce les 16 lettres simples de l'alphabet et les deux métaux. Parti à la recherche de sa sœur Europe, il suivit, pour obéir à un oracle, une génisse qui le conduisit en Béotie, s'arrêta en un lieu qu'il nomma Cadmée et qui devint la citadelle de Thèbes. Il y tua un dragon qui gardait un puits consacré au dieu Mars, et, sur l'ordre de Minerve, il sema les dents de ce gardien. Il en naquit des guerriers qui s'entre-tuèrent, à l'exception de cinq, et ces derniers l'aidèrent à construire Cadmée. Les dieux lui firent épouser Harmonie, fille de Mars et de Vénus.

CADMUS, l'un des meilleurs opéras de Quinault, musique de Lulli (1672).

CADODAQUOIS ou **Caddoes,** tribu d'Indiens qui vivait autrefois sur l'une des branches de la Rivière Rouge (Etats-Unis) et qui est aujourd'hui reléguée sur la rivière Wichita (Territoire Indien); elle se compose de 250 membres.

* **CADOGAN** s. m. Voy. CATOGAN.

* **CADOLE** s. f. (lat. *cadere,* tomber). Serrur. Loquet d'une porte; espèce de pêne qui s'ouvre et se ferme en se haussant, avec un bouton ou une coquille.

CADOR s. m. Argot. Chien. — CADOR DU QUART, secrétaire du commissaire de police.

CADORE ou **Pieve-di-Cadore** (*Cadubrium*), bourg d'Italie, sur la Piave, à 35 kil. N. E. de Belluno; 2,000 hab. Patrie du Titien. Vic-

toire des Français sur les Autrichiens (1797). Napoléon donna à Champagny le titre de duc de Cadore.

CADOUDAL (Georges), insurgé, né d'un meunier, à Brech, près d'Auray, en 1771, guillotiné le 25 juin 1804. Il se joignit aux Vendéens, pendant le siège de Granville en 1793, fut pris par les Français, se sauva des prisons de Brest, devint le chef le plus redoutable de la chouannerie, concerta, avec les étrangers, l'affaire de Quiberon, se soumit à Hoche en 1796, reprit bientôt les armes, signa une nouvelle paix trompeuse avec Brune en 1799 et, aussitôt échappé, s'enfuit en Angleterre où le comte d'Artois le nomma lieutenant-général du royaume de France. Compromis dans l'attentat de la machine infernale, il eut l'imprudence de venir à Paris, en août 1803, pour y conspirer avec Pichegru. Arrêté le 9 mars 1804, il avoua son plan était d'attaquer le premier consul au milieu de sa garde. Il fut condamné à mort. Louis XVIII anoblit sa famille en 1814.

CADOUIN, *Caduinum,* ch.-l. de cant., arr. et à 37 kil. S.-E. de Bergerac (Dordogne); 700 hab. Ruines d'une abbaye fondée en 1116 (mon. hist.). On y conserve le *Saint-Suaire,* qui est en grande vénération.

CADOURS, ch.-l. de cant., arr. et à 40 kil. N.-O. de Toulouse (Haute-Garonne); 700 hab.

* **CADRAN** s. m. (lat. *quadrum,* carré). Superficie sur laquelle sont tracés les chiffres des heures, et où la marche du temps est indiquée, soit par un style, soit par une aiguille que meuvent des ressorts intérieurs : *cadran d'une horloge, d'une pendule, d'une montre.* — CADRAN SOLAIRE ou simplement *cadran,* instrument qui fait connaître l'heure au moyen d'un style dont le soleil projette l'ombre sur des divisions. Les premiers hommes n'avaient pas d'autre moyen de connaître l'heure. La Bible parle du cadran solaire d'Achaz (713 av. J.-C.). Voy. ACHAZ. Pline rapporte qu'un instrument de ce genre fut inventé par Anaximandre, vers 550 av. J.-C. Mais le premier cadran dont nous avons une description précise est celui qui fut employé par Bérose au commencement du III° siècle av. J.-C. Il se composait d'un hémisphère creuse, dont la convexité était tournée vers la terre. Un bouton ou un petit globule, placé au centre sphérique, jetait son ombre dans la concavité et marquait l'heure sur les parois. Le premier cadran que l'on vit à Rome fut placé près du temple de Quirinus par L. Papirius Cursor, en 293 av. J.-C. On appelle cadran *équatorial* ou *équinoxial* celui qui est établi sur un cercle parallèle à l'équateur; le style est perpendiculaire à ce cercle. La ligne de midi est formée par l'intersection du cadran par le méridien et l'on divise le cercle en 24 parties égales; la ligne de six heures est horizontale. Ce cadran doit avoir deux faces : l'une au nord pour l'été; l'autre au sud pour l'hiver; quelquefois il est transparent. C'est la forme gnomonique la plus simple, celle qui fait comprendre la construction des autres; sa forme la plus populaire est le *cadran à boussole* renfermé dans une petite boîte dont le dessus sert de cadran équinoxial en l'inclinant selon la latitude du lieu, et en plaçant au centre un style ou une épingle. Pour établir un *cadran horizontal,* on trace une méridienne sur un plan horizontal bien dressé. En un point de cette ligne méridienne, on fixe un style incliné parallèlement à l'axe de la terre et faisant, par conséquent, avec la méridienne un angle égal à la latitude. La position des lignes horaires s'établit d'après la formule suivante, en représentant par *h* l'heure à partir de midi (si l'on compte 15° pour l'heure), par *l* la latitude et par *z* l'angle horaire au centre du cadran :

$$\text{tang } z = \text{tang } h \sin l,$$

le rayon étant l'unité. C'est-à-dire que :

$$\text{tang } h : \text{tang } z :: r : \sin l.$$

— Un cadran perpendiculaire au méridien est *vertical méridional* ou *vertical septentrional,* selon qu'il regarde le sud ou le nord. Le tracé des lignes horaires diffère du tracé de celles du cadran horizontal en ce que le sinus de la latitude se change en cosinus :

$$\text{tang } z = \text{tang } h \cos i.$$

Lorsque le cadran vertical n'est pas perpendiculaire au méridien et se nomme cadran vertical *déclinant;* le tracé des lignes horaires est alors un peu plus compliqué. — CADRAN LUNAIRE, appareil analogue au cadran solaire, mais dans lequel la lumière de la lune remplace celle du soleil. — BAROMÈTRE A CADRAN, baromètre à mercure dont les variations sont indiquées par une aiguille qui parcourt un cadran.

CADRANÉ, ÉE adj. Arboric. Se dit d'un arbre, d'un bois atteint de *cadranure.*

CADRANERIE ou **Cadrannerie** s. f. Mar. Atelier de boussoles, de baromètres, etc.

CADRANIER ou **Cadrannier** s. m. Celui qui gouverne l'atelier de cadranerie.

CADRANURE s. f. Arboric. Solution de continuité qui va du centre à la circonférence des couches concentriques d'un arbre, surtout quand ils sont *sur le retour.* Le sujet atteint de cette maladie se couvre de mousses, de lichens, de champignons, de bourrelets, de gerçures, de gouttières. Un bois fortement cadrané n'est plus bon qu'à brûler.

* **CADRAT** s. m. (lat. *quadratus,* carré). Typogr. Pièce de matière, moins haute que les lettres, mais de même corps, qui sert à remplir le vide d'une ligne, à la fin d'un alinéa, ou à faire des lignes de pied, etc.

* **CADRATIN** s. m. Petit cadrat carré, que l'on emploie au commencement de chaque alinéa. — DEMI-CADRATIN, petit blanc moitié moins large que le cadratin.

* **CADRATURE** s. f. Horlog. Assemblage des pièces qui servent à faire marcher les aiguilles du cadran, et à faire aller la répétition, quand la montre ou l'horloge est à répétition.

* **CADRE** s. m. (lat. *quadrum,* carré). Bordure de bois, de marbre, de bronze, etc., dans laquelle on place un tableau, une estampe, un bas-relief, etc. — Fig. Plan, agencement des parties d'un ouvrage : *on fait entrer bien des choses dans un tel cadre.* — Collect. Officiers et sous-officiers attachés aux compagnies, en tant qu'ils sont destinés à diriger et unir ensemble les soldats qu'ils composent : *à cette affaire, le bataillon fut maltraité, et les cadres restèrent presque vides.* — Mar. Lit qui sert, sur les bâtiments, aux officiers, aux passagers, et aux malades de l'équipage : *nous avons dix hommes sur les cadres,* nous avons dix malades. — Hamac perfectionné, à l'usage des officiers et des passagers. — Art milit. Cadre de réserve, section de l'état-major général de l'armée comprenant les officiers généraux qui, à cause de leur âge, ne sont plus en activité, mais qui n'ont pas encore été mis à la retraite et peuvent être employés activement en temps de guerre.

* **CADRER** v. n. Avoir de la convenance, du rapport : *la réponse ne cadre pas avec la demande.* — FAIRE CADRER UN COMPTE, faire que les totaux des différentes parties d'un compte forment ensemble la même chiffre que le total général.

* **CADUC, UQUE** adj. [ka-duk] (lat.*caducus;* de *cadere,* tomber). Vieux, cassé, qui a déjà beaucoup perdu de ses forces, et qui en perd tous les jours. Se dit proprement de l'homme, ou de ce qui appartient à l'homme : *âge caduc; santé caduque.* — Se dit d'une maison qui est près de tomber en ruine : *maison vieille et caduque.* — Bot. Se dit de certaines parties qui, dans quelques plantes, tombent très promptement : *corolle, feuille caduque;*

calice caduc. — MAL CADUC, épilepsie, haut mal. — Jurispr. LEGS CADUC, legs qui n'a pas lieu, soit parce que certaines conditions ne sont pas accomplies, soit parce que le légataire le répudie ou se trouve incapable de le recueillir. On dit dans un sens analogue : *donation caduque.* — LOT CADUC, lot qui n'est point réclamé. — VOIX CADUQUE, celle qui, par quelque raison particulière, n'est point comptée dans un scrutin.

* **CADUCÉE** s. m. (lat. *caduceum*). Verge accolée de deux serpents, que les poëtes donnent pour attribut à Mercure : *le caducée est un des symboles de la paix.* — Bâton couvert de velours et fleurdelisé que portaient le roi d'armes et les hérauts d'armes dans les grandes cérémonies.

* **CADUCITÉ** s. f. Etat d'une personne caduque : *cet homme approche de la caducité.* — Se dit aussi en parlant d'une maison : *cette terre a été moins vendue, à cause de la caducité de la maison, des bâtiments.* — En jurispr. CADUCITÉ D'UN LEGS, se dit lorsqu'un legs devient caduc. — Législ. « La *caducité* est un terme que le Code civil emploie pour signifier la nullité des donations ou des dispositions testamentaires. Ainsi la donation faite en faveur du mariage est caduque, si le mariage n'a pas lieu (C. civ. 1088). Les donations faites par contrat de mariage et par lesquelles les donateurs disposent des biens qu'ils laisseront au jour de leur décès, tant au profit des époux qu'au profit des enfants à naître du mariage, deviennent aussi caduques, si le donateur survit à l'époux donataire et à sa postérité (C. civ. 1089). Toute disposition testamentaire est caduque : 1° si la chose léguée a péri du vivant du testateur (C. civ. 1038); 2° si le légataire meurt avant le testateur (C. civ. 1040); 3° si, le legs étant fait sous une condition dépendant d'un événement incertain, le légataire meurt avant la réalisation de cette condition (C. civ. 1040); 4° si la chose léguée a totalement péri pendant la vie du testateur ou même si elle a péri depuis la mort de celui-ci, sans le fait et la faute de l'héritier qui devait faire la délivrance du legs (C. civ. 1042, 1245, 1302). Quelques auteurs contestent, malgré les termes du Code civil, que dans ce dernier cas le legs soit caduc; en effet ce qui peut rester de la chose léguée appartient au légataire; 5° lorsque le légataire refuse d'accepter le legs; 6° lorsque le légataire est incapable de recevoir; par exemple s'il est condamné à une peine afflictive perpétuelle; si la personne à qui le legs est fait n'était pas encore conçue à l'époque du décès du testateur, ou si elle n'est pas née viable (C. civ. 906, 1043; L. 31 mai 1854); 7° lorsque la valeur des donations faites de son vivant par le testateur, égale ou excède la quotité disponible (C. civ. 925). »   (CH. Y.)

CADURCES, *Cadurci,* peuple de la Gallia Aquitanica, dans le pays appelé aujourd'hui *Quercy* (corruption de Cadurci); cap. *Divona,* plus tard *Civitas Cadurcorum,* puis *Cahors,* ville dont une partie porte encore le nom de *les Cadurces.*

CADURCIEN, IENNE s. et adj. Habitant de Cahors (*Civitas Cadurcorum*); qui se rapporte à Cahors. On dit aussi *Cahorsin.*

CÆCILIUS STATIUS, poëte comique romain, mort en 168 av. J.-C. Il acquit une grande réputation; mais on n'a conservé de ses œuvres que quelques fragments recueillis dans les *Opera Poetarum latinorum* de Maittaire (1713).

CÆCINA ALIENUS, général romain qui donna la couronne à Vitellius par la victoire de Bédriac (69 après J.-C.). Il conspira contre Vespasien et fut tué par Titus, au sortir d'un festin.

CÆCOGRAPHE s. m. [sé-ko-gra-fe] (lat.

cæcus, aveugle ; gr. *graphein*, écrire). Instrument à l'aide duquel on peut écrire sans y voir. Leroy inventa un *cæcographe* en 1817.

CÆCOGRAPHIE s. f. Art d'apprendre à écrire aux aveugles. Le docteur Franklin (1775), Pingeron (1780), Lhermina (1784), Leroy (1817), proposèrent diverses méthodes de cæcographie. L'appareil employé aujourd'hui fut inventé par Foucault en 1843. Un autre cæcographe, permettant aux aveugles d'écrire en caractères ordinaires, a été essayé aux Quinze-Vingts, en juillet 1877. Il est dû à M. Recordon, de Genève.

* **CÆCUM** s. m. [sé-komm] (lat. *cæcus*, aveugle, parce que cet intestin est bouché). Anat. Première partie du gros intestin, près de l'insertion du petit intestin, dans la région iliaque droite. Son extrémité arrondie donne naissance à une étroite prolongation tubulaire, appelée l'appendice vermiforme.

CÆDMON, le plus ancien des poètes anglo-saxons, mort en 680. Voy. ANGLO-SAXON.

CÆLIUS AURELIANUS, médecin latin natif de Numidie, vers le déclin de l'empire romain ; a laissé des ouvrages estimés, réunis par Haller (Lausanne, 1773, 2 vol. in-8°) et propres à faire connaître la secte médicale des méthodistes.

CÆLIUS MONS. Voy. ROME.

CAEN [kan] *Cadetopolis*, *Cadomus*, ch.-l. du département du Calvados, à 230 kil. O. de Paris et à 12 kil. de la mer ; par 49° 11' 14" lat. N. et 2° 41' 24" long. O. ; 41,181 hab. en 1876. Port sur l'Orne, relié au port maritime d'Ouistréham, par un canal de 14 kil. *Cour d'appel* ; importante académie universitaire, avec facultés de droit, de sciences et de lettres ; écoles secondaires de médecine et de pharmacie ; lycée ; nombreuses sociétés savantes. Ch.-l. de la 4e légion de gendarmerie. Pierre de taille dite de Caen, exportée en Angleterre, en Amérique, en Hollande. Blondes, dentelles, tulle, bonneterie, linge damassé, *papiers* peints. Commerce de grains, de bétail, de

Caen. Abside de Saint-Pierre.

chevaux, d'huile, de beurre, d'œufs, de fruits et de cidre. Célèbre foire de quinze jours (deuxième dimanche après Pâques). Ville déjà importante au temps de Guillaume le Conquérant, qui en fit sa résidence de prédilection et qui y bâtit l'Abbaye-aux-Hommes où il a son tombeau, et l'Abbaye-aux-Femmes, où est le tombeau de la reine Mathilde. Philippe-Auguste se rendit maître de la ville de Caen en 1204. Edouard III la pilla en 1346 et Henri V la saccagea en 1431 ; Charles VII la réunit définitivement à la couronne en 1450.

Les Huguenots la pillèrent en 1562 ; la révolte des Pieds-nus y causa une grande agitation : la révocation de l'édit de Nantes porta un coup fatal à son industrie ; et elle devint le quartier général des *Girondins* après le 2 juin 1793. C'est une jolie ville, bien percée, propre, ornée de plusieurs monuments historiques : église Saint-Pierre, avec sa tour construite en 1308 ; Abbaye-aux-Hommes (1066) ; Abbaye-aux-Dames ; église Saint-Nicolas, de style roman ; ancien hôtel de ville (1538). Des anciennes fortifications normandes restent un château et une tour. — Patrie de Malherbe, Sarrazin, Boisrobert, Segrais, Malfilâtre, Rochart, Tanneguy le Fèvre, Auber, Choron, et Huet (évêque d'Avranches).

CAENAIS, AISE s. et adj. [ka-nè]. Qui est de Caen ; qui appartient à cette ville ou à ses habitants.

CAERLEON (angl. kar'-li-eunn), ville du comté de Monmouth, (Angleterre) sur l'Usk, à 5 kil. N.-E. de Newport ; 1,300 hab. La légende en fait le siège de la cour mythique du roi Arthur, et l'on montre encore une excavation de 222 pieds sur 192 que l'on appelle

La table ronde d'Arthur à Caerleon.

la Table Ronde ; mais tout porte à croire que c'est le reste d'un amphithéâtre romain. Dans le musée de la ville, on conserve plusieurs antiquités locales.

CAERMARTHEN. Voy. CARMARTHEN.

CAERNARVON. Voy. CARNARVON.

CÆSALPINUS (Andreas). Voy. CÉSALPIN.

CÆSALPINIE [sé-zal-pi-nî] ou **Césalpinie** s. f. (de *Cæsalpinus*, n. pr.). Bot. Genre de plantes légumineuses, type de la tribu des Cæsalpiniées et comprenant une quinzaine d'espèces d'arbres ou d'arbrisseaux qui croissent dans les régions tropicales des deux continents. La *Cæsalpinie hérissée* (*Cæsalpinia*

Cæsalpinia echinata. Feuilles, fleur et fruit.

echinata) est un grand arbre noueux et tortu, à petites feuilles et à belles fleurs rouges odorantes. Son bois, appelé *bois de Brésil*, *brésillet de Pernambouc* ou *bois de , Pernambouc*, parce qu'on le trouve surtout dans la province de Pernambuco (Brésil), est lourd, dur, compact, susceptible de prendre un beau poli, ce qui le fait rechercher pour les ou-

vrages de tour et de marqueterie. Pâle d'abord, il rougit dès qu'on l'expose à l'air et fournit une belle teinture rouge.

CÆSALPINIÉ, ÉE ou **Césalpinié, ée**, adj. Qui ressemble aux Cæsalpinies. — S. f. plur. Tribu de légumineuses ayant pour type le genre Cæsalpinie.

CÆSAR (sɪn Julius), juriste anglais d'origine italienne (1557-1636). Sa biographie a été publiée par Edmund Lodge (1810).

CÆSAREA [sé-za-ré-a]. Voy. CÉSARÉE.

CÆSARIS (Pierre), imprimeur allemand, élève de Gering, vint établir, vers 1473, la seconde imprimerie qu'il y eût à Paris ; il devint maître ès arts de l'Université de Paris.

CÆSARODUNUM ou **Turoni**, ancien nom de *Tours*, ville principale des *Turones*, sur la Liger (Loire), dans la Gallia Lugdunensis.

CÆSAROMAGUS. I. Ville principale des Bellovaques, dans la Gaule Belgique ; aujourd'hui *Beauvais*.— II. Ville des Trinobantes, en Bretagne (Angleterre) ; aujourd'hui *Chelmsford*.

CÆSENA, ville de la Gaule Cispadane, sur la via Æmilia, non loin du Rubicon ; aujourd'hui *Cesena*.

CÆSIUM s. m. Voy. CÉSIUM.

CÆSIUS (Bassus), poète lyrique romain du 1er siècle. On pense qu'il mourut enfoui, avec sa villa, sous les cendres du Vésuve, en 79.

CAF ou **Kaf**, chaîne de montagnes qui, suivant les légendes arabes et persanes, entoure la terre et est habitée par les génies et les géants ; « de caf à caf » signifie d'un bout du monde à l'autre.

* **CAFARD, ARDE** s. (bas lat. *caphardum*, sorte de déguisement). Hypocrite, bigot : *je hais les cafards.* — Adjectiv. : *mine cafarde.* — DAMAS CAFARD, sorte de damas mêlé de soie et de fleuret. — ꝶ Cafarde s. f. Argot. Lune.

CAFARDER v. n. Faire le cafard.

* **CAFARDERIE** s. f. Hypocrisie, dévotion grossièrement affectée.

* **CAFARDISE** s. f. Acte de dévotion affectée.

* **CAFÉ** s. m. [turc, *kahve*]. Graine du cafier (*coffea Arabica*) dont on fait un breuvage, après l'avoir torréfiée et moulue : *café Moka* ou *de Moka*, *café Bourbon*; *balle de café.* — Breuvage obtenu soit par la décoction soit par l'infusion de ces graines dans l'eau bouillante : *on boit le café dans sa tasse et jamais dans sa soucoupe.* — Moment où l'on prend le café, après un repas : *il arriva au café.* — *Café noir*, infusion de café, par opposition à *café au lait*, infusion de café à laquelle on ajoute une certaine quantité de lait. — *Tasse à café*, tasse pour mettre du café. — *Tasse de café*, tasse pleine de café. — *Couleur café*, couleur de café au lait. — *Café de chicorée*, poudre faite avec des racines de chicorée rôties, et qui a la couleur du café. — ꝶ Pop. PRENDRE SON CAFÉ, rire, se moquer. — COMM. Le meilleur café du commerce provient de Moka ; ce sont les grains petits, d'un jaune foncé ; ensuite viennent ceux de Java et des Indes orientales, à grains plus gros et d'un jaune plus pâle ; les cafés du Brésil et des Indes occidentales ont une teinte bleuâtre ou verdâtre ; celui de Java se distingue par sa teinte jaune pâle quand il est nouveau, brune quand il est ancien et moins estimé. Le Brésil produit, à lui seul, près de la moitié du café consommé dans l'univers.

PRODUCTION MOYENNE ANNUELLE DU CAFÉ
DANS TOUS LES PAYS.

Brésil..........	225,000 tonnes
Indes hollandaises.....	81,400 —
Indes orientales......	44,800 —
Indes anglaises......	52,456 —
Afrique méridionale....	35,990 —
Amérique centrale....)	
Antilles.......)	80,000 —
Autres pays.......	
Total..........	517,559 tonnes

— Écon. dom. En France, où le café Moka est rare, on emploie surtout le café Martinique, qui se reconnaît à un grain assez gros, arrondi aux deux extrémités et de couleur vert tendre dans les meilleures qualités; et le café Bourbon, petit, arrondi, d'un jaune verdâtre; le plus souvent on mélange ces deux sortes.
— Pour torréfier le café, on emploie des brûloirs cylindriques ou sphériques, que traverse une tige dont les deux extrémités s'appuient sur un fourneau chauffé au charbon de bois. On emplit le brûloir à demi seulement, on le pose sur un feu modéré et on l'agite, tantôt à droite, tantôt à gauche, jusqu'à ce que la fumée s'échappe avec abondance, que le grain pétille, devienne humide et brun et répande un parfum agréable. On enlève le brûloir de dessus le feu, on l'agite encore pendant quelques minutes; la cuisson s'achève d'elle-même par l'effet de la vapeur. On verse le café dans une vannette et on l'étend sur une surface plane aussi froide que possible (marbre ou pierre). Quand il est complètement refroidi, on le vanne puis on l'enferme dans des vases bien bouchés, et on le conserve à l'abri de la lumière. — Chez les Orientaux, on pile le café torréfié dans un mortier; en France on le moud dans un moulin à café et, par ce procédé, on obtient une poudre moins fine, qui n'abandonne pas ensuite tout l'arome du café; le procédé oriental semble donc préférable. Il existe plusieurs manières de faire l'infusion. Chez les Turcs, qui sont de véritables gourmets, on met un peu de poudre dans une petite bouilloire que l'on emplit d'eau et que l'on enfonce dans un brasier; on laisse prendre quelques bouillons et l'on verse la décoction avec le marc dans des tasses minuscules; on boit ce mélange sans le sucrer. Chez nous, on emploie généralement une cafetière à filtre; on dépose la poudre (à peu près une cuillerée à café par tasse à obtenir) sur la grille du filtre, couverte d'une rondelle de flanelle; on presse un peu avec le fouloir qu'on laisse sur la poudre; on place la grille supérieure; on verse la moitié de l'eau bouillante à employer; on ferme la cafetière avec le couvercle. Lorsque l'eau est passée, on soulève le fouloir pour faire tomber au fond du filtre la poudre dont il est chargé et on verse le reste de l'eau; on referme de nouveau. Pendant cette opération, il faut tenir la cafetière dans un bain-marie. Pour utiliser le marc de l'opération précédente, on fait quelquefois bouillir dans l'eau destinée à l'infusion; cela produit un liquide âcre et noir, dont on augmente encore la mauvaise qualité par des additions de poudre de chicorée ou d'imitations de café de pois chiche, de glands, de châtaignes, etc.
— Hist. Les musulmans attribuent à une révélation divine, faite à Mahomet par l'ange Gabriel, la connaissance des qualités du café; il est certain que l'on ne commença à employer cette graine qu'après l'apparition de l'islamisme, et même longtemps après, car il n'en est fait aucune mention au temps des conquéreurs des croisades. Les Turcs, chez lesquels le café était une boisson populaire, en répandirent l'usage au xve siècle; vers 1645, on commença à en prendre en Italie et cet usage passa aussitôt en Espagne, en Portugal, en Angleterre, en Suède (1674). Le voyageur Thévenot le fit connaître aux Français, vers le milieu du xviie siècle, et l'ambassadeur turc, Soliman-Agha, contribua à le mettre à la mode (1669). Quelques hommes célèbres, tels que Fontenelle et Voltaire, ont marqué une grande prédilection pour le café. — Méd. L'infusion de café contient trois constituants dont l'action diffère essentiellement; ce sont : l'acide tannique, la caféine et les produits empyreumatiques de l'albumine et de la légumine torréfiées. Le café augmente la fréquence du pouls, il prolonge l'activité de l'intelligence au point de chasser le sommeil. A haute dose il peut produire des palpitations

du cœur, et avoir une fâcheuse influence sur la santé si l'on en fait habituellement excès. Les médecins l'ordonnent quand il s'agit d'exciter la digestion, de donner de l'appétit, dans les convalescences. En l'absence de belladone, on emploie comme antidote dans les cas d'empoisonnement par l'opium, une forte infusion de café ; on peut également y avoir recours pour soulager les personnes qui vomissent, surtout dans les affections qui ont un caractère nerveux. Le café est antiseptique et il masque les mauvaises odeurs.

*CAFÉ s. m. Lieu public où l'on va prendre le café, des rafraîchissements ou des liqueurs: *il y a beaucoup de cafés dans cette ville.*—Café CHANTANT, café où des chanteurs se font entendre de temps à autre. — Café-concert, café où l'on a entendre des chants et de la musique instrumentale. — Café-estaminet, café où il y a une ou plusieurs salles pour les joueurs. — Café-restaurant, café où l'on peut prendre ses repas.—Café littéraire, s'est dit, surtout au xviiie siècle, de cafés où se réunissaient des gens de lettres. Le plus célèbre fut le café Procope.— Hist. Les Turcs eurent les premiers l'idée de fonder des établissements publics destinés exclusivement au débit du café; le premier café européen dont il soit fait mention est celui qui fut fondé en 1651 à Constantinople; il s'en créa bientôt de semblables en Italie; Marseille en posséda un en 1644. Un Arménien du nom de Pascal ouvrit, en 1672, à la foire de Saint-Germain, une boutique où il vendit du café à deux sous la tasse. En 1689, le Sicilien *Procopio* Cultelli fonda également à la foire de Saint-Germain, un élégant établissement qui attira une foule de consommateurs et qu'il transféra, quelques années plus tard, rue des Fossés-Saint-Germain, en face de la Comédie-Française. Le *café Procope*, rendez-vous des auteurs, des critiques et des gens de lettres, conserva une grande vogue jusqu'à la fin du xviiie siècle. Le *café de la Régence*, rue Saint-Honoré, fut également célèbre. — Législ. « La législation concernant les établissements nommés *cafés* a été résumée à l'article sur les débits de boissons (voy. Boissons). Les droits de licence sur le café étaient, avant 1860, de 114 fr. par 100 kilog. pour les cafés étrangers, et de 72 fr. pour ceux des colonies françaises; ces droits furent abaissés à 50 fr. et à 36 fr., en 1860; mais la loi du 8 juillet 1871 les a relevés : à 150 fr., pour les cafés venus directement des pays hors d'Europe ou des possessions françaises, à 170 fr. pour ceux d'autres provenances, à 200 fr. pour les cafés torréfiés ou moulus. Il faut ajouter, à ces droits, 4 p. 100, en vertu de la loi du 30 décembre 1873. Le tarif général des douanes, promulgué le 7 mai 1881, fixe à 156 fr. le droit d'entrée sur les *cafés en fèves et pellicules*, et à 208 fr. le droit sur le *café torréfié ou moulu*. Il faut aussi tenir compte de la surtaxe d'entrepôt qui a été fixée à 10 fr. par le tarif général et réduite à 5 fr. par les traités de commerce conclus en 1882. Ces droits sont certainement excessifs et on doit espérer que la surélévation, qui date de 1871, va bientôt disparaître, car le café peut être considéré aujourd'hui comme une denrée nécessaire. »
(Ch. Y.)
CAFÉ DE SURATE (Le), conte satirique de Bernardin de Saint-Pierre (1818).
* CAFÉIER s. m. Voy. Cafier.
* CAFÉIÈRE s. f. Lieu planté de cafiers.
CAFÉINE.f. Principe actif du café, découvert par Runge en 1820. C'est un alcaloïde faible, identique en composition chimique à la *théine*, principe actif du thé. Peu de substances contiennent une aussi grande quantité d'azote (28,86 p. 100). D'après Liebig, sa composition est représentée par la formule $C^8 H^{10} Az^2 O^2$, d'où il ressort qu'elle se rapporte intimement

à quelques-uns des constituants azotés de la bile, comme la taurine, et aussi à la méthylthéobromine. On l'obtient en longues aiguilles blanches et soyeuses, qui sont fusibles et volatiles, et que l'on peut facilement dissoudre dans l'eau, l'alcool et l'éther.

* CAFETAN s. m. Robe de distinction en usage chez les Turcs : *le Grand Seigneur envoie des cafetans aux personnes qu'il veut honorer.*

* CAFETIER s. m. Marchand qui vend du café tout fait, ainsi que d'autres boissons, chaudes ou froides, telles que thé, punch, limonade, etc.

* CAFETIÈRE s. f. Pot d'argent, de terre, de fer-blanc, etc., qui sert à faire ou à contenir le café.

CAFFA. Voy. Kaffa.

CAFFARELLI (Gaetano majorano, dit), célèbre sopraniste italien (1703-'83). Il se fit entendre dans toute l'Europe et gagna assez d'argent pour acheter la terre de San Dorato, qui lui donna le droit de prendre le titre de duc.

CAFFARELLI (François-Marie-Auguste), officier français d'origine italienne, né au château du Falga en 1766, mort en 1849. Servit dans les troupes sardes jusqu'en 1789; entra ensuite dans l'armée française. Général de brigade et aide de camp de Bonaparte, il négocia avec succès le voyage de Pie VII en France pour le sacre de l'empereur (1804). Il devint gouverneur des Tuileries et général de division en 1805, ministre de la guerre et de la marine dans le royaume d'Italie (1806-'10) et se distingua dans la guerre d'Espagne (1811-'13). Louis-Philippe l'éleva à la pairie en 1831.

CAFFARELLI DU FALGA (Louis-Marie-Joseph-Maximilien), officier français, frère aîné du précédent, né au château du Falga (Haute-Garonne) en 1756, d'une famille italienne, mortellement blessé devant Saint-Jean-d'Acre en 1799. Après avoir servi sur le Rhin et perdu une jambe aux côtés de Marceau, il prit le commandement des troupes du génie qui accompagnaient Bonaparte en Égypte. Il dirigea les premières opérations du siège de Saint-Jean-d'Acre. Ses ouvrages sur les mathématiques et sur la philosophie lui avaient ouvert les portes de l'Institut. Voy. sa *Vie* par de Gérando, 1801.

CAFFI (Ippolito), peintre italien (1814-'66). Il excella, dans les vues de monuments, par la disposition originale de la lumière et des ombres. Il a reproduit plus de 40 fois le « Carnaval de Rome ». Il périt à la bataille navale de Lissa.

CAFFRISTAN. Voy. Kafiristan.

* CAFIER ou Caféier s. m. Genre d'arbrisseaux de la famille des Rubiacées, type de la tribu des Cofféacées, dont une espèce, le cafier d'Arabie, porte une fleur assez semblable à celle du jasmin, et un fruit rouge, de la grosseur d'une cerise, contenant des grains ou semences, qui sont le café. Le cafier croît spontanément dans l'Abyssinie méridionale, où l'emploi de ses graines est connu depuis fort longtemps, s'il faut en croire les traditions locales; on fait même généralement dériver son nom de *Kaffa*, district abyssin du Sud. Il croît également à l'état sauvage dans l'Afrique occidentale et en Arabie, principalement aux environs de Moka, où il est cultivé depuis une époque reculée. Les Hollandais prirent à Moka les plants qu'ils transportèrent à Batavia, vers 1785, et en Hollande, l'année suivante. Il était cultivé dans les colonies hollandaises depuis plusieurs années, lorsqu'un Français introduisit à Cayenne quelques graines fraîches tirées de Surinam; cette culture se répandit peu à peu au Brésil. Vers 1174, les magistrats d'Amsterdam en envoyèrent à Louis XIV un pied qui fut soigné au Jardin

des Plantes où on le fit multiplier. Un pied tiré des serres de ce jardin fut, en 1720, transporté au Antilles par le capitaine Declieux qui, plutôt que de risquer la perte de ce précieux arbrisseau, souffrit de la soif pendant la traversée et l'arrosa avec sa ration d'eau. De ce

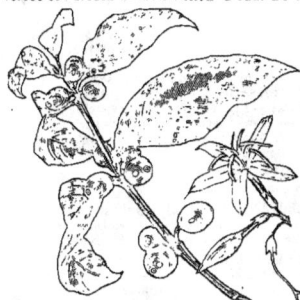

Cafier.

pied soigné avec tant de dévouement, sont venus tous les cafiers aujourd'hui cultivés à Saint-Domingue et dans les Antilles alors françaises. Le cafier réussit principalement dans les pays intertropicaux; mais on le cultive dans des contrées beaucoup plus éloignées de l'équateur; on le trouve aujourd'hui en Algérie et même en Corse. Les limites de sa zone de production sont 25° N. et 30 S. Il peut prospérer jusqu'à une altitude de 2,000 mètres au-dessus du niveau de la mer; mais il ne fleurit pas lorsque la température est inférieure à + 15°. Les principaux pays où on le cultive aujourd'hui sont: Java, Sumatra, Ceylan, l'île de la Réunion, la côte occidentale de l'Inde, l'Arabie, l'Abyssinie, les Antilles, l'Amérique centrale, le Brésil, Vénézuéla, les Guyanes, le Pérou, la Bolivie et quelques îles de l'Océanie. Le cafier atteint une hauteur de 3 à 6 mètres et quelquefois de 9 ou 10 mètres.

CAFIOT s. m. Café faible : *c'est du cafiot.*

CAFRE s. et adj. (arabe, *kafir*, incrédule, infidèle). Nom donné par les musulmans à un peuple de l'Afrique méridionale. Chez les Cafres, on rencontre généralement des hommes puissamment bâtis et des femmes supérieures en beauté celles des autres races indigènes du voisinage. Le teint des Cafres du Sud est brun ou cuivré; plus au nord, il devient d'un noir foncé. Leur chevelure est noire et laineuse, leur nez et leur front se rapprochent du type européen. Les os de leurs joues ressemblent à ceux des Hottentots; leurs lèvres sont épaisses et proéminentes. Leur gouvernement est patriarcal. Ils vivent du produit de leur chasse ou de l'élevage du bétail; les travaux des champs sont réservés aux femmes. Ils ne possèdent aucune notion d'un être supérieur; mais ils croient fermement à la sorcellerie et aux esprits. Voy. Zoulous. — s. m. Langue parlée par les Cafres.

CAFRERIE ou Kaffraria. I. Contrée de l'Afrique méridionale entre Natal et la colonie du Cap; 36,000 kil. carr.; 175,000 hab. Avant les empiétements des Anglais, la Cafrerie comprenait ce qui forme aujourd'hui le Griqualand oriental, Natal et le Zoulouland. — II. Cafrerie anglaise, district au sud du précédent entre le Keiskama et la rivière Grand Kei; 19,000 kil. carr.; 86,000 hab., dont 6,000 blancs. Capitale Williamstown, sur la rivière Buffalo. L'annexion de cette dépendance résulta des guerres de 1847-'50-'53, provoquées par les irruptions répétées des Cafres sur les territoires des colons anglais. En 1866, le district fut incorporé à la colonie du Cap.

'CAFTAN s. m. Voy. CAFETAN.

CAGAYAN Voy. Luçon.

CAGAYAN SOULOU, île de l'archipel Malais, dépendance de Manille, dans la mer de Mindoro; 750 kil. carr.; 12,000 hab. La population, d'origine malaise, parle différents dialectes.

'CAGE s. f. (lat. *cavea*). Petite loge portative, faite de fils de fer ou de menus bâtons d'osier, et dans laquelle on enferme ordinairement des oiseaux. — Loge portative d'assez grande dimension, garnie de barreaux d'un ou de plusieurs côtés, et destinée à renfermer des animaux et même des hommes : *il fit enfermer son prisonnier dans une cage de fer.* — Les cages dans lesquelles on nourrit des serpents sont en fils de fer très rapprochés; celles dans lesquelles on enferme des bêtes fauves sont faites avec de solides barreaux de fer. On a également enfermé des hommes dans des cages de fer ; le plus célèbre des prisonniers de ce genre est le cardinal La Balue.— Archit. CAGE D'UNE MAISON, les quatre gros murs d'une maison.— *Cage d'un escalier,* murs qui enferment un escalier. — *Cage d'un clocher,* assemblage de charpente qui forme le corps d'un clocher. On dit de même : *cage d'un moulin à vent.* — Fig. et fam. METTRE UN HOMME EN CAGE, le mettre en prison. — ETRE EN CAGE, être en prison. — LA BELLE CAGE NE NOURRIT PAS L'OISEAU, on peut être fort mal à son aise avec les apparences de la richesse. — ₩ Mar. Espèce d'échauguette en forme de cage qui est placée au haut du mât d'un vaisseau; on l'apelle *hune* sur l'Océan et *gabie* sur la Méditerranée. — *Cage de bord,* caisse où l'on loge la volaille pendant les traversées. Cages sont placées les unes sur les autres, entre les ponts dans un espace réservé. — *Cage à drisses,* cage ronde, ouverte par le haut et renfermant des cordages roulés.—CAGE DE L'HÉLICE, espace dans lequel se meut une hélice de bateau à vapeur. Jargon. — Prison: *oiseau en cage,* prisonnier.— Typogr. Atelier de composition.

CAGLI [kâl'-i; *gl* mll.], ville d'Italie, à 23 kil. S. d'Urbino; 40,250 hab. Eglise renfermant de belles peintures, parmi lesquelles des fresques du père de Raphaël. Commerce de cuirs.

CAGLIARI [ital. kâl'-ya-ri]. I. Prov. d'Italie, formant la partie méridionale de la Sardaigne; 13,615 kil. carr.; 395,000 hab. Territoire montagneux, mais riche en grains, en bétail, en forêts, en sel et en minerais. — II. Cap. de la prov. ci-dessus et port principal de l'île de Sardaigne, sur le sommet d'une colline escarpée qui se dresse au fond de la baie de Cagliari ; 33,000 hab. Cathédrale, château, palais, université, ruines de l'antique Caralis.

CAGLIARI (Paolo). Voy. VÉRONÈSE (Paul).

CAGLIOSTRO(Alessandro, COMTE DE)[ital. kâl-ioss'-tro], célèbre aventurier, dont le véritable nom était GIUSEPPE BALSAMO, né à Palerme en 1743, mort en 1795. Il débuta par escroquer 60 onces d'or à un orfèvre et s'enfuit de Sicile avant l'âge de vingt ans. Sous différents noms d'emprunt, il voyagea en Orient jusqu'en Arabie et en Perse, faisant partout des dupes, vendant des panacées, opérant des cures merveilleuses. A son retour, il gagna la faveur des chevaliers de Malte, qui lui donnèrent des lettres de recommandation pour plusieurs gentilshommes italiens. Emprisonné pendant quinze jours à Naples par sa première victime (1773), il épousa à Rome une intrigante Vénitienne, dont les charmes l'aidèrent à augmenter sa fortune. En 1780, il apparut en Allemagne et s'installa un instant à Mitau (Courlande); mais il ne trouva nulle part de peuple plus crédule qu'à Paris. Son élixir pour la prolongation de la vie obtint une vogue immense dans cette capitale; il avait disait-on, des relations avec les esprits et possédait le pouvoir de fabriquer de l'or. Parmi les grands personnages qui se déclaraient ses admirateurs, on distinguait le cardinal de

Rohan avec lequel il fut compromis dans l'affaire du collier. Jeté à la Bastille, puis expulsé de France, il se réfugia d'abord en Allemagne et dut bientôt quitter ce pays, sur la dénonciation d'une dame de Mitau (1787). Il se retira tour à tour en Angleterre, en Suisse et en Italie. L'inquisition le condamna à mort, en 1791, comme illuminé et franc-maçon. Sa peine fut commuée en prison perpétuelle au château de Saint-Léon (Urbino).

'CAGNARD, ARDE adj. et s. (rad. *cagne*). Fainéant, paresseux, lâche (fam.) :

Gens aimant leurs foyers et qu'on nomme cagnards.

HAUTEROCHE.

— Substantiv. Lâche, poltron.

CAGNARD s. m. Mar. Morceau de forte toile, peinte à deux couches foncées, que l'on déploie au-dessus des bastingages pendant les mauvais temps, pour servir d'abri aux hommes de quart.

'CAGNARDER v. n. Vivre dans la paresse, mener une vie obscure et fainéante.

'CAGNARDISE s. f. Fainéantise, paresse.

CAGNASSE s. f. Femme de mauvaise vie (vieux).

CAGNE s. [*gn* mll.] (ital. *cagna*, chienne ; du lat. *canis*, chien). Personne fainéante, paresseuse.

CAGNES, commune, cant. de Vence, à 24 kil. E. de Grasse (Alpes Maritimes); 2,300 hab. Huile d'olive,. parfumerie, salaison d'anchois.

' CAGNEUX, EUSE adj. [*gn* mll.] (ital. *cagna*, chienne, parce que certains chiens ont les jambes tournées en dedans). Qui a les genoux et les jambes tournés en dedans : *homme cagneux, femme cagneuse.* — Se dit aussi des jambes mêmes ou des pieds: *jambes cagneuses, pieds cagneux.*

CAGNOLA (MARQUIS Luigi) [kâ-nio-'la], architecte italien (1762-1833). Il construisit de nombreuses églises. Ses chefs-d'œuvre sont deux arcs de triomphe, à Milan.

CAGNOLI (Antonio) [kâ-nio-'li], astronome italien (1743-1816). Fils d'un magistrat vénitien à Zante, il devint secrétaire de légation à Madrid, établit un observatoire à Paris et se fixa définitivement à Vérone. Il a publié des ouvrages sur l'astronomie et la trigonométrie. Sa *Trigonométrie rectiligne et sphérique* a été traduite en français par Chompré (Paris, 1786).

CAGNOTTE s. f. [*gn* mll.]. Tirelire d'osier dans laquelle les joueurs versent les rétributions qui leur sont imposées dans certains coups. — FAIRE UNE CAGNOTTE, réserver les gains du jeu pour une dépense en commun.

CAGOT, OTE s. [ka-go; o-te] (lat. *canis*, chien; *Gothus*, Goth; ou *Caas-Goths*, chiens de Goths, dénomination injurieuse usitée dès le VIᵉ siècle pour désigner les Goths, à cause de leur attachement à l'arianisme). Nom donné à des populations réprouvées et maudites que l'on rencontrait dans le Béarn, où on les nommait *capots, crétins* ; dans les Asturies, où ils portaient le nom de *vaqueros* ; en Vendée, où ils étaient des *colliberts* ; en Bretagne (*cacous*), etc. On pense qu'ils descendaient des Visigoths. Objets de persécutions infinies pendant le moyen âge, ils portaient une casaque rouge marquée d'une patte d'oie ou de canard. On les reléguait dans des lieux particuliers, appelés cagoteries, et il leur était interdit d'exercer d'autres professions que celles de charpentier et de bûcheron, de parler aux autres hommes et de marcher nu-pieds dans la crainte que leur contact souillât le sol. Forcés de se marier entre eux, ils se trouvaient encore dans un état de dégénération et d'infériorité physique et intellectuelle, lorsque la Révolution les fit rentrer dans le droit commun en 1793.

* **CAGOT, OTE** s. Celui, celle qui a une dévotion fausse ou mal entendue. — Adjectiv. : *ton cagot, manières cagotes.*

* **CAGOTERIE** s. f. Action du cagot, manière d'agir du cagot.

* **CAGOTISME** s. m. Esprit, caractère du cagot ; manière de penser du cagot.

CAGOU s. m. (même étymol. que *cagot*). Dignitaire de la Cour des miracles. Au XVIIe siècle, on donnait le nom de cagous aux vieux voleurs, qui se chargeaient d'instruire les novices dans l'art de couper les chaînes de montre, d'enlever les bourses, de tirer les mouchoirs et de se créer des plaies factices. Aujourd'hui le cagou est un voleur solitaire.

* **CAGOULE** s. f. (corrupt. de *cuculle*). Vêtement de moine, ample et sans manches. — Grand manteau que portaient les pénitents et dont la capuchon était percé de trous à l'endroit des yeux.

CAGOUILLE s. f. [*ll* mll.] (mot saintongeais qui signifie *escargot*). Anc. mar. Volute qui servait d'ornement au haut de l'éperon d'un vaisseau.

* **CAGUE** s. f. (holl. *kag*). Mar. Petit bâtiment hollandais, qui sert principalement à naviguer sur les canaux.

CAHAGNET (Louis-Alphonse), spirite français, né à Caen en 1809 ; auteur des *Arcanes de la vie future dévoilée* (1854, 3 vol. in-12) ; de l'*Encyclopédie magnétique spiritualiste* (1854-'64, 7 vol. in-12) ; de *Force et Matière* (1866, in-12), et de plusieurs autres ouvrages.

CAHAWBA, affluent de l'Alabama.

CAHEN (Samuel) [ka-an], érudit hébraïsant, né à Metz en 1796, mort à Paris en 1862. Il fut pendant plusieurs années directeur de l'école consistoriale juive de Paris et, en 1840, il fonda les *Archives israélites*. Son chef-d'œuvre est une *Traduction de la Bible*, avec l'hébreu en regard et des notes qui soulevèrent une vive polémique (18 vol. in-8° ; 1831-'53). Il a publié, en outre, un *Manuel d'histoire universelle* (1836, in-18) ; des *Exercices sur la langue hébraïque* (1842, in-12).

* **CAHIER** s. m. Assemblage de plusieurs feuilles de papier ou de parchemin réunies : *cahier de papier* ; *le professeur se fit montrer le cahier de l'élève* ; *le cahier de papier à lettres est ordinairement de six feuilles* ; *plusieurs cahiers attachés ensemble forment un registre.* — **Cahiers de philosophie, de théologie**, etc., écrits qu'un professeur de philosophie, de théologie, etc., dicte à ses élèves durant son cours. — Mémoire contenant les demandes, propositions ou remontrances adressées au souverain par les membres d'un corps de l'Etat : *cahier de doléances* ; *présenter le cahier, les cahiers.* — **Cahier des charges**, état des clauses et conditions auxquelles sera faite une adjudication publique. — **Cahier de frais**, mémoire ou état des frais. — ⌣ Typogr. Réunion d'un certain nombre de pages qui doivent, lors du pliage, être comprises entre la page portant la signature première et la page qui se trouve sur la forme immédiatement à côté de celle-ci. — **Cahier des charges**. Législ. « C'est un acte dressé préalablement à toute adjudication publique d'immeubles et qui contient les conditions auxquelles cette adjudication doit avoir lieu. On nomme aussi *cahier des charges*, une pièce annexée à certains actes administratifs, contenant concession de canaux, de chemins de fer, etc., et dans laquelle sont détaillés les droits et les obligations de l'exploitant. Après une saisie immobilière, le poursuivant doit déposer au greffe du tribunal de première instance, dans les vingt jours de la transcription de la saisie, le cahier des charges de l'adjudication, contenant : l'énonciation du titre de sa créance, du commandement et des autres actes de la saisie ; la désignation de l'immeuble, avec sa situation, sa contenance, une mise à prix et les conditions de la vente. Puis, dans les huit jours du dépôt, sommation est faite au saisi de prendre connaissance de ce cahier des charges et de fournir ses dires et observations ; pareille sommation est faite aux créanciers inscrits, à la femme du saisi, aux femmes des précédents propriétaires, etc. Enfin copie dudit cahier des charges est notifiée au procureur de la République de l'arrondissement dans lequel les biens sont situés. Dans un délai de trente à quarante jours après le dépôt au greffe, il est fait à l'audience, au jour indiqué par les notifications, publication et lecture du cahier des charges ; le tribunal statue ensuite sur les dires et observations qui ont été insérés au plus tard trois jours avant cette audience, et il fixe définitivement la mise à prix, les conditions, le jour et l'heure de l'adjudication ; ce jugement est porté dans le cahier des charges. Le jugement d'adjudication n'est autre que la copie du cahier des charges, précédée et suivie de la formule exécutoire et contenant en outre les enchères portées et leur résultat (C. proc. 690 et s. ; L. 21 mai 1858). Si la chose saisie est une rente constituée, perpétuelle ou viagère, sur particulier, le dépôt du cahier des charges doit être fait par le saisissant, de dix à quinze jours après la dénonciation à la partie saisie. Les autres délais de l'adjudication sont aussi plus courts que lorsqu'il s'agit d'un immeuble (C. proc. 642 et s.). La vente des biens immeubles appartenant à des mineurs, devant être faite par adjudication, le jugement qui ordonne la vente en détermine la mise à prix et les conditions. Le cahier des charges est déposé au greffe par l'avoué poursuivant, ou dressé par le notaire commis, et déposé en son étude, si l'on doit avoir lieu devant notaire (C. proc. 953 et s.). Lorsqu'il s'agit d'une vente d'immeubles par licitation, les formalités sont les mêmes que pour la vente des biens de mineurs ; mais on doit ajouter, dans le cahier des charges, les noms, demeures et professions du poursuivant, des colicitants et de leurs avoués (C. proc. 972). Lorsqu'il y a lieu à folle enchère, par suite de l'inexécution des obligations de l'adjudicataire, la nouvelle adjudication a lieu sur l'ancien cahier des charges (C. proc. 732). Dans les adjudications volontaires faites devant notaire, les cahiers des charges sont dressés par le notaire vendeur. Dans les ventes mobilières faites aux enchères, soit par adjudication volontaire, soit par suite de saisie-exécution, soit pour liquidation de succession, le procès-verbal de la vente contient les charges et conditions dont il est donné lecture à l'ouverture des enchères. Les cahiers des charges doivent être dressés sur papier timbré, le droit d'enregistrement est fixé à 3 fr. 75, soit pour les cahiers de dépôt faits au greffe, soit pour les cahiers des charges dressés par les notaires. » (Ch. N.)

CAHINCA s. m. Voy. CAÏNCA.

* **CAHIN-CAHA** adv. (lat. *qua hinc qua hac*). Tant bien que mal, inégalement, difficilement, à plusieurs reprises, de mauvaise grâce : *l'affaire va cahin-caha.*

CAHORS [ka-or], *Divona, civitas Cadurcorum*, ch.-l. du dép. du Lot, ancienne capitale du Quercy, sur la rive droite du Lot, à 578 kil. S. de Paris et à 100 kil. N. de Toulouse ; par 44° 26' 52" lat. N., et 0° 53' 41" long. O. ; 15,000 hab. *Ville haute*, à rues étroites et tortueuses ; *ville basse*, bien percée, bien bâtie le long de beaux quais. Vaste cathédrale, séminaire, vieux ; trois ponts sur le Lot ; ruines d'un aqueduc romain, d'un portique et d'un théâtre. Commerce de tabac, de vin, d'eau-de-vie, d'huile et de draps. Très ancienne ville fondée par les Cadurci. Son commerce fut usurier pendant le moyen âge ; livrée aux Anglais en 1360 ; réunie à la France en 1428. La prise de Cahors fut l'un des plus beaux exploits de Henri de Navarre (1580). Patrie de Marot, de La Calprenède et du pape Jean XXII, qui y fonda en 1322, une université, réunie à celle de Toulouse en 1751.

CAHORSIN, INE s. et adj. Synon. de CADURCIEN.

* **CAHOT** s. m. Saut que fait une voiture en roulant sur un chemin pierreux ou mal uni : *le cahot nous fit verser.* — Par ext. Nous avons trouvé bien des cahots dans ce pays-là, nous y avons trouvé des chemins qui font faire bien des cahots. — Fig. et fam. Nous avons eu, nous avons éprouvé beaucoup de cahots dans cette affaire, la marche en a été souvent interrompue, contrariée.

* **CAHOTAGE** s. m. Mouvement fréquent causé par les cahots.

* **CAHOTANT, ANTE** adj. Qui fait faire des cahots. — Voiture cahotante, voiture que la moindre inégalité de terrain fait cahoter.

* **CAHOTER** v. a. Causer des cahots : *ce cabriolet nous a bien cahotés.* — v. n. Eprouver des cahots : *cette voiture cahote beaucoup.* — Fig. Ballotter, tourmenter : *il fut longtemps cahoté par la fortune.*

* **CAHUTE** s. f. (holl. *kajuit*). Cabane, petite loge, habitation misérable. — Mar. Synon. de CABINE.

CAICOS, Caycos [kaï-koss] ou **The Keys**, quatre des îles Bahama, appelées grande et petite Keys, key du Nord et île Providence. La grande key mesure 50 kil. de long.

CAÏD s. m. [ka-id] (arabe, chef). Nom donné, par les Arabes, au gouverneur d'une ville, d'une province, ou à l'officier commandant une troupe d'au moins 500 hommes. **Caïd** (Le), opéra bouffe en deux actes, représenté sur le théâtre de l'Opéra-Comique (Paris), le 3 janvier 1849 ; paroles de Sauvage ; musique de A. Thomas. Cette pièce obtint un brillant succès.

CAÏE s. f. (ka-ieu). Nom que l'on donne, dans les Indes occidentales, à tous les bancs dont le sommet est plat, très étendu, peu éloigné du niveau de la mer, et qui sont formés ou sable mou, ou de vase, de coraux ou de madrépores.

CAIETA, nom ancien de *Gaëte* (Italie).

CAIÈTE. Mythol. Nourrice d'Enée ; elle suivit ce prince, mourut en Italie et fut enterrée au lieu appelé ensuite *Caieta* (Gaële).

* **CAÏEU** s. m. Bot. Petite bulbe, sorte de rejeton que produit une bulbe déjà formée et mise en terre : *caïeu de lis, de tulipe, d'ixia.* — Fleur qui naît d'un caïeu : *cette tulipe n'est qu'un caïeu de l'année.*

CAÏFFA ou **Haïffa**, ville de Syrie, sur la Méditerranée, au pied du mont Carmel, à 10 kil. S. de Saint-Jean-d'Acre ; 2,500 hab. Kléber s'en empara en 1799.

CAÏ-FUNG, ancienne capitale de la Chine. Voy. KAÏ-FONG.

CAÏL (Jean-François) [*ll* mll], grand industriel, né à Chef-Boutonne (Deux-Sèvres), le 2 février 1804, mort aux Plants, près de Ruffec, le 22 mai 1871. Associé, en 1825, avec le chimiste Charles Derosne, il fonda à Chaillot un vaste établissement pour la construction des machines motrices. Depuis 1846, il est resté chef de cette importante maison et a construit des ponts, des locomotives et des machines de toute espèce pour le monde entier.

CAILHAVA D'ESTANDOUX (Jean-François), écrivain, né en 1731 à Narbonne (et non au village de l'Estandoux, qui n'a jamais existé), mort à Sceaux, en 1813. Il n'était pas noble, mais sa famille possédait une petite propriété sur les bords de l'*Etang-Doux*, près de Coursan ; il transforma le nom de cette mare en an titre de noblesse. Après une jeunesse peu édifiante, il fit représenter à Toulouse une comédie de circonstance, l'*Allégresse champêtre* (1757), dont le succès exagéré l'engagea à venir se fixer à Paris, où ses pièces firent fureur pendant longtemps. Ce sont : le *Jeune Présomptueux*, 1763, comédie en cinq actes, vers ; froidement reçue ; le *Tuteur dupé*, cinq actes, prose, 1765 ; le *Mariage interrompu*, 3 actes, vers, 1769 ; l'*Egoïsme*, cinq actes, vers, 1777 ; des comédies-ballets, des opéras-comiques, etc. Son théâtre a été publié à Paris, 1781, 2 vol. in-8°. Il a donné, en outre, le *Remède contre l'amour*, poème en quatre chants, Paris, 1762, in-8° ; des *Contes en vers et en prose*, Paris, 1797, 2 vol. in-18 ; un *Essai sur la tradition théâtrale*, 1798, in-8° ; des *Œuvres badines*, 1798, 2 vol. in-18 ; l'*Art de la comédie*, 1772, 4 vol. in-8°, etc. Admis à l'Académie française, il fut indigné de ne pas voir rayonner, au-dessus de tant de noms obscurs, celui de Molière, dont il était un admirateur enthousiaste, et publia le *Discours prononcé par Molière le jour de sa réception posthume à l'Académie française*, 1779. Ses *Mémoires* ont été publiés par les soins de sa fille et de Lamothe-Langon.

CAILLASSE s. f. [*ll* mll.]. Minér. Couche de dépôts marins et lacustres que l'on rencontre à la partie inférieure des terrains tertiaires ou quaternaires. La caillasse se compose de pierres très dures qui servent à l'empierrement des routes ou qui font des pierres à aiguiser.

* **CAILLE** s. f. [ka-ieu ; *ll* mll.]. (bas lat. *quaquila*). Ornith. Genre de gallinacés voisin des perdrix, caractérisé par un bec court plus large que haut, à mandibule supérieure courbée. Les cailles sont beaucoup plus petites que les perdrix, leur bec est plus menu, leur queue plus courte ; elles n'ont ni éperon ni sourcil rouge. La seule espèce d'Europe, la *caille commune* (*tetras coturnix*, Linn.) est un oiseau migrateur à dos brun ondé de noir, avec une raie pointue blanche sur chaque plume, à gorge brune chez le mâle, blanche chez la femelle. On la trouve pendant l'été dans nos champs. La femelle fait son nid à terre, comme la perdrix, ordinairement dans les blés ; elle y dépose de huit à quatorze œufs, qu'elle se charge seule de couver ; car le mâle est polygame et abandonne ses femelles à elles-mêmes. Les petits quittent leur mère dès qu'ils peuvent se suffire ; ils vivent solitaires et ne s'assemblent en petites troupes que lorsque vient le moment de la migration. Les cailles voyagent le plus souvent au clair de lune ou pendant le crépuscule ; quoique lourdes, elles traversent la Méditerranée et vont passer l'hiver en Afrique. Au moment d'entreprendre ce voyage, elles mangent beaucoup, s'engraissent et constituent un gibier des plus délicats. La chasse aux cailles se fait au moment où elles arrivent se fait en mai, à l'aide du *tramail* ; on se sert d'un appeau ou d'une chanterelle (caille femelle). La chasse *à la bourrée*, ainsi nommée parce qu'on bourre le gibier pour le faire entrer dans le tramail, a lieu en août et septembre. On chasse aussi la caille à la tirasse et au traîneau ; mais un véritable disciple de saint Hubert ne goûte de charme qu'à la chasse au fusil. La caille devenant de plus en plus rare dans nos champs, on a proposé de la domestiquer, comme la poule ; mais son besoin de migration fait échouer les tentatives. On est forcé de la garder dans une volière, où on lui donne un mélange de blé, d'orge, de millet, de sarrasin, de seigle et de très peu de chènevis. Si la volière est grande, plantée d'arbustes, de bruyères, de buis, etc., la femelle y pond en liberté ; mais il faut confier l'incubation de ses œufs à une poule de Bantam ou à une couveuse artificielle. On sépare les mâles en avril : autrement ils se battent à mort. Vers le mois de septembre, on tend une toile au-dessous du toit de la volière, pour que les cailles, prises d'un ardent

désir d'émigrer, ne se brisent pas la tête dans leurs élans. On nourrit les *cailleteaux* nés en captivité, en leur donnnant d'abord des œufs de fourmis mêlés avec une pâtée de mie de pain et d'œufs durs ; on peut remplacer cette nourriture par du cœur de bœuf écrasé et mêlé à la farine de pavot. On leur donne à boire dans un canari. Au bout de huit jours on les habitue au millet et peu à peu aux autres grains. — Les cailles bien grasses se font cuire embrochées à un hâtelet, on les enveloppe d'une feuille de vigne recouverte d'une barde de lard. On peut aussi les servir en entrée, cuites à la casserole et accompagnées d'écrevisses, de truffes ou de champignons.

CAILLE (Nicolas-Louis de La) voy. LA CAILLE.

* **CAILLÉ, ÉE** part. passé de CAILLER. — Substantiv. Du CAILLÉ, du lait caillé : *manger du caillé*.

* **CAILLÉ** ou **Caillié** (René) [ka-yé ; *ll* mll.], explorateur, né à Mauzé (Deux-Sèvres) en 1799, mort en 1838. Orphelin et sans fortune, mais frappé de la lecture du *Robinson Crusoé*, il partit à 16 ans pour le Sénégal, s'y acclimata, apprit la langue des indigènes et, sans appui, pénétra dans l'Afrique centrale, en 1824. Il traversa le Sénégal, le Soudan, visita Tombouctou et revint par Fez et le Maroc. Comme étant le premier explorateur européen qui eût visité Tombouctou, il reçut de la Société de géographie de Paris un prix de 10,000 fr. Le gouvernement lui fit une pension et publia son *Journal d'un voyage à Tombouctou et à Yenné* (1830, 3 vol. in-8°).

* **CAILLEBOTTE** s. f. Masse de lait caillé : *manger des caillebottes*. — s. f. pl. Mar. Espèce de tessons à croc, que l'on ménage sur les faces de la mèche d'un mât d'assemblage, et qui s'emboîtent dans les entailles correspondantes dont les jumelles sont pourvues.

CAILLEBOTTER v. a. Réduire en caillots. — Se caillebotter v. pr. Se mettre en caillots.

CAILLEBOTTIS s. m. Mar. Espèce de grillage ou de treillis, fait de petites pièces de bois légères, dont on recouvre les caillebottes.

* **CAILLE-LAIT** s. m. Bot. Genre de plantes, ainsi nommé parce qu'on attribue à ses divers espèces la vertu de cailler le lait : *caille-lait blanc* ; *caille-lait jaune*, etc. On le nomme aussi *Gaillet*. — Pl. des CAILLE-LAIT.

CAILLEMENT s. m. Etat du lait ou d'une autre liqueur qui se caille.

* **CAILLER** v. a. [*ll* mll.] (lat. *coagulare*). Figer, coaguler, épaissir : *la présure caille le lait*. — Se cailler v. pr. Etre caillé : *le lait se caille, le sang se caille*. Avec ellipse du pronom : *cela fait cailler le lait*.

CAILLET (Guillaume) [ka-yè ; *ll* mll.], chef de la *Jacquerie* (1358), né à Mello (Beauvaisis). Ses bandes le surnommaient *Jacques Bonhomme*. Charles le Mauvais, roi de Navarre, l'ayant pris, le fit couronner d'un trépied de fer rouge au feu.

* **CAILLETAGE** s. m. Bavardage de caillettes.

* **CAILLETEAU** s. m. Jeune caille : *des cailleteaux*.

CAILLETER v. n. Babiller, bavarder.

* **CAILLETTE** s. f. Partie d'un chevreau, d'un agneau, d'un veau, etc., qui contient la présure à cailler le lait.

* **CAILLETTE** s. f. Femme frivole et babillarde.

* **CAILLEUX** (Achille-Alexandre-Alphonse de), écrivain et érudit, né à Rouen le 31 décembre 1788, mort le 24 mai 1876 ; fut directeur des beaux-arts sous le règne de Louis-Philippe, membre de l'Institut, un des auteurs du *Voyage pittoresque dans l'ancienne France*.

CAILLIAUD (Frédéric) [ka-iô], explorateur, né à Nantes en 1787, mort en 1868. Il visita les déserts égyptiens, retrouva les mines d'é-

meraude du mont Zabarach et une ancienne route qui,de Thèbes, menait dans l'Inde ; il décrivit Syouah et le temple de Jupiter Ammon et pénétra dans les montagnes de la haute Nubie, jusqu'à 10° de lat. N. Le gouvernement français acquit ses collections. Il a publié : *Voyage à l'oasis de Thèbes* (2 vol. gr. in-folio, 1821) ; *Voyage à l'oasis de Syouah* (1823, in-folio) ; *Voyage à Méroé* (Paris, 1826-'27, 4 vol. in-8°) ; *Recherches sur les anciens peuples de l'Egypte, de la Nubie et de l'Ethiopie* (Paris, 1831-'37, in-4°).

CAILLIÉ. Voy. CAILLÉ.

* **CAILLOT** s. m. Grumeau de sang, petite masse de sang caillé : *cracher des caillots de sang*. — Se dit aussi des grumeaux contenus dans le lait.

* **CAILLOT-ROSAT** s. m. Poire ainsi nommée parce qu'elle est pierreuse, et qu'elle a un goût de rose.

* **CAILLOU** s. m. (lat. *calculus*). Pierre très dure, qui varie par la couleur, et dont il jaillit des étincelles quand on la frappe avec du fer ou de l'acier : *chemin plein de cailloux ; cœur dur comme un caillou*. — CAILLOU DE MÉDOC, DU RHIN, cailloux blancs et transparents comme du cristal. — CAILLOU D'EGYPTE, sorte de jaspe dans lequel on aperçoit différentes figures qui ressemblent à des grottes, à des paysages, etc.

* **CAILLOUTAGE** s. m. coll. Ouvrage fait de cailloux. — On dit plus ordinairement CAILLOUTIS. — Cailloux qui couvrent un chemin : *chemin de cailloutage*. — Techn. Terre à pipe. — Poterie faite avec la terre à pipe.

CAILLOUTÉE s. f. Techn. Faïence fine faite avec le cailloutage ou terre à pipe.

* **CAILLOUTER** v. a. Garnir de cailloux.

CAILLOUTEUR s. m. Ouvrier qui cailloute.

* **CAILLOUTEUX, EUSE** adj. Plein de cailloux, semé de cailloux : *sol cailllouteux ; terre caillouteuse*.

* **CAILLOUTIS** s. m. [*ll* mll.]. Voy. CAILLOUTAGE.

CAILLY, petite rivière qui naît au village du même nom, arr. de Rouen (Seine-Inférieure), et se jette dans la Seine à 3 kil. au-dessous de Rouen, après un cours de 35 kil.

CAILLY (Jacques, CHEVALIER DE), poète épigrammatique, né à Orléans en 1604, mort en 1673. Ses *Poésies diverses* (1667, in-12, sous le pseudonyme de d'Aceilly), ont été plusieurs fois réimprimées.

* **CAÏMACAN** s. m. Lieutenant du grand vizir.

* **CAÏMAN** s. m. [ka-i-man] (caraïbe *acoynaman*). Erpét. Sous-genre de reptiles sauriens du genre crocodile. On dit aujourd'hui *alligator* (voy. ce mot).

CAIMANDER v. n. Voy. QUÉMANDER.

CAIMANDEUR, EUSE s. Voy. QUÉMANDEUR.

CAÏMANS ou **Caymans** (ILES), nom de trois petites îles des Indes occidentales anglaises, dans la mer des Antilles, et formant une dépendance de la Jamaïque, au Sud de Cuba, par 19° 49' lat. N. et 83° 45' long. O. Le Grand Cayman (40 kil. de long, sur 5 de large) possède un bon ancrage sur la côte S.-O. ; 4,600 hab. Les autres (Petit Cayman et Cayman brack) sont stériles et inhabités.

CAÏN [ka-ain], premier fils d'Adam et d'Eve. Jaloux de son frère Abel, il le tua, fut maudit de Dieu et se retira dans le pays de Nod, à l'est de l'Eden. Il y bâtit une ville qu'il appela Enoch ou Hénoch, du nom de son premier-né.

CAÏNAN, fils d'Enos, fut père de Malaléel et vécut 940 ans, selon la Bible. C'est l'un des patriarches antédiluviens.

CAÏNCA ou **Cahinca** s. m. [ka-nin-ka]. Bot.

Plante du genre *chiocacca*. Les grains de caïnca sont violemment émétiques et cathartiques. On emploie au Brésil la racine de caïnca comme un remède contre la morsure des serpents.

CAÏNITE ou **Caïniste** s. m. Membre d'une secte de gnostiques du IIe siècle, qui tenaient pour saints ceux que l'Eglise condamne, comme Caïn, Coré, les Sodomites, etc. Les Caïnites rendaient à Judas Iscariote une espèce de culte, prétendant que, sans lui, le monde eût été privé des avantages qu'il doit à la mort de Jésus-Christ.

CAÏPHE, Caïphas ou **Caïaphas**, grand prêtre des Juifs sadducéens, de l'an 27 à l'an 36 de notre ère. Anne envoya Jésus devant Caïphe, et celui-ci n'ayant pas le pouvoir de condamner à mort, envoya le Messie devant le gouverneur romain qui ordonna son exécution. C'est pourquoi on dit proverbialement : Renvoyer quelqu'un de Caïphe à Pilate. Passionné contre les apôtres, Caïphe fit périr saint Etienne et fouetter saint Pierre et saint Jean. Destitué en l'an 36, il se tua de désespoir. D'après une tradition, il se serait converti au christianisme.

* **CAÏQUE** s. m. (turc *katk*). Petite embarcation en usage dans l'Archipel et à Constantinople. — Chaloupe qui servait ordinairement avec les galères, dans la Méditerranée. — Chaloupe à l'espagnole ayant la dimension d'une chaloupe de vaisseau de premier rang, et portant sur l'avant un canon de 24. Les Espagnols se servirent avec avantage des caïques, lors du bombardement de Cadix par les Anglais, en 1800; et Napoléon en fit construire un certain nombre pour la descente qu'il projetait en Angleterre. (De Chesnel.)

ÇA IRA, chanson populaire de la Révolution française. Son refrain fut d'abord celui-ci :

> Ah! ça ira, ça ira, ça ira !
> Malgré les mutins tout réussira.

Mais en 1793, les paroles de cette chanson furent modifiées et le refrain devint le suivant :

> Ah! ça ira, ça ira, ça ira !
> Les aristocrates, à la lanterne !
> Ah! ça ira, ça ira, ça ira !
> Les aristocrates, on les pendra !

Sous le Consulat, il fut défendu de chanter le *Ça ira*.

CAIRE (Le), arabe, *Musr el-kahireh* ou simplement *Musr*; capitale de l'*Egypte*, à environ 2 kil. de la rive droite du Nil, à 190 kil. S.-E. d'Alexandrie, avec laquelle elle est reliée, ainsi qu'avec Suez, par un chemin de fer; 354,000 hab., dont 250,000 Musulmans, 60,000 Coptes, et le surplus composé de Juifs, de Grecs, d'Arméniens et d'Européens. La ville est construite dans la vallée du Nil, à l'exception de la partie S.-E., qui s'élève, ainsi que la citadelle, sur un contrefort des monts Mokkatam. La circonférence de la principale portion entourée de murailles est de 11 kil. La ville, quoique embellie par Méhémet Ali, qui y a tracé des boulevards, contient encore de nombreuses rues tortueuses; elle renferme des bains, des caravansérails, des fontaines, des bazars, des cafés et des centaines de mosquées, dont les plus célèbres sont : celle du sultan Hassan; el-Azhar, avec un collège de littérature arabe, et la mosquée en ruines de Tulun. La citadelle contient le palais du khédive, la Monnaie, une manufacture d'armes, les offices publics, une belle mosquée commencée par Méhémet-Ali; le puits de Joseph, creusé dans le rocher à une profondeur de 280 pieds, pour approvisionner d'eau la citadelle en cas de siège. Les habitants prétendent que ce fut le biblique Joseph qui le fit creuser; mais il fut nommé réellement d'après Saladin qui s'appelait aussi Joseph et qui embellit le Caire. Cette ville possède des collections de livres et d'antiquités, une académie médicale, une académie militaire et générale, un hô-

pital d'aliénés attaché à une mosquée, des institutions charitables catholiques et protestantes et une mission américaine. Il y a deux

Mosquée ruinée de Tulun.

faubourgs sur le Nil, Boulak et *Musr el-Aatik* (vieux Caire) ou Fostat, d'où un canal court jusqu'au Caire, et un aqueduc jusqu'à la citadelle. Un canal navigable d'eau douce entre le Caire et Suez est en construction. Manufac-

Mosquée de Méhémet-Ali

tures de soieries et de cotonnades; commerce de pierres précieuses et de joaillerie. — Le Caire fut fondé. vers 970 après J.-C., par Johar, général fatimite, qui établit la capitale à Fostat. Le siège du gouvernement fut transporté au Caire au XIIe siècle, mais les croisés l'assiégèrent en 1171; mais ils se retirèrent devant une armée syrienne. Les Turcs y battirent les beys mamelouks révoltés en 1786 et conservèrent la ville jusqu'en 1790. Bonaparte la prit en 1798.

CAIRN s. m. Monticule de terre que les Celtes élevaient sur les tombeaux de leurs chefs. On trouve des cairns en Bretagne.

CAIRNES (John-Elliot), économiste politique anglais (1824-'75), auteur de plusieurs ouvrages, parmi lesquels : « Méthode logique de l'économie politique »; « Principes d'économie politique ».

CAIRO, ville de l'Illinois (Etats-Unis), à la jonction de l'Ohio et du Mississipi, à 240 kil. S.-S.-E. de Saint-Louis; 6,500 hab.

* **CAISSE** s. f. (kè-se) (lat. *capsa*, coffre). Coffre de bois où l'on met diverses sortes de marchandises, pour les transporter : *caisse de raisins.* — Assemblage de planches en carré, que l'on remplit de terre, et où l'on met des orangers et d'autres arbres ou arbustes : *orangers en caisse.* — Chir. Boîte dans laquelle on renferme des instruments ou des médicaments : *caisse à amputation; caisse de trépan; caisse à médicaments.* — Coffre-fort dans lequel les banquiers, les négociants, etc., serrent leur argent et leurs effets de commerce : *avoir tant d'argent en caisse.* On dit même : *caisses*

de l'Etat; caisse d'un receveur général, d'un payeur de la guerre, etc. — Par ext. Lieu, bureau où les banquiers, les négociants, etc., font et reçoivent les paiements : *à la caisse, vous serez payé; garçon de caisse; la caisse est fermée.* — Tous les fonds qu'un banquier, un négociant, une administration, etc., peuvent avoir à sa disposition : *faire l'état de sa caisse.* — *Livre de caisse*, registre de la caisse. — *Tenir la caisse*, avoir le maniement de l'argent d'un banquier, d'un négociant, etc. — *Caisse militaire*, fonds destinés aux dépenses d'une armée, d'un corps de troupes. On dit de même, *la caisse du régiment, de la compagnie.* — *Caisse des pensions*, fonds qu'une administration affecte au paiement des pensions accordées pour d'anciens services. — *Caisse*, se dit en outre des établissements où l'on dépose des fonds pour différentes destinations : *caisse d'amortissement; caisse d'épargne ; caisse d'escompte; caisse des dépôts et consignations*, etc. — Corps d'une voiture. — Cylindre d'un tambour, et plus ordinairement le tambour même : *caisse de tambour, battre la caisse.* — *Caisse roulante*, caisse plus allongée que le tambour, et qui rend un son plus grave et moins fort : on l'emploie surtout dans la musique militaire. — *Grosse-caisse*, gros tambour que l'on emploie dans la musique militaire. — Celui qui bat de la grosse caisse : *faites signe à la grosse-caisse.* — Anat. *Caisse du tambour*, cavité demi-sphérique qui se trouve au fond du trou auditif externe de l'oreille. — Phys. *Caisse catoptrique*, instrument d'optique propre à grossir à la vue de petits corps très rapprochés. — Pâtiss. et Cuis. Papier plié en carré avec rebords, dans lequel on fait cuire des biscuits et certains mets délicats. — *Caisse à eau*. Mar. Caisse en tôle inventée en 1798, adoptée en France vers 1825. — ~ Pop. *Sauver la caisse*, se sauver avec l'argent dont on est dépositaire. Cette expression a été mise à la mode par ce fameux mot de Bilboquet, dans les *Saltimbanques* : « *Sauvons la caisse!* » — *Se taper sur la caisse*, ne rien avoir à manger. — *Battre la caisse, la grosse caisse*, louer bruyamment; faire beaucoup de réclame. — **Caisse des dépôts et consignations.** Législ. « Cette vaste administration financière, placée sous le contrôle immédiat du pouvoir législatif, comprend à la fois, sous la même direction, plusieurs services très importants : la *Caisse des dépôts et consignations* proprement dite, la *Caisse d'amortissement*, la *Caisse de la dotation de l'armée*, la *Caisse des offrandes nationales*, la *Caisse des retraites pour la vieillesse*, les *Caisses d'assurance en cas de décès et en cas d'accidents*; et, en outre, le service des fonds des caisses d'épargne et de la caisse d'épargne postale, des sociétés de secours mutuels, de la plupart des caisses publiques de retraites et pensions, de la Légion d'honneur, etc. Elle est établie à Paris, rue de Lille, et elle a, pour préposés ou représentants officiels, tous les trésoriers généraux et receveurs particuliers des finances, les trésoriers-payeurs d'Algérie, les trésoriers des colonies et les payeurs des armées. La *Caisse des dépôts et consignations* proprement dite a été organisée, en exécution de la loi du 28 avril 1816 (art. 110 à 144), par l'ordonnance du 22 mai et les deux ordonnances du 3 juillet de la même année. Elle reçoit, à titre de dépôts, les sommes que la loi oblige ou autorise à consigner : soit des mains d'un débiteur qui veut se libérer et qui a fait des offres réelles, non acceptées par son créancier (C. civ. 1257 et suiv.); soit de l'acquéreur d'un immeuble, dans le but d'arriver à la purge (id. 2183 à 2189); soit à titre de caution légale ou judiciaire (id. 2041 ; C. pr. 167, 542; C. instr. crim. 120); soit au moyen de dispositions de lois, de jugements ou arrêts qui prescrivent des garanties, des consignations ou des sequestres (C. pr. 590, 656, 657, 688); soit lorsqu'il s'agit de deniers provenant de ventes de meubles ou marchandises appartenant à des faillis, ou de leurs créances actives (C. comm. 489); soit lorsqu'il y a lieu de recueillir les deniers d'une succession vacante (avis cons. d'Etat, 13 octobre 1809); etc., etc. La caisse peut recevoir, à titre de consignation, non seulement des sommes en numéraire, mais des valeurs nominatives ou au porteur, moyennant un droit de garde (L. 28 juillet 1875). Elle reçoit aussi les sommes et valeurs appartenant au commerce et que les commandants de la marine militaire sont autorisés par les règlements à rapporter en France, par suite des dépôts faits dans les consulats (L. 24 octobre 1833, art. 8). Elle reçoit encore les cautionnements des comptables publics, des adjudicataires de travaux, marchés et fournitures, entrepris au compte de l'Etat et des départements; voy. CAUTIONNEMENT; enfin elle est autorisée à recevoir en dépôt les fonds disponibles des départements, des communes et des établissements publics. Les particuliers peuvent aussi être autorisés à faire des dépôts à la caisse, à Paris seulement. Les récépissés de sommes déposées à titre de consignation doivent être délivrés sur papier timbré, visés par le directeur général, et enregistrés au droit fixe de 1 fr. 25 c., dans les cinq jours du versement. La caisse place les fonds qu'elle a en dépôt, soit en rentes sur l'Etat, soit en bons du Trésor, soit en prêts faits aux départements, aux communes et aux établissements publics; le taux d'intérêt de ces prêts a été fixé à 4. p. 100 par an, depuis le 1er mai 1880. La caisse des dépôts et consignations est placée sous le contrôle d'une commission composée de dix personnes, dont deux sénateurs élus par le Sénat, et deux députés élus par la Chambre (L. 6 avril 1876). — Caisse d'amortissement. Cette institution existait antérieurement à la caisse des dépôts et consignations dont elle fait aujourd'hui partie, et elle forme encore un service distinct. Elle est chargée de racheter, au moyen des fonds qui sont affectés à cet emploi, les emprunts contractés par l'Etat, et de les amortir, afin d'arriver peu à peu au but inespéré de l'extinction de la dette nationale. Mais, jusqu'à ce jour, l'amortissement a presque toujours été fictif ou bien peu important. La caisse d'amortissement reçut, en vertu de la loi du 28 avril 1816, une dotation annuelle de 20 millions, qui fut portée à 40 millions par la loi du 25 mars 1817; et accrue en outre, par cette dernière loi, de forêts dont la vente produisit 88 millions. Cette dotation était affectée au rachat de rentes sur l'Etat, et les arrérages des rentes rachetées étaient également employés chaque année à de nouveaux rachats. Nous ne voulons pas exposer en détail le fonctionnement de cette caisse, et les modifications que plusieurs lois y ont apportées, mais nous dirons quels résultats il a produits. Bien que l'amortissement ait été suspendu, en fait, de 1848 à 1866, la caisse a pu amortir, en 50 ans, de 1816 à 1866. 83 millions de rentes sur l'Etat. La loi du 14 juin 1861 constitua à la caisse d'amortissement une dotation immobilière (forêts de l'Etat, etc.), et une dotation annuelle s'élevant à environ 25 millions, ce qui a permis d'amortir 4 millions de rente, de 1867 à 1870. Ce système d'amortissement a été aboli par la loi du 16 septembre 1871. On a reconnu enfin combien il est oiseux de racheter des rentes par l'intermédiaire d'une caisse de l'Etat, pendant que d'autres caisses émettent des emprunts sous diverses formes. L'amortissement véritable ne peut s'effectuer que lorsque l'on donne cette affectation aux excédents des recettes sur les dépenses; tout autre mode n'est qu'une fiction et ne peut avoir d'effet tout au plus que pour soutenir artificiellement le cours des rentes sur l'Etat. Cependant la caisse d'amortissement n'a pas cessé d'exister, et chaque trimestre, elle an-

nule quelques rentes perpétuelles que la caisse des retraites pour la vieillesse a affectées au service des rentes viagères dont elle a la charge. (L. 18 juin 1850, 12 juin 1861). Les remboursements annuels de la rente sur l'Etat, amortissable, créée par la loi du 11 juin 1878, assurent, pour l'avenir, l'amortissement régulier de cette partie de la dette publique (voy. RENTE). — Caisse de la dotation de l'armée. Cette caisse a été fondée par la loi du 26 avril 1855, et elle est gérée par la caisse des dépôts et consignations. Elle ne cesse pas de fonctionner, bien que le système d'exonération établi par cette dernière loi ait été aboli par celle du 1er février 1868. Elle est encore chargée de payer les primes et les hautes paies aux militaires et aux anciens militaires qui y ont droit. En outre, elle sert un intérêt de 3 p. 100 aux militaires qui lui font des versements volontaires, et elle achète des rentes sur l'Etat à la demande de ces déposants. — Caisse des offrandes nationales en faveur des armées de terre et de mer. Cette caisse, créée par décret du 18 juin 1860, reçoit des dons et legs et des subventions de l'Etat; et elle alloue des suppléments de pension aux officiers et soldats admis à la retraite par suite de blessures, afin d'élever le chiffre de leur pension annuelle à la somme de 600 fr. (L. 27 novembre 1872). La caisse des offrandes nationales possédait, au 31 décembre 1881, un revenu annuel de 2,172,734 fr. de rentes sur l'Etat. Elle servait 3,933 rentes viagères et 10,192 compléments de pension. Par suite des lois récentes qui ont accru le taux des pensions militaires, la caisse s'est trouvée déchargée d'une partie des compléments de pensions qu'elle servait; et elle a pu, à partir du 1er janvier 1882, doubler le taux de ses rentes viagères et accorder des secours permanents dans des proportions plus larges qu'auparavant. — Caisse des retraites pour la vieillesse. Cette institution, due à la deuxième République (L. du 18 juin 1850), a pour but, de même que les sociétés d'assurances sur la vie, de constituer des rentes viagères, payables à partir d'un âge déterminé aux personnes qui versent un capital en une ou plusieurs fois. Les versements peuvent être faits au profit de toute personne, française ou non, âgée de trois ans au moins. Les mineurs ne peuvent, avant l'âge de dix-huit ans, faire des versements à la caisse des retraites, sans l'autorisation de leur père, mère ou tuteur. Les versements peuvent être faits entre les mains des trésoriers-payeurs généraux ou des receveurs particuliers. Chaque versement donne lieu à une liquidation distincte; aussi les déposants ne sont pas tenus à verser des primes périodiques; mais ils ne peuvent verser moins de 5 fr. à la fois. Les versements sont reçus à Paris, à la caisse des dépôts et consignations; dans les départements, aux caisses des trésoriers-payeurs généraux et des receveurs particuliers; et aussi dans les caisses d'épargne qui servent alors d'intermédiaires entre les déposants et la caisse des retraites. Le maximum des versements faits dans une année, pour le compte de la même personne, ne peut excéder 4,000 fr. (L. 4 mai 1864). Les versements doivent précéder de deux ans au moins l'époque de jouissance de la rente viagère, et cette époque est fixée à l'avance par le déposant, à un âge compris entre 50 et 65 ans. Les rentes servies par la caisse des retraites pour la vieillesse sont incessibles et insaisissables jusqu'à concurrence de 360 fr., et elles ne peuvent dépasser 1,500 fr. par an sur une seule tête. — Caisse d'assurances en cas de décès et Caisse d'assurances en cas d'accidents. Elles sont, comme les précédentes, gérées par la caisse des dépôts et consignations; elles ont été créées par la loi du 11 juillet 1868, et réglementées en dernier lieu par un décret du 13 août 1877. Nous en avons déjà parlé au mot ASSURANCE, et nous aurons lieu d'en parler en-

core au mot RETRAITES, lorsque les modifications qui sont l'objet d'un projet de loi et qui doivent donner de nouvelles bases à ces institutions, auront été adoptées par le Parlement. Ces deux caisses n'ont produit jusqu'à ce jour que des résultats peu importants, et l'on peut attribuer leur insuccès à ce qu'elles empiètent sur un domaine qui est naturellement réservé aux sociétés d'assurances et à l'initiative privée. — Caisses d'épargne. La première caisse d'épargne établie en France a été fondée à Paris, en 1818, par une société anonyme. Puis quelques conseils municipaux dotèrent les villes de cette utile institution; mais la loi organique des caisses d'épargne ne date que du 5 juin 1835. Cette loi est toujours en vigueur, bien qu'elle ait été complétée et modifiée par celles des 31 mars 1837, 22 juin 1845, 7 mai 1853 et 9 avril 1881, auxquelles il faut ajouter les décrets réglementaires du 15 avril 1852, du 23 août 1875 et plusieurs instructions ministérielles. Toute caisse d'épargne est établie sur la demande du conseil municipal, et en vertu d'un décret d'autorisation qui approuve les statuts. Elle est administrée par un conseil, composé du maire, président, et de quinze membres élus par le conseil municipal. Ces quinze administrateurs sont renouvelés chaque année, par tiers. Le conseil se réunit au moins une fois par mois; il arrête un règlement qui doit être approuvé par le ministre du commerce; il vérifie les écritures, fixe la retenue à opérer sur l'intérêt à allouer aux déposants, et délibère sur toutes les autres affaires qui lui sont soumises; il nomme le caissier et les autres employés; et, dans le cas où la caisse a des succursales, il nomme les sous-caissiers. Chaque déposant reçoit un livret sur lequel sont inscrits les versements qui ne peuvent être au-dessous de 1 fr. Les mineurs sont admis, depuis le 1er janvier 1882, à se faire délivrer des livrets, sans l'intervention de leur représentant légal; ils peuvent aussi, sans cette intervention, retirer les sommes figurant sur les livrets ainsi ouverts, mais seulement à l'âge de seize ans révolus, et, sauf opposition de la part de leur père, mère ou tuteur. Les femmes mariées sont également admises, depuis la même époque, à se faire ouvrir des livrets sans l'assistance de leur mari et elles peuvent, sauf opposition de la part de celui-ci, retirer les sommes ainsi versées. Les intérêts des sommes déposées sont ajoutés, chaque année, au compte du déposant. Lorsque l'actif de ce compte dépasse la somme de 2,000 fr., il en est donné avis au déposant par lettre chargée, et si, dans les trois mois qui suivent, il n'a pas réduit son crédit, il lui est acheté, d'office et sans frais, 20 fr. de rente. Les sociétés de secours mutuels sont admises à faire des versements aux caisses d'épargne jusqu'à concurrence de 8,000 fr.; les institutions de coopération, de bienfaisance et autres sociétés de même nature peuvent être autorisées par le ministre du commerce à faire des versements dans les mêmes conditions. Les fonds en dépôt dans les caisses d'épargne et les frais de rente doivent être enfermés dans une caisse à deux clefs, dont l'une est remise à l'un des administrateurs et l'autre aux mains du caissier. Les fonds des caisses d'épargne étaient d'abord gérés, de 1818 à 1829, par les administrateurs, comme cela se fait encore aujourd'hui en Allemagne et en Italie; ces caisses faisaient alors des prêts aux communes et aux départements; mais à partir de 1829, les fonds furent placés au Trésor public, et, depuis la loi du 31 mars 1837, ils doivent être remis à la caisse des dépôts et consignations, laquelle caisse sert un intérêt qui est actuellement de 4 p. 100. Sur cet intérêt les caisses d'épargne retiennent de 1/4 à 1/2 p. 100, à titre de frais d'administration (L. 30 juin 1851). Les intérêts des dépôts courent au profit des déposants, à compter du 1er ou du 16 de chaque mois, après le jour du versement ; et ils cessent de courir, pour les sommes retirées, à partir du 1er ou du 16 qui précède le jour du remboursement. Les caisses d'épargne reçoivent quelquefois des subventions des conseils généraux et des conseils municipaux; elles bénéficient en outre des reliquats de comptes qui sont abandonnés depuis trente ans et qui sont trop faibles pour être employés en rente sur l'État (L. 7 mai 1853). Les excédents annuels de bénéfices des caisses d'épargne servent à former un fonds de dotation qui doit être employé en rentes sur l'État ou en immeubles ; mais les caisses peuvent avoir en outre un fonds de réserve disponible, dont le chiffre est déterminé par le conseil d'administration. Chaque caisse peut ouvrir des succursales, avec ou sans le concours des communes; elle peut même avoir des succursales ambulantes; elle peut aussi demander le concours, à titre d'auxiliaires, des percepteurs des contributions directes, et ces fonctionnaires sont alors autorisés par les ministres du commerce et des finances à recevoir des versements et à effectuer des remboursements pour le compte des caisses de leurs départements (Décr. 23 août 1875). Les caisses d'épargne sont soumises à la vérification des inspecteurs et des receveurs des finances. Chaque année, avant le 31 mai, elles doivent adresser, en double expédition, au préfet, un compte rendu synoptique des opérations de l'année précédente. Tous les imprimés, écrits et actes nécessaires pour le service des caisses d'épargne sont exempts de timbre et d'enregistrement (L. 9 avril 1881, art. 20 et 21). Les sommes déposées dans les caisses d'épargne de France ne s'élevaient, en 1871, qu'à 532 millions; au 31 décembre 1881, elles atteignaient 1,426 millions, et, depuis cette époque, la progression a été plus rapide, par suite de l'élévation de 1,000 à 2,000 fr. du chiffre maximum fixé pour chaque livret de déposant. La somme des dépôts est beaucoup plus élevée en Angleterre, où les caisses d'épargne ne donnent qu'un intérêt de 3 p. 100 et où la caisse postale ne donne que 2 1/2 p. 100 et ne sert pas d'intérêt lorsque le dépôt est inférieur à une livre (25 fr. 20). » (Ch. Y.) — En 1879, on a mis en France 769,034,786 fr. à la caisse d'épargne; les déposants étaient au nombre de 2,625,209. Il y avait en France, 534 caisses d'épargne, avec 478 succursales. La fortune personnelle des caisses d'épargne était de 22,186,855 fr. Le département où l'on économise le plus est le département de la Seine (43,614,648 fr. en dépôt). Viennent ensuite le Nord(39,310,602 fr.); le Rhône (28,552,719 fr.); la Seine-Inférieure (26,754,019 fr.); l'Oise (22,065,795 fr.); l'Aisne (16,726,061 fr.); l'Isère (14,090,444 fr.), etc. Les départements où l'on met le moins à la caisse d'épargne sont : l'Ariège, avec 850,254 fr.; la Haute-Savoie, avec 744,205 fr.; la Lozère, avec 755,062 fr., et la Corse, qui n'a versé que 488,689 fr. — **Caisse d'épargne postale.** « Cette caisse a été fondée, sous la garantie de l'État, par la loi du 9 avril 1881, à l'imitation de celle qui est établie depuis 1860 en Angleterre. Elle est placée sous l'autorité du ministre des postes et des télégraphes, et a commencé ses opérations le 1er janvier 1882. Tout bureau de poste de la France continentale, ouvert au service de la caisse d'épargne postale, délivre des livrets, reçoit des versements et fait des remboursements. Le déposant, muni d'un livret, peut continuer ses versements et opérer des retraits dans tous les bureaux indistinctement. Les fonds sont remis à la caisse des dépôts et consignations (L. de finances de 1881, art 34), laquelle sert à la caisse d'épargne postale un intérêt de 3 fr. 25 p. 100. Sur ce produit, 3 fr. seulement profitent aux déposants; le surplus est affecté, ainsi que les excédents de revenu réalisés sur les placements, aux frais d'administration ; et, s'il y a insuffisance, il y est pourvu au moyen des intérêts du fonds de dotation. Nul ne peut être titulaire de plus d'un livret, sous peine de perdre les intérêts des sommes inscrites sur les livrets dont la date est postérieure au premier ; et si plusieurs livrets ont la même date, la perte de l'intérêt porte sur la totalité des dépôts. Enfin, nul ne peut être en même temps possesseur d'un livret de la caisse d'épargne postale et d'un livret de caisse d'épargne ordinaire, sous peine de perdre l'intérêt de la totalité des sommes déposées. Les dispositions législatives, concernant le maximum des dépôts et la faculté accordée aux mineurs et aux femmes mariées de se faire donner des livrets, sont les mêmes que celles que nous avons résumées plus haut, pour les caisses d'épargne ordinaires. Par suite d'un arrangement, signé le 31 mai 1882, entre la France et la Belgique, et rendu exécutoire par décret du 12 juin suivant, les fonds versés soit à la caisse d'épargne postale de France, soit à la caisse générale d'épargne et de retraite de Belgique, peuvent être transférés, sans frais, de l'une de ces caisses dans l'autre, sur la demande des intéressés et jusqu'à concurrence d'un maximum de 2,000 fr., par l'entremise des administrations postales des deux pays. — **Caisses d'épargne scolaires.** On a donné ce nom à de petites caisses tenues par les instituteurs primaires, lesquels reçoivent les économies de leurs élèves et en font chaque jour le versement au nom de ces enfants, à la caisse d'épargne la plus proche. Il existe aussi des fondations particulières, dues à des bienfaiteurs, et qui consistent dans la distribution de livrets, faite à titre de récompenses, à des enfants des écoles, dans le but d'éveiller et d'entretenir chez eux des habitudes d'ordre, d'économie et de travail. Dans quelques-unes des écoles municipales de Paris, on a introduit l'usage des bons points ou timbres d'épargne dont la valeur est déposée à la caisse d'épargne, au nom de l'enfant qui les a mérités. En janvier 1882, les caisses d'épargne scolaires étaient, en France, au nombre de 16,494, possédant 349,249 livrets qui représentaient une somme totale de 7,984,811 fr. — **Caisse des invalides de la marine.** On doit à Colbert cette belle institution, qui possède des ressources particulières et qui comprend : 1° la *caisse des invalides* proprement dite; 2° la *caisse des gens de mer*; 3° la *caisse des prises.* La caisse des invalides sert les pensions dues aux officiers, matelots et employés de la marine, et délivre des secours aux veuves et aux enfants, au moyen de la retenue de trois centimes par franc qui est faite au profit de la caisse, sur toutes les dépenses du personnel et du matériel de la marine militaire et même sur les gages des marins du commerce. Elle jouit en outre de quelques autres rentes et produits, des arrérages des rentes qui forment son fonds de dotation, et elle reçoit du Trésor une subvention annuelle d'environ 14 millions, ce qui porte à près de 24 millions le total de son budget, rattaché pour ordre à celui de l'État. La caisse des gens de mer reçoit les sommes dues aux marins absents, et elle conserve ces sommes qui leur reviennent, en vertu de délégations, aux familles des marins. La caisse des prises reçoit le produit des prises faites par les marins de l'État, et, selon les décisions du conseil des prises, elle fait les restitutions à qui de droit, opère la retenue légale au profit de la caisse des invalides et verse le produit net à la caisse des gens de mer. Il y a, à Paris, un trésorier général de la caisse des invalides de la marine, et il y a, au siège de chaque arrondissement maritime, dans les ports, dans les quartiers de l'inscription maritime et dans les colonies, des trésoriers particuliers de ladite caisse. Ces comptables sont en même temps caissiers des gens de mer et des prises. Leurs fonctions sont remplies, à l'étranger, par les consuls. — **Caisse des chemins vicinaux.** Cette caisse a

été fondée par la loi du 11 juillet 1868, pour faciliter l'achèvement d'un réseau déterminé de chemins vicinaux ordinaires. Une subvention de 100 millions, payable en dix annuités, fut accordée aux communes par cette loi, qui affectait aussi 15 millions à des chemins d'intérêt commun. En outre, une somme de 200 millions était mise, à titre d'avances, à la disposition des départements et des communes pour la construction de chemins vicinaux, sauf le remboursement par trente annuités, de chacune 4 p. 100, des sommes avancées. Ces annuités comprennent les intérêts et l'amortissement, le Trésor public doit tenir compte à la caisse de l'excédent nécessaire au remboursement. La loi du 10 avril 1879 a alloué une nouvelle dotation de 300 millions, destinée à être prêtée dans le même but aux départements et aux communes, en douze annuités, à partir de 1879. Enfin une loi du 12 mars 1880 a affecté à la caisse des chemins vicinaux, sur les excédents budgétaires des exercices précédents, une somme de 80 millions pour être distribuée, à titre de subvention et sans remboursement, aux communes et aux départements, afin de hâter l'achèvement du réseau vicinal déjà subventionné et aussi afin de construire de nouveaux chemins. Les conditions de l'emploi de cette subvention ont été déterminées par un décret du 3 juin 1880. — **Caisse des lycées, collèges et écoles primaires.** Cette caisse est chargée : 1° de payer les subventions accordées par le gouvernement pour les lycées, les collèges communaux et les écoles primaires; 2° de faire, aux départements et aux communes, des avances pour acquisition, construction et appropriation de ces établissements. Les subventions payées par la caisse lui sont remboursées directement par l'État, au moyen d'annuités portées au budget; les avances sont remboursées en trente années par les départements ou les communes, au moyen d'un versement semestriel égal à 2 p. 100 des sommes avancées. Ce versement comprend à la fois l'intérêt qui est réduit à 1 1/4 p. 100 par an, et l'amortissement (L. 1er juin 1878 et 3 juillet 1880). La caisse des lycées a été déjà dotée de 190,200,000 fr. destinés à allouer des subventions non remboursables, et de 185,400,000 fr. destinés à faire des avances. Ces sommes, ayant été épuisées, une nouvelle dotation de 120 millions a été constituée en 1882, ce qui porte le total des sommes mises à la disposition de la caisse des lycées, collèges et écoles à près de 500 millions. Voilà, en dehors des sommes inscrites au budget annuel et en outre des fonds votés par les départements et les communes, les sacrifices que la nation s'impose pour combattre l'ignorance, encore si profonde dans certaines parties de la France. — **Caisse des écoles.** Une caisse des écoles doit être établie dans chaque commune, en vertu des lois du 10 avril 1867 (art. 15) et du 28 mars 1882 (art. 17). Elle a pour but d'encourager et de faciliter la fréquentation de l'école, par des récompenses aux élèves assidus et par des secours aux élèves indigents. Le revenu de chaque caisse des écoles se compose de cotisations volontaires, de subventions de la commune, du département et de l'État. Elle peut recevoir en outre des dons et legs, avec l'autorisation du préfet. Le service de ladite caisse est fait gratuitement par le percepteur, et la répartition des secours a lieu par les soins de la commission scolaire. — **Caisse nationale de prévoyance.** Cette institution doit être créée selon les dispositions d'un projet de loi adopté par le Sénat dans sa séance du 24 avril 1879 et qui a été présenté pour la deuxième fois à la Chambre des députés, dans sa séance du 11 mars 1882. La dite caisse, subventionnée par l'État, est destinée à remplacer les caisses des pensions civiles; et elle pourrait même être autorisée, par décret, à gérer les caisses de prévoyance fondées par les départements et les communes en faveur de leurs employés. Les dispositions des lois antérieures, et notamment de la loi du 9 juin 1853, resteraient applicables aux employés civils entrés dans l'administration avant l'époque de la mise en application de la loi nouvelle. Nous espérons pouvoir traiter ce sujet d'une manière plus précise au mot PENSIONS. » (CH₀ Y.)

° **CAISSIER** s. m. Celui qui tient la caisse chez un banquier, chez un négociant, ou dans une administration, dans un établissement public.

° **CAISSON** s. m. Grande caisse sur un train à quatre roues, servant ordinairement pour porter des vivres et des munitions à l'armée : *caisson de l'artillerie; caissons des vivres; caissons des munitionnaires.* Les *caissons d'ambulance* sont affectés au service des blessés. Les *caissons de transport* sont des chariots traînés par quatre chevaux attelés deux à deux. Le caisson à munitions de Gribeauval fut adopté en 1750. On appelle *caissons d'artifice* des espèce de *fougasses* ou *des mines volantes* auxquelles un saucisson communique le feu. — Mar. Sorte de banquette servant d'armoire. — Archit. Compartiment, renfoncement orné de moulures, dont on décore les plafonds et les voûtes. — ∾ Ponts et chaussées. Caisse flottante, ordinairement en fer, qui sert à fermer l'entrée des docks et des bassins. — Grande caisse de charpente que l'on emploie pour la construction ou l'immersion des ouvrages hydrauliques, tels que fondation de piles, culées, de ponts, d'écluses, de murs de quais, etc. On distingue trois espèces de caissons de ce genre : 1° *Caisson ordinaire,* ou *caisson avec fond,* grande caisse en charpente, contenant la maçonnerie et que l'on fait couler sous l'eau dans la position désirée. Les premiers caissons de ce genre dont il soit fait mention furent employés pour les fondations du pont de Westminster (Angleterre), en 1738-'40, par l'ingénieur suisse Charles Labelye. Il fit usage de 12 appareils de ce genre, oblongs, terminés en pointe à chaque bout, longs de 80 pieds d'une pointe à l'autre, larges de 30 pieds et hauts de 18 pieds. On a employé des caissons avec fond pour les ponts de la Concorde (1787), d'Austerlitz (1805), d'Iéna (1814), des Invalides (1857), de l'Alma (1855), etc. — 2° *Caisson sans fond* ou *caisson ouvert,* grand coffre mobile, souvent cylindrique et généralement en fer, que l'on emploie lorsque l'on veut faire un travail hydraulique sur un fond qui est très dur ou qui se trouve à une grande profondeur au-dessous du niveau de l'eau. C'est à l'aide d'appareils de ce genre que furent construites les fondations des ponts Saint-Michel (1857), Solférino (1859), aux Changes (1859), Louis-Philippe (1860), de Bercy (1864). Au dock de Glasgow, l'ingénieur Bateman immergea des cylindres de briques maintenues par du ciment. En Hongrie, on a substitué la pierre aux briques et l'on a proposé l'emploi de la pierre artificielle de Ransome pour le même objet. — 3° *Caisson pneumatique,* caisson que l'on immerge au lieu où l'on veut travailler et dont on chasse l'eau au moyen de pompes à air, de façon à permettre aux ouvriers de creuser le fond ou le mur ou le cours d'eau. C'est à l'aide d'un appareil de ce genre que l'ingénieur français Triger parvint, en 1841, à forer un puits de mine sous le lit de la Loire, jusqu'à une couche de charbon de terre. Ce système a reçu d'importantes applications. En 1857, le général Sooy Smith imagina un caisson elliptique annulaire à l'aide duquel on creusa les fondations du phare de Waugoshance. Les travaux les plus gigantesques en ce genre furent entrepris en 1871 à New-York par le colonel W. A. Roebling, pour les tours du pont de Brooklyn. — Pop. FAIRE SAUTER LA CERVELLE : *il lui a fait sauter le caisson; il s'est fait sauter le caisson.*

CAITHNESS, comté septentrional de l'Ecosse, sur l'Atlantique et la mer du Nord; 4,687 kil. carr.; 40,000 hab. Nombreux lacs dans l'intérieur; pêcheries importantes. Ville princ.: Wick, sur la côte orientale.

CAIUS [ka-iuss]. I. Général romain, fils de Marcus Agrippa et de Julie, fille d'Auguste. Adopté par Auguste, il servit sous les ordres de Tibère, en Germanie, et soumit l'Arménie. — II. Théologien chrétien et évêque du IIIᵉ siècle; disciple de saint Irénée. Il fut le premier qui écrivit contre Cérinthe et les Millenariens. — III. (Saint) 22ᵉ pape, de 283 à 295. Parent de Dioclétien, il convertit la fille et la femme de ce prince. Fête le 22 avril.

CAIUS (John) médecin anglais (1510-'73), fut célèbre à la cour d'Edouard VI, de Marie et d'Elisabeth; a laissé de nombreux ouvrages.

CAJAC s. m. Gentilhomme d'un corps de 200 nobles, créé pour le service de la marine en 1668 : ce corps reçut son nom de Cajac, son organisateur.

CAJAMARCA ou **Caxamarca**. I. département septentrional du Pérou, entre les Cordillères des Andes; environ 40,000 kil. carr.; 200,000 hab., en majorité Mestizos et Indiens. La plaine de Cajamarca, l'une des plus fertiles de toute l'Amérique du Sud, abonde en porphyre et en richesses minérales. On y élève du bétail. Le dép. est divisé en 7 provinces. — II. Cap. du département ci-dessus, à 550 kil. N.-N.-O. de Lima, sur le fleuve de Cajamarca; 20,000 hab. Ville construite à une grande hauteur au-dessus du niveau de la mer, ce qui fait que le climat y est doux et agréable. Elle possède des rues larges et régulières et des monuments en pierres de taille. Elle fait un commerce considérable avec Trujillo et les autres villes maritimes. Elle fabrique des lainages, des toiles de lin, des cotonnades, des lames de sabre, des poignards et de nombreux articles d'acier et de métaux précieux. Son nom primitif était Gasamarca « ville de la gelée ». Résidence de l'inca Atahualpa, elle a conservé des restes de ses palais.

CAJARC [ka-jark], ch.-l. de cant., arr. et à 24 kil. S.-O. de Figeac (Lot); 1,100 hab.

CAJATAMBO, ville du Pérou, capitale de la province du même nom, département de Junin, à 226 kil. N.-N.-E. de Lima; 3,000 hab. Elle est bien située, au milieu d'une plaine fertile, au pied des Andes.

CAJAZZO [ka-yàt'-so] *Calatia,* ville fortifiée de l'Italie méridionale, à 17 kil. N. de Capoue; 6,000 hab.

CAJEPUT s. m. [ka-je-putt] *(cajuput,* nom malais). Huile volatile qui provient de la distillation du mélaleuque à bois blanc ou cajeput, et qui provient en grande partie de l'île Bourou, dans la mer des Moluques. Le cajeput, appelé aussi *huile de cajeput,* est une huile légère, d'un vert bleuâtre; elle possède une forte odeur de camphre et une saveur aromatique amère. La médecine en a fait un grand usage, mêlée à l'huile d'olive, contre les douleurs rhumatismales et les maux de dents. A l'intérieur, on l'emploie dans les affections spasmodiques des entrailles et comme un sudorifique stimulant.

CAJETAN ou **Cajetanus** (ital. *Gaetano*). I. (Benedetto), voy. BONIFACE VIII. — II. (Tomaso de Vio), cardinal italien, né à Gaëte ou Cajète en 1469, mort en 1534; général de l'ordre des Dominicains en 1508, cardinal en 1517, légat à la diète d'Augsbourg pour s'opposer à Luther en 1518, évêque de Gaëte en 1519. Il écrivit en faveur de la hiérarchie romaine, un ouvrage ultramontain, *De l'autorité du pape,* qui fut condamné par la Faculté de Paris. — III. (Enrico) cardinal, Italien de naissance, mais sujet du roi d'Espagne, mort en 1599; son vrai nom était Sermaneto. Légat en France

(1589), il s'associa à la Ligue et fut l'un des plus fanatiques ennemis de Henri IV. Ses *Lettres politiques* ont été imprimées et reflètent les idées dominantes de son époque.

° **CAJOLER** v. a. (rad. *cage*). Flatter, louer, entretenir quelqu'un de choses qui lui plaisent et qui le touchent : *il l'a tant cajolé qu'il a obtenu ce qu'il demandait.*—Tâcher de séduire une femme ou une fille par de belles paroles : *il faut avertir la mère qu'un tel cajole sa fille.* (Fam.) — Mar. CAJOLER UN NAVIRE, le laisser aller par un beau temps, soit en dérive, soit à la voile et sans précautions.

° **CAJOLERIE** s. f. Louange où il y a quelque affectation, ou qui sent la flatterie. — Langage flatteur dont on se sert pour tâcher de séduire une femme ou une fille.

° **CAJOLEUR, EUSE** s. Celui, celle qui cajole.

CAKE s. m. [ké-ke]. Mot anglais qui signifie gâteau et qui entre dans plusieurs mots composés désignant diverses sortes de gâteaux d'origine anglaise.— Plur. des CAKES [ké-kss].

° **CAL** s. m. (lat. *calus,* callosité). Durillon qui vient aux pieds, aux mains, aux genoux : *il vient des cals aux mains à force de travailler, et aux pieds à force de marcher.* — Chir. Espèce de soudure naturelle qui rejoint les fragments d'un os rompu : *formation du cal.* Dans l'un et l'autre sens, on dit aussi *calus.*

CALABA s. m. Bot. Genre de clusiacées, tribu des calophyllées, comprenant des arbres qui croissent dans les régions tropicales de l'ancien continent et dont les produits sont employés en médecine. — BAUME DE CALABA. Voy. *Baume vert.*

CALABAR, portion basse, marécageuse et mal limitée de la Guinée supérieure, au N. de la baie de Biafra. Villes principales : Duke Town et Creek Town. Territoire traversé par la rivière du Vieux Calabar. La rivière du Nouveau Calabar, court à 150 kil. à l'O. de la précédente. Dans une des îles qu'elle forme se trouve la ville de Nouveau-Calabar, qui fait quelque commerce en ivoire, en huile de palme et en esclaves.

CALABOZO [ka-là-bo'-so], ville de la république de Vénézuéla, sur le Guarico, à 190 kil. S.-S.-O. de Caracas; 6,000 hab. Elle fut fondée au commencement du XVIIIᵉ siècle. La chaleur y est excessive; et dans la saison des pluies, les inondations y sont fréquentes. Exportation de sucre et de bétail.

CALABRAIS, AISE s. et adj. Habitant de la Calabre; qui appartient à ce pays ou à ses habitants.

CALABRE, partie la plus méridionale de l'Italie, embrassant les provinces de Cosenza, de Catanzaro et de Reggio (autrefois Calabria Citeriore, Calabria Ulteriore II et Calabria Ulteriore I). 17,257 kil. carr.; 1,229,650 hab. Territoire traversé par les Apennins (point culminant, mont Pollino). Ces montagnes s'y divisent en monts Silèse et chaîne d'Aspromonte. Principaux cours d'eau : le Sino, le Crati et le Neto. Les vallées étendues de Cosenza et de Monteleone et les plaines de Calabre sont particulièrement fertiles. Belle race de chevaux. Grande production de soufre, de sucre, de lin, de tabac, de grains, d'huile d'olive et de soie. Dialecte assez semblable au sicilien. Le brigandage, autrefois très répandu, est aujourd'hui en pleine décroissance. Fréquents tremblements de terre. Celui de 1870 détruisit plusieurs villages. — Dans l'antiquité, la Calabre, appelée Nessapia, faisait partie de la Lucanie méridionale, tandis que le nom de Calabre était appliqué à la péninsule que l'on nomme aujourd'hui Terra d'Otranto (Terre d'Otrante). Bélisaire l'enleva aux Ostrogoths en 536. Les Sarrasins, qui s'en emparèrent, en furent chassés par Robert Guiseard en 1058. Sous la domination des Normands, elle forma le noyau de ce qui devait être le royaume de Naples.

CALABRÈSE (Le) ital. *Il Calabrese.* Voy. PRETTI (*Mattia*).

CALACUCCIA, ch.-l. de cant., arr. et à 27 kil. O. de Corte (Corse), à l'entrée de la vallée du Niolo; 900 hab.

* **CALADE** s. f. (ital. *calata*). Manège. Pente d'un terrain élevé par où l'on fait descendre plusieurs fois un cheval au petit galop, pour lui apprendre à plier les hanches, et à former son arrêt.

CALADIÉ, ÉE adj. Bot. Qui ressemble au caladium. — s. f. pl. Tribu d'aroïdées, renfermant les genres caladium, colocase, peltandra, etc.

CALADIUM [ka-la-di-omn] ou **Caladion**. s. m. (gr. *calathion*, petite corbeille). Genre d'aroïdées, type de la tribu des caladiées, comprenant des herbes vivaces à feuilles peltées, hastées, qui appartiennent, pour la plupart à l'Amérique tropicale. On en cultive, dans nos serres chaudes, quelques espèces remarquables pour les teintes vives et le bel effet de leur feuillage.

CALAGE s. m. Action de caler. — CALAGE DES SOUPAPES, opération formellement interdite dans les compagnies de chemin de fer, par laquelle les soupapes des machines à vapeur ne pouvant plus souffler, il est possible d'élever la pression.

CALAGURRIS, aujourd'hui *Calahorra*, ville de l'Espagne antique, dans le pays des Vascons. Ses habitants, assiégés par Afranius, l'un des lieutenants de Pompée, égorgèrent leurs femmes et leurs enfants pour se nourrir de leur chair, et prirent la précaution de saler ces abominables vivres, afin qu'ils se conservassent longtemps.

CALAHORRA [cà-là-ôr'-ra], *Calagurris*, ville de la Vieille Castille (Espagne), à 32 kil. S.-E. de Logrono, sur la rivière Cidacos, près de l'Ebre; 7,200 hab. Cathédrale gothique; palais épiscopal. Patrie de Quintilien, de saint Dominique et de Prudentius.

CALAIS, ville de l'état du Maine (Etats-Unis), à 120 kil. N.-E. de Bangor; 6,000 hab. Comm. de bois.

CALAIS [ka-lè], *Calesium*, *Caletum*, ville maritime fortifiée et ch.-l. de cant., arr. et à 31 kil. N.-E. de Boulogne (Pas-de-Calais) et à

Calais. — Place d'Armes, Hôtel de Ville et phare.

272 kil. N. de Paris (377 par le chemin de fer); principale station des passagers pour le détroit. 13,000 hab. On y parle la langue anglaise autant que la langue française. Place de guerre de première classe, avec trois forts et une citadelle. Belle place d'armes avec l'hôtel de ville et un ancien phare (le nouveau phare a été construit près des remparts extérieurs). Eglise Notre-Dame, renfermant *l'Assomption* de Van Dyck ; palais construit par Edouard III ; établissement de bains de mer; quartier des pêcheurs, dit le *Courgain*. Patrie de Pigault-Lebrun. Pêche active ; chantiers de construction; fabr. de tulles. Construction de voitures (presque toute l'industrie est centralisée au village de Saint-Pierre-lez-Calais).— Simple hameau habité par des pêcheurs, Calais fut embellie en 997 par le comte de Flandre, Baudouin IV, et agrandie au XIIIe siècle par Philippe de France, comte de Boulogne. Le roi d'Angleterre, Edouard III, s'en empara le 4 août 1347, après un siège de onze mois, célèbre par le dévouement d'Eustache de Saint-Pierre et de ses compagnons. Cette place, devenue colonie anglaise, resta la dernière possession des étrangers sur notre territoire. Le duc de Guise la leur enleva en huit jours (7 janvier 1558) et cette perte abrégea les jours de la reine Marie. « Quand je serai morte, s'écria cette princesse, on trouvera le mot *Calais* écrit sur mon cœur. » Les Espagnols prirent Calais en avril 1596 et la rendirent à la France par le traité de Vervins (1598). C'est à Calais que débarqua Louis XVIII après son long exil (24 avril 1814). Depuis plusieurs années on s'occupe activement de creuser un tunnel sous-marin qui relierait Calais à Douvres. Voy. TUNNEL.— Canal de Calais, long de 30 kil.; allant au Weast, sur la rivière Aa, au port de Calais (écluse du Crucifix). Il jette un embranchement de 5 kil. à Ardres et un autre de 6 kil. à Guines.

CALAIS (Saint-), *Fanum, S.-Careliphi*, ch.-l. d'arr., à 50 kil. E.-S.-E. du Mans (Sarthe); 3,700 hab. Petite ville qui se forma autour du monastère d'Anille, fondé au VIe siècle par saint Calais. Lainages, grains. Ruines d'un vieux château.

CALAISIEN, IENNE s. et adj. Habitant de Calais; qui appartient à cette ville ou à ses habitants.

CALAISIS (Le) [ka-lè-zî], ancien pays de Picardie, formant aujourd'hui la partie septentrionale des arr. de Boulogne et de Saint-Omer (Pas-de-Calais). Sa capitale était Calais; ses villes princ., Guines et Ardres.

* **CALAISON** s. f. Mar. Quantité dont un bâtiment cale ou s'enfonce dans l'eau.

CALAÏTE s. f. Variété de turquoise bleu clair ou verdâtre.

CALAMA. I. ou **Kalma**, aujourd'hui *Guelma*, ville importante de l'ancienne Numidie, entre Cirta et Hippo Regius, sur la rive orientale du Rubricatus (Seibous). — II. aujourd'hui *Kalat-el-Waad*, ville de la Mauretania Cæsariensis occidentale, sur la rive E. de la Malva, près de son embouchure.

CALAMAGROSTIDE s. f. ou **Calamagrostis** s. m. (gr. *kalamos*, roseau ; *agróstis*, chiendent). Bot. Genre de graminées vivaces, tribu des arundinacées, renfermant une douzaine d'espèces de l'Europe et de l'Amérique du Nord. Les deux espèces les plus communes aux environs de Paris sont la *calamagrostide commune* (arundo epigeios, Linn.), plante rampante de 1 mètre à 1 mètre 50 ; et la *calamagrostide lancéolée* (arundo calamagrostis, Linn.), herbe plus petite, commune dans les bois marécageux. Elle donne la dyssenterie au bétail.

CALAMATTA (Luigi), graveur italien (1802-'69). Il vint à Paris en 1822 et fut nommé professeur de gravure à Bruxelles en 1837, puis à Milan en 1861. Il se distingua par la correction et le fini de ses œuvres.

CALAMBAC ou **Calambouc** s. m. (ka-lan-ba;

-bouk]. Nom de deux espèces de bois. L'un est le *bois d'aloès* (Voy. AQUILÉE), qui provient principalement de Siam, de la péninsule malaise et de la partie septentrionale de Sumatra, ainsi que de l'Indoustan. L'autre est un bois de construction d'une grande valeur, que l'on tire seulement des provinces septentrionales de l'île de Luçon. Aucun bois ne lui est supérieur pour la construction des navires.

* **CALAMBOUR** s. m. Sorte de bois odorant qui vient des Indes et qui ressemble un peu au calambouc.

CALAME s. m. (lat. *calamus*, roseau). Roseau dont les anciens se servaient pour écrire.

CALAME (Alexandre), peintre suisse (1810-'64), fut nommé principal de l'école de peinture de Genève. Il rendit avec une vérité saisissante les paysages variés de la Suisse. On estime particulièrement ses vues du mont Rosa, du mont Cervin, sa « Tempête dans une forêt » son « Lac des quatre cantons » et « Ruines de Pæstum ». Il a laissé des eaux-fortes et des lithographies.

* **CALAMENT** s. m. [ka-la-man] (gr. *kalos*, beau ; *minthé*, menthe). Bot. Genre de plantes labiées, dont l'odeur est assez agréable, et qui sont employées en médecine. On trouve aux environs de Paris le *calament acinos*, le *calament nepata* et le *calament officinal* (melissa calamintha, Linn.). Ce dernier, qui répand une odeur aromatique agréable, possède les mêmes propriétés que la mélisse. C'est une plante vivace, velue dans toutes ses parties, à fleurs purpurines, et commune dans les parties ombragées des bois. On l'appelle aussi menthe des montagnes. Le *calament à grandes fleurs* (melissa grandiflora, Linn.) habite les bois montagneux ; on le cultive quelquefois dans les jardins à cause de ses fleurs à grandes corolles pourpres. Quelques espèces exotiques sont aussi cultivées comme plantes d'ornement.

CALAMIANES, groupe de l'archipel des Philippines, constituant, avec la partie septentrionale des îles de Palaouan, appelées Paragua, la province de Calamianes, la plus pauvre et la moins peuplée des Philippines; 5,200 kil. carr.; 20,000 hab., appartenant en général à la race bisaya. Les colons espagnols se livrent surtout à la pêche.

* **CALAMINAIRE** adj. A été longtemps employé dans l'expression *pierre calaminaire*, qui désignait la *calamine*.

* **CALAMINE** s. f. (bas lat. *calamina*). Minér. I. Silicate de zinc, appelé aussi hopéite : O³ Si³ 30 Zn + OH³. Cette calamine se trouve ordinairement dans les dépôts métallifères, particulièrement dans ceux de plomb et de cuivre (Ecosse, Gazimour en Sibérie, Rutland, Derbyshire, etc.). Elle sert à la préparation du zinc et du laiton. — II. Carbonate de zinc, appelé aussi smithsonite ou calamine proprement dite; O³ C, O Zn. Substance d'un gris jaunâtre, dont les cristaux donnent, par le clivage, un rhomboèdre obtus de 107° 40'. Poids spécifique de 3,6 à 4,4. On la rencontre rarement pure. Ses gisements sont les mêmes que ceux du silicate de zinc ; le plus considérable est celui de la Vieille-Montagne, près de Moresnet (Belgique), également riche en silicate de zinc.

CALAMIS, statuaire et orfèvre grec du Ve siècle av. J.-C. Ses marbres, ses bronzes, ses statuettes en or et en ivoire le rendirent fameux.

* **CALAMISTRER** v. a. (lat. *calamistrum*, fer à friser). Friser les cheveux et les mettre en boucles. (Fam. et vieux.)

* **CALAMITE** s. f. (lat. *calamus*, chaume, roseau). Gomme-résine, qui est la qualité de storax la moins estimée, et qu'on nomme ainsi parce que ceux qui la recueillent l'en...

ferment dans des tiges de roseau. — Minér. CALAMITE BLANCHE, espèce de marne ou d'argile blanche, qui a la propriété d'attirer la salive, quand on la met dans la bouche. — Nom que l'on donna autrefois à l'aiguille aimantée. — Bot. Genre de plantes fossiles regardées comme de gigantesques équisétacées.

* **CALAMITÉ** s. f. (lat. *calamitas*). Grand malheur public qui se répand sur une contrée, sur une ville : *la guerre, la peste, sont des calamités* ; *calamité publique; temps de calamités*. — Grand malheur qui frappe les particuliers : *la perte de cet homme est une véritable calamité pour sa famille*.

CALAMITEUSEMENT adv. D'une façon calamiteuse.

* **CALAMITEUX, EUSE** adj. Qui abonde en calamités. Ne se dit que des choses : *règne calamiteux*.

CALAMUS s. m. (ka-la-muss) (gr. *kalamos*, roseau). Bot. Genre de palmiers fournissant le rotang et d'autres cannes du commerce. — Nom scientifique du jonc odorant (Voy. ACORE). — Antiq. Tige de roseau dont les anciens se servaient pour écrire sur le papyrus et sur le parchemin.

CALAMY. I. (Edmund), ecclesiastique puritain anglais (1600-'66), s'opposa à l'exécution de Charles Ier et, à la restauration, devint chapelain du roi. Il a laissé quelques ouvrages. — II. (Edmund), petit-fils du précédent (1671-1732); pasteur d'une congrégation non conformiste de Westminster. A laissé une autobiographie publiée en 1829, par Rutt (2 vol.).

CALANCE s. f. Argot typogr. Etat de l'ouvrier qui manque de copie.

CALANCHA (FREY Antonio de La), écrivain péruvien, moine augustin à Lima, prieur à Trujillo (1619); auteur d'une *Cronica moralizada del orden de san Augustin en el Peru* (Barcelone, 1639), ouvrage résumé en français, sous le titre de *Histoire de l'Eglise du Pérou* (Toulouse, 1653, in-4°).

CALANCHER v. n. Argot. Mourir.

CALAND ou **Kaland**, congrégation religieuse de l'Allemagne du Nord, fondée au XIIIe siècle et dissoute au moment de la Réforme.

CALANDE s. f. Argot. Promenade : *il se pousse de la calande*.

* **CALANDRAGE** s. m. Opération qui consiste à faire passer les étoffes par la calandre.

* **CALANDRE** s. f. (gr. *calandra*). Ornith. Espèce d'alouette, plus grosse et moins répandue que l'alouette commune et qui chante mieux que toutes les autres espèces. La calandre est brune dessus, blanchâtre dessous, avec une grande tache noire sur la poitrine du mâle; son gros bec la rapproche des moineaux. Elle est assez commune dans le Midi de l'Europe et les déserts de l'Asie.

* **CALANDRE** s. f. (lat. *calandra*). Entom. Genre de coléoptères tétramères de la famille des charançons, divisé en six sous-genres : 1° anchones; 2° orthochates; 3° rhines; 4° calandres proprement dites ; 5° corsons, et 6° dryophtores ; les deux premiers sous-genres sont aptères ou dépourvus d'ailes. Les *calandres proprement dites* ont les antennes coudées, le huitième et dernier article forme la massue. L'espèce la plus tristement connue est la *calandre du blé*, appelée aussi *charançon du blé* (*curculio granarius*, Linn.), à corps allongé, brun, à corselet ponctué aussi long que les élytres. Sa larve blanche, longue de 2 millim. environ, a la forme d'un ver allongé, mou, composé de neuf anneaux. Une larve est toujours seule dans un grain de blé, dont elle dévore toute la farine; elle s'y métamorphose en nymphe d'un bleu clair transparent. La *calandre du riz* (*curculio oryza*, Linn.), ressemble à la précédente ; mais elle a deux taches fauves

sur chaque étui. La *calandre palmiste* (*curculio palmarum*, Linn.), est toute noire, avec des poils soyeux à l'extrémité de la trompe ; elle vit de la moelle des palmiers de l'Amérique méridionale. Sa larve, nommée *ver palmiste*, passe, chez les naturels, pour un mets délicieux, quand elle est grillée.

* **CALANDRE** s. f. (gr. *cylindros*, cylindre). Machine dont on se sert pour presser et lustrer les draps, les toiles, et autres étoffes. Les calandres se composent de deux cylindres qui tournent en sens inverse et entre lesquels on fait passer les étoffes que l'on veut moirer, lustrer, glacer, gaufrer, plisser ou repasser. Des machines de ce genre furent introduites en Angleterre, en Allemagne et en Hollande par les huguenots français, vers 1685. Les calandres s'emploient également pour glacer le papier.

* **CALANDRER** v. a. Faire passer par la calandre.

CALANDREUR s. m. Ouvrier qui calandre, qui lustre les étoffes.

CALANGUE ou **Carangue** s. f. Géogr. Se dit, sur la Méditerranée, d'une petite baie entourée de terres hautes, à l'abri desquelles les bâtiments de peu de dimension peuvent se réfugier.

CALAO s. m. Ornith. Genre de passereaux syndactyles, comprenant de grands oiseaux remarquables par le volume énorme et la forme bizarre de leur bec celluleux et léger. Les calaos se rencontrent dans les forêts les plus solitaires de l'Afrique et des Indes; ils se perchent sur les branches élevées, particulièrement sur celles des arbres morts, près des cours d'eau. Ils se nourrissent de fruits pulpeux, de petits quadrupèdes, d'oiseaux, de reptiles et d'insectes, qu'ils pressent dans leur bec pour les ramollir; après quoi, ils les jettent en l'air et les engloutissent dans leur large gosier. Pressés par la faim, ils avalent des chairs décomposées. Ils volent lourdement en ligne droite, ordinairement à une hauteur considérable, en produisant un bruit particulier; leur cri habituel est un sourd mugissement. Le plus gros de ces oiseaux est le *calao à casque en croissant* (*buceros rhinoceros*, Linn.), long de

Calao à casque en croissant (Buceros rhinoceros).

près de 1^m30, d'une couleur générale noire, avec du blanc sale au bout de la queue. C'est un animal stupide et lâche, que la faim seule fait sortir de son indolence. On le rencontre dans l'Indoustan et dans l'archipel Indien; il est commun dans nos collections d'histoire naturelle. Le *calao à bec rouge* (*buceros erythrorhynchus*, Temm.), de l'Afrique, comme les autres espèces du même genre, à l'exception du précédent, vit sur des arbres caverneux. D'après Livingstone, il choisit des arbres dont le bois est très dur. La femelle fait, en février, son nid, qu'elle rembourre avec ses propres plumes et dans lequel elle dépose 4 ou 5 œufs; elle y demeure étroitement en-

fermée jusqu'à ce que ses petits soient assez emplumés pour voler. C'est le mâle lui-même qui l'emprisonne, en fermant l'entrée avec de l'argile et en ne laissant d'autre jour qu'un

Calao à bec rouge (Buceros erythrorhynchus).

petit trou, long d'environ 3 ou 4 pouces et large d'un demi-pouce tout au plus, de façon qu'il lui soit possible d'y introduire l'extrémité de son bec. C'est par ce trou qu'il fait passer la nourriture de la mère et des jeunes. La femelle, ainsi emprisonnée et nourrie à discrétion, devient très grasse ; sa chair passe alors chez les indigènes pour un mets délicieux.

CALAS (Jean) [ka-lass], protestant, né à La Caparède, près de Castrus, en 1698, commerçant à Toulouse, fut accusé, à l'âge de 63 ans, d'avoir assassiné, pour l'empêcher de se faire catholique, un de ses fils, Marc-Antoine, qui s'était étranglé dans la maison paternelle. Il n'existait aucune preuve contre le malheureux père ; mais le parlement de Toulouse, aveuglé par le fanatisme, prononça sa culpabilité et le condamna au supplice de la roue. Ce jugement fut exécuté le 9 mars 1762. Les enfants de Calas furent enfermés dans des couvents; sa veuve parvint à s'échapper. Elle se sauva en Suisse, où Voltaire s'intéressa vivement à sa cause. Le philosophe de Ferney écrivit en faveur de l'innocence de Calas et obtint sa réhabilitation le 9 mars 1765. Le roi Louis XV accorda une pension de 30,000 fr. à la famille de Calas.

CALASCIBETTA [kâ-lâ-chi-bèt'-ta], ville de Sicile, à 24 kil. N.-E. de Caltanissetta ; 6,000 hab. Aux environs se trouvent plusieurs cavernes.

CALASIO (Mario de), hébraïste italien (1550-1620). Il fut docteur en théologie et professeur à Rome. Ses *Concordances hébraïques* (*Concordantiæ Sacrorum Bibliorum Hebraicæ*), 1621, 4 vol., in-fol. sont l'ouvrage le plus remarquable en ce genre : elles ont été publiées en français, aux frais de Paul V et de Grégoire XV.

CALASIRIE s. m. Nom que portaient les soldats de l'une des deux divisions de l'ancienne milice égyptienne. Voy. ARMÉE.

CALATAFIMI, *Longarium*, ville de Sicile, à 30 kil. S.-E. de Trapani ; 9,500 hab. Les troupes du roi de Naples s'y réfugièrent après leur défaite par Garibaldi (15 mai 1860); d'où vint que l'on donna le nom de Calatafimi à la bataille livrée à Vita, qui se trouve à 6 kil. de là.

CALATAGIRONE. Voy. CALTAGIRONE.

CALATANAZOR, bourg d'Espagne, à 32 kil. S.-O. de Soria. Al-Mansour y fut battu par les chrétiens en 998.

CALATAYUD [esp. kâ-lâ-tâ-youth'], ville d'Aragon (Espagne), à 75 kil. S.-O. de Saragosse, sur le Jalon et près de la Jiloca; 9,825 hab. Elle fut construite par les Mores, avec des matériaux fournis par les ruines de Bilbilis, qui se trouvent à 4 kil. à l'E. Elle possède un château. Ses environs produisent d'excellent vin et du chanvre.

CALATRAVA, *Oretum*, ancienne ville de la Manche (Espagne), aujourd'hui en ruines, sur la Guadiana, à 20 kil. N.-E. de Ciudad-Real. Fortifiée d'une manière inexpugnable, elle se défendit avec succès contre les Mores en 1158 et donna son nom à un ordre de chevalerie.

* **CALATRAVA** s. m. Ordre militaire fondé en 1158 par des chevaliers religieux de la congrégation de Cîteaux, qui avaient reçu du roi Sanète de Castille (Sancho III), la mission de défendre Calatrava contre les Mores. En 1218, une de ses branches se détacha et forma l'ordre d'Alcantara. Devenus riches, les chevaliers se divisèrent en plusieurs coteries et, en 1523, la grande maîtrise fut réunie à la couronne. Depuis 1808, c'est un ordre de mérite.

CALAURIE, *Calauria*, île de la mer Egée, au S. d'Egine. Ruines d'un temple de Neptune où s'empoisonna Démosthènes.

CALAVERAS [kâ-la-vè'-rass], rivière de Californie, affluent du San-Joaquin.

CALBAS s. m. [kal-bâ]. Synon. de CALE-BAS.

* **CALCAIRE** adj. (lat. *calx*, chaux). Géol., chim. Se dit des terres, des pierres, etc., qui contiennent de la chaux et de l'acide carbonique, et que l'action du feu peut changer en chaux, telles que la craie, le marbre, la pierre à chaux, les coquilles, etc. : *terrain calcaire* ; *pierre calcaire* ; *matière calcaire*. — Se dit substantiv. en géol. des terrains calcaires ou contenant des matières calcaires : *calcaire primitif* ; *calcaire ancien ou de transition* ; *calcaire coquillier*. — De toutes les substances minérales, les calcaires sont les plus communs sur la terre ; on les trouve mêlés en toute proportion à d'autres matières, surtout à l'argile. Pour reconnaître leur présence, il suffit de laisser tomber sur la substance que l'on veut éprouver quelques gouttes d'un acide concentré, d'acide nitrique, par exemple : l'acide carbonique s'échappe aussitôt en formant effervescence. — Un mélange d'argile et de calcaire constitue la marne. — CALCAIRE BRÈCHE, calcaire compact composé de fragments inégaux et anguleux de calcaire, ordinairement de couleurs diverses, réunis par un ciment calcaire. — CALCAIRE COMPACT, calcaire spathique à pâte fine, serrée, unie, comme dans la craie, qui est un calcaire compact par excellence. — CALCAIRE COQUILLIER, toute couche calcaire qui renferme des fossiles. — CALCAIRE LACUSTRE ou *d'eau douce*, sédiment formé dans les lacs d'eau douce par des sources calcaires. — CALCAIRE LITHOGRAPHIQUE, calcaire compact auquel la présence d'une petite quantité d'argile donne la propriété de s'imbiber d'eau jusqu'à un certain point. — CALCAIRE MARIN, roche calcaire déposée au fond d'une mer, et contenant des débris fossiles d'animaux marins. — CALCAIRE OOLITIQUE ou *pierre d'œuf*, calcaire compact, composé de grains dont la grosseur varie depuis celle d'un grain de millet jusqu'à celle d'un pois. — CALCAIRE RUINIFORME, calcaire compact qui offre, sur un fond de couleur claire, des veinules de couleur foncée disposées de manière à représenter grossièrement les ruines d'une ville. — SOURCE CALCAIRE, celle dont l'eau est imprégnée de carbonate de chaux. L'eau chargée de gaz acide carbonique possède la propriété de pouvoir tenir en solution une quantité considérable de carbonate de chaux. En jaillissant à la surface, elle perd une partie de son acide carbonique et la conséquence de ce dégagement gazeux, est un dépôt de chaux ordinairement spongieux et alors appelé *tuf calcaire*. — SPATH CALCAIRE ou *calcaire spathique*, carbonate de chaux cristallisé, remarquable par la grande variété de ses formes cristallines qui dérivent de sa forme rhomboïdale obtuse primaire ; on n'en a pas décrit moins de 500 modifications. Lorsque le calcaire spa-

thique se trouve en masses lamelleuses, on dit qu'il est *lamellaire* ; en cristaux grenus, *saccharoïde* : tels sont les marbres.

CALCAN s. m. Bouclier turc au moyen âge.

° **CALCANÉUM** s. m. [kal-ka-né-omm]. Anat. Os du talon qui supporte le poids du corps et sert de point d'attache au tendon d'Achille.

CALCAR s. m. (lat. *calx*, *calcis*, talon). Antiq. Nom que l'on donnait à l'éperon des cavaliers, à l'ergot des oiseaux, etc.

CALCAR ou **Kalckaer** (Jan-Stephan VAN), peintre de l'école vénitienne, né à Calcar, près de Trèves, en 1499 ou 1500, mort en 1546. Il fut élève du Titien et s'établit à Naples. Ses chefs-d'œuvre sont : une *Adoration des bergers* (musée de Vienne) et une *Mater dolorosa*.

CALCAR, ville de la Prusse rhénane, à 11 kil. S.-E. de Clèves, sur le Ley ; 2,500 hab.

CALCASIEU, rivière de la Louisiane occidentale ; se jette dans le golfe du Mexique, après avoir traversé le lac Calcasieu, qui mesure 30 kil. sur 8.

* **CALCÉDOINE** ou ⁓ **Chalcédoine** s. f. [kal-sé-doi-ne] (gr. *Chalkédôn*, ville de Bithynie). Minér. Variété d'agate blanchâtre, laiteuse et remplie comme de nuages.

* **CALCÉDONIEUX, EUSE** adj. Se dit des pierres précieuses qui ont quelque marque, quelque tache blanche.

CALCET s. m. (lat. *carchesium*, hune). Mar. Pièce de bois qui était placée au haut des mâts de galères et dont la tête recevait les poulies. — MATS A CALCET, mâts disposés pour porter une antenne.

CALCHAS [kal-kâss], célèbre devin grec, natif de Mégare ou de Mycènes, inspiré par Apollon et choisi pour accompagner les Grecs au siège de Troie. Il ordonna le sacrifice d'Iphigénie, prédit que le siège durerait dix ans et serait terminé par Achille, et enfin imagina le fameux cheval de bois.

CALCINABLE adj. Qui peut être calciné.

* **CALCINATION** S. f. Action de calciner ; résultat de cette action. Se dit surtout en chimie ; *calcination du vitriol, du plomb* ; *calcination complète*.

CALCINATO, ville d'Italie, à 16 kil. S.-E. de Brescia, sur la Chiese ; 4,000 hab. Victoire du duc de Vendôme sur les Autrichiens, en 1706.

* **CALCINER** v. a. Chim. Transformer du carbonate calcaire en chaux vive, à l'aide d'une forte chaleur. — Par ext. Soumettre des matières solides quelconques à l'action du feu : *calciner le salpêtre, le vitriol, les métaux*, etc. — Soumettre à une violente action de la chaleur : *les flammes ont calciné cette muraille*. — Se calciner v. pr. Etre calciné : *cette pierre s'est calcinée dans le feu*. — ⁓ Se brûler par l'abus des liqueurs alcooliques.

CALCIQUE adj. Minér. Qui a rapport à la chaux ou au calcium.

CALCIUM s. m. [kal-si-omm] (lat. *calx*, *calcis*, chaux). Chim. Base métallique de la chaux. C'est un métal brillant, jaunâtre, de la couleur de l'or allié à l'argent. Symbole Ca. On ne le trouve jamais pur dans la nature ; il se présente toujours sous forme de combinaison. On peut l'obtenir en chauffant de la chaux dans un courant de vapeurs de sodium ou de potassium. Il est très malléable et peut être laminé en feuilles aussi minces que celles du papier à lettres. Il décompose rapidement l'eau, avec dégagement d'hydrogène, fond à la chaleur rouge et brûle avec une lumière brillante et une flamme jaune. Voy. CHAUX. Sir Humphrey Davy fut le premier qui obtint le calcium (1808).

* **CALCUL** s. m. (lat. *calculus*, petit caillou). Supputation , compte : *calcul exact* ; *erreur de calcul*. — Fig. Moyen que l'on combine,

mesure que l'on prépare pour le succès de quelque affaire : *cela n'entre pas dans mon calcul* ; *sa finesse a déjoué tous leurs calculs*. — Encycl. Voy. ARITHMÉTIQUE, DIFFÉRENCE, DIFFÉRENTIEL, INFINITÉSIMAL, INTÉGRAL, PROBABILITÉ, RÉSIDU, VARIATION, etc. — Machines à calculer, machines qui ont pour but de faciliter les calculs et d'éviter les erreurs. Au IVe siècle avant J.-C., Platon imagina un tableau à coulisses qui lui permit de résoudre certains problèmes ; Napier et Gunter employèrent également des tables. Mais le véritable inventeur de la première machine arithmétique est Pascal (1642) ; son appareil, perfectionné vers 1720 par l'Epine et Boitissendeau, n'entra jamais dans le domaine de la pratique. En 1673, Leibnitz publia la description d'une machine qui était de beaucoup supérieure à celle de Pascal, mais qui était trop compliquée et trop coûteuse pour les travaux qu'elle pouvait accomplir (addition, soustraction, multiplication et division arithmétiques seulement). La gloire de Pascal et de Leibnitz comme inventeurs de machines à calculer est aujourd'hui éclipsée par celle de Charles Babbage et celle de G. et E. Scheutz. La machine différentielle de Babbage, commencée aux frais du gouvernement anglais en 1821, fut continuée jusqu'en 1833, époque où le travail fut suspendu, après une dépense de 15,000 livres sterling (375,000 fr.). La partie terminée est déposée à South Kensington. Elle a pour but le calcul de séries de nombres, comme les logarithmes. Le professeur Clifford, dans sa lecture à l'*Institution royale* (24 mai 1872), a établi que Babbage a dépensé 20,000 livres sterling (500,000 francs) à la construction de ses machines, et que sa machine différentielle, presque terminée, pourrait être d'une grande utilité. En 1857, deux ingénieurs suédois, G. et E. Scheutz, publièrent à Londres des spécimens de tables calculées et imprimées par des machines qu'ils avaient inventées, entre 1837 et 1853, après avoir étudié le système de Babbage, dont le leur est une simplification. Un négociant américain acheta 25,000 fr. leur appareil et l'offrit à l'observatoire Dudley (Albany, état de New-York) ; cette machine a servi au calcul d'une table de l'anomalie vraie de Mars pour chaque dixième d'un jour. En 1857, MM. Scheutz entreprirent, pour le compte du gouvernement anglais, la construction d'une machine qui est aujourd'hui terminée. La machine Wiberg, exhibée à Paris en 1863, produisit une grande sensation. L'arithmomètre de Thomas de Colmar, breveté vers 1822 et exposé en 1851 et 1862, est employé par les compagnies d'assurances. Voy. ARITHMOMÈTRE.

* **CALCUL** s. m. (lat. *calculus*, petit caillou). Chir. Concrétion pierreuse qui se forme dans certaines parties du corps : amygdales, conduit auditif, voisinage des articulations (*calcul arthritique*), voies biliaires et foie (*calcul biliaire*), conjonctive (*lithiase*), estomac, fosses nasales, glandes mammaires, intestins (*entérolithes, bézoards*), conduits lacrymaux, sac lacrymal, larynx, pancréas, glande pinéale, poumon, prostate, reins (*gravelle*), conduits des glandes salivaires (*calcul salivaire*), utérus, vessie (*pierre, calculs vésicaux*). etc. La grosseur des concrétions varie depuis celle d'un grain de sable jusqu'au volume du poing. Lorsque les calculs sont uniques dans une cavité, leur forme est ovoïde ou arrondie, lorsqu'ils sont plusieurs dans une seule cavité, ils sont taillés à facettes. Leur composition est variable ; elle rappelle ordinairement celle du liquide qui leur a donné naissance. Les conditions qui favorisent la formation des calculs paraissent être la stagnation des liquides intérieurs, l'étroitesse des canaux excréteurs, le défaut d'exercice, le séjour prolongé au lit, un régime trop succulent, l'usage des vins généreux ou chargés de tartre, le café, les liqueurs. Les calculs se révèlent

par les symptômes et par les accidents qui déterminent leur présence comme corps étranger. Leur traitement varie suivant le lieu où ils siègent et aussi selon leur volume. Voy. ARTHRITIQUE, LITHIASE, ENTÉROLITHE, BÉZOARD, GRAVELLE, SALIVAIRE, PIERRE, etc. — Calcul biliaire, *concrétion biliaire, pierre cystique* ou *cholélithe*, concrétion anormale qui se développe dans les voies biliaires ou dans la vésicule du foie et dont la présence, quand elle ne donne lieu à aucun symptôme, n'est constatée qu'à l'autopsie. Mais lorsqu'un calcul s'engage dans le canal cystique, puis dans le canal cholédoque, il arrête la circulation de la bile. Le malade ressent d'abord une douleur persistante dans l'hypocondre droit ou dans l'épigastre ; puis des douleurs vives, déchirantes, atroces, dites coliques hépathiques. Ces douleurs sont accompagnées d'agitation, d'anxiété, de sécheresse à la gorge, d'une coloration jaune de la peau et des yeux (ictère), de nausées, de vomissements, de constipation, de selles décolorées ressemblant à du mastic ou quelquefois bilieuses. Le pouls est petit, serré, fréquent. Le malade se tient courbé sur lui-même. Au moment des accès, on combat les coliques au moyen de bains prolongés, d'application de glace pilée, de cataplasmes laudanisés, de potions calmantes et de lavements. Dans l'intervalle des accès on cherche à dissoudre les calculs à l'aide de médicaments alcalins : bicarbonate de soude en bains ou en boisson ; savon amygdalin, eau de Vichy ou de Contrexéville ; remède de Durande, chloroforme alcoolisé. Régime spécial : viandes maigres, poisson, légumes à l'eau, fruits, thé, eau vineuse. Jamais de café, de vin pur, de liqueurs fermentées, ni d'aliments gras ou huileux.

' **CALCULABLE** adj. Qui peut se calculer.

' **CALCULATEUR** s. m. Celui qui s'occupe de calcul.—Adjectiv., au fig. : *esprit calculateur.*

' **CALCULER** v. a. Supputer, compter.—Neutral. : *après avoir bien calculé, je trouve que le compte est juste.* — *Calculer des tables astronomiques,* dresser des tables propres à l'usage des astronomes.— *Calculer une éclipse,* déterminer par le calcul le temps et les circonstances d'une éclipse. — CALCULER, se dit aussi de toute opération de l'esprit qui a pour objet une combinaison ou une appréciation quelconque : *calculer les chances de succès ; calculer les événements.*

' **CALCULEUX, EUSE** adj. Méd. Qui a rapport aux calculs, et spécialement aux calculs de la vessie : *affection calculeuse.* — Se dit aussi des personnes qui ont une affection calculeuse, et peut alors s'employer substantivement.

CALCUTTA (*Kali ghatta,* escalier de Kali), ville de l'Hindoustan, capitale du Bengale et de l'Inde anglaise, sur l'Hougly (branche du Gange), à environ 160 kil. de la mer, par 22° 34' lat. N. et 86° 7' long. E. ; 447,604 hab. en 1872 (892,429 avec les faubourgs). Elle s'étend sur 40 kil., le long de la rive orientale de la rivière, avec une largeur moyenne de 3 kil. Son surnom de *Ville des palais* est justifié par son apparence magnifique, surtout du côté de l'Hougly, sur le bord des quais où viennent ancrer de gros navires. Au N. (quartier indigène), les rues sont étroites et non pavées. Au S. (district européen) se trouvent des maisons de briques revêtues de stuc et accompagnées de spacieuses vérandas. Au S. de la partie principale de la ville, dans le Maidan, ou plaine (espace nivelé long de 3kil., large de 2), s'élève le fort William, citadelle armée de 619 canons. Les constructions du gouvernement se trouvent sur l'esplanade, portion du Maidan, entre la citadelle et la ville. Le plus beau monument est le palais du vice-roi, édifice massif surmonté d'un dôme. Dans le même district, habitent les principaux offi-

ciers et les négociants anglais ou étrangers. Une tour élevée, monument érigé à David Ochterlony, se dresse à l'extrémité N.-E. du Maidan. Outre de nombreuses mosquées musulmanes et des temples hindous, Calcutta renferme des églises pour presque toutes les

Calcutta. — Palais du gouvernement et monument ochterlony.

dénominations chrétiennes et une synagogue juive. On y trouve une université, des collèges, des hôpitaux, une école de médecine, une bibliothèque publique, un théâtre, de nombreuses institutions scientifiques et littéraires, y compris la Société asiatique. Climat très malsain, principalement pendant la saison chaude. Les pluies sont assez abondantes pour approvisionner la ville, au moyen de réservoirs où l'on conserve l'eau. La population se compose de Musulmans et d'Hindous dans la proportion de 1 des premiers pour 2 des seconds. En 1871, les Européens étaient au nombre de 8,320 seulement. Calcutta est le centre du commerce d'exportation de tout le Bengale. Les négociants anglais y forment la classe la plus influente et la plus riche. Les Anglais fondèrent une factorerie à Calcutta en 1698 ; leur établissement fut saisi par Surajah Dowlah en 1756 ; mais Clive le reprit en 1757. Des chemins de fer relient Calcutta aux principales villes de l'Indoustan ; une ligne centrale la met en communication avec Bombay.

CALDANI (Leopoldo-Marco-Antonio), médecin et anatomiste, né à Bologne en 1725, mort en 1813. Il fut professeur de médecine à Bologne et à Padoue, puis professeur d'anatomie à Padoue, en 1771. Il démontra, par des expériences, l'insensibilité des tendons et publia plusieurs ouvrages, parmi lesquels : *Lettera sulla insensibilità ed irritabilità* (1757), œuvre capitale, comprenant 5 vol. de texte et 4 vol. de planches.

CALDANICCIA, station minérale, à 12 kil. N.-E. d'Ajaccio (Corse). Eaux sulfurées sodiques, employées contre les maladies de la peau, les rhumatismes, les scrofules, etc.

CALDARA (Antonio), compositeur vénitien (1678-1763) ; fut, pendant quelque temps, professeur de musique de l'empereur Charles VI, composa des opéras et de la musique sacrée.

CALDARA (Polidoro), peintre. Voy. CARAVAGE.

CALDAS (esp. kâl'-dâss), mot espagnol qui signifie *sources chaudes* et qui entre dans plusieurs noms de stations thermales. — I. Caldas de Bobi, province de Lérida, à 55 kil. de la frontière française. Eaux sulfureuses employées dans les affections rhumatismales arthritiques et herpétiques. — II. Caldas de Estrach, à 25 kil. de Barcelone et 8 de Mataro. Eaux chlorurées sodiques, à 34° C., employées dans les affections rhumatismales, les affec-

tions vésicales, le catarrhe, la pierre, la gravelle urique, etc. — III. Caldas de Cuntis, à 46 kil. de Pontevedra ; eau sulfureuse, de 16° à 48° R., en bains de vapeur. Affections chroniques de la peau, affections rhumatismales. — IV. Caldas de Montbuy, à 22 kil. de Barcelone, sur le chemin de fer de Barcelone à la frontière de la France. Eau chlorurée et sulfatée sodique, en boisson, bains et vapeurs. Affections rhumatismales et paralysies. — V. Caldas de Oviédo, à 6 kil. d'Oviédo. Eau nitrogénée et chlorurée sodique, à 34° R. Dyspepsie, affections gastriques et de l'appareil génito-urinaire.

CALDAS (Francisco-José de), naturaliste de la Nouvelle - Grenade né vers 1816 ; exécuté en 1816 pour avoir épousé la cause de l'indépendance. Sans professeurs, sans livres et sans instruments, il devint botaniste, chimiste et astronome et fut nommé directeur de l'observatoire de Bogota. En 1807, il fonda le *Seminario de la Nueva Granada,* journal scientifique d'un grand intérêt, qui fut réédité à Paris en 1849.

CALDAS PEREIRA DE SOUZA (Antonio), poète brésilien, né à Rio de Janeiro, en 1762, mort en 1814. Il passa une partie de sa vie en Portugal, se fit prêtre et revint à Rio de Janeiro en 1808. Ses œuvres : *Poesias sagradas e profanas,* publiées à Paris, en 1821, avec un commentaire de Stockler (nouv. éd. Coïmbre, 1836), contiennent d'admirables morceaux, notamment, l'ode sur l'*Homme sauvage.* Caldas a laissé, en outre, un délicieux poème sur les *Oiseaux.*

CALDER, rivière du Yorkshire (Angleterre), affluent de l'Aire ; 65 kil.

CALDERA, ville maritime d'Atacama (Chili), à 80 kil. O.-N.-O. de Copiapo, à laquelle elle est reliée par un chemin de fer ; 3,500 hab. Entrepôt des mines voisines.

CALDERON (don Rodrigue de), comte d'Oliva, favori du duc de Lerme ; fut pendant près de vingt ans le véritable souverain de l'Espagne et périt sur l'échafaud en 1621.

CALDERON DE LA BARCA (Pedro), auteur dramatique espagnol, né à Madrid le 17 janvier 1600, mort en 1681. Étudiant à Salamanque, il écrivit quelques pièces qui ne l'enrichirent pas. Il servit dix années en Italie, en Flandre et en Catalogne, fut nommé surintendant des théâtres et des divertissements en 1635, retourna à l'armée, de 1636 à 1641, et s'occupa ensuite exclusivement d'écrire des pièces, qu'il fit représenter à ses risques et périls devant la cour. Célèbre, mais pauvre, il se fit prêtre en 1651, obtint un canonical à Tolède, fut attaché à la chapelle royale de Madrid en 1663 et entra dans la congrégation de saint Pierre. Écrivain facile, abondant, poète harmonieux, esprit d'une merveilleuse souplesse, il n'a pas de rival pour la puissance de l'imagination, lorsqu'il s'agit de nouer ou de dénouer une intrigue. Malheureusement, il manque de profondeur et il viole toutes les règles d'Aristote. Il écrivit sa première pièce à l'âge de quinze ans, et sa dernière à l'âge de quatre-vingts. Ses productions sont : 1° plus de 70 *autos,* pièces religieuses mêlées d'incidents patriotiques ou amoureux ; son chef-d'œuvre en ce genre est intitulé *El divino Orfeo ;* 2° 45 *Miracles,* ainsi nommés pour se soumettre aux restrictions imposées aux théâtres en 1664 ; pièces jouées par des prêtres ; les principales sont : *El Purgatorio de san Patricio*, tirée de l'histoire de saint Patrick ; *Devocion de la Cruz* ; et *El Mágico prodigioso*, la plus remarquable de toutes, imitée de la légende de saint Cyprien ; 3° plus de 100 tragédies, drames, comédies, mélodrames et opéras. Les plus connues de ces pièces sont : *El principe constante* ; *Amar despues de la muerte*, (aimer après la mort), drame politique; *El medico de su honra* (le médecin de son honneur), imitée par Hipp. Lucas ; *El mayor monstruo los zelos* (la jalousie est le plus grand des maux), comparée à l'« Othello » de Shakespeare ; la *Dama duenda*, chef-d'œuvre qui a inspiré Hauteroche dans sa *Dame invisible*. Barrera a édité les œuvres de Calderon (Madrid, 1872). Un choix du théâtre de cet auteur célèbre a été traduit en français par Linguet, dans son *Théâtre espagnol*, 4771 ; et par Damas-Hinard, 4841, 2 vol. in-12.

CALDERWOOD (David) [kâl'-deur-oûdd], ecclésiastique écossais (1575-1651), fut persécuté comme chef des presbytériens, se réfugia en Hollande (1619-'25) et laissa une « Histoire de l'Eglise d'Ecosse » publiée en 1842-'9, 8 vol. in-8°

CALDIERO, village de l'Italie septentrionale, à 12 kil. E. de Vérone. Bonaparte y subit un échec le 12 nov. 1796; mais il fit aussitôt oublier cet insuccès par sa victoire d'Arcole (45-47 nov.). Le même village vit la défaite de Masséna par l'archiduc Charles d'Autriche (28-31 oct. 1805).

CALDWELL [kâld-ouèl']. I.(Charles), médecin américain (1772-1853), traduisit plusieurs ouvrages étrangers. Son autobiographie a été publiée après sa mort. — II. (James), ecclésiastique américain (1734-'84), soutint avec une grande vigueur et une certaine éloquence les patriotes pendant la guerre de l'Indépendance. Il fut tué d'un coup de fusil. — III. (Joseph), savant américain, (1773-1835), auteur d'un bon « Traité de Géométrie ».

CALDWELL, ville de l'état de New-York, dans une situation pittoresque à l'extrémité méridionale du lac George ; 80 kil. N. d'Albany ; 4,300 hab. Ruines du fort *George* et du fort *William-Henry*.

* **CALE** s. f. (celt. *caled*, bois dur, quille). Mar. Partie la plus basse de l'intérieur d'un navire, entre le dernier pont et la quille. Elle comprend : 4° la *cale à l'eau ou grande cale*, qui contient la provision d'eau; 2° la *cale au vin*, occupée dans les vaisseaux de l'État; 3° *l'archipompe*; 4° le *puits aux boulets*; 5° la *fosse au câble*; 6° la *fosse aux lions*; 7° la *soute*, etc.— Partie d'un quai qui forme une pente douce jusqu'au bord de l'eau, et qui facilite le chargement et le déchargement des bateaux. — Partie d'un quai, entre deux pointes de terre ou de rocher : *le vaisseau, battu de la tempête, se sauva dans une cale*; on dit mieux *crique*.— **CALE DE CONSTRUCTION**, espace, sur le bord de la mer ou d'un bassin, que l'on dispose en pente, afin de faciliter le lancement d'un navire, et qui sert aussi de chantier pour poser la quille des bâtiments à construire ou à réparer. Cette cale prend le nom de *cale couverte* lorsqu'elle est surmontée d'un toit. — **CALE FLOTTANTE**, espèce de ponton que l'on submerge en le chargeant de pierres et sur lequel on assujettit le navire qu'on veut caréner ou radouber. On supprime ensuite le poids dont on a chargé le ponton, celui-ci se démerge, et le navire se trouve alors monté sur une cale qui flotte, et entouré d'une grande plate-forme superficielle, ce qui permet aux ouvriers de procéder à sa visite et à son radoub. Ce genre de cale fut inventé en l'an XI, par l'amiral Decrès. (De Chesnel). — **SUPPLICE DE LA CALE**, châtiment qui s'infligeait à bord des navires en hissant le condamné jusqu'à la hauteur de la grande vergue, et en le laissant ensuite tomber de tout son poids dans la mer où il pouvait être replongé jusqu'à trois fois, suivant la condamnation. C'est ce qu'on appelait la *cale mouillée*. — **CALE SÈCHE**, sorte d'estrapade qui consistait à laisser tomber le patient en le retenant à quelques centimètres du pont. — **CALE**, se dit en outre d'un morceau de bois, de pierre, etc., qu'on place sous un objet quelconque pour le mettre de niveau ou pour lui donner de l'assiette : *j'ai assujetti ce meuble avec une cale*.

CALE, aujourd'hui *Oporto*, ancienne ville maritime des *Callæci*, dans l'Hispania Tarraconensis, à l'embouchure du Durius. On suppose que le nom de Portugal est venu de *Porto Cale*.

* **CALÉ, ÉE**, part. passé de CALER. — *v.* Fig. et adjectiv. Riche, cossu : *elle est calée*. — substantiv. : *le monde des calés*.

CALÉAN s. m. Bouclier turc fait de bois de figuier.

CALEB, juif de la tribu de Juda qui fut envoyé pour reconnaître la terre de Chanaan et qui visita seul, avec Josué, la Terre promise.

CALEB, personnage de la *Fiancée de Lammermoor*, de Walter Scott; type du serviteur fidèle et dévoué.

CALEB WILLIAMS [kâ-lèb-oui-liammss], roman de Godwin (1794); satire sociale pleine de vigueur.

CALE-BAS, Calbas ou CARGUERAS s. m. Cordage servant à amener les vergues des pacfis. Petit palan pour rider le grand étai.

* **CALEBASSE** s. f. Nom des fruits de diverses espèces de courges, lesquels ont à peu près la forme d'une bouteille, et servent, lorsqu'on les a vidés et séchés, à contenir des boissons, etc. — Fruit du calebassier lorsqu'il est séché et vidé. La calebasse, qui varie en diamètre depuis quelques centimètres jusqu'à 35 centimètres, sert à fabriquer des ustensiles domestiques; elle remplace même la poterie et va, dans certains cas, sur le feu comme une casserole.

* **CALEBASSIER** s. m. Bot. Genre de bignoniacées, tribu des crescentiées, comprenant des arbres des Antilles et de l'Amérique méridionale, hauts de 10 mètres et produisant des fruits dont la pulpe juteuse est purgative et dont l'enveloppe séchée est appelée calebasse.

* **CALÈCHE** s. f. (bohém. *kolesa*). Voiture à ressorts, à quatre roues, qui est fort légère et ordinairement découverte. — Autrefois, coiffure de femme qui se repliait sur elle-même.

* **CALEÇON** s. m. (ital. *calzoni*, culotte). Vêtement qu'on met sous le pantalon et qui couvre depuis la ceinture jusqu'à la cheville. Le caleçon de bains ne descend que jusqu'à mi-cuisse.

CALÉDONIE, *Caledonia*, nom donné par les Romains à la partie de l'Ecosse qui est située au N. de la Clyde et du Forth. Les habitants, d'origine celtique, furent écrasés dans une bataille sanglante que leur livra Agricola en 84 après J.-C. ; mais ils ne se soumirent jamais, et harassèrent continuellement les Bretons romanisés. Plus tard on les nomma *Pictes*, parce qu'ils étaient dans l'usage de se peindre ou de se tatouer le corps. Ils s'associèrent aux Scots d'Irlande, qui finirent par les dominer.

CALÉDONIE (Nouvelle-), appelée *Balade* par les indigènes; la française de la Mélanésie (Océanie), dans le Grand océan Pacifique du Sud; entre 20° 40' et 22° 26' de lat. S. et entre 161° 35' et 164° 35' de long. E., à 4,060 kil. S.-E. de Saigon, à 1,000 kil. E. de l'Australie; longue de 360 kil. du N.-O. au S.-E.; large de 58 à 60 kil.; ce qui donne un périmètre de 600 kil. et une superficie de 17,575 kil.; 58,800

hab. en 1876. La population européenne se décomposait ainsi :

Population civile..	3.340
Agents, militaires et leurs familles...............	2.445
Total de la population blanche libre......	5.785
Déportés (condamnés après la Commune)...........	3.461
Transportés (travaux forcés)...........................	5.648
Femmes et enfants des déportés et des transportés.	717
Libérés, etc., astreints à la résidence..........	1.281
Total......................	16.895

En ajoutant à la superficie et à la population de la Nouvelle-Calédonie, celles des îles Loyalti (voir plus bas), nous avons les totaux généraux suivants : 19,720 kil. carr.; et 72,134 hab., dont il faut retrancher 5,000 amnistiés et parents d'amnistiés rentrés en 1880. Il reste donc une population de 67,000 hab., dont 42,000 européens et 55,000 indigènes. Ce dernier nombre nous paraît très exagéré. La population indigène, qui diminue avec une effrayante rapidité, ne doit pas être évaluée à plus de 40,000 hab. — Entourée de roches dangereuses, de bancs sablonneux et de récifs madréporiques, la Nouvelle-Calédonie se trouve protégée contre les tempêtes de la haute mer; mais elle est, par cela même, d'un accès difficile; on n'y parvient que par quelques canaux, et elle a l'avantage de posséder d'excellentes rades, surtout celle de Kuala, à l'est, et celle de Nouméa au sud-ouest. Le long des côtes règnent des collines en amphithéâtre et, à l'intérieur s'étend une chaîne de montagnes dont les sommets atteignent jusqu'à 1,600 mètres. On peut diviser son territoire en trois régions : 1° côte orientale, avec de vastes plaines bien arrosées et propres à tous les genres de culture; 2° côte occidentale, plus escarpée, renfermant des richesses minières et des minerais métallifères; 3° centre montagneux, couvert de forêts et refuge des tribus sauvages. Tout l'intérieur de l'île forme un plateau, composé principalement de terrain crétacé, et surmonté de chaînons ou de pics isolés. Au centre et au sud, le terrain, en grande partie ferrugineux, est accidenté et aride. — Sur quelques points, notamment à Karigou, on trouve la houille, et dans le nord, près du Diahot, on a découvert des gisements aurifères (paillettes et pépites). La principale richesse minérale de l'île paraît être le *nickel*, que l'on exploite aujourd'hui en grand. Des hauts-fourneaux installés à Nouméa, en fondent mensuellement 500 tonnes. Le sud renferme beaucoup de fer chromé et de magnésie, des éruptions serpentines, des schistes ardoisiers et argileux. Le chrome abonde au Mont-d'Or; le porphyre est commun à Palta, le cuivre à Balade, la pierre à bâtir presque partout. L'île compte plusieurs ports : Kamala, Balade, Kuana, Hienguiène, Poébo, Nakety, Saint-Vincent, Port-la-Guerre et la vaste rade de Nouméa, magnifique position maritime, d'un accès facile et parfaitement abritée par la presqu'île Ducos et l'île Nou. — L'île d'une salubrité exceptionnelle, grâce aux vents alizés. De mai à janvier, le temps est beau, la température douce; de janvier à mai, le temps est pluvieux et le vent fort; la thermomètre se maintient presque toujours entre 18° et 32° C.; de mai à décembre il descend quelquefois au-dessous de + 10° C.; mais il ne gèle jamais dans la colonie. Malheureusement, les côtes, surtout dans le sud, sont désolées, en janvier et février, par des cyclones qui durent trois jours. L'île des Pins a un climat encore plus doux que celui de la Nouvelle-Calédonie. — Du sommet des montagnes descendent de nombreuses rivières qui, tombant en cascades, forment, au milieu des forêts, de grands bassins et finissent par se creuser des lits bien définis jusqu'à la mer. Les principaux cours d'eau sont : la Bouaie, la rivière de Saint-Louis, la Dumbéa, la Foa et le Diahot. Parmi les animaux étranges de ces parages, il faut citer la Roussette, le Notu (pigeon géant), le Kagou (poule sauvage du pays). Nulle part, on ne rencontre de bêtes féroces, ni de reptiles dangereux. Nos animaux domestiques s'y sont parfaitement acclimatés. Dans les forêts, on rencontre le kaori (pin colonnaire qui acquiert des dimensions colossales), le niaouli (*melaleuca viridiflora*) et le bois de fer (*casuarina nodosa*). Dans quelques vallées fertiles croissent le cocotier, le bananier, l'arbre à pain, l'igname, le taro, nourriture ordinaire des sauvages, la canne à sucre, etc. Les plaines bien arrosées renferment de riches pâturages où paissent de nombreux troupeaux. — Les procédés agricoles des indigènes sont des plus primitifs; les hommes se contentent de remuer la terre avec des pieux effilés; les femmes écrasent les mottes avec des masses en bois. Du reste les Océaniens vivent de peu; la noix de coco constitue le fond de leur nourriture; ils y ajoutent un peu de viande de porc. Quant à leur industrie, elle consiste dans la fabrication des filets, des frondes, d'armes en bois et en pierres, pour la pêche et la chasse; d'étoffes et de poteries grossières. Sur les côtes, ils se livrent à la pêche du trépang, holothurie comestible que recherchent les gourmets chinois.—Les naturels, ou kanaks appartiennent aux races de la Papouasie; ils sont généralement rebelles à notre civilisation. Quelques-uns recherchent encore la chair humaine. Ils sont divisés en plusieurs tribus ennemies, au milieu desquelles les missionnaires ont formé divers établissements. — Le commerce, encore peu développé et qui atteint à peine six millions de fr., ne se fait guère qu'avec Sydney et consiste en importation de bestiaux et de denrées alimentaires, en exportation d'huile de coco, d'écaille de tortue, etc. — Des postes militaires sont établis à Nouméa, capitale de la colonie, à Bouraï, à l'île Nou, à Païta, au Port-la-Guerre, à Gatope, à Ouagape, à Coétempoé, à Onvanon, à Bondé, à Oubatche, à Kanala, à Yaté, à Nakety, dans la baie de Prony, à l'île des Pins et dans l'île Lifù. — DÉPENDANCES DE LA Nouvelle-Calédonie. De toutes les îles dépendant de la Nouvelle-Calédonie, les plus importantes sont les Loyalti, composées des trois îles principales nommées Maré, Lifù et Uvéa, et de nombreux îlots; 2,447 kil. carr.; 43,335 hab. Ensuite viennent : l'île des Pins (62 kil. de circonférence, 430 kil carr.; 800 hab.), à 10 lieues de la pointe sud de la Nouvelle-Calédonie; les îles Huon et de la Surprise, le groupe de Belep, celui des Néména, les îles Pam, Uen, Nou, du Pin et quelques îlots sans importance. — Hist. Cette grande île fut découverte, en 1774, par le capitaine Cook, qui l'appela Nouvelle-Calédonie en souvenir de l'Ecosse. Elle fut visitée, en 1792, par Bruny d'Entrecasteaux qui la déclara incolonisable. D'après le navigateur, le sol y est couvert d'une végétation languissante; elle est habitée par un peuple maigre, mal charpenté, éloigné de l'agriculture, fanatique, anthropophage et ne se vêtant que par crainte des moustiques. Mais d'Entrecasteaux avait entrevu les côtes seulement; un voyage dans l'intérieur lui eût fait connaître une puissante végétation et une race humaine qui ne le cède en rien à celles de la Mélanésie. Le contact de la civilisation eut une influence fatale sur les peuples de la Nouvelle-Calédonie: l'alcoolisme, la prostitution et ses suites, l'abus du tabac et tous nos vices ont étendu si rapidement leurs ravages que, malgré la salubrité du climat, la phtisie pulmonaire a décimé la population autochtone. En 1843, des missionnaires français, au nombre de cinq, s'établirent dans l'île et furent dévorés par ceux qu'ils auraient voulu faire des prosélytes. En 1851, deux officiers français et treize matelots de l'*Aclmène* subirent le même sort. Les indigènes furent châtiés par l'équipage de l'*Aclmène*; mais cette répression n'ayant pas semblé suffisante, le contre-amiral Febvrier-Despointes prit possession de l'île, le 24 déc. 1853. On y établit

une station pour l'escadre de l'océan Pacifique, puis une colonie pénitentiaire (1863). Les Français eurent à repousser les attaques continuelles des insulaires jusqu'en 1857, époque où les chefs les plus remuants furent faits prisonniers. La colonisation prit ensuite une certaine importance. Les missionnaires créèrent des plantations prospères au milieu des sauvages et convertirent environ 5,000 indigènes. Après les événements de la Commune, la Nouvelle-Calédonie fut désignée par la loi du 22 mars 1872, comme lieu de déportation; la presqu'île Ducos, à 15 kil. par terre de Nouméa, fut affectée aux déportés dans une enceinte fortifiée; l'île des Pins, à 50 kil. S. de la Nouvelle-Calédonie, et l'île Maré, dans le groupe des Loyalti, furent assignés aux déportés simples. Vers la fin du mois de juin 1878, plusieurs tribus kanakes des environs de Nouméa se révoltèrent, brulèrent les villes et les villages, détruisirent les plantations et égorgèrent 90 Européens. Le gouvernement colonial, pris à l'improviste, n'hésita pas à armer les déportés de la presqu'île Ducos et l'insurrection fut étouffée.

CALÉDONIEN, IENNE s. et adj. Habitant de la Calédonie; qui appartient à ce pays. — Quand il s'agit de la Nouvelle-Calédonie, on dit : Néo-Calédonien.

CALÉDONITE s. f. (de *Calédonie*, ancien nom de l'Ecosse). Minér. Combinaison naturelle de sulfate et de carbonate de plomb avec le carbonate de cuivre. Se trouve principalement à Leadhill, comté de Lanark (Ecosse).

CALÉFACTEUR s. m. (lat. *calefacere*, chauffer). Appareil économique pour cuire les aliments, imaginé par Lemare en 1822 et point de départ des fourneaux économiques.

CALÉFACTION s. f. Didact. Chaleur causée par l'action du feu : *cette préparation se fait par une légère caléfaction.* — ◊ Lente évaporation d'un liquide sur une surface fortement chauffée.

CALÈGE s. m. Argot. Fille calée, bien mise.

CALE-HAUBAN ou **Calhauban** s. m. Mar. Cordage qui sert à maintenir le mât de hune.

CALÉIDOSCOPE s. m. Voy. Kaléidoscope.

CALÉIE s. f. Massue qui, chez les anciens, servait à écraser les ennemis de son poids énorme en la lançant au milieu d'eux.

CALEMBOUR s. m. [ka-lan-bour] (d'un certain comte de Kahlemberg, ambassadeur allemand à Versailles, pendant le règne de Louis XIV, et qui fit la conquête des beaux-esprits de la cour par la façon dont il commettait involontairement des équivoques. Non francisé, devenu synonyme de coq-à-l'âne, fut introduit dans le beau langage par le marquis de Bièvre). Mauvais jeu de mots fondé sur une similitude de sons, mais sans égard à l'orthographe : *plats calembours; ne parler qu'en calembours.*

CALEMBREDAINE s. f. Bourde, vains propos, faux-fuyants : *il ne répond à tout ce qu'on lui dit que par des calembredaines.*

CALEN ou **Venturon** s. m. [ka-lain] (rad. *caler*). Mar. Grand carreau que l'on place sur l'avant d'un petit navire, et qui se retire à volonté au moyen d'un contre-poids.

CALENCAR s. m. [ka-lan-kar]. Sorte de toile peinte de l'Indes.

CALENDAIRE s. m. [ka-lan-dè-re]. Ancienne forme du mot calendrier.

CALENDARIO (Philippe), sculpteur italien du XIVᵉ siècle; exécuta les portiques de la place Saint-Marc, à Venise.

CALENDER s. m. [ka-lan-derr]. Nom de certains religieux turcs ou persans, la plupart vagabonds, dont le fondateur, l'arabe Joussouf, se donna le surnom de *calender* (or pur).

CALENDES s. f. pl. [ka-lan-de](lat. *calendæ*). Premier jour de chaque mois chez les Romains : *calendes de janvier; jour des calendes.* — Prov. et fig. Renvoyer aux calendes grecques, remettre une chose à un temps qui ne viendra jamais : cela se dit parce que les Grecs n'avaient point de calendes. — Calendes, se dit aussi de certaines assemblées des curés de campagne, convoquées par l'ordre de l'évêque : *aller aux calendes.*

CALENDRIER s. m. [ka-lan-dri-é] (lat. *calendarium*; de *calendæ*, premier jour du mois chez les anciens Romains). Livre ou tableau qui contient l'ordre et la suite des mois en jours, semaines, mois, saisons et années, avec l'ordre des fêtes religieuses et souvent les lunaisons, les éclipses, les marées et autres phénomènes astronomiques: *consulter le calendrier.* — Ensemble des divisions du temps: *réforme du calendrier.* — Calendrier perpétuel, suite de calendriers calculés sur les différents jours où doit tomber la fête de Pâques. — Bot. Calendrier de Flore, table des diverses époques de l'année où certaines plantes fleurissent. — Lamark a donné le calendrier de la flore de Paris. — Calendrier solaire, celui qui, par l'intercalation d'un jour tous les quatre ans, ramène constamment à la même époque le premier jour de l'année. — Calendrier luni-solaire, celui dont chaque mois commence et finit avec une lunaison, et auquel on ajoute, de temps à autre, un treizième mois pour que l'année se renouvelle vers la même époque. — Calendrier lunaire, celui qui est basé seulement sur les lunaisons, sans tenir compte du cours du soleil. — Calendrier attique. Le calendrier athénien comprenait 12 mois lunaires, commençant le jour où la nouvelle lune se montrait pour la première fois; il y avait alternativement des mois de 29 jours (mois caves) et des mois de 30 jours (mois pleins); tous les deux ans, on ajoutait un mois intercalaire de 30 ou 29 jours et, de temps en temps, on supprimait ce mois pour compenser les erreurs.

MOIS DU CALENDRIER ATTIQUE.

Hekatombæon .... 30 jours.	Gamélion ...... 30 jours.
Metageitnion .... 29 —	Anthesterion ... 29 —
Boëdromion .... 30 —	Elaphebolion ... 30 —
Pyanepsion ...... 29 —	Munychion ...... 29 —
Mœmakterion ... 29 —	Thargelion ...... 30 —
Poseideon ...... 30 —	Skirophorion .... 29 —

Le mois intercalaire était un second *poseideon* inséré vers le milieu de l'année. Chaque mois était divisé en trois *décades*. Le mois d'hekatombœon coïncide à peu près notre mois de juillet. — Les autres peuples de la Grèce avaient des calendriers particuliers au sujet desquels nous manquons de renseignements précis. — Calendrier romain. L'année romaine se composa d'abord de 10 mois : *Martius, Aprilis, Maius, Junius, Quinctilis, Sextilis, September, October, November* et *December*. Quatre de ces mois étaient *pleins* ou de 31 jours; les autres étaient *caves* ou de 30 jours. L'année se composait donc de 304 jours seulement. — Calendrier de Numa. Numa Pompilius, en 713 av. J.-C., établit une année de 355 jours, divisée en 12 mois d'inégale durée, qui furent les 10 déjà nommés ci-dessus, auxquels on ajouta *Janus* et *Februus* (l'un 11ᵉ et l'autre 12ᵉ mois de l'année). Le mois romain était subdivisé en trois parties, au moyen de 3 jours spéciaux. Le premier était appelé *calendes* à cause de l'antique habitude où étaient les pontifes d'appeler (*callare*) le peuple ce jour là, pour l'instruire des fêtes et des jours sacrés qu'il y avait pendant le mois. Le second était *nonæ*, nommé *ides*, tombait le 13 ou le 15. Les *nones* venaient le 9ᵉ jour avant les ides. Les autres jours du mois étaient numérotés à partir de ces 3 jours spéciaux, et l'on disait, par exemple : le 3ᵉ *jour des ides de mars.* — Année julienne. En 46 av. J.-C., Jules César fixa l'année solaire à 365 jours et 6 heures; il introduisit notre arrangement actuel de 3 années de 365 jours, suivies par une de 366, et il divisa l'année à peu près comme elle l'est encore. Le jour additionnel fut donné tous les quatre ans à février, en appelant le 5e jour avant les calendes de mars un second 6e, d'où vient le mot *bissexte* (*bis*, deux fois; *sextus*, sixième). Le calendrier julien était défectueux en ce que l'année solaire se compose de 365 jours, 5 heures, 49 minutes et non de 365 jours et 6 heures; chaque année julienne comprenait donc environ 11 minutes de trop. Au XVIe siècle, cette différence avait produit une erreur de 10 jours; et l'équinoxe du printemps tombait le 11 mars au lieu de tomber le 21. — Calendrier grégorien. Le pape Grégoire XIII, voulant corriger cette erreur, ordonna que le 15 octobre 1582 serait appelé le 15. Pour prévenir toute irrégularité à l'avenir, il fut résolu que l'année terminant un siècle ne serait pas bissextile, à l'exception de celle qui terminerait chaque quatrième siècle. De cette façon, 1700 et 1800 n'ont pas été bissextiles, 1900 ne le sera pas; mais 2000 le sera, ainsi que toutes celles dont les nombres seront divisibles par 400. On retranche donc au calendrier julien 3 jours tous les 4 siècles, parce que 11 minutes par an produisent 3 jours pendant cette période. L'année née de ce calendrier correspond autant que possible à la véritable année solaire. La réformation du calendrier fut aussitôt acceptée en Italie, en Espagne, en Danemark, en Hollande, dans les Flandres, en Portugal et en France. Déjà le roi de France Charles IX avait ordonné en 1564 que l'année commençât, à l'avenir, le 1er janvier. Le *nouveau style* fut adopté en Allemagne en 1584, en Suisse en 1584, en Hongrie en 1587. L'Angleterre conserva le *vieux style* jusqu'en 1752; elle dut alors ajouter 11 jours à son calendrier pour le mettre d'accord avec celui des autres nations: le 3 devint le 14. L'erreur, qui n'était alors que de 11 jours, est aujourd'hui de 12 jours, qu'il faut ajouter aux dates des Russes, des Grecs et des autres peuples orientaux qui ont conservé l'année julienne, pour les mettre d'accord avec notre calendrier. Les anciens Égyptiens, les Chaldéens, les Perses, les Syriens, les Juifs (année civile), les Phéniciens et les Carthaginois avaient fait commencer leur année à l'équinoxe d'automne (vers le 22 sept.); l'année ecclésiastique des anciens Juifs commençait avec l'équinoxe du printemps; celle des Grecs, jusqu'en 432 av. J.-C., commença au solstice d'hiver (vers le 22 déc.), et ensuite au solstice d'été (vers le 22 juin). Au temps de Numa, l'année romaine commençait au solstice d'hiver. Chez les peuples modernes l'année commença longtemps le 25 mars (voy. ANNONCIATION). — Calendrier républicain. Calendrier institué par la Convention, le 5 oct. 1793, et ouvertement établi sur les principes philosophiques. La première année de l'ère républicaine commença à minuit, entre le 21 et le 22 sept. 1792; mais l'établissement de ce calendrier national ne fut pas décrété avant le 4 frimaire an II (24 nov. 1793). Le calendrier républicain exista légalement jusqu'au 10 nivôse an XIV (31 déc. 1805), époque où le calendrier grégorien fut restauré par Napoléon Ier. — Voici comment il était établi:

AUTOMNE.

Vendémiaire.. Mois des vendanges... du 22 sept. au 21 oct.
Brumaire...... — des brumes...... du 22 octob. au 20 nov.
Frimaire..... — des frimas..... du 21 nov. au 20 déc.

HIVER.

Nivôse...... Mois de la neige...... du 21 déc. au 19 janv.
Pluviôse.... — des pluies.... du 20 janv. au 18 févr.
Ventôse.... — du vent.... du 19 févr. au 20 mars.

PRINTEMPS.

Germinal.... Mois de la germination. du 21 mars au 19 avril.
Floréal.... — des fleurs.... du 20 avril au 19 mai.
Prairial.... — des prairies.... du 20 mai au 18 juin.

ÉTÉ.

Messidor.... Mois des moissons.... du 19 juin au 18 juillet.
Thermidor... — de la chaleur.... du 19 juill. au 17 août.
Fructidor.. — des fruits.... du 18 août au 16 sept.

JOURS COMPLÉMENTAIRES OU SANSCULOTTIDES.

Fête de la Vertu...... 17 sept.
— du Génie...... 18 sept.
— du Travail...... 19 sept.
— de l'Opinion... 20 sept.
— des Récompenses.. 21 sept.

Dans les années républicaines VIII, IX, X, XI, XIII et XIV, le 1er vendémiaire tomba le 23 sept.; en l'an XII, il tomba le 24. Le même changement eut lieu, dans les mêmes années, pour brumaire, qui commença le 23 et le 24 oct. au lieu du 22; pour frimaire (22 et 23 nov.); pour nivôse (22 et 23 déc.). A partir de l'an VIII, pluviôse commença le 21 janvier et ventôse le 20 février (le 21 en l'an XII), germinal le 22 mars, floréal le 21 avril, prairial le 21 mai, messidor le 20 juin, thermidor le 20 juillet (le 21 en l'an XII), fructidor le 19 août, et les sansculottides commencèrent le 18 sept. — Chaque mois était de 30 jours et divisé en trois décades. Les jours de chaque décade étaient appelés *primidi*, *duodi*, *tridi*, *quartidi*, *quintidi*, *sextidi*, *septidi*, *octidi*, *nonidi*, *décadi*. Chaque période de 4 ans était nommée *franciade* et était terminée par 6 jours de fête au lieu de 5 (ans III, VII, XI). Le sixième des sansculottides était appelé JOUR DE LA RÉVOLUTION. — Le calendrier républicain a été souvent critiqué. On lui a reproché d'être purement français, ayant pour point de départ un événement particulier à la France (proclamation de la république, le 22 sept. 1792), précisément le jour de l'équinoxe d'automne); il donnait aux mois des noms tirés des phénomènes propres à notre climat. Mais la véritable cause de son abandon fut l'impossibilité de faire adopter la décade en remplacement de la semaine biblique. — Calendriers Orientaux modernes. Dans le calendrier byzantin, qui fut employé, dans l'empire d'Orient, jusqu'à la prise de Constantinople par les Turcs et, en Russie, jusqu'au temps de Pierre le Grand, l'année civile commence le 1er sept.; l'année ecclésiastique tantôt le 21 mars, tantôt le 1er avril. Le calendrier le plus employé aujourd'hui chez les Orientaux est le calendrier musulman, dont l'année, qui est lunaire, ne commence pas d'une manière fixe.

CALENDRIER MUSULMAN.

Moharrem........	mois sacré.........	30 jours
Safar............	....	29 —
Réby-el-Ewwel....	le premier printemps	30 —
Réby-el-Sâni.....	le second printemps	29 —
Djoumadi-el-Ewwel	les premières gelées.	30 —
Djoumadi-el-Sâni.	les secondes gelées..	29 —
Redjeb...........	le respect.........	30 —
Schaban..........	la pousse des arbres.	29 —
Ramadhan.........	la grande chaleur...	30 —
Schewal..........	....	29 —
Dou'lkaadah......	le repos............	30 —
Dou'lhedjah......	le pèlerinage.......	29 —

L'année musulmane est donc de 354 jours. On ajoute un 365e jour dans les années dites *extraordinaires*, qui sont les années 2, 5, 7, 10, 13, 15, 18, 21, 24, 26 et 29 de la période. Alors le dernier mois de l'année compte 30 jours. — Calendrier du berger, poème allégorique, par Edmond Spenser (1579); c'est un recueil de 12 églogues, une pour chaque mois de l'année.

CALENTURE s. f. [ka-lan-tu-re] (esp. *calentura*, fièvre). Maladie qui attaque souvent les marins lorsqu'ils naviguent entre les deux tropiques, et qui cause un délire violent.

CALENZANA, ch.-l. de cant., arr. et à 10 kil. S.-E. de Calvi (Corse), dans un vallon, près de la mer; 2,500 hab.

* CALEPIN s. m. (de *Calepin*, n. pr.). Recueil de mots, de notes, d'extraits, qu'une personne compose pour son usage: *je consulterai là-dessus mon calepin.*

CALEPIN (Ambroise), AMBROGIO CALEPINO, lexicographe et ermite de Saint-Augustin, issu de la famille des comtes de Calepio, né à Bergame en 1435, mort en 1511; auteur d'un grand *Dictionnaire des langues latine, italienne,* etc. (Reggio, 1502, in-8°). Cet ouvrage, sou-

vent réimprimé et augmenté de plusieurs langues, fut pendant longtemps le lexique polyglotte le plus complet. Il comprenait onze langues dans l'édition de Bâle, 2 vol. in-fol., 1581. De là est venu le nom de *calepin* donné à un registre de notes, de renseignements, d'extraits.

° CALER v. a. Baisser. Ne se dit guère qu'en termes de marine, et en parlant des basses vergues, des mâts de hune ou de perroquet: *caler une voile, une vergue, un mât.* — Fig. et fam. CALER LA VOILE, se relâcher de ses prétentions, se radoucir, parler avec moins de hauteur. — Pop. et absol.: *il fut obligé de caler.* — Mettre de niveau ou assujettir au moyen d'une cale: *cales le pied de cette table.* — v. n. Mar. Enfoncer dans l'eau, en parlant d'un navire: *un navire, lorsqu'il est trop chargé, peut caler si bas que sa batterie d'entre deux ponts se trouve noyée.* — ∿ Argot typogr. Attendre après la copie, manquer de copie. — Se caler v. pr. Être calé: *les voiles se calent pendant le mauvais temps.* — Pop. Se CALER LES JOUES, manger.

CALETER v. n. Argot. Décamper, se sauver.

CALÈTES, Caleti ou CALYLI, peuple de l'ancienne Gaule Belgique, près de l'embouchure de la Seine. Cap. Juliobona aujourd'hui *Lillebonne*, pays de Caux (Seine-Inférieure).

CALEUR, EUSE s. Pop. Celui qui cale, qui recule, qui cède. — Mauvais ouvrier qui n'aime pas le travail.

CALFAIT s. m. Instrument qui sert pour calfater. — CALFAIT A ÉCART, celui dont le tranchant est coupé en biseau. — CALFAIT A CLOU, celui dont le tranchant est émoussé. — CALFAIT TORS, celui qui sert à des calfatages particuliers. — CALFAIT DOUBLÉ, celui qui, au lieu d'un tranchant, présente un bord épais sur le milieu duquel est pratiquée une rainure semicirculaire.

° CALFAT s. m. (arabe *kalafa*, boucher). Ouvrier chargé de calfater ou de fermer, dans un navire, tout accès à l'eau qui tend incessamment à y pénétrer durant une traversée. — MAITRE CALFAT, celui qui dirige les travaux du calfatage.

° CALFATAGE s. m. Action de calfater; ouvrage qui en résulte.

* CALFATER v. a. Mar. Boucher avec de l'étoupe les joints, les trous et les fentes d'un bâtiment, et l'enduire de poix, de goudron, etc., pour empêcher que l'eau n'y entre.

CALFATIN s. m. Mousse qui sert de manœuvre au calfat.

* CALFEUTRAGE s. m. Action de calfeutrer une porte, une fenêtre; ouvrage même qui en résulte.

* CALFEUTRER v. a. Boucher les fentes d'une porte, d'une fenêtre, avec du papier, du parchemin collé, ou des lisières, etc., pour empêcher que l'air extérieur n'entre dans une chambre. — Se calfeutrer v. pr. S'enfermer bien exactement.

CALHOUN (John CALDWELL), homme d'État américain, né à Abbeville (Caroline du Sud), en 1782, mort en 1850; fut vice-président des États-Unis, de 1824 à 1832, et ensuite sénateur. Favorable au maintien de l'esclavage, il soutint toutes les prétentions des états du Sud et, par son système de *nullification*, d'après lequel chaque état aurait pu annuler les actes du gouvernement central, il faillit faire éclater, dès 1833, la guerre de Sécession. Ses ouvrages ont été publiés par Richard-K. Crallé (6 vol. New-York, 1853-4).

CALÉ, ville des États-Unis de Colombie (Amérique du Sud). Elle fut prise par les libéraux, le 20 février 1877.

CALIARI (Paul). Voy. VÉRONÈSE (Paul).

CALIBRAGE s. m. Action de calibrer une arme à feu. — Manière de façonner les pièces rondes de poterie ou les creuser selon la forme voulue, à l'aide d'un calibre. — *Typogr.* Action qui consiste à trouver la lettre correspondant, comme épaisseur, à la vingt-cinquième partie de l'alphabet complet. Elle sert à déterminer le nombre de lettres entrant dans une ligne, dans une page ou dans une feuille.

* **CALIBRE** s. m. (lat. *equilibrare*, équilibrer; ou arabe *kalib*, moule). Diamètre intérieur d'un tube quelconque : *calibre d'un tuyau, d'un vaisseau sanguin.* — Arquebus. Modèle en planches très minces d'après lequel on débite les bois qui doivent servir de fûts aux canons de fusil et de pistolet. — Diamètre de l'âme des armes à feu en général, et plus particulièrement des mortiers, des obusiers et des pierriers, le calibre des canons étant indiqué d'ordinaire par le poids des boulets. « Dans les *pièces de siége*, le calibre des pièces de 24 est 0 m. 15254 ; celui des pièces de 16 est 0 m. 13342 ; et celui des pièces de 12 est 0 m. 12123. Dans les *pièces de campagne*, le calibre des pièces de 8 est 0 m. 10602, et celui des pièces de 4 est 0 m. 08402. Il y a des mortiers du calibre de 0 m. 2222, 0 m. 2777 et 0 m. 3333 ; des pierriers de 0 m. 4166, et des obusiers de 0 m. 1666 et 0 m. 2222. Quant aux fusils de munition, le calibre fut longtemps de 0 m. 17 ; mais depuis 1842, il a été porté à 0 m. 18 ». (De Chesnel.) — Par ext. Grosseur du projectile, proportionnée à l'ouverture du pistolet, du fusil, du canon : *cette balle est de tel calibre; balle de calibre ; calibre d'un boulet.* — Instrument qui sert à donner ou à mesurer le calibre : *passer des balles au calibre.* — Archit. Volume, grosseur : *ces deux colonnes sont de même calibre.* — Mar. Modèle fait pour la construction des navires et sur lequel on détermine les proportions. — Profil découpé sur une plaque de métal ou sur une planche de bois, qui sert à trainer les corniches de plâtre ou de stuc. — Technol. Se dit de divers instruments dont la forme diffère, mais qui sont en général destinés à servir de mesure, de moule, ou de patron.— Fig. Qualité, état, etc., d'une personne : *ces deux esprits ne sont pas de même calibre*

* **CALIBRER** v. a. Donner le calibre, la grosseur convenable : *calibrer des balles.* — Mesurer le calibre : *calibrer un mortier.*

* **CALICE** s. m. (lat. *calix*, coupe). Vase sacré où se fait la consécration du vin dans le sacrifice de la messe. — Prov. et fig. *Boire le calice, avaler le calice*, souffrir quelque chose de fâcheux, d'humiliant. On dit aussi, *Boire le calice jusqu'à la lie*, souffrir une humiliation complète, une douleur longue et cruelle, un malheur dans toute son étendue. — Bot. Evasement en forme de coupe et ordinairement de couleur verte, qui, dans beaucoup de plantes, forme l'enveloppe extérieure de la corolle : *calice des fleurs; calice simple, double, commun,* etc.

CALICINAL, ALE, AUX adj. (rad. *calice*). Bot. Qui fait partie du calice.

* **CALICOT** s. m. (de *Calicut*, n. pr.). Toile de coton moins fine que la percale. — ∾ Pop. Commis marchand de calicot. — Par ext. Tout commis marchand de nouveautés; commis marchand dans les magasins de tissus en général.

CALICULAIRE adj. Qui tient du calicule, qui ressemble au calicule. — **PRÉFLORAISON CALICULAIRE**, celle dans laquelle les pièces extérieures de l'involucre ne recouvrent que la base des pièces intérieures, comme dans le séneçon.

CALICULE s. m. (dimit. de *calice*) Bot. Sorte d'involucre qui, ne contenant qu'une fleur, adhère à la base du calice, et qui représente

un second calice, comme dans les mauves et les guimauves.

CALICULÉ, ÉE adj. Bot. Accompagné d'un calicule : *les fleurs de l'œillet sont caliculées.*

CALICUT ou **Kolikod**, ville maritime de Malabar (Hindoustan), à 150 kil. S.-O. de Seringapatam ; 25,000 hab., Musulmans, Portugais, Anglais et Parsies. Elle donna son nom au calicot; mais elle n'en produit plus guère. Elle exporte du poivre, du bois de santal, du gingembre, le cardamome, de la cire, des noix de coco, etc. C'est le premier port de l'Hindoustan qui fut visité par un navigateur européen (Vasco de Gama, 18 mai 1498). Après plusieurs défaites, les Portugais obtinrent en 1513 l'autorisation d'y créer une factorerie fortifiée; en 1616, la compagnie orientale s'y établit. En 1789, Tippoo Sahib détruisit la place, qui devint possession anglaise en 1792.

CALIER s. m. Matelot chargé du service de la cale d'un bâtiment.

* **CALIFAT** s. m. Dignité de calife.

* **CALIFE**, ∾ **Khalife** ou **KHALIFEE** s. m. (arabe *khalif* ou *khalifé*, successeur, vicaire). Titre que prirent les souverains qui exercèrent après Mahomet le pouvoir spirituel et le pouvoir temporel. Le Prophète étant mort sans désigner son successeur, trois partis se disputèrent l'empire musulman (632). A la tête du premier se trouvait Omar qui demandait l'élection d'Abou-Bekr, beau-père de Mahomet, et qui avait l'espoir de lui succéder. Le second parti était dirigé par Ali, gendre du Prophète; le troisième, celui des Médinites, réclamait le trône pour l'un d'eux. Abou-Bekr, qui était très vieux, fut choisi. Omar le remplaça et ensuite Othman, Ali, Hassan et Hossein. Ce dernier fonda la dynastie des Ommiades, (d'Ommiyah son ancêtre) [qui furent les califes de Damas ou d'Orient. Cette dynastie finit en 750, et un descendant d'Abbas (l'un des oncles de Mahomet), fonda la dynastie des Abbassides, qui transportèrent le siége de l'empire à Bagdad. Leur accession fut accompagnée d'une telle cruauté, que le premier d'entre eux reçut le surnom d'*Es-Saffah*, le Sanglant. Abdérame, fils de Merwan II, le dernier des Ommiades, échappa au massacre de sa famille et fonda en Espagne la dynastie des califes Ommiades de Cordoue (756-1031). Les Aliides, réussirent, avec l'aide des Berbères, à établir, dans la N.-O. de l'Afrique, un califat dit des Fatimites, dont le siége fut ensuite transféré en Egypte (909-1171). Les Abbassides furent renversés en 1258 par Houlagou, conquérant mongol. Les premiers successeurs de Mahomet sont appelés les califes parfaits. Les musulmans Sunnites considèrent le sultan des Turcs comme le successeur des califes.

CALIFE DE BAGDAD (Le), opéra comique en 1 acte, paroles de Saint-Just, musique de Boïeldieu, représenté sur le théâtre de l'Opéra-Comique, le 16 sept. 1801.

CALIFORNIE (esp. *Caliente Fornalla*, chaude fournaise, par allusion à la chaleur du climat), nom donné à deux contrées de l'Amérique du Nord. L'une des contrées est appelée particulièrement *Ancienne Californie* et l'autre *Nouvelle Californie* (voir plus bas). — Le nom de Californie se trouve pour la première fois dans les écrits de Bernal Diaz del Castillo, qui servait sous les ordres de Cortez, lors de la conquête du Mexique. Ce nom désignait alors une simple baie de la côte. Francis Drake, qui visita ce pays, l'appela Nouvelle-Albion (1578). Un siècle plus tard, la Californie, considérée comme une île par les explorateurs espagnols, reçut le nom de Islas Carolinas, en l'honneur de Charles II d'Espagne : mais plus tard son nom primitif fut adopté de nouveau. La Basse Californie ou Californie ancienne avait été visitée dès 1535 par Ximenès explo-

rateur espagnol, mais on n'y fonda aucun établissement avant la fin du xvie siècle, époque ou des jésuites missionnaires vinrent s'y fixer. Quant à la Haute Californie ou Nouvelle Californie, on ne connaît rien de précis sur les premiers établissements qui y furent fondés; on croit que la première mission, San Diego, y fut créée en 1768. D'autres missions et des

Sceau de Californie.

presidios y prospérèrent plus tard et le gouvernement fut abandonné aux moines franciscains. Une mission s'établit en 1776 sur la baie de Francisco, découverte en 1770. Après la révolution de 1822, qui chassa les Espagnols de la Californie et du Mexique, de nombreux yankees colonisèrent le pays et, en 1847, se trouvaient les plus nombreux dans la Nouvelle Californie, qui en prirent possession. Le Mexique céda aux Etats-Unis ses droits sur ce pays, moyennant une indemnité de 75 millions de francs. La découverte de l'or, en février 1848, donna naissance à un courant extraordinaire d'immigration, En moins d'une année la population se trouva assez nombreuse pour former un Etat qui fut admis dans l'Union américaine en 1850. — **Basse** ou **Ancienne Californie** (esp. *Baja* ou *Vieja California*), territoire du Mexique, occupant la péninsule qui s'étend de 32° 20' lat. N. jusqu'au cap San Lucas, par 22° 52' lat. N. et 112° 13' long. O.; avec une largeur moyenne de 50 à 250 kil.; borné par la Nouvelle Californie, la rivière Colorado (qui la sépare de l'Arizona et de la Sonora), par le golfe de Californie et par le Pacifique; 159,499 kil. carr.; 23,195 hab. en 1876. La population se compose principalement d'Indiens et de métis qui résident vers la partie méridionale de la péninsule. Capitale La Paz; ville principale Loreto; l'une et l'autre simples bourgades. Côtes basses, sablonneuses, irrégulières, découpées çà et là de baies et de ports, protégées, du côté du Pacifique, par plusieurs petites îles. La péninsule, d'origine volcanique, est traversée par des chaînes montagneuses qui font suite à la Sierra Nevada. Ces montagnes offrent généralement un aspect désolé; mais à leur base croissent des cactus d'une grosseur extraordinaire; et lorsque les vallées sont bien arrosées, elles sont d'une grande fertilité. Le long des lagunes de la côte, on rencontre de bons terrains qui produisent d'abondantes récoltes dès qu'on les irrigue convenablement. Les végétaux cultivés sont le maïs, le blé, les fèves, les pois, les oranges, les citrons, les ananas, la canne à sucre, le cotonnier, etc. Deux variétés de palmiers indigènes à fruits comestibles croissent en abondance. Quelques huîtres perlières se trouvent près des côtes. Le terrain recèle la galène argentifère, l'or, le soufre, le cuivre, le mercure, etc. — **Haute** ou **Nouvelle Californie** (angl. *Upper* ou *New California*), l'un des Etats occidentaux de l'Union américaine, sur l'océan Pacifique, entre l'Orégon, la Névada, l'Arizona et le territoire mexicain de la Basse Californie. Longueur : 1,200 kil.; largeur : 300 kil. Superficie 489,441 kil. carr. — 52 comtés. Capitale, Sacramento ; villes principales : San-Francisco, Oakland, Stockton, San-

José, Los Angeles, Marysville et San-Diégo. En 1831, la population était évaluée à 23,000 hab., non compris les Indiens. Le premier recensement fédéral effectué en 1850, d'une façon très imparfaite, donna une population de 92,597 hab. Deux ans plus tard, la Californie comptait 264,435 hab. La population était de 379,994 hab. en 1860; de 560,247 en 1870, dont 49,310 Chinois et 7,241 Indiens. Il faut y ajouter 21,790 Indiens nomades. Le territoire est couvert par deux grandes chaînes parallèles à la côte; l'une, la plus éloignée de l'Océan, est appelée Sierra Nevada (esp. chaîne neigeuse), et l'autre, Coast Range (angl. chaîne de la côte). La première se détache de la seconde au sud du mont neigeux San-Bernardino. Entre la Coast Range et la Sierra Nevada gît le grand bassin qui porte le double nom de vallées du San-Joaquin et Sacramento, autrefois lac immense, aujourd'hui arrosé par le Sacramento au N. et le San-Joaquin au S. Ce dernier traverse des territoires marécageux et sert de déversoir au grand lac Tulare. 1,100 kil. de côtes peu découpées, offrant les baies ou les ports de San-Diégo, Santa-Barbara, San-Luis Obispo, Monterey, San-Francisco, Tomales, Bodega et Humboldt. — Formation géologique appartenant aux époques palæozoïque et tertiaire. Roches granitiques des âges secondaire et tertiaire. Immense richesse minérale, principalement en or, mercure, argent et cuivre. Sauf de rares exceptions, l'or se rencontre à l'état métallique ou natif, dans les quartz aurifères ou dans les dépôts alluviaux des placers. Les recherches faites en 1848 ont produit 50 millions de francs; le produit le plus élevé fut celui de 1853 (325 millions). La production totale était de 5 milliards en 1876. Ensuite viennent les mines de mercure, lequel est obtenu sous forme de sulfure ou de cinabre ; 20 millions en 1875 (la moitié de la production totale du globe); principales mines : New Almaden, New Idria et Redington. — Climat variant suivant les régions ; mais généralement doux. La Californie est considérée comme l'Italie des États-Unis ; les poitrinaires viennent y chercher du soulagement. La flore californienne comprend les plus grands et les plus beaux conifères de la terre : arbre mammouth, bois rouge, pin à sucre, sapin rouge, sapin jaune, etc., qui atteignent des dimensions incomparables. L'arbre mammouth (sequoia gigantea) mesure quelquefois 100 pieds de circonférence au ras de terre et 350 pieds de hauteur; le bois rouge (sequoia sempervirens), de 15 pieds de diamètre, en moyenne, s'élève à 300 pieds ; le pin à sucre (pinus Lambertiana), un des plus gracieux des conifères, n'a que 12 pieds de diamètre et 300 pieds de haut ; le pin de Douglas (pinus Douglasii); le pin jaune (pinus brachyptera) et le cèdre blanc (libocedrus decurrens) s'élèvent à 200 pieds et ont de 6 à 8 pieds de diamètre. — Le plus gros et le plus formidable des quadrupèdes indigènes est l'ours hideux (ursus horribilis) ; on rencontre en outre dans les vallées, sur les montagnes, dans les forêts ou sur le bord des eaux, l'ours noir, le couguar, le loup, le chat sauvage, le renne, l'élan, l'antilope, le cerf, le lynx, le renard, le blaireau, la marmotte, le lapin, le lièvre, l'écureuil, le raton, etc. On chasse, pour leur fourrure, l'outre, le castor, le rat musqué, le veau marin. Le plus volumineux des rapaces est le vautour de Californie (cathartes Californianus), presque aussi gros que le condor. Parmi les autres oiseaux, on distingue : l'aigle doré, l'aigle chauve, la buse, divers faucons, le gerfaut, le corbeau, la pie, le geai, l'oiseau mouche, les grouses, le courlis, l'oie, le canard, le pingouin, le pélican, l'albatros, etc. Poissons : esturgeon, labrax, maquereau, saumon, huîtres, homards, crabes, etc. — Les voyageurs admirent de nombreuses curiosités naturelles : vallée de Yosemite, avec ses cascades et ses pics; Geysers; ponts naturels.

L'agriculture a fait des progrès merveilleux dans ce pays qui mérite le surnom de « Jardins des États-Unis ». Tous les fruits de la zone tempérée y prospèrent et sont produits en abondance. Outre nos fruits d'Europe, que la Californie exporte dans tout le nord de l'Amérique, elle fournit ceux de la zone tempérée américaine. Les vins, les huiles d'olives, la soie, la laine, le coton de Californie jouissent d'une haute estime. Cette richesse de productions a donné naissance à un immense commerce et à une industrie développée. L'Etat comprend 4,000 ateliers où sont occupés 26,000 ouvriers. Le commerce avec l'étranger est presque entièrement centralisé à San-Francisco. Le territoire est desservi par 2,100 kil. de chemins de fer. — La législature consiste en 80 représentants élus pour 2 ans et 40 sénateurs, pour 4 ans. L'Etat envoie 4 représentants au Congrès. La constitution est considérée comme l'une des plus radicalement démocratiques de l'Union américaine. Tous les juges sont élus; l'instruction est strictement gratuite, laïque et obligatoire; le principal office de la police consiste à veiller à ce que les parents envoient régulièrement leurs enfants à l'école. Les établissements d'instruction supérieure sont nombreux et richement dotés. L'Etat comptait 239 journaux en 1876; il y avait 1,700 bibliothèques, contenant 475,000 vol. Les dénominations religieuses les plus nombreuses étaient : les méthodistes, avec 184 organisations; les catholiques, 160; les presbytériens, 79; les baptistes, 60. Il y avait, en outre, 7 organisations chinoises, possédant 5 édifices religieux. Il n'y a pas en Californie, plus de 10,000 Français; on y compte 30,000 Allemands, et 55,000 Irlandais.

CALIFORNIE (Golfe de), golfe du Pacifique, entre la Basse Californie et les États mexicains de Sonora et de Sinaloa. Environ 1,100 kil. de long, sur 110 à 250 de large. A son extrémité supérieure, il reçoit le Colorado.

CALIFORNIE (Indiens de). Au moment où les Européens découvrirent la péninsule californienne, elle était habitée par deux familles, les Ouékurs au S., et les Cochini au N. La Nouvelle Californie était parcourue par des sauvages appartenant à diverses familles; les uns et les autres étaient au degré le plus bas de l'échelle de l'humanité. Les jésuites, vers 1690, en firent plus tard le dominicains et les franciscains, créèrent des missions qui prospérèrent et qui contenaient 30,000 Indiens en 1834. Le gouvernement mexicain fut fatal aux indigènes ; il n'en restait plus que 4,450 en 1842. Mais à ce nombre il faut ajouter 15,000 sauvages qui refusent d'adopter la civilisation et de se mêler aux blancs.

CALIFORNIEN, IENNE s. et adj. Habitant de la Californie; qui appartient à ce pays ou à ses habitants. — Fam. Riche, opulent, lucratif : une bonne fortune californienne.

* **CALIFOURCHON (À)** (bas lat. calofurcium, fourches, gibet). Loc. adv. et fam. Jambe deçà, jambe delà, comme quand on est à cheval : aller à califourchon. — **Califourchon** s. m. Manie : c'est son califourchon.

CALIGATI, nom que l'on donnait quelquefois aux soldats romains, parce qu'ils faisaient usage de la chaussure appelée calige.

CALIGE s. f. (lat. caliga). Sandale ou bottine garnie de clous pointus que portaient les soldats romains.

CALIGNY (Jean-Anténor Hue de), ingénieur français (1657-1731). Il se distingua dans plusieurs sièges, dirigea la construction du canal de Bourgogne, fortifia Calais en 1692, en inondant le pays, et le général Marlborough profiter de sa victoire à Ramillies.

CALIGULA (Caïus-Cæsar-Augustus-Germanicus), troisième empereur de Rome, né en l'an 13 de notre ère, mort le 26 janvier 61. Il

était le plus jeune des fils de Germanicus, neveu de Tibère, et il passa ses premières années dans les camps, au milieu des soldats qui le surnommèrent Caligula à cause de ses petites demi-bottes militaires. (Voy. CALIGE.) Tibère, dans son testament, nomma son petit-fils Tiberius Gemellus, cohéritier de l'empire avec Caligula; mais le sénat et le peuple ne voulurent pas avoir d'autre maître que ce dernier (37). Les sept premiers mois de son règne furent heureux; à la suite d'une maladie, son caractère changea subitement; il devint insensé; bientôt sa folie tourna à la frénésie sous l'influence de la débauche. Il fit mourir Tiberius Gemellus et les plus riches citoyens de Rome, dont il convoitait la fortune. Il porta le déshonneur dans les familles et dans la sienne propre, inventa des plaisirs où l'immoralité le disputait à l'impiété. Se déclarant dieu, il se bâtit un temple, plaça sa statue de grandeur naturelle en or et s'institua, sous le nom de Jupiter Latiaris, un culte dont il était l'un des prêtres. S'étant pris de passion pour son cheval, il l'éleva au consulat et en fit son collègue. En peu de temps, il dilapida les immenses trésors laissés par Tibère et, pour s'en procurer de nouveaux, il traversa la Gaule, en l'an 40, sous prétexte d'envahir la Germanie, mais en réalité pour extorquer de l'argent aux plus riches habitants. Lorsqu'il eut décimé la population des Gaules, il rentra triomphalement à Rome, où il fit couler des flots de sang : « Je voudrais, disait-il, que le peuple romain n'eût qu'une tête pour la couper d'un seul coup ». Il était sur le point de faire massacrer la moitié des sénateurs et les trois quarts des chevaliers, lorsqu'il fut assassiné par Chéréas, tribun des prétoriens.

CALIGULA, tragédie romantique d'Alexandre Dumas père, représentée sur le Théâtre-Français, le 26 décembre 1837.

° **CÂLIN, INE** s. Niais et indolent. Dans ce sens, on ne l'emploie guère qu'au masculin: c'est un câlin; faire le câlin. (Fam.). — Cajoleur : un petit câlin, une petite câline. — Adj.: homme câlin. On dit aussi : avoir une démarche câline, prendre un air câlin, etc.

° **CÂLINER** v. a. Traiter quelqu'un avec une douceur excessive, le cajoler. — Se câliner v. pr. Demeurer dans l'inaction, dans l'indolence.

* **CÂLINERIE** s. f. Cajolerie. (Fam.)

CALINO, personnage d'un vaudeville joué en 1856, et devenu le type du niais.

CALINOTADE s. f. Naïveté digne de Calino.

CALIORNE s. f. (ital. caliorna, corrupt. de carnale, sorte de palan). Le plus gros et le plus fort des cordages dont on fait emploi dans la marine. Il sert à guinder et à élever de gros fardeaux.

CALIPPE ou **Callippe**, de Cyzique, astronome grec du IVe siècle av. J.-C.; s'associa aux travaux d'Aristote; rectifia et compléta les découvertes d'Eudoxe; imagina la période calippique.

CALIPPIQUE ou **Callippique** adj. Se dit d'une période lunaire d'environ quatre-seize ans, inventée par Calippe pour corriger le cycle de Méton. D'après les calculs d'Ideler, la période calippique commença le 23 juin 330 av. J.-C.

CALISTO ou **Callisto**. Mythol. Fille de Lycaon, roi d'Arcadie, l'une des nymphes de Diane. Aimée de Jupiter, dont elle eut un fils nommé Arcas, elle fut changée en ourse par le roi des dieux, qui espérait ainsi cacher son intrigue à la jalouse Junon. Mais celle-ci poussa Diane à tuer l'ourse. Jupiter la plaça, sous le nom d'Arctos, dans le ciel, où elle forma la constellation de la grande Ourse; son fils devint la petite Ourse.

CALIXTE, nom de trois papes. — I. (Saint),

pape ou évêque de Rome, de 217 à 223; martyr. Fête le 14 oct. — II. (Guido ou **Guy de Bourgogne**), fils de Guillaume le Grand, comte de Bourgogne, né à Quingey, près de Besançon; archevêque de Vienne et légat en France et en Angleterre, élu en 1119, mort en 1126; continua la lutte pour les Investitures, excommunia l'empereur Henri V au concile de Reims, renversa l'antipape Grégoire VIII que protégeait l'empereur, et brisa la puissance des Frangipani et des Cenci. Il finit par conclure avec Henri le *pactum Calixtinum* ou concordat de Worms, qui termina la querelle des Investitures (1122). — III. (Alfonso Borgia) archevêque de Valence, né à Xativa (Espagne), vers 1381, élu en 1455, mort en 1458. L'idée dominante de son pontificat fut l'union de toute la chrétienté en une nouvelle croisade contre les Turcs, qui venaient de prendre Constantinople. Il éleva au cardinalat son neveu Rodrigo Lenzuolo (Borgia), qui fut Alexandre VI.

CALIXTINS s. m. pl. (lat. *calix*, calice), branche de Hussites qui réclamaient pour les laïques la communion « sub utraque », c'est-à-dire sous les deux espèces. On les nomma aussi Utraquistes (lat. *utraque*, dans les deux); ils sont aujourd'hui confondus avec les frères Moraves.

CALIXTINS s. m. pl. Nom donné quelquefois aux partisans de George Callisen.

CALIXTUS. Voy. CALLISEN.

CALI YUGA, ère hindoue du déluge; elle date de 3,101 ans av. J.-C. suivant les uns, de 3,102 suivant les autres.

CALLA s. f. Bot. Genre d'aroïdées, type de scalacées, comprenant des espèces herbacées vivaces dont l'odeur est désagréable et le suc vénéneux. La *calla des marais* (*calla palustris*, Linn.), à spathe blanchâtre et à spadice jaune, a le

Calla d'Ethiopie. (Richardia Africana).

rhizome épais, renfermant un principe âcre et de la fécule qui devient comestible par la cuisson; elle croît dans les Vosges. — La *calla d'Ethiopie*, appelée aussi lis du Nil (*Richardia Africana*), appartient aujourd'hui au genre voisin nommé Richardie, et est très connue en raison de ses grandes spathes d'un blanc pur.

CALLAC, ch.-l. de cant., arr. et à 31 kil. S.-O. de Guingamp (Côtes-du-Nord); 3,500 hab.

CALLACÉ, ÉE adj. Bot. Qui ressemble à une calla.— s. f. Sous-famille d'aroïdées ayant pour type le genre calla.

CALLAH (El-), ville d'Algérie, à 25 kil. N.-E. de Mascara (province d'Oran), sur une montagne. Tapis, burnous. Antiquités romaines.

CALLAÏCI, Callaïques ou **GALLECI,** peuple de l'ancienne Tarraconnaise, qui a laissé son nom à la Galice.

CALLAO [esp. kâl-laô'], principal port de mer du Pérou, sur le fleuve Rimac, à 10 kil. O.

de Lima dont il est le port et à laquelle il est relié par un chemin de fer et un télégraphe; 28,000 hab. La rade, défendue par trois forts, est, de plus, abritée par l'île sablonneuse de San Lorenzo. Jusqu'à ces derniers temps, les maisons étaient, à cause de la fréquence des tremblements de terre, construites en pisé, avec des toits plats et un seul étage. Climat chaud, sec et malsain. Exportation de guano, de nitrate de soude, de borate de chaux, d'opium, de cochenille et de quinquina. La ville fut détruite par des tremblements de terre en 1687 et le 28 octobre 1746. L'amiral espagnol Nunez essaya vainement de bombarder Callao, le 2 mai 1866; les Chiliens s'en emparèrent en 1881.

CALLAS [kal-lâss], ch.-l. de cant.; arr. et à 18 kil. N.-E. de Draguignan (Var); 1,900 hab. Huile, draps; pierres de taille, plâtre.

CALLCOTT. I. (SIR Augustus Wall), paysagiste anglais (1779-1844). Ses œuvres comprennent le « Retour du marché », « le Bac », « les Récoltes dans les Highlands » et « Raphaël et la Fornarina ». — II. (John Wall), son frère, compositeur (1766-1821), a laissé une grammaire musicale (1805).—III. (Maria) épouse de sir Augustus Calcott, femme auteur (1788-1842), a donné le récit de ses voyages dans l'Inde, « Trois mois aux environs de Rome », « Mémoires de Poussin », « Essai sur l'histoire de la peinture », etc.

CALLE (La), petit port d'Algérie, au fond d'une vaste baie; province et à 100 kil. de Constantine; par 36° 55' 55" lat. N. et 6° 6' long. E. 1,000 hab. Centre des pêcheries de corail sur la côte de Barbarie; aux environs, riche mine de plomb et vastes forêts de chênes-lièges. Les Français y eurent, depuis 1594, un établissement qui leur fut plusieurs fois enlevé et qui fut définitivement rétabli en 1837.

CALLEJA (Félix del Rey), CONDE DE CALDERON, général espagnol (1750-1820); commanda au Mexique contre Hidalgo et Morelos, se distingua par sa cruauté, fut nommé vice-roi en 1813 et rappelé en 1816.

CALLENDER (James-Thompson), écrivain politique anglais, né en Écosse, mort en 1803. Exilé pour ses « Progrès politiques d'Angleterre », il se réfugia à Philadelphie, où il attaqua vivement Washington et Adams.

CALLET. I. (Jean-François), mathématicien, né à Versailles en 1744, mort à Paris en 1798, professeur des ingénieurs géographes du dépôt de la guerre, publia, en 1795, une *Table de logarithmes* qui est connue sous son nom. — II. (Antoine-François), peintre d'histoire, né à Paris en 1741, mort en 1823, a représenté plusieurs batailles du premier Empire et a laissé des portraits de souverains et de grands personnages.

CALLEUX, EUSE adj. Où il y a des callosités : *ulcères calleux; mains calleuses*.— Anat. Corps CALLEUX, longue et large bande de substance médullaire qui réunit les deux hémisphères du cerveau.

CALLIAT (Pierre-Victor), architecte et graveur, né à Paris le 1er septembre 1801, mort le 14 janvier 1881. A publié : *Hôtel de ville de Paris* (1846, 27 pl. in-folio) ; *Parallèle des maisons de Paris* (1850, 125 pl. in-folio); *Eglise Saint-Eustache* (1850, 11 pl. in-folio). Fonda en 1850 et dirigea l'*Encyclopédie des architectes*.

CALLICRATE, architecte athénien du ve siècle avant J.-C.; éleva le Parthénon, avec Ictinus.

CALLICRATIDAS, général lacédémonien qui remplaça Lysandre dans le commandement de la flotte péloponésienne contre les Athéniens. Après quelques succès, il fut vaincu et tué près des îles Arginuses (406 av. J.-C.).

CALLIÈRES (François de), diplomate et écrivain, né à Thorigny (Normandie), en 1645,

mort en 1717, fut l'un des plénipotentiaires français qui conclurent la paix de Ryswick; fut reçu à l'Académie française en 1689 ; a publié : *Des mots à la mode et nouvelles façons de parler* ; *Du bon et mauvais usage de s'exprimer* (Paris, 1692, 2 vol. in-12) ; *Du bel esprit* (1695, in-12) ; *Des bons mots et des bons contes* (1692-1699, in-12); *Guerre entre les Anciens et les Modernes* (1688, in-12); *Manière de négocier avec les souverains* (1716, in-12).

* **CALLIGRAPHE** s. m. (gr. *kallos*, beauté; *graphô*, j'écris). Celui qui s'applique à la calligraphie.

* **CALLIGRAPHIE** s. f. Art de bien écrire, de bien former les caractères d'écriture. — Au XIIIe siècle, l'art des copistes et des enlumineurs français, s'échappant des cloîtres, se sécularisa, passa aux mains des calligraphes et des miniaturistes laïques, sous l'influence des universités, et acquit rapidement une incontestable supériorité.

CALLIGRAPHIQUE adj. Qui a rapport à la calligraphie.

CALLIMAQUE. I. Architecte et statuaire de Corinthe, vie siècle avant J.-C. D'après la tradition, il inventa la colonne corinthienne. — II. Grammairien et poète de Cyrène, né à Alexandrie, né à Cyrène, mort vers 240 avant J.-C. De ses œuvres, on n'a conservé que six hymnes et soixante-quatorze épigrammes, publiés par Boissonade, Paris, 1824. Ses Hymnes ont été traduits en vers français par A. de Wailly, Paris, 1843, in-8e et in-12.

CALLINUS D'ÉPHÈSE, le plus ancien poète grec élégiaque, mort vers 700 avant J.-C. On conserve de lui quelques fragments qui ont été traduits en vers français par Firmin Didot.

CALLIOPE (Mythol. gr.), muse de la poésie épique et de l'éloquence, ainsi nommée à cause de la douceur de sa voix ; ses attributs sont une couronne de lauriers, une trompette et des poèmes à ses pieds. — s. f. Planète télescopique découverte le 16 novembre 1852, par l'astronome anglais Hind.

CALLIRRHOÉ, nom donné à plusieurs fontaines de l'antiquité. L'une d'elles, près d'Athènes, porte encore le même nom.

CALLISEN (George), lat. *Calixtus*, théologien luthérien, né dans le Holstein en 1586, mort en 1656, auteur de nombreux ouvrages ayant pour but de concilier les différentes Églises chrétiennes sur la base de la croyance des apôtres. Ses adeptes furent appelés *Syncrétistes* et quelquefois *Calixtins*.

CALLISEN (Hendrik), chirurgien danois (1740-1824). Son ouvrage intitulé *Systema chirurgiæ Hodiernæ* (1798-1800) a été traduit dans toutes les langues. Son neveu, ADOLF-CARL-PEDER, professeur de chirurgie à Copenhague, a publié en allemand un dictionnaire biographique des médecins, chirurgiens, pharmaciens et naturalistes contemporains (33 vol., 1829-'45).

CALLISTÉES ou **Callistéies** s. f. pl. Fêtes de la beauté chez les Anciens. Les femmes qui prétendaient au prix s'assemblaient à Lesbos; les hommes à Eléa.

CALLISTHÈNE, philosophe grec, disciple et neveu d'Aristote, né à Olynthe vers 365, mort en 328 avant J.-C. Ayant accompagné Alexandre en Asie, il se permit plusieurs fois de désapprouver les excentricités de ce conquérant, qui le fit enfermer dans une cage de fer et mettre à mort en Bactriane. Quelques fragments de sa *Vie d'Alexandre* se trouvent dans la collection des auteurs grecs de Didot.

CALLISTO. Voy. CALISTO.

CALLISTRATE. I. Poète athénien du vie siècle avant J.-C., auteur de la célèbre chanson en l'honneur d'Harmodius et d'Aristogiton.— II. Célèbre orateur athénien, membre du parti oligarchique, soutien des intérêts de Sparte, accusateur de Chabrias et de Timothée. En 361 avant J.-C., il fut condamné mort, mais vit commuer sa peine en celle du bannissement. *il se retira en Macédoine, revint sans avoir été rappelé et fut exécuté.*

* **CALLOSITÉ** s. f. Endurcissement et épaississement.de la peau, et surtout de l'épiderme, dans les endroits où ils éprouvent des frottements réitérés : *les callosités se forment ordinairement aux pieds et aux mains.* — Excroissance de chair solide et sèche qui s'engendre sur les bords d'un ulcère.

CALLOT (Jacques), peintre et graveur, né à Nancy vers 1593, mort en 1635. Ses parents ayant combattu son goût pour la peinture, il quitta la maison paternelle, à 12 ans, suivit une troupe de bohémiens en Italie, étudia à Rome, gagna la protection de Cosme II de Toscane, revint en France en 1620 et se rendit célèbre en gravant pour Spinola la *Prise de Breda* et pour Louis XIII la *Prise de la Rochelle*, ainsi que l'attaque et la capture de l'île de Ré. Il excella particulièrement dans le genre grotesque et dans le genre horrible. Le nombre de ses planches excède 1,600, dont 2 pour la Tentation de saint Antoine et 2 séries de la Passion, en 7 planches pour la grande Passion et 12 pour la petite.

* **CALMANDE** s. f. Etoffe de laine lustrée d'un côté, comme le satin.

- * **CALMANT, ANTE**, adj. Qui calme la surexcitation de la douleur. — s. m. Médicament propre à diminuer la douleur, à émousser momentanément la sensibilité. On appelle calmants : les *narcotiques* et les *antispasmodiques*.

* **CALMAR** s. m. (lat. *calamarium*; de *calamus*, plume à écrire). Etui où l'on met des plumes à écrire (vieux). — Moll. Sous-genre de céphalopodes du grand genre sèches, caractérisé surtout par une lame cornée intérieure comparable à un tuyau de plume, et renfermant une vingtaine d'espèces dont trois vivent dans les mers d'Europe. Le *calmar commun* (loligo vulgaris), long de 30 à 40 centimètres, est commun sur les côtes de la Manche. Ses nageoires forment ensemble un

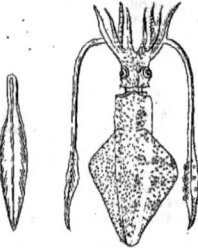

Calmar commun (Loligo vulgaris).

rnombe, au bas du sac; les Anglais l'emploient comme appât pour la morue. Les mers américaines renferment des calmars beaucoup plus grands. En octobre 1873, on vit, près des côtes de Terre-Neuve, un de ces animaux, véritable géant du genre, dont le corps mesurait au moins 3 mètres de long, avec une tête de 75 centimètres. Il attaqua une embarcation qui s'approchait de lui; on parvint à couper, à 3 mètres du corps, un de ses tentacules, qui mesurait environ 6 mètres. — Ces animaux dévorent une multitude de poissons et de crustacés; leur chair est assez estimée.

CALMAR ou Kalmar. — I. District de Gothland (Suède), le long de la mer Baltique et du détroit de Calmar; 14,493 kil. carr.; 237,000 hab. Territoire couvert de lacs, de

collines et de rochers. Vastes forêts de pins et de hêtres. Pêcheries productives. — II. Capitale du district ci-dessus, sur le détroit de Calmar, à 300 kil. S.-S.-O. de Stockholm; 9,500 hab. Elle est construite en partie dans une petite île et possède une belle cathédrale. — Dans le château, qui sert aujourd'hui de prison, fut signé en 1397 le traité ou Union de Calmar qui unit la Suède, le Danemark et la Norvège sous le sceptre de Marguerite de Danemark. — Exportation de fer, d'alun, de bois, de résine, de goudron et de pierres.

* **CALME** adj. (angl. *calm*). Sans agitation, au physique et au moral : *mer calme; esprit calme; homme calme.* — LE MALADE EST CALME, il est sans agitation et sans douleur. — LES AFFAIRES SONT *CALMES, il se fait peu d'affaires. — *w.* Pop. ETRE CALME ET INODORE, se tenir tranquille.

* **CALME** s. m. Cessation complète du vent : *le calme l'empêcha d'avancer.* — *Calme plat*, sans la moindre agitation de l'air ni de la lame. — Tranquillité, absence d'agitation, au physique et au moral : *calme des nuits; rétablir le calme dans un Etat; l'assemblée l'écouta dans le plus grand calme; calme de l'esprit.*

* **CALMER** v. a. Apaiser, rendre calme, au physique et au moral : *calmer les flots, une sédition, les esprits, la douleur.*

... D'où naît votre chagrin ?
Ne puis-je le *calmer* ? Versez-le dans mon sein.
           ANDRIEUX.*Poésies diverses.*

— Absol. : *cela n'est pas propre à calmer.* — Neutr. Devenir calme, en parlant des flots, des vents : *le vent calme, la mer calme.* — Se calmer v. pr. S'apaiser : *la mer se calme; calmez-vous.*

CALMET (DOM Augustin), savant bénédictin de la congrégation de Saint-Vannes, né en 1672 à Mesnil-la-Horgne, près de Commercy, mort à Paris en 1757. Il fut successivement directeur de diverses abbayes de bénédictins. Ses œuvres volumineuses sont souvent incorrectes; mais elles se recommandent par une immense érudition. Ses ouvrages principaux sont : le *Dictionnaire historique et critique de la Bible*, Paris, 1722, 4 vol. in-fol., souvent réimprimé et traduit dans toutes les langues ; un *Commentaire sur l'Ancien et le Nouveau Testament*, Paris, 1707-'16, 23 vol. in-4°, ou 6 vol. in-fol.; une *Histoire de Lorraine*, Nancy, 1728, 4 vol. in-fol. ; une *Histoire universelle*, Strasbourg, 1733-'71, 17 vol. in-4° ; des *Commentaires sur la règle de saint Benoît*, Paris, 1733, 3 vol. in-4°

CALMIR v. n. Devenir calme. Se dit en parlant de la mer et des vents.

CALMOUCK, CKE s. et adj. Voy. KALMOUK.

CALOMARDE (Francisco-Tadeo, COMTE DE), homme d'État espagnol (1775-1842), ministre de la justice sous la junte centrale, secrétaire du conseil des Indes en 1814, banni comme corrupteur, secrétaire de la régence en 1823 et ministre de la justice en 1824. Il rappela les jésuites, rouvrit les couvents et ferma les universités. En 1832, il fut banni de nouveau pour avoir arraché à Ferdinand VII un décret qui rétaurait la loi salique en faveur de don Carlos.

* **CALOMEL ou Calomélas** s. m. [ka-lo-mèl; mé-lass). Ancien nom du protochlorure de mercure sublimé, encore usité en termes de pharmacie. C'est une préparation mercurielle souvent employée comme purgatif ou comme vermifuge (de 60 à 80 centigr. dans du miel ou dans le sirop) ou comme altérant (de 5 à 15 centigr.). On évite de le donner avec des substances acides (confitures, etc.), qui pourraient le transformer en bi-chlorure, et avec des bouillons dont le sel le décompose. Lorsqu'on fait usage de ce médicament, on cherche à obvier à l'inconvénient de la salivation, qu'il détermine facilement, en l'associant avec le jalap ou la scammonée. S'il produit la sali-

vation malgré ces précautions, on donne chaque jour, en plusieurs fois, 2 ou 3 grammes de chlorate de potasse. A l'extérieur, le calomel est employé au pansement des ulcères syphilitiques et de certaines affections de la peau. — Le calomel fut mentionné pour la première fois par Crollius, au commencement du xviiᵉ siècle. Beguin fit connaître, en 1608, la manière de le préparer.

* **CALOMNIATEUR, TRICE** s. Celui, celle qui calomnie.

* **CALOMNIE** s. f. (lat. *calumnia*). Fausse imputation qui blesse la réputation et l'honneur : *fabriquer, forger une calomnie contre quelqu'un; se laver d'une calomnie.* — Se dit quelquefois, absol. des calomniateurs : *être poursuivi par la calomnie.*

CALOMNIE (la), comédie en 5 actes et en prose, par E. Scribe, représentée sur le Théâtre-Français le 28 février 1840.

* **CALOMNIER** v. a. Attaquer, blesser l'honneur de quelqu'un par de fausses imputations: *les méchants sont sujets à calomnier les gens de bien.* — Dénaturer, en parlant des actions, des intentions, etc. : *on a calomnié ses intentions, sa conduite.* — Absol. : *se plaire à calomnier.*

* **CALOMNIEUSEMENT** adv. Avec calomnie.

* **CALOMNIEUX, EUSE** adj. Qui contient une calomnie, des calomnies : *discours calomnieux; accusation calomnieuse.*

CALONNE (Charles-Alexandre de), homme d'État, né à Douai, en 1734, mort en 1802. Il fit un chemin rapide dans la magistrature et vendit les secrets de La Chalotais, dont il était le confident, trahison qui lui valut l'intendance de Metz (1768), puis celle de Lille. Il dut aux intrigues de Mᵐᵉ d'Harvelay, sa maîtresse, l'office de contrôleur général des finances (1783). Trouvant les finances dans un état déplorable et peu soucieux de les rétablir, il produisit une prospérité fictive en contractant d'immenses emprunts et en augmentant les impôts ; mais bien loin de diminuer les dépenses, il ouvrit les caisses à Marie-Antoinette et à la cour frivole de cette princesse. Lui-même se livrait à toutes les dilapidations. A bout de ressources en 1786, reculant devant une banqueroute devenue imminente, il proposa, comme l'avait fait Turgot, l'égale répartition des impôts et convoqua l'assemblée des notables (1787). Ni la noblesse ni le clergé ne voulant partager les charges de l'État, Calonne leur fut sacrifié et se retira en Lorraine, puis en Angleterre. Il tenta vainement de se faire élire député aux états généraux, rejoignit les princes à Coblentz où il fut chargé de la direction de leurs finances, dépensa, en intrigues contre-révolutionnaires, une partie de la fortune de Mᵐᵉ d'Harvelay, fit fabriquer à Londres une masse énorme de faux assignats, parcourut l'Europe, revint en France sous le Consulat, espéra un instant devenir ministre des finances de ce nouveau gouvernement, considéré comme une étape vers la restauration des Bourbons, mais fut repoussé comme trop compromettant.

CALOPHYLLE adj. (gr. *kalos*, beau ; *phullon*, feuille). Bot. Qui a un feuillage élégant ; qui a de belles feuilles. — s. m. Genre de clusiacées, renfermant une douzaine d'espèces d'arbres des régions tropicales. Le calaba, le tacamahaca, etc., sont des calophylles.

CALOPHYLLÉ, ÉE adj. Bot. Qui ressemble, qui se rapporte au calophylle. — s. f. pl. Tribu de clusiacées ayant pour type le genre calophylle.

CALOQUET s. m. (du vieux mot *cdle*, coiffure). Argot. Chapeau.

CALORE, rivière d'Italie, affluent du Volturno. Sur ses rives, les Romains, commandés par Tiberius Gracchus, vainquirent le Carthaginois Hannon.

CALORESCENCE s. f. Phys. Nom donné, en janvier 1865, par l'Anglais Tyndall au phénomène qu'il produisit, lorsqu'il rendit visibles les rayons ultra-rouges du spectre de la lumière électrique, en faisant frapper un de leurs foyers sur une plaque de platine qu'ils chauffèrent à blanc. — Voy. FLUORESCENCE.

CALORGNE adj. Argot. Borgne. On dit aussi *bicalorgne*.

CALORIE s. f. (lat. *calor*, chaleur). Phys. Quantité de chaleur nécessaire pour élever de 1° C. la température de 1 kilog. d'eau. C'est l'unité de mesure pour les quantités de chaleur absorbées ou dégagées par les corps, lorsque leur température augmente ou diminue.

CALORIFÈRE s. m. (lat. *calor*, chaleur; *ferre*, porter). Espèce de grand poêle qui porte la chaleur dans plusieurs parties d'une maison.

CALORIFICATION s. f. Action de produire, de développer la chaleur.

CALORIFIQUE adj. Didact. Qui échauffe, qui produit la chaleur : *rayons calorifiques*.

CALORIMÈTRE s. m. Phys. Instrument qui sert à mesurer la chaleur.

CALORIMÉTRIE s. f. Partie de la physique qui a pour objet la mesure du calorique libre.

CALORIQUE s. m. Chim. Principe de la chaleur : *la glace n'est autre chose que l'eau privée d'une partie de son calorique; calorique rayonnant; calorique libre; calorique latent.*

CALOSIRE s. m. Nom que l'on donnait à des soldats de l'ancienne Égypte qui, avec les *Hermotybes*, composaient la garde particulière du roi.

CALOT. Argot. Teigneux. Mendiant qui, dans l'ancienne Cour des miracles, était chargé du rôle de teigneux.

CALOTROPIS s. m. [-piss] (gr. *kalos*, beau; *tropis*, carène). Bot. Genre d'asclépiadées, tribu des cynanchées, renfermant un petit nombre d'espèces de plantes herbacées ou d'arbrisseaux qui croissent dans l'Asie méridionale.

CALOTTE s. f. (diminut. de *cale*). Espèce de petit bonnet qui ne couvre ordinairement que le haut de la tête, et qui n'est plus guère en usage que parmi les gens d'Église. C'est pourquoi on dit populairement et par dénigrement, *la calotte*, en parlant du clergé.—LE PAPE A DONNÉ LA CALOTTE A UN TEL: il l'a élevé à la dignité de cardinal. On dit mieux : *le pape lui a donné le chapeau*. — CALOTTE A OREILLES, grande calotte qui couvre les oreilles. — Chir. Bonnet, ou par ext., maillot qu'on applique sur la tête, pour le traitement de certaines maladies : *calotte de taffetas gommé, de flanelle, pour les douleurs rhumatismales; calotte de glace*. — CALOTTE, se dit encore de plusieurs autres choses qui ont quelque rapport de forme ou de destination avec une calotte; et particulièrement, en Archit. d'une petite voûte sphérique qui a peu d'élévation. — Anat. CALOTTE DU CRANE, partie supérieure du crâne. — Fig. et fam. LA CALOTTE DES CIEUX, la voûte du ciel : *on ne trouverait pas son pareil sous la calotte des cieux*. — ⁓ Pop. Coup de plat de main sur la tête. — Est devenu synon. de soufflet : *il a reçu une paire de calottes*. — Régiment de la calotte, société de beaux esprits satiriques, fondée en 1702 par de joyeux officiers qui frondaient à l'envi les ridicules de la cour. Ces jeunes gens étant réunis chez M. de Torsac, essuyèrent des gardes du corps, l'un d'eux, en se plaignant d'avoir mal à la tête, dit qu'il avait une *calotte* de plomb, qui le rendait comme fou. Le mot fut relevé; il fut convenu que tous les fous avaient une calotte morale et l'on arrêta, séance tenante, qu'il serait formé un *régiment de la calotte*, comprenant qu'ils le voulussent ou non, tous ceux qui commettraient quelque sottise. La société fit frapper des médailles, adopta un sceau, un éten-

dard, distribua des brevets en vers aux hommes les plus marquants, dès qu'on pouvait leur reprocher une sottise ou un ridicule. Malgré les puissants ennemis qu'elle ne put manquer de se faire, cette société subsista pendant un demi-siècle. Le régent, le roi, les ministres, les cardinaux, les cotillons de la cour, eurent leur brevet; l'Académie forma une compagnie d'invalides dans le régiment; Voltaire fut irrévérencieusement élu grosse-caisse et n'en fut pas satisfait. On se fera une idée de la crudité du style des brevets lorsqu'on saura que Piron en était l'un des rédacteurs. — Le régiment de la calotte se transforma en une espèce de tribunal militaire, moitié grave, moitié bouffon, qui exista extra-légalement dans les régiments. Les plus anciens lieutenants, réunis en conseil, jugeaient les contestations entre officiers, se prononçaient sur les questions d'honneur, etc., et exerçaient une censure fraternelle. Cette institution disparut à la Révolution; elle ressuscita un instant sous le nom de *Camaraderie* et fut prohibée par l'Empire.

CALOTTÉE s. f. Boîte en fer-blanc dans laquelle les pêcheurs à la ligne enferment des asticots.

CALOTTER v. a. Frapper de la main sur la tête. — Est devenu synon. de souffleter : *il a été calotté d'importance.*

CALOTTIN s. m. Ecclésiastique; porteur de la calotte cléricale. Ce mot paraît dater du commencement du XVIII° siècle : *adieu, monsieur le calottin* (Déjeuner de la Râpée, 1750).

CALOTYPIE s. f. (gr. *kalos*, beau; *typos*, empreinte). Procédé par lequel les photographies négatives sont reproduites sur le papier. Le procédé calotype fut inventé, vers 1840, par un amateur anglais, nommé Henry-Fox Talbot. On dit aussi TALBOTYPIE.

CALOV, Kalau ou CALOVIUS (Abraham), théologien luthérien allemand (1612-'86). Fut professeur de théologie à Wittenberg (1650) et s'engagea dans de violentes controverses, particulièrement avec George Callisen.

CALOYER, YÈRE s. m. (ko-lo-ié; iè-re] (gr. *kalos*, beau; *géron*, vieillard). Religieux grec, religieuse grecque de l'ordre de Saint-Basile. On dit aussi CALOGER, CALOGÈRE, CALOGERI. Les principaux couvents de caloyers se trouvent sur le mont Athos et à Pathmos. C'est parmi les moines de ces couvents que sont choisis les évêques et les patriarches.

CALPE ou Kalpe. I. aujourd'hui *Gibraltar*. Nom que l'on donnait dans l'antiquité au rocher de Gibraltar. Cette montagne et celle d'Abyla, située sur la côte d'Afrique, étaient appelées les *Colonnes d'Hercule*. — II. Auj. *Kirpeh*; rivière, promontoire et ville de la côte de Bithynie, entre les rivières Psilis et Sangarius.

CALPEE ou Kalpee, ville de Bundelcund (Inde), sur la Jumna, à 75 kil. S.-O. de Cawnpore; 25,000 hab. Fameuses raffineries de sucre; fabr. de papier.

CALPIN s. m. Art milit. Morceau de peau ou d'étoffe coupé en rond et enduit d'une substance grasse, dont on enveloppait la balle qu'on introduisait dans la carabine.

CALPRENÈDE (La). Voy. LA CALPRENÈDE.

CALPURNIA, fille de L. Calpurnius Pison, épousa César, en l'an 59 avant notre ère, et mourut vers l'an 694 de Rome.

CALPURNIUS FLACCUS, rhéteur latin du II° siècle de notre ère; auteur de 54 *Déclamations* publiées en 1580, par P. Pithou, sous le titre de *Calpurnii Flacci declamationes*.

CALPURNIUS (Titus), poète bucolique latin, né en Sicile au III° siècle de notre ère. On a de lui 11 églogues qui ont été plusieurs fois imprimées. Elles ont été traduites par Cabaret-Dupaty, dans la bibliothèque de Panckoucke.

CALQUE s. m. Trait léger d'un dessin qui a été calqué : *prendre un calque*. — Fig. Toute production de l'esprit qui n'est que l'imitation servile d'une autre : *cet ouvrage n'est qu'un calque de ce qui a déjà été publié sur le même sujet.*

CALQUER v. a. (lat. *calcare*, fouler). Prendre le trait d'un dessin en suivant exactement ses contours avec une pointe, une plume ou un crayon : *calquer à la pointe; calquer à la vitre*. On dit de même : *calquer une lettre pour en faire le fac-simile*, etc. — Fig. Imiter avec exactitude : *cet auteur calque et ne crée pas.*

CALQUOIR s. m. Poinçon dont on se sert pour calquer.

CALTAGIRONE ou Calatagirone, ville de Sicile, à 55 kil. S.-O. de Catane; bien construite, sur le sommet d'une montagne haute de 600 mètres; 23,000 hab.

CALTANISSETTA. I. Province centrale de Sicile, bornée au S. par la Méditerranée; 3,769 kil. carr.; 230,500 hab. Sol très fertile; montagnes au N. Fonderies de fer et fabriques de produits chimiques. — II. Capitale de cette province, dans une plaine élevée, au milieu des montagnes, près de Salso, à 105 kil. S.-E. de Palerme; 22,000 hab. Grande production de soufre dans les campagnes voisines.

CALUIRE-ET-CUIRE, commune à 4 kil. N. de Lyon (Rhône); 9,500 hab. Teintureries, impressions sur foulards.

CALUMET ou Calumick, rivière de l'Indiana (États-Unis); se jette dans le lac Michigan.

CALUMET s. m. (lat. *calamus*, tuyau). Grande pipe, à un tuyau et ornée de plumes, de nattes de cheveux et de coquillages, qui sert à ratifier les traités de paix entre les peuplades indiennes de l'Amérique du Nord. Lorsque les chefs fument au même calumet, c'est un signe d'alliance. Il y a aussi le calumet de guerre que l'on fume au moment de partir pour une expédition.

CALUS s. m. [ka-lû] (rad. *cal*). Soudure naturelle, cicatrice qui réunit les fragments d'un os rompu : *quand on a l'os de la jambe rompu, il ne faut pas se remuer que le calus ne soit fait*. Voy. CAL. — Cal ou durillon qui vient aux pieds, aux mains, aux genoux : *avoir un calus dans la main.* — Fig. Endurcissement d'esprit et de cœur qui se forme par la longue habitude. Se prend ordinairement en mauvaise part : *cet homme est insensible aux misères du prochain, il s'est fait là-dessus un calus.*

CALVADOS [-dôss]. I. Chaîne dangereuse de rochers qui s'étend parallèlement à la côte de Normandie, dans l'estuaire de la Seine. Longueur 40 kil. Principaux récifs : Roches-du-Lion, Quilvot, Essaits-de-Lagrune, îles de Bernières, Roches-de-Fer. Leur nom général de *Calvados* est une corruption de *Salvador*, nom de l'un des vaisseaux composant l'*Armada*. Voy. ce mot. — II. Département formé d'une partie de la basse Normandie (Bessin, Bocage, campagne de Caen, pays d'Auge et Lieuvian) et appelé d'abord *Orne-Inférieure*. Limites : départements de la Manche, de l'Orne, de l'Eure et au N. embouchure de la Seine et Manche. 5,520 kil. carr.; 450,220 hab. Territoire formé de vastes plaines fertiles, que séparent les vallées peu profondes et d'une grande richesse. Cultines peu élevées au S. Point culminant, le mont Pinçon (360 mètres). Côtes peu sinueuses, d'un accès difficile, généralement formées de falaises à pic que la mer ronge sans cesse. Longueur des côtes : 110 kil. La baie de la Seine est encombrée de bancs de sable et de rochers. Principaux cours d'eau : Touques, Dives, Orne, Vire, Seulles, Dromne et Aure supérieure. Houille de Littry; fer de médiocre qualité; ardoises de Curcy et de Castillon; excellente pierre à bâtir de Caen. Grande richesse végétale : céréales, pommes et poires à cidre; légumes de toute sorte. Race bovine renommée de la vallée d'Aure et du pays d'Auge; chevaux normands hauts de taille et pleins de vigueur; volaille. Nombreux poissons sur les côtes. Ch.-l. Caen; 6 arr., 38 cant. et 764 comm. Diocèse de Bayeux et Lisieux, suffragant de Rouen. Cour d'appel, écoles et facultés à Caen. — Ch.-l. d'arr. Caen, Bayeux, Falaise, Lisieux, Pont-l'Evêque et Vire.

CALVADOSSIEN, IENNE, s. et adj. Habitant du Calvados; qui appartient, qui a rapport au Calvados ou à ses habitants.

CALVAERT ou Calvart (Denis), surnommé par les Italiens FIAMMINGO, le FLAMAND, peintre, né à Anvers en 1545, mort à Bologne en 1619; devint chef de l'école de Bologne. Le Guide, l'Albane et le Dominiquin furent ses élèves.

'CALVAIRE s. m. (traduction latine francisée du mot hébreu *Golgotha*, tête chauve). Nom de la montagne arrondie et sans verdure, comme un crâne chauve, sur le sommet de laquelle le bourreau de Jérusalem exécutait les condamnés. Jésus-Christ y subit le supplice de la croix. Le calvaire se trouve un peu au N. de Jérusalem, en dehors des murailles de cette ville. On y arrive par Gethsémani ou jardin des Oliviers et par une rue appelée *Douloureuse*, en souvenir des chutes du Sauveur chargé de sa croix. « On monte sur le Golgotha par 18 marches taillées dans le roc. La surface du mont sacré présente une circonférence d'environ 20 mètres; elle est recouverte de marbre, de porphyre et de lames d'argent. Ce luxe était devenu une nécessité: lorsque le roc était entièrement nu, les pèlerins en enlevaient des parcelles. Deux petits autels apparaissent sur le Calvaire: l'un qui appartient aux Latins, marque la place où mourut le bon larron; l'autre, dont les Grecs ont fait leur propriété, indique le lieu où le Sauveur rendit l'esprit... Le tombeau du Sauveur n'est qu'à quelques pas du Calvaire. » (Poujoulat).— Par ext. Toute élévation où l'on a planté une croix, pour figurer le véritable Calvaire. — **Congrégation du Calvaire,** ordre religieux fondé par le P. Charpentier, en 1634, au Calvaire du mont Valérien, près de Paris. — **Notre-Dame du Calvaire,** ordre de femmes fondé par Antoinette d'Orléans et par le capucin D. Joseph.

CALVERT I. (George), premier lord Baltimore (1582-1632), se convertit au catholicisme en 1624 et perdit, pour ce fait, son emploi de secrétaire d'Etat. L'année suivante, il fut fait baron de Baltimore, dans la pairie irlandaise. Une patente du roi Jacques lui accorda en toute propriété une partie de Terre-Neuve. Il y planta une colonie en 1625 et obtint, en 1632, d'ajouter à ses domaines, les territoires qui forment aujourd'hui le Maryland et la Delaware. — II. (Cecilius), fils et héritier du précédent, deuxième lord Baltimore (1603-'76). Il ne voulut point émigrer en Amérique et abandonna ses vastes domaines à son frère. — III. (Léonard), frère du précédent, premier gouverneur du Maryland (1606-'47), conduisit dans ce pays (1633-'4), une troupe de 200 colons, explora le territoire dont il était propriétaire, eut la base de ses domaines par l'aventurier Clayborne (1645) et parvint à rétablir son pouvoir.

CALVI, ville maritime, place de guerre et ch.-l. d'arr., à 83 kil. N. d'Ajaccio (Corse), sur un promontoire du golfe de Sagone. Port excellent, protégé par le fort Mozzello, qui passe pour imprenable. Embellie par les Génois, la ville de Calvi leur demeura dévouée, ainsi qu'en témoigne cette inscription gravée sur sa porte principale: *Civitas Calvi semper fidelis.* (Cité de Calvi toujours fidèle). Attachée à la cause des Français, elle soutint, contre les Anglais, un siège mémorable de 59 jours; ruinée par un bombardement impi-

toyable, elle fut prise d'assaut, le 10 août 1794; les Français la reprirent en 1796. Commerce de vins, d'huiles, d'amandes, d'oranges, de citrons, etc.; 2,000 hab.

CALVI (Lazaro, 1502-1607; et Pantaleone, mort en 1595), peintres génois qui travaillèrent de concert à Gênes, à Naples et à Monaco. Leur chef-d'œuvre est la « Continence de Scipion ». Dans sa longue carrière de 105 ans, Lazaro, ambitieux et envieux, commit des crimes atroces pour se défaire des peintres ses rivaux.

'CALVILLE s. m. [kal-vi-le]. Variété de pomme: *calville rouge; calville blanc.* Les sous-variétés de calville sont: le *calville d'été,* de la fin de juillet; rond, un peu conique, sujet à devenir cotonneux; le *calville rouge d'automne,* qui se conserve jusqu'en mai, beau fruit lisse, luisant, rouge foncé du côté du soleil, chair rouge qui devient verdâtre autour des pépins; saveur sucrée, avec un léger parfum de violette; *calville blanc d'hiver,* de décembre; se conserve jusqu'en mars; très beau fruit à côtes saillantes; peau jaune pâle; chair blanche, tendre et sucrée.

CALVIN (Jean), Cauvin ou CHAUVIN, latinisé en CALVINUS, fondateur de la Réforme en France, né à Noyon, le 10 juillet 1509, mort à Genève le 27 mai 1564. Soigneusement élevé pour l'état ecclésiastique, il reçut un bénéfice à l'âge de douze ans, continua ses études à Paris, fut nommé à la cure de Marteville (1527), puis à celle de Pont-l'Evêque (1529). Sur ces entrefaites, son père ayant changé de vues, l'envoya étudier le droit à Orléans, sous le fameux Pierre de l'Etoile. Initié par son compatriote Robert Olivétan, aux nouvelles doctrines, il fut encouragé, à Bourges, par Melchior Wolmar, dans les principes de la Réforme. Devenu libre, à la mort de son père (vers 1530), il se voua entièrement à la théologie, se rendit à Paris pour y soutenir les idées nouvelles et y publia à ses frais (avril 1532) une édition *De la Clémence,* de Sénèque, avec des commentaires qu'il dédia à François Ier, pour essayer de l'amener à traiter moins durement les novateurs. L'année suivante, il prononça un sermon qui fut condamné en Sorbonne. Ne se trouvant plus en sécurité à Paris, il s'enfuit à Angoulême, chez son ami du Tillet, puis à Nérac, auprès de Marguerite de Navarre, dont la cour était ouverte à tous les persécutés. Cet appui venant à lui manquer, il se sauva à Strasbourg (1535), et ensuite à Bâle. C'est dans cette dernière ville qu'il publia, en 1536, son ouvrage latin: « Institution de la religion chrétienne » (*Institutio christianæ religionis*), dont le but était de défendre les réformés français de l'accusation qui pesait sur eux de méditer un mouvement insurrectionnel anabaptiste. Ce livre lui valut une réputation européenne; il le traduisit en français. Ce fut le manifeste de la Réforme, le code religieux des novateurs en France. Calvin y établit un système de théologie basé sur la souveraineté de la volonté divine et comprenant, comme parties intégrantes, ses doctrines sur la prédestination, sur l'élection et sur la réprobation. La préface latine de l'édition originale, dédiée à François Ier, fut considérée comme un modèle d'introduction. De Bâle, Calvin se retira à Ferrare, à la cour de Renée, fille de Louis XII. Chassé de cet asile par l'inquisition, il revint en France, y fut recherché et s'enfuit à Genève (août 1536). Le culte réformé avait déjà été introduit dans cette ville par Farel, qui garda Calvin en qualité d'assistant. Son intention était d'abord d'enseigner la théologie seulement, mais dès son premier sermon, la foule fut si considérable et si enthousiaste qu'il se crut obligé d'accepter l'office de pasteur. Associé à Farel et à Viret, il entreprit d'organiser l'Eglise réformée; il composa un catéchisme et une confession de

foi qui fut approuvée par les magistrats de la ville. Mais il voulut établir des lois somptuaires, prohiber les jeux de hasard et les danses licencieuses; ces mesures réformatrices excitèrent une vive opposition; il fut banni en 1538, ainsi que son ami Farel. Il trouva un asile à Strasbourg, où une église et se remit à ses soins. C'est dans cette ville qu'il épousa Idelette de Bures, en 1540. Au mois de septembre de l'année suivante, il rentra à Genève, à la sollicitation des magistrats, qui prirent l'engagement de se soumettre à sa discipline. Il put appliquer ses doctrines politiques qui sont la domination de l'Eglise sur l'Etat. On le surnomma le *pape de Genève,* parce que jamais pape n'eut une autorité temporelle plus absolue que la sienne. Le système presbytéral, qu'il inaugura, devint un modèle pour les Eglises réformées. Le consistoire (ou presbytère, comme on disait en Angleterre et en Ecosse), composé deux fois autant de laïcs que d'ecclésiastiques, absorba le pouvoir du conseil général élu par le peuple et étendit son pouvoir inquisitorial sur toute la population. Il ne punissait que par l'excommunication; mais il obtenait facilement du pouvoir civil des châtiments plus terribles. Le culte fut ordonné avec une extrême simplicité, de façon à exclure tout ce qui pouvait se maintenir qu'à l'aide d'un despotisme basé sur une armée permanente. De fréquentes collisions eurent lieu entre le consistoire et le conseil, parce que, dans ce dernier, l'autorité de Calvin était bien loin d'être absolue. Malgré l'opposition des laïcs, surnommés les Libertins, et celle de plusieurs adversaires théologiens, le pape de Genève maintint son influence jusqu'à sa mort. Aussi intolérant que les catholiques, il fit brûler à Genève, en 1553, Gentili et Michel Servet qui soutenaient des opinions contraires aux siennes sur les mystères de la Trinité. Il montra jusqu'au dernier jour, une activité extraordinaire, enseigna la théologie à une foule d'étudiants qui accoururent d'Ecosse, de Hollande et d'Allemagne, fit de Genève un foyer d'où la Réforme rayonna sur toute l'Europe, devint le conseiller de toutes les Eglises protestantes, entretint une immense correspondance, écrivit de nombreux ouvrages et des commentaires sur presque toutes les chapitres de la Bible, sans que ce labeur considérable lui fit négliger ses prédications journalières ni la part active qu'il prenait au gouvernement de la ville, comme membre du conseil souverain. La meilleure édition de ses œuvres a été publiée en 1667, à Amsterdam, 9 vol. in-fol. Sa biographie a été écrite par Guizot (*Musée des Protestants célèbres*).

'CALVINISME s. m. Doctrine de Calvin; secte qui suit cette doctrine.

'CALVINISTE s. et adj. Celui ou celle qui suit la doctrine de Calvin. Les calvinistes se séparèrent formellement des luthériens après la conférence de Poissy en 1561, parce qu'ils rejetèrent de la plus absolue le dixième article et plusieurs autres de la confession d'Augsbourg; c'est à ce moment qu'ils prirent le nom de calvinistes. Leur histoire se confondit ensuite avec celle de la guerre civile qui déchira la France jusqu'à l'avènement d'Henri IV. Ce prince, qui, abandonna leur religion pour entrer à Paris, leur assura la liberté de conscience par l'*Edit de Nantes* (1598). Voy. EDIT DE NANTES, HUGUENOTS, etc. Leur principale place de sûreté fut la Rochelle, où ils fondèrent une république indépendante, détruite par Richelieu. Leur défaite au point de vue militaire amena leur anéantissement. Persécutés sous Louis XIV, ils n'eurent même plus le droit de conserver leur religion après la révocation de l'édit de Nantes (22 oct. 1685).

Ceux d'entre eux qui appartenaient à la noblesse, à la bourgeoisie, à l'industrie et au commerce passèrent à l'étranger, où ils portèrent la civilisation française; mais les paysans furent exterminés par les dragonnades ou périrent sur les galères. Cette persécution ne cessa pas avant la Révolution. On compte en France 470,000 calvinistes; leur secte s'est répandue en Suisse, en Hollande, en Allemagne, en Angleterre et aux Etats-Unis, où elle a de nombreux adeptes.

CALVINUS (L.-Sextius), consul romain qui défit les Salluvii et plusieurs autres peuples de la Gaule Transalpine(124 av. J.-C.)et fonda l'année suivante la colonie d'*Aquæ Sextiæ* (Aix).

CALVISIUS ou Kalwitz (Sethus), musicien allemand (1556-1615), directeur des écoles musicales de Pforta et de Leipzig, auteur de plusieurs ouvrages sur la musique, la chronologie et la grammaire latine.

CALVISSON, village, arr. et à 25 kil. S.-O. de Nîmes (Gard); 2,500 hab. Eglise consistoriale calviniste; bons vins blancs dits de Clarette.

CALVITIE s. f.[kal-vi-sî](lat.*calvus*,chauve). Etat d'une tête chauve, effet de la chute des cheveux : *la calvitie est ordinairement causée par la vieillesse ou par la maladie.*

CALVUS (Caïus-Licinius Macer), orateur et poète romain, fils de l'annaliste du même nom, né en 82 av. J.-C., mort vers 47. A laissé 21 discours dont il ne reste que des fragments.

CALW ou Kalw [kâlve], ville de Wôrtemberg, sur le Nagold, à 35 kil. S.-O. de Stuttgart; 4,750 hab. Jolie maison de ville ; centre du commerce des bois provenant de la forêt Noire. Les anciens comtes de Calw étaient les plus riches et les plus puissants seigneurs de Souabe.

CALYCANDRIE s. f. (gr. *kalyx*, calice ; *anér*, mâle). Bot. Classe de plantes dont les étamines sont insérées au calice.

CALYCANTHE s. m. (gr. *kalux*, calice ; *anthos*, fleur). Bot. Genre de calycanthées, dont le calice coloré ressemble à une corolle; comprenant plusieurs espèces d'arbrisseaux aromatiques originaires de l'Amérique septentrionale et très bien acclimatés chez nous, où on les recherche à cause de leur élégance et de l'odeur suave de leurs fleurs. Les calycanthes viennent dans tous les terrains, pourvu qu'ils soient exposés au nord et humides.

CALYCANTHÉ, ÉE adj. Bot. Qui ressemble ou qui se rapporte aux calycanthes. — s. f. pl. Petite famille de plantes dicotylédones dialypétales pérygines, détachée de la famille des rosacées, et qui a pour type le genre calycanthe.

CALYDON, ville de l'ancienne Etolie, célèbre dans les légendes héroïques de la Grèce par un sanglier énorme que tua Méléagre. Auguste transporta à Nicopolis les habitants de Calydon, et l'on ne sait plus exactement où se trouvait cette ville.

CALYPSO, fille d'Atlas ou de l'Océan et de Téthys, nymphe de l'île d'Ogygie, dans la mer Ionienne. Lorsque Ulysse fit naufrage sur les rochers qui environnaient son île, elle le recueillit, l'aima, eut deux enfants de lui et le garda pendant 7 années. Elle essaya vainement de le retenir davantage en lui promettant l'immortalité. Sur l'ordre formel de Jupiter, elle le laissa partir et ne tarda pas à mourir de chagrin.

CALYPSUS. Voy. OGYGIS.

CAM ou Granta, rivière du Cambridgeshire, (Angleterre). Elle arrose Cambridge.

CAM (Diogo), navigateur portugais du XVe siècle. Accompagné de l'astronome Martin Behaim,il entra en communication avec les peuples du Congo (1484) et conduisit en Portugal un ambassadeur du roi nègre de ce pays. Cam est quelquefois nommé JACOBO CANO.

° **CAMAÏEU** s. m. (ar. *kamaa*, relief). Pierre fine de deux couleurs. — Peinture monochrome sur un fond de même couleur, mais d'une nuance plus foncée : *peindre en camaïeu; les camaïeux imitent les bas-reliefs de pierre, de bronze, de porphyre, etc.* — ⁓ Fig. Pièce écrite dans le même style d'un bout à l'autre.

° **CAMAIL, AILS** s. m. [ka-maî; *l* mll.] (Vieux franç. *cap*, tête; *mail*, armure). Petit manteau qui couvre depuis les épaules jusqu'à la ceinture, et que les évêques et autres ecclésiastiques privilégiés portent par-dessus le rochet dans les cérémonies. — Habillement qui couvre la tête et les épaules jusqu'à la ceinture, et que le clergé porte en hiver.

° **CAMALDULE** s. m. Religieux d'un ordre fondé en 1012, par le moine bénédictin saint Romuald, dans la vallée de Camaldoli (Toscane): — Les Camaldules subsistèrent en Italie jusqu'à la suppression des ordres religieux ; ils se réfugièrent en France et furent, au nombre de 4, expulsés en 1880. — s. f. Religieux d'un ordre fondé en 1086 — Maison de l'ordre des camaldules : *il y avait une camaldule près de cette ville.*

CAMARA s. f. Petit navire ne pouvant contenir au delà d'une trentaine d'hommes et dont se servaient les pirates grecs.

° **CAMARADE** s. (esp. *camarada*) Compagnon de profession, celui qui vit avec un autre et fait le même métier, les mêmes exercices. Ne se dit guère qu'entre soldats, comédiens, écoliers, valets, etc: *camarades d'école, de collège, de lit, de chambrée; un bon camarade, une bonne camarade.* — CAMARADES DE VOYAGE, DE FORTUNE, DE MALHEUR, etc., se dit de gens qui voyagent ensemble, qui éprouvent ensemble les mêmes vicissitudes, les mêmes malheurs, etc. — CAMARADE, est aussi un terme de familiarité qu'on emploie quelquefois envers des personnes fort inférieures : *Camarades, suivez-moi !*

° **CAMARADERIE** s. f. Familiarité, union qui existe entre camarades : *cette camaraderie ne sera pas de longue durée.* (Fam.) — Sorte d'entente qui existe entre diverses personnes unies par des rapports d'âge, d'amitié, de profession ou d'intérêts pour se soutenir et se prôner mutuellement : *son succès est dû à la camaraderie.*

CAMARADERIE (La) ou la COURTE ÉCHELLE, comédie en 5 actes et en prose par E. Scribe, représentée sur le Théâtre-Français, le 29 janv. 1837 ; c'est une satire politique qui obtint un grand succès.

° **CAMARD, ARDE** s. Camus, qui a le nez plat et écrasé : *femme camarde ; nez camard.* (Fam.) — Pop. LA CAMARDE, la mort. — BAISER LA CAMARDE, mourir.

CAMARÈS ou Pont-de-Camarès, ch.-l. de cant.; arr. et à 35 k. de Saint-Affrique (Aveyron), sur le Dourdou; 1,700 hab.

CAMARET, village et port, près de l'embouchure de l'Aulne et de la presqu'île de Crozon, à 40 kil. N.-O. de Châteaulin (Finistère); 1,200 hab. Pêche de sardines; cabotage.

CAMARGO (Marie-Anne CUPPI, dite) célèbre danseuse, née à Bruxelles en 1710, d'un père flamand et d'une mère espagnole; morte en 1770. Elle régna à l'Opéra de Paris, de 1726 à 1751

CAMARGUE (La), *Castra Mariana*, vaste delta, situé entre le grand Rhône et le petit Rhône (Bouches-du-Rhône), et formé d'un mélange limoneux de silice, d'alumine, de débris calcaires et d'oxyde de fer, le tout recouvert d'une couche d'humus sans pierres ni galets; 73,000 hectares. Quelques parties, sur le bord du fleuve, sont cultivées; ailleurs, on ne rencontre que des marais, des étangs et des pâturages où vivent de grands troupeaux de chevaux, de bœufs et de moutons à demi-sauvages. Les principaux étangs sont ceux de Berre et de Valcarès. On donne le nom de *petite Camargue* au delta compris entre le petit Rhône et le Rhône mort.

° **CAMARILLA** s. m. [ka-ma-ril-la] (esp. *petite chambre*; diminutif de *camara*, chambre). Conseil privé d'un prince, d'un souverain, en dehors des constitutions, et composé presque toujours de courtisans intimes ou de compagnons de plaisirs. — Influence que les familiers d'un souverain exercent dans le gouvernement.

CAMARINA, ancienne ville de la côte méridionale de Sicile, fondée par les Syracusains vers l'an 600 av. J.-C. Elle fut détruite par les Sarrasins vers l'an 800.

CAMBACÉRÈS (Jean-Jacques RÉGIS DE [-rèss] homme d'Etat français, né à Montpellier en 1753, mort à Paris en 1824. Membre de l'Assemblée législative, puis de la Convention, il vota la culpabilité de Louis XVI, avec suspension de son exécution jusqu'à la signature de la paix, à moins d'invasion de la France par les étrangers. Plus tard, président du comité de salut public, après la chute de Robespierre, il essaya de mettre un terme au règne de la terreur. Dans le conseil des Cinq-Cents, il renouvela ses efforts en faveur d'un code civil favori, qui servit de base au *Code Napoléon*. Il fut ministre de la justice sous le Directoire et le Consulat, devint 2e consul, archi-chancelier de l'Empire, duc de Parme, et président des pairs pendant les Cent-Jours. La Restauration l'exila jusqu'en 1818. Il a laissé des *Mémoires.* Sa gourmandise était proverbiale.

CAMBARDI (Mathilde CHAMBARD, dite La), cantatrice, née à Lyon en 1833, morte à Vichy en 1864.

CAMBAY. I. Ville de Guzarate (Inde), capitale de l'état indigène du même nom, à l'embouchure du fleuve Mahee dans le golfe de Cambay, à 120 kil. N.-N.-O. de Surate; environ 10,000 hab. — II. (Golfe de), baie de l'océan Indien, sur la côte occidentale de l'Hindoustan, large de 50 kil. à son embouchure, longue de 120 kil. A marée basse, elle est presque à sec. Elle reçoit le Taptee, la Nerbudda, le Mahee, etc.

CAMBERT (Robert), musicien, né à Paris, vers 1628, mort en 1677. Il collabora avec l'abbé Perrin à plusieurs ouvrages lyriques.

CAMBIAL, ALE, ALS, adj. Qui a rapport au cambium.

CAMBIASO (Luca), surnommé LUCHETTO DA GENOVA, peintre génois (1527-'85). Ses chefs-d'œuvre sont le « Martyre de saint Georges » et l' « Enlèvement des Sabines ». Il se fixa en Espagne en 1583.

CAMBINI (Giuseppe), compositeur et musicien, né à Livourne en 1746, mort vers 1832. Il s'établit à Paris en 1770, produisit des *symphonies* et des *quatuors* très goûtés. Ses opéras sont oubliés. Il mourut dans la misère.

° **CAMBISTE** s. m. (ital. *cambio*, je change). Celui qui fait sur la place le commerce des lettres de change. On dit maintenant, *agent de change.*

CAMBIUM s. m. [kan-bi-omm] (bas lat. *cambio*, je change). — Bot. Suc nutritif des végétaux. — Tissu en voie de formation lorsqu'il est encore mou et gélatineux. — Tissu nouveau qui se forme tous les ans entre le bois et l'écorce et qui se change en deux couches, l'une ligneuse, l'autre corticale.

CAMBO, station minérale, arr. et à 18 kil. S.-S.-E. de Bayonne (Basses-Pyrénées), sur la Nive ; 1,500 hab. Etablissement thermal.

Traitement de l'état d'inertie, de langueur consécutive aux longues maladies. Trois sources, l'une ferrugineuse, l'autre alcaline et la troisième sulfurée calcique.

CAMBODGE, royaume de l'Indo-Chine, sous le protectorat de la France, borné par les royaumes de Siam et d'Annam, par la Cochinchine française et le golfe de Siam. 83,861 kil. carr.; 950,000 hab., dont 60,000 Annamites, 40,000 Chinois, 40,000 Siamois et Laos, environ 10,000 individus appartenant aux tribus des montagnes. Le principal port du royaume se trouve dans la vallée du Mé-Kong ou rivière de Cambodge; les parties orientales et occidentales sont occupées par des chaînes de montagnes. Le Cambodge produit presque tous les fruits des tropiques. Le cotonnier et la canne à sucre couvrent de vastes espaces cultivés; le tabac, le poivre et le bétel donnent de riches produits. Les bois de teinture et de menuiserie forment les principaux articles d'exportation. Parmi les animaux indigènes, nous citerons : le tigre, le rhinocéros, le tapir et l'éléphant, qui est domestiqué. — De même que les Annamites, les Cambodgiens forment la transition entre la race mongole et la race malaise. Leur costume pour les deux sexes consiste en une simple tunique de soie ou de coton. Ils sont de mœurs simples, paisibles, d'un caractère facile, patient et de manières courtoises. L'esclavage règne partout et le tiers des habitants ne jouit pas de sa liberté. La nation est soumise à une monarchie absolue. Capitale Panomping ou Namwang, ville contenant à peu près 50,000 hab., au confluent du Mé-Kong et du Touly-Sab. — Hist. L'obscurité la plus complète règne sur l'histoire du Cambodge dans l'antiquité. On sait seulement qu'il fut habité primitivement par les Kmers et qu'il devint le centre d'une brillante civilisation dont on admire les restes splendides dans les ruines d'Angcor, situées au nord d'un grand lac, hors des limites du royaume actuel. Au xviiᵉ siècle, le pays fut envahi par les Annamites et divisé en Cambodge proprement dit et en basse Cochinchine. En 1787, le roi de Cochinchine, Gya-Long, ayant été détrôné par une révolution, obtint, grâce à l'intermédiaire de plusieurs missionnaires, un secours du roi de France. Plusieurs officiers français, accourus à son service, lui firent recouvrer sa couronne, et lui donnèrent, en outre, tout le Cambodge et l'Annam. Les successeurs de Gya-Long, devenus empereurs d'Annam, oublièrent ses engagements envers la France; ils persécutèrent les missionnaires et ne nous livrèrent pas les territoires qui nous avaient été promis, en échange de notre concours. La France, toujours occupée ailleurs, ne put réclamer d'une manière efficace avant 1860. Elle dut combattre et s'empara de la basse Cochinchine, en 1862; elle établit son protectorat sur le Cambodge en 1863 et elle le fit accepter définitivement en 1874. Voy. Aymonnier : *Géographie du Cambodge* (1876).

CAMBOLER v. n. Argot. Tomber.

CAMBON (Joseph), révolutionnaire, né à Montpellier en 1754, mort en 1820. Il proclama la République dans sa ville natale en 1791, fut l'un des promoteurs, à l'Assemblée législative en 1792, de la confiscation des biens des émigrés. A la Convention, il vota l'exécution immédiate de Louis XVI et au comité de Salut public, il fit de grands efforts en faveur des Girondins. Bien qu'il eût toujours lutté contre Robespierre, il fut accusé, malgré toute évidence, d'être son complice ; il s'enfuit à Bruxelles, où il passa le reste de ses jours. On le considère comme l'organisateur de notre système financier.

CAMBORNE, ville de Cornouailles (Angleterre), à 20 kil. O.-N.-O. de Falmouth; 7,800

85

habitants. Riches mines de cuivre et d'étain aux environs.

* **CAMBOUIS** s. m. (prov. *camois*, boue). Vieux oing devenu noir par le frottement des essieux, des roues, des axes des machines qui en ont été graissés : *tache de cambouis*.

CAMBRAI, *Cameracum*, ville forte, ch.-l. d'arr., archevêché, à 50 kil. S. de Lille (Nord), sur un bras de l'Escaut et à l'origine du canal de Saint-Quentin; 23,000 hab. *Magnifique* esplanade, monument élevé à Fénelon, célèbres fabriques de toiles, de batistes, de mousselines, de sucre. Patrie de Monstrelet et de Dumouriez. — Cameracum était l'une des principales villes des Nervii, lorsque César en fit la conquête. Pendant le moyen âge, Cambrai fut la capitale d'un prince-évêque, sujet de l'empereur. Du xᵉ au xivᵉ siècle, les Cambraisiens luttèrent contre ce seigneur ecclésiastique pour obtenir et conserver leur commune. Louis XI occupa un instant leur ville (1477-'8). A Cambrai fut formée, le 10 décembre 1508, la ligue entre le pape Jules II, l'empereur Maximilien, Louis XII de France et Ferdinand d'Espagne, contre la république de Venise. C'est encore à Cambrai que fut signée, le 5 août 1529, la *paix des dames*, qui avait été négociée par Louise de Savoie, mère de François Iᵉʳ, et Marguerite d'Autriche, tante de Charles-Quint. Le roi de France épousait Eléonore, sœur de l'empereur, gardait la Bourgogne, la Picardie, le Mâconnais, l'Auxerrois, Bar-sur-Seine, les villes de la Somme; mais il cédait à l'Espagne : Hesdin, Asti, le royaume de Naples, et payait 2 millions d'écus d'or pour la rançon de ses fils captifs. Louis XIV enleva Cambrai aux Espagnols en 1677. Un traité y fut conclu, en 1724, entre l'empereur Charles VI et Philippe V d'Espagne. Le général autrichien Clairfait investit la ville, le 8 août 1793, et somma le général républicain, Declay, qui répondit : « *Capituler?* je ne sais pas ce que ce mot-là signifie; j'ai interrogé mes soldats qui ne connaissent que le verbe *se défendre* ». La ville résista et fut délivrée le 10 septembre.

* **CAMBRÉ, ÉE** part. passé de CAMBRER. — TAILLE CAMBRÉE, taille arquée. — Qui a la taille cambrée : *un officier bien cambré*.

CAMBREMER [kan-bre-mèrr], ch.-l. de cant.; arr. et à 19 kil. S.-O. de Pont-l'Evêque (Calvados) ; 500 hab.

* **CAMBRER** v. a. (lat. *camerare*). Courber légèrement en arc : *cambrer la forme d'un soulier ; il faut chauffer ce bois pour le cambrer*. — Se cambrer v. pr. Être légèrement courbé en arc : *cette poutre se cambre*. — Porter la poitrine en avant : *ce jeune homme se cambre*.

CAMBRÉSIS [-zi], *Cameracensis pagus*, ancien pays de France; ch.-l. Cambrai. Originairement habité par les Nervii, le Cambrésis forma plus tard (1007) l'évêché ecclésiastique de Cambrai. Le comte-évêque de Cambrai, prince de l'empire, dut partager son pouvoir avec les châtelains de Cambrai, et cette châtellenie appartient successivement aux comtes de Flandre, aux ducs de Bourgogne et à la maison d'Autriche. Louis XIV la réunit à la France (1677).

CAMBREUR s. m. Ouvrier qui cambre les *cuirs des chaussures*.

CAMBRIA, ancien nom du pays de Galles.

CAMBRIC (de *Cambrai*). Nom que l'on donne à la batiste dans certains pays du Nord, particulièrement en Angleterre.

CAMBRIDGE. I. (lat., *Camboricum*; saxon, *Granta bricsir*), ch.-l. du Cambridgeshire (Angleterre), sur la rivière Cam, à 75 kil. N. de Londres; 31,000 hab. Siège d'une fameuse

université qui existait déjà au viiᵉ siècle. Collège du roi, avec une magnifique chapelle gothique. Musée de Fitz William. Eglise du Saint-

Cambridge (Mass.). Maison de Longfellow.

Sépulcre, construit en 1101, sur le modèle de l'église du même nom à Jérusalem. —

Eglise du Saint-Sépulcre

II. Faubourg de Boston, Massachusetts (Etats-Unis), sur la rivière Charles, qui y est traver-

Chapelle gothique dans le collège du roi

sée par 2 ponts; 50,000 hab. Ormeau de Washington, sous lequel ce grand général reçut le

I.

'commandement des troupes américaines, en 1771. Université Harvard. Maison qui servit

Cambridge (Angleterre). — Musée Fitz William.

de quartier-général à Washington et qui fut depuis habitée par l'illustre poète Longfellow.

CAMBRIDGE (Adolphus-Frederick, DUC DE), le plus jeune fils de George III (1774-1850); fut envoyé dans le Hanovre comme gouverneur général (1816), puis comme vice-roi (1831) et ne rentra en Angleterre qu'en 1837.

CAMBRIDGESHIRE, comté oriental d'Angleterre; 2,415 kil. carr.; 186,365 hab. Territoire généralement plat; cours d'eau : l'Ouse, le Nene, le Lark et le Cam. Capitale, Cambridge.

CAMBRIELS (Pierre-Dominique), général, né à la Grasse (Aude) en 1767. Volontaire en 1791, il conquit tous ses grades à la pointe de l'épée et défendit la Villette contre les étrangers en 1815.

CAMBRIEN, IENNE s. et adj. (de *Cambria*, nom lat. du pays de Galles). Géographie ancienne. Habitant du pays de Galles; qui appartient à ce pays ou à ses habitants. — Géol. Se dit du premier des terrains où l'on trouve des fossiles.

CAMBRIN, ch.-l. de cant.; arr. et à 10 kil. E. de Béthune (Pas-de-Calais); 400 hab.

CAMBRINUS. Voy. GAMBRINUS.

CAMBRIOLLE s. f. (diminut. de *cambre*, chambre). Argot. Chambre.

CAMBRIOLLEUR s. m. Argot. Voleur qui s'introduit dans les chambres (cambrioles) par effraction ou par escalade.

CAMBRONNE (Pierre-Jacques-Étienne), général, né en 1770, à Saint-Sébastien près de Nantes, mort en 1842. Grenadier en 1792 dans le 1er bataillon de Maine-et-Loire, il fit toutes les campagnes de la République, mérita d'être proclamé le *Successeur du premier grenadier de France*; chef de bataillon en 1805, baron en 1810, général de brigade en 1813, suivit Napoléon à l'île d'Elbe, et immortalisa son nom, à Waterloo, en restant à la tête d'un bataillon de la garde impériale qui fit une résistance héroïque. Sommé de se rendre, il répondit par un mot ordurier auquel la situation donne un caractère sublime et que l'on a traduit par cette phrase : « La garde meurt et ne se rend pas! » Laissé pour mort sur le champ de bataille, il fut traîné prisonnier à Bruxelles et à Londres. A son retour, il fut arrêté sous la prévention d'avoir attaqué, à main armée, le gouvernement royal; les juges l'acquittèrent. En 1848 une statue lui a été érigée à Nantes. Pour le *mot de Cambronne*, voy. les *Misérables* de Victor Hugo.

CAMBROUSIER s. m. Jargon des marchands forains. Paysan.

CAMBROUX, OUSE, Argot Domestique. — CAMBROUSE s. f. Fille publique.

'**CAMBRURE** s. f. Courbure en arc : *cambrure d'un soulier*.

CAMBRY (Jacques) antiquaire, né à Lorient en 1749, mort en 1807; fut l'un des fondateurs et le premier président de l'Académie celtique; a laissé : *Description du département de l'Oise*

(1802. 2 vol. in-8°); *Monuments celtiques* (1805); *Agriculture des Celtes* (1806); *Les Troubadours* (1791).

'**CAMBUSE** s. f. [kan-bu-ze] (holland, *kombuis*, maison à l'écuelle). Endroit fermé qui est situé dans l'entre-pont d'un bâtiment. « On y serre une partie des vivres et l'on y fait la distribution des provisions journalières. La cambuse servait autrefois de cuisine, et on la transformait, au moment du combat, en un poste pour les blessés ». (De Chesnel). — Jargon. Petite maison. — Petite chambre mal meublée.— CAMBUSE AUX POTINS, Chambre des députés.— CAMBUSE DES GENOUX, Sénat.

'**CAMBUSIER** s. m. Mar. Commis préposé à la distribution des vivres sur un bâtiment.

CAMBYSE I. Seigneur perse, gendre du roi des Mèdes, Astyage, et père du premier Cyrus. — II. 2e roi de Perse, fils et successeur de Cyrus (529 av. J.-C.); mort en 522. Il compléta les annexions de Cyrus dans l'Asie occidentale et conquit l'Egypte en 525. Une armée qui voulait s'emparer des trésors du temple de Jupiter Ammon ayant péri dans les sables et une tentative sur l'Ethiopie ayant échoué, Cambyse fut atteint d'une sorte de frénésie qui le poussa à égorger ses conseillers, ses parents, ses amis. Il ordonna la mort de Crésus, fit enterrer vifs 12 seigneurs de sa cour et assassiner son frère Smerdis; il blessa mortellement d'un coup de pied sa sœur Méroé. Pendant qu'il agissait ainsi en Egypte, une révolution éclata en Perse, où Gomates se fit passer pour Smerdis et se fit proclamer roi par les Mages. Cambyse se disposait à écraser cette révolte, lorsqu'il mourut.

CAMDEN (Charles-Pratt, COMTE), homme d'Etat anglais (1714-'94) fut lord chancelier de 1766 à 1770.

CAMDEN (William), historien et antiquaire anglais (1551-1623); auteur d'un célèbre ouvrage descriptif, *Britannia*, publié en latin (1586) et traduit en anglais par Nichols (1806, 4 vol. in-fol.). Il a laissé, les « Annales du règne d'Elisabeth » en latin; une grammaire grecque, etc. On l'a surnommé le *Strabon* et le *Pausanias* anglais.

CAMDEN, nom de plusieurs villes des Etats-Unis. — I. Ville de l'état de New-Jersey, dans la plaine de la Delaware, en face de Philadelphie; 35,000 hab. Fonderies, verreries. — II. Ville de l'état de la Caroline du Sud, sur la rive orientale de la rivière Wateree, à 100 kil. N.-E. de Columbia; 1,200 hab. Le général Gates y fut battu, le 16 août 1780, par lord Cornwallis.— III. Ville de l'état de l'Alabama, à 50 kil. S.-O. de Selma; 3,500 hab. — IV. Ville de l'Arkansas, sur la rive droite de la rivière Washita, à 125 kil. S.-S.-O. de Little Rock; 1,700 hab.

CAME s. f. (vieux franç. *cane*, dent). Mécan. Saillie d'engrenage qui transmet le mouvement à une autre saillie appelée mentonnet. — Forte saillie implantée sur la circonférence d'une roue ou d'un arbre, qui agit sur un organe qu'elle soulève et laisse retomber alternativement.

'**CAMÉE** s. m. (ital. *cameo*). Pierre composée de différentes couches, et sculptée en relief : *un beau camée est plus rare qu'une belle pierre taillée en creux*. — Imitation de camée faite en grisaille.

'**CAMÉLÉON** s. m. (gr. *chamaileon*, petit lion). Genre de reptiles sauriens auxquels on a longtemps attribué la faculté de prendre la couleur des objets dont ils approchent : *plus changeant que le caméléon.* — Fig. Homme qui change d'humeur et de discours au gré de l'intérêt, de la faveur : *un caméléon politique.* — Astron. Petite constellation de l'hémisphère austral, qui n'est point visible dans nos climats. — Zool. Les caméléons habitent les

parties les plus chaudes de l'Afrique et de l'Indoustan. L'espèce la plus commune est le *chamæleo vulgaris* (Lacép.). On lui attribue deux facultés remarquables : celle de se nourrir de l'air et celle de prendre la couleur des objets dont il s'approche; il ne possède certainement pas la première; quant à la seconde, il ne l'a possède qu'imparfaitement. De même

Caméléon (Chamæleo vulgaris.).

que les autres reptiles, il peut rester pendant plusieurs mois sans manger, ce qui, joint à sa faculté de se gonfler et de se dégonfler soudainement, a fait naître l'opinion que l'air suffit à sa subsistance. En réalité, il se nourrit de mouches et d'autres insectes, qu'il saisit au moyen de sa langue très longue et gluante seule partie de son corps qui se meuve avec vivacité. Il change rapidement de couleur; mais ces changements ne sont pas déterminés par la couleur des objets avoisinants; ils sont dus à la quantité plus ou moins grande de sang que son cœur envoie à la peau. La couleur naturelle du caméléon est un beau vert, coloré sur quelques parties d'un brun rougeâtre et d'un blanc grisâtre. Le sang, lorsqu'il afflue vers la peau, fait varier ces teintes du bleu vert profond au jaune, au noirâtre et à plusieurs espèces de grisâtre. Les couleurs sont extrêmement brillantes dans les temps les plus chauds. On distingue le *caméléon ordinaire*, d'Egypte, de Barbarie, d'Espagne et de l'Inde, à capuchon pointu, relevé en avant; le *caméléon du Sénégal*, à capuchon aplati et sans arête; le *caméléon nain du Cap*, à gorge ornée de petits lambeaux frangés, et le *caméléon des Moluques*, à nez fourchu.

CAMÉLÉONIEN, IENNE adj. Qui tient du caméléon. — s. m. pl. Famille de lézards dont le caméléon est le type.

'**CAMÉLÉOPARD** s. m. (gr. *kamêlos*, chameau; *pardalis*, léopard). Nom qu'on donnait autrefois à la *girafe*. — On disait aussi CAMÉLOPARD.

'**CAMÉLIA** s. m. (rad. *Camelli*, nom d'un

Camellia Japonica.

jésuite missionnaire qui, le premier, fit passer

cette plante en Europe, vers 1740). Bot. Genre d'arbrisseaux de la famille des ternstræmiacées, comprenant une douzaine d'espèces qui fournissent les plus magnifiques fleurs cultivées. Parmi ces espèces, originaires de l'Asie orientale et de l'archipel Indien, on distingue le *camélia du Japon* (camellia Japonica), à larges feuilles brillantes et à fleurs blanches ou rouges; il a produit un grand nombre de variétés à fleurs demi-doubles ou doubles, et quelquefois panachées, dont la couleur varie du blanc au cramoisi foncé. Malheureusement ces fleurs n'ont pas de parfum; mais elles se conservent pendant longtemps après avoir été cueillies. Les camélias fleurissent dans les serres froides aux environs de Paris, en pleine terre dans le Midi et dans une partie du centre de la France.

CAMÉLIACÉ, ÉE adj. Qui ressemble ou qui se rapporte aux camélias. — s f. pl. Groupe de plantes ayant pour type le genre camélia.

CAMÉLIEN, IENNE adj. Qui ressemble au chameau. — s. m. pl. Famille des ruminants ayant pour type le genre chameau. On dit aussi CAMÉLIDÉS s. m. ou CAMÉLÉES s. f.

* **CAMELINE** s. f. (gr. *chamai*, à terre; *linon*, lin). Bot. Genre de crucifères dont on extrait une huile bonne à brûler, appelée improprement: *huile de camomille*. — La principale espèce, appelée *cameline cultivée* (*camelina sativa*) est une plante annuelle qui croît naturellement en Europe. On la cultive comme plante oléagineuse.

CAMELINÉ, ÉE adj. Bot. Qui ressemble ou qui se rapporte à la cameline. — s. f. pl. Tribu de crucifères, ayant pour type le genre cameline.

* **CAMELOT** s. m. (gr. *kamélóté*, peau de chameau). Étoffe de mauvaise qualité, faite ordinairement de poil de chèvre, ou de laine, mêlée quelquefois de soie en chaîne: *camelot de Hollande, de Bruxelles, de Turquie, du Levant; camelot de soie; camelot ondé.* — w Pop. Marchand de camelote: marchand ambulant, porte-balles qui parcourt les campagnes ou qui expose sur le pavé des rues.

* **CAMELOTE** s. f. (rad. *camelot*, étoffe de mauvaise qualité). Ouvrage mal fait, marchandise de mauvaise qualité: *il ne vend que de la camelote.* (Fam.) — w Argot. Marchandise volée. — CAMELOTE EN POIGNE, flagrant délit de vol.

CAMELOTER v. n. Argot. Vendre de mauvaise marchandise.

CAMEMBERT s. m. [ka-man-bèrr]. Fromage gras très estimé, qui doit son nom au village de Camembert, arr. d'Argentan (Orne).

CAMENZ ou Kamenz [kå'-maintss], ville de Saxe, sur l'Elster noir, à 35 kil. N.-E. de Dresde; 6,500 hab. Patrie de Lessing.

CAMERARIUS. I. (Joachim), l'un des restaurateurs de l'érudition ancienne, né à Bamberg en 1500, mort en 1574. Se lia avec Melanchthon, adopta les principes de la Réforme, enseigna à Nuremberg et à Tübingen, fut nommé recteur de l'université de Leipsig, qu'il réorganisa; fut l'un des rédacteurs de la confession d'Augsbourg, eut une grande influence à la diète d'Augsbourg (1555) et à celle de Ratisbonne(1556), fut appelé à Vienne par Maximilien II, qui avait besoin de le consulter au sujet des affaires religieuses de l'empire. Ses œuvres volumineuses se composent particulièrement de traductions des écrivains grecs et latins. — II. (Joachim), botaniste, fils du précédent (1534-'98). Un genre de plantes (*Cameraria*), fut nommé en son honneur. — III. (Philippe), frère du précédent (1537-1624). Se méditations historiques, intitulées: *Horarum subsecivarum centuriæ III*, ont été traduites en français par Goulart, Lyon, 1610, 3 vol. in-4°. — IV. (Rudolph-Jakob), professeur de botanique à Tübingen, né en 1665, mort en 1721; conçut le premier la vraie

théorie des sexes chez les plantes et établit sa réputation par: *De sexu plantarum epistola*, Tübingen, 1694, in-4°.

* **CAMÉRIER** s. m. (ital. *camera*, chambre). Officier de la chambre du pape: *camérier secret; camérier d'honneur; camérier participant.*

CAMERINO, anc. *Camerinum*, ville de Macerata (Italie), autrefois capitale d'une légation, à 60 kil. S.-O. d'Ancône; 11,950 hab. Cathédrale, université, séminaire, monuments religieux; fabriques de soie. L'antique cité ombrienne de Camerinum (primitivement *Camers*) a joué un rôle important dans l'histoire romaine.

CAMERISIER s. m. (gr. *chamai*, à terre; *kérasos*, cerisier). Bot. Section du genre chèvrefeuille comprenant les espèces non grimpantes.

* **CAMÉRISTE** s. f. (ital. *camerista*, de *camera*, chambre). Titre qu'on donne, dans plusieurs cours, aux femmes qui servent les princesses dans leur chambre. — w On dit quelquefois CAMÉRIÈRE.

* **CAMERLINGAT** s. m. Dignité de camerlingue.

* **CAMERLINGUE** s. m. (ital. *camerlingo*; de *camera*, chambre). Un des premiers officiers de la cour de Rome, qui est toujours un cardinal: sa fonction ordinaire est de présider à la chambre apostolique, et il a l'autorité pour le gouvernement temporel, quand le siège est vacant: *le cardinal camerlingue fait battre monnaie à son coin, pendant le siège vacant.*

CAMÉRON. I. (Jean ou John), théologien écossais, né à Glasgow vers 1579, mort vers 1625; venu en France, en 1600, il fut successivement professeur à Sedan, à Saumur et à Montauban, puis pasteur à Bordeaux; après quoi, il fut nommé recteur de l'université de sa ville natale. Il fonda, dans l'Église protestante, la secte des Caméroniens, appelés aussi Amyraldistes, de son disciple Moïse Amyraut. Il tenait pour la doctrine de l'obéissance passive et de l'universalité des effets du sacrifice du Christ. — II. (Richard), prédicateur écossais, fondateur d'une des sectes des Caméroniens, mort en 1680; poussa ses compatriotes à se révolter contre Charles II, s'enfuit en Hollande et reparut dans son pays en 1680. Après la défaite de ses partisans à Bothwell Bridge, il continua la guerre de partisans et se fit tuer près d'Aird's Moss.

CAMÉRONIEN, IENNE s. Membre de la secte des Caméroniens.

CAMÉRONIENS. I. Secte de dissidents presbytériens fondée par Richard Cameron, en 1666. Ils résistèrent aux persécutions et furent autorisés à former une Église en 1743. On les appelle Presbytériens réformés. — II. Secte calviniste française, professant sur la grâce les opinions arminiennes de Jean Caméron.

CAMEROONS ou **Camaroons**, fleuve de la Guinée supérieure; il se jette dans la baie de Biafra, par un estuaire large de 35 kil. Dans l'une des îles qu'il forme à son embouchure, se trouve la ville importante de Cameroons qui exporte la gomme, le poivre, l'ivoire et l'huile.

CAMEROONS (Monts), groupe le plus élevé de la côte occidentale d'Afrique, à l'angle de la baie de Biafra, vis-à-vis de Fernando-Pô. Deux pics atteignent 4,000 mètres. On rencontre dans ce groupe environ 30 cratères inactifs.

CAMILLE. I. (Mythol.), reine des Volsques, fille de Métabus, était légère à la course et habile à tirer de l'arc. Alliée de Turnus contre Énée, elle fut tuée par Arus. Diane, à qui elle avait été consacrée dès son enfance, vengea sa mort par celle du meurtrier. — II. Jeune Romaine, sœur des Horaces et fiancée de l'un

des Curiaces. L'imprécation que Corneille place dans sa bouche lorsqu'elle apprend la mort de son amant, est l'un des chefs-d'œuvre de la poésie dramatique française.

CAMILLE (Marcus-Furius CAMILLUS), célèbre général romain, mort en 365 av. J.-C. Fut censeur en 403, puis six fois tribun militaire, quatre fois honoré du triomphe et cinq fois dictateur. Il prit les villes de Véies et de Faléries. Pendant qu'il assiégeait cette dernière, un maître d'école lui amena les enfants des citoyens les plus distingués, l'invitant à les garder comme otages; mais le général, repoussant les propositions de ce traître, renvoya les enfants à leurs parents, qui furent gagnés par ce trait de générosité et ouvrirent leurs portes aux Romains. Camille, accusé d'avoir détourné une partie du butin, fut exilé: mais qu'il apprit que les Gaulois pillaient sa ville natale, il accourut au secours de ses ingrats compatriotes, hâta le départ des étrangers et mérita, en rebâtissant Rome, le surnom de second *Romulus*. Camille vainquit ensuite les Volsques, les Étrusques et les Latins coalisés, dirigea une guerre victorieuse contre Antium, battit les Gaulois à Albano (367) et mourut de la peste.

CAMINATZIN ou **Cacumatzin**, roi mexicain, mort en 1521. Neveu de Montézuma, il régna sur Tezcuco, ville principale d'Anahuac. Il déclara la guerre aux Espagnols; mais il fut traîtreusement livré par Montézuma à Cortez, qui le jeta en prison. Relâché lorsque les indigènes révoltés chassèrent les Espagnols de Mexico, il disparut pendant le siège de cette ville.

* **CAMION.** s. m. Fort petite épingle. — Espèce de seau de différentes dimensions, en cuivre, tôle, tôle galvanisée ou bois, dont les peintres font usage, notamment pour porter la peinture.

* **CAMION** s. m. (bas lat. *chamuleus*, sorte de traîneau). Chariot monté sur quatre roues très basses et très solides, disposé pour un chargement et un déchargement faciles et servant à transporter, à petites distances, des marchandises d'un grand poids ou d'un fort volume. — Petit chariot monté sur deux roues basses et solides, et servant au transport des pierres de taille dans les chantiers de construction.

* **CAMIONNAGE** s. m. Transport par camion. — w Frais de ce transport.

CAMIONNER v. a. Transporter sur un camion.

* **CAMIONNEUR** s. m. Celui qui conduit ou qui traîne un camion.

* **CAMISADE** s. f. (lat. *camisa*, chemise). Surprise de poste ou de place qui a lieu brusquement et la nuit. En 1523, le marquis de Pescaire, voulant enlever, dans l'obscurité, le poste de Rebec (duché de Modène), occupé par les Français, fit mettre à ses soldats des chemises sur leurs habits, afin qu'ils pussent se reconnaître, ce qui fit appeler ce coup de main la *camisade de Rebec* et le mot *camisade* resta dans la langue militaire.

* **CAMISARD** s. m. (provenç. *camisa*, chemise). Nom donné aux religionnaires des Cévennes qui se révoltèrent contre les persécutions, après la révocation de l'édit de Nantes. On dit aussi CÉVENNOL. La devise des Camisards était « plus d'impôts et liberté de conscience! ». Ils prirent les armes en juillet 1702 pour délivrer quelques-uns de leurs frères, que l'abbé du Chayla tenait prisonniers dans son château de Pont-de-Montvert, punirent cruellement la barbarie de leurs persécuteurs et, sous la conduite de chefs tels que Cavalier, Roland, Ravenel et Catinat, résistèrent obstinément aux troupes royales que commandèrent tour à tour le comte de Broglie, le maréchal Montrevel et Villars. Ce dernier, instruit par les désastres que son prédécesseur avait subis, eut

recours à la trahison et acheta Cavalier, en lui offrant un bon grade (mai 1704). Les autres, affaiblis par l'abandon de ce chef, furent exterminés en 1705. — CAMISARDS NOIRS, pillards qui profitèrent du désordre de la guerre des Cévennols pour infester les bas Languedoc. — CAMISARDS BLANCS OU CADETS DE LA CROIX, pillards féroces que le parti catholique organisa en 1703. Ils portaient une croix blanche à leur chapeau.

CAMISOLE s. f. (lat. *camisa*, chemise). Chemisette : *camisole de ratine, de toile, de futaine, de basin*, etc. — CAMISOLE DE FORCE, camisole qu'on met quelquefois à des aliénés, à des prisonniers, pour leur ôter l'usage de leurs bras, et les empêcher de se blesser ou de frapper ceux qui les approchent. La camisole de force se compose de grosse toile à voile ; elle ne s'ouvre que par derrière et est fermée par de fortes courroies. Les manches, fort longues, sont cousues à l'extrémité et maintenues le long du corps par de solides cordes.

CAMMERHOFF (John-Frederick), l'un des premiers évêques de l'Eglise morave en Amérique, né près de Magdebourg (Allemagne) en 1721, mort en 1751. Il gagna l'amitié des Indiens, particulièrement des Delawares et des Six-Nations, et en 1718, fut adopté par les Onéidas comme membre de leur tribu.

CAMMIN ou **Kammin**, ville de Poméranie (Prusse), près de la Baltique, à 60 kil. N. de Stettin ; 5,500 hab. Distilleries ; pêcheries.

CAMOËNS (portug. CAMOES) [ka-moinss] (Luis de), le plus célèbre des poètes portugais, né à Lisbonne vers 1524, d'une famille noble mais sans fortune, mort en 1579. Après avoir terminé ses études à Coïmbre, il se rendit à Lisbonne, y conçut une passion pour Catherine d'Atayde, dame de la cour, à laquelle il adressa des vers enflammés, ce qui valut son exil à Santarem. Il accompagna, en qualité de simple soldat, les troupes portugaises qui attaquèrent le Maroc et perdit l'œil droit dans un engagement livré sous les murs de Ceuta. Après cette expédition, désespéré de ne pouvoir obtenir un emploi à la cour, il partit pour les Indes (1553), passa quelque temps à Goa, servit dans les troupes du roi de Cochin, lança contre les malversations du viceroi portugais un poème satirique qui le fit exiler à Macao (1555). C'est là qu'il écrivit son chef-d'œuvre épique, les *Lusiades* (Os Lusiadas), ainsi nommé d'après le héros mythologique Lusus, qui, en compagnie d'Ulysse, passe pour avoir visité le Portugal et fondé Ulyssopolis ou Lisbonne. On montre encore à Macao une grotte où se retirait souvent le poète pour y puiser des inspirations dans la solitude. Il remplissait à Macao la place de *curateur des successions* qui, en quelques années, lui donna de quoi vivre désormais à l'abri du besoin. Il obtint en 1561 l'autorisation de revenir à Goa. Une horrible tempête le jeta à la côte, près de l'embouchure du Cambodge ; il se sauva tenant d'une main son poème au-dessus des flots. A son arrivée à Goa, il fut mis en prison pour de prétendues malversations qu'il aurait commises à Macao et, après son acquittement, un créancier l'y retint encore. Rendu à la liberté, il visita Sofala en 1567 et, pris de dégoût, revint en Europe (1569). Trois ans plus tard, les *Lusiades* parurent, au milieu de l'indifférence générale. Le roi accorda une pension dérisoire de 400 fr. au poète qui, plongé dans la détresse la plus poignante, vécut, dans ses derniers temps, des aumônes qu'un esclave javanais, nommé Antonio, recueillait honteusement, pour lui, dans les rues de Lisbonne. L'auteur des *Lusiades*, complètement méconnu par ses contemporains, termina sa vie sur le grabat d'un hôpital. Aujourd'hui, les Portugais lui dressent des statues et se glorifient d'être ses compatriotes. Outre les

Lusiades, il a laissé des sonnets, des redondilhas, des canções sur le modèle des *Canzoni* de Pétrarque, des odes, des sixains, des élégies, des stances en *ottava rima*, des é;glogues et 3 comédies.

CAMOËNS. I. Poème portugais de Castillo (1849). — II. Petit drame de Halm (1837).

CAMOINS, station minérale, arr. de Marseille (Bouches-du-Rhône) ; eaux sulfurées calciques, froides.

CAMOMILLE s. f. [*ll* mll.] (gr. *chamai*, à terre ; *mélon*, pomme, à cause de l'odeur de pomme ou de coing que répand une espèce). Bot. Genre de composées, tribu des sénécionidées, type de la sous-tribu des anthémidées, comprenant des herbes ordinairement odorantes qui habitent, pour la plupart, la région méditerranéenne. La camomille romaine (*anthemis nobilis*), est une herbe vivace commune en France, à tiges rameuses, velues, à feuilles un peu pubescentes, à fleurs blanches plus ou moins jaunâtres au centre ; elle exhale une odeur agréable et très aromatique ; toutes ses parties ont une saveur amère. Les jardiniers la cultivent ordinairement pour faire des bordures ; on la multiplie de semis ou en écartelant les pieds. Les fleurs de la camomille romaine sont amères, toniques, un peu fébrifuges, stimulantes, emménagogues et carminatives. On les prescrit en infusion (8 têtes par demi-litre d'eau) dans l'atonie du tube digestif, dans les coliques venteuses, dans la dysenterie. L'huile essentielle de camomille est usitée en frictions calmantes et antiventeuses. La camomille *puante* ou *maroute* (*anthemis cotula*), commune dans les champs cultivés, exhale une odeur repoussante ; ses fleurs sont blanches. — La camomille *des champs* (*anthemis arvensis*), annuelle, commune dans les moissons, haute de 70 cent., a des tiges branchues, très divisées et portant plusieurs fleurs blanches, en corymbe, dont l'odeur est forteet désagréable. — La camomille *des teinturiers* (*anthemis tinctoria*), annuelle renferme un principe colorant jaune, brillant mais peu solide. — Les fleurs de toutes ces plantes sont employées depuis un temps immémorial, en poudre, en décoction et surtout en infusion, pour combattre les faiblesses d'estomac, les coliques, les vents, le scorbut, la goutte, les affections vermineuses, etc. — Toutes les espèces de camomille fournissent, par la distillation, une huile d'un bleu de saphir, et par l'analyse chimique, un principe gommo-résineux, ainsi que du tannin et du camphre. — HUILE DE CAMOMILLE, se dit improprement pour huile de cameline. Voy. CAMELINE.

CAMORRA s. f. (castillan : *rixe, contestation*). Société secrète de malfaiteurs napolitains, organisée dans chaque ville importante des Deux-Siciles, surtout depuis 1830 jusqu'en 1859, pour extorquer de l'argent à certaines classes de citoyens que le gouvernement ne voulait pas défendre. Pour faire partie de cette association, il fallait être assassin de profession et avoir fait ses preuves. Les membres possédaient des signes, un costume, des mots de passe et un argot particulier. Tolérés, et l'on pourrait presque dire protégés par le gouvernement de Victor-Emmanuel. En 1862, le général Lamarmora, ne pouvant les utiliser comme agents de police, les expulsa du royaume de Naples. Les uns se firent contrebandiers ou brigands, quelques-uns gari- baldiens, d'autres s'obstinèrent à vivre en société secrète. Environ 80 d'entre eux ayant renouvelé les exploits de leurs devanciers, furent arrêtés et condamnés en oct. 1874. Trois ans plus tard, la police fit une rafle de tous les gens sans aveu qui pullulaient sur les places et les marchés de Naples.

CAMORRISTE s. m. Membre de la camorra.

CAMOUFLE s. f. (du vieux mot *camouflet*, fumée). Argot. Chandelle.

CAMOUFLEMENT s. m. Argot. Déguisement.

CAMOUFLER v. a. Déguiser. — Falsifier.

CAMOUFLET s. m. (contr. du lat. *calamo flatus*, soufflé par un chalumeau). Action de souffler de la fumée très épaisse contre l'ennemi, dans les ouvrages souterrains, afin de le suffoquer et de l'obliger à se retirer. « Pour cela, on fait passer, par une petite ouverture à terre, un canon de fusil ouvert par les deux bouts, et dans l'intérieur duquel on introduit une composition de poudre et de soufre ; on met le feu et l'on dirige la fumée vers l'ennemi ». (De Chesnel). — Fumée épaisse qu'on souffle malicieusement au nez de quelqu'un avec un cornet de papier allumé : *ce laquais dormait, on lui donna un camouflet.* — Fig. et fam. Grande mortification, sanglant affront : *il a reçu un vilain camouflet.* — ∾ Argot. Chandelier.

CAMOURLOT s. m. Mastic dont on fait usage pour enduire les navires.

CAMP s. m. [kan] (lat. *campus*, champ). Espace de terrain où une armée dresse de tentes ou construit des baraques, pour s'y loger en ordre, ou pour s'y retrancher : *camp retranché.* — Ant. rom. Place public ou place vacante près de la cité romaine, pour les revues, les combats, etc. L'ancienne Rome possédait 8 *campi*, dont le plus célèbre était le campus Martius, entre le Quirinal, la colline Capitoline et le Tibre. Cette vaste place, après avoir été un champ d'exercices militaires et un lieu de réunion pour les comices, devint graduellement un jardin public qui se couvrit d'allées sablées, de bains, de champs de course et de théâtres. Sous les empereurs, on y construisait des édifices publics. — Armée campée : *le camp était tranquille.* — Au plur. Les armées en général : *vivre dans les camps.* — Prov. et fig. L'ALARME EST AU CAMP, se dit en parlant de ce qui met tout d'un coup plusieurs personnes dans une grande inquiétude. — CAMP VOLANT, petite armée composée surtout de cavalerie, qui tient la campagne pour faire des courses sur les ennemis ou pour les observer. — MARÉCHAL DE CAMP, officier général dont le grade était immédiatement au-dessus de celui de colonel. Autrefois un maréchal de camp prenait le titre de *Maréchal des camps et armées du roi.* — AIDE DE CAMP, officier attaché particulièrement à un chef militaire, à un général, et chargé surtout de porter ses ordres. — MESTRE DE CAMP, se disait autrefois d'un colonel d'infanterie ou de cavalerie. Voyez MESTRE DE CAMP. — CAMP, se dit aussi des lices où l'on faisait entrer les champions, pour y vider leur différend par les armes. Il ne s'emploie guère que dans ces phrases : demander le camp ; donner le camp ; juge du camp. — Fam. PRENDRE LE CAMP, déguerpir, se retirer : on lui fit prendre le camp. — ∾ Pop. FICHER LE CAMP, se retirer précipitamment. — Camp de guerre ou CAMP DE RASSEMBLEMENT, lieu où l'on rassemble des forces plus ou moins considérables dans la prévision, soit d'un envahissement du pays par l'étranger, soit d'une expédition au dehors. Nous avons eu les camps de Saint-Malo, de Calais, de Dunkerque, du Havre en 1756 ; de Bayeux, de Montigny et de Saint-Omer en 1778 ; de la Moselle, de la Sarre, de la Meuse, de la Sambre, du Rhin, des Alpes, des Pyrénées, des Vosges, pendant les guerres de la République ; pendant le Consulat. — Camp de manœuvre, rassemblement de troupes pour les exercer aux grandes manœuvres. Nous avons eu les camps de Pont-de-l'Arche près de Rouen, 1479 ; de Compiègne, 1698 ; de Châlons, dans la plaine de Crécy, 1714 ; de la Moselle, 1726 ; de Lunéville, pour la cavalerie, 1824 ; de Saint-Omer, pour l'infanterie, 1826 ; de Satory, de Boulogne, de Saint-Omer et de Châlons, sous le second

Empire. — **Camp naval**, camp que les Grecs et les Romains établissaient souvent sur le rivage pour faire reposer les troupes lorsque la flotte était en rade. — **Le camp de Grand-pré** ou le *Triomphe de la République*, opéra en un acte, représenté à Paris (Opéra), le 27 janv. 1793; paroles de J. Chénier, musique de Grossec. — **Le camp de Silésie**, opéra en 3 actes, représenté à Berlin le 8 déc. 1844; paroles de Rellstab; musique de Meyerbeer, qui introduisit plus tard un grand nombre des plus beaux morceaux de cette pièce dans son *Etoile du nord*. — **Camp du drap d'or**, nom donné à une plaine située entre Ardres et Guines (Pas-de-Calais), où François Ier et Charles VIII d'Angleterre se réunirent le 7 juin 1520, pour une entrevue politique. Les deux monarques et la noblesse de leur suite y rivalisèrent de magnificence. La tente du roi de France était de drap d'or. Ce ne furent pendant 3 semaines que bals, festins, fêtes et tournois. Eclipsé par le luxe insensé de François Ier, le roi d'Angleterre repoussa l'alliance de ce prince prodigue et traita, au contraire, avec Charles-Quint, qui se rendit auprès de lui à Gravelines avec une suite modeste.

CAMPACE s. m. (lat. *campacus*). Ant. rom. Chaussure des officiers, qui fut plus tard adoptée par le pape et les évêques.

CAMPAGNA [kāmm-pâ'-nia] ville de l'Italie méridionale, à 30 kil. E. de Salerne, au milieu de hautes montagnes; 9,900 hab. Cathédrale.

CAMPAGNAC ch.-l. de cant.; arr. et à 35 kil. N. de Milhau (Aveyron); 1,400 hab.

CAMPAGNARD, ARDE adj. Qui vit ordinairement à la campagne : *gentilhomme campagnard*. — Substantiv. Se dit, avec quelque sorte de mépris, d'une personne qui n'a pas les manières et la politesse qu'on acquiert dans le grand monde : *c'est un campagnard, une campagnarde*. — Adjectiv. AVOIR L'AIR CAMPAGNARD, LES MANIÈRES CAMPAGNARDES, avoir l'air, les manières d'un campagnard.

CAMPAGNE s. f. (ital. *campagna*; rad. lat. *campus*, champ). Plaine, grande étendue de pays plat et découvert : *vaste campagne, rase campagne*.—Champs en général, étendue quelconque de pays, considérée surtout par rapport à sa culture, à ses productions : *campagne fertile*. — Se dit par opposition à ville : *maison de campagne*. — Par ext. Mouvement, campement, action de troupes : *les armées sont en campagne*. — Temps que dure une expédition militaire; cette expédition elle-même: *campagne de France; campagne de Hollande; campagne de Crimée*. — Art. milit. Opérations d'une armée, pendant un temps plus ou moins considérable, dans le cours de l'année et en présence de l'ennemi. «Sous Louis XIV, la campagne variait suivant le climat du pays où l'on opérait, et l'on prenait un repos de la mi-juillet au 4er septembre, ce qu'on appelait *quartier d'été*. Avant la révolution de 1789, les armées agissaient rarement pendant la mauvaise saison et prenaient leurs *quartiers d'hiver*; mais Napoléon renversa cet ordre de choses. Les Turcs commencent tard et prolongent peu leurs campagnes, coutume que louait Montécuculli. Maurice de Saxe, et Napoléon, malgré ses nombreux faits contraires, étaient d'avis de ne commencer les campagnes qu'après l'achèvement des récoltes. — *Tenir la campagne* signifie être mattre du pays; *battre la campagne* se dit des troupes légères qui vont en tirailleurs au-devant de l'ennemi. — Le mot *campagne* exprime aussi les services de guerre. Les lois des 11 avril 1831 et 3 mai 1832, qui fixent les droits des officiers et soldats à la retraite, évaluent chaque campagne à un an en sus du temps de service ordinaire, d'où il résulte que chaque année de service qui comprend une campagne compte pour deux ans. Un décret du 5 décembre 1851 con-

sidère aussi comme campagne les combats livrés à l'intérieur pour rétablir l'ordre ». (De Chesnel.) — Mar. Ensemble des opérations exécutées par une escadre ou un bâtiment entre leur sortie du port d'armement et leur rentrée. — Saison propre aux travaux de certains ouvriers : *cette maison sera bâtie dans trois campagnes*. — TENIR LA CAMPAGNE, ÊTRE MAITRE DE LA CAMPAGNE, être maitre du pays, forcer l'ennemi à se retirer dans ses places. — BATTRE LA CAMPAGNE, se dit des chasseurs qui se répandent dans une plaine pour en faire lever le gibier. Se dit aussi des éclaireurs qui marchent en avant d'une armée pour découvrir l'ennemi. — Fig. et fam. BATTRE LA CAMPAGNE, divaguer, s'éloigner de son sujet par des digressions fréquentes et inutiles; répondre vaguement, avec dessein d'éluder une question, une objection; déraisonner dans le délire de la maladie. — Poétiq. et fig. LES CAMPAGNES DE L'AIR, l'air ou les airs. — PIÈCE DE CAMPAGNE, pièce légère d'artillerie qu'on mène aisément en campagne. — Fig. et fam. METTRE SES AMIS, METTRE BIEN DES GENS EN CAMPAGNE, les faire agir pour le succès d'une affaire. — SE METTRE EN CAMPAGNE, donner des mouvements pour découvrir quelque chose. — Ironiq. IL A FAIT UNE BELLE CAMPAGNE, il a fait des courses, des démarches inutiles. — SON IMAGINATION EST EN CAMPAGNE, se dit d'une personne qui s'inquiète, dont le cerveau travaille. — GENTILHOMME DE CAMPAGNE, gentilhomme qui demeure ordinairement à la campagne. — HABIT DE CAMPAGNE, habit qu'on porte quand on est à la campagne. — COMÉDIENS DE CAMPAGNE, comédiens qui ne jouent que dans la province. — A la Bassette et au Pharaon, PAROLI DE CAMPAGNE, paroli qu'un joueur a la friponnerie de marquer, quand sa carte soit venue en gain. *Les joueuses de profession sont sujettes à faire des parolis de campagne*. On dit de même, au Trictrac, *Case de campagne*, case qu'on n'avait pas le droit de faire. — La Campagne, poème d'Addison sur les opérations militaires de Marlborough et du prince Eugène contre les Français, et sur la bataille de Blenheim.

CAMPAGNE, station minérale, arr. et à 15 kil. S. de Limoux (Aude). Trois sources bicarbonatées calciques. Etablissement avec bains, douches et buvette. Gastralgies, dyspepsies, chlorose, leucorrhée, catarrhe vésical, gravelle, engorgements passifs du col utérin, fièvres intermittentes paludéennes, engorgements du foie.

CAMPAGNE DE ROME, ital. *Campagna di Roma*, plaine longue de 100 kil. et large de 60, qui entoure Rome et qui comprend à peu

Campagne de Rome.

près l'antique Latium et les marais Pontins. Les parties les plus basses de la campagne de Rome sont affligées de la malaria, mais les parties situées au N. et au N.-E., sur les pentes des Apennins, sont très salubres. La végétation est riche en hiver et au commencement du printemps; mais en été, le sol devient sec

et stérile. Villes principales : Tivoli, Velletri, Frascati, Terracine, Ostie et Palestrina. Nombreuses sources minérales. De grands travaux d'assainissement par le drainage ont été entrepris en 1878 dans la partie malsaine de la campagne de Rome.

CAMPAGNE-LEZ-HESDINS, ch.-l. de cant., arr. et à 15 kil. S.-E. de Montreuil (Pas-de-Calais) ; 1,300 hab.

CAMPAGNOL s. m. (rad. campagne). Mamm. Genre de rongeurs, voisin des rats, comprenant une vingtaine d'espèces à queue velue, longue, à peu près comme le corps, à pieds sans palmures, à tête grosse, à pelage long, épais, moelleux, à ongles longs, crochus et propres à fouir (4 devant, 5 derrière, comme les rats). L'espèce la plus commune en Europe, *le petit rat des champs* (*mus arvalis*, Linn.), est de la grosseur d'une souris, avec la queue un peu plus courte que le corps, un museau obtus, des yeux saillants, des oreilles petites; il est brun teinté de rouille et de noir sur le corps, ardoisé ou cendré en dessous. Il se creuse, à une certaine profondeur sous le sol, une habitation composée de plusieurs cellules communiquant entre elles ; il y amasse du grain pour l'hiver. La femelle met bas au printemps et à l'automne 6 à 10 petits par portée. L'extrême voracité de ces petits animaux, jointe à leur rapide multiplication lorsque les circonstances leur sont favorables, en fait de redoutables ennemis pour l'agriculture. Ils rongent la racine des herbes dans les prés, coupent les tiges des blés murs pour en dévorer l'épi, fouillent les terres nouvellement semées et détruisent d'avance la récolte de l'année suivante. Heureusement qu'ils ont de nombreux ennemis : mulot, renard, chat, marte, belette, putois, couleuvre et presque tous les oiseaux de proie. Ils se mangent entre eux dans les temps de disette. Les inondations leur sont fatales. Dayère rapporte qu'en 1801, vers la fin de l'été et le commencement de l'automne, on vit apparaître, dans les départements de la Vendée, des Deux-Sèvres et de la Charente-Inférieure, une quantité énorme de campagnols de la plus petite espèce. L'hiver qui suivit ayant été très sec, nulle inondation ne vint arrêter le fléau dans son développement. Quarante lieues de terrain se couvrirent en quelques mois d'un réseau de ces petits rongeurs qui, labourant la terre à quelques centimètres de sa surface, coupaient les racines pour les amonceler dans leurs magasins souterrains et enlevaient les grains au fur et à mesure des semailles. Leurs dégâts, dans 15 communes seulement, furent évalués à près de 2 millions. Le pays, n'en fut débarrassé qu'au bout de 18 mois, par les inondations résultant de la fonte des neiges. — Parmi les autres espèces de ce genre, nous citerons : le *rat d'eau* (*mus amphibius*, Linn.), un peu plus grand que le rat commun, d'un gris brun foncé, la queue de la longueur du corps ; il habite au bord des eaux et creuse dans les terrains marécageux pour chercher des racines ; il nage et plonge mal ; et le *campagnol des prés (mus œconomus,* Linn.), plus foncé età queue plus courte. Il habite la Sibérie. Il se creuse, sous le gazon, une petite chambre en forme de four, où aboutissent plusieurs galeries étroites. Il amasse ses provisions dans une cavité voisine.

CAMPAN, ch.-l. de cant.; arr. et à 7 kil. S.-S.-E. de Bagnères-de-Bigorre (Hautes-Pyrénées), sur l'Adour, à l'entrée de la vallée de Campan; 3,500 hab. Beau marbre vert veiné, marbre griotte ; caverne remplie de stalactites d'albâtre. La vallée de Campan, dont les beautés naturelles ont été célébrées par Jean-Paul Richter, est bornée par le mont Aigre.

CAMPAN (Jeanne-Louise-Henriette GENEST, dame), célèbre éducatrice, née à Paris en 1752, morte à Mantes en 1822. Première femme de chambre de Marie-Antoinette, elle se retira, pendant la Révolution, dans la vallée de Chevreuse, où elle fonda un pensionnat qui fut recommandé par Joséphine et Bonaparte. La reine Hortense y fut élevée. De 1806 à 1813, madame Campan dirigea la maison d'Ecouen, fondée par Napoléon pour l'éducation des orphelines de la Légion d'honneur. Elle a publié des *Mémoires sur la vie privée de Marie-Antoinette,* 1822, 3 vol. in-8°. Ses ouvrages sur l'*Education,* 2 vol. in-8°, sont considérés comme médiocres. Sa *Correspondance avec la reine Hortense* parut en 1835, 2 vol. in-8°. C'est un ouvrage fort intéressant, ainsi que son *Journal anecdoctique* (1824).

CAMPANA (Musée), collection d'objets artistiques réunie par le marquis Campana et acquise, en 1861, pour le gouvernement français, qui la fit placer au Louvre.

*CAMPANE s. f. (lat. *campana,* cloche). Ouvrage de soie, d'argent filé, etc., avec de petits ornements en forme de cloches, fait aussi de soie, d'or, etc. : *campane d'un lit, d'un carrosse.* — Ornement de sculpture, d'où pendent des houppes en forme de clochettes ; pour un dais d'autel, de trône, de chaire à prêcher, etc. — Archit. Corps du chapiteau corinthien et celui du chapiteau composite, parce qu'ils ressemblent à une cloche renversée.

CAMPANELLA (Tommaso), philosophe napolitain (1568-1639). A 15 ans, il entra chez les dominicains et se fit remarquer par sa précocité. Accusé de magie, il erra de ville en vile ; fut emprisonné en Espagne (1599-1626), sous l'inculpation d'avoir conspiré ; il resta encore 3 ans prisonnier à Rome ; pendant cette captivité de 30 années, il subit 7 fois la torture. Il se retira en France, où Richelieu lui fit une pension de 3,000 livres. Comme philosophe, Campanella combattit le système des aristotéliciens alors tout-puissants; il fut l'un des précurseurs de la réforme scientifique. Comme rêveur politique, il fut hardiment républicain et libre penseur au milieu d'un monde monarchique et fanatique. Ses œuvres, presque toutes écrites en prison, comprennent : *Philosophia Sensibus demonstrata* (Naples, 1591); *De Sensu rerum* (Francfort, 1620; Paris, 1636); *Realis philosophiæ epilogisticæ partes IV,* comprenant sa *Civitas solis* (1623) ou *Cité du soleil,* utopie traduite en français par J. Rosset; *Philosophia rationalis* (Paris, 1638); *Philosophia universalis* (1638) et *De Monarchia hispanica* (1640).

CAMPANHA (kămm-pâ'-nia], ville de Minas Geraes (Brésil), à 300 kil. N.-O. de Rio de Janeiro ; 3,300 hab. Riches mines, aux environs.

CAMPANI (Matteo), appelé Campani-Alimenis. Curé d'une paroisse de Rome et opticien du xviiᵉ siècle ; inventa les cadrans d'horloges illuminées, une horloge silencieuse et fut le premier à tailler des verres lenticulaires d'une

grande dimension. Une de ses lunettes astronomiques servit à Cassini pour découvrir deux des satellites de Saturne. Il a laissé un travail intitulé : *Horlogium solo naturæ motu,* etc. (Rome, 1678). — Son frère GIUSEPPE, opticien et astronome, a laissé quelques écrits.

CAMPANIE, division de l'ancienne Italie, au S.-E. du Latium, sur la mer Tyrrhénienne, arrosée parle Vulturnus et le Liris (Garigliano), comprenant les lacs Acherusia, Literna, Lucrinus et Avernus, le mont Vésuve, les villes d'Herculanum, de Pompéi, de Baies, de Neapolis, de Salerne et de Capoue. Les premiers habitants de ce territoire furent les Ausones et les Osques ou Opici, plus tard subjugués par les Etrusques. Au temps des Romains, les Sidicini se fixèrent au N.-O. et les Picentini au S.-E. Son sol fertile, son climat délicieux et ses magnifiques paysages lui avaient valu le surnom de Félix.

*CAMPANILE s. m. ou Campanille s. f. (ital. *campanila* ; du lat. *campana,* cloche). Archit. Clocher à jour; petite tour ouverte et légère, haute et souvent isolée, dans laquelle sont suspendues des cloches : *le campanile de Florence est incrusté de marbre.* Les plus remarquables spécimens de campanile sont : la tour de Crémone, haute de 125 mètres; commencée en 1283, le campanile de Florence, commencé sur les dessins de Giotto en 1334, et terminé par Taddeo Gaddi ; il est haut de 85 mètres, revêtu de marbres blancs, rouges et noirs, orné de 54 bas-reliefs et de 16 statues ; la tour penchée de Pise, commencée en 1164, haute de 56 mètres, cylindrique, d'un diamètre de 13 mètres: elle penche de 4 mètres sur la perpendiculaire; la tour Garisinda, à Bologne (penchée); l'Asinelli, également penchée; la Giralda, tour de la cathédrale de Séville, haute de 110 mètres. — En France, on donne quelquefois le nom de campanile aux petits clochers à jour qui surmontent les façades de certaines églises, et ce nom a été étendu à la petite lanterne qui termine une coupole, comme simple décoration : *le campanile du dôme des Invalides.*

Campanile de Giotto.

CAMPANULACÉ, ÉE, adj. Bot. Qui ressemble ou se rapporte à la campanule. — Qui a la forme d'une petite cloche. — s. f. pl. Famille de plantes monopétales ayant pour type le genre campanule.

*CAMPANULE s. f. (lat. *campanula,* de *campana,* cloche). Bot. Genre de campanulées dont il existe un très grand nombre d'espèces, qui toutes portent des fleurs en forme de cloches, que l'on cultive, pour la plupart, dans les jardins d'agrément. Les principales espèces sont : la *violette marine (campanula medium,* Linn.), bisannuelle, indigène, à grandes fleurs bleues; la *campanule noble (campanula nobilis,* Lindl.), de Chine, à fleurs d'un beau violet pourpre; la *campanule de Sibérie (campanula Sibirica,* Linn.), bisannuelle, à corolle velue en dedans; la *campanule remarquable (campanula speciosa,* Pourr.), des Pyrénées, à belles fleurs pourprées; la *campanule à larges feuilles (campanula latifolia,* Lin.), vivace, à grandes fleurs solitaires bleues ou blanches; le *gant Notre-Dame (campanula trachelium,* Linn.), à feuilles rudes au toucher, à fleurs en grappes : sa racine se mange en salade ; la *campanule raiponce (campanula rapunculus,* Linn.), indigène,

cultivée surtout comme plante potagère, parce que ses jeunes feuilles et sa racine se mangent

Campanule à feuilles rondes. (Campanula rotundifolia).

en salade ; la *campanule à feuilles rondes (campanula rotundifolia),* belle plante sauvage annuelle, commune sur les montagnes et sur les rochers ombragés.

*CAMPANULÉ, ÉE adj. Bot. En forme de cloche : *corolle campanulée.* — ⸺s. f. pl. Tribu de campanulacées qui renferme le genre campanule.

CAMPASPE, courtisane d'Asie, et maîtresse d'Alexandre. Apelle, à qui elle servit de modèle, en devint si éperdument amoureux, que l'empereur lui permit de l'épouser.

CAMPBELL [kămm'-êll ou kâmm-bèll]. — I. (Alexander), fondateur de la secte des Camphellites, né en Irlande en 1786, mort en 1866. Il émigra en Pennsylvanie (1809) et y créa une célèbre société religieuse qui ne cessa de protester contre toutes les croyances de l'humanité. Il a publié plusieurs ouvrages. — II. (Archibald), Voy. ARGYLL (duc d'). — III. (Sir Colin) lord Clyde, général anglais, né à Glasgow en 1792, mort en 1863. Il fit la guerre aux Français en Portugal et en Hollande; commanda les highlanders en Crimée (1854) et eut la direction de la guerre pendant la révolte des cipayes de l'Hindoustan. — IV. (George), ecclésiastique écossais (1719-'96), a laissé une dissertation sur les miracles et une traduction des Evangiles. — V. (John), écrivain anglais (1708-'75), auteur d'une « Histoire du prince Eugène et du duc de Marlborough », d'une « Histoire de l'Amérique espagnole », des « Vies des amiraux anglais » (4 vol.), etc. — VI. (John), missionnaire écossais (1766-1840). Il visita le sud de l'Afrique en 1812 et en 1818, et publia le récit de ses explorations. — VII. (John, lord), juriste anglais, né en Ecosse en 1779, mort en 1861 ; auteur d'une « Histoire des lords, chanceliers, et gardes du grand sceau d'Angleterre » (7 vol.). — VIII. (Sir Neil), officier anglais (1770-1827), servit dans l'infanterie portugaise pendant la guerre d'Espagne et fut l'un des commissaires qui accompagnèrent Napoléon de Fontainebleau à l'île d'Elbe; explora le cours du Niger et fut nommé gouverneur de Sierra Leone en 1826. — IX. (Thomas), poète anglais, né à Glasgow en 1777, mort à Boulogne en 1844. Il publia, en 1799, les « Plaisirs de l'espérance », qui obtinrent un succès sans précédent. Considéré comme le plus grand poète de son siècle, il reçut une pension de 200 livres, à partir de 1806. Sa « Gertrude de Wyoming » (1809) et plusieurs autres poèmes lyriques lui acquièrent une notoriété plus grande que celle de Byron. De 1820 à 1830, il dirigea le « Colburn's New Monthly Magazine », et l'emporta sur Walter Scott en 1827 pour la place de recteur de l'université de Glasgow. Ses poèmes comprennent : « Le dernier Homme », « Théodoric », « Le Pèlerin de

Glencoe ». Il a écrit une « Histoire du règne de George III » et les « Vies de Pétrarque et de mistress Siddons ». Il est vigoureux avec de la finesse, de la sensibilité et de l'harmonie; mais il est souvent maniéré et sa précision devient quelquefois trop laconique. Ses *Plaisirs de l'espérance* ont été traduits en vers français par Albert Montémont (Paris, 1824, in-8°.)

CAMPBELL (les), célèbre clan d'Ecosse dont les membres furent les défenseurs de l'indépendance nationale au temps de William Wallace, de Robert Bruce et de la conquête par l'Angleterre.

CAMPBELTOWN, ville maritime de l'Argyleshire (Ecosse) sur la côte orientale de la presqu'île de Cantire, à 60 kil. O. d'Ayr; 6,750 hab. Distilleries; pêche au hareng.

CAMPE s. f. Argot. Fuite.

CAMPE (Joachim-Heinrich), pédagogue allemand (1746-1818). Dirigea les écoles à Brunswick et publia des ouvrages estimés. Ses *Lettres de Paris du temps de la Révolution*, (Paris, 1790) sont un éloquent plaidoyer en faveur de notre révolution. Son *Robinson le Jeune* n'a pas eu moins de 80 éditions et fut traduit dans toutes les langues.

* **CAMPÉ, ÉE** part. passé de CAMPER. — Fig. et fam. ETRE BIEN CAMPÉ, être bien installé, bien placé en quelque endroit : *vraiment, vous voilà bien campé*. On dit aussi : *être bien campé sur ses jambes*.

* **CAMPÈCHE** s. m. Arbre d'Amérique, dont le bois, très dur et très pesant, fournit une belle teinture rouge; *bois de campêche*.—Pour la partie botanique voy. HÉMATOXYLE. — Le bois de campêche nous arrive en bûches plus ou moins grosses, dépouillées de l'aubier. L'espèce la plus recherchée vient des côtes du Mexique et connue dans le commerce sous le nom de coupe d'Espagne Le campêche coupé d'Haïti lui est inférieur; les coupes de la Martinique et de la Guadeloupe sont de moins bonne qualité encore.—Le bois de campêche est souvent employé pour la falsification des vins rouges.

CAMPÈCHE. I. Etat de la république mexicaine, occupant la partie méridionale de la presqu'île de Yucatan; 66,890 kil. carr.; 86,500 hab. La population comprend une grande quantité d'Indiens. Productions principales : sel, riz, sucre; fibres de la pita (*agave Americana*), plante qui croît en quantité prodigieuse dans ces parages. — II. Capitale de l'état de Campêche et port principal du Yucatan, sur la côte occidentale de cette presqu'île et sur le golfe de Campêche; environ 19,000 hab. Rues irrégulières, maisons uniformément carrées, en pierre à chaux et à un seul étage. 2 églises, nombreux couvents, musée, théâtre, plusieurs collèges, écoles primaires, jardin paysager (*alameda*), planté d'orangers. Exportation de bois de campêche, de sucre, de cire, de tafia, de cuirs, de peaux de daim, d'articles fabriqués avec la pita et de cigares. — III. (Golfe de), golfe qui baigne le Yucatan (Amérique centrale). Ses rivages, découverts vers 1517, furent colonisés par les Espagnols en 1540, pris par les Anglais en 1659, ravagés par les flibustiers en 1678 et en 1685.

CAMPEGGIO (Lorenzo) [kâmm-pé'-djo], cardinal italien (1474-1539). Nonce en Allemagne, il essaya vainement de ramener Luther. En Angleterre, il suppléa se joindre à la confédération contre les Turcs le roi Henri VIII, qui le nomma évêque de Salisbury. Après une nouvelle mission en Allemagne, il fut envoyé en Angleterre pour juger l'affaire du divorce de Henri VIII avec Catherine d'Aragon. Ses *Lettres*, publiées à Bâle en 1775, sont assez curieuses.

* **CAMPEMENT** s. m. Action de camper; le camp même : *l'art des campements*. Ce sens a

vieilli, excepté dans les locutions : *matériel de campement, effets de campement*, qui sont très usitées. — Détachement qu'on fait partir quelques jours à l'avance, pour s'emparer du terrain où doit camper l'armée, et pour tracer le camp : *le campement doit rester sous les armes jusqu'à l'arrivée du corps d'armée.*

CAMPENON (François-Nicolas-Vincent), poète, né à la Guadeloupe en 1772, mort en 1843. Deux petits poèmes élégants, la *Maison des champs* (1809) et l'*Enfant prodigue* (1811), firent sa fortune littéraire. Lorsque Ducis mourut, Campenon et Michaud se disputèrent son fauteuil académique. Le premier lança cette épigramme contre son concurrent :

Au fauteuil de Ducis on a porté Michaud.
Ma foi! pour l'y placer, il faut un ami chaud.

Michaud riposta aussitôt par ce distique :

Au fauteuil de Ducis aspire Campenon.
A-t-il assez d'esprit pour qu'on l'y campe?...

Tout le monde trouva la rime, excepté l'Académie, qui élut Campenon (1814). Les principaux ouvrages de ce correct écrivain sont une romance, dans laquelle il fait le panégyrique de Marie-Antoinette; ce qui le força à l'exil pendant la Révolution, une *Epître aux femmes*, une traduction de l'*Histoire d'Ecosse* de Robertson et de l'*Histoire d'Angleterre*, par Smollet. Il a laissé d'intéressants *Mémoires*, 1824, 1 vol. in-8°; ses *Poèmes et Opuscules* ont été publiés en 1825.

* **CAMPER** v. n. Dresser des tentes ou construire des baraques en quelque lieu, pour s'y loger en ordre, ou pour s'y retrancher : *l'art de camper*. — Fig. Ne faire qu'une courte station dans un lieu : *nous n'avons fait que camper dans cet endroit*. — N'avoir point de logis assuré, en changer tous les jours.—Activ.: *ce général a campé son armée entre la montagne et la rivière.* — Fig. et fam. *Camper là quelqu'un*, le laisser, l'abandonner, lorsqu'on l'a mis ou qu'il s'est mis lui-même dans une situation embarrassante. — Se camper v. pr. Se placer : *il se campa dans un fauteuil.* — Se mettre en certaine posture, se placer sur ses pieds d'une certaine manière : *il se campe bien.*

CAMPER (Pieter), médecin hollandais (1722-'89), professeur à Franeker, à Amsterdam et à Groningue; puis membre du conseil d'Etat des Provinces-Unies (1773). Ses nombreuses découvertes scientifiques comprennent les organes auditifs des poissons, la communication entre les poumons des oiseaux et leurs os creux. Il fit d'importantes recherches en anatomie comparée et fut le premier qui décrivit l'ostéologie du rhinocéros, du dugong et de plusieurs autres animaux. Ses *Œuvres* ont été publiées à Paris, 1803, 3 vol. in-8°

CAMPERDUIN ou Camperdown, village de la Hollande septentrionale, au milieu des dunes, entre Alkmaar et le Helder. Victoire navale de l'amiral anglais Duncan sur l'amiral hollandais de Winter, le 11 octobre 1797.

CAMPESTRE s. m. (lat. *campestris*, de *campus*, champ). Ant. Jupon retenu autour des reins et qui descendait presque jusqu'aux genoux. Les soldats grecs et romains s'en servaient dans certains exercices où tout le reste du corps demeurait nu.

CAMPESTRE (Louis), moine dominicain qui, furieux de la manière dont Erasme traitait les moines mendiants dans son livre de *Colloquia*, donna de cet ouvrage une édition qu'il habilla à sa guise, pour y substituer l'éloge des moines aux critiques du philosophe. L'histoire littéraire offre peu d'exemples d'une contrefaçon aussi audacieuse. « Fraude pieuse, dit Erasme; en plaçant ses *Colloques* à côté des miens, il a voulu me faire subir le supplice de Mézence. »

CAMPHÈNE s. m. Chim. Nom générique des hydrocarbures isomériques ou polymériques avec l'essence de térébenthine. La plupart sont

isomériques; leur formule générale est C^{20} H^{16}, comme l'essence de térébenthine, l'essence de citron, l'essence de genièvre, la partie la plus volatile de l'essence de bergamote, la caoutchine, etc.

CAMPHIN s. m. Chim. Huile légère et incolore dérivée du camphre.

CAMPHINE s. f. Nom commercial de l'essence de térébenthine purifiée, soit par une distillation sur de la chaux vive, soit par une rectification sur du chlorure de chaux sec. On pourrait l'employer pour l'éclairage; mais son usage est dangereux.

CAMPHIQUE adj. Chim. Se dit d'un acide provenant du camphre : C^{10} H^{16} O^{3}.

CAMPHOLÈNE s. m. Chim. Hydrocarbure dérivé du camphre : C^{9} H^{16}.

CAMPHOLIQUE adj. Chim. Se dit d'un acide qui résulte de l'action de la potasse sur le camphre : C^{10} H^{18} O^{3}.

CAMPHORAMIQUE adj. Chim. Se dit d'un acide qui est un amide de l'acide camphorique : C^{10} H^{17} Az O^{3}.

CAMPHORATA s. f. Voy. CAMPHRÉE.

CAMPHORATE s. m. Chim. Sel produit par la réaction de l'acide camphorique sur une base.

CAMPHORÉ, ÉE adj. Bot. Qui ressemble ou qui se rapporte au camphrier. — s. f. pl. Tribu de laurinées comprenant le genre camphrier.

CAMPHORIMIDE s. f. Chim. Amide de l'acide camphorique : C^{10} H^{15} Az O^{3}.

CAMPHORINE s. f. Chim. Camphorate de glycérine qui se produit quand on chauffe de l'acide camphorique avec de la glycérine.

CAMPHORIQUE adj. Chim. Se dit d'un acide obtenu par l'action de l'acide nitrique sur le camphre : C^{10} H^{7} O^{3} + HO. Il se présente sous la forme de belles lames ou d'aiguilles transparentes. — Se dit aussi de divers éthers dérivés du camphre.

CAMPHOROÏDE adj. (de *camphre*; et du gr. *eidos*, aspect). Qui ressemble au camphre.

CAMPHORONE s. f. Composé neutre analogue aux acétones et produit par la distillation sèche du sel de calcium de l'acide camphorique : C^{13} H^{12} O.

CAMPHOVINIQUE adj. Se dit d'un acide obtenu en mêlant de l'acide camphorique avec de l'acide chlorhydrique ou du l'acide sulfurique : C^{11} H^{20} O^{3}.

* **CAMPHRE** s. m. [kan-fre] (arabe *kafur*; lat. *camphora*). Substance concrète, analogue aux huiles essentielles, blanche, demi-transparente, d'une odeur très forte, d'une saveur amère et brûlante, qu'on extrait de certains végétaux, et principalement d'une espèce de laurinées nommée *camphrier*. — Nom générique de plusieurs substances neutres analogues aux résines par leur composition et se rapprochant des huiles essentielles par leurs propriétés. Tels sont les principes concrets obtenus des essences de lavande, de menthe, de tanaisie, de semen-contra. — Argot. Eau-de-vie. UN POISSON DE CAMPHRE, un verre d'eau-de-vie. — Chim. Le camphre que l'on trouve dans le commerce provient en grande partie du Japon et de l'île de Formose, où il est obtenu du *camphora officinarum*, autrefois nommé *laurus camphora*. On réduit le bois de cet arbre en petits copeaux, que l'on expose à la vapeur dans de grossiers alambics de bois, protégés contre les flammes par une enveloppe d'argile; le camphre se volatilise avec la vapeur et se condense dans des pots de terre placés au-dessus des alambics. On obtient ainsi le camphre brut, d'une teinte grisâtre et en grains. Il est exporté sous cette forme dans des barils ou dans des caisses

Arrivé en Europe, il y subit une nouvelle opération, qui a pour but de le purifier : c'est le raffinage par sublimation. Cette opération a lieu dans des vases à fond plat où il se condense en gâteaux qui forment une concavité ; il est alors incolore, presque transparent. Sa composition est $C^{lo} H^{l6} O$; sa gravité spécifique 0,992 ; il fond à 175° C., il bout à 240° et se distille alors complètement, sans altération. Le camphre répand des vapeurs à la température ordinaire ; il prend un mouvement giratoire quand on le projette à la surface de l'eau, ce qui tient à la production inégale de vapeur sur les divers points de sa périphérie. Il est si peu soluble dans l'eau, qu'il faut environ 1,300 parties de ce liquide pour dissoudre une partie de camphre ; mais il fond rapidement et dans de grandes proportions dans les alcools et dans les éthers ; il se dissout également dans les huiles essentielles et dans les autres huiles, à chaud ; quand on l'humecte d'un peu d'alcool il se réduit en poudre. Très inflammable, il brûle en produisant une brillante flamme fuligineuse. Le camphre de Bornéo, très estimé chez les peuples orientaux, mais qui est à peu près inconnu en Europe, se trouve en masses solides dans les fissures du tronc du *dryobalanops camphora*, grand arbre de l'ordre des *dipterocarpées*, de Bornéo et des voisines. — Econ. dom. Le camphre est un antiputride et un vermifuge d'une grande puissance. On s'en sert pour protéger les étoffes et les pelleteries contre les ravages des teignes ou des mites. — Méd. Raspail ayant admis que « le plus grand nombre des maladies émanent de l'invasion des parasites internes et externes », a basé sa médication sur l'emploi de cet énergique insecticide. « Le camphre, dit-il, a la propriété de ramener le sommeil, d'éclaircir les urines, et de mettre en fuite ou d'empoisonner les parasites internes ou externes, par conséquent, de dissiper les crampes et maux d'estomac, les douleurs d'entrailles, la diarrhée et la dysenterie, la gravelle, et de prévenir la formation de la pierre. Les urines les plus rouges et les plus sédimenteuses reprennent leur limpidité dès qu'on a fait usage, un seul jour, de la poudre de camphre à l'intérieur ; elles répandent une odeur aromatique et restent longtemps à l'air sans se décomposer et sentir mauvais. Par le pansement au camphre, les plaies et blessures sont à l'abri de la gangrène, de l'érysipèle et de la formation du pus de mauvaise nature... Le camphre protège la chasteté, mais ne détermine pas l'impuissance ; en purifiant les organes, il accroît la fécondité, rend la gestation heureuse et l'accouchement facile ; il ne paralyse que l'abus, les aberrations et les velléités inopportunes de l'amour. » Raspail recommande l'usage du *camphre en poudre* pour remplacer le tabac des priseurs et dans les cas de migraine, de rhume de cerveau, de coryza chronique, etc. ; il en couvre les plaies pour arrêter la formation de pus ou de gangrène ; il en saupoudre le bas-ventre pour calmer les passions. Il a imaginé la *cigarette de camphre* pour guérir ou soulager les maux de poitrine : rhume, coqueluche, oppressions, extinction de voix, phtisie, etc. Il a préconisé l'*alcool camphré*, l'*eau-de-vie camphrée*, en lotion, en compresses et même en boisson ; ses *huiles camphrées* ont été également admises par la médecine légale, particulièrement l'huile de camomille. Il a employé les *bougies camphrées* contre les hémorrhoïdes, les fistules et les maladies utérines ; et on lui doit la pommade camphrée et le *cérat camphré* ou *sparadrap camphré* simplement *adhésif* — A haute dose (de 10 à 15 gr.) le camphre est un poison narcotico-âcre ; à petite dose, il calme le système nerveux et excite les membranes muqueuses (de 10 à 50 centigr.). On l'emploie comme antispasmodique et antiseptique. A l'extérieur,

l'alcool camphré et la pommade camphrée sont résolutifs ; l'huile camphrée est utile en frictions contre le prurigo.

* **CAMPHRÉ, ÉE** adj. Qui contient du camphre ; *potion camphrée; eau-de-vie camphrée.* — ∿ Argot. Alcoolisé.

* **CAMPHRÉE** s. f. (rad. *camphre*). Bot. Genre de chénopodées, tribu des cyclolobées, comprenant cinq ou six espèces qui croissent dans les terrains arides et salés du midi de l'Europe et de l'Asie centrale. L'espèce la plus connue, la *camphrée de Montpellier* (*camphorosma Monspeliaca*, Linn.) est un sous-arbrisseau dont les feuilles exhalent, quand on les froisse, une odeur analogue à celle du camphre. Cette camphrée passe pour vulnéraire, diurétique et sudorifique ; on la prend infusée dans du vin ou dans l'eau comme le thé.

CAMPHRER v. a. Mettre du camphre.

* **CAMPHRIER** s. m. Bot. Genre de laurinées, voisin des lauriers, comprenant des arbres de l'Asie équatoriale. L'espèce qui paraît produire

Camphrier officinal. (*Camphora officinarum*).

le plus de camphre, lo *camphrier officinal* (*camphora officinarum*, Baub.), est un arbre de 10 à 15 mètres. Voy. CAMPHRE. — ∿ Argot. Buveur d'eau-de-vie. — Débit de liqueurs à bas prix.

CAMPHUYSEN (Dirk-Rafelsk) [kâmp-oï-zènn], un des plus anciens poètes hollandais (1586-1627). Prédicateur de la secte d'Arminius, il se cacha dans la Frise et publia des poésies pieuses pleines d'originalité et de profondeur. Il traduisit les Psaumes en hollandais. Peintre dans sa jeunesse, il a laissé d'élégants effets de neige et de soleil couchant.

CAMPI. Nom d'une famille d'artistes de Crémone, au XVIe siècle. I. (Giulio), né vers 1500, mort en 1572 ; exécuta des travaux considérables à Milan, à Crémone et à Mantoue. — II. (Antonio), publia une chronique de Crémone, avec de nombreuses gravures (1585). — III. (Vicenzo), frère des précédents, mort en 1591, excella dans les portraits et les fruits.— (Bernardino), parent et rival des précédents (1522-'90), son chef-d'œuvre est la représentation de la coupole de Saint-Sigismond, à Crémone, représentant tous les bienheureux de l'Ancien et du Nouveau Testament. Le Louvre possède de ce maître une *Mère de pitié*.

CAMPIAN (Edmund), auteur anglais (1540-1581). Prêtre anglican, il se fit catholique en Irlande et jésuite à Rome (1573), résida à Vienne, enseigna pendant six ans la rhétorique et la philosophie à Prague, reçut en 1581, du pape Grégoire XIII, la mission de venir en Angleterre pour y combattre ses anciens coreligionnaires. Il était dans l'ardeur de la lutte, lorsque la reine Elisabeth le fit jeter à la tour de Londres, sous l'inculpation d'avoir trahi sa patrie en entretenant une correspondance avec les puissances étran-

gères. Condamné à mort, il fut exécuté. Il a laissé une histoire d'Irlande, une chronologie universelle, une histoire du divorce de Henri VIII, etc.

CAMPI LAPIDEI, « Plaine des cailloux », aujourd'hui *la Crau* (Bouches-du-Rhône). Cette plaine était très célèbre dans l'antiquité. Eschyle prétend que Jupiter, pour assister Hercule, qui avait employé toutes ses flèches dans son combat contre les Liguriens, jeta du haut du ciel les mortels en guerre avec son fils, les innombrables cailloux que l'on voit dans la plaine de la Crau.

CAMPILE, ch.-l. de cant.; arr. et à 23 kil. S.-O. de Bastia (Corse); 1,000 hab.

* **CAMPINE** s. f. (de *campine*, pays flamand où l'on élève de bonnes poulardes).Cuis. Espèce de petite poularde fine.

CAMPINE, vaste plaine stérile qui s'étend à l'E. d'Anvers et qui est partagée entre la Belgique et la Hollande. La Campine, surnommée la Sibérie des Pays-Bas, est couverte de bruyères et de bouquets de sapins. On y élève du bétail et d'excellentes poulardes.

CAMPI RAUDII, ancien nom d'une plaine de l'Italie septentrionale, près de Vercella. Marius et Catulus y battirent les Cimbres, en 101 av. J.-C.

CAMPISTRON (Jean-Gabriel de), poète dramatique, né à Toulouse en 1656, mort en 1723. Pâle imitateur de Racine, il donna plusieurs tragédies qui obtinrent du succès, mais que l'on a oubliées. Une de ses comédies, le *Jaloux désabusé* (1709) est bien conduite. Campistron fut reçu à l'Académie française en 1701. Secrétaire des commandements de Vendôme, il montra beaucoup de courage dans ses fonctions. La meilleure édition de ses œuvres est celle de 1750, 3 vol. in-12.

CAMPITELLO, ch.-l. de cant.; arr. et à 22 kil. S.-O. de Bastia (Corse); 300 hab.

CAMPLI, ville d'Italie, province de Teramo, à 125 kil. N.-E. de Rome; 7,800 hab. Cathédrale et abbaye.

CAMPOBASSO. I. Province montagneuse de l'Italie méridionale, appelée autrefois Molise 4,604 kil. carr.; 364,500 hab. — II. Cap. de province, de ce nom, à 90 kil. N.-F. de Naples; 14,500 hab. Lycée, gymnase, coutellerie.

CAMPOBASSO (Nicolo, COMTE DE), condottiere napolitain, d'abord au service de la maison d'Anjou et ensuite à celui de Charles le Téméraire, qu'il trahit pour René II, devant Nancy, le 5 janvier 1477.

CAMPO-FORMIO ou Campo-Formido, village d'Udine (Italie), à 85 kil. N.-E. de Venise; 1,500 hab. Traité du 17 octobre 1797, conclu entre Bonaparte et l'Autriche, malgré les instructions formelles du Directoire. L'Autriche abandonnait les Pays-Bas et les îles ioniennes à la France; Milan, Mantoue et Modène à la république Cisalpine ; mais, par un article secret, Bonaparte lui livrait la république de Venise.

* **CAMPOS** s. m. [kan-pô](lat. *campus*, champ; accus. plur. *campos*). Congé donné à des écoliers : *écoliers qui ont campos.* — Par ext. Heures, jours où des personnes d'étude ont quelque relâche : *il s'est donné campos aujourd'hui.*

CAMPO-SANTO (ital. *champ sacré*). Nom donné aux cimetières en Italie. — Plur. des CAMPI-SANTI.

CAMPO-SANTO, plaine du duché de Modène (Italie), combat indécis entre les Autrichiens et les Espagnols (1743).

CAMPO-VACCINO, *champ de la Vache*, nom moderne du Forum de la Rome antique. Une *vue du Campo-Vaccino*, chef d'œuvre de Claude Lorrain, se trouve au Louvre.

CAMPRA (André), compositeur, né à Aix en 1660, mort à Versailles en 1744; dirigea la chapelle de Louis XV, à partir de 1722. A laissé des opéras longtemps célèbres, des divertissements, des cantates et des motets.

CAMPREDON, ville forte de Catalogne; province et à 50 kil. N.-O. de Girone; 2,150 hab. Les Français s'en emparèrent en 1698 et 1794.

CAMPTOSORE s. m. [-zo-] (gr. *kamptos*, courbé; *sôros*, tas). Genre de fougères, dont une espèce, la *feuille marchante* (*walking leaf*) des Américains (*camptosorus rhizophyllus*), se

Camptosorus rhizophyllus.

reproduit en enfonçant dans la terre l'extrémité de ses feuilles, qui prennent racine et forment de nouveaux sujets. Cette plante couvre quelquefois, dans la Nouvelle-Angleterre, de vastes espaces où elle rend la circulation très embarrassante.

CAMULOGÈNE, brenn gaulois qui, pendant la révolte de Vercingétorix, défendit Lutèce contre Labienus, lieutenant de César, et se fit tuer dans la plaine de Vaugirard (51 av. J.-C.).

* **CAMUS, USE** adj. (ital. *camoscio*, chamois, parce que cet animal est camus). Qui a le nez court et plat : *il est camus; elle est camuse.* — Se dit aussi d'un nez court et plat : *nez camus.* — Se dit également de quelques animaux : *chien camus; cheval camus.* — Fig. et fam. IL EST BIEN CAMUS, se dit d'un homme qui a été trompé dans l'attente de quelque chose. — RENDRE UN HOMME CAMUS, le réduire à ne savoir que dire. — Substantiv.: *un vilain camus; une petite camuse.*

CAMUS. I. (Armand-Gaston), homme d'Etat, né à Paris en 1740, mort en 1804; fut avocat général du clergé français au parlement, puis membre des états généraux, de la Convention et du Comité de salut public. D'une grande énergie, il fut envoyé, en qualité de commissaire, pour arrêter en Belgique Dumouriez, qui le livra aux Autrichiens avec quatre autres commissaires. Au bout de deux ans et demi de captivité, il fut échangé contre la fille de Louis XVI (1795), devint membre du conseil des Cinq-Cents et plus tard président de cette assemblée, de janvier à mai 1796. Il a laissé des *Lettres sur la profession d'avocat*, 1772, in-12; *Histoire des animaux d'Aristote*, 1783, 2 vol. in-4°, etc. — II. (Charles-Etienne-Louis), mathématicien, né en 1699, à Crécy-en-Brie, mort en 1768; auteur d'un *Cours de mathématiques*, 1766, 4 vol. in 8°. Professeur de géométrie à Paris, il mesura un degré du méridien en Laponie, avec Maupertuis et Clairaut (1736). — III. (François-Joseph de), mécanicien, né près de Saint-Mihiel en 1672, mort vers 1732. A décrit plusieurs inventions dans son *Traité des forces mouvantes*, 1722, in-8°. — IV. (Jean-Pierre), évêque de Belley, né à Paris en 1582, mort en 1653, célèbre par la guerre qu'il fit aux moines mendiants,

comparés par lui à des *cruches qui se baissent pour mieux se remplir.* A laissé plus de 200 ouvrages sans goût, mais quelquefois spirituels : *Rabat-joie du triomphe monacal; l'Antimoine bien préparé; Moyen de réunir les protestants avec l'Eglise romaine,* et des romans pieux pour remédier au mal causé par les romans profanes.

CAMUSAT (Jean), imprimeur-libraire, mort en 1639; fut libraire de l'Académie française, lors de sa formation. A laissé : *Négociations et Traités* de Cateau-Cambrésis, 1637, in-4°.

CAMUSE s. f. Argot. Carpe.

CAN s. m. (wall. *côté*). Charpent. Face la moins large d'une pièce de bois taillée en prisme rectangulaire.

CANA ou **Kana**, nom de deux anciennes villes de Palestine. — I. Aujourd'hui *Kana-el-Jelil*, à environ 12 kil. au N. de Nazareth. — II. Aujourd'hui *Kefr-Kenna*, à 5 kil. N.-E. de Nazareth. On ne sait dans laquelle de ces deux villes, Jésus-Christ opéra son premier miracle en changeant l'eau en vin. Ce miracle fait le sujet d'un grand tableau de Paul Véronèse, au musée du Louvre.

CANAAN. Voy. CHANAAN.

CANACHUS, sculpteur grec du VIe siècle av. J.-C. Il produisit une célèbre statue de Diane, en or et en ivoire.

CANADA (Puissance du), angl. *Dominion of Canada*, fédération de provinces, comprenant toute l'Amérique anglaise du Nord (à l'exception de Terre-Neuve), bornée par l'océan

Sceau du Canada.

Arctique, l'Atlantique, les Etats-Unis, le Pacifique et le territoire d'Alaska; entre 59° et 143° long. O., et atteignant sur son point le plus méridional, 41°40' lat. N. Cette fédération se compose de sept provinces, auxquelles on ajoute les territoires du N.-O. et les îles de l'océan Arctique.

breux. Voici les totaux de la population par nationalités pour toute la fédération :

Français	1.200.000	*Report*....	3.538.235
Irlandais	850.000	Autres Européens	16.000
Anglais	705.000	Nègres........	22.000
Ecossais	550.000	Indiens........	100.000
Allemands	202.000	Chinois........	1.500
Néerlandais	53.000	Métis........	5.000
A reporter....	3.538.000	Total....	3 663.500

— Principales dénominations religieuses : catholiques, 1,500,000; presbytériens, 545,000; anglicans, 495,000; méthodistes et wesleyens, 567,000; baptistes, 240,000. — Villes principales : Montréal, Québec, Toronto, Hamilton, Ottawa, Halifax, Saint-John, London, Kingston. — Le territoire est traversé par les montagnes Rocheuses et la chaîne du Saint-Laurent. Côtes profondément découpées, formant la baie de Fundy, le golfe de Saint-Laurent et la vaste baie d'Hudson. — Fleuves : le Saint-Laurent conduit à la mer le trop plein des grands lacs qui séparent le Canada des Etats-Unis; le Nelson fait le même office pour le lac Winnipeg, et le Mackenzie pour les nombreux lacs du N.-O. Le Fraser est le seul tributaire du Pacifique qui offre quelque importance. — Productions minérales : or, argent, cuivre, fer, pétrole, charbon, sel et gypse. — En raison de la rigueur du climat, la plus grande partie du territoire ne peut être livrée à la culture et reste couverte de vastes forêts où l'on fait la chasse aux fourrures. Dans les portions méridionales, les étés sont assez chauds, l'agriculture a fait quelques progrès. Le terrain produit du blé, de l'avoine, de l'orge, des pois, des fèves, du sarrasin, du maïs, des pommes de terre, du foin, du lin, des pommes, etc. Le buffalo ou bœuf sauvage de l'Amérique du Nord, se retire lentement devant la civilisation; on le trouve encore au delà du Saskatchewan. Les côtes abondent en poisson : morue, maquereau, hareng et saumon. — Commerce très considérable avec les Etats-Unis et l'Angleterre. Exportation de produits des mines : 19 millions de fr.; de poissons, 30 millions; de bois, 130 millions; de produits animaux, 90 millions; de produits agricoles, 90 millions. Importation d'objets manufacturés. Depuis quelques années, l'industrie s'est développée. — *Chemins de fer*, 10,000 kil. en exploitation. — *Culte catholique*, 4 archevêques et 14 évêques. — *Constitution.* La constitution a été accordée en 1867 par un acte impérial appelé « l'acte de l'Amérique anglaise du Nord ». Cédant à la pression de l'opinion publique, le gouvernement britannique accorda à sa colonie une constitution qui lui donna une certaine autonomie. Le pouvoir exécutif est exercé par un gouverneur général, que nomme le gouvernement anglais. Ce gouverneur est assisté d'un cabinet responsable. Le pouvoir législatif appartient à un parlement composé de deux chambres, appelées : l'une chambre des communes et l'autre, sénat. Les sénateurs, au nombre de 78, sont

TABLEAU STATISTIQUE DE LA FÉDÉRATION DU CANADA

DIVISIONS	KIL. CARR.	POPULATION		CAPITALES
		TOTALE y compris les Indiens	INDIENS	
Colombie anglaise..............	922.000	33.586	23.000	Victoria.
Manitoba	36.178	12.728	500	Winnipeg.
New-Brunswick...............	70.762	285.594	1.403	Fredericton.
Nouvelle-Ecosse...............	56.280	387.800	1.666	Halifax.
Ontario...............	279.139	1.620.851	12.978	Toronto.
Ile du Prince Edouard...........	5.524	94.021	323	Charlottetown.
Québec...............	500.769	1.191.516	6.988	Quebec.
Territoires du N.-O............	6.863.218	59.000	54.000	
Iles de l'océan Arctique et de la baie d'Hudson.............	950.000	....	....	
Totaux...............	9.683.870	3.685.096	100.868	

Dans la province de Québec, les habitants d'origine française sont en majorité; ailleurs les Anglais et les Irlandais sont les plus nombreux. inamovibles et nommés par le gouverneur général et le conseil. Les membres de la chambre des communes, au nombre de 206, sont élus pour 5 ans par les habitants qui possèdent une certaine fortune. Chaque province possède son gouvernement local; partout, les magistrats des hautes cours sont nommés par le gouverneur général. — Recettes, 200 millions de fr.; dépenses, 180 millions; dettes 750 millions. — Armée. L'Angleterre entretient 2,000 hommes dans la forteresse d'Halifax. La milice se compose de 46,000 hommes de troupes actives et de 653,000 de réserve. — Hist. Cette ancienne colonie française fut découverte le 24 juin 1497 par Jean et Sébastien Cabot. En 1524, une expédition française dirigée par Verazani y fonda un établissement nommé Nouvelle-France. En 1535, le marin breton Jacques Cartier remonta le Saint-Laurent jusqu'à l'endroit où s'élève aujourd'hui la ville de Montréal. Mais le premier établissement permanent date de la fondation de Québec (1608). Déjà, les Français avaient adopté un système de colonisation semi-militaire et semireligieux. Les missionnaires récollets et jésuites parcoururent la contrée dans toutes les directions afin d'obtenir la conversion des sauvages. La prospérité de cette colonie, sous l'habile direction de Champlain, ayant éveillé la jalousie des Anglais, ceux-ci envahirent le Canada en 1629, mais ils le restituèrent en 1632. La colonisation reprit d'une façon merveilleuse, si bien que le Canada fut assez puissant pour résister, en 1690, à une attaque de l'amiral Phips. Cette fois, les Anglais furent repoussés avec de pertes énormes. Malheureusement pour la France, de puissantes colonies anglaises se développaient au sud du Canada, sous la double influence de la liberté individuelle et de la liberté religieuse. En peu d'années, ces colonies formèrent un peuple presque indépendant, que le voisinage de notre civilisation militaire et autoritaire menaçait et irritait. Après une guerre désastreuse, Louis XIV dut céder l'Acadie aux Anglais en 1713. Ce n'était pas assez pour les Anglo-Américains, dont Franklin traduisit un jour les craintes par ces paroles demeurées célèbres : « Nous ne serons pas tranquilles tant qu'il y aura un Français en Amérique ». La guerre des colonies commença en 1756. Les Canadiens, livrés à leurs seules forces, luttèrent avec une énergie digne d'un meilleur sort. D'abord vainqueurs en plusieurs rencontres, ils ne se trouvèrent pas assez nombreux pour se jeter sur le pays ennemi; ils se tinrent sur la défensive et donnèrent aux Anglo-Américains le temps d'organiser des forces comparativement énormes. Le Canada fut envahi par plusieurs armées qui firent leur jonction sous les murs de Québec. Le chef français, l'intrépide Montcalm, voulut dégager cette ville. Vaincu et tué sur les hauteurs d'Abraham, il n'eut pas la douleur de signer une capitulation. Quelques jours après sa mort, le Canada était conquis par les Anglais, qui le conservèrent en vertu du traité de Paris (10 février 1763). Même après le traité, quelques partisans essayèrent encore de contester cette colonie à la France; mais les colons, découragés par l'abandon où les avait laissés le gouvernement français, courbèrent le front et n'opposèrent aux vainqueurs qu'une résistance passive, purement religieuse. L'annexion ne serait même pas encore complète, si un flux d'émigrants anglais, écossais, allemands et irlandais, n'était venu noyer la nationalité française. Telle était l'aversion des Canadiens pour les Yankees, que cette colonie se déclara pour la métropole dès que les Etats-Unis se révoltèrent. Envahis par le général américain Montgomery, ils lui résistèrent et le chassèrent (1775-76). Une autre tentative des Américains pendant la guerre de 1812-14 n'obtint guère plus de succès. Le parti français, dirigé par un nommé Papineau, redressa la tête en 1837. Une troupe d'hommes décidés, qui se donnaient le titre de Fils de la Liberté, prit les armes à Montréal et vint se faire battre à Saint-Eustache (14 déc.

1837). Les troubles durèrent encore plusieurs années et donnèrent de sérieuses inquiétudes au gouvernement anglais, qui sévit avec une grande rigueur contre les rebelles. L'irritation des Canadiens les amena à conspirer ouvertement une alliance avec les Etats-Unis. L'Angleterre dut céder à la volonté générale des colons; elle donna un semblant d'autonomie aux provinces du Canada, du Nouveau-Brunswicket de la Nouvelle-Ecosse (1867). La province du Canada fut ensuite divisée en province de Québec (Bas-Canada ou Canada oriental) et en province d'Ontario (Haut-Canada ou Canada occidental). La province de Manitoba et les territoires du N.-E. furent acquis de la compagnie de la baie d'Hudson en 1870; la Colombie anglaise entra dans l'Union en 1871 et l'île du Prince-Edouard en 1873. (Voy. les articles particuliers au nom de chaque province.) — Bibliogr. L'abbé Faillon : Histoire de la colonie française en Canada (2 vol. in-fol., 1865, Montréal). G. de Molinari : Lettres sur les Etats-Unis et le Canada (Paris, 1877, in-12). — Harvey.-J. Philpot . Guide Book to the canadian Dominion (Londres, 1871, in-16). — Monnaies : système décimal des Etats-Unis (dollar, etc.). — Poids et mesures : système anglais.

CANADA (Baume du), véritable térébenthine sécrétée dans des espèces d'ampoules qui se forment sur l'écorce d'un sapin d'Amérique (Abies balsamea). Son odeur est moins désagréable que celle du copahu, dont il a les propriétés médicales.

CANADAQUOIS s. et adj. Nom donné par les anciens écrivains français à une tribu indienne qui habitait au N. du Saint-Laurent, au-dessus de Québec; on pense que cette tribu était celle que les Anglais nomment Nasquapees.

CANADIEN, IENNE s. et adj. Qui est du Canada; qui appartient à ce pays ou à ses habitants.

CANADIENNE (Rivière), torrent qui naît dans le Nouveau-Mexique, au N.-E. de Santa-Fé, et se jette dans l'Arkansas, après un cours de 900 kil.

CANAGE s. m. Argot. Agonie.

• **CANAILLE** s. f. coll. [il mll.] (lat. canis, chien ; vieux franç. chienaille). Terme de mépris, qui se dit de la plus vile populace : il n'y avait là que de la canaille. — Par ext. Gens de toutes conditions pour lesquels on veut témoigner du mépris : il nous traita de canaille; hors d'ici, canaille ! On se l'emploie au pluriel : Ce ne sont que des canailles. — Se dit quelquefois, par badinerie, des petits enfants qui font du bruit, qui importunent: faites taire cette petite canaille. — vv Pop. Rusé, malicieux : défiez-vous de ses belles paroles; il est canaille.

CANAJOHARIE, village de l'état de New-York, sur la rivière Mohawk et le canal Erie, à 80 kil. N.-O. d'Albany; 2,000 hab.

•**CANAL, AUX** s. m. (lat. canalis; gr. chainein, s'entr'ouvrir). Conduit par où l'eau passe. En ce sens, il se dit des aqueducs et des tuyaux de fontaines : canal de fonte, de plomb, de pierre... — Voie naturelle par laquelle les eaux, les vapeurs, le gaz, etc., circulent dans le sein de la terre, y pénètrent ou s'en échappent : certains phénomènes conduisent à penser que de secrets canaux unissent les foyers de plusieurs volcans. — Lit, cours d'une rivière : la rivière offre partout un canal tranquille. — Voie navigable artificielle creusée de main d'homme pour établir des communications d'un lieu à un autre et faciliter le transport des denrées et des marchandises : canal de Languedoc, canal de l'Ourcq. En ce sens, on dit aussi, canal navigable et canal de navigation. —Pièce d'eau étroite et longue, qui sert d'ornement dans les jardins : creuser un canal. — Géog. Lieu où la mer se resserre entre deux rivages : canal de

Mozambique; canal de Constantinople, de la mer Noire; canal de Saint-Georges, etc. — Fig. Voie, moyen, entremise dont on se sert pour quelque chose : les Sacrements sont les canaux par lesquels Dieu répand ses grâces. — Mar. Faire canal, se dit, sur la Méditerranée, des embarcations de côte qui s'éloignent de la terre pour traverser un golfe, un espace entre deux îles, etc., ou qui s'écartent assez de la côte pour la perdre de vue. — Canal latéral, canal alimenté par les eaux d'un fleuve dont il suit le cours. — Canal de dérivation, canal qui sert à détourner en partie les eaux d'un ruisseau, d'une rivière, etc.—Canaux d'arrosage, canaux d'irrigation, canaux qui ne servent qu'à distribuer des eaux, pour l'arrosage des campagnes. Dans le sens contraire : Canaux de desséchement. — Canal de flottage, canal spécialement destiné au transport du bois, par trains et radeaux ou à bûches perdues.— Encycl. On établit le tracé des canaux, de façon à leur assurer un abondant et facile approvisionnement d'eau. On les creuse en donnant à leurs côtés une pente déterminée par la nature du sol et par la qualité de la pierre que l'on emploie à les recouvrir. La largeur, au fond des canaux, doit être plus de deux fois celle des bateaux sur le pont, afin de donner à deux bateaux la possibilité de passer l'un à côté de l'autre. On ménage, sur un côté ou sur les deux côtés, le chemin de halage, qui est large d'environ 3 mètres à une hauteur de 30 centimètres à 1 mètre au-dessus du niveau de l'eau. On établit quelquefois une berme entre la levée et le bord du canal. La plupart des canaux navigables sont très inclinés et l'on est obligé d'avoir recours à des écluses pour retenir les eaux. Les écluses à sacs, employées pour la première fois en Italie vers le xve siècle, ont singulièrement facilité la navigation ; c'est en France que l'on creusa d'abord des canaux à points de partage permettant de faire passer des bateaux au delà des hauteurs qui séparent les bassins des fleuves. Le bief ou biez est la partie d'un canal comprise entre deux écluses ; et l'on nomme bief de partage celui qui se trouve à la partie supérieure du canal, entre deux bassins ; les autres sont distribués par étages, de part et d'autre, jusqu'au point où le canal se termine. — Le système d'irrigation par des canaux paraît avoir pris naissance en Chaldée ; il s'étendit ensuite sur presque toute l'Assyrie, dont il développa la merveilleuse fécondité. Le canal royal de Babylone, construit vers 1700 avant J.-C., fut rouvert par Nabuchodonosor, 11 siècles plus tard, et élargi de telle sorte qu'il put livrer passage aux bateaux marchands. Le grand canal de Chine, qui fait communiquer le Péï-Ho avec le cours d'eau central de Yang-tse-kiang, séparés par 800 kil., forme une rivière artificielle interrompue seulement par un petit intervalle, et réunit Pékin à Canton (1,600 kil.). On suppose que la portion entre Hoang-Ho et Yang-tse-kiang fut construite vers le viie siècle. La Hollande fut le premier pays européen où l'on creusa des canaux (xiiie siècle); presque tous les villages de cette contrée furent reliés par des voies navigables. Amsterdam est redevable en grande partie de sa prospérité commerciale aux facilités que la navigation doit au canal long de 80 kil. qui unit la rivière Y à la mer du Nord; cette magnifique construction, commencée en 1819 et terminée en 1825, a coûté plus de 21 millions de francs. En 1876, on en acheva un autre un peu moins long, dont la largeur est de 50 mètres à la surface et de 29 mètres au fond, avec une profondeur de 7 mètres. Le canal calédonien, le plus important de la Grande-Bretagne, coupe le centre des Highlands (hautes terres), de Moray Frith, sur la côte orientale, jusqu'à Loch Linnhe à l'O., ayant une longueur totale de 95 kil., y compris les 3 lacs de Ness, d'Oich et de Lochy, dont la longueur totale est de 60 kil. Les

35 kil. de canal artificiel sont larges de 40 mètres à la surface et de 16 mètres au fond, avec une profondeur de 6 mètres. Il est sillonné par de nombreux bateaux à vapeur. Parmi les canaux des Etats-Unis, nous citerons le *canal Erie*, long de 560 kil. Il part d'Albany, sur la rivière Hudson et vient aboutir à Buffalo, sur le lac Erie. Commencé en 1817, ouvert en 1825, il a coûté près de 40 millions de francs. Le *canal Chesapeake and Ohio*, ouvert en 1850, est long de 350 kil. De tous les canaux étrangers, le plus intéressant est, sans contredit, celui de Suez, terminé en 1869 (voy. Suez); un autre, plus merveilleux encore, va traverser l'isthme de Panama et mettre en communication les deux Océans. — CANAUX FRANÇAIS. Sous le rapport de la canalisation, la France n'est point restée en arrière, bien que son territoire accidenté ne s'y prête pas aussi bien que celui de la plupart des autres pays. Elle possède environ 5,000 kil. de voies navigables artificielles, dont 1,200 font l'objet de concessions et 3,800 sont administrés par l'Etat. Voici la liste des principaux canaux de France: du *Loing*, 53 kil. (construit en 1720); d'*Orléans*, 73 kil.; de Montargis à Orléans (1675-'92); de *Briare*, 55 kil., de Briare à Montargis (1604-'42); du *Nivernais*, de Decize à Auxerre, 176 kil. de long, 13 mètres de large, 1 mètre 30 de profondeur (1784-1842); de *Bourgogne*, de Saint-Jean-de-Losne à Laroche, 242,572 mètres (1832-'34); de *la Marne au Rhin*, de Vitry-le-François à Strasbourg, 315 kil. dont 107 en Allemagne (1838-'53); de la *Sambre*, 70 kil., de la Sambre à l'Oise; des *Ardennes*, de Neufchâtel à Douchery, 93 kil. (1821); *Crozat*, de Saint-Quentin à Chauny, dans le département de l'Aisne; de *Saint-Quentin*, de Saint-Quentin à Cambrai (1802-'10), 94,380 mètres; de *Vouziers*, de Semuy à Vouziers, 18 kil.; du *Centre*, de Digoin à Chalon, 127 kil. (1784-'93); du *Midi*, de Toulouse à Agde, 239 kil. (1681); du *Rhône au Rhin*, de Saint-Symphorien à Strasbourg, 349 kil., dont 133 en Allemagne (1784-1833); de *Beaucaire*, de Beaucaire à Aigues-Mortes, 50,354 mètres (1773); de la *Radelle*, d'Aigues-Mortes à l'étang de Mauguio, 8,900 mètres; de *Grave*, de l'étang de Mauguio à celui de Thau, 27,546 mètres; de l'*Ourcq*, de Mareuil (Oise) à la Villette (Seine), commencé en 1802, terminé en 1809; long de 98,554 mètres, dont 4,632 pour le canal *Saint-Martin* qui le continue en amont et 6,600 pour le canal *Saint-Denis*, qui le prolonge en aval jusqu'à la Seine par sa rive droite; de *Cornillon*, 370 mètres, permet d'éviter un détour dangereux de la Marne, près de Meaux; de *Saint-Maur*, 1,150 mètres, remplace près de Saint-Maur-les-Fossés (Seine) un circuit de 10 kil. que fait la Marne; de *Pont-de-l'Arche*, remplissant le même objet sur la Seine; *latéral à la Somme*, 159 kil., de Saint-Valéry au canal Crozat, près de Saint-Simon (1770-1827); de l'*Oise*, 28,610 mètres, de Longueil à Janville (1826-'28); de l'*Orne*, 12 kil., de Caen à la mer; de la *Soulle* ou de *Coutances*, 5 kil.; de *Vire-et-Taute*, de Carentan à Vire; du *Berry* (voy. BERRY); de *Nantes à Brest*, 374 kil. (1806-'23); du *Blavet*, de Pontivy à Hennebon, 60 kil. (1825); d'*Ille-et-Rance*, de Dinan à Rennes, 84,797 mètres (1804); *latéral à la Loire*, de Roanne à Briare, 198 kil. (1822'-38); de *Roanne à Digoin*, 57,272 mètres; de la *Haute-Deule*, de Lille à Douai et de la *Basse-Deule*, de Lille à la Lys, ensemble 65,669 mètres; de la *Nieppe*, 9,218 mètres; de *Préaven*, 1,948 mètres; de la *Bourre*, 7,795 mètres; ces trois derniers réunissant les villes d'Hazebrouck, d'Aire et de Saint-Venant; de *Neuf-Fossé*, 20,500 mètres, de Saint-Omer à Aire (XVIII° siècle); de *Calais à l'Aa*, 29,540 mètres; de *Guines à l'Aa*, 6,120 m.; d'*Ardres à l'Aa*, 4,700 mètres; de *Dunkerque à Bergues*, 8,701 mètres; de *Dunkerque à Furnes*, 14,090 mètres; de *Bourbourg*, 21,032 mètres, de Dunkerque à l'Aa; de la *Haute-Colme*, 24,785 mètres, de l'Aa à Bergues;

de la *Basse-Colme*, 13,860 mètres, de Bergues à Furnes; d'*Aire à la Bassée*, 60,300 mètres; de *Roubaix*, 23,000 mètres; de la *Sensée*, 27,000 mètres; de *Sedan*, 580 mètres; de la *Bruche*, 21,121 mètres; de *Givors*, 16,177 mètres; de la *Grande-Robine*, d'Aigues-Mortes à la Méditerranée; le *Silveréal*, 11,500 mètres; le *Bourgidon*, 9,710 mètres, ces deux derniers sont des annexes du canal de Beaucaire; de *Craponne*, d'Arles à la Durance, à travers la Crau, 70 kil., il a pour annexe les canaux de *Réal* (des *Alpines* ou de *Boisgelin*), de *Farnion*, d'*Istres* et de la *Touloubre*; de *Lunel*, 13,188 mètres, de Lunel aux canal des Etangs; de *Carcassonne*, 7,064 mètres, de Carcassonne au canal du Midi; de *Cette*, de Cette à l'étang de Thau, 1,530 mètres; d'*Arles à Bouc*, 47,338 mètres (1802-'50); des *Herbeys*, près de Pau; du *Brouage*, 15,870 mètres (1782-1807); de *Niort à la Rochelle*, 78,000 mètres; de *Luçon*, 14,485 mètres, de Luçon à la baie d'Anguillon; *latéral à la Garonne*, de Toulouse à Castets, 200 kil. (1838); de l'*Isle*, de Périgueux à Libourne (1822). — Législ. « Les *canaux de navigation* font partie de la grande voirie et sont assimilés aux rivières navigables (L. 29 floréal an X). La police des canaux est l'objet d'arrêtés ministériels ou préfectoraux, et l'on applique encore les prescriptions de l'arrêté du conseil du 24 août 1777, qui a réglementé cette matière. Le service des canaux exploités par l'Etat dépend du ministère des travaux publics, et il est confié aux agents des ponts et chaussées, lesquels ont le droit, lorsqu'ils sont assermentés, de constater les contraventions, comme en matière de grande voirie. Les droits de navigation sur les canaux et rivières ont été supprimés à partir du 1er octobre 1880; (L. du 19 février 1880); mais l'Etat perçoit des redevances pour les prises d'eau concédées, et il afferme le droit de pêche, ainsi que la récolte des produits des francs-bords. Les *canaux d'irrigation* sont soumis aux règlements administratifs, lesquels doivent tenir compte à la fois de l'intérêt de l'agriculture, des besoins de l'industrie, de la nécessité d'assurer le libre écoulement de l'eau, des droits acquis et des usages locaux (L. de 1789, 1790, 1791; C. civ. 645; décr. 25 mars 1852 et 13 avril 1861). Mais le droit de prise d'eau, sur les rivières non navigables ni flottables, appartient au propriétaire riverain, en vertu de l'art. 644 du Code civil. S'il s'agit de cours d'eau navigables ou flottables, lesquels sont la propriété de l'Etat (C. civ. 538), l'administration peut accorder, moyennant redevance, des autorisations toujours révocables d'y prendre, par dérivation ou par machines élévatoires, l'eau nécessaire pour alimenter des canaux d'irrigation; mais les demandes sont assujetties aux mêmes formalités que les règlements relatifs aux cours non navigables : c'est-à-dire qu'elles doivent être soumises à une première enquête de 20 jours portant sur la demande elle-même, puis à une seconde enquête de 15 jours pour le projet de concession. S'il s'agit de concéder une prise d'eau sur un canal de navigation, une seule enquête de 20 jours est suffisante (avis du cons. d'Etat, 22 décembre 1874). L'autorisation doit être donnée par décret, pour les concessions à prendre sur un canal et pour les prises d'eau permanentes sur une rivière navigable; dans les autres cas, il suffit d'un arrêté préfectoral (avis cons. d'Etat, 6 octobre 1859). Les redevances dues par les entreprises de canaux d'irrigation sont recouvrables comme les contributions dues à l'Etat (L. 23 juin 1857). (Voy. IRRIGATIONS.) Les canaux qui ne sont pas la propriété de l'Etat sont soumis à la contribution foncière et sont imposés pour leur superficie, comme les terres de première qualité; les maisons éclusières et les autres bâtiments sont assimilés aux propriétés bâties (L. 5 floréal an XI). Les concessionnaires ou exploitants de canaux

de navigation ou d'irrigation sont en outre assujettis à une patente de 7 fr. par kilomètre de canal, et à un droit proportionnel du vingtième de la valeur locative tant de la maison d'habitation que des magasins, hangars et autres locaux affectés à l'entreprise. (L. 22 juillet 1880). » (CH. Y.)

* **CANAL** s. m. Anat. Vaisseau. Se dit particulièrement de certaines parties dont les unes servent de couloirs à des substances liquides ou molles, et dont d'autres renferment des organes particuliers : *canal déférent*; *canal alimentaire* ou *digestif*; *canal médullaire*; *canal vertébral*; *canal thoracique*. — CANAL DE L'URÈTRE, canal par où sort l'urine. — Bot CANAL MÉDULLAIRE, creux qui est au centre de la tige de certains végétaux ligneux, et qui en contient la moelle. — CANAL ALIMENTAIRE ou CANAL DIGESTIF, passage tubulaire composé

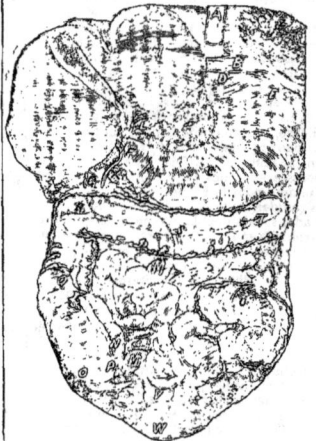

Portion abdominale du canal digestif ou alimentaire.

A, œsophage; B, diaphragme; C, estomac; D, cardia, E, grand cul-de-sac de l'estomac; F, pylore; G, duodénum; H, lobe droit du foie; I, lobe gauche du foie; K, vésicule du fiel; L, canal cystique; M, intestins grêles; N, entrée de l'iléum dans les gros intestins; O, cæcum; P, appendice vermiforme; Q, côlon ascendant; R, S, T, côlon transversal; U, courbure sigmoïde; V, rectum; W, vessie; X, pancréas; Y, rate.

d'une couche musculaire et d'une membrane muqueuse, s'étendant de la bouche à l'anus et destiné à recevoir, à transmettre et à digérer les aliments. Chez l'homme, les parties principales du canal alimentaire sont : la bouche, l'estomac, le petit intestin et le grand intestin.

CANALE (Nicolo) amiral vénitien dont la cruauté motiva en 1469, la colère de Mahomet II, qui envoya 120,000 Turcs contre Négrepont. Canale ne sut ni conserver ni reprendre cette ville (1470). Condamné à mort par le conseil des Dix, il fut gracié par l'intercession du pape et fut relégué à Porto-Gruero.

CANALETTO (Antonio CANALE, dit) peintre vénitien (1697-1768); a laissé de nombreuses vues de Venise aujourd'hui très recherchées. Le Louvre possède 6 de ses toiles. Son neveu et son élève, BERNARDO BELOTTO, surnommé également CANALETTO, a excellé dans les vues de villes. Il voyagea de capitale en capitale. Né en 1724, mort à Varsovie en 1780.

CANALICULÉ, ÉE adj Bot. Se dit des organes dont les parties sont creusées en gouttière. La feuille du pin sylvestre et la graine du dattier sont canaliculées.

CANALISABLE adj. Qui peut être canalisé.

* **CANALISATION** s. f. Action de canaliser : *canalisation de la Sologne.*

* **CANALISER** v. a. Rendre un cours d'eau navigable : *on parle de canaliser la Seine.* — Établir des canaux dans un pays : *on canalisa la Sologne.*

* **CANAMELLE** s. f. (lat. *canna*, canne ; *mel*, miel). Bot. Genre de plantes dont la *Canne à sucre* est une des principales espèces.

CANANDAIGUA, joli village de l'état de New-York, à l'extrémité septentrionale du lac Canandaigua et à 130 kil. O. de Syracuse ; 5,000 hab.

CANANÉEN, ÉENNE s. et adj. [ka-na-né-ain]. Habitant de Cana ; qui appartient à cette île ou à ses habitants.

CANANORE ou **Canura**, ville maritime de l'Inde anglaise (Malabar), à 75 kil. N.-O. de Calicut ; environ 40,000 hab. Principale station militaire du district. Prise par les Hollandais en 1644, elle leur fut enlevée par Tippoo-Saëb. Les Anglais s'en emparèrent en 1790.

* **CANAPÉ** s. m. (gr. *kônôpeïon*, rideau contre les cousins). Grand siège à dossier, où plusieurs personnes peuvent être assises ensemble, et dont on se sert quelquefois comme de lit de repos.

CANAPSA s. m. Sac de cuir que portait sur les épaules un goujat, ou un pauvre artisan, quand il voyageait. —Homme qui portait ce sac.

CANARA, district de l'Inde anglaise (Bombay), sur la côte occidentale ; 10,106 kil. carr. ; 1,100,000 hab. Ville princ., Mangalore.

* **CANARD** s. m. [ka-nar] (étym. inconn.). Ornith. Grand genre de palmipèdes lamellirostres, type de la famille des anatidées : *canard sauvage; canards de basse-cour.* — Fam. MOUILLÉ COMME UN CANARD, très mouillé. — Prov. PLONGER COMME UN CANARD, plonger habilement ; et fig., s'esquiver, se soustraire à un danger. — Fig. et fam. C'EST UN CANARD PRIVÉ, se dit d'un homme aposté pour en attirer, pour en attraper d'autres. — Adjectiv. CHIENS CANARDS, chiens qui ont le poil épais et frisé et qui sont dressés à aller chercher dans l'eau les canards qu'on a tirés. Voy. BARBET. — BOIS CANARDS, ceux qui, étant jetés à eau perdu dans un canal, dans une rivière, vont au fond de l'eau, ou s'arrêtent sur les bords. — Mar. BATIMENT CANARD, bâtiment qui tangue beaucoup et qui reçoit des lames sur son avant. On dit de même au féminin ; *une frégate, une corvette, une barque canarde.* — ENCYCL. Le genre canard est caractérisé par un bec grand,

1. Millouin. — 2. Souchet. — 3. Canard ordinaire.

large et garni sur ses bords d'une rangée de lames saillantes, minces, transversales ; il comprend trois sous-genres : les *oies*, les *cygnes* et les *canards* proprement dits. — CANARDS PROPREMENT DITS. Bec moins haut que large à sa base ; jambe et cou moins longs que ceux de l'oie. La première section des canards est

caractérisée par une membrane bordant le pouce, et comprend : 1° les *macreuses*, à bec large et renflé : macreuse commune (*anas nigra*), double macreuse (*anas fisca*) ; 2° les *garrots* : canards de Terre-Neuve (*anas glacialis*), canard arlequin (*anas histrionica*), le garrot commun (*anas clangula*); 3° les *eiders*, à bec couvert du côté du front, par un angle de plumes ;

Tadorne.

4° les *millouins*, à bec large et plat : millouin commun (*anas ferina*), millouin huppé (*anas rufina*), morillon (*anas fuligula*). La seconde section des canards proprement dits est caractérisée surtout par l'absence de membrane au pouce ; ce sont : le *canard commun*, les *souchets*, les *tadornes*, le *pilet*, le *canard siffleur*, pénélope

Canard siffleur ou Wigeon.

ou *wigeon* et les *sarcelles*. — Canard commun. Les espèces principales sont le *canard musqué* (*anas moschata*), appelé mal à propros *canard de Barbarie*, grand et bel oiseau de l'Amérique, aujourd'hui commun dans nos basses-cours ; le *canard de la Chine* (*anas galericula*), qui rivalise avec le faisan doré par l'éclat et la variété de son plumage ; les rémiges de ses ailes, relevées en éventail, lui donnent un aspect singulier ; le *canard de la Caroline*, (*anas sponsa*), également beau, et recherché pour l'ornement des jardins paysagers ; enfin le *canard ordinaire* (*anas boschas*), souche de notre canard domestique, et reconnaissable à ses pieds aurore, à son bec jaune, au beau vert changeant de la tête et du croupion chez le mâle et aux quatre plumes du milieu de la queue, qui chez lui sont recourbées en demi-cercle. Il vit à l'état sauvage dans nos marais, niche dans les joncs, les vieux troncs de saules et quelquefois sur les arbres. Il est essentiellement voyageur ; ses mœurs diffèrent de celles du canard domestique, surtout en ce qu'il est monogame, qu'il veille sur sa femelle pendant qu'elle couve, la défend vaillamment si elle est attaquée, et prend part aux soins qu'elle donne à ses petits. — CHASSE. On donne le nom de *canard sauvage*, non seulement au canard ordinaire, mais encore au millouin, au pilet, au tadorne

et même à la bernache. Les uns et les autres sont extrêmement sauvages et difficiles à approcher. On en tue quelques-uns en battant les roseaux autour des pièces d'eau ou en se mettant à l'affût près des fourrés marécageux où ils passent la nuit ; mais il est difficile de chasser à la poudre parce que'une troupe de ces oiseaux séjourne rarement dans un endroit sans que plusieurs sentinelles restent aux alentours pour donner l'alarme en cas de danger. On réussit mieux en les attirant au moyen de canards apprivoisés que l'on met sur une pièce d'eau ; à défaut de véritables canards, on peut se servir de *moquettes* ou canards empaillés, et de *formes*, représentations en bois, grossièrement sculptées et peintes. — ÉCON. RUR. Le canard domestique est polygame : il lui faut 5 ou 6 femelles. Celles-ci pondent chacune de 15 à 30 œufs ; l'incubation dure de 28 à 30 jours. On donne aux petits de la mie de pain émiettée mouillée de lait caillé, ou du vermicelle bouilli dans de l'eau ; on leur met à boire dans un vase plat ; ils font 5 ou 6 repas chaque jour. Au bout de quelques jours, on les laisse courir ; la mère, si c'est une cane, les mènera à l'eau ; si c'est une poule ou une dinde qui les a couvés, ils y iront d'eux-mêmes un peu plus tard. Lorsqu'ils sont âgés de 10 à 12 jours on commence à leur donner du son mêlé d'un peu d'ortie hachée. On y ajoute bientôt de l'avoine, des criblures de grains, des pommes de terre cuites et écrasées. Vers l'âge de 3 mois, les extrémités de leurs ailes se croisent sur leur dos ; on dit alors qu'ils sont croisés. On les engraisse vers le mois de septembre, lorsqu'ils ont mué. On les tue comme les oies, et il faut avoir soin de leur enlever immédiatement les intestins. Le canard musqué, beaucoup plus gros que le canard commun, produit, par son croisement avec ce dernier, des *mulards* stériles. On le tue en lui tranchant la tête. — CUIS. La chair du canard sauvage est très estimée des gourmets ; celle du canard domestique l'est un peu moins ; celle du canard musqué est la moins délicate. Le canard sauvage se fait presque toujours rôtir ; pendant la cuisson, on place sous la broche une sauce au pauvre homme ; on le sert aussi en salmis. Les jeunes canards domestiques peuvent aussi passer par la broche quand ils ont été bien nourris. Mais pour peu que le canard ne soit pas de première tendreté, il est préférable de le poêler et de le servir avec une garniture de navets, d'olives ou de petits pois. — Le canard rôti ne se découpe pas comme le poulet. On commence par enlever des filets ou aiguillettes depuis la partie supérieure de l'estomac jusqu'au croupion ; on coupe ensuite des filets sur les ailes et sur les cuisses. Ces aiguillettes se servent seules aux personnes que l'on veut honorer. On sert aussi des canards moins délicats.

CANARD s. m. Mensonge, fausse nouvelle : *les canards de la Bourse.* — Imprimé banal ; méchant petit journal sans valeur ; par ext. tout journal. — Pop. Sucre trempé dans du café ou de l'eau-de-vie.

CANARDEAU s. m. Jeune canard.

* **CANARDER** v. a. Tirer sur quelqu'un d'un lieu où l'on est à couvert. — Mus. Tirer du hautbois ou de la clarinette un son nasillard et rauque qui imite le cri du canard. — v. n Mar. Tanguer beaucoup et recevoir des lames sur l'avant. — Pop. Tromper ; faire un canard.

* **CANARDIÈRE** s. f. Lieu préparé dans un marais ou sur un étang, pour prendre des canards sauvages dans des nasses. — Long fusil propre à la chasse des canards sauvages et des autres oiseaux qu'on ne peut approcher que difficilement. — Anc. fortifie. Guérite ou autre endroit d'où l'on pouvait tirer en sûreté.

* **CANARI** s. m. Serin des îles Canaries.

CANARIES (Iles), groupe de l'océan Atlantique et province espagnole, en face de la côte

N.-O. d'Afrique, entre 27° et 30° de lat. N. et entre 15° et 21° long. O. Les principales îles sont : Ténériffe, la Grande - Canarie, Palma, Lanzarote, Fuerteventura, Gomera et Ferro ; 7,272 kil. carr.; 283,859 hab. Les Canaries sont rocheuses, montagneuses et volcaniques. Montagne principale : le pic de Ténériffe. Le vin était autrefois le principal produit de cet archipel ; mais, depuis 1853, les vignes ont été presque complètement détruites par les maladies. La cochenille, qui les a remplacées, produit de magnifiques récoltes. Cette source de fortune n'est pas la seule ; les Canaries exportent des légumes et des fruits. Elles produisent un peu de soie, fabriquent des soieries et des lainages ; mais en général elles tirent d'Europe les produits manufacturés nécessaires à leur consommation. — On suppose que les Canaries sont les *îles Fortunées* dont parlent Pline l'Ancien, Plutarque et Ptolémée. Elles furent conquises pour l'Espagne par le Normand Jean de Béthencourt, au commencement du xvᵉ siècle. Les aborigènes, appelés Guanches, ont été exterminés et il ne reste plus un seul représentant de leur race. Le capitaine-général réside à Santa-Cruz de Ténériffe.

CANARIS ou **Kanaris** (Constantin) [ka-nariss], homme d'État grec, né vers 1790, mort à Athènes, le 15 septembre 1877. Marin, pendant la révolution de 1821, il se distingua par des exploits héroïques ; se retira à Syra en 1831, mais rentra ensuite dans la marine en qualité de capitaine. Sous le roi Othon, il servit, depuis 1846, comme amiral, sénateur, président du conseil et ministre de la marine, jusqu'en 1855, époque où il se retira des affaires. En 1862, il devint premier ministre et en 1864-'5, ministre de la marine et président du conseil. Le 6 juin 1877, il sortit de sa longue retraite pour former un ministère et armer le peuple hellène contre la Turquie. Le nom de Canaris a été célébré dans les vers de Victor Hugo.

CANASSON s. m. Argot. Mauvais cheval.

CANAYE. I. (Philippe de), sieur de Fresne, conseiller d'État sous Henri III et ambassadeur sous Henri IV, né à Paris en 1551, mort en 1610. — II. (Étienne de), érudit, né à Paris en 1694, mort en 1782; a laissé 3 bons mémoires sur l'*Aréopage*, sur *Thalès* et sur *Anaximandre*.

CANBY (Edward-Richard-Sprigg), officier américain (1819-'73), servit pendant la guerre de la Floride et la guerre du Mexique, commanda à New-York, lors des émeutes de 1863, fut major général des volontaires en 1864, conduisit avec succès les opérations contre Mobile en 1865 et fut nommé brigadier général dans l'armée régulière en 1866. Il parlementait avec les Indiens Modocs (Californie) en avril 1873, lorsqu'un chef, nommé le capitaine Jack, le tua d'un coup de fusil.

CANCALE (celt. *concq*, port ; *haven*, rivière). Port sur la Manche, ch.-l. de cant.; arr. et à 15 kil. N.-E. de Saint-Malo (Ille-et-Vilaine) ; 6,700 hab. La baie de Cancale, entourée par la chaîne des *Rockers de Cancale*, commence à la pointe de Cancale et finit à la pointe du Groin. Cette rade produit les huîtres dites *de Cancale*, dont la réputation est européenne. — Cancale se divise en deux bourgades : la ville, sur la hauteur, à l'extrémité occidentale de la baie de Cancale ; et le port appelé *la Houle.*

'CANCAN s. m. (corrupt. du lat. *quanquam*). S'est dit d'abord dans cette phrase proverbiale : *faire un cancan, un grand cancan de quelque chose*, faire beaucoup de bruit, beaucoup d'éclat d'une chose qui n'en vaut pas la peine. Dans ce sens on écrit aussi : *quanquam*. — Se dit maintenant, surtout au pluriel, des bavardages où il entre de la médisance : *faire des cancans; aimer les cancans* (fam.).

CANCAN s. m. Manière très libre de danser

le quadrille, avec des gestes indécents et des balancements qui imitent la marche des canards. Cette charge licencieuse de la danse paraît être née dans le quartier latin vers 1830.

' CANCANER v. n. Bavarder, faire des cancans. — ⌇⌇ Danser le cancan.

' CANCANIER, IÈRE s. et adj. Qui aime à bavarder, à faire des cancans.

CANCE, petite rivière du département de l'Ardèche ; elle passe à Saint-Julien, Vaucanse où elle reçoit la Drôme, et se jette dans le Rhône après un parcours de 44 kil.

' CANCEL ou **Chancel** s. m. (lat. *cancellus*, barreau). Endroit du chœur d'une église qui est le plus proche du grand autel, et qui est ordinairement fermé d'une balustrade ; on dit maintenant, *Sanctuaire*. — Lieu dans lequel on tenait le sceau de l'État, et qui était aussi entouré d'une balustrade.

CANCELLARIAT s. m. Charge, dignité de chancelier.

' CANCELLER v. a. Jurispr. Annuler une écriture en la barrant ou croisant à traits de plume, en passant le canif dedans. (Peu us.)

' CANCER s. m. [kan-sèrr] (lat. *cancer*). Pathol. Tumeur apparente ou cachée, se résolvant ou non en ulcère, faisant des progrès incessants, ayant la plus grande tendance à récidiver, malgré son extirpation complète, et épuisant le malade, au point d'entraîner infailliblement sa perte. Le cancer se présente sous deux formes principales : le *squirrhe* et l'*encéphaloïde*. Le premier est un tissu lardacé, dur, un peu transparent, criant sous le scalpel comme une couenne de lard, et d'un blanc grisâtre ou bleuâtre. L'encéphaloïde est un tissu pulpeux, mou, blanchâtre, semblable à la substance du cerveau, s'écrasant facilement sous le doigt et donnant lieu parfois à des hémorrhagies opiniâtres. Le squirrhe et l'encéphaloïde laissent suinter par le grattage un suc plus ou moins abondant, laiteux : le *suc cancéreux*. Le squirrhe a, en général, une marche plus lente que l'encéphaloïde. Le cancer est une maladie que la science ne peut encore ni prévoir, ni prévenir, ni guérir. On pense qu'il se développe chez les personnes qui y sont prédisposées et qu'il est héréditaire. Des expériences ont prouvé qu'il n'est pas contagieux. Il est rare dans l'enfance et dans la jeunesse et n'apparaît guère avant l'âge de 30 à 35 ans. Il est assez fréquent chez la femme, vers l'âge critique, surtout au sein et à l'utérus ; chez l'homme, au rectum et au scrotum ; chez les deux sexes, à l'estomac et à l'intestin. Sa marche est quelquefois très lente et il ne s'annonce par aucun signe concluant. A une période avancée, il donne lieu à la *cachexie cancéreuse* : coloration jaune paille de la peau, douleurs lancinantes, parfois très vives et de plus en plus fréquentes, troubles dans la digestion, insomnie. Le cancer externe se présente ordinairement sous la forme d'une tumeur bosselée, dure (squirrhe), très adhérente, à paroi lisse et tendue devient violacée. Il est plus difficile de distinguer le cancer interne. Celui de l'estomac donne lieu, après le repas, à des vomissements noirâtres, d'un aspect de marc de café, à la sensation d'une tumeur épigastrique, puis à l'amaigrissement. Celui de l'utérus est annoncé par des pertes, des douleurs utérines, des tiraillements, des élancements dans les lombes, un gonflement du col, des écoulements sanguinolents, nauséabonds, des ulcères à bords durs, taillés à pic, à surface fongueuse ou bourgeonante. Au début d'un cancer externe, on tente la compression, les frictions de pommade iodée, les dépuratifs (arséniate de soude, tisane concentrée de salsepareille) les emplâtres d'extrait de ciguë, etc. Mais lorsque l'affection est confirmée, le seul traitement efficace est l'extirpation. Pour les cancers peu

étendus, on se borne à la cautérisation avec la pâte arsénicale du frère Côme. Dans le cancer utérin, on a recours à la cautérisation au fer rouge. Le traitement du cancer interne est purement palliatif : opiacés, vin de quinquina, eaux minérales de Vichy, de Néris, extrait de ciguë, d'aconit, etc. — Astron. Constellation zodiacale, ainsi appelée parce qu'on a coutume de la représenter par la figure d'une écrevisse : *constellation du Cancer*. — Quatrième division du zodiaque mobile, qui, vers le temps d'Hipparque, coïncidait avec la constellation du Cancer ; mais alors on y joint la dénomination de *signe* : le *signe du Cancer*. — **Tropique du Cancer**, tropique septentrional, celui qui passe par le premier point du signe du Cancer.

' CANCÉREUX, EUSE adj. Méd. Qui tient de la nature du cancer, qui appartient au cancer : *tumeur cancéreuse; ulcère cancéreux; diathèse cancéreuse.*

CANCHE s. f. Bot. Genre de graminées, tribu des avénacées, comprenant des herbes gazonnantes utilisées comme fourrage. La *canche caryophyllée* (aira caryophyllea, Linn.), annuelle, la *canche flexueuse* (aira flexuosa, Linn.), vivace, et la *canche gazonnante* (aira cespitosa, Linn.) sont nos principales espèces indigènes.

CANCHE (La), petite rivière du département du Pas-de-Calais ; passe à Hesdin, Montreuil et Étaples ; se jette dans la Manche à 6 kil. au-dessous de cette dernière ville, après un parcours de 90 kil.; dont 16 sont navigables, au moyen de la marée, depuis la mer jusqu'à Montreuil. Sur le bord de son large estuaire s'élevait *Quintocovus*, ville que détruisirent les Normands au ixᵉ siècle.

CANCLAUX (Jean-Baptiste-Camille, comte de), général, né à Paris en 1740, mort en 1817. Il commanda deux fois en chef l'armée de l'Ouest, sauva, avec 4,000 hommes, la ville de Nantes attaquée par 60,000 Vendéens, en 1793, traita avec Charette en 1795, fut ambassadeur à Naples, en 1796-'7, sénateur en 1804 et pair de France sous Louis XVIII.

CANÇON ch.-l. de cant.; arr. et à 19 kil. N.-N.-O. de Villeneuve (Lot-et-Garonne) ; 600 habitants.

' CANCRE s. m. (lat. *cancer*). Nom vulgaire des crabes et de plusieurs autres crustacés qui ont quelque ressemblance avec les crabes.

' CANCRE s. m. Homme sans fortune, et qui ne peut faire ni bien ni mal à personne : *un pauvre cancre* (Peu us.). — Dans les collèges : écolier qui ne fait aucun progrès. — Homme méprisable par son extrême avarice : *c'est un cancre.*

' CANCRELAT s. m. (holl. *kakerlak*). Espèce de blatte qui a été introduite d'Amérique dans les ports d'Europe, où elle infeste les magasins de denrées coloniales et les navires.

CANCRIN. I. (François-Louis), savant allemand (1738-1816) ; auteur d'un *Traité des mines et des salines* justement estimé (1773-'94, 13 vol.). — II (Georg, comte), homme d'État russe, fils du précédent, né à Hanau (Allemagne), en 1774, mort en 1845. Il participa aux campagnes de 1813-'14 et accompagna Alexandre à Paris. Il fut ministre des finances de 1823 à 1845 et écrivit en allemand un ouvrage sur l'*économie militaire*, Saint-Pétersbourg 1823, 3 vol. in-8°. On l'a surnommé le *Colbert de la Russie.*

CANCROÏDE adj. Qui ressemble à un cancer. — Substantiv. au masculin. Tumeur de nature cancéreuse que l'on observe à la peau et aux membranes muqueuses, sous la forme de verrue, de tubercule ou de polype et dont la marche est toujours lente. On dit aussi *cancer épithélial, ulcère chancreux, ulcère malin, noli me tangere*, etc. Cette variété de cancer siège surtout à la face, à la lèvre inférieure, aux organes génitaux, au col utérin, à la langue ou au scrotum (cancer des ramoneurs). Il se présente d'abord sous la forme d'une petite tumeur verruqueuse, reposant sur une base indurée, offrant une légère desquamation. Il se transforme ensuite en une espèce de poireau, s'ulcère et exhale un liquide ichoreux non fétide; quelquefois, ilse recouvre d'une croûte sèche qui tombe pour se reproduire incessamment. Lorsque le mal fait des progrès, on le cautérise fortement avec l'acide nitrique ou la pâte arsénicale; si ces remèdes sont insuffisants, il faut avoir recours à l'extirpation.

CANDACE, nom que l'on suppose avoir été le titre de succession des reines d'Ethiopie. Ueux princesses de ce nom se sont particulièrement fait connaître. L'une, contemporaine d'Auguste, essaya vainement d'envahir l'Egypte en 22 av. J.-C. L'autre, citée dans les Actes des apôtres, introduisit le christianisme en Ethiopie.

CANDAHAR ou **Kandahar**. I. Province méridionale de l'Afghanistan, sur la frontière du Bélouchistan et de l'Hérat. Fit partie de la Perse jusqu'à la mort de Nadir-Shah. Les habitants sont presque tous musulmans sunnites.

Candahar.

— II. Ville principale de la province ci-dessus à 450 kil. S.-O. de Caboul; environ 30,000 hab. Place bien fortifiée et d'une grande importance militaire et stratégique, Candahar, fut la capitale de l'Afghanistan jusqu'en 1774. Les Anglais l'occupèrent en 1839 et Yakoub, Khan d'Hérat la prit en 1858. Enfin, après des alternatives de succès et de revers, les troupes britanniques furent contraintes d'évacuer Candahar en 1881 et d'abandonner l'Afghanistan méridional à l'émir Abdur-Rhaman.

CANDANT s. m. Mar. Balancement d'un aviron établi sur le plat-bord pour nager, et restant en équilibre sur la toletière lorsqu'il est abandonné à lui-même. — Se dit sur la Méditerranée.

CANDAULE, roi de Lydie, le dernier de la dynastie des Héraclides (735 à 708 av. J.-C.), épousa la belle Nyssia et fut assassiné par *Gygès*; voy. ce nom.

CANDÉ ou **Candé-en-Lamée**, ch.-l. de cant.; arr. et à 20 kil. S.-O. de Segré (Maine-et-Loire); 1,900 hab. Toiles, fer, ardoises, grains.

CANDEILLE. I. (Pierre-Joseph), compositeur, né à Estaire (Flandre) en 1744, mort en 1827. Son opéra : *Castor et Pollux* (1791) obtint un succès prodigieux. — II. (Amélie-Julie), fille du précédent, comédienne distinguée du Théâtre-Français, née à Paris en 1767, morte

en 1834, a écrit quelques comédies, parmi lesquelles la *Belle-Fermière*, qui fut très bien accueillie en 1792.

CANDEISH ou **Khandeish**, district de Bombay, Inde anglaise, division de Pounah, arrosé par la Nerbudda et le Taptee; 30,000 kil. carr.; 800,000 hab Le Candeish devint anglais en 1818.

* **CANDÉLABRE** s. m. (lat. *candela*, chandelle). Grand chandelier fait à l'antique. — Chandelier à plusieurs branches, plus grand que les chandeliers ordinaires. — Archit. Couronnement en forme de balustre, qui figure une torchère.

CANDELETTE s. f. (diminut. de *candela*, chandelle). Mar. Corde garnie d'un crampon de fer, dont on fait usage pour accrocher l'anneau de l'ancre, lorsque celle-ci sort de l'eau.

* **CANDEUR** s. f. (lat. *candor*, blancheur). Pureté d'âme : *agir avec candeur; procédé plein de candeur.*

* **CANDI** adj. m. S'emploie le plus ordinairement dans cette locution : *sucre candi*, sucre dépuré et cristallisé. — Substantiv. : *candi blanc, candi rouge, candi en poudre.* — FRUITS CANDIS, ou simplement CANDIS, confitures de fruits,

ordinairement entiers, sur lesquels on a fait candir du sucre.

CANDIAC (Jean - Louis - Philippe - Elisabeth MONTCALM DE), enfant célèbre par sa prodigieuse précocité intellectuelle, frère du marquis de Montcalm, né au château de Candiac (Gard) en 1719, mort à Paris en 1726, à l'âge de sept ans. On assure que dès l'âge de trois ans il possédait le latin à six ans le grec et l'hébreu. Il mourut d'une maladie au cerveau.

* **CANDIDAT** s. m. (lat. *candidatus*). Celui qui, chez les anciens Romains, aspirait à quelque charge, à quelque dignité : *les candidats étaient vêtus de blanc.* — Par ext. Toute personne qui postule un titre honorable, une place éminente ou lucrative : *liste de candidats.*

* **CANDIDATURE** s. f. Etat d'un candidat, poursuite que fait un candidat : *renoncer à la candidature.*

* **CANDIDE** adj. (lat. *cadidus*, blanc). Qui a de la candeur.

CANDIDE, roman philosophique dans lequel Voltaire ridiculise la maxime de Leibnitz : « *Tout est pour le mieux dans le meilleur des mondes possibles.* » (1759).

* **CANDIDEMENT** adv. Avec candeur.

CANDIDO (Pietro, ou Pieter DE WITTE dit), peintre et sculpteur flamand (1545-1628). Passa une partie de sa vie à Florence et à Munich. Ses toiles principales sont : l'« Annonciation », le « Dernier Repas » et des fresques. Son chef-d'œuvre de sculpture est le mausolée de Louis IV à Munich.

CANDIE ou **Crête**, anc. *Candia* (gr. mod. *kriti*; turc *kirid*). I. Ile formant la limite méridionale de l'archipel grec et constituant le vilayet turc de Ghirit ou Kirid; longueur de l'E. à l'O., environ 255 kil., largeur moyenne 30 kil.; superficie 8,617 kil. carr.; 275,000 hab., dont 200,000 chrétiens et 60,000 musulmans. Cap. la Canée. Ports principaux : la Canée, Retimo, Candie et Suda (ce dernier est un lieu de station pour les navires de guerre étrangers). L'île est divisée dans toute sa longueur par une chaîne montagneuse qui porte, à l'E. le nom de Sitia (anc. monts Dictéens), à l'O. celui de monts Sphakiotes (anc. monts Leuci ou Blancs); la partie centrale de cette chaîne (anc. mont Ida) comprend le pic Psiloriti, point culminant de l'île. Toutes ces montagnes, de formation calcaire, sont pleines de cavernes et de grottes. Il est probable que le fameux labyrinthe du Minotaure était l'une de ces grottes, artificiellement rendue inextricable. L'île est terminée par le cap Malata, pointe la plus méridionale d'Europe. Candie est assez fertile, mais l'agriculture y est fort négligée. Le territoire produit des olives, des raisins, des figues, des amandes, des châtaignes, des oranges, des citrons et d'autres fruits pour l'exportation. La soie de ce pays est d'une qualité supérieure et l'île exporte une grande quantité de cocons et d'œufs du ver à soie. La fabrication du savon constitue l'une des principales branches de l'industrie, est presque entièrement entre les mains des Turcs, ainsi que le commerce. — La Crète fut d'abord colonisée par les Phrygiens, les Pélasges et les Phéniciens; son histoire primitive est intimement liée à la légende de Minos. Vers l'an 1000 avant J.-C., elle fut conquise par les Doriens, qui y fondèrent plusieurs républiques indépendantes et souvent en guerre, parmi lesquelles on distinguait Cnossus, Cydonie et Gortyne. Les Romains soumirent, en 67 av. J.-C., cette grande île, qui fit partie de l'empire d'Orient et tomba, vers 823, au pouvoir des Sarrasins. Nicéphore Phocas la reconquit en 961. Boniface, marquis de Montferrat, auquel elle fut assignée, lors de la conquête de Constantinople par les croisés (1204), ne tarda pas à la vendre aux Vénitiens, qui la gouvernèrent avec une grande dureté. Après plusieurs attaques et des sièges longs et fameux, les Turcs finirent par l'occuper sous le vice-roi d'Egypte en 1830 et restituée en 1858; en 1866, toute la population chrétienne se souleva contre le gouvernement turc. L'année suivante, Omer Pacha remporta quelques avantages sur les insurgés. Pendant cette lutte, le peuple grec manifesta plusieurs fois sa sympathie pour les Crétois, ce qui fit naître des complications diplomatiques entre la Grèce et la Turquie. Une conférence des grandes puissances à Paris (1869) rétablit l'harmonie. Les chefs insurgés, livrés à leurs propres forces, se soumirent en février 1869; tous les ports furent ouverts de nouveau en mars. (Voy. Stillman : *Cretan Insurrection*, 1874.) L'île de Candie forme un vilayet gouverné par un pacha et divisé en 5 provinces : la Canée, Retimo, Candie, Sphakia et Lasiti. — II. Ville autrefois appelée Mégalocastron, par les Grecs, ancienne capitale de l'île du même nom, sur la côte N., à 95 kil. S.-E. de la Canée; 16,000 hab., dont 9,000 musulmans. Archevêché grec. Aux environs, ruines de l'antique Cnossus. Les Sarrasins fondèrent Candie en 823 et les Vénitiens y construisirent de massives fortifications qui existent encore. Cette ville bloquée par les Turcs, de 1648 à 1667, fut ensuite régulièrement assiégée et se reudit en septembre 1669. Ce siège mémorable coûta la vie à 30,000 chrétiens et à 70,000 Turcs. — Bibliogr. Raulin, *Description de l'île de Crète*, 1861, 2 vol.

CANDIOTE s. et adj. Habitant de Candie; qui appartient à cette île ou à ses habitants.

* **CANDIR** v. n. (sanscr. *khanda*, sorte de sucre). Se cristalliser, en parlant du sucre. Ne s'emploie qu'avec le verbe FAIRE : *faire candir du sucre.* — Se candir v. pr. Se cristalliser : *ce sucre se candit bien.* — Par ext. Se couvrir de sucre cristallisé : *les confitures trop cuites se candissent.*

CANDISATION s. f. Opération par laquelle on obtient du sucre candi.

CANDJIAR ou **Canjare** s. m. Poignard indien à lame large et évidée et à poignée à double branche.

CANDLISH (Le révérend Robert-Smith), ecclésiastique écossais (1807--73), l'un des chefs de l'Église libre, après 1843; auteur d'une histoire de cette nouvelle secte.

CANDOLLE (Augustin-Pyramus de), botaniste, né et mort à Genève (1778-1841); étudia la médecine et l'histoire naturelle à Paris, suppléa Cuvier au Collège de France en 1802, fut nommé professeur de botanique et directeur du jardin botanique de Montpellier en 1806 et professeur d'histoire naturelle à Genève en 1816. Il fit des travaux remarquables sur la classification des plantes. Ses œuvres principales sont : *Histoire des plantes grasses* (Paris, 1799-1803, 4 vol. in-4°); 3° édition de la *Flore française*, augmentée de Lamarck, de 6,000 espèces (6 vol. in-8°, 1804-'15); *Théorie élémentaire de la botanique* (1813), développant son système de classification, traduit dans toutes les langues; *Prodromus Systematis Regni Vegetabilis* (1824-'44, 9 vol. in-8°), continué par son fils et par plusieurs autres (27 vol. 1873); *Organographie végétale* (2 vol. 1827); *Physiologie végétale* (3vol. 1832).Son autobiographie a été publiée en 1862. Son fils, ALPHONSE-LOUIS-PIERRE-PYRAMUS DE CANDOLLE, né en 1806, a continué son *Prodromus* et a publié une *Géographie botanique raisonnée* (2 vol. 1855), une *Histoire des sciences et des savants depuis de Candolle* (1873), etc.

CANDY ou Kandy, ville de Ceylan, sur le bord d'un lac artificiel, à 125 kil. E.-N.-E. de Colombo; 8,000 hab. Elle fut capitale du royaume de Candy jusqu'en 1815, époque où elle tomba sous la domination des Anglais.

CANDYS s. m. [kan-dis] (gr. *candus*). Antiq. Robe longue que portaient les Mèdes, les Perses et les Parthes et qui fut particulièrement adoptée dans l'armée de Cyrus.

* **CANE** s. f. Femelle du canard : *cane sauvage, cane privée, cane d'Inde.* — Fam. MARCHER COMME UNE CANE, se dit d'une femme qui se balance en marchant, qui marche très mal. — Fig. FAIRE LA CANE, marquer de la peur dans une occasion où il fallait témoigner du courage (vieux).

CANE ou Ken, rivière de Bundelcund (Inde). Elle se jette dans la Jumna à Chilatara; cours 400 kil.

CANEBIÈRE (La) (rad. *canèbe*, nom provençal du chanvre). Grande et belle rue de Marseille.

CANÉE (La) ou Khania, ville maritime et capitale de l'île de Crète, sur la côte N., à 100 kil. N.-O. de Candie; environ 10,000 hab. Principaux objets d'exportation : savon, huile d'olive et soie. On suppose que la Canée est l'antique *Cydonia*. Elle tomba au pouvoir des Turcs en 1645, fut en partie détruite par un tremblement de terre en 1856 et fut témoin

u une émeute sanglante contre les chrétiens en 1858.

La Canée.

* **CANÉFICIER** s. m. (corrupt. du lat. *cassia*, casse; *fistula*, chaume, tube). Bot. Principale espèce du genre *casse*.

* **CANEPETIÈRE** s. f. Nom vulgaire de la petite outarde.

* **CANÉPHORE** s. f. (gr. *kaneon*, corbeille de roseau; *phéró*, je porte). Antiq. gr. Jeune fille qui, aux fêtes de Minerve, de Bacchus et de Cérès, portait dans des corbeilles les choses destinées aux sacrifices. — Statue ayant une corbeille sur la tête, et qu'on emploie quelquefois dans la décoration de l'architecture.

CANÉPHORIES s. f. pl. Antiq. gr. Fêtes en l'honneur de Diane et de Bacchus.

* **CANEPIN** s. m. (bas lat. *canapium*, toile de chanvre). Epiderme des peaux d'agneau et de chevreau, dont on fait des gants de femme, et dont les chirurgiens se servent pour éprouver la qualité des lancettes.

CANER v. n. Faire la cane, le poltron.

* **CANETON** s. m. Diminutif. Petit d'une cane.

* **CANETTE** s. m. Diminutif. Petit d'une cane. Petite cane.

* **CANETTE** s. f. (haut all. *kanna*, cruche). Vase, pot ayant un bec et spécialement employé pour le débit de la bière.

CANEUR s. m. Poltron.

* **CANEVAS** s. m. (ital. *canavaccio*, mauvaise toile de chanvre). Grosse toile claire, sur laquelle on fait des ouvrages de tapisserie, et qui sert à quelques autres usages : *tracer un dessin sur un canevas*, ou simplement, *tracer un canevas.* — Fig. Paroles qu'on fait d'abord sur un air, sans avoir égard au sens, et pour représenter seulement la mesure et le nombre des syllabes que l'air demande, et qui sert de modèle pour faire d'autres paroles suivies : *faire un canevas sur un air.* — Paroles suivies qui se font sur un air d'après un modèle, ou même sans modèle. — Fig. Projet, ébauche de quelque ouvrage d'esprit: *le canevas de son discours.* On dit dans un sens analogue : *il a brodé sur ce canevas mille impertinences*, il a brodé sur ce fond, etc.

CANEVETTE s. f. (lat. *canava*, cellier). Mar. Petite cave ou sorte de coffre fermant à clef et divisé en 12 ou 24 compartiments carrés, dans lesquels les officiers casent, debout, des flacons de liqueurs.

* **CANEZOU** s. m. Vêtement de femme, sorte de corps de robe sans manches : *canezou de mousseline.*

CANGA-ARGÜELLES (José) [kâan-gar-gouèl'-ièss], homme d'État espagnol (1770-1643). Fut ministre des finances après 1820, se réfugia en Angleterre de 1823 à 1629 et devint en 1834 archiviste à Simancas. Il a publié : *Diccionario de las finances* (*Diccionario de hacienda*), Londres, 1827 5 vol. in-8°; *Observations sur*

l'histoire de la guerre d'Espagne, Madrid, 1833 5 vol., etc.

CANGE (Du). Voy. DU CANGE.

CANGE s. f. Mar. Léger bâtiment à voile, à quille recourbée, employé pour la navigation sur le Nil. On dit aussi CANJA ou CANDJÉ.

CANGRÈNE s. f. Ancienne forme du mot GANGRÈNE.

* **CANGUE** s. f. [kan-ghe]. Espèce de carcan portatif, dont on fait usage en Asie et surtout en Chine : il consiste ordinairement en deux pièces de bois très pesantes et échancrées au milieu, qu'on réunit après y avoir introduit le cou du condamné.

CANI adj. m. Mar. Se dit du bois qui commence à pourrir.

CANICATTI, ville de Sicile, à 22 kil. N.-E. de Girgenti; 20,500 hab. Comm. d'huile, de figues et de soufre.

* **CANICHE** s. (lat. *canis*; chien). Chien barbet: *un joli caniche*; *une caniche.* — Adjectiv. : *chienne caniche.*

* **CANICULAIRE** adj. Se dit des jours pendant lesquels la constellation du Chien se lève et se couche avec le soleil : *jours caniculaires.*

* **CANICULE** s. f. (lat. *canis*, chien). Constellation autrement nommée le *Grand Chien*, à laquelle on a attribué les grandes chaleurs, parce qu'elle se lève et se couche avec le soleil, durant les mois de juillet et d'août : *l'ardente canicule.* — La plus brillante des étoiles fixes, Sirius, parce qu'elle fait partie de la constellation du Grand Chien.— Temps dans lequel, selon les idées astrologiques, on suppose que domine cette constellation.

CANIDÉS s. m. pl. Zool. Famille de carnivores, formée par quelques naturalistes et dont le chien est le type.

* **CANIF** s. m. (bas lat. *canipulus*, sorte de couteau). Petite lame de fer emmanchée de bois ou d'ivoire, etc., et dont on se sert pour tailler des plumes. — ◡ Pop. DONNER UN COUP DE CANIF DANS LE CONTRAT, commettre une infidélité conjugale.

CANIGOU (Le), montagne des Pyrénés-Orientales, à 10 kil. S. de Prades ; 2,785 m.

* **CANIN, INE** adj. (lat. *canis*, chien). Qui tient du chien. N'est guère usité qu'au féminin, dans ces locutions; *faim canine*, faim dévorante qu'on a peine à apaiser; *dents canines*, dents pointues qui servent principalement à rompre, à briser les corps durs : *les dents canines sont à côté des incisives, et au nombre de quatre.* — ◡ Substantiv., au fém.: *les canines.*

CANINA (Luigi), archéologue italien (1795-1856). Professeur d'architecture à Turin ; dirigea les fouilles à Tusculum et sur la voie Appienne ; a laissé plusieurs ouvrages.

CANINI (Giovanni-Angelo), peintre et graveur, né à Rome vers 1620, mort en 1666. Dessina, d'après les médailles antiques, les têtes des hommes illustres et des dieux. 117

planches de ses dessins ont été publiées à Amsterdam, sous le titre de : *Images des héros et des grands hommes de l'antiquité* (1741).

CANINO, ville d'Italie, à 25 kil. O.-N.-O. de Viterbe. Beau château et principauté créée pour Lucien Bonaparte par le pape Pie VII.

CANISIUS (Petrus), nom latinisé d'un jésuite hollandais appelé DE HONDT (le chien), né en 1524, mort en 1597. Canisius joua un rôle important au concile de Trente et fut le premier gouverneur provincial des jésuites en Allemagne. Il a laissé un cathéchisme plusieurs fois réimprimé.

CANISY, ch.-l. de cant. ; arr. et à 8 kil. S.-O. de Saint-Lô (Manche) ; 900 hab. Château. Comm. de coutils.

CANITZ (Friedrich-Rudolf-Ludwig, BARON), poète allemand (1654-'99). Occupa une place importante dans la diplomatie de l'électeur de Brandebourg. Plusieurs de ses pièces religieuses et une élégie en mémoire de sa femme, Doris von Arnimb, ont été longtemps populaires. Ses satires, dans le genre de celles de Boileau, combattirent le mauvais goût qui régnait alors en Allemagne. Les œuvres de Canitz ont été publiées à Leipsig, 14e éd. 1765.

* **CANIVEAU** s. m. Maçonn. Pierre creusée dans le milieu, pour faire écouler l'eau.

CANLER, chef de la police de sûreté, né à Saint-Omer le 4 avril 1797. D'abord enfant de troupe, puis tambour, et soldat, il fit toutes les campagnes de la Révolution et de l'Empire, entra dans la police en 1820, et fut nommé chef de la police de sûreté le 3 mars 1849. Il se retira en 1851. Ses Mémoires, (2 vol. in-18), saisis sous le second Empire et publiés en 1881, peuvent un tableau des mœurs ignobles et repoussantes des escrocs, des voleurs, des assassins et des filles perdues.

CANNA s. m. Antilope gigantesque qui atteint la hauteur des plus forts chevaux. Le canna (*boselaphus oreas*, H. Smith; *oreas canna* de quelques auteurs), habite les montagnes de l'Afrique méridionale, où les Hollandais lui donnent le nom d'*Élan du Cap*. Ses cornes sont grosses, longues de près d'un mètre,

Canna (Oreas canna).

coniques, droites, inclinées en arrière, entourées d'une arête spirale ; son pelage est grisâtre ; il porte, le long de l'épine dorsale, une petite crinière, sous le cou, une espèce de fanon et au bout de la queue un flocon de poils. Il se rapproche des bœufs par sa taille, par sa forme, par son fanon et par la hauteur de ses épaules. Il ne fréquente que les localités désertes, loin des cours d'eau. Excepté dans la saison de l'amour, les mâles forment généralement des groupes qui ne se mêlent pas avec les femelles. En domesticité, le canna est docile et familier ; il se multiplie sans difficulté et ne demande pas plus de soins que le bœuf. Sa disposition à s'engraisser, la

succulence et la finesse de sa chair ont fait penser qu'il serait utile de propager son espèce en France. Sa peau très tenace est recherchée en Afrique pour la fabrication des chaussures. C'est un animal d'une grande force : mais ses épaules ne possèdent pas cette solidité qui donne tant de valeur à la race bovine.

CANNÆ. Voy. CANNES.

CANNABIN, INE adj. [kann-na-bain] (lat. *cannabis*, chanvre). Bot. Qui ressemble ou qui se rapporte au chanvre.

CANNABINE s. f. Résine vénéneuse extraite du chanvre.

CANNABINÉ, ÉE adj. Synon. de cannabin.— s. f. pl. Bot. Famille de plantes dicotylédones, voisine des urticées, ne comprenant que les deux genres : *chanvre* et *houblon*.

CANNACÉ, ÉE adj. [kann-na-sé]. (lat. *canna*, balisier). Bot. Qui ressemble, qui se rapporte aux balisiers.— s. f. pl. Famille de plantes monocotylédones, voisine des zingibéracées, auxquelles on la réunit quelquefois pour former la grande famille des amomées. Le type de cette famille est le genre balisier.

* **CANNAGE** s. m. Mesurage des étoffes, toiles, rubans, etc., qui se fait à la canne.

* **CANNAIE** s. f. Lieu planté de cannes et de roseaux.

CANNE s. f. (lat. *canna*, roseau). Nom générique donné à plusieurs espèces de roseaux, tels que le roseau commun, la canne d'Inde, la canne odorante, le bambou, etc. : les *cannes viennent extrêmement grandes dans les Indes; il y a des forêts de cannes le long du Gange.* — Roseau, jonc, bâton léger, dont on se sert pour s'appuyer en marchant : *porter une canne à la main; canne à pomme d'or; donner des coups de canne.* — Se dit, dans les arts, de plusieurs instruments longs et cylindriques, dont les usages diffèrent. — Mesure de longueur qui valait deux mètres vingt-trois centimètres : *mesurer à la canne.* — CANNE D'ARME, bâton court ou arme de demi-longueur, qui était presque toujours surmontée d'un fer de hallebarde. — CANNE A VENT, sorte de fusil à vent. Voy. FUSIL.—CANNE DE PROVENCE, nom vulgaire du roseau. — CANNE A SUCRE, nom vulgaire d'un genre de plantes (*saccharum*, Linn.), appartenant à la famille des graminées, tribu des saccharinées, ou des andropogonées suivant quelques naturalistes. La principale espèce, ou canne à sucre proprement dite (*saccharum officinarum*, Linn.), est une plante haute de 3 à 4 mètres, avec des feuilles longues d'un mètre et davantage, larges de 10 cent.; les fleurs forment un grand panicule long de 60 cent. Le suc de la plante contient de 15 à 20 p. 100 de sucre. On ne trouve nulle part la canne à sucre sauvage : mais on suppose qu'elle est originaire du Bengale, où la manufacture du sucre fut d'abord commencée. Dans la canne de Chine on voit une espèce distincte (*saccharum sinense*), elle peut avoir été cultivée de ces pays vers la même époque. Au IXe siècle, la canne à sucre était répandue en Perse; et aux Xe et XIe siècles, Avicenne et d'autres médecins orientaux employaient le sucre en médecine. La culture de la canne fut introduite en Espagne au Xe siècle, époque où le sucre devint un article de commerce. La canne fut cultivée à Madère dès 1420 et dans les Canaries un peu plus tard. Aussitôt après la découverte de l'Amérique, sa propagation dans ce pays fut très rapide; elle se répandit à Saint-Domingue, au Brésil, au Mexique et dans toutes les Antilles. Elle fut transportée à la Nouvelle-Orléans par les jésuites de Saint-Domingue, vers 1751, et se répandit ensuite sur les deux rives du Mississipi, jusqu'à environ 300 kil. au-dessus de la Nouvelle-Orléans. Elle prospère en Algérie et en Corse. Les principales variétés sont : *la canne à sucre blanche la canne d sucre jaune et la canne à*

sucre violette. Ces différentes variétés se multiplient au moyen de boutures; et comme la partie inférieure de la tige est la plus riche en sucre, on fait ces boutures avec la partie supérieure qui a moins de valeur ; on attribue à cette pratique la dégénérescence des variétés.

CANNE s. f. Argot. Surveillance de la haute police. — CASSER SA CANNE, rompre son ban.

CANNÉ, ÉE adj. Se dit des chaises ou des fauteuils dont le fond est en canne : *chaise cannée.*

* **CANNEBERGE** s. f. Bot. Espèce d'airelle qui croît dans les lieux humides, et qui porte de petites baies d'un goût agréable.

* **CANNELAS** s. m. Espèce de dragée faite avec de la cannelle.

* **CANNELÉ, ÉE** part. passé de CANNELER. Se dit en général de tout objet qui offre des cannelures, des sillons, des stries profondes : *colonne cannelée, pilastre cannelé; console, gaine cannelée; le canon de ce fusil est cannelé; sonde cannelée; cette plante a une tige cannelée.*

* **CANNELER** v. a. Archit. Orner de cannelures.

* **CANNELIER** s. m. (Bot.) Genre de laurinées dont on tire la cannelle : *plusieurs savants ont cru que le cannelier était le cinnamome des anciens.* L'espèce principale, le *cannelier de Ceylan (cinnamomum Zeilunicum)* originaire de Ceylan, où il atteint de 6 à 9 mètres de haut, a été introduit dans d'autres pays, particulièrement au Brésil; mais ses produits y ont perdu de leur qualité. On le multiplie de graines et, au bout de 6 à 7 ans, il a produit

Cannelier de Ceylan.

des branches que l'on peut écorcer. Il y a deux saisons pour cette récolte : la première et la meilleure, en mai et juin ; la seconde, en novembre. C'est la seconde écorcé qui forme la cannelle. On assemble les morceaux d'écorce en bottes que l'on laisse fermenter; ensuite, on sépare l'épiderme, on fait lentement sécher la seconde écorce, que l'on roule comme elle se trouve dans le commerce. La meilleure cannelle est à peine épaisse comme une feuille de papier, d'un brun jaunâtre luisant avec un goût aromatique et doux.

* **CANNELLE** s. f. (lat. *canna*, roseau). Seconde écorce du cannelier (voy. ce mot). La cannelle est tonique et excitante; on l'emploie comme condiment et comme aromate dans le chocolat, les compotes, le vin chaud, etc. La plus estimée est la cannelle de Ceylan. Elle contient une petite quantité de tannin, ce qui lui donne des propriétés astringentes. — Fig. et fam. METTRE UNE CHOSE EN CANNELLE, la briser en plusieurs petits morceaux. METTRE QUELQU'UN EN CANNELLE, le déchirer impitoyablement par ses discours. — CANNELLE, se dit aussi de plusieurs autres écorces dont l'odeur

où la saveur ont quelque rapport avec celles de la cannelle véritable : *cannelle blanche; cannelle fausse, cannelle giroflée; cannelle sauvage*, etc.

* **CANNELLE** ou **Cannette** s. f. (diminut. de *canne*). Robinet formé d'un morceau de bois creusé, qu'on met à une cuve, à un pressoir, pour en faire écouler le vin, après qu'on a foulé la vendange. — Robinet de cuivre qu'on met à un tonneau pour en tirer le vin, en tournant la clef qui sert à en boucher ou à en ouvrir le passage.

CANNELÉ, ÉE adj. Qui a la couleur de la cannelle.

CANNELON s. m. Moule cannelé pour les fromages glacés. — ᴠᴠ Cuis. Entremets composé de feuilletage abaissé, qui enveloppe de la marmelade et que l'on fait frire.

CANNELTON, ville de l'Indiana (Etats-Unis), sur l'Ohio, à 225 kil. au-dessous de Cincinnati; 2,300 hab.

* **CANNELURE** s. f. Archit. Espèce de petit canal ou sillon creusé du haut en bas à la surface d'une colonne, d'un pilastre, ou de quelque autre objet : *les cannelures des consoles et des gaines sont plus petites à une extrémité qu'à l'autre.* — Bot. Stries profondes qu'on remarque sur la tige de certaines plantes : *la tige de la bette a des cannelures.* — Chir. Gouttière ou sillon pratiqué sur divers instruments.

CANNER v. a. Garnir les fonds de chaises ou de fauteuils avec un treillis en canne.

CANNES, *Cannæ*, ville de l'ancienne Apulie (Italie), sur la rive méridionale de l'Aufidus (Ofanto), à 13 kil. N.-E de Canusium (Canosa). C'est près de cette ville que les Romains, au nombre de 90,000, et commandés par L. Æmilius Paulus et C. Terentius Varro, furent vaincus par l'armée d'Annibal, le 2 août 216 av. J.-C. Les débris de l'armée romaine se retirèrent à Canusium, sous les ordres de Varron. Une petite ville appelée Canne occupe l'emplacement de l'antique Cannæ.

CANNES, *Castrum Marcellinum*, *Castrum de Cannis*, ch.-l. de cant.; arr. et à 16 kil. S.-E. de Grasse (Alpes-Maritimes), au bord de la Méditerranée, dans une position délicieuse et charmante, sur le penchant d'une colline, en

Château de Sainte-Ursule à Cannes.

face des îles Lerins. Phare à feu fixe de 18 kil. de portée. 10,000 hab. Cannes était un simple village de pêcheurs, lorsque lord Brougham y acheta une villa en 1839. Depuis cette époque, le village, devenu résidence hivernale à la mode, s'est transformé en ville. Ses environs se sont couverts de châteaux et de villas extrêmement remarquables.

* **CANNETILLE** s. f. [*ll.* mll.]. Petite lame très fine d'or ou d'argent tortillé : *il y a beaucoup de cannetille dans cette broderie.*

CANNET-PRÈS-CANNES (Le), bourg du cant. et à 2 kil. de Cannes (Alpes-Maritimes), dans une agréable situation, au milieu de plantations d'orangers et d'oliviers; 1,900 hab. Distilleries, parfumeries.

* **CANNETTE** s. f. Voy. CANNELLE.

* **CANNETTE** s. f. (rad. *canne*). Petite bobine qui contient le fil dont on se sert pour former la trame d'un tissu ou pour former le point de la machine à coudre. La cannette se place dans la *navette.*

* **CANNIBALE** s. m. (indien *canniba*; formé de *carribal*, qui dérive de *Caraïbe*). Anthropophage. Homère et Hérodote mentionnent des peuples cannibales (*Anthropophagi*, mangeurs d'hommes). — Par ext. Tout homme cruel et féroce.

CANNIBALISME s. m. Anthropophagie. Le cannibalisme n'existe plus que dans quelques pays de l'Océanie; et, encore il disparaît de jour en jour. Les naturels des îles Fidji ont fini par comprendre que c'est payer un peu cher 16,000 livres sterling pour un Européen dévoré. Depuis plusieurs années, il n'a pas été cité un seul cas d'anthropophagie dans cet archipel. Les naturels de la Nouvelle-Zélande ont également renoncé au cannibalisme; mais ceux de la Nouvelle-Bretagne n'ont pas encore complètement imité cet exemple.

CANNING. I. (George), homme d'Etat anglais (1770-1827). Entré au parlement en 1793, il soutint la politique réactionnaire de Pitt, qui le nomma sous-secrétaire d'Etat en 1796. L'année suivante, il commença la publication de l'*Anti-Jacobin*, journal dirigé contre la France; entra, en 1798, dans les vues de Wilberforce pour l'abolition de la traite des nègres. Pendant la session de 1812, il parla en faveur de l'émancipation des catholiques. En 1814, il fut nommé ambassadeur à Lisbonne et en 1822, secrétaire d'Etat pour les affaires étrangères. Devenu libéral, il montra une grande défiance pour la Sainte-Alliance. Ses « Discours » ont été publiés en 6 vol. in-8°. Il n'a laissé des poésies médiocres. — II. (Charles-John, vicomte et comte) fils du précédent (1812-'62). Gouverneur des Indes (1855-'62), il apporta beaucoup de patriotisme et d'intelligence à étouffer la révolte des Cipayes.

CANO. I. (Alonso) surnommé EL RACIONERO, peintre, sculpteur et architecte espagnol (1601-'65). Son chef-d'œuvre est une « Conception de la Vierge », dans l'église de San Diégo, à Grenade. — II. (Jacobo) voy. CAM (Diogo). — III. (Juan-Sebastien del), navigateur mort en mer, en 1526. Capitaine de l'un des 5 navires qui accompagnaient Magellan dans son expédition, il prit le commandement général des Espagnols en 1521 et revint en 1522 par le cap de Bonne - Espérance, avec le dernier vaisseau de l'expédition. Charles-Quint reçut avec de grands honneurs ce hardi navigateur, qui eut la gloire d'être le premier qui fît le tour du monde. Il mourut pendant un second voyage des plus malheureux.

* **CANON** s. m. (gr. *kanôn*, règle, étalon, modèle). Droit ecclés. Règle, décret, décision des conciles touchant la foi et la discipline : *les canons de l'Eglise.* — Liturg. Catalogue des saints reconnus et canonisés. — Ensemble des prières qui commencent immédiatement après la préface de la messe, et qui contiennent les paroles sacramentelles et d'autres oraisons,

jusqu'à la communion exclusivement : *canon de la messe.* — Tableau écrit ou imprimé que l'on met sur l'autel, vis-à-vis du prêtre, et qui contient les prières essentielles de la messe : *canon enluminé.* — Antiq. Liste d'auteurs considérés comme modèles dans chaque genre : *Aristophane de Byzance et Aristarque ont dressé les canons classiques de l'ancienne Grèce; canon des poètes tragiques.* — Règle de proportion que les anciens appliquaient à la figure de l'homme et même des animaux, de telle sorte que, des dimensions de l'une des parties, l'on pût conclure à celles du tout et que des dimensions du tout on pût conclure à celles de la moindre des parties. — Figure exécutée d'après cette règle et destinée à servir de modèle : *le canon de Polyclète; le canon de Lysippe.* — Mus. Méthode et instrument propres à déterminer les intervalles des sons (vieux). — Antiq. Liste ou fragment de morceau dans lequel les parties sont en imitation continuelle. — Mathém. Table, formule : *canon des logarithmes; canon naturel des triangles.* — Antiq. Liste des rois anciens rapportée par les écrivains : *canon royal de Ptolémée, canon de Manethon.* — Chronol. CANON PASCAL, tableau des fêtes mobiles, réglées par la fête de Pâques, pour un certain nombre d'années. — Droit canon. (Ici, *canon* est employé adjectiv., comme synon. de *canonique*). Science du droit ecclésiastique, fondée sur les canons de l'Eglise, sur les décrétales des papes, etc. : *école de droit canon; docteur en droit canon; on appelle corps du canon le recueil des canons de l'Eglise, des décrétales des papes, etc.* — Le droit canon est le code public et général des lois de l'Eglise catholique. Les divisions de la loi ecclésiastique sont : 1° la loi générale de l'Eglise, obligatoire pour tous les fidèles; 2° les lois particulières de chacune des Eglises orientale et latine; 3° les lois observées seulement par des Eglises nationales ou particulières; 4° les règles diocésaines. Les catholiques reconnaissent comme source de toute loi ecclésiastique l'autorité du pape parlant seul, au nom de Jésus-Christ, dont il est le vicaire, ou parlant conjointement avec les conciles généraux, qui n'ont d'autorité qu'autant que leurs décisions sont confirmées par le pape. Les patriarches, les conciles provinciaux et les évêques peuvent faire des lois pour leur juridiction particulière; mais leurs décrets sont assujettis à la révision du chef de l'Eglise. Le droit canonique a varié d'âge en âge; plusieurs règles ont été modifiées ou même abrogées, ce qui fait que la principale difficulté, dans l'étude des lois canoniques, est de distinguer entre celles qui sont tombées en désuétude et celles qui sont restées en vigueur. Les collections des lois de l'Eglise ont elles-mêmes subi des modifications aussi bien que les lois, si bien que les canonistes ont à faire l'étude et à établir la comparaison de toutes ces collections. On pense généralement que la première a été rendue publique vers la fin du II° siècle ou au commencement du III°; elle a reçu le nom de *Canones apostolici*, bien qu'elle ne soit pas entièrement d'origine apostolique. Intimement liées aux collections des canons, sont les *Constitutiones Apostolicæ* qui datent de la fin du III° siècle et ne diffèrent pas essentiellement des lois canoniques. La plus ancienne collection que nous trouvions ensuite en Orient est le *Codex canonum*, qui contient les décisions du concile général de Nicée, celles de plusieurs conciles particuliers et celles du concile général de Chalcédoine; cette collection est l'origine du code canonique. On y ajouta ensuite les canons du concile général de Constantinople. En Occident, il n'y eut pas de collection de lois ecclésiastiques avant le VI° siècle; c'est à cette époque, le savant moine Dionysius Exiguus (Denis le Petit) publia la célèbre collection qui porte son nom. Elle contient les points principaux de la législation des deux Eglises orientale et occidentale et consiste en deux parties : la première contient les canons de nombreux conciles ; la seconde, les décrétales de divers papes (voy. Décrétales). La collection de Denis le Petit, ayant été offerte par le pape Adrien Ier à Charlemagne, lors de la visite de ce dernier à Rome, acquit une grande importance, et fut appelée, en signe de supériorité, *Codex canonum*. Quelque temps après, parut une nouvelle collection d'un érudit qui se fit connaître sous le nom d'Isidore Mercator (Marchand) ou Peccator (Pécheur). Ce travail fut tenu en grand honneur jusqu'à *la renaissance des études* ; on éleva alors des doutes sur l'authenticité de quelques-unes de ses parties, et l'on y découvrit de fausses décrétales. Vers 1150, parut la collection du moine bénédictin Gratien, œuvre admirable, connue sous le nom de *Decretum*, mais contenant également des documents supposés ou défigurés. Une collection plus authentique, les célèbres cinq livres de décrétales, fut publiée sous le pape Grégoire IX, en 1234; Boniface VIII y ajouta un sixième livre en 1298, et Clément V l'augmenta d'un septième livre appelé *Canon clémentin*. On y joignit encore deux autres livres, les *Extravagantes*, qui contiennent les décrétales de plusieurs papes. Ces diverses collections, commençant à celle de Grégoire IX, sont ordinairement appelées *Jus antiquum* ou *Loi ancienne*, pour les distinguer du *Jus recens* ou *Loi moderne*. — Les décisions disciplinaires du concile de Trente forment la base du droit canonique moderne. En dehors de ces corps de lois, il y a des brefs et des bulles que l'on a réunis dans le *Bullarium*, lequel contient les décisions des papes depuis Léon le Grand (440) jusqu'à Grégoire XVI (1831-'46). Les décisions des congrégations de cardinaux et les concordats avec les différents gouvernements entrent aussi dans le code actuel. — *Canon des écritures*, ensemble des livres qui sont reconnus pour divinement inspirés, et qui composent le corps de l'Ecriture Sainte : *le canon de l'Eglise; le canon des Juifs, le canon des protestants.* — Une tradition des Juifs attribue à Esdras et à «la grande synagogue » l'action d'avoir réuni et promulgué l'Ancien Testament ; et cette tradition s'est perpétuée chez les premiers écrivains chrétiens. Le canon hébreu contenait, en vingt-deux livres, les matières que l'on a distribuées depuis en trente-neuf livres (voy. Bible). Le Christ et les Apôtres attribuent une autorité divine à l'Ancien Testament, et tous les livres qui le composent sont cités, à l'exception de six ou sept sur trente-neuf, dans le Nouveau Testament. Les ouvrages qui nous sont connus comme apocryphes, bien qu'ils soient en grande partie contenus dans la version des Septante, n'étaient pas compris dans le canon hébreu et ne sont pas cités par Philon,. ni par Josèphe ni par le Nouveau Testament, comme étant des livres inspirés. La plus ancienne liste chrétienne, celle du grec Méliton, évêque de Sardes (vers 177 après J.-C.), omet tous les Apocryphes. Ce catalogue s'accorde celui de saint Grégoire de Nazianze : mais ceux d'Origène et saint Athanase admettent le livre de Baruch; quelques listes omettent Esther. Saint Jérôme adhère strictement au canon des Hébreux, et son opinion a été admise par une succession non interrompue de savants pères occidentaux et par toutes les Eglises protestantes. Mais l'Eglise catholique romaine, appuyée sur ses traditions, proclama comme canoniques les livres appelés *ecclésiastiques*, d'abord par le canon de saint Gélase (394), puis par le canon du concile de Trente (1546) et enfin par le canon du concile du Vatican (1870). — Le canon du Nouveau Testament fut formé sur des principes semblables à ceux qui ont présidé à l'établissement de l'Ancien Testament. Les premières Eglises réunirent pour probablement chacune pour elle-même un corps complet des écrits considérés comme les œuvres authentiques des Apôtres ou d'autres

hommes inspirés. L'évangile de saint Jean paraît avoir toujours été placé le quatrième dans toutes les copies; la seconde épître de saint Pierre (iii 16) parle de toutes « les épîtres » de saint Paul et des « autres écritures ». Saint Clément de Rome, saint Ignace, saint Polycarpe et plusieurs autres «pères apostoliques» parlent respectueusement des évangiles et de presque toutes les épîtres. Le canon de Marcion comprenait les épîtres de saint Paul et un évangile mutilé de saint Luc. Tertullien distingue le Nouveau Testament de l'Ancienne Ecriture. On admet qu'il existait vers l'an 200 une version syriaque du Nouveau Testament, et l'on n'a aucune raison de douter que la version péchito-syriaque possède aujourd'hui les mêmes livres. Cette version n'a pas les épîtres II et III de saint Jean, l'épître II de saint Pierre, l'épître de saint Jude, ni l'Apocalypse ; mais elle possède tout le reste. Origène mentionne la première épître de saint Jean comme d'une authenticité moins douteuse que les épîtres II et III du même; il paraît hésiter à l'égard de celles de saint Jacques et de saint Jude; et il nomme l'épître II de saint Pierre comme douteuse. Le catalogue soigneusement établi par Eusèbe l'Historien, au commencement du ive siècle, mentionne, parmi les livres discutables, les épîtres de saint Jacques et de saint Jude, l'épître II de saint Pierre, les épîtres II et III de saint Jean, l'épître aux Hébreux (qu'il considère ailleurs comme inspirée) et l'Apocalypse (à moins qu'elle soit de l'apôtre saint Jean). Il considère comme apocryphes : l'Epître de Barnabé, le Pasteur d'Hermas, la Révélation de saint Pierre, les Actes de saint Paul, etc. Les listes de saint Cyrille de Jérusalem et de saint Grégoire de Nazianze acceptent tous les livres actuels, à l'exception de l'Apocalypse, bien que ce dernier livre soit cité comme faisant autorité par plusieurs des premiers pères. Les listes de saint Athanase et de saint Epiphane ont admis l'Apocalypse. Le manuscrit sinaïtique que l'on a récemment découvert et qui paraît dater du ive siècle, contient tout notre canon actuel, avec l'épître de Barnabé et le Pasteur d'Hermas. Les Sociniens au xvie siècle, et plusieurs théologiens protestants de diverses écoles, particulièrement en Allemagne, ont jeté des doutes sur l'authenticité de plusieurs livres.

* CANON s. m. (lat. *canna*, canne, roseau). Pièce d'artillerie qui sert à lancer des boulets : *canon de fonte, de fer, de bronze; vaisseau armé de cent vingt canons*, ou simplement, *vaisseau de cent vingt canons.* — Collectiv. Les canons d'une armée ou d'une place : *on a pris le canon des ennemis; être sous le canon de la place.* — Partie des autres armes à feu où l'on met la poudre et la balle ou le plomb : *canon d'un pistolet, d'un fusil.*—Par anal. Corps d'une seringue. — Autrefois, pièce de toile, ronde, fort large, et souvent ornée de dentelle, qu'on attachait au-dessous du genou : *les canons étaient à la mode du temps de Louis XIV.*—Chacune des deux parties d'un pantalon, d'une culotte, d'un caleçon : *les canons de cette culotte sont trop larges.* — Partie de la jambe du cheval comprise entre le genou et le boulet.— Equit. Chacune des deux parties du mors qui appuient sur les barres. — Se dit dans les arts, de plusieurs objets dont les usages diffèrent, mais qui sont, en général, ou cylindriques ou forés. — Cette ville n'a pas attendu le canon, elle s'est rendue sans attendre que le canon des assiégeants fût en batterie et qu'on l'attaquât dans les formes. — Canon armstrong, canon parrot, canon krupp, etc., canon inventé ou perfectionné par Armstrong, Parrot, etc. — Canon de batterie, canon qui marchait par ordinairement à la suite des armées et qui était particulièrement employé dans les sièges. — Canon de campagne, canon de petit calibre ou d'un calibre moyen qui suit les troupes dans tous leurs mouvements

et est employé surtout contre les hommes. — Canon bauge, canon de 155 millim., en acier fretté jusqu'à la bouche, du modèle proposé par le colonel de Bauge, et adopté pour l'armée française, le 29 décembre 1881, sur l'avis du comité d'artillerie. — Canon a la serre, canon amarré en dedans, et dont la volée porte contre le haut du sabord. — Canon allongé contre le bord, celui qui est amarré de longueur contre les côtés du navire. — Canon d'étape, canon qui n'a plus de tampon dans la bouche. — Canon de sabords, canon en état d'être tiré. — Canon démarré, celui qu'on détache afin de pouvoir le charger. — Canon de courrier, canon logé sur l'avant pour tirer par-dessus l'éperon. — Canon-revolver, revolver colossal porté sur des roues, inventé par l'Américain Mayal. — Canon-harpon, arme inventée en 1835 pour atteindre les baleines au moyen d'un harpon projeté avec une force considérable.

CANON s. m. (lat. *canna*, sorte de vase). Ancienne mesure qui valait un huitième de pinte. — Aujourd'hui, verre de vin ; un huitième de litre : *boire un canon sur le comptoir ; siffler un canon sur le zinc.* — Typogr. **Triple canon, double gros canon, gros canon,** ancien nom des trois plus gros caractères après la grosse non pareille. Le premier servait pour les gros livres d'église et pour certaines affiches où il y a peu de caractères. Sa force de corps est de 72 points. — Le double était employé pour l'impression de certains ouvrages d'église, tels que les livres de chants; il servait aussi à faire des affiches. Il a 48 ou 56 points et vient entre le gros canon et le triple canon. Le gros canon, se trouve entre le trismégiste et le double canon. Il servait pour les missels et pour les affiches. Sa force de corps est de 50 à 44 points. — **Petit canon,** caractère entre la palestine et le trismégiste. Sa force de corps est de 28 à 32 points.

* CANONIAL. ALE adj. N'est guère usité que dans les locutions suivantes : *Heures canoniales*, certaines parties du bréviaire que l'Eglise récite à diverses heures du jour. — *Office canonial*, tout l'office que les chanoines chantent dans l'église. — *Maison canoniale*, maison affectée à une prébende de chanoine. — *Vie canoniale*, celle qui est prescrite aux chanoines rassemblés en communauté.

CANONICA (Luigi della), architecte italien (1742-1844). Son chef-d'œuvre est l'amphithéâtre della Porta Vercellina, à Milan ; il légua 170,000 fr. à l'académie de Milan, pour l'éducation des artistes pauvres, et 350,000 fr. aux écoles primaires de Lombardie.

CANONICA ville d'Italie, sur l'Adda, à 16 kil. S.-O. de Bergame; 1,500 hab. Victoire de Claude II sur Auréolus, en 267.

* CANONICAT s. m. Bénéfice d'un chanoine dans une église cathédrale ou collégiale. — Fig. et fam. C'est un canonicat, un vrai canonicat, se dit d'un emploi qui exige peu de travail, qui cause peu de fatigue.

* CANONICITÉ s. f. Qualité de ce qui est canonique.

* CANONIQUE adj. des deux genres. Qui est selon les canons : *doctrine canonique; mariage canonique.*— Droit canonique, se dit quelquefois improprement, pour *droit canon.*—Livres canoniques, ceux qui sont contenus dans le canon des livres de l'Ecriture sainte. — Fam. Ce que vous avez fait là, ce que vous dites, n'est pas canonique, n'est pas trop canonique, se dit d'une action ou d'un propos qui est peu conforme aux bonnes règles.

* CANONIQUEMENT adv. Selon les canons.

* CANONISATION s. f. [ka-no-ni-za-si-on]. Déclaration solennelle par laquelle une personne décédée, qui a été préalablement béatifiée, est proclamée sainte dans les Eglises romaine et grecque; cérémonie qui accompagne cette déclaration. — Dans l'Eglise romaine la

canonisation est prononcée par le pape, 100 ans au moins après la mort du canonisé (excepté dans le cas où il s'agit d'un martyr.) Cette déclaration est précédée d'une instruction pendant laquelle l'*advocatus diaboli* recherche toutes les fautes qu'a pu commettre le béatifié, tandis que l'*advocatus Dei* rappelle ses meilleures actions. Dans l'Église grecque, la canonisation accomplie par un synode, réclame au moins 1,000 témoignages en faveur des vertus que le défunt a déployées. La canonisation fut instituée par le pape Léon III, en 809; elle fut d'abord prononcée par les évêques et par le peuple.

CANONISER v. a. Mettre dans le catalogue des saints, suivant les *règles* et avec les cérémonies pratiquées par l'Église : *il est béatifié, mais il n'est pas encore canonisé.* — Louer comme une chose sainte ou digne d'un saint : *je ne prétends pas canoniser cette action.*

CANONISTE s. m. Celui qui est savant en droit canon.

CANONNADE s. f. Plusieurs coups de canon tirés à la fois, ou de suite : *vive canonnade.*

CANONNAGE s. m. Mar. Art du canonnier.

CANONNER v. a. Battre à coups de canon : *on canonna la place pendant trois jours.* — ✳ Mar. CANONNER UNE VOILE, la placer en rouleau. — ✳ Se canonner, v. pr. Se battre à coups de canon.

CANONNERIE s. f. Usine où l'on fabrique les canons.

CANONNIER s. m. Art. milit. Soldat ou matelot attaché au service des canons. Jusqu'à la fin du premier Empire, il y eut, en France, des régiments de canonniers. Aujourd'hui on dit ARTILLEURS. — CANONNIER DE MARINE, canonnier à bord d'un navire de guerre. — MAITRE CANONNIER, celui qui est chargé de diriger l'artillerie d'un bâtiment de guerre. — ✳ Pop. CANONNIER DE LA PIÈCE HUMIDE, infirmier militaire.

CANONNIÈRE s. f. Tente qui servait à abriter quatre canonniers. Plus tard on étendit cette dénomination à toutes les tentes d'infanterie. — Grosse tour à l'épreuve du canon. — Autrefois ce mot désignait une ouverture pratiquée dans les murs des villes, des forts, etc., par laquelle on faisait feu sur l'ennemi, sans être exposé à ses coups. — Mar. Chaloupe armée de canons. On dit adjectiv. : *chaloupe canonnière.* — Espèce de jouet fait d'un petit bâton de sureau dont on a ôté la moelle, et dont les enfants se servent pour chasser, par le moyen d'un piston, de petits tampons de filasse ou de papier.

CANOPE, *Canobus* ou *Canopus*, ancienne ville d'Égypte, à 24 kil. N.-E. d'Alexandrie, sur l'embouchure de la branche occidentale du Nil, surnommée branche canopique. Principal port de l'Égypte au temps des Pharaons, la ville de Canope décrut rapidement après la fondation d'Alexandrie. Elle possédait un temple de Sérapis. On suppose que son nom dérivait de Canobus, dieu égyptien que l'on représentait sous la forme d'un vase portant pour couvercle une tête humaine. Les mœurs dépravées de ses habitants étaient passées en proverbe. Le général Menou y subit un échec le 21 mars 1801.

CANOSA, *Canusium*, ville d'Italie, province de Bari, à 22 kil. S.-O. de Barletta; 14,950 hab. Tombes antiques remarquables; ruines d'un splendide amphithéâtre romain. Les habitants recevaient autrefois le surnom de *bilingues*, parce qu'ils parlaient les deux langues grecque et osque. Au temps de Néron, les mulets de Canosa étaient recherchés par les ri-

ches Romains. Bataille de deux jours entre les Romains et les Carthaginois, en 209 av. J.-C.

Tombe ancienne à Canosa.

Les Romains firent un grand carnage de leurs ennemis.

CANOSSA, petite ville d'Italie, à 40 kil. S.-E. de Modène. Château dans lequel l'empereur Henri IV accomplit ses pénitences pendant 3 jours, en 1077.

CANOT s. m. [ka-no] (celt. *canod*; rad. *can*, creux). Petit bateau fait d'écorce d'arbre ou du tronc d'un seul arbre creusé : *les canots des sauvages.* — Petite embarcation légère, sans pont, à voiles et à rames, destinée au service d'un bâtiment. On distingue le *grand canot*, le *petit canot*, le *canot du commandement*, le *canot de punition* et le *canot de sauvetage.* — Petit bateau dont on se sert pour faire les parties de plaisir. La *norvégienne*, la *baleinière*, la *yole*, le *youyou*, la *périssoire*, le *podoscaphe* etc. sont des canots.

CANOTAGE s. m. Art du canotier; exercice de la promenade en canots : *le canotage est un exercice fortifiant.* — Classe d'amateurs qui se livrent habituellement à cet exercice : *le canotage parisien se réunit à Asnières, à Charenton, à Saint-Cloud et dans les parages les plus charmants que baigne la Seine aux environs de Paris.*

CANOTER v. a. Se livrer à l'exercice du canotage.

CANOTIER s. m. Matelot de l'équipage d'un canot. — Celui qui monte un canot de plaisance : *les canotiers de la Seine.*

CANOURGUE (La) ch.-l. de cant.; arr. et à 15 kil. S.-O. de Marvejols (Lozère); 1,300 hab. Broderies, toiles, serges.

CANOVA (Antonio), sculpteur, né d'une famille de tailleurs de pierre, à Possagno, pays de Trévise, le 1er nov. 1757, mort à Venise le 13 oct. 1822. Tailleur de pierre comme ses ancêtres, il montra une telle aptitude pour la sculpture que le gouvernement vénitien, sur la recommandation de plusieurs protecteurs, lui fit une pension qui le mit à même d'étudier sous les meilleurs maîtres. Il acquit une grande réputation par son « Thésée vainqueur du Minotaure » s'établit à Rome, visita l'Allemagne, la France et l'Italie, et fut considéré comme le meilleur artiste de son époque après qu'il eut terminé son monument en l'honneur de Clément XIV (1787) et le cénotaphe de Clément XIII (1792). Parmi les nombreux ouvrages dûs à son ciseau, de 1793 à 1797, on cite ses groupes de « Cupidon et Psyché debout » et de « Vénus et Adonis ». En 1803, il exécuta sa statue de Pauline Bonaparte représentée en « Vénus victrix » et, la même année, il termina son monument de Christine, archiduchesse d'Autriche, le chef-

d'œuvre de ses productions monumentales. Quelques-uns de ses travaux les plus populaires furent terminés peu de temps avant sa mort; tels sont : le groupe de Mars et Vénus, la statue colossale de Pie VI, la Pietà, le saint Jean et la Madeleine au repos. Canova fit aussi quelques tableaux. Il distribua une partie de ses biens aux pauvres et particulièrement aux artistes. Son œuvre considérable comprend 176 ouvrages complets dont 53 statues, 12 groupes, 14 cénotaphes, 8 grand monuments, 7 colosses, 2 groupes colossaux, 54 bustes, 26 bas-reliefs modelés. Ses qualités saillantes furent la grâce, le fini de l'exécution et la pureté des contours. Il s'inspira surtout des Grecs; ses détracteurs lui reprochèrent de n'être qu'un pâle imitateur des anciens. La faveur des princes et des souverains le dédommagea des coups de la critique. Le pape le nomma marquis d'Ischia et il fut décoré de presque tous les ordres du monde. Il est enterré à Possagno, dans un temple qu'il a bâti lui-même.

CANOVAÏ (Stanislao), ecclésiastique et mathématicien florentin (1740-1811). A traduit les tables des logarithmes par Gardiner. En 1788, l'Académie étrusque de Cortone lui décerna un prix pour un éloge d'Améric Vespuce, où il soutenait ce navigateur a visité l'Amérique du Nord une année avant l'arrivée de Colomb dans les Antilles.

CANPOUR. Voy. CAWNPORE.

CANQUOIN s. m. [kan-kouin]. Pharm. S'emploie dans la locution : PATE DE CANQUOIN, pâte composée de zinc, 1; farine de froment, 2. On peut augmenter la proportion de farine suivant que l'effet à produire doit être atténué. Ce remède est employé surtout contre les affections cancéreuses et pseudo-cancéreuses.

CANSTATT, ville de Würtemberg, sur le Necker, à 10 kil. N.-E. de Stuttgart; 16,000 habitants. Palais d'été Wilhelma, dans le style arabe, l'un des édifices les plus remarquables de l'Allemagne, terminé en 1851. — Quarante sources minérales, salines, gazeuses, chlorurées sodiques, employées comme fondantes et laxatives.

CANSTEIN (Karl-Hildebrand, BARON DE) [all. kânn-staïnn] promoteur des éditions bibliques en Allemagne (1667-1719). Fut chambellan de Frédéric III de Brandebourg, et ensuite éditeur de la Bible (1716). Il fonda l'institution biblique dite de Canstein, qui possède une imprimerie et qui a déjà produit environ 5 millions d'exemplaires des Écritures Saintes.

CANTABILE s. m. [kan-ta-bi-lé] (ital. *facile à chanter*). Mus. Morceau de musique dont la mélodie agréable, et surtout expressive, procède par des sons un peu lents, qui permettent à une belle voix de développer toute son étendue : *j'aime ce cantabile.*

CANTABRES, *Cantabri*, ancien peuple de l'Espagne Tarraconaise, établi entre le golfe de Gascogne et les monts Cantabres. Les Cantabres luttèrent pendant trois siècles contre les Romains et ne furent définitivement soumis qu'en l'an 19 av. J.-C. — **Monts Cantabres** ou CANTABRIQUES, chaîne de l'Espagne septentrionale, formée par une prolongation occidentale des Pyrénées et s'étendant parallèlement au rivage du golfe de Gascogne, jusqu'au cap Finistère. Les monts Cantabres reçoivent différents noms, suivant les provinces qu'ils traversent.

CANTACUZÈNE. I. (Jean), empereur d'Orient et historien byzantin, mort vers 1400. Administrateur des affaires de l'empire sous Andronic III, il déploya un grand talent militaire contre les Bulgares, les Turcs et les Génois. A la mort de l'empereur, en 1341, il fut chargé de la garde de son fils Jean V, Paléologue. La jalouse impératrice mère, Anne de Savoie, l'ayant déclaré traître, il ne sauva sa vie qu'en prenant la couronne en 1342. Une guerre s'en suivit, à la fin de laquelle il dut partager le trône avec son pupille. Après une nouvelle sédition, terminée en 1355, il abdiqua et se retira, sous le nom de Joasophas Christodulos, dans un monastère où il ne s'occupa plus que de composer des ouvrages théologiques et d'écrire l'histoire de sa vie, ainsi que celle de son temps. Ses *Mémoires*, contenant l'histoire de l'empire d'Orient, de 1320 à 1360 (3 vol. in-folio, grec-lat.), ont été traduits en français par le président Cousin dans son *Histoire de Constantinople*. — II. (Mathieu), fils du précédent, associé par lui à l'empire en 1354, se retira dans un couvent et y écrivit des *Commentaires sur le Cantique des cantiques* (Rome, 1624).

CANTACUZÈNE, illustre famille gréco-valaque qui fait remonter son origine à l'empereur Jean Cantacuzène. — I. (Serban), waywode de Valachie, sous le nom de Serban II, régna de 1679 à 1688. Il essaya de rendre la Valachie indépendante des Turcs; mais il mourut pendant la lutte. Son frère, Démétrius était hospodar de Moldavie. — II. (Etienne), waywode de Valachie, en 1714, il intrigua à la cour de Vienne et fut exécuté en 1716. — (Alexandre et Georges), officiers de l'armée russe; se distinguèrent pendant la révolution grecque.

CANTAGALLO, ville du Brésil, à 125 kil. N.-E. de Rio-de-Janeiro; 4,000 hab.

* CANTAL s. m. Fromage estimé qui se fait en Auvergne. — Plur. DES CANTALS.

CANTAL. I. Montagne qui forme un massif volcanique au centre de la France et dont la base énorme s'étend, du S. au N., sur une longueur de 12 kil. Le point culminant (*Plomb du Cantal*) mesure 1,856 mètres, suivant les uns, et 1,870 mètres, suivant les autres. Ce massif, qui sépare le bassin de l'Allier de celui du Lot, renferme plusieurs autres sommets qui comptent parmi les plus élevées de France. — II. Département central formé de la Haute-Auvergne, entre les départements du Puy-de-Dôme, de la Corrèze, du Lot, de l'Aveyron, de la Lozère et de la Haute-Loire. 5,741 kil. carr.; 231,086 hab. Territoire très élevé, couvert de terrains basaltiques, de laves et de trachytes. Point culminant, le Plomb du Cantal, remarquable par sa forme arrondie et conique. Vastes plateaux basaltiques de Salers et de Mauriac, dont les magnifiques prairies nourrissent la plus belle race de bêtes à cornes de l'Auvergne. Plateaux dénudés et monotones de la Planèze et de l'Artense. Principaux cours d'eau : l'Alagnon, la Dordogne, la Maronne et le Lot. Grande richesse minérale : plomb, graphite, antimoine sulfuré, marbres, basalte, houille, etc. Flore comparable à celle des Alpes et des Pyrénées. Belle espèce bovine dite de Salers; vaches produisant le fameux fromage du Cantal; immense quantité d'oiseaux de proie dans les montagnes. — Ch.-l. Aurillac; 4 arr. : 23 cant. et 264 communes. — Diocèse de Saint-Flour, suffragant de Bourges; collèges à Aurillac, Mauriac et Saint-Flour (académie de Clermont); tribunaux du ressort de la cour d'appel de Riom. Ch.-l. d'arr. : Aurillac, Mauriac, Murat et Saint-Flour.

* CANTALOUP s. m. [kan-ta-lou] (ital. *Cantaluppo*, maison de campagne des papes, près de Rome, où l'on a d'abord cultivé le cantaloup). Melon à côtes saillantes et rugueuses. — ᔕ Jargon. Niais, synonyme de melon.

CANTANETTE s. f. Mar. Chacune des petites ouvertures rondes entre lesquelles est placé le gouvernail d'un bâtiment et par où le gavon est éclairé. — Petit compartiment ménagé dans les chambres des vaisseaux.

CANTARINI (Simone), dit le *Pesarese*, peintre, né à Pesaro en 1612, mort en 1648. Le portrait qu'il fit du *Guide*, son maître, est précieusement conservé à Bologne, comme le meilleur portrait qu'il y ait au monde. Cantarini a laissé plusieurs eaux-fortes.

* CANTATE s. f. (lat. *cantare*, chanter). Petit poème fait pour être mis en musique, composé de récitatifs et d'airs : *les cantates de J.-B. Rousseau.* — Musique composée pour un poème de ce genre.

* CANTATILLE s. f. Petite cantate. Se dit du poème et de la musique : *chanter une cantatille.*

* CANTATRICE s. f. Chanteuse de profession qui a acquis quelque célébrité dans l'art du chant : *habile cantatrice.*

CANTELEU, commune du cant. de Maromme, arr. et à 7 kil. S.-O. de Rouen (Seine-Inférieure), 3,500 hab. Blanchisseries de toiles; fabriques d'indienne, produits chimiques. Vaste et beau château construit par Mansard.

CANTEMIR. I. (Démétrius), hospodar de Moldavie, né en 1673, mort en 1723. Nommé hospodar en 1740, il se révolta contre la Porte en 1711, vint en Russie et fut fait prince de l'empire par Pierre le Grand qui lui donna des domaines souverains en Ukraine. Il a laissé plusieurs ouvrages : *Agrandissement et décadence de l'empire ottoman*, en lat., traduction française par de Jonquières (Paris, 1743, 2 vol. in-4°), etc. — II. (Antiochus ou CONSTANTIN-DÉMÉTRIUS), fils du précédent, mort en 1744. Ambassadeur de Russie à Londres et à Paris, a écrit des odes, des satires, des fables et traduit les classiques en langue russe.

CANTER s. m. [kann-teur] (angl. *to canter*, aller au petit galop). Sport. Galop d'essai précédant la course.

CANTER I. (Guillaume), traducteur, né à Utrecht en 1542, mort en 1575. A publié, sur l'art de restaurer les textes, un célèbre ouvrage intitulé : *Novarum lectionum*, lib. VIII, Anvers, 1751, in-8° et a traduit en latin plusieurs auteurs grecs. — II. (Thodore), frère du précédent (1545-1617). A également donné des traductions.

CANTERBURY (on écrit quelquefois CANTORBÉRY). I. Ville du comté de Kent (Angleterre), sur la rivière Stour, à 80 kil. E.-S.-E. de Londres; 17,000 hab. Sa belle situation en fait la

Cathédrale de Canterbury.

résidence favorite des riches Anglais. Parmi ses monuments publics, on cite : le Guildhall, les marchés, la halle au blé, le musée philosophique. L'archevêque de Canterbury est primat de toute l'Angleterre. La grande cathédrale, consacrée en 1130, embellie et restaurée plusieurs fois, est l'une des plus belles de la Grande-Bretagne. La ville renferme plu-

sieurs autres vieilles églises, parmi lesquelles celle de Saint-Martin. — II. Établissement anglais de la Nouvelle-Zélande, fondé en 1850. Population, en 1854, environ 6,000 hab. ; en 1870, plus de 60,000 hab.

* CANTHARIDE s. f. (gr. *cantharos*, scarabée; *eidos*, aspect). Entom. Genre de coléoptères hétéromères, tribu des cantharidies, caractérisé par un corselet presque ovoïde, un peu allongé, rétréci antérieurement et tronqué

Cantharides. (Cantharis vesicatoria).

postérieurement, et par une tête un peu plus large que le corselet. Ce genre comprend environ 25 espèces réparties à peu près également entre les deux continents. La principale espèce européenne est la *cantharide vésicante* ou *mouche d'Espagne* ou simplement *mouche (meloe vesicatorius ; cantharis vesicatoria)*, reconnaissable à la belle couleur vert doré dont elle brille ; son corps est oblong, subcylindrique; ses antennes sont noires et filiformes; ses élytres sont de la longueur du corps. Elle paraît en France vers le milieu du mois de juin et vit en grandes familles, dans les régions chaudes et tempérées de l'Europe et de l'Asie, ordinairement sur les frênes, quelquefois aussi sur les troènes, les lilas, les saules, les chèvrefeuilles, dont elle dévore les feuilles avec voracité. Sa larve a le corps mou, blanc jaunâtre, et six pattes courtes et écail-leuses; elle vit de racines dans la terre, d'où elle ne sort qu'à l'état parfait. Arrivée à ce dernier état, elle mesure de 15 à 20 millimètres de long sur 5 ou 6 de large ; elle répand au loin une odeur particulière, vive et pénétrante, qui décèle sa présence ; elle ne vit guère que 8 à 10 jours. On fait la récolte de ces insectes, vers la fin du mois de juin, en secouant sur des toiles les arbres qu'ils habitent. On les fait mourir en les exposant à la vapeur du vinaigre bouillant et ensuite on les fait sécher au four ou au soleil ; on les conserve dans des bocaux de verre ou de faïence exactement fermés. Elles sont très communes en Italie, en Espagne et même dans le midi de la France. L'espèce appelée *cantharis vittata* ou *mouche des pommes de terre* est commune aux Etats-Unis, où on l'emploie aux mêmes usages que la cantharide d'Europe. — Méd. Les cantharides sont employées sous trois formes différentes : en poudre, en teinture et sous forme d'onguent ou d'emplâtre. La poudre, appliquée sur la peau, amène tous les phénomènes d'une brûlure ; à l'intérieur, c'est un poison irritant, dont l'action se porte spécialement sur l'appareil génito-urinaire et dont on ne connaît pas d'antidote. L'action dangereuse des cantharides sur l'appareil génito-urinaire leur a fait attribuer des propriétés aphrodisiaques; elles portent, en effet, à la lubricité, mais elles déterminent dans les organes génitaux une gangrène si rapide que les secours les plus méthodiques restent souvent sans succès. Il n'est pas rare de voir des inflammations vésicales et de la dysurie après l'application des vésicatoires dont les cantharides font la base. On obvie à cet inconvénient en mettant un papier de soie entre le vésicatoire et la peau ; ou bien on ne laisse le vésicatoire que peu de temps et on le remplace par un cataplasme de farine de lin qui achève la vésication.

CANTHARIDÉ, ÉE adj. Pharm. Qui contient des cantharides : *emplâtre cantharidé.*

CANTHARIDIEN, IENNE, adj. Entom. Qui ressemble ou qui se rapporte aux cantharides.

CANTHARIDES s. f. pl. Tribu de coléoptères hétéromères, ayant pour type le genre cantharide et comprenant, en outre, les genres méloé, mylabre, cérocome, etc. Les insectes de cette tribu contrefont les morts dès qu'on les touche et plusieurs font alors sortir par les articulations de leurs pattes une liqueur jaunâtre, caustique et d'une odeur pénétrante. Plusieurs espèces ont des propriétés vésicantes et stimulantes ; mais leur emploi à l'intérieur est très dangereux.

CANTHARIDINE s. f. Chim. Principe actif de la cantharide : C^5 H^{13} O^3.

CANTHÈRE s. m. (gr. *kantharos*, espèce de poisson de mer). Icht. Genre de poissons sparoïdes, distingués par un corps épais, un museau court, les dents en velours ou en cardes serrées. On en a décrit une douzaine d'espèces dont quatre vivent dans la Méditerranée. Parmi ces dernières, on doit citer le *canthère vulgaire* (sparus cantharus, Linn.), gris argenté, rayé longitudinalement de brun, à chair peu estimée ; et la *brème de mer* (sparus brama, Linn.), appelée aussi *carpe de mer*, à peu près de la même couleur que le précédent, à chair blanche et légère.

CANTHUS s. m. [kan-tus] (gr. *kantos*). Anat. Chacune des commissures des paupières. — GRAND CANTHUS, celui qui est le plus voisin du nez. — PETIT CANTHUS, celui qui est du côté de l'oreille.

· CANTILÈNE s. f. (lat. *cantus*, chant ; *lenis*, doux). Mus. Phrase musicale, mélodie du genre simple : *cantilène plaintive.*

CANTILLON (Pierre-Joseph) [kan-ti-ion ; *ll* mll.], officier français, né en 1788, mort en 1869. Il fut arrêté en décembre 1815 sous l'inculpation d'avoir tiré sur Wellington à Paris. Mais il fut relâché faute de preuves. De Sainte-Hélène, Napoléon lui envoya 1,000 fr.

· CANTINE s. f. (ital. *cantina*). Etablissement où l'on vend du vin, du tabac, de l'eau-de-vie et des vivres aux soldats, aux prisonniers, aux ouvriers du même chantier, etc. — Par ext.

Caisse ou *panier* dans lesquels on porte des provisions en campagne.

· CANTINIER, IÈRE s. Personne qui tient une cantine.

· CANTIQUE s. m. [kan-ti-ke] (lat. *canticum*). Chant consacré à la gloire de Dieu, en action de grâces : *le cantique de Moïse.* — CANTIQUES SPIRITUELS, chansons faites sur des sujets de dévotion. — Le Cantique des Cantiques ou CHANT DES CHANTS ou Chants DE SALOMON, quatrième livre des Hagiographes, attribué à Salomon, dont les palais, les chars, les soldats et les femmes sont mentionnés par de poétiques contrastes. Dans un certain nombre de dialogues et de soliloques, l'auteur y décrit l'amour et la beauté de deux époux ou de deux fiancés, ainsi que des scènes champêtres dans le Liban et l'Hermon, au milieu des collines d'Engedi ou aux environs de Jérusalem. Cette composition a été diversement classée par les critiques anciens et modernes. Origène, Lowth et Michaelis le considèrent comme un épithalame sous la forme d'un drame ; d'autres, comme une collection d'idylles ou comme un poème *sui generis.* Sa canonicité fut révoquée en doute par les Juifs au temps de Mishnah et vivement *combattue* par Théodore de Mopsuestie ; mais Origène et Jérôme la défendirent. Des critiques modernes ont contesté à Salomon la paternité de cette magnifique poésie orientale ; les opinions primitives, aussi bien rabbiniques que chrétiennes, donnent ordinairement à ces cantiques un caractère symbolique et sacré. Parmi les plus récents commentateurs, nous citerons Renan, Houghton, et Gratz qui cherche à prouver que ces poésies sont des imitations des idylles de Théocrite.

CANTIUM, district de l'ancienne Grande-Bretagne, correspondant au Kent actuel.

· CANTON s. m. Certaine partie d'un pays, considérée comme distincte du reste de ce pays : *il n'y a dans cette province qu'un canton où l'on recueille du vin.* — On dit dans un sens analogue, en termes d'Eaux et Forêts, *un canton de bois*, une certaine étendue de bois. — Subdivision administrative du territoire français : *les arrondissements sont divisés par cantons ; il y a un juge de paix par canton.* — Se dit encore des Etats qui composent le corps helvétique : *il y avait autrefois treize cantons suisses; les vingt-deux cantons.* — Blas. Quartier qui est moindre que le quartier ordinaire de l'écu. Se dit encore des parties dans lesquelles un écu est partagé par les pièces dont il est chargé : *d'or au canton d'azur.* — Admin. « Le canton est la circonscription territoriale qui, au point de vue administratif, correspond surtout au droit de nommer un membre du conseil général du département et, au point de vue de la juridiction, comprend le ressort d'un tribunal de paix et de simple police. C'est au chef-lieu de canton que se font les opérations du tirage au sort de la révision, pour le recrutement annuel de l'armée. On compte, en France, 2,863 cantons. Le décret-loi du 28 mars 1852 avait décidé que des commissaires de police cantonaux seraient établis partout où le besoin s'en ferait sentir, et le décret du 17 janvier 1853 a organisé ce service dans un certain nombre de cantons. Depuis longtemps, on a présenté des projets consistant à accroître l'importance de la subdivision cantonale, soit en y concentrant toute l'administration locale, par la suppression de la commune, soit en créant au moins un centre administratif au chef-lieu de canton où il existe déjà un centre de juridiction et un centre électoral. On paraît devoir s'en tenir aujourd'hui à la création de conseils cantonaux, disposant d'un budget spécial, mais n'ayant que des attributions peu étendues. Déjà des propositions semblables avaient été faites en 1829 et en 1848, mais

elles n'ont pas été transformées en lois. — Les routes nationales et les routes départementales sont divisées en *cantons*, conformément au décret du 16 décembre 1811, pour faciliter le lotissement des travaux qui sont mis en adjudication. » *(CH. Y.)*

CANTON (*Kouang-tchaou-fou*), ville perle du commerce), ville de Chine, capitale de la province de Kouang-Toung, sur la rivière de Canton, près de la jonction du Se-Kiang et du Pe-Kiang, à 75 kil. de la mer ; 1,300,000 hab. Elle forme un grand carré entouré d'une muraille de briques épaisse de 15 à 20 pieds et percée de 12 portes. La ville est partagée en deux portions par une autre muraille percée de 4 portes. Au S.-E. et au S.-O. se trouvent les faubourgs, avec 4 forts et les magasins étrangers au milieu de vastes jardins. Les rues

Rue neuve de Chine.

sont en général irrégulières et courtes; mais les boutiques sont spacieuses et bien approvisionnées. Dans la rue de Chine et dans la nouvelle rue de la Chine, fréquentées par les étrangers, on trouve des marchandises provenant de toutes les parties du monde. A environ 6 kil. de la ville est ancrée la cité flottante ou ville de bateaux, composée de 40,000 embarcations couvertes qui servent de domicile

Bateau de fleurs, à Canton

à 300,000 individus nommés Tankias ; ce sont des pêcheurs, des portefaix, des bateliers, etc.; dans cette population se recrutent les bandes de pirates qui infestent les côtes voisines. Entre cette flottante cité de gens à tout faire et le point de débarquement dans le quartier étranger, se trouve l'ancrage des grandes jonques qui font le commerce avec les autres pays de l'Asie. Les rues étroites étant impraticables pour les voitures, les seuls véhicules sont les chaises à porteurs, que les coolies promènent de quartier en quartier. Presque chaque genre de commerce ou d'occupation a son quartier particulier. Bien peu de grandes villes peuvent rivaliser avec celle-ci sous le rapport de la salubrité, et pour la manière dont s'y fait la police. Elle est divisée en nombreux districts dont on ferme les portes chaque soir : les habitants de ces quartiers sont responsables de ce qui s'y passe. La ville renferme de nombreux édifices publics, des marchés, des monuments religieux et plusieurs temples ayant jusqu'à 3,000 prêtres ou nonnes. Le territoire concédé aux établissements étrangers a une étendue de 24 acres et est séparé des habitations chinoises par un canal que traversent trois ponts de pierre ; il renferme environ 40 hongs ou grandes factoreries. Dans la ville chinoise, où l'industrie est active, on tisse la soie et le coton, on fabrique de la porcelaine, des tables de fantaisie, des paravents, des parasols, des jouets d'enfants, des bijoux en métaux précieux, des éventails et tous les objets que l'on peut tirer de l'ivoire. Canton est le principal entrepôt du commerce chinois avec le Japon, Siam, la Cochinchine et les îles de l'archipel Indien. La flotte des grandes jonques à Canton, composée de vaisseaux qui jaugent de 500 à 1.000 tonneaux, contribue à la richesse de la cité beaucoup plus que les flottes européennes ancrées à Whampoa ou Houam-poua. Depuis la création de Hong-Kong, une ligne fluviale de bateaux à vapeur relie journellement Canton, Macao et Hong-Kong.—D'après les historiens chinois, Canton, appelée primitivement Nan-Keao, existe depuis 40 siècles. Vers 1650, elle opposa aux Tartares mandchoux une résistance obstinée qui fut suivie d'un épouvantable massacre après la capture de la ville. En 1680, une factorerie anglaise y fut établie ; depuis cette époque, les Anglais ont toujours conservé la première place dans le commerce européen de cette ville ; les États-Unis tiennent le second rang. Le 26 mai 1841, l'Angleterre n'ayant pu obtenir la réparation de certains griefs, s'empara des forts qui commandent la ville et força cette dernière à payer une rançon de 150 millions de fr. Le traité de Nankin (26 août 1842) ouvrit le port de Canton au commerce anglais. En octobre 1856, les Anglais et les Français attaquèrent cette ville qu'ils prirent le 29 décembre 1857 et qu'ils n'évacuèrent que le 21 octobre 1861. L'ouverture de plusieurs autres ports chinois au commerce étranger a diminué l'importance relative de Canton.

CANTON, nom de plusieurs villes des États-Unis. I. Dans l'Ohio, à 160 kil. O.-N.-O. de Pittsburgh ; 8,750 hab. Riches mines de charbon.— II. Ville de l'Illinois, à 300 kil. O.-S.-O. de Chicago ; 3,500 hab. Mines de charbon, fonderies de fer ; manufacture de cigares, etc.

CANTON (Rivière de), en chinois, *Tchou-Kiang* ou rivière perle, portion inférieure du Pe-Kiang, rivière de Chine qui traverse la province de Quangtung. A environ 60 kil. audessous de Canton, elle forme un estuaire de 30 kil. de large et prend alors le nom de *Boca Tigris*.

CANTON (John), savant anglais (1718-'72), fut maître d'école à Londres et s'occupa surtout de l'électricité. Ses remarquables découvertes sont consignées dans les *Transactions philosophiques*.

* **CANTONADE** s. f. Théâtre. Intérieur des coulisses. — PARLER A LA CANTONADE, parler à un personnage qui n'est pas vu des spectateurs.

* **CANTONAL, ALE, AUX** adj. Qui appartient au canton. — DÉLÉGUÉS CANTONAUX, ceux qui sont chargés de surveiller les écoles d'un canton.

* **CANTONNÉ, ÉE** adj. Archit. Se dit d'un bâtiment dont les encoignures sont ornées d'une colonne, d'un pilastre, de chaînes de pierres dont les assises sont marquées par des refends, des bossages.— Blas. Se dit, des pièces accompagnées, dans les cantons de l'écu, de quelques autres figures : *croix cantonnée de quatre étoiles.*

* **CANTONNEMENT** s. m. Établissement temporaire d'un corps d'armée pour y attendre le commencement des opérations ou pour occuper un point déterminé dans un ordre de bataille ou dans une manœuvre. — CANTONNEMENT DE PÊCHE, partie de rivière dont la pêche est affermée. — CANTONNEMENT DE BESTIAUX, partie de terrain réservée à des bestiaux malades. — Législ. CANTONNEMENT FORESTIER. « Attribution en toute propriété aux habitants d'une commune ou d'une section de commune, d'une partie de forêt, en échange des droits d'usage qui leur avaient été autrefois concédés sur une partie plus étendue, et afin d'affranchir le surplus. L'État, les communes, les établissements publics et les particuliers, propriétaires de bois, ont le droit de les affranchir des servitudes d'usage qui les grèvent, en demandant le cantonnement. Les usagers ne peuvent le demander. Le règlement se fait de gré à gré ou, en cas de contestation, par les tribunaux. (Code forestier 58 et suiv. ; III et suiv. ; ord. 1er août 1827, 112, 145 et suiv.). —Lorsqu'un troupeau est atteint de maladie contagieuse, l'autorité municipale a le droit d'en ordonner le *cantonnement*, en lui assignant un espace sur lequel il puisse pâturer exclusivement, (L. du 28 septembre 1791).— On nomme aussi *cantonnement*, en matière de pêche fluviale, l'étendue comprise dans un lot dont le droit de pêche est mis en adjudication publique au profit de l'État (L. 15 avril 1829, art. 10 et suiv.). — Enfin le mot cantonnement exprime encore un rassemblement de soldats logés chez l'habitant. » (CH. Y.)

* **CANTONNER** v. a. Art milit. Distribuer des troupes dans plusieurs villages : *autrefois, on cantonnait surtout avant l'ouverture de la campagne, ou avant l'entrée en quartier d'hiver.* — Neutral. Se dit des troupes mêmes que l'on cantonne : *les troupes commencèrent à cantonner.* — Se cantonner v. pr. Se retirer dans un canton pour y être en sûreté. Se dit proprement d'un petit nombre de gens qui se fortifient contre un plus grand nombre : *les bourgeois se cantonnèrent contre les troupes.*

* **CANTONNIER** s. m. Homme employé par l'administration pour travailler à l'entretien des routes. — Législ. « Les cantonniers sont nommés par le préfet, sur la proposition des ingénieurs ou des agents voyers. Ils doivent avoir satisfait à la loi du recrutement, n'être pas âgés de plus de 45 ans, justifier de leur moralité et de leur aptitude aux travaux des routes. Ils sont divisés en trois classes, et leur salaire est fixé par le préfet. Le cantonnier chef reçoit un cinquième en sus de la rétribution de la première classe. Chaque cantonnier doit se pourvoir, à ses frais, des outils réglementaires, et on lui remet un signal ou guidon qui doit être planté à moins de cent mètres de l'endroit où il travaille. Les absences ou les négligences donnent lieu à des retenues de trois ou de six jours de traitement ; et en cas de deuxième récidive, le congédiement est prononcé. (Décret 10 février 1835 ; arr. min. 10 janvier 1852) ». (CH. Y.)

* **CANTONNIÈRE** s. f. (rad. *canton*, qui a signifié *coin*). Draperie qui entourait les colonnes du pied d'un lit et qui passait par-dessus les rideaux. — Tenture qui passe par-dessus les rideaux d'une fenêtre. — ~ Typogr. Les cantonnières ou cosnières étaient des morceaux de fer attachés aux quatre coins du coffre, afin de maintenir la forme, au moyen des coins de bois serrés entre les cantonnières et le châssis. — Mar. Bout de cordage immédiatement attaché à l'ancre.

CANTÙ [ital. kânn-tou'], ville d'Italie, à 8 kil. S.-E. de Côme, sur la Brianza ; 7,500 hab. Elle est entourée de murailles et possède un beau clocher.

CANULANT adj. Ennuyeux, fatigant : *en voilà un qui peut se flatter d'être canulant.*

* **CANULE** s. f. (lat. *cannula*, petit roseau).

Petit tuyau qu'on adapte au bout d'une seringue. — Sorte de tuyau où robinet de bois qu'on met à un tonneau en perce. — Chirur. Instrument allongé, cylindrique, creux, fait de différentes matières, qui sert à injecter, à tenir ouvertes des plaies profondes, à placer des ligatures, etc. — ~ Pop. Homme ennuyeux, canulant : *quelle canule que cet homme-là !*

CANULER v. a. Importuner.

CANULETTE s. f. Pêche. Forte pagaie dont se servent les pêcheurs de Quito.

CANUS, USE adj. Qui appartient, qui a rapport aux canuts de Lyon : *prononciation canuse.*

CANUSIUM. Voy. CANOSA.

CANUT s. m. s. m. [ka-nu] (de *cannette*). Nom donné à Lyon aux ouvriers en soie. Les canuts ont ajouté à la langue française quelques expressions locales qui ne sont pas sans énergie ni sans originalité. Quelques écrivains ont essayé de mettre en honneur l'idiome des *gones* de Lyon.

CANUT ou **Knut**, nom de plusieurs rois de Danemark, de Suède et d'Angleterre. I. Roi de Danemark au IXe siècle ; se convertit au christianisme.— II. CANUT LE GRAND, deuxième roi de Danemark du nom de Canut et premier roi danois d'Angleterre, né dans le Danemark vers 995, mort en 1035. Il succéda en 1014, à son père Sweyn, sur le trône mal affermi de l'Angleterre, et fut aussitôt renversé par Ethelred, représentant de la dynastie saxonne. Il envahit l'Angleterre en 1015 et, après la victoire d'Assington, obtint la moitié du royaume. A la mort de leur frère, Harold, il hérita de la couronne de Danemark (1016). Edmond Côte de Fer, avec lequel il avait dû partager l'Angleterre, ayant été assassiné dans le courant de la même année, il devint seul roi de tout ce pays. Il s'efforça de gagner l'affection des Anglo-Saxons et leur donna un code qui existe encore. Dans les fréquentes visites qu'il fit au Danemark, il amena avec lui des missionnaires et des artisans et plaça des prélats anglais à la tête des nouveaux évêchés de Scanie, de Seeland et de Fünen. En 1028, il fit une expédition en Norvège, chassa Olaf, roi de ce pays, et restaura Haco qui devint son vassal. En 1031, il fut reconnu roi de Norvège et prétendit à la couronne de Suède. Le premier, il battit la monnaie nationale de Danemark et publia un code danois dans lequel il prohiba l'habitude des vengeances personnelles. Il sépara l'Église de l'État et institua une garde royale de 3,000 hommes qui formèrent le noyau de la noblesse danoise. — III. HARDE-CANUT, fils du précédent ; dernier roi danois d'Angleterre ; mort en 1042. — IV. CANUT LE SAINT, roi de Danemark, 1080-'6, fils de Suénon II et successeur de Harold, son frère. Il soumit la Prusse et la Courlande et combattit la piraterie. Il fut canonisé en 1400. — V. Roi de Danemark, 1147-'56, petit-fils de Nicolas et successeur d'Éric l'Agneau. Disputa la couronne à Suénon, qui l'assassina. — VI. Roi de Danemark, 1182-1202, fils et successeur de Valdemar Ier, soumit la Poméranie, prit le titre de roi des Vandales et détruisit la piraterie.

CANY-BARVILLE ch.-l. de cant. ; arr. à 25 kil. N.-N.-O. d'Yvetot (Seine-Inférieure), sur le Durdent, à 8 kil. de son embouchure ; 2,500 hab. Cotons, huiles, cuirs, tolos.

CANZONE s. f. [kann-dzo-né], petit poème lyrique italien, emprunté à la cansó provençale, qui traitait des sujets d'amour. Les cauzones se divisent en stances égales, sauf la dernière, qui est plus courte. Au pluriel on dit aussi des *Canzoni*. Pétrarque, le Tasse, etc. ont excellé dans cette forme de poésie lyrique.

* **CAOLIN** s. m. Voy. Kaolin.

CAOUANE s. f. Erpét. Nom de deux espèces de tortues de mer, dont l'une vit dans la Méditerranée et dans l'Atlantique et l'autre dans le grand Océan. Le caouane d'Europe (*testudo caretta*, gm.) est brune ou marron foncé, longue de 1 mètre 30 et d'un poids de 150 à 200 kil.; elle est très vorace et se nourrit de mollusques; sa chair est mauvaise et son écaille peu estimée; elle fournit une huile bonne à brûler.

CAOUDJI s. m. Café, dans la langue *sabir*, parlée par nos troupiers d'Afrique.

CAOUTCHÈNE s. m. Chim. Hydrocarbure isomérique avec le tétrilène, produit, selon Bouchardat, par la distillation sèche du caoutchouc : $C^5 H^8$.

CAOUTCHINE s. f. Chim. Hydrocarbure liquide, transparent, incolore, d'une saveur aromatique particulière et d'une odeur agréable qui rappelle celle de l'essence d'orange : $C^{10} H^{16}$. On obtient la caoutchine par la distillation du caoutchouc et de la gutta-percha.

* **CAOUTCHOUC** s. m. [ka-ou-tchou] (*cahuchu* dans la langue des Indiens de l'Amérique du Sud). Suc laiteux coagulé de certains végétaux des pays tropicaux, tels que le figuier de l'Inde, le jaquier, etc. Il s'appelle vulgairement Gomme élastique : *le caoutchouc se trouve dans le commerce sous forme de petites bouteilles ou de poires.* (Acad.)— Pop. Chaussure en caoutchouc : *il prit ses caoutchoucs; les caoutchoucs garantissent du froid et de l'humidité.* — Encycl. Le caoutchouc fut d'abord produit dans l'Amérique du Sud par la *siphonie élastique* et plusieurs espèces de siphonies (autrefois *jutropha*) de la famille des euphorbiacées. Les autres sources de production sont aujourd'hui le *castilloa elastica*, arbre mexicain de la famille des artocarpées, l'*urceola elastica*, qui se trouve dans l'archipel Indien, et le *ficus elastica* des Indes orientales. D'immenses quantités de caoutchouc sont expédiées chaque année de Para (Brésil) dans toutes les parties du monde. On obtient le suc des différents arbres que nous venons de nommer en incisant le tronc; le caoutchouc coule en lits successifs dans des vases où il se durcit. Quand il est à l'état demi-fluide, on le pétrit autour de morceaux d'argile de diverses formes. Le caoutchouc est une substance élastique, insoluble dans l'alcool et dans l'eau; il se ramollit dans l'eau chaude, et est un peu soluble dans l'éther. L'alcool le précipite de sa solution dans l'éther. Il est assez soluble dans l'huile de naphte, dans la térébenthine et le chloroforme, et encore davantage dans le sulfure de carbone et dans la caoutchine. Densité = 0,925, à 0 C., il devient dur, à peine extensible; à 35°, il reprend son caractère d'élasticité; à 120° il perd sa consistance; à 150°, il devient visqueux; il fond à 200; devient huileux à 230 et reste ensuite dans cet état pendant plusieurs années après le refroidissement. Sa distillation donne naissance à plusieurs carbures d'hydrogène, dont l'un, l'*hévéenne* ($C^{10} H^{16}$) bout à 350°, et l'autre, la *caoutchine*, bout vers 170°. La formule chimique du caoutchouc est $C^5 H^7$. Il se combine facilement avec le soufre, et le produit obtenu est appelé *caoutchouc volcanisé* quand il a acquis une souplesse et une élasticité que les différentes températures ne changeront plus désormais, ou *caoutchouc durci*, quand il est dur, sec et fragile (voir plus loin). L'élasticité du caoutchouc est tout à fait remarquable; quand on tire fortement sur les deux extrémités d'un morceau de cette substance, il s'étend et émet en même temps un peu de chaleur et d'électricité; si on l'étend beaucoup et qu'on le laisse dans cette position pendant 2 ou 3 semaines il perd son élasticité et conserve la longueur qu'on lui a donnée; il agit de la même façon dès qu'on le soumet à une température inférieure à — 4° C.; mais il reprend ses propriétés si on le ramène à 25°. On tire avantage de cette propriété dans la fabrication des tissus élastiques. On allonge des fils de caoutchouc; on les rend inextensibles; on les tisse avec des fils de soie ou de coton; on leur rend l'élasticité; ils se raccourcissent et resserrent le tissu. C'est ainsi que l'on obtient les élastiques de chaussures, de jarretières, de bretelles, etc. Le caoutchouc, étant absolument imperméable, sert à fabriquer des tuyaux, des ballons extrêmement légers, des chaussures et des vêtements. En raison de son élasticité, on en fait des balles à jouer. Ses applications dans les arts sont innombrables : il sert à effacer les traces du crayon et à adoucir le papier; il entre dans la composition de quelques vernis, de colles, de mastics. En tubes flexibles, il relie les tubes de verre employés dans les laboratoires; il sert à la fabrication d'instruments chirurgicaux qui demandent de la flexibilité. — D'après Faraday, le caoutchouc, est un hydrocarbure, composé de 87,27 p. 100 de carbone et de 12,73 d'hydrogène. Avant le XVIIIe siècle, les Européens ignoraient l'existence de cette précieuse substance. En 1753, La Condamine en donna la description, d'après ce qu'il en avait appris par une résidence de 10 ans dans la vallée de l'Amazone. Jusqu'en 1820, on ne l'employa que comme gomme à effacer; depuis cette époque, il a reçu des applications tellement variées qu'il a pris une haute importance industrielle. — Caoutchouc artificiel, matière élastique obtenue en traitant l'huile de lin par l'acide azotique et que l'on utilise dans la préparation des cuirs de sellerie. Le caoutchouc artificiel a été découvert, en 1843, par les chimistes Saco et Jonas. — Caoutchouc minéral, variété de bitume, remarquable par son élasticité. — Caoutchouc volcanisé, *vulcanisé* ou *soufré*, combinaison de caoutchouc et de soufre. Le procédé de vulcanisation du caoutchouc fut employé dès 1836 par l'Américain Charles Goodyear. Il consiste à tremper du caoutchouc dans du soufre fondu, dont il s'imprègne, et à l'exposer à une température de 130° C. Le caoutchouc vulcanisé sert à faire des chaussures imperméables, des courroies pour ligatures, des rondelles pour amortir le choc des wagons, des genouillères unissant les locomotives au tender, des soupapes, des garnitures de pistons, du cuir artificiel, des brosses à étrilles, des bateaux insubmersibles, des objets d'équipement, etc., des poupées, des jouets, qui ne craignent ni le froid, ni l'humidité. — Caoutchouc durci, caoutchouc auquel on mélange 50 p. 100 de soufre, à la température de 135° prolongée pendant 7 heures. Le mélange acquiert une dureté telle qu'on peut le tailler sous toutes les formes. Il sert à fabriquer des garnitures d'éventail, des objets de tabletterie, des peignes, des baguettes de parapluie. Il reçoit la dorure et peut être employé pour patères, rosaces ornementales, etc. Le caoutchouc durci est une invention des Américains Nathaniel Hayward, du Massachusetts, et de Charles et Nelson Goodyear.

CAOUTCHOUTER v. a. Enduire de caoutchouc.

* **CAP** s. m. [kapp] (lat. *caput*, tête). Vieux mot qui signifie tête, chef et qui se rencontre dans quelques locutions : *de pied en cap; armé de pied en cap.* — Art milit. Cap d'escadre, chef d'escouade ou caporal dans les légions formées par François Ier. — Cap de mailles, coiffure en treillis de fer qui était usitée au moyen âge. — Manège. Cap de more, se dit d'un cheval à poil rouan, à tête et à pieds noirs. — Mar. Cap-de-mouton, forte lentille en bois, percée de 3 trous qu'on emploie pour roidir les haubans. — Géogr. Pointe de terre élevée qui s'avance dans la mer. — Mar. Proue d'un bâtiment, par rapport à la direction qu'on lui impose.— Doubler un cap, passer près d'un cap en longeant la côte.—Virer cap par cap, changer les amures pour courir sur une route exactement opposée à la première direction.— Etre cap a cap, se disait autrefois de deux navires allant l'un vers l'autre sur des routes directement opposées. — Cap-de-mouton a croc, le cap-demouton armé d'un croc de fer pour accrocher au côté d'une chaloupe. — Cap-de-mouton de martinet, celui où passent les lignes des trelingues des vaisseaux français.— Cap de compas, diamètre qui est tracé au fond de la cuvette de la boussole et qui indique la direction de l'axe du bâtiment. — Où est le cap? : vers quel point de la boussole est dirigé notre avant?

CAP (Le) angl. Cape-Town [kèpe-taônn], capitale de la colonie du Cap, sur la baie de la Table, à l'extrémité méridionale de l'Afrique, au pied du mont de la Table et à environ 50 kil. N. du cap de Bonne-Espérance ; 30,000 habitants. Rues tirées au cordeau et se coupant à angle droit; maisons de briques, avec

Cap (le). Vue prise de Table-Bay.

façades de stuc; solide citadelle; observatoire, musée et jardin botanique. Fondée par les Hollandais en 1650, et plusieurs fois prise par les Anglais, cette ville fut enfin cédée à ces derniers avec toute la colonie, par le traité du 13 août 1814. On a creusé un nouveau port et construit des jetées, ainsi que des docks, en 1879.

CAP (Le) ou Cap de Bonne-Espérance (Colonie du) angl. Cape colony, Cape of good hope ou Cape land, possession anglaise comprenant presque toute la partie du continent africain située au S. de 28° lat. S. et entre 14° 10' et 27° 30' long. E. Elle est divisée de la manière suivante :

DIVISIONS.	KILOM. CARR.	POPULATION.
Colonie du Cap proprement dite.	498,347	720,984
Cafrerie anglaise.	19,502	86,201
Basoutoland.	21,886	127,700
Fingoland et Nomansland.	12,000	140,000
Griqualand occidental.	43,076	45,277
Transvaal.	296,175	300,000
Totaux.	890,986	1,420,162

Nous ne nous occuperons ici que de la Colonie du Cap proprement dite, les autres divisions ayant chacune son article particulier.—

La population de cette colonie comprenait en 1875, des blancs au nombre de 236,783 et des gens de couleur au nombre de 484,201. La population blanche se compose des autorités anglaises et de quelques colons anglais ; mais la majorité est d'origine hollandaise, allemande et française. Les descendants des premiers colons hollandais et français portent le nom de Boers. Les gens de couleur sont en majorité Hottentots (85,000) et Cafres (165,000). Le surplus se compose d'*Africanders* (descendants des femmes de couleur et des Hollandais) et de Malais. De l'océan Indien, le territoire s'élève en trois plateaux que séparent des chaînes de montagnes. La première chaîne, le Lange Kloof (Longue Passe) va de l'O. a l'E. presque parallèlement à l'océan ; la seconde, dont la partie principale est appelée Groote Zwarte Bergen (monts Grands Noirs), et la partie la moins élevée, Kleine Zwarte (Petits Noirs), court parallèlement au Lange Kloof ; mais elle est beaucoup plus élevée et dépasse quelquefois 1,000 mètres. La troisième chaîne, celle des monts Nieuwëld (nouveau pays), à l'occident, et des monts Neigeux (Sneeuw Bergen) à l'orient, est la plus élevée de toute l'Afrique méridionale ; elle atteint 2,500 mètres. A l'ouest, elle se joint aux monts Seigle (Roggeveld), hauts de 1,200 mètres. La partie habitable de la colonie se trouve sur les plateaux qui regardent les mers. Entre le Nieuwweld et les Groot Zwarte, s'étend le grand désert de Karroo, long de 500 kil., large de 125, composé d'un plateau à 800 mètres au dessus de la mer et couvert d'un sol argileux très-mince. Les côtes, d'un développement de 2,000 kil., sont découpées de nombreuses baies et de quelques ports : baie Saldana, baie Simon, station de l'escadre anglaise. Aucune rivière n'est navigable. Les plus larges, le Gauritz et le Gamtoos, sont obstruées par des barres. Le Gariep ou rivière Orange, qui sert de frontière septentrionale à la colonie, n'a pas moins de 1,800 kil. Le défaut principal du pays est le manque d'eau ; dans certains districts on reste des années entières sans recevoir une goutte de pluie. Le caractère de la végétation est la prépondérance des plantes bulbeuses à racines succulentes. Pendant la saison sèche, la plus grande partie du territoire est couverte d'herbages brûlés par le soleil. Mais, dès que les pluies viennent humecter le terrain, ces plantes se réveillent d'une façon merveilleuse, et toute la contrée se transforme en un jardin que parcourent de grands troupeaux d'antilopes, de zèbres, de couaggas et d'autres animaux herbivores. On cultive plusieurs de nos grains et de nos fruits européens ; mais la colonie est surtout un pays de pâturage. Les bœufs, que l'on y élève en grands troupeaux, servent à la fois de bêtes de somme et d'animaux de trait. On les attèle, au nombre de 18 ou 20, à de grands chariots qui servent de véhicules aux colons. Le mouton indigène, remarquable par sa queue énorme, porte une toison sans valeur ; on a dû acclimater les races européennes, qui y prospèrent et s'y reproduisent d'une manière satisfaisante. L'éléphant, le rhinocéros, l'hippopotame, le lion, le léopard, l'hyène, le chacal, le zèbre, le couagga, le sanglier, l'antilope, le singe, le raton et l'écureuil sont indigènes ; quelques-uns deviennent assez rares. La grande région des chasses décrites par Gordon Cumming et par plusieurs autres, se trouve au N. et à l'E. des limites de la colonie. Le pouvoir exécutif est confié à un gouverneur et à un conseil exécutif nommé par la couronne ; le pouvoir législatif appartient à un conseil législatif de 21 membres et à une assemblée de 66 membres. L'Eglise hollandaise réformée, secte dominante, comprend toute la population hollandaise et un grand nombre de gens de couleur. L'Eglise d'Angleterre et le catholicisme possèdent chacun deux évêchés. L'éducation publique, bien administrée, a ré-

pandu presque partout ses bienfaits. La colonie du Cap, considérée comme de la plus haute importance, parce qu'elle est, en quelque sorte, la clef de l'océan Indien, est le grand dépôt de troupes que l'Angleterre entretient pour surveiller à la fois l'Hindoustan, l'Australie et l'extrême Orient. — Hist. Le cap de Bonne-Espérance ayant été doublé par Vasco de Gama, le 19 novembre 1497, le pays qui nous occupe fut entrevu par tous les navigateurs qui passaient de l'océan Atlantique à la mer des Indes. Il était habité par des Cafres, qui n'épargnaient jamais les malheureux navigateurs jetés à la côte par la tempête. La compagnie hollandaise des Indes orientales fonda au Cap, en 1650, un établissement destiné à fournir les provisions nécessaires aux vaisseaux venant de l'Inde ou s'y rendant. Peu à peu le territoire se peupla. En 1795, les colons se révoltèrent contre le gouvernement républicain et l'Angleterre, intervenant, saisit le Cap au nom du prince d'Orange ; elle le restitua à la Hollande en 1802, le reprit en 1806 et se le fit céder lors de la paix de 1815. Depuis cette époque, les Anglais ont soumis peu à peu les diverses tribus cafres qui occupaient le nord de leur possession. Moins heureux avec les Boers (voy. ce mot), ils ont dû laisser ces descendants des colons hollandais émigrer hors de leur atteinte et fonder les deux républiques indépendantes d'Orange et du Transvaal. Cette dernière, attaquée par les Zoulous, appela les Anglais à son secours et accepta leur domination (12 avril 1877). Les autres annexions les plus importantes furent celles de la Cafrerie anglaise, en 1866, du Basutoland, sur le bassin du fleuve Orange (1868) ; de deux vastes districts, encore peu connus, que l'on appelle Fingoland et Nomansland ou Griqualand oriental (1875) ; et du Griqualand occidental (1876).— Bibliogr. Anthony Trollope : *South Africa*, Londres, 1878, 2 vol. in-8°. Chase et Willemot, *Histoire de la Colonie du cap de Bonne-Espérance*, Cape-Town, 1871, in-8°.

* **CAPABLE** adj. (lat. *capax*). Se dit des choses considérées par rapport à leur capacité intérieure ; mais dans cette acception, il n'est guère usité qu'avec tenir ou contenir : *cette salle est capable de contenir tant de personnes.* Dans ce sens, on dit en géom. : *segment de cercle capable d'un angle donné.* — Qui est en état de faire ou capable de faire : *serez-vous capable de porter ce fardeau ?* — Qui a de l'aptitude, des dispositions à quelque chose, soit en bien, soit en mal : *c'est un homme capable de bien gouverner.* — *Il est capable de tout*, il peut s'acquitter très bien de toutes sortes d'emplois. Se dit plus ordinairement d'un homme téméraire, furieux, ou d'un homme méchant, et signifie alors : il peut se porter aux plus grands excès, aux action les plus noires. — *Il n'est pas capable de raison*, il n'est pas capable d'entendre .*quelque chose*, il n'est pas en disposition, en humeur, il n'est d'entendre raison, d'écouter ce qu'on a à lui dire. — CAPABLE se dit aussi en parlant de la capacité légale : *être capable de recevoir, de disposer entre vifs, ou par testament.* — Absol. Habile, intelligent : *c'est un homme capable, très capable.* — Fam. *prendre, avoir l'air capable,* prendre, avoir l'air d'un homme qui présume trop de son habileté. —Substantiv. : *faire le capable,* faire l'habile homme. — CAPABLE, signifie aussi : Qui peut produire tel ou tel effet, amener tel ou tel résultat ; et, en ce sens, il ne se dit que des choses : *cette maladie est capable de le tuer.*

* **CAPACITÉ** s. f. (lat. *capacitas*). Profondeur et largeur d'une chose, considérée comme contenant ou pouvant contenir : *capacité d'un vaisseau.* — Habileté, aptitude : *avoir beaucoup de capacité, une grande, une vaste capacité.* — Etendue et portée de l'esprit : *selon la capacité de son esprit.* — Jurispr. Faculté qu'une personne a de contracter. de disposer, de

donner ou de recevoir, soit par acte entre vifs, soit par testament, etc. : *la capacité des parties contractantes est une des conditions voulues pour la validité de tout contrat ; la capacité d'un donataire est jugée par les lois existantes à l'époque de la donation.* (Acad.) — En matière bénéficiale. LES TITRES ET CAPACITÉS D'UN ECCLÉSIASTIQUE, les actes et pièces qui servent à montrer qu'il est capable de posséder le bénéfice qu'il demande. — BREVET DE CAPACITÉ, brevet constatant qu'un individu est capable de donner l'enseignement primaire. — CERTIFICAT DE CAPACITÉ, certificat exigé des officiers ministériels. — Métrol. MESURE DE CAPACITÉ, vase destiné à mesurer les liquides et certaines matières sèches. — Phys. CAPACITÉ CALORIFIQUE, nombre qui exprime en calories la quantité de chaleur qui est nécessaire pour échauffer de 4° un kilog. d'une substance. — Chim. CAPACITÉ DE SATURATION, quantité d'oxygène que doit posséder une base pour saturer un acide et déterminer la formation d'un sel neutre.

CAPAHUTER v. a. (rad. *Capahut*, malfaiteur qui mit ce procédé à la mode). Argot. Assassiner son complice pour s'approprier sa part.

CAPANÉE (Myth.), l'un des sept héros qui marchèrent d'Argos contre Thèbes. Il osa braver Jupiter, qui le frappa de la foudre au moment où il escaladait les murailles de Thèbes. Son corps fut embrasé. Sa femme, Evadné, se jeta sur son corps et fut brûlée avec lui.

* **CAPARAÇON** s. m. (mot espag. qui dérive de *cap*). Couverture d'étoffe pour le cheval.

* **CAPARAÇONNER** v. a. Mettre un caparaçon.

CAP-BRETON, *Caput-Bruti*, bourg du cant. de Saint-Vincent-de-Tyrosse (Landes), arr. et à 37 kil. S.-O. de Dax, sur le Boudigau, à 4 kil. de l'Océan, qui y forme une plage unie et sablonneuse ; 4,200 hab. Etablissement balnéaire ; bon vin, gibier, féculeries, céréales, bestiaux.

CAP-BRETON, île de la province de la Nouvelle-Ecosse (Canada), séparée du continent par le détroit de Canso, de 2 kil. de large. 8,094 kil. carr. ; 75,483 hab., qui descendent des Acadiens français, auxquels se sont mélangés des Ecossais et des Irlandais. L'île, d'une forme irrégulière, est profondément découpée et divisée en deux parties par un golfe, le Bras d'Or, qu'un détroit très peu large réunit à la mer. La côte, presque partout rocheuse et élevée, forme des baies nombreuses, particulièrement au S. et à l'E. Principales rades : Sydney, à l'E. et Port-Hood à l'O. L'intérieur, formé de plateaux élevés, contient plusieurs lacs d'eau douce. Climat excessivement chaud en été et très froid en hiver. Principaux produits minéraux : charbon bitumineux et gypse. Poissons abondants. Forêts considérables. Production de blé, d'orge, d'avoine, de pommes de terre, du beurre et de fromage. On pense que l'île du Cap-Breton fut découverte par Cabot en 1497. Les Français la nommèrent Isle-Royale et s'en emparèrent en 1632. L'ayant concédée, ils y construisirent la forteresse de Louisbourg, vers 1720. Les Anglais attaquèrent plusieurs fois cette colonie française ; ils s'emparèrent de Louisbourg le 26 juillet 1758 et se firent céder toute l'île le 10 février 1763.

* **CAPE** s. f. (rad. *cap*, tête). Manteau à capuchon qui était fort en usage autrefois : *cape de Béarn.* — Prov. et fig. *N'avoir que la cape et l'épée*, se disait autrefois d'un gentilhomme, d'un cadet de bonne maison qui n'avait point de bien. Se dit encore d'une personne ou d'une chose qui n'a qu'un mérite apparent et superficiel. — *Comédie de cape et d'épée*, roman de cape et d'épée, comédie, roman d'intrigue dont les héros principaux sont des militaires, des grands seigneurs, des batailleurs géné-

reux. — Prov. et fig. *Rire sous cape*, éprouver une satisfaction maligne qu'on cherche à dissimuler.—Couverture de tête dont les femmes se servent, en quelques provinces, contre le vent et la pluie : *cape de camelot*. — Mar. Situation d'un bâtiment qui a la barre du gouvernail sous le vent et qui ne conserve que très peu de voiles, afin de présenter le côté et de ne plus faire de route. — Mettre a la cape, disposer le navire à supporter le mieux qu'il se peut la bourrasque à laquelle il se trouve exposé : diminuer les voiles et ne les présenter que très obliquement à la direction du vent.

CAPECE-LATRO (Giuseppe) [kâ-pé'-tché-lâ'-tro], prélat italien, né à Naples en 1744, mort en 1836. Il fut primat de Naples, archevêque de Tarente et ministre de l'intérieur pendant le règne de Murat. A la restauration des Bourbons, il quitta son siége archiépiscopal et la vie politique. Il a écrit contre le célibat des prêtres, et un *Eloge de Frédéric II*, Berlin, 1832.

CAPE COAST CASTLE, ville et forteresse d'Afrique, capitale des établissements anglais dans la colonie de la Côte-d'Or; environ 10,000 hab. Les Portugais s'y établirent en 1610; les Hollandais s'en emparèrent en 1643; l'amiral Holmes la détruisit en 1661 et les Anglais s'y installèrent. Ruyter les en chassa en 1665, mais ils se la firent rendre par le traité de Breda, en 1667.

CAPÉER v. n. (rad. *cape*).Mar. Tenir la cape tout le temps que dure un coup de vent qui ne permet pas de faire servir les voiles, ni de porter en route.

CAPE FEAR. Voy. Fear.

CAPEFIGUE (Jean-Baptiste-Honoré-Raymond), publiciste, né à Marseille en 1802, mort à Paris en décembre 1872. Il a laissé environ 75 volumes de compilations historiques relatives à différentes périodes, depuis Philippe-Auguste jusqu'à Louis-Philippe. Il écrivit aussi des ouvrages concernant l'histoire de l'Église, les grandes opérations financières et les diplomates européens. Les œuvres volumineuses de ce fécond auteur n'ont aucun fondement historique.

CAPEL (Arthur, lord), royaliste anglais, membre du Long-Parlement en 1640, décapité le 16 mars 1649. Chef des troupes de Charles Ier, il fut fait prisonnier à Colchester.

CAPELAGE s. m. Mar. Tour que fait un cordage sur la tête d'un mât ou sur le bout de toute autre pièce de mâture. — Réunion de tous les cordages à l'endroit du mât où ils sont rappelés.

* CAPELAN s. m. Prêtre pauvre ou cagot, qui ne s'attire pas le respect dû à son caractère (vieux). — Petit poisson de mer, dont la chair est douce, tendre et de bon goût : *les pêcheurs de morue se servent de capelans pour appât*. Dans ce sens, quelques-uns écrivent *caplan*.

CAPELANIER s. m. Patron de l'embarcation avec laquelle on pêche le *capelan*.

CAPELER v. a. (rad. *capel*, chapeau). Mar. Faire un capelage.

* CAPELET s. m. Art vét. Espèce de loupe, de tumeur qui vient au train de derrière du cheval, à l'extrémité du jarret, et qui est causée par des coups ou par le frottement. Au début, l'alcool camphré suffit pour le faire disparaître ; plus tard, on est forcé d'avoir recours à la cautérisation ou à des onguents vésicants.

* CAPELINE (lat. *caput*, tête). Espèce de casque de fer qui était à l'usage de l'infanterie, et composé du timbre, du couvre-nuque, des jugulaires et d'une crête. Espèce de chapeau dont les femmes se servaient contre le soleil. — Capote légère que les femmes portent l'été. — Capote ouatée que les dames

CAPERON s. m. Voy. Capron.

CAPERS (William), ecclésiastique méthodiste américain (1790-1855), publia le *Journal Wesléien* à Charleston et l'*Avocat chrétien*.

---

mettent sur leur tête, à la sortie du bal ou du théâtre, pour se garantir du froid.

CAPELL (Edward), critique anglais (1713-'84). A donné une édition estimée de Shakespeare. Londres, 1783, 3 vol. in-4°.

CAPELLA (A) loc. adv. [a-ka-pèl-la] (ital. *à chapelle*). Mus. Se dit d'une mesure à deux temps qui était en usage dans l'ancienne musique religieuse.

CAPELLA (Martianus-Mineus-Felix), grammairien latin, que l'on suppose avoir vécu dans la deuxième moitié du ve siècle et être né à Carthage. Son principal ouvrage est un roman allégorique en prose et en vers intitulé : *Satyra de Nuptiis Philologiæ et Mercurii*.

CAPELLE. I. (Guillaume-Antoine-Benoit, baron), homme politique, né à Sales-Curan (Aveyron) en 1775, mort en 1843. Ministre des travaux publics dans le cabinet Polignac, il signa les ordonnances de juillet 1830 et ne rentra en France qu'après l'amnistie. — II. (Pierre), homme de lettres et fondateur du *Caveau moderne*, né à Montauban en 1775, mort en 1851. Il fut inspecteur de la Librairie et a laissé la *Clef du caveau*, un *Manuel de la typographie française*, le *Chansonnier des Muses*, etc.

CAPELLE (La), ch.-l. de cant., arrond. à 16 kil. N. de Vervins (Aisne) ; 1,700 hab. ; comm. de grains. Ville autrefois fortifiée, qui fut prise par Turenne en 1655.

CAPELLE-MARIVAL (La), ch.-l. de cant., arrond. et à 21 kil. N.-O. de Figeac (Lot) ; 1,900 hab.

CAPELLO, voy. Cobra.

CAPELLO (Bianca), grande-duchesse de Toscane, née à Venise en 1542, morte en 1587. A l'âge de vingt ans, elle se fit enlever par un commis banquier, nommé Piétro Buonaventuri, qui se plaça sous la protection de François de Médicis à Florence. Ce dernier fit de Bianca sa maîtresse et de Piétro son intendant. Un matin de l'an 1570, Piétro Buonaventuri fut trouvé au coin d'une rue de Florence, la poitrine percée de plusieurs coups de poignard. Six ans plus tard, mourut Jeanne d'Autriche, femme du duc François qui épousa Bianca en 1578. Cette aventurière et son époux furent empoisonnés pendant un repas que leur offrit le cardinal Ferdinand de Médicis, frère et héritier du duc.

CAPELUCHE, bourreau de Paris et l'un des chefs de la faction bourguignonne sous Charles VI. Il prit une grande part au massacre des Armagnacs, en 1448. Jean sans Peur le fit décapiter en 1419.

* CAPENDU s. m. Espèce de pomme rouge, appelée aussi court-pendu.

CAPENDU ch.-l. de cant., arrond. et à 18 kil. E. de Carcassonne (Aude) ; 700 hab.

CAPENDU (Ernest), auteur dramatique et romancier (1826-'68). Il collabora à quelques-unes des principales pièces de Théodore Barrière : *les Faux Bonshommes*, *les Fausses Bonnes Femmes*, *l'Héritage de M. Plumet*, et fit représenter à l'Odéon, en 1861, *les Frelons*, comédie donnée sous son nom seul. Ses romans attachants, mais d'un style négligé, sont très nombreux. Nous citerons : *le Pré Catelan* (1858); *Surcouf* (1859); *Marcouf le Malouin* (1859); *les Mystères du Mont-de-Piété* (1861); *le Roi des Gabiers* (1862); *Cotillon II* (1864); *le Joug de l'Aigle* (1864); *Arthur Gaudinet* (1867).

CAPE RIVER. Voy. Segovia (Rio de).

CAPESTANG [ka-pè-stan], ch.-l. de cant.. arrond. et à 13 kil. O. de Bé-

---

ziers (Hérault), sur le canal du Languedoc ; 2,500 hab.

CAPESTERRE (La) ou le Marigot, bourg de la Guadeloupe, à 15 kil. E.-N.-E. de la Basse-Terre, dans un territoire fertile et salubre ; 5,000 hab. Nombreuses sucreries.

CAPET s. m. (rad. *cap*, tête). Sorte d'ancien petit manteau. — Adj. m. Qui a une grosse tête.

CAPET surnom donné, pour une cause inconnue, à Hugues, premier roi de la troisième dynastie des rois de France. Après la révolution de 1792, la loi ordonnant aux nobles d'abandonner leur titre féodal pour reprendre le nom primitif de leur famille, le roi Louis XVI devint *le citoyen Capet*, Marie-Antoinette *la femme Capet* et le dauphin *le petit Capet*.

CAPÉTIEN, IENNE adj. [ka-pé-siain ; iè-ne]. Qui appartient, qui est relatif à la troisième race des rois de France. — Écriture capétienne, écriture qui succéda à l'écriture caroline et qui fut en usage depuis les premiers rois capétiens jusqu'à saint Louis.

CAPÉTIENS, troisième race des rois de France, ayant pour chef Hugues Capet. D'après l'opinion générale, leur origine remonte à Robert le Fort, guerrier saxon, vassal de Charles le Chauve. Leur dynastie se divise en trois branches : 1° les *Capétiens* proprement dits, depuis Hugues Capet jusqu'à Philippe V (987-1328) ; 2° les *Valois*, depuis Philippe VI jusqu'à Henri III (1328-1589) ; 3° les *Bourbons*, depuis Henri IV jusqu'à Louis-Philippe (1589-1848).

CAPE TOWN. Voy. Cap (le).

* CAPHARNAÜM (ka-far-na-omm], ville de la Palestine septentrionale, sur la côte O. du lac Génésareth, souvent mentionnée dans le Nouveau Testament et généralement identifiée avec la moderne Tell-Houm (autrefois Khan-Minyeh). — s. m. Lieu qui renferme beaucoup d'objets entassés confusément : *cette chambre est un vrai capharnaüm*.

* CAPILLAIRE adj. [ka-pil-lè-re] (lat. *capillus*, cheveu). Délié comme des cheveux. Se dit principalement, en termes de botanique, de certaines parties des plantes : *racines capillaires* ; *feuilles capillaires*. — Phys. Se dit des tubes, qui sont d'un très petit calibre : *ascension de l'eau dans les tubes capillaires*. — Anat. Se dit de vaisseaux très ténus qui servent d'intermédiaires entre les artères et les veines. Les vaisseaux capillaires se composent d'une membrane tubulaire, élastique, transparente et délicate. C'est dans le réseau de ces tubes déliés que le sang éprouve les phénomènes qui changent sa coloration. Leur diamètre est d'environ 15 millièmes de millimètre. — Plante capillaire, ou simplement et mieux, Capillaire, s. m. Se dit de certaines fougères, dont on fait usage en médecine. Voy. Adiante.

CAPILLARITÉ s. f. État de ce qui est capillaire : *capillarité d'un tube*. — Action attractive des tubes capillaires sur les liquides qui les emplissent, rendue sensible par une élévation notable du niveau de ces liquides. La capillarité est une manifestation de la force de l'adhésion, démontrée par le mouvement ascensionnel d'un fluide dans lequel on plonge un corps percé de très petites cavités. L'exemple le plus populaire de ce phénomène est donné par un morceau de sucre placé sur quelques gouttes de café : on voit aussitôt le liquide monter dans le sucre.

CAPILOTADE s. f. Ragoût fait de plusieurs morceaux de viandes déjà cuites : *capilotade de perdrix, de poulets*. — Fig. et fam. Mettre quelqu'un en capilotade, l'accabler de coups ; et, au sens moral, médire de quelqu'un sans aucun ménagement, le déchirer par des médisances outrées.

CAPION s. m. Mar. Nom sous lequel les Lovantins désignent l'étrave et l'étambot.

CAFISCOL s. m. (lat. *caput*, tête; *schola*, école). Dignité de chapitre, dans quelques provinces, qui répond au titre de doyen.

CAPISTON s. m. Capitaine, dans le langage des troupiers.

CAPISTRAN ou **Capistranus** (Jean ou Johannes), franciscain italien (1386-1456). Il fut envoyé par le pape pour prêcher en Allemagne contre les Hussites et, bien qu'il fût obligé d'avoir recours à un interprète, son éloquence produisit une immense sensation (1451). Il prêcha aussi une croisade contre les Turcs, enrôla 40,000 hommes dont le pape lui donna le commandement, et seconda Jean Hunyade dans sa défense de Belgrade (1456). Il fut canonisé en 1724. Il a laissé plusieurs ouvrages en latin.

* **CAPITAINE** s. m. (lat. *caput*, tête, chef; en vieux franç. *chevetain*). Chef d'une compagnie de gens de guerre, soit à pied, soit à cheval : *capitaine d'infanterie, de cavalerie.* — Celui qui commandait dans certaines maisons royales : *capitaine de Fontainebleau.* On dit aujourd'hui, *gouverneur.* — CAPITAINE DES CHASSES, celui qui avait le soin de ce qui regarde la chasse dans une certaine étendue de pays. On dit dans un sens analogue : *capitaine de louveterie.* — CAPITAINE DE VOLEURS, CAPITAINE DE BOHÊMES, etc., chef d'une troupe de voleurs, de bohèmes, etc. — Capitaine se dit aussi d'un général d'armée, par rapport aux qualités nécessaires pour le commandement : *ce roi était un grand capitaine.* — Mar. Capitaine qui commande un bâtiment. — CAPITAINE AU LONG COURS, commandant d'un navire de commerce qui a subi un examen théorique et pratique. — CAPITAINE D'ARMEMENT, officier chargé de veiller à ce que les armes d'un corps soient toujours en bon état. — CAPITAINE D'ARMES, voy. *Armes.* — CAPITAINE DE CORVETTE, officier qui commandait les bâtiments de guerre portant de 10 à 22 bouches à feu, ainsi que les bâtiments à vapeur et les transports armés en guerre. Le grade de capitaine de corvette, créé en 1834, correspondait à celui de chef de bataillon. — CAPITAINE DE FRÉGATE, officier qui commande les frégates de deuxième et troisième rang, les corvettes de 24 canons. Ce grade correspond à celui de lieutenant-colonel. — CAPITAINE DE PAVILLON, capitaine qui commande un vaisseau sur lequel est embarqué l'officier général. — CAPITAINE DE PORT, officier qui surveille l'amarrage des bâtiments et la police du port. — CAPITAINE DE VAISSEAU, officier qui commande un vaisseau de ligne ou une frégate de premier rang. Son grade correspond à celui de colonel. — Législ. « Dans la marine militaire, suivant la hiérarchie des grades, le capitaine de frégate est assimilé au lieutenant-colonel d'artillerie, et le capitaine de vaisseau au colonel de la même arme. Dans la marine marchande, le choix du capitaine appartient au propriétaire du bâtiment; mais nul ne peut commander un navire s'il n'a été reçu maître au cabotage ou capitaine au long cours, selon la destination donnée au voyage. Avant de passer les examens, qui diffèrent suivant le brevet à obtenir, le candidat doit avoir l'âge de vingt-quatre ans accomplis au 1er juillet de l'année des examens, et justifier de soixante mois de navigation, dont douze sur les bâtiments de l'Etat. Il y a deux examens à subir successivement, l'un théorique, devant deux professeurs d'hydrographie, et l'autre, sur la pratique de la navigation, devant deux officiers de marine désignés par le ministre. Ceux qui sont admis après ces examens reçoivent un brevet de capitaine au long cours ou de maître au cabotage.(Décr. du 26 janvier 1857 et du 2 oct. 1880). Nul n'est admis à subir les examens de capitaine au long cours ou de maître au ca-

botage, s'il n'est Français ou naturalisé Français (Décr. du 21 avril 1882). Il ne suffit plus, pour qu'un étranger puisse être capitaine d'un navire français, qu'il ait été admis à domicile par le chef de l'Etat, en vertu de l'article 13 du Code civil. Les officiers de la marine de l'Etat, retraités, réformés ou démissionnaires, sont dispensés des examens, et il leur suffit, pour obtenir le brevet, de justifier des conditions d'âge et de navigation. Le capitaine du navire choisit lui-même son équipage (C. comm. 223); il est investi, sur tous ceux auxquels il commande, d'une autorité disciplinaire que la loi sanctionne, et il est lui-même justiciable d'une juridiction spéciale, celle des *tribunaux maritimes commerciaux,* institués par le décret-loi du 24 mars 1852, et auxquels sont déférés les délits maritimes déterminés par ce décret. Il est en outre civilement responsable des fautes même légères qu'il a pu commettre dans l'exercice de ses fonctions (C. comm. 221). Lorsqu'il est congédié par le propriétaire du navire, il ne peut réclamer une indemnité, à moins de stipulation contraire dans une convention écrite (C. comm. 248). Il peut, dans certains cas seulement, emprunter, en engageant le corps du navire ou les marchandises (C. comm. 233 et s.; 311 et s.). Le capitaine est tenu d'être en personne sur son navire, à l'entrée et à la sortie des ports (C. comm. 227). Il a, pour le paiement de son fret, un droit de préférence temporaire sur les marchandises de son chargement, et en cas de faillite des chargeurs, un privilège sur les autres créanciers (C. comm. 306 et s.). Les capitaines de navires peuvent être appelés à remplir les fonctions d'officier de l'état civil, pour constater les naissances ou les décès survenus à bord, pendant le cours d'un voyage (C. civ. 59 et s.; 86 et s.). Ils peuvent aussi recevoir les testaments faits en la forme authentique, dans le cours d'un voyage sur mer (C. civ. 988). En vertu des décrets du 24 mars 1852 et du 21 septembre 1854, les capitaines des navires de commerce français ont le titre d'officier. »   (Ch. Y.)

* **CAPITAINERIE** s. f. Division territoriale militaire créée sous le règne de François 1er et remplacée par les *divisions militaires.* Il existait autrefois 110 capitaineries en France. — Charge de capitaine d'une maison royale, d'un château, etc., ou de capitaine des chasses. — CAPITAINERIE DES CHASSES, étendue de la juridiction d'un capitaine des chasses : *cette terre était dans la capitainerie de Saint-Germain.* — CAPITAINERIE, dans quelques maisons royales, désignait le lieu affecté au logement du capitaine du château et des chasses.

CAPITAINESSE s. f. Galère que montait le chef d'escadre.

* **CAPITAL, ALE, AUX** adj. (lat. *caput*, tête) Principal : *point capital d'une affaire ; affaire capitale; clause capitale dans un contrat; défaut capital.* — Peint. TABLEAU CAPITAL, tableau d'un peintre célèbre, qui se distingue des autres productions du même artiste par son étendue, sa perfection ou son prix.— Les SEPT PÉCHÉS CAPITAUX, les sept péchés mortels; ce sont : l'orgueil, l'avarice, la luxure, l'envie, la gourmandise, la colère et la paresse.— ENNEMI CAPITAL, ennemi juré, ennemi mortel.— Jurispr. CRIME CAPITAL, crime qui mérite le dernier supplice. — PEINE CAPITALE, peine qui entraîne la mort. — VILLE CAPITALE, LETTRE CAPITALE, voy. plus loin CAPITALE s. f.

* **CAPITAL** s. m. Le principal d'une dette, d'une rente : *le capital d'une rente perpétuelle devient exigible en cas de faillite du débiteur.* (Acad.) — Fonds commercial, somme que l'on fait valoir dans quelque entreprise : *doubler son capital, ses capitaux.* — Fig. Ce qu'il y a de principal, de plus important : *le capital est de travailler sérieusement à son salut.* — FAIRE SON CAPITAL DE QUELQUE CHOSE, en faire sa prin-

cipale occupation, son principal objet. — **Capitaux** s. m. pl. Finances. Sommes en circulation, quantités considérables d'argent, des valeurs disponibles : *les capitaux sont rares; il possède d'immenses capitaux.*

* **CAPITALE** s. f. Ville où siège le gouvernement d'un Etat : *Washington est la capitale des Etats-Unis, dont New-York est la ville principale.* On dit aussi, adjectiv. : *ville capitale.* — Absol. LA CAPITALE, Paris : *je vais visiter la capitale.* — Typogr. Lettre majuscule que l'on met au premier mot d'une phrase, aux noms propres de personne, de lieux, etc. Chaque corps de caractère a ses grandes et ses petites capitales. Les petites capitales sont un diminutif des grandes capitales. Leur forme est la même; mais leur œil est égal en hauteur à l'œil des petites lettres. On dit aussi, adjectiv.: *lettre capitale.* — Fortific. Ligne droite idéale qui divise en deux parties égales l'angle saillant d'un bastion ou d'un ouvrage quelconque.

CAPITALEMENT adv. D'une manière capitale.

CAPITALISABLE adj. Qui peut être capitalisé.

* **CAPITALISATION** s. f. [ka-pi-ta-li-za-si-on]. Action de capitaliser.

* **CAPITALISER** v. a. Ajouter le revenu au capital. — CAPITALISER UNE RENTE, évaluer à un certain taux le capital correspondant à un revenu. — v. n. Accumuler, de manière à former un capital : *vous capitalisez.*

* **CAPITALISTE** s. Celui, celle qui a des capitaux, des sommes d'argent considérables, et qui les fait valoir dans les entreprises de commerce, d'agriculture, de manufacture ou de finance.

* **CAPITAN** s. m. [ka-pi-tan] (mot esp. qui signifie *capitaine*). Personnage fanfaron et ridicule de la vieille comédie italienne; il ne parlait que de tuer, de massacrer, de pourfendre et finissait par recevoir très pacifiquement une verte correction. Ce type a disparu depuis Molière.

CAPITANATE (La). Voy. FOGGIA.

* **CAPITANE** s. f. Galère qui portait le capitaine général. — Principale galère d'une flotte étrangère. — Adjectiv. : *la galère capitane :*

> Dans la galère *capitane*
> Nous étions quatre-vingts rameurs.
>   Victor Hugo.

* **CAPITAN-PACHA** s. m. Amiral turc, chef des forces navales de l'empire ottoman.

* **CAPITATION** s. f. (lat. *capitatio*). Taxe par tête. — Hist. et Législ. « La capitation est une des formes primitives et les moins perfectionnées de l'impôt; elle existait chez les Juifs et chez beaucoup d'autres peuples. Le taux en était très élevé : elle frappait toutes les personnes libres, âgées de 14 à 65 ans; les femmes n'étaient assujetties qu'au demi-droit. Julien réduisit cette taxe excessive à dix-sept sous d'or; en outre, il était admis que plusieurs personnes indigentes devaient être comptées ensemble pour une seule tête. Ce système d'impôt semble avoir été abandonné depuis les premiers siècles de la monarchie française. On le trouve rétabli par une décision des états généraux tenus en 1356, sous Jean le Bon. Louis XIV en régularisa la perception, par sa déclaration du 18 janvier 1695, à laquelle était joint un tarif. Les contribuables étaient répartis en vingt-deux classes, et la capitation, qui était progressive, selon le rang ou la profession, variait de vingt sous à deux mille livres. Cet impôt fut aboli en 1698, après la paix de Ryswick, mais il fut rétabli en 1701, pour subvenir

aux dépenses de la guerre de Succession ; il s'augmenta successivement de sous pour livre, de doublements, etc. Les pays d'Etat s'en rachetaient par un abonnement, et le clergé s'en affranchit par un versement de quatre millions de livres, auquel on donna le nom de *don gratuit*. L'impôt de la capitation a été perçu jusqu'en 1791, et il fut alors remplacé par une taxe personnelle égale à la valeur de trois journées de travail. Cette taxe subsiste encore ; mais elle a été réunie à la contribution mobilière par la loi du 21 avril 1832, et elle s'est ainsi transformée en un impôt de répartition. Voy. CONTRIBUTIONS DIRECTES. » (CH. Y.)

* **CAPITÉ, ÉE** adj. (lat. *caput*, tête). Bot. Se dit de tout organe terminé en tête arrondie : *stigmate capité*. — Crust. Qui a une tête distincte, articulée et non soudée avec le reste du corps.

* **CAPITEUX, EUSE** adj. Qui porte à la tête. Ne se dit que des liqueurs fermentées, *le vin nouveau est capiteux*; *liqueur capiteuse*.

* **CAPITOLE** s. m. (*caput Toli*, tête de Tolus, à cause d'une tête humaine trouvée en creusant les fondations du temple de Jupiter et portant sur le front le nom de Tolus. Les devins présagèrent que Rome serait la tête des nations. Des mots *caput Toli*, on fit plus tard *Capitolium* et *mons Capitolinus*, mont Capitolin). Temple de Jupiter tout-puissant (*optimus Maximus*), dans la Rome primitive, et colline sur laquelle s'élevait ce temple. Le Capitole,

Le Capitole moderne, à Rome.

commencé par Tarquinus Priscus, (Tarquin l'Ancien), n'était pas encore terminé lors de l'expulsion des rois. Un incendie le détruisit en 83 av. J.-C. ; il fut reconstruit par Sylla et dédié par Q. Catulus, en 69 ; brûlé de nouveau en 69 après J.-C., il fut rebâti par Vespasien. Un troisième incendie l'ayant détruit en 80, Domitien le restaura avec une grande magnificence. Il contenait 3 châsses consacrées respectivement à Jupiter, à Junon et à Minerve. Le sommet de la colline capitoline forme aujourd'hui la piazza del Campidoglio, entourée de trois côtés des palais qui ont été construits sur des dessins plus ou moins altérés de Michel Ange : palais du Sénateur au N. ; palais des conservateurs à l'O. ; musée du Capitole à l'E. Ces édifices contiennent un grand nombre d'objets artistiques ou historiques d'une haute valeur.

* **CAPITOLIN, INE** adj. Qui concerne le Capitole. — MONT CAPITOLIN, mont sur lequel était bâti le Capitole. — JUPITER CAPITOLIN, titre donné à Jupiter considéré comme le protecteur du Capitole. — FASTES CAPITOLINS, tables de marbre que l'on gardait au Capitole et qui donnaient la suite des consuls depuis l'an 250 de Rome jusqu'en l'an 765. Les fastes capitolins ont été trouvés à Rome en 1547. — JEUX CAPITOLINS,

ludi Capitolini, jeux romains annuels, institués à l'instigation de Camille en 387 av. J.-C., pour honorer Jupiter capitolin et le remercier de ce qu'il avait sauvé le Capitole de l'invasion des Gaulois. Ces jeux se célébraient le 13 fév.

CAPITOLINUS (Julius), historien romain du III⁰ siècle après J.-C. ; auteur des *Vies* de neuf empereurs dans l'*Historia Augusta*. Traduction française dans la *Bibliothèque* de Panckoucke.

* **CAPITON** s. m. (ital. *capitone*, soie non tordue). Soie grossière dont on se sert pour divers ouvrages : *ce n'est pas de la fine soie, ce n'est que du capiton*.

* **CAPITONNER** v. a. Garnir de capiton, rembourrer, matelasser : *capitonner un fauteuil*. — » **Se capitonner** v. pr. S'envelopper la tête (vieux). — Se tenir chaudement, dans un appartement bien clos. — Se vêtir chaudement.

* **CAPITOUL** s. m. (rad. *capitole*, nom de l'hôtel de ville de Toulouse). Nom que l'on donnait autrefois aux échevins ou officiers municipaux de Toulouse : *l'office de capitoul anoblissait*.

* **CAPITOULAT** s. m. Dignité de capitoul.

* **CAPITULAIRE** adj. (bas lat *capitularis* ; de *capitulum*, chapitre). Droit canon. Qui a rapport, qui appartient à un chapitre de chanoines ou de religieux. — Paléogr. LETTRE CAPITULAIRE, lettre enluminée qui commençait un chapitre.

* **CAPITULAIRE** s. m. Règlement, ordonnance, loi civile et ecclésiastique promulguée sous les rois de la 1ʳᵉ et de la 2ᵉ race. Les capitulaires étaient ainsi nommés parce qu'ils étaient divisés en *capitula* ou chapitres. Les plus anciens monuments législatifs de ce genre sont : la *constitution de Clotaire I*ᵉʳ (560), celle de *Childebert* (595) ; le *capitularis triplex* de *Dagobert* (630) ; les *capitulaires de Charlemagne* (804). Les meilleures éditions des capitulaires sont celle de Baluze (1677, 2 vol. in-fol.) et celle de Pertz, *Monumenta Germaniæ historica*, Hanovre, 1826-'29.

* **CAPITULAIREMENT** adv. En chapitre : *religieux capitulairement assemblés*.

* **CAPITULANT** adj. Qui a voix dans un chapitre : *chanoine capitulant*. — Substantiv. : *les capitulants assemblés pour l'élection*.

CAPITULARD s. m. Néologisme créé en 1870, pour désigner tout officier qui capitulait : *quand Bazaine livra Metz aux Prussiens, il fut salué roi des capitulards* (Lucien Rigaud).

* **CAPITULATION** s. f. Composition, traité qu'on fait pour la reddition d'une place, d'un poste, ou pour mettre bas les armes : *capitulation d'une ville*. — Principales capitulations de l'histoire contemporaine : Mantoue, 1797 ; Alkmaar, 1799 ; Ulm, 1805 ; Dantzig, 1807 ; Baylen et Cintra, 1808 ; Alger, 1830 ; Anvers, 1832 ; Sedan, 2 sept. 1870 ; Laon, 9 sept. ; Versailles, 19 sept. ; Toul, 23 sept. ; Strasbourg, 27-28 sept. ; Soissons, 16 oct. ; Schlestadt, 24 oct. ; Metz, 27 oct. ; Neu-Brisach, 10 nov. ; Thionville, 24 nov. ; la Fère, 27 nov. ; Phalsbourg, 12 déc. ; Montmédy, 14 déc. ; Mézières, 1-2 janv. 1871 ; Péronne, 9 janv. ; Longwy, 25 janv. ; Paris, 28 janv. — Droit polit. Convention qui règle les droits des sujets d'une puissance sur le territoire d'une autre puissance,

et particulièrement, droits judiciaires accordés par des traités aux consuls étrangers en Turquie. Après plusieurs années de pourparlers, le sultan adressa un mémoire aux gouvernements européens en juin 1869 ; il obtint certaines modifications aux capitulations en avril 1871 et les abolit dans toute l'Egypte en 1872. *Les capitulations avec la Porte ont soustrait les Français établis aux échelles du Levant à la juridiction territoriale.* (Acad.). — Fam. Moyens de rapprochement et de conciliation qu'on propose dans une affaire : *on en vint à bout par capitulation.* — Fig. CAPITULATION DE CONSCIENCE, se dit en parlant d'une personne qui compose avec sa conscience, qui cherche à dissiper ses scrupules par des motifs tirés de la nécessité, de la bienséance, etc. — CAPITULATION D'EMPIRE, contrat que les princes électeurs allemands faisaient signer à l'empereur avant son élévation au trône. Charles-Quint signa le premier acte de ce genre en 1519 ; François II jura la dernière capitulation en 1792. — Législ. « Est puni de mort, après dégradation militaire, le commandant d'une place qui est reconnu coupable d'avoir capitulé avec l'ennemi et rendu la place, sans avoir épuisé tous les moyens de défense dont il disposait et sans avoir fait tout ce que prescrivaient le devoir et l'honneur. Il en est de même de tout général ou commandant d'une troupe armée, qui capitule en rase campagne, si la capitulation a eu pour résultat de faire poser les armes à la troupe, ou si, avant de traiter, il n'a pas fait tout ce que lui prescrivaient le devoir et l'honneur. Dans tous les cas, la destitution est prononcée contre ce général ou commandant, pour le fait seul d'avoir capitulé, parce qu'il est considéré comme ayant agi en dehors de son droit, les représentants de la nation ayant seuls le pouvoir de traiter avec une puissance étrangère. Une seule exception est faite par la loi, pour les commandants d'une place investie et privée de toute communication. (Code de justice militaire, art. 209 et 210). — On donne le nom de *capitulations* à des conventions diplomatiques dont l'origine est très ancienne et en vertu desquelles les Européens qui résident dans les pays ottomans, ainsi qu'en Chine, au Japon et dans l'imanat de Mascate, jouissent du privilège d'être jugés, dans certaines affaires civiles ou criminelles, d'après leurs propres lois et par les tribunaux consulaires, au lieu d'être soumis à la juridiction locale. Cette dérogation aux lois du pays est fondée sur ce fait que la loi musulmane est souvent confondue avec le Koran, et ne peut en conséquence être appliquée qu'à des sectateurs de Mahomet. Les jugements rendus par les tribunaux consulaires sont révisables devant la cour d'appel d'Aix. Le régime des capitulations varie suivant les pays où elles sont en usage. A Constantinople et dans les principales villes de la Turquie d'Europe, il existe des tribunaux mixtes composés de musulmans et d'étrangers et qui jugent les contestations dans lesquelles les résidents sont parties. En Egypte, une organisation judiciaire spéciale a été proposée en 1873 par une commission internationale. Les principales puissances de l'Europe et le gouvernement des Etats-Unis y ont adhéré. Cette convention a été ratifiée, en ce qui concerne la France, par une loi du 17 décembre 1875. En conséquence, on a institué des tribunaux mixtes, au Caire, à Alexandrie et à Zagazig. Chacun de ces tribunaux est composé de quatre juges étrangers et de trois juges indigènes. Une cour d'appel a été en outre créée à Alexandrie, et elle se compose de onze conseillers dont sept étrangers. La cour d'assises à trois conseillers dont deux étrangers ; les douze jurés doivent être tous des étrangers. Ce système a été substitué à la juridiction des consuls ; mais il n'a été accepté par la France que sous certaines réserves. Les anciennes capitulations qui étaient en vigueur pour les Français habitant l'Egypte ont conservé toute leur valeur, et le gouvernement français a le droit de les appliquer à nouveau, s'il se trouve non satisfait du régime établi par les dernières conventions. » (CH. Y.)

* **CAPITULE** s. m. (lat. *capitulum*, diminut. de *caput*, tête). Litur. Espèce de petite leçon qui se dit à la fin de certains offices.

CAPITULE s. m. Bot. Inflorescence composée de fleurs nombreuses, très serrées, réunies sur un réceptacle et disposées en tête ou en boule comme dans l'artichaut, le dahlia, le pissenlit, etc.

CAPITULÉ, ÉE adj. Bot. Se dit des fleurs réunies en capitule.

* **CAPITULER** v. n. (lat. *capitulum*, chapitre). Parlementer, traiter de la reddition d'une place, d'un poste : *la ville capitula après huit jours de tranchée ouverte.* — Fam. Entrer en traité sur quelque affaire, sur quelque démêlé, venir à accommodement : *il commence à se défier de son droit, il demande à capituler.* — CAPITULER AVEC SA CONSCIENCE, prendre une résolution peu délicate, en s'efforçant de se persuader qu'on est dans un cas d'exception, ou que des circonstances impérieuses ne permettent pas d'agir autrement.

CAPITULIFORME adj. Hist. nat. Se dit de tout organe dont la forme est en petite tête arrondie.

CAPIZ [kà-piss], ville des îles Philippines, capitale de la province du même nom, dans l'île de Panay, près de la mer, et entourée des rivières Panay, Panitan et Ivisan ; 42,000 hab.

* **CAPLAN** s. m. Poisson. Voy. CAPELAN.

CAPMANY (Antonio de), écrivain espagnol (1742-1813). Fut nommé secrétaire de l'Académie royale historique en 1790 et remplit plusieurs autres offices. Pendant l'occupation française, il fut membre des cortès de Cadix et se fit remarquer par son patriotisme. Parmi ses ouvrages, on estime particulièrement ses *Coutumes de Barcelone*, 1791, 2 vol., et ses *Mémoires sur la marine, le commerce et les arts de Barcelone*, 1791, 2 vol.

CAPNOMANCIE s. f. (gr. *kapnos*, fumée ; *manteia*, divination). Antiq. Divination par la fumée des sacrifices ou par celle des graines de jasmin ou du pavot jetées sur les charbons ardents. On brûlait aussi de la verveine ou toute autre plante sacrée. La fumée légère, diaphane, s'élevant en ligne droite, était un augure favorable : une fumée épaisse et lourde était au contraire un signe fâcheux.

CAPO DE FEUILLIDE (Jean-Gabriel CAPOT ou), écrivain français, né aux Antilles en 1800, mort en 1863. Fit paraître, dans sa jeunesse, quelques poésies légitimistes, mais devint ensuite démocrate. Un de ses articles fut la cause du duel entre Armand Carrel et Emile de Girardin. Transporté en Algérie après le coup d'Etat, il ne revint en France qu'en 1854. Il a publié une *Histoire du château de Ham* (1842) et une *Histoire du peuple de Paris* (1844).

CAPOCCI DI BELMONTE (Ernesto) [ka-potchi-di-bèl-monn-té], astronome italien (1798-1865). Fut, pendant plusieurs années, directeur de l'observatoire de Naples, travailla au grand atlas céleste d'Encke et publia un roman historique : le *Premier roi de Naples*, Paris, 1838.

CAPO D'ISTRIA [ital. kà'-po-diss'-tri-a], ville d'Istrie (Autriche), à 13 kil. S.-S.-E. de Trieste ; 9,200 hab. Elle occupe une île jointe à la terre ferme par une chaussée en pierre. Elle possède une bonne rade et d'importantes salines.

CAPO D'ISTRIA ou Capodistrias, illustre famille grecque. I. (Jean-Antoine, comte), né à Corfou en 1776, mort le 9 octobre 1831 ; fut secrétaire des affaires étrangères en Russie (1816-'22). La convention nationale de Damala en 1827, l'élut président ou régent de Grèce. Débarqué à Nauplie, en janvier 1828, il excita presque aussitôt une vive opposition par la sévérité de ses réglements, par l'impossibilité où il fut de repousser Ibrahim Pacha et par sa soumission à la Russie, dont il invoqua l'appui pour étouffer une révolte en 1830. Il fut assassiné à Nauplie par Constantin et Georges Mavromichalis. — II. (Viaro), frère aîné du précédent, mort en 1842. Il fut l'auteur du nouveau code et fut surnommé Viaro Pacha pendant son administration impopulaire des Sporades occidentales. Il se démit en 1831. — III. (Augustin), frère des précédents (1778-1857) ; fut nommé chef politique et militaire de la Grèce continentale en 1829 ; remplaça Jean-Antoine à la tête du gouvernement et fut élu président en 1831. Mais il se retira à Saint-Pétersbourg en 1832.

* **CAPON** s. m. (lat. *capo*, chapon). Hypocrite, qui cherche à tromper, qui dissimule pour arriver à ses fins : *faire le capon.* — Joueur rusé, fin, et appliqué à prendre toute sorte d'avantages aux jeux d'adresse : *il est capon à ce jeu-là.* — Poltron, lâche : *il s'est montré bien capon.* — ~ Au fém. CAPONNE. — Argot. CAPON. Voleur, filou. Au XVIIᵉ siècle, les capons mendiaient dans les lieux publics (cabarets, tavernes, etc.)

* **CAPON** s. m. Mar. Assemblage de cordages, de rouets et de poulies employés pour élever et soutenir une ancre pendante sur le bossoir. — GARANT DU CAPON, cordage qui forme l'appareil du capon.

* **CAPONNER** v. n. User de finesse au jeu, et être attentif à y prendre toute sorte d'avantages.— Montrer de la poltronnerie.

* **CAPONNER** v. a. Mar. Lever une ancre sous le bossoir par le moyen du capon.

* **CAPONNIÈRE** s. f. Fortific. Galerie de communication entre les ouvrages d'une place fortifiée. — Logement creusé en terre et ordinairement établi dans les fossés secs, qui peut contenir 15 ou 20 soldats placés de manière à tirer presque à rez-de-chaussée sans abri.

* **CAPORAL** s. m. (lat. *caput*, tête) Grade le moins élevé dans l'infanterie : le caporal est immédiatement au-dessous du sergent et commande une escouade : *c'est ordinairement le caporal qui pose et lève les sentinelles ; le signe distinctif du caporal est un double galon de laine posé sur chaque bras, au-dessus du parement.* — Le grade de caporal a été créé par François Iᵉʳ dans ses légions, en 1558 ; on disait alors *cap d'escadre* ; on a dit plus tard *caporion* ; la dénomination actuelle apparaît pour la première fois que dans les ordonnances de Henri II. — Fig. et fam. QUATRE HOMMES ET UN CAPORAL, la moindre force militaire : *En un huit cent quarante-huit, le maréchal Bugeaud demanda au roi Louis-Philippe quatre hommes et un caporal pour vaincre les insurgés.* — LE PETIT CAPORAL, surnom familier donné par les soldats à Napoléon Iᵉʳ : *Quand vous seriez le Petit Caporal, on ne passe pas !* (Paroles d'une sentinelle à Napoléon.) On disait aussi : *le petit Tondu.* — ~ Tabac à fumer plus fin que le tabac de cantine : *le caporal est, pour le soldat, du tabac supérieur, du tabac gradé* (Lucien Rigaud).

CAPORALISME s. m. Tendance à ne considérer l'art militaire que par les petits exercices. — Par ext. Le régime militaire lui-même dans ce qu'il a d'étroit : *le caporalisme prussien.*

CAPOSER v. n. (rad. cape). Amarrer le gouvernail ; mettre à la cape, afin de suivre l'abandon du vent.

* **CAPOT** adj. (diminut. de cape) des deux nombres. Jeu de piquet. Se dit d'un joueur qui ne fait aucune levée : *être capot.* — Fig. et fam. ETRE CAPOT, DEMEURER CAPOT, demeurer confus et interdit auprès de quelqu'un, ou se voir frustré de son espérance : *elle est demeurée capot.* — FAIRE CAPOT, faire toutes les levées, toutes les mains. — Mar. FAIRE CAPOT, se dit d'un petit bâtiment qui chavire, qui sombre.

CAPOTAGE s. m. Mar. Science du pilote qui consiste dans la connaissance du chemin que le vaisseau fait sur mer.

* **CAPOTE** s. f. (rad. cape). Cape ou grand manteau d'étoffe grossière, auquel est attaché un capuchon : *capote contre la pluie* ; *capote de forçat*, etc. Dans ce sens, on disait autrefois, CAPOT. — Vêtement d'une certaine ampleur d'étoffe chaude, que le soldat d'infanterie met par-dessus son uniforme : *à la parade, la capote doit être roulée et attachée sur le havresac au moyen de deux courroies.* — Mante que les femmes mettaient par-dessus leurs habits, et qui les couvrait depuis la tête jusqu'aux pieds. — Chapeau de femme, qui est ordinairement fait d'étoffe : *capote de percale* ; *capote de crêpe, de mousselin*, etc. — Couverture mobile d'un cabriolet et de plusieurs autres voitures.

CAPOTER v. n. Mar. Chavirer complètement, quille en haut, mâts en bas, en parlant d'un navire. Cet événement se produit pour les petits bâtiments qui sont mal chargés.

CAPOUAN s. et adj. Habitant de Capoue ; qui appartient à Capoue ou à ses habitants.

CAPOUE, *Capua*, ville fortifiée d'Italie, province de Caserte, sur le Volturne, à l'embouchure de ce fleuve dans la Méditerranée et à 25 kil. N. de Naples ; 14,000 hab. A 4 kil. de la ville moderne se trouvent les ruines de l'antique Capua et ce site célèbre son histoire primitive sont des plus obscures. Après la bataille de Cannes (216 av. J.-C.), Capoue abandonna la cause de Rome et ouvrit ses portes à Annibal, qui y prit ses quartiers d'hiver. Au contact d'une civilisation efféminée, les soldats carthaginois s'amollirent, se corrompirent et, au printemps, furent vaincus. De là est venu le proverbe « Se plonger dans les délices de Capoue ». Les habitants de cette ville, dont la réputation était semblable à celle de Sybaris et de Sardes, furent cruellement châtiés par les Romains victorieux (214). Plus tard, sous Jules César, Capoue se releva de ses ruines ; elle devint fameuse par ses combats de gladiateurs, et c'est de l'école de gladiateurs de Lentulus que sortit Spartacus avec 70 compagnons. Genséric et ses Vandales dévastèrent Capoue en 456 après J.-C. Narsès la releva, mais elle fut détruite une fois de plus par les Sarrasins, vers 840 ; et peu après, le peuple, dirigé par l'évêque Landulphus, établit la cité moderne sur l'emplacement de l'antique Casilinum. Garibaldi prit Capoue le 2 nov. 1860.

CAPOULS s. m. pl. Bandeaux en cœur portés en 1874 par le ténor Capoul et aussitôt adoptés par les jeunes gens qui visent à l'élégance : *il porte des capouls*. On dit aussi : *coiffure, cheveux à la Capoul.*

CAPOULIÈRE s. f. (provenç. *capoulié*, chef). Nappe de filets à larges mailles, que l'on place à l'entrée des bourdigues, afin que les poissons ne puissent s'échapper.

CAPPADOCE, ancienne division de l'Asie Mineure, entre le Taurus et l'Euxin et entre le Halys et l'Euphrate. Elle était traversée par l'Anti-Taurus et habitée par un peuple d'origine sémitique que l'on a désigné quelquefois sous le nom de Syriens blancs. Après avoir appartenu à la Perse, à Alexandre et à ses successeurs, la Cappadoce fut dirigée par des rois indépendants jusqu'en l'an 17 après J.-C. Elle devint alors province romaine. Dans les

premiers temps, elle embrassait la Cappadocia ad Pontum (Pontus ou Pont) et la Cappadocia ad Taurum (Cappadocia Magna ou Cappadoce proprement dite). Mazaca (Césarée)
était la capitale de cette dernière.

CAPPARIDÉ, ÉE adj. (lat. *capparis*, câprier;
gr. *eidos*, aspect). Qui ressemble ou se rapporte au câprier. — s. f. pl. Famille de plantes
dicotylédones ayant pour type le genre câprier.

CAPPE (Newcome), ministre unitarien anglais (1732-1800). Ses œuvres comprennent
des « Remarques critiques sur plusieurs passages importants des Écritures ».

CAPPEL, famille française qui a produit des
juristes et des théologiens distingués. GUIL-
LAUME fut recteur de l'Université de Paris
(1491) et doyen de l'Université de théologie.
Son neveu, JACQUES, écrivit contre les prétentions du pape. L'un et l'autre furent avocats
généraux du parlement de Paris. LOUIS (1534-
'86) embrassa la réforme et après la Saint-
Barthélemy fut envoyé en Allemagne pour y
solliciter l'assistance des princes protestants.
Il fut nommé professeur de théologie à Leyde,
puis à Sedan. Son petit-fils, JACQUES, seigneur
du Tilloy (1570-1624), a écrit sur l'Ancien Testament. Un autre, LOUIS, frère de Jacques
(1585-1658), s'occupa de critique biblique. Son
principal ouvrage est intitulé : *Critica sacra*
(1650).

CAPPEL, bourg de Suisse, cant. et à 16 kil.
S.-O. de Zurich; 800 hab. Le réformateur
Zwingle y fut tué dans un combat entre les
catholiques et les troupes de Zurich, 11 octobre 1531.

CAPPONI, illustre famille de Florence, opposée aux Médicis. — I. (Gino), devint gouverneur de Pise et raconta la révolte des Ciompi
(collection Muratori, t. XVIII). — II. (Gino,
MARQUIS), auteur italien (1792-1876). Il fut premier ministre de Toscane en 1847, membre
du gouvernement provisoire en 1849, président de la *Consulta* en 1859 et ensuite membre du Sénat italien. L'un des fondateurs de
l'*Antologia*, il l'établit à Florence, en 1842,
l'*Archivio storico italiano* et à Paris, en 1845,
la *Gazetta italiana*.

CAPRAIS (Saint), martyr à Agen en 287;
fête le 20 oct.

CAPRAJA [ital. ka-pra'-ya], petite île volcanique de la Méditerranée, entre la Corse et
la Toscane, comprise dans la province de
Gênes; 24 kil. de circonférence; 700 hab.
Production de vin; bon port.

CAPRARA (Giovanni-Battista), prélat italien
(1733-1810); fut deux fois légat à Ravenne et
nonce successivement à Cologne, à Lucerne
et à Vienne. En 1792, il fut nommé cardinal
et en 1800, évêque de Jesi. Légat *a latere* près
de la République française, il arrangea les
termes du concordat promulgué à Paris en
1802. Il couronna Napoléon à Milan, comme
roi d'Italie, en mai 1805.

* CÂPRE s. f. Bouton à fleurs du câprier,
que l'on confit ordinairement dans le vinaigre. Se dit surtout au pluriel : *manger des câpres; baril de câpres; sauce aux câpres*. — CÂ-
PRES CAPUCINES. Voy. *Capucine*.

* CAPRE s. m. (holland. *kaper*). Mar. anc.
Vaisseau corsaire. — Capitaine de vaisseau
corsaire. — Adjectiv. : *vaisseau capre; capitaine capre*.

CAPRÉE, *Capræ* (auj. Capri), île située dans
le golfe de Naples. Tibère y passa ses dernières années de débauche. Voy. CAPRI.

CAPRERA [ital. ka-pré'-ra], île de la Méditerranée, en face de la côte N.-E. de Sardaigne,
longue de 9 kil., large de 4; ce fut, pendant
longtemps, la résidence de Garibaldi.

CAPRI (anc. *Capræ*), île rocheuse de la Mé-

diterranée, au S. de l'entrée de la baie de
Naples, mesurant 15 kil. de circonférence;

Rochers de Capri.

5,000 hab. Son climat délicieux en fait le
séjour favori des convalescents. Elle est entourée de rochers escarpés, dans lesquels la nature a creusé des grottes remarquables. Ville
principale, Capri, siège d'un évêché (3,400
hab.). Les habitants s'occupent de la culture
de la vigne, de la fabrication de l'huile d'olive
et de la chasse de perdrix. On rencontre à
Capri les ruines de villas construites par Tibère.
Le 4 oct. 1808, les Français, sous le général
Lamarque, l'enlevèrent aux Anglais, commandés par sir Hudson Lowe.

* CAPRICANT adj. m. (lat. *capra*, chèvre).
Méd. Se dit d'un pouls dur et inégal.

* CAPRICE s. m. (lat. *capra*, chèvre). Fantaisie, boutade, inégalité d'humeur : *caprices
de l'amour, caprices de la tyrannie, de la multitude*. — Saillie d'esprit et d'imagination; et,
alors il peut se prendre en bonne part : *cet
poète ne compose que des caprices: cet homme
a d'heureux, de beaux, d'excellents caprices*.
— Fig. Irrégularités, changements auxquels
certaines choses sont sujettes : *caprices du
mode, du sort, de la fortune, de la langue*. —
Se dit particulièrement de certaines compositions musicales où l'auteur s'abandonne à son
inspiration, et ne suit point d'autre guide : *cet
organiste, ce pianiste, ce violoniste a joué un
fort beau caprice*. Voy. FANTAISIE. — ⌣ Pop.
Vive et subite affection; passion soudaine et
passagère : *elle a un caprice pour lui*. — Objet
d'une affection de ce genre : *mon dernier caprice
m'a cassé trois dents* (Gavarni). — FAIRE DES CA-
PRICES, séduire à première vue, inspirer des
caprices.

* CAPRICIEUSEMENT adv. Par caprice.

* CAPRICIEUX, EUSE adj. Qui a des caprices : *esprit capricieux; homme capricieux; femme
capricieuse*. — Substantiv.: *c'est un capricieux,
une capricieuse*.

* CAPRICORNE s. m. (lat. *capricornus*; de
capra, chèvre; *cornu*, corne). Astron. Constellation zodiacale qui est entre le Sagittaire et
le Verseau. et qu'on a coutume de représenter
sur la figure d'un bouc : *constellation du Capricorne*. — Dixième division du zodiaque mobile, qui, vers le temps d'Hipparque, coïncidait avec la constellation du Capricorne; mais
alors on y joint la dénomination de SIGNE :
*le signe du Capricorne; le soleil entre dans le
signe du Capricorne vers le 21 décembre*. —
TROPIQUE DU CAPRICORNE, tropique austral, celui qui passe par le premier point du signe du
Capricorne. — Entom. Genre d'insectes coléoptères qui sont pourvus de très longues
antennes, et dont une espèce a une forte
odeur de rose.

* CÂPRIER s. m. Bot. Genre type de la famille des capparidées, comprenant environ
150 espèces répandues dans les régions chaudes du globe. Le *câprier cultivé* (*capparis spinosa*) est un arbuste originaire de l'Asie Mineure, aujourd'hui répandu sur toutes les
côtes de la Méditerranée et dans le Midi de la
France. Il a produit quelques variétés qui diffèrent surtout par la forme de leurs boutons
à fleurs. Le câprier vient en Provence presque
sans culture, dans les lieux les plus pierreux,
dans les fentes des murailles, dans les crevasses
des rochers. C'est le bouton non encore épa-
noui de sa fleur qu'on nomme *câpre*. On le confit dans du vinaigre et il sert d'assaisonnement.
Il entre dans la composition d'une sauce
dite *aux câpres*, qui n'est autre chose qu'une
sauce blanche dans laquelle les câpres remplacent le verjus ou le vinaigre. On connaît,
en Provence, 3 variétés principales du câprier
commun : le *câprier sauvage*, dont les câpres
sont aplaties et d'une qualité inférieure; le
câprier capucine, à boutons anguleux et d'un

Câprier commun (Capparis spinosa).

vert foncé, constituant la qualité intermédiaire; le *câprier à boutons ronds*, dont les
boutons, verts et ponctués de rouge, tiennent
le premier rang.

CÂPRIÈRE s. f. Champ planté de câpriers.

CAPRIFICATION s. f. (lat. *caprificus*, figuier
sauvage). Hortic. Opération qui consiste à placer des fruits de figuier sauvage sur les figuiers
cultivés, pour favoriser la fructification de ces
derniers.

CAPRIFOLIACÉ, ÉE adj. (lat. *caprifolium*,
chèvrefeuille). Bot. Qui ressemble ou se rapporte au chèvrefeuille. — s. f. pl. Famille de
plantes dicotylédones, ayant pour type le
genre chèvrefeuille.

CAPRIN, INE adj. (lat. *capra*, chèvre). Qui
ressemble ou se rapporte au genre chèvre.

CAPRIOLE s. f. (ital. *capriola*). Voy. CA-
BRIOLE.

CAPRIPÈDE adj. (lat. *capra*, chèvre; *pes,
pedis*, pied). Qui a des pieds de chèvre: *satyre
capripède*.

CAPRIQUE adj. (lat. *capra*, chèvre). Chim
Sa dit d'un acide particulier que contient le
lait de chèvre : $C^{19} H^{90} O^2$.

CAPROÏNE s. f. Chim. Corps gras trouvé
dans le beurre de chèvre.

CAPROÏQUE adj. Se dit d'un acide qui existe
dans le beurre de chèvre et de vache :
$C^6 H^{12} O^2$. L'acide caproïque est incolore, liquide, d'une saveur piquante et d'une odeur
de sueur.

CAPROMYS s. m. [-miss] (lat. *capra*, chèvre;
mus, rat). Mamm. Genre de rongeurs, voisin
des rats, et comprenant trois espèces, qui vivent dans l'île de Cuba.

* CAPRON ou **Caperon** s. m. Sorte de grosse
fraise.

CAPRONIER ou **Caperonier** s. m. Variété de fraisier qui produit le capron.

CAPRYLE s. m. Chim. Rad. de l'acide caprique : $C^{16} H^9 O$.

CAPRYLIQUE adj. Chim. Se dit d'un acide découvert par Zerch dans le beurre du lait de vache : $C^8 H^{16} O^2$.

CAPSA, nom ancien de *Ghafsha* (Tunisie). Principale forteresse de Jugurtha, elle fut détruite par Marius et devint ensuite colonie romaine. Voy. **GAFSA.**

CAPSE s. f. Espèce de boîte servant au scrutin d'une compagnie : *la capse de Sorbonne* (vieux).

CAPSICUM s. m. [ka-psi-komm] (lat. *capsa*, boîte). Bot. Nom scientifique du piment.

CAPSULAGE s. m. Moyen employé pour revêtir d'une capsule le bouchon d'une bouteille.

* **CAPSULAIRE** adj. Bot. Qui forme capsule : *fruit capsulaire.* — Anat. Se dit de certaines parties dépendantes de celles qu'on nomme capsules : *ligaments capsulaires; veines capsulaires.*

* **CAPSULE** s. f. (lat. *capsula*, de *capsa*, boîte). Objet creusé en forme de boîte ou de godet un peu profond. — Arquebus. Petit cylindre de cuivre, ouvert d'un côté, qui se place sur la cheminée d'un fusil à piston et qui contient une amorce de poudre fulminante destinée à éclater sous le coup du chien et à enflammer la poudre de la charge. — Cylindre de métal qui sert à fermer les bouteilles et qui a été inventé en 1833, par M. Sainte-Marie-Dupré, pour remplacer le ficelage et le cachetage. — Bot. Enveloppe sèche, et ordinairement formée de plusieurs pièces, qui renferme les semences ou graines de certaines plantes : *la balsamine porte des capsules qui éclatent dès qu'on les touche; les têtes de pavot sont des capsules.* — Anat. Partie en forme de sacs ou de poches, enveloppe membraneuse : *capsules synoviales; capsules articulaires; capsule de Glisson.* — Chim. Vase en forme de calotte, dont on se sert principalement pour l'évaporation des liquides. — Pharm. Enveloppe soluble et sans goût de certains médicaments désagréables à prendre : *capsules de copahu.* — ~ Pop. Chapeau cylindrique à petits bords, parce qu'il présente la forme d'une capsule de fusil.

CAPSULER v. a. Revêtir d'une capsule métallique le bouchon d'une bouteille.

CAPSULERIE s. f. Fabrication de capsules pour armes à feu. — Lieu où se fait cette fabrication.

CAPSULIER, IÈRE s. Ouvrier, ouvrière qui travaille à la fabrication des capsules.

CAPSULIFÈRE adj. Bot. Qui a des fruits en capsules.

* **CAPTAL** s. m. (lat. *capitalis*, chef). Titre que reçurent, au commencement de la féodalité, les seigneurs de l'Aquitaine et qui fut attribué, plus tard, aux seigneurs de Buch et de Traine seulement : *le captal de Buch.*

* **CAPTATEUR** s. m. (lat. *captator*). Droit. Celui qui, par des manœuvres artificielles, tâche de se procurer un avantage, de surprendre un testament, une donation. — ~ Au fém. **CAPTATRICE.**

* **CAPTATION** s. f. (lat. *captatio*). Droit. Insinuation artificielle dont on se sert pour se procurer quelque avantage : *il a usé de captation pour obtenir cette libéralité.*

* **CAPTATOIRE** adj. Droit. Se dit de toute disposition testamentaire qu'on fait pour provoquer une libéralité, en faveur de soi ou des siens, dans le testament d'une autre personne.

* **CAPTER** v. a. (lat. *captare*). Employer adroitement, auprès d'une personne, tous les moyens de parvenir à quelque chose, chercher à obtenir par voie d'insinuation.

CAPTEUR adj. m. (lat. *captor*). Mar. Qui a fait une capture. — Substantiv. Celui qui a fait une capture.

* **CAPTIEUSEMENT** adv. [ka-psi-eu-ze-man]. D'une manière captieuse.

* **CAPTIEUX, EUSE** ad. [ka-psi-eux](lat. *captiosus*, de *captio*, je prends).Qui tend à induire en erreur et à surprendre par quelque belle apparence. Se dit surtout des raisonnements, des discours, etc. : *discours captieux; proposition captieuse.* — Se dit quelquefois des personnes : *un raisonneur captieux.*

CAPTIEUX, ch.-l. de cant.; arr. et à 15 kil. S. de Bazas (Gironde); 500 hab.

* **CAPTIF, IVE** adj. (lat. *captivus*). Qui a été fait esclave à la guerre. Se dit proprement en parlant des guerres de l'antiquité : *roi captif; peuple captif; princesse captive.* — S'est dit aussi des esclaves faits par les mahométans : *racheter les chrétiens captifs.* — Se dit aussi, surtout dans un style soutenu, d'une toute sorte de prisonniers : *Louis IX captif inspira de l'estime à ses vainqueurs; oiseau captif.* — Par ext., au propre qu'au figuré. Qui est dans une grande contrainte, dans une grande sujétion : *cette place me rend fort captif; âme captive; raison captive.* — BALLON CAPTIF, ballon, aérostat qu'on retient au moyen d'une corde ou d'une ficelle; par opposition à *ballon perdu.* — Substantiv. dans les deux sens : *à Rome, les captifs suivaient le char du triomphateur.* — ORDRES DE LA RÉDEMPTION DES CAPTIFS, l'ordre des Mathurins et l'ordre de la Merci, qui furent institués pour le rachat des chrétiens réduits en esclavage par les mahométans. — Les Captifs, comédie morale de Plaute. — La Jeune Captive, élégie qu'André Chénier écrivit dans sa prison, peu de jours avant de monter sur l'échafaud.

* **CAPTIVER** v. a. (lat. *captivare*). Rendre captif, ne s'emploie qu'au figuré : *la beauté qui le captive; captiver les esprits; captiver l'attention.* — Assujettir : *cet enfant, sera difficile à captiver; vous ne sauriez captiver cet esprit emporté.* — En termes de l'Écriture, CAPTIVER SON ESPRIT, SON ENTENDEMENT, SOUS LE JOUG DE LA FOI. — Se captiver v. pr. Se contraindre, s'assujettir : *c'est un homme qui perd toutes ses affaires, parce qu'il ne saurait se captiver..*

* **CAPTIVITÉ** s. f.(lat. *captivitas*). Privation de liberté, esclavage : *tenir en captivité.*—Grande sujétion : *c'est une maison où les domestiques sont en captivité.* — CAPTIVITÉ DE BABYLONE, voy. *Babylone.*

* **CAPTURE** s. f.(lat. *captura*). Prise au corps. Ne se dit guère qu'en parlant d'un homme arrêté pour dettes ou pour crime, par ordre de justice : *les gendarmes ont fait deux captures ce matin.* — Prise des navires marchands qui appartiennent à des nations avec lesquelles on est en guerre; et quelquefois même les navires que l'on aurait pris : *capture d'un navire; il rentra dans le port avec ses riches captures.* — Prise que les soldats font à la guerre : *les soldats ont fait une bonne capture.* — Tout objet capturé : *capture d'une ville.* — Saisie des marchandises prohibées, faite par les préposés du gouvernement.

* **CAPTURER** v. a. (lat. *capere*, prendre). Faire capture; appréhender au corps, saisir une personne pour l'arrêter. — Prendre un bâtiment, s'en emparer : *ce bâtiment a été capturé par des corsaires ennemis.* — Prendre à la chasse ou à la pêche : *capturer des oiseaux.* — Faire une prise quelconque, à la guerre : *ils capturèrent la ville.*

* **CAPUCE** s. m. Synon. de *capuchon.*

* **CAPUCHON** s. m. (lat. *caput*, tête). Couverture de tête, qui fait une partie de l'habillement de certains moines, et qui est ordinai-

rement de drap ou de serge : *capuchon de moine.* — Prov. PRENDRE LE CAPUCHON, se faire moine. — Bot. Prolongement creux et conique, plus ou moins long, en forme de sac ou de casque, qui se trouve dans les pétales de certaines plantes, comme les aconits, etc. : *les fleurs de la capucine et du pied d'alouette ont des capuchons, sont en capuchon.* Voy. EPERON. — Art milit. CAPUCHON DE MAILLE, tissu de maille de fer qui entourait la tête sous le casque, enveloppait le cou et tombait jusqu'aux épaules. — Technol. Couvercle mobile ouvert de côté dans le haut. On le place sur les cuisines, fours ou habitacles, de manière que l'ouverture soit sous le vent, afin que la fumée s'échappe librement. — Sorte de grande coiffe qui couvre le dessus d'un escalier. — Coiffe de capelage. — Hist. Membre d'une société qui s'était formée de 1181 à 1183, pour réprimer les brigandages des Routiers. Les Capuchons exterminèrent 7,000 de ceux-ci dans un engagement qui eut lieu près de Verdun.

* **CAPUCHONNÉ, ÉE** adj. Bot. En forme de capuchon : *les pétales de l'ancolie sont capuchonnés; feuilles capuchonnées.*

* **CAPUCIN, INE** s. (ital. *capuccino*, de *capuccio*, capuce). Religieux, religieuse d'une congrégation appartenant à l'ordre des franciscains, instituée par Matteo Baschi vers 1525 et confirmée par Clément VII en 1528. Les capucins portent un capuchon en forme de pain de sucre et ils laissent croître toute leur barbe. Leur règle est très sévère. Ils se répandirent avec une grande rapidité. Ils ont eu des missions au Brésil, aux Antilles, en Acadie, au Canada et dans la Louisiane. Avant la Révolution, ils possédaient en France plus de 400 maisons. En 1880, on les a dispersés au nombre de 406. — Fig. et par mépris. Homme qui affiche une grande dévotion. — CAPUCIN DE CARTE, carte pliée et coupée de manière qu'elle peut se tenir droite, et que sa partie supérieure a quelque ressemblance avec un capuchon : *les enfants s'amusent avec des capucins de cartes.* Ces cartes rangées à la file, tombent rapidement les unes sur les autres quand on fait tomber la première; de là cette locution proverbiale : *Tomber comme des capucins de cartes.* — UNE BARBE DE CAPUCIN, une longue barbe. — BARBE-DE-CAPUCIN, voy. BARBE. — CAPUCIN BAROMÈTRE ou capucin hygromètre, hygromètre à cheveu, ou à boyau, caché derrière une figure de capucin, dont il fait mouvoir le capuchon, de manière à couvrir la tête du moine quand le temps est humide et à la découvrir par un temps sec.

* **CAPUCINADE** s. f. Plat discours de morale ou de dévotion.

* **CAPUCINE** s. f. Nom donné à des religieuses, dites *Filles de la Passion* établies à Milan en 1538 et en France en 1602.

* **CAPUCINE** s. f. (rad. *capuce*, à cause de la forme de la fleur). Bot. Genre, type de la famille des tropéolées, comprenant un grand nombre d'espèces originaires de l'Amérique méridionale. Plusieurs espèces, acclimatées en France, sont cultivées comme plantes d'ornement; elles servent à garnir les treillages et les berceaux. Leurs feuilles, très originales, sont peltées et d'un vert glauque; leurs fleurs, aurore foncé, répandent une odeur suave; leurs fruits sont formés de trois capsules charnues, renfermant chacune une graine; toutes les parties de la plante ont la saveur du cresson de fontaine, ce qui lui a valu le nom de *cresson d'Inde* ou *du Pérou.* Les espèces principales sont la grande capucine (*tropæolum majus*), apportée du Pérou en Europe en 1684, et la petite capucine (*tropæolum minus*), apportée du Pérou en 1680. Ces espèces, vivaces en Amérique, sont devenues annuelles chez nous. — Fleur de la capucine : *les capucines ornent les salades.* — Arquebus. Anneau de fer ou de cuivre qui assujettit sur son bois

le canon d'une arme à feu. — Mar. Courbe qui sert à relier l'éperon avec l'étrave d'un navire. — Courbes en fer ou en bois que l'on ajoute à un bâtiment qui a fatigué ou vieilli, pour lier les murailles avec les ponts. — CA- PRESCAPUCINES, câpres produites par le câprier capucine. — Boutons à fleurs et jeunes grai- nes de la capucine confits au vinaigre. — Cou- LEUR CAPUCINE, couleur qui ressemble à celle des fleurs de la capucine, qui est d'une espèce d'aurore foncée. — ∾ JUSQU'A LA TROISIÈME CA- PUCINE, énormément : il s'ennuie jusqu'à la troisième capucine

* CAPUCINIÈRE s. f. Maison, demeure de ca- pucins. Ne s'emploie que par dénigrement.

* CAPULET s. m. (rad. cap, tête). Sorte de capuchon que portent les femmes dans les Pyrénées.

CAPULETS (Les) célèbre famille gibeline de Vérone, implacable rivale des Montaigus. L'his- toire de Roméo et de Juliette est un épisode de la haine de ces deux familles.

* CAPUT MORTUUM s. m. [ka-putt-mor-tu- omm] (lat. tête morte). Chose nulle, réduite à néant; résultat sans valeur. — Anc. chim. Résidus d'opération, dont on croyait ne pou- voir tirer aucun parti.

CAPVERN, station minérale, arr. et à 12 kil. E.-N.-E. de Bagnères (Hautes-Pyrénées), 2 sources sulfatées calciques et ferrugineuses, à 25° C. Etablissement avec bains, douches, injections, buvettes, etc. Engorgement du foie et de la rate, affections des voies urinaires, de l'utérus et des centres nerveux, gravelle, néphrite calculeuse, goutte, diabète, affections hémorrhoïdales.

CAP VERT. Voy. VERT.

CAPYBARA s. m. Le plus grand des ron- geurs vivants, confiné dans l'Amérique du Sud, et classé dans le genre cabiai. Il atteint 2 pieds de long; ses jambes sont tellement courtes que son gros corps, semblable à celui d'un cochon et recouvert de poils longs et grossiers, touche presque le sol. Bon plon- geur et excellent nageur, il peut rester 10 mi- nutes sous l'eau. On le rencontre en petites troupes sur les bords des rivières de l'Améri- que du Sud; sa chair, fraîche ou salée, est très estimée.

* CAQUAGE s. m. [ka-ka-je]. Façon qu'on donne aux harengs, lorsqu'on veut les caker.

* CAQUE s. f. [ka-ke] (celt. cacz, caisse). Petit baril dans lequel on enferme la poudre à canon. — Baril dans lequel on range, en en- caque les harengs; mais dans ce sens, on dit plus ordinairement : ENCAQUE : voy. ce mot. — Prov. ETRE RANGÉS, SER- RÉS, PRESSÉS COMME DES HARENGS EN CAQUE, se dit de plusieurs personnes ou de plusieurs choses rangées et pressées l'une contre l'autre. — Fig. LA CAQUE SENT TOUJOURS LE HARENG, il reste toujours quelques traces de l'état où l'on s'est trouvé, des mauvaises impressions qu'on a reçues dans sa jeunesse.

* CAQUER v. a. Préparer le poisson pour l'encaquer, pour le mettre en caque. Mettre des harengs en caque; mais dans ce sens, on dit plus ordinairement : ENCAQUER : voy. ce mot.

* CAQUET s. m. Babil : caquet importun. — Fig. et fam. RABATTRE OU RABAISSER LE CAQUET DE QUELQU'UN, confondre par ses raisons, ou faire taire par autorité, une personne qui parle mal à propos ou insolemment. — LE CAQUET DE L'ACCOUCHÉE, la conversation, ordi- nairement frivole, qui se fait dans les visites qu'on rend aux femmes en couches. — CAQUET BON BEC, nom que l'on donne à la pie, parce que cet oiseau apprend facilement à parler. On le dit aussi, figurément, d'une femme bavarde et médisante. — Caquets, s. m. pl. Discours futiles, propos malins sur le compte d'autrui : ie ne veux point tous ces caquets. (Fam.)

* CAQUETAGE s. m. Action de caqueter : il m'étourdit par son caquetage. — Caquets : tout cela n'est que du caquetage.

* CAQUÈTE s. f. Sorte de baquet où les ha- rengères mettent des carpes.

* CAQUETER v. n. Se dit, au propre, du bruit que font les poules quand elles veulent pondre. — Par ext. et fam. Babiller : des femmes qui ne font que caqueter; ce perroquet ne cesse de caqueter.

* CAQUETERIE s. f. Action de caqueter. Se dit principalement au pluriel, dans le sens de caquets : d'éternelles caqueteries. (Fam.)

* CAQUETEUR, EUSE s. Celui, celle qui ca- quette et babille beaucoup.

* CAQUEUR, EUSE s. Celui, celle qui met la poudre et le salpêtre dans les barils appelés caques.

* CAR [kar] (lat. quare, c'est pourquoi). Con- jonction qui sert à marquer que l'on va don- ner la raison d'une proposition énoncée : il ne faut pas faire telle chose, car Dieu le défend; vous ne le trouverez pas chez lui, car je viens de le voir dans la rue. — ∾ s. m. Objection : les si, les car et les pourquoi.

CARABANE, île formée par la Casamance. La France y possède un comptoir, avec la sou- zeraineté des deux rives et de l'embouchure de la Casamance.

CARABAS (Le marquis de), personnage du conte de Perrault intitulé : le Chat botté. On dit proverbialement qu'un qu'il est comme le marquis de Carabas, c'est-à-dire qu'il possède d'immenses domaines. Béranger dans une de ses chansons, a ridiculisé ce nom, en l'appliquant à un émigré qui rentre en France avec toutes les prétentions de l'an- cienne noblesse :

Chapeau bas! chapeau bas!
Gloire au marquis de Carabas!

CARABE s. m. (gr. karabos, scarabée). Entom. Genre de coléoptères pentamères car- nassiers, de la tribu des carabiques, ca- ractérisé par des élytres terminés en pointe, un labre bilobé ou fortement échancré, un abdomen ovale, des ailes nulles ou rudimen- taires. Les espèces de ce genre habitent les contrées tempérées ou froides; elles com- prennent de grands coléoptères dont le corps allongé est souvent bronzé ou d'un vert doré en dessus, ou quelquefois cuivreux ou violet. Les carabes sont voraces et agiles. On les voit courir dans les champs, les jardins et les bois à la poursuite des larves, des chenilles ou d'autres insectes qu'ils saisissent avec leurs fortes mandibules. Ils sont éminemment utiles à l'agriculture. Leur odeur est forte et désagréable. Lorsqu'on les prend, ils font sortir par l'anus ou par la bouche, une liqueur noi- râtre d'une odeur fétide. Quelques espèces reçoivent le nom de buprestes; d'autres espèces confondues avec les cantharides, dont elles dif- fèrent essentiellement. Les principales espèces sont le carabe doré (carabus auratus, Linn.), vulgairement appelé jardinier ou jardinière, le carabe violet, le carabe enchaîné, le carabe granulé, etc.

* CARABÉ s. m. (persan caharaba). Un des noms de l'ambre jaune ou succin.

* CARABIN s. m. (turc, carra, soldat; bei, du seigneur; ou esp. cara, visage; lat. binus, double, à cause de la manière de com- battre des carabins, tantôt fuyant, tantôt tournant la tête). Au XVIe siècle et au XVIIe siècle, cavalier chargé d'escarmoucher et de protéger les retraites. Sous Henri IV et Louis XIII, il y eut des régiments de carabins. On les rem- plaça par les carabiniers. — Nom que l'on donnait aux aides-chirurgiens et qui est resté aux étudiants en médecine. — Fig. et fam. Homme qui se contente de hasarder quelque chose au jeu, et qui se retire ensuite, soit

qu'il ait perdu, soit qu'il ait gagné : c'est un vrai carabin au jeu. — Homme qui, dans une conversation, jette une dispute, ne fait que jeter quelques mots vifs, et puis se tait, ou s'en va. (Peu us.)

* CARABINADE s. f. Décharge de carabines. — Tour de carabin, d'étudiant en médecine.

* CARABINE s. f. (arabe karab, arme). Arme à feu courte et légère, à canon rayé et qui se charge ordinairement à balle forcée. La cara- bine a tige du colonel Thouvenin dont furent armés les chasseurs à pied, offre au fond du canon une petite tige d'acier autour de laquelle la charge est répartie : c'est une arme de précision, qui se tire avec des balles allongées ou cylindro-coniques. Elle fut perfectionnée par le lieutenant Minié. — Mousqueton ou fusil court que la cavale- rie est armée : la carabine d'un dragon. — ∾ Pop. Demoiselle du quartier latin :

Son petit air mutin
Plaît fort au quartier latin;
C'est Flora la Carabine.
J. CHOUX.

* CARABINÉ, ÉE part. passé de CARABINER. Rayé comme une carabine. — Mar. Se dit d'un vent violent qui a passé la force ordi- naire, mais qui n'est pas encore arrivé à la tempête.— BRISE CARABINÉE, bonne brise qui entraîne promptement le navire. — ∾ Pop. Vio- lent, de première force : une déveine carabinée; les banquiers s'attendent à une baisse carabinée.

* CARABINER v. a. Tracer, à l'intérieur d'un fusil, des lignes longitudinales ou circu- laires.

* CARABINER v. n. Combattre à la manière des carabins. On dit aujourd'hui tirailler. — Fig. et fam. Hasarder quelque coup en passant, sans s'attacher au jeu.

* CARABINIER s. m. Soldat armé d'une carabine.—Ancien nom du corps des carabins. — Nom que les Italiens donnent à leurs gen- darmes.— CARABINIERS A CHEVAL. Louis XIV réunit les carabins disséminés dans les com- pagnies et en forma un régiment (1693). Avant 1789, les carabiniers à cheval formaient 2 bri- gades d'élite. En décembre 1809, les deux régiments de carabiniers furent pourvus de cuirasses. Sous le second Empire, les deux régiments furent fondus en un seul, qui fit partie de la garde et fut supprimé après la guerre de 1870-71. — CARABINIERS A PIED. Sol- dats d'élite qui, de 1788 à 1792, firent partie des bataillons d'infanterie légère et étaient armés de carabines. Sous l'Empire et sous le gouvernement de Louis-Philippe, les compa- gnies de carabiniers formèrent l'élite de l'in- fanterie légère.

CARABIQUE adj. Entom. Qui ressemble ou se rapporte aux carabes. — s. m. pl. Nom- breuse tribu de coléoptères pentamères car- nassiers, ayant pour type le genre carabe et comprenant plus de 80 autres genres, dont les principaux portent les noms de : manti- core, cicindèle, mégacéphale, thérate, col- liure, anthie, graphiptère, brachine, tébie, zuphie, galérite, drypte, féronie, pambore, bembidion, etc. Ces genres se composent d'insectes utiles, en raison de la chasse qu'ils font aux larves et aux chenilles.

CARABOBO. I. Etat maritime du N.-O. de Vénézuéla ; 20,000 kil. carrés (y compris Co- jedes); 117,605 hab. en 1873. Territoire divisé en 2 parties distinctes : les plateaux et les llanos ou plaines. Chaîne côtière des mon- tagnes de Vénézuéla. Nombreux cours d'eau. Elevage du bétail; fruits des régions tropicales. Cap. Valencia; port principal, Puerto Cabello. — II. Ville qui a donné son nom à l'Etat ci-dessus, située à 50 kil. S.-O de Valencia. Célèbre victoire décisive des insurgés américains sur les Espagnols, le 24 juin 1821.

CARABOSSE (la fée), fée malfaisante des anciens contes ; elle était bossue, vieille et horrible.

CARABUS s. m. [-buss]. Antiq. Petit bateau en osier et couvert d'un cuir non tanné, dont se servaient les anciens.

CARACAL s. m. (turc *karrah-kulak*) Mamm. Espèce de lynx, de l'Asie et de l'Afrique ; Cuvier dit que c'est le vrai lynx des anciens. Le caracal (*lynx caracal*, linn.), est de la taille d'un

Caracal.

renard ; son pelage est d'un roux vineux uniforme en dessus, blanchâtre en dessous et autour de la gorge ; ses oreilles, très longues, sont garnies de grands poils ; néanmoins, le caracal d'Algérie n'a point de pinceau aux oreilles.

CARACALLA s. m. Ant. Vêtement de dessus à capuchon, en usage chez les Gaulois et adopté ensuite par les Romains.

CARACALLA (Marcus-Aurelius-Antoninus Bassianus, surnommé), empereur romain, né à Lyon, en 188 après J.-C., mort en 217. Son surnom lui vient de la tunique gauloise (caracalla) qu'il mit à la mode. Successeur en 211, de son père Septime-Sévère, il partagea d'abord le trône avec son frère Géta, qu'il fit assassiner (122) en même temps que plusieurs milliers de ses partisans. Son règne ne fut qu'une suite de débauches, de crimes, de folies. Il périt assassiné près d'Édesse, à l'instigation de Macrinus, qui fut proclamé son successeur.

CARACAS (esp. kâ-râ'-kass]. I. Ancien Etat maritime de la Confédération vénézuélienne, aujourd'hui divisé entre les états de Bolivar, de Guárico, de Guzman Blanco et le district fédéral.— II. Cap. du district fédéral et des Etats-Unis de Colombie, par 10° 30' 50", lat. N. et 69° 25' 9" long. O., à 11 kil. de la mer des Antilles, sur laquelle la Guayra lui sert de port. 48,897 hab. en 1873. Cette ville, construite à 1,000 mètres au-dessus du niveau de la mer, jouit d'un climat délicieux et très sain. Elle possède une université et des académies musicale, militaire et de peinture. Elle fut fondée en 1567 et nommée Santiago-de-Léon-de-Caracas. Elle fut détruite en 1812, par un tremblement de terre qui fit périr 12,000 hab.

CARACCIOLI [kâ-râ'-tcho-li], célèbre famille napolitaine, originaire de Grèce. — I. (Jean), secrétaire et favori de la reine Jeanne II, qui le fit assassiner en 1432. — II. (Jean), prince de Melfi (1480-1550), s'attacha au parti de Charles VIII, combattit ensuite Lautrec (1528), fut fait prisonnier, fut comblé de biens par François Ier, s'illustra par la défense de Luxembourg (1543), devint maréchal de France (1544) et ensuite gouverneur du Piémont. — III. (Antoine), fils du précédent, évêque de Troyes en 1554, embrassa le calvinisme, se maria et mourut en 1569, à Châteauneuf-sur-Loire. — IV. (Domenico, MARQUIS DE], homme d'Etat napolitain (1715-'89). Fut ambassadeur à Londres en 1763, à Paris en 1770. vice-roi de

Sicile en 1781 et ministre des affaires étrangères en 1787. — V. (Louis-Antoine), écrivain français, né à Paris, en 1721, mort en 1803. La Convention lui accorda, en 1795, une pension de 2,000 fr. Parmi ses nombreux ouvrages, nousciterons : *Nuits clémentines*, poème traduit de Bertolo ; *Dictionnaire pittoresque et sentencieux*, 1768, 3 vol. in-12 ; les *Vies* du Maintenon et de Joseph II. — VI. (Francesco, PRINCE), amiral napolitain (1748-'99). A la tête de la flotte napolitaine, il agit de concert avec les Anglais contre les Français au commencement des guerres de la Révolution. Mais en 1798, il accepta de commander en chef la marine de la « République Parthénopéenne » et s'opposa avec succès au débarquement préparé par les flottes combinées de l'Angleterre et de la Sicile. Quand Naples se rendit, en 1799, Caraccioli fut, en violation de la capitulation, conduit à bord du vaisseau de Nelson, condamné à mort par une cour martiale sicilienne et aussitôt pendu.

CARACH s. m. Voy. CARATCH.

* **CARACO** s. m. Vêtement de femme en forme de veste ou de camisole à taille.

* **CARACOLE** s. f. (esp. *caracol*, sorte de coquillage en tire-bouchon). Manège. Mouvement en rond ou en demi-rond qu'on fait exécuter à un cheval, en changeant quelquefois de main. — Art milit. Mouvement d'un escadron quand il tourne sur sa droite ou sur sa gauche.

* **CARACOLER** v. n. Faire des caracoles.

CARACTACUS, roi des Silures, ancien peuple breton du pays de Galles, mort vers 54 après J.-C. Il résista aux Romains pendant quatre ans. Fait prisonnier en 51, il fut conduit à Rome et exhibé devant le peuple. Quelque temps après, Claude, touché de sa résignation, lui rendit la liberté.

* **CARACTÈRE** s. m. (lat. *character*). Empreinte, marque ; figure tracée sur une surface quelconque avec une plume, un burin, un ciseau, ou de quelque autre manière, et à laquelle on attribue une certaine signification. Se dit particulièrement des lettres et des figures dont on se sert dans l'écriture ou dans l'impression : *gros caractère ; caractères gothiques, grecs, arabes, sanscrits, symboliques, hiéroglyphiques; les anciens imprimaient sur le front des criminels et des esclaves certains caractères.* — Ecriture : *j'ai reconnu votre caractère.* On dit, plus ordinairement : *j'ai reconnu votre écriture.* — Chim. Signes dont les chimistes se servent pour représenter un abrégé les substances qu'ils emploient dans leurs opérations. — Lettres ou figures auxquelles on attribuait jadis une certaine vertu, en conséquence d'un pacte prétendu fait avec le diable : *il n'a jamais été blessé à la guerre; on dit qu'il porte un caractère sur lui.* — Algèbre. Signes dont les algébristes se servent : *caractères algébriques.* — Astron. Signes dont se servent les astronomes : *c'est un caractère astronomique.* — Typogr. Terme générique qui comprend les différents types de lettres en usage dans l'imprimerie. Le type le plus usité est le caractère dit *romain*, dont les lettres sont verticales et qui fait le fond de tous les ouvrages français; ensuite vient le caractère *italique*, qui est penché et qui s'emploie généralement pour faire ressortir certains mots ou certaines phrases. Les autres caractères sont dits *de fantaisie*; les plus connus sont l'égyptienne, la normande, les grasses, l'anglaise, la gothique, la ronde, la capillaire, etc. Pour la grosseur de l'œil du caractère, voy. CORPS DE LETTRE. Quand il s'agit des caractères, les trois dimensions géométriques : *longueur, largeur* et *profondeur* deviennent *corps, épaisseur* et *hauteur*. Voy. ces mots.— Ensemble des types de même grosseur : *ce caractère n'a pas encore servi.* — Fig. Titre, dignité, qualité, puissance, vertu

attachée à certains états : *caractère sacré.* — CET AMBASSADEUR A DÉPLOYÉ SON CARACTÈRE, il a déclaré sa mission ; et, dans le sens contraire: *il cache son caractère.* — IL N'A POINT CARACTÈRE POUR AGIR, IL PARLE SANS CARACTÈRE, il n'a point de mission, d'autorité, ni de pouvoir pour faire ou dire quelque chose. — Ce qui distingue une personne des autres à l'égard des mœurs, de l'âme ou de l'esprit : *cet homme a un étrange caractère; un grand, un beau, un noble caractère; vigueur de caractère; caractère doux, gai, sérieux, sournois, triste, vindicatif, perfide; caractère difficile à dompter.* — Tour d'esprit, qualité bonne ou mauvaise qui distingue un peuple des autres : *le caractère de cette nation est la légèreté, la fierté*, etc. — Fam. C'EST UN BON CARACTÈRE D'HOMME, c'est un homme de mœurs faciles et agréables.— Absol. AVOIR, MONTRER DU CARACTÈRE, avoir, montrer de la force d'âme, de la fermeté. — On dit dans un sens analogue : *c'est un homme à caractère;* et, dans le sens opposé : *n'avoir pas de caractère, être sans caractère, manquer de caractère.* — SORTIR DE SON CARACTÈRE, perdre patience et s'emporter.—Litter. Développement donné aux sentiments, aux passions d'un héros : *les caractères de Corneille sont plus énergiques que ceux de Racine.* — Tableau dans lequel un écrivain a développé un caractère. S'emploie surtout au pluriel, comme titre de certains ouvrages qui ont pour objet la peinture des caractères, des mœurs : *les caractères de La Bruyère, de Théophraste*, etc. — Expression, air expressif : *il y a du caractère dans sa physionomie.* Dans ce sens, il se dit plus souvent en parlant de figures peintes ou sculptées : *cette tête a un grand caractère.* — Par ext. Expression musicale : *cette ouverture n'a point de caractère.* — DANSE DE CARACTÈRE, danse qui consiste principalement en attitudes expressives et nobles. — Ce qui est le propre d'une chose, ce qui la distingue : *la fierté est le caractère de sa physionomie*

> Ce style figuré, dont on fait vanité,
> Sort du bon *caractère* et de la vérité.
>
> MOLIÈRE. Le Misanthrope.

— Hist. nat. Marque essentielle qui distingue un animal, une substance, une plante de toute autre : *dire quels sont les caractères d'une plante, d'un insecte.* — CARACTÈRE GÉNÉRIQUE, celui qui convient à tout un genre. — CARACTÈRE SPÉCIFIQUE, celui qui ne convient qu'à une espèce.

CARACTÉRISANT, ANTE adj. Qui caractérise : *un fait caractérisant.*

* **CARACTÉRISER** v. a. Marquer, déterminer, faire connaître le caractère d'une personne ou d'une chose : *rien ne caractérise mieux les mœurs de ce peuple, que...* — Constituer le caractère d'une personne ou d'une chose : *ce qui caractérise notre siècle, notre époque; les symptômes qui caractérisent telle maladie; le Σ (sigma) caractérise, en général, le futur et l'aoriste des verbes grecs, dans tous les modes : λυσω, je délierai; ελυσα, je déliai.* (Acad.) — Se caractériser v. pr. Faire connaître sa nature : *le mal se caractérise.*

CARACTÉRISME s. m. Bot. Ressemblance et conformité des plantes avec quelques parties du corps humain. (Peu us.)

* **CARACTÉRISTIQUE** adj. Qui caractérise : *signe caractéristique.*—LETTRE CARACTÉRISTIQUE, ou simplement, CARACTÉRISTIQUE, s. f. lettre qui dénote la formation d'un temps : *la lettre R est la caractéristique de tous les futurs français.* — Se dit aussi de la lettre qui se conserve dans les dérivés d'un mot, comme le P dans les dérivés de CORPS et de TEMPS : *corporel, temporel, temporiser;* le G dans *longueur, sanguin, ranger*, etc., à cause de LONG, SANG, RANG, etc. — Arithm. LA CARACTÉRISTIQUE D'UN LOGARITHME, la partie d'un logarithme qui exprime des unités entières.

CARAFA DE COLOBRANO (Michele), compositeur napolitain (1785-1871). Il s'établit à Paris en 1821. Plusieurs de ses opéras obtinrent un grand succès à Naples, à Venise, à Milan et à Vienne. Son chef-d'œuvre, *Masaniello*, serait encore au répertoire de l'Opéra-Comique, sans le succès de la *Muette de Portici*.

* **CARAFE** s. f. (ital. *carafa*). Bouteille de verre ou de cristal, plus large par le bas que par le haut, qui sert principalement à contenir l'eau, et quelquefois le vin ou les liqueurs que l'on boit à table : *mettre de l'eau, du vin dans une carafe ; j'ai bu, depuis hier, deux carafes de limonade*.

CARAFFA, illustre famille napolitaine qui a produit un grand nombre d'hommes distingués. — I. (Jean-Pierre), devint pape sous le nom de Paul IV. Ses trois neveux, CHARLES, JEAN et ANTOINE se rendirent odieux par leur rapacité. — II. (Jérôme), marquis de Montenegro, officier (1564-1633), défendit Amiens contre Henri IV (1597) et devint vice-roi d'Aragon. — III. (Antoine), officier autrichien mort en 1693. Combattit victorieusement les Turcs en Hongrie. — IV. (Hector), républicain napolitain (1767-'95), fut assassiné par les royalistes.

* **CARAFON** s. m, Sorte de vaisseau de liège ou de bois, dans lequel on met un flacon avec de la glace, pour faire rafraîchir du vin, de l'eau, ou d'autres liqueurs : *carafon de liège*. — Carafe qui ne met dans le carafon. — Très petite carafe, contenant à peu près le quart d'une bouteille ; quantité de vin qu'elle peut contenir : *boire un carafon de vin à son déjeuner ; carafon d'eau-de-vie ; carafons d'une cave à liqueur*.

* **CARAGNE** s. f. [*gn* mll.]. Gomme-résine aromatique dont on use en médecine.— Adjectiv. : *gomme caragne*.

CARAÏBE s. et adj. Indigène de Porto-Rico, des Petites-Antilles, de la Guyane et de Vénézuéla ; qui a rapport à ce peuple. Les Caraïbes étaient anthropophages, féroces, belliqueux, d'un caractère indomptable. Les Espagnols, les Français et les Anglais leur firent une guerre acharnée et les exterminèrent. On ne rencontre plus que quelques individus de leur nation dans les îles de la Trinité, de la Dominique et de Saint-Vincent; mais sur le continent, plusieurs tribus caraïbes existent encore. — Caraïbe (MER). Voy. ANTILLES (MER DES). — Caraïbes (ILES). Voy. ANTILLES.

* **CARAÏTE** ou ∿ **Karaïte** s. m. (hébr. : *karaïm*, lecteurs). Sectaire juif qui n'admet strictement que ce qui se trouve dans les livres bibliques et rejette les traditions orales ainsi que les interprétations talmudiques. On rencontre des caraïtes en Russie (principalement en Crimée), en Autriche (Galicie), en Turquie et dans plusieurs autres pays de l'Orient. Ils font remonter leur origine à la dispersion des 10 tribus par Salmanasar. Maimonides les considérait comme des Saducéens. Steinschneider et plusieurs autres regardent le caraïsme comme un développement intellectuel et littéraire du judaïsme, qui eut son origine à Babylone vers 760 après J.-C. Anan ben David serait le fondateur de cette secte. Mais Firkovitch a entrepris de prouver, d'après les documents numismatiques et archéologiques, que les caraïtes occupaient la Crimée dès le commencement du IVe siècle. La littérature caraïte comprend des ouvrages remarquables, non seulement sur l'interprétation de la Bible, mais encore sur la philosophie et sur les mathématiques ; ils sont en hébreu, en arabe, en tartare et en plusieurs autres langues. Les principaux, comme *Eshkol hakhopher*, par Juda Hadasi (XIIe siècle) et *Afib'har*, par Aaron ben Joseph (XIIIe siècle), ont été récemment publiés à Eupatoria (Crimée). Voy. RULE, *History of the karaïte Jews* (1870), et Fürst, *Geschichte des karäerthums* (1865).

89

CARALIS, *Carales* (auj. *Cagliari*), ville principale de la Sardaigne, fondée par les Carthaginois sur le *sinus caralitanus*. Station navale des Romains.

CARAMAN, ch.-l. de cant.; arr. et à 18 kil. N. de Villefranche (Haute-Garonne) ; 1,300 habitants.

CARAMAN, famille française qui se rattache aux Riquetti de Mirabeau. — I. (Pierre-Paul Riquet, COMTE DE), lieutenant général, né en 1644, mort en 1730. Petit-fils de l'illustre Riquet. En 1705, à Wange, il sauva l'armée française. — II. (Victor-Louis-Charles DE RIQUET, DUC DE), lieutenant général (1762-1839), assista au congrès de Tropau, de Laybach et de Vérone; devint pair de France. Son fils, VICTOR-MARIE-JOSEPH-LOUIS DE Riquet, marquis de Caraman (1786-1837), fit les guerres de la Révolution et de l'Empire, et mourut du choléra devant Constantine.

CARAMAN ou **Karaman**, ville de l'Asie-Mineure, au pied du mont Taurus, à 90 kil. S.-E. de Konieh ; 12,000 hab. Elle fut nommée d'après Karaman Oglou, chef turc qui la fit bâtir près des ruines de l'ancienne Laranda, et elle fut la capitale du royaume turc de Caramanie, jusqu'à ce que Bajazet II la subjugât en 1486.

CARAMANIE, région du S. de l'Asie Mineure, comprise dans le vilayet de Konieh et embrassant l'ancienne Lycaonie, l'Isaurie et des portions de la Pisidie, de la Pamphylie, de la Cilicie et de la Cappadoce. Elle est traversée par le Taurus, et célèbre par son climat délicieux et par sa grande fertilité.

* **CARAMBOLAGE** s. m. Jeu de billard. Action de caramboler. — ∿ Succession de chutes, de chocs, d'accidents, de revers de fait.

CARAMBOLE s. f. Bille rouge que l'on place sur la mouche du billard.

* **CARAMBOLER** v. n. (rad. *boule*). Jeu de billard. Toucher deux billes avec la sienne du même coup.

CARAMBOLEUR s. m. Joueur habile à caramboler.

* **CARAMEL** s. m. [ka-ra-mèll] (arabe *kara*, houle; gr. *meli*, miel). Sucre à demi brûlé et durci.— Plur. DES CARAMELS. — On prépare le caramel en faisant fondre du sucre dans un peu d'eau et en le faisant cuire jusqu'à ce qu'il brunisse, *sans noircir ni brûler*. On l'emploie pour colorer le bouillon et certaines eaux-de-vie que l'on veut vieillir ; il sert aussi à glacer les confiseries.— Off. Bonbon fait avec du caramel. On dit ordinairement DES CARAMELS : *aimez-vous les caramels ?*

CARAMÉLISATION s. f. Réduction du sucre en caramel.

CARAMÉLISER v. a. Réduire le sucre en caramel.

CARANATE s. m. Nom que donnent les pêcheurs à de petites crevettes qui servent d'amorce.

CARANGUER v. n. [ka-ran-ghé]. Louvoyer à petite voile, par une mer grosse, sans gagner, sans quitter pendant plusieurs jours le même point.

CARANUS, prince argien qui devint roi de Macédoine, vers 800 av. J.-C.

CARANX s. m. [ka-rankss]. Icht. Genre de poissons acanthoptérygiens scombéroïdes, voisin des maquereaux, dont il se distingue par l'absence de fausses nageoires au-dessus et au-dessous de la queue. Il comprend, entre autres espèces, le *saurel, maquereau bâtard* ou *gascon* (*scomber trachurus*, Linn.), à chair moins délicate que celle du maquereau, et qui atteint jusqu'à un mètre dans la Méditerranée; le *derbio* ou *cabrol* (*scomber glaucus*, Linn.), de la Méditerranée, à chair blanche et de bon goût.

* **CARAPACE** s. f. (catal. *carabassa*, calebasse). Hist. nat. Test, espèce de cuirasse qui couvre le dos de la tortue. — Par plaisant. Vêtement collant, gênant ; armure : *la pesante carapace de l'homme d'armes du moyen âge*.

CARAPATA s. m. Marin d'eau douce : *les carapatas du canal de l'Ourcq*.

CARAPATER (Se) v. pr. Jargon. Se sauver se tirer des pattes.

* **CARAQUE** s. f. Mar. Énorme vaisseau rond, d'une grande lourdeur, que les Portugais employaient à la navigation des Indes-Orientales et du Brésil. Les caraques portaient jusqu'à 2,000 tonneaux.

CARAQUE adj. m. Se dit du cacao de Caracas : *cacao caraque*. — Adj. f. Se dit d'une porcelaine très fine, apportée d'abord en Europe par des caraques portugaises : *porcelaine caraque*. — Substantiv. Cacao caraque : *du caraque*.

* **CARAT** s. m. [ka-ra] (gr. *keration*, tiers d'obole). Chacune des parties d'or fin contenues dans une quantité d'or quelconque que l'on suppose partagée en vingt-quatre parties égales : *il n'y a point dans le commerce d'or à vingt-quatre carats*. — Or à vingt-trois, à vingt, à dix-huit carats, etc.; or dans lequel vingt-trois parties, ou vingt, ou dix-huit, sur vingt-quatre, sont d'or pur. On dit aussi: *or au vingtième, au dix-huitième carat*, etc. — Prov. et fig. *Cet homme est un sot, est un impertinent à vingt-quatre carats* : il est sot, impertinent au souverain degré. — Poids de quatre grains, (environ 22 centigrammes), en parlant des petits diamants, des perles, etc. : *ce diamant, cette perle pèse tant de carats*. — Par ext. Petit carat. Petit diamant qui se vend au poids : *ce n'est que du carat*.

* **CARATCH** s. m. Tribut, espèce de capitation que les Chrétiens et les Juifs payent au Grand-Seigneur, et dont les Turcs sont exempts.

CARAUSIUS (M. Aurelius Valerius) [ka-rô-zi-uss], césar de la Grande-Bretagne, né vers 250 à Menapia (Gaule-Belgique). Chef d'une flotte romaine destinée à protéger les côtes gauloises contre les pirateries des Francs, il fut accusé de s'entendre avec les Barbares, et l'empereur Maximien-Hercule donna l'ordre de le mettre à mort. Mais il eut le temps de s'enfuir en Grande-Bretagne, où il prit le titre d'Auguste (287 après J.-C.). Dioclétien et Maximien furent forcés de le reconnaître comme leur collègue. Il régna jusqu'en 293, époque où il fut assassiné par son lieutenant Allectus, qui le remplaça.

CARAVAGE ou **Caravaggio**. I. (Michel-Angelo AMERIGHI DE OU DA), célèbre peintre, né à Caravaggio en 1569, mort en 1609. Simple maçon, il étudia à Rome sans aucun maître, se fit un genre particulier et mena une existence vagabonde. Ses tableaux, qui traitent souvent des sujets vulgaires ou même repoussants, se recommandent par une touche énergique et une grande richesse de carnation. Son chef-d'œuvre, l'« Enterrement du Christ » se trouve au Vatican. Le Louvre possède quelques-unes de ses toiles. — II. (Polidoro CALDARA DA), peintre, né à Caravaggio en 1495, assassiné par son domestique à Messine en 1543. Elève le plus distingué de Raphaël, il fut le premier des maîtres romains à employer le clair obscur.

CARAVAGGIO [kâ-ra-vâ'-djo], ville de Lombardie (Italie), à 23 kil. S. de Bergame ; 7,800 hab. Francesco Sforza y vainquit le: Vénitiens en 1448.

* **CARAVANE** s.f.(persan, *karvan* marchand). Réunion de marchands, de voyageurs, de pèlerins, qui se forme pour se rendre ensemble, d'un lieu à un autre, en Orient, et tra-

L

verser avec plus de sécurité les déserts infestés par des bandes de voleurs arabes, ou les mers dans lesquelles on redoute les corsaires ; chaque caravane est placée sous les ordres d'un chef et assujettie à une discipline régulière : *les navires qui formaient la caravane d'Alep, d'Alexandrie.* — Par ext. et fam. Plusieurs personnes qui se réunissent pour aller de compagnie : *marcher en caravane.* — s. f. pl. Campagnes que les chevaliers de Malte étaient obligés de faire sur mer contre les Mahométans, pour s'acquitter du service qu'ils devaient à leur ordre : *faire ses caravanes.* — Fig. et fam. FAIRE SES CARAVANES, mener une vie dissipée, avoir des aventures dans le monde.

CARAVANEUR s. m. Mar. Bâtiment marseillais qui porte des marchandises d'échelle en échelle dans le Levant.— Pilote qui monte ce bâtiment.

* **CARAVANIER** s. m. Conducteur des animaux qui portent les bagages dans les caravanes.

* **CARAVANSÉRAIL** s. m. [*l* mll.]. Espèce d'hôtellerie, dans le Levant, où les caravanes sont reçues gratuitement, ou pour un prix modique. Les caravansérails pour les pèlerins, sont aujourd'hui appelés *khans*, chez les Turcs et chez les Arabes ; ce sont généralement de grossières constructions.

CARAVELLAS, ville maritime du Brésil, prov. de Bahia, sur la rivière et près de la baie du même nom, à 725 kil. N.-N.-E. de Rio-de-Janeiro ; pop. de la ville et de sou district, environ 6,000 hab. Centre de la pêche des baleines des Abrolhos.

* **CARAVELLE** s. f. (esp. *carabela* ; rad. gr. *karabos*, sorte de barque). Mar. Petit bâtiment de vingt à trente tonneaux, équipé en forme de galère, à poupe carrée, sans hunes, à voiles latines, très bon voilier et se manœuvrant facilement. Les caravelles jouèrent un rôle important dans la navigation du xve et du xvie siècle. Les caravelles turques étaient beaucoup plus grosses que celles des Espagnols et des Portugais.

CARBALLINO Y PARTOVIA, station minérale, à 24 kil d'Orense (Espagne). Eaux sulfureuses recommandées contre les rhumatismes.

CARBALLO, station minérale, à 22 kil. de la Corogne (Espagne). Eaux sulfureuses de 20° à 29° R. Affections rhumatismales.

* **CARBATINE** s. f. (gr. *karbatinè*) Peau de bête fraîchement écorchée.

CARBAZOTATE s. m. Chim. Sel formé par la combinaison de l'acide carbazotique avec une base.

CARBAZOTIQUE adj. (de carbone et azote). Chim. Se dit d'' : acide, ordinairement appelé acide picrique (voy. PICRIQUE).

CARBERY-HILL. Lord Hume et les barons confédérés y dispersèrent l'armée royale sous Bothwell, et firent prisonnière la reine Marie d'Écosse (15 juin 1567).

CARBET s. m. Aux Antilles, grande case pour plusieurs familles de sauvages ; village de Caraïbes. — Mar. Toiture qu'on établit dans une anse ou une crique pour mettre les embarcations à l'abri du soleil et de la pluie. — Case publique sur la plage, pour servir d'abri aux matelots en corvée dans les colonies.

CARBET (Le), bourg maritime de la Martinique, près de l'embouchure de la rivière du même nom, au N.-O. du piton du Carbet (montagne volcanique haute de 1,205 mètres), et à 3 kil. S. de Saint-Pierre ; 4,000 hab.

CARBOLIQUE adj. Chim. Se dit de l'acide ordinairement appelé *acide phénique* (voy. PHÉNIQUE).

CARBON, anc. *Audum*, cap d'Algérie, à 30 kil. N.-O. de Bougie, par 36° 49' lat. N. et 2° 49' long. E.

CARBON (François-Joseph), chouan célèbre, surnommé *le Petit-François*, né à Paris. Il se rendit odieux par sa cruauté et s'enfuit en Angleterre. Il conduisait la charrette lors de l'explosion de la machine infernale de la rue Saint-Nicaise, et fut exécuté en 1801.

CARBONARI, pl. de CARBONARO.

CARBONARIA, ville de Gaule ; aujourd'hui AIGUEBELLE.

CARBONARIA SILVA, ancienne forêt entre l'Escaut et la Meuse ; aujourd'hui *Kœhlenwald*.

* **CARBONARISME** s. m. Principes, association des Carbonari.

* **CARBONARO** s. m. ; au pl. CARBONARI (ital. *charbonnier*). Membre d'une société politique secrète, fondée vers 1810 dans les Abruzzes, par un nommé Capobianco et par les républicains napolitains, pour renverser le gouvernement de Murat. A la chute de ce prince, le royaume de Naples comptait environ 30,000 carbonari armés. La réaction qui suivit les événements de 1815, n'eut d'autre résultat que d'exaspérer les Napolitains et d'augmenter le nombre des conspirateurs. En mars 1820, le carbonarisme, composé de 650,000 membres, résolut d'agir en expulsant les étrangers de toute l'Italie et en établissant la liberté civile et religieuse. Le général Pépé, chef des carbonari armés, donna le signal d'une insurrection, devant laquelle le roi Ferdinand se hâta de fléchir, en attendant le secours de l'Autriche ; après quoi, il écrasa le parti libéral. A partir de ce jour, le carbonarisme cessa d'être influent en Italie ; mais il s'était déjà répandu en France. Voy. CHARBONNERIE. Le nom de *carbonaro* (ital. *carbonajo*, charbonnier) avait été donné autrefois aux membres d'une société secrète guelfe qui se rénnissait dans des cabanes de charbonniers, au milieu des bois. De la le nom de *barraque* (baracca) donné au lieu de réunion des carbonari, et celui de *vente* (vendita, vente de charbon) appliqué à une réunion de conspirateurs.

* **CARBONATE** s. m. Chim. Nom générique des sels composés d'acide carbonique et d'une base. La propriété caractéristique des carbonates est de se décomposer avec effervescence lorsqu'on les traite par un acide ; ils dégagent alors leur acide carbonique, à la place duquel se substitue l'acide employé. Les sulfites et les hyposulfites, traités par les acides, font aussi effervescence ; mais ils dégagent du gaz sulfureux, que l'on reconnaît facilement à son odeur. La table suivante montre la composition des principaux carbonates :

Carbonate de potasse	K³ CO² H² O.
de soude	Na³ Co³ 10 H² O.
Carbonate acide (bicarb.) de potasse . .	KHCO³
Carbonate acide (bicarb.) de soude . . .	Na H CO³.
Carbonate de chaux	Ca CO³.
Carbonate de magnesium	Mg CO³
Dolomite.	Mg Ca 2CO³
Baryto-calcite	Ca Ca 2CO³

Pour ces différents carbonates, voy. POTASSE, SOUDE, etc. — CARBONATES D'AMMONIAQUE. Combinaisons d'acide carbonique et d'ammoniaque. Le carbonate d'ammoniaque le plus répandu dans le commerce est le *sel volatil d'Angleterre* (sesqui-carbonate d'ammoniaque ou *alcali volatil concret*) ; 3CO³, 2 Az H⁴ O. Il est blanc, translucide, à texture fibreuse, soluble dans son poids d'eau ; à l'air libre, il perd une partie de son ammoniaque et se transforme en *bicarbonate d'ammoniaque*. Le sel volatil d'Angleterre est employé en médecine comme excitant diaphorétique, recommandé contre la syphilis, les maladies de la peau et le diabète. On l'administre en solution, en sirop, en poudre, en fumigation. Dose à l'intérieur, de 5 centigr. à 2 grammes. — CARBONATE DE BARYTE OU BARYTO-CALCITE. C'est un minéral

blanc, fibreux, d'une densité égale à 4-3. Ses propriétés vénéneuses l'on fait surnommer *Pierre contre les rats.*

CARBONATÉ, ÉE adj. Chim. Transformé en carbonate par sa combinaison avec l'acide carbonique : *chaux carbonatée.*

CARBONATER v. a. Chim. Transformer en carbonate : *carbonater de la chaux.* — Se carbonater v. pr. Se convertir en carbonate.

CARBON-BLANC, ch.-l. de cant. ; arr. et à 7 kil. N.-N.-E. de Bordeaux (Gironde) ; 500 hab.

CARBONCLE s. m. (lat. *carbunculus*, diminut. de *carbo*, charbon, à cause de la couleur de feu de cette pierre). Pierre précieuse hautement prisée dans l'antiquité et que les uns croient être le rubis, tandis que les autres pensent que c'était le grenat.

CARBONCULAIRE adj. (lat. *carbo*, charbon). Qui est produit par la maladie appelée charbon : *fièvre carbonculaire.*

CARBONDALE, ville de Pennsylvanie (Etats-Unis), à 25 kil. N.-E. de Scranton ; 7,000 hab. Riches mines de charbon, aux environs.

* **CARBONE** s. m. (*carbo*, charbon). Chim. Substance élémentaire, tantôt pure, comme le diamant, tantôt unie à d'autres principes, comme dans les substances végétales et animales, le charbon ordinaire, etc. — Le carbone est l'un des corps simples les plus répandus et les plus importants ; on le rencontre sous une infinité de formes dans le règne végétal, dans le règne animal et dans le règne minéral. Le charbon de bois est du carbone plus ou moins impur, ainsi que le charbon de plusieurs autres substances ; mais le diamant incolore est le véritable carbone cristallisé, sans aucun mélange. On est parvenu à le volatiliser, en l'exposant, dans le vide, à la chaleur d'une batterie de Bunsen de plusieurs centaines de paires, arrangées en 5 ou 6 séries, de manière à former 100 paires de 5 ou 6 fois le volume ordinaire ; dans ces conditions, il se volatilise et se réunit, sur les parois du vaisseau, sous la forme d'une poudre cristalline noire. Son symbole est C. — Le carbone que l'on trouve sur les parois intérieures et dans les crevasses des appareils à fabriquer le gaz possède un lustre métallique et ressemble un peu au graphite ; sa gravité spécifique est 1-76. Sa dureté dépasse celle de n'importe quelle autre forme de carbone, au point de rayer le diamant. Exposé aux courants d'air, il brûle difficilement à une haute température, propriété qui le rend utile pour former les points lumineux dans l'éclairage voltaïque. — Les propriétés les plus utilisées du carbone sont son affinité pour l'oxygène, à une haute température, et son pouvoir de résister, sous quelques-unes de ses formes, à la chaleur élevée des hauts-fourneaux. La première de ces propriétés donne à plusieurs de ses variétés une grande valeur comme combustible, et elle fait du carbone le plus puissant agent de réduction des oxydes des métaux. Son caractère réfractaire le rend éminemment propre à la confection des creusets. — Les autres usages du carbone sont traités, dans nos articles relatifs aux substances dont il constitue le principal élément : NOIR ANIMAL, CHARBON DE BOIS, CHARBON DE TERRE, COKE, DIAMANT, etc. — Composés du carbone : 1° Le carbone forme, avec l'oxygène, l'*acide carbonique* (Voy. plus loin CARBONIQUE) et l'*oxyde de carbone*, appelé aussi *oxyde carbonique* ou *monoxyde de carbone*. Ce dernier est un gaz qui contient un équivalent d'oxygène de moins que l'acide carbonique, étant une combinaison d'un équivalent de carbone et d'un équivalent d'oxygène, et son symbole est CO. Son poids comparé à celui de l'air est 0-967. Il est produit par la combustion imparfaite, et il est engendré en énormes quantités dans les grands feux des fours clos, où il est mêlé avec le gaz acide carbonique et autres produits gazeux de la combustion. Il est incolore, inodore et sans goût, mais plus irrespirable et plus délétère que le gaz acide carbonique. Il ne se liquéfie pas, comme ce dernier, sous une grande pression à une basse température. On l'obtient facilement en chauffant de l'acide oxalique avec cinq ou six fois son poids d'acide sulfurique concentré, et en faisant absorber le gaz acide carbonique par de la chaux vive. Lorsqu'on agite l'oxyde de carbone avec du chlorure de chaux, ce dernier l'absorbe graduellement. — 2° Le carbone forme avec le soufre le *disulfure de carbone*, appelé aussi *bisulfure de carbone*, *acide sulfocarbonique*, *anhydride sulfo-carbonique*, *alcool de soufre* ou *carbure de soufre* : CS². Ce composé chimique, d'une grande importance dans les arts, s'obtient en faisant brûler du charbon dans de la vapeur de soufre, ou en distillant certains sulfures métalliques (pyrites, sulfure d'antimoine; blende, etc.) avec du charbon. Il fut découvert à Freiberg, par Lampadius en 1796 ; on proposa de l'utiliser en 1844 seulement. Les procédés au moyen desquels on l'obtient sont comparativement simples : le charbon de bois est chauffé à rouge dans une cornue, et sur ce charbon, on projette des vapeurs de soufre. Ce dernier est d'abord converti en une vapeur dans laquelle le charbon brûle aussi facilement que dans l'oxygène. Le composé qui en résulte est conduit dans un condensateur et court dans des réservoirs convenables et bien clos. Le disulfure de carbone est un liquide incolore d'une gravité spécifique de 1-268. Il bout à + 46° C., et dans les circonstances ordinaires, ne se congèle pas à — 90° C. ; mais si un courant d'air sec passe sur sa surface, il se produit une rapide évaporation, la température descend à — 18° C. et une portion du liquide est convertie en une masse neigeuse. Le disulfure de carbone fut employé par Natterer, conjointement avec l'oxyde nitreux, pour produire un degré de froid égal à 104° C. Ce composé est employé dans les arts pour dissoudre l'huile qui se trouve dans les graines oléagineuses, pour séparer le soufre ou le bitume de certaines classes de roches, pour économiser l'huile contenue dans la laine, pour purifier la paraffine, pour détruire les rats, les souris, les insectes, la vermine ; et comme puissance motrice dans certaines machines. — 3° Le carbone forme avec l'hydrogène de nombreux carbures parmi lesquels on a étudié particulièrement l'*hydrogène carburé* et le *gaz oléfiant*. Le premier est le *gaz des marais* ou *gaz inflammable* des mineurs. Il est incolore, sans odeur ni goût, et ne possède aucune propriété acide ou alcaline. Sa composition est CH⁴; son poids, comparé à celui de l'air, est de 0-555. Il est irrespirable et éteint les corps en ignition ; mais il est lui-même très inflammable lorsqu'il est à une haute température, et brûle alors avec une flamme jaune. Mélangé avec l'oxygène ou avec l'air atmosphérique, dans la proportion de 1 partie pour 8 ou 10 d'air, il produit un composé qui fait explosion lorsqu'il est traversé par une étincelle électrique ou dès qu'on le met en présence d'un corps enflammé. C'est à lui que sont dues les épouvantables explosions des mines. — Le *gaz oléfiant*, appelé aussi *hydrogène bicarboné*, *éthylène*, *éthérène*, etc., a été découvert en 1796 par des chimistes hollandais qui lui donnèrent le nom de gaz oléfiant à cause du liquide huileux qu'il forme avec le chlore. Formule : C²H⁴. Gravité spécifique : 0-967. Il est irrespirable et éteint les corps en ignition. Exposé à une pression de 40 atmosphères et à une très basse température, il forme un liquide transparent et incolore. Il est produit par la distillation de substances grasses dans un vase clos. Mais le procédé de production le plus ordinairement employé consiste à distiller de

l'alcool, avec cinq ou six fois son volume d'acide sulfurique ; on purifie le gaz qui s'en dégage, en le faisant passer dans de l'eau de chaux.

* **CARBONÉ, ÉE** adj. T. de chimie. Qui contient du carbone : *gaz hydrogéné carboné*. — ᴧ Aujourd'hui, on dit ordinairement CARBURÉ.

CARBONEUX adj. Chim. Qui contient du carbone en quantité définie : *chlorure carboneux*. — Acide carboneux, synon. d'*acide oxalique*.

CARBONIFÈRE adj. Qui contient, qui produit du charbon : *terrain carbonifère*. — Géol. Étage carbonifère, celui qui se trouve au-dessous de l'étage permien ; il renferme de nombreux dépôts houillers. On le rencontre autour du plateau central de la France, ainsi que dans le Pas-de-Calais, dans le Nord, en Belgique, en Angleterre, en Allemagne, etc.

* **CARBONIQUE** adj. Chim. Se dit d'un acide gazeux qui est formé de carbone et d'oxygène, et qui est très répandu dans la nature : *gaz acide carbonique*. — Le gaz acide carbonique, appelé quelquefois bioxyde de carbone ou anhydride carbonique, fut découvert en 1757 par le Dʳ Black, qui lui donna le nom d'air fixe. L'ayant étudié dans la pierre à chaux et dans la magnésie, il trouva qu'on peut l'expulser par la chaleur et par les acides, et établit en même temps qu'il est produit par la combustion, la fermentation et la respiration. Lavoisier démontra synthétiquement sa composition en brûlant du carbone dans l'oxygène. Smithson Tennant l'analysa en le faisant décomposer, au moment où il se dégage de la pierre à chaux chauffée, par de la vapeur de phosphore passant au-dessus d'elle ; le carbone se déposa en légère poudre noire et l'oxygène se combina avec le phosphore. Son équivalent chimique est 44, et son symbole CO². Le volume de l'oxygène qu'il contient est le même que celui du produit composé. Comparé à l'air son poids est comme 1-529 à 1 : Il est incolore, mais il a un goût acide décidé et une odeur âcre. La flamme s'éteint immédiatement quand il est mêlé à l'air dans la proportion de la partie pour quatre. Non mélangé à l'air, il est absolument irrespirable. Dans l'atmosphère, il est universellement répandu en une proportion qui dépasse 4 volumes sur 10,000, mêlés aux plus grandes altitudes atteintes par l'homme. C'est cette petite quantité de gaz acide carbonique qui fournit aux plantes grandissantes le carbone de leurs parties solides. Le grand poids de ce gaz lui donne une tendance à rester dans les lieux bas où il est engendré, bien qu'il ait, comme les autres gaz, une tendance à se mélanger avec l'air atmosphérique. C'est pourquoi il est toujours prudent, avant de descendre dans des puits mal ventilés, d'y faire descendre d'abord une chandelle allumée, pour découvrir l'absence ou la présence de ce gaz. L'eau absorbe rapidement le gaz acide carbonique, d'où on le dégage par l'ébullition, par la congélation ou par le vide. L'eau de chaux pure dénonce sa présence en devenant trouble, dès qu'on la mélange avec un fluide qui le contient, parce que la chaux s'empare de lui et se combine avec lui pour former un carbonate blanc insoluble. Mais si le gaz est fortement en excès, il se dissout de nouveau en partie. Sous une pression de 36 atmosphères à 0° C., le gaz acide carbonique devient liquide ; alors, son passage dans une vapeur produit, à la température ordinaire et sans aucune pression, un degré de froid des plus intenses.

* **CARBONISATION** s. f. Chim. Opération par laquelle on réduit un corps en charbon.

* **CARBONISER** v. a. Chim. Réduire en charbon. — Par exag. Rôtir à l'excès : *gigot carbonisé*. — Se carboniser v. pr. Être réduit en charbon.

CARBONITE s. f. Minér. Variété de carbone naturel, appelée aussi *diamant noir*, parce qu'elle est aussi dure que le diamant. Elle est employée en joaillerie pour tailler les pierres fines et le diamant lui-même. Sa poudre est utilisée dans les arts.

* **CARBONNADE** s. f. (lat. *carbo*, *carbonis*, charbon). Manière d'apprêter les viandes en les faisant griller sur des charbons : *tranches de jambon à la carbonnade*.

CARBONNE, ch.-l. de cant., arr. et à 25 kil. S.-S.-O. de Muret (Haute-Garonne), sur la rive gauche de la Garonne ; 1,800 hab.

CARBONOÏDE adj.(lat. *carbo*, charbon; grᴧ *eidos*, apparence). Chim. Qui ressemble au carbone.

CARBOSULFURE s. m. Chim. Composé binaire de carbone et de soufre.

CARBUCCIA (Jean-Luc-Sébastien), général de brigade, né à Bastia en 1808, mort du choléra pendant la guerre d'Orient, en 1854.

CARBURATEUR s. m. Appareil destiné à carburer le gaz d'éclairage, à accroître sa force éclairante, en le faisant passer, avant qu'il arrive au bec, dans un récipient rempli d'essence (benzine, pétrole, etc.). — Adjectiv. : *appareil carburateur*.

CARBURATION s. f. Action par laquelle on soumet le fer à l'action du carbone; résultat de cette action. — Opération par laquelle on ajoute du carbone au gaz d'éclairage, pour augmenter son pouvoir éclairant.

* **CARBURE** s. m. Chim. Résultat de la combinaison du carbone avec un autre corps simple : *la fonte est un carbure de fer*; *le gaz d'éclairage est un carbure d'hydrogène*; *le carbure de soufre porte le nom de disulfure de carbone*.

CARBURÉ, ÉE adj. Chim. Qui contient du carbone : *hydrogène carburé*. — * On dit aussi Carboné.

CARBURER v. a. Opérer la CARBURATION. (Voy. ce mot).

CARBURIS. I. (Marino, comte), ingénieur grec, assassiné par des voleurs en 1782. Banni de son pays, il entra, sous le nom de Lascaris, au service de la Russie et se signala en imaginant l'appareil mécanique au moyen duquel il transporta de Finlande à Saint-Pétersbourg l'énorme bloc de granit (7 m. × 9 × 13), qui sert de piédestal à la statue de Pierre le Grand (1769). Il revint ensuite à Céphalonie, sa patrie. — II. (Marc, comte), frère du précédent, chimiste distingué (1731-1808). Il s'établit à Padoue, démontra l'affinité du nickel pour l'argent et découvrit le moyen de traiter les minerais de fer sans l'emploi du charbon ni d'autres fondants.

CARCAISE s. f. Four dans lequel le verre reçoit sa deuxième cuisson.

CARCAJENTE,, ville d'Espagne, à 35 kil. S.-S.-O. de Valence, sur le Jucar ; 9,000 hab. Commerce de soieries, d'oranges et de grenades.

CARCAJOU s. m. Espèce de blaireau de l'Amérique du Nord, appelé aussi *glouton*, mais dont le véritable nom est *blaireau du Labrador* (*meles Labradorica*). Il mesure environ 80 cent. du museau à l'origine de la queue, laquelle n'a guère plus de 15 cent. Il fréquente les plaines sablonneuses qui avoisinent les montagnes Rocheuses, et abonde dans les contrées qu'arrose le Missouri. Beaucoup moins vorace que son congénère européen, mais d'une grande lourdeur qui le met dans l'impossibilité de poursuivre sa proie, il supplée par la ruse à son peu d'agilité. Il guette le castor au passage, le saisit et l'égorge. Grimpé sur un arbre, il se laisse choir sur le rapide élan,

Carcajou (Meles Labradorica).

s'accroche sur son dos et ne lâche jamais prise.

CARCAMOUSSE s. f. Espèce de bélier propre à renverser les murailles et dont on faisait usage sous le règne de Charles le Simple.

*** CARCAN** s. m. (bas lat. *carcannum*, collier). Cercle de fer avec lequel on attachait par le cou à un poteau celui qui avait été condamné à cette peine : *la peine du carcan a été supprimée en 1832.* — Chaîne ou collier de pierreries : *cette femme a un beau carcan de pierreries.*

CARCAN s. m. Vieux cheval mort. — Mauvais cheval qui ne vaut guère mieux qu'un mort. — Femme maigre et sèche : *un vieux carcan.* (Bas.)

CARCANIÈRES, station minérale (Ariège); 17 sources sulfurées sodiques, de 25° à 59° C. Deux établissements : Roquelaure et Esparre, avec bains, douches et buvettes.

CARCAS s. m. [kar-kâ]. L'un des noms que portait le carquois au moyen âge. — Métall. Reste de coulée provenant de la refonte d'un métal dans un four à manche ou dans un fourneau à réverbère.

CARCASO, ville des Tectosages, Gaule narbonnaise. Aujourd'hui *Carcassonne.*

*** CARCASSE** s. f. (celt. *carz*, enfermer; *cass*, caisse). Ossements du corps d'un animal, lorsqu'il n'y a plus guère de chair, et qu'ils tiennent encore ensemble : *le champ de bataille était encore couvert de carcasses de chevaux.* — CARCASSE DE CHAPON, DE POULET, DE PERDRIX, etc., ce qui reste du corps, lorsqu'on en a ôté les cuisses et les ailes. — Fig. et par mépris, *c'est une carcasse, il n'a que la carcasse,* se dit d'une personne ou d'un animal extrêmement maigre. — Modes. Branches de fil de fer couvertes de cordonnet, dont on se sert pour monter les coiffures. — Mar. Par anal. Squelette d'un bâtiment, ensemble de sa charpente, lorsqu'il n'est pas encore revêtu de bordages. — Restes d'un navire naufragé ou désarmé pour être démoli. — Artill. Espèce de cartouche destinée aux mortiers : sa figure est celle d'un sphéroïde allongé par une de ses extrémités et aplati par l'autre; elle est composée de deux arcs de cercle ou plutôt d'ovales de fer qui se coupent à angles droits, et qui se terminent à la partie aplatie de la carcasse, qui est une espèce de petite écuelle de fer que l'on nomme *culot;* tout l'intérieur de la carcasse se remplit de grenades et de petits canons de fusil, chargés de balles de plomb, comme aussi de poix noire et de poudre grenée, après quoi on recouvre le tout d'étoupe goudronnée et d'une toile forte qui lui sert d'enveloppe, on fait un trou à cette toile pour mettre une fusée à la carcasse, comme celle que l'on met aux bombes, et on la tire avec le mortier de la même manière que la bombe (E. Suél). Les

carcasses, employées au XVIIᵉ siècle, ont été remplacées par les bombes.

CARCASSEZ (Le), ancien pays du Languedoc, capitale Carcassonne (Aude).

CARCASSIÈRE s. f. Nom que l'on donne quelquefois à la chaloupe canonnière, parce qu'elle servait autrefois à lancer des carcasses.

CARCASSONNE, *Carcaso, Carcassum, Carcassona,* ch.-l. du département de l'Aude, à 784 kil. S.-de Paris, sur les deux rives de l'Aude, par 43° 12' 54" lat. N., et 0° 0' 37" long. E.; 26,000 hab. La vieille ville, sur une colline escarpée de la rive droite du fleuve, a conservé l'aspect d'une forteresse du moyen

Carcassonne. — Porte de Narbonne et maison du Trésor.

âge. La ville basse, beaucoup plus moderne, est mieux bâtie et plus animée. Les manufactures de lainages produisent de belles étoffes célèbres par leurs brillantes couleurs. Carcassonne fut la principale ville des Volces Tectosages; elle eut des comtes particuliers depuis le IXᵉ siècle jusqu'en 1247. La guerre des Albigeois amena sa ruine. Simon de Montfort y fit brûler vifs 450 hérétiques en 1209. On y remarque l'église Saint-Nazaire (XIᵉ siècle), la porte Narbonnaise et la maison du Trésor.

CARCEL adj. inv. Se dit de la lampe inventée par l'horloger Carcel en 1800 : *lampe carcel.* — Substantiv., au fém. : *une carcel, des carcels.* — La carcel est une lampe mécanique dans laquelle un mouvement d'horlogerie, placé à côté du réservoir, agit sur une pompe foulante; le piston de cette dernière pousse constamment l'huile dans un tube qui l'élève jusqu'à la mèche.

CARCERE DURO s. m. [ital. kar-tché-ré-dou-ro; franç., kar-sé-ré-du-ro] (ital., *prison dure*). Prison autrichienne en Italie, dans laquelle les condamnés étaient soumis à un régime très sévère.

CARCERE DURISSIMO s. m. Prison autrichienne plus dure encore que le carcere duro.

CARCHESIUM s. m. [kar-ké-zi-omm] (gr. *karchésion*). Mar. Sorte de hune en forme de coupe, que les anciens fixaient au mât d'un navire, au-dessus de la vergue, et qui servait au matelot de point de repère pour certaines manœuvres.

CARCIN s. m. (gr. *karkinos*, crabe). Genre de crustacés décapodes brachyures, dont l'espèce type est le *crabe enragé* (*carcinus mœnas*), commun sur nos côtes. Sa chair est peu délicate.

*** CARCINOMATEUX, EUSE** adj. Méd. Qui tient de la nature du cancer : *ulcère carcinomateux.*

*** CARCINOME** s. m. (gr. *karkinos*, chancre). Méd. Synonyme de cancer.

*** CARDAGE** s. m. Action de carder.

*** CARDAMINE** s. f. (gr. *kardamon*, cresson). Bot. Genre de crucifères qui croissent dans les lieux humides, et dont le goût approche de celui du cresson : *la cardamine est apéritive et antiscorbutique.* — L'espèce la plus intéressante est la *cardamine des prés* (*cardamina praten-*

sis), appelée aussi *cresson des prés.* C'est une plante vivace, abondante dans toute l'Europe. Ses fleurs blanches et roses égaient les prairies humides au printemps.

*** CARDAMOME** s. m. (gr. *kardamômon*). Bot. Plante du genre amome, qui produit des graines aromatiques, employées dans la com-

Cardamome de Ceylan et Cardamome rond.

position de la thériaque, et nommées également *cardamome.* Le *cardamome*, autrefois préconisé comme tonique stimulant, provient de plusieurs plantes des Indes orientales, parmi lesquelles on distingue l'*amomum cardamomum* du Malabar et de Java. Les autres espèces sont le cardamome rond ou *en grappe* et le *cardamome de Ceylan.*

CARDAN (Jérôme) ou GIROLAMO CARDANO, savant italien (1501-76). Fut d'abord professeur de médecine à Milan et à Paris, voyagea en France, en Ecosse et en Angleterre, tira l'horoscope des principaux personnages de son époque, revint à Milan, s'y plongea dans la débauche et, pour vivre, eut recours aux ruses du charlatanisme. Il prétendit qu'un esprit familier l'accompagnait et traita des malades au moyen de l'astrologie et de la magie. Le pape Grégoire XIII lui fit une pension. Ses œuvres, mélange de savoir et d'absurdité, ont été imprimées à Lyon, 1663, 10 vol in-folio. On a donné le nom de FORMULE DE CARDAN à une formule pour la résolution des équations cubiques qu'il a publiée dans son *Ars magna* (Nuremberg, 1545, in-4°), mais dont l'invention est due à Tartaglia. — SUSPENSION DE CARDAN, mode de suspension inventé par Cardan et dans lequel l'objet suspendu est toujours ramené à la position verticale par les oscillations mêmes qu'il éprouve. Cette magnifique invention a reçu, en mécanique, les plus belles applications. La *suspension de Cardan* est devenue le *genou de Cardan,* aujourd'hui employé dans diverses machines.

*** CARDASSE** s. f. Un des noms vulgaires de la plante appelée *nopal.*

*** CARDE** s. f. (lat. *carduus*, chardon). Côte qui est au milieu des feuilles de certaines plantes, comme la poirée et l'artichaut, et qui est bonne à manger : *botte de cardes;* *cardes poirées; cardes d'artichaut.* — Tête épineuse du chardon à bonnetier ou cardère, employée pour le peignage des draps. — Peigne d'un cardeur, instrument qui consiste en une planchette munie d'un manche et garnie, d'un côté seulement, de petites pointes de fil d'archal très fin légèrement courbées. — Machine garnie de chardons à bonnetier dont on se sert pour peigner le drap. La carde cylindrique ou à tambour a été inventée au XVIIIᵉ siècle, en Angleterre, par Lewis Paul, de Northampton, et perfectionnée par Arkwright. Elle fut employée en France dès 1811, et elle y a reçu de nombreux perfectionnements.

CARDENAS, ville maritime de Cuba, à 160 kil. E. de la Havane, 11,000 hab. Grande production de sucre; centre commercial important.

* CARDER v. a. Peigner avec des cardes ou avec des chardons à bonnetier : *coton cardé.* – Se carder v. pr. Etre cardé.

CARDÈRE s. f. (rad. *carde*). Bot. Genre de dipsacées, à tige couverte d'aiguillons, à fleurs

Cardère sauvage (Dipsacus sylvestris).

en capitules garnis de pointes épineuses. La *cardère sauvage (dipsacus sylvestris)*, haute de 2 mètres, donne des fleurs d'un bleu rougeâtre; la *cardère féroce (dipsacus ferox)* a les fleurs d'un rose lilas; la *cardère poilue (dipsacus pilosus)* ou *verge à pasteur*, a les fleurs d'un blanc jaunâtre; la *cardère à foulon (dipsacus fulonum)*, appelé aussi *chardon à foulon* ou *chardon à bonnetier*, se distingue par un réceptacle chargé de paillettes roides qui se terminent en une pointe épineuse recourbée à l'extrémité. Cette organisation des capitules rend les têtes de cardère utiles au peignage des draps et des couvertures. On cultive en grand cette plante en Hollande, en

Fleur et tête de cardère à foulon.

France et en Angleterre.

CARDERIE s. f. Atelier où l'on carde.

* CARDEUR, EUSE s. Ouvrier, ouvrière qui carde.

CARDI (Ludovico), peintre florentin appelé aussi CIGOLI (1559-1613). Le Louvre possède de lui trois tableaux d'une grande valeur.

CARDIA s. m. (gr. *kardia*, cœur). Anat. Orifice supérieur de l'estomac, faisant suite à l'œsophage et séparé du cœur par le diaphragme.

CARDIACÉ, ÉE adj. (lat. *cardium*, bucarde). Qui ressemble ou se rapporte à la bucarde.— s. f. pl. Famille de mollusques acéphales, à coquille bivalves, ayant pour type le genre bucarde.

* CARDIALGIE s. f. (gr. *kardia*, cœur; *algos*, douleur). Pathol. Méd. Douleur très vive à la partie supérieure de l'estomac.

* CARDIAQUE adj. (gr. *kardiakos*; rad. *kardia*, cœur). Méd. Nom donné aux médicaments toniques ou stimulants dont on croyait que l'action se portait principalement sur le cœur : *remède cardiaque.* — Substantiv., au masc. : *un bon cardiaque.* — Anat. Se dit de ce qui appartient au cœur : *artères, veines cardiaques; nerfs cardiaques.*

CARDIE, *Cardia*, aujourd'hui *Kadikeni*, ville maritime de Thrace, sur le golfe Mélane, à l'embouchure du Mélas. Philippe, roi de Macédoine, y battit l'Athénien Diopithe, l'an 363 av. J.-C.

CARDIFF, ch.-l. du Glamorganshire (pays de Galles), sur la rivière Taff, à 35 kil. O. de

Bristol, 40,500 hab. Commerce de charbon de terre, de fer, d'ardoises. Vieux château (Cardiff Castle), où Robert de Normandie, fils

Cardiff, vue prise du château.

aîné de Guillaume le Conquérant fut emprisonné depuis 1106 jusqu'à sa mort (10 février 1135).

CARDIGAN, capitale du Cardiganshire, pays de Galles, sur l'estuaire de la Teify; 3,600 hab. Exportation d'avoine, de beurre et d'ardoises. Pêcheries importantes de saumon et de hareng.

CARDIGAN (James-Thomas BRUDENELL, *comte de*), général anglais (1797-1868). Entré dans l'armée en 1824, il eut un prompt avancement. Au commencement de la guerre de Crimée, il reçut le commandement de la brigade de cavalerie légère et c'est en cette qualité qu'il ordonna la fameuse charge de Balaklava (25 oct. 1854). Il fut nommé inspecteur général de cavalerie en 1855 et lieutenant général en 1861.

CARDIGANSHIRE [angl. kàr'-di-gann-cheur]. Comté maritime du pays de Galles méridional, sur la baie de Cardigan; 73,441 hab. Territoire montagneux, excepté au N.-E. Capitale Cardigan. Exportation d'avoine, de bétail, de laines et d'ardoises.

* CARDINAL s. m. (lat. *cardinalis*, chef principal). Prince de l'Eglise catholique qui a voix dans le conclave lors de l'élection d'un pape. Les cardinaux forment, sous le nom de *Sacré Collège*, le conseil ordinaire du Souverain Pontife. Leurs insignes sont un manteau de pourpre, un chapeau écarlate et un anneau orné d'un saphir. Les cardinaux se divisent en trois classes, savoir: 1° cardinaux-évêques, au nombre de 6; 2° cardinaux-prêtres, au nombre de 50; 3° cardinaux-diacres, au nombre de 14; total 70. Ceux de la première classe sont les évêques de certains sièges italiens; ceux de la seconde classe sont fréquemment archevêques et évêques. Les cardinaux-diacres peuvent appartenir aux ordres mineurs et sont ordinairement des légistes, des diplomates ou des hommes d'Etat employés dans les affaires temporelles de la cour papale. Les cardinaux sont les plus hauts dignitaires de l'Eglise, après le pape; ils ont la préséance même sur les patriarches. C'est le pape seul qui les nomme; et il y a toujours quelques cardinaux réservés *in petto* pour être annoncés quand arrive un décès. Le sacré collège est rarement au complet; ainsi en 1875, il y avait onze sièges vacants. — Les cardinaux furent d'abord les prêtres principaux des paroisses de Rome; on les appela *cardinales* en 853; mais ils ne possédèrent pas, avant 1179, le pouvoir exclusif d'élire les papes. Le chapeau rouge, qu'ils portent pour leur rappeler qu'ils doivent, au besoin, verser leur sang pour la religion, devint leur insigne en 1243, époque où Innocent IV les déclara princes de l'Eglise. Paul II

leur donna le manteau de pourpre en 1464 et Urbain VIII le titre d'Eminence, en 1623 ou 1630. Sixte V fixa leur nombre à 70 en 1586.

CARDINAL s. m. Nom donné à des oiseaux de différents genres, chez lesquels la couleur rouge domine. — On réserve ordinairement le nom de cardinal à un genre d'oiseaux formé aux dépens du gros-bec et dont l'espèce type habite l'Amérique du Nord. Le *cardinal de Virginie (cardinalis Virginianus,* Bonap.), d'ur.

Cardinal de la Virginie (Cardinalis Virginianus).

rouge magnifique, est l'un des plus beaux oiseaux que l'on puisse avoir dans une volière ou dans une cage. Il est d'une grande vivacité et possède un chant fort et varié; il se nourrit de maïs et des graines de plusieurs fruits. Il vit fort bien en France.

* CARDINAL, ALE, AUX adj. Principal.— Astron. et géogr. Les quatre points de l'horizon auxquels on rapporte généralement tous les autres points, et le sud, le nord, le sud, l'est et l'ouest: *les quatre points cardinaux.* — VENTS CARDINAUX, vents qui soufflent des quatre points cardinaux de la sphère. — Fig. VERTUS CARDINALES, les quatre vertus principales auxquelles toutes les autres peuvent se rapporter : *les quatre vertus cardinales sont la justice, la prudence, la tempérance et la force.* — Gramm NOMBRES CARDINAUX, nombres qui désignent une quantité, sans marquer l'ordr: *un, deux, trois, quatre,* sont des *nombres cardinaux; premier, second, troisième,* sont des *nombres ordinaux.* On appelle ADJECTIFS OU NOM DE NOMBRES CARDINAUX, ceux qui servent à xprimer les nombres cardinaux : dans notre langue, ils sont tous invariables, excepté *vingt* et *cent.*

* CARDINALAT s. m. Dignité de cardinal.

* CARDINALE s. f. Bot. Nom qu'on donne à deux plantes d'Amérique cultivées dans les jardins à cause de la beauté de leurs fleurs : *cardinale rouge, cardinale bleue.*

CARDINALE s. f. Nom d'une grosse pièce d'artillerie autrefois en usage.

CARDINALISER v. a. Faire cardinal : *cardinaliser un évêque.* — Pop. Rougir : *il cardinalise son nez.* — Neutral. : *sa trogne cardinalise* — **Se cardinaliser** v. pr. Devenir rouge.

CARDINALISTE s. m. Hist. Partisan de Richelieu et de Mazarin.

CARDIOPÉTALE adj. Bot. Qui a des pétales en forme de cœur.

CARDITE s. f. (gr. *kardia*, cœur). Méd. Inflammation du cœur. On distingue l'*endocardite* et la *péricardite*, affections très rares, dont il est à peu près impossible de constater l'existence autrement qu'à l'autopsie. — Genre de mollusques acéphales, de la famille des cardiacées, renfermant un grand nombre d'espèces vivantes, presque toutes exotiques.

CARDIUM s. m. [kar-di-omm]. Moll. Genre de cardiacées dont l'espèce indigène porte les noms populaires de *bucarde, de sourdon, de coque* et de *cœur-de-bœuf.* C'est un coquillage qui vit enfoncé à une petite profondeur dans le sable ; son goût ne diffère pas essentiellement de celui de la moule, et il s'en fait une grande consommation.

* **CARDON** s. m. (lat. *carduus*, chardon). Plante potagère, du même genre que l'artichaut, et dont les feuilles sont bonnes à manger. — Côte du nervure médiane comestible des feuilles de cette plante. — Le cardon est originaire de Berbérie. On cultive chez nous quatre variétés : le *cardon d'Espagne,* le moins recherché ; le *cardon de Tours,* perfectionné, volumineux, riche en matières nutritives ; le *cardon plein,* sans épines, et le *cardon à côtes rouges,* également sans épines. Les feuilles de ces différentes variétés acquièrent leur tendreté et leur saveur agréable parce qu'on les fait blanchir en les liant avec de la paille, en buttant les pieds en jetant, de temps en temps, un peu d'eau au centre des feuilles liées. La culture des cardons est, pour le reste, semblable à celle des artichauts. — On apprête les *cardons* ou côtes blanches tendres et charnues du cardon étiolé par la privation de lumière, en les jetant dans l'eau bouillante, en les laissant à demi refroidir dans l'eau, en les débarrassant de leur pellicule et en les faisant cuire ensuite dans de l'eau. On les sert avec une sauce ; c'est un mets assez agréable quand il est bien préparé.

CARDONE. I. (Raymond 1er de), général aragonais auquel le pape Jean XXII confia le commandement des troupes guelfes en 1322. Il se retira en 1325. — II. (Raymond II de), vice-roi de Naples en 1509 ; commandait à Ravenne, où il fut vaincu par les Français, les troupes du pape et des Vénitiens.

CARDONE (Denis-Dominique), orientaliste, né à Paris en 1720, mort en 1783, séjourna vingt ans à Constantinople, enseigna les langues orientales au collège royal et publia : *Histoire de l'Afrique et de l'Espagne sous les Arabes,* 176, 3 vol. in-12 ; *Mélanges de littérature orientale,* 1770, 2 vol. in-12, etc.

CARDONNEL (Pierre-Salvi-Félix), homme politique, né à Monostier (Tarn) en 1770, mort en 1820. Fut l'un des membres les plus dociles et les plus réactionnaires des Cinq-Cents, du Corps législatif sous l'Empire et des Chambres de la Restauration.

* **CARDONNETTE** s. f. Voy. Chardonnette.

CARDROS, ville du Dumbartonshire (Écosse), sur la Clyde, à 6 kil. N.-O. de Dumbarton ; 8,000 hab. Célèbre colline du château, sur laquelle s'élevait le château de Robert Bruce.

CARDUQUES (Xénophon écrit *Kardoukhoi* ; Strabon *Kuraques ;* et Pline *Carduchi*), ancien peuple guerrier qui habitait les régions montagneuses du moderne Kurdistan. On suppose que les Carduques ont été les ancêtres des Kurdes. Ils donnèrent leur nom aux *monts*

Carduques, ramification du Taurus, dans la Gordyène.

CARDWELL (Edward) [kar-douèl], ecclésiastique anglais (1787-1861), a laissé de « Lectures sur les monnaies des Grecs et des Romains » ; publia une édition *variorum* du Testament grec, ainsi que « l'Histoire de la guerre des Juifs » par Josèphe, etc.

CARE s. f. (gr. *karé,* tête). Visage (vieux). — Argot. Échange. — Vol a la care, vol qui consiste à proposer un échange avantageux de monnaies anciennes contre des nouvelles, ou à voler un marchand pendant qu'il compte de la monnaie pour changer une pièce.

CARÉBARIE s. f. (gr. *karé,* tête ; *baros,* lourdeur). Pathol. Lourdeur de tête.

CAREL (Jacques), sieur de Sainte-Garde, poète médiocre, né à Rouen vers 1620, mort en 1684 ; auteur du *Childebrand ou les Sarrasins chassés de France* (Paris, 1666-'70), poème épique que Boileau a ridiculisé. Son *Louis XIV* (1675), n'est pas meilleur.

* **CARÊME** s. m. (lat. *Quadragesima,* quarantaine, parce que le carême commençait quarante jours avant Pâques, jusqu'au temps où il fut augmenté de quatre jours). Temps d'abstinence, qui comprend quarante-six jours entre le mardi gras et le jour de Pâques, et pendant lequel les catholiques jeûnent tous les jours hormis les dimanches, ce qui fait quarante jeûnes. Dans l'Église latine, le carême est nommé *jejunium quadragesimale* (la fête de quarante jours), d'où son nom presque identique chez les peuples latins : port. *quaresma ;* esp. *cuaresma.* Les théologiens catholiques romains disent que cette fête est, en substance, d'origine apostolique ; mais plusieurs savants protestants la considèrent comme institution ecclésiastique. Le concile de Laodicée (vers 363) prescrivit l'abstinence absolue de toute nourriture, le jeudi saint, et l'usage de *nourriture sèche* pendant tout le carême. Par degrés, dans l'Occident, on arriva à prendre toute espèce de nourriture, excepté de la viande, des œufs, du fromage et du vin ; et cet usage devint général au IXe siècle. Plus tard, la viande fut seule exclue de l'alimentation pendant le carême. Dans la discipline actuelle de l'Église romaine, un seul repas est autorisé, et il doit être *maigre* c'est-à-dire sans aucune espèce de viande. La coutume autorise une légère réfection, ne dépassant pas deux onces de nourriture, dans la matinée, et une collation de huit onces dans l'après-midi. Mais cette règle générale est modifiée pour se soumettre aux exigences des climats, des âges, de l'état de santé, des travaux, etc. Le poisson et la viande ne sont, dans aucun cas, permis ensemble au même repas pendant le carême. — Le jeûne du carême fut, dit-on, institué par le pape Télesphore, en l'an 130 ; il commençait le dimanche que nous appelons, aujourd'hui, le premier dimanche de carême ; mais à partir de 487, il fut augmenté de 4 jours et commença le mercredi des cendres. — Le jeudi de la troisième semaine du carême est appelé mi-carême. — Provisions de carême, viande de carême, provisions, aliments dont les catholiques se servent le plus ordinairement en carême, comme beurre, huile, légumes, fruits secs, poisson salé, etc. — Faire carême, faire le carême, observer le carême, s'abstenir des viandes défendues pendant le temps du carême. — *Rompre le carême, rompre carême,* cesser d'observer l'abstinence de carême, et manger des viandes défendues. — Le carême est bas, se dit quand le carême commence dans les premiers jours de février. — Le carême est haut, quand il commence au mois de mars. — Fig. et fam. Mettre le carême bien haut, exiger des choses trop difficiles. Promettre une chose qui n'arrivera pas de longtemps. — Prov. et fig. Avoir prêché sept

ans pour un carême en quelque endroit, y avoir été longtemps et connaître bien ce lieu-là. On dit aussi absolument : *prêcher sept ans pour un carême,* donner souvent et inutilement le même avis, répéter toujours la même chose. — Cela vient comme mars en carême, se dit d'une chose qui ne manque jamais d'arriver à une certaine époque. On dit également : *il n'y manque non plus que marée en carême,* en parlant d'un homme qui se trouve toujours en quelque endroit, à une certaine heure. — Prov. Arriver comme marée en carême, Arriver à propos. — Fig. et fam., Une face de carême, un visage blême. — Carême, désigne quelquefois tous les sermons qu'un prédicateur prêche pendant un carême : le *Petit Carême de Massillon.*

CARÊME (Marie-Antoine), célèbre cuisinier, né à Paris en 1784, mort en 1833. D'une famille très pauvre qui l'abandonna dès l'enfance, il s'instruisit lui-même et s'éleva graduellement de l'état de laveur de vaisselle à celui d'artiste culinaire aussi distingué dans la théorie que dans la pratique. Talleyrand le tira de l'obscurité ; il fut ensuite successivement employé par le futur George IV, par l'empereur de Russie, par l'empereur d'Autriche, par le roi de Wurtemberg et par le baron Jacques de Rothschild. Il excella dans le dessin des pâtisseries d'après Palladio et Vignole. Il a publié : le *Pâtissier royal parisien* (1825, 2 vol. in-8o) ; le *Pâtissier pittoresque* (1845) ; l'*Art de la cuisine* (3 vol. in-8o) ; le *Maître d'hôtel français* (2 vol. in-8o) ; *Projets d'architecture pour les embellissements de Paris et de Saint-Pétersbourg* (1821, 2 vol. in-folio). Ses ouvrages restèrent classiques jusqu'au jour où parurent ceux de notre contemporain Gouffé.

* **CARÊME-PRENANT** s. m. On appelle ainsi, familièrement, les trois jours gras qui précèdent immédiatement le mercredi des Cendres : *c'était à carême-prenant.* — Le Mardigras : *il faut faire carême-prenant avec sa femme, et Pâques avec son curé.* — Se dit aussi par ext. des gens masqués et déguisés qui courent les rues pendant les jours gras. — Fig. et fam. C'est un vrai carême-prenant, se dit d'une personne vêtue d'une manière extravagante, qui la fait ressembler à un masque. On dit de même : *avoir l'air d'un carême-prenant.*

* **CARÉNAGE** s. m. Mar. action de caréner, résultat de cette action. — Lieu où l'on carène les navires. — Dans les Antilles, abri où se contient les navires pour hiverner.

CARENAGE nom donné aux redoutes de Wolhynie et de Selighinski, élevées en avant de la plage de Sébastopol. Elles furent emportées par les troupes françaises le 7 juin 1855.

* **CARENCE** s. f. (lat. *carere,* manquer), Prat. Ne s'emploie guère que dans cette locution : *procès-verbal de carence,* procès-verbal qui constate qu'un débiteur ou qu'une personne décédée n'a laissé aucun effet mobilier. — Légis. « Lorsqu'il a été fait une apposition de scellés, qu'il s'ouvre d'une personne décédée, et qu'il n'a pas été fait d'inventaire, par suite du défaut d'effets mobiliers à inventorier, le juge de paix droit dresser un *procès-verbal de carence* (Code proc. 924). Les notaires peuvent aussi, dans le même cas, dresser ce procès-verbal (L. 27 mars 1794) On nomme aussi procès-verbal de carence le procès-verbal de saisie dressé par un huissier, en exécution d'un jugement, lorsque ce procès-verbal constate qu'il n'y a aucun effet mobilier à saisir. Les procès-verbaux de carence ont pour effet d'empêcher la péremption des jugements rendus par défaut contre partie. Les percepteurs de contributions directes, et les autres comptables de deniers publics doivent faire constater par un procès-verbal de carence l'insolvabilité des contribuables ou autres débiteurs qui n'ont pas d'effets saisissables. (Règlement du 21 déc. 1839); mais le plus souvent on se contente d'un *certificat de carence* dressé par le maïre de la commune où le redevable avait son dernier domicile, lequel certificat doit être visé par le sous-préfet (Arr. 6 messidor an X.) »   (Ch. Y.)

* **CARÈNE** s. f. (lat. *carina*). Mar. Grosse pièce de bois établie sous la quille et dans toute la longueur du navire.—Flancs du navire, depuis la quille jusqu'à la ligne de flottaison. — Par ext. Carénage : *donner carène à un navire.*— Mettre un navire en carène, l'abattre en carène, le mettre sur le côté pour le raccommoder dans ses œuvres vives, c'est-à-dire aux endroits qui sont dans l'eau. — Bot. Pétale inférieur des fleurs papillionacées, parce qu'il ressemble à la carène d'un bâtiment.

* **CARÉNÉ, ÉE** adj. Bot. Se dit des feuilles, des stipules, etc., qui ont la forme d'une carène : *feuille carénée : les valves de cette silique sont carénées.*

* **CARÉNER** v. a. Mar. Chauffer la surface extérieure de la carène pour brûler le vieil enduit dont elle est couverte, ensuite réparer le calfatage altéré, étendre du brai chaud sur toutes les coutures, et enduire tous ses contours d'un nouvel apprêt. L'objet de cette opération est d'assurer au navire toute la vitesse qu'il est susceptible de prendre; on l'exécute en abattant le navire sur le flanc.

CARENTAN, *Carentorium, Carenta*, ch.-l. de cant.; arr. et à 22 kil. N.-N.-O. de Saint-Lô (Manche), port sur la Douve; 3,000 hab. Cabotage.

CARER v. n. Voler à la care.

* **CARESSANT, ANTE** adj. Qui aime à caresser : *enfant caressant; humeur caressante.* — Se dit également de l'air, des manières, etc. : *prendre un air caressant; manières caressantes.*

* **CARESSE** s. f. (lat. *carus*, cher). Témoignage d'affection que l'on donne à quelqu'un par ses actions ou par ses paroles : *douces caresses.* On le dit également des animaux : *ce chien fait des caresses à tout le monde.* — Fig. : *il ne faut pas se fier aux caresses de la fortune.*

* **CARESSÉ ÉE** part. passé de Caresser. — Adjectiv. et fig., en parlant de tableaux d'un fini précieux : *les tableaux de plusieurs peintres flamands sont très caressés.*

* **CARESSER** v. a. Faire des caresses : *caresser un enfant.*— Fig. et poétiq.: *le zéphir caresse les fleurs.*—Fig. Flatter, cajoler : *il sait caresser les gens; caresser une chimère,* s'y complaire.

CARESSEUR, EUSE s. Personne qui aime à caresser.

* **CARET** s. m. Dévidoir de cordier. — Mar. Fil de caret, gros fil de chanvre qui sert d'élément à tous les cordages.

* **CARET** s. m. Sorte de tortue dont l'écaille sert à faire des peignes et d'autres ouvrages. C'est la chélonée ou tortue imbriquée.

CAREUR s. m. Voleur à la care.

CAREW (Thomas), poète anglais (1589-1639). A laissé des poésies légères (1 vol., 1640).

* **CAREX** s. m. Bot. Genre de plantes appelées communément *laiches.*

CAREY. I. (Henry), poète anglais, mort en 1743 ; il était fils naturel de George Saville, marquis d'Halifax. On lui attribue le « God save the King ! » Il a laissé des cantates et des farces, parmi lesquelles : « Chrononhotonthologos » et le « Dragon of Wantley ». Son fils, George Saville (mort en 1807), fit de nombreuses chansons populaires et des farces. — II. (Henry-Charles), économiste politique

américain, né en 1793. Ses œuvres, qui ont été traduites en plusieurs langues, comprennent « les Principes de l'Economie politique » (3 vol. in-8°, 1837-'40); « le Passé, le Présent et l'Avenir » (1848, in-8°); « Principes de la science sociale » (3 vol. 1858-'9), etc. — III. (Mathew), auteur américain, né à Dublin (Irlande) en 1760, mort en 1839. Son opposition au gouvernement anglais le fit emprisonner. Il s'enfuit à Philadelphie (1784) et écrivit une *Histoire de la fièvre jaune de 1793* et des *Essais sur l'économie politique.* — IV. (William), missionnaire anglais (1761-1834) ; fondateur de la première société des missionnaires baptistes ; il visita l'Inde en 1793 et publia un dictionnaire de la langue du Bengale. A collaboré à la traduction inachevée de l'épopée sanscrite *Ramanaya* (1806-'10, 3 vol. in-4°). — V. (John), philologue irlandais (1756-1829). Publia de nombreux ouvrages d'éducation et fournit 50 vol.[1] à la collection des *Classiques du Régent.*

CAREZ (Joseph), typographe et homme politique, né à Toul, en 1753, mort en 1801. Il inventa le clichage en 1785 ; fut député de la Meurthe à l'Assemblée législative et plus tard sous-préfet à Toul. Il a laissé un *Alphabet républicain* (1793) et l'*Ami des jeunes républicains* (Toul, 1793).

* **CARGAISON** s. f. (esp. *cargazon*). Mar. Réunion de toutes les marchandises que peut embarquer un bâtiment de commerce. « Les vaisseaux de l'Etat ne reçoivent pas de cargaison, et ne se chargent que des provisions de bouche et des munitions de guerre qui leur sont nécessaires. » (De Chesnel.)

CARGILL (Donald) [kar-ghil], chef cameronien écossais (1640-'81). Grièvement blessé à Bothwell Bridge, il se sauva en Hollande, revint en 1680 et fut exécuté à Edinburgh.

* **CARGUE** s. f. (vieille forme du mot *charge*). Mar. Nom donné aux cordes légères fixées aux bords et aux coins inférieurs des voiles, et qui servent à les retrousser ainsi qu'à les relever sur les vergues en plis pendants et drapés, pour en soustraire la surface à l'action du vent. — Cargue-bouline, cargue fixée à la ralingue de bouline du milieu, et passant dans une poulie placée au quart de la vergue. — Cargue fond, celle qui est fixée au tiers de la ralingue et qui correspond au tiers de la vergue.—Cargue-vue, cargue employée à soulever une portion de voile pour laisser la vue libre. — Cargue au vent, celle qui est placée du côté d'où vient le vent. — Cargue sous le vent, cargue placée du côté opposé au vent.

* **CARGUER** v. a. (vieille forme du mot *charger*). Mar. Relever, retrousser au-dessus de la vergue et au moyen de *cargues*, une voile qui est en dehors, soit qu'on la retienne ainsi ployée momentanément, soit qu'on veuille la serrer.

* **CARGUETTE** s. f. Mar. Manœuvre qui sert à redresser une antenne, à la changer de bord lorsqu'on mude. N'est usité que dans le Levant.

CARGUEUR s. m. Mar. Poulie qui sert particulièrement à amener et guinder le perroquet. — Matelot employé à carguer.

CARHAIX [ka-ré] *Caretum* (celt. *Ker Aés*, ville d'Aétius) ; ch.-l. de cant. ; arrond. et à 50 kil. E. de Châteaulin (Finistère), sur le canal de Nantes à Brest ; 2,400 hab. Ville prise par du Guesclin en 1363. Patrie de La Tour d'Auvergne, auquel elle a élevé une statue en 1841.

CARHEIL (Etienne de), jésuite missionnaire français du XVII° siècle ; il visita les Hurons et les Iroquois de 1668 à 1721 et convertit un grand nombre de sauvages.

CARIA s. m. Nom vulgaire d'une espèce de termite de l'Inde qui attaque le bois des navires et le détruit rapidement.

* **CARIATIDE** ou **Caryatide** s. f. (gr. *kariatides*, jeunes filles de Carie). Archit. Figure de femme, ou même d'homme, qui soutient une corniche sur sa tête. L'emploi des cariatides dans l'architecture grecque date d'une haute antiquité, et il avait probablement été emprunté à l'Egypte. On pense que le nom de cet ornement vient de ce que les premiers sculpteurs revêtirent leurs modèles de la robe longue des femmes de Carie.

Cariatide.

CARIBERT. I. Fils aîné de Clotaire I°; eut en partage le royaume de Paris et une partie du Quercy, de l'Albigeois et de la Provence (561). Pendant son règne commença la puissance des maires du Palais. Il mourut sans enfant mâle, en 567. — II. Frère de Dagobert et roi d'Aquitaine, de 628 à 631.

* **CARIBOU** s. m. Zool. Animal sauvage du Canada, qui a de très grands rapports avec le renne; on l'a surnommé le renne de l'Amérique. Sa couleur en été est un joli brun rougeâtre luisant, qui devient grisâtre en hive[r], surtout au ventre, à la tête et au cou.

Caribou.

Les cornes, dès la sortie de la tête, jettent un rameau droit en avant et un rameau plus allongé et semi-circulaire en arrière. Son sabot, relativement très large, lui permet de courir avec assurance sur la neige. Dans les pays de forêts, il pèse jusqu'à 300 livres : mais celui que l'on chasse dans les plaines stériles pèse de 100 à 130 livres. — Au pl. Des caribous.

CARICA s. m. Bot. Genre de papayacées, comprenant de petits arbres à grandes feuilles lobées. Le *carica spinosa*, qui se trouve au Brésil et dans la Guyane, atteint 20 pieds de haut. Son suc, d'une grande âcreté, cause des ampoules et de vives démangeaisons quand on l'applique sur la peau.

CARICATURAL, ALE adj. Qui tient de la caricature.

* **CARICATURE** s. f. Peint. Image satirique dans laquelle l'artiste représente d'une manière grotesque, bouffonne, les personnes ou les événements qu'il veut tourner en dérision: *les caricatures ne doivent pas être des charges insignifiantes; les Anglais excellent dans la caricature.* — Charge : *ce n'est point là un portrait, c'est une caricature* — Personne ridiculement accoutrée : *voyez cette femme : quelle caricature !* — Fig. Imitation grotesque : *l'affectation est la caricature du naturel.* — Littér. Portrait chargé et contrefait : *la parodie est la caricature littéraire.* — Encycl. Les Egyptiens, les Grecs et les Romains connurent l'art grotesque, la parodie ; mais la véritable charge, telle que nous la connaissons aujourd'hui, fut imaginée ou tout au moins rendue plus parfaite par les artistes italiens du XVI°

siècle. En 1565, parut un recueil de caricatures que l'on attribue à Rabelais : c'est un assemblage de contes drôlatiques. Les caricaturistes contemporains ont porté cet art à sa perfection. Voy. Champfleury : *Histoire de la caricature antique et moderne* (1865).

CARICATURER v. a. Faire la caricature de quelqu'un. — Fig. Tourner en ridicule.

CARICATURIER s. m. S'est dit quelquefois pour caricaturiste.

CARICATURISTE s. m. Celui qui fait des caricatures. Quelques caricaturistes contemporains ont acquis une grande popularité. Nous citerons : Daumier, Cham, Bertall, Gavarni, Henri Monnier, Dantan, Grandville, Charlet, Traviès, Carlo Gripp, Randon, l'inimitable caricaturiste des troupiers ; Carjat, Gill, etc.

° **CARIE** s. f. (lat. *caries*). Pathol. Ulcération des os produisant leur destruction progressive. La carie commence par une inflammation et s'accompagne ordinairement de suppuration. Elle affecte de préférence le tissu spongieux des os du poignet, de la cheville, de la hanche, des vertèbres et des extrémités des os longs. Il ne faut pas la confondre avec la *nécrose* ou *carie sèche*, qui est une gangrène de l'os. Les causes les plus fréquentes de la carie sont la scrofule, la syphilis et le scorbut ; elle peut aussi être produite par un choc, une pression prolongée, etc. Les moyens généraux employés contre cette maladie redoutable sont les cataplasmes, les bains locaux d'eau de guimauve et de têtes de pavot, les topiques irritants, les exutoires de toute espèce, les bains sulfureux et savonneux ; au besoin, le fer rouge ou même l'amputation quand le désorganisation est complète. Dès le début d'une affection de ce genre, il faut combattre la diathèse. — CARIE DES DENTS. C'est l'altération la plus commune des dents. Une constitution débile ou scrofuleuse, l'usage des boissons très chaudes, la transition subite du froid au chaud, le contact des corps acides, les violences, sont autant de causes qui peuvent la développer. Elle attaque de préférence les molaires et ensuite les dents correspondantes de chaque mâchoire. Elle est *molle* ou pourrissante lorsqu'elle détruit l'os du dedans ou de dehors ; *sèche* ou stationnaire lorsqu'elle va de dehors en dedans ; alors elle s'arrête d'elle-même après avoir envahi une certaine portion de la couronne. Dès le début, une surface jaune ou noire, est d'une grande dureté et ne s'accompagne pas de douleur. Le seul remède efficace est l'extraction de la dent. On peut calmer momentanément les douleurs, en introduisant dans la cavité une boulette de coton imbibée de laudanum, d'extrait d'opium, d'essence de girofle, de créosote ou d'huile de térébenthine. — Arboric. Maladie qui affecte surtout le cœur des grosses branches des vieux arbres. Le mieux est d'abattre ceux qui en sont atteints. — Mar. CARIE SÈCHE. Pourriture qui attaque les bois de construction dans les chantiers.

CARIE, ancienne contrée de l'extrémité S.-O. de l'Asie Mineure, entre le Taurus, la Méditerranée, la mer Egée, la Lydie et la Phrygie. Ses côtes très découpées formaient les caps de Mycale, de Posidium, d'Halicarnasse et de Cnide. Principal cours d'eau : le Méandre. La Carie comprenait toute la Doride et une partie de l'Ionie ; elle renfermait des villes importantes, telles que Cnide, Halicarnasse, Mylasse et Milet, qui avaient été construites par les Grecs. D'après Hérodote, les Cariens étaient d'origine pélasgique. Subjugués par les Perses, ils conservèrent des souverains particuliers, parmi lesquels Artémise Irᵉ et Artémise II. La Carie changea plusieurs fois de maîtres ; elle forma une partie de la province romaine d'Asie après la guerre de Mithridate.

CARIEN, IENNE s. et adj. Habitant de la Carie ; qui a rapport à ce pays.

° **CARIER** v. a. Gâter, pourrir, principalement en parlant des os et des blés : *l'usage de cet élixir a carié toutes ses dents.* — Se carier v. pr. Etre carié, être affecté de la carie.

CARIGNAN, ch.-l. de cant.; arr. et à 21 kil. E.-S.-E. de Sedan (Ardennes), sur le Chiers; 2,000 hab. A longtemps porté le nom d'Ivoy et fait partie du Luxembourg français. Fut érigé en duché-pairie, sous son nom moderne, par Louis XIV, en faveur du comte de Soissons, de la maison de Savoie. Voy. DONZY.

CARIGNAN (ital. CARIGNANO) [kâ-ri-nià'-no], ville d'Italie, sur le Pô, à 16 kil. S. de Turin ; 7,800 hab. Industrie séricicole ; confitures renommées. Tommaso, le plus jeune fils du duc Charles-Emmanuel Iᵉʳ de Savoie, reçut Carignan en 1630 et fut le fondateur de la branche cadette de Savoie qui règne aujourd'hui sur l'Italie. En 1834, un rameau de cette branche reçut le titre de Savoie-Carignan.

CARIGNAN (Thomas-François DE SAVOIE, *prince de*), cinquième fils de Charles-Emmanuel Iᵉʳ (1596-1656). A la tête des Espagnols, il fut vaincu par les Français à Avein et battit La Force devant Saint-Omer (1638). Il passa au service de la France en 1642.

° **CARILLON** s. m. [*ll* mll.]. (bas lat. *quadrilio*, quaternaire, parce que les carillons se composèrent d'abord de quatre cloches). Battement de cloches à coups précipités, avec une sorte de mesure et d'accord : *sonner le carillon, à double carillon.* — Réunion de cloches accordées à différents tons et qu'on place dans les clochers ou dans les tours des hôtels de ville ; air qu'on exécute sur ces cloches : *carillon de la Samaritaine ; carillon de Dunkerque.* — HORLOGE, PENDULE, MONTRE A CARILLON, horloge, pendule, montre qui sonne des airs à de certains intervalles. — Phys. CARILLON ÉLECTRIQUE, réunion de plusieurs timbres qui sonnent en même temps, lorsqu'on les met en communication avec une machine électrique. — Fig. et fam. A DOUBLE, A TRIPLE CARILLON, très fort, excessivement : *il fut sifflé à double carillon.* — CARILLON signifie, fig. et fam. Crierie, grand bruit : *quand la maîtresse du logis verra le désordre, elle fera un beau carillon.* — HIST. Selon quelques historiens, la ville de Rouen aurait possédé un carillon dès 1317 ; mais on s'accorde généralement à dire que le premier carillon fut placé en 1487 dans le clocher de l'église d'Alost. Toutes les villes du nord de l'Europe eurent bientôt des carillons résonnant au moyen d'un cylindre hérissé de chevilles disposées de manière à agir sur les manches des marteaux qui frappent les cloches; on adapta, aux grandes horloges, des carillons mécaniques qui firent entendre un air aux heures, aux demi-heures, etc. Telle était le carillon de l'horloge de la Samaritaine, sur le Pont-Neuf à Paris. Le carillon de Dunkerque a joui d'une grande célébrité. Celui de Bruges, composé de 47 cloches, passe pour l'un des plus harmonieux ; celui de Notre-Dame de Châlons-sur-Marne à 56 cloches, on cite encore ceux de Gand et de Copenhague parmi les plus beaux de l'Europe. — On appelait autrefois *carillon de Dunkerque* un air vif et gai qu'on dansait en frappant des pieds et des mains. Pendant la Révolution, l'air du *Ça ira* reçut le nom de *carillon national.*

CARILLON, ancien fort du Canada. Voy. TICONDEROGA.

° **CARILLONNÉ, ÉE** part. passé de CARILLONNER. On ne l'emploie guère que dans cette locution familière : *fête carillonnée*, qui se dit des grandes fêtes de l'Église catholique.

CARILLONNEMENT s. m. Action de carillonner.

° **CARILLONNER** v. n. Sonner le carillon. — Exécuter un air sur un carillon.

° **CARILLONNEUR** s. m. Celui qui carillonne.

CARIN ou **Carinus** (Marcus-Aurelius), fils aîné de l'empereur romain Carus, auquel il succéda en 283, conjointement avec son jeune frère Numérien. Ce dernier mourut bientôt, probablement assassiné, et Carin, resté seul, se rendit odieux par sa débauche et sa cruauté. Un de ses officiers, dont il avait séduit la femme, l'assassina au moment où il venait de remporter une victoire sur Dioclétien (285).

CARINI, ville de Sicile, à 15 kil. O.-N.-O. de Palerme ; 9,585 hab. Elle est bien située, sur le sommet d'une colline, à 5 kil. de la mer.

CARINTHIE (all. *Karnthen*), duché autrichien, sur la frontière d'Italie ; 10,373 kil. carr.; 337,694 hab., dont les deux tiers sont des Allemands ; le surplus est slovène. Territoire montagneux ; point culminant : le Grossglockner. Rivière principale : la Drave. Grand lac de Klagenfurt. La diète se compose de 27 délégués, outre le gouverneur et l'évêque de Gurk. Capitale Klagenfurt. La Carinthie fut annexée aux domaines du duc d'Autriche en 1336.

CARIPE, ville et vallée de Vénézuéla, à 65 kil. S.-E. de Cumana. Principale station des missions indiennes de la Chayma. La vallée renferme de nombreuses cavernes dans lesquelles on détruit chaque année une multitude de faucons de nuit (*caprimulgus*), dont les jeunes produisent une graisse recherchée.

CARISBROOKE [kâr'-iss-brouke], village agricole de l'île de Wight (Angleterre), à 2 kil. S. de Newport. Belle résidence du gouverneur

Château de Carisbrooke.

Château en ruines, où furent enfermés Charles Iᵉʳ et ses deux plus jeunes fils. Restes d'un prieuré cistercien.

CARISSIMI (Giovanni-Giacomo), compositeur italien, mort vers 1674. Il fut pendant longtemps directeur de la chapelle pontificale à Rome, composa des accompagnements pour la musique sacrée, apporta de grands perfectionnements au récitatif et fut l'un des premiers à écrire des cantates.

CARISTADE s. f. (gr. *charis*, grâce). Aumône (vieux).

CARLADEZ (Le), *Carlatensis tractus*, ancien pays de la haute Auvergne ; ch.-l. Carlat, puis Vic.

CARLA-LE-COMTE, village à 20 kil. O. de Pamiers (Ariège); 2,050 hab.

CARLAT, bourg à 12 kil. S.-E. d'Aurillac (Cantal); 1,000 hab. Ancien ch.-l. du Carladez, possédait un château fort que Henri IV fit démolir en 1604.

CARLAT-DE-ROQUEFORT (Le), village à 14 kil. E. de Foix (Ariège); 500 hab. Patrie de B....

CARLEE, Carlie ou **Karli**, village de l'Hindoustan, à 65 kil. E. de Bombay: il renferme

Temple souterrain de Carlee.

un fameux temple souterrain consacré au bouddhisme.

CARLETON [angl. karl'-teun]. I. (sir **Guy**), lord Dorchester, général anglais, né en Irlande en 1724, mort en 1808. Il se distingua aux sièges de Louisbourg, de Québec et de Belle-Isle, fut fait gouverneur de Québec en 1772. — II. (**William**), romancier irlandais (1798-1869). Ses œuvres, dans lesquelles il cher"cha à stimuler le courage de ses compatriotes, obtinrent un grand succès et firent sa fortune. Ce sont : « Traits et histoires des paysans irlandais », « Valentine Mac Clutchy », « Rody the Rover », « le Prophète noir, histoire de la famine irlandaise », « The Tithe Proctor », « Willy Reilly », etc.

CARLI. I. (**Dionigi**), missionnaire italien, mort après 1680. A laissé une Relation curieuse et nouvelle d'un voyage au Congo (Lyon, 1689). — II. (**Giovanni-Rinaldo**, comte), antiquaire et historien italien (1720-'95). Il enseigna l'astronomie et la navigation à l'université de Venise (1744-'54), et, à partir de 1765, fut chef du conseil toscan d'économie et d'éducation. Ses œuvres complètes (Milan, 1784-'94, 18 vol. in-8), comprennent : un Traité des monnaies, resté classique (6 vol.); l'Uomo libero, l'Andropologia, ouvrage contre J.-J. Rousseau, etc. Dans cette édition ne se trouvent pas les Antiquités italiennes (Milan, 1788-'91, 5 vol.); ni ses Lettere americane (1780-'81, 3 vol.), traduites en français (Lettres américaines) par Lefebvre de Villebrune, 1788, 2 vol. in-8.

CARLIN s. m. (ital. Carlo, Charles). Ancienne monnaie d'Italie dont la valeur a varié selon les lieux : carlin d'or, d'argent.

CARLIN s. m. (de Carlin, n. pr.). Petit doguin, petit chien à poil ras et à museau noir et écrasé.

CARLIN (Carlo-Antonio Bertinazzi, dit Carlino ou), comédien, né à Turin en 1713, mort à Paris en 1783. Il remplissait les rôles d'arlequin avec un masque noir de forme écrasée, et se fixa, dès 1742, à Paris, où il obtint un grand succès. Il a écrit les Métamorphoses d'Arlequin, 1763.

CARLINE s. f. [kar-li-ne] (du nom de Charles le Grand, Charlemagne, dont cette plante avait guéri l'armée, attaquée de la peste). Genre de plantes de la famille des composées, tribu des carduacées, bisannuelle, comprenant une quinzaine d'espèces que l'on rencontre dans les régions montagneuses de l'Europe et dont la racine, allongée, brunâtre au dehors, blanche intérieurement, d'une saveur amère un peu nauséabonde, a été employée comme sudorifique.

'CARLINGUE s. f. (celt. car, bois; ling, long). Combinaison de deux ou trois fortes pièces de bois de chêne, ajoutées bout à bout dans le fond d'un navire, et qui servent, avec la quille, à consolider la carène et à soutenir les mâts. — Carlingue de cabestan, celle qui est établie sur les baux du pont où est le cabestan; Carlingue de mat, assemblage de charpente sur laquelle est contenu le pied de ce mât, comme un tenon dans une mortaise.

CARLISLE [kar-laïl'-le], Luguvallio ou Luguvallium, ch.-l. du comté de Cumberland (Angleterre), sur la rivière Eden, à 400 kil. N.-N.-O. de Londres; 32,000 hab. Ville très ancienne, d'origine bretonne, qui fut un point stratégique important sous la domination romaine. Château construit par les Normands en 1092, où l'on voit encore, dans le donjon, les appartements qui furent occupés par Marie Stuart pendant sa captivité. Évêché dont la fondation remonte à Henri Ier; place de guerre. Fabrique de

Entrée du château de Carlisle.

cotonnades, fonderies de fer et de caractères d'imprimerie; tanneries, brasseries, chapelleries, teintureries, etc. Petit port pour bâtiments de 100 tonneaux, communiquant avec le golfe de Solway par un canal.

CARLISLE [kar-laïl'-le], ville de Pennsylvanie (États-Unis), à 30 kil. S.-O. d'Harrisburg; 6,750 hab. Sources sulfureuses, à 6 kil. N. de la ville.

CARLISLE (sir **Anthony**), chirurgien et physiologiste anglais (1768-1840). Son ouvrage principal est un « Essai sur les désordres de la vieillesse ».

CARLISLE. I. (**Frederick-Howard**, cinquième comte de), homme d'État anglais (1748-1825), tenta inutilement de réconcilier l'Angleterre avec ses colonies d'Amérique (1778), fut vice-roi d'Irlande (1780-'82), et publia des tragédies et des poèmes. — II. (**George-William-Frederick**, septième comte de), petit-fils du précédent (1802-'64); fut lord lieutenant d'Irlande (1855-'64); a publié : Voyage dans les eaux turques et grecques, qui obtint un grand succès, et la Seconde Vision de Daniel.

CARLISME s. m. (rad. Charles, qui s'est dit Carl en France et se dit Carlos en Espagne).

Opinion politique des partisans de Charles X en France ou de don Carlos en Espagne.

CARLISTE s. m. Nom donné depuis 1830 aux légitimistes français; puis, après 1834, aux partisans de don Carlos de Bourbon.

CARLOMAN. I. Frère aîné de Pépin le Bref, gouverna l'Austrasie, se retira au mont Cassin en 747. — II. Fils de Pépin le Bref, né en 751, partagea les Francs avec son frère aîné, Charlemagne, en 768. Il eut l'Austrasie, la Bourgogne et les possessions au delà du Rhin. Il mourut en 751. Ses enfants, dépouillés de leurs biens par Charlemagne, se retirèrent chez Didier, roi des Lombards. — III. Deuxième fils de Louis le Bègue, partagea l'empire franc avec son frère Louis III (879); eut l'Aquitaine et la Bourgogne; régna seul sur les Francs après la mort de son frère (882-'4) et mourut à la chasse. — IV. Fils de Louis le Germanique, fut roi de Bavière (876), et d'Italie (877); mort en 880.

CARLOS (Don). Nom de plusieurs princes espagnols. — I. Prince de Viane, infant de Navarre (1420-'64), fils de Jean d'Aragon et de Blanche de Navarre, fut roi de Navarre, à la mort de sa mère en 1441. Jeanne, deuxième épouse de Jean II d'Aragon, et belle-mère de don Carlos, fit assassiner ce malheureux prince pour assurer la couronne à son fils, Ferdinand. — II. Infant d'Espagne, fils de Philippe II et de sa première femme, Marie de Portugal, né à Valladolid en 1545, mort en 1568. La violence de son caractère le fit prendre en haine par Philippe, qui le déclara incapable de régner et nomma héritiers présomptifs à sa place ses neveux Rodolphe et Ernest d'Autriche. Jaloux de l'influence dont jouissait le duc d'Albe, don Carlos conspira contre son père et contre son oncle, don Juan d'Autriche; fut arrêté et mourut presque aussitôt d'une fièvre maligne selon les uns, par le poison suivant les autres. Saint-Réal a donné le récit de sa conspiration. Schiller a tiré de sa mort une célèbre tragédie en cinq actes et en vers (1787). — III. (**Maria-Isidoro**), prétendant à la couronne d'Espagne, fils du roi Charles IV, né en 1788, mort à Trieste en 1855. Le parti réactionnaire espérait le voir succéder à son frère Ferdinand VII; mais l'abrogation de la loi salique par Ferdinand donna le trône à Isabelle en 1833. Don Carlos se proclama roi sous le titre de Charles V, souleva les populations des provinces septentrionales, soutint une guerre sanglante pendant plusieurs années et se réfugia en France en 1839. En 1845, il prit le nom de comte de Molina et abdiqua en faveur de son fils aîné. — IV. (**Luis-Maria-Fernando**), connu sous le nom de comte de Montemolin, fils du précédent (1818-'61). Il entra en Espagne avec 3,000 hommes en 1860, fut battu à Tortosa et fait prisonnier; on lui rendit presque aussitôt la liberté. Il laissa ses prétentions à son frère, **Don Carlos-Juan-Maria-Isidoro** (né en 1822), lequel abdiqua, en 1868, en faveur de son fils **Don Carlos-Maria-Juan-Isidoro** (né en 1848). Ce dernier prit le titre de Charles VII et fit naître en Espagne une guerre civile qui dura de 1872 à 1876. (Voy. Espagne.)

CARLOVINGIEN, ENNE adj. Qui appartient à la dynastie des Carlovingiens, qui est de l'époque des Carlovingiens.

CARLOVINGIENS, famille royale et impériale qui, pendant les VIIIe, IXe et Xe siècles, donna des souverains à l'Allemagne, à la France et à l'Italie. L'origine des Carlovingiens remonte à Arnulf et à Pépin de Landen, deux puissants seigneurs francs d'Austrasie au VIIe siècle, et leur nom dérive de Charles Martel (Karl ou Marteau), vainqueur des Sarrasins. Son fils, Pépin le Bref, ayant confiné dans un couvent le dernier des Mérovingiens, prit le titre de roi, et son petit-fils, Charlemagne, rétablit l'empire d'Occident. Les plus importants royaumes qui naquirent du démembrement de l'empire carlovingien (la France, l'Allemagne et l'Italie) furent, pendant longtemps encore, gouvernés par les descendants de Charlemagne. Les Carlovingiens furent enfin remplacés en Allemagne par les empereurs franconiens et saxons et en France par les rois capétiens.

CARLOVITZ, ville de Slavonie (Autriche), sur le Danube, à 14 kil. S. de Peterwarden ; 4,500 hab. Excellents vins. Paix de vingt-cinq ans, signée le 26 janvier 1699, entre l'Autriche, la Pologne, la Russie, Venise et la Turquie. En vertu de cette paix, la Hongrie fut définitivement acquise à l'Autriche.

CARLOW. I. Comté du S.-E. de l'Irlande, province de Leinster ; 890 kil. carr. ; 51,475 hab. Territoire agricole, arrosé par les rivières Slaney et Barrow. — II. Capitale du comté qui porte le même nom, sur le Barrow, à 65 kil. S.-O. de Dublin ; 7,800 hab. Cathédrale catholique, couvents, collège, etc. Victoire des Anglais sur les rebelles, le 24 mai 1798.

CARLSBAD ou Karlsbad [all. karl'-sbât], station balnéaire de Bohême, dans une vallée pittoresque à 110 kil. O.-N.-O. de Prague; 7,500 hab. Elle fut nommée d'après l'empereur Charles IV qui, le premier, fit usage de ses eaux chlorurées, sulfatées et carbonatées sodiques, de 50° à 80° C., recommandées dans l'hypertrophie du foie, la gravelle, la goutte, le diabète et l'hypocondrie. Un congrès assemblé à Carlsbad le 18 août 1819, adopta plusieurs mesures restrictives qui furent cassées par la diète allemande de 1848.

CARLSBURG ou Karlsburg [karl'-sbourg] (hongrois, *Gyula-Fejérvar*), ville de Transylvanie, à 70 kil. S de Klausenburg; 7,975 hab. La ville basse possède un pont sur le Maros; la ville haute ou citadelle est entourée de murailles. Cathédrale, observatoire, arsenal, gymnase, hôtel des monnaies. Mines d'or, aux environs. Charles VI changea son nom de Weissenburg en celui de Carlsburg. Les Autrichiens s'y défendirent contre Bem en 1849.

CARLSCRONA ou Karlskrona [karl'-skrouna], ville maritime de la Suède méridionale, capitale du Læn de Blekinge, à 380 kil. S.-S.-O. de Stockholm; 16,650 hab. Elle est construite sur plusieurs petites îles, que réunissent des ponts. Très bien fortifiée, elle sert de station à la marine suédoise.

CARLSHAMM ou Karlshamn [karlss-hâmm], ville maritime de Suède, à 45 kil. O. de Carlscrona ; 5,600 hab. Commerce de fer, de bois, de potasse, de résine et de goudron.

CARLSRUHE ou Karlsruhe [karl-sroûe], capitale du grand-duché de Bade, à environ 8 kil. du Rhin et à 60 kil. N.-O. de Stuttgard ; 42,750 hab. Ville qui s'éleva au siècle dernier et qui s'étendit en éventail autour du palais ducal ; elle renferme un joli théâtre, une église, des parcs, des places plantées d'arbres, de nombreuses institutions d'éducation, parmi lesquelles l'école polytechnique, des collections artistiques, une bibliothèque publique renfermant plus de 400,000 volumes. Soieries, lainages, tapis, joaillerie et produits chimiques.

CARLSTAD ou Karlstad [karl'-tât], ville de Wermland, grand-duché de Bade, à 260 kil. O. de Stockholm, dans une île, près du rivage N.-E. du lac Wener ; 5,500 hab. Entièrement détruite par le feu en 1865, elle fut rebâtie sur un plan moderne. Exportation de cuivre, de fer, de blé, de sel et de bois de construction.

CARLSTADT. Voy. Karlstadt.

CARLSTADT (Andreas BODENSTEIN, dit), réformateur allemand, né à Karlstadt vers 1483, mort en 1541. Professeur à Wittenberg,

il fit de l'opposition à la cour romaine même avant Luther, se maria, quoique ecclésiastique, devint pasteur à Orlamünde, entra en lutte avec Luther sur la question de l'Eucharistie, fut exilé de Saxe, à ce sujet, et se retira à Bâle, où il enseigna la théologie.

CARLUX, ch.-l. de cant. ; arr. et à 13 kil. E. de Sarlat (Dordogne), sur la rive droite de la Dordogne ; 400 hab. Ruines d'une forteresse.

CARLYLE (Joseph-Dacre) [kar-laï'-le], orientaliste anglais (1759-1804), fut professeur d'arabe à Cambridge, puis chapelain de l'ambassade de Constantinople (1799), et réunit une collection de manuscrits grecs et syriens. Il a laissé une *Chronique égyptienne* de 991 à 1453, Cambridge, 1792, in-4°, et un *Specimen de poésie arabe*, 1 vol. 1796. Il prépara une édition de la Bible arabe, qui fut publiée par la société biblique de Londres.

CARLYLE (Thomas), auteur et historien anglais, né à Ecclefechan, Dumfriesshire (Ecosse), le 4 décembre 1795, mort le 6 février 1881. D'abord maître d'études, il traduisit la géométrie de Legendre, qu'il compléta par un « Essai sur les proportions », écrivit une « Vie de Schiller » (1823-4) et donna une traduction du *Wilhelm Meister*, de Gœthe. Marié en 1826, il s'établit dans une petite propriété qu'il possédait à Craigenputtoch (Dumfriesshire), y compléta ses « Spécimens du roman allemand » (3 vol., 1827), composa plusieurs résumés biographiques pour l'« Encyclopédie d'Edinburgh » et commença ses « Mélanges ». Il écrivit « Sartor Resartus » en 1831 et se fixa, l'année suivante, à Londres, où il vécut toujours depuis lors. Son « Sartor Resartus » ne trouvant pas d'éditeur, parut dans le *Fraser's Magazine* (1833-4). C'est une critique de la civilisation moderne. En 1837, commença la publication de l'« Histoire de la Révolution française », la première de ses œuvres à laquelle il mit son nom ; traduite en français par Odysse Barrot et Elias Regnault, (2 vol. in-4°, Paris, 1866.) En 1839, Carlyle donna un opuscule sur le « Chartisme » ; en 1840, « Culte des héros » ; en 1843, « Passé et Présent » ; en 1845, « Lettres et Discours d'Olivier Cromwell » ; en 1850, une série de « Pamphlets » sur les questions du jour ; en 1851, la « Vie de John Sterling » ; de 1858 à 1864, une « Histoire de Frédéric le Grand » (6 vol.) ; en 1875, les « Premiers rois de Norvège » et un « Essai sur les portraits de John Knox ». Ses œuvres complètes, publiées en 30 vol. in-8° (Londres, 1869-71) comprennent un grand nombre d'articles de journaux.

CARMAGNOLA [kar-ma-nio-la], ville de Piémont (Italie), à 30 kil. S.-S.-E. de Turin ; 4,000 hab. Commerce de soie. Elle fut prise par les Français en 1691 et 1796.

CARMAGNOLA (Francesco), condottiere italien, dont le vrai nom était Bussone ; né vers 1390, mort en 1432. Fils d'un paysan, il garda les pourceaux dans sa jeunesse, entra en 1412, comme simple soldat, dans les troupes de Filippo-Maria Visconti, duc de Milan, parvint aux plus hautes dignités militaires et soumit à son maître tout le Milanais ainsi que Gênes. Sa fortune rapide l'ayant rendu suspect, il fut banni, entra au service de Venise, enleva Brescia au duc de Milan et mit son armée en déroute à Macalo en 1427. Ses opérations suivantes n'ayant pas été heureuses, il fut rappelé à Venise, accusé de trahison et décapité.

CARMAGNOLE s. f. [kar-ma-nio-le ; gn mll.] (nom d'une veste à basques très courtes, à grand collet et à plusieurs rangées de boutons métalliques, que le peuple portait pendant la Révolution). Sorte de ronde révolutionnaire qui contribua, en 1793, à exciter le peuple contre Louis XVI et Marie-Antoinette, mis en scène sous les noms de Monsieur *Véto* et Madame *Véto*. Voici le premier

couplet de ce chant, qui ne cessa d'être populaire qu'après l'établissement du Consulat :

Madam' Véto avait promis (*bis*)
De faire égorger tout Paris (*bis*).
Mais le coup a manqué,
Grâce à nos canonniers !
Dansons la carmagnole,
Vive le son, vive le son,
Dansons la carmagnole,
Vive le son du canon !

CARMAING (Comté de), *Carmanensis ager*, ancien petit pays de Languedoc, dont le chef-lieu était Carmaing, près de Villefranche (Haute-Garonne).

CARMARTHEN ou Caermarthen, ville principale du Carmarthenshire (Galles), sur la Towy, à 5 kil. de la baie de Carmarthen ; 10,500 habitants.

CARMARTHENSHIRE, comté du pays de Galles, sur le canal de Bristol ; 2,453 kil. carr.; 116,950 hab. Territoire couvert par les monts Noirs ou Mynydd Du.

CARMAUX, ch.-l. de cant. ; arr. et à 16 kil. N. d'Albi (Tarn), sur le Cérou ; 4,500 hab. Verrerie importante, commerce de grains et farines. Riches mines de houille exploitées depuis plusieurs siècles (7 fosses en exploitation, 1,225,000 quintaux métriques de houille par an).

CARME (Pays de), *Carmensis ager*, ancien pays de Lorraine ; ch.-l. Bouconville (Meurthe-et-Moselle)?

*** CARME** s. m. Religieux d'un ordre mendiant qui prit naissance sur le mont *Carmel*, vers 1105 et fut introduit en France par saint Louis. Au XVIe siècle, quelques carmes adoptèrent la réforme de Sainte-Thérèse et furent appelés carmes *déchaux* ou *déchaussés* parce qu'ils allaient pieds nus ; tandis que ceux qui n'acceptèrent pas cette réforme furent dits *mitigés*. Supprimés en 1790, les carmes reparurent sous le second Empire et furent dispersés en 1880, au nombre de 176. — EAU DES CARMES, eau spiritueuse dont l'invention est attribuée aux carmes. Voy. MÉLISSE.

*** CARME** s. m. (lat. *quaternus*, composé de quatre unités).Trictrac. Coup de dé qui amène les deux quatre : *un carme l'a fait gagner ; il amena un carme*.

CARMÉINE s. f. nom qu'on donne quelquefois à la carmine.

CARMEL, en arabe *Djebel Mar-Elias*, chaîne de collines calcaires qui s'étend au N.-O. de la Palestine et se termine, sur la Méditerranée au promontoire du mont Carmel (525 m.) Le Carmel fut de tout temps fameux pour la fertilité de son sol, la salubrité de son climat et la richesse de sa flore en herbes aromatiques et en herbes médicinales. Sur le Carmel se trouve un couvent de carmes ; au pied de la montagne s'est fixée une colonie allemande. — Chevalier de Notre-Dame du Carmel, ordre militaire d'hospitaliers fondé par Henri IV en 1608 et réuni à l'ordre de Saint-Lazare.

*** CARMELINE** adj. f. Se dit d'une espèce de laine qu'on tire de la vigogne : *laine carmeline*.

*** CARMÉLITE**, adj. Qui appartient à l'ordre du Carmel. — s. f. Religieuse d'un ordre du Carmel fondé au XVIe siècle. Les carmélites se répandirent en France au XVIe siècle, et elles possèdent chez nous de nombreux couvents. — COULEUR CARMÉLITE, couleur d'un brun pâle.

*** CARMIN** s. m. (bas lat. *carmesinus*, de couleur carmin). Matière colorante, d'un rouge éclatant, qu'on obtient principalement de la cochenille : *on emploie le carmin pour peindre en miniature*. — Fig. DES LÈVRES DE CARMIN, des lèvres d'un rouge très vif. — adjectiv. : Qui a la couleur du carmin : *des lèvres carmin*. — Encycl. Le carmin est la matière colorante de la cochenille. Pour l'obtenir, on traite une solution de cochenille par l'alun, la crème de tartre ou le sel d'oseille; il est employé à la coloration des bonbons, des fleurs artificielles et des liqueurs.

* CARMINATIF, IVE, adj. (lat. *carminativus;* rad. *carminare,* carder et, par ext., dissiper). Se dit des remèdes propres à dissiper ou à expulser les gaz qui se forment dans l'appareil digestif : *poudre carminative.* — s. m. Substance employée pour expulser les gaz développés dans le canal digestif. Les carminatifs sont des toniques aromatiques, tels que la cannelle, la camomille, l'anis, l'éther, l'écorce d'orange, la feuille d'oranger, la menthe, etc.

CARMINE s. f. (rad. *carmin*). Chim. Base du carmin, qui se trouve dans la cochenille et dans le kermès. On dit aussi acide carminique.

CARMINÉ, ÉE adj. De couleur carmin.

CARMINIQUE adj. Chim. Se dit d'un acide, appelé aussi carmine, qui est le principe colorant de la cochenille et du kermès et la base du carmin. On l'obtient en décantant l'eau dans laquelle ont bouilli des cochenilles, et en jetant du sous-acétate de plomb dans le liquide obtenu. On lave le précipité, on le fait sécher et on le traite par l'acool. Sa formule est C¹⁴ H¹⁰ O⁹. Il sert à teindre les soies et les lainages en cramoisi et en écarlate; mais ces couleurs peu durables ne résistent pas à l'action des alcalis, ni même à celle de l'eau. L'acide carminique sert aussi à fabriquer une encre rouge.

CARMONE ou **Carmona** (anc. *Carmo*) ville de

Carmona.

l'Andalousie (Espagne), à 32 kil. N.-E. de Séville, sur la rivière Carbones; 20,100 hab. Elle est bien bâtie, sur une colline qui domine une jolie vallée et elle est entourée de murailles mauresques. Commerce de vin et d'olives.

CARMONTELLE ou **Carmontel,** auteur dramatique, né à Paris en 1717, mort en 1806; fut lecteur du duc d'Orléans et ordonnateur de ses fêtes. Homme de goût, il dessina le parc Monceaux et fut chargé des principaux divertissements donnés par les grands seigneurs de la cour. Il écrivit des comédies, des romans et mit à la mode le genre des *proverbes.* Ses *transparents,* peintures au pastel, longues de plus de 100 pieds et qui se déroulaient devant le spectateur, lui valurent une pension de 4,000 fr. après la Révolution. Ses *Proverbes* ont été publiés en 1822 (4 vol. in-8°); son *Théâtre de Campagne* forme 4 vol. et ses pièces inédites, publiées en 1825, forment 3 vol.

CARMOUCHE (Pierre-François-Adolphe), auteur dramatique, né à Lyon le 9 avril 1797, mort en 1866. Il a mis la main à plus de 200 pièces de théâtre, qui appartiennent généralement au genre du vaudeville. Nous rappellerons : le *Vampire* (1820); *Jeanne d'Albret* (1821); la *Lune de miel* (1827); la *Femme de*

l'*avoué* (1833); la *Chaste Suzanne,* opéra comique (1840); la *Belle Bourbonnaise,* la *Permission de dix heures,* l'*Impôt sur les célibataires* (1862), etc.

CARNAC (breton, *lieu de rochers*); village de Bretagne, arr. et à 44 kil. S.-E. de Lorient (Morbihan); 700 hab. Son célèbre monument celtique ou druidique, le plus curieux que possède la France, forme trois groupes s'étendant de l'E. à l'O. Chaque groupe se termine par deux rangées de pierres brutes, hautes de 10 à 22 pieds. Les pierres les plus élevées se trouvent dans le groupe Maénac, qui se termine vers la limite de la commune. Les deux autres groupes se nomment le Bal et le Dolmen. On a découvert, en 1862, une chambre carrée avec des restes celtiques dans le tumulus du mont Saint-Michel (380 pieds de long, 190 de large et 33 de haut). Voy. Luki : « Stones Avenues of Carnac ».

* CARNAGE s. m. (lat. *caro, carnis,* chair). Massacre, tuerie, principalement en parlant des hommes : *on a fait un grand carnage des ennemis; soif du carnage; altéré de carnage.* — Faire un grand carnage de cerfs, de sangliers, de lièvres, de perdrix, etc., en tuer beaucoup. — Les lions, les tigres, les loups vivent de carnage, ils vivent de la chair des animaux qu'ils tuent.

CARNAIRE adj. Qui vit de chair, de viande; *mouche carnaire.*

CARNAL s. m. (de *carne,* angle). Mar. anc. Palan qui servait sur les galères à élever la tente. — Extrémité inférieure d'une antenne.

CARNALETTE s. f. Palan plus petit que le carnal.

CARNARD s. m. Mar. Vice d'un bâtiment, provenant de sa construction ou de son arrimage et par suite duquel il plonge facilement par l'avant et se relève souvent avec peine.

CARNARVON ou **Caernarvon,** ville principale du Carnarvonshire (Galles), sur le détroit de Menai, à 90 kil. O.-S.-O. de Liverpool; 9,500 hab. Bains de mer fréquentés. Vaste château, dans lequel est né Edouard II, qui fut le 1ᵉʳ prince anglais de Galles.

CARNARVONSHIRE, comté du N.-O. du pays de Galles, sur les baies de Cardigan et de Carnarvon et sur le détroit de Menai; 1,425 kil. carr.; 106,125 hab. Au centre, se trouvent les monts Snowdon, qui ont un pic, haut de 3,590 pieds anglais, est le point culminant du pays de Galles. Les ardoisières du Carnarvonshire sont les plus importantes de la Grande-Bretagne.

* CARNASSIER, IÈRE adj. Qui se nourrit de chair crue; qui en est fort avide, en parlant des animaux : *les corbeaux, les loups et les vautours sont carnassiers.* — Qui mange beaucoup de chair : *les peuples septentrionaux sont fort carnassiers en comparaison des méridionaux.* — Carnassiers s. m. pl. Mamm. Grande classe de quadrupèdes onguiculés qui vivent de matières animales d'autant plus exclusivement que leurs mâchelières sont plus tranchantes. Leur cerveau n'a point de troisième lobe ; leur crâne est rétréci ; leurs mâchoires sont puissantes et le sens qui domine chez eux est celui de l'odorat. Ils n'ont jamais aux pieds de devant de pouce opposable aux autres doigts ; leurs intestins sont peu volumineux. On les divise ordinairement en chéiroptères, insectivores, carnivores et marsupiaux.

Les carnassiers d'ls. Geoffroy-Saint-Hilaire ne comprennent que les carnivores et les insectivores. — Entom. Première famille des coléoptères pentamères, comprenant les insectes qui font la chasse aux autres pour les dévorer, et dont les larves sont également très carnassières. On divise cette famille en *carnassiers terrestres* (cicindèles et carabiques) et *carnassiers aquatiques* (dytisques et gyrins).

* CARNASSIÈRE s. f. Espèce de petit sac où l'on met le gibier qu'on a tué à la chasse.

CARNATIC, ancienne province de l'Inde anglaise, sur la côte E., entre le cap Comorin et 16° de lat. N. ; environ 125,000 kil. carr. ; et 7 millions d'hab. Villes principales : Madras, Pondichéry, Arcot, Madura, Tanjore, Trichinopoly, Nellore et Vellore. Le Carnatic formait autrefois le royaume hindou de Carnate. La Compagnie anglaise orientale l'acquit en 1801; il est aujourd'hui compris dans la province de Madras.

* CARNATION s. f. Peint. Représentation de la chair de l'homme par le coloris. Il s'emploie d'une manière générale, pour exprimer l'ensemble des parties de chair que présente un tableau : *cette carnation est belle, vive, naturelle.* — Teint d'une personne : *belle carnation.* — Blas. Se dit de toutes les parties du corps humain qui sont représentées au naturel : *d'argent, à la tête de carnation.*

* CARNAVAL s. m. (lat. *caro, carnis,* chair ; *vale,* adieu ; ital. *carnavale*). Temps de réjouissances, observé dans plusieurs pays catholiques, depuis l'Épiphanie jusqu'au mercredi des Cendres, et célébré particulièrement à Rome et à Venise. On a beaucoup disputé sur l'origine de ces divertissements; tout porte à croire qu'ils viennent des anciennes saturnales modifiées par les premiers chrétiens et conservées surtout par le peuple italien. Chez nous, le carnaval n'est guère connu que par les mascarades du mardi gras et par les bals masqués ou travestis. En Italie, il donnait lieu à de somptueuses fêtes publiques. Tout le monde a entendu parler du carnaval de Venise, mais nul ne l'a vu dans sa splendeur, car depuis longtemps il a cessé d'être plus brillant que celui de Paris. A Rome, les fêtes du carnaval durent encore pendant toute la semaine qui précède le mercredi des Cendres; elles ont lieu sur le Corso et consistent en courses, mascarades, processions, etc. — Le Carnaval de Venise. I. Coméd.-ballet en 4 actes, dont un prologue représenté à l'Académie de musique de Paris le 28 février 1699. Paroles de Regnard ; musique de Campra. Une intrigue amusante et une musique agréable firent le succès de cette pièce. — II. Opéra comique en 3 actes, représenté à l'Opéra-Comique le 9 décembre 1857. Paroles de Sauvage ; musique d'A. Thomas.

CARNAVALESQUE adj. Qui a rapport au carnaval. — Par ext. Grotesque : *accoutrement carnavalesque.*

CARNAVALET (Hôtel), résidence historique, musée municipal depuis 1866, situé rue Culture-Sainte-Catherine et construit vers le milieu du xvɪᵉ siècle, sur les dessins de Pierre Lescot. On y admire de gracieuses sculptures dues à Jean Goujon. Cet hôtel doit son nom à Mᵐᵉ de Kernovenoy (par corruption Carnavalet), qui l'acheta en 1578. Mᵐᵉ de Sévigné, qui en fit l'acquisition en 1677, l'habita pendant vingt ans.

CARNE s. f. (lat. *caro, carnis,* chair). Très mauvaise viande : *c'est de la carne.* — Mauvais animal de boucherie : *on conduisit à la boucherie cette méchante carne.* — Mauvaise femme : *carogne.* (Bas.)

* CARNE s. f. Angle extérieur d'une pierre, d'une table, etc. : *il s'est blessé contre la carne de cette pierre.*

*CARNÉ, ÉE adj. Qui est de couleur de chair : *œillet carné; anémone carnée.*

GARNÉ. I. (Louis-Marcien, comte de), publiciste et homme politique, né à Quimper en 1804, mort à Paris en 1876. Fut membre de la Chambre des députés, depuis 1839 jusqu'à la révolution de 1848; chef de bureau au ministère des affaires étrangères (1847-'8); académicien en 1863; resta l'un des défenseurs les plus convaincus du parti ultramontain. Ses principaux ouvrages sont : *Vues sur l'histoire contemporaine* (1833, 2 vol.); *Un Drame sous la Terreur* (1856) ; *Souvenirs de jeunesse* (1872, in-8°). — II. (Louis de), fils du précédent (1843-'70); fit partie, en 1868, de la commission d'exploration du Mékong et laissa des notes sur lesquelles son père rédigea un ouvrage intitulé *Voyage en Indo-Chine et dans l'empire chinois* (1872, in 12).

CARNÉADE, philosophe grec de l'Ecole sceptique, fondateur de la troisième académie, né vers 213 av. J.-C.; mort en 429. Il entreprit de prouver la non existence de Dieu; puis il démontra tout le contraire. Son éloquence destructive de toute croyance la fit mépriser.

CARNEAU ou Carnau s. m. (rad. *carne*). Anc. mar. Angle de la voile latine placé du côté de la proue.

CARNÉES ou Carnies (gr. *karnéia*), fêtes nationales des Lacédémoniens, célébrées en l'honneur d'Apollon, dans la plus spartiate de. Carniœ (août). Les carnées duraient 9 jours.

CARNÈLE s. f. (rad. *carne*, angle). Numism. Bordure qui règne autour du cordon de la légende dans certaines monnaies.

*CARNET s. m. Petit livre de compte que l'on porte avec soi et dans lequel on recueille des notes : *le carnet d'un négociant.* — CARNET D'ÉCHÉANCES, livre sur lequel les négociants inscrivent les effets qu'ils ont à payer. Il y a de même des *carnets de recettes, des carnets de dépenses,* etc.

CARNI, peuple celtique établi au N. des Veneti, dans les Alpes dites Carniques.

CARNICER (Ramon), compositeur espagnol (1789-1855). Il fut professeur au Conservatoire de Madrid. Ses opéras les plus connus sont *Adela de Lusignano* et *Colombo.*

*CARNIER-s. m. Carnassière : *il rentra le carnier vide.*

CARNIÈRES, ch.-l. de cant.; arr. et à 8 kil. E. de Cambrai (Nord), 1,700 hab. Genièvre ; sucre de betteraves.

*CARNIFICATION s. f. Méd. Altération morbide qui fait prendre au tissu d'un organe la consistance des parties charnues et musculeuses.

*CARNIFIER (Se) v. pr. Méd. Acquérir la consistance des parties charnues.

CARNIOLE (all. *krain*), duché autrichien, entre la Carinthie, la Styrie, la Croatie et l'Istrie ; 9,988 kil. carr.; 466,334 hab., dont 93 p. 100 appartiennent à la race slovène et qui sont tous catholiques. Territoire traversé par des branches des Alpes Juliennes, abondant en cavernes, en souterrains, et dont les sommets sont couverts de neige. Principales rivières : Save et Kulpa. Production de lin, de miel, de soie, de grains et de fruits. Fameuses mines de mercure à Idria. La Carniole appartient à la maison d'Autriche depuis 1364. Cap. Laybach.

CARNIQUE adj. (rad. *Carniole*). Se dit de la partie des Alpes située au N. de la Vénétie : *Alpes Carniques.*

*CARNIVORE adj. (lat. *caro, carnis*, chair ; *vorare*, manger). Se dit des animaux qui peuvent se nourrir de chair, par opposition à ceux qui ne mangent que des végétaux : *animaux carnivores: l'homme est à la fois frugi-

vore et carnivore. — Carnivores s. m. pl. Mamm. Troisième famille des carnassiers, comprenant les quadrupèdes chez lesquels l'appétit sanguinaire se joint à la force nécessaire pour y subvenir, et qui sont d'autant plus exclusivement carnivores que leurs dents sont plus complètement tranchantes. On les appelle ordinairement bêtes féroces. On les divise en : *plantigrades* (ours, ratons, coatis, blaireaux, gloutons), *digitigrades* (martes, mouffettes, loutres, chiens, civettes, hyènes, chats, etc.), et *amphibies* (phoques, morses).

*CARNOSITÉ s. f. Chir. Excroissance ou tumeur charnue qui se développe en diverses parties du corps.

CARNOT I. (Joseph-François-Claude), jurisrisconsulte, né à Nolay (Côte-d'Or) en 1752, mort en 1835 ; fut nommé en l'an IX conseiller à la cour de cassation, a publié des commentaires sur les codes. — II. (Lazare-Nicolas-Marguerite), frère du précédent, l'un des plus illustres citoyens français, homme d'Etat, militaire, géomètre et stratégiste, né à Nolay, le 13 mai 1753, mort exilé à Magdebourg, le 2 août 1823. Fut admis à l'Ecole du génie, de Mézières, avec le grade de lieutenant en second, attira sur lui l'attention par un *Eloge de Vauban* (1783) et un *Essai sur les machines* (1784), ouvrage dans lequel il donna un théorème sur la perte des forces et démontra l'absurdité du mouvement perpétuel. Ses *Réflexions sur la métaphysique du calcul infinitésimal* (1787) l'avaient placé au premier rang parmi les savants, lorsqu'il fut député par le Pas-de-Calais à l'Assemblée législative (1791). Il y soutint que l'obéissance passive ne doit être exigée qu'en face de l'ennemi. Réélu à la Convention, il vota la mort du roi et déploya une admirable activité pour organiser la défense ; membre du comité de Salut public (14 août 1793), il mit en action et relia entre elles les quatorze armées de la République, distingua les jeunes héros qu'il fallait mettre à leur tête, traça les plans de campagne et mérita d'être surnommé « l'Organisateur de la victoire ». En octobre 1793, à la tête de l'armée du Nord, il remporta la victoire de Wattignies, qui sauva Maubeuge et la France. Telle était l'admiration qu'il inspirait à tous les partis, qu'après la chute des montagnards et de Robespierre, on n'osa pas le faire arrêter; et il fut élu au conseil des Anciens par 14 départements. Le Directoire l'ayant admis dans son sein, il combattit la réaction, protégea Bonaparte, essaya vainement de réfréner l'esprit de dilapidation, resta honnête, intègre et républicain au milieu de la corruption générale ; ce fut lui qui traça le plan de cette brillante campagne de 1796, dont presque toute la gloire rejaillit sur Bonaparte. Lors du coup d'Etat du 18 fructidor, ses collègues, jaloux de sa popularité, le firent condamner à la transportation ; mais il s'échappa et gagna l'Allemagne, où il publia un mémoire justificatif véhément. Rentré en France après le 18 brumaire, il fut nommé ministre de la guerre en 1800 et se démit aussitôt qu'il eut pénétré les intentions de Bonaparte. Membre du Tribunat, il y fit une inutile opposition à l'idole de l'armée, parla *seul* contre l'établissement de l'Empire et vécut ensuite dans la retraite, occupé de travaux scientifiques et du perfectionnement de l'Ecole polytechnique. Il publia son beau traité *De la défense des places fortes,* in-4°, 1809. En 1814, le grand patriote Carnot accepta avec le grade de général, le commandement d'Anvers, qu'il défendit jusqu'après l'abdication de Napoléon (1814). Pendant la première Restauration, il écrivit un *Mémoire au Roi* sur les tendances réactionnaires du ministère. Napoléon, au retour de l'île d'Elbe, le nomma ministre de l'intérieur et comte ; il fut membre du gouvernement provisoire après Waterloo et dut prendre le chemin de l'exil au retour des

Bourbons. Il habita quelque temps Varsovie et se fixa à Magdebourg, où il mourut entouré de l'estime générale. Anvers lui a élevé une statue en 1857. Sa biographie a été publiée par Arago en 1837. — (Nicolas-Léonard-Sadi), fils aîné du *Grand Carnot*, né en 1796 au palais du Luxembourg, qu'habitait alors son père comme membre du Directoire, mort du choléra en 1832. Ses *Réflexions sur la puissance motrice du feu* (1824) lui méritèrent l'estime des savants.

CARNOT-FEULINS (Claude-Marie), lieutenant *général*, frère cadet de l'illustre conventionnel Carnot, né à Nolay en 1755, mort en 1836. Député du Pas-de-Calais à l'Assemblée législative, il vota avec la gauche. Rentré dans l'armée, il fut persécuté, à cause de son frère, par tous les gouvernements. Il a laissé une *Histoire du Directoire.* Paris, 1800, in-8°; *Des dangers de l'oligarchie,* etc.

CARNUNTUM, ancienne ville celtique de la Pannonie septentrionale, sur le Danube, près de la moderne Hainburg, à 45 kil. E. de Vienne. Poste militaire important sous les Romains, elle présente des ruines étendues.

CARNUTES, *Carnuti*, puissant peuple de la Gaule Lyonnaise, entre la Liger (Loire) et la Sequana (Seine) ; cap. Genabum.

CAROBALISTE s. f. Art milit. anc. Sorte de scorpion dont parle Végèce. Cette machine de guerre était portée sur un train à quatre roues que tiraient deux bêtes de trait, lesquelles se trouvaient protégées par un caparaçon de mailles.

CAROBOTANE s. f. Ancien nom de la bombarde.

*CAROGNE s. f. [gn mll.] (forme du mot *charogne*). Femme débauchée ; méchante femme.

CAROLAN ou O'CAROLAN (Turlough), barde irlandais (1670-1738). Aveugle comme Homère, il se rendit célèbre par son génie poétique et musical; on se souvient encore de lui comme du dernier et du plus grand barde de l'Irlande.

CAROLINE DU NORD, *North Carolina,* l'un des Etats primitifs de l'Union américaine, entre 33° 53' et 36° 33' lat. N. et entre 77° 45' et 86° 50' long. O. ; 131,318 kil. carr. ; entre la Virginie, l'océan Atlantique, la Caroline du Sud, la Georgie et le Tennessee; divisé en 94 comtés. Capitale Raleigh; villes principales: Wilmington, New Berne, Fayetteville et Charlotte. Le tableau suivant fait connaître avec quelle rapidité s'accroît la population :

ANNÉES (les Recensements).	BLANCS.	NOIRS LIBRES.	ESCLAVES.	TOTAUX.
1790........	288,204	4,975	100,572	393,751
1800........	337,764	7,043	133,296	487,102
1810........	376,410	10,266	168,824	555,500
1820........	419,200	14,712	204,917	638,829
1830........	472,843	19,543	245,601	737,987
1840........	484,870	22,732	245,817	753,419
1850........	553,028	27,463	288,548	869,039
1860........	629,942	30,463	331,059	992,622
1870........	678,470	391,650		1,071,361

Physiquement, l'Etat se divise en : 1re région marécageuse, large de 150 kil. : le long des côtes; 2e section moyenne, au pied des montagnes ; 3° partie montagneuse, à l'O. La première produit du bois de construction et de la térébenthine ; les marais y couvrent 3 millions d'acres. La section moyenne renferme de grandes richesses minérales. Principaux sommets : mont Sucre et Grand-Père. Côtes : 600 kil. Caps : Hatteras, Lookout et Fear, entre lesquels s'ouvrent deux baies : de New Berne, de Beaufort et de Wilmington. Rivières : du cap Fear, Roanoke, Neuse, Tar, Chowan, Yadkin et Catawba. — Mines d'or de Gold Hill, découvertes en 1842 ; mines d'argent, de cuivre, de fer, de plomb, de couperose, de zinc, de charbon bitumineux et de mica. Nombreuses sources minérales (sulfureuses, chalybées et alumineuses). Atmosphère chaude et humide dans la contrée basse ; froide et sèche dans la région montagneuse. Les forêts des pays élevés renferment le chêne, le frêne, le noyer et le tilleul ; celles du pays bas se composent de terre, le foin, le coton, le riz, les maquis, le tabac, la laine, le lin, le miel, le vin, la canne à sucre et le sorgho. L'industrie produit des cotonnades, de la térébenthine, des farines et des feuilles de zinc. Exportation de térébenthine, de goudron, de poix et de résine. — Le pouvoir législatif appartient

Sceau de la Caroline du Nord.

à une assemblée générale composée d'un sénat (50 membres) et d'une chambre des représentants (120 membres élus par le peuple pour deux ans). L'exécutif se compose d'un gouverneur, d'un lieutenant-gouverneur, d'un secrétaire d'État, d'un auditeur, d'un trésorier, d'un inspecteur de l'instruction publique et d'un attorney général élus pour quatre ans. Les juges des cours supérieures sont élus par le peuple pour huit années. — Dettes, 210 millions de francs; recettes, 2,600,000 fr. ; dépenses, 2,700,000 fr. ; 2,820 écoles publiques pour enfants blancs ; 1,200 pour enfants nègres : université à Chapel Hill. Collège méthodiste à Trinité, collège presbytérien à Davidson, luthérien à mont Pleasant, baptiste à Forestville. 110 publications périodiques ; 1,750 bibliothèques, comprenant 550,000 vol. 2,500 édifices religieux. Dénominations religieuses principales : baptistes, 985 organisations ; christians, 66 ; épiscopaliens, 77 ; friends, 28 ; luthériens, 73 ; méthodistes, 1,193 ; moraves, 10 : presbytériens, 201 ; Église réformée des États-Unis, 31 ; catholiques, 10. — En 1584, sir Walter Raleigh, ayant reçu de la reine Élisabeth, la donation de toutes les terres qu'il pourrait découvrir en Amérique, partit d'Angleterre à la tête de 2 navires, débarqua dans une île que les indigènes appelaient Ouococon et donna le nom de Virginie aux territoires qu'il explora. L'année suivante, Ralph Lane, officier de Raleigh, s'établit dans l'île Roanoke, avec 108 de ses compatriotes. L'orgueil et la dureté de ces colons les brouillèrent bientôt avec les sauvages, qui leur firent une guerre à mort. L'établissement disparut en 1586 ; quelques blancs seulement purent retourner en Europe. En 1663, c'est-à-dire près d'un siècle plus tard, Charles II forma la province de Caroline, qu'il donna entre 8 de ses courtisans. De nouveaux établissements y furent fondés. Une lutte sanglante s'engagea avec les Tuscaroras, qui furent subjugués en 1713 et qui finirent par émigrer vers le nord. La Caroline forma un gouvernement en 1729 et elle fut divisée en Caroline du Sud et Caroline du Nord. Le 21 mai 1861, le gouverneur passa une ordon-

nance de sécession et ratifia la constitution des États confédérés sans soumettre ces mesures à l'approbation du peuple. Le pays ne fut soumis qu'en l'année 1865, après les victoires fédérales d'Averysboro et de Bentonville. En janvier 1868, une nouvelle constitution fut votée et la Caroline du Nord fut réadmise dans l'Union le 4 juillet de cette même année. La constitution fut amendée en 1875.

CAROLINE DU SUD, *South Carolina*, l'un des États primitifs de l'Union américaine, entre 32° et 35° 10' lat. N. et entre 80° 45' et 85° 39' long. O. ; borné par la Caroline du Nord, l'Atlantique et la Géorgie ; 88,056 kil. carr. ; divisé en 32 comtés ; capitale Columbia ; ville principale Charleston. Voici le tableau des différents recensements qui y ont été faits depuis 1790.

ANNÉES des Recensements.	BLANCS.	NOIRS LIBRES.	ESCLAVES.	TOTAUX.
1790........	140,178	1,081	107,094	249,073
1800........	196,255	3,185	146,151	345,591
1810........	214,196	4,554	196,365	415,115
1820........	237,440	6,826	258,475	502,741
1830........	257,863	7,921	315,401	581,185
1840........	259,084	8,276	327,038	594,398
1850........	274,563	8,960	384,984	668,507
1860........	291,300	9,914	402,406	703,708
1870........	289,667	415,814		705,506
1875........	350,754	574,391		925,145

Sur une largeur de 130 kil. le long des côtes, le territoire est uni, sablonneux, couvert de forêts de pin, arrosé par des rivières indolentes et entrecoupé de nombreux marécages. Au delà de cette plaine s'étend une ceinture de collines sablonneuses ; c'est la région moyenne, à l'ouest de laquelle le sol s'élève d'une façon abrupte jusqu'à la Chaîne-Bleue (Blue Ridge), dont le point culminant (Table-Mountain) atteint 1,000 mètres. La côte, longue de 300 kil., présente des baies, des havres, des lagunes et quelques bons ports. Le meilleur de ceux-ci est Beaufort. Le long de la côte méridionale se rencontrent de petites îles basses et plates qui produisent du coton, du riz et des fruits. Principaux cours d'eau : la Savannah, le Grand Pedee, le Santee et l'Édisto. — Géologiquement, la Caroline du Sud est presque également divisée entre les formations primitive et alluviale ; elle renferme de magnifiques granits porphyriques et des granits rouges ; des marbres blancs et des marbres de couleur ; de la terre à porcelaine, des ocres rouges et jaunes, de la pierre à chaux, du manganèse, du charbon, des mines d'or, un peu de fer, du plomb, du bismuth, etc. Productions agricoles : froment, seigle, maïs, avoine, orge, pommes de terre, luzerne, foins, coton, riz, tabac, canne à sucre, sorgho. Exportation de coton, de riz, de bois, etc. — Constitution de 1868. Le pouvoir législatif appartient à une assemblée

Sceau de la Caroline du Sud.

générale consistant en 33 sénateurs élus pour quatre ans et 124 représentants élus pour deux ans. L'exécutif se compose d'un gouverneur (2 ans), d'un lieutenant-gouverneur qui est *ex officio* président du sénat, d'un contrô-

leur général, d'un trésorier, d'un secrétaire d'État, d'un attorney général, d'un surveillant de l'instruction et d'un inspecteur général. Tous ces magistrats sont élus par le peuple. Les juges de la cour suprême sont élus pour six ans par la législature ; les autres juges sont élus pour quatre ans également par la législature. — Dette, 40 millions de francs; valeur de la propriété taxable, 630 millions ; 2,776 écoles libres, avec 125,000 élèves et 2,900 professeurs. École normale à Columbia ; université nègre d'Orangebourg ; université de Columbia, ouverte aux blancs et aux noirs; collège baptiste à Greenville; collège luthérien à Walhalla ; plusieurs écoles théologiques ; collège médical à Charleston. 1,670 édifices religieux ; principales dénominations : baptistes, 523 organisations ; luthériens, 49 ; méthodistes, 611 ; presbytériens, 164 ; épiscopaliens, 83 ; catholiques, 12. — 76 publications périodiques. — La première tentative de colonisation de la Caroline du Sud fut faite par notre malheureux compatriote Jean Ribault, qui périt assassiné en 1565 et dont la mort fut vengée par un autre de nos compatriotes nommé Dominique de Gourgues (voy. ces noms). Plus d'un siècle plus tard, la province de Caroline fut créée par le roi d'Angleterre, Charles II (1663) ; mais la colonisation ne commença guère avant 1670. Quinze ans après, la population s'augmenta d'un grand nombre de huguenots français chassés de leur patrie par les persécutions religieuses. En 1729, les deux Carolines formèrent deux colonies royales. Celle du Sud fut plusieurs fois ravagée par les Indiens, par les Espagnols de la Floride, puis par les Anglais, pendant la guerre de l'Indépendance. — Sur son territoire se livrèrent les batailles de Fort Moultrie, de Charleston, de Camden, etc. Dès 1832, le peuple, très esclavagiste, manifesta l'intention de se séparer des États du Nord ; les mesures énergiques du gouvernement central mirent fin à cette agitation. Mais dès l'élection du président Lincoln, bien décidé à faire cesser l'esclavage, une ordonnance de sécession fut passée (20 décembre 1860). Moins de huit jours après, les principales places fortifiées de l'État étaient entre les mains des « rebelles. » Les hostilités commencèrent les 12 et 13 avril 1861, par le bombardement du fort Sumter. En réponse à cette attaque du général Beauregard, les fédéraux firent des tentatives malheureuses sur Charleston (7 avril 1863) et sur le fort Wagner, qui ne put être réduit que par un bombardement (7 septembre 1863). Columbia et Charleston se rendirent aux fédéraux en février 1865. Une convention aussitôt assemblée rappela l'ordonnance de sécession et abolit l'esclavage ; mais cette soumission aux vainqueurs n'empêcha pas le despotisme militaire de faire régner la terreur pendant plusieurs années dans les deux Carolines. La réconciliation eut lieu en 1868, par la réadmission de la Caroline du Sud dans l'Union américaine. Depuis cette époque, l'ordre a été plusieurs fois troublé par les anciens esclavagistes ligués sous le nom de « démocrates ».

CAROLINE-AMÉLIE-AUGUSTA, reine d'Angleterre, fille du duc Charles-Guillaume-Ferdinand de Brunswick, et la princesse Augusta d'Angleterre ; née en 1768, morte en 1821. Elle épousa son cousin, le prince de Galles, en 1795 et se sépara de lui l'année suivante. Ses relations et ses voyages avec l'Italien Bergami motivèrent une enquête scandaleuse en 1808 et un commencement de procès pour cause d'adultère après 1820. Sa mort subite fit naître des bruits d'empoisonnement.

CAROLINE-MARIE, reine de Naples, épouse de Ferdinand IV et fille de Marie-Thérèse, née en 1752, morte à Schönbrunn en 1814. Son favori, Joseph Acton, devenu premier ministre en 1784, excita à la guerre contre la France en 1798 et fut cause de l'invasion républicaine. Revenue sur le trône en 1799, Caroline-Marie se livra à des intrigues antifrançaises, avec lady Hamilton, maîtresse de Nelson. Elle s'allia ouvertement avec les ennemis de Napoléon en 1805 et fut encore chassée avec son mari.

CAROLINE-MARIE-ANNONCIADE Bonaparte, appelée Caroline, troisième sœur de Napoléon Ier, née à Ajaccio en 1782, morte à Florence en 1839. Elle suivit sa mère à Marseille lorsque Paoli proscrivit le parti des patriotes en 1793, épousa Murat en janvier 1800, devint grande-duchesse de Berg en 1806, reine de Naples en 1808, gouverna ce royaume avec intelligence et fermeté pendant l'absence de son époux et mérita d'être comparée par Talleyrand à une belle femme qui aurait la tête de Cromwell. Au moment des revers de l'empereur elle se tourna contre lui et finit par s'embarquer, en 1815, sur un navire anglais, en compagnie du général Macdonald, qu'elle épousa secrètement après la mort de Murat. De ce dernier, elle avait eu deux fils et deux filles. Voy. Murat. Retirée à Baimbourg (Autriche), elle y prit le nom de comtesse de Lipona (anagramme de Napoli, Naples) et obtint du gouvernement français, en 1838, une rente viagère de 100,000 fr.

CAROLINE-MATHILDE, reine de Danemark, fille de Frédéric-Louis, prince de Galles, et sœur de Georges III d'Angleterre (1751-'75). Elle épousa Christian VII de Danemark en 1760 et donna naissance à Frédéric VI. La reine douairière, Sophie-Madeleine, et Juliana-Maria, belle-mère du roi, jalouses de son influence complotèrent sa perte et attribuèrent la paternité d'une fille qu'elle avait mis au monde en 1771, au premier ministre Struensee. Ce dernier fut condamné à mort. La reine ne sortit de prison que pour se retirer à Celle (Hanovre), où elle passa ses derniers jours.

CAROLINES (Les) ou **Nouvelles-Philippines**, archipel espagnol de l'Océanie, entre les Philippines, les Ladrones, les îles Marshall et la Papouasie; 2,500 kil. carr.; 28,000 hab. Climat doux et agréable. Population appartenant à la race malaise. Ces îles, découvertes en 1543, reçurent leur nom en l'honneur de Charles-Quint.

* CAROLUS s. m. [ka-ro-luss]. Ancienne monnaie qui valait dix deniers d'argent : *les carolus ont eu ce nom parce que les premiers furent frappés en France au coin de Charles VIII.*

CARON ou **Charon**. Mythol. grecque. Nautonnier des enfers, fils de l'Érèbe et de la Nuit ; il transportait dans sa barque les âmes des morts, sur la rivière Achéron et les conduisait dans les régions infernales, moyennant une obole au moins, trois oboles au plus. C'est pour cela que l'on plaçait de petites pièces de monnaie dans la bouche des morts, sans quoi, il aurait laissé leurs âmes errer sur les rives du Styx. Son avarice et sa dureté étaient passées en proverbe.

CARON (Augustin-Joseph), lieutenant-colonel, né en 1773, mort en 1822 ; fut impliqué dans une conspiration bonapartiste en 1820 ; la Chambre des pairs l'acquitta. Retiré à Colmar, il y noua des intelligences avec les sous-officiers de la garnison pour la délivrance des accusés de la conspiration de Belfort. Trahi, arrêté et traduit devant un conseil de guerre, bien qu'il ne fût plus militaire, il fut condamné à mort et fusillé à Strasbourg, avant que la cour de cassation eût jugé son pourvoi.

CARON ou **Carron** (Franciscus), navigateur hollandais d'origine française, mort dans un naufrage près de Lisbonne en 1674. Il devint directeur du commerce de la Compagnie orientale hollandaise avec le Japon. En 1666, Colbert le nomma directeur général du commerce français dans l'Inde. Il a laissé en hol-

landais une *Description du Japon* (1636), traduite en français par Thévenot. Il a écrit en français un *Journal du voyage des Grandes-Indes* (Paris, 1698).

CARON (Jean-Baptiste-Félix), chirurgien français (1748-1824). Fut chirurgien en chef de l'hôpital Cochin, fit des recherches relativement au croup et publia une *Dissertation sur l'effet mécanique de l'air dans les poumons* (1798).

* CARONADE ou ⁓ **Caronnade** s. f. Bouche à feu qui fut inventée, en 1779, par le général anglais Robert Melville, et fondue en Écosse par les usines de la compagnie métallurgique *Carron iron Works*, d'où est venu son nom. Plus courte et plus légère que les autres canons, la caronade avait une chambre pourri comme le mortier. Les Anglais s'en servirent dès 1779 pour envoyer aux navires français des boulets pleins, des boulets creux, de la mitraille et des carcasses. Elle fut adoptée dans toutes les marines et resta en vogue jusqu'à la guerre de Crimée.

CARONCULAIRE adj. Qui ressemble ou se rapporte à une caroncule : *arille caronculaire.*

* CARONCULE s. f. (diminut. du lat. *caro*, chair). Anat. Petite excroissance charnue : *caroncules myrtiformes*, petits tubercules rougeâtres situés vers l'orifice du vagin ; *caroncule lacrymale*, petite éminence rougeâtre placée dans le grand angle de l'œil, et formée par la réunion d'un certain nombre de follicules muqueux. — Excroissance charnue qui se trouve au front, à la gorge, aux sourcils de certains oiseaux, tels que le casoar, la grue, le dindon, etc. Les caroncules sont ordinairement nues et d'une couleur vive. — Bot. Renflement charnu, qui entoure le hile de certaines graines, telles que le haricot, le ricin, etc.

CARONCULÉ, ÉE adj. Muni d'une ou de plusieurs caroncules.

CARONCULEUX, EUSE adj. Qui se rapporte aux caroncules ; qui est de la nature des caroncules.

CAROOR, ville de Madras (Inde), sur l'Ambrawutty, à 60 kil. O.-N.-O. de Trichinopoly.

CAROTIDE adj. et s. f. (gr. *karôtides*). Chacune des deux principales artères qui conduisent le sang au cerveau. On distingue trois espèces de carotides : 1° les deux *carotides primitives*, qui sont situées chacune d'un côté du cou et qui naissent : celle du côté droit, d'un tronc artériel appelé *brachio-céphalite* ; celle du côté gauche, de la convexité de la crosse de l'aorte. Ces artères se bifurquent au niveau de l'angle de la mâchoire (ou de l'os hyoïde) et elles donnent naissance aux deux autres carotides ; 2° *carotide externe*, celle qui va à la face ; 3° *carotide interne*, celle qui se rend au cerveau.

* CAROTIDIEN adj. m. Anat. S'emploie dans cette locution : *canal carotidien*, conduit de l'os temporal qui donne passage à l'artère carotide.

* CAROTIQUE adj. Méd. Qui a rapport au carus : *assoupissement carotique; état carotique.*

CAROTTAGE s. m. Flouerie, tromperie ; action de tirer une carotte.

* CAROTTE s. f. (gr. *caroton* ; lat. *carota*). Genre d'ombellifères, tribu des daucinées dont la racine, généralement charnue, a la même nom, et s'emploie comme aliment. — Fig. et fam. Ne vivre que de carottes, vivre mesquinement. — Carotte de tabac, assemblage de feuilles de tabac, roulées les unes sur les autres en forme de carotte. — ⁓ Pop. Petite escroquerie à l'aide d'un mensonge. — Tirer une carotte, demander de l'argent sous un faux prétexte. — Couleur carotte, couleur d'un roux ardent. — Poil de carotte, per-

sonne qui a les cheveux couleur *carotte* : *c'est un poil de carotte.* — Encycl. La *carotte* (*daucus carotta*) est une plante bisannuelle, qui croît spontanément à l'état sauvage dans les terres incultes de France. La culture lui a fait produire un grand nombre de variétés, parmi lesquelles on cite la *carotte blanche hâtive*, blanche, petite, allongée, sucrée et très tendre ; la *carotte blanche de Breteuil* ou *carotte d'Achicourt*, grosse, très sucrée, facile à conserver ; la *carotte blanche de Belgique à collet vert*, très grosse, longue, rustique ; la *carotte rouge courte hâtive*, petite, courte et tronquée, très tendre, base des potages à la julienne ; la *carotte rouge demi-longue*, sous-variété de la précédente ; la *carotte ordinaire* ou *carotte de Hollande*, très grosse, fusiforme, rouge, productive, d'une saveur prononcée, propre aux préparations culinaires ; la *carotte violette*, grosse, longue, a produit des sous-variétés à chair jaune et à chair blanche très sucrée et d'une grande tendreté ; la *carotte jaune courte hâtive*, très sucrée ; la *carotte de Flandre*, grosse, jaune, sucrée, tendre et estimée. — La *carotte* ne se développe bien que dans un sol profond ; elle aime les sables gras ou les terres franches et douces ; c'est une plante épuisante au premier chef. — La racine de carotte est recherchée par le bétail, elle joue un certain rôle dans la cuisine et constitue une nourriture saine. On peut en tirer de l'eau-de-vie et on en fait des confitures. Ses semences entrent dans la composition du ratafia des sept grains et du vespétro.

* CAROTTER v. n. Jouer mesquinement, ne hasarder que peu d'argent à la fois. — ⁓ Pop. Tirer une carotte.

* CAROTTEUR, EUSE s. Celui, celle qui joue timidement, et ne hasarde que peu d'argent à la fois. On dit aussi : *carottier, ière.*— ⁓ Celui, celle qui tire des carottes.

* CAROUBE ou **Carouge** s. f. (ar. *charroub*). Fruit du caroubier ; gousse longue et plate, contenant, autour de graines dures et luisantes, une pulpe qu'on mange et qui a une saveur très douce. Il s'en fait une grande consommation sur toutes les côtes de la Méditerranée. Elle entre dans plusieurs compositions alimentaires.

* CAROUBIER s. m. Bot. Genre d'arbres de la famille des légumineuses, tribu des césalpinées, qui porte des caroubes, et dont le bois, rouge et dur, est propre aux ouvrages de menuiserie et de marqueterie. — L'espèce principale, le *caroubier à siliques* (*ceratonia siliqua*), haut de 5 à 6 mètres, croît spontanément sur les rochers des côtes de Provence, d'Espagne et d'Italie ; il est abondant en Algérie.

CAROUBLE s. f. Argot. Fausse clef.

CAROUBLEUR s. m. Voleur qui opère à l'aide de fausses clefs. — Caroubleur au fric-frac, voleur avec effraction.

* CAROUGE s. m. Bot. Voy. Caroube. — ⁓ Ornith. Genre d'oiseaux, voisin des loriots et des troupiales, dont les espèces vivent presque toutes dans les régions centrales de l'Amérique.

CAROUGE (ital. *Carogio*), ville de Suisse, sur l'Arve, à 2 kil. S. de Genève, à laquelle l'unit un pont ; 5,900 hab. Cotonnades, cuirs et poterie.

CAROVÉ (Friedrich-Wilhelm), publiciste allemand anticatholique (1789-1852). Il enseigna la philosophie à Breslau, fonda la Burschenschaft de Heidelberg et fut membre du Parlement de Francfort en 1848.

CARPACCIO (Vittore) [kar-pâ'-tcho], peintre vénitien, mort après 1519. Ses chefs-d'œuvre sont les neuf sujets de la *Vie de sainte Ursule* qui ornent l'Académie de Venise. Le Louvre possède sa *Prédication de saint Étienne à Jérusalem.*

CARPANI (Giuseppe), littérateur italien (1752-1825); fut journaliste à Milan, puis directeur du théâtre de Vienne, a laissé de nombreuses pièces et des opéras; traduisit en italien les *Oratorios* d'Haydn, et publia en 1812, les *Haydines*, lettres que Beyle (Stendhal) a pillées sans scrupule.

CARPATHES (Monts), chaîne de l'Europe centrale, enveloppant l'Autriche transleithane au N.-O. au N. et au S. ; et séparant cette contrée de la Moravie, de la Silésie autrichienne, de la Galicie, de la Bukowine et de la Roumanie. Elle forme un demi-cercle d'environ 1,200 kil. de long depuis Presbourg jusqu'aux derniers rameaux qui sont projetés au N. des monts Balkans. Largeur moyenne : de 150 à 300 kil. Les sommets atteignent 3,000 mètres. De récents travaux ont démontré que les pics Gerisdorf et Lomnitz, dans la chaîne Tatra, section septentrionale de la Hongrie, sont les plus élevés. Les Carpathes, montagnes les plus riches de l'Europe au point de vue minéralogique, renferment l'or, l'argent, le fer, le cuivre, le mercure, et d'immenses dépôts de sel. On y trouve de petits lacs très profonds appelés « yeux de la mer ». Les passages les plus remarquables sont ceux de Teregova, de Vulcan et de la Tour Rouge, au sud.

CARPATHUS. Voy. Scarpanto.

* **CARPE** s. m. (gr. *karpos*). Anat. Partie qui est entre l'avant-bras et la paume de la main et qu'on nomme vulgairement poignet : *les os du carpe sont au nombre de huit*.

* **CARPE** s. f. (anc. haut all. *charpho*). Icht. Genre de poissons d'eau douce, famille des cyprinoïdes, couverts de grandes et larges écailles, et dont la chair est estimée. — SAUT DE CARPE, certain saut que les baladins exécutent à plat ventre, en s'élevant horizontalement. — Fam. FAIRE LA CARPE PAMÉE, se dit d'une personne qui feint de se trouver mal. — IGNORANT COMME UNE CARPE, d'une grande ignorance. — BAILLER COMME UNE CARPE, bâiller démesurément. — ÊTRE MUET COMME UNE CARPE, ne dire mot. — ENCYCL. La *carpe vulgaire* (*cyprinus-carpio*) se distingue par une bouche petite, deux barbillons

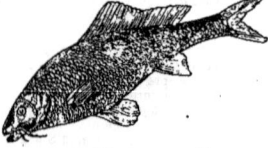

Carpe vulgaire (Cyprinus carpio).

et des mâchoires faibles et sans dents. Elle vit de larves, d'insectes, de vers, d'herbages, de grains et même de limon. Elle est propre aux eaux douces du centre et du midi de l'Europe, d'où on l'a transportée dans les régions septentrionales (au XVIᵉ siècle). Elle se plaît dans les eaux tranquilles ou qui coulent lentement; sa chair contracte un goût de vase dans les eaux bourbeuses. D'une grande gloutonnerie, surtout pendant les chaleurs, elle se donne quelquefois de fatales indigestions. Dans des circonstances favorables, elle peut vivre plus d'un siècle et atteindre plus d'un mètre de long. Sa chair est d'autant plus ferme que l'animal a vécu dans une eau moins tranquille; elle constitue un aliment facile à digérer, qui convient à tous les tempéraments; on la défend néanmoins aux convalescents et aux goutteux. La chair des carpes laitées est toujours préférée à celles des carpes œuvées. On recherche ces poissons surtout pendant l'automne et l'hiver; on les accommode au bleu, à la Chambord, frites ou en matelotte. — Les carpes se multiplient aisément dans les viviers; elles fraient de mai

à septembre et l'éclosion a lieu dès le 6ᵉ ou le 7ᵉ jour après la ponte.

* **CARPEAU** s. m. (Diminut.). Petite carpe — Variétés de la carpe, que l'on pêche dans le Rhône et dans la Saône, et qui est d'un goût fort délicat.

CARPEAUX (Jean-Baptiste), sculpteur, né à Valenciennes en 1827, mort au château de Bécon, près de Courbevoie, le 10 oct. 1875. Remporta le grand prix de Rome en 1854 et produisit des œuvres justement admirées, parmi lesquelles le « groupe d'Ugolin » 1863; le « Pêcheur napolitain » « la Jeune Fille à la coquille » 1866; la « France portant la lumière » 1866; et le fameux groupe de la « Danse » qui décore la façade du nouvel Opéra, 1869. Ses figures sont d'une exécution animée et résolue. « En présence de la nature, a dit Charles Blanc, Carpeaux était merveilleux. » Carpeaux a laissé, en outre, la magnifique fontaine monumentale qui décore l'avenue de l'Observatoire.

CARPE DIEM loc. lat. [kar-pé-di-èmm]. Lat. *Profite du temps présent* : c'est la devise de l'insouciant.

CARPÉE s. f. Sorte de danse mimique en usage particulièrement sur les théâtres des Enianes et des Magnètes en Thessalie.

CARPELLAIRE adj. Bot. Qui se rattache au carpelle; qui est de la nature du carpelle.

CARPELLE s. m. (diminut. du gr. *karpos*, fruit). Bot. Partie unique ou multiple qui constitue les loges de l'ovaire et qui contient les graines. D'après la théorie des botanistes, le carpelle est formé par une feuille repliée sur elle-même et plus ou moins modifiée dans sa forme, dans sa consistance et dans sa couleur.

CARPENTARIE (Golfe de), la plus large baie de l'Australie, située sur la côte N. On l'a nommée d'après Peter Carpenter, gouverneur général des Indes orientales hollandaises (1623-'7). On n'a encore fondé aucun établissement sur la côte.

CARPENTER (Lant), pasteur unitarien anglais (1780-1840), a laissé une « Introduction à la géographie du Nouveau Testament » l' « Harmonie des évangiles », des sermons, etc.

CARPENTRAS, *Carpentoracte*, [kar-pan-trâ], ch.-l. d'arr., à 24 kil. N.-E d'Avignon (Vaucluse), sur l'Auzon, au pied du Ventoux; 10,600 hab., dont 2,000 juifs. Hautes murailles, cathédrale gothique, collège et bibliothèque; arc de triomphe dans l'une des cours du palais de justice; bel aqueduc; porte d'Orange. Savon, cirier, acide nitrique, huile, amandes, cire, miel, etc. Fut d'abord ville des Cavares, servit de résidence à Clément V en 1313, fut fortifiée par Innocent IV et résista au baron des Adrets en 1562; devint la capitale du comtat Venaissin et fut réunie à la France en 1791. — Lat. N.; à la grande tour, 44° 3′ 16″; long. E. 2° 42′ 40″.

CARPETTE s. f. (bas. lat. *carpita*). Tapis presque carré un peu plus grand que le tapis dit *foyer*.

CARPHOLOGIE s.f. [kar-fo-lo-ji] (gr. *karphos*, flocon; *legô*, je recueille). Pathol. Symptôme très grave qui précède la mort dans un grand nombre de maladies, et qui consiste en un mouvement continuel des doigts et des mains pour rejeter et ramener les couvertures et pour saisir des objets imaginaires.

CARPI. I. ville d'Italie, à 14 kil. N.-N.-O. de Modène; 6,000 hab. Production de chapeaux de paille et de soieries. — II. Ville forte d'Italie, à 45 kil. S.-E. de Vérone, sur l'Adige; 4,300 hab. Victoire du prince Eugène sur les Français, en juillet 1701.

CARPI. I. (Ugo da), peintre et graveur, né à

Rome vers 1486, mort vers 1530. Introduisit en Italie l'imprimerie au clair-obscur, c'est-à-dire l'impression au moyen de 3 planches séparées produisant, successivement, les teintes sombres, les ombres légères et les demi-teintes. — II. (Jérôme de), peintre italien, né à Ferrare en 1501, mort vers 1569: imita plusieurs tableaux du Corrège. Son chef-d'œuvre une *Vénus* commandée en 1540 par François Iᵉʳ.

* **CARPILLON** s. m. [ll. mll.]. (Diminut.). Très petite carpe.

CARPIN ou **Carpini** (Jean du Plan ou GIOVANNI DI PIANO), moine franciscain italien, né vers 1182. Voyagea dans le Nord de l'Europe et en Espagne; puis fut envoyé, en 1246, auprès du grand khan de Tartarie, Batou, afin de le convertir au christianisme. La relation de son voyage a été publiée à Paris par d'Avezac (1838). On y trouve la première mention du fameux *Prêtre Jean*.

CARPINO, ville pittoresque située sur le mont Gargano, près du lac Varano, à 45 kil. N.-N.-E. de Foggia (Italie méridionale); 6,000 habitants.

CARPOCRATE ou **Carpocras**, théologien alexandrin, de l'école gnostique; florissait sous le règne d'Adrien (IIᵉ siècle). Fonda la secte des Carpocratiens, qui rejetait les évangiles de Mathieu et de Luc, ainsi que l'Ancien Testament et niait la résurrection du corps. Voy. GNOSTIQUES.

CARPZOV [karp'-tzoff], famille allemande qui a fourni de nombreux savants. BENEDICT (1595-1666), juriste de Leipzig et de Dresde, a écrit sur les lois criminelles et ecclésiastiques. Son frère JOHANN-BENEDICT (1607-'57), professeur de théologie à Leipzig, écrivit un ouvrage remarquable intitulé *Systema Theologiæ*. JOHANN-BENEDICT, fils de ce dernier (1639-'99), professeur à Leipzig, combattit les piétistes. Son neveu, JOHANN-GOTTLOB (1679-1767), professeur à Leipzig et surintendant à Lubeck, a laissé deux dissertations latines sur les opinions des anciens philosophes touchant la nature de Dieu (1692). JOHANN-BENEDICT (1720-1803), théologien et philologue, fut professeur de philosophie à Leipzig, de poésie et de philologie grecque à Hemstedt et abbé de Konigsluter; a laissé des dissertations latines sur Meng-Tseu, philosophe chinois (1743), sur Paléphate, Musée, Achille Tatius; une *Vie* de Saxo le Grammairien, etc.

CARQUEFOU, ch.-l. de cant.; arr. et à 10 kil. N.-N.-E. de Nantes (Loire-Inférieure); 3,000 hab.

* **CARQUOIS** s. m. [kar-kouâ] (bas lat. *carquaissum*). Étui à flèches. Il se porte sur l'épaule, au moyen d'une attache. Voy. ARC. — Fig., IL A VIDÉ SON CARQUOIS, se dit d'un homme qui a lancé beaucoup d'épigrammes. — Par plais. CARQUOIS D'OSIER, hotte de chiffonnier.

CARR. I. (SIR Robert), gouverneur de la Nouvelle-Angleterre, mort en 1667. Il enleva aux Hollandais la Nouvelle-Amsterdam, en 1664. — II. (SIR John), poète et voyageur anglais (1772-1832); publia le récit de ses voyages et l'*Étranger en France* (1803). — (Thomas), prêtre catholique anglais (1599-1674); s'établit à Paris et y publia : *Pieta parisiensis*, 1666.

CARRA (Jean-Louis), journaliste et conventionnel, né à Pont-de-Veyle, en 1743, eut une jeunesse aventureuse, voyagea en Allemagne, en Italie, en Turquie, en Russie et en Angleterre, fut secrétaire du cardinal de Rohan, puis employé à la Bibliothèque royale; publia, en 1789, avec Mercier, un journal démocratique, les *Annales patriotiques*; fut l'un des plus chauds orateurs des Jacobins, entra à la Convention comme député de Saône-et-Loire vota la mort de Louis XVI sans appel ni sursis, s'attacha au parti de la Gironde et agit avec si peu de ménagement qu'on l'accusa d'être vendu à Brunswick. Proscrit au 31 mai 1793, il fut exécuté le 31 octobre, en même temps que les Girondins. Il a laissé une *Histoire de la Valachie et de la Moldavie*, 1788, in-12; des *Mémoires sur la Bastille*, 1790, 3 vol. in-8°, etc.

CARRA-SAINT-CYR (Jean-François, COMTE), général français (1756-1834), fit les guerres d'Amérique et de la Révolution, défendit Bouchain, Valenciennes et Condé en 1814 et gouverna la Guyane de 1817 à 1819.

CARRACHE ou **Carracci** [ital. kar-râ'-tchi], nom de cinq célèbres peintres bolonais. — I. (Ludovico), né en 1555, mort en 1619, étudia longtemps à Venise, Florence et Parme. Sa nature lourde lui valut le surnom de *Bœuf*. Il fonda une Académie éclectique de peinture à Bologne et fit renaître le bon goût. Le Louvre possède plusieurs de ses toiles : « Apparition de la Vierge à saint Hyacinthe », « Annonciation », « Nativité », etc.—II. (Agostino), né en 1558, mort en 1601, cousin du précédent, fut d'abord bijoutier et graveur, s'associa à l'Académie des Carrache, donna l'enseignement théorique aux nombreux élèves qui venaient s'y perfectionner, écrivit des traités sur l'architecture et sur la perspective et laissa d'admirables toiles, parmi lesquelles un chef-d'œuvre, « Hercule enfant étranglant les serpents », au Louvre. — III. (Antonio), fils du précédent, mort en 1618, à l'âge de 35 ans; le Louvre possède son remarquable « Déluge ». — IV. (Annibale), le plus grand des Carrache, frère d'Agostino (1560-1609), fut d'abord tailleur, puis s'associa à l'Académie bolonaise et devint le meilleur peintre de son siècle. Parmi ses œuvres nombreuses, on distingue particulièrement les séries de fresques mythologiques au palais Farnèse à Rome. On admire en lui la correction du dessin, la richesse de la composition, la vérité de l'expression. Paris possède 26 de ses tableaux. — V. (Francesco), frère du précédent (1595-1622), étudia dans l'Académie des Carrache et jaloux de leur immense réputation, voulut fonder une école rivale à Bologne. Il ne réussit pas et mourut dans la misère.

CARRANZA (Bartolomé de), prélat espagnol (1503-1576). Ayant accompagné en Angleterre, le futur Philippe II, son élève, qui allait épouser Marie Tudor, il devint le confesseur de cette princesse en 1554 et travailla au rétablissement du catholicisme. Nommé primat d'Espagne et archevêque de Tolède, il fut arrêté en 1558, sur l'ordre de l'Inquisition à cause d'un catéchisme qu'il avait composé. Il resta 8 ans captif au château Saint-Ange. Son ouvrage intitulé « *Summa conciliorum* (Venise, 1546, in-8°) a été plusieurs fois réimprimé.

* **CARRARE** s. m. Nom qu'on donne au marbre blanc tiré de l'Apennin, dans les environs de Carrare (Toscane). Le carrare est une pierre à chaux altérée à la période oolithique. Une analyse de la meilleure qualité, faite par Kœppel, donne, pour 100 parties :

Carbonate de chaux......................	98·7654
Carbonate de magnésie...................	0·9002
Oxydes (de fer et de manganèse) et alumine..	0·0825
Silices, traces d'acide phosphorique, etc......	0·0961
Sable quartzeux.........................	0·1558

CARRARE, ville de Massa e Carrara (Italie), sur l'Avenza, à 95 kil. S.-O. de Modène; 8,000 hab. Célèbres carrières de marbre blanc aux environs. Napoléon y fonda une académie de sculpture.

CARRARE (Maison de Carrare), célèbre famille guelfe, souveraine de Padoue, de 1318 à 1406.

CARRATRACA, station minérale, à 38 kil. de Malaga (Espagne). Eau sulfureuse froide,

très recommandée contre les maladies cutanées, les scrofules, les maladies vénériennes, les névroses de l'appareil respiratoire.

* **CARRE** s. f. (celt. *car*, élevé; ou lat. *quadra*, forme carrée). Art milit. Chaque face d'une lame d'épée, de fleuret ou de baïonnette : *une épée à trois carres.* — CARRE D'UN CHAPEAU, haut de la forme d'un chapeau. — CARRE D'UN HABIT, haut de la taille d'un habit. — CARRE D'UN SOULIER, bout d'un soulier qui se termine carrément.— Pop. CET HOMME A UNE BONNE CARRE, il a les épaules larges et fortes, ce qui lui donne de la prestance. — Bouillotte. LA CARRE, je tiens ce que propose de jouer celui qui s'est carré. Voyez CARRER. On dit aussi : JE DOUBLE LA CARRE, etc.

* **CARRÉ, ÉE** adj. (lat. *quadratus* ; de *quatuor*, quatre). Se dit d'une surface plane qui a quatre côtés et quatre angles droits : *figure carrée.* — BONNET CARRÉ, bonnet à quatre ou à trois cornes, que portaient les docteurs, les ecclésiastiques, et quelques gens de justice, dans l'exercice de leurs fonctions. Se dit maintenant d'un bonnet à côtes surmonté d'une houppe, que les ecclésiastiques portent dans les cérémonies religieuses, et qui ordinairement peut se plier lorsqu'on le tient à la main. — JEU DE PAUME CARRÉ, ou simplement, CARRÉ, jeu de paume où il y a un petit trou, et un as au lieu du dedans. — Mar. BRASSÉ CARRÉ se dit des basses vergues quand elles se trouvent perpendiculaires à la longueur du navire. — VOILES CARRÉES OU VOILES A TRAIT CARRÉ, voiles quadrangulaires dont les vergues sont hissées par le milieu et croisent le mât à angle droit. — POUPE CARRÉE, poupe de forme ordinaire, par opposition à la POUPE RONDE de certains bâtiments, tels que les galiotes.— Art milit. BATAILLON CARRÉ, se disait autrefois d'un bataillon qui avait autant de files que de rangs, autant de profondeur que de front. On dit aussi aujourd'hui : UN CARRÉ, UN CARRÉ D'INFANTERIE, voy. *Carré* s. m. — PIED CARRÉ, TOISE CARRÉE, MÈTRE CARRÉ, etc., surface carrée dont le côté a une pied, une toise, un mètre, etc. : *ce tableau a vingt pieds carrés* ; *espace de huit lieues carrées.* On dit dans le même sens : *un pied, une toise, un mètre, etc. en carré.* — Arithm. NOMBRE CARRÉ, synon. de *carré* (voy. *Carré* s. m.) — RACINE CARRÉE, nombre qui, multiplié par lui-même, produit un certain nombre carré assigné: *extraire la racine carrée : trois est la racine carrée de neuf.* — Rhétor. PÉRIODE CARRÉE, période de quatre membres; et, par ext., toute période nombreuse et bien soutenue, quoiqu'elle ne soit pas de quatre membres. — Jeu de brelan. BRELAN CARRÉ ou QUATRIÈME, celui que le joueur a dans la main lorsque la carte qui retourne est de même sorte que les trois qui forment son brelan.— Fam. PARTIE CARRÉE, partie de plaisir faite entre deux hommes et deux femmes. — ÊTRE CARRÉ DES ÉPAULES, être large de épaules. — Fig. C'EST UNE TÊTE CARRÉE, c'est un homme qui a beaucoup de justesse et de solidité dans le jugement. — Pop. C'EST UNE TÊTE CARRÉE, par ironie, d'un Alsacien, et par ext. d'une personne entêtée. — Pop. Franc, rond en affaires : *c'est un homme carré en affaires; il est carré.*

* **CARRÉ** s. m. Figure carrée parfait, dont les quatre côtés et les quatre angles sont égaux; *carré long ; tailler en carré.* — CARRÉ DE PAPIER, morceau de papier carré. — CARRÉ MAGIQUE, voyez MAGIQUE. — Hort. Espace de terre en carré, dans lequel on plante des fleurs, des légumes, etc. : *carré de tulipes ; il faut marcher dans les allées, et non pas dans les carrés.* On appelle par analogie *carré d'eau* une pièce d'eau en carré. — Palier : *nous logeons sur le même carré.* — *Carré de mouton,* pièce du quartier de devant d'un mouton, lorsque le collet et l'épaule en sont séparés : c'est ce qu'on appelle autrement *haut côté.* On dit aussi : *carré de veau.* — *Carré de lard,* petit

morceau de lard coupé en forme de dé à jouer.— *Carré de toilette,* petit coffre dont les femmes se servaient à leur toilette, et dans lequel elles mettaient leurs peignes et d'autres objets. — Monnaies. Morceau d'acier fait en forme de dé, où est gravé en creux ce qui doit être en relief sur la médaille ou sur la monnaie : *graver un carré* (vieux). On dit aujourd'hui : *coin.* — Anat. Se dit, tant adjectivement que substantivement, de différents muscles dont la figure se rapproche de celle du carré : *muscle carré ; carré du menton, de la cuisse, des lèvres,* etc. — Papeterie. Se dit aussi, tant adjectivement que substantivement, d'une dimension de papier qui est celle qu'on emploie, dans l'imprimerie pour le plus grand nombre des ouvrages : *l'ouvrage sera imprimé sur papier carré fin; une rame de carré.* — Arithm. Produit qui résulte d'un nombre multiplié par lui-même : *seize est le carré de quatre.* On appelle *carré du carré* ou *carré carré* le produit d'un nombre élevé à la quatrième puissance. — Art milit. Ordre de formation de troupes en bataille, qui présente la figure d'un quadrilatère, de manière à faire face en tout sens : *former le carré ; enfoncer un carré d'infanterie; l'état-major, les tambours; et la musique s'enferment dans l'intérieur du carré.* — Mar. Sur les frégates, chambre commune autour de laquelle sont rangées les cabanes d'officiers et dont le centre, occupé par la table, sert pour les repas de l'état-major. — CARRÉ NAVAL, table carrée fixée au milieu du gaillard d'arrière d'un vaisseau, sur laquelle sont tracées des lignes qui se coupent à angle droit à 45°, afin de faciliter le relèvement du vaisseau par rapport aux autres bâtiments de l'escadre dont il fait partie.

CARRÉ (Michel), auteur dramatique français (1819-'72). Débuta en 1841 par un volume de poésies, les *Folles rimes,* in-12, et produisit ensuite, soit seul, soit en collaboration, un grand nombre de drames, de vaudevilles, de libretti. Ses pièces les plus connues sont : *Le Pardon de Ploërmel* (1859), et *Mignon* (1866).

* **CARREAU** s. m. Espèce de pavé carré, fait de terre cuite, de pierre, de marbre, etc., dont on se sert pour paver le dedans des maisons, des églises, etc. — *Franc carreau,* sorte de jeu où l'on jette en l'air une pièce de monnaie, et où celui dont la pièce tombe le plus loin des bords du carreau, gagne le coup : *jouer au franc carreau.* — Sol, plancher pavé de carreaux : *tomber sur le carreau.* — Par ext. *Coucher sur le carreau,* coucher sur le plancher. — *Jeter les meubles sur le carreau,* les jeter dans la rue. — Fig. *Jeter quelqu'un, coucher quelqu'un sur le carreau,* l'étendre sur la place, mort ou très blessé. — *Rester, demeurer sur le carreau,* être tué sur la place.— Pièce de verre qu'on applique aux fenêtres, aux portes vitrées, etc.: *casser un carreau; remettre un carreau de vitre.* — Phys. Carreau électrique, carreau de verre dont les surfaces sont recouvertes d'une lame métallique, et qui peut servir aux expériences sur les électricités dissimulées. — Jeu de cartes. L'une des couleurs, marquée par de petits carreaux rouges : *as de carreau; il tourne carreau.* — Fig. et fam. *Valet de carreau,* se dit d'un homme qui ne mérite point de considération : *on l'a reçu comme le valet de carreau.* — Coussin carré dont on se sert pour s'asseoir, ou pour se mettre à genoux : *carreau de velours.* — Fer à repasser dont les tailleurs se servent pour rabattre les coutures des habits. — Carré. Ne se dit guère qu'en parlant de plusieurs carrés formant un assemblage symétrique : *plier du linge à petits carreaux, par petits carreaux ; étoffes à carreaux.* — BROCHET CARREAU, brochet très gros. Dans cette dénomination, *carreau* est pris adjectif. — Manège. Grande plaque plombée, dans certaines écuries, audessus des mangeoires des chevaux pour les empêcher de lécher le mur.— Mar. Ceinte et précemte, particulièrement celles de la lice de vibord.—CARREAUX DE CHALOUPE, pièces de bois qui forment le haut des côtés d'une chaloupe. — CARREAU D'ARBALÈTE, trait empenné comme la flèche, mais avec une grosse tête d'acier ayant la forme d'un carré ou d'un losange cubique, et qu'on lançait au moyen de l'arbalète. De là sont venues les expressions figurées : *les carreaux vengeurs de Jupiter, les carreaux de la foudre,* etc. — Pop. Monocle, lorgnon : *il se promène avec son carreau sur l'œil.*

‚ * **CARREAU** s. m. Tuberculisation considérable des ganglions mésentériques; maladie qui n'affecte que l'enfance entre la cinquième et la dixième année, et qui est ordinairement liée à la phtisie. Elle se manifeste par un développement du ventre, où l'on sent, à la palpation sur les flancs ou au voisinage de l'ombilic, des tumeurs dures et inégales. Les veines superficielles de l'abdomen sont dilatées. Diarrhée, amaigrissement; au dernier degré, fièvre hectique et marasme. Traitement *général* de la scrofule et de la phtisie pulmonaire. Frictions sur le ventre avec la pommade d'iodure de potassium ou onctions avec la teinture d'iode. A l'intérieur, huile de foie de morue, iodure de fer; aliments nourrissants et faciles à digérer. Combattre la constipation, par des lavements huileux. Bains salés, bains iodés.

CARRÉE s. f. Mar. Châssis de quatre tringles de bois assemblées en carré long et portant une toile tendue. La carrée sert de fond aux cadres ou lits des officiers et maîtres. — Pop. Chambre.

* **CARREFOUR** s. m. (lat. *quadrifurcus*). Endroit où se croisent plusieurs rues dans les villes ou les villages, deux ou plusieurs chemins dans la campagne. — LANGAGE DE CARREFOUR, paroles grossières. — INJURES DE CARREFOUR, injures grossières. — CARREFOUR DES ÉCRASÉS, « carrefour formé par le boulevard Montmartre, la rue Montmartre et la rue du Faubourg-Montmartre. C'est un des endroits de Paris les plus dangereux pour les piétons, à cause de la quantité de voitures qui s'y croisent et de la pente du boulevard Montmartre, qui ne permet pas aux cochers d'arrêter leurs chevaux à temps ». (Lucien RIGAUD).

CARREL (Nicolas-Armand), journaliste, né à Rouen, le 8 mai 1800, blessé dans un duel le 22 juillet 1836, mort le 24 juillet. Sous-lieutenant, il participa à la conspiration de Belfort, en 1824, s'enfuit en Espagne, fut condamné à mort comme déserteur, revint plaider devant un nouveau conseil de guerre, fut acquitté, collabora à plusieurs journaux, se fit connaître par deux résumés, l'*Histoire d'Écosse* et l'*Histoire de la Grèce moderne* (1825) et surtout par l'*Histoire de la contre-révolution en Angleterre,* pamphlet contre la Restauration et prédiction de sa chute. En 1830, il fonda le *National,* journal qui contribua à préparer la révolution. Après les journées de juillet, il ne voulut point soutenir le nouveau gouvernement, qui lui offrit pourtant une préfecture. Son journal prit hardiment l'allure républicaine. Carrel fut le premier qui eut le courage de parler de réhabilitation en faveur du maréchal Ney; et il aurait payé cher son audace, sans l'appui que lui prêta Excelmans. Chef du parti républicain, il avait déjà échappé à deux affaires dites d'honneur, lorsqu'il fut tué par M. de Girardin. Ses œuvres ont été publiées en 1858, 5 vol.

* **CARRELAGE** s. m. Action de carreler; ouvrage de celui qui pose le carreau; le carreau même.

CARRELÉ, ÉE adj. Qui est pavé de carreaux : *chambre carrelée.*

*. **CARRELER** v. a. (du vieux fr. *carrel,* carreau). Paver avec des carreaux : *carreler une salle, une chambre.* — Raccommoder de vieux

souliers. On ne le dit, en ce sens, que des savetiers ambulants : *carreler des souliers.*

* **CARRELET** s. m. Sorte de poisson de mer qui est plat, et qui a de petites taches rouges. — C'est la *plie franche.* — Armur. « Épée à lame triangulaire, qui, au XVIIIe siècle, était

Carrelet ou plie franche.

non seulement l'arme du militaire, mais faisait encore partie du costume habillé de plusieurs classes de la société. On lui donnait aussi le nom d'*épée à la financière.* Cette épée fait encore aujourd'hui partie de l'uniforme auquel sont astreints certains fonctionnaires civils. » (DE CHESNEL). — Pêche. Filet monté sur deux cerceaux croisés et qui se relève avec une perche. — Technol. Grosse aiguille angulaire du côté de la pointe, employée par les emballeurs, les selliers, les tapissiers, etc.

* **CARRELETTE** s. f. Lime plate et fine.

* **CARRELEUR** s. m. Celui qui pose le carreau. — Savetier ambulant : *carreleur de souliers.*

CARRELIER s. m. Ouvrier qui fabrique des carreaux pour garnir le sol des appartements.

* **CARRELURE** s. f. Les semelles neuves qu'on met à de vieux souliers, de vieilles bottes : *mettre une carrelure à des souliers.*

* **CARRÉMENT** adv. En carré, à angle droit : *couper quelque chose carrément.* — ∽ D'une manière carrée, sans ambages : *il lui parla carrément.*

CARREÑO DE MIRANDA (Juan), peintre espagnol (1614-'85). Comme coloriste, les Espagnols le mettent au même rang que le Titien.

* **CARRER** v. a. Donner une figure carrée : *carrer un bloc de marbre.* — Géom. Trouver un carré équivalent à une surface terminée par des lignes d'une courbure quelconque. — Arithm. Former le carré d'un nombre, en multipliant ce nombre par lui-même. — Se carrer v. pr. Marcher avec un maintien qui annonce de la prétention, de l'arrogance : *voyez comme il se carre.* (Fam.) — S'étendre, se prélasser : *il se carre dans sa voiture, dans son fauteuil.* — Jeu de bouillotte. Action de celui qui s'assure la priorité en doublant la mise : *je me carre; il s'est carré.*

CARRERA (Rafael), président de la république de Guatemala, métis d'indien et de nègre, né en 1814, mort en 1865. Se mit à la tête des Indiens révoltés en 1837 et, l'année suivante, occupa la ville de Guatemala. Il fut élu président en 1847, après avoir appris à lire et à écrire; on le nomma président à vie en 1854. De même que Napoléon III, qu'il prit pour modèle, il établit un gouvernement absolu; il régna avec douceur et ne fit pas de guerres.

CARRETTO(Francesco-Saverio,MARQUIS DEL), ministre de la police de Naples, né en 1788, mort en 1862. Officier au service des Bourbons, son avancement fut rapide. Sa participation, en qualité d'agent provocateur, à l'insurrection du général Pépé (1820), lui valut le grade d'inspecteur de police en 1823.

Pour se rendre indispensable, il fit naître plusieurs émeutes qu'il noya dans le sang, et il mit le comble à sa réputation de férocité par la répression de la révolte de Bosco. Ferdinand II le nomma ministre de la police en 1831, Pendant le choléra et l'insurrection de Catane et de Syracuse, en 1837, il fit périr par la torture des milliers de Siciliens. Banni le 27 janvier 1848, il se réfugia aux environs de Montpellier et rentra triomphant avec la réaction.

* **CARRICK** s. m. (de *Garrick,* célèbre acteur anglais). Redingote ample qui a plusieurs collets, ou un collet très long.

CARRICKFERGUS, ville maritime d'Irlande, comté d'Antrim, à 12 kil. N.-E. de Belfast; 9,500 hab. Vieux château, jadis très fort, construit par Hugues de Lacy en 1178. La ville se rendit au duc de Schomberg le 28 août 1689 et à l'amiral français Thurot, en février 1760.

* **CARRIER** s. m. (lat. *quadratarius,* tailleur de pierre; celt. *cair,* pierre). Ouvrier qui exploite une carrière, qui tire la pierre des carrières; entrepreneur qui fait ouvrir une carrière.

CARRIER adj. (angl. *carrier* [kar'-i-eur] messager). Se dit d'un pigeon messager : *on lança vingt pigeons carriers.* — Substantiv. Pigeon messager, variété du pigeon commun (*columbia livia*), long d'environ 35 centim. Un

Carriers belges. — 1, 2. Manière d'attacher les lettres. — 3. Carrier de Liège. — 4. Carrier d'Anvers.

instinct particulier le ramène au colombier, même lorsqu'on l'en a éloigné d'une distance de plus de 100 lieues. Son vol ordinaire est de 50 kil. à l'heure; mais on a des exemples de carriers ayant parcouru jusqu'à 100 et même 150 kil. à l'heure. C'est le pigeon le plus répandu chez les amateurs belges et hollandais.

CARRIER (Jean-Baptiste), révolutionnaire, né en 1756, à Yolai, près d'Aurillac, décapité à Paris le 16 décembre 1794. Il était procureur dans sa ville natale, lorsque des écrits révolutionnaires, qui furent poursuivis, le mirent en relief et le firent élire à la Convention, en 1792. Il y soutint les plus violentes motions, vota la mort du roi et fut envoyé à Nantes, en qualité de proconsul, en 1793. Dépassant, par des mesures sanguinaires, les ordres de répression qu'il avait reçus de la Convention, il se montra aussi féroce que les insurgés royalistes, et livra à la mort tous les habitants qui lui parurent suspects. On évalue à 30,000 le nombre des victimes qu'il fit périr. Le Comité de salut public rappela, au bout de trois mois, Carrier, qui fut décrété d'accusation le 23 novembre 1794. On lui reproche surtout ses crimes, d'avoir inventé les *noyades de Nantes,* c'est-à-dire d'avoir embarqué des prisonniers, sur des bateaux à soupape que des affilés faisaient ensuite couler au milieu de la Loire. On prétendit qu'il faisait lier ensemble un jeune homme et une jeune fille nus, un prêtre et une religieuse, un mari et sa femme et qu'il les précipitait dans les flots, appelant cela un *mariage républicain*; il s'était, disait-on, formé un sérail de prisonnières; mais ces accusations ne reposaient sur aucun document, et Carrier fut condamné sans preuves.

* **CARRIÈRE** s. f. (lat. *carrus*, char). Lice, lieu fermé de barrières, et disposé pour toutes sortes de courses, principalement pour les courses à cheval ou en char : *s'arrêter au milieu de la carrière*. — Poét. Mouvement périodique des astres : *l'astre des nuits parcourt sa paisible carrière*. — Manège. Étendue de terrain que l'on peut faire courir un cheval sans qu'il perde haleine : *ce cheval a bien fourni sa carrière*, il a bien fait la course qu'on voulait qu'il fît : *donner carrière à un cheval*, le laisser libre de courir, lui lâcher la bride. — Fig. au sens moral. DONNER CARRIÈRE, laisser pleine liberté d'agir : *donner carrière à son esprit, à son imagination, à sa méchanceté*. — Fam. SE DONNER CARRIÈRE, se réjouir, se laisser emporter à l'envie qu'on a de dire ou de faire quelque chose : *se donner carrière aux dépens de quelqu'un*, s'en amuser par des railleries. — CARRIÈRE, signifie, fig. Cours de la vie, temps qu'on exerce un emploi, une charge, etc. : *achever, terminer sa carrière*. — Profession que l'on embrasse, études auxquelles on se livre, entreprises où l'on s'engage, etc. : *la carrière des sciences et des arts*. — Dans le style soutenu : *il ouvrit et ferma la carrière*, il a fermé la carrière qu'il s'était ouverte, etc., se dit d'un homme qui n'a point eu de rivaux dans l'art dont il fut le créateur. — OUVRIR A QUELQU'UN UNE CARRIÈRE, UNE BELLE CARRIÈRE, lui donner une occasion de paraître et d'exercer ses talents. — Lieu d'où l'on tire de la pierre : *dans l'antiquité les prisonniers travaillaient aux carrières; il fut condamné aux carrières*. — Prov. et fig. QU'ON ME RAMÈNE AUX CARRIÈRES, se dit pour signifier que l'on est prêt à répéter, à recommencer une chose pour laquelle on a éprouvé un traitement injuste. Philoxène, envoyé aux carrières pour avoir critiqué certains vers de Denys, tyran de Syracuse, fut gracié quelque temps après et s'écria : *qu'on me ramène aux carrières!* la première fois que le despote voulut lire encore devant lui de mauvaises poésies. De là le proverbe. — Législ. « Les *carrières* ne doivent pas être confondues avec les *mines* et les *minières* (voy. ces mots), et leur exploitation est soumise à des règles spéciales. On désigne sous le nom de carrières les exploitations comprenant les ardoises, grès, pierres à bâtir et autres, les marbres, granits, pierres à chaux ou à plâtre, les diverses substances terreuses, les cailloux de toute nature, etc. (L. 21 avril 1810, art. 4). L'exploitation des carrières à ciel ouvert peut avoir lieu après une simple déclaration faite au maire de la commune et transmise au préfet. Cette exploitation est soumise à la surveillance de l'administration et à l'observance des règlements. Quand elle a lieu par galeries souterraines, elle est soumise aux règles concernant les concessions de mines (L. 21 avril 1810, art. 81 et 82, modifiés par L. 27 juillet 1880). Les anciens règlements restaient, jusqu'à cette dernière loi, restés en vigueur dans certains départements, sont aujourd'hui remplacés par des décrets rendus en conseil d'État. Dans l'intérieur de Paris, l'exploitation des carrières souterraines de toute nature est interdite (L. 21 avril 1810, art. 81 et 82, modifiés par L. 27 juillet 1880). Les carrières ne peuvent être exploitées que par le propriétaire du sol ou avec son consentement (C. CIV. 552); cependant l'usufruitier peut jouir de celles qui étaient en exploitation lors de l'ouverture de son usufruit (C. civ. 598); par assimilation, les produits sont acquis à la communauté, si les car-

rières ont été ouvertes avant le mariage (C. civ. 1403). Celui qui a volé ou tenté de voler des pierres dans une carrière est puni d'un emprisonnement d'un à cinq ans et d'une amende de 16 fr. à 500 fr. (C. pén. 388, modifié par L. 28 avril 1832). Les entrepreneurs de travaux publics peuvent être autorisés, par arrêté préfectoral, à extraire, moyennant le paiement d'une indemnité au propriétaire, les matériaux dans les propriétés particulières. Ce droit résulte d'arrêts du conseil, dont le plus ancien est du 3 mai 1667, de la loi du 28 septembre 1791, de celle du 28 pluviôse an VIII, de l'art. 650 du Code civil, de la loi du 16 septembre 1807, de celle du 21 mai 1836 sur les chemins vicinaux, et de celle du 15 juillet 1845 sur les chemins de fer. L'exercice de ce droit d'extraction est réglementé par un décret du 8 février 1868; mais, s'il s'agit d'extraire des matériaux dans les bois régis par l'administration des forêts, les formalités à suivre sont tracées par une ordonnance du 5 octobre 1843. D'après l'article 17 de la loi de 1836, précitée, l'arrêté du préfet qui autorise l'extraction est notifié aux intéressés au moins dix jours avant que son exécution puisse être commencée, et, si l'indemnité n'est pas fixée à l'amiable, elle est réglée par le conseil de préfecture, sur le rapport d'experts nommés, l'un par le sous-préfet, l'autre par le propriétaire. En cas de discord, le tiers expert est nommé par le conseil de préfecture. L'action en indemnité est prescrite par le laps de deux ans. Il est interdit d'ouvrir des carrières à une distance moindre de 974 mètres des places de guerre et de 584 mètres des postes militaires (Ord. 1er août 1821, art. 4). Les exploitants de carrières sont assujettis, pour la patente, à un droit fixe de 5 fr., plus 2 fr. 50 par ouvrier, et en outre à un droit proportionnel au vingtième sur la maison d'habitation seulement (L. 14 juillet 1880, tableau C, Ve partie). » (CH. V.)

CARRIGALINE, village d'Irlande, à 12 kil. S. de Cork, 7,000 hab. Château ruiné des comtes de Desmond.

CARRIK s. m. (*carrus*, char). Sorte de cabriolet.

* **CARRIOLE** s. f. Petite charrette couverte, et ordinairement suspendue. — Par dénigr. Mauvaise voiture. (Fam.)

CARRION-NISAS. I. (Henri de), lieutenant-général, né dans le Languedoc en 1660, mort en 1754. Il a laissé des écrits sur l'art de la guerre. On lui doit l'établissement de cantonniers sur les grandes routes. — II. (Marie-Henri-François-Élisabeth, BARON DE), poète et poète dramatique, né et mort à Montpellier (1767-1840), fut membre du Tribunal, et se retira de la scène publique après 1815. Sa tragédie de circonstance, *Pierre le Grand*, fut outrageusement sifflée, le 19 mai 1804. Il a laissé un *Récit de la campagne d'Allemagne* en 1813 et plusieurs ouvrages sur l'art militaire. — III. (André-Henri-François-Victor DE), fils du précédent, littérateur et homme politique, né à Lésignan-la-Cèbe (Hérault) en 1794; fut représentant du peuple en 1848 et vota avec l'extrême gauche.

CARRO (Jean de), médecin allemand, né à Genève en 1770, mort en 1857. Il fit ses études à Edimbourg, s'établit à Vienne et à Carlsbad, se voua à la propagation de la vaccine et publia plusieurs ouvrages sur ce sujet.

CARRON, petite rivière d'Ecosse qui se jette dans le frith de Forth après un cours de 24 kil.

* **CARROSSABLE** adj. Se dit d'une route où les voitures peuvent passer.

* **CARROSSE** s. m. (ital. *carrozza*). Voiture à quatre roues, suspendue et couverte : *l'usage des carrosses date du* XVIe *siècle. Carrosse à portière; carrosse à deux fonds; carrosse-coupé*.

Est aujourd'hui beaucoup moins usité que *voiture* : voyez ce mot. — Prov. et fig. C'EST UNE CINQUIÈME ROUE A UN CARROSSE, se dit d'une personne ou d'une chose fort inutile. — C'EST UN VRAI CHEVAL DE CARROSSE, se dit d'un homme grossier, brutal ou stupide. — Avoir DE QUOI, N'AVOIR PAS DE QUOI ROULER CARROSSE, être riche; ne pas être riche. — Mar. Logement sur le pont et sur l'arrière du navire.

* **CARROSSÉE** s. f. Quantité de personnes que contient un carrosse : *une carrossée de provinciaux*. (Fam.)

* **CARROSSER** v. a. Transporter en carrosse. — Mar. CARROSSER DE LA VOILE, avoir beaucoup de voiles dehors par un bon vent frais.

CARROSSERIE s. f. Fabrication de voitures; industrie du carrossier. — Atelier où l'on fabrique des voitures.

* **CARROSSIER** s. m. Faiseur de carrosses : *sellier-carrossier*. — C'EST UN BON CARROSSIER, se dit quelquefois d'un cheval épais, traversé, et propre à bien tirer le carrosse.

CARROUGES, ch.-l. de cant.; arr. et à 30 kil. N.-O. d'Alençon (Orne); 900 hab. Vaste château du XIVe siècle; forges.

* **CARROUSEL** s. m. [ka-rou-zèl] (ital. *carosello*, querelle). Tournoi importé en France sous Henri IV, et qui consiste ordinairement en courses de bagues, de têtes, etc., entre plusieurs chevaliers partagés en différentes quadrilles distinguées par la diversité des livrées et des habits : *brillant carrousel*. — Lieu, place où l'on a fait un carrousel : *aller au carrousel*. — Place du Carrousel, Vaste place encadrée par les bâtiments du Louvre, en face de la grille des Tuileries. Elle doit son nom au carrousel que Louis XIV y donna les 5 et 6 juin 1662; elle a été ornée en 1810, de l'arc de triomphe du Carrousel, élevé, par Percier et Fontaine, à l'armée impériale.

* **CARROUSSE** s. f. Ne s'emploie que dans cette phrase familière, maintenant très peu usitée : *faire carrousse*, faire débauche, boire avec excès.

* **CARRURE** s. f. (lat. *quadratura*). Largeur du dos à l'endroit des épaules : *un homme d'une belle carrure*. — Se dit aussi en parlant d'un habit : *habit trop large de carrure*.

CARS, ville de Turquie. Voy. KARS.

CARSON CITY, cap. de l'État de Nevada (Etats-Unis), à 6 kil. O. de la rivière Carson et à 50 kil. S. de Reno, sur le chemin de fer du Pacifique, par 39° 10' lat. N. et 122° 05' lat. O.; 3,500 hab., dont 700 Chinois.

KARSTENS (Asmus-Jakob), peintre allemand, né dans le Schleswig en 1754, mort à Rome en 1798. Sa *Chute des Anges* et sa *Visite des Argonautes à Chiron*, lui donnèrent une grande réputation. Il excella dans les aquarelles et dans les fresques.

CARTAGO [kar-ta-go], ville des Etats-Unis de Colombie, état de Cauca, sur la rive droite de la Cauca, à 210 kil. N. de Bogota, dont elle est l'entrepôt; 8,000 hab. Comm. de bétail, de porcs, de cacao, de café, de sucre et de fruits. — II. Ville de Costa-Rica, sur la rive droite du Cartago, à 21 kil. E.-N.-E. de San José; 5,000 hab. Autrefois prospère et résidence des autorités fédérales, elle fut presque détruite par un tremblement de terre, le 2 septembre 1841.

CARTAHU s. m. Mar. Cordage léger qui sert à hisser ou descendre un objet quelconque.

* **CARTAYER** v. n. [kar-té-ié] (rad. *quart*). Mettre, quand on conduit une voiture, l'ornière entre les deux chevaux et entre les deux roues : *ce cocher a fort bien cartayé*.

* **CARTE** s. f. (gr. *khartés*, papier). Assemblage de plusieurs papiers collés l'un sur l'autre : *de la carte fine*. Dans ce sens, on emploie plus ordinairement le mot *carton*; et on appelle cette sorte de carte : *du carton fin*. — Chez les restaurateurs. Liste des mets qu'on peut demander : *dîner à la carte*. — Mémoire de la dépense d'un repas chez un traiteur ou un restaurateur. Dans ce sens, on dit quelquefois : *carte à payer*, ou *carte payante*, par opposition à la carte des mets. — Billet, ordinairement imprimé, qu'on délivre à une personne pour qu'elle soit admise en quelque lieu, ou pour qu'elle puisse, au besoin, faire reconnaître sa qualité, etc.: *carte de spectacle*; *carte d'électeur*. — CARTE DE VISITE, ou simplement, CARTE, petite carte sur laquelle on a écrit ou fait graver son nom, et qu'on laisse à la porte des personnes qui se trouvent absentes, lorsqu'on va pour leur rendre visite. On envoie sa carte à quelqu'un comme marque de politesse; on remet quelquefois sa carte à la personne que l'on veut provoquer en duel. — L'usage des cartes de visite est très répandu en Chine depuis plus de mille ans. — CARTE PHOTOGRAPHIQUE ou *portrait-carte*, petit portrait photographique collé au milieu d'une carte de visite. En 1857, M. Ferrier, de Nice, imagina de faire de petits portraits photographiques et de les coller sur des cartes; le duc de Parme adopta aussitôt cette innovation et la mit à la mode. — CARTE DE CIRCULATION, carte délivrée par une administration de chemins de fer et qui permet à celui qui l'a obtenue de voyager gratuitement sur le réseau ou sur une section déterminée. — CARTE D'ADRESSE, carte sur laquelle un fabricant, un marchand fait imprimer son adresse et une note des objets qu'il fabrique ou qu'il vend. — Prov. et fig. DONNER CARTE BLANCHE A QUELQU'UN, donner plein pouvoir à quelqu'un, l'autoriser à faire tout ce qu'il lui plaira. On dit dans le même sens : *avoir carte blanche*. — CARTE POSTALE, carte émise par l'administration des postes et circulant à découvert; elle contient, au recto, le nom et l'adresse du destinataire, au verso, la correspondance de l'expéditeur. La taxe des cartes postales est encore de 10 cent. en France et de 20 cent. pour les cartes avec réponse payée. On attribue la première pensée des cartes postales au docteur Emmanuel, professeur à l'Académie militaire de Wiener-Neustadt (Autriche). La première application eut lieu en Autriche (1869), où la taxe est fixée à 5 cent. L'Angleterre et l'Allemagne (1870) imitèrent aussitôt l'exemple de l'Autriche et fixèrent la taxe à 5 cent. En Belgique (1871), elle est fixée à 5 cent.; en Hollande, à 5 cents (14 cent.); en Norvège (1872), à 9 skillings (14 cent. 1/2); en Suède, à 9 cent.; en Danemark, à 12 cent.; en Russie, à 20 cent.; aux États-Unis (1873), à 1 cent (5 cent.). L'intervention de M. Wolowski fit admettre en France cette ingénieuse innovation, qui fut introduite par un vote du 19 décembre 1872.

  * CARTE s. f. Géogr. Feuille de papier sur laquelle est représentée quelque partie de la surface du globe terrestre : *apprendre la carte*; *recueil de cartes*. — Par ext. Connaissance géographique d'un pays : *étudier la carte d'Allemagne*. — CARTE UNIVERSELLE. Voy. MAPPEMONDE. — CARTE GÉNÉRALE, carte de toute une contrée, par opposition à celles qui n'en représentent que certaines portions, et qu'on nomme : *cartes particulières*. — CARTE TOPOGRAPHIQUE, carte qui donne la représentation exacte et détaillée d'un lieu, d'un canton particulier. — CARTE HYDROGRAPHIQUE, ou *carte marine*, carte qui représente les côtes, les mouillages, les sondages et les rumbs de vent. — CARTE ASTRONOMIQUE ou *céleste*, carte qui représente les constellations dans la situation où elles ont les unes à l'égard des autres. — CARTE GÉNÉALOGIQUE, tableau qui contient toute la généalogie d'une maison. — Fig. et fam. SAVOIR LA CARTE DU PAYS, ou simplement, *savoir la carte*, connaître bien les habitudes, les intérêts, les intrigues d'une société, d'une famille, etc. — PERDRE LA CARTE, se troubler.

se brouiller, se confondre dans ses idées. — Encycl. Une carte est la *représentation*, sur une surface plane, d'une partie de la surface de la Terre ou de la sphère céleste. Par la méthode appelée PROJECTION, les règles de la perspective sont appliquées au dessin des objets sur la surface de la Terre, selon quatre modes principaux : 1° dans la *projection orthographique*, on suppose que l'œil se trouve à une distance infinie de la sphère, de telle sorte que les rayons de lumière peuvent être considérés comme parallèles entre eux; cette méthode, qui se rapproche de la mise en plan ordinaire, n'est guère employée que pour de petites étendues de terrain; 2° dans la *projection stéréographique* ou *perspective*, l'œil est supposé placé à la surface de la sphère; c'est le système employé pour les mappemondes; 3° dans la *projection centrale* ou *gnomique*, l'œil est supposé se trouver au centre de la Terre, et les objets de la surface sont projetés sur un plan qui est une tangente à cette surface; 4° dans la *projection globulaire*, on suppose que l'œil est éloigné de la sphère d'une distance égale au sinus de 45°; ou, le diamètre étant 200, on suppose que la distance serait 70-7. Une autre méthode de construction est basée sur le principe appelé DÉVELOPPEMENT. Le développement consiste à projeter les formes de la surface de la Terre sur la surface intérieure d'un cône ou d'un cylindre que l'on suppose envelopper la Terre et la toucher seulement autour du cercle qui doit être la latitude moyenne de la carte. C'est, en partie, sur ce principe qu'est fondé la projection dite de *Mercator*, parce que Mercator l'appliqua aux cartes des navigateurs. On a recours à d'autres principes pour la construction des cartes, suivant les objets spéciaux auxquels on les destine. Les unes ont pour but de représenter les lignes côtières, les détroits, les bancs de sable, les récifs, etc.; ce sont les *cartes hydrographiques*; d'autres montrent les divisions politiques; quelques-unes sont purement topographiques. On a aussi construit des cartes pour représenter les cours des vents ou les courants maritimes, pour indiquer les formations géologiques, la flore, la faune, etc. — On pense que les plus anciennes cartes furent faites par Anaximandre le Milésien, vers 570 av. J.-C. Eratosthènes introduisit l'usage des lignes marquant les longitudes et les latitudes, et ces lignes furent ensuite établies d'après des principes mathématiques, par Hipparque; mais les cartes de l'antiquité sont d'une déplorable inexactitude. Même celles de Strabon et de Ptolémée contiennent les erreurs les plus grossières, qui furent répétées par tous les géographes jusqu'au commencement du XVIII° siècle. En 1700, De Lisle publia une carte du globe, dans laquelle il corrigea le premier plusieurs de ces erreurs. Les premières cartes gravées sur métal sont dues à Büchink et à Schweynheim (1478); les cartes furent gravées sur bois par Hool en 1482. Gérard Mercator publia son atlas de cartes en 1595.

  * CARTE s. f. (lat. *charta* papier). Petit carton fin, coupé en carré long, qui est marqué, d'un côté, de quelque figure et de quelque couleur, et dont on se sert pour jouer à divers jeux : *jeu de cartes*; *cartes de papier*; *mêler les cartes*; *faire les cartes*; *le premier en cartes*; *tours de cartes*. Les cartes à jouer se composent ordinairement de trois feuilles de papier. La feuille sur laquelle on imprime les figures et les points est appelée *papier au pot*; celle qui forme le dos de la carte se nomme *cartier*; la troisième, placée entre les deux précédentes, est la *trace* ou *main-brune*; la pâte grise qui a pour objet d'empêcher la transparence. Ces trois feuilles sont solidement collées ensemble. — On imprime le papier au pot avant le collage; mais les enluminures peuvent être faites après; on lisse les cartes avec le savon noir, on les redresse au moyen de la presse,

on les coupe, on les trie, on les assemble et on en forme des jeux. Le *jeu de piquet* ne se compose que de 32 cartes : 4 as, 4 rois, 4 dames, 4 valets, 4 dix, 4 neuf, 4 huit, 4 sept; huit cartes de chaque couleur : carreau, cœur, pique et trèfle. Le *jeu entier* à 52 cartes : les 32 déjà nommées et 4 six, 4 cinq, 4 quatre, 4 trois et 4 deux; 13 cartes de chaque couleur.

Cartes à jouer.

Le *jeu d'hombre* comprend 40 cartes; c'est le jeu entier moins les dix, les neuf et les huit. Le *jeu de tri*, composé de 34 cartes, n'a aucun carreau, à l'exception du roi, et il lui manque le six de cœur et tous les dix, les neuf et les huit. Le *jeu de brelan* à 28 cartes; c'est le jeu de piquet moins les sept. Le *reversis*, de 48 cartes, est le jeu entier moins les dix. — On donne aux cartes une origine asiatique. Dans l'Indoustan, on les appelait *tchatartass*, mot qui signifie *quatre rois* ou *quatre couronnes*, et leur nom populaire devint *taj* ou *tas*. Dans les anciens jeux indiens, il n'y a pas de reine; il y a des rois qui sont munis du parasol comme marque distinctive; au lieu de valets, il y a des viziers. Les Chinois nomment leurs cartes *tchi-pai* ou étiquettes de papier; leurs jeux se composent de 30 cartes : 3 couleurs seulement ayant chacune 9 cartes, à 3 simples cartes supérieures à toutes les autres. Les Arabes apprirent des Indous à jouer aux cartes, vers le commencement du XII° siècle; et les croisés introduisirent en Europe ce jeu, qui devint populaire dès le XIV° siècle. La première preuve s'en trouve dans le *Stadtbuch* d'Augsbourg, de 1275. L'usage des cartes en Italie est mentionné dès 1299 et en France en 1392, année où un peintre, Jacquemin Gringonneur, en coloria un jeu pour le roi Charles VI. On a supposé que les quatre couleurs ont été imaginées pour représenter d'une manière symbolique les quatre classes de la société : les *cœurs* désignant le clergé, les *piques* la noblesse, les *trèfles* les paysans, les serfs, et les *carreaux* les citadins, les bourgeois. Les figures ont une origine historique et militaire symbolique. Ainsi, nous trouvons, dès les premiers jeux français, les quatre rois David, Alexandre, César et Charlemagne qui représentent les quatre monarchies des Juifs, des Grecs, des Romains et des Français. Les dames furent, dès le début : Argine (anagramme de *regina*, reine), Esther, Judith et Pallas; les valets représentaient les chevaliers. — Les lois ont souvent prohibé le jeu des cartes; mais il s'est toujours maintenu et il a été varié de d'innombrables combinaisons appelées lansquenet, piquet, brisque, triomphe, prime, boston, flux, trente-et-un, mariage, whist, etc. — LE DESSOUS DES CARTES, partie coloriée des cartes, qui reste cachée quand on donne ou qu'on coupe. — DEMANDER CARTE, proposer d'écarter, de mettre de côté un certain nombre de cartes, pour en prendre de nouvelles — Fig. et fam. VOIR, CONNAÎTRE LE DESSOUS DES CARTES, apercevoir, connaître les ressorts secrets d'une affaire, d'une intrigue. On dit de même : IL Y A DANS CETTE AFFAIRE UN DESSOUS DE CARTES, c'est-à-dire, quelque chose de secret, de caché, dont il faut se défier. — BROUILLER LES CARTES, chercher à mettre du trouble, à embrouiller les affaires. On dit dans un sens analogue : *les cartes sont bien brouillées*. — JOUER CARTES SUR TABLE, ne pas dissimuler le motif pour lequel on agit, ne pas cacher les moyens dont on fait usage dans une affaire — TIRER LES CARTES, chercher l'avenir dans la disposition fortuite des cartes. — CHATEAU DE CARTES, petite maison de campagne non entretenue et peu solidement bâtie; ce qui se dit par allusion à ces petits châteaux que les enfants font avec des cartes. — Pop. PRENDRE

DES CARTES, chercher mieux : *si vous n'étes pas content, prenez des cartes.* — CARTE BLANCHE, toute carte qui n'est point une figure. On dit de même, substantiv.: *avoir carte blanche*, n'avoir aucune figure dans son jeu. — PIQUER LA CARTE, c'est, dans le langage des grecs, marquer d'un coup d'ongle les cartes dont on veut se souvenir. — Législ. « Les *cartes à jouer* sont l'objet de mesures fiscales dans plusieurs Etats de l'Europe, et elles sont frappées en France, depuis le XVIe siècle, d'un droit de fabrication. Le droit était d'abord d'un *sou parisis* par jeu ordinaire, puis d'un *denier* (ou un douzième de sou) par carte. La taxe a été fixée, par la loi du 3 pluviôse an VI, à 0 fr. 25 par jeu pour les cartes à portraits français et de dimension ordinaire. Réduite à 0 fr. 15, par la loi du 28 avril 1816; relevée à 0 fr. 25 par celle du 7 août 1850, puis à 0 fr. 50 par celle du 1er septembre 1871, cette taxe est aujourd'hui de 0 fr. 625, décimes compris, en vertu des lois des 21 juin et 30 décembre 1873. Les cartes à portraits étrangers et celles dont la forme ou la dimension diffère des cartes ordinaires sont soumises à un droit de 0 fr. 875 par jeu. La fabrication des cartes n'est autorisée que dans les chefs-lieux de direction de la régie ; les fabricants doivent être munis d'une licence spéciale dont le prix est de 100 fr. par an (L. 4 septembre 1871). Les cartes à portraits français ne peuvent être fabriquées que sur du papier fourni par l'administration et portant l'empreinte de ses moules, et chaque jeu porte une bande apposée par les employés de la régie. Ceux qui ont contrefait les marques de l'administration ou fait usage de fausses marques sont punis de deux à cinq ans d'emprisonnement (C. pén. 142); et les contraventions aux lois et règlements sur les cartes à jouer entraînent la confiscation des objets, la peine d'un mois d'emprisonnement et une amende de 1,000 à 3,000 fr. (L. 28 avril 1816, art. 160 et s.). » (CH. Y.) — Cartes s. f. pl. Ce que les joueurs laissent pour le payement des cartes : *les cartes valent beaucoup aux domestiques de cette maison.* On dit plus ordinairement aujourd'hui : *mettre au flambeau.*

CARTE (Thomas), historien anglais (1686-1754). Attaché aux Stuarts, il fut compromis dans la rebellion de 1715, et, plus tard dans la conspiration de l'évêque Atterbury, 1722, se sauva en France, y demeura 12 ans; il a laissé une « Vie de Jacques, duc d'Ormond », traduite en français et publiée à La Haye, 1732, 2 vol. in-12; une « Hist. d'Angleterre », 1734, 4 vol.; une « Relation de la cour de Portugal sous Don Pèdre II », traduite en français par l'abbé Desfontaines, Paris, 1742, 2 vol. in-12.

CARTEAUX (Jean-François), général français, né en 1751, à Allevan (Forez), mort en 1813; étudia la peinture, entra dans la garde nationale, se distingua à la journée du 10 août 1792; est surtout connu pour avoir commencé le siège de Toulon, fut emprisonné pendant la Terreur, défendit la Convention au 13 vendémiaire et commanda la principauté de Piombino, de 1804 à 1805.

* **CARTEL** s. m. (ital. *cartello*). Défi par écrit pour un combat singulier. S'est dit aussi d'un défi par écrit, pour un combat dans une fête, comme aux tournois : *cartel de défi.* — Règlement fait entre deux partis ennemis, pour la rançon ou l'échange des prisonniers : *cartel d'échange.* — Ornement qui entoure le cadran de certaines pendules portatives faites pour être appliquées à la muraille, au lambris, dans un appartement ; et souvent, la pendule même : *il n'y a, dans la salle à manger, qu'un simple cartel.*

CARTELLIER (Pierre), sculpteur français, né à Paris en 1757, mort en 1831. Imitateur des Grecs et des Romains, il les égala quelquefois.

Ses chefs-d'œuvre sont : la *Gloire*, bas-relief, au-dessus de la porte principale du Louvre ; la *Capitulation d'Ulm* (arc du Carrousel); *Louis XIV* (porte des Invalides), etc.

CARTENNA ou **Cartinna**, ancienne colonie romaine fondée par Auguste sur la côte de la Mauretania Cæsariensis (Afrique septentrionale). Aujourd'hui Ténès (Algérie).

CARTER (Elizabeth), femme de lettres anglaise (1717-1806) ; traduisit Epictète et publia un volume de poésies en 1738.

CARTERET, port de la Manche, arr. et à 29 kil. S.-O. de Valognes (Manche), à 30 kil. E. de l'île de Jersey, par 69° 22' 27" lat. N. et 4° 8' 40" long. O. ; 550 hab. Phare à feu tournant sur le cap Carteret. Exportation, surtout pour Jersey, de porcs, de moutons, de volaille, de beurre, de grains et de légumes ; importation de houille et de bois.

CARTERET I. (John). Voy. GRANVILLE. — II. **(Philip)**, navigateur anglais qui fit une expédition dans les mers du Sud en 1766-9 et découvrit les îles de la Reine-Charlotte, ainsi que plusieurs autres terres, parmi lesquelles, l'île qu'il nomma Gower et les *neuf-îles* ou îles Carteret.

CARTERET (îles), groupe de l'archipel Salomon, découvert en 1767 par Philippe Carteret ; par 158° 28' long. E. et 8° 50' lat. S.

* **CARTERON** s. m. Voy. QUARTERON.

* **CARTÉSIANISME** s. m. (kar-té-zi-a-nis-me) (de *Cartesius*, nom latinisé de Descartes). Philosophie de Descartes ; doctrine philosophique issue des principes émis par Descartes. Le principe métaphysique de Descartes est le suivant : « Je pense, donc je suis » ; son principe physique : « Rien n'existe que la matière » Il explique tous les phénomènes physiques par sa théorie des tourbillons, qui reçoivent leur impulsion de Dieu, source de tout mouvement.

* **CARTÉSIEN, IENNE** adj. [kar-té-zi-ain ; iè-ne] (de *Cartesius*, nom latinisé de Descartes). Qui appartient à Descartes ou à sa doctrine. — s. m. Partisan du système cartésien, de la philosophie cartésienne : *les newtoniens et les cartésiens.*

CARTHAGE (carthaginois, *hartha-hadtha*, la ville nouvelle; lat. *Carthago, Magna Carthago*), ancienne ville de l'Afrique septentrionale, près de l'endroit où s'élève la moderne Tunis; fondée, d'après la légende, par une princesse phénicienne nommée Didon, vers 880 av. J.-C. On ne connaît rien de peu précis relativement à son histoire primitive, sinon qu'elle fut peuplée par des Phéniciens de Tyr. Elle s'accrut peu à peu, s'enrichit par le commerce et étendit au loin son empire. Ses navires se mettaient en relations avec tous les peuples de la Méditerranée, traversaient les portes d'Hercule, visitaient les côtes de l'Océan, venaient chercher de l'étain dans la Grande-Bretagne et pénétraient sans doute jusque dans la Baltique, tandis que les caravanes de ses négociants, traversant les déserts africains, portaient son nom et son influence jusqu'au Nil et au Niger. Mais ses monuments ont disparu et, comme elle n'avait pas de littérature, elle a péri tout entière. Dès le IVe siècle av. J.-C., son empire s'étendait le long de la Méditerranée, depuis le milieu de la Grande Syrte, jusqu'au détroit de Gibraltar et sur la Corse, tandis que ses postes et ses établissements couvraient la côte d'Espagne et certaines parties de la Sicile. Du mélange des éléments indigène et phénicien naquit la race des Libyo-Phéniciens ou Afro-Phéniciens. Dès les temps les plus reculés, Carthage fut gouvernée par deux rois ou suffètes appartenant à la noblesse, et par un sénat de 104 membres et un conseil de 100 membres. C'était une république parlementaire, dans

laquelle les classes pauvres ne possédaient que fort peu de pouvoir ; d'ailleurs, le parti populaire était savamment affaibli au moyen d'un système d'émigration. La ville, située sur une péninsule qui s'avançait au milieu d'un petit golfe de la Méditerranée, était défendue par la grande citadelle de Byrsa et renfermait un fameux temple d'Esculape. Son faubourg, Megara, contenait de magnifiques jardins, de belles villas et un aqueduc long de 110 kil., qui conduisait dans Carthage l'eau nécessaire à ses habitants. La religion carthaginoise était un mélange de superstition et de férocité. Les dieux Baal, Ashtoreth, Melkharth (sans doute Moloch) et Ammon demandaient des victimes humaines. La principale occupation des habitants fut d'abord le commerce ; plus tard, on y joignit l'agriculture. Les environs de la ville formèrent le district le mieux cultivé du monde, et le suffète Magon composa, en 28 livres, un grand ouvrage didactique agricole. Les revenus de l'Etat provenaient des tributs payés par les provinces ; l'armée carthaginoise se composait de mercenaires de tous les pays et comprenait la fameuse cavalerie numide. Les premiers colons phéniciens, paisibles commerçants, maintinrent longtemps les relations les plus amicales avec les peuplades voisines, auxquelles ils payèrent même un tribut pour le territoire occupé par leur ville. Ensuite, le commerce leur ayant donné de grandes richesses, ils prirent à leur solde des soldats étrangers et réduisirent peu à peu leurs voisins à l'état d'alliés ou de tributaires. Ils entreprirent des expéditions maritimes, se rendirent maîtres de Malte, de Lipari et des Baléares. Avec leurs richesses, s'accrut le nombre de leurs soldats et de leurs navires ; ils envoyèrent du secours à leur mère patrie, la ville de Tyr, qu'assiégeait Nabuchodonosor en 600 av. J.-C. ; ils prirent part aux guerres entre les Etrusques et les colonies phocéennes ; sur la côte d'Afrique, ils fondèrent de nombreuses colonies, depuis les colonnes d'Hercule jusqu'au fond de la Grande Syrte, où ils durent s'arrêter, en face des colonies grecques de Cyrénaïque ; ils explorèrent la plus grande partie des côtes d'Europe et d'Afrique (Voy. HANNON). Leur suffète Magon (vers 550-500 av. J.-C.) fut le premier qui donna un grand développement à leur puissance militaire et maritime. Ses fils Asdrubal et Amilcar réduisirent une partie de la Sardaigne, où ils fondèrent les colonies de Caralis et de Sulci. Simultanément avec l'invasion de Xerxès en Grèce, les Carthaginois essayèrent de conquérir la Sicile, (480 av. J.-C.). Mais leur général, Amilcar, fut vaincu et tué, sous les murs d'Himère, par les Gréco-Siciliens, que commandaient Gélon, tyran de Syracuse, et Théron d'Agrigente. Plus tard, les Carthaginois envahirent encore la Sicile (410 av. J.-C.) et, à la suite d'une guerre sanglante, obtinrent des Syracusains et de Timoléon, la paisible possession de la partie occidentale de l'île, jusqu'au cours de l'Halicus. — Une nouvelle guerre entre les Carthaginois et les Syracusains (310 à 307), fut particulièrement remarquable par l'audacieuse tentative d'Agathocle, qui osa attaquer Carthage en Afrique même; il ne put s'y maintenir, mais il donna un exemple que Scipion devait imiter un siècle plus tard. Déjà la république romaine étendait sa puissance sur l'Italie ; le détroit de Messine séparait seul les deux puissances rivales. La première guerre *Punique* (264-241) fit perdre à Carthage la Sicile, la Sardaigne et les îles Lipari. Elle fut suivie d'une formidable révolte des mercenaires, que Carthage voulait licencier sans la payer et qu'elle parvint à exterminer. Après quoi, les Carthaginois, tournant leurs vues du côté de l'Espagne, envahirent ce pays jusqu'à l'Ebre (Iberus); il est encore, ils se heurtèrent à la puissance romaine, et la deuxième guerre Punique (219-201), qui commença par le siège

de Sagonte (218), se termina par l'entière sujétion de Carthage. (Voy. Annibal, Scipion et
Rome.) Sa destruction ne fut plus qu'une
question de temps. Elle eut beau, malgré
toutes les provocations des Romains et de
leur allié Massinissa, roi de Numidie, observer
scrupuleusement pendant cinquante années
les termes du traité, elle n'obtint pas de répit.
Ses implacables ennemis, ne sachant comment
la pousser au désespoir, demandèrent et obtinrent le désarmement de ses habitants; puis
ils leur ordonnèrent d'abandonner leur ville.
Cette injuste prétention amena un soulèvement général et fit naître la troisième guerre
Punique (149-146). Carthage soutint un siège
qui coûta la vie à 600,000 de ses habitants.
Lorsqu'elle fut prise par Scipion le Jeune,
c'est à peine si elle renfermait encore 50,000
âmes. Elle fut rasée jusqu'au sol et demeura
en cet état pendant trente années. Les
Gracques y établirent une colonie romaine;
Auguste y construisit une ville, *colonia Carthago*, qui devint la principale cité romaine
de l'Afrique et le siège d'un évêché (215 après
J.-C.) Cyprien y assembla un concile en 252;
les Vandales, qui la prirent en 439, en firent
leur capitale; Bélisaire s'en empara en 534 et
les Sarrasins la détruisirent en 698. Près de
l'emplacement occupé par l'antique cité phocéenne, se trouve aujourd'hui *El-Marsa*, au
N.-E. de Tunis. Le travail de la nature s'est
joint à la fureur des hommes pour faire disparaître cette ville. La mer, en se retirant, a
fait place à des marais, si bien que l'on ne
trace plus que d'une manière imaginaire la
presqu'île sur laquelle elle était bâtie. Le
Bagradas lui-même a quitté son lit et, au lieu
de passer entre Utique et Carthage, il arrose
aujourd'hui les ruines d'Utique et se jette
dans la Méditerranée près du cap Farinas. De
Carthage il ne reste plus que quelques citernes, découvertes sous les eaux qui ont envahi une partie de l'ancienne presqu'île, et
les *ruines de l'antique aqueduc*. Son port,
appelé Cothon, se trouvait au lieu même où
se dresse aujourd'hui le petit village d'*El-
Marsa* (le Port). La citadelle, Bezura ou
Bosra (en phénicien *un château*), dont le nom
fut corrompu en *Byrsa*, se trouvait sur une
colline, mais il n'en reste aucune trace sur
les différentes collines qui se trouvent dans
l'emplacement de Carthage. Cette ville était,
en outre, défendue par une muraille du côté
de la mer, et par trois hautes murailles crénelées, ainsi que par des tours du côté de la
terre. Elle renfermait des baraquements
pour 40,000 soldats, des étables pour 300 éléphants et des écuries pour 4,000 chevaux.
Des fouilles récentes ont mis à nu de belles
mosaïques, des inscriptions puniques, les fondations d'un temple, etc.— Le port de La Gou-
lette (Tunisie) est situé à 3 kil. de l'ancienne
Carthage.

CARTHAGÈNE ou **Cartagena**.I.(anc.*Cárthago
Nova*, Nouvelle Carthage), ville maritime
d'Espagne, à 43 kil. S.-S.-E de Murcie;
22,500 hab. ou 84,750 en y comprenant les
faubourgs. Sa rade, défendue à l'entrée par
des travaux de fortification, forme l'un des
meilleurs ports de la Méditerranée; la ville
est bien bâtie et entourée de murailles. Les
habitants sont généralement employés dans
les mines d'argent et de plomb, à la pêche ou
à l'exportation de barille, de grains et d'es-
parto. Fondée vers 230 av. J.-C. par le Carthaginois Asdrubal, Carthagène devint en
peu de temps la ville la plus riche du monde.
Les Goths la détruisirent presque complètement. Sous Philippe II, elle reprit une grande
importance et devint le principal arsenal de
l'Espagne. En juillet 1873, la flotte de la rade
se déclara pour la « Souveraineté cantonale ».
Les insurgés occupèrent la forteresse et, sous
les ordres de Contreras et de plusieurs autres,
résistèrent aux forces du gouvernement jusqu'au mois de janvier 1874. — II. Ville ma-

ritime fortifiée des États-Unis de Colombie,
capitale de la province du même nom et de
l'état de Bolivar, à 650 kil. N.-N.-O. de Bogota; 8,000 hab. Elle est construite sur une
île de la mer Caraïbe, près du continent, au-

Carthagène (Espagne).

quel elle est reliée par une série d'isthmes
artificiels. Les rues sont étroites mais régulières, pavées et éclairés au gaz. Les maisons,
généralement à un seul étage, sont bien bâties, en pierre de taille. La cathédrale renferme une magnifique chaire en marbre. On
considère le port comme l'un des meilleurs
de la côte N. de l'Amérique du Sud. Malheureusement, la fièvre jaune commet d'effroyables ravages dans la ville et dans ses environs.
Carthagène, fondée en 1533, fut prise par
Francis Drake en 1585, pillée par les flibustiers en 1697, bombardée par l'amiral Vernon
en mars 1741 et inutilement assiégée en
avril suivant.

CARTHAGINOIS, OISE s. et adj. Habitant de
Carthage; qui a rapport à cette ville ou à ses
habitants: *l'astuce des Carthaginois.* — Foi
carthaginoise, perfidie, mauvaise foi, dans le
langage des Romains; on dit ordinairement:
foi punique. — s. m. Langue parlée par les
Carthaginois : le carthaginois était un dialecte phénicien.

* **CARTHAME** s. m. (arabe *hirtim*). Bot.
Genre de composées, tribu des carducées
dont une espèce, nommée *Safran bâtard*, produit des fleurs qui servent à teindre en rouge,
et des semences purgatives, appelées *graines
de perroquet*, parce qu'elles sont bonnes pour
la nourriture de cet oiseau. Le *carthame des
teinturiers* (*carthamus tinctorius*) ou safran

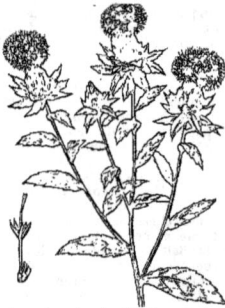

Carthame des teinturiers (Carthamus tinctorius).

bâtard, croît en Provence, dans le midi de
l'Europe, dans l'Amérique du Sud et dans
l'Indoustan. Il contient deux matières colorantes, l'une d'un jaune rougeâtre, que l'on
rejette parce qu'elle ne produit que des
nuances ternes, l'autre du plus beau rouge,
employée pour toutes les nuances, depuis le
rose tendre jusqu'au rouge cerise. Le *rouge
végétal*, dont on fait usage comme fard de
toilette, est produit par le carthame.

CARTHAMINE s. f. Nom que l'on donne
quelquefois à l'acide carthamique.

CARTHAMIQUE adj. Se dit d'un acide qui
forme la matière colorante rouge du carthame. L'acide carthamique est insoluble dans
l'eau, soluble dans les liquides alcalins, d'où
il est précipité par les acides.

CARTHEUSER (Johann-Friedrich), médecin
allemand (1704-'77). Professeur à l'Université
de Francfort-sur-l'Oder, il introduisit la méthode de soumettre à une analyse chimique
sévère les diverses substances qui entrent dans
la composition des médicaments. Son ouvrage
principal : *Fundamenta materiæ medicæ rationalis*, a été traduit en français par Desessarts;
Paris, 1769, 4 vol. in-12.

CARTHUSIEN s. m. Voy. Chartreux.

* **CARTIER** s. m. Celui qui fait et vend des
cartes à jouer.

De ma profession je suis maître *cartier* ;
Des cartes que je fais tout le monde se loue ,
Et quoique jamais je n'en joue,
J'y gagne toujours le premier.
De Cailly.

CARTIER (Alcomètre de). Sorte d'aréomètre
à poids constant, destiné particulièrement à
mesurer la richesse alcoolique de tout liquide
qui ne contient que de l'alcool et de l'eau.
Ce pèse-liqueur, qui n'est qu'une altération
de celui de Baumé, est encore à peu près
exclusivement employé dans le commerce des
eaux-de-vie. Sa tige est divisée en 44 degrés
égaux. Le 0 est marqué au point d'affleurement dans une solution préparée avec 90 parties d'eau distillée et 10 parties de sel marin ;
le 10ᵉ degré correspond à la densité de l'eau
pure et le 44ᵉ à celle de l'alcool absolu. Il ne
fournit que des indications approximatives
parce que les divisions sont égales.

TABLE DE CONCORDANCE DES DEGRÉS DE CARTIER
ET DES DEGRÉS CENTÉSIMAUX.

Cartier	Centésimaux	Cartier	Centésimaux	Cartier	Centésimaux
10	0.2	22	58.7	34	86.2
11	5.1	23	61.5	35	88.
12	11.1	24	64.2	36	89.6
13	18.2	25	66.9	37	91.2
14	25.2	26	69.4	38	92.7
15	31.6	27	71.6	39	94.1
16	36.9	28	74.	40	95.4
17	41.5	29	76.3	41	96.6
18	45.3	30	78.4	42	97.7
19	49.1	31	80.5	43	98.8
20	52.5	32	82.5	44	99.8
21	55.6	33	84.4		

CARTIER (Jacques), navigateur, né à Saint-
Malo en 1494, mort vers 1555. Chargé par
François Iᵉʳ, en 1534, de commander un
voyage d'exploration dans l'Amérique septentrionale, il partit avec 2 navires et 120 hommes,
reconnut Terre-Neuve, prit possession de la
côte du Labrador, traversa le canal qui sépare Anticosti de la terre ferme et remonta
ce bras du Saint-Laurent jusqu'au mont Joly.
Dans une seconde expédition (1535), il remonta
le Saint-Laurent jusqu'au point qu'il nomma
Mont-Royal (aujourd'hui Montréal). Il fit deux
autres voyages au Canada en 1541 et en 1543.
Le récit de ses découvertes a paru sous le
titre de *Bref récit et succincte description de la
navigation faite ès îles de Canada*; Paris, 1545.
La relation de ses deux premiers voyages se
trouve dans l'*Histoire de la Nouvelle-France*,
par Lescarbot; Paris, 1612. Hakluyt a donné
le récit de son troisième voyage.

* **CARTILAGE** s. m. (lat. *cartilago;* de *caro, zhair*). Anat. Partie blanche, dure, lisse, *élastique*, privée de sentiment, qui se trouve surtout aux extrémités des os, et qu'on appelle *vulgairement* le *croquant* dans la viande de boucherie : *cartilage du nez ; cartilage des oreilles.*

* **CARTILAGINEUX, EUSE** adj. Anat. Qui est de la nature du cartilage, qui est composé de cartilages : *parties cartilagineuses.*

* **CARTISANE** s. f. Petits morceaux de carton fin, autour desquels on a tortillé du fil, de la soie, de l'or ou de l'argent, et qui font relief dans les dentelles et les broderies.

CARTOGRAPHE s. m. (fr. *carte*; gr. *graphô*, j'écris). Auteur de cartes géographiques.

CARTOGRAPHIE s. f. Art de dresser les cartes de géographie. — Recueil de cartes géographiques.

CARTOGRAPHIQUE adj. Qui se rapporte à la cartographie.

* **CARTOMANCIE** s. f. (fr. *carte* ; gr. *manteia*, divination). Art de tirer les cartes ; prétendue divination au moyen des cartes.

* **CARTOMANCIEN, IENNE** s. Celui, celle qui pratique la cartomancie ; on dit aussi, un *tireur de cartes*, une *tireuse de cartes.*

* **CARTON** s. m. (ital. *catone*). Carte grosse et forte, faite de papier broyé, battu et collé. — *Carton fin*, celui qui n'est fait que de plusieurs papiers collés les uns sur les autres. — Boîte faite de carton, dans laquelle on serre des papiers, ou des bonnets, des dentelles, des rubans, etc. — *Cette pièce de théâtre est restée longtemps dans les cartons*, elle n'a été jouée que longtemps après avoir été reçue. On dit de même : *ce projet de loi est resté dans les cartons du ministère*, il n'a pas été présenté aux Chambres. — *Carton de dessins*, grand portefeuille de carton, dans lequel on serre des dessins. — *Pâte même dont on fait le carton ordinaire*, et qui sert à la fabrication de divers autres objets : *bas-reliefs de carton ; poupée de carton.* — *Homme de carton*, homme sans consistance, qui n'a qu'un rôle de parade. On dit, dans le même sens: *avocat de carton, cuisinier de carton*, etc. Cette figure est ancienne, puisque Saint-Simon appelait le duc du Maine un *roi de carton.* — Typogr. et libr. Feuillet d'impression détaché d'une feuille entière : *ce volume a tant de feuilles et tant de cartons, de quatre pages* (Acad.). — Se dit particulièrement d'un feuillet que l'on imprime après coup pour remplacer dans un ouvrage un autre feuillet que l'on ne veut pas y laisser subsister. Les cartons étaient exigés par les anciens règlements pour remplacer les fautes trop considérables que les imprimeurs laissaient dans leurs livres. L'instruction du 24 mars 1744, en recommandant l'usage des cartons, ordonne de détruire les ouvrages entièrement défectueux. — Archit. Feuille de carton ou de fer-blanc chantournée qui sert à tracer des profils. — *ⵉ.*, Pop. Carte à jouer : *Remuer le carton*, jouer aux cartes. — *Maquiller le carton*, faire sauter la coupe. — *Cartons* s. m. pl. Dessins en grand, tracés sur du papier, d'après lesquels le peintre fait sa fresque, ou qu'on donne aux ouvriers en tapisserie pour servir de modèles : *les cartons de Raphaël.*

* **CARTONNAGE** s. m. Action de cartonner un livre, de le relier en carton ; ouvrage qui en résulte.

CARTONNÉ, ÉE adj. Relié en carton : *livre cartonné.*

* **CARTONNER** v. a. Relier un livre en carton. — Mettre un carton sur une feuille avant de la cartir. — *ⵉ.*, Pop. Jouer aux cartes.

CARTONNEUR, EUSE s. Celui, celle qui fait des ouvrages de carton, qui cartonne.

---

* **CARTONNIER** s. m. Celui qui fabrique et vend du carton. — Celui qui travaille en carton, qui fabrique des objets de carton. — *ⵉ.*, Joueur de cartes.

* **CARTOUCHE** s. m. (ital. *cartoccio*, cornet de papier). Ornement, sculpture ou peinture, représentant un carton roulé et tortillé par les bords : *peindre ses armes dans un cartouche.* — Dessin au bas d'un plan, d'une carte de géographie, qui renferme des armoiries, le titre de l'ouvrage, etc. — Antiq. Anneau elliptique qui, dans les inscriptions hiéroglyphiques, entoure les noms propres, les titres honorifiques.

* **CARTOUCHE** s. f. (ital. *cartoccio*, gargousse). Charge pour le canon, composée de clous, de balles de fusil, et de morceaux de fer enveloppés dans du carton ou enfermés dans une boîte de mitraille : *tirer à cartouche*. On dit mieux : *tirer à mitraille.* — Charge entière d'une arme à feu portative, qui est dans un rouleau de papier : *déchirer la cartouche avec les dents.* — Toute sorte de boîte dans laquelle on renferme les matières inflammables pour en déterminer et en varier les effets. — *ⵉ. Avaler sa cartouche*, mourir, dans le langage des troupiers.

* **CARTOUCHE** s. f. Autrefois, congé absolu ou limité donné à un militaire par un écrit scellé du sceau du régiment. — *Cartouche jaune*, cartouche qu'on délivrait à un soldat dégradé, ou renvoyé par punition.

CARTOUCHE (Louis-Dominique Bourguignon, dit), voleur, né à Paris en 1693, dans le quartier de la Courtille, où son père était marchand de vin. Mis au collège Louis le Grand, il en fut expulsé à cause de ses escroqueries, s'enfuit et chez ses parents, s'associa à une troupe de bohémiens qui exploitaient la Normandie, mouchard, racoleur et fut enrôlé par suprise. Congédié à la paix, il revint à Paris et organisa une bande de voleurs sur lesquels il eut le droit de vie et de mort. Il avait des affiliés dans la police, dans les troupes, dans la magistrature, dans la bourgeoisie, dans la noblesse et jusqu'à la cour. Sa hardiesse, son sang-froid, son courage le rendirent tellement redoutable que le ministre de la guerre et le parlement durent joindre leurs efforts à ceux de la police pour s'emparer de sa personne. Il s'éloigna un instant, revint, fut arrêté par trahison dans un cabaret de la Courtille, le 6 oct. 1721. On prit pour le garder des précautions extraordinaires. Son procès, qui dura plusieurs mois, excita vivement la curiosité. Au moment de subir, en place de Grève, le supplice de la roue, auquel il avait été condamné, il fit l'aveu de ses crimes et révéla le nom des innombrables complices, parmi lesquels étaient nombre de dames et de gentilshommes de distinction. Pendant son procès, le comédien Le Grand, fit représenter une comédie en 3 actes, *Cartouche ou les voleurs*, qui n'eut que 13 représentations, parce que, du fond de sa prison, Cartouche n'était encore que prévenu, ne voulut point qu'on fît rire à ses dépens. En 1725, Granval publia un poème intitulé : *Cartouche ou le vice puni.*

CARTOUCHIER s. m. Petite giberne pour serrer les cartouches.

CARTOUCHIÈRE s. f. Boîte dans laquelle on met des cartouches.

* **CARTULAIRE** s. m. (lat. *cartula*, diminut. de *carta*, papier). Recueil d'actes, titres et autres principaux papiers, concernant le temporel d'un monastère, d'un chapitre, ou de quelque église : *cartulaire de Cluny.*

CARTWRIGHT (angl. *kârtt-raïtt*). I. (Edmund), inventeur anglais (1743-1823). Sans aucune connaissance en mécanique, il inventa une machine à tisser et une machine à carder la laine, pour lesquelles le Parlement lui ac-

---

corda une gratification de 10,000 livres sterl. — II. (John) réformateur politique anglais, frère aîné du précédent (1740-1824). Marin dans sa jeunesse, il publia des « Lettres sur l'Indépendance américaine » (1774) et abandonna le service pour ne pas combattre les colons révoltés. Il fut l'un des premiers à réclamer le suffrage universel en Angleterre et à combattre la traite des nègres. Sa biographie a été publiée en 1826. — III. (Peter), prédicateur méthodiste américain (1785-1872); chef du parti démocratique, il lutta contre Lincoln. — IV. (Thomas), puritain anglais (1535-1603), fut plusieurs fois exilé. A laissé des commentaires sur l'Ecriture, publiés sous le titre de *Harmonica evengilica*, Amsterd, 1647, in-4°.

CARUPANO [ká-rou'-pa-no]. Ville maritime de Vénézuela, état de Cumana, à 400 kil E. de Caracas; population de la ville et de son canton, 10,000 hab. Port commode; site charmant.

* **CARUS** s. m. [ka-russ] (gr. *karos*, sommeil). Méd. Affection soporeuse; profond assoupissement accompagné d'une complète insensibilité.

CARUS (Karl-Gustav) [ka-rouss], naturaliste allemand (1789-1869), fut professeur à Leipzig, puis médecin du roi de Saxe. On lui doit la découverte de la circulation du sang chez les insectes. Il écrivit de nombreux ouvrages, en partie illustrés par lui-même.

CARUS (Marcus-Aurelius), empereur romain, né à Narbonne ou à Milan, vers 222 après J.-C., mort en 283. Préfet du prétoire, il fut proclamé empereur par les légions après l'assassinat de Probus, dont il poursuivit et fit condamner les meurtiers. Il remporta une victoire signalée sur les Sarmates en Illyrie, fit une rapide et heureuse campagne contre les Perses et mourut subitement, frappé de la foudre dans sa tente, selon les uns, assassiné par le préfet Aper, selon les autres. Ses fils Carin et Numerien régnèrent après lui.

CARVAJAL (François de), capitaine espagnol (1464-1548). Il fit périr, par des travaux excessifs, 20,000 Indiens devenus ses esclaves. S'étant attaché au parti de Gonzales Pizarre, il fut fait prisonnier en même temps que celui-ci et pendu comme traître.

CARVAJAL (Tomas-José-Gonzales), écrivain espagnol (1753-1834), combattit les Français, pendant le premier Empire, étudia l'hébreu à l'âge de 57 ans, traduisit les Psaumes (5 vol.) et plusieurs autres livres poétiques de la Bible (6 vol. 1847). Au moment de sa mort, il était grand d'Espagne et membre du suprême conseil de guerre.

CARVALHO E MELLO [kar-val'-io]. Voy. Pombal.

CARVE s. f. Pêche. Filet en forme de chausse et semblable à la drague.

CARVELLE s. f. (holl. *karveel*). Mar. Espèce de clou à tête carrée et d'une longueur d'environ 12 centimètres.

CARVER (Jonathan) explorateur américain (1732-'80); entreprit en 1763 de visiter l'intérieur de l'Amérique septentrionale, pénétra jusqu'à la rivière Minnesota et revint à Boston en 1768. Il publia à Londres le récit de son voyage et traita sur la culture du tabac.

* **CARVI** s. m. (gr. *karon*). Bot. Genre d'ombellifères, tribu des amminées, dont une espèce, le *carvi commun* ou *anis des Vosges* (*carum carvi*), produit des semences employées en médecine comme vermifuges et carminatives; on mange ses racines, ses feuilles et ses jeunes pousses : *le carvi est un bon fourrage.* — Le carvi est une plante bisanuelle appelée quelquefois *cumin des prés*. On extrait de ses semences *l'essence de carvi*, qui sart à parfumer le cosmétique dit *Huile de Vénus.* Ces semences, qui ont l'odeur du fenouil t la saveur de l'anis, entrent dans la composition du *ratafia des sept grains* et du *vespétro;* on les mêle quelquefois à la pâte du pain. Le carvi croît naturellement dans le midi de la France et même aux environs de Paris.

CARVIN-ÉPINOY ch.-l. de cant.; arr. et à 30 kil. E. de Béthune (Pas-de-Calais); 4,500 hab. Amidon, poteries, sucre de betteraves; tanneries.

CARY. I. (Alice), femme auteur américaine (1820-'71), a écrit, seule ou en collaboration avec sa sœur Phœbe, des « Peintures de la vie rurale » et plusieurs ouvrages du même genre. — **II.** (Phœbe), sœur de la précédente (1824-'74), auteur de poèmes, parmi lesquels: « la Foi, l'Espérance et la Charité ». Publia en 1849 les « Poèmes d'Alice et de Phœbe Cary ».

CARY (Félix), antiquaire, né à Marseille en 1699, mort en 1754; lit une collection de médailles, achetée par le gouvernement; a laissé une importante *Histoire des rois de Thrace et du Bosphore cimmérien, éclaircie par les médailles,* Paris, 1752, in-4°.

CARY (Henri-Francis), auteur anglais (1772-1844), traduisit la *Divina Commedia* du Dante, les *Oiseaux* d'Aristophane, continua les « Vies des poètes anglais » de Johnson et écrivit les *Vies des anciens poètes français.*

CARY (Lott), l'un des fondateurs de Liberia, né esclave dans la Virginie, en 1780, mort en 1828. Ayant acheté sa liberté, il s'instruisit, étudia l'éloquence et s'associa à l'œuvre qui avait pour but de faire émigrer les noirs sur la côte d'Afrique. Etabli à Liberia en 1821, il dirigea la fondation de cette colonie et, après le départ d'Ashmun, en 1828, il devint le *chef* de cette petite république.

CARYA s. m. (gr. *karua*, noyer). Bot. Genre de juglandées, voisin des noyers, comprenant une dizaine d'espèces d'arbres, qui croissent dans l'Amérique du Nord.

* **CARYATIDE** s. f. Voy. Cariatide.

CARYBDE, voy. Charybde.

* **CARYOPHYLLÉE** adj. f. Bot. Se dit des fleurs de l'œillet, et de toutes celles qui y ressemblent par leur structure : *fleur caryophyllée.* — Substantiv. Toute plante qui porte des fleurs caryophyllées : *les caryophyllées; famille des caryophyllées.* — s. f. pl. Famille des plantes dicotylédones dialipétales périgynes, ayant pour type le genre œillet, et comprenant, en outre, les genres gypsophile, saponaire, silène, cucubale, lychnide, spargoute, stellaire, œraiste, etc.

CARYOPSE s. m. (gr. *karuon*, noix; *opsis,* apparence). Bot. Fruit monosperme, sec, indéhiscent, à péricarpe mince qui semble faire partie des enveloppes : *les fruits des graminées*

sont *des caryopses.* On écrit quelquefois *cariopse.*

* **CAS** s. m. [kâ] (lat. *casus,* accident, chute). Gramm. Se dit des différentes désinences que prennent les substantifs, les adjectifs et les participes, dans les langues où ils se déclinent : *il n'y a point de cas proprement dits dans la langue française, quoiqu'il y ait des désinences différentes dans les pronoms.* Les principales langues ayant des cas sont : l'allemand, le grec et le latin. — Accident, aventure, conjoncture, occasion; fait arrivé, ou qui peut arriver : *cas fortuit.* — *Cas métaphysique,* hypothèse, supposition par impossible, dont on tire quelque induction : *voilà un cas bien métaphysique.* Cette locution est maintenant peu usitée. — Fam. *Etre dans le cas de faire une chose,* avoir occasion ou pouvoir de la faire. — *En cas,* en fait de, en matière de : *En cas de chevaux, vous pouvez vous en rapporter à lui.* *En cas,* supplément, chose préparée pour servir en cas de besoin : il ne se dit guère que dans les maisons des princes, ou familièrement : *c'est un en cas.* — *En tout cas,* quoi qu'il arrive, à tout événement. — Substantiv. *En tout cas,* grande ombrelle qui peut servir de parapluie. — Anc. jurispr. Fait, action, crime : *le cas dont il est accusé n'est pas graciable.* — Fam. *Son cas va mal,* son cas n'est pas net, son cas est véreux, est sale, se dit en parlant d'un homme qui est en danger pour quelque crime, pour quelque mauvaise affaire. On dit également : *il sent son cas véreux,* il connaît lui-même que son affaire est mauvaise, il sent qu'il a quelque chose à se reprocher. — Prov. *Tous vilains cas, tous mauvais cas sont reniables,* se dit lorsqu'un homme a commis une faute grave, et que la honte ou la crainte du châtiment le porte à la nier. — *C'est un cas pendable,* c'est un acte indigne de pardon. — *Cas privilégiés* ou *cas royaux,* crimes dont les juges royaux pouvaient seuls connaître, quelle que fût la condition de l'accusé : *la fausse monnaie, le duel étaient des cas privilégiés.* — *Cas privilégiés,* se disait particulièrement en jurisprudence canonique, des cas dans lesquels le juge séculier prenait connaissance des crimes d'un ecclésiastique, et le jugeait conjointement avec le juge ecclésiastique, nonobstant le privilège clérical. — *Cas spéciaux,* crimes déférés à la chambre des pairs, constituée en haute cour de justice. — *Pour les cas résultant du procès,* formule qu'on employait autrefois dans les jugements rendus en matière criminelle, lorsque les preuves n'étaient pas complètes. — *Cas réservés,* péchés dont on ne peut être absous que par le pape ou l'évêque, ou par les prêtres qui ont reçu d'eux un pouvoir spécial. — *Cas de conscience,* difficulté ou question sur ce que la religion permet ou défend en certains cas. Par ext. *Je m'en fais un cas de conscience,* je m'en fais scrupule. — *Faire cas de quelqu'un ou de quelque chose,* l'estimer, en avoir bonne opinion.

> Non, non, de nos aïeux en a beau faire *cas,*
> La naissance n'est rien où la vertu n'est pas.
> T. Corneille, *le Festin de Pierre,* acte IV, sc. v.

— Cas, se dit aussi, fam. pour : excrément, ordure : *il a fait son cas au pied d'un mur.* — Légist. « On entend par *cas fortuit* une perte ou un dommage dont la responsabilité ne peut être imputée au possesseur d'une chose. Lorsqu'un immeuble soumis à usufruit est totalement détruit par cas fortuit, ni le propriétaire, ni l'usufruitier ne sont tenus de rebâtir (C. civ. 405 et 407 combinés). L'immeuble qui a été donné et qui a péri sans la faute du donataire ne doit pas être rapporté à l'actif de la succession du donateur (id. 855). Le cas fortuit qui met obstacle à l'exécution d'une obligation dispense le débiteur de payer des dommages intérêts(id. 1148), à moins qu'il n'y ait stipulation contraire; mais il est tenu de prouver le cas fortuit qu'il allègue (id. 1302).

Celui qui a reçu de mauvaise foi une chose qui ne lui était pas due doit la restituer et il est garant des dommages qui pourraient survenir par cas fortuit (id. 1379). Lorsque, pendant la durée du bail, la chose louée est détruite en totalité par cas fortuit, le bail est résilié de plein droit; si elle n'est détruite qu'en partie, le preneur peut, suivant les circonstances, demander ou une diminution du prix de location ou la résiliation du bail (id. 1722). Ces principes, ainsi posés par le législateur, s'appliquent par analogie à beaucoup d'autres circonstances. »   (Ch. Y.)

CAS, CASSE adj. Qui sonne le cassé : *cela sonne le cas; voix casse et enrouée* (vieux).

CASA (Giovanni della), prélat et auteur italien (1503-56), devint archevêque de Bénévent en 1544, et ensuite nonce à Venise. Sous le rapport du style, il fut le meilleur prosateur italien de son siècle et ses poèmes lyriques sont remarquables par leur pureté et leur délicatesse. Ses œuvres complètes (Venise, 1558, in-4°), comprennent ; *Il Galato* (traduit en français par Belleforest) ; mais on en a proscrit une œuvre licencieuse de sa jeunesse, le poème *Capitolo del forno.*

CASABIANCA. I. (Raphaël de), général français né en 1738, à Vescovato (Corse), mort en 1825; défendit glorieusement Calvi contre les Anglais, pendant la Révolution, fut sénateur, puis pair de France. — **II.** (Louis), marin célèbre, frère du précédent, né à Bastia, vers 1755, fit partie de la Convention, vota contre la mort du roi, devint membre du Conseil des Cinq-Cents. A la bataille d'Aboukir, où il commandait le vaisseau amiral *l'Orient,* il périt, ainsi que son fils, âgé de 10 ans, qui refusa d'abandonner le navire embrasé. Ce beau trait a été célébré par Lebrun et Chénier.

CASACALENDA, ville de l'Italie méridionale, à 28 kil. N.-E. de Campobasso; environ 6,000 hab. Mines, grottes et soie.

CASAL ou **Cazal** (Manuel-Ayres de), géographe portugais, mort vers 1830 ; auteur d'une *Corografia Brasilica* (2 vol., Rio de Janeiro, 1817).

CASALE, ville d'Italie, sur le Pô, à 60 kil. E.-N.-E. de Turin ; 26,000 hab. Citadelle; belles églises, collège royal; commerce de soieries, de chanvre, de fruit et de vin. Fut autrefois capitale du marquisat de Montferrat, soutint plusieurs sièges et changea souvent de maître. Victoire des Français sur les Espagnols en 1640.

CASAL-MAGGIORE [ital. *kd-zdl-mdd-jo'-ré*], ville d'Italie, sur le Pô, à 35 kil. S.-E. de Crémone; 5,000 hab. Verrerie, poterie. Victoire de Sforza sur les Vénitiens en 1448.

CASAL -PUSTERLENGO [ital. *pouss-terlainn'-go*], ville d'Italie, à 50 kil. S.-E. de Milan ; 6,500 hab. Succès des Français sur les Autrichiens, 9 mai 1796.

CASAMANCE, rivière de la Sénégambie, naît au S. de Barraconda, chez les Mandingues, et, après un cours de 320 kil., se jette dans l'Atlantique, à environ 95 kil. au S. de Gambie. Principal tributaire : le Songrogou. Les Français possèdent, sur la Casamance, les comptoirs de Sédhiou et de Carabane.

* **CASANIER, IÈRE** adj. (bas lat. *casa,* maison). Qui aime à demeurer chez lui : *homme casanier.* On dit dans un sens analogue : *mener une vie casanière;* etc. — Substantiv. : *c'est un casanier.*

CASANOVA. I. (Giovanni-Giacomo de Seingalt), aventurier italien, né à Venise en 1725, mort en 1803, à Dux (Bohême). Séminariste à seize ans, il fut arrêté pour une intrigue s'enfuit de sa prison, devint, grâce au crédit de sa mère, qui était actrice, secrétaire du cardinal Acquaviva à Rome, mais perdit cette place pour avoir encouru la colère d'une marquise. Tour à tour diplomate, ecclésiastique, homme à bonnes fortunes, il parcourut l'Italie, la Grèce et la Turquie, s'enrichit on ne sait comment, revint à Venise en 1745, se ruina au jeu, s'enfuit, figura comme magicien à Cesena, comme prêtre à Milan, parut à Paris en 1750, à Vienne peu de temp après, passa deux ans dans un donjon de Venise, s'évada avec une adresse merveilleuse, reparut en 1757 à Paris comme financier, fit adopter par le gouvernement français un nouveau système de loterie, fut espion à Dunkerque, s'associa avec Saint-Germain, pour un essai d'emprunt français en Hollande, essai qui ne réussit pas; commit plusieurs faux à Londres, se réfugia en Allemagne, se fit recevoir par Frédéric le Grand, puis par Catherine II et par le roi de Pologne; mais se vit chasser de la cour de Marie-Thérèse; en Espagne, des aventures scandaleuses le firent jeter dans une prison de Barcelone. Dégoûté de cette existence, il accepta, lorsqu'il fut relâché, en 1768, l'emploi de bibliothécaire du comte bohémien de Waldstein. Outre ses *Mémoires*, rédigés en français (Leipzig, 1826-'32, 10 vol. in-8°. Paris, 1843, 5 vol. in-18), il a laissé un *Récit de sa captivité* (Prague, 1788), une traduction de l'*Iliade*, etc. — II. (François), frère du précédent, peintre de batailles et de paysages (1727-1805); il se fixa à Paris, fut admis à l'Académie des Beaux-Arts, en 1763, et s'établit ensuite à Vienne. Le Louvre possède deux de ses grandes batailles.

* **CASAQUE** s. f. (ital. *casacca, casachina*, dérivé du latin *casa*). Habillement dont on se sert comme d'un manteau, et qui a ordinairement des manches fort larges : *les mousquetaires portaient des casaques*. — Fig. et fam. TOURNER CASAQUE, changer de parti. — Sport. Veste en soie de couleur voyante, que portent les jockeys pendant les courses.

* **CASAQUIN** s. m. (Diminut.) Espèce de déshabillé court, qu'on porte pour sa commodité. Ne se dit guère aujourd'hui que d'un vêtement à l'usage des femmes du peuple ou de la campagne. — Fig. et pop. *Donner sur le casaquin à quelqu'un*, le battre.

CASAS (Las) Voy. LAS CASAS.

CASA SANTA. Voy. LORETO.

CASAS-GRANDES [kà'-zass-grànn-dèss] (esp. grandes maisons), ville de 4,000 hab., dans l'État de Chihuahua (Mexique), sur la

Maison de Casas-Grandes.

rivière San Miguel ou Casas-Grandes, à 55 kil. S. de Llano. A un demi-mille de la ville moderne, se trouvent de vastes ruines d'édifices que M. Squier suppose avoir été l'œuvre de la race aborigène des Moquis.

CASAUBON. I. (Isaac), savant génevois (1559-1614). Prodige d'érudition, il enseigna le grec à Genève, puis à Montpellier et fut nommé bibliothécaire royal par Henri IV. En Angle-

terre, il reçut 2 prébendes et une pension de 200 livres sterl. Il a publié un grand nombre d'éditions d'auteurs grecs et latins.— II. (Méric), fils du précédent, né à Genève en 1599, mort en 1671 ; fit ses études à Oxford, s'attacha aux Stuarts et fut persécuté pendant la révolution. Son principal ouvrage est un traité « De la crédulité et de l'incrédulité », dans lequel il soutient la réalité des sortilèges.

CASBAH. s. f. Citadelle et palais d'un souverain dans les États barbaresques.

CASBIN, Kazbin ou **CASVEEN** [kaz-binn-vinn], ville forte de l'Irak-Adjemi, autrefois capitale du royaume de Perse, à 140 kil. N.-O. de Téhéran ; environ 25,000 hab. Velours, cotonnades, tapis, épées et vins.

CASCA (Publius-Servilius), l'un des conspirateurs contre Jules César. Lorsque Tullius Cimber donna le signal convenu, Casca porta un coup de poignard au dictateur; mais il ne put le tuer sans l'assistance des autres conspirateurs.

* **CASCADE** s. f. (ital. *cascata*, chute). Chute d'eau ; eau qui tombe de rocher en rocher : *il y a des cascades naturelles et des cascades artificielles*. — Fig. *Ce discours est plein de cascades, vu par cascades*, se dit d'un discours où l'auteur passe tout d'un coup d'une chose à l'autre, sans aucune liaison. — *Je ne sais cette nouvelle que par cascades, elle n'est venue à moi que par cascades*, cette nouvelle a passé par différentes bouches avant d'arriver jusqu'à moi. — *Il est arrivé de cascade en cascade, par cascades*, se dit d'un homme qui, par une suite d'événements, sans avoir de plan apparent et suivi, a été conduit à quelque chose. — Pop. Folie, bouffonnerie. — Vicissitudes, chute.

CASCADER v. n. Faire des cascades, des folies, des bouffonneries. — Fig. Tomber de degré en degré : *sa vertu a cascadé.*

CASCADES (Monts des), chaîne de l'Orégon et du territoire de Washington (Etats-Unis), ainsi nommée des cascades que la rivière Columbia y forme. Point culminant : mont Ranier (14,444 pieds anglais), sur le territoire de Washington.

CASCADEUR s. m. Farceur, faiseur de cascades.

CASCADEUSE s. f. Femme galante; farceuse.

CASCARILLE s. f. [*ll* mll.]. Bot. Petit arbre ou arbuste du genre croton (*croton cascarilla*), qui croît à l'état sauvage dans les Indes occidentales et dans les îles Bahama.— Ecorce du croton cascarilla, employée en pharmacie comme tonique et en parfumerie comme aromatique. On la distingue de toute autre écorce à l'odeur suave et vive qu'elle émet en brûlant.

* **CASCATELLE** s. f. (ital. *cascatella*). Petite cascade : *les cascatelles de Tivoli.*

CASCO (Baie), baie de l'Etat du Maine, entre le cap Elisabeth et le cap Small Point (Etats-Unis). Elle contient plusieurs centaines de petites îles.

* **CASE** s. f. (lat. *casa*). Maison, cabane où logent les nègres employés à la culture des plantations, dans les colonies. — Fam. *Le patron de la case*, le maître de la maison. Par ext. Celui qui a toute autorité dans la maison, quoiqu'il n'en soit pas le maître. — Trictrac. Chacune de ces places où sont marquées par une espèce de flèche. — *Faire une case*, remplir une case avec deux dames. — Echecs et dames. Chacun des carrés de l'échiquier sur lequel on joue. — Chacune des divisions pratiquées dans un rayon, un tiroir, une boîte, etc., pour y mettre séparément différents objets. — Par ext. Chacune des divisions d'un registre formées par les lignes qui coupent

les colonnes transversalement : *folio 2 verso, case 3.*

CASE DE L'ONCLE TOM (La), *Uncle Tom's cabin*, roman contre l'esclavage, écrit par mistress H. Beecher Stowe et publié en 1851, dans un journal américain, puis en volume; Boston, 1852, 2 vol. in-12. Parmi les traductions françaises de ce livre qui obtint une immense vogue dans toutes les langues, nous citerons celle de L. Enault (*Bibliothèque des chemins de fer*, 1 vol.), celle de Johanne, celle d'Emile de la Bédollière, etc.

CASE (William), ecclésiastique méthodiste américain (1780-1855); fut surnommé « l'Apôtre des Indiens du Canada ».

* **CASÉ, ÉE** part. passé de Caser. — Fam. LE VOILA CASÉ, IL EST CASÉ POUR LA VIE, il a une place assurée.

CASÉATION s. f. [ka-zé-a-si-on]. Conversion du lait en fromage.

* **CASÉEUX, EUSE** adj. [ka-zé-eû] (lat. *caseus*, fromage). Qui est de la nature du fromage. — ACIDE CASÉEUX, acide particulier trouvé dans le fromage.

CASÉIFORME adj. Qui a la forme ou l'apparence du lait en fromage.

CASÉINE s. f. Produit organique blanchâtre, léger, gras, spongieux, inodore qui constitue la partie essentielle des fromages. Pour l'extraire du lait, on fait cailler ce liquide. Elle a été étudiée principalement par Braconnot, Berzelius, Dumas, Cahours et Rochleder. La caséine existe aussi dans le sang, et une substance analogue, la *légumine*, a été retirée des fruits des légumineuses et des céréales.

* **CASEMATE** s. f. (esp. *casa mata*, maison basse). Fortific. Souterrain voûté à l'épreuve de la bombe, pour défendre la courtine et les fossés, ou pour loger des troupes au besoin.

* **CASEMATÉ, ÉE** adj. N'est guère usité que dans cette locution : *bastion casematé*, bastion où il y a des casemates.

CASEMATER v. a. Garnir un rempart de casemates.

* **CASER** v. n. Trictrac. Faire une case, remplir une case avec deux dames. — Activ. Placer quelqu'un, lui faire avoir une place : *je vous caserai*. — Se caser v. pr. Etre casé : *il a eu de la peine à se caser*. — S'établir comme on peut en un lieu : *il faut bien se loger quelque part, quand on ne peut se loger à l'aise*. — Etre placé, mettre à son ordre : *tous ces objets se caseront dans ma malle; cela ne peut se caser dans sa tête.*

* **CASERNE** s. f. [ka-zèr-ne] (lat *casa, maison*). Bâtiment destiné au logement des troupes. — Fam. C'EST UNE GRANDE CASERNE, se dit d'une grande maison divisée en beaucoup de petits appartements.

CASERNÉ, ÉE adj. Mis dans une caserne. — Renfermé.

* **CASERNEMENT** s. m. Action de caserner : *le casernement des troupes; effets de casernement.*

* **CASERNER** v. n. Loger dans des casernes : *la moitié de la garnison casernera cet hiver.*— Activ. Faire caserner : *caserner des troupes.*

CASERTE (ital. *Caserta*). I. Province montagneuse d'Italie, autrefois Terra di Lavoro, Terre de Labour (royaume de Naples); riche en bétail et possédant des manufactures de tapis, de toiles de lin et d'étoffes de soie 5,975 kil. carr.; 697,403 hab. — II. Capitale de la province ci-dessus, à 30 kil. N.-E. de Naples; 29,450 hab. Magnifique palais royal; grand théâtre; vastes jardins arrosés au moyen d'un bel aqueduc long de 45 kil. Manufactures d'étoffes de soie. Non loin de la ville se trouve *Caserta Vecchia* qui possède une splendide cathédrale.

CASES (COMTE DE Las). Voy. LAS CASES.

CASEUM s. m. [ka-zé-omm] (lat. *caseus*, fromage). Chim. Principe du lait qui constitue le fromage. On dit ordinairement CASÉINE. Voy. ce mot.

CASHEL [angl. *Cachel*], ville d'Irlande, comté de Tipperary, à 140 kil. S.-O. de Dublin; 4,000 hab.; célèbre dans les annales irlandaises, comme ancienne résidence des souverains de Munster. Près de la ville se dresse, d'une façon abrupte, le « roc de Cashel », couronné par la plus magnifique collection

Cathédrale de Cashel (Irlande).

de ruines qu'il y ait en Irlande. Cette collection consiste en une tour ronde; une splendide cathédrale, fondée ou restaurée, en 901 par Cormack Cuillinan, roi et évêque de Cashel; un monastère et un château qui datent du XIIIe siècle et une vieille chapelle.

CASIER s. m. [ka-zié] (fr. *case*). Garniture de bureau, composée de plusieurs cases, dans lesquelles on place les papiers ou autres objets que l'on veut tenir en ordre. — Législ. « Le CASIER JUDICIAIRE, établi en France en vertu d'une circulaire du garde des sceaux du 6 nov. 1850, est un ensemble de compartiments, établi dans chacun des greffes des tribunaux de première instance, et où sont classés, suivant l'ordre alphabétique, certains renseignements concernant chacun des individus nés dans l'arrondissement. On y trouve, résumés sur des fiches, tous les jugements rendus en matière correctionnelle, tous les arrêts de condamnation rendus par les cours d'assises ou les tribunaux militaires, et les jugements déclaratifs de faillite. Les renseignements concernant des individus nés hors du territoire de la France et de l'Algérie, sont réunis dans un casier central établi au ministère de la justice. Les bulletins composant les casiers judiciaires remontent jusqu'au 1er janvier 1851 et sont constamment tenus à jour par des communications bi-mensuelles. L'existence de ces casiers permet aux autorités judiciaires ou administratives d'obtenir d'une manière prompte et sûre, des renseignements sur les condamnations infligées à tout individu né en France. Les extraits du casier judiciaire ne sont délivrés aux particuliers que sur l'autorisation du ministère public, et ils sont soumis alors aux droits de timbre et d'enregistrement s'élevant ensemble à 3 fr. 50; mais ils sont délivrés gratuitement, lorsqu'ils sont réclamés pour contracter des engagements volontaires dans l'armée (Circ. 30 déc. 1873). Plusieurs pays d'Europe possèdent des casiers judiciaires, et des conventions diplomatiques permettent d'obtenir la *communication réciproque* des renseignements qu'ils renferment. »   (CH. Y.)

CASILINUM, ancienne ville de Campanie, à 10 kil. N.-E. de Capoue, sur le Vulturne. En 216 av. J.-C., Annibal cerné dans les défilés

de Casilinum, parvint à s'échapper en poussant sur l'armée de Fabius des bœufs couronnés de sarments embrasés.

CASILLEUX adj. m. [ka-zi-ieû; *ll* mll.] (corrupt. de *casser*). Technol. Se dit du verre mal recuit qui se casse au lieu de se couper, quand on y applique le diamant.

CASIMIR s. m. [ka-zi-mir] (corrupt. de *Cachemire*). Etoffe de laine croisée, fine et légère : *gilet de casimir*. — ₥ Pop. UN CASIMIR, un gilet.

CASIMIR (pol. *kazimierz*), nom de cinq rois de Pologne. — I. Le Pacifique, fils de Mieeislas II et de la princesse allemande Riza, nommé roi en 1032, se retira devant une émeute, entra dans l'ordre de Cluny. Il fut rappelé sur le trône en 1042 et mourut en 1058. — II. Le Juste, le plus jeune des quatre princes entre lesquels Boleslas III partagea la Pologne; réunit toute cette contrée en 1177 et régna avec habileté jusqu'en 1194. — III. Le Grand, fils et successeur de Ladislas Lokietek (le Court), né en 1309, mort le 5 novembre 1370. Dans sa jeunesse, il montra du courage et de l'intelligence, mais il fut de mœurs dissolues. En 1333, il succéda à son père et fit la paix avec les chevaliers Teutoniques. Pour assurer la tranquillité de son peuple, il céda la Silésie à la Bohême, fortifia l'alliance avec la Hongrie, en adoptant pour héritier, son neveu Louis de Hongrie, se fit aimer par de salutaires réformes et se fortifia à l'intérieur par l'érection de châteaux et de forteresses. A la mort de Boleslas de Masovie et d'Halicz, qui ne laissa pas d'héritier (1340), il annexa la Russie Rouge et de pays contre une invasion de Tartares. En 1344, il eut une courte guerre avec la Bohême et peu après, il ajouta à la Pologne des portions de la Lithuanie, de la Masovie et de la Volhynie. La diète de Wislica (1347) sanctionna un double Code de lois pour la Grande et la Petite Pologne, rédigé par les hommes les plus compétents. En déterminant les droits des nobles, Casimir mérita le surnom de roi des paysans. Il encouragea l'industrie, le commerce, les sciences, fonda l'Université de Cracovie (1364), protégea les Juifs et poussa le mépris des préjugés religieux jusqu'à épouser secrètement une juive nommée Esther, dont il eut plusieurs enfants. Excommunié pour ce fait, il se vengea impitoyablement de l'archevêque de Cracovie, mais s'humilia devant le pape. Il laissa une guerre qui ne fut pas heureuse. — IV. Frère et successeur (1444) de Ladislas III, né en 1427, mort en 1492. Fit, pendant 14 ans, la guerre aux chevaliers Teutoniques et signa avec eux en 1466, la paix de Thorn, qui donnait à la Pologne la partie occidentale de la Prusse et lui accordait la suzeraineté sur la partie orientale de ce pays. Ce traité fut suivi d'une période de prospérité et de luxure. Il laissa six fils : l'un fut élu roi de Bohême et de Hongrie, un autre devint cardinal, un autre fut canonisé et les trois autres se succédèrent sur le trône de Pologne. — V. Voy. JEAN-CASIMIR.

CASIMIR (Saint), l'un des fils de Casimir IV (1458-'83), disputa un instant la couronne de Hongrie à Mathias Corvin et se retira au château de Dombski. Fête, le 4 mars.

CASIMIR PÉRIER. Voy. PÉRIER.

CASINOS m. [ka-zi-no] (mot ital.). Lieu de réunion, où l'on joue et où l'on danse, où l'on

cause, où l'on fait de la musique. — Plur. des CASINOS.

CASIRI (Michel), religieux syro-maronite, savant orientaliste, né à Tripoli de Syrie en 1710, mort à Madrid en 1791; fut nommé bibliothécaire de l'Escurial en 1763, et a laissé une *Bibliotheca Arabico-hispana Escurialensis* (1760-'70, 2 vol. in-fol.).

CASOAR s. m. [ka-zo-ar] (malais *kasuouaris*). Ornith. Genre d'échassiers brévipennes, dont la principale espèce, le *casoar à casque* (*casuarius galeatus*, Vieill.), est un oiseau presque aussi gros, mais moins grand que l'autruche. Sa tête est couverte d'une espèce de casque osseux, et son plumage ressemble à du crin. C'est un animal stupide et glouton, qui se nourrit de fruits, d'herbes et quelquefois de petits animaux. Le développement imparfait de ses ailes le met dans l'impossibilité de

Casoar à casque (Casuarius galeatus).

voler; mais il court avec une grande rapidité et se défend à l'aide de ses pattes robustes. Les casoars vivent par paires dans les forêts de l'archipel Indien. On a essayé d'acclimater chez nous le *casoar de la Nouvelle-Hollande*, appelé aujourd'hui *émou*; voy. ce mot.

CASORIA, ville d'Italie, à 8 kil. N.-E. de Naples; 7,000 hab. Grande production de soie.

CASPE, ville d'Espagne, province de Saragosse, près du confluent de la Guadalupe avec l'Èbre; environ 10,000 hab. Château. Vastes plantations d'oliviers et de mûriers.

CASPIEN, IENNE adj. Se dit d'un amas d'eau salée complètement entouré de terre.

CASPIENNE (Mer), mare Caspium ou Hyrcanum, grand lac salé, entre l'Europe et l'Asie, borné par la Russie, la Perse et le Turkestan. Sa plus grande longueur est de 1,220 kil.; sa plus grande largeur, de 500 kil.; sa superficie, de 440,968 kil. carr. Au N. et à l'O., la Caspienne reçoit l'Oural, le Volga, la Kuma, le Terek et le Kur; à l'E., l'Emba, qui se jette dans la baie d'Emba, et l'Atrek, ses côtes sont généralement très basses. Sur la péninsule d'Apchéron et dans l'île de Naphtalie, on trouve le naphte en immense quantité. Les eaux de cette mer ne sont pas aussi salées que celles de l'Océan; elles n'ont pas de flux. D'ailleurs, on a constaté des changements extraordinaires dans son niveau, qui est inférieur de plus de 80 pieds à celui de la mer Noire. Au XIIIe siècle, presque tout le commerce de l'Europe occidentale avec l'Inde se faisait par la Caspienne; Catherine II établit la suprématie des Russes sur ces rivages, qui sont aujourd'hui fréquentés régulièrement par des bateaux à vapeur. Les Russes y ont créé des ports importants, tels que Astrakan et Bakou; ils y entretiennent une flotte. Ils ont mis la Caspienne en communication avec la Baltique, au moyen du Volga et de différents canaux.

° **CASQUE** s. m. (celt. *cas*, caisse; *cead*, tête; lat. *cassis*, casque; bas lat. *cassicum*). Arme défensive qui garantit la tête, et qui sert de coiffure : *casque en tête; visière d'un casque; casque surmonté d'un panache; cimier d'un casque.* — Bot. FLEUR EN CASQUE, fleur qui, par sa forme, ressemble à cette armure : *l'aconit porte des fleurs en casque.* — Blas. Représentation d'un casque sur l'écusson des armoiries : *casque de face; il n'y a que les souverains qui portent le casque ouvert et couronné.* — Zool. Tubercule calleux qui surmonte la tête de quelques oiseaux : *casoar à casque.* — Pop. CASQUE A MÈCHE, bonnet de coton. — AVOIR SON CASQUE, avoir la tête lourde, après de copieuses libations. — Mar. Pièce de bois qu'on met, en certains ports, sur les jottereaux pour renforcer les élongis. — ENCYCL. Les gravures qui accompagnent cet article sont extraites du magnifique ouvrage de M. Charles Demengeot, graveur héraldiste de Paris, intitulé *Dictionnaire du Chiffre-Monogramme et des Couronnes nobiliaires universelles*; gr. in-fol., Paris, 1882.— Les premiers guerriers se garantirent la tête avec des peaux de bêtes; ils eurent ensuite des coiffures de cuir, de feutre, de bois, de fer, d'airain, de cuivre, d'argent et même d'or. Cette partie de l'armure reçut une infinité de formes, depuis celle d'une simple calotte emboîtant parfaitement la tête, jusqu'à celle d'un chapeau à rebords surmonté d'ornements. Le

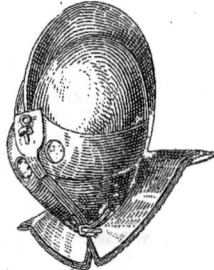

Casque grec des âges héroïques.

casque grec des âges héroïques était d'une grande simplicité; les Cariens y ajoutèrent

Casque de légionnaire romain

l'aigrette, et on l'orna ensuite d'un cimier et d'une crinière. De même, le casque romain,

Casque de centurion.

très simple pour le légionnaire, plus décoré pour le centurion, devint luxueux pour les

exhibitions théâtrales de gladiateurs. Les mercenaires au service de Rome eurent des cas-

Casque de gladiateur

ques ornés de plumes et de crins. Chez les barbares qui envahirent l'empire, il y eut aussi des armes défensives pour la tête; mais

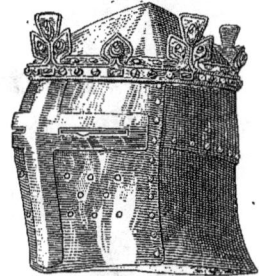

Casque gaulois.

il n'y eut pas d'armement uniforme. Le casque carlovingien affectait la forme d'une calotte

Casque carlovingien.

évasée, avec un ornement à la partie supérieure. Les casques normands qui figurent sur la tapisserie de Bayeux sont coniques à forme plus ou moins aiguë; ils se prolongent en arrière pour couvrir la nuque et sont munis, par devant, d'un *nasal* pour garantir le visage des coups de taille. Vers la fin du XII° siècle,

parurent les *heaumes* casques cylindriques qui protégeaient la tête et le visage entier.

Casque normand.

Ils étaient pourvus d'une *visière* ou *ventail* fixe, avec des fentes et des trous permettant d'y

Heaume que portait Louis IX à la bataille de la Massoure.

voir et de respirer. Cette coiffure lourde, étouffante et incommode, fut modifiée au XIV° siècle; on y adapta une visière mobile, et peu à peu, le heaume, transformé et devenu plus léger, se changea en *armet*, casque relati-

Armet (xv° siècle).

tivement léger, à visière mobile. Le casque comprenait : le *timbre* ou *tymbon*, calotte qui enveloppait la tête; la *crête*, bande de fer qui surmontait le timbre et le partageait en deux moitiés; le *cimier*, ornement qui affectait des formes variées; la *visière*, ordinairement mobile sur deux pivots, avec une fente ou *vue*; le *nasal* ou *naselle*, qui protégeait le nez et qui était placé au-dessous de la visière; le *ventail*, qui faisait suite au nasal et correspondait à la bouche (la visière comprenait souvent le nasal et le ventail, et ne formait qu'une seule pièce avec eux); la *mentonnière*, qui pivotait, comme la visière; le *gorgerin*, qui couvrait la gorge et quelquefois les épaules, et qui faisait souvent corps avec le menton nière; les *oreillons*, qui couvraient les oreilles et se prolongeaient en mentonnière; le *porte-*

pennache, qui soutenait un panache ou un bouquet de plumes. — On donnait le nom de *salade* à une espèce d'armet sans crête ou couvert d'un simple cordon, avec une visière sans division et n'ayant pas toujours de visière. —

Salade sans visière.

Les coiffures des gens de pied étaient : la *salade sans visière*, le *chapel de fer*, appelé aussi

Chapel de fer.

capal ou capeline; le *cabasset*, sorte de chapeau de fer terminé en pointe, avec une es-

Cabasset à visière.

pèce de griffe et muni de rebords; le *morion*, sorte de cabasset surmonté d'une crête très

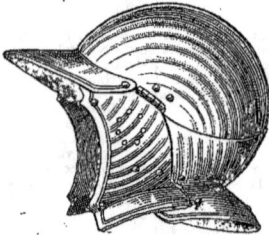

Pot en tête.

haute; la *bourguignote*, casque muni d'une

crête, d'une visière allongée en toit et de deux oreillons mouvants; le *bassinet*, qui différait peu du cabasset, mais dont la pointe n'avait pas de griffe; le *pot en tête* ou *pot de fer*, employé dans les travaux de siège, casque simple, solide, à visière saillante, et à gorgerin.

CASQUÉ, ÉE adj. Armé d'un casque.

CASQUER v. n. Pop. Donner de l'argent bon gré mal gré.

CASQUET s. m. (diminut. de *casque*). Casque très léger qui était en usage autrefois et d'où est venu le mot *casquette*.

CASQUETS (Les) (angl. *the kaskets*). Dangereux rochers situés dans la Manche, à 10 kil. O. d'Aurigny; tristement célèbres par le naufrage du jeune prince Guillaume, fils de Henri Ier d'Angleterre (1119) et par celui du vaisseau anglais de 110 canons, le *Victory* (1744). Trois phares indiquent leur présence.

*** CASQUETTE** s. f. (diminit. de *casquet*). Coiffure d'homme, faite d'étoffe ou de peau, qui a quelquefois un bord sur le devant. — **La casquette du père Bugeaud**, ou simplement, **LA CASQUETTE**, nom d'une marche militaire pour clairons, composée en Afrique au temps où commandait le maréchal Bugeaud, que les soldats appelaient le *père la Casquette*, parce que, pendant une alerte nocturne, il s'était précipité hors de sa tente et avait commandé les troupes sans songer à remplacer par une coiffure plus héroïque son simple bonnet de nuit. — Pop. ÊTRE CASQUETTE, avoir son casque, être ivre. — Manquer de distinction.

CASS (Lewis), homme d'État américain (1782-1866). Surintendant des affaires indiennes, il explora les lacs supérieurs et le cours du Mississippi, et publia dans la *North American Review* (1828-'9) le résultat de ses voyages. Il fut ensuite ministre en France (1836-'42), puis sénateur (1845-'57) et secrétaire d'État (1857-'60). Il a laissé : « Le roi, la cour et le gouvernement de la France »; « Recherches relatives à l'histoire, aux traditions, au langage des Indiens », etc.

*** CASSADE** s. f. (lat. *cassus*, faux). Mensonge pour plaisanter, ou pour servir d'excuse, de défaite. — A certains jeux de renvi, comme le brelan : *faire une cassade*, faire un renvi avec vilain jeu, afin d'obliger les autres joueurs à quitter.

CASSAGE s. m. Action, opération de casser : *cassage des pierres.*

CASSAGNAC, voy. GRANIER DE CASSAGNAC.

CASSAGNE ou Cassaigne (L'ABBÉ Jacques), littérateur, né à Nîmes en 1636, mort en 1679, a laissé de médiocres poésies et des ouvrages de morale et d'histoire sans intérêt. Quoique reçu à l'Académie en 1662, il ne serait pas immortel sans la boutade de Boileau :

Moi qui ne compte rien, ni le vin ni la chère,
Si l'on n'est plus à l'aise assis en un festin
Qu'aux sermons de Cassagne ou de l'abbé Cotin.

CASSAGNES-BÉGONHÈS, ch.-l. de cant.; arr. et à 23 kil. S. de Rhodez (Aveyron); 400 hab.

CASSAILLE s. f. [*ll* mll.] (rad. *casser*). Premier labour qu'on donne, dès le commencement de l'été, à une terre restée en jachère.

CASSAN (Jacques de), archéologue, né à Toulouse, mort vers le milieu du XVIIe siècle. Ses *Recherches des droits du roi de France à l'étranger* soulevèrent une violente polémique. — II. (Armand-Jules-Léon), administrateur et archéologue, né à Saint-Germain-les-Couilly, en 1803, mort en 1837. Ses *Lettres inédites de Marc-Aurèle* (1830, 2 vol. in-8°) furent couronnées par l'Académie française.

CASSANDRE ou Alexandra, princesse troyenne, fille de Priam et d'Hécube. D'après les légendes grecques, Apollon, épris d'elle,

lui avait accordé le don de prophétiser; mais ne pouvant triompher de sa vertu, il se vengea en empêchant que personne ajoutât foi à ses prédictions et en la faisant passer pour folle. Elle annonça vainement que l'enlèvement d'Hélène causerait la ruine de Troie, s'opposa sans succès à l'entrée du cheval de bois, annonça tout ce qui devait arriver à sa ville natale et ne réussit qu'à se faire enfermer et garder à vue. Lors du sac de Troie, elle fut violée par Ajax, dans le temple même de Minerve. Elle fit ensuite partie du butin d'Agamemnon qui l'emmena en Grèce. La jalouse Clytemnestre l'égorgea en même temps qu'Agamemnon et les deux jumeaux qu'elle avait eus de ce prince.

CASSANDRE, roi de Macédoine, fils d'Antipater, né vers 354 av. J.-C., mort en 297. Son père en mourant (319), ayant confié la régence à Polysperchon, Cassandre dut s'allier à Ptolémée Lagus et à Antigone, pour faire valoir ses droits. Vainqueur, il sut par sa sagesse s'attirer l'amitié des villes grecques. Il mit à mort Olympias qui avait fait périr son alliée, la reine Eurydice, Arrhidée, Nicanor et cent de ses amis; pour se donner des droits à la Macédoine, il épousa Thessalonice, sœur d'Alexandre le Grand, fit mourir le jeune Alexandre Ægus et sa mère Roxane, 310, puis un autre fils d'Alexandre, nommé Hercule, 309; s'unit à Ptolémée Séleuchus et Lysimaque, contre Antigone qui fut tué à la bataille d'Ipsus, 301; et eut, pour sa part, lors de la division des domaines de ce prince, la Macédoine et la Grèce.

CASSANDRE. I. (François), écrivain français, mort en 1695; connu par une assez bonne traduction de la *Rhétorique* d'Aristote (1654, in-4°) et des *Parallèles historiques* (1680, in-12). — II.(Georges) théologien catholique hollandais (1515-'66). Il essaya, dans son traité : *De officio pii viri in hoc dissidio religionis* (Bâle, 1561), de réconcilier les catholiques et les protestants; mais il déplut également aux deux partis. A la demande de l'empereur Ferdinand, il publia : *Consultatio de Articulis Fidei inter Papistas et Protestantes Controversis* (1565), ouvrage dans lequel il examina les articles discutés de la Confession d'Augsbourg.

CASSANDRE, personnage de l'ancienne farce italienne, type du vieillard berné par tout le monde et trompé même par ses enfants.

CASSANDRE, roman de La Calprenède, tiré de l'histoire d'Alexandre (1642).

CASSANO. I. Ville industrieuse de Calabre, Italie, à 16 kil. O. du golfe de Tarente et à 50 kil. N. de Cosenza; 9,050 hab. Aux environs, sources sulfureuses. — II. Ville de Lombardie sur l'Adda, à 25 kil. N.-E. de Milan; 6,980 hab. Ezzelino y fut vaincu et fait prisonnier, le 16 sept. 1259. Les Français, commandés par Vendôme, y remportèrent une victoire sur le prince Eugène, le 16 août 1705. Moreau y fut battu par Suvaroff, le 27 avril 1799.

*** CASSANT, ANTE** adj. Fragile, sujet à se casser, à se rompre; qui se casse aisément : *le cristal est cassant*. — Se dit aussi de certains métaux aigres, et particulièrement du fer : *il y a du fer qui est fort cassant*. — POIRES CASSANTES, poires qui cassent, qui font une légère résistance sous la dent; à la différence des autres poires qui fondent dans la bouche, et qui, par cette raison, sont appelées *Poires fondantes* : le *bon-chrétien*, le *martin-sec* et le *messire-Jean*, sont des poires cassantes. — Fig. Impérieux, tranchant : *homme cassant*; *manières cassantes*.

CASSARD (Jacques) célèbre corsaire, né à Nantes en 1672, mort en 1740. Il s'illustra, dans la guerre de course et se ruina au service de la ville de Marseille dont il protégea le

:ommerce et qui ne le remboursa pas (1709). En 1712, il s'établit à la Martinique, comme centre d'opérations, ruina plusieurs villes anglaises et hollandaises, bombarda Surinam, rançonna toute la Guyane hollandaise et enleva Curaçao. Sur ses vieux jours, le dénûment le poussa à réclamer les sommes qui lui étaient dues par la ville de Marseille. Le cardinal Fleury, importuné, le fit enfermer au château de Ham, où il mourut.

* **CASSATION** s. f. Jurispr. Acte juridique par lequel on casse des jugements, des actes et des procédures : *cassation d'une procédure.* — Décision par laquelle un arrêt ou un jugement en dernier ressort est annulé : *pourvoi, recours en cassation.* — MOYENS DE CASSATION, moyens qu'on allègue pour faire casser un arrêt ou un jugement en dernier ressort. — SE POURVOIR EN CASSATION, se pourvoir pour faire casser un arrêt ou un jugement en dernier ressort. On dit de même, *Poursuivre la cassation d'un arrêt,* etc. — COUR DE CASSATION, tribunal suprême, investi du droit de casser et d'annuler les arrêts ou jugements en dernier ressort, lorsqu'il y a violation ou fausse application des lois, ou inobservance des formes prescrites à peine de nullité : *la cour de cassation siège à Paris; le délai pour se pourvoir à la cour de cassation est de trois mois en matière civile, et de trois jours en matière criminelle.* (Acad.) — Législ. « La cassation est une voie de recours ouverte aux parties et au ministère public contre les jugements ou arrêts rendus en dernier ressort par les tribunaux civils ou criminels; mais ce n'est pas là un degré supérieur de juridiction : c'est plutôt un contrôle, lequel se borne à constater si les lois en vigueur ont été convenablement appliquées, et le contrôle n'a pas à examiner le fond des contestations. La *Cour de cassation* a donc été instituée exclusivement pour maintenir l'unité de jurisprudence. Sous l'ancienne monarchie, le roi pouvait admettre et sanctionner des propositions d'erreur contre les arrêts des parlements (en vertu de l'ordonnance de 1667 (Tit. 45, art. 42), ces arrêts, ainsi que les sentences des autres juridictions, ne purent être cassés que par le *Conseil privé des parties* ou *Grand Conseil*. La loi du 1er déc. 1790 établit un *Tribunal de cassation* qui reçut, en l'an III, le nom de *Cour de cassation.* Cette cour se divise en trois sections : 1° la chambre des requêtes, qui statue sur l'admission ou le rejet des demandes en cassation dans les affaires civiles et prononce définitivement en certaines matières; 2° la chambre civile, qui juge définitivement les pourvois admis par la chambre des requêtes, et statue sur ceux qui lui sont renvoyés d'office, par le procureur général, dans le seul intérêt de la loi; 3° la chambre criminelle, qui prononce définitivement sur les pourvois formés en matière criminelle, correctionnelle ou de police, sans que la chambre des requêtes ait été appelée à les examiner préalablement. Les trois chambres se réunissent pour statuer lorsque, après la cassation d'un arrêt ou d'un jugement, le deuxième arrêt ou jugement rendu à la suite du pourvoi, dans la même affaire, est attaqué par les mêmes moyens que le premier. En matière civile, le délai pour se pourvoir en cassation est de deux mois, à compter du jour de la signification de l'arrêt ou du jugement rendu contradictoirement, et, pour les jugements ou arrêts rendus par défaut, du jour où l'opposition n'est plus recevable. (L. 2 juin 1862). En matière criminelle, correctionnelle ou de police, le délai est de trois jours, et en matière d'expropriation pour cause d'utilité publique, il est de trois ou de quinze jours selon les circonstances. Le pourvoi doit être déposé au greffe de la cour et précédé, sauf dans les affaires criminelles, de la consignation de la moitié de l'amende qui sera prononcée contre le demandeur, en cas de rejet du pourvoi. Cette amende est de 300 fr. au moins, et comme, en cas de rejet, une indemnité de 150 fr. devra être payée au défendeur par le demandeur, celui-ci doit déposer aussi la moitié de ladite indemnité. Ces sommes sont réduites à moitié, lorsque l'arrêt ou le jugement attaqué a été rendu par défaut, ou lorsqu'il s'agit d'un jugement d'expropriation. Le pourvoi n'a pas pour effet de suspendre l'exécution de l'arrêt ou du jugement, sauf en matière criminelle et dans quelques affaires civiles. La procédure doit être faite par un *avocat à la cour de cassation* (voy. AVOCAT), officier ministériel dont l'intermédiaire est indispensable devant cette cour, au moins dans les affaires civiles. Les formes de cette procédure sont encore, en matière civile, celles qui ont été arrêtées par l'ancien règlement fait en 1738, pour le conseil privé, par le chancelier d'Aguesseau. L'arrêt qui casse une décision judiciaire renvoie les parties devant une cour ou un tribunal du même ordre que celui dont la décision a été annulée; et, lorsqu'après un arrêt de cassation, la cour ou le tribunal auquel l'affaire a été renvoyée a rendu une décision qui est encore cassée comme la première, un second renvoi est fait devant une autre cour ou tribunal, lequel est alors obligé de se conformer strictement, sur le point de droit, à l'interprétation de la loi donnée par l'arrêt de la cour de cassation (L. 1er avril 1837). Les jugements rendus par les juges de paix ne peuvent être attaqués par la voie du recours en cassation que pour excès de pouvoirs (L. 25 mai 1838, art. 15). (Voy. COUR de cassation). » (CH. Y.)

* **CASSAVE** s. f. Farine faite de la racine de manioc cuite sur des plaques chaudes. — Pain que l'on fait avec cette farine.

* **CASSE** s. f. (gr. *cassia,* cannelle). Genre de légumineuses dont l'espèce principale est le *cassier* ou *canéficier.* — Pulpe noire, douce et un peu sucrée, contenue dans les gousses longues et ligneuses d'une espèce de casse qui croît en Égypte et aux Indes, et que l'on nomme *cassier* ou *canéficier.* La casse entre dans la composition du catholicon double et de la marmelade de Tronchin; à la dose de 60 gr., elle purge doucement. — CASSE EN BATON, se dit, dans le commerce, de la casse qui est encore en gousse. — Pop. PASSEZ-MOI LA CASSE, JE VOUS PASSERAI LE SÉNÉ : faites-moi une concession, je vous en ferai une autre.

* **CASSE** s. f. (rad. *casser*). Action de casser, objets cassés, en parlant de la vaisselle particulièrement et des objets fragiles employés aux usages domestiques : *dans les cafés, ce sont les garçons qui paient la casse.* — Fig. Dégradation; perte d'un titre. — Hist. Peine militaire qui consistait dans la perte du grade. — CASSE DE PAIX, ordre écrit que donnait le roi pour casser un officier. — Pop. Rognures et raclures de pâtisseries vendues à bas prix.

* **CASSE** s. f. (lat. *capsa,* coffre). Typogr. Casier que l'ouvrier a devant lui quand il *compose* et qui contient les caractères. La casse se divise en deux parties : le *casseau supérieur* ou haut de casse et le *casseau inférieur* ou bas de casse, partagés l'un et l'autre en petite casses ou *cassetins,* contenant chacun un certain nombre de lettres du même caractère, de façon qu'il y a un cassetin pour les *a,* un autre pour les *b,* et ainsi de suite pour les lettres et les signes employés par le compositeur. — HAUT DE CASSE ou *casseau supérieur,* partie supérieure de la casse, celle qui contient les grandes capitales (à la gauche de l'ouvrier), les petites capitales (à sa droite), les voyelles accentuées, les lettrines et plusieurs autres caractères ou des signes dont on se sert peu souvent. Le haut de casse est divisé en 98 cassetins d'une grandeur uniforme.

— BAS DE CASSE, partie inférieure de la casse, celle qui est le plus à portée de l'ouvrier et qui contient, pour cette raison, les lettres et les chiffres ordinaires, les espaces, les cadrats et quelques signes fréquemment employés. Les lettres ordinaires ou minuscules, se trouvant toujours dans cette partie, ont reçu le nom de bas de casse et l'on dit : *acheter, fondre, graver des capitales avec leurs bas de casse.* Ce casseau se compose de 54 compartiments inégaux dont les différentes dimensions ont été calculées suivant que la lettre destinée à être contenue dans chacun d'eux se rencontre plus ou moins souvent dans la langue. En français, la lettre *e,* que l'on trouve dans la plupart des mots, demande le plus grand cassetin; les dernières lettres (*w, x, y, z*), dont on n'a pas besoin de faire une si grande provision, n'ont qu'un petit cassetin, ainsi que les chiffres, etc. Dans le bas de casse, on n'a point distribué les lettres en suivant l'ordre alphabétique; mais on a placé sous la main du compositeur les plus grands cassetins, ceux qui contiennent les lettres les plus usitées : *c, d, e, m, n, i, s, o, r, a, t, u.* Les caractères les moins employés se trouvent aux extrémités du casseau. — Il y a aussi dans les imprimeries des casses pour les italiques et pour chaque type de caractères. — CASSE PARISIENNE. En raison du manque de place, on emploie à Paris une casse de petite dimension et d'un seul morceau, dans laquelle est reçu le bas de casse, partagés l'un et l'autre en petites capitales. — Fonderie. Bassin formé vis-à-vis de l'œil ou de l'ouverture d'un fourneau, dans lequel est reçu le métal fondu qui découle du fourneau. — Cuis. CASSE A RÔT, lèchefrite.

CASSE. s. f. (lat. *capsa,* coffre). Hist. milit. Caisson à compartiments dans lequel on enchâssait les projectiles d'artillerie au moyen âge. L'approvisionnement d'une casse était de 20 à 24 garrots.

CASSE (Jean du), marin. Voy. DUCASSE.

* **CASSÉ, ÉE** part. passé de CASSER. — Prov. et fig. IL EN PAYERA LES POTS CASSÉS, on fera retomber sur lui le dommage, la perte, on s'en vengera sur lui. — Mar. VAISSEAU CASSÉ ou ARQUÉ, vaisseau dont les extrémités sont abaissées et font paraître le milieu relevé.

* **CASSEAU** s. m. Typogr. Boîte ou tiroir à compartiment, divisé en cassetins où l'on place différents caractères, tels que les lettres ornées, ombrées, frisées, les vignettes. On met ordinairement ces tiroirs au-dessous des marbres, entre des coulisses. — Chacune des deux parties de la casse ordinaire. On dit *haut de casse* ou *casseau supérieur* et *bas de casse* ou *casseau inférieur.*

CASSE-COU s. m. Endroit où il est aisé de tomber, si l'on n'y prend garde : *ces escaliers sont des casse-cou.* — Au jeu de colin-maillard. Cri par lequel on avertit la personne qui a les yeux bandés qu'elle s'approche d'un endroit où elle pourrait se blesser. — Manège. Celui qui est employé à monter les chevaux jeunes ou vicieux. — Par ext. Homme qui monte à cheval avec plus de hardiesse que d'habileté. — Fig. et fam. Personnage peu important qui est chargé d'une négociation hasardeuse : *la mission était difficile, on l'a confiée à un casse-cou.* — Échelle qui n'est soutenue que par une queue.

CASSE-GUEULE s. m. Bal public où il ne fait pas bon s'aventurer : *certains bals des barrières sont des casse-gueule.* (Bas). — Eau-de-vie tout à fait inférieure.

CASSEL, *Castellum Morinorum,* ch.-l. de cant.; arr. et à 14 kil. N.-N.-O. d'Hazebrouck (Nord); 4,500 hab. Ancien château du haut duquel on découvre 32 villes, 100 bourgs, la mer du Nord et la rade de Douvres. Dentelles, bonneterie, etc. Patrie du général Vandamme. Victoires : 1° du comte de Hollande, Robert le Frison, sur Philippe Ier de France (1071); 2° de Philippe de Valois, sur les communes flamandes révoltées (1328); 3° du duc d'Orléans, frère de Louis XIV, sur le prince d'Orange (1677).

• CASSEL. I. (all. *Kassel*), *Castellum Cattorum.* Ville de Prusse, ch.-l. de la province de Hesse-Nassau (jadis capitale de l'électorat de Hesse-Cassel), sur la Fulda, à 140 kil. N.-N.-E. de Francfort; 55,000 hab. Parmi ses palais nous citerons le Muséum, qui contient de riches collections d'horloges et de pendules et une bibliothèque de 90,000 vol. Les jardins publics de Cassel forment de délicieuses promenades, principalement ceux qui sont adjacents au palais d'été de *Wilhelmshôhe*, où Napoléon III reçut l'hospitalité après la capitulation de Sedan, jusqu'au 19 mars 1871. Voy. WILHELMSHÔHE. — II. *Castellum Trojani*, faubourg de Mayence, sur la rive droite du Rhin; 4,000 hab.

CASSE-LUNETTES s. m. L'un des noms vulgaires du bluet.

CASSEMENT s. m. Action de casser. — CASSEMENT DE TÊTE, fatigue causée par le travail, les affaires, le bruit, etc.

• CASSE-NOISETTE ou Casse-noix s. m. Petit instrument avec lequel on casse les noisettes ou des noix. — Au plur. des CASSE-NOISETTES.— Ornith. Nom vulgaire de plusieurs oiseaux qui se nourrissent de noisettes et de noix. — Nom donné particulièrement à un genre de passereaux conirostres voisin des corbeaux. L'espèce la plus connue est celle du *casse-noisette d'Europe* (nucifraga caryocatactes, Briss.), oiseau de la grosseur d'un geai, à pieds

Casse-noisette (Nucifraga caryocatactes).

et bec d'un brun noir, à couleur générale d'un brun rougeâtre. Il est assez commun dans les forêts montagneuses de l'Europe, particulièrement en Suisse et en Russie. Les casse-noisettes vont ordinairement par paires; on les rencontre aussi en troupes lorsqu'ils émigrent d'une localité dans une autre, à la recherche des larves et des insectes. Ils parviennent à briser les noix et les noisettes en leur donnant des coups redoublés de leur bec droit et solide. — On dit aussi CASSE-NOIX.

• CASSE-NOIX s. m. Voy. CASSE-NOISETTE.

CASSE-PIERRE s. m. Nom que l'on donne quelquefois à la saxifrage granuleuse.

CASSE-POITRINE s. m. Eau-de-vie très forte. — Vin très acide.

• CASSER v. a. (lat. *quassare*). Briser, rompre : *casser un verre; casser la tête à quelqu'un d'un coup de massue, d'un coup de pistolet.* — Prov. et fig. QUI CASSE LES VERRES LES PAYE, celui qui fait quelque dommage doit le réparer. — CASSER LES VITRES, ne rien ménager dans ses propos. — CASSER LA TÊTE, assourdir par un grand bruit : *ces enfants me cassent la tête.* — *Casser bras et jambes*, enlever tout moyen d'agir. — Pop. *Casser une croûte*, manger un morceau. — *Casser le cou à un lapin*, le tuer, et, par ext., le manger. — Fig. *Casser la figure à quelqu'un*, le battre. — ⌣ Jargon.

Casser du sucre, dire du mal. — *Casser du sucre à la rousse*, dénoncer à la police. — *Casser la marmite*, être ruiné. — *Casser du grain*, désobéir. — *A tout casser*, le chasser du service. — *A tout casser*, violent : *il fit une scène à tout casser.* — *Casser sa canne*, dormir. — *Casser sa pipe*, mourir. — *N'avoir pas cassé la patte à coco*, ne pas être malin, dans le langage des troupiers. — JE T'EN CASSE, ce n'est pas pour toi. — CASSER SA CANNE, rompre son ban. — * Fig. Annuler, déclarer nul : *casser un jugement, un testament* :

Casser mon mariage avec un tel dessein,
C'est vouloir me plonger un poignard dans le sein.
         DESTOUCHES. *Le Philosophe marié*, acte V, sc. VII.

— *Casser un officier*, le chasser du service. — *Casser un sergent, un caporal*, les priver de leur grade, et les réduire à la condition de simples soldats. — *Casser aux gages*, ôter à quelqu'un son emploi et les appointements qui y sont attachés. Se dit aussi figurément, d'un supérieur qui ôte sa confiance à son inférieur. — Affaiblir, débiliter; et, en ce sens, il ne se dit que des choses qui ruinent la santé : *les fatigues de la guerre, les débauches l'ont fort cassé.* — Mar. CASSER L'ERRE ou L'AIR, diminuer la vitesse d'un navire ou d'une embarcation. — Neutral. Se briser, se rompre : *la corde cassa; cette poire casse sous la dent.* — Se casser v. pr. Être brisé, rompu : *le verre se casse au moindre choc.* — Être affaibli, débilité : *cet homme se casse depuis quelque temps.* — Se briser un membre ou une partie du corps : *il s'est cassé le bras; il s'est cassé la tête d'un coup de pistolet.* — Fam. et par exagér. Se casser la tête, le nez, se blesser la tête, ou au nez, en se cognant contre quelque chose. On dit de même, *se casser le cou*, se blesser en tombant. — Fig. *Se casser la tête*, s'appliquer à quelque chose avec une grande contention d'esprit. — *Se casser le nez*, ne point réussir dans ses projets, ne point venir à bout de ce que l'on a entrepris. Ne pas trouver chez elle une personne qu'on allait voir. — Fig. et fam. *Se casser le cou*, ruiner ses affaires, sa fortune. — ⌣ Jargon. *Se la casser*, s'enfuir.

• CASSEROLE s. f. (diminut. de *casse*). Cuis. Sorte de poêlon à fond plat, à manche court, en terre, en cuivre ou en fer. — Nom donné à diverses préparations de riz garnies dans une casserole : *cusserole à la polonaise.*— ⌣ Argot. Agent de police. — FAIRE UN TOUR DE CASSEROLE, PASSER A LA CASSEROLE, subir un traitement antivénérien.

CASSEROLÉE s. f. Contenu d'une casserole pleine : *une casserolée de pommes de terre.*

CASSE-SUCRE s. m. Instrument pour casser le sucre en morceaux réguliers.

• CASSE-TÊTE s. m. Massue de pierre ou de bois très dur dont on se servait en Europe pendant le moyen âge et qui est encore en usage chez quelques peuples sauvages. — Arme formée d'une verge courte et flexible portant une masse de plomb à l'une de ses extrémités, et munie à l'autre d'une courroie qui s'assujettit au poignet. — Fam. Bruit continu et assourdissant : *quel casse-tête que les cris de ces enfants!* — Boisson qui étourdit. — Fig. Travail qui exige une application fatigante. — Jeux. Jeu qui consiste à rapprocher les parties d'un dessin en bois ou en carton que l'on a découpé et dont on a mêlé les morceaux. — CASSE-TÊTE CHINOIS, autre jeu dans lequel on reproduit, à l'aide de planchettes découpées, certains dessins symétriques, indiqués sur des tableaux. — Fig. Travail à la fois puéril et difficile : *c'est un vrai travail de casse-tête chinois.* — Mar. Grand filet qu'on établit quelquefois sur un bâtiment de guerre pour garantir les hommes des poulies et des cordages qui tomberaient des mâts. — Au plur. des CASSE-TÊTE.

• CASSETIN s. m. Typogr. Chacun des petits compartiments qui divisent une *casse* (voy. ce mot) : *chaque sorte de lettre a son cassetin.*

• CASSETTE s. f. (diminut. de *casse*, caisse). Petit coffre où l'on serre ordinairement des objets précieux et de peu de volume. *La cassette du roi, du prince, de l'empereur*, son trésor particulier.

• CASSEUR s. m. N'est guère usité que dans ces phrases proverbiales et populaires : *un grand casseur de raquettes*, un homme vert et vigoureux. — *Casseur d'assiettes*, tapageur, querelleur.— ⌣ On dit aussi absol. casseur pour *casseur d'assiettes* : *c'est un casseur.* — Adjectiv. : *il se donne un air casseur.*

CASSIA s. m. Bot. Nom latin du genre casse.

CASSICAN s. m. (contract. des mots *cassique* et *toucan*). Ornith. Genre de passereaux des terres australes, voisin des cassiques et des toucans.

CASSIDAIRE s. m. (lat. *cassida*, casque). Moll. Genre de gastéropodes, voisin des buccins, comprenant environ 40 espèces décrites qui vivent dans la Méditerranée, dans les mers tropicales (Antilles, côtes d'Afrique, Pacifique). Les espèces de ce genre atteignent un volume considérable et les coquillages de plusieurs d'entre elles servent à faire de camées. — Entom. Tribu de coléoptères tétramères cycliques comprenant les deux genres Hispe et Casside.

CASSIDE s. f. (lat. *cassida*). Entom. Genre de cassidaires, renfermant une cinquantaine d'espèces souvent remarquables par la bizarrerie de leur forme et par l'éclat métallique de leurs couleurs. La *casside nébuleuse*, dont la présence a été constatée dans le département de l'Aisne en 1877, ressemble à une petite tortue longue d'un demi-centimètre; elle dévore la substance verte des feuilles de betterave.

CASSIE s. f. (corrupt. d'*acacia*). Nom vulgaire de l'*acacia de Farnèse* (mimosa Farnesiana) ou *casse du Levant*, arbre de l'Inde aujourd'hui naturalisé aux environs de Cannes (Var); ses fleurs forment la base de certains parfums.

CASSIEN (Jean) JOHANNES CASSIANUS, écrivain ascétique et fondateur d'institutions monastiques dans la Gaule méridionale, né vers 350, mort à Marseille vers 433. Il passa une partie de sa vie au milieu des solitaires de l'Egypte. S'étant fixé à Marseille, il y fonda l'abbaye de Saint-Victor. Ses *Institutions monastiques* sont restées pendant longtemps une sorte de code de la discipline dans les couvents. Elles ont été traduites du grec en français, ainsi que ses *Conférences* et *les Pères du désert*, par de Saligny (Antoine Lemaistre), Paris, 1663, 2 vol. in-8°. Cassien a laissé, en outre, un traité *De l'Incarnation*, dirigé contre Nestorius. Ses idées théologiques furent vivement combattues par saint Augustin.

• CASSIER s. m. Arbre du genre casse, et que l'on nomme aussi *canéficier*. Le cassier, (*cassia fistula*) est originaire de l'Inde et de l'Egypte, d'où on l'a transporté en Amérique. Il produit des gousses noirâtres, cylindriques, longues de 50 centimètres, renfermant une matière pulpeuse sucrée qui entoure les graines. Cette pulpe, lorsqu'elle a été tamisée, constitue la *casse du commerce*. — Typogr. Armoire où l'on range les casses.

CASSIN (Mont), ital. *Monte Casino*, montagne de l'Italie méridionale, province de Caserte, à 75 kil. N.-N.-O. de Naples. Saint Benoît y fonda en 529 un célèbre monastère de bénédictins, qui fut reconstruit en partie au XVIe siècle dans le style de la Renaissance, avec l'aspect d'un palais bien plus que d'un couvent. L'église surpasse en beauté et en richesse de décoration tout ce que l'Italie a produit de plus merveilleux, à l'exception de Saint-Pierre de Rome.

CASSIN (John), ornithologiste américain

de Philadelphie (1813-'69). A laissé des œuvres très recommandables parmi lesquelles : « Oiseaux de Californie » ; « Ornithologie américaine » ; « Mammalogie et Ornithologie de l'expédition d'exploration des Etats-Unis » ; « Ornithologie de l'expédition du Japon » ; « Ornithologie de l'expédition de Giliss au Chili ».

* **CASSINE** s. f. (bas lat. *cassa*, pour *casa*, maison). Art milit. Petite maison détachée au milieu des champs, où l'on peut s'embusquer, se retrancher. — Se dit, dans quelques parties de la France, d'une petite maison de plaisir hors de la ville. — ∾ Logement triste et misérable.

CASSINI, famille d'astronomes dont 4 membres furent directeurs de l'Observatoire de Paris, pendant les 122 premières années de son existence. — I. (Giovanni-Domenico), né près de Nice le 8 juin 1625, mort à Paris le 14 septembre 1712. Professeur d'astronomie à Bologne en 1650, il y fit d'exactes observations sur l'obliquité de l'écliptique, sur la réfraction et sur la parallaxe ; en 1656, il publia ses Tables du Soleil ; en 1664, il observa les ombres des satellites sur Jupiter et donna les tables de ces satellites. Son excellent calcul du temps de rotation de Jupiter (1665), de Mars, de Vénus (1667) et du soleil lui donnèrent une réputation européenne. Colbert l'ayant appelé à Paris, en 1669, il organisa et dirigea notre Observatoire. En 1671-'2, il découvrit le troisième et le cinquième satellite de Saturne, et en 1684, le premier satellite et le deuxième. Naturalisé en 1673, il entra à l'Académie des sciences. Son explication de la libration de la lune mit le sceau à sa gloire. Il fut le premier qui examina soigneusement la lumière zodiacale. En 1700, il termina, dans le Roussillon, la mesure d'un arc du méridien de Paris, commencé en 1669 par Picard et Labire. Il perdit la vue dans ses dernières années. Son *Eloge* a été écrit par Fontenelle et son autobiographie a été publiée en 1810. — II. (Jacques), fils du précédent, né à Paris en 1677, mort en 1756. Dès l'âge de seize ans, il fut nommé membre de l'Académie des sciences et à dix-neuf ans, membre de la Société royale de Londres. Successeur de son père à l'Observatoire, il détermina le temps de révolution des satellites connus de Saturne, ainsi que la variation de l'obliquité de l'écliptique et la longueur de l'année. On a de lui : *De la grandeur et de la figure de la Terre*, Paris, 1720, in-4° ; des *Eléments d'astronomie*, 1740, in-4° ; et des *Tables astronomiques*, 1740, in-4°. — III. (César-François), CASSINI DE THURY, fils et successeur du précédent, né à Paris en 1714, mort en 1784. Est l'auteur de l'immense *Carte topographique de la France*, dite de Cassini, haute de 11 mètres, large de 11 mètres 33 et composée de 180 feuilles. Il a laissé : *Méridienne de Paris*, 1774, in-4° ; *Description géométrique de la Terre*, 1775, in-4° ; *Description géométrique de la France*, 1784, in-4°. Condorcet a composé son *Eloge*. — IV. (Jacques-Dominique) COMTE DE THURY, fils et successeur du précédent, né à Paris en 1747, mort en 1845. Il termina la grande carte que son père avait laissée inachevée. Associé à Méchain et à Legendre, en 1787, il établit, au moyen de la triangulation, la relation entre les observatoires de Greenwich et de Paris ; il eut une grand part à la division de la France en départements, 1790. Arrêté en 1793, il perdit les cuivres de la carte de France. Ses principaux ouvrages sont : *Déclinaison de l'aiguille aimantée*, 1791, in-4° ; *Mémoire pour servir à l'histoire des sciences et à celle de l'Observatoire de Paris*, 1810, in-4°. Son fils, ALEXANDRE-HENRI-GABRIEL (1781-1832), entra dans la carrière judiciaire, s'occupa de botanique, entra à l'Institut en 1827 et devint pair de France en 1830. Ses travaux les plus importants ont

été réunis en 1826, sous le titre d'*Opuscules phytologiques*, 2 vol. in-8°.

CASSIODORE (Magnus-Aurelius), homme d'Etat italien, auteur et ascète, né vers 468, mort vers 560. Grand officier d'Odoacre, puis premier ministre de Théodoric, il se retira lorsque ce prince se mit à persécuter les Latins ; mais il servit ensuite ses successeurs. Il s'enferma en 538 dans un monastère qu'il avait fondé en Calabre. De son *Histoire des Goths*, il ne nous reste que le résumé dû à Jornandès ; c'est une autorité d'une valeur inestimable. Son *Traité de l'âme* a été traduit en français par Bouchard. Dans ses *Institutions* ou *lettres divines*, il divisa l'enseignement que l'on conserva pendant longtemps. Ses œuvres, publiées par Garet, (Rouen, 1679, in-fol.), comprennent, en outre, 12 livres de *Lettres* et papiers d'Etat d'une grande valeur historique.

CASSIOPÉE (Mythol.) Epouse de Céphée, roi d'Ethiopie ; offensa Neptune en défiant les Néréides de surpasser ses charmes. Sa fille Andromède fut exposée à un monstre marin. Cassiopée fut changée en astre.

* **CASSIOPÉE** s. f. Astron. Constellation de l'hémisphère septentrional.

CASSIQUE s. m. (lat. *cassis*, casque). Ornith. Genre de passereaux conirostres, voisin des troupiales et renfermant plusieurs espèces américaines de mœurs assez semblables à celles de nos étourneaux. Les espèces principales, le *cassique huppé (cassis cristatus)* et le *cassique yapou (oriolus Persicus)* vivent dans la Guyane.

CASSIQUIARE ou Cassiquiari [ka-si-ki-a'-ré ;-ri], rivière de Vénézuela, longue d'environ 200 kil., profonde et extrêmement rapide, qui fait communiquer l'Orénoque avec le Rio-Negro, affluent de l'Amazone. Elle fournit le seul exemple connu d'une bifurcation formant, au centre d'un continent, une communication naturelle entre deux grands fleuves.

* **CASSIS** ou Cacis s. m. [ka-siss]. Espèce de groseillier, dont les fruits noirs et aromatiques viennent en grappes : *les feuilles et l'écorce du cassis sont employées en médecine.* — Le fruit lui-même : *manger du cassis.* —

Cassis.

Par ext. Sorte de ratafia qui se fait avec le fruit du cassis : *boire du cassis.* — Bot. Le *cassis* ou *groseillier noir (ribes nigrum*, Linn.) est un arbrisseau élevé d'environ 1 mètre et croissant spontanément dans les bois montueux de la Suisse et de l'Auvergne. La culture lui a fait produire plusieurs variétés. Ses baies se distinguent des groseilles proprement dites par leur couleur noire et par leur arome particulier ; elles passent pour toniques et stomachiques ; infusées dans l'alcool, elles produisent la liqueur appelée *cassis.*

CASSIS. *Carsicis portus*, petite ville maritime de France, sur la Méditerranée, arr. et à 22 kil. S.-E. de Marseille ; 2,050 hab. Bon vin ; liqueur ; corail. Chantiers de construction.

CASSITÉRIDES ou Iles d'Etain, groupe de 145 îles d'où les Phéniciens et les Carthaginois tiraient tout l'étain qu'ils répandaient dans le commerce. On suppose que c'étaient les Sorlingues ou les Scilly.

CASSITÉRITE s. f. (gr. *kassiteros*, étain). Minér. Peroxyde d'étain naturel, produit en abondance par le pays de Cornouailles et que l'on exploite pour en retirer l'étain du commerce.

CASSIUS. I. (Avidius), lieutenant de Marc-Aurèle, battit les Parthes, se fit proclamer empereur et fut assassiné par ses soldats, 176 après J.-C. — II. (Dion), voy. DION CASSIUS. — III. (Hemina), le plus ancien historien romain, fleurit vers l'an 144 avant J.-C. Ses *Annales*, aujourd'hui perdues, ont été souvent citées par les écrivains des siècles suivants. — IV. (Longinus Caïus), chef de la conspiration contre César, mort en 42 avant J.-C. Ayant vaincu les Parthes, en 54 et 55, il fut nommé tribun du peuple, commanda la flotte de Pompée pendant la guerre civile, se rendit à César en 48, se fit pardonner par César et obtint la préture. En récompense de l'assassinat de César, il reçut du sénat la province de Syrie. Allié naturel de son beau-frère Brutus, contre Antoine et Octave, il se suicida sur le champ de bataille de Philippes, parce qu'il prit pour la cavalerie d'Octave la cavalerie victorieuse de Brutus qui accourait à son secours. Brutus l'appela *le dernier des Romains*. — V. (Parmensis), l'un des conspirateurs qui assassinèrent César, combattit aux côtés de Brutus et de Cassius jusqu'à la défaite de Philippes. Il se joignit alors à Sextus Pompée, puis à Antoine. Il fut mis à mort par les Athéniens, sur l'ordre d'Auguste. Il a laissé des poésies.

CASSIUS (André), chimiste et médecin, né à Sleswig, vers 1640 ; a donné son nom au *pourpre de Cassius.*

CASSIUS (Pourpre de), belle couleur employée pour colorer la porcelaine et le verre en fusion. On l'obtient en précipitant du chlorure d'or par un mélange de protochlorure d'étain. Ce pourpre fut inventé par André Cassius.

* **CASSOLETTE** s. f. (diminut. de *cassole*, qui a signifié réchaud). Vase dans lequel on fait brûler ou évaporer des parfums, et qui a ordinairement un couvercle percé d'ouvertures par lesquelles s'échappe la fumée ou la vapeur. — Odeur même qui s'exhale de la cassolette. — Fam. et iron. *Quelle cassolette ! Voilà une terrible cassolette !* se dit d'une mauvaise odeur.

* **CASSON** s. m. Pain informe de sucre fin ; *sucre en cassons.*

* **CASSONADE** s. f. (rad. *cusse* pour *caisse*). Sucre qui n'a été raffiné qu'une fois.

CASSOVIE ou Cassova ou CHAMP DES MERLES, plaine de la Serbie, entre Skopia et Kopanick, célèbre par deux batailles décisives qui y furent livrées : la première (1389), entre les Serbes et le sultan Amurath Ier, qui périt au milieu de son triomphe ; la seconde (1448), entre les troupes d'Amurath II et les Hongrois, les Bohèmes, les Allemands et les Valaques, commandés par Huniade, et qui furent taillés en pièces.

CASSUÉJOULS, station minérale, à 32 kil. d'Espalion (Aveyron). Eaux ferrugineuses froides.

* **CASSURE** s. f. Endroit où un objet est cassé : *raccommoder une cassure.* — Fam. *la cassure de son bras est bien reprise.* — ∾

Au théâtre. Débit accentué : *Mⁿᵉ Xˣˣˣ a du brio et de la cassure.*

CAST (Saint-), petit port sur la Manche, à 12 kil. N.-O. de Dinan (Côtes-du-Nord) ; .,500 hab. Le 3 septembre 1758, une armée anglaise, venue, sous les ordres de Marlborough, pour piller la Bretagne, y fut rejetée dans la mer et perdit 5,000 hommes, tant tués que noyés et prisonniers.

CASTAGNETTE s. f. [gn mll.] (esp. *castana*, châtaigne). Instrument composé de deux petits morceaux de bois ou d'ivoire, creusés en forme de coquilles, et reliés par une ficelle qui les attache au poignet. On les frappe l'un contre l'autre en cadence, en mettant les mains concavités l'une contre l'autre. C'est un *instrument tout espagnol*, dont l'usage était déjà général chez les Ibères, au temps des Romains.

CASTAGNOLE [gn mll.] s. f. Mar. Morceau de bois percé de deux trous et fixé sur les galères, à chacune des ralingues de la tente.

CASTAGNOLE s. f. Genre de poissons squamipennes, voisin des spares, et dont une espèce est commune dans la Méditerranée.

CASTALIE, fontaine située au pied du mont Parnasse, près du temple de Delphes et consacrée à Apollon et aux Muses (d'où leur surnom de *Castalides*).

CASTALION ou **Castalio (Sébastien)**, théologien français, dont le vrai nom était *Châteillon*, né en 1515, mort en 1563. Banni de Genève par Calvin, en 1544, il devint professeur de grec et fermier à Bâle. Il a laissé des ouvrages de théologie et une traduction latine de la Bible.

CASTANÉ, ÉE adj. (lat. *castanea*, châtaigne). Qui ressemble ou se rapporte au châtaignier. — s. f. pl. Synon. de CUPULIFÈRES.

CASTANEA, ancienne ville de Thessalie, sur le golfe Thermaïque ; a donné son nom aux châtaignes.

CASTANET, ch.-l. de cant., arrond. et à 42 kil. de Toulouse (Haute-Garonne) ; 1,000 hab.

CASTANHEDA (Fernando-Lopez de), historien portugais, mort en 1559. Sa curieuse *Histoire de la découverte et de la conquête des Indes* a été traduite en français par Nicolas de Grouchy, Paris, 1553.

CASTAÑOS (François-Xavier de) [kass-tä'nioss], duc de *Baylen*, général espagnol, né vers 1755, mort en 1852. Il étudia la tactique en Allemagne, à l'école du grand Frédéric, fut nommé, en 1808, capitaine général des armées françaises d'Andalousie, battit, à Baylen, une armée française commandée par Dupont, qui se rendit à lui le 22 juillet, avec 18,000 hommes ; mais Castaños fut presque aussitôt mis en déroute par Lannes à Tudela. En 1813, il contribua à la victoire de Wellington à Vittoria. En 1843, il fut, pendant un moment, tuteur de la reine Isabelle.

* **CASTE** s. f. (esp. *casta*, chose non mélangée). Se dit des classes dans lesquelles sont divisés les peuples de l'Inde : *il y a quatre castes principales : la caste des brahmanes, celle des guerriers, celle des marchands et celle des artisans.* — Se dit de certaines classes qui existaient chez d'autres peuples, tels que les Égyptiens, les Mexicains, etc. — Se dit, par ext. et par dénigr., de certaines classes de personnes, pour les distinguer du reste de la nation à laquelle elles appartiennent : *il a tous les préjugés de sa caste.*

* **CASTEL** s. m. (lat. *castellum*). Château : *il vit retiré dans son humble castel.* Ne s'emploie guère que par plaisanterie et même par dénigr. : *un vieux castel.* — Anc. art milit. Engin construit en bastille fixe, comme une espèce de beffroi ou comme une tour mobile.

CASTEL (René-Richard-Louis), poète et naturaliste, né à Vire en 1758, mort du choléra en 1832, à Paris. Son poème des *Plantes* (1797, in-8°) a eu 5 éditions.

CATELBRANCO ou **Castello Branco**, ville de Beira (Portugal), sur la Lira, à 65 kil. N.-E. d'Abrantès ; 6,000 hab.

CASTEL-DELPHINI ou **Château-Dauphin**, bourg d'Italie, à 30 kil. S.-O. de Saluces, sur un rocher du versant sud du mont Viso. 1,500 hab. Château fort dont le prince de Conti s'empara le 19 juillet 1744.

CASTELFIDARDO, ville d'Italie, à 17 kil. S. d'Ancône ; 6,500 hab. L'armée papale de Lamoricière y fut battue par Cialdini, le 18 septembre 1860.

CASTELFRANCO, ville d'Italie, à 40 kil. N.-O. de Venise ; 5,000 hab. Les Français y remportèrent une victoire sur les Autrichiens le 23 nov. 1805.

CASTELJALOUX, *Castrum Gelosum*, ch.-l. de cant. et station balnéaire ; arr. et à 30 kil. N.-O. de Nérac (Lot-et-Garonne) ; 2,400 hab. Grains, vins. Bains d'eaux minérales ferrugineuses d'Albret. Bains de ces établissements. Chlorose, anémie, suites de fièvres intermittentes.

CASTELLAMARE ou **Castel a Mare** [ital. kâstel-la-mâ'-ré]. I. Ville maritime de l'Italie méridionale, nommée aussi *Castel a Mare di Stabia*, à 30 kil. S.-E. de Naples, près l'emplacement où s'élevait l'antique *Stabiæ* ; 26,400 hab. Elle est défendue par 2 forts et renferme un palais royal, une cathédrale, 12 sources minérales et thermales et un arsenal

Castellamare di Stabia.

national. Castellamare est, en été, le rendez-vous de nombreux malades ou touristes. Traitement des engorgements des viscères abdominaux, des catarrhes de la vessie, des gravelles, des tumeurs hémorrhoïdales. Victoire navale des Français sur les Espagnols en 1648 ; succès de Macdonald sur les Anglo-Napolitains en 1799. — II. Ville maritime de la province de Trapani (Sicile), nommée aussi *Castel a Mare del Golfo*, à 6 kil. N.-O. d'Alcamo ; 11,500 hab. Exportation de vin, de fruits, de grains, de manne et d'opium.

CASTELLANE, *Salinæ*, *Castellana*, ch.-l. d'arr. ; à 50 kil. S.-E. de Gap (Basses-Alpes), dans une situation pittoresque, sur la rive droite du Verdon ; 1,900 hab. Ville bien bâtie, ossuaires et cippes d'origine romaine ; pont très hardi qui aboutit à un rocher couronné par la chapelle de Notre-Dame (1703). Draps, fruits secs confits. Aux environs, sources salées. Patrie de Valentinus, qui chassa les Sarrasins des Basses-Alpes.

CASTELLANE (Esprit-Victor-Elisabeth-Boniface, COMTE DE) maréchal de France, né à Paris le 21 mars 1788, mort à Lyon, le 16 sept. 1862. Volontaire à 16 ans, sous-lieutenant à 18 ans, il fit toutes les campagnes du

premier Empire, devint colonel sous la Restauration, lieutenant-général au siège d'Anvers, pair de France en 1837, puis général de division, fut mis à la retraite par le gouvernement provisoire, envoyé en 1850 pour commander à Lyon, nommé sénateur le 26 janv. 1852 et élevé à la dignité de maréchal le 2 déc. suivant.

CASTELLANETA ville de l'Italie méridionale, à 28 kil. N.-O. de Tarente ; 8,550 hab. Belle cathédrale ; exportation de fruits.

CASTELLI. I. (Barthélemy), médecin italien du xvᵉ siècle, est le premier qui ait composé un dictionnaire de médecine : *Lexicon medicum*, Venise, 1607. in-8° — II. (Benoit), mathématicien, disciple de Galilée (1577-1644). Son traité *De la mesure des eaux courantes*, a été traduit en français en 1664. — III. (Ignaz-Friedrich), auteur dramatique allemand, né à Vienne en 1781, mort en 1862. Il produisit plus de 100 pièces de son crû ou imitées du théâtre français, et écrivit des poèmes et des chants populaires. En 1848, ses pamphlets révolutionnaires obtinrent un énorme succès. Son autobiographie a été publiée.

CASTELLON DE LA PLANA [kass-tel-ionn'-dé-lä-plä'-na]. I. Province orientale d'Espagne, sur la Méditerranée ; 20,305 kil. carr., 260,650 hab. Territoire montagneux, riche en mines et en sources minérales. — II. Capitale de la province ci-dessus, à 6 kil. de la Méditerranée et à 60 kil. N.-E. de Valence ; 21,000 hab. Toiles de lin et toiles à voiles ; commerce de chanvre.

CASTELMORON ch.-l. de cant ; arr. et à 30 kil. S.-E. de Marmande (Lot-et-Garonne), sur la rive droite du Lot ; 1,100 hab. Église consistoriale calviniste.

CASTELMORON-D'ALBRET, village sur un rocher, à 13 kil. N. de la Réole ; 150 hab. Anc. ch.-l. du duché d'Albret.

CASTELNAU (Pierre de), religieux de Cîteaux, au couvent de Fontfroide, près Narbonne, archidiacre de Maguelonne et légat d'Innocent III auprès du comte de Toulouse. Il enjoignit à ce prince d'abandonner les Albigeois et fut assassiné sur les bord du Rhône, par deux gentilshommes qu'il avait outragés (1208). Sa mort amena l'excommunication de Raymond, comte de Toulouse, et la guerre des Albigeois.

CASTELNAU (Michel de), SIEUR DE LA MAUVAISSIÈRE, diplomate, né à la Mauvaissière près de Jours en 1520, mort en 1592. François de Lorraine, devenu lieutenant-général du royaume (1557), lui confia plusieurs missions. Il accompagna en Écosse la reine Marie et se fit remarquer par son dévouement à cette princesse. Il fut ensuite ambassadeur en Angleterre, de 1574 à 1584 et, à son retour, se déclara contre la Ligue. Il a laissé d'excellents *Mémoires*, pleins de clarté, de sagesse et d'impartialité, sur les années 1559-1570; première édition 1621, in-4°; deuxième édition, 1659, 2 vol. in-fol. — Son petit-fils, JACQUES, (1620-'58) fut mortellement blessé devant Dunkerque, au moment où il venait d'être nommé maréchal de France.

CASTELNAUDARY, *Castrum novum Arianorum*, ch.-l. d'arr., à 36 kil. O.-N.-O. de Carcassonne (Aude), sur un coteau au pied duquel passe le canal du Midi; 8,900 hab. Port formé par le réservoir de Saint-Ferréol. Commerce actif de grains, de farines, de draps, de lainages. Patrie de Pierre de Castelnau, d'Alexandre Soumet et du général Andréassy. Ainsi que son nom l'indique, cette ville fut fondée par les ariens. Capitale du Lauragais, elle appartint aux comtes de Toulouse, fut prise par les Albigeois (1211), brûlée par le prince Noir (1355) et relevée par Jean d'Armagnac, gouverneur du Languedoc. En 1632, Gaston d'Orléans et le duc de Montmorency furent vaincus par Schomberg et La Force.

CASTELNAU-DE-MÉDOC, ch.-l. de cant.; arr. et à 30 kil. N.-N.-O. de Bordeaux (Gironde); 1,600 hab. Ruines intéressantes d'un château qui appartint au captal de Buch et tint pour le parti anglais. En 1622, Henri III le donna à son favori d'Epernon. Bous mis de Médoc.

CASTELNAU - DE - MONTMIRAIL, ch.-l. de cant.; arr, et à 12 kil. N.-O. de Gaillac (Tarn), près de la Vère; 800 hab.

CASTELNAU - DE - MONTRATIER, ch.-l. de cant.; arr. et à 22 kil. S.-S.-O. de Cahors (Lot); 4,200 hab. Anc. *Castelnau-de-Vaux*. Restes de fortifications.

CASTELNAU-MAGNOAC, ch.-l. de cant.; arr. et à 35 kil. N.-E. de Bagnères-de-Bigorre (Hautes-Pyrénées), 900 hab., ch.-l. de l'ancien pays des Quatre-Vallées en Gascogne.

CASTELNAU-RIVIÈRE-BASSE, ch.-l. de cant., arr. et à 44 kil. N. de Tarbes (Hautes-Pyrénées), sur le Louet; 650 hab.

CASTEL-SARRASIN, autrefois CASTEL-SUR-AZIN, ch.-l. d'arr., à 28 kil. O. de Montauban (Tarn-et-Garonne), sur l'Azin et près de la Garonne; 6,600 hab. Lainages, chapeaux, safran, huile.

CASTELVETRANO [vé-trã'-no], ville de Sicile, à 11 kil. de la mer et à 75 kil. S.-O. de Palerme; 20,500 hab. Commerce de vin et d'olives.

CASTÉRA-VERDUZAN, station minérale, entre Auch et Condom (Gers), à égale distance de ces deux villes (22 kil.). Deux sources : Grande-Fontaine et Petite-Fontaine; établissement bien installé. Traitement des rhumatismes, des maladies cutanées, des gastralgies, de la gravelle, des catarrhes bronchiques et pulmonaires, de l'anémie, de la chlorose.

CASTETS, ch.-l. de cant.; arr. à 22 kil. N.-N.-O. de Dax (Landes); 950 hab. Forges.

CASTI (L'ABBÉ Giovanni-Battista), poète italien, né en Toscane en 1721, mort en 1803. Il succéda à Métastasio comme *poeta cesareo* de la cour de Vienne (1782); mais il abandonna cet office à la mort de l'empereur Joseph II et passa à Paris le reste de son existence. Il a laissé 48 licencieuses *Nouvelles galantes* (*Novelle galanti*, Paris, 1804) et 2 opéras comiques. Mais sa réputation repose sur un poème de satire politique: *Gli Animali parlanti* (1802), *Les Animaux parlants*, traduits en prose française par Paganel, Liège, 1813, et en vers par Mareschal, Paris, 1819.

CASTIFAO, ch.-l. de cant.; arr. et à 30 kil. N. de Corte (Corse); 700 hab.

CASTIGAT RIDENDO MORES [kass-ti-gatt-ri-dain-do-mo-rèss] (lat. *Elle corrige les mœurs en riant*), épigraphe que fit Santeuil pour la toile d'un théâtre, et est restée la devise de la comédie.

CASTIGLIONE [kass-til-iô'-né]. I. Village d'Italie, près du lac Gabii, à 16 kil. E. de Rome, sur l'emplacement de l'antique Gabii dont elle conserve quelques vestiges. — II. Village d'Italie, près du lac de Garde, à 26 kil. S.-E. de Brescia. Non loin de ce village se livra, le 24 juin 1859, la célèbre bataille dite de Solférino, près qu'on se livra sur le même terrain où fut vaincu Wurmser, le 3 août 1796 et où fut victorieux Bonaparte, le 5 août de la même année. Le général Augereau reçut, sous l'Empire, le titre de duc de Castiglione.

CASTIGLIONE. I. (Baldassare), littérateur italien (1478-1529). Le duc d'Urbino l'employa dans les missions diplomatiques; il devint ensuite favori du pape Léon X et nonce de Clément VII à Madrid. Injustement accusé de nonchalance lors des affaires qui se terminèrent par la prise et le sac de Rome, il mourut de chagrin. Il a laissé un *Art de réussir à la cour* et un ouvrage élégant, *Il Cortegiano* (Le

Courtisan), traduit en français par Chaperon, 1537. Ses *Lettres* ont été publiées en 1769, 2 vol. in-8°. — II. (Carlo-Ottavio, comte), antiquaire italien, né à Milan en 1784, mort en 1849. Il a écrit relativement à l'origine et à l'histoire des villes barbaresques qui figurent sur les médailles arabes, et on lui doit la plupart des dissertations qui accompagnent l'édition de la traduction gothique de l'Epître de saint Paul, d'Ulfila. — III. (Giovanni-Benedetto), IL GRECHETTO, peintre génois (1616-'70). Produisit des paysages, des portraits et des animaux. Il grava aussi à l'eau-forte. Le Louvre possède huit de ses tableaux. — IV. (Giuseppe), jésuite missionnaire italien, né en 1698, mort à Pékin en 1768. Combinant les occupations artistiques avec les devoirs de sa vocation, il fit le plan de plusieurs palais pour l'empereur Kien-Long.

CASTILLA (DON Ramon) [kass-til'-ia], général péruvien (1797-1867). Il servit pendant la guerre de l'Indépendance, devint ministre de la guerre et eut un commandement dans l'armée péruvienne qui envahit la Bolivie en 1841. Il renversa le dictateur Vivanco en 1844 et fut président du Pérou, de 1845 à 1851. Peu après la fin de son mandat, il commença une révolution à Arequipa, chassa son successeur Echenique et entra à Lima en 1855, comme chef suprême. Il abolit l'esclavage, fut réélu président en 1858, proclama une nouvelle constitution en 1860 et établit le suffrage universel. Son mandat prit fin en 1862. Il se mit à la tête d'une insurrection contre Prado en 1867.

CASTILLAN, ANE s. et adj. [ka-sti-yan; *ll* mll.]. Qui est de la Castille; qui appartient à ce pays ou à ses habitants. — s. Langue parlée dans la Castille.

* CASTILLE s. f. [*ll* mll.]. (lat. *castellum*, château). Débat, démêlé, différend de peu d'importance. Est plus guère usité que dans ces phrases familières : *ils ont toujours quelque castille ensemble, ils sont toujours en castille*.

CASTILLE [*ll* mll.] (esp. *Castilla*, à cause du grand nombre de châteaux qu'elle renfermait). I. Ancien royaume de l'Espagne centrale, divisé en Vieille-Castille et Nouvelle-Castille. Dès le VIIIe siècle, la Castille ayant secoué le joug des Mores, fut gouvernée par des comtes, qui prirent le titre de rois, en 1033, sous le règne de Ferdinand, fils de Sanche III de Navarre, et peu avant l'annexion du royaume de Léon. En 1479, les royaumes de Castille, de Léon et d'Aragon formèrent un seul royaume par le mariage de Ferdinand et d'Isabelle. Voy. ESPAGNE. — II. Vieille-Castille, division septentrionale de la Castille, noyau primitif de l'ancien royaume de Castille, bornée au N. par le golfe de Gascogne; 65,807 kil. carr.; 1,700,000 hab. Elle comprend les provinces d'Avila, Burgos, Logrono, Palencia, Santander, Segovia, Soria et Valladolid. Les monts Cantabres la couvrent au N.; la Sierra de Guadarama et la Somosierra se trouvent au S. Principaux cours d'eau : Duero (Douro), Pisuerga et Ebre. Production et exportation de moutons, de bœufs, de froment, de maïs, de vins et de fruits. Capitale Burgos. — III. Nouvelle-Castille, division méridionale de l'ancien royaume de Castille, comprenant les provinces de Madrid, Tolède, Guadalajara et Cuenca ; 72,564 kil. carr.; 1,500,000 hab. — Principaux cours d'eau : Tage et Jucar. Grande production de froment, de vin, d'olives, d'huile d'olive, de safran, de miel et de chanvre. Capitale : Madrid.

CASTILLEJO (Cristoval de) [kass-til-iè-jo], poète espagnol, mort à Vienne vers 1556. Secrétaire de Ferdinand, frère et successeur de Charles-Quint, il passa une partie de sa vie en Allemagne. Ses œuvres (Madrid, 1792, 2 vol. in-8°) contiennent un poème original : «Transformation d'un ivrogne en moustique. »

CASTILLEJOS, lieu de l'Afrique septentrionale où se livra, le 1er janvier 1860, une action décisive entre les Espagnols et les Marocains. Le général Prim, commandé par Muley Abbas, s'avança vers Tétouan, et reçut le titre de marquis de Castillejos.

CASTILLO (Bernal DIAZ DEL). Voy. DIAZ.

CASTILLO (Diego-Enriquez de) [kass-til-io], chroniqueur espagnol du XVe siècle; fut chapelain du roi Henri IV de Castille et laissa une chronique sur les événements de 1454 à 1474, publiée à Madrid en 1787.

CASTILLON [*ll* mll.], ch.-l. de cant.; arr. et à 48 kil. E.-S.-E. de Libourne (Gironde), sur la rive droite de la Dordogne; 3,600 hab. Corderies, filatures. Victoire décisive des Français sur les Anglais (13 juillet 1453). On voit encore, dans la plaine de Coltes le tumulus de Talbot, qui périt, ainsi que son fils, pendant cette bataille. Castillon fut pris par Mayenne (1586), repris aussitôt par un vicomte de Turenne; assiégé par Henri de Navarre en 1596 et surpris par le prince de Conti, le 10 juillet 1655. Aux environs se trouve le château de Montaigne.

CASTILLON ou Castilhon. I. (Jean), littérateur, né et mort à Toulouse (1718-'99); fut l'un des fondateurs du *Journal de Trévoux*. — II. (Jean-Louis), littérateur, frère du précédent, né à Toulouse en 1720, mort vers 1793. A laissé des ouvrages de philosophie et un *Essai sur les superstitions* (1765), une *Histoire des dogmes* (1772), etc.

CASTILLON (Jean-François SALVEMINI DE), géomètre et littérateur italien (1709-'91). Composa plusieurs ouvrages et trouva la solution du fameux problème : *Inscrire un cercle dans un triangle dont les côtés passent par trois points donnés*.

CASTILLON - EN - CONSERANS, ch.-l. de cant.; arr. et à 12 kil. S.-O. de Saint-Girons (Ariège); 1,000 hab.

CASTILLONNÈS, ch.-l. de cant.; arr. et à 32 kil. N.-N.-O. de Villeneuve (Lot-et-Garonne); 1,200 hab.

* CASTINE s. f. Pierre calcaire, d'un gris blanchâtre, qui, mêlée avec certains minerais de fer, en facilite la fusion.

CASTINE, ville de l'Etat du Maine (Etats-Unis), sur la rive orientale du Penobscot, qui s'y jette dans la baie de Penobscott; 1,500 hab.

CASTLEBAR [ka-s'l-bar], ville d'Irlande, capitale du comté de Mayo, sur le lac de Castlebar, à 65 kil. N.-N.-O. de Galway; 3,000 hab. Manufactures de toiles de lin. Victoire extraordinaire du général républicain Humbert et de 1,100 Français sur une armée de 10,000 Anglo-Irlandais, le 27 août 1798.

CASTLE-CAREY, ville du Somersetshire (Angleterre), à 35 kil. S.-S.-O. de Bath; 5,600 hab. Vieux manoir dans lequel Charles II se réfugia après la bataille de Worcester.

CASTLEMAIN, ville d'Australie, dans la colonie de Victoria, à 100 kil. N.-N.-O. de Melbourne; 7,500 hab.

CASTLEREAGH (Robert-Stewart, MARQUIS DE LONDONDERRY ET VICOMTE) [ka-s'l-ri], homme d'Etat anglais, né en Irlande en 1769, mort le 12 août 1822. Membre du parlement irlandais (1789) et du parlement anglais, puis premier secrétaire du lord lieutenant et conseiller privé (1798), il se montra toujours opposé à la liberté de l'Irlande, réprima la rébellion de 1798, et, exécré de ses compatriotes, quitta le gouvernement irlandais. Conseiller privé de la Grande-Bretagne (1802); il se montra l'un des plus violents ennemis de la France, fut secrétaire de la guerre (1805-'6, 1807-'9), se retira à la suite d'un duel avec son collègue Canning, qu'il remplaça peu après comme secrétaire des affaires étrangères. Chef dirigeant de la politique haineuse de l'Angleterre, il sacrifia, lors du traité de Vienne, en 1815, la Pologne, la Saxe et la Belgique aux convoitises des princes qu'il avait soudoyés. Ses faiblesses pour la Sainte-Alliance, ses persécutions envers Caroline de Brunswick, femme de Georges IV, l'avaient rendu odieux à tous les partis, lorsqu'il se suicida.

CASTLETON, ville de l'État de Vermont (États-Unis), sur la rivière Castleton, à 17 kil. O. de Rutland; 3,500 hab. Carrières et manufactures.

CASTLETOWN, capitale de l'île de Man (Grande-Bretagne), sur la baie de Castletown, près de l'extrémité méridionale de l'île; 2,375 hab.

* **CASTOR** s. m. (gr. *kastôr*; lat. *castor*). Mamm. Genre de rongeurs dont l'espèce unique est commune au nord des deux continents. — Chapeau qui se fait avec le poil du castor : *acheter un castor.* — DEMI-CASTOR, chapeau qui n'est pas fait entièrement de poil de castor, et dans lequel il entre d'autres poils et de la laine. — Fig. et fam. C'EST UN DEMI-CASTOR, se dit d'un homme dont la conduite est plus qu'équivoque. — ✷ Jargon marit. Le castor est l'officier de marine qui évite les embarquements et qui préfère aux fatigues de la navigation quelque bon emploi dans les bureaux de l'administration. — ENCYCL. Le castor

Castor.

a les pieds de devant semblables à ceux des digitigrades et les pieds de derrière comme les plantigrades; sa queue, aplatie horizontalement et couverte d'écailles, lui sert de gouvernail, car il vit au milieu des lacs et des rivières. Ses pattes de devant sont à peu près inutiles pour la natation; c'est la place sous son corps lorsqu'il traverse l'eau; mais, par un mouvement de rotation, elles lui facilitent le transport des bâtons, des troncs d'arbres et même des pierres; ses pieds de derrière lui servent de rames. C'est un animal qui vit en société ou en famille pendant l'hiver. Au printemps, les castors se séparent et vivent solitaires dans des terriers qu'ils se creusent au bord de l'eau. Vers la fin d'août, ils commencent à construire leurs demeures fixes pour y passer l'hiver. Réunis en troupes nombreuses, ils abattent des arbres, les coupent en bûches, les laissent flotter en suivant le fil des rivières jusqu'au lieu qu'ils ont choisi pour y établir leur communauté. Ils construisent des digues solides pour élever le niveau de l'eau, afin que celle-ci ne gèle pas jusqu'au fond, et bâtissent des huttes à deux étages, dont l'ouverture se trouve sous l'eau. Leurs provisions sont emmagasinées dans l'étage inférieur; leur habitation est ménagée dans l'étage supérieur. Ces travaux merveilleux ne s'exécutent que la nuit. La nourriture du castor consiste en écorce d'arbres : tremble, saule, bouleau, peuplier, aune; poussé par la faim, il attaque quelquefois les résineux. En domesticité, cet animal devient soumis et affectueux. Adulte, il pèse de 50 à 60 livres. Son poil est d'un rouge jaunâtre, d'un brun roussâtre, quelquefois tout à fait noir ou même blanc. Il abon-

93

dait autrefois dans toute l'Amérique du Nord, depuis le golfe du Mexique; une guerre incessante, que lui font les chasseurs, l'a repoussé

Huttes et digues construites par les castors.

au N.-O. des États-Unis et à l'O. du Canada. Nulle loi ne le protégeant, il disparaîtra bientôt. Le castor d'Europe, un peu plus gros que l'américain, est d'un pelage plus pâle. Solitaire, il ne se construit plus guère de loges; il est réduit à se cacher dans des terriers près des cours d'eau. On en trouve encore quelques individus sur les bords du Rhône inférieur, du Danube et du Weser.

CASTOR ET POLLUX, fameux héros de la mythologie grecque, surnommés *Dioscures* ou *enfants de Zeus*, parce que, suivant quelques poètes, ils naquirent de Léda et de Jupiter changé en cygne; mais Homère leur donne Tyndare pour père. Castor excellait à dompter les chevaux; Pollux n'avait pas son maître au pugilat. Ils prirent part à l'expédition des Argonautes et fondèrent Dioscurias en Colchide. Leur culte, établi par les Achéens, se répandit en Grèce, en Italie et en Sicile. Ils présidaient aux jeux gymniques, étaient les dieux tutélaires de l'hospitalité, calmaient les tempêtes, apparaissaient quelquefois, sur des coursiers blancs, à la tête de l'armée pendant les batailles. Placés parmi les étoiles, ils formèrent la constellation des Gémeaux. — L'amitié de ces deux jumeaux est restée proverbiale. — Castor et Pollux, tragédie lyrique en 5 actes avec prologue, représentée à Paris (Académie de musique), le 24 octobre 1737; paroles de Gentil Bernard, musique de Rameau. Cette pièce fut plusieurs fois reprise avec succès.

* **CASTORÉUM** s. m. [ka-sto-ré-omm] (rad. *castor*). Pharm. Substance grasse et odorante sécrétée par des glandes placées sous la peau de l'abdomen du castor et que l'on emploie en médecine comme antispasmodique, dans l'hystérie, dans l'hypocondrie et dans un grand nombre de maladies nerveuses. En poudre, de 5 à 25 centigr. En teinture, de 4 à 4 gr.

CASTORIN s. m. Jargon. Chapelier; marchand de castors.

* **CASTORINE** s. f. Étoffe de laine légère et soyeuse.

CASTORISER v. n. Jargon milit. et marit. Éviter les voyages; se cantonner dans une garnison agréable ou dans une sinécure lucrative.

CASTORS, Indiens. Voy. BEAVER.

CASTRA (mot lat. qui signifie camp). Nom ancien de plusieurs villes qui avaient été primitivement des stations pour les légions romaines. — I. Aujourd'hui *Castres*. — II. Castra Constantia, ville de la Gaule, près de l'embouchure de la Sequana (Seine). — III. Castra vetera, aujourd'hui *Xanten*, ville de la Gaule Belgique, sur le Rhin.

* **CASTRAMÉTATION** s. f. (lat. *castrametatio*; de *castra*, camp; *metor*, je mesure). Branche de l'art militaire qui enseigne à choisir, à disposer l'emplacement d'un camp et à le fortifier.

* **CASTRAT** s. m. Chanteur qu'on a châtré dans l'enfance, pour lui conserver une voix semblable à celle des enfants et des femmes : *les castrats chantent les dessus.*

* **CASTRATION** s. f. [si-on] (lat. *castrare*, châtrer). Ablation ou oblitération d'un organe essentiel à la génération. On opère la castration sur quelques animaux domestiques mâles et femelles, soit pour les rendre plus dociles, soit pour les disposer à l'engraissement. — Bot. Opération analogue, par laquelle on ôte à une plante la faculté de produire des semences. — Législ. « Le crime de castration d'un homme ou d'une femme a été, dans la plupart des législations, l'objet de peines très sévères. Le Code pénal (art. 316) inflige au coupable la peine des travaux forcés à perpétuité; et la peine de mort est prononcée, lorsque, avant l'expiration des quarante jours qui ont suivi le crime, la mort en est résultée. Mais, si la castration a été immédiatement provoquée par un outrage violent à la pudeur, le crime est considéré comme meurtre ou blessures excusables, et la peine est réduite à l'emprisonnement (id. art. 325, 326). » (CH. Y.)

CASTRÉN (Mathias-Alexander) [kas-trènn], philologue finlandais (1813-'52); réunit les monuments finnois dispersés dans les différentes tribus et poussa ses investigations jusqu'en Sibérie. Il a laissé une grammaire et un dictionnaire de la langue finnique.

CASTRES, *Castra*, ch.-l. d'arr. à 42 kil. S.-S.-E. d'Alby (Tarn), sur l'Agout; 23,500 hab. Fabriques de draps, de castorines, de lainages, de soieries, de filoselles, etc. Fameuses teintureries pour les lainages; célèbre consistoire protestant. Superbes promenades appelées *Lices*. Patrie de Dacier. Castres, réunie à la couronne, en 1509, devint l'une des meilleures places fortes des protestants. Henri IV y séjourna longtemps pendant les guerres de religion. Louis XIII la prit et la démantela en 1629.

CASTRICUM, bourg de la Hollande septentrionale; 1,800 hab. Victoire de Brune sur les Anglo-Russes, le 6 oct. 1799.

CASTRIES, ch.-l. de cant.; arr. et à 11 kil. N.-E. de Montpellier (Hérault); 975 hab. Beau château gothique.

CASTRIES (Baie de), petit golfe de la Manche de Tartarie (Asie orientale), découverte et explorée par La Pérouse.

CASTRIES (Charles-Eugène-Gabriel DE LA CROIX, *marquis de*), maréchal de France, né en 1727, mort à Wolfenbüttel en 1801. Il reçut le bâton en 1783, émigra en 1791, commanda une division de l'armée ennemie en Champagne, et fut nommé pair de France par Louis XVIII en 1797. — Son fils ARMAND-NICOLAS-AUGUSTIN (1756-1842), également officier ennemi, fut créé duc et pair par la Restauration.

CASTRIOT (George). Voy. SCANDERBEG.

CASTRO. I. Ville d'Italie, à 35 kil. N.-O. de Viterbe; 800 hab. — II. Ville d'Italie, à 38 kil. S.-E. de Gallipoli, avec un port sur le canal d'Otrante; 9,000 hab. — III. Ville du Chili, ancien ch.-l. de l'archipel de Chiloé, à 90 kil. S.-E. de San-Carlos; 2,000 hab. Excellent port.

CASTRO. I. (Henri), pionnier américain, né en France en 1786, mort au Mexique en 1861. Officier de la garde nationale de Paris, il émigra au Texas, après 1814 et fonda plusieurs établissements, parmi lesquels Castroville. — II. (Inès de), épouse du prince Don Pedro de Portugal, assassinée en 1355. Elle était fille de Don Pedro-Fernandez de Castro, de la famille royale de Castille, et fut nommée dame d'honneur de Constance, première épouse de Pedro. Après la mort de cette princesse, en 1344, l'infant, fasciné par sa beauté, l'épousa secrètement. Leur alliance fut dénoncée au roi Alphonse IV, lequel, craignant de voir son héritage descendre aux enfants d'Inès, la fit assassiner. Pedro, devenu roi, rendit de grands honneurs à sa mémoire et punit cruellement ses meurtriers. Le sort d'Inès de Castro a inspiré plusieurs poètes. — III. (João de), célèbre capitaine portugais, né à Lisbonne en 1500, mort en 1548. Il explora en 1540, la mer Rouge avec Estevão de Gama, commanda en 1543 une expédition navale contre les pirates et fut nommé en 1545 conseiller de la couronne et gouverneur de Goa. Ayant remporté en 1546 une victoire complète sur les Mores, à Diu, il reçut le titre de vice-roi de l'Inde en 1547. Son désintéressement chevaleresque l'a rendu célèbre. Après sa grande victoire de Diu, il était dans un tel dénûment qu'il ne put payer ses soldats. Pour prévenir une révolte, il voulut emprunter de l'argent; mais il n'avait aucun bien à hypothéquer. Il songea un instant à mettre en gage les ossements de son fils, mort devant la fortesse de Diu; ces ossements se trouvaient dans un tel état, qu'il fut impossible de les tirer de terre. Alors João de Castro offrit ses moustaches au conseil de Goa, qui refusa ce gage, mais lui prêta sur son honneur, les 20,000 pardaos dont il avait besoin. Son *Roteiro* (Routier), résultat de ses investigations dans la mer Rouge, découvert dans la bibliothèque d'Evora, a été publié à Paris, en 1833. — IV. (Vaca de), magistrat espagnol que Charles-Quint envoya au Pérou pour rétablir l'ordre dans cette colonie, en 1540. Il fit trancher le tête d'Almagro, usurpateur du pouvoir (1542).

CASTRO DEL RIO, ville d'Espagne, sur le Guadajoz, à 25 kil. S.-E. de Cordoue ; 9,000 hab. La partie moderne de la ville est bien bâtie; on y trouve 2 collèges et des manufactures de lainages, de toiles de lin et de poterie.

CASTRO Y BELLEVIS (Don Guillem de), célèbre auteur dramatique espagnol (1569-1631); composa la fameuse comédie : *Jeunesse du Cid*, d'après laquelle Corneille fit son chef-d'œuvre. Ses œuvres (Valence, 1621-'25, in-4°) comprennent plusieurs comédies.

CASTROGIOVANNI [ital. ka-stro-djo-và'-ni] (anc. *Enna*), ville de Sicile, à 21 kil. N.-E. de

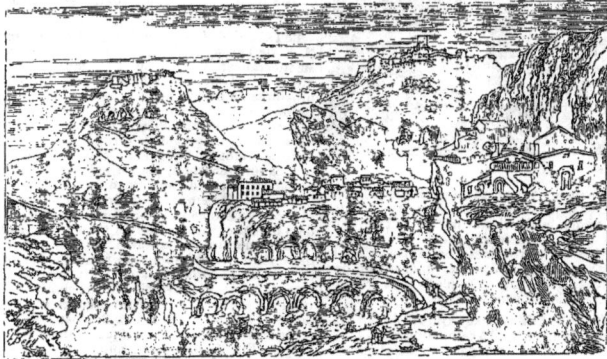
Castrogiovanni.

Caltanissetta ; 14,600 hab. Le principal édifice est une forteresse du XIII° siècle. C'est le lieu habité le plus élevé de toute la Sicile (4,250 m.), et c'était autrefois la forteresse la

plus formidable de l'île. D'après la Fable, Enna était la patrie de Cérès, et cette déesse y possédait son temple le plus fameux.

CASTRUCCIO-CASTRACANI [kass-trou'-tcho-tra-kà'-ni], chef des Gibelins d'Italie, né à Lucques, vers 1282, mort en 1328. Ses exploits militaires en France, en Angleterre et en Lombardie le firent nommer gouverneur de Lucques. Il lutta continuellement contre Florence, dans l'espoir d'étendre sa suprématie sur les Gibelins de Toscane.

* **CASUALITÉ** s. f. [ka-zua-li-té] (bas. lat. *casualitas*). Qualité de ce qui n'a rien de certain, d'assuré.

* **CASUEL, ELLE** adj. [ka-zu-èl] (lat. *casualis*; de *casus*, accident). Fortuit, accidentel, qui peut arriver ou n'arriver pas. — EMPLOIS CASUELS, CHARGES CASUELLES, s'est dit des emplois révocables, des charges que des familles pouvaient perdre par la mort de ceux qui en étaient pourvus. — DROITS CASUELS, certains profits de fief qui arrivaient fortuitement, comme les lods et ventes, etc. — PARTIES CASUELLES, droits et revenus éventuels qui étaient perçus au profits de l'Etat. Bureau établi pour le recouvrement de ces sortes de droits. — CHARGE VACANTE AUX PARTIES CASUELLES, charge qui vaquait au profit du roi. — ⁓ Abusiv., *casuel* est employé au lieu de *fragile* : *verre casuel*. — * Casuel s. m. Revenu, gain casuel que l'on retire d'une chose, par opposition au revenu, au gain fixe : *il a tant de traitement et un* bon *casuel*.

* **CASUELLEMENT** adv. Fortuitement, par hasard.

* **CASUISTE** s. m. [ka-zu-i-ste] (lat. *casus*, cas). Théologien qui enseigne la morale religieuse, et qui résout les cas de conscience.

* **CASUISTIQUE** s. f. Partie de la théologie morale qui traite des cas de conscience.

CASUS BELLI s. m. [ka-zuss-bel-li] (lat. *cas de guerre*). Dr. des gens. Acte qui peut provoquer les hostilités entre deux peuples.

CASUS FŒDERIS s. m. [ka-zuss-fé-dé-riss] (lat. *cas d'alliance*). Dr. des gens. Evénement prévu dans un traité, et qui détermine quand il arrive, une des parties contractantes à prendre une mesure ou à accomplir un acte.

CASVEEN. Voy. CASBIN.

CASWALL (Henry), théologien anglais, (1810-'74); voyagea en Amérique, devint prébendaire à Salisbury et publia : l'*Amérique et l'Eglise américaine* (1837), l'*Ecosse et l'Eglise écossaise* (1853), etc.

CATABALISTIQUE adj. (gr. *kata*, contre, en

bas; *ballô*, je lance). Qui agit à la manière des béliers de guerre.

CATACHRÈSE s. f. [kat-ta-krè-ze] (gr. *katachrèsis*, abus). Figure, espèce de métaphore qui consiste dans l'abus d'un terme, comme : *ferré d'argent; aller à cheval sur un bâton ; une plume de fer; une feuille de métal; l'éclat d'un son ; une langue de terre*. Ces métaphores et beaucoup d'autres du même genre ont été admises parce qu'on les emploie pour exprimer des idées que l'on ne peut exprimer autrement ; mais il est des catachrèses qui sont blâmables ou même ridicules. On ne doit pas dire, par exemple, comme le fit un journaliste, qu'un train courait *à bride abattue* : il n'y a aucune similitude à établir entre une locomotive et un cheval, et le journaliste aurait dû employer l'expression consacrée : *à toute vapeur*.

* **CATACLYSME** s. m. (gr. *kataklusmos* ; de *kata*, sur ; *klusmos*, action de mouiller) Didact. Grande inondation, déluge. — Fig. Grand bouleversement dans un Etat : *la Révolution fut un cataclysme; l'invasion allemande de 1870-'71 fut l'un des plus grands cataclysmes de l'histoire contemporaine*.

* **CATACOIS** s. m. Mar. Voy. CACATOIS.

* **CATACOMBES** s. f. pl. (gr. *kata*, en bas; *kumbos*, cavité). Cavités souterraines ou excavations d'anciennes carrières, dans lesquelles on enterrait les corps morts. — Toute la chaîne des montagnes situées près de Thèbes (Egypte) est creusée de catacombes âgées de quelque 4,000 ans. Les tombes occupent un profond ravin, au centre du mont Libycus, et à 6 kil. des bords du Nil, auquel un passage artificiel les relie. Tous les sarcophages des rois ont été violés depuis longtemps, mais ils conservent encore leurs merveilleuses peintures qui font connaître l'histoire complète des anciens Egyptiens et qui représentent les antiques habitants de l'Egypte dans les moindres actions de leur existence politique et de leur vie domestique; on peut y reconnaître jusqu'aux jouets des enfants. Les catacombes des pauvres étaient peu décorées, grossières, sans ornements; les momies y étaient entassées aussi étroitement que possible, en files serrées, de façon à laisser un passage entre les murailles et les cadavres. — Plusieurs catacombes de Rome datent de la haute antiquité. Ce furent d'abord des carrières qui finirent par s'étendre tellement sous chacune des sept collines sur lesquelles la ville était bâtie se trouve criblée de passages et de chambres souterraines. Nulle mention de l'emploi de ces carrières comme lieu de sépulture ne fut faite avant Horace qui parle des cavernes situées sous la colline Esquiline comme d'un « sépulcre réservé aux misérables plébéiens ». Pendant les persécutions contre les chrétiens, les catacombes devinrent le refuge de ces martyrs. On suppose que la majorité des excavations qui servaient à inhumer avaient été creusées pour cet objet. On les trouve, au nombre d'environ 60, dans toutes les directions en dehors des murailles de la ville. Chaque catacombe forme un réseau de passages ou galeries qui se coupent ordinairement à angle droit ou qui divergent d'un centre. Les tombes forment des files sur les côtés; celles qui n'ont pas été profanées sont fermées par des pièces de marbre plates ou par des tuiles sur lesquelles se voient encore des inscriptions ou des emblèmes chrétiens. On a calculé que la longueur totale des catacombes est de 9 kil., et qu'elles contiennent 6 millions de cadavres. Depuis trois siècles on les a soigneusement explorées. Leurs monuments, leurs inscriptions, leurs peintures ont été décrits et dessinés dans les travaux de Bosio (1632), de Boldetti (1720), de Seroux d'Agincourt (1823), de Spencer Northcote (1859-'69), de Rossi et de plusieurs autres. — Les catacombes de Naples

renferment des chambres et des galeries plus larges et plus hautes que celles de Rome; elles forment une longue série de corridors et de chambres, en trois étages communiquant

Catacombes de Thèbes (Egypte), d'après une photographie.

au moyen de marches. Celles de Syracuse forment une immense ville souterraine, avec des tombes creusées dans le roc vif; celles de Malte, plus petites que les autres, sont très

Catacombes Saint-Thrase et Saint-Saturninus, à Rome.

bien conservées. — Les catacombes de Paris doivent leur origine aux carrières qui fournirent les pierres nécessaires à la construction de cette ville. Elles ne furent pas consacrées

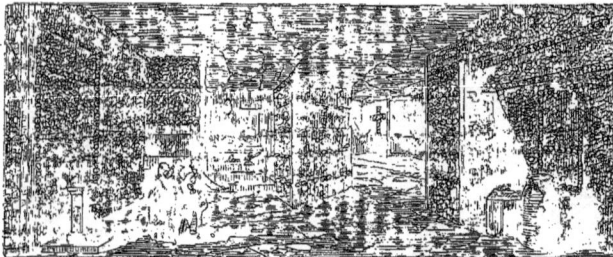

Catacombes de Paris.

à la sépulture avant 1784, époque où le conseil d'État rendit un décret pour dégager le cimetière des Innocents et les autres cimetières de la capitale et pour transporter leurs ossements dans les carrières situées au-dessous de la partie méridionale de Paris (plaine de Montsouris). D'abord les ossements y furent entassés pêle-mêle; en 1810, on se mit à les arranger sur un plan symétrique. Les catacombes mesurent 3 millions de mètres carrés; elles renferment les restes de 3 millions d'êtres humains. La visite de ces cavernes sépulcrales est devenue le but d'une promenade à la mode.

* **CATACOUSTIQUE** s. f. (gr. *katakouô*, j'entends). Phys. Partie de l'acoustique qui a pour objet les propriétés des échos. Voy. Lache-

Acoustique et optique des salles de spectacle, Paris, 1848, in-12.

* **CATADIOPTRIQUE** s. f. (gr. *kata*, contre; franç. dioptrique). Phys. Partie de l'optique qui s'occupe des effets réunis de la lumière réfléchie et de la lumière réfractée. — Adjectiv. TÉLESCOPE CATADIOPTRIQUE, télescope composé de miroirs qui réfléchissent les rayons, et de verres qui les réfractent.

CATADOUPE ou **Catadupe** s. f. (gr. *kata*, en bas; *doupeïn*, faire du bruit). Cataracte, chute d'un fleuve : *les cataloupes du Borysthène* (vieux).

* **CATAFALQUE** s. m. (ital. *catafalco*). Estrade, décoration funèbre qu'on élève au milieu d'une église, pour y placer le cercueil ou la représentation d'un mort à qui l'on veut rendre les plus grands honneurs.

CATAGOGIES s. f. pl. (gr. *katagôgê*, débarquement). Ant. gr. Fêtes du retour que les marins grecs célébraient à leur rentrée dans le port d'où ils étaient partis.

* **CATAIRE** s. f. (bas lat. *catus*, chat). Bot. Genre de labiées, tribu des népétées, dont une espèce a reçu le nom vulgaire d'*herbe aux chats*, parce que son odeur forte plaît beaucoup à ces animaux. Les cataires habitent principalement l'Europe méridionale et l'Asie. L'espèce appelée *herbe aux chats* (*nepeta cataria*), est haute d'environ 1 mètre, dressée, couverte d'une pubescence blanchâtre, à fleurs blanches ou purpurines; on la trouve sur le bord des chemins, dans les endroits un peu humides; les chats se roulent et se frottent avec frénésie sur son feuillage.

CATALAN, ANE s. et adj. Qui est de la Catalogne; qui appartient à ce pays ou à ses habitants. — s. m. Dialecte parlé en Catalogne.— Catalans ou ALMOGAVARES, aventuriers espagnols que Pierre d'Aragon mena en Sicile contre Charles d'Anjou en 1282, après les Vêpres siciliennes. Ils passèrent en Grèce pour combattre les Turcs en 1302. Ils envahirent la Thrace en 1307, ravagèrent la Thessalie, en-

levèrent Athènes au duc Gauthier de Brienne et choisirent pour roi Roger Deslau, auquel ils donnèrent pour successeur, en 1336, un fils du roi de Sicile.

CATALANI (Angelica), cantatrice italienne, née à Sinigaglia vers 1785, morte en 1849. Dès l'âge de 7 ans, elle attirait, par la pureté de sa voix, une foule de personnes au couvent où elle était élevée, et de 1802 à 1830, elle charma toute l'Europe. Elle épousa un officier français, M. de Valabrègue, avec lequel elle dirigea sans succès l'Opéra italien de Paris pendant quatre ans. Elle se retira à Florence, où elle établit une école de chant pour les demoiselles.

CATALAUNI ou **Catelauni**, peuple gaulois qui habitait, dans la Belgique II*, le pays qui forme la *Champagne* moderne. Capitale *Durocatelauni* ou *Catalaunum* (*Châlons-sur-Marne*).

CATALAUNIQUE ou **Catalaunien** adj. Qui a rapport aux Catalauni ou à Catalaunum. — CHAMPS CATALAUNIQUES, plaine de Châlons-sur-Marne, dans laquelle Attila fut vaincu par Aétius, Théodoric et Mérovée (451 après J.-C.).

* **CATALECTES** s. m. pl. Recueil de fragments, de morceaux détachés.

* **CATALECTIQUE** adj. Se dit d'un vers grec ou latin auquel il manque une syllabe.

* **CATALEPSIE** s. f. [ka-ta-lè-psî] (gr. *katalepsis; de kata*, dans; *lepsis*, prise). Pathol. Névrose cérébrale sans fièvre, caractérisée par des accès quelquefois réguliers, pendant lesquels la connaissance et le mouvement sont suspendus, la circulation et la respiration sont faibles et les membres conservent la position qu'ils avaient au moment de l'invasion ou celle qu'on leur donne. Cette maladie, très rare, s'observe le plus souvent chez les femmes. C'est une affection encore obscure. Pendant les accès, on applique de l'eau froide sur la tête et des révulsifs aux extrémités. Éviter les émotions, les causes de frayeur subite, les travaux intellectuels continus. Prescrire les antispasmodiques : oxyde de zinc, valériane, assa foetida, bromure de potassium. La durée de l'attaque est très variable; elle est ordinairement de quelques minutes; mais on a des exemples d'accès ayant duré quatorze heures et, dans quelques cas, heureusement fort rares, ils se sont prolongés pendant vingt, trente, et même soixante jours.

* **CATALEPTIQUE** adj. Méd. Qui est attaqué de catalepsie, ou qui a rapport à la catalepsie. — v s. Celui, celle qui est atteint de catalepsie : *c'est une cataleptique.*

CATALOGNE (esp. *Cataluña*), division du N.-E. de l'Espagne, bornée par la France, la Méditerranée, Valence et l'Aragon; 32,330 kil. carr.; 1,750,000 hab. Elle comprend les provinces de Barcelone, Tarragone, Lerida et Gerona. Territoire couvert par les Pyrénées et par leurs rameaux. Principaux cours d'eau : Ebre, Segre, Llobregat et Ter. Vallées d'une fertilité remarquable. Fer, cuivre, plomb, manganèse, charbon, pierres précieuses; inépuisables mines d'alun, de nitre et de sel. Climat généralement tempéré. Agriculture plus perfectionnée que dans les autres parties de l'Espagne; production de grains, de vins, d'huile, de lin, de chanvre, de fruits et de liège. Pendant la domination romaine, la Catalogne fit d'abord partie de l'Hispania Citerior, puis de la Provincia Tarraconensis. Au v* siècle après J.-C. elle fut occupée par les Goths et par les Alains, en 712 par les Mores, qui la conservèrent quelques années seulement. Elle fit partie de l'empire de Charlemagne; ses comtes se rendirent peu à peu indépendants et l'un d'eux, Raymond Bérenger, comte de Barcelone, unit la Catalogne à l'Aragon (1137). La Catalogne se révolta contre Philippe IV pour la défense de ses anciens privilèges; Philippe V la priva de tous ses droits. Les carlistes y ont trouvé leurs plus chauds défenseurs, principalement dans la population rurale.

*CATALOGUE s. m. (gr. katalogos, recensement). Liste, dénombrement : catalogue de livres ; catalogue de plantes, de tableaux, d'une exposition publique ; catalogue des saints.

CATALOGUEMENT s. m. Action de cataloguer.

*CATALOGUER v. a. Etablir une liste de livres, d'objets d'art, de plantes, etc.

*CATALPA s. m. Bot. Genre de bignonacées, tribu des técomées, ayant pour type le catalpa bignonoïdes, grand arbre d'agrément, originaire de la Caroline, dont les fleurs, d'un

Catalpa bignonoïdes.

beau blanc ponctué de rouge, de pourpre ou de jaune, sont disposées en corymbe à l'extrémité des rameaux. Le catalpa croit en plein air sous le climat de Paris ; il se propage facilement de graines et de boutures. Ses fruits sont des siliques longues de 25 à 30 centim. et grosses à peine comme une plume à écrire.

CATALYSE s. f. (gr. katalusis, dissolution). Chim. Nom donné par Berzélius à l'influence que, d'après sa théorie, certains corps exercent sur la composition chimique de certains autres, sans subir eux-mêmes aucune altération.

CATALYTIQUE adj. Qui a les caractères de la catalyse.

CATAMARAN s. m. Voy. CATIMARON.

CATAMARCA I. Province du N.-O. de la République Argentine, bornée par les Andes ; 109,247 kil. carr. ; 79,962 hab., en majorité mestizos et Indiens. Territoire formé par de hautes montagnes, des plaines élevées et arides, des vallées inondées périodiquement et couvertes de sel lorsqu'elles sont desséchées. — Or, argent et cuivre ; vastes forêts ; nombreux troupeaux de lamas, de vicunas, de moutons, de bœufs, d'ânes et de mules. — II. Cap. de la province ci-dessus, au milieu d'une grande vallée, à 1,100 kil. N.-O. de Buenos-Ayres; 5,800 hab.

CATAMÉNIAL, ALE adj. Qui a rapport aux menstrues.

CATAMÉNIE s. f. (gr. cataménia, menstrues ; de kata, par ; mén, mois). Synon. de MENSTRUES.

CATANE. I. Province de Sicile, sur la côte orientale ; 5,102 kil. carr. ; 496,000 hab. Territoire montagneux, excepté dans la fertile plaine de Catane. Exportation de soufre, de blé et de fer de l'Etna. Travail de la soie et du coton. Cette province renferme une colonie d'Albanais qui, depuis plus de quatre siècles, y ont conservé leur langue et les rites grecs.

— Capitale de la province de ce nom, sur le golfe de Catane, au pied du mont Etna, à 50 kil. N.-N.-O. de Syracuse; 85,000 hab.

Place de l'Éléphant, à Catane.

Maintes fois embellie après des tremblements de terre, elle est aujourd'hui la plus magnifique cité de la Sicile. Elle renferme un marché de soies très important et une université appartenant à l'Etat. L'ancienne Catane, après avoir été colonisée par les Grecs, favorisa Carthage ; mais elle fut des premières à se soumettre aux Romains dès la fin de la première guerre punique.

CATANZARO [kâ-tann-dza-ro].I. ou Calabria Ulteriore II. Province de l'Italie méridionale, autrefois dans le royaume de Naples, bornée à l'E. par la mer Ionienne et à l'O. par la mer Tyrrhénienne ; 5,975 kil. carr. ; 412,226 hab. Mines de charbon et carrières de marbre. — II. Cap. de la prov. ci-dessus, à 50 kil. S.-S.-E. de Cosenza ; 24,950 hab. Cathédrale, Académie des sciences ; comm. de bétail, de maïs, de vin, de soie, de velours et de tapis.

CATAPAN s. m. (gr. kata, sur ; pan, tout). Hist. Officier des empereurs grecs en Italie.

CATAPELTE s. f. (gr. catapeltès). Antiq. Instrument de torture au moyen duquel on pressait entre des planches le corps ou les membres du patient.

CATAPELTIQUE s. f. Art milit. anc. Maniement de la catapulte. — Adj. Qui a rapport au maniement de la catapulte.

CATAPHRACTE s. f. (gr. cataphractès). Antiq. Armure en étoffe garnie de lames de fer. — Mar. anc. Vaisseau de guerre long et ponté. — Chir. Bandage appliqué autour du corps et des épaules.

CATAPHRACTE adj. (gr. cataphractos, lat. cataphractus). Art. milit. anc. Qui était armé d'une cataphracte. — s. m. Soldat armé d'une cataphracte. Soldat de la cavalerie pesante des armées des Perses, des Parthes et des Sarmates.

CATAPHRYGIEN, s. m. [ka-ta-fri-ji-ain] Membre d'une secte fondée en Phrygie au IIe siècle, et qui rejetait les écrits des Apôtres.

*CATAPLASME s. m. (kataplasma; de kata, sur ; plasma, application). Méd. Médicament externe, ordinairement sous forme de bouillie claire, légère, peu épaisse, que l'on applique ordinairement entre deux linges de mousseline, pour fortifier une partie débilitée ou pour amollir et résoudre certaines duretés. On distingue : 1° les cataplasmes émollients, faits avec de l'eau chaude et de la farine de lin (bien fraiche), de la farine de seigle ou d'orge ou des feuilles de mauve cuite ; 2° les cataplasmes maturatifs, composés d'oseille cuite, de crème, de savon blanc et de miel ; 3° les cataplasmes narco-

tiques, composés de farine de lin délayée avec une forte décoction de pavot ou arrosée de 50 à 60 gouttes de laudanum ; 4° les cataplasmes antiseptiques, composés de farine de lin, de quinquina pulvérisé, de camphre en poudre, ou arrosés de liqueur Labarraque.

CATAPULTAIRE s. m. Art milit. anc. catapultarius. Soldat qui manœuvrait la catapulte. Adj. Tout ce qui appartenait à cette machine.

*CATAPULTE s. f. (gr. kata, contre, sur; pallein, lancer). Machine de guerre dont les anciens se servaient pour lancer des pierres, des traits et toute espèce de projectiles. Les catapultes furent, dit-on, employées pour la première fois par les Syracusains, pendant le règne de Denys l'Ancien. Elles se composaient d'un bâti de charpente, entre les traverses

Catapulte.

duquel on tordait des cordes. Dans le milieu de celles-ci était engagée l'extrémité d'un levier dont l'autre extrémité se terminait par un cuilleron qui recevait le projectile. On abaissait horizontalement ce levier, et lorsqu'on le lâchait, il se relevait violemment et jetait au loin le projectile.

*CATARACTE s. f. (gr. kataraktès, écluse). Chir. Cécité produite par l'opacité du cristallin ou de sa capsule, et survenant comme par l'effet d'un voile qui tomberait sur les yeux. Elle peut être causée par la vieillesse, par l'impression prolongée d'une lumière vive, par une insolation, par une lésion ou une contusion de l'œil. Son début est lent et progressif ; elle est quelquefois précédée de maux de tête, de douleur dans les yeux, de faiblesse dans la vue. Le malade voit d'abord des mouches voltigeantes, des points noirs, des brouillards. Même lorsque la cécité est complète, il distingue la lumière d'avec les ténèbres. Souvent, il n'y a qu'un œil d'atteint. On ne connaît d'autre remède que les trois opérations suivantes : 1° ABAISSEMENT ou déplacement du cristallin à l'aide d'une aiguille que l'on introduit derrière la pupille, à travers la sclérotique et qui enfonce le cristallin dans la partie inférieure du corps vitré, où il ne peut plus gêner la vision. Ce procédé est recommandé pour les personnes faibles et nerveuses ; 2° EXTRACTION, pratiquée sur les hommes vigoureux, lorsqu'on soupçonne la présence d'un cristallin pierreux ou contenant une parcelle métallique ; elle a pour objet d'enlever le cristallin à l'aide d'une incision à la cornée transparente ; 3° BROIEMENT, pour les enfants et pour la cataracte molle. Il consiste à diviser en tous sens la partie antérieure de la capsule du cristallin et le cristallin lui-même. — Autrefois, herse placée aux portes des villes.

CATARACTE s. f. (gr. kataraktès, écluse ; de katarassô, renverser avec force). Chute d'un torrent, d'une rivière ou d'un fleuve, quand ces cours d'eau se précipitent d'un lieu très élevé. Les cataractes les plus renommées sont celles du Niagara, du Nil, du Rhin, de Luléa, de Gavarnie, du Tarn, etc. Les cataractes du Nil sont des rapides qui rendent difficiles, en certains endroits, la navigation de ce fleuve, mais sans l'interrompre. — Grande abondance d'eau qui tombent du ciel ; dans cette acception, il n'est guère usité que lorsqu'il s'agit du déluge universel : les cataractes du ciel furent ouvertes. — Prov. et fig. LACHER LES CATARACTES, laisser déborder sa colère, son indignation.

* CATARACTÉ, ÉE adj. Méd. Qui est affecté de la cataracte : œil cataracté ; homme cataracté.

* CATARRHAL, ALE, AUX adj. Méd. Qui appartient ou qui a rapport au catarrhe : affection catarrhale ; accidents catarrhaux.

* CATARRHE s. m. (ka-ta-re) (gr. kata, en bas ; rhein, couler). Pathol. Tout écoulement d'un liquide plus ou moins clair ou épais par une membrane muqueuse. On distinguait autrefois les catarrhe suivant les organes dont la muqueuse était affectée et l'on disait : catarrhe pulmonaire, nasal, guttural, intestinal, vésical, etc. ; aujourd'hui on ajoute la terminaison ite au nom de l'organe ou de la muqueuse malade et l'on dit : bronchite, laryngite, entérite, cystite. —Les anciens désignaient particulièrement sous le nom de catarrhe, la bronchite chronique. Aujourd'hui le mot catarrhe désigne un gros rhume : son catarrhe le fait tousser beaucoup; catarrhe suffocant (Acad.). CATARRHE VÉSICAL. Voy. Cistite. — CATARRHE SUFFOCANT. Voy. Bronchite capillaire. — CATARRHE PULMONAIRE. Voy. Bronchite.

* CATARRHEUX, EUSE adj. Méd. Qui est sujet aux catarrhes : vieillard catarrheux. — S'est employé aussi comme synonyme de catarrhal.

CATASAUQUA, bourg de Pennsylvanie, sur la rive gauche de la rivière Lehigh, à 5 kil. au-dessus d'Allentown ; 2,950 hab.

CATASCOPE s. m. (gr. catascopos, qui observe). Anc. mar. Bâtiment léger dont on se servait pour aller à la découverte.

CATASTASE s. f. (gr. katastasis, arrêt). Littér. anc. Troisième partie d'une pièce de théâtre, entre l'Epitase et la Catastrophe.

* CATASTROPHE s. f. (gr. kata, en bas; strephô, je tourne). Dernier et principal événement d'un poème dramatique. Se dit surtout du dénoûment d'une tragédie : l'intérêt s'affaiblit, si la catastrophe est trop prévue. — Par ext. Grand malheur, révolution funeste, fin déplorable : terrible, sanglante catastrophe.

CATAWBA [ka-tô-ba], rivière de la Caroline du Nord ; prend le nom de Wateree dans la Caroline du Sud et s'unit au Congaree pour former le Santee.

CATAWBAS [ka-tô-ba], tribu d'Indiens de la Caroline du N. et de la Caroline du S. Amis des Blancs, les Catawbas les soutinrent contre les Tuscaroras et contre les Cherôkees. Ils prirent parti pour les Yankees pendant la guerre de l'Indépendance. Depuis, les Américains les ont exterminés. De 8,000, leur nombre était tombé à 450 en 1822. Il existe encore 200 individus de sang mêlé qui portent le nom de Catawbas.

CATAY. Voy. Cathay.

CATEAU-CAMBRÉSIS ou Le Cateau, Castellum Cameracense, ch.-l. de cant.; arr. et à 25 kil. S.-E. de Cambrai (Nord), sur la rive droite de la Selle, 9,800 hab. Patrie du maréchal Mortier. — Toiles de lin, châles, calicots, sel. Statue en bronze élevée à Mortier en 1838. Ville fondée sur l'emplacement des villages de Perronne et de Vendelgie ; ruinée

par les Français en 1555 et en 1642, prise par les Autrichiens en 1793.— TRAITÉ DE CATEAU-CAMBRÉSIS, 2 et 3 avril 1559, entre Henri II de France, Philippe II d'Espagne et Elisabeth d'Angleterre. La France abandonna la Savoie et la Corse, 200 places fortes en Italie et les Pays-Bas ; mais elle conserva Calais, moyennant 500,000 écus d'or payables au bout de huit ans.

CATÉCHÈSE s. f. [ka-té-chè-ze] (gr. catéchèsis, instruction). Instruction religieuse.

CATÉCHISATION s. f. Enseignement du téchisme. — Action de catéchiser.

* CATÉCHISER v. a. (rad. catéchèse). Instruire des mystères de la foi et des principaux points de la religion chrétienne : catéchiser les infidèles. — Fig. et fam. Tâcher de persuader quelque chose à quelqu'un, lui dire toutes les raisons qui peuvent l'engager à faire une chose : il faut un peu le catéchiser. — Bien instruire quelqu'un de ce qu'il doit faire ou dire : ses réponses sont trop adroites, il paraît qu'on l'a catéchisé.

* CATÉCHISME s. m. (rad. catéchèse). Instruction religieuse donnée par demandes et par réponses : faire le catéchisme ; aller au catéchisme. — Ouvrage élémentaire qui contient, par demandes et par réponses, l'exposition du dogme et de la morale. Le plus ancien ouvrage de ce genre est le Catechismus Romanus du concile de Trente. Les catéchismes les plus répandus dans le monde catholique sont ceux de Canisius (1554-'66), de Bellarmin (1603) et de Bossuet (1687). Un nouveau catéchisme fut décrété par le concile œcuménique de Rome en 1870. Les principaux catéchismes protestants sont ceux : de Luther (1529) ; le Heidelberg, pour les Eglises réformées de Hollande, d'Allemagne et d'Amérique ; de l'Eglise anglicane et de Westminster; il y a aussi le catéchisme de Calvin. — Par ext. Ouvrage élémentaire de science ou d'art, par demandes et par réponses. — Résumé dogmatique formulant une doctrine. Les principaux catéchismes de ce genre sont : le catéchisme républicain, par de la Chabeaussière, 1795, en vers ; le catéchisme du déisme, par Strauss-Durckheim, 1856 ; le catéchisme positiviste, d'Auguste Comte, 1852. — Fig. et fam. FAIRE LE CATÉCHISME A QUELQU'UN, le mettre au fait, l'endoctriner.

* CATÉCHISTE s. m. Celui qui enseigne le catéchisme aux enfants : le catéchiste de la paroisse.

CATÉCHUMÉNAT s. m. Etat de catéchumène.

* CATÉCHUMÈNE s. [ka-té-ku-mè-ne] (gr. katéchoumenos, instruit de vive voix). Personne qu'on instruit pour la disposer au baptême : jeune catéchumène.

* CATÉGORIE s. f. (gr. kata, à ; agora, lieu où l'on harangue). Log. Sorte de classe dans laquelle on range plusieurs choses qui sont d'espèces différentes, mais qui appartiennent à un même genre : les dix catégories d'Aristote. — La catégorie de la substance, de l'accident, etc. — Toute classe dans laquelle on range plusieurs objets d'une même nature : établir des catégories. — Par ext. CES DEUX CHOSES NE SONT PAS DE MÊME CATÉGORIE, elles ne sont pas de même nature, elles ne s'accordent pas ensemble. — Fig. et fam. CES GENS-LA SONT DE MÊME CATÉGORIE, ils sont de même caractère, ils ont les mêmes mœurs. Cette phrase s'emploie ordinairement en mauvaise part.

* CATÉGORIQUE adj. Qui est selon la raison, qui est à propos ; qui est clair, précis : réponse catégorique.

* CATÉGORIQUEMENT adv. Pertinemment, à propos ; d'une manière claire, précise : parler catégoriquement.

CATÉGORISER v. a. Classer par catégories.

CATÉIE s. f. (lat. cateja). Antiq. Trait ou longue épée de bois mince que les Gaulois et les Germains lançaient avec une corde et qu'il ramenaient ensuite à eux.

CATEL (Franz), artiste allemand, né à Berlin, en 1778, mort en 1856. Il se fit d'abord connaître par ses illustrations de «Hermann et Dorothée » de Gœthe. Ses plus célèbres peintures sont : une Résurrection du Christ, à Charlottenburg, des vues de Naples, du Vésuve, de Sorrente, de Salerne, etc.

CATELAN (Arnaud), célèbre troubadour du commencement du XIVᵉ siècle. Philippe le Bel l'appela à sa cour et il fut assassiné par les soldats qui avaient pour mission de l'accompagner. L'endroit où l'on retrouva son cadavre fut nommé pré Catelan ; il est aujourd'hui compris dans le bois de Boulogne.

CATELET (Le), ch.-l. de cant.; arr. et à 20 kil. N. de Saint-Quentin (Aisne), sur l'Escaut; 600 hab. Pierres de taille. Doit son nom à une forteresse construite par François Iᵉʳ (1520), prise plusieurs fois par les Espagnols et rasée par Louis XIV (1674).

CATÉNIÈRE s. f. (lat. catena, chaîne). Pêche. Chaîne munie de crocs que les pêcheurs traînent au fond de la mer afin de retrouver leurs filets ou leurs appelets.

CATERVAIRE s. m. (lat. caterva, troupe). Antiq. Nom que l'on donnait aux gladiateurs qui combattaient par troupes.

CATERVE s. f. (lat. caterva, troupe). Corps d'infanterie qui, chez les Romains, était composé de barbares.

CATESBY. I. (Mark), naturaliste anglais (1680-1749). Visita l'Amérique du Nord; publia une grande « Histoire naturelle de la Caroline, de la Floride et des Bahama », (2 vol. in-folio, avec append., Londres, 1741-'3, avec 220 planches coloriées). Il dessina et grava lui-même les planches de cet ouvrage. Il a donné en latin, Hortus Europæ Americanus (Londres, 1763, in-folio).— II. (Robert), l'un des chefs de la conspiration de Londres, dite Conspiration des poudres. Se fit tuer les armes à la main (1605).

CATHARINA (Santa-), prov. S.-E. du Brésil, bornée par l'Atlantique. L'île de Santa-Catharina, séparée du continent par un détroit de 1 à 10 kil. de large, mesure environ 50 kil. de long du N. au S. et 15 de large. Elle est presque entièrement couverte de forêts. Sur la terre ferme, le territoire est uni près de la côte, et traversé par la Sierra do Mar dans l'intérieur. Climat tempéré; sol très fertile. Charbon bitumineux. Florissantes colonies allemandes. Cap. Desterro.

CATHARINES (Saint-), ville de l'Ontario, (Canada), à 58 kil. S. de Toronto ; 7,900 hab.

CATHARISTE s. m. (gr. katharos, pur), Nom que se donnèrent plusieurs sectes religieuses, pour justifier leur opposition à l'Eglise catholique, très corrompue suivant eux. Tels furent les Patavini ou Paterini en Italie ; les Publicains, les Bulgares, les Albigeois, etc.

* CATHARTIQUE adj. (gr. kathartikos, formé de kathairein, nettoyer). Pharm. Qui est très purgatif, mais moins que les drastiques. — SEL CATHARTIQUE AMER, sulfate de magnésie. — s. m. Médicament purgatif plus fort que les laxatifs et les minoratifs, mais moins éner gique que les drastiques ; tels sont les purgatifs et l'huile de ricin. — EMÉTO-CATHARTIQUE, médicament qui renferme de l'émétique et un sel cathartique ; les éméto-cathartiques font aller en même temps par haut et par bas.

CATHAY, Khitaï ou KHATA, nom sous lequel la Chine était connue dans l'Asie occidentale et en Europe. pendant le moyen âge. Le mot Cathay s'appliquait particulièrement aux provinces septentrionales de la Chine, provinces qui furent subjuguées par une peuplade tartare nommée Khitan. La capitale du Cathay était Cambeloc ou Yehking, aujourd'hui Pékin.

CATHCART (William-Shaw, comte), diplomate anglais (1755-1843). D'abord officier, il combattit les Américains, la Révolution française, et commanda les troupes qui bombardèrent Copenhague, barbare exécution qui lui valut l'ambassade de Russie. Il entra avec les alliés à Paris, représenta l'Angleterre au congrès de Vienne en 1814 et signa le traité qui suivit Waterloo (1815).

CATHEDRA (Ex). Voy. EX CATHEDRA.

CATHÉDRA, ALE adj. (lat. *cathedra*, chaire). Principal: *autorité cathédrale, église cathédrale.* — s. m. Chanoine d'une église cathédrale:

    A terre un vit bientôt le galant *cathédral.*
                     LA FONTAINE.

* **CATHÉDRALE** adj. f. (lat. *cathedra*, chaire, trône épiscopal). Se dit de la principale église d'un évêché, de l'église où est attachée la résidence de l'évêque: *chanoine de l'église cathédrale.* — s. f. Église contenant le siège épiscopal; église principale du diocèse. Rome contient deux de ces édifices: Saint-Jean-de-Latran, fondée par Constantin et siège du pape, considéré comme évêque de Rome; la basilique de Saint-Pierre, que nulle autre n'égale en grandeur, en architecture et en magnificence. Chaque diocèse possède sa cathédrale, dont nous ne citerons que les plus remarquables pour leur architecture ou leur antiquité. En Italie, celles de Milan, commencée en 1387 et encore inachevée; de Florence, l'une des plus magnifiques spécimens du style gothique italien (1298-1444). En Allemagne, la cathédrale de Cologne, commencée vers le milieu du XIIIᵉ siècle, terminée seulement en 1880; celle de Dantzig (1343-1503). En Belgique, Notre-Dame d'Anvers (1352-1411). En Angleterre, celle de Salisbury (1220-'60) en double croix; celle de Canterbury, datant de la conquête normande, avec trois tours et de belles cryptes; celle d'Ely, style normand; celle de Lincoln, style normand, irrégulière mais imposante; Saint-Paul de Londres (1675-1710), en forme de croix latine. En Amérique, Saint-Pierre et Saint-Paul à Philadelphie; la cathédrale catholique de Baltimore; Saint-Patrick de New-York; Notre-Dame de Montréal; la cathédrale de Mexico (1573-1667); celle de Lima, etc. En France, nous avons: les cathédrales du Mans (XIᵉ siècle), de Cahors (Xᵉ), d'Auxerre (1215-'34), d'Angoulême (XIIᵉ siècle), de Carcassonne (XIᵉ), de Bayeux (XIIIᵉ), de Sens (XIIᵉ), de Chartres, cathédrale d'œuvre des XIIᵉ et XIIIᵉ siècles; d'Angers (1145-'65), d'Autun (XIIᵉ), de Rouen (XIIᵉ), Notre-Dame de Paris (1160-1250), de Bourges (XIIIᵉ siècle), de Coutances (1030-'83), de Séez, style normand (XIIIᵉ siècle), de Reims (1211-1430), d'Amiens (XIIIᵉ siècle), de Clermont (XIIIᵉ siècle); d'Albi (XIVᵉ siècle). Nous possédions autrefois la magnifique cathédrale de Strasbourg, l'une des plus vastes églises gothiques d'Europe, terminée en 1439. — **Législ.** — Les fabriques des églises métropolitaines ou cathédrales sont composées et administrées conformément aux règlements épiscopaux approuvés par le chef de l'Etat. Les départements sont tenus, envers les fabriques des cathédrales, aux mêmes obligations que les communes envers les fabriques paroissiales (voy FABRIQUE). Lorsqu'il y a de grosses réparations ou des reconstructions à faire aux églises cathédrales, l'évêque en donne avis au préfet, lequel ordonne qu'un devis soit dressé en présence d'une personne commise par l'évêque, puis ce devis est soumis au ministre de l'intérieur et au ministre des cultes. Le conseil général est ensuite appelé à voter les fonds nécessaires à la dépense. Les fondations, donations ou legs faits aux églises cathédrales sont acceptés par l'évêque, sauf l'autorisation qui doit être donnée par

décret rendu en conseil d'Etat, sur le rapport du ministre des cultes (Décr. 30 déc. 1809, art. 104 à 113). »   (CH. V.)

* **CATHÉDRANT** s. m. Celui qui préside à une thèse de théologie ou de philosophie.

CATHELAN, nom d'une famille de Toulouse. Les Cathelan se sont illustrés dans la magistrature, l'épiscopat et les lettres. Une fille de cette famille, *Priscille de Cathelan*, fut la première femme nommée maîtresse ès jeux floraux (1717).

CATHELINEAU (Jacques), généralissime des Vendéens, né au Pin-en-Mauge (Maine-et-Loire), en 1759, mort le 11 juillet 1793. Fils d'un maçon, il exerçait le métier de colporteur lorsque la Révolution éclata. Sa piété, qui l'avait fait surnommer le *Saint d'Anjou*, lui ayant donné un grand ascendant sur l'esprit de ses compatriotes, il en profita pour se mettre à la tête des insurgés de Saint-Florent, le 12 mars 1793. Il battit les troupes républicaines, prit un canon, chassa les garnisons de Jallais et de Cholet, s'empara de Saumur et d'Angers, fut un instrument docile aux mains des grands meneurs qui lui donnèrent le titre de généralissime des troupes catholiques et royales. Il fut naïvet et mortellement blessé devant Nantes. Son fils, JACQUES (1787-1832), fut fusillé lors de l'insurrection en faveur de la duchesse de Berry.

CATHÉRÈSE s. f. (gr. *kathairein*, soustraire). Pathol. Epuisement causé par une extrême fatigue.

* **CATHÉRÉTIQUE** adj. (rad. *cathérèse*). Méd. Se dit des médicaments qui rongent, qui détruisent les excroissances charnues.

CATHERINE s. f. Mot employé dans la locution populaire: *coiffer sainte Catherine*, rester vieille fille, rester à l'âge de 30 ans. — Hort. *Prune de sainte Catherine*, variété blanche, jaunâtre et bonne en pruneaux.

CATHERINE (Sainte). I. d'Alexandrie, vierge martyre du IVᵉ siècle; patronne des écoles; fête, 25 novembre. Quelques critiques ont mis en doute son existence. — II. Catherine Fieschi Adorno, née à Gênes en 1447, morte le 14 septembre 1510. Son père, de l'illustre famille de Fiesque, lui fit épouser un homme débauché qu'elle ramena au bien. Après la mort de cet époux, vers 1473, elle se fit religieuse et devint mère supérieure du grand hôpital de Gênes. Ses deux principaux traités sont: le *Purgatoire* et le *Dialogue entre l'âme et le corps*. Fête le 14 septembre. — III. Catherine de Bologne (1413-'63), quitta la cour de Ferrare pour le couvent; eut des visions; écrivit les *Sept armes spirituelles contre les ennemis de l'âme*; fête le 9 mars. — IV. Catherine de Ricci, née à Florence en 1519, morte au monastère de Prat (Toscane) en 1590; eut des visions; fête le 13 février. — V. Catherine de Sienne (1347-29 avril 1380), religieuse dans un couvent du tiers-ordre de Saint-Dominique, elle eut des visions, eut une influence politique, et a laissé 4 volumes de traités religieux, de lettres et de poésies extatiques. Fête le 30 avril. — VI. Catherine de Suède, fille de sainte Brigitte, resta vierge, quoique mariée; fête le 25 novembre. — **Ordre de Sainte-Catherine**, ordre fondé en Russie par Pierre le Grand, en 1714 et spécialement destiné aux femmes.

CATHERINE, nom de deux impératrices de Russie. — I. Fille de Skavronski, paysan lithuanien, née vers 1685, morte le 17 mai 1727. Son vrai nom était Martha. En 1701, elle épousa un dragon suédois de la garnison de Marienbourg. Lors de la prise de cette ville par les Russes, elle tomba au pouvoir des vainqueurs et échut en partage au général Bauer, dont elle fut la maîtresse jusqu'à ce qu'il la donnât au prince Menshikoff. Pierre le Grand, qui la reçut de ce dernier en 1703, la convertit à la religion grecque, la baptisa d'un nom nou-

veau et, après quelques années, l'épousa secrètement. Pendant la campagne de 1711, le czar, réduit à l'extrémité sur les bords du Pruth, parlait de se rendre, lorsque Catherine releva son courage et corrompit le grand vizir turc en lui offrant tous ses joyaux. Pierre la reconnut comme épouse légitime en 1712, la déclara impératrice en 1718 et la fit couronner à Moscou en 1724. Peu après, il eut des preuves de son infidélité et se vengea sur le chambellan Moens, qu'il fit décapiter. L'empereur étant mort (8 février 1725), Catherine tint secret son décès jusqu'à ce qu'elle se fût assuré la couronne. La politique de Pierre le Grand fut continuée sous l'influence de Menschikoff; mais les caprices et l'intempérance de Catherine produisirent de grands scandales. Elle fut remplacée par Pierre II, fils d'Alexis et petit-fils de Pierre le Grand. — II. Fille de Christian-August d'Anhalt-Zerbst, gouverneur de Stettin, et de la princesse de Holstein-Gottorp, née le 2 mai 1729, morte le 17 novembre 1796. Choisie par l'impératrice Elisabeth, pour devenir épouse de Pierre III, elle adopta la religion grecque, changea son nom de Sophie-Augusta pour celui de Cathe-rine-Alexievna, et se maria en septembre 1745. Presque aussitôt, elle forma des liaisons galantes qui n'étaient un secret pour personne. Soltikoff, Poniatowski et Gregory Orloff furent les premiers qui se partagèrent ses faveurs. Son époux, devenu empereur, le 5 janvier 1752, ne cacha pas l'intention de répudier cette princesse compromettante, qui prit les devants. Ayant assemblé ses amants et leurs amis, elle se fit proclamer impératrice dans la nuit de 8 au 9 juillet 1762, et ordonna d'étrangler Pierre III. Ce prince ayant été assassiné, elle régna au milieu d'une grande pompe, montra un zèle extraordinaire pour la religion, réforma le gouvernement, fit élire en Pologne, sous le nom de Stanislas-Auguste, son favori Poniatowski, à la mort d'Auguste III (1763), et recherche les éloges des philosophes et des poètes. La mort violente d'Ivan, fils d'Anna Carlovna, dans sa prison de Schlüsselburg (1764), mit fin aux conspirations pour un changement de dynastie. La Pologne, agitée par ses intrigues, devint une proie facile dont elle eut sa part en 1772. La Turquie, humiliée par ses armées sous Roumantzieff et par sa flotte sous Alexis Orloff, dut accepter la paix de Kutchuk-Kaïrnadji (1774) et céder Kinburn, Azof, Yénikalé et Kertch. La Crimée, déclarée indépendante, fut aussitôt annexée à la Russie. Ayant vaincu et sévèrement puni la révolte du Cosaque Pougatcheff, dans les provinces orientales (1774-'4), elle conçut le projet d'expulser complètement les Turcs de l'Europe. Un voyage qu'elle fit en 1787, dans la Tauride nouvellement conquise, fut changé par Potemkin en une magnifique marche triomphale. De somptueux palais s'élevèrent pour un jour au milieu des steppes désertés; des villages, d'importantes cités dont les murs seuls étaient réels, couvrirent un instant les plaines de la Tartarie; des mâts ornés de banderolles se dressèrent au-dessus des sables arides pour simuler la présence de canaux; de faux paysans, accourus sur le passage de Sa Majesté, témoignèrent, par leurs acclamations, du bonheur des peuples soumis à son sceptre. Joseph II d'Autriche, venu à Kherson, se laissa entraîner contre la Turquie, et la guerre se termina pour sa nation pays (1790), sans aucun bénéfice; et pour la Russie, après les victoires de Potemkin et de Souvaroff, par l'acquisition, lors de la paix de Jassy (1792), d'Otchakov et du territoire entre le Bog et le Dniester. Ces guerres étaient à peine terminées que Catherine, effrayée des progrès de la République française, se montra peu soucieuse de conserver la réputation de libéralisme que les philosophes lui avaient fait, et envoya une armée de 100,000 hommes soutenir, en Pologne, le parti aristocratique à la confédération de Targovitza ; un second partage de ce pays fut accompli presque aussitôt entre la Russie et la Prusse (1793). Le grand soulèvement polonais qui eut lieu à la voix de Kosciuszko, en 1794, se termina par la défaite des patriotes à Maciejowice et par la prise de Prague. Cette fois, chacun des trois voisins de la Pologne eut sa part, et il ne resta plus rien de ce malheureux pays (1795). L'année précédente, Catherine avait annexé la Courlande à ses États déjà si vastes. Elle mourut d'apoplexie au moment où elle venait d'entreprendre une guerre contre la Perse. On l'appelait la Grande Catherine et Voltaire l'avait surnommée la *Sémiramis du Nord*.

CATHERINE D'ARAGON, reine d'Angleterre, fille de Ferdinand le Catholique et d'Isabelle de Castille (1483-1536); épousa en 1501, Arthur, prince de Galles, qui la laissa veuve quelques mois plus tard ; elle devint ensuite femme de Henri, plus tard Henri VIII, dont elle eut Marie Tudor. Répudiée pour Anne de Boulen (1533), elle fut reléguée au château de Kimbolton.

CATHERINE DE BRAGANCE, reine d'Angleterre, fille de Jean IV de Portugal (1638-1705), épousa Charles II d'Angleterre en 1662, fut abreuvée de dédains par son époux, revint en Portugal (1693), fut nommée régente par son frère Dom Pedro (1704) et gouverna avec une grande habileté.

CATHERINE DE FRANCE ou de Valois, reine d'Angleterre (1401-'38). Fille de Charles VI et d'Isabeau de Bavière, elle épousa Henri V en 1420. L'année suivante elle donna le jour à Henri VI. Son mari étant mort en 1422, elle devint femme d'Owen Tudor, dont elle eut Edmond de Hadham, qui fut père de Henri VII.

CATHERINE DE MÉDICIS, reine de France, née à Florence en 1519, morte à Blois le 5 janvier 1589. Fille de Lorenzo II de Médicis et nièce du pape Clément VII, elle épousa en 1533 le dauphin Henri, fils de François 1er, s'appliqua à gagner l'affection de tout le monde à la cour de France et se tint éloignée des affaires politiques. En 1547, son époux devint Henri II. Il fut tué en 1559 et remplacé par son jeune fils, François II, que gouvernèrent les Guises et Marie Stuart, sa jeune femme. Catherine, qui avait jusqu'alors caché son ambition, fit alliance avec les huguenots pour se défaire des Guises, puis se rapprocha de ces derniers contre les hérétiques. Sa maxime était : « Diviser pour régner ». François II étant mort sans enfants, Catherine sut, malgré les droits du roi de Navarre, se faire nommer régente pendant la minorité du jeune Charles IX. Elle ne tarda pas à donner carrière à son génie atroce. Pour mieux dominer ses enfants, elle plongea dans la débauche, et enleva toute énergie à la race corrompue des Valois. Profitant de son ascendant sur Charles IX, elle lui arracha l'autorisation d'opérer le massacre de la Saint-Barthélemy. Elle gouverna également sous le règne de Henri III et continua son système de bascule entre les catholiques et les protestants. Après la journée des Barricades, elle suivit son fils à Blois, où elle mourut entourée de la haine de tous les partis.

CATHERINE PARR, reine d'Angleterre, sixième et dernière épouse de Henri VIII (1543-'48). Belle et instruite, elle fut mariée successivement à lord Burgh et à lord Latimer, qui moururent chacun peu après l'avoir épousée. Elle venait de se fiancer avec sir Thomas Seymour, lorsque le roi la prit pour femme en juillet 1543. Elle exerça une heureuse influence à la cour, fut régente pendant le voyage que Henri fit en France (1544). Peu après la mort de ce prince en 1547, elle épousa sir Thomas Seymour et mourut en donnant le jour à son premier enfant. Elle a écrit un volume de prières et de méditations et les « Lamentations d'un pécheur » (1548).

CATHERINE PAULOVNA, reine de Wurtemberg, sœur d'Alexandre 1er de Russie (1788-1819). Veuve du duc George de Holstein-Oldenbourg en 1812, elle accompagna en France son frère, sur lequel elle avait une grande influence, et épousa en 1816 Guillaume, qui n'allait pas tarder à devenir roi de Wurtemberg.

* **CATHÉTER** s. m. [ka-té-tèr] (gr. *kathétér*, sonde; de *kata*, dans; *iémi*, j'introduis), Chir. Sonde métallique, creuse, cannelée et légèrement recourbée, que l'on introduit dans l'urèthre, sur lequel or guide au lithotome ou au bistouri avec lequel on incise la prostate et le col de la vessie.

CATHÉTÉRISER v. a. Chir. Sonder, explorer à l'aide du cathéter.

* **CATHÉTÉRISME** s. m. (rad. *cathéter*). Chir. Opération pratiquée avec le cathéter. — Introduction d'une sonde quelconque dans un canal ou conduit naturel quelconque. Ainsi l'introduction d'une sonde de caoutchouc dans la vessie pour y reconnaître la présence de calculs ou pour en évacuer l'urine, est abusivement appelée cathétérisme par les médecins.

CATHÉTOMÈTRE s. m. (gr. *kathetos*, perpendiculaire; *metron*, mesure). Instrument qui sert à mesurer, avec la plus grande précision, la différence de hauteur verticale de deux points : *le cathétomètre de Pouillet*.

* **CATHOLICISME** s. m. Communion ou religion catholique.

* **CATHOLICITÉ** s. f. Se dit soit de la doctrine de l'Église catholique, soit des personnes qui en font profession : *catholicité d'une opinion*. — Se prend quelquefois pour tous les pays catholiques : *c'est un usage reçu dans la catholicité*.

* **CATHOLICON** s. m. Remède ainsi appelé parce qu'il est composé de plusieurs sortes d'ingrédients, ou parce qu'on le croyait autrefois propre à toutes sortes de maladies : *catholicon simple, catholicon double*. — LA VERTU DU CATHOLICON D'ESPAGNE, titre de la première partie de la *Satire Ménippée*, dirigée contre Philippe II d'Espagne, qui prétendait guérir tous les maux de la France en la réunissant à ses immenses domaines.

* **CATHOLIQUE** adj. (gr. *katholikos*, universel). Qui est répandu partout. Ne se dit, chez les fidèles de l'Église latine, que de leur religion et de ce qui lui appartient exclusivement : *l'Église catholique, apostolique et romaine; la foi catholique*. — Ne se dit également, chez les adeptes de l'Église grecque, que de leur religion et de ce qui leur appartient : *l'Église catholique grecque*. — Fig. et fam. CELA N'EST PAS CATHOLIQUE, cela n'est pas conforme à la morale, au devoir. — LE ROI CATHOLIQUE, SA MAJESTÉ CATHOLIQUE, le roi d'Espagne. — CANTONS CATHOLIQUES, cantons suisses qui font profession de la religion catholique. — PAYS-BAS CATHOLIQUES, nom que l'on donnait autrefois à la Belgique, par opposition à la Hollande, devenue protestante. — Catholique s. Personne qui professe la religion catholique. — Prov. et fig. CATHOLIQUE A GROS GRAINS, catholique qui ne se fait pas scrupule de bien des choses défendues par la religion. — ENCYCL. On évalue à 200 millions le nombre des catholiques romains. La hiérarchie catholique se compose de 1,402 dignitaires, savoir :

	SIÈGES existants	SIÈGES occupés	SIÈGES vacants
Sacré collège...........	72	68	4
Sièges patriarcaux.....	12	12	—
Sièges archiépiscopaux...	173	163	10
Sièges épiscopaux........	704	636	68
Sièges nullius diœceseos..	18	13	5
Propaganda (délégations, vicariats, préfectures apostoliques).	148	134	14
Archevêques et évêques *in partibus infidelium*........	275	275	—
Totaux.............	1.402	1.301	101

L'organisation de l'Église consiste en son gou-

vernement par des évêques, dont chacun est chargé des ouailles d'un diocèse. Plusieurs diocèses forment une province gouvernée par un archevêque. Les évêques et les archevêques sont sous la dépendance du pape ou évêque de Rome, berger de tout le troupeau du Christ. Plusieurs provinces ecclésiastiques sont quelquefois réunies en une seule nation gouvernée par un primat, dont le rang est supérieur à celui des autres prélats, mais auquel son titre ne confère aucun privilège. Les sièges épiscopaux appartiennent soit au rite latin soit aux rites orientaux. Il y a en Italie 10 sièges archiépiscopaux et 81 sièges épiscopaux du rite latin qui dépendent immédiatement du siège de Rome, soit comme suffragants, soit comme évêques *in partibus infidelium*. Dans le reste de l'Europe, aucun siège ne relève immédiatement de Rome; il y a 84 sièges métropolitains, chefs-lieux d'autant de provinces ecclésiastiques avec 406 suffragants. Il y a en Afrique, en Asie et en Amérique un grand nombre de sièges appartenant à cette catégorie du rite latin. Les 30 provinces ecclésiastiques des deux Amériques comprennent 165 sièges, dont 135 suffragants. Les Églises qui appartiennent aux différents rites orientaux en communion avec le pontife romain, comprennent ; 13 sièges gréco-ruthènes, dont 2 en Russie, 1 en Prusse et 10 dans la monarchie austro-hongroise; 1 siège métropolitain avec 3 suffragants gréco-roumains, également dans la monarchie austro-hongroise ; 1 siège métropolitain arménien à Leopoldstadt (Hongrie) ; en Asie, le patriarcat arménien de Cilicie, avec 5 sièges métropolitains arméniens et 11 diocèses suffragants; le patriarcat gréco-melchite d'Antioche, avec 4 archevêchés et 9 suffragants ; le patriarcat du rite syrien, à Antioche, avec 4 métropolitains et 8 suffragants; l'Église syro-chaldéenne, avec un patriarche à Babylone, 4 archevêques et 7 évêques; et les syro-maronites, avec un patriarche à Antioche, 5 archevêques et 3 évêques. Les Grecs bulgares sont sous la juridiction d'un évêque consacré en 1865 avec le titre d'administrateur apostolique. Outre les dignitaires dont il vient d'être question, il existe une nombreuse classe d'évêques appelés vicaires apostoliques et employés dans tous les lieux où il ne paraît pas possible d'établir une hiérarchie régulière. Le gouvernement général de l'Église appartient au pape, assisté des cardinaux. Les ordres religieux sont dans l'Église comme les congrégations un gouvernement civil; le pape peut, jusqu'à un certain point, exempter les membres de ces corporations de la juridiction des évêques. L'administration de l'Église catholique romaine est confiée à un nombre de comités ecclésiastiques permanents, que l'on appelle les Sacrées Congrégations et qui sont présidés par les cardinaux. À la fin de décembre 1878, il y avait 18 congrégations fixes ou régulières et 3 congrégations spéciales. A la tête de toutes les congrégations se trouve « Sainte Inquisition Romaine et Universelle » ou « Saint Office », sous la présidence immédiate du Souverain Pontife. Les vicariats apostoliques, les délégations et les préfectures dans toutes les parties du globe sont placés sous la « Congregatio de Propaganda Fide ». Les doctrines principales de l'Église catholique se rapportent à l'unité de la nature divine dans les trois personnes divines et distinctes, et à l'incarnation de la seconde personne divine, ainsi qu'à la mort de cette seconde personne sur la croix, pour l'expiation des péchés du genre humain. Néanmoins, tous les hommes ne sont pas justifiés et sauvés ; mais ceux-là seuls le sont à qui la rédemption est appliquée par les moyens que Dieu prescrit. Le baptême est avant tout le remède du péché originel. Pour les adultes qui ont perdu la grâce baptismale, on requiert les fruits de pénitence comme preuve de conversion. Dans l'Église, l'adoration ne s'adresse qu'à Dieu seul; mais des honneurs sont rendus à la vierge Marie.

aux anges, aux saints, aux martyrs et aux vierges. La prière, dans son acception la plus stricte, ne doit pas s'adresser à d'autre qu'à Dieu. Les litanies et les prières aux saints sont uniquement des appels qui leur sont faits afin qu'ils intercèdent auprès de Dieu, par l'intermédiaire du Christ. De même, on témoigne un grand respect aux images du Christ ou des saints, mais on ne leur rend qu'un culte relatif. La chute des premiers parents est la doctrine fondamentale sur laquelle repose la croyance au mystère de la rédemption. Un Rédempteur nous fut donné dans la personne du Christ, qui, s'étant fait homme, expia par ses souffrances le péché d'Adam et d'Eve et de leurs descendants, et nous obtint la grâce de pouvoir vaincre la tentation. Le péché originel est celui qui est commun à toute la famille humaine, à cause de l'acte des chefs de la race humaine. Le péché actuel est la transgression de la loi divine par des personnes ayant l'usage de leur raison. Le péché mortel est un acte, un discours, un désir ou une pensée en opposition grave avec la loi naturelle ou la loi divine. Il y a aussi les péchés dits véniels, qui sont des infractions plus légères de la loi divine, comme l'impatience, la vanité, des discours inconsidérés. En réalité, le pardon des péchés appartient à Dieu, qui est offensé; mais le Christ fait homme a racheté le péché et a autorisé les apôtres à donner l'absolution ou à la refuser. En vertu de ce pouvoir, le droit de rémission est exercé par les évêques et par les prêtres comme délégués du Christ; c'est pourquoi la confession est de rigueur pour tous ceux qui veulent obtenir le pardon de leurs fautes. Lorsque la confession est faite avec sincérité, humilité, affliction, repentir, volonté de réparer le mal que l'on a commis et détermination de fuir les occasions de pécher, le prêtre absout le pénitent. Les sacrements sont des rites institués par le Christ comme instruments et comme moyens de grâce, pour communiquer à nos âmes les mérites de ses souffrances et de sa mort. Ils contiennent et confèrent la grâce *ex opere operato*, parce qu'ils sont les moyens efficaces divinement choisis pour la communiquer, lorsqu'un obstacle n'est opposé par celui qui le reçoit. La béatitude éternelle est la récompense promise par Dieu à ceux qui obéiront à ses commandements, aux enfants baptisés et aux autres personnes incapables d'actes personnels. Le châtiment des péchés graves non expiées dans ce monde ou en l'autre est éternel. Ceux qui meurent coupables de fautes légères ou de fautes graves incomplètement expiées vont au purgatoire, et sont privés, pour quelque temps, des joies célestes. La gloire des cieux est immédiatement accordée aux enfants baptisés qui meurent avant l'âge de raison, aux adultes qui meurent aussitôt après le baptême, aux martyrs et à tous ceux qui meurent dans le parfait amour de Dieu et libres de tout péché. Les enseignements du Christ nous sont connus particulièrement par les prédications de ses ministres, qui tiennent leurs pouvoirs des apôtres. Le Christ n'a laissé aucun enseignement écrit, ce qui amène quelquefois des difficultés ou des doutes pour ce qui appartient à sa doctrine. Alors l'assemblée des évêques en union avec le pape est compétente pour établir quelle est la doctrine qui a été révélée. L'infaillibilité de jugement dans les décisions doctrinales appartient à cette assemblée en union avec son chef, le pape ou évêque de Rome. La même infaillibilité, promise à l'Eglise par Jésus, a été accordée au chef de l'Eglise, lorsque, en exécution de son office de pasteur du troupeau chrétien tout entier, il juge *ex cathedra* qu'une doctrine relative à la foi ou à la morale doit être admise par l'Eglise universelle (voy. INFAILLIBILITÉ). Les divines Ecritures sont reconnues par l'Eglise comme ayant été inspirées par l'esprit de Dieu; mais l'Eglise possède seule l'autorité suprême de déterminer le canon et la signification des Ecritures. Tout enfant baptisé appartient à l'Eglise et n'en peut plus sortir sans violer les promesses du baptême. Pour ce qui concerne la forme gouvernementale des peuples, l'Eglise se montre indifférente, mais conservatrice. Elle admet toutes les institutions politiques ou sociales et prêche le respect et l'obéissance à toutes les autorités établies. — Par le mot discipline, les catholiques entendent ce qui appartient au gouvernement de l'Eglise, à l'administration des sacrements, ainsi qu'à l'observance des pratiques de la religion. Le culte essentiel consiste dans le sacrifice de la messe, lequel, bien que mystique et commémoratif, est réel et propitiatoire, étant une continuation non sanglante du sacrifice sanglant de la croix. Outre le dimanche biblique, l'Eglise célèbre des fêtes en l'honneur des mystères divins. Les six semaines qui précèdent Pâques, les quatre-temps, les vigiles et chaque vendredi de l'année sont des jours d'abstinence; mais l'Eglise admet des dispenses. Les rites de la messe et les cérémonies de l'administration des sacrements appartiennent à la discipline; ils peuvent subir certains changements, bien que l'on montre une grande déférence pour l'usage ancien. Des pénitences proportionnelles à la faute devinrent un système régulier depuis le iiie siècle; mais ce principe commença à être adouci au moment des croisades. Des indulgences en faveur des pénitents ont été accordées par les évêques sous certaines conditions établies par les canons pénitentiaux. — L'histoire de l'Eglise commence avec la mission pastorale donnée après la résurrection du Christ à l'apôtre Pierre, lequel, d'après les traditions ecclésiastiques catholiques, scella ses travaux apostoliques par son martyre à Rome, en l'an 67, événement qui fit de Rome le siège de la chrétienté. Les premiers conciles eurent généralement pour but de réprimer les hérésies et contribuèrent à fortifier l'action papale. Les actes de ceux de Nicée et de Constantinople n'ont pas été conservés dans leur entier; mais les actes authentiques de ceux d'Ephèse et de Chalcédoine prouvent que les légats des pontifes dirigèrent la discussion et que les Pères se soumettaient à leur autorité lorsqu'ils jugeaient la question suffisamment éclairée. La lutte entre les papes et les empereurs, commencée par Hildebrand, qui, en 1073 parvint à la tiare sous le nom de Grégoire VII, se continua, avec des intervalles, jusqu'au xviiie siècle. Pendant le siècle suivant, la papauté abandonna un instant la ville de Rome pendant 70 ans et se fixa à Avignon, sous la protection du roi de France. La restauration du Saint-Siège à Rome fut suivie du schisme formé par les cardinaux français; pendant un instant, il y eut deux papes; l'un à Rome et l'autre à Avignon. Le concile de Constance (1414) et l'élection de Martin V (1417) mirent fin à cet état de choses. Sous le pontificat de Léon X, l'abus des indulgences fit naître l'opposition de Luther, et près d'un tiers du monde catholique finit par se soustraire à l'obéissance au Saint-Siège. Pour arrêter les progrès de la Réformation, des hommes zélés, comme Ignace de Loyola, fondèrent de nombreuses institutions religieuses. — VIEUX CATHOLIQUES, nom que se sont donné en 1870 (d'après les Jansénistes de Hollande), les membres de l'Eglise catholique romaine qui gardent le caractère œcuménique du concile tenu au Vatican et qui rejettent, comme contraires à l'ancienne foi catholique, plusieurs de ses décrets, principalement celui qui concerne l'infaillibilité du pape. — Aussitôt après la proclamation de la doctrine de l'infaillibilité, en 1870, 44 professeurs de l'Université de Munich, parmi lesquels le Dr Döllinger, protestèrent contre l'autorité du concile; plusieurs professeurs catholiques des autres Universités imitèrent leur exemple. Une assemblée générale des dissidents se réunit au mois d'août à Nuremberg et posa les termes d'une protestation. L'excommunication de Döllinger (17 avril 1871) ne fit qu'irriter les esprits et provoqua la formation de sociétés catholiques dans presque toutes les villes d'Allemagne. L'excitation gagna la Suisse, la France et l'Italie. 300 délégués des différentes parties de l'Europe se réunirent en congrès général à Munich, le 22 septembre 1871, et adoptèrent une profession de foi. Un second congrès, tenu à Cologne en septembre 1872, établit un plan d'organisation définitive et réitéra la prétention déjà émise de former une religion reconnue par l'État, prétention qui ne reçut pas d'abord de réponse satisfaisante de la part des gouvernements d'Allemagne. L'organisation de l'Eglise des vieux catholiques comme corps indépendant, fut complétée par l'élection d'un évêque, le 4 juin 1873, à Cologne. Le Dr Reinkens, professeur de théologie à l'Université de Breslau, ayant été élu, fut sacré à Rotterdam par l'évêque Heykamp, de Deventer, chef de l'Eglise des vieux catholiques (Jansénistes) de Hollande. Le troisième congrès, tenu à Constance, les 12 et 13 sept. 1873, adopta une constitution synodale qui ressemble à celle de l'Eglise protestante épiscopalienne des Etats-Unis. Ce sont entre faites, l'empereur d'Allemagne, fort opposé à la doctrine catholique, qui place le pouvoir spirituel au-dessus des puissances temporelles en matière de religion, reconnut le nouvel évêque Reinkens et accorda à l'Eglise des vieux catholiques les privilèges d'une Eglise reconnue. La lutte prenant un caractère aigu, se continua par des excommunications que prononçaient les évêques catholiques contre les dissidents et par l'emprisonnement de plusieurs évêques. Un synode tenu à Bonn, le 24 mai 1874, abolit toute prohibition de mariages entre catholiques et protestants, proposa de permettre le mariage des prêtres et conserva la pratique de la confession. Les 14 et 16 septembre de la même année, Döllinger réunit à Bonn une conférence de vieux catholiques et de théologiens anglicans. Dans cette réunion furent adoptées plusieurs thèses de questions doctrinales indiquant la différence entre l'Eglise catholique romaine et celle des vieux catholiques. Outre l'infaillibilité du pape, ces derniers repoussent : l'authenticité et la canonicité de certains livres de l'Ancien Testament; la doctrine de l'Immaculée Conception de la Vierge; le service divin dans une langue que le peuple n'entend pas; la doctrine du transfert des mérites surabondants des saints; et les indulgences non restreintes aux pénitences réellement imposées par l'Eglise elle-même. — La question du célibat des prêtres resta pendante. — Etablie solidement en Allemagne, où elle compte environ 50,000 adeptes, l'Eglise des anciens catholiques essaya de rayonner sur les autres pays. Elle s'introduisit en Suisse où ses partisans, appelés *chrétiens catholiques (christkatholiken)*, sont protégés et soutenus dans les cantons libéraux. En Autriche, quelques congrégations se sont formées, principalement dans les districts de Bohème; mais elles n'ont pu se faire reconnaître par le gouvernement. En France, le père Hyacinthe et l'abbé Michaud, qui voulurent, dès 1872, se mettre à la tête d'un mouvement analogue, se heurtèrent à l'indifférence générale et ne réunirent que peu d'adeptes. L'Espagne, l'Italie, l'Angleterre et plusieurs autres pays envoyèrent des représentants aux congrès des anciens catholiques; mais dans aucune de ces contrées on n'a fondé de congrégation indépendante. — La nouvelle religion possède plusieurs publications périodiques, parmi lesquelles nous citerons : *Der Deutsche Mercur* (hebdomadaire) et le *Theologisches Literaturblatt*, à Bonn.

* CATHOLIQUEMENT adv. Conformément à la foi de l'Eglise catholique.

* **CATI** s. m. Apprêt propre à rendre les étoffes plus fermes et plus lustrées : *donner le cati à du drap.*

CATILINA (Lucius-Sergius), conspirateur romain, mort en l'an 62 av. J.-C. Il est connu principalement comme auteur et chef de la grande conspiration contre la République, conspiration qui fut entravée par la vigilance de Cicéron, alors consul avec C. Antonius. Pendant la nuit du 6 nov. 63, Catilina assembla secrètement ses affidés, qu'il avait recrutés parmi ce que Rome renfermait de gens besoigneux ou dépravés, et leur annonça que l'heure d'agir était arrivée. Mais Cicéron veillait : il assembla le Sénat, foudroya par sa fameuse catilinaire *Quousque tandem...*, le conspirateur qui essaya vainement de se justifier ; et, obtenant des pouvoirs extraordinaires, il put prévenir Catilina. Celui-ci quitta Rome la nuit suivante et se réfugia au camp de Manlius, tandis que ses partisans, surpris chez eux, étaient condamnés à mort et exécutés. Une armée envoyée contre lui, le joignit près de Fæsulæ. Il se défendit avec le courage du désespoir et fut tué pendant le combat. On l'a représenté comme le chef du parti ultra-démocratique, une sorte de Gracque dont les fautes ont été exagérées par d'implacables vainqueurs et dont les desseins ont été méconnus par un peuple mal préparé à les comprendre. Pour d'autres historiens, Catilina serait un criminel ambitieux, sans but avouable, un César avorté auquel il manqua un peu de gloire militaire pour rétablir, sur les ruines de la République, sa fortune et celle des débauchés qui formaient son cortège.

CATILINAIRE, s. f. (du nom des quatre fameux discours de Cicéron contre Catilina). Sortie véhémente.

CATILLARD ou **Catillac** s. m. [*ll. mll.*] Hortic. Poire d'hiver, grosse et allongée, à chair dure et astringente, bonne à cuire.

CATIMARON ou **Cantimaron** ou **CATAMARAN** s. m. Mar. Radeau léger et triangulaire, formé de troncs de cocotiers croisés et liés ensemble, et manœuvré à l'aide de larges rames appelées *pagayes.* Ce navire primitif sert, dans les Indes Orientales, à pêcher et à porter des paquets ou des lettres aux bâtiments qui passent près des côtes.

* **CATIMINI (EN)** loc. adv. En cachette, à la manière des chats : *elle est venue en catimini.* (Fam.)

CATIN s. f. Femme ou fille de mauvaises mœurs : *une franche catin.* (Fam.)

CATIN s. m. Bassin qui sert à recevoir un métal fondu.

CATINAT (Nicolas de), maréchal de France, né à Paris en 1637, mort en 1712. Avocat, il quitta le barreau après avoir perdu une affaire qui était juste. Il se distingua au siège de Lille (1667), conquit tous ses grades à la pointe de l'épée, devint gouverneur du Luxembourg en 1687, se couvrit de gloire au siège de Philisbourg, gagna les batailles de Staffarde (1690) et de la Marsaille (1693), conquit une partie de la Savoie. Ne pouvant tenir en échec le prince Eugène, il fut mis sous les ordres de Villeroi en 1701 et perdit la bataille de Chiari. Ses soldats l'avaient surnommé *le Père la Pensée.* Ses *Mémoires* et sa *Correspondance* ont été publiés à Paris, 1819, 3 vol. in-8°.

CATINEAU-LAROCHE (Pierre-Marie-Sébastien), lexicographe, né à Saint-Brieuc en 1772, mort en 1828. Établi à Saint-Domingue, en 1791, il y publia un journal antiesclavagiste et échappa difficilement à la vengeance des esclavagistes. En 1797, il établit une imprimerie à Paris et publia un *Vocabulaire portatif de la langue française.* Il fit paraître en 1822 le rapport de son exploration officielle

dans la Guyane. Son frère, ÉTIENNE-PIERRE-JULIEN, imprimeur-libraire à Poitiers, publia un *Procès du général Berton,* qui lui attira une condamnation en cour d'assises.

* **CATIR** v. a. (lat. *catus*, rusé). Donner le lustre à une étoffe.

* **CATISSAGE** s. m. Opération par laquelle on donne le lustre à une étoffe.

* **CATISSEUR** s. m. Ouvrier qui donne le cati aux étoffes.

CATLIN (George) artiste américain (1796-1872) ; passa 8 ans au milieu des sauvages du Mississipi et visita 48 tribus. En 1841, il publia à Londres, 300 gravures sur acier, relatives aux mœurs, aux coutumes des Indiens de l'Amérique du Nord. Il a donné des scènes de chasse et des peintures.

CATMANDOO. Voy. KATMANDU.

* **CATOGAN** s. m. (de lord *Cadogan,* qui en fut l'inventeur). Chignon noué par le milieu et quelquefois encadré de tresses. Cette coiffure fut d'abord adoptée par l'infanterie et resta ensuite assez longtemps dans les corps de hussards. Les règlements des 21 février 1779 et 1er juillet 1788 la maintinrent jusqu'en 1792, époque où la *queue* lui succéda.

* **CATON** s. m. Nom d'un Romain célèbre par l'austérité de ses mœurs. On l'emploie, figurément et familièrement, en parlant d'un homme très sage, ou qui affecte de l'être : *il fait le Caton.*

Dupin, le moderne *Caton.*

A. POMMIER. *Paris*

CATON, surnom signifiant *le sage,* donné d'abord au Romain Marcus Porcius, le censeur, et ensuite porté par la *gens* Porcienne, *gens* plébéienne dont il fut le premier membre illustre. — 1. Marcus Porcius, plus tard nommé PRISCUS L'ANCIEN, ou CATO MAJOR, né probablement en 234, mort en 149 av. J.-C. A l'âge de 17 ans, il entra dans l'armée et servit contre Annibal ; en 214, il se trouvait à Capoue et en 209, à Tarente, avec Fabius-Maximus. Élu questeur à Rome en 205, il accompagna, l'année suivante, Scipion l'Africain en Sicile ; Édile en 199, puis préteur en 198, il reçut la province de Sardaigne. On le nomma consul en 195 et on lui confia la tâche difficile de soumettre l'Espagne alors en pleine révolte ; il donna les preuves d'une remarquable habileté comme chef militaire et revint à Rome en 190 recevoir les honneurs du triomphe. Il mit le comble à sa renommée en combattant le luxe et la mollesse. Sa réputation lui valut, en 184, l'office de censeur qui lui permit de restaurer les vieilles mœurs, de faire des règlements somptuaires, de mettre des taxes sur les parures et sur les objets de luxe. Son mandat étant expiré, le peuple lui éleva une statue avec une inscription commémorative sur le piédestal. Caton ne remplit plus ensuite aucune autre charge publique que celle de sénateur : il continua de censurer les vices des patriciens. Envoyé en Afrique quelques années avant sa mort, pour y être arbitre du différend entre Carthage et Massinissa, il fut effrayé de la prospérité de cette ville et, à son retour, en 150, il excita le sénat à entreprendre la troisième guerre Punique. La haine de Carthage devint une passion poussée jusqu'à la manie ; il ne prononçait plus un discours, sur n'importe quel sujet, sans le terminer par ces paroles farouches qui sont demeurées célèbres : *Delenda Carthago!* (Il faut détruire Carthage). Loin d'être exempt des vices qu'il combattait chez les autres, il se montrait d'une avarice intraitable, d'un égoïsme sans égal, d'un orgueil et d'une impitoyable dureté envers ses inférieurs. Néanmoins son nom est devenu synonyme d'homme de mœurs austères, très sage ou qui affecte de l'être. Il a

laissé plusieurs ouvrages, dont un seul, son *Traité d'agriculture* (*De Re Rustica*) est arrivé jusqu'à nous. On trouve cet ouvrage dans les *Scriptores Rei Rusticæ,* 1773. — Il **Marcus Porcius,** surnommé CATO UTICENSIS ou CATON D'UTIQUE, homme d'État romain, arrière-petit-fils de Caton l'Ancien, né à Rome en 95 av. J.-C., mort à Utique en 46. Quoique puissamment riche, il imita la simplicité et la frugalité de son ancêtre le Censeur, fut élu tribun en 67, stationna en Macédoine sous le propréteur Marcus Rubrius, devint questeur à Rome en 65, puis tribun en 63. D'abord opposé également à César et à Pompée, il fut allé préteur en 56 et se retira avec les consuls lorsque César marcha sur Rome, avec son armée, en 49. Il prit alors parti pour Pompée, fut chargé de la garde du camp pendant la bataille de Pharsale (48), conduisit en Afrique les débris de l'armée vaincue, se réfugia en Cyrénaïque et se joignit à Scipion qui fut battu à Thapsus (avril 46). Toute l'Afrique, à l'exception d'Utique, s'étant soumise à César, cette ville ne pouvait résister longtemps. Pour éviter de tomber entre les mains du vainqueur, Caton se blessa mortellement d'un coup d'épée dans la poitrine. Caton a laissé la réputation d'un homme pur et sincère, mais sans habileté. Il avait adopté les principes des philosophes stoïques.

CATONIEN, IENNE adj. Qui a le caractère d'un Caton.

* **CATOPTRIQUE** s. f. (gr. *catoptron,* miroir). Phys. Partie de l'optique qui explique les effets de la réflexion de la lumière : *traité de catoptrique.* — Adj. Se dit de ce qui a rapport à la catoptrique : *télescope catoptrique.*

CATROU (LE PÈRE FRANÇOIS), savant jésuite, né à Paris en 1659, mort en 1737 ; fut l'un des fondateurs du *Journal de Trévoux* (1701) ; a laissé une *Histoire du Mogol* (1702) ; une *Histoire du fanatisme protestant* (1733) et une *Histoire romaine* (1725).

* **CATS** ou **Katz (Jakob)**, homme d'État hollandais (1577-1660), ambassadeur en Angleterre (1627), puis grand pensionnaire de Hollande, de 1636 à 1651, et encore ambassadeur en Angleterre après 1652. A laissé des poésies, parmi lesquelles : « Vie à la campagne », « Emblèmes moraux », des fables, des chants, etc. Dernière édition, Amsterdam, 1828. On l'a surnommé le La Fontaine hollandais.

CATSKILL (Monts), groupe de la chaîne appalachienne, sur le côté occidental de la rivière Hudson. Les monts Catskill sont remarquables par la beauté des paysages qu'ils renferment : cascades, torrents, gorges, etc.

CATSKILL, ville de l'État de New-York (États-Unis), sur l'Hudson, à 275 kil. au-dessus de New-York ; 4,000 hab.

CATTARO, ville de Dalmatie (Autriche), sur le golfe de Cattaro, à 500 kil. S.-E. de Trieste ; 3,000 hab. Dépôt naval depuis 1854. Évêché. Capitale d'une république prospère au moyen âge, Cattaro se soumit aux Vénitiens en 1420, passa à l'Autriche en 1797, proclama un instant son indépendance en 1849, fut le siège de l'insurrection dalmate en 1869. — Golfe de Cattaro, *Bocche di Cattaro,* golfe Rhizonique de l'antiquité, anse sinueuse de l'Adriatique, renommé pour la beauté de ses paysages, et d'une grande importance stratégique.

CATTÉGAT ou **Kattegat** [ga], large détroit qui sépare le Gothland (Suède) du Jutland (Danemark) et qui communique avec la mer du Nord par le Skager-Rack et avec la Baltique par le Sound, le Grand Belt et le Petit Belt ; longueur, 250 kil. ; plus grande largeur 145 kil. et d'une navigation difficile.

CATTENOM, village de Prusse, anc. cn.-l. de cant. de l'arr. de Thionville (Moselle) ; 1,200 hab.

CATTERMOLE (George), peintre anglais (1800-'68). Il illustra les œuvres de Scott et de Shakespeare et réussit dans les sujets féodaux, les vues de châteaux, les intérieurs d'églises, etc.

CATTERSKILL ou **Kaaterskill (La)**, rivière ou torrent qui descend des monts Catskill (État

Catterskill Falls.

de New-York) et qui forme des cascades pittoresques : l'une de 180 pieds, l'autre de 80 et une troisième de 40 pieds. La Catterskill coule ensuite entre deux murailles de rochers qui ont 300 pieds de haut.

CATTES ou **Chattes**, *Catti, Chatti*, (du haut allemand *cad*, guerre), l'une des plus importantes nations de l'ancienne Germanie, établie dans la Hesse moderne et dans les pays adjacents, entre le Weser et le Rhin. Leur capitale était Mattium. Drusus et Germanicus les battirent plusieurs fois; mais ils ne furent jamais soumis par les Romains.

CATTOLICA, ville de Sicile, à 25 kil. N.-O. de Girgenti ; 7,000 hab. Roches soufrières aux environs.

CATTUS s. m. [kat-tuss] (lat. *cattus*, chat). Antiq. Machine de guerre, dont parle Végèce, et qui était analogue à celle que nous appelons cheval de frise.

CATTYWAR ou **Kattywar**, péninsule du N.-O. de l'Inde, province de Guzerat. Grande production de coton.

CATULLE (Caïus-Valerius), poète latin, né à Vérone en l'an 87 av. J.-C.; mort en 47. Il fut le plus ancien poète lyrique latin de quelque célébrité. Il nous reste 116 de ses poèmes épigrammatiques, lyriques, élégiaques, etc. Traduction dans la collection Panckoucke. Le poème des *Noces de Thétis et de Pélée* a été traduit en vers français par P.-L. Ginguené (Paris, 1822, in-8°).

CATULUS (ka-tu-luss), nom d'une famille romaine de la *gens* plébéienne. Lutatia. — I. (Caïus-Lutatius), consul en 242 av. J.-C.; remporta en 241, sur les Carthaginois, une victoire navale décisive qui termina la première guerre punique. — II. (Quintus-Lutatius), consul avec Caïus Marius, en 102 av. J.-C.; mort en 87. Son armée, jointe à celle de Marius, battit les Cimbres à Vercellæ (Vercelli ou Verceil) en 101. Pendant la guerre civile, il épousa la cause de Sylla et, poursuivi, pendant la grande proscription de 87, il s'asphyxia. — III. (Quintus-Lutatius), fils du précédent, mort en 60 av. J.-C. Fut consul en 78 et censeur en 65.

CATUR s. m. Vaisseau de guerre du royaume de Bantam. Sa proue est recourbée et pointue ; ses voiles sont faites d'herbes et de feuillages entrelacés.

CATURIGES, peuple ligurien de la Gaule narbonaise, près des Alpes Cottiennes. Villes principales : Eburodunum et Catorimagus (Chorges).

CATURCE ou **Caturze (Jean)**, victime du fanatisme religieux, né à Limoux, brûlé vif à Toulouse en juin 1532, pour quelques paroles imprudentes concernant la religion. Il était professeur dans sa ville natale. Rabelais a fait une allusion à sa fin tragique dans *Pantagruel*.

CATUS, ch.-l. de cant. ; arr. et à 18 kil. N.-O. de Cahors (Lot), sur le Vert ; 800 hab.

CATZ. Voy. **Cats**.

CAUCA [kaou'-ka]. I. Rivière de l'Amérique du Sud ; naît dans les Andes de Colombie, par 2° lat. N. et 78° 50' long. O. ; afflue dans la Magdalena, à Nechi, par 9° de lat. N. Cours, 900 kil. Elle n'est navigable que pour les petites embarcations. — II. État de Colombie, sur la mer Caraïbe et le Pacifique, arrosé par la rivière Cauca ; 635,000 kil. carr. ; 435,078 hab. Capitale Popayan. C'est l'un des districts les plus riches et les plus peuplés de l'Amérique méridionale. On y a découvert de l'or.

CAUCALIDE s. f. Bot. Genre d'ombellifères. type de la tribu des caucalinées, comprenant plusieurs espèces de l'Europe centrale et de l'Europe méridionale. La *caucalide fausse carotte (caucalis daucoides)*, est une herbe indigène.

CAUCALINÉ, ÉE adj. Bot. Qui se rapporte ou qui ressemble à la caucalide. — s. f. pl. Tribu d'ombellifères ayant pour type le genre caucalide.

CAUCASE, chaîne de montagnes qui s'étend de la mer Noire à la mer Caspienne et qui sépare l'Europe de l'Asie. La branche principale naît à la presqu'île d'Apchéron, au N.-O. de la mer Caspienne et vient mourir sur le rivage de la mer Noire, près de la forteresse d'Anapa ; sa longueur est de 1,400 kil. Elle lance au N. et au S. de nombreux rameaux qui donnent au territoire montagneux une largeur de 100 à 250 kil. Les principaux sommets sont : le mont Elbruz (5,583 m.) et le Kasbek (4,468 m.) Passages les plus importants : le Darial ou passe de Vladikavkaz ; le passage Sarmate, et l'Ibérien, aujourd'hui Charapan, en Iméréthie. Il n'existe qu'une route praticable pour les voitures ; c'est celle qui va de Mozdok à Tiflis, par le Darial et la vallée du Térek. Très abruptes au N., les montagnes du Caucase descendent au S. par une succession de terrasses. Les sommités supérieures à 3,400 mètres sont couvertes de neiges éternelles. On y observe quelques glaciers d'une étendue limitée et plusieurs lacs, mais pas de volcans actifs. — Le Caucase joue un grand rôle dans la mythologie grecque. C'est sur son sommet que Jupiter lia Prométhée.

CAUCASIE ou **Lieutenance du Caucase**, lieutenance russe, traversée diagonalement du N.-O. au S.-E. par la chaîne du Caucase, et divisée en *Ciscaucasie* ou *Caucase septentrional*, en Europe, et en *Transcaucasie*, au sud du Caucase, en Asie. Administrativement, la Caucasie est divisée de la manière suivante :

GOUVERNEMENTS.	KILOM. CARRÉS	POPULATION.
Stavropol...............	68.620	472.974
Térek...................	59.207	520.980
Kouban.................	94.413	831.740
Ciscaucasie.........	222.240	1.836.694
Tchernomore (mer Noire).....	5.887	15.735
Soukhoum...............	7.315	74.442
Koutaïs.................	20.531	570.691
Tiflis..................	40.474	662.859
Sakatal.................	2.980	68.839
Erivan..................	27.632	547.693
Élisabethpol...........	43.631	593.784
Bakou..................	39.015	539.383
Daghestan....	28.589	481.624
Transcaucasie.......	216.947	3.585.050
Total général........	439.187	5.391.744

La partie centrale du pays est couverte d'un système de montagnes arrondies dont les flancs, coupés de profondes et fertiles vallées, descendent jusqu'aux steppes qui s'étendent à travers la Perse. Principaux cours d'eau: au N. la Kouma et le Térek affluents de la Caspienne et le Kouban, qui se jette dans la mer Noire; au S., le Kour (anc. *Cyrus*) court à l'E., et le Rion (*Phasis*) va vers l'O. Le climat varie naturellement suivant les altitudes. La végétation est luxuriante dans les districts habitables. De magnifiques forêts couvrent les flancs des montagnes presque jusqu'à la ligne des neiges éternelles. Les grains peuvent croître à une élévation de 2,000 mètres ; le dattier, le grenadier, le figuier prospèrent dans les vallées, ainsi que le riz, le tabac et l'indigo. Dans les forêts et dans les déserts on rencontre le bœuf sauvage, le loup, l'ours, le chacal et le lynx. Les habitants se livrent à l'élève d'un mouton et d'une chèvre dont le poil est d'une grande finesse. On trouve dans les mines, du fer, du plomb, du cuivre, etc. — Les Caucasiens (Circassiens, Mingréliens, Abkhasiens, Ossètes, Tchetchenizes, Lesghiens, Grusiens et plusieurs autres peuplades appartenant à la race indo-européenne), sont généralement hardis, forts, bien bâtis; ils se livrent par vocation à la chasse, au vol et à la guerre ; par nécessité à l'agriculture, principalement à l'élève du bétail. Ils habitent des maisons et ignorent l'usage de la tente. Autrefois leur jeunesse des deux sexes était élevée pour être envoyée au marché des esclaves à Constantinople; ce trafic a été supprimé. Leur religion est un mahométisme mélangé de superstitions locales. — Le Caucase figure largement dans les anciennes légendes et dans l'histoire jusqu'à Mithridate, Pompée et Trajan. On pense que ce fut par les *Caucasiæ Portæ* que passèrent les Sarmates et les Huns qui envahirent les provinces romaines. Plus tard le pays fut ravagé plutôt que conquis par les Arabes, les Tartares et les Turcomans. Dans les temps modernes, les Russes et les Persans ont lutté avec acharnement pour sa possession, jusqu'en 1813, époque où les Russes, après avoir occupé la Mingrélie, l'Iméréthie et la Géorgie, obtinrent, par un traité, les parties au S.-E. des montagnes. Le territoire, envahi par une nombreuse armée, aurait été soumis, à la suite d'une lutte sanglante. Mais en 1823, les montagnards se soulevèrent à la voix de l'un de leurs chefs, nommé Kasi-Mollah, et il fallut plusieurs années pour les réduire à l'obéissance. En 1829, la portion N.-O. des montagnes fut cédée, par le traité d'Andrinople, à la Russie, qui dut en faire la conquête. Circassiens, Lesghiens et Tchetchenizes, unis, cette fois, défendirent le terrain pied à pied. En 1831, Kasi-Mollah, se fit bravement tuer dans Himry, que les Russes prirent d'assaut. Schamyl, qui le remplaça à la tête des montagnards, infligea aux Russes une grave défaite en 1837, mais ne put conserver sa forteresse, Akulgo, prise par le général Grabbe en 1839. Retiré dans les montagnes, il organisa la guerre de guérillas et repoussa Grabbe, qui voulait le poursuivre. En 1845, le prince Vorontzoff pénétra jusqu'à Dargo, qu'il trouva en flammes. Des colonnes russes agirent contre toutes les positions isolées et s'y fortifièrent dès qu'elles y eurent mis le pied; mais la guerre, traînant en longueur, n'était pas terminée, lorsque les forces anglo-françaises parurent en Crimée. Après la paix de 1856, les Russes reprirent leurs opérations interrompues. Ils poursuivirent, d'asile en asile, leur insaisissable adversaire, Schamyl, qui fut enfin acculé dans sa dernière position, le fort du mont Ghunib, près de la mer Caspienne. Il se rendit le 6 septembre 1859, fut traité triomphalement en Russie, et ce qui restait de ses héroïques Circassiens émigra en Turquie. Depuis cette époque, la Caucasie est soumise aux Russes.

* **CAUCASIEN, IENNE** s. et adj. Qui est du Caucase ; qui a rapport au Caucase ou à ses habitants : *une Caucasienne; les mœurs caucasiennes.* — Voy. CAUCASIQUE.

* **CAUCASIQUE** adj. Qui est du Caucase, qui appartient au Caucase. — RACE CAUCASIQUE, race blanche que l'on supposait issue des pays situés aux environs du Caucase. — On dit aussi CAUCASIEN.

CAUCHE (François), voyageur et pirate, né à Rouen, mort en 1638. Il fut soldat ou matelot à Madagascar, et publia en 1631 une *Relation de Madagascar*, 1 vol. in-8°.

* **CAUCHEMAR** s. m. (du vieux français *cauquemare*, sorcière). Etat d'oppression ou d'étouffement qui survient quelquefois pendant le sommeil et qui produit de pénibles sensations. Le sujet croit sentir un monstre, un fantôme, un animal, un démon ou un ennemi lui comprimer la poitrine ; ou bien il rêve qu'il tombe dans un abîme, qu'il se trouve au milieu du feu, que des brigands menacent ses jours; il veut crier, fuir, lutter ; mais il se sent paralysé ; une force irrésistible le retient. Dans cet état, sa respiration devient haletante, il pousse des cris confus, son corps se couvre de sueur et l'oppression est telle qu'elle détermine un brusque réveil. Les causes du cauchemar sont : ou la pléthore sanguine, ou une affection des organes digestifs; on l'observe chez les personnes sédentaires qui ont une nourriture trop succulente et chez celles qui se couchent sur le dos et s'endorment aussitôt après le repas du soir. Les maladies du cœur, du cerveau ou du poumon, les affections morales tristes, les fatigues intellectuelles, les récits ou les lectures de contes fantastiques peuvent également causer le cauchemar. On se préserve de cette oppression en éloignant les causes qui la produisent habituellement. On évite de dîner trop tard; on prend des aliments d'une facile digestion ; ou se donne de l'exercice au grand air; on se couche la tête et les épaules élevées, le corps incliné de préférence du côté droit. S'il y a des symptômes nerveux, on a recours aux antispasmodiques. — Fig. et fam. CET HOMME DONNE LE CAUCHEMAR, EST UN VÉRITABLE CAUCHEMAR, se dit d'un homme très ennuyeux, très importun.

* **CAUCHOIS, OISE** s. et adj. Qui est du pays de Caux; qui a rapport à ce pays. — PIGEONS CAUCHOIS, gros pigeons, ainsi nommés parce que les pigeons de Caux sont plus gros que ceux des autres lieux. — COIFFE CAUCHOISE, coiffure élevée que portent les femmes du pays de Caux.

CAUCHON (Pierre), évêque de Beauvais que les habitants de cette ville chassèrent de son siège comme traître et partisan des Anglais, en 1429. Il s'attira une triste célébrité par les infâmes perfidies qu'il employa pour faire condamner Jeanne d'Arc (1431). Il mourut en 1443, et fut excommunié par Calixte IV. Le peuple déterra ses restes et les jeta à la voirie.

CAUCHY. I. (Louis-François), poète officiel du Consulat, de l'Empire et de la Restauration. Aucune de ses flagorneries emphatiques ne lui a survécu. — II. (Augustin-Louis), mathématicien, fils du précédent, né à Paris en 1789, mort en 1857. Fut professeur de mécanique à l'Ecole polytechnique (1816) et d'astronomie mathématique à la Faculté des sciences (1848); donna sa démission en 1832, parce que ses opinions légitimistes ne lui permirent pas de prêter serment à Napoléon III. Ses œuvres volumineuses comprennent plus de 500 mémoires insérés dans le recueil de l'Académie des sciences ou dans d'autres collections. — III. (Eugène), frère du précédent (1802-'77), publiciste ; a laissé : *Du Duel* (1846, 2 vol. in-8°) ; *Droit maritime international*, etc.

CAUCUS s. m. [kâ'-keuss] (terme américain dérivé d'un mot algonquin qui signifie *parler*). Sorte de convention, de réunion préliminaire électorale ou de club, dans laquelle les Américains des Etats-Unis mettent aux voix les candidatures des personnes qui se présentent aux suffrages de leurs concitoyens pour n'importe quel office. Le premier Caucus date de 1763.

CAUDAL, ALE adj. (lat. *cauda*, queue). Zool. Se dit de tout ce qui a rapport à la queue. — NAGEOIRE CAUDALE, celle qui termine la queue de presque tous les poissons; elle est toujours verticale, excepté dans une variété de daurade de la Chine, qui la porte horizontale. — Chez les cétacés, la nageoire caudale est également horizontale.

* **CAUDATAIRE** s. m. Celui qui porte la queue de la robe d'un cardinal, d'un prélat ou du pape. — Adjectiv. : *gentilhomme caudataire.*— Fig. Homme obséquieux, bas flatteur : *il se fait le caudataire de tous les gens de place.*

* **CAUDEBEC** s. m. [kô-de-bèk]. Espèce de chapeau de laine, dont la première fabrique fut établie à Caudebec-en-Caux. Voy. ALENTOUR.

CAUDEBEC-EN-CAUX, ch.-l. de cant.; arr. et à 10 kil. S. d'Yvetot (Seine-Inférieure), sur la rive droite de la Seine, à l'embouchure du Caudebec, 10,800 hab. Grains, fruits, étoffes de coton et lainages. Eglise paroissiale du xve siècle qui offre un magnifique spécimen du

Caudebec-en-Caux.

style gothique. Capitale du pays de Caux, cette ville fut prise par les Anglais en 1419 et par les protestants en 1562. La révocation de l'édit de Nantes ruina son importante fabrication de chapeaux appelés *caudebecs.*

CAUDEBEC-LEZ-ELBEUF, bourg, à 23 kil. de Rouen (Seine-Inférieure), sur l'Oison; 6,000 hab. Draps, filatures et teintureries.

CAUDÉRAN, bourg, à 3 kil. O. de Bordeaux (Gironde), 3,500 hab. Hôpital militaire.

CAUDÈTE, ville d'Espagne, province et à 60 kil. S.-E. d'Albacète; 7,000 hab. Commerce de vin et d'huile.

CAUDEX s. m. [kô-dèkss] (lat. *caudex*, tige). Mar. Nom donné d'abord aux bateaux construits grossièrement de troncs d'arbres, et ensuite à certains esquifs dont on faisait usage pour passer le Tibre.

* **CAUDINES** (Fourches). *Furculæ Caudinæ*, deux étroits défilés entre les montagnes de l'ancien Samnium, considérés comme formant la vallée appelée aujourd'hui le val d'Arpaja, et par lesquels passait la route de Capoue à Bénévent. En 321, pendant la guerre samnite, l'armée romaine, surprise dans ces défilés, fut obligée de se rendre et dut passer

sous le joug, d'où vient l'expression : PASSER SOUS LES FOURCHES CAUDINES, subir une épreuve humiliante, boire la honte jusqu'à la lie, être contraint, par une inexorable nécessité, aux concessions les plus pénibles.

CAUDIUM [kô-di-omm], ancienne ville du Samnium, aujourd'hui *Airola*, sur la route de Capoue à Bénévent. Non loin de Caudium se trouvaient les célèbres Fourches Caudines.

CAUDRETTE s. f. Pêche. Truble sans manche et suspendue comme une balance, que les pêcheurs relèvent avec une fourche de bois.

CAULAINCOURT, village, arr. et à 16 kil. de Saint-Quentin (Aisne); 500 hab. Ancienne seigneurie érigée en marquisat en 1714. Beau château.

CAULAINCOURT (Armand-Augustin-Louis de), officier et diplomate, né à Caulaincourt en 1772, mort à Paris en 1827. Fit les campagnes de la Révolution, fut aide de camp de Bonaparte, général de division (1805), grand écuyer et duc de Vicence (1807), ambassadeur à Saint-Pétersbourg (1807-'11). Il désapprouva formellement la campagne de Russie et accompagna l'empereur pendant la retraite de Moscou. Après avoir été employé dans diverses missions diplomatiques, il devint sénateur et ministre des affaires étrangères en 1813. Il fut encore ministre des affaires étrangères pendant les Cent-Jours. C'est à lui que l'histoire impute l'enlèvement du duc d'Enghien ; mais il s'est vivement défendu d'avoir commis cette infamie. Ses intéressants *Souvenirs* ont été publiés en 1837-'40.

* **CAULICOLES** s. i. pl. (lat. *caulis*, tige; *colo*, j'habite). Archit. Tiges qui sortent d'entre les feuilles d'acanthe, et qui sont roulées en volutes sous le tailloir du chapiteau corinthien. — ◆◆ Hist. nat. Qui vit en parasite sur les tiges.

CAULICULE s. f. Bot. Synon. de PLUMULE.

CAUMARTIN, famille française, a mille française qui a fourni quelques hommes distingués. — I. (Louis LE FÈVRE DE), magistrat (1552-1623), devint garde des sceaux en 1622. — II. (Louis-François LE FÈVRE DE) petit-fils du précédent (1624-'87); agent et conseiller du cardinal de Retz. — III. (Jean-François-Paul LE FÈVRE DE), fils du précédent (1668-1733), fut évêque de Vannes, puis de Blois; académicien en 1694.

CAUMONT, I. Ch.-l. de cant.; arr. et 27 kil. S.-O. de Bayeux (Calvados); 690 hab. Volailles. — II. Village de l'arr. et à 13 kil. S.-E. d'Avignon (Vaucluse), sur la rive droite de la Durance; 2,000 hab. Jean Althen y mourut dans la misère en 1774. — III. Village de l'arr. et à 35 kil. E. de Pont-Audemer (Eure), sur la rive gauche de la Seine; 900 hab. Pierres de taille. — IV. Bourg de l'arr. et à 8 kil. S. de Marmande, sur la rive gauche de la Garonne; 1,000 hab.

CAUMONT, famille française, originaire de Guyenne, dont plusieurs membres se distinguèrent pendant les croisades et pendant la guerre de Cent ans. Cette maison, qui s'est perpétuée jusqu'à nos jours, a fourni plusieurs branches, parmi lesquelles celle des ducs de La Force et celle des comtes de Lauzun.

CAUNE (La). Voy. LACAUNE.

CAUNÈS (Les), *Bufentis*, village de l'arr. et

à 21 kil. N.-E. de Carcassonne (Aude) ; 2,200 hab. Beaux marbres gris, église remarquable, ancienne dépendance d'une abbaye de bénédictins fondée au VIIIᵉ siècle.

CAURA [kaou'-ra], rivière de Vénézuéla, formée par la réunion de l'Yurani, de l'Erevato et du Mareguare. Elle se jette dans l'Orénoque, à 150 kil. O. d'Angostura, après un cours de 250 kil.

* CAURIS ou ◡ **Coris** s. m. [kô-ri] Petite coquille qui sert de monnaie dans plusieurs contrées de l'Inde et de l'Afrique.

CAURRES (Jean des), prêtre, né à Moreuil en 1540, mort en 1587 ; a laissé un *Recueil d'œuvres morales et diversifiées* (1584), où l'on trouve une apologie de la Saint-Barthélemy.

CAUS ou **Caulx** I. (Salomon de), célèbre ingénieur et mécanicien, né à Dieppe ou près de cette ville vers 1576, mort vers 1635. On ne connaît rien de certain sur son existence, sinon qu'il voyagea, habita Londres en 1612, fut architecte de l'Electeur palatin Frédéric V, à Heidelberg, de 1617 à 1620, et découvrit les propriétés de la vapeur comme force motrice. Il a laissé plusieurs ouvrages oubliés : *La perspective* (Londres, 1612); *Hortus Palatinus* (Francfort, 1618); *Les horloges solaires* (Paris, 1624). Mais sa *Raison des forces mouvantes* (Francfort, 1615) contenant la description d'une véritable machine à vapeur, a assuré à Salomon de Caus la gloire de cette invention, que le marquis de Worcester lui a empruntée. Une tradition sans fondement historique fait mourir à Bicêtre, où Richelieu l'aurait enfermé comme fou, le savant qui, le premier, a trouvé le théorème de l'expansion et de la condensation de la vapeur. — II. (Isaac de) son parent, né à Dieppe. fut ingénieur et architecte ; a publié : *Nouvelle invention de lever l'eau plus haut que sa source* (Londres, 1644, avec figures).

CAUSAL, ALE adj. Voy. CAUSATIF, IVE.

* CAUSALITÉ s. f. Didact. Manière dont une cause agit.

CAUSANT ANTE adj. Qui aime à causer. — Qui agit comme cause.

* CAUSATIF, IVE adj. (lat. *causativus*). Gramm. Se dit des mots, des conjonctions qu'on emploie quand on veut énoncer la raison de ce qui a été dit. Car, Parce que, *sont des conjonctions causatives.*

* CAUSE s. f. [kô-ze] (lat. *causa*, motif). Ce qui fait la première chose est, a lieu, agit : *Dieu est la première de toutes les causes; les effets et les causes.* — Motif, sujet, occasion, raison : *ce n'est pas sans cause qu'il agit de la sorte.* — Jurispr. Motif pour lequel une personne se détermine à contracter : *il n'y a pas d'obligation valable sans cause.* — Procès qui se plaide et qui se juge à l'audience : *mettre une cause au rôle.*

> Il ne perdit jamais de cause,
> Parce qu'il n'en plaida jamais.
> COLLETET.

— Par ext. Intérêt, parti : *embrasser une cause.* — Causes secondes, les êtres créés, considérés comme ayant reçu de Dieu, cause première, la faculté de produire des effets : *Dieu laisse agir les causes secondes.* — Cause finale, ce qu'on se propose pour but. Se dit plus particulièrement de la fin, du but pour lequel on suppose que chaque chose a été faite, créée. — Être cause de, occasionner : *vous êtes cause de mon bonheur.* On dit quelquefois, avec l'article : *être la cause,* dans le même sens : *elle peut mourir de douleur, et vous en serez la cause.* — Parler avec connaissance de cause, agir en connaissance de cause, parler, agir avec pleine connaissance de ce qu'on dit, de ce qu'on fait. — Fam. Et pour cause, se dit, sans rien ajouter, quand on ne veut pas s'expliquer sur les motifs qu'on a, ou qu'un autre peut avoir, de faire ou de ne pas faire

quelque chose : *je ne veux pas faire cela, et pour cause.* — Chancel. A ces causes, en considération de ce qui vient d'être exposé. — Être en cause, être partie au procès. — Mettre, appeler en cause, rendre quelqu'un partie au procès. — Mettre hors de cause, déclarer qu'une personne ne doit point être partie au procès. On dit, dans un sens analogue : *être hors de cause.* — En tout état de cause, quel que soit l'état du procès. — Fig. Avoir gain de cause, obtenir l'avantage dans une discussion ; et, dans le sens opposé : *donner gain de cause.* — Ayant cause. Voy. Ayant. — Fam. Avocat sans cause, avocat qui n'est point employé. — Cause grasse, cause que les clercs du Palais choisissaient ou inventaient pour plaider entre eux, aux jours gras, et dont le sujet était plaisant. — Prendre le fait et cause de quelqu'un, et plus ordinairement, Prendre fait et cause pour quelqu'un, se déclarer pour quelqu'un, prendre son parti, le défendre. — Faire cause commune avec quelqu'un, avoir les mêmes intérêts au siens, se liguer avec lui. — A cause de, loc. prépos. Pour l'amour de, en considération de. — A cause que, loc. conj. Parce que. — Législ. « Les conventions ainsi que les obligations qui en résultent sont nulles et ne peuvent avoir aucun effet, lorsqu'elles sont sans cause, c'est-à-dire quand elles émanent d'une personne privée de raison ; lorsqu'il y a une *fausse* cause, c'est-à-dire quand il y a erreur de la part de celui qui s'oblige ; ou lorsque la cause est *illicite,* c'est-à-dire quand elle est prohibée par les lois, contraire aux bonnes mœurs ou à l'ordre public (C. civ. 6, 1108, 1131, 1133, 1172 et suiv.). Mais ceci ne peut s'appliquer complètement aux donations et aux testaments, dont la cause est toujours supposée être une intention généreuse, et qui ne sont pas nuls parce qu'il s'y trouve des conditions impossibles ou illicites. Ces conditions sont alors seules réputées non écrites, et la libéralité elle-même reste valable, à moins qu'il ne soit constaté que son auteur n'était pas sain d'esprit (id. 900, 901). Lorsque l'écrit qui constate une convention ne contient pas l'énonciation de la cause, la convention n'en est pas moins valable (id. 1132). Celui qui a payé pour fausse cause a le droit de réclamer la restitution de ce qu'il a donné par erreur (id. 1376 et suiv.) »   (Cⁿ. Y.)

* CAUSÉ, ÉE part. passé de Causer, v. a. — Comm. et jurispr. Billet causé en marchandises, billet qui a pour cause des marchandises. — Part. passé de Causer v. n. Est invariable et ne s'emploie guère que dans les locutions fam. : *c'est assez causé ; assez causé.*

* CAUSER v. a. (rad. *cause*). Etre cause, occasionner : *il a pensé causer un grand malheur.*

* CAUSER v. n. (lat. *causari*). S'entretenir familièrement avec quelqu'un : *nous causâmes longtemps.* — Fam. Causer de choses et d'autres, s'entretenir familièrement de diverses choses sans contention d'esprit. — Causer de la pluie et du beau temps, causer de choses peu importantes. — Elliptiq. Causer littéraire, voyages, etc., causer de littérature, de voyages, etc. — Fam. Parler trop, parler inconsidérément : *ne lui dites ce que vous voudrez que tout le monde sache, car il aime à causer.* — Parler avec malignité : *n'allez pas si souvent dans cette maison, on y cause.*

* CAUSERIE s. f. Babil. action de causer : *c'est une causerie perpétuelle.* — Propos indiscret : *ses causeries finiront par nous compromettre.* Dans ce sens, on l'emploie surtout au pluriel.

* CAUSETTE s. f. Petite causerie.

* CAUSEUR, EUSE adj. Qui aime à causer : *humeur causeuse.* — Substantiv. : *faites taire ces causeurs. Une causeuse. Insupportable causeur.* — Personne qui parle indiscrètement, qui ne garde point le secret : *ne dites rien à cet homme-là, c'est un causeur.*

* CAUSEUSE s. f. Petit canapé où peuvent s'asseoir deux personnes.

CAUSSADE, *Calciata,* ch.-l. de cant. ; arr. et à 22 kil. N.-E. de Montauban (Tarn-et-Garonne); 2,500 hab. Place forte des calvinistes au XVIᵉ siècle. Safran.

CAUSSE s. f. (lat. *calx,* chaux). Nom donné, dans le S.-O. de la France, à de vastes plateaux de terres contenant de la marne. Les *causses* situées au N. de Levezoux (Aveyron), appartiennent au frias et à l'oolithe ; leur altitude varie entre 500 et 700 mètres.

CAUSSIDIÈRE (Marc), homme politique, né à Lyon vers 1809, mort à Paris en 1861. Ayant acquis une grande influence dans le parti républicain, il fut chargé, après la révolution de Février, de réorganiser la police. Il remplaça les sergents de ville par les gardiens de Paris et créa le corps des *Montagnards,* composé des plus ardents révolutionnaires. Lors de la réaction qui suivit les journées de juin, il s'enfuit en Angleterre, se fixa ensuite aux Etats-Unis, reprit son ancienne profession de commissionnaire en liquides, ne voulut pas profiter de l'amnistie de 1859 et se rendra en France pour y mourir. Ses *Mémoires* ont été publiés à l'étranger.

CAUSSIN (Nicolas), jésuite, né à Troyes en 1583, mort en 1651. Confesseur de Louis XIII, il porta ombrage à Richelieu, qui le fit disgracier. Il a laissé quelques écrits pleins de contes ridicules : *Cour sainte* (5 vol. in-8ᵒ); *Apologie de la Compagnie de Jésus* (1644), etc.

CAUSSIN DE PERCEVAL. I. (Jean-Jacques-Antoine), orientaliste, né à Montdidier en 1759, mort en 1835; enseigna l'arabe au Collège de France (1783), entra à l'Institut en 1809; a laissé des traductions des *Argonautiques,* d'Apollonius de Rhodes (1797), de l'*Histoire de la Sicile sous les Musulmans,* par Howairi (1802), des *Cinquante Séances de Hariri*; des *Sept Moallakahs,* etc. — II. (Armand-Pierre), orientaliste, fils du précédent, né à Paris en 1795, mort en 1872. Fut successivement interprète à Alep (1814), professeur de langues orientales modernes au Collège de France (1822), interprète arabe au bureau de la guerre (1824), professeur de philologie et de littérature arabe au Collège de France (1833), a laissé diverses traductions et une *Grammaire arabe vulgaire* (1824) ; une *Histoire des Arabes avant l'Islamisme* (1847), etc.

CAUSSINÉ, ÉE adj. Se dit du bois qui se déjette après avoir été travaillé.

* CAUSTICITÉ s. f. Caractère de ce qui est corrosif ; propriété des substances caustiques: *la causticité des acides.* — Fig. Propension à dire, à écrire des choses mordantes, satiriques : *la causticité sèche le cœur* (Boiste). — Caractère de ce qui est mordant : *la causticité d'une épigramme.*

* CAUSTIQUE adj. [kô-sti-ke] (*kaustikos*; de *kaiein,* brûler). Méd. Brûlant corrosif. Se dit des substances qui ont la propriété de brûler ou de désorganiser, par leur action chimique, les matières animales : *potasse caustique.* — Fig. Mordant, satirique, malin : *homme caustique, humeur caustique.* — ◡ Substantiv. Personne mordante.

> On aime un bon plaisant ; on abhorre un *caustique.*
> PALISSOT.

— ***** s. m. Substance caustique. Substance corrosive qui, mise en contact avec la peau, la désorganise et la brûle. On emploie les caustiques pour établir les exutoires, arrêter les progrès de la gangrène, détruire les virus et les venins, ouvrir les abcès. Les caustiques les plus employés sont : la *pierre infernale* ou *nitrate d'argent,* la *potasse caustique,* le *chlorure d'antimoine,* la *poudre de Vienne,* l'*ammoniaque* à l'état liquide ou incorporée dans une pommade (pommade ammoniacale de Gondret), ⦤. *pâte du frère Côme,* le *nitrate acide de mercure,* f'acide nitrique, le chlorure de zinc, le fer rougi au feu (cautère actuel), etc. — Les caustiques peuvent être divisés en trois classes, comme suit : 1° ceux qui produisent une escarre superficielle ; 2° ceux qui causent une escarre profonde ; 3° ceux qui détruisent de suite les tissus. L'acide nitrique appartient à la première classe ; le chlorure de zinc à la deuxième ; la potasse caustique et le fort acide chromique à la troisième.

* CAUSTIQUE s. f. Dioptrique et Catoptrique. Courbe sur laquelle concourent les rayons réfléchis ou rompus par une surface : caustique par réflexion ; caustique par réfraction.

CAUT, CAUTE adj. (lat. cautus, prudent). Qui a de la précaution (vieux).

* CAUTÈLE s. f. Finesse, ruse. — Droit canon. Précaution ; n'est usité que dans cette phrase : absolution a cautèle.

* CAUTELEUSEMENT adv. Avec ruse, avec finesse. Se prend toujours en mauvaise part : il a fait cela cauteleusement.

* CAUTELEUX, EUSE adj. Rusé, fin.

* CAUTÈRE s. m. [kô-tè-re] (gr. kautérion ; de kaiein, brûler). Méd. Médicament qui brûle ou désorganise les parties vivantes auxquelles on l'applique : pierre à cautère. — CAUTÈRE ACTUEL, instrument de métal qu'on fait rougir au feu pour l'appliquer sur une plaie, sur une morsure, etc. — CAUTÈRE POTENTIEL, composition qui a constamment et par elle-même la faculté de brûler et de corroder. — Prov. C'est un cautère sur une jambe de bois, se dit d'un remède qui ne peut servir à rien. — CAUTÈRE se dit aussi de l'ulcère artificiel qui résulte de l'application d'un cautère, et dont on entretient à dessein la suppuration. On dit également FONTICULE. Le cautère est ordinairement établi au moyen d'une petite incision ou au moyen d'une lentille de potasse laissée une heure sur un point circonscrit de la peau. On l'entretient avec des pois d'iris. C'est un émonctoire utile aux tempéraments lymphatiques, scrofuleux ou herpétiques et aux vieillards. On ne doit le supprimer que sur l'avis du médecin. — CAUTÈRE VOLANT, préceau dérivatif dans la phtisie strumeuse ou herpétique, dans les épanchements pleurétiques chroniques, les catharres, les paralysies, etc. On l'établit ordinairement avec une pincée de poudre de Vienne délayée dans 8 ou 10 gouttes d'alcool. On étend la pâte ainsi obtenue sur la peau préalablement limitée au moyen d'un morceau de diachylum ; on l'enlève au bout de dix minutes ou d'un quart d'heure ; on lave la plaie avec une compresse vinaigrée. On hâte l'élimination de l'escarre par la pommade de garou et l'on panse matin et soir avec le diachylum.

CAUTÉRÉTIQUE adj. Méd. Qui brûle, qui consume les chairs. Voy. CAUSTIQUE.

CAUTERETS, ville et station balnéaire, arr. et à 12 kil. S. d'Argelès (Hautes-Pyrénées). 1,300 hab. 22 sources thermales sulfurées sodiques, riches en silice et en barégine, de 30° à 60° C.; usitées en boissons, bains, gargarismes, douches, injections, pédiluves et inhalations, contre les maladies catharrales de l'appareil respiratoire, les maladies de la peau, les rhumatismes, les affections utérines, les scrofules, la syphilis, etc. Principales sources : de Pause, de la Reine ou des Espagnols, de César, de la Raillère, du Pré, de Saint-Sauveur, du Bois, des Œufs, de Bruzaud. Village bien bâti, au milieu de hautes montagnes, et visité chaque année par 15,000 étrangers. — Aux environs : Pont-d'Espagne, lac de Gaube, pic du Midi, gorges étroites et sauvages de Pierrefitte. 11 établissements.

* CAOTÉRISATION s. f. Action de cautériser; effet d'un caustique.

* CAUTÉRISÉ, ÉE part. passé de CAUTÉRISER. — Morale chrét. CONSCIENCE CAUTÉRISÉE, conscience corrompue, endurcie.

* CAUTÉRISER v. a. Appliquer un cautère, brûler au moyen d'un cautère.

* CAUTION s. f. (lat. cautio). Celui qui répond pour un autre, qui s'engage à satisfaire à l'obligation contractée par un autre, dans le cas où celui-ci n'y satisferait pas : fournir caution. — Fig. ÊTRE CAUTION, SE RENDRE CAUTION D'UNE CHOSE, assurer, garantir que telle nouvelle est vraie, que telle chose est arrivée, que telle chose arrivera. — IL EST SUJET A CAUTION, se dit d'un homme auquel il ne faut pas trop se fier. On dit de même : CETTE HISTOIRE, CETTE NOUVELLE EST SUJETTE A CAUTION, elle est douteuse. — ELARGIR QUELQU'UN A LA CAUTION D'UN AUTRE, moyennant le cautionnement, la garantie donnée par un autre. — Législ. « Une caution est une personne solvable qui s'oblige à l'exécution d'une obligation, pour le cas où le débiteur ne l'exécuterait pas lui-même (C. civ. 2011); l'acte qui constate cette garantie est un acte de cautionnement ; mais le cautionnement proprement dit (voy. ce mot) est une formalité administrative exigée de certains fonctionnaires, des entrepreneurs, etc. La caution est légale, lorsqu'elle est formellement exigée par la loi ; elle est judiciaire lorsqu'elle est ordonnée par le juge, par exemple comme condition de l'exécution provisoire d'un jugement ; elle est conventionnelle quand elle est fournie seulement par suite de conventions. Elle est simple ou solidaire, et dans ce dernier cas, elle est privée du bénéfice de discussion. Voy. BÉNÉFICE. La caution doit nécessairement être capable de contracter. S'il s'agit d'une caution légale ou judiciaire, elle doit être domiciliée dans le ressort de la cour d'appel où elle est donnée, et elle doit justifier qu'elle possède des immeubles de valeur suffisante pour répondre de l'obligation (C. civ. 2018, 2019, 2040). Les titres constatant la solvabilité de la caution judiciaire doivent être déposés au greffe du tribunal, et si ladite caution est contestée, le tribunal décide sur sa réception (C. pr. 517 et suiv.). La caution personnelle peut être remplacée par une garantie hypothécaire ou par le dépôt d'une somme d'argent. Dans le cas où la mise en liberté provisoire est subordonnée à un cautionnement, il est fourni, en vertu de l'article 122 du nouveau Code d'instruction criminelle, en espèces, billets de banque, titres de l'État ou garantis par l'État, appartenant soit à un tiers, soit à l'inculpé. Le juge peut admettre tout autre titre dont la valeur n'est pas contestée, ou même le simple engagement de toute tierce personne solvable. Il y a lieu à caution légale, savoir : dans le cas d'envoi en possession provisoire des biens d'un absent (C. civ. 120 et suiv.) ; dans le cas d'usufruit (id. 601) de bénéfice d'inventaire (id. 807); la surenchère (id. 2185 et C. proc. 832) ; lorsque l'on veut toucher le montant d'un effet de commerce adiré (C. comm. 151, 487), etc. La caution judicatum solvi est une exception que l'on peut opposer, au début d'une instance ou d'une intervention et en toutes matières autres que celles de commerce, à l'étranger demandeur en justice, pour l'obliger à garantir préalablement le paiement des frais et des dommages-intérêts auxquels il pourrait être condamné (C. civ. 16 ; C. proc. 166, 167, 423). Enfin la caution juratoire est une simple promesse, avec serment, qui peut être demandée à l'usufruitier, à défaut d'autre caution (C. civ. 603). Les actes de cautionnement, qu'ils soient faits sous signatures privées, par acte notarié, ou par soumission au greffe, sont passibles d'un droit d'enregistrement de 0 fr. 625 par 100 fr. du montant de la garantie. » (CH. Y.)

* CAUTIONNEMENT s. m. Contrat par lequel la caution s'oblige ; acte même qui constate

l'existence de ce contrat : signer un cautionnement. — Gage ou somme que les lois obligent certaines personnes à déposer comme garantie de la responsabilité à laquelle elles sont soumises : les receveurs de deniers publics sont obligés de fournir un cautionnement. — Législ. « Nous avons résumé, au mot caution, ce qui concerne le cautionnement, soit comme contrat civil, soit comme garantie légale ou judiciaire. Il nous reste à parler ici du cautionnement proprement dit, qui est un dépôt de garantie fait pour assurer la bonne gestion de certaines fonctions ou l'accomplissement de marchés contractés avec l'État ou les départements. Le cautionnement est exigé : 1° des officiers ministériels: avocats au conseil d'État et à la cour de cassation, notaires, avoués, greffiers, huissiers, commissaires-priseurs ; et le chiffre en est fixé en raison de la population des villes et du ressort des tribunaux de la résidence (L. 16 avril 1816, art. 88) ; des agents de change près la Bourse de Paris (ord. 17 janvier 1818) ; des référendaires au sceau de France (ord. 31 octobre 1830) ; 2° des trésoriers-payeurs généraux, receveurs particuliers des finances, percepteurs, conservateurs des hypothèques, receveurs des communes, receveurs et économes des établissements de bienfaisance, receveurs des postes, des contributions directes, et en général de tous les agents comptables de deniers publics; le chiffre en est fixé en proportion de la moyenne annuelle des recettes ; 3° des concessionnaires et adjudicataires de fournitures ou de travaux entrepris au compte de l'État ou des départements. En principe, les cautionnements doivent être versés en numéraire et confiés à la Caisse des dépôts et consignations. Voy. CAISSE. Ils peuvent être fournis en titres de rente sur l'État (L. 16 septembre 1871, art. 29; déc. 31 janvier 1872). Ils peuvent aussi être remplacés par un privilège sur des immeubles; mais cette faculté n'est accordée qu'aux receveurs d'établissements de bienfaisance. Le cautionnement est affecté, en vertu d'un privilège spécial, aux créances résultant d'abus et prévarications commis par les fonctionnaires et comptables (C. civ. 2102, 7° ; L. 6 nivôse an XIII, ou par les officiers ministériels (L. 25 ventôse an XI, art 33 ; L. 25 nivôse an XIII, art. 1er). Le titulaire du cautionnement peut consentir, par acte notarié, un privilège de second ordre au profit des bailleurs de fonds qui fournissent tout ou partie du cautionnement (L. 25 nivôse an XIII ; déc. du 28 août 1808 et du 22 décembre 1812). Les cautionnements versés en numéraire produisent des intérêts au taux de 3 p. 100. Les cautionnements des comptables ne leur sont remboursés qu'après l'apurement définitif de leur comptabilité, et ceux des officiers ministériels que trois mois après qu'ils ont fait, au greffe du tribunal, une déclaration de cessation de fonctions, laquelle déclaration reste affichée pendant le délai dans le lieu des séances du tribunal (L. 25 nivôse an XIII, art. 5); enfin, les cautionnements des fournisseurs ou entrepreneurs sont remboursés après la réception définitive des travaux ou des fournitures. Le cautionnement des journaux et écrits périodiques qui, pendant longtemps, avait été exigé en vertu des lois sur la presse, a été supprimé par le décret du 10 octobre 1870, puis rétabli avec quelques restrictions par la loi du 6 juillet 1871, et enfin définitivement aboli par l'article 5 de la loi du 29 juillet 1881. » (CH. Y.)

* CAUTIONNER v. a. Se rendre caution pour quelqu'un.

CAUTLEY (SIR Proby-Thomas), ingénieur anglais (1802-71) ; traça le plan du canal du Gange, qu'il fit creuser (de 1848 à 1854). Il a écrit sur la paléontologie hindoue.

CAUVALAT, station minérale à 2 kil. du Vigan (Gard). Établissements. Bains, douches et buvette. Eaux sulfureuses calciques froides.

diurétiques, activant la transpiration cutanée, augmentant la sécrétion urinaire; efficaces contre les dartres, la psore, le rhumatisme, la syphilis, les scrofules, les fièvres intermittentes rebelles, l'anémie, la chlorose, les catarrhes chroniques, etc.

CAUVET (Gilles-Paul), sculpteur d'ornements, né à Aix (Provence) en 1731, mort en 1788. Son chef-d'œuvre est la galerie de l'hôtel de Mazarin. Il fit une révolution dans l'art décoratif et publia un *Recueil d'ornements*, composé de 112 morceaux qui servent encore de modèles.

CAUVIN (Thomas), géographe, né à Caen en 1762, mort au Mans en 1846, a laissé une *Géographie ancienne du diocèse du Mans* (1845, in-4-), couronnée par l'Institut.

CAUX (Pays de) [kô], *Caletensis ager*, ancien pays de la haute Normandie, entre la Manche, la Seine, le pays de Bray et le comté d'Eu; habité primitivement par les *Calètes*. Ch.-l. Lillebonne, puis Caudebec. Le pays de Caux forme à peu près les arrondissements du Havre, de Dieppe et d'Yvetot (Seine-Inférieure).

CAVA, ville d'Italie, province de Salerne, à 45 kil. S.-E. de Naples; 20,150 hab. Soieries, cotonnades et lainages. Près de la ville se trouve le fameux monastère bénédictin de Trinità di Cava, qui renferme 40,000 manuscrits sur parchemin, plus de 60,000 sur papier; 1,600 diplômes et bulles papales et plusieurs livres d'une extrême rareté.

* **CAVAGNOLE** s. m. [*gn* mll.] (ital. *canajola, nappe*). Espèce de biribi où tous les joueurs ont des tableaux, et tirent les boules chacun à son tour : *le cavagnole ne se joue plus.*

CAVAIGNAC [ka-va-niak], I. (Jean-Baptiste), conventionnel populaire, né à Gordon (Lot), en 1762, mort exilé à Bruxelles, en 1829. Il vota la mort du roi, fut plusieurs fois envoyé en mission auprès des armées, aida au renversement de Robespierre et à la défense militaire de la Convention lors de l'insurrection royaliste du 13 vendémiaire an IV, servit ensuite Joseph Bonaparte, fut appelé à Naples par Murat, reçut la préfecture de la Somme pendant les Cent-Jours et fut banni par la seconde Restauration. — II. (Éléonore-Louis-Godefroy), fils aîné du précédent, homme politique et journaliste, né et mort à Paris (1801-5 mai 1845); fut un chef républicain populaire sous la Restauration et sous Louis-Philippe; fonda la *Société des Amis du peuple* en 1834, fut arrêté après les événements d'avril 1834, s'évada de Sainte-Pélagie, le 13 juillet 1835, rentra à Paris en 1841, conspira plus que jamais, prit la direction du journal extra-républicain la *Réforme* et mourut après une longue et douloureuse maladie. — III. (Louis-Eugène), général, frère du précédent, né à Paris le 15 octobre 1802, mort le 28 octobre 1857. Fit ses études militaires à l'École polytechnique, puis à l'École d'application de Metz, entra dans l'armée en 1824, se distingua dans la campagne de Morée comme capitaine et fut envoyé en Afrique par Louis-Philippe pour *y jeter sa gourme*, suivant un mot que l'on attribue au roi lui-même. Chargé de la défense de Tlemcen, en 1836, il s'illustra en repoussant, pendant quinze mois, avec une poignée de 500 volontaires et des ressources presque nulles, les assauts répétés des Arabes, qui vinrent plusieurs fois jusque sous les murs du Méchouar (citadelle de Tlemcen). Délivré par le traité de la Tafna, il fut nommé chef de bataillon, publia un livre, la *Régence d'Alger*, qui produisit une vive sensation, contribua, à la tête d'un bataillon de *zéphirs*, à la prise de Cherchell (15 mars 1840), s'enferma dans cette place, qui était dans le plus mauvais état, et la défendit contre les attaques furieuses des Kabyles. Lieutenant-colonel dezouaves, le 21 juin 1840, il prit une part brillante à toutes les actions militaires, devint général de brigade

en 1844, reçut le commandement de la subdivision de Tlemcen et succéda à Lamoricière en décembre 1847, comme gouverneur de la province d'Oran. La République de 1848 le nomma général de division et lui confia le gouvernement général de l'Algérie. Peu de temps après, il fut élu à l'Assemblée constituante par les départements de la Seine et du Lot, puis nommé ministre de la guerre. Lors de l'insurrection du 22 juin 1848, l'Assemblée l'investit du pouvoir dictatorial et il prit des mesures tardives mais énergiques contre les révoltés. Le lendemain, 23 juin, il commença la lutte et la poursuivit pendant 70 heures, sans un instant de répit. Sa victoire fut complète ; il ne voulut pas en abuser. Dès le 29, il abdiqua la dictature et fut élu à l'unanimité chef du pouvoir exécutif. Mais sa popularité était morte à jamais : on le rendit responsable de la réaction, des transportations en masse, des fusillades sans jugements, des vengeances personnelles qui firent tant de victimes. Lorsqu'il posa sa candidature à la présidence de la République, il obtint néanmoins 1,448,107 suffrages. Acceptant avec dignité l'arrêt du pays, il descendit fièrement du pouvoir et resta dans les rangs clairsemés des républicains de la Constituante et de la Législative. Arrêté pendant la nuit du 2 décembre, il fut jeté à Mazas puis envoyé au fort de Ham où il demeura un mois seulement. Il vécut quelque temps en Belgique, épousa Mlle Odier, fut élu au Corps législatif en 1852 et en 1857 par les électeurs de Paris, mais refusa, chaque fois, de prêter serment et fut déclaré démissionnaire. Dans les dernières années de sa vie, il prit la haute direction du *Siècle*. Il mourut subitement, pendant une partie de chasse.

CAVAILLON, *Cabellio*, ch.-l. de cant.; arr. et à 25 kil. S.-E. d'Avignon (Vaucluse), sur la Durance, au milieu du territoire surnommé le *Jardin de la Provence* ; 8,500 hab. Marché de soies grèges. Exportation de vermicelle, de garance, de fruits et de conserves. Restes d'un arc de triomphe qui parait dater d'Auguste. Cavaillon fut l'une des villes principales des Cavares.

CAVALCANTI (Guido), poète florentin, mort en 1300, succéda à son beau-père, Uberti, comme chef des Gibelins, et fut exilé. Ses *Rime* contiennent des sonnets et des *canzone.*

* **CAVALCADE** s. f. (lat. *caballus*, cheval). Marche pompeuse de gens à cheval : *le pape va en cavalcade prendre possession de l'église de Saint-Jean-de-Latran*. — Promenade que plusieurs personnes réunies font à cheval : *nous fîmes une cavalcade au bois de Boulogne.*

CAVALCADER v. n. Faire, en compagnie, une promenade à cheval.

* **CAVALCADOUR** adj. m. (ital. *cavalcare*, monter à cheval). N'est usité que dans cette dénomination : *écuyers cavalcadours*, écuyers chargés de la surveillance des chevaux et de tous les équipages de l'écurie, dans la maison du roi et des princes.

* **CAVALE** s. f. Jument; femelle du cheval. — ⁓ Argot. Fuite, évasion; action de se cavaler.

CAVALER (Se) v. pr. S'enfuir avec la vitesse d'un cheval.

* **CAVALERIE** s. f. Nom collectif qui désigne les différentes espèces de troupes servant à cheval : *faire les levées de cavalerie ; cavalerie française ; manœuvres de cavalerie.* — Grosse cavalerie, cavalerie pesamment armée ; par opposition à cavalerie légère : *les cuirassiers appartiennent à la grosse cavalerie, les chasseurs et les hussards, à la cavalerie légère.* — Cavalerie de ligne, cavalerie intermédiaire entre la grosse et la légère : *les dragons appartiennent à la cavalerie de ligne.* —

Cet officier entend bien la cavalerie, il sait bien la faire combattre. — Encycl. Plus de deux siècles avant d'être conquise par les Perses, l'Égypte possédait une nombreuse cavalerie. De même, les Assyriens connurent à une époque extrêmement reculée la manière de combattre à cheval, ainsi que l'on peut s'en convaincre en examinant les anciens monuments, sur lesquels se trouvent dessinés des cavaliers sous les armes et en campagne. D'après ces témoignages irrécusables, la selle existait déjà. Les Grecs n'eurent donc qu'à imiter l'exemple des peuples plus anciens ; ils perfectionnèrent leurs races chevalines et purent organiser leur cavalerie régulière. L'élite de la jeunesse spartiate forma une troupe de gardes à cheval. Mais ces jeunes gens, se fiant à eux-mêmes, beaucoup plus qu'à leurs montures, mettaient ordinairement pied à terre au moment du combat; du reste, dans toute la Grèce, la cavalerie ne fut d'abord que de l'infanterie montée. La cavalerie de Philippe et d'Alexandre se composait de la noblesse macédonienne et thessalienne, avec quelques escadrons recrutés dans la Grèce centrale. Elle comprenait surtout de la grosse cavalerie ; les hommes, appelés *cataphractaires*, étaient armés du casque, du pectoral, de cuissards et d'une longue lance. Cette troupe chargeait ordinairement en un corps compact formant une colonne oblongue ou en forme de coin ; quelquefois elle combattait en ligne. La bataille du Granique (334 av. J.-C.) nous offre le premier exemple d'un engagement dans lequel la cavalerie joua un rôle important. Aussitôt que les têtes de colonnes de l'infanterie macédonienne eurent passé la rivière et avant qu'elles pussent se déployer, la cavalerie des Perses se précipita sur elles avec impétuosité et les rejeta dans l'eau. Alexandre, en gagnant la bataille d'Arbelles (334 av. J.-C.), au moyen de ses troupes montées, s'acquit la réputation d'être le meilleur officier de cavalerie de son siècle. Les principes généraux de la tactique des troupes à cheval étaient compris en ce temps aussi bien qu'ils le sont aujourd'hui : attaquer l'infanterie dans la formation de la marche ou pendant un changement de formation ; attaquer la cavalerie principalement sur son flanc; profiter de la moindre ouverture dans la ligne ennemie pour s'y jeter et l'élargir en tournant à droite et à gauche, de façon à prendre en flanc ou par derrière les troupes placées à portée de la brèche; profiter de la victoire en poursuivant l'ennemi avec rapidité et acharnement. Les Romains ne furent jamais bons cavaliers; le peu d'hommes montés qu'ils joignaient à leurs légions étaient heureux de combattre à pied; d'ailleurs, ils ne possédaient qu'une race chevaline médiocre. Amilcar et Annibal avaient, outre leurs cavaliers numides irréguliers, un corps de cavalerie régulière choisie. Les victoires d'Annibal, ainsi que celles de Frédéric le Grand, furent généralement gagnées par la cavalerie sur l'infanterie d'élite. A Cannes (216 av. J.-C.), les Romains mirent en ligne 80,000 fantassins et 6,000 cavaliers; les Carthaginois, 40,000 fantassins seulement et 10,000 cavaliers. La grosse cavalerie d'Asdrubal ayant fait une charge furieuse sur l'aile droite de la cavalerie romaine, la dispersa, passa, tomba sur le centre ennemi, sur le derrière de la cavalerie italienne, la rompit entièrement et, abandonnant aux Numides cette proie facile, fit une charge formidable sur les flancs et les derrières de l'infanterie romaine. Cette lourde masse de fantassins voulut se retourner, s'ouvrit, fut brisée et succomba. Plus de 70,000 Romains restèrent sur le champ de bataille; de tous leurs cavaliers, c'est à peine si 70 parvinrent à s'échapper. Les Carthaginois perdirent 6,000 hommes; de ses 6,000 hommes de cavalerie régulière

Asdrubal ne perdit que 200 tués ou blessés. — L'établissement d'une aristocratie conquérante d'origine teutonique, dans l'Europe occidentale, donna naissance à une ère nouvelle dans l'histoire de la cavalerie. La noblesse se serait crue déshonorée de combattre à pied ; elle forma les corps d'hommes d'armes ou de gens d'armes qui s'alourdirent peu à peu et remplacèrent la grosse infanterie de l'antiquité. L'homme et le cheval se couvrirent de fer. La bataille de Poitiers (732) ne fut pas seulement la victoire de Charles Martel sur le torrent de l'invasion arabe; elle fut le triomphe de la cavalerie lourdement armée sur la cavalerie légère. A partir de cette époque, commença la lutte plusieurs fois séculaire entre la cavalerie massive et régulière de l'Occident contre les troupes agiles et irrégulières de l'Orient. Pendant tout le moyen âge, la cavalerie resta la troupe principale des armées; l'infanterie tomba dans un état d'infériorité dont elle sortit difficilement. — Quelques centaines de gentilshommes broyaient en quelques heures des milliers de paysans armés de faux. La méthode générale des hommes d'armes était de combattre en ligne sur un seul rang. Ces lignes, arrivées sur l'ennemi, se rompaient aussitôt et chacun livrait des combats singuliers. Mais au XVe siècle, l'infanterie se modifia sensiblement, sous l'influence des changements apportés à la tactique par l'emploi de la poudre à canon. Les chevaliers se firent bravement tuer, un à un, sans se douter de la révolution qui se faisait dans l'art militaire. Les paysans suisses furent les premiers à renverser les gens d'armes bardés de fer. Granson, Morat et Novare sont des noms qui retentissent dans une manière bien triste dans l'histoire de la féodalité en décadence. Après les guerres d'Italie, il n'y eut plus guère de grosse cavalerie. Les reîtres allemands, armés simplement du casque, du pectoral, d'une épée et de pistolets, ne tardèrent pas à donner des preuves de leur supériorité sur les lourds gens d'armes. A la fin du XVIe siècle, la troupe hybride des dragons fut créée en France et introduite dans les autres pays de l'Europe. Armés de mousquets, les dragons combattaient comme infanterie ou comme cavalerie, suivant les circonstances; mais au commencement du XVIIIe siècle, ils perdirent leur caractère hybride et furent ensuite généralement employés comme cavalerie. Ce fut le premier corps de cavalerie régulière qui fut complétement privé d'armure. Maurice de Nassau forma ses reîtres d'après les règles de l'organisation militaire moderne. Gustave-Adolphe en Allemagne, le prince Rupert et Cromwell se rendirent célèbres comme officiers de cavalerie. Moins impétueux dans ses charges que ne l'était Rupert, Cromwell était supérieur dans sa fermeté à maintenir ses hommes; il conservait toujours une réserve pour parer aux événements imprévus. Il remporta les victoires de Marston Moore et de Naseby avec sa cavalerie seulement. En France, en Prusse et en Autriche, la cavalerie s'habitua à manier la carabine, exactement comme l'infanterie maniait le mousquet. Quand on faisait un mouvement pour une charge, la ligne s'avançait au trot, s'arrêtait à une petite distance de l'ennemi, déchargeait sur lui ses armes à feu; après quoi, les hommes mettaient l'épée à la main et chargeaient. Les Français couraient quelquefois sur l'ennemi sans faire usage de leurs mousquets, et les Suédois de Charles XII chargeaient toujours sans faire feu. Dès la fin de la première guerre de Silésie, Frédéric réorganisa entièrement sa cavalerie. Il fut défendu de faire feu avant que les première et deuxième lignes de l'ennemi fussent rompues. A Rossbach, à Striegau, à Kesselsdorf, à Leuthen et dans dix autres batailles, Frédéric dut le succès à sa magnifique cavalerie. Napoléon Ier perfec-

tionna la cavalerie, laquelle, après le camp de Boulogne, se remonta de chevaux allemands et italiens et ne fut pas un adversaire méprisable. Les campagnes de 1805-'6-'7, permirent à ses troupes d'absorber presque tous les chevaux des armées autrichienne et prussienne, et surtout renforcèrent l'armée française de l'excellente cavalerie de la confédération du Rhin et du duché de Varsovie. C'est alors que furent formées les masses énormes de cavaliers à la tête desquels agit Napoléon, de 1809 à 1813, et qui étaient composées en grande partie d'Allemands et de Polonais, bien qu'on les ait généralement considérées comme françaises. Napoléon introduisit un changement complet dans la tactique de la cavalerie. La masse de l'arme et particulièrement la grosse cavalerie furent tenues en réserve, dans le but de frapper un coup décisif au moment favorable ou de couvrir une retraite. L'ancien système d'attendre de pied ferme et la carabine à la main une charge de la cavalerie ennemie fut conservé longtemps encore dans la cavalerie française et ne produisit que des défaites. Napoléon introduisit la charge de la cavalerie en colonne et même il forma tout le corps de la cavalerie en colonne monstre, formation dans laquelle le dégagement d'un simple escadron ou d'un régiment devint impossible et il ne fut plus question de tenter un déploiement. La surprise de Haynau (1813), où 20 escadrons prussiens dispersèrent 20 bataillons français et prirent 18 canons, marque le point où commence l'histoire de la cavalerie contemporaine. Aux Etats-Unis, la guerre de sécession a apporté un notable progrès dans l'organisation et l'emploi de cette arme. Le général Hooker, chef de l'armée du Nord dans le Potomac, assembla sa cavalerie en un seul corps, et essaya, sans beaucoup de succès, de l'employer conjointement avec l'infanterie. Dans l'Ouest, des essais du même genre eurent des résultats analogues ; mais l'attention publique fut vivement frappée de la marche victorieuse d'une petite brigade de cavalerie sous les ordres du colonel Grierson, depuis Memphis jusqu'à Port Gibson, en suivant la vallée du Mississipi. La cavalerie de l'armée du Sud avait reçu une organisation bien supérieure à celle de l'armée du Nord, lorsque le général Sheridan fut placé à la tête de toutes les troupes montées appartenant à l'armée du Potomac. Il en forma 3 divisions de chacune 5,000 chevaux. Les cavaliers étaient presque tous armés de sabres et de carabines dites à répétition (pouvant tirer plusieurs coups sans être rechargées), et ils combattaient ordinairement à pied. Détaché avec toute cette troupe par le général Grant, après la bataille de Spottsylvania Court House, Sheridan battit la cavalerie confédérée à Yellow Tavern, près de Richmond, tua son commandant, le général Stewart, et conserva toujours sa supériorité sur ses adversaires. La bataille de l'Opequan près de Winchester, dans laquelle Early fut vaincu par ce même Sheridan, commença et finit par des combats de cavalerie. La part prise par cette arme dans les batailles finales près de Petersburg et particulièrement à Five Forks, et dans la capture de l'armée confédérée, près Appomatox Court House, ne fut pas moins importante. Lorsque Grant envoya le général Wilson dans l'Ouest pour prendre la place de chef de cavalerie, Sherman donna carte blanche à cet officier et le mit à la tête de 72 régiments (chacun d'une force nominale de 1,200 chevaux), comprenant toute la cavalerie et l'infanterie montée de l'Ohio, du Cumberland et du Tennessee. Wilson les organisa en 7 divisions, comprenant ordinairement deux brigades chacune et formant un corps. A la bataille de Nashville, les 15 et 16 décembre 1864, Wilson avait 12,000 cavaliers et fantassins montés, outre 3,000 hommes démontés et une force détachée de 3,000 hom-

mes opérant dans le Kentucky. Pendant les mouvements du premier jour, il tourna l'aile gauche de l'armée de Hood, prit 16 canons et fit de nombreux prisonniers; le second jour, il continua ses opérations sur l'aile gauche et sur l'arrière-garde de l'ennemi, qu'il bouscula par des charges répétées de ses hommes démontés. En janvier 1865, le corps de Wilson fut augmenté de 27,000 hommes, dont 17,000 étaient montés et entièrement équipés. Sa marche d'Eastport à Macon, dans les dernières semaines de la campagne, fut rapide et riche en captures. Les enseignements de ces diverses opérations furent les suivants : la cavalerie doit constituer une large part de l'armée en temps de guerre; elle doit être organisée, montée, équipée et dirigée de telle sorte qu'elle puisse agir avec vigueur et rapidité sur les flancs, les derrières et les communications de l'ennemi. Les cavaliers doivent être munis d'armes à tir rapide, parce qu'ils sont souvent appelés à combattre à pied ; ils remplacent alors l'infanterie légère avec d'autant plus d'avantage que leurs chevaux peuvent leur faire parcourir de 50 à 80 kil. en un jour. La cavalerie doit, autant que possible, tirer ses subsistances du pays ennemi; car lorsqu'elle fait de longues marches ou lorsqu'elle se trouve en présence de l'armée adverse, il ne lui faut d'autre suite que celle qui est nécessaire au transport des munitions indispensables. On doit l'organiser en corps puissant et l'employer surtout dans les opérations importantes. Aujourd'hui, on a rejeté l'usage d'attendre l'ennemi la carabine à la main ; on a au contraire admis partout la règle de Frédéric, règle en vertu de laquelle tout commandant de cavalerie qui s'est laissé charger par l'ennemi au lieu de le charger lui-même mérite d'être cassé. Le galop est l'allure de la charge ; l'attaque en colonne doit être préparée de telle sorte qu'elle permette les charges en lignes successives, avec un dispositif pour une ou des attaques de flanc. On abandonne généralement l'usage de la lance, à laquelle on préfère la carabine rayée pour la cavalerie légère ; quant à la grosse cavalerie, elle porte encore la cuirasse dans beaucoup de pays. Le pistolet est presque partout remplacé par le revolver. Outre la selle, la bride et le cavalier armé, le cheval porte un porte-manteau avec les effets de rechange, les ustensiles de campement, la nourriture de l'homme et de l'animal. Le poids total varie suivant les pays et les corps, entre 120 et 150 kil. La grosse cavalerie, composée d'hommes solides mais aussi légers que possible sur de grands chevaux, agit principalement dans les charges serrées qui demandent de la puissance, de la durée, un certain poids physique. Une fois formée pour l'attaque, elle doit courir droit en avant et balayer tout ce qui se trouve sur sa route. La cavalerie légère, au contraire, composée d'hommes plus agiles et de chevaux plus légers, est destinée à agir par sa promptitude et son ubiquité. Ce qu'elle perd en poids, elle le gagne en vitesse et en activité. Ses charges se distinguent par leur impétuosité; quelquefois elle feint de se sauver pour tomber sur le flanc ennemi au moyen d'un subit changement de front; sa supériorité dans le combat singulier la rend particulièrement propre aux poursuites. En ligne, les hommes sont peu serrés, afin d'être toujours prêts aux changements de front et aux évolutions. — L'unité tactique de la cavalerie est l'escadron, composé d'autant d'hommes que la voix et l'autorité immédiate du commandant peuvent en gouverner pendant les évolutions. La force de ces escadrons varie, suivant les pays, de 100 à 150 chevaux. Un régiment comprend depuis 5 escadrons, comme en Angleterre, où les régiments n'ont pas plus de 480 hommes, jusqu'à 12 escadrons, comme en Autriche, où les régiments comptent

4,600 hommes. L'escadron forme ordinairement 4 divisions. Mais il y a des formations particulières : ainsi dans l'armée anglaise l'escadron forme deux *troupes* ou *demi-escadrons* ; en Autriche, deux escadrons forment une division. L'évolution fondamentale et principale de toutes les manœuvres de cavalerie consiste à changer la formation en ligne pour se mettre en colonne ouverte de divisions et *vice versâ*. L'action de la cavalerie européenne est généralement la rencontre à l'arme blanche ; les mousqueteries paraissent avoir une importance secondaire, parce que l'arme principale est la lance ou le sabre et que la force de la cavalerie se concentre dans la charge. La manière d'avancer pour charger a différé suivant les temps et les pays ; mais il est un point sur lequel on est d'accord : c'est que la ligne commence, autant que possible, par s'avancer au petit trot, puis au trot ; elle se met au petit galop à une distance de 300 à 150 mètres de l'ennemi ; la course prend graduellement l'allure du galop, pour arriver ventre à terre sur l'ennemi. Dans une charge de cavalerie contre cavalerie, si les deux troupes sont lancées l'une contre l'autre avec une égale rapidité, les armes sont de peu d'utilité ; il faut d'abord que l'une des deux masses brise et disperse l'autre ; c'est lorsque les rangs de l'un des adversaires sont brisés, que commencent les combats à l'arme blanche. Ainsi le poids de la charge décide d'abord du combat ; mais cette victoire serait comparativement sans profit si, elle n'était suivie d'une poursuite et d'une série de victoires en combat singulier. Le critérium d'une troupe vraiment bonne est le ralliement rapide des hommes après la charge. Le chef doit avoir sous la main une réserve, afin de la lancer en cas d'insuccès. Aucune arme ne subit autant que la cavalerie les influences du terrain sur lequel on manœuvre : un sol lourd et profond ne tarde pas à faire dégénérer en trot le galop le plus furieux ; le moindre obstacle qu'un simple cavalier mépriserait peut briser l'ordre et la solidité de la ligne. Les tacticiens distinguent : la charge *en muraille*, quand les escadrons de la ligne qui charge n'ont aucun espace ou que l'espace entre eux est le seul besoin ; la charge *avec intervalles*, quand il y a de 10 à 20 mètres d'un escadron à l'autre ; la charge *en échelons*, lorsque les escadrons se détachent successivement d'une aile et atteignent l'ennemi non, simultanément, mais les uns après les autres ; forme qui peut être fortifiée par un escadron en colonne placé en arrière sur le flanc du premier *échelon* ; enfin la charge en colonne, essentiellement contraire aux autres modes, qui sont tous plus ou moins des modifications de l'attaque en ligne. La ligne était la forme générale et fondamentale de toute charge avant Napoléon. Cet illustre capitaine, envoya sa cavalerie à la charge en colonnes profondes. Quant à l'action de la cavalerie sur l'infanterie, on admet généralement que dans des circonstances ordinaires, une charge de cavalerie qui est intacte, qui n'a pas encore été endommagée par l'artillerie, résistera à la cavalerie et repoussera ses attaques ; il n'en est pas de même lorsqu'il s'agit de jeunes fantassins ou de soldats fatigués par les marches et par le combat ou de troupes décimées par l'artillerie. Dans une armée, la cavalerie est toujours divisée en deux corps distincts : la cavalerie divisionnaire et la cavalerie de réserve. La première consiste en cavaliers attachés aux différentes divisions et aux divers corps de l'infanterie ; son action est naturellement limitée et sa force n'est pas suffisante pour lui permettre d'opérer d'une façon indépendante. La cavalerie de réserve est surtout destinée à frapper un coup formidable à la fin d'une grande bataille ; on l'emploie quelquefois à faire un mouvement indépendant sur l'arrière-garde ou sur les communications de

l'ennemi. Une poursuite énergique de l'armée vaincue par la cavalerie de l'armée victorieuse est le meilleur moyen d'assurer les fruits de la victoire.

TABLEAU DE LA CAVALERIE FRANÇAISE

ARMES.	Régiments.	Escadrons.	Hommes.	Chevaux.
Cuirassiers.........	12	60	9.960	8.880
Dragons.............	26	130	21.580	19.840
Chasseurs...........	20	100	16.600	14.800
Hussards............	12	60	9.960	8.880
Chasseurs d'Afrique.	4	24	4.125	3.720
Spahis..............	3	18	3.477	3.422
Cavaliers de remonte.	8 compies		2.892	80
Armée active........	77	392	68.597	59.622
Armée territoriale...		79	11.850	

* **CAVALIER** s. m. Homme qui est à cheval : *il trouva des cavaliers sur le chemin*. — *Etre bon cavalier*, être bien à cheval, savoir bien conduire un cheval ; et, dans le sens contraire, *être mauvais cavalier*. On dit, de même, en parlant d'une femme, *elle est bonne cavalière*, *elle est mauvaise cavalière*. — *C'est un beau cavalier*, se dit d'un homme qui a bonne grâce à cheval. — Homme de guerre dans une compagnie de gens à cheval : *compagnie de cinquante cavaliers*. — Gentilhomme qui suivait la profession des armes : *un brave cavalier*. Homme, par opposition à dame ou demoiselle : *nous étions cinq femmes, et nous n'avions pas avec nous un seul cavalier*. — Echecs. Pièce dont la marche est d'aller du blanc au noir, et du noir au blanc, en sautant obliquement, et en laissant une case entre deux : *cavalier blanc, cavalier noir, cavalier du roi, cavalier de la dame*. — Hist. d'Angleterre. Royaliste, par opposition à *Tête-ronde* ou parlementaire, au temps de Charles Ier : *parti des cavaliers*. — Fortif. Élévation de terres dont la masse est quelquefois de figure ronde ou de carré long. Son sommet est en plate-forme, bordée d'un parapet, pour couvrir le canon qu'on y met en batterie. Sa hauteur est proportionnée à celle du terrain qui lui est opposé du côté de l'ennemi. Les cavaliers ont ordinairement quinze à dix-huit pieds au-dessus du terreplein du rempart ; leur front ou largeur dépend du nombre de pièces que l'on veut y loger, en observant qu'il faut un espace de douze pieds entre chaque canon. — Typogr. et libr. Papier d'impression dont le format est intermédiaire entre le carré et le grand raisin.

* **CAVALIER, IÈRE** adj. Libre, aisé, dégagé. Ne se dit que de l'air, des manières, et se prend rarement en bonne part : *avoir l'air cavalier, la mine cavalière*. — Par ext. Brusque et hautain, ou inconvenant, trop leste : *réponse cavalière*. — A LA CAVALIÈRE loc. adv. En cavalier.

CAVALIER (Jean), le plus redoutable chef des Camisards, né vers 1680 au village de Ribaute, près d'Anduze, mort en 1740. Fils d'un paysan et d'abord berger, puis garçon boulanger, il se réfugia à Genève en 1701, pour fuir les persécutions religieuses. Revenu l'année suivante, il prêcha la révolte, fut acclamé prophète et libérateur, organisa des troupes, emporta Brassaigues, Sérignac, Servas, Sauve, fut vaincu à Vagnas (février 1703), reparut bientôt sur les bords du Rhône, et ne céda qu'au maréchal de Villars, qui entama des négociations pour le rétablissement de la paix. Cavalier, trompé par les diplomates, crut faire obtenir à ses coreligionnaires le libre exercice de leur culte ; on lui promit un titre de colonel et une pension de 1,200 livres, moyennant quoi il signa la paix. Il eut la naïveté de venir à Paris demander son brevet. Ayant compris dans quel piège il était tombé et ne se trouvant pas en sécurité en France, où les Camisards, abandonnés par lui, avaient été désarmés, il s'enfuit en Angleterre (1705), y organisa un régiment de

réfugiés français et vint en Espagne combattre avec fureur les catholiques. Après la paix d'Utrecht, les Anglais le nommèrent gouverneur de l'île de Jersey.

* **CAVALIÈREMENT** adv. D'une façon cavalière, plus en homme du monde qu'en maître de l'art. — D'une manière brusque, hautaine, inconvenante ; sans égard : *il l'a traité cavalièrement*.

CAVALIERI (Bonaventura), mathématicien italien (1598-1647) ; enseigna à Bologne, et publia en latin plusieurs ouvrages qui l'ont fait considérer comme l'inventeur du calcul infinitésimal.

CAVALINO s. m. Mar. Nom des pièces de bois placées dans les galères, pour former le premier plan du bâtiment.

CAVALLI (Pietro-Francesco), compositeur italien, né vers 1599, mort en 1676. Maître de chapelle à Saint-Marc (Venise), il composa pour les théâtres de cette ville, près de 40 opéras, dont les plus connus sont : *Serse*, *l'Orione* et *l'Ercole amante*. Cette dernière pièce fut choisie pour célébrer à la cour de France la paix des Pyrénées, 1662. Cavalli fut l'un des créateurs de l'opéra tel qu'il existe de nos jours.

CAVALLINI (Pietro), peintre italien, né et mort à Rome (1259-1344). Son chef-d'œuvre est un *Crucifiement de J.-C.* (dans l'église souterraine du couvent de Saint-François d'Assise).

CAVALLITO s. m. Mar. Radeau dont on se sert pour les débarquements sur les côtes du Pérou. Il est fait avec la *totora*, sorte de jonc aussi léger que le liège.

CAVALLO (Tiberio), électricien anglais, né à Naples, en 1749, mort à Londres en 1809. Venu jeune dans la capitale de l'Angleterre, il y inventa un condensateur électrique, un micromètre, un électromètre et écrivit en anglais : *Traité d'électricité* (1777, in-8°), *Essai sur l'électricité en médecine* (1780), etc.

CAVALOT s. m. Ancien fusil de rempart.

CAVAN. I. Comté le plus méridional de la province d'Ulster (Irlande) ; 1,932 kil. carr. ; 140,555 hab. Territoire humide et marécageux. Parties montagneuses arides. Sources minérales de Livalinbar. — II. Cap. du comté ci-dessus, à 110 kil. N.-O. de Dublin ; 3,000 hab.

CAVARES ou **Cavari**, peuple de l'ancienne Gaule Narbonnaise, sur la rive gauche du Rhône, entre la *Druentia* (Durance), et l'*Isara* (Isère) ; villes principales Cabellio (Cavaillon), Avenio (Avignon) et Arelate (Arles).

CAVARINUS, chef gaulois que César établit roi des Sénonais. Il fut chassé par ses sujets et forcé de se réfugier auprès de César, qui lui donna le commandement de la cavalerie gauloise sous son expédition contre Ambiorix.

* **CAVATINE** s. f. (ital. *cavare*, extraire). Mus. Sorte d'air, ordinairement assez court, qui n'a ni reprise ni seconde partie : *chanter une cavatine*. — Se dit aujourd'hui d'un air tiré d'un opéra. La cavatine comprend l'*andante* et l'*allegro* ou *cabaletta*, et quelquefois le récitatif qui précède l'andante.

* **CAVE** s. f. (lat. *cavus*, creux). Lieu souterrain et voûté où l'on met ordinairement du vin et d'autres provisions : *bonne cave ; vin en cave*. — Prov. et fig. *Aller du grenier à la cave, de la cave au grenier*, tenir des propos sans ordre et sans liaison. — *Rat de cave*, espèce de bougie mince qui est roulée sur elle-même, et dont on se sert pour descendre à la cave. — Par injure : *rats de cave*, certains commis des contributions indirectes, qui visitent les boissons dans les caves. — Par ext. Quantité et choix des vins qu'on a en cave : *cet homme a* *une excellente cave.* — Coffre pratiqué au-dessous de la caisse d'une voiture, et dans lequel on met ordinairement les provisions de voyage. — Sorte de caisse à compartiments où l'on met des liqueurs, ou des eaux de senteur, pour les transporter aisément d'un lieu à un autre : *porter une cave dans sa voiture.*

* CAVE s. f. Fonds d'argent que chacun des joueurs met devant soi à certains jeux de cartes, comme au brelan, à la bouillotte, etc. : *perdre sa cave.*

CAVE adj. Creux : *joues caves; œil cave.* — Anat. VEINE CAVE, chacune des deux grosses veines qui aboutissent à l'oreillette droite du cœur, et qui se dirigent en sens inverse : l'une est appelée *veine cave supérieure* ou *descendante,* et l'autre, *veine cave inférieure* ou *ascendante.* — VEINE CAVE, sans autre désignation, signifie la veine cave inférieure. — Astron. et chronol. LUNE CAVE, mois lunaire de vingt-neuf jours.

CAVE [ké-ve]. I. (Edward), imprimeur anglais(1691-1754). Fonda en 1731 le *Gentleman's Magazine* qui a servi de modèle à tous les recueils connus sous le nom de *Magasins.* — II. (William), savant anglais (1637-1713), chapelain de Charles II, il fut nommé chanoine de Windsor et publia « Christianisme primitif », « Vies des Apôtres », « Vies des Pères ».

CAVÉ, ÉE adj. Jargon. Volé, mystifié. — Jeux. Qui a la cave, qui a de l'argent. Ne s'emploie guère que dans son composé : DÉCAVÉ.

CAVEANT CONSULES, loc. lat. [ka-vé-ant-con-su-lèss] *(que les consuls veillent !).* Formule par laquelle, dans les moments de crise, le sénat romain investissait les consuls d'un pouvoir dictatorial. — S'emploie plaisamment pour dire : *Veillez; prenez garde; il y a péril en la demeure.*

CAVEAT s. m. [ka-vé-att] (lat. *qu'il prenne garde!*) Recommandation expresse.

* CAVEAU s. m. Petite cave; compartiment isolé dans une cave :

> Bacchus a vidé son caveau.
>   BÉRANGER.

— Petit souterrain qui sert de sépulture : *un caveau de famille.* — Par anal. Salle voûtée et sombre. — Hist. litt. Société de littérateurs et de chansonniers, fondée en 1729, par Piron, Collé, Crébillon fils, Fuzelier, etc., et qui se réunissaient dans un cabaret nommé le *Caveau.* Cette association, dissoute, après dix années d'une joyeuse existence, reparut en 1806, sous le nom de *Caveau moderne,* avec Gouffé, Désaugiers, Brazier, Piis, Grimod de la Reynière, etc., sous la présidence de Laujon. Les réunions avaient lieu le 20 de chaque mois, au *Rocher de Cancale,* rue Montorgueil, où chacun, après un repas fraternel, apportait son contingent d'esprit et de couplets. Béranger y fut admis par acclamations en 1813 :

> Ce n'est point comme à l'Académie,

s'écria-t-il, au bout de son remerciement. Dissous en 1817, le Caveau fut réorganisé en 1834 par Albert Montémont. Les réunions eurent lieu dans l'un des somptueux salons du café Corazza, au Palais-Royal. — CLEF DU CAVEAU, recueil comprenant les airs des chansons chantées au Caveau.

* CAVECÉ, ÉE adj. Se dit d'un cheval qui a la tête noire : *cheval rouan cavecé de noir; cavale rouan cavecée de noir.*

* CAVEÇON s. m. (espag. *cabeca,* tête). Frein que l'on met aux jeunes chevaux pour les dresser. On distingue : le *caveçon de cuir,* espèce de têtière pourvue d'une longe de corde de chaque côté pour attacher l'animal aux piliers; et le *caveçon de fer,* bande de fer tournée en arc, garnie de trois anneaux, montée avec têtière et sous-gorge Cet appa-

---

reil se place un peu plus haut que l'œil ..e la branche de la bride, afin qu'il ne nuise point à l'action du mors et de la bride.

CAVEDONE (Jacopo ou Giacomo), peintre italien de l'école bolonaise (1577-1660); son chef-d'œuvre : « Saint Aloï et saint Petronio à genoux devant la vierge et devant l'enfant Jésus » (église de Mendicanti di Dentro), est un modèle de composition, de coloris et d'expression. On cite également sa « Sainte Cécile », au Louvre.

CAVEDONI (Celestino), archéologue italien (1795-1865). Fut directeur des collections numismatiques de la bibliothèque de Modène et, de 1830 à 1863, professeur d'herméneutique à l'université de la même ville. Ses principaux ouvrages sont : *Numismatica Biblica* (1850) et une *Confutation de la Vie de Jésus de Renan* (1863).

* CAVÉE s. f. (lat. *cavea*). Vallée. — Véner. Chemin creux.

CAVEIRAC (l'abbé Jean NOIR DE), controversiste ultramontain, né à Nîmes, en 1713, mort en 1782. Souleva l'opinion publique par son *Apologie de la révocation de l'Édit de Nantes* et de la *Saint-Barthélemy* (1758, in-8°) et fut condamné au carcan, pour son *Appel* en faveur des Jésuites (1762, 2 vol. in-12).

CAVELÉE s. f. Quantité déterminée de tan (5 paquets d'écorce de 1m 75 de long, sur 1m 75 de circonférence).

CAVELIER, nom d'une famille d'imprimeurs rouennais qui exercèrent leur art de 1607 à 1741.

CAVELLIER, trouvère du XIVe siècle, dont la chronique rimée sur Bertrand du Guesclin a été imprimée en 1839 dans la Collection des documents inédits sur l'histoire de France.

CAVENDISH (Henry), physicien et chimiste anglais (1731-1810). On lui doit la découverte de la composition de l'eau et de l'acide nitrique. Il détermina la densité du globe terrestre et fit des expériences d'une grande portée sur la composition de l'air et sur les gaz. Tous ses écrits ont été insérés dans les *Transactions philosophiques.*

CAVENDISH ou Candish (SIR Thomas), aventurier anglais, mort en 1593. Imitateur de Drake, il fit le tour du monde (1586-'8) à la tête d'une troupe de pirates, sema la terreur dans les colonies espagnoles d'Amérique, brûla Payta, Acapulco et plusieurs autres villes de la côte du Pacifique et captura un riche galion. Il voulut recommencer en 1591; mais sa nouvelle expédition fut malheureuse, et il mourut misérablement sur les côtes du Brésil.

CAVE NE CADAS loc. lat. [ka-vé-né-ka-dass] *(prends garde de tomber!),* paroles qu'un esclave placé derrière le triomphateur romain prononçait au milieu des cris d'allégresse.

* CAVER v a. (lat. *cavare*). Creuser, miner : *l'eau a cavé cette pierre.* — Absol. : *la rivière a cavé.* — Neutral. Escrime. Retirer le corps, en portant une botte et en ramenant la tête. — Se caver v. réfléchi. Se creuser : *ses joues se cavent.*

* CAVER v. a. Jeu. Faire fonds d'une certaine quantité d'argent à un jeu de renvi : *il cava cinquante francs.* — CAVER AU PLUS FORT; mettre au jeu autant d'argent que celui qui en a le plus; et, fig. et fam. : Porter tout à l'extrême dans les entreprises, les opinions, les suppositions, etc. — Se caver v. pr. Mettre au jeu de la cave, la somme convenue.

* CAVERNE s. f. (lat. *caverna*). Antre, grotte, lieu creux dans les rochers, dans des montagnes, sous terre : *entrée d'une caverne; caverne de brigands.* — Fig. Maison mal hantée, où l'on court des risques pour son argent ou pour sa personne : *cette maison est une vraie caverne.* — Méd. Cavité produite dans les poumons par la phthisie.

° CAVERNEUX, EUSE adj. Plein de cavernes : *pays caverneux.* — Fig. *Voix caverneuse,* voix sourde et rude. — Anat. Qui a de petites cavités ou cellules, comme une éponge : *sinus caverneux de la dure-mère.* — Méd. RALE CAVERNEUX, râle caractéristique qui se fait entendre dans un poumon creusé par la phthisie.

CAVERY ou Cauvery, rivière de l'Inde méridionale, se jette dans le golfe de Bengale, sur la côte du Coromandel, après un cours de 700 kil.

* CAVET s. m. (lat. *cavus,* creux). Archit. et Menuis. Moulure concave dont le profil est d'un quart de cercle.

CAVIANA, île du Brésil, longue de 60 kil., large de 30, à l'embouchure septentrionale de l'Amazone, sous l'équateur. Elle est unie, fertile, et nourrit de nombreux troupeaux.

* CAVIAR s. m. (gr. moderne, *caviari*). Aliment très estimé dans le nord de l'Europe, principalement en Russie, et composé d'œufs de grand esturgeon pressés et salés.

* CAVILLATION s. f. [ka-vil-la-si-on] (lat. *cavillatio*). Sophisme, raisonnement captieux, fausse subtilité. — Dérision, moquerie. On ne l'emploie guère que dans les écrits du barreau, et dans ceux de controverse.

CAVIN s. m. (lat. *cavus,* creux). Art milit. Fondrière.

* CAVITÉ s. f. Creux, vide dans un corps solide : *cavités d'un rocher, du cerveau, du cœur.*

CAVITÉ, province de Luçon, îles Philippines, sur la côte S.-E. de la baie de Manille ; 1,240 kil. carr., 57,000 hab. — I. Ville de la province ci-dessus. Dépôt maritime et forteresse principale des possessions espagnoles, à 11 kil. S.-O. de Manille ; 3,000 hab.

CAVOIR s. m. Instrument de vitrier qui sert à égruger le pourtour d'un carreau.

CAVOLINE s. f. (de *Cavolini,* naturaliste italien). Genre de mollusques gastéropodes nudibranches sans coquilles, à formes élégantes, à couleurs riches et variées. On rencontre les cavolines dans toutes les mers, où elles portent les noms de hyales et d'éolides. Elles ne nagent pas, à proprement parler ; mais elles se meuvent avec tant de rapidité par leurs ondulations précipitées, qu'on les a surnommées les papillons de la mer. Voy. HYALE.

CAVOLINI (Philippe), médecin et naturaliste, né à Naples en 1756, mort en 1810. Il s'adonna surtout à l'observation des zoophytes et des plantes marines. Ses principaux ouvrages sont : *Memorie per servire alla Storia de' Polipi marini,* in-4°, Naples, 1785 ; et *Sulla Generazione dei Pesci e dei Granchi,* 1 vol. in-4°, Naples, 1787.

CAVOUR, ville d'Italie, à 15 kil. S.-E. de Pignerol; 6,000 hab. Marbres et ardoises.

CAVOUR (Camillo, comte BENSO DE), homme d'État, né à Turin, le 10 août 1810, mort le 6 juin 1861. D'abord lieutenant du génie, il abandonna la carrière militaire pour se vouer à l'œuvre de l'unification de l'Italie. Après un voyage en Angleterre et en France, il fonda en 1847, avec Cesare Balbo, un journal libéral, *Il Risorgimento.* Membre du parlement piémontais, il fut l'un des promoteurs de la Constitution de 1848 et poussa à la guerre contre l'Autriche. Victor-Emmanuel le nomma ministre du commerce et de l'agriculture en 1850, et ensuite ministre de la marine et des finances. Président du conseil en 1852, il combattit les ultramontains et admit comme principe que l'Église doit être séparée e de l'État. La lutte ne tarda pas à s'envenimer : il supprima les couvents, confisqua les biens du clergé et fut excommunié. Par sa politique vigoureuse, il fit admettre le royaume e

Sardaigne parmi les puissances européennes, s'attira l'amitié et la protection de la France et de l'Angleterre, en se joignant à la guerre contre la Russie, et eut l'habileté, lors du congrès de Paris (1856), de préparer l'intervention de Napoléon III en Italie. Il mit le sceau à l'alliance par le mariage du prince Napoléon et de la princesse Clotilde, fille de Victor-Emmanuel. Mais l'empereur, après les brillantes victoires de Magenta et de Solférino, abandonna tout à coup son plan, qui était de chasser les Autrichiens jusqu'à l'Adriatique, et signa, à l'insu de Victor-Emmanuel, la paix de Villafranca. Cavour, désappointé, quitta un instant le ministère; il redevint premier ministre en 1860 et aida puissamment Garibaldi dans la conquête des Deux-Siciles, tout en paraissant s'opposer au succès de son expédition. La Toscane, Parme et Modène venaient à peine d'être absorbées, lorsque le 23 décembre 1860, les Deux-Siciles (avec l'Ombrie et les Marches enlevées au pape) furent incorporées à la Sardaigne pour constituer le nouveau royaume d'Italie. L'œuvre entreprise par le comte de Cavour était presque terminée, et ce patriote eut la joie d'ouvrir, avant sa mort, le premier parlement italien (18 février 1861).

CAVOYE (Louis D'OGER, *marquis de*), grand maréchal des logis du roi, né en 1640 d'une ancienne famille de Picardie, mort en 1716. Son intrépidité l'avait fait surnommer le *brave Cavoye*.

CAWDOR ou **Calder**, paroisse d'Écosse, comprise dans les comtés d'Inverness et de Nairn et renfermant le château de Cawdor, dans lequel, selon la légende, Macbeth assassina Duncan. Il a été reconstruit au xvᵉ siècle.

CAWNPORE. I. District de l'Inde anglaise, province du Nord-Ouest, borné le Gange au N.-E. et par la Jumna au S.-O. 6,000 kil. carr.; 1,157,000 hab. Principales productions: coton, sucre, indigo, opium, blé, orge, maïs, tabac, huiles, pommes de terre. — II. Principale ville du district de ce nom, sur le Gange,

Monument commémoratif à Cawnpore.

à 190 kil. N.-O. d'Allahabad; environ 100,000 hab., la plupart distribués entre des cantonnements. Depuis que Cawnpore est devenue une station pour les troupes, en 1777, elle a acquis une grande importance militaire et commerciale. En 1857, Nana Sahib y massacra 900 Européens. Un monument commémoratif, dans lequel reposent les restes des victimes, a été construit par les Anglais.

CAXAMARCA. Voy. CAJAMARCA.

CAXATAMBO. Voy. CAJATAMBO.

CAXIAS (kã-chi'-ass), ville du Brésil, sur la rivière navigable Rapicuru, province à 460 kil. S.-S.-E. de Maranhão, centre d'un commerce important.

CAXINE, cap d'Algérie, à 10 kil. N.-O. d'Alger, par 36° 60' lat. N. et 0° 36' long. E. Il est

formé par des falaises et des rochers à pic qui se prolongent assez avant dans la mer.

CAXTON, village du Cambridgeshire (Angleterre), à 16 kil. S.-O. de Cambridge; 500 hab. Patrie de Mathieu Paris.

CAXTON (William), le plus ancien imprimeur anglais, né à Caxton, vers 1412, mort en 1491 ou 1492. Il habita les Pays-Bas pendant 23 ans, entra au service de Marguerite d'York, épouse de Charles de Bourgogne, traduisit en anglais le *Recueil des histoires de Troye*, de Raoul le Fèvre. On pense qu'il revint en Angleterre vers 1474. Il établit la première imprimerie anglaise aux environs de Westminster Abbey et lutta contre l'opposition du clergé, qui voyait dans l'imprimerie la plus dangereuse des inventions. Il publia plus de 60 ouvrages, que les bibliographes se disputent aujourd'hui à des prix excessifs.

CAYCOS. Voy. CAICOS.

CAYAMBOUC s. m. Terme de mépris employé par les marins pour désigner tout mauvais bâtiment.

CAYENNE s. f. (bas lat. *caya*, habitation). Mar. Vieux navire servant de caserne flottante. — Vaste caserne qui, dans les ports, sert à recevoir les marins levés pour le service et qui n'ont pas encore une destination particulière. — Cuisine commune dans laquelle les équipages de bâtiments de guerre font cuire leurs aliments durant l'armement et le désarmement. — Jargon. Atelier, usine. — Cimetière situé hors des barrières de Paris, particulièrement l'ancien cimetière de Saint-Ouen, et le village qui est situé près de ce cimetière.

CAYENNE. I. Ile de la Guyane française, baignée par l'Atlantique et séparée de la terre ferme par la rivière de Cayenne, par la rivière de Mahury et par le canal qui unit ces deux cours d'eau. 50 kil. de circonférence. Climat extrêmement malsain pour les Européens; territoire fertile en denrées coloniales. Possession française dès 1625, plusieurs fois prise par les Anglais. — II. Ville maritime fortifiée, ch.-l. de la Guyane française, sur la pointe occidentale de l'île de Cayenne, à l'embouchure de la rivière Oyac (Cayenne); environ 8,000 hab. Entrepôt du commerce de la colonie; établissement pénitentiaire; port peu profond, mais le plus commode de toute la côte. Ville fondée par des armateurs de Rouen en 1626. — III. (Rivière DE), petit fleuve de la Guyane française. Son cours est évalué à 60 kil.; elle est navigable sur un parcours de 17 kil.

CAYENNE (Poivre). Voy. PIMENT.

CAYES s. f. pl. [ka-ieu]. Vieux mot qui désignait des bancs formés de vase, de corail et de madrépores, généralement près des côtes. On l'emploie encore dans les Antilles avec le même sens.

CAYES (Les), ville maritime de la côte S.-O. d'Haïti, sur la baie des Cayes, à 140 kil. O.-S.-O. de Port-au-Prince; environ 8,000 hab. Son commerce en sucre, en coton et en café est principalement entre les mains de négociants anglais.

CAYET (Pierre-Victor PALMA), chroniqueur et controversiste, né à Montrichard en 1525, mort en 1610. Abjura la religion réformée en 1595 et s'entêta à chercher la pierre philosophale. Il a donné une *Chronique novennaire* (1608, 3 vol.), une *Chronique septennaire* (1605), récits pleins de partialité des événements de 1589 à 1604; une traduction en vers français de l'*Histoire du royaume de Navarre* (1602), une traduction de l'*Histoire du docteur Faust* (1603), etc.

CAYEU s. m. Voy. CAÏEU. — Nom que l'on donne aux moules, en Normandie.

CAYEUX, bourg maritime du cant. de Saint-

Valery (Somme); 2,900 hab. Maisons d'argile et de paille. Pêche active sur la Manche. Bains de mer

CAYLA (P.), conventionnel montagnard, né près de Figeac (Lot), mort en 1796. Vota la mort du roi.

CAYLA (Zoé-Victoire, COMTESSE DU), favorite de Louis XVIII (1785-1852). Fille de l'avocat Talon, elle épousa, en 1802, M. de Baschi, comte du Cayla, qu'elle ne tarda pas à abandonner et par son esprit, lui laissa prendre une grande influence à la cour. Elle trafiqua des emplois et, de même que Mᵐᵉ de Maintenon, se fit pardonner l'irrégularité de sa conduite en soutenant les intérêts des jésuites. Elle fut comblée de richesses et reçut notamment le château de Saint-Ouen, où elle se retira après la mort de Louis, pour s'y vouer aux entreprises industrielles et agricoles. Ses apologistes, et elle n'en a pas manqué, ont affirmé que ses relations avec le roi ne furent que platoniques.

CAYLAR (Le) [kè-lar], ch.-l. de cant.; arr. et à 20 kil. N. de Lodève (Hérault); 900 hab.

CAYLEY (SIR George), physicien anglais (1773-1857). Fit plusieurs découvertes, inventa une locomotive à air, un appareil pour employer l'électricité comme force motrice, un nouveau système de drainage, etc.

CAYLUS (kè-luss) ou **Caylux**, ch.-l. de cant.; arr. et à 43 kil. N.-E. de Montauban (Tarn-et-Garonne), sur la Bonnette; 1,400 hab. Château féodal en ruines.

CAYLUS. I. (Daniel-Charles-Gabriel DE PESTELS DE LÉVIS DE TUBIÈRES DE), prélat, né à Paris en 1669, mort en 1754; évêque d'Auxonne en 1704, se prononça contre la bulle *Unigenitus* et écrivit contre les jésuites. Ses œuvres (1750-'52), forment 10 vol. in-12. — (Marthe-Marguerite DE VILLETTE, marquise de), célèbre descendante de d'Aubigné, née dans le Poitou vers 1673, morte en 1729. Sa tante, Mᵐᵉ de Maintenon, l'enleva à sa famille protestante et l'employa, pour la convertir, d'autre controverse que les coups de fouet. Elle lui fit ensuite épouser un ivrogne, le marquis de Caylus (mort en 1704). Les satires que Mᵐᵉ de Caylus se permettait perpétuellement la firent plusieurs fois éloigner de la cour, et, après la mort de Mᵐᵉ de Maintenon, en 1719, elle vécut avec le duc de Villeroi qui, depuis sa jeunesse, était son consolateur. Ses spirituels *Souvenirs* ont été publiés en 1770, avec des notes et une préface de Voltaire. — III. (Anne-Claude-Philippe DE TUBIÈRES, comte de), archéologue, fils de la précédente, né à Paris en 1692, mort en 1765. Après de longs voyages, il publia un *Recueil d'antiquités égyptiennes, étrusques, grecques, romaines et gauloises* (1752-'67, 7 vol. in-4°). Il a laissé des *Œuvres badines* (Paris, 1787), des *Souvenirs*, publiés en 1805, 2 vol., et 15 *Mémoires* dans le recueil de l'Académie des inscriptions.

CAYMAN s. m. [ka-i-man]. Voy. CAÏMAN.

CAYMANS (Iles des). Voy. CAÏMANS.

CAYOR, petit royaume de la côte africaine, entre l'embouchure du Sénégal et le cap Vert; 200,000 hab., qui sont braves, belliqueux et professent l'islamisme. En 1875, le Cayor fut sauvé d'une invasion par la victoire de Coki.

CAYRES, ch.-l. de cant.; arr. et à 17 kil. S.-O. du Puy (Haute-Loire); 250 hab.

CAYUGA, lac de l'État de New-York (États-Unis), long de 55 kil., large de 2 à 5 kil.

CAYUGAS, l'une des tribus des Iroquois. Les Cayugas se donnaient le nom de Gologouènes. Ils habitaient 3 ou 4 villages sur le lac Cayuga et pouvaient, lorsque les Français entrèrent en relations avec eux, mettre 300 guerriers sous les armes. Pendant la révolution américaine, ils se joignirent aux Anglais. Depuis 1800, les Américains leur ont concédé une forêt dans le territoire Indien; ils y vivent au nombre de 250.

CAYX (Remi-Jean-Baptiste-Charles) [kè], historien, né à Cahors en 1795, mort en 1858; fut successivement professeur au lycée Charlemagne, inspecteur d'académie, administrateur de la bibliothèque de l'Arsenal (1842), député de Cahors (1839-'46), inspecteur général (1845) et recteur de l'académie de la Seine (1850). Il a laissé une *Histoire de France pendant le moyen âge* (1835), une *Histoire de l'empire romain* (1828, 2 vol. in-8°), etc.

CAZALÈS (Jacques-Antoine-Marie de), orateur, né à Grenade (Haute-Garonne) en 1758, mort à Engalin (Gers) en 1805. Député de la noblesse aux états généraux, il fut l'un des orateurs du parti de la cour; il émigra après la fuite de Varennes et combattit la France sous le costume d'officier anglais. On a publié ses *Discours* en 1821.

CAZALLA DE LA SIERRA, ville d'Andalousie (Espagne), à 60 kil. N.-E. de Séville; 6,500 hab.

CAZALS, ch.-l. de cant.; arr. et à 32 kil. N.-O. de Cahors (Lot); 550 hab.

CAZAUBON, ch.-l. de cant.; arrond. et à 39 kil. O. de Condom (Gers); sur la Douze; 600 hab. Eaux-de-vie.

CAZE (La), négociant français de Madagascar, vers le milieu du XVIIe siècle. Ayant eu à combattre les nègres, il acquit une grande réputation et parvint à épouser la fille du souverain d'Amboul.

CAZEMBE, État nègre de l'intérieur de l'Afrique, au S. du lac Tanganyika. Son principal cours d'eau est la Luapula. Le royaume était en pleine décadence lorsque Livingstone le visita en 1867.

CAZENEUVE (Ignace de), prêtre assermenté, né à Gap, en 1747, mort en 1806. Les électeurs des Hautes-Alpes l'élurent évêque de leur département en 1791 et l'envoyèrent à la Convention en 1792. Il vota contre la mort du roi et fit partie du conseil des Cinq-Cents.

CAZENOVIA, village de l'État de New-York (Etats-Unis), sur le lac Casenovia, à 32 kil. S.-E. de Syracuse. Séminaire méthodiste.

CAZÈRES, *Calagorris*, ch.-l. de cant.; arr. et à 38 kil. S.-O. de Muret (Haute-Garonne), sur la rive gauche de la Garonne; 2,500 hab.

CAZES (Jacques), peintre, né et mort à Paris (1676-1754). Est surtout connu par ses tableaux d'église.

CAZORLA, ville d'Andalousie (Espagne), sur la Véga, à 69 kil. E.-N.-E. de Jaen; environ 5,000 hab. Elle est bien bâtie, en forme d'amphithéâtre, sur les flancs d'une colline qui domine une belle vallée.

CAZORLA (Sierra de), contrefort de la Sierra Nevada, dans la partie occidentale de la province de Jaen (Espagne).

CAZOTTE. I. (Jean-Claude), officier, né à Dijon en 1719. Chef du 2e bataillon de la Côte-d'Or, il soutint le choc de 18,000 Autrichiens et se fit massacrer avec tous ses hommes, à l'attaque du camp de Maubeuge (11 juin 1792). — **II. (Jacques)**, littérateur, né à Dijon en 1720. Fut contrôleur des îles du Vent (Antilles) et composa quelques jolis contes en vers et en prose, un opéra comique, etc. Plus tard, il s'occupa de magie, se crut sorcier, conspira contre la Révolution, traça le plan d'une réaction qu'il fit remettre au roi, et fut arrêté. Enfermé à l'Abbaye, lors des massacres de Septembre, il allait être égorgé, lorsque sa fille, l'enlaça dans ses bras, désarma ses bourreaux. Quelques jours plus tard, il fut arrêté de nouveau, condamné à mort et exécuté le 25 septembre 1792. Ses œuvres complètes, publiées en 1817, 4 vol. in-8°, comprenant : *Olivier*, poème héroï-comique en prose, le *Diable amoureux*, les *Sabots*, opéra comique; et un pastiche du

poème de Voltaire : *la Guerre civile de Genève*, si habilement fait que tout le monde fut dupe de la mystification.

CAZOULS-LES-BÉZIERS, ch.-l. de cant.; arr. et à 11 kil. N.-O. de Béziers (Hérault) ; 2,850 hab. ; vieille ville ruinée par les guerres de religion. Eaux-de-vie, vins muscats, prunes renommées.

* **CE, CET**, m. **CETTE** f. sing.; **CES** pl. des deux genres [se, sè, sè-te, cè] (lat. *ipse, ipsa, ipsum*). Adj. démonstratif, qui indique les personnes ou les choses. On met *ce* devant les noms masculins au sing. qui commencent par une consonne ou par une *H* aspirée, et *cet* devant ceux qui commencent par une voyelle ou par une *H* non aspirée : *ce cheval, ce héros, cet oiseau, cet homme.* — On met *cette* devant tout nom féminin sing. : *cette femme.* — On met *ces* devant tout nom pluriel : *ces hommes, ces femmes.*

* **CE** pron. démonstrat. invar. La personne ou la chose dont on parle : il diffère de l'adjectif *ce* en ce que ce dernier est toujours suivi d'un substantif, tandis que le pronom *ce* est toujours joint au verbe être ou est toujours suivi de *qui* ou de *que* : *ce qui me platt, c'est sa modestie.*

> Il n'est guère moins nécessaire
> De voir ce qu'il faut éviter
> Que de savoir ce qu'il faut faire.
> Mme DESHOULIÈRES.

> J'ai soumis son amour, il fait ce que je veux ;
> Il m'a sacrifié ses transports amoureux.
> VOLTAIRE. *Zaïre*, acte V, sc. III.

Joint au verbe *être*, il entre dans un grand nombre de phrases, qui sont pour la plupart des gallicismes : *il avait dessein d'attaquer, et pour ce, pour ce faire, il commanda...* — SUR CE, formule employée par les souverains, pour terminer leurs lettres : *Sur ce, je prie Dieu qu'il vous ait en sa sainte et digne garde.* — Fam. : *sur ce, je vous salue.* — Prat. et chancel. ET CE, CONFORMÉMENT A... NONOBSTANT LETTRES A... CE QUE... ET EN VERTU DE CE QUE DESSUS. A CE QU'IL N'EN PRÉTENDIT CAUSE D'IGNORANCE. — C'EST-A-DIRE, C'EST A SAVOIR. Voyez *dire, savoir*. — C'EST POURQUOI, telle est la raison, la cause, le motif pour lequel, etc. — Fam. CE DIT-IL, CE DIT-ELLE, dit-il, dit-elle. — Fam. QUAND CE VINT A, quand il fut question de. — GRAMM. Devant le verbe *être*, le pronom *ce* exige que ce verbe soit au singulier, excepté quand il est suivi d'un nom ou d'un pronom à la troisième personne du pluriel; ainsi, l'on dit : *c'est nous qui parlons; mais il faut dire : ce sont les parents; ce furent ses amis qui lui vinrent en aide.* Telle est la règle établie par les meilleurs grammairiens; tous les écrivains ne s'y sont pas soumis et ont mis le verbe être tantôt au pluriel, tantôt au singulier. L'Académie dit qu'il faut mettre le verbe au singulier ou pluriel, *selon les cas* ; elle oublie de faire connaître les cas. *Ce* est souvent employé au lieu de *il, elle, ils, elles*, se rapportant à une personne mentionnée auparavant. On le préfère quand le verbe être est suivi d'un substantif accompagné de l'article, ou de l'adjectif un : lisez *Homère et Virgile; ce sont les plus grands poètes de l'antiquité; c'est un César.* Mais quand le verbe *être* est suivi d'un adjectif sans aucun substantif, ou d'un substantif pris adjectivement, il faut employer *il, elle, ils, elles* : lisez *Démosthènes et Cicéron; ils sont très éloquents; j'ai vu le Louvre; il est magnifique.* — Quand *ce qui* ou *ce que*, est au commencement d'une phrase en deux parties, on répète *ce* dans la seconde partie, si celle-ci commence par le verbe *être* : *ce qui m'attache à la vie, c'est ma famille.* Cette répétition n'est pas indispensable quand le verbe *être* est suivi d'un substantif singulier : *ce qui mérite le plus notre admiration, c'est sa vertu.* Mais il est préférable de répéter *ce*, pour donner plus d'énergie à l'expression. — Quand le verbe *être* est suivi

d'un adjectif ou d'un participe passé sans aucun substantif, on ne doit pas répéter le démonstratif *ce* : *ce que vous dites est vrai.* — Faut-il écrire : ç'a été, ç'ont été ou c'a été, c'ont été (avec ou sans cédille)? Les grammairiens sont en désaccord ; il nous semble que la cédille est de trop ; c'est comme si l'on écrivait *ce a été, ce ont été.* L'apostrophe détache suffisamment le *c*. — EST-CE LA VOTRE VOITURE? OUI, CE L'EST. SONT-CE VOS LIVRES? OUI, CE LES SONT. Ces réponses sont grammaticalement correctes, mais on évite de les employer, parce qu'elles ont quelque chose d'affecté, de bizarre ; on dit simplement : *oui, c'est ma voiture; oui, ce sont mes livres.*

CEAN-BERMUDEZ (Juan-Augustin) [cé-ânn'-bèr-mou-dèss], archéologue espagnol (1749-1829). Disciple de Mengs, il établit une académie des beaux-arts à Séville et publia un *Dictionnaire des artistes espagnols* (6 vol. 1800), une *Notice sur l'architecture espagnole* (4 vol., 1829) un ouvrage *Sur les antiquités romaines en Espagne* (1832), etc.

* **CÉANS** adv. [sé-an] (lat. *istac, là*; *intus, dedans*). Ici dedans. Ne se dit que de la maison où l'on est quand on parle : *le maître de céans* (vieux).

CEARA [cé-â-ra'], province maritime du Brésil, bornée au N.-E. par l'Atlantique ; 104,250 kil. carr. ; 724,686 hab., dont 31,913 esclaves. Elle est divisée en deux parties, par les montagnes qui courent de la côte, au S.-S.-O., jusqu'à une étroite chaîne de plateaux qui forment la frontière à l'ouest. Territoire fertile qui produit l'acajou et d'autres bois d'ébénisterie, le caoutchouc, le coton, le café, le sucre, le manioc, le maïs et le riz. Élève du cheval et des bêtes à cornes. Cuivre, or, zinc, sel, etc. Cap. Fortaleza.

CEBENNA MONS ou **Gebenna**, anciens noms des *Cévennes*.

CÉBÈS DE THÈBES, philosophe béotien de l'école de Socrate, né vers l'an 400 av. J.-C. Il a écrit trois dialogues, dont un seul, le *Pinax* ou *Tableau de Cébès*, a été conservé. La meilleure édition qu'on en ait est celle de Gronovius (Amsterd., 1689, 4 vol. in-12).

CEBU ou **Zebu** [sè-bou]. I. Île de l'archipel des Philippines, entre Bohol et Negros ; 5,500 kil. carr. Elle fut découverte par Magalhaens en 1524. — II. Province comprenant plusieurs des îles Philippines, entre autres Cebu, Bohol et Mactan. — III. Cap. de la province ci-dessus, dans l'île de Cebu, siège d'un évêché; centre d'un commerce considérable avec Manille.

CÉBUS s. m. [sè-buss] (lat. *cebus*). Mamm. Nom scientifique du genre sapajou. Les cébus vivent dans l'Amérique méridionale. Le *cébus*

Cebus capucinus.

capucin (cebus capucinus, Erxl., simia capucina, Linn.) se rencontre en grandes troupes sur les bords de l'Amazone et de l'Orénoque.

CECCO D'ASCOLI [tché-ko-dâss'-ko-li], écrivain italien né à Ascoli en 1257, brûlé vif à Florence comme hérétique en 1327. Son vrai nom était Francesco (diminutif Cecco) Stabili. Il professa l'astrologie et composa plusieurs ouvrages scientifiques dont le plus célèbre, l'*Acerba*, sorte d'encyclopédie, a été publié en 1472 et n'eut pas moins de 20 éditions.

*CECI** Pron. démonst. (de *ce*, pron., et *ci*). Se dit par opposition à *cela*, pour indiquer, de deux choses, la plus proche de celui qui parle : *ceci est à moi, cela est à vous*. — CECI annonce ce qui va suivre, tandis que CELA rappelle ce qui précède : *dites ceci à votre ami ; qu'il se marie, dites-lui cela*.— S'emploie souvent sans opposition à Cela, comme indiquant un objet présent, un fait actuel, la chose dont on parle ou dont on va parler : *ceci n'est pas un jeu d'enfants*. — Fam. et indéterminément, CECI, CELA, tantôt une chose, tantôt une autre : *c'était ceci, c'était cela, il avait toujours quelque prétexte pour ne pas venir*.

CÉCIDOMYIE s. f. (gr. *kêkis*, noix de galle ; *muia*, mouche). Entom. Genre de diptères némocères, tribu des tipules, renfermant une vingtaine d'espèces très nuisibles pour plusieurs végétaux. La femelle a l'abdomen pourvu d'une tarière qui lui sert à enfoncer ses œufs dans les boutons à feuilles et à fleurs du genévrier, du saule, du lotier, etc.; il s'y développe une sorte de gale qui sert de retraite et de nourriture aux larves. La *cécidomyie des céréales (cecidomyia destructor)*, semblable à un petit cousin de couleur jaunâtre, produit quelquefois de grands ravages dans nos champs de blé. Heureusement qu'elle a un ennemi, l'*inostema punctiger*, dont les larves pénètrent dans le corps des siennes et vivent de leur substance.

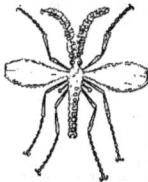

Cécidomyie des céréales (Cecidomyia destructor), très grossie.

CECIL. I. (Robert), comte de Salisbury, homme d'Etat anglais, fils de lord Burleigh (1560-1612) Premier ministre à la mort de son père (1598), il favorisa secrètement les intérêts de Jacques 1er, qui le combla ensuite de faveurs. Il a laissé un « Traité contre les Papistes ». — II. **(William)**. Voy. BURLEIGH.

CÉCILE (Sainte), vierge et martyre, née à Rome d'une riche famille, vers l'an 210, tuée vers l'an 230. La beauté de sa voix lorsqu'elle chantait les louanges du Seigneur l'a fait choisir pour patronne des musiciens. Fête, le 22 novembre.

*CÉCITÉ** s. f. (lat. *cœcitas*, de *cœcus*, aveugle). Etat d'une personne aveugle. *Cécité* se dit au propre, et *aveuglement* au figuré : *il fut frappé de cécité*.

CÉCROPS (sé-kropss), premier roi de l'Attique, d'après les légendes grecques. Vers 1550 av. J.-C., il conduisit, dit-on, une colonie égyptienne sur le lieu appelé *Cécropia* (plus tard acropole d'Athènes), civilisa les tribus pélasgiques et fonda l'Aréopage.

*CÉDANT, ANTE** adj. Qui cède son droit. Ne s'emploie guère que substantivement, en termes de droit et en style de pratique : *le cédant et le cessionnaire*.

CEDANT ARMA TOGÆ loc. lat. [sé-dan-tar-ma-to-ghé] *(que les armes cèdent à la toge !)* Premier hémistiche d'un vers que Cicéron fit à sa propre louange, en mémoire de son consulat. Cette expression figurée signifie : que le pouvoir militaire laisse place au gouvernement civil.

CÉDAR, ville de l'anc. Palestine, dans la demi-tribu de Manassé, au delà du Jourdain.

CÉDAR, second fils d'Ismaël ; ancêtre probable des Sarrasins nomades.

CEDAR-CREEK, petite rivière qui coule dans la vallée de Shenandoah.

CEDAR FALLS, ville d'Iowa (Etats-Unis), sur la rivière Red Cedar, à 150 kil. O. de Dubuque ; 4,000 hab.

CEDAR MOUNTAIN, colline conique isolée (Etats-Unis), près de laquelle, le 9 août 1862, les rebelles du Sud furent battus par les troupes de l'Union.

CEDAR RAPIDS, ville d'Iowa, sur la rivière Red Cedar, à 120 kil. S.-O. de Dubuque ; 8,000 hab.

CEDAR SPRINGS, station balnéaire américaine, à 8 kil. E.-S.-E. de Spartanburg, Caroline du sud (Etats-Unis). Institution pour les aveugles et les sourds-muets.

*CÉDER** v a. (lat. *cedere*). Laisser, abandonner une chose à quelqu'un : *céder sa place à un autre*. — Comm. et Jurispr. Transporter une chose à une autre personne, lui en donner la propriété : *il a cédé son magasin*. — v. n. Rompre, s'affaisser, en parlant des choses : *cette poutre ne tardera pas à céder*.—

Cèdres du Liban.

Fig. Se soumettre, ne pas s'opposer, ne pas résister : *il faut céder à nos supérieurs ; céder au mal*. — Diminuer, cesser, en parlant d'un mal physique : *la fièvre céda au remède*. — Absol. : *la douleur céda*. — Se reconnaître ou être reconnu inférieur à un autre, en quelque chose : *il lui cède en mérite*. — Se dit à peu près dans le même sens avec un nom de chose pour sujet : *les intérêts privés doivent céder à l'intérêt général*.

*CÉDILLE** s. f. [*ll* mll.] (diminut. de *zéta*, nom grec de la lettre *z* que l'on mettait autrefois à la suite de la lettre *c*, *garezon*, *recu*, dans le cas où l'on emploie aujourd'hui une cédille). Petite marque en forme de *c* tourné de droite à gauche, qu'on met sous la lettre C, quand elle précède un A, un O, ou un U, pour indiquer qu'elle doit être prononcée comme une S : *garçon, ça, reçu*.

*CÉDRAT** s. m. (ital. *cedrato* ; de *cedro*, citron). Espèce de citron d'une odeur agréable : *cédrat confit*. — Arbre qui porte cette espèce de citron : *tablettes de cédrat*.

CÉDRATIER s. m. Nom que les botanistes donnent à l'arbre qui porte le fruit appelé cédrat. Le cédratier forme, dans le grand genre oranger, une espèce voisine du citronnier ; il est originaire de l'Orient. La variété principale celle du *cédratier ordinaire (citrus medica vulgaris)*, de Médie et peut-être d'Assyrie, fut cultivée en Italie par Palladius au IIe siècle. Son fruit, qui pèse souvent plusieurs livres,

renferme une pulpe acide peu juteuse ; on le recherche surtout à cause de son écorce épaisse

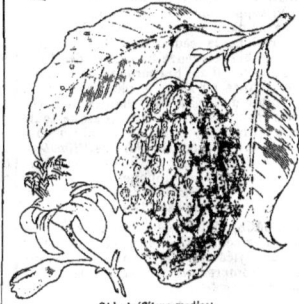

Cédrat (Citrus medica).

et odorante, qui sert à aromatiser plusieurs préparations culinaires.

*CÈDRE** s. m. (lat. *cedrus*). Bot. Genre de conifères, comprenant trois espèces d'arbres odoriférants qui acquièrent une très grande hauteur, et dont le bois passe pour incorruptible. L'espèce la plus populaire, celle du *cèdre du Liban (cedrus Libani)* est originaire des parties les plus froides des montagnes de l'Asie Mineure. Le bois des cèdres du Liban, considéré comme incorruptible, fut employé, dans l'antiquité, à la construction des édifices les plus somptueux, tels que le palais de David et le temple de Salomon. Les vastes forêts qui couvraient le Liban furent détruites avec une telle rapidité que Justinien, au VIe siècle, eut beaucoup de peine à se procurer le bois de cèdre nécessaire pour la toiture d'une église. — Les plus énormes de ces arbres font l'ornement de la forêt d'Echarek, sur un monticule isolé, au milieu du vaste plateau que dominent,

Branche de cèdre.

au N.-E., les plus hautes cimes du Liban (mont Djebel-Makmel). Ils ont beaucoup souffert de la curiosité des voyageurs et c'est à peine si l'on en compte cinq ou six que leur masse peut faire considérer comme contemporains des temps bibliques ; ils mesurent environ 42 mètres de circonférence. Leurs troncs sont dénudés, leur écorce est coupée, taillée, sculptée de caractères européens et orientaux. On suppose que ces arbres ont été confondus avec d'autres, car le bois de ce que nous appelons le cèdre du Liban est loin d'être durable. Le cèdre fut cultivé dès 1683, en Angleterre, d'où Bernard de Jussieu apporta en France, en 1734, le pied qui domine le labyrinthe du Jardin des Plantes, à Paris. Le cèdre croît très bien dans presque toute l'Europe; il résiste aux froids les plus rigoureux. Une autre espèce, le *cèdre de l'Himalaya* (cedrus Deodora), fournit un bois très employé dans les constructions hindoues. Le *cèdre de l'Atlas* (cedrus Atlantica), répandu en Algérie, présente une forme pyramidale élancée.

CÉDRÉLACÉ, ÉE Bot. Qui ressemble, qui se rapporte aux cédrélées. — s. f. pl. Famille de plantes dicotylédones dialypétales, voisine des méliacées, comprenant deux tribus, les *cédrélées* et les *suédténées*.

CÉDRÈLE s. f. ou **Cédrel** s. m. (rad. *cèdre*). Bot. Genre de cédrélées, comprenant plusieurs espèces d'arbres à feuilles persistantes et à fleurs blanches en panicule terminale. La *cédrèle faux acajou*, appelée aussi *cèdre acajou* ou *cédrèle odorante* (cedrela odorata) croît dans l'Amérique australe; son bois, tendre et brun, est employé dans l'ébénisterie. La *cédrèle veloutée* (cedrela velutina) habite Java et la *cédrèle toon* (cedrela toona) se trouve dans l'Indoustan.

CÉDRÉLÉES s. f. pl. Tribu des cédrélacées, dont le type est le genre cédrèle.

CÉDRIE s. f. Résine qui coule naturellement du cèdre et que les anciens Égyptiens employaient dans leurs embaumements.

CÉDRON s. m. Graine du *simaba cedron*, petit arbre de l'ordre des simaroubées, commun en Colombie et dans l'Amérique centrale. Le cédron est employé comme amer; à haute dose, il est empoisonne.

CÉDRON, torrent de la Palestine, dans les tribus de Benjamin et de Juda. Le Cédron séparait Jérusalem de la montagne des Oliviers.

CÉDULE s. f. (lat. *schedula*, feuillet). Écrit, billet sous seing privé, par lequel on reconnaît devoir quelque somme. On dit aujourd'hui *billet*. — CÉDULE DE CITATION, acte par lequel un juge de paix permet d'abréger les délais, dans les cas urgents. — Législ. « La cédule est une citation délivrée par le juge de paix dans les cas urgents, lorsqu'il y a lieu d'abréger les délais, soit en matière civile, soit en matière de contraventions (C. pr. 6 et C. inst. crim. 146), soit pour convoquer des experts (C. pr. 29). Le mot *cédule* est aussi employé dans la loi pour signifier une reconnaissance de dette sous seing privé, et c'est le sens que lui donne l'art. 2274 du Code civil, en disant que certaines prescriptions sont interrompues par une cédule ou obligation. On donne aussi le nom de *cédule* (en anglais *schedule*) aux subdivisions de la taxe sur le revenu. » (Ch. Y.)

CEFALU [tché-fa-lou'], ville maritime fortifiée de la Sicile septentrionale, à 60 kil. E.-S.-E. de Palerme, 10.500 hab. Belle cathédrale, château sarrasin; pêcheries actives.

CEHEJIN [sé-é-jhinn], ville d'Espagne, sur le Caravaca, à 55 kil. N.-O. de Murcie; 6,000 hab. Carrières de marbre.

CEILLIER (Dom Remi), historien et théologien, né à Bar-le-Duc en 1688, mort en 1761. Fut prieur de l'abbaye des bénédictins de Flavigny et publia une bonne *Histoire des auteurs sacrés et ecclésiastiques* (1729, 25 vol.; nouvelle éd. 1858. 8 vol).

CEINDRE v. a. [sain-dre] (lat. *cingere*). Se conjugue comme *atteindre*. Entourer, environ-

---

ner: *ceindre une ville de murailles.* — Serrer et entourer quelque partie du corps: *une corde lui ceignait les reins.* — CEINDRE QUELQU'UN D'UNE CHOSE, lui mettre autour du corps. — CEINDRE DE QUELQUE CHOSE LE CORPS, LA TÊTE DE QUELQU'UN, le lui mettre autour du corps, autour de la tête: *il lui ceignit le front d'un bandeau.* — Fig. CEINDRE LE DIADÈME, devenir roi ou reine. CEINDRE LA TIARE, être élevé au pontificat. Dans le style soutenu, on dit quelquefois d'un conquérant: *la Victoire lui a ceint le front de lauriers.* — CEINDRE L'ÉPÉE A UN CHEVALIER, lui mettre une épée au côté: *en le faisant chevalier, il lui ceignit l'épée.* — Se ceindre v. pr. Ceindre soi: *il se ceignit le corps d'une écharpe; il se ceignit d'une corde; se ceindre d'un diadème.* — Absol. SE CEINDRE LE CORPS, SE CEINDRE LES REINS, se serrer le corps, les reins, avec une écharpe, un ruban, une corde, etc.

CEINT, CEINTE adj. Entouré: *le front ceint de fleurs.*

CEINTE s. f. (rad. *ceindre*). Mar. Se dit de tous les cordages qui ceignent, lient et environnent un navire, et des pièces de bois qui servent à lier sa charpente.

CEINTRAGE s. m. (rad. *ceintrer*). Mar. Ensemble des cordages qui servent à ceindre et à consolider un navire qui menace de s'ouvrir.

CEINTRE s. m. (lat. *cingere*, ceindre). Mar. Bourrelet de cordages qu'on place autour des embarcations pour les garantir des frottements et des chocs.

CEINTRÉ, ÉE, adj. mart. passé de CEINTRER. — Mar. Retenu, lié avec des câbles. — NAVIRE CEINTRÉ PAR SON CABLE, navire qui, dans ses mouvements au-dessus de son ancre, passe sur le câble et se trouve arrêté.

CEINTRER v. a. Mar. Lier, au moyen de cordages passés sous la carène et tendus avec force, un bâtiment dont les bordages menacent de se disjoindre.

CEINTURE s. f. [sain-tu-re] lat. *cinctura*). Ruban de soie ou de fil, cordon, bande de cuir, ou autre chose semblable, dont on se ceint le milieu du corps: *ceinture de soie; boucle d'une ceinture.*—Mythol. *Ceinture de Vénus*, ceinture portée par Vénus, et à laquelle était attaché le don de plaire. — Longue bourse en cuir que les voyageurs et les marchands portent autour des reins: *ceinture pleine d'or.* — Prov. *Bonne renommée vaut mieux que ceinture dorée*, il vaut mieux avoir l'estime publique que d'être riche. — Bord d'en haut d'une culotte, d'un pantalon, d'une jupe.—Prov. et fig. *Être toujours pendu à la ceinture de quelqu'un*, l'accompagner, le suivre partout. — CEINTURE, signifie quelquefois l'endroit du corps où l'on place la ceinture: *on a de l'eau jusqu'à la ceinture.* — Fam. *Il ne lui va pas à la ceinture*, se dit, par exag., en parlant d'un petit homme en comparaison d'un grand. — CEINTURE, se dit aussi de certaines choses qui en environnent d'autres: *ceinture de murailles, ceinture du chœur d'une église.* — *Ceinture de deuil* ou *ceinture funèbre*, large bande noire qu'aux funérailles d'un personnage éminent, on met autour de l'église, à une certaine hauteur, tant en dedans qu'en dehors, et sur laquelle sont placées d'espace en espace les armoiries du défunt; on l'appelle aussi *litre*. — Archit. *Ceinture d'une colonne*, petite moulure carrée au haut et au bas du fût d'une colonne, auquel elle se joint par un congé. — Art milit. CEINTURE DE COURSE, ceinture d'équipement, analogue à celle des cuirassiers. — CEINTURE DE CUISSIÈRE, ceinture d'équipement qui s'attache autour des reins du tambour. — CEINTURE A L'ANGLAISE, sangle fort juste à laquelle on suspend l'épée. — CEINTURE MILITAIRE, celle qui sert de signe distinctif pour les officiers. — Mar. Pièces de charpente qui entourent un bâtiment et ser-

---

vent à sa liaison. — CEINTURE DE CARÈNE, rang de petites planches clouées momentanément autour d'un bâtiment, dans le sens de sa longueur, au-dessus de sa carène, pour garantir les hauts des flammes pendant que l'on chauffe les fonds. — CEINTURE DE SAUVETAGE, appareil dont se servent les pompiers, les égoutiers, les puisaliers et les sauveteurs. La ceinture de sauvetage des pompiers et des égoutiers sert à descendre les personnes des étages supérieurs d'un bâtiment incendié, et à retirer celles qui sont tombées dans un lieu méphitisé. La ceinture des sauveteurs a pour but de soutenir les nageurs et les naufragés pour les empêcher de se noyer.

CEINTURELLE s. f. Mar. Sorte de trelingages des mâts à antennes. — Bridure des haubans au-dessous du calcet.

CEINTURIER s. m. Faiseur ou marchand de ceintures, de ceinturons et de baudriers.

CEINTURON s. m. Sorte de ceinture, composée le plus ordinairement d'une bande de cuir, que l'on serre avec une boucle, et qui a des pendants auxquels on suspend une épée, un sabre un poignard, etc. Chez les Romains, au moyen âge, et tant que dura la chevalerie, le ceinturon fut un signe de distinction. — CEINTURON A BÉLIÈRE, ceinturon des troupes à cheval, et des officiers, adjudants et sergents-majors de l'infanterie française. Le ceinturon à bélière est muni de deux lanières qui passent dans les anneaux du fourreau de sabre.

CELA pron. démonst. (de *ce* et *là*). Se dit, par opposition à *ceci*, pour indiquer, de deux choses, la plus éloignée de celui qui parle: *je n'aime point ceci, donnez-moi de cela.* — S'emploie souvent sans opposition à *ceci*, pour indiquer un objet présent, un fait actuel, la chose dont on parle ou dont on va parler: *que dites-vous de cela?* — Fam. C'EST CELA, C'EST BIEN CELA, se dit à une personne qui fait voir, par ses paroles ou par ses actions, qu'elle a bien compris ce qu'on lui a dit ou prescrit. — C'EST BIEN CELA! se dit quelquefois pour approuver ce qu'une personne a dit ou fait de son propre mouvement. — N'EST-CE QUE CELA? sert à indiquer que ce qu'on vous dit, ce qu'on vous annonce, est sans importance. — COMME CELA, dans certains cas, signifie, ni bien ni mal, plutôt mal que bien: *comment vous portez-vous? comme cela.* — IL EST COMME CELA, c'est son caractère, sa manière habituelle d'être ou d'agir. — COMMENT CELA? annonce l'étonnement, la surprise: comment? de quelle manière?— IL NE MANQUAIT PLUS QUE CELA! Manière ironique de se plaindre d'un désagrément inattendu qui vient se joindre à d'autres. — CELA, se dit quelquefois des personnes, dans le langage familier: *cette fille n'est qu'une sotte, cela ne sait pas dire un mot.* — Par abrév., on emploie quelquefois, *ça* au lieu de *cela.* Voy. Ça.

CÉLADON s. m. Berger du roman de l'*Astrée*, par d'Urfé. Son nom est devenu synon. d'amant constant, de galant doucereux ou de soupirant platonique.

CÉLADON s. m. Vert pâle tirant sur la couleur du saule ou de la feuille de pêcher: *taffetas céladon.*— Adjectiv.: *vert céladon.*

CELAKOVSKY ou **Czelakowsky** (Franticek-Ladislav) (tché-la-kov-ski), écrivain bohémien (1799-1852), fut professeur à Prague et à Breslau et publia: « Poèmes », « Chants nationaux slaves », « Chants nationaux russes », etc.

CÉLASTRE s. m. (gr. *kelastron*). Bot. Genre de célastrinées, comprenant plusieurs espèces d'arbrisseaux qui croissent dans l'Amérique du Nord ou dans les régions tropicales de l'Asie et de l'Afrique. Le *célastre grimpant* (celastrus scandens), du Canada et des États

Unis, est appelé aussi *bourreau des arbres*, parce qu'il les entoure au point de les étouf-

Célastre grimpant. (Celastrus scandens).

fer. C'est un joli arbrisseau d'ornement à fruits rouges en grappes.

CÉLASTRINÉ, ÉE adj. Qui ressemble ou se rapporte au célastre. — s. f. pl. Famille de plantes dicotylédones dialypétales hypogynes, comprenant les genres principaux : fusain, célastre, olivetier, etc.

CÉLATE s. m. (lat. *cælatura*, gravure ou ciselure, à cause des figures gravées ou ciselées sur les casques). Vieille forme de *Salade*, nom primitif du casque.

CÉLATION s. f. [se-la-si-on] (lat. *celatio*). Action de celer, de cacher.

CÉLÈBES. I. (Archipel des). Groupe d'îles de la Malaisie ; la principale est Célèbes. — II. Ile de l'Archipel indien, sous l'équateur, à l'E. de Bornéo, entre 1° 50' lat. N. et 5° 30' S., et entre 117° et 123° long. E. Superficie, environ 81,000 kil. carr., d'après Wallace ; (deux fois aussi large, selon les autorités hollandaises) ; 1 million d'hab. Elle est séparée de Bornéo par le détroit de Macassar, dont la largeur moyenne est de 190 kil. D'une forme extrêmement irrégulière, Célèbes ne forme pas moins de 4 grandes péninsules : 1° Menado, langue de terre qui fait une courbe au N. et à l'E. et qui est longue de 600 kil. ; elle se termine par la province de Minahasa ; 2° Balante, à l'E.-N.-E., longue de 300 kil. ; 3° Tabunkou, au S.-E., 280 kil. ; 4° la presqu'île du Sud, sur laquelle se trouve l'établissement hollandais de Macassar. Chaque péninsule est traversée par une chaîne de montagnes ; ces chaînes sont volcaniques dans la province de Minahasa seulement, où l'on trouve 11 volcans. Le point culminant de l'île est Lompo-Batang, près de Macassar, (2,500 m.) Territoire bien arrosé par de petits cours d'eau dont le principal, la Chinrana, longue de 90 kil., sort du lac Labaya. On a décrit 14 espèces de mammifères terrestres indigènes et 191 espèces d'oiseaux ; les mammifères les plus remarquables sont : le sapi-outan ou vache sauvage des Malais, une espèce de babouin noir et un cochon sauvage. Les pythons y sont nombreux et y atteignent 15 pieds de long. Les districts non cultivés sont couverts d'épaisses forêts ou sont luxuriants d'une végétation appartenant à un climat équatorial humide. Le riz et le café sont les plus importantes productions agricoles. Le café est supérieur même à celui de Java ; les plantations hollandaises du plateau de Minahasa en produisent plus de 5 millions de livres. Riches mines d'or ; mines de fer, d'étain et de cuivre. Les naturels, qui appartiennent à la race malaise, sont presque partout gouvernés par des princes nationaux ; mais ceux-ci dépendent de la Hollande, qui domine l'île entière. Menado, capitale de la portion hollandaise sep-

tentrionale, est un port franc sur la mer des Célèbes. Elle ne compte que 2,500 hab. La principale ville des établissements hollandais est Macassar. Exportation de café, de riz, de tripangs ou escargots de mer, d'écailles de tortues, de chevaux macassars et de nattes. — L'île de Célèbes fut découverte par les Portugais en 1525 ; les Hollandais s'y établirent en 1660 ; les Anglais l'occupèrent de 1811 à 1814.

CÉLÉBIEN, IENNE s. et adj. Des Célèbes ; qui appartient à ces îles ou à leurs habitants.

* **CÉLÉBRANT** s. m. Celui qui dit la messe, qui célèbre la messe, ou qui officie : *célébrant assisté de diacre*.

* **CÉLÉBRATION** s. f. Action de célébrer. N'est guère usité que dans les phrases suivantes : *célébration de la messe ; célébration de l'office divin ; célébration d'une fête ; célébration d'un mariage ; célébration d'un concile* On dit aussi : *célébration des saints mystères*, pour : célébration de la messe.

* **CÉLÈBRE** adj. (lat. *celeber*). Fameux, renommé : *auteur célèbre ; lieu célèbre, action célèbre*. — En mauvaise part : *un fou célèbre, un célèbre charlatan*.

* **CÉLÉBRER** v. a. (lat. *celebrare*). Exalter, louer avec éclat, publier avec éloge : *célébrer la mémoire de quelqu'un ; célébrer de grandes actions. — Célébrer les louanges de quelqu'un*, publier hautement ses louanges. — Solenniser : *célébrer les fêtes ; les anciens célébraient les jeux séculaires avec de grandes solennités*. On dit dans un sens analogue : *célébrer la venue, l'arrivée de quelqu'un*. — Célébrer un mariage, faire un mariage avec les cérémonies requises. — Célébrer des noces, les faire avec beaucoup de magnificence et d'éclat. — Célébrer les funérailles, les obsèques d'une personne, lui faire des funérailles, des obsèques pompeuses. — Célébrer un concile, tenir un concile. — Célébrer la messe, dire la messe ; et, dans le même sens, *célébrer les mystères, les saints mystères*. On dit aussi, absol. : Célébrer : *le prêtre n'a pas encore célébré*. — Célébrer pontificalement, célébrer la messe en habits pontificaux.

* **CÉLÉBRITÉ** s. f. Réputation qui s'étend au loin : *acquérir de la célébrité*. — Pompe, solennité : *la cérémonie se fit avec une grande célébrité*. On dit mieux, solennité.

CÉLÉNO. Mythol. Reine des Harpyes.

CÉLÉNO s. f. Genre de chauves-souris, de la famille des vespertilions.

* **CÉLER** ou **Céler** v. a. (lat. *celare*). Taire, ne pas donner à connaître, cacher : *celer un dessein ; je ne vous célerai pas que...* — Se faire celer, faire dire qu'on n'est pas chez soi, bien qu'on ne soit pas sorti.

CÉLÈRE adj. Prompt, rapide (vieux).

CELERES s. m. pl. [sé-lè-rèss]. Ant. rom. Corps de 300 jeunes cavaliers, formé par Romulus, et choisi parmi les jeunes gens des familles nobles. Leur chef, appelé tribun des Celeres, était, après le roi, le plus haut officier de l'État.

* **CÉLERI** s. m. (ital. *sellaro*). Bot. Espèce du genre ache (*apium graveolens*) que la culture a rendue alimentaire et qui a produit plusieurs variétés : *céleri creux, céleri plein, blanc, céleri court, hâtif*, dont les côtes blanchissent facilement ; *céleri à couper* ou *céleri creux*, dont les feuilles servent pour les potages ; *céleri nain frisé*, tendre et cassant ; *céleri gros violet de Tours*, à côtes épaisses ; *céleri-rave*, etc. Le céleri est très répandu dans le midi de la France et en Allemagne. On le multiplie de semis en janvier ou en mars sur couche et sous châssis, on le repique sur couche avec abris et on le met au printemps en pleine terre sur un terrain bêché profondément, plutôt humide que sec. On le lie pour le faire blanchir et on le

butte. Celui que l'on garde pour l'hiver doit être paillé et butté avant les premiers froids.

Céleri.

Le céleri constitue un aliment sain et agréable en salade. On mange ses jeunes tiges, la base des pétioles et une partie de la racine. Blanchi à l'eau bouillante, il est employé comme garniture.

CÉLÉRIFÈRE s. m. (lat. *celer*, vite ; *fero*, porter). Voiture publique légère et rapide. Les chemins de fer ont fait oublier les célérifères.

CÉLÉRIMÈTRE s. m. (lat. *celer*, prompt ; gr. *metron*, mesure). Appareil que l'on adapte à la roue d'une voiture et qui fait connaître la longueur du chemin parcouru.

CÉLÉRI-RAVE s. m. Variété de céleri, dont la racine arrondie et charnue se mange, cuite ou crue et coupée en rond dans les salades. On en fait aussi de la purée et des beignets.

* **CÉLÉRITÉ** s. f. (lat. *celeritas*). Vitesse, diligence, promptitude dans l'exécution : *cette affaire demande de la célérité*.

* **CÉLESTE** adj. (lat. *cælestis*). Qui appartient au ciel : *globe céleste ; corps célestes*. — Poétiq. *les célestes flambeaux*, les astres. — *La voûte céleste*, les célestes lambris, le ciel, le firmament. — *Bleu céleste*, bleu de la couleur dont le ciel paraît être quand le temps est fort serein. — Se dit de tout ce qui appartient au ciel, pris pour le séjour des bienheureux : *esprits célestes, gloire céleste.* — *La céleste patrie*, le ciel, considéré comme le séjour des bienheureux. — *Le Père céleste*, Dieu. — Divin, qui vient de Dieu : *les âmes sont d'origine céleste.* — Par hyperbole. Ce qui est d'une nature excellente : *beauté céleste*. — Le Céleste-Empire, la Chine.

* **CÉLESTIN** s. m. Religieux de l'ordre des Célestins.

CÉLESTIN, nom de cinq papes. — I. (Saint), né à Rome, en 422, mort en 432. Il convoqua le concile d'Éphèse en 431, pour examiner l'hérésie de Nestorius et envoya des missionnaires en Angleterre : Palladius en Écosse et saint Patrick en Irlande. — II. (Guido di Castello), gouverneur de Bénévent, élu en 1143, mort en 1144, après un règne de 5 mois. — III. (Giacinto Orsini), né en 1106, élu en 1191, mort en 1198. Le lendemain de son sacre, il couronna l'empereur Henri VI, qu'il excommunia ensuite pour avoir emprisonné Richard Cœur de Lion. Il donna la Sicile à Frédéric II et confirma l'ordre Teutonique en 1192. — IV. (Goffredo-Castiglione), chancelier de Milan et cardinal, élu le 20 septembre 1241, mort empoisonné le 8 octobre suivant, après 18 jours de règne. — V. (Pietro Angelerieri), moine bénédictin, né près de Pietro da Murrone, d'une montagne près de Sulmona, sur laquelle il menait une vie ascétique et solitaire. Vers 1254, il fonda l'ordre des Célestins qui, de son vivant, posséda 36 monastères et comprit 600 moines. Elu pape en 1294, il n'accepta qu'avec beaucoup d'appréhension, et renonça à la tiare après 5 mois de règne. Son successeur, Boniface VIII, le retint prisonnier dans la campagne romaine, où il ne tarda pas à mourir, victime du climat, le 12 mai 1296. Il a laissé divers traités qui ont été publiés. Clément V le canonisa en 1313.

CÉLESTINE s. f. Religieuse de l'ordre de Saint-Benoît. — A LA CÉLESTINE, à la manière des célestins ou des célestines. — OMELETTE A LA CÉLESTINE, omelette dans laquelle on a mis du sucre au lieu de sel et sur laquelle, au moment de la rouler, on verse de la marmelade d'abricots. — ÉPINARDS A LA CÉLESTINE, épinards que l'on a rendus plus savoureux en les réchauffant plusieurs jours de suite.

CÉLESTINS s. m. pl. Ordre religieux fondé vers 1254 par Pietro Angelerier qui, devenu pape en 1294, lui conféra des privilèges très étendus. Urbain IV incorpora cette congrégation avec les bénédictins; Grégoire X la confirma en 1274 et se répandit rapidement en Italie, en France et en Allemagne. Le concile de Trente restreignit ses privilèges et elle fut supprimée en 1778.

CÉLEUSTE s. m. (gr. keleustès; de keleuo, je commande). Antiq. gr. Celui qui chantait sur un navire pour encourager les rameurs, ou qui communiquait les ordres au moyen d'un instrument.

CÉLEUSTIQUE adj. (rad. céleuste). Art milit. Se dit de l'art de transmettre les signaux au moyen d'instruments de musique.

CÉLIAQUE adj. Voy. CŒLIAQUE.

CÉLIBAT s. m. (lat. cœlibatus; de cœlebs, célibataire). Etat du célibataire. Dans l'ancienne Grèce et à Rome, le célibat était prohibé par les lois et par les mœurs, tandis qu'en Orient, il était honoré. Quelques personnes étaient néanmoins autorisées à faire vœu de chasteté: tels étaient les hiérophantes à Athènes et les vestales à Rome. Les prêtres de l'Église chrétienne primitive restèrent libres de se marier et, au concile général de Nicée, en 325, on rejeta une motion ordonnant le célibat; mais déjà les prêtres mariés étaient en minorité. Peu à peu, les devoirs du mariage furent considérés comme incompatibles avec ceux du sacerdoce. L'empereur Justinien déclara illégitimes les enfants des prêtres; le concile de Tours, en 567, annula les mariages des moines et des religieuses. Grégoire VII excommunia tout prêtre non célibataire. Plus tard, les réformateurs protestants ayant rejeté le célibat comme contraire à la loi naturelle, la question fut posée au concile de Trente, qui décréta d'une manière absolue la chasteté pour le clergé catholique. La religion grecque a de tout temps été opposée à l'Église latine. sur ce sujet; les moines grecs et les évêques (qui sont des moines) restent seuls célibataires.

CÉLIBATAIRE s. m. Celui qui vit dans le célibat, quoiqu'il soit d'âge à se marier: un vieux célibataire.

Ci-gît qui fut célibataire
Et il n'eut que vices et défauts.
Plût à Dieu qu'on eût pu, sur le tombeau du père,
Jadis, écrire aussi ces mots :
Ci-gît qui fut célibataire.
                                    LEBRUN.

— Adjectiv. : une femme célibataire.

CÉLIBATAIRE (Le vieux), comédie en cinq actes et en vers, le chef-d'œuvre de Collin d'Harleville (1792).

CÉLIMÈNE, personnage du Misanthrope de Molière; type de la jeune femme légère, spirituelle et médisante.

CÉLIMÈNE (La), comédie en cinq actes et en vers, de Rotrou (1633).

CELLAMARE (Antonio Giudice, DUC DE GIOVE-

NAZZO, PRINCE DE) [sel-la-mare: tchèl-là-mà'-ré], diplomate espagnol, né à Naples en 1657, mort en 1733. Officier de Philippe V, il fut fait prisonnier, en 1707, par les Impériaux et relâché en 1712 seulement. Trois ans plus tard, il fut nommé ambassadeur en France et se fit l'âme d'une conjuration, dite de Cellamare, qui avait pour but d'arrêter le régent, d'assembler les états généraux et de conférer la régence à Philippe V. Le complot ayant été dénoncé par une courtisane, l'ambassadeur fut reconduit à la frontière et reçut de son souverain la dignité de capitaine-général de la Vieille-Castille.

CELLARIUS (Christoph) [sél-la-ri-uss: all. tsel-lâ'-ri-ouss], érudit allemand (1638-1707), fut professeur d'histoire et de rhétorique à Halle, édita plusieurs ouvrages grecs et latins et écrivit sur la géographie, l'histoire et les langues de l'Orient.

CELLE pron. f. Voy. CELUI.

CELLE ou **Zelle** [tsèl-le], ville de Hanovre (Prusse), sur l'Aller, à 40 kil. N.-E. de Hanovre; 19,000 hab. Vieux château; gymnase protestant; bibliothèques publiques; courses de chevaux.

CELLÉRIER s. m. Officier qui, sous les empereurs romains, examinait les comptes et auquel était commis le soin des affaires domestiques.

CELLÉRIER, IÈRE s. [sé-lé-rié; ié-re]. Celui, celle qui, dans un monastère ou un autre établissement, a soin des provisions, de la dépense de bouche et du temporel de la maison.

CELLES. I. Ch.-l. de cant.; arr. et à 7 kil. N.-O. de Melle (Deux-Sèvres); sur la Belle; 950 hab. — II. Station minérale, près de la Voulte (Ardèche), 4 sources bicarbonatées calciques à 25° C. Etablissement avec bains, douches, vapeurs, buvette et inhalation de gaz acide carbonique. Traitement de la phtisie, des scrofules, des engorgements glanduleux et cancéreux.

CELLIER s. m. [sé-lié] (lat. cellarium). Lieu au rez-de-chaussée d'une maison, dans lequel on serre le vin et d'autres provisions: il n'y a point de cave dans cette maison, il n'y a que des celliers.

CELLINI (Benvenuto) [bènn-vé-nuto-tchél-lini], orfèvre italien, né à Florence en 1500, mort dans la même ville, le 25 février 1570. L'impétuosité de son caractère lui attira plusieurs duels, à la suite desquels il dut s'éloigner de sa ville natale. Etabli à Rome, il y excita l'admiration du pape Clément VII, qui lui donna de l'ouvrage. Sa vaillance, en défendant.le château Saint-Ange, pendant l'assaut duquel il prétendit avoir tué le connétable de Bourbon et le prince d'Orange, lui fit rouvrir les portes de Florence, où il s'associa avec Michel-Ange. Il ne tarda pas à être chassé de cette ville, à cause de son inconduite et revint à Rome, où le pape toléra sa vie de débauche, ses duels, ses meurtres et ses aventures scandaleuses, en faveur de son talent. Mais le pape Paul III le fit emprisonner au château Saint-Ange, sous l'inculpation d'avoir dérobé une partie de l'or et des pierreries du trésor pontifical pendant le siège de Rome. La protection de François Ier le tira de prison; il vint aussitôt à Paris se mettre à la disposition de son bienfaiteur, qui lui assigna une pension annuelle de 700 écus d'or, lui accorda des lettres de naturalisation et lui fit don du château du Petit-Nesle. Pendant les cinq années que Cellini resta au service de ce prince (1540-'45), il produisit la fameuse salière d'or que possède aujourd'hui le cabinet des antiques à Vienne, et plusieurs autres chefs-d'œuvre. A la fin, son humeur querelleuse lui ayant fait beaucoup d'ennemis à la cour, il quitta la France où il avait un redoutable rival, le Primatice. Revenu à Florence il y

trouva un protecteur éclairé dans le duc Cosmo de'Medici. Il y exécuta son groupe en bronze de «Persée avec la tête de Méduse». Sur ses vieux jours, il se fit ecclésiastique, puis jeta le froc et recommença sa vie de débauche. Il a laissé un Traité d'orfèvrerie et de sculpture (Florence, 1587) et des Mémoires dans lesquels il dévoile ses faiblesses avec un cynisme naïf. Nous en possédons trois versions en français.

CELLULAIRE adj. Anat. S'emploie principalement dans ces locutions: TISSU CELLULAIRE, tissu composé de filaments très fins et entrelacés, qui entoure et pénètre tous les organes du corps, et qui est surtout fort abondant entre les muscles et sous la peau; on dit aussi aujourd'hui : tissu lamelleux; MEMBRANE CELLULAIRE, membrane formée par du tissu cellulaire. — Bot. ENVELOPPE, TISSU CELLULAIRE, couche ordinairement verte qu'on trouve sous l'épiderme des végétaux, et dont l'organisation a quelque rapport avec celle du tissu cellulaire des animaux. — Minér. TEXTURE CELLULAIRE, texture de certaines roches qui ont de nombreuses cavités arrondies. — Législ. SYSTÈME ou RÉGIME CELLULAIRE, système, régime d'après lequel chaque prisonnier est enfermé dans une cellule séparée. On dit aussi : emprisonnement cellulaire. — VOITURE CELLULAIRE, voiture divisée en compartiments, au moyen de laquelle on transporte plusieurs prisonniers sans qu'ils puissent communiquer entre eux.

CELLULE s. f. (lat. cellula). Petite chambre d'un religieux ou d'une religieuse. — Petite chambre qu'occupe séparément chaque détenu dans les prisons cellulaires. — Chacun des petits logements qu'on fait pour les cardinaux assemblés dans le conclave. — Fig. Retraite qu'on aime à habiter; petit appartement. — Par anal. Petit alvéole où les abeilles renferment leur miel et leur couvain. — Bot. Cavité de certains fruits, où les semences sont logées et comme enchâssées. — Petit corps vésiculaire qui, en se réunissant à d'autres corps de même nature, forme le tissu cellulaire. — Anat. Petite cavité que présentent les lames du tissu cellulaire, le canal médullaire des os longs, etc.

CELLULEUX adj. m. Anat. et bot. Qui est divisé en cellules : tissu celluleux des os; fruit celluleux.

CELLULOÏDE s. m. (de cellulose et du gr. eidos, aspect). Composé chimique réunissant différents corps gras et servant à faire des peignes ouvragés qui imitent l'écaille; des colliers, des bracelets qui ressemblent au corail : articles brillants, légers, flexibles, incassables, mais fort inflammables, que l'on fabrique aujourd'hui en Belgique et en Allemagne. Le celluloïde a été découvert en 1869 par les Américains John et Isaiah Hyatt. On l'obtient de diverses façons. La manière la plus simple consiste à prendre du coton-poudre et du camphre, à les mettre séparément dans l'eau et à les réduire en pulpe, au moyen du broyage; on incorpore ces deux substances et on'à les réduire en pulpe, au moyen du ... ensuite exposé à l'air, le camphre s'évapore, et il reste une substance dure, élastique, assez semblable à de la corne blonde. Si on y ajoute une matière colorante rouge, on obtient une imitation de corail. Si l'on a en vue de fabriquer des billes de billards ou des dents artificielles, on y ajoute de l'ivoire en poudre. Les objets en celluloïde sont toujours dangereux, parce qu'ils se dissipent en une fumée bleuâtre, dès qu'on les met en contact avec un corps enflammé.

CELLULOSE s. f. [sé-lu-loze] (rad. cellule). Chim. Composé ternaire qui constitue la partie solide des végétaux et que l'on rencontre dans certains tissus animaux. Sa composition chimique est $C^{12}H^{10}O^{10}$: elle est insipide, inodore, de couleur blanche, insoluble dans l'eau, l'alcool, l'éther et les essences. Densité 1-5. Soumise à l'action de l'acide sulfurique, elle se décompose d'abord en amidon, puis en dextrine et ensuite en glucose ; soumise à celle de l'acide azotique concentré, elle se transforme en pyroxyle. Elle est soluble dans l'oxyde de cuivre ammoniacal. Elle se trouve à l'état presque pur dans le vieux linge, dans la fibre du coton, dans le papier de riz et dans la moelle de sureau. On l'obtient à un degré de pureté absolue en traitant l'un des corps précédents successivement par les dissolvants : eau, acides faibles, alcool et éther ; la cellulose, étant insoluble, reste seule. Ce composé a été étudié par Prout, Schleiden, Braconnot, Payen, Hoffmann, Béchamp et Schweizer.

CÉLOSIE s. f. [sé-lo-z1] (gr. kêlos, brillant). Genre d'amarantacées, tribu des célosiées, comprenant de nombreuses espèces qui sont acclimatées en France. La principale est la célosie crêtée (celosia cristata), vulgairement appelée amarante crête-de-coq ou passe-velours, herbe vivace, à fleurs rouges ou jaunes, en épis formant une large crête. Elle est originaire des Indes Orientales a produit plusieurs variétés. La célosie argentée (celosia argentea) annuelle, à fleurs blanches en épis cylindriques, croît dans les mêmes régions que la précédente.

CÉLOSIÉ, IÉE adj. Bot. Qui ressemble ou se rapporte à la célosie. — s. f. pl. Tribu d'amarantacées ayant pour type le genre célosie.

CELS (Jacques-Martin), botaniste, né à Versailles en 1743, mort en 1806. A inventé le mode de greffe qui porte son nom.

CELSE, philosophe éclectique du II° siècle de notre ère. Il a écrit contre le christianisme un Discours véritable aujourd'hui perdu et auquel, un siècle plus tard, répondit Origène.

CELSE (Aulus-Cornelius) Celsius, Célèbre médecin du temps d'Auguste et de Tibère. Il composa une espèce d'encyclopédie, De Artibus, dont il ne reste plus que des fragments et la partie intitulée De Medicina, souvent imprimée. Traduction française par Fouquier et Ratier (Paris, 1823, in-18).

CELSIUS. I. (Anders), astronome suédois (1701-'44). Fut professeur à Upsal (1730-'32), visita Rome et Paris ; s'associa aux travaux de Maupertuis, en Laponie, établit l'observatoire d'Upsal (1740) et fut le premier à employer le thermomètre centigrade dit de Celsius. — II. (Magnus), grand-oncle du précédent (1621-79), fit faire quelques progrès à l'astronomie. — III. (Nils), neveu du précédent et père d'Anders (1658-1724), fut mathématicien et naturaliste. — IV. (Olof), théologien, frère du précédent (1670-1757). — V. (Olof de), historien, fils du précédent et cousin d'Anders (1716-'94), professeur d'histoire à Upsal (1747), anobli, évêque de Lund en 1777 ; a laissé une Histoire de Gustave I° et une Histoire d'Eric XIV.

CELT s. m. [sèltt]. Sorte de hache gauloise, en bronze, présentant une douille dans le sens de sa longueur, et un anneau placé à la partie inférieure. Le manche, entrant dans la douille, était maintenu par un lien en bronze passant par l'anneau.

CELTES (gr. Keltai ; lat. Celtæ), puissant peuple de la grande famille aryenne ou indo-européenne, qui descendit du plateau central de l'Asie et passa en Europe pendant la période dite préhistorique, avant la migration d'aucun autre peuple aryen. On peut considérer les Celtes comme les premiers habitants de l'Europe centrale et occidentale, comme la race autochtone de la Gaule et des îles britanniques. Éminemment migrateurs, ils s'avancèrent rapidement vers l'occident, mais

arrivés à l'Atlantique, ils poussèrent leurs colonies au nord, dans les îles Britanniques encore sans habitants, et au sud, au delà des Pyrénées, où ils se heurtèrent à un autre peuple, les Ibères, avec lesquels ils se mélangèrent pour former les Celtibériens. Lorsque leurs tribus peu civilisées, auxquelles il fallait de vastes espaces pour vivre, se trouvèrent à l'étroit dans nos pays occidentaux, on les vit remonter, en nombreuses colonies, vers l'orient, leur point de départ, et s'établir dans les districts où ils furent assez puissants pour repousser les nations aborigènes. Ils fondèrent des colonies plus ou moins durables dans le nord et le centre de l'Italie, dans l'Allemagne moderne, en Grèce et jusque dans l'Asie Mineure. En général, ces colonies eurent une existence éphémère : la Gaule elle-même, foyer d'où rayonnaient ces migrations, ne put résister longtemps à la civilisation gréco-latine. Les invasions germaniques et scandinaves, firent disparaître presque complètement la race celtique, qui fut repoussée dans l'extrême occident (Irlande, pays de Galles, haute Écosse et Bretagne). Les premiers écrivains grecs et romains donnaient aux Celtes trois noms différents qui ont évidemment la même racine : CELTÆ (Keltai, Keltoi) ; GALATÆ (Galatai) ; et GALLI (Galloi). Ces noms étaient indifféremment appliqués à tous les peuples non ibériens du nord et de l'ouest de l'Europe, et jusqu'au temps de César, les Romains n'établirent aucune distinction entre les Celtes et les Germains. C'est au moment de la conquête des Gaules, que l'on donna pour la première fois le nom particulier de Celtes aux peuples qui habitaient les territoires compris entre les Pyrénées et le Rhin. Peu à peu le mot Celte disparut de la langue géographique ; on ne connut que les Gaulois, les Cimmerii, etc. La grande famille des Celtes peut se diviser en 9 nations principales : 1° Gaulois ; 2° Celtibères ; 3° Bretons ; 4° Belges ; 5° Celtes italiens, habitants de la Gaule cisalpine ; 6° Celtes des Alpes et du Danube (Helvetii, Gothini, Osi, Vindelici, Ræti, Norici et Carni) ; 7° Celtes illyriens, ou Scordisci, établis sur le mont Scordus ; 8° Celtes de Macédoine et de Thrace, qui s'établirent un instant dans la Macédoine et envahirent la Grèce ; 9° Celtes d'Asie (Tolistobogi, Troemi et Tectosages), qui fondèrent le royaume de Galatie. — Plusieurs des anciens géographes divisaient les Celtes en deux grandes races : 1° Celtes proprements dits, au S. et au centre de la Gaule, en Espagne et au N. de l'Italie ; 2° tribus celtiques établies sur les bords de l'Océan et à l'Orient jusqu'en Scythie. A cette race appartenaient les Cimbres. Cette manière de diviser les Celtes paraît correspondre aux deux races qui habitent encore les îles Britanniques : les Gaëls (Irlande et Écosse septentrionale) et les Kymries (pays de Galles), races qui diffèrent de langage et de mœurs. D'anciens auteurs représentent les Celtes comme de beaux hommes, bien bâtis, grands, blonds, braves, belliqueux, impatients, ne supportant aucune contrainte, amoureux d'aventures et de changement. Armés d'une longue épée, ils se précipitaient avec furie au milieu des combats ; leur première charge était formidable. Mais si leurs ennemis, plus nombreux ou mieux disciplinés, parvenaient à les repousser, ils se retiraient ordinairement sans tenter de nouveaux assauts. — LANGUE ET LITTÉRATURE DES CELTES. Si l'on omet les peuples celtiques de l'Espagne et de l'Italie, qui furent complètement romanisés, on trouve que les Celtes (proprement Keltes) parlaient et écrivaient deux langues distinctes, lesquelles se divisaient chacune en plusieurs dialectes. Ces deux langues, quoique reléguées dans des districts peu étendus, sont encore vivantes et méritent de faire l'objet d'une étude spéciale. § I CIMRIC ou ÉYMRIQUE, appelé aussi BREIZAD ou BRETON et comprenant le welsh ou gallous (cynraeg), le cornique ou

cornish, récemment éteint, et le bas breton, encore parlé dans la partie occidentale de la Bretagne, mais qui se retire graduellement devant le français. 1° Le welsh [ouelche] ou gallois, en usage dans le pays de Galles (Grande-Bretagne) est écrit au moyen d'un alphabet composé de 43 consonnes simples, de 7 consonnes doubles et 7 voyelles, avec plusieurs diphtongues et triphtongues. La lettre c a toujours le son de k ; ch est guttural ; dd équivaut au th anglais ; f a quelquefois le son de v ; ll se prononce à peu près comme notre l mouillé ; u et y ont le son de notre i ; et w, celui de ou. L'accent tombe sur la dernière ou l'avant-dernière syllabe. Les consonnes initiales sont changées par l'effet de la déclinaison ou par celui des mots qui précédent ; exemple : tâd, père ; ei dâd, son père (de lui) ; ei thâd son père (d'elle) ; vy nhâd, mon père. Ces changements portent sur le p qui devient b, mh ou ph ; sur le t qui devient d, nh et th ; sur le b qui se change en f et m ; sur le d qui devient dd et n ; etc. Il y a un article, lequel ne se décline pas, mais qui varie suivant la lettre initiale du mot suivant. Les substantifs se déclinent au moyen de prépositions, de terminaisons, ou de changements dans leurs voyelles radicales. Exemple de changements formant le pluriel : perth, arbuste, plur. perthi ; twa, arc, plur. bwaau ; tyrfa, troupe, plur. tyrfaoedd ; alarch, cigne, plur. elyrch ; mab, fils, plur. meibion ; maen, pierre, plur. meini. Les adjectifs sont formés des substantifs, et les verbes au moyen de terminaisons. Le féminin dérive du masculin dont on adoucit la lettre initiale ou dont on change la voyelle radicale. Le verbe n'a pas de temps présent qui corresponde à notre indicatif futur ; mais il possède les temps imparfait, parfait, plus-que-parfait et futur, qui sont formés, pour le mode optatif ainsi que pour le mode indicatif, au moyen de changements de voyelles et au moyen de terminaisons, sans aucun verbe auxiliaire. Exemple : carun, j'aimais ; cerais, j'ai aimé ; caraswn, j'avais aimé ; caraf, j'aimerai. Chaque temps renferme les trois personnes du singulier et du pluriel, exemple : carun, j'aimais, carit, carai, carem, carech, carent. La voix passive fait défaut et est remplacée par une circonlocution particulière. Le verbe être (wyv) est irrégulier, ainsi que plusieurs autres verbes. L'adjectif se place ordinairement après le substantif. Les dix premiers nombres numéraux sont : un, dau ou dwy, tri ou tair, pedwar ou pedair, pump, chwech, saith, wyth, naw, deg. Les pronoms personnels sont : mi, je ; ti, tu ; ev, il ; hi, elle ; ni, nous ; chwi, vous ; hwy ou hwynt, ils. Les travaux des modernes critiques ont démontré que les plus anciens écrits en langue galloise sont postérieurs à l'ère chrétienne. Myrddin, barde du prince Emrys, et le premier Merlin des romans, florissait vers 450 après J.-C. Aneurin, que l'on identifie quelquefois avec le Gildas de l'histoire ecclésiastique, Taliesin, prince des bardes, Llewarch Hen et Myrddin Wyllt (ou Merlin le Sauvage) appartenaient aux V° et VI° siècles ; ils ont nous laissé de nombreux poèmes. Dafydd ap Gwylem (1293-1356), est surnommé l'Ovide du pays de Galles ; on a publié, en 1834, un volume de traduction de ses ouvrages. Huw Morris (1622-1709), a composé des chants, des élégies, des chansons et de violentes satires politiques. Le dernier poète remarquable du pays de Galles, Goronwy Owen (1722-'80), mourut pauvre, méconnu, méprisé dans le Nouveau-Brunswick (Amérique), et ses ouvrages, comprenant le Cwydd y Farn (jour du jugement), considéré comme le chef-d'œuvre de la langue galloise, ne furent pas imprimés avant 1819. Les plus anciens monuments de la prose galloise sont « les Triades », sortes de maximes en trois vers exposant chacun un événement historique ou un principe de morale. On donne à ces triades une origine druidique. Un autre monument important est la « Chronique des rois de l'île de Grande-Bretagne » attribuée à Tysilio (VIIᵉ siècle), et continuée jusqu'en 1152, par Caradwg. Les *Mabinogion* (Divertissements juvéniles) forment une collection de légendes kymriques et de contes féeriques, qui a dû être écrite vers le XIVᵉ siècle. L'allégorie de Wyn « le Barde dormant », composée vers 4700, est une œuvre d'une puissante originalité (elle a été publiée en anglais par Borrow, 1860). Les émigrants du pays de Galles ont transporté leur langue aux États-Unis où ils publient plusieurs journaux en welsh. Voy. la grammaire de Spurrell (2ᵉ éd., 1853). — 2ᵉ le *cornish*, langue du duché de Cornwall (Angleterre) est complètement éteint depuis le XVIIIᵉ siècle ; le chef-d'œuvre de ce dialecte, les « Anciens drames Cornish » a été traduit en anglais et publié par Edwin Norris.—3ᵉ le *bas breton* est l'ancienne langue des Gaulois ; il se divise en 4 dialectes, qui sont le *trécorien*, le plus pur, parlé dans le diocèse de Tréguier ; le *léonard*, le plus régulier, dans l'ancien diocèse de Saint-Pol de Léon ; le *vannetais*, le plus corrompu, dans le diocèse de Vannes ; et le *cornouaillais*, le plus voisin de la vieille langue, diocèse de Quimper. Le bas breton a été modifié par le latin beaucoup plus que les autres langues celtiques. Il emploie les lettres romaines, dont la plupart (*a, b, d, e, f, g, h, i, l, m, n, o, p, r, s, t, u, v*), ont la même valeur que dans l'ancien latin : d'autres (*k, w, x*) se prononcent comme dans l'anglais ; deux (*j* et *ch*) comme dans le français ; et la combinaison *c'h*, comme l'allemand *ch* (fortement guttural) ; *l* et *n* sont quelquefois mouillés ; *n* est souvent nasal ; *w* est aussi employé comme voyelle. Les diphtongues sont naturelles et distinctes. Quelques lettres initiales des substantifs et des verbes sont altérées après les finales des mots précédents ; exemple : *bôz* (lat. *baculus*), bâton ; *ar vôz*, le bâton. L'article défini est *ann*, *al* ou *ar* ; l'art. indéf., *eunn*, *eul* ou *eur*. L'un et l'autre sont employés au singulier et au pluriel. Le génitif est dénoté par *eûz*, le datif par *'d*, dans les deux nombres. Le pluriel est obtenu au moyen du suffixe *ou* ou *iou*. Les numéraux sont : *unan*, 1 ; *duou*, 2 ; *tri*, 3 ; *pevar*, 4 ; *pemp*, 5 ; *c'houec'h*, 6 ; *seiz*, 7 ; *eiz*, 8 ; *ndo*, 9 ; *dêk*, 10. Les pronoms personnels sont : *mé*, je ; *té*, tu ; *hen*, il ; *hi*, elle. Les terminaisons des verbes sont *ann* pour je, *ez* pour tu, le radical pour il, elle, cela ; *omp*, pour nous, *it* pour vous, *ont* pour ils ; exemple : *rô-ann*, je donne ; *rô-ez*, tu donnes ; *rô*, il, elle, cela donne ; *rô-omp*, *rô-it*, *rô-ont*. Le temps passé se forme par *iz*, le futur par *inn*, etc. L'aide indispensable, quand on veut étudier le bas breton, aussi bien que les autres dialectes celtiques, est la *Grammatica celtica* de Zeuss (2 vol. 1853). La structure de la poésie bretonne, dans laquelle les génies, les nains et les fées, jouent le plus grand rôle, est généralement le tercet ou triade, comme dans le gallois. Plusieurs des anciens poèmes de cette langue antique ont été réunis et traduits par M. Hersart de la Villemarqué. Les monuments les plus anciens du bas breton sont une grammaire latine et bretonne, à l'usage du clergé (XIVᵉ siècle) ; trois dictionnaires du XVᵉ siècle et un livre d'heures du XVᵉ siècle. Voy. de la Villemarqué : *Chants populaires de la Bretagne*, 4ᵉ éd. 1846 ; *Poèmes du* VIᵉ *siècle*, 1850 ; *Contes des anciens Bretons*, 1859, etc. — § 2. GAÉLIC ou GAÉLIQUE (Gaedhilic), comprenant le langage des *Highlanders* écossais, l'*Erse* (Irish) ou irlandais aborigène et le *Manx*, parlé dans l'île de Man. Parmi les grammaires de cette langue, nous citerons celle du Rév. Ulick J. Burke, et parmi les dictionnaires, celui d'Edward O'Reilly. Ses monuments littéraires et historiques très nombreux et ont été soigneusement recueillis, traduits et annotés par les savants modernes, aussi bien en Écosse qu'en Irlande. Ils con-

sistent principalement en annales, lois, généalogies, et en contes romanesques ou féeriques. Le parler gaélique a énormément varié de siècle en siècle. Son alphabet consiste en 18 lettres nommées d'après les arbres du pays (*ailm*, orme ; *beithe*, bouleau ; *coll*, noisetier, etc.). Les lettres *k, q, v, x, y, z,* font défaut, ainsi que l'article indéfini, le genre neutre et une forme spéciale pour le temps présent des verbes. La prononciation varie suivant les localités. Il y a deux déclinaisons et deux conjugaisons et l'on emploie beaucoup une métaphonie particulière, comme : *fear*, un homme ; *fir*, d'un homme ; *fhir*, ô homme ! Le système des préfixes et des suffixes ressemble à celui des langues sémitiques. Les numéraux sont : *aon*, *a h-aon*, 1 ; *dhà*, *a dhà*, 2 ; *tri*, 3 ; *ceithir*, 4 ; *cuig*, *coig*, 5 ; *sé*, *sià*, 6 ; *seachd*, 7 ; *ochd*, 8 ; *naoi*, *naoth*, 9 ; *deich*, 10 ; *aon deug*, 11, etc. ; *deich ar fichead*, 30 (10+20) ; *da fhichead*, 40 ; (2×20), etc. ; *ceud*, *ciad*, 1,000, etc. — Le nominatif pluriel est formé en ajoutant *ean* ; exemple *clàr sairean*, menestrels. Les sexes se distinguent par différents mots, ou au moyen du préfixe *ban* ou *bain* pour désigner le féminin, ou bien à l'aide d'un adjectif. Les pronoms personnels sont : *mi*, *mhi*, je ; *tu*, *thu*, tu ; *e*, *se*, il ; *i*, *si*, elle ; *sinn*, nous ; *sibh*, vous ; *iad*, *siad*, ils. Exemple : *phaisg mi*, j'enveloppais ; *phaisg tu*, *phaisg e*, etc. ; négativement, *ob phaisg mi.* — *Abair*, dire ; *thubhairt mi*, j'ai dit ; *air radh* dit ; *ag radh*, disant ; *ta mi*, je suis ; *ta thu*, tu es ; *ta e*, il est ; *ta sinn*, nous sommes... *chan eil mi*, je ne suis pas. Voy. Zeuss, *Grammatica celtica* (revue par H. Ebel) ; Eugène O'Curry, *Lectures sur les matériaux manuscrits de l'ancienne histoire irlandaise* (1861) ; *Annales des quatre maîtres*, 7 vol. in-4º avec notes de John O'Donovan. Le chevalier Nigra : *Glossæ Hibernicæ Veteres Codicis Taurinensis*, Paris, 1869, d'après des manuscrits gaéliques découverts dans les bibliothèques monastiques de Milan et de Turin. C'est un ouvrage de la plus grande valeur.

CELTIBÈRES, gr. *Keltiberes* ; lat. *Celtiberi*, ancien peuple d'Espagne, composé d'un mélange de Celtes et d'Ibères et établi dans la partie centrale de la péninsule, sur le cours supérieur de l'Èbre (Iberus), du Douro, (Durius), du Tage (Tagus) et de la Guadiania. Il était divisé en diverses tribus, parmi lesquelles on distinguait les Arevacæ, les Berones, les Pelendones, les Lusones, les Belli, les Dittani, etc. Leurs villes principales étaient Segobriga, Numantia, Bilbilis, etc. Peuple brave et énergique, les Celtibères résistèrent courageusement aux Romains. Soumis par Scipion l'Africain pendant la deuxième guerre punique, ils subirent en frémissant l'oppression des gouverneurs et se révoltèrent bientôt. Ils défiaient la puissance romaine, lorsque apparut Scipion le Jeune, qui réduisit Numance (134 av. J.-C.). Le pays se souleva encore sous Sertorius et ne fut définitivement soumis qu'à la mort de ce chef (72).

CELTIBÉRIE, contrée de l'Espagne habitée par les Celtibères.

CELTIBÉRIENS, se dit quelquefois pour CELTIBÈRES.

CELTICI. I. Peuple celtique de Lusitanie, entre le Tagus (Tage) et l'Anas. — II. Peuple celtique de la Gallæcia (Galice), près du cap Nerum ou Celticum promontorum. On dit aussi CELTIQUES.

CELTICUM PROMONTORUM, nom latin du cap Finisterra (Espagne).

CELTINÉ, fille de Bretannus ; elle aima Hercule dont elle eut Celtus, père des Celtes. (Mythol.)

*CELTIQUE adj. Qui appartient aux Celtes. — s. m. Langue parlée par les anciens Celtes

et qui s'est perpétuée chez les peuples d'origine celtique. (Voy. CELTES.)

CELTIQUE (La), Partie de l'ancienne Gaule circonscrite par l'Océan, la Garonne, la Seine, la Marne les Vosges, le Rhin, les Alpes, la Durance, le Rhône, le golfe de Lyon et les Pyrénées-Orientales.

CELTUS (sèl-tuss) (Mythol.), fils d'Hercule et de Celtiné ; il passe pour avoir donné son nom aux Celtes.

*CELUI m. ; CELLE f. (de *ce* et *lui*). Pron. démonst., qui fait au pluriel CEUX et CELLES. Se dit des personnes et des choses inanimées. *Il vous a parlé, c'est celui que vous voyez-là ; c'est celui que vous voyez-là ; j'aime le mieux.* — Celui-ci, Celle-ci ; au plur., CEUX-CI, CELLES-CI. Pronom démonstratif, qui signifie : cet homme-ci, cette chose-ci, *de tous ses domestiques, c'est celui-ci qui est le plus fidèle ; voilà plusieurs étoffes, prenez celle-ci.* — Celui-là, Celle-là ; et au plur., CEUX-LA, CELLES-LA. Pronom démonstratif, qui signifie : cet homme-là, cette chose-là, cette personne-là : *celui-là, c'est un habile homme ; entre tous ces tableaux, celui-là est le plus remarquable.* — S'oppose ordinairement à celui-ci, etc. : *ceux-ci prétendent que... ceux-là soutiennent que... ; prenez celui-là, laissez celui-ci.* — Quand on a nommé deux personnes ou deux choses, et qu'on emploie ensuite les pronoms CELUI-CI et CELUI-LA, *Celui-ci* se rapporte au terme le plus prochain, et *Celui-là* au terme le plus éloigné. ~~ Pop. AVOIR CELUI DE..., avoir l'honneur de...

*CÉMENT s. m. (lat. *cœmentum*). Chim. Poudre au milieu de laquelle on chauffe certains corps pour leur donner de nouvelles propriétés. La substance que l'on emploie pour la cémentation de l'acier est de la poudre de charbon de bois ou de noir animal. Le cément des glaces est de la poudre de gypse ou du sable. — ~~ Céramiq. Corps ayant la propriété de durcir, dans la pâte, les molécules de l'alumine et de permettre à l'eau qu'elle renferme de s'évaporer. Les meilleurs céments sont les argiles apyres, brûlées fortement, et les corps siliceux.

*CÉMENTATION s. f. Chim. Sorte de stratification qui consiste à entourer d'une poudre, un métal qu'on expose ensuite à une très forte chaleur. Voy. ACIER.

*CÉMENTATOIRE adj. Chim. Qui est relatif à la cémentation : — CUIVRE CÉMENTATOIRE, cuivre qui a été précipité d'une dissolution de sulfate de cuivre par le moyen du fer.

*CÉMENTER v. a. Chim. Faire la cémentation : *on cémente le fer, ou on le transforme en acier, en l'entourant de poussier de charbon et en l'exposant pendant longtemps à une haute température.* (Acad.)

*CÉNACLE s. m. (lat. *cœnaculum* ; de *canare*, souper). N'est usité que dans le langage de l'Écriture sainte, et signifie : Une salle à manger : JÉSUS-CHRIST lava les pieds des apôtres dans le cénacle. — ~~ Par all. Réunion, parti, association de personnes qui partagent les mêmes idées : *un cénacle de savants ; un cénacle d'écrivains.*

CÉNAC-MONCAUT (Justin), écrivain, né et mort à Saint-Félix (Gers), 1814-71. Est connu surtout par sa série de *Romans historiques méridionaux* (1843-'44, 2 vol. in-8º), par sa *Guerre des Albigeois* (1849, 2 vol. in-16), etc.

CENCI (Beatrice)(ital. bé-a-tri'-tché-tchèntchi), surnommée la BELLE PARRICIDE, née à Rome vers 1583, exécutée en septembre 1599. Fille de François Cenci, homme dépravé, qui passait pour avoir fait périr deux enfants qu'il avait eus de sa première femme, elle fut reléguée dans un château désolé avec sa belle-mère. Lucrèce Pétroni, et elle fut, dit-on, forcée de se soumettre aux passions infâmes de son père. Elle sollicita vainement la protection du pape, dont François Cenci achetait l'indulgence à prix d'or. Un jour, ce misérable fut assassiné, le 9 septembre 1598. Le pape Clément VIII, qui convoitait depuis longtemps l'immense fortune des Cenci, accusa aussitôt sa veuve et ses enfants d'avoir commis le meurtre. Beatrice, malgré la brillante défense du grand avocat Farinacci, fut condamnée à périr sur l'échafaud, ainsi que sa belle-mère et son frère Giacomo. L'empressement que mit le pape à s'emparer des biens de cette famille pour les donner à ses propres parents, les Aldobrandini et les Borghèse, souleva l'indignation publique et fit naître l'opinion que les Cenci venaient d'être victimes d'une trame ourdie par leurs ennemis. Parmi les ouvrages de toute sorte qui ont pour base l'histoire malheureuse de Beatrice Cenci, nous citerons : *Les Cenci*, tragédie de Shelley et un roman de Guerrazzi.

CENDAL s. m. [san-dal] (gr. *sindôn*, étoffe fine). Etoffe de soie dont on faisait des bannières militaires. L'oriflamme de Saint-Denis était de cendal rouge.

CENDRE s. f. [san-dre] (lat. *cinis*). Poudre qui reste du bois et des autres matières combustibles, après *qu'elles ont été brûlées et* consumées par le feu. Les cendres se composent des résidus de la combustion des parties inorganiques ou minérales, combinées avec des éléments considérés comme constituants organiques, dans les plantes ou dans les animaux, tels que le carbone, l'oxygène, le soufre et l'azote. Presque toutes les substances que l'on trouve dans le sol entrent dans la composition des matières végétales et se rencontrent, par conséquent, dans leurs cendres. Néanmoins, on y trouve rarement l'alumine, si ce n'est dans les cendres de tourbe et de charbon de terre. La plus grande partie de ce que l'on tire des cendres de bois au moyen de la lixivation, consiste en carbonate, silicate, sulfate et chlorure de potassium ; le carbonate de chaux forme environ la moitié de la partie insoluble (cendre charrée), qui contient, en outre, du silicate et du phosphate de chaux, ainsi que de l'oxyde de fer et des sels de magnésie. Le chêne, l'érable et autres bois durs fournissent à la combustion plus de cendres que les bois tendres tels que le pin ; et l'écorce en fournit plus que le cœur, dans toutes les espèces de bois. Les plantes qui croissent dans les eaux salées ou près de ces eaux, contiennent de la soude au lieu de potasse. Les cendres de bois sont utilisées dans le lessivage du linge, en raison des sels alcalins qu'elles contiennent ; elles sont aussi employées dans la fabrication du savon et constituent un excellent amendement. Les cendres des os contiennent beaucoup de phosphate de chaux ; on en extrait de l'acide phosphorique et du phosphore. — Les éruptions volcaniques sont souvent accompagnées de pluies de cendres. Ces *cendres* volcaniques sont un mélange mécanique de minéraux triturés avec des roches ; on ne peut les considérer comme de véritables cendres, puisqu'elles ne sont pas le produit d'une combustion. — Hyperboliq. *Réduire, mettre en cendres une ville, un pays*, les ravager, y mettre tout à feu et à sang : *Tamerlan mit l'Asie en cendres.* — *La cendre, les cendres d'une ville*, les restes d'une ville qui a été incendiée et ravagée. — Fig. *Faire pénitence avec le sac et la cendre, dans le sac et dans la cendre*, éprouver une profonde douleur d'avoir offensé Dieu, et faire une grande pénitence pour obtenir de lui le pardon de ses péchés. — Fig. *Un feu caché sous la cendre*, une passion qui n'est pas éteinte.

Le feu qui semble éteint souvent dort sous la *cendre*.
          Corneille, *Rodogune*, acte III. sc. IV.

— *Renaître de ses cendres*, se dit de choses qui prennent une nouvelle vie, après avoir été presque entièrement détruites. — Prov. et fig. *Il faudrait les brûler pour en avoir*

de la cendre, se dit en parlant d'un bon mari, d'une bonne femme, pour faire entendre que l'un et l'autre sont fort rares. — Cendre, signifie aussi, poétiq. et dans le *style élevé* : les restes de ceux qui ne sont plus, par allusion à la coutume que les Grecs et les Romains avaient de brûler les morts et d'en recueillir les cendres dans des urnes : *la cendre ou les cendres des morts.* — Fig. Mânes, mémoire d'une personne : *honorez les cendres des morts.* — Chim. et arts. Poudre ou résidu de la production de la combustion ou de quelque autre décomposition analogue : *cendres végétales, cendres animales, cendres volcaniques.* — Cendre de plomb, le plus menu plomb dont on se sert pour tirer sur le petit gibier. — Cendre bleue, nom vulgaire de la poudre obtenue en pulvérisant le *bleu de montagne* (voy. ce mot). On l'emploie dans l'impression des papiers peints. On obtient une *cendre bleue artificielle* en précipitant une dissolution d'azotate ou de chlorure de cuivre par de la chaux pure, et en triturant avec de la chaux le dépôt presque sec. C'est une belle couleur ; mais elle est peu stable. — Cendres s. f. pl. Cendres faites de linges qui ont servi à l'autel ou de branches de buis bénites, et dont le prêtre marque le front des fidèles en forme de croix, le premier jour de carême : *recevoir les cendres ; jour des Cendres ; mercredi des Cendres.*

CENDRÉ, ÉE adj. Qui est de couleur de cendre : *cheveux d'un blond cendré.* — Anat. Substance cendrée du cerveau, substance grise ou corticale du cerveau. — Astron. Lumière cendrée, lumière pâle et un peu bleuâtre qui permet d'apercevoir les parties de la lune qui ne sont pas actuellement éclairées par le soleil.

CENDRÉE s. f. Écume de plomb. — Menu plomb dont on se sert à la chasse du menu gibier : *son fusil était chargé de cendrée.*

CENDREUX, EUSE adj. Qui est plein de cendre : *habit cendreux.*

CENDRIER s. m. La partie du fourneau qui est au-dessous de la grille ou du foyer, et dans laquelle tombent les cendres du bois ou du charbon.

CENDRILLON, titre de l'un des contes de Perrault. Le nom de *Cendrillon*, héroïne de ce conte, a passé dans la langue pour désigner une jeune fille mal vêtue, malpropre, que ses parents relèguent à la cuisine. Le *pied* et la *pantoufle de vair de Cendrillon*, sont également passés en proverbe pour caractériser des objets analogues d'une petitesse extraordinaire.

CÈNE s. f. (lat. *cœna*, souper). Souper que Notre-Seigneur fit avec ses apôtres la veille de sa passion : Jésus-Christ *fit la Cène avec ses apôtres ; jour de la Cène.* — En parlant des souverains, du pape, des prélats, etc. : *faire la Cène le jeudi saint, faire la sainte Cène,* servir les pauvres après leur avoir lavé les pieds, en mémoire de la Cène que Notre-Seigneur fit avec ses apôtres, et où il leur lava les pieds. — Cène, chez les Protestants, signifie la communion, qu'ils font sous les deux espèces. — Cène désigne aussi un tableau représentant le souper de Notre-Seigneur : *La Cène de Léonard de Vinci.*

CENEDA [tché-né'-da], ville d'Italie, autrefois *Ceneta.* Voy. Vittorio.

CENELLE s. f. Nom populaire des fruits du houx et de l'aubépine. — Pop. Se dit de choses de peu de valeur, dans ces phrases familières : *je n'en donnerais pas une cenelle* ; *cela ne vaut pas une cenelle.*

CENIS (mont) [se-nî], montagne frontière, entre la province de Turin (Italie) et le département de la Savoie (France), au point de jonction des Alpes Grées et des Alpes Cottiennes. Il forme un vaste plateau, à 2,000 m. au-dessus du niveau de la mer et est terminé par la Roche-Michel, point culminant qui s'élève à 3,59... m. Des vents violents et constants des-

sécheraient le plateau du mont Cenis, s'il n'était abrité par des sommités qui protègent la végétation ; aussi renferme-t-il de bons pâturages. Au-dessus du plateau se trouve le col du mont Cenis par lequel passa en 755, le roi Pépin, alors en guerre avec Astolphe, roi des Lombards. Plus tard, Charlemagne, Frédéric Barberousse et le duc d'Albe traversèrent les Alpes par le même passage. En 1810, les Français y creusèrent une route carrossable sinueuse, dont les circuits mesurent 80 kil. Le point culminant se trouve à la maison de refuge appelée la *Ramasse* (2,098 m.) non loin de l'hospice du mont Cenis (1,940 m.), fondé au IXᵉ siècle et reconstruit par Napoléon Iᵉʳ. Cet hospice est occupé par des bénédictins. Les chemins de fer français et italiens trouvèrent dans les Alpes un obstacle presque infranchissable. On construisit d'abord en 1867-'8, un chemin de fer dont le plan avait été tracé par l'ingénieur Fell, d'après un principe établi trente ans auparavant par Charles Vignolles et Ericsson. Mais déjà était entreprise le percement même de la montagne, au-dessous du *col de Fréjus*, qui se trouve à 25 kil. du mont Cenis proprement dit. Le projet du tunnel dit du mont Cenis avait été discuté en 1847, d'après les plans de M. Médail ; la révolution de 1848 et les guerres qui suivirent le firent oublier. Il fut repris en 1857. On commença immédiatement les travaux au moyen de machines forantes ordinaires ; on employa des machines à vapeur en 1860 et des machines à air comprimé un peu plus tard. Ce travail colossal, poussé avec vigueur et persévérance, en même temps du côté de la France et du côté de l'Italie, par les ingénieurs Grattoni, Grandis et Sommeiller, fut terminé le 25 décembre 1870 et solennellement inauguré le 17 septembre 1871. Le tunnel du mont Cenis, chef-d'œuvre de l'industrie contemporaine, mesure près de 12 kil. et il est assez large pour permettre la pose de deux doubles lignes de rails. La France contribua à sa construction pour 32 millions de francs et l'Italie pour 43 millions.

CÉNOBITE s. m. (gr. *koinos*, commun ; *bios*, vie). Personne qui vit avec d'autres personnes, sous une règle commune, ordinairement dans un couvent. On ne le dit guère qu'en parlant des anciens moines qui vivaient en commun, et par une espèce d'opposition à ceux qui vivaient séparés les uns des autres et qu'on appelle anachorètes : *les anciens cénobites.*

CÉNOBITIQUE adj. Qui appartient au cénobite. Est principalement usité en parlant des anciens cénobites ; et, par ext., de tous les moines qui vivent en communauté : *vie cénobitique.*

CÉNOMANS, ancien peuple gaulois de la confédération des Aulerques ; cap. *Suindinum* ou *Cenomani* (le Mans). Au VIᵉ siècle av. J.-C., une partie des Cénomans franchit les Alpes, sous les ordres de Bellovèse, et se fixa au nord de l'Italie, sur la rive gauche du Pô, depuis l'Adda jusqu'à l'Adige, dans les pays de Brixia, Verona et Mantua. En lutte perpétuelle avec les tribus voisines des Insubres, des Boïens, etc., les Cénomans s'allièrent toujours aux Romains pour combattre ces peuples.

CÉNOMYCE s. m. (gr. *kenos*, vide ; *mukès*, champignon). Bot. Genre de lichens qui ont l'aspect de champignons et que l'on nomme aussi *cladonies.* Le *cénomyce en entonnoir* (*cladonia pyxidata*) a la forme de petites feuilles crénelées et imbriquées.

Cénomyce en entonnoir (*Cladonia pyxida*).

Le *cénomyce des rennes* (*cladonia rangiferina*) se trouve, par larges touffes, au milieu des mousses, surtout dans les pays du Nord, où il fait la nourriture presque exclusive des rennes. On en a fait du pain dans certaines années de disette.

* **CÉNOTAPHE** s. m. [sé-no-ta-fe] (gr. *kenos*, vide; *taphos*, tombe). Tombeau vide, dressé à la mémoire d'un mort : *élever un cénotaphe.*

* **CENS** s. m. [sanss] (lat. *census*). Hist. anc. Dénombrement des citoyens romains; déclaration authentique qu'ils faisaient, tous les cinq ans, de leurs noms, biens, résidence, etc., par-devant les magistrats préposés pour la recevoir et qu'on nommait *censeurs.* — Jurispr. féod. Redevance en argent que certains biens devaient annuellement au seigneur du fief dont ils relevaient. — Fig. *Abandonner la terre pour le cens*, renoncer à un bien, parce qu'il est plus onéreux que profitable. — CENS, se disait de la quotité d'imposition nécessaire pour être électeur ou éligible : *cens électoral; cens d'éligibilité.*

* **CENSE** s. f. (rad. *cens*). Métairie, ferme. N'est en usage que dans certaines parties de la France et de la Belgique.

* **CENSÉ, ÉE** adj. Réputé : *celui qui est trouvé avec les coupables est censé complice; une loi est censée abolie par le non-usage*

* **CENSEUR** s. m. (lat. *censor*, de *censere*, estimer, apprécier). Titre de deux magistrats de l'ancienne Rome, dont la dignité avait été instituée en 443, pour faire le recensement des citoyens, évaluer, enregistrer et taxer la propriété, surveiller la morale publique, ménager les revenus, entretenir les monuments, réparer les routes, etc. Le plus célèbre des censeurs fut l'illustre Caton, et le dernier des ces magistrats fut un frère de Constantin le Grand. — Par allus. Celui qui reprend ou qui contrôle les actions d'autrui : *censeur sévère, chagrin, injuste, pointilleux.* Sans épithète, il se prend d'ordinaire en mauvaise part : *c'est un censeur*, c'est un homme qui trouve à redire à tout. — Critique qui juge les ouvrages d'esprit : *consulter un censeur éclairé.* — Personne qu'un gouvernement prépose à l'examen des livres, des journaux, des pièces de théâtre, etc., avant d'en permettre la publication ou la représentation : *les anciens censeurs royaux étaient à la nomination du chancelier; censeur des pièces de théâtre ou censeur dramatique; censeur des journaux.* — Le premier censeur royal fut le fameux Mellin de Saint-Gelais, dont les épigrammes licencieuses, et les odes érotiques ne sont pas positivement des modèles de moralité. Mais Mellin était abbé et, en cette qualité, il était compétent en matière d'orthodoxie et de religion ; c'était tout ce que l'on demandait à un censeur. —Ancienne Université. Officier nommé pour examiner la capacité des récipiendaires : *en Sorbonne, les censeurs donnaient leur suffrage par billets.* — CENSEUR, dans les lycées et les collèges. Celui qui est chargé de surveiller les études et de maintenir le bon ordre et la discipline : *le censeur du lycée Louis le Grand.*

* **CENSIER** adj. m. Jurisp. féod. Se disait de celui à qui le cens était dû : *seigneur censier.* — Se disait aussi du livre où s'enregistrent les cens : *livre censier*, ou substantiv. · *le censier.*

* **CENSIER, IÈRE** s. Celui, celle qui tient une cense à ferme.

* **CENSITAIRE** s. m. Jurispr. féod. Celui qui devait cens et rente à un seigneur de fief

* **CENSIVE** s. f. Jurispr. féod. Redevance, en argent ou en denrées, que certains biens devaient annuellement au seigneur du fief dont ils relevaient : *cette terre devait tant de censive.* — Étendue des terres roturières qui dépendaient d'un fief, et qui devaient lods et ventes.

* **CENSORIAL, ALE, AUX,** adj. Qui est relatif à la censure exercée par le gouvernement: *lois censoriales : offices censoriaux.*

CENSORINUS. 1. Grammairien et chronologiste latin du III° siècle. Est connu principalement par un ouvrage intitulé *De die natali* (Du jour natal), traitant de la génération de l'homme, de sa naissance, etc., et de matières relatives à l'astronomie, à la chronologie et à la cosmographie. Dans cet ouvrage, édité et traduit en français par Maugeard (Paris, 1843), le commencement de l'ère de Nabonassar et plusieurs autres dates ont été fixées.—II. (Appius-Claudius), empereur romain, élu malgré lui, par un parti de soldats, vers l'an 269 de notre ère, et égorgé par les mêmes troupes, moins d'une semaine après.

* **CENSUEL, ELLE** adj. Jurispr. féod. Qui a rapport au cens : *rente censuelle.*

* **CENSURABLE** adj. Qui peut être censuré, qui mérite censure : *conduite censurable.*

* **CENSURE** s. f. (lat. *censura*). Dignité, fonction de censeur, chez les anciens Romains : *durant la censure de Caton.* — Correction, répréhension : *soumettre ses écrits à la censure de quelqu'un.* — Par ext. Corps des personnes commises à cet examen : *la censure ne permit pas l'insertion de cet article dans les journaux.* — En matière de dogme. Jugement qui porte condamnation : *la censure que la Sorbonne fit de tel livre.* — Excommunication, interdiction ou suspension d'exercice et de charge ecclésiastique : *il a encouru la censure.* On dit également, dans ce sens, au pluriel : *censures ecclésiastiques.* — Peine de discipline que les corps de magistrature, l'ordre des avocats, les chambres des notaires et des avoués, prononcent contre ceux de leurs membres qui manquent d'une manière grave aux devoirs de leur profession. — Administr. Examen que certains officiers civils ou ecclésiastiques font des livres, journaux, pièces de théâtre, avant d'en permettre la publication ou la représentation. On a fait remonter aux Grecs et aux Romains la création de la censure préalable. Pendant le moyen âge les auteurs soumettaient souvent leurs écrits au jugement du haut clergé avant de les rendre publics. L'invention de l'imprimerie rendit le gouvernement encore plus soupçonneux. L'Église catholique établit au Latran (1515) décréta qu'aucun livre ne pourrait être imprimé sans l'autorisation d'un officier ecclésiastique. Dès le XIII° siècle, les libraires de Paris furent placés sous la surveillance de l'Université. Les Anglais eurent un système général de censure en 1637 ; il fut aboli en 1694. La Révolution française établit, d'après les principes admis aux États-Unis, la liberté de penser et d'écrire; mais Napoléon rétablit la censure en 1810. — La France est l'un des derniers pays où règne la censure, qui a été abolie en Espagne (1837), en Suisse (1830), en Allemagne (1848), en Suède, en Norvège, en Hollande, en Belgique et dans le Danemark. — Législ. « Le mot *censure* a le même sens que le mot *critique*, dans les dispositions du Code pénal (art. 201) qui punissent d'un emprisonnement de trois mois à deux ans les ministres du culte, lorsque, dans l'exercice de leur ministère et en assemblée publique, ils ont prononcé un discours contenant la censure ou critique du gouvernement, d'une loi d'un décret ou de tout autre acte de l'autorité publique. Lorsque cette censure se trouve dans un écrit contenant des instructions pastorales, la peine du bannissement est prononcée contre le ministre qui l'a publié (id. 204). La *censure* est aussi une des peines disciplinaires que peuvent infliger à leurs membres ces tribunaux et les cours d'appel, délibérant en chambre du conseil (L. 20 avril 1810, art. 50 et suiv.); les chambres des notaires (ord. 4 janvier 1843, art. 14); les chambres des avoués (arr. 13 frimaire an IX, art 8); ainsi que les conseils de discipline des avocats, des huissiers, etc. La *censure des écrits*, c'est-à-dire le droit que se sont arrogé les gouvernements

de ne permettre la publication des ouvrages imprimés, qu'après un examen préalable, a été pratiquée en France depuis le commencement du XVI° siècle ; elle eut d'abord pour objet d'empêcher la divulgation des doctrines qu'étaient pas conformes aux dogmes du catholicisme. Elle fut supprimée par la loi du 14 septembre 1791, puis rétablie sous le Consulat. Abolie implicitement par l'article 8 de la Charte de 1814, et supprimée d'une manière formelle par Napoléon, à son retour de l'île d'Elbe, elle fut néanmoins pratiquée pendant toute la durée de la Restauration; mais elle était réservée aux journaux et aux ouvrages contenant moins de 20 feuilles. La loi du 31 mars 1820 prit des mesures très rigoureuses à l'égard des feuilles périodiques, et la censure fut entièrement rétablie par la loi du 16 août 1824. La Charte de 1830 déclarait formellement que la censure ne serait jamais rétablie ; elle reparut cependant en 1835, en vertu des lois de septembre, mais seulement pour les pièces de théâtre et les dessins. Elle fut de nouveau supprimée entièrement en 1848, et ne tarda pas à être rétablie sous la dictature du général Cavaignac. La censure des journaux et autres écrits cessa avec la dictature; mais celle des pièces de théâtre et des dessins a été maintenue en vigueur. Le second Empire employa, à l'égard des journaux, des moyens aussi arbitraires, cependant la censure préalable ne subsista légalement que dans les colonies, où elle fut abolie le 5 juillet 1863. L'autorisation préalable à laquelle sont soumises les représentations des pièces de théâtre a presque toujours paru indispensable, sauf pendant de courts intervalles de derniers temps. En vertu du décr. du 30 décembre 1852 et de la circulaire du ministre des beaux arts du 26 février 1879, aucune œuvre dramatique ne peut être représentée, sans une autorisation administrative. En conséquence, l'auteur ou son représentant doit déposer, quinze jours au moins avant la représentation, deux exemplaires parfaitement lisibles de l'ouvrage, au bureau des théâtres, à Paris, ou à la préfecture dans les départements L'un de ces exemplaires est rendu après avoir été revêtu, s'il y a lieu, de l'autorisation, et l'autre reste aux archives. Les représentations des anciens ouvrages dramatiques ne sont pas dispensées de l'autorisation ; et les annonces par affiches ne peuvent elles-mêmes être faites sans une permission spéciale. L'administration peut exiger qu'une représentation soit donnée spécialement et exclusivement en présence des inspecteurs des théâtres, avant que l'autorisation soit délivrée. En ce qui concerne les dessins, la censure préventive a été abolie par la loi sur la presse, du 29 juillet 1881, dont l'article 29 punit seulement la mise en vente, la distribution ou l'exposition de dessins obscènes. (Voy. DESSIN.)»
(CH. Y

* **CENSURER** v. a. Blâmer, critiquer, reprendre : *il y a des gens qui ne se plaisent qu'à censurer les actions d'autrui ; on peut censurer sa conduite.* — Se dit aussi en parlant de la peine disciplinaire que certains corps prononcent contre leurs membres : *cet avocat a été censuré par son ordre.* — En matière de dogme. CENSURER UN LIVRE, CENSURER UNE PROPOSITION, déclarer qu'un livre, qu'une proposition contient des erreurs.

CENT adj. numéral des deux genres [san] (lat. *centum*). Nombre contenant dix fois dix : *cent ans.* 'Il reste invariable quand il n'est pas multiplié par un autre adjectif de nombre, ou quand il est suivi d'un autre nombre : *deux cents hommes; deux cent trente hommes; deux cent mille hommes; cent un; deux cents millions* (dans ce dernier exemple, *million* étant un substantif n'empêche pas *cent* de prendre la marque du pluriel). — On dit très souvent : *onze cents, douze cents*, et ainsi de suite.]·squ'à *dix-neuf cents*, au lieu de *mille cent, mille deux cents*, etc.; mais on ne dit point : *dix cents*; pour *mille*, ni *vingt cents, trente cents*, etc., pour *deux mille, trois mille*, etc. — Se dit quelquefois indéterminément pour exprimer un grand nombre : *vous trouverez cent occasions plus favorables.* — *Il y en a plus de cent à qui cela est arrivé avant vous*, cela est arrivé à beaucoup de personnes avant vous. — *Je vous le donne en cent*, il vous sera fort difficile et peut être impossible de deviner la chose dont il s'agit.— Se dit aussi quelquefois pour centième et reste invariable : *page cent*; *l'an mil sept cent*; *chant premier, vers deux cent.* — Comm. et Fin. CINQ POUR CENT, DIX POUR CENT, CENT POUR CENT, etc., se dit d'un profit, d'un intérêt, d'un escompte qui est, avec la somme avancée ou le capital prêté, dans la proportion de cinq francs, de dix francs, de cent francs pour cent francs, etc. : *prêter son argent à cinq pour cent.* — Pop. FAIRE LES CENT COUPS, LES QUATRE CENTS COUPS, LES CENT DIX-NEUF COUPS, se donner beaucoup de mouvement ou commettre des actes de folie. — ÊTRE AUX CENT COUPS, ne savoir ou donner de la tête; être fort en colère. — Par exag. IL Y A CENT POUR CENT A GAGNER DANS CETTE AFFAIRE, on peut en retirer un grand profit. — Cent s. m. Nombre contenant cent unités : *numéro cent.* — Centaine : *trois cents de fagots.* — DU POUR CENT, désigne les rentes françaises inscrites sur le grand-livre : *le trois pour cent est en hausse*; *le quatre et demi pour cent*; *Mirès, disait en mariant sa fille à M. de Polignac : « Mon gendre a du sang pour trois; mais j'ai du trois pour cent.* »— UN CENT PESANT, cent livres, un quintal. — JOUER UN CENT DE PIQUET, jouer une partie de cent points au piquet.

CENT s. m. (sènnt) (lat. *centum*, cent). Monnaie des États-Unis qui vaut la centième partie du dollar et équivaut à une petite pièce de cinq centimes. Jusqu'en 1857, il y eut des demi-cents de cuivre. Il existe encore des cents de cuivre et de bronze ; des doubles cents (two cents) de cuivre et de nickel ; des trois cents, quatre cents et cinq cents de nickel ; des dix cents (dimes), en argent. Il y eut aussi des cinq cents, etc., en papier, après la guerre de sécession ; mais ils ont disparu de la circulation. Dans le Canada, on compte également par cents.

* CENTAINE s. f. coll. Nombre de cent ou environ : *une centaine d'années.* — Fig. *A centaines, par centaines*, en grande quantité. — Arithm. Dizaine de dizaines : *il y a une erreur dans les centaines*; *colonne des centaines.* — Fam. IL ATTEINDRA LA CENTAINE, il est d'une constitution, d'une santé qui lui assurent une longue vie.

* CENTAINE s. f. Brin de fil ou de soie par lequel tous les fils d'un écheveau sont liés ensemble : *on coupe la centaine pour dévider l'écheveau.* — Mar. Liure faite avec la menue lavarde pour tenir en respect les paquets de petits cordages.

CENT ANS (Guerre de), longue et sanglante rivalité qui divisa la France et l'Angleterre, de 1337 à 1453. Pendant cette période, régna presque sans interruption une guerre causée par la prétention des princes anglais au trône de France. Les principaux événements de la guerre de Cent ans furent la bataille de Crécy (1346), la perte de Calais (1347), la défaite du roi de France à Poitiers (1356), le traité de Brétigny (1360), les exploits de du Guesclin, la lutte des Armagnacs et des Bourguignons, le traité de Troyes qui livra la France aux Anglais, le réveil national à la voix de Jeanne d'Arc et l'expulsion des étrangers.

* CENTAURE s. m. (san-tô-re) (gr. *kenteô*, je pique; *tauros*, taureau). Mythol. Être fabuleux, moitié homme et moitié cheval. La race des Centaures habitait les montagnes et les forêts de la Thessalie, parce que les populations ignorantes et superstitieuses prirent pour des monstres les guerriers thessaliens qui, les pre-

Le centaure Chiron et Cupidon.

miers, domptèrent des chevaux, en firent leurs montures et, cavaliers habiles, s'emparèrent des troupeaux de bœufs des autres peuplades effrayées. — Astron. Constellation de l'hémisphère austral.

* CENTAURÉE s. f. (du *centaure* Chiron). Genre de composées, tribu des carduacées, comprenant de nombreuses espèces herbacées, à fleurs groupées en capitules terminaux. La grande *centaurée* ou *centaurée officinale* (*centaurea centaurium*), vivace, à fleurs jaunes d'un joli effet, se trouve dans les endroits montueux du Piémont, de l'Italie et dans les Alpes. — C'est une plante amère, tonique, fébrifuge, employée dans la convalescence des fièvres intermittentes, dans la chlorose et l'atonie des organes digestifs : de 10 à 30 gr. de sommités fleuries en infusion dans un litre d'eau.— La *centaurée musquée* (*centaurea moschata*) ou *ambrette*, est annuelle et originaire du Levant. La *centaurée jacée* (*centaurea jacea*), indigène, vivace, à fleurs purpurines, fournit une teinture jaune. La *centaurée bleue* est vulgairement appelée *bluet* ou *aubifoin*. La *centaurée des montagnes* (*centaurea montana*), ou *barbeau des montagnes*, des montagnes du centre de la France et du Dauphiné, à belles fleurs bleues, est souvent cultivée pour l'ornement. Le *chardon étoilé* (*centaurea calcitrapa*) est commun dans les lieux stériles et pierreux de l'Europe tempérée. — CENTAURÉE se dit, improprement. de certaines plantes qui appartiennent à des genres très différents ; telle est, entre autres, la *petite centaurée*, espèce de gentiane, dont on fait usage en médecine.

* CENTENAIRE adj. Qui a cent ans, qui contient cent ans. N'est guère usité que dans ces locutions : *homme centenaire* ; *nombre centenaire* ; *prescription centenaire* ; *possession centenaire.* — Substantiv. : personne qui a cent ans. — En 1881, on comptait en Europe 3,108 centenaires (1,864 femmes et 1,244 hommes), sur une population de 242 millions d'habitants. La Belgique, le Danemark et la Suisse sont les pays où l'on trouve le moins de centenaires. En France, la longévité décroît, tandis que la vieillesse moyenne augmente. Ainsi, nous avons moins de centenaires, mais plus de septuagénaires et d'octogénaires qu'autrefois. — Tous les centenaires attribuent leur grand âge à la tempérance, à la sobriété, aux habitudes régulières, à l'absence de fortes émotions, à une occupation saine et enfin à la vie champêtre. — Centième anniversaire : *les Américains ont fêté solennellement, en 1876, le centenaire de la proclamation de l'Indépendance.*

* CENTENIER s. m. (lat. *centenarius*). Chez les Romains , officier de milice , dont la charge succéda à celle de centurion. — Sous

Charlemagne, chef des soldats enrôlés par un comte ; sous François Ier, capitaine ayant sous ses ordres quatre caps d'escouade. En 1792, levée extraordinaire de soldats formés en compagnies de 100 hommes chacune ; enfin, les compagnies d'infirmiers, sous l'Empire, furent commandées par des centeniers et sous-centeniers.

* CENTÉSIMAL, ALE, AUX adj. Arithm. Se dit de toute valeur qu'on présente comme partie de la centaine considérée collectivement : *fraction centésimale.* On dit dans un sens analogue, *calcul centésimal.* — DIVISION CENTÉSIMALE, celle où l'échelle des parties est divisée en cent. — DEGRÉ CENTÉSIMAL, partie de la division centésimale: *degrés centésimaux d'un thermomètre.*

CENT-GARDES, corps de cavalerie d'élite créé en 1854 pour la garde personnelle de Napoléon III.

CENTI [san-ti] (lat. *centum, centi*, cent). Préfixe qui a le sens de *centième* dans les noms de mesures du système métrique.

* CENTIARE s. m. Mesure de surface, qui vaut la centième partie de l'are, ou un mètre carré.

* CENTIÈME adj. Nombre ordinal de cent : *la centième année* ; *vous êtes le deux-centième sur la liste* ; etc. — Fam. *Vous n'êtes pas le centième à qui cela soit arrivé* ; il y en a plus de cent à qui cela est arrivé avant vous. — LA CENTIÈME PARTIE, chaque partie d'un tout qui est ou que l'on conçoit divisé en cent parties égales. On a dit autrefois dans un sens analogue : *le centième denier.* On dit également : *la deux centième partie, la trois centième partie*, etc. — Centièmes : n. *un centième : la diminution a été d'un centième* ; *trois-centièmes* ($\frac{3}{100}$) ; *cinq centièmes* ($\frac{5}{100}$). On dit dans un sens analogue : *un deux-centième* ($\frac{1}{200}$), *un trois-centième* ($\frac{1}{300}$), etc.

* CENTIGRADE adj. Divisé en cent degrés. Se dit principalement du thermomètre dont l'échelle au-dessus de zéro est divisée en cent degrés ; à la différence du thermomètre de Réaumur, dont l'échelle, de même longueur, n'est divisée qu'en quatre-vingts degrés : *thermomètre centigrade.*

CENTIGRAMME s. m. Centième partie du gramme.

* CENTILITRE s. m. Centième partie du litre.

* CENTIME s. m. Centième partie du franc : *cinq centimes font un sou.*— *Centimes additionnels.* Voyez ADDITIONNEL.

* CENTIMÈTRE s. m. Mesure de longueur, centième partie du mètre carré ; *centimètre cube.*

* CENTINODE s. f. (san-ti-no-de) (lat. *centum*, cent ; *nodus*, nœud). Bot. Espèce de renouée fort commune, qui croît dans les lieux incultes et le long des chemins. On la nomme aussi : *renouée des oiseaux* ; et quelquefois, vulgairement : *traînasse*, parce que ses tiges sont couchées.

* CENTIPÈDE adj. Zool. Qui est muni de cent pattes.

CENTISTÈRE s. m. Centième partie du stère.

CENT-JOURS (Les), dernière période du règne de Napoléon Ier, qui s'étend du 20 mars 1815, jour de son arrivée à Paris, jusqu'au 8 juillet, date de son abdication. Les principaux événements de cette période furent la proclamation de l'acte additionnel et la bataille de Waterloo.

CENTLIVRE (Susanna), FREEMAN, femme de lettres anglaise, née en Irlande (1667), morte à Londres (1723). Après une jeunesse fort aventureuse, elle se fit comédienne, épousa en troisièmes noces Joseph Centlivre, chef cuisinier de la reine Anne, et fit jouer dix-neuf pièces, dont quelques-unes sont restées au répertoire anglais : « L'Homme affairé », « Un coup hardi pour un mari », « La Merveille, ou une Femme garde un secret », etc. Ses œuvres et sa biographie ont été publiées en 1761 et 1872 (3 vol. in-12).

CENT NOUVELLES NOUVELLES (Les), recueil de contes grivois auquel collaborèrent de nombreux narrateurs, parmi lesquels on distingue le Dauphin, plus tard Louis XI; Philippe le Bon, duc de Bourgogne; son fils, le duc de Charolais, qui devint Charles le Téméraire; le comte de Saint-Pol, etc. Ces nouvelles, mises en ordre par le comte de Croï ou par Antoine de la Salle, furent publiées, pour la première fois, en 1486, après la mort de Louis XI. L'une des meilleures éditions est celle de M. Le Roux de Lincy. Paris, 1855, 2 vol.

CENTON s. m. (lat. *cento*, habit fait de divers morceaux). Sorte d'étoffe ou de vêtement qui était formé de morceaux de diverses couleurs. Les soldats romains se servaient de centons mouillés pour amortir les traits de l'ennemi. Les Romains donnaient le même nom aux couvertures dans lesquelles les soldats s'enveloppaient au camp.

* **CENTON** s. m. Pièce de poésie composée de vers ou fragments de vers pris de quelque auteur célèbre : *un centon d'Homère, un centon de Virgile, un ouvrage tout composé de vers tirés d'Homère, de Virgile.* Se dit aussi en parlant de l'auteur du passage : *le centon d'Ausone.* — Par ext. Se dit d'un ouvrage rempli de morceaux dérobés : *ce n'est qu'un centon.*

CENTONAIRE s. m. Officier romain qui avait soin des centons. Ouvrier qui travaillait aux centons dont on couvrait les machines de guerre.

CENTRAGE s. m. Action de déterminer le centre.

* **CENTRAL, ALE, AUX** adj. Qui est dans le centre, qui a rapport au centre; *point central.* — *Feu central*, feu que quelques philosophes ont cru être au centre de la terre. — *Force centrale*, force par laquelle un corps qui se meut tend à s'éloigner ou à s'approcher du centre. — Par ext. Se dit d'un pays, d'un lieu situé au milieu d'un autre ou tout près : *province centrale; quartier central.* — Fig. Principal : *administration centrale; bureau central; l'École centrale des arts et manufactures; maison centrale.*

CENTRAL CITY, ville du Colorado (Etats-Unis), à 60 kil. N.-O. de Denver; à 2,500 m. au-dessus du niveau de la mer; 2,750 hab.

CENTRALE s. f. Prison centrale.

CENTRALISATEUR, TRICE adj. Qui centralise, qui a la centralisation pour but ou pour résultat : *système centralisateur; opinions centralisatrices.* — Substantiv. Partisan de la centralisation : *les hommes politiques deviennent centralisateurs dès qu'ils arrivent au pouvoir, c'est-à-dire au centre.*

* **CENTRALISATION** s. f. Action de réunir dans un même centre. — Polit. Action de rattacher à un gouvernement central toutes les forces d'un Etat : *centralisation administrative.* Voy. DÉCENTRALISATION.

* **CENTRALISER** v. a. Concentrer, réunir dans un même centre.

CENTRARQUE s. m. (gr. *kentron*, aiguillon; *archon*, chef). Icht. Genre de percoïdes habitant les eaux douces de l'Amérique. La *perche de roche rock bass des Américains* (*centrarchus*

œneus), est un excellent poisson de table, très

Centrarchus æneus.

recherché aux Etats-Unis; son poids ne dépasse guère une livre.

* **CENTRE** s. m. (gr. *kentron*). Géom. Point situé à égale distance de tous les points d'une circonférence, d'un arc de cercle, d'une sphère ou d'une portion de sphère : *centre d'un cercle; centre de la terre; centre d'une planète.* — Point d'intersection des diamètres d'une courbe fermée ou des diagonales d'un polygone: *centre d'une ellipse, d'un losange, d'un carré.* — Par ext. Milieu d'un espace quelconque : *le soleil est au centre de notre système planétaire; centre d'un royaume, d'une province, d'une ville.* — Point autour duquel, vers lequel, dans lequel s'opèrent ou se rassemblent certains effets: *centre de gravité, d'oscillation, d'attraction ou de gravitation, d'équilibre, de percussion*, etc. — Lieu où les choses tendent naturellement comme au lieu de leur repos : *chaque chose tend à son centre.* — Fig. Lieu où se trouvent, où se font, où se pratiquent habituellement ou plus ordinairement certaines choses : *cette ville est le centre des affaires du Levant; quartier situé au centre des affaires; Paris est le centre des arts et du bon goût.* — Chose à laquelle plusieurs autres se rapportent ou sont subordonnées : *il fit de cette ville le centre de sa domination.* On le dit quelquefois des personnes, dans un sens analogue : *c'est un égoïste, qui se fait le centre de tout.* — Polit. Partie d'une Assemblée située entre la droite et la gauche, c'est-à-dire faisant face au président. Il y a le *centre droit* et le *centre gauche.* — Député du centre : *c'est un centre-gaucher, un centre-droitier.* — Fig. et fam. ETRE DANS SON CENTRE, être où l'on se plaît, où l'on aime à être. — Anat. CENTRE OVALE, partie du cerveau qui est entourée par la conjugaison des vertèbres. — Art. milit. CENTRE D'UNE ARMÉE ou d'une TROUPE, partie de cette armée ou de cette troupe rangée en bataille entre les deux ailes; CENTRE D'UN BATAILLON, vide qu'on y laisse au milieu, pour renfermer les drapeaux ou les bagages; CENTRE D'ALIGNEMENT, point d'une masse ou d'une ligne qu'on désigne, comme point de vue, aux troupes qui doivent s'aligner; CENTRE D'ATTAQUE, centre qui, le siège offensif, est comme le pivot des attaques du front de la place; CENTRE DE CAMP, portion de terrain qu'occupe le camp à une distance égale des ailes; CENTRE DE BASTION, angle saillant qui résulte du prolongement de la ligne de chaque courtine; — SOLDATS DU CENTRE, soldats qui, dans un bataillon, n'appartenaient point aux compagnies d'élite. — Mar. CENTRE DE GRAVITÉ, point d'un bâtiment flottant sur lequel il serait en repos; CENTRE DE VOILURE, point des voiles où se réunit l'action du vent. — Canal DU CENTRE. Voy. CANAL.

CENTRIER s. m. Député du centre, conservateur, sous Louis-Philippe. On dit aujourd'hui un *centre-gaucher, un centre-droitier.*

* **CENTRIFUGE** adj. (lat. *centrum*, centre; *fugere*, fuir). Qui tend à éloigner du centre : *un corps qui se meut circulairement a une force centrifuge.* — FORCE CENTRIFUGE, tendance qu'ont les corps qui se meuvent suivant une ligne courbe, à quitter cette ligne. D'après la loi de l'inertie, tout corps libre dans l'es-

pace ne pourrait se mouvoir qu'en ligne droite, s'il était sollicité par une force unique ou par plusieurs forces dont la direction et les intensités relatives resteraient constantes. Mais s'il est sollicité par deux ou plusieurs forces qui changent de rapport, soit quant à la direction, soit quant à l'intensité, le corps mobile décrit une courbe. Quand nous jetons une pierre, elle va droit devant elle jusqu'à ce que la résistance de l'air et son propre poids la fassent tomber à terre. Mais si nous attachons cette même pierre à une corde dont nous tenons l'extrémité, la résistance de la corde et de la main retient la pierre qui décrit un cercle dont notre main est le centre. Que nous lâchions tout à coup la corde ou qu'elle vienne à casser, la pierre prendra la tangente à la courbe qu'elle décrivait et continuera sa route en ligne droite. Les deux forces génératrices du mouvement circulaire s'appellent l'une *force centrifuge*, l'autre *force centripète.* Dans le mouvement des planètes, la force centrifuge provient d'une impulsion primitive, la force centripète résulte de la gravitation générale. Pour établir la loi de ces forces, prenons comme exemple le cas où un corps tourne autour d'un cercle horizontal et exerce

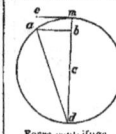
Force centrifuge.

une force dans le plan de ce cercle seulement, soit *c* le centre de motion, *a* le diamètre du cercle horizontal et *m* le corps en mouvement. D'après la loi de l'inertie, le corps devrait se diriger en *m e*, ligne tangente au cercle; mais la force *centripète*, qui est égale à la force centrifuge, le dirige en *m a*; il arrive en *a* dans le même temps qu'il serait arrivé en *e*. Les deux forces qui ont produit cette déflection de *m e* en *m a* sont : 1° la force d'impulsion, qui peut être représentée par *a b = m e*; et 2° la force centripète qui peut être représentée par la ligne *m b* et qui est, avons-nous dit, précisément égale à la force centrifuge, ou force qui tend à éloigner du centre le corps en mouvement. La force centrifuge d'un corps qui se meut autour d'un cercle horizontal est égale au produit de son poids multiplié par le carré de sa vitesse, divisé par le rayon du cercle qu'il décrit, multiplié par l'accroissement constant d'accélération de la chute d'un corps. Ceci peut être exprimé par l'équation :

$$C = \frac{w\,v^2}{rg}$$

CENTRINE s. m. (gr. *kentron*, aiguillon). Icht. Voy. HUMANTIN.

* **CENTRIPÈTE** adj. (lat. *centrum*, centre; *peto*, je vais). Phys. Qui tend à approcher d'un centre : *un corps libre qui se meut circulairement est retenu dans son orbite par une force centripète.* — Voy. CENTRIFUGE.

CENTRISQUE s. m. (gr. *kentron*, aiguillon). Icht. Genre de poissons acanthoptérygiens à bouche en flûte. L'espèce principale est la *bécasse de mer.* Voy. ce mot.

CENTRONES ou **Ceutrones**, nom de deux peuples gaulois. — I. Peuple de la Gaule Belgique, branche des Nerviens, aux environs de Courtrai. — II. Peuple qui habitait les Alpes Grées, sur les bords de l'Arc; cap. *Darantasia* (Moustier-en-Tarentaise). Le nom des Centrones s'est conservé dans le village de Centron, à 10 kil. N. de Moustier.

CENTRONOTE s. m. (gr. *kentron*, aiguillon; *nôtos*, dos). Icht. Genre de poissons scombéroïdes, caractérisé par des épines libres en avant de la nageoire dorsale. Cuvier divise les centronotes en quatre sous-genres : 1° les PILOTES, dont l'espèce commune, le *pilote conducteur* (*naucrates ductor*), est un poisson bleu, long de 30 à 35 cent. Il suit les navires pour s'emparer de ce qui en tombe et semble servir de guide au requin, qui suit également les vaisseaux. Il se rencontre dans la Méditerranée

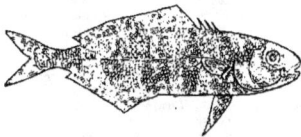

Centronote pilote (Naucrates ductor).

et dans l'Atlantique ; 2° les ELACATES ; 3° les LICHES ; 4° les TRACHINOTES. Voy. ces mots.

* **CENT-SUISSES** s. m. pl. Partie de la garde du roi qui était composée de Suisses, au nombre de cent : *capitaine des Cent-Suisses*. On disait au singulier : *un Cent-Suisse*, un des Cent-Suisses.— Les Cent-Suisses formaient une compagnie d'infanterie d'élite, établie par Charles VIII en 1496, licenciée après le 10 août 1792, rétablie de 1814 à 1830.

* **CENTUMVIR** s. m. [san-tomm-vir](lat. *centum*, cent; *vir*, homme). Magistrat de l'ancienne Rome, établi pour juger de certaines affaires civiles.

* **CENTUMVIRAL, ALE** adj. Qui appartient aux centumvirs, qui est de leur ressort.

* **CENTUMVIRAT** s. m. Dignité de centumvir.

* **CENTUPLE** adj. (lat. *centuplex*). Qui vaut cent fois autant : *nombre centuple d'un autre*. — s. m. Quantité cent fois plus grande ou beaucoup plus grande : *on lui a donné le centuple : un fonds qui rapporte, qui rend au centuple*.

* **CENTUPLER** v. a. Rendre cent fois plus grand ; multiplier un nombre par cent : *centupler un nombre*.

* **CENTURIATEUR** s. m. (lat. *centuriator*). N'est usité qu'en parlant de certains auteurs allemands luthériens, qui ont publié une histoire ecclésiastique divisée par centaines d'années : *les centuriateurs de Magdebourg*.

* **CENTURIE** s. f. (lat. *centuria*; de *centum*, cent). Antiq. rom. Compagnie de cent hommes d'armes, formant le sixième de la cohorte et le soixantième de la légion — Les CENTURIES DE NOSTRADAMUS, les prédictions de cet auteur, rangées par centaines de quatrains ou de sixains. — On appelle aussi *Centurie*, chacun de ces quatrains ou sixains; et, en ce sens, on dit : *faire une centurie*, faire un quatrain ou quelque autre pièce de vers dans le genre de ceux de Nostradamus.

* **CENTURION** s. m. [san-tu-rion] (lat. *centurio*). Antiq. rom. Chef de cent hommes; officier commandant cent hommes de la milice romaine.

* **CÉNURE** s. m. (gr. *koinos*, commun; *oura*, queue). Helminth. Genre d'entozoaires qui vivent dans le crâne du mouton et s'y développent au point de comprimer le cerveau, et qui déterminent les accidents nerveux appelés *tournis* et *vertige*.

* **CEP** s. m. [sè] (lat. *cippus*). Pied de vigne : *cep de vigne, de treille*; *des ceps*. — Lien, ou espèce de chaîne ; et, en ce sens, on ne l'emploie qu'au pluriel : *avoir les ceps aux pieds et aux mains* (vieux). — CEP DE VIGNE, marque de dignité du centurion chez les Romains, et instrument avec lequel le soldat légionnaire était châtié.

* **CÉPAGE** s. m. Plant ou variété quelconque de vigne cultivée : *cépage blanc*; *cépage rouge*.

* **CÈPE** s. m. (lat. *cippus*, tronc d'arbre). Bot. Nom que l'on donne à certains champignons dont la plupart sont bons à manger, et particulièrement aux bolets comestibles : *faire cuire des cèpes*.

* **CÉPÉE** s. f. (lat. *cippus*, palissade). Agric.

Touffe de plusieurs tiges de bois qui sortent d'une même souche : *coupe des cépées de saules*.

* **CEPENDANT** adv. (de *ce* et *pendant*). Pendant cela, pendant ce temps-là : *nous nous amusons, et cependant la nuit vient*. — Conj. Néanmoins, toutefois, nonobstant cela : *on disait qu'il ne viendrait pas, cependant le voici*.

CÉPHAÉLIS s. m. Bot. Voy. CÉPHÉLIS.

* **CÉPHALALGIE** s. f. [sé-fa-lal-ji], (gr. *képhalé*, tête; *algos*, douleur). Pathol. Nom générique de toutes les douleurs qui ont leur siège dans le crâne. On dit ordinairement *mal de tête*. La céphalalgie est rarement une maladie propre; elle est le plus souvent symptomatique d'un autre mal et disparaît avec la cause qui l'a provoquée : méningite, encéphalite, chlorose, anémie, pneumonie, fièvre, affections inflammatoires, maladies de l'œil, etc. Quand elle est nerveuse, on la nomme MIGRAINE. Quelquefois, elle est superficielle et s'exaspère au moindre toucher, mais ne s'accompagne ni de lésion ni de changement de coloration de la peau ; c'est alors une névralgie ou un rhumatisme. D'autres fois, elle tient à la suppression d'un écoulement sanguin ou à un état pléthorique, à une métastase rhumatismale, à une indigestion, à des travaux intellectuels excessifs.

CÉPHALANTHE s. m. (gr. *képhalé*, tête ; *anthos*, fleur). Bot. Genre de rubiacées, tribu des spermacocées, comprenant une douzaine d'espèces d'arbrisseaux, qui croissent en Amérique et en Asie. Le céphalanthe d'Amérique (*cephalantus occidentalis*) est vulgairement appelé *bois à boutons*.

CÉPHALANTHÈRE s. f. (gr. *képhalé*, tête; *anthère*). Bot. Genre d'orchidées, tribu des aréthusées comprenant plusieurs espèces qui croissent dans les bois de l'Europe méridionale et centrale.

CÉPHALAS (Constantin), littérateur grec du X° siècle; auteur d'une *anthologie* contenant de gracieuses poésies. Voy. ANTHOLOGIE.

CÉPHALE (mythol. gr.). Fils de Déion et de Diomède, époux de Procris, qu'il aimait tendrement, mais dont l'Aurore l'avait rendu jaloux. Déguisé en jeune marchand, il séduisit son épouse et ne tarda pas à lui pardonner sa faiblesse. Peu de temps après, Procris, jalouse à son tour, le suivit et se cacha dans un buisson, pendant qu'il était à la chasse. Il la tua involontairement d'un coup de javelot et se retira, désespéré, dans l'île qui a reçu le nom de Céphalonie.

CÉPHALÉMATOME ou **Céphalæmatome** s. m. [sé-fa-lé-ma-to-me] (gr. *képhalé*, tête ; *aima*, sang; *tomé*, section). Chir. Tumeur particulière que l'on observe sur le crâne de quelques nouveau-nés. Lorsqu'elle est volumineuse, on la comprime à l'aide d'un bandage de diachylon imbriqué formant calotte. Dans les cas extrêmes, ponctions sous-cutanées.

* **CÉPHALIQUE** adj. (gr. *képhalé*, tête). Méd. Qui appartient à la tête. N'est guère usité que dans les dénominations suivantes : *veine céphalique*, une des veines du bras, qu'on croyait autrefois venir de la tête, et qu'on ouvrait, par cette raison, pour le soulagement des maux de tête ; *remède céphalique*, *plante céphalique*, et *poudre céphalique*, remède, plante, poudre propre à soulager les maux de tête.

CÉPHALONIE [sé-fa-lo-ni], la plus grande des îles ioniennes ; séparée d'Ithaque par l'E., par un canal étroit et formant une monarchie de la Grèce; 774 kil. carr.; 77,382 hab. Territoire aride et montagneux. Cap. Argostoli, ville maritime avec un bon port. Exportation de raisins secs. Dans l'antiquité, cette île renfermait quatre cités : Pale, Cranii, Proni et Same. Céphalonie appartint successivement aux Grecs, aux Macédoniens, aux Romains, aux Byzantins, aux Normands, aux Vénitiens,

aux Turcs et aux Français. Elle subit le protectorat anglais de 1815 à 1863.

CÉPHALOPODE adj. (gr. *képhalé*, tête ; *pous*, *podos*, pied). Moll. Qui a les organes moteurs sur la tête. — s. m. pl. Premier embranchement des mollusques, comprenant les animaux marins les mieux organisés de ce groupe. Les céphalopodes possèdent une tête distincte couronnée de deux grands yeux. et couronnée autour de la bouche, de 8 ou 10 pieds ou tentacules garnis de suçoirs. Le corps est ramassé en forme de sac sphérique ou allongé. Quelques-uns ont des coquilles externes, comme le calmar; d'autres ne possèdent qu'un os interne, comme la seiche; ou une simple coquille, comme l'argonaute; ou une coquille en spirale, comme l'ammonite fossile et le nautile. Outre leurs tentacules, quelques-uns possèdent des nageoires; tous sont plus ou moins capables de se donner un mouvement en arrière, par l'énergique expulsion de l'eau contenue dans leur sac branchial, au moyen d'un siphon qui s'ouvre à leur partie inférieure. Éminemment carnivores, ils saisissent leur proie au moyen de leurs tentacules et l'amènent à leur bouche, que l'on pourrait appeler un bec, car elle ressemble au bec d'un perroquet et se meut verticalement. Leur langue est armée d'épines recourbées, qui retiennent la nourriture. Leurs sens sont subtils : ils prévoient au danger comme ils semblent deviner la présence de leur proie. Dès qu'ils sont effrayés, ils troublent l'eau en répandant un liquide coloré que sécrète une glande de leur corps, et en s'agitant vivement. Leur peau, de diverses couleurs, est remarquable par les changements rapides de teintes ou de nuances plus ou moins vives que l'animal peut lui faire subir. Les céphalopodes sont nocturnes ou crépusculaires; ils se cachent pendant le jour. On les rencontre dans toutes les zones et à toutes les profondeurs; ils sont les plus gros mollusques; ils peuvent atteindre dans les mers tropicales, une longueur de 2 à 3 mètres, en y comprenant les tentacules; et pèsent quelquefois plus de 150 kil. C'est à cet embranchement qu'appartiennent les pieuvres.

CÉPHALOPTÈRE s. m. [sé-fa-lo-ptè-re] (gr. *képhalé*, tête ; *pteron*, aile). Icht. Genre de poissons cartilagineux de la famille des raies, comprenant les espèces qui ont une tête tronquée et deux petites nageoires en forme de cornes ou de grandes oreilles; des dents menues et finement dentelées; une queue grêle, filiforme, munie d'un aiguillon. Ces poissons se rencontrent dans la Méditerranée,

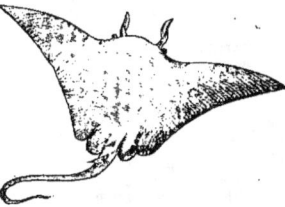

Cephaloptere vampyrus.

l'Atlantique et la mer des Indes; les marins racontent des histoires merveilleuses au sujet de leur force et de leur férocité, mais en réalité ce sont des animaux inoffensifs et craintifs, que leur physionomie et la taille énorme qu'ils peuvent acquérir ont fait transformer en monstres terribles. Un poisson de l'espèce appelée céphaloptère vampire (*cephaloptera vampyrus*) fut pris en 1823 dans l'Atlantique, près de l'entrée de la baie de Delaware; il pesait environ 5 tonnes, mesurait 6 m. de long sur 6 m. 50 de large. Sa bouche avait

95 cent. de large, son crâne 1 m. 75; la distance entre les deux yeux était de 1 m. 60. La peau du dos était d'un brun noirâtre; celle du ventre était noire et blanche et très visqueuse. Les céphaloptères vont par troupe; les pêcheurs les poursuivent pour l'huile de leur foie. — Le traducteur anglais des *Travailleurs de la mer* de Victor Hugo a confondu la *pieuvre* avec le *céphaloptère vampire* (en anglais *devil fish*). Il se trouve que la magnifique description de l'auteur s'applique, dans la traduction anglaise, à un animal hideux, sans doute, mais absolument inoffensif et qui n'a pas de suçoirs.

CÉPHALOTOME s. m. [sé-fa-lo-to-me] (gr. *képhalé*, tête; *tomé*, section). Chir. Instrument qui sert à pratiquer la céphalotomie.

CÉPHALOTOMIE s. f. (rad. céphalotome). Chim. Opération qui consiste à couper en morceaux la tête du fœtus mort pour faciliter l'accouchement.

CÉPHALOTRIBE s. m. [sé-fa-lo-tri-be] (gr. *képhalé*, tête; *tribô*, je broie) Chir. Forceps qui sert à broyer la tête d'un enfant, lorsque la *céphalotripsie* est nécessaire.

CÉPHALOTRIPSIE s. f. [sé-fa-lo-tri-psi] (gr. *képhalé*, tête; *tripsis* broiement). Chir. Opération qui a pour but de broyer la tête du fœtus dans le bassin, afin de faciliter l'accouchement.

* **CÉPHÉE** s. m. Astron. Constellation de l'hémisphère septentrional.

CÉPHÉE (Mythol.), l'un des Argonautes, roi d'Éthiopie, époux de Cassiopée et père d'Andromède. Fut placé au rang des astres, ainsi que sa femme, sa fille et son gendre, Persée.

CÉPHÉLIS s. m. (gr. *képhalé*, tête). Bot. Genre de rubiacées, tribu des cofféacées, comprenant une trentaine d'espèces d'arbustes et d'arbrisseaux qui croissent dans les régions chaudes de l'Amérique.

CÉPHISE ou **Cephissus**, nom de plusieurs rivières de la Grèce ancienne. 1° rivière de la Béotie, affluent du lac Topolias (Copaïs); 2° rivière de l'Attique; baignait les murs du Pirée et se jetait dans le golfe Saronique; 3° rivière de l'Argolide.

CÉPION (O. Servilius), consul romain en l'an 107 av. J.-C. Il obtint d'abord quelques succès contre les Cimbres et pilla Toulouse; mais la fortune des armes ayant cessé de lui sourire, il fut destitué et mourut en exil.

CERACCHI (Giuseppe) [tché-râk'-ki] sculpteur italien, né en Corse vers 1760, exécuté à Paris, en place de Grève, le 30 janvier 1801, pour avoir conspiré d'assassiner Napoléon, le 10 octobre 1800, à l'Opéra.

CÉRAM, Ceiram, Sirang, ou Zeram, l'une des Moluques hollandaises, dans l'archipel malais, entre Bourou et la Nouvelle Guinée; 17,180 kil. carr.; 67,000 hab. Territoire traversé par plusieurs chaînes de montagnes élevées; point culminant, le Noosaheli, 2,000 mètres. Climat sain, végétation luxuriante; tribu dominante des paisibles Alfouros à l'intérieur. Les Hollandais ont créé des écoles et introduit le christianisme sur la côte S.-O.; où ils possèdent des plantations de cacao et de café.

CÉRAMBYCIN, INE adj. Entom. Qui ressemble au cérambyx ou capricorne.

* **CÉRAMIQUE** adj. (gr. *keramos*, brique). Qui concerne l'art du potier, l'art de fabriquer des vases de terre et de les cuire au feu: *musée céramique*. — s. f. Art du potier : *les Athéniens excellaient dans la céramique*. Voy. Poterie.

CÉRAMIQUE (Le), le plus beau quartier d'Athènes, renfermant le vieux marché, le jardin de l'Académie et un grand nombre de monuments.

CÉRASINE s. f. [sé-ra-zi-ne] (lat. *cerasus*, cerisier). Mucilage qui se trouve dans la gomme du cerisier, du prunier, etc.

CÉRASONTE [sé-ra-zon-te] (gr. *kerasoûs*, lat. *cerasus*; auj. *Kheresoun*), ville du Pont, à l'embouchure de la rivière du même nom. Elle est célèbre parce que, d'après la tradition, Lucullus y prit les premiers plants de cerisier et les apporta à Rome, d'où cet arbre fruitier se répandit en Occident.

* **CÉRASTE** s. m. (gr. *keras*, corne). Vipère d'Égypte, qui a sur la tête deux éminences en formes de cornes, et dont la morsure est dangereuse.

* **CÉRAT** s. m. [sé-ra] (lat. *ceratus*, qui contient de la cire). Pharm. Médicament externe composé de 3 parties d'huile d'amandes douces et d'une partie de cire blanche, le tout fondu au bain-marie et aromatisé avec de l'essence de roses. On l'emploie pour panser les plaies, adoucir la peau, prévenir ou combattre les gerçures. En incorporant un peu d'extrait de saturne au cérat ordinaire, on obtient le *cérat saturné*, qui est astringent et dessiccatif.— Cérat de calamine, contre les ulcères chroniques, les ophthalmies palpébrales et quelques maladies de la peau ; 185 gr. de pierre calaminaire pour 600 gr. de cérat ordinaire. — Cérat cosmétique. Voy. Coldcream.

CÉRAUNIENS (Monts). Voy. Acroccérauniens.

* **CERBÈRE** (Mythol. gr.) Monstre qui gardait l'entrée des régions infernales. On le représentait sous la forme d'un chien à trois têtes, avec une crinière de vipères. Il était fils de Typhon et d'Échidné. Orphée, lorsqu'il descendit aux enfers, parvint à l'endormir par les sons mélodieux de sa lyre et, d'après Virgile, Énée mit en défaut sa vigilance avec un gâteau de miel. — Fig. et fam. Portier brutal, gardien sévère, intraitable : *c'est un cerbère*. — Astron. Petite constellation de l'hémisphère septentrional.

* **CERCEAU** s. m. (gr. *kirkos*, cercle). Lame de fer mince, ou tringle de bois flexible, formant un cercle, dont on se sert pour maintenir les douves des tonneaux, des cuves, etc. : *cerceau de fer* ; *mettre des cerceaux à une cuve*. — Cercle de bois léger que les enfants font courir devant eux comme une roue, en le poussant avec un petit bâton : *jouer au cerceau*. — Bois courbé, qui sert à soutenir la toile dont on couvre une voiture, une barque, ou à former le cintre d'un cabinet de verdure, etc. : *tendre une toile sur des cerceaux pour couvrir une voiture, un bateau*. — Sorte de filet dont on se sert pour prendre des oiseaux : *prendre des oiseaux au cerceau*. — s. m. pl. Plumes au bout de l'aile des oiseaux de proie : *les vautours et les éperviers ont trois cerceaux*.

CERCELLE s. f. Voy. Sarcelle.

* **CERCLAGE** s. m. Action de cercler : *cerclage d'un tonneau*. — Bois de cerclage, bois propre à faire des cerceaux.

* **CERCLE** s. m. (lat. *circulus*, circonférence). Surface plane, limitée par une ligne courbe que l'on nomme circonférence, et dont tous les points sont également distants d'un même point qu'on appelle centre. Voy. Aire, Arc, etc. Les surfaces des cercles sont entre elles comme le carré des rayons; ainsi le rayon devenant 2, 3, 4 fois plus grand, la surface devient 4, 9, 16 fois plus grande. — Quadrature du cercle, détermination d'un carré dont la surface serait rigoureusement égale à celle d'un cercle donné : *les géomètres savent que la surface du carré et celle du cercle n'ont pas un rapport exprimable en nombres finis ; d'où il suit que la quadrature géométrique du cercle est impossible* (Acad.). — Fig. Chercher la quadrature du cercle, chercher une chose très difficile ou impossible à trouver. — Cercle, se prend aussi, improprement, pour la ligne

circulaire qu'on appelle circonférence : *la cercle se divise en trois cent soixante degrés* ; *décrire un cercle* ; *arc de cercle*. — Cerceau : *cercle à tonneau* ; *vin en cercles*. — Toute pièce de métal ou d'autre matière, formant un cercle, qu'on met autour d'une chose pour la serrer, la lier ou l'orner : *mettre un cercle de fer à une colonne, à une poutre, pour l'empêcher d'éclater*. — Sciences et arts. Objet, instrument, qui a une forme circulaire : *cercle d'arpenteur* ; *cercle répétiteur, cercle de réflexion*, etc. — Astron. Pièces de forme circulaire qui entrent dans la composition de la sphère armillaire : *les grands, les petits cercles de la sphère*. — Ligne circulaire fictive qui sert à représenter le mouvement des astres, la succession des saisons, les divisions de la sphère, etc. — Manège. Ligne circulaire décrite par le cheval, ordinairement entre les deux murs : *être, se mettre sur le cercle ; travailler sur le cercle*. — Toute disposition d'objets qui offre à peu près la figure d'une circonférence de cercle : *ranger des sièges en cercle*. — Sphère, étendue, limites : *cet homme n'est jamais sorti du cercle de ses occupations habituelles*. — Se dit aussi, fig., en parlant des choses qui reviennent, qui se succèdent continuellement : *la vie n'est pour lui qu'un cercle de douleurs*. — Cercle vicieux, manière défectueuse de raisonner, qui consiste à supposer d'abord ce qu'on doit prouver, et ensuite à donner pour preuve ce qu'on a supposé. — Géog. Nom autrefois des divisions de l'empire d'Allemagne : *les dix cercles de l'Empire*. — Art. milit. Cercles goudronnés vieilles mèches ou vieux cordages trempés dans le goudron et pliés en cercle, qu'on met dans les réchauds pour servir à éclairer la place dans une ville assiégée. — Mar. Cercle d'étambrai de cabestan, cercle de fer qui entoure l'étambrai au point où passe le cabestan ; cercle de boute-hors, doubles cercles placés au bout des vergues et dans lesquels on passe les boute-hors qui servent à mettre les voiles d'étai ; cercles de hunes, grands cercles de bois placés autour des hunes pour empêcher les matelots de tomber en manœuvrant ; cercle de pompe, les deux cercles dont l'un embrasse l'extrémité de la pompe pour l'empêcher de se fendre, et l'autre sert à l'attacher à la potence ; cercle-barbotin, cercle en fer, ajouté au cabestan, pour faciliter le virage des câbles-chaînes. — Jargon. Pincer, rattraper au demi-cercle, prendre à l'improviste.

* **CERCLE** s. m. Réunion de personnes qui se disposent à peu près circulairement pour voir ou pour écouter : *faire cercle, élargir le cercle*. — S'est dit particulièrement, dans le sens qui précède, de la réunion des princesses et des duchesses assises circulairement en présence de la reine : *la reine tient le cercle aujourd'hui*. — Par ext. Réunion d'hommes et de femmes qui se tient dans les maisons des particuliers pour le plaisir de la conversation : *cet homme brille dans les cercles*. — Association dont les membres se réunissent dans un local loué à frais communs pour causer, jouer ou lire les journaux : *il va au cercle* ; *cercle catholique*. — Législ. « Les cercles sont, comme tous les autres lieux de réunion, soumis aux règlements de la police locale, et en outre, s'il y a lieu, aux règlements concernant les débits de boissons. Depuis le 1er octobre 1871, les abonnés des cercles doivent payer une taxe de vingt pour cent du chiffre de leurs cotisations. Cette taxe est acquittée par les gérants, secrétaires ou trésoriers des cercles. (L. 16 septembre 1871, art. 9). Ceux-ci doivent, chaque année, avant le 31 janvier, déclarer à la mairie le nombre exact des abonnés qui ont fait partie du cercle pendant l'année précédente et le montant de leurs cotisations. (Décr. 27 décembre 1871). Le défaut ou l'inexactitude de la déclaration donne lieu à une double taxe. Les sociétés dont les réunions ne sont pas quotidiennes, et celles

qui ont pour objet exclusif des jeux d'adresse ou des exercices corporels sont dispensées de la taxe. (L. 5 août 1874, art. 7), ainsi que les sociétés scientifiques, littéraires ou de bienfaisance. Il en est de même des casinos, qui ne sont autre chose que des maisons de commerce, et où les abonnements n'ont pas le caractère de cotisations. En cas de fermeture d'un cercle, la taxe de l'année courante est exigible immédiatement et sans réductions. » (Cn. Y.)

* **CERCLER** v. a. Garnir, entourer de cerceaux, de cercles.

CERCOPE s. m. (gr. *kerkos*, queue ; *ops*, œil). Entom. Genre d'insectes hémiptères du grand genre cicadelles. La plus grande des espèces indigènes, le *cercope ensanglanté* (*cercopis sanguinolenta*) ou *cigale à taches rouges*, longue de 9 millimètres, est d'un beau noir avec 6 taches d'un rouge de sang sur les étuis ; on le rencontre dans la forêt de Saint-Germain-en-Laye. La *cigale écumeuse* (*cercopis spumaria*), presque aussi longue que le cercope ensanglanté, a le corps brun. Sa larve rend par l'anus les bulles écumeuses que l'on remarque sur les luzernes et sur d'autres plantes.

CERCOPITHÈQUE s. m. (gr. *kerkos*, queue ; *pithékos*, singe). Mam. Nom que les savants donnent quelquefois aux singes du genre guenon.

* **CERCUEIL** s. m. (serr-keul ; l mll) (gr. *sarx*, *sarkhos*, chair). Bière ; espèce de caisse de bois ou de plomb, etc., dans laquelle on met un corps mort : *cercueil de bois, de plomb, de marbre* — Fig., dans le style élevé. La mort: *descendre au cercueil.*

> *Tyrans, descendez au cercueil!*
> (Marie-Joseph Chénier, *Le Chant du départ*, mus. de Méhul.)

CERDAGNE, *Cardania*, *Cerritonia*, contrée située sur les deux versants des Pyrénées, partie en Espagne, partie en France (Pyrénées-Or.). Le ch.-l. de la partie française était Montlouis ; celui de la partie espagnole était Puycerda.

CERDO ou **Cerdon**, hérésiarque du IIᵉ siècle, dont la croyance était un mélange de christianisme et d'idées gnostiques. Cerdon, né en Syrie, vint prêcher à Rome, où il causa un vrai scandale parmi les chrétiens.

CERDON s. m. (lat. *cerdo* ; du gr. *kerdos*, gain). Nom méprisant que les anciens Romains donnaient aux travailleurs.

CERDONIEN s. m. Membre de la secte religieuse fondée par Cerdo.

CÉRÉ (Jean-Nicolas), botaniste, né à l'Ile de France, en 1737, mort en 1810. Sous les auspices du gouvernement français, il répandit la culture des épices dans son île natale, où il était directeur du jardin botanique. Il a laissé plusieurs ouvrages.

CÉRÉ (Saint-), ch.-l. de cant. ; arr. et à 23 kil. N.-N.-O. de Figeac (Lot), sur la Bave ; 3,200 hab. Châteaux de Saint-Laurent et de Montal.

* **CÉRÉALE** adj. (de *Cérès*). Se dit, en général, des plantes graminées qui, telles que le froment, le seigle, l'épeautre, le maïs, le riz, le millet, plusieurs espèces d'avoine, etc., produisent les grains dont on peut se servir pour faire du pain. On le dit également de ces graines mêmes : *plantes céréales* ; *graines céréales*, — s. f. : *la culture des céréales.*

CÉRÉALES ou **Céréalies** s. f. pl. Antiq. Fêtes romaines en l'honneur de Cérès, qui se célébraient pendant le mois d'avril et duraient huit jours.

CEREALIS ou **Cerialis** (Petilius), général romain, parent de Vespasien ; supprima la révolte de Civilis sur le Rhin (70) ; conquit une grande partie du pays des Brigantes (71).

CÉRÉBELLEUX, EUSE adj. [sé-ré-bèl-leû]

(lat. *cerebellum*, cervelet). Anat. Qui appartient au cervelet.

* **CÉRÉBRAL, ALE, AUX** adj. Se dit, en termes d'anat., de ce qui appartient au cerveau : *artères cérébrales* ; *nerfs cérébraux.* — Se dit aussi, en méd., des maux qui affectent le cerveau : *affections cérébrales* ; *fièvre cérébrale.*

CÉRÉBRO-SPINAL, ALE adj. Qui appartient au cerveau et à la moelle épinière : *méningite cérébro-spinale.*

* **CÉRÉMONIAL** s. m. sans pluriel. Usage réglé dans chaque pays, dans chaque cour, touchant les cérémonies religieuses ou politiques : *le cérémonial de Rome est fort rigoureux, est régulièrement observé* ; *le cérémonial est différent selon les pays* ; *l'ambassadeur fut conduit à l'audience avec le cérémonial d'usage.* — Cérémonie que les particuliers observent les uns envers les autres, ou par devoir, ou par civilité : *il n'aime pas le cérémonial.* — Être fort sur le cérémonial, être instruit du cérémonial, ou être attaché au cérémonial, être pointilleux et difficile sur les cérémonies. — Se dit aussi, fig., d'un homme difficile sur les égards qu'il croit lui être dus. — Par ext. Livre où sont contenus l'ordre et les règles des cérémonies, tant ecclésiastiques que politiques et civiles : *le cérémonial de l'Église de Paris* ; *le cérémonial français.*

* **CÉRÉMONIE** s. f. (lat. *cæremonia*). Forme extérieure et régulière du culte religieux : *les cérémonies du baptême.* — Formalités qu'on observe dans les actions solennelles, pour les rendre plus éclatantes : *on a donné audience à cet ambassadeur avec beaucoup de cérémonie.* — Grand maître des cérémonies, maître des cérémonies, aide des cérémonies, officiers qui président aux cérémonies, et qui les dirigent. — En cérémonie, avec pompe et grand appareil : *mener quelqu'un en cérémonie* ; *le reconduire en cérémonie.* — Actes de civilité, témoignages convenus de déférence que les particuliers se donnent les uns aux autres : *visite de cérémonie* ; *faire des cérémonies.* — Civilité gênante, importune : *c'est un grand faiseur de cérémonies* ; *point de cérémonies* ; *bannir la cérémonie.* — Fam. Sans cérémonie, *point de cérémonie*, librement, sans contrainte, sans façon. — Fig. et fam. *Faire des cérémonies*, faire des façons, des difficultés avant de consentir ou de se résoudre à quelque chose : *il a fait bien des cérémonies pour se battre.* — Il n'y fait pas tant de cérémonies, il va droit au but. — Par cérémonie, par pure cérémonie, pour la forme : *il a l'air d'écouter vos conseils, mais c'est par pure cérémonie.*

CÉRÉMONIEUX, EUSE adj. Qui fait trop de cérémonies : *homme cérémonieux.* — Se dit aussi des choses : *manières cérémonieuses.*

CÉRÈS [sé-rèss], la *Déméter* des Grecs, déesse des moissons, chez les Grecs et les Romains, fille de Saturne et de Rhéa et mère de Proserpine. Après l'enlèvement de cette dernière, elle descendit sur la terre pour la retrouver et prodigua ses dons à tous ceux qui la reçurent amicalement, mais elle infligea de rudes punitions à ceux qui se montrèrent inhospitaliers. Les principaux sièges de son culte étaient l'Attique, l'Arcadie, la Sicile et Rome. On la représentait indifféremment, debout, assise ou dans un char traîné par des chevaux ou par des dragons. Elle portait ordinairement sur la tête une couronne d'épis ou un simple ruban. Dans sa main elle tenait un sceptre, une touffe d'épis, une tête de pavot, une torche ou une corbeille mystique. Ses principales fêtes étaient les Thesmophories et les Eleusinies en Grèce, et les Céréalies à Rome.

* **CÉRÈS** s. f. Astron. Planète découverte par Piazzi, qui est placée entre Mars et Jupiter, et dont la révolution est d'environ quatre ans et sept mois.

CÉRET, ch.-l. d'arr., à 31 kil. S.-S.-O. de Perpignan (Pyrénées-Orientales), à 6 kil. de la frontière d'Espagne, sur la rive droite du Tech ; 3,700 hab. Huile ; bouchons de liège; marbre blanc statuaire. — Traité de 1660, pour la fixation de la frontière espagnole.

CÉRÉUS s. m. [sé-ré-uss] (lat. *cereus*, cierge). Bot. Nom scientifique du genre cierge.

* **CERF** s. m. [serr ; quelques personnes prononcent sèrf] (lat. *cervus*). Mamm. Grand genre de ruminants, qui forme, selon quelques naturalistes, la famille des cervidés. C'est donc un groupe plutôt qu'un genre. Il se compose d'animaux dont la taille varie depuis 80 centimètres, comme celle du petit Muntjac, jusqu'à 1 mètre 75, comme celle de l'élan gigantesque. Il est caractérisé dans la plupart des espèces par la présence, chez les mâles, de cornes pleines, de nature osseuse, et caduques, qui s'élèvent du front. Ces cornes ne sont d'abord que des pointes molles, sensibles et recouvertes d'une peau velue ; on les appelle alors *dagues*, et elles ont à leur base un bourrelet ou anneau que l'on nomme *meule*. Les *dagues* tombent chaque année et sont remplacées par des dagues de plus en plus grandes, qui finissent par devenir des cornes ou *bois*. Ceux-ci tombent également et reparaissent périodiquement avec quelques rameaux de plus : ce sont les *andouillers*. Les cornes, cylindriques chez le cerf proprement dit, s'aplatissent et forment des *empaumures* chez le daim et l'élan. Les animaux de ce groupe se distinguent ordinairement par leur agilité, leur élégance, la rapidité de leur course et la timidité de leur caractère ; on les trouve dans toutes les parties du monde, excepté en Australie. Leur chair est recherchée comme aliment ; leur peau donne un cuir souple et fort ; dans quelques pays septentrionaux, ils servent de bêtes de trait. Les mâles entrent en fureur et deviennent dangereux dans les moments du rut. Cuvier divise son genre cerf en deux sous-genres : 1° Espèces a bois aplati : *élan, original, renne et daim* ; 2° Espèces a bois rond : *cerf commun, cerf du Canada* ou *wapiti, axis, cerf cochon,*

Cerf de Virginie (Cariacus Virginianus).

cerf de Virginie ou *cariacou, cerf mulet et chevreuil.* — Cerf commun (*cervus eluphus*, Linn.) C'est le cerf d'Europe ; il est haut d'environ 1 mètre 30 aux épaules et d'une couleur générale d'un brun rougeâtre, nuancée de gris en hiver. Dans le premier âge on l'appelle *fuon* ; à 6 mois paraissent les dagues du mâle et il reçoit alors le nom de *daguet* ; à deux ans viennent les andouillers ; à trois ans, il pousse ce qu'on appelle sa *seconde tête* (empaumure garnie de pointes dont le nombre augmente avec les années) ; à six ans, il est *dix cors jeunement* ; à sept ans, il est *dix cors* ; ensuite, il devient *vieux cerf.* C'est au printemps que tombent ses cornes ; il se cache dans les taillis et ne reparaît qu'en été, alors que sa tête est ornée d'un bois nouveau. La femelle, ou *biche*, porte huit mois et quelques jours; elle met bas, en mai, un petit ou faon, et rarement deux. Ils se nourrissent de jeunes pousses, de feuilles, de fleurs de bruyère, etc.; en hiver, ils rongent l'écorce des arbres. Les cerfs, dont l'œil porte un très grand larmier, pleurent quand ils sont en danger; ils se livrent, pendant le rut, de terribles combats, qui se terminent quelquefois par la mort du vaincu. La corne de cerf est employée en médecine. — La chasse de ce bel animal a été de tout temps considérée comme l'un des plus nobles exercices; elle demande un équipage considérable en chiens courants, chevaux et veneurs, et ne peut être pratiquée que par des personnes très riches. Après avoir *jugé* le cerf, c'est-à-dire quand on a vérifié quels sont : son âge, son sexe, etc., par le *pied*, les *allures*, les *foulées*, les *portées* et les *fumées*, on le *lance* à l'aide de limiers bien dressés, et on ne l'abandonne plus jusqu'à ce qu'il tombe de

Cerf mulet (Cariacus macrotis).

lassitude. La fanfare des cors annonce les diverses phases de la chasse jusqu'à ce que l'animal soit aux *abois*. On le tue à coups de dague; on en fait la *curée*; puis on le dépouille de sa peau à laquelle on laisse tenir la tête. Cette dépouille se nomme *nappe*. Enfin, on découpe l'animal. Dès que le cerf a été tué, on a présenté au maître de la chasse le pied droit de devant que l'on considère comme la pièce d'honneur. — Cuis. La chair du jeune cerf et de la jeune biche est seule admise sur la table; on l'accommode comme celle du chevreuil. — Cerf de Virginie (*cariacus Virginianus*, Penn.) C'est le cerf commun de l'Amérique du Nord; sa chair est très agréable à manger. — Cerf mulet (*cariacus macrotis*, Say). C'est le cerf répandu dans les montagnes Rocheuses et dans les contrées avoisinantes; il est plus grand que le cerf commun.

* **CERFEUIL** s. m. [sèr-feuil; *l* mll.] (lat. *cœrefolium*; du gr. *chairo*, je me réjouis; *phullon*, feuille). Bot. Genre d'ombellifères scandicinées, comprenant plusieurs espèces de plantes à feuilles très découpées, d'une odeur particulière et agréable, et d'une saveur qui les fait employer comme condiment. Le *cerfeuil cultivé* (*scandix cœrefolium*, Linn.) est une herbe annuelle qui possède des propriétés diurétiques. On le sème peu profondément; la graine lève au bout de 10 à 15 jours. La variété appelée *cerfeuil musqué* ou *cerfeuil d'Espagne* est vivace et se multiplie par la division des touffes au printemps. Le *cerfeuil bulbeux* (*chærophyllum bulbosum*, Linn.) est bisannuel. Sa racine charnue, contenant beaucoup de fécule et de matières azotées, a un goût très agréable qui rappelle celui de la châtaigne; elle cuit en quelques minutes et se prépare comme la pomme de terre.

CERFOUETTE s. f. Voy. Serfouette.

* **CERF-VOLANT** s. m. [sèrr-vo-lan]. Gros insecte volant, qu'on appelle autrement *escarbot*. — Au plur. des Cerfs-volants. — Espèce de machine en forme de grande raquette, faite

avec du papier étendu et collé sur des baguettes, qui sert ordinairement de jouet aux enfants, et qu'ils font monter en l'air à l'aide du vent, en la retenant par une ficelle : *queue d'un cerf-volant*. — ~. Pop. Femme dépouillant les enfants mal surveillés. — ° Phys. Cerf-volant électrique, cerf-volant surmonté d'une pointe aiguë, et dont la corde est entourée d'un fil de métal, pour le rendre propre à soutirer la matière électrique des nuages.

CERIGNOLE, ital. *Cerignola* [tchè-ri-nio'-la], ville de l'Italie méridionale, à 35 kil. S.-E. de Foggia; 25,500 hab. Coton, amandes et toiles de lin. Le duc de Nemours, chef des troupes françaises, y fut vaincu et tué par les Espagnols, le 28 avril 1503.

CÉRIGO, anc. *Cythère*, la plus méridionale des îles Ioniennes, aujourd'hui éparchie de Grèce, à l'entrée orientale du golfe de Laconie; 275 kil. car.; 10,637 hab. Production de blé, de raisins, de vin, d'huile d'olive, de miel, de bœufs, de chèvres et de moutons. Ville principale Capsali, à l'extrémité méridionale. D'après la fable, cette île est la patrie de Vénus.

CÉRIGOTTO, petite île, dépendance et à 30 kil. S.-E. de Cérigo

CÉRILLY, ch.-l. de cant.; arr. à 40 kil. N.-N.-E. de Montluçon (Allier), sur la Marmande; 900 hab. Lainages, papeteries.

CERINA, ville de l'île de Chypre, à 20 kil. N. de Nicosie, par 35° 19' 30'' lat. N. et 31° 0' 58'' long. E.; environs très fertiles.

CÉRINE s. f. (lat. *cera*, cire). Chim. Substance particulière qui existe dans la cire. — Minér. Silicate de cérium que l'on trouve dans plusieurs mines de Suède, particulièrement à Bastnaës.

CÉRINTHE, aussi appelé Mérinthe, chef d'une des premières sectes gnostiques issues du christianisme. Il était contemporain de saint Jean.

CÉRINTHIEN ou **Mérinthien**, disciple de Cérinthe. Les Cérinthiens niaient la résurrection du Christ, pratiquaient la circoncision et possédaient un évangile semblable à celui de Mathieu.

* **CERISAIE** s. f. Lieu planté de cerisiers.

* **CERISE** s. f. [se-ri-ze] (de *Cérasonte*, ville du royaume de Pont, d'où Lucullus apporta, dit-on, les premiers cerisiers que l'on vit en Europe). Espèce de petit fruit à noyau dont la chair est fort aqueuse, et la peau rouge et très mince. La cerise est un des premiers fruits du printemps. On la conserve sous forme de confitures ou dans de l'eau-de-vie; on en fait des variétés, telles que le marasquin, le kirschenwasser, etc. On sèche les guignes et les griottes pour l'hiver. — Rouge-cerise, rouge très vif et un peu clair.

CERISETTE s. f. Cerise sèche.

* **CERISIER** s. m. [se-ri-zié]. Bot. Genre d'arbres de la famille des rosacées, réuni aux amygdalées, ordinairement réuni au genre prunier. Les cerisiers sont des arbres ou des arbrisseaux à écorce lisse, à feuilles ovales lancéolées, dentées et à pétiole glanduleux; les fleurs paraissent souvent avant les feuilles. Ce genre, très nombreux en espèces, présente deux types principaux : le *merisier* ou *cerisier des bois* (*prunus avium*, Linn.; *cerasus avium*, de Cand.), indigène dans les forêts de l'Europe, et le *cerisier cultivé ou griottier* (*prunus cerasus*), originaire de l'Asie Mineure. Le premier a produit les variétés connues sous le nom de *guignes* à Paris et de *cerises* dans le Midi; il a produit aussi les *bigarreaux*. Le second a donné par la culture toutes les variétés à fruits sphériques, plus ou moins acides et à chair molle, appelées *cerises* à Paris et *griottes* dans le Midi. L'hybridation de ces deux types a produit le *heaumier* ou cerisier à fruits doux. Il y a donc quatre espèces de

cerisier, savoir : 1° Guignier, arbre élevé, à cime pyramidale, à branches étalées; fruit doux, à chair molle; il a donné comme variétés : la *guigne grosse noire luisante*, la meilleure de toutes; la *grosse ambrée*, la *grosse noire*, la *guigne cœur de poule*, la *petite noire*, la *hâtive*, la *grosse blanche*, la *rouge tardive* ou de *Saint-Gilles*, la *guigne de quatre livres*. 2° Bigarreautier, arbre très élevé, à cime, arrondie à branches pendantes; fruit gros, oblong, à chair ferme et croquante. Variétés : le *bigarreau gros cœuret*, le *commun*, le *gros blanc*,

Cerisier commun.

le *gros rouge*, le *petit blanc hâtif*, le *petit rouge* et le *couleur de chair*. 3° Griottier, arbre moins élevé que les précédents, à cime arrondie, fruit globuleux, à chair acidule sucrée, noyau petit. Variétés : la *griotte* ou cerise de *Montmorency*, la *courte-queue* ou *gros gobet*, la *belle de Chatenay*, la *griotte rouge pâle*, la *griotte de Hollande*. 4° Heaumier, arbre plus petit que le précédent et à fruit moins acide. A fourni des variétés estimées : la *cerise anglaise*, la *belle de Choisy*, la *cerise royale*, etc. — Le cerisier, peu difficile sur la qualité du terrain, réussit dans presque tous les pays de l'Europe occidentale, particulièrement en France; il ne redoute que les sols humides et argileux; il aime les terres légères et calcaires. On le reproduit par greffes sur le merisier, sur le cerisier mahaleb ou sur le cerisier franc. Les greffes se font à œil dormant à la fin d'août, ou en couronne au printemps; on reprend en fente anglaise les sujets qui n'ont pas réussi. Le bois du cerisier est roussâtre et très employé en ébénisterie. La gomme de cerisier, ou *gomme du pays*, se gonfle dans l'eau, mais ne s'y dissout pas.

CERISIERS, ch.-l. de cant.; arr. à 22 kil. N.-N.-E. de Joigny (Yonne); 1,600 hab.

CÉRISOLES, ital. *Ceresole*, bourg d'Italie, à 18 kil. N.-O. d'Alba; 2,000 hab. Victoire du duc d'Enghien sur le marquis de Guasto, le 15 avril 1544.

CERISY-LA-SALLE, ch.-l. de cant.; arr. et à 13 kil. E. de Coutances (Manche), sur la Soulle; 500 hab. Calicots et coutils.

CÉRITE s. f. (rad. *cérine*). Minér. Silicate hydraté de cérium que l'on trouve avec la cérine dans la mine de Bastnaës (Suède).

CÉRIUM s. m. [sé-ri-omm] (rad. *cérite*). Chim. Métal découvert simultanément en 1803 par Klaproth, Hisinger et Berzélius, et ainsi nommé par ce dernier. On le rencontre associé au lanthane et au didyme dans la cérite, dans l'allanite ou orthite, dans l'yttrocérite et dans plusieurs autres minéraux rares. Il est malléable, ductile, doux comme le plomb et possède un éclat qui tient le milieu entre celui du plomb et celui de l'argent. Poids spécifique, 5-5 à 42° C.; symbole Ce. Réduit en poudre, il prend feu à 100° C., et puissamment chauffé, il fait explosion. Très rare dans la nature, il n'a reçu aucun usage industriel. Ses composés sont quelquefois employés dans les arts et en médecine.

CERIZAY, ch.-l. de cant. ; arr. et 44 kil. O. de Bressuire (Deux-Sèvres); 600 hab.

CERNAY, ville d'Alsace-Lorraine, à 34 kil. N.-E. de Belfort, sur la Thur; 4,000 hab.

* **CERNE** s. m. (lat. *circinus*; de *circus*, cercle). Rond tracé sur la terre, sur le sable, etc : *faire un cerne.* — Rond livide qui se fait quelquefois autour d'une plaie lorsqu'elle n'est pas en bon état, ou autour des yeux quand ils sont battus (vieux). — Bot. Cercles concentriques que l'on aperçoit sur la tranche d'un arbre coupé horizontalement : *le nombre des cernes indique celui des années de l'arbre.*

* **CERNÉ, ÉE** part. passé de CERNER. — AVOIR LES YEUX CERNÉS, avoir les yeux battus.

* **CERNEAU** s. m. [serr-nô] (tudesque, *kerno*, amande) Moitié du dedans d'une noix, tirée de la coque avant sa maturité. — VIN DE CERNEAUX, vin rosé qui est bon à boire dans la saison des cerneaux.

* **CERNER** v. a. (rad. *cerne*). Faire un cerne autour de quelque chose : *cerner l'écorce d'un arbre.* — Détacher, séparer une chose de ce qui l'environne : *cerner des noix,* les séparer de leur coque pour les manger : *cerner un arbre au pied,* faire un creux autour d'un arbre pour l'enlever avec ses racines, ou pour l'entourer de bonne terre, de fumier, etc. — Par ext. Entourer, investir un lieu de manière à ôter toute communication, tout moyen de secours extérieur ou de fuite à ceux qui s'y trouvent : *cerner une place de guerre.* — Fig. CERNER QUELQU'UN, l'entourer de certains conseils, de certains témoins, pour s'assurer de lui : *on l'a cerné de manière qu'il ne puisse échapper.*

CERNIN (Saint-), ch.-l. de cant. ; arr. et à 49 kil. N. d'Aurillac (Cantal), sur la Doire ; 800 hab.

CÉRODON s. m. Mamm. Rongeur du genre cabiai, commun dans les districts rocheux de l'intérieur du Brésil et sur les parties élevées

Cérodon.

du cours des rivières. Sa longueur est d'environ 35 centimètres. Sa chair est très recherchée par les Indiens.

CÉROPLASTIQUE s. f. (gr. *kéros*, cire ; et *plastique*). Art de modeler en cire colorée.

CÉROU (Le), petite rivière qui naît à 4 kil. N.-E. de Valence (arr. d'Albi), baigne Carmaux, Monestier, Cordes, et se jette dans l'Aveyron, après un cours de 68 kil.

CERRETO [tchèr-rè-to] anc. *Cernetum*, ville de l'Italie méridionale, dans les Apennins, à 20 kil. N.-O. de Bénévent ; 6,500 hab. Défaite de Pyrrhus, en 275 av. J.-C. La ville fut en partie détruite par le tremblement de terre de 1688.

CERRO GORDO, défilé dans les montagnes du Mexique, à 60 kil. N.-O. de Vera-Cruz, 9,000 Américains des États-Unis, commandés par le général Scott, y battirent 12,000 Mexicains et Santa Anna, le 18 avril 1847.

* **CERTAIN, AINE** adj. (lat. *certus*). Indubitable, vrai, sûr, en parlant des choses : *avis certain* ; *science certaine.* — l'rélix et déter-

miné, en parlant des choses : *on se sert souvent d'un nombre certain a la place d'un nombre incertain.* — *Prix certain, taux certain,* prix, taux qui ne varie point. — Qui est assuré d'une chose, qui en a la certitude ; en ce sens, il ne se dit que des personnes : *je suis certain de réussir.* — Se dit souvent , dans un sens vague, des personnes et des choses qu'on ne peut pas ou qu'on ne veut pas nommer, caractériser, déterminer ; et alors il se met toujours devant le substantif auquel il se rapporte : *j'ai oui-dire à certain homme, à un certain homme ; durant un certain temps ; certaine quantité.* — S'emploie dans une acception particulière lorsque l'on veut restreindre ce qu'une expression aurait de trop absolu : *cet homme jouit d'une certaine réputation.* — UN CERTAIN QUIDAM, CERTAINS QUIDAMS, locutions employées dans les moniteurs, procès-verbaux, informations, etc., pour désigner les personnes dont on ignore ou dont on n'exprime pas le nom : *un certain quidam est entré dans cette maison, et a fait le vol.* — UN CERTAIN, suivi d'un nom propre, s'emploie par dédain : *j'appris qu'un certain Cléon s'était permis de répandre ce bruit.* — CERTAIN, s. m. Chose certaine : *il ne faut pas quitter le certain pour l'incertain.*

* **CERTAINEMENT** adv. En vérité, assurément : *certainement, les hommes sont bien aveugles.* — Indubitablement, d'une manière certaine : *le savez-vous certainement ?*

CERTALDO [tchèr-tâl'-do], ville d'Italie, à 24 kil. S.-O. de Florence ; 7,200 hab. Boccace y résida et y mourut.

* **CERTES** adv. (lat. *certe*). Certainement, sans mentir, en vérité : *il y a, certes, du courage à faire cela.*

* **CERTIFICAT** s. m. (lat. *certum*, certain ; *facere*, faire). Écrit faisant foi de quelque chose : *certificat de bonne vie et mœurs ; certificat de vie,* certificat qui a pour objet de constater l'existence d'un rentier, d'un pensionnaire de l'État, etc. — Législ. « Des certificats de capacité sont délivrés, après examens, pour l'admission dans certaines carrières, notamment à ceux qui se destinent à la profession d'avoué (L. 22 ventose an XII, art. 26). Voy. AVOUÉ. La loi du 28 mars 1882, sur l'enseignement primaire obligatoire, a institué (art. 6) un *certificat d'études primaires* qui est délivré après un examen public auquel les enfants peuvent se présenter dès l'âge de onze ans. Ce certificat dispense ceux qui l'ont obtenu du temps de scolarité obligatoire qui leur restait à passer, jusqu'à treize ans révolus. — Le *certificat de propriété* est un acte en brevet délivré par un notaire et qui est exigé par le Trésor public, lorsque l'on demande de faire opérer la mutation d'un titre de rente au nom d'une personne qui en est devenue propriétaire par suite de succession, de partage, etc. (L. 28 floréal an VII, art. 6). Ce certificat est également demandé, dans les mêmes cas, par toute société industrielle ou financière, lorsqu'il s'agit d'opérer la mutation de titres nominatifs d'actions ou d'obligations. Le droit d'enregistrement des certificats de propriété est un droit fixe de 3 fr. 75. Ces certificats peuvent être délivrés par les greffiers des tribunaux, lorsque la mutation résulte d'un jugement, ou par les juges de paix lorsqu'elle a lieu par décès, sans qu'aucun acte authentique établisse les droits du nouveau propriétaire, ou enfin par les magistrats du pays, s'ils agit de successions ouvertes à l'étranger (L. 28 floréal an VII). Les *certificats de vie* sont indispensables pour toucher les arrérages des rentes viagères et des pensions (C. civ. 1983); ces certificats sont délivrés par tous les notaires (ord. 6 juin et inst. fin. 27 juin 1839), et sur papier timbré, sauf quelques exceptions ; ils sont dispensés d'enre-

gistrement. Il existe, en outre, un grand nombre d'autres certificats : d'indigence, de moralité, d'origine, de résidence, de stage, etc., qui sont délivrés par les fonctionnaires compétents. Enfin, les conservateurs des hypothèques délivrent quatre sortes de certificats. Voy. HYPOTHÈQUES. »   (CH. Y.)

* **CERTIFICATEUR** s. m. Pratique et comm. Celui qui certifie une caution, une promesse, un billet : *certificateur de caution.* — CERTIFICATEUR DE CRIÉES, se disait autrefois de celui qui attestait en justice que les criées avaient été faites dans les formes judiciaires. — NOTAIRE CERTIFICATEUR, notaire choisi par le gouvernement pour délivrer les certificats de vie aux rentiers. Dans cette dénomination, *certificateur* est adjectif.

* **CERTIFICATION** s. f. Palais. Assurance par écrit : *certification de caution.*

* **CERTIFIÉ, ÉE** part. passé de CERTIFIER : copie certifiée conforme à l'original, ou simplement *certifié conforme.*

* **CERTIFIER** v. a. Témoigner qu'une chose est vraie, l'assurer : *je vous certifie que.* — Prat. CERTIFIER UNE CAUTION, se rendre caution de la caution, répondre qu'elle est solvable. — CERTIFIER DES CRIÉES, attester que les criées ont été faites dans les formes.

* **CERTITUDE** s. f. (lat. *certitudo*). Assurance pleine et entière : *quelle certitude en avez-vous ?* — Stabilité : *il n'y a nulle certitude dans les choses du monde.*

* **CÉRUMEN** s. m. [sé-ru-mènn] (gr. *kéros*, cire). Didact. Matière épaisse et jaunâtre qui se trouve dans l'oreille, à l'intérieur du conduit auditif externe.

* **CÉRUMINEUX, EUSE** adj. Didact. Qui forme le cérumen, qui est relatif au cérumen : *humeur cérumineuse des oreilles ; glande cérumineuse, ou follicule cérumineux.*

* **CÉRUSE** s. f. [sé-ru-ze] (lat. *cerussa*). Carbonate de plomb, dont la couleur est blanche. Voy. PLOMB.

CERUTTI (Joseph-Antoine-Joachim) [tchérou'-ti], jésuite et littérateur français, né à Turin en 1738, mort en 1792. Écrivit une *Apologie de l'institut des Jésuites* (1762), publia un ouvrage populaire, intitulé *Mémoires pour le peuple français* (1788), adopta avec enthousiasme les principes de la Révolution, fut employé par Mirabeau dans la rédaction de ses discours, prononça, à Saint-Eustache l'oraison funèbre de ce fameux tribun, rédigea la *Feuille villageoise*, journal révolutionnaire et fut député à l'Assemblée législative. La rue Laffite se nomma d'abord rue Cerutti.

* **CERVAISON** s. f. (lat. *cervus*, cerf). Vén. Temps où le cerf est gras et bon à chasser.

CERVANTES SAAVEDRA (Miguel de) [servan-tèss], l'un des plus célèbres écrivains espagnols, né à Alcala de Henares, le 9 oct. 1547, mort le 23 av. 1616. Ses débuts comme poète et comme auteur de romans, ne le tirèrent ni de la pauvreté ni de l'obscurité. Abandonna na carrière littéraire, il s'engagea comme soldat dans les troupes que le pape envoyait contre les Turcs sous les ordres de Don Juan d'Autriche, en 1571. Blessé à Lépante, le 7 octobre 1571, il perdit l'usage du bras gauche et continua néanmoins son service jusqu'en 1575. Il revenait d'Italie pour rentrer dans ses foyers, lorsque des corsaires algériens le firent prisonnier. Pendant une captivité de cinq années, il essaya inutilement plusieurs fois de s'évader et de briser les chaînes de ses compatriotes. Racheté par ses parents et par leurs amis, il servit encore dans les troupes espagnoles jusque vers la fin de 1583, époque où il se retira dans une studieuse retraite. Son roman pastoral, *Galatée* (1584), 10 comédies, une tragédie et 8 intermèdes le firent vivre dans l'aisance avec Catherine Salazar y Palaeios qu'il avait épousée. De 1598 à 1603, l'histoire perd sa trace ; mais on suppose qu'il passa cet intervalle dans la Manche, et l'on dit même que ce fut dans une prison de ce pays qu'il commença son immortel *Don Quixote* (Don Quichotte), dont la première partie fut publiée à Madrid en 1605. Cet ouvrage, dans lequel il ridiculisait le mauvais goût et les idées fausses de ses contemporains, fut d'abord froidement accueilli en Espagne ; mais il fut bien vite compris, admiré, traduit ou imité dans les autres pays. Célèbre, mais dans la plus profonde misère, l'auteur de ce chef-d'œuvre se vit, de plus, en butte à la colère des mauvais écrivains dont il vouait au ridicule les ouvrages emphatiques. Un de ses envieux donna, sous le pseudonyme d'Alonso-Fernandez Avellaneda, une continuation de son Don Quichotte, que Cervantes n'osait terminer lui-même. Abandonnant pendant quelque temps, l'illustre chevalier de la Manche, il fit paraître ses *Nouvelles exemplaires (Novelas ejemplares)*, douze petits romans pleins de variété et d'intérêt, qu'il avait composés quelques années auparavant ; puis il publia en 1614 son *Voyage au Parnasse (Viaje al Parnasso)*, piquante raillerie des auteurs de son temps. Le succès qu'obtenait enfin la première partie de son Don Quichotte, le poussa à donner, au commencement de 1615, la seconde partie, qui fut reçue avec un immense enthousiasme, en Espagne comme ailleurs. Grâce à cette publication, il connut encore l'aisance. Malheureusement, sa santé était détruite par les privations qu'il avait supportées. Le pressentiment d'une mort prochaine est indiqué dans la préface de son *Pérsiles y Sigismunda (Persilis et Sigismonde)*, roman sérieux qu'il termina au commencement de 1616, et qui fut publié l'année suivante par sa veuve. Le 19 avril, il dicta à sa femme une lettre de dédicace pour son ami le comte de Lémos, qui lui avait rendu de grands services d'argent. Quatre jours plus tard, il mourut, presque à la même heure que Shakespeare. Sa vie a été écrite par Roscoe.

CERVARA (La), hameau voisin de Rome, à l'entrée d'antiques carrières.

CERVAROLLE s. habitant de la Cervara.

* **CERVEAU** s. m. Masse de substance molle, enfermée dans la capacité osseuse du crâne, et qui est un des principaux organes de la vie : *le cerveau est regardé, par les physiologistes, comme l'organe de la pensée ; rhume de cerveau ; cerveau d'un oiseau, d'un poisson.* Voy. CERVELLE.—Fig. Esprit, entendement, jugement : *son cerveau travaille.* — Fig. et fam. S'ALAMBIQUER LE CERVEAU, se fatiguer l'esprit par une trop grande application à des choses abstraites, trop subtiles, trop raffinées. On dit aussi : *se creuser le cerveau.* — AVOIR LE CERVEAU TIMBRÉ, FÊLÉ, être un peu fou. On dit aussi, dans le même sens : *cerveau mal timbré ; malade, blessé, troublé.* — CERVEAU BRÛLÉ, personne extravagante, qui porte tout à l'excès. *Il a le cerveau creux, c'est un cerveau creux,* c'est un visionnaire. — ENCYCL. Le terme cerveau s'applique d'une manière collective aux parties du système nerveux qui, à l'exception des nerfs, sont contenues dans la cavité crânienne ; savoir : le *cerebrum* ou cerveau proprement dit, le *cerebellum* ou cervelet, et la *medulla oblongata* ou moelle allongée, partie supérieure de la moelle épinière. Les phénomènes de sensation, de volition, de l'instinct et de l'intelligence, se manifestent par les centres nerveux, dont le plus important est le cerveau. La substance au moyen de laquelle ont lieu toutes ces actions existe sous deux formes : la forme vésiculaire et la forme fibreuse. La matière nerveuse vésiculaire est grise ou cendrée, d'une texture granuleuse ; elle renferme des vésicules nerveuses, largement approvisionnées de sang et elle est la génératrice de la force nerveuse. On la trouve

à la surface du cerveau et au centre de la moelle épinière. La matière nerveuse fibreuse est généralement blanche, ferme, non élastique, et composée de fibres tubulaires ; elle est moins vasculaire que l'autre et constitue presque tous les nerfs et la plus grande partie de la moelle épinière. Elle propage simplement les impressions qui proviennent de

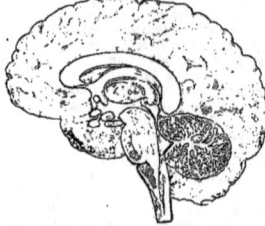

Fig. 1. — Section verticale du profil d'un cerveau humain, montrant la moelle allongée, la protubérance annulaire, la portion médiane du cervelet, nommé *l'arbre de vie*. les parties centrales du cerveau et les circonvolutions de la surface intérieure des hémisphères.

la matière vésiculaire ou qui lui sont envoyées. Ces deux formes ne se trouvent réunies que dans les centres nerveux. D'après l'analyse de Vauquelin, en 1812, le cerveau est un mélange d'albumine, de matière grasse et d'eau, tenant en solution des substances salines. Les éléments microscopiques du tissu nerveux sont des fibres et des cellules ; la matière nerveuse fibreuse, ou substance centrale blanche, contient des fibres tubulaires ou tubes nerveux et les fibres gélatineuses, que l'on rencontre particulièrement dans le système sympathique. Les fibres blanches sont des cylindres membraneux, d'une teinte perlée, consistant en une gaine externe, transparente

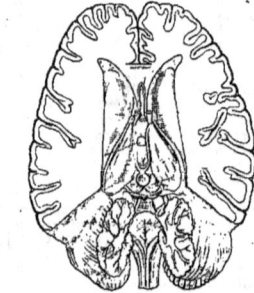

Fig. 2. — Cerveau humain coupé horizontalement pour montrer les parties internes.

et délicate, dans l'intérieur de laquelle se trouve une couche de matière fluide, épaisse, très réfractive, appelée couche médullaire, tandis que la partie centrale est occupée par une masse finement granuleuse nommée axe cylindrique. Mais la couche médullaire est moins distincte dans les fibres de la cervelle que dans celles des troncs nerveux et quelquefois même, elle semble faire défaut. Les fibres de la cervelle ont un diamètre moyen de $\frac{1}{50}$ de millimètre ; elles ne communiquent pas les unes avec les autres comme les vaisseaux, et ne se divisent pas en fibres plus petites ; mais elles continuent sans se briser depuis leur origine jusqu'à leur distribution finale, s'anastomosant seulement à leurs jonctions terminales. Les fibres gélatineuses ou grises semblent être des filaments solides, aplatis,

transparents, variant en diamètre de $\frac{1}{60}$ à $\frac{1}{80}$ de millimètre. Leur mode de relation avec les éléments des centres nerveux est encore inconnu. Les éléments essentiels de la matière nerveuse grise ou vésiculaire sont des cellules ou vésicules. — L'encéphale est enveloppé par les trois membranes des méninges (dure-mère, arachnoïde et pie-mère). Le cerveau de l'homme adulte pèse environ 1,600 gr.; celui de la femme adulte, 1,450 gr. Le poids maximum de cet organe, quand il est sain, est d'environ 2 kilog. et le minimum de 1,000 gr. Le cerveau de quelques idiots ne pèse guère plus de 650 gr. D'après Bourgery, si l'on divise le cerveau en 204 parties, les hémisphères cérébraux pèseront 170, le cervelet 21 et le surplus 13 ; sur la même échelle, le poids de la moelle épinière serait 7. Par rapport au poids du corps, le cerveau de l'homme pèserait $\frac{1}{22}$; celui des mammifères pèserait en moyenne $\frac{1}{186}$; celui des oiseaux $\frac{1}{212}$; celui des reptiles $\frac{1}{1321}$; celui des poissons $\frac{1}{5668}$. Chez quelques singes, quelques rongeurs et

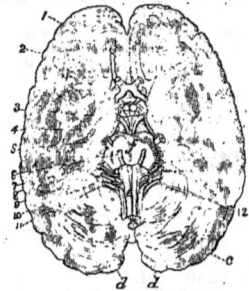

Fig. 3. — Cerveau de l'homme vu par sa face inférieure. A, lobe antérieur du cerveau ou lobe frontal ; b, partie sphénoïdale du lobe postérieur ; c, partie occipitale du même ; d, cervelet ; e, moelle allongée ; f, protubérance annulaire. — 1, nerfs olfactifs ; 2, nerfs optiques ; 3, moteurs oculorum ; 4, pathétici ; 5, nerf trifacial ; 6, abducentes oculorum ; 7, nerf facial ; 8, nerf auditif ; 9, nerf glosso-pharyngien ; 10, nerf pneumogastrique ; 11, nerf spinal accessoire ; 12, hypoglosse.

quelques oiseaux chanteurs, la proportion du poids du cerveau à celui du corps dépasse la moyenne établie chez l'homme. Cette proportion atteint même $\frac{1}{12}$ chez la mésange à tête bleue. Cette augmentation de poids n'a pas lieu pour le cerveau, siège de l'intelligence, mais elle se manifeste dans les glandes sensitives, sièges des actions instinctives. Les hommes d'une grande puissance intellectuelle ont ordinairement un cerveau développé ; celui de Cuvier pesait entre 1,900 et 1,920 gr.; celui du chirurgien français Dupuytren 1,850 gr.; celui de Napoléon 1,800 gr. Mais la quantité de matière cérébrale ne suffit pas à la force intellectuelle, s'il ne s'y joint la santé de cette même partie. — Le *cerveau*, portion la plus considérable de l'encéphale, occupe la partie supérieure du crâne. Il est réuni au cervelet par la *protubérance cérébrale* ou *pont de Varole* (pons Varolii). Chaque hémisphère présente trois lobes. Extérieurement, et d'avant en arrière se trouvent : la commissure des nerfs optiques, le tubercule cendré, la glande pituitaire et les

La *scissure de Sylvius* le divise en deux hémisphères, dont chacun présente un grand nombre d'éminences arrondies ou *circonvolutions*, que séparent des sinus ou des *anfractuosités*. Ces deux hémisphères sont réunis par une lame appelée *corps calleux*, au-dessous de laquelle se trouvent les *ventricules*, le *corps strié* et les *couches optiques*. Le cerveau est le siège des sentiments affectifs et des facultés intellectuelles ; sa substance est blanche en dedans et grise à l'extérieur.

tubercules mamellaires. — Le *cervelet* placé en arrière du cerveau est, comme lui, divisé en deux hémisphères; il présente à l'intérieur une substance grise et blanche, qui figure un arbre et que l'on appelle pour cette raison *arbor vitæ*, arbre de vie. Ses fonctions sont encore peu connues; quelques-uns le considèrent comme l'excitateur des organes de reproduction; d'autres comme le régulateur des mouvements.—MALADIES DU CERVEAU.—Les maladies du cerveau et de ses enveloppes sont très nombreuses; nous donnons ici les noms des principales : méningite, encéphalite, apoplexie, congestion, contusion, commotion du cerveau, migraine, ramollissement cérébral, névroses (hystérie, hypochondrie, épilepsie, chorée, vertiges, aliénation, catalepsie, éclampsie, léthargie, etc.)

° **CERVELAS** s. m. [sèrt-ve-là] (ital. *cervellata*, parce qu'on y fait entrer de la cervelle). Espèce de grosse et courte saucisse remplie de chair salée et épicée.

°**CERVELET** s. m. Anat. Partie postérieure du cerveau. Voy. CERVEAU.

° **CERVELLE** s. f. (lat. *cerebellum*, diminut. de *cerebrum*, cerveau). Nom que l'on donne vulgairement au cerveau : *il lui a fait sauter la cervelle d'un coup de pistolet*. — Fig. Esprit, entendement, jugement : *cela lui tourne, lui trouble la cervelle*.— Cuis. Cerveau des animaux morts, destiné à servir de mets : *cervelles frites*. — CERVELLE DE PALMIER, moelle douce qui se trouve dans le tronc de certains palmiers : *il y des peuples qui se nourrissent de la cervelle du palmier*.

CERVIA [tchèr'-vi-a], ville d'Italie, sur l'Adriatique, à 18 kil. S.-E. de Ravenne; 6,150 hab. Aux environs se trouvent les plus vastes salines de l'Italie.

° **CERVICAL, ALE, AUX** adj. Anat. Qui appartient à la nuque, à la partie postérieure du cou : *muscle cervical; glandes cervicales; nerfs cervicaux*. — La région cervicale comprend : les *vertèbres cervicales*, au nombre de sept chez l'homme et chez les mammifères; les *nerfs cervicaux*, au nombre de huit paires, et formant plusieurs plexus; les *artères cervicales*, l'une antérieure, une transverse et une postérieure ou profonde; les *ligaments cervicaux* (l'un antérieur et l'autre postérieur), qui unissent les vertèbres cervicales à l'occipital; les *veines cervicales*, correspondant aux artères; les *ganglions cervicaux* au nombre de trois chez l'homme.

CERVICALE s. f. (lat. *cervix*, cou) Anc. art milit. Pièce d'armure qui, au XVᵉ et au XVIᵉ siècle, couvrait le cou du cheval depuis le chanfrein jusqu'au devant de la selle.

CERVIDÉ, ÉE adj. (lat. *cervus*). Qui ressemble au cerf. — s. m. pl. Nom donné par quelques naturalistes à une famille de ruminants qui forme le grand genre cerf dans la classification de Cuvier.

° **CERVIER** adj. Voy. CHAT-CERVIER et LOUP-CERVIER.

CERVIN, INE adj. (lat. *cervus*, cerf). Qui ressemble au cerf.— s. m. pl. Famille d'animaux dont le cerf est le type : *les cervins*.

CERVIN (Mont), ital. *Monte Silvio*; all. *Matterhorn*, montagne des Alpes Pennines, entre le canton du Valais (Suisse) et le Val d'Aoste (Italie); 4,482 m. de haut. C'est l'un des pics les plus élevés du globe. Vu du nord et du sud, il ressemble à une tour colossale; quand on le regarde du côté est ou du côté ouest, il a la forme d'un obélisque. A une hauteur de 3,357 m. se trouve le passage du mont Cervin, traversé en été par des mules et des chevaux. Le Matterhorn resta le dernier des grands pics alpins non escaladés. Le 15 juillet 1865, Edward Whymper accomplit cette ascension; mais en descendant, ses trois compagnons et l'un de ses quatre guides, tombèrent dans un préci-

Mont Cervin.

pice de plus de 1,000 m., par suite de la rupture de l'un de leurs cordages. Tyndall effectua en 1868 le passage des crêtes qui vont de Breuil à Zermatt. Depuis cette époque, les ascensions se sont multipliées.

CERVIONE, ch.-l. de cant.; arr. et à 40 kil. S. de Bastia (Corse), près de la côte; 4,400 hab. Vins renommés.

° **CERVOISE** s. f. (lat. *cervisia*). Boisson faite avec du grain et des herbes : *la bière est une espèce de cervoise*. N'est guère usité qu'en parlant de quelques breuvages des anciens : *la cervoise était la boisson des Gaulois et des peuples scandinaves*.

CERVOLLE ou **Cervole** (Arnaud de), surnommé l'ARCHIPRÊTRE, fameux chef de routiers, né vers 1300, dans le Périgord, mort en 1366. Archiprêtre séculier de Vernia, il combattit à Poitiers (1356), y fut blessé et fait prisonnier par les Anglais, fut racheté par le roi Jean, pilla en 1357, à la tête de 2,000 cavaliers, tout le sud de la France au nom du roi captif et força le pape d'Avignon, Innocent VI, à lui payer 40,000 écus. Nommé gouverneur du Berri et du Nivernais, il fut fait prisonnier par les *Tard-Venus*. Charles V lui donna le titre de chambellan. Il voulut prêcher une croisade contre les Turcs en 1365. Mais les Allemands l'ayant arrêté à Metz, il s'en vengea en ravageant l'Alsace. Les paysans le battirent plusieurs fois et il revint en France où l'un de ses domestiques l'assassina.

° **CES** pron. démonstr. m. et f. pl. [cé ou cè]. Pluriel de CE, de CET et de CETTE. — Se place quelquefois devant les mots *dames, demoiselles*, pour leur donner un sens ironique : *ces dames sont des musardines; Béranger a chansonné ces demoiselles*.

CÉSAIRE. I. (Saint), fils ou frère de Grégoire de Nazianze, né en 330; mort en 369; fut médecin de l'empereur Constance et résista aux obsessions de Julien qui voulait le ramener au paganisme. Fête, le 25 février. — II. Évêque d'Arles, né près de Châlon-sur-Saône en 470, mort en 542; s'enferma dans le monastère de Lérins, devint évêque d'Arles, fut exilé à Bordeaux par Alaric, revint dans son diocèse et composa deux traités sur la *Grâce* et le *Libre arbitre*. Fête, le 27 août.

CÉPALPIN (André) ou **Cæsalpinus (Andreas),** ou Cesalpino (Adrea), médecin et naturaliste italien (1519-1603). Fut d'abord professeur de botanique à Pise, puis médecin du pape et professeur de médecine à Rome. Fit faire de grands progrès à la science par ses ouvrages de botanique, de minéralogie et de médecine. Dans sa première publication : *Speculum Artis Medicæ Hippocraticum*, il parla de la *circulation du sang* dont on ignorait encore l'existence. On lui a attribué : celle des sexes chez les plantes.

CÉSALPINIE s. f. Voy. CÆSALPINIE.

° **CÉSAR** s. m. [sé-zar] (lat. *cæso*, enfant extrait au sein de sa mère par incision), Ant. rom. Nom commun à Jules César et aux onze princes qui héritèrent de sa puissance : *Suétone a écrit l'histoire des douze Césars*. — Titre que portèrent les empereurs et les princes romains, quoique étrangers, depuis Néron, à la famille de Jules César. A partir de Dioclétien, ce titre fut spécialement affecté à un coadjuteur de l'empereur, héritier désigné de l'empire. — Qualification oratoire et poétique des monarques qui ont le titre d'empereur. — Fam. IL EST BRAVE COMME UN CÉSAR, et fig., C'EST UN CÉSAR, se dit d'un homme hardi et courageux. — IL FAUT RENDRE A CÉSAR CE QUI APPARTIENT A CÉSAR, il faut rendre à chacun ce qui lui est dû. — ÈRE DES CÉSARS ou *Ère espagnole*. Elle commence le 1ᵉʳ janvier de l'an 38 av. J.-C., parce que ce fut cette année là qu'Auguste entreprit la conquête de l'Espagne. Cette ère fut longtemps employée en Afrique, en Espagne et dans le sud de la France; en 1180, son usage était encore dominant dans la province de Barcelone, et un synode tenu dans cette ville dut l'interdire; plus tard encore, Alphonse IV d'Aragon fut forcé, en 1350, d'en défendre l'emploi dans ses domaines. Jean de Castille le prohiba en 1380; on l'employait encore en Portugal vers 1415. — LES DOUZE CÉSARS, nom sous lequel on désigne communément les douze premiers empereurs romains : Jules César, Auguste, Tibère, Claude, Caligula, Néron, Galba, Othon, Vitellius, Vespasien, Titus et Domitien. Les six derniers n'appartenaient pas à la famille du conquérant des Gaules. La *Vie des douze Césars* a été écrite par Suétone avec une grande exactitude et une profonde impassibilité.

CÉSAR (Jules) [sé-zar] CAIUS JULIUS CÆSAR, célèbre général romain, né à Rome le 12 juillet 102 av. J.-C., assassiné le 15 mars 44 av. J.-C. Aristocrate par caractère autant que par naissance, il s'étudia jeune à cacher ses tendances et s'associa de bonne heure au parti démocratique auquel appartenait Marius, son oncle maternel. Il avait 18 ans, lorsque le farouche Sylla voulut le faire périr, en haine de Marius; vivement sollicité par César, le terrible dictateur fit grâce à César en prononçant ces paroles prophétiques : « Ce jeune homme détruira un jour l'aristocratie; je vois en lui plusieurs Marius ». Peu rassuré, César s'enfuit à la cour de Nicomède, roi de Bithynie, et y resta jusqu'à la mort de Sylla. De retour à Rome, il y mena une vie de plaisirs et se couvrit de dettes, mais il gagna la faveur du peuple par ses manières affables et sa générosité. Ayant échoué au barreau, dans une cause publique, il se rendit en Grèce et y suivit les leçons du célèbre rhéteur Molon de Rhodes. Pendant l'une des ses traversées, il fut pris par des pirates, avec lesquels il vécut dans une sorte de familiarité et qui lui demandèrent une rançon de 20 talents. Il fixa la somme à 50 talents, annonça aux brigands, mais sous forme de badinage, qu'il les châtierait, envoya ses serviteurs emprunter à Milet le prix de sa délivrance et, devenu libre, arma des navires, battit les forbans et mit sa promesse en les faisant mettre en croix. De retour à Rome, après avoir repoussé une attaque du roi de Pont, dans l'Asie Mineure, il fut choisi comme tribun militaire (73) puis élu questeur (68) et envoyé en Espagne, où il servit avec distinction. En 65, il fut élu édile; en 63, grand pontife, et en 62, préteur. Son mandat étant expiré, il reçut le gouvernement de la province d'Espagne. Ses créanciers lui réclamaient 830 talents (environ 5 millions de fr.) et il ne put partir que lorsque Crassus eut consenti à se porter caution pour lui. En traversant un village de la Gaule, il s'écria : « J'aimerais mieux être le premier dans cette bourgade que le second à Rome ». Arrivé en Espagne, il essaya d'attirer l'attention par plusieurs guerres contre les indigènes. Il quitta son gouvernement au bout de quelques mois pour solliciter à Rome le triomphe, qui lui fut refusé. Abandonnant un instant le parti démocratique, il s'associa à Crassus et Pompée, chefs des aristocrates, et forma avec eux, en 60, la coalition appelée le premier triumvirat. Nommé consul, en 59, il se rapprocha du peuple, mais en flattant ses appétits seulement, en lui donnant des fêtes, et en lui faisant distribuer du blé. Il avait déjà rendu de grands honneurs à la mémoire de Marius. Son ambition et les mesures arbitraires qu'il employait afin de se concilier la faveur de la plèbe, éveillèrent les soupçons qu'il essaya d'assouvir en épousant Calpurnie, fille du patricien Pison, et en donnant à Pompée sa fille Julie, née de sa première femme Cornélie. Grâce à leur influence, il obtint, pour 5 ans, le gouvernement de la Gaule Cisalpine et de l'Illyrie. Le Sénat, désireux d'occuper son activité et de se débarrasser de sa présence à Rome, y ajouta le gouvernement de la Gaule Transalpine, à la condition qu'il ferait la conquête de ce pays (59). Ayant franchi les Alpes, César triompha d'abord des Helvétiens, vainquit Arioviste (58), assujettit les Belges (57), et les Vénètes (56), passa deux fois le Rhin (55 et 53), et deux fois la Manche (55 et 54), pour planter les aigles romaines sur le sol de la Bretagne; en 52, il étouffa le soulèvement des Gaulois commandés par Vercingétorix. Sa gloire militaire éclipsa celle de Pompée; mais il souilla ses victoires par son ardente soif de richesses. Ses adversaires qu'il comptait au Sénat demandèrent qu'on le livrât aux alliés, qu'il avait pressurés. Le Sénat nomma une commission pour examiner sa conduite. L'éclat de ses victoires, l'affection du peuple, l'or des provinces qu'il répandait à pleines mains dans Rome pour y maintenir son crédit, firent échouer cette tentative d'enquête. Le Sénat ayant prolongé de 5 années la durée de son commandement dans les Gaules, il organisa les pays conquis. Mais la mort de sa fille Julie vint refroidir l'amitié qui unissait Pompée et César. Le premier, jaloux de son rival, obtint du Sénat un décret qui le privait de son commandement. César refusa d'abandonner son armée et fut déclaré traître à la patrie. En apprenant que Pompée vient d'être nommé généralissime des troupes de la République, César assemble ses soldats qu'il exalte par d'éloquents discours, marche sur Rome, passe le Rubicon, s'écriant : « Le sort en est jeté ! » (Alea jacta est!) (janvier 49), entre dans Rome, au milieu de la joie populaire, s'empare du trésor public, malgré les préjugés religieux qui le faisaient considérer comme sacré, et se trouve, en moins de deux mois, maître de l'Italie sans avoir versé une goutte de sang. Il court en Espagne combattre les lieutenants de Pompée, détruit leur armée, soumet ensuite Marseille, fait une courte apparition à Rome et vole en Grèce, où s'est retiré Pompée avec le Sénat et une nombreuse armée. Ne recevant pas un renfort qu'il attendait d'Antoine, il se jette dans une barque pour aller à la rencontre de son lieutenant, est assailli par une bourrasque et dit au pilote effrayé, qui voulait rentrer au port : « Ne crains rien, tu portes César et sa fortune ». Ayant reçu le secours désiré, il présenta la ba-

taille. Repoussé à Dyrrachium, où il faillit périr, il prit une éclatante revanche à Pharsale où il anéantit le parti de Pompée (9 août 48). Il passe en Égypte, à la poursuite du vaincu, verse des pleurs sur sa mort et ne peut résister aux charmes de Cléopâtre, à laquelle il donne la couronne, malgré les prétentions de Ptolémée Dionysos. En une seule bataille il détruit l'armée de Pharnace, fils de Mithridate, et annonce laconiquement son succès au Sénat : Veni, vidi, vici (Je suis venu, j'ai vu, j'ai vaincu). Passant en Afrique, il y écrase M. Scipion qui s'était allié avec Juba. Le résultat de tant de succès fut que César obtint le titre de dictateur pour 10 années à partir du 1er janvier 45. Sa dernière victoire, remportée à Munda (Espagne), sur les enfants de Pompée (45), lui livra le gouvernement absolu de la république. Adoré d'une multitude corrompue qui ne pouvait plus vivre sans idole, grossièrement flatté par un nouveau Sénat composé de ses créatures, il aspira visiblement au titre de roi. Quelques jeunes patriciens, croyant délivrer le peuple romain, conspirèrent la mort de César et l'attaquèrent en plein Sénat, le jour des ides de mars de l'an 709 de Rome (15 mars 44 av. J.-C.). Il se défendit d'abord ; mais apercevant Brutus, au milieu des meurtriers, il s'écria : Tu quoque fili mi! (Et toi aussi, mon fils!) puis il ramena son manteau sur son visage et tomba, percé de 23 coups de poignard, aux pieds de la statue de Pompée. — Comme général, César tient une place distinguée à côté d'Alexandre et de Napoléon ; comme homme d'État, il reste au premier rang ; comme orateur, on l'a comparé à Cicéron ; comme écrivain, il surpasse Xénophon et rivalise avec Tacite. Outre ses magnifiques « Commentaires » (Commentarii de bello gallico et Commentarii de bello civili), mémoires relatifs à ses propres campagnes, il écrivit des ouvrages de grammaire, de rhétorique, composa des tragédies, des satires, des poésies lyriques et réforma le calendrier. On lui reproche son insensibilité pour les peuples vaincus, son mépris de la vie humaine (qu'il s'agît de ses soldats ou de ses ennemis), les dérèglements de sa conduite et les moyens peu avouables qu'il employa pour s'enrichir aux dépens des nations envahies et au profit de ses créanciers. Il était grand, sec, maigre, pâle de visage, faible de corps et sujet à des accès épileptiques. Fastueux dans ses goûts, aimable, affable dans ses manières, il s'acquit l'amour et le respect du peuple ; généreux, il eut des amis dévoués ; magnanime, il cherchait toujours à se réconcilier avec ses ennemis politiques, mais seulement après les avoir vaincus. Ses œuvres ont été plusieurs fois imprimées. On les trouve dans la bibliothèque latine de Lemaire. Elles ont été traduites par Perrot d'Ablancourt (in-4o, 1630); Toulongeon (Paris, 1813, in-18) et dans la bibliothèque de Panckoucke. Son histoire a été écrite par Suétone, Plutarque et Pétrarque. En 1865-'6, Napoléon III publia les deux premiers volumes de son Histoire de Jules César, ouvrage diffus qui n'obtint aucun succès.

CESARE (Giuseppe CAVALIERE DI) [tché'-za-ré], historien napolitain (1783-1856), dont l'œuvre principale Storia di Manfredi, re di Sicilia e di Puglia (Naples, 2 vol., 1837) est une intéressante réhabilitation de Manfred, dont la mémoire avait été attaquée. Dans son roman Arrigo di Abbate, on a un tableau des Vêpres siciliennes. Il a laissé en outre une Histoire de la ligue lombarde, etc.

CÉSARÉE, lat. Cæsarea; gr. Kaisareia. Nom de plusieurs villes de l'empire romain. **1.** Cæsarea ad Argæum, primitivement MAZACA, puis EUSEBIA; aujourd'hui Kesarieh, ou Kaizariyeh, l'une des plus anciennes cités de l'Asie Mineure, sur le mont Argaeus, vers le centre de la Cappadoce, dont elle était la capitale. Titus lui donna le nom de Césarée en l'an 18

après J-C. — **II.** Cæsarea Phillippi ou Paneas, ville de Palestine au sud du mont Hermon, près de la source du Jourdain, bâtie par Philippe le Tétrarque. Le roi Agrippa lui donna le nom de Néronie qu'elle porta peu de temps. — **III.** Cæsarea Palæstinæ, primitivement STRATONIS TURRIS, aujourd'hui Kaisariyeh, ville maritime importante de Palestine, sur la frontière de Galilée, du côté de Samarie. Hérode le Grand, qui l'appela Césarée en l'honneur d'Auguste, la dota de murailles, de magnifiques monuments et d'un port, (13 av. J.-C.). Elle devint capitale de la Palestine pendant la domination romaine ; Vespasien en fit une colonie ; Titus la favorisa, ce qui lui valut le nom de Colonia Flavia. Les Sarrasins la prirent de bonne heure ; les croisés s'en emparèrent en 1101. — **IV.** Cæsarea **Mauretaniæ**, primitivement IoL, aujourd'hui Zershel ou Cherchell, ville phénicienne de la côte septentrionale d'Afrique, résidence du roi Juba, qui la nomma Césarée, en l'honneur d'Auguste. Sous le règne de Claude, elle devint colonie et capitale de la division centrale de la province, division qui fut appelée Mauretania Cæsariensis. — V. Cæsarea ad Anazarbum. Voy. ANAZARBUS.

CESARI (Antonio), prêtre de l'Oratoire et philologue italien (1760-1828). Il a donné une nouvelle édition du Vocabulario della Crusca (1806-'9, 7 vol.), un commentaire : Bellezze della Commedia del Dante et des traductions d'Horace, de Térence et de Cicéron.

CESARI (Giuseppe ou Giuseppino), connu sous le nom de CAVALIERE D'ARPINO, peintre italien, né vers 1560, mort vers 1640. Grégoire XIII le créa chevalier de Saint-Jean de Latran. Son chef-d'œuvre est une série de fresques relatives à l'histoire de l'ancienne Rome (Capitole).

CÉSARIEN, IENNE adj. Qui appartient à César ou à un César : troupes césariennes. — s. m. Partisan de César : les Césariens battirent les Pompéiens. — Polit. Partisan du césarisme.

*CÉSARIENNE adj. f. Chirurg. Se dit d'une opération qui consiste à tirer l'enfant du corps de la mère, en faisant une incision à la matrice. — On rapporte que Sextus Julius, ancêtre de César, vint au monde par cette opération, et l'on fit donner le nom de Cæsar (lat. cædere, couper) qui fut conservé comme nom de famille par ses descendants directs ; et l'opération elle-même fut plus tard appelée opération césarienne. Cette opération peut avoir lieu sur la femme vivante ou la femme morte. — Le Dictionnaire chirurgical de Cooper (édition de 1861) contient une table qui, pour 2,009 cas d'opérations césariennes, établit qu'il y a eu 55,4 p. 100 de décès des mères et 29,45 p. 100 de décès des enfants.

CÉSARION, fils putatif de César et de Cléopâtre, né en 47 avant J.-C. Il reçut le titre de roi d'Égypte en 42 et fut égorgé sur l'ordre d'Octave après la bataille d'Actium.

CESARIS (Pierre dit), l'un des premiers imprimeurs parisiens. Associé à Jehan Stoll, il publia, en 1473, le Speculum humanæ vitæ de Rodrigues, évêque de Zamora.

CÉSARISME s. m. Mot créé au commencement du second Empire pour désigner la domination d'un souverain absolu porté au pouvoir par l'armée et par une démocratie centralisée. Le césarisme est la dictature militaire sanctionnée par le plébiscite, « c'est la démocratie sans la liberté ». (J. Simon).

CESAROTTI (Melchiore) [tché-za-rot'-ti], poète italien (1730-1808). Fut professeur de rhétorique à Padoue et traduisit Ossian, Plutarque, Démosthène, l'Iliade, etc. Ses œuvres complètes ont été publiées à Pise (1805-'10, 40 vol. in-8o).

CESENA [tché-zé'-na], ville d'Italie, sur le

Savio, à 20 kil. S.-E. de Forli ; 35,900 hab. Bibliothèque riche en manuscrits ; vins, chanvre ; mines de soufre aux environs.

CÉSIUM ou **Cæsium** s. m. [sé-zi-omm] (lat. *cæsius*, bleu). Chim. Métal découvert en 1860-'61 par Bunsen et Kirchhoff, au moyen de l'analyse spectrale, et ainsi nommé parce qu'il donne une raie bleue dans le spectre. C'est le plus électro-positif de tous les métaux, et il s'oxyde avec une telle rapidité que Bunsen n'a pu donner une description complète de ses propriétés.

CÉSPEDES. I. (Carlos-Manuel de), président de la république révolutionnaire de Cuba (1819-'74). Homme de loi à Bayamo, depuis 1844, il fut choisi en 1868 comme chef suprême par les révoltés. Il commença par donner la liberté à tous ses esclaves et, le 10 octobre, proclama à Yara l'indépendance de l'île. Lors de l'organisation de la république en 1869, il fut élu président, mais fut déposé en 1873. Peu après, il tomba entre les mains des Espagnols qui le fusillèrent (27 février 1874). — II. (Pablo de), artiste espagnol (1538-1608). L'un des meilleurs coloristes de l'Espagne, il imita le genre du Corrège. Il a laissé un poème sur la peinture et des essais sur l'art en général. Il jouissait d'une grande réputation comme sculpteur et comme architecte.

CESSANT, ANTE, adj. Qui cesse. Ne s'emploie guère que dans ces phrases : *tous empêchements cessants ; toutes choses cessantes ; toute affaire cessante.*

CESSATION s. f. Intermission, discontinuation : *cessation d'hostilités; cessation de poursuites, de commerce, de travail,* etc.

CESSE s. f. [sè-se]. Mot devant lequel on ne met jamais l'article, et qui s'emploie principalement dans cette locution : SANS CESSE, toujours, continuellement : *parler sans cesse.*

Ah ! sur mon cœur, vous régnerez *sans cesse.*

DESTOUCHES, L'Homme singulier, acte V, sc. IX.

— Fam. N'AVOIR POINT DE CESSE, ne cesser point.

CESSER v. n. [sè-sé] (lat. *cessare*). Discontinuer :

Grand roi, *cesse* de vaincre ou je *cesse* d'écrire.

BOILEAU.

— v. a. : *cessez vos plaintes.*

CESSIBILITÉ s. f. Qualité d'une chose qui peut être cédée.

CESSIBLE adj. Jurispr. Qui peut être cédé: *droit cessible.*

CESSION s. f. (lat. *cessio*). Action de céder, de transporter à un autre ce dont on est propriétaire. Se dit principalement du transfert des droits : *faire cession de sa créance.* — CESSION DE BIENS, abandon qu'un débiteur fait de tous ses biens à ses créanciers, lorsqu'il est hors d'état de payer ses dettes : *faire cession de biens,* ou simplement, *faire cession.* — CESSION VOLONTAIRE, celle que les créanciers acceptent volontairement. — CESSION JUDICIAIRE, celle que la justice permet à un débiteur de faire, et que les créanciers ne peuvent refuser. — ETRE ADMIS AU BÉNÉFICE DE CESSION, être autorisé à faire cession : *les étrangers ne sont point admis au bénéfice de cession.* — Législ. « Le mot cession est presque toujours employé dans la loi comme synonyme de vente, ou transport de créance. Cette cession s'opère ordinairement par la remise faite par le cédant au cessionnaire du titre de créance, à la suite d'une convention verbale ou écrite; mais elle ne peut être invoquée contre le débiteur ou opposée à des tiers qu'après la signification du transport au débiteur ou après que celui-ci a accepté la cession par acte authentique. Le cédant n'est garant en principe que de l'existence de la créance et non du paiement ; s'il s'est engagé à garantir la solvabilité du débiteur, cette garantie n'est due par lui que jusqu'à concurrence de la somme qu'il

a reçue pour prix de la cession, et elle ne s'applique qu'à la solvabilité actuelle, à moins de stipulation expresse. Celui qui cède ses droits d'héritier dans une succession, sans spécifier en détail les objets à recueillir, ne garantit que sa qualité d'héritier ; mais, s'il a déjà reçu quelque valeur de la succession, il doit la remettre au cessionnaire. La cession de droits litigieux, sur lesquels il y a déjà contestation et procès engagé, n'est pas interdite ; mais le législateur n'a pas voulu favoriser ce genre de marchés ; aussi il permet dans ce cas au débiteur qui conteste la créance, d'éteindre celle-ci en remboursant au cessionnaire le prix du transport avec les intérêts et les frais. Cette faculté ne peut être exercée lorsque le cessionnaire est copropriétaire du droit cédé, ou lorsqu'il était créancier du cédant et que la cession lui a été faite en paiement de sa créance, ou encore lorsqu'il était possesseur de l'immeuble sujet au droit litigieux (C. civ. 1689 à 1701). La cession de droits litigieux est frappée de nullité, lorsqu'elle est faite à des magistrats, avocats ou officiers ministériels exerçant dans le ressort du tribunal qui est compétent pour statuer sur ces droits (id. 1597). Si un héritier cède son droit dans une succession à toute personne même parente du défunt qui n'est pas son successible, les autres cohéritiers ou un seul peuvent écarter le cessionnaire du partage en lui remboursant le prix de la cession (id. 841). Le cessionnaire d'une créance privilégiée exerce tous les droits du cédant, en son lieu et place (id. 2114). La cession n'empêche pas la compensation des créances cédées de s'opérer avec celles que le débiteur pouvait réclamer lui-même au cédant, à moins que le débiteur n'ait accepté la cession ou que les créances opposables ne soient postérieures à la signification du transport (id. 1295). La cession de bail est permise au preneur, à moins qu'elle ne soit interdite par la convention (id. 1717), ou à moins qu'il ne s'agisse d'un colon partiaire, car celui qui s'est chargé d'exploiter lui-même ne peut se faire substituer, si la faculté ne lui en est pas expressément accordée par le bail (id. 1763). Les arrérages de pensions sur l'État ne peuvent être l'objet d'aucun transport, cession ou délégation (L. 27 thermidor an X). Les actes contenant cession de créances sont soumis à un droit d'enregistrement de 1 fr. 25 par 100 fr., calculé sur le montant de la créance cédée; ou si la cession est faite en justice, sur le prix de l'adjudication. Les cessions de locations sont soumises aux mêmes droits que les baux eux-mêmes, pour tout ce qui reste à courir de la jouissance. Nous avons parlé, au mot BÉNÉFICE, de la *cession de biens* qui, lorsqu'elle est judiciaire, est une faveur accordée par la loi au débiteur non commerçant, malheureux et de bonne foi ; laquelle faveur est devenue à peu près sans utilité, depuis que la loi du 22 juillet 1867 a supprimé la contrainte par corps. »

(CH. Y.)

CESSIONNAIRE s. Celui, celle qui accepte une cession, un transport : *il agit en qualité de cessionnaire.* — Celui qui a fait cession de ses biens à un autre.

CESTE s. m. (gr. *kestos*, piqué; de *kenteó*, je pique). Antiq. Gantelet, ou brassard garni de fer ou de plomb, dont les athlètes faisaient usage dans les luttes du pugilat. — Mythol. Ceinture de Vénus.

CESTOÏDE adj. [sé-sto-i-de] (gr. *kestos*, ruban; *eidos*, aspect). Hist. nat. Qui a la forme d'un ruban. — s. m. pl. Ordre des vers intestinaux appelés aussi *rubanaires* parce qu'ils sont longs et plats comme des rubans. Les ténias forment le genre le plus connu de cet ordre.

CESTONA, station minérale, à 22 kil. de Tolosa (Espagne), eaux chlorurées et sulfatées sodiques mixtes, à 26° R. ; purgatives, spé-

cifiques contre les catarrhes bronchiques et la phtisie pulmonaire.

CESTRE ou **Cestrosphendone** s. m. (gr. *kestron*, trait). Ant. gr. Sorte de dard court et muni de petites ailes de bois, qu'on lançait au moyen d'une fronde. Le cestre avait été inventé, disait-on, par les Macédoniens, 170 avant l'ère chrétienne.

CESTREAU s. m. (gr. *kestra*, marteau, à cause de la forme de la fleur). Bot. Genre de solanées, tribu des cestrinées, renfermant une soixantaine d'espèces d'arbrisseaux originaires de l'Amérique tropicale. Plusieurs espèces sont cultivées dans nos jardins d'agrément, à cause de l'élégance de leur port et du parfum de leurs fleurs. Le *cestreau à baies noires (cestrum parqui),* du Chili, croît en pleine terre en Europe.

CESTRINÉ, ÉE adj. Bot. Qui ressemble ou se rapporte au cestreau. — s. f. pl. Tribu de solanées, ayant pour type le genre cestreau.

CÉSURE s. f. [sé-zu-re] (lat. *cæsura*, coupure; de *cædere*, tailler). Repos que l'on prend dans la prononciation d'un vers, après un certain nombre de syllabes, pour soulager la respiration et produire une cadence agréable. La césure sépare le vers en deux parties appelées hémistiches. En latin, la césure est la syllabe après laquelle vient le repos, et cette syllabe est la première du pied suivant :

Arma virumque cano | Trojæ qui primus ab oris.

La syllabe NO est la césure et commence le troisième pied: Dans l'alexandrin la césure est de douze pieds, la césure se trouve après la sixième syllabe :

Jeune et vaillant héros | dont la haute sagesse.
   1   2   3   4   5   6 | 7   8   9   10   11   12

Dans les vers de dix pieds, la césure est ordinairement après la quatrième syllabe:

Ce monde-ci | n'est qu'une œuvre comique
1   2   3   4 |
Où chacun fait | ses rôles différents.
1   2   3   4 | ROUSSEAU.

Mais il est admis aujourd'hui que la césure peut se trouver après le cinquième pied, pourvu que l'on observe ensuite la même cadence dans tout le morceau de poésie :

Lis, bleuet, jasmin, | pervenche, verveine.
1   2   3   4   5 |
Paraissent ramper | aux pieds de leur reine,
1   2   3   4   5 |
   La rose, orgueil du jardin,
           T. DE M***..

En français, la césure ou repos, ne doit jamais séparer les mots qui forment ensemble un sens inséparable et qui doivent être récités tout d'une haleine : tels sont la préposition et son complément. C'est pourquoi le vers suivant est défectueux :

Adieu, je m'en vais à | Paris pour mes affaires.

Autrefois, on n'aurait pas placé le repos après le mot est placé entre l'attribut et le sujet, et l'on n'aurait pas dit :

On sait que la chair est | fragile quelquefois.

On n'aurait jamais disposé le substantif et l'adjectif de façon que l'un finît le premier hémistiche et que l'autre commençât le second, comme dans ce vers :

Iris dont la beauté | charmante nous attire.

On n'admettrait cette césure que lorsque le substantif formant le repos était suivi de plusieurs adjectifs qui achevaient le sens, comme dans le vers suivant :

Il est une ignorance | et déinte et salutaire...
                      SACY.

Pour les vers de moins de dix pieds, la césure n'est pas obligatoire ; néanmoins, les vers de huit pieds et de sept pieds sont bien plus harmonieux quand il y a un repos après la troisième ou la quatrième syllabe :

Qu'on doit plaindre | une bergère
Si facile | à s'alarmer.
             M*** DESHOULIÈRES.

On remarque que la dernière syllabe du premier hémistiche doit être pleine ; c'est-à-dire que le repos ne saurait se faire sur un *e* muet, à moins que cet *e* muet puisse s'élider avec le mot qui suit :

Et qui seul, sans miniatre, | à l'exemple des dieux,
1   2   3   4   5   6 | 7
Soutiens tout par toi-même | et vois tout par tes yeux.
1   2   3   4   5   6 | 7

* **CET, CETTE** adj. démonstr. Voy. **Ce.**

* **CÉTACÉ, ÉE** adj. (gr. *kétos*, baleine). Hist. nat. Se dit des grands mammifères qui ont la forme de poissons, tels que les baleines, les dauphins : *animaux cétacés.* — Substantiv : *les cétacés n'ont point de nageoires postérieures; ordre des cétacés.* On distingue : les *cétacés souffleurs* (dauphins, cachalots et baleines) et les *cétacés herbivores* (lamantins, dugongs, stellaires). Les uns et les autres se tiennent constamment dans l'eau.

* **CÉTÉRAC** s. m. [sé-té-rak] (arabe, *chétérak*). Bot. Genre de cryptogames, famille des fougères, dont une espèce, le *cétérac officinal*, appelé aussi *doradille* ou *herbe dorée*, a joui autrefois, en médecine d'une grande réputation. Il est commun sur les rochers, dans plusieurs parties de la France.

CÉTHÉGUS (Marcus) [sé-té-guss], patricien romain qui devint consul en 20e avant J.-C., et battit Magon, frère d'Annibal, en 205. Il mourut en 196.

CÉTIGNE. Voy. **Cettigne.**

CÉTINE s. f. (gr. *kétos*, baleine). Matière grasse qui fait la base du blanc de baleine, C6 H8 O.

* **CÉTOINE.** s. f. Entom. Genre de coléoptères lamellicornes scarabéides, comprenant des insectes parés de brillantes couleurs. Le vol des cétoines est rapide et bruyant; elles aiment à se reposer sur les fleurs en ombelles et en corymbes, dont elles sucent le suc. Leurs larves vivent dans la terre pendant l'hiver et en sortent au printemps pour se transformer en nymphes. L'espèce la plus remarquable est la cétoine dorée, longue d'environ 20 millim., à tête verte, à corselet d'un vert doré finement pointillé, à élytres d'un beau vert doré ou cuivré avec des taches blanches ondées. Le reste du corps est d'un vert cuivreux.

CÉTRAIRE s. f. (lat. *cetra*, bouclier). Bot. Genre de cryptogames, famille des lichens, dont l'espèce la plus célèbre est connue sous le nom de *lichen d'Islande.*

CÈTRE s. f. (lat. *cetra*). Antiq. Bouclier léger, formé de peau, principalement en usage chez les Portugais et les Espagnols.

CETTE, *Setium promontorium,* ville maritime fortifiée, ch.-l. d'arrond. à 28 kil. S.-O. de Montpellier (Hérault), sur une lagune entre l'étang de Thau et la Méditerranée, second port français sur la Méditerranée, communiquant avec cette mer par le canal de Thau, qui se termine dans la rade ; 29,000 hab. Jolie ville, aujourd'hui l'une des plus propres du midi de la France, animée par le commerce qui s'étend à toutes les mers ; protégée par un brise-lames (500 m.) que défendent 2 batteries, par un môle (600 m.) que défendent les deux forts de Saint-Louis et de Saint-Pierre et la jetée de Frontignan (500 m.). Phare à feu fixe de 15 milles de portée. Les salines des environs, les plus importantes de France, produisent une moyenne de 14,000 tonnes par an. Tonnellerie, distillerie. Immense exportation de vins blancs secs du Roussillon préparés et répandus sous le nom de vins de Madère. Importation de laines, de peaux de la Plata, de farines, de fruits, de morue, de métaux, de houille, etc. Établissement de bains de mer sur la plage. Construction de navires ; pêcheries considérables. Cette n'était qu'un village sans importance, lorsque Colbert, désireux de créer une ville maritime sur les côtes du Languedoc, y

fit creuser un port, destiné à servir de débouché au canal du Languedoc. La Restauration et le gouvernement de Louis-Philippe apportèrent de grandes améliorations à l'œuvre de Colbert.

CETTI (Francesco), naturaliste, né à Côme (Italie) en 1726, mort à Sassari en 1780. Son ouvrage principal est : *Storia naturale di Sardegna,* 4 vol. in-12, Sassari, 1774-'77.

CETTIGNE ou **Cétigne** (slavon, *Tzetinye*), cap. du Monténégro, sur une colline, à environ 16 kil. de l'Adriatique; 700 hab. C'est une bourgade fortifiée qui fait quelque commerce avec la Dalmatie. Siège d'un archimandrite.

CETTOIS. OISE. s. et adj. Habitant de Cette; qui appartient à cette ville ou à ses habitants.

CETTUI adj. déterm. Ancienne forme de **Ce.** Ne s'emploie plus que dans le style marotique :

Cettui pays n'est pays de Cocagne.

VOLTAIRE.

CÉTYLE s. m. Chim. Radical monoatomique hydrocarboné qui forme la base d'un grand nombre de composés homologues des composés éthyliques. C16 H33. Il n'a jamais été isolé.

CEUTA, anc. *Septa;* la *Sebta* des Mores ; ville et forteresse espagnole de la côte septentrionale du Maroc, à l'est de l'entrée du détroit de Gibraltar, seconde clef de ce détroit, après Tanger; 7,000 hab. Elle est composée de la province de Cadix. Le N.-E. de la ville est presque entièrement occupé par le Monte del Hacho (anc. *Abyla*), sur le sommet duquel se dresse la citadelle, qui renferme une garnison de 5,000 hommes. Ceuta, que l'on croit d'origine carthaginoise, fut une colonie romaine et fut arrachée aux Mores par Jean Ier de Portugal en 1415 ; les Espagnols en prirent possession en 1580 et l'ont conservée jusqu'à nos jours.

CEUTRONES. Voy. **Centrones.**

CÉVADE s. f. [provenç. *civada*]. Ancien nom de l'avoine.

CÉVADILLE s. f. [ll. mll] (rad. *cévade*). Bot. Plante du genre varaire, famille des mélanthacées, originaire du Mexique. Ses graines pulvérisées étaient jadis préconisées contre le ténia. C'est un remède dangereux que l'on n'emploie plus qu'à l'extérieur pour détruire la vermine.

CÉVENNES, *Cebenna mons,* chaîne montagneuse de France, qui sépare le versant de l'océan Atlantique (bassins de la Garonne et de la Loire), du versant de la Méditerranée (bassins de la Saône et du Rhône). Les Cévennes commencent au col de Naurouze, point où finissent les Corbières occidentales et s'étendent, sur une longeur d'environ 475 kil. jusqu'à la dépression par laquelle passe le canal du Centre. Elles sont continuées, de ce côté, par les Vosges. On les divise en 3 parties : 1° CÉVENNES MÉRIDIONALES, du col de Naurouze au mont Aigual, comprenant les montagnes : *Noires,* de l'*Espinous,* de l'*Orb* et les monts *Garrigues.* Point culminant, pic de Montaut (1,040 m.); hauteur moyenne, 600 mètres. 2° CÉVENNES CENTRALES, Cévennes proprement dites, continuation des précédentes, jusqu'à la source de la Cance, comprenant des montagnes élevées, sauvages. Âpres et ravinées et divisées en monts du *Gévaudan* (1,702 m.), le *Gerbier-des-Joncs* (1,562 m.), le *Mézenc* (1,766 m.). 3° CÉVENNES SEPTENTRIONALES, de la source de la Cance au canal du Centre, comprenant les monts du *Lyonnais,* du *Beaujolais,* du *Charolais.* Hauteur moyenne 700 à 800 m. Point culminant, le mont Pilat, (1,071 m.). Montagnes généralement incultes et rocheuses sur les hautes cimes de leur partie méridionale. — **Contrefoats.** Les Cévennes projettent à l'orient les monts du *Mâconnais,* d'*Or, Coiron;* et à l'occident, les monts du

Velay, du *Forez,* de la *Madeleine,* de la *Margeride,* d'*Auvergne,* du *Limousin,* du *Poitou,* d'*Aubrac,* du *Quercy,* du *Périgord,* de *Saintonge,* de *Lévezac,* du *Rouergne* et le plateau de *Gâtine.*
— **Cevennes** (**Guerre des**). Voy. *Camisards.*

CÉVENNOL, OLE s. et adj. [sé-vè-nol ; o-le], des Cévennes; qui appartient à ces montagnes ou à leurs habitants.

CEYLAN (angl. *Ceylon*) [sé-lan; angl. silonn']; *Singhala* des indigènes), île de l'océan Indien, possession anglaise, séparée de l'extrémité méridionale de l'Hindoustan par le détroit de Manaar qui est large de 80 à 100 kil. Superficie de l'île : 63,975 kil. carr.; 2,756,000 hab. Ceylan possède 2 excellentes rades : Trinquemalé ou Trincomalee au N.-E. et Pointe-de-Galles au S. La cap., Colombo, sur la côte O., ne présente qu'une rade ouverte ; et Pointe-de-Galles est le principal port de toute l'île. La direction générale des principales chaînes de montagnes va du N. au S. Plusieurs sommets atteignent une grande hauteur : Pedrotallagalla, point culminant du territoire, est un pic abrupt qui s'élève à 8,250 pieds anglais et le pic d'Adam à 7,400 pieds. Ceylan ne renferme pas de grande rivière. Sol en général sablonneux ; celui des plantations de cannelliers, aux environs de Colombo, est parfaitement blanc et se compose de quartz pur. Dans l'intérieur, on trouve des minerais de fer, de plomb, d'étain et de manganèse, ainsi que d'excellente plombagine. Il y existe des mines de mercure qui ont été exploitées par les Hollandais. Le sel, qui se trouve en lits plus ou moins épais, produit un revenu considérable pour le gouvernement, qui s'est adjugé le monopole de son extraction. Le climat, la faune et la flore diffèrent peu de ceux des parties voisines de l'Hindoustan. Parmi les principaux végétaux, nous citerons le bois de satin, l'ébénier, le cannellier, le caféier, le riz, le cotonnier, le tabac et le poivrier. La population non européenne comprend 4 classes: les Cingalais ou véritables naturels; les Mores, descendants des Arabes musulmans; les Oueddahs, race sauvage, peut-être aborigène, qui s'est retirée au milieu des montagnes les plus inaccessibles; et enfin les Malabars ou autres Hindous qui viennent du continent. La religion de Bouddha est dominante. L'Église catholique y compte 2 vicariats apostoliques : Colombo et Jaffnapatam, avec 260 églises, 140,000 fidèles; les protestants n'y sont pas plus de 3,000. Ceylan est une colonie de la couronne, divisée en 7 provinces : centrale, centrale du N., occidentale, occidentale du N., méridionale, orientale et septentrionale. Le gouvernement est confié à un gouverneur, assisté d'un conseil exécutif de 5 membres et d'un conseil législatif de 15 membres. — Les Grecs et les Romains donnaient à cette île le nom de Taprobane. Les annales cingalaises contiennent un récit historique de 24 siècles plus ou moins authentiques. Ces annales et les vastes ruines d'antiques cités prouvent que l'île continA a une époque reculée, une population très dense et très civilisée. Les Portugais y eurent un pied-à-terre pendant 150 ans. Ils furent chassés par les Hollandais en 1656 et ces derniers furent dépossédés par les Anglais en 1795-'6. Candy, le seul État resté indépendant, fut soumis par l'Angleterre en 1815. Bibliogr. *Ceylon, general description,* by an officier; Londres, 2 vol. in-8°, 1876.

CEYZERIAT, ch.-l. de cant.; arr. et à 8 kil. S.-E. de Bourg (Ain); 1,100 hab.

CEZIMBRA, ville maritime d'Estramadure (Portugal), sur l'Atlantique, à 35 kil. S. de Lisbonne; 5,000 hab., Pêche très active.

CHABANAIS (Saint-Quentin de) ch.-l. de cant. ; arr. et à 16 kil. S de Confolens (Charente), sur la Vienne; 1,900 hab. Ancienne seigneurie, érigée en principauté (xive siècle); appartint à Colbert.

CHABANNAIS s. m. Argot. Reproches accompagnés de coups. — Bruit, dispute.

CHABANNES, ancienne famille du Limousin, qui a fourni plusieurs hommes illustres, parmi lesquels : ANTOINE DE CHABANNES, comte de Dammartin, mort en 1485, qui se distingua au siège d'Orléans, partagea les exploits de Jeanne d'Arc, commanda une bande d'*Ecorcheurs* et devint gouverneur de Paris sous le règne de Louis VIII. — JACQUES II DE CHABANNES, *seigneur de la Palice*, l'un des plus illustres guerriers de son siècle. Il fit les guerres d'Italie sous Charles VIII, Louis XII et François I⁰ʳ. Fait prisonnier à Pavie, il fut assassiné par un Espagnol. Un mauvais rimailleur, La Monnoye, s'est plu à ridiculiser sa mémoire dans une chanson populaire : *Monsieur de la Palice.*

CHABANON (Michel-Paul Gui DE); littérateur français, né à Saint-Domingue en 1730, mort le 10 juin 1792. A traduit en prose française Théocrite (1775), Pindare (1771) donna des tragédies et fut admis à l'Académie en 1780.

CHABERT. I. (Joseph-Bernard, MARQUIS DE), navigateur, vice-amiral et astronome français né à Toulon en 1724, mort en 1805. Exécuta de belles cartes de la Grèce, de la Méditerranée et de l'Amérique du Nord. A laissé un *Mémoire sur les horloges marines* (1783), un récit de ses explorations sur les côtes de l'Amérique du Nord (1753) et de nombreux mémoires dans le recueil de l'Académie des sciences. — II. (Philibert), célèbre médecin vétérinaire, né à Lyon en 1737, mort à Paris en 1814. Il fut nommé professeur à l'école d'Alfort en 1766, et devint directeur de cet établissement en 1794. Parmi ses ouvrages pleins de méthode et de clarté, nous citerons un *Traité de l'anthrax dans les animaux* (1783) et un *Traité des maladies vermineuses dans les animaux*, Paris, 1782, in-8⁰.

CHABEUIL, *Cerebelliaca*, ch.-l. de cant.; arr. et à 12 kil. E.-S.-E. de Valence (Drôme); 4,500 hab. Filatures de soie.

CHABLAGE v. n. (rad. *chable*). Mar. Action de veiller à ce que des embarcations ne rencontrent aucun obstacle dans les passes difficiles.

CHABLAIS (*Caballicus ager*, champ des chevaux), ancien pays de Savoie, sur le bord du lac de Genève et compris dans le département de la Haute-Savoie. Ch.-l. Thonon ; 87,000 hectares ; 60,500 hab.

CHABLE s. m. (anc. forme du mot *câble*). Mar. Grosse corde passée dans une poulie pour enlever des fardeaux.

CHABLEAU s. m. Navig. Longue corde dont on fait usage pour tirer des embarcations.

CHABLER v. n. Combattre dans un tournoi.

CHABLER ou **Chaple** v. a. Navig. Tordre plusieurs cordes en une, ou attacher un câble à une pièce de bois pour le lever. — Agric. Abattre des fruits à coups de gaule.

CHABLIS s. m. (lat. *capulare*, battre). Bois abattus dans les forêts par le vent : *il y a beaucoup de chablis dans cette forêt.*

CHABLIS s. m. [cha-blî]. Se dit du vin produit dans les vignobles de Chablis : *vin de Chablis.* — Absol. : *boire du chablis.*

CHABLIS, *Cabliacum*, ch.-l. de cant.; arrond. et à 20 kil. E. d'Auxerre (Yonne), sur le Serein, au milieu de riches vignobles ; 2,300 hab. Biscuits, futailles, pierres de taille. Production moyenne de 200,000 hectolitres d'un vin blanc pétillant, généreux, spiritueux, limpide, dont la réputation est européenne.

* **CHABOT** s. m. (lat. *caput*, tête). Espèce de poisson qui est très commun dans les eaux

douces d'Europe, et dont la chair est agréable à manger. On l'appelle aussi *Meunier.*

CHABOT, ancienne famille du Poitou, dont le membre le plus illustre fut PHILIPPE DE CHABOT, comte de Charny et de Buzançois, grand amiral de France, né vers 1480, mort en 1543. Chef des troupes françaises en 1535, il conquit une partie de la Savoie et du Piémont. Plus tard, le connétable de Montmorency le fit emprisonner sous l'inculpation de s'être approprié les revenus de l'État dans son gouvernement de Bourgogne. Il fut condamné à 1,500,000 livres d'amende, au bannissement et à la confiscation de ses biens. Mais, lors de la disgrâce du connétable, le roi lui pardonna. Ce fut grâce à sa protection, que Jacques Cartier put explorer les côtes du Canada.

CHABOT (François), conventionnel montagnard, né à Saint-Geniez-Dol (Rouergue), en 1759, décapité en 1794. Il était capucin, lorsque la suppression des congrégations religieuses le jeta hors de son couvent. Adoptant la cause révolutionnaire, il devint grand vicaire de l'évêque de Blois et fut élu à l'Assemblée législative où il déclara que « le citoyen Jésus-Christ fut le premier sans-culotte ». Membre de la Convention, il épousa la sœur d'un riche banquier autrichien, se laissa corrompre, entraîna Fabre d'Eglantine à falsifier un décret relatif à l'ancienne compagnie des Indes, dénonça lui-même ses complices et fut exécuté avec eux.

* **CHABRAQUE** s. f. Voy. SCHABRAQUE.

CHABRIAS [cha-bri-âss], général athénien, mort en 357 avant J.-C. Il remplaça en 392 Iphicrate dans le commandement des forces athéniennes devant Corinthe, soutint ensuite Evagoras dans l'île de Chypre, secourut Achoris et Tachos en Egypte, contre les Perses, et commanda plusieurs fois contre les Lacédémoniens. Au siège de Chios, son vaisseau, complètement désemparé, fut abandonné ; il refusa de sauver sa vie et périt en combattant. Démosthène dit qu'il avait conquis 17 villes, pris 70 vaisseaux, fait 3,000 prisonniers et enrichi de 110 talents le trésor d'Athènes.

CHABROL DE CROUZOL (André-Jean, COMTE DE), homme d'Etat, né à Riom, en 1771, mort à Chabannes en 1836. Prêtre au moment de la Révolution, il fut emprisonné à cause de l'opposition qu'il fit à la sécularisation du clergé. Bonaparte le combla de faveurs et la Restauration le nomma préfet du Rhône en 1814, sous-secrétaire au ministère de l'intérieur en 1816, pair et ministre de la marine en 1824 et ministre des finances de 1829 à 1830.

* **CHACAL, ALS** s. m. (turc, *schakal*). Hist. nat. Espèce de chien d'Orient, qui vit à

Chacal (Canis aureus).

l'état sauvage, dans les parties chaudes de l'Asie et de l'Afrique, et qui est très féroce

troupe de *chacals*. — **w.** Jargon milit. Zouave. — Zool. La taille du chacal est entre celle du loup et celle du renard commun. Le chacal ressemble au loup par ses couleurs mais il a la queue touffue comme le renard. De même que les autres carnassiers d genre *canis*, il est d'une grande voracité et se jette avec avidité sur les cadavres et sur les matières animales en décomposition. Ses mœurs ressemblent à celles du chien devenu sauvage ; comme lui, il gratte le sol pour déterrer sa proie ; comme lui, il s'associe à d'autres bêtes de son espèce pour chasser en troupes plus ou moins nombreuses ; comme lui enfin, il ronge les carcasses d'animaux morts. Le chacal accompagne ordinairement le lion pendant que celui-ci fait ses expéditions nocturnes, et il profite des restes que le roi des quadrupèdes abandonne après ses repas.

CHACHAPOYAS [tchâ-tchâ-po'-iass], ville du Pérou, quelquefois appelée SAN JUAN DE LA FRONTERA, ch.-l. du dép. d'Amazonas, sur un tributaire du Marañon, à 650 kil. N. de Lima ; 6,000 hab.

CHACHIA s. m. Calotte arabe, d'un tissu serré, en laine bleue ou rouge, dont le dessus forme une cavité, du centre de laquelle se détache une houppe, ou gland, à effilé de laine ou de soie. Cette coiffure orientale a été adoptée par nos troupes d'Afrique.

CHACO (Le Grand-), esp. EL GRAN CHACO [èl-grann-tchâ'-ko], vaste région inexplorée de l'Amérique du Sud, s'étendant au centre de ce continent depuis le Rio Salado au N., jusque vers 20⁰ lat. S., où il se perd dans les plaines boliviennes de Chiquito ; et depuis le Paraguay, à l'O., jusqu'aux détroits montagneux de la République Argentine. Il forme la continuation des grandes pampas qui vont de la Patagonie au Rio Salado. Au nord, il présente des forêts épaisses, d'immenses prairies luxuriantes et, çà et là, quelques marais ; au sud, il est aride, sec et presque désert. Les sauvages indiens Chacos, qui errent sur son territoire, passent à cheval la plus grande partie de leur existence ; on les a surnommés les Centaures d'Amérique. Fiers, braves, indomptables, ils ont conservé leur indépendance et ne reconnaissent d'autorité que celle de leurs caciques. La civilisation et la religion des blancs pénètrent lentement chez eux. — Par le traité du 3 février 1876, les Républiques du Paraguay et Argentine ont partagé la portion du Gran Chaco qui est située entre le Rio Pilcomayo et 20⁰ de lat. S. ; partie sur laquelle la Bolivie avait jusque-là maintenu des prétentions. Le territoire au N. du Rio Verde a été adjugé au Paraguay, qui possède également la portion du Gran Chaco, située entre le Rio Verde et le Pilcomayo (sentence arbitrale du président des Etats-Unis, du 12 novembre 1878).

* **CHACONNE** s. f. (esp. *chacona*). Ancien air de danse d'une longue durée, espèce de symphonie dansante et d'un mouvement modéré, qu'on écrivait ordinairement à trois temps, quelquefois à quatre, et qui était à la partie chorégraphique ce qu'est de nos jours la partie lyrique la finale d'un acte : *depuis longtemps la chaconne est passée de mode.* — Danse sur un air de chaconne : *danser une chaconne.*

CHACTAS ou **Chahtas**, peuplade indigène de l'Amérique du Nord, fixée primitivement dans les pays qui forment actuellement le Mississipi central et méridional, l'Alabama occidental. L'habitude où ils étaient d'aplatir le crâne de leurs enfants les fit surnommer TÊTES-PLATES, par les Français. Les Américains les appellent Choctaws. En 1830, on les fit émigrer dans l'Arkansas occidental, où ils vivent au nombre de 16,000. Ils adoptèrent une constitution écrite en 1838, et établirent un chef élu pour quatre ans, assisté d'un conseil national de 40 membres. Ils ont admis le jury, d'après le système américain. Sous ce gouvernement, ils se sont civilisés avec une grande rapidité. C'est, du reste, un peuple, actif et intelligent. Leur langue, dans laquelle on a publié la Bible, des hymnes, des livres classiques, etc., manque du verbe *être* et de la forme du pluriel dans plusieurs noms, plusieurs adjectifs et plusieurs verbes.

* **CHACUN, UNE** pronom distributif, sans plur. Chaque personne, chaque chose : *chacun de nous.*

Le nœud sacré se proposa
Et chacun la sienne épousa.
　　　　　VENOUX. *Fables*, 1730.

S'emploie souvent au masculin, d'une manière indéfinie, en parlant des hommes ou des femmes, et signifie alors, toute personne, qui que ce soit : *chacun pense à soi; chacun pour soi et Dieu pour tous : chacun le sien.* — CHACUN, se prend quelquefois pour ON : *chacun en parle.*

CHÆRONÉE. Voy. CHÉRONÉE.

* **CHAFOUIN, INE** s. (ancien nom de la fouine). Personne maigre, de petite taille, et qui a la mine basse : *petit chafouin; petite chafouine* (fam.). — Adjectiv. Se dit de la mine, des manières, etc. : *mine chafouine.*

CHAFRIOLER v. n. Se montrer tout réjoui.

CHAGNY, ch.-l. de cant.; arr. et à 17 kil. N.-O. de Chalon-sur-Saône (Saône-et-Loire), sur la Dheune. Pierre de taille; 3,000 hab.

CHAGRES. I. Rivière des Etats-Unis de Colombie; naît à environ 600 kil. N.-E. de Panama et se jette dans la mer des Antilles, après un cours de 200 kil. — II. Port maritime de l'isthme de Panama, à l'embouchure de la Chagres et à 18 kil. S.-O. d'Aspinwall. La ville a perdu toute son importance depuis l'ouverture du chemin de fer de Panama. Son port est sûr et commode, mais peu profond et d'un accès difficile.

* **CHAGRIN** s. m. Peine, affliction, déplaisir: *les chagrins abrègent la vie.* — Colère, dépit : *la moindre contradiction excite son chagrin.*

* **CHAGRIN, INE** adj. Mélancolique, triste; de fâcheuse, de mauvaise humeur.

Un esprit né chagrin plaît par son chagrin même.
　　　　　BOILEAU. *Epîtres.*

* **CHAGRIN** s. m. (ital. *zigrino*). Espèce de cuir grenu, fait ordinairement de peau de mulet ou d'âne : *peau de chagrin; livre couvert de chagrin.* — Fig. et fam. AVOIR UNE PEAU DE CHAGRIN, avoir la peau rude.

* **CHAGRINANT, ANTE** adj. Qui chagrine: *homme bien chagrinant.*

* **CHAGRINER** v. a. Attrister, rendre chagrin : *sa maladie le chagrine.* — Art. milit. Tracasser l'ennemi, pousser contre lui des détachements et traverser ses projets par une multitude de petites manœuvres. — Se chagriner v. pr. Etre chagriné : *il se chagrine d'un rien.*

* **CHAGRINER** v. a. Arts. Préparer, travailler une peau de manière à la rendre grenue, à la convertir en chagrin.

CHAH s. m. [cha]. Titre des rois de Perse. On écrit ordinairement aujourd'hui *Schah.*

CHAHUT s. m. [cha-hu] de *chat-huant.* Cancan poussé jusqu'à la dernière indécence :

..........Et pour se mettre en rut,
Apprennent là du peuple à danser le chahut.
　　　　　A. BARBIER.

— Bruit, tapage : *va y avoir du chahut.*

CHAHUTER v. n. Danser le chahut. — Bousculer; faire du vacarme. — Renverser, culbuter.

CHAHUTEUR, EUSE s. Tapageur, tapageuse. — Danseur ou danseuse de chahut.

* **CHAI** s. m. [chè] (bas lat. *cayum*, quai.)

Magasin au ras du sol, tenant lieu de cave. S'emploie surtout dans les Charentes et dans le Bordelais : *les chais de ce négociant sont pleins d'eau-de-vie; chai de vin de Bordeaux.*

CHAILLAND, ch.-l. de cant.; arr. et à 22 kil. N.-O. de Laval (Mayenne); 2,600 hab. Belles forges sur l'Ernée.

CHAILLÉ-LES-MARAIS, ch.-l. de cant.; arr. et à 22 kil. S.-O. de Fontenay-le-Comte (Vendée): 2,500 hab.

CHAILLOT enclave de Paris, sur la rive droite de la Seine, dans le 1ᵉʳ arr., quartier des Champs-Elysées. Chaillot comprend l'hôtel des vieillards dit de Sainte-Perrine et la machine à vapeur dite pompe à feu. — A CHAILLOT ! Expression triviale et populaire qui signifie : Vous m'ennuyez, allez vous promener.

CHAÎNAGE s. m. Opération qui consiste à mesurer un terrain avec une chaîne d'arpenteur. — Archit. Système employé pour empêcher l'écartement des murs d'une construction au moyen d'armatures en fer nommées chaînes.

* **CHAÎNE** s. f. (lat. *catena*). Lien de métal, composé d'anneaux engagés les uns dans les autres : *chaîne de fer, d'or, d'argent; montre à chaîne.* — Servitude, captivité : *ces peuples ont rompu leurs chaînes, et se sont mis en liberté.*

Maillon de la chaîne de Brunton.

Emplois, puissances tant désirées,
J'ai connu vos illusions;
Je vis loin des préventions
Qui forgent vos chaînes dorées.
　　　　　CHAULIEU. *Vie champêtre,* 1707.

— Se dit quelquefois en parlant de deux personnes qu'unit une vive affection : *ils sont unis par une étroite chaîne.* — Autrefois, peine des galères : *il fut condamné à la chaîne.* Mettre à la chaîne, envoyer aux galères. — Aujourd'hui toute la troupe des gens condamnés aux travaux forcés : *départ de la chaîne.* — Fig. Enchaînement, continuité, succession : *chaîne des êtres.* — Suite non interrompue de montagnes, de rochers : *longue chaîne de montagnes; la chaîne des Andes; chaîne de rochers ou de brisants.* On dit de même : *une chaîne d'étang,* plusieurs étangs qui se communiquent. — Suite de personnes disposées de manière à faire passer rapidement de main en main un fardeau, des pierres, des seaux d'eau dans un incendie, etc. : *faire la chaîne.* — Phys. *Chaîne électrique,* suite de personnes qui se tiennent par la main, ou qui sont mises en communication par un corps intermédiaire, pour recevoir toutes en même temps la commotion électrique. — Danse. Figure dans laquelle les danseurs se donnent la main en passant, lorsque, dans une contredanse, ils traversent pour changer de place : *chaîne anglaise; chaîne des dames.* — Maçon. Espèce de pilier de pierre de taille qui entre dans la construction d'un mur, et qui sert à le fortifier et à le lier. — Technol. Fils tendus sur les deux rouleaux d'un métier pour faire de la toile ou de l'étoffe, et entre lesquels passe la trame : *la chaîne de cette étoffe est de fil, la trame est de soie.* — METTRE A LA CHAÎNE, enchaîner, mettre aux fers. On dit de même : *tenir un chien à la chaîne.* — CHAÎNE D'ARPENTEUR, chaîne de fer, d'une longueur connue, qui sert à mesurer les terrains, dans les opérations de l'arpentage. — HUISSIERS A LA CHAÎNE, DE LA CHAÎNE, huissiers du conseil du roi, ainsi nommés parce qu'ils portaient au cou une chaîne d'or où était la médaille du roi. — Joaill. CHAÎNE DE DIAMANTS, chaîne garnie de diamants. — Horlog. CHAÎNE D'UNE MONTRE, petite chaîne d'acier qui sert à tendre le grand ressort, en se roulant sur la pièce qu'on nomme fusée : *la chaîne de cette montre*

est cassée. — Mar. CHAÎNE DE PORT, sorte de rideau ou estacade qui ferme l'entrée d'un port. — CHAÎNE D'ABORDAGE, une sorte de croc qu'on lance dans un navire ennemi, pour le retenir, le lier et l'attaquer à l'abordage. — CHAÎNE DU PARATONNERRE, une espèce de corde faite en fil de cuivre, et servant de conducteur à la foudre, depuis le sommet du grand mât, où elle peut être attirée, jusqu'à la mer, où elle va se précipiter. — CHAÎNES D'AMARRAGE, celles qui servent, au fond de l'eau, à retenir dans un port les grands bâtiments désarmés. — CABLE-CHAÎNE, chaîne en fer qui sert de câble et dont les anneaux s'appellent maillons. On fabrique de ces câbles qui ont jusqu'à 180 brasses ou 300 mètres de longueur. — Hist. Dès 1634, un forgeron anglais, nommé Philip White, prit un brevet pour l'invention d'une chaîne destinée à remplacer les câbles d'amarrage; son idée ne reçut pas d'application. En 1811, le capitaine Brown fit, avec son navire de 400 tonneaux, la *Pénélope,* un voyage de 4 mois dans les Indes Occidentales et ne se servit que de câbles-chaînes à maillons entrelacés; cette forme étant en fer très imparfaite, les inventeurs en cherchèrent meilleure. La chaîne de Brunton, qui est à peu près la seule en usage aujourd'hui, se compose de maillons en forme d'ellipse. Les courbes intérieures à chaque extrémité du long axe sont ouvertes exactement assez pour recevoir chacun des maillons correspondants. En travers de cet anneau, dans la direction du petit axe, est une traverse ou bride en fonte, élargie à ses deux extrémités et y portant une échancrure qui lui permet d'embrasser une partie du maillon.

CHAÎNER v. n. Mesurer une distance à l'aide d'une chaîne d'arpenteur.

* **CHAÎNETIER** s. m. Ouvrier qui fait des agrafes et toutes sortes de petites chaînes.

* **CHAÎNETTE** s. f. Petite chaîne : *chaînette d'une bride.* — Points de chaînette, points dont l'assemblage imite une chaînette. — Archit. Espèce de voûte dont le cintre est semblable à la courbe d'une chaîne suspendue par les deux extrémités. — Art milit. Troupe circulaire de soldats, ainsi disposés pour garantir des attaques de l'ennemi ceux qui sont chargés de fourrager. — Deux petites chaînes qu'on place dans le bas d'un mors, pour en contenir les branches et les empêcher de s'écarter l'une de l'autre.

CHAÎNEUR s. m. Celui qui est employé à mesurer les distances avec la chaîne.

* **CHAÎNON** s. m. Anneau d'une chaîne : *cette chaîne s'est rompue, il y a deux ou trois chaînons de perdus.*

* **CHAIR** s. f. (lat. *caro*). Substance molle et sanguine, qui est entre la peau et les os de l'homme et des animaux. — *Chairs baveuses,* chairs spongieuses d'une plaie qui ne vont pas bien. — Etre en chair, se dit d'une personne qui a eu quelque peu de l'embonpoint. — *Ce cheval est bien en chair,* il est en bon état, il a la chair ferme. — *Excroissance de chair,* nom que l'on donne à certaines tumeurs de nature très diverse. — *Chair fraîche;* cette *dame a la chair fraîche.* — En chair et en os, en personne : *le voilà en chair et en os.* — Entre cuir et chair, entre la peau et la chair. — Pester entre cuir et chair, être mécontent sans oser le dire. — CHAIR, en termes de l'Ecriture sainte, signifie : l'humanité, un corps humain : *la résurrection de la chair.* — L'homme terrestre et animal, opposé à l'homme spirituel éclairé par la foi; et dans ce sens, on le joint ordinairement au mot *sang : écouter la chair et le sang.* — Concupiscence : *macérer sa chair; aiguillon de la chair; démon de la chair; l'esprit est prompt, et la chair est faible.* — L'œuvre de la chair, ou l'œuvre de chair, la conjonction charnelle. *Le péché de la chair,* le péché d'impureté. — CHAIR, signifie

L.

quelquefois simplement : la peau, en parlant des personnes : *chair douce, rude, blanche, noire,* etc., peau douce, rude, etc. — *Cela fait venir la chair de poule, cela fait frissonner.* On dit de même : *j'en ai la chair de poule.* — CHAIR A CANON, soldat. — MARCHAND DE CHAIR HUMAINE, proxénète. Agent de remplacement militaire. — CHAIR, se dit, par ext., de la substance imbibée de sucs, et cependant assez ferme, de certains fruits et même de quelques plantes qui servent d'aliment : *chair de la pêche, d'un melon, d'un champignon,* etc. — *Couleur de chair,* couleur rouge pâle, qui approche de la couleur de la chair de l'homme. — CHAIR, se dit encore spécialement de toutes les parties musculaires des animaux terrestres et des oiseaux, en tant qu'elles servent d'aliment : *morceau de chair; les catholiques ne mangent point de chair en carême; ils s'abstiennent de chair le vendredi et le samedi.* — Se dit quelquefois de même en parlant des poissons : *ce brochet a la chair ferme.* — *Chair blanche,* chair des chapons, des poulardes, des dindons, etc. *Chair noire,* celle des lièvres, des bécasses, etc. — Fam. *La chair nourrit la chair,* la viande est le meilleur aliment. — Prov. et fig. *On ne sait s'il est chair ou poisson* ou *il n'est ni chair ni poisson,* se dit d'un homme sans caractère; et, particulièrement, d'un homme qui flotte par faiblesse entre deux partis. — *Hacher menu comme chair à pâté,* mettre en pièces, hacher par morceaux. On dit de même, par menace : *vous serez hachés menu comme chair à pâté.* — Fam. *C'est une masse de chair, une grosse masse de chair,* se dit d'une personne qui a le corps et l'esprit lourds, ou seulement dont le corps est fort gros, fort pesant. — **Chairs** s. f. pl. Peint. et Sculp. Toute imitation de la chair de l'homme : *ce peintre, ce sculpteur rend bien les chairs, ces chairs sont belles.* On dit quelquefois au singulier, mais en peinture seulement : *telle partie est belle de chair,* le coloris en est vrai, naturel.

° **CHAIRE** s. f. (gr. *kathedra,* siège). Tribune élevée dans les églises et ordinairement surmontée d'un dais ou baldaquin, dans laquelle on se place pour prêcher, pour faire quelque lecture aux assistants, etc. : *ce mandement fut lu en chaire.* — *Chaire de vérité, chaire évangélique,* chaire où l'on prêche l'évangile. — Fig. *Être assis dans la chaire de mensonge, de pestilence,* etc., professer l'hérésie. — Fig. Prédication : *éloquence de la chaire.* — Dans les écoles publiques, simple tribune où se place le professeur lorsqu'il fait sa leçon : *chaire du professeur.* — Place de professeur dans une école publique : *chaire de droit, de philosophie, de mathématiques.* — Siège qu'un évêque a dans son église, au haut du chœur. — Fig. Siège apostolique : *chaire apostolique; le pape est assis dans la chaire de Saint-Pierre.* — *Chaire curule,* voy. CHAISE. — ∞. Mar. Grand bateau plat qui, dans les ports de mer et sur quelques rivières, sert à charger et à décharger les vaisseaux et à transporter d'un endroit à l'autre les effets d'un poids considérable.

° **CHAISE** s. f. Siège à dossier, et ordinairement sans bras : *chaise de bois.* — Ant. rom. *Chaise* ou *chaire curule,* chaise d'ivoire sur laquelle siégeaient les principaux magistrats de la république. — *Chaise de chœur,* voy. STALLE. — *Chaise longue,* espèce de lit ou de canapé qui n'a de dossier que l'une de ses extrémités. — *Chaise percée,* ou simplement *chaise,* siège sur lequel on se met pour satisfaire aux besoins naturels : *aller à la chaise.* — Siège fermé et couvert, dans lequel on se fait porter par deux hommes : *chaise à porteurs.* — Voiture légère à deux ou quatre roues, traînée par un ou deux chevaux; petite voiture pour une ou pour deux personnes : *monter dans sa chaise; chaise de poste; chaise roulante.* — Assemblage de quatre fortes pièces de charpente, sur lequel on établit la cage d'un

clocher, d'un campanile, d'un moulin à vent. — Mar. Large sangle disposée de manière à former un siège mobile pour les gabiers ou voiliers qui travaillent à un mât, à une vergue ou à un étai.

CHAISE-DIEU (La) *Casa Dei,* ch.-l. de cant.; arr. et à 24 kil. E. de Brioude (Haute-Loire); 4,800 hab. Briqueterie, bétail, quincaillerie, etc. Ruines importantes d'une église abbatiale gothique, commencée en 1343, par Clément VI qui y est enterré. On y remarque une représentation de la « Danse macabre. »

CHAISIER, IÈRE s. Celui, celle qui fait des chaises. — Celle qui loue des chaises à l'église.

CHAIX-D'EST-ANGE (Gustave-Louis-Adolphe-Victor-Charles) [ché-dèss-tan-je], magistrat et homme politique, né à Reims, le 11 avril 1800, mort en 1876. Ayant débuté, comme avocat, par défendre les sergents de la Rochelle, il acquit une notoriété politique qui le fit élire député en 1831. A la Chambre, il s'occupa surtout des droits d'auteur et de la liberté individuelle. Membre de l'Assemblée constituante de 1848, il fut un des adversaires du socialisme. Il devint procureur général près la cour de Paris en 1857, sénateur en 1862, vice-président du conseil en 1863, etc.

CHAKO s. m. Voy. SHAKO.

CHALABRE, ch.-l. de cant.; arr. et à 20 kil. O.S.-O. de Limoux (Aude), sur le Lhers; 3,000 hab. Vieux château; draps, lainage.

CHALADE ou **Calade** s. f. (ital. *calata;* de *chalare,* caler). Manège. Terrain en pente par lequel on fait descendre à plusieurs reprises un cheval auquel on veut donner de la souplesse dans les hanches.

CHALAIS, *Calescum,* ch.-l. de cant.; arr. et à 30 kil. S.-E. de Barbezieux (Charente), sur la Tude ; 700 hab. Château qui appartint, depuis le XIIIe siècle, à la famille de Talleyrand-Périgord.

CHALAIS (Prince de). Voy. TALLEYRAND.

CHALAMONT, ch.-l. de cant.; arr. et à 35 kil. E. de Trévoux (Ain); 1,900 hab.

° **CHALAND** s. m. (bas lat. *chalandrium*). Mar. Grand bateau plat, dont on sert pour transporter les marchandises : *les chalands qui vont du Havre à Paris, et de Paris au Havre, sont remorqués par des bateaux à vapeur.*

° **CHALAND, ANDE** s. Celui qui achète ordinairement chez un même marchand : *bon chaland; il a force chalands; c'est une de ses chalandes* — Acheteur : *attirer les chalands.* — Adjectiv. PAINCHALAND, se disait autrefois d'une sorte de gros pain assez blanc et fort massif.

° **CHALANDISE** s. f. Habitude d'acheter chez un marchand : *vous n'aurez pas ma chalandise.* — Ceux à qui un marchand débite ordinairement ses marchandises ; pratiques qui achètent ordinairement chez lui : *marchand qui a de bonnes chalandises. Il a perdu la plupart de ses chalandises* (vieux). Voy. PRATIQUE.

CHALASIE s. f. [ka-la-zî] (gr. *chalasis,* relâchement). Pathol. Relâchement, surtout en parlant des fibres de la cornée transparente.

° **CHALASTIQUE** adj. [ka-la-sti-ke] (rad. *chalasie*). Méd. Se dit des médicaments que l'on croyait propres à relâcher les fibres.

CHALAZE s. f. [ka-la-ze] (gr. *chalaza,* grêle). Bot. Point d'attache qui, dans l'ovule et dans la graine, retient l'enveloppe intérieure à l'enveloppe extérieure. — Chir. Petite tumeur, ordinairement dure, qui vient au bord de la paupière.

CHALCÉDOINE s. f. [kal-sé-doi-ne], ville de la Grèce ancienne, sur la côte de Bithynie, près de l'emplacement de la moderne Scutari. Les Mégariens, qui la colonisèrent vers 680 avant J.-C., ayant méprisé de s'établir dans la situation admirable où Byzance fut fondée plus

tard, de l'autre côté du détroit, elle fut surnommée « la ville des aveugles ». Le quatrième concile œcuménique, qui y fut convoqué en 451 par l'empereur Marcien, condamna l'hérésie d'Eutychès concernant les deux natures du Christ, et se prononça contre le synode d'Éphèse de 449. La confession de foi de Nicée et de Constantinople fut adoptée. Les évêques assemblés reconnurent les deux natures du Christ et déclarèrent que la vierge Marie est la vraie mère de Dieu ; le siège de Constantinople devint l'égal en droits et en pouvoirs de celui de Rome, qui resta son supérieur en rang seulement. Le pape Léon Ier ne confirma pas cette décision.

CHALCÉDONIEN, IENNE s. et adj. Habitant de Chalcédoine ; qui appartient à cette ville ou à ses habitants.

CHALCIDE s. m. [kal-si-de] (gr. *chalkos,* cuivre; *eidos,* aspect). Erpét. Genre de reptiles sauriens, de la famille des Chalcidien

Chalcis flavescens.

et comprenant des animaux inoffensifs que l'on rencontre dans les parties chaudes de l'Amérique. L'espèce principale est le *lézard bronzé (Chalcis flavescens).*

CHALCIDICE [kal-si-di-se]. I. Ancien nom de la péninsule qui forme la partie S.-E. de la Macédoine et qui est terminée par les 3 petites presqu'îles d'Acté, de Sithonie et de Pallène, dans la mer Égée. A son extrémité orientale s'élève le mont Athos. Ville principale Olynthe. — II. Petite contrée de l'Asie, formant le territoire de la ville de Chalcis.

CHALCIDIEN, IENNE adj. [kal-si-di-ain]. Erpét. Qui ressemble au Chalcide. — s. m. pl. Famille des reptiles sauriens ayant pour type le genre Chalcide.

CHALCIDIQUE s. m. [kal-si-di-ke] (probablement de *Chalcis,* nom de ville). Antiq. Portique couvert qui précédait l'entrée de certains édifices.

CHALCIDIUS [kal-si-di-uss], philosophe platonicien du ve ou du vie siècle après J.-C. On a conservé de lui une traduction latine de la première partie du *Timée* de Platon.

CHALCIS [kal-siss] EVRIPO ou Négrepont, ville principale de l'île d'Eubée (Grèce), sur la partie la plus étroite du détroit d'Euripus; environ 6,000 hab. Elle renferme peu de vestiges de l'antique Chalcis et de sa forteresse, qui était l'une des plus formidables de la Grèce. Cette cité florissante envoya des colonies en Italie, en Sicile et particulièrement dans la péninsule appelée Chalcidice; elle joua un rôle important dans les guerres de la Grèce. Aujourd'hui, elle présente un aspect italien du moyen âge, parce que la plupart de ses édifices furent construits par les Vénitiens.

° **CHALCOGRAPHE** s. m. [kal-ko-gra-fe] (gr. *chalkos,* airain; *graphein,* écrire). Graveur en airain. — Tout graveur sur métaux.

° **CHALCOGRAPHIE** s. f. Art de graver sur l'airain, ou sur les autres métaux. — Lieu, établissement destiné à l'exercice de cet art : *chalcographie du Musée.* — Imprimerie du pape à Rome : *chalcographie apostolique.*

CHALCOGRAPHIQUE adj. Qui se rapporte à la chalcographie.

CHALCOLITHOGRAPHIE s. f. [kal-ko-li-to-graphi] (gr. *chalkos*, cuivre; franç., *lithographie*). Procédé de gravure sur cuivre qui tient à la fois de la chalcographie et de la lithographie. Les premiers essais de chalcolithographie furent faits en 1836, à Rouen, par Berdalle de Lapommeraye, imprimeur de cette ville.

CHALCONDYLE [kal]. I. (Laonicus ou Nicolaus), historien byzantin, mort vers 1464. Son *Histoire des Turcs et de la chute de l'empire byzantin*, a été traduite par Blaise de Vignères (Paris, 1557-'84). — II. (Démétrius), grammairien grec (1423-1510). Il enseigna à Florence, puis à Milan (1492) et prépara les premières éditions imprimées d'Homère, d'Isocrate et de Suidas. Son principal ouvrage est une grammaire grecque (Paris, 1525).

CHALDAÏQUE adj. [kal-da-i-ke]. Qui appartient aux Chaldéens. — *Langue chaldaïque* ou *chaldéen*, langue de ce peuple.

CHALDÉE [kal-dé]. Portion S.-E. de l'ancienne Babylonie, dont le nom a été étendu quelquefois à tout l'empire de Babylonie. Le pays d'Ur de la Chaldée d'Abraham a été considéré par quelques critiques modernes comme un territoire environnant le château d'Ur, entre Ninibis et le Tigre. La mention faite par Xénophon d'un peuple chaldéen qui vivait dans les montagnes Carduchiennes, a fait penser que la contrée primitivement habitée par cette nation était dans les montagnes d'Arménie, d'où les Chaldéens descendirent pour piller et ensuite coloniser les plaines de Babylonie et de Syrie. Les principaux résultats des recherches archéologiques basées sur les découvertes faites au milieu des ruines de Babylonie et d'Assyrie, sont les suivantes : vers 2234 av. J.-C., les Cuchites de la Babylonie méridionale, probablement identiques avec les Kaldi mentionnés dans les inscriptions assyriennes d'une date plus récente, acquirent un certain degré de civilisation à laquelle ils durent une grande importance. Délivrés du joug des Mèdes, dont le règne est mentionné par Bérose comme celui de la première dynastie postdiluvienne (car on ne peut ajouter aucune croyance aux fables qu'il raconte sur les dynasties antédiluviennes), les Cuchites établirent une dynastie nationale et fondèrent un empire dont les 4 premières capitales (tétrapoles) furent : 1° Hur ou Hourouk, l'Ur des Ecritures, aujourd'hui Mugheir; 2° Irek, Erech, Urka, la grande nécropole de Babylonie, aujourd'hui Ouarka ; 3° Larsa, l'Ellasar des Ecritures, aujourd'hui Senkereh ; 4° Nipur (sans doute la Calneh des Ecritures), la ville de Bélus, aujourd'hui Niffer. C'était la tétrapole méridionale ou basse tétrapole. Il en exista, au N.-O., une autre que l'on suppose avoir été formée de Babel, Borsippa, Cutha et Sippara. La ville que les plus anciennes inscriptions semblent désigner comme la capitale cuchite était Hur, la plus méridionale de toutes, un peu au-dessous du 31° lat. N. et non loin de la rive occidentale de l'Euphrate. On présume qu'elle se trouvait primitivement sur le golfe Persique, dont les eaux se retirèrent plus tard. Le mouvement des étoiles fut observé et enregistré ; on composa des tables astronomiques sur lesquelles fut fondé un système chronologique qui fut continué, sans interruption, jusqu'au temps de Callisthène et de Bérose. A cette dynastie cuchite primitive, probablement représentée dans la Bible par Nemrod, fils de Cush, pa-

raissent appartenir Urukh ou Orkham et son fils Ilgi, premiers rois représentés sur les monuments. Le premier de ces deux princes, dont le sceau cylindrique a été retrouvé, est nommé sur les monuments « le roi de Hur et Kingi-Akkad » (l'Accad des Ecritures). Un autre roi, Kudur Mabok ou Kodor-Mapoula, est désigné sur les monuments comme le « ravageur de l'Occident » et peut facilement être identifié avec le Chedorlaomer qui, suivant la Bible, régna sur Elam, pays habité par un peuple cuchite. Il est présumable qu'à cette époque les Elyméens se trouvaient à la tête d'une confédération de Cuchites, de Sémites, d'Aryens et de Touraniens, dont Chedorlaomer, Amraphel (roi de Chinar ou Babylonie propre), Arioch (roi d'Elassar) et Tidal (roi des diverses nations touraniennes) étaient respectivement les chefs nationaux. C'est probablement cette combinaison de races qui donna naissance au nom de kiprath-arbat (quatre langues) donné dans les inscriptions au peuple babylonien. Sous la dynastie élyméenne, qui correspond à la 2° dynastie chaldéenne postdiluvienne de Bérose (1976-1518 av. J.-C.), le siège du gouvernement fut porté plus au nord, dans la tétrapole supérieure, tandis que sur le Tigre fut fondé le royaume sémitique d'Assyrie. On a trouvé sur les monuments les noms de plusieurs princes élyméens ; et parmi eux, celui de Khammaroubi, bâtisseur de temples, et constructeur de l'ancien canal royal, qui réunit dans des villes le peuple « de Somir et d'Akkad », peuple supposé le principal de Babylonie. La dynastie suivante, désignée dans Bérose sous le nom de dynastie arabe (1518-1273 av. J.-C.), indique le renversement de la lignée cuchite (chaldéenne) par une nouvelle conquête ou une révolution sémitique. La fin de la dynastie arabe correspond à la naissance du pouvoir des Assyriens, pendant lequel Babylone lutta longtemps pour son indépendance et pour sa suprématie jusqu'à ce qu'elle eut recouvré l'une et l'autre sous la dynastie chaldéenne proprement dite de Nabopolassar. On pense que cette dynastie rétablit la prédominance des tribus méridionales de Babylonie, tandis que les langues sémitiques de Babylonie et d'Assyrie restaient les langues officielles de l'empire. Voy. ASSYRIE, BABYLONE, BABYLONIE, CUNÉIFORME, etc. — On a donné le nom de langue chaldéenne au dialecte oriental de l'araramaïque. Le chaldéen fut la langue de l'une des langues nationales de la Babylonie au moment de sa plus grande puissance. Nous ne le connaissons que par les ouvrages de certains écrivains juifs qui le rapportèrent en Palestine après la captivité de Babylone. Toute autre trace de la littérature chaldéenne — si tant qu'il y en ait eu — n'existe nulle part ; et il ne reste que des inscriptions sans importance dans la langue assyrienne, qui offre une grande affinité avec le chaldéen. Outre quelques mots que l'on trouve dans la Genèse (xxxi, 47) et dans Jérémie (x, 11), nous avons en chaldéen plusieurs chapitres de Daniel et d'Ezra, des traductions et des paraphrases (Targums) de diverses parties de la Bible, les deux Talmuds et quelques productions juives plus modernes. Après la conquête de la Babylonie par les Arabes, en 640, l'emploi de la langue chaldéenne cessa graduellement ; on ne la parle plus guère que dans quelques communautés chrétiennes des montagnes du Kurdistan. Elle se distingue du syriaque par l'absence de diphtongues et le manque presque complet de la voyelle o que remplace a, par un accent qui porte sur la dernière syllabe ; elle emploie l'alphabet hébreu légèrement modifié. Parmi les meilleures grammaires de cette langue, on distingue celles de Buxtorf, de Michaelis, de Harris, de Fürst et de Bertheau. Le grand dictionnaire de Nathan ben Jehiel de Rome (xi° siècle), intitulé '*Arukh* et enrichi de notes

par Mussaphia, a été publié sous une forme plus moderne par Landau (5 vol., Prague, 1819 et suiv.). Ce travail important a servi de modèle au *Lexicon Chaldaicum, Talmudicum et Rabbinicum* de Buxtorf (Bâle, 1640). Comme dictionnaires contemporains, nous recommandons : J. Levy : *Chaldaisches Wörterbuch über die Targumim* (1866-'8); et *Neuhebraisches und Chaldaisches Wörterbuch über die Talmudium und Midraschim* (1875 et suiv.).

* **CHALDÉEN, ÉENNE** s. et adj. Voy. Chaldaïque. — s. m. Langue des Chaldéens.

CHALDETTE (La), station minérale près de Massiac (Lo ère). Eaux bicarbonatées sodiques à 34° C. Etablissement avec bains, douches, vapeurs aspirations, buvette. Traitement de la dyspepsie, de la métrite chronique, des maladies de la peau et des affections du foie.

* **CHÂLE** s. m. [châ-le] (ar-*schâl*). Longue pièce d'étoffe de soie, de laine ou de coton, dont les Orientaux s'enveloppent la tête, et qui entre aussi, de diverses manières, dans leur vêtement. — Grande pièce d'étoffe dont les femmes se couvrent les épaules, et qui est ordinairement fabriquée dans le goût des châles de l'Orient. — CHÂLE SOITEUX, châle carré qui n'a des palmes qu'à l'un de ses bouts. — ENCYCL. Les châles les plus connus et les plus prisés sont ceux de *cachemire*, tissés dans l'Indoustan ou imités en Europe, présentant de magnifiques broderies dessinées d'un seul côté ou quelquefois des deux côtés. Ensuite viennent les châles de *crêpe*, fabriqués en soie pour imiter les méthodes chinoises ; les *grenadines*, d'un tissu particulier en soie, ou en laine ; les *chenilles*, en soie souvent combinée avec le coton ; le *chiné*, fait avec une chaîne imprimée avant le tissage ; le *barège*, en laine, fabriqué en imitation des châles par les paysans des environs de Barèges (Pyrénées); les châles de tartan, etc.

* **CHALET** s. m. [cha-lè] (bas lat. *castellenum*, petit castel). Nom qu'on donne, en Suisse, aux maisons des paysans : *petit chalet*. — Cabane où se font les fromages, et qui, dans l'été, sert de retraite aux vachers des montagnes. — Petite maison de plaisance, bâtie dans le goût des chalets suisses. — Le **Chalet**, opéra comique en un acte, représenté à Paris le 25 septembre 1834. Paroles de Scribe et de Mélesville ; musique d'A. Adam.

* **CHALEUR** s. m. (lat. *calor*). Qualité de ce qui est chaud, sensation produite par un corps chaud : *chaleur naturelle ; degré de chaleur, chaleur modérée*. — Sensation de chaleur, qui ordinairement est incommode : *chaleur de la fièvre ; éprouver des chaleurs*. Fig. et fam. : *chaleur de joie ou de sang*, mouvement de colère prompt et passager. — *Etre en chaleur*, se dit des femelles de certains animaux, lorsqu'elles désirent l'approche du mâle : *chatte en chaleur*. — Température produite par l'action du soleil : *chaleur dévorante ; vingt degrés de chaleur*. — Fig. Ardeur, feu, véhémence : *chaleur de la jeunesse ; parler avec chaleur ; style plein de chaleur*. — *Dans la chaleur du combat, dans la chaleur de la dispute, dans la chaleur de la composition*, au fort du combat, de la dispute, de la composition. — Phys. Calorique, agent qui produit l'élévation de la température. — ENCYCL. La chaleur est la force naturelle ou le principe que nous connaissons par ses effets sur la matière, qu'elle fait dilater ou à laquelle elle fait prendre les formes solides, liquides, gazeuses ou sphéroïdales, suivant son degré d'action et suivant la nature du corps. On connaît également la chaleur par l'effet qu'elle produit sur le sens du tact. La science qui traite des phénomènes et des propriétés de la chaleur est nommée *thermotique*. Deux théories générales sur la nature de cette force natu-

reile ont été soutenues depuis les temps les plus anciens : l'une considère la chaleur comme une sorte de matière subtile qui s'insinue dans la substance des corps et qui y réside en manifestant plus ou moins sa présence; d'après l'autre, elle n'est qu'une simple condition de matière, une force ou un mouvement moléculaire. Démocrite (460 av. J.-C.) concevait la chaleur comme une émanation de particules sphériques extrêmement petites, qui avaient un mouvement rapide au moyen duquel elles pénétraient les corps les plus denses. Aristote la considérait comme une condition de matière plutôt que comme une substance, et il fut probablement le premier à suggérer une théorie immatérielle ou purement mécanique. Dans les temps modernes, Francis Bacon soutint la doctrine de l'immatérialité et quelques passages de son *Novum Organum* sont remarquables par les opinions qu'ils contiennent sur la théorie dynamique de la chaleur. Les idées des anciens philosophes sur la chaleur étaient vagues, et on ne peut les considérer que comme les opinions de grands esprits auxquels les moyens chimiques et physiques d'investigation faisaient défaut. Entre le temps de Descartes et celui de Locke, parut le fameux chimiste allemand Becher, qui proposa une théorie, plus tard approfondie par Stahl, sous le nom de théorie phlogistique, d'après laquelle le phlogiston est le principe de la chaleur, la matière combustible étant une union de ce principe avec la matière ordinaire; lorsque le corps est brûlé, le phlogiston en est expulsé. La découverte de l'oxygène par Priestley et la théorie de la combustion par ce corps gazeux, établie par Lavoisier renversèrent la théorie du phlogistique et mirent à sa place une théorie également matérielle qui considère le calorique comme l'élément impondérable qui constitue la chaleur. Lavoisier et Black furent les grands propagateurs de la doctrine matérielle d'après laquelle le calorique est une substance actuelle ayant le pouvoir de se combiner avec la matière pondérable et de passer d'un corps à un autre. Les expériences faites par le comte Rumford en 1796-'8, peu après par sir Humphry Davi et plus récemment par M. Joule, de Manchester, ont démontré que la puissance mécanique et la chaleur sont des *forces mutuellement convertibles*, et ont établi la doctrine que la chaleur n'est que la manifestation de la motion moléculaire. — Le soleil est l'immense magasin de chaleur rayonnante d'où notre globe reçoit depuis des myriades d'années, celle qui lui est nécessaire. Les effets les plus apparents de la chaleur sur la matière sont de causer sa dilatation et de lui faire prendre les états solides, liquides, gazeux et sphéroïdaux. Ainsi, sous la pression ordinaire de l'atmosphère, l'eau devient solide à une température inférieure à 0° C. ou 32° F. Au-dessus de ce degré de chaleur, elle est liquide jusqu'à + 99° C. ou 211° F.; passé + 100° C. ou 212° F., elle devient gazeuse. C'est aussi la chaleur qui fait passer la matière de l'état solide ou liquide à l'état sphéroïdal. Exemple : faites chauffer une capsule de cuivre ou d'argent à une haute température et mettez-y un morceau de glace et vous la verrez passer à *l'état sphéroïdal*. A quelques exceptions près, une augmentation de la chaleur des corps les fait dilater et l'on profite de cette propriété pour des opérations industrielles les plus variées, comme le placement des bandes de roues, etc. La construction des pyromètres, des baromètres, des thermomètres, etc., est fondée sur la propriété d'expansion. Il arrive qu'à la température à laquelle un liquide se solidifie, il y a expansion au lieu de contraction, comme lors de la solidification du fer, du bismuth et de l'eau. — I. CHALEUR RAYONNANTE, calorique émis par un corps environne de corps moins échauds. Quand un rayon de

lumière est dispersé par un prisme triangulaire de sel gemme, substance extrêmement diathermane, il s'y forme un spectre lumineux de plusieurs couleurs, dans lequel la chaleur est plus ou moins distribuée, étant plus élevée dans le rouge que dans les autres portions, qui sont plus réfrangibles. Mais elle est de beaucoup plus élevée dans cette partie du spectre qui est composée de rayons invisibles, lesquels sont encore moins réfrangibles que le rouge. On estime la quantité de chaleur contenue dans la partie invisible ou non lumineuse est, au-dessus de celle des rayons rouges, sept ou huit fois aussi élevée que dans la partie lumineuse. La radiation de la lumière aussi bien que de la chaleur se propage en ligne droite dans un milieu homogène; et à l'inverse du son, elle peut être transmise dans le vide, fait, qui indique qu'elle emploie un moyen différent. La radiation de la chaleur, suit les trois importantes lois suivantes : 1°, son intensité est proportionnelle à celle de sa source; 2°, elle est en raison inverse du carré de la distance; 3° son intensité est moindre en proportion de l'obliquité de la surface du corps qui émet les rayons. Chaque corps reçoit constamment des rayons de chaleur de tous les autres corps placés dans les limites de radiation et, en même temps, il retourne des rayons de chaleur à ces corps. Mais les corps les plus chauds émettent des rayons d'une plus grande intensité que ceux qu'ils reçoivent, de telle sorte que tous les corps ont une tendance à arriver à une condition d'équilibre. Cette doctrine, dite *des échanges*, fut proposée vers 1790 par Prévost, professeur à Genève, et nommée par lui *théorie d'équilibre mobile de la température*. Si un corps pouvait être placé de telle sorte qu'il continuât de faire rayonner plus de chaleur qu'il n'en absorbe, un moment viendrait où ses vibrations cesseraient et où il ne posséderait plus aucune chaleur; en d'autres termes, il arriverait à un état de *zéro* absolu. Les physiciens modernes ont supposé un tel *zéro* théorique, et ont calculé qu'il serait à — 272° 85 C. ou 459° 13 F. On admet ordinairement que la lumière a une grande influence sur le pouvoir de radiation et d'absorption des corps ; mais cela est vrai seulement pour la chaleur lumineuse. Si on emplit d'eau chaude un vase cubique et si l'on recouvre trois côtés de ce vase, l'un avec du velours blanc, l'autre avec du velours rouge et le troisième avec du velours noir, le quatrième, non couvert, étant en cuivre poli, on trouvera que les trois côtés couverts de velours font rayonner également la lumière ; mais que le quatrième, celui qui n'est pas recouvert de fait rayonner beaucoup moins ; ce qui prouve que la texture ou la structure moléculaire, beaucoup plus que la couleur, confère le pouvoir rayonnant sur les surfaces, pour la chaleur obscure. — II. CONDUCTION DE LA CHALEUR. Les résultats obtenus par Wiedemann et Franz sur la conductibilité des métaux se trouvent dans la table suivante, à laquelle on a ajouté les conductions électriques des mêmes métaux d'après Riess et Lenz.

ÉVALUATION DE LA CONDUCTIVITÉ THERMALE ET ÉLECTRIQUE

MÉTAUX	Conductivité thermale		Conductibilité électrique
	WIEDEMANN et FRANZ	Riess	Lenz
Argent.........	100·0	100·0	100·0
Cuivre.........	73·6	66·7	73·3
Or.............	53·2	39·0	58·5
Laiton.........	23·6	18·4	21·5
Étain..........	14·5	10·4	12·6
Fer............	11·9	12·0	13·0
Plomb.........	8·5	7·0	10·7
Platine........	6·4	10·5	8·4
Bismuth.......	1·8	—	1·2

On remarquera que la conductibilité électrique et la conductibilité thermale sont pres-

que les mêmes ; fait qui avait déjà été observé par J.-D. Forbes. La propriété de conductibilité thermale des métaux est la base de l'invention de la lampe de sûreté de Davy, pour les mineurs. Les liquides sont très mauvais conducteurs de la chaleur, comme on peut s'en convaincre en versant lentement une petite quantité d'alcool sur la surface de l'eau contenue dans une tasse, et en mettant le feu à cet alcool ; il faut longtemps pour que la partie supérieure de l'eau devienne sensiblement chaude. Despretz a trouvé que la conductivité de chaleur pour les solides, mais qu'elle est beaucoup plus faible, celle de l'eau étant environ $\frac{1}{75}$ de celle du cuivre. Les liquides sont rapidement chauffés par *convection*. Lorsque la chaleur est appliquée au-dessous d'un vase contenant un liquide, la portion qui se trouve près du fond de ce vase se dilate et monte à la surface; les particules communiquent leur excès de chaleur à celles au milieu desquelles elles passent. Les gaz s'échauffent de la même façon ; ils sont extrêmement mauvais conducteurs ; mais en raison de la mobilité de leurs particules, il est difficile d'arriver à des résultats satisfaisants au sujet de leur pouvoir. Une exception remarquable à la non conductibilité des gaz est le cas de l'hydrogène qui, bien que le plus léger de tous, est comparativement le meilleur conducteur de la chaleur. On le prouve par l'expérience suivante : si l'on passe un fil de platine très fin dans un tube de verre et si l'on met ses deux extrémités en relation avec les pôles d'une batterie galvanique, il deviendra incandescent lors du passage d'un courant galvanique modéré, à la condition que le tube soit vide ou qu'il contienne un gaz ou des gaz autres que l'hydrogène ; mais si le tube contient de l'hydrogène pur, l'incandescence n'a pas lieu, parce que la chaleur se *dégage*. Cette conductibilité de l'hydrogène en l'eau descause qui ont fait considérer ce corps comme un métal — III. CHALEUR SPÉCIFIQUE, quantité de chaleur qu'un corps est capable de communiquer ou d'absorber lorsque sa température s'élève ou descend d'un certain degré. Les premières expériences importantes sur la chaleur spécifique des corps furent faites par le Dr Black dans la seconde partie du XVIIIe siècle. Si l'on mélange deux quantités d'eau égales en poids, mais à des températures différentes, la température du mélange tient le milieu entre celles des deux quantités d'eau. Mais si l'on met ensemble des poids égaux de fer et d'eau à différentes températures, la température du mélange se rapproche davantage de celle de l'eau. Pour faire des expériences sur la chaleur spécifique, il a été nécessaire d'adopter une unité de mesure. L'unité la plus employée est la calorie ou degré kilogramme, chaleur nécessaire pour élever d'un degré C. un kilogramme d'eau. On a eu recours à trois méthodes pour déterminer la chaleur spécifique : 1° la méthode de fusion de la glace ; 2° la méthode des mélanges ; 3° la méthode de refroidissement. Nous allons développer les deux premières méthodes. 4° *Méthode de fusion de la glace*. Cette méthode, employée par Black, consiste simplement à creuser un trou profond dans un morceau de glace, à placer dans la cavité la substance à expérimenter et à fermer l'ouverture avec un couvercle de glace. Avant de verser la substance dans la cavité, on l'élève à une certaine température, et lorsqu'elle est descendue, au point de la glace, à 0°, on l'enlève au moyen d'une éponge ou d'une étoffe du fait connu. L'augmentation de son poids fait connaître la quantité de glace qui a été fondue pendant l'expérience. Il faut autant de chaleur pour convertir un kil. de glace en un kil. d'eau au même degré qu'il en faut pour élever un kil. d'eau de 0° à + 79° ; d'où l'on conclut que l'eau à 0° contient 79° de chaleur de plus que la glace à la même température. Soit m le poids de l'eau provenant de la glace dans l'expérience ci-dessus, w le poids du corps employé pour l'expérience, s sa chaleur spécifique et t le nombre de degrés dont il a descendu ; il en résulte l'équation suivante : $w\,t\,s = 79\,m$ ou $s = \frac{79\,m}{w\,t}$; d'où l'on trouve facilement la chaleur spécifique de n'importe quelle substance. Une modification de cet appareil a été imaginée par Lavoisier et Laplace pour donner des résultats plus exacts : c'est le calorimètre à glace, qui consiste en trois vases concentriques d'étain, placés les uns dans l'intérieur des autres. Le vase intérieur contient la substance sur laquelle on veut faire t'expérience ; les deux autres sont emplis de glace pilée. Le vase extérieur s'oppose aux influences extérieures, et l'eau qui s'écoule, par un robinet de celui du milieu, détermine la quantité de glace qui a fondu. Bunsen a inventé un calorimètre pour les cas particuliers dans lesquels on veut faire des expériences sur de petites quantités seulement ; 2° *Méthode des mélanges.* Un corps étant pesé et élevé à une certaine température, on le place dans un vase contenant de l'eau froide dont le poids et la température sont également connus. Soit m le poids du corps, n sa température et s sa chaleur spécifique ; soit, d'autre part, w le poids de l'eau froide et t sa température. Au bout d'un instant l'équilibre s'établit dans le mélange et alors la température peut être représentée par e. La quantité de chaleur que le corps a abandonnée sera donc $m\,s\,(n-e)$, et celle qui a été gagnée par l'eau sera $w\,(e-t)$, la chaleur spécifique de l'eau étant prise pour unité. Comme la quantité de chaleur qui est absorbée est égale à celle que dégage le corps sur lequel a lieu l'expérience :

$$m\,s\,(n-e) = w\,(e-t)\,;$$

d'où :

$$s = \frac{w\,(e-t)}{m\,(n-e)}.$$

Pour appliquer cette formule, supposons que 3 kil. de mercure à 100° C. soient mélangés avec 1 kil. d'eau à 0°, et que le mélange descende à + 9° ; quelle est la chaleur spécifique du mercure ? Dans cet exemple :

$m = 3$, $e = 9°$, et $n - e$ ($100° - 9°$) = $91°$;

d'où :

$$s = \frac{9}{3 \times 91} = 0,0333.$$

La chaleur spécifique du mercure est donc 0,0333, ou environ $\frac{1}{30}$ de celle de l'eau. — Dulong et Petit ont trouvé que la chaleur spécifique d'un corps solide est plus grande à une haute qu'à une basse température. La chaleur spécifique d'un corps solide dépend de ses conditions moléculaires qui peuvent être considérablement changées par les manipulations, telles que le martelage, la compression, la traction, etc. Un accroissement de densité diminue la chaleur spécifique, tandis que la dilatation l'accroît ; c'est probablement pour cette raison que l'expansion augmente en même temps que la température. La table suivante de la chaleur spécifique de divers corps solides a été établie par Regnault (de 0° à + 100° C.). :

SUBSTANCES	Chal. spéc.	SUBSTANCES	Chal. spéc.
Noir animal	0·26085	Cobalt	0·10696
Charbon de bois	0·24111	Zinc	0·09555
Soufre	0·20259	Cuivre	0·09515
Graphite	0·20187	Airain	0·09301
Verre	0·19768	Argent	0·05710
Phosphore	0·18949	Étain	0·05623
Diamant	0·14687	Antimoine	0·05077
Fer gris	0·12983	Mercure	0·03332
Acier	0·11750	Or	0·03244
Fer	0·11297	Platine	0·03244
Nickel	0·10863	Bismuth	0·03084

Ordinairement, une substance a une plus grande chaleur spécifique lorsqu'elle est à l'état liquide que lorsqu'elle est à l'état solide ; ainsi la chaleur spécifique de la glace

est seulement la moitié de celle de l'eau. La chaleur spécifique des liquides augmente également avec la température, mais dans une plus grande proportion que celle des solides. Celle d'un gaz à un volume constant diffère de celle d'un gaz à une pression constante. La loi de la chaleur atomique ou chaleur spécifique des atomes fut découverte par Dulong et Petit en 1819 et a rendu la connaissance de la chaleur spécifique des corps très importante pour les investigations chimiques. Cette loi peut être exactement énoncée comme suit : les chaleurs spécifiques des corps élémentaires sont inversement proportionnelles à leurs poids atomiques. — IV. CHALEUR LATENTE, calorique absorbé ou émis par un corps sans que la température en soit élevée ou abaissée. La doctrine de la chaleur latente a été enseignée par Black en 1762. — *Chaleur latente de fusion.* Si l'on mélange un kil. d'eau à 100° avec un kil. d'eau à 0°, il en résultera deux kil. d'eau à 50° ; mais si l'on jette un kil. de glace à 0° dans un kil. d'eau à 100°, le résultat sera deux kil. d'eau à 10°. Il y aura donc, entre la chaleur des deux mélanges, une différence de 40°, et pourtant la température des deux constituants était la même : 0° (glace) et 100° (eau bouillante). Cette différence de 40° doit représenter la chaleur nécessaire pour liquéfier un kil. de glace, chaleur qui est la même que celle qui est nécessaire pour élever de 40° deux kil. d'eau ou de 80° un kil. d'eau ou d'un degré 80 kil. d'eau. Si nous prenons pour unité cette quantité de chaleur qui est nécessaire pour élever de 1° un kil. d'eau, la chaleur latente de la fusion sera représentée par 80° C. (142° F.), ou plus exactement, d'après M. Person, par 79° 25 C. (142° 65 F.).

TABLE DES CHALEURS LATENTES DE QUELQUES SUBSTANCES

SUBSTANCES	E = t	à degrés F.	à degrés t.
Eau	1·000	142·650	79·250
Phosphore	0·063	9·061	5·034
Zinc	0·355	52·434	29·130
Cadmium	0·172	24·588	13·660
Argent	0·566	37·926	21·070
Mercure	0·035	5·094	2·830

— *Chaleur latente de vaporisation.* Les liquides, lorsqu'ils passent à l'état de vapeur, absorbent une grande quantité de chaleur. La conversion en vapeur peut être rapide, comme lors de l'ébullition, mais elle peut être lente, comme lorsque l'eau s'évapore au contact de l'air libre et aux températures ordinaires. Dans les deux cas, il y a une disparition de chaleur proportionnelle à la quantité évaporée. Si on place sur une lampe un vase contenant de l'eau froide, la température de cette eau s'élèvera continuellement jusqu'à ce qu'elle atteigne le degré de l'ébullition ou 100° ; ensuite la température ne s'élèvera plus ; elle restera à 100° jusqu'à complète évaporation. Si, au commencement de l'opération, l'eau était à 0° et si la chaleur de la lampe reste bien uniformément la même, le temps nécessaire à l'évaporation de l'eau sera environ 5 fois 1/2 le temps nécessaire pour élever cette eau à 100°. La température restant à 100° pendant l'ébullition, il en résulte que l'évaporation d'une quantité donnée d'eau absorbe 5 fois 1/2 la chaleur nécessaire pour élever 100° cette même quantité d'eau. La chaleur latente de la vapeur d'eau est donc 5 fois 1/2 100°, ou 550°. Si la vapeur est reconvertie en liquide, cette quantité de chaleur reparaît précisément. — James Thomson, dans un mémoire publié dans les « Transactions » de la Société royale d'Edimbourg, en 1849, exprime son opinion, déduite de la théorie mécanique de la chaleur, qu'un liquide qui se dilate en se solidifiant, comme l'eau, peut avoir son point d'ébullition abaissé par une augmentation de pression. Peu après, sir William Thomson fit des expériences à ce sujet et prouva l'exactitude de cette déduction.

Quand un mélange de glace et d'eau fut soumis à une pression, la température descendit et revint à 0° lorsque la pression eut cessé. Des pressions de 8·1 et de 16·8 atmosphères firent baisser le point de congélation, l'une à 17° 72, l'autre à 17° 65 ; résultats qui s'accordent à peu près avec la prédiction de James Thomson, que le point de congélation tomberait de 0° 0075 pour chaque atmosphère additionnelle. — V. CHALEUR CENTRALE, chaleur de l'intérieur de la terre. Depuis 1740, de nombreuses données ont été réunies par les savants de tous les pays pour soutenir la théorie que l'intérieur de la terre est à une température très élevée. La chaleur que l'on observe dans le fond des mines et des puits artésiens, ainsi que celle des sources thermales, conduisent à cette conclusion. La chaleur pour la même profondeur varie suivant les pays ; sa moyenne a été estimée par Kupffer à 1° F. pour 37 pieds et par Cordier à 1° pour 45 pieds. Charles Lyell, Poisson et plusieurs autres autorités n'admettent pas la théorie de la chaleur centrale ; ils prétendent que si la partie centrale du globe était fluide, il y aurait toutes les six heures, des marées assez puissantes pour soulever la masse du liquide ; tandis que de semblables fluctuations, qui seraient facilement appréciables à l'extérieur, n'ont jamais été observées. — VI. CHALEUR ANIMALE, chaleur produite à l'intérieur du corps des animaux par les phénomènes de la digestion et de la circulation. La température des animaux est ordinairement plus élevée que celle du milieu dans lequel ils vivent. La chaleur du corps humain et celle de la plupart des mammifères est d'environ 38° ; celle des oiseaux va de 39° à 41° C. Les êtres les plus élevés dans l'échelle animale, ceux dont la chaleur interne est perceptible au toucher sont dits à *sang chaud*, tandis que les reptiles, les poissons et autres animaux, dont la température est moins élevée que la nôtre, sont dits à *sang froid*, bien que leur température soit plus haute que celle du milieu dans lequel ils vivent. Ainsi on a trouvé la température d'une grenouille à 10° C., tandis que celle de l'eau dans laquelle on avait pris ce batracien n'était qu'à 8° C. ; la température d'un serpent a été trouvée de 33° C. dans une atmosphère de 30°. — Chez les invertébrés, on a éprouvé de grandes difficultés quand on a voulu apprécier la chaleur animale ; mais ces difficultés sont beaucoup moindres pour les insectes, lorsqu'on fait les expériences sur un grand nombre de ces animaux réunis dans un petit espace. On a trouvé que, dans une ruche, la température est plus élevée de deux ou trois degrés que l'atmosphère extérieure ; et cet excès peut être porté à plus de 40 degrés au-dessus lorsqu'on les excite les mouches en frappant sur leur habitation. — La chaleur du sang varie dans les différentes parties du corps. Claude Bernard a trouvé qu'elle est d'environ 35° dans l'aorte abdominale d'un chien, d'environ 36° dans la veine porte et de 37° dans la veine hépatique. En passant dans les poumons, le sang abandonne une partie de sa chaleur par son contact avec l'air et par l'évaporation, et par une raison identique, la peau est considérablement plus froide que les parties internes. Un thermomètre, dont on tient la sphère dans la main ne marque guère plus de 30° ; si on le place sous l'aisselle, il montera de deux degrés et sur la langue, il atteindra 35°. Le maintien de la température interne est nécessaire à la vie ; des expériences sur les animaux à sang chaud ont montré que la mort suit ordinairement un abaissement à 25°, parce que les changements vitaux indispensables à l'existence ne peuvent avoir lieu au-dessous de ce point. La température, peut d'un autre côté, s'élever bien au-dessus de son point ordinaire. Becquerel et Braschet ont observé que la température du biceps d'un homme s'élève d'environ un degré par un travail actif; et Matteucci a augmenté d'un demi-degré la chaleur du muscle d'une grenouille, séparé du corps et artificiellement excité à une contraction; c'est pourquoi l'exercice actif des muscles protège contre le froid extérieur. Toute cause qui élève la chaleur du corps, excite en même temps la circulation et augmente la transpiration, dont l'évaporation tend à ramener la température à son état normal. — Au sujet de la manière dont se produit la chaleur animale, les savants ne sont pas d'accord: les uns pensent qu'elle est due à l'oxydation des éléments du sang et des tissus, au moyen de l'oxygène absorbé par la respiration; d'autres croient au contraire, qu'elle est causée par la conversion de chaleur latente en chaleur sensible, au moyen de différents changements chimiques qui ont lieu pendant l'accomplissement des fonctions vitales dans les diverses parties du corps.

CHALEUREUSEMENT adv. D'une manière chaleureuse.

* **CHALEUREUX, EUSE** adj. Qui a beaucoup de chaleur naturelle. Ne se dit que des personnes, et est peu usité : *à l'âge de soixante-dix ans, on n'est guère chaleureux.* — Se dit quelquefois fig., au sens moral, en parlant des choses : *paroles chaleureuses; accueil chaleureux.*

CHALEURS (Baie de ou des), baie du golfe de Saint-Laurent, de 20 à 30 kil. de large sur, 150 kil. de long, entre la province de Québec et le Nouveau-Brunswick. Les Anglais y détruisirent une flotte française en 1760.

CHALGRIN (Jean-François-Thérèse), architecte, né à Paris en 1739, mort en 1811. Chargé de l'érection de l'arc de triomphe de l'Étoile, il en commença le monument qui, après sa mort, fut continué suivant le plan qu'il en avait tracé.

CHÂLIER s. m. Ouvrier en châles. — Commis de magasin spécialement chargé de la vente des châles.

* **CHÂLIT** s. m. [châ-li] (ital. *caletto,* lit de parade). Bois de lit : *châlit de noyer.*

CHALKLEY (Thomas), prédicateur quaker, né à Londres en 1675, mort dans les Indes occidentales en 1741. Ses œuvres ont été publiées après sa mort.

CHALLANS, ch.-l. de cant.; arr. et à 40 kil. N. des Sables-d'Olonne (Vendée); 4,200 hab. Défaite des Vendéens, le 30 avril 1794.

CHALLES, station balnéaire, à 4 kil. de Chambéry (Savoie). Eaux sulfureuses alcalines iodurées et bromurées froides. Affections strumeuses, affections des voies respiratoires, de l'estomac, accidents syphilitiques, abus mercuriaux, goutte, gravelle, débilité, lymphatisme, diathèse scrofuleuse, dartreuse et cancéreuse, maladies chroniques de la gorge, du larynx, des oreilles, du nez et des yeux. — Établissement thermal; bains, inhalation, pulvérisation, hydrothéraphie.

CHALLONER (Richard), historien anglais (1691-1784). A laissé une « Histoire du protestantisme », etc.

CHALMERS. I. (Alexander), auteur anglais, né en Écosse (1759-1834). On lui doit un bon dictionnaire biographique (32 vol. 1812-'17). — II. (George), historien anglais, né en Écosse (1742-1825), outre une *Histoire de Calédonie* (3 vol.), il a laissé des « Annales politiques des États-Unis » et la « Vie de Marie, reine des Écossais ». — III. (Thomas), ecclésiastique écossais (1780-1847), devint chef du parti évangélique de l'Église d'Écosse. Ses œuvres (25 vol.) comprennent une « Théologie naturelle »; une « Philosophie morale »; une « Économie politique », etc.

* **CHALOIR** v. n. (lat. *calere,* être chaud). Ne s'emploie qu'impersonnellement, et ne se dit guère que dans cette phrase : *il ne m'en chaut,* il ne m'importe.

* **CHALON** s. m. Pêche. Grand filet que les pêcheurs traînent dans les rivières, par le moyen de deux bateaux au bout desquels les côtés du filet sont attachés.

CHALONNAIS, AISE s. et adj. Qui est de Chalon-sur-Saône ou du Chalonnais.

CHÂLONNAIS, AISE s. et adj. Qui est de Châlons-sur-Marne ou du Châlonnais.

CHALONNAIS, ancien pays de Bourgogne, qui forme aujourd'hui les arrondissements de Louhans et de Châlon-sur-Saône. Cap. Chalon-sur-Saône.

CHÂLONNAIS, ancien pays de Champagne, qui fait aujourd'hui partie des arrondissements de Châlons, de Sainte-Menehould et de Vitry (Marne). Cap. Châlons-sur-Marne.

CHALONNES-SUR-LOIRE, ch.-l. de cant.; arr. et à 21 kil. S.-E. d'Angers (Maine-Loire), au confluent du Layon et de la Loire; 5,000 hab. Vins, houille et chaux.

CHALON-SUR-SAÔNE, *Cabillonum, Caballinum,* ch.-l. d'arr., à 60 kil. N. de Mâcon (Saône-et-Loire), sur la rive droite de la Saône et à l'origine du canal du Centre; 21,000 hab. Jolie ville qui possède 4 faubourgs, de belles promenades, un quai splendide et un commerce important : vins, vinaigre, moutarde, horlogerie, orfévrerie, toiles, tissus, essence d'Orient. Patrie de Denon. Cathédrale gothique Saint-Vincent (XIIIe siècle); palais de justice, hôtel de ville. — Chalon devint, au VIe siècle, la capitale des premiers rois francs de Bourgogne. Cap. du Chalonnais (10e siècle), elle passa au duché de Bourgogne en 1237 et fut annexée par Louis XI.

CHÂLONS-SUR-MARNE, *Catalauni, Duro-Catalauum* (48 57'22" lat. N.; 2° 4' 48" long. E.), ch.-l. du dép. de la Marne, à 172 kil. E. de Paris, sur le canal de la Marne au Rhin; 17,000 hab. École d'arts et métiers. Promenade plantée de 2,000 ormes; célèbre église gothique Notre-Dame des XIIe et XIVe siècles; cathédrale (du Ve au XIIIe siècle); hôtel de ville

Châlons-sur-Marne. — Église Notre-Dame.

et préfecture du XVIIIe siècle. Bonneterie, toiles, cordeaux, commerce de grains. Exportation annuelle de 1 million de bouteilles de vin de Champagne. Patrie de Lacaille et de Gauthey. Catalauni vit la défaite de Tétricus (273) et celle d'Attila (451). Pendant le moyen âge, Châlons-sur-Marne forma une sorte de ville libre sous la domination de ses puissants évêques, et renferma, dit-on, plus de 50,000 hab. Un concile y fut assemblé en 1129 sous

les auspices de saint Bernard. Les Prussiens occupèrent cette ville en 1814, et les Russes la prirent en 1815. Sous Napoléon III, le camp dit *de Châlons,* à 17 kil. N.-E. de Châlons, fut, de 1857 à 1870, un champ de parade ou l'empereur venait chaque année déployer son aptitude stratégique. C'est là que les corps d'armée de Mac-Mahon et de Failly vinrent se réorganiser, en 1870, après leur défaite. Les Français détruisirent en partie le camp, avant de l'abandonner à la hâte, au moment où les Allemands se disposaient à l'occuper (23 août 1870).

CHALOSSE, ancien petit pays de Gascogne, aujourd'hui arrondissement de Saint-Sever (Landes), divisé en Chalosse propre, Tursan et Marsan. Villes principales : Saint-Sever, Aire et Mont-de-Marsan. La Chalosse s'étend au sud de l'Adour; elle offre des vallées et des collines fertiles, boisées et couvertes de champs de froment, de maïs et de vignes.

CHALOTAIS (Louis-René de Caradeuc de la), homme d'État, né en 1701, mort en 1785. Ses rapports contre les Jésuites, comme procureur général du parlement de Bretagne (2 vol., 1761-'2), provoquèrent, d'après Grimm, l'expulsion de cette société. Sa juste résistance au chancelier Maupeou et au duc d'Aiguillon, amena son arrestation en 1765. Enfermé à Saint-Malo, puis exilé à Saintes, il publia sa défense et reprit ses fonctions en 1775.

* **CHALOUPE** s. f. (ital. *scialuppa;* danois *sluppe;* angl. *sloop ou shallop;* holland. *sloep;* esp. *chalupa).* Mar. Petit bâtiment non ponté allant à voiles ou à avirons, qu'on emploie dans les ports et dans les rades, et qu'on embarque aussi pour le service des navires. — CHALOUPE A LA TOUE, celle qui est attachée au bord d'un vaisseau; CHALOUPE DOUBLE, petit bâtiment ponté, ou qui n'a que des courcives; CHALOUPE DE BONNE NAGE, celle que l'on peut manier facilement et qui sille bien avec les rames; CHALOUPE ARMÉE, celle dans laquelle on embarque des soldats pour une expédition. CHALOUPE EN FAGOT, pièces d'une chaloupe que l'on garde à bord d'un vaisseau pour les rassembler et en former une chaloupe à l'occasion. CHALOUPE CANONNIÈRE, embarcation pontée, peu élevée au dessus de l'eau, qui va à la voile et à l'aviron et que l'on arme de pièces de canon. — ↝ Jargon. Femme dont le jupon est gonflé. — Cancan échevelé : *on dansera une chaloupe à la Chaumière.*

CHALOUPER v. n. Danser la chaloupe. — Par ext. Faire débauche.

CHALOUPIER s. m. Mar. Matelot de l'équipage d'une chaloupe.

* **CHALUMEAU** s. m. (lat. *calamellus).* Tuyau de paille, de roseau, de métal, etc. : *les enfants font des bulles de savon avec un chalumeau; quand le pape communie solennellement, il prend avec un chalumeau d'or le vin consacré.* — Tuyau recourbé, fait de cuivre, d'argent ou de verre, dont on se sert pour diriger la flamme sur les matières qu'on veut échauffer ou fondre : *chalumeau d'émailleur.* — Sur les peintures qui décorent les tombes de Thèbes, on remarque un Égyptien en train d'employer un chalumeau. Le minéralogiste suédois Antony von Swab, en faisait usage dans ses expériences, vers 1733. Wollaston et plusieurs autres le perfectionnèrent. — En 1802, Robert Hare, de Philadelphie, augmenta l'action du chalumeau par l'emploi de l'oxygène et de l'hydrogène. Au moyen des chalumeaux perfectionnés par Newman, E.-D. Clarke put fondre, en 1816, des terres, des alcalis et des métaux. Plattner et Muspratt ont publié en 1854 un ouvrage sur le chalumeau. G. Plympton a donné un autre en 1874. — Instrument de musique pastorale qui n'était dans l'origine qu'un roseau percé de plusieurs trous.— Poésie. Toute sorte de flûtes et d'instruments à vent qui composent une musique champêtre : *au son des chalumeaux.* — ENFLER SES CHALUMEAUX, JOUER DU CHALUMEAU, composer des vers sur des sujets champêtres. — Mus. Tuyau qui s'adapte au corps de la musette.

* **CHALUT** ou Chalus s. m. Pêche. Filet en forme de sac pour la pêche du poisson plat.

CHÂLUX [lû], *Castra Lucii,* ch.-l. de cant.; arr. et à 25 kil. N.-O de Saint-Yrieix (Haute-Vienne), sur la Tardoire; 2,100 hab. Ruines du fameux château fort à l'attaque duquel Richard Cœur de Lion fut mortellement blessé par une flèche que lui décocha un nommé Gourdon, archer dont le père et les frères avaient péri de la main de ce roi (1199).

CHALY ou Chalis s. m. Etoffe de poils de chèvre très légère.

CHALYBÆUS (Heinrich-Moritz), philosophe allemand (1796-1862); fut professeur à Kiel, de 18.9 à 1862. Son *Histoire de la philosophie spéculative depuis Kant jusqu'à Hegel* a été traduite en plusieurs langues. Il a laissé plusieurs autres ouvrages.

* **CHALYBÉ, ÉE** adj. [ka-li-bé] (de *Chalybes,* peuple scythe auquel on attribua l'invention du fer; d'où vient le nom gr. *chalups,* acier, et le mot lat. *chalybs,* ayant le même sens). Pharmacie. Se dit des eaux, des liqueurs et des médicaments qui contiennent du fer. On dit aussi *ferré,* excepté quand il s'agit de sources minérales; on dit alors : *eau chalybée, source chalybée, bain chalybé,* etc.

CHALYBÉIFORME adj. Hist. nat. Qui ressemble à un fil de fer : *lichen chalybéiforme.*

CHALYBES, peuple scythe qui habitait au S. et au S.-E. de la mer Noire. Une tradition attribuait aux Chalybes l'art de forger le fer et même de tremper l'acier.

CHAM [kamm], deuxième fils de Noé. Fut maudit à cause de son irrévérence envers son père. Ses descendants ont peuplé l'Afrique et le S.-O. de l'Asie.

CHAM (Amédée DE Noé, dit), caricaturiste français, né à Paris le 26 janvier 1819. Fils du comte de Noé, pair de France, il fut destiné à la carrière militaire; mais une irrésistible vocation le portant vers les arts, il quitta l'Ecole polytechnique pour entrer dans l'atelier de Paul Delaroche et ensuite dans celui de Charlet. Il débuta dans le genre de la caricature en 1842 et produisit une longue suite de charges de dessins comiques, qui parurent au *Musée Philippon,* au *Charivari,* au *Monde illustré,* etc. En même temps, il écrivit des librettis et des vaudevilles, parmi lesquels : le *Serpent à plumes,* opérette (1865), le *Myosotis* (1866), le *Commandeur* (1869).

* **CHAMADE** s. f. (ital. *chiamata*; du lat. *clamata,* appel). Signal que les assiégés donnent avec le tambour ou la trompette, quand ils veulent parlementer. — Autrefois, les assiégeants battaient la chamade au moment de donner l'assaut, pour avertir les assiégés du danger qui les menaçait et pour les amener à composition; de leur côté, les assiégés employaient la même batterie pour annoncer qu'ils demandaient à se rendre.

* **CHAMAILLER** v. n. [ll mll.] (de *Camulus,* nom du dieu de la guerre chez les Gaulois). Se battre confusément et avec grand bruit : *ils chamaillent longtemps.* (Fam.) — Se chamailler v. pr. Se battre en faisant du bruit : *ils se chamaillèrent deux heures durant.* — Fig. Se disputer avec beaucoup de bruit : *ils se sont bien chamaillés.*

* **CHAMAILLIS** s. m. [cha-ma-yi; ll. mll.]. Querelle où l'on se chamaille. — Anc. art milit. Combat ou joute en champs clos, dans lequel tous les acteurs se confondaient à droite et à gauche et formaient une mêlée.

CHAMAN s. m. [cha-man] (sanscr. *çramanas,* ascète). Prêtre bouddhiste du nord de l'Asie.

CHAMANISME s. m. [cha-] (rad. *chaman*). Idolâtrie des peuples de la Sibérie.

CHAMARRE s. f. [cha-ma-re] (esp. *camarra, simare*). Ancien nom de la SIMARE.

* **CHAMARRER** v. a. (rad. *chamarre*). Orner un habit, un meuble, de passements, de dentelles, de galons, de bandes de velours, etc. : *chamarrer un habit, un meuble.* — Ne se dit plus guère aujourd'hui qu'en parlant d'une parure de mauvais goût, d'un assemblage de couleurs éclatantes et mal assorties : *il s'est fait chamarrer de la manière la plus bizarre.* — Fig. et fam. CHAMARRER QUELQU'UN DE RIDICULES, le charger, le couvrir de ridicules.

* **CHAMARRURE** s. f. Manière de chamarrer; ornements avec lesquels on chamarre : *chamarrure à ondes.* Ne se dit plus guère aujourd'hui que par dénigrement.

CHAMAS (Saint-), bourg de l'arrondissement et à 53 kil. E. d'Aix (Bouches-du-Rhône); 2,800 hab. Fabrique de poudre très importante; préparation des olives dites *à la picholine.* Aux environs, se trouve le pont Flavien. (Mon. hist.)

CHAMAVES, ancien peuple de la Germanie, qui était établi dans le voisinage du Rhin, lorsque les conquêtes des Romains le forcèrent d'émigrer du côté du Weser. Plus tard, les Chamaves revinrent sur les bords du Rhin inférieur et firent partie de la ligue franque.

CHAMBARD s. m. Diminutif de chambardement. C'est de tradition, à l'Ecole polytechnique que les anciens démolissent les meubles des nouveaux, jettent leurs oreillers et leurs matelas par les fenêtres et dispersent leurs effets. C'est ce que l'on appelle *faire le chambard.* Les héros de ces amusements se cotisent ensuite pour en payer les frais. Quand le général Galimard fut mis à la tête de l'école, il voulut mettre fin à cette tradition. Cette mesure amena quelques désordres en 1880 et en 1881.

CHAMBARDEMENT s. m. Action de chambarder, résultat de cette action.

CHAMBARDER v. n. Bousculer. S'est dit d'abord chez les marins.

* **CHAMBELLAGE** s. m. Jurispr féod. Droit en argent que devaient certains vassaux à leurs seigneurs.

* **CHAMBELLAN** s. m. On appelle ainsi, chez quelques princes, les gentilshommes qui les servent dans la chambre, en l'absence du premier gentilhomme de la chambre : *la marque distinctive de l'emploi de chambellan, est une clef attachée à la poche droite de l'habit.* —*Grand chambellan,* premier officier de la chambre du roi, celui qui sert le roi préférablement aux premiers gentilshommes : *quand le roi tenait son lit de justice, le grand chambellan était à ses pieds.* — CHAMBELLAN désigne aussi l'une des tables que le roi tenait pour les courtisans et dont le grand chambellan faisait les honneurs : *aller dîner au chambellan.*

CHAMBERLAYNE. I. (Edward), écrivain anglais (1616-1703), connu surtout par son « *Angliæ Notitia* ou Etat présent de l'Angleterre » (1667); traduction française par Neuville (1692). — II. (John), fils du précédent, mort en 1723. Continua l'œuvre de son père, sous le titre de *Magnæ Britanniæ Notitia,* etc.

CHAMBERS. I. (Ephraim), encyclopédiste anglais, mort en 1740. Son encyclopédie, 2 vol. 1728 (5e éd. 1746), fut la base de celle de Rees. — II. (George), artiste anglais, mort en 1840. Ses meilleures toiles représentent des batailles navales. — III. (Sir William), architecte anglais (1726-96). Son chef-d'œuvre est la maison Somerset, à Londres. Il a publié

un traité d'architecture civile (1759).—IV.(William et Robert), nom de deux frères écossais qui s'associèrent comme éditeurs et comme auteurs à Edinburgh. William est né en 1800; Robert en 1802 et mort en 1871. Ils ont publié : « le Livre d'Ecosse »; « l'Esclavage en Amérique »; « les Chemins de fer »; « un Hiver à Mentoue »; « Ailrie Gilroy » (roman) « Histoire de la rébellion de 1746-'6 »; « Vie de Jacques Ier »; « Chants et ballades d'Ecosse »; « Annales domestiques d'Ecosse »; « Dictionnaire biographique des Ecossais célèbres »; « Encyclopédie Chambers »; « Journal d'Edinburgh (fondé en 1832) », etc.

CHAMBERSBURG, bourg de Pennsylvanie, à 85 kil. S.-O. de Harrisburg; 7,000 hab. Fut brûlé par les confédérés le 30 juillet 1864. Fab. de papier, de lainages et de fer.

CHAMBERTIN s. m. Vin que produit le vignoble de Chambertin : *boire du chambertin.*

CHAMBERTIN, célèbre vignoble du département de la Côte-d'Or, commune de Gevrey, arrondissement et à 12 kil. S. de Dijon. Il comprend 25 hectares, divisés entre plusieurs propriétaires, et produit environ 150 barriques d'un vin plein de sève, de moelleux, de finesse et de suavité.

CHAMBÉRY, lat. *Camberium, Camberiacum*; ital. *Ciumberi,* ch.-l. du département de la Savoie, pittoresquement situé au milieu de hautes montagnes, sur l'Albane et la Leysse, affluents du lac Bourget; par 45° 34' 8" lat N. et 3° 34' 47" long. E.; à 600 kil. S.-E de Paris, 140 O.N.-O. de Turin et 75 S.-S.-O. de Genève; 19,500 hab. Archevêché; cathédrale gothique; château en ruines avec jardins et terrasses; académie, musée et plusieurs institutions charitables ou savantes. Colonne colossale érigée en l'honneur du général de Boigne, bienfaiteur de la ville. Fabrique de gazes de soie renommées. Patrie de Saint-Réal, de Vaugelas, de Joseph et de Xavier de Maistre. Seigneurie au XIe siècle, Chambéry devint, en 1232, capitale du comté, puis du duché de Savoie. Les Français l'occupèrent plusieurs fois de 1535 à 1737; ch.-l. du département du Mont-Blanc pendant la République et l'Empire; définitivement réunie à la France en 1860.

CHAMBON, *Cambonium,* ch.-l. de cant.; arr. et à 24 kil. S.-E. de Boussac (Creuse), au confluent de la Tarde et de la Voueize. Tribunal de première instance de l'arrondissement; 2,500 hab. Nombreuses antiquités celtiques et gallo-romaines.— Commerce de bestiaux.

CHAMBON-FEUGEROLLES (Le), ch.-l. de cant.; arr. et à 7 kil. S.-O. de Saint-Etienne (Loire), sur l'Ondaine-Vachery, Clous, aciers, rubans, passementerie, houille; 4,800 hab.

CHAMBORANT (de), vieille famille du Limousin, dont un membre, André-Claude, acheta en 1761 un régiment de cavalerie hongroise, dit *Hussards de Chamborant* (aujourd'hni 2e régiment de hussards).

CHAMBORD s. m. [chan-bor]. Etoffe de laine ordinairement employée pour robes de deuil. — A la Chambord, loc. adv. Se dit d'une façon particulière d'accommoder le poisson : *carpe à la Chambord.*

CHAMBORD, autrefois *Chambost,* puis *Chamboury,* village du canton de Bracieux, à 12 kil. E. de Blois (Loir-et-Cher), sur le Cosson; 400 hab. Célèbre et magnifique château, au milieu d'un parc de 4,500 hectares. Ce chef-d'œuvre de la Renaissance fut commencé sous le règne de François Ier, d'après les dessins du Primatice, et continué sous les règnes suivants, avec certaines modifications du plan primitif. Louis XV l'offrit au maréchal de Saxe en 1745; Louis XVI le donna à la famille Polignac en 1777; la Révolution le déclara propriété nationale; Napoléon en fit cadeau à Berthier (1809); la veuve de celui-ci le vendit en 1824 au parti légitimiste, qui le paya 1,749,677 fr. (produit par une sous-

Château de Chambord.

cription) et l'offrit au jeune duc de Bordeaux, appelé depuis comte de Chambord.

* **CHAMBOURIN** s. m. Espèce de pierre qui sert à faire le faux cristal.

CHAMBRAGE s. m. (rad. *chambre*). Mar. Charpente qui garnit le pied du mât de beaupré dans un grand bâtiment.

* **CHAMBRANLE** s. m. Ornement de bois ou de pierre, qui encadre, qui borde les portes, les fenêtres et les cheminées : *chambrule de menuiserie; chambranle de pierre.*

CHAMBRAY. I. (Georges, MARQUIS DE), général et écrivain français, né à Paris en 1783, mort en 1848. A publié : *Philosophie de la guerre* (1829, in-8°); *Histoire de l'expédition de Russie* (Paris, 1833, 3e éd. 1839, 3 vol. in-8° avec atlas); *Mélanges sur l'art de la guerre* (Paris, 1839, in-8°). — II. (Jacques-François de), grand oncle du précédent, bailli et vice-amiral de l'ordre de Malte, né à Evreux, en 1687, mort à Malte en 1756. — III. (Nicolas-François, MARQUIS DE), frère du précédent et grand-père de Georges, homme de guerre et écrivain, né au château de Chambray (Eure), en 1675. Ses *Fruits de la Solitude* ont été publiés à Paris en 1839, par son petit-fils. — IV. (Roland, SIEUR DE), architecte, né au Mans, mort en 1676. A laissé, entre autres ouvrages, un très bon *Parallèle de l'architecture antique avec la moderne* (1650, in-fol.).

* **CHAMBRE** s. f. (lat. *camera*). Pièce d'une maison, et principalement celle où l'on couche : *chambre à coucher.* — *Garder la chambre,* être assez indisposé pour ne pouvoir sortir de sa chambre. — *Travailler en chambre,* se dit d'un artisan, d'un ouvrier qui ne tient pas boutique. — Fam : *Mettre une fille en chambre,* louer des meubles, une chambre, pour une fille qu'on entretient. — Dans les monastères: *chambre noire,* chambre qui n'est point éclairée, où l'on renferme ceux que l'on met en pénitence, et où l'on fait aussi des retraites volontaires. — *Chambre du conseil,* dans les tribunaux, chambre où les juges se retirent pour délibérer. — Absol. *La chambre,* la chambre du roi : *premier gentilhomme de la chambre.* — Par ext. Officiers mêmes de la chambre du roi : *avoir les entrées de la chambre,* avoir le privilège d'entrer avec les officiers de la chambre. — *Maître de chambre,* le premier officier de la maison du pape ou d'un cardinal. — CHAMBRE, se dit, fig., de certaines assemblées législatives : *les États généraux étaient partagés en trois chambres : la chambre du clergé, la chambre de la noblesse, et la chambre du tiers-état; la Charte a établi deux Chambres.* — CHAMBRE, est encore un nom commun à différentes chambres instituées par l'édit de Nantes et qu'on nommait aussi *Chambres mi-parties,*

juridictions, distinguées par un second titre propre à chacune d'elles. — *Chambres de l'édit,*

parce qu'elles étaient composées, par moitié, de juges catholiques et de juges protestants : *Louis XIV supprima toutes les chambres mi-parties.* — *Chambre des comptes,* cour supérieure établie pour connaître, en dernier ressort, de tout ce qui était relatif au maniement des finances, et à la conservation des deniers du roi Cette chambre a été remplacée par la *Cour des comptes,* qui a des attributions analogues. — *Chambre apostolique,* tribunal qui connaît des revenus de l'État ecclésiastique, et qui en a l'administration. — *Chambre ecclésiastique,* tribunal où l'on connaissait des affaires qui avaient rapport aux décimes. — *Chambre impériale,* tribunal de l'Empire, où se jugeaient les affaires de différents États d'Allemagne, et, par appel, celles des particuliers : *la chambre impériale siégea d'abord à Spire, et fut transférée ensuite à Wetzlar.* — *Chambre aux deniers,* bureau où l'on réglait tout ce qui regardait la dépense de bouche de la maison du roi. — Division de certains tribunaux : *il y avait dans les parlements la grand' chambre, la chambre des requêtes, celle des enquêtes,* etc. ; *président de chambre ; deuxième chambre du tribunal de première instance; chambre des appels de police correctionnelle.* — *Chambre des vacations,* chambre composée d'un président et de plusieurs conseillers ou juges, tirés des différentes chambres, dans laquelle on administre la justice pendant les vacations ou vacances des tribunaux. — Assemblée qui s'occupe d'intérêts spéciaux, ou de ce qui est relatif à la discipline d'un corps : *chambre de commerce; chambre d'assurance; chambre des avoués, des notaires; chambre syndicale.* — Cavité accidentelle ou pratiquée à dessein; vide qui s'est fait à la fonte, dans un canon, dans une cloche, lorsque la matière n'a pas coulé également partout : *il faut refondre cette cloche, parce qu'elle a une chambre; le canon avait des chambres; un tir trop fréquent peut aussi produire des chambres.* — *Chambre d'une mine,* endroit destiné à recevoir la charge minérale ; on le nomme autrement *fourneau.* — Hydrauliq. *Chambre d'écluse,* espace compris entre deux portes d'écluse. — Anat. *Chambre de l'œil,* se dit de deux cavités qui sont remplies par l'humeur aqueuse, et qui communiquent ensemble par l'ouverture de la pupille : *chambre antérieure, chambre postérieure.* — CHAMBRE ARDENTE, salle tendue de noir et éclairée par des flambeaux où l'on dépose un mort avant la cérémonie des funérailles. — Nom donné d'abord en France au tribunal tendu de noir et éclairé aux torches, où se jugeaient les criminels d'État ou d'exception, la haute noblesse. Le même nom fut ensuite appliqué aux tribunaux d'exception, tels que les cours établies par François Ier, vers 1535, pour condamner les hérétiques, les commissions instituées

contre les empoisonneuses sous Louis XIV et contre les fermiers concussionnaires sous la Régence. — Artill. Partie de l'âme d'une bouche à feu destinée à recevoir la charge.— Technol. Vide qu'on pratique dans une selle, un bât ou un collier de cheval, en retirant un peu de bourre, pour empêcher que cet endroit ne porte sur la blessure de l'animal. — Mar. CHAMBRE DU CONSEIL, compartiment situé sur l'arrière du bâtiment, est à la disposition de l'amiral ou du commandant du vaisseau. GRAND'CHAMBRE, celle qui est au-dessous de celle du conseil, et est destinée aux officiers; au-dessous de celle-ci est la *grand'chambre de première batterie,* qu'on appelait anciennement la *sainte-barbe,* et qui sert de salle de travail aux élèves. — Technol. CHAMBRE A VAPEUR. Vide d'eau qui se produit dans les bouilleurs d'une machine, lorsque leurs tubes de communication avec les réservoirs se trouvent trop nombreux. — Phys. CHAMBRE NOIRE ou OBSCURE, *camera obscura,* chambre ou boîte close, sauf une légère ouverture, presque toujours munie d'une lentille convexe, et dans laquelle l'image des objets extérieurs vient se réfléchir sur un écran. Cet appareil fut inventé d'après les uns, par Roger Bacon, et selon d'autres, par Giambattista della Porta. Il se compose d'une boîte rectangulaire en deux parties dont l'une glisse dans l'intérieur de l'autre, de façon qu'on peut allonger ou raccourcir l'appareil selon la distance de l'objet. Les rayons de lumière venant de l'objet passent à travers la lentille convexe et sont réfléchis par un miroir placé à un angle de 45° sur une lame horizontale de verre. L'image semble droite pour l'observateur placé derrière la boîte.— **Chambre claire,** *camera lucida,* appareil inventé par le docteur Wollaston et construit d'après ce principe, que lorsqu'un

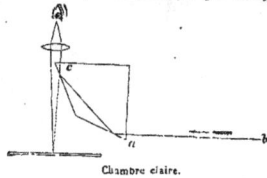

Chambre claire.

rayon de lumière, passant à travers un prisme de verre, frappe une surface intérieure à un angle incident de plus de 48° 30', il est complètement réfléchi. Le principe de cet appareil est montré par notre gravure. Un rayon de lumière venant de *b,* et réfléchi deux fois (en *a* et en *c*) par la surface intérieure du prisme, arrive à l'œil sans être renversé, et l'œil étant placé près du taillant du prisme, l'image est projetée sur une feuille de papier. Mais cette image frappant l'œil avant le papier, il en résulte que l'instrument est difficilement employé quand on veut suivre et arrêter les contours avec un crayon. Une autre forme, imaginée par Amici, est plus pratique parce qu'elle ne force pas l'œil de rester à la même place. Au prisme quadrilatéral, Amici substitua un prisme triangulaire à angle droit, pour produire deux réfractions et une réflexion. — LÉGISL. «Chambres consultatives. Il existe des *chambres consultatives des arts et manufactures* et des *chambres consultatives d'agriculture.* Les premières ont été établies, en l'an XI, dans les villes qui ne possédaient pas de chambres de commerce, et leur circonscription s'étend au delà de la ville qui est leur résidence et dont elles tirent leur nom. Leurs membres sont élus au scrutin de liste par les industriels et les commerçants inscrits sur les listes des notables (Décr. 30 août 1852). Ils sont nommés pour six années, et le renouvellement a lieu par tiers tous les deux ans (Décr. 24 oct. 1863). Les chambres consultatives d'agriculture ont été établies, d'abord dans chaque département par la loi du 20 mars 1851, puis dans chaque arrondissement, en vertu d'un décret du 25 mars 1852. Le préfet désigne dans chaque canton, un agriculteur notable pour faire partie de la chambre, et les membres sont nommés pour trois ans. Les nombreux comices agricoles et les sociétés libres d'agriculture ont rendu inutile, dans beaucoup de départements, la formation de chambres d'agriculture. Les attributions de toutes les chambres *consultatives* consistent principalement, ainsi que leur nom l'indique, à donner à l'administration qui les consulte, des avis et des renseignements sur les intérêts industriels, commerciaux ou agricoles de leur circonscription. Elles peuvent aussi prendre l'initiative de vœux à soumettre au gouvernement. — **Chambres de commerce.** Ces corps, dont l'origine est très ancienne dans quelques villes, sont composés de membres élus par les notables commerçants (L. 21 déc. 1871 et 22 janv. 1872). Pour être éligible, *il faut être inscrit, depuis cinq ans, à la patente en son nom personnel* (arr. cons. d'État 9 nov. 1877). Les chambres sont instituées par décret, pour une circonscription déterminée. Les fonctions des membres durent six ans et ceux-ci sont renouvelés par tiers tous les deux ans. Les chambres de commerce donnent à l'administration des avis et des renseignements ; elles adressent des vœux aux ministres et s'occupent de toutes les questions qui touchent aux intérêts du commerce ou de l'industrie. Elles sont de plein droit reconnues établissements d'utilité publique, et elles pourvoient à leurs dépenses ordinaires au moyen d'une contribution spéciale établie sur les patentes de leur circonscription. Elles peuvent même avoir un budget extraordinaire, entreprendre des travaux et contracter des emprunts, sauf autorisation. Ces chambres sont chargées de l'administration des bourses de commerce dans les villes où elles siègent ; elles administrent souvent des entrepôts ainsi que les bureaux publics de conditionnement et de titrage des soies, ou de numérotage des laines, cotons, etc., établis dans certaines villes. Les membres des chambres de commerce qui s'abstiennent de se rendre aux convocations, pendant *une durée de six mois*, sont considérés comme démissionnaires et sont remplacés, à la prochaine élection, pour le temps que leurs fonctions avaient encore à courir. Les chambres peuvent avoir, dans leur circonscription, des membres correspondants autorisés à assister aux réunions avec voix consultative, et en nombre égal à celui des membres titulaires (Décr. 3 sept. 1851). — *Chambres syndicales.* Les chambres syndicales des agents de change, les courtiers et des divers officiers ministériels sont investies de certaines fonctions et exercent un pouvoir disciplinaire sur les membres de chaque corporation. Voy. *Avoué, Notaire,* etc. Les chambres syndicales d'agents de change ont en outre la faculté d'accorder ou de refuser l'admission à la cote de la Bourse des titres de valeurs mobilières, sauf, pour les valeurs étrangères, le droit d'interdiction qui est réservé au ministre des finances par le décret du 6 février 1880 ; c'est aussi la chambre syndicale qui fait les opérations de Bourse pour les trésoriers-payeurs. On nomme aussi *chambres syndicales* des associations de patrons commerçants ou industriels, ou comprenant des employés ou ouvriers de la même profession, et qui ont pour but de défendre leurs intérêts communs. Voy. **Syndicats.** »   (Ch. Y.)

CHAMBRE (La), ch.-l. de cant. ; arr. et à 11 kil. de Saint-Jean-de-Maurienne (Savoie) ; 1,500 hab.

* **CHAMBRÉ, ÉE** adj. Technol. Qui a des *chambres,* des vides provenant d'un défaut dans l'opération de la fonte : *canon chambré.* — Zool. Se dit de certaines coquilles qui pré-

sentent plusieurs cavités séparées les unes des autres par des cloisons : *coquille chambrée.*

* **CHAMBRÉE** s. f. Ce que peut contenir une chambre : *une chambrée de monde.* — Soldats qui logent et font l'ordinaire ensemble. — Théâtre. Quantité des spectateurs ; produit de la recette : *bonne chambrée.*

* **CHAMBRELAN** s. m. Ouvrier qui travaille en chambre. — Locataire qui n'occupe qu'une chambre dans une maison. Dans les deux sens, il est populaire et peu usité.

* **CHAMBRER** v. n. Être de la même chambrée : *ces deux soldats chambrent ensemble* (Vieux.) — v. a. *Chambrer quelqu'un,* le tenir enfermé par une sorte de violence ou de séduction, pour le faire jouer. — Fam. Tirer quelqu'un à l'écart, l'entretenir en particulier : *on l'a chambré pendant deux heures, sans rien gagner sur son esprit.* — Artill. Se chambrer, v. pr. Se creuser par l'effet du boulet et être mis hors de service, en parlant d'une pièce : *les canons se chambrent.*

* **CHAMBRETTE** s. f. Diminutif de chambre : *elle se tient renfermée dans sa chambrette.* (Fam.)

* **CHAMBRIER** s. m. Officier claustral dans quelques monastères rentés, et dans quelques chapitres. — **Grand chambrier,** se disait d'un des grands officiers de la couronne de France qui avait l'intendance de la chambre du roi, etc. : *la charge de grand chambrier était héréditaire dans la maison de Bourbon.* — Fam. **Grand chambrier,** s'est dit d'un conseiller de grand'chambre.

* **CHAMBRIÈRE** s. f. Nom que l'on donnait autrefois à *une bonne à tout faire.* — Manège. Long fouet que l'on emploie pour conduire les exercices. — ⚭ Technol. Morceau de bois qui est attaché sous une charette et soutient les brancards dans une situation horizontale, soit pendant qu'on la charge, soit lorsqu'on détèle le cheval. — Mar. Grosse tresse faite en fil de caret, amarrée aux haubans, en avant de chaque bas mât, pour soutenir le double des écoutes et amures des basses voiles qui ne sont pas tournées. Espèces de crampes servant aux chantiers de la mâture ; petit cordage pour serrer les voiles d'étai et d'artimon. Estrope qui, dans certaines embarcations, reçoit l'about inférieur d'une livarde.

CHAMBURE (Auguste Lepelletier de**),** officier français, né à Vitteaux (Bourgogne) en 1789, mort à Paris en 1832. Soldat en 1807, il se distingua de suite et eut un rapide avancement. On le surnomma *le Diable* à cause de son audace comme commandant d'un corps franc de 100 hommes (*campagne infernale*) en Espagne, en Allemagne et particulièrement à Dantzig. Après la capitulation de cette ville, il resta prisonnier de guerre à Presbourg jusqu'en 1815. Proscrit pour la Restauration, il rentra en France en 1820 et publia : *Napoléon et ses contemporains,* ouvrage dont le succès fut dû en partie aux magnifiques illustrations d'Ary Scheffer.

CHAME ou **Came** s. f. Hist. nat. Genre de coquilles bivalves, qui comprend un grand nombre d'espèces toutes marines.

* **CHAMEAU** s. m. [cha-mô] (hébr. *gamal;* gr. *kamêlos* ; lat. *camelus*). Zool. Genre de ruminants sans cornes, formant le trait d'union entre les ruminants et les pachydermes et qui sont complètement réduits en domesticité. — Mar. Nom donné à deux pontons que l'on attache aux flancs d'un navire pour le soulever quand le fond est insuffisant. Cette machine fut inventée par les Hollandais, vers 1688, pour faire passer leurs navires sur les sables du Zuiderzée. — ⚭ Pop. Femme de mauvaise vie (bas). — Encycl. Le chameau fut l'un des premiers animaux que l'homme parvint à

domestiquer ; il est mentionné par les écrivains hébreux longtemps avant le cheval. Il est aujourd'hui distribué en Arabie, en Perse, dans la Tartarie méridionale, dans quelques parties de la Chine, de l'Inde et de l'Afrique septentrionale. Le genre chameau comprend deux espèces : le *chameau de la Bactriane (camelus Bactrianus),* à deux bosses, et le *chameau*

Chameau de la Bactriane.

arabe ou *chameau a une seule bosse (camelus Arabicus),* quelquefois improprement appelé *dromadaire.* Le véritable dromadaire est en réalité une variété du chameau arabe, comme le cheval de race est une variété du cheval commun. Le chameau est un animal disgracieux, dont l'allure est gauche et qui est encore enlaidi par une ou deux bosses, par des callosités aux genoux, par des jambes de derrière démesurément longues et par une croupe avalée. Il est peu de créatures plus difformes ; mais il en est peu qui soient plus

Chameau arabe.

utiles. Il nourrit l'Arabe de son lait et quelquefois de sa chair, qui ressemble, dit-on, à celle du bœuf ; son poil sert à faire des cordes et des tissus ; sa peau produit du cuir ; ses crottes même sont utilisées comme combustible. Comme bête de somme, il est indispensable ; il porte des poids de 300 à 500 kilog., et, ainsi chargé, il parcourt jusqu'à 5 kil. à l'heure pendant 6, 8 et même 10 heures. Un dromadaire qui va au pas, peut marcher 20 heures sans demander à se reposer. Chargé légèrement, il peut faire 38 pas en une minute, et chacun de ses pas est d'environ 2 m. 30. C'est un des animaux qui vont l'amble. La différence entre le dromadaire (méhari des Algériens) et le chameau ordinaire, est que le premier est généralement employé pour la course, tandis que le second est exclusivement un animal de charge. La sobriété du chameau est proverbiale : la bosse de son dos est un véritable magasin de nourriture, dont la provision faite dans les moments d'abondance est ensuite lentement résorbée pendant les grandes marches. Le sept callosités rugueuses de ses membres et de sa poitrine sont les points sur lesquels il se pose quand il s'agenouille pour recevoir son fardeau. Son premier estomac ou panse a une division, qui peut être fermée par l'action musculaire et dont les parois sont munies d'un système de larges cellules capables d'une distension considérable, de telle sorte que l'animal peut y faire une provision de plusieurs litres d'eau. Le chameau arabe mesure de 2 m. à 2 m. 30 de haut aux épaules; sa couleur se compose de diverses nuances de brun. Le chameau de la Bactriane, un peu plus grand que l'arabe, a moins de patience que ce dernier et est plus difficile à charger. On l'emploie surtout comme bête de somme dans l'Asie centrale, au Thibet et en Chine. Palgrave (*Voyage dans l'Arabie centrale*) a tracé un portrait peu flatteur du chameau : « C'est, dit-il, un animal sauvage, incapable d'attachement, stupide et qu'on n'apprivoise jamais et qui est soumis à l'homme seulement par stupidité. Il connaît pourtant une passion, la vengeance ; pour l'assouvir, il déploie une méchanceté calculée, à laquelle on ne devrait pas s'attendre en raison de son caractère habituel. La disposition haineuse de ce compagnon du Bédouin est si prononcée, que des philosophes ont attribué le caractère vindicatif des tribus nomades au lait et à la chair des chameaux dont elles se nourrissent. Le cavalier du désert et sa monture offrent assez de points de ressemblance pour justifier le mot d'un Arabe du Shomer qui disait un jour devant moi : « Dieu a créé le chameau pour le Bédouin, et le Bédouin pour le chameau. »

CHAMÉDORÉE s. f. [ka-mé-do-ré] (gr. *chamai*, à terre; *doru*, lance). Bot. Genre d'arécinées comprenant plusieurs espèces qui croissent dans les régions chaudes et centrales de l'Amérique.

* **CHAMELIER** s. m. Celui qui est chargé de conduire et de soigner des chameaux.

* **CHAMELLE** s. f. Femelle du chameau.

CHAMÉROPS s. m. [ka-mé-ropss] (gr. *chamai*, à terre; *rops*, arbrisseau). Bot. Genre de palmiers, en général de petite taille et quelquefois sans tige apparente. L'espèce principale est le *palmier nain*.

CHAMFORT ou **Champfort** (Sébastien-Roch-Nicolas de), académicien, né près de Clermont (Auvergne), en 1741, mort à Paris en 1794. Son vrai nom était Nicolas, le seul que put lui donner sa mère ; car son père avait gardé l'anonyme. Après de brillantes études faites au collège des Grassins (Paris), où il avait été reçu comme boursier, il prit un instant l'habit ecclésiastique, et fut successivement le protégé de Mmes Helvétius et de Marie-Antoinette, secrétaire du prince de Condé, lecteur de Mme Elisabeth et directeur de la Bibliothèque nationale. Il écrivit quelques pièces de vers, un « Eloge de Molière (1769) », un « Eloge de La Fontaine (1774) », plusieurs ballets et une jolie petite comédie épigrammatique : le *Marchand de Smyrne*, qui obtint moins de succès que la tragédie de *Mustapha et Zéangir*, dédiée à la reine. Son esprit brilla dans tous les salons et ses reparties lui avaient fait une réputation. Il fut admis à l'Académie en 1781. Pendant la Révolution, il céda aux entraînements de sa verve railleuse, et se fit d'implacables ennemis. Ses *Pensées, maximes, anecdotes, dialogues*, publiés avec une biographie par P.-J. Stahl (édition augmentée en 1860, avec quelques lettres de Mirabeau), abondent en mots incisifs qui causèrent son emprisonnement. Il fut relâché, mais craignant une nouvelle arrestation, il se coupa la gorge d'un coup de rasoir. Ses œuvres complètes (1824-'5, 5 vol.), comprennent ses *Poésies fugitives*, son *Dictionnaire d'anecdotes* etc.

CHAMILLARD (Michel de), célèbre joueur de billard (1651-1721). Le roi, auquel il enseigna l'art du carambolage, lui confia la direction des finances en 1699 et le ministère de la guerre en 1701. Son administration fut la plus malheureuse de ce règne. Il dut se démettre en 1709.

CHAMILLY (Noël Bouton, MARQUIS DE), maréchal de France (1636-1715), s'illustra par sa défense héroïque de Grave.

CHAMISSO (Adalbert VON), LOUIS-CHARLES-ADÉLAIDE DE CHAMISSO DE BONCOURT, poète allemand, né à Boncourt (Champagne), le 27 janvier 1781, mort en 1838. Ayant suivi ses parents, lors de l'émigration, il devint page de la reine de Prusse, servit dans l'armée prussienne en qualité de lieutenant (1798-1808) et fut, après 1815, considéré comme le meilleur poète lyrique de l'Allemagne. Ses œuvres (6 vol. Leipsig, 1836-'39 ; 5e éd. 1864), comprennent son *Histoire merveilleuse de Pierre Schlemihl*, en prose, le récit de son expédition autour du monde avec Kotzebue (1815-'18), etc. Il a écrit, en outre, sur la botanique sur la langue d'Hawaï, etc.

* **CHAMOIS** s. m. [cha-moi] (ital. *camoccio*).

Chamois (Antilope rupicapra).

Mamm. Ruminant du genre antilope, de la taille d'une grande chèvre, qui vit dans les rochers et dans les montagnes. — Peau de cet animal corroyée et passée en huile : *culotte, gants, souliers de chamois.* — Couleur chamois, couleur d'un jaune très clair. — Encycl. Le chamois ou antilope des montagnes de l'Europe (*antilope rupicapra*, Pallas), se rencontre dans les Pyrénées, dans les Alpes, dans les monts Carpathes, dans les montagnes de la Grèce, le Caucasse, le Taurus et sur les sommets de l'Himalaya. Il mesure à peu près 1 mètre de long et 75 centimètres de haut. Pendant l'été, il demeure sur les cimes les plus élevées ou dans les vallées neigeuses, où il broute les herbes ou les arbrisseaux; il boit rarement. Son agilité, sa vue perçante, son ouïe d'une finesse extraordinaire peuvent à peine le mettre à même de fuir les chasseurs qui le poursuivent jusque sur les crêtes les plus inaccessibles. Il flaire le danger, devine, à une grande distance, la présence de l'homme, et s'enfuit avec rapidité, en bondissant, avec une grâce admirable, de rocher en rocher,

en gravissant ou en descendant des escarpements qui seraient des obstacles infranchissables pour tout autre animal.

CHAMOISAGE s. m. [cha-moi-za-je]. Technol. Action de chamoiser ; résultat de cette action.

* **CHAMOISER** v. a. Préparer une peau de chamois. — Donner à la peau d'un autre animal la façon de peau de chamois.

* **CHAMOISERIE** s. f. Lieu où l'on prépare les peaux de chamois. — Marchandise que prépare le chamoiseur : *commerce de chamoiserie.*

* **CHAMOISEUR** s. m. Ouvrier qui prépare les peaux de chamois ou qui donne à d'autres peaux la façon de chamois.

CHAMOND (Saint-), ch.-l. de cant.; arr. et à 12 kil. N.-E. de Saint-Etienne (Loire); 13,000 hab. Château du moyen âge. Industrie très développée : exploitation de mines de houille, moulinage de la soie, fabrique de rubans et de lacets ; clouterie, wagons, bandages de roues, tissu en caoutchouc, produits chimiques, teinturerie.

CHAMOUNY, Chamouni ou **CHAMONIX** (étymologie douteuse : du patois *chan mouni*, champ du meunier; ou de *champs munis*, à cause de ses fortifications naturelles). Village du département de la Haute-Savoie, à 38 kil. E.-S.-E. de Bonneville, sur l'Arve, au pied du mont Blanc, au milieu de la célèbre vallée de Chamouny qui est formée par les Alpes Grées et les Alpes Pennines, à une hauteur moyenne de 1,000 mètres au-dessus de la Méditerranée. La vallée de Chamouny, longue de 20 kil., large de 3 kil., doit au voisinage du mont Blanc, de la mer de glace, du glacier des Bossons et du glacier des Bois, qui sont les plus beaux de l'Europe, la visite annuelle de nombreux touristes appartenant à toutes les nationalités. De Saussure en 1760 et Bourrit en 1775 l'explorèrent les premiers et la firent connaître. Son sol stérile produit quelques grains et renferme des pâturages. Le miel blanc de Chamouny jouit d'une grande réputation. Population de la vallée, 3,000 hab., répartis entre les villages de Chamouny, d'Argentières, des Ouches, etc.

Chamouny et le mont Blanc.

CHAMOUSSET (Clément-Humbert PIARRON DE), philanthrope, né à Paris, en 1717, mort en 1773. Il consacra sa fortune au soulagement des classes pauvres, devint intendant général des hôpitaux militaires, améliora le régime des hospices, dans lesquels il proscrivit l'usage de placer plusieurs malades dans le même lit, fonda la petite poste de Paris. Ses nombreux mémoires ont été réunis sous le titre de *Vues d'un citoyen* (1757).

CHAMOUX, ch.-l. de cant.; arr. et à 30 kil. de Chambéry (Savoie) ; 1,400 hab.

* CHAMP s. m. [chan] (du vieux mot *cant*, côté, qui a fait *canton* et *chanteau*). Etendue, pièce de terre labourable, qui ordinairement n'est pas fermée de murailles : *champ fertile.* — Fig. *cultiver, féconder le champ de l'histoire.*—*En plein champ,* au milieu des champs, de la campagne. — *Champ de Mars,* lieu consacré à des exercices militaires. — *Champ du repos,* cimetière. —*Champ de navets,* cimetière d'Ivry. — CHAMP DE BATAILLE. Place où combattent deux armées : *demeurer maître du champ de bataille.* — On dit dans le même sens, en poésie et dans le style élevé : *le champ d'honneur; le champ* ou *les champs de Mars,* etc.

> Le ciel, au *champ d'honneur,* combat pour la vertu.
>   DU BELLOT. *Gaston et Bayard.*

— Fig. et fam., *il a bien pris, bien choisi son champ de bataille,* il a pris ses avantages pour réussir. — *Le champ de bataille lui est demeuré,* se dit d'un homme qui a remporté l'avantage sur un autre dans un débat. — CHAMP CLOS, terrain sablé, entouré de barrières, dans lequel les chevaliers vidaient leurs querelles, devant les juges du camp et le peuple. S'est dit ensuite de toute espèce de lutte : *combattre en champ clos.* On disait, *prendre du champ,* prendre de l'espace pour mieux fournir sa carrière. — On dit néanmoins : *le juge du camp,* et non : *le juge du champ.* — Fig. Carrière, sujet, occasion : *on lui a ouvert un beau champ pour acquérir de la gloire.* — *Laisser à quelqu'un le champ libre,* ne point s'opposer à ses prétentions, ne point le mettre en concurrence avec lui. — On dit aussi : *avoir le champ libre,* avoir la liberté de faire une chose. On dit dans un sens analogue : *donner un champ libre à son imagination, à sa colère, à sa fureur,* etc. — Fond sur lequel on peint, on grave, on représente quelque chose : *champ d'un tableau, d'une médaille, d'un écusson; ses armes sont un lion d'or en champ d'azur.* — Etendue qu'embrasse une lunette d'approche : *cette lunette a trop peu de champ.*—Mettre de champ, poser de champ des briques, des pierres, des solives, les mettre, les poser sur la face la moins large. — Mécan. ROUE DE CHAMP, celle qui est horizontale, et dont les dents sont perpendiculaires. — Artill. CHAMP DE FEU, espace que parcourt ou peut parcourir un projectile lancé par une arme à feu. — CHAMP DE LUMIÈRE, excavation, en forme d'une section de poire, autour de la lumière d'une bouche à feu, où se met l'amorce d'une pièce. — CHAMP DE LA FÉDÉRATION, nom donné, pendant la Révolution, au champ de Mars de Paris. — CHAMP DE MAI, cérémonie solennelle, dans laquelle eut lieu, au champ de Mars de Paris, le recensement des votes plébiscitaires au sujet de l'*Acte additionnel,* accordé par Napoléon, pendant les Cent-Jours. La proclamation de ce résultat avait d'abord été fixée au 26 *mai,* elle n'eut lieu que le 1ᵉʳ juin 1815. Elle fut accompagnée d'un pompeux appareil théâtral destiné à frapper les imaginations. — CHAMP DE MARS. 1. Vaste plaine qui s'étendait le long du Tibre, au pied des sept collines de Rome. Lors de l'expulsion des Tarquins, cette plaine, qui avait jusqu'alors servi d'apanage aux rois, devint propriété nationale et fut consacrée à *Mars,* dieu de la guerre. Elle servit d'emplacement aux exercices gymnastiques et militaires, aux assemblées populaires, aux comices. Vers la fin de l'Empire, on commença à bâtir des maisons sur le champ de Mars ; et c'est sur son emplacement que s'élève la plus grande partie de la Rome moderne. — II. Nom des assemblées des guerriers francs sous la première race. Ces réunions, tenues au mois de mars, avaient pour but d'assembler tous les hommes libres pour discuter les questions im-

portantes qui intéressaient la nation. Quelquefois ce furent des revues militaires ou des assemblées nationales destinées à rendre hommage au souverain et à discuter ses actes. Des assemblées dites champs de Mars furent tenues par des chefs influents, par des guerriers, par des évêques. Peu à peu ces coutumes finirent par dégénérer. Sous les premiers Carlovingiens, l'époque de ces réunions ayant été fixée au mois de mai, elles furent appelées *Champ de Mai.* — III. Vaste place parisienne, en forme de parallélogramme, située entre la façade septentrionale de l'Ecole militaire et la rive gauche de la Seine. Sa longueur est de 1,028 mètres et sa superficie de 42 hectares 62 centiares. Le champ de Mars sert aux manœuvres d'infanterie et de cavalerie. Le 14 juillet 1790, on y célébra la première grande fête de la Révolution, la *fête de la Fédération,* et il resta pendant longtemps le théâtre des manifestations, des cérémonies solennelles, des revues, des distributions de drapeaux, etc. On y construit les bâtiments des expositions universelles de 1867 et de 1878. — **Champs** s. m. pl. Toutes sortes de terre, tant les terres labourables que les prés, les bois, les bruyères, etc., pris tous ensemble : *mener les vaches aux champs; fleur des champs.* — *A travers champs,* hors des routes battues : *aller à travers champs.* On dit aussi: *à travers les champs.* — Fam. *Courir les champs,* se promener, errer dans les champs. — Prov. *Il est fou à courir les champs,* se dit d'un homme qui est très fou.— Fig. *Se sauver à travers champs,* se dit d'une personne qui essaye, par différents discours, d'échapper à une question pressante. — Tous les lieux qui ne sont point dans les villes ou dans les faubourgs : *maison des champs.* — *Etre aux champs et à la ville,* loger à l'extrémité d'un faubourg, ou habiter dans la ville une maison où il y a un grand jardin. — Fig. et fam. *un rien le met aux champs, il se met aux champs pour la moindre chose,* se dit de quelqu'un qui se fâche ou qui s'inquiète aisément. On dit dans un sens analogue : *être aux champs.* — *Avoir la clef des champs,* avoir la liberté d'aller où l'on veut. On dit de même : *donner la clef des champs,* mettre en liberté; et : *prendre la clef des champs,* s'en aller, s'enfuir. — Art milit. *Battre aux champs,* battre la pas ordinaire, soit pour rendre les honneurs, soit pour se mettre en marche : *on battait aux champs pour aller relever la garde.* — Sur-le-champ, loc. adv. Sur l'heure même, sans délai : *on l'arrêta sur-le-champ.* — Prêcher, haranguer, parler sur-le-champ, sans préparation. — A tout bout de champ, loc. adv. et fam. A chaque instant, à tout propos : *il retombe dans la même faute à tout bout de champ.*

CHAMPAGNAC-DE-BÉLAIR, ch.-l. de cant.; arr. et à 16 kil. S. de Nontron (Dordogne), sur la Dronne; 1,400 hab.

CHAMPAGNE s. m. [chan-pa-nieu; gn. mll.] Vin renommé que l'on récolte dans l'ancienne Champagne :

> Enfin, gorgé de mets, de *champagne* et d'amour,
> Tu fais du jour la nuit, et de la nuit le jour.
>   L. FESTEAU. *Chansons.*

— On réserve ordinairement le nom de vins de Champagne pour les vins blancs mousseux produits dans cette province. Mais la Champagne était déjà connue en 280 après J.-C. comme donnant de bons vins secs rouges et blancs; les procédés qui les rendent mousseux furent découverts au XVIIᵉ siècle seulement. Le commerce du champagne ne se fait guère que dans le département de la Marne : deux arrondissements, ceux de Reims et d'Epernay, sont les véritables sièges de cette fabrication. Les vignobles de Reims, autour des versants de montagnes boisées, comprennent les fameux crus de Verzenay, de Bouzy, d'Aï, de

Verzy, d'Ambonay, de Trepail, de Mailly, etc. Ceux d'Epernay se trouvent dans une plaine ondulée, au sud de la Marne. Le département de la Marne produit chaque année environ 80 millions de bouteilles de vin, dont plus du quart est du champagne provenant de Reims et d'Epernay. Les vendanges commencent vers la fin de septembre et se terminent en octobre. Le moût, après avoir été débarrassé de toute impureté dans les cuves, est mis en barriques et fermente. Vers le commencement de décembre, on le soutire et on le verse dans d'immenses tonneaux, pour mélanger les produits des différentes vignes et de divers cépages. On remet ensuite ce mélange dans des barriques, où il s'éclaircit; on le laisse reposer jusqu'au printemps. La mise en bouteilles commence en avril et se continue jusqu'en juin. Les bouteilles, en verre solide, étant emplies jusqu'à 2 centimètres et demi du goulot, on les bouche, on les ficelle et on les couche soigneusement dans des celliers ou dans des caves qui forment quelquefois de vastes souterrains. La seconde fermentation commence ordinairement en juin et continue pendant tout l'été, entraînant une grande perte de liquide, par suite du bris de 10, 15 et même 25 pour cent des bouteilles; quand elle est terminée, on rétablit les rangs des bouteilles qui ont résisté. Après un repos de 18 mois, on remue de temps en temps les bouteilles jusqu'à ce que l'on aperçoive dans le goulot de chacune d'elles un dépôt très épais, que l'on fait sortir, en même temps que de la mousse, en débouchant les bouteilles. Aux vins destinés à l'exportation ou au commerce, on ajoute un peu de sucre candi fondu mélangé avec de l'eau de vie, ou un peu de bon vin bien parfumé. La quantité que l'on introduit dans chaque bouteille varie suivant les pays où le champagne doit être consommé ; il faut beaucoup plus de cette addition pour la Russie que pour l'Angleterre. On rebouche ensuite les bouteilles et elles sont prêtes pour la vente; le vin a deux ou trois ans d'âge. Des 25 millions de bouteilles de champagne ainsi produites annuellement, un sixième prend le chemin des Etats-Unis; l'Angleterre, la Russie et l'Indoustan en consomment chacune à peu près la même quantité; et le surplus est distribué entre les autres pays de l'Europe. — Les vins de Champagne se distinguent en grand mousseux, mousseux ordinaire, demi mousseux ou crémant et tisane de Champagne; le premier est léger; le second a plus de corps, les derniers sont plus vineux et coûtent plus cher. — On vend, dans le commerce, sous le nom de vins de Champagne, des imitations qui ne sont pas toujours inoffensives. — s. f. Eau-de-vie de la Champagne saintongeaise : *une goutte de fine champagne.* — La *champagne* ou eau-de-vie de Champagne se distingue en : 1° *fine champagne,* premier cru, provenant de Genté, de Gimeux, de Salles et de tout le pays appelé *Grande-Champagne* (région qui comprend un certain nombre des communes des cantons de Segonzac et de Châteauneuf, et entre le cours du Né et une ligne allant de Nonaville à Gimeux); 2° *petite champagne,* un peu moins estimée, provenant du pays appelé *Petite-Champagne,* entre la Grande-Champagne et la Charente.

CHAMPAGNE. *Campania,* ancienne province entre le Hainaut, la Lorraine, la Franche-Comté, la Bourgogne, l'Orléanais, l'Ile-de-France et la Picardie; 275 kil. sur 200; cap. Troyes. Elle forme les départements de l'Aube, de la Marne, de la Haute-Marne, des Ardennes et une partie de ceux de Seine-et-Marne, de l'Aisne, de l'Yonne et de la Meuse. On la divisait en : 1° *haute Champagne* (Rémois, Perthois et Rethelois); 2° *basse Champagne* (Champagne propre, Vallage, Bassigny et Sénonais); 3° *Brie champenoise.* On donnait le nom de *Champagne pouilleuse,* à la partie peu fertile de la haute Champagne située à l'O. de Vitry. Habitée primitivement par les *Remi*, les *Tricasses*, les *Lingones* et les *Senones*, cette vaste portion des Gaules fit partie de la Gaule celtique et belgique, puis du royaume d'Austrasie, fut gouvernée par des ducs de 570 à 715, forma en 943, une comté sous le sceptre des comtes de Vermandois, passa aux comtes de Blois vers 1130 et fut réunie à la couronne par le mariage de Philippe le Bel avec Jeanne, petite-fille et héritière de Thibaut IV, comte de *Champagne* (1284).

CHAMPAGNE ch.-l. de cant.; arr. et à 18 kil. N. de Belley (Ain); 600 hab. Anc. cap. du Valromey.

CHAMPAGNE ou Champaigne (Phillippe de), peintre français, né à Bruxelles en 1602, mort en 1674. Il dirigea les travaux du Luxembourg et laissa d'excellents paysages et de bons portraits que l'on admire au Louvre.

CHAMPAGNE-MOUTON ch.-l. de cant.; arr. et à 22 kil. O. de Confolens (Charente); 1,300 hab.

CHAMPAGNEY ch.-l. de cant.; arr. et à 16 kil. E.-N.-E. de Lure (Haute-Saône); 3,500 hab. Houille, tanneries.

CHAMPAGNISER v. a. Préparer à la manière des vins de Champagne.

CHAMPAGNOLE, ch.-l. de cant.; arr. et à 18 kil., S.-E. de Poligny (Jura), sur la rive droite de l'Ain; 3,200 hab. Forges; tanneries, fromages, grains et bois.

CHAMPAGNY (Jean-Baptiste Nompère comte de), *duc de Cadore*, homme d'État, né à Roanne en 1756, mort en 1834. D'abord officier de marine, puis député aux états généraux, emprisonné pendant la Terreur, il devint conseiller d'État après le 18 brumaire, ambassadeur à Vienne en 1801, ministre de l'intérieur en 1805 et ministre des affaires étrangères de 1807 à 1811. Ayant déployé une grande adresse à attirer les princes espagnols à Bayonne, il fut récompensé par le titre de duc de Cadore, en 1808. Nommé pair de France en 1814, il fut un instant disgracié pour s'être rallié à l'Empire pendant les Cent-Jours. Il rentra à la Pairie en 1819 et prêta ensuite serment à Louis-Philippe. Son fils aîné, Louis-Alix, duc de Cadore (1796-1870), fut ambassadeur à Rome en 1864. Un autre de ses fils, François-Joseph-Marie-Thérèse de Nompère, nommé *Franz de Champagny*, né à Vienne en 1804, mort à Paris en juin 1882, a écrit dans plusieurs revues catholiques. Son œuvre principale, consacrée à l'étude de l'empire romain, est divisée en trois séries : *Les Césars* (1841-'43, 4 vol.); *Rome et la Judée* (1858); *Les Antonins* (1863, 3 vol.). Il a aussi écrit *La Question des pèlerinages* (1872), et plusieurs autres ouvrages.

CHAMPAIGU, ville de l'Illinois (Etats-Unis), à 210 kil. S. de Chicago ; 5,200 hab.

* **CHAMPART** s. m. [chan-par] (de *champ* et *part*). Jurispr. féod. Droit que les seigneurs du fief avaient, en quelques lieux, de lever une certaine quantité de gerbes sur les terres qui étaient en leur censive : *la dîme et le champart*.

* **CHAMPARTER** v. a. Jurispr. féod. Exercer le droit de champart : *champarter un champ*.

* **CHAMPARTEUR** s. m. Jurispr. féod. Celui qui levait le champart au nom du seigneur.

CHAMPAUBERT, village ; arr. et à 24 kil. S.-S.-O. d'Épernay (Marne) ; 250 hab. Victoire sanglante mais non décisive de Napoléon 1er sur les Russes, le 10 févr. 1814.

CHAMPCENETZ (Le chevalier de) [chan-se-né], pamphlétaire et chansonnier, né à Paris en 1759, guillotiné le 23 juillet 1794. Dans sa jeunesse, il fut ce qu'on appelait alors un *mauvais sujet*. Ses duels et sa conduite désordonnée l'amenèrent plusieurs fois sous les

verroux. En 1783, il fut forcé de donner sa démission d'officier aux gardes françaises et il se voua dès lors à la culture des petits vers épigrammatiques. Associé à Rivarol, il tint boutique de libelles, traîna dans la boue toutes les célébrités de son époque, particulièrement M**me** de Genlis, Buffon, M**me** de Staël, Jean-Jacques Rousseau, etc., et publia le *Petit Dictionnaire des Grands Hommes* (1788). Lorsque éclata la Révolution, il se mit à l'attaquer dans les *Actes des Apôtres*, et à prodiguer les idées outrages à ceux qui défendaient les idées nouvelles. Les Conventionnels, qu'il menaçait de la corde ou des mitraillades du prince de Lambesc, le firent arrêter et juger.

CHAMP D'ASILE, territoire du Texas (Mexique), sur lequel s'établirent des Français réfugiés, après 1815. Le vice-roi du Mexique, Apodaca, fit détruire cette colonie naissante.

CHAMPDENIERS, ch.-l. de cant.; arr. et à 17 kil. N. de Niort (Deux-Sèvres); 1,500 hab. Beurre renommé, bétail, mules, mulets.

* **CHAMPEAUX** s. m. pl Prés, prairies (vieux).

CHAMPEAUX-EN-BRIE, commune de l'arr. et à 13 kil. N.-E. de Melun (Seine-et-Marne) ; 500 hab. Église du xiie siècle (mon. hist.).

CHAMPEAUX (Guillaume de), philosophe scolastique, né à Champeaux-en-Brie, vers le milieu du xie siècle, mort en 1121. Fut l'un des premiers maîtres des écoles de Paris et eut Abélard pour élève. Il fut nommé évêque de Chalons-sur-Marne en 1113.

CHAMPEIX [chan-pè], ch.-l. de cant.; arr. et à 13 kil. N.-O. d'Issoire (Puy-de-Dôme), sur la Couze, au fond d'une gorge ; 4,900 hab. Ruines d'un château.

CHAMPENOIS, OISE s. et adj. Qui est né dans la Champagne ; qui appartient, qui a rapport à ce pays. — *Quatre-vingt-dix-neuf moutons et un Champenois font cent bêtes*, locution proverbiale dont voici l'origine, d'après l'abbé Tuet. César ayant exempté d'impôt les troupeaux de moutons ayant moins de cent bêtes, les Champenois ne formèrent plus que des troupeaux de quatre-vingt-dix-neuf moutons ; mais César, instruit de la ruse, ordonna qu'à l'avenir le berger de chaque troupeau serait compté pour un mouton et paierait comme tel.

* **CHAMPÊTRE** adj. (lat. *campestris*). Qui appartient, qui a rapport aux champs ; qui est éloigné des villes : *soins champêtres*; *musique champêtre*; *séjour champêtre*. — **Garde champ-ÊTRE**, agent préposé à la garde des récoltes et des propriétés rurales de toute espèce : *le garde champêtre dressa procès-verbal*. — Mythol. **Dieux champÊTRES, divinitÉS champÊtres**, divinités qui présidaient aux biens de la terre, et qui étaient particulièrement adorées aux champs.

CHAMPI, ISSE s. Enfant trouvé dans les champs. — Par ext. Tout enfant trouvé.

* **CHAMPIGNON** s. m. [gn mll.] (bas lat. *campinolus*, du lat. *campus*, champ). Classe nombreuse de plantes cryptogames, d'une consistance molle, spongieuse ou coriace, dénuées de feuilles et de racines, et dont la forme et la couleur varient beaucoup. — *Pousser comme un champignon*, s'élever très vite ; pousser avec rapidité. — Support, ordinairement de bois, dont le haut a la forme d'un champignon, et sur lequel on pose des chapeaux ou des bonnets de femme, des perruques, etc. — Bouton qui se forme au lumignon d'une bougie, d'une chandelle, ou à une mèche qui brûle. — Méd. Excroissance de chair spongieuse qui se forme dans les plaies, et dans quelques parties du corps. Voy. Fongus. — Encycl. Les champignons sont formés d'organes distincts de végétation appelés *blanc de champignon* (voy. *Blanc*), d'où s'élèvent les or-

ganes beaucoup plus apparents de la fructification. Ces derniers sont ordinairement des *réceptacles* charnus ou spongieux, en forme de *chapeaux* portés sur des pédicules et contenant souvent des *capsules* ou *thèques*, petits sacs microscopiques dans lesquels sont renfermés les corps reproducteurs nommés *spores*, *sporidies*, *sporilles* ou *séminules*. Dans sa jeunesse, le champignon est enveloppé d'une *volva* ou *bourse* qui se rompt pour laisser développer le pédicule et le chapeau. Les organes de fructification reposent ordinairement sur une membrane sporulifère nommée *hyménium*. — Ces végétaux se développent ordinairement avec une grande rapidité; souvent leur existence est éphémère. Comme ils ne décomposent pas le gaz acide carbonique, ils viennent à l'ombre et ne sont presque jamais colorés en vert. Ils aiment l'humidité et se propagent de préférence sur des substances en décomposition. Quelques espèces sont comestibles ; d'autres, comme les *amadouviers*, ont une importance industrielle ou médicinale; mais la plupart des champignons sont nuisibles, soit par leurs propriétés vénéneuses, soit par le tort qu'ils causent aux corps sur lesquels ils végètent. Les uns atteignent une taille énorme; d'autres, comme les moisissures, sont microscopiques. Sauf de rares exceptions, les champignons sont des plantes parasites qui tirent leur nourriture, en tout ou en partie, des objets sur lesquels ils croissent. On les rencontre dans toutes les parties du globe, et plus abondamment dans les zones tempérées humides. Ils se propagent quelquefois sur les tissus vivants et les détruisent ; aucun végétal n'est à l'abri de leurs attaques quand il est exposé aux influences qui sont favorables à leur développement. Les champignons occupent une position intermédiaire entre les algues et les lichens. Quelques espèces sont parées des plus magnifiques couleurs; la chair de quelques-uns présente une variété infinie de teintes graduées. Leur texture n'est pas moins variable : quelques-uns sont fluides, d'autres charnus; d'autres offrent l'aspect du papier, du cuir, du liège; il y en a de durs comme de la corne. La classe des champignons a été divisée en cinq familles : les *hypoxylées*, les *champignons proprement dits* ou *hyménomycètes*, les *lycoperdacées*, les *mucédinées* et les *urédinées* (voy. ces mots). — **Champignons proprement dits**. Ils se reconnaissent à leur hyménium étalé à la surface extérieure du végétal; leurs sporules sont le plus souvent enfermées dans des thèques. On les divise en trois tribus : Fonginées, Trémellinées et Clathroides ou Clathracées (voy. ces mots). La première de ces tribus renferme seule des genres utiles à l'homme. Elle comprend les *agaricées* (agaric, amanite, chanterelle), les *polyporées* (bolet, polypore, dædale), les *hydnées* (hydne, fistuline), les *auriculaires*, les *clavariées* (clavaire, sparassis), les *helvellées* (helvelle, morille), les *pezizées*, etc. — **Champignons vénéneux**. Tous les genres de champignons renferment des espèces vénéneuses que des caractères botaniques distinguent seuls des espèces comestibles ; les personnes les plus habiles sont elles-mêmes exposées à commettre de fatales erreurs. C'est pourquoi sur les marchés des grandes villes on ne tolère ordinairement que la vente du champignon de couche, de la morille comestible et de la chanterelle comestible. Les espèces peuvent même devenir dangereuses quand les champignons ont été gardés à l'état frais et se sont gâtés; on ne doit les conserver que desséchés. — Les symptômes de l'empoisonnement par les champignons se manifestent 8, 12 ou même 24 heures après l'ingestion du poison : ils consistent en nausées, chaleur et douleur à l'estomac et aux intestins; vomissements, évacuations alvines; altération, convulsions, défaillance; affaiblissement et ralentissement du pouls; délire, dilatation de la pupille, sueurs froides, stupeur et mort. On combat cet empoisonnement en faisant évacuer l'estomac et les intestins : eau tiède; 15 gr. d'émétique dans de l'eau, en trois fois; on chatouille l'intérieur du gosier avec les barbes d'une plume pour exciter les vomissements; lavements purgatifs au séné. Après l'évacuation, on administre une potion éthérée et ensuite des boissons mucilagineuses et adoucissantes. S'il y avait du délire, on aurait recours aux synapismes. — CHAMPIGNONS COMESTIBLES. Les espèces de champignons les plus utiles au point de vue de l'alimentation appartiennent aux genres bolet, agaric, oronge, polypore, chanterelle, morille, hydne. Renfermant de notables proportions de matières azotées, les champignons sont nourrisants, mais ils ne conviennent pas à tous les estomacs. On cultive les *agarics de couche* dans des caves ou dans des carrières qui reçoivent le nom de champignonnières. Cette industrie maraîchère a pris une grande extension aux environs de Paris, où la vente des *champignons de couche* est seule autorisée. Mais ces champignons, qui offrent l'inappréciable avantage d'être inoffensifs, ont le désavantage de ne posséder ni la saveur ni le parfum de ceux que l'on récolte dans les bois. Quand on fait usage de ces derniers, il est prudent, avant de les faire cuire, de les couper en deux morceaux et de les faire macérer, pendant deux heures, dans de l'eau vinaigrée. On peut aussi faire cuire avec les champignons la moitié d'un oignon; si cette moitié d'oignon devient brune, bleuâtre ou noirâtre c'est un *signe que parmi les champignons il y en a de vénéneux*. On doit toujours rejeter les champignons qui ne sont pas frais, qui sont visqueux, couverts de verrues blanchâtres dont la chair est mollasse et se noircit au contact de l'air, et ceux qui ont été mordus par des insectes. — Les champignons se servent ordinairement en garniture; on les saute dans un peu d'eau acidulée, et quand ils sont tournés, on ajoute du sel et du beurre et on laisse mijoter à feu modéré pendant 5 ou 6 minutes. — Les ceps, les morilles, les mousserons et quelques autres espèces peuvent se conserver; pour cela, on les blanchit, on les égoutte et on les fait sécher au four modéré après les avoir enfilés à une petite ficelle. On les mêle ensuite avec les sauces et les ragoûts; mais il faut avoir soin de les faire tremper préalablement dans l'eau pendant une demi-heure.

CHAMPIGNONNIÈRE s. f. Couche préparée pour la culture des champignons.

CHAMPIGNONNISTE adj. Se dit du maraîcher qui s'occupe spécialement de la culture du champignon. — Substantiv. : *un champignonniste*.

CHAMPIGNY, commune du cant. de Charenton-le-Pont, arr. et à 21 kil. N.-E. de Sceaux (Seine), à 14 kil. de Paris, sur la Marne; 3,010 hab. Le 30 novembre 1870, les Français, commandés par le général Ducrot, enlevèrent aux Allemands, après une bataille générale, les positions depuis Champigny jusqu'à Épinay; mais le 2 décembre, les Allemands revinrent en force et nous forcèrent à battre en retraite, après avoir perdu 6,000 hommes, dont 1,000 tués, parmi lesquels les généraux Renault et Ladreit de la Charrière.

* **CHAMPION** s. m. (bas lat. *campio*, soldat du champ clos). Celui qui combattait en champ clos pour sa querelle ou pour celle d'autrui. A l'époque des combats judiciaires, la loi permettait à celui qui voulait prouver son innocence, de nommer un remplaçant ou *champion*. Les moines et les clercs surtout se faisaient représenter, mais les accusés de crime capital, tels que les parricides et même les voleurs devaient combattre de leurs personnes. Les armes du champion étaient le bâton et

quelquefois l'épée; il combattait toujours à pied. Vaincu, il subissait la peine encourue par l'accusé dont il avait soutenu les intérêts. — CHAMPION des DAMES, nom que l'on donnait dans les tournois au chevalier qui prenait sous sa protection quiconque venait implorer la merci des dames, après avoir été puni pour quelque légère infraction. — CHAMPION se dit quelquefois, par ext., de toute personne qui combat. — Ironiq. et fam. : *c'est un vaillant champion*, se dit d'un homme qu'on croit peu courageux. — Fig. Défenseur : *champion de la foi*. — Se dit souvent par mépris ou par raillerie : *cet homme est le champion des mauvaises causes*.

CHAMPION (Edme), surnommé l'HOMME AU PETIT MANTEAU BLEU, philanthrope, né et mort à Châtel-Censoir (Yonne) (1764-1852). Ayant acquis une fortune considérable dans le commerce de la joaillerie, il la consacra à soulager les pauvres de Paris, auxquels il fit, depuis 1828, de larges distributions d'aliments, de vêtements, etc.

CHAMPIONNET (Jean-Antoine-Etienne), célèbre général de la République, né à Valence (Dauphiné) en 1762, mort à Antibes, le 19 nivôse an VIII (8 janvier 1800). Volontaire dans le régiment de Bretagne à 14 ans, il assista au siège de Gibraltar, fut nommé colonel après le combat d'Arlon, devint général en 1793, enleva Spire, Worms et Frankental, contribua à la victoire de Fleurus, prit Rome et conquit tout le royaume de Naples dont il fit la république parthénopéenne. Arrêté par ordre du Directoire, il fut mis en jugement et acquitté. Le commandement de l'armée des Alpes lui ayant été confié, il battit les Autrichiens à Fenestrelle, et fut défait par les Austro-Russes à Genola. Après le 18 brumaire, il donna sa démission et se retira dans sa ville natale.

CHAMPLAIN (Samuel de), explorateur, né vers 1567 à Brouage (Saintonge), d'une famille protestante, mort à Québec en 1635. D'abord marin, il entra ensuite dans l'armée de terre et devint quartier-maître dans l'armée de Bretagne contre la Ligue. En 1599, il commanda l'une des flottes espagnoles qui firent voile pour le Mexique et qu'il ramena en Espagne deux ans après. En 1603, il quitta Honfleur sur le navire d'un Malouin expérimenté nommé Pontgravé et mouilla, le 24 mai 1603, à l'embouchure du Saguenay, où il abandonna son navire au mouillage, pour remonter en canot le Saint-Laurent. En 1604, il quitta de nouveau la France pour accompagner de Monts et Pontgravé qui voulaient fonder un établissement en Acadie, et pendant les années 1604-'5-'6, il explora jusqu'au cap Cod, la côte américaine dont il dressa soigneusement le plan. Il revint en France en 1607 et repartit l'année suivante pour établir un poste sur le Saint-Laurent : l'accomplissement de cette mission fut la fondation de Québec. En 1609, Champlain, associé aux Montagnais contre les Iroquois, visita le beau lac auquel il a laissé son nom. A la tête des Algonquins et des Hurons, il entreprit une seconde guerre contre les Iroquois secrètement soutenus par les Hollandais. En 1612, il fut nommé lieutenant gouverneur de la *Nouvelle-France* (Canada). Il eut à modérer l'ardeur des jésuites qui nous attiraient la haine des indigènes et semaient la discorde entre les colons catholiques et les réfugiés protestants. En 1628, une flotte anglaise parut devant Québec; Champlain ne capitula, au bout d'un an, qu'après avoir essuyé toutes les horreurs de la famine. Le traité de Saint-Germain-en-Laye nous ayant rendu le Canada, l'Acadie et l'île du cap Breton ou île Royale, Samuel Champlain, fondateur et père de cette colonie, revint à Québec en 1633, avec le titre de gouverneur de la Nouvelle-France. On lui doit un *Traité de navigation* (1632) et la relation de ses *Voyages*, dont les meilleures éditions sont

celle de Paris (1640, in-4°) et celle des abbés Laverdière et Casgrin, de Québec, avec notes, et fac-similé de cartes et d'illustrations (6 vol. in-4°, 1870).

CHAMPLAIN. I. Village de l'Etat de New-York, sur la rivière Chazy, près de son embouchure dans le lac Champlain, 2,000 hab. — II. (Lac), lac de l'Amérique septentrionale, entre les Etats de New-York et de Vermont (Etats-Unis), long de 193 kil., depuis Whitehall (Etat de New-York) jusqu'à Saint-Jean (Canada), large de 200 mètres à 25 kil. D'une forme très irrégulière, il s'étend du S. au N. et communique avec le Saint-Laurent par la Sorel ou rivière de Richelieu, appelée quelquefois rivière de Saint-Jean. Au S., il est relié à la rivière Hudson par le canal Champlain. Ce lac, dont les rivages présentent de magnifiques paysages, fut découvert en 1609 par Samuel Champlain. Les Français y établirent le fort Carillon ou Ticonderoga qui résista longtemps aux Anglais et tomba ensuite aux mains des Américains. Le lac Champlain fut témoin de la victoire navale des Américains sur les Anglais dans la baie de Plattsburg, le 11 septembre 1814.

CHAMPLEVAGE s. m. [chan-le-va-je]. Technol. Action de champlever.

CHAMPLEVER v. a. [chan-le-vé] (de *champ* et *lever*). *Je champlève; tu champlèveras*. Technol. Creuser le champ d'une surface unie dans laquelle on veut tailler des figures ou incruster des ornements. — Pratiquer une rainure dans une plaque de métal.

CHAMPLITTE, ch.-l. de cant.; arr. et à 20 kil. N.-N.-O. de Gray (Haute-Saône), sur le Salon; 3,500 hab. Vins estimés.

CHAMPLURE s. f. (altération de *chantepleure*) Agric. Accident produit par les gelées sur les vignes et les arbres fruitiers. — Trou pratiqué au bas des futailles pour l'écoulement de leur contenu.

CHAMPMESLÉ (Marie Desmares) [chan-mè-lé], actrice, née à Rouen en 1644, morte à Auteuil en 1698. Comédienne au théâtre de sa ville natale, elle épousa Charles Chevillet, sieur de Champmeslé, avec lequel elle vint à Paris, et qui l'adora toute sa vie, bien qu'il eût des preuves de son infidélité. Racine, admirateur du talent de la jeune artiste, fut plus que son professeur et son protecteur. Il lui confia les principaux rôles de ses tragédies et l'on pense qu'il écrivit *Phèdre* pour elle. Mais il fut supplanté comme amoureux par le comte de Clermont-Tonnerre, ce qui fit dire que l'affection de la Champmeslé avait été *déracinée par le tonnerre*. Pendant 18 ans (1670-'98) elle régna à l'hôtel de Bourgogne, où elle créa presque tous les premiers rôles. Son mari (1645-1701), acteur comique d'un certain talent, écrivit plusieurs pièces de théâtre : *Crispin chevalier*, l'*Heure du berger*, etc.

CHAMPNIERS [cha-nié], commune du deuxième cant. et à 9 kil. N.-E. d'Angoulême (Charente); 3,600 hab. Ruines de l'ancien château de Puy-de-Nesle.

CHAMPOLLION (Jean-François, dit LE JEUNE), égyptologue, né à Figeac (Lot), le 23 décembre 1790, mort en 1832. Il suivit au 1807 les cours de l'Ecole spéciale des langues orientales et ceux du Collège de France, à Paris, et vint à Grenoble dès l'âge de 19 ans, avec le titre de professeur d'histoire à la faculté des lettres de cette ville. Déjà il avait découvert les 25 lettres égyptiennes dont parle Plutarque. Il commença aussitôt la publication des résultats de ses recherches et devint le fondateur de l'égyptologie et particulièrement de la science des hiéroglyphes. Le 17 septembre 1822, il lut devant l'Académie des inscriptions son célèbre mémoire (publié sous le titre de *Lettre à M. Dacier*), où il révéla ses premières découvertes sur l'alphabet hiéroglyphique. Il exposa ensuite dans son *Précis du système hiéroglyphique des anciens Egyptiens* (publié en 1824, par le gouvernement français), les éléments des trois genres d'écriture figurative, idiographique et alphabétique. Peu après l'établissement du musée égyptien au Louvre (1826) il en devint le conservateur. Charles X mit une frégate à sa disposition pour l'exploration de l'Egypte et de la Nubie (1827-'30) et, en 1831, la chaire d'archéologie égyptienne fut créée pour lui au Collège de France. Sa *Grammaire égyptienne* (1836-'41) son *Dictionnaire égyptien* (1842-'4) et ses *Monuments de l'Egypte et de la Nubie* sont indispensables à tous ceux qui veulent étudier l'archéologie égyptienne

CHAMPOLLION - FIGEAC (Jacques- Joseph CHAMPOLLION, dit), archéologue, frère du précédent, né à Figeac (Lot), en 1778, mort en 1867. De 1828 à 1848, il fut professeur à l'Ecole des chartes et conservateur aux manuscrits de la Bibliothèque royale; et de 1849 jusqu'à sa mort, il fut bibliothécaire au palais de Fontainebleau. Il surveilla la publication des œuvres posthumes de son frère et donna : *Antiquités de Grenoble* (1807) ; *Paléographie universelle* ; *Recherches sur les patois de la France* (1809) ; *Rois grecs d'Egypte* (1819) ; *Traité élémentaire d'archéologie* (1843). En 1864, il termina, en 76 gravures in-folio, une *Monographie du palais de Fontainebleau*, et en 1868, il fit paraître des *Documents paléographiques relatifs à l'histoire des beaux-arts et des belles-lettres principaux du moyen âge*.

CHAMPOREAU s. m. (de *Champoreau*, nom de l'inventeur). Boisson chaude très goûtée en Algérie, et composée de café au lait très étendu d'eau, auquel on ajoute une liqueur alcoolique quelconque : *champoreau au rhum*, *champoreau au kirsch*. — Nom donné à Paris au café préparé à froid, avec des grains simplement concassés.

CHAMPS-DE-BORT, ch.-l. de cant.; arr. et à 30 kil. N.-E. de Mauriac (Cantal); 1,800 hab.

CHAMPS ELYSÉES, Elyséens ou ELYSIENS, paradis chez les païens; ou pour mieux dire partie des enfers dans laquelle se rendaient les âmes des héros et des gens de bien, pour y goûter les douceurs d'un repos éternel.

CHAMPS-ÉLYSÉES, vaste promenade parisienne qui forme la prolongation du jardin des Tuileries, entre la place de la Concorde et l'arc de triomphe de l'Etoile. En 1628, Marie de Médicis y fit planter l'allée dite *cours la Reine*, et en 1760, on y traça les allées qui furent ensuite plusieurs fois modifiées jusqu'à ce que l'on exhaussa et sabla en 1818. Les Champs-Elysées sont le rendez-vous des promeneurs. On y trouve des théâtres, des cafés, des concerts, des gazons à l'anglaise, le palais de l'Elysée, etc.

CHAMPTERCIER, village, arr. et à 9 kil. O. de Digne (Basses-Alpes); 400 hab. Patrie de Gassendi.

CHAMPTOCÉ, bourg, arr. et 29 kil. O.-S.-O. d'Angers (Maine-et-Loire); 2,200 hab. Ruine d'un ancien château du maréchal de Retz, Gilles de Laval, qui fut pendu et brûlé à Nantes en 1440. Voy. BARBE-BLEUE.

CHAMPTOCEAUX, *Castrum Celsum*, ch.-l. de cant.; arr. et 27 kil. N.-O. de Beaupréau (Maine-et-Loire), sur la Loire; 1,500 hab. Autrefois ville importante et fortifiée.

CHANAAN [ka-na-an], l'un des fils de Cham. Il eut 11 fils qui donnèrent naissance à 11 tribus établies en Palestine qui furent, plus tard, assujetties par les Hébreux.

CHANAAN (Terre de), partie de la *Terre promise*, située entre la Méditerranée, le Jourdain, le désert de Schur et la Syrie, et habitée par les descendants de Chanaan.

CHANAC, ch.-l. de cant. arr.; et à 14 kil. S.-S.-E. de Marvejols (Lozère); sur le Lot; 1,900 hab.

CHANANÉEN, ÉENNE s. et adj. [ka-na-néain]. Habitant de la terre de Chanaan.

CHANÇARD, ARDE s. Celui, celle qui a de la chance.

* **CHANCE** s. f. [chan-se] (de *choir*). Coup de dés et, par ext., Sorte de jeu de dés : *jouer à la chance*. — Point qu'on livre à celui contre lequel on joue au jeu de dés; point qu'on se livre à soi-même : *livrer chance; amener sa chance*. — Fig. Tout événement, heureux ou malheureux, qui peut résulter d'un ordre de choses donné : *chance favorable; chance de succès*; *Se mettre à couvert de toute chance*, de tout hasard. — *La chance de sa fille*, se dit, en forme de souhait, à une personne qui nous quitte pour faire quelque démarche dont le succès paraît douteux. — *La chance est pour vous*, vous avez une chance favorable. — *La chance a tourné*, les choses ont changé de face. — Prov. *Conter sa chance*, conter ses malheurs, ses déplaisirs, ses aventures. — Hasard heureux, fortune favorable : *il a de la chance; il n'a pas de chance; pas de chance !* — AVOIR DE LA CHANCE AU BATONNET, réussir. — Iron. : *il a de la chance au bilboquet*. — Chances s. f. pl. Probabilité : *calculer les chances*.

* **CHANCEL** s. m. Forme du mot CANCEL.

CHANCEL (Jean-Nestor), général, né à Angoulème en 1754, décapité en 1794. Commandant de la garnison de Maubeuge, il resta dans une inaction qui motiva son arrestation.

* **CHANCELANT, ANTE** adj. Qui chancelle : *je le vis chancelant; pas chancelant*. — Fig., tant au sens physique qu'au sens moral : *santé chancelante; trône chancelant*.

* **CHANCELER** v. n. (lat. *cancellare*, barrer). *Je chancelle. Je chancellerai*. Etre peu ferme sur ses pieds, pencher de côté et d'autre, comme si on allait tomber : *il chancelle comme un homme ivre*. — Fig. N'être pas ferme, n'être pas assuré, *il chancelle dans ses réponses*; *sa fortune chancelle*. — *Sa mémoire chancelle*, se trouble.

* **CHANCELIER** s. m. (lat. *cancellarius*). Officier chargé de garder les sceaux, et quelquefois d'administrer les biens d'un prince, d'un corps, d'un ordre militaire, etc. : *la reine et les princes avaient autrefois leurs chanceliers*; grand chancelier de la Légion d'honneur. — *Chancelier de l'Académie française*, celui qui gardait le sceau de l'Académie et qui aujourd'hui remplit les fonctions de président en l'absence du directeur. — Premier officier de la couronne, chef de la magistrature en France, et ordinairement gardien des sceaux : *chancelier de France; la place de chancelier était inamovible*. — *Chancelier de justice*, titre du chef de la justice dans certains Etats d'Allemagne. — *Chancelier de l'Echiquier*, un des juges de la cour des finances d'Angleterre, appelée aussi *Cour de l'Echiquier*. — Dans certains consulats, Celui qui a la garde du sceau et la tenue des registres. — Dans l'église de Paris, chanoine dignitaire qui présidait aux études de l'université. — *Chancelier de l'Université*, celui qui conférait les degrés et délivrait les diplômes.

* **CHANCELIÈRE** s. f. Femme du chancelier. Petit meuble de bois ou de cuir, garni intérieurement de peau d'ours ou de mouton, qui sert à mettre les pieds pendant l'hiver.

* **CHANCELLEMENT** s. m. Mouvement de ce qui penche de côté et d'autre, et qui menace de tomber.

* **CHANCELLERIE** s. f. Lieu où l'on scelle certains actes avec le sceau du prince, de l'Etat : *officier de la chancellerie; en style de chancellerie*. On dit de même : la chancellerie d'un consulat. — *Grande chancellerie*, celle du chancelier scellait avec le grand sceau. On nomme encore aujourd'hui *Grande chancellerie*, une administration chargée de tout ce qui a rapport

à l'ordre de la Légion d'honneur. — *Petite chancellerie*, dans les parlements, celle où un maître des requêtes, ou un autre officier commis pour cette fonction, scellait avec le petit sceau. — *Chancellerie de Rome*, bureau où se font les expéditions des bulles, brefs et autres actes concernant le gouvernement de l'Eglise. — *Chancellerie de l'Université*, lieu où l'on scellait les lettres de maître ès arts, de docteur, etc. — Hôtel qu'habite un chancelier, ou le garde des sceaux.

CHANCELLOR (Richard), navigateur anglais du XVIe siècle. Parti à la recherche d'un passage au Nord, il découvrit le port d'Archangel (1553). La collection de Pinkerton contient le récit de son exploration.

CHANCELLORSVILLE, nom d'un hôtel tenu par un M. Chancellor, dans la Virginie (Etats-Unis), entre les rivières Rappahannock et Anna du Nord. Le 2 mai 1863, l'armée fédérale du Potomac, général Hooker, y fut attaquée par les confédérés, général Lee, et forcée de repasser le Rappahannock, après une lutte furieuse de 2 jours que l'on a comparée à celle de Hougoumont pendant la bataille de Waterloo. Les pertes de l'armée vaincue furent de 17,000 hommes, sur 132,000 combattants; celles des vainqueurs furent de 13,000 hommes sur 62,000.

* **CHANCEUX, EUSE** adj. Qui a une chance favorable, qui est en bonheur : *je ne suis pas si chanceux*, je ne suis pas heureux à qui, rien ne réussit. — Ironiq. *Voilà un homme bien chanceux*, c'est un homme malheureux, à qui rien ne réussit. — Qui dépend du hasard, qui offre des probabilités défavorables : *cette affaire est chanceuse*.

* **CHANCI, IE** part. passé de Chancir. — 〃 s. m. Fumier dans lequel s'est développé du blanc de champignon.

* **CHANCIR** v. n. (lat. *canescere*, blanchir). Moisir. Ne se dit guère que des choses que se mangent, comme les confitures, des pâtés, des jambons, etc. — *Se chancir* v. pr. Devenir moisi : *ce pâté commence à se chancir* (vieux).

CHANCISSURE s. f. Moisissure. Voy. CHANCIR.

* **CHANCRE** s. m. (lat. *cancer*). Nom vulgaire donné à tous les petits ulcères qui ont la tendance à s'étendre et à ronger les parties environnantes. — Méd. Terme appliqué spécialement aux ulcères syphilitiques. On a confondu quelquefois sous le nom de chancre, le chancroïde et même le cancer. — Art. vétér. Ulcère qui attaque le gros bétail, qui commence par occuper le dessous de la langue, d'où il s'étend rapidement vers les parties environnantes. — Agric. Maladie qui survient aux arbres et les ronge. On traite les chancres comme les PLAIES. — Pop. *Manger comme un chancre*, manger excessivement. — Fig. Vice d'administration, fléau public qui appauvrit l'Etat, qui le ruine insensiblement : *la taxe des pauvres en Angleterre, est un véritable chancre politique*.

CHANCRELLE s. f. Nom que les médecins donnent quelquefois au chancre syphilitique.

* **CHANCREUX, EUSE** adj. Qui tient de la nature du chancre : *ulcère chancreux*.—Qui est attaqué du chancre : *arbre chancreux*.

CHANCROÏDE s. m. Pathol. Chancre vénérien non infectant.

* **CHANDELEUR** s. f. (rad. *chandelle*). Fête de la présentation de Notre-Seigneur au temple, et de la purification de la Vierge; ainsi nommée parce que, ce jour là, se fait une procession où tous les assistants portent des chandelles de cire ou des cierges : *la fête de la Chandeleur, ou la Chandeleur se célèbre le 2 février*.

* **CHANDELIER** s. m. Artisan qui fait et vend de la chandelle.

* **CHANDELIER** s. m. Ustensile qui sert à mettre la chandelle, la bougie, ou les cierges. — Fig. et fam, *Etre placé sur le chandelier, être sur le chandelier*, être en vue, occuper une place éminente, principalement dans l'Eglise. — ~ Pop. Nez qui aurait besoin d'être mouché, parce qu'il laisse couler de la chandelle. — Art. milit. CHANDELIERS DE TRANCHÉE OU DE BLINDE, pieux ou montants plantés verticalement dans un madrier pour couvrir de sapeurs. — CHANDELIER DE PIERRIER, fourche dont les branches embrassent les tourillons d'un pierrier pour servir de support à cette pièce d'artillerie. — Mar. Nom de divers supports. — Barre de fer arrondie fixée par son pied et posée à peu près verticalement pour soutenir les lisses du passavant, des batayoles de hune, etc. — CHANDELIERS DE TIRE-VEILLE OU CHANDELIER D'ÉCHELLE, petites colonnes de cuivre ou de fer plantées sur le bord d'un bâtiment pour retenir deux cordes d'appui dont on s'aide pour monter à bord. — CHANDELIERS DE CHALOUPE, deux fourches de fer qui soutiennent le mât d'une chaloupe quand elle va à la rame. — CHANDELIERS DE PETITS BATIMENTS, appuis de bois que l'on voit quelquefois sur le pont et qui soutiennent le mât lorsqu'il y est amené. — CHANDELIERS DE FANAL, grand support en fer avec pivot, sur lequel on place un fanal à la poupe.

* **CHANDELLE** s. f. Petit flambeau de suif, de cire, ou de quelque autre matière grasse et combustible. Se dit plus communément de la chandelle de suif: *chandelles moulées; grosse chandelle; chandelle des quatre, des huit, des douze à la livre.* — Prov. et fig. *Se brûler, venir se brûler à la chandelle*, se dit d'un homme qui, séduit par des apparences décevantes, s'engage dans une situation embarrassante ou périlleuse. — *A chaque saint sa chandelle*, pour s'assurer le succès d'une affaire, il faut se rendre favorable chacun de ceux qui peuvent contribuer à la faire réussir. — *Il doit une belle chandelle à Dieu, à la Vierge*, se dit d'un homme qui est échappé d'un grand péril. — *Donner une chandelle à Dieu et une au diable*, se ménager entre deux partis opposés. — *Economie de bouts de chandelles*, épargne sordide en de petites choses. — *Etre ménager de bouts de chandelles*, ne se montrer économe que dans les petites choses. — *Le jeu ne vaut pas la chandelle*, la chose dont il s'agit ne mérite pas les soins qu'on y prend, les peines qu'on se donne, la dépense qu'on fait. — Fam. *Il s'en va comme une chandelle*, ou fig., *c'est une chandelle qui s'éteint*, se dit d'un homme qui meurt insensiblement et de vieillesse. — Fig. et fam. *Voir des chandelles, mille chandelles, trente-six chandelles*, se dit lorsqu'on a un grand éblouissement d'yeux causé par un coup, un heurt, une chute. — *Brûler la chandelle par les deux bouts*, consumer son bien en faisant différentes sortes de dépenses également ruineuses ; ou se livrer à la fois à des excès de genres différents. — *La chandelle brûle*, le temps presse. — *Cette femme est belle à la chandelle*, se dit d'une femme dont la beauté ne soutient pas le grand jour. — *Tenir la chandelle*, se prêter à de honteuses complaisances, pour favoriser un commerce de galanterie. — *Chandelle des Rois*, grosse chandelle cannelée, et peinte de différentes couleurs, dont les marchands chandeliers faisaient présent à leurs pratiques le jour des Rois. — Pop. *Cet habit est bariolé comme la chandelle des Rois*, se dit d'un habit bigarré de plusieurs couleurs. — *Chandelle romaine*, pièce d'artifice en forme de grosse chandelle, qui lance perpendiculairement, et à certains intervalles, des étoiles d'un éclat très vif. — ~ Pop. Mucosité coulant d'un nez que l'on néglige de moucher. — Fusil : *il se balade entre quatre chandelles*, il marche entre quatre soldats qui le mènent au poste. — Litre plein de vin : *une chandelle à douze*.

CHANDELLERIE s. f. Fabrique, magasin, commerce de chandelles.

CHANDERNAGOR (hindou : Fransdonga), ville des établissements français dans l'Inde, au milieu d'un petit territoire qui comprend une île de la rivière l'Hougly et plusieurs villages sur la rive droite de l'Hougly (branche occidentale du Gange), à 35 kil. N. de Calcutta, avec laquelle elle communique par un chemin de fer. Sa population, toute indienne, dépasse 22,000 âmes, sur un territoire qui n'a que 9 kil. carr. Chandernagor n'a guère de relations commerciales qu'avec Calcutta ; elle exporte surtout de l'opium. Par 22° 51' 26" lat. N. et 86° 1'48" long. — E. Colonie en pleine décadence, cédée par Aureng-Zeyb à la compagnie française des Indes en 1688, florissante sous Dupleix, 1730, plusieurs fois prise et ruinée par les Anglais.

CHANDLER. I. (Richard), archéologue anglais (1738-1810). Après un voyage en Orient, il fut nommé recteur de Tilehurst, Berks (1800). Il a publié : une célèbre édition des *Marmora Oxoniensia* « Antiquités d'Ionie », « Histoire d'Ilium », « Inscriptions Antiques », « Voyages en Asie Mineure », etc. — II. (Samuel), théologien anglais (1693-1766). A écrit une « Histoire critique de David », « une Histoire de la persécution », etc.

CHANDOS (Jean), capitaine anglais, tué au combat de Lussac (Poitou) en 1369. S'étant distingué à Crécy et à Poitiers, il fut nommé baron par le roi Edouard III. Ce fut à lui que du Guesclin se rendit, lors de la bataille d'Auray en 1364.

* **CHANFREIN** ou ~ **Chamfrain** s. m. (lat. *camus*, licou ; *frenum*, frein). Armure qui couvrait autrefois la partie antérieure de la tête du cheval, depuis les oreilles jusqu'à la bouche. — Par anal. Morceau d'étoffe noire qu'on met sur le nez des chevaux de deuil. — Par ext. Devant de la tête du cheval, partie de la tête qui est entre les sourcils, depuis les oreilles jusqu'aux naseaux : *un cheval qui a le chanfrein blanc.* — Archit. Petite surface que l'on forme en abattant l'arête d'une pierre ou d'une pièce de bois. — Technol. Pan coupé qui se fait lorsqu'on abat l'arête vive ou l'angle d'une pièce de bois. — Horlog. Petit creux conique pratiqué dans une pièce de montre.

* **CHANFREINER** v. a. [chan-frè-né]. Archit. Abattre l'arête d'une pierre ou d'une pièce de bois, pour former un chanfrein. — Technol. Pratiquer un chanfrein.

CHANGARNIER (Nicolas-Anne-Théodule), général, né à Autun le 26 avril 1793, mort à Paris le 14 février 1877. Garde du corps du roi, en 1815, puis officier au 60e de ligne, il fut cité deux fois pendant l'expédition d'Espagne (1823), fut nommé capitaine au 2e léger (1828) et devint chef de bataillon au même régiment. Sa vaillante retraite de Constantine (1836) fit sa fortune militaire. Quelques actions d'éclat et de vigueur justifièrent un rapide avancement. Il était colonel en 1838 et général de division en 1843. La République de 1848 lui donna le gouvernement de l'Algérie, qu'il conserva pendant cinq mois. Elu à l'Assemblée nationale, puis à l'Assemblée législative, il reçut de Cavaignac le commandement de la garde nationale parisienne. Sous Louis-Napoléon, il commanda l'armée de Paris jusqu'au 9 janvier 1851, époque où son attitude royaliste amena sa disgrâce. Arrêté, enfermé à Mazas, puis expulsé lors du coup d'Etat du 2 décembre, il rentra après six ans d'exil, se retira dans ses terres et n'en sortit qu'en juillet 1870, pour solliciter, lors de la déclaration de guerre, un commandement qui lui fut refusé par le maréchal Lebœuf ; mais Napoléon l'adjoignit à Bazaine, à la campagne duquel il s'associa d'une manière active. C'est lui que Bazaine chargea

des négociations qui précédèrent la capitulation de Metz (octobre 1871), et il resta prisonnier en Allemagne jusqu'en janvier 1871. Après la guerre, il fut élu député, vota constamment avec la droite et, au moment de la constitution du Sénat, devint sénateur inamovible (déc. 1875).

CHANGCHAOU ou **Changchou**, ville de Kiangsou (Chine), sur le canal Impérial, à 160 kil. N.-O. de Changhaï. Elle est bien fortifiée et entourée d'une muraille haute de 25 pieds. De 1860 à 1864, elle fut l'une des principales forteresses des Taï-ping.

CHANGCHOU-FOU, ville de Fokien (Chine), sur la rivière Chang, à 50 kil. O. d'Emouy ; environ un million d'hab. Elle est entourée d'une grande muraille, percée de quatre portes principales qui livrent passage à des canaux et à des routes. Grandes manufactures de soieries.

* **CHANGE** s. m. (lat. *cambium*). Troc d'une chose contre une autre. N'est guère usité, en ce sens, que dans ces phrases : *gagner au change ; perdre au change.* — Banque, profession de celui qui fait tenir, qui fait remettre de l'argent d'une ville à une autre, ou de place en place : *faire le change ; lettres de change ; agent de change.* — Prix que le banquier prend pour l'argent qu'il fait remettre : *le change d'ici à Londres est de tant pour cent.* — *Coter le change*, marquer le taux du change. — Prov. et fig. *Rendre le change à quelqu'un*, lui faire une réplique ingénieuse ou vive, lui rendre la pareille. — Profit, intérêt de l'argent qu'on prête selon le cours de la place : *prendre à change.* — Commerce du changeur, prix qu'il prélève sur les valeurs pour lesquelles il donne de l'argent ou des billets de banque : *change de monnaies ; bureau de change.* — Par ext. Lieu où l'on va changer les pièces de monnaie pour d'autres, comme des pièces d'or pour de l'argent blanc, etc. : *aller au change.* — *Payer comme au change*, payer sur-le-champ. — Lieu destiné aux réunions des négociants, et qu'on nomme aujourd'hui *Bourse.* — Vèner. *La bête donne le change*, elle fait lever une autre bête, dont les chiens suivent la voie ; *les chiens prennent le change, tournent au change*, ils quittent la bête qui a été lancée, pour courir la nouvelle bête ; *les chiens gardent le change, ne tournent pas au change*, ils ne se laissent pas emporter après la nouvelle bête, et continuent à chasser la bête qui a été lancée. — Fig. *Donner le change à quelqu'un*, détourner adroitement quelqu'un du dessein, des vues qu'il peut avoir, en lui donnant lieu de croire une chose pour une autre. — *Prendre le change*, se laisser tromper de cette manière, par ignorance ou par simplicité ; se tromper, se méprendre sur un objet, sur une affaire. On dit de même, *faire prendre le change à quelqu'un*, le tromper, l'induire en erreur.

* **CHANGEANT, ANTE** adj. Variable, muable, inconstant, qui change facilement : *temps changeant ; nation changeante ; humeur changeante.* — *Couleur changeante*, couleur qui change selon les différentes expositions, comme la gorge d'un pigeon. — *Taffetas changeant*, taffetas qui paraît de différentes couleurs, parce que la trame est d'une couleur et la chaîne d'une autre. — *Etoffe changeante*, étoffe dont les nuances varient suivant les expositions ; étoffe dont la couleur est sujette à s'altérer rapidement. — Astron. *Etoile changeante*, étoile sujette à des diminutions et à des augmentations alternatives de lumière ; Algol est la plus remarquable des étoiles changeantes.

* **CHANGEMENT** s. m. Mutation, conversion, action de changer : *continuel changement.* — Art milit. CHANGEMENT DE FRONT, manœuvre par laquelle un corps de troupes, se déplace

de manière à faire face à un côté différent de celui qu'il regardait d'abord.

* **CHANGER** v. a. (lat. *cambire*, troquer). Céder une chose pour une autre. — Prov. et fig. *Changer son cheval borgne contre un aveugle*, changer, par méprise, une chose défectueuse contre une autre plus défectueuse encore. — Changer des pièces de monnaie pour la même somme en pièces de valeur différente : *changer un louis, une pièce de cinq francs*, etc. On le dit de même en parlant des billets de banque : *changer un billet de cinq cents francs*. — Remplacer un objet par un autre; rendre une chose différente de ce qu'elle était : *changer un enfant en nourrice.* — Prov. *Il faut qu'il ait été changé en nourrice*, se dit d'un enfant qui ne ressemble point à ses parents pour les traits, pour le caractère. On dit, dans le sens opposé : *il n'a pas été changé en nourrice.* — Convertir, transmuer, métamorphoser une chose en une autre, tant au propre qu'au figuré : *dans le sacrement de l'eucharistie, le pain est changé au corps de Notre-Seigneur.* — v. n. Quitter une chose pour une autre. Dans ce sens, on l'emploie toujours avec la préposition DE : *changer d'habit, de chemise.* — Manège. *Changer de main*, porter la tête du cheval d'une main à l'autre, pour le faire aller à droite ou à gauche. — Fig. et fam. *Changer de batterie*, se servir de quelque nouveau moyen dans une affaire, le premier n'ayant pas réussi. — Prov. et fig. *Changer de note*, changer de façon d'agir ou de parler. — Elliptiq. *Changer de linge*, lorsqu'on est mouillé par la pluie ou la sueur : *je suis rentré chez moi pour changer.* On dit de même, activ. *changer quelqu'un*, changer le linge qu'il a sur lui. — Absol. *Changer d'état* :

Tout *change*, la raison *change* aussi de méthode ;
Écrits, habillements, systèmes, tout est mode.
Louis Racine.

— Fig. Changer de mœurs, de caractère : *ce jeune homme est changé à son avantage.* — *Changer du tout au tout, du blanc au noir,* changer entièrement. — *Cet homme est changé, bien changé, changé à ne pas le reconnaître,* il a le visage bien changé, soit par l'âge, soit par la maladie; ou fig., il a changé entièrement de mœurs et de conduite. Dans le premier sens, on dit aussi : *il change à vue d'œil.* — CHANGER, se dit encore de l'inconstance dans les projets, les goûts, les affections : *c'est un homme qui change aisément, on ne peut se fier à lui.* — Mar. CHANGER LA BARRE DU GOUVERNAIL, faire passer cette barre de tribord à bâbord et *vice versâ;* CHANGER D'AMURES, les prendre à l'autre bord lorsqu'on louvoie; CHANGER LES ÉCOUTES DE FOCS DES VOILES D'ÉTAI, les passer d'un bord à l'autre; CHANGER LES MANŒUVRES, les remplacer par d'autres; CHANGER L'ÉQUIPAGE, remplacer par d'autres hommes ceux qui étaient depuis quatre ou six heures sur le pont ; CHANGER LES VOILES, remplacer par d'autres celles qui sont enverguées; CHANGER DEVANT, CHANGER DERRIÈRE, virer vent devant, en faisant tourner 'tout le plane, toutes les voiles d'un mât ensemble, par le moyen des bras qui agissent sur les vergues; CHANGER DE BORD, mettre un côté du navire au vent, au lieu de l'autre qui y était; CHANGER D'ARTIMON, faire passer la voile d'artimon ainsi la vergue, d'un côté du mât à l'autre. — **Se changer** v. pr. Etre changé :

Tout se change en rocher à mon aspect horrible.
Quinault.

— Changer de mœurs, de caractère : *tel est mon caractère, je ne saurais me changer.*

* **CHANGEUR** s. m. Celui qui fait commerce de changer des pièces de monnaie pour d'autres pièces, des billets de banque ou du numéraire; ou du numéraire pour des billets de banque : *porter des monnaies étrangères au changeur.* — ∽ Pop. Filou qui, au théâtre, au restaurant ou au café, troque son vieux chapeau ou son pardessus contre des vêtements tout neufs. On dit aussi *libre échangiste.*

CHANG-HAÏ ou **Shanghai.** Ville maritime de Kiang-Sou (Chine), sur la rive gauche de la rivière Wusung, à environ 20 kil. au-dessus de son point de jonction avec le Yangtsi-Kiang, par 31° 10' lat. N. et 119° 10' long. E. ; de 250,000 à 350,000 hab. Le vieux Chang-Haï ou ville indigène est entouré de murailles; ses rues sont étroites, et ses maisons sont laides et petites. Mais le faubourg étranger, divisé en concessions française, anglaise et américaine, est bâti à l'européenne, avec des rues droites, larges, bien pavées et bien éclairées. Chang-Haï est l'un des principaux ports ouverts au commerce européen; c'est ce qui lui donne une importance qui s'accroît chaque jour. Principaux articles d'exportation : thé, soie, coton, chapeaux de paille, laines, peaux, huile, droguerie, porcelaine, éventails, paillassons, etc. Importation d'opium, de grains, de farine, de charbon de terre et d'objets manufacturés.

CHANLAIRE (Pierre-Grégoire), géographe (1758-1817). A laissé un *Atlas de la France* (1802).

CHANLATTE s. f. (de *champ* et *latte*; latte mise de champ). Archit. Petite planche refendue en diagonale d'une arête à l'autre, que l'on cloue sur l'extrémité des chevrons, parallèlement à la corniche, pour recevoir le premier rang de tuiles ou d'ardoises qui forme l'égout d'un comble.

CHANNING. I. (William-Ellery), ecclésiastique américain (1780-1842). Fut surnommé l'apôtre des principes des unitaires. Antiesclavagiste, il publia en 1841 l'*Esclavage*, qui fit une grande sensation et qui fut traduit par Laboulaye, ainsi que ses *Œuvres sociales.* Ses œuvres complètes, Boston, 1848, 6 vol., comprennent ses éloquents sermons et ses essais sur Milton, Napoléon, la tempérance, la guerre, etc. — II. (Walter), médecin américain, frère du précédent (1786-1876). A publié des poésies et un ouvrage sur « l'Etherisation ». — III. (Edward-Tyrrel), frère des précédents (1790-1856). Édita le « North American Review ».

* **CHANOINE** s. m. (gr. *kânon*, règle). Celui qui possède un canonicat dans une église cathédrale ou collégiale. — *Chanoines réguliers,* chanoines qui faisaient des vœux de religion, et qui vivaient en communauté : *les chanoines réguliers de Saint-Augustin, de Sainte-Geneviève, de Prémontré.* — Prov. et fig. *Mener une vie de chanoine,* mener une vie douce et tranquille.

* **CHANOINESSE** s. f. Celle qui possède une prébende dans un chapitre de filles.

* **CHANOINIE** s. f. Canonicat.

* **CHANSON** s. f. (lat. *cantio*). Pièce de vers qui se chante sur quelque air, et dont les stances se nomment couplets : *chanson à boire* ou *chanson bachique; refrain d'une chanson, air d'une chanson; noter une chanson; composer une chanson.*

Tircis vous apprend des *chansons*
Où le cœur s'intéresse.
On dit qu'il y joint des leçons
Qui parlent de tendresse.
Mlle de Scudéri.

— Fig. et fam. *Il n'a qu'une chanson, il ne sait qu'une chanson,* il dit, il chante toujours la même chanson, se dit d'un homme qui répète toujours la même chose. On dit aussi : *c'est toujours la même chanson.* — Fig. et fam. *Voilà bien une autre chanson,* voilà une chose nouvelle à laquelle on ne s'attendait pas. — Fig. et fam. Sornette, discours ou raison frivole : *Il nous conte des chansons, chansons que tout cela.* — Poème héroïque du moyen âge : *la chanson de Roland.* On dit dans le même sens : *chanson de gestes* (lat. *gesta,* actions).

* **CHANSONNER** v. a. Faire des chansons satiriques sur quelqu'un : *il a été bien chansonné.*

* **CHANSONNETTE** s. f. (Diminut.). Petite chanson : *jolie chansonnette.* Se dit par opposition aux airs graves et sérieux, et particulièrement des chansons pastorales.

* **CHANSONNIER, IÈRE** s. Faiseur ou faiseuse de chansons : *les bons chansonniers sont rares.* — Les plus célèbres chansonniers français sont : Olivier Basselin, Jean Le Houx, Gaultier Garguille, Coulanges, Panard, Laujon, Dieulafoi, Piis, Armand Gouffé, Collé, Désaugiers, Béranger, Pierre Dupont, Nadaud, Lucien de la Hodde, Charles Gille, etc. — Recueil de chansons : *le Chansonnier français.*

* **CHANT** s. m. (lat. *cantus*). Elévation et inflexion de voix sur différents tons, avec modulation : *chant agréable; règles du chant.* — Fig. *Chant de sirène,* langage trompeur. — Toute musique qui peut s'exécuter avec la voix : *mettre un air en chant.* — *Plain-chant, chant grégorien, chant d'église,* chant ordinaire de l'Eglise, dont saint Grégoire est regardé comme l'inventeur. — Partie mélodieuse ou principale d'une musique quelconque, celle d'où dépend toute l'expression : *l'harmonie ne doit point étouffer le chant.* — *Ce morceau, cette ouverture manque de chant,* ce morceau, cette ouverture n'a pas de mélodie. — Ramage des oiseaux : *le chant du cygne est consacré par les poëtes.* — Fig. *C'est le chant du cygne,* se dit du dernier ouvrage qu'un musicien célèbre, un grand poëte, un homme éloquent a fait de son temps avant sa mort. — Cri du coq : *dès le chant du coq,* au point du jour. — Cri de la cigale : *le chant de la cigale est monotone.* — Par ext. Pièce de poésie qui se chante ou peut se chanter : *chant nuptial; chant guerrier.* — *Chant royal,* ancienne pièce de poésie française, composée de six strophes de onze vers chacune, et où le onzième vers de la première strophe était répété à la fin de toutes les autres. — Chacune des divisions d'un poème : *le second chant de l'Iliade.* On donne souvent le nom de *Livres* aux chants de certains poèmes anciens : *le premier, le second livre de l'Enéide, des Géorgiques.* — Le Chant du départ, cantate patriotique, exécutée à Paris (Académie de musique), le 29 sept. 1794 ; paroles de M. J. Chénier, musique de Méhul. Le *Chant du départ* obtint autant de succès que la *Marseillaise.* — Chants s. m. pl. Toute composition en vers : *mes chants rediront tes exploits.*

CHANTABLE adj. Qui peut être chanté ; qui est digne d'être chanté.

CHANTAGE s. m. (rad *chanter*). Pêche. Bruit que l'on fait pour obliger le poisson à se jeter dans les filets.

* **CHANTAGE** s. m. Action d'extorquer de l'argent à quelqu'un en le menaçant de le diffamer : *le chantage, c'est la bourse ou l'honneur* (Balzac); *l'inventeur du chantage est l'Arétin* (id.). La loi du 13 mai 1863 punit le chantage d'un emprisonnement d'un an à cinq ans et d'une amende de 50 fr. à 3,000 fr. (art. 400, C. pén.).

CHANTAL (Jeanne-Françoise Frémiot, BARONNE DE), femme d'une grande dévotion, canonisée en 1767 sous le nom de SAINTE CHANTAL, née à Dijon en 1572, morte le 13 décembre 1641. Fille d'un président à mortier au parlement de Bourgogne, elle épousa, à 20 ans, Christophe de Rabutin, baron de Chantal, dont elle eut un fils qui fut père de Mme de Sévigné. Ayant perdu son mari, après une union de 8 ans, elle se voua aux œuvres pieuses et, sous la direction de saint François de Sales, fonda, en 1610, à Annecy, l'ordre de la Visitation qui comptait 87 maisons au moment où elle mourut.

* **CHANTANT, ANTE** adj. Qui se chante aisément : *air chantant; musique chantante.* — *Vers chantants, paroles chantantes,* paroles, vers qui sont propres à être mis en chant.

Cette langue est chantante, a quelque chose de *chantant,* se dit d'une langue fort accentuée, dont la prosodie a quelque chose de musical. — Au théâtre. *Déclamation chantante,* déclamation qui manque de naturel, parce que les intonations se rapprochent du chant.

* **CHANTÉ, ÉE** part. passé de CHANTER. — Prov. et fig. *C'est bien chanté,* se dit, par moquerie, à une personne qui dit quelque chose qu'on n'approuve pas, qu'on ne trouve pas à propos.

* **CHANTEAU** s. m. Morceau coupé à un grand pain : *un gros chanteau de pain.* — *Chanteau de pain bénit,* ou absol. *Chanteau,* morceau de pain bénit qu'on envoie à celui qui doit rendre le pain bénit le dimanche suivant ou le jour de fête le plus prochain. — Morceau d'étoffe coupé à une plus grande pièce : *ce manteau a été coupé en plein drap, il n'y a point de chanteau.*

CHANTELAUZE (Jean-Claude-Balthazar-Victor de), homme politique, né à Montbrison en 1787, mort en 1859. Ministre de la justice en 1830, il fut l'un des plus ardents promoteurs des mesures réactionnaires. On l'arrêta à Tours, après la révolution de Juillet, et il fut condamné à la prison perpétuelle. Amnistié en 1836, il rentra dans la vie privée.

CHANTELLE-LE-CHÂTEAU, *Cantella,* ch.-l. de cant., arr. et à 17 kil. N. de Gannat (Allier), sur la Bouble; 1,700 hab. Restes d'un château des ducs de Bourbon.

CHANTENAY, bourg de l'arr. et à 4 kil. S.-O. de Nantes (Loire-Inférieure); 4,000 hab. Usines et chantiers de construction sur la Loire.

* **CHANTEPLEURE** s. f. Sorte d'entonnoir qui a un long tuyau percé de plusieurs trous par le bout inférieur, pour faire couler du vin ou quelque autre liqueur dans un tonneau, sans la troubler. — Fente qu'on pratique dans les murs de clôture ou de terrasse, pour laisser les eaux pénétrer ou s'écouler facilement. Voy. BARBACANE. — ↘ Tonneau dans lequel on foule le raisin.

* **CHANTER** v. n. (lat. *cantare*). Former avec la voix une suite de sons variés, selon les règles de la musique : *chanter bien; chanter au lutrin; maître à chanter.* — *Chanter à livre ouvert,* chanter à la première inspection des notes, un air qu'on n'avait jamais vu. — Fig. et fam. *Je le ferai chanter sur un autre ton,* je l'obligerai à faire, à se conduire autrement qu'il ne fait. On dit aussi : *Il faut qu'il chante sur un autre ton, qu'il chante plus haut,* il faut qu'il en offre davantage, qu'il en donne davantage. — *Je le ferai chanter,* je le réduirai à la raison. — *C'est comme si vous chantiez,* se dit à quelqu'un pour lui témoigner qu'on ne fait aucune attention à ce qu'il dit, qu'on n'en fait aucun cas. — Par ext. Se dit des instruments qui exécutent la partie mélodieuse d'un morceau de musique, par opposition à ceux qui ne font qu'accompagner : *la basse seule chante dans ce morceau.* — Se dit aussi des oiseaux et de la cigale : *le coq a chanté; la cigale chante.* — *Ce n'est pas à la poule à chanter devant le coq,* une femme doit se tenir dans l'infériorité à l'égard de son mari. — Réciter, déclamer ou lire d'une manière qui n'est pas naturelle, et qui approche du chant : *ce comédien, ce prédicateur chante.* — ↘ Argot. *Payer* une chose qu'on ne doit pas. — *Payer* pour obtenir le silence, être victime d'un chantage. Dans ce sens on dit : *faire chanter qн'elqu'un,* le faire payer, le rendre victime d'un chantage. — ↘ v. a. Exécuter une partie ↗ д un morceau de musique vocale : *chanter ан air, une chanson, des vers; chanter vêpres;* « ce qui ne vaut pas la peine d'être dit, on le chante ». (Beaumarchais. *Le Barbier de Séville*). — Fig. et fam. *Il chante toujours la même chanson, la même antienne,* il répète toujours la même chose. — *Chanter à quelqu'un sa*

100

gamme, lui faire une forte réprimande, lui dire ses vérités. — *Chanter la palinodie,* se rétracter, dire du bien d'une personne ou d'une chose dont on avait dit du mal. — Publier, célébrer, raconter : *chanter les hauts faits d'un héros.* — *Chanter victoire,* se glorifier du succès. — *Chanter les louanges de quelqu'un,* faire de grands éloges d'une personne. — Dire : *que me chantez-vous-là?* — *Chanter injures, chanter pouilles, chanter goguette à quelqu'un,* lui dire des injures, lui dire des choses offensantes.

* **CHANTER** (Pain à) s. m. Petit pain sans levain, coupé en rond et très mince, qui porte l'empreinte de la figure ou de quelque symbole de JÉSUS-CHRIST, et que le prêtre consacre pendant la messe.

* **CHANTERELLE** s. f. (rad. *chanter*). Corde d'un violon, d'une basse, etc., qui est la plus déliée, et qui a le son le plus aigu : *la chanterelle s'est rompue.* — Pop. Appuyer sur la *chanterelle,* appuyer sur l'endroit sensible. — Bouteille de verre fort mince, dont on tire des sons très agréables en soufflant dessus. — Chasse. Oiseau que l'on met dans une cage au milieu d'un bois ou d'une campagne, afin que par son chant il attire les autres oiseaux dans les filets tendus pour les prendre.

* **CHANTERELLE** s. f. (diminut. du gr. *cantharos,* coupe). Genre de champignons voisin des agarics et dont le chapeau ressemble à un petit vase. La *chanterelle ordinaire* (*cantharellus cibarius*), à le chapeau couleur chamois et irrégulier; elle croît dans les bois, elle est comestible, un peu coriace et d'une saveur piquante.

* **CHANTEUR, EUSE** s. Celui, celle qui chante. Se dit plus particulièrement des personnes qui font métier de chanter : *chanteurs, chanteuses de l'Opéra.* Voy. CANTATRICE. — ↘ Argot. Filou qui exerce l'art du chantage. — * adjectiv. Hist. nat. Oiseau qui chante : *les oiseaux chanteurs.*

CHANTIBUN ville du Cambodge siamois, à 8 kil. E. du golfe de Siam, à 220 kil. S.-E. de Bangkok; 30,000 hab., presque tous Chinois. Exportation d'épices, de riz et de bois de teinture.

* **CHANTIER** s. m. Grande enceinte où l'on arrange, où l'on entasse des piles de gros bois à brûler, de bois de charpente, ou de charronnage : *ce marchand de bois a son chantier bien garni.* — Lieu où l'on décharge le bois ou la pierre, pour les travailler, afin de pouvoir les employer à un bâtiment : *les pierres sont au chantier.* — Morceaux de bois ou de pierres dont se sert un maçon, un charpentier pour maintenir dans une certaine position le bloc, la pièce de bois qu'il taille ou qu'il équarrit : *mettre une pierre, une pièce de bois en chantier.* — Fig. et fam. *Mettre un ouvrage, avoir un ouvrage sur le chantier,* commencer un ouvrage, y travailler. — Pièces de bois couchées en long, sur lesquelles on pose les tonneaux de vin ou d'autre liqueurs dans le cellier, dans la cave : *vin en chantier.* — Mar. CHANTIER D'ARRIMAGE, coins, bois ou cabrions disposés pour acorer diverses pièces d'arrimages. — CHANTIER DE COMMETTAGE, deux grosses pièces de bois dressées perpendiculairement à 2 mètres de distance l'une de l'autre, et qui servent à la confection des gros câbles. — CHANTIER DE CONSTRUCTION. Endroit où l'on pose la quille du vaisseau que l'on veut construire, et les tins ou billots qui la soutiennent. Les tins portent eux-mêmes le nom de chantiers. — CHANTIER PLEIN ou FAUX CHANTIER, plate-forme en bois installée au fond d'un bassin de radoub.

* **CHANTIGNOLE** s. f. Charpent. Pièce de bois qui soutient les pannes d'une charpente. — ↘ Sorte de brique ayant la moitié de l'épaisseur de la brique ordinaire et servant à la construction des cheminées.

CHANTILLY s. f. Dentelle de Chantilly : *confection de velours ornée de chantilly.*

CHANTILLY [chan-ti-yi; *ll* mll.], petite ville arr. et à 8 kil. O. de Senlis (Oise), à 40 kil. N. de Paris; 3,500 hab. Blondes et dentelles noires très recherchées; porcelaines, faïences; hospices. Vaste forêt, adjacente à un champ de courses. Le *Grand Château* des princes de Condé fut détruit en 1793. Mais les célèbres écuries et le *Petit Château* ont été conservés. — Hippodrome de sport très bien situé, où les poulains de trois ans courent le grand prix du *Jockey-Club.*

CHANTONAY, ch.-l. de cant., arr. et à 20 kil. E. de la Roche-sur-Yon (Vendée); 3,000 hab. Victoire des Vendéens en 1793.

* **CHANTONNER** v. n. Chanter à demi-voix.

* **CHANTOURNÉ** s. m. Pièce d'un lit qui est de bois travaillé, ou couverte d'étoffe, et qui se met entre le dossier et le chevet : *ce chantourné est bien fait.*

CHANTOURNEMENT s. m. Action de chantourner.

* **CHANTOURNER** v. a. Couper en dehors ou évider en dedans une pièce de bois, de métal, de marbre, etc., suivant un profil donné.

* **CHANTRE** s. m. Celui dont la fonction est de chanter dans l'église au service divin. — Dignitaire qui est le maître du chœur, et qui préside au chant, dans une église cathédrale ou collégiale, et dans quelques monastères. — Fig. et poétiq. Poète : *le chantre de la Thrace,* Orphée; *le chantre thébain,* Pindare; *le chantre d'Ionie, le chantre d'Ilion,* Homère; *le chantre d'Énée,* Virgile; *le chantre de Roland,* l'Ariosto; *le chantre des jardins,* Delille; etc. — Fig. et poétiq. *Les chantres des bois,* les rossignols et les autres oiseaux. On dit aussi, dans ce sens : *les chantres du printemps, les chantres ailés.*

> Chantez; nous savons bien que vous n'avez jamais Essayé d'égaler *le chantre* des forêts.
> BRENCOUS, *la Gastronomie,* chant IV, 1803.

* **CHANTRERIE** s. f. Bénéfice, dignité de chantre, dans une église cathédrale ou collégiale.

CHANTREY (sir Francis), sculpteur anglais, né en 1781, mort en 1841. A laissé les bustes des personnages les plus distingués de son temps, les statues de Pitt, de Washington, etc.

CHANUT (Pierre), homme d'État, né à Riom, en 1600, mort à Paris en 1662; fut ambassadeur en Suède (1645-9), à Lübeck (1650), en Hollande (1653).

* **CHANVRE** s. m. (lat. *cannabis*; du celt. *can,* roseau; *ab,* petit). Plante dioïque qui porte le chènevis, et dont l'écorce sert à faire de la filasse : *chanvre mâle, chanvre femelle.* — Filasse de chanvre : *fil de chanvre, toile de chanvre.* — ENCYCL. Le chanvre (*cannabis sativa*) forme l'unique espèce d'un genre de la famille des cannabinées. C'est une plante annuelle, probablement originaire de l'Indoustan, et qui est cultivée depuis la plus haute antiquité. Elle est haute de 1 mètre 30 à 4 mètres, et se compose d'une tige droite, simple, rugueuse, poilue, quelquefois un peu rameuse vers le haut. Quoique très cultivé en France, le chanvre y est moins répandu relativement qu'en Russie, en Italie, en Hollande, en Turquie, dans la Grande-Bretagne et aux États-Unis. Saint-Pétersbourg exporte une grande quantité de chanvre provenant de diverses parties de la Russie; le meilleur est celui de Riga. L'Italie en produit une variété dite *chanvre de jardin,* d'une qualité, d'une longueur et d'une finesse sans rivales. — Le chanvre servait autrefois à confectionner des câbles, et du chanvre à autres objets grossiers; ce ne fut, dit-on, que du temps de Catherine de Médicis que l'on parvint à en faire une toile assez fine. — Le chanvre est une

I.

plante épuisante qui exige un terrain riche en humus, profond et un peu humide; il réussit particulièrement dans les étangs desséchés ; on ne doit jamais craindre de lui donner trop d'engrais. Le semis a lieu au commencement de mai dans le Midi de la France et un mois plus tard dans le Nord. Les plants mâles jaunissent 3 mois environ après la semaille ; on les arrache, on les met en bottes, on les expose au soleil pendant quatre ou cinq jours et on les porte au routoir. On arrache en même temps les plantes femelles quand on ne tient pas à récolter la graine; dans le cas contraire, on attend quelques semaines et l'on procède à l'arrachage dès que les graines

Chanvre mâle et chanvre femelle.

commencent à prendre une couleur grise. Pour obtenir la matière textile, on fait subir au chanvre une suite de préparations telles que le rouissage, le teillage et le peignage.—CHANVRE DE CHINE (*cannabis gigantea*), variété du chanvre cultivé, acquiert une grande taille et donne une fibre longue, résistante et soyeuse. Ses graines sont petites. — CHANVRE INDIEN (*cannabis Indica*), répandu dans l'Indoustan et dans plusieurs autres contrées orientales; est une variété du chanvre cultivé. Il est couvert d'une exsudation résineuse adhésive qui, sous des circonstances favorables, devient assez abondante pour couler et pour coller aux doigts. Les propriétés stimulantes et narcotiques du chanvre indien sont connues depuis longtemps; cette plante et ses préparations se trouvent sous diverses formes dans les bazars orientaux. On nomme *gundjah* la tige, les feuilles et les pétioles récoltés après la floraison, pressés ensemble et séchés. Le *bang* se compose des plus larges feuilles et de l'enveloppe des graines. On appelle *hachich* ou *hashish*, les sommités et les parties les plus tendres de la plante recueillies après la floraison ; on donne aussi le nom de *hachich* à plusieurs préparations du chanvre indien. Le *churrus* est l'exsudation résineuse recueillie par des hommes vêtus de cuir, qui vont à travers les champs et battent violemment le chanvre ; la matière résineuse s'attache à leur vêtement d'où on la détache ensuite. La *momia* ou cire de churrus, plus fine, plus prisée et plus coûteuse, se récolte à la main en pressant les plantes. Les effets du chanvre indien sur différentes personnes sont aussi variés que ceux de l'alcool ; sur les uns il produit simplement la stupeur ; tandis que d'autres éprouvent des extases et ont les visions les plus agréables. L'usage habituel des drogues tirées du chanvre indien ne tarde pas à produire l'imbécillité.

CHAON (Mythol.), fils de Priam, tué involontairement par son frère Hélénus.

CHAONIE, contrée de l'Epire, située entre la mer Ionienne et les monts Acrocérauniens, aujourd'hui comprise dans l'Albanie.

CHAOS s. m. [ka-ô] (gr. *khaos*, abîme; nom donné par les anciens Grecs à l'immensité de l'espace). Confusion de toutes choses. — Au propre. Etat où toutes choses étaient au moment de la création, avant que Dieu leur eût donné l'arrangement et l'ordre : *Dieu débrouilla le chaos*. —.Fig. Toute sorte de confusion : *ses affaires sont dans un chaos épouvantable; sa tête est un chaos.*

CHAOTIQUE adj. Qui se rapporte au chaos.

CHAOUCH s. m. [cha-ouch]. Nom donné en Algérie aux chiaoux. Les *chaouchs* étaient des espèces d'huissiers attachés à la personne des pachas et des lieutenants. Leur pouvoir redouté s'étendait sans distinction sur tous les fonctionnaires et tous les sujets de l'Etat.

CHAOURCE, *Catusiacum*, ch.-l. de cant.; arr. et à 20 kil. S.-O. de Bar-sur-Seine (Aube), sur l'Armance; 1,600 hab.

CHAPALA [tchâ-pâ'-la], le plus grand lac du Mexique, dans l'Etat de Jalisco ; 3,000 kil. carr. Il communique avec le Santiago, abonde en excellent poisson, contient de belles îles et est traversé par de nombreux bateaux à vapeur.

CHAPARDER v. a. (de *chat-part*, chat-tigre). Argot. Marauder (se dit surtout dans les troupes d'Afrique).

CHAPARDEUR s. m. Argot. Maraudeur.

CHAPE s. f. (lat. *capere*, contenir). Vêtement d'église, en forme de manteau qui s'agrafe par devant, et va jusqu'aux talons, et que portent l'évêque, le prêtre officiant, les chantres, etc., durant le service divin.—Prov. et fig. *Chercher chape-chute*, chercher occasion de profiter de la négligence ou du malheur de quelqu'un. On dit dans un sens analogue : *trouver chape-chute*. Les phrases : *chercher chape-chute, trouver chape-chute*, signifient aussi chercher ou trouver quelque aventure désagréable, fâcheuse (vieux). — Habit que portent les cardinaux, et qui a un capuce doublé d'hermine. — Grand manteau de drap ou de serge que les chanoines séculiers et réguliers portent au chœur durant l'hiver. — Arts. Chose qui s'applique sur d'autres, qui sert à les couvrir, à les envelopper, telle que l'enduit de mortier dont on recouvre l'extrados d'une voûte, le couvercle d'un alambic, etc. : *la chape d'une voûte; mettre la chape sur l'alambic.* — *Chape de poulie*, monture d'une ou de plusieurs poulies. — *Chape d'une boucle*, partie de la boucle par laquelle elle tient au soulier, à la ceinture, etc.—Art milit. Morceau de cuivre ou d'argent qui borde l'extrémité supérieure du fourreau d'une arme blanche. — CHAPE D'UNE BOUCLE, la partie de cette boucle par laquelle elle tient à l'objet où elle fait son office. — Mar. Petit cône creux fixé au milieu de l'aiguille d'un compas de mer, et qui est posé au pivot vertical qui s'élève du fond de la boîte à la boussole. — Barrots qui terminent l'avant et l'arrière des gabares et gabarots de Nantes et de Rochefort. — FAIRE CHAPE, se dit d'un bâtiment qui tourne toujours et revient dans la même situation. — Hist. CHAPE DE SAINT MARTIN. Pavillon où l'on plaçait la châsse de saint Martin, que les rois de France faisaient porter devant eux, lorsqu'ils marchaient avec leurs armées.

CHAPEAU s. m. (lat. *caput*, tête). Coiffure d'homme, qui est ordinairement d'étoffe foulée, de laine ou de poil, et qui a une forme avec des bords. — *Chapeau de soie*, chapeau de feutre recouvert d'une peluche de soie.—*Chapeau bordé*, chapeau dont les bords sont ornés d'un galon. — *Oter son chapeau à quelqu'un*, le saluer en se découvrant la tête. — Fig. et fam. *Coup de chapeau*, salutation qu'on fait en ôtant son chapeau. — *Enfoncer son chapeau*, prendre une résolution courageuse, hardie. — *Mettre son chapeau de travers*, prendre une attitude menaçante. — *Mettre le chapeau sur l'oreille*, prendre l'air fanfaron.— *Mettre chapeau bas*. Ôter son chapeau. Ellipt.

Chapeau bas, découvrez-vous, ôtez votre chapeau. — *Chapeau de cardinal*, chapeau rouge, qui a la forme très plate, et les bords très grands, et d'où pendent de grands cordons de soie rouge. — *Chapeau de cardinal*, et absol. *Chapeau*, dignité de cardinal. *Il vaque tant de chapeaux*, il y a tant de places vacantes dans le sacré collège. — Etoffe avec laquelle on fait ordinairement les chapeaux : *mettre dans ses souliers des semelles de chapeau*. — Coiffure de femme, dont les formes sont très variées, et qui a sur le devant un bord plus ou moins large, appelé *passe*, et presque toujours, par derrière, un petit rebord, appelé *tavolet*. — *Chapeau de fleurs*, couronne de fleurs qu'on porte sur sa tête dans quelque réjouissance, dans quelque fête solennelle. Bouquet de fleurs qu'on met sur la tête d'une fille, le jour de ses noces. — Fig. et fam. *Elle s'est donné un mauvais chapeau*, se dit d'une femme qui a fait tort à sa réputation. — *C'est la plus belle rose de son chapeau*, se dit du plus grand honneur, de l'avantage le plus considérable qu'ait une personne.—Fam. Se dit quelquefois des hommes, par opposition aux femmes : *il y avait là plusieurs femmes et pas un chapeau.*—*Frère chapeau*, moine subalterne qui en accompagne un autre.— Fig. et fam. *Frère chapeau*, vers oiseux, qui n'est fait que pour la rime. — Bot. Partie supérieure d'un champignon, lorsqu'elle forme une espèce de disque ou de calotte. — Arts. Certaines choses qui ont quelque rapport de forme ou de destination avec la coiffure qu'on nomme chapeau : *chapeau d'escalier, de lucarne.*—*Chapeau chinois*, instrument en usage dans la musique militaire : il consiste principalement en un disque ou chapeau de cuivre garni de clochettes, et fixé au haut d'un manche qui sert à l'agiter en mesure. — Typogr. CHAPEAU DE LA PRESSE A BRAS, pièce de bois qui est assemblé au-dessus des deux jumelles pour leur donner de la fixité et de la solidité; on l'appelle aussi chapiteau. — Mar. SERRER UNE VOILE EN CHAPEAU, ramasser le plus de voile que l'on peut au milieu de la vergue sous laquelle cette voile est carguée. — Hist. LES CHAPEAUX, faction de l'aristocratie du parti français en Suède, de 1738 à 1771. On appelait BONNETS ceux du parti opposé ou de la faction qui soutenait les intérêts des Russes. Gustave III parvint à faire disparaître ces rivalités en détruisant les influences étrangères. — LES CHAPEAUX ROUGES, faction des riches bourgeois de Bordeaux, vers 1650. Les Chapeaux rouges étaient opposés aux Orméistes. — DANS SON CHAPITRE DES CHAPEAUX, allusion à un passage du *Médecin malgré lui*; se dit quand, à l'exemple de Sganarelle, on a fait une citation dont on serait bien en peine d'indiquer la source

CHAPEL s. m. Ancienne forme de CHAPEAU; s'est dit pour coiffure et quelquefois pour ornement de tête.

CHAPELAIN s. m. (lat. *capella*, chapelle). Bénéficier titulaire d'une chapelle : *chapelains de Notre-Dame*. — Prêtre qui reçoit des appointements pour dire la messe dans une chapelle domestique. — Prêtre officier du roi, dont la fonction est de dire la messe au roi, à la reine, etc. : *chapelain de la reine.*

CHAPELAIN (Jean), poète et littérateur, né et mort à Paris (1595-1674). D'abord précepteur du fils de M. de la Trousse, grand prévôt de France, puis intendant de ce puissant seigneur, il eut l'habileté d'acquérir une certaine réputation de bel esprit. Richelieu, auquel il enseigna les règles de la poésie, le regardait comme l'oracle du goût et lui confia la rédaction des premiers statuts de l'Académie française. Chapelain, auquel le ministre assura une rente de 5,000 francs, aurait pu se contenter d'une riche médiocrité : le plan du Dictionnaire et de la Grammaire de l'Académie aurait fait parvenir jusqu'à nous son nom associé à celui du plus grand de nos ministres. Une bonne traduction de *Guzman d'Alfarache*, quelques odes d'une longueur démesurée et ses *Mélanges* n'auraient pas attiré l'attention. Malheureusement les éloges de ses admirateurs l'enflèrent d'un tel orgueil qu'il se crut un grand poète et mit vingt ans à composer la *Pucelle*, publiée en 1656. Cette œuvre, dont on parlait depuis longtemps comme d'un ouvrage qui devait égaler l'*Iliade*, causa un véritable désappointement. Le malencontreux auteur se vit en butte aux plus vives critiques ; Boileau ne manqua aucune occasion de le ridiculiser. (Voy. Cacophonie, Epitrope, etc. Tous les écrivains de cette époque, se joignirent au législateur du Parnasse pour bafouer ce poète médiocre mais bien renté, qui s'était permis de faire, pour obéir à Richelieu, la critique du *Cid*, et qui était le dispensateur des largesses de la cour. Outre sa manie d'écrire de mauvais vers, Chapelain possédait un défaut bien susceptible de le faire détester : son avarice ne connaissait pas de bornes. Il portait un habit tellement rapiécé qu'on l'avait surnommé le *chevalier de l'Araignée*. Un jour, il fut surpris par un violent orage pendant qu'il se rendait à l'Académie, aux réunions de laquelle nul n'était plus ponctuel que lui, à cause même de sa pièce de présence. Rencontrant rue Saint-Honoré un ruisseau presque infranchissable, il entra dans l'eau plutôt que de donner deux liards qu'on lui demandait pour le faire passer sur une planche. Il y gagna une fluxion de poitrine qui l'enleva en peu de jours.

* **CHAPELER** v. a. (lat. *capulare*, blesser). N'est guère usité que dans cette phrase : *chapeler du pain*, râper le dessus de la croûte du pain : *pain chapelé*.

* **CHAPELET** s. m. (dimin. de *chapel*, qui a signifié couronne). Sorte de collier qui sert quelquefois d'ornement, mais qui est plus souvent employé à marquer le nombre de prières que disent les fidèles. Il se compose de grains enfilés que l'on fait passer successivement entre ses doigts en récitant certaines prières. Il y a plus de trois mille ans que les Egyptiens connaissaient l'usage des chapelets, qu'ils faisaient avec des grains de verre. Dans l'Eglise catholique romaine, le chapelet est un rosaire de petite dimension qui sert à compter les *Pater* et les *Avé*. Les bouddhistes et les musulmans font également usage de ces objets de dévotion. Venise et Birmingham sont les principaux sièges de la fabrication des grains de verre qui servent aux chapelets. — Fig. Suite de certains objets attachés ensemble : *chapelet d'oignons.* Voy. Oignon. — Suite d'objets semblables retenus les uns à côté des autres.

Bouche close dont le soucis découvraient avec gloire
Un petit double rang de ses perles d'ivoire;
Levres dont l'incarnat faisait voir à la fois
Un rosier sans épine, un *chapelet* sans croix.
Le Père Pierre du Saint-Louis. *La Magdaléneide.*

— *Chapelet de torpilles*, réunion de plusieurs torpilles entre deux eaux, sur une même corde placée au fond. — Prov. et fig. *Le chapelet se défile, il commence à se défiler*, se dit quand quelques personnes d'une même famille, d'une même société, d'une même confédération, que l'on croyait successivement à manquer. — Fig. et fam. *Défiler son chapelet*, réciter en détail et de suite tout ce qu'on sait sur une matière. — Faire à quelqu'un tous les reproches qu'on peut avoir à lui faire. — Archit. Baguette découpée et formant une suite de perles, d'olives ou de grains ronds. — Cercle de petites bulles d'air qui se forme au-dessus de l'eau-de-vie que l'on verse, lorsqu'elle est de bonne qualité. — Méd. Pustules qui viennent autour du front, et qu'on regarde comme un symptôme de la maladie vénérienne. Voy. Couronne. — Hydraul. Machine qui sert à élever les eaux, et qui est compo

sée de plusieurs godets ou plateaux attachés de suite à une chaîne : *pompe à chapelet*. — Manège. Couple d'étrivières, garnies chacune d'un étrier, qui s'attachent au pommeau de la selle pour monter à cheval. — Mar. Chapelet de cabestan, garniture de roulette placée entre les taquets au bas de certains cabestans. — Chapelet de barriques, quantité plus ou moins considérable de pièces vides, qui flottent à la suite les unes des autres, retenues par une amarre, et qu'on remorque en cet état, à l'aide d'un canot, pour les sortir d'un port ou pour les y faire entrer.

CHAPEL-HILL, siège de l'université de la Caroline du Nord (Etats-Unis), à 50 kil. N.-O. de Raleigh.

* **CHAPELIER, IÈRE** s. Celui, celle qui fait ou qui vend des chapeaux.

CHAPELINE s. f. (rad. *chapel*). Heaume du moyen âge, composé d'une calotte à rebords et d'un nasal.

* **CHAPELLE** s. f. (lat. *capella*). Petite église, petit édifice consacré à Dieu : *chapelle d'un prieuré*. — Lieu où l'on dit la messe dans une église : *il y a bien des chapelles dans cette église*; *chapelle de la Vierge.* — Lieu où l'on célèbre l'office divin, dans une grande maison, dans un hospice, dans un collège, etc. : *avoir une chapelle dans sa maison.* — La *chapelle du roi*, ou simplement : *la chapelle*, lieu où le roi entendait ordinairement la messe. — La *chapelle du roi*, corps des ecclésiastiques employés à la chapelle du roi : *la chapelle du roi marcha, et alla à l'armée.* — *Musiciens de la chapelle, musique de la chapelle, chapelle du roi*, ou simplement : *la chapelle*, musiciens qui chantent à la chapelle du roi. — *Maître de chapelle*, celui qui est chargé de diriger le chant dans une église, et de former les enfants de chœur. Il se dit quelquefois pour : maître de musique, mais seulement en parlant des orchestres d'Italie. — *Sainte Chapelle*, s'est dit de quelques chapelles où des princes avaient fondé le service et déposé des reliques: *la sainte Chapelle de Vincennes; la sainte Chapelle de Paris.* — Bénéfice simple, dans lequel le titulaire est obligé de dire ou de faire dire la messe à certains jours. — Par ext. Toute l'argenterie dont on se sert dans une chapelle, comme le calice, le bassin, les burettes, les chandeliers, la croix : *ce prélat a une chapelle riche et riche chapelle.* — *Chapelle ardente*, luminaire nombreux qui brûle autour d'un cercueil, ou de la représentation d'un corps mort. — *Tenir chapelle*, se dit d'un pape, lorsque, étant accompagné des cardinaux, il assiste à l'office divin, soit dans la chapelle de son palais, soit dans une église. Se dit aussi de l'empereur d'Autriche et du roi d'Espagne, lorsqu'ils assistent en cérémonie à l'office divin. — Fig. et fam. *Jouer à la chapelle*, s'occuper sérieusement de choses inutiles ou frivoles, comme les enfants qui imitent les cérémonies de l'église. — Mar. Coffre dans lequel l'aumônier d'un bâtiment de guerre renferme les ornements propres au service divin. — Faire chapelle, virer de bord vent devant. — Législ. « On nomme *chapelle* un lieu ouvert au culte catholique, avec l'autorisation du gouvernement, et qui n'est pas une église paroissiale. Une *chapelle publique* peut dépendre ou non de la paroisse dans la circonscription de laquelle elle est située. Dans le premier cas, c'est un *chapelle de secours*, administrée par la fabrique de l'église dont elle dépend ; dans le second cas, c'est un établissement indépendant qui peut posséder un conseil de fabrique (Avis. cons. d'Etat 28 déc. 1819 et 26 avril 1836). Le traitement du prêtre nommé dans une *chapelle communale* n'est pas payé par l'Etat ; il est à la charge de la commune ou de la fabrique. Cependant, il y a des chapelles dites *vicariales* dont le chapelain reçoit, en outre du traitement alloué par le conseil munici

pal, une indemnité annuelle de 450 fr. sur les fonds de l'Etat (Ord. 25 août 1819 ; décr. 23 mars 1872). *Les chapelles domestiques* ne peuvent, de même que les chapelles publiques, être ouvertes au culte sans une permission expresse du gouvernement, accordée sur la demande de l'évêque diocésain. Il en est de même des *oratoires particuliers* établis dans les hospices, lycées, collèges, pensionnats, prisons, communautés, etc. (L. 18 germ. an X, art. 44 ; décr. 22 mai 1812) ; mais ces chapelles ou oratoires ne peuvent jamais être considérés comme établissements publics ni être pourvus d'un conseil de fabrique ; et ils sont soumis aux contributions directes (Avis. Cons. d'Etat, 28 mai 1868) » (Ch. Y.).

CHAPELLE (Claude-Emmanuel LHUILLIER, dit), poète, né en 1626, à la Chapelle-Saint-Denis, d'où il prit son nom ; mort en 1686. Lié avec les plus beaux génies de son époque, possesseur d'une honnête indépendance et doué d'un véritable talent, il aurait pu se faire une belle place dans la république des lettres ; mais il n'eut d'ardeur que pour les grossiers plaisir des cabarets ; et néanmoins son nom est passé à la postérité; un seul ouvrage a suffi pour cela ; c'est le célèbre *Voyage en Provence et en Langue.loc, par Chapelle et Bachaumont*, petit chef-d'œuvre plein de verve. Les ouvrages de Chapelle et de Bachaumont ont été réunis et publiés par Saint-Marc, un vol. in-18. La Haye, 1755. Une autre édition a été faite à Paris, 1854.

CHAPELLE-D'ANGILLON (La), ch.-l. de cant., arr. et à 23 kil. O. de Sancerre (Cher) ; 900 hab.

CHAPELLE-BASSE-MER (La), bourg, arr. et à 23 kil. N.-E. de Nantes (Loire-Inférieure) ; 4,700 hab. Commerce de vins et de lin.

CHAPELLE-DE-GUINCHAY (La), ch.-l. de cant., arr. et à 13 kil. S. de Mâcon (Saône-et-Loire) ; 2,100 hab. Bons vins rouges.

CHAPELLE-DES-MARAIS (La), bourg, arr. et à 27 kil. N.-O. de Savenay (Loire-Inférieure), 2,200 hab. Territoire bas et marécageux ; tourbe ; chasse aux oiseaux aquatiques.

CHAPELLE-EN-VERCORS (La), ch.-l. de cant.; arr. et à 29 kil. N. de Die (Drôme) ; 1,400 hab.

CHAPELLE-LA-REINE (La), ch.-l. de cant., arr. et à 14 kil. O. de Fontainebleau (Seine-et-Marne) ; 900 hab. Seigneurie du Gâtinais, érigée en marquisat en 1680.

* **CHAPELLENIE** s. f. Chapelle , bénéfice d'un chapelain.

* **CHAPELLERIE** s. f. Art de fabriquer les chapeaux. — Commerce des chapeaux. — Atelier où l'on fabrique des chapeaux.

CHAPELLE-SAINT-DENIS (La), commune du dép. de la Seine, annexée à Paris en 1860 ; elle fait partie du 18e arr.

CHAPELLE-SOUS-PLOËRMEL (La), bourg, arr. et à 10 kil. S. de Ploërmel (Morbihan) ; 900 hab. Beau dolmen dit la *Maison trouée*.

CHAPELLE-SUR-ERDRE (La), ch.-l. de cant., arr. et à 12 kil. N. de Nantes (Loire-Inférieure) ; 2,600 hab. Aux environs, château de la Gacherie, habité par Marguerite de Valois en 1537.

CHAPELLE-SUR-LOIRE (La), bourg, arr. et à 17 kil. N. de Chinon ; 500 hab. Château de Grillemont, qui appartint à Tristan l'Ermite et fut habité par Louis XI.

* **CHAPELURE** s. f. Ce que l'on a ôté de la croûte du pain en le chapelant ; croûte de pain râpée ou pulvérisée : *mettre de la chapelure, des chapelures de pain dans une sauce pour l'épaissir ; saupoudrer un plat de chapelure.*

* CHAPERON s. m. (lat. *caput*, tête). Coiffure de tête autrefois commune aux hommes et aux femmes, qui avait un bourrelet sur le haut, et une queue pendante par derrière: *aux enterrements des grands, ceux qui mènent le deuil portent de grands chaperons a longue queue traînante par derrière.* — Bande de velours, de satin, de camelot, que les femmes et les filles attachaient sur leur tête. — Fig. Personne âgée ou grave qui accompagne une jeune demoiselle ou une jeune femme dans le monde, par bienséance, et comme pour répondre de sa conduite. — Ornement particulier au costume des gens de robe, des docteurs, etc., qui a quelque ressemblance avec l'ancien chaperon, et qui consiste en un bourrelet circulaire placé sur l'épaule gauche, d'où pend devant et derrière une bande d'étoffe garnie d'hermine, à son extrémité. — Ornement relevé en broderie, qui est au dos d'une chape. — Faucon. Espèce de coiffe de cuir, dont on couvre la tête et les yeux des oiseaux de proie. — Seller. Pièce de cuir qui recouvre les fourreaux des pistolets, pour les garantir de la pluie. — Archit. Haut d'une muraille de clôture, fait en forme de toit, pour l'écoulement des eaux. — Agric. Couverture de paille longue ou de paillassons que l'on met sur les récoltes en meules. — Typogr. La quantité de feuilles ajoutées au nombre fixé pour l'impression d'un ouvrage, et destinées à remplacer les feuilles qui peuvent être gâtées pendant le tirage. On dit plus ordinairement *main de passe*, parce que le chaperon se compose à peu près d'une main par rame. — Cost. milit. Casque uni, sans visière ni rebord, que portaient les arbalétriers au moyen âge; il enveloppait la tête et le cou en laissant la figure à découvert. — Chaperon de mailles, coiffure en fils métalliques qui emboîtait tout le heaume lorsque le chevalier combattait. — Artill. Petit toit qu'on place sur la lumière d'un canon. — Le Petit Chaperon rouge, conte naïf de Perrault. — Hist. Les Chaperons Blancs, artisans des Pays-Bas, révoltés contre les ducs de Bourgogne, sous les ordres de Jean Hyons (1379), et plus tard sous ceux de Jean Dubois et de Philippe d'Artevelit. Cette insurrection fut écrasée à Rosebecque.

* CHAPERONNER v. a. Coiffer d'un chaperon; en parlant des oiseaux de proie dressés pour la fauconnerie: *chaperonner l'oiseau.* — Fig. *Chaperonner une jeune personne*, la conduire dans le monde. — Archit. *Chaperonner une muraille*, faire un chaperon.

* CHAPIER s. m. Celui qui porte chape: *les deux chapiers se promènent dans le chœur en certains temps de l'office divin.*

* CHAPITEAU s. m. (lat. *capitellum*). Archit. Partie du haut de la colonne qui pose sur le fût: *chapiteau corinthien; chapiteau ionique.* — Ornement d'architecture qui forme la partie supérieure, le couronnement de certaines choses: *chapiteau de pilastre, de balustre, de couronnement, de niche*, etc. — Menuis. Corniche et autres couronnements qui se posent au-dessus des buffets, des armoires et d'autres ouvrages. — Couverture mobile d'un moulin. — Partie supérieure d'un alambic, dans laquelle se condensent les vapeurs qui s'élèvent de la cucurbite: *chapiteau aveugle*, chapiteau sans bec. — Morceau de carton en forme d'entonnoir, qui se met vers le haut d'une torche, pour recevoir ce qui se dégoutte de cire ou de poix. — Cornet placé au sommet d'une fusée volante. — Petit couvercle de la lumière d'un canon.

CHAPITRAL. ALE adj. Qui appartient au chapitre: *décision chapitrale.*

* CHAPITRE s. m. (lat. *capitulum*; de *caput*, tête). Une des parties qui servent à diviser certains livres: *chapitre premier.* — Divi-

sion d'un code, d'une loi: *le budget est divisé par chapitres.* — Trait de l'Écriture que l'officiant chante ou récite entre le dernier psaume et l'hymne. On dit plus communément: *capitule.* — Fig. Matière, sujet dont on parle, propos sur lequel on est: *puisque nous sommes sur ce chapitre, je vous dirai que...*

* CHAPITRE s. m. (lat. *capitulum*). Corps des chanoines d'une église cathédrale ou collégiale. — Assemblée que les chanoines tiennent pour traiter de leurs affaires: *avoir voix au chapitre.* — Pain de chapitre, pain qu'on distribuait autrefois tous les jours aux chanoines dans quelques chapitres.—Fig. et fam. *Avoir voix au chapitre, en chapitre*, avoir du crédit dans une compagnie, dans une famille, auprès de quelque personne considérable. On dit dans le sens contraire: *n'avoir pas voix, n'avoir pas de voix en chapitre, au chapitre.* — Assemblée que des religieux tiennent pour délibérer de leurs affaires: *chapitre conventuel; chapitre provincial, général.* — Assemblée des ordres royaux, des ordres militaires: *le roi tint le chapitre de l'ordre.* — Lieu où se tiennent les assemblées, soit de chanoines, soit de religieux, soit de chevaliers: *on lui ferma la porte du chapitre.*— Législ. « Le onzième paragraphe du concordat de 1802 est ainsi conçu: « Les évêques pourront avoir un « *chapitre* dans leur cathédrale et un séminaire dans leur diocèse, sans que le gouvernement s'oblige à les doter ». L'article 11 des articles organiques du culte catholique porte que: « Les archevêques et les « évêques pourront, avec l'autorisation du « gouvernement, établir dans leurs diocèses « des chapitres cathédraux et des séminaires. « Tous autres établissements ecclésiastiques « sont supprimés. » Ces dispositions confirmaient celles déjà contenues dans l'art. 20 de la loi des 12 juillet-24 août 1790 et qui avaient ordonné la suppression des *collégiales* ou chapitres établis dans des églises qui n'étaient pas cathédrales. Il résulte en outre des articles ci-dessus transcrits que l'État ne doit aucune dotation aux chapitres et aux séminaires. Chacun des chapitres cathédraux a dû être autorisé, sur la proposition de l'évêque, par un décret portant approbation des statuts du chapitre. Le nombre des membres ou chanoines titulaires, composant un chapitre est de quinze à Paris, de neuf dans les autres métropoles, et de huit dans les évêchés. Ils sont inamovibles et le traitement qui leur est alloué par l'État à Paris de 2,400 fr., et partout ailleurs de 1,600 fr. Les attributions que les lois leur confèrent sont de gérer les biens du chapitre, et, dans le cas de vacance du siège épiscopal, de soumettre à l'agrément du gouvernement, l'élection faite par eux, de deux vicaires capitulaires (Décr. 28 févr. 1810) qui doivent gouverner le diocèse pendant la vacance (L. de germinal, art. 38). Les fonctions des vicaires capitulaires cessent de droit avec celles de l'évêque qui les a nommés. Lorsqu'il s'agit de la vacance d'un archevêché, le chapitre nomme trois vicaires capitulaires (circ. min. 16 fév. 1872). Lorsqu'une cathédrale sert d'église paroissiale, la cure peut être réunie au chapitre qui compte alors un chanoine de plus, et les fonctions curiales sont exercées par l'un des chanoines, auquel on donne le nom d'*archiprêtre*. — Chapitre de Saint-Denis. Ce chapitre ou collégiale est une fondation spéciale établie dans l'ancienne basilique de Saint-Denis par un décret du 24 mars 1852. Réorganisé par un décret du 25 mars 1852, puis, par un autre décret du 23 juin 1873, il a aujourd'hui pour destination de servir de retraite, savoir: 1° à des archevêques ou évêques dont le nombre ne peut excéder douze et qui composent le premier ordre du chapitre; 2° à d'anciens aumôniers ayant au moins dix ans de service et

qui ne peuvent aussi être plus de douze: ce sont les chanoines du second ordre. Les premiers reçoivent un traitement annuel de 10,000 fr., et les seconds un traitement de 4,000 fr. » (Cn. Y.)

* CHAPITRER v. a. Réprimander un chanoine ou un religieux en plein chapitre. — Fig. et fam. Réprimander une personne, lui remontrer en termes un peu sévères.

CHAPLE s. m. (languedoc. *chapla*, frapper). Se disait, au moyen âge, d'un combat entre deux ou plusieurs chevaliers, par couple ou par quadrille.

CHAPLÉIER v. n. Se battre, comme dans le chaple, à l'épée et à la lance.

CHAPMAN (George), poète anglais (1557-1634). Traduisit les œuvres d'Homère, de Térence, de Pétrarque, etc.

* CHAPON s. m. (lat. *capo*). Coq que l'on châtre, vers l'âge de trois ou quatre mois, et que l'on engraisse vers l'âge de sept à huit mois: *la chair du chapon est blanche, tendre et succulente; on estime surtout les chapons du Mans et de la Flèche; chapon à la broche, chapon poêlé, chapon au riz.*

> .....Avocat, il s'agit d'un *chapon*,
> Et non point d'Aristote et de sa politique.
> J. RACINE.

— Prov. et fig. *Ce sont deux chapons de rente*, se dit de deux personnes dont l'une est grasse et l'autre maigre. — Fam. *Il a les mains faites en chapon rôti*, se dit d'un homme qui a les doigts crochus, retirés; et, fig., d'un homme qui a l'habitude de dérober. — *Qui chapon mange, chapon lui vient*, le bien vient plutôt à ceux qui en usent qu'à ceux qui l'épargnent. Le bien vient à ceux qui en ont déjà. — *Il en porte le nom*, mais n'en mange pas les chapons, un autre en mange les chapons, se dit d'un homme qui porte le nom d'une terre, et qui n'en touche pas les revenus. — *Le vol du chapon*, se disait d'une certaine étendue de terre qui était autour du château ou principal manoir: *le vol du chapon entrait, avec le principal manoir, dans le préciput de l'aîné.* — Gros morceau de pain qu'on met bouillir dans le pot, et qu'on sert sur un potage maigre. — Croûte de pain frottée d'ail qu'on met dans une salade.

CHAPONE (Hester)[cha-po-né], née MULSO; femme de lettres anglaise (1727-1801). Jeune encore elle se fit connaître par l'histoire touchante de Fidelia, et épousa M. Chapone, qui mourut quelques mois de mariage (1760). Ses meilleurs ouvrages sont: *Lettres sur la culture de l'esprit* (1773), ses Mélanges, etc. Ses œuvres complètes ont été publiées en 1807.

* CHAPONNEAU s. m. Diminut. Jeune chapon.

* CHAPONNER v. a. Châtrer un jeune coq.

* CHAPONNIÈRE s. f. Vase de cuisine pour faire cuire un chapon en ragoût.

CHAPOO, ville maritime de Chekiang(Chine), sur la rive N. de l'estuaire du Tsien-Tang, à 90 kil. N.-N.-O. de Ningpo. Entrepôt du commerce entre la Chine et le Japon.

CHAPPE ou **Chape** s. f. Pêche. Sorte de lisière qu'on met autour d'un filet pour le fortifier.

CHAPPE. I. (Claude), inventeur de la télégraphie aérienne, né à Brulon (Sarthe), en 1763, mort suicidé, le 23 janvier 1805. En 1792, il soumit à l'Assemblée nationale la description d'un appareil qu'il avait imaginé pour transporter par signes et qu'il appelait *télégraphe*. L'année suivante, le gouvernement établit une ligne télégraphique entre Paris et Lille et ce système fut ensuite adopté pour toute la France ainsi que pour l'Angleterre et pour l'Allemagne. Des envieux ayant contesté à Chappe l'honneur de cette invention, il fut pris d'un tel accès de désespoir qu'il alla chercher la mort au fond d'un puits. — II. (Ignace Urbain-Jean), ingénieur, frère du précédent, né à Rouen, en 1760, mort en 1828, représenta la Sarthe à l'Assemblée législative, et a laissé une *Histoire de la télégraphie* (Paris, 1824, 2 vol.).

CHAPPE D'AUTEROCHE (Jean), astronome, oncle des précédents, né à Mauriac (Auvergne), en 1722, mort en Californie en 1769. Il collabora à la carte de France de Cassini, publia les tables de Halley, observa le passage de Vénus sous le disque du soleil, à Tobolsk, le 6 juin 1761 et en Californie, le 3 juin 1769. Son *Voyage en Sibérie* fut publié en 1768, 2 vol. in-4° et son *Voyage en Californie* a été publié par les soins de Cassini (1772).

CHAPSAL (Charles-Pierre), grammairien, né à Paris, en 1787, mort en 1858. Il publia avec Fr. Noël une *Grammaire française* (1823, 2 vol. in-12), un *Corrigé des exercices* (1824), des *Leçons d'analyse grammaticale* (1827), des *Leçons d'analyse logique* (1827), qui régnèrent longtemps dans les écoles et que des ouvrages plus récents n'ont pu faire abandonner complètement.

CHAPSKA où **Czapska** s. m. Coiffure militaire polonaise adoptée dans les régiments de lanciers français.

CHAPTAL (Jean-Antoine, COMTE DE CHANTELOUP), chimiste, né à Nogaret (Lozère), en 1756, mort à Paris, en 1832. Professeur de chimie à Montpellier, il publia ses leçons, sous le titre d'*Eléments de chimie* (1790). Il éleva des manufactures de produits chimiques, dont l'industrie française était encore dépourvue et, en 1793, dirigea les ateliers de Grenelle où l'on fabriquait du salpêtre. Il fut ensuite chargé du cours de chimie végétale à l'Ecole polytechnique, devint membre de l'Institut (1795), ministre de l'intérieur (1er pluviôse an IX, 1800), se retira à la fin de l'an XI (1804), à cause de dissentiments avec Bonaparte, qui le nomma néanmoins sénateur (1806), puis trésorier du Sénat et comte de l'empire. La Restauration, après l'avoir tenu quelque temps éloigné des affaires publiques, l'appela à la Chambre des pairs en 1819. Pendant son ministère, il avait créé les chambres de commerce, la première école d'arts et métiers ouverte en France, introduit le système métrique, réorganisé les prisons et les hôpitaux, réparé les routes, contribué au perfectionnement de l'agriculture, du commerce et surtout des manufactures de produits chimiques. Ses principaux ouvrages sont : *Traité des salpêtres et goudrons* (1796) ; *Substances terreuses* (1798) ; *Perfectionnement des arts chimiques* (1800) ; *Essai sur le blanchiment* (1801) ; *Art de faire les vins* (1801 et 1819) ; *Culture de la vigne* (1801 et 1811), *Chimie appliquée aux arts* (1807) ; *Teinture du coton en rouge* (1807) ; *Art du teinturier et du dégraisseur* (1808) ; *Chimie appliquée à l'agriculture* (1823).

CHAPTAL (Collège), grande institution d'enseignement fondée par la ville de Paris en 1844, rue Blanche, 29, et consacrée aux jeunes gens qui se destinent au commerce, à l'industrie, à l'agriculture, aux arts, aux exercices de l'Ecole polytechnique, de l'Ecole centrale ou au baccalauréat ès sciences.

CHAPTES (Saint-), ch.-l. de cant., arr. et à 15 kil. S.-E. d'Uzès (Gard) ; 800 hab. Eglise consistoriale calviniste.

CHAPULTEPEC [cha-poul-tè-pèk], forteresse mexicaine, sur le rocher du même nom qui se dresse à 60 ou 80 mètres de haut ; à kil.

S.-O. de Mexico. Les Américains des Etats-Unis s'en emparèrent le 13 septembre 1847

Chapultepec.

et occupèrent le lendemain la capitale du Mexique.

CHAPUS (Eugène), littérateur, né à Paris, en 1800, mort en 1877. A laissé des romans et des écrits relatifs au sport : *Chasses de Charles X* ; *les Chasses princières* en France, de 1589 à 1841 ; *le Turf* (1854).

CHAPUT s. m. Billot de bois qui sert à équarrir les ardoises.

* **CHAQUE** adj. distribut. (lat. *quisque*). Se met toujours avant le substantif, et n'a point de pluriel : *chaque homme, chaque maison.*

Chaque instant de la vie est un pas vers la mort.
Titc et Bérénice, acte V, sc. 1.

— Prov. *Chaque tête, chaque avis :* chacun a sa manière de penser. — Gramm. CHAQUE doit toujours être suivi d'un substantif ; il ne faut donc pas dire : *ces livres coûtent trois francs chaque ;* on doit dire : *trois francs chacun.* — On pourrait dire : *chaque homme, chaque femme ont leurs avis,* aussi bien que : *chaque homme, chaque femme a son avis.*

* **CHAR** s. m. (lat. *currus*). Sorte de voiture à deux roues, dont les anciens se ser-

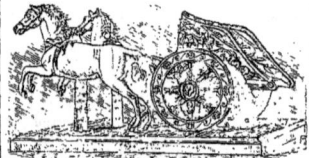

Char romain.

vaient ordinairement dans les triomphes, dans les jeux, dans les cérémonies publiques, dans

Char gaulois.

les combats, et pour les usages de la vie domestique. Les Romains attelaient quelquefois leurs chars de quatre et même six chevaux.

Les roues des chars de guerre étaient armées de crocs ou de faux chez les Scythes, chez les Perses et chez les Celtes. Le char était l'attribut de quelques divinités mythologiques, particulièrement de la Victoire, de la Nuit, d'Apollon et de Diane. — Poétiq. *Le char du soleil, le char de la lune, le char de la nuit.* — Dans le style élevé, toute espèce de voitures, de chariots, etc. : *char rustique.* — Voiture remarquable par son élégance ou sa richesse : *char élégant, brillant, rapide,* etc. *Courses de chars, en char.* — *Char à bancs,* sorte de voiture longue et légère, garnie de plusieurs bancs, ou fermée seulement par des rideaux de toile : *des chars à bancs.* — *Char de deuil,* chariot à quatre roues, couvert d'un poêle, dans lequel on transporte les corps des rois, des princes, etc. — Poétiq. *Char funèbre,* toute espèce de corbillard. — Se dit, figurément, dans le style élevé, en parlant des personnes ou des choses qui asservissent, qui tiennent dans une dépendance volontaire ou forcée.

.... L'honneur et la gloire
Ne suivent pas toujours le char de la Victoire.
CRÉBILLON, *Pyrrhus,* acte II, sc. v.

* **CHARABIA** s. m. [cha-ra-bia] (onomatopée, à cause de l'abondance de *ch* et d'a que l'on remarque dans le langage des Auvergnats). Patois auvergnat. — Par ext. Mauvaise manière de parler et de prononcer le français, qui est particulière aux Auvergnats sans éducation : *je ne comprends rien au charabia de ce porteur d'eau.* — Par anal. Mauvais langage, mauvais style : *il parle charabia ; ce livre est écrit en charabia ; comprenez-vous ce charabia?* — **w.** Par ext. Auvergnat : *les charabias se réunissent dans les guinguettes pour y danser au son de la vielle.*

CHARABIATER v. n. Parler charabia. — Prononcer le français comme un charabia.

CHARACÉ, ÉE adj. [cha-ra-sé] (lat. *chara,* nom d'une plante de Tartarie). Bot. Qui se rapporte à la charagne. — s. f. pl. Famille de plantes acotylédones acrogènes, dont les différents genres habitent les eaux douces et stagnantes de tous les pays.

CHARACIN s. m. Icht. Sous-genre de saumons, comprenant les espèces qui n'ont pas plus de 7 rayons aux ouïes.

* **CHARADE** s. f. (prov. *charar,* causer). Espèce de logogriphe, qui consiste à décomposer un mot de plusieurs syllabes en parties dont chacune fait un mot. Ex. *Ma première partie ou mon premier* (chien) *se sert de la seconde ou de mon second* (dent) *pour manger mon tout ou mon entier* (chiendent). — *Charade en action,* espèce de divertissement où plusieurs personnes donnent à deviner à d'autres, chaque partie d'un mot et le mot entier, en exécutant des scènes qui en expriment la signification. On dit en ce sens : *jouer des charades, jouer aux charades.* — Par ext. Chose bizarre ou difficile à comprendre : *il veut avoir trop d'esprit, il ne parle que par charades.*

CHARAGNE s. f. [cha-ra-gne ; gn mll] (lat. *chara,* nom d'une plante d'Asie). Bot. Genre de plantes acotylédones, famille des characées, comprenant des espèces aquatiques, submergées. La *charagne vulgaire* (chara vul-

garis), aussi appelée *herbe à écurer*, répand une odeur marécageuse, nauséabonde et est souvent recouverte d'une croûte calcaire qui la rend propre à écurer la vaisselle.

* CHARANÇON s. m. (gr. *charassein*, creuser). Entom. Genre de coléoptères tétramères curculionides, très nombreux en espèces, dont plusieurs rongent les blés et les fruits de toute sorte. — ENCYCL. Le grand genre charançons

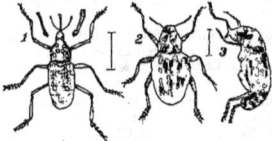

Charançons. — 1, charançon du pin blanc ; 2, 3, charançons des prunes.

se distingue par des antennes en massue, insérées près du bout de la trompe. Il comprend plusieurs sous-genres d'insectes nuisibles : *calandre* ou charançon du blé ; *balanine*, charançon de la noisette ; *attelabe*, charançon de la vigne (quelquefois classé comme genre particulier). Les brillantes couleurs de quelques espèces étrangères les font rechercher pour les collections.

* CHARANÇONNÉ, ÉE adj. Se dit du grain attaqué par les charançons.

CHARBAR ou **Choubar (Baie de),** l'une des meilleures rades de la côte de Béloutchistan, dans l'océan Indien. La ville de Charbar (1,500 hab.) se trouve sur sa rive orientale.

* CHARBON s. m. (lat. *carbo*). Morceau de bois qui est entièrement embrasé, qui de jette plus de flamme : *le bois neuf fait de bon charbon.* — Fig. et fam. : *être sur les charbons,* éprouver une vive impatience, être dans une grande inquiétude. — *Il brûle comme un charbon,* se dit d'un homme qui a une fièvre ardente. — Braise éteinte : *allumer des charbons ; écrire avec du charbon ; noir comme du charbon.* — Tronçon de jeune bois qu'on brûle à demi, et qu'on éteint pour le rallumer au besoin : *fosses à charbon.* — Matière animale noircie et calcinée par le feu : *charbon animal! cette côtelette est trop cuite, elle est en charbon.* — *Charbon de terre,* ou *charbon minéral,* sorte de fossile dur et inflammable, dont on se sert à la forge et dans les usines : il est aussi fort employé, dans plusieurs contrées, pour les usages domestiques. Voy. HOUILLE. — ENCYCL. Les chimistes donnent le nom de charbon à tout corps combustible formé de carbone uni ou mélangé à diverses autres substances. On distingue les charbons en 1° *charbons naturels* ou *fossiles,* que l'on trouve tout formés dans le sein de la terre et qui portent les noms d'anthracite, de houille et de lignite. (Voy. ces mots) ; 2° *charbons fabriqués,* provenant de la calcination des matières organiques, telles que le bois, la tourbe, les os, etc. (Voy. NOIR ANIMAL, TOURBE, etc.). — Charbon de bois, C'est le résidu solide de la distillation destructive du bois. Voici le tableau de sa constitution chimique en poids, pour 100 parties :

	Avec la cendre et l'humidité hygroscopique.	Sans la cendre ni l'humidité hygroscopique.
Carbone..............	79	80-46
Hydrogène............	5	5-75
Oxygène..............	11	12-64
Azote...............	1	1-15
Cendre..............	2	...··
Humidité hygroscopique	11	...··

La cendre consiste surtout en carbonate de potasse, silice, chaux et oxyde de fer. Le charbon ordinaire du commerce, préparé en tas, à une température d'environ 370°, présente une densité de 0-42. Le charbon absorbe

les gaz fixes aussi bien que la vapeur aqueuse ; exposé à l'air, il absorbe l'oxygène plus rapidement que l'azote. Son affinité pour l'oxygène est utilisée pour la désoxydation des métaux ; et il est l'agent ordinaire de réduction dans les travaux métallurgiques. Chauffé à blanc, il désoxyde la potasse, la soude et l'acide phosphorique. Son pouvoir absorbant et décomposant lui donne une grande valeur comme désinfectant, particulièrement quand il faut absorber l'hydrogène sulfureux. Il est également décolorant et l'on emploie le charbon animal ou noir animal pour purifier le sucre. — La manière de faire le charbon de bois reçoit quelques modifications suivant les pays ; voici le procédé le plus ordinaire : on établit une pile de morceaux de bois, qui forment des couches autour d'un vide central ou cheminée s'élevant de la base au sommet de la pile. Le tas peut avoir de 7 à 15 mètres en diamètre et de 3 à 4 mètres de haut ; on le recouvre d'une couche de feuilles et de terre. Un canal horizontal fait communiquer le bas du vide intérieur avec l'extérieur de la base, pour faciliter l'ignition ; plusieurs petites ouvertures semblables, appelées *évents,* sont ménagées sur les côtés de la meule. On met le feu au centre de la base. La vapeur aqueuse se dégage la première ; ensuite viennent les gaz ; on ferme les évents ou on en ouvre d'autres suivant les circonstances et les besoins. Les petites meules sont carbonisées en une semaine ; il faut trois semaines pour les plus grandes meules. L'aune, le saule et le bouleau sont les bois qui fournissent le meilleur charbon du commerce. — Le charbon végétal réduit en poudre est usité comme absorbant dans la gastralgie et les acidités gastriques. Il est antiseptique et dentrifice. — Le charbon de peuplier pulvérisé ou charbon de Belloc, rend des services dans la fièvre typhoïde, en détruisant les ferments putrescibles (3 cuillerées par jour dans un peu d'eau sucrée. — ASPHYXIE PAR LE CHARBON. La combustion du charbon dégage du gaz acide carbonique et de l'oxyde de carbone qui deviennent des causes d'asphyxie lorsqu'on ne les laisse pas échapper au dehors des appartements. On prévient les suites de cet accident en transportant le malade dans un lieu bien aéré, en lui aspergeant le visage avec de l'eau froide et en le stimulant comme nous disons au mot *Asphixie.* — CHARBON ARTIFICIEL. On appelle ainsi les agglomérations de débris carbonisés. En 1845, Popelin-Ducarre inventa le *charbon de Paris,* composé de 2 parties en poids de poussier de charbon de bois et de 4 partie de goudron d'usine à gaz. Cette mixture, moulée sous une forte pression en petits cylindres de 10 centimètres de long, sur 3 centimètres de diamètre, est soumise à une haute température et acquiert une grande dureté. Le charbon de Paris offre l'avantage de brûler très lentement et très régulièrement. On a fabriqué depuis des *charbons inodores,* la *paludine,* etc.

* CHARBON s. m. Méd. Anthrax ; désigne plus particulièrement les inflammations gangréneuses de ce genre qui sont dues à une cause interne. Le véritable charbon est l'anthrax malin, affection gangréneuse qui diffère de la pustule maligne en ce que 1° le charbon se développe, soit spontanément, soit par l'introduction d'un miasme ou d'un virus dans les voies digestives ou respiratoires, tandis que la pustule résulte d'une action externe et locale ; 2° dans le charbon, l'infection générale précède l'apparition de toute tumeur, tandis que, dans la pustule, il se forme d'abord une tumeur gangréneuse qui paraît être la *cause* et non l'*effet* de la maladie ; 3° l'escarre présentée par le charbon est noire et lisse ; la tumeur est mieux circonscrite et plus régulière que dans la pustule. Pour le traitement, voy. PUSTULE MALIGNE. — Agric. Maladie des blés et autres céréales. Le charbon,

appelé aussi nielle, est produit par l'*uredo carbo,* sorte de petit champignon qui se développe sur les fleurs du blé, de l'avoine, de l'orge, du maïs, du millet et du sorgho. La présence du mal est indiquée par une poussière noire, fine, inodore, qui donne à la farine une couleur désagréable, mais qui ne paraît lui communiquer aucune qualité délétère. — Art vétér. Sorte de tumeur inflammatoire et gangréneuse qui attaque les chevaux, les bœufs, les moutons, les poules, etc. Le charbon de la langue reçoit le nom de *glossanthrax.* Les espèces bovines sont sujettes au *charbon blanc,* qui pénètre dans les chairs. Le charbon des bêtes à laine est souvent épizootique. Les tumeurs se forment de préférence sous le ventre, près des mamelles ; la peau devient violacée, noirâtre ; elle présente des phlyctènes remplis de sérosité. Le charbon est une maladie contagieuse des plus terribles, qui se transmet des herbivores aux carnivores et même à l'homme. Ses ravages sont rapides et sa période d'incubation ne peut être que de quelques heures. Elle est causée par un *microbe* qui a reçu le nom particulier de *bactéridie,* et qui se distingue du microbe du choléra des poules surtout par son mode de reproduction. Les découvertes de Pasteur, les recherches d'Arloing, de Cornevin, de Thomas et de plusieurs autres savants ont jeté une grande lumière sur la nature des êtres microscopiques qui causent et propagent différentes sortes de charbon. Pasteur, dont les travaux sont aujourd'hui universellement admirés, est parvenu, au commencement de 1881, à cultiver les bactéridies, à les atténuer et à en faire un virus-vaccin qui préserve, du moins pendant un certain temps, les animaux, de toute atteinte de cette affection. Les expériences faites, non seulement sur des moutons, mais encore sur des chevaux, sur des vaches et sur des chèvres, ont toujours produit les résultats les plus concluants. Voy. MICROBE.

CHARBONNAGE s. m. Exploitation des mines de charbon de terre : *les charbonnages de Mons.*

* CHARBONNÉ, ÉE part. passé de CHARBONNER, — *Blés charbonnés,* blés attaqués par le charbon.

* CHARBONNEE s. f. Petit aloyau, côte de bœuf : *manger une charbonnée.* — Morceau de porc ou de bœuf grillé sur le charbon.

* CHARBONNER v. a. Réduire en charbon. — Noircir avec du charbon : *charbonner une muraille,* dessiner ou écrire dessus avec du charbon. — Fig. Esquisser, peindre grossièrement : *il ne l'a pas peint, il l'a charbonné.* — Neutral. : *la mèche de cette lampe charbonne.* — Se charbonner v. pr. Etre réduit en charbon : *le bois, plongé dans l'acide sulfurique concentré, se charbonne.*

* CHARBONNERIE s. f. Dépôt, magasin de charbon. — Nom du carbonarisme français. Sous l'influence des mouvements italiens, les républicains, les bonapartistes et, en général tous les mécontents formèrent dès 1848, plusieurs associations secrètes qui se centralisèrent à Paris et s'unirent sous la dénomination commune de *Charbonnerie.* Leur but était de renverser les Bourbons ; mais aucun chef n'émit de programme pour l'avenir, si bien que l'on ne sait au juste si les carbonari avaient le désir de rétablir l'empire ou la république, ou bien si une influence occulte ne les menait à la royauté parlementaire de Louis-Philippe. La police, qui tint bientôt le fil de leur conspiration, évaluait leur nombre à 20,000, pour la seule ville de Paris ; ils étaient répandus, en outre, dans 23 départements. On leur attribua toutes les démonstrations insurrectionnelles de 1819 à 1822. Le conseil suprême de la société était nommé Haute-Vente. Il se composa d'abord des membres dont les noms suivent : Bazard, Flottard,

Buchez, Dugied, Cariol et Limpérani, fondateurs de la charbonnerie ; plus tard, en 1820, ils s'adjoignirent La Fayette père et fils, Dupont (de l'Eure), Voyer d'Argenson, Manuel, de Corcelle père, Maugin, Barthe, Mérilhou, Beauséjour, Jacques Kœchlin et de Schonen. Cette Haute-Vente dirigeait les *Ventes centrales*, au-dessous desquelles agissaient les *Ventes particulières*. Chacune de celles-ci se composait de 20 membres. Ceux des ventes inférieures ne connaissaient pas les membres des ventes supérieures et les ventes étaient inconnues les unes aux autres. Chaque membre versait une cotisation mensuelle d'un franc et devait se pourvoir d'un fusil de munition et de 50 cartouches. Chaque vente se tenait prête à obéir aveuglément aux ordres de la vente supérieure. Cette vaste association ne produisit que des coups de main sans importance. L'insuccès du complot de Belfort, la mort des quatre sergents de La Rochelle, la malheureuse tentative du général Berton sur Saumur ; l'exécution du colonel Caron et de plusieurs carbonari, la dispersion des chefs en 1822 portèrent un coup funeste à la charbonnerie ; plusieurs de ses membres influents se rallièrent au gouvernement de Louis-Philippe en 1830 ; d'autres fondèrent la *charbonnerie démocratique*, d'après les théories de Babœuf. Voy. CARBONARI.

* **CHARBONNEUX, EUSE** adj. Méd. De la nature du charbon : *tumeur charbonneuse*.

* **CHARBONNIER, IÈRE** s. Celui, celle qui fait ce qui vend du charbon : *noir comme un charbonnier*. — Prov. *La foi du charbonnier*, la foi d'un homme simple, qui croit sans aucun examen tout ce que l'Eglise enseigne. — Prov. et fig. *Le charbonnier est maître dans sa maison, ou charbonnier est maître chez soi*, chacun vit chez soi comme il lui plaît. — Lieu où l'on serre le charbon. — Membre de la charbonnerie.

* **CHARBONNIÈRE** s. f. Lieu où l'on fait du charbon dans les bois: *il y a une charbonnière dans telle forêt*. — Ornith. Nom vulgaire de la grande mésange. — Adjectiv.: *mésange charbonnière*. — *Petite charbonnière*, mésange à tête noire.

CHARBONNIÈRES, station minérale, à 7 kil. de Lyon ; 2 sources ferrugineuses bicarbonatées, froides. Etablissement. Dyspepsie, chlorose, scrofules, maladies de l'utérus.

* **CHARBOUILLER** v. a. Agric. Effet que la nielle produit sur les blés : *des blés charbouillés par la nielle*.

* **CHARCUTER** v. a. Découper de la chair et la mettre en pièces. — Fig. Couper malproprement de la viande à table. — Découper, tailler maladroitement les chairs d'un malade, d'un blessé.

* **CHARCUTERIE** s. f. Etat, commerce de charcutier.

* **CHARCUTIER, IÈRE** s. Celui, celle qui prépare et qui vend de la chair de porc, des boudins, des saucisses, des andouilles, etc.

CHARDIN. I. (Jean), négociant et explorateur, né à Paris en 1643, mort près de Londres le 25 janvier 1713. Son père, riche joaillier de la place Dauphine, l'envoya avec une cargaison dans les Indes orientales en 1665. Il ne tarda pas à se fixer à Ispahan, ou le chah le breveta du titre de marchand du roi. Chardin, après de savantes investigations sur les mœurs, la langue, les lois, la statistique de la Perse, revint en France, au moment des dragonnades (1670). Il se hâta de retourner en Asie pour éviter les persécutions dont ses coreligionnaires étaient accablés. Il ne revint en Europe qu'après un séjour de dix années en Perse et dans l'Inde. Ne pouvant rentrer en France, il demanda l'hospitalité au roi d'Angleterre (1681), qui lui donna le titre de chevalier et le nomma agent de la compagnie des Indes orientales en Hollande.

C'est à Londres qu'il fit paraître son fameux *Voyage en Perse*, dont la meilleure édition est celle de l'orientaliste Langlès, 1811. — II. (Jean-Baptiste-Siméon), peintre de genre et de nature morte, né à Paris en 1699, mort en 1779. Il était fils d'un menuisier qui lui fit étudier le dessin ; mais pour la peinture, il n'eut d'autre maître que lui-même. Il entra à l'Académie de peinture en 1728 et travailla jusque dans son extrême vieillesse. A l'âge de quatre-vingts ans, il produisit « Jacquet » admirable portrait de lui-même, qui se trouve au Louvre, ainsi que son *Bénédicité*.

* **CHARDON** s. m. (celt. *hard*, pointe ; lat. *carduus*). Bot. Genre de plantes composées, tribu des cynarées, dont les nombreuses espèces ont des feuilles épineuses, et un calice formé d'écailles terminées par des piquants très aigus. — Se dit aussi, mais abusiv. de quelques autres plantes à fleurs composées, qui sont de genres différents : *chardon bénit* (centaurée bénite), *chardon étoilé*, *chardon de Notre-Dame* ou *Chardon-Marie*, *chardon Roland* (eryngium), *chardon à bonnetier* ou *à foulon* plante du genre *cardère* dont les têtes sont armées d'une espèce de petits crochets, et servent aux bonnetiers et aux foulons pour carder la laine, pour rendre le poil des draps plus lisse et plus uni. — ENCYCL. Le genre chardon comprend des herbes dressées, à tiges ramifiées. On distingue le *chardon des champs* (*carduus arvensis*), plante nuisible à feuilles lancéolées, irrégulièrement dentées et épineuses ; on l'appelle aussi *chardon hémorroïdal* parce que la piqûre d'un insecte fait naître sur ses tiges des renflements rougeâtres. Il habite, ainsi que plusieurs autres espèces, les terrains secs et pierreux sur le bord des chemins.

* **CHARDONNERET** s. m. (rad. *chardon*, à cause de ce qu'il marque pour la graine de cette plante). Ornith. Sous-genre du grand genre moineau, comprenant de jolis petits oiseaux chanteurs qui ont la tête rouge autour du bec et des ailes marquetées de jaune et de brun. Le *chardonneret commun* (*fringilla carduelis*) se plaît dans nos vergers et dans nos jardins ; la femelle bâtit sur les arbres

Chardonneret commun (Fringilla carduelis).

fruitiers un nid plus arrondi et plus élevé que celui du pinson, et qu'elle garnit à l'intérieur de crin, de laine ou de duvet ; elle y dépose 5 ou 6 œufs tachetés d'un brun rougeâtre. Le chardonneret est le plus joli de nos oiseaux de cage. On prend les jeunes dans le nid ; on les élève avec une pâtée d'échaudés, d'amandes mondées et de graines de melon, le tout bien broyé et bien mélangé, ou avec une pâtée de noix et de massepain. On forme des boulettes de cette pâtée que l'on a eu soin d'humecter d'un peu d'eau pour qu'elle ne soit pas trop compacte, on introduit successivement, à l'aide d'une brochette, 3 ou 4 de ces petites boulettes dans le gosier de l'oiseau ; on le fait boire un peu en lui présentant l'autre côté de la brochette garni d'un peu de coton trempé dans l'eau. On habitue peu à peu les élèves à se nourrir de chènevis écrasé et de millet, quand ils commencent à manger seuls ; on leur donne de temps en temps une tête de pavot, quelques feuilles de laitue. Ils vivent longtemps en cage : quelquefois 10 ou 15 ans. Leur chant est assez agréable mais peu per-

çant. Le croisement du chardonneret avec le serin produit de jolis mulets qui sont excellents chanteurs.

CHARDONNET s. m. (lat. *cardo*, gond). Montant vertical d'une porte placée près de la muraille.

* **CHARDONNETTE** s. f. Espèce d'artichaut sauvage, dont la fleur sert à faire cailler le lait. On dit aussi *cardonnette*.

CHARDONNIÈRE s. f. Terre couverte de chardon.

CHARENTAIS, AISE s. et adj. Habitant de l'une des deux Charentes ; qui appartient à l'une des Charentes : *eaux-de-vie charentaises*.

CHARENTE (celt. *khâr*, cours d'eau), joli petit fleuve qui naît à Chéronnac (Haute-Vienne), arrose Angoulême, Châteauneuf, Jarnac, Cognac, Saintes, Rochefort et se jette dans l'océan Atlantique, en face de l'île d'Aix, après un cours d'environ 340 kil. C'est un cours d'eau très profond que les plus gros navires remontent facilement jusqu'à Rochefort et même au delà ; elle est navigable pour les gabarres à partir d'Angoulême. Principaux affluents : Son, Dronne, Tardoire, Bandiat, Touvre, Né, Boutonne et Seugne. — II. Départ. de l'ouest, formé de l'ancien Angoumois, de quelques portions de la Saintonge et de plusieurs lambeaux de la Marche et du Poitou ; entre les départ. de la Vienne, des Deux-Sèvres, de la Charente-Inférieure, de la Dordogne et de la Haute-Vienne. 5,942 kil. carr. ; 373,950 hab. Terrain granitique, froid et accidenté à l'E. ; calcaire au centre ; crétacé et uni à l'O. Point culminant (montagne de Rond), 505 m. Gracieuse vallée de la Charente. Landes du Confolentais. Principaux cours d'eau : Charente, Vienne, Dronne. Inépuisables carrières de pierre à bâtir d'Angoulême et de Saint-Même ; minerais de fer. Truffes, vignes, châtaigniers dans le Confolennais, volailles de Barbezieux et de Blanzac ; truites de la Touvre. Vins peu renommés ; fameuse eau-de-vie appelée *cognac*, nectar dont le nom est connu aux quatre coins du monde. Forêt de la Braconne. Fabrication des papiers dits d'Angoulême ; belle fonderie nationale de Ruelle ; industrie métallurgique très développée ; magnifique poudrerie nationale de Thouéras. Ch.-l. Angoulême, 5 arr., 29 cant. et 426 communes. Cours d'appel de Bordeaux. Diocèse d'Angoulême, suffragant de Bordeaux ; nombreux protestants dans l'ouest. Lycée d'Angoulême (académie de Poitiers), ch.-l. d'arr., Angoulême, Barbezieux, Cognac, Confolens et Ruffec. — III. Charente-Inférieure, départ. maritime formé des provinces d'Aunis et de Saintonge et d'une portion du Poitou ; borné par l'Océan, la Gironde, les départ. de la Gironde, de la Dordogne, de la Charente, des Deux-Sèvres et de la Vendée. 6.825 kil. carr. ; 465,628 hab. Territoire plat ou coupé de faibles collines ; 470 kil. de côtes bien découpées, formant de bonnes rades et comprenant 32 ports. Iles de Ré, d'Oléron, de Madame et d'Aix ; îlot d'Enet. Principaux cours d'eau : Gironde, Seudre, Charente, Boutonne, Sèvre-Niortaise. Immense quantité de vignes ; excellents bestiaux de race : moules et sardines ; petites huîtres délicieuses de Marennes. Ce département est le premier de France pour la production du sel. Ch.-l. la Rochelle ; 6 arr., 40 cant. ; 479 communes; 7 places de guerres : Oléron, Aix, Rochefort, forts de la Charente et de l'Aiguille, la Rochelle, Saint-Martin-de-Ré, fort Chaput. Diocèse de la Rochelle, suffragant de Bordeaux. Lycée de la Rochelle, collèges de Rochefort et de Saintes (académie de Poitiers). Les tribunaux ressortissant à la cour d'appel de Poitiers. Ch.-l. d'arr. : la Rochelle, Jonzac, Marennes, Rochefort, Saintes et Saint-Jean-d'Angély.

CHARENTON s. m. Verre d'absinthe : *prendre un charenton, c'est prendre un billet de train express pour Charenton.*

CHARENTON, *Carentonium.* I. Charenton-le-Pont, ch.-l. de cant.; à 8 kil. S.-E. de Paris, sur la rive droite de la Marne; 10,400 hab. Cette petite ville est réunie à Alfort par un pont; le fort de Charenton la protège et elle possède une grande importance stratégique. — II. Charenton-Saint-Maurice, aujourd'hui appelé Saint-Maurice, village à 2 kil. du précédent; 5,560 hab. Célèbre maison d'aliénés, établie en 1741 et pouvant contenir 500 malades.

CHARENTON, ch.-l. de cant. ; arr. et à 11 kil. E. de Saint-Amand (Cher) ; 1,500 hab. Forges.

CHARENTONNE (La), petite rivière qui naît dans le dép. de l'Orne, arrose Broglie et Bernay (Eure) et se jette dans la Risle, après un cours de 65 kil.

CHARÈS. I. Général athénien, né vers 400, mort vers 330 avant J.-C. L'histoire le mentionne pour la première fois en 367, époque, où, à la tête d'un corps de troupes, il délivra les Phliasiens qu'assiégeaient les Arcadiens et les Argiens. 10 ans plus tard, il commanda avec Chabrias les troupes athéniennes pendant la guerre sociale et attaqua inutilement la ville de Chios. Il entra ensuite au service d'Artabaze, satrape révolté de l'Asie occidentale, et commanda les Athéniens en Thrace. Il mourut peu d'années après la bataille de Chéronée, où il avait partagé le commandement avec Lysiclès. — II. Célèbre statuaire grec, né à Lindes (île de Rhodes); florissait au commencement du IIIᵉ siècle avant J.-C. ; éleva, après 12 années de travail, la fameuse statue du soleil connue sous le nom de *colosse de Rhodes.*

CHARETTE DE LA CONTRIE (François-Athanase), appelé Charette. Chef vendéen, né à Gouffé (Loire-Inférieure), le 21 avril 1763, fusillé le 29 mars 1796. Aspirant de marine en 1779, il atteignit en 8 ans le grade de lieutenant de vaisseau et émigra en 1790. Ayant perdu au jeu tout l'argent qu'il avait emporté à Coblentz, il rentra et s'établit dans son petit château de Fonteclause, près de Machecoul. Les Vendéens, maîtres de cette ville, lui offrirent le commandement de leurs bandes indisciplinées; il accepta, le 18 mars 1793. Il lutta avec plus de courage que de bonheur contre les républicains et fut amnistié lors de l'armistice de Nantes, 17 fév. 1795. En violation de ce traité de pacification, Charette, que Louis XVIII venait de nommer généralissime, se remit à la tête des insurgés, dès que la flotte anglaise qui portait le comte d'Artois parut sur les côtes de Bretagne. N'ayant plus aucune grâce à attendre, il combattit avec le courage du désespoir après l'affaire de Quiberon et essaya de se frayer un passage au milieu des troupes du général Travot. Grièvement blessé, il tomba au milieu du taillis de la Chabotterie où il fut pris par les républicains qui le conduisirent à Nantes. Condamné à mort par le conseil de guerre, il subit courageusement son arrêt, après s'être confessé.

CHARGE s. f. Faix, fardeau : *charge pesante, excessive, légère.* — *Payer les charges d'un mur,* indemniser le voisin, à raison de la nouvelle charge qu'on met sur le mur mitoyen, lorsqu'on l'élève à une plus grande hauteur. — Ce que peut porter une personne, un animal ou autre chose semblable : *cela est très pesant, j'en ai ma charge.* — Certaine mesure ou quantité déterminée de certaine chose : *une charge de blé, de fagots, de coirets,* etc. — Fig. et pop. *Une charge de coups de bâtons,* plusieurs coups de bâton de suite. — Toute dépense; tout ce qui met dans la nécessité de faire quelque dépense : *c'est une grande charge que beaucoup d'enfants; il est à ma charge.* — Les *charges de l'État,* la dette et ses dépenses. *Être à charge à quelqu'un,* lui causer de la dépense ou de l'incommodité. — Imposition : *les charges publiques.* — Obligation, condition onéreuse : *charges d'un bénéfice; cahier des charges d'une vente.* — Charges personnelles, celles qu'on supporte personnellement comme la tutelle, le service militaire, etc. — Prov. et fig. *Il faut prendre le bénéfice avec les charges,* il faut se résoudre à essuyer les incommodités d'une chose qui d'ailleurs est avantageuse. — *Ce n'est pas un bénéfice sans charge,* se dit d'un bien, d'un avantage qu'on n'a pas sans peine, sans dépense ou même sans danger. — *A la charge ou à charge,* à condition, avec obligation. — *A la charge d'autant,* à condition qu'on en fera autant. On dit dans un sens analogue : *à charge de revanche.* — *Avoir charge d'âmes,* être chargé de diriger, d'instruire plusieurs personnes : *les pères, les professeurs ont charge d'âmes.* — *Bénéfice à charge d'âmes,* celui qui oblige à être prêtre. — Se dit de certaines magistratures ou dignités, de certaines fonctions publiques : *la charge des édiles était annuelle; le notaire a vendu sa charge.* — Office par lequel on prenait des provisions : *charge de judicature, de finance.* — *Faire l'acquit de sa charge,* en remplir le devoir fidèlement. — *Aller au delà de sa charge,* en excéder les droits et les devoirs. — Commission, ordre qu'on donne à quelqu'un : *j'ai charge de vous dire, que... — Cela est à ma charge, à sa charge,* etc., on m'en a chargé ou on lui en a donné le soin, la garde. — *Femme de charge,* femme attachée au service d'une grande maison, pour avoir soin du linge, de la vaisselle d'argent, etc. — Dr. crim. Preuve, indices qui s'élèvent contre un accusé. Dans ce sens, il s'emploie le plus ordinairement au pluriel : *examiner les charges portées contre l'accusé.* — *Informer à charge et à décharge,* informer pour et contre l'accusé. — *Témoins à charge,* témoins assignés par le ministère public ou la partie civile, pour déposer ses faits qui paraissent être à la charge de l'accusé. — Art. milit. Ce qu'on met de poudre et de plomb, etc., dans une arme à feu, pour tirer un coup : *charge de pistolet, de fusil, de canon.* — Ce qu'on met de poudre dans un canon, dans un mortier, etc., pour lancer un boulet, une bombe, etc., *on a donné double charge à cette pièce pour l'éprouver.* —Action de charger un fusil, *apprendre la charge ; charge en douze temps.* — Attaque impétueuse d'une troupe : *vigoureuse charge ; battre la charge ; charge de cavalerie; pas de charge.* — Fig. Revenir, retourner à la charge, réitérer ses démarches, ses instances, ses prières, ses reproches, ses invectives, etc. — Métall. Quantité de minerai et de charbon que l'on jette à la fois dans un fourneau. — Phys. Action d'accumuler l'électricité : *charge d'une batterie.* — Peint. et sculpt. Représentation exagérée, imitation bouffonne : *ce portrait est peint à la charge ; il a fait sa charge de tous ses camarades.* — Par ext. et fig. Exagération volontaire qui constitue un certain genre de comique, qui caractérise le rôle, telle scène, telle pièce : *Molière va quelquefois jusqu'à la charge; les rôles du parasite et du militaire fanfaron, dans la comédie antique, appartiennent à la charge* (Acad.); *la haute comédie ne doit jamais tomber dans la charge.* — Action de contrefaire quelqu'un : *ce cabotin réussit dans la charge de ses camarades.* — Ce qu'un acteur comique ajoute à son rôle pour provoquer le rire : *ce n'est pas dans la pièce, c'est une charge.*

— *Charge d'atelier,* plaisanterie dont on s'amuse dans les ateliers de peinture et de sculpture. — Art. vétér. Application d'un cataplasme, d'un emplâtre, ou de tout autre topique, sur quelque partie du corps d'un animal malade ou blessé. — Mar. Ce que peut porter un bâtiment enfoncé jusqu'à sa plus haute ligne de flottaison.— Ligne de charge ou de flottaison, niveau de l'eau qui marque sur la carène d'un bâtiment le point de sa plus grande calaison.— Bâtiment en charge, celui qui attend ou reçoit les objets destinés à former sa cargaison.— Bâtiment de charge, celui que la forme de la carène rend susceptible de porter des poids considérables. — Morte charge, charge excessive. — Charge a cueillette, au tonneau ou au quintal, celle qui provient de marchandises fournies par divers particuliers. — Charge a la côte, situation d'un vaisseau forcé par le gros vent à se tenir près de la côte dont il ne peut s'éloigner : *quelque effort qu'il fasse.* — Charge de combat, quantité de poudre égale au tiers du calibre d'une pièce ; Charge d'épreuve, quantité de poudre qu'on met afin d'éprouver la force d'une pièce ; Charge de salut, celle qu'on emploie pour la salut à certaines personnages

*CHARGÉ, ÉE part. pass. de Charger. — Pop. *Chargé comme un baudet,* se dit d'un homme qui est excessivement chargé; et fig., d'un homme trop chargé de travail. — Manège. *Ce cheval est chargé de ganache,* chargé d'encolure, il a trop de ganache, il a l'encolure trop grosse. — Par ext. *Cet homme est chargé de ganache,* il a de grosses mâchoires. On le dit fig. d'un homme qui, étant épais de corps, a aussi l'esprit lourd et grossier. — Prov. et fig. *Être chargé de cuisine,* être fort gras et avoir un gros ventre. — *Lettre chargée, paquet chargé,* lettre, paquet dont on fait constater l'envoi sur les registres de la poste.— Adjectiv. Rempli, couvert de : *yeux chargés de pleurs; ciel chargé de nuages ; manuscrit chargé de fautes, de ratures.* — *Avoir les yeux chargés,* les avoir enflés, remplis d'humeurs. — *Couleur chargée,* couleur trop forte. — *Dés chargés,* faux dés, dés pipés, dont se servent ceux qui veulent tromper au jeu. — Qui a beaucoup, qui a trop de certaines choses : *chargé d'honneurs; de crimes, d'opprobres, d'enfants.* — *Être chargé de la haine, du mépris, de la malédiction de quelqu'un,* être haï, être fort méprisé de quelqu'un, avoir reçu sa malédiction. *Être chargé de l'exécration publique,* être généralement détesté. Etc. — Blas. Se dit des pièces sur lesquelles il y a d'autres : *Bande d'or chargée de six croisettes de sable.* — Mar. Chargé en côte se dit d'un bâtiment que le vent et une grosse mer poussent vers la terre; Chargé par un grain, se dit d'un navire qui, portant beaucoup de voiles, essuie en travers un coup de vent violent. — Maître chargé, premier maître responsable des objets d'armement. — s. m. Chargé d'affaires, titre des agents diplomatiques du quatrième rang. Les chargés d'affaires ne sont pas accrédités auprès du souverain, mais seulement auprès du ministre des affaires étrangères; nommés par le ministre de leur propre pays, ils relèvent de lui.

*CHARGEMENT s. m. Tout ce qui est chargé sur un bâtiment : *le chargement d'un vaisseau de guerre se compose de ses armes, de ses munitions et de ses vivres.* — Quantité de marchandises chargées sur un navire de commerce : *chargement à fret;* on dit aussi *Cargaison.* — Action de charger un bâtiment : *finir son chargement; frais de chargement.* — Action de faire constater sur les registres de la poste, l'envoi d'une lettre, d'un paquet : *bureau des chargements.*